新唐書

舊五代史

新五代史

上海古籍出版社

上海書店

新唐書

進新唐書表

臣公亮言竊惟唐有天下幾三百年其君臣行事之始終所以治亂興衰之迹與其典章制度之美宜其粲然著在簡冊而紀次無法詳略失中文采不明事實零落蓋又百有五十年然後得以發揮幽沫補緝闕亡黜正僞繆克備一家之史以爲萬世之傳成之至難理若有待臣公亮誠惶誠恐頓首頓首伏惟體天法道欽文聰武聖神孝德皇帝陛下有虞舜之智而好問躬大禹之聖而克勤天下和平民物安樂而猶垂心積精以求治要日與鴻生舊學講誦六經考覽前古以謂商周以來爲國長久惟漢與唐而不幸接乎五代衰世之士氣力卑弱言淺意陋不足以起其文而使明君賢臣儁功偉烈與夫昏虐賊亂禍根罪首皆不得暴其善惡以動人耳目誠不可以垂勸戒示久遠甚可歎也乃因邇臣之有言適契上心之所閔於是刋脩官翰林學士兼龍圖閣學士給事中知制誥臣歐陽脩端明殿學士兼翰林侍讀學士龍圖閣學士尚書吏部侍郎臣宋祁與編脩官禮部郎中知制誥臣范鎭刑部郎中知制誥臣王疇太常博士集賢校理臣宋敏求秘書丞臣呂夏卿著作佐郎臣劉羲叟等並膺儒學之選悉發秘府之藏俾之討論共加刪定凡十有七年成二百二十五卷其事則增於前其文則省於舊至於名篇著目有革有因立傳紀實或增或損義類凡例皆有據依纖悉綱條具載別錄臣公亮典司事領徒費日月誠不足以成大典稱明詔無任慙懼戰汗屏營之至臣公亮誠惶誠懼頓首頓首謹言

嘉祐五年六月　日提舉編修推忠佐理功臣正奉大夫尚書禮部侍郎參知政事臣曾公亮上表

唐書目錄

宋　翰　林　學　士　歐　陽　修　撰

唐書卷一

宋　翰林學士歐陽修撰

本紀第一

高祖神堯大聖大光孝皇帝諱淵字叔德姓李氏隴西成紀人也其七世祖暠當晉末據秦涼以自王是爲涼武昭王暠生歆歆爲沮渠蒙遜所滅歆生重耳魏弘農太守重耳生熙金門鎮將戍于武川因留家焉熙生天賜爲幢主天賜生虎西魏時賜姓大野氏官至太尉與李弼等八人佐周代魏有功皆爲柱國號八柱國家周閔帝受魏禪虎已卒乃追錄其功封唐國公諡曰襄襄

公生昞，襲封唐公隋安州總管柱國大將軍卒謚曰仁仁公生高祖於長安體有三乳性寬仁襲封唐公隋文帝獨孤皇后高祖之從母也以故文帝與高祖相親愛文帝相周復高祖姓李氏以爲千牛備身事隋譙隴二州刺史大業中歷岐州刺史滎陽樓煩二郡太守召爲殿內少監衛尉少卿煬帝征遼東遣高祖督運糧於懷遠鎮楊玄感將反其兄弟從征遼者皆逃歸高祖先覺以聞煬帝遽班師以高祖爲弘化留守以禦玄感詔關右諸郡兵皆受高祖節度是時隋政荒天下大亂煬帝多以猜忌殺戮大臣嘗以事召高祖高祖遇疾不時謁高祖有甥王氏在後宮煬帝問之王氏對以疾煬帝曰可得死否高祖聞之益懼因縱酒納賂以自晦十一年拜山西河東慰撫大使擊龍門賊毋端兒射七十發皆中賊敗去而斂其尸以築京觀盡得其箭於其尸又擊絳州賊柴保昌降其衆數萬人突厥犯塞高祖與馬邑太守王仁恭擊之隋兵少不敵高祖選精騎二千爲遊軍居處飲食隨水草如突厥而射獵馳騁示以閒暇別選善射者伏爲奇兵虜見高祖疑不敢戰高祖乘而擊之突厥敗走十三年拜太原留守擊高陽歷山飛賊甄翟兒於西河破之是時煬帝南遊江都天下盜起高祖子世民知隋必亡陰結豪傑招納亡命與晉陽令劉文靜謀舉大事計已決而高祖未之知欲以情告懼不見聽高祖留守太原領晉陽宮監而所善客裴寂爲副監世民陰與寂謀寂因選晉陽宮人私侍高祖高祖過寂飲酒酒酣從容寂具以大事告之高祖大驚寂曰正爲宮人奉公事發當誅爲此爾世民因亦入白其事高祖初陽不許欲執世民送官已而許之曰吾愛汝豈忍告汝邪然未有以發而所在盜賊益多突厥數犯邊高祖兵出無功煬帝遣使者執高祖詣江都高祖大懼世民曰事急矣可舉事已而煬帝復馳使者赦止高祖其事遂已是時劉武周起馬邑林士弘起豫章劉元進起晉安皆稱皇帝朱粲起南陽號楚帝李子通起海陵號楚王邵江海據岐州號新平王薛舉起金城號西秦霸王郭子和起榆林號永樂王竇建德起河間號長樂王王須拔起恒定號漫天王汪華起新安杜伏威起淮南皆號吳王李密起鞏號魏公王德仁起鄴號太公左才相起齊郡號博山公羅藝據幽州左難當據涇馮盎據高羅皆號總管梁師都據朔方號大丞相孟海公據曹州號錄事周文舉據淮陽號柳葉軍高開道據北平張長遜據五原周洮據上洛楊士林據山南徐圓朗據兗州楊仲達據豫州張善相據伊汝王要漢據汴州時德叡據尉氏李義滿據平陵綦公順據青萊淳于難據文登徐師順據任城蔣弘度據東海王薄據齊郡蔣善合據鄆州田留安據章丘張青特據濟北臧君相據海州殷恭邃據舒州周法明據永安苗海潮據永嘉梅知巖據宣城鄧文進據廣州俚酋楊世略據循潮冉安昌據巴東甯長眞據鬱林其別號諸盜往往屯聚山澤而劉武周攻汾陽宮高祖乃集將吏告曰今吾爲留守而賊據離宮縱賊不誅罪當死然出兵必待報今江都隔遠後期奈何將吏皆曰國家之利可專者公也高祖曰善乃募兵旬日間得衆一萬副留守虎賁郎將王威虎牙郎將高君雅見兵大集疑有變謀因禱雨晉祠以圖高祖高祖覺之乃陰爲備五月甲子高祖及威君雅視事開陽府司馬劉政會告威君雅反即坐上執之丙寅突厥犯邊高祖令軍中曰人告威君雅召突厥今其果然遂殺之以起兵遣劉文靜使突厥約連和六月己卯傳檄諸郡稱義兵開大將軍府置三軍以子建成爲隴西公左領軍大都督左軍隸焉世民爲燉煌公右領軍大都督右軍隸焉元吉爲姑臧公中軍隸焉裴寂爲長史劉文靜爲司馬石艾縣長殷開山爲掾劉政會爲屬長孫順德王長諧劉弘基竇琮爲統軍開倉庫賑窮乏七月壬子高祖杖白旗誓衆於野有兵三萬以元吉爲太原留守癸丑發太原甲寅遣將張綸徇下離石龍泉文城三郡丙辰次靈石營於賈胡堡隋虎牙郎將宋老生屯於霍邑以拒義師丙寅隋鷹揚府司馬李軌起武威號大涼王八月辛巳敗宋老生於霍邑丙戌下臨汾郡辛卯克絳郡癸巳次龍門突厥來助隋驍衛大將軍屈突通守河東絕津梁壬寅馮翊賊孫華土門賊白玄度皆具舟以來迎九月戊午高祖領太尉加置僚佐以少牢祀河乃濟甲子次長春宮丙寅隴西公建成劉文靜屯永豐倉守潼關燉煌公世民自渭北徇三輔從父弟神通起兵於鄠柴氏婦高祖女也亦起兵於司竹皆與世民會鄠賊丘師利李仲文盩厔賊何潘仁向善思宜君賊劉旻等皆來降因略定鄠杜壬申高祖次馮翊乙亥燉煌公世民屯阿城隴西公建成自新豐趨霸上丙子高祖自下邽以西所經隋行宮苑籞悉罷之出宮女還其家十月辛巳次長樂宮有衆二十萬隋留守衛文昇等奉代王侑守京城高祖遣使諭之不報乃圍城下令曰犯隋七廟及宗室者罪三族丙申隋羅山令蕭銑自號梁公十一月丙辰克京城命主符郎宋公弼收圖籍約法十二條殺人劫盜背軍叛者死癸亥遙尊隋帝爲太上皇立代王爲皇帝大赦改元義寧甲子高祖入京師至朝堂望闕而拜隋帝授高祖假黃鉞使持節大都督內外諸軍事大丞相錄尚書事進封唐王以武德殿爲丞相府下教曰令視事於虔化門十二月癸未隋帝贈唐襄公爲景王仁公爲元王夫人竇氏爲唐國妃謚曰穆以建成爲唐國世子世民爲唐國內史徙封秦國公元吉爲齊國公丞相府置長史司錄以下官趙郡公孝恭徇山南甲辰雲陽令詹俊徇巴蜀二年正月丁未隋帝詔唐王劍履上殿入朝不趨贊拜不名加前後羽葆鼓吹戊午周洮降戊辰世子建成爲左元帥秦國公世民爲右元帥徇地東都二月己卯太常卿鄭元璹定樊鄧使者馬元規徇荆襄三月己酉齊國公元吉爲太原道行軍元帥乙卯世民徙封趙國公丙辰隋右屯衛將軍宇文化及弑太上皇於江都立秦王浩爲皇帝吳典郡守沈法興據丹陽自稱江南道總管樂安人盧祖尚據光州自稱刺史戊辰隋帝進唐王位相國總百揆備九錫唐國置丞相等官立四廟四月己卯張長遜降辛巳停竹使符班銀菟符五月乙巳隋帝命唐王冕十有二旒建天子旌旗出警入蹕甲寅王德仁降戊午隋帝遜於位以刑部尚書蕭造司農少卿裴之隱奉皇帝璽紱於唐王三讓乃受武德元年五月甲子即皇帝位於太極殿命蕭造兼太尉告於南郊大赦改元賜百官庶人爵一級義師所過給復三年其餘給復一年改郡爲州太守爲刺史庚午太白晝見隋東都留守元文都及左武衛大將軍王世充立越王侗爲皇帝六月甲戌趙國公世民爲尚書令裴寂爲尚書右僕射知政事劉文靜爲納言隋民部尚書蕭瑀丞相府司錄參軍竇威爲內史令丙子太白晝見己卯追謚皇高祖曰宣簡公皇曾祖曰懿王皇祖曰景皇帝廟號太祖祖妣梁氏曰景烈皇后皇考曰元皇帝廟號世祖妣獨孤氏曰元貞皇后妃竇氏曰穆皇后庚辰立世子建成爲皇太子封世民爲秦王元吉齊王癸未薛舉寇涇州秦王世民爲西討元帥劉文靜爲司馬太僕卿宇文明達招慰山東乙酉奉隋帝爲酅國公詔曰近世時運遷革前代親族莫不夷絕歷數有歸實惟天命興亡之效豈伊人力前隋蔡王智積等子孫皆選用之癸巳禁言符瑞者辛丑竇威薨黃門侍郎陳叔達判納言將作大匠竇抗兼納言七月壬子劉文靜及薛舉戰於涇州敗績乙卯郭子和降庚申廢隋離宮八月壬申劉文靜除名戊寅約功臣恕死罪辛巳薛舉卒壬午李軌降甲申巂州刺史王德仁殺招慰使宇文明達以反己丑秦王世民爲西討元帥以討薛仁杲庚子贈隋太常卿高熲上柱國郯國公上柱國賀若弼杞國公司隸大夫薛道衡上開府臨河縣公刑部尚書宇文弼上開府平昌縣公左翊衛將軍董純柱國狄道公右驍衛將軍李金才上柱國申國公左光祿大夫李敏柱國觀國公諸遭隋枉殺而子孫被流者皆還之九月乙巳慮囚始置軍府癸丑改銀菟符爲銅魚符甲寅秦州總管竇軌及薛仁杲戰敗績辛未宇文化及殺秦王浩自稱皇帝十月壬申朔日有食之己卯李密降壬午朱粲陷鄧州刺史呂子臧死之乙酉邵江海降己亥盜殺商州刺史泉彥宗辛丑大閱是月竇抗罷十一月竇建德敗王須拔於幽州須拔亡入於突厥乙巳涼王李軌反戊申禁獻侏儒短節小馬庳牛異獸奇禽者己酉秦王世民敗薛仁杲執之癸丑行軍總管趙慈景攻蒲州隋刺史堯君素拒戰執慈景癸亥秦王世民俘薛仁杲以獻十二月壬申世民爲太尉丙子蒲州人殺堯君素立其將王行本辛巳鄭元璹及朱粲戰於商州敗之乙酉如周氏陂丁亥至自周氏陂庚子光祿卿李密反伏誅是歲高開道陷漁陽號燕王二年正月甲子陳叔達兼納言詔自今正月五月九月不行死刑禁屠殺丙寅張善相降己巳楊士林降二月乙酉初定租庸調法令文武官終喪丙戌州置宗師一人甲午赦并浩介石四州賈胡堡以北繫囚閏月竇建德陷邢州執總管陳君賓辛丑竇建德殺宇文化及於聊城朱粲降壬寅皇太子及秦王世民裴寂巡於畿縣乙巳御史大夫段確勞朱粲於菊潭庚戌微行察風俗乙卯以穀貴禁關內屠酤左屯衛將軍何潘仁及山賊張子惠戰於司竹死之丁巳慮囚庚申驍騎將軍趙欽王娑羅及山賊戰於盩厔死之丁卯王世充陷殷州陝州刺史李育德死之三月甲戌王薄降庚辰蔣弘度徐師順降丁亥竇建德陷趙州丁酉李義滿降四月綦公順降庚子并州總管齊王元吉及劉武周戰於榆次敗績辛丑朱粲殺段確以反乙巳王世充廢越王侗自稱皇帝癸亥陷伊州執總管張善相五月庚辰涼州將安脩仁執李軌以降癸未曲赦涼甘瓜鄯肅會蘭河廓九州六月王世充殺越王侗戊戌立周公孔子廟於國子監庚子竇建德陷滄州丁未劉武周陷介州癸亥裴寂爲晉州道行軍總管離石胡劉季眞叛陷石州刺史王儉死之七月壬申徐圓朗降八月丁酉酅國公薨甲子竇建德陷洺州，執總管袁子幹九月辛未殺戶部尚書劉文靜李子通自稱皇帝沈法興自稱梁王丁丑杜伏威降裴寂及劉武周戰於介州敗績右武衞大將軍姜寶誼死之庚辰竇建德陷相州總管呂珉死之辛巳劉武周陷并州庚寅太白晝見竇建德陷趙州執總管張志昂乙未京師地震梁師都寇延州鄜州刺史梁禮死之十月己亥羅藝降乙卯如華陰赦募士背軍者壬戌劉武周寇晉州永安王孝基及工部尚書獨孤懷恩陝州總管于筠內史侍郎唐儉討之甲子祠華山是月夏縣人呂崇茂反秦王世民討劉武周十一月丙子竇建德陷黎州執淮安王神通總管李世勣十二月丙申獵於華山永安王孝基及劉武周戰於下邽敗績壬子大風拔木

三年正月己巳獵於渭濱戊寅王行本降辛巳如蒲州癸巳至自蒲州二月丁酉京師西南地有聲庚子如華陰甲寅獨孤懷恩謀反伏誅辛酉檢校隰州總管劉師善謀反伏誅三月庚午改納言爲侍中內史令爲中書令甲戌中書侍郎封德彝兼中書令乙酉劉季眞降四月丙申祠華山壬寅至自華陰癸卯禁關內諸州屠甲寅秦王世民及宋金剛戰於雀鼠谷敗之辛酉王世充陷鄧州總管雷四郎死之壬戌秦王世民及劉武周戰於洺州敗之武周亡入於突厥克并州五月壬午秦王世民屠夏縣六月丙申赦晉隰潞并四州癸卯詔隋帝及其宗室柩在江都者爲營窆置陵廟以故宮人守之丙午慮囚封子元景爲趙王元昌魯王元亨酆王己酉出宮女五百人賜東征將士有功者甲寅顯州長史田瓚殺行臺尚書令楊士林叛附於王世充乙卯瘞州縣暴骨七月壬戌秦王世民討王世充甲戌皇太子屯於蒲州以備突厥丙戌梁師都導突厥稽胡寇邊行軍總管段德操敗之八月庚子慮囚甲辰時德叡降九月癸酉田瓚降己丑給復陝鼎熊穀四州二年十月戊申高開道降己酉楊仲達降己未有星隕於東都十二月己酉瓜州刺史賀拔行威反

四年正月辛巳皇太子伐稽胡二月竇建德陷曹州執孟海公己丑車騎將軍董阿興反於隴州伏誅乙巳太常少卿李仲文謀反伏誅丙午慮囚丁巳赦代州總管府石嶺之北三月進封宜都郡王泰爲衞王庚申慮囚乙酉竇建德陷管州刺史郭志安死之四月壬寅齊王元吉及王世充戰於東都敗績行軍總管盧君諤死之戊申突厥寇并州執漢陽郡王瓌太常卿鄭元璹左驍騎衞大將軍長孫順德甲寅封子元方爲周王元禮鄭王元嘉宋王元則荆王元茂越王丁巳左武衞將軍王君廓敗張青特執之五月壬戌秦王世民敗竇建德於虎牢執之乙丑赦山東爲建德所詿誤者戊辰王世充降庚午周法明降六月庚寅赦河南爲王世充所詿誤者戊戌蔣善合降庚子營州人石世則執其總管晉文衍叛附於靺鞨乙卯臧君相降七月甲子秦王世民俘王世充以獻丙寅竇建德伏誅丁卯大赦給復天下一年陝鼎函虢虞芮豳七州二年甲戌劉黑闥反於貝州辛巳戴州刺史孟噉鬼反伏誅八月丙戌朔日有食之丁亥皇太子安撫北境丁酉劉黑闥陷鄃縣魏州刺史權威貝州刺史戴元祥死之癸卯突厥寇代州執行軍總管王孝基丁未劉黑闥陷歷亭屯衞將軍王行敏死之辛亥深州人崔元遜殺其刺史裴晞叛附於劉黑闥兗州總管徐圓朗反九月盧祖尙降乙卯淳于難降甲子汪華降是秋夔州總管趙郡王孝恭率十二總管兵以討蕭銑十月己丑秦王世民爲天策上將領司徒齊王元吉爲司空庚寅劉黑闥陷瀛州執刺史盧士叡又陷觀州癸卯毛州人董燈明殺其刺史趙元愷乙巳趙郡王孝恭敗蕭銑於荆州執之閏月乙卯如稷州己未幸舊墅壬戌獵於好畤乙丑獵於九嵕丁卯獵於仲山戊辰獵於清水谷遂幸三原辛未如周氏陂壬申至自周氏陂十一月甲申有事於南郊庚寅李子通降丙申子通謀反伏誅壬寅劉黑闥陷定州總管李玄通死之庚戌杞州人周文舉殺其刺史王孝矩叛附於黑闥十二月乙卯黑闥陷冀州總管麴稜死之甲子左武候將軍李世勣及黑闥戰於宋州敗績丁卯秦王世民齊王元吉討黑闥己巳黑闥陷邢州庚午陷魏州總管潘道毅死之辛未陷莘州壬申徙封元嘉爲徐王

五年正月乙酉劉黑闥陷相州刺史房晃死之丙戌殷恭邃降丁亥濟州別駕劉伯通執其刺史竇務本叛附於徐圓朗庚寅東鹽州治中王才藝殺其刺史田華叛附於劉黑闥丙申相州人殺其刺史獨孤徹以其州叛附於黑闥己酉楊世畧劉元進降二月王要漢降己巳秦王世民克邢州丁丑劉黑闥陷洺水總管羅士信死之戊寅汴州總管王要漢敗徐圓朗於杞州執周文舉三月戊戌譚州刺史李義滿殺齊州都督王薄丁未秦王世民及劉黑闥戰於洺水敗之黑闥亡入於突厥蔚州總管高開道反寇易州刺史慕容孝幹死之四月梁州野蠶成繭冉安昌降己未甯長眞降戊辰釋流罪以下蔆麥壬申代州總管李大恩及突厥戰死之戊寅鄧文進降五月田留安降庚寅瓜州人王幹殺賀拔行威以降乙巳賜荆州今歲田租六月辛亥劉黑闥與突厥寇山東車騎將軍元部爲瓜州道行軍總管以備突厥癸丑吐谷渾寇洮旭疊三州岷州總管李長卿敗之乙卯淮安郡王神通討徐圓朗七月甲申作弘義宮甲午淮陽郡王道玄爲河北道行軍總管討劉黑闥貝州人董該以定州叛附於黑闥丙申突厥殺劉武周於白道遷州人鄧士政反執其刺史李敬昂丁酉馮盎降八月辛亥葬隋煬帝甲寅吐谷渾寇岷州益州道行臺左僕射竇軌敗之乙卯突厥寇邊庚申皇太子出幽州道秦王世民出秦州道以禦突厥己巳吐谷渾陷洮州并州總管襄邑郡王神符及突厥戰於汾東敗之戊寅突厥陷大震關九月癸巳靈州總管楊師道敗之於三觀山丙申洪州總管宇文歆又敗之於崇岡壬寅定州總管雙士洛驃騎將軍魏道仁又敗之於恒山之陽丙午領軍將軍安興貴又敗之於甘州劉黑闥陷瀛州刺史馬匡武死之東鹽州人馬君德以其州叛附於黑闥十月己酉齊王元吉討黑闥癸丑貝州刺史許善護及黑闥戰於鄃縣死之甲寅觀州刺史劉君會叛附於黑闥乙丑淮陽郡王道玄及黑闥戰於下博死之己巳林士弘降十一月庚辰劉黑闥陷滄州甲申皇太子討黑闥丙申如宜州癸卯獵於富平北原十二月丙辰獵於萬壽原戊午劉黑闥陷恒州刺史王公政死之庚申至自萬壽原壬申皇太子及劉黑闥戰於魏州敗之甲戌又敗之於毛州

六年正月己卯黑闥將葛德威執黑闥以降壬午嶲州人王摩娑反驃騎將軍衞彥討之庚寅徐圓朗陷泗州二月劉黑闥伏誅庚戌幸溫湯壬子獵於驪山甲寅至自溫湯丙寅行軍總管李世勣敗徐圓朗執之三月苗海潮梅知巖左難當降乙巳洪州總管張善安反四月己酉吐蕃陷芳州己未以故第爲通義宮祭元皇帝元貞皇后於舊寢赦京城賜從官帛辛酉張善安陷孫州執總管王戎丁卯南州刺史龐孝泰反陷南越州壬申封子元璹爲蜀王元慶漢王癸酉裴寂爲尚書左僕射蕭瑀爲右僕射封德彝爲中書令吏部尚書楊恭仁兼中書令檢校涼州諸軍事五月庚寅吐谷渾党項寇河州刺史盧士良敗之癸卯高開道以奚寇幽州長史王詵敗之六月丁卯突厥寇朔州總管高滿政敗之曲赦朔州七月丙子沙州別駕竇伏明反殺其總管賀若懷廓己亥皇太子屯於北邊秦王世民屯於并州以備突厥八月壬子淮南道行臺左僕射輔公祏反乙丑趙郡王孝恭討之九月壬辰秦王世民爲江州道行軍元帥丙申渝州人張大智反十月丙午殺廣州都督劉世讓戊申降死罪流以下原之己未如華陰張大智降庚申獵於白鹿原壬戌右虞候率杜士遠殺高滿政以朔州反丁卯突厥請和十一月壬午張善安襲殺黃州總管周法明丁亥如華陰辛卯獵於沙苑丁酉獵於伏龍原十二月壬寅朔日有食之癸卯張善安降庚戌以奉義監爲龍躍宮武功宅爲慶善宮甲寅至自華陰

七年正月庚寅鄒州人鄧同穎殺其刺史李士衡二月丁巳釋奠於國學己未漁陽部將張金樹殺高開道以降三月戊戌趙郡王孝恭敗輔公祏執之己亥孝恭殺越州都督闞稜四月庚子大赦班新律令給復江州道二年揚越一年五月丙戌作仁智宮六月辛丑如仁智宮壬戌慶州都督楊文幹反七月己巳突厥寇朔州總管秦武通敗之癸酉慶州人殺楊文幹以降甲午至自仁智宮嶲州地震山崩遏江水閏月己未秦王世民齊王元吉屯於幽州以備突厥八月己巳吐谷渾寇鄯州驃騎將軍彭武倮死之戊寅突厥寇綏州刺史劉大俱敗之壬辰突厥請和丁酉裴寂使於突厥十月丁卯如慶善宮辛未獵於鄠南癸酉幸終南山丙子謁樓觀老子祠庚寅獵於圍川十二月丁卯如龍躍宮戊辰獵於高陵庚午至自高陵太子詹事裴矩檢校侍中

八年二月癸未慮囚四月甲申如鄠獵於甘谷作太和宮丙戌至自鄠六月甲子如太和宮七月丙午至自太和宮丁巳秦王世民屯於蒲州以備突厥八月壬申并州行軍總管張瑾及突厥戰於太谷敗績鄆州都督張德政死之執行軍長史溫彥博甲申任城郡王道宗及突厥戰於靈州敗之丁亥突厥請和十月辛巳如周氏陂獵於北原壬午如龍躍宮十一月辛卯如宜州獵於西原裴矩罷庚子講武於同官天策府司馬宇文士及權檢校侍中辛丑徙封元璹爲吳王元慶陳王癸卯秦王世民爲中書令齊王元吉爲侍中癸丑獵於華池北原十二月辛酉至自華池庚辰獵於鳴犢泉辛巳至自鳴犢泉

九年正月甲寅裴寂爲司空二月庚申齊王元吉爲司徒壬午有星孛於胃昴丁亥孛於卷舌三月庚寅幸昆明池習水戰壬辰至自昆明池丙午如周氏陂乙卯至自周氏陂丁巳突厥寇涼州都督長樂郡王幼良敗之

四月辛巳廢浮屠老子法六月丁巳太白經天庚申秦王世民殺皇太子建成齊王元吉大赦復浮屠老子法癸亥立秦王世民爲皇太子聽政賜爲父後者爵勳爵赤牒官得爲眞免民逋租宿賦己卯太白晝見庚辰幽州都督廬江郡王瑗反伏誅癸未赦幽州管内爲瑗所詿誤者七月辛卯楊恭仁罷太子右庶子高士廉爲侍中左庶子房玄齡爲中書令蕭瑀爲尚書左僕射癸巳宇文士及爲中書令封德彝爲尚書右僕射辛亥太白晝見甲寅太白晝見八月丙辰突厥請和丁巳太白晝見壬戌吐谷渾請和甲子皇太子卽皇帝位貞觀三年太上皇徙居大安宮九年五月崩於垂拱前殿年七十一謚曰大武廟號高祖上元元年改謚神堯皇帝天寶八載謚神堯大聖皇帝十三載增謚神堯大聖大光孝皇帝

贊曰自古受命之君非有德不王自夏后氏以來始傳以世而有賢有不肖故其爲世數亦或短或長論者乃謂周自后稷至於文武積功累仁其來也遠故其爲世尤長然考於世本夏商周皆出於黃帝夏自鯀以前商自契至於成湯其間寂寥無聞與周之興異矣而漢亦起於亭長叛亡之徒及其興也有天下皆數百年而後已由是言之天命豈易知哉然考其終始治亂顚其功德有厚薄與其制度紀綱所以維持者如何而其後世或浸以隆昌或遂以壞亂或漸以陵遲或能振而復起或遂至於不可支持雖各因其勢然有德則興無德則絕豈非所謂天命者常不顯其符而俾有國者兢兢以自勉耶唐在周隋之際世雖貴矣然烏有所謂積功累仁之漸而高祖之興何異因時而特起者歟雖其有治有亂或絕或微然其有天下年幾三百可謂盛哉豈非人厭隋亂而蒙德澤繼以太宗之治制度紀綱之法後世有以憑藉扶持而能永其天命歟

唐書卷一考證

高祖紀元吉爲姑臧公中軍隸焉○舊書無此句當以新書爲正

武德二年閏月辛丑竇建德殺宇文化及於聊城○舊書在二月丁丑

五年正月丙申相州人殺其刺史獨孤徹以其州叛附於黑闥○臣酉按上文乙酉劉黑闥已陷相州矣此州名疑有誤

六年二月丙寅李世勣敗徐圓朗執之○臣酉按圓朗傳云夜亡爲野人所殺今云執之似誤

四月封子元璹爲蜀王○臣酉按高祖諸王傳漢王元軌是年封蜀王元璹當作元軌

九年四月辛巳○舊書作五月沈炳震曰按六月丁巳朔則五月不應有辛巳當從新書

年七十一○舊書作七十沈炳震曰自周天和元年丙戌至貞觀九年乙未止七十當從舊書

唐書卷二

宋 翰 林 學 士 歐 陽 修 撰

本紀第二

太宗文武大聖大廣孝皇帝諱世民高祖次子也母曰太穆皇后竇氏生而不驚方四歲有書生謁高祖曰公在相法貴人也然必有貴子及見太宗曰龍鳳之姿天日之表其年幾冠必能濟世安民書生已辭去高祖懼其語泄使人追殺之而不知其所往因以爲神乃採其語名之曰世民大業中突厥圍煬帝鴈門煬帝從圍中以木繫詔書投汾水而下募兵赴援太宗時年十六往應募隸將軍雲定興謂定興曰虜敢圍吾天子者以爲無援故也今宜先後吾軍爲數十里使其晝見旌旗夜聞鉦鼓以爲大至則可不擊而走之不然知我虛實則勝敗未可知也定興從之軍至崞縣突厥候騎見其軍來不絕果馳告始畢可汗曰救兵大至矣遂引去高祖擊歷山飛陷其圍中太宗馳輕騎取之而出遂奮擊大破之太宗爲人聰明英武有大志而能屈節下士時天下已亂盜賊起知隋必亡乃推財養士結納豪傑長孫順德劉弘基等皆因事亡命匿之又與晉陽令劉文靜尤善文靜坐李密事繫獄太宗夜就獄中見之與圖大事時百姓避賊多入城城中幾萬人文靜爲令久知其豪傑因共部署計已定乃因裴寂告高祖高祖初不許已而許之高祖已起兵建大將軍府太宗率兵徇西河斬其郡丞高德儒拜右領軍大都督封燉煌郡公唐兵西將至霍邑會天久雨糧且盡高祖謀欲還兵太原太宗諫曰義師爲天下起也宜直入咸陽號令天下今還守一城是爲賊爾高祖不納太宗哭於軍門高祖驚召問之對曰還則衆散於前而敵乘於後死亡須臾所以悲爾高祖寤曰起事者汝也成敗惟汝時左軍已先返卽與隴西公建成分追之夜半太宗失道入山谷棄其馬步而及其兵與俱還高祖乃將而前遲明至霍邑宋老生不出太宗從數騎傅其城舉鞭指麾若將圍之者老生怒出背城陣高祖率建成居其東太宗及柴紹居其南老生兵薄東陣建成墜馬老生乘之高祖軍却太宗自南原馳下坂分兵斷其軍爲二而出其陣後老生兵敗走遂斬之進次涇陽擊胡賊劉鷂子破之唐兵攻長安太宗屯金城坊攻其西北遂克之義寧元年爲光祿大夫唐國內史徙封秦國公食邑萬戶薛舉攻扶風太宗擊敗之斬首萬餘級遂略地至隴右二年爲右元帥徙封趙國公率兵十萬攻東都不克而還設三伏於三王陵敗隋將段達兵萬人武德元年爲尚書令右翊衞大將軍進封秦王薛舉寇涇州太宗爲西討元帥進位雍州牧七月太宗有疾諸將爲舉所敗八月太宗疾間復屯於高墌城相持六十餘日已而舉死其子仁杲率其衆求戰太宗按軍不動久之仁杲糧盡衆稍離叛太宗曰可矣乃遣行軍總管梁實柵淺水原仁杲將宗羅睺擊實太宗遣將軍龐玉救實玉軍幾敗太宗率兵出其後羅睺敗走太宗追之至其城下仁杲乃出降師還高祖遣李密馳傳勞之於豳州密見太宗不敢仰視退而歎曰眞英主也獻捷太廟拜右武候大將軍太尉使持節陝東道大行臺尚書令詔蒲陝河北諸總管兵皆受其節度二年正月鎭長春宮進拜左武候大將軍涼州總管是時劉武周據并州宋金剛陷澮州王行本據蒲州而夏縣人呂崇茂殺縣令以應武周高祖懼詔諸將棄河東以守關中太宗以爲不可棄願得兵三萬可以破賊高祖於是悉發關中兵益之十一月出龍門關屯於柏壁三年四月擊敗宋金剛於柏壁金剛走介州太宗追之一日夜馳二百里宿於雀鼠谷之西原軍士皆饑太宗不食者二日行至浩州乃得食而金剛將尉遲敬德尋相等皆來降劉武周懼奔於突厥其將楊伏念舉并州降高祖遣蕭瑀卽軍中拜太宗益州道行臺尚書令七月討王世充敗之於北邙四年二月竇建德率兵十萬以援世充太宗敗建德於虎牢執之世充乃降六月凱旋太宗被金甲陳鐵騎一萬介士三萬前後鼓吹獻俘於太廟高祖以謂太宗功高古官號不足以稱乃加號天策上將領司徒陝東道大行臺尚書令位在王公上增邑戶至三萬賜袞冕金輅雙璧黃金六千斤前後鼓吹九部之樂班劒四十人五年正月討劉黑闥於洺州敗之黑闥旣降已而復反高祖怒命太子建成取山東男子十五以上悉阬之毆其小弱婦女以實關中太宗切諫以爲不可遂已加拜左右十二衞大將軍七年突厥寇邊太宗與遇於豳州從百騎與其可汗語乃盟而去八年進位中書令初高祖起太原非其本意而事出太宗及取天下破宋金剛王世充竇建德等太宗功益高而高祖屢許以爲太子太子建成懼廢與齊王元吉謀害太宗未發九年六月太宗以兵入玄武門殺太子建成及齊王元吉高祖大驚乃以太宗爲皇太子八月甲子卽皇帝位於東宮顯德殿遣裴寂告於南郊大赦武德流人還之賜文武官勳爵免關內及蒲芮虞泰陝鼎六州二歲租給復天下一年民八十以上賜粟帛百歲加版授廢潼關以東瀕河諸關癸酉放宮女三千餘人丙子立妃長孫氏爲皇后癸未突厥寇便橋乙酉及突厥頡利盟於便橋九月壬子禁私家妖神淫祀占卜非龜易五兆者十月丙辰朔日有食之癸亥立中山郡王承乾爲皇太子庚辰蕭瑀陳叔達罷十一月庚寅降宗室郡王非有功者爵爲縣公十二月癸酉慮囚是歲進封子長沙郡王恪爲漢王宜陽郡王祐楚王

貞觀元年正月乙酉改元辛丑燕郡王李藝反於涇州伏誅二月丁巳詔民男二十女十五以上無夫家者州縣以禮聘娶貧不能自行者鄉里富人及親戚資送之鰥夫六十寡婦五十婦人有子若守節者勿彊三月癸巳皇后親蠶丙午詔齊僕射崔季舒黃門侍郎郭遵尚書右丞封孝琰以極言蒙難季舒子剛遵子雲孝琰子君遵並及淫刑宜免內侍褒敘以官閏月癸丑朔日有食之四月癸巳涼州都督長樂郡王幼良有罪伏誅五月癸丑勅中書令侍中朝堂受訟辭有陳事者悉上封六月辛丑封德彝薨甲辰太子少師蕭瑀爲尚書左僕射是夏山東旱免今歲租七月壬子吏部尚書長孫無忌爲尚書右僕射八月河南隴右邊州霜宇文士及檢校涼州都督戊戌貶高士廉爲安州大都督九月庚戌朔日有食之辛酉遣使諸州行損田賑問下戶御史大夫杜淹檢校吏部尚書參議朝政宇文士及罷辛未幽州都督王君廓奔於突厥十月丁酉以歲饑減膳十一月己未許子弟年十九以下隨父兄之官所十二月壬午蕭瑀罷戊申利州都督李孝常右武衞將軍劉德裕謀反伏誅

二年正月辛亥長孫無忌罷兵部尚書杜如晦檢校侍中總監東宮兵馬事癸丑吐谷渾寇岷州都督李道彥敗之丁巳徙封恪爲蜀王泰越王祐燕王庚午刑部尚

書李靖檢校中書令二月戊戌外官上考者給祿三月戊申朔日有食之壬子命中書門下五品以上及尚書議決死罪壬戌李靖爲關內道行軍大總管以備薛延陀己巳遣使巡關內出金寶贖饑民鬻子者還之庚午以旱蝗責躬大赦癸酉雨四月己卯瘞隋人暴骸壬寅朔方人梁洛仁殺梁師都以降六月甲申詔出使官稟食其家庚寅以子治生賜是日生子者粟辛卯辰州刺史裴虔通以弑隋煬帝削爵流驩州七月戊申萊州刺史牛方裕絳州刺史薛世良廣州長史唐奉義虎牙郎將高元禮以宇文化及之黨皆除名徙於邊八月甲戌省冤獄於朝堂辛丑立二王後廟置國官九月壬子以有年賜酺三日十月庚辰杜淹薨戊子殺瀛州刺史盧祖尚十一月辛酉有事於南郊十二月壬辰黃門侍郎王珪守侍中癸巳禁五品以上過市

三年正月丙午以旱避正殿癸丑官得上下考者給祿一年戊午享於太廟癸亥耕籍田辛未裴寂罷二月戊寅房玄齡爲尚書左僕射杜如晦爲右僕射尚書右丞魏徵爲祕書監參預朝政三月己酉慮囚四月乙亥太上皇徙居於大安宮甲午始御太極殿戊戌賜孝義之家粟五斛八十以上二斛九十以上三斛百歲加絹二匹婦人正月以來產子者粟一斗五月乙丑周王元方薨六月戊寅以旱慮囚己卯大風拔木壬午詔文武官言事八月己巳朔日有食之丁亥李靖爲定襄道行軍大總管以伐突厥九月丁巳華州刺史柴紹爲勝州道行軍總管以伐突厥十一月庚申幷州都督李世勣爲通漠道行軍總管華州刺史柴紹爲金河道行軍總管任城郡王道宗爲大同道行軍總管幽州都督衞孝節爲恒安道行軍總管營州都督薛萬淑爲暢武道行軍總管以伐突厥十二月癸未杜如晦罷閏月癸丑爲死兵者立浮屠祠辛酉慮囚是歲中國人歸自塞外及開四夷爲州縣者百二十餘萬人

四年正月丁卯朔日有食之癸巳武德殿北院火二月己亥幸溫湯甲辰李靖及突厥戰於陰山敗之丙午至自溫湯甲寅大赦賜酺五日御史大夫溫彥博爲中書令王珪爲侍中民部尚書戴胄檢校吏部尚書參豫朝政太常卿蕭瑀爲御史大夫與宰臣參議朝政丁巳以旱詔公卿言事三月甲午李靖俘突厥頡利可汗以獻四月戊戌西北君長請上號爲天可汗六月乙卯發卒治洛陽宮七月甲子朔日有食之癸酉蕭瑀罷甲戌太上皇不豫廢朝辛卯疾愈賜都督刺史文武官及民年八十以上孝子表門閭者有差八月甲寅李靖爲尚書右僕射九月庚午瘞長城南隋人暴骨己卯如隴州壬午禁芻牧於古明君賢臣烈士之墓者十月壬辰赦岐隴二州免今歲租賦降咸陽始平武功死罪以下辛卯獵於貴泉谷甲辰獵於魚龍川獻獲於大安宮乙卯免武功今歲租賦十一月壬戌右衞大將軍侯君集爲兵部尚書參議朝政甲子至自隴州戊寅除鞭背刑十二月甲辰獵於鹿苑乙巳至自鹿苑是歲天下斷死罪者二十九人

五年正月癸酉獵於昆明池丙子至自昆明池獻獲於大安宮二月己酉封弟元裕爲鄶王元名譙王靈夔魏王元祥許王元曉密王庚戌封子愔爲梁王貞漢王惲郯王治晉王慎申王囂江王簡代王四月壬辰代王簡薨五月乙丑以金帛購隋人沒於突厥者以還其家八月甲辰遣使高麗祭隋人戰亡者戊申殺大理丞張蘊古十一月丙子有事於南郊十二月丁亥詔決死刑京師五覆奏諸州三覆奏其日尚食毋進酒肉壬寅幸溫湯癸卯獵於驪山賜新豐高年帛戊申至自溫湯癸丑赦關內

六年正月乙卯朔日有食之癸酉靜州山獠反右武衞將軍李子和敗之三月侯君集罷戊辰如九成宮丁丑降雍岐豳三州死罪以下賜民八十以上粟帛五月魏徵檢校侍中六月己亥鄭王元亨薨辛亥江王囂薨七月己巳詔天下行鄉飲酒九月己酉幸慶善宮十月侯君集起復乙卯至自慶善宮十二月辛未慮囚縱死罪者歸其家是歲諸羌內屬者三十萬人

七年正月戊子斥宇文化及黨人之子孫勿齒辛丑賜京城酺三日二月丁卯雨土三月戊子王珪罷庚寅魏徵爲侍中五月癸未如九成宮六月辛亥戴胄薨八月辛未東西洞獠寇邊右屯衞大將軍張士貴爲龔州道行軍總管以討之九月縱囚來歸皆赦之十月庚申至自九成宮乙丑京師地震十一月壬辰開府儀同三司長孫無忌爲司空十二月甲寅幸芙蓉園丙辰獵於少陵原戊午至自少陵原

八年正月辛丑張士貴及獠戰敗之壬寅遣使循省天下二月乙巳皇太子加元服丙午降死罪以下賜五品以上子爲父後者爵一級民酺三日三月庚辰如九成宮五月辛未朔日有食之是夏吐谷渾寇涼州左驍衞大將軍段志玄爲西海道行軍總管左驍衞將軍樊興爲赤水道行軍總管以伐之七月隴右山崩八月甲子有星孛於虛危十月作永安宮甲子至自九成宮十一月辛未李靖罷己丑吐谷渾寇涼州執行人鴻臚丞趙德楷十二月辛丑特進李靖爲西海道行軍大總管侯君集爲積石道行軍總管任城郡王道宗爲鄯善道行軍總管膠東郡公道彥爲赤水道行軍總管涼州都督李大亮爲且末道行軍總管利州刺史高甑生爲鹽澤道行軍總管以伐吐谷渾丁卯從太上皇閱武於城西

九年正月党項羌叛二月長孫無忌罷三月庚辰洮州羌殺刺史孔長秀附於吐谷渾壬午大赦乙酉高甑生及羌人戰敗之閏四月丙寅朔日有食之五月長孫無忌起復庚子太上皇崩皇太子聽政壬子李靖及吐谷渾戰敗之七月庚子鹽澤道行軍副總管劉德敏及羌人戰敗之十月庚寅葬太武皇帝於獻陵十一月壬戌特進蕭瑀參豫朝政

十年正月甲午復聽政癸丑徙封元景爲荆王元昌漢王元禮徐王元嘉韓王元則彭王元懿鄭王元軌霍王元鳳虢王元慶道王靈夔燕王恪吳王泰魏王祐齊王愔蜀王惲蔣王貞越王慎紀王三月癸丑出諸王爲都督六月壬申溫彥博爲尚書右僕射太常卿楊師道爲侍中魏徵罷爲特進知門下省事參議朝章國典己卯皇后崩十一月庚寅葬文德皇后於昭陵十二月蕭瑀罷庚辰慮囚

十一年正月丁亥徙封元裕爲鄧王元名舒王庚子作飛仙宮乙卯免雍州今歲租賦二月丁巳營九嵕山爲陵賜功臣密戚陪塋地及祕器甲子如洛陽宮乙丑給民百歲以上侍五人壬午獵於鹿臺嶺三月丙戌朔日有食之癸卯降洛州囚見徒免一歲租調辛亥獵於廣成澤癸丑如洛陽宮六月甲寅溫彥博薨丁巳幸明德宮己未以諸王爲世封刺史戊辰以功臣爲世封刺史己巳徙封元祥爲江王七月癸未大雨水穀洛溢乙未詔百官言事壬寅廢明德宮之玄圃院賜遭水家丙午給亳州老子廟兗州孔子廟戶各二十以奉享復涼武昭王近墓戶二十以守衞九月丁亥河溢壞陝州河北縣毀河陽中潬幸白司馬坂觀之賜瀕河遭水家粟帛十月癸丑賜先朝謀臣武將及親戚亡者塋陪獻陵十一月辛卯如懷州乙未獵於濟源麥山丙午如洛陽宮

十二年正月乙未叢州地震癸卯松州地震二月癸亥如河北縣觀底柱甲子巫州獠反夔州都督齊善行敗之乙丑如陝州丁卯觀鹽池庚午如蒲州甲戌如長春宮免朝邑今歲租賦降囚罪乙亥獵於河濱閏月庚辰朔日有食之丙戌至自長春宮七月癸酉吏部尚書高士廉爲尚書右僕射八月壬寅吐蕃寇松州侯君集爲當彌道行軍大總管率三總管兵以伐之九月辛亥闊水道行軍總管牛進達及吐蕃戰於松州敗之十月己卯獵於始平賜高年粟帛乙未至自始平鈞州山獠反桂州都督張寶德敗之十一月己巳明州山獠反交州都督李道彥敗之十二月辛巳壁州山獠反右武候將軍上官懷仁討之是歲滁豪二州野蠶成繭

十三年正月乙巳拜獻陵赦三原及行從免縣人今歲租賦賜宿衞陵邑郎將三原令爵一級丁未至自獻陵二月庚子停世封刺史三月乙丑有星孛於畢昴四月戊寅如九成宮甲申中郎將阿史那結社率反伏誅壬寅雲陽石然五月甲寅以旱避正殿詔五品以上言事減膳罷役理囚賑乏乃雨六月丙申封弟元嬰爲滕王八月辛未朔日有食之十月甲申至自九成宮十一月辛亥楊師道爲中書令戊辰尚書左丞劉洎爲黃門侍郎參知政事十二月壬申侯君集爲交河道行軍大總管以伐高昌乙亥封子福爲趙王壬辰獵於咸陽癸巳至自咸陽是歲滁州野蠶成繭

十四年正月庚子有司讀時令甲寅幸魏王泰第赦雍州長安縣免延康里今歲租賦二月丁丑觀釋奠於國學赦大理萬年縣賜學官高第生帛壬午幸溫湯辛卯至自溫湯乙未求梁皇侃褚仲都周熊安生沈重陳沈文阿周弘正張譏隋何妥劉焯劉炫之後三月羅竇二州獠反廣州總管党仁弘敗之五月壬寅徙封靈夔爲魯王六月滁州野蠶成繭乙酉大風拔木八月庚午作襄城宮癸酉侯君集克高昌九月癸卯赦高昌部及士卒父子犯死朞犯流大功犯徒小功緦麻犯杖皆原之閏十月乙未如同州甲辰獵於堯山庚戌至自同州十一月甲子有事於南郊十二月丁酉侯君集俘高昌王以獻賜酺三日癸卯獵於樊川乙巳至自樊川

十五年正月辛巳如洛陽宮次溫湯衞士崔卿刁文懿謀反伏誅三月戊辰如襄城宮四月辛卯詔以來歲二月有事於泰山乙未免洛州今歲租還戶故給復者加給一年賜民八十以上物惸獨鰥寡疾病不能自存者米二斛慮囚六月己酉有星孛於太微丙辰停封泰山避正殿減膳七月丙寅宥周隋名臣及忠烈子孫貞觀以後流配者十月辛卯獵於伊闕壬辰如洛陽宮十一月癸酉薛延陀寇邊兵部尚書李世勣爲朔州道行軍總管右衞大將軍李大亮爲靈州道行軍總管涼州都

督李襲譽爲涼州道行軍總管以伐之十二月戊子至自洛陽宮庚子命三品以上嫡子事東宮辛丑慮囚甲辰李世勣及薛延陀戰於諾眞水敗之乙巳贈戰亡將士官三轉

十六年正月乙丑遣使安撫西州戊辰募戍西州者前犯流死亡匿聽自首以應募辛未徙天下死罪囚實西州中書舍人岑文本爲中書侍郎專典機密六月戊戌太白晝見七月戊午長孫無忌爲司徒房玄齡爲司空十一月丙辰獵於武功壬戌獵於岐山之陽甲子賜所過六縣高年孤疾氈衾粟帛遂幸慶善宮庚午至自慶善宮十二月癸卯幸溫湯甲辰獵於驪山乙巳至自溫湯

十七年正月戊辰魏徵薨代州都督劉蘭謀反伏誅二月己亥慮囚戊申圖功臣於凌煙閣三月壬子禁送終違令式者丙辰齊王祐反李世勣討之甲子以旱遣使覆囚決獄乙丑齊王祐伏誅給復齊州一年四月乙酉廢皇太子爲庶人漢王元昌侯君集等伏誅丙戌立晉王治爲皇太子大赦賜文武官及五品以上子爲父後者爵一級民八十以上粟帛酺三日丁亥楊師道罷己丑特進蕭瑀爲太子太保李世勣爲太子詹事同中書門下三品庚寅謝承乾之過於太廟癸巳降封魏王泰爲東萊郡王六月己卯朔日有食之壬辰葬隋恭帝甲午以旱避正殿減膳詔京官五品以上言事丁酉高士廉同中書門下三品平章政事閏月丁巳詔皇太子典左右屯營兵丙子徙封泰爲順陽郡王七月丁酉房玄齡罷八月庚戌工部尚書張亮爲刑部尚書參豫朝政十月丁未建諸州邸於京城丁巳房玄齡起復十一月己卯有事於南郊壬午賜酺三日以涼州獲瑞石赦涼州十二月庚申幸溫湯庚午至自溫湯

十八年正月乙未如鍾官城庚子如鄠壬寅幸溫湯二月己酉如零口乙卯至自零口丁巳給復突厥高昌部人隸諸州者二年四月辛亥如九成宮七月甲午營州都督張儉率幽營兵及契丹奚以伐高麗八月壬子安西都護郭孝恪爲西州道行軍總管以伐焉耆甲子至自九成宮丁卯劉洎爲侍中岑文本爲中書令中書侍郎馬周守中書令九月黃門侍郎褚遂良參豫朝政辛卯郭孝恪及焉耆戰敗之十月辛丑朔日有食之癸卯宴雍州父老於上林苑賜粟帛甲寅如洛陽宮己巳獵於天池十一月戊寅慮囚庚辰遣使巡問鄭汝懷澤四州高年宴賜之甲午張亮爲平壤道行軍大總管李世勣馬周爲遼東道行軍大總管率十六總管兵以伐高麗十二月壬寅庶人承乾卒戊午李思摩部落叛

十九年二月庚戌如洛陽宮以伐高麗癸丑射虎於武德北山乙卯皇太子監國於定州丁巳賜所過高年鰥寡粟帛贈比干太師謚忠烈三月壬辰長孫無忌攝侍中吏部尚書楊師道攝中書令四月癸卯誓師於幽州大饗軍丁未岑文本薨癸亥李世勣克蓋牟城五月己巳平壤道行軍總管程名振克沙卑城庚午次遼澤瘞隋人戰亡者乙亥遼東道行軍總管張君乂有罪伏誅丁丑軍至馬首山甲申克遼東城六月丁酉克白巖城己未大敗高麗於安市城東南山左武衞將軍王君愕死之辛酉賜酺三日七月壬申葬死事官加爵四級以一子襲九月癸未班師十月丙午次營州以太牢祭死事者丙辰皇太子迎謁於臨渝關戊午次漢武臺刻石紀功十一月癸酉大饗軍於幽州庚辰次易州癸未平壤道行軍總管張文幹有罪伏誅丙戌次定州丁亥貶楊師道爲工部尚書十二月戊申次幷州己未薛延陀寇夏州左領軍大將軍執失思力敗之庚申殺劉洎

二十年正月辛未夏州都督喬師望及薛延陀戰敗之丁丑遣使二十二人以六條黜陟於天下庚辰赦幷州起義時編戶給復三年後附者一年二月甲午從伐高麗無功者皆賜勳一轉庚申賜所過高年鰥寡粟三月己巳至自高麗庚午不豫皇太子聽政己丑張亮謀反伏誅閏月癸巳朔日有食之六月乙亥江夏郡王道宗李世勣伐薛延陀七月辛亥疾愈李世勣及薛延陀戰敗之八月甲子封孫忠爲陳王己巳如靈州庚辰次涇州賜高年鰥寡粟帛丙戌踰隴山關次瓦亭觀牧馬丁亥許陪陵者子孫從葬九月辛卯遣使巡察嶺南甲辰鐵勒諸部請上號爲可汗辛亥靈州地震十月貶蕭瑀爲商州刺史丙戌至自靈州十一月己丑詔祭祀表疏藩客兵馬宿衞行魚契給驛授五品以上官及除解決死罪皆以聞餘委皇太子

二十一年正月壬辰高士廉薨丁酉詔以來歲二月有事於泰山甲寅以鐵勒諸部爲州縣賜京師酺三日慮囚降死罪以下二月丁丑皇太子釋菜於太學三月戊子左武衞大將軍牛進達爲青丘道行軍大總管李世勣爲遼東道行軍大總管率三總管兵以伐高麗四月乙丑作翠微宮五月戊子幸翠微宮壬辰命百司決事於皇太子庚戌李世勣克南蘇木底城六月丁丑遣使鐵勒諸部贖中國人陷沒者七月乙未牛進達克石城丙申作玉華宮庚戌至自翠微宮八月泉州海溢壬戌停封泰山九月丁酉封子明爲曹王十月癸丑褚遂良罷十一月癸卯進封泰爲濮王十二月戊寅左驍衞大將軍契苾何力爲崑丘道行軍大總管率三總管兵以伐龜茲

二十二年正月庚寅馬周薨戊戌幸溫湯己亥中書舍人崔仁師爲中書侍郎參知機務丙午左武衞大將軍薛萬徹爲青丘道行軍大總管以伐高麗長孫無忌檢校中書令知尚書門下省事戊申至自溫湯二月褚遂良起復乙卯見京城父老勞之蠲今歲半租畿縣三之一丁卯詔度遼水有功未酬勳而犯罪者與成官同乙亥幸玉華宮己卯獵於華原流崔仁師於連州三月丁亥赦宜君給復縣人自玉華宮苑中遷者三年四月丁巳松州蠻叛右武候將軍梁建方敗之六月丙寅張行成存問河北從軍者家令州縣爲營農丙子薛萬徹及高麗戰於泊灼城敗之七月甲申太白晝見壬辰殺華州刺史李君羨癸卯房玄齡薨八月己酉朔日有食之辛未執失思力伐薛延陀餘部於金山九月庚辰崑丘道行軍總管阿史那社尒及薛延陀餘部處月處蜜戰敗之己亥褚遂良爲中書令壬寅眉邛雅三州獠反茂州都督張士貴討之十月癸丑至自玉華宮己巳阿史那社尒及龜茲戰敗之十二月辛未降長安萬年徒罪以下閏月癸巳慮囚

二十三年正月辛亥阿史那社尒俘龜茲王以獻三月己未自冬旱至是雨辛酉大赦丁卯不豫命皇太子聽政於金液門四月己亥幸翠微宮五月戊午貶李世勣爲疊州都督己巳皇帝崩于含風殿年五十三庚午奉大行御馬輿還京師禮部尚書于志寧爲侍中太子少詹事張行成兼侍中高季輔兼中書令壬申發喪謚曰文上元元年改謚文武聖皇帝天寶八載謚文武大聖皇帝十三載增謚文武大聖大廣孝皇帝

贊曰甚矣至治之君不世出也禹有天下傳十有六王而少康有中興之業湯有天下傳二十八王而其甚盛者號稱三宗武王有天下傳三十六王而成康之治與宣之功其餘無所稱焉雖詩書所載時有闕略然三代千有七百餘年傳七十餘君其卓然著見於後世者此六七君而已嗚呼可謂難得也唐有天下傳世二十其可稱者三君玄宗憲宗皆不克其終盛哉太宗之烈也其除隋之亂比迹湯武致治之美庶幾成康自古功德兼隆由漢以來未之有也至其牽於多愛復立浮圖好大喜功勤兵於遠此中材庸主之所常爲然春秋之法常責備於賢者是以後世君子之欲成人之美者莫不歎息於斯焉

唐書卷二考證

太宗紀年五十三〇舊書作五十二臣酉按太宗生于隋開皇十八年戊午至是年己酉乃五十二當從舊書

唐書卷三

宋　翰　林　學　士　歐　陽　修　撰

本紀第三

高宗天皇大聖大弘孝皇帝諱治字爲善太宗第九子也母曰文德皇后長孫氏始封晉王貞觀七年遙領幷州都督十七年太子承乾廢而魏王泰次當立亦以罪黜乃立子治爲皇太子太宗嘗命皇太子遊觀習射太子辭以非所好願得奉至尊居膝下太宗大喜乃營寢殿側爲別院使太子居之太宗每視朝皇太子常侍觀決庶政二十三年太宗有疾詔皇太子聽政於金液門四月從幸翠微宮太宗崩以羽檄發六府甲士四千衞皇太子入于京師六月甲戌即皇帝位于柩前大赦賜文武官勳一轉民八十以上粟帛給復雍州及比歲供軍所一年癸未長孫無忌爲太尉癸巳檢校洛州刺史李勣爲開府儀同三司參掌機密八月癸酉河東地震乙亥又震庚辰遣使存問河東給復二年賜壓死者人絹二匹庚寅葬文皇帝于昭陵九月甲寅荆王元景爲司徒吳王恪爲司空乙卯李勣爲尚書左僕射同中書門下三品十一月乙丑晉州地震左翊衞郎將高侃伐突厥是冬無雪

永徽元年正月辛丑改元丙午立妃王氏爲皇后張行成爲侍中二月辛卯封子孝爲許王上金杞王素節雍王四月己巳晉州地震五月己未太白晝見六月高侃及突厥戰于金山敗之庚辰晉州地震詔五品以上言事七月辛酉以旱慮囚八月戊辰給五品以上解官充侍者半祿加賜帛庚午降死罪以下九月癸卯高侃俘突厥車鼻可汗以獻十月戊辰李勣罷左僕射十一月己未貶褚遂良爲同州刺史十二月庚午獠州獠寇邊梓州都督謝萬歲死之

二年正月戊戌開義倉以賑民乙巳黃門侍郎宇文節

中書侍郎柳奭同中書門下三品乙卯瑤池都督阿史那賀魯叛四月乙丑命有司毋進肉食訖于五月七月丁未賀魯寇庭州左武衞大將軍梁建方右驍衞大將軍契苾何力爲弓月道行軍總管以伐之八月己巳高季輔爲侍中于志寧爲尚書左僕射張行成爲右僕射同中書門下三品己卯白水蠻寇邊左領軍將軍趙孝祖爲郎州道行軍總管以伐之九月癸卯以同州苦泉牧地賜貧民十月辛卯晉州地震十一月辛酉有事于南郊癸酉禁進犬馬鷹鶻戊寅忻州地震甲申雨木冰是月竇州義州蠻寇邊桂州都督劉伯英敗之趙孝祖及白水蠻戰于羅仵候山敗之十二月乙未太白晝見壬子處月朱邪孤注殺招慰使單道惠叛附于賀魯是冬無雪

三年正月癸亥梁建方及處月戰于牢山敗之甲子以旱避正殿減膳降囚罪徒以下原之己巳褚遂良爲吏部尚書同中書門下三品丙子享于太廟丁亥耕籍田三月辛巳雨土宇文節爲侍中柳奭守中書令四月庚寅趙孝祖及白水蠻戰敗之甲午彭王元則薨是月兵部侍郎韓瑗爲黃門侍郎同中書門下三品五月庚申求齊侍中崔季舒給事黃門侍郎裴澤隋儀同三司豆盧毓御史中丞游楚客子孫官之七月丁巳立陳王忠爲皇太子大赦賜五品以上子爲父後者勳一轉民酺三日九月丙辰求周司沐大夫裴融尚書左丞封孝琰子孫官之是月中書侍郎來濟同中書門下三品十二月癸巳濮王泰薨

四年二月甲申駙馬都尉房遺愛薛萬徹柴令武高陽巴陵公主謀反伏誅殺荊王元景吳王恪乙酉流宇文節于桂州戊子廢蜀王愔爲庶人己亥徐王元禮爲司徒李勣爲司空四月壬寅以旱慮囚遣使決天下獄減殿中太僕馬粟詔文武官言事甲辰避正殿減膳六月己丑太白晝見八月己亥隕石于馮翊十有八九月壬戌張行成薨甲戌褚遂良爲尚書右僕射十月庚子幸溫湯甲辰赦新豐乙巳至自溫湯戊申睦州女子陳碩眞反婺州刺史崔義玄討之十一月庚戌陳碩眞伏誅癸丑兵部尚書崔敦禮爲侍中丁巳柳奭爲中書令十二月庚子高季輔薨

五年正月丙寅以旱詔文武官朝集使言事三月戊午如萬年宮乙丑次鳳泉湯辛未赦岐州及所過徒罪以下六月癸亥柳奭罷丙寅河北大水遣使慮囚八月己未詔免麟游岐陽今歲課役岐州及供頓縣半歲九月丁酉至自萬年宮十月癸卯築京師羅郭起觀于九門

六年正月壬申拜昭陵赦醴泉及行從免縣今歲租調陵所宿衞進爵一級令丞加一階癸酉以少牢祭陪葬者甲戌至自昭陵庚寅封子弘爲代王賢潞王二月乙巳皇太子加元服降死罪以下賜酺三日五品以上爲父後者勳一轉乙丑營州都督程名振左衞中郎將蘇定方伐高麗五月壬午及高麗戰于貴端水敗之癸未左屯衞大將軍程知節爲蔥山道行軍大總管以伐賀魯壬辰韓瑗爲侍中來濟爲中書令七月乙酉崔敦禮爲中書令是月中書舍人李義府爲中書侍郎參知政事九月庚午貶褚遂良爲潭州都督乙酉洛水溢十月齊州黃河溢己酉廢皇后爲庶人乙卯立宸妃武氏爲皇后丁巳大赦賜民八十以上粟帛十一月己巳皇后見于太廟戊子停諸州貢珠癸巳詔禁吏酷法及爲隱名書者是冬皇后殺王庶人

顯慶元年正月辛未廢皇太子爲梁王立代王弘爲皇太子壬申大赦改元賜五品以上子爲父後者勳一轉民酺三日八十以上粟帛丙戌禁胡人爲幻戲者甲午放宮人三月辛巳皇后親蠶丙戌戶部侍郎杜正倫爲黃門侍郎同中書門下三品四月壬寅詔五品以上老疾不以罪者同致仕壬子矩州人謝無零反伏誅七月癸未崔敦禮爲太子少師同中書門下三品八月丙申崔敦禮薨辛丑程知節及賀魯部歌邏祿處月戰于榆慕谷敗之九月庚辰括州海溢癸未程知節及賀魯戰于怛篤城敗之十一月乙丑以子顯生賜京官朝集使勳一轉自八月霜且雨至於是月是歲龜茲大將羯獵顛附于賀魯左屯衞大將軍楊胄伐之

二年閏正月壬寅如洛陽宮庚戌右屯衞將軍蘇定方爲伊麗道行軍總管以伐賀魯二月癸亥降洛州囚罪徒以下原之免民一歲租調賜百歲以上氈衾粟帛庚午封子顯爲周王壬申徙封素節爲郇王三月戊申禁舅姑拜公主父母拜王妃癸丑李義府兼中書令五月丙申幸明德宮七月丁亥如洛陽宮八月丁卯貶韓瑗爲振州刺史來濟爲台州刺史辛未衞尉卿許敬宗爲侍中九月庚寅杜正倫兼中書令十一月戊戌如許州甲辰遣使慮所過州縣囚乙巳獵于溵南壬子講武于新鄭赦鄭州免一歲租賦賜八十以上粟帛其嘗事高祖任佐史者以名聞十二月乙卯如洛陽宮丁巳蘇定方敗賀魯于金牙山執之丁卯以洛陽宮爲東都

三年正月戊申楊胄及龜茲羯獵顛戰于泥師城敗之二月甲戌至自東都戊寅慮囚六月壬子程名振及高麗戰于赤烽鎭敗之十一月乙酉貶杜正倫爲橫州刺史李義府普州刺史戊子許敬宗檢校中書令甲午蘇定方俘賀魯以獻戊戌許敬宗爲中書令大理卿辛茂將兼侍中

四年三月壬午崐陵都護阿史那彌射及西突厥眞珠葉護戰于雙河敗之四月丙辰于志寧爲太子太師同中書門下三品乙丑黃門侍郎許圉師同中書門下三品戊辰流長孫無忌于黔州于志寧罷五月己卯許圉師爲中書侍郎同中書門下三品丙申兵部尚書任雅相度支尚書盧承慶參知政事戊戌殺涼州都督長史趙持滿七月己丑以旱避正殿壬辰慮囚八月壬子李義府爲吏部尚書同中書門下三品十月丙午皇太子加元服大赦賜五品以上子孫爲父祖後者勳一轉民酺三日閏月戊寅如東都皇太子監國辛巳詔所過供頓免今歲租賦之半賜民八十以上氈衾粟帛十一月丙午許圉師爲左散騎常侍檢校侍中戊午辛茂將薨癸亥賀魯部悉結闕俟斤都曼寇邊左驍衞大將軍蘇定方爲安撫大使以伐之盧承慶同中書門下三品

五年正月癸卯蘇定方俘都曼以獻甲子如幷州己巳次長平賜父老布帛二月丙戌赦幷州及所過州縣義旗初嘗任五品以上葬幷州者祭之加佐命功臣食別封者子孫二階大將軍府僚佐存者一階民年八十以上版授刺史縣令賜酺三日甲午祠舊宅三月丙午皇后宴親族鄰里于朝堂會命婦于內殿賜從官五品以上幷州長史司馬勳一轉婦人八十以上版授郡君賜氈衾粟帛己酉講武于城西辛亥左武衞大將軍蘇定方爲神兵道行軍大總管新羅王金春秋爲嵎夷道行軍總管率三將軍及新羅兵以伐百濟四月癸巳如東都五月辛丑作八關宮戊辰定襄都督阿史德樞賓爲沙磚道行軍總管以伐契丹六月庚午朔日有食之七月乙巳廢梁王忠爲庶人丁卯盧承慶罷八月庚辰蘇定方及百濟戰敗之壬午左武衞大將軍鄭仁泰及悉結拔也固僕骨同羅戰敗之癸未赦神兵道大總管以下軍士及其家賜民酺三日十一月戊戌蘇定方俘百濟王以獻甲寅如許州十二月辛未獵于安樂川己卯如東都壬午左驍衞大將軍契苾何力爲浿江道行軍大總管蘇定方爲遼東道行軍大總管左驍衞將軍劉伯英爲平壤道行軍大總管以伐高麗阿史德樞賓及奚契丹戰敗之

龍朔元年正月戊午鴻臚卿蕭嗣業爲扶餘道行軍總管以伐高麗二月乙未改元赦洛州四月庚辰任雅相爲浿江道行軍總管契苾何力爲遼東道行軍總管蘇定方爲平壤道行軍總管蕭嗣業爲扶餘道行軍總管右驍衞將軍程名振爲鏤方道行軍總管左驍衞將軍龐孝泰爲沃沮道行軍總管率三十五軍以伐高麗甲午晦日有食之六月辛巳太白經天八月甲戌蘇定方及高麗戰于浿江敗之九月癸卯及皇后幸李勣許圉師第壬子徙封賢爲沛王十月丁卯獵于陸渾戊辰獵于非山癸酉如東都鄭仁泰爲鐵勒道行軍大總管蕭嗣業爲仙蕚道行軍大總管左驍衞大將軍阿史那忠爲長岑道行軍大總管以伐鐵勒

二年二月甲子大易官名甲戌任雅相薨戊寅龐孝泰及高麗戰于蛇水死之三月庚寅鄭仁泰及鐵勒戰于天山敗之乙巳如河北縣辛亥如蒲州癸丑如同州四月庚申至自同州辛巳作蓬萊宮六月癸亥禁宗戚獻纂組雕鏤七月戊子以子旭輪生滿月大赦賜酺三日右威衞將軍孫仁師爲熊津道行軍總管以伐百濟戊戌李義府罷八月壬寅許敬宗爲太子少師同東西臺三品九月丁丑李義府起復十月丁酉幸溫湯皇太子監國丁未至自溫湯庚戌西臺侍郎上官儀同東西臺三品十一月辛未貶許圉師爲虔州刺史癸酉封子旭輪爲殷王是歲右衞將軍蘇海政爲𨱍海道行軍總管以伐龜茲海政殺崑陵都督阿史那彌射

三年正月乙丑李義府爲右相二月減百官一月俸賦雍同等十五州民錢以作蓬萊宮乙亥殺駙馬都尉韋正矩庚戌慮囚四月戊子流李義府于巂州五月壬午柳州蠻叛冀州都督長史劉伯英以嶺南兵伐之六月吐蕃攻吐谷渾涼州都督鄭仁泰爲靑海道行軍大總管以救之八月癸卯有彗星出于左攝提戊申詔百寮言事遣按察大使于十道九月戊午孫仁師及百濟戰于白江敗之十月辛巳詔皇太子五日一至光順門監諸司奏事小事決之十一月甲戌雨木冰十二月庚子改明年爲麟德元年降京師雍州諸縣死罪以下壬寅安西都護高賢爲行軍總管以伐弓月

麟德元年二月戊子如福昌宮癸卯如萬年宮四月壬午道王元慶薨五月戊申許王孝薨丙寅以旱避正殿七月丁未詔以三年正月有事于泰山八月己卯幸舊第降萬年縣死罪以下壬午至自萬年宮丁亥司列太常伯劉祥道兼右相大司憲竇德玄爲司元太常伯檢

校左相十二月丙戌殺上官儀戊子殺庶人忠劉祥道罷太子右中護樂彥瑋西臺侍郎孫處約同知軍國政事是冬無雪

二年二月壬午如東都三月甲寅司戎太常伯姜恪同東西臺三品戊午遣使慮京師諸司及雍洛二州囚閏月癸酉日有食之是春疏勒弓月吐蕃攻于闐西州都督崔智辯左武衛將軍曹繼叔救之四月丙午赦桂廣黔三都督府丙寅講武于邙山之陽戊辰左侍極陸敦信檢校右相孫處約樂彥瑋罷七月己丑鄧王元裕薨十月壬戌帶方州刺史劉仁軌爲大司憲兼知政事丁卯如泰山大有年

乾封元年正月戊辰封于泰山庚午禪于社首以皇后爲亞獻壬申大赦改元賜文武官階勳爵民年八十以上版授下州刺史司馬縣令婦人郡縣君七十以上至八十賜古爵一級民酺七日女子百戶牛酒免所過今年租賦給復齊州一年半兖州二年辛卯幸曲阜祠孔子贈太師二月己未如亳州祠老子追號太上玄元皇帝縣人宗姓給復一年四月甲辰至自亳州庚戌陸敦信罷六月壬寅高麗泉男生請內附右驍衛大將軍契苾何力爲遼東安撫大使率兵援之左金吾衛將軍龐同善營州都督高侃爲遼東道行軍總管左武衛將軍薛仁貴左監門衛將軍李謹行爲後援七月乙丑徙封旭輪爲豫王庚午劉仁軌兼右相八月辛丑竇德玄薨丁未殺始州刺史武惟良淄州刺史武懷運九月龐同善及高麗戰敗之十二月己酉李勣爲遼東道行臺大總管率六總管兵以伐高麗

二年正月丁丑以旱避正殿減膳慮囚二月丁酉涪陵郡王愔薨辛丑禁工商乘馬六月乙卯西臺侍郎楊武戴至德東臺侍郎李安期司烈少常伯趙仁本同東西臺三品東臺舍人張文瓘參知政事七月己卯以旱避正殿減膳遣使慮囚八月己丑朔日有食之辛亥李安期罷九月庚申以餌藥皇太子監國辛未李勣及高麗戰于新城敗之是歲嶺南洞獠陷瓊州

總章元年正月壬子劉仁軌爲遼東道副大總管兼安撫大使浿江道行軍總管二月丁巳皇太子釋奠于國學戊寅如九成宮壬午李勣敗高麗克扶餘南蘇木底蒼巖城三月庚寅大赦改元四月乙卯贈顏回太子少師曾參太子少保丙辰有彗星出于五車避正殿減膳撤樂詔內外官言事庚申以太原元從西府功臣爲二等第一功後官無五品者授其子若孫一人有至四品五品者加二階有三品以上加爵三等第二功後官無五品者授其子若孫從六品一人有至五品者加一階六品者二階三品以上爵一等辛巳楊武薨八月癸酉至自九成宮九月癸巳李勣敗高麗王高藏執之十二月丁巳俘高藏以獻丁卯有事于南郊甲戌姜恪檢校左相司平太常伯閻立本守右相

二年二月辛酉右肅機李敬玄爲西臺侍郎張文瓘爲東臺侍郎同東西臺三品三月丙戌東臺侍郎郝處俊同東西臺三品癸巳皇后親蠶四月己酉如九成宮六月戊申朔日有食之七月癸巳左衛大將軍契苾何力爲烏海道行軍大總管以援吐谷渾九月庚寅括州海溢壬寅如岐州乙巳赦岐州賜高年粟帛十月丁巳至自岐州十一月丁亥徙封旭輪爲冀王改名輪十二月戊申李勣薨是冬無雪

咸亨元年正月丁丑劉仁軌罷二月戊申慮囚丁巳東南有聲若雷三月甲戌大赦改元壬辰許敬宗罷四月癸卯吐蕃陷龜茲撥換城廢安西四鎮己酉李敬玄罷辛亥右威衛大將軍薛仁貴爲邏娑道行軍大總管以伐吐蕃庚午如九成宮雍州大雨雹高麗酋長鉗牟岑叛寇邊左監門衛大將軍高侃爲東州道行軍總管右領軍衛大將軍李謹行爲燕山道行軍總管以伐之六月壬寅朔日有食之七月甲戌以雍華蒲同四州旱遣使慮囚減中御諸廄馬戊子李敬玄起復薛仁貴及吐蕃戰于大非川敗績八月庚戌以穀貴禁酒丁巳至自九成宮甲子趙王福薨丙寅以旱避正殿減膳九月丁丑給復雍華同岐邠隴六州一年閏月癸卯皇后以旱請避位甲寅姜恪爲涼州道行軍大總管以伐吐蕃十月庚辰詔文武官言事乙未趙仁本罷十二月庚寅復官名是歲大饑

二年正月乙巳如東都皇太子監國二月辛未遣使存問諸州四月戊子大風雨雹六月癸巳以旱慮囚九月地震丙申徐王元禮薨十月丙子求明禮樂之士十一月甲午朔日有食之庚戌如許州遣使存問所過疾老鰥寡慮囚十二月癸酉獵于昆陽丙戌如東都是歲姜恪爲侍中閻立本爲中書令

三年正月辛丑姚州蠻寇邊太子右衛副率梁積壽爲姚州道行軍總管以伐之二月己卯姜恪薨四月壬申校旗于洛水之陰九月癸卯徙封賢爲雍王十月己未皇太子監國十一月戊子朔日有食之甲辰至自東都十二月金紫光祿大夫致仕劉仁軌爲太子左庶子同中書門下三品

四年正月丙辰鄭王元懿薨四月丙子如九成宮閏五月丁卯禁作篳捕魚營圈取獸者八月辛丑以不豫詔皇太子聽諸司啓事己酉大風落太廟鴟尾十月壬午閻立本薨乙未以皇太子納妃赦岐州賜酺三日乙巳至自九成宮

上元元年二月壬午劉仁軌爲雞林道行軍大總管以伐新羅三月辛亥朔日有食之己巳皇后親蠶八月壬辰皇帝稱天皇皇后稱天后追尊六代祖宣簡公爲宣皇帝妣張氏曰宣莊皇后五代祖懿王爲光皇帝妣賈氏曰光懿皇后增高祖太宗及后謚大赦改元賜酺三日十一月丙午如東都己酉獵于華山曲武原十二月癸未蔣王惲自殺

二年正月己未給復雍同華岐隴五州一年辛未吐蕃請和二月劉仁軌及新羅戰于七重城敗之三月丁巳天后親蠶四月辛巳天后殺周王顯妃趙氏丙戌以旱避正殿減膳撤樂詔百官言事己亥天后殺皇太子五月戊申追號皇太子爲孝敬皇帝六月戊寅立雍王賢爲皇太子大赦七月辛亥杞王上金免官削封邑八月庚寅葬孝敬皇帝于恭陵丁酉詔婦人爲宮官者歲一見其親庚子張文瓘爲侍中郝處俊爲中書令劉仁軌爲尚書左僕射戴至德爲右僕射十月庚辰雍州雨雹壬午有彗星出于角亢

儀鳳元年正月壬戌徙封輪爲相王丁卯納州獠寇邊二月丁亥如汝州溫湯遣使慮免汝州輕繫三月癸卯黃門侍郎來恒中書侍郎薛元超同中書門下三品甲辰如東都免汝州今歲半租賜民八十以上帛閏月己巳吐蕃寇鄯廓河芳四州左監門衛中郎將令狐智通伐之乙酉周王顯爲洮河道行軍元帥領左衛大將軍劉審禮等十二總管相王輪爲涼州道行軍元帥領契苾何力等軍以伐吐蕃四月戊申至自東都甲寅中書侍郎李義琰同中書門下三品戊午如九成宮六月癸亥黃門侍郎高智周同中書門下三品七月丁亥有彗星出于東井乙未吐蕃寇疊州八月庚子避正殿減膳撤樂損食粟馬慮囚詔文武官言事甲子停南北中尚梨園作坊減少府雜匠是月青州海溢十月乙未至自九成宮丙午降封郇王素節鄱陽郡王十一月壬申大赦改元庚寅李敬玄爲中書令十二月戊午來恒薛元超爲河南河北道大使

二年正月乙亥耕籍田庚辰京師地震四月太子左庶子張大安同中書門下三品五月吐蕃寇扶州八月辛亥劉仁軌爲洮河軍鎮守使十月壬辰徙封顯爲英王更名哲十二月乙卯募關內河東猛士以伐吐蕃是歲西突厥及吐蕃寇安西冬無雪

三年正月丙子李敬玄爲洮河道行軍大總管以伐吐蕃癸未遣使募河南河北猛士以伐吐蕃四月丁亥以旱避正殿慮囚戊申大赦改明年爲通乾元年癸丑涇州民生子異體連心五月壬戌如九成宮大雨霖九月辛酉至自九成宮癸亥張文瓘薨丙寅李敬玄劉審禮及吐蕃戰于青海敗績審禮死之十月丙申停劍南隴右歲貢丙午密王元曉薨閏十一月丙申雨木冰壬子來恒薨十二月癸丑罷通乾號

調露元年正月戊子如東都庚戌戴至德薨四月辛酉郝處俊爲侍中五月丙戌皇太子監國戊戌作紫桂宮六月辛亥大赦改元吏部侍郎裴行儉伐西突厥九月壬午行儉敗西突厥執其可汗都支十月突厥溫傅奉職二部寇邊單于大都護府長史蕭嗣業伐之十一月戊寅高智周罷甲辰禮部尚書裴行儉爲定襄道行軍大總管以伐突厥

永隆元年二月癸丑如汝州溫湯丁巳如少室山乙丑如東都三月裴行儉及突厥戰于黑山敗之四月乙丑如紫桂宮戊辰黃門侍郎裴炎崔知溫中書侍郎王德眞同中書門下三品五月丁酉太白經天七月己卯吐蕃寇河源辛巳李敬玄及吐蕃戰于湟川敗績左武衛將軍黑齒常之爲河源軍經略大使丙申江王元祥薨突厥寇雲州都督竇懷哲敗之八月丁未如東都丁巳貶李敬玄爲衡州刺史甲子廢皇太子爲庶人乙丑立英王哲爲皇太子大赦改元賜酺三日己巳貶張大安爲普州刺史九月甲申王德眞罷十月壬寅降封曹王明爲零陵郡王戊辰至自東都十一月壬申朔日有食之

開耀元年正月乙亥突厥寇原慶二州辛巳賜京官九品以上酺三日癸巳裴行儉爲定襄道行軍大總管以伐突厥己亥減殿中太僕馬省諸方貢獻免雍岐華同四州二歲稅河南河北一年調二月丙午皇太子釋奠于國學三月辛卯郝處俊罷五月乙酉常州人劉龍子謀反伏誅丙戌定襄道副總管曹懷舜及突厥戰于橫水敗績己丑黑齒常之及吐蕃戰于良非川敗之六月壬子永嘉郡王晫有罪伏誅七月己丑以太平公主下嫁赦京師甲午劉仁軌罷左僕射閏月丁未裴炎爲侍

中崔知溫薛元超守中書令庚戌以餌藥皇太子監國庚申裴行儉及突厥戰敗之八月丁卯以河南河北大水遣使賑乏絕室廬壞者給復一年溺死者贈物人三段九月丙申有彗星出于天市壬戌裴行儉俘突厥溫傅可汗阿史那伏念以獻乙丑改元赦定襄軍及諸道緣征官吏兵募十月丙寅朔日有食之十一月癸卯徙庶人賢于巴州

永淳元年二月癸未以孫重照生滿月大赦改元賜酺三日是月突厥車薄啊芻寇邊三月戊午立重照爲皇太孫四月甲子朔日有食之丙寅如東都皇太子監國辛未裴行儉爲金牙道行軍大總管率三總管兵以伐突厥安西副都護王方翼及車薄咽芻戰于熱海敗之丁亥黃門侍郎郭待舉兵部侍郎岑長倩祕書員外少監郭正一吏部侍郎魏玄同與中書門下同承受進止平章事五月乙卯洛水溢六月甲子突厥骨咄祿寇邊嵐州刺史王德茂死之是月大蝗人相食七月作萬泉宮己亥作奉天宮庚申零陵郡王明自殺九月吐蕃寇柘州驍衛郎將李孝逸伐之十月甲子京師地震丙寅黃門侍郎劉齊賢同中書門下平章事

弘道元年正月甲午幸奉天宮二月庚午突厥寇定州刺史霍王元軌敗之三月庚寅突厥寇單于都護府司馬張行師死之庚子李義琰罷丙午有彗星出于五車癸丑崔知溫薨四月己未如東都壬申郭待舉郭正一同中書門下平章事甲申綏州部落稽白鐵余寇邊右武衛將軍程務挺敗之五月乙巳突厥寇蔚州刺史李思儉死之七月甲辰徙封輪爲豫王改名旦薛元超罷八月乙丑皇太子朝于東都皇太孫留守京師丁卯滹沱溢己巳河溢壞河陽城九月乙丑以太平公主子生赦東都十月癸亥幸奉天宮十一月戊戌右武衛將軍程務挺爲單于道安撫大使以伐突厥辛丑皇太子監國丁未如東都戊申裴炎劉齊賢郭正一兼於東宮平章事十二月丁巳改元大赦是夕皇帝崩于貞觀殿年五十六諡曰天皇大帝天寶八載改諡天皇大聖皇帝十三載增諡天皇大聖大弘孝皇帝

贊曰小雅曰赫赫宗周褒姒滅之此周幽王之詩也是時幽王雖亡而太子宜臼立是爲平王而詩人乃言滅之者以爲文武之業於是蕩盡東周雖在不能復興矣其曰滅者甚疾之之辭也武氏之亂唐之宗室戕殺殆盡其賢士大夫不免者十八九以太宗之治其遺德餘烈在人者未遠而幾於遂絕其爲惡豈一褒姒之比邪以太宗之明昧於知子廢立之際不能自決卒用昏童高宗溺愛袵席不戒履霜之漸而毒流天下貽禍邦家嗚呼父子夫婦之間可謂難哉可不慎哉

唐書卷三考證

高宗紀顯慶二年三月癸丑李義府兼中書令○舊書作甲子沈炳震曰按是月無甲子當從新書

咸亨三年十月己未皇太子監國十一月甲辰至自東都○臣酉按二年正月如東都皇太子監國至是月甲辰始書至自東都則自去年至此皆皇太子監國也此處例不應複書豈因舊書之誤未及刪去耶

唐書卷四

宋翰林學士歐陽修撰

本紀第四

則天順聖皇后武氏諱曌并州文水人也父士彠官至工部尚書荊州都督封應國公后年十四太宗聞其有色選爲才人太宗崩后削髮爲比丘尼居于感業寺高宗幸感業寺見而悅之復召入宮久之立爲昭儀進號宸妃永徽六年高宗廢皇后王氏立宸妃爲皇后高宗自顯慶後多苦風疾百司奏事時時令后決之常稱旨由是參豫國政后既專寵與政乃數上書言天下利害務收人心而高宗春秋高苦疾后益用事遂不能制高宗悔陰欲廢之而謀泄不果上元元年高宗號天皇皇后亦號天后天下之人謂之二聖弘道元年十二月高宗崩遺詔皇太子即皇帝位軍國大務不決者兼取天后進止甲子皇太子即皇帝位尊后爲皇太后臨朝稱制大赦賜九品以下勳官一級庚午韓王元嘉爲太尉霍王元軌爲司徒舒王元名爲司空甲戌劉仁軌爲尚書左僕射裴炎爲中書令劉齊賢爲侍中同中書門下三品戊寅郭待舉魏玄同岑長倩同中書門下三品癸未郭正一罷

光宅元年正月癸未改元嗣聖癸巳左散騎常侍韋弘敏爲太府卿同中書門下三品二月戊午廢皇帝爲廬陵王幽之己未立豫王旦爲皇帝妃劉氏爲皇后立永平郡王成器爲皇太子大赦改元爲文明賜文武官五品以上爵一等九品以上勳兩轉老人版授官賜粟帛職官五品以上舉所知一人皇太后仍臨朝稱制庚申廢皇太孫重照爲庶人殺庶人賢于巴州甲子皇帝率羣臣上尊號于武成殿丁卯冊皇帝丁丑太常卿王德眞爲侍中中書侍郎劉禕之同中書門下三品庚辰贈玉清觀道士大中大夫王遠知金紫光祿大夫三月丁亥徙封上金爲畢王素節葛王四月丁巳滕王元嬰薨辛酉徙封上金爲澤王素節許王癸酉遷廬陵王于房州丁丑又遷于均州五月癸巳以大喪禁射獵閏月甲子禮部尚書武承嗣爲太常卿同中書門下三品七月戊午廣州崑崙殺其都督路元叡乙丑突厥寇朔州左武衛大將軍程務挺敗之辛未有彗星出于西方八月庚寅葬天皇大帝于乾陵丙午武承嗣罷九月甲寅大赦改元旗幟尚白易內外官服青者以碧大易官名改東都爲神都追尊老子母爲先天太后丙辰左威衛大將軍程務挺爲單于道安撫大使以備突厥己巳追尊武氏五代祖克己爲魯國公妣裴氏爲魯國夫人高祖居常爲太尉北平郡王妣劉氏爲王妃曾祖儉爲太尉金城郡王妣宋氏爲王妃祖華爲太尉太原郡王妣趙氏爲王妃考士彠爲太師魏王妣楊氏爲王妃丁丑柳州司馬李敬業舉兵于揚州以討亂貶韋弘敏爲汾州刺史十月癸未楚州司馬李崇福以山陽安宜鹽城三縣歸于敬業甲申左玉鈐衛大將軍梁郡公孝逸爲揚州道行軍大總管左金吾衛大將軍李知十爲副率兵三十萬以拒李敬業丁亥左肅政臺御史大夫騫味道檢校內史同鳳閣鸞臺三品鳳閣舍人李景諶同鳳閣鸞臺平章事壬辰李敬業克潤州丙申殺裴炎追諡五代祖魯國公曰靖高祖北平郡王曰恭肅曾祖金城郡王曰義康祖太原郡王曰安成考魏王曰忠孝丁酉曲赦揚楚二州復敬業姓徐氏貶劉齊賢爲辰州刺史李景諶罷右史沈君諒著作郎崔詧爲正諫大夫同鳳閣鸞臺平章事十一月辛亥左鷹揚衛大將軍黑齒常之爲江南道行軍大總管庚申右監門衛將軍蘇孝祥及徐敬業戰于阿谿死之乙丑徐敬業將王那相殺敬業降丁卯郭待舉罷鸞臺侍郎韋方質爲鳳閣侍郎同鳳閣鸞臺平章事十二月戊子遣御史察風俗癸卯殺程務挺

垂拱元年正月丁未大赦改元庚戌騫味道守內史戊辰劉仁軌薨二月乙巳春官尚書武承嗣秋官尚書裴居道右肅政臺御史大夫韋思謙同鳳閣鸞臺三品突厥寇邊左玉鈐衛中郎將淳于處平爲陽曲道行軍總管以擊之沈君諒罷三月崔詧罷丙辰遷廬陵王于房州辛酉武承嗣罷辛未頒垂拱格四月丙子貶騫味道爲青州刺史癸未淳于處平及突厥戰于忻州敗績五月丙午裴居道爲納言丁未流王德眞于象州己酉冬官尚書蘇良嗣守納言封皇帝子成義爲恒王壬戌以旱慮囚壬申韋方質同鳳閣鸞臺三品六月天官尚書韋待價同鳳閣鸞臺三品九月丁卯揚州地生毛十一月癸卯韋待價爲燕然道行軍大總管以擊突厥

二年正月辛酉大赦賜酺三日內外官勳一轉二月辛未朔日有食之三月戊申作銅匭四月庚辰岑長倩爲內史五月丙午裴居道爲內史六月辛未蘇良嗣同鳳閣鸞臺三品己卯韋思謙守納言十月己巳有山出于新豐縣改新豐爲慶山赦囚給復一年賜酺三日十二月免并州百姓庸調終其身是冬無雪

三年閏正月丁卯封皇帝子隆基爲楚王隆範衛王隆業趙王二月己亥以旱避正殿減膳丙辰突厥寇昌平黑齒常之擊之三月乙丑韋思謙罷四月辛丑追號孝敬皇帝妃裴氏曰哀皇后葬于恭陵癸丑以旱慮囚命京官九品以上言事壬戌裴居道爲納言五月丙寅夏官侍郎張光輔爲鳳閣侍郎同鳳閣鸞臺平章事庚午殺劉禕之七月丁卯冀州雌雞化爲雄乙亥京師地震雨金于廣州八月壬子魏玄同兼檢校納言交阯人李嗣仙殺安南都護劉延祐據交州桂州司馬曹玄靜敗之是月突厥寇朔州燕然道行軍大總管黑齒常之敗之九月己卯虢州人楊初成自稱郎將募州人迎廬陵王于房州不果見殺十月庚子右監門衛中郎將爨寶璧及突厥戰敗績十二月壬辰韋待價爲安息道行軍大總管安西大都護閻溫古副之以擊吐蕃是歲大饑

四年正月甲子增七廟立高祖太宗高宗廟于神都庚午毀乾元殿作明堂三月壬戌殺麟臺少監周思茂四月戊戌殺太子通事舍人郝象賢五月庚申得寶圖于洛水乙亥加尊號爲聖母神皇六月丁亥朔日有食之得瑞石于汜水七月丁巳大赦改寶圖爲天授聖圖洛水爲永昌洛水封其神爲顯聖侯加特進禁漁釣改嵩山爲神岳封其神爲天中王太師使持節大都督賜酺

五日戊午京師地震八月戊戌神都地震丙午博州刺史琅邪郡王沖舉兵以討亂遣左金吾衛大將軍丘神勣拒之戊申沖死之庚戌越王貞舉兵于豫州以討亂辛亥曲赦博州九月丙辰左豹韜衛大將軍麴崇裕爲中軍大總管岑長倩爲後軍大總管以拒越王貞張光輔爲諸軍節度削越王貞及琅邪郡王沖屬籍改其姓爲虺氏貞死之丙寅赦豫州殺韓王元嘉魯王靈夔范陽郡王靄黃國公譔東莞郡公融及常樂公主皆改其姓爲虺氏丁卯左肅政臺御史大夫騫味道夏官侍郎王本立同鳳閣鸞臺平章事十月辛亥大風拔木十一月辛酉殺濟州刺史薛顗及其弟駙馬都尉紹十二月乙酉殺霍王元軌江都郡王緒及殿中監裴承光大殺唐宗室流其幼者于嶺南己亥殺騫味道己酉拜洛受圖辛亥改明堂爲萬象神宮大赦

永昌元年正月乙卯享于萬象神宮大赦改元賜酺七日丁巳舒王元名爲司徒戊午布政于萬象神宮頒九條以訓百官己未朗州雌雞化爲雄二月丁酉尊考太師魏忠孝王曰周忠孝太皇置崇先府官戊戌追謚妣楊氏曰周忠孝太后太原郡王曰周安成王妣趙氏爲王妃金城郡王曰魏義康王妃宋氏爲王妃北平郡王曰趙肅恭王妃劉氏爲王妃五代祖魯國公曰太原靖王夫人裴氏爲王妃三月甲子張光輔守納言癸酉天官尚書武承嗣爲納言張光輔守內史四月甲辰殺汝南郡王瑋鄱陽郡公諲廣漢郡公謐汶山郡公蓁零陵郡王俊廣都郡公璹徙其家于巂州己酉殺天官侍郎鄧玄挺五月丙辰韋待價及吐蕃戰于寅識迦河敗績己巳白馬寺僧薛懷義爲新平道行軍大總管以擊突厥七月丁巳流紀王慎于巴州改其姓爲虺氏丙子流韋待價于繡州殺閻溫古戊寅王本立同鳳閣鸞臺三品八月癸未薛懷義爲新平道中軍大總管以擊突厥甲申殺張光輔洛州司馬弓嗣業洛陽令弓嗣明陝州參軍弓嗣古流人徐敬眞乙未松州雌雞化爲雄辛丑殺陝州刺史郭正一丁未殺相州刺史弓志元蒲州刺史弓彭祖尚方監王令基九月庚戌殺恒山郡王承乾之子厥閏月甲午殺魏玄同夏官侍郎崔詧戊申殺彭州長史劉易從十月癸丑殺梁州都督李光誼丁巳殺陝州刺史劉延景戊午殺右武威衛大將軍黑齒常之右鷹揚衛將軍趙懷節己未殺嗣鄭王璥丁卯春官尚書范履冰鳳閣侍郎邢文偉同鳳閣鸞臺平章事

天授元年正月庚辰大赦改元曰載初以十一月爲正月十二月爲臘月來歲正月爲一月以周漢之後爲二王後封舜禹湯之裔爲三恪周隋同列國封其嗣乙未除唐宗室屬籍臘月丙寅殺劉齊賢一月戊子王本立罷邢文偉爲內史岑長倩武承嗣同鳳閣鸞臺三品鳳閣侍郎武攸寧爲納言甲午流韋方質于儋州二月丁卯殺地官尚書王本立三月乙酉以旱減膳丁亥蘇良嗣薨五月戊子殺范履冰己亥殺梁郡公孝逸六月戊申殺汴州刺史柳明肅七月辛巳流舒王元名于和州頒大雲經于天下壬午殺豫章郡王亶丁亥殺澤王上金許王素節甲午赦永昌縣癸卯殺太常丞蘇踐言八月辛亥殺許王素節之子璟會江縣令白令言甲寅殺裴居道壬戌殺將軍阿史那惠右司郎中喬知之癸亥殺尚書右丞張行廉泰州刺史杜儒童甲子殺流人張楚金戊辰殺流人元萬頃苗神客辛未殺南安郡王穎鄅國公昭及諸宗室李直李敞李然李勳李策李越李黯李玄李英李志業李知言李玄貞九月乙亥殺鉅鹿郡公晃麟臺郎裴望及其弟司膳丞璉壬午改國號周大赦改元賜酺七日乙酉加尊號曰聖神皇帝降皇帝爲皇嗣賜姓武氏皇太子爲皇孫丙戌立武氏七廟于神都追尊周文王曰始祖文皇帝妣姒氏曰文定皇后四十代祖平王少子武曰睿祖康皇帝妣姜氏曰康惠皇后太原靖王曰嚴祖成皇帝妣曰成莊皇后趙肅恭王曰肅祖章敬皇帝妣曰章敬皇后魏義康王曰烈祖昭安皇帝妣曰昭安皇后周安成王曰顯祖文穆皇帝妣曰文穆皇后忠孝太皇曰太祖孝明高皇帝妣曰孝明高皇后追封伯父及兄弟之子爲王堂兄爲郡王諸姑姊爲長公主堂姊妹爲郡主司賓卿史務滋守納言鳳閣侍郎宗秦客檢校內史給事中傅游藝爲鸞臺侍郎同鳳閣鸞臺平章事十月丁巳給復并州武興縣百姓子孫相承如漢豐沛甲午貶宗秦客爲遵化尉丁卯殺流人韋方質己巳殺許王素節之子瑛琪琬瓚瑒瑗琛唐臣辛未貶邢文偉爲珍州刺史置大雲寺封周公爲褒德王孔子爲隆道公改唐太廟爲享德廟以武氏七廟爲太廟

二年正月甲戌改置社稷旗幟尚赤戊寅殺雅州刺史劉行實及其弟渠州刺史行瑜尚衣奉御行感兄子左鷹揚衛將軍虔通戊子武承嗣爲文昌左相庚寅賜酺乙未殺丘神勣左豹韜衛將軍衛蒲山庚子殺史務滋臘月己未始用周臘四月壬寅朔日有食之丙午大赦五月丁亥大風折木岑長倩爲武威道行軍大總管以擊吐蕃六月庚戌左肅政臺御史大夫格輔元爲地官尚書鸞臺侍郎樂思晦鳳閣侍郎任知古同鳳閣鸞臺平章事七月庚午徙關內七州戶以實神都八月戊申武攸寧罷夏官尚書歐陽通爲司禮卿兼判納言事庚申殺右玉鈐衛大將軍張虔勗九月乙亥殺岐州刺史雲弘嗣壬辰殺傅游藝癸巳左羽林衛大將軍武攸寧守納言冬官侍郎裴行本洛州司馬狄仁傑爲地官侍郎同鳳閣鸞臺平章事十月己酉殺岑長倩歐陽通格輔元壬戌殺樂思晦左衛將軍李安靜

長壽元年正月戊辰夏官尚書楊執柔同鳳閣鸞臺平章事庚午貶任知古爲江夏令狄仁傑彭澤令流裴行本于嶺南乙亥殺右衛大將軍泉獻誠庚辰司刑卿李游道爲冬官尚書同鳳閣鸞臺平章事二月戊午秋官尚書袁智弘同鳳閣鸞臺平章事四月丙申朔日有食之大赦改元如意五月洛水溢七月又溢八月甲戌河溢壞河陽縣戊寅武承嗣武攸寧楊執柔罷秋官侍郎崔元綜爲鸞臺侍郎夏官侍郎李昭德爲鳳閣侍郎權檢校天官侍郎姚璹爲文昌左丞檢校地官侍郎李元素爲文昌右丞營繕大匠王璿爲夏官尚書司賓卿崔神基同鳳閣鸞臺平章事九月戊戌大霧庚子大赦改元改用九月社賜酺七日癸卯以并州爲北都癸丑流李遊道袁智弘王璿崔神基李元素于嶺南十月丙戌武威道行軍總管王孝傑敗吐蕃克四鎮

二年臘月癸亥殺皇嗣妃劉氏德妃竇氏丁卯降封皇孫成器爲壽春郡王恒王成義衡陽郡王楚王隆基臨淄郡王衛王隆範巴陵郡王趙王隆業彭城郡王一月庚子夏官侍郎婁師德同鳳閣鸞臺平章事甲寅殺尚方監裴匪躬內常侍范雲仙三月己卯殺左衛員外大將軍阿史那元慶白潤府果毅薛大信五月乙未殺冬官尚書蘇幹相州刺史來同敏癸丑河溢棣州九月丁亥朔日有食之乙未加號金輪聖神皇帝大赦賜酺七日作七寶庚子追尊烈祖昭安皇帝曰渾元昭安皇帝顯祖文穆皇帝曰立極文穆皇帝太祖孝明高皇帝曰無上孝明高皇帝辛丑姚璹罷文昌右丞韋巨源同鳳閣鸞臺平章事秋官侍郎陸元方爲鸞臺侍郎同鳳閣鸞臺平章事司賓卿豆盧欽望守內史

延載元年臘月甲戌突厥默啜寇靈州右鷹揚衛大將軍李多祚敗之一月甲午婁師德爲河源積石懷遠等軍營田大使二月庚午薛懷義爲伐逆道行軍大總管領十八將軍以擊默啜乙亥以旱慮囚己卯武威道大總管王孝傑及吐蕃戰于冷泉敗之三月甲申鳳閣舍人蘇味道爲鳳閣侍郎同鳳閣鸞臺平章事李昭德檢校內史薛懷義爲朔方道行軍大總管擊默啜昭德爲朔方道行軍長史味道爲司馬四月壬戌常州地震五月甲午加號越古金輪聖神皇帝大赦改元賜酺七日七月癸未嵩嶽山人武什方爲正諫大夫同鳳閣鸞臺平章事八月什方罷戊辰王孝傑爲瀚海道行軍總管己巳司賓少卿姚璹守納言左肅政臺御史大夫楊再思爲鸞臺侍郎洛州司馬杜景佺檢校鳳閣侍郎同鳳閣鸞臺平章事戊寅流崔元綜于振州九月壬午朔日有食之壬寅貶李昭德爲南賓尉十月壬申文昌右丞李元素爲鳳閣侍郎右肅政臺御史中丞周允元檢校鳳閣侍郎同鳳閣鸞臺平章事嶺南獠寇邊容州都督張玄遇爲桂永等州經略大使癸酉雨木冰

天册萬歲元年正月辛巳加號慈氏越古金輪聖神皇帝改元證聖大赦賜酺三日戊子貶豆盧欽望爲趙州刺史韋巨源鄜州刺史杜景佺溱州刺史蘇味道集州刺史陸元方綏州刺史丙申萬象神宮火丙午王孝傑爲朔方行軍總管以擊突厥二月己酉朔日有食之壬子殺薛懷義甲子罷慈氏越古號三月丙辰周允元薨四月戊寅建大周萬國頌德天樞七月辛酉吐蕃寇臨洮王孝傑爲肅邊道行軍大摠管以擊之九月甲寅祀南郊加號天册金輪大聖皇帝大赦改元賜酺九日以崇先廟爲崇尊廟

萬歲通天元年臘月甲戌如神岳甲申封于神岳改元曰萬歲登封大赦免今歲租稅賜酺十日丁亥禪于少室山己丑給復洛州二年登封告成縣三年癸巳復于神都一月甲寅婁師德爲肅邊道行軍副摠管以擊吐蕃己巳改崇尊廟爲太廟二月辛巳尊神岳天中王爲神岳天中黃帝天靈妃爲天中黃后三月壬寅王孝傑婁師德及吐蕃戰于素羅汗山敗績丁巳復作明堂改曰通天宮大赦改元賜酺七日四月癸酉檢校夏官侍郎孫元亨同鳳閣鸞臺平章事庚子貶婁師德爲原州都督府司馬五月壬子契丹首領松漠都督李盡忠歸誠州刺史孫萬榮陷營州殺都督趙文翽乙丑左鷹揚衛將軍曹仁師右金吾衛大將軍張玄遇左威衛大將軍李多祚司農少卿麻仁節等擊之七月辛亥春官尚書武三思爲榆關道安撫大使納言姚璹爲副以備契丹八月丁酉張玄遇曹仁師麻仁節等及契丹戰于黃麞谷敗績執玄遇仁節九月庚子同州刺史武攸宜爲

清邊道行軍大總管以擊契丹丁巳吐蕃寇涼州都督許欽明死之庚申并州長史王方慶爲鸞臺侍郎殿中監李道廣同鳳閣鸞臺平章事十月辛卯契丹寇冀州刺史陸寶積死之甲午慮囚

神功元年正月壬戌殺李元素孫元亨洛州錄事參軍綦連耀箕州刺史劉思禮知天官侍郎事石抱忠劉奇給事周譒鳳閣舍人王勮前涇州刺史王勔太子司議郎路敬淳司門員外郎劉順之右司員外郎宇文全志來庭縣主簿柳璆癸亥突厥默啜寇勝州平狄軍副使安道買敗之甲子婁師德守鳳閣侍郎同鳳閣鸞臺平章事二月乙巳慮囚三月庚子王孝傑及孫萬斬戰于東硤石谷敗績孝傑死之戊申赦河南北四月戊辰置九鼎于通天宮癸酉前益州大都督府長史王及善爲內史癸未右金吾衞大將軍武懿宗爲神兵道行軍大總管及右豹韜衞將軍何迦密以擊契丹五月癸卯婁師德爲清邊道行軍副大總管右武衞將軍沙吒忠義爲清邊中道前軍總管以擊契丹六月丁卯殺監察御史李昭德司僕少卿來俊臣己卯尚方少監宗楚客同鳳閣鸞臺平章事戊子特進武承嗣春官尚書武三思同鳳閣鸞臺三品辛卯婁師德安撫河北七月丁酉武承嗣武三思罷八月丙戌姚璹罷九月壬寅大赦改元賜酺七日庚戌婁師德守納言十月甲子給復徇忠立節二縣一年閏月甲寅檢校司刑卿幽州都督狄仁傑爲鸞臺侍郎司刑卿杜景佺爲鳳閣侍郎同鳳閣鸞臺平章事

聖歷元年正月甲子大赦改元賜酺九日丙寅宗楚客罷丁亥李道廣罷三月己巳召廬陵王于房州戊子廬陵王至自房州四月庚寅赦神都及河北辛丑婁師德爲隴右諸軍大使檢校河西營田事五月庚午禁屠六月乙卯大風拔木七月辛未杜景佺罷八月突厥寇邊戊子左豹韜衞將軍閻知微降于突厥寇邊甲午王方慶罷庚子春官尚書武三思檢校內史狄仁傑兼納言司屬卿武重規爲天兵中道大總管沙吒忠義爲天兵西道前軍總管幽州都督張仁亶爲天兵東道總管左羽林衞大將軍李多祚右羽林衞大將軍閻敬容爲天兵西道後軍總管以擊突厥癸丑突厥寇蔚州乙卯寇定州刺史孫彥高死之九月甲子夏官尚書武攸寧同鳳閣鸞臺三品戊辰突厥寇趙州長史唐波若降于突厥刺史高叡死之突厥寇相州沙吒忠義爲河北道前軍總管將軍陽基副之李多祚爲後軍總管大將軍富福信爲奇兵總管以禦之壬申立廬陵王顯爲皇太子大赦賜酺五日甲戌皇太子爲河北道行軍元帥以擊突厥戊寅狄仁傑爲河北道行軍副元帥檢校納言辛巳試天官侍郎蘇味道爲鳳閣侍郎同鳳閣鸞臺平章事十月癸卯狄仁傑爲河北道安撫大使夏官侍郎姚元崇麟臺少監李嶠同鳳閣鸞臺平章事族閻知微

二年正月壬戌封皇嗣旦爲相王臘月戊子左肅政臺御史中丞吉頊爲天官侍郎檢校右肅政臺御史中丞魏元忠爲鳳閣侍郎同鳳閣鸞臺平章事辛亥賜皇太子姓武氏大赦一月庚申武攸寧罷二月己丑如緱氏辛卯如嵩陽丁酉復于神都三月甲戌以隋唐爲二王後婁師德爲納言四月壬辰魏元忠檢校并州大都督府長史天兵軍大總管婁師德副之以備突厥辛丑婁師德爲隴右諸軍大使甲辰慮囚七月丙辰神都大雨洛水溢八月庚子王及善爲文昌左相同鳳閣鸞臺平章事太子宮尹豆盧欽望爲文昌右相同鳳閣鸞臺三品楊再思罷丁未試天官侍郎陸元方爲鸞臺侍郎同鳳閣鸞臺平章事婁師德薨戊申武三思爲內史九月乙亥如福昌縣曲赦戊寅復于神都庚辰王及善薨是秋黃河溢十月丁亥吐蕃首領贊婆來

久視元年正月戊午貶吉頊爲琰川尉壬申武三思罷臘月辛巳封皇太子之子重潤爲邵王庚寅陸元方罷司禮卿阿史那斛瑟羅爲平西軍大總管丁酉狄仁傑爲內史庚子文昌左相韋巨源爲納言乙巳如嵩山一月丁卯如汝州溫湯戊寅復于神都作三陽宮二月乙未豆盧欽望罷三月癸丑夏官尚書唐奉一爲天兵中軍大總管以備突厥四月戊申如三陽宮五月己酉朔日有食之癸丑大赦改元罷天冊金輪大聖號賜酺五日給復告成縣一年閏七月戊寅復于神都己丑天官侍郎張錫爲鳳閣侍郎同鳳閣鸞臺平章事李嶠罷丁酉吐蕃寇涼州隴右諸軍州大使唐休璟敗之于洪源谷八月庚戌魏元忠爲隴右諸軍州大總管以擊吐蕃庚申斂天下僧錢作大像九月辛丑狄仁傑薨十月辛亥魏元忠爲蕭關道行軍大總管以備突厥甲寅復唐正月大赦丁巳韋巨源罷文昌右丞韋安石爲鸞臺侍郎同鳳閣鸞臺平章事丁卯如新安隴澗山曲赦壬申復于神都十二月甲寅突厥寇隴右

長安元年正月丁丑改元大足二月己酉鸞臺侍郎李懷遠同鳳閣鸞臺平章事三月丙申流張錫于循州四月丙午大赦癸丑姚元崇檢校并州以北諸軍州兵馬五月乙亥如三陽宮丁丑魏元忠爲靈武道行軍大總管以備突厥丙申天官侍郎顧琮同鳳閣鸞臺平章事六月庚申夏官侍郎李迥秀同鳳閣鸞臺平章事辛未赦告成縣七月甲戌復于神都乙亥揚楚常潤蘇五州地震壬午蘇味道按察幽平等州兵馬甲申李懷遠罷九月壬申殺邵王重潤及永泰郡主主壻武延基十月壬寅如京師辛酉大赦改元給復關內三年賜酺三日丙寅魏元忠同鳳閣鸞臺三品十一月壬申武三思罷戊寅改含元宮爲大明宮

二年正月突厥寇鹽州三月丙戌李迥秀安置山東軍馬檢校武騎兵庚寅突厥寇并州雍州長史薛季昶持節山東防禦大使以備之七月甲午突厥寇代州八月辛亥劍南六州地震九月乙丑朔日有食之壬申突厥寇忻州己卯吐蕃請和十月甲辰顧琮薨戊申吐蕃寇悉州茂州都督陳大慈敗之甲寅姚元崇同鳳閣鸞臺平章事蘇味道韋安石李迥秀同鳳閣鸞臺三品十一月甲子相王旦爲司徒戊子祀南郊大赦賜酺三日十二月甲午魏元忠爲安東道安撫使

三年三月壬戌朔日有食之四月庚子相王旦罷吐蕃來求婚乙巳以旱避正殿閏月庚午成均祭酒李嶠同鳳閣鸞臺平章事己卯李嶠知納言事七月壬寅正諫大夫朱敬則同鳳閣鸞臺平章事庚戌檢校涼州都督唐休璟爲夏官尚書同鳳閣鸞臺平章事八月乙酉京師大雨雹九月庚寅朔日有食之丁酉貶魏元忠爲高要尉十月丙寅如神都十二月丙戌天下置關三十

四年正月丁未作興泰宮壬子天官侍郎韋嗣立爲鳳閣侍郎同鳳閣鸞臺三品三月癸亥貶李迥秀爲廬州刺史壬申朱敬則罷三月丁亥進封皇孫平恩郡王重福爲譙王己亥夏官侍郎宗楚客同鳳閣鸞臺平章事貶蘇味道爲坊州刺史四月壬戌韋安石知納言事李嶠知內史事丙子如興泰宮赦壽安縣給復一年五月丁亥大風拔木六月辛酉姚元之罷乙丑天官侍郎崔玄暐爲鸞臺侍郎同鳳閣鸞臺平章事丁丑李嶠同鳳閣鸞臺三品壬午相王府長史姚元之兼知夏官尚書同鳳閣鸞臺三品七月丙戌左肅政臺御史大夫楊再思守內史甲午復于神都貶宗楚客爲原州都督八月庚申唐休璟兼幽營二州都督安東都護九月壬子姚元之爲靈武道行軍大總管十月辛酉元之爲靈武道安撫大使甲戌判秋官侍郎張柬之同鳳閣鸞臺平章事壬午懷州長史房融爲正諫大夫同鳳閣鸞臺平章事十一月丁亥天官侍郎韋承慶行鳳閣侍郎同鳳閣鸞臺平章事李嶠罷十二月丙辰韋嗣立罷

五年正月壬午大赦庚寅禁屠癸卯張柬之崔玄暐及左羽林衞將軍敬暉檢校左羽林衞將軍桓彥範司刑少卿袁恕己左羽林衞將軍李湛薛思行趙承恩右羽林衞將軍楊元琰左羽林衞大將軍李多祚職方郎中崔泰之庫部員外郎朱敬則司刑評事冀仲甫檢校司農少卿兼知總監翟世言內直郎王同皎率左右羽林兵以討亂麟臺監張易之春官侍郎張昌宗汴州刺史張昌期司禮少卿張同休通事舍人張景雄伏誅丙午皇帝復于位丁未徙后于上陽宮戊申上后號曰則天大聖皇帝十一月崩謚曰大聖則天皇后唐隆元年改爲天后景雲元年改爲大聖天后延和元年改爲天后聖帝未幾改爲聖后開元四年改爲則天皇后天寶八載加謚則天順聖皇后

中宗大和大聖大昭孝皇帝諱顯高宗第七子也母曰則天順聖皇后武氏高宗崩以皇太子卽皇帝位而皇太后臨朝稱制嗣聖元年正月廢居于均州又遷于房州聖歷二年復爲皇太子太后老且病神龍元年正月張柬之等以羽林兵討亂甲辰皇太子監國大赦改元丙午復于位大赦賜文武官階爵民酺五日免今歲租賦給復房州三年放宮女三千人相王旦爲安國相王太尉同鳳閣鸞臺三品庚戌張柬之袁恕己同鳳閣鸞臺三品崔玄暐守內史敬暉爲納言桓彥範守納言二月甲寅復國號唐貶韋承慶爲高要尉流房融于高州楊再思同中書門下三品姚元之罷甲子皇后韋氏復于位大赦賜酺三日復宗室死于周者官爵丙寅太子賓客武三思爲司空同中書門下三品貶譙王重福爲濮州刺史丁卯右散騎常侍駙馬都尉武攸暨爲司徒辛未安國相王旦罷甲戌太子少詹事祝欽明同尚書門下三品韋安石罷進封子義興郡王重俊爲衞王北海郡王重茂溫王丁丑武三思武攸暨罷三月甲申詔文明後破家者昭洗之還其子孫蔭己丑袁恕己守中書令四月辛亥桓彥範爲侍中袁恕己爲中書令丁卯高要尉魏元忠爲衞尉卿同中書門下平章事辛未敬暉爲侍中甲戌魏元忠崔玄暐刑部尚書韋安石爲吏部尚書太子右庶子李懷遠爲左散騎常侍涼州都督唐休璟爲輔國大將軍同中書門下三品乙亥張柬之爲中書令五月壬午遷武氏神主于崇恩廟乙酉立太廟社稷于東都戊子復周隋二王後壬辰進封兄成紀

郡王千里為成王甲午敬暉桓彥範張柬之袁恕己崔玄暐罷韋安石兼檢校中書令魏元忠兼侍中甲辰唐休璟為尚書左僕射特進豆盧欽望為尚書右僕射同中書門下三品六月壬子左驍衛大將軍裴思諒為靈武道行軍大總管以備突厥癸亥韋安石為中書令魏元忠為侍中楊再思檢校中書令豆盧欽望平章軍國重事七月辛巳太子賓客韋巨源同中書門下三品甲辰洛水溢八月戊申給復河南洛陽二縣一年壬戌追冊妃趙氏為皇后乙亥祔孝敬皇帝于東都太廟皇后見于廟丁丑幸洛城南門觀鬬象九月壬午祀天地于明堂大赦賜文武官勳爵民為父後者古爵一級酺三日癸巳韋巨源罷十月癸亥幸龍門乙丑獵于新安辛未魏元忠為中書令楊再思為侍中十一月戊寅上尊號曰應天皇帝皇后曰順天皇后壬午及皇后享于太廟大赦賜文武官階勳爵民酺三日己丑幸洛城南門觀潑寒胡戲壬寅皇太后崩廢崇恩廟

二年正月戊戌吏部尚書李嶠同中書門下三品中書侍郎于惟謙同中書門下平章事閏月丙午公主開府置官屬二月乙未禮部尚書韋巨源為刑部尚書同中書門下三品丙申遣十道巡察使三月甲辰韋安石罷戶部尚書蘇瓌守侍中戊申唐休璟罷庚戌殺光祿卿駙馬都尉王同皎是月置員外官四月己丑李懷遠罷己亥雨毛于鄮縣辛丑洛水溢五月庚申葬則天大聖皇后六月戊寅貶敬暉為崖州司馬桓彥範瀧州司馬袁恕己竇州司馬崔玄暐白州司馬張柬之新州司馬七月戊申立衛王重俊為皇太子丙寅魏元忠為尚書右僕射兼中書令李嶠守中書令辛未左散騎常侍致仕李懷遠同中書門下三品流敬暉于嘉州桓彥範于瀼州袁恕己于環州崔玄暐于古州張柬之于瀧州八月丙子貶祝欽明為申州刺史九月戊午李懷遠薨十月癸巳蘇瓌為侍中戊戌至自東都十一月乙巳大赦賜行從官勳一轉十二月己卯靈武軍大總管沙吒忠義及突厥戰于鳴沙敗績丙戌以突厥寇邊京師旱河北水減膳罷土木工蘇瓌存撫河北丙申魏元忠為尚書左僕射

景龍元年正月丙辰以旱慮囚二月丙戌復武氏廟陵置令丞守戶如昭陵甲午褒德廟榮先陵置令丞四月庚寅赦雍州五月戊戌右屯衛大將軍張仁亶為朔方道行軍大總管以備突厥丙午假鴻臚卿臧思言使于突厥死之以旱避正殿減膳六月丁卯朔日有食之庚午雨土于陝州戊子吐蕃及姚州蠻寇邊姚巂道討擊使唐九徵敗之七月辛丑皇太子以羽林千騎兵誅武三思不克死之癸卯大赦壬戌李嶠為中書令八月丙戌上尊號曰應天神龍皇帝皇后曰順天翊聖皇后魏元忠罷九月丁酉吏部侍郎蕭至忠為黃門侍郎兵部尚書宗楚客左衛將軍兼太府卿紀處訥同中書門下三品于惟謙罷庚子大赦改元賜文武官階勳爵辛亥楊再思為中書令韋巨源紀處訥為侍中蘇瓌罷十月戊寅殺習藝館內教蘇安恒壬午有彗星出于西方十二月乙丑朔日有食之丁丑雨土

二年二月癸未有星隕于西南庚寅大赦進五品以上母妻封號二等無妻者授其女婦人八十以上版授郡縣鄉君七月癸巳朔方道行軍大總管張仁亶同中書門下三品丁酉有星孛于胃昴十一月庚申西突厥寇邊御史中丞馮嘉賓使于突厥死之己卯大赦賜酺三日癸未安西都護牛師獎及西突厥戰于火燒城死之是歲皇后妃主昭容賣官行墨勅斜封

三年二月己丑及皇后幸玄武門觀宮女拔河為宮市以嬉壬寅韋巨源為尚書左僕射楊再思為右僕射同中書門下三品壬子及皇后幸太常寺三月戊午宗楚客為中書令蕭至忠守侍中太府卿韋嗣立守兵部尚書同中書門下三品中書侍郎兼檢校吏部侍郎崔湜守兵部侍郎趙彥昭為中書侍郎同中書門下平章事戊寅禮部尚書韋溫為太子少保同中書門下三品太常少卿鄭愔守吏部侍郎同中書門下平章事五月丙戌貶崔湜為襄州刺史鄭愔江州司馬六月癸巳太白晝見庚子以旱避正殿減膳撤樂詔括天下圖籍壬寅慮囚癸卯楊再思薨七月丙辰西突厥娑葛降辛酉許婦人非緣夫子封者蔭其子孫癸亥慮囚庚辰澧水溢八月乙酉李嶠同中書門下三品特進韋安石為侍中壬辰有星孛于紫宮九月戊辰吏部尚書蘇瓌為尚書左僕射同中書門下三品十一月乙丑有事于南郊以皇后為亞獻大赦賜文武官階爵入品者減考免關內今歲賦賜酺三日甲戌豆盧欽望薨十二月壬辰前宋國公致仕唐休璟為太子少師同中書門下三品甲午如新豐溫湯甲辰赦新豐給復一年賜從官勳一轉乙巳至自新豐

四年正月丙寅及皇后微行以觀燈遂幸蕭至忠第丁卯微行以觀燈幸韋安石長寧公主第己卯如始平二月壬午赦咸陽始平給復一年癸未至自始平庚戌及后妃公主觀三品以上拔河三月以河源九曲予吐蕃庚申雨木冰井溢五月辛酉封嗣虢王邕為汴王丁卯殺許州司兵參軍燕欽融丁丑剡縣地震六月皇后及安樂公主散騎常侍馬秦客反壬午皇帝崩年五十五謚曰孝和皇帝天寶十三年加謚大和大聖大昭孝皇帝

贊曰昔者孔子作春秋而亂臣賊子懼其於弒君篡國之主皆不黜絕之豈以其盜而有之者莫大之罪也不沒其實所以著其大惡而不隱歟自司馬遷班固皆作高后紀呂氏雖非篡漢而盜執其國政遂不敢沒其實豈其得聖人之意歟抑亦偶合於春秋之法也唐之舊史因之列武后于本紀蓋其所從來遠矣夫吉凶之於人猶影響也而為善者得吉常多其不幸而罹於凶者有矣為惡者未始不及於凶其幸而免者亦時有焉而小人之慮遂以為天道難知為善未必福而為惡未必禍也武后之惡不及於大戮所謂幸免者也至中宗韋氏則禍不旋踵矣然其親遭母后之難而躬自蹈之所謂下愚之不移者歟

唐書卷四考證

則天紀五代祖克己高祖居常○舊書外戚傳五代祖名居常高祖名克己

久視元年正月戊午貶吉頊為琰川尉○頊本傳貶在是年十月 臣酉按表久視元年三月甲戌吉頊加左控鶴內供奉若正月已貶不應三月猶加官也當以本傳為是

長安元年十一月壬申武三思罷○沈炳震曰按三思久視元年正月已罷矣此重出誤

唐書卷五

宋翰林學士歐陽修撰

本紀第五

睿宗玄真大聖大興孝皇帝諱旦高宗第八子也始封殷王領冀州大都督單于大都護長而溫恭好學通詁訓工草隸書徙封豫王又封冀王累遷右金吾衛大將軍洛州牧徙封相王復封豫王武后廢中宗立為皇帝其改國號周以為皇嗣居于東宮中宗自房州還復為皇太子武后封皇嗣為相王授太子右衛率累遷右羽林衛大將軍并州牧安北大都護諸道元帥中宗復位進號安國相王

景雲元年六月壬午韋皇后弒中宗矯詔立溫王重茂為皇太子以刑部尚書裴談工部尚書張錫同中書門下三品吏部尚書張嘉福中書侍郎岑羲吏部侍郎崔湜同中書門下平章事發諸府兵五萬屯京師以韋溫總知內外兵馬甲申乃發喪又矯遺詔自立為皇太后皇太子即皇帝位以睿宗參謀政事大赦改元曰唐隆太后臨朝攝政罷睿宗參謀政事以為太尉封嗣雍王守禮為邠王壽春郡王成器宋王丁亥溫王妃陸氏為皇后壬辰紀處訥張嘉福岑羲持節巡撫關內河南北庚子臨淄郡王隆基率萬騎兵入北軍討亂誅韋氏安樂公主及韋巨源馬秦客駙馬都尉武延秀光祿少卿楊均辛丑睿宗奉皇帝御安福門大赦賜文武官階勳爵免天下歲租之半進封隆基為平王朝邑尉劉幽求為中書舍人苑總監鍾紹京為中書侍郎參知機務壬寅紹京及黃門侍郎李日知同中書門下三品紀處訥韋溫宗楚客將作大匠宗晉卿司農卿趙履溫伏誅貶汴王邕為沁州刺史蕭至忠許州刺史韋嗣立宋州刺史趙彥昭絳州刺史崔湜華州刺史癸卯太白晝見平王隆基同中書門下三品鍾紹京行中書令張嘉福伏誅甲辰安國相王即皇帝位于承天門大赦長流長任及流人未達者還之賜內外官階爵復重茂為溫王乙巳鍾紹京罷丙午太常少卿薛稷為黃門侍郎參豫機務丁未立平王隆基為皇太子復則天大聖皇后號曰天后戊申許州刺史姚元之為兵部尚書同中書門下三品韋嗣立蕭至忠為中書令趙彥昭為中書侍郎崔湜為吏部侍郎同中書門下平章事七月庚戌進封衡陽郡王成義為申王巴陵郡王隆範岐王彭城郡王隆業薛王癸丑兵部尚書崔日用為黃門侍郎參預機務丁巳洛州長史宋璟檢校吏部尚書同中書門下三品岑羲罷壬戌貶蕭至忠為晉州刺史韋嗣立許州刺史趙彥昭宋州刺史張錫絳州刺史崔湜罷丙寅貶李嶠為懷州刺史姚元之兼中書令蘇瓌為尚書左僕射丁卯唐休璟張仁亶罷己巳大赦改元賜內外官及子為父後者勳一轉崔日用薛稷罷乙亥廢崇恩廟昊陵順陵追廢皇后韋氏為庶人安樂公主為勃逆庶人八月庚寅譙王重福及汴州刺史鄭愔反伏誅癸巳罷墨勅斜封官貶裴談為蒲州刺史九月辛未太子少師致仕唐休璟為朔方道行軍大總管以備突厥十月乙未追號天后曰大聖天后癸卯出義宗于太廟十一月戊申

姚元之爲中書令己酉葬孝和皇帝于定陵壬子蘇瓌韋安石罷宋王成器爲尚書左僕射丁卯赦靈駕所過己巳宋王成器爲司徒

二年正月己未太僕卿郭元振中書侍郎張說同中書門下平章事甲子徙封重茂爲襄王乙丑追册妃劉氏竇氏爲皇后二月丁丑皇太子監國甲申貶姚元之爲申州刺史宋璟楚州刺史丙戌太子少保韋安石爲侍中劉幽求罷復墨勅斜封官辛卯禁屠三月癸丑作金仙玉眞觀四月甲申韋安石爲中書令宋王成器罷辛卯李日知爲侍中壬寅大赦賜文武官階勳爵民酺三日甲辰作玄元皇帝廟五月庚戌復昊陵順陵置官屬壬戌殿中監竇懷貞爲左御史臺大夫同中書門下平章事八月乙卯大赦賜酺三日丁巳皇太子釋奠于國學庚午韋安石爲尚書左僕射同中書門下三品九月乙亥竇懷貞爲侍中十月甲辰吏部尚書劉幽求爲侍中右散騎常侍魏知古太子詹事崔湜爲中書侍郎同中書門下三品中書侍郎陸象先同中書門下平章事韋安石李日知郭元振竇懷貞張說罷十二月丁未作潑寒胡戲

先天元年正月辛未享于太廟甲戌幷汾絳三州地震辛巳有事于南郊戊子耕籍田己丑大赦改元曰太極賜內外官階爵民酺五日版授九十以上下州刺史八十以上上州司馬辛卯幸安福門觀酺三日夜壬辰陸象先同中書門下三品乙未戶部尚書岑羲左御史臺大夫竇懷貞同中書門下三品二月丁巳皇太子釋奠于國學是春旱五月戊寅有事于北郊辛巳大赦改元曰延和賜內外官陪禮者勳一轉民酺五日六月癸丑岑羲爲侍中乙卯追號大聖天后爲天后聖帝辛酉刑部尚書郭元振爲朔方道行軍大總管以伐突厥甲子幽州都督孫佺左武衞將軍李楷洛左威衞將軍周以悌及奚戰于冷陘山敗績七月辛未有彗星入于太微兵部尚書李迥秀爲朔方道後軍大總管乙亥竇懷貞爲尚書右僕射平章軍國重事己卯幸安福門觀樂三日而止丙戌以旱減膳八月庚子立皇太子爲皇帝以聽小事自尊爲太上皇以聽大事壬寅追號天后聖帝爲聖后甲辰大赦改元賜內外官及五品以上子爲父後者勳爵民酺五日丁未立皇太子妃王氏爲皇后戊申封皇帝子嗣直爲郯王嗣謙郢王己酉宋王成器爲司徒庚戌竇懷貞爲尚書左僕射劉幽求守尚書右僕射同中書門下三品魏知古爲侍中崔湜檢校中書令戊午流劉幽求于封州九月丁卯朔日有食之甲午封皇帝子嗣昇爲陝王十月辛卯獵于驪山十一月丁亥詔遣皇帝巡邊甲午幽州都督宋璟爲左軍大總管幷州長史薛訥爲中軍大總管兵部尚書郭元振爲右軍大總管

二年正月乙亥吏部尚書蕭至忠爲中書令二月追作先天元年酺六日辛丑以雨霖避正殿減膳丙辰郭元振同中書門下三品七月甲子大赦乙丑誥歸政于皇帝開元四年六月崩于百福殿年五十五謚曰天聖眞皇帝天寶十三載增謚玄眞大聖大興孝皇帝

玄宗至道大聖大明孝皇帝諱隆基睿宗第三子也母曰昭成皇后竇氏性英武善騎射通音律歷象之學始封楚王後爲臨淄郡王累遷衞尉少卿潞州別駕景龍四年朝于京師遂留不遣庶人韋氏已弑中宗矯詔稱制玄宗乃與太平公主子薛崇簡尚衣奉御王崇曄公主府典籤王師虔朝邑尉劉幽求苑總監鍾紹京長上折衝麻嗣宗押萬騎果毅葛福順李仙鳧道士馮處澄僧普潤定策討亂或請先啓相王玄宗曰請而從是王與危事不從則吾計失矣乃夜率幽求等入苑中福順仙鳧以萬騎兵攻玄武門斬左羽林將軍韋播中郎將高嵩以徇左萬騎由左入右萬騎由右入玄宗率總監羽林兵會兩儀殿梓宮宿衞兵皆起應之遂誅韋氏黎明馳謁相王謝不先啓相王泣曰賴汝以免不然吾且及難乃拜玄宗殿中監兼知內外閑廐檢校隴右羣牧大使押左右萬騎進封平王同中書門下三品睿宗卽位立爲皇太子景雲二年監國聽除六品以下官延和元年星官言帝坐前星有變睿宗曰傳德避災吾意決矣七月壬辰制皇太子宜卽皇帝位太子惶懼入請睿宗曰此吾所以答天戒也皇太子乃御武德殿除三品以下官八月庚子卽皇帝位先天元年十月庚子享于太廟大赦

開元元年正月辛巳皇后親蠶七月甲子太平公主及岑羲蕭至忠竇懷貞謀反伏誅乙丑始聽政丁卯大赦賜文武官階爵庚午流崔湜于竇州甲戌毀天樞乙亥尚書右丞張說檢校中書令庚辰陸象先罷八月癸巳劉幽求爲尚書右僕射知軍國大事壬寅宋王成器爲太尉申王成義爲司徒邠王守禮爲司空九月丙寅宋王成器罷庚午劉幽求同中書門下三品張說爲中書令十月姚嶲蠻寇姚州都督李蒙死之己亥幸溫湯癸卯講武于驪山流郭元振于新州給事中唐紹伏誅免新豐來歲稅賜從官帛甲辰獵于渭川同州刺史姚元之爲兵部尚書同中書門下三品乙巳至自渭川十一月乙丑劉幽求兼侍中戊子羣臣上尊號曰開元神武皇帝十二月庚寅大赦改元賜內外官勳改中書省爲紫微省門下省爲黃門省侍中爲監甲午吐蕃請和己亥禁潑寒胡戲壬寅姚崇兼紫微令癸丑劉幽求罷貶張說爲相州刺史甲寅黃門侍郎盧懷愼同紫微黃門平章事

二年正月壬午以關內旱求直諫停不急之務寬繫囚祠名山大川葬暴骸甲申幷州節度大使薛訥同紫微黃門三品以伐契丹二月壬辰避正殿減膳徹樂突厥寇北庭都護郭虔瓘敗之己酉慮囚三月己亥磧西節度使阿史那獻執西突厥都擔四月辛未停諸陵供奉鷹犬五月辛亥魏知古罷六月京師大風拔木甲子以太上皇避暑徙御大明宮七月乙未焚錦繡珠玉于前殿戊戌禁采珠玉及爲刻鏤器玩珠繩帖縚服者廢織錦坊庚子薛訥及奚契丹戰于灤河敗績丁未襄王重茂薨追册爲皇帝八月壬戌禁女樂乙亥吐蕃寇邊薛訥攝左羽林軍將軍爲隴右防禦大使右驍衞將軍郭知運爲副以伐之九月庚寅作興慶宮丁酉宴京師侍老于含元殿庭賜九十以上几杖八十以上鳩杖婦人亦如之賜於其家戊申幸溫湯十月戊午至自溫湯甲子薛訥及吐蕃戰于武階敗之十二月乙丑封子嗣眞爲鄎王嗣初鄂王嗣玄鄄王

三年正月丁亥立郢王嗣謙爲皇太子降死罪流以下原之賜酺三日癸卯盧懷愼檢校黃門監二月辛酉赦囚非惡逆造僞者四月庚申突厥部三姓葛邏祿來附右羽林軍大將軍薛訥爲涼州鎭軍大總管涼州都督楊執一副之右衞大將軍郭虔瓘爲朔州鎭軍大總管幷州長史王晙副之以備突厥五月丁未以旱錄京師囚戊申避正殿減膳七月庚辰朔日有食之十月辛酉巂州蠻寇邊右驍衞將軍李玄道伐之壬戌薛訥爲朔方道行軍大總管太僕卿呂延祚靈州刺史杜賓客副之癸亥如郿赦所過徒罪以下賜侍老九十以上及篤疾者物甲子如鳳泉湯戊辰降大理繫囚罪十一月己卯至自鳳泉湯乙酉幸溫湯丁亥相州人崔子嵒反伏誅甲午至自溫湯乙未禁白衣長髮會十二月乙丑降鳳泉湯所過死罪以下

四年正月戊寅朝太上皇于西宮二月丙辰幸溫湯辛酉吐蕃寇松州廓州刺史蓋思貴伐之丁卯至自溫湯癸酉松州都督孫仁獻及吐蕃戰敗之六月甲子太上皇崩辛未京師華陝二州大風拔木癸酉大武軍子將郝靈佺殺突厥默啜七月丁丑吐蕃請和丁酉洛水溢八月辛未奚契丹降十月庚午葬大聖眞皇帝于橋陵十一月己卯盧懷愼罷丁亥遷中宗于西廟丙申尚書左丞源乾曜爲黃門侍郎同紫微黃門平章事十二月乙卯定陵寢殿火丙辰幸溫湯乙丑至自溫湯閏月己亥姚崇源乾曜罷刑部尚書宋璟爲吏部尚書兼黃門監紫微侍郎蘇頲同紫微黃門平章事

五年正月癸卯太廟四室壞遷神主于太極殿素服避正殿輟朝五日己酉享于太極殿辛亥如東都戊辰大霧二月甲戌大赦賜從官帛給復河南一年免河南北蝗水州今歲租三月丙寅吐蕃請和四月甲申毀拜洛受圖壇己丑子嗣一卒五月丙辰詔公侯子孫襲封七月壬寅隴右節度使郭知運及吐蕃戰敗之九月壬寅復紫微省爲中書省黃門省爲門下省監爲侍中十月戊寅祔神主于太廟甲申命史官月奏所行事

六年正月辛丑突厥請和二月壬辰朔方道行軍大總管王晙伐突厥六月甲申瀍水溢八月庚辰以旱慮囚十月癸亥賜河南府懷汝鄭三州父老帛十一月辛卯至自東都丙申享于太廟元皇帝以上三祖枝孫失官者授五品京官皇祖妣家子孫在選者甄擇之免知頓及旁州供承者一歲租稅乙巳改傳國璽曰寶是月突厥執單于副都護張知運

七年五月己丑朔日有食之素服徹樂減膳中書門下慮囚六月戊辰吐蕃請和閏七月辛巳以旱避正殿徹樂減膳甲申慮囚八月丙戌慮囚九月甲戌徙封宋王憲爲寧王十月作義宗廟于東都辛卯幸溫湯癸卯至自溫湯十一月乙亥皇太子入學齒冑賜陪位官及學生帛

八年正月辛巳宋璟蘇頲罷京兆尹源乾曜爲黃門侍郎幷州都督府長史張嘉貞爲中書侍郎同中書門下平章事二月戊戌子敏卒三月甲子免水旱州逋負給復四鎭行人家一年五月丁卯源乾曜爲侍中張嘉貞爲中書令六月庚寅洛瀍穀水溢九月突厥寇甘源涼州都督楊敬述及突厥戰敗績丙寅降京城囚罪杖以下原之壬申契丹寇邊王晙檢校幽州都督節度河北諸軍大使黃門侍郎韋抗爲朔方道行軍大總管以伐之甲戌中書門下慮囚十月辛巳如長春宮壬午獵于下邽庚寅幸溫湯十一月乙卯至自溫湯

九年正月括田丙寅幸溫湯乙亥至自溫湯二月丙戌突厥請和丁亥免天下七年以前逋負四月庚寅蘭池胡康待賓寇邊五月庚午原見囚死流罪隨軍効力徒以下未發者七月己酉王晙執康待賓八月蘭池胡康願子寇邊九月乙巳朔日有食之癸亥天兵軍節度大使張說爲兵部尚書同中書門下三品十一月庚午大赦賜文武官階爵唐隆先天實封功臣坐事免若死者加贈賜民酺三日十二月乙酉幸溫湯壬辰至自溫湯是冬無雪

十年正月丁巳如東都二月丁丑次望春頓賜從官帛四月己亥張說持節朔方軍節度大使五月戊午突厥請和辛酉伊汝水溢閏月壬申張說巡邊六月丁巳河決博棣二州七月庚辰給復遭水州丙戌安南人梅叔鸞反伏誅九月張說敗康願子于木盤山執之己卯京兆人權梁山反伏誅癸未吐蕃攻小勃律北庭節度使張孝嵩敗之十月甲寅如興泰宮獵于上宜川庚申如東都十二月突厥請和

十一年正月丁卯降東都囚罪杖以下原之己巳如幷州降囚罪徒以下原之賜侍老物庚辰次潞州赦囚給復五年以故第爲飛龍宮辛卯次幷州改幷州爲北都癸巳赦太原府給復一年下戶三年元從家五年版授侍老八十以上上縣令婦人縣君九十以上上州長史婦人郡君百歲以上上州刺史婦人郡夫人二月乙酉貶張嘉貞爲幽州刺史壬子如汾陰祠后土賜文武官階勳爵帛癸亥張說兼中書令三月辛未至自汾陰免所過今歲稅赦京城四月甲子張說爲中書令吏部尚書王晙爲兵部尚書同中書門下三品五月乙丑復中宗于太廟己丑王晙持節朔方軍節度大使辛卯遣使分巡天下六月王晙巡邊八月戊申追號宣皇帝曰獻祖光皇帝曰懿祖十月丁酉幸溫湯作溫泉宮甲寅至自溫湯十一月戊寅有事于南郊大赦賜奉祠官階勳爵親王公主一子官高年粟帛孝子順孫終身勿事天下酺三日京城五日十二月甲午如鳳泉湯戊申至自鳳泉湯庚申貶王晙爲蘄州刺史

十二年四月壬寅詔傍繼國王禮當廢而屬近者封郡王七月己卯廢皇后王氏爲庶人十月庶人王氏卒十一月庚午如東都庚辰溪州首領覃行章反伏誅辛巳申王撝薨閏十二月丙辰朔日有食之

十三年正月戊子降死罪流以下原之遣使宣慰天下壬子葬朔方隴右河西戰亡者三月甲午徙封郯王潭爲慶王陝王浚忠王鄫王洽棣王甄王潓榮王封子滉爲光王濰儀王澐潁王澤永王清壽王洄延王沭盛王溢濟王九月丙戌罷奏祥瑞十月辛酉如兗州庚午次濮州賜河南北五百里內父老帛十一月庚寅封于泰山辛卯禪于社首壬辰大赦賜文武官階勳爵致仕官一季祿公主嗣王郡縣主一子官諸蕃酋長來會者一官免所過一歲兗州二歲租賜天下酺七日丙申幸孔子宅遣使以太牢祭其墓給復近墓五戶丁酉賜徐曹亳許仙豫六州父老帛十二月己巳如東都

十四年二月邕州獠梁大海反伏誅四月丁巳戶部侍郎李元紘爲中書侍郎同中書門下平章事庚申張說罷丁卯岐王範薨六月戊午東都大風拔木壬戌詔州縣長官言事七月癸未瀍水溢八月丙午河決魏州九月己丑磧西節度使杜暹檢校黃門侍郎同中書門下平章事十月甲寅太白晝見庚申如廣成湯己巳如東都十二月丁巳獵于方秀川

十五年正月辛丑河西隴右節度使王君㚟及吐蕃戰于青海敗之七月甲戌震興教門觀災庚寅洛水溢己亥降都城囚罪徒以下原之八月澗穀溢毀澠池縣己巳降天下死罪嶺南邊州流人徒以下原之九月丙子吐蕃寇瓜州執刺史田元獻閏月庚子寇安西副大都護趙頤貞敗之庚申回紇襲甘州王君㚟死之十月己卯至自東都十一月丁卯獵于城南十二月乙亥幸溫泉宮丙戌至自溫泉宮

十六年正月壬寅趙頤貞及吐蕃戰于曲子城敗之乙卯瀧州首領陳行範反伏誅庚申許徒以下囚保任營農三月辛丑免營農囚罪七月吐蕃寇瓜州刺史張守珪敗之乙巳隴右節度使張志亮河西節度使蕭嵩克吐蕃大莫門城八月辛卯及吐蕃戰于祁連城敗之九月丙午以久雨降囚罪徒以下原之十月己卯幸溫泉宮己丑至自溫泉宮十一月癸巳蕭嵩爲兵部尚書同中書門下平章事甲辰弛陂澤禁戊申幸寧王憲第庚戌至自寧王憲第十二月丁卯幸溫泉宮丁丑至自溫泉宮

十七年二月丁卯巂州都督張審素克雲南昆明城鹽城三月戊戌張守珪及吐蕃戰于大同軍敗之四月癸亥降死罪流以下原之乙亥大風震藍田山崩六月甲戌源乾曜杜暹李元紘罷蕭嵩兼中書令戶部侍郎宇文融爲黃門侍郎兵部侍郎裴光庭爲中書侍郎同中書門下平章事九月壬子貶宇文融爲汝州刺史十月戊午朔日有食之十一月庚寅享于太廟丙申拜橋陵赦奉先縣戊戌拜定陵己亥拜獻陵壬寅拜昭陵乙巳拜乾陵戊申至自乾陵大赦免今歲稅之半賜文武官階爵侍老帛旌表孝子順孫義夫節婦終身勿事唐隆兩營立功三品以上予一子官免供頓縣今歲稅賜諸軍行人勳兩轉十二月辛酉幸溫泉宮壬申至自溫泉宮是冬無雪

十八年正月辛卯裴光庭爲侍中二月丙寅大雨雷震左飛龍廄災辛未免囚罪杖以下四月乙卯築京師外郭五月己酉奚契丹附于突厥六月甲子有彗星出于五車癸酉有星孛于畢昴乙亥瀍水溢丙子忠王浚爲河北道行軍元帥壬午洛水溢九月丁巳忠王浚兼河東道諸軍元帥十月戊子吐蕃請和庚寅如鳳泉湯癸卯至自鳳泉湯十一月丁卯幸溫泉宮丁丑至自溫泉宮

十九年正月殺瀼州別駕王毛仲丙子耕于興慶宮己卯禁捕鯉魚四月壬午降死罪以下丙申立太公廟六月乙酉大風拔木七月癸丑吐蕃請和八月辛巳以千秋節降死罪流以下原之十月丙申如東都十一月乙卯次洛城南賜從官帛是歲揚州穭稻生

二十年正月乙卯信安郡王禕爲河東河北道行軍副元帥以伐奚契丹二月甲戌朔日有食之壬午降囚罪徒以下原之三月己巳信安郡王禕及奚契丹戰于薊州敗之五月戊申忠王浚俘奚契丹以獻六月丁丑浚爲司徒八月辛未朔日有食之九月乙巳渤海靺鞨寇登州刺史韋俊死之左領軍衛將軍蓋福慎伐之戊辰以宋滑兗鄆四州水免今歲稅十月壬午如潞州丙戌中書門下慮巡幸所過囚辛卯赦潞州給復三年賜高年粟帛十一月辛丑如北都癸丑赦北都給復三年庚申如汾陰祠后土大赦免供頓州今歲稅賜文武官階勳爵諸州侍老帛武德以來功臣後及唐隆功臣三品以上一子官民酺三日十二月辛未至自汾陰

二十一年正月丁巳幸溫泉宮二月丁亥至自溫泉宮三月乙巳裴光庭薨甲寅尚書右丞韓休爲黃門侍郎同中書門下平章事閏月癸酉幽州副總管郭英傑及契丹戰于都山英傑死之四月乙卯遣宣慰使黜陟官吏決繫囚丁巳寧王憲爲太尉薛王業爲司徒五月戊子以皇太子納妃降死罪流以下原之七月乙丑朔日有食之九月壬午封子沔爲信王泚義王漼陳王澄豐王潓恒王漩涼王滔深王十月庚戌幸溫泉宮己未至自溫泉宮十二月丁巳蕭嵩韓休罷京兆尹裴耀卿爲黃門侍郎中書侍郎張九齡同中書門下平章事

二十二年正月己巳如東都二月壬寅秦州地震給復壓死者家一年三人者三年四月甲辰降死罪以下甲寅北庭都護劉渙謀反伏誅五月戊子裴耀卿爲侍中張九齡爲中書令黃門侍郎李林甫爲禮部尚書同中書門下三品是日大風拔木六月壬辰幽州節度使張守珪俘奚契丹以獻七月己巳薛王業薨十一月甲戌免關內河南八等以下戶田不百畝者今歲租十二月戊子朔日有食之乙巳張守珪及契丹戰敗之殺其王屈烈

二十三年正月乙亥耕籍田大赦侍老百歲以上版授上州刺史九十以上中州刺史八十以上上州司馬賜陪位官勳爵征防兵父母年七十者遣還民酺三日八月戊子免鰥寡惸獨今歲稅米十月戊申突騎施寇邊閏十一月壬午朔日有食之是冬東都人劉普會反伏誅

二十四年正月丙午北庭都護蓋嘉運及突騎施戰敗之四月丁丑降死罪以下五月丙午醴泉人劉志誠反伏誅八月甲寅突騎施請和乙亥汴王璥薨十月戊申京師地震甲子次華州免供頓州今歲稅賜刺史縣令中上考降兩京死罪流以下原之丁卯至自東都十一月辛丑東都地震壬寅裴耀卿張九齡罷李林甫兼中書令朔方軍節度副大使牛仙客爲工部尚書同中書門下三品十二月戊申慶王琮爲司徒

二十五年三月乙酉張守珪及契丹戰于捺祿山敗之辛卯河西節度副大使崔希逸及吐蕃戰于青海敗之四月辛酉殺監察御史周子諒乙丑廢皇太子瑛及鄂王瑤光王琚爲庶人皆殺之十一月壬申幸溫泉宮乙酉至自溫泉宮十二月丙午惠妃武氏薨丁巳追册爲皇后

二十六年正月甲戌潮州刺史陳思挺謀反伏誅乙亥牛仙客爲侍中丁丑迎氣于東郊降死罪流以下原之以京兆稻田給貧民禁王公獻珍物賜文武官帛壬辰李林甫兼隴右節度副大使二月乙卯牛仙客兼河東節度副大使三月丙子有星孛于紫微癸巳京師地震吐蕃寇河西崔希逸敗之鄯州都督杜希望克其新城四月己亥有司讀時令降死罪流以下原之五月乙酉李林甫兼河西節度副大使六月庚子立忠王璵爲皇太子七月己巳大赦賜文武九品以上及五品以上子

爲父後者勳一轉侍老粟帛加版授免京畿下戶今歲租之半賜民酺三日九月丙申朔日有食之庚子益州長史王昱及吐蕃戰于安戎城敗績十月戊寅幸溫泉宮壬辰至自溫泉宮

二十七年正月壬寅榮王琬巡按隴右二月己巳羣臣上尊號曰開元聖文神武皇帝大赦免今歲稅賜文武階官爵版授侍老百歲以上下州刺史婦人郡君九十以上上州司馬婦人縣君八十以上縣令婦人鄉君賜民酺五日八月乙亥磧西節度使蓋嘉運敗突騎施于賀邏嶺執其可汗吐火仙壬午吐蕃寇邊河西隴右節度使蕭炅敗之十月丙戌幸溫泉宮十一月辛丑至自溫泉宮

二十八年正月癸巳幸溫泉宮庚子至自溫泉宮三月丁亥朔日有食之壬子益州司馬章仇兼瓊敗吐蕃克安戎城五月癸卯吐蕃寇安戎城兼瓊又敗之十月甲子幸溫泉宮以壽王妃楊氏爲道士號太眞戊辰以徐泗二州無蠶免今歲稅辛巳至自溫泉宮十一月牛仙客罷朔方河東節度副大使

二十九年正月癸巳幸溫泉宮丁酉立玄元皇帝廟禁厚葬庚子至自溫泉宮五月庚戌求明道德經及莊列文子者降死罪流以下原之七月乙亥伊洛溢九月丁卯大雨雪十月丙申幸溫泉宮戊戌遣使黜陟官吏十一月庚戌邠王守禮薨辛酉至自溫泉宮己巳雨木冰辛未寧王憲薨追冊爲皇帝及其妃元氏爲皇后十二月癸未吐蕃陷石堡城

天寶元年正月丁未大赦改元詔京文武官材堪刺史者自舉賜侍老八十以上粟帛九品以上勳兩轉甲寅陳王府參軍田同秀言玄元皇帝降于丹鳳門通衢二月丁亥羣臣上尊號曰開元天寶聖文神武皇帝辛卯享玄元皇帝于新廟甲午享于太廟丙申合祭天地于南郊大赦侍老加版授賜文武官階爵改侍中爲左相中書令爲右相東都爲東京北都爲北京州爲郡刺史爲太守七月癸卯朔日有食之辛未牛仙客薨八月丁丑刑部尚書李適之爲左相十月丁酉幸溫泉宮十一月己巳至自溫泉宮十二月戊戌隴右節度使皇甫惟明及吐蕃戰于青海敗之庚子河西節度使王倕克吐蕃漁海遊奕軍朔方軍節度使王忠嗣及奚戰于紫乾河敗之遂伐突厥是冬無冰

二年正月乙卯作昇仙宮丙辰加號玄元皇帝曰大聖祖三月壬子享于玄元宮追號大聖祖父周上御大夫敬曰先天大皇咎繇曰德明皇帝涼武昭王曰興聖皇帝改西京玄元宮曰太清宮東宮曰太微宮四月己卯皇甫惟明克吐蕃洪濟城六月甲戌震東京應天門觀災十月戊寅幸溫泉宮十一月乙卯至自溫泉宮十二月壬午海賊吳令光寇永嘉郡是冬無雪

三載正月丙申改年爲載降死罪流以下原之辛丑幸溫泉宮辛亥有星隕于東南二月庚午至自溫泉宮丁丑河南尹裴敦復晉陵郡太守劉同昇南海郡太守劉巨鱗討吳令光閏月令光伏誅三月壬申降死罪流以下原之八月丙午拔悉蜜攻突厥殺烏蘇米施可汗來獻其首十月甲午幸溫泉宮十一月丁卯至自溫泉宮十二月癸丑祠九宮貴神于東郊大赦詔天下家藏孝經賜文武官階爵侍老粟帛民酺三日

四載正月丙戌王忠嗣及突厥戰于薩河內山敗之三月壬申以外孫獨孤氏女爲靜樂公主嫁于契丹松漠都督李懷節楊氏女爲宜芳公主嫁于奚饒樂都督李延寵八月壬寅立太眞爲貴妃九月契丹奚皆殺其公主以叛甲申皇甫惟明及吐蕃戰于石堡城副將褚詡死之十月戊戌幸溫泉宮十二月戊戌至自溫泉宮

五載正月乙亥停六品以下員外官三月丙子遣使黜陟官吏四月庚寅李適之罷丁酉門下侍郎陳希烈同中書門下平章事五月壬子朔日有食之七月殺括蒼郡太守韋堅播川郡太守皇甫惟明十月戊戌幸溫泉宮十一月乙巳至自溫泉宮十二月甲戌殺贊善大夫杜有鄰著作郎王曾左驍衞兵曹參軍柳勣左司禦率府倉曹參軍王脩己右武衞司戈盧寧左威衞參軍徐徵

六載正月辛巳殺北海郡太守李邕淄川郡太守裴敦復丁亥享于太廟戊子有事于南郊大赦流人老者許致仕停立仗鋋賜文武官階爵侍老粟帛民酺三日三月甲辰陳希烈爲左相七月乙酉以旱降死罪流以下原之十月戊申幸華清宮十一月丁酉殺戶部侍郎楊愼矜及其弟少府少監愼餘洛陽令愼名十二月癸丑至自華清宮是歲安西副都護高仙芝及小勃律國戰敗之

七載五月壬午羣臣上尊號曰開元天寶聖文神武應道皇帝大赦免來載租庸以魏周隋爲三恪賜京城父老物人十段七十以上版授本縣令婦人縣君六十以上縣丞天下侍老百歲以上上郡太守婦人郡君九十以上上郡司馬婦人縣君八十以上縣令婦人鄉君賜文武官勳兩轉民酺三日十月庚戌幸華清宮十二月辛酉至自華清宮

八載四月殺咸寧郡太守趙奉璋六月乙卯隴右節度使哥舒翰及吐蕃戰于石堡城敗之閏月丙寅謁太清宮加上玄元皇帝號曰聖祖大道玄元皇帝增祖宗帝后諡羣臣上尊號曰開元天地大寶聖文神武應道皇帝大赦男子七十婦人七十五以上皆給一子侍賜文武官階爵民爲戶者古爵酺三日十月乙丑幸華清宮是月特進何履光率十道兵以伐雲南十一月丁巳幸御史中丞楊釗莊

九載正月己亥至自華清宮丁巳詔以十一月封華嶽三月辛亥華嶽廟災關內旱乃停封五月庚寅慮囚九月辛卯以商周漢爲三恪十月庚申幸華清宮太白山人王玄翼言玄元皇帝降于寶仙洞十二月乙亥至自華清宮是歲雲南蠻陷雲南郡都督張虔陀死之

十載正月壬辰朝獻于太清宮癸巳朝享于太廟甲午有事于南郊大赦賜侍老粟帛酺三日丁酉李林甫兼朔方軍節度副大使安北副大都護己亥改傳國寶爲承天大寶戊申安西四鎭節度使高仙芝執突騎施可汗及石國王四月壬午劍南節度使鮮于仲通及雲南蠻戰于西洱河大敗績大將王天運死之陷雲南都護府七月高仙芝及大食戰于恒邏斯城敗績八月范陽節度副大使安祿山及契丹戰于吐護眞河敗績乙卯廣陵海溢丙辰武庫災十月壬子幸華清宮十一月乙未幸楊國忠第

十一載正月丁亥至自華清宮二月庚午突厥部落阿布思寇邊三月乙巳改尚書省八部名四月乙酉戶部郎中王銲京兆人邢縡謀反伏誅丙戌殺御史大夫王鉷李林甫罷安北副大都護五月戊申慶王琮薨甲子東京大風拔木六月壬午御史大夫兼劍南節度使楊國忠敗吐蕃于雲南克故洪城十月戊寅幸華清宮十一月乙卯李林甫薨庚申楊國忠爲右相十二月丁亥至自華清宮

十二載五月己酉復魏周隋爲三恪六月阿布思部落降八月中書門下慮囚九月甲寅葛邏祿葉護執阿布思十月戊寅幸華清宮

十三載正月丙午至自華清宮二月壬申朝獻于太清宮加上玄元皇帝號曰大聖祖高上大道金闕玄元天皇大帝癸酉朝享于太廟增祖宗諡甲戌羣臣上尊號曰開元天地大寶聖文神武證道孝德皇帝大赦左降官遭父母喪者聽歸賜孝義旌表者勳兩轉侍老百歲以上版授本郡太守婦人郡夫人九十以上郡長史婦人郡君八十以上縣令婦人縣君太守加賜爵一級縣令勳兩轉民酺三日丁丑楊國忠爲司空是日雨土三月隴右河西節度使哥舒翰敗吐蕃復河源九曲辛酉大風拔木五月壬戌觀酺于勤政樓北庭都護程千里俘阿布思以獻六月乙丑朔日有食之劍南節度留後李宓及雲南蠻戰于西洱河死之八月丙戌陳希烈罷文部侍郎韋見素爲武部尚書同中書門下平章事是秋瀍洛水溢十月乙酉幸華清宮十二月戊午至自華清宮

十四載三月壬午安祿山及契丹戰于潢水敗之五月天有聲于浙西八月辛卯降死罪流以下原之免今載租庸半賜侍老米十月庚寅幸華清宮十一月安祿山反陷河北諸郡范陽將何千年殺河東節度使楊光翽壬申伊西節度使封常清爲范陽平盧節度使以討安祿山丙子至自華清宮九原郡太守郭子儀爲朔方軍節度副大使右羽林軍大將軍王承業爲太原尹衞尉卿張介然爲河南節度採訪使右金吾大將軍程千里爲上黨郡長史以討安祿山丁丑榮王琬爲東討元帥高仙芝副之十二月丁亥安祿山陷靈昌郡辛卯陷陳留郡執太守郭納張介然死之癸巳安祿山陷榮陽郡太守崔無詖死之丙申封常清及安祿山戰于罌子谷敗績丁酉陷東京留守李憕御史中丞盧奕判官蔣清死之河南尹達奚珣叛降于安祿山己亥恒山郡太守顏杲卿敗何千年執之克趙鉅鹿廣平清河河間景城樂安博平博陵上谷文安信都魏鄴十四郡癸卯封常清高仙芝伏誅哥舒翰持節統領處置太子先鋒兵馬副元帥守潼關甲辰郭子儀及安祿山將高秀巖戰于河曲敗之戊申榮王琬薨壬子濟南郡太守李隨單父尉賈賁濮陽人尚衡以兵討安祿山是月平原郡太守顏眞卿饒陽郡太守盧全誠司馬李正以兵討安祿山

十五載正月乙卯東平郡太守嗣吳王祇以兵討安祿山丙辰李隨爲河南節度使以討安祿山壬戌祿山陷恒山郡執顏杲卿袁履謙陷鄴廣平鉅鹿趙上谷博陵文安魏信都九郡癸亥朔方軍節度副使李光弼爲河東節度副大使以討祿山甲子南陽郡太守魯炅爲南陽節度使率嶺南黔中山南東道兵屯于葉縣乙丑安慶緒寇潼關哥舒翰敗之丁丑眞源令張巡以兵討安祿山二月己亥嗣吳王祇及祿山將謝元同戰于陳留

敗之李光弼克恒山郡郭子儀出井陘會光弼及安祿山將史思明戰敗之庚子賈賁戰于雍丘死之三月顏眞卿克魏郡史思明寇饒陽平原乙卯張巡及安祿山將令狐潮戰于雍丘敗之丙辰殺戶部尚書安思順太僕卿安元貞乙丑李光弼克趙郡四月乙酉北海郡太守賀蘭進明以兵敗平原丙午太子左贊善大夫來瑱爲潁川郡太守兼招討使五月丁巳魯炅及安祿山戰于滍水敗績奔于南陽戊辰嗣虢王巨爲河南節度使六月癸未顏眞卿及安祿山將袁知泰戰于堂邑敗之賀蘭進明克信都丙戌哥舒翰及安祿山戰于靈寶西原敗績是日郭子儀李光弼及史思明戰于嘉山敗之辛卯蕃將火拔歸仁執哥舒翰叛降于安祿山遂陷潼關上洛郡甲午詔親征京兆尹崔光遠爲西京留守招討處置使丙申行在望賢宮丁酉次馬嵬左龍武大將軍陳玄禮殺楊國忠及御史大夫魏方進太常卿楊暄賜貴妃楊氏死是日張巡及安祿山將翟伯玉戰于白沙堝敗之己亥祿山陷京師辛丑次陳倉閑廄使任沙門叛降于祿山丙午次河池郡劍南節度使崔圓爲中書侍郎同中書門下平章事七月甲子次普安郡憲部侍郎房琯爲文部尚書同中書門下平章事丁卯皇太子爲天下兵馬元帥都統朔方河東河北平盧節度使御史中丞裴冕隴西郡司馬劉秩副之江陵大都督永王璘爲山南東路黔中江南西路節度使盛王琦爲廣陵郡都督江南東路淮南道節度使豐王珙爲武威郡都督河西隴右安西北庭節度使庚午次巴西郡以太守崔渙爲門下侍郎同中書門下平章事韋見素爲左相庚辰次蜀郡八月壬午大赦賜文武官階爵爲安祿山脅從能自歸者原之癸巳皇太子卽皇帝位于靈武以聞庚子上皇天帝誥遣韋見素房琯崔渙奉皇帝冊于靈武十一月甲寅憲部尚書李麟同中書門下平章事十二月甲辰永王璘反廢爲庶人至德二載正月庚戌詔求天下孝悌可旌者甲子劍南健兒賈秀反伏誅三月庚午通化郡言玄元皇帝降五月庚申誥追冊貴嬪楊氏爲皇后七月庚戌行營健兒李季反伏誅庚午劍南健兒郭千仞反伏誅十月丁巳皇帝復京師以聞詔劍南囚罪流以下原之十二月丁未至自蜀郡居于興慶宮三載上號曰太上至道聖皇天帝上元元年徙居于西內甘露殿元年建巳月崩于神龍殿年七十八

贊曰睿宗因其子之功而在位不久固無可稱者嗚呼女子之禍於人者甚矣自高祖至于中宗數十年間再罹女禍唐祚既絕而復續中宗不免其身韋氏遂以滅族玄宗親平其亂可以鑒矣而又敗以女子方其勵精政事開元之際幾致太平何其盛也及侈心一動窮天下之欲不足爲其樂而溺其所甚愛忘其所可戒至於竄身失國而不悔考其始終之異性習之相遠也至於如此可不愼哉可不愼哉

唐書卷五考證

玄宗紀天寶三載正月辛亥有星隕于東南○舊書作閏月辛亥天文志亦作閏月今作正月似誤

十五載三月丙辰殺戶部尚書安思順○舊書在二月

臣酉按二月無丙辰當從新書

唐書卷六

宋　翰　林　學　士　歐　陽　修　撰

本紀第六

肅宗文明武德大聖大宣孝皇帝諱亨玄宗第三子也母曰元獻皇后楊氏初名嗣昇封陝王開元四年爲安西大都護性仁孝好學玄宗尤愛之遣賀知章潘肅呂向皇甫彬邢璹等侍讀左右十五年更名浚徙封忠王爲朔方節度大使單于大都護十八年奚契丹寇邊乃以肅宗爲河北道行軍元帥遣御史大夫李朝隱等八總管兵十萬以伐之居二歲朝隱等敗奚契丹於范陽北肅宗以統帥功遷司徒二十三年又更名璵二十五年皇太子瑛廢死明年立爲皇太子有司行冊禮其儀有中嚴外辦其服絳紗衣太子曰此天子禮也乃下公卿議太師蕭嵩左丞相裴耀卿請改外辦爲外備絳紗衣爲朱明服乃從之二十八年又更名紹天寶三載又更名亨安祿山來朝太子議其有反相請以罪誅之玄宗不聽祿山反十五載玄宗避賊行至馬嵬父老遮道請留太子討賊玄宗許之遣壽王瑁及內侍高力士諭太子太子乃還六月丁酉至渭北便橋橋絕募水濱居民得三千餘人涉而濟遇潼關散卒以爲賊與戰多傷既而悔之收其餘以涉後軍多沒者夕次永壽縣吏民稍持牛酒來獻新平郡太守薛羽保定郡太守徐瑴聞賊且至皆棄城走己亥太子次保定捕得羽瑴斬之辛丑次平涼郡得牧馬牛羊兵始振朔方留後支度副使杜鴻漸六城水陸運使魏少游節度判官崔漪支度判官崔簡金關內鹽池判官李涵河西行軍司馬裴冕迎太子治兵于朔方庚戌次豐寧見大河之險將保之會天大風迴趨靈武七月辛酉至于靈武壬戌裴冕等請皇太子卽皇帝位甲子卽皇帝位于靈武尊皇帝曰上皇天帝大赦改元至德賜文武官階勳爵版授侍老太守縣令裴冕爲中書侍郎同中書門下平章事甲戌安祿山寇扶風太守薛景仙敗之八月辛卯張巡及安祿山將李廷望戰于雍丘敗之十月辛巳朔日有食之癸未次彭原郡詔御史諫官論事勿先白大夫及宰相始鬻爵度僧尼房琯爲招討西京防禦蒲潼兩關兵馬元帥兵部尚書王思禮副之南軍入于宜壽中軍入于武功北軍入于奉天辛卯河南節度副使張巡及令狐潮戰于雍丘敗之辛丑房琯以中軍北軍及安祿山之衆戰于陳濤斜敗績癸卯琯又以南軍戰敗績是月遣永王璘朝上皇天帝于蜀郡璘反丹徒郡太守閻敬之及璘戰于伊婁埭死之十一月辛卯河西地震戊午崔渙爲江南宣慰使郭子儀率回紇及安祿山戰于河上敗之史思明寇太原十二月安祿山陷潁川執太守薛愿及長史龐堅是歲吐蕃陷巂州嶺南溪獠梁崇牽陷容州

二載正月永王璘陷鄱陽郡乙卯安慶緒弑其父祿山丙寅河西兵馬使孟庭倫殺其節度使周佖以武威郡反己亥安慶緒將尹子奇寇睢陽郡張巡敗之二月戊子次于鳳翔李光弼及安慶緒之衆戰于太原敗之丁酉關西節度兵馬使郭英乂及安慶緒戰于武功敗績慶緒陷馮翊郡太守蕭賁死之慶緒將蔡希德寇太原戊戌庶人璘伏誅庚子郭子儀及安慶緒戰于潼關敗之壬寅河西判官崔偁克武威郡孟庭倫伏誅甲辰郭子儀及安慶緒戰于永豐倉敗之大將李韶光王祚死之三月辛酉韋見素裴冕罷憲部尚書致仕苗晉卿爲左相四月戊寅郭子儀爲關內河東副元帥壬午瘞陣亡者庚寅郭子儀及安慶緒將李歸仁戰于劉運橋敗之五月癸丑子儀及慶緒將安守忠戰于淸渠敗績丁巳房琯罷諫議大夫張鎬爲中書侍郎同中書門下平章事六月癸未尹子奇寇睢陽丁酉南充郡民何滔執其太守楊齊會以反劍南節度使盧元裕敗之七月己酉太白經天丁巳安慶緒將安武臣陷陝郡八月丁丑焚長春宮甲申崔渙罷張鎬兼河南節度使都統淮南諸軍事靈昌郡太守許叔冀奔于彭城癸巳大閱閏月甲寅安慶緒寇好畤渭北節度使李光進敗之丁卯廣平郡王俶爲天下兵馬元帥郭子儀副之以朔方安西回紇南蠻大食兵討安慶緒辛未京畿採訪宣慰使崔光遠及慶緒戰于駱谷敗之行軍司馬王伯倫戰于苑北死之九月丁丑慶緒陷上黨郡執節度使程千里壬寅廣平郡王俶及慶緒戰于澧水敗之癸卯復京師慶緒奔于陝郡尚書左僕射裴冕告太淸宮郊廟社稷五陵宣慰百姓十月戊申廣平郡王俶及安慶緒戰于新店敗之克陝郡壬子復東京慶緒奔于河北興平軍兵馬使李奐及慶緒之衆戰于武關敗之克上洛郡吐蕃陷西平郡癸丑安慶緒陷睢陽太守許遠及張巡鄆州刺史姚誾左金吾衞將軍南霽雲皆死之癸亥給復鳳翔五載版授父老官遣太子太師韋見素迎上皇天帝于蜀郡丁卯至自靈武饗于太廟哭三日己巳關內節度使王思禮及安慶緒戰于絳郡敗之十一月丙子張鎬率四鎭伊西北庭行營兵馬使李嗣業陝西節度使來瑱河南都知兵馬使嗣吳王祇克河南郡縣庚子作九廟神主告享于長樂殿十二月丙子上皇天帝至自蜀郡甲寅苗晉卿爲中書侍郎同中書門下平章事戊午大赦靈武元從蜀郡扈從官三品以上予一子官四品以下一子出身瘞陣亡者致祭之給復其家二載免天下租庸來歲三之一禁珠玉寶鈿平脫金泥刺繡復諸州及官名以蜀郡爲南京鳳翔郡爲西京西京爲中京給復潞州五載并鄧許滑宋五州雍丘好畤奉先縣二載益州三載賜文武官階勳爵父老八十以上版授加緋衣銀魚民酺五日廣平郡王俶爲太尉進爵楚王苗晉卿爲侍中崔圓爲中書令李麟同中書門下三品進封子南陽郡王係爲趙王新城郡王僅彭王潁川郡王僴兗王東陽郡王侹涇王封子僙爲襄王倕杞王偲召王佋興王侗定王乙丑史思明降壬申達奚珣等伏誅

乾元元年正月戊寅上皇天帝御宣政殿授皇帝傳國受命寶符冊號曰光天文武大聖孝感皇帝乙酉出宮女三千人庚寅大閱二月癸卯安慶緒將能元皓以淄靑降以元皓爲河北招討使乙巳上皇天帝冊號曰聖皇天帝丁未大赦改元贈死事及拒僞命者官成都

靈州扈從三品以上予一子官五品以上一子出身六品以下叙進之免陷賊州三歲稅賜文武官階爵三月甲戌徙封俶爲成王戊寅立淑妃張氏爲皇后四月辛亥祔神主于太廟甲寅朝享于太廟有事于南郊乙卯大赦賜文武官階勳爵天下非租庸毋輒役使有能賑貧窮寵以官爵京官九品以上言事二王三恪予一子官史思明殺范陽節度副使烏承恩以反五月戊子張鎬罷乙未崔圓李麟罷太常少卿王璵爲中書侍郎同中書門下平章事七月党項羌寇邊九月丙子招討党項使王仲昇殺拓拔戎德庚寅郭子儀率李光弼李嗣業王思禮淮西節度使魯炅興平軍節度使李奐滑濮節度使許叔冀平盧兵馬使董秦鄭蔡節度使季廣琛以討安慶緒癸巳大食波斯寇廣州十月甲辰立成王俶爲皇太子大赦賜文武官階爵五品以上子爲父後者勳兩轉舉忠正孝友堪東宮官者十一月壬申王思禮及安慶緒戰于相州敗之十二月庚戌戶部尚書李峘都統淮南江東江西節度使丁卯史思明陷魏州

二年正月己巳羣臣上尊號曰乾元大聖光大文武孝感皇帝郭子儀及安慶緒戰于愁思岡敗之丁丑祠九宮貴神戊寅耕籍田二月壬戌中書門下慮囚三月己巳皇后親蠶壬申九節度之師潰于滏水史思明殺安慶緒東京留守崔圓河南尹蘇震汝州刺史賈至奔于襄鄧郭子儀屯于東京丁亥以旱降死罪流以下原之流民還者給復三年甲午兵部侍郎呂諲同中書門下平章事乙未苗晉卿王璵罷京兆尹李峴爲吏部尚書中書舍人李揆爲中書侍郎戶部侍郎第五琦同中書門下平章事丙申郭子儀爲東畿山南東河南等道諸節度防禦兵馬元帥四月庚子王思禮及史思明戰于直千嶺敗之壬寅詔減常膳服御武德中尚作坊非賜蕃客戎祀所須者皆罷之五月辛巳貶李峴爲蜀州刺史七月辛巳趙王係爲天下兵馬元帥李光弼副之辛卯呂諲罷八月乙巳襄州防禦將康楚元張嘉延反逐其刺史王政九月甲子張嘉延陷荊州丁亥太子少保崔光遠爲荊襄招討山南東道處置兵馬使庚寅史思明陷東京及齊汝鄭滑四州十月乙巳李光弼及史思明戰于河陽敗之壬戌呂諲起復十一月庚午貶第五琦爲忠州刺史十二月乙巳康楚元伏誅史思明寇陝州神策軍將衛伯玉敗之

上元元年三月丙子降死罪流以下原之四月戊申山南東道將張維瑾反殺其節度使史翽丁巳有彗星出于婁胃己未來瑱爲山南東道節度使以討張維瑾閏月辛酉有彗星出于西方甲戌徙封係爲越王己卯大赦改元賜文武官爵追封太公望爲武成王復死刑三覆奏是月大饑張維瑾降五月丙午太子太傅苗晉卿爲侍中壬子呂諲罷六月乙丑鳳翔節度使崔光遠及羌渾党項戰于涇隴敗之乙酉又敗之于普潤李光弼及史思明戰于懷州敗之七月丁未聖皇天帝遷于西內十一月甲午揚州長史劉展反陷潤州丙申陷昇州壬子李峘淮南節度使鄧景山及劉展戰于淮上敗績是歲吐蕃陷廓州西原蠻寇邊桂州經略使邢濟敗之

二年正月甲寅降死罪流以下原之乙卯劉展伏誅二月己未奴剌党項羌寇寶雞焚大散關寇鳳州刺史蕭悅死之鳳翔尹李鼎敗之戊寅李光弼及史思明戰于北邙敗績思明陷河陽癸未貶李揆爲袁州長史河中節度使蕭華爲中書侍郎同中書門下平章事乙酉來瑱及史思明戰于魯山敗之三月甲午史朝義寇陝州神策軍節度使衛伯玉敗之戊戌史朝義殺其父思明李光弼罷副元帥四月己未吏部侍郎裴遵慶爲黃門侍郎同中書門下平章事乙亥青密節度使尚衡及史朝義戰敗之丁丑兗鄆節度使能元皓又敗之壬午劍南東川節度兵馬使段子璋反陷綿州遂州刺史嗣虢王巨死之節度使李奐奔于成都五月甲午史朝義將令狐彰以滑州降戊戌平盧軍節度使侯希逸及史朝義戰于幽州敗之庚子李光弼爲河南道副元帥劍南節度使崔光遠克東川段子璋伏誅七月癸未朔日有食之八月辛巳殿中監李國貞都統朔方鎮西北庭興平陳鄭河中節度使九月壬寅大赦去乾元大聖光天文武孝感號去上元號稱元年以十一月爲歲首月以斗所建辰爲名賜文武官階勳爵版授侍老官先授者叙進之停四京號元年建子月癸巳曹州刺史常休明及史朝義將薛崿戰敗之己亥朝聖皇天帝于西內丙午衛伯玉及史朝義戰于永寧敗之己酉朝獻于太清宮庚戌朝享于太廟及元獻皇后廟建丑月辛亥有事于南郊己未來瑱及史朝義戰于汝州敗之乙亥侯希逸及朝義將李懷仙戰于范陽敗之

寶應元年建寅月甲申追冊靖德太子琮爲皇帝妃竇氏爲皇后乙酉葬王公妃主遇害者丙戌盜發敬陵惠陵甲辰李光弼克許州吐蕃請和戊申史朝義陷營州建卯月辛亥大赦賜文武官階爵五品以上淸望及郎官御史薦流人有行業情可矜者停貢鷹鶻狗豹以京兆府爲上都河南府爲東都鳳翔府爲西都江陵府爲南都太原府爲北都壬子羌渾奴剌寇梁州癸丑河東軍亂殺其節度使鄧景山都知兵馬使辛雲京自稱節度使乙丑河中軍亂殺李國貞及其節度使荔非元禮戊辰淮西節度使王仲昇及史朝義將謝欽讓戰于申州敗績庚午郭子儀知朔方河中北庭潞儀澤沁節度行營興平定國軍兵馬副元帥壬申鄜州刺史成公意及党項戰敗之建辰月壬午大赦官吏聽納贓免罪左降官及流人罰鎮效力者還之甲午奴剌寇梁州戊申蕭華罷戶部侍郎元載同中書門下平章事建巳月庚戌史朝義寇澤州刺史李抱玉敗之壬子楚州獻定國寶玉十有三甲寅聖皇天帝崩乙丑皇太子監國大赦改元年爲寶應元年復以正月爲歲首建巳月爲四月丙寅閑廄使李輔國飛龍廄副使程元振遷皇后于別殿殺越王係兗王僩是夜皇帝崩于長生殿年五十二

代宗睿文孝武皇帝諱豫肅宗長子也母曰章敬皇后吳氏玄宗諸孫百餘人代宗最長爲嫡皇孫聰明寬厚喜慍不形於色而好學强記通易象初名俶封廣平郡王安祿山反玄宗幸蜀肅宗留討賊代宗常從於兵間肅宗已卽位郭子儀等兵討安慶緒未克肅宗在岐至德二載九月以廣平郡王爲天下兵馬元帥率朔方安西回紇南蠻大食等兵二十萬以進討百官送于朝堂過闕而下步出木馬門然後復騎以安西北庭行營節度使李嗣業爲前軍朔方河西隴右節度使郭子儀爲中軍關內行營節度使王思禮爲後軍屯于香積寺敗賊將安守忠斬首六萬級賊將張通儒守長安聞守忠敗棄城走遂克京城乃留思禮屯于苑中代宗率大軍以東安慶緒遣其將嚴莊拒于陝州代宗及子儀嗣業戰陝西大敗之安慶緒奔于河北遂克東都肅宗還京師十二月進封楚王

乾元元年三月徙封成王四月立爲皇太子初太子生之歲豫州獻嘉禾於是以爲祥乃更名豫肅宗去上元三年號止稱元年月以斗所建辰爲名元年建巳月肅宗寢疾乃詔皇太子監國而楚州獻定國寶十有三因曰楚者太子之所封今天降寶於楚宜以建元乃以元年爲寶應元年肅宗張皇后惡李輔國欲圖之召問太子太子不許乃與越王係謀之肅宗疾革四月丁卯皇后與係將召太子入宮飛龍副使程元振得其謀以告輔國輔國止太子無入率兵入殺係及兗王僩幽皇后于別殿是夕肅宗崩乃迎太子見羣臣於九仙門明日發喪己巳卽皇帝位于柩前癸酉始聽政甲戌奉節郡王适爲天下兵馬元帥郭子儀罷副元帥乙亥進封适爲魯王五月壬午李輔國爲司空庚寅追尊母爲皇太后丙申李光弼及史朝義戰于宋州敗之丁酉大赦刺史予一子官賜文武官階爵子爲父後者勳一轉免民逋租宿負進封子益昌郡王邈爲鄭王延慶郡王迥韓王追復庶人王氏爲皇后瑛瑤琚皆復其封號六月辛亥追廢皇后張氏越王係兗王僩皆爲庶人七月乙酉殺山南東道節度使裴茙癸巳劍南西川兵馬使徐知道反八月己未知道伏誅辛未台州人袁鼂反乙亥徙封适爲雍王九月戊子鳳州刺史呂日將及党項羌戰于三嵯谷敗之丙申回紇請助戰壬寅大閱癸卯袁鼂陷信州十月乙卯陷溫明二州詔浙江水旱百姓重困州縣勿輒科率民疫死不能葬者爲瘞之辛酉雍王适討史朝義壬戌盜殺李輔國癸酉雍王适克懷州甲戌敗史朝義于橫水克河陽東都史朝義將張獻誠以汴州降十一月丁亥朝義將薛嵩以相衛洺邢四州降丁酉朝義將張忠志以趙定深恒易五州降己亥朔方行營節度使僕固懷恩爲朔方河北副元帥十二月己酉太府左藏庫火戊辰瘞京城內外暴骨甲戌李光弼及袁鼂戰于衢州敗之是歲舒州人楊昭反殺其刺史劉秋子西原蠻叛吐蕃寇秦成渭三州

廣德元年正月癸未京兆尹劉晏爲吏部尚書同中書門下平章事甲申史朝義自殺其將李懷仙以幽州降田承嗣以魏州降壬寅山陵使山南東道節度使來瑱有罪伏誅三月甲辰山南東道兵馬使梁崇義自南陽入于襄州丁未李光弼及袁鼂戰敗之辛酉葬至道大聖大明孝皇帝于泰陵甲子党項羌寇同州郭子儀敗之于黃堆山庚午葬文明武德大聖大宣孝皇帝于建陵六月同華節度使李懷讓自殺七月壬寅羣臣上尊號曰寶應元聖文武孝皇帝壬子大赦改元免民逋負戶三丁免其一庸調給復河北三年回紇行營所經免今歲租賜內外官階勳爵給功臣鐵券藏名于太廟圖形于凌煙閣吐蕃陷隴右諸州八月僕固懷恩反九月壬寅裴遵慶宣慰僕固懷恩于汾州乙丑涇州刺史高暉叛附于吐蕃十月庚午吐蕃陷邠州辛未寇奉天武功京師戒嚴壬申雍王适爲關內兵馬元帥郭子儀副之癸酉渭北行營兵馬使呂日將及吐蕃戰于盩厔敗之乙亥又戰于盩厔敗績丙子如陝州丁丑次華陰豐王珙有罪伏誅戊寅吐蕃陷京師立廣武郡王承宏爲

皇帝辛巳次陝州癸巳吐蕃潰郭子儀復京師南山五谷人高玉反十一月壬寅廣州市舶使呂太一反逐其節度使張休十二月辛未劉晏宣慰上都甲午至自陝州乙未苗晉卿裴遵慶罷檢校禮部尚書李峴爲黃門侍郎同中書門下平章事丙申放承宏于華州吐蕃陷松維二州西原蠻陷道州

二年正月丙午詔舉堪御史諫官刺史縣令者乙卯立雍王适爲皇太子癸亥劉晏李峴罷右散騎常侍王縉爲黃門侍郎太常卿杜鴻漸爲兵部侍郎同中書門下平章事郭子儀兼河東副元帥二月辛未僕固懷恩殺朔方軍節度留後渾釋之癸酉朝獻于太清宮甲戌朝享于太廟乙亥有事于南郊己丑大赦賜內外官階爵武德功臣子孫予一人官成都靈武元從三品以上加賜爵一級餘加一階寶應功臣三品以上官一子仍賜爵一級餘加階勳兩轉五品以上爲父後者勳兩轉三月辛丑給復河南府二年甲子盛王琦薨四月甲午禁鈿作珠翠五月洛水溢六月丁卯有星隕于汾州七月庚子初稅青苗己酉李光弼薨八月丙寅王縉爲侍中都統河南淮南山南東道節度行營事壬申王縉罷侍中癸巳吐蕃寇邠州邠寧節度使白孝德敗之于宜祿九月己未劍南節度使嚴武及吐蕃戰于當狗城敗之是秋有螽十月丙寅吐蕃寇邠州丁卯寇奉天京師戒嚴庚午嚴武克吐蕃鹽川城辛未朔方兵馬使郭晞及吐蕃戰于邠西敗之是月突厥寇豐州守將馬望死之十一月乙未吐蕃軍潰京師解嚴河西節度使楊志烈及僕固懷恩戰于靈州敗績癸丑袁鼂伏誅免越州今歲田租之半給復溫台明三州一年十二月乙丑高玉伏誅丙寅衆星隕是歲西原蠻陷邵州

永泰元年正月癸巳大赦改元是月歙州人殺其刺史龐濬二月戊寅党項羌寇富平庚辰儀王璲薨三月庚子雨木冰庚戌吐蕃請和辛亥大風拔木四月己巳自春不雨至于是而雨是夏盩厔稽麥生七月辛卯平盧淄青兵馬使李懷玉逐其節度使侯希逸八月庚辰王縉爲河南副元帥僕固懷恩及吐蕃回紇党項羌渾奴剌寇邊九月庚寅命百官觀浮屠象于光順門辛卯太白經天甲辰吐蕃寇醴泉奉天党項羌寇同州渾奴剌寇盩厔京師戒嚴己酉屯于苑郭子儀屯于涇陽丁巳同華節度使周智光及吐蕃戰于澄城敗之智光入于鄜州殺其刺史張麟遂焚坊州十月沙陀殺楊志烈己未吐蕃至邠州與回紇寇邊辛酉寇奉天癸亥寇同州乙丑寇興平丁卯回紇党項羌請降癸酉郭子儀及吐蕃戰于靈臺敗之京師解嚴閏月辛卯朔方副將李懷光克靈州辛亥劍南西山兵馬使崔旰反寇成都節度使郭英乂奔于靈池普州刺史韓澄殺之癸丑歙民貰作浮屠供

大歷元年二月吐蕃遣使來朝壬子杜鴻漸爲山南西道劍南東西川邛南西山等道副元帥三月癸未劍南東川節度使張獻誠及崔旰戰于梓州敗績七月癸酉洛水溢九月辛巳吐蕃陷原州十一月甲子大赦改元給復流民歸業者三年十二月己亥有彗星出于瓠瓜癸卯周智光反殺虢州刺史龐充是冬無雪鄭王邈爲天下兵馬元帥

二年正月丁巳郭子儀討周智光己未同華將李漢惠以同州降甲子周智光伏誅淮西節度使李忠臣入于華州戊寅給復同華二州二年八月壬寅殺駙馬都尉姜慶初九月甲寅吐蕃寇靈州乙卯寇邠州郭子儀屯于涇陽京師戒嚴乙丑晝有星流于南方是秋桂州山獠反十月戊寅朔方軍節度使路嗣恭及吐蕃戰于靈州敗之京師解嚴十一月辛未雨木冰壬申京師地震

三年二月癸巳商州兵馬使劉洽殺其刺史殷仲卿三月乙巳朔日有食之五月乙卯追號齊王倓爲皇帝與信公主女張氏爲皇后癸亥地震六月壬寅幽州兵馬使朱希彩殺其節度使李懷仙自稱留後閏月庚午王縉兼幽州盧龍軍節度使七月壬申瀘州刺史楊子琳反陷成都劍南節度留後崔寬敗之克成都子琳殺夔州別駕張忠戊寅吐蕃遣使來朝八月己酉吐蕃寇靈州丁卯寇邠州京師戒嚴戊辰邠寧節度使馬璘及吐蕃戰敗之庚午王縉兼河東節度使九月丁丑濟王環薨壬午吐蕃寇靈州朔方將白元光敗之壬辰又敗之于靈武戊辰京師解嚴十二月辛酉涇原兵馬使王童之謀反伏誅

四年正月甲戌殺潁州刺史李岵二月乙卯杜鴻漸罷副元帥丙辰京師地震三月遣御史稅商錢甲戌免京兆今歲稅五月丙戌京師地震六月戊申王縉罷副元帥都統七月癸未降死罪流以下原之十月丁巳大霧十一月辛未禁畿內弋獵壬申杜鴻漸罷癸酉元載權知門下省事甲戌吐蕃寇靈州朔方軍節度留後常謙光敗之丙子左僕射裴冕同中書門下平章事癸巳裴冕兼河南淮西山南東道副元帥十二月戊戌裴冕薨是歲廣州人馮崇道桂州人朱濟時反容管經略使王翃敗之

五年正月辛卯鳳翔節度使李抱玉爲河西隴右山南西道副元帥三月癸酉內侍監魚朝恩有罪自殺丙戌以昭陵皇堂有光赦京兆關輔四月庚子湖南兵馬使臧玠殺其團練使崔灌己未有彗星出于五車五月己卯有彗星出于北方六月己未以彗星滅降死罪流以下原之錄魏徵王珪李靖李勣房玄齡杜如晦之後是歲湖南將王國良反及西原蠻寇州縣

六年二月壬寅李抱玉罷山南西道副元帥三月王翃敗梁崇牽克容州四月戊寅藍田西原地陷禁大綱竭鑿六破錦及文紗吳綾爲龍鳳麒麟天馬辟邪者五月戊申殺殿中侍御史陸珽成都府司錄參軍事李少良大理評事韋頌

七年二月庚午江水汎溢五月乙酉大雨雹大風拔木乙未以旱大赦減膳撤樂是秋幽州盧龍將李懷瑗殺其節度使朱希彩經略軍副使朱泚自稱留後十月乙亥以淮南旱免租庸三之二十一月庚辰免巴蓬渠集壁充通開八州二歲租庸十二月丙寅雨土有長星出于參

八年正月甲辰詔京官三品以上及郎官御史歲舉刺史縣令一人五月辛卯鄭王邈薨壬寅赦京師癸卯降死罪流以下原之八月己未吐蕃寇靈州郭子儀敗之于七級渠甲子廢華州屯田給貧民九月壬午循州刺史哥舒晃反殺嶺南節度使呂崇賁戊子詔京官五品以上兩省供奉官郎官御史言事十月庚申吐蕃寇涇邠丙寅朔方兵馬使渾瑊及吐蕃戰于宜祿敗績涇原節度使馬璘及吐蕃戰于潘原敗之

九年二月辛未徐州兵亂逐其刺史梁乘四月壬辰大赦十月壬申信王瑝薨乙亥涼王璿薨壬辰降京師死罪流以下原之

十年正月丁酉昭義軍兵馬使裴志清逐其節度使薛崿叛附于田承嗣壬寅壽王瑁薨戊申田承嗣反癸丑承嗣陷洺州乙卯劍南西川節度使崔寧及吐蕃戰于西山敗之二月乙丑田承嗣陷衛州刺史薛雄死之辛未封子述爲睦王逾郴王連恩王遘鄜王造忻王暹韶王運嘉王遇端王遹循王通恭王逵原王逸雅王丙子河陽軍亂逐三城使常休明三月甲午陝州軍亂逐其觀察使李國清四月癸未河東節度使薛兼訓等討田承嗣給復昭義五州二年甲申大雨雹大風拔木五月乙未魏博將霍榮國以磁州降甲寅大雨雹大風拔木震闕門六月甲戌成德軍節度使李寶臣及田承嗣戰于冀州敗之七月己未杭州海溢八月己丑田承嗣寇磁州九月壬寅降京師死罪流以下原之壬子吐蕃寇臨涇癸丑寇隴州丙辰李抱玉敗之于義寧丁巳馬璘又敗之于百里城十月辛酉朔日有食之甲子昭義軍節度使李承昭及田承嗣戰于清水敗之丙寅貴妃獨孤氏薨丁卯追冊爲皇后十一月丁酉魏博將吳希光以瀛州降丁未嶺南節度使路嗣恭克廣州哥舒晃伏誅

十一年正月庚寅田承嗣降辛亥崔寧及吐蕃戰敗之五月汴宋都虞候李靈耀反殺濮州刺史孟鑒七月庚寅田承嗣寇滑州永平軍節度使李勉敗績八月甲申淮西節度使李忠臣河陽三城使馬燧及李勉討李靈耀閏月丁酉大白晝見九月乙丑李忠臣馬燧及李靈耀戰于鄭州敗績十月乙酉戰于中牟敗之壬辰忠臣又敗之于西梁固壬寅淮南節度使陳少遊及李靈耀戰于汴州敗之丙子田承嗣以兵援靈耀李忠臣敗之于匡城甲寅靈耀伏誅

十二年三月庚午赦田承嗣辛巳元載有罪伏誅貶王縉爲括州刺史四月壬午太常卿楊綰爲中書侍郎禮部侍郎常衮爲門下侍郎同中書門下平章事癸巳詔諫官獻封事勿限時側門論事者隨狀面奏六品以上官言事投匭者無勒副章丁酉吐蕃寇黎雅二州崔寧敗之是月金州人卓英璘反六月乙巳英璘伏誅給復金州二年丁未以旱降京師死罪流以下原之七月己巳楊綰薨丙子詔尚書御史大夫左右丞侍郎舉任刺史者九月庚午吐蕃寇坊州是秋河溢十一月壬子山南西道節度使張獻恭及吐蕃戰于岷州敗之十二月丁亥崔寧及吐蕃戰于西山敗之是歲恒定趙三州地震冬無雪

十三年正月戊辰回紇寇幷州癸酉河東節度留後鮑防及回紇戰于陽曲敗績二月庚辰代州刺史張光晟及回紇戰于羊虎谷敗之四月甲辰吐蕃寇靈州常謙光敗之十月己丑禁京畿持兵器捕獵是歲郴州黃芩山崩

十四年二月癸未魏博節度使田承嗣卒其兄子悅自稱留後三月丁未汴宋將李希烈逐其節度使李忠臣自稱留後五月辛酉不豫詔皇太子監國是夕皇帝崩于紫宸內殿年五十三

贊曰天寶之亂大盜遽起天子出奔方是時肅宗以皇

太子治兵討賊眞得其職矣然以僖宗之時唐之威德在人紀綱未壞孰與天寶之際而僖宗在蜀諸鎭之兵糾合勠力遂破黃巢而復京師由是言之肅宗雖不卽尊位亦可以破賊矣蓋自高祖以來三遜于位以授其子而獨睿宗上畏天戒發於誠心若高祖玄宗豈其志哉代宗之時餘孽猶在平亂守成蓋亦中材之主也

唐書卷六考證

代宗紀乾元元年八月乙亥徙封适爲雍王○舊書作九月丁丑朔　臣酉按德宗紀當從新書

廣德元年正月甲申史朝義自殺其將李懷仙以幽州降○舊書在寶應元年十一月

唐書卷七

宋翰林學士歐陽修撰

本紀第七

德宗神武聖文皇帝諱适代宗長子也母曰睿眞皇太后沈氏初沈氏以開元末選入代宗宮安祿山之亂玄宗避賊于蜀諸王妃妾不及從者皆爲賊所得拘之東都之掖廷代宗克東都得沈氏留之宮中史思明再陷東都遂失所在肅宗元年建丑月封德宗奉節郡王代宗卽位史朝義據東都乃以德宗爲天下兵馬元帥進封魯王八月徙封雍王寶應元年十月屯于陝州諸將進擊史朝義敗之朝義走河北遂克東都十一月史朝義死幽州守將李懷仙斬其首來獻河北平以功兼尚書令與功臣郭子儀李光弼等皆賜鐵券圖形凌煙閣廣德二年二月立爲皇太子大曆十四年五月辛酉代宗崩癸亥卽皇帝位于太極殿閏月甲戌貶常袞爲河南少尹以河南少尹崔祐甫爲門下侍郎同中書門下平章事丙子罷諸州府及新羅渤海貢鷹鷂戊寅罷山南貢枇杷江南甘橘非供宗廟者辛巳罷邕府歲貢奴婢癸未罷梨園樂工三百人劒南貢生春酒甲申郭子儀爲尚父兼太尉中書令丙戌罷獻祥瑞貢器以金銀飾者還之丁亥出宮人放舞象三十有二于荆山之陽六月己亥大赦賜文武官階爵民爲戶者古爵一級減乘輿服御士庶田宅車服踰制者有司爲立法度禁百官置邸販鬻武德至德將相有功者子孫予官庚子進封子宣城郡王誦爲宣王封子謨爲舒王諶通王諒虔王詳肅王謙資王乙巳封弟迺爲益王逌隋王遂蜀王丙午詔六品以上清望官日二人待制癸丑命皇族五等以上居四方者家一人赴山陵己未罷揚州貢鏡幽州貢麝癸亥舉可刺史京令者七月戊辰朔日有食之庚午虢邕州金坑禁辛卯罷榷酤八月甲辰道州司馬楊炎爲門下侍郎懷州刺史喬琳爲御史大夫同中書門下平章事乙巳還吐蕃俘十月丁酉吐蕃雲南蠻寇黎茂文扶四州鳳翔節度使朱泚金吾衞大將軍曲環敗之于七盤城己酉葬睿文孝武皇帝于元陵戊午罷九成宮貢立獸炭襄州蔗藕工辛酉以沙苑象豕三千給貧民十一月壬午喬琳罷十二月乙卯立宣王誦爲皇太子丙寅晦日有食之

建中元年正月丁卯改元羣臣上尊號曰聖神文武皇帝己巳朝獻于太清宮庚午朝享于太廟辛未有事于南郊大赦賜文武官階勳爵遣黜陟使于天下賜子爲父後者勳兩轉二月丙申初定兩稅四月乙未四鎭北庭行軍別駕劉文喜反于涇州伏誅己亥地震六月甲午崔祐甫薨七月丙寅王國良降己丑殺忠州刺史劉晏八月丁巳遂尊母沈氏爲皇太后九月己卯雷庚寅睦王述爲奉迎皇太后使是冬無雪黃河滹沱易水溢

二年正月戊辰成德軍節度使李寶臣卒其子惟岳自稱留後幽州盧龍軍節度使朱滔討之魏博節度使田悅反神策都虞候李晟河東節度使馬燧昭義軍節度使李抱眞河陽節度副使李艽討之永平軍節度使李勉爲汴滑陳懷鄭汝陝河陽三城宋亳潁節度都統二月乙巳御史大夫盧杞爲門下侍郎同中書門下平章事乙卯振武軍亂殺其使彭令芳及監軍劉惠光丁巳發兵屯關東誓師于望春樓山南東道節度使梁崇義反五月京師雨雹庚申置待詔官三十人六月熒惑太白鬬于東井癸巳淮寧軍節度使李希烈爲漢南漢北兵馬招討使以討梁崇義辛丑郭子儀薨七月庚申楊炎罷檢校尚書右僕射侯希逸爲司空前永平軍節度使張鎰爲中書侍郎同中書門下平章事侯希逸薨癸未馬燧李抱眞及田悅戰于臨洺敗之八月劒南西川節度使張延賞東川節度使王叔邕山南東道節度使賈耽荆南節度使李昌巙陳少游討梁崇義以李希烈爲諸軍都統辛卯平盧軍節度使李正己卒其子納自稱留後壬子梁崇義伏誅九月李納陷宋州李惟岳將張孝忠以易定二州降壬戌賜立功士卒帛粟死事家三歲十月戊申李納將李洧以徐州降十一月辛酉納寇徐州宣武軍節度使劉洽敗之于七里溝丁丑馬燧及田悅戰于雙岡敗之甲申李納將王涉以海州降十二月丁酉馬萬通以密州降馬燧爲魏博招討使是歲殺崖州司馬楊炎

三年正月丙寅朱滔成德軍節度使張孝忠及李惟岳戰于束鹿敗之辛未減常膳及太子諸王食物復榷酤癸未李納陷海密二州閏月乙未李惟岳將康日知以趙州降甲辰惟岳伏誅其將楊榮國以深州降庚戌馬燧及田悅戰于洹水敗之是月悅將李再春以博州降田昂以洺州降二月戊午李惟岳將楊政義以定州降甲戌給復易定深趙恒冀六州三年赦吏民爲李惟岳迫脅者己卯震通化門四月戊午李納將李士眞以德棣二州降甲子借商錢甲戌昭義軍節度副使盧玄卿爲魏博澶相招討使戊寅張鎰罷壬午殺殿中侍御史鄭詹是月朱滔反陷德棣二州五月辛卯朔方軍節度使李懷光討田悅六月甲子京師地震恒冀觀察使王武俊反辛巳李懷光馬燧李艽李抱眞及朱滔王武俊田悅戰于連篋山敗績七月壬辰殿中丞李雲端謀反伏誅癸巳停借商錢八月癸丑演州司馬李孟秋峰州刺史皮岸反伏誅九月丁亥初稅商錢茶漆竹木十月丙辰吏部侍郎關播爲中書侍郎同中書門下平章事李希烈反丙子肅王詳薨

四年正月丁亥鳳翔節度使張鎰及吐蕃尚結贊盟于清水庚寅李希烈陷汝州執刺史李元平戊戌東都汝行營節度使哥舒曜討李希烈二月丁卯克汝州三月辛卯李希烈寇鄂州刺史李兼敗之丁酉荆南節度使張伯儀及李希烈戰于安州敗績四月庚申李勉爲淮西招討處置使哥舒曜副之張伯儀爲淮西應援招討使賈耽江南西道節度使嗣曹王皐副之甲子京師地震生毛丙子哥舒曜及李希烈戰于潁橋敗之五月辛巳京師地震乙酉潁王璬薨乙未劉洽爲淄青兗鄆招討制置使六月庚戌稅屋間架筭除陌錢丁卯徙封逾爲丹王遘簡王七月馬燧爲魏博澶相節度招討使壬辰盧杞關播李忠臣及吐蕃區頰贊盟于京師八月丁未李希烈寇襄城乙卯希烈將曹季昌以隋州降庚申有星隕于京師九月丙戌神策軍行營兵馬使劉德信及李希烈戰于扈澗敗績庚子舒王謨爲荆襄江西沔鄂節度諸軍行營兵馬都元帥徙封普王十月涇原節度使姚令言反犯京師戊申如奉天朱泚反庚戌泚殺司農卿段秀實及左驍衞將軍劉海賓鳳翔後營將李楚琳殺其節度使張鎰自稱留後癸丑李希烈陷襄城宣武軍兵馬使高翼死之甲寅朱泚殺涇原節度都虞候何明禮乙卯殺尚書右僕射崔寧丁巳戶部尚書蕭復爲吏部尚書吏部郎中劉從一爲刑部侍郎京兆府戶曹參軍翰林學士姜公輔爲諫議大夫同中書門下平章事朱泚犯奉天禁軍敗績于城東辛酉靈鹽節度留後杜希全鄜坊節度使李建徽及朱泚戰于漠谷敗績癸亥劉德信及泚戰于思子陵敗之甲子行在都虞候渾瑊及泚戰于城下敗之左龍武軍大將軍呂希倩死之乙丑將軍高重傑死之是月商州軍亂殺其刺史謝良輔十一月劒南西川兵馬使張朏逐其節度使張延賞朏伏誅癸巳李懷光及朱泚戰于魯店敗之懷光爲中書令朔方邠寧同華陝虢河中晉絳慈隰行營兵馬副元帥十二月朱泚陷華州壬戌貶盧杞爲新州司馬庚午李希烈陷汴鄭二州

興元元年正月癸酉大赦改元去聖神文武號復李希烈田悅王武俊李納官爵赴奉天收京城將士有罪減三等子孫減二等在行營者賜勳五轉賜文武官階勳爵罷間架竹木茶漆稅及除陌錢給復奉天五年城中十年關播罷丙戌吏部侍郎盧翰爲兵部侍郎同中書門下平章事戊子蕭復爲山南東西荆湖淮南江西鄂岳浙江東西福建嶺南宣慰安撫使戊戌劉洽爲汴滑宋亳都統副使二月甲子李懷光爲太尉懷光反丁卯如梁州懷光將孟庭保以兵來追左衞大將軍侯仲莊敗之于驛店三月李懷光奪鄜坊京畿金商節度使李建徽神策軍兵馬使楊惠元兵惠元死之癸酉魏博兵馬使田緒殺其節度使田悅自稱留後甲戌李懷光殺左廂兵馬使張名振右武鋒兵馬使石演芬丁亥李晟爲京畿渭北鄜坊丹延節度招討使神策行營兵馬使尚可孤爲神策京畿渭南商州節度招討使壬辰次梁州丁酉劉洽權知汴滑宋亳都統兵馬事己亥渾瑊爲朔方邠寧振武永平奉天行營兵馬副元帥四月李懷光陷坊州甲辰李晟爲京畿渭北商華兵馬副元帥甲寅姜公輔罷涇原兵馬使田希鑒殺其節度使馮河清自稱留後乙丑渾瑊及朱滔戰于武亭川敗之丁卯義

王玼薨。是月，坊州刺史竇覦克坊州。五月癸酉，涇王侹薨。丙子，李抱眞、王武俊及朱滔戰于京城，敗之。壬辰，尚可孤及朱泚戰于藍田之西，敗之。乙未，李晟又敗之于苑北。戊戌，又敗之于白華，復京師。六月癸卯，姚令言伏誅。甲辰，朱泚伏誅。己酉，李晟爲司徒、中書令。癸丑，以梁州爲興元府，給復一年，耆老加版授。甲寅，渾瑊爲侍中。乙巳，給復洋州一年，加給興元一年，免鳳州今歲稅，父老加版授。七月丙子，次鳳翔，免今歲秋稅，八十以上版授刺史，餘授上佐。丁丑，葬宗室遇害者。壬午，至自興元。丁亥，李懷光殺宣慰使孔巢父。辛卯，大赦，賜百官、將士階、勳、爵，收京城者升八資，給復京兆府一年。是月，賜曹王皐及李希烈戰于應山，敗之。八月癸卯，李晟爲鳳翔隴右諸軍涇源四鎮北庭行營兵馬副元帥，馬燧爲晉慈隰諸軍行營兵馬副元帥，渾瑊爲河中同絳陝虢諸軍行營兵馬副元帥。丙午，渾瑊兼朔方行營兵馬副元帥。己酉，延王玢、隋王迅薨。十月辛丑，李勉檢校司徒、同中書門下平章事。閏月戊子，李希烈將李澄以滑州降。十一月癸卯，劉洽邠隴行營節度使曲環及李希烈戰于陳州，敗之。戊午，克汴州。乙丑，蕭復罷。十二月乙酉，渾瑊及李懷光戰于乾坑，敗績。是歲，陳王珪薨。

貞元元年正月丁酉，大赦，改元，罷權稅。三月，李懷光殺步軍兵馬使田仙浩、都虞候呂鳴岳。丁未，李希烈陷鄧州，殺唐鄧隋招討使黃金岳。是春，旱。四月乙丑，徙封誼爲舒王。壬午，渾瑊及李懷光戰于長春宮，敗之。丙戌，馬燧、渾瑊爲河中招撫使。六月己丑，幽州盧龍軍節度使朱滔卒，涿州刺史劉怦自稱留後。辛卯，劒南西川節度使張延賞爲中書侍郎、同中書門下平章事。戊子，馬燧及李懷光戰于陶城，敗之。七月，灞滻竭。庚子，大風拔木。八月，襲封配饗功臣子孫。甲子，以旱避正殿，減膳。甲戌，李懷光伏誅。己卯，給復河中、同絳二州一年。馬燧爲侍中。張延賞罷。丙戌，李希烈殺宣慰使顏眞卿。九月辛亥，劉從一罷。庚申，幽州盧龍軍節度使劉怦卒，其子濟自稱留後。是秋，雨木冰。十一月癸卯，有事于南郊，大赦，賜奉天、興元扈從百官、收京將士階、勳、爵。

二年正月丙申，詔減御膳之半，賜貧乏者，授以官。壬寅，盧翰罷。吏部侍郎劉滋爲左散騎常侍，給事中崔造、中書舍人齊映同中書門下平章事。二月癸亥，山南東道節度使樊澤及李希烈戰于泌河，敗之。四月丙寅，希烈伏誅。甲戌，雨土。甲申，給復淮西二年。五月，李希烈將李惠登以隨州降。己酉，地震。六月癸未，滄州刺史程日華卒，其子懷直自稱觀察留後。是月，淮西兵馬使吳少誠殺其節度使陳仙奇，自稱留後。七月，李希烈將薛翼以唐州降，侯召以光州降。八月丙子，大雨雹。丙戌，吐蕃寇邠寧涇隴四州。九月乙巳，寇好畤，李晟敗之于汧陽。十月癸酉，邠寧節度使韓游瓌又敗之于平川。十一月甲午，立淑妃王氏爲皇后。丁酉，皇后崩。辛丑，吐蕃陷鹽州。十二月丁巳，陷夏州。馬燧爲綏銀麟勝招討使。庚申，崔造罷。甲戌，以吐蕃寇邊避正殿。

三年正月壬寅，尚書左僕射張延賞同中書門下平章事。壬子，劉滋罷，齊映貶夔州刺史，兵部侍郎柳渾同中書門下平章事。二月己卯，華州潼關節度使駱元光克鹽夏二州。甲申，葬昭德皇后于靖陵。三月丁未，李晟爲太尉。辛亥，馬燧罷副元帥。五月，揚州江溢。吳少誠殺申州刺史張伯元、殿中侍御史鄭常。閏月辛未，渾瑊及吐蕃盟于平涼，吐蕃執會盟副使兵部尚書崔漢衡，殺判官殿中侍御史韓弇。戊寅，太白晝見。六月，吐蕃寇鹽夏二州。丙戌，馬燧爲司徒。前陝虢觀察使李泌爲中書侍郎、同中書門下平章事。七月甲子，朔方節度使杜希全爲朔方靈鹽豐夏綏銀節度都統。壬申，張延賞薨。八月辛巳朔，日有食之。己丑，柳渾罷。戊申，吐蕃寇青石嶺，隴州刺史蘇淸沔敗之。庚戌，禁大馬出蕭、潼、武關。九月丁巳，吐蕃寇汧陽。丙寅，陷華亭及連雲堡。十月甲申，寇豐義，韓游瓌敗之。乙酉，寇長武城，城使韓全義敗之。壬辰，射生將韓欽緒謀反，伏誅。十一月己卯，京師、東都、河中地震。十二月庚辰，獵于新店。

四年正月庚戌朔，京師地震。大赦，刺史予一子官，增戶墾田者加階，縣令減選，九品以上官言事。壬申，劉玄佐爲四鎮北庭行營涇原節度副元帥。是月，金房二州地震，江溢，山裂。雨木冰于陳留。四月，河南、淮海地生毛。己亥，福建軍亂，逐其觀察使吳詵，大將郝誠溢自稱留後。五月，吐蕃寇涇、邠、寧、慶、鄜五州。六月己亥，封子諒爲虔王。七月庚戌，渾瑊爲邠寧慶副元帥。癸丑，寧州軍亂，邠寧都虞候楊朝晟敗之。己未，奚、室韋寇振武。是月，河水黑。八月，灞水溢。九月庚申，吐蕃寇寧州，邠寧節度使張獻甫敗之。冬，築夾城。是歲，京師地震二十。

五年正月甲辰朔，日有食之。二月庚子，大理卿董晉爲門下侍郎，御史大夫竇參爲中書侍郎、同中書門下平章事。三月甲辰，李泌薨。夏，吐蕃寇長武城，韓全義敗之于佛堂原。九月丙午，劒南西川節度使韋皐敗吐蕃于臺登北谷，克巂州。十月，嶺南節度使李復克瓊州。

六年春，旱。閏四月乙卯，詔常參官、畿縣令言事。免京兆府夏稅。八月辛丑，殺皇太子妃蕭氏。十一月戊辰，朝獻于太淸宮。己巳，朝享于太廟。庚午，有事于南郊，賜文武官階、爵，降囚罪，徒以下原之，葬戰亡暴骨者。是歲，吐蕃陷北庭都護府，節度使楊襲古奔于西州。

七年正月己巳，襄王僙薨。四月，安南首領杜英翰反，伏誅。五月甲申，端王遇薨。九月，回鶻殺楊襲古。十一月戊戌，睦王述薨。是冬，無雪。

八年二月庚子，雨土。三月甲申，宣武軍節度使劉玄佐卒，其子士寧自稱留後。四月，吐蕃寇靈州。丁亥，殺左諫議大夫、知制誥吳通玄。乙未，貶竇參爲郴州別駕，尚書左丞趙憬、兵部侍郎陸贄爲中書侍郎、同中書門下平章事。五月己未，大風壞太廟屋瓦。癸酉，平盧軍節度使李納卒，其子師古自稱留後。六月，淮水溢。吐蕃寇連雲堡，大將王進用死之。九月丁巳，韋皐及吐蕃戰于維州，敗之。十一月壬子朔，日有食之。庚午，山南西道節度使嚴震及吐蕃戰于黑水堡，敗之。是月，幽州盧龍軍節度使劉濟及其弟瀛州刺史澭戰于瀛州，澭敗，奔于京師。十二月甲辰，獵于城東。

九年正月癸卯，復稅茶。四月辛酉，關輔、河中地震。五月甲辰，義成軍節度使賈耽爲尚書右僕射，尚書右丞盧邁同中書門下平章事。丙午，董晉罷。八月庚戌，李晟薨。十一月癸未，朝獻于太淸宮。甲申，朝享于太廟。乙酉，有事于南郊，大赦。十二月丙辰，宣武軍將李萬榮逐其節度使劉士寧，自稱留後。

十年正月壬辰，南詔蠻敗吐蕃于神川，來獻捷。四月癸卯，赦京城。戊申，地震。癸丑，又震。是月，太白晝見。六月丙寅，韋皐敗吐蕃，克峨和城。自春不雨至于是月。辛未，雨，大風拔木。七月，西原蠻叛。八月，陷欽、橫、潯、貴四州。十月，昭義軍節度留後王虔休及攝洺州刺史元誼戰于雞澤，敗之。十二月丙辰，獵于城南。壬戌，貶陸贄爲太子賓客。

十一年四月丙寅，奚寇平州，劉濟敗之于青都山。五月庚午，中書門下慮囚。八月辛亥，馬燧薨。九月，橫海軍兵馬使程懷信逐其兄節度使懷直，自稱留後。十月，朗、蜀二州江溢。十二月戊辰，獵于苑中。

十二年二月己卯，吐蕃寇巂州，刺史曹高仕敗之。三月丙辰，郇王遲薨。四月庚午，魏博節度使田緒卒，其子季安自稱留後。六月己丑，宣武軍節度使李萬榮卒，其子迺自稱兵馬使，伏誅。七月戊戌，韓王迥薨。八月己未朔，日有食之。丙戌，趙憬薨。九月，吐蕃寇慶州。十月甲戌，右諫議大夫崔損、給事中趙宗儒同中書門下平章事。

十三年正月壬寅，吐蕃請和。四月辛酉，以旱慮囚。壬戌，雩于興慶宮。五月壬寅，吐蕃寇巂州，曹高仕敗之。庚戌，義寧軍亂，殺其將常楚客。七月乙未，京師地震。九月己丑，盧邁罷。

十四年三月丙申，鳳翔監軍使西門去奢殺其將夏侯衍。五月己酉，始雷。閏月辛亥，有星隕于西北。辛酉，長武城軍亂，逐其使韓全義。六月丙申，歸化堡軍亂，逐其將張國誠，涇原節度使劉昌敗之。七月壬申，趙宗儒罷，工部侍郎鄭餘慶爲中書侍郎、同中書門下平章事。九月丁卯，杞王倕薨。十二月壬寅，明州將栗鍠殺其刺史盧雲以反。是冬，無雪，京師饑。

十五年正月甲寅，雅王逸薨。壬戌，郴州藍山崩。二月乙酉，宣武軍亂，殺節度行軍司馬陸長源、宋州刺史劉逸準，自稱留後。三月甲寅，彰義軍節度使吳少誠反，陷唐州，守將張嘉瑜死之。四月乙未，栗鍠伏誅。九月乙巳，陳許節度留後上官涗及吳少誠戰于臨潁，敗績。丙午，少誠寇許州。庚戌，宣武軍節度使劉全諒卒，都知兵馬使韓弘自稱留後。丙辰，宣武、河陽、鄭滑、東都汝、成德、幽州、淄青、魏博、易定、澤潞、河東、淮南、徐泗、山南東西、鄂岳軍討吳少誠。十月己丑，邕王謜薨。十一月丁未，山南東道節度使于頔及吳少誠戰于吳房，敗之。陳許節度使上官涗又敗之于柴籬。辛亥，安黃節度使伊愼又敗之于鍾山。十二月庚午，壽州刺史王宗又敗之于秋柵。辛未，渾瑊薨。乙未，諸道兵潰于小溵河。

十六年正月乙巳，易定兵及吳少誠戰，敗績。二月乙酉，鹽夏綏銀節度使韓全義爲蔡州行營招討處置使，上官涗副之。四月丁亥，黔中宴設將傅近逐其觀察使吳士宗。五月庚戌，韓全義及吳少誠戰于廣利城，敗績。壬子，徐泗濠節度使張建封卒，其子愔自稱知軍事。七月丁巳，伊愼及吳少誠戰于申州，敗之。己未，韋皐克吐蕃末恭城。丙寅，韓全義及吳少誠戰于五樓，敗績。八月，劉濟及其弟涿州刺史源戰于涿州，源敗，執之。己丑，殺遂州別駕崔位。韋皐克吐蕃顯城。九月庚戌，貶鄭餘慶爲郴州司馬。庚申，太常卿齊抗爲中書侍郎、同中書門下平章事。十月辛未，殺通州別駕崔河圖。是歲，京師饑。

十七年二月丁酉，大雨雹。己亥，霜。乙巳，韋皐及吐蕃戰于鹿危山，敗之。戊申，大雨雹，震電。庚戌，大雪，雨雹。五月壬戌朔，日有食之。六月丙申，寧州軍亂，殺其刺史劉南金己亥浙西觀察使李錡殺上封事人崔善貞丁巳成德軍節度使王武俊卒其子士眞自稱留後七月隕霜殺菽戊寅吐蕃寇鹽州己丑陷麟州刺史郭鋒死之九月乙亥韋皐敗吐蕃于雅州克木波城是歲嘉王運薨

十八年七月乙亥罷正衙奏事十二月環王陷驩愛二州

十九年二月己亥安南將王季元逐其經略使裴泰兵馬使趙均敗之三月壬子淮南節度使杜佑檢校司空同中書門下平章事七月己未齊抗罷自正月不雨至于是月甲戌雨閏十月庚戌鹽州將李庭俊反伏誅丁巳崔損薨十二月庚申太常卿高郢爲中書侍郎吏部侍郎鄭珣瑜爲門下侍郎同中書門下平章事

二十年二月庚戌大雨雹七月癸酉大雨雹冬雨木冰

二十一年正月癸巳皇帝崩于會寧殿年六十四

順宗至德弘道大聖大安孝皇帝諱誦德宗長子也母曰昭德皇后王氏始封宣城郡王大歷十四年六月進封宣王十二月乙卯立爲皇太子爲人寬仁喜學藝善隸書禮重師傅見輒先拜從德宗幸奉天常執弓矢居左右郜國公主以蠱事得罪太子妃其女也德宗疑之幾廢者屢矣賴李泌保護乃免侍宴魚藻宮張水嬉綵艦宮人爲櫂歌絫樂間發德宗驩甚顧太子曰今日何如太子誦詩好樂無荒以爲對及裴延齡韋渠牟用事世皆畏其爲相太子每候顏色陳其不可故二人者卒不得用貞元二十年太子病風且瘖二十一年正月不能朝是時德宗不豫諸王皆侍左右惟太子臥病不能得見德宗悲傷涕泣疾有加癸巳德宗崩丙申卽皇帝位于太極殿二月癸卯朝羣臣于紫宸門辛亥吏部侍郎韋執誼爲尚書左丞同中書門下平章事甲子大赦罷宮市民百歲版授下州刺史婦人郡君九十以上上佐婦人縣君乙丑罷鹽鐵使月進三月庚午放後宮三百人癸酉放後宮及教坊女妓六百人癸巳立廣陵郡王純爲皇太子四月壬寅封弟諤爲欽王誠珍王進封子建康郡王經郯王洋川郡王緯均王臨淮郡王縱溆王弘農郡王紓莒王漢東郡王綱密王晉陵郡王總郇王高平郡王約邵王雲安郡王結宋王宣城郡王緗集王德陽郡王絿冀王河東郡王綺和王封子絢爲衡王纁會王綰福王紘撫王緄岳王紳袁王綸桂王繟翼王戊申以冊皇太子降死罪以下賜文武官子爲父後者勳兩轉七月辛卯橫海軍節度使程懷信卒其子執恭自稱留後乙未皇太子權句當軍國政事太常卿杜黃裳爲門下侍郎左金吾衛大將軍袁滋爲中書侍郎同中書門下平章事鄭珣瑜高郢罷

永貞元年八月庚子立皇太子爲皇帝自稱曰太上皇辛丑改元降死罪以下立良娣王氏爲太上皇后元和元年正月皇帝率羣臣上尊號曰應乾聖壽太上皇是月崩于咸寧殿年四十六謚曰至德大聖大安孝皇帝大中三年增謚至德弘道大聖大安孝皇帝

憲宗昭文章武大聖至神孝皇帝諱純順宗長子也母曰莊憲皇太后王氏貞元四年六月己亥封廣陵郡王二十一年三月立爲皇太子永貞元年八月順宗詔立爲皇帝乙巳卽皇帝位于太極殿丁未始聽政庚戌罷獻祥瑞癸丑劍南西川節度使韋皐卒行軍司馬劉闢自稱留後戊午天有聲于西北己未袁滋爲劍南西川山南西道安撫大使癸亥尚書左丞鄭餘慶同中書門下平章事九月己巳罷教坊樂工正員官十月丁酉爲曾太皇太后舉哀賈耽薨戊舒王誼薨袁滋罷己酉葬神武聖文皇帝于崇陵十一月己巳祔睿眞皇后于元陵寢宮壬申貶韋執誼爲崖州司馬夏綏銀節度留後楊惠琳反十二月壬戌中書舍人鄭絪爲中書侍郎同中書門下平章事

元和元年正月丁卯大赦改元賜文武官階勳爵民高年者米帛羊酒癸未長武城使高崇文爲左神策行營節度使率左右神策京西行營兵馬使李元奕山南西道節度使嚴礪劍南東川節度使李康以討劉闢甲申太上皇崩劉闢陷梓州執李康三月丙子高崇文克梓州辛巳楊惠琳伏誅四月丁未杜佑爲司徒戊邵王約薨初令尚書省六品諸司四品以上職事官太子師傅賓客詹事王府傅日二人侍制五月辛卯尊母爲皇太后六月癸巳降死罪以下賜百姓有父母祖父母八十以上者粟二斛物二段九十以上粟三斛物三段丙申大風拔木丁酉高崇文及劉闢戰于鹿頭柵敗之癸卯嚴礪又敗之于石碑谷閏月壬戌平盧軍節度使李師古卒其弟師道自稱留後七月壬寅葬至德大聖大安孝皇帝于豐陵癸丑高崇文及劉闢戰于玄武敗之八月丁卯進封子平原郡王寧爲鄧王同安郡王寬澧王延安郡王宥遂王彭城郡王察深王高密郡王寰洋王文安郡王寮絳王封子審爲建王九月丙午嚴礪及劉闢戰于神泉敗之辛亥高崇文克成都十月甲子減劍南東西川山南西道今歲賦給從將吏葬陣亡者稟其家五歲戊子劉闢伏誅十一月庚戌鄭餘慶罷是歲召王偲薨

二年正月己丑朝獻于太淸宮庚寅朝享于太廟辛卯有事于南郊大赦賜文武官勳爵文宣公二王後三恪公主諸王一子官高年米帛羊酒加版授乙巳杜黃裳罷己酉御史中丞武元衡爲門下侍郎中書舍人李吉甫爲中書侍郎同中書門下平章事二月己巳罷兩省官次對癸酉邕管經略使路恕敗黃洞蠻執其首領黃承慶九月乙酉密王綢薨十月鎮海軍節度使李錡反殺留後王澹乙丑淮南節度使王鍔爲諸道行營兵馬招討使以討之丁卯武元衡罷癸酉鎮海軍兵馬使張子良執李錡己卯免潤州今歲稅十一月甲申李錡伏誅十二月丙寅劍南西川節度使高崇文爲邠寧節度京西諸軍都統

三年正月癸巳羣臣上尊號曰睿聖文武皇帝大赦罷諸道受代進奉錢三月癸巳郇王總薨四月壬申大風壞含元殿西闕檻六月西原蠻首領黃少卿降七月辛巳朔日有食之九月庚寅山南東道節度使于頔爲司空同中書門下平章事丙申戶部侍郎裴垍爲中書侍郎同中書門下平章事戊戌李吉甫罷

四年正月壬午免山南東道淮南江西浙東湖南荊南今歲稅戊子簡王遘薨二月丁卯鄭絪罷給事中李藩爲門下侍郎同中書門下平章事三月乙酉成德軍節度使王士眞卒其子承宗自稱留後閏月己酉以旱降京師死罪非殺人者禁刺史境內榷率諸道旨條外進獻嶺南黔中福建掠良民爲奴婢者省飛龍廄馬己未雨丁卯立鄧王寧爲皇太子七月癸亥吐蕃請和八月丙申環王寇安南都護張舟敗之十月辛巳成德軍節度使王承宗反執保信軍節度使薛昌朝癸未左神策軍護軍中尉吐突承璀爲左右神策河陽浙西宣歙鎮州行營兵馬招討處置使以討之戊子承璀爲鎮州招討宣慰使癸巳降死罪以下賜文武官子爲父後者勳兩轉十一月己巳彰義軍節度使吳少誠卒其弟少陽自稱留後

五年正月己巳左神策軍大將軍酈定進及王承宗戰死之三月甲子大風拔木四月丁亥河東節度使范希朝義武軍節度使張茂昭及王承宗戰于木刀溝敗之七月丁未赦王承宗乙卯幽州盧龍軍節度使劉濟卒其子總自稱留後九月丙寅太常卿權德輿爲禮部尚書同中書門下平章事十月張茂昭以易定二州歸于有司辛巳義武軍都虞候楊伯玉反伏誅是月義武軍兵馬使張佐元反伏誅十一月甲辰會王纁薨庚申裴垍罷

六年正月庚申淮南節度使李吉甫爲中書侍郎同中書門下平章事二月壬申李藩罷己丑忻王造薨三月戊戌有星隕于鄆州十二月己丑戶部侍郎李絳爲中書侍郎同中書門下平章事閏月辛卯辰漵州首領張伯靖反寇播費二州辛亥皇太子薨

七年正月癸酉振武河溢毀東受降城四月癸巳詔民田畮樹桑二六月癸巳杜佑罷七月乙亥立遂王宥爲皇太子八月戊戌魏博節度使田季安卒其子懷諫自稱知軍府事九月京師地震十月乙未魏博軍以田季安之將田興知軍事庚戌降死罪以下賜文武官子爲父後者勳兩轉是月魏博節度使田興以六州歸于有司十一月辛酉赦魏博貝衛澶相六州給復一年賜高年孤獨廢疾粟帛賞軍士

八年正月辛未權德輿罷二月丁酉貶于頔爲恩王傅三月甲子劍南西川節度使武元衡爲門下侍郎同中書門下平章事四月己亥黔中經略使崔能討張伯靖五月癸亥荊南節度使嚴綬討伯靖丁丑大隗山崩六月辛卯渭水溢辛丑出宮人七月己巳劍南東川節度使潘孟陽討張伯靖八月辛巳湖南觀察使柳公綽討伯靖丁未伯靖降十二月庚寅振武將楊遵憲反逐其節度使李進賢

九年二月癸卯李絳罷三月丙辰嶲州地震丁卯隕霜殺桑五月乙丑桂王綸薨癸酉以旱免京畿夏稅六月壬寅河中節度使張弘靖爲刑部尚書同中書門下平章事閏八月丙辰彰義軍節度使吳少陽卒其子元濟自稱知軍事九月丁亥山南東道節度使嚴綬忠武軍都知兵馬使李光顏壽州團練使李文通河陽節度使烏重胤討之十月太白晝見丙午李吉甫薨甲子嚴綬爲申光蔡招撫使十一月戊子罷京兆府獵獻狐兔十二月詔刑部大理官朔望入對戊辰尚書右丞韋貫之同中書門下平章事

十年正月乙酉宣武軍節度使韓弘爲司徒二月甲辰嚴綬及吳元濟戰于磁丘敗績自冬不雨至于是月丙午雪壬戌河東戍將劉輔殺豐州刺史燕重盱伏誅三月庚子忠武軍節度使李光顏及吳元濟戰于臨穎敗之四月甲辰又敗之于南頓五月丙申又敗之于時曲六月癸卯盜殺武元衡戊申京師大索乙丑御史中丞裴度爲中書侍郎同中書門下平章事七月甲戌王承

宗有罪絕其朝貢八月己亥朔日有食之丁未李師道將訾嘉珍反于東都留守呂元膺敗之乙丑李光顏及吳元濟戰于時曲敗績九月癸酉韓弘爲淮西行營兵馬都統十月地震十一月壬申李光顏烏重胤及吳元濟戰于小溵河敗之丁丑李文通又敗之于固始戊寅盜焚獻陵寢宮十二月甲辰武寧軍都押衙王智興及李師道戰于平陰敗之是歲丹王逾薨

十一年正月己巳張弘靖罷乙亥幽州盧龍軍節度使劉總及王承宗戰于武彊敗之癸未免鄰賊州二歲稅甲申盜斷建陵門戟二月庚子王承宗焚蔚州乙巳中書舍人李逢吉爲門下侍郎同中書門下平章事乙丑地震三月庚午皇太后崩四月庚子李光顏烏重胤及吳元濟戰于凌雲柵敗之乙卯劉總及王承宗戰于深州敗之己未免京畿二歲逋稅五月丁卯宥州軍亂逐其刺史駱怡夏綏銀節度使田縉敗之丁亥雲南蠻寇安南六月密州海溢甲辰唐鄧節度使高霞寓及吳元濟戰于鐵城敗績七月壬午韓弘及元濟戰于郾城敗之丙戌免淮西鄰州夏稅八月甲午渭水溢壬寅韋貫之罷戊申西原蠻陷賓巒二州己未昭義軍節度使郗士美及王承宗戰于栢鄉敗之庚申葬莊憲皇太后于豐陵十一月乙丑邕管經略使韋悅克賓巒二州甲戌元陵火十二月丁未翰林學士工部侍郎王涯爲中書侍郎同中書門下平章事己未西原蠻陷巖州是冬桃李華

十二年正月丁丑地震戊子有彗星出于畢四月辛卯唐鄧隋節度使李愬及吳元濟戰于嵖岈山敗之乙未李光顏又敗之于郾城五月辛酉李愬又敗之于張柴七月丙辰裴度爲淮西宣慰處置使戶部侍郎崔羣爲中書侍郎同中書門下平章事八月癸亥烏重胤及吳元濟戰于賈店敗績九月丁未李逢吉罷甲寅李愬及吳元濟戰于吳房敗之十月癸酉克蔡州甲戌淮南節度使李鄘爲門下侍郎同中書門下平章事甲申給復淮西二年免旁州來歲夏稅葬戰士稾其家五年十一月丙戌吳元濟伏誅甲午恩王連薨是歲容管經略使陽旻克欽橫潯貴四州

十三年正月乙酉大赦免元和二年以前逋負賜高年米帛羊酒三月戊戌御史大夫李夷簡爲門下侍郎同中書門下平章事李鄘罷己酉橫海軍節度使程權以滄景二州歸于有司權朝于京師四月甲寅王承宗獻德棣二州庚辰赦承宗六月癸丑朔日有食之癸亥給復德棣滄景四州一年辛未淮水溢七月乙酉宣武魏博義成橫海軍討李師道辛丑李夷簡罷八月壬子王涯罷九月甲辰戶部侍郎皇甫鎛諸道鹽鐵轉運使程异爲工部侍郎同中書門下平章事十月壬戌吐蕃寇宥州靈武節度使杜叔良敗之于定遠城十一月丁亥命山人柳泌爲台州刺史以求藥十二月庚戌迎佛骨于鳳翔

十四年正月丙午田弘正及李師道戰于陽穀敗之二月戊午師道伏誅四月辛未程异薨丙子裴度罷七月戊寅韓弘以汴宋亳潁四州歸于有司弘朝于京師己丑羣臣上尊號曰元和聖文神武法天應道皇帝大赦賜文武官階勳爵遣黜陟使于天下辛卯沂海將王弁殺其觀察使王遂自稱留後丁酉河陽節度使令狐楚爲中書侍郎同中書門下平章事八月己酉韓弘爲中書令九月戊寅王弁伏誅十月壬戌安南將楊清殺其都護李象古以反癸酉吐蕃寇鹽州十一月辛卯朔方將史敬奉及吐蕃戰于甒蘆河敗之十二月乙卯崔羣罷

十五年正月宦者陳弘志等反庚子皇帝崩年四十三謚曰聖神章武孝皇帝大中三年加謚昭文章武大聖至神孝皇帝

贊曰德宗猜忌刻薄以彊明自任恥見屈於正論而忘受欺於姦諛故其疑蕭復之輕己謂姜公輔爲賣直而不能容用盧杞趙贊則至於敗亂而終不悔及奉天之難深自懲艾遂行姑息之政由是朝廷益弱而方鎮愈彊至於唐亡其患以此憲宗剛明果斷自初即位慨然發憤志平僭叛能用忠謀不惑羣議卒收成功自吳元濟誅彊藩悍將皆欲悔過而効順當此之時唐之威令幾於復振則其爲優劣不待較而可知也及其晚節信用非人不終其業而身罹不測之禍則尤甚於德宗嗚呼小人之能敗國也不必愚君暗主雖聰明聖智苟有惑焉未有不爲患者也昔韓愈言順宗在東宮二十年天下陰受其賜然享國日淺不幸疾病莫克有爲亦可以悲夫

唐書卷七考證

德宗紀貞元元年八月丙戌李希烈殺宣慰使顏真卿○臣酉按舊書在元年正月本傳在興元元年八月

憲宗紀元和九年閏八月丙辰吳少陽卒其子元濟自稱知軍事九月丁亥山南東道節度使嚴綬忠武軍都知兵馬使李光顏壽州團練使李文通河陽節度使烏重胤討之○臣酉按本傳少陽之死亦在九月且討淮西之詔在十月甲子不應九月先命將也新書少陽之死在閏八月及此丁亥命嚴綬之文疑皆誤

唐書卷八

宋翰林學士歐陽修撰

本紀第八

穆宗睿聖文惠孝皇帝諱恒憲宗第三子也母曰懿安皇太后郭氏始封建安郡王進封遂王遙領彰義軍節度使元和七年惠昭太子薨左神策軍中尉吐突承璀欲立澧王惲而惲母賤不當立乃立遂王爲皇太子十五年正月庚子憲宗崩陳弘志殺吐突承璀及澧王辛丑遺詔皇太子即皇帝位于柩前司空兼中書令韓弘攝冢宰閏月丙午皇太子即皇帝位于太極殿丁未貶皇甫鎛爲崖州司戶參軍戊申始聽政辛亥御史中丞蕭俛中書舍人翰林學士段文昌爲中書侍郎同中書門下平章事乙卯尊母爲皇太后戊辰京師地震二月丁丑大赦賜文武官階爵高年粟帛二王後三恪文宣公嗣王公主縣主武德配饗及第一等功臣家子一子官放沒掖庭者幸丹鳳門觀俳優丁亥幸左神策軍觀角觝倡戲乙未吐蕃寇靈州丙申丹王逾薨三月乙巳杜叔良及吐蕃戰敗之戊辰大風雨雹辛未楊清伏誅五月庚申葬聖神章武孝皇帝于景陵六月丁丑韓弘罷七月丁卯令狐楚罷八月乙酉容管經略留後嚴公素及黃洞蠻戰于神步敗之戊戌御史中丞崔植爲中書侍郎同中書門下平章事九月辛丑觀競渡角觝于魚藻宮用樂十月庚辰王承宗卒辛巳成德軍觀察支使王承元以鎮趙深冀四州歸于有司癸未吐蕃寇涇州右神策軍中尉梁守謙爲左右神策京西京北行營都監以禦之丙戌吐蕃遁十一月癸卯赦鎮趙深冀四州死罪以下賜成德軍將士錢十二月庚辰獵于城南壬午擊鞠于右神策軍遂獵于城西甲申獵于苑北

長慶元年正月己亥朝獻于太清宮庚子朝享于太廟辛丑有事于南郊大赦改元賜文武官階勳爵己未有星孛丁翼壬戌蕭俛罷丁卯有星孛于太微二月乙亥觀樂丁麟德殿丙子觀神策諸軍雜伎己卯劉總以盧龍軍八州歸于有司壬午段文昌罷翰林學士戶部侍郎杜元穎同中書門下平章事辛卯擊鞠于麟德殿三月庚戌太白晝見丁巳赦幽涿檀順瀛莫營平八州死罪以下給復一年賜盧龍軍士錢戊午封弟憬爲鄜王悅瓊王恂沔王懌婺王愔茂王怡光王協淄王憺衞王憦澶王子湛爲鄂王涵江王湊漳王溶安王瀍潁王是月徙封湛爲景王五月丙辰建王審薨六月有彗星出于昴辛未吐蕃寇青塞烽鹽州刺史李文悅敗之七月甲辰幽州盧龍軍都知兵馬使朱克融囚其節度使張弘靖以反壬子羣臣上尊號曰文武孝德皇帝大赦賜文武官階勳爵壬戌成德軍大將王廷湊殺其節度使田弘正以反八月壬申朱克融陷莫州癸酉王廷湊陷冀州刺史王進岌死之丙子瀛州軍亂執其觀察使盧士玫叛附于朱克融王廷湊寇深州丁丑魏博橫海昭義河東義武兵討王廷湊己丑裴度爲幽鎮招撫使九月乙巳相州軍亂殺其刺史邢濋十月丙寅諸道鹽鐵轉運使刑部尚書王播爲中書侍郎同中書門下平章事裴度爲鎭州西面行營都招討使左領軍衞大將軍杜叔良爲深州諸道行營節度使戊寅王廷湊陷貝州己卯易州刺史柳公濟及朱克融戰于白石敗之庚辰橫海軍節度使烏重胤及王廷湊戰于饒陽敗之辛卯靈武節度使李進誠及吐蕃戰于大石山敗之十一月甲午裴度及王廷湊戰于會星敗之丙申朱克融寇定州義武軍節度使陳楚敗之十二月庚午杜叔良及王廷湊戰于博野敗績丁丑陳楚及朱克融戰于望都敗之乙酉赦朱克融己丑陳楚及克融戰于清源敗之

二年正月庚子魏博軍潰于南宮癸卯魏博節度使田布自殺兵馬使史憲誠自稱留後海州海冰二月甲子赦王廷湊辛巳崔植罷工部侍郎元稹同中書門下平章事戊子昭義軍節度使劉悟囚其監軍使劉承偕二月乙巳武寧軍節度副使王智興逐其節度使崔羣戊午守司徒淮南節度使裴度同中書門下平章事王播罷四月辛酉朔日有食之壬戌成德軍節度使牛元翼奔于京師王廷湊陷深州五月壬寅邕州刺史李元宗叛奔于黃洞蠻六月癸亥宣武軍宿直將李臣則逐其節度使李愿衙門都將李㝏反甲子裴度元稹罷兵部尚書李逢吉爲門下侍郎同中書門下平章事乙丑大風落太廟鴟尾癸酉吐蕃寇靈州鹽州刺史趙玗敗之

七月丙申宋王結薨戊申李岕陷宋州丙辰兗鄆節度使曹華及李岕戰于宋州敗之丁巳忠武軍節度使李光顏又敗之于尉氏八月壬申宣武軍節度使韓充又敗之于郭橋丙子李岕伏誅癸未詔瘞汴宋鄆三州戰亡者稟其家三歲九月戊子鎮海軍將王國清謀反伏誅丙申德州軍亂殺其刺史王稷十月己卯獵于咸陽十一月庚午皇太后幸華清宮癸酉迎皇太后遂獵于驪山丙子集王湘薨十二月丁亥不豫放五坊鷹隼及供獵狐兔癸巳立景王湛爲皇太子癸丑降死罪以下賜文武常參及州府長官子爲父後者勳兩轉宗子諸親一轉是冬無冰草木萌

三年三月壬戌御史中丞牛僧孺爲戶部侍郎同中書門下平章事癸亥淮南浙東西江西宣歙旱遣使宣撫理繫囚察官吏四月甲午陸州獠反五月壬申京師雨雹七月丙寅黃洞蠻陷欽州九月壬子朔日有食之十月己丑杜元穎罷辛卯黃洞蠻寇安南

四年正月辛亥降死罪以下減流人一歲賜文武官及宗子賀正使階勳爵詔百官言事辛未以皇太子權句當軍國政事壬申皇帝崩于清思殿年三十

敬宗睿武昭愍孝皇帝諱湛穆宗長子也母曰恭僖皇太后王氏始封鄂王徙封景王長慶二年十二月穆宗因擊毬暴得疾不見羣臣者三日左僕射裴度三上疏請立皇太子而翰林學士兩省官相次皆以爲言居數日穆宗疾少間宰相李逢吉請立景王爲皇太子四年正月穆宗崩癸酉門下侍郎平章事李逢吉攝冢宰丙子皇太子卽皇帝位于太極殿二月辛巳始聽政癸未尊母爲皇太后皇太后爲太皇太后辛卯放掖庭內園沒入者丁未擊鞠于中和殿戊申擊鞠于飛龍院黃洞蠻降己酉擊鞠用樂三月壬子大赦免京畿河南青苗稅減宮禁經費乘輿服膳罷貢鷹犬元和以來兩河藩鎮歸地者子一子官庚午太白經天四月丙申擊鞠于清思殿染坊匠張韶反幸左神策軍韶伏誅丁酉還宮五月乙卯吏部侍郎李程戶部侍郎判度支竇易直同中書門下平章事六月庚辰大風壞延喜景風門是夏漢水溢八月丁亥太白晝見丁酉中官李文德謀反伏誅黃洞蠻寇安南十一月戊午環王反黃洞蠻陷陸州刺史葛維死之庚申葬睿聖文惠孝皇帝于光陵

寶曆元年正月己酉朝獻于太清宮庚戌朝享于太廟辛亥有事于南郊大赦改元乙卯牛僧孺罷四月癸巳羣臣上尊號曰文武大聖廣孝皇帝大赦賜文武官階爵五月庚戌觀競渡于魚藻宮九月壬午昭義軍節度使劉悟卒其子從諫自稱留後十一月丙申封子普爲晉王

二年正月甲戌發神策六軍穿池于禁中二月丁未山南西道節度使裴度守司空同中書門下平章事三月戊寅觀競渡于魚藻宮四月戊戌橫海軍節度使李全略卒其子同捷反五月戊寅觀競渡于魚藻宮庚辰幽州盧龍軍亂殺其節度使朱克融其子延嗣自稱節度使六月辛酉觀漁于臨碧池甲子觀驢鞠角觝于三殿七月癸未衛王絢薨以渼陂隸尚食禁民漁八月丙午觀競渡于新池九月甲戌觀百戲于宣和殿三日而罷戊寅幽州盧龍軍兵馬使李載義殺朱延嗣自稱留後壬午李程罷十一月甲申李逢吉罷己丑禁朝官方鎮置私白身十二月中官劉克明反辛丑皇帝崩年十八

文宗元聖昭獻孝皇帝諱昂穆宗第二子也母曰貞獻皇太后蕭氏始封江王寶曆二年十二月敬宗崩劉克明等矯詔以絳王悟句當軍國事壬寅內樞密使王守澄楊承和神策護軍中尉魏從簡梁守謙奉江王而立之率神策六軍飛龍兵誅克明殺絳王乙巳江王卽皇帝位于宣政殿戊申始聽政尊母爲皇太后庚戌兵部侍郎翰林學士韋處厚爲中書侍郎同中書門下平章事庚申出宮人三千省教坊樂工翰林伎術冗員千二百七十人縱五坊鷹犬停貢纂組雕鏤金筐寶飾牀榻

太和元年二月乙巳大赦改元免京兆今歲夏稅半賜九廟陪位者子孫二階立功將士階爵始封諸王後予一子出身五月戊辰罷宰臣奏事監搜丙子橫海軍節度使烏重胤討李同捷六月癸巳淮南節度副大使王播爲尚書左僕射同中書門下平章事乙卯以旱降京畿死罪以下七月癸酉葬睿武昭愍孝皇帝于莊陵十一月庚辰橫海軍節度使李寰討李同捷十二月庚戌王智興爲滄州行營招撫使

二年正月壬申地震六月乙卯晉王普薨己巳大風拔木乙亥峰州刺史王昇朝反伏誅是夏河溢壞棣州城越州海溢七月辛丑魏博節度使史憲誠及同捷戰于平原敗之甲辰有彗星出于右攝提八月己巳王廷湊反壬申義武軍節度使柳公濟及廷湊戰于新樂敗之己卯劉從諫又敗之于臨城辛巳史憲誠及李同捷戰于平原敗之癸未劉從諫及王廷湊戰于昭慶敗之九月癸卯柳公濟又敗之于博野丁未岳王緄薨庚戌安南軍亂逐其都護韓約十月庚申史憲誠及李同捷戰于平原敗之丁卯洋王忻薨癸酉竇易直罷戊寅史憲誠及李同捷戰于平原敗之壬午幽州盧龍軍節度使李載義又敗之于長蘆十一月壬辰給復棣州一年稟戰士創廢者終身甲辰昭德寺火十二月乙丑魏博行營兵馬使亓志沼反壬申韋處厚薨戊寅兵部侍郎翰林學士路隋爲中書侍郎同中書門下平章事

三年正月丁亥宣武河陽兵討亓志沼庚子志沼奔于鎮州三月乙酉罷教坊日直樂工乙巳以太原兵馬使傅毅爲義武軍節度使義武軍不受命都知兵馬使張璠自稱節度使戊申以璠爲義武軍節度使四月戊辰滄景節度使李祐克德州李同捷降乙亥滄德宣慰使栢耆以同捷歸于京師殺之于將陵五月辛卯給復滄景德棣四州一年六月甲戌魏博軍亂殺其節度使史憲誠都知兵馬使何進滔自稱留後八月辛亥以相衞澶三州隸相衞節度使進滔不受命辛酉以旱免京畿九縣今歲租壬申赦王廷湊甲戌吏部侍郎李宗閔同中書門下平章事十月癸丑伎內火十一月壬辰朝獻于太清宮癸巳朝享于太廟甲午有事于南郊大赦詔毋獻難成非常之物焚絲布撩綾機杼是月雲南蠻陷巂邛二州十二月丁未鄂岳襄鄧忠武軍伐雲南蠻庚戌雲南蠻寇成都右領軍衞大將軍董重質爲左右神策及諸道行營西川都知兵馬使以伐之己未雲南蠻寇梓州壬戌寇蜀州

四年正月戊子封子永爲魯王辛卯武昌軍節度使牛僧孺爲兵部尚書同中書門下平章事甲午王播薨二月乙卯興元軍亂殺其節度使李絳三月癸卯禁京畿弋獵四月丁未奚寇邊李載義敗之六月丁未裴度平章軍國重事是夏舒州江溢七月癸未尚書右丞宋申錫同中書門下平章事九月壬午裴度罷

五年正月庚申幽州盧龍軍亂逐其節度使李載義殺莫州刺史張慶初兵馬使楊志誠自稱留後三月庚子貶宋申錫爲太子右庶子癸卯降封漳王湊爲巢縣公六月甲午梓州玄武江溢

六年正月壬子降死罪以下二月蘇州地震生白毛五月庚申給民疫死者棺十歲以下不能自存者二月糧七月戊申原王逵薨十一月甲子立魯王永爲皇太子十二月乙丑牛僧孺罷己巳珍王誠薨

七年正月壬辰罷吳蜀冬貢茶二月丙戌兵部尚書李德裕同中書門下平章事三月辛卯幽州盧龍軍節度使楊志誠執春衣使邊奉鸞送奚契丹使尹士恭辛丑和王綺薨六月甲戌地震乙亥李宗閔罷七月壬寅尚書右僕射諸道鹽鐵轉運使王涯同中書門下平章事閏月乙卯以旱避正殿減膳徹樂出宮女千人縱五坊鷹犬八月庚寅降死罪以下賜文武及州府長官子爲父後者勳兩轉十二月庚子不豫

八年二月壬午朔日有食之庚寅以疾愈降死罪以下四月丙戌詔笞罪毋鞭背五月己巳飛龍神駒中廄火六月丙戌莒王紓薨七月辛酉震定陵寢宮癸亥鄆王經薨九月辛亥有彗星出于太微十月辛巳幽州盧龍軍大將史元忠逐其節度使楊志誠自稱權句當節度兵馬庚寅山南西道節度使李宗閔爲中書侍郎同中書門下平章事甲午李德裕罷十一月癸丑成德軍節度使王廷湊卒其子元逵自稱權句當節度事丙子莫州軍亂逐其刺史張惟汎十二月己卯降京畿死罪以下

九年正月癸亥巢縣公湊薨三月辛亥冀王絿薨乙卯京師地震四月丙申路隋罷戊戌浙江東道觀察使賈餗爲中書侍郎同中書門下平章事辛丑大風拔木落含元殿鴟尾壞門觀五月辛未王涯爲司空六月壬寅貶李宗閔爲明州刺史七月辛亥御史大夫李固言爲門下侍郎同中書門下平章事九月癸亥殺陳弘志丁卯李固言罷己巳御史中丞舒元輿爲刑部侍郎翰林學士兵部郎中李訓爲禮部侍郎同中書門下平章事十月辛巳殺觀軍容使王守澄十一月乙巳殺武寧軍監軍使王守涓壬戌李訓及河東節度使王璠邠寧節度使郭行餘御史中丞李孝本京兆少尹羅立言謀誅中官不克訓奔于鳳翔甲子尚書右僕射鄭覃同中書門下平章事乙丑權知戶部侍郎李石同中書門下平章事左神策軍中尉仇士良殺王涯賈餗舒元輿李孝本羅立言王璠郭行餘鳳翔少尹魏逢戊辰晝晦鳳翔監軍使張仲清殺其節度使鄭注己巳仇士良殺右金吾衞大將軍韓約十二月壬申殺左金吾衞將軍李貞素翰林學士顧師邕丁亥降京師死罪以下

開成元年正月辛丑朔日有食之大赦改元免太和五年以前逋負京畿今歲稅賜文武官階爵二月乙亥停獻鷹鳥畋犬三月京師地震四月辛卯淄王協薨甲午山南西道節度使李固言爲門下侍郎同中書門下平章事七月滹沱溢乙亥雨土十二月己未漵王縱薨

二年二月丙午有彗星出于東方己未均王緯薨三月丙寅以彗見減膳壬申素服避正殿徹樂降死罪流以

下原之縱五坊鷹隼禁京畿捕四月戊戌工部侍郎陳夷行同中書門下平章事乙卯以旱避正殿六月丙午河陽軍亂逐其節度使李泳己未綿州獠反七月癸亥党項羌寇振武八月庚戌封兄子休復爲梁王執中襄王言揚杞王成美陳王癸丑封子宗儉爲蔣王十月戊申李固言罷十一月乙丑京師地震丁丑有星隕于興元

三年正月甲子盜傷李石戊申大風拔木諸道鹽鐵轉運使戶部尚書楊嗣復戶部侍郎李珏同中書門下平章事丙子李石罷夏漢水溢八月己亥嘉王運薨十月乙酉義武軍節度使張璠卒其子元益自稱留後庚子皇太子薨乙巳有彗星出于軫十一月壬戌降死罪以下

四年正月癸酉有彗星出于羽林閏月丙午出于卷舌五月丙申鄭覃陳夷行罷七月甲辰太常卿崔鄲同中書門下平章事八月辛亥鄜王憬薨十月丙寅立陳王成美爲皇太子甲戌地震十一月己亥降京畿死罪以下十二月乙卯乾陵寢宮火

五年正月戊寅不豫己卯左右神策軍護軍中尉魚弘志仇士良立穎王瀍爲皇太弟權句當軍國事廢皇太子成美爲陳王庚辰仇士良殺仙韶院副使尉遲璋辛巳皇帝崩于太和殿年三十三

武宗至道昭肅孝皇帝諱炎穆宗第五子也母曰宣懿皇太后韋氏始封穎王累加開府儀同三司檢校吏部尚書開成五年正月文宗疾大漸神策軍護軍中尉仇士良魚弘志矯詔廢皇太子成美復爲陳王立穎王爲皇太弟辛巳卽皇帝位于柩前辛卯殺陳王成美及安王溶賢妃楊氏甲午始聽政追尊母爲皇太后二月乙卯大赦庚申有彗星出于室壁四月甲子大風拔木五月己卯楊嗣復罷諸道鹽鐵轉運使刑部尚書崔珙同中書門下平章事壬寅大風拔木六月丙寅以旱避正殿理囚河北河南淮南浙東福建蝗疫州除其徭七月戊寅大風拔木八月甲寅雨壬戌葬元聖昭獻孝皇帝于章陵內樞密使劉弘逸薛季稜以兵殺仇士良不克伏誅庚午李珏罷九月丁丑淮南節度副大使李德裕爲門下侍郎同中書門下平章事十月癸卯回鶻寇天德軍十一月戊寅有彗星出于東方魏博節度使何進滔卒其子重霸自稱留後十二月封子峻爲杞王

會昌元年正月己卯朝獻于太淸宮庚辰朝享于太廟辛巳有事于南郊大赦改元三月御史大夫陳夷行爲門下侍郎同中書門下平章事七月有彗星出于羽林壬辰漢水溢九月癸巳幽州盧龍軍將陳行泰殺其節度使史元忠自稱知留務閏月幽州盧龍軍將張絳殺行泰自稱主軍務十月幽州盧龍軍逐絳雄武軍使張仲武入于幽州十一月壬寅有彗星出于營室辛亥避正殿減膳理囚罷興作癸亥崔鄲罷

二年正月宋亳二州地震己亥李德裕爲司空回鶻寇橫水柵略天德振武軍二月丁丑淮南節度副大使李紳爲中書侍郎同中書門下平章事三月回鶻寇雲朔四月丁亥羣臣上尊號曰仁聖文武至神大孝皇帝大赦賜文武官階勳爵五月丙申回鶻嗢沒斯降六月陳夷行罷河東節度使劉沔及回鶻戰于雲州敗績七月幸左神策軍閱武尚書右丞兼御史中丞李讓夷爲中書侍郎同中書門下平章事嵐州民田滿川反伏誅回鶻可汗寇大同川九月劉沔爲回鶻南面招撫使幽州盧龍軍節度使張仲武爲東面招撫使右金吾衞大將軍李思忠爲河西党項都將西南面招討使十月丁卯封子峴爲益王岐兗王十一月獵于白鹿原十二月封子嶧爲德王嵯昌王癸未京師地震

三年正月庚子天德軍行營副使石雄及回鶻戰于殺胡山敗之二月庚申朔日有食之辛未崔珙罷是春大雨雪四月乙丑昭義軍節度使劉從諫卒其子稹自稱留後五月甲午震東都廣運樓災辛丑成德軍節度使王元逵爲北面招討澤潞使魏博節度使何弘敬爲東面招討澤潞使及河中節度使陳夷行河陽節度使王茂元劉沔以討劉稹戊申翰林學士承旨中書舍人崔鉉爲中書侍郎同中書門下平章事武寧軍節度使李彥佐爲晉絳行營諸軍節度招討使六月西內神龍寺火辛酉李德裕爲司徒是夏作望仙觀于禁中七月庚子免河東今歲秋稅九月辛卯忠武軍節度使王宰兼河陽行營攻討使丁未以雨霖理囚免京兆府秋稅十月己巳晉絳行營節度使石雄及劉稹戰于烏嶺敗之壬午日中月食太白是月党項羌寇鹽州十一月寇邠寧兗王岐爲靈夏六道元帥安撫党項大使御史中丞李回副之安南軍亂逐其經略使武渾十二月丁巳王宰克天井關

四年正月乙酉河東將楊弁逐其節度使李石二月甲寅朔日有食之辛酉楊弁伏誅三月石雄兼冀氏行營攻討使晉州刺史李丕副之六月己未中書門下御史臺慮囚閏七月壬戌李紳罷淮南節度副大使杜悰爲尚書右僕射兼中書侍郎同中書門下平章事丙子昭義軍將裴問及邢州刺史崔嘏以城降是月洺州刺史王釗磁州刺史安玉以城降八月乙未昭義軍將郭誼殺劉稹以降戊戌給復澤潞邢洺磁五州一歲免太原河陽及懷陝晉絳四州秋稅戊申李德裕爲太尉十月獵于鄠縣十二月獵于雲陽

五年正月己酉羣臣上尊號曰仁聖文武章天成功神德明道大孝皇帝是日朝獻于太淸宮庚戌朝享于太廟辛亥有事于南郊大赦賜文武官階勳爵文宣公二王三恪予一子出身作仙臺于南郊庚申皇太后崩三月旱五月壬子葬恭僖皇太后于光陵壬戌杜悰崔鉉罷乙丑戶部侍郎李回爲中書侍郎同中書門下平章事六月甲申作望仙樓于神策軍七月丙午朔日有食之是月山南東道節度使鄭肅檢校尚書右僕射同中書門下平章事八月壬午大毀佛寺復僧尼爲民十月作昭武廟于虎牢關

六年二月癸酉以旱降死罪以下免今歲夏稅庚辰夏綏銀節度使米暨爲東北道招討党項使三月壬戌不豫左神策軍護軍中尉馬元贄立光王怡爲皇太叔權句當軍國政事甲子皇帝崩于大明宮年三十三

宣宗元聖至明成武獻文睿智章仁神聰懿道大孝皇帝諱忱憲宗第十三子也母曰孝明皇太后鄭氏始封光王性嚴重寡言宮中或以爲不惠會昌六年武宗疾大漸左神策軍護軍中尉馬元贄立光王爲皇太叔三月甲子卽皇帝位于柩前四月乙亥始聽政尊母爲皇太后丙子李德裕罷辛卯李讓夷爲司空五月乙巳大赦翰林學士承旨兵部侍郎白敏中同中書門下平章事辛酉封子溫爲鄆王渼雍王涇雅王滋夔王沂慶王七月李讓夷罷八月辛未大行宮火壬申葬至道昭肅孝皇帝于端陵九月鄭肅罷兵部侍郎判度支盧商爲中書侍郎同中書門下平章事雲南蠻寇安南經略使裴元裕敗之十二月戊辰朔日有食之

大中元年正月壬子朝獻于太淸宮癸丑朝享于太廟甲寅有事于南郊大赦改元復左降官死者官爵賜文武官階勳父老帛文宣王後及二王後三恪予一子官二月癸未以旱避正殿減膳理京師囚罷太常教坊習樂損百官食出宮女五百人放五坊鷹犬停飛龍馬粟三月盧商罷刑部尚書判度支崔元式爲門下侍郎翰林學士承旨戶部侍郎韋琮爲中書侍郎同中書門下平章事閏月大復佛寺四月己酉皇太后崩五月張仲武及奚北部落戰敗之吐蕃回鶻寇河西河東節度使王宰伐之八月丙申李回罷庚子葬貞獻皇太后于光陵十二月戊午貶太子少保李德裕爲潮州司馬

二年正月甲子羣臣上尊號曰聖敬文思和武光孝皇帝大赦宗子房未仕者予一人出身賜文武官階勳爵三月封子澤爲濮王五月己未朔日有食之崔元式罷兵部侍郎判度支周墀刑部侍郎諸道鹽鐵轉運使馬植同中書門下平章事己卯太皇太后崩七月己巳續圖功臣于凌煙閣十一月壬午葬懿安太皇太后于景陵貶韋琮爲太子賓客分司東都

三年二月吐蕃以秦原安樂三州石門驛藏木峽制勝六盤石峽蕭七關歸于有司三月詔待制官與刑法官諫官次對馬植罷是春隕霜殺桑四月乙酉周墀罷御史大夫崔鉉爲中書侍郎兵部侍郎判戶部事魏扶同中書門下平章事癸巳幽州盧龍軍節度使張仲武卒其子直方自稱留後五月武寧軍亂逐其節度使李廓十月辛巳京師地震是月振武及天德靈武鹽夏二州地震吐蕃以維州歸于有司十一月己卯封弟惕爲彭王十二月吐蕃以扶州歸于有司

四年正月庚辰大赦四月壬申以雨霖詔京師關輔理囚蠲度支鹽鐵戶部逋負六月戊申魏扶薨戶部尚書判度支崔龜從同中書門下平章事八月幽州盧龍軍亂逐其節度使張直方衙將張允伸自稱留後十月辛未翰林學士承旨兵部侍郎令狐綯同中書門下平章事十一月党項羌寇邠寧十二月鳳翔節度使李安業河東節度使李拭爲招討党項使

五年三月白敏中爲司空招討南山平夏党項行營兵馬都統四月赦平夏党項羌辛未給復靈鹽夏三州邠寧鄜坊等道三歲六月封子潤爲鄂王八月乙巳赦南山党項羌十月沙州人張義潮以瓜沙伊肅鄯甘河西蘭岷廓十一州歸于有司白敏中罷戊辰戶部侍郎判戶部魏謩同中書門下平章事十一月崔龜從罷十二月盜斫景陵門戟是歲湖南饑

六年三月有彗星出于觜參七月雍王渼薨八月禮部尚書諸道鹽鐵轉運使裴休同中書門下平章事九月獠寇昌資二州十一月封弟愉爲棣王是歲淮南饑

七年正月丙午朝獻于太淸宮丁未朝享于太廟戊申有事于南郊大赦

八年正月丙戌朔日有食之三月以旱理囚九月封子洽爲懷王汭昭王汶康王

九年正月甲申成德軍節度使王元逵卒其子紹鼎自稱留後閏四月辛丑禁嶺外民鬻男女者七月以旱遣使巡撫淮南減上供饋運蠲逋租發粟賑民丙辰崔鉉罷庚申罷淮南宣歙浙西冬至元日常貢以代下戶租稅是月浙西東道軍亂逐其觀察使李訥

十年正月丁巳御史大夫鄭朗爲工部尚書同中書門下平章事九月封子灌爲衞王十月戊子裴休罷十二月壬辰戶部侍郎判戶部崔慎由爲工部尚書同中書門下平章事

十一年二月辛巳魏暮罷五月容管軍亂逐其經略使王球七月庚子兵部侍郎判度支蕭鄴同中書門下平章事成德軍節度副大使王紹鼎卒其弟紹懿自稱留後八月封子滋爲廣王九月乙未有彗星出于房十月壬申鄭朗罷

十二年正月戊戌戶部侍郎判度支劉瑑同中書門下平章事二月廢穆宗忌日停光陵朝拜及守陵宮人壬申崔慎由罷閏月自十月不雨至于是月雨三月鹽州監軍使楊玄价殺其刺史劉皐四月庚子嶺南軍亂逐其節度使楊發戊申兵部侍郎諸道鹽鐵轉運使夏侯孜同中書門下平章事五月丙寅劉瑑薨庚辰湖南軍亂逐其觀察使韓琮六月丙申江西都將毛鶴逐其觀察使鄭憲辛亥南蠻寇邊七月容州將來正反伏誅八月宣歙將康全泰逐其觀察使鄭薰淮南節度使崔鉉兼宣歙池觀察處置使以討之丁巳太原地震十月康全泰伏誅十二月毛鶴伏誅甲寅兵部侍郎判戶部蔣伸同中書門下平章事

十三年正月戊午大赦蠲度支戶部逋負放宮人八月壬辰左神策軍護軍中尉王宗實立鄆王溫爲皇太子權句當軍國政事癸巳皇帝崩于咸寧殿年五十謚曰聖武獻文孝皇帝咸通十三年加謚元聖至明成武獻文睿智章仁神聰懿道大孝皇帝

贊曰春秋之法君弒而賊不討則深責其國以爲無臣子也憲宗之弒歷三世而賊猶在至於文宗不能明弘志等罪惡以正國之典刑僅能殺之而已是可歎也穆敬昏童失德以其在位不久故天下未至於敗亂而敬宗卒及其身是豈有討賊之志哉文宗恭儉儒雅出於天性嘗讀太宗政要慨然慕之及卽位銳意於治每延英對宰臣率漏下十一刻唐制天子以隻日視朝乃命輟朝放朝皆用雙日凡除吏必召見訪問親察其能否故太和之初政事脩飭號爲清明然其仁而少斷承父兄之弊宦官撓權制之不得其術故其終困以此甘露之事禍及忠良不勝寃憤飲恨而已由是言之其能殺弘志亦足伸其志也昔武丁得一傅說爲商高宗武宗用一李德裕遂成其功烈然其奮然除去浮圖之法甚銳而躬受道家之籙服藥以求長年以此見其非明智之不惑者特好惡有不同爾宣宗精於聽斷而以察爲明無復仁恩之意嗚呼自是而後唐衰矣

唐書卷八考證

宣宗紀大中九年七月浙西東道軍亂逐觀察使李訥○臣𨚗按舊書十年正月始書李訥爲浙東觀察使未詳孰是

唐書卷九

宋 翰 林 學 士 歐 陽 修 撰

本紀第九

懿宗昭聖恭惠孝皇帝諱漼宣宗長子也母曰元昭皇太后鼂氏始封鄆王宣宗愛夔王滋欲立爲皇太子而鄆王長故久不決大中十三年八月宣宗疾大漸以夔王屬內樞密使王歸長馬公儒宣徽南院使王居方等而左神策護軍中尉王宗實副使亓元實矯詔立鄆王爲皇太子癸巳卽皇帝位于柩前王宗實殺王歸長馬公儒王居方庚子始聽政癸卯令狐綯爲司空尊皇太后曰太皇太后九月庚申追尊母爲皇太后十月辛卯大赦賜文武官階勳爵耆老粟帛十一月戊午蕭鄴罷十二月甲申翰林學士承旨兵部侍郎杜審權同中書門下平章事丁酉令狐綯罷荆南節度使白敏中爲司徒兼門下侍郎同中書門下平章事是歲雲南蠻陷播州

咸通元年正月浙東人仇甫反安南經略使王式爲浙江東道觀察使以討之二月丙申葬聖武獻文孝皇帝于貞陵五月京師地震袁王紳薨七月封叔怲爲信王八月衞王灌薨己卯仇甫伏誅九月戊申白敏中爲中書令十月安南都護李鄠克播州己亥夏侯孜罷戶部尚書判度支畢諴爲禮部尚書同中書門下平章事閏月乙亥朝獻于太淸宮十一月丙子朝享于太廟丁丑有事于南郊大赦改元是月慶王沂薨十二月戊申雲南蠻寇安南癸亥福王綰爲司空

二年二月白敏中罷尚書左僕射判度支杜悰兼門下侍郎同中書門下平章事福王綰薨六月鹽州刺史王寬爲安南經略招討使八月雲南蠻寇邕州九月寇巂州

三年正月庚午羣臣上尊號曰睿文明聖孝德皇帝大赦是月蔣伸罷二月庚子杜悰爲司空是月棣王惴薨湖南觀察使蔡襲爲安南經略招討使三月戊寅歸義軍節度使張義潮克涼州七月武寧軍亂逐其節度使溫璋劍南西川節度使夏侯孜爲尚書左僕射兼門下侍郎同中書門下平章事九月嶺南西道軍亂逐其節度使蔡京十月丙申封子佾爲魏王侹涼王佶蜀王杜悰爲司徒十一月封叔祖𢡟爲蘄王叔憒榮王雲南蠻寇安南丙寅降囚罪免徐州秋稅十二月翼王𫍯薨

四年正月戊辰朝獻于太淸宮己巳朝享于太廟庚午有事于南郊大赦雲南蠻陷安南蔡襲死之庚辰撫王紘爲司空二月拜十六陵秦州經略使高駢爲安南經略招討使四月畢諴罷五月己巳翰林學士承旨兵部侍郎楊收同中書門下平章事戊子杜審權罷閏六月杜悰罷兵部侍郎判度支曹確同中書門下平章事七月辛卯朔日有食之免安南戶稅丁錢二歲弛廉州珠池禁八月夔王滋薨十二月乙酉昭義軍亂殺其節度使沈詢

五年正月丙午雲南蠻寇巂州三月寇邕州四月兵部侍郎判戶部蕭寘同中書門下平章事五月丁酉瘞邕巂州死事者己亥有彗星出于婁八月丁卯夏侯孜爲司空十月貞陵隧陷十一月戊戌夏侯孜罷壬寅翰林學士承旨兵部侍郎路巖同中書門下平章事

六年三月蕭寘薨四月劍南東川節度使高璩爲兵部侍郎同中書門下平章事五月高璩及雲南蠻戰于邕州敗之六月高璩薨御史大夫徐商爲兵部侍郎同中書門下平章事七月封子佩爲郢王十二月晉絳二州地震壬子太皇太后崩

七年二月戊申免河南府同華陝虢四州一歲稅湖南及桂邕容三管岳州夏秋稅之半三月成德軍節度使王紹懿卒其兄子景崇自稱留後閏月吐蕃寇邠寧五月甲辰葬孝明太皇太后于景陵之園六月魏博節度使何弘敬卒其子全皞自稱留後八月辛卯晝晦十月壬申楊收罷是月高駢克安南十一月辛亥大赦免咸通三年以前逋負賜文武官階勳爵

八年正月丁未河中府晉絳二州地震五月丙辰以不豫降囚罪出宮人五百縱神策五坊飛龍鷹鷂禁延慶端午節獻女口七月雨湯于下邳壬寅蘄王緝薨乙巳懷州民亂逐其刺史劉仁規甲子兵部侍郎諸道鹽鐵轉運使于琮同中書門下平章事十一月辛丑疾愈避正殿賜民年七十而痼疾及軍士戰傷者帛十二月信王怲薨

九年正月彗星出于婁胃七月武寧軍節度糧料判官龐勛反于桂州十月庚午陷宿州丁丑陷徐州觀察使崔彥曾死之十一月陷濠州刺史盧望回死之右金吾衞大將軍康承訓爲徐泗行營兵馬都招討使神武大將軍王晏權爲北面招討使羽林將軍戴可師爲南面招討使十二月龐勛陷和滁二州滁州刺史高錫望死之壬申戴可師及龐勛戰于都梁山死之是月前天雄軍節度使馬舉爲南面招討使泰寧軍節度使曹翔爲北面招討使

十年二月殺驩州流人楊收三月徙封侃爲威王四月殺嶺南軍節度使嚴譔康承訓及龐勛戰于柳子敗之六月神策軍將軍宋威爲西北面招討使戊戌以蝗旱理囚癸卯徐商罷翰林學士承旨戶部侍郎劉瞻同中書門下平章事八月有彗星出于大陵九月癸酉龐勛伏誅十月戊戌免徐宿濠泗四州三歲稅役十二月壬子雲南蠻寇嘉州

十一年正月甲寅羣臣上尊號曰睿文英武明德至仁大聖廣孝皇帝大赦雲南蠻寇黎雅二州及成都二月甲申劍南西川節度副使王建立及雲南蠻戰于城北死之甲午劍南東川節度使顏慶復及雲南蠻戰于新都敗之三月曹確罷四月丙午翰林學士承旨兵部侍郎韋保衡同中書門下平章事八月殺醫待詔韓宗紹魏博軍亂殺其節度使何全皞其將韓君雄自稱留後九月丙辰劉瞻罷十一月辛亥禮部尚書判度支王鐸同中書門下平章事

十二年四月癸卯路巖罷五月庚申理囚十月兵部侍郎諸道鹽鐵轉運使劉鄴爲禮部尚書同中書門下平章事

十三年二月丁巳于琮罷刑部侍郎判戶部趙隱爲戶

部侍郎同中書門下平章事幽州盧龍軍節度使張允伸卒其子簡會自稱留後三月癸酉平州刺史張公素逐簡會自稱留後四月庚子浙江東西道地震封子保爲吉王傑壽王倚睦王五月乙亥殺國子司業韋殷裕十一月王鐸爲司徒韋保衡爲司空

十四年正月沙陀寇代北三月迎佛骨于鳳翔癸巳雨土四月并州民產子二頭四手壬寅大赦六月不豫王鐸罷七月辛巳皇帝崩于咸寧殿年四十一

僖宗惠聖恭定孝皇帝諱儇懿宗第五子也母曰惠安皇太后王氏始封普王名儼咸通十四年七月懿宗疾大漸左右神策護軍中尉劉行深韓文約立普王爲皇太子辛巳卽皇帝位于柩前八月癸巳始聽政丁未追尊母爲皇太后乙卯韋保衡爲司徒九月貶保衡爲賀州刺史十月乙未尚書左僕射蕭倣爲中書侍郎同中書門下平章事十二月震電癸卯大赦免水旱州縣租賦罷貢鷹鶻雲南蠻寇黎州

乾符元年二月甲午葬昭聖恭惠孝皇帝于簡陵癸丑降死罪以下趙隱罷華州刺史裴坦爲中書侍郎同中書門下平章事四月辛卯以旱理囚五月乙未裴坦薨刑部尚書劉瞻爲中書侍郎同中書門下平章事八月辛未瞻薨兵部侍郎判度支崔彥昭爲中書侍郎同中書門下平章事十月劉鄴罷吏部侍郎鄭畋爲兵部侍郎翰林學士承旨戶部侍郎盧攜同中書門下平章事十一月庚寅改元羣臣上尊號曰聖神聰睿仁哲明孝皇帝是月蕭倣爲司空魏博節度使韓允中卒其子簡自稱留後十二月党項回鶻寇天德軍雲南蠻寇黎雅二州河西河東山南東道東川兵伐雲南

二年正月己丑朝獻于太清宮庚寅朝享于太廟辛卯有事于南郊大赦賜文武官階勳爵文宣王及二王後三恪一子官雲南蠻請和四月庚辰太白晝見浙西突陣將王郢反五月右龍武軍大將軍宋皓討之蕭倣薨六月濮州賊王仙芝陷曹濮二州河南諸鎭兵討之吏部尚書李蔚爲中書侍郎同中書門下平章事幽州將李茂勳逐其節度使張公素自稱留後七月以蝗避正殿減膳十一月震電

三年二月丙子以旱降死罪以下三月葬梟骸平盧軍節度使宋威爲指揮諸道招討草賊使檢校左散騎常侍曾元裕副之募能捕賊三百人者官以將軍幽州盧龍軍節度使李茂勳立其子可舉爲留後五月庚子以旱理囚免浙東西一歲稅昭王汭薨六月乙丑雄州地震撫王紘爲太尉七月辛巳雄州地震鎭海軍節度使裴璩及王郢戰敗之鄂王潤薨九月乙亥朔日有食之避正殿丙子王仙芝陷汝州執刺史王鐐十一月陷郢復二州十二月京師地震王仙芝陷申光廬壽通舒六州忠武軍節度使崔安潛爲諸道行營都統宮苑使李琢爲諸軍行營招討草賊使右威衛上將軍張自勉副之是冬無雪

四年正月丁丑降死罪以下二等流人死者聽收葬崔彥昭爲司空二月王仙芝陷鄂州閏月崔彥昭罷昭義軍亂逐其節度使高湜宣武軍節度使王鐸檢校司徒兼門下侍郎同中書門下平章事三月宛句賊黃巢陷鄆沂二州天平軍節度使薛崇死之四月壬申朔日有食之是月陝州軍亂逐其觀察使崔碣江西賊柳彥璋陷江州執其刺史陶祥高安制置使鍾傳陷撫州五月有彗星避正殿減膳六月王鐸爲司徒庚寅雄州地震八月黃巢陷隋州執刺史崔休徵九月沙陀寇雲朔二州鹽州軍亂逐其刺史王承顏十月河中軍亂逐其節度使劉侔十一月尚君長降宋威殺之十二月安南戍兵亂逐桂管觀察使李瓚江州刺史劉秉仁及柳彥璋戰敗之

五年正月丁酉王仙芝陷江陵外郛壬寅曾元裕及王仙芝戰于申州敗之元裕爲諸道行營招討草賊使張自勉副之宋威罷招討使二月癸酉雲中守捉使李克用殺大同軍防禦使段文楚己卯克用寇遮虜軍是月王仙芝伏誅其將王重隱陷饒州刺史顏標死之江西賊徐唐莒陷洪州三月黃巢陷濮州寇河南崔安潛罷都統張自勉爲東西面行營招討使湖南軍亂逐其觀察使崔瑾四月饒州將彭令璋克饒州自稱刺史徐唐莒伏誅五月丁酉鄭畋盧攜罷翰林學士承旨戶部侍郎豆盧瑑爲兵部侍郎吏部侍郎崔沆爲戶部侍郎同中書門下平章事是日雨雹大風拔木八月大同軍節度使李國昌陷岢嵐軍黃巢陷杭州九月李蔚罷吏部尚書鄭從讜爲中書侍郎同中書門下平章事黃巢陷越州執觀察使崔璆鎭海軍將張潾克越州十月昭義軍節度使李鈞幽州盧龍軍節度使李可舉討李國昌十一月丁未河東宣慰使崔季康爲河東節度代北行營招討使十二月甲戌黃巢陷福州庚辰崔季康李鈞及李克用戰于洪谷敗績是歲天平軍節度使張裼卒衙將崔君裕自知州事

六年正月鎭海軍節度使高駢爲諸道行營兵馬都統魏王佾薨二月京師地震藍田山裂出水河東軍亂殺其節度使崔季康四月庚申朔日有食之涼王侹薨王鐸爲荊南節度使南面行營招討都統五月泰寧軍節度使李係爲湖南觀察使副之黃巢陷廣州執嶺南東道節度使李迢陷安南八月甲子東都留守李蔚爲河東節度代北行營招討使閏十月黃巢陷潭澧二州澧州刺史李絢死之十一月丙辰兩日並出而鬬戊午河東節度使康傳圭爲代北行營招討使辛酉黃巢陷江陵殺李迢丁丑山南東道節度使劉巨容及黃巢戰于荊門敗之十二月壬辰克江陵是月貶王鐸爲太子賓客分司東都兵部尚書盧攜爲門下侍郎同中書門下平章事是歲淄州刺史曹全晸克鄆州殺崔君裕黃巢陷鄂宣歙池四州朗州賊周岳陷衡州逐其刺史徐顥荊南將雷滿陷朗州刺史崔翥死之石門蠻向瓌陷澧州權知州事呂自牧死之桂陽賊陳彥謙陷郴州刺史董岳死之

廣明元年正月乙卯改元免嶺南荊湖河中河東稅賦十之四戊寅荊南監軍楊復光泰寧軍將段彥謨殺其守將宋浩以常滋爲節度留後淮南將張潾及黃巢戰于大雲倉敗之二月丙戌李國昌寇忻代二州戊戌河東軍亂殺其節度使康傳圭壬子鄭從讜罷爲河東節度使代北行營招討使三月辛未以旱避正殿減膳四月甲申京師東都汝州雨雹大風拔木丁酉太府卿李琢爲蔚朔招討都統壬寅張潾克饒州五月汝州防禦使諸葛爽爲蔚朔招討副使泰寧軍將劉漢宏反張潾及黃巢戰于信州死之六月巢陷睦婺宣三州江華賊蔡結陷道州宿州賊魯景仁陷連州七月黃巢陷滁和二州辛酉天平軍節度使曹全晸爲東面副都統辛未劉漢宏降李可舉及李國昌戰于藥兒嶺敗之八月辛卯昭義軍亂殺其節度使李鈞癸卯榮王憒爲司空是月憒薨九月忠武軍將周岌殺其節度使薛能牙將秦宗權自稱權知蔡州事十月黃巢陷申州十一月河中都虞候王重榮逐其節度使李都黃巢陷汝州壬戌幸左神策軍閱武護軍中尉田令孜爲諸道兵馬都指揮制置招討使忠武軍監軍楊復光副之丁卯東都留守劉允章叛附于黃巢壬申巢陷虢州田令孜爲汝洛晉絳同華都統十二月壬午黃巢陷潼關甲申貶盧攜爲太子賓客分司東都翰林學士承旨尚書左丞王徽爲戶部侍郎翰林學士戶部侍郎裴澈爲工部侍郎同中書門下平章事行在咸陽丙戌左金吾衛大將軍張直方率武官叛附于黃巢巢陷京師辛卯次鳳翔丙申河陽節度使諸葛爽叛附于黃巢丁酉次興元庚子廣德公主豆盧瑑崔沆尚書左僕射劉鄴右僕射于琮太子少師裴諗御史中丞趙濛刑部侍郎李溥京兆尹李湯死于黃巢是歲雨血于靖陵

中和元年正月壬子如成都壬申兵部侍郎判度支蕭遘爲工部侍郎同中書門下平章事丁丑次成都二月己卯敕劍南三川太子少師王鐸爲司徒兼門下侍郎同中書門下平章事淮南節度使高駢爲京城四面都統邠寧節度使李存禮討黃巢鳳翔節度使鄭畋及巢戰于龍尾坡敗之邠寧將王玫陷邠州戊戌清平鎭使陳晟執睦州刺史韋諸自稱刺史三月辛亥黃巢陷鄧州執刺史趙戒辛酉鄭畋爲京城西面行營都統甲子畋及涇原節度使程宗楚天雄軍經略使仇公遇盟于鳳翔是月王徽罷諸葛爽以河陽降四月戊寅王玫伏誅程宗楚朔方軍節度使唐弘夫及黃巢戰于咸陽敗之壬午巢遯于灞上丁亥復入京師弘夫宗楚死之是月赦李國昌及其子克用以討黃巢五月丙辰克用寇太原振武軍節度使契苾璋敗之辛酉大風雨土是月劉巨容爲南面行營招討使楊復光克鄧州六月鄜賊鍾季文陷明州辛卯邠寧節度副使朱玫及黃巢戰于興平敗績戊戌鄭畋爲司空兼門下侍郎同中書門下平章事京城四面行營都統丙午李克用陷忻代二州七月丁巳大赦改元庚申翰林學士承旨兵部侍郎韋昭度同中書門下平章事丙寅神策軍將郭琪反伏誅辛未田令孜殺左拾遺孟昭圖義武軍節度使王處存爲東南面行營招討使八月感化軍將時溥逐其節度使支詳自稱留後昭義軍節度使高潯及黃巢戰于石橋敗績其將成麟殺潯入于潞州己丑衆星隕于成都九月丙午鄜延節度使李孝章夏綏銀節度使拓拔思恭及黃巢戰于東渭橋敗績臨海賊杜雄陷台州辛酉封子震爲建王己巳昭義軍戍將孟方立殺成麟自稱留後永嘉賊朱褒陷溫州是秋河東霜殺禾十月鳳翔行軍司馬李昌言逐其節度使鄭畋十一月李昌言爲鳳翔節度行營招討使鄭畋裴澈罷遂昌賊盧約陷處州十二月安南戍將閔頊逐湖南觀察使李裕自稱留後是歲霍丘鎭使王緒陷壽光二州

二年正月辛亥王鐸爲諸道行營都都統承制封拜太子少師崔安潛副之高駢罷都統辛未王處存爲京城東面都統李孝章爲北面都統拓拔思恭爲南面都統

二月甲戌黃巢陷同州己卯太子少傅分司東都鄭畋爲司空兼門下侍郎同中書門下平章事丙戌李昌言爲京城西面都統邠寧節度使朱玫爲河南都統諸谷防遏使三月邛州蠻阡能叛西川部將楊行遷討之李克用陷蔚州六月朱玫爲京城西北面行營都統楊行遷及阡能戰于乾溪敗績己亥荆南監軍朱敬玫殺其節度使段彥謩少尹李燧自稱留後七月保大軍節度留後東方逵爲京城東面行營招討使撫州刺史鍾傳陷洪州江西觀察使高茂卿奔于江州八月丁巳東方逵爲京城東北面行營都統拓拔思恭爲京城四面都統魏博節度使韓簡陷孟州九月丙戌黃巢將朱溫以同州降己亥溫爲右金吾衞大將軍河中行營招討副使是月太原桃李實嶺南西道軍亂逐其節度使張從訓平盧軍將王敬武逐其節度使安師儒自稱留後十月嵐州刺史湯羣以沙陀反韓簡寇鄆州天平軍節度使曹全晸死之部將崔用自稱留後諸葛爽陷孟州十一月荆南軍亂牙將陳儒自稱留後丙子湯羣伏誅是歲關中大饑南城賊危全諷陷撫州危仔倡陷信州盧州將楊行密逐其刺史郎幼復和州刺史秦彥逐宣歙觀察使竇潏

三年正月鴈門節度使李克用爲京城東北面行營都統乙亥王鐸罷二月魏博軍亂殺其節度使韓簡其將樂彥禎自稱留後己未建王震爲太保三月天有聲于浙西壬申李克用及黃巢戰于零口敗之四月甲辰又敗之于渭橋丙午復京師五月鄭畋爲司徒東都留守檢校司空鄭從讜爲司空同中書門下平章事淮南將張瓌陷復州奉國軍節度使秦宗權叛附于黃巢七月宣武軍節度副大使朱全忠爲東北面都招討使鄭畋罷兵部尚書判度支裴澈同中書門下平章事八月黃巢秦宗權寇陳州淮南將韓師德陷岳州九月武寧軍節度使時溥爲東面兵馬都統是秋晉州地震十月全椒賊許勍陷滁州李克用陷潞州刺史李殷銳死之十一月壬申劍南西川行軍司馬高仁厚及阡能戰于邛州敗之十二月忠武軍將鹿晏弘逐興元節度使牛勗自稱留後是歲天平軍將曹存實克鄆州石鏡鎮將董昌逐杭州刺史路審中

四年正月婺州將王鎮執其刺史黃碣叛附于董昌二月鎮伏誅浦陽將蔣瓌陷婺州舒州賊吳迥逐其刺史高澧三月甲子劍南東川節度副大使楊師立反西川節度使陳敬瑄爲西川東川山南西道都指揮招討使前杭州刺史路審中陷鄂州五月辛酉朱全忠及黃巢戰敗之辛未河東節度使李克用及巢戰于宛句敗之癸酉高仁厚爲劍南東川節度使以討楊師立壬午福建團練副使陳巖逐其觀察使鄭鎰自稱觀察使六月乙卯赦劍南三川瘞京畿骼骨七月辛酉楊師立伏誅壬午黃巢伏誅九月山南西道節度使鹿晏弘反十月蕭遘爲司空十一月鹿晏弘陷許州殺節度使周岌自稱留後十二月甲午荆南行軍司馬張瓌逐其節度使陳儒自稱留後盜殺義昌軍節度使王鐸是歲關中大饑濮州刺史朱宣逐天平軍節度使曹存實自稱留後武昌軍將杜洪陷岳州

光啓元年正月庚辰荆南軍將成汭陷歸州是月王緒陷汀漳二州南康賊盧光稠陷虔州三月丁卯至自成都己巳大赦改元時溥爲蔡州四面行營兵馬都統蕭遘爲司徒韋昭度爲司空四月吳迥伏誅秦宗權陷襄州山南東道節度使劉巨容奔于成都武當賊馮行襲陷均州逐其刺史呂燁五月羣臣上尊號曰至德光烈皇帝六月幽州盧龍軍亂殺其節度使李可舉其將李全忠自稱留後壬戌秦宗權陷東都七月義昌軍亂逐其節度使楊全玫牙將盧彥威自稱留後八月光州賊王潮執王緒甲寅殺右補闕常濬樂彥禎殺洺州刺史馬爽九月河中節度使王重榮反邠寧節度使朱玫討之十月癸丑朱全忠及秦宗權戰于雙丘敗績十一月河東節度使李克用叛附于王重榮重榮及克用寇同州刺史郭璋死之十二月癸酉朱玫及王重榮李克用戰于沙苑敗績乙亥克用犯京師丙子如鳳翔

二年正月辛巳鎮海軍將張郁陷常州戊子如興元癸巳朱玫叛寇鳳翔二月鄭從讜爲太傅三月壬午山南西道節度使石君涉奔于鳳翔遂州刺史鄭君雄陷漢州丙申次興元戊戌御史大夫孔緯翰林學士承旨兵部尚書杜讓能爲兵部侍郎同中書門下平章事是春成都地震鳳翔女子化爲丈夫四月乙卯朱玫以嗣襄王熅入于京師五月丙戌有星孛于箕尾武寧軍將丁從實陷常州逐其刺史張郁六月淮西將黃皓殺欽化軍節度使閔頊衡州刺史周岳陷潭州自稱節度使七月秦宗權陷許州忠武軍節度使鹿晏弘死之八月王潮陷泉州刺史廖彥若死之幽州盧龍軍節度使李全忠卒其子匡威自稱留後九月有星隕于揚州戊寅靜難軍將王行瑜陷興鳳二州十月丙午嗣襄王熅自立爲皇帝尊皇帝爲太上元皇聖帝朱全忠陷滑州執義成軍節度使安師儒丙辰杭州刺史董昌攻越州浙東觀察使劉漢宏奔于台州是月河陽節度使諸葛爽卒其子仲方自稱留後神策行營先鋒使滿存克興鳳二州感義軍節度使楊晟陷文州武寧軍將張雄陷蘇州十一月庚子秦宗權陷鄭州十二月魏州地震丙子台州刺史杜雄執劉漢宏降于董昌昌自稱浙東觀察使丙辰朱玫伏誅丁巳熅伏誅秦宗權陷孟州諸葛仲方奔于汴州是歲天平軍將朱瑾逐泰寧軍節度使齊克讓自稱留後湘陰賊鄧進思陷岳州杜洪陷鄂州自稱武昌軍節度留後

三年三月癸未蕭遘裴澈兵部侍郎鄭昌圖有罪伏誅壬辰如鳳翔鄭從讜罷韋昭度爲司徒癸巳鎮海軍將劉浩逐其節度使周寶度支催勘使薛朗自稱知府事四月甲辰六合鎮遏使徐約陷蘇州逐其刺史張雄甲子淮南兵馬使畢師鐸陷揚州執其節度使高駢是月維州山崩五月甲戌宣歙觀察使秦彥入于揚州癸未秦宗權陷鄭州六月陷孟州河陽將李罕之入于孟州張全義入于東都己酉鳳翔節度使李昌符反庚戌犯大安門不克奔于隴州壬子武定軍節度使李茂貞爲隴州招討使丁巳護國軍將常行儒殺其節度使王重榮其兄重盈自稱留後壬戌亳州將謝殷逐其刺史宋袞七月丁亥降死罪以下貞觀開元建中興元功臣後子一子九品正員官減常膳三之一賜民九十以上粟帛七月李昌符伏誅八月韋昭度爲太保壬寅謝殷伏誅朱全忠陷亳州壬子陷曹州刺史丘弘禮死之九月戶部侍郎判度支張濬爲兵部侍郎同中書門下平章事秦彥殺高駢十月丁未朱全忠陷濮州甲寅封子陛爲益王杭州刺史錢鏐陷常州丁卯鏐殺周寶是月秦宗權將孫儒寇揚州十一月壬申廬州刺史楊行密陷揚州秦彥畢師鐸奔于孫儒十二月癸巳淮西將趙德諲陷江陵荆南節度使張瓌死之朱全忠爲東南面招討使饒州刺史陳儒陷衢州上蔡賊馮敬章陷蘄州

文德元年正月甲寅孫儒殺秦彥畢師鐸癸亥朱全忠爲蔡州四面行營都統丙寅薛朗伏誅錢鏐陷潤州二月乙亥不豫己丑至自鳳翔庚寅謁于太廟大赦改元是月魏博軍亂殺其節度使樂彥禎其將羅弘信自稱權知留後三月戊戌朔日有食之既壬寅疾大漸立壽王傑爲皇太弟知軍國事癸卯皇帝崩于武德殿年二十七

贊曰唐自穆宗以來八世而爲宦官所立者七君然則唐之衰亡豈止方鎮之患蓋朝廷天下之本也人君者朝廷之本也始即位者人君之本也其本始不正欲以正天下其可得乎懿僖當唐政之始衰而以昏庸相繼乾符之際歲大旱蝗民愁盜起其亂遂不可復支蓋亦天人之會歟

唐書卷九考證

懿宗紀咸通四年十二月乙酉昭義軍亂殺其節度使沈詢○臣酉按舊書是年正月河東節度盧簡求致仕以昭義節度劉潼代三月以李蠙爲昭義節度是潼之後蠙蠙之後詢矣而新書沈傳師傳乃云詢遇害潼代爲節度誅害詢者豈潼本在詢後耶當是年月傳誤耳

七年六月何弘敬卒其子全皞自稱留後○舊書在十年十月臣酉按舊書十年正月書弘敬赴行營十二月書起復何全皞其前後記載歷歷不宜有譌或是新書傳誤耳

十月壬申楊收罷○舊書在八年臣酉按新書本傳收相凡五年自四年入相至八年始爲五年當以舊書爲是

僖宗紀廣明元年八月辛卯昭義軍亂殺其節度使李鈞○舊書乾符五年鈞與沙陀戰于洪合王師大敗鈞中流矢而卒新書爲下所殺舊書沒于陣且相去二年未知孰是

是歲雨血于靖陵○沈炳震曰靖陵僖宗陵名靖字誤臣酉按德宗紀貞元三年二月甲申葬昭德皇后于靖陵則唐時原有兩靖陵此所記者乃昭德皇后之陵耳沈似失考

中和元年正月壬子如成都○舊書在七月乙未幸成都未知孰是

唐書卷十

宋 翰 林 學 士 歐 陽 修 撰

本紀第十

昭宗聖穆景文孝皇帝諱曄懿宗第七子也母曰恭憲皇太后王氏始封壽王乾符三年領幽州盧龍軍節度使僖宗遇亂再出奔壽王握兵侍左右尤見倚信文德元年三月僖宗疾大漸羣臣以吉王長且欲立之觀軍容使楊復恭率兵迎壽王立爲皇太弟改名敏乙巳即皇帝位于柩前四月戊辰孫儒陷揚州自稱淮南節度使楊行密奔于廬州庚午追尊母爲皇太后韋昭度爲

中書令孔緯爲司空乙亥張全義陷孟州李罕之奔于河東戊辰陷江陵自稱留後辛卯朱全忠及秦宗權戰于蔡州敗之五月壬寅趙德諲以襄州降以德諲爲忠義軍節度使蔡州四面行營副都統六月閬州防禦使王建陷漢州執刺史張頊遂寇成都韋昭度罷爲劍南西川節度副大使兼兩川招撫制置使十月陳敬瑄反辛卯葬惠聖恭定孝皇帝于靖陵十一月丙申秦宗權陷許州執忠武軍節度使王蘊辛酉奉國軍將申叢執秦宗權十二月丁亥韋昭度爲行營招討使及永平軍節度使王建討陳敬瑄山南西道節度使楊守厚陷夔州

龍紀元年正月癸巳大赦改元翰林學士承旨兵部侍郎劉崇望同中書門下平章事壬子宣武軍將郭璠殺奉國軍留後申叢自稱留後二月戊辰朱全忠俘秦宗權以獻己丑宗權伏誅三月孔緯爲司徒杜讓能爲司空丙申錢鏐陷蘇州逐刺史徐約六月李克用寇邢州昭義軍節度使孟方立卒其弟遷自稱留後楊行密陷宣州宣歙觀察使趙鍠死之廬州刺史蔡儔叛附于孫儒八月甲戌孟遷叛附于李克用十月平盧軍節度使王敬武卒其子師範自稱留後陷棣州刺史張蟾死之宣歙觀察使楊行密陷常州刺史杜陵死之錢鏐陷潤州十一月丁未朝獻于太清宮戊申朝享于太廟己酉有事于南郊大赦十二月孫儒陷常潤二州戊午孔緯爲太保杜讓能爲司徒壬申眉州刺史山行章叛附于王建

大順元年正月戊子羣臣上尊號曰聖文睿德光武弘孝皇帝大赦改元壬寅簡州將杜有遷執其刺史員虔嵩叛附于王建二月己未資州將侯元綽執其刺史楊戡叛附于建三月戊申昭義軍節度使李克修卒其弟克恭自稱留後四月丙辰宿州將張筠逐其刺史張紹光丙寅嘉州刺史朱實叛附于王建丙子戎州將文武堅執其刺史謝承恩叛附于建五月張濬爲河東行營都招討宣慰使京兆尹孫揆副之幽州盧龍軍節度使李匡威爲北面招討使雲州防禦使赫連鐸副之朱全忠爲南面招討使王鎔爲東面招討使以討李克用壬寅昭義軍將安居受殺其節度使李克恭叛附于朱全忠癸丑劍南東川節度使顧彥朗卒其弟彥暉自稱留後六月辛酉雅州將謝從本殺其刺史張承簡叛附于王建辛未朱全忠爲河東東面行營招討使是月河東將安知建以邢洺磁三州叛附于全忠七月楊行密陷潤州戊申李克用執昭義軍節度使孫揆八月錢鏐殺蘇州刺史杜孺休楊行密陷蘇州淮南節度使孫儒陷潤州庚午朱全忠爲中書令九月李克用陷潞州楊行密陷潤常二州閏月孫儒陷常州壬戌邛州將任可知殺其刺史毛湘十月癸未蜀州刺史李行周叛附于王建李克用陷邢洺磁三州十一月丁卯李匡威陷蔚州是月張濬及李克用戰于陰地敗績孫儒陷蘇州十二月李克用陷晉州

二年正月庚申孔緯張濬罷翰林學士承旨兵部侍郎崔昭緯御史中丞徐彥若爲戶部侍郎同中書門下平章事甘露鎮使陳可言陷常州錢鏐陷蘇州二月乙巳赦陳敬瑄丁未詔王建罷兵不受命是春淮南大饑四月庚辰有彗星入于太微甲申大赦避正殿減膳徹樂賜兩軍金帛贖所略男女還其家民年八十以上及疾不能自存者長吏存卹訪武德功臣子孫癸卯王建寇成都五月孫儒陷和滁二州六月楊行密陷和滁二州丙午封子祐爲德王七月李克用陷雲州防禦使赫連鐸奔于退渾孫儒焚揚州以逃八月庚子王建陷成都執劍南西川節度使陳敬瑄自稱留後十月壬午朱全忠陷宿州十一月己未曹州將郭銖殺其刺史郭詞叛附于全忠辛未全忠陷壽州

景福元年正月己未朱全忠陷孟州逐河陽節度使趙克 丙寅大赦改元二月劉崇望罷錢鏐陷蘇州甲申朱全忠寇鄆州天平軍節度使朱宣敗之三月戶部尚書鄭延昌爲中書侍郎同中書門下平章事乙巳楊行密陷楚州執刺史劉瓚又陷常州刺史陳可言死之丙辰武定軍節度使楊守忠龍劍節度使楊守貞會楊守厚兵寇梓州丙寅福建觀察使陳巖卒護閤都將范暉自稱留後庚午泉州刺史王潮寇福州四月辛巳杜讓能爲太尉六月戊寅楊行密陷揚州己巳鳳翔隴右節度使李茂貞陷鳳州感義軍節度使滿存奔于興元遂陷興洋二州八月壬申寇興元楊守亮滿存奔于閬州丙戌降京畿關輔囚罪免淮南浙西宣州逋負十月蔡儔以廬州叛附于朱全忠河東將李存孝以邢州叛附于全忠十一月有星孛于斗牛辛丑武寧軍將張璲張諫以濠泗二州叛附于朱全忠乙巳朱友裕陷濮州執刺史邵儒孫儒將王壇陷婺州刺史蔣瓌奔于越州是歲明州刺史鍾文季卒其將黃晟自稱刺史

二年正月徐彥若罷爲鳳翔隴右節度使李茂貞爲山南西道節度使茂貞不受命二月楊行密陷常州三月辛酉幽州盧龍軍兵馬留後李匡籌逐其兄匡威自稱節度留後四月乙亥王建殺陳敬瑄及劍南西川監軍田令孜乙酉有彗星入于太微丁亥王鎔殺李匡威戊子朱全忠陷徐州武寧軍節度使時溥死之五月庚子王潮陷福州范暉死之潮自稱留後七月楊行密陷廬州蔡儔死之八月丙申嗣覃王嗣周爲京西路招討使神策大將軍李鐬副之以討李茂貞庚子昇州刺史張雄卒其將馮弘鐸自稱刺史是月楊行密陷歙州九月壬午嗣覃王嗣周及李茂貞戰于興平敗績甲申茂貞犯京師乙酉茂貞殺觀軍容使西門重遂內樞密使李周潼段詡貶杜讓能爲梧州刺史壬辰東都留守檢校司徒韋昭度爲司徒御史中丞崔胤爲戶部侍郎同中書門下平章事是月昇州刺史馮弘鐸叛附于楊行密十月乙未殺杜讓能及戶部侍郎杜弘徽楊行密陷舒州十二月韋昭度爲太傅邵州刺史鄧處訥陷潭州欽化軍節度使周岳死之處訥自稱留後是歲建州刺史徐歸範汀州刺史鍾全慕叛附于王潮

乾寧元年正月有星孛于鶉首乙丑大赦改元李茂貞以兵來朝二月右散騎常侍鄭綮爲禮部侍郎同中書門下平章事彰義軍節度使張鈞卒其兄鐇自稱留後三月甲申李克用寇邢州執李存孝殺之五月丙子王建陷彭州威戎軍節度使楊晟死之是月鄭延昌罷孫儒將劉建鋒馬殷陷潭州武安軍節度使鄧處訥死之建鋒自稱留後武岡指揮使蔣勛陷邵州六月大同軍防禦使赫連鐸及李克用戰于雲州死之戊午翰林學士承旨禮部尚書李磎同中書門下平章事庚申磎罷御史大夫徐彥若爲中書侍郎同中書門下平章事七月以雨霖避正殿減膳鄭綮罷李茂貞陷閬州八月楊守亮伏誅癸巳減京畿興元洋金商州賦役九月庚申李克用陷潞州昭義軍節度使康君立死之十月丁酉封子祤爲棣王禊虔王禋沂王禕遂王十一月李克用陷武州十二月陷新州甲寅幽州盧龍軍節度使李匡籌奔于滄州義昌軍節度使盧彥威殺之丙辰李克用陷幽州是冬楊行密陷黃州執刺史吳討

二年正月己巳給事中陸希聲爲戶部侍郎同中書門下平章事壬申護國軍節度使王重盈卒其子珂自稱留後二月乙未太子太傅李磎爲戶部侍郎同中書門下平章事三月崔胤李磎罷戶部侍郎判戶部王摶爲中書侍郎同中書門下平章事楊行密陷濠州執刺史張璲庚午河東地震四月蘇州大雨雪陸希聲罷韋昭度罷泰寧軍節度使朱瑾及朱全忠戰于高梧敗績其將安福慶死之楊行密陷壽州執刺史江從勗五月甲子靜難軍節度使王行瑜鎮國軍節度使韓建及李茂貞犯京師殺太保致仕韋昭度太子少師李磎是月李克用陷絳州刺史王瑤死之六月庚寅鎮海軍節度使錢鏐爲浙江東道招討使癸巳吏部尚書孔緯爲司空兼門下侍郎同中書門下平章事七月丙辰李克用以兵屯于河中戊午匡國軍節度使王行約奔于京師庚申左右神策軍護軍中尉駱全瓘劉景宣指揮使王行實李繼鵬反行在莎城嗣薛王知柔權知中書事壬戌李克用陷同州甲子次石門前護國軍節度使崔胤爲中書侍郎同中書門下平章事八月戊戌李克用爲邠寧四面行營招討使保大軍節度使李思孝爲北面招討使定難軍節度使李思諫爲東北面招討使彰義軍節度使張鐇爲西面招討使辛丑李克用爲邠寧四面行營都統李繼鵬伏誅赦李茂貞辛亥至自石門壬子崔昭緯罷九月丙辰徐彥若爲司空癸亥孔緯薨前昭義軍節度使李罕之爲邠寧四面行營副都統十月京兆尹孫偓爲戶部侍郎同中書門下平章事丙戌李克用及王行瑜戰于梨園敗之庚寅王行約焚寧州以逃義武軍節度使王處存卒其子郜自稱留後十一月丁巳李克用及王行瑜戰于龍泉敗之辛酉衢州刺史陳儒卒其弟岌自稱刺史丁卯王行瑜伏誅壬申齊州刺史朱瓊叛附于朱全忠丁丑王建陷利州刺史李繼顒死之十二月癸未赦京師復大順以來削奪官爵非其罪者甲申閬州防禦使李繼雍蓬州刺史費存渠州刺史陳璠叛附于王建丙申建寇梓州戊辰通州刺史李彥昭叛附于建是歲安州防禦使宣晟陷桂州靜江軍節度使周元靜部將劉士政死之晟自稱知軍府事

三年正月癸丑王建陷龍州刺史田昉死之閏月丁亥果州刺史周雄叛附于建四月壬子武安軍亂殺其節度使劉建鋒其將馬殷自稱留後五月癸未楊行密陷蘇州執刺史成及陷光州刺史劉存死之庚寅成汭陷黔州武泰軍節度使王建肇奔于成都乙未董昌伏誅是月蘄州刺史馮行章叛附于楊行密六月庚戌李茂貞犯京師嗣延王戒丕禦之丙寅及茂貞戰于婁館敗績七月癸巳行在渭北甲午韓建來朝次華州乙巳崔胤罷丙午翰林學士承旨尚書左丞陸扆爲戶部侍郎同中書門下平章事八月甲寅王摶罷乙丑國子毛詩博士朱朴爲左諫議大夫同中書門下平章事九月乙

未武安軍節度使崔胤爲中書侍郎翰林學士承旨戶部侍郎崔遠同中書門下平章事丁酉貶陸扆爲峽州刺史十月李克用及羅弘信戰于白龍潭敗之壬子孫偓持節鳳翔四面行營節度諸軍都統招討處置使戊午威勝軍節度使王摶爲吏部尚書同中書門下平章事十一月戊子忠國軍節度使李師悅卒其子繼徽自稱留後

四年正月乙酉韓建以兵圍行宮殺扈蹕都將李筠丙申朱全忠陷鄆州天平軍節度使朱宣死之己亥孫偓罷都統二月朱全忠寇兗州泰寧軍節度使朱瑾奔于淮南其子用貞以兗州叛附于全忠全忠陷沂海密三州保義軍節度使王珙寇河中韓建殺太子詹事馬道殷將作監許巖士楊行密爲江南諸道行營都統癸丑王建陷瀘州刺史馬敬儒死之己未立德王裕爲皇太子大赦賚于行廟辛未王建陷渝州乙亥孫偓朱朴罷五月壬午朱全忠陷黃州刺史吳璋死之六月貶王建爲南州刺史以李茂貞爲劍南西川節度使嗣覃王嗣周爲鳳翔隴右節度使茂貞不受命嗣周及茂貞戰于奉天敗績八月韓建殺通王滋沂王禋韶王彭王嗣韓王嗣陳王嗣覃王嗣周嗣延王戒丕嗣丹王允九月錢鏐陷湖州忠國軍節度使李繼徽奔于淮南彰義軍節度使張璉爲鳳翔西北行營招討使靜難軍節度使李思諫爲鳳翔四面行營副都統以討李茂貞十月壬子遂州刺史侯紹叛附于王建乙卯合州刺史王仁威叛附于建庚申建陷梓州劍南東川節度使顧彥暉死之甲子封子祕爲景王祚輝王祺祁王十一月癸酉楊行密及朱全忠戰于淸口敗之丙子錢鏐陷台州十二月丁未威武軍節度使王潮卒其弟審知自稱留後

光化元年正月徐彥若爲司徒二月赦李茂貞三月幽州盧龍軍節度使劉仁恭之子守文陷滄州義昌軍節度使盧彥威奔于汴州四月丙寅立淑妃何氏爲皇后五月己巳大赦辛未朱全忠陷洺州刺史邢善益死之又陷邢州壬午陷磁州刺史袁奉韜死之是月馬殷陷邵衡永三州刺史蔣勛楊師遠唐旻死之七月丙申朱全忠陷唐州又陷隋州執刺史趙匡璘八月戊午陷鄧州執刺史國湘壬戌至自華州甲子大赦改元九月丙子有星隕于北方甲申錢鏐陷蘇州十月魏博節度使羅弘信卒其子紹威自稱留後己亥朱全忠陷安州刺史武瑜死之十一月衢州刺史陳岌叛附于楊行密甲寅封子禛爲雅王祥瓊王十二月癸未李罕之陷潞州自稱節度留後李克用陷澤州

二年正月乙未給復綿劍二州二年丁未崔胤罷兵部尚書陸扆同中書門下平章事是月李罕之陷沁州劉仁恭陷貝州二月甲子朱全忠陷蔡州奉國軍節度使崔洪奔于淮南三月丁巳全忠陷澤州六月丁丑保義軍亂殺其節度使王珙其將李璠叛附于全忠七月壬辰海州戍將陳漢賓以其州叛附于楊行密馬殷陷道州刺史蔡結死之八月李克用陷澤潞懷三州十一月徐彥若爲太保王摶爲司空馬殷陷郴連二州刺史陳彥謙魯景仁死之辛丑保義軍將朱簡殺其節度使李璠叛附于朱全忠

三年四月辛未皇后及皇太子享于太廟六月丁卯淸海軍節度使崔胤爲尚書左僕射兼門下侍郎同中書門下平章事王摶罷己巳殺之七月浙江溢八月庚辰李克用陷洺州執刺史朱紹宗九月朱全忠陷洺州錢鏐陷婺州刺史王壇奔于宣州衢州刺史陳岌叛附于錢鏐乙巳徐彥若罷丙午崔遠罷戊申刑部尚書裴贄爲中書侍郎同中書門下平章事甲寅朱全忠陷瀛州十月丙辰陷景州執刺史劉仁霸辛酉陷莫州辛巳陷祁州刺史楊約死之甲申陷定州義武軍節度使王郜奔于太原十一月己丑左右神策軍中尉劉季述王仲先內樞密使王彥範薛齊偓作亂皇帝居于少陽院辛卯季述以皇太子裕爲皇帝丁未太白晝見十二月劉季述殺睦王倚是歲馬殷陷桂宜巖柳象五州睦州刺史陳晟卒其弟詢自稱刺史

天復元年正月乙酉左神策軍將孫德昭董彥弼周承誨以兵討亂皇帝復于位劉季述薛齊偓伏誅降封皇太子裕爲德王戊申朱全忠陷絳州壬子崔胤爲司空朱全忠陷晉州二月甲寅以旱避正殿減膳戊辰朱全忠陷河中執護國軍節度使王珂辛未封全忠爲梁王是月翰林學士戶部侍郎王溥爲中書侍郎吏部侍郎裴樞爲戶部侍郎同中書門下平章事三月辛亥昭義軍節度使孟遷叛附于朱全忠四月壬子全忠陷沁澤二州丁巳儀州刺史張鄂叛附于全忠甲戌享于太廟丙子大赦改元武德貞觀配饗功臣主祭子孫叙進之介公酅公後子一子九品正員官免光化以來畿內逋負五月李茂貞來朝六月李克用陷隰慈二州十月戊戌朱全忠犯京師十一月己酉陷同州壬子如鳳翔丁巳朱全忠陷華州鎭國軍節度使韓建叛附于全忠辛酉兵部侍郎盧光啓權句當中書事癸亥李茂貞及朱全忠戰于武功敗績丁卯盧光啓爲右諫議大夫參知機務戊辰朱全忠犯鳳翔辛未陷邠州靜難軍節度使李繼徽叛附于全忠甲戌崔胤裴樞罷十二月鍾傳陷吉州是歲淸海軍節度使徐彥若卒行軍司馬劉隱自稱留後武貞軍節度使雷滿卒其子彥威自稱留後

二年正月丁卯給事中韋貽範爲工部侍郎同中書門下平章事丙子給事中嚴龜爲汴岐和協使二月己亥盜發簡陵王建陷利州昭武軍節度使李繼忠奔于鳳翔三月庚戌晝晦癸丑朱全忠陷汾州乙卯浙西大雨雪戊午朱全忠陷慈隰二州丁卯李克用陷汾慈隰三州四月盧光啓罷丙申溫州刺史朱褒卒其兄敖自稱刺史楊行密陷昇州五月丙午李茂貞及朱全忠戰于武功敗績庚午韋貽範罷六月丙子中書舍人蘇檢爲工部侍郎同中書門下平章事丙戌朱全忠陷鳳州七月甲辰陷成州乙巳陷隴州八月己亥韋貽範起復辛丑王建陷興元山南西道節度使王萬弘叛附于建九月戊申李茂貞及朱全忠戰于槐林敗績武定軍節度使拓拔思恭叛附于王建十月癸酉楊行密爲東面諸道行營都統及湖南節度使馬殷討朱全忠王建陷興州十一月癸卯保大軍節度使李茂勳以兵援鳳翔丙辰韋貽範薨十二月癸巳溫州將丁章逐其刺史朱敖己亥朱全忠陷鄜州保大軍節度使李茂勳叛附于全忠是歲盧光稠陷韶州岳州刺史鄧進思卒其弟進忠自稱刺史

三年正月丙午平盧軍節度使王師範取兗州戊申殺左右神策軍中尉韓全誨張彥弘內樞密使袁易簡周敬容辛亥翰林學士姚洎爲汴岐和協使壬子工部尚書崔胤爲司空兼門下侍郎同中書門下平章事甲子幸朱全忠軍己巳至自鳳翔哭于太廟大赦庚午崔胤及朱全忠殺中官七百餘人辛未胤判六軍十二衞事丁章伏誅二月雨土甲戌貶陸扆爲沂王傅分司東都丙子王溥罷朱全忠殺蘇檢吏部侍郎盧光啓戊寅降京畿河中鳳翔興德府同邠鄜三州死罪以下己卯輝王祚爲諸道兵馬都元帥庚辰朱全忠爲太尉中書令副之崔胤爲司徒乙未淸海軍節度使裴樞爲門下侍郎同中書門下平章事三月朱全忠陷靑州楊行密陷密州刺史劉康乂死之四月己卯朱全忠判元帥府事五月壬子荊南節度使成汭及楊行密戰于君山死之武貞軍節度使雷彥威之弟彥恭陷江陵六月乙亥朱全忠陷登州九月楊行密殺奉國軍節度使朱延壽辛亥朱全忠陷棣州刺史邵播死之陷密州戊午平盧軍節度使王師範叛附于全忠十月忠義軍將趙匡明陷江陵自稱留後王建陷忠萬施三州甲戌陷夔州丁丑平盧軍將劉鄩以兗州叛附于朱全忠十二月裴贄罷楊行密陷宣州寧國軍節度使田頵死之辛巳禮部尚書獨孤損爲兵部侍郎同中書門下平章事丙申朱全忠殺尚書左僕射致仕張濬

天祐元年正月乙巳崔胤罷裴樞判左三軍事獨孤損判右三軍事兵部尚書崔遠爲中書侍郎翰林學士右拾遺柳璨爲右諫議大夫同中書門下平章事己酉朱全忠殺太子少傅崔胤及京兆尹鄭元規威遠軍使陳班戊午全忠遷唐都于洛陽二月丙寅日中見北斗戊寅次陝州朱全忠來朝甲申封子禎爲端王祁豐王福和王禧登王祜嘉王三月丁未朱全忠兼判左右神策及六軍諸衞事閏四月壬寅次穀水朱全忠來朝甲辰至自西都享于太廟大風雨土乙巳大赦改元六月靜難軍節度使楊崇本會李克用王建兵以討朱全忠七月乙丑全忠以兵屯于河中八月壬寅全忠以左右龍武統軍朱友恭氏叔琮樞密使蔣玄暉兵犯宮門是夕皇帝崩年三十八明年起居郎蘇楷請更謚恭靈莊閔廟號襄宗至後唐同光初復故號謚云

昭宣光烈孝皇帝諱祝昭宗第九子也母曰皇太后何氏始封輝王朱全忠已弒昭宗矯詔立爲皇太子監軍國事

天祐元年八月丙午卽皇帝位于柩前衢州刺史陳璋睦州刺史陳詢叛附于楊行密九月庚午尊皇后爲皇太后十月辛卯朔日有食之癸巳朱全忠來朝甲午全忠殺朱友恭氏叔琮十一月全忠陷光州是歲虔州刺史盧光稠卒衙將李圖自稱知州事

二年正月盧約陷溫州楊行密殺平盧軍節度使安仁義丁丑盜焚乾陵下宮二月楊行密陷鄂州武昌軍節度使杜洪死之戊戌朱全忠殺德王裕及棣王祤虔王禊遂王禕景王祕祁王祺瓊王祥己酉葬聖穆景文孝皇帝于和陵三月甲子裴樞罷戊寅獨孤損罷禮部侍郎張文蔚同中書門下平章事甲申崔遠罷吏部侍郎楊涉同中書門下平章事四月乙未以旱避正殿減膳庚子有彗星出于西北甲辰出于北河辛亥降京畿死罪以下給復山陵役者一年五月王建陷金州戎昭軍節度使馮行襲奔于均州六月行襲克金州楊行密陷婺州執刺史沈夏戊子朱全忠殺裴樞及靜海軍節度

使獨孤損左僕射崔遠吏部尚書王溥司空致仕裴贄檢校司空兼太子太保致仕趙崇兵部侍郎王贊七月卜郊岳州刺史鄧進忠叛附于馬殷九月甲子朱全忠陷襄州忠義軍節度使趙匡凝奔于淮南丙寅封弟裕爲潁王祐蔡王朱全忠陷江陵留後趙匡明奔于成都乙酉改卜郊十月丙戌朱全忠爲諸道兵馬元帥十一月庚午三卜郊庚辰淮南節度使楊行密卒以其子渥爲淮南節度副大使東面諸道行營都統辛巳朱全忠爲相國總百揆封魏王十二月乙未全忠爲天下兵馬元帥殺蔣玄暉及豐德庫使應頊尚食使朱建武癸卯柳璨爲司空戊申朱全忠弑皇太后辛亥罷郊癸丑貶柳璨爲登州刺史甲寅殺璨及太常卿張廷範

三年正月壬戌淮南將王茂章以宣歙二州叛附于錢鏐二月楊渥陷岳州癸巳王建陷歸州四月癸未朔日有食之鎮南軍節度使鍾傳卒其子匡時自稱留後六月錢鏐陷衢睦二州刺史陳璋陳詢奔于淮南七月楊渥陷饒州八月癸未朱全忠陷相州九月楊渥陷洪州執鍾匡時乙亥匡國軍節度使劉知俊陷坊州執刺史劉彦暉十月辛巳楊崇本會鳳翔涇原鄜延秦隴兵以討朱全忠戰于美原敗績十一月忠國軍節度使高彦卒其子澧自稱留後閏十二月戊辰李克用陷潞州昭義軍節度使丁會叛附于克用乙亥震電雨雪

四年三月劉守光囚其父仁恭自稱幽州盧龍軍節度使四月戊午錢鏐陷溫州甲子皇帝遜于位徙于曹州號濟陰王梁開平二年二月遇弑年十七謚曰哀帝後唐明宗追謚昭宣光烈孝皇帝陵曰溫陵

贊曰自古亡國未必皆愚庸暴虐之君也其禍亂之來有漸積及其大勢已去適丁斯時故雖有智勇有不能爲者矣可謂眞不幸也昭宗是已昭宗爲人明雋初亦有志於興復而外患已成内無賢佐頗亦慨然思得非常之材而用匪其人徒以益亂自唐之亡也其遺毒餘酷更五代五十餘年至於天下分裂大壞極亂而後止跡其禍亂其漸積豈一朝一夕哉

唐書卷十考證

昭宗紀乾寧四年十月甲子封子祕爲景王祚輝王祺祁王○舊書與雅王瓊王俱在是年二月封沈炳震曰是時韓建方囚八王請封皇子昭宗不得已封之耳若在十月始封則建已害諸王不應更封皇子也疑當從舊紀

天復元年二月王溥爲中書侍郎○舊書三年二月乙未拜

唐書卷十一

宋　翰　林　學　士　歐　陽　修　撰

禮樂志第一

由三代而上治出於一而禮樂達于天下由三代而下治出於二而禮樂爲虛名古者宮室車輿以爲居衣裳冕弁以爲服尊爵俎豆以爲器金石絲竹以爲樂以適郊廟以臨朝廷以事神而治民其歲時聚會以爲朝覲聘問懽欣交接以爲射鄉食饗合衆興事以爲師田學校下至里閭田畮吉凶哀樂凡民之事莫不一出於禮由之以教其民爲孝慈友悌忠信仁義者常不出於居處動作衣服飲食之間蓋其朝夕從事者無非乎此也此所謂治出於一而禮樂達天下使天下安習而行之不知所以遷善遠罪而成俗也及三代已亡遭秦變古後之有天下者自天子百官名號位序國家制度宮車服器一切用秦其間雖有欲治之主思所改作不能超然遠復三代之上而牽其時俗稍即以損益大抵安於苟簡而已其朝夕從事則以簿書獄訟兵食爲急曰此爲政也所以治民至於三代禮樂具其名物而藏於有司時出而用之郊廟朝廷曰此爲禮也所以教民此所謂治出於二而禮樂爲虛名故自漢以來史官所記事物名數降登揖讓拜俛伏興之節皆有司之事爾所謂禮之末節也然用之郊廟朝廷自搢紳大夫從事其間者皆莫能曉習而天下之人至於老死未嘗見也況欲識禮樂之盛曉然諭其意而被其教化以成俗乎嗚呼習其器而不知其意忘其本而存其末又不能備具所謂朝覲聘問射鄉食饗師田學校冠婚喪葬之禮在者幾何自梁以來始以其當時所行傳於周官五禮之名各立一家之學唐初即用隋禮至太宗時中書令房玄齡祕書監魏徵與禮官學士等因隋之禮增以天子上陵朝廟養老大射講武讀時令納皇后皇太子入學太常行陵合朔陳兵大社等爲吉禮六十一篇賓禮四篇軍禮二十篇嘉禮四十二篇凶禮十一篇是爲貞觀禮高宗又詔太尉長孫無忌中書令杜正倫李義府中書侍郎李友益黃門侍郎劉祥道許圉師太子賓客許敬宗太常卿韋琨等增之爲一百三十卷是爲顯慶禮其文雜以式令而義府敬宗方得幸多希旨傅會事既施行議者皆以爲非上元三年詔復用貞觀禮由是終高宗世貞觀顯慶二禮兼行而有司臨事遠引古義與二禮參考增損之無復定制武氏中宗繼以亂敗無可言者博士掌禮備官而已玄宗開元十年以國子司業韋縚爲禮儀使以掌五禮十四年通事舍人王嵒上疏請刪去禮記舊文而益以今事詔付集賢院議學士張說以爲禮記不刊之書去聖久遠不可改易而唐貞觀顯慶禮儀注前後不同宜加折衷以爲唐禮乃詔集賢院學士右散騎常侍徐堅左拾遺李銳及太常博士施敬本撰述歷年未就而銳卒蕭嵩代銳爲學士奏起居舍人王仲丘撰定爲一百五十卷是爲大唐開元禮由是唐之五禮之文始備而後世用之雖時小有損益不能過也貞元中太常禮院修撰王涇考次歷代郊廟沿革之制及其工歌祝號而圖其壇屋陟降之序爲郊祀錄十卷元和十一年祕書郎修撰韋公肅又錄開元已後禮文損益爲禮閣新儀三十卷十三年太常博士王彦威爲曲臺新禮三十卷又採元和以來王公士民昏祭喪葬之禮爲續曲臺禮三十卷嗚呼考其文記可謂備矣以之施於貞觀開元之間亦可謂盛矣而不能至三代之隆者具其文而意不在焉此所謂禮樂爲虛名也哉

五禮一曰吉禮大祀天地宗廟五帝及追尊之帝后中祀社稷日月星辰岳鎭海瀆帝社先蠶七祀文宣武成王及古帝王贈太子小祀司中司命司人司祿風伯雨師靈星山林川澤司寒馬祖先牧馬社馬步州縣之社稷釋奠而天子親祠者二十有四三歲一祫五歲一禘當其歲則舉其餘二十有二一歲之間不能徧舉則有司攝事其非常祀者有時而行之而皇后皇太子歲行事者各一其餘皆有司行事凡歲之常祀二十有二冬至正月上辛祈穀孟夏雩祀昊天上帝于圓丘季秋大享于明堂臘蜡百神于南郊春分朝日于東郊秋分夕月于西郊夏至祭地祇于方丘孟冬祭神州地祇于北郊仲春仲秋上戊祭于太社立春立夏季夏之土王立秋立冬祀五帝于四郊孟春孟夏孟秋孟冬臘享于太廟孟春吉亥享先農遂以耕籍凡祭祀之節有六一曰卜日二曰齋戒三曰陳設四曰省牲器五曰奠玉帛宗廟之晨祼六曰進熟饋食一曰卜日凡大祀中祀無常日者卜小祀則筮皆于太廟卜日前祀四十有五日卜于廟南門之外布卜席闑西閾外太常卿立門東太卜正占者立門西卜正奠龜於席西首灼龜之具在龜北乃執龜立席東北向太卜令進受龜詣卿示高卿受視已令受龜少退俟命卿曰皇帝以某日祗祀於某令曰諾遂還席西向坐命龜曰假爾太龜有常興授卜正龜卜正負東扉坐作龜興令進受龜示卿卿受反之令復位東向占之不釋龜進告於卿曰某日從乃以龜還卜正凡卜日必擧初旬不吉即筮中及下如初儀若筮日則卜正啓櫝出策兼執之受命還席以櫝擊策述命曰假爾太筮有常乃釋櫝坐策執卦以示如卜儀小祀筮日則太卜令莅之日吉乃用還齋務皆勿避二曰齋戒其別有三曰散齋曰致齋曰清齋大祀散齋四日致齋三日中祀散齋三日致齋二日小祀散齋二日致齋一日大祀前期七日太尉誓百官於尚書省曰某日祀某神祇于某所各揚其職不供其事國有常刑於是乃齋皇帝散齋于別殿致齋其二日于太極殿一日于行宮前致齋一日尚舍奉御設御幄於太極殿西序及室內皆東向尚舍直長張帷於前楹下致齋之日質明諸衞勒所部屯門列仗晝漏上水一刻侍中版奏請中嚴諸衞之屬各督其隊入陳於殿庭通事舍人引文武五品以上袴褶陪位諸侍衞之官服其器服諸侍臣齋者結佩詣閤奉迎二刻侍中版奏外辦三刻皇帝服衮冕結佩乘輿出自西房曲直華蓋警蹕侍衞即御座東向侍臣夾侍一刻頃侍中前跪奏稱侍中臣某言請就齋室皇帝降座入室文武侍臣還本司陪位者以次出凡豫祀之官散齋理事如舊唯不弔喪問疾不作樂不判署刑殺文書不行刑罰不預穢惡致齋唯行祀事其祀官已齋而闕者攝其餘清齋一日三日陳設其別有五有侍事之次有即事之位有門外之位有牲器之位有席神之位前祀三日尚舍直長施大次於外壝東門之內道北南向衞尉設文武侍臣之次於其前左右相向設祀官次於東壝之外道南從祀文官九品於其東東方南方朝集使又於其東蕃客又於其東重行異位北向西上介公酅公於西壝之外道南武官九品於其西西方北方朝集使又於其西蕃客又於其西東上（其褒聖侯若在朝位於文官三品下）設陳饌幔於內壝東西門之外道北南向北門之外道東西向明日奉禮郎設御位於壇之東南

西向望燎位當柴壇之北南向祀官公卿位於內壝東門之內道南分獻之官於公卿之南執事者又於其後異位重行西向北上御史位於壇下一在東南西向一在西南東向奉禮郎位於樂縣東北贊者在南差退皆西向又設奉禮郎贊者位於燎壇東北西向皆北上協律郎位於壇上南陛之西東向太樂令位於北縣之間當壇北向從祀文官九品位於執事之南東方南方朝集使又於其南蕃客又於其南西向北上介公酅公位於中壝西門之內道南武官九品又於其南西方北方朝集使又於其南蕃客又於其南東向北上所以郎而行事也又設祀官及從祀羣官位於東西壝門之外如設次所以省牲及祀之日將入而序立也設牲牓於東壝之外當門西向蒼牲一居前又蒼牲一又靑牲一在北少退南上次赤牲一次黃牲一白牲一玄牲一又赤牲一白牲一在南少退北上廩犧令位於牲西南祝史陪其後皆北向諸太祝位於牲東各當牲後祝史陪其後西向太常卿位於牲前少北御史位於其西皆南向又設酒尊之位上帝太尊著尊犧尊山罍各二在壇上東南隅北向象尊壺尊山罍各二在壇下南陛之東北向俱西上配帝著尊犧尊象尊山罍各二在壇上於上帝酒尊之東北向西上五帝日月各太尊二在第一等內官每陛間各象尊二在第二等中官每陛間各壺尊二在第三等外官每道間各概尊二於下壇下衆星每道間各散尊二於內壝之外凡尊設於神座之左而右向（尊皆加勺冪五帝日月以上皆有坫以置爵也）設御洗於午陛東南亞獻終獻同洗於卯陛之南皆北向罍水在洗東篚在洗西南肆（篚實以巾爵也）分獻罍洗篚冪各於其方陛道之左內向執尊罍篚冪者各立於其後玉幣之篚於壇上下尊坫之所前祀一日晡後大史令郊社令各常服帥其屬升設昊天上帝神座於壇上北方南向席以藁秸高祖神堯皇帝神座於東方西向席以莞五方帝日月於壇第一等青帝於東陛之北赤帝於南陛之東黃帝於南陛之西白帝於西陛之南黑帝於北陛之西大明於東陛之南夜明於西陛之北席皆以藁秸五星十二辰河漢及內官五十有五於第二等十有二陛之間各依其方席皆內向其內官有北辰座於東陛之北曜魄寶於北陛之西北斗於南陛之東天一太一皆在北斗之東五帝內座於曜魄寶之東皆差在前二十八宿及中官一百五十有九於第三等其二十八宿及帝座七公日星帝席大角攝提太微太子明堂軒轅三台五車諸王月星織女建星天紀等一十有七皆差在前外官一百有五於內壝之內衆星三百六十於內壝之外各依方次十有二道之間席皆以莞若在宗廟則前享三日尚舍直長施大次於廟東門之外道北南向守宮設文武侍臣次於其後文左武右俱南向設諸享官九廟子孫於齋坊內道東近南西向北上文官九品又於其南東方南方蕃客又於其南西向北上介公酅公於廟西門之外近南武官九品於其南西方北方蕃客又於其南東向北上前享一日奉禮郎設御位於廟東南西向設享官公卿位於東門之內道南執事者位於其後西向北上御史位於廟堂之下一在東南西向一在西南東向令史各陪其後奉禮郎位於樂縣東北贊者二人在南差退俱西向協律郎位於廟堂上前楹之間近西東向太樂令位於北縣之間北向設從享之官位九廟子孫於享官公卿之南昭穆異位文官九品以上又於其南東方南方蕃客又於其南西向北上介公酅公位於西門之內道南武官九品於其南少西西方北方蕃客又於其南東向北上設牲牓於東門之外如郊之位設尊彝之位於廟堂之上下每座斝彝一黃彝一犧尊象尊著尊山罍各二在堂上皆於神座之左獻祖太祖高祖高宗尊彝在前楹間北向懿祖代祖太宗中宗睿宗尊彝在戶外南向各有坫焉其壺尊二太尊二山罍四皆在堂下階間北向西上篚鉶籩豆在堂上俱東側階之北每座四簠居前四簋次之六登次之六鉶次之籩豆爲後皆以南爲上屈陳而下御洗在東堦東南亞獻又於東南俱北向罍水在洗東篚在洗西南肆享日未明五刻太廟令服其服布昭穆之座於戶外自西序以東獻祖太祖高祖高宗皆北廂南向懿祖代祖太宗中宗睿宗南廂北向每座黼扆莞席紛純藻席畫純次席黼純左右几四曰省牲器省牲之日午後十刻去壇二百步所禁行人晡後二刻郊社令丞帥府史三人及齋郎以尊坫罍洗篚冪入設於位三刻謁者贊引各引祀官公卿及牲皆就位謁者引司空贊引引御史入詣壇東陛升行掃除於上降行樂縣於下初司空將升謁者引太常卿贊引引御史入詣壇東陛升視滌濯降就省牲位南向立廩犧令少前曰請省牲太常卿省牲廩犧令北面舉手曰腯諸太祝各循牲一匝西向舉手曰充諸太祝與廩犧令以次牽牲詣廚授太官謁者引光祿卿詣廚省鼎鑊申視濯溉祀官御史省饌具乃還齋所祀日未明十五刻太官令帥宰人以鸞刀割牲祝史以豆取毛血各置於饌所遂烹牲其于廟亦如之五曰奠玉帛祀日未明三刻郊社令良醞令各帥其屬入實尊罍太祝以玉幣置於篚太官令帥進饌者實諸籩豆簠簋於饌幔未明二刻奉禮郎帥贊者先入就位贊者引御史博士諸太祝及令史祝史與執事者入自東門壇南北向西上奉禮郎曰再拜贊者承傳御史以下皆再拜執尊罍篚冪者各就位贊者引御史諸太祝升壇東陛御史一人太祝二人行掃除於上及第一等御史一人太祝七人行掃除於下未明一刻謁者贊引各引羣臣就門外位太樂令帥工人二舞以次入文舞陳於縣內武舞立於縣南謁者引司空入奉禮郎曰再拜司空再拜升自東陛行掃除於上降行樂縣於下謁者贊引各引羣臣入就位初未明三刻諸衞列大駕仗衞侍中版奏請中嚴乘黃令進玉輅於行宮南門外南向未明一刻侍中版奏外辦皇帝服袞冕乘輿以出皇帝升輅如初黃門侍郎奏請進發至大次門外南向侍中請降輅皇帝降輅乘輿之次半刻頃太常博士引太常卿立於大次外當門北向侍中版奏外辦質明皇帝服大裘而冕博士引太常卿太常卿引皇帝至中壝門外殿中監進大珪尚衣奉御又以鎮珪授殿中監以進皇帝搢大珪執鎮珪禮部尚書與近侍者從皇帝至版位西向立太常卿前奏請再拜皇帝再拜奉禮郎曰衆官再拜在位者皆再拜太常卿前曰有司謹具請行事協律郎跪俛伏舉麾樂舞六成偃麾戛敔樂止太常卿前奏請再拜皇帝再拜奉禮郎曰衆官再拜在位者皆再拜諸太祝跪取玉幣於篚各立於尊所皇帝升壇自南陛北向立太祝以玉幣授侍中東向以進皇帝搢鎮珪受之跪奠於昊天上帝俛伏興少退再拜立於西方東向太祝以幣授侍中以進皇帝受幣跪奠於高祖神堯皇帝俛伏興拜降自南陛復于位皇帝將奠配帝之幣謁者七人分引獻官奉玉幣俱進跪奠於諸神之位祝史齋郎助奠初衆官再拜祝史各奉毛血之豆入各由其陛升諸太祝迎取於壇上奠之退立於尊所若宗廟曰晨祼享日未明四刻太廟令良醞令各帥其屬入實尊罍太官令帥進饌者實諸籩豆簠簋未明三刻奉禮郎帥贊者先入就位贊者引御史博士宮闈令太祝及令史祝史與執事者入自東門當階間北向西上奉禮郎曰再拜御史以下皆再拜執尊罍篚冪者各就位贊者引御史諸太祝升自東階行掃除於堂上令史祝史行掃除於下太廟令帥其屬陳瑞物太階之西上瑞爲前列次瑞次之下瑞爲後又陳伐國寶器亦如之皆北向西上藉以席未明二刻陳腰輿於東階之東每室各二皆西向北上贊者引太廟令太祝宮闈令帥內外執事者以腰輿升自東階入獻祖室開埳室太祝宮闈令奉神主各置於輿出置於座次出懿祖以下神主如獻祖鑾駕將至謁者贊者各引享官通事舍人分引從享羣臣九廟子孫諸方客使皆就門外位鑾駕至大次門外回輅南向將軍降立於輅右侍中請降輅皇帝降輅乘輿之大次通事舍人引文武五品以上從享之官皆就門外位太樂令帥工人二舞入謁者引司空入就位奉禮郎曰再拜司空再拜升自東階行掃除於堂上降行樂縣於下初司空行樂縣謁者贊引各引享官通事舍人分引九廟子孫從享羣官諸方客使入就位皇帝停大次半刻頃侍中版奏外辦皇帝出太常卿引皇帝至廟門外殿中監進鎮珪皇帝執鎮珪近侍者從入皇帝至版位西向立太常卿前曰再拜皇帝再拜奉禮郎曰衆官再拜在位者皆再拜太常卿前曰有司謹具請行事協律郎舉麾鼓柷樂舞九成偃麾戛敔樂止太常卿曰再拜皇帝再拜奉禮郎曰衆官再拜在位者皆再拜皇帝詣罍洗侍中跪取匜興沃水又跪取盤興承水皇帝搢珪盥手黃門侍郎跪取巾於篚興以帨受巾跪奠於篚又取瓚於篚興以進皇帝受瓚侍中酌水奉盤皇帝洗瓚黃門侍郎授巾如初皇帝拭瓚升自阼階就獻祖尊彝所執尊者舉冪侍中贊酌鬱酒進獻祖神座前北向跪以鬯祼地奠之俛伏興少退北向再拜又就懿祖尊彝所執尊者舉冪侍中取瓚於坫以進皇帝受瓚侍中贊酌鬱酒進懿祖神座前南向跪以鬯祼地奠之次祼太祖以下皆如懿祖皇帝降自阼階復于版位初羣官已再拜祝史各奉毛血及肝膋之豆立於東門外齋郎奉爐炭蕭稷黍各立於其後以次入自正門升自太階諸太祝各迎取毛血肝膋於階上進奠於神座前祝史退立於尊所齋郎奉爐炭置於神座之左其蕭稷黍各置於其下降自阼階以出諸太祝取肝膋燔於爐還尊所

宋 翰 林 學 士 歐 陽 修 撰

禮樂志第二

六曰進熟皇帝既升奠玉幣太官令帥進饌者奉饌各陳於內壝門外謁者引司徒出詣饌所司徒奉昊天上帝之俎太官令引饌入門各至其陛祝史俱進跪徹毛血之豆降自東陛以出諸太祝迎饌於壇上司徒太官令俱降自東陛以出又進設外官衆星之饌皇帝詣罍洗盥手洗爵升壇自南陛司徒升自東陛立於尊所齋郎奉俎從升立於司徒後皇帝詣上帝尊所執尊者舉冪侍中贊酌汎齊進昊天上帝前北向跪奠爵興少退立太祝持版進於神右東向跪讀祝文曰維某年歲次月朔日嗣天子臣某敢昭告于昊天上帝皇帝再拜詣配帝酒尊所執尊者舉冪侍中取爵於坫以進皇帝受爵侍中贊酌汎齊進高祖神堯皇帝前東向跪奠興少退立太祝持版進於左北向跪讀祝文曰維某年歲次月朔日曾孫開元神武皇帝臣某敢昭告于高祖神堯皇帝皇帝再拜進昊天上帝前北向立太祝各以爵酌上尊福酒合置一爵太祝持爵授侍中以進皇帝再拜受爵跪祭酒啐酒奠爵俛伏興太祝各帥齋郎進俎太祝減神前胙肉共置一俎授司徒以進皇帝受以授左右皇帝跪取爵遂飲卒爵侍中進受虛爵復於坫皇帝俛伏興再拜降自南陛復于位文舞出武舞入初皇帝將復位謁者引太尉詣罍洗盥手洗匏爵自東陛升壇詣昊天上帝著尊所執尊者舉冪太尉酌醴齊進昊天上帝前北向跪奠爵興再拜詣配帝犧尊所取爵於坫酌醴齊進高祖神堯皇帝前東向跪奠爵興再拜進昊天上帝前北向立諸太祝各以爵酌福酒合置一爵進于右西向立太尉再拜受爵跪祭酒遂飲卒爵太祝進受虛爵復於坫太尉再拜降復位初太尉獻將畢謁者引光祿卿詣罍洗盥手洗匏爵升酌盎齊終獻如亞獻太尉將升獻謁者七人分引五方帝及大明夜明等獻官詣罍洗盥手洗匏爵各由其陛升酌汎齊進跪奠於神前初第一等獻官將升謁者五人次引獻官各詣罍洗盥洗各由其陛升壇詣第二等內官酒尊所酌汎齊以獻贊者四人次引獻官詣罍洗盥洗詣外官酒尊所酌清酒以獻贊者四人次引獻官詣罍洗盥洗詣衆星酒尊所酌昔酒以獻其祝史齋郎酌酒取奠皆如內官上下諸祝各進跪徹豆還尊所奉禮郎曰賜胙贊者曰衆官再拜在位者皆再拜太常卿前奏請再拜皇帝再拜奉禮郎曰衆官再拜在位者皆再拜樂作一成太常卿前奏請就望燎位皇帝就位南向立上下諸祝各執篚取玉幣祝版禮物以上齋郎以俎載牲體稷黍飯及爵酒各由其陛降壇詣柴壇自南陛登以幣祝版饌物置於柴上戶內諸祝又以內官以下禮幣皆從燎奉禮郎曰可燎東西面各六人以炬燎火半柴太常卿前曰禮畢皇帝還大次出中壝門殿中監前受鎮珪以授尚衣奉御殿中監又前受大珪皇帝入次謁者贊引各引祀官通事舍人分引從祀羣官諸方客使以次出贊者引御史太祝以下俱復執事位奉禮郎曰再拜御史以下皆再拜出工人二舞以次出若宗廟曰饋食皇帝既升祼太官令出帥進饌者奉饌陳於東門之外西向南上謁者引司徒出詣饌所司徒奉獻祖之俎太官引饌入自正門至于太階祝史俱進徹毛血之豆降自阼階以出諸太祝迎饌於階上設之乃取蕭稷黍擩於腊燔於爐太常卿引皇帝詣罍洗盥手洗爵升自阼階詣獻祖尊彝所執尊者舉冪侍中贊酌汎齊進獻祖前北向跪奠爵又詣尊所侍中取爵於坫以進酌汎齊進神前北向跪奠爵退立太祝持版進於神右東面跪讀祝文曰維某年歲次月朔日孝曾孫開元神武皇帝某敢昭告于獻祖宣皇帝祖妣宣莊皇后張氏皇帝再拜又再拜奠詣懿祖尊彝酌汎齊進神前南向跪奠爵少西俛伏興又酌汎齊進神前南向跪奠爵少東退立祝史西面跪讀祝文皇帝再拜又再拜次奠太祖代祖高祖太宗高宗中宗睿宗皆如懿祖乃詣東序西向立司徒升自阼階立於前楹間北面東上諸太祝各以爵酌上尊福酒合置一爵太祝持爵授侍中以進皇帝再拜受爵跪祭酒啐酒奠爵俛伏興諸太祝各帥齋郎進俎太祝減神前三牲胙肉共置一俎上以黍稷飯共置一籩授司徒以進太祝又以胙肉授司徒以進皇帝每受以授左右乃跪取爵飲卒爵侍中進受虛爵以授太祝復於坫皇帝降自阼階復于版位文舞出武舞入初皇帝將復位太尉詣罍洗盥手洗爵升自阼階詣獻祖尊彝所酌醴齊進神前北向跪奠爵少東興再拜又取爵於坫酌醴齊進神前北向跪奠爵少西北向再拜次奠懿祖太祖代祖高祖太宗高宗中宗睿宗如獻祖乃詣東序西向立諸太祝各以爵酌福酒合置一爵太祝持爵進於左北向立太尉再拜受爵跪祭酒遂飲卒爵太祝進受爵復於坫太尉興再拜復于位初太尉獻將畢謁者引光祿卿詣罍洗盥洗升酌盎齊終獻如亞獻諸太祝各進徹豆還尊所奉禮郎曰賜胙贊者曰衆官再拜在位者皆再拜太常卿前奏請再拜皇帝再拜奉禮郎曰衆官再拜在位者皆再拜樂一成止太常卿前曰禮畢皇帝出門殿中監前受鎮珪通事舍人謁者贊引各引享官九廟子孫及從享羣官諸方客使以次出贊引引御史太祝以下俱復執事位奉禮郎曰再拜御史以下皆再拜以出工人二舞以次出太廟令與太祝宮闈令帥署輿升納神主其祝版燔於齋坊七祀各因其時享司命戶以春竈以夏中霤以季夏土王之日門厲以秋行以冬時享之日太廟令布神席于廟庭西門之內道南東向北上設酒尊於東南罍洗又於東南太廟令良醞令實尊篚太官丞引饌光祿卿升終獻獻官乃卽事一獻而止其配享功臣各位於其廟室太階之東少南西向以北爲上壺尊二於坐左設洗於終獻洗東南北向以太官令奉饌廟享已亞獻然後獻官卽事而助奠者分奠一獻而止此冬至祀昊天上帝于圜丘孟冬祫于太廟之禮在乎壇壝宗廟之間禮盛而物備者莫過乎此也其壇堂之上下壝門之內外次位之尊卑與其向立之方出入降登之節大抵可推而見其盛且備者如此則其小且略者又可推而知也至於壇埳神位尊爵玉幣籩豆簠簋牲牢册祝之數皆略依古四成而成高八尺一寸下成廣二十丈而五減之至于五丈而十有二陛者圜丘也八觚三成成高四尺上廣十有六步設八陛上陛廣八尺中陛一丈下陛丈有二尺者方丘也高廣皆四丈者神州之壇也其廣皆四丈而高八尺者青帝七尺者赤帝五尺者黃帝九尺者白帝六尺者黑帝之壇也廣四丈高八尺者朝日之壇也爲坎深三尺縱廣四丈壇於其中高一尺方廣四丈者夕月之壇也廣五丈以五土爲之者社稷之壇也高尺廣丈蜡壇也高五尺周四十步者先農先蠶之壇也其高皆三尺廣皆丈者小祀之壇也嶽鎮海瀆祭於其廟無廟則爲之壇於坎廣一丈四向爲陛者海瀆之壇也廣二丈五尺高三尺四出陛者古帝王之壇也廣一丈高一丈二尺戶方六尺者大祀之燎壇也廣八尺高一丈戶方三尺者中祀之燎壇也廣五尺戶方二尺者小祀之燎壇也皆開上南出壝坎皆在內壝之外壬地南出陛方深足容物此壇埳之制也冬至祀昊天上帝於圜丘以高祖神堯皇帝配東方青帝靈威仰南方赤帝赤熛怒中央黃帝含樞紐西方白帝白招拒北方黑帝汁光紀及大明夜明在壇之第一等天皇大帝北辰北斗天一太一紫微五帝座竝差在行位前餘內官諸座及五星十二辰河漢四十九座在第二等十有二陛之間中官市垣帝座七公日星帝席大角攝提太微五帝太子明堂軒轅三台五車諸王月星織女建星天紀十七座及二十八宿差在前列其餘中官一百四十二座皆在第三等十二陛之間外官一百五在內壝之內衆星三百六十在內壝之外正月上辛祈穀祀昊天上帝以高祖神堯皇帝配五帝在四方之陛孟夏雩祀昊天上帝以太宗文武聖皇帝配五方帝在第一等五帝在第二等五官在壇下之東南季秋祀昊天上帝以睿宗大聖眞皇帝配五方帝在五室五帝各在其左右五官在庭各依其方立春祀青帝以太皞氏配歲星三辰在壇下之東北七宿在西北句芒在東南立夏祀赤帝以神農氏配熒惑三辰七宿祝融氏之位如青帝季夏土王之日祀黃帝以軒轅氏配鎮星后土氏之位如赤帝立秋祀白帝以少昊氏配太白三辰七宿蓐收之位如赤帝立冬祀黑帝以顓頊氏配辰星三辰七宿玄冥氏之位如白帝蜡祭百神大明夜明在壇上神農伊耆各在其壇上后稷在壇東五官田畯各在其方五星十二次二十八宿五方之岳鎮海瀆山林川澤丘陵墳衍原隰井泉各在其方之壇龍鱗朱鳥騶虞玄武鱗羽嬴毛介水墉坊郵表畷於菟貓各在其方壇之後夏至祭皇地祇以高祖配五方之岳鎮海瀆原隰丘陵墳衍在內壝之內各居其方而中岳以下在西南孟冬祭神州地祇以太宗配社以后土稷以后稷配吉亥祭神農以后稷配而朝日夕月無配席尊者以槀秸卑者以莞此神位之序也以太尊實汎齊著尊實醴齊犧尊實盎齊山罍實酒皆二以象尊實醍齊壺尊實沈齊皆二山罍實酒四以祀昊天上帝皇地祇神州地祇以著尊實汎齊犧尊實醴齊象尊實盎齊山罍實酒皆二以祀配帝以著尊二實醴齊以祀內官以犧尊二實盎齊以祀中官以象尊二實醍齊以祀外官以壺尊二實昔酒以祀衆星日月以上皆有坫迎氣五方帝五人帝以六尊惟山罍皆減上帝之半五方帝大享於明堂太尊著尊犧尊山罍各二五方帝從祀於圜丘以太尊實汎齊皆二五人帝從享於明堂以著尊實醴齊皆二日月以太尊實醴齊著尊實盎齊皆二以山罍實酒一後祀於圜丘以太尊二實汎齊神州地祇從祀於方丘以太尊二實汎齊五官五星三辰后稷以象尊實醍齊七宿以壺尊實沈齊皆二蜡祭神農伊耆氏以著尊皆二實盎齊田畯龍鱗朱鳥騶

虞玄武以壺尊實沈齊鱗羽嬴毛介丘陵墳衍原隰井泉水墉坊郵表畷虎貓昆蟲以散尊實沈酒皆二嶽鎭海瀆以山尊實醍齊山林川澤以蜃尊實沈齊皆二伊耆氏以上皆有坫太社以太罍實醍齊著尊實盎齊皆二山罍一太稷后稷氏亦如之其餘中祀皆以犧尊二實醍齊象尊實盎齊山罍實酒皆二小祀皆以象尊二實醍齊宗廟祫享室以斝彝實明水黃彝實鬯皆一犧尊實汎齊象尊實醴齊著尊實盎齊山罍實酒皆二設堂上壺尊實醍齊太尊實沈齊山罍實酒皆二設堂下禘享雞彝鳥彝一時享春夏室以雞彝鳥彝一秋冬以斝彝黃彝一皆有坫七祀及功臣配享以壺尊一實醍齊別廟之享春夏以雞彝實明水鳥彝實鬯皆一犧尊實醴齊象尊實盎齊山罍實酒皆二秋冬以斝彝黃彝皆一著尊壺尊山罍皆二太子之廟以犧尊實醴齊象尊實盎齊山罍實酒皆二凡祀五齊之上尊必皆實明水山罍之上尊必皆實明酒小祀之上尊亦實明水此尊爵之數也冬至祀昊天上帝以蒼璧上辛明堂以四圭有邸與配帝之幣皆以蒼內官以下幣如方色皇地祇以黃琮與配帝之幣皆以黃青帝以青圭赤帝以赤璋黃帝以黃琮白帝以白琥黑帝以黑璜幣如其玉日以圭璧幣以青月以圭璧幣以白神州社稷以兩圭有邸幣以黑嶽鎭海瀆以兩圭有邸幣如其方色神農之幣以赤伊耆以黑五星以方色先農之幣以青先蠶之幣以黑配坐皆如之它祀幣皆以白其長丈八尺此玉幣之制也冬至祀圜丘昊天上帝配帝籩十二豆十二簋一簠一㽅一俎一五方上帝大明夜明籩八豆八簋一簠一㽅一俎一五星十二辰河漢及內官中官籩二豆二簋一簠一俎一外官衆星籩豆簠簋俎各一正月上辛祈穀圜丘昊天配帝五方帝如冬至孟夏雩祀圜丘昊天配帝五方帝如冬至五人帝籩四豆四簋一簠一俎一五官籩二豆二簋一簠一俎一季秋大享明堂如雩祀立春祀青帝及太昊氏籩豆皆十二簋一簠一㽅一俎一歲星三辰句芒七宿籩二豆二簋一簠一俎一其赤帝黃帝白帝黑帝皆如之蜡祭百神大明夜明籩十豆十簋一簠一㽅一俎一神農伊耆籩豆各四簋簠㽅各一五星十二辰后稷五方田畯岳鎭海瀆二十八宿五方山林川澤籩豆各二簋簠俎各一丘陵墳衍原隰龍麟朱鳥白虎玄武鱗羽毛介於菟等籩豆各一簋簠俎各一又井泉籩豆各一簋簠俎各一春分朝日秋分夕月籩十豆十簋一簠一㽅一俎一四時祭風師雨師靈星司中司命司人司祿籩八豆八簋一簠一俎一夏至祭方丘皇地祇及配帝籩豆皆十二簋一簠一㽅一俎一神州籩四豆四簋一簠一㽅一俎一其五嶽四鎭四海四瀆及五方山川林澤籩二豆二簋簠俎各一孟冬祭神州及配帝籩豆皆十二簋一簠一㽅一俎一春秋祭太社太稷及配坐籩豆皆十簋二簠二鉶三俎三四時祭馬祖馬社先牧馬步籩豆皆八簋一簠一俎一時享太廟每室籩豆皆十二簋二簠二㽅三鉶三俎三七祀籩二豆二簋二簠二俎二祫享功臣配享如七祀孟春祭帝社及配坐籩豆皆十簋二簠二㽅三鉶三俎三季春祭先蠶籩豆皆十簋二簠二㽅三鉶三俎三孟冬祭司寒籩豆皆八簋一簠一俎一春秋釋奠於孔宣父先聖先師籩豆十簋二簠二㽅三鉶三俎三若從祀籩豆皆二簋一簠一俎一春秋釋奠於齊太公留侯籩豆皆十簋二簠二㽅三鉶三俎三仲春祭五龍籩豆皆八簋一簠一俎一四時祭五岳四鎭四海四瀆各籩豆十簋二簠二俎三三年祭先代帝王及配坐籩豆皆十簋二簠二俎三州縣祭社稷先聖釋奠於先師籩豆皆八簋二簠二俎三籩以石鹽槀魚棗栗榛菱芡之實鹿脯白餅黑餅糗餌粉餈豆以韭菹醓醢菁菹鹿醢芹菹兔醢筍菹魚醢脾析菹豚胉飽食糝食中祀之籩無糗餌粉餈豆無飽食糝食小祀之籩無白餅黑餅豆無脾析菹豚胉凡用皆四者籩以石鹽槀實栗黃鹿脯豆以芹菹兔醢菁菹鹿醢用皆二者籩以栗黃牛脯豆以葵菹鹿醢用皆一者籩以牛脯豆以鹿醢用牛脯者通以羊凡簠簋皆一者簋以稷簠以黍用皆二者簋以黍稷簠以稻粱實㽅以大羹鉶以肉羹此籩豆簠簋㽅鉶之實也昊天上帝蒼犢五方帝方色犢大明青犢夜明白犢神州地祇黑犢配帝之犢天以蒼地以黃神州以黑皆一宗廟太社太稷帝社先蠶古帝王嶽鎭海瀆皆太牢社稷之牲以黑五官五星三辰七宿皆少牢蜡祭神農氏伊耆氏少牢后稷及五方十二次五官五田畯五嶽四鎭海瀆日月方以犢二星辰以降方皆少牢五井泉皆羊一非順成之方則闕風師雨師靈星司中司命司人司祿馬祖先牧馬社馬步皆羊一司寒黑牲一凡牲在滌大祀九旬中祀三旬小祀一旬養而不卜無方色則用純必有副焉省牲而犢鳴則免之而用副禁其捶拊死則瘞之創病者請代犢告祈之牲不養凡祀皆以其日未明十五刻太官令帥宰人以鸞刀割牲祝史以豆斂毛血置饌所祭則奉之以入遂亨之肉載以俎皆升右胖體十一前節三肩臂臑後節二肫胳正脊一脡脊一橫脊一正脅一短脅一代脅一皆並骨別祭用太牢者酒二斗脯一段醢四合用少牢者酒減半此牲牢之別也祝版其長一尺一分廣八寸厚二分其木梓楸凡大祀中祀署版必拜皇帝親祠至大次郊社令以祝版進署受以出奠於坫宗廟則太廟令進之若有司攝事則進而御署皇帝北向再拜侍臣奉版郊社令受以出皇后親祠則郊社令預送內侍享前一日進署后北向再拜近侍奉以出授內侍送享所享日之平明女祝奠於坫此册祝之制也

唐書卷十二考證

禮樂志二古帝王嶽鎭海瀆○此句下通典有孔宣父齊太公諸太子廟十字今本缺

唐書卷十三

宋　翰　林　學　士　歐　陽　修　撰

禮樂志第三

自周衰禮樂壞于戰國而廢絕于秦漢興六經在者皆錯亂散亡雜僞而諸儒方共補緝以意解詁未得其眞而讖緯之書出以亂經矣自鄭玄之徒號稱大儒皆主其說學者由此牽惑沒溺而時君不能斷決以爲有其舉之莫可廢也由是郊丘明堂之論至於紛然而莫知所止禮曰以禋祀祀昊天上帝此天也玄以爲天皇大帝者北辰耀魄寶也又曰兆五帝於四郊此五行精氣之神也玄以爲青帝靈威仰赤帝赤熛怒黃帝含樞紐白帝白招拒黑帝汁光紀者五天也由是有六天之說後世莫能廢焉唐初貞觀禮冬至祀昊天上帝于圓丘正月辛日祀感生帝靈威仰于南郊以祈穀而孟夏雩于南郊季秋大享于明堂皆祀五天帝至高宗時禮官以謂太史圓丘祭昊天上帝在壇上而耀魄寶在壇第一等則昊天上帝非耀魄寶可知而祠令及顯慶禮猶著六天之說顯慶二年禮部尚書許敬宗與禮官等議曰六天出於緯書而南郊圓丘一也玄以爲二物郊及明堂本以祭天而玄皆以爲祭太微五帝傳曰凡祀啓蟄而郊郊而後耕故郊祀后稷以祈農事而玄謂周祭感帝靈威仰配以后稷因而祈穀皆繆論也由是盡黜玄說而南郊祈穀孟夏雩明堂大享皆祭昊天上帝乾封元年詔祈穀復祀感帝二年又詔明堂兼祀昊天上帝及五帝開元中起居舍人王仲丘議曰按貞觀禮祈穀祀感帝而顯慶禮祀昊天上帝傳曰郊而後耕詩曰噫嘻春夏祈穀于上帝禮記亦曰上辛祈穀于上帝而鄭玄乃云天之五帝迭王王者之興必感其一因別祭尊之故夏正之月祭其所生之帝於南郊以其祖配之故周祭靈威仰以后稷配因以祈穀然則祈穀非祭之本意乃因后稷爲配爾此非祈穀之本義也夫祈穀本以祭天也然五帝者五行之精所以生九穀也宜於祈穀祭昊天而兼祭五帝又曰月令大雩大享帝皆盛祭也而孟夏雩季秋大享貞觀禮皆祭五方帝而顯慶禮皆祭昊天上帝宜兼用之以合大雩大享之義既而蕭嵩等議定開元禮雖未能合古而天神之位別矣其配神之主武德中冬至及孟夏雩祭皇地祇于方丘神州地祇於北郊以景帝配而上辛祈穀祀感帝于南郊季秋祀五方天帝於明堂以元帝配貞觀初圓丘明堂北郊以高祖配而元帝惟配感帝高宗永徽二年以太宗配祀明堂而有司乃以高祖配五天帝太宗配五人帝太尉長孫無忌等與禮官議以謂自三代以來歷漢魏晉宋無父子同配於明堂者祭法曰周人禘嚳而郊稷祖文王而宗武王鄭玄以祖宗合爲一祭謂祭五帝五神于明堂以文武共配而王肅駁曰古者祖功宗德自是不毀之名非謂配食於明堂春秋傳曰禘郊祖宗報五者國之典祀也以此知祖宗非一祭於是以高祖配于圓丘太宗配于明堂乾封二年詔圓丘五方明堂感帝神州皆以高祖太宗並配則天垂拱元年詔有司議而成均助教孔玄義太子右諭德沈伯儀鳳閣舍人元萬頃范履冰議皆不同而卒用萬頃履冰之說由是郊丘諸祠常以高祖太宗高宗並配開元十一年親享圓丘中書令張說衛尉少卿韋縚爲禮儀使乃以高祖配而罷三祖並配至二十年蕭嵩等定禮而祖宗之配定矣寶應元年太常卿杜鴻漸禮儀使判官薛頎歸崇敬等言禘者冬至祭天於圓丘周人配以遠祖唐高祖非始封之君不得爲太祖以配天地而太祖景皇帝受封于唐卽殷之契周之后稷也請以太祖郊配天地諫議大夫黎幹以謂禘者宗廟之事非祭天而太祖非受命之君不宜作配爲十詰十難以非之書奏不報乃罷高

祖以景皇帝配明年早言事者以爲高祖不得配之過也代宗疑之詔羣臣議太常博士獨孤及議曰受命於神宗禹也而夏后氏祖顓頊而郊鯀纘禹黜夏湯也而殷人郊冥而祖契革命作周武王也而周人郊稷而祖文王太祖景皇帝始封于唐天所命也由是配享不易嗚呼禮之失也豈獨緯書之罪哉在於學者好爲曲說而人君一切臨時申其私意以增多爲盡禮而不知煩數之爲黷也古者祭天於圜丘在國之南祭地於澤中之方丘在國之北所以順陰陽因高下而事天地以其類也其方位既別而其燎壇瘞坎樂舞變數亦皆不同而後世有合祭之文則天天冊萬歲元年親享南郊始合祭天地睿宗卽位將有事於南郊諫議大夫賈曾議曰祭法有虞氏禘黃帝而郊嚳夏后氏禘黃帝而郊鯀郊之與廟皆有禘也禘於廟則祖宗合食於太祖禘於郊則地祇羣望皆合於圜丘以始祖配享蓋有事之大祭非常祀也三輔故事祭于圜丘上帝后土位皆南面則漢嘗合祭矣國子祭酒褚无量司業郭山惲等皆以曾言爲然是時睿宗將祭地於北郊故曾之議寢玄宗既已定開元禮天寶元年遂合祭天地于南郊是時神仙道家之說興陳王府參軍田同秀言玄元皇帝降丹鳳門乃建玄元廟二月辛卯親享玄元皇帝廟甲午親享太廟丙申有事于南郊其後遂以爲故事終唐之世莫能改也爲禮者可不愼哉夫男女之不相褻於內外也況郊廟乎中宗時將享南郊國子祭酒祝欽明言皇后當助祭太常博士唐紹蔣欽緒以爲不可左僕射韋巨源獨以欽明說爲是於是以皇后爲亞獻補大臣李嶠等女爲齋娘以執籩豆焉至德宗貞元六年又以皇太子爲亞獻親王爲終獻孝經曰宗祀文王於明堂以配上帝而三代有其名而無其制度故自漢以來諸儒之論不一至於莫知所從則一切臨時增損而不能合言然推其本旨要於布政交神於王者尊嚴之居而已其制作何必與古同然爲之者至無所據依乃引天地四時風氣乾坤五行數象之類以爲倣像而衆說亦不克成隋無明堂而季秋大享常寓雩壇唐高祖太宗時寓于圜丘貞觀中禮部尚書豆盧寬國子助教劉伯莊議從崑崙道上層以祭天下層以布政而太子中允孔穎達以爲非侍中魏徵以謂五室重屋上圓下方上以祭天下以布政自前世儒者所言雖異而以爲如此者多同至於高下廣狹丈尺之制可以因事制宜也秘書監顏師古曰周書敘明堂有應門雉門之制以此知爲王者之常居爾其青陽總章玄堂太廟左右个皆路寢之名也文王居明堂之篇帶弓韣禮高禖九門磔禳國有酒以合三族推其事皆與月令合則皆在路寢也大戴禮曰在近郊又曰文王之廟也此奚足以取信哉且門有皐庫豈得施於郊野謂宜近在宮中徵及師古等皆當世名儒其論止於如此高宗時改元總章分萬年置明堂縣示欲必立之而議者益紛然或以爲五室或以爲九室而高宗依兩議以帟幕爲之與公卿臨觀而議益不一乃下詔率意班其制度至取象黃琮上設鴟尾其言益不經而明堂亦不能立至則天始毀東都乾元殿以其地立明堂其制淫侈無復可觀皆不足記其後火焚之既而又復立開元五年復以爲乾元殿而不毀初則天以木爲瓦夾紵漆之二十五年玄宗遣將作大匠康䛒素毀之䛒素以爲勞人乃去其上層易以真瓦而迄唐之世季秋大享皆寓圜丘書曰七世之廟可以觀德而禮家之說世數不同然自禮記王制祭法禮器大儒荀卿劉歆班固王肅之徒以爲七廟者多蓋自漢魏以來創業之君特起其上世微又無功德以備祖宗故其初皆不能立七廟唐武德元年始立四廟曰宣簡公懿王景皇帝元皇帝貞觀九年高祖崩太宗詔有司定議諫議大夫朱子奢請立太廟虛太祖之室以待於是尚書八座議曰天子三昭三穆與太祖之廟而七晉宋齊梁皆立親廟六此故事也制曰可於是祔弘農府君及高祖爲六室二十三年太宗崩弘農府君以世遠毀藏夾室遂祔太宗及高宗崩宣皇帝遷于夾室而祔高宗皆爲六室武氏亂敗中宗神龍元年已復京太廟又立太廟于東都議立始祖爲七廟而議者欲以凉武昭王爲始祖太常博士張齊賢議以爲不可因曰古者有天下者事七世而始封之君謂之太祖太祖之廟百世不遷至祫祭則毀廟皆以昭穆合食于太祖商祖玄王周祖后稷其世數遠而遷廟之主皆出太祖後故合食之序尊卑不差漢以高皇帝爲太祖而太上皇不在合食之列爲其尊於太祖故也魏以武帝爲太祖晉以宣帝爲太祖武宣而上廟室皆不合食于祫至隋亦然唐受天命景皇帝始封之君太祖也以其世近而在三昭三穆之內而光皇帝以上皆以屬尊不列合食今宜以景皇帝爲太祖復祔宣皇帝爲七室而太祖以上四室皆不合食于祫博士劉承慶尹知章議曰三昭三穆與太祖爲七廟者禮也而王迹有淺深太祖有遠近太祖以功建昭穆以親崇有功者不遷親盡者則毀今以太祖近而廟數不備乃欲於昭穆之外遠立當遷之主以足七廟而乖迭毀之義不可天子下其議大臣禮部尚書祝欽明用其言於是以景皇帝爲始祖而不祔宣皇帝已而以孝敬皇帝爲義宗祔于廟由是爲七室而京太廟亦七室中宗崩中書令姚元之吏部尚書宋璟以謂義宗追尊之帝不宜列昭穆而其葬在洛州請立別廟于東都而有司時享其京廟神主藏于夾室由是祔中宗而光皇帝不遷遂爲七室矣睿宗崩博士陳貞節蘇獻等議曰古者兄弟不相爲後殷之盤庚不序於陽甲漢之光武不嗣於孝成而晉懷帝亦繼世祖而不繼惠帝蓋兄弟相代昭穆位同至其當遷不可兼毀二廟荀卿子曰有天下者事七世謂從禰以上也若傍容兄弟上毀祖考則天子有不得事七世者矣孝和皇帝有中興之功而無後宜如殷之陽甲出爲別廟祔睿宗以繼高宗於是立中宗廟于太廟之西開元十年詔宣皇帝復祔于正室謚爲獻祖并謚光皇帝爲懿祖又以中宗還祔太廟於是太廟爲九室將親祔之而遇雨不克行乃命有司行事寶應二年祧獻祖懿祖祔玄宗肅宗自是之後常爲九室矣代宗崩禮儀使顏真卿議太祖高祖太宗皆不毀而代祖元皇帝當遷於是遷元皇帝而祔代宗德宗崩禮儀使杜黃裳議高宗在三昭三穆外當遷於是遷高宗而祔德宗蓋以中睿爲昭穆矣順宗崩當遷中宗而有司疑之以謂則天革命中宗中興之主也博士王涇史官蔣武皆以爲中宗得失在己非漢光武晉元帝之比不得爲中興不遷之君由是遷中宗而祔順宗自憲宗穆宗敬宗文宗四世祔廟睿玄肅代以次遷至武宗崩德宗以次當遷而於世次爲高祖禮官始覺其非以謂兄弟不相爲後不得爲昭穆乃議復祔代宗而議者言已祧之主不得復入太廟禮官曰昔晉元明之世已遷豫章潁川後皆復祔此故事也議者又言廟室有定數而無後之主當置別廟禮官曰晉武帝時景文同廟廟雖六代其實七主至元帝明帝廟皆十室故賀循曰廟以容主爲限而無常數也於是復祔代宗而以敬宗文宗武宗同爲一代初玄宗之復祔獻祖也詔曰使親而不盡遠而不祧蓋其率意而言爾非本於禮也而後之爲說者乃遷就其事以謂三昭三穆與太祖祖功宗德三廟不遷爲九廟者周制也及敬文武三宗爲一代故終唐之世常爲九代十一室焉開元五年太廟四室壞奉其神主于太極殿天子素服避正殿輟朝三日時將行幸東都遂謁神主于太極殿而後行安祿山之亂宗廟爲賊所焚肅宗復京師設次光順門外嚮廟而哭輟朝三日其後黃巢陷京師焚毀宗廟而僖宗出奔神主法物從行皆爲賊所掠巢敗復京師素服哭于廟而後入初唐建東西二都而東都無廟則天皇后僭號稱周立周七廟于東都以祀武氏改西京唐太廟爲享德廟神龍元年中宗復位遷武氏廟主于西京爲崇尊廟而以東都武氏故廟爲唐太廟祔光皇帝以下七室而親享焉由是東西二都皆有廟歲時並享其後安祿山陷兩京宗廟皆焚毀肅宗卽位西都建廟作主而東都太廟毀爲軍營九室神主亡失至大曆中始於人間得之寓于太微宮不復祔享自建中至于會昌議者不一或以爲東西二京宜皆有廟而舊主當瘞虛其廟以俟巡幸則載主而行或謂宜藏其神主于夾室或曰周豐洛有廟者因遷都乃立廟爾今東都不因遷而立廟非也又曰古者載主以行者惟新遷一室之主爾未有載羣廟之主者也至武宗時悉廢羣議詔有司擇日脩東都廟已而武宗崩宣宗竟以太微神主祔東都廟焉其追贈皇后追尊皇太后贈皇太子往往皆立別廟其近於禮者後世當求諸禮其不合於禮而出於私意者蓋其制作與其論議皆不足取焉故不著也宣宗已復河湟三州七關歸其功順宗憲宗而加謚號博士李稠請改作神主易書新謚右司郎中楊發等議以謂古者已祔之主無改作加謚追尊非禮也始於則天然猶不改主易書宜以新謚寶冊告于陵廟可也是時宰相以謂士族之廟皆就易書乃就舊主易書新謚焉禘祫大祭也祫以昭穆合食于太祖而禘以審諦其尊卑此祫禘之義而爲禮者失之至於年數不同祖宗失位而議者莫知所從禮曰三年一祫五年一禘傳曰五年再殷祭高宗上元三年十月當祫而有司疑其年數太學博士史玄璨等議以爲新君喪畢而祫明年而禘自是之後五年而再祭蓋後禘去前禘五年而祫常在禘後三年禘常在祫後二年魯宣公八年禘僖公蓋二年喪畢而祫明年而禘至八年而再禘昭公二十年禘至二十五年又禘此可知也議者以玄璨等言有經據遂從之睿宗崩開元六年喪畢而祫明年而禘自是之後祫禘各自以年不相通數凡七祫五禘至二十七年禘祫並在一歲有司覺其非乃議以爲一禘一祫五年再殷宜通數而禘後置祫歲數遠近二說不同鄭玄用高堂隆先三而後二徐邈先二後三而邈以謂二禘相去爲月六十中分三十置一祫焉此

最爲得禮遂用其說由是一禘一祫在五年之間合於再殷之義而置祫先後則不同焉禮禘祫太祖位于西而東向其子孫列爲昭穆昭南向而穆北向雖已毀廟之主皆出而序于昭穆殷周之興太祖世遠而羣廟之主皆出其後故其禮易明漢魏以來其興也暴又其上世微故創國之君爲太祖而世近毀廟之主皆在太祖之上於是禘祫不得如古而漢魏之制太祖而上毀廟之主皆不合食唐興以景皇帝爲太祖而世近在三昭三穆之內至禘祫乃虛東向之位而太祖與羣廟列於昭穆代宗即位禘玄宗肅宗而遷獻祖懿祖于夾室於是太祖居第一室禘祫得正其位而東向而獻懿不合食建中二年太學博士陳京請爲獻祖懿祖立別廟至禘祫則享禮儀使顏眞卿議曰太祖景皇帝居百代不遷之尊而禘祫之時暫居昭穆屈已以奉祖宗可也乃引晉蔡謨議以獻祖居東向而懿祖太祖以下左右爲昭穆由是議者紛然貞元十七年太常卿裴郁議以太祖百代不遷獻懿二祖親盡廟遷而居東向非是請下百寮議工部郎中張薦等議與眞卿同太子左庶子李嶸等七人曰眞卿所用晉蔡謨之議也謨爲禹不先鯀之說雖有其言當時不用獻懿二祖宜藏夾室以合祭法遠廟爲祧而壇墠有禱則祭無禱則止之義吏部郎中柳冕等十二人曰周禮有先公之祧遷祖藏於后稷之廟其周未受命之祧乎又有先王之祧其遷主藏於文武之廟其周已受命之祧乎今獻祖懿祖猶周先公也請築別廟以居之司勳員外郎裴樞曰建石室於寢園以藏神主至禘祫之歲則祭之考功員外郎陳京同官縣尉仲子陵皆曰遷神主於德明興聖廟京兆少尹韋武曰祫則獻祖東向禘則太祖東向十一年左司郎中陸淳曰議者多矣不過三而已一曰復太祖之正位二曰並列昭穆而虛東向三曰祫則獻祖禘則太祖迭居東向而復正太祖之位爲是然太祖復位則獻懿之主宜有所歸一曰藏諸夾室二曰置之別廟三曰遷于園寢四曰祔於興聖然而藏諸夾室則無饗獻之期置之別廟則非禮經之文遷于寢園則亂宗廟之儀唯祔于興聖爲是至十九年左僕射姚南仲等獻議五十七封付都省集議戶部尚書王紹等五十五人請遷懿祖祔興聖廟議遂定由是太祖始復東向之位若諸臣之享其親廟室服器之數視其品開元十二年著令一品二品四廟三品三廟五品二廟嫡士一廟庶人祭于寢及定禮二品以上四廟三品三廟三品以上不須爵者亦四廟四廟有始封爲五廟四品五品有兼爵亦三廟六品以下達于庶人祭於寢天寶十載京官正員四品清望及四品五品清官聽立廟勿限兼爵雖品及而建廟未逮亦聽寢祭廟之制三品以上九架厦兩旁三廟者五間中爲三室左右厦一間前後虛之無重栱藻井室皆爲石室一於西墉二之一近南距地四尺容二主廟垣周之爲南門東門門屋三室而上間以廟增建神厨於廟東之少南齋院於東門之外少北制勿逾於廟三品以上有神主五品以上有几筵牲以少牢羊豕一六品以下特豚不以祖禰貴賤皆子孫之牲牲闕代以野獸五品以上室異牲六品以下共牲二品以上室以籩豆十三品以八四品五品以六五品以上室皆簠二簋二鉶二甑二俎三尊二罍二勺二爵六盤一坫一篚一牙盤胙俎一祭服三品以上玄冕五品以上爵弁六品以下進賢冠各以其服凡祔皆給休五日時享皆四日散齋二日於正寢致齋一日於廟子孫陪者齋一宿於家始廟則署主而祔後喪闋乃祔喪二十八月上旬卜而祔始神事之矣王公之主載以輅夫人之主以翟車其餘皆以輿天子以四孟臘享太廟諸臣避之祭仲而不臘三歲一祫五歲一禘若祔若常享若禘祫卜日齋戒省牲視滌濯鼎鑊亨牲實饌三獻飲福受胙進退之數大抵如宗廟之祀以國官亞終獻無則以親賓以子弟其後不卜日而筮用亥祭寢者春秋以分冬夏以至日若祭春分則廢元日然元正歲之始冬至陽之復二節最重祭不欲數乃廢春分通爲四祠器以烏漆差小常制祭服以進賢冠主婦花釵禮衣後或改衣冠從公服無則常服凡祭之在廟在寢既畢皆親賓子孫慰主人以常服見若宗子有故庶子攝祭則祝曰孝子某使介子某執其常事通祭三代而宗子卑則以上牲祭宗子家祝曰孝子某爲其介子某薦其常事庶子官尊而立廟其主祭則以支庶封官依大宗主祭兄陪於位以廟由弟立已不得延神也或兄弟分官則各祭考妣於正寢古殤及無後皆祔食於祖無祝而不拜設坐祖左而西向亞獻者奠祝乃奠之一獻而止其後廟制設幄當中南向祔坐無所施皆祭室戶外之東而西向親伯叔之無後者祔曾祖親昆弟及從父昆弟祔於祖親子姪祔於禰寢祭之位西上祖東向而昭穆南北則伯叔之祔者居禰下之穆位北向昆弟從父昆弟居祖下之昭位南向子姪居伯叔之下穆位北向以序尊卑凡殤無後以周親及大功爲斷古者廟於大門內秦出寢於陵側故王公亦建廟於墓既廟與居異則宮中有喪而祭三年之喪齊衰大功皆廢祭外喪齊衰以下行之

唐書卷十四

宋　翰　林　學　士　歐　陽　修　撰

禮樂志第四

其非常祀天子有時而行之者曰封禪巡守視學耕藉拜陵文中子曰封禪非古也其秦漢之侈心乎蓋其曠世不常行而於禮無所本故自漢以來儒生學官論議不同而至於不能決則出於時君率意而行之爾隋文帝嘗令牛弘辛彥之等撰定儀註爲壇泰山下設祭如南郊而已未嘗升山也唐太宗已平突厥而年穀屢豐羣臣請封泰山太宗初頗非之已而遣中書侍郎杜正倫行太山上七十二君壇迹以是歲兩河大水而止其後羣臣言封禪者多乃命秘書少監顏師古諫議大夫朱子奢等集當時名儒博士雜議不能決於是左僕射房玄齡特進魏徵中書令楊師道博採衆議奏上之其議曰爲壇於泰山下祀昊天上帝壇之廣十二丈高丈二尺玉牒長一尺三寸廣厚五寸玉檢如之厚減三寸其印齒如璽纏以金繩五周玉策四皆長一尺三寸廣寸五分厚五分每策皆五簡聯以金昊天上帝配以太祖皇地祇配以高祖已祀而歸格于廟盛以金匱匱高六寸廣足容之制如表函纏以金繩封以金泥印以受命之璽而玉牒藏于山上以方石三枚爲再累纏以金繩封以石泥印以受命之璽其山上之圓壇土以五色高九尺廣五丈四面爲一階天子升自南階而封玉牒已封而加以土築爲封高一丈二尺廣二丈其禪社首亦如之其石檢封以受命璽而玉檢別製璽方一寸二分文如受命璽以石距非經不用又爲告至壇方八十一尺高三尺四出陛以燔柴告至望秩羣神遂著于禮其他降禪朝覲皆不著至十五年將東幸行至洛陽而彗星見乃止高宗乾封元年封泰山爲圓壇山南四里如圓丘三壝壇上飾以青四方如其色號封祀壇玉策三以玉爲簡長一尺二寸廣一寸二分厚三分刻而金文玉匱一長一尺三寸以藏上帝之冊金匱二以藏配帝之冊纏以金繩五周金泥玉璽璽方一寸二分文如受命璽石䃮以方石再累皆方五尺厚一尺刻方其中以容玉匱䃮旁施檢刻深三寸三分闊一尺當繩刻深三分闊一寸五分石檢十枚以檢石䃮皆長三尺闊一尺厚七分印齒三道皆深四寸當璽方五寸當繩闊一寸五分檢立於䃮旁南方北方皆三東方西方皆二去䃮隅皆一尺䃮纏以金繩五周封以石泥距石十二分距䃮隅皆再累皆闊二尺長一丈斜刻其首令與䃮隅相應又爲壇於山上廣五丈高九尺四出陛一壝號登封壇玉牒玉檢石䃮石距玉匱石檢皆如之爲降禪壇於社首山上八隅一成八陛如方丘三壝上飾以黃四方如其色其餘皆如登封其議略定而天子詔曰古今之制文質不同今封禪以玉牒金繩而瓦尊匏爵秸席宜改從文於是昊天上帝稱以蒼地祇稱以黃配稱皆以紫而尊爵亦更焉是歲正月天子祀昊天上帝于山下之封祀壇以高祖太宗配如圓丘之禮親封玉冊置石䃮聚五色土封之徑一丈二尺高尺巳事升山明日又封玉冊于登封壇又明日祀皇地祇于社首山之降禪壇如方丘之禮以太穆皇后文德皇后配而以皇后武氏爲亞獻越國太妃燕氏爲終獻率六宮以登其帷帟皆錦繡羣臣瞻望多竊笑之又明日御朝覲壇以朝羣臣如元日之禮乃詔立登封降禪朝覲之碑名封祀壇曰舞鶴臺登封壇曰萬歲臺降禪壇曰景雲臺以紀瑞焉其後將封嵩嶽以吐蕃突厥寇邊而止永淳元年又作奉天宮於嵩山南遂幸焉將以明年十一月封禪詔諸儒國子司業李行偉考功員外郎賈大隱等草具其儀已而遇疾不克封至武后遂登封焉玄宗開元十二年四方治定歲屢豐稔羣臣多言封禪中書令張說又固請乃下制以十三年有事泰山於是說與右散騎常侍徐堅太常少卿韋縚秘書少監康子元國子博士侯行果刊定儀注立圓臺於山上廣五丈高九尺上色各依其方又於圓臺上起方壇廣一丈二尺高九尺其壇臺四面爲一階又積柴爲燎壇於圓臺之東南量地之宜柴高一丈二尺方一丈開上南出戶六尺又爲圓壇於山下三成十二階如圓丘之制又積柴於壇南爲燎壇如山上又爲玉冊玉匱石䃮皆如高宗之制玄宗初以謂升中於崇山精享也不可諠譁欲使亞獻以下皆行禮山下壇召禮官講議學士賀知章等言昊天上

帝君也五方精帝臣也陛下享君於上羣臣祀臣於下可謂變禮之中然禮成於三亞終之獻不可異也於是三獻皆升山而五方帝及諸神皆祭山下壇玄宗問前世何爲秘玉牒知章曰玉牒以通意於天前代或祈長年希神仙旨尚微密故外莫知帝曰朕今爲民祈福無一秘請即出玉牒以示百寮乃祀昊天上帝於山上壇以高祖配祀五帝以下諸神於山下其祀禮皆如圓丘而卜日告天及廟社大駕所經及告至問百年朝覲皆如巡狩之禮其登山也爲大次於中道止休三刻而後升其已祭燔燎侍中前跪稱具官臣某言請封玉冊皇帝升自南陛北向立太尉進昊天上帝神座前跪取玉冊置於案以進皇帝受玉冊跪內之玉匱纏以金繩封以金泥侍中取受命寶跪以進皇帝取寶以印玉匱侍中受寶以授符寶郎太尉進皇帝跪捧玉匱授太尉太尉退復立太常卿前奏請再拜皇帝再拜退入于次太尉奉玉匱之案於石䃭南北向立執事者發石蓋太尉奉玉匱跪藏於石䃭內執事者覆石蓋檢以石檢纏以金繩封以石泥以玉寶遍印引降復位帥執事者以石距封固又以五色土圜封其配座玉牒封於金匱皆如封玉匱太尉奉金匱從降俱復位以金匱內太廟藏於高祖神堯皇帝之石室其禪于社首皆如方丘之禮天子將巡狩告於其方之州曰皇帝以某月于某巡狩各脩乃守考乃職事敢不敬戒國有常刑將發告于圜丘前一日皇帝齋如郊祀告昊天上帝又告于太廟社稷具大駕鹵簿所過州縣刺史令候於境通事舍人承制問高年祭古帝王名臣烈士既至刺史令皆先奉見將作築告至圓壇於嶽下四出陛設昊天上帝配帝位天子至執事皆齋一日明日望於嶽鎮海瀆山川林澤丘陵墳衍原隰所司爲壇設祭官次於東壝門外道南北向設饌幔內壝東門外道北南向設宮縣登歌爲瘞埳祭官執事皆齋一日嶽鎮海瀆山川林澤丘陵墳衍原隰之尊在壇上南陛之東北向設玉篚及洗設神坐壇上北方獻官奠玉幣及爵於嶽神祝史助奠鎮海以下明日乃肆覲將作於行宮南爲壝三分壝間之二在南爲壇於北廣九丈六尺高九尺四出陛設宮縣壇南御坐壇上之北解劒席南陛之西文武官次門外東西刺史令次文官南蕃客次武官南列藩路壇南文官九品位壇東南武官西南相向刺史令位壇南三分庭一蕃客位於西又設門外位建牙旗於壝外黃麾大仗屯門鈒戟陳壝中吏部主客戶部贊羣官客使執門外位刺

史令贊其土之實錦綺繒布葛越皆五兩爲束錦以黃帊常貢之物皆篚其屬執列令後文武九品先入就位皇帝乘輿入北壝門繇北陛升壇即坐南向刺史蕃客皆入壝門至位再拜奠贄興執贄侍中降于刺史東北皆拜宣已又拜蕃客以舍人稱制如之戶部導貢物入刺史前龜首之金次之丹漆絲纊四海九州之美物重行陳執者退就東西文武前側立通事舍人導刺史一人解劒脫舃執贄升前北向跪奏官封臣姓名等敢獻壤奠遂奠贄舍人跪舉以東授所司刺史劒舃復位初刺史升奠贄在庭者以次奠於位前皆再拜戶部尚書壇間北向跪請以貢物付所司侍中承制曰可所司受贄出東門中書侍郎以州鎮表方一案俟于西門外給事中以瑞案俟于東門外乃就侍臣位初刺史將入乃各引案分進東西陛下刺史將升中書令黃門侍郎降立既升乃取表升尚書既請受贄中書令乃前跪讀黃門侍郎給事中進跪奏瑞侍郎給事中導案退文武刺史國客皆再拜北向位者出就門外位皇帝降北陛以入東西位者出設會如正至刺史蕃客入門皆奏樂如上公會之明日考制度太常卿採詩陳之以觀風俗命市納賈以觀民之好惡典禮者考時定日同律禮樂制度衣服正之山川神祇有不舉爲不恭宗廟有不愼爲不孝皆黜爵革制度衣服者爲叛有討有功德於百姓者爵賞之皇帝視學設大次于學堂後皇太子次于大次東設御座堂上講榻北向皇太子座御座東南西向文臣三品以上坐太子南少退武臣三品以上於講榻西南執讀座於前楹北向侍講座執讀者西北武官之前論義座於講榻前北向執如意立於侍講之東北向三館學官座武官後設堂下版位脫履席西階下皇太子位於東階東南執經於西階西南文武三品以上分位於南執如意者一人在執經者後學生位于文武後其日皇帝乘馬祭酒帥監官學生迎于道左皇帝入次執經侍講執如意者與文武學生皆就位堂下皇太子立于學堂門外西向侍中奏外辦皇帝升北階即坐皇太子乃入就位在位皆再拜侍中敕皇太子王公升皆再拜乃坐執讀執經釋義執如意者以授侍講秉詣論義坐問所疑退以如意授執者還坐乃皆降若賜會則侍中宣制皇帝返次羣官既會皇帝還監官學生辭於道左皇帝孟春吉亥享先農遂以耕藉前享一日奉禮設御坐於壇東西向望瘞位於壇西南北向從官位於內壝東門之內道南執事者居後奉禮位於樂縣東北

贊者在南又設御耕藉位於外壝南門之外十步所南向從耕三公諸王尚書卿位於御坐東南重行西向以其推數爲列其三公諸王尚書卿等非耕者位於耕者之東重行西向北上介公酅公於御位西南東向北上尚舍設御耒席於三公之北少西南向奉禮又設司農卿之位於南少退諸執耒耜者位於公卿耕者之後非耕者之前西向御耒耜一具三公耒耜三具諸王尚書卿各三人合耒耜九具以下耒耜太常各令藉田農人執之皇帝已享乃以耕根車載耒耜於御者間皇帝乘車自行宮降大次乘黃令以耒耜授廩犧令橫執之左耜寘於席遂守之皇帝將望瘞謁者引三公及從耕侍耕者司農卿與執耒耜者皆就位皇帝出就耕位南向立廩犧令進耒席南北向解韜出耒執以興少退北向立司農卿進受之以授侍中奉以進皇帝受之耕三推侍中前受耒耜反之司農卿卿反之廩犧令令復耒於韜執以興復位皇帝初耕執耒者皆以耒耜授侍耕者皇帝耕止三公諸王耕五推尚書卿九推執耒者前受之皇帝還入自南門出內壝東門入大次享官從享者出太常卿帥其屬耕于千畝皇帝還宮明日班勞酒於太極殿如元會不賀不爲壽藉田之穀斂而鍾之神倉以擬粢盛及五齊三酒穣藁以食牲藉田祭先農唐初爲帝社亦曰藉田壇貞觀三年太宗將親耕給事中孔穎達議曰禮天子藉田南郊諸侯東郊晉武帝猶東南今帝社乃東壇未合於古太宗曰書稱平秩東作而靑輅黛耜順春氣也吾方位少陽田宜于東郊乃耕于東郊垂拱中武后藉田壇曰先農壇神龍元年禮部尚書祝欽明議曰周頌載芟春藉田而祈社稷禮天子爲藉千畝諸侯百畝則緣田爲社曰王社侯社今曰先農失王社之義宜正名爲帝社太常少卿韋叔夏博士張齊賢等議曰祭法王者立太社然後立王社所置之地則無傳也漢興已有官社未立官稷乃立于官社之後以夏禹配官社以后稷配官稷臣瓚曰高紀立漢社稷所謂太社也官社配以禹所謂王社也至光武乃不立官稷相承至今魏以官社爲帝社故摯虞謂魏氏故事立太社是也晉或廢或置皆無處所或曰二社並處而王社居西崔氏皇甫氏皆曰王社在藉田按衛宏漢儀春始東耕於藉田引詩先農則神農也又五經要義曰壇於田以祀先農如社魏秦靜議風伯雨師靈星先農社稷爲國六神晉太始四年耕於東郊以太牢祀先農周隋舊儀及國朝先農皆祭神農于帝社配以后稷則王社先農不可一也今宜於藉田立帝社帝稷配以

禹棄則先農帝社並祠叶於周之載芟之義欽明又議曰藉田之祭本王社古之祀先農句龍后稷也烈山之子亦謂之農而周棄繼之皆祀爲稷共工之子曰后土湯勝夏欲遷而不可故二神社稷主也黃帝以降不以羲農列常祀豈社稷而祭神農乎社稷之祭不取神農耒耜人功而專於共工烈山蓋以三皇洪荒之迹無取爲教彼秦靜何人而知社稷先農爲二而藉田有二壇乎先農王社一也皆后稷句龍異名而分祭牲以四牢欽明又言漢祀禹謬也今欲正王社先農之號而未決乃更加二祀不可叔夏齊賢等乃奏言經無先農禮曰王自爲立社曰王社先儒以爲在藉田也永徽中猶曰藉田垂拱後乃爲先農然則先農與社一神今先農壇請改曰帝社壇以合古王社之義其祭準令以孟春吉亥祠后土以句龍氏配於是爲帝社壇又立帝稷壇於西如太社太稷而壇不設方色以異於太社開元十九年停帝稷而祀神農氏於壇上以后稷配二十三年親祀神農於東郊配以句芒遂躬耕盡壠止肅宗乾元二年詔去耒耜雕刻命有司改造之天子出通化門釋軷而入壇遂祭神農氏以后稷配冕而朱紘躬九推焉憲宗元和五年詔以來歲正月藉田太常修撰韋公肅言藉田禮廢久矣有司無可考乃據禮經參采開元乾元故事爲先農壇於藉田皇帝夾侍二人正衣二人侍中一人奉耒耜中書令一人禮部尚書一人侍從司農卿一人授耒耜於侍中太僕卿一人執牛左右衛將軍各一人侍衛三公以宰相攝九卿以左右僕射尚書御史大夫攝三諸侯以正員一品官及嗣王攝推數一用古制禮儀使一人太常卿一人贊禮三公九卿諸侯執牛三十人用六品以下官皆服袴褶御耒耜二并韜皆以靑其制度取合農用不雕飾畢日收之籍耒耜丈席二先農壇高五尺廣五丈四出陛其色靑三公九卿諸侯耒十有五御耒之牛四其二副也并牛衣每牛各一人絳衣介幘取閑農務者禮司以人贊導之執耒持耜以高品中官二人不袴褶皇帝詣望耕位通事舍人分導文武就耕所太常帥其屬用庶人二十八以郊社令一人押之太常少卿一人率庶人趨耕所博士六人分贊耕禮司農少卿一人督視庶人終千畝廩犧令二人間一人奉耒耜授司農卿以五品六品清官攝一人掌耒耜太常寺用本官三公九卿諸侯耕牛四十其十副也牛各一人庶人耕牛四十各二牛一人庶人耒耜二十具鍤二具木爲刃主藉田縣令一人具朝服當耕時立

田側。畢，乃退。畿甸諸縣令先期集，以常服陪耕所。耆艾二十人陪於庶人耕位南。三公從者各三人，九卿諸侯從者各一人，以助耕，皆降服介幘，用其本司隸。是時雖草具其儀如此，以水旱用兵而止。皇帝謁陵，行宮距陵十里，設坐於齋室，設小次於陵所道西南，大次於寢西南，侍臣次於大次西南，陪位者次又於西南，皆東向。文官於北，武官於南，朝集使又於其南，皆相地之宜。前行二日，遣太尉告於廟。皇帝至行宮，即齋室。陵令以玉冊進署。設御位於陵東南隅，西向，有岡麓之閡，則隨地之宜。又設位於寢宮之殿東陛之東南，西向。奠坫陳于堂戶東南。百官、從、宗室、客使位神道左右，寢宮則分方序立大次前。其日未明五刻，陳黃麾大仗於陵寢。三刻，行事官及宗室親五等、諸親三等以上并客使之當陪者就位。皇帝素服乘馬，華蓋繖扇，侍臣騎從，詣小次。步出次，至位，再拜，又再拜，在位皆再拜，又再拜。少選，太常卿請辭，皇帝再拜，又再拜。奉禮曰：「奉辭。」在位者再拜。皇帝還小次，乘馬詣大次。仗衛列立以俟，行百官、宗室、諸親、客使序立次前。皇帝步至寢宮南門，仗衛止。乃入，繇東序進殿陛東南位，再拜，升自東階，北向再拜，又再拜。入省服玩，抆拭帳簀，進太牢之饌，加珍羞。皇帝出尊所，酌酒，入，三奠爵，北向立。太祝二人持玉冊于戶外，東向跪讀。皇帝再拜，又再拜，乃出戶，當前北向立。太常卿請辭，皇帝再拜，出東門，還大次，宿行宮。若太子、諸王、公主陪葬柏城者，皆祭寢殿東廡；無功臣陪葬者，祭東序，爲位奠饌，以有司行事。或皇后從謁，則設大次寢宮東，先朝妃嬪次於大次南，大長公主、諸親命婦之次又於其南，皆東向，以行帷具障。謁所，內謁者設皇后位於寢宮東大次前少東，先朝妃嬪位西南，各於次東，司贊位妃嬪東北，皆東向。皇帝既發行宮，皇后乘四望車之大次，改服假髻、白練單衣，內典引導妃嬪以下就位。皇后再拜，陪者皆拜。少選，遂辭，又拜，陪者皆拜。皇后還寢東大次，陪者退。皇后鈿釵禮衣，乘輿詣寢宮，先朝妃嬪、大長公主以下從至北門，降輿入大次，詣寢殿前西階之西。妃嬪、公主位於西，司贊位妃嬪東北，皆東向。皇后再拜，在位者皆拜。皇后繇西階入室，詣先帝前再拜，復詣先后前再拜，進省先后服玩，退西廂東向立。進食，皇帝出，乃降西階位，辭，再拜，妃嬪皆拜，詣大次更衣。皇帝過，乃出寢宮北門，乘車還。天子不躬謁，則以太常卿行陵。所司撰日，車府令具軺車一、馬，清道，青衣、團扇、曲蓋繖，列俟于太常寺門。設次陵南百步道東，西向。右校令具薙器以備汛埽。太常卿公服乘車，奉禮郎以下從至次。設卿位兆門外之左，陵官位卿東南，執事又於其南，皆西向。奉禮郎位陵官之西，贊引二人居南。太常卿以下再拜，在位皆拜。謁者導卿，贊引導衆官入，奉行復位，皆拜，出，乘車之它陵。有芟治，則命之。凡國陵之制，皇祖以上至太祖陵，皆朔、望上食，元日、冬至、寒食、伏、臘、社各一祭。皇考陵，朔、望及節祭，而日進食。又薦新於諸陵，其物五十有六品。始將進御，所司必先以送太常與尚食，滋味薦之，如宗廟。貞觀十三年，太宗謁獻陵。帝至小次，降輿納履，入闕門，西向再拜，慟哭俯伏殆不能興。禮畢，改服入寢宮，執饌以薦，閱高祖及太穆后服御，悲感左右。步出司馬北門，泥行二百步。永徽二年，有司言：「先帝時，獻陵既三年，惟朔、望、冬至、夏伏、臘、清明、社上食。今昭陵喪期畢，請上食如獻陵。」從之。六年正月朔，高宗謁昭陵，行哭就位，再拜擗踊畢，易服謁寢宮，入寢哭踊，進東階，西向拜號，久乃薦太牢之饌，加珍羞，拜哭奠饌，閱服御而後辭，行哭出寢北門，御小輦還。顯慶五年，詔歲春、秋季一巡，宜以三公行陵，太常少卿貳之，太常給鹵簿，仍著於令。始，貞觀禮歲以春、秋仲月巡陵，至武后時，乃以四季月、生日、忌日遣使詣陵起居。景龍二年，右臺侍御史唐紹上書曰：「禮不祭墓，唐家之制，春秋仲月以使具鹵簿衣冠巡陵。天授之後，乃有起居，遂爲故事。夫起居者，參候動止，事生之道，非陵寢法。請停四季及生日、忌日、節日起居，準式二時巡陵。」手敕曰：「乾陵歲冬至、寒食以外使，二忌以內使朝奉，它陵如紹奏。」至是，又獻、昭、乾陵皆日祭。太常博士彭景直上疏曰：「禮無日祭陵，惟宗廟月有祭。故王者設廟、祧、壇、墠，爲親疏多少之數，立七廟、一壇、一墠，曰考廟、曰王考廟、曰皇考廟、曰顯考廟，皆月祭之；遠廟爲祧，享嘗乃止；去祧爲壇，去壇爲墠，有禱焉祭之，無禱乃止。又譙周祭志：天子始祖、高祖、曾祖、祖、考之廟，皆月朔加薦，以象平生朔食，謂之月祭；二祧之廟無月祭。則古皆無日祭者。今諸陵朔、望食，則近於古之殷事；諸節日食，近於古之薦新。鄭注禮記：殷事，月朔半薦新之奠也。又既大祥，即四時焉，此其祭皆在廟。近代始以朔、望、諸節祭陵寢，唯四時及臘五享廟。考經據禮，固無日祭於陵。唯漢七廟議，京師自高祖下至宣帝，與太上皇、悼皇考，陵旁立廟，園各有寢、便殿，故日祭於寢，月祭於便殿。元帝時，貢禹以禮節煩數，願罷郡國廟。丞相韋玄成等又議七廟外寢園皆無復，議者亦以祭不欲數，宜復古四時祭於廟。後劉歆引春秋傳曰：『祭月祀、時享、歲貢。』祖禰則日祭，曾高則月祀，二祧則時享，壇墠則歲貢。後漢陵寢之祭無傳焉。魏晉以降，不祭墓。國家諸陵日祭，請停如禮。」疏奏，天子以語侍臣曰：「禮官言諸陵不當日進食。夫禮以人情沿革，何專古爲？乾陵宜朝晡進奠如故，昭、獻二陵日一進，或所司苦於費，可減朕常膳爲之。」開元十五年，敕宣皇帝、光皇帝陵，以縣令檢校，州長官歲一巡。又敕歲春、秋巡陵，公卿具仗出城，至陵十里復。十七年，玄宗謁橋陵，至壖垣西闕下馬，望陵涕泗，行及神午門，號慟再拜。且以三府兵馬供衛，遂謁定陵、獻陵、昭陵、乾陵乃還。二十三年，詔獻、昭、乾、定、橋五陵，朔、望上食，歲冬至、寒食各日設一祭。若節與朔、望、忌日合，即準節祭料。橋陵日進半羊食。二十七年，敕公卿巡陵乘輅，其令太僕寺陵給輅二乘及仗。明年，制以宣皇帝、光皇帝、景皇帝、元皇帝追尊號謚有制，而陵寢所奉未稱，建初、啓運陵如興寧、永康陵，置署官、陵戶，春秋仲月分命公卿巡謁。二十年，詔建初、啓運、興寧、永康陵，歲四時、八節，所司與陵署具食進。天寶二年，始以九月朔薦衣於諸陵。又常以寒食薦餳粥、雞毬、雷車，五月五日薦衣、扇。陵司舊曰署，十三載，改獻、昭、乾、定、橋五陵署爲臺，官爲臺令，陞舊一階。是後諸陵署皆稱臺。大歷十四年，禮儀使顏真卿奏：「今元陵請朔望、節祭、日薦如故事；泰陵惟朔、望、歲冬至、寒食、伏、臘、社一祭，而罷日食。」制曰：「可。」貞元四年，國子祭酒包佶言：「歲二月、八月，公卿朝拜諸陵，陵臺所由導至陵下，禮略無以盡恭。」於是太常約舊禮草定曰：「所司先撰吉日，公卿輅車、鹵簿就太常寺發，抵陵南道東設次，西向北上。公卿既至次，奉禮郎設位北門外之左，陵官位其東南，執事官又於其南。謁者導公卿，典引導衆官就位，皆拜。公卿、衆官以次奉行，拜而還。」故事，朝陵公卿發，天子視事不廢。十六年，拜陵官發，會董晉卒，廢朝。是後公卿發，乃因之不視事。元和元年，禮儀使杜黃裳請如故事，豐陵日祭，崇陵唯祭朔、望、節日、伏、臘。二年，宰臣建言：「禮有著定，後世徇一時之慕，過於煩并。故陵廟有薦新，而節有遣使。請歲太廟以時享，朔、望上食，諸陵以朔、望奠，親陵以朝、晡奠，其餘享及忌日告陵皆停。」

唐書卷十四考證

禮樂志四闕二尺長一丈○此句下通典有厚一尺三字

唐書卷十五

宋　翰　林　學　士　歐　陽　修　撰

禮樂志第五

皇后歲祀一：季春吉巳享先蠶，遂以親桑。散齋三日於後殿，致齋一日於正寢，一日於正殿。前一日，尚舍設御幄於正殿西序及室中，俱東向。致齋之日，晝漏上水一刻，尚儀版奏「請中嚴」。尚服帥司仗布侍衛，司賓引內命婦陪位。六尚以下各服其服，詣後殿奉迎。尚儀版奏「外辦」。上水二刻，皇后服鈿釵禮衣，結佩，乘輿出自西房，華蓋警蹕。皇后即御坐，六尚以下侍衛。一刻頃，尚儀前跪奏稱：「尚儀妾姓言，請降就齋室。」皇后降坐，乘輿入室。散齋之日，內侍帥內命婦之吉者使蠶於蠶室，諸預享者皆齋。前享三日，尚舍直長設大次於外壝東門之內道北，南向；命婦及六尚以下次於其後，俱南向。守宮設外命婦次：大長公主、長公主、公主以下於南壝之外道西，三公夫人以下在其南，重行異位，東向北上。陳饌幔於內壝東門之外道南，北向。前享二日，大樂令設宮縣之樂於壇南內壝之內，諸女工各位於縣後。右校爲采桑壇於壇南二十步所，方三丈，高五尺，四出陛。尚舍量施帷障於外壝之外，四面開門，其東門足容厭翟車。前享一日，內謁者設御位於壇之東南，西向；望瘞位於西南，當瘞埳，西向；亞獻、終獻位於內壝東門之內道南，執事者位於其後，重行異位，西向北上。典正位於壇下，一位於東南，西向；一位於西南，東向；女史各陪其後。司贊位於樂縣東北，掌贊二人在南差退，西面。又設司贊、掌贊位於埋埳西南，東面南上。典樂舉麾位於壇上南陛之西，東向。司樂位於北縣之間，當壇北向。內命婦位於終獻之南，絕位，重行異位，西向北上。外命婦位於中壝南門之外，大長公主以下於道東，東西當內命婦，差退；太夫人以下於道西，去道遠近如公主，重行異位，相向北上。又設御采桑位於壇上，東向；內命婦采桑位於壇下，當御位東南，北向西上；執御鉤筐者位於內命婦之西少南，西上；內外命婦執鉤筐者位各於其采桑位之後。設門外位：享官於東壝之外道南，從享內命婦於享官之東，北面西上；從享外命婦於南壝之外道西，如設次。設酒尊之位於壇上東南隅，北向西上。御洗於壇南陛東南，亞獻之洗又於東南，俱北向。幣篚於壇上尊坫之所。晡後，內謁者帥其屬以尊坫、罍洗、篚羃入設於位。升壇者自東陛。享日未明十五刻，太官令帥宰人以鸞刀割牲，祝史以豆取毛血置於饌所，遂烹牲。五刻，司設升設先蠶氏神座於壇上北方南向前享一日金吾奏請外命婦等應集壇所者聽夜行其應采桑者四人各有女侍者進筐鉤載之而行其日未明四刻搥一鼓爲一嚴二刻搥二鼓爲再嚴尚儀版奏請中嚴一刻搥三鼓爲三嚴司賓引內命婦入立於庭重行西面北上六尚以下詣室奉迎尚服負寶內僕進厭翟車於閤外尚儀版奏外辦馭者執轡皇后服鞠衣乘輿以出華蓋侍衞警蹕內命婦從出門皇后升車尚功進鉤司製進筐載之內命婦及六尚等乘車從諸翊駕之官皆乘馬駕動警蹕不鳴鼓角內命婦宮人以次從其日三刻尚儀及司醖帥其屬入實尊罍及幣太官令實諸籩豆簠簋俎等內謁者帥其屬詣廚奉饌入設於饌幔內駕將至女相者引享官內典引引外命婦俱就門外位駕至大次門外迴車南向尚儀進車前跪奏稱尚儀妾姓言請降車皇后降車乘輿之大次華蓋繖扇尚儀以祝版進御署出奠於坫尚功司製進受鉤筐以退典贊引亞獻及從享內命婦俱就門外位司贊帥掌贊先入就位女相者引尚儀典正及女史祝史與女執尊罍篚冪者入自東門當壇南北向西上司贊曰再拜掌贊承傳尚儀以下皆再拜就位司樂帥女工人入典贊引亞獻終獻女相者引執事者司賓引內命婦內典引引外命婦入就位皇后停大次半刻頃司言引尚宮立於大次門外當門北向尚儀版奏外辦皇后出次入自東門至版位西向立尚宮曰再拜皇后再拜司贊曰衆官再拜在位者皆再拜尚宮曰有司謹具請行事樂三成尚宮曰再拜皇后再拜司贊曰衆官再拜在位者皆再拜壇上尚儀跪取幣於篚興立於尊所皇后自壇南陛升北面立尚儀奉幣東向進皇后受幣進北向跪奠於神座少退再拜降自南陛復于位初內外命婦拜訖女祝史奉毛血之豆立於內壝東門之外皇后已奠幣乃奉毛血入升自南陛尚儀迎引於壇上進跪奠於神座前皇后既升奠幣司膳出帥女進饌者奉饌陳於內壝東門之外皇后既降復位司膳引饌入至階女祝史跪徹毛血之豆降自東陛以出饌升自南陛尚儀迎引於壇上設於神座前皇后詣罍洗尚儀跪取匜興沃水司言跪取盤興承水皇后盥司言跪取巾於篚進以帨受巾跪奠於篚乃取爵於篚興進受爵尚儀酌罍水司言奉盤皇后洗爵司言授巾皆如初皇后升自壇南陛詣酒尊尚儀贊酌醴齊進先蠶氏神座前北向跪奠爵興少退立尚儀持版進於神座之右東面跪讀祝文皇后再拜尚儀以爵酌上尊福酒西向進皇后再拜受爵跪祭酒啐酒奠爵興尚儀帥女進饌者持籩俎進神前三牲胙肉各置一俎又以籩取稷黍飯共置一籩尚儀以飯籩胙俎西向以次進皇后每受以授左右乃跪取爵遂飲卒爵興再拜降自南陛復于位初皇后獻將畢典贊引貴妃詣罍洗盥手洗爵自東陛升壇酌盎齊于象尊進神座前北向跪奠爵興少退再拜尚儀以爵酌福酒進貴妃再拜受爵跪祭遂飲卒爵再拜降自東陛復位昭儀終獻如亞獻尚儀進神座前跪徹豆司贊曰賜胙掌唱曰衆官再拜在位者皆再拜尚宮曰再拜皇后再拜司贊曰衆官再拜在位者皆再拜尚宮請就望瘞位司贊帥掌贊就瘞坎西南位皇后至望瘞位西向立尚儀執篚進神座前取幣自北陛降壇西行詣瘞坎以幣置於坎司贊曰可瘞坎東西各四人實土半坎尚宮曰禮畢請就采桑位尚宮引皇后詣采桑壇升自西陛東向立初皇后將詣望瘞位司賓引內外命婦采桑者執鉤筐者皆就位（內外命婦一品各二人二品三品各一人）皇后既至尚功奉金鉤自北陛升進典製奉筐從升皇后受鉤采桑典製以筐受之皇后采三條止尚功前受鉤典製以筐俱退皇后初采桑典製等各以鉤授內外命婦皇后采桑訖內外命婦以次采女史執筐者受之內外命婦一品采五條二品采九條止典製等受鉤與執筐者退復位司賓各引內外命婦采桑者以從至蠶室尚功以桑授蠶母蠶母切之以授婕妤食蠶灑一簿止尚儀曰禮畢尚宮引皇后還大次內外命婦各還其次尚儀典正以下俱復執事位司贊曰再拜尚儀以下皆再拜出女工人以次出其祝版燔於齋所車駕還宮之明日內外命婦設會於正殿如元會之儀命曰勞酒其有司歲所常祀者十有三立春後丑日祀風師立夏後申日祀雨師立秋後辰日祀靈星立冬後亥日祀司中司命司人司祿季夏土王之日祭中霤孟冬祭司寒皆一獻祝稱天子謹遣其中春中秋釋奠于文宣王武成王皆以上丁上戊國學以祭酒司業博士三獻樂以軒縣前享一日奉禮郎設三獻位于東門之內道北執事位於道南皆西向北上學官館官位於縣東當執事西南西向學生位於館官之後皆重行北上觀者位於南門之內道之左右重行北面相對爲首設三獻門外位於東門之外道南執事位於其後每等異位北向西上館官學官位於三獻東南北向西上設先聖神坐於廟室內西楹間東向先師於先聖東北南向其餘弟子及二十一賢以次東陳南向西上其餘皆如常祀皇子束脩束帛一篚五匹酒一壺二斗脩一案五脡其日平明皇子服學生之服（其服青衿）至學門外博士公服執事者引立學堂東階上西面相者引皇子立於門東西面陳束帛篚壺酒脯案於皇子西南當門北向重行西上將命者出立門西東面曰敢請就事皇子少進曰某方受業於先生敢請見將命者入告博士曰某也不德請皇子無辱（若已封王則云請王無辱）將命者出告皇子固請博士曰某也不德請皇子就位某敢見將命者出告皇子曰某不敢以視賓客請終賜見將命者入告博士曰某辭不得命敢不從將命者出告執篚者以篚東面授皇子皇子執篚博士降俟于東階下西面相者引皇子執事者奉壺酒脩案以從皇子入門而左詣西階之南東面奉酒脩者立於皇子西南東面北上皇子跪奠篚再拜博士答再拜皇子還避遂進跪取篚相者引皇子進博士前東面授幣奉壺酒脩案者從奠於博士前博士受幣執事者取酒脩幣以東相者引皇子立於階間近南北面奉酒脩者出皇子拜訖相者引皇子出其學生束帛酒脩以見如皇子武德二年始詔國子學立周公孔子廟七年高祖釋奠焉以周公爲先聖孔子配九年封孔子之後爲褒聖侯貞觀二年左僕射房玄齡博士朱子奢建言周公尼父俱聖人然釋奠於學以夫子也大業以前皆孔子爲先聖顏回爲先師乃罷周公升孔子爲先聖以顏回配四年詔州縣學皆作孔子廟十一年詔尊孔子爲宣父作廟於兗州給戶二十以奉之十四年太宗觀釋奠於國子學詔祭酒孔穎達講孝經二十一年詔左丘明卜子夏公羊高穀梁赤伏勝高堂生戴聖毛萇孔安國劉向鄭衆賈逵杜子春馬融盧植鄭康成服虔何休王肅王弼杜預范甯二十二人皆以配享而尼父廟學官自祭之祝曰博士某昭告于先聖州縣之釋奠亦以博士祭中書侍郎許敬宗等奏禮學官釋奠于其先師鄭氏謂詩書禮樂之官也四時之學將習其道故釋奠各以其師而不及先聖惟春秋合樂則天子視學有司總祭先聖先師秦漢釋奠無文魏則以太常行事晉宋以學官主祭且國學樂以軒縣尊俎須於官非臣下所可專也請國學釋奠以祭酒司業博士爲三獻辭稱皇帝謹遣州學以刺史上佐博士三獻縣學以令丞主簿若尉三獻如社祭給明衣會皇太子釋奠自爲初獻以祭酒張後胤亞獻光州刺史攝司業趙弘智終獻永徽中復以周公爲先聖孔子爲先師顏回左丘明以降皆從祀顯慶二年太尉長孫無忌等言禮釋奠于其先師若禮有高堂生樂有制氏詩有毛公書有伏生又禮始立學釋奠于先聖鄭氏註若周公孔子也故貞觀以夫子爲先聖衆儒爲先師且周公作禮樂當同王者之祀乃以周公配武王而孔子爲先聖總章元年太子弘釋奠于學贈顏回爲太子少師曾參少保咸亨元年詔州縣皆營孔子廟武后天授元年封周公爲褒德王孔子爲隆道公神龍元年以鄒魯百戶爲隆道公采邑以奉歲祀子孫世襲褒聖侯睿宗太極元年以兗州隆道公近祠戶三十供灑掃加贈顏回太子太師曾參太子太保皆配享玄宗開元七年皇太子齒胄於學謁先聖詔宋璟亞獻蘇頲終獻臨享太子思齒胄義乃詔三獻皆用胄子祀先聖如釋奠右散騎常侍褚无量講孝經禮記文王世子篇明年司業李元瓘奏先聖廟爲十哲象以先師顏子配則配象當坐今乃立侍餘弟子列象廟堂不豫享而范甯等皆從祀請釋奠十哲享於上而圖七十子於壁曾參以孝受經於夫子請享之如二十二賢乃詔十哲爲坐象悉豫祀曾參特爲之象坐亞之圖七十子及二十二賢於廟壁二十七年詔夫子既稱先聖可謚曰文宣王遣三公持節冊命以其嗣爲文宣公任州長史代代勿絕先時孔廟以周公南面而夫子坐西墉下貞觀中廢周公祭而夫子位未改至是二京國子監天下州縣夫子始皆南向以顏淵配贈諸弟子爵公侯子淵兗公子騫費侯伯牛鄆侯仲弓薛侯子有徐侯子路衞侯子我齊侯子貢黎侯子游吳侯子夏魏侯又贈曾參以降六十七人參成伯顓孫師陳伯澹臺滅明江伯宓子賤單伯原憲原伯公冶長莒伯南宮适郯伯公晳哀郳伯曾點宿伯顏路杞伯商瞿蒙伯高柴共伯漆雕開滕伯公伯寮任伯司馬牛向伯樊遲樊伯有若卞伯公西赤邵伯巫馬期鄅伯梁鱣梁伯顏柳蕭伯冉儒郜伯曹卹豐伯伯虔鄒伯公孫龍黃伯冉季產東平伯秦子南少梁伯漆雕斂武城伯顏子驕琅邪伯漆雕徒父須句伯壤駟赤北徵伯商澤雎陽伯石作蜀郈邑伯任不齊任城伯公夏首亢父伯公良孺東牟伯后處營丘伯秦開彭衙伯奚容箴下邳伯公肩定新田伯顏襄臨沂伯鄡單銅鞮伯句井疆淇陽伯罕父黑乘丘伯秦商上洛伯申黨召陵伯公祖子之期思伯榮子旗雩婁伯縣成鉅野伯左人郢臨淄伯燕伋漁陽伯鄭子徒榮陽伯秦非汧陽伯施常乘氏伯顏噲朱虛伯步叔乘淳于伯顏之僕東武伯原亢籍萊蕪伯樂欬昌平伯廉潔莒父伯顏何開

陽伯叔仲會瑕丘伯狄黑臨濟伯邽巽平陸伯孔忠汶陽伯公西與如重丘伯公西蒧祝阿伯於是二京之祭牲太牢樂宮縣舞六佾矣州縣之牲以少牢而無樂二十八年詔春秋二仲上丁以三公攝事若會大祀則用中丁州縣之祭上丁上元元年肅宗以歲旱罷中小祀而文宣之祭至仲秋猶祠之於太學永泰二年八月脩國學祠堂成祭酒蕭昕始奏釋奠宰相元載杜鴻漸李抱玉及常參官六軍將軍就觀焉自復二京惟正會之樂用宮縣郊廟之享登歌而已文武二舞亦不能具至是魚朝恩典監事乃奏宮縣於論堂而雜以教坊工伎貞元九年季冬貢舉人謁先師日與親享廟同有司言上丁釋奠與大祠同卽用中丁乃更用日謁於學元和九年禮部奏貢舉人謁先師自是不復行矣開元十九年始置太公尚父廟以留侯張良配中春中秋上戊祭之牲樂之制如文宣出師命將發日引辭于廟仍以古名將十人爲十哲配享天寶六載詔諸州武舉人上省先謁太公廟乾元元年太常少卿于休烈奏秋享漢祖廟旁無侍臣而太公乃以張良配子房生漢初佐高祖定天下時不與太公接古配食廟庭皆其佐命太公人臣也誼無配享請以張良配漢祖廟上元元年尊太公爲武成王祭典與文宣王比以歷代良將爲十哲象坐侍秦武安君白起漢淮陰侯韓信蜀丞相諸葛亮唐尚書右僕射衛國公李靖司空英國公李勣列於左漢太子少傅張良齊大司馬田穰苴吳將軍孫武魏西河守吳起燕昌國君樂毅列於右以良爲配後罷中祀遂不祭建中三年禮儀使顏眞卿奏治武成廟請如月令春秋釋奠其追封以王宜用諸侯之數樂奏軒縣詔史館考定可配享者列古今名將凡六十四人圖形焉越相國范蠡齊將孫臏趙信平君廉頗秦將王翦漢相國平陽侯曹參左丞相絳侯周勃前將軍北平太守李廣大司馬冠軍侯霍去病後漢太傅高密侯鄧禹左將軍膠東侯賈復執金吾雍奴侯寇恂伏波將軍新息侯馬援太尉槐里侯皇甫嵩魏征東將軍晉陽侯張遼蜀前將軍漢壽亭侯關羽吳偏將軍南郡太守周瑜丞相婁侯陸遜晉征南大將軍南城侯羊祜撫軍大將軍襄陽侯王濬東晉車騎將軍康樂公謝玄前燕太宰錄尚書太原王慕容恪宋司空武陵公檀道濟梁太尉永寧郡公王僧辯北齊尚書右僕射燕郡公慕容紹宗周大冢宰齊王宇文憲隋上柱國新義公韓擒虎柱國太平公史萬歲唐右武衛大將軍鄂國公尉遲敬德右武衛大將軍邢國公蘇定方右武衛大將軍同中書門下平章事韓國公張仁亶兵部尚書同中書門下三品中山公王晙夏官尚書同中書門下三品朔方大總管王孝傑齊相管仲安平君田單趙馬服君趙奢大將軍武安君李牧漢梁王彭越太尉條侯周亞夫大將軍長平侯衛青後將軍營平侯趙充國後漢大司馬廣平侯吳漢征西大將軍夏陽侯馮異建威大將軍好畤侯耿弇太尉新豐侯段熲魏太尉鄧艾蜀車騎將軍西鄉侯張飛吳武威將軍南郡太守孱陵侯呂蒙大司馬荊州牧陸抗晉鎮南大將軍當陽侯杜預太尉長沙公陶侃前秦丞相王猛後魏太尉北平王長孫嵩宋征虜將軍王鎮惡陳司空南平公吳明徹北齊右丞相咸陽王斛律光周太傅大宗伯燕國公于謹右僕射鄖國公韋孝寬隋司空尚書令越國公楊素右武候大將軍宋國公賀若弼唐司空河間郡王孝恭禮部尚書聞喜公裴行儉兵部尚書同中書門下三品代國公郭元振朔方節度使兼御史大夫張齊丘太尉中書令尚父汾陽郡王郭子儀貞元二年刑部尚書關播奏太公古稱大賢下乃置亞聖義有未安而仲尼十哲皆當時弟子今以異時名將列之弟子非類也請但用古今名將配享去亞聖十哲之名自是唯享武成王及留侯而諸將不復祭矣四年兵部侍郎李紓言開元中太公廟以張良配以太常卿少卿三獻祝文曰皇帝遣某敢昭告至上元元年贈太公以王爵祭典同文宣有司遂以太尉獻祝版親署夫太公周之太師張良漢之少傅今至尊屈禮於臣佐神何敢歆且文宣百世所宗故樂以宮縣獻以太尉尊師崇道也太公述作止六韜勳業著一代請祝辭不進署改昭告爲敬祭留侯爲致祭獻官用太常卿以下百官議之多請如紓言左司郎中嚴況等議曰按紓援典訓尊卑之節當矣抑猶有未盡夫大名徽號不容虛美而太公兵權奇計之人耳當殷之失德諸侯歸周遂爲佐命祀典不云乎法施於人則祀之如仲尼祖述堯舜憲章文武删詩書定禮樂使君君臣臣父父子子皆宗之法施於人矣貞觀中以太公兵家者流始令磻溪立廟開元漸著上戊釋奠禮其進不薄矣上元之際執事者苟意於兵遂封王爵號擬文宣彼於聖人非倫也謂宜去武成王號復爲太公廟奠享之制如紓請刑部員外郎陸淳等議曰武成王殷臣也紂暴不諫而佐周傾之夫尊道者師其人使天下之人入是廟登是堂稽其人思其道則立節死義之士安所奮乎聖人宗堯舜賢夷齊不法桓文不贊伊尹殆謂此也武成之名與文宣偶非不刊之典也臣愚謂罷上元追封立廟復磻溪祠有司以時享斯得矣左領軍大將軍令狐建等二十四人議曰兵革未靖宜右武以起忠烈今特貶損非勸也且追王爵以時祠爲武教主文武竝宗典禮已久改之非也乃詔以將軍爲獻官餘用紓奏自是以上將軍大將軍將軍爲三獻其五岳四鎮歲一祭各以五郊迎氣日祭之東岳岱山於兗州東鎮沂山於沂州南岳衡山於衡州南鎮會稽於越州中岳嵩高於河南西岳華山於華州西鎮吳山於隴州北岳恒山於定州北鎮醫無閭於營州東海於萊州淮於唐州南海於廣州江於益州西海及河於同州北海及濟於河南

唐書卷十五考證

禮樂志五內命婦采桑位于壇下○此下通典有當御位東北南向西上外命婦采桑位于壇下十八字此係脫文

唐書卷十六

宋 翰 林 學 士 歐 陽 修 撰

禮樂志第六

二曰賓禮以待四夷之君長與其使者蕃國主來朝遣使者迎勞前一日守宮設次於館門之外道右南向其日使者就次蕃主服其國服立於東階下西面使者朝服出次立於門西東面從者執束帛立於其南有司出門西面曰敢請事使者曰奉制勞某主稱其國名有司入告蕃主迎於門外之東西面再拜俱入使者先升立於西階上執束帛者從升立於其北俱東向蕃主乃升立於東階上西面使者執幣曰有制蕃主將下拜使者曰有後制無下拜蕃主旋北面再拜稽首使者宣制蕃主進受命退復位以幣授左右又再拜稽首使者降出立於門外之西東面蕃主送於門之外西止使者揖以俱入讓升蕃主先升東階上西面使者升西階上東面蕃主以土物儐使者使者再拜受蕃主再拜送物使者降出蕃主從出門外皆如初蕃主再拜送使者還蕃主入鴻臚迎引詣朝堂依方北面立所司奏聞舍人承敕出稱有敕蕃主再拜宣勞又再拜乃就館皇帝遣使戒蕃主見日如勞禮宣制曰某日某主見蕃主拜稽首使者降出蕃主送蕃主奉見前一日尚舍奉御設御幄於太極殿南向蕃主坐於西南東向守宮設次太樂令展宮縣設舉麾位於上下鼓吹令設十二案乘黃令陳車輅尚輦奉御陳輿輦典儀設蕃主立位於縣南道西北面蕃國諸官之位於其後重行北面西上典儀位于縣之東北贊者二人在南差退俱西面諸衛各勒部屯門列黃麾仗所司迎引蕃主至承天門外就次本司入奏鈒戟近仗皆入典儀帥贊者先入就位侍中版奏請中嚴諸侍衛之官及符寶郎詣閤奉迎蕃主及其屬各立於閤外西廂東面侍中版奏外辦皇帝服通天冠絳紗袍乘輿以出舍人引蕃主入門舒和之樂作典儀曰再拜蕃主再拜稽首侍中承制降詣蕃主西北東面曰有制蕃主再拜稽首乃宣制又再拜稽首侍中還奏承制降勞敕升座蕃主再拜稽首升坐侍中承制勞問蕃主俛伏避席將下拜侍中承制曰無下拜蕃主復位拜而對侍中還奏承制勞還館蕃主降復縣南位再拜稽首其官屬勞以舍人與其主俱出侍中奏禮畢皇帝興若蕃國遣使奉表幣其勞及戒見皆如蕃國主庭實陳於客前中書侍郎受表置於案至西階以表升有司各率其屬受其幣焉其宴蕃國主及其使皆如見禮皇帝已卽御坐蕃主入其有獻物陳於其前侍中承制降敕蕃主升坐蕃主再拜奉贄曰某國蕃臣某敢獻壤奠侍中升奏承旨曰朕其受之侍中降於蕃主東北西面稱有制蕃主再拜乃宣制又再拜以贄授侍中以授有司有司受其餘幣俱以東舍人承旨降敕就坐蕃國諸官俱再拜應升殿者自西階其不升殿者分別立於廊下席後典儀曰就坐階下贊者承傳皆就坐太樂令引歌者及琴瑟至階脫履升坐其笙管者就階閒北面立尚食奉御進酒至階典儀曰酒至興階下贊者承傳皆俛伏興立殿中監及階省酒尚食奉御進酒皇帝舉酒良醞令行酒典儀曰再拜階下贊者承傳皆再拜受觶皇帝初舉酒登歌作昭和三終尚食奉御受虛觶奠于坫酒三行尚食奉御進食典儀曰食至興階下贊者承傳皆興立殿中監及階省案尚食奉御品嘗食以次進太官令行蕃主以下食案典儀曰就坐階下贊者承傳皆就坐皇帝乃飯蕃主以下皆飯徹案又行酒遂設庶羞二舞以次入作食畢蕃主以下復位于縣南皆再拜若有筐篚舍人前承旨降宣敕蕃主以下又再拜乃出其三曰軍禮皇帝親征纂嚴前期一日有司設御幄於太極殿南向文武羣官次於殿庭東西每等異位重行北面乘黃

令陳革輅以下車旗於庭其日未明諸衛勒所部列黃麾仗平明侍臣將帥從行之官皆平巾幘袴褶留守之官公服就次上水五刻侍中版奏請中嚴鈒戟近仗列于庭三刻羣官就位諸侍臣詣閤奉迎侍中版奏外辦皇帝服武弁御輿以出即御座典儀曰再拜在位者皆再拜中書令承旨敕百寮羣官出侍中跪奏禮畢皇帝入自東房侍臣從至閤乃解于昊天上帝前一日皇帝清齋於太極殿諸豫告之官侍臣軍將與在位者皆清齋一日其日皇帝服武弁乘革輅備大駕至于壇所其牲二及玉幣皆以蒼尊以太尊山罍各二其獻一皇帝已飲福諸軍將升自東階立于神座前北向西上飲福受胙將軍之次在外壝南門之外道東西向北上其卽事之位在縣南北面每等異位重行西上其奠玉帛進熟飲福望燎皆如南郊其宜于社造于廟皆各如其禮而一獻軍將飲福于太稷廟則皇考之室其凱旋則陳俘馘於廟南門之外軍實陳于其後其解嚴皇帝服通天冠絳紗袍羣臣再拜以退而無所詔其餘皆如纂嚴若禡于所征之地則爲壝再重以熊席祀軒轅氏兵部建兩旗于外壝南門之外陳甲冑弓矢于神位之側植矟于其後尊以犧象山罍各二饌以特牲皇帝服武弁羣臣戎服三獻其接神者皆如常祀瘞而不燎其軍將之位如纇其軷于國門右校委土於國門外爲軷又爲瘞埳於神位西北太祝布神位於軷前南向太官令帥宰人刳羊郊社之屬設尊罍篚冪於神左俱右向置幣於尊所皇帝將至太祝立於罍洗東南西向再拜取幣進跪奠於神進饌者薦脯醢加羊於軷西首太祝盥手洗爵酌酒進跪奠於神興少退北向立讀祝太祝再拜少頃帥齋郎奉幣爵酒饌宰人舉羊肆解之太祝幷載埋於埳執尊者徹罍篚席駕至權停太祝以爵酌酒授太僕卿左併轡右受酒祭兩軹及軌前乃飲授爵駕轢軷而行其所過山川遣官告以一獻若遣將出征則皆有司行事賊平而宣露布其日守宮量設羣官次露布至兵部侍郎奉以奏聞承制集文武羣官客使於東朝堂各服其服奉禮設版位於其前近南文東武西重行北向又設客使之位設中書令位於羣官之北南面吏部兵部贊羣官客使謁者引就位中書令受露布置於案令史二人絳公服對舉之以從中書令出就南面位持案者立於西南東面中書令取露布稱有制羣官客使皆再拜遂宣之又再拜舞蹈又再拜兵部尚書進受露布退復位兵部侍郎前受之中書令入羣官客使各還次仲冬之月講武於都外前期十有一日所司奏請講武兵部承詔遂命將帥簡軍士除地爲場方一千二百步四出爲和門又爲步騎六軍營域左右廂各爲三軍北上中間相去三百步立五表表間五十步爲二軍進止之節別墠地於北廂南向前三日尚舍奉御設大次於墠前一日講武將帥及士卒集於墠所建旗爲和門如方色都墠之中及四角皆建五采牙旗旗鼓甲仗大將以下各有統帥大將被甲乘馬教習士衆少者在前長者在後其還則反之長者持弓矢短者持戈矛力者持旌勇者持鉦鼓刀楯爲前行持矟者次之弓箭者爲後使其習見旌旗金鼓之節旗臥則跪旗舉則起講武之日未明十刻而嚴五刻而甲步軍爲直陣以俟大將立旗鼓之下六軍各鼓十二鉦一大角四未明七刻鼓一嚴侍中奏開宮殿門及城門五刻再嚴侍中版奏請中嚴文武官應從者俱先至文武官皆公服所司爲小駕二刻三嚴諸衞各督其隊與鈒戟以次入陳於殿庭皇帝乘革輅至墠所兵部尚書介胄乘馬奉引入自北門至兩步軍之北南向黃門侍郎請降輅乃入大次兵部尚書停於東廂西向領軍減小駕騎士立於都墠之西周侍臣左右立於大次之前北上九品以上皆公服東西在侍臣之外十步所重行北上諸州使人及蕃客先集於北門外東方南方立於道東西方北方立於道西北上駕將至奉禮曰可拜在位者皆再拜皇帝入次謁者引諸州使人鴻臚引蕃客東方南方立於大次東北西方北方立於西北觀者立於都墠騎士仗外四周然後講武吹大角三通中軍將各以鞞令鼓二軍俱擊鼓三鼓有司偃旗步士皆跪諸帥果毅以上各集於其中軍左廂中軍大將立於旗鼓之東西面諸軍將立於其南右廂中軍大將立於旗鼓之西東面諸軍將立於其南北面以聽大將誓左右三軍各長史二人振鐸分循諸果毅各以誓詞告其所部遂擊鼓有司舉旗士衆皆起行及表擊鉦乃止又擊三鼓有司偃旗士衆皆跪又擊鼓有司舉旗士衆皆起驟及表乃止東軍一鼓舉青旗爲直陣西軍亦鼓舉白旗爲方陣以應次西軍鼓舉赤旗爲銳陣東軍亦鼓舉黑旗爲曲陣以應次東軍鼓舉黃旗爲圜陣西軍亦鼓舉青旗爲直陣以應次西軍鼓舉白旗爲方陣東軍亦鼓舉赤旗爲銳陣以應次東軍鼓舉黑旗爲曲陣西軍亦鼓舉黃旗爲圜陣以應凡陣先舉者爲客後舉者爲主每變陣二軍各選刀楯五十人挑戰第一第二挑戰迭爲勇怯之狀第三挑戰爲敵均之勢第四第五挑戰爲勝敗之形每將變陣先鼓而直陣然後變從餘陣之法既已兩軍俱爲直陣又擊三鼓有司偃旗士衆皆跪又聲鼓舉旗士衆皆起騎馳徒步左右軍俱至中表相擬擊而還每退至一行表跪起如前遂復其初侍中跪奏請觀騎軍承制曰可二軍騎軍皆如步軍之法每陣各八騎挑戰五陣畢大擊鼓而前盤馬相擬擊而罷遂振旅侍中跪奏稱侍中臣某言禮畢乃還皇帝狩田之禮亦以仲冬前期兵部集衆庶修田法虞部表所田之野建旗於其後前一日諸將帥士集於旗下質明弊旗後至者罰兵部申田令遂圍田其兩翼之將皆建旗及夜布圍闕其南面駕至田所皇帝鼓行入圍鼓吹令以鼓六十陳於皇帝東南西向六十陳於西南東向皆乘馬各備簫角諸將皆鼓行圍乃設驅逆之騎皇帝乘馬南向有司斂大綏以從諸公王以下皆乘馬帶弓矢陳於前後所司之屬又斂小綏以從乃驅獸出前初一驅過有司整飭弓矢以前再驅過有司奉進弓矢三驅過皇帝乃從禽左而射之每驅必三獸以上皇帝發抗大綏然後公王發抗小綏驅逆之騎止然後百姓獵凡射獸自左而射之達於右腢爲上射達右耳本爲次射左髀達於右䯚爲下射羣獸相從不盡殺已被射者不重射不射其面不翦其毛凡出表者不逐之田將畢虞部建旗於田內乃雷擊駕鼓及諸將之鼓士從譟呼諸得禽獸旗下致其左耳大獸公之小獸私之其上者供宗廟次者供賓客下者充庖廚乃命有司饁獸於四郊以獸告至於廟社射前一日太樂令設宮縣之樂鼓吹令設十二案於射殿之庭東面縣在東階東西面縣在西階西南北二縣及登歌廣開中央避射位張熊侯去殿九十步設乏於侯西十步北十步設五楅庭前少西布侍射者位於西階前東面北上布司馬位於侍射位之南東面布獲者位之東東面布侍射者射位於殿階下當前少西橫布南面侍射者弓矢俟於西門外陳賞物於東階下少東置罰豐於西階下少西設罰尊於西階南北以殿深設篚於尊西南肆實爵加冪其日質明皇帝服武弁文武官俱公服典謁引入見樂作如元會之儀酒二徧侍中一人奏稱有司謹具請射侍中一人前承制退稱制曰可王公以下皆降文官立於東階下西面北上武官立於西階下於射之後東面北上持鈒隊羣立於兩邊千牛備身二人奉御弓及矢立於東階上西面執弓者在北又設坫於執弓者之前又置御決拾笥於其上獲者持旌自乏南行當侯東行至侯負侯北面立侍射者出西門外取弓矢兩手奉弓搢乘矢帶入立於殿下射位西東面司馬奉弓自西階升當西楹前南面揮弓命獲者以旌去侯西行十步北行至乏止司馬降自西階復位千牛中郎一人奉決拾以笥千牛將軍奉弓千牛郎將奉矢進立於御榻東少南西向郎將跪奠笥於御榻前少東遂拂以巾取決興贊設決又跪取拾興贊設拾以笥退奠於坫千牛將軍北面張弓以袂順左右隈上再下一（弓左右隈謂弓面上下以衣袂摩拭上面再下面一）西面左執弣右執簫以進千牛郎將以巾拂矢進一一供御欲射協律郎舉麾先奏鼓吹及奏樂騶虞五節御及射第一矢與第六節相應第二矢與第七節相應以至九節協律郎偃麾樂止千牛將軍以矢行奏中曰獲下曰留上曰揚左曰左方右曰右方（留謂矢短不及侯揚謂矢過侯左右謂矢偏不正）千牛將軍於御座東西面受弓退付千牛於東階上千牛郎將以笥受決拾奠於坫侍射者進升射席北面立左旋東面張弓南面挾矢協律郎舉麾乃作樂不作鼓吹樂奏貍首三節然後發矢若侍射者多則齊發第一發與第四節相應第二發與第五節相應以至七節協律郎偃麾樂止弓右旋東西弛弓如面立乃退復西階下立司馬升自西階自西楹前南面揮弓命取矢取矢者以御矢付千牛於東階下侍射者釋弓於位庭前北面東上有司奏請賞罰侍中稱制曰可有司立楅之西東面監唱射矢取矢者各唱中者姓名中者立於東階下西面北上不中者立於西階下東面北上俱再拜有司於東階下以付賞物酌者於罰尊西東面跪奠爵於豐上不中者進豐南北面跪取爵立飲卒爵奠豐下酌者北面跪取虛爵酌奠不中者以次繼飲皆如初典謁引王公以下及侍射者皆庭前北面相對爲首再拜訖引出持鈒隊復位皇帝入奏樂警蹕有司以弓矢出中門外侍射者出若特射無侍射之人則不設楅不陳賞罰若燕遊小射則常服不陳樂縣不行會禮不合朔伐鼓其日前二刻郊社令及門僕赤幘絳衣守四門令巡門監察鼓吹令平巾幘袴褶帥工人以方色執麾旒分置四門屋下設龍蛇鼓於右東門者立於北塾南面南門者立於東塾西面西門者立於南塾北面北門者立於西塾東面隊正一人平巾幘袴褶執刀帥衞士五人執五兵立於鼓外矛在東戟在南斧鉞在西矟在北郊社令立攢於社壇四隅以朱絲繩縈之太史一人赤幘赤衣立於社壇北向日觀變黃麾次之龍鼓一次之在北弓一矢四次之諸

兵鼓立候變日有變史官曰祥有變工人舉麾龍鼓發聲如雷史官曰止乃止其日皇帝素服避正殿百官廢務自府史以上皆素服各於其廳事之前重行每等異位向日立明復而止貞元三年八月日有食之有司將伐鼓德宗不許太常卿董晉言伐鼓所以責陰而助陽也請聽有司依經伐鼓不報由是其禮遂廢大儺之禮選人年十二以上十六以下爲侲子假面赤布袴褶二十四人爲一隊六人爲列執事十二人赤幘赤衣麻鞭工人二十二人其一人方相氏假面黃金四目蒙熊皮黑衣朱裳右執楯其一人爲唱帥假面皮衣執棒鼓角各十合爲一隊隊別鼓吹令一人太卜令一人各監所部巫師二人以逐惡鬼于禁中有司預備每門雄雞及酒擬於宮城正門皇城諸門磔禳設祭太祝一人齋郎三人右校爲瘞埳各於皇城中門外之右前一日之夕儺者赴集所具其器服以待事其日未明諸衞依時刻勒所部屯門列仗近仗入陳於階鼓吹令帥儺者各集於宮門外內侍詣皇帝所御殿前奏侲子備請逐疫出命寺伯六人分引儺者於長樂門永安門以入至左右上閤鼓譟以進方相氏執戈揚楯唱侲子和曰甲作食殃胇胃食虎雄伯食魅騰簡食不祥攬諸食咎伯奇食夢彊梁祖明共食磔死寄生委隨食觀錯斷食巨窮奇騰根共食蠱凡使一十二神追惡凶赫汝軀拉汝幹節解汝肉抽汝肺腸汝不急去後者爲糧周呼訖前後鼓譟而出諸隊各趨順天門以出分詣諸城門出郭而止儺者將出祝布神席當中門南向出訖宰手齋郎疈牲匈磔之神席之西藉以席北首齋郎酌清酒太祝受奠之祝史持版於坐右跪讀祝文曰維某年歲次月朔日天子遣太祝臣姓名昭告于太陰之神興奠版于席乃舉牲幷酒瘞於埳

唐書卷十六考證

禮樂志六蕃主入門舒和之樂作○沈炳震曰按通典皇帝將出仗動大樂令撞黃鐘之鐘右五鐘皆應協律郎舉麾擊柷奏太和之樂及沽洗之音皇帝即御座偃麾戛敔樂止皇帝出入奏樂新書雖發凡于樂志然于此節而存舒和之樂文則似皇帝即座不作樂而蕃主入門始作樂矣理似未長　臣酉按此志賓禮所重在蕃主入門作樂至皇帝出入奏樂已發凡于樂志矣去彼存此史體乃合炳震之說未可從

立楅之西東面○通典作東西面

唐書卷十七

宋　翰　林　學　士　歐　陽　修　撰

禮樂志第七

四曰嘉禮皇帝加元服有司卜日告于天地宗廟前一日尚舍設席於太極殿中楹之間莞筵紛純加藻席緇純加次席黼純有司設次展縣設案陳車輦設文官五品以上位於縣東武官於縣西六品以下皆於橫街之南北上朝集使分方於文武官當品之下諸親位於四品五品之下皇宗親在東異姓親在西蕃客分方各於朝集使六品之南諸州使人於朝集使九品之後又設太師太尉位於橫街之南道東北面西上典儀於縣東北贊者二人在南少退俱西向又設門外位於東西朝堂如元日其日侍中版奏請中嚴太樂令鼓吹令帥工人入就位有司設罍洗於阼階東南設席於東房內近西張帷於東序外殿中監陳袞服於內席東領緇纚玉簪及櫛三物同箱在服南又設莞筵一紛純加藻席緇純加次席黼純在南尚食實醴尊於東序外帷內坫在尊北實角觶柶各一饌陳於尊西籩豆各十二俎三在籩豆之北設罍洗於尊東袞冕玉導置於箱太常博士一人立於西階下東面諸侍衞之官俱詣閤奉迎典儀帥贊者及羣官以次入就位太常博士引太常卿升西階立於西房外當戶北向侍中版奏外辦皇帝服空頂黑介幘絳紗袍出自西房即御座立太師太尉入就位典儀曰再拜贊者承傳在位者皆再拜太師升自西階立於東階上東面太尉詣阼階下盥洗盥手升自東階詣東房取纚櫛箱進跪奠於御座西端太師詣御座前跪奏曰坐皇帝坐太尉當前少左跪脫幘置於箱櫛畢設纚興少西東面立太師降盥受冕右執項左執前升自西階當前少左祝曰令月吉日始加元服壽考惟祺以介景福乃跪冠興復西階上位太尉前少左跪設簪結纓興復位皇帝興適東房殿中監徹櫛纚箱以退皇帝袞服出即席南向坐太殿詣序外帷內盥手洗觶酌醴加柶覆之面葉立於序內南面太師進受醴面柄前北向祝曰甘醴唯厚嘉薦令芳承天之休壽考不忘退降立於西階下東面將祝殿中監率進饌者奉饌設於前皇帝左執觶右取脯擩於醢祭於籩豆之間太尉取胏一以進皇帝奠觶於薦西受胏舒左執本右絕末以祭止左手嚌之授太尉太尉加於俎降立於太師之南皇帝帨手取觶以柶祭醴啐醴建柶奠觶於薦東太師太尉復橫街南位典儀曰再拜贊者承傳在位者皆再拜太師太尉出侍中前跪奏禮畢皇帝輿入自東房在位者以次出皇太子加元服有司豫奏司徒一人爲賓卿一人爲贊冠吏部承以戒之前一日尚舍設御幄於太極殿有司設羣官之次位展縣設案陳車輿皆如皇帝之冠設賓受命位於橫街南道東贊冠位於其後少東皆北面又設文武官門外位於順天門外道東西其日侍中奏請中嚴羣官有司皆就位賓贊入立於太極門外道東西面黃門侍郎引主節持幡節中書侍郎引制書案立於樂縣東南西面北上侍中奏外辦皇帝服通天冠絳紗袍乘輿出自西房即御座賓贊入就位典儀曰再拜在位皆再拜侍中及舍人前承制侍中降至賓前稱有制公再拜侍中曰將加冠於某之首公其將事公少進北面再拜稽首辭曰臣不敏恐不能供事敢辭侍中升奏又承制降稱制旨公其將事無辭公再拜侍中舍人至卿前稱敕旨卿再拜侍中曰將加冠於某之首卿宜贊冠卿再拜黃門侍郎執節立於賓東北西面賓再拜受節付于主節又再拜中書侍郎取制書立賓東北西面賓再拜受制書又再拜典儀曰再拜贊者承傳在位皆再拜賓贊出皇帝降坐入自東房在位者以次出初賓贊出門以制書置於案引以幡節威儀鐃吹及九品以上皆詣東宮朝堂冠前一日衞尉設賓次於重明門外道西南向贊冠於其西南又設次於門內道西以待賓贊又設皇太子位於閤外道東西向三師位於道西三少位於其南少退俱東向又設軒縣於庭皇太子受制位於縣北解劒席於東北皆北面冠日平明宮臣皆朝服其餘公服集於重明門外朝堂宗正卿乘車侍從詣左春坊權停左右二率各勒所部屯門列仗左庶子版奏請中嚴羣官有司入就位設罍洗於東階東南設冠席於殿上東壁下少南西向賓席於西階上東向主人席於皇太子席西南西向三師席於冠席南張帷於東序內設褥席於帷中又張帷於序外冠席內直郎陳服於帷內東領北上袞冕金飾象笏遠游冠緇布冠服玄衣素裳素韠白紗中單青領褾襈裾履襪革帶大帶笏緇纚犀簪二物同箱在服南櫛實於箱又在南莞筵四藻席四又在南良醞令實側尊甒醴於序外帷內設罍洗於尊東實巾一角觶柶各一太官令實饌豆九籩九於尊西俎三在豆北袞冕遠游三梁冠黑介幘緇布冠青組纓屬於冠冕各一箱奉禮郎三人各執立於西階之西東面北上主人贊冠者宗正卿爲主人庶子爲贊冠升詣東序帷內少北戶東西立典謁引羣官以次入就位初賓贊入次左庶子版奏外辦通事舍人引三師等入就閤外道西位東面立皇太子空頂黑介幘雙童髻綵衣紫袴褶織成褾領綠紳烏皮履乘輿以出洗馬迎於閤門外左庶子請降輿洗馬引之道東位西向立左庶子請再拜三師三少答拜乃就階東南位三師在前三少在後千牛二人夾左右其餘仗衞列於師保之外皇太子乃出迎賓至阼階東西面立宗正卿立於門東西面賓立於西東面宗正卿再拜賓不答拜賓入主人從入立於縣東北西面賓入贊冠者從賓詣殿階間南面贊冠者立於賓西南東面節在賓東少南西面制案在贊冠西南東面賓執制皇太子詣受制位北面立主節脫節衣賓稱有制皇太子再拜宣詔曰有制皇太子某吉日元服率由舊章命太尉某就宮展禮皇太子再拜少傅進詣賓前受制書以受皇太子付于庶子皇太子升東階入于東序帷內近北南面立賓升西階及宗正卿各立席後初賓升贊冠者詣罍洗盥手升自東階帷內於主人冠贊之南俱西面主人贊冠者引皇太子出立於席東西面賓贊冠者取纚櫛二箱坐奠於筵皇太子進升筵西面坐賓之贊冠者東面坐脫幘置於箱櫛畢設纚興少北南面立冠緇布冠升賓降一等受之右執項左執前進東向立祝曰令月吉日始加元服棄厥幼志愼其成德壽考惟祺以介景福乃跪冠興復位皇太子東面立賓揖皇太子贊冠者引適東序帷內服玄衣素裳之服以出立於席東西面賓揖皇太子升筵西向坐賓之贊冠者進跪脫緇布冠置於箱興復位賓降二等受遠游冠右執項左執前進祝曰吉月令辰乃申嘉服克敬威儀式昭厥德眉壽萬歲永壽胡福乃跪冠興復位皇太子興賓揖皇太子贊冠者引適東序帷內朝服以出立於席東西面賓揖皇太子升筵坐賓之贊冠者跪脫遠游冠興復位賓降三等受冕右執項左執前進祝曰以歲之正以月之令咸加其服以成厥德萬壽無疆承天之慶乃跪冠興復位每冠皆贊冠者跪設簪結纓皇太子興賓揖皇太子適東序服袞冕之服以出立於席東西面贊冠者徹纚櫛箱以入又取筵入於帷內主人贊冠者又設醴皇太子席於室戶西南向下莞上藻賓之贊冠者於東序外帷內盥手洗觶典膳郎酌醴加柶覆之面柄授贊冠立於序內南面賓揖皇太子就筵西南面立賓進受醴加柶面柄進北向立祝曰甘醴唯厚嘉薦令芳拜受祭之以定厥祥承天之休壽考不忘皇太子拜受觶賓復位東面答拜贊冠

者與進饌者奉饌設於筵前皇太子升筵坐左執觶右取脯擩於醢祭於籩豆之間贊冠者取韭菹遍擩於豆以授皇太子又祭於籩豆之間贊冠者取胏一以授皇太子皇太子奠觶於薦西興受胏卻左手執本坐繚右手絕末以祭止左手嚌之興以授贊冠者加於俎皇太子坐帨手取觶以柶祭醴三始扱一祭又扱再祭加柶於觶面葉興筵末坐啐醴建柶興降筵西南面坐奠觶再拜執觶興賓答拜皇太子降立於西階之東南面賓降立於西階之西少南贊冠隨降立於賓西南皆東面賓少進字之祝曰禮儀既備令月吉日昭告厥字君子攸宜宜之於嘏永受保之奉敕字某皇太子再拜曰某雖不敏敢不祇奉又再拜洗馬引太子降阼階位三師在南北面三少在北南面立皇太子西面再拜三師等各再拜以出典儀曰再拜贊者承傳在位者皆再拜左庶子前稱禮畢皇太子乘輿以入侍臣從至閤賓贊及宗正卿出就會皇子冠前三日本司帥其屬筮日筮賓於聽事前二日主人至賓之門外次東面賓立於阼階下西面儐者進於左北面受命出立於門東西面曰敢請事主人曰皇子某王將加冠請某公教之儐者入告賓出立於門左西面再拜主人答拜主人曰皇子某王將加冠願某公教之賓曰某不敏恐不能共事敢辭主人曰某猶願某公教之賓曰王重有命其敢不從主人再拜而還賓拜送命贊冠者亦如之冠之日夙興設洗於阼階東南席於東房內西墉下陳衣於席東領北上袞冕遠游冠緇布冠緇纚犀簪櫛實於箱在服南莞筵藻席各三在南設尊於房戶之外西兩甒玄酒在西加勺羃設坫於尊東置二爵於坫加羃豆十籩十在服北俎三在籩豆之北質明賓贊至於主人大門外之次遠游三梁緇布冠各一箱各一人執之侍於西階之西東面北上設主人之席於阼階上西面賓席於西階上東面皇子席於室戶東房戶西南面俱下莞上藻主人立於阼階下當東房西面諸親立於罍洗東南西面北上儐者立於門內道南北面皇子雙童髻空頂幘綵袴褶錦紳烏皮履立於房內南面主人贊冠者立於房內戶東西面賓及贊冠者出立於門西贊冠者少退俱東面北上儐者受命於主人出立於門東西面曰敢請事賓曰皇子某王將加冠某謹應命儐者入告主人出迎賓西面再拜賓答拜主人揖贊冠者贊冠者報揖主人又揖賓賓報主人入賓贊冠者以次入及內門主人揖賓賓入贊冠者從之至內霤將曲揖賓報揖至階主人立於階東西面賓立於階西東面主人曰請公升賓曰某備將事敢辭主人曰固請公升賓曰某敢固辭主人曰終請公升賓曰某敢終辭主人升自阼階立於席東西向賓升自西階立於席西東向贊冠者及庭盥於洗升自西階入於東房立於主人贊冠者之南俱西面主人贊冠者引皇子出立於房戶外西南面賓之贊冠者取纚櫛簪箱跪奠於皇子筵東端興席東少北南面立賓揖皇子賓主俱卽坐皇子進升席南面坐賓之贊冠者進筵前北面跪脫雙童髻置於箱櫛畢設纚賓降盥主從降賓東面辭曰願主不降主人曰公降辱敢不從降賓既盥詣西階賓主一揖一讓升主人立於席後西面賓立於西階上東執緇布冠者升賓降一等受之右執項左執前北面跪冠興復西階上席後東面立皇子興賓揖皇子適房賓主俱坐皇子服青衣素裳之服出房戶西南面立賓揖皇子皇子進立於席後南面賓降盥主人從降辭對如初賓跪取爵於篚興洗詣西階賓主一揖一讓升坐主人立於席後西面賓詣酒尊所酌酒進皇子筵前北向立祝曰旨酒既清嘉薦亶時始加元服兄弟具來孝友時格永乃保之皇子筵西拜爵賓復西階上東面答拜執饌者薦籩豆於皇子筵前皇子升座左執爵右執脯擩於醢祭於籩豆之間祭酒興筵末坐啐酒執爵興降筵奠爵再拜執爵興賓答拜冠者升筵跪奠爵於薦東興立於筵西南面執饌者徹薦爵賓揖皇子皇子進升筵南向坐賓之贊冠者跪脫緇布冠置於箱賓降二等受遠游冠冠之皇子興賓揖皇子適房賓主俱坐皇子服朝服出房戶西南面立賓主俱興賓揖皇子皇子進立於席後南面賓詣尊所取爵酌酒進皇子筵前北向立祝曰旨酒既湑嘉薦伊脯乃申其服禮儀有序祭此嘉爵承天之祜皇子筵西拜受爵祭饌如初禮賓揖皇子進升席南面坐賓之贊冠者跪脫進賢冠賓降三等受冕冠之每冠皆贊冠者設簪結纓皇子興賓揖皇子適房服袞冕以出房戶西南面賓揖皇子進立於席後南面賓詣酒尊所取爵酌酒進皇子祝曰旨酒令芳籩豆有楚咸加其服殽升折俎承天之慶受福無疆皇子筵西拜受爵執饌者薦籩豆設俎於其南皇子升筵坐執爵祭脯醢贊冠者取胏一以授皇子皇子奠爵於薦西興受坐祭左手嚌之興加於俎皇子坐涗手執爵祭酒興筵末坐啐酒降筵西南面坐奠爵再拜執爵興賓答拜皇子升筵坐奠爵於薦東興贊冠者引皇子降立於西階之東南面初皇子降賓降自西階直西序東面立主人降自東階直東序西面立賓少進字之曰禮儀既備令月吉日昭告其字爰字孔嘉君子攸宜宜之于嘏永受保之曰孟某甫仲叔季唯其所當皇子曰某雖不敏夙夜祇奉賓出主人送於內門外主人西面請賓曰公辱執事請禮從者賓曰某既得將事敢辭主人曰敢固以請賓曰某辭不得命敢不從賓就次主人入初賓出皇子東面見諸親拜之皇子答拜皇子入見內外諸尊於別所賓主既釋服改設席訖賓贊俱出次立於門西主人出揖賓賓報揖主人先入賓贊從之至階一揖一讓升坐俱坐會訖賓立於西階上贊冠者在北少退俱東面主人立於東階上西面掌事者奉束帛之篚升授主人於序端主人執篚少進西面立又掌事者奉幣篚升立於主人後幣篚升牽馬者牽兩馬入陳於門內三分庭一在南北首西上賓還西階上北面再拜主人進立於楹間贊冠者立於賓左少退俱北面再拜主人南面賓贊進立於主人之右俱南面東上主人授幣賓受之退復位於主人授幣掌事者又以幣篚授贊冠者主人還阼階上北面拜送賓贊降自西階從者訝受幣賓當庭實東面揖出牽馬者從出從者訝受馬於門外賓降主人降送賓於大門西面再拜若諸臣之嫡子三加皆祝而冠又祝而酌又祝而字庶子三加既加然後酌而祝之又祝而字其始冠皆緇布再加皆進賢其三加一品之子以袞冕二品之子以鷩冕三品之子以毳冕四品之子以絺冕五品之子以玄冕六品至于九品之子以爵弁其服從之其卽席而冠也嫡子西面庶子南面其筮日筮賓贊遂戒之及其所以冠之禮皆如親王

唐書卷十七考證

禮樂志七加藻席緇純○緇通典作繢

侍中○此下通典有退字

侍中曰○沈炳震曰當作舍人曰

卿再拜○此句下通典有舍人退三字

唐書卷十八

宋　翰　林　學　士　歐　陽　修　撰

禮樂志第八

皇帝納皇后制命太尉爲使宗正卿爲副吏部承以戒之前一日有司展縣設桉陳車輿于太極殿廷如元日文武九品朝集蕃客之位皆如冠禮設使者受命位於大橫街南道東西上副少退北面侍中請中嚴羣臣入就位使副入立於門外道東西面黃門侍郎引幡節中書侍郎引制書桉立於左延明門內道北西面北上乃奏外辦皇帝袞冕御輿出自西房卽御座使副入就位典儀曰再拜在位者皆再拜侍中前承制降詣使者東北西面曰有制使副再拜侍中宣制曰納某官某氏女爲皇后命公等持節行納采等禮使副又拜主節立於使者東北西面以節授黃門侍郎侍郎以授使者付于主節立於後中書侍郎引制書桉立於使者東北以制書授使者置於桉典儀曰再拜在位者皆再拜使副出持節者前導持桉者次之侍中奏禮畢皇帝入在位者以次出初使副乘輅鼓吹備而不作從者乘車以從其制書以油絡網犢車載之其日大昕使副至于次主人受於廟若寢布神席於室戶外之西莞筵紛純加藻席畫純南向右彫几使副立於門西北上持幡節者立於北少退制桉立於南執鴈者又在其南皆東面主人立於大門內西面儐者北面受命於左出立於門東西面曰敢請事使者曰某奉制納采儐者入告主人曰臣某之女若如人既蒙制訪臣某不敢辭儐者出告入引主人出迎使者於大門外之南北面再拜使者不答主人揖使副先入至於階使副入導以幡節桉鴈從之幡節立西階之西東面使者由階升立於兩楹間南面副在西南持桉及執鴈者又在西南皆東面主人升阼階當使者前北面立持桉者以桉進授使者以制書節脫衣制者曰有制主人再拜宣制主人降詣階間北面再拜稽首升進北面受制書以授左右使者授鴈主人再拜進受鴈以授左右儐者引答表桉進立於主人後少西以表授主人主人進授使者退復位再拜節加衣謁者引使副降自西階以出制文以版長一尺二寸博四寸厚八分后家答版亦如之問名使者既出遂立於內門外之西東面主人立於內門內東廂西面儐者出請事使者曰將加卜筮奉制問名儐者入告主人曰臣某之子若如人既蒙制訪臣某不敢辭儐者出告入引主人出迎使者以入授主人以制書答表皆如納采使副降

自西階以出立於內門外之西東面主人立於東階下西向儐者出請事使者曰禮畢儐者入告主人曰某公奉制至於某之室某有先人之禮請禮從者儐者出告使者曰某旣得將事敢辭儐者入告主人曰先人之禮敢固以請儐者出告使者曰某辭不得命敢不從儐者入告遂引主人升立於序端掌事者徹几設二筵東上設甒醴於東房西牖下加杓羃坫在尊北實觶二角柶二籩豆各一實以脯醢在坫北又設洗於東南主人降迎使者西面揖先入使副入門而左主人入門而右至階主人曰請某位升使者曰某敢辭主人又曰固請某使升使者曰某敢固辭主人又曰終請某位升使者曰敢終辭主人升自阼階使副升自西階北面立主人阼階上北面再拜受几於序端掌事者內拂几三奉兩端西北向以進主人東南向外拂几三振袂內執之事掌者一人又執几以從主人進西北向使者序進迎受於筵前東南向以俟主人還東階上北面再拜送使者以几跪進北面跪各設於坐左退於西階上北面東上答拜立於階西東面南上贊者二人俱升取觶降盥手洗觶升實醴加柶於觶覆之面葉出房南面主人受醴面柄進使者筵前西北面立又贊者執觶以從使者西階上北面各一拜序進筵前東南面主人又以次受醴使者受俱復西階上位主人退復東階上北面一拜送掌事者以次薦脯醢於筵前使者各進外筵皆坐左執觶右取脯擩於醢祭於籩豆之間各以柶祭醴三始扱一祭又扱再祭興各以柶兼諸觶上躐降筵於西階上俱北面坐啐醴建柶各奠觶於薦遂拜執觶興主人答拜使者進升筵坐各奠觶於薦東降筵序立於西階上東面南上掌事者牽馬入陳於門內三分庭一在南北首西上又掌事者奉幣篚升自東階以授主人受於序端進西面位掌事者一人又奉幣篚立於主人之後使者西階上俱北面再拜主人進詣楹間南面立使者序進立於主人之西俱南面主人以幣篚授使者使者受退立於西階上東面執幣者又以授主人主人受以授使副使副受之退立於使者之北俱東面主人還東階上北面再拜送使者降自西階從者訝受幣篚使者當庭實揖馬以出牽馬者從出使者出大門外之西東面立從者訝受馬主人出門東西面再拜送使者退主人入立於東階下西面儐者告於主人曰賓不顧矣主人反於寢使者奉答表詣闕納吉使者之辭曰加諸卜筮占曰日從制使某也入告主人之辭曰臣某之女若如人龜筮云吉臣預在焉臣某謹奉典制其餘皆如納采納徵其日使者至于主人之門外執事者入布幕於內門之外玄纁束陳於幕上六馬陳於幕南北首西上執事者奉穀珪以匱俟於幕東西面謁者引使者及主人立於大門之內外儐者進受命出請事使者曰某奉制納徵儐者入告主人曰奉制賜臣以重禮臣某祗奉典制儐者出告入引主人出迎使者入執事者坐啓匱取珪加於玄纁牽馬者從入三分庭一在南北首西上執珪者在馬西俱北面其餘皆如納采册后前一日守宮設使者次於后氏大門外之西尚舍設尚宮以下次於后氏閤外道西東向障以行帷其日臨軒命使如納采奉禮設使者位於大門外之西東向使副及內侍位於使者之南舉册桉及寶綬者在南差退持節者在使者之北少退俱東向設主人位於大門外之南北面使者以下及主人位於內門外亦如之設內謁者監位於內門外主人之南西面司贊位於東階東南掌贊二人在南差退俱西向又置一桉於閤外使副乘輅持節備儀仗鼓吹備而不作內僕進重翟以下於大門之外道西東向以北為上諸衛令其屬布后儀仗使者出次就位主人朝服立於東階下西面儐者受命出請事使者曰某奉制授皇后備物典册儐者入告主人出迎於大門外北面再拜使者不答拜使者入門而左持節者前導持桉者次之主人入門而右至內門外位奉册寶桉者進進使副册寶內侍進使者前西面受册寶東面授內謁者監持入立於閤外之西東面跪置於桉尚宮以下入閤奉后首飾褘衣傅姆贊出尚宮引降立於庭中北面尚宮跪取册尚服跪取寶綬立於后之右西向司言司寶各一人立於右左東向尚宮曰有制尚儀曰再拜皇后再拜宣册尚儀曰再拜皇后又再拜尚宮授皇后以册受以授司言尚服又授以寶綬受以授司寶皇后升坐內官以下俱降立於庭重行相向西上司贊曰再拜掌贊承傳皆再拜諸應侍衛者各升立於侍位尚儀前跪奏曰禮畢皇后降坐以入使者復命其遣使者奉迎其日侍中版奏請中嚴皇帝服衮冕出升所御殿文武之官五品已上立於東西朝堂奉迎前一日守宮設使者次於大門之外道右設使副及內侍次於使者次西俱南向尚舍設宮人次於閤外道西奉禮設使副持桉執鴈者持節者及奉禮贊者位如册后又設內侍位於大門外道左西面又設宮人以下位於堂前使副朝服乘輅持節至大門外次宮人等各之次奉迎尚儀奏請皇后中嚴傅姆導皇后尚宮前引出升堂皇后將出主婦出於房外之西南向文武奉迎者皆陪立於大門之外文官在東武官在西皆北上謁者引使者詣大門外立主人立於內門外堂前東階下西面儐者受命出請事使者曰某奉制以今吉辰率職奉迎儐者入告主人曰臣謹奉典制儐者出告入引主人出門南北面再拜謁者引入至內門外堂西階使者先升位於兩楹間南面副在西持桉執鴈者在西南俱東面主人升東階詣使者前北面立使副授以制書曰有制主人再拜使者宣制主人降詣階間北面再拜稽首升進北面受制書主人再拜北面立使副授以鴈主人再拜進受仍北面立儐者引二人對舉答表桉進主人以表授使副再拜降自西階以出復門外位奉禮曰再拜贊者承傳使副俱再拜使者曰令月吉日臣某等承制率職奉迎內侍受以入傳於司言司言受以奏聞尚儀奏請皇后再拜主人入升自東階進西面誡之曰戒之敬之夙夜無違命主人退立於東階上西面母誡於西階上施衿結帨曰勉之敬之夙夜無違命皇后升輿以降升重翟以几姆加景內宮侍從及內侍導引應乘車從者如鹵簿皇后車出大門外以次乘車馬引從同牢之日內侍之屬設皇后大次於皇帝所御殿門外之東南向將夕尚寢設皇帝御幄於室內之奧東向鋪地席重茵施屏障初昏尚食設洗於東階東西當東霤南北以堂深后洗於東房近北設饌於東房西牖下豆各二十四簠簋各二登各三俎三尊於室內北牖下玄酒在西又尊於房戶外之東無玄酒坫在南加四爵合卺器皆烏漆卺以匏皇后入大門鳴鐘鼓從永巷至大次前回車南向施步障尚儀進當車前跪請降車皇后降入次尚宮引詣殿門之外西向立尚儀跪奏外辦請降坐禮迎皇帝降坐尚宮前引詣門內之西東面揖后以入尚食酌玄酒三注於尊尚寢設席於室內之西東向皇帝導后升自西階入室即席東向立皇后入立於尊西南面皇帝盥於西洗后盥於北洗饌入設醬於席前菹醢在其北俎三設於豆東豕俎特在北尚食設黍于醬東稷稻粱又在東設湆于醬南設后對醬于東當特俎菹在其南北上設黍于豕俎北其西稷稻粱設湆于醬北尚食啓會卻于簠簋之南對簠簋于北加匕箸尚寢設對席於饌東尚食跪奏饌具皇帝揖皇后升對席西面皆坐尚食跪取韭菹擩醢授皇帝取菹擩醢授皇后俱受祭於豆間尚食又取黍實於左手遍取稷稻粱反於左手授皇帝又取黍稷稻粱授皇后俱受祭於豆間又各取胏絕末授帝后俱祭於豆間尚食各以胏加於俎司飾二人以巾授皇帝及皇后俱涚手尚食各跪品嘗饌移黍置於席上以次授胏脊帝后皆食三飯卒食尚食二人俱盥手洗爵於房入室酌于尊以授帝后俱受祭尚食各以肝從皆奠爵振祭嚌之尚食皆受實於俎豆各取爵皆飲尚儀受虛爵奠於坫再酳如初三酳用卺如再酳尚食俱降東階洗爵升酌於戶外進北面奠爵興再拜跪取爵祭酒遂飲卒爵奠遂拜執爵興降奠於篚尚儀北面跪奏稱禮畢興帝后俱興尚宮引皇帝入東房釋冕服御常服尚宮引皇后入幄脫服尚宮引皇帝入尚食徹饌設於東房如初皇后從者餕皇帝之饌皇帝侍者餕皇后之饌皇太子納妃皇帝遣使者至于主人之家不持節無制書其納采問名納吉納徵告期皆如后禮其册妃前一日主人設使者次大門之外道右南向又設宮人次於使者西南俱東向障以行帷奉禮設使者位於大門外之西副及內侍又於其南舉册桉及璽綬命服者又南差退俱東向設主人位於門東北面又設位於內門外如之設典內位於內門外主人之南西面宮人位於門外使者之後重行東向以北為上障以行帷設贊者二人位於東階東南西向典內預置一桉於閤外使副朝服乘輅持節鼓吹備而不作至妃氏大門外次掌嚴奉褕翟衣及首飾內廐尉進厭翟於大門之外道西東向以北為上諸衛帥其屬布儀仗使者出次持節前導及宮人典內皆就位主人朝服出迎於大門之外北面再拜使者入門而左持桉從之主人入門而右至內門外位奉册寶桉者進授使副册寶內侍西面受之東面授典內典內持入跪置於閤內之桉奉衣服及侍衛者從入皆立於典內之南俱東面傅姆贊妃出立於庭中北面掌書跪取玉寶南向掌嚴奉首飾褕翟與諸宮官侍衛者以次入司則前贊妃再拜北面授册寶於掌書南向授妃妃以授司閨司則又贊再拜乃請妃升坐宮官以下皆降立於庭重行北面西上贊者曰再拜皆再拜司則前啓禮畢妃降座入於室主人儐使者如禮賓之儀臨軒醮戒前一日衛尉設次於東朝堂之北西向又設宮官次於重明門外其日皇太子服衮冕出升金輅至承天門降輅就次前一日有司設御座於太極殿阼階上西向設羣官次於朝堂展縣陳車輅其日尚舍設皇太子席位於戶牖間南向莞席藻席尚食設酒尊於東序下又陳籩脯一豆醢一在尊西脯前三

刻設羣官版位於內奉禮設版位於外如朝禮侍中版奏請中嚴前三刻諸侍衞之官侍中中書令以下俱詣閤奉迎典儀帥贊者先入就位吏部兵部贊羣官出次就門外位侍中版奏外辦皇帝服通天冠絳紗袍乘輿出自西房卽御座西向羣官入就位典儀曰再拜贊者承傳在位者皆再拜皇太子入縣南典儀曰再拜贊者承傳皇太子再拜詣階脫舄升席西南面立尚食酌酒於序進詣皇太子西東面立皇太子再拜受爵尚食又薦脯醢於席前皇太子升席坐左執爵右取脯擩於醢祭於籩豆之間右祭酒興降席西南面坐啐酒奠爵興再拜執爵興奉御受虛爵直長徹薦還於房皇太子進當御坐前東面立皇帝命之曰往迎爾相承我宗事最帥以敬皇太子曰臣謹奉制旨遂再拜降自西階納舄出門典儀曰再拜贊者承傳在位者皆再拜以次出侍中前跪奏禮畢皇帝入皇太子旣受命執燭前馬鼓吹至于妃氏大門外道西之次回輅南向左庶子跪奏降輅之次主人設几筵妃服褕翟花釵立於東房主婦立於房戶外之西南向主人公服出立於大門之內西向在廟則祭服左庶子跪奏請就位皇太子立於門西東面儐者受命出請事左庶子承傳跪奏皇太子曰以茲初昏某奉制承命左庶子俛伏興傳於儐者入告主人曰某謹敬具以須儐者出傳於左庶子以奏儐者入引主人迎於門外之東西面再拜皇太子答再拜主人揖皇太子先入掌畜者以鴈授左庶子以授皇太子執鴈入及內門主人讓曰請皇太子入皇太子曰某弗敢先主人又固請皇太子又曰某固弗敢先主人揖皇太子入門而左主人入門而右及內門主人揖入及內霤當曲揖當階揖皇太子皆報揖至於階主人曰請皇太子升皇太子曰某敢辭主人固請皇太子又曰某敢固辭主人終請皇太子又曰某終辭主人揖皇太子報揖主人升立於阼階上西面皇太子升進當房戶前北面跪奠鴈再拜降出主人不降送內廐尉進厭翟於內外傳姆導妃司則前引出於母左師姆在右保姆在左父少進西面戒之曰必有正焉若衣花命之曰戒之敬之夙夜無違命母戒之西階上施衿結帨命之曰勉之敬之夙夜無違命庶母及門內施鞶申之以父母之命命之曰敬恭聽宗父母之言夙夜無愆視諸衿鞶妃旣出內門至輅後皇太子授綏姆辭不受曰未教不足與爲禮妃升輅乘以几姆加景皇太子馭輪三周馭者代之皇太子出太門乘輅還宮妃次於後主人使其屬送妃以族從同牢之日司閨設妃次於閤內道東南向設皇太子御幄於內殿室內西廂東向設席重茵施屏障設同牢之席於室內皇太子之席西廂東向妃席東廂西向席間量容牢饌設洗於東階東南設妃洗於東房近北饌於東房西墉下豆各二十簠簋各二鉶各三瓦登一俎三尊在室內北墉下玄酒在西又設尊於房戶外之東無玄酒篚在南實四爵合卺皇太子車至左閤回輅南向左庶子跪奏請降輅入俟於內殿門外之東西面妃至左閤外回輅南向司則請妃降輅前後扇燭就次立於內殿門西東面皇太子揖以入升自西階妃西向執扇燭者陳於東西階內皇太子卽席東向立妃從升立司饌進詣階間跪奏具牢饌司則承令曰諾遂設饌如皇后同牢之禮司饌跪奏饌具皇太子及妃俱坐司饌跪取脯取韭菹皆擩於醢授皇太子又取授妃俱受祭於籩豆之間司饌跪取黍實於左手遍取稷反於右手授皇太子又授妃各受祭於菹醢之間司饌各立取肺皆絕末跪授皇太子及妃俱受又祭於菹醢之間司饌俱以肺加於俎掌嚴授皇太子妃巾涗手以柶扱上鉶遍擩之祭於上豆之間司饌品嘗妃饌移黍置於席上以次跪授胏脊皇太子及妃皆食以湆醬三飯卒食司饌北面請進酒司則承令曰諾司饌二人俱盥手洗爵於房入室酌于尊北面立皇太子及妃俱興再拜一人進授皇太子一人授妃皇太子及妃俱坐祭酒舉酒司饌各以肝從司則進受虛爵奠於篚司饌又俱洗爵酌酒再酳皇太子及妃俱受爵飲三酳用卺如再酳皇太子及妃立於席後司則俱降東階洗爵升酌於戶外北面俱奠爵興再拜皇太子及妃俱答拜司則坐取爵祭酒遂飲啐爵奠遂拜執爵興降奠爵於篚司饌奏徹饌司則前跪奏稱司則妾姓言請殿下入皇太子入於東房釋冕服著袴褶司則啓入妃幃幄皇太子乃入室媵餕皇太子之饌御餕妃之饌親王納妃其納采問名納吉納徵請期使者公服乘犢車至於妃氏之家主人受於廟若寢其賓主相見儐贊出入升降與其禮賓者大抵皆如皇太子之使而無副其聘以玄纁束乘馬玉以璋冊命之日使者持節有副親迎王袞冕輅車至于妃氏之門外主人布席於室戶外之西西上右几又席於戶內南向設甒醴於東房東北隅篚在尊南實觶一角柶一脯醢又在其南妃於房內卽席南向立姆立於右主人立於戶外之東西面內贊者以觶酌醴加柶覆之面柄進筵前北面妃降席西南面再拜受觶內贊者薦脯醢妃升席跪左執觶右取脯擩於醢祭於籩豆之間遂以柶祭醴三始扱一祭又扱再祭興筵末跪啐醴建柶奠觶降筵西南面再拜執席立主人乃迎賓其餘皆如皇太子之迎初昏設洗於東階東南又設妃洗於東房近北饌於東房障以帷豆十六簠簋各二登各二俎三羊豕腊羊豕節折尊坫於室內北墉下玄酒在西又設尊於房戶外之東無玄酒坫在南實以四爵合卺王至降車以俟妃至降車北面立王南面揖妃以入及寢門又揖以入贊者酌玄酒三注於尊妃從者設席於奧東向王導妃升自西階入於室卽席東面立妃入立於尊西南面王盥於南洗妃從者沃之妃盥於北洗王從者沃之俱復位立贊者設饌入西面告饌具王揖妃卽對席西面皆坐其先祭而後飯乃酳祭至于燭入皆如太子納妃之禮公主出降禮皆如王妃而納采問名納吉納徵請期主人皆受於寢其賓之辭曰國恩貺室於某公之子某公有先人之禮使某也請主人命賓曰寡人有先皇之禮云其諸臣之子一品至于三品爲一等玄纁束乘馬玉以璋四品至于五品爲一等玄纁束兩馬無璋六品至于九品爲一等玄纁束儷皮二而無馬（儷皮二內攝之毛在內左首以奉）其餘納采問名納吉納徵請期告於禰廟若寢將行布席於東序西向又席於戶牖之間南向父公服坐於東序西向子服其上服一品袞冕二品鷩冕三品毳冕四品絺冕五品玄冕六品爵弁庶人絳公服升自西階進立於席西南向贊者酌酒進北面以授子子再拜受爵贊者薦脯醢於席前子升席跪左執爵右取脯擩於醢祭於籩豆之間右祭酒執爵興降席西南面跪卒爵再拜執爵興贊者受虛爵還尊所子進立於父席前東面父命之曰往迎爾相承我宗事勗率以敬先妣之嗣若則有常（庶子則云往迎爾相以敬）子再拜曰不敢忘命又再拜降出乃迎初昏設洗陳饌皆如親王牲用少牢及腊三俎二簋二簠其豆數一品十六二品十四三品十二婿及婦共牢婦之簋簠及豆登之數各視其夫尊於室中北墉下設尊於房戶外之東加羃勺無玄酒夫婦酌於內尊四爵兩卺凡六夫婦各三酳主人乘革輅至於婦氏大門外女準其夫服花釵翟衣入於房以觶酌醴如王妃主人迎賓以入遂同牢皆如親王納妃之禮質明布舅席於東序西向布姑席於房戶外之西南向舅姑卽席婦執笲棗栗入升自西階東面再拜進跪奠於舅席前舅撫之婦退復位又再拜降自西階受笲服脩升進北面再拜進跪奠於姑席前姑舉之婦退復位又再拜婦席於姑西少北南向側尊甒醴於房內東壁下籩豆一實以脯醢在尊北設洗於東房近北婦立於席西南面內贊者盥手洗觶酌醴加柶面柄北面立于婦前婦進東面拜受復位內贊者西階上北面拜送乃薦脯醢婦升席坐左執觶右取脯擩於醢祭於籩豆之間以柶祭醴三始扱一祭又扱再祭加柶於觶面葉興降席西東面坐啐醴建柶興拜內贊者答拜婦進升席跪奠觶於豆東取脯降自西階以出授氏從入於寢門外盥饋舅姑入於室婦盥饋布席於室之奧舅姑共席坐俱東面南上贊者設尊於室內北墉下饌於房內西墉下如同牢牲體皆節折右載之於舅俎左載之於姑俎婦入升自西階入房以醬進其他饌從者設之皆加匕箸俎入設於豆東贊者各授箸舅姑各以篚菹擩於醬祭於籩豆之間又祭飯訖乃食三飯卒食婦入於房盥手洗爵入室酌酒酳舅進奠爵舅席前少東西面再拜舅取爵祭酒飲之婦受爵出戶入房奠於右盥手洗爵酌酒酳姑設婦席於室內北墉下尊東面婦徹饌設於席前如初西上婦進西面再拜退升席南向坐將餕舅命易醬內贊者易之婦及餕姑饌婦祭內贊者助之旣祭乃食三飯卒食內贊者洗爵酌酒酳婦降席西面再拜受爵升席坐祭酒飲執爵興降席東南面立內贊者受爵奠於坫婦進西面再拜受爵升席坐祭酒飲訖執爵興降席東南面立內贊者受奠於篚婦進西面再拜舅姑先降自西階婦降自阼階凡庶子婦舅不降而婦降自西階以出

唐書卷十八考證

禮樂志八登各二〇通典作各一

唐書卷十九

宋 翰林學士 歐陽修 撰

禮樂志第九

皇帝元正冬至受羣臣朝賀而會前一日尚舍設御幄於太極殿有司設羣官客使等次於東西朝堂展縣置桉陳車輿又設解劒席於縣西北橫街之南文官三品以上位於橫街之南道東褒聖侯位於三品之下介公酅公位於道西武官三品以上位於介公之西少南文官四品五品位於縣東六品以下位於橫街之南又設諸州朝集使位都督刺史三品以上位於文武官三品

之東西四品以下分方位於文武官當品之下諸州使人又於朝集使之下諸親於四品五品之南設諸蕃方客位三等以上東方南方在東方朝集使之東西方北方在西方朝集使之西每國異位重行北面四等以下分方位於朝集使六品之下又設門外位文官於東朝堂介公酅公在西朝堂之前武官在介公之南少退每等異位重行諸親位於文武官四品五品之南諸州朝集使東方南方在宗親之南使人分方於朝集使之下諸方客東方南方在東方朝集使之南西方北方在西方朝集使之南每國異位重行其日將士塡諸街勤所部列黃麾大仗屯門及陳於殿庭羣官就次侍中版奏請中嚴諸侍衞之官詣閤奉迎吏部兵部主客戶部贊羣官客使俱出次通事舍人各引就朝堂前位引四品以下及諸親客等應先置者入就位侍中版奏外辦皇帝服袞冕冬至則服通天冠絳紗袍御輿出自西房卽御座南向坐符寶郎奉寶置於前公王以下及諸客使等以次入就位典儀曰再拜贊者承傳在位者皆再拜上公一人詣西階席脫舃跪解劒置於席升當御座前北面跪賀稱某官臣某言元正首祚景福維新伏惟開元神武皇帝陛下與天同休（冬至云天正長至伏惟陛下如日之昇）乃降階詣席跪佩劒俛伏興納舃復位在位者皆再拜侍中前承詔降詣羣官東北西面稱有制在位者皆再拜宣制曰履新之慶與公等同之（冬至云履長）在位者皆再拜舞蹈三稱萬歲又再拜初羣官將朝中書侍郎以諸州鎮表別爲一案俟於右延明門外給事中以祥瑞案俟於左延明門外侍郎給事中俱就侍臣班初入戶部以諸州貢物陳於太極門東東西廂禮部以諸蕃貢物可執者蕃客執入就位其餘陳於朝堂前上公將入門中書侍郎給事中皆降各引其案入詣東西階下立上公將升賀中書令黃門侍郎俱降各立取所奏之文以次升上公已賀中書令前跪奏諸方表黃門侍郎又進跪奏祥瑞俱降置所奏之文於案侍郎與給事中引案退至東西階前案出初侍中已宣制朝集使及蕃客皆再拜戶部尚書進詣階間跪奏稱戶部尚書臣某言諸州貢物請付所司侍中前承制退稱制曰可禮部尚書以次進詣階間跪奏稱禮部尚書臣某言諸蕃貢物請付所司侍中前承制退稱制曰可太府帥其屬受諸州及諸蕃貢物出歸仁納義門執物者隨之典儀曰再拜通事舍人以次引北面位者出侍中前跪奏稱侍中臣某言禮畢皇帝降坐御輿入自東房侍臣從至閤引東西面位者以次出蕃客先出冬至不奏祥瑞無諸方表其會則太樂令設登歌於殿上二舞入立於縣南尚舍設羣官升殿者座文官三品以上於御座東南西向介公酅公在御座西南東向武官三品以上又於其後朝集使都督刺史蕃客三等以上座如立位設不升殿者座各於其位又設羣官解劒席於縣之西北橫街之南尚食設壽尊於殿上東序之端西向設坫於尊南加爵一太官令設升殿者酒尊於東西廂近北設在庭羣官酒尊各於其座之南皆有坫冪俱障以帷吏部兵部戶部主客贊羣官客使俱出次通事舍人引就朝堂前位又引非升殿者次入就位侍中版奏外辦皇帝改服通天冠絳紗袍御輿出自西房卽御座典儀一人升就東階上通事舍人引公王以下及諸客使以次入就位侍中進當御座前北面跪奏稱侍中臣某言請延諸公王等升又侍中稱制曰可侍中詣東階上西面稱制延公王等升殿上典儀承傳階下贊者又承傳在位者皆再拜應升殿者詣東西階至解劒席脫舃解劒升上公一人升階少東西面立於座後光祿卿進詣階間跪奏稱臣某言請賜羣臣上壽侍中稱制曰可光祿卿退升詣酒尊所西向立上公詣酒尊所北面尚食酌酒一爵授上公上公受爵進前北面授殿中監殿中監受爵進置御前上公退北面跪稱某官臣某等稽首言元正首祚（冬至云天正長至）臣某等不勝大慶謹上千秋萬歲壽再拜在位者皆再拜立於席後侍中前承制退稱敬舉公等之觴在位者又再拜殿中監取爵奉進皇帝舉酒在位者皆舞蹈三稱萬歲皇帝舉酒訖殿中監進受虛爵以授尚食尚食受爵於坫初殿中監受虛爵殿中典儀唱再拜階下贊者承傳在位者皆再拜上公就座後立殿中典儀唱就座階下贊者承傳俱就座歌者琴瑟升坐笙管立階間尚食進酒至階殿上典儀唱酒至興階下贊者承傳坐者皆俛伏起立於席後殿中監到階省酒尚食奉酒進皇帝舉酒太官令又行羣官酒酒至殿上典儀唱再拜階下贊者承傳在位者皆再拜搢笏受觶殿上典儀唱就座階下贊者承傳皆就座皇帝舉酒尚食進受虛爵復於坫觴行三周尚食進御食食至階殿上典儀唱食至興階下贊者承傳坐者皆起立座後殿中監到階省案尚食品嘗食訖以次進置御前太官令又行羣官案設食訖殿上典儀唱就座階下贊者承傳皆就座皇帝乃飯上下俱飯御食畢仍行酒遂設庶羞二舞作若賜酒侍中承詔詣東階上西面稱賜酒殿上典儀承傳階下贊者又承傳坐者皆起再拜立受觶就席坐飲立授虛爵又再拜就座酒行十二遍會畢殿上典儀唱可起階下贊者承傳上下皆起降階佩劒納舃復位位於殿庭者仍立於席後典儀曰再拜贊者承傳在位者皆再拜若有賜物侍中前承制降詣羣官東北西面稱有制在位者皆再拜侍中宣制又再拜以次出侍中前跪奏稱侍中臣某言禮畢皇帝興御輿入自東房東西面位者以次出皇帝若服翼善冠袴褶則京官袴褶朝集使公服設九部樂則去樂縣無警蹕太樂令帥九部伎立於左右延明門外羣官初唱萬歲太樂令卽引九部伎聲作而入各就座以次作臨軒冊皇太子有司卜日告於天地宗廟前一日尚舍設御幄於太極殿有司設太子次於東朝堂之北西向又設版位於大橫街之南展縣設桉陳車輿及文武羣官朝集蕃客之次位皆如加元服之日其日前二刻宮官服其器服諸衞率各勒所部陳於庭左庶子奏請中嚴侍衞之官奉迎僕進金路內率一人執刀贊善奏發引令侍臣上馬庶子承令其餘略如皇帝出宮之禮皇太子遠遊冠絳紗袍三師導三少從鳴鐃而行降路入次亦如鑾駕其日列黃麾大仗侍中請中嚴有司與羣官皆入就位三師三少導從皇太子立於殿門外之東西向黃門侍郎以冊寶綬桉立於殿內道北西面中書侍郎立桉後侍中乃奏外辦皇帝服袞冕出自西房卽御座皇太子入就位典儀曰再拜皇太子再拜又曰再拜在位者皆再拜中書令降立於皇太子東北西向中書侍郎一人引冊一人引寶綬桉立於其東西面以冊授之中書令曰有制皇太子再拜中書令跪讀冊皇太子再拜受冊左庶子受之侍郎以璽綬授中書令皇太子進受以授左庶子皇太子再拜在位者皆再拜侍中奏禮畢皇帝入自東房在位者以次出皇帝御明堂讀時令孟春禮部尚書先讀令三日奏讀月令承以宣告前三日尚舍設大次於東門外道北南向守宮設文武侍臣次於其後之左右設羣官次於璧水東之門外文官在北武官在南俱西上前一日設御座於青陽左个東向三品以上及諸司長官座於堂上文官座於御座東北南向武官座於御座之東北向俱重行西上設刑部郎中讀令座於御座東南北向有桉設文官解劒席於丑陛之左武官於卯陛之右皆內向太樂令展宮縣於青陽左个之庭設舉麾位於堂上寅階之西北向其一位於樂縣東北南向典儀設三品以上及應升座者位於縣東文左武右俱重行西向非升座者文官四品五品位於縣北六品以下於其東絕位俱南向武官四品五品於縣南六品以下於其東俱北向皆重行西上設座儀位於縣之西北贊者二人在東差退俱南向奉禮設門外位各於次前俱每等異位重行相向西上其日陳小駕皇帝服青紗袍佩蒼玉乘金路出宮至於大次文武五品以上從駕之官皆就門外位太樂令工人協律郎典儀帥贊者皆先入羣官非升座者次入就位刑部郎中以月令置於桉覆以帊立於武官五品東南郎中立於桉後北面侍中版奏外辦皇帝御輿入自青龍門升自寅階卽座符寶郎置寶於前典儀升立於左个東北南向公王以下入就西面位典儀曰再拜贊者承傳在位者皆再拜侍中前跪奏稱侍中臣某言請延公王等升又侍中稱制曰可侍中詣左个東北南向稱詔延公王等升典儀傳贊者承傳在位者皆再拜西面位者各詣其階解劒脫舃升立於座後刑部郎中引桉進立於卯階下侍中跪奏請讀月令又侍中稱制曰可刑部郎中再拜解劒俛脫舃取令升自卯階詣席南北向跪置令於桉立於席後堂上典儀唱就座公王以下及刑部郎中竝就座刑部郎中讀令每句一絕使言聲可了讀訖堂上典儀唱可起王公以下皆起刑部郎中以令置於桉與羣官佩劒納舃復於位典儀曰再拜在位者皆再拜西面位者出侍中跪奏稱侍中臣某言禮畢皇帝降座御輿出之便次南北面位者以次出自仲春以後每月各居其位皆冠通天服玉之色如其時若四時之孟月及季夏土王讀五時令於明堂亦如之皇帝親養三老五更於太學所司先奏三師三公致仕者用其德行及年高者一人爲三老次一人爲五更五品以上致仕者爲國老六品以下致仕者爲庶老尚食具牢饌前三日尚舍設大次於學堂之後隨地之宜設三老五更次於南門外之西羣老又於其後皆東向文官於門外之東武官在羣老之西重行東西向皆北上前一日設御座於堂上東序西向莞筵藻席三老座於西楹之東近北南向五更座於西階上東向國老三人座於三老西階不屬焉皆莞筵藻席衆國老座於堂下西階之西東面北上皆蒲筵緇布純加莞席太樂令展宮縣於庭設登歌於堂上如元會典儀設文武官五品以上位於縣東西六品以下在其南皆重行西向北上蕃客位於其南諸州使人位於九品之後學生分位於文武官之後設門外位如設次又設尊於東楹之西北向左玄酒右坫以置爵其

日鑾駕將至先置之官就門外位學生俱青衿服入就位鑾駕至太學門回輅南向侍中跪奏請降輅降入大次文武五品以上從駕之官皆就門外位太樂令工人二舞入羣官客使以次入初鑾駕出宮量時刻遣使迎三老五更於其第三老五更俱服進賢冠乘安車前後導從其國老庶老則有司預戒之鑾駕既至太學三老五更及羣老等俱赴集羣老各服其服太常少卿贊三老五更俱出次引立於學堂南門外之西東面北上奉禮贊羣老出次立於三老五更之後太常博士引太常卿升立於學堂北戶之內當戶北面侍中版奏外辦皇帝出戶殿中監進大珪皇帝執大珪降迎三老於門內之東西面立侍臣從立於皇帝之後太常卿與博士退立於左三老五更皆杖各二人夾扶左右太常少卿引導敦史執筆以從三老五更於門西東面北上奉禮引羣老隨入立於其後太常卿前奏請再拜皇帝再拜三老五更去杖攝齊答拜皇帝揖進三老在前五更從仍杖夾扶至階皇帝揖升俱就坐後立皇帝西面再拜三老三老南面答拜皇帝又西向肅拜五更五更答肅拜俱坐三公授几九卿正履殿中監尚食奉御進珍羞及黍稷等皇帝省之遂設於三老前皇帝詣三老座前執爵而饋乃詣酒尊所取爵侍中贊酌酒皇帝進執爵而酳尚食奉御以次進珍羞酒食於五更前國老庶老等皆坐又設酒食於前皆食皇帝即座三老乃論五孝六順典訓大綱格言宣於上惠音被於下皇帝乃虛躬請受敦史執筆錄善言善行禮畢三老以下降筵太常卿引皇帝從以降階逡巡立於階前三老五更出皇帝升立於階上三老五更出門侍中前奏禮畢皇帝降還大次三老五更升安車導從而還羣官及學生等以次出明日三老詣闕表謝州貢明經秀才進士身孝悌旌表門閭者行鄉飲酒之禮皆刺史為主人先召鄉致仕有德者謀之賢者為賓其次為介又其次為衆賓與之行禮而賓舉之主人戒賓立於大門外之西東面賓立於東階下西面將命者立於賓之左北面受命出立於門外之東西面曰敢請事主人曰某日行鄉飲酒之禮請吾子臨之將命者入告賓出立於門東西面拜辱主人答拜主人曰吾子學優行高應茲觀國某日展禮請吾子臨之賓曰某固陋恐辱命敢辭主人曰某謀於父師莫若吾子賢敢固以請賓曰夫子申命之某敢不敬須主人再拜賓答拜主人退賓拜送其戒介亦如之辭曰某日行鄉飲酒之禮請吾子貳之其日質明設賓席於楹間近北南向主人席於阼階上西向介席於西階上東向衆賓席三於賓席之西南向皆不屬又設堂下衆賓席於西階西南東面北上設兩壺於賓席之東少北玄酒在西加勺冪置篚於壺南東肆實以爵觶設贊者位於東階東西向北上賓介及衆賓至位於大門外之右東面北上主人迎賓於門外之左西面拜賓賓答拜又西南面拜介介答拜又西南面揖衆賓衆賓報揖主人又揖賓賓報揖主人先入門而右西面賓入門而左東面介及衆賓序入立於賓西南東面北上衆賓非三賓者皆北面東上主人將進揖當階揖賓皆報揖及階主人曰請吾子升賓曰某敢辭主人曰固請吾子升賓曰某敢固辭主人曰終請吾子升賓曰某敢終辭主人升自阼階賓升自西階當楣北面立執尊者徹冪主人適篚跪取爵興適尊實之進賓席前西北面獻賓賓西階上北面拜主人少退賓進於席前受爵退復西階上北面立主人退於阼階上北面拜送爵賓少退贊者薦脯醢於賓席前賓自西方升席南面立贊者設折俎賓跪左執爵右取脯擩於醢祭於籩豆之間遂祭酒啐酒興降席東適西階上北面跪卒爵執爵興適尊實之進主人席前東面酢主人主人於阼階上北面拜賓少退主人進受爵退阼階上北面立賓退復西階上北面拜送爵贊者薦脯醢於主人席前主人由席東自北方升席贊者設折俎主人跪左執爵右祭脯擩於醢祭於籩豆之間遂祭酒啐酒興自南方降席復阼階上北面跪卒爵執爵興跪奠爵於東序端興適篚跪取觶實之以酬復阼階上北面跪奠觶遂拜執觶興賓西階上答拜主人跪祭遂飲卒觶執觶興適尊實之進賓席前北面賓拜主人少退賓既拜主人跪奠觶於薦西興復阼階上位賓遂進席前北面跪取觶興復西階上位主人北面拜送賓進席前北面跪奠觶於薦東興復西階上位主人北面揖降立阼階下西面賓降立於階西東面主人進延介揖之介報揖至階一讓升主人升阼階介升西階當楣北面立主人詣東序端跪取爵興適尊實之進於介席前西南面獻介介西階上北面拜主人少退介進北面受爵退復位主人於介右北面拜送爵介少退主人立於西階之東贊者薦脯醢於介席前介進自北方升席贊者設折俎介跪左執爵右祭脯醢遂祭酒執爵興自南方降席北面跪卒爵執爵興介授主人爵主人適尊實之酢於西階上立於介右北面跪奠爵遂拜執爵興介答拜主人跪祭遂飲卒爵執爵興進跪奠爵於西楹南還阼階上揖降介降立於賓南主人於阼階前西南揖衆賓遂升適西楹南跪取爵興適尊實之進於西階上南面獻衆賓之長升西階上北面拜受爵主人於衆賓長之右北面拜送贊者薦脯醢於其席前衆賓之長升席跪左執爵右祭脯醢祭酒執爵興退於西階上立飲訖授主人爵降復位主人又適尊實之進於西階上南面獻衆賓之次者如獻衆賓之長又次一人升飲亦如之主人適尊實酒進於西階上南面獻堂下衆賓每一人升受爵跪祭立飲贊者遍薦脯醢於其位主人受爵尊於篚主人與賓一揖一讓升賓介衆賓序升即席設工人席於堂廉西之東北面東上工四人先二瑟後二歌工持瑟升自階就位坐工鼓鹿鳴卒歌笙入立於堂下北面奏南陔乃間歌歌南有嘉魚笙崇丘乃合樂周南關雎召南鵲巢司正升自西階司正謂主人贊禮者樂之正既成將留賓為有懈惰立司正以監之跪取觶於篚興適尊實之降自西階詣階間左還北面跪奠觶拱手少跪取觶遂飲卒觶興再拜賓降席跪取觶於篚適尊實之詣阼階上北面酬主人主人降席進立於賓東賓跪奠觶遂拜執觶興主人答拜賓立飲卒觶適尊實之阼階上東南授主人主人再拜賓少退主人受觶賓於主人之西北面拜送賓揖復席主人進西階上北面酬介介降席自南方進立於主人之西北面主人跪奠觶遂拜執觶興介答拜主人立飲卒觶適尊實之進西階上西面立介拜主人少退介受觶主人於介東北面拜送主人揖復席司正升自西階近西北面立相旅曰某子受酬受酬者降席自西方進北面立於介右司正退立於序端東面避受酬者介跪奠觶遂拜執觶興某子答拜介立飲卒觶適尊實之進西階上西南面授某子某子受觶介立於某子之左北面揖復席司正曰某子受酬受酬者降席自西方立於某子之左北面某子跪尊觶遂拜執觶興受酬者答拜某子立飲卒觶適尊實之進西階上西南面授之受酬者受觶某子立於酬者之右揖復席次一人及堂下衆賓受酬亦如之卒受酬者以觶跪奠於篚興復階下位司正適阼階上東面請命於主人主人曰請坐於賓司正回北面告於賓曰請賓坐賓曰唯命賓主各就席坐若賓主公服者則降脫履主人先左賓先右司正降復位乃羞肉胾醢賓主燕飲行無算爵無算樂主人之贊者皆興焉已燕賓主俱興賓以下降自西階主人降自東階賓以下出立於門外之西東面北上主人送於門外之東西面再拜賓介逡巡而退季冬之月正齒位則縣令為主人鄉之老人年六十以上有德望者一人為賓次一人為介又其次為三賓又其次為衆賓年六十者三豆七十者四豆八十者五豆九十者及主人皆六豆賓主燕飲則司正北面請賓坐賓主各就席立司正適篚跪取觶興實之進立於楹間北面乃揚觶而戒之以忠孝之本賓主以下皆再拜司正跪奠觶再拜跪取觶飲卒觶興賓主以下皆坐司正適篚跪奠觶興降復位乃行無算爵其大抵皆如鄉飲酒禮

唐書卷二十

宋　翰林學士歐陽修撰

禮樂志第十

五曰凶禮周禮五禮二曰凶禮唐初徙其次第五而李義府許敬宗以為凶事非臣子所宜言遂去其國卹一篇由是天子凶禮闕焉至國有大故則皆臨時采掇附比以從事事已則諱而不傳故後世無考焉至開元制禮惟著天子賑卹水旱遣使問疾弔死舉哀除服臨喪冊贈之類若五服與諸臣之喪葬衰麻哭泣則頗詳焉

凡四方之水旱蝗天子遣使者持節至其州位于庭使者南面持節在其東南長官北面寮佐正長老人在其後再拜以授制書其問疾亦如之其主人迎使者於門外使者東面主人西面再拜而入其問婦人之疾則受勞問者北面若舉哀之日為位於別殿文武三品以上入哭于庭四品以下哭于門外有司版奏中嚴外辦皇帝已變服而哭然後百官內外在位者皆哭十五舉音哭止而奉慰其除服如之皇帝服一品錫衰三品以上緦衰四品以下疑衰服期者三朝晡止大功朝晡止小功以下一哀止晡百官不集若為蕃國君長之喪則設次于城外向其國而哭五舉音止若臨喪則設大次於其門西設素裀榻於堂上皇帝小駕鹵簿乘四望車警蹕鼓吹備而不作皇帝至大次易素服從官皆易服侍臣則不皇帝出次喪主人免絰釋杖哭門外望見乘輿止哭而再拜先入門右西向皇帝至堂升自阼階即哭位巫祝各一人先升巫執桃立于東南祝執茢立于西南戈者四人先後隨升喪主人入廷再拜敕引乃升立戶內之東西向皇帝出喪主人門外拜送皇帝變服于次乃還廬文武常服皇帝升車鼓吹不作而入其以敕使冊贈則受冊于朝堂載以犢車備鹵簿至第妃主以內侍為使贈者以蠟印畫綬冊贈必因其啓葬既葬則

受於靈寢既除則受於廟主人公服而不哭或單衣而介幘受必有祭未廟受之寢五服之制斬衰三年正服子爲父女子子在室與已嫁而反室爲父加服嫡孫爲後者爲祖父爲長子義服爲人後者爲所後父妻爲夫妾爲君國官爲君王公以下三月而葬葬而虞三虞而卒哭十三月小祥二十五月大祥二十七月禫祭齊衰三年正服子父在爲母加服爲祖後者祖卒則爲祖母母爲長子義服爲繼母慈母繼母爲長子妾爲君之長子齊衰杖周降服父卒母嫁及出妻之子爲母報服亦如之正服爲祖後者祖在爲祖母義服父卒繼母嫁從爲之服報夫爲妻齊衰不杖周正服爲祖父母爲伯叔父爲兄弟爲衆子爲兄弟之子及女子子在室與適人者爲嫡孫爲姑姊妹與無夫子報女子子與適人爲祖父母妾爲其子加服女子子適人者爲兄弟之爲父後者降服妾爲其父母爲人後者爲其父母報女子子適人者爲其父母義服爲伯叔母爲繼父同居者妾爲嫡妻妾爲君之庶子婦爲舅姑爲夫之兄弟之子舅姑爲嫡婦齊衰五月正服爲曾祖父母女子子在室及嫁者亦如之齊衰三月正服爲高祖父母女子子在室及嫁者亦如之義服爲繼父不同居者其父卒母嫁出妻之子爲母及爲祖後祖在爲祖母雖周除仍心喪三年大功長殤九月中殤七月正服爲子女子子之長殤中殤爲叔父之長殤中殤爲姑姊妹之長殤中殤爲兄弟之長殤中殤爲嫡孫之長殤中殤爲兄弟之子女子子之長殤中殤義服爲夫之兄弟之子女子子之長殤中殤成人九月正服爲從兄弟爲庶孫降服爲女子子適人者爲姑姊妹適人者報出母爲女子子適人者爲兄弟之女適人者報爲人後者爲其兄弟與姑姊妹在室者報義服爲夫之祖父母與伯叔父母報爲夫之兄弟女適人者報夫爲人後者其妻爲本生舅姑爲衆子之婦小功五月殤正服爲子女子子之下殤爲叔父之下殤爲姑姊妹之下殤爲兄弟之下殤爲嫡孫之下殤爲兄弟之子女子子之下殤爲從兄弟姊妹之長殤爲庶孫之長殤降服爲人後者爲其兄弟之長殤出嫁姑爲姪之長殤爲人後者爲其姑姊妹之長殤義服爲夫之兄弟之子女子子之下殤爲夫之叔父之長殤成人正服爲從祖祖父報爲從祖父報爲從祖姑姊妹在室者報爲從祖兄弟報爲從祖祖姑在室者報爲外祖父母爲舅及從母報降服爲從父姊妹適人者報爲孫女適人者爲人後者爲其姑姊妹適人者報義服爲從祖祖母報

爲從祖母報爲夫之姑姊妹在室及適人者報娣姒婦報爲同母異父兄弟姊妹報爲嫡母之父母兄弟從母爲庶母報已者爲嫡孫之婦母出爲繼母之父母兄弟從母嫂叔慈緦麻三月殤正服爲從父兄弟姊妹之中殤下殤爲庶孫之中殤下殤爲從祖叔父之長殤爲從祖兄弟之長殤爲舅及從母之長殤爲從父兄弟之子之長殤爲兄弟之孫長殤爲從祖姑姊妹之長殤降服爲人後者爲其兄弟之中殤下殤爲姪之中殤下殤出嫁姑爲之報爲人後者爲其姑姊妹之中殤下殤義服爲人後者爲從父兄弟之長殤爲夫之叔父之中殤下殤爲夫之姑姊妹之長殤成人正服爲族兄弟爲族曾祖父報爲族祖父報爲族父報爲外孫爲曾孫玄孫爲從母兄弟姊妹爲姑之子爲舅之子爲族曾祖姑在室者報爲族祖姑在室者報爲族姑在室者報降服爲從祖姑姊妹適人者報女子子適人者爲從祖父報庶子爲父後者爲其母爲從祖姑適人者報爲人後者爲外祖父母爲兄弟之孫女適人者報義服爲族曾祖母報爲族祖母報爲族母報爲庶孫之婦女子子適人者爲從祖伯叔母爲庶母爲乳母爲壻爲妻之父母爲夫之曾祖高祖父母爲夫之從祖祖父母報爲夫之從祖父母報爲夫之外祖父母報爲從祖兄弟之子爲夫之從父兄弟之妻爲夫之從父姊妹在室及適人者爲夫之舅及從母報改葬子爲父母妻妾爲其夫其冠服杖屨皆依儀禮皇家所絕傍親無服者皇弟皇子爲之皆降一等初太宗嘗以同爨緦而嫂叔乃無服舅與從母親等而異服詔侍中魏徵禮部侍郎令狐德棻等議舅爲母族姨乃外戚它姓舅固爲重而服止一時姨喪乃五月古人未達者也於是服曾祖父母齊衰三月者增以齊衰五月適子婦大功增以期衆子婦小功增以大功嫂叔服以小功五月報其弟妻及夫兄亦以小功舅服緦請與從母增以小功然律疏舅報甥服猶緦顯慶中長孫無忌以爲甥爲舅服同從母則舅宜進同從母報又古庶母緦今無服且庶母之子昆弟也爲之杖齊是同氣而吉凶異自是亦改緦服上元元年武后請父在服母三年開元五年右補闕盧履冰言禮父在爲母期而服三年非也請如舊章乃詔并議舅及嫂叔服久而不能決二十年中書令蕭嵩等改脩五禮於是父在爲母齊衰三年諸臣之喪有疾齋於正寢臥東首北墉下疾困去衣加新衣徹藥清掃內外四人坐而持手足遺言則書之爲屬纊氣絕則寢於地男子白布衣被髮徒

跣婦人女子青縑衣去首飾齊衰以下丈夫素冠主人坐於牀東啼踊無數衆主人在其後兄弟之子以下又在其後皆西面南上哭妻坐於牀西妾及女子在其後哭踊無數兄弟之女以下又在其後皆東面南上藉槀坐哭內外之際隔以行帷祖父以下爲帷東北壁下南面西上祖母以下爲帷西北壁南面東上外姻丈夫於戶外東北面西上婦人於主婦西北南面東上諸內喪則尊行丈夫及外親丈夫席位於前堂若戶外之左右俱南面宗親戶東西上外親戶西東上凡喪皆以服精麤爲序國官位于門內之東重行北面西上俱衰巾帕頭舒薦坐參佐位於門內之西重行北面東上素服皆舒席坐哭斬衰三日不食齊衰二日不食大功三不食小功緦麻再不食復於正寢復者三人以死者之上服左荷之升自前東霤當屋履危北面西上左執領右執要招以左每招長聲呼某復三呼止投衣於前承以篋升自阼階入以覆尸乃設牀於室戶內之西去腳簟枕施幄去裙遷尸於牀南首覆用斂衾去死衣楔齒以角柶綴足以燕几校在南其內外哭位如始死之儀乃奠以脯醢酒用吉器升自阼階奠於尸東當腢內喪則贊者皆受於戶外而設之沐浴掘坎於階間近西南順廣尺長二尺深三尺南其壤爲垼竈於西牆下東向以俟煮沐新盆瓶六鬲皆濯之陳於西階下沐巾一浴巾二用絺若綌實於笲節實於箱若簞浴衣實於篋皆具於西序下南上水淅稷米取汁煮之又汲爲湯以俟浴以盆盛潘及沐盤升自西階授沐者沐者執潘及盤入主人皆出於戶東北面西上主婦以下戶西北面東上俱立哭其尊行者丈夫於主人之東北面西上婦人於主婦之西北面東上俱坐哭婦人以帳乃沐櫛束髮用組揃用巾浴則四人抗衾二人浴拭用巾揃用浴衣設牀於尸東衽下莞上簟浴者舉尸易牀設枕翦鬢斷爪如生盛以小囊大斂內於棺中楔齒之柶浴巾皆埋於坎寘之衣以明衣裳以方巾覆面仍以大斂之衾覆之內外入就位哭乃襲襲衣三稱西領南上明衣裳舄一帛巾一方尺八寸充耳白纊面衣玄方尺纁裏組繫握手玄纁裏長尺二寸廣五寸削約於內旁寸著以綿組繫庶襚繼陳不用將襲具牀席於西堦西內外皆出哭如浴襲者以牀升入設於尸東布枕席陳襲於席祝去巾加面衣設充耳握手納舄若履既襲覆以大斂之衾內外入哭乃含贊者奉盤水及笲一品至于三品飯用粱含用璧四品至于五品飯用稷含用碧六品至于九品

飯用粱含用貝升堂含者盥手於戶外洗粱璧實於笲執以入祝從入北面徹枕去衾受笲奠於尸東含者坐於牀東西面鑿巾納飯含於尸口既含主人復位乃爲明旌以絳廣充幅一品至于三品長九尺韜杠銘曰某官封之柩置於西階上四品至于五品長八尺六品至于九品長六尺鑿木爲重一品至于三品長八尺橫者半之三分庭一在南四品至于五品長七尺六品至于九品長六尺以沐之米爲粥實於鬲蓋以疏布繫以竹簟懸于重木覆用葦席北面屈兩端交後西端在上綴以竹簟祝取銘置於重殯堂前楹下夾以葦席小斂衣一十九稱朝服一笏一陳於東序西領北設奠於東堂下甒二實以醴酒觶二角柶一少牢腊三籩豆俎各八設盆盥於饌東布巾贊者辟脯醢之奠於尸牀西南乃斂具牀席於堂西設盆盥西堦之西如東方斂者盥與執服者以斂衣入喪者東西皆少退內外哭巳斂覆以夷衾設牀於堂上兩楹間衽下莞上簟有枕卒斂開帷主人以下西面憑哭主婦以下東面憑哭退乃斂髮而奠贊者盥手奉饌至階升設於尸東醴酒奠於饌南西上其俎祝受巾巾之奠者徹襲奠自西階降出下帷內外俱坐哭有國官僚佐者以官代哭無者以親疏爲之夜則爲燎於庭厥明滅燎乃大斂衣三十稱上服一稱冕具簪導纓內喪則有花釵衾一西領南上設奠如小斂饌加勺篚在東南籩豆俎皆有冪用功布棺入內外皆止哭升棺於殯所乃哭熬八筐黍稷粱稻各二皆加魚腊燭俟於饌東設盆盥於東階東南祝盥訖升自阼階徹巾執巾者以待於阼階下祝盥贊者徹小斂之饌降自西階設於序西南當西霤如設於堂上乃適於東階下新饌所帷堂內外皆少退立哭御者斂加冠若花釵覆以衾開帷喪者東西憑哭如小斂諸親憑哭斂者四人舉牀男女從奉尸斂於棺乃加蓋覆以夷衾內外皆復位如初設熬穀首足各一篚傍各三篚以木覆棺上乃塗之設帟於殯上祝取銘置于殯乃奠執巾几席者升自阼階入設於室之西南隅東面又几巾已加贊者以饌升入室西面設於席前祝加巾於俎奠者降自西階以出下帷內外皆就位哭既殯設靈座於下室西間東向施牀几按屏帳服飾以時上膳羞及湯沐如平生殷奠之日下饋於下室廬在殯堂東廊下近南設苫凷齊衰於其南爲堊室俱北戶翦蒲爲席不緣大功又於其南張帷席以蒲小功緦麻又於其南設牀席以蒲婦人次於西房三日成服內外皆哭盡哀乃降就次服

其服無服者仍素服相者引主人以下俱杖升立於殯內外皆哭諸子孫跪哭尊者之前祖父撫之女子子對立而哭唯諸父不撫尊者出主人以下降立阼階朔望殷奠饌於東堂下瓦甒二實醴及酒角觶二木柶一少牢及腊三俎二簋二簠二鉶六籩六豆其日不饋於下室葬有期前一日之夕除葦障設賓次於大門外之右南向啓殯之日主人及諸子皆去冠以衰巾帕頭就位哭祝衰服執功布升自東階詣殯南北向內外止哭三聲噫嘻乃曰謹以吉辰啓殯既告內外哭祝取銘置於重掌事者升徹殯塗設席於柩東升柩於席又設席柩東祝以功布升拂柩覆用夷衾周設帷開戶東向主人以下升哭於帷東西向俱南上諸祖父以下哭於帷東北壁下諸祖母以下哭於帷西北壁下外姻丈夫帷東上婦人帷西祝與進饌者各以奠升設於柩東席上祝酌醴奠之陳器用啓之夕發引前五刻搥一鼓爲一嚴陳布吉凶儀仗方相誌石大棺車及明器以下陳於柩車之前一品引四披六鐸左右各八黼翣二黻翣二畫翣二二品三品引二披四鐸左右各六黼翣二畫翣二四品五品引二披二鐸左右各四黼翣二畫翣二六品至于九品披二鐸二畫翣二二刻頃搥二鼓爲二嚴掌饌者徹啓奠以出內外俱立哭執紼者皆入掌事者徹帷持翣者升以翣障柩執紼者升執鐸者夾西階立執纛者入當西階南北面立掌事者取重出倚於門外之東執旌者立於纛南北面搥三鼓爲三嚴靈車進於內門外南向祝以腰輿詣靈座前西向跪告腰輿降自西階以詣靈車腰輿退執鐸者振鐸降就階間南向持翣者障以翣執纛者却行而引輴止則北面立執旌者亦漸而南輴止北面主人以下以次從輴在庭輴至庭主人及諸子以下立哭於輴東北西向南上祖父以下立哭於輴東北南面西上異姓之丈夫立哭於主人東南西面北上婦人以次從降妻妾女子子以下立哭於輴西東面南上祖母以下立哭於輴西北南面東上異姓之婦人立哭於主婦西南東面北上內外之際障以行帷國官立哭於執紼者東北面西上僚佐立哭於執紼者西南北面東上祝帥執饌者設祖奠於輴東如大斂祝酌奠進饌北面跪曰永遷之禮靈辰不留謹奉旋車式遵祖道尚饗輴出升車執披者執前後披紼者引輴出旌先纛次主人以下從哭於輴後輴出到輴車執紼者解屬於輴車設帷帳於輴後遂升柩祝與執饌者設遣奠於柩東如祖奠既奠掌事者以蒲葦苞牲體下節五以繩束之盛以盤載於輿前方相大棺車輴車明器輿下帳輿米輿酒脯醢輿苞牲輿食輿爲六輿銘旌纛鐸輴車以次行賓有賵者既祖奠賓立於大門外西廂東面從者以篚奉玄纁立於西南以馬陳於賓東南北首西上相者入受命出西面曰敢請事賓曰某敢賵相者入告出曰孤某須矣執篚者奠取幣以授賓牽馬者先入陳於輴車南北首西上賓入由馬西當輴車南北面立內外止哭賓曰某謚封若某位將歸幽宅敢致賵乃哭內外皆哭主人拜稽顙賓進輴東西面奠幣於車上西出主人拜稽顙送之喪至于墓所下柩進輴車於柩車之後張帷下柩於輴丈夫在西憑以哭卑者拜辭主人以下婦人皆障以行帷哭於羨道西東面北上入墓施行席於壙戶內之西執紼者屬紼於輴遂下柩於壙戶內席上北首覆以夷衾輴出持翣入倚翣於壙內兩廂遂以帳張於柩東南向米酒脯於東北食盤設於前醯醢設於盤南苞牲置於四隅明器設於右在壙掌事者以玄纁授主人主人授祝奉以入奠於靈座主人拜稽顙施銘旌誌石於壙門之內掩戶設關鑰遂復土三主人以下稽顙哭退俱就靈所哭掌儀者祭后土於墓左反哭既下柩於壙搥一鼓爲一嚴掩戶搥二鼓爲再嚴內外就靈所搥三鼓爲三嚴徹酒脯之奠追靈車於帷外陳布儀仗如來儀腰輿入少項出詣靈車後靈車發引內外從哭如來儀出墓門尊者乘去墓百步卑者乘以哭靈車至於西階下南向祝以腰輿詣靈車後少項升入詣靈座前主人以下從升立於靈座東西面南上內外俱升諸祖父以下哭於帷東北壁下南面妻及女子子以下婦人哭於靈西東面諸祖母以下哭於帷西北壁下南面外姻哭於南廂丈夫帷東婦人帷西皆北面弔者哭於堂上西面主人以下出就次沐浴以俟虞斬衰者沐而不櫛虞主用桑長尺方四寸孔徑九分烏漆匱置於靈座在寢室內戶西東向素几在右設洗於西階西南瓦甒二設於北牖下醴酒在東喪者既沐升靈所主人及諸子倚杖於戶外入哭于位如初饌入如殷奠升自東階主人盥手洗爵酌醴西面跪奠哭止祝跪讀祝主人哭拜內外應拜者皆哭拜乃出杖降西階還次間日再虞後日三虞禮如初小祥毀廬爲堊室設蒲席堊室者除之席地主人及諸子沐浴櫛翦去首絰練冠妻妾女子去腰絰主用栗祭如虞禮大祥之祭如小祥間月而禫釋祥服而禫祭如大祥既祥而還外寢妻妾女子還於寢食有醯醬既禫而飲醴酒食乾肉祔廟筮日將祔掌事者爲埳室於始祖廟室西壁主人及亞獻以下散齊三日致齊一日前一日主人以酒脯告遷還之主乃遷置於幄坐又奠酒脯以安神掌饌者徹饌以出掌廟者以次匱神主納於埳室又設考之祔坐於曾祖室內東壁下西向右几設主人位於東南西面設子孫位於南門內道東北面西上設亞獻終獻位於主人東南設掌事以下位於終獻東南俱西面北上設贊唱者位於主人西南西面設酒奠於堂上室戶之東南北向西上設洗於阼階東南北向實爵三巾二加羃其日具少牢之饌二座各俎三簋二簠二鉶二酒尊二其一實玄酒爲上其一實清酒次之其籩豆一品者各十二二品三品者各八主人及行事者祭服掌事者具腰輿掌廟者闢寺入立於廟庭北面再拜升自東階入開埳室出曾祖曾祖妣神主置於座降出執尊罍篚者入就位祝進座前西面告曰以今吉辰奉遷神主于廟執輿者以輿升入進輿於座前祝納神主於匱升輿祝仍扶於左降自西階子孫內外陪從於後至廟門諸婦人停於門外周以行帷俟祭訖而還神主入自南門升自西階入於室立於室戶西重行東面以北爲上行事者從入各就位輿詣室前迴輿西向祝啓匱出神主置於坐輿降立於西階下東向相者引主人以下降自東階各就位祝立定贊唱者曰再拜在位者皆再拜掌饌者引饌入升自東階入於室各設於神座前主人盥手洗爵升自東階酌醴酒入室進北面跪奠爵於曾祖神座前主人出取爵酌酒入室進東面跪奠於祖座前出戶北面立祝持版進於室戶外之右東向跪讀祝文主人再拜祝進入奠版於曾祖座主人出降還本位初主人出亞獻盥手洗爵升酌酒入進北面跪奠於曾祖又酌酒入進東面跪奠於祖神座出戶北面再拜訖又入室立於西壁下東面再拜出降復位亞獻將畢終獻入如亞獻祝入徹豆贊者皆再拜主人及在位子孫以下出掌饌者入徹饌以出掌廟者納曾祖神主於埳室出又以腰輿升諸考神座前納主於匱置於輿詣考廟出神主置於座進酒脯之奠少頃徹之祝納神主於埳室六品以下祔祭于正寢禮畧如之

唐書卷二十考證

禮樂志十以蒲葦苞牲體下節五以繩束之○通典五作七下有四品五品五苞六品以下二苞十二字此乃脫文

主人以下○此下通典有哭于羨道東西面北上九字此乃脫文

設洗於阼階東南北向○此下通典有罍水在洗東篚在洗西南肆篚十二字此乃脫文

唐書卷二十一

宋　翰林學士歐陽修　撰

志第十一

禮樂志

聲無形而樂有器古之作樂者知夫器之必有敝而聲不可以言傳懼夫器失而聲遂亡也乃多爲之法以著之故始求聲者以律而造律者以黍自一黍之廣積而爲分寸一黍之多積而爲龠合一黍之重積而爲銖兩此造律之本也故爲之長短之法而著之於度爲之多少之法而著之於量爲之輕重之法而著之於權衡是三物者亦必有時而敝則又總其法而著之於數使其分寸龠合銖兩皆起於黃鍾然後律度量衡相用爲表裏使得律者可以制度量衡因度量衡亦可以制律不幸而皆亡則推其法數而制之用其長短多少輕重以相參考四者既同而聲必至聲至而後樂可作矣夫物用於有形而必敝聲藏於無形而不竭以有數之法求無形之聲其法具存無作則已苟有作者雖去聖人於千萬歲後無不得焉此古之君子知物之終始而憂世之慮深其多爲之法而丁寧纖悉可謂至矣三代既亡禮樂失其本至其聲器有司之守亦以散亡自漢以來歷代莫不有樂作者各因其所學雖清濁高下時有不同然不能出於法數至其所以用於郊廟朝廷以接人神之歡其金石之響歌舞之容則各因其功業治亂之所起而本其風俗之所由自漢魏之亂晉遷江南中國遂沒於夷狄至隋滅陳始得其樂器稍欲因而有作而時君褊迫不足以堪其事也是時鄭譯牛弘辛彥之何妥蔡子元于普明之徒皆名知樂相與撰定依京房六十律因而六之爲三百六十律以當一歲之日又以一律爲七音音爲一調凡十二律爲八十四調其說甚詳而終隋之世所用者黃鍾一宮五夏二舞登歌房中等

十四調而已。記曰功成作樂蓋王者未作樂之時必因其舊而用之唐興卽用隋樂武德九年始詔太常少卿祖孝孫協律郎竇璡等定樂初隋用黃鍾一宮惟擊七鍾其五鍾設而不擊謂之啞鍾唐協律郎張文收乃依古斷竹爲十二律高祖命與孝孫吹調五鍾叩之而應由是十二鍾皆用孝孫又以十二月旋相爲六十聲八十四調其法因五音生二變因變徵爲正徵因變宮爲清宮七音起黃鍾終南呂迭爲綱紀黃鍾之律管長九寸王於中宮土半之四寸五分與清宮合五音之首也加以二變循環無間故一宮二商三角四變徵五徵六羽七變宮其聲繇濁至清爲一均凡十二宮調皆正宮也正宮聲之下無復濁音故五音以宮爲尊十二商調調有下聲一謂宮也十二角調調有下聲二宮商也十二徵調調有下聲三宮商角也十二羽調調有下聲四宮商角徵也十二變徵調居角音之後正徵之前十二變宮調在羽音之後清宮之前雅樂成調無出七聲本宮遞相用唯樂章則隨律定均合以笙磬接以鍾鼓樂旣成奏之太宗謂侍臣曰古者聖人沿情以作樂國之興衰未必由此御史大夫杜淹曰陳將亡也有玉樹後庭花齊將亡也有伴侶曲聞者悲泣所謂亡國之音哀以思以是觀之亦樂之所起帝曰夫聲之所感各因人之哀樂將亡之政其民苦故聞以悲今玉樹伴侶之曲尚存爲公奏之知必不悲尚書右丞魏徵進曰孔子稱樂云樂云鍾鼓云乎哉樂在人和不在音也十一年張文收復請重正餘樂帝不許曰朕聞人和則樂和隋末喪亂雖改音律而樂不和若百姓安樂金石自諧矣文收旣定樂復鑄銅律三百六十銅斛二銅秤二銅甌十四秤尺一斛左右耳與臀皆方積十而登以至於斛與古玉尺玉斗同皆藏於太樂署武后時太常卿武延秀以爲奇玩乃獻之及將考中宗廟樂有司奏請出之而秤尺已亡其跡猶存以常用度量校之尺當六之五量衡皆三之一至肅宗時山東人魏延陵得律一因中官李輔國獻之云太常諸樂調皆下不合黃鍾請悉更制諸鍾磬帝以爲然乃悉取太常諸樂器入于禁中更加磨刻凡二十五日而成御三殿觀之以還太常然以漢律考之黃鍾乃太蔟也當時議者以爲非是其後黃巢之亂樂工逃散金奏皆亡昭宗卽位將謁郊廟有司不知樂縣制度太常博士殷盈孫按周法以算數除鎛鍾輕重高卬黃鍾九寸五分倍應鍾三寸三分半凡四十八等圖上口項之量及徑衡之圍乃命鑄鎛鍾十二編鍾二百四十宰相張濬爲修奉樂縣使求知聲者得處士蕭承訓等校石磬合而擊拊之音遂諧唐爲國而作樂之制尤簡高宗太祖卽用隋樂與孝孫文收所定而已其後世所更者樂章舞曲至于昭宗始得盈孫焉故其議論罕所發明若其樂歌廟舞用於當世者可以考也樂縣之制宮縣四面天子用之若祭祀則前祀二日太樂令設縣於壇南內壝之外北嚮東方西方磬虡起北鍾虡次之南方北方磬虡起西鍾虡次之鎛鍾十有二在十二辰之位樹雷鼓於北縣之內道之左右植建鼓於四隅置柷敔於縣內柷在右敔在左設歌鍾歌磬於壇上南方北向磬虡在西鍾虡在東琴瑟箏筑皆一當磬虡之次匏竹在下凡天神之類皆以雷鼓地祇之類皆以靈鼓人鬼之類皆以路鼓其設於庭則在南而登歌者在堂若朝會則加鍾磬十二虡設鼓吹十二案於建鼓之外案設羽葆鼓一大鼓一金錞一歌簫笳皆二登歌鍾磬各一虡節鼓一歌者四人琴瑟箏筑皆一在堂上笙和簫篪塤皆一在堂下若皇后享先蠶則設十二大磬以當辰位而無路鼗軒縣三面皇太子用之若釋奠于文宣王武成王亦用之其制去宮縣之南面判縣二面唐之舊禮祭風伯雨師五嶽四瀆用之其制去軒縣之北面皆植建鼓於東北西北二隅特縣去判縣之西面或陳於階間有其制而無所用凡植者爲簨橫者爲虡虡以縣鍾磬皆十有六周人謂之一堵而唐人謂之一虡自隋以前宮縣二十虡及隋平陳得梁故事用三十六虡遂用之唐初因隋舊用三十六虡高宗蓬萊宮成增用七十二虡至武后時省之開元定禮始依古著爲二十虡至昭宗時宰相張濬已修樂縣乃言舊制太清宮南北郊社稷及諸殿廷用二十虡而太廟含元殿用三十六虡濬以爲非古而廟廷狹隘不能容三十六乃復用二十虡而鍾虡四以當甲丙庚壬磬虡四以當乙丁辛癸與開元禮異而不知其改制之時或說以鍾磬應陰陽之位此禮經所不著凡樂八音自漢以來惟金以鍾定律呂故其制度最詳其餘七者史官不記至唐獨宮縣與登歌鼓吹十二案樂器有數其餘皆略而不著而其物名具在八音一曰金爲鎛鍾爲編鍾爲歌鍾爲錞爲鐃爲鐲爲鐸二曰石爲大磬爲編磬爲歌磬三曰土爲壎爲嘂嘂大壎也四曰革爲雷鼓爲靈鼓爲路鼓皆有鼗爲建鼓爲鼗鼓爲縣鼓爲節鼓爲拊爲相五曰絲爲琴爲瑟爲頌瑟頌瑟箏也爲阮咸爲筑六曰木爲柷爲敔爲雅爲應七曰匏爲笙爲竽爲巢巢大笙也爲和和小笙也八曰竹爲簫爲管爲篪爲笛爲舂牘此其樂器也初祖孝孫已定樂乃曰大樂與天地同和者也製十二和以法天之成數號大唐雅樂一曰豫和二曰順和三曰永和四曰肅和五曰雍和六曰壽和七曰太和八曰舒和九曰昭和十曰休和十一曰正和十二曰承和用於郊廟朝廷以和人神孝孫已卒張文收以爲十二和之制未備乃詔有司釐定而文收考正律呂起居郎呂才叶其聲音樂曲遂備自高宗以後稍更其曲名開元定禮始復遵用孝孫十二和其著于禮者一曰豫和以降天神冬至祀圜丘上辛祈穀孟夏雩季秋享明堂朝日夕月巡狩告于圜丘燔柴告至封祀太山類于上帝皆以圜鍾爲宮三奏黃鍾爲角太蔟爲徵姑洗爲羽各一奏文舞六成五郊迎氣黃帝以黃鍾爲宮赤帝以函鍾爲徵白帝以太蔟爲商黑帝以南呂爲羽青帝以姑洗爲角皆文舞六成二曰順和以降地祇夏至祭方丘孟冬祭神州地祇春秋社巡狩告社宜于社禪社首皆以函鍾爲宮太蔟爲角姑洗爲徵南呂爲羽各三奏文舞八成望于山川以蕤賓爲宮三奏三曰永和以降人鬼時享禘祫有事而告謁于廟皆以黃鍾爲宮三奏大呂爲角太蔟爲徵應鍾爲羽各二奏文舞九成祀先農皇太子釋奠皆以姑洗爲宮文舞三成送神各以其曲一成蜡兼天地人以黃鍾奏豫和蕤賓姑洗太蔟奏順和無射夷則奏永和六均皆一成以降神而送神以豫和四曰肅和登歌以奠玉帛于天神以大呂爲宮于地祇以應鍾爲宮于宗廟以圜鍾爲宮祀先農釋奠以南呂爲宮望于山川以函鍾爲宮五曰雍和凡祭祀以入俎天神之俎以黃鍾爲宮地祇之俎以太蔟爲宮人鬼之俎以無射爲宮又以徹豆凡祭祀俎入之後接神之曲亦如之六曰壽和以酌獻飮福以黃鍾爲宮七曰太和以爲行節亦以黃鍾爲宮凡祭祀天子入門而卽位與其升降至于還次行則作止則止其在朝廷天子將自內出撞黃鍾之鐘右五鍾應乃奏之其禮畢興而入撞蕤賓之鐘左五鍾應乃奏之皆以黃鍾爲宮八曰舒和以出入二舞及皇太子王公羣后國老若皇后之妾御皇太子之宮臣出入門則奏之皆以太蔟之商九曰昭和皇帝皇太子以舉酒十曰休和皇帝以飯以肅拜三老皇太子亦以飯皆以其月之律均十一曰正和皇后受册以行十二曰承和皇太子在其宮有會以行若駕出則撞黃鍾奏太和出太極門而奏采茨至于嘉德門而止其還也亦然初隋有文舞武舞至祖孝孫定樂更文舞曰治康武舞曰凱安舞者各六十四人文舞左籥右翟與執纛而引者二人皆委貌冠黑素絳領廣袖白絝革帶烏皮履武舞左干右戚執旌居前者二人執鼗執鐸皆二人金錞二輿者四人奏者二人執鐃二人執相在左執雅在右皆二人夾導服平冕餘同文舞朝會則武弁平巾幘廣袖金甲豹文絝烏皮鞾執干戚夾導皆同郊廟凡初獻作文舞之舞亞獻終獻作武舞之舞太廟降神以文舞每室酌獻各用其廟之舞禘祫遷廟之主合食則舞亦如之儀鳳二年太常卿韋萬石定凱安舞六變一變象龍興參墟二變象克定關中三變象東夏賓服四變象江淮平五變象獫狁伏從六變復位以崇象兵還振旅初大宗時詔祕書監顏師古等撰定弘農府君至高祖太武皇帝六廟樂曲舞名其後變更不一而自獻祖而下廟舞略可見也獻祖曰光大之舞懿祖曰長發之舞太祖曰大政之舞世祖曰大成之舞高祖曰大明之舞太宗曰崇德之舞高宗曰鈞天之舞中宗曰太和之舞睿宗曰景雲之舞玄宗曰大運之舞肅宗曰惟新之舞代宗曰保大之舞德宗曰文明之舞順宗曰大順之舞憲宗曰象德之舞穆宗曰和寧之舞敬宗曰大鈞之舞文宗曰文成之舞武宗曰大定之舞昭宗曰咸寧之舞其餘闕而不著唐之自製樂凡三大舞一曰七德舞二曰九功舞三曰上元舞七德舞者本名秦王破陣樂太宗爲秦王破劉武周軍中相與作秦王破陣樂曲及卽位宴會必奏之謂侍臣曰雖發揚蹈厲異乎文容然功業由之被於樂章示不忘本也右僕射封德彝曰陛下以聖武戡難陳樂象德文容豈足道哉帝矍然曰朕雖以武功興終以文德綏海內謂文容不如蹈厲斯過矣乃製舞圖左圓右方先偏後伍交錯屈伸以象魚麗鵝鸛命呂才以圖教樂工百二十八人被銀甲執戟而舞凡三變每變爲四陣象擊刺往來歌者和曰秦王破陣樂後令魏徵與員外散騎常侍褚亮員外散騎常侍虞世南太子右庶子李百藥更製歌辭名曰七德舞舞初成觀者皆扼腕踊躍諸將上壽羣臣稱萬歲蠻夷在庭者請相率以舞太常卿蕭瑀曰樂所以美盛德形容而有所未盡陛下破劉武周薛舉竇建德王世充願圖其狀以識帝曰方四海未定攻伐以平禍亂製樂陳其梗槩而已若備寫禽獲今將相有嘗爲其臣者觀之有所不忍我不爲也自是元日冬至朝會慶賀與九功舞同奏舞人更以進賢冠虎文袴螣蛇帶烏皮鞾二人執旌居前其後更號神功破陣樂九功舞者本名功成慶善樂太宗生於慶善宮貞觀六年幸之宴從臣賞賜閭里同漢沛宛帝歡甚賦詩起居郎呂才被之管絃名曰功成慶善樂以童兒六十四人冠進德冠紫袴褶長袖漆髻屣履而舞號九功舞進蹈安徐以象文德麟德二年詔郊廟享宴奏文舞用功成慶善樂曳履執紼服袴褶童子冠如故武舞用神功破陣樂衣甲持戟執纛者被金甲八佾加簫笛歌鼓列坐縣南若舞即與宮縣合奏其宴樂二舞仍別設焉上元舞者高宗所作也舞者百八十人衣畫雲五色衣以象元氣其樂有上元二儀三才四時五行六律七政八風九宮十洲得一慶雲之曲大祠享皆用之至上元三年詔惟圜丘方澤太廟乃用餘皆罷又曰神功破陣樂不入雅樂功成慶善樂不可降神亦皆罷而郊廟用治康凱安如故儀鳳二年太常卿韋萬石奏請作上元舞兼奏破陣慶善二舞而破陣樂五十二徧著于雅樂者二徧慶善樂五十徧著于雅樂者一徧上元舞二十九徧皆著于雅樂又曰雲門大咸大磬大夏古文舞也大濩大武古武舞也爲國家者揖讓得天下則先奏文舞征伐得天下則先奏武舞神功破陣樂有武事之象功成慶善樂有文事之象用二舞請先奏神功破陣樂初朝會常奏破陣舞高宗卽位不忍觀之乃不設後幸九成宮置酒韋萬石曰破陣樂舞所以宣揚祖宗盛烈以示後世自陛下卽位寢而不作者久矣禮天子親總干戚以舞先祖之樂今破陣樂久廢羣下無所稱述非所以發孝思也帝復令奏之舞畢歎曰不見此樂垂三十年追思王業勤勞若此朕安可忘武功邪羣臣皆稱萬歲然遇讌奏二樂天子必避位坐者皆興太常博士裴守眞以謂奏二舞時天子不宜起立詔從之及高宗崩改治康舞曰化康以避諱武后毀唐太廟七德九功之舞皆亡唯其名存自後復用隋文舞武舞而已燕樂高祖卽位仍隋制設九部樂燕樂伎樂工舞人無變者清商伎者隋清樂也有編鐘編磬獨絃琴擊琴瑟秦琵琶臥箜篌筑筝節鼓皆一笙笛簫篪方響跋膝皆二歌二人吹葉一人舞者四人幷習巴渝舞西涼伎有編鐘編磬皆一彈箏搊箏臥箜篌豎箜篌琵琶五絃笙簫觱篥小觱篥笛橫笛腰鼓齊鼓檐鼓皆一銅鈸二貝一白舞一人方舞四人天竺伎有銅鼓羯鼓都曇鼓毛員鼓觱篥橫笛鳳首箜篌琵琶五絃貝皆一銅鈸二舞者二人高麗伎有彈箏搊箏鳳首箜篌臥箜篌豎箜篌琵琶以蛇皮爲槽厚寸餘有鱗甲楸木爲面象牙爲捍撥畫國王形又有五絃義觜笛笙葫蘆笙簫小觱篥桃皮觱篥腰鼓齊鼓檐鼓龜頭鼓鐵版貝大觱篥胡旋舞舞者立毬上旋轉如風龜茲伎有彈箏豎箜篌琵琶五絃橫笛笙簫觱篥荅臘鼓毛員鼓都曇鼓侯提鼓雞婁鼓腰鼓齊鼓檐鼓貝皆一銅鈸二舞者四人設五方師子高丈餘飾以方色每師子有十二人畫衣執紅拂首加紅袜謂之師子郎安國伎有豎箜篌琵琶五絃橫笛簫觱篥正鼓和鼓銅鈸皆一舞者二人疏勒伎有豎箜篌琵琶五絃簫橫笛觱篥荅臘鼓羯鼓侯提鼓腰鼓雞婁鼓皆一舞者二人康國伎有正鼓和鼓皆一笛銅鈸皆二舞者二人工人之服皆從其國隋樂每奏九部樂終輒奏文康樂一曰禮畢太宗時命削去之其後遂亡及平高昌收其樂有豎箜篌銅角一琵琶五絃橫笛簫觱篥荅臘鼓腰鼓雞婁鼓羯鼓皆二人工人布巾袷袍錦襟金銅帶畫袴舞者二人黃袍袖練襦五色絛帶金銅耳璫赤鞾自是初有十部樂其後因內宴詔長孫無忌製傾盃曲魏徵製樂社樂曲虞世南製英雄樂曲帝之破竇建德也乘馬名黃驄驃及征高麗死於道頗哀惜之命樂工製黃驄疊曲四曲皆宮調也五絃如琵琶而小北國所出舊以木撥彈樂工裴神符初以手彈太宗悅甚後人習爲搊琵琶高宗卽位景雲見河水清張文收采古誼爲景雲河清歌亦名燕樂有玉磬方響搊箏筑臥箜篌大小箜篌大小琵琶大小五絃吹葉大小笙大小觱篥簫銅鈸長笛尺八短笛皆一毛員鼓連鞉鼓桴鼓貝皆二每器工一人歌二人工人絳袍金帶烏鞾舞者二十人分四部一景雲舞二慶善舞三破陣舞四承天舞景雲樂舞八人五色雲冠錦袍五色袴金銅帶慶善樂舞四人紫袍白袴破陣樂舞四人綾袍絳袴承天樂舞四人進德冠紫袍白袴景雲舞元會第一奏之高宗以琴曲寖絕雖有傳者復失宮商令有司修習太常丞呂才上言舜彈五絃之琴歌南風之詩是知琴操曲弄皆合於歌今以御雪詩爲白雪歌古今奏正曲復有送聲君唱臣和之義以羣臣所和詩十六韻爲送聲十六節帝善之乃命太常著于樂府才復譔琴歌白雪等曲帝亦製歌詞十六皆著樂府帝將伐高麗燕洛陽城門觀屯營教舞按新征用武之勢名曰一戎大定樂武者百四十人被五釆甲持槊而舞歌者和之曰八紘同軌樂象高麗平而天下大定也及遼東平行軍大摠管李勣作夷賓之曲以獻調露二年幸洛陽城南樓宴羣臣太常奏六合還淳之舞其容制不傳高宗自以李氏老子之後也於是命樂工製道調

唐書卷二十一考證

禮樂志十一有伴侶曲○臣酉按通典云齊將亡也爲伴侶行路難則行路難亦齊曲也而新書無之舊書又缺難字

秤尺一○臣酉按上文銅斛二銅秤二銅甌十四則此當爲銅尺一秤字必是銅字之訛但南北監本及閣本俱作秤未敢遽改

唐書卷二十二

宋　翰　林　學　士　歐　陽　修　撰

志第十二

禮樂志

自周陳以上雅鄭淆雜而無別隋文帝始分雅俗二部至唐更曰部當凡所謂俗樂者二十有八調正宮高宮中呂宮道調宮南呂宮仙呂宮黃鍾宮爲七宮越調大食調高大食調雙調小食調歇指調林鍾商爲七商大食角高大食角雙角小食角歇指角林鍾角越角爲七角中呂調正平調高平調仙呂調黃鍾羽般涉調高般涉爲七羽皆從濁至清迭更其聲下則益濁上則益清慢者過節急者流蕩其後聲器寖殊或有宮調之名或以倍四爲度有與律呂同名而聲不近雅者其宮調乃應夾鍾之律燕設用之絲有琵琶五絃箜篌箏竹有觱篥簫笛匏有笙革有杖鼓第二鼓第三鼓腰鼓大鼓土則附革而爲鞚木有拍板方響以體金應石而備八音倍四本屬清樂形類雅音而曲出於胡部復有銀字之名中管之格皆前代應律之器也後人失其傳而更以異名故俗部諸曲悉源於雅樂周隋管絃雜曲數百皆西涼樂也鼓舞曲皆龜茲樂也唯琴工猶傳楚漢舊聲及清調蔡邕五弄楚調四弄謂之九弄隋亡清樂散缺存者纔六十三曲其後傳者平調清調周房中樂遺聲也白雪楚曲也公莫舞漢舞也巴渝漢高帝命工人作也明君漢元帝時作也明之君漢鞞舞曲也鐸舞漢曲也白鳩吳拂舞曲也白紵吳舞也子夜晉曲也前溪晉車騎將軍沈玩作也團扇晉王珉歌也懊儂晉隆安初謠也長史變晉司徒左長史王廞作也丁督護晉宋間曲也讀曲宋人爲彭城王義康作也烏夜啼宋臨川王義慶作也石城宋臧質作也莫愁石城樂所出也襄陽宋隨王誕作也烏夜飛宋沈攸之作也估客樂齊武帝作也楊叛北齊歌也驍壺投壺樂也常林歡宋梁間曲也三洲商人歌也採桑三洲曲所出也玉樹後庭花堂堂陳後主作也泛龍舟隋煬帝作也又有吳聲四時歌雅歌上林鳳雛平折命嘯等曲其聲與其辭皆訛失十不傳其一二蓋唐自太宗高宗作三大舞雜用於燕樂其他諸曲出於一時之作雖非絕雅尚不至於淫放武后之禍繼以中宗昏亂固無足言者玄宗爲平王有散樂一部定韋后之難頗有預謀者及卽位命寧王主藩邸樂以亢太常分兩朋以角優劣置內教坊於蓬萊宮側居新聲散樂倡優之伎有諧謔而賜金帛朱紫者酸棗縣尉袁楚客上疏極諫初帝賜第隆慶坊坊南之地變爲池中宗常泛舟以厭其祥帝卽位作龍池樂舞者十有二人冠芙蓉冠躡履備用雅樂唯無磬又作聖壽樂以女子衣五色繡襟而舞之又作小破陣樂舞者被甲胄又作光聖樂舞者鳥冠畫衣以歌王迹所興又分樂爲二部堂下立奏謂之立部伎堂上坐奏謂之坐部伎太常閱坐部不可教者隸立部又不可教者乃習雅樂立部伎八一安舞二太平樂三破陣樂四慶善樂五大定樂六上元樂七聖壽樂八光聖樂安舞太平樂周隋遺音也破陣樂以下皆用大鼓雜以龜茲樂其聲震厲大定樂又加金鉦慶善舞顓用西涼樂聲頗閑雅每享郊廟則破陣上元慶善三舞皆用之坐部伎六一燕樂二長壽樂三天授樂四鳥歌萬歲樂五龍池樂六小破陣樂天授鳥歌皆武后作也天授年名鳥歌者有鳥能人言萬歲因以制樂自長壽樂以下用龜茲舞唯龍池樂則否是時民間以帝自潞州還京師舉兵夜半誅韋皇后製夜半樂還京樂二曲帝又作文成曲與小破陣樂更奏之其後河西節度使楊敬忠獻霓裳羽衣曲十二遍凡曲終必遽唯霓裳羽衣曲將畢引聲益緩帝方寖喜神仙之事詔道士司馬承禎製玄眞道曲茅山道士李會元製大羅天曲工部侍郎賀知章製紫清上聖道曲太清宮成太常卿韋縚製景雲九眞紫極小長壽承天順天樂六曲又製商調君臣相遇樂曲初隋有法曲其音清而近雅其器有鐃鈸鐘磬幢簫琵琶琵琶圓體修頸而小號曰秦漢子蓋絃鼗之遺製出於胡中傳爲秦漢所作其聲金石絲竹以次作隋煬帝厭其聲澹曲終復加解音玄宗既知音律又酷愛法曲選坐部伎子弟三百教於梨園聲有誤者帝必覺而正之號皇帝梨園弟子宮女數百亦爲梨園弟子居宜春北院梨園法部更置小部音聲三十餘人帝幸驪山楊貴妃生

日命小部張樂長生殿因奏新曲未有名會南方進荔枝因名曰荔枝香帝又好羯鼓而寧王善吹橫笛達官大臣慕之皆喜言音律帝嘗稱羯鼓八音之領袖諸樂不可方也蓋本戎羯之樂其音太簇一均龜茲高昌疏勒天竺部皆用之其聲焦殺特異衆樂開元二十四年升胡部於堂上而天寶樂曲皆以邊地名若涼州伊州甘州之類後又詔道調法曲與胡部新聲合作明年安祿山反涼州伊州甘州皆陷吐蕃唐之盛時凡樂人音聲人太常雜戶子弟隸太常及鼓吹署皆番上總號音聲人至數萬人玄宗又嘗以馬百匹盛飾分左右施三重榻舞傾盃數十曲壯士舉榻馬不動樂工少年姿秀者十數人衣黃衫文玉帶立左右每千秋節舞於勤政樓下後賜宴設酺亦會勤政樓其日未明金吾引駕騎北衙四軍陳仗列旗幟被金甲短後繡袍太常卿引雅樂每部數十人間以胡夷之技內閑廄使引戲馬五坊使引象犀入場拜舞宮人數百衣錦繡衣出帷中擊雷鼓奏小破陣樂歲以爲常千秋節者玄宗以八月五日生因以其日名節而君臣共爲荒樂當時流俗多傳其事以爲盛其後巨盜起陷兩京自此天下用兵不息而離宮苑囿遂以荒堙獨其餘聲遺曲傳人間聞者爲之悲涼感動蓋其事適足爲戒而不足考法故不復著其詳自肅宗以後皆以生日爲節而德宗不立節然止於羣臣稱觴上壽而已代宗繇廣平王復二京梨園供奉官劉日進製寶應長寧樂十八曲以獻皆宮調也大歷元年又有廣平太一樂涼州曲本西涼所獻也其聲本宮調有大遍小遍貞元初樂工康崑崙寓其聲於琵琶奏於玉宸殿因號玉宸宮調合諸樂則用黃鍾宮其後方鎮多製樂舞以獻河東節度使馬燧獻定難曲昭義軍節度使王虔休以德宗誕辰未有大樂乃作繼天誕聖樂以宮爲調帝因作中和樂舞山南節度使于頔又獻順聖樂曲將半而行綴皆伏一人舞於中又令女伎爲佾舞雄健壯妙號孫武順聖樂文宗好雅樂詔太常卿馮定采開元雅樂製雲韶法曲及霓裳羽衣舞曲雲韶樂有玉磬四虡琴瑟筑簫篪籥跋膝笙竽皆一登歌四人分立堂上下童子五人繡衣執金蓮花以導舞者三百人階下設錦筵遇內宴乃奏謂大臣曰笙磬同音沈吟忘味不圖爲樂至於斯也自是臣下功高者輒賜之樂成改法曲爲仙韶曲會昌初宰相李德裕命樂工製萬斯年曲以獻大中初太常樂工五千餘人俗樂一千五百餘人宣宗每宴羣臣備百戲帝製新曲教女伶數千百人衣珠翠緹繡連袂而歌其樂有播皇猷之曲舞者高冠方履褒衣博帶趍走俯仰中於規矩又有葱嶺西曲士女蹹歌爲隊其詞言葱嶺之民樂河湟故地歸唐也咸通間諸王多習音聲倡優雜戲天子幸其院則迎駕奏樂是時藩鎮稍復舞破陣樂然舞者衣畫甲執旗旆纔十人而已蓋唐之盛時樂曲所傳至其末年往往亡缺周隋與北齊陳接壤故歌舞雜有四方之樂至唐東夷樂有高麗百濟北狄有鮮卑吐谷渾部落稽南蠻有扶南天竺南詔驃國西戎有高昌龜茲疏勒康國安國凡十四國之樂而八國之伎列于十部樂中宗時百濟樂工人亡散岐王爲太常卿復奏置之然音伎多闕舞者二人紫大袖裙襦章甫冠衣履樂有箏笛桃皮觱篥箜篌歌而已北狄樂皆馬上之聲自漢後以爲鼓吹亦軍中樂馬上奏之故隸鼓吹署後魏樂府初有北歌亦曰眞人歌都代時命宮人朝夕歌之周隋始與西涼樂雜奏至唐存者五十三章而名可解者六章而已一曰慕容可汗二曰吐谷渾三曰部落稽四曰鉅鹿公主五曰白淨王六曰太子企喻也其餘辭多可汗之稱蓋燕魏之際鮮卑歌也隋鼓吹有其曲而不同貞觀中將軍侯貴昌并州人世傳北歌詔隸太樂然譯者不能通歲久不可辨矣金吾所掌有大角卽魏之簸邏回工人謂之角手以備鼓吹南蠻北狄俗斷髮故舞者以繩圍首約髮有新聲自河西至者號胡音龜茲散樂皆爲之少息扶南樂舞者二人以朝霞爲衣赤皮鞋天竺伎能自斷手足刺腸胃高宗惡其驚俗詔不令入中國睿宗時婆羅門國獻人倒行以足舞仰植銛刀俯身就鋒歷臉下復植於背觱篥者立腹上終曲而不傷又伏伸其手二人躡之周旋百轉開元初其樂猶與四夷樂同列貞元中南詔異牟尋遣使詣劍南西川節度使韋皐言欲獻夷中歌曲且令驃國進樂皐乃作南詔奉聖樂用黃鍾之均舞六成工六十四人贊引二人序曲二十八疊執羽而舞南詔奉聖樂字曲將終雷鼓作於四隅舞者皆拜金聲作而起執羽稽首以象朝覲每拜跪節以鉦鼓又爲五均一曰黃鍾宮之宮二曰太簇商之宮三曰姑洗角之宮四曰林鍾徵之宮五曰南呂羽之宮其文義繁雜不足復紀德宗閱於麟德殿以授太常工人自是殿庭宴則立奏宮中則坐奏十七年驃國王雍羌遣弟悉利移城主舒難陀獻其國樂至成都韋皐復譜次其聲又圖其舞容樂器以獻凡工器二十有二其音八金貝絲竹匏革牙角大抵皆夷狄之器其聲曲不隸於有司故無足采云

唐書卷二十二考證

禮樂志十二及清調蔡邕五弄楚調四弄○舊書作清調瑟調蔡邕雜弄

唐書卷二十三上

宋　翰　林　學　士　歐　陽　修　撰

志第十三上

儀衛志

唐制天子居曰衙行曰駕皆有衛有嚴羽葆華蓋旌旗罕畢車馬之衆盛矣皆安徐而不譁其人君舉動必以扇出入則撞鐘庭設樂宮道路有鹵簿鼓吹禮官百司必備物而後動蓋所以爲愼重也故愼重則尊嚴尊嚴則肅恭夫儀衛所以尊君而肅臣其聲容文采雖非三代之制至其盛也有足取焉凡朝會之仗三衛番上分爲五仗號衙內五衛一曰供奉仗以左右衛爲之二曰親仗以親衛爲之三曰勳仗以勳衛爲之四曰翊仗以翊衛爲之皆服鶡冠緋衫裌五曰散手仗以親勳翊衛爲之服緋絁裲襠繡野馬皆帶刀捉仗列坐于東西廊下每月以四十六人立內廊閤外號曰內仗以左右金吾將軍當上中郎將一人押之有押官有知隊仗官朝堂置左右引駕三衛六十人以左右衛三衛年長彊直能糾劾者爲之分五番有引駕佽飛六十六人以佽飛越騎步射爲之分六番每番皆有主帥一人坐曰引駕升殿金吾大將軍各一人押之號曰押引駕官中郎將郎將各一人檢校引駕事又有千牛仗以千牛備身備身左右爲之千牛備身冠進德冠服袴褶備身左右服如三衛皆執御刀弓箭升殿列御座左右內外諸門以排道人帶刀捉仗而立號曰立門仗宣政左右門仗內仗皆分三番而立號曰交番仗諸衛有挾門隊長槍隊承天門內則左右衛挾門隊列東西廊下門外則左右驍衛挾門隊列東西廊下長樂永安門內則左右威衛挾門隊列東西廊下門外則左右領軍衛挾門隊列東西廊下嘉德門內則左右武衛挾門隊列東西廊下車駕出皇城則挾門隊皆從長槍隊有漆槍木槍白幹槍樸頭槍每夜第一鼜鼜諸隊仗佩弓箭胡祿出鋪立廊下按䂎張弓捻箭彀弩第二鼜鼜後擊鐘訖持更者舉䂎鐘聲絕則解仗一點持更人按䂎持弓者穩箭唱號諸衛仗隊皆分更行探宿衛門閤仗隊鍪甲蕞擐左襻餘仗隊唯持更人蕞一具供奉散手仗亦持更蕞甲每朝第一鼜鼜訖持更䂎皆舉張弓者攝箭收弩立門隊及諸隊仗皆立於廊下第二鼜鼜聲絕按䂎弛弓收鋪諸門挾門隊立於階下復一刻立門仗皆復舊內外隊仗立於階下元日冬至大朝會宴見蕃國王則供奉仗散手仗立於殿上黃麾仗樂縣五路五副路屬車輿輦繖二翰一陳于庭扇一百五十有六三衛三百人執之陳于兩廂黃麾仗左右廂各十二部十二行第一行長戟六色氅領軍衛赤氅威衛青氅黑氅武衛鶩氅驍衛白氅左右衛黃氅黃地雲花襖冒第二行儀鍠五色幡赤地雲花襖冒第三行大䂎小孔雀氅黑地雲花襖冒第四行小戟刀楯白地雲花襖冒第五行短戟大五色鸚鵡毛氅青地雲花襖冒第六行細射弓箭赤地四色雲花襖冒第七行小䂎小五色鸚鵡毛氅黃地雲花襖冒第八行金花朱滕絡楯刀赤地雲花襖冒第九行戎雞毛氅黑地雲花襖冒第十行細射弓箭白地雲花襖冒第十一行大鋋白毦青地雲花襖冒第十二行金花緣滕絡楯刀赤地四色雲花襖冒十二行皆有行滕鞋韈前黃麾仗首左右廂各一部部十二行行十人左右領軍衛折衝都尉各一人領主帥各十人師子袍冒次左右廂皆一部部十二行行十人左右威衛果毅都尉各一人領主帥各十人豹文袍冒次廂各一部部十二行行十人左右武衛折衝都尉各一人主帥各十人次廂各一部部十二行行十人左右衛折衝都尉各一人主帥各十人次當御廂各一部部十二行行十人左右衛果毅都尉各一人主帥各十人次後廂各一部部十二行行十人左右驍衛折衝都尉各一人主帥各十人次後廂各一部部十二行行十人左右武衛果毅都尉各一人主帥各十人次後左右廂各一部部十二行行十人左右威衛折衝都尉各一人主帥各十人次後左右廂各一部部十二行行十人左右威衛果毅都尉各一人主帥各十人次後左右廂各一部部十二行行十人左右領軍衛果毅都尉各一人主帥各十人次盡後左右廂軍衛主帥各十人護後被師子文袍冒左右領軍衛黃麾仗首尾廂皆絳引旛二十引前十掩後十廂各獨揭鼓十二重重二人赤地雲花襖冒行滕鞋韈

居黃麾仗外每黃麾仗一部鼓一左右衛左右驍衛左右武衛左右威衛將軍各一人大將軍各一人左右領軍衛大將軍各十人檢校被繡袍次左右衛黃旗仗立于兩階之次鍪甲弓箭刀楯皆黃隊有主帥以下四十人皆戎服被大袍二人引旗一人執二人夾二十人執矟餘佩弩弓箭第一麟旗隊第二角端旗隊第三赤熊旗隊折衝都尉各一人檢校戎服被大袍佩弓箭橫刀又有夾轂隊廂各六隊隊三十人胡木鍪毦蜀鎧懸鈴覆膊錦臂韝白行縢紫帶鞋韈持矟楯刀廂各折衝都尉一人果毅都尉二人檢校冠進德冠被紫絁連甲緋繡葵花文袍第一隊第四隊朱質鍪鎧緋袴第二隊第五隊白質鍪鎧紫袴第三隊第六隊黑質鍪鎧皁袴次左右驍衛赤旗仗坐于東西廊下鍪甲弓箭刀楯皆赤主帥以下如左右衛第一鳳旗隊第二飛黃旗隊折衝都尉各一人檢校第三吉利旗隊第四兕旗隊第五太平旗隊果毅都尉各一人檢校又有親勳翊衛仗廂各三隊壓角隊皆有旗一人執二人引二人夾校尉以下翊衛以上三十五人皆平巾幘緋裲襠大口絝帶橫刀執矟二十人帶弩四人帶弓箭十一人第一隊鳳旗大將軍各一人主之第二隊飛黃旗將軍各一人主之第三隊吉利旗郎將一人主之次左右武衛白旗仗居驍衛之次鍪甲弓箭刀楯皆白主帥以下如左右衛第一五牛旗隊黃旗居內赤青居左白黑居右各八人執第二飛麟旗隊第三駃騠旗隊第四鸞旗隊果毅都尉各一人檢校第五犀牛旗隊第六鵕鸃旗隊第七騏驎旗隊第八騼䮸旗隊折衝都尉各一人檢校持鈒隊果毅都尉各一人校尉二人檢校前隊執銀裝長刀紫黃綬紛絳引旛一金節十二分左右次罕畢朱雀幢叉青龍白虎幢道蓋叉各一自絳引旛以下執者服如黃麾執罕畢及幢者平陵冠朱衣革帶左罕右畢左青龍右白虎稱長一人出則告警服如黃麾鈒戟隊各一百四十四人分左右三行應蹕服如黃麾果毅執青龍等旗將軍各一人檢校旅帥二人執銀裝長刀紫黃綬紛檢校後隊次左右威衛黑旗仗立于階下鍪甲弓箭楯矟皆黑主帥以下如左右衛第一黃龍負圖旗隊第二黃鹿旗隊第三騶牙旗隊第四蒼烏旗隊果毅都尉各一人檢校次左右領軍衛青旗仗居威衛之次鍪甲弓箭楯矟皆青主帥以下如左右衛第一應龍旗隊第二玉馬旗隊第三三角獸旗隊果毅都尉各一人檢校第四白狼旗隊第五龍馬旗隊第六金牛旗隊折衝都尉各一人檢校又有殳仗步甲隊將軍各一人檢校殳仗左右廂千人廂別二百五十人執殳二百五十人執叉皆赤地雲花襖冒行縢鞋韈殳叉以次相間左右領軍衛各一百六十人左右武衛各一百人左右威衛左右驍衛左右衛各八十人左右廂有主帥三十八人平巾幘緋裲襠大口絝執儀刀廂有左右衛各三人左右驍衛左右武衛左右威衛左右領軍衛各四人以主殳仗被豹文袍冒領軍衛師子文袍步甲隊從左右廂各四十八前後皆二十四每隊折衝都尉一人主之被繡袍每隊一人戎服大袍帶橫刀執旗二人引二人夾皆戎服大袍帶弓箭橫刀隊別三十人被甲臂韝行縢鞋韈每一隊鍪甲覆膊執弓箭一隊胡木鍪及毦蜀鎧覆膊執刀楯矟相間第一隊赤質鍪甲赤弓箭折衝都尉各一人主之執鶡雞旗第二隊赤質鍪鎧赤刀楯矟果毅都尉各一人主之執豹旗第三隊赤質鍪甲青弓箭折衝都尉各一人主之第四隊青質鍪鎧青刀楯矟果毅都尉各一人主之第五隊黑質鍪甲黑弓箭左右威衛折衝都尉各一人主之第六隊黑質鍪鎧黑刀楯矟果毅都尉各一人主之第七隊白質鍪甲白弓箭左右武衛折衝都尉各一人主之第八隊白質鍪鎧白刀楯矟果毅都尉各一人主之第九隊黃質鍪甲黃弓箭左右驍衛折衝都尉各一人主之第十隊黃質鍪鎧黃刀楯矟果毅都尉各一人主之第十一隊黃質鍪甲黃弓箭左右衛折衝都尉各一人主之第十二隊黃質鍪鎧黃刀楯矟果毅都尉各一人主之次後第一隊黃質鍪鎧黃刀楯矟左右衛折衝都尉各一人主之至第十二隊與前同次左右金吾衛辟邪旗隊折衝都尉各一人檢校又有清游隊朱雀隊玄武隊清游隊建白澤旗二各一人執帶橫刀二人引二人夾皆帶弓箭橫刀左右金吾衛折衝都尉各一人帶弓箭橫刀各領四十人皆帶橫刀二十人持矟四人持弩十六人帶弓箭朱雀隊建朱雀旗一人執引夾皆二人金吾衛折衝都尉一人主之領四十人二十人持矟四人持弩十六人帶弓箭又二人持䂍矟皆佩橫刀䂍矟以黃金塗末龍旗十二執者戎服大袍副竿二各一人執戎服大袍分左右果毅都尉各一人主之大將軍各一人檢校二隊玄武隊建玄武旗一人執二人引二人夾平巾幘黑裲襠黑袄大口絝左右金吾衛折衝都尉各一人主之各領五十人持矟二十五人持弩五人帶弓箭二十人又二人持䂍矟諸衛挾門隊長槍隊與諸隊相間朝日殿上設黼扆躡席熏爐香案御史大夫領屬官至殿西廡從官朱衣傳呼促百官就班文武列于兩觀監察御史二人立於東西朝堂甎道以涖之平明傳點畢內門開監察御史領百官入夾階監門校尉二人執門籍曰唱籍既視籍曰在入畢而止次門亦如之序班于通乾觀象門南武班居文班之次入宣政門文班自東門而入武班自西門而入至閤門亦如之夾階校尉十人同唱入畢而止宰相兩省官對班于香案前百官班于殿庭左右巡使二人分涖于鐘鼓樓下先一品班次二品班次三品班次四品班次五品班每班尚書省官為首武班供奉者立于橫街之北次千牛中郎將次千牛將軍次過狀中郎將一人次接狀中郎將一人次押柱中郎將一人次押柱中郎一人次排階中郎將一人次押散手仗中郎將一人次左右金吾衛大將軍凡殿中省監少監尚衣尚舍尚輦奉御分左右隨繖扇而立東宮官居上臺官之次王府官又次之唯三太三少賓客庶子王傅隨本品侍中奏外辦皇帝步出西序門索扇扇合皇帝升御坐扇開左右留扇各三左右金吾將軍一人奏左右廂內外平安通事舍人贊宰相兩省官再拜升殿內謁者承旨喚仗左右羽林軍勘以木契自東西閤而入內侍省五品以上一人引之左右衛大將軍將軍各一人押之二十人以下入則不帶仗三十人入則左右廂監門各二人千牛備身各四人三衛各八人金吾一人百人入則左右廂監門各六人千牛備身各四人三衛三十三人金吾七人二百人則增以左右武衛威衛領軍衛金吾衛翊衛等凡仗入則左右廂加一人監捉永巷御刀弓箭及三衛帶刀入則曰仗入三衛不帶刀而入則曰監引入朝罷皇帝步入東序門然後放仗內外仗隊七刻乃下常參輟朝日六刻即下宴蕃客日隊下復立半仗于兩廊朔望受朝及蕃客辭見加纛矟隊儀仗減半凡千牛仗立則全仗立太陽虧昏塵大霧則內外諸門皆立仗泥雨則延三刻傳點駕大駕鹵簿天子將出前二日太樂令設宮縣之樂於庭晝漏上五刻駕發前發七刻擊一鼓為一嚴前五刻擊二鼓為再嚴侍中版奏請中嚴有司陳鹵簿前二刻擊三鼓為三嚴諸衛各督其隊與鈒戟以次入陳殿庭通事舍人引羣官立朝堂侍中中書令以下奉迎於西階侍中負寶乘黃令進路於太極殿西階南向千牛將軍一人執長刀立路前北向黃門侍郎一人立侍臣之前贊者二人既外辦太僕卿攝衣而升正立執轡天子乘輿以出降自西階曲直華蓋警蹕侍衛千牛將軍前執轡天子升路太僕卿授綏侍中中書令以下夾侍黃門侍郎前奏請發鑾駕動警蹕鼓傳音黃門侍郎與贊者夾引而出千牛將軍夾路而趨駕出承天門侍郎乘馬奏駕少留敕侍臣乘馬侍中前承制退稱制曰可黃門侍郎退稱侍臣乘馬贊者承傳侍臣皆乘侍衛之官各督其屬左右翊駕在黃麾內符寶郎奉六寶與殿中後部從在黃鉞內侍中中書令以下夾侍路前贊者在供奉官內侍臣乘畢侍郎奏請車右升侍中前承制退稱制曰可侍郎復位千牛將軍升侍郎奏請發萬年縣令先導次京兆牧太常卿司徒御史大夫兵部尚書皆乘路鹵簿如本品次清游隊次左右金吾衛大將軍各一人帶刀箭橫刀檢校龍旗以前朱雀等隊各二人持䂍矟騎夾次左右金吾衛果毅都尉各一人帶刀箭橫刀領夾道鐵甲佽飛次虞候佽飛四十八騎平巾幘緋裲襠大口絝帶弓箭橫刀夾道分左右以屬黃麾仗次外鐵甲佽飛二十四人帶弓箭橫刀甲騎具裝分左右廂皆六重以屬步甲隊次朱雀隊次指南車記里鼓車白鷺車鸞旗車辟惡車皮軒車皆四馬有正道匠一人駕士十四人皆平巾幘大口絝緋衫太卜令一人居辟惡車服如佽飛執弓箭左金吾衛隊正一人居皮軒車服平巾幘緋裲襠銀裝儀刀紫黃綬紛執弩次引駕十二重重二人皆騎帶橫刀自皮軒車後屬于細仗前矟弓箭相間左右金吾衛果毅都尉各一人主之次鼓吹次黃麾仗一執者武弁朱衣革帶二人夾次殿中侍御史二人導次太史監一人書令史一人騎引相風行漏轝次相風轝正道匠一人轝士八人服如正道匠次棡鼓金鉦司辰典事匠各一人刻漏生四人分左右次行漏生正道匠一人轝士十四人次持鈒前隊次御馬二十四分左右各二人馭次尙乘奉御二人書令史二人騎從次左青龍右白虎旗執者一人服如正道匠引夾各二人皆騎次左右衛果毅都尉各一人各領二十五騎二十人執矟四人持弩一人帶弓箭行儀刀仗前次通事舍人四人在左四人在右侍御史一人在左一人在右御史中丞一人在左一人在右左拾遺一人在左右拾遺一人在右左補闕一人在左右補闕一人在右起居郎一人在左起居舍人一人在右諫議大夫一人在左一人在右給事中二人在左中書舍人二人在右黃門侍郎二人在左中書侍郎二人在右左散騎常侍一人在左右散騎常侍一人在右侍中二人在左中書令二人在右通事舍人以下

皆一人從次香蹬一有衣褠以黃龍執者四人服如折衝都尉次左右衛將軍二人分左右領班劒儀刀各一人從次班劒儀刀左右廂各十二行第一左右衛親衛各五十三人第二左右衛親衛各五十五人第三左右衛勳衛各五十七人第四左右衛勳衛各五十九人各執金銅裝班劒纁朱綬紛第五左右衛翊衛各六十一人第六左右衛翊衛各六十三人第七左右衛翊衛各六十五人第八左右驍衛各六十七人各執金銅裝儀刀綠綟綬紛第九左右武衛翊衛各六十九人第十左右威衛翊衛各七十一人第十一左右領軍衛翊衛各七十三人第十二左右金吾衛翊衛各七十五人各執銀裝儀刀紫黃綬紛自第一行有曲折三人陪後門每行加一人至第十二行曲折十四人次左右廂諸衛中郎將主之執班劒儀刀領親勳翊衛次左右衛郎將各一人皆領散手翊衛三十人佩橫刀騎居副仗矟翊衛內次左右驍衛郎將各一人各領翊衛二十八人甲騎具裝執副仗矟居散手衛外次左右衛供奉中郎將郎將四人各領親勳翊衛四十八人帶橫刀騎分左右居三衛仗內次玉輅駕六馬太僕卿馭之駕士三十二人凡五路皆有副駕士皆平巾幘大口絝衫從路色玉路服青衫千牛衛將軍一人陪乘執金裝長刀左右衛大將軍各一人騎夾皆一人從居供奉官後次千牛衛將軍一人中郎將二人皆一人從次千牛備身備身左右二人騎居玉路後帶橫刀執御刀弓箭次御馬一各一人馭次左右監門校尉二人騎執銀裝儀刀居後門內次衙門旗二人執四人夾皆騎赤綦襖黃冒黃袍次左右監門校尉各十二人騎執銀裝儀刀督後門十二行仗頭皆一人次左右驍衛翊衛各三隊居副仗矟外次左右衛夾轂廂各六隊次大繖二執者騎橫行居衙門後次雉尾障扇四執者騎夾繖次腰轝一執者八人次小團雉尾扇四方雉尾扇十二花蓋二皆執者一人夾腰轝自大繖以下執者服皆如折衝都尉次掌輦四人引輦次大輦一主輦二百八人平巾幘黃絲布衫大口絝紫誕帶紫行縢鞋襪尚輦奉御二人主腰轝各書令史二人騎從次殿中少監一人督諸局供奉事一人從次諸司供奉官次御馬二十四各二人馭分左右次尚乘直長二人平巾幘緋袴褶書令史二人騎從居御馬後次持鈒隊次大繖二雉尾扇八夾繖左右橫行次小雉尾扇朱畫團扇皆十二左右橫行次花蓋二义二次俾倪十二左右橫行次玄武幢一义一居絳麾內次絳麾二左右夾玄武幢次細矟十二孔雀爲毦左右橫行居絳麾後自鈒戟以下執者服如黃麾仗唯玄武幢執者服如罕畢次後黃麾執者一人夾二人皆騎次殿中侍御史二人分左右各令史二人騎從居黃麾後次大角次方輦一主輦二百人次小輦一主輦六十人次小輿一奉輿十二人服如主輦次尚輦直長二人分左右檢校輦輿皆書令史二人騎從次左右武衛五牛旗輿五赤青居左黃居中白黑居右皆八人執之平巾幘大口絝衫從旗色左右威衛隊正各一人主之騎執銀裝長刀次乘黃令一人丞一人分左右檢校玉路皆府史二人騎從次金路象路革路木路皆駕六馬駕士三十二人次五副路皆駕四馬駕士三十八人次耕根車駕六馬駕士三十二人次安車四望車皆駕四馬駕士二十四人次羊車駕果下馬一小史十四人次屬車十二乘駕牛駕士各八人次門下中書祕書殿中四省局官各一人騎分左右夾屬車各五人從唯符寶以十二人從次黃鉞車上建黃鉞駕二馬左武衛隊正一人在車駕士十二人次豹尾車駕二馬右武衛隊正一人在車駕士十二人次左右威衛折衝都尉各一人各領掩後二百人步從五十人爲行大戟五十人刀楯櫕五十人弓箭五十人弩五十人皆黑鍪甲覆膊臂韝橫行次左右領軍衛將軍二人領步甲隊及殳仗各二人執穳矟從次前後左右廂步甲隊次左右廂黃麾仗次左右廂殳仗次諸衛馬隊左右廂各二十四自十二旗後屬于玄武隊前後有主帥以下四十人皆戎服大袍二人引旗一人執二人夾二十人執矟餘佩弩弓箭第一辟邪旗左右金吾衛折衝都尉各一人主之皆戎服大袍佩弓箭橫刀騎第二應龍旗第三玉馬旗第四三角獸旗左右領軍衛果毅都尉各一人主之第五黃龍負圖旗第六黃鹿旗左右威衛折衝都尉各一人主之第七飛麟旗第八駃騠旗第九鸞旗左右武衛果毅都尉各一人主之第十鳳旗第十一飛黃旗左右驍衛折衝都尉各一人主之第十二麟旗第十三角端旗以當御第十四赤熊旗左右衛折衝都尉各一人主之第十五兕旗第十六太平旗左右驍衛果毅都尉各一人主之第十七犀牛旗第十八鵔鸃旗第十九騼騄旗左右武衛折衝都尉各一人主之第二十騶牙旗第二十一蒼烏旗左右威衛果毅都尉各一人主之第二十二白狼旗第二十三龍馬旗第二十四金牛旗左右領軍衛折衝都尉各一人主之其服皆如第一次玄武隊次衙門一居玄武隊前大戟隊後執者二人夾四人皆騎分左右赤綦襖黃袍黃冒次衙門左右廂廂有五門執夾人同上第一門居左右威衛黑質步甲隊之後白質步甲隊之前第二門居左右衛步甲隊之後左右領軍衛黃麾仗之前第三門居左右武衛黃麾仗之後左右驍衛黃麾仗之前第四門居左右領軍衛黃麾仗之後左右衛步甲隊之前第五門居左右武衛白質步甲隊之後黑質步甲隊之前五門別當步甲隊黃麾仗前馬隊後各六人分左右戎服大袍帶弓箭橫刀凡衙門皆監門校尉六人分左右執銀裝長刀騎左右監門衛大將軍將軍中郎將廂各巡行校尉一人往來檢校諸門中郎將各一人騎從左右金吾衛將軍循仗檢校各二人執穳矟騎從左右金吾衛果毅都尉二人糾察仗內不法各一人騎從駕所至路南向將軍降立于路右侍中前奏請降路天子降乘輿而入繖扇華蓋侍衛駕還一刻擊一鼓爲一嚴仗衛還於塗三刻擊二鼓爲再嚴將士佈隊仗侍中奏請中嚴五刻擊三鼓爲三嚴黃門侍郎奏請駕發鼓傳音駕鼓吹振作入門太樂令命擊蕤賓之鐘左五鐘皆應鼓柷奏采茨之樂至太極門戛敔樂止既入鼓柷奏太和之樂回路南向侍中請降路乘輿乃入繖扇侍御警蹕如初至門戛敔樂止皇帝入侍中版奏請解嚴叩鉦將士皆休

唐書卷二十三下

宋 翰 林 學 士 歐 陽 修 撰

志第十三下

儀衛

太皇太后皇太后皇后出尚儀版奏請中嚴尚服率司仗布侍衛司賓列內命婦於庭西嚮北上六尚以下詣室奉迎尚服負寶內僕進車于閤外尚儀版奏外辦馭者執轡太皇太后乘輿以出華蓋侍衛警蹕內命婦從出門太皇太后升車從官皆乘馬內命婦宮人以次從清游隊旗一執者一人佩橫刀引夾皆二人佩弓箭橫刀騎次金吾衛折衝都尉一人佩橫刀弓箭領騎四十亦佩橫刀夾折衝執矟二十人持弩四人佩弓箭十六人持穳矟刀二人次虞候佽飛二十八人騎佩弓箭橫刀夾道分左右以屬黃麾仗次內僕令一人在左丞一人在右各書令史二人騎從次黃麾一執者一人夾道二人皆騎次左右廂黃麾仗廂皆三行行百人第一短戟五色氅執者黃地白花綦襖冒第二戈五色氅執者赤地黃花綦襖冒第三鍠五色幡執者青地赤花綦襖冒左右衛左右威衛左右武衛左右驍衛左右領軍衛各三行行二十人每衛以主帥六人主之皆豹文袍冒執鍮石裝長刀騎唯左右領軍衛減三人每衛果毅都尉一人被繡袍各一人從左右領軍衛有絳引幡引前者三掩後者三次內謁者監四人給事二人內常侍二人內侍少監二人騎分左右皆有內給使一人從次內給使百二十人平巾幘大口絝緋裲襠分左右屬于宮人車次偏扇團扇方扇皆二十四宮人執之衣綵大褏裙襦綵衣革帶履分左右次香蹬一內給使四人轝之居重翟車前次重翟車駕四馬駕士二十四人次行障六次坐障三皆左右夾車宮人執之服同執扇次內寺伯二人領寺人六人執御刀服如內給使夾重翟車次腰轝一執者八人團雉尾扇二夾轝次大繖四次雉尾扇八左右橫行爲二重次錦花蓋二單行次小雉尾扇朱畫團扇皆十二橫行次錦曲蓋二十橫行爲二重次錦六柱八分左右自腰轝以下皆內給使執之次宮人車次絳麾二分左右次後黃麾一執者一人夾二人皆騎次供奉宮人在黃麾後次厭翟車翟車安車皆駕四馬駕士各二十四人四望車駕士二十二人金根車駕牛駕士十二人次左右廂衙門各二每門二人執四人夾皆赤綦襖黃袍冒騎次左右領軍衛廂皆一百五十人執殳赤地黃花綦襖冒前屬于黃麾仗後盡鹵簿廂各主帥四人主之皆黃袍冒執鍮石裝長刀騎折衝都尉二人檢校殳仗皆一人騎從次衙門一盡鹵簿後殳仗內正道每門監門校尉二人主之執銀裝長刀廂各有校尉一人騎佩銀橫刀往來檢校御馬減大駕之半太皇太后將還三嚴內典引引外命婦出次就位司賓引內命婦出次序立大次之前既外辦馭者執轡太皇太后乘輿出次華蓋警蹕侍衛如初內命婦以下乘車以從車駕入內典引引外命婦退駕至正殿門外車駕南嚮尚儀前奏請降車將士還皇太子出則鹵簿陳于重明門外其日三刻宮臣皆集於次左庶子版奏請中

嚴典謁引宮臣就位侍衛官服其器服左庶子負璽詣閤奉迎僕進轝若輦于西閤外南嚮內率一人執刀立車前北嚮中允一人立侍臣之前贊者二人立中允之前前二刻諸衛之官詣閤奉迎宮臣應從者各出次立於門外文東武西重行北嚮北上左庶子版奏外辦僕升正位執轡皇太子乘輿而出內率前執轡皇太子升車僕立授綏左庶子以下夾侍中允奏請發車動贊者夾引而出內率夾車而趨出重明門中允奏請停車侍臣上馬左庶子前承令退稱令曰諾中允退稱侍臣上馬贊者承傳侍臣皆騎中允奏請車右升左庶子前承令退稱令曰諾內率升訖中允奏請發車動鼓吹振作太傅乘車訓導少傅乘車訓從出延喜門家令先導次率更令詹事太保太傅太師皆軺車備鹵簿次清游隊旗一執者一人佩橫刀引夾皆二人亦佩弓箭橫刀騎次清道率府折衝都尉一人佩弓箭橫刀領騎三十亦佩橫刀十八人執矟九人挾弓箭三人持弩各二人騎從次左右清道率府率各一人騎佩橫刀弓箭領清道直盪及檢校清游隊各二人執穳矟騎從次外清道直盪二十四人騎佩弓箭橫刀夾道次龍旗六各一人騎執佩橫刀戎服大袍橫行正道每旗前後二人騎爲二重前引後護皆佩弓箭橫刀戎服大袍次副竿二分左右各一人騎執次細引六重皆騎佩橫刀每重二人自龍旗後屬于細仗矟弓箭相間廂各果毅都尉一人主之次率更丞一人府史二人騎從領鼓吹次誕馬十分左右執者各二人次廐牧令一人居左丞一人居右各府史二人騎從次左右翊府郎將二人主班劒次左右翊衛二十四人執班劒分左右次通事舍人四人司直二人文學四人洗馬二人司議郎二人居左太子舍人二人居右中允二人居左中舍人二人居右左右諭德二人左右庶子四人騎分左右皆一人從次左右衛率府副率二人步從次親勳翊衛廂各中郎將郎將一人皆領儀刀六行第一親衛二十三人第二親衛二十五人皆執金銅裝儀刀纁朱綬紛第三勳衛二十七人第四勳衛二十九人皆執銀裝儀刀綠綟紛第五翊衛三十一人第六翊衛三十三人皆執鍮石裝儀刀紫黃綬紛自第一行有曲折三人陪後門每行加一人至第六行八人次三衛十八人騎分左右夾路次金路駕四馬駕士二十三人僕寺僕馭左右率府率二人執儀刀陪乘次左右衛率府率二人夾路各一人從居供奉官後次左右內率府率二人副率二人領細刀弓箭皆一人從次千牛騎執細刀弓箭次三衛儀刀仗後開衙門次左右監門率府直長各六人執鍮石儀刀騎監後門次左右衛率府廂各翊衛二隊皆騎在執儀刀行外壓角隊各三十人騎佩橫刀一人執旗二人引二人夾十五人執矟二人佩弓箭三人佩弩隊各郎將一人主之次繖二人執雉尾扇四夾繖次腰轝一執者八人團雉尾扇二小方雉尾扇八以夾腰轝內直郎二人主之各令史二人騎從次誕馬十分左右馭者各二人次典乘二人各府史二人騎從次左右司禦率府校尉二人騎從佩鍮石裝儀刀領團扇曲蓋次朱漆團扇六紫曲蓋六各橫行次諸司供奉次左右清道率府校尉二人騎佩鍮石裝儀刀主大角次副路駕四馬駕士二十二人軺車駕一馬駕士十四人四望車駕一馬駕士十人次左右廂步隊十六每隊果毅都尉一人領騎二十八戎服大袍佩橫刀一人執旗二人引二人夾二十五人佩弓箭前隊持矟與佩弓箭隊以次相間次左右司禦率府副率各一人騎檢校步隊二人執穳矟騎從次儀仗左右廂各六色每色九行行六人赤綦襖冒行縢鞋韈第一戟赤氅六人第二弓箭六人第三儀鋋毦六人第四刀楯六人第五儀鍠五色旛六人第六油戟六人次前仗首左右廂各六色每色三行行六人左右司禦率府二人果毅都尉各一人主帥各六人主之次左右廂各六色每色三行行六人左右衛率府副率二人果毅都尉各一人主帥各六人主之左右司禦率府主帥各六人騎護後率及副率各一人步從廂有絳引旛十二引前者六引後者六廂各有獨揭鼓六重重二人居儀仗外殳仗內皆赤綦襖冒行縢鞋韈左右司禦率府四重左右衛率府二重次左右廂皆百五十人左右司禦率府各八十六人左右衛率府各六十四人赤綦襖冒主殳分前後居步隊外馬隊內各司禦率府果毅都尉一人主之各一人騎從廂各主帥七人左右司禦率府各四人左右衛率府各三人騎分前後次左右廂馬隊廂各十隊隊有主帥以下三十一人戎服大袍佩橫刀騎隊有旗一執者一人引夾各二人皆佩弓箭十六人持矟七人佩弓箭三人佩弩第一左右清道率府果毅都尉二人主之第二第三第四左右司禦率府果毅都尉二人主之第五第六第七左右衛率府果毅都尉主之第八第九第十左右司禦率府果毅都尉二人主之皆戎服大袍佩弓箭橫刀次後拒隊旗一執者佩橫刀引夾路各二人佩弓箭橫刀次清道率府果毅都尉一人領四十騎佩橫刀凡執矟二十八人佩弓箭十六人佩弩四人騎從次後拒隊前當正道殳仗內有衙門次左右廂各有衙門三第一當左右司禦率府步隊後左右衛率府步隊前第二當左右衛率府步隊後左右司禦率府儀仗前第三當左右司禦率府儀仗後左右衛率府步隊前每門二人執四人夾皆騎赤綦襖黃袍冒門有監門率府直長二人檢校左右監門率府副率各二人檢校諸門各一人騎從次左右清道率府副率各二人檢校仗內不法各一人騎從次少師少傅少保正道乘路備鹵簿文武以次從皇太子所至回車南嚮左庶子跪奏請降路還宮一嚴轉仗衛于還塗再嚴左庶子版奏請中嚴三嚴僕進車左庶子版奏外辦皇太子乘輿出門外降輿乘車左庶子請車右升侍臣皆騎車動至重明門宮官下馬皇太子乘車而入太傅少傅還皇太子至殿前車南嚮左庶子奏請降皇太子乘輿而入侍臣從至閤左庶子版奏解嚴若常行常朝無馬隊鼓吹金路四望車家令率更令詹事太保太師少保少師又減隊仗三之一清道儀刀誕馬皆減半乘軺車而已二傅乘犢車導從十人太傅加清道二人皇太子妃鹵簿清道率府校尉六人騎分左右爲三重佩橫刀弓箭次青衣十人分左右次導客舍人四人內給使六十人皆分左右後屬內人車次偏扇團扇方扇各十八分左右宮人執者間綵衣革帶次行障四坐障二宮人執以夾車次典內二人騎分左右次厭翟車駕三馬駕士十四人次閤帥二人領內給使十八人夾車次六柱二內給使執之次供奉內人乘犢車次繖一雉尾扇二團扇四曲蓋二皆分左右各內給使執之次戟九十執者絳綦襖冒分左右親王鹵簿有清道六人爲三重武弁朱衣革帶次幰弩一執者平巾幘緋袴褶騎次青衣十二人平巾青幘青布袴褶執青布仗袋分左右次車輻十二分左右車輻棒也夾車而行故曰車輻執者服如幰弩次戟九十執者絳綦襖冒分左右次絳引旛六分左右橫行以引刀楯弓箭矟次內第一行廂執刀楯絳綦襖冒第二行廂執弓矢戎服第三行廂執矟戎服大袍廂各四十八人次節一夾矟一各一人騎執平巾幘大口袴緋衫次告止旛四傳敎旛四信旛八凡旛皆絳爲之署官號篆以黃飾以鳥翅取其疾也金塗鉤竿長一丈一尺執者服如夾矟分左右次儀鋋二儀鍠六油戟十八儀矟十細矟十執者皆絳綦襖冒次儀刀十八執者服如夾矟分左右次誕馬八馭者服如夾矟分左右次府佐六人平巾幘大口袴緋裲襠騎持刀夾引次象路一駕四馬佐二人立侍一人武弁朱衣革帶居左一人緋裲襠大口袴持刀居右駕士十八人服如夾矟次繖一雉尾扇二次朱漆團扇四曲蓋二執者皆絳綦襖冒分左右次僚佐本服陪從次麾幢各一左麾右幢次大角鼓吹一品鹵簿有清道四人爲二重幰弩一騎青衣十人車輻十人戟九十絳引旛六刀楯弓箭矟皆八十節二大矟二告止旛傳敎旛皆二信旛六誕馬六儀刀十六府佐四人夾行革路一駕四馬駕士十六人繖一朱漆團扇四曲蓋二僚佐本服陪從麾幢大角鐃吹皆備自二品至四品青衣車輻每品減二人二品刀楯弓箭戟矟各減二十三品以下每品減十而已二品信旛四誕馬四儀刀十四革路駕士十四人三品亦如之儀刀十革路駕士十二人四品五品信旛二誕馬二儀刀八木路駕士十人自二品至四品皆有清道二人朱漆團扇二曲蓋一幰弩一騎旛竿長丈繖一節一夾矟二萬年縣令亦有清道二人幰弩一騎青衣車輻皆二人戟三十告止旛傳敎旛信旛皆二竿長九尺誕馬二軺車一馬駕士六人繖朱漆團扇曲蓋皆一非導駕及餘四等縣初上者減幰弩車輻曲蓋其戟亦減十內命婦夫人鹵簿青衣六人偏扇團扇皆十六執者間綵裙襦綵裳革帶行障三坐障二厭翟車駕二馬馭人十內給使十六人夾車從車六乘繖雉尾扇皆一團扇二內給使執之戟六十外命婦一品亦如之厭翟車馭人減二有從人十六人非公主王妃則乘白銅飾犢車駕牛馭人四無雉尾扇嬪青衣四人偏扇團扇方扇十四行障二坐障一翟車馭人八內給使十四人夾車四乘戟四十外命婦二品亦如之乘白銅飾犢車青通幰朱裏從人十四人婕妤美人才人青衣二人偏扇團扇方扇十行障二坐障一安車駕二馬馭人八內給使十人從車二乘戟二十太子良娣良媛承徽外命婦三品亦如之白銅飾犢車從人十人外命婦四品青衣二人偏扇團扇方扇皆八行障坐障皆一白銅飾犢車馭人四從人八餘同三品唯無戟自夫人以下皆清道二人繖一又有團扇二大駕鹵簿鼓吹分前後二部鼓吹令二人府史二人騎從分左右前部㧏鼓十二夾金鉦十二大鼓長鳴皆百二十鐃鼓十二歌簫笳次之大橫吹百二十節鼓二笛簫觱篥笳桃皮觱篥次之㧏鼓夾金鉦皆十二小鼓中鳴皆百二十羽葆鼓十二歌簫笳次之至相風轝有㧏鼓一金鉦一鼓左鉦右至黃麾有左右金吾衛

果毅都尉二人主大角百二十橫行十重鼓吹丞二人典事二人騎從次後部鼓吹羽葆鼓十二歌簫笳次之鐃鼓十二歌簫笳次之小橫吹百二十笛簫觱篥笳桃皮觱篥次之凡歌簫笳工各二十四人主帥四人笛簫觱篥笳桃皮觱篥工各二十四人法駕減太常卿司徒兵部尚書白鷺車辟惡車大輦五副路安車四望車又減屬車四清游隊持鈒隊玄武隊皆減四之一鼓吹減三之一小駕又減御史大夫指南車記里鼓車鸞旗車皮軒車象革木三路耕根車羊車黃鉞車豹尾車屬車小輦小輿諸隊及鼓吹減大駕之半凡鼓吹五部一鼓吹二羽葆三鐃吹四大橫吹五小橫吹總七十五曲鼓吹部有擱鼓大鼓金鉦小鼓長鳴中鳴擱鼓十曲一警雷震二猛獸駭三鷙鳥擊四龍媒蹀五靈夔吼六鵰鶚爭七壯士怒八熊羆吼九石墜崖十波蕩壑大鼓十五曲嚴用三曲一元驎合邏二元驎他固夜三元驎跋至慮警用十二曲一元咳大至遊二阿列乾三破達析利純四賀羽真五鳴都路跋六他勃鳴路跋七相雷析追八元咳赤賴九赤咳赤賴十吐咳乞物真十一貪大訐十二賀粟胡真小鼓九曲一漁陽二雞子三警鼓四三鳴五合節六覆參七步鼓八南陽會星九單搖皆以爲嚴警其一上馬用之長鳴一曲三聲一龍吟聲二彪吼聲三河聲中鳴一曲三聲一盪聲二牙聲三送聲羽葆部十八曲一太和二休和三七德四騶虞五基王化六纂唐風七厭炎精八肇皇運九躍龍飛十殄馬邑十一興晉陽十二濟渭險十三應聖期十四御宸極十五寧兆庶十六服遐荒十七龍池十八破陣樂鐃吹部七曲一破陣樂二上車三行車四向城五平安六歡樂七太平大橫吹部有節鼓二十四曲一悲風二遊絃三間絃明君四吳明君五古明君六長樂聲七五調聲八烏夜啼九望鄉十跨鞍十一閒君十二瑟調十三止息十四天女怨十五楚客十六楚妃歎十七霜鴻引十八楚歌十九胡笳聲二十辭漢二十一對月二十二胡笳明君二十三湘妃怨二十四沈湘小橫吹部有角笛簫笳觱篥桃皮觱篥六種曲名失傳伶工謂夜警爲嚴凡大駕嚴夜警十二曲中警三曲五更嚴三遍天子謁郊廟夜五鼓過半奏四嚴車駕至橋復奏一嚴元和初禮儀使高郢建議罷之歷代獻捷必有凱歌太宗平東都破宋金剛執賀魯克高麗皆備軍容凱歌入京都然其禮儀不傳太和初有司奏命將征討有大功獻俘馘則神策兵衛於門外如獻俘儀凱樂用鐃吹二部笛觱篥簫笳鐃鼓皆工二人歌工二十四人乘馬執樂陳列如鹵簿鼓吹令丞前導分行俘馘之前將入都門鼓吹振作奏破陣樂應聖期賀朝歡君臣同慶樂等四曲至太社太廟門外陳而不作吉獻禮畢樂作至御樓前陳兵仗于旌門外二十步樂工步行兵部尚書介冑執鉞于旌門中路前導協律郎二人執麾門外分導太常卿跪請奏凱樂樂闋太常卿跪奏樂畢兵部尚書太常卿退樂工立于旌門外引俘馘入獻及稱賀俘囚出乃退

唐書卷二十四

宋翰林學士歐陽修撰

志第十四

車服志

唐初受命車服皆因隋舊武德四年始著車輿衣服之令上得兼下下不得儗上凡天子之車曰玉路者祭祀納后所乘也青質玉飾末金路者饗射祀還飲至所乘也赤質金飾末象路者行道所乘也黃質象飾末革路者臨兵巡守所乘也白質鞔以革木路者蒐田所乘也黑質漆之五路皆重輿左青龍右白虎金鳳翅畫苣文鳥獸黃屋左纛金鳳一鈴二在軾前鸞十二在衡龍輈前設鄣塵青蓋三層繡飾上設博山方鏡下圓鏡樹羽輪金根朱班重牙左建旂十有二旒畫升龍其長曳地青繡綢杠右載闟戟長四尺廣三尺黻文旂首金龍銜錦結綬及緌帶垂鈴金鍐方釳插翟尾五焦鏤錫鞶纓十二就旌旗蓋鞶纓皆從路質雉蓋裏皆用黃五路皆有副耕根車者耕藉所乘也青質三重蓋餘如玉路安車者臨幸所乘也金飾重輿曲壁紫油纁朱裏通幰朱絲絡網朱鞶纓朱覆髮具絡駕赤駵副路耕根車安車皆八鸞四望車者拜陵臨弔所乘也制如安車青油纁朱裏通幰朱絲絡網又有屬車十乘一曰指南車二曰記里鼓車三曰白鷺車四曰鸞旗車五曰辟惡車六曰皮軒車七曰羊車與耕根車四望車安車爲十乘行幸陳于鹵簿則分前後大朝會則分左右皇后之車六重翟車者受册從祀饗廟所乘也青質青油纁朱裏通幰繡紫絡帶及帷八鸞鏤錫鞶纓十二就金鍐方釳樹翟羽朱總厭翟車者親桑所乘也赤質紫油纁朱裏通幰紅錦絡帶及帷翟車者歸寧所乘也黃油纁黃裏通幰白紅錦絡帶及帷三車皆金飾末輪畫朱牙箱飾翟羽朱絲絡網鞶纓色皆從車質安車者臨幸所乘也制如金路紫油纁朱裏通幰四望車者拜陵弔喪所乘也青油纁朱裏通幰金根車者常行所乘也紫油纁朱裏通幰夫人乘厭翟車九嬪乘翟車婕妤以下乘安車外命婦公主王妃乘厭翟車一品乘白銅飾犢車青油纁朱裏通幰朱絲絡網二品以下去油纁絡網四品有青偏幰皇太子之車三金路者從祀朝賀納妃所乘也赤質金飾末重較箱畫苣文鳥獸黃屋伏鹿軾龍輈金鳳一在軾前設鄣塵朱黃蓋裏輪畫朱牙左建旂九旒右載闟戟旂首金龍銜結綬及鈴緌八鸞二鈴金鍐方釳樹翟尾五焦鏤錫鞶纓九就軺車者五日常服朝饗宮臣出入行道所乘也四望車者臨弔所乘也二車皆金飾末紫油纁朱裏通幰親王及武職一品有象路青油纁朱裏通幰朱絲絡網二品三品有革路朱裏青通幰四品有木路五品有軺車皆碧裏青偏幰象飾末班輪八鸞左建旗畫升龍右載闟戟革路木路左建旜軺車曲壁碧裏青通幰諸路朱質朱蓋朱旂朱班輪一品之旜九旒二品八旒三品七旒四品六旒鞶纓就亦如之三品以上珂九子四品七子五品五子六品以下去通幰及珂王公車路藏于太僕受制行册命巡陵昏葬則給之餘皆以騎代車凡天子之服十四大裘冕者祀天地之服也廣八寸長一尺二寸以板爲之黑表纁裏無旒金飾玉簪導組帶爲纓色如其綬黈纊充耳大裘繒表黑羔表爲緣纁裏黑領褾襟緣朱裳白紗中單皂領青褾襈裾朱韈赤舄鹿盧玉具劍火珠鏢首白玉雙佩黑組大雙綬黑質黑黃赤白縹綠爲純以備天地四方之色廣一尺長二丈四尺五百首紛廣二寸四分長六尺四寸色如綬又有小雙綬長二尺六寸色如大綬而首半之間施三玉環革帶以白皮爲之以屬佩綬印章鞶囊亦曰鞶帶博三寸半加金鏤玉鉤䚢大帶以素爲之以朱爲裏在腰及垂皆有裨上以朱錦貴正色也下以綠錦賤間色也博四寸紐約貴賤皆用青組博三寸黻以繒爲之隨裳色上廣一尺以象天數下廣二尺以象地數長三尺朱質畫龍火山三章以象三才其頸五寸兩角有肩廣二寸以屬革帶朝服謂之韠冕服謂之黻袞冕者踐祚饗廟征還遣將飲至加元服納后元日受朝賀臨軒册拜王公之服也廣一尺二寸長二尺四寸金飾玉簪導垂白珠十二旒朱絲組帶爲纓色如綬深青衣纁裳十二章日月星辰山龍華蟲火宗彝八章在衣藻粉米黼黻四章在裳衣畫裳繡以象天地之色也自山龍以下每章一行爲等每行十二衣褾領畫以升龍白紗中單黻領青褾襈裾韍繡龍山火三章舄加金飾鷩冕者有事遠主之服也八旒七章華蟲火宗彝三章在衣藻粉米黼黻四章在裳毳冕者祭海嶽之服也七旒五章宗彝藻粉米在衣黻黼在裳絺冕者祭社稷饗先農之服也六旒三章絺粉米在衣黼黻在裳玄冕者蜡祭百神朝日夕月之服也五旒裳刺黻一章自袞冕以下其制一也簪導劍佩綬皆同通天冠者冬至受朝賀祭還燕羣臣養老之服也二十四梁附蟬十二首施珠翠金博山黑介幘組纓翠緌玉犀簪導絳紗袍朱裏紅羅裳白紗中單朱領褾襈裾白裙襦絳紗蔽膝白羅方心曲領白襪黑舄白假帶其制垂二條帛以變祭服之大帶天子未加元服以空頂黑介幘雙童髻雙玉導加寶飾三品以上亦加寶飾五品以上雙玉導金飾六品以下無飾緇布冠者始冠之服也天子五梁三品以上三梁五品以上二梁九品以上一梁武弁者講武出征蒐狩大射禡類宜社賞祖罰社纂嚴之服也有金附蟬平巾幘弁服者朔日受朝之服也以鹿皮爲之有攀以持髮十有二琪玉簪導絳紗衣素裳白玉雙佩革帶之後有鞶囊以盛小雙綬白韈烏皮履黑介幘者拜陵之服也無飾白紗單衣白裙襦革帶素韈烏皮履白紗帽者視朝聽訟宴見賓客之服也以烏紗爲之白裙襦白韈烏皮履平巾幘者乘馬之服也金飾玉簪導冠支以玉紫褶白袴玉具裝珠寶鈿帶有韠白帢者臨喪之服也白紗單衣烏皮履皇后之服三褘衣者受册助祭朝會大事之服也深青織成爲之畫翬赤質五色十二等素紗中單黼領朱羅縠褾襈蔽膝隨裳色以緅領爲緣用翟爲章三等青衣革帶大帶隨衣色裨紐約佩綬如天子青韈舄加金飾鞠衣者親蠶之服也黃羅爲之不畫蔽膝大帶革帶舄隨衣色餘同褘衣鈿釵禮衣者燕見賓客之服也十二鈿服用雜色而不畫加雙佩小綬去舄加履首飾大小華十二樹以象袞冕之旒又有兩博鬢皇太子之服六袞冕者從祀謁廟加元服納妃之服也白珠九旒紅絲組爲纓犀簪導青纊充耳黑衣纁裳凡九章龍山華蟲火宗彝在衣藻粉米黼黻在裳白紗中單黼領青褾襈裾革帶金鉤䚢大帶瑜玉雙佩朱組雙大綬朱質赤白縹紺爲純長一丈八尺廣九寸三百二十首黻隨裳色有火山二章白襪赤舄朱履加金塗銀釦飾鹿盧玉具劍如天子遠遊冠者謁廟還宮元日朔日入朝釋奠之服也以具服遠遊冠三梁加金博山附蟬九首施珠翠黑介幘髮纓翠緌犀簪導絳

紗袍紅裳白紗中單黑領褾襈裾白裙襦白假帶方心曲領絳紗蔽膝白韈黑舄朔日入朝通服袴褶公服者五日常朝元日冬至受朝之服也遠遊冠絳紗單衣白裙襦革帶金鉤䚢假帶瑜玉隻佩方心紛金鏤鞶囊純長六尺四寸廣二寸四分色如大綬烏紗帽者視事及燕見賓客之服也白裙襦烏皮履弁服者朔望視事之服也鹿皮爲之犀簪導組纓九璂絳紗衣素裳革帶鞶囊小綬雙佩白韈烏皮履平巾幘者乘馬之服也金飾犀簪導紫裙白袴起梁珠寶鈿帶韈進德冠者亦乘馬之服也九璂加金飾有袴褶常服則有白裙襦皇太子妃之服有三褕翟者受冊助祭朝會大事之服也青織成文爲搖翟青質五色九等素紗中單黼領朱羅縠褾襈蔽膝隨裳色用緅爲領緣以翟爲章二等青衣革帶大帶隨衣色不朱裏青韈舄加金飾佩綬如皇太子鞠衣者從蠶之服也以黃羅爲之制如褕翟無雉蔽膝大帶隨衣色鈿釵禮衣者燕見賓客之服也九鈿其服用雜色制如鞠衣加雙佩小綬去舄加履首飾花九樹有兩博鬢琪岦之服二十有一袞冕者一品之服也九旒青纊爲珠貫三采玉以組爲纓色如其綬青纊充耳寶飾角簪導青衣纁裳九章龍山華蟲火宗彝在衣藻粉米黼黻在裳皆絳爲繡遍衣白紗中單黼領青褾襈裾朱韈赤舄革帶鉤䚢大帶黻隨裳色金寶玉飾劍鏢首山玄玉佩綟綬綟質綟紫黃赤爲純長一丈八尺廣九寸二百四十首郊祀太尉攝事亦服之鷩冕者二品之服也八旒青衣纁裳七章華蟲火宗彝在衣藻粉米黼黻在裳銀裝劍佩水蒼玉紫綬紫質紫黃赤爲純長一丈六尺廣八寸一百八十首革帶之後有金鏤鞶囊金飾劍水蒼玉佩朱韈赤舄毳冕者三品之服也七旒寶飾角簪導五章宗彝藻粉米在衣黼黻在裳黻二章山火紫綬如二品金銀鏤鞶囊金飾劍水蒼玉佩朱韈赤舄絺冕者四品之服也六旒三章粉米在衣黼黻在裳中單青領黻山一章銀鏤鞶囊自三品以下皆青綬青質青白紅爲純長一丈四尺廣七寸一百四十首金飾劍水蒼玉佩朱韈赤舄玄冕者五品之服也以羅爲之五旒衣銀無章裳刺黻一章角簪導青衣纁裳其服用紬大帶及裨外黑內黃黑綬紺質青紺爲純長一丈二尺廣六寸一百二十首象笏上圓下方六品以竹木上挫下方金飾劍水蒼玉佩朱韈赤舄三品以下私祭皆服之平冕者郊廟武舞郎之服也黑衣絳裳革帶烏皮履爵弁者六品以下九品以上從祀之服也以紬爲之無旒黑纓角簪導青衣纁裳白紗中單青領褾襈裾革帶鉤䚢大帶及裨內外皆緇爵韠白韈赤履五品以上私祭皆服之武弁者武官朝參殿庭武舞郎堂下鼓人鼓吹桉工之服也有平巾幘武舞緋絲布大袖白練褠襠螣蛇起梁帶豹文大口袴烏皮韡鼓人朱褠衣革帶烏皮履鼓吹桉工加白練褠襠弁服者文官九品公事之服也以鹿皮爲之通用烏紗牙簪導纓一品九璂二品八璂三品七璂四品六璂五品五璂犀簪導皆朱衣素裳革帶鞶囊小綬雙佩白韈烏皮履六品以下去璂及鞶囊綬佩六品七品綠衣八品九品青衣進賢冠者文武朝參三老五更之服也黑介幘青緌紛長六尺四寸廣四寸色如其綬三品以上三梁五品以上兩梁九品以上及國官一梁六品以下私祭皆服之侍中中書令左右散騎常侍有黃金璫附蟬貂尾侍左者左珥侍右者右珥諸州大中正一梁絳紗公服殿庭文舞郎黃紗袍黑領襈白練褠襠白布大口袴革帶烏皮履遠遊冠者親王之服也黑介幘三梁青緌金鉤䚢大帶金寶飾劍玉鏢首纁朱綬朱質赤黃縹紺爲純長一丈八尺廣九寸二百四十首黃金璫附蟬諸王則否法冠者御史大夫中丞御史之服也一名獬廌冠高山冠者內侍省內謁者親王司閤謁者之服也委貌冠者郊廟文舞郎之服也有黑絲布大袖白練領褾絳布大口袴革帶烏皮履却非冠者亭長門僕之服也平巾幘者武官衞官公事之服也金飾五品以上兼用玉大口袴烏皮韡白練裙襦起梁帶陪大仗有褠襠螣蛇朝集從事州縣佐史岳瀆祝史外州品子庶民任掌事者服之有緋褶大口袴紫附褠文武官騎馬服之則去褠襠螣蛇袴褶之制五品以上細綾及羅爲之六品以下小綾爲之三品以上紫五品以上緋七品以下綠九品以上碧褠襠之制一當胷一當背短袖覆膊螣蛇之制以錦爲表長八尺中實以綿象蛇形起梁帶之制三品以上玉梁寶鈿五品以上金梁寶鈿六品以下金飾隱起而已黑介幘者國官視品府佐謁府國子太學四門生俊士參見之服也簪導白紗單衣青褾領革帶烏皮履未冠者冠則空頂黑介幘雙童髻去革帶書算律學生州縣學生朝參則服烏紗帽白裙襦青領未冠者童子髻介幘者流外官行署三品以下登歌工人之服也絳公服以緌緋爲之制如絳紗單衣方心曲領革帶鉤䚢假帶韈烏皮履九品以上則絳褠衣制如絳公服而狹袖形直如褠不垂緋褶大口袴紫附褠去方心曲領假帶登歌工人朱連裳革帶烏皮履殿庭加白練褠襠平巾綠幘者尚食局主膳典膳局典食大官署食官署供膳奉觶之服也青絲布袴褶羊車小史五辮髻紫碧腰襻青耳屩漏刻生漏童總角髻皆青絲布袴褶具服者五品以上陪祭朝饗拜表大事之服也亦曰朝服冠幘簪導絳紗單衣白紗中單黑領袖黑褾襈裾白裙襦革帶金鉤䚢假帶曲領方心絳紗蔽膝白韈烏皮舄劍紛鞶囊雙佩雙綬六品以下去劍佩綬七品以上以白筆代簪八品九品去白筆白紗中單以履代舄從省服者五品以上公事朔望朝謁見東宮之服也亦曰公服冠幘纓簪導絳紗單衣白裙襦革帶鉤䚢假帶方心韈履紛鞶囊雙佩烏皮履六品以下去紛鞶囊雙佩三品以上有公爵者嫡子之婚假絺冕五品以上子孫九品以上子爵弁庶人婚假絳公服命婦之服六翟衣者內命婦受冊從蠶朝會外命婦嫁及受冊從蠶大朝會之服也青質繡翟編次於衣及裳重爲九等青紗中單黼領朱縠褾襈裾蔽膝隨裳色以緅爲領緣加文繡重雉爲章二等大帶隨衣色以青衣革帶青韈舄佩綬兩博鬢飾以寶鈿一品翟九等花釵九樹二品翟八等花釵八樹三品翟七等花釵七樹四品翟六等花釵六樹五品翟五等花釵五樹寶鈿視花樹之數鈿釵禮衣者內命婦常參外命婦朝參辭見禮會之服也制同翟衣加雙佩小綬去舄加履一品九鈿二品八鈿三品七鈿四品六鈿五品五鈿禮衣者六尚寶林御女採女女官七品以上大事之服也通用雜色制如鈿釵禮衣惟無首飾佩綬公服者常供奉之服也去中單蔽膝大帶九品以上大事常供奉亦如之半袖裙襦者東宮女史常供奉之服也公主王妃佩綬同諸王花釵禮衣者親王納妃所給之服也大袖連裳者六品以下妻九品以上女嫁服也青質素紗中單蔽膝大帶革帶韈履同裳色花釵覆笄兩博鬢以金銀雜寶飾之庶人女嫁有花釵以金銀琉璃塗飾之連裳青質青衣革帶韈履同裳色婦人燕服視夫百官女嫁廟見攝母服五品以上媵降妻一等妾降媵一等六品以上妾降妻一等天子有傳國璽及八璽皆玉爲之神璽以鎮中國藏而不用受命璽以封禪禮神皇帝行璽以報王公書皇帝之璽以勞王公皇帝信璽以召王公天子行璽以報四夷書天子之璽以勞四夷天子信璽以召兵四夷皆泥封大朝會則符璽郎進神璽受命璽于御座行幸則合八璽爲五轝函封從于黃鉞之內太皇太后皇太后皇后皇太子及妃璽皆金爲之藏而不用太皇太后皇太后封令書以宮官印皇后以內侍省印皇太子以左春坊印妃以內坊印初太宗刻受命玄璽以白玉爲螭首文曰皇天景命有德者昌至武后改諸璽皆爲寶中宗即位復爲璽開元六年復爲寶天寶初改璽書爲寶書十載改傳國寶爲承天大寶初高祖入長安罷隋竹使符班銀菟符其後改爲銅魚符以起軍旅易守長京都留守折衝府捉兵鎮守之所及左右金吾宮苑總監牧監皆給之畿內則左三右一畿外則左五右一左者進內右者在外用始第一周而復始宮殿門城門給交魚符巡魚符左廂右廂給開門符閉門符亦左符進內右符監門掌之蕃國亦給之雄雌各十二銘以國名雄者進內雌者付其國朝貢使各齎其月魚而至不合者劾奏傳信符者以給郵驛通制命皇太子監國給雙龍符左右皆十兩京北都留守給麟符左二十右十九東方諸州給青龍符南方諸州朱雀符西方諸州騶虞符北方諸州玄武符皆左四右三左者進內右者付外行軍所亦給之隨身魚符者以明貴賤應召命左二右一左者進內右者隨身皇太子以玉契召勘合乃赴親王以金庶官以銅皆題其位姓名官有貳者加左右皆盛以魚袋三品以上飾以金五品以上飾以銀刻姓名者去官納之不刻者傳佩相付有傳符銅魚符者給封符印發驛封符及封魚函用之有銅魚而無傳符者給封函還符封函用之天子巡幸則京師東都留守給留守印諸司從行者給行從印木契符者以重鎮守愼出納畿內左右皆三畿外左右皆五皇帝巡幸太子監國有軍旅之事則用之王公征討皆給焉左右各十九太極殿前刻漏所亦以左契給之右以授承天門監門晝夜勘合然後鳴鼓玄武門苑內諸門有喚人木契左以進內右以授監門有敕名者用之魚契所降皆有敕書尚書省符與左同乃用大將出賜旌以顓賞節以顓殺旌以絳帛五丈粉畫虎有銅龍一首纏緋幡紫縑爲袋油囊爲表節懸畫木盤三相去數寸隅垂赤麻餘與旌同高宗給五品以上隨身魚銀袋以防召命之詐出內必合之三品以上金飾袋垂拱中都督刺史始賜魚天授二年改佩魚皆爲龜其後三品以上龜袋飾以金四品以銀五品以銅中宗初罷龜袋復給以魚郡王嗣王亦佩金魚袋景龍中令特進佩魚散官佩魚自此始也然員外試檢校官猶不佩魚景雲中詔衣紫者魚袋以金飾之衣緋者以銀飾之開元初駙馬都尉從五品者假紫金魚

袋都督刺史品卑者假緋魚袋五品以上檢校試判官皆佩魚中書令張嘉貞奏致仕者佩魚終身自是百官賞緋紫必兼魚袋謂之章服當時服朱紫佩魚者衆矣初隋文帝聽朝之服以赭黃文綾袍烏紗帽折上巾六合鞾與貴臣通服唯天子之帶有十三環文官又有平頭小樣巾百官常服同於庶人至唐高祖以赭黃袍巾帶爲常服腰帶者搢垂頭以下名曰鉈尾取順下之義一品二品銙以金六品以上以犀九品以上以銀庶人以鐵既而天子袍衫稍用赤黃遂禁臣民服親王及三品二王後服大科綾羅色用紫飾以玉五品以上服小科綾羅色用朱飾以金六品以上服絲布交梭雙紃綾色用黃六品七品服用綠飾以銀八品九品服用青飾以鍮石勳官之服隨其品而加佩刀礪紛帨流外官庶人部曲奴婢則服紬絁布色用黃白飾以鐵銅太宗時又命七品服龜甲雙巨十花綾色用綠九品服絲布雜綾色用青是時士人以棠苧襴衫爲上服貴女功之始也一命以黃再命以黑三命以纁四命以綠五命以紫士服短褐庶人以白中書令馬周上議禮無服衫之文三代之制有深衣請加襴袖褾襈爲士人上服開骻者名曰缺骻衫庶人服之又請裹頭者左右各三襵以象三才重繫前脚以象二儀詔皆從之太尉長孫无忌又議服袍者下加襴緋紫綠皆視其品庶人以白太宗嘗以幞頭起於後周便武事者也方天下偃兵採古制爲翼善冠自服之又製進德冠以賜貴臣玉璂制如弁服以金飾梁花趺三品以上加金絡五品以上附山雲自是元日冬至朔望視朝服翼善冠衣白練裙襦常服則有袴褶與平巾幘通用翼善冠進德冠制如幞頭皇太子乘馬則服進德冠九璂加金飾犀簪導亦有袴褶燕服用紫其後朔望視朝仍用弁服顯慶元年長孫无忌等曰武德初撰衣服令天子祀天地服大裘冕按周郊被衮以象天戴冕藻十有二旒與大裘異月令孟冬天子始裘以禦寒若啓蟄祈穀冬至報天服裘可也季夏迎氣龍見而雩如之何可服故歷代唯服衮章漢明帝始采周官禮記制祀天地之服天子備十二章後魏周隋皆如之伏請郊祀天地服衮冕罷大裘又新禮皇帝祭社稷服絺冕四旒三章祭日月服玄冕三旒衣無章按令文四品五品之服也三公亞獻皆服衮孤卿服毳鷩是天子同於大夫君少臣多非禮之中且天子十二爲節以法天烏有四旒三章之服若諸臣助祭冕與王同是貴賤無分也若降王一等則王服玄冕羣臣服爵弁既屈天子又貶公卿周禮此文久不用矣猶祭祀之有尸侑以君親而拜臣子硩蔟蟈氏之職不通行者蓋多故漢魏承用衮冕今新禮親祭日月服五品之服請循歷代故事諸祭皆用衮冕制曰可无忌等又曰禮皇帝爲諸臣及五服親舉哀素服今服白袷禮令乖舛且白袷出近代不可用乃改以素服自是鷩冕以下天子不復用而白袷廢矣其後以紫爲三品之服金玉帶銙十三緋爲四品之服金帶銙十一淺緋爲五品之服金帶銙十深綠爲六品之服淺綠爲七品之服皆銀帶銙九深青爲八品之服淺青爲九品之服皆鍮石帶銙八黃爲流外官及庶人之服銅鐵帶銙七武后擅政多賜羣臣巾子繡袍勒以回文之銘皆無法度不足紀至中宗又賜百官英王踣樣巾其製高而踣帝在藩時冠也其後文官以紫黑絁爲巾賜供奉官及諸司長官則有羅巾圓頭巾子後遂不改初職事官三品以上賜金裝刀礪石一品以下則有手巾算袋佩刀礪石至睿宗時罷佩刀礪石而武官五品以上佩鞊韘七事佩刀刀子礪石契苾真噦厥針筒火石是也時皇太子將釋奠有司草儀注從臣皆乘馬著衣冠左庶子劉子玄議曰古大夫乘車以馬爲騑服魏晉朝士駕牛車如李廣北征解鞍憩息馬援南伐據鞍顧眄則鞍馬行於軍旅戎服所便江左尚書郎乘馬則御史治之顏延年罷官騎馬出入世稱放誕近古專車則衣朝服單馬則衣褻服皇家巡謁陵廟册命王公則盛服冠履乘路車士庶有以衣冠親迎者亦時服箱其餘貴賤皆以騎代車比者法駕所幸侍臣朝服乘馬今既舍車而冠履不易何者褒衣博帶革履高冠車中之服也韤而鐙跣而乘非唯盤古亦自取驚蹶議者以祕閣梁南郊圖有衣冠乘馬者此圖後人所爲也古今圖畫多矣如畫羣公祖二疏而有曳芒屩者畫昭君入匈奴而婦人有施帷冒者夫芒屩出於水鄉非京華所爲帷冒創於隋代非漢宮所用豈可因二畫以爲故實乎謂乘馬衣冠宜省太子從之編于令開元初將有事南郊中書令張說請遵古制用大裘乃命有司製二冕玄宗以大裘樸略不可通寒暑廢而不服自是元正朝會用衮冕通天冠百官朔望朝參外官衙日則佩算袋餘日則否玄宗謁五陵初用素服朔望朝顓用常服弁服翼善冠皆廢唐初賞朱紫者服於軍中其後軍將亦賞以假緋紫有從戎缺骻之服不在軍者服長袍或無官而冒衣綠有詔殿中侍御史糾察諸衞大將軍中郎以下給袍者皆易其繡文千牛衞以瑞牛左右衞以瑞馬驍衞以虎武衞以鷹威衞以豹領軍衞以白澤金吾衞以辟邪行六品者冠去璂珠五品去鞶囊雙佩幞頭用羅縠婦人服從夫子五等以上親及五品以上母妻服紫衣腰襻褾緣用錦繡九品以上母妻服朱衣流外及庶人不服綾羅縠五色線鞾履凡襴色衣不過十二破渾色衣不過六破二十五年御史大夫李適之建議冬至元日大禮朝參官及六品清官服朱衣六品以下通服袴褶天寶中御史中丞吉溫建議京官朔望朝參衣朱袴褶五品以上有珂傘德宗嘗賜節度使時服以鶻銜綬帶謂其行列有序牧人有威儀也元和十二年太子少師鄭餘慶言百官服朝服者多誤自今唯職事官五品兼六品以上散官者則有佩劒綬其餘皆省初婦人施羃䍦以蔽身永徽中始用帷冒施裙及頸坐檐以代乘車命婦朝謁則以駞駕車數下詔禁而不止武后時帷冒益盛中宗後乃無復羃䍦矣宮人從駕皆胡冒乘馬海內倣之至露髻馳騁而帷冒亦廢有衣男子衣而鞾如奚契丹之服武德間婦人曳履及線鞾開元中初有線鞋侍兒則著履奴婢服襴衫而士女衣胡服其後安祿山反當時以爲服妖之應巴蜀婦人出入有兜籠乾元初蕃將又以兜籠易負遂以代車文宗卽位以四方車服僭奢下詔準儀制令品秩勳勞爲等級職事官服綠青碧勳官諸司則佩刀礪紛帨諸親朝賀宴會之服一品二品服玉及通犀三品服花犀斑犀車馬無飾金銀衣曳地不過二寸袖不過一尺三寸婦人裙不過五幅曳地不過三寸襦袖不過一尺五寸袍襖之制三品以上服綾以鶻銜瑞草鴈銜綬帶及雙孔雀四品五品服綾以地黃交枝六品以下服綾小窠無文及隔織獨織一品導從以七騎二品三品以五騎四品五品以三騎六品以二騎六品以一騎五品以上及節度使册拜婚會則車有幰外命婦一品二品三品乘金銅飾犢車檐舁以八人三品舁以六人四品五品乘白銅飾犢車檐舁以四人胥吏商賈之妻老者乘葦軬車兜籠舁以二人度支戶部鹽鐵門官等服細葛布無紋綾絲闇銀藍鐵帶鞍轡銜鐙以鍮石未有官者服麤葛布官絁綠銅鐵帶乘蜀馬鐵鐙行官服紫麤布絁藍鐵帶中官不衣紗縠綾羅諸司小兒不服大巾商賈庶人僧道士不乘馬婦人衣青碧纈平頭小花草履彩帛縵成履而禁高髻險粧去眉開額及吳越高頭草履王公之居不施重栱藻井三品堂五間九架門三間五架五品堂五間七架門三間兩架六品七品堂三間五架庶人四架而門皆一間兩架常參官施懸魚對鳳瓦獸通栿乳梁詔下人多怨者京兆尹杜悰條易行者爲寬限而事遂不行唯淮南觀察使李德裕令管內婦人衣袖四尺者闊一尺五寸裙曳地四五寸者減三寸開成末定制宰相三公師保尚書令僕射諸司長官及致仕官疾病許乘檐如漢魏載輿步輿之制三品以上官及刺史有疾暫乘不得舍驛

唐書卷二十四考證

車服志朱覆髮具絡○舊書具作貝又髮上有鬉字

皮軒車○舊書無皮字

唐書卷二十五

宋 翰 林 學 士 歐 陽 修 撰

志第十五

歷志

歷法尚矣自堯命羲和歷象日月星辰以閏月定四時成歲其事畧見于書而夏商周以三統改正朔爲歷固已不同而其法不傳至漢造歷始以八十一分爲統母其數起於黃鍾之龠蓋其法一本於律矣其後劉歆又以春秋易象推合其數蓋傅會之說也至唐一行始專用大衍之策則歷術又本於易矣蓋歷起於數數者自然之用也其用無窮而無所不通以之於律於易皆可以合也然其要在於候天地之氣以知四時寒暑而仰察天日月星之行運以相參合而已然四時寒暑無形而運於下天日月星有象而見于上二者常動而不息一有一無出入升降或遲或疾不相爲謀其久而不能無差忒者勢使之然也故爲歷者其始未嘗不精密而其後多疎而不合亦理之然也不合則屢變其法以求之自堯舜三代以來歷未嘗同也唐終始二百九十餘年而歷八改初曰戊寅元歷曰麟德甲子元歷曰開元大衍歷曰寶應五紀歷曰建中正元歷曰元和觀象歷

日長慶宣明歷日景福崇玄歷而止矣高祖受禪將治新歷東都道士傅仁均善推步之學太史令庾儉丞傅奕薦之詔仁均與儉等參議合受命歲名爲戊寅元歷乃列其大要所可考驗者有七曰唐以戊寅歲甲子日登極歷元戊寅日起甲子如漢太初一也冬至五十餘年輒差一度日短星昴合于堯典二也周幽王六年十月辛卯朔入蝕限合于詩三也魯僖公五年壬子冬至合春秋命歷序四也月有三大三小則日蝕常在朔月蝕常在望五也命辰起子半命度起虛六符陰陽之始六也立遲疾定朔則月行晦不東見朔不西朓七也高祖詔司歷起二年用之擢仁均員外散騎侍郎三年正月望及二月八月朔當蝕比不効六年詔吏部郎中祖孝孫考其得失孝孫使筭歷博士王孝通以甲辰歷法詰之曰日短星昴以正仲冬七宿畢見舉中宿言耳舉中宿則餘星可知仁均專守昴中執文害意不亦謬乎又月令仲冬昏東壁中明昴中非爲常準若堯時星昴昏中差至東壁然則堯前七千餘歲冬至昏翼中日應在東井井極北去人最近故暑斗極南去人最遠故寒寒暑易位必不然矣又平朔定朔舊有二家三大三小爲定朔望一大一小爲平朔望日月行有遲速相及謂之合會晦朔無定由時消息若定大小皆在朔者合會雖定而蔀元紀首三端並失若上合履端之始下得歸餘於終合會有時則甲辰元歷爲通術矣仁均對曰宋祖沖之立歲差隋張胄玄等因而修之雖差數不同各明其意孝通未曉乃執南斗爲冬至常星夫日躔宿度如郵傳之過宿度既差黃道隨而變矣書云季秋月朔辰弗集于房孔氏云集合也不合則日蝕可知又云先時者殺無赦不及時者殺無赦既有先後之差是知定朔矣詩云十月之交朔月辛卯又春秋傳曰不書朔官失之也自後歷差莫能詳正故秦漢以來多非朔蝕宋御史中丞何承天微欲見意不能詳究乃爲散騎侍郎皮延宗等所抑孝通之語乃延宗舊說治歷之本必推上元日月如合璧五星如連珠夜半甲子朔旦冬至自此七曜散行不復餘分普盡總會如初唯朔分氣分有可盡之理因其可盡即有三端此乃紀其日數之元爾或以爲即夜半甲子朔冬至者非也冬至自有常數朔名由於月起月行遲疾匪常三端安得即合故必須日月相合與至同日者乃爲合朔冬至耳孝孫以爲然但略去尤疎闊者九年復詔大理卿崔善爲與孝通等較定善爲所改凡數十條初仁均以武德元年爲歷始而氣朔遲疾交會及五星皆有加減至是復用上元積筭其周天度即古赤道也貞觀初直太史李淳風又上疏論十有八事復詔善爲課二家得失其七條改從淳風十四年太宗將親祀南郊以十一月癸亥朔甲子冬至而淳風新術以甲子合朔冬至乃上言古歷分日起於子半十一月當甲子合朔冬至故太史令傅仁均以減餘稍多子初爲朔遂差三刻司歷南宮子明太史令薛頤等言子初及半日月未離淳風之法較春秋已來晷度薄蝕事皆符合國子祭酒孔穎達等及尚書八座參議請從淳風又以平朔推之則二歷皆以朔日冬至於事彌合且平朔行之自古故春秋傳或失之前謂晦日也雖癸亥日月相及明日甲子爲朔可也從之十八年淳風又上言仁均歷有三大三小云日月之蝕必在朔望十九年九月後四朔頻大詔集諸解歷者詳之不能定庚子詔用仁均平朔訖麟德元年仁均歷法祖述胄玄稍以劉孝孫舊議參之其大最疎於淳風然更相出入其有所中淳風亦不能逾之今所記者善爲所較也

戊寅歷上元戊寅歲至武德九年丙戌積十六萬四千三百四十八筭外

章歲六百七十六亦名行分法　章閏二百四十九　章月八千三百六十一　月法三十八萬四千七十五　日法萬三千六　時法六千五百三　度法氣法九千四百六十四　氣時法千一百八十三歲分三百四十五萬六千六百七十五　歲餘二千三百一十五○周分三百四十五萬六千八百四十五半○斗分一千四百八十五半　沒分七萬六千八百一十五　沒法千一百三　歷日二十七歷餘萬六千六百一十四　歷周七十九萬八千二百　歷法二萬八千九百六十八　餘數四萬九千六百三十五

章月乘年如章歲得一爲積月以月法乘積月如日法得一爲朔積日餘爲小餘日滿六十去之餘爲大餘命甲子筭外得天正平朔加大餘二十九小餘六千九百一得次朔加平朔大餘七小餘四千九百七十六小分四之三爲上弦又加得望又加得下弦餘數乘年如氣法得一爲氣積日命日如前得冬至加大餘十五小餘二千六十八小分八之一得次氣日加四季之節大餘十二小餘千六百五十四小分四得土王凡節氣小餘三之以氣時法而一命子半筭外各其加時置冬至小餘八之減沒分餘滿沒法爲日加冬至去朔日筭依月大小去之日不滿月筭得沒日餘分盡爲減加日六十九餘七百八得次沒

二十四氣	損益率	盈縮數
冬至	益八百九十六	盈空
小寒	益三百九十八	盈八百九十
大寒	益四百	盈千二百九十四
立春	益二百二十	盈千六百九十四
啓蟄	益三百四十	盈千九百二十二
雨水	益四百五十	盈二千二百六十三
春分	損五百	盈二千七百一十三
清明	損四百五十五	盈二千二百一十三
穀雨	損三百五十五	盈千七百五十八
立夏	損五百五十五	盈千四百三
小滿	損八百四十八	盈八百四十八
芒種	益七百三十九	縮初
夏至	益六百二十六	縮七百三十九
小暑	益四百五十六	縮千三百六十五
大暑	益二百八十八	縮千八百二十一
立秋	益四十	縮二千一百九
處暑	益三百四十二	縮二千一百四十九
白露	益四百五十五	縮二千四百九十一
秋分	損六百八十二	縮二千九百四十六
寒露	損六百二十五	縮二千二百六十四
霜降	損五百七十	縮千六百三十九
立冬	損五百一十三	縮千六十九
小雪	損四百五十六	縮五百五十六
大雪	損百	縮百

以平朔弦望入氣日筭乘損益率如十五得一以損益盈縮數爲定盈縮分凡不盡半法已上亦從一以歷法乘朔積日滿歷周去之餘如歷法得一爲日命日筭外得天正平朔夜半入歷日及餘次日加一累而裁之若以萬四千四百八十四乘平朔小餘如六千五百三而一不盡爲小分以加夜半入歷日加之滿歷日及餘去之得平朔加時所入加歷日七餘萬一千八十四小分三千九百九十五命如前得上弦又加得望下弦及後朔

歷日	行分	損益率	盈縮積分
一日	九千九百九	益三百九十二	盈初
二日	九千八百一十	益三百四十七	盈二千一百四十四萬一千二百二十六
三日	九千六百九十五	益二百九十五	盈二千一百三十九萬四千八百五十八
四日	九千五百六十三	益二百三十六	盈二千九百九十五萬二千八百四
五日	九千四百一十四	益百六十九	盈三千六百七十九萬三千九百五十
六日	九千二百六十六	益百三	盈四千一百六十九萬七千二百七
七日	九千一百一十八	益三十六	盈四千四百六十七萬三千五百七十五
八日	八千九百五十三	損三十八	盈四千五百七十二萬九千五十五
九日	八千七百八十八	損百一十二	盈四千四百六十三萬六千五百五十七
十日	八千六百四十	損百七十八	盈四千一百三十九萬八千六十八
十一日	八千五百八	損二百三十八	盈三千六百三十二萬四千六百九十二
十二日	八千三百九十二	損二百九十	盈二千九百二十五萬四千五百二十八
十三日	八千二百七十七	損三百四十一	盈二千九十六萬五千六百六十
十四日	八千一百七十八	損三百八十六	盈千一百八萬一千一百六
十五日	八千二百一十一	益三百七十一	縮九萬一千四十三
十六日	八千三百一十	益三百二十六	縮千八十三萬四千四
十七日	八千四百二十五	益二百一十五	縮二千二十八萬九千三百七十二
十八日	八千五百五十五	益二百一十六	縮二千八百二十三萬九千五十
十九日	八千六百八十九	益百五十六	縮三千四百四十九萬一千九百三十六
二十日	八千八百三十七	益九十	縮三千九百萬八千三十
二十一日	八千九百八十六	益二十三	縮四千一百六十一萬九千二百三十五
二十二日	九千一百五十一	損五十一	縮四千二百二十八萬二千五百四十七
二十三日	九千二百九十九	損一百一十八	縮四千七百九萬九千八百五十七
二十四日	九千四百四十七	損百八十四	縮三千七百三十九萬二千二百七十九
二十五日	九千五百七十八	損二百四十三	縮三千二百五十萬九千八百一十四
二十六日	九千七百一十	損三百二	縮二千五百二萬三千五百六十二
二十七日	九千八百九	損三百四十七	縮千六百二十九萬五百一十八
二十八日	九千八百九十一	損三百八十三	縮六百二十二萬九千八百八十

歷行分與次日相減爲行差後多爲進後少爲退減去行分六百七十六爲差法各置平朔弦望加時入歷日餘乘所入日損益率以損益其下積分差法除爲定盈縮積分置平朔弦望小餘各以入氣積分盈加縮減之以入歷積分盈減縮加之滿若不足進退日法皆爲定大小餘命日甲子筭外以歲分乘年爲積分滿周分去之餘如度法得一爲度命以虛六經斗去分得冬至日度及分以冬至去朔日筭及分減之得天正平朔前夜半日度及分以小分法十四約度分爲行分凡小分滿法成行分行分滿法成度若注曆又以二十六約行分月星準此斗分百七十七小分七半累加一度得次日以行分法乘朔望定小餘以九百二十九除爲度分又以十四約爲行分以加夜半度爲朔望加時日度定朔加時日月同度望則因加日度百八十二行分四百二十六小分十太以夜半入歷日餘乘行差滿歷法得一以進加退減歷行分爲行定分以朔定小餘乘之滿日法得一爲行分以減加時月度爲朔望夜半月度求次日加月行

定分累之

歲星率三百七十七萬五千二十三　終日三百九十八行分五百九十六小分七　平見入冬至初日減行分五千四百一十一自後日損所減百二十分立春初日增所加六十分春分均加四日清明畢穀雨均加五日立夏畢大暑均加六日立秋初日加四千八十分乃日損所加六十七分入寒露日增所減百一十七分入小雪畢大雪均減八日初見順日行百七十一分日益遲一分百一十四日行十九度二百九分而留二十六日乃退日九十七分八十四日退十二度三十六分又留二十五日五百九十六分小分七凡五星留日有分者以初定見日分加之若滿行分法去之又增一日乃順初日行六十分日益疾一分百一十四日行十九度四百三十七分而伏

熒惑率七百三十八萬一千二百二十三　終日七百七十九行分六百二十六小分三　平見入冬至初日減萬六千三百五十四分乃日損所減五百四十五分入大寒日增所加四百二十六分入雨水後均加二十九日立夏初日加萬九千三百九十二分乃日損所加二百一十三分入立秋初依平入處暑日增所減百八十四分入小雪後均減二十五日初見入冬至初率二百四十一日行百六十三度自後二日損日度各一自百二十八日率百七十七日行九十九度畢百六十一日又三日損一盡百八十二日率百七十日行九十二度畢百八十八日乃三日益一盡二百二十七日率百八十三日行百五度又二日益一盡二百四十九日率百九十四日行百一十六度又每日益一盡二百一十日率二百五十五日行百七十七度畢三百三十七日乃二日損一盡大雪復初見入小雪後三日去日率一入雨水畢立夏均去日率二十自後三日減所去一日畢小暑依平爲定日率若入處暑畢秋分皆去度率六各依冬至後日數而損益之又依所入之氣以減之爲前疾日度率若初行入大寒畢大暑皆差行日益遲一分其餘皆平行若入白露畢秋分初遲日行半度四十日行二十度即去日率四十度率二十別爲半度之行訖然後求平行分續之以行分法乘度定率如日定率而一爲平行分不盡爲小分求差行者減日率一又半之加平行分爲初日行分各盡其日度而遲初日行三百二十六分日益遲一分半六十日行二十五度五分其前疾去度六者行三十一度五分此遲初日加六十七分小分六十分之三十六而留十三日前疾去日者分日於二留奇從後留乃退日百九十二分六十日退十七度二十八分又留十二日六日二十六分小分三又順後遲初日行二百三十八分日益疾一分半六十日行二十五度三十五分此遲在立秋至秋分者加六度行三十一度三十五分此遲初日加行分六十七小分六十分之三十六而後疾入冬至初率二百一十四日行百三十六度乃每日損一盡三十七日率百七十七日行九十九度又二日損一盡五十七日率百六十七日行八十九度畢七十九日又三日益一盡百三十日率百八十四日行百六度又二日益一盡百四十四日率百九十一日行百一十三度又每日益一盡百九十日率二百三十七日行百五十九度又每日益二盡二百日率二百五十七日行百七十九度又每日益一盡二百一十日率二百六十七日行百八十九度畢二百五十九日乃二日損一畢大雪復初後遲加六度者此後疾去度率六爲定各依冬至後日數而損益之爲後疾日度率若入立夏畢夏至日行半度盡六十日行三十度若入小暑畢大暑盡四十日行二十度皆去日度率別爲半度之行訖然後求平行分續之各盡其日度而伏

鎮星率三百五十七萬八千二百四十六　終日三百七十八行分六十一　平見入冬至初日減四千八百一十四分乃日增所減七十九分入小寒均減九日乃每氣損所減一日入夏至初日均減二日自後十日損所減一日小暑五日外依平入大暑日增所加百八十一分入處暑均加九日入白露初日加六千二分乃日損所加百三十三分入霜降日增所減七十九分初見順日行六十分八十三日行七度二百四十八分而留三十八日乃退日四十一分百日退六度四十四分又留三十七日六十一分乃順日行六十分八十三日行七度二百四十八分而伏

太白率五百五十二萬六千二百　終日五百八十三行分六百二十小分八　晨見伏三百二十七日行分六百二十小分八　夕見伏二百五十六日　晨平見入冬至依平入小寒日增所加六十六分入立春畢立夏均加三日小滿初日加千九百六十四分乃日損所加六十分入夏至依平入小暑日增所減六十分入立秋畢立冬均減三日小雪初日減千九百六十四分乃日損所減六十六分初見乃退日半度十日退五度而留九日乃順遲差行日益疾八分四十日行三十度入大雪畢小滿者依此入芒種十日減一度入小暑畢霜降均減三度入立冬十日損所減一度畢小雪皆爲定度以行分法乘定度四十除爲平行分又以四乘三十九以減平行爲初日行分平行日一度十五日行十五度入小寒十日益日度各一入雨水後皆二十一日行二十一度入春分後十日減一畢立夏依平入小滿後六日減一畢立秋日度皆盡無平行入霜降後四日加一畢大雪依平疾百七十日行二百四度前順遲減度者計所減之數以益此度爲定而晨伏夕平見入冬至日增所減百分入啓蟄畢春分均減九日清明初日減五千九百八十六分乃日損所減百分入芒種依平入夏至日增所加百分入處暑畢秋分均加九日寒露初日加五千九百八十六分乃日損所減百分入大雪依平初見順疾百七十日行二百四度入冬至畢立夏者依此入小滿六日加一度入夏至畢小暑均加五度入大暑三日減一度入立秋畢大雪依平從白露畢春分皆差行日益疾一分半以一分半乘百六十九而半之以加平行爲初日行分入清明畢於處暑皆平行乃平行日一度十五日行十五度入冬至後十日減日度各一入啓蟄畢芒種皆九日行九度入夏至後五日益一入大暑依平入立秋後六日加一畢秋分二十五日行二十五度入寒露六日減一入大雪依平順遲日益遲八分四十日行三十度前加度者此依數減之又留九日乃退日半度十日退五度而夕伏

辰星率百九萬六千六百八十三　終日一十五行分五百九十四小分七　晨見伏六十三日行分五百九十四小分七　夕見伏五十二日　晨平見入冬至均減四日入小寒依平入立春後均減三日入雨水畢立夏應見不見其在啓蟄立夏氣內去日十八度外三十六度內晨有木火土金一星者亦見入小滿依平入霜降畢立冬均加一日入小雪至大雪十二日依平若在大雪十三日後日增所減一日初見留六日順遲日行百六十九分入大寒畢啓蟄無此遲行乃平行日一度十日行十度入大寒後二日去日度各一畢於二十日日度俱盡無此平行疾日行一度六百九分十日行十九度六分前無遲行者此疾日減二百三分十日行十六度四分而晨伏夕平見入冬至後依平入穀雨畢芒種均減二日入夏至依平入立秋畢霜降應見不見其在立秋霜降氣內夕有星去日如前者亦見入立冬畢大雪依平初見順疾日行一度六百九分十日行十九度六分若入小暑畢處暑日減二百三分乃平行日一度十日行十度入大暑後二日去日及度各一畢於二十日日度俱盡無此平行遲日行百六十九分若疾減二百三分者即不須此遲行又留六日七分而夕伏

各以星率去歲積分餘反以減其率餘如度法得一爲日得冬至後晨平見日及分以冬至去朔日算及分加之起天正依月大小計之命日算外得所在日月金水各以晨見伏日及分加之得夕平見各以其星初日所加減之分計後日損益之數以損益之訖乃以加減平見爲定見其加減分皆滿行分法爲日以定見去朔日及分加其朔前夜半日度又以星初見去日度歲星十四太白十一熒惑鎮星辰星皆十七晨減夕加之得初見宿度求次日各加一日所行度及分熒惑太白有小分者各以日率爲母其行有益疾遲者副置一日行分各以其差疾益遲損乃加之留者因前退則依減伏不注度順行出斗去其分退行入斗先加分訖皆以二十六約行分爲度分

交會法千二百七十四萬一千二百五八分　交分法六百三十七萬六百二九分　朔差百八萬五千四百九十四二分　望分六百九十一萬三千三百五十交限五百八十二萬七千八百五十五八分　望差五十四萬二千七百四十七一分　外限六百七十六萬七百八十二九分　中限千二百三十五萬一千二十五八分　內限千二百一十九萬一千四百五十八七分

以朔差乘積月滿交會法去之餘得天正月朔入平交分求望以望分加之求次月以朔差加之其朔望入大雪畢冬至依平入小寒日加氣差千六百五十分入驚蟄畢清明均加七萬六千一百分自後日損所加千六百五十分入芒種畢夏至依平加之滿法去之若朔交入小寒畢雨水及立夏畢小滿值盈二時已下皆半氣差加之二時已上則否如望差已下外限已上有星伏木土去見十日外火去見四十日外金晨伏去見二十二日外有一星者不加氣差入小暑後日增所減千二百分入白露畢霜降均減九萬五千八百二十五分立冬初日減六萬三千三百分自後日損所減二千一百一十分減若不足加法乃減之餘爲定交分朔入交分如交限內限已上交分中限已下有星伏如前者不減不滿交分法者爲在外道滿去之餘爲在內道如望差已下爲去先交分交限已上以減交分餘爲去後交分皆三日法約爲時數望則月蝕朔在內道則日蝕雖在外道去交近亦蝕在內道去交遠亦不蝕置蝕望定小餘入歷一日減二百八十若十五日卽加之十四日加五百五十若二十八日卽減之餘日皆盈加縮減二百八十爲月蝕定餘十二乘之時法而一命子半算外不盡得月蝕加時約定小餘如夜漏半已下者退日算上置蝕朔定小餘入歷一日卽減二百八十若十五日卽加之十四日加五百五十若二十八日卽減之爲定後不入四時加減之限其內道春去交四時已上入歷盈加縮減二百八十夏盈加縮減二百八十秋去交十一時已下惟盈加二百八十已上者盈加五百

五十縮加二百八十冬去交五時已下惟盈加二百八十皆爲定餘十二乘之時法而一命子半筭外不盡爲時餘副之仲辰半前以副減法爲差率半後退半辰以法加餘以副爲差率季辰半前以法加副爲差率半後退半辰以法加餘倍法加副爲差率孟辰半前三因其法以副減之餘爲差率半後退半辰以法加餘又以法加副乃三因其法以副減之爲差率又置去交時數三已下加三六已下加二九已下加一九已上依數十二已上從十二（若季辰半後孟辰半前去交六時已上者皆依其六時已下不加）皆乘差率十四除爲時差子午半後以加時卯酉半後以減時餘加之滿若不足進退時法（孟謂寅申巳亥仲謂子午卯酉季謂辰戌丑未）得日蝕加時望去交分冬先後交皆去二時春先交秋後交去半時春後交秋先交去二時夏則依定不足去者既乃以三萬六千一百八十三爲法而一以減十五餘爲月蝕分朔去交在內道五月朔加時在南方先交十三時外六月朔後交十三時外者不蝕啓蟄畢清明先交十三時外值縮加時在未西處暑畢寒露後交十三時外值盈加時在巳東皆不蝕交在外道先後去交一時內者皆蝕若二時內及先交值盈後交值縮二時外者亦蝕夏去交二時內加時在南方者亦蝕若去分至十二時內去交六時內者亦蝕若去春分三日內後交二時秋分三日內先交二時內者亦蝕諸去交三時內有星伏木土去見十日外火去見四十日外金晨伏去見二十二日外有一星者不蝕各置去交分秋分後畢立春均減二十二萬八百分啓蟄初日畢芒種日損所減千八百一十分夏至後畢白露日增所減二千四百分以減去交分餘爲不蝕分不足減反相減爲不蝕分亦以減望差爲定法後交值縮者直以望差爲定法其不蝕分大寒畢立春後交五時外皆去一時時差值減者先交減之後交加之時差值加者先交加之後交減之不足減者皆既十五乘之定法而一以減十五餘爲日蝕分置日月蝕分四已下因增二五已下因增三六已上因增五各爲刻率副之以乘所入歷損益率四千五十七爲法而一值盈反其損益值縮依其損益皆損益其副爲定用刻乃六乘之十而一以減蝕甚辰刻爲虧初又四乘之十而一以加食甚辰刻爲復滿

唐書卷二十六

志第十六　宋翰林學士歐陽修撰

曆志

高宗時戊寅曆益疏淳風作甲子元曆以獻詔太史起麟德二年頒用謂之麟德曆古曆有章蔀有元紀有日分度分參差不齊淳風爲總法千三百四十以一之損益中晷術以考日至爲木渾圖以測黃道餘因劉焯皇極曆法增損所宜當時以爲密與太史令瞿曇羅所上經緯曆參行弘道元年十二月甲寅朔壬午晦八月詔二年元日用甲申故進以癸未晦焉永昌元年十一月改元載初用周正以十二月爲臘月建寅月爲一月神功二年曆以臘爲閏而前歲之晦月見東方太后詔以正月爲閏十月是歲甲子南至改元聖曆命瞿曇羅作光宅曆將用之三年罷作光宅曆復行夏時終開元十六年麟德曆麟德元年甲子距上元積二十六萬九千八百八十算

總法千三百四十　朞實四十八萬九千四　常朔實三萬九千五百七十一（朔三百六十二日盈朔實／減三百五十一日朒朔實）　辰率三百三十五

以朞實乘積算爲朞總如總法得一爲日六十去之命甲子筭外得冬至累加日十五小餘二百九十二小分六之五得次氣六乘小餘辰率而一命子半筭外各其加時以常朔實去朞總不滿爲閏餘以閏餘減朞總爲總實如總法得一爲日以減冬至得天正常朔又以常朔小餘并閏餘以減朞總爲總實因常朔加日二十九小餘七百一十一得次朔因朔加日七小餘五百一十二太得上弦又加得望及下弦

進綱十六（秋分後）　退紀十七（春分後）

中節	躔差率	消息總	先後率	盈朒積
冬至	益七百二十二	息初	先五十四	盈初
小寒	益六百一十八	息七百二十二	先四十六	盈五十四
大寒	益五百一十四	息千三百四十	先三十八	盈百
立春	益五百一十四	息千八百五十四	先三十八	盈百三十八
啓蟄	益六百一十八	息二千三百六十八	先四十六	盈百七十六
雨水	益七百二十二	息二千九百八十六	先五十四	盈二百二十二
春分	損七百二十二	息三千七百八	後五十四	盈二百七十六
清明	損六百一十八	息二千九百八十六	後四十六	盈二百二十二
穀雨	損五百一十四	息二千三百六十八	後三十八	盈百七十六
立夏	損五百一十四	息千八百五十四	後三十八	盈百三十八
小滿	損六百一十八	息千三百四十	後四十六	盈百
芒種	損七百二十二	息七百二十二	後五十四	盈五十四
夏至	益七百二十二	消初	先五十四	朒初
小暑	益六百一十八	消七百二十二	先四十六	朒五十四
大暑	益五百一十四	消千三百四十	先三十八	朒百
立秋	益五百一十四	消千八百五十四	先三十八	朒百三十八
處暑	益六百一十八	消二千三百六十八	先四十六	朒百七十六
白露	益七百二十二	消二千九百八十六	先五十四	朒二百二十二
秋分	損七百二十二	消三千七百八	後五十四	朒二百七十六
寒露	損六百一十八	消二千九百八十六	後四十六	朒二百二十二
霜降	損五百一十四	消二千三百六十八	後三十八	朒百七十六
立冬	損五百一十四	消千八百五十四	後三十八	朒百三十八
小雪	損六百一十八	消千三百四十	後四十六	朒百
大雪	損七百二十二	消七百二十二	後五十四	朒五十四

各以其氣率并後氣率而半之十二乘之綱紀除之爲末率二率相減餘以十二乘之綱紀除之爲總差又以十二乘總差綱紀除之爲別差以總差前少以減末率前多以加末率爲初率累以別差前少以加初率前多以減初率爲每日躔差及先後率乃循積而損益之各得其日定氣消息與盈朒積其後無同率因前末爲初率前少者加總差前多者以總差減之爲末率餘依術入之各以氣下消息積息減消加常氣爲定氣各以定氣大小餘減所近朔望大小餘十二通其日以辰率約其餘相從爲辰總其氣前多以乘末率前少以乘初率十二而一爲總率前多者以辰總減綱紀以乘十二綱紀而一以加總率辰總乘之一十四除之前少者辰總再乘別差二百八十八除之皆加總率乃以先加後減其氣盈朒積爲定以定積盈加朒減常朔弦望得盈朒大小餘

變周四十四萬三千七十七　變日二十七餘七百四十三　變奇一　變奇法十二　月程法六十七

以奇法乘總實滿變周去之不滿者奇法而一爲變分盈總法從日得天正常朔夜半入變加常朔小餘爲經辰所入因朔加七日餘五百一十二奇九得上弦轉加得望下弦及次朔加之滿變日及餘去之又以所入盈朒定積盈加朒減之得朔弦望盈朒經辰所入

變日	離程	增減率	遲速積
一日	九百八十五	增百三十四	速初
二日	九百七十四	增百一十七	速百三十四
三日	九百六十二	增九十九	速二百五十一
四日	九百四十八	增七十八	速三百五十
五日	九百三十三	增五十六	速四百二十八
六日	九百一十八	增三十三	速四百八十四
七日	九百二	增九（初增九末減隱）	速五百一十七
八日	八百八十六	減十四	速五百二十六
九日	八百七十	減三十八	速五百一十二
十日	八百五十四	減十四	速四百七十四
十一日	八百三十九	減八十五	速四百一十二
十二日	八百二十六	減百四	速三百二十七
十三日	八百一十五	減百二十一	速二百二十三
十四日	八百八	（初減百二末增二十九）	速百二
十五日	八百十	增百二十八	遲二十九
十六日	八百一十九	增百一十五	遲百五十七
十七日	八百三十二	增九十五	遲二百七十二
十八日	八百四十六	增七十四	遲三百六十七
十九日	八百六十一	增五十二	遲四百四十一
二十日	八百七十七	增二十八	遲四百九十三
二十一日	八百九十三	增四（初增四末減隱）	遲五百二十一
二十二日	九百九	減二十	遲五百二十五
二十三日	九百二十五	減四十四	遲五百五
二十四日	九百四十一	減六十八	遲四百六十一
二十五日	九百五十五	減八十九	遲三百九十三
二十六日	九百六十八	減百八	遲三百四
二十七日	九百七十九	減百二十五	遲百九十六
二十八日	九百八十五	減百四十四（初減七十一末增入速）	遲七十一

以離程與次相減得進退差後多爲進後少爲退等爲平各列朔弦望盈朒經辰所入日增減率并後率而半之爲通率又二率相減爲率差增者以入變歷日餘減總法餘乘率差總法而一并率差而半之減者半入餘乘率差亦總法而一皆加通率以乘入餘總法除爲經辰變率半之以速減遲加入餘爲轉餘增者以減總法減者因餘皆乘率差總法而一以加通率變法乘之總法除之以速減遲加變率爲定率乃以定率增減遲速積爲定其後無同率亦因前率應增者以通率爲初數半率差而減之應損者即爲通率其歷率損益入餘進退日者分爲二日隨餘初末如法求之所得并以加減變率爲定七日初千一百九十一末百四十九十四日初千四十二末二百九十八二十一日初八百九十二末四百四十八二十八日初七百四十三末五百九十七各視入餘初數已下爲初已上以初數減之餘爲末

各以入變遲速定數速減遲加朔弦望盈朒小餘滿若不足進退其日加其常日者爲盈減其常日者爲朒各爲定大小餘命日如前乃前朔後朔迭相推校盈朒之課據實爲準損不侵朒益不過盈定朔日名與次朔同者大不同者小無中氣者爲閏月其元日有交加時應見者消息前後一兩月以定大小令虧在晦二弦望亦隨消息月朔盈朒之極不過頻三其或過者觀定小餘近夜半者量之

黃道南斗二十四度三百二十八分牛七度婺女十一度虛十度危十六度營室十八度東壁十度奎十七度婁十三度胃十五度昴十一度畢十六度觜觿二度參九度東井三十度輿鬼四度柳十四度七星七度張十七度翼十九度軫十八度角十三度亢十度氐十六度房五度心五度尾十八度箕十度

冬至之初日躔定在南斗十二度每加十五度二百九十二分小分五依宿度去之各得定氣加時日度各以初日躔差乘定氣小餘總法而一進加退減小餘爲分以減加時度爲氣初夜半度乃日加一度以躔差進加退減之得次日以定朔弦望小餘副之以乘躔差總法而一進加退減其副各加夜半日躔爲加時宿度合朔度卽月離也上弦加度九十一度分四百一十七望加度百八十二度分八百三十四下弦加度二百七十三度分千二百五十一訖半其分降一等以同程法得加時月離因天正常朔夜半所入變日及餘定朔有進退日者亦進退一日爲定朔夜半所入累加一日得次日各以夜半入變餘乘進退差總法而一進加退減離程爲定程以定朔弦望小餘乘之總法而一以減加時月離爲夜半月離求次日程法約定程累加之若以定程乘夜刻二百除爲晨分以減定程爲昏分其夜半月離朔後加昏爲昏度望後加晨爲晨度其注歷五乘弦望小餘程法而一爲刻不滿晨前刻者退命筭上辰刻八分二十四　刻分七十二

定氣	晨前刻	黃道去極度	屈伸率	發斂差
冬至	三十刻	百一十五度三分	伸一三分	益十六
小寒	二十九刻五十四分	百一十三度二分	伸三七分	益十六
大寒	二十九刻十八分	百一十度七分	伸六一分	益二十二
立春	二十八刻三十三分	百七度九分	伸九四分	益九
啓蟄	二十七刻三十分	百三度九分	伸十七分半	益七
雨水	二十六刻十八分	九十七度三分	伸十一八分	益三
春分	二十五刻	九十一度三分	伸十二二分半	損三
清明	二十三刻五十四分	八十五度三分	伸十一八分	損七
穀雨	二十二刻四十二分	七十九度七分	伸十七分半	損九
立夏	二十一刻三十九分	七十四度七分	伸九四分	損二十二
小滿	二十刻五十四分	七十度九分	伸六一分	損十六
芒種	二十刻十八分	六十八度五分	伸三七分	損十六
夏至	二十刻	六十七度三分	屈一三分	益十六
小暑	二十刻十八分	六十八度五分	屈三七分	益十六
大暑	二十刻五十四分	七十度九分	屈六一分	益二十二
立秋	二十一刻三十九分	七十四度七分	屈九四分	益九
處暑	二十二刻四十二分	七十九度七分	屈十七分半	益七
白露	二十三刻五十四分	八十五度三分	屈十一八分	益三
秋分	二十五刻	九十一度三分	屈十二二分半	損三
寒露	二十六刻十八分	九十七度三分	屈十一八分	損七
霜降	二十七刻三十分	百三度九分	屈十七分半	損九
立冬	二十八刻三十三分	百七度九分	屈九四分	損二十二
小雪	二十九刻十八分	百一十度七分	屈六一分	損十六
大雪	二十九刻五十四分	百一十三度一分	屈三七分	損十六

置其氣屈伸率各以發斂差損益之爲每日屈伸率差滿十從分分滿十爲率各累計其率爲刻分百八十乘之十一乘綱紀除之爲刻差各半之以伸減屈加晨前刻分爲每日晨前定刻倍之爲夜刻以減一百爲晝刻以三十四約刻差爲分分滿十爲度以伸減屈加氣初黃道去極得每日以晝刻乘朞實二百乘總法除爲昏中度以減三百六十五度三百二十八分餘爲旦中度各以加日躔得昏旦中星赤道計之其赤道同太初星距

遊交終率千九十三萬九千三百一十三　奇率三百

約終三萬六千四百六十四奇百十三　交中萬八千二百三十二奇五十六半　交終日二十七餘二百八十四奇百一十三　交中日十三餘八百一十二奇五十六半　虧朔三千一百六奇百八十七　實望萬九千七百八十五奇百五十　後準千五百五十三奇九十三半　前準萬六千六百七十八奇二百六十三

置總實以奇率乘之滿終率去之不滿以奇率約爲入交分加天正常朔小餘得朔汎交分求次朔以虧朔加之因朔求望以實望加之各以朔望入氣盈朒定積盈加朒減之又六十乘遲速定數七百七十七除爲限數以速減遲加爲定交分其朔月在日道裏者以所入限數減遲速定數餘以速減遲加其定交分而日出道表者爲變交分不出表者依定交分其變交分三時生內者依衡消息以定蝕不交中已下者爲月在外道已上者去之餘爲月在內道其分如後準已下爲交後分前準已上者反減交中餘爲交前分望則月蝕朔在內道則日蝕百一十二約前後分爲去交時置定朔小餘副之辰率約之以艮巽坤乾爲次命筭外其餘半法已下爲初已上者去之爲末初則因餘末則減法各爲差率月在內道者益去交時十而三除之以乘差率十四而一爲差其朔在二分前後一氣內卽以差爲定近冬至以去寒露雨水近夏至以去清明白露氣數倍之又三除去交時增之近冬至艮巽以加坤乾以減近夏至艮巽以減坤乾以加其差爲定差艮巽加副坤乾減副月在外道者三除去交時數以乘差率十四而一爲差艮坤以減副巽乾以加副爲食定小餘望卽因定望小餘卽所在辰近朝夕者以日出沒刻校前後十二刻半內候之月在外道朔不應蝕夏至初日以二百四十八爲初準去交前後分如初準已下加時在午正前後七刻內者蝕朔去夏至前後每一日損初準二分皆畢於九十四日爲每日變準交分如變準已下加時如前者亦蝕又以末準六十減初準及變準餘以十八約之爲刻準以并午正前後七刻內數爲時準加時準內交分如末準已下亦蝕又置末準每一刻加十八爲差準加時刻去午前後如刻準已上交分如差準已下者亦蝕自秋分至春分去交如末準已下加時巳午未者亦蝕月在內道朔應蝕若在夏至初日以千三百七十三爲初準去交如初準已上加時在午正前後十八刻內者或不蝕夏至前後每日益初準一分半皆畢於九十四日爲每日變準以初準減變準餘十而一爲刻準以減午正前後十八刻餘爲時準其去交在變準已上加時在準內或不蝕望去交前後定分冬減二百二十四夏減五十四春交後減百交前減二百秋交後減二百交前減百不足減者蝕既有餘者以減後準百四而一得月蝕分朔交月在內道入冬至畢定雨水及秋分畢大雪皆以五百五十八爲蝕差入春分日損六分畢芒種以蝕差減去交分不足減者反減蝕差爲不蝕分其不蝕分自小滿畢小暑加時在午正前後七刻外者皆減一時三刻內者加一時大寒畢立春交前五時外大暑畢立冬交後五時外者皆減一時五時內者加一時諸加時蝕差應減者交後減之交前加之應加者交後加之交前減之不足減者皆既加減入不蝕限者或不蝕月在外道冬至初日無蝕差自後日益六分畢於雨水入春分畢白露皆以五百二十二爲差入秋分日損六分畢大雪以差加去交分爲蝕分以減後準餘爲不蝕分十五約蝕差以百四爲定法其不蝕分如定法得一以減十五餘得日蝕分

歲星總率五十三萬四千四百八十三奇四十五　伏分二萬四千三十一奇七十二半　終日三百九十八餘千一百六十三奇四十五　平見入冬至畢小寒均減日入大寒日損六十七分入春分依平乃日加八十九分入立夏畢小滿均加六日入芒種日損八十九分入夏至畢立秋均加四日入處暑日損百七十八分入白露依平自後日減五十二分入小雪畢大雪均減六日初順百一十四日行十八度五百九分日益遲一分前留二十六日旋退四十二日退六度十二分日益疾二分又退四十二日退六度十二分日益遲二分後留二十五日後順百一十四日行十八度五百九分日益疾一分日盡而夕伏

熒惑總率百四萬五千八十奇六十　伏分九萬七千九十奇三十　終日七百七十九餘千二百二十奇六十　平見入冬至減二十七日自後日損六百三分入大寒日加四百二分入雨水畢穀雨均加二十七日入立夏日損百九十八分入立秋依平入處暑日減百九十八分入小雪畢大雪均減二十七日初順入冬至率二百四十三日行百六十五度乃三日損日度各二小寒初日率二百三十三日行百五十五度乃二日損一入穀雨四日平畢小滿九日率百七十八日行百度乃三日損一夏至初日平畢六日率百七十一日行九十三度乃三日益一入立秋初日百八十四日行百六度乃每日益一入白露初日率二百一十四日行百三十六度乃五日益六入秋分初日率二百三十二日行百五十四度又每日益一入寒露初日率二百四十七日行百六十九度乃五日益三入霜降五日平畢立冬十三日率二百五十九日行百八十一度乃二日損日一入冬至復初各依所入常氣平者依率餘皆計日損益爲前疾日度定率其前遲及留退入氣有損益日度者計日損益皆準此法疾行日率入大寒六日損一入春分畢立夏均減十日入小滿三日損所減一畢芒種依平入立秋三日益一入白露畢秋分均加十日入寒露一日半損所加一畢氣盡依平爲變日率疾行度率入大寒畢啓蟄立夏畢夏至大暑畢氣盡霜降畢小雪皆加四度清明畢穀雨加二度爲變度率初行入處暑減日率六十度率三十入白露畢秋分減日率四十四度率二十二皆爲初遲半度之行盡此日度乃求所減之餘日度率續之爲疾初行入大寒畢大暑差行日益遲一分其前遲後遲日率既有增損而益遲益疾差分皆檢括前疾末日行分爲前遲初日行分以前遲平

行分減之餘爲前遲總差後疾初日行分爲後遲末日行分以後遲初日行分減之餘爲後遲總差相減爲前後別日差分其不滿者皆消爲小分遲疾之際行分衰殺不倫者依此前遲入冬至率六十日行二十五度先疾日益遲二分入小寒三日損一大寒初日率五十五日行二十度乃三日益一立春初日平畢清明率六十日行二十五度入穀雨每氣別減一度立夏初日平畢小滿率六十日行二十二度入芒種每氣別益一度夏至初日平畢處暑率六十日行二十五度入白露三日損一秋分初日率六十日行二十五度乃每日益一三日益度二寒露初日率七十五日行三十度乃每日損一三日損度一霜降初日率六十日行二十五度乃二日損一度入立冬一日平畢氣盡率六十日行二十七度入小雪五日益一度大雪初日率六十日行二十度乃三日益一度入冬至復初前留十三日前疾減日率一者以其數分益此留及後遲日率前疾加日率者以其數分減此留及後遲日率旋退西行入冬至初日率六十三日退二十二度乃四日益度一小寒一日率六十三日退二十六度乃三日半損度一立春三日平畢驚蟄率六十三日退十七度乃二日益日度各一雨水八日平畢氣盡率六十七日退二十一度入春分每氣損日度各一大暑初日平畢氣盡率五十八日退十二度立秋初日平畢氣盡率五十七日退十一度乃二日益日一寒露九日平畢氣盡率六十六日退二十度乃二日損一霜降六日平畢氣盡率六十三日退十七度乃三日益一立冬十一日平畢氣盡率六十七日退二十一度乃二日損一入冬至復初後留冬至初留十三日乃二日半益一大寒初日平畢氣盡留二十五日乃二日半損一雨水初日留十三日乃三日益一清明初留二十三日乃日損一清明十日平畢處暑留十三日乃二日損一秋分十一日無留乃每日益一霜降初日留十九日乃三日損一立冬畢大雪留十三日後遲順六十日行二十五度日益疾一分前疾加度者此遲依數減之爲定度前疾無加度者此遲入秋分至立冬減二度入冬至減五度後遲定日前十日者以所減之數加此遲日率後疾冬至初日率二百一十日行百三十二度乃每日損一大寒八日率百七十二日行九十四度乃二日損一啟蟄平畢氣盡率百六十一日行八十三度乃一日益一芒種十四日平畢夏至率二百三十三日行百五十五度乃每日益一大暑初日平畢處暑率二百六十三日行百八十五度乃二日損一秋分一日率二百五十五日行百七十七度乃一日半損一大雪初日率二百五日行百二十七度乃三日益一入冬至復初其入常氣日度之率有損益者計日損益爲後疾定日率度疾行日率其前遲定日朒六十及退行定日朒六十三者皆以所朒日數加疾行定日率前遲定日盈六十退行定日盈六十三後留定日盈十三者皆以所盈日數減此疾定日率各爲變日率疾行度率其前遲定度朒二十五退行定度盈十七後遲入秋分到冬至減度者皆以所盈朒度數加此疾定率前遲定度盈二十五及退行定度朒十七者皆以所盈朒度數減此疾定度率各爲變度率初行入春分畢穀雨差行日益疾一分初行入立夏畢夏至日行十度六十六日行三十三度小暑畢大暑五十日行二十五度立秋畢氣盡二十日行十度減率續行並同前晝日度而夕伏

鎮星總率五十萬六千六百二十三奇二十九　伏分二萬二千八百三十一奇六十四半　終日三百七十八餘一百三奇二十九　平見入冬至初減四日乃日益八十九分入大寒畢春分均減八日入清明日損五十九分入小暑初依平自後日加八十九分入白露初加八日自後日損百七十八分入秋分均加四日入寒露日損五十九分入小雪初日依平乃日減八十九分初順八十三日行七度二百九十分日益遲半分前留三十七日旋退五十一日退二度四百九十一分日益疾少半又退五十一日退二度四百九十一分日益遲少半後留三十七日後順八十三日行七度二百九十分日益疾半分日晝而夕伏

太白總率七十八萬四千四百四十九奇九　伏分五萬六千二百二十四奇五十四半　終日五百八十三餘千二百二十九奇九　夕見伏日二百五十六　晨見伏日三百二十七餘千二百二十九奇九　夕平見入冬至初依平乃日減百分入啟蟄畢春分均減九日入清明日損百分入芒種依平入夏至日加百分入處暑畢秋分均加九日入寒露日損百分入大雪依平夕順入冬至畢立夏入立秋畢大雪率百七十二日行二百六度入小滿後十日益一度爲定度入白露畢春分差行益遲二分自餘平行夏至畢小暑率百七十二日行一百九度入大暑五日損一度畢氣盡平行入冬至大暑畢氣盡平十二日行十二度入冬至十日損一畢立春入立秋十日益一畢秋分啟蟄畢芒種七日行七度入夏至後五日益一畢於小暑寒露初日率二十三日行二十二度乃六日損一畢小雪順遲四十二日行三十度日益遲八分前疾加減在六疾者準數損此度夕留七日夕退十日退五度日晝而夕伏晨平見入冬至依平入小寒日加六十七分入立春畢立夏均加三日入小滿日損六十七分入夏至依平入小暑日減六十七分入立秋畢立冬均減三日入小雪日損六十七分晨退十日退五度晨留七日順遲冬至畢立夏大雪畢氣盡率四十二日行三十度日益疾八分入小滿率十日損一度畢芒種夏至畢寒露率四十二日行二十七度入霜降每氣益一度畢小雪平行冬至畢氣盡立夏畢氣盡十三日行十三度入小寒後六日益日度各一畢啟蟄小滿後七日損日度各一畢立秋雨水初日率二十三日行二十三度自後六日損日度各一畢穀雨處暑畢寒露無平行入霜降後五日益日度各一畢大雪疾行百七十二日行二百六度前遲行損度不滿三十度者此疾依數益之處暑畢寒露差行日益疾一分自餘平行日晝而晨伏

辰星總率十五萬五千二百七十八奇六十六　伏分二萬二千六百九十九奇三十三　終日百一十五餘千一百七十八奇六十六　夕見伏日五十二　晨見伏日六十三餘千一百七十八奇六十六　夕平見入冬至畢清明依平入穀雨畢芒種均減二日入夏至畢大暑依平入立秋畢霜降應見不見其在立秋霜降氣內夕去日十八度外三十六度內有木火土金星者亦見入立冬畢大雪依平順疾十二日行二十一度六分日行一度五百三分大暑畢處暑十二日行十七度二分日行一度二百八十分平行七日行七度入大暑後二日損日度各一入立秋無此平行順遲六日行二度四分日行二百二十四分前疾行十七度者無此遲行夕留五日日晝而夕伏晨平見入冬至均減四日入小寒畢大寒依平入立春畢啟蟄均減三日其在啟蟄氣內去日度如前晨無木火土金星者不見入雨水畢立夏應見不見其在立夏氣內去日度如前晨有木火土金星者亦見入小滿畢寒露依平入霜降畢立冬均加一日入小雪畢大雪依平晨見留五日順遲六日行二度四分日行二百二十四分入大寒畢驚蟄無此遲行平行七日行七度入大寒後二日損日度各一入立春無此平行順疾行十二日行二十一度六分日行一度五百三分前無遲行者十二日行十七度一十分日行一度二百八十分日晝而晨伏

各以伏分減總實以總率去之不盡反以減總率如總法爲日不盡定朔與常朔有進退者亦進減退加一日乃隨次月大小去之命日算外得平見所在各半見餘以同半總太白辰星以夕見伏日加之得晨平見各依所入常氣加減日及應計日損益者以損益所加減訖餘以加減平見爲常見又以常見日消息定數之半息減消加常見爲定見日及分置定見夜半日躔半其分以其日躔差乘定見餘總法而一進加退減之乃以其星初見去日度歲星十四太白十一熒惑鎮星辰星十七晨減夕加得初見定辰所在宿度其初見消息定數亦半之以息加消減其星初見行留日率其歲星鎮星不須加減其加減不滿日者與見通之過半從日乃依行星日度率求初日行分置定見餘以減半總各以初日行分乘之半總而一順加逆減星初見定辰所在度分得星見後夜半宿度以所行度分順加逆減之其差行益疾益遲者副置初日行分各以其差遲損疾加之留者因前逆則依減以程法約行分爲度分得每日所至求行分者皆以半總乘定度率有分者從之日率除爲平行度分置定日率減一以所差分乘之二而一爲差率以疾減遲加平行爲初日所行度及分中宗反正太史丞南宮說以麟德歷上元五星有入氣加減非合璧連珠之正以神龍元年歲次乙巳故治乙巳元歷推而上之積四十一萬四千三百六十算得十一月甲子朔夜半冬至七曜起牽牛之初其術有黃道而無赤道推五星先步定合加伏日以求定見佗與淳風術同所異者惟平合加減差既成而睿宗即位罷之

唐書卷二十七上

宋　翰　林　學　士　歐　陽　修　撰

志第十七上

歷志

開元九年麟德歷署日蝕比不效詔僧一行作新歷推大衍數立術以應之較經史所書氣朔日名宿度可考者皆合十五年草成而一行卒詔特進張說與歷官陳玄景等次爲歷術七篇略例一篇歷議十篇玄宗顧訪者則稱制旨明年說表上之起十七年頒于有司時善算瞿曇譔者怨不得預改歷事二十一年與玄景奏大

衍寫九執歷其術未盡太子右司禦率南宮說亦非之詔侍御史李麟太史令桓執圭較靈臺候簿太衍十得七八麟德纔三四九執一二焉乃罪說等而是否決自太初至麟德歷有二十三家與天雖近而未密也至一行密矣其倚數立法固無以易也後世雖有改作者皆依倣而已故詳錄之略例所以明述作本旨也歷議所以考古今得失也其說皆足以爲將來折衷略其大要著于篇者十有二

其一歷本議曰易天數五地數五五位相得而各有合所以成變化而行鬼神也天數始於一地數始於二合二始以位剛柔天數終於九地數終於十合二終以紀閏餘天數中於五地數中於六合二中以通律歷天有五音所以司日也地有六律所以司辰也參伍相周究於六十聖人以此見天地之心也自五以降爲五行生數自六以往爲五材成數錯而乘之以生數衍成位一六而退極五十而增極一六爲爻位之統五十爲大衍之母成數乘生數其算六百爲天中之積生數乘成數其算亦六百爲地中之積合千有二百以五十約之則四象周六爻也二十四約之則太極包四十九用也綜成數約中積皆十五綜生數約中積皆四十兼而爲天地之數以五位取之復得二中之合矣蓍數之變九六各一乾坤之象也七八各三六子之象也故爻數通乎六十策數行乎二百四十是以大衍爲天地之樞如環之無端蓋律歷之大紀也夫數象微於三四而章於七八卦有三微策有四象故二微之合在始中之際焉蓍以七備卦以八周故二章之合而在中終之際焉中極居五六間由闢闔之交而在章微之際者人神之極也天地中積千有二百揲之以四爲爻率三百以十位乘之而二章之積三千以五材乘八象爲二微之積四十兼章微之積則氣朔之分母也以三極參之倍六位除之凡七百六十是謂辰法而齊於代軌以十位乘之倍大衍除之凡三百四是謂刻法而齊于德運半氣朔之母千五百二十得天地出符之數因而三之凡四千五百六十當七精返初之會也易始於三微而生一象四象成而後八卦章三變皆剛太陽之象三變皆柔太陰之象一剛二柔少陽之象一柔二剛少陰之象少陽之剛有始有壯有究少陰之柔有始有壯有究兼三才而兩之神明動乎其中故四十九象而大業之用周矣數之德圓故紀之以三而變於七象之德方故紀之以四而變於八人在天地中以閱盈虛之變則閏餘之初而氣朔所虛也以終合通大衍之母虧其地十凡九百四十爲通數終合除之得中率四十九餘十九分之九終歲之弦而斗分復初之朔也地於終極之際虧十而從天所以遠疑陽之戰也夫十九分之九盈九而虛十也乾盈九隱乎龍戰之中故不見其首坤虛十以導潛龍之氣故不見其成周日之朔分周歲之閏分與一章之弦一蔀之月皆合於九百四十蓋取諸中率也一策之分十九而章法生一揲之分七十六而蔀法生一蔀之日二萬七千七百五十七以通數約之凡二十九日餘四百九十九而日月相交於朔此六爻之紀也以卦當歲以爻當月以策當日凡三十二歲而小終二百八十五小終而與卦運大終二百八十五則參伍二終之合也數象既合而遯行之變在乎其間矣所謂遯行者以爻率乘朔餘爲十四萬九千七百以四十九用二十四象虛之復以爻率約之爲四百九十八微分七十五太半則章微之中率也二十四象象有四十九蓍凡千一百七十六故虛遯之數七十三半氣朔之母以三極乘參伍以兩儀乘二十四變因而弁之得千六百一十三爲朔餘四揲氣朔之母以八氣九精遯其十七得七百四十三爲氣餘歲八萬九千七百七十三而氣朔會是謂章率歲二億七千二百九十萬九千二百二十而無小餘合于夜半是謂蔀率歲百六十三億七千四百五十九萬五千二百而大餘與歲建俱終是謂元率此不易之道也策以紀日象以紀月故乾坤之策三百六十爲日度之準乾坤之用四十九象爲月弦之檢日之一度不盈全策月之一弦不盈全用故策餘萬五千九百四十三則十有二中所盈也用差萬七千一百二十四則十有二朔所虛也綜盈虛之數五歲而再閏中節相距皆當三五弦望相距皆當二七升降之應發斂之候皆紀之以策而從日者也表裏之行朓朒之變皆紀之以用而從月者也積算曰演紀日法曰通法月氣曰中朔朔實曰揲法歲分曰策實周天曰乾實餘分曰虛分氣策日三元一元之策則天一遯行也月策曰四象一象之策則朔弦望相距也五行用事曰發斂候策曰天中卦策曰地中半卦曰貞悔旬周曰爻數小分母曰象統日行曰躔其差曰盈縮積盈縮曰先後古者平朔月朝見曰朒夕見曰朓今以日之所盈縮月之所遲疾損益之或進退其日以爲定朔舒亟之度乃數使然躔離相錯偕以損益故同謂之朓朒月行曰離遲疾曰轉度母曰轉法遲疾有衰其變者勢也月逶迤馴屈行不中道進退遲速不率其常過中則爲速不及中則爲遲積遲謂之屈積速謂之伸陽執中以出令故曰先後陰含章以聽命故曰屈伸日不及中則損之過則益之月不及中則益之過則損之尊卑之用睽而及中之志同觀晷景之進退知軌道之升降軌與晷名舛而義合其差則水漏之所從也總名曰軌漏中晷長短謂之陟降景長則夜短景短則夜長積其陟降謂之消息遊交曰交會交而周曰交終交終不及朔謂之朔差交終不及望謂之望差日道表曰陽歷其裏曰陰歷五星見伏周謂之終率以分從日謂之終日其差爲進退

其二中氣議曰歷氣始於冬至稽其實蓋取諸晷景春秋傳僖公五年正月辛亥朔日南至以周歷推之入壬子蔀第四章以辛亥一分合朔冬至殷歷則壬子蔀首也昭公二十年二月己丑朔日南至魯史失閏至不在正左氏記之以懲司歷之罪周歷得己丑二分殷歷得庚寅一分殷歷南至常在十月晦則中氣後天也周歷蝕朔差經或二日則合朔先天也傳所據者周歷也緯所據者殷歷也氣合于傳朔合于緯斯得之矣戊寅歷月氣專合于緯麟德歷專合于傳偏取之故兩失之又命歷序以爲孔子修春秋用殷歷使其數可傳於後考其蝕朔不與殷歷合及開元十二年朔差五日矣氣差八日矣上不合於經下不足以傳於後代蓋哀平間治甲寅元歷者託之非古也又漢太史令張壽王說黃帝調歷以非太初有司劾官有黃帝調歷不與壽王同壽王所治乃殷歷也漢自中興以來圖讖漏泄而考靈曜命歷序皆有甲寅元其所起在四分歷庚申元後百一十四歲延光初中謁者亶誦靈帝時五官郎中馮光等皆請用之卒不施行緯所載壬子冬至則其遺術也魯歷南至又先周歷四分日之三而朔後九百四十分日之五十一故僖公五年辛亥爲十二月晦壬子爲正月朔又推日蝕密於殷歷其以閏餘一爲章首亦取合於當時也開元十二年十一月陽城測景以癸未極長較其前後所差則夜半前尚有餘分新歷大餘十九加時九十九刻而皇極戊寅麟德歷皆得甲申以玄始歷氣分二千四百四十二爲率推而上之則失春秋辛亥是減分太多也以皇極歷氣分二千四百四十五爲率推而上之雖合春秋而失元嘉十九年乙巳冬至及開皇五年甲戌冬至七年癸未夏至若用麟德歷率二千四百四十七又失春秋己丑是減分太少也故新歷以二千四百四十四爲率而舊所失者皆中矣漢會稽東部尉劉洪以四分疏闊由斗分多更以五百八十九爲紀法百四十五爲斗分減餘太甚是以不及四十年而加時漸覺先天韓翊楊偉劉智等皆稍損益更造新術而皆依讖緯三百歲改憲之文考經之合朔多中較傳之南至則否玄始歷以爲十九年七閏皆有餘分是以中氣漸差據渾天二分爲東西之中而晷景不等二至爲南北之極而進退不齊此古人所未達也更因劉洪紀法增十一年以爲章歲而減閏餘十九分之一春秋後五十四年歲在甲寅直應鐘章首與景初歷閏餘皆盡雖減章閏然中氣加時尚差故未合于春秋其斗分幾得中矣後代歷象皆因循玄始而損益或過差大抵古歷未減斗分其率自二千五百以上乾象至于元嘉歷未減閏餘其率自二千四百六十以上玄始大明至麟德歷皆減分破章其率自二千四百二十九以上較前代史官注記惟元嘉十三年十一月甲戌景長皇極麟德開元歷皆得癸酉蓋日度變常爾祖沖之既失甲戌冬至以爲加時太早增小餘以附會之而十二年戊辰景長得己巳十七年甲午景長得乙未十八年己亥景長得庚子合一失三其失愈多劉孝孫張冑玄因之小餘益彊又以十六年己丑景長爲庚寅矣治歷者糾合眾同以稽其所異苟獨異焉則失行可知今曲就其一而少者失三多者失五是捨常數而從失行也周建德六年以壬辰景長而麟德開元歷皆得癸巳開皇七年以癸未景短而麟德開元歷皆得壬午先後相戾不可叶也皆日行盈縮使然凡歷術在於常數而不在於變行既叶中行之率則可以兩齊先後之變矣麟德已前實錄所記乃依時歷書之非候景所得又比年候景長短不均由加時有早晏行度有盈縮也自春秋以來至開元十二年冬、夏至凡三十一事戊寅歷得十六麟德歷得二十三開元歷得二十四

其三合朔議曰日月合度謂之朔無所取之取之蝕也春秋日蝕有甲乙者三十四殷歷魯歷先一日者十三後一日者三周歷先一日者二十二先二日者九其僞可知矣莊公三十年九月庚午朔襄公二十一年九月庚戌朔定公五年三月辛亥朔當以盈縮遲速爲定朔殷歷雖合適然耳非正也僖公五年正月辛亥朔十二月丙子朔十四年三月己丑朔文公元年五月辛酉朔十一年三月甲申晦襄公十九年五月壬辰晦昭公元年十二月甲辰朔二十年二月己丑朔二十三年正月壬寅朔七月戊辰晦皆與周歷合其所記多周齊晉事

蓋周王所頒齊晉用之僖公十五年九月己卯晦十六年正月戊申朔成公十六年六月甲午晦襄公十八年十月丙寅晦十一月丁卯朔二十六年三月甲寅朔二十七年六月丁未朔與殷歷魯歷合此非合蝕故仲尼因循時史而所記多宋魯事與齊晉不同可知矣昭公十二年十月壬申朔原輿人逐原伯絞與魯歷周歷皆差一日此丘明卽其所聞書之也僖公二十二年十一月己巳朔宋楚戰于泓周殷魯歷皆先一日楚人所赴也昭公二十年六月丁巳晦衞侯與北宮喜盟七月戊午朔遂盟國人三歷皆先二日衞人所赴也此則列國之歷不可以一術齊矣而長歷日子不在其月則改易閏餘欲以求合故閏月相距近則十餘月遠或七十餘月此杜預所甚繆也夫合朔先天則經書日蝕以糾之中氣後天則傳書南至以明之其在晦二日則原乎定朔以得之列國之歷或殊則稽於六家之術以知之此四者皆治歷之大端而預所未曉故也新歷本春秋日蝕古史交會加時及史官候簿所詳稽其進退之中以立常率然後以日躔月離先後屈伸之變偕損益之故經朔雖得其中而躔離或失其正若躔離各得其度而經朔或失其中則參求累代必有差矣三者迭相爲經若權衡相持使千有五百年間朔必在晝望必在夜其加時又合則三術之交自然各當其正此最微者也若乾度盈虛與時消息告譴於經數之表變常於潛遯之中則聖人且猶不質非籌歷之所能及矣昔人考天事多不知定朔假蝕在二日而常朔之晨月見東方食在晦日則常朔之夕月見西方理數然也而或以爲朓朒變行或以爲歷術疏闊遇常朔朝見則增朔餘夕見則減朔餘此紀歷所以屢遷也漢編訢李梵等又以晦猶月見欲令蔀首先大賈逵曰春秋書朔晦者朔必有朔晦必有晦晦朔必在其月前也先大則一月再朔後月無朔是朔不可必也訢梵等欲諸偶十六日月朓昏晦當滅而已又晦與合朔同時不得異日考逵等所言蓋知之矣晦朔之交始終相際則光盡明生之限度數宜均故合於子正則晦日之朝猶朔日之夕也是以月皆不見若合於午正則晦日之晨猶二日之昏也是以月或皆見若陰陽遲速軌漏加時不同舉其中數率去日十三度以上而月見乃其常也且晦日之光未盡也如二日之明已生也一以爲是一以爲非又常朔進退則定朔之晦二也或以爲變或以爲常是未通於四三交質之論也綜近代諸歷以百萬爲率齊之其所差少或一分多至十數失一分考春秋纔差一刻而百數年間不足成朓朒之異施行未幾旋復疎闊由未知躔離經朔相求耳李業興甄鸞等欲求天驗輒加減月分遷革不已朓朒相戾又未知昏明之限與定朔故也楊偉採乾象爲遲疾陰陽歷雖知加時後天蝕不在朔而未能有以更之也何承天欲以盈縮定朔望小餘錢樂之以爲推交會時刻雖審而月頻三大二小日蝕不唯在朔亦有在晦二者皮延宗又以爲紀首合朔大小餘當盡若每月定之則紀首位盈當退一日便應以故歲之晦爲新紀之首立法之制如爲不便承天乃止虞劇曰所謂朔在會合苟躔次既同何患於頻大也日月相離何患於頻小也春秋日蝕不書朔者八公羊曰二日也穀梁曰晦也左氏曰官失之也劉孝孫推俱得朔日以丘明爲是乃與劉焯皆議定朔爲有司所抑不得行傅仁均始爲定朔而曰晦不東見朔不西朓以爲昏晦當滅亦訢梵之論淳風因循皇極皇極密於麟德以朔餘乘三千四十乃一萬除之就全數得千六百一十三又以九百四十乘之以三千四十而一得四百九十八秒七十五太彊是爲四分餘率劉洪以古歷斗分太彊久當後天乃先正斗分而後求朔法故朔餘之母煩矣韓翊以乾象朔分太弱久當先天乃先考朔分而後覆求度法故度餘之母煩矣何承天反覆相求使氣朔之母合簡易之率而星數不得同元矣李業興宋景業甄鸞張賓欲使六甲之首衆術同元而氣朔餘分其細甚矣麟德歷有總法開元歷有通法故積歲如月分之數而後閏餘皆盡考漢元光已來史官注記日蝕有加時者凡三十七事麟德歷得五開元歷得二十二

其四沒滅略例曰古者以中氣所盈之日爲沒沒分偕盡者爲滅開元歷以中分所盈爲沒朔分所虛爲滅綜終歲沒分謂之策餘終歲滅分謂之用差皆歸于揲易再扐而後掛也

其五卦候議曰七十二候原于周公時訓月令雖頗有增益其先後之次則同自後魏始載于歷乃依易軌所傳不合經義今改從古

其六卦議曰十二月卦出於孟氏章句其說易本於氣而後以人事明之京氏又以卦爻配朞之日坎離震兌其用事自分至之首皆得八十分日之七十三頤晉井大畜皆五日十四分餘皆六日七分止於占災眚與吉凶善敗之事至於觀陰陽之變則錯亂而不明自乾象歷以降皆因京氏惟天保歷依易通統軌圖自八十有二節五卦初爻相次用事及上爻而與中氣偕終非京氏本旨及七略所傳按郎顗所傳卦皆六日七分不以初爻相次用事齊歷謬矣又京氏減七十三分爲四正之候其說不經欲附會緯文七日來復而已夫陽精道消靜而無迹不過極其正數至七而通矣七者陽之正也安在益其小餘令七日而後雷動地中乎當據孟氏自冬至初中孚用事一月之策九六七八是爲三十而卦以地六候以天五五六相乘消息一變十有二變而歲復初坎震離兌二十四氣次主一爻其初則二至二分也坎以陰包陽故自北正微陽動於下升而未達極於二月凝涸之氣消坎運終焉春分出於震始據萬物之元爲主於內則羣陰化而從之極于南正而豐大之變窮震功究焉離以陽包陰故自南正微陰生於地下積而未章至于八月文明之質衰離運終焉仲秋陰形于兌始循萬物之末爲主於內羣陽降而承之極於北正而天澤之施窮兌功究焉故陽七之靜始於坎陽九之動始于震陰八之靜始于離陰六之動始于兌故四象之變皆兼六爻而中節之應備矣易爻當日十有二中直全卦之初十有二節直全卦之中齊歷又以節在貞氣在晦非是

其七日度議曰古歷日有常度天周爲歲終故係星度于節氣其說似是而非故久而益差虞喜覺之使天爲天歲爲歲乃立差以追其變使五十年退一度何承天以爲太過乃倍其年而反不及皇極取二家中數爲七十五年蓋近之矣考古史及日官候簿以通法之三十九分太爲一歲之差自帝堯演紀之端在虛一度及今開元甲子却三十六度而乾策復初矣日在虛一則鳥火昴虛皆以仲月昏中合于堯典劉炫依大明歷四十五年差一度則冬至在虛危而夏至火已過中矣梁武帝據虞劇歷百八十六年差一度則唐虞之際日在斗牛間而冬至昴尚未中以爲皆承閏後節前月却使然而此經終始一歲之事不容頓有四閏故淳風因爲之說曰若冬至昴中則夏至秋分星火星虛皆在未正之西若以夏至火中秋分虛中則冬至昴在巳正之東互有盈縮不足以爲歲差證是又不然今以四象分天北正玄枵中虛九度東正大火中房二度南正鶉火中七星七度西正大梁中昴七度總晝夜刻以約周天命距中星則春分南正中天秋分北正中天冬至之昏西正在午東十八度夏至之昏東正在午西十八度軌漏使然也冬至日在虛一度則春分昏張一度中秋分虛九度中冬至胃二度中昴距星直午正之東十二度夏至尾十一度中心後星直午正之西十二度四序進退不逾午正間而淳風以爲不叶非也又王孝通云如歲差自昴至壁則堯前七千餘載冬至日應在東井井極北故暑斗極南故寒寒暑易位必不然矣所謂歲差者日與黃道俱差也假冬至日躔大火之中則春分黃道交於虛九而南至之軌更出房心外距赤道亦二十四度設在東井差亦如之若日在東井猶去極最近表景最短則是分至常居其所黃道不遷日行不退又安得謂之歲差乎孝通及淳風以爲冬至日在斗十三度昏東壁中昴在巽維之左向明之位非無星也水星昏正可以爲仲冬之候何必援昴於始覿之際以惑民之視聽哉夏后氏四百三十二年日却差五度太康十二年戊子歲冬至應在女十一度書曰乃季秋月朔辰弗集于房劉炫曰房所舍之次也集會也會合也不合則日蝕可知或以房爲房星知不然者且日之所在正可推而知之君子慎疑寧當以日在之宿爲文近代善歷者推仲康時九月合朔已在房星北矣按古文集與輯義同日月嘉會而陰陽輯睦則陽不疚乎位以常其明陰亦含章示沖以隱其形若變而相傷則不輯矣房者辰之所次星者所次之名其揆一也又春秋傳辰在斗柄天策焞焞降婁之初辰尾之末君子言之不以爲繆何獨慎疑於房星哉新歷仲康五年癸巳歲九月庚戌朔日蝕在房二度炫以五子之歌仲康當是其一肇位四海復修大禹之典其五年羲和失職則王命徂征虞劇以爲仲康元年非也國語單子曰辰角見而雨畢天根見而水涸本見而草木節解駟見而隕霜火見而清風戒寒韋昭以爲夏后氏之令周人所因推夏后氏之初秋分後五日日在氐十三度龍角盡見時雨可以畢矣又先寒露三日天根朝覿時訓爰始收潦而月令亦云水涸後寒露十日日在尾八度而本見又五日而駟見故隕霜則蟄虫墐戶鄭康成據當時所見謂天根朝見在季秋之末以月令爲謬韋昭以仲秋水始涸天根見乃竭皆非是霜降六日日在尾末火星初見營室昏中於是始修城郭宮室故時儆曰營室之中土功其始火之初見期于司理麟德歷霜降後五日火伏小雪後十日晨見至大雪而後定星中日旦南至冰壯地坼又非土功之始也夏歷十二次立春日在東壁三度於太初星距壁一度太也顓頊歷上元甲寅歲正月甲寅晨初合朔立春七曜皆直艮維之首蓋重黎受職於顓頊九黎

亂德二官咸廢帝堯復其子孫命掌天地四時以及虞夏故本其所由生命曰顓頊其實夏歷也湯作殷歷更以十一月甲子合朔冬至爲上元周人因之距羲和千祀昏明中星率差半次夏時直月節者皆當十有二中故因循夏令其後呂不韋得之以爲秦法更考中星斷取近距以乙卯歲正月己巳合朔立春爲上元洪範傳曰歷記始於顓頊上元太始閼蒙攝提格之歲畢陬之月朔日己巳立春七曜俱在營室五度是也秦顓頊歷元起乙卯漢太初歷元起丁丑推而上之皆不値甲寅猶以日月五緯復得上元本星度故命曰閼蒙攝提格之歲而實非甲寅夏歷章蔀紀首皆在立春故其課中星揆斗建與閏餘之所盈縮皆以十有二節爲損益之中而殷周漢歷章蔀紀首皆直冬至故其名察發斂亦以中氣爲主此其異也夏小正雖頗疏簡失傳乃羲和遺迹何承天循大戴之說復用夏時更以正月甲子夜半合朔雨水爲上元進乖夏歷退非周正故近代推月令小正者皆不與古合開元歷推夏時立春日在營室之末昏東井二度中古歷以參右肩爲距方當南正故小正曰正月初昏斗杓懸在下魁枕參首所以著參中也季春在昴十一度半去參距星十八度故曰三月參則伏立夏日在井四度昏角中南門右星入角距西五度其左星入角距東六度故曰四月初昏南門正昴則見五月節日在輿鬼一度半參去日道最遠以渾儀度之參體始見其肩股猶在濁中房星正中故曰五月參則見初昏大火中八月參中則曙失傳也辰伏則參見非中也十月初昏南門見亦失傳也定星方中則南門伏非昏見也商六百二十八年日却差八度太甲二年壬午歲冬至應在女六度國語曰武王伐商歲在鶉火月在天駟日在析木之津辰在斗柄星在天黿舊說歲在己卯推其朏魄適文王崩武王成君之歲也其明年武王即位新歷孟春定朔丙辰於商爲二月故周書曰維王元祀二月丙辰朔武王訪于周公竹書十一年庚寅周始伐商而管子及家語以爲十二年蓋通成君之歲也先儒以文王受命九年而崩至十年武王觀兵盟津十三年復伐商推元祀二月丙辰朔距伐商日月不爲相距四年所說非是武王十年夏正十月戊子周師始起於歲差日在箕十度則析木津也晨初月在房四度於易雷乘乾曰大壯房心象焉心爲乾精而房升陽之駟也房與歲星實相經緯以屬靈威仰之神后稷感之以生故國語曰月之所在辰馬農祥我祖后稷之所經緯也又三日得周正月庚寅朔日月會南斗一度故曰辰在斗柄壬辰辰星夕見在南斗二十度其明日武王自宗周次于師所凡月朔而未見曰死魄夕而成光則謂之朏朏或以二日或以三日故武成曰維一月壬辰旁死魄翌日癸巳王朝步自周于征伐商是時辰星與周師俱進由建星之末歷牽牛須女涉顓頊之虛戊午師渡盟津而辰星伏于天黿辰星叶光紀之精所以告顓頊而終水行之運且木帝之所繇生也故國語曰星與日辰之位皆在北維顓頊之所建也帝嚳受之我周氏出自天黿及析木有建星牽牛焉則我皇妣太姜之姪伯陵之後逢公之所憑神也是歲歲星始及鶉火其明年周始革命歲又退行旅於鶉首而後進及鳥帑所以返復其道經綸周室鶉火直軒轅之虛以爰稼穡稷星繫焉而成周之大萃也鶉首當山河之右太王以興后稷封焉而宗周之所宅也歲星與房實相經緯而相距七舍木與水代終而相及七月故國語曰歲之所在則我有周之分也自鶉及駟七列南北之揆七月其二月戊子朔哉生明王自克商還至于酆於周爲四月新歷推定望甲辰而乙巳旁之故武成曰維四月既旁生魄粵六月庚戌武王燎于周廟麟德歷周師始起歲在降婁月宿天根日躔心而合辰左尾水星伏于星紀不及天黿又周書革命六年而武王崩管子家語以爲七年蓋通克商之歲也周公攝政七年二月甲戌朔己丑望後六日乙未三月定朔甲辰三日丙午故召誥曰惟二月既望越六日乙未王朝步自周至于酆三月惟丙午朏越三日戊申太保朝至于洛其明年成王正位三十年四月己酉朔甲子哉生魄故書曰惟四月才生魄甲子作顧命康王十二年歲在乙酉六月戊辰朔三日庚午故畢命曰惟十有二年六月庚午朏越三日壬申王以成周之衆命畢公自伐紂及此五十六年朏魄日名上下無不合而三統歷以己卯爲克商之歲非也夫有効於古者宜合於今三統歷自太初至開元朔後天三日推而上之以至周初先天失之蓋益甚焉是以知合於歆者必非克商之歲自宗周訖春秋之季日却差八度康王十一年甲申歲冬至應在牽牛六度周歷十二次星紀初南斗十四度於太初星距斗十七度少也古歷分率簡易歲久輒差達歷數者隨時遷革以合其變故三代之興皆揆測天行考正星次爲一代之制正朔既革而服色從之及繼體守文嗣人代嗣則謹循先王舊制焉國語曰農祥晨正日月底于天廟土乃脉發先時九日太史告稷曰自今至于初吉陽氣俱蒸土膏其動弗震不渝脉其滿眚穀乃不殖周初先立春九日日至營室古歷距中九十一度是日晨初大火正中故曰農祥晨正日月底于天廟也於易象升氣究而臨受之自冬至後七日乾精始復及大寒地統之中陽洽於萬物根柢而與萌芽俱升木在地中之象升氣已達則當推而大之故受之以臨於消息龍德在田得地道之和澤而動於地中升陽憤盈土氣震發故曰自今至於初吉陽氣俱蒸土膏其動又先立春三日而小過用事陽好節止於內動作于外矯而過正然後返求中焉是以及于艮維則山澤通氣陽精闢戶甲拆之萌見而莩穀之際離故曰不震不渝脉其滿眚穀乃不殖君子之道必擬之而後言豈億度而已哉韋昭以爲日及天廟在立春之初非也於麟德歷則又後立春十五日矣春秋桓公五年秋大雩傳曰書不時也凡祀啓蟄而郊龍見而雩周歷立夏日在觜觿二度於軌漏昏角一度中蒼龍畢見然則當在建巳之初周禮也至春秋時日已潛退五度節前月却猶在建辰月令以爲五月者呂氏以顓頊歷芒種亢中則龍以立夏昏見不知有歲差故雩祭失時然則唐禮當以建巳之初農祥始見而雩若據麟德歷以小滿後十三日則龍角過中爲不時矣傳曰凡土功龍見而畢務戒事火見而致用水昏正而栽日至而畢十六年冬城向十有二月衞侯朔出奔齊冬城向書時也以歲差推之周初霜降日在心五度角亢晨見立冬火見營室中後七日水星昏正可以興板幹故祖冲之以爲定之方中直營室八度是歲九月六日霜降二十一日立冬十月之前水星昏正故傳以爲得時杜氏據晉歷小雪後定星乃中季秋城向似爲大早因曰功役之事皆總指天象不與言歷數同引詩云定之方中乃未正中之辭非是麟德歷立冬後二十五日火見至大雪後營室乃中而春秋九月書時不已早乎大雪周之孟春陽氣靜復以繕城隍治宮室是謂發天地之房方於立春斷獄所失多矣然則唐制宜以玄枵中天興土功僖公五年晉侯伐虢卜偃曰克之童謠云丙之辰龍尾伏辰袀服振振取虢之旂鶉之賁賁天策焞焞火中成軍其九月十月之交乎丙子旦日在尾月在策鶉火中必是時策入尾十二度新歷是歲十月丙子定朔日月合尾十四度於黃道古歷日在尾而月在策故曰龍尾伏辰於古距張中而曙直鶉火之末始將西降故曰賁賁昭公七年四月甲辰朔日蝕士文伯曰去衞地如魯地於是有災魯實受之新歷是歲二月甲辰朔入常雨水後七日在奎十度周度爲降婁之始則魯衞之交也自周初至是已退七度故入雨水七日方及降婁雖日度潛移而周禮未改其配神主祭之宿宜書於建國之初淳風駮戊寅歷曰漢志降婁初在奎五度今歷日蝕在降婁之中依無歲差法食於兩次之交是又不然議者曉十有二次之所由生然後可以明其得失且劉歆等所定辰次非能有以都陰陽之賾而得於鬼神各據當時中節星度耳歆以太初歷冬至日在牽牛前五度故降婁直東壁八度李業興正光歷冬至在牽牛前十二度故降婁退至東壁三度及祖冲之後以爲日度漸差則當據列宿四正之中以定辰次不復係於中節淳風以冬至常在斗十三度則當以東壁二度爲降婁之初安得守漢歷以駮仁均耶又三統歷昭公二十年己丑日南至與麟德及開元歷同然則入雨水後七日亦入降婁七度非魯衞之交也三十一年十二月辛亥朔日蝕史墨曰日月在辰尾庚午之日日始有謫開元歷是歲十月辛亥朔入常立冬五日日在尾十三度於古距辰尾之初麟德歷日在心三度於黃道退直于房矣哀公十二年冬十有二月螽開元歷推置閏當在十一年春至十二年冬失閏已久是歲九月己亥朔先寒露三日於定氣日在亢五度去心近一次火星明大尚未當伏至霜降五日始潛日下乃月令蟄蟲咸俯則火辰未伏當在霜降前雖節氣極晚不得十月昏見故仲尼曰丘聞之火伏而後蟄者畢今火猶西流司歷過也方夏后氏之初八月辰伏九月內火及霜降之後火已朝覿東方距春秋之季千五百餘年乃云火伏而後蟄者畢向使冬至常居其所則仲尼不得以西流未伏明是九月之初也自春秋至今又千五百歲麟德歷以霜降後五日日在氐八度房心初伏定增二日以月蝕衝校之猶差三度閏餘稍多則建亥之始火猶見西方向使宿度不移則仲尼不得以西流未伏明非十月之候也自羲和以來火辰見伏三覩厥變然則丘明之記欲令後之作者參求微象以探仲尼之旨是歲失閏寖久季秋中氣後天三日比及明年仲冬又得一閏寤仲尼之言補正時歷而十二月猶可以螽至哀公十四年五月庚申朔日蝕以開元歷考之則日蝕前又增一閏魯歷正矣長歷自哀公十年六月迄十四年二月纔置一閏非是戰國及秦日却退三度始皇十七年辛未歲冬至應在斗二十二度秦歷上元正月己巳

朔晨初立春日月五星俱起營室五度蔀首日名皆直
四孟假朔退十五日則閏在正月前朔進十五日則閏
在正月後是以十有二節皆在盈縮之中而晨昏宿度
隨之以顓頊歷依月令自十有二節推之與不韋所記
合而穎子嚴之倫謂月令晨昏距宿當在中氣致雩祭
太晚自乖左氏之文而杜預又據春秋以月令爲否皆
非是梁大同歷夏后氏之初冬至日在牽牛初以爲明
堂月令乃夏時之記據中氣推之不合更以中節之間
爲正迺稍相符不知進在節初自然契合自秦初及今
又且千歲節初之宿皆當中氣淳風因爲說曰今孟春
中氣日在營室昏明中星與月令不殊按秦歷立春日
在營室五度麟德歷以啓蟄之日迺至營室其昏明中
宿十有二建以爲不差妄矣古歷冬至昏明中星去日
九十二度春分秋分百度夏至百一十八度率一氣差
三度九日差一刻秦歷十二次立春在營室五度於太
初星距危十六度少也昏畢八度中月令參中謂肩股
也晨星八度中月令尾中於太初星距尾也仲春昏東
井十四度中月令弧中弧星入東井十八度晨南斗二
度中月令建星中於太初星距西建也甄耀度及魯歷
南方有狼弧無東井鬼北方有建星無南斗井斗度長
弧建度短故以正昏明云古歷星度及漢洛下閎等所
測其星距遠近不同然二十八宿之體不異古以牽牛
上星爲距太初改用中星入古歷牽牛太半度於氣法
當三十二分日之二十一故洪範傳冬至日在牽牛一
度減太初星距二十一分直南斗二十六度十九分也
顓頊歷立春起營室五度冬至在牽牛一度少洪範傳
冬至所起無餘分故立春在營室四度太祖沖之自營
室五度以太初星距命之因云秦歷冬至日在牽牛六
度虞劇等襲沖之之誤爲之說云夏時冬至日在斗末
以歲差考之牽牛六度乃顓頊之代漢時雖覺其差頓
移五度故冬至還在牛初按洪範古今星距僅差四分
之三皆起牽牛一度劇等所說亦非是魯宣公十五年
丁卯歲顓頊歷第十三蔀首與麟德歷俱以丁巳平旦
立春至始皇三十三年丁亥凡三百八十歲得顓頊歷
壬申蔀首是歲秦歷以壬申寅初立春而開元歷與麟
德歷俱以庚午平旦差二日日當在南斗二十二度古
歷後天二日又增二度然則秦歷冬至定在午前二度
氣後天二日日不及天二度微而難覺故呂氏循用之
及漢興張蒼等亦以爲顓頊歷此五家疏闊中最近密
今考月蝕衝則開元冬至上及牛初正差一次淳風以

爲古術疏舛雖弦望昏明差天十五度而猶不知又引
呂氏春秋黃帝以仲春乙卯日在奎始奏十二鍾命之
曰咸池至今三千餘年而春分亦在奎反謂秦歷與今
不異按不韋所記以其月令孟春在奎謂黃帝之時亦
在奎猶淳風歷冬至斗十三度因謂黃帝時亦在建星
耳經籍所載合於歲差者淳風皆不取而專取於呂氏
春秋若謂十二紀可以爲正則立春在營室五度固當
不易安得頓移使當驚蟄之節此又其所不思也漢四
百二十六年日却差五度景帝中元三年甲午歲冬至
應在斗二十一度太初元年三統歷及四歷皆以十一
月夜半合朔冬至日月俱起牽牛一度古歷與近代密
率相較三百年氣差一日三百年朔差一日推而上之
久益先天引而下之久益後天僖公五年周歷正月辛
亥朔餘四分之一南至以歲差推之日在牽牛初至宣
公十一年癸亥周歷與麟德歷俱以庚戌日中冬至而
月朔尚先麟德歷十五辰至昭公二十年己卯周歷以
正月己丑朔日中南至麟德歷以己丑平旦冬至哀公
十一年丁巳周歷入己酉蔀首麟德歷以戊申禺中冬
至惠王四十三年己丑周歷入丁卯蔀首麟德歷以乙
丑日昳冬至呂后八年辛酉周歷入乙酉蔀首麟德歷
以壬午黃昏冬至其十二月甲申人定合朔太初元年
周歷以甲子夜半合朔冬至麟德歷以辛酉禺中冬至
十二月癸亥晡時合朔氣差三十二辰朔差四辰此疏
密之大較也僖公五年周歷漢歷唐歷皆以辛亥南至
後五百五十餘歲至太初元年周歷漢歷皆得甲子夜
半冬至唐歷皆以辛酉則漢歷後天三日矣祖沖之張
胄玄促上章歲至太初元年沖之以癸亥雞鳴冬至而
胄玄以癸亥日出欲令合於甲子而適與魯歷相會自
此推僖公五年魯歷以庚戌冬至而二家皆以甲寅且
僖公登觀臺以望而書雲物出於表晷天驗非時史億
度乖丘明正時之意以就劉歆之失今考麟德元年甲
子唐歷皆以甲子冬至而周歷漢歷皆以庚午然則自
太初下至麟德差四日自太初上及僖公差三日不足
疑也以歲差考太初元年辛酉冬至加時日在斗二十
三度漢歷氣後天三日而先天三度所差尚少故洛
下閎等雖候昏明中星步日所在猶未覺其差然洪範
太初所揆冬至昏奎八度中夏至昏氐十三度中依漢
歷冬至日在牽牛初太半度以昏距中命之奎十一度
中夏至房一度中此皆閎等所測自差三度則劉向等
殆已知太初冬至不及天三度矣及永平中治歷者考

行事史官注日常不及太初歷五度然諸儒守讖緯以
爲當在牛初故賈逵等議石氏星距黃道規牽牛初直
斗二十度於赤道二十一度也尚書考靈耀斗二十二
度無餘分冬至日在牽牛初無牽牛所起文編訢等據
今日所去牽牛中星五度於斗二十一度四分一與考
靈耀相近遂更歷從斗二十一度起然古歷以斗魁首
爲距至牽牛爲二十二度未聞移牽牛六度以就太初
星距也逵等以末學僻於所傳而昧天象故以權誣之
而後聽從他術以爲日在牛初者由此遂黜今歲差引
而退之則辛酉冬至日在斗二十度合於密率而有驗
於今推而進之則甲子冬至日在斗二十四度昏奎八
度中而有證於古其虛退之度又適及牽牛之初而沖
之雖促減氣分冀符漢歷猶差六度未及於天而麟德
歷冬至不移則昏中向差半次淳風以爲太初元年得
本星度日月合璧俱起建星賈逵考歷亦云古歷冬至
皆起建星兩漢冬至日皆後天故其宿度多在斗末今
以儀測建星在斗十三四度間自古冬至無差審矣按
古之六術竝同四分四分之法久則後天推古歷之作
皆在漢初却較春秋朔竝先天則非三代之前明矣古
歷南斗至牽牛上星二十一度入太初星距四度上直
西建之初故六家或以南斗命度或以建星命度方周
漢之交日已潛退其襲春秋舊歷者則以爲在牽牛之
首其考當時之驗者則以爲入建星度中然氣朔前後
不逾一日故漢歷冬至當在斗末以爲建星上得太初
本星度此其明據也四分法雖疏而先賢謹於天事其
遷革之意俱有效於當時故太史公等觀二十八宿疏
密立晷儀下漏刻以稽晦朔分至躔離弦望其赤道遺
法後世無以非之故雖候淸臺太初最密若當時日在
建星已直斗十三度則壽王調歷宜允得其中豈容頓
差一氣而未知其謬不能觀乎時變而欲厚誣古人也
後百餘歲至永平十一年以麟德歷較之氣當後天二
日半朔當後天半日是歲四分歷得辛酉蔀首已減太
初歷四分日之三定後天二日大半開元歷以戊午禺
中冬至日在斗十八度半弱潛退至午前八度進至辛
酉夜半日在斗二十一度半弱續漢志云元和二年冬
至日在斗二十一度四分之一是也祖沖之曰四分歷
立冬景長一丈立春九尺六寸冬至南極日晷最長二
氣去至日數既同則中景應等而相差四寸此冬至後
天之驗也二氣中景日差九分半弱進退調均略無盈
縮各退二日十二刻則景皆九尺八寸以此推冬至後

天亦二日十二刻矣東漢晷漏定於永元十四年則四
分法施行後十五歲也二十四氣加時進退不等其去
午正極遠者四十九刻有餘日中之晷頗有盈縮故治
歷者皆就其中率以午正言之而開元歷所推氣及日
度皆直子半之始其未及日中尚五十刻因加二日十
二刻正得二日太半與沖之所算及破章二百年間輒
差一日之數皆合自漢時辛酉冬至以後天之數減之
則合於今歷歲差斗十八度自今歷戊午冬至以後天
之數加之則合於賈逵所測斗二十一度反復僉同而
淳風冬至常在斗十三度豈當時知不及牽牛五度而
不知過建星八度耶晉武帝太始三年丁亥歲冬至日
當在斗十六度晉用魏景初歷其冬至亦在斗二十一
度少太元九年姜岌更造三紀術退在斗十七度曰古
歷斗分彊故不可施於今乾象斗分細故不可通於古
景初雖得其中而日之所在乃差四度合朔虧盈皆不
及其次假月在東井一度蝕以日檢之乃在參六度岌
以月蝕衝知日度由是躔次遂正爲後代治歷者宗宋
文帝時何承天上元嘉歷曰四分景初歷冬至同在斗
二十一度臣以月蝕檢之則今應在斗十七度又土圭
測二至晷差三日有餘則天之南至日在斗十三四度
矣事下大史考驗如承天所上以開元歷考元嘉十年
冬至日在斗十四度與承天所測合大明八年祖沖之
上大明歷冬至在斗十一度開元歷應在斗十三度梁
天監八年沖之子員外散騎侍郎暅之上其家術詔太
史令將作大匠道秀等較之上距大明又五十年日度
益差其明年閏月十六日月蝕在虛十度日應在張四
度承天歷在張六度沖之歷在張二度大同九年虞劇
等議姜岌何承天俱以月蝕衝步日所在承天雖移及
三度然其冬至亦上岌三日承天在斗十三四度而岌
在斗十七度其實非移祖沖之謂爲實差以推今冬至
日在斗九度用求中星不合自岌至今將二百年而冬
至在斗十二度然日之所在難知驗以中星則漏刻不
定漢世課昏明中星爲法已淺今候夜半中星以求日
衝近於得密而水有淸濁壺有增減或積度所擁故漏
有遲疾臣等頻夜候中星而前後相差或至三度大略
冬至遠不過斗十四度近不出十度又以九年三月十
五日夜半月在房四度蝕九月十五日夜半月在昴三
度蝕以其衝計冬至皆在斗十二度自姜岌何承天所
測下及大同日已却差二度而淳風以爲晉宋以來三
百餘歲以月蝕衝考之固在斗十三四度間非矣劉孝

孫甲子元歷推太初冬至在牽牛初下及晉太元宋元嘉皆在斗十七度開皇十四年在斗十三度而劉焯歷仁壽四年冬至日在黃道斗十度於赤道斗十一度也其後孝孫改從焯法而仁壽四年冬至日亦在斗十度焯卒後冑玄以其前歷上元起虛五度推漢太初猶不及牽牛乃更起虛七度故太初在斗二十三度永平在斗二十一度竝與今歷合而仁壽四年冬至在斗十三度以驗近事又不逮其前歷矣戊寅歷太初元年辛酉冬至進及甲子日在牽牛三度永平十一年得戊午冬至進及辛酉在斗二十六度至元嘉中氣上景初三日而冬至猶在斗十七度欲以求合反更失之又曲循孝孫之論而不知孝孫已變從皇極故爲淳風等所駁歲差之術由此不行以太史注記月蝕衝考日度麟德元年九月庚申月蝕在婁十度至開元四年六月庚申月蝕在牛六度較麟德歷率差三度則今冬至定在赤道斗十度又皇極歷歲差皆自黃道命之其每歲周分常當南至之軌與赤道相較所減尤多計黃道差二十六度赤道差四十餘度雖每歲遯之不足爲過然立法之體宜盡其原是以開元歷皆自赤道推之乃以今有術從變黃道

唐書卷二十七下

宋　翰林學士歐陽修撰

志第十七下

歷志

其八日躔盈縮略例曰北齊張子信積候合蝕加時覺日行有入氣差然損益未得其正至劉焯立盈縮躔衰術與四象升降麟德歷因之更名躔差凡陰陽往來皆馴積而變日南至其行最急急而漸損至春分及中而後遲迨日北至其行最舒而漸益之以至秋分又及中而後益急急極而寒若舒極而燠若及中而雨暘之氣交自然之數也焯術於春分前一日最急後一日最舒秋分前一日最舒後一日最急舒急同于二至而中間一日平行其說非是當以二十四氣晷景考日躔盈縮而密於加時

其九九道議曰洪範傳云日有中道月有九行中道謂黃道也九行者青道二出黃道東朱道二出黃道南白道二出黃道西黑道二出黃道北立春春分月東從青道立夏夏至月南從朱道立秋秋分月西從白道立冬冬至月北從黑道漢史官舊事九道術廢久劉洪頗採以著遲疾陰陽歷然本以消息爲奇而術不傳推陰陽歷交在冬至夏至則月行青道白道所交則同而出入之行異故青道至春分之宿及其所衝皆在黃道正東白道至秋分之宿及其所衝皆在黃道正西若陰陽歷交在立春立秋則月循朱道黑道所交則同而出入之行異故朱道至立夏之宿及其所衝皆在黃道西南黑道至立冬之宿及其所衝皆在黃道東北若陰陽歷交在春分秋分之宿則月行朱道黑道所交則同而出入之行異故朱道至夏至之宿及其所衝皆在黃道正南黑道至冬至之宿及其所衝皆在黃道正北若陰陽歷交在立夏立冬則月循青道白道所交則同而出入之行異故青道至立春之宿及其所衝皆在黃道東南白道至立秋之宿及其所衝皆在黃道西北其大紀皆兼二道而實分主八節合于四正四維按陰陽歷中終之所交則月行正當黃道去交七日其行九十一度齊於一象之率而得八行之中八行與中道而九是謂九道凡八行正於春秋其去黃道六度則交在冬夏正於冬夏其去黃道六度則交在春秋易九六七八迭爲終始之象也乾坤定位則八行各當其正及其寒暑相推晦朔相易則在南者變而居北在東者從而爲西屈伸消息之象也黃道之差始自春分秋分赤道所交前後各五度爲限初黃道增多赤道二十四分之十二每限損一極九限數終于四率赤道四十五度而黃道四十八度至四立之際一度少彊依平復從四起初限五度赤道增多黃道二十四分之四每限益一極九限而止終于十二率赤道四十五度而黃道四十二度復得冬夏至之中矣月道之差始自交初交中黃道所交亦距交前後五度爲限初限月道增多黃道四十八分之十二每限損一極九限而止數終于四率黃道四十五度而月道四十六度半乃一度彊依平復從四起初限五度月道差少黃道四十八分之四每限益一極九限而止終于十二率黃道四十五度而月道四十三度半至陰陽歷二交之半矣凡近交初限增十二分者至半交末限減十二分去交四十六度得損益之平率夫日行與歲差偕遷月行隨交限而變遯伏相消朓朒相補則九道之數可知矣其月道所交與二分同度則赤道黑道近交初限黃道增二十四分之十二月道增四十八分之十二至半交之末其減亦如之故於九限之際黃道差三度月道差一度半蓋損益之數齊也若所交與四立同度則黃道在損益之中月道差四十八分之十二月道至損益之中黃道差二十四分之十二於九限之際黃道差三度月道差四分度之三皆朓朒相補也若所交與二至同度則青道白道近交初限黃道減二十四分之十二月道增四十八分之十二至半交之末黃道增二十四分之十二月道減四十八分之十二於九限之際黃道與月道差同蓋遯伏相消也日出入赤道二十四度月出入黃道六度相距則四分之一故於九道之變以四立爲中交在二分增四分之一而與黃道度相半在二至減四分之一而與黃道度正均故推極其數引而伸之每氣移一候月道所差增損九分之一七十二候而九道究矣凡月交一終退前所交一度及餘八萬九千七百七十三分度之四萬二千五百三少半積二百二十一月及分七千七百五十三而交道周天矣因而半之將九年而九道終以四象考之各據合朔所交入七十二候則其八道之行也以朔交爲交初望交爲交中若交初在冬至初候而入陰歷則行青道又十三日七十六分日之四十六至交中得所衝之宿變入陽歷亦行青道若交初入陽歷則白道也故考交初所入而周天之度可知若望交在冬至初候則減十三日四十六分視大雪初候陰陽歷而正其行也

其十晷漏中星略例曰日行有南北晷漏有長短然二十四氣晷差徐疾不同者句股使然也直規中則差遲與句股數齊則差急隨辰極高下所遇不同如黃道刻漏此乃數之淺者近代且猶未曉今推黃道去極與晷景漏刻昏距中星四術返覆相求消息同率旋相爲中以合九服之變

其十一日蝕議曰小雅十月之交朔日辛卯虞劚以歷推之在幽王六年開元歷定交分四萬三千四百二十九入蝕限加時在晝交會而蝕數之常也詩云彼月而食則維其常此日而食于何不臧日君道也無朏魄之變月臣道也遠日益明近日益虧望與日軌相會則徙而浸遠遠極又徙而近交所以著臣人之象也望而正於黃道是謂臣干君明則陽斯蝕之矣朔而正於黃道是謂臣壅君明則陽爲之蝕矣且十月之交於歷當蝕君子猶以爲變詩人悼之然則古之太平日不蝕星不孛蓋有之矣若過至未分月或變行而避之或五星潛在日下禦侮而救之或涉交數淺或在陽歷陽盛陰微則不蝕或德之休明而有小眚焉則天爲之隱雖交而不蝕此四者皆德教之所由生也四序之中分同道至相過交而有蝕則天道之常如劉歆賈逵皆近古大儒豈不知軌道所交朔望同衝哉以日蝕非常故闕而不論黃初已來治歷者始課日蝕疏密及張子信而益詳劉焯張冑玄之徒自負其術謂日月皆可以密率求是專於歷紀者也以戊寅麟德歷推春秋日蝕大最皆入蝕限於歷應蝕而春秋不書者尚多則日蝕必在交限其入限者不必盡蝕開元十二年七月戊午朔於歷當蝕半彊自交趾至于朔方候之不蝕十三年十二月庚戌朔於歷當蝕大半時東封泰山還次梁宋間皇帝徹膳不舉樂不蓋素服日亦不蝕時羣臣與八荒君長之來助祭者降物以需不可勝數皆奉壽稱慶肅然神服雖算術乖舛不宜如此然後知德之動天不俟終日矣若因開元二蝕曲變交限而從之則差者益多自開元治歷史官每歲較節氣中晷因檢加時小餘雖大數有常然亦與時推移每歲不等晷變而長則日行黃道南晷變而短則日行黃道北行而北則陰歷之交也或失行而南則陽歷之交也或失日在黃道之中且猶有變況月行九道乎杜預云日月動物雖行度有大量不能不小有盈縮故有雖交會而不蝕者或有頻交而蝕者是也故較歷必稽古史虧蝕深淺加時朓朒陰陽其數相叶者反覆相求由歷數之中以合辰象之變觀辰象之變反求歷數之中類其所同而中可知矣辨其所異而變可知矣其循度則合于歷失行則合于占占道順成常執中以追變歷道逆數常執中以俟變知此之說者天道如視諸掌略例曰舊歷考日蝕淺深皆自張子信所傳云積候所得而未曉其然也以圓儀度日月之徑乃以月徑之半減入交初限一度半餘爲闇虛半徑以月去黃道每度差數令一徑相掩以驗蝕分以所入日遲疾乘徑爲泛所用刻數大率去交不及三度即月行沒在闇虛皆入既限又半日月之徑減春分入交初限相去度數餘爲斜射所差乃考差數以立既限而優游進退於二度中間亦令二徑相掩以知日蝕分數月徑踰既限之南則雖在陰歷而所虧類同外道斜望使然也既限之外應向外蝕外道交分準用此例以較古今日蝕四十三事月蝕九十九事課皆第一使日蝕皆不可以常數求則無以稽歷數之疏密若皆可以常數求則無以知政教之休咎今更設考日蝕或限術得常則合于數又日月交會大小相若而月在日下自京師斜射而望之假中國食既則南方戴日之下所虧纔半月外反觀則交而不蝕步九服日晷以定蝕分晨昏漏刻與地偕變則宇宙雖廣可以一術齊之矣

其十二五星議曰歲星自商周迄春秋之季率百二十

餘年而超一次戰國後其行蹙急至漢尚微差及哀平間餘勢乃盡更八十四年而超一次因以爲常此其與餘星異也姬氏出自靈威仰之精受木行正氣歲星主農祥后稷憑焉故周人常閱其禨祥而觀善敗其始王也次于鶉火以達天黿及其衰也淫于玄枵以害鳥帑其後羣雄力爭禮樂隕壞而從衡攻守之術興故歲星常贏行於上而侯王不寧於下則木緯失行之勢宜極於火運之中理數然也開元十二年正月庚午歲星在進賢東北尺三寸直軫十二度於麟德歷在軫十五度推而上之至漢河平二年其十月下旬歲星在軒轅南耑大星西北尺所麟德歷在張二度直軒轅大星上下相距七百五十年考其行度猶未甚盈縮則哀平後不復每歲漸差也又上百二十年至孝景中元三年五月星在東井鉞麟德歷在參三度又上六十年得漢元年七月五星聚于東井從歲星也於秦正歲在乙未夏正當在甲午麟德歷白露八日歲星留觜觿一度明年立夏伏于參由差行未盡而以常數求之使然也又上二百七十一年至哀公十七年歲在鶉火麟德歷初見在輿鬼二度立冬九日留星三度明年啓蟄十日退至柳五度猶不及鶉火又上百七十八年至僖公五年歲星當在大火麟德歷初見在張八度明年伏于翼十六度定在鶉火差三次矣哀公以後差行漸遲相去猶近哀公以前率常行遲而舊歷猶用急率不知合變故所差彌多武王革命歲星亦在大火而麟德歷在東壁三度則唐虞已上所差周天矣太初三統歷歲星十二周天超一次推商周間事大抵皆合驗開元注記差九十餘度蓋不知歲星後率故也皇極麟德歷七周天超一次以推漢魏間事尚未差上驗春秋所載亦差九十餘度蓋不知歲星前率故也天保天和歷得二率之中故上合於春秋下猶密於記注以推永平黃初間事遠者或差三十餘度蓋不知戰國後歲星變行故也自漢元始四年距開元十二年凡十二甲子上距隱公六年亦十二甲子而二歷相合於其中或差三次於古或差二次於今其兩合於古今者中間亦乖欲一術以求之則不可得也開元歷歲星前率三百九十八日餘二千二百一十九秒九十三自哀公二十年丙寅後每加度餘一分盡四百三十九合次合乃加秒十三而止凡三百九十八日餘二千六百五十九秒六而與日合是爲歲星後率自此因以爲常入漢元始六年也歲星差合術曰置哀公二十年冬至合餘加入差已來中積分以前率約之爲入差合數不盡者如歷術入之反求冬至後合日乃副列入差合數增下位一算乘而半之盈大衍通法爲日不盡爲日餘以加合日即差合所在也求歲星差行徑術以後終率約上元以來中積分亦得所求若稽其實行當從元始六年置差步之則前後相距閒不容髮而上元之首無忽微空積矣成湯伐桀歲在壬戌開元歷星與日合于角次于氐十度而後退行其明年湯始建國爲元祀順行與日合于房所以紀商人之命也後六百一算至紂六祀周文王初禴于畢十三祀歲在己卯星在鶉火武王嗣位克商之年進及輿鬼而退守東井明年周始革命順行與日合于柳進留于張考其分野則分陝之間與三監封域之際也成王三年歲在丙午星在大火唐叔始封故國語曰晉之始封歲在大火春秋傳僖公五年歲在大火晉公子重耳自蒲奔狄十六年歲在壽星適齊過衞野人與之塊子犯曰天賜也天事必象歲及鶉火必有此乎復于壽星必獲諸侯二十三年歲星在胃昴秦伯納晉文公董因曰歲在大梁將集天行元年實沈之星晉人是居君之行也歲在大火閼伯之星也是謂大辰辰以善成后稷是相唐叔以封且以辰出而以參入皆晉祥也二十七年歲在鶉火晉侯伐衞取五鹿敗楚師于城濮始獲諸侯歲適及壽星皆與開元歷合襄公十八年歲星在陬訾之口開元歷大寒三日星與日合在危三度遂順行至營室八度其明年鄭子蟜卒將葬公孫子羽與裨竈晨會事焉過伯有氏其門上生莠子羽曰其莠猶在乎於是歲在降婁中而曙裨竈指之曰猶可以終歲歲不及此次也開元歷歲星在奎奎降婁也麟德歷在危危玄枵也二十八年春無冰梓慎曰歲在星紀而淫於玄枵裨竈曰歲弃其次而旅於明年之次以害鳥帑周楚惡之開元歷歲星在南斗十七度而退守西建閒復順行與日合于牛初應在星紀而盈行進及虛宿故曰淫留玄枵二年至三十年開元歷歲星順行至營室十度留距子蟜之卒一終矣其年八月鄭人殺良霄故曰及其亡也歲在陬訾之口其明年乃降婁昭公八年十一月楚滅陳史趙曰未也陳顓頊之族也歲在鶉火是以卒滅今在析木之津猶將復由開元歷在箕八度析木津也十年春進及婺女初在玄枵之維首傳曰正月有星出于婺女裨竈曰今玆歲在顓頊之墟是歲與日合于危其明年進及營室復得豕韋之次景王問萇弘曰今玆諸侯何實吉何實凶對曰蔡凶此蔡侯般殺其君之歲歲在豕韋弗過此矣楚將有之歲及大梁蔡復楚凶至十三年歲星在昴畢而楚弒靈王陳蔡復封初昭公九年陳災裨竈曰後五年陳將復封歲五及鶉火而後陳卒亡自陳災五年而歲在大梁陳復建國哀公十七年五及鶉火而楚滅陳是年歲星與日合在張六度昭公三十一年夏吳伐越始用師於越也史墨曰越得歲而吳伐之必受其凶是歲星與日合于南斗三度昔僖公六年歲陰在卯星在析木昭公三十二年亦歲陰在卯而星在星紀故三統歷因以爲超次之率考其實猶百二十餘年近代諸歷欲以八十四年齊之此其所惑也後三十八年而越滅吳星三及斗牛已入差合二年矣夫五事感於中而五行之祥應于下五緯之變彰于上若聲發而響和形動而影隨故王者失典刑之正則星辰爲之亂行汨彝倫之敘則天事爲之無象當其亂行無象又可以歷紀齊乎故襄公二十八年歲在星紀淫于玄枵至三十年八月始見陬訾之口超次而前二年守之漢元鼎中太白入于天苑失行在黃道南三十餘度間歲武帝北巡守登單于臺勒兵十八萬騎及誅大宛馬大死軍中晉咸寧四年九月太白當見不見占曰是謂失舍不有破軍必有亡國時將伐吳明年三月兵出太白始夕見西方而吳亡永寧元年正月至閏月五星經天縱橫無常永興二年四月丙子太白犯狼星失行在黃道南四十餘度永嘉三年正月庚子熒惑犯紫微皆天數所未有也終以二帝蒙塵天下大亂後魏神瑞二年十二月熒惑在瓠瓜星中一夕忽亡不知所在崔浩以日辰推之曰庚午之夕辛未之朝天有陰雲熒惑之亡在此二日庚午未皆主秦辛爲西夷今姚興據咸陽是熒惑入秦矣其後熒惑果出東井留守盤旋秦中大旱赤地昆明水竭明年姚興死二子交兵三年國滅齊永明九年八月十四日火星應退在昴三度先歷在畢二十一日始逆行北轉垂及立冬形色彌盛魏永平四年八月癸未熒惑在氐夕伏西方亦先期五十餘日雖時歷疎闊不宜如此隋大業九年五月丁丑熒惑逆行入南斗色赤如血大如三斗器光芒震耀長七八尺於斗中句已而行亦天變所未有也後楊玄感反天下大亂故五星留逆伏見之效表裏盈縮之行皆係之於時而象之於政政小失則小變事微而象微事章而象章已示吉凶之象則又變行襲其常度不然則皇天何以陰騭下民警悟人主哉近代算者昧於象占者迷於數覩五星失行皆謂之歷舛雖七曜循軌猶或謂之天災終以數象相蒙兩喪其實故較歷必稽古今注記入氣均而行度齊上下相距反復相求苟獨異於常則失行可知矣凡二星相近多爲之失行三星以上失度彌甚天竺歷以九執之情皆有所好惡遇其所好之星則趣之行疾捨之行遲張子信歷辰星應見不見術晨夕去日前後四十六度內十八度外有木火土金一星者見無則不見張胄玄歷朔望在交限有星伏在日下木土去見十日外火去見四十日外金去見二十二日外者並不加減差皆精氣相感使然夫日月所以著尊卑不易之象五星所以示政教從時之義故日月之失行也微而少五星之失行也著而多今略考常數以課疏密略例曰其入氣加減亦自張子信始後人莫不遵用之原始要終多有不叶今較麟德歷熒惑太白見伏行度過與不及熒惑凡四十八事太白二十一事餘星所差蓋細不足考且盈縮之行宜與四象潛合而二十四氣加減不均更推易數而正之又各立歲差以究五精運周二十八舍之變較史官所記歲星二十七事熒惑二十八事鎮星二十一事太白二十二事辰星二十四事開元歷課皆第一云至肅宗時山人韓穎上言大衍歷或誤帝疑之以穎爲太子宮門郎直司天臺又損益其術每節增二日更名至德歷起乾元元年用之訖上元三年

唐書卷二十八上

宋　翰林學士歐陽修　撰

志第十八上

歷志

開元大衍歷演紀上元閼逢困敦之歲距開元十二年甲子積九千六百九十六萬一千七百四十算

一日步中朔術

通法三千四十　策實百一十一萬三百四十三　揲法八萬九千七百七十三　減法九萬一千二百　策餘萬五千九百四十三　用差萬七千一百二十四

掛限八萬七千一十八　三元之策十五餘六百六十四秒七　四象之策二十九餘千六百一十三　中盈分千三百二十八秒十四　朔虛分千四百二十七

象統二十四

以策實乘積算曰中積分盈通法得一爲積日爻數去之餘起甲子算外得天正中氣凡分爲小餘日爲大餘加三元之策得次氣（凡率相因加者下有餘秒皆以類相從而滿法從進用加上位用盈爻數去之）以揲法去中積分不盡曰歸餘之掛以減中積分爲朔積分如通法爲日去命如前得天正經朔加一象之日七餘千一百六十三少得上弦倍之得望參之得下弦四之是謂一揲得後月朔（凡四分一爲少二爲半三爲太）綜中盈朔虛分累益歸餘之掛每其月閏衰（凡歸餘之掛五萬六千七百六十以上其歲有閏因考其閏衰滿掛限以上其月合置閏或以進退者以定朔無中氣裁焉）凡常氣小餘不滿通法如中盈分之半已下者以象統乘之內秒分參而伍之以減策實不盡如策餘爲日命常氣初日算外得沒日凡經朔小餘不滿朔虛分者以小餘減通法餘倍參伍乘之用減滅法不盡如朔虛分爲日命經朔初日算外得滅日

二曰發斂術

天中之策五餘二百二十一秒三十一秒法七十二

地中之策六餘二百六十五秒八十六秒法百二十

貞悔之策三餘百三十二秒百三　辰法七百六十

刻法三百四

各因中節命之得初候如天中之策得次候又加得末候因中氣命之得公卦用事以地中之策累加之得次卦若以貞悔之策加侯卦得十有二節之初外卦用事因四立命之得春木夏火秋金冬水用事以貞悔之策減季月中氣得土王用事（凡相加減而秒母不齊當令母互乘子乃加減之母相乘爲法）

常氣 月中節 四正卦	初候	次候	末候
	始卦	中卦	終卦
冬至 十一月中 坎初六	蚯蚓結	麋角解	水泉動
	公中孚	辟復	侯屯內
小寒 十二月節 坎九二	鴈北鄉	鵲始巢	野雞始雊
	侯屯外	大夫謙	卿睽
大寒 十二月中 坎六三	雞始乳	鷙鳥厲疾	水澤腹堅
	公升	辟臨	侯小過內
立春 正月節 坎六四	東風解凍	蟄蟲始振	魚上冰
	侯小過外	大夫蒙	卿益
雨水 正月中 坎九五	獺祭魚	鴻鴈來	草木萌動
	公漸	辟泰	侯需內
驚蟄 二月節 坎上六	桃始華	倉庚鳴	鷹化爲鳩
	侯需外	大夫隨	卿晉
春分 二月中 震初九	玄鳥至	雷乃發聲	始電
	公解	辟大壯	侯豫內
清明 三月節 震六二	桐始華	田鼠化爲鴽	虹始見
	侯豫外	大夫訟	卿蠱
穀雨 三月中 震六三	萍始生	鳴鳩拂其羽	戴勝降于桑
	公革	辟夬	侯旅內
立夏 四月節 震九四	螻蟈鳴	蚯蚓出	王瓜生
	侯旅外	大夫師	卿比
小滿 四月中 震六五	苦菜秀	靡草死	小暑至
	公小畜	辟乾	侯大有內
芒種 五月節 震上六	螳蜋生	鵙始鳴	反舌無聲
	侯大有外	大夫家人	卿井
夏至 五月中 離初九	鹿角解	蜩始鳴	半夏生
	公咸	辟姤	侯鼎內
小暑 六月節 離六二	溫風至	蟋蟀居壁	鷹乃學習
	侯鼎外	大夫豐	卿渙
大暑 六月中 離九三	腐草爲螢	土潤溽暑	大雨時行
	公履	辟遯	侯恒內
立秋 七月節 離九四	涼風至	白露降	寒蟬鳴
	侯恒外	大夫節	卿同人
處暑 七月中 離六五	鷹祭鳥	天地始肅	禾乃登
	公損	辟否	侯巽內
白露 八月節 離上九	鴻鴈來	玄鳥歸	羣鳥養羞
	侯巽外	大夫萃	卿大畜
秋分 八月中 兌初九	雷乃收聲	蟄蟲培戶	水始涸
	公賁	辟觀	侯歸妹內
寒露 九月節 兌九二	鴻鴈來賓	雀入大水爲蛤	菊有黃華
	侯歸妹外	大夫无妄	卿明夷
霜降 九月中 兌六三	豺乃祭獸	草木黃落	蟄蟲咸俯
	公困	辟剝	侯艮內
立冬 十月節 兌九四	水始冰	地始凍	野雞入水爲蜃
	侯艮外	大夫既濟	卿噬嗑
小雪 十月中 兌九五	虹藏不見	天氣上騰地氣下降	閉塞而成冬
	公大過	辟坤	侯未濟內
大雪 十一月節 兌上六	鶡鳥不鳴	虎始交	荔挺生
	侯未濟外	大夫蹇	卿頤

各以通法約其月閏衰爲日得中氣去經朔日算求卦候者各以天地之策累加減之凡發斂加時各置其小餘以六爻乘之如辰法而一爲半辰之數不盡者三約爲分（分滿刻法爲刻若令滿象積爲刻者即置不盡之數十之十九而一爲分）命辰起子半算外

三曰步日躔術

乾實百一十一萬三百七十九太　周天度三百六十五虛分七百七十九太　歲差三十六太

定氣	盈縮分	先後數	損益率	朓朒積
冬至	盈二千三百五十三	先端	益百七十六	朒初
小寒	盈千八百四十五	先二千三百五十三	益百三十八	朒百七十六
大寒	盈千三百九十	先四千一百九十八	益百四	朒三百一十四
立春	盈九百七十六	先五千五百八十八	益七十三	朒四百一十八
雨水	盈五百八十八	先六千五百六十四	益四十四	朒四百九十一
驚蟄	盈二百一十四	先七千一百五十二	益十六	朒五百三十五
春分	縮二百一十四	先七千三百六十六	損十六	朒五百五十一
清明	縮五百八十八	先七千一百五十二	損四十四	朒五百三十五
穀雨	縮九百七十六	先六千五百六十四	損七十三	朒四百九十一
立夏	縮千三百九十	先五千五百八十八	損百四	朒四百一十八
小滿	縮千八百四十五	先四千一百九十八	損百三十八	朒三百一十四
芒種	縮二千三百五十三	先二千三百五十三	損百七十六	朒百七十六
夏至	縮二千三百五十三	後端	益百七十六	朓初
小暑	縮千八百四十五	後二千三百五十三	益百三十八	朓百七十六
大暑	縮千三百九十	後四千一百九十八	益百四	朓三百一十四
立秋	縮九百七十六	後五千五百八十八	益七十三	朓四百一十八
處暑	縮五百八十八	後六千五百六十四	益四十四	朓四百九十一
白露	縮二百一十四	後七千一百五十二	益十六	朓五百三十五
秋分	盈二百一十四	後七千三百六十六	損十六	朓五百五十一
寒露	盈五百八十八	後七千一百五十二	損四十四	朓五百三十五
霜降	盈九百七十六	後六千五百六十四	損七十三	朓四百九十一
立冬	盈千三百九十	後五千五百八十八	損百四	朓四百一十八
小雪	盈千八百四十五	後四千一百九十八	損百三十八	朓三百一十四
大雪	盈二千三百五十三	後二千三百五十三	損百七十六	朓百七十六

以盈縮分盈減縮加三元之策爲定氣所有日及餘乃十二乘日又三其小餘辰法約而一從之爲定氣辰數不盡十之又約爲分以所入氣并後氣盈縮分倍六爻乘之綜兩氣辰數除之爲末率又列二氣盈縮分皆倍六爻乘之各如辰數而一以少減多餘爲氣差至後以差加末率分後以差減末率爲初率倍氣差亦倍六爻乘之復綜兩氣辰數除爲日差半之以加減初末各爲定率以日差至後以減分後以加氣初定率爲每日盈縮分乃驅積之隨所入氣日加減氣下先後數各其日定數其求朓朒放此（冬至後爲陽復在盈加之在縮減之夏至後爲陰復在縮加之在盈減之距四正前一氣在陰陽變革之際不可相并皆因前末爲初率以氣差減之爲末率餘依前術其分不滿全數者同當退法除之以百爲母半已上收成一）冬至夏至皆得天地之中無有盈縮餘各以氣下先後數先減後加常氣小餘滿若不足進退其日得定大小餘（凡推日月度及軌漏交蝕依定氣求所入卦候依常氣）不足減加爻數乃減之減所入定氣日算一各以日差乘而半之前少以加前多以減氣初定率以乘其所入定氣日算及餘秒（凡除者先以母通其子乃相乘母相乘除之）所得以損益朓朒積各其入朓朒定數（所入日算三百一十而從之以乘損益率如定氣辰數而一所得以損益朓朒積各爲定數）

南斗二十六　牛八　婺女十二　虛十（七十九太）　危十七　營室十六　東壁九　奎十六　婁十二　胃十四　昴十一　畢十七　觜觿一　參十　東井三十三　輿鬼三　柳十五　七星七　張十八　翼十八　軫十七　角十二　亢九　氐十五　房五　心五　尾十八　箕十一

爲赤道度其畢觜觿參輿鬼四宿度數與古不同依天以儀測定用爲常數紘帶天中儀極攸憑以格黃道推冬至歲差所在每距冬至前後各五度爲限初數十二每限減一盡九限數終於四當二立之際一度少彊依平乃距春分前秋分後初限起四每限增一盡九限終於十二而黃道交復計春分後秋分前亦五度爲限初數十二盡九限數終於四當二立之際一度少彊依平乃距夏至前後初限起四盡九限終於十二皆累裁之以數乘限度百二十而一得度不滿者十二除爲分（若以十除則大分十二爲母命以太半少及彊弱也）命曰黃赤道差數二至前後各九限以差減赤道度二分前後各九限以差加赤道度各爲黃道度開元十二年南斗二十三半　牛七半　婺女十一少　虛十（六虛之差十九太）　危十七太　營室十七少　東壁九太　奎十七半　婁十二太　胃十四太　昴十一　畢十六少　觜觿一　參九少　東井三十　輿鬼二太　柳十四少　七星六太　張十八太　翼十九少　軫十八太　角十三　亢九少　氐十五太　房五　心四太　尾十七　箕十少

爲黃道度以步日行月與五星出入循此（求此宿度皆有餘分前後輩之成少半太準爲全度若上考往古下驗將來當據歲差每移一度各依術算使得當時度分然後可以步三辰矣）以乾實去中積分不盡者盈通法爲度命起赤道虛九宿次去之經虛去分至不滿宿算外得冬至加時日度（以三元之策累加之得次氣加時日度）以度餘減通法餘以冬至日躔距度所入限數乘之爲距前分置距度下黃赤道差以通法乘之減去距前分餘滿百二十除爲定差不滿者以象統乘之復除爲秒分乃以

定差減赤道宿度得冬至加時黃道日度又置歲差以限數乘之滿百二十除爲秒分不盡爲小分以加三元之策因而裁之命以黃道宿次各得定氣加時日度置其氣定小餘副之以乘其日盈縮分滿通法而一盈加縮減其副用減其日加時度餘得其夜半日度因而加一策以其日盈縮分盈加縮減度餘得每日夜半日度

四曰步月離術

轉終六百七十萬一千二百七十九　轉終日二十七餘千六百八十五秒七十九　轉法七十六　轉秒法八十

以秒法乘朔積分盈轉終去之餘復以秒法約爲入轉分滿通法爲日命日筭外得天正經朔加時所入因加轉差日一餘二千九百六十七秒一得次朔以一象之策循累相加得弦望盈轉終日及餘秒者去之各以經朔弦望小餘減之得其日夜半所入

轉日	轉分	列衰	轉積度	損益率	朓朒積
一日	九百一十七	進十三	度初	益二百九十七	朒初
二日	九百三十	進十三	十二度五分	益二百五十九	朒二百九十七
三日	九百四十三	進十三	二十四度二十三分	益二百二十	朒五百五十六
四日	九百五十六	進十四	三十六度五十四分	益百八十	朒七百七十六
五日	九百七十	進十四	四十九度二十二分	益百三十九	朒九百五十六
六日	九百八十四	進十六	六十二度四分	益九十七	朒千九十五
七日	千	進十八	七十五度空	初益四十八末損六	朒千一百九十二
八日	千一十八	進十九	八十八度十二分	損六十四	朒千二百三十四
九日	千三十七	進十四	百一度四十二分	損百六	朒千一百七十
十日	千五十一	進十四	百一十五度十五分	損百四十八	朒千六十四
十一日	千六十五	進十四	百二十九度二分	損百八十九	朒九百一十六
十二日	千七十九	進十三	百四十三度三分	損二百二十九	朒七百二十七
十三日	千九十二	進十三	百五十七度十八分	損二百六十七	朒四百九十八
十四日	千一百五	進七退六	百七十一度四十六分	初損二百三十一末益六十六	朒二百三十一
十五日	千一百一十二	退十三	百八十六度十一分	益二百八十九	朓六十六
十六日	千九十九	退十三	二百度五十九分	益二百五十	朓三百五十五
十七日	千八十六	退十三	二百一十五度十八分	益二百一十一	朓六百五
十八日	千七十三	退十四	二百二十九度四十分	益百七十一	朓八百一十六
十九日	千五十九	退十四	二百四十三度四十九分	益百三十	朓九百八十七
二十日	千四十五	退十七	二百五十七度四十四分	益八十七	朓千一百一十七
二十一日	千二十八	退十八	二百七十一度二十五分	初益二十六末損十八	朓千二百四
二十二日	千一十	退十九	二百八十四度六十五分	損七十三	朓千二百二十三
二十三日	九百九十一	退十三	二百九十八度十一分	損百一十六	朓千一百四十九
二十四日	九百七十八	退十四	三百一十一度十五分	損百五十七	朓千三十三
二十五日	九百六十四	退十四	三百二十四度五分	損百九十八	朓八百七十六
二十六日	九百五十	退十三	三百三十六度五十七分	損二百三十七	朓六百七十八
二十七日	九百三十七	退十三	三百四十九度十九分	損二百七十六	朓四百四十一
二十八日	九百二十四	退七進六	三百六十一度四十四分	初損百六十五末益入後	朓百六十五

各置朔弦望所入轉日損益率并後率而半之爲通率又二率相減爲率差前多者以入餘減通法餘乘率差盈通法得一并率差而半之前少者半入餘乘率差亦以通法除之爲加時轉率乃半之以損益加時所入餘爲轉餘其轉餘應益者減法應損者因餘皆以乘率差盈通法得一加於通率轉率乘之通法約之以朓減朒加轉率爲定率乃以定率損益朓朒積爲定數其後無同率者亦因前率應益者以通率爲初數半率差而減之應損者即爲通率其損益入餘進退日分爲二日隨餘初末如法求之所得并以加減轉率此術本出皇極歷以究算術之微變若非朔望有交者直以入餘乘損益率如通法而一以損益朓朒爲定數七日初數二千七百一十一末數三百二十九十四日初數二千三百六十二末數六百七十七二十一日初數二千一十一末數千二十九二十八日初數千六百八十六末數千三百五十四以四象約轉終均得六日二千七百一分就全數約爲九分日之八各以減法餘爲末數乃四象馴變相加各其所當之日初末數也視入轉餘如初數已下者加減損益因循前率如初數以上則反其衰歸于後率云各置朔弦望大小餘以入氣入轉朓朒定數朓減朒加之爲定朔弦望大小餘定朔日各與後朔同者月大不同者小無中氣者爲閏月凡言夜半皆起晨前子正之中若注歷觀弦望定小餘不盈晨初餘數者退一日其望有交起虧在晨初已前者亦如之又月行九道遲疾則有三大二小以日行盈縮累增損之則容有四大三小理數然也若循常儀當察加時早晚隨其所近而進退之使不過三大二小其正月朔有交加時正見者消息前後一兩月以定大小令虧在晦二定朔弦望夜半日度各隨所直日度及餘分命之乃列定朔望小餘副之以乘其日盈縮分如通法而一盈加縮減其副以加夜半日度各得加時日度凡合朔所交冬在陰歷夏在陽歷月行青道冬至夏至後青道半交在春分之宿當黃道東立冬立夏後青道半交在立春之宿當黃道東南至所衝之宿亦如之冬在陽歷夏在陰歷月行白道冬至夏至後白道半交在秋分之宿當黃道西立冬立夏後白道半交在立秋之宿當黃道西北至所衝之宿亦如之春在陽歷秋在陰歷月行朱道春分秋分後朱道半交在夏至之宿當黃道南立春立秋後朱道半交在立夏之宿當黃道西南至所衝之宿亦如之春在陰歷秋在陽歷月行黑道春分秋分後黑道半交在冬至之宿當黃道北立春立秋後黑道半交在立冬之宿當黃道東北至所衝之宿亦如之四序離爲八節至陰陽之所交行與黃道相會故月有九行各視月交所入七十二候距交初中黃道日度每五度爲限亦初數十二每限減一數終於四乃一度彊依平更從四起每限增一終於十二而至半交其去黃道六度又自十二每限減一數終於四亦一度彊依平更從四起每限增一終於十二復與日軌相會各累計其數以乘限度二百四十而一得度不滿者二十四除爲分若以二十除之則大分以十二爲母爲月行與黃道差數距半交前後各九限以差數爲減距正交前後各九限以差數爲加此加減出入六度單與黃道相較之數若較之赤道則隨氣遷變不常計去冬至夏至以來候數乘黃道所差十八而一爲月行與赤道差數凡日以赤道內爲陰外爲陽月以黃道內爲陰外爲陽故月行宿度入春分交後行陰歷秋分交後行陽歷皆爲同名若入春分交後行陽歷秋分交後行陰歷皆爲異名其在同名以差數爲加者加之減者減之若在異名以差數爲加者減之減者加之皆以增損黃道度爲九道定度各以中氣去經朔日算加其入交汎乃以減交終得平交入中氣日算滿三元之策去之餘得入後節日算因求次交者以交終加之滿三元之策去之得後平交入氣日算各以氣初先後數先加後減之得平交入定氣日算倍六爻乘之三其小餘辰法除而從之以乘其氣損益率如定氣辰數而一所得以損益其氣朓朒積爲定數又置平交所入定氣餘加其日夜半入轉餘以乘其日損益率滿通法而一以損益其日朓朒積交率乘之交數而一爲定數乃以入氣入轉朓朒定數朓減朒加平交入氣餘滿若不足進退日算爲正交入定氣日算其入定氣餘副之乘其日盈縮分滿通法而一以盈加縮減其副以加其日夜半日度得正交加時黃道日度以正交加時度餘減通法餘以正交之宿距度所入限數乘之爲距前分置距度下月道與黃道差以通法乘之減去距前分餘滿二百四十除爲定差不滿者一退爲秒以定差及秒加黃道度餘仍計去冬至夏至已來候數乘定差十八而一所得依名同異而加減之滿若不足進退其度得正交加時月離九道宿度各置定朔弦望加時日度從九道循次相加凡合朔加時月行潛在日下與太陽同度是謂離象先置朔弦望加時黃道日度以正交加時所在黃道宿度減之餘以加其正交九道宿度命起正交宿度算外即朔弦望加時所當九道宿度也其合朔加時若非正交則日在黃道月在九道各入宿度雖多少不同考其去極皆應繩準故云月行潛在日下與太陽同度以一象之度九十一餘九百五十四秒二十二半爲上弦兌象倍之而與日衝得望坎象參之得下弦震象各以加其所當九道宿度秒盈象統從餘餘滿通法從度得其日加時月度綜五位成數四十以約度餘爲分不盡者因爲小分視經朔夜半入轉若定朔大餘有進退者亦加減轉日否則因經朔爲定累加一日得次日各以夜半入轉餘乘列衰如通法而一所得以進加退減其日轉分爲月轉定分滿轉法爲度視定朔弦望夜半入轉各半列衰以減轉分退者定餘乘衰以通法除并衰而半之進者半餘乘衰亦以通法除皆加所減乃以定餘乘之盈通法得一以減加時月度爲夜半月度各以每日轉定分累加之得次日若以入轉定分乘其日夜漏倍百刻除爲晨分以減轉定分餘爲昏分望前以昏望後以晨加夜半度各得晨昏月

交日	屈伸率	屈伸積
一日	屈二十七	積初
二日	屈十九	積二十七
三日	屈十三	積四十六
四日	屈八	積五十九
五日	屈十三	積六十七
六日	屈十九	積一度四
七日	初屈二十末伸七	積一度二十三
八日	伸十九	積一度三十六
九日	伸十三	積一度十七
十日	伸八	積一度四
十一日	伸十三	積七十二
十二日	伸十九	積五十九
十三日	伸二十七	積四十
十四日	初伸十三末屈入後	積十三

各視每日夜半入陰陽歷交日數以其下屈伸積月道與黃道同名者加之異名者減之各以加減每日晨昏黃道月度爲入宿定度及分

五曰步軌漏術

爻統千五百二十　象積四百八十　辰八刻百六十分　昏明二刻二百四十分

定氣	陟降率	消息衰	陽城日晷
	漏刻	黃道去極度	距中星度
冬至	降七十八	息空六十四	丈二尺七寸一分五十
	二十七刻二百三十分	百一十七度二十分	八十二度二十六分
小寒	降七十二	息十一九十一	丈二尺二寸二分七十七
	二十七刻百三十五分	百一十四度三十五分	八十二度九十一分
大寒	降五十三	息二十二四十二	丈一尺二寸一分八十二
	二十六刻三百八十分	百一十一度九十分	八十四度七十七分
立春	降三十四	息三十二十五	九尺七寸三分五十一
	二十五刻四百七十五分	百八度五分	八十七度七十分
雨水	降初限七十八	息三十五七十八	八尺二寸一分六
	二十四刻四百七十分	百三度二十分	九十一度三十九分
驚蟄	降一	息三十九五十	六尺七寸三分八十四

	二十三刻三百六十分	九十七度三十分	九十五度八十八分
春分	陟五	息三十九六十五	五尺四寸三分十九
	二十二刻二百三十分	九十一度三十分	百度四十四分五十一
清明	陟初限一	息三十八八十九	四尺三寸二分十一
	二十一刻百二十分	八十五度三十分	百五度一分
穀雨	陟三十二	息三十三五十六	三尺三寸四十七
	二十刻十分	七十九度三十分	百九度五十分
立夏	陟五十二	息二十八三十八	二尺五寸三分三十一
	十九刻五分	七十四度五十五分	百一十三度十九分
小滿	陟六十三	息二十十二	尺九寸五分七十六
	十八刻百分	七十度七十分	百一十六度十二分
芒種	陟六十四	息十十二	尺六寸三
	十七刻三百三十五分	六十八度二十五分	百一十七度九十八分
夏至	降六十四	消空五十二	尺四寸七分七十九
	十七刻二百五十分	六十七度四十分	百一十八度六十三分
小暑	降六十三	消十七十六	尺六寸三
	十七刻三百三十五分	六十八度二十五分	百一十七度九十八分
大暑	降五十二	消二十七十五	尺九寸五分七十六
	十八刻百分	七十度七十分	百一十六度十二分
立秋	降三十二	消二十八九十	二尺五寸三分三十一
	十九刻五分	七十四度五十五分	百一十三度十九分
處暑	降初限九十九	消三十四五十	三尺三寸四十七
	二十刻十分	七十九度三十分	百九度五十分
白露	降五	消三十八九十	四尺三寸二分十一
	二十一刻百二十分	八十五度三十分	百五度一分
秋分	陟一	消三十九六十六	五尺四寸三分十九
	二十二刻二百三十分	九十一度三十分	百度四十四分五十一
寒露	陟初限一	消三十九五十	六尺七寸三分八十四
	二十三刻三百六十分	九十七度三十分	九十五度八十八分
霜降	陟三十四	消二十四九十八	八尺二寸一分六
	二十四刻四百七十分	百三度二十分	九十一度三十九分
立冬	陟五十三	消二十九七十二	九尺七寸三分五十一
	二十五刻四百七十五分	百八度五分	八十七度七十分
小雪	陟七十二	消二十一七十	丈一尺二寸一分八十二
	二十六刻三百八十分	百一十一度九十分	八十四度七十七分
大雪	陟七十八	消十一十三	丈二尺二寸二分七十七
	二十七刻百三十五分	百一十四度三十五分	八十二度九十一分

各置其氣消息衰依定氣所有日每以陟降率陟減降加其分滿百從衰各得每日消息定衰其距二分前後各一氣之外陟降不等皆以三日爲限雨水初日降七十八初限日損十二次限日損八次限日損三次限日損二次限日損一清明初日陟一初限日益一次限日益二次限日益三次限日益八末限日益十九處暑初日降九十九初限日損十九次限日損八次限日損三次限日損二末限日損一寒露初日陟一初限日益一次限日益二次限日益三次限日益八末限日益十二各置初日陟降率依限次損益之爲每日率乃遞以陟減降加氣初消息衰各得每日定衰南方戴日之下正中無晷自戴日之北一度乃初數千三百七十九自此起差每度增一終於二十五度計增二十六分又每度增二終於四十度又每度增六終於四十四度增六十八又每度增二終於五十度又每度增七終於五十五度又每度增十九終於六十度增百六十又每度增三十三終於六十五度又每度增三十六終於七十度又每度增三十九終於七十二度增二百六十又度增四百四十又度增千六十又度增千八百六十又度增二千八百四十又度增四千又度增五千三百四十各爲每度差因累其差以遞加初數滿百爲分分十爲寸各爲每度晷差又累其晷差得戴日之北每度晷數各置其氣去極度以極去戴日度五十六及分八十二半減之得戴日之北度數各以其消息定衰所直度之晷差滿百爲分分十爲寸得每日晷差乃遞以息減消加其氣初晷數得每日中晷常數以其日所在氣定小餘爻統減之餘爲中後分不足減反相減爲中前分以其晷差乘之如通法而一爲變差以加減中晷常數冬至後中前以差減中後以差加夏至後中前以差加中後以差減冬至一日有減無加夏至一日有加無減得每日中晷定數又置消息定衰滿象積爲刻不滿爲分各遞以息減消加其氣初夜半漏得每日夜半漏定數其全刻以九千一百二十乘之十九乘刻分從之如三百而一爲晨初餘數各倍夜半漏爲夜刻以減百刻餘爲晝刻減晝五刻以加夜即晝爲見刻夜爲沒刻半沒刻加半辰起子初算外得日出辰刻以見刻加而命之得日入置夜刻五而一得每更差刻又五除之得每籌差刻以昏刻加日入辰刻得甲夜初刻又以更籌差加之得五夜更籌所當辰及刻半定漏亦名晨初夜刻又置消息定衰滿百爲度不滿爲分各遞以息減消加氣初去極度各得每日去極定數又置消息定衰以萬二千三百八十六乘之如萬六千二百七十七而一爲度差差滿百爲度各遞以息加消減其氣初距中度得每日距中度定數倍之以減周天爲距子度置其日赤道日度加距中度得昏中星倍距子度以加昏中星得曉中星命昏中星爲甲夜中星加每更差度得五夜中星凡九服所在每氣初日中晷常數不齊使每氣去極度數相減各爲其氣消息定數因測其地二至日晷測一至可矣不必兼要冬夏於其戴日之北每度晷數中較取長短同者以爲其地戴日北度數及分每氣各以消息定數加減之因冬至後者每氣以減因夏至後者每氣以加得每氣戴日北度數各因所直度分之晷數爲其地每定氣初日中晷常數其測晷有在表南者亦據其晷尺寸長短與戴日北每度晷數同者因取其所直之度去戴日北度數反之爲去戴日南度然後以消息定數加減之二至各於其地下水漏以定當處晝夜刻數乃相減爲冬夏至差刻半之以加減二至晝夜刻數爲定春秋分初日晝夜刻數乃置每氣消息定數以當處差刻數乘之如一至去極差度四十七分八十而一所得依分前後加減初日晝夜漏刻各得餘定氣初日晝夜漏刻置每日消息定衰亦以差刻乘之差度而一所得以息減消加其氣初漏刻得次日其求距中度及昏明中星日出入皆依陽城法求之仍以差刻乘之差度而一爲今有之數若置其地春秋定日中晷常數與陽城每日晷數較其同者因其日夜半漏亦爲其地定春秋分初日夜半漏求餘定氣初日亦以消息定數依分前後加減刻分春分後以減秋分後以加滿象積爲刻求次日亦以消息定衰依陽城術求之此術究理大體合通然高山平川視大不等較其日晷長短乃同考其水漏多少殊別以茲參課前術爲審

唐書卷二十八下

宋　翰　林　學　士　歐　陽　修　撰

志第十八

歷志

六曰步交會術

終數八億二千七百二十五萬一千三百二十二　交終日二十七餘六百四十五秒千三百二十二　中日十三餘千八百四十二秒五千六百六十一　朔差日二餘九百六十七秒八千六百七十八　望差日一餘四百八十三秒九千三百三十九　望數日十四餘二千三百二十六秒五十　交限日十二餘千三百五十八秒六千三百二十三　交率三百四十三　交數四千三百六十九　交秒法一萬

以交數去朔積分不盡以秒法乘之盈交數又去之餘如秒法而一爲入交分滿通法爲日命日算外得天正經朔加時入交汎日及餘因加朔差得次朔以望數加朔得望若以經朔望小餘減之各得夜半所入累加一日得次日加之滿交終去之各以其日入氣朓朒定數朓減朒加交汎爲入交常日及餘又以交率乘其日入轉朓朒定數如交數而一以朓減朒加入交常日爲入交定日及餘各如中日已下者爲月入陽歷已上者去之餘爲月入陰歷

陰陽歷

爻目	加減率	陰陽積	月去黃道度
少陽少陰	初加百八十七	陽陰初	空
少陽少陰	二加百七十一	陽陰百八十七	一度六十七分
少陽少陰	三加百四十七	陽陰三百五十八	二度百一十八分
少陽少陰	四加百一十五	陽陰五百五	四度二十五分
少陽少陰	五加七十五	陽陰六百二十	五度二十分
少陽少陰	上加二十七	陽陰六百九十五	五度九十五分
老陽老陰	初減二十七	陽陰七百二十二	六度二分
老陽老陰	二減七十五	陽陰六百九十五	五度九十五分
老陽老陰	三減百一十五	陽陰六百二十	五度二十分
老陽老陰	四減百四十七	陽陰五百五	四度二十五分
老陽老陰	五減百七十一	陽陰三百五十八	二度百一十八分
老陽老陰	上減百八十七	陽陰百八十七	一度六十七分

以其爻加減率與後爻加減率相減爲前差又以後爻率與次後爻率相減爲後差二差相減爲中差置所在爻并後爻加減率半中差以加而半之十五而一爲爻末率因爲後爻初率每以本爻初末率相減爲爻差十五而一爲度差半之以加減初率少象減之老象加之爲定初率每以度差累加減之少象以差減老象以差加各得每度加減定分遁循積其分滿百二十爲度各爲月去黃道數及分其四象初爻無初率上爻無末率皆倍本爻加減率十五而一所得各以初末率減之皆互得其率各置夜半入轉以夜半入交定日及餘減之不足減加轉終餘爲定交初日夜半入轉乃以定交初日與其日夜半入餘各乘其日轉定分如通法而一爲分滿轉法爲度各以加其日轉積度分乃相減所餘爲其日夜半月行入陰陽度數轉求次日以轉定分加之以一象之度九十除之若以少象除之則兼除差度一度分百六大分十三小分十四訖然後以次象除之所得以少陽老陽少陰老陰

為大起少陽算外得所入象度數及分（先以三十乘陰陽度分，十九而一，為度分；不盡，以十五乘，十九除，為大分；不盡者，又乘，又除，為小分。然後以象度及分除之。）乃以一爻之度十五除之所得入爻度數及分（其月行入少象初爻之內及老象上爻之中，皆沾黃道，當朔望則有虧蝕。）凡入交定加望差以下交限以上為入蝕限望入蝕限則月蝕朔入蝕限月在陰歷則日蝕如望差以下為交後交限以上以減交中餘為交前置交前後定日及餘通之為去交前後定分十一乘之二千六百四十三除為去交度數不盡以通法乘之復除為餘（大抵去交十三度以上，雖入蝕限，為涉交數微，光景相接，或不見蝕。）望去交分七百七十九以下者皆既以上者以定交分減望差餘以百八十三約之命以十五為限得月蝕之大分月在陰歷初起東南甚於正南復於西南月在陽歷初起東北甚於正北復於西北其蝕十二分以上者起於正東復於正北（此據午正而論之，餘各隨方面所在準此取正。）凡月蝕之大分五巳下因增二十巳下因增四十以上因增五其去交定分五百二十巳下又增半二百六十巳下又增半各為汎用刻率

定氣	增損差	差積
冬至	增十	積初
小寒	增十五	積十
大寒	增二十	積二十五
立春	增二十五	積四十五
雨水	增三十	積七十
驚蟄	增三十五	積百
春分	增四十	積百三十五
清明	增四十五	積百七十五
穀雨	增五十	積二百二十
立夏	增五十五	積二百七十
小滿	增六十	積三百二十五
芒種	增六十五	積三百八十五
夏至	損六十五	積四百五十
小暑	損六十	積三百八十五
大暑	損五十五	積三百二十五
立秋	損五十	積二百七十
處暑	損四十五	積二百二十
白露	損四十	積百七十五
秋分	損三十五	積百三十五
寒露	損三十	積百
霜降	損二十五	積七十
立冬	損二十	積四十五
小雪	損十五	積二十五
大雪	損十	積十

以所入氣并後氣增損差倍六爻乘之綜兩氣辰數除之為氣末率又列二氣增損差皆倍六爻乘之各如辰數而一少減多餘為氣差加減末率（冬至後以差減，夏至後以差加）為初率倍氣差綜兩氣辰數除為日差半之加減初末為定率（冬至後以差加，夏至後以差減）為每日增損差乃循積之隨所入氣日增損氣下差積各其日定數（其二至之前一氣皆後無同差，不可相并，各因前末為初率，以氣差冬至前減夏至前加為末率。）陰歷蝕差千二百七十五蝕限三千五百二十四或限三千六百五十九陽歷蝕限百三十五或限九百七十四以蝕朔所入氣日下差積陰歷減之陽歷加之各為朔定差及定限朔在陰歷去交定分滿蝕定差巳上者為陰歷蝕不滿者雖在陰歷皆類同陽歷蝕其去交定分滿定限巳下者的蝕或限巳下者或蝕陰歷蝕者置去交定分以蝕定差減之餘百四巳下者皆蝕既巳下者以百四減之餘以百四十三約之其入或限者以百五十二約之半以下為半弱半巳上為半强以減十五餘為日蝕之大分其同陽歷蝕者其去交定分少於蝕定差六十巳下者皆蝕既巳上者以陽歷蝕定限加去交分以九十約之其陽歷蝕者置去交定分亦以九十約之入或限者以百四十三約之皆半巳下為半弱半巳上為半强命之以十五為限得日蝕之大分月在陰歷初起西北甚於正北復於東北月在陽歷初起西南甚於正南復於東南其蝕十二分巳上皆起於正西復於正東凡日蝕之大分皆因增二其陰歷去交定分多於蝕定差七十巳下者又增三十五巳下者又增半其同陽歷去交定分少於蝕定差二十巳下者又增半四巳下者又增少各為汎用刻率置去交定分以交率乘之二十乘交數除之其月道與黃道同名者以加朔望定小餘異名者以減朔望定小餘為蝕定餘如求發斂如時術入之得蝕甚辰刻各置汎用刻率副之以乘其日入轉損益率如通法而一所得應朒者依其損益應朓者損加益減其副為定用刻數半之以減蝕甚辰刻為虧初以加蝕甚辰刻為復末（其月蝕，置定用刻數，以其日每更差刻除，為更數；不盡，以每籌差刻除，為籌數；綜之，為定用更籌。乃累計日入後至蝕甚辰刻，置之，以昏刻加日入辰刻，減之，餘以更籌差刻除之，所得命以初更籌算外，得蝕甚更籌；半定用更籌，減之，為虧初，加之，為復末。按天竺得摩羅所傳斷日蝕法，日躔鬱車宮者的蝕，其餘據日所在宮，火星在前三及後五之宮，并伏在日下，則不蝕；若五星皆見，又水在陰歷及三星已上同聚一宿，則亦不蝕。凡星與日別宮或別宿，則易斷；若同宿，則難。天竺所云十二宮，即中國之十二次；鬱車宮者，降婁之次也。）九服之地蝕差不同先測其地二至及定春秋中晷長短與陽城每日中晷常數較取同者各因其日蝕差為其地二至及定春秋分蝕差以夏至差減春分差以春分差減冬至各為率并二率半之六而一為夏率二率相減六而一為總差置總差六而一為氣差半氣差以加夏率又以總差減之為冬率（冬率即冬至率）每以氣差加之各為每氣定率乃循積其率以減冬至蝕差各得每氣初日蝕差（求每日，如陽城法求之。若戴日之南，當計所在地，皆反用之。）

七曰步五星術

歲星終率百二十一萬二千五百七十九秒六　終日三百九十八餘二千六百五十九秒六　變差三十四秒十四　象算九十一餘二百三十八秒五十七微分十二　爻算十五餘百六十六秒四十二微分八十二

熒惑終率二百三十七萬一千三秒八十六　終日七百七十九餘二千八百四十三秒八十六　變差三十二秒二　象算九十一餘二百三十八秒四十三微分六十二　爻算十五餘百六十六秒四十微分六十二

鎮星終率百一十四萬九千三百九十九秒九十八　終日三百七十八餘二百七十九秒九十八　變差二十二秒九十二　象算九十一餘二百三十七秒八十七　爻算十五餘百六十六秒三十一微分十六

太白終率百七十七萬五千三十秒十二　終日五百八十三餘二千七百一十一秒十二　中合日二百九十一餘二千八百七十五秒六　變差三十秒五十三　象算九十一餘二百三十八秒三十四微分五十四　爻算十五餘百六十六秒三十九微分九

辰星終率三十五萬二千二百七十九秒七十二　終日百一十五餘二千六百七十九秒七十二　中合日五十七餘二千八百五十九秒八十六　變差百三十六秒七十八　象算九十一餘二百四十四秒九十八微分六十　爻算十五餘百六十七秒四十九微分七十四

辰法七百六十　秒法一百　微分法九十六

置中積分以冬至小餘減之各以其星終率去之不盡者返以減終率餘滿通法為日得冬至夜半後平合日算各以其星變差乘積算滿乾實去之餘滿通法為日以減平合日算得入歷算數皆四約其餘同於辰法乃以一象之算除之以少陽老陽少陰老陰為次起少陽算外餘以一爻之算除之所得命起其象初爻算外得所入爻算數

五星爻象歷

星	爻	損益	進退積
歲星	少陽少陰初	益七百七十三	積空
	少陽少陰二	益七百二十一	七百七十三
	少陽少陰三	益六百三十	千四百九十四
	少陽少陰四	益五百	二千一百二十四
	少陽少陰五	益三百三十一	二千六百二十四
	少陽少陰上	益百二十三	二千九百五十五
	老陽老陰初	損一百二十三	三千七十八
	老陽老陰二	損三百三十一	二千九百五十五
	老陽老陰三	損五百	二千六百二十四
	老陽老陰四	損六百三十	二千一百二十四
	老陽老陰五	損七百二十一	千四百九十四
	老陽老陰上	損七百七十三	七百七十三
熒惑	少陽少陰初	益千二百三十七	積空
	少陽少陰二	益千一百四十三	千二百三十七
	少陽少陰三	益九百九十一	二千三百八十
	少陽少陰四	益七百八十一	三千三百七十一
	少陽少陰五	益五百一十三	四千一百五十二
	少陽少陰上	益百八十七	四千六百六十五
	老陽老陰初	損百八十七	四千八百五十二
	老陽老陰二	損五百一十三	四千六百六十五
	老陽老陰三	損七百八十一	四千一百五十二
	老陽老陰四	損九百九十一	三千三百七十一
	老陽老陰五	損千一百四十三	二千三百八十
	老陽老陰上	損千二百三十七	千二百三十七
鎮星	少陽少陰初	益千六百八十四	積空
	少陽少陰二	益千五百四十四	千六百八十四
	少陽少陰三	益千三百三十	三千二百二十八
	少陽少陰四	益千四十二	四千五百五十八
	少陽少陰五	益六百八十	五千六百
	少陽少陰上	益二百四十四	六千二百八十
	老陽老陰初	損二百四十四	六千五百二十四
	老陽老陰二	損六百八十	六千二百八十
	老陽老陰三	損千四十二	五千六百
	老陽老陰四	損千三百三十	四千五百五十八
	老陽老陰五	損千五百四十四	三千一百二十八
	老陽老陰上	損千六百八十四	千六百八十四
太白	少陽少陰初	益二百五十五	積空
	少陽少陰二	益二百三十一	二百五十五
	少陽少陰三	益百九十八	四百八十六
	少陽少陰四	益百五十六	六百八十四

少陽少陰五	益百五	進退八百四十
少陽少陰上	益四十五	進退九百四十五
老陽老陰初	損四十五	進退九百九十
老陽老陰二	損百五	進退九百四十五
老陽老陰三	損百五十六	進退八百四十
老陽老陰四	損百九十八	進退六百八十四
老陽老陰五	損二百三十一	進退四百八十六
老陽老陰上	損二百五十五	進退二百五十五
辰星		
少陽少陰初	益六百四十三	進退積空
少陽少陰二	益五百八十五	進退六百四十三
少陽少陰三	益五百一	進退千二百二十八
少陽少陰四	益三百九十一	進退千七百二十九
少陽少陰五	益二百五十五	進退二千一百二十
少陽少陰上	益九十三	進退二千三百七十五
老陽老陰初	損九十三	進退二千四百六十八
老陽老陰二	損二百五十五	進退二千三百七十五
老陽老陰三	損三百九十一	進退二千一百二十
老陽老陰四	損五百一	進退千七百二十九
老陽老陰五	損五百八十五	進退千二百二十八
老陽老陰上	損六百四十三	進退六百四十三

以所入爻與後爻損益率相減爲前差，又以後爻與次後爻損益率相減爲後差，二差相減爲中差，置所入爻并後爻損益率，半中差以加之，九之，二百七十四而一，爲爻末率。（皆因前爻末率以爲後爻初率。）初末之率相減爲爻差，倍爻差，九之，二百七十四而一，爲算差，半之，加減初末，各爲定率。以算差累加減爻初定率，（少象以差減，老象以差加。）爲每算損益率。循累其率，隨所入爻損益其下進退積，各得其算定數。（其四象初爻無初率，上爻無末率，皆置本爻損益率四而九之，二百七十四而一，得，各以初末率減之，皆互得其率。）各置其星平合所入爻之算差，半之，以減其入算損益率，損者以所入餘乘差，辰法除，并差而半之；益者半入餘乘差，亦辰法除，皆加所減之率，乃以入餘乘之，辰法而一，所得以損益其算下進退，各爲平合所入定數。置進退定數，（金星則倍置之。）各以合下乘數乘之，除數除之，所得滿辰法爲日，以進加退減平合日算，（先以四約平合餘，然後加減。）爲常合日算。置常合日先後定數，四而一，以先減後加常合日算，得定合日算。又四約盈縮分，以定合餘乘之，滿辰法而一，所得以盈加縮減其定除，加其日夜半日度，爲定合加時星度。又置定合日算，以冬至大小餘加之，天正經朔大小餘減之，（其天正經朔小餘皆先以四約之，若大餘不足減，又以爻數加之，乃減之。）餘滿四象之策除爲月數，不盡者爲入朔日算，命月起天正，日起經朔，算外，得定合月日。（視定朔與經朔有進退者，亦進退加一日爲定。）置常合及定合應加減定數，同名相從，異名相消，乃以加減其平合入爻算，滿若不足，進退爻算，得定合所入。乃以合後諸變歷度累加之，去命如前，得次變初日所入。如平合求進退定數，乃以乘數乘之，除數除之，各爲進退變率。

五星變行日中率、度中率、差行損益率、歷度（乘數、除數）

歲星合後伏十七日三百三十二分，行三度三百五十七分，二分，先遲二日益疾九分，歷一度三百五十七分（乘數三百五十，除數二百八十一）

前順百一十二日，行十八度六百五十六分，先疾五日益遲六分，歷九度三百三十七分（乘數三百五十，除數二百八十一）

前留二十七日，歷二度二百二十分（乘數二百六十七，除數二百二十二）

前退四十二日，退五度三百六十九分，先遲六日益疾十一分，歷三度四百七十五分（乘數四百七十，除數四百三十）

後退四十三日，退五度三百六十九分，先遲六日益遲十一分，歷三度四百七十五分（乘數五百一十，除數四百六十七）

後留二十七日，歷三度二百一十分（乘數二百七十，除數二百二十二）

後順百一十二日，行十八度六十五分，先遲五日益疾六分，歷九度三百三十七分（乘數二百六十七，除數二百二十七）

合前伏十七日三百三十二分，行三度三百三十二分，先疾二日益遲九分，歷一度三百五十八分（乘數三百五十，除數二百八十一）

熒惑合後伏七十一日七百三十五分，行五十四度七百三十五分，先疾五日益遲七分，歷三十八度二百一分（乘數百二十七，除數三十）

前疾二百一十四日，行百三十六度，先疾九日益遲四分，歷百一十三度五百九十六分（乘數百二十七，除數三十）

前遲六十日，行二十五度，先疾日益遲四分，歷三十一度六百八十五分（乘數二百三，除數五十四）

前留十三日，歷六度六百九十三分（乘數二百三，除數五十四）

前退三十一日，退八度四百七十三分，先遲六日益疾五分，歷十六度三百六十七分（乘數二百三，除數四十八）

後退三十一日，退八度四百七十三分，先疾六日益遲五分，歷十六度三百六十七分（乘數二百三，除數四十八）

後留十三日，歷六度六百九十三分（乘數二百三，除數四十八）

後遲六十日，行二十五度，先遲日益疾四分，歷三十一度六百八十五分（乘數二百三，除數五十四）

後疾二百一十四日，行百三十六度，先遲九日益疾四分，歷百一十三度五百九十六分（乘數二百三，除數五十四）

合前伏七十一日七百三十六分，行五十四度七百三十六分，先遲五日益疾七分，歷三十八度二百一分（乘數百二十七，除數三十）

鎮星合後伏十八日四百一十五分，行一度四百二十五分，先遲二日益疾九分，歷四百八十分（乘數十二，除數十一）

前順八十三日，行七度二百四十一分，先疾六日益遲五分，歷二度六百二十三分（乘數十二，除數十一）

前留三十七日三百八十分，歷一度二百八分（乘數十，除數九）

前退五十日，退二度三百三十四分，先遲七日益疾一分，歷一度五百三十一分（乘數二十，除數十七）

後退五十日，退二度三百三十四分，先疾七日益遲一分，歷一度五百三十一分（乘數五，除數四）

後留三十七日三百八十分，歷一度二百八分（乘數二十，除數十七）

後順八十三日，行七度二百四十一分，先遲六日益疾五分，歷二度六百二十三分（乘數十，除數九）

合前伏十八日四百一十五分，行一度四百一十五分，先疾二日益遲九分，歷四百八十分（乘數十二，除數十一）

太白晨合後伏四十一日七百一十九分，行五十二度七百一十九分，先遲三日益疾十六分，歷四十一度七百一十九分（乘數七百九十七，除數二百九）

夕疾行百七十一日，行二百六度，先疾五日益遲九分，歷百七十一度（乘數七百九十七，除數二百九）

夕平行十二日，行十二度，歷十二度（乘數五百一十五，除數百五十六）

夕遲行四十二日，行三十一度，先疾日益遲十分，歷四十二度（乘數五百一十五，除數百三十七）

夕留八日，歷八度（乘數五百一十五，除數九十二）

夕退十日，退五度，先遲日益疾九分，歷十度（乘數五百一十五，除數八十六）

夕合前伏六日，退五度，先疾日益遲十五分，歷六度（乘數五百一十五，除數八十四）

夕合後伏六日，退五度，先遲日益疾十五分，歷六度（乘數五百一十五，除數八十三）

晨退十日，退五度，先疾日益遲九分，歷十度（乘數五百一十五，除數八十四）

晨留八日，歷八度（乘數五百一十五，除數八十六）

晨遲行四十二日，行三十一度，先遲日益疾十分，歷四十二度（乘數五百一十五，除數九十二）

晨平行十二日，行十二度，歷十二度（乘數五百一十五，除數百三十七）

晨疾行百七十一日，行二百六度，先遲五日益疾九分，歷百七十一度（乘數五百一十五，除數百五十六）

晨合前伏四十一日七百一十九分，行五十二度七百一十九分，先疾三日益遲十六分，歷四十一度七百一十九分（乘數七百九十七，除數二百九）

辰星晨合後伏十六日七百一十五分，行三十三度七百一十五分，先遲日益疾二十二分，歷十六度七百一十五分（乘數二百八十六，除數二百八十七）

夕疾行十二日，行十七度，先疾日益遲五十分，歷十二度（乘數二百八十六，除數二百八十七）

夕平行九日，行九度，歷九度（乘數四百九十五，除數百九十四）

夕遲行六日，行四度，先疾日益遲七十六分，歷六度（乘數四百九十六，除數百九十五）

夕留三日，歷三度（乘數四百九十七，除數百九十六）

夕合前伏十一日，退六度，先遲日益疾三十一分，歷十一度（乘數四百九十八，除數百九十七）

夕合後伏十一日，退六度，先疾日益遲三十一分，歷十一度（乘數五百，除數百九十八）

晨留三日，歷三度（乘數四百九十八，除數百九十八）

晨遲行六日，行四度，先遲日益疾七十六分，歷六度（乘數四百九十七，除數百九十六）

各置其本進退變率與後變率，同名者相消爲差，在進前少、在退前多，各以差爲加；在進前多、在退前少，各以差爲減。異名者相從爲并，前退後進，各以并爲加；前進後退，各以并爲減。逆行度率則反之。皆以差及并加減日度中率，各爲日度變率。（其水星疾行直以差并加減度中率爲變率，其日直因中率爲變率，勿加減也。）以定合日與前疾初日、後疾初日與合前伏初日先後定數，各以同名者相消爲差，異名者相從爲并，皆四而一，所得滿辰法各爲日度，乃以前日度盈加縮減其合後伏度之變率及合前伏前疾日之變率，亦以後日度盈減縮加其後疾日之變率及合前伏前疾度之變率。（金、水夕合反其加減，留、退亦然。）其二留日之變率，若差於中率者，即以所差之數爲度，各加減本遲度之變率。（謂以所多

（於中率之數加之少於中率之數減之已下加減準此）退行度之變率若差於中率者卽倍所差之數各加減本疾度之變率（其土木二星無遲疾卽加減前後順行度之變率）其水星疾行度之變率若差於中率者卽以所差之數爲日各加減留日變率（其留日變率若少不足減者侵減遲日變率若多於中率者亦以所多之數爲日以加留日變率）各加減變率訖皆爲日度定率其日定率有分者前後輩之（輩配也以少分配多分滿全爲日有餘轉配其諸變率不加減者皆依變率爲定率）置其星定合餘以減辰法餘以其星初日行分乘之辰法而一以加定合加時度得定合後夜半星度及餘（自此各依其星計日行度所至皆從夜半爲始）各以一日所行度分順加退減之其行有小分者各滿其法從行分伏不注度留者因前退則依減順行出虛去六虛之差退行入虛先加此差（六虛之差亦四而一乃用加減）訖皆以轉法約行分爲度分得每日所至（日度定率或加或減益疾益遲每日漸差不可預定今且略據日度中率商量置之其定率既有盈縮即差數合隨而增損當先檢括諸變定率與中率相較近者因用其差求其初末之日行分爲定自餘諸變因此消息加減其差各求初末行分循環比較使際會參合衰殺相循其金水皆以平行爲定而前後諸變準此求之其合前伏雖有日度定率因加減合而與後算不叶者皆從後算爲定其初見伏之度去日不等各以日度與星辰相較木去日十四度金十一度火土水各十七度皆見各減一度皆伏見大土三星前順之初後順之末及金水疾行留退初末皆是見伏之初日法歷消息定之金水及日月度皆不注分）置日定率減一以所差分乘之爲實以所差日乘定日率爲法實如法而一爲行分得每日差以辰法通度定率從其分如日定率而一爲平行度分減日定率一以所差分乘之二而一爲差率以加減平行分（益疾者以差率減平行爲初日加平行爲末日益遲者以差率加平行爲初日減平行爲末日）得初末日所行度及分（其差不全而與日相合者先置日定率減一以所差分乘之爲實倍所差日爲法實如法而一爲行分不盡者因爲小分然後爲差率）置初日行分益遲者以每日差累減之益疾者以每日差累加之得次日所行度分（其每日差及初日行皆有小分母既不同當令同之乃用加減）其先定日數而求度者減所求日一以每日差乘之二而一所得以加減初日行分（益遲減之益疾加之）以所求日乘之如辰法而一爲度不盡者爲行分得從初日至所求日積度及分若先定度數而返求日者以辰法乘所求行度有分者從之八之如每日差而一爲積倍初日行分以每日差加減之（益遲者加之益疾者減之）如每日差而一爲率令自乘以積加減之（益遲者以積減之益疾者以積加之）開方除之所得以率加減之（益遲者以率加之益疾者以率減之）乃半之得所求日數（開方除者置所開之數爲實借一算於實之下名曰下法步之超一位置商於上方副商於下法之上名曰方法命上商以除實畢倍方法一折下法再折乃置後商於下法之上名曰隅法副隅幷方命後商以除實畢隅從方法折下就除如前開之）五星前變入陽交爲黃道北入陰交爲黃道南後變入陽交爲黃道南入陰交爲黃道北（其金水二星以夕爲前變晨爲後變各計其變行起初日入交之算盡老象上交末算之數不滿變行度常率者因置其數以變行日定率乘之如變行度常數而一爲日其入變日數與此日數已下者星在道南北依本所入陰陽交爲定過此日數之外者南北返之）

九執歷者出于西域開元六年詔太史監瞿曇悉達譯之斷取近距以開元二年二月朔爲歷首度法六十月有二十九日餘七百三分日之三百七十三歷首有朔虛分百二十六周天三百六十度無餘分日去沒分九百分度之十三二月爲時六時爲歲三十度爲相十二相而周天望前曰白博又望後曰黑博又其筭皆以字書不用籌策其術繁碎或幸而中不可以爲法名數詭異初莫之辯也陳玄景等持以惑當時謂一行寫其術未盡妄矣

唐書卷二十九

宋翰林學士歐陽修撰

志第十九

歷志

寶應元年六月望戊夜月蝕三之一官歷加時在日出後有交不署蝕代宗以至德歷不與天合詔司天臺官屬郭獻之等復用麟德元紀更立歲差增損遲疾交會及五星差數以寫大衍舊術上元七曜起赤道虛四度帝爲製序題曰五紀歷其與大衍小異者九事曰仲夏之朔若月行極疾合于亥正朔不進則朔之晨月見東方矣依大衍初進初朔則朔之夕月見西方矣當視定朔小餘不滿五紀通法如晨初餘數減十刻已下者進以明日爲朔一也以三萬二千一百六十乘夜半定漏刻六十七乘刻分從之二千四百而一爲晨初餘數二也陽歷去交分交前加一辰交後減一辰餘百八十三已下者日亦蝕三也月蝕有差以望日所入定數視月道同名者交前爲加交後爲減異名者交前爲減交後爲加各以加減去交分又交前減一辰交後加一辰餘如三百三十八已下者既已上以減望差八十約之得蝕分四也日蝕有差以朔日所入定數十五而一以減百四餘爲定法以蝕差減去交分又交前減兩辰餘爲陰歷蝕其不足減者反減蝕差在交後減兩辰交前加三辰餘爲類同陽歷蝕又自小滿畢小暑加時距午正八刻外者皆減一辰三刻內者皆加一辰自大寒畢立春交前五辰外自大暑畢立冬交後五辰外又減一辰不足減者既加減訖各如定法而一以減十五餘爲蝕分其陽歷蝕者置去交分以蝕差加之交前加一辰交後減一辰所得以減望差餘如百四約之得爲蝕分五也所蝕分日以十八乘之月以二十乘之皆十五而一爲汎用刻不復因加六也日蝕定用刻在辰正前者以十分之四爲虧初刻六爲復末刻末正後者六爲虧初刻四爲復末刻不復相半七也五星乘數除數諸變皆通用之不復變行異數入進退歷皆用度中率八也以定合初日與前疾初日後疾初日與合前伏初日先後定初各同名者相消爲差異名者相從爲并皆四而一所得滿辰法各爲日乃以前日盈減縮加其合後伏日變率亦以後日盈加縮減合前伏日變率（太白辰星夕變則返）（加減留退）二退度變率若差於中率者倍所差之數曰伏差以加減前疾日度變率（熒惑均加減前疾兩變日度變率）歲星熒惑鎭星前留日變率若差於中率者以所差之數爲度加減前遲日變率（皆多於中率之數者加之少於中率者減之）後留日變率若差於中率者以所差之數爲日以加減後遲日變率及加減二退度變率又以伏差加減後疾日度變率（多於中率之數者減之少於中率者加之其熒惑均加減疾遲兩變日度變率歲星鎭星無遲卽加減前後順行日度變率）太白晨夕退行度變率若差於中率者亦倍所差之數爲度加減本疾變度率（夕合前後伏雖亦退行不取加減）二留日變率若差於中率者以所差之數爲度加減本遲度變率皆多於中率之數加之少於中率減之其辰星二留日變率若差於中率者以所差之數爲度各加減本遲度變率疾行度變率若差於中率者以其差之數爲日各加減留日變率（亦多於中率之數者加之少於中率者減之其留日變率若少不足減者侵減遲日）變加減訖皆爲日度定率九也大衍以四象考五星進退或時弗叶歟之加減順異而偶與天合於是頒用訖建中四年寶應五紀歷演紀上元甲子距寶應元年壬寅積二十六萬九千九百七十八算

五紀通法千三百四十　策實四十八萬九千四百二十八　揲法三萬九千五百七十一　策餘七千二十八　用差七千五百四十八　掛限三萬八千三百五十七　三元之策十五餘二百九十二秒五秒母六（以象統爲母者又四因之）　四象之策二十九餘七百一十一　一象之策七餘五百一十二太　天中之策五餘九十七秒十一秒母十八　地中之策六餘百一十九秒四秒母三十　貞悔之策三餘五十八秒十七　辰法三百三十五　刻法百三十四　乾實四十八萬九千四百四十二秒七十　周天度三百六十五虛分三百四十二秒七十　歲差十四秒七十　秒法百

定氣	盈縮分	先後數	損益率	朓朒積
冬至	盈千三十七	先端	益七十八	朒初
小寒	盈八百一十三	先千三十七	益六十一	朒七十八
大寒	盈六百一十三	先千八百五十	益四十六	朒百三十九
立春	盈四百三十	先二千四百六十三	益三十二	朒百八十五
雨水	盈二百五十九	先二千八百九十三	益十九	朒二百一十七
驚蟄	盈九十四	先三千一百五十二	益七	朒二百三十六
春分	縮九十四	先三千二百四十六	損七	朒二百四十三
清明	縮二百五十九	先三千一百五十二	損十九	朒二百三十六
穀雨	縮四百三十	先二千八百九十三	損三十二	朒二百一十七
立夏	縮六百一十三	先二千四百六十三	損四十六	朒百八十五
小滿	縮八百一十三	先千八百五十	損六十一	朒百三十九
芒種	縮千三十七	先千三十七	損七十八	朒七十八
夏至	縮千三十七	後端	益七十八	朓初
小暑	縮八百一十三	後千三十七	益六十一	朓七十八
大暑	縮六百一十三	後千八百五十	益四十六	朓百三十九
立秋	縮四百三十	後二千四百六十三	益三十三	朓百八十五
處暑	縮二百五十九	後二千八百九十三	益十九	朓二百一十七
白露	縮九十四	後三千一百五十二	益七	朓二百三十六
秋分	盈九十四	後三千二百七十六	損七	朓二百四十三
寒露	盈二百五十九	後三千一百五十二	損十九	朓二百三十六
霜降	盈四百三十	後二千八百九十三	損三十二	朓二百一十七
立冬	盈六百一十三	後二千六百四十三	損四十六	朓百八十五
小雪	盈八百一十三	後千八百五十	損六十一	朓百三十九
大雪	盈千三十七	後千三十七	損七十八	朓七十八

定氣所有日及餘以辰計之日辰數與大衍同

六虛之差七秒七十　轉終分百三十六萬六千一百五十六　轉終日二十七餘七百四十三秒五　秒法三十七　轉法六十七（約轉分爲度日逡程積逡程日轉積度）

終日	轉分	損益率	朓朒積
一日	九百八十六退十二	益百三十五	朓初
二日	九百七十四退十二	益百一十七	朓百三十五
三日	九百六十二退十四	益九十九	朓二百五十二
四日	九百四十八退十五	益七十八	朓三百五十一
五日	九百三十三退十五	益五十六	朓四百二十九
六日	九百一十八退十六	益三十三	朓四百八十五
七日	九百二退十六	初益八末損一	朓五百一十八
八日	八百八十六退十六	損十四	朓五百二十五
九日	八百七十退十五	損三十八	朓五百一十一
十日	八百五十五退十三	損六十二	朓四百七十三
十一日	八百四十二退十四	損八十五	朓四百一十一
十二日	八百二十八退十一	損百三	朓三百二十六
十三日	八百一十七退七	損百一十八	朓二百二十三
十四日	八百一十退三進一	初損百五末益三十	朓百五

十五日	八百八　進十一	益百二十八	朒三十
十六日	八百一十九　進十三	益百一十五	朒百五十八
十七日	八百三十二　進十四	益九十五	朒二百七十三
十八日	八百四十六　進十五	益七十四	朒三百六十八
十九日	八百六十一　進十六	益五十二	朒四百四十二
二十日	八百七十七　進十六	益二十八	朒四百九十四
二十一日	八百九十三　進十六	初益六　末損三	朒五百二十二
二十二日	九百九　進十五	損二十	朒五百二十五
二十三日	九百二十四　進十五	損四十二	朒五百五
二十四日	九百三十九　進十五	損六十五	朒四百六十三
二十五日	九百五十四　進十四	損八十九	朒二百九十八
二十六日	九百六十八　進十一	損百九	朒三百九
二十七日	九百七十九　進六	損百二十五	朒二百
二十八日	九百八十五　進五退四	初損七十五　末益入後	朒七十五
七日	初千一百九十一　末百四十九	十四日	初千四十二　末二百九十八
二十一日	初八百九十二　末四百四十八	二十八日	初七百四十三　末五百九十七

入交陰陽	屈伸率	屈伸積
一日	屈二十四	積初
二日	屈十七	積二十四
三日	屈十一	積四十一
四日	屈八	積五十二
五日	屈十一	積六十
六日	屈十七	積一度四
七日	初屈十八　末伸六	積一度二十一
八日	伸十七	積一度三十三
九日	伸十一	積一度十六
十日	伸八	積一度五
十一日	伸十一	積六十四
十二日	伸十七	積五十三
十三日	伸二十四	積三十六
十四日	初伸十二　末屈入後	積十二

半紀六百七十　象積四百八十　辰刻八刻分百六十　昏明刻各二刻分二百四十　交終三億六千四百六十四萬三千七百六十七　交終日二十七餘二百八十四秒三千七百六十七　交中日十三餘八百一十二秒千八百八十三半　朔差日二餘四百二十六秒六千二百三十三　望差日一餘二百一十三秒三千一百一十六半　望數日十四餘千二十五秒五千　交限日十二餘五百九十八秒八千七百六十七　交率六十一　交數七百七十七凡春分後陰歷交後、秋分後陽歷交後，爲月道同名，餘皆爲異名　辰分百一十三　秒法一萬

去交度乘數十一　除數千一百六十五

太陰損益差冬至夏至益十九積七十六小寒小暑益十七積九十五大寒大暑益十四積百一十一立春立秋益十二積百二十五雨水處暑益十積百三十七驚蟄白露益七積百四十七春分秋分損七積百五十四清明寒露損十積百四十七穀雨霜降損十二積百三十七立夏立冬損十四積百二十五小滿小雪損十七積百一十一芒種大雪損十九積九十五依定氣求朓朒術入之得其望日所入定數

太陽每日蝕差月在陰歷自秋分後春分前皆以四百五十七爲蝕差入春分後日損五分入夏至初日損不盡者七乃自後日益五分月在陽歷自春分後秋分前亦以四百五十七爲蝕差入秋分後日損五分入冬至初日損不盡者七乃自後日益五分各得朔日所入定數

歲星終率五十三萬四千四百八十二秒三十六　終日三百九十八餘千一百六十二秒三十六　變差十四秒八十八　象算九十一餘百五秒十八　爻算十五餘七十三秒四十六微分三十二　乘數五　除數四

熒惑終率百四萬五千八十八秒八十三　終日七百七十九餘千二百二十八秒八十三　變差三十二秒五十七　象算九十一餘百六秒二十八微分五十四　爻算十五餘七十三秒五十四微分七十三　乘數百二十七　除數三十

鎮星終率五十萬六千六百二十三秒二十九　終日三百七十八餘百三秒二十九　變差九秒八十七　象算九十一餘百四秒八十六微分六十六　爻算十五餘七十三秒三十一微分十一　乘數十二　除數十一

太白終率七十八萬二千四百四十九秒九　終日五百八十三餘千二百二十九秒九　中合二百九十二餘千二百八十四秒五十九微分七十二　變差四十九秒七十二　象算九十一餘百七秒三十五微分七十二　爻算十五餘七十三秒七十二微分六十　乘數十五　除數二

辰星終率十五萬五千二百七十八秒六十六　終日百一十五餘千一百七十八秒六十六　中合五十七餘千二百五十九秒三十三　變差五十秒八十五　象算九十一餘百七秒四十二微分七十八　爻算十五餘七十三秒七十三微分七十七

秒法百　微分法九十六

星名	爻目損益率	進退積	爻目損益率	進退積
歲星	少陽少陰初益三百四十一	進退空	老陽老陰初損五十四	進退千三百五十七
	少陽少陰二益三百一十八	進退三百四十一	老陽老陰二損百四十六	進退千三百三
	少陽少陰三益二百七十七	進退六百五十九	老陽老陰三損二百二十	進退千一百五十七
	少陽少陰四益二百二十一	進退九百三十六	老陽老陰四損二百七十七	進退九百三十六
	少陽少陰五益百四十六	進退千一百五十七	老陽老陰五損三百一十八	進退六百五十九
	少陽少陰上益五十四	進退千三百三	老陽老陰上損三百四十一	進退三百四十一

熒惑	少陽少陰初益五百四十五	進退空	老陰老陽初損八十二	進退二千一百三十九
	少陽少陰二益五百四	進退五百四十五	老陰老陽二損二百二十七	進退二千五十七
	少陽少陰三益四百三十七	進退千四十九	老陰老陰三損三百四十四	進退千八百三十
	少陽少陰四益三百四十四	進退千四百八十六	老陽老陰四損四百三十七	進退千四百八十六
	少陽少陰五益二百二十七	進退千八百三十	老陽老陽五損五百四	進退千四十九
	少陽少陽上益八十二	進退二千五十七	老陽老陰上損五百四十五	進退五百四十五
鎮星	少陽少陰初益七百四十二	進退空	老陽老陰初損百八	進退二千八百七十七
	少陽少陰二益六百八十一	進退七百四十二	老陽老陰二損三百	進退二千七百六十八
	少陽少陰三益五百八十六	進退千四百二十三	老陽老陰三損四百五十九	退退二千四百六十八
	少陽少陰四益四百五十九	進退二千九	老陽老陰四積五百八十六	進退二千九
	少陽少陰五益三百	進退二千四百六十八	老陽老陰五損六百八十九	進退千四百二十三
	少陽少陰上益百八	進退二千七百六十八	老陽老陰上損七百四十二	進退七百四十二
太白	少陽少陰初益百一十二	進退空	老陽老陰初損十九	進退四百三十六
	少陽少陰二益百二	進退百一十二	老陽老陰二損四十七	進退四百一十七
	少陽少陰三益八十八	進退二百一十四	老陽老陰三損六十八	進退三百七十
	少陽少陰四益六十八	進退三百二	老陽老陰四損八十八	進退三百二
	少陽少陰五益四十七	進退三百七十	老陽老陰五損百一	進退三百一十四
	少陽少陰上益十九	進退四百一十七	老陽老陰上損百一十二	進退百一十二
辰星	少陽少陰初益二百八十三	進退空	老陽老陰初損四十一	進退千八十八
	少陽少陰二益二百五十八	進退二百八十三	老陽老陰二損百一十三	進退千四十七
	少陽少陰三益二百二十一	進退五百四十一	老陽老陰三損百七十二	進退九百三十四
	少陽少陰四益百七十二	進退七百六十二	老陽老陰四損二百二十一	進退七百六十二
	少陽少陰五益百一十三	進退九百二十四	老陽老陰五損二百五十八	進退五百四十一
	少陽少陰上益四十一	進退千四十七	老陽老陽上損二百八十三	進退二百八十三

星目	變行日	變行日中率	變行度中率	差行損益率
歲星	合後伏	十七日百四十五分	行三度二百四十五分	先遲日益疾二分
	前順	百一十四日	行十八度二百八十九分	先疾二日益遲一分
	前留	二十七日		
	前退	四十一日	退五度百六十二分	先遲四日益疾三分
	後退	四十一日	退五度百六十三分	先遲四日益疾三分
	後留	二十七日		
	後順	百一十四日	行十八度二百八十九分	先遲二日益遲一分
	合前伏	十七日百四十六分	行三度二百四十六分	先疾日益遲二分
熒惑	合後伏	七十一日三百一十二分	行五十四度三百一十二分	先疾五日益遲七分
	前疾	百八日	行七十度	先疾三日益遲一分
	前次疾	百六日	行六十六度	先疾九日益遲四分
	前遲	六十日	行二十五度	先疾日益遲四分
	前留	十三日		
	前退	三十一日	退八度二百一十分	先遲六日益疾五分
	後退	三十一日	退八度二百一十分	先疾六日益遲五分
	後留	十三日		
	後遲	六十日	行二十五度	先遲日益疾四分
	後次疾	百六日	行六十六度	先遲九日益疾二分
	後疾	百八日	行七十度	先遲三日益疾一分
	合前伏	七十一日三百二十三分	行五十四度三百一十三分	先遲五日益疾七分
鎮星	合後伏	十八日百八十四分	行一度百八十四分	先遲日益疾二分
	前順	八十三日	行七度百二分	先疾三日益遲一分
	前留	三十七日百六十四分		
	前退	五十日	退一度百四十七分	先遲十四日益疾一分
	後退	五十日	退一度百四十七分	先疾十四日益遲一分
	後留	三十七日百六十四分		
	後順	八十三日	行七度百二分	先遲三日益疾一分
	合前伏	十八日百八十四分	行一度百八十四分	先疾日益遲二分
太白	晨合後伏	四十一日二百八十分	行五十二度二百八十分	先疾五日益遲八分
	夕疾行	百七十一日	行二百六度	先疾五日益四分
	夕平行	十二日	行十二度	
	夕遲行	四十三日	行三十一度	先疾日益五五分遲
	夕留	八日		
	夕退	十日	退五度	先遲日益疾四分遲
	夕合前伏	六日	退五度	先疾日益疾四十二分
	夕合後伏	六日	退五度	先疾日益遲四十二分
	晨退	十日	退五度	先疾日益遲四分
	晨留	八日		
	晨遲行	四十三日	行三十一度	先遲日益疾五分
	晨平行	十二日	行十二分	
	晨疾行	百七十一日	行二百六度	先遲五日益疾四分
	晨合前伏	四十一日二百八十分	行五十二度二百八十分	先遲三日益疾八分
辰星	晨合後伏	十六日三百一十五分	行三十三度三百一十五分	先遲日益疾十一分
	夕疾行	十二日	行十七度	先疾日益遲二十五分
	夕平行	九日	行九度	
	夕遲行	六日	行四度	先疾日益遲二十八分
	夕留	三日		
	夕合前伏	十一日	退六度	先遲三日益疾十五分
	夕合後伏	十一日	退六度	先疾日益遲十五分
	晨留	三日		
	夕合前伏	十一日	退六度	先遲三日益疾十五分
	夕合後伏	十一日	退六度	先疾日益遲十五分
	晨留	三日		
	晨遲行	六日	行四度	先遲日益疾二十八分
	晨平行	九日	行九度	
	晨疾行	十二日	行十七度	先遲日益疾二十五分
	晨合前伏	十六日三百一十五分	行三十三度三百一十五分	先疾日益遲十一分

德宗時五紀歷氣朔加時稍後天推測星度與大衍差率頗異詔司天徐承嗣與夏官正楊景風等雜麟德大衍之旨治新歷上元七曜起赤道虛四度建中四年歷成名曰正元其氣朔發斂日躔月離軌漏交會悉如五紀法惟發斂加時無辰法皆以象統乘小餘通法而一爲半辰數餘五因之六法刻除之得刻不盡六而一爲刻分其軌漏夜半刻分以刻法準象積取其數用之以刻法通夜半定漏刻內分二十而一爲晨初餘數月蝕

去交分如二百七十九已下者既已上以減望差六十六約之爲蝕分日蝕差亦十五約之以減八十五餘爲定法又加減去交分訖以減望差八十五約之得蝕分日法不同也其五星爲麟術歷舊術因冬至後夜半平合日算加合後伏日及餘即平見日算金水先得夕見其滿晨見伏日及餘秒去之餘爲晨平見求入常氣以取定見而推之麟德歷之啓蟄正元歷之雨水麟德歷之雨水正元歷之驚蟄也麟德歷熒惑前後疾變度率初行入氣差行日益遲疾一分正元歷則二分亦度母不同也詔起五年正月行新歷會朱泚之亂改元興元自是頒用訖元和元年建中正元歷演紀上元甲子距建中五年甲子歲積四十萬二千九百算外

正元通法十九十五　策實三十九萬九千九百四十三　揲法三萬三千三百三十六　章閏萬一千九百一十一　策餘五千七百四十三　用差六千一百六十八　掛限三萬一千三百四十三　三元之策十五餘二百三十九秒七　四象之策二十九餘五百八十一　一象之策七餘四百一十九　中盈分四百七十八秒一十四　朔虛分五百一十四　象統二十四　象位六　天中之策五餘七十九秒五十五秒母七十二　地中之策六餘九十五秒四十三秒母六十　貞悔之策三餘四十七秒五十一半　刻法二百一十九（六刻法千三百一十四）　乾實三十九萬九千九百五十五秒二　周天度三百六十五虛分二百八十秒二　歲差十二秒二　秒母百

定氣	盈縮分	先後數	損益率	朓朒積
冬至	盈八百四十八	先端	益六十三	朒初
小寒	盈六百六十四	先八百四十八	益五十	朒六十三
大寒	盈五百一	先千五百一十二	益三十七	朒百一十三
立春	盈三百五十一	先二千一十三	益二十六	朒百五十
雨水	盈二百一十二	先二千三百六十四	益十六	朒百七十六
驚蟄	盈七十七	先二千五百七十六	益六	朒百九十二
春分	縮七十七	先二千六百五十三	損六	朒百九十八
清明	縮二百一十二	先二千五百七十六	損十六	朒百九十二
穀雨	縮三百五十一	先二千三百六十四	損二十六	朒百七十六
立夏	縮五百一	先二千一十三	損三十七	朒百五十
小滿	縮六百六十四	先千五百一十二	損五十	朒百一十三
芒種	縮八百四十八	先八百四十八	損六十三	朒六十三
夏至	縮八百四十八	後端	益六十三	朓初
小暑	縮六百六十四	後八百四十八	益五十	朓六十三
大暑	縮五百一	後千五百一十二	益三十七	朓百一十三
立秋	縮三百五十一	後二千一十三	益二十六	朓百五十
處暑	縮二百一十二	後二千三百六十四	益十六	朓百七十六
白露	縮七十七	後二千五百七十六	益六	朓百九十二
秋分	盈七十七	後二千六百五十三	損六	朓百九十八
寒露	盈二百一十二	後二千五百七十六	損十六	朓百九十二
霜降	盈三百五十一	後二千三百六十四	損二十六	朓百七十六
立冬	盈五百一	後二千一十三	損三十七	朓百五十
小雪	盈六百六十四	後千五百一十二	損五十	朓百一十三
大雪	盈八百四十八	後八百四十八	損六十三	朓六十三

定氣辰數同太衍

六虛之差六秒二十　轉終分三億一百七十二萬一百三十二　轉終日二十七餘六百七秒百三十二

入轉秒法一萬　轉法二百一十九（約轉分爲度曰遂程積遂程曰轉積度）

轉日	轉分（列衰）	損益率	朓朒積
一日	三千二百二十二　退三十八	益百二十	朓初
二日	三千一百八十四　退四十	益九十六	朓百二十
三日	三千一百四十四　退四十五	益八十一	朓二百六
四日	三千九十九　退四十九	益六十四	朓二百八十七
五日	三千五十　退四十九	益四十六	朓三百五十一
六日	三千一　退五十三	益二十七	朓三百九十七
七日	二千九百四十八　退五十二	初益十　末損二	朓四百二十四
八日	二千八百九十六　退五十二	損十二	朓四百三十
九日	二千八百四十四　退四十九	損三十一	朓四百一十八
十日	二千七百九十五　退四十九	損五十一	朓三百八十七
十一日	二千七百四十六　退四十六	損六十八	朓三百三十六
十二日	二千七百　退三十	損八十五	朓二百六十八
十三日	二千六百七十　退二十二	損九十六	朓百八十三
十四日	二千六百四十八　退十進三	初損八十七　末益二十五	朓八十七
十五日	二千六百四十一　進三十六	益百七	朒二十五
十六日	二千六百七十七　進四十三	益九十四	朒百三十五
十七日	二千七百二十　進四十五	益七十八	朒二百二十六
十八日	二千七百六十五　進四十九	益六十一	朒三百四十
十九日	二千八百一十四　進五十三	益四十二	朒三百六十五
二十日	二千八百六十七　進五十二	益二十三	朒四百七
二十一日	二千九百一十九　進五十二	初益五　末損二	朒四百三十
二十二日	二千九百七十一　進四十九	損十六	朒四百三十三
二十三日	三千二十　進四十九	損三十五	朒四百一十七
二十四日	三千六十九　進四十九	損五十三	朒三百八十二
二十五日	三千一百一十八　進四十六	損七十一	朒三百二十九
二十六日	三千一百六十四　進三十六	損八十八	朒二百五十八
二十七日	三千二百　進二十	損百二	朒百七十
二十八日	三千二百二十　進十一退九	初損六十八　末益四十二	朒六十八

七日初九百七十三末百二十二

十四日初八百五十一末二百四十四

二十一日初七百二十九末三百六十六

二十八日初六百七末四百八十八

入交陰陽	屈伸率	屈伸積
一日	屈七十八	積初
二日	屈五十六	積七十八
三日	屈三十六	積百三十四
四日	屈二十六	積百七十
五日	屈三十六	積百九十六
六日	屈五十六	積一度十三
七日	初屈五十九　末伸二十	積一度六十九
八日	伸五十六	積一度百八
九日	伸三十六	積一度五十二
十日	伸二十六	積一度十六
十一日	伸三十六	積二百九
十二日	伸五十六	積百七十三
十三日	伸七十八	積百一十七
十四日	初伸三十九　末屈八	積三十九

辰刻八刻分七十三　刻法二百一十九　昏明刻各二刻分百九半

交終分二億九千七百九十七萬三千八百一十五

交終日二十七餘二百三十二秒三千八百一十五

交中日十三餘六百六十三秒六千九百七半　朔差日二餘三百四十八秒六千一百八十五　望差日一餘百七十四秒三千九十二半　望數日十四餘八百三十八　交限日十二餘四百八十九秒三千八百一十五　交率六十一　交數七百七十七　交辰法九十一少　秒法一萬

去交度乘數十一　除數九百四十五

太陰損益差冬至夏至益十六積六十二小寒小暑益十三積七十八大寒大暑益十一積九十一立春立秋益十積百二雨水處暑益八積百一十二驚蟄白露益六積百二十春分秋分損六積百二十六清明寒露損八積百二十二穀雨霜降損十積百一十二立夏立冬損十一積百二小滿小雪損十三積九十一芒種大雪損十六積七十八以損益依入定氣求朓朒術入之各得其望日所入定數

太陽每日蝕差月在陰歷自秋分後春分前皆以三百七十三爲蝕差入春分後日損四分入夏至初日損不盡者六乃自後日益四分月在陽歷自春分後秋分前亦以三百七十三爲蝕差入秋分後日損四分入冬至初日損不盡者六乃自後日益四分各得朔日所入定數

歲星終率四十三萬六千七百六十秒四　終日三百九十八餘九百五十秒四　合後伏日十七餘千二十三

熒惑終率八十五萬四十七秒七十九　終日七百七十九餘千二秒七十九　合後伏日七十一餘千四十九

鎮星終率四十一萬三千九百九十四秒六十三　終日三百七十八餘八十四秒六十三　合後伏日十八餘五百九十

太白終率六十三萬九千三百八十九秒二十八　晨合後伏日四十一餘九百一十五　夕見伏日二百五十六餘五百二秒一十四　晨見伏日三百二十七餘五百二秒一十四

辰星終率十二萬六千八百八十八秒四半　終日百一十五餘九百六十二秒四半　晨合後伏日十六餘千四十　夕見伏日五十二餘四百八十一秒五十二少　晨見伏日六十三餘四百八十一秒五十二少

秒法一百

五星平見加減差

歲星初見去日十四度見入冬至畢小寒均減六日自入大寒後日損百九分半入春分初日依平自後日加百四十五分半入立夏畢小滿均加六日自入芒種後日損百四十五分入夏至畢立秋均加四日自入處暑後日損二百九十一分半入白露初日依平自後日減八十七分入小雪畢大雪均減六日

熒惑初見去日十七度見入冬至初日減二十七日自後日損九百八十五分半入大寒初日依平自後日加六百五十七分入驚蟄畢穀雨均加二十七日自入立夏後日損三百二十三分入立秋依平自入處暑後日減三百二十三分入小雪畢大雪均減二十七日

鎮星初見去日十七度見入冬至初日減四日自後日益百四十五分半入大寒畢春分均減八日自入清明

後日損九十六分入小暑初日依平自後日加百四十五分半入白露初日加八日自後日損二百九十一分入秋分均加四日自入寒露後日損九十六分入小雪初日依平自後日減百四十五分半

太白初見去日十一度夕見入冬至初日依平自後日減百六十三分入雨水畢春分均減九日自入清明後日減百六十三分入芒種依平自入夏至日加百六十三分入處暑畢秋分均加九日自入寒露後日損百六十三分入大雪依平晨見入冬至依平入小寒後日加百九分半入立春畢立夏均加三日入小滿後日損百九分半入夏至依平入小暑後日減百九分半入立秋畢立冬均減三日入小雪後日損百九分半

辰星初見去日十七度夕見入冬至畢清明依平入穀雨畢芒種均減二日入夏至畢大暑依平入立秋畢霜降應見不見（其在立秋及霜降二氣之內者去日十八度外三十六度內有木火土金一星已上者見）入立冬畢大雪依平晨見入冬至均減四日入小寒畢雨水均減三日（其在雨水氣內去日度如前晨無木火土金一星已上者不見）入驚蟄畢立夏應見不見（其在立夏氣內去日度如前晨有木火土金一星已上者亦見）入小滿寒露依平入霜降畢立冬均加一日入小雪畢大雪依平

五星變行加減差日度率

歲星前順差行百一十四日行十八度九百七十一分先疾二日益遲三分

前留二十六日

前退差行四十二日退六度先遲日益疾二分

後退差行四十二日退六度先疾日益遲二分

後留二十五日

後順差行百一十四日行十八度九百七十一分先遲二日益疾三分日盡而夕伏

熒惑前疾入冬至初日二百四十三日行百六十五度自後三日損日度各二小寒初日二百三十三日行百五十五度自後二日損日度各一穀雨四日依平畢小滿九日百七十八日行百度自九日後三日損日度各一夏至初日依平畢六日百七十一日行九十三度自六日後每三日益日度各一立秋初日百八十四日行百六度自後每日益日度各一白露初日二百一十四日行百三十六度自後五日益日度各六秋分初日二百三十二日行百五十四度自後每日益日度各一寒露初日二百四十七日行百六十九度自後五日益日度各三霜降五日依平畢立冬十三日二百五十九日行百八十一度自入十三日後二日損日度各一

前遲差行入冬至六十日行二十五度先疾日益遲三分自入小寒後三日損日度各一大寒初日五十五日行二十度自後三日益日度各一立春初日畢清明平六十日行二十五度自入穀雨每氣損度一立夏初日畢小滿平六十日行二十三度自入芒種後每氣益一度夏至初日平畢處暑六十日行二十五度自入白露後三日損度一秋分初日六十日行二十度自後每日益日一三日益度二寒露初日七十五日行三十度自後每日損日一三日損度一霜降初日六十日行二十五度自後二日損度一立冬一日平畢氣末六十日行十七度自小雪後五日益度一大雪初日六十日行二十度自後三日益度一

前留十三日（前疾減一日率者以其差分益此留及後遲日率前疾加日率者以其差分減此留及後遲日率）

後遲退行入冬至初日六十三日行二十二度自後四日益度一小寒一日六十三日行二十六度自入小寒一日後三日半損度一立春三日平畢雨水六十三日退十七度自入驚蟄後二日益日度各一驚蟄八日平畢氣末六十七日退二十一度自入春分後一日損日度各一春分四日平畢芒種六十三日退十七度自入夏至後每六日損日度各一大暑初日平畢氣末五十八日退十二度立秋初日平畢氣末五十七日退十一度自入白露後二日益日度各一白露十二日平畢秋分六十三日退十七度自入寒露後三日益日度各一寒露九日平畢氣末六十六日退二十度自入霜降後二日損日度各一霜降六日平畢氣末六十三日退十七度自入立冬後三日益日度各一立冬十二日平畢氣末六十七日退二十一度自入小雪後二日損日度各一小雪八日平畢氣末六十三日退十七度自入大雪後三日益度一

後留冬至初日十三日大寒初日平畢氣末二十五日自入立春後二日半損一日驚蟄初日十三日自後三日益日一清明初日三十三日自後每日損日一清明十日平畢處暑十三日自入白露後二日損日一秋分十一日無留自入秋分十一日後日益日一霜降初日十九日立冬畢大雪十三日

後遲差行六十日行二十五度（先遲日益疾三分前疾加度者此遲依數減之爲定若不加度者此遲入秋分至立冬減三度入立冬到冬至減五度後留定日十三日者以所朒數加此遲日率）

後疾冬至初日二百一十日行百三十二度自後每日損日度各一大寒八日百七十二日行九十四度自入大寒八日後二日損日度各一雨水平畢氣末百六十一日行八十三度自入驚蟄後三日益日度各一穀雨三日百七十七日行九十九度自三日後每日益日度各一芒種十四日平畢夏至十日二百三十三日行百五十五度自十日後每日益日度各一小暑五日二百五十三日行百七十五度自後每日益日度各一大暑初日平畢處暑二百六十三日行百八十五度自入白露後二日損日度各一秋分一日二百五十五日行百七十七度自一日後每三日損日度各一大雪初日二百五日行百二十七度自後三日益日度各一

鎮星前順差行八十三日行七度四百七十四分先疾三日益遲二分

前留三十七日

前退差行五十一日退三度先遲二日益疾一分

後退差行五十一日退三度先疾二日益遲一分

後留三十六日

後順差行八十三日行七度四百七十四分先遲三日益遲二分

太白夕見入冬至畢立夏立秋畢大雪百七十二日行二百六度自入小滿後十日益度一爲定初入白露畢春分差行先疾日益遲二分自餘平行夏至畢小暑百七十二日行二百九度自入大暑後五日損一度畢氣末

夕平行冬至及大暑大雪各畢氣末十三日行十三度自入冬至後十日損一畢立春入立秋六日益一畢秋分雨水畢芒種七日行七度自入夏至後五日益一畢小暑寒露初日二十三日行二十三度自後六日損一畢小雪

夕遲差行四十二日行三十度先疾日益遲十三分前加度過二百六度者準數損此度

夕留七日

夕退十日退五度日盡而夕伏

晨退十日退五度

晨留七日

晨遲差行冬至畢立夏大雪畢氣末四十二日行三十度先遲日益疾十三分自小滿後率十日損一度畢芒種夏至畢寒露四十二日行二十七度差依前自入霜降後每氣益一度畢小雪

晨平行冬至畢氣末立夏畢氣末十三日行十三度自小寒後六日益日度各一畢雨水入小滿後七日損日度各一畢立秋驚蟄初日二十三日行二十三度自後六日損日度各一畢穀雨處暑畢寒露無此平行自入霜降後五日益日度各一畢大雪

晨疾百七十二日行二百六度（前遲行損度不滿三十者此疾依數益之）處暑畢寒露差行先遲日益疾二分自餘平行日盡而晨伏

辰星夕見疾十二日行二十一度十分大暑畢處暑十二日行十七度十六分

夕平七日行七度自入大暑後二日損度各一入立秋無此平行

夕遲六日行二度七分前疾行十七度者無此遲行

夕伏留五日日盡而夕伏

晨見留五日

晨遲六日行二度七分自入大寒畢雨水無此遲行

晨平行七日行七度入大寒後二日損日度各一入立春無此平行

晨疾十二日行二十一度十分前無遲行者十二日行十七度十六分日盡而晨伏

唐書卷三十上

宋　翰　林　學　士　歐　陽　修　撰

志第二十

歷志

憲宗卽位司天徐昂上新曆名曰觀象起元和二年用之然無蔀章之數至於察斂啓閉之候循用舊法測驗不合至穆宗立以爲累世纘緒必更曆紀乃詔日官改撰曆術名曰宣明上元七曜起赤道虛九度其氣朔發斂日躔月離皆因大衍舊術晷漏交會則稍增損之更立新數以步五星其大略謂通法曰統法策實曰章歲揲法曰章月掛限曰閏限三元之策曰中節四象之策曰合策一象之策曰象準策餘曰通餘爻數曰紀法通紀法爲分曰旬周章歲乘年曰通積分地中之策曰候策天中之策曰卦策以貞悔之策減中節曰辰數以加季月之節卽土用事日以小餘滿辰法爲辰數滿刻法爲刻乾實曰象數秒法三百以乘統法曰分統凡步七曜入宿度皆以刻法爲度母凡刻法乘盈縮分如定氣而一曰氣中率與後氣中率相減爲合差以定氣乘合差倂後定氣以除爲中差加減氣率爲初末率倍中差百乘之以定氣除爲日差半之以加減初末各爲定率

以日差累加減之爲每日盈縮分凡百乘氣下先後數先減後加常氣爲定氣限數乘歲差千四百四十爲秒分以加中節因冬至黃道日度累而裁之得每定氣初日度入轉日歷凡入歷如歷中已下爲進已下去之爲退凡定朔小餘秋分後四分之三已上進一日春分後昏明小餘差春分初日者五而一以減四分之三定朔小餘如此數已上者進一日或有交應見虧初則否定弦望小餘不滿昏明小餘者退一日或有交應見虧初者亦如之凡正交以平交入歷朓朒定數朓減朒加平交入定氣餘滿若不足進退日算爲正交入定氣不復以交率乘交數除及不加減平交入氣朓朒也凡推月度以歷分乘夜半定全漏如刻法而一爲晨分以減歷分爲昏分又以定朔弦望小餘乘歷分統法除之以減晨分除爲前不足反相減餘爲後乃前加後減加時月度爲晨昏月度以所入加時日度減後歷加時日度餘加上弦之度及餘以所入日前減後加又以後歷前加後減各爲定程乃累計距後歷每日歷度及分以減定程爲盈不足反相減爲縮以距後歷日數均其差盈減縮加每日歷分爲歷定分累以加朔弦望晨昏月度爲每日晨昏月度不復加減屈伸也爻統曰中統象積曰刻法消息曰屈伸以屈伸準盈縮分求每日所入日定衰五乘之二十四除之曰漏差屈加伸減氣初夜半漏得每日夜半定漏刻法通爲分曰昏明小餘二十一乘屈伸定數二十五而一爲黃道屈伸差乃屈減伸加氣初去極度分得每日去極度分以萬二千三百八十六乘黃道屈伸差萬六千二百七十七而一爲每日度差屈減伸加氣初距中度分得每日距中度數凡屈伸準消息於中晷曰定數於漏刻曰漏差於去極曰屈伸差於距中度曰度差交終曰終率朔差曰交朔望數曰交望交限曰前準望差曰後準凡月行入四象陰陽度有分者十乘之七而一爲度分不盡十五乘之七除爲大分不盡又除爲小分乃以一象之度九十除之兼除度差分百一十三大分七小分一少然後以次象除之凡日蝕以定朔日出入辰刻距午正刻數約百四十七爲時差視定朔小餘如半法已下以減半法爲初率已上減去半法餘爲末率以乘時差如刻法而一初率以減末率倍之以加定朔小餘爲蝕定餘月蝕以定望小餘爲蝕定餘凡日蝕有氣差有刻差有加差二至之初氣差二千三百五十距二至前後每日損二十六至二分而空以日出沒辰刻距午正刻數約其朔日氣差以乘食甚距午正刻數所得以減氣差爲定數春分後陰歷加之陽歷減之秋分後陰歷減之陽歷加之二至初日無刻差自後每日益差分二小分十起立春至立夏起立秋至立冬皆以四十九分有半爲刻差自後日損差分二小分十至二至之初損盡以朔日刻差乘食甚距午正刻數爲刻差定數冬至後食甚在午正前夏至後食甚在午正後陰歷以減陽歷以加冬至後食甚在午正後夏至後食甚在午正前陰歷以加陽歷以減又立冬初日後每氣增差十七至冬至初日得五十一自後每氣損十七終于大寒損盡若蝕甚在午正後則每刻累益其差陰歷以減陽歷以加應加減差同名相從異名相銷各爲蝕差以加減去交分爲定分月在陰歷不足減反減蝕差交前減之餘爲陽歷交後定分交後減之餘爲陽歷交前定分皆不蝕陽歷不足減亦反減蝕差交前減之餘爲陰歷交後定分交後減之餘爲陰歷交前定分皆蝕凡去交定分如陽歷蝕限已下爲陽歷蝕以陽歷定法約爲蝕分已上者以陽歷蝕限減之餘爲陰歷蝕以陰歷定法約之以減十五餘爲蝕分凡月蝕去交分二千一百四十七已下皆既已上者以減後準餘如定法五百六約爲蝕分凡月蝕既汎用刻二十如去交分千四百三十五已下因增半刻七百一十二已下又增半刻凡日月帶蝕出沒各以定法通蝕分半定用刻約之以乘見刻多於半定用刻出爲進沒爲退少於半定用刻出爲退沒爲進各如定法而一爲見蝕之大分朔晝望夜皆爲見刻其九服蝕差則不復考詳

五星終率曰周率因平合加中伏得平見金水加夕得晨加晨得夕又以變差乘年滿象數去之不盡爲變交三百約爲分統法而一以減平見三十六乘平見秒十二乘變交秒同以三千六百爲母餘如交率已下星在陽歷已上去之爲入陰歷各以變策除爲變數命初變算外不盡爲入其變度數及餘自此百約餘分母同刻法以所入變下數加減平見爲常見金星晨見先計自夕見盡夕退應加減先後差同名相從異名相銷與晨常見加減差異名相銷同名相從依加減晨平見爲常見凡常見計入定氣求先後定數各以差率乘之差數而一爲定差晨見先減後加夕見先加後減常見爲定見以常見與定見加減數加減平見入變度數及餘秒爲定見初變所入以所行度順加退減之卽次變所入各以所入變下差數加減日度變率其水星常見與定見加減數同名相從異名相銷反其加減夕見差加疾行日率者倍其差加度率又分其差以加遲留日率晨見亦分其差以加遲留日率以所差之數加疾行日率亦倍其差加疾行度率夕見差減疾行日率者倍其差減度率又以其差減留日不足減侵減遲日晨見差減留日不足減者侵減遲日亦以其差減疾行日率倍其差以減度率前變初日與後變末日先後數同名相從異名相銷爲先後定數各以差率乘之差數而一爲日差金星用後變差率差數以先後定數減之爲度差金星夕伏以日差減先後定數爲度差晨伏以先後定數加日差爲度差水星夕伏以先後定數爲日差倍之爲度差乃以日度差積盈者以減積縮者以加末變日度率金水晨伏反用其差又倍退行差差率乘之差數而一爲日差以退差減之爲度差金星夕伏以日差減退差爲度差晨伏以退差加日差爲度差以退行日度差應加者減末變日度率晨伏反用其差各加減變訖爲日度定率佗亦皆準大衍歷法其分秒不同則各

據本歷母法云起長慶二年用宣明歷自敬宗至于僖宗皆遵用之雖朝廷多故不暇討論然大衍歷後法制簡易合望密近無能出其右者訖景福元年觀象歷今有司無傳者長慶宣明歷演紀上元甲子至長慶二年壬寅積七百七萬一百三十八算外

宣明統法八千四百　章歲三百六萬八千五十五

章月二十四萬八千五十七　通餘四萬四千五十五

章閏九萬一千三百七十一　閏限二十四萬四百四十三秒六　中節十五餘千八百三十五秒五　合策二十九餘四千四百五十七　象準七餘三千二百一十四少中盈分三千六百七十一秒二　朔虛分三千九百四十三　旬周五十萬四千　紀法六十　秒法八　候數五餘六百一十一秒七　卦位六餘七百三十四秒二　辰數十二餘千四百六十八秒四　刻法八十四　象數九億二千四十四萬六千一百九十九　周天三百六十五度　虛分二千一百五十三秒二百九十九　歲差二萬九千六百九十九　分統二百五十二萬　秒母三百

氣節	盈縮分	先後數	損益率	朓朒數
冬至	盈六十	先初	益四百四十九	朒初
小寒	盈五十	先六十	益三百七十四	朒四百四十九
大寒	盈四十	先百一十	益二百九十九	朒八百二十三
立春	盈三十	先百五十	益二百二十四	朒千一百二十二
雨水	盈十八	先百八十	益百三十五	朒千三百四十六
驚蟄	盈六	先百九十八	益四十五	朒千四百八十一
春分	縮六	先二百四	損四十五	朒千五百二十六
清明	縮十八	先百九十八	損百三十五	朒千四百八十一
穀雨	縮三十	先百八十	損二百二十四	朒千三百四十六
立夏	縮四十	先百五十	損二百九十九	朒千一百二十二
小滿	縮五十	先百一十	損三百七十四	朒八百二十三
芒種	縮六十	先六十	損四百四十九	朒四百四十九
夏至	縮六十	後初	益四百四十九	朓初
小暑	縮五十	後六十	益三百七十四	朓四百四十九
大暑	縮四十	後百一十	益二百九十九	朓八百二十三
立秋	縮三十	後百五十	益二百二十四	朓千一百二十二
處暑	縮十八	後百八十	益百三十五	朓千三百四十六
白露	縮六	後百九十八	益四十五	朓千四百八十一
秋分	盈六	後二百四	損四十五	朓千五百二十六
寒露	盈十八	後百九十八	損百三十五	朓千四百八十一
霜降	盈三十	後百八十	損二百二十四	朓千三百四十六
立冬	盈四十	後百五十	損二百九十九	朓千一百二十二
小雪	盈五十	後百一十	損三百七十四	朓八百二十三
大雪	盈六十	後六十	損四百四十九	朓四百四十九

二十四定氣皆百乘其氣盈縮分盈減縮加中節爲定氣所有日及餘秒

六虛之差五十三秒二百九十九　歷周二十三萬一千四百五十八秒十九　歷周日二十七餘四千六百五十八秒十九　歷中日十三餘六千五百二十九秒九半　周差日一餘八千一百九十八秒八十一　秒母一百

七日初數七千四百六十五末數九百三十五　十四日初數六千五百二十九末數千八百七十一　上弦九十一度餘二千六百三十八秒百四十九太　望百八十二度餘五千二百七十六秒二百九十九半　下弦二百七十三度餘七千九百一十五秒百四十九半

秒母三百以刻法約歷分爲度積之爲積度

歷日	歷分　進退衰	積度	損益率	朓朒積
一日	千一十二　進十四	初度	益八百三十	朒初
二日	千二十六　進十六	十二度四分	益七百二十六	朒八百三十
三日	千四十二　進十八	二十四度二十二分	益六百六	朒千五百五十六
四日	千六十　進十八	三十六度五十六分	益四百七十一	朒二千一百六十二
五日	千七十八　進十八	四十九度二十四分	益三百三十七	朒二千六百三十三
六日	千九十六　進十九	六十二度一十分	益二百二	朒二千九百七十
七日	千一百一十五　進十九	七十五度十四分	初益五十三　末損七	朒三千一百七十二
八日	千一百三十四　進十九	八十八度三十七分	損八十二	朒三千二百一十八
九日	千一百五十三　進十九	百一度七十九分	損二百一十四	朒三千一百三十六
十日	千一百七十二　進十九	百一十五度五十六分	損三百六十六	朒二千九百二十二
十一日	千一百九十　進十八	百二十九度五十二分	損五百九	朒二千五百四十六
十二日	千二百九　進十四	百四十三度六十七分	損六百四十三	朒二千三十七
十三日	千二百二十三　進十一	百五十八度十六分	損七百四十八	朒千三百九十四
十四日	千二百三十四　進退空	百七十二度六十三分	初損六百四十六	朒六百四十六
一日	千二百三十四　退十四	百八十七度三十七分	益八百三十	朓初
二日	千二百二十　退十七	二百二度十一分	益七百二十六	朓八百三十
三日	千二百三　退十八	二百一十六度五十五分	益五百九十八	朓千五百五十六
四日	千一百八十五　退十八	二百三十度八十二分	益四百六十四	朓二千一百五十四
五日	千一百六十七　退十八	二百四十五度七分	益三百二十九	朓二千六百一十八
六日	千一百四十九　退十八	二百五十八度八十二分	益百九十五	朓二千九百四十七
七日	千一百三十一　退十九	二百七十二度五十五分	初益五十二　末損七	朓三千一百四十二
八日	千一百一十二　退十九	二百八十六度十分	損八十二	朓三千一百八十八
九日	千九十三　退十九	二百九十九度三十分	損二百二十五	朓三千一百六
十日	千七十四　退十八	三百一十二度三十一分	損三百六十六	朓二千八百八十一
十一日	千五十六　退十七	三百二十五度十三分	損五百一	朓二千五百一十五
十二日	千三十九　退十五	三百三十七度六十一分	損六百二十八	朓二千一十四
十三日	千二十四　退十二	三百五十度八分	損七百四十	朓千三百八十六
十四日	千一十二　進退空	三百六十二度二十四分	初損六百四十六	朓六百四十六

中統四千二百　辰刻八刻分二十八　昏明刻各二刻分四十二　刻法八十四度母同刻法

距極度五十六餘八十二分半　北極出地三十四度餘四十七分半

定氣屈伸數	黃道去極度	陽城日晷	夜半定漏	距中星度

節氣	屈伸	度	晷	刻	度
冬至	屈六十五	百十五度十七分	丈二尺七寸三十二分	二十七刻四十分	八十二度二十二分
小寒	屈二百二十五	百十四度三十分	丈二尺三寸九分十一	二十七刻二十九分	八十二度六十四分
大寒	屈三百六十五	百十二度二十五分	丈一尺三寸八分三十	二十六刻七十四分	八十四度四十分
立春	屈四百八十五	百八度三十五分	九尺九寸四分七十八	二十六刻十分	八十七度二十一分
雨水	屈五百八十五	百三度六十七分	八尺三寸七分八十	二十五刻九分	九十度七十九分
驚蟄	屈六百六十五	九十七度八十分	六尺八寸八分七十四	二十三刻七十四分	九十五度三十三分
春分	屈六百六十五	九十一度二十五分	五尺四寸四分七十一	二十二刻四十二分	百度三十八分
清明	屈五百八十五	八十四度五十五分	四尺一寸九分五十九	二十一刻十分	百五度四十三分
穀雨	屈四百八十五	七十八度六十七分	三尺二寸六十九	十九刻七十五分	百九度八十一分
立夏	屈三百六十五	七十三度八十分	二尺四寸四分五十一	十八刻七十四分	百十三度五十三分
小滿	屈二百二十五	七十度二十五分	尺八寸九分八十九	十八刻十分	百十六度三十六分
芒種	屈六十五	六十八度四分	尺五寸七分十四	十七刻五十五分	百十八度十二分
夏至	伸六十五	六十七度三十四分	尺四寸七分八十	十七刻四十四分	百十八度五十四分
小暑	伸二百二十五	六十八度四分	尺五寸七分十四	十七刻五十五分	百十八度十二分
大暑	伸三百六十五	七十度二十五分	尺八寸九分八十九	十八刻七分	百十六度三十六分
立秋	伸四百八十五	七十三度八十分	二尺四寸四分五十	十八刻七十四分	百十三度五十五分
處暑	伸五百八十五	七十八度六十七分	三尺二寸六十九	十九刻七十五分	百九度八十一分
白露	伸六百六十五	八十四度五十五分	四尺一寸九分五十九	二十一刻十分	百五度四十三分
秋分	伸六百六十五	九十一度二十五分	五尺四寸五分七十	二十二刻四十二分	百度三十八分
寒露	伸五百八十五	七十七度八十分	六尺八寸八分七十四	二十三刻七十四分	九十五度三十三分
霜降	伸四百八十五	百三度六十七分	八尺三寸七分八十一	二十五刻九分	九十度七十九分
立冬	伸三百六十五	百八度五十五分	九尺九寸四分七十八	二十六刻十分	八十七度二十一分
小雪	伸二百二十五	百十二度二十五分	丈一尺三寸八分三十	二十六刻七十四分	八十四度四十分
大雪	伸六十五	百十四度四十六分	丈二尺三寸九分十一	二十七刻二十九分	八十二度六十四分

終率二十二萬八千五百八十二秒六千五百一十二

終日二十七餘千七百八十二秒六千五百一十二

中日十三餘五千九十一秒三千二百五十六　交朔日二餘二千六百七十四秒三千四百八十八　交望日十四餘六千四百二十八秒五千　前準日十二餘三千七百五十四秒千五百一十二　後準日一餘千三百三十七秒千七百四十四　陰歷蝕限六千六十　陽歷蝕限二千六百四十　陰歷定法四百四陽歷定法百七十六　交率二百二　交數二千五百七十三　秒法一萬

去交度乘數十一　除數七千三百三

歲星周率三百三十五萬五百四十秒八十三　周策二百九十八餘七千三百四十秒八十三　中伏日十六餘七千八百七十秒四十一半　變差九十八秒三十二　交率百八十二餘五十二秒二十七　變策十五餘十八秒三十五　差率五　差數四

熒惑周率六百五十五萬一千三百九十五秒二十六

周策七百七十九餘七千七百九十五秒二十六

中伏日七十餘八千九十七秒六十二　變差三千五秒一　交率百八十二餘五十二秒三十二．變策十五餘十八秒三十六　差率三十九　差數十

鎮星周率三百一十七萬五千八百七十九秒七十九

周策三百七十八餘六百七十九秒七十九　中伏日十八餘四千五百三十九秒八十九半　變差二百七十七秒九十二　交率百八十二餘五十二秒二十七　變策十五餘十八秒三十五　差率十　差數九

太白周率四百九十萬四千八百四十五秒八十五

周策五百八十三餘七千六百四十五秒八十五　夕見伏日二百五十六　夕見伏行二百四十四度　晨見伏日三百二十七餘七千六百四十五秒八十五晨見伏行三百四十九餘七千六百四十五秒八十五

中伏日四十一餘八千二十二秒九十二半　變差千二百三十六秒十二　交率百八十二餘五十二秒二十九　變策十五餘十八秒三十五　夕見差率三十一　差數十　晨見差率二　差數三

辰星周率九十七萬三千三百九十秒二十五　周策百一十五餘七千三百九十秒二十五　夕見伏日五十二　夕見伏行十八度　晨見伏日六十三餘七千三百九十秒二十五　晨見伏行九十七度餘七千三百九十秒二十五　中伏日十八餘七千八百九十五秒十二半　變差三千二百一餘十秒六十七　交率百八十二餘五十二秒三十二　變策十五餘十八秒三十六　差率差數空秒法百　小分法三千六百

五星平見加減歷

變數	歲星	熒惑	鎮星	太白夕	太白晨	辰星夕	辰星晨
陽初	減空	加空	五百八十	加空	七十六	加空	二百七十七
二	百二十六	九百七十	六百五	百二十六	百三十九	百五十一	三百七十八
三	二百三十九	千七百六十四	六百五	二百五十一	百八十九	二百七十七	四百五十四
四	三百四十	二千一百六十七	六百五	三百七十八	二百二十七	三百七十八	五百四
五	四百二十八	二千二百三十	五百八十	五百四	二百五十二	四百五十四	四百七十九
六	四百九十一	二千二百五十五	五百四	六百三十	二百六十五	五百四	四百五十四
七	五百一十七	二千二百六十八	三百七十八	七百五十六	二百五十二	四百七十九	四百三
八	四百九十一	二千一百九十二	三百二十七	六百三十	二百二十七	四百五十四	三百二十八
九	四百二十八	千九百六十六	七十六	五百四	百八十九	四百三	二百二十七
十	三百四十	千五百一十二	加七十六	三百七十八	百三十九	三百二十八	百二十六
十一	二百三十九	千二十一	百八十九	二百五十二	七十六	二百二十七	加空
十二	百二十六	五百一十七	三百一十五	百二十六	加空	百二十六	百五十八
陰初	加空	減空	四百五十四	減空	七十六	減空	二百七十七
二	百二十六	百二十六	六百五	百二十六	百三十九	百五十一	三百七十八
三	二百三十九	二百一十四	五百二十九	二百五十二	百八十九	二百七十七	四百五十四
四	三百四十	五百一十七	四百五十四	三百七十八	二百二十七	三百七十八	五百四
五	四百二十八	九百三十二	三百七十八	五百四	二百五十二	四百五十四	四百七十九
六	四百九十一	千四百二十四	三百二十	六百三十	二百六十六	五百四	四百五十四
七	五百一十七	二千二百六十八	二百一十八	七百五十六	二百五十二	四百七十九	四百三
八	四百九十一	二千二百六十八	百一十三	六百三十	二百三十	四百五十四	三百二十八
九	四百二十八	二千二百五十五	減空	五百四	百八十九	四百三	二百二十七

十	三百四十	二千一百六十二	三百二十七	三百七十八　百二十九	三百二十八　百二十六
十一	二百三十九	二千七十九	四百三十	二百五十二　七十六	二百二十七　減空
十二	百二十六	千九十六	五百四	百二十六　減空	百二十六　百五十一

歲星

歲星	前順百一十五日行十九度三十三分	前留二十五日 退行八十五日行十度八十二分	後留二十五日 後順百一十五日行十九度三十三分
	初見去日十四度 先疾日益遲十三秒	益疾益遲二十一秒	先遲日益疾十三秒
陽初	七十六	三十四	六十三
二	六十三	四十	七十六
三	五十	三十四	六十三
四	三十八	二十七	五十
五	二十五	二十	三十八
六	十三	十三	二十五
七	加空	七	十三
八	十三	減空	加空
九	二十五	七	十三
十	三十八	十三	二十五
十一	五十	二十	三十八
十二	六十三	二十七	五十
陰初	七十六	三十四	六十三
二	六十三	四十	七十六
三	五十	三十四	六十三
四	三十八	二十七	五十
五	二十五	二十	三十八
六	十三	十三	二十五
七	減空	七	十三
八	十三	加空	減空
九	二十五	七	十三
十	三十八	十三	二十五
十一	五十	二十	三十八
十二	六十三	二十七	五十

熒惑

熒惑	前疾二百一十日行百四十度	前遲六十日行二十五度	前留 退行六十三日行十七度	後留 後遲六十日行二十五度	後疾二百一十日行百三十四度
	初見去日十七度 先疾日益遲五秒	先疾日益遲四十二秒	十三日 益疾益遲九秒	十三日 先遲日益疾四十二秒	先遲日益疾五秒
陽初	七百五十六	百一	五十	百一	二千五百二十
二	減空	百二十六	六十三	百二十六	千六百七十六
三	三百三十九	百五十一	七十六	百五十一	八百三十二
四	五百四	百二十六	百五十一	百二十六	減空
五	千八	百一	一百七十七	百一	六百三十
六	千八百三十八	七十六	二百五十二	七十六	七百六
七	二千五百二十	五十	二百二十七	五十	千六百七十六
八	三千二十四	二十五	百四十三	二十五	二千九百三十六
九	二千二百七十六	減空	三十八	加空	三千九百六
十	三千四百四十	二十五	加空	二十五	四千五百三十六
十一	三千六百一十六	五十	七十六	五十	四千四百六十
十二	三千四百四十	七十六	八十八	七十六	四千一百八
陰初	三千二百七十六	百一	百一十三	百一	三千六百九十六
二	二千五百二十	百二十六	百三十九	百二十六	三千二百八十
三	千三百三十八	百五十一	二百五十二	百五十一	二千二百六十八
四	加空	百二十六	二百七十七	百二十六	千八
五	千三百三十八	百一	百七十六	百一	加三百四十
六	二千六百九十六	七十六	百一	七十六	二千五百一十二
七	三千二百七十六	五十	七十六	五十	三千三百五十六
八	三千六百一十六	二十五	五十	二十五	四千三百三十二
九	三千五百三十一	加空	二十五	減空	四千三十二
十	二千九百三十八	二十五	減空	二十五	三千三百五十一
十一	二千二百六十八	五十	十三	五十	三千一百五十四
十二	二千五百一十二	七十六	二十五	七十六	二千五百六十二

鎮星

鎮星	前順八十三日行七度三十六分	前留三十六日 退行百三日行六度	後留三十六日 後順八十三日行七度三十六分
	初見去日十七度 先疾日益遲八秒	益疾益遲二秒	先遲日益疾八秒
陽初	二十六	二十	二十六
二	三十二	二十五	三十二
三	三十八	三十	三十八
四	三十二	二十五	三十二
五	二十六	二十	二十六
六	二十	十五	二十
七	十三	十	十三
八	七	五	七
九	加空	減空	加空
十	七	五	七
十一	十三	十	十三
十二	二十	十五	二十
陰初	二十六	二十	二十六
二	三十二	二十五	三十二
三	三十八	三十	三十八
四	三十二	二十五	三十二
五	二十六	二十	二十六
六	二十	十五	二十
七	十三	十	十三
八	七	五	七
九	減空	加空	減空
十	七	五	七
十一	十三	十	十三
十二	二十	十五	二十

太白

太白	夕疾百七十二日行二百六度	夕平十三日行十三度	夕遲四十二日行三十度 夕留七日	夕退十日行五度
	初見去日十一度 先疾日益遲八十四秒		先疾日益遲一分二十八秒	先遲日益疾八十四秒
陽初	二百二十七	六	減空	四
二	百一十三	十二	十三	空
三	減空	十八	二十五、	減空
四	百一十三	二十四	二十八	空
五	二百二十七	三十一	五十	四
六	三百四十	三十八	六十三	八
七	四百五十四	三十一	七十六	十三

八	五百六十七	二十四	六十三	十三
九	六百八十	十八	五十	十三
十	五百六十七	十二	三十八	十三
十一	四百五十四	六	二十五	十三
十二	三百四十	加空	十三	八
陰初	二百二十七	六	加空	四
二	百一十三	十二	十三	空
三	加空	十八	二十五	加空
四	百一十三	二十四	三十八	空
五	二百二十七	三十一	五十	四
六	三百四十	三十八	六十三	八
七	四百五十四	三十一	七十六	十三
八	五百六十七	二十四	六十三	十三
九	六百八十	十八	五十	十三
十	五百六十七	十二	三十八	十三
十一	四百五十四	六	二十五	十三
十二	三百四十	減空	十三	八

太白	晨見退行十日行五度 先疾日益遲八十四秒	晨留 七日	晨遲四十二日三十度 先遲日益疾一分二十八秒	晨平十三日行十三度	晨疾百七十二日行二百六度 先遲日益疾十九秒
陽初	十三		百六十四	七十六	四百五十四
二	八		百三十九	八十八	五百六十七
三	四		百一十三	七十六	六百六十
四	空		七十六	六十三	五百六十七
五	空		三十八	五十	四百五十四
六	減空		加空	三十八	三百四十
七	空		三十八	十九	二百二十七
八	空		七十六	加空	百一十三
九	四		百一十三	十八	加空
十	八		百三十九	三十八	百一十三
十一	十三		百六十四	五十	二百二十七
十二	十三		百七十六	六十三	三百四十
陰初	十三		百六十四	七十六	四百五十四
二	八		百三十九	八十八	五百六十七
三	四		百一十三	七十六	六百八十
四	空		七十六	六十三	五百六十七
五	空		三十八	五十	四百五十四
六	加空		減空	三十八	三百四十
七	空		三十八	十九	二百二十七
八	空		七十六	減空	百一十三
九	四		百一十三	十八	減空
十	八		百三十九	三十八	百一十三
十一	十三		百六十四	五十	二百二十七
十二	十三		百七十六	六十三	三百四十

辰星 初見去日十七度	夕疾十二日行十七度 先疾日益遲三分	夕遲十一日行九度 先疾日益遲六分	夕留 三日	晨留 三日	晨遲十一日行九度 先遲日益疾六分	晨疾十二日行十七度 先遲日益疾三分

唐書卷三十下

宋翰林學士歐陽修撰

志第二十

歷志

昭宗時宣明歷施行已久數亦漸差詔太子少詹事邊岡與司天少監胡秀林均州司馬王墀改治新歷然術一出於岡岡用算巧能馳騁反覆于乘除間由是簡捷超徑等接之術興而經制遠大衰序之法廢矣雖籌策便易然皆冥於本原其上元七曜起赤道虛四度景福元年歷成賜名崇玄氣朔發斂盈縮朓朒定朔弦望九道月度交會入蝕限去交前後皆大衍之舊餘雖不同亦殊塗而至者大略謂策實曰歲實揲法曰朔實三元之策曰氣策四象之策曰平會一象之策曰弦策掛限曰閏限爻數曰紀法策餘曰歲餘天中之策曰候策地中之策曰卦策貞悔之策曰土王策辰法半辰法也乾實曰周天分盈縮朓朒皆用常氣盈縮分曰升降先後曰盈縮凡升降損益皆進一等倍象統乘之除法而一爲平行率與後率相減爲差半之以加減平行率爲初末率倍差進一等以象統乘之除法而一爲日差以加減初末爲定以日差累加減爲每日分凡小餘皆萬乘之通法除爲約餘則以萬爲法又以百約之爲大分則以百爲法凡冬至赤道日度及約餘以減其宿全度乃累加次宿皆爲距後積度滿限九十一度三十一分三十七小分去之餘半已下爲初已上以減限爲末皆百四十四乘之退一等以減千三百一十五所得以乘初末度分爲差又通初末度分與四千五百六十六先相減後相乘千六百九十除之以減差爲定差再退爲分至後以減分後以加距後積度爲黃道積度宿次相減即其度也以冬至赤道日度及約餘依前求定差以減之爲黃道日度凡歲差十一乘之又以所求氣數乘之三千八百八十八而一以加前氣中積又以盈縮分盈加縮減之命以冬至宿度即其氣初加時宿度其定朔小餘如日法四十分之二十九已上以定朔小餘減日法餘如晨初餘數已下進一日岡又作徑術求黃道月度以蔀率去積年爲蔀周不盡爲蔀餘以歲餘乘蔀餘副之二因蔀周三十七除之以減副百一十九約蔀餘以加副滿周天去之餘四因之爲分度母而一爲度即冬至加時平行月又以冬至約餘距午前後分二百五十四乘之萬約爲分度母爲度午前以加午後以減加時月爲午中月自此計日平行十三度十九分度之七

自冬至距定朔累以平行減之爲定朔午中月求次朔及弦望各計日以平行加之其分以度母除爲約分又四十七除蔀餘爲率差不盡以乘七日三分半副之九因率差退一等爲分以減副又百約冬至加時距午分午前加之午後減之滿轉周去之卽冬至午中入轉以冬至距朔日減之卽定朔午中入轉求次朔及弦望計日加之各以所入日下損益率乘轉餘百而一以損益盈縮積爲定差以盈加縮減午中月爲定月以月行定分乘其日晨昏距午分萬約爲分滿百爲度以減午中定月爲晨月加之爲昏月以朔昏月減上弦昏月以上弦昏月減望昏月以望晨月減下弦晨月以下弦晨月減後朔晨月各爲定程以相距日均爲平行度分與次程相減爲差以加減平行爲初末日定行（後少加爲初減爲末後多減爲初加爲末）減相距日一均差爲日差累損益初日爲每日定行（後多累益之後少累減之）因朔弦望晨昏月累加之得每日晨昏月晷漏各計其日中入二至加時已來日數及餘如初限已下爲後已上以減二至限餘爲前副之各以乘數乘之用減初末差所得再乘其副滿百萬爲尺不滿爲寸爲分夏至後則退一等皆命曰晷差冬至前後以減冬至中晷夏至前後以加夏至中晷爲每日陽城中晷與次日相減後多曰息後少曰消以冬夏至午前後約分乘之萬而一午前息減消加午後息加消減中晷爲定數也凡冬至初日有減無加夏至初日有加無減又計二至加時已來至其日昏後夜半日數及餘冬至後爲息夏至後爲消如一象已下爲初已上反減二至限餘爲末令自相乘進二位以消息法除爲分副之與五百分先相減後相乘千八百而一以加副爲消息數以象積乘之百約爲分再退爲度春分後以加六十七度四十分秋分後以減百一十五度二十分卽各其日黃道去極與一象相減則赤道內外也以消息數春分後加千七百五十二秋分後以減二千七百四十八卽各其日晷漏母也以減五千爲晨昏距子分置晷漏母千四百六十一乘而再半之百約爲距午度以減半周天餘爲距中度百三十五乘晷漏母百約爲分得晨初餘數凡晷漏百爲刻不滿以象積乘之百約爲分得夜半定漏九服中晷各於其地立表候之在陽城北冬至前候晷景與陽城冬至同者爲差日之始在陽城南夏至前候晷景與陽城夏至同者爲差日之始自差日之始至二至日爲距差日數也在至前者計距前已來日數至後者計入至後已來日數反減距差日餘爲距後日準求初末限晷差各冬至前後以加夏至前後以減冬夏至陽城中晷得其地其日中晷若不足減減去夏至陽城中晷卽其日南倒中晷也自餘之日各計冬夏至後所求日數減去距冬夏至差日餘準初末限入之又九服所在各於其地置水漏以定二至夜刻爲漏率以漏率乘每日晷漏母各以陽城二至晷漏母除之得其地每日晷漏母交會以四百一乘朔望加時入交常日及約餘三十除爲度不滿退除爲分得定朔望入交定積度分以減周天命起朔望加時黃道日躔卽交所在宿次凡入交定積度如半交已上爲在陽歷已上減去半交餘爲入陰歷以定朔望約餘乘轉分萬約爲分滿百爲度以減入陰陽歷積度爲定朔望夜半所入如一象已下爲在少象已上者反減半交餘爲入老象皆七十三乘之退一等用減千三百二十四餘以乘老少象度及餘再退爲分副之在少象三十度已下老象六十一度已上皆與九十一度先相減後相乘五十六除爲差若少象三十度已上反減九十一度及老象六十度已下皆自相乘百五除爲差皆以減副百約爲度卽朔望夜半月去黃道度分凡定朔約餘距午前後分與五千先相減後相乘三萬除之午前以減午後倍之以加約餘爲日蝕定餘定望約餘卽爲月蝕定餘晨初餘數已下者皆四百乘之以晨初餘數除之所得以加定望約餘爲或蝕小餘各以象統乘之萬約爲半辰之數餘滿二千四百爲刻不盡退除爲刻分卽其辰刻日蝕有差置其朔距天正中氣積度以減三百六十五度半餘以千乘滿三百六十五度半除爲分日限心加二百五十分爲限首減二百五十分爲限尾滿若不足加減一千退蝕定餘一等與限首尾相近者相減餘爲限內外分其蝕定餘多於限首少於限尾者爲外少於限首多於限尾者爲內在限內者令限內分自乘百七十九而一以減六百三十餘爲陰歷蝕差限外者置限外分與五百先相減後相乘四百四十六而一爲陰歷蝕差又限內分亦與五百先相減後相乘三百一十三半而一爲陽歷蝕差在限內者以陽歷蝕差加陰歷蝕差爲旣前法以減千四百八十餘爲旣後法在限外者以六百一十分爲旣前法八百八十分爲旣後法其去交度分在限外陰歷者以陰歷差減之不足減者不蝕又限外無陽歷交在限內陰歷者以陽歷蝕差加之若在限內陽歷者以去交度分反減陽歷蝕差若不足反減者不蝕皆爲去交定分如旣前法已下者爲旣前分已上者以減千四百八十餘爲旣後分皆進一位各以旣前後法除爲蝕分在旣後者其虧復陰歷也旣前者陽歷也凡朔望月行定分日以九百乘月以千乘如千三百三十七而一日以減千八百月以減二千餘爲汎用刻分凡月蝕汎用刻在陽歷以三十四乘在陰歷以四十一乘百約爲月蝕旣前以減千四百八十餘爲月蝕定法其去交度分如旣限已下者旣已上者以減千四百八十餘進一位以定法約爲蝕分其蝕五分已下者爲或食已上爲的蝕凡日月食分汎用刻乘之千而一爲定用刻不盡退除以刻分旣者以汎爲定各以減蝕甚約餘爲虧初加之爲復滿凡蝕甚與晨昏分相近如定用刻已下者因相減餘以乘蝕分滿定用刻而一所得以減蝕分得帶蝕分五星變差曰歲差陰陽進退差曰盈縮爻算曰晝度晝有十二亦爻數也推冬至後加時平合日算曰平合中積副之曰平合中星歲差減中星日入歷有餘者皆約之因平合以諸變常積日加中積常積度加中星入歷各其變中積中星入歷也凡入歷盈限已下爲盈已上去之爲縮各如晝度分而一命晝數算外不滿以晝下損益乘之晝度分除之以損益盈縮積爲定差盈加縮減中積爲定積準求所入氣及月日加冬至大餘及約餘爲其變大小餘以命日辰則變行所在也亦以盈加縮減中星應用躔差視定積如半交已下爲在盈已上去之爲在縮所得令半交度先相減後相乘三千四百三十五除爲度不盡退除爲分者亦盈加縮減之其變異術者從其術各爲定星命起冬至黃道日躔得其變行加時所在宿度也凡辰星依歷變置算乃視晨見晨順在冬至後夕見夕順在夏至後計中積去二至九十一日半已下令自乘已上以減百八十二日半亦自乘五百而一爲日以加晨夕見中積中星減晨夕順中積中星各爲應見不見中積中星也凡盈縮定差熒惑晨見變六十一乘之五十四除之乃爲定差太白辰星再合則半其差其在夕見晨疾二變則盈減縮加凡歲鎭熒惑留退皆用前遲入歷定差又各視前遲定星以變下減度減之餘半交已下爲盈已上去之爲縮又視之七十三已下三因之已上減半交餘二因之爲差歲鎭二星退一等熒惑全用之在後退又倍其差後留三之皆滿百爲度以盈加縮減中積又以前遲定差盈加縮減乃爲留退定積其前後退中星則以差縮加盈減又以前遲定差盈加縮減乃爲退行定星凡諸變定星迭相減爲日度率熒惑遲日盈六十度盈二十四者所盈日度加疾變日度爲定率太白退日率百乘之二百一十二除之爲留日以減退日率爲定率辰星退順日率一等爲留日以減順日率爲定率以日均度爲平行又與後變平行相減爲差半之視後多少以加減平行爲初末日行分以初日行分乘其變小餘萬而一順減退加其變加時宿度爲夜半宿度又減日率一均差爲日差視後多少累損益初日爲每日行分因夜半宿度累加減之得每日所至五星差行衰殺不倫皆以諸變類會消息署之起二年頒用至唐終

景福崇玄歷演紀上元甲子距景福元年壬子歲積五千三百九十四萬七千三百八算外

崇玄通法萬三千五百　歲實四百九十三萬八百一

氣策十五餘二千九百五十秒一　朔實三十九萬八千六百六十三　平會二十九餘七千一百六十三

望策十四餘萬三百三十一半　弦策七餘五千一百六十五太　朔虛分六千三百三十七　中盈分五千九百秒二　歲餘七萬八百一　閏限三十八萬六千四百二十五秒二十三　象位六　象統二千四　候策五餘九百八十三秒二十五秒母七十二　卦策六餘千一百八十秒一秒母六十　土王策三餘五百九十秒一秒母百二十　辰數五百六十二半　刻法百三十五　周天分四百九十三萬九百六十一秒二十四

歲差百六十十秒二十四　周天三百六十五度虛分三千四百六十一秒二十四　約虛分二千五百六十三秒八十八　除法七千三百五　秒母一百

二十四氣　中積自冬至每氣以氣策及約餘累之

氣節	升降差	盈縮分	損益數	朓朒積
冬至	升七千七百四十	盈初	益七百八十二	朒初
小寒	升六千六十九	盈七千七百四十	益六百一十三	朒七百八十二
大寒	升四千五百七十二	盈萬三千八百九	益四百六十二	朒千三百九十五
立春	升三千二百五十	盈萬八千三百八十一	益三百二十八	朒千八百五十七
雨水	升千九百七十七	盈二萬一千六百三十一	益二百	朒二千一百八十五
驚蟄	升六百六十	盈二萬三千六百八	益六十七	朒二千三百八十五
春分	降六百六十	盈二萬四千二百六十八	損六十七	朒二千四百五十二
清明	降千九百七十七	盈二萬三千六百八	損二百	朒二千三百八十五
穀雨	降三千二百五十	盈二萬一千六百三十一	損三百二十八	朒二千一百八十五
立夏	降四千五百七十二	盈萬八千三百八十一	損四百六十二	朒千八百五十七
小滿	降六千六十九	盈萬三千八百九	損六百一十三	朒千三百九十五
芒種	降七千七百四十	盈七千七百四十	損七百八十二	朒七百八十二
夏至	降七千七百四十	縮初	益七百八十二	朓初

節氣	升降	朓朒	損益	朓朒積
小暑	降六千六十九	縮七千七百四十	益六百二十三	朓七百八十二
大暑	降四千五百七十三	縮萬二千八百九	益四百六十二	朓千三百九十五
立秋	降二千二百五十	縮萬八千三百八十七	益二百二十八	朓千八百五十七
處暑	降千九百七十七	縮二萬千九百八	益二百	朓二千八十五
白露	降六百六十	縮二萬二千百八	益六十七	朓二千三百八十五
秋分	升六百六十	縮二萬二千七百六十八	損六十七	朓二千四百五十二
寒露	升千九百七十七	縮二萬二千百八	損二百	朓二千三百八十五
霜降	升二千二百五十	縮二萬千九百八	損二百二十八	朓二千一百八十五
立冬	升四千五百七十三	縮萬八千三百八十七	損四百六十二	朓千八百五十七
小雪	升六千六十九	縮萬二千八百九	損六百二十三	朓千三百九十五
大雪	升七千七百四十	縮七千七百四十	損七百八十二	朓七百八十二

轉周分三十七萬一千九百八十六秒九十七 轉終日二十七餘七千四百八十六秒九十七 朔差日一餘萬二千一百七十六秒三 度母一百 每日累轉分為轉積度

秒母百

轉終日	轉分	列衰	損益率	朓朒積
一日	千二百七	進十六	益千三百一十九	朒初
二日	千二百一十三	進十七	益千一百五十	朒千三百一十九
三日	千二百四十	進十八	益九百七十八	朒二千四百六十九
四日	千二百五十八	進十八	益七百九十九	朒三千四百四十七
五日	千二百七十六	進十九	益六百一十七	朒四千二百四十六
六日	千二百九十五	進二十	益四百二十一	朒四千八百六十三
七日	千三百一十五	進二十一	初益一百一十三 末損一十七	朒五千二百九十四
八日	千三百三十九	進十九	損二百八十五	朒五千四百八十
九日	千三百五十九	進十八	損四百七十	朒五千一百九十五
十日	千三百七十三	進十八	損六百五十	朒四千七百二十四
十一日	千四百	進十九	損八百四十	朒四千七十四
十二日	千四百二十	進十七	損千一十七	朒三千二百三十四
十三日	千四百三十七	進十六	損千一百八十五	朒二千二百一十七
十四日	千四百五十三	進十一	初損千三十二 末益二百九十二	朒千三十二
十五日	千四百六十四	退十七	益千二百八十四	朓二百九十二
十六日	千四百四十七	退十八	益千一百一十	朓千五百七十七
十七日	千四百二十九	退十八	益九百四十一	朓二千六百八十七
十八日	千四百一十一	退十八	益七百五十七	朓三千六百二十八
十九日	千三百九十三	退十八	益五百七十八	朓四千三百八十五
二十日	千三百七十五	退二十二	益三百八十六	朓四千九百六十三
二十一日	千三百五十三	退二十五	初益百六十 末損八十	朓五千三百四十九
二十二日	千三百二十八	退二十二	損三百二十四	朓五千四百二十九
二十三日	千三百六	退十九	損五百一十六	朓五千一百五
二十四日	千二百八十七	退十九	損六百九十七	朓四千五百八十九
二十五日	千二百六十八	退十八	損八百七十九	朓三千八百九十二
二十六日	千二百五十	退十七	損千五十三	朓三千一十三
二十七日	千二百三十三	退十七	損千二百二十三	朓千九百六十
二十八日	千二百一十六	退九	初損七百三十七 末益入後	朓七百三十七

七日初數萬一千九百九十六太 末數千五百三 十四日初數萬四百九十三半 末數三千六半 二十一日初數八千九百九十少 末數四千五百九太 二十八日初數七千四百八十七 蔀率九千三十六 歲餘六百三十九 周天分千七百三十五 周天三百六十五度五分 度母十九 月行定分同轉分 平行積度日累十二度七分

入轉日	損益數	盈縮積度
一日	益百三十一	縮初空
二日	益百一十四	縮一度三十一分
三日	益九十七	縮二度四十五分
四日	益七十九	縮三度四十二分
五日	益六十一	縮四度二十一分
六日	益四十三	縮四度八十二分
七日	初益二十一 末損二	縮五度二十五分
八日	損二十八	縮五度四十三分
九日	損四十七	縮五度一十五分
十日	損六十五	縮四度六十八分
十一日	損八十三	縮四度三分
十二日	損百一	縮三度二十分
十三日	損百一十七	縮二度一十九分
十四日	初損百二 末益二十九	縮一度二分
十五日	益百二十七	盈二十九分
十六日	益百一十	盈一度五十六分
十七日	益九十四	盈二度六十六分
十八日	益七十五	盈三度六十分
十九日	益五十七	盈四度三十五分
二十日	益三十八	盈四度九十二分
二十一日	初益十六 末損八	盈五度三十分
二十二日	損三十二	盈五度三十八分
二十三日	損五十一	盈五度六分
二十四日	損六十九	盈四度五十五分
二十五日	損八十七	盈三度八十六分
二十六日	損百四	盈二度九十九分
二十七日	損百二十一	盈一度九十五分
二十八日	初損七十四 末益入後	盈七十四分

轉周二十七日五十五分半 七日初八十八分小分八十七半末十一分小分十二半 十四日初七十七分太末二十二分少 二十一日初六十六分小分六十二半末三十三分小分三十七半 二十八日初五十五分半 入轉日母一百

二至限百八十二日六十二分小分二十二分半 消息法千六百六十七半 一象九十一度三千一百三十一分 辰法八刻百六十分 昏明二刻二百四十分 象積四百八十 冬至前後限五十九日差二千一百九十五分乘數十五 夏至前後限百二十三日六十二分小分二十二半差四千八百八十分乘數四

陽城冬至晷丈二尺七寸一分半 夏至晷尺四寸七分小分八十 交終分三十六萬七千三百六十四秒九千六百七十三 交終日二十七餘二千八百六十四秒九千六百七十三約餘二千一百二十二 交中日十三餘八千一百八十二秒四千八百三十六半約餘六千六百十一 朔差日二餘四千二百九十八秒三百二十七約餘三千一百八十四 望策日十四餘萬二百三十一秒五千約餘七千六百五十三 交限日十二餘六千三十三秒四千六百七十三約餘四千四百六十九 望差日一餘二千一百四十九秒百六十三半約餘千五百九十二 交率二百六十二 交數三千三百五十 交終三百六十三度七十三分小分六十四 轉終三百七十四度二十八分 半交百八十一度八十六分小分八十二 一象九十度九十三分小分四十一 去交度乘數十一除數八千六百三十二 秒母一萬

歲星終率五百三十八萬四千九百六十二秒十一

平合日三百九十八餘萬一千九百六十二秒十一約餘八千八百六十一

盈限二百五度 盈晝十七度八分秒三十二

縮限百六十度二十五分秒六十三太 縮晝十三度二十五分秒四十七

歲差百三十三秒九十二半

晝數	損益	盈差積	損益	縮差積
初	益百九十	盈初	益九十	縮初
二	益百八十	盈一度九十	益百七十	縮九十
三	益百五十	盈三度七十	益二百一十	縮二度六十
四	益百四十	盈五度二十	益百六十	縮四度七十
五	益七十	盈六度六十	益八十	縮七度三十
六	益四十五	盈七度三十	益四十	縮七度十
七	損四十五	盈七度七十五	益十五	縮七度五十
八	損百四十五	盈七度三十	益十	縮七度六十五
九	損八十五	盈五度八十五	損十	縮七度七十五
十	損二百	盈五度	損二百六十五	縮七度六十五
十一	損百六十	盈三度	損二百六十	縮五度
十二	損百四十	盈一度四十	損二百四十	縮二度四十

熒惑終率千五十二萬八千九百一十六秒九十一

平合日七百七十九餘萬二千四百一十六秒九十一

約餘九千一百九十八

盈限百九十六度八十分 盈晝十六度四十分

縮限百六十八度四十五分秒六十三太 縮晝十四度三分秒八十

歲差百三十三秒四十六

晝數	損益	盈差積	損益	縮差積
初	益千二百一十三	盈初	益三百九十六	縮初
二	益八百一十二	盈十二度十三	益四百四十一	縮三度九十六
三	益四百七十三	盈二十一度二十五	益四百五十七	縮八度三十七
四	益二百一	盈二十四度九十八	益四百四十八	縮十二度九十四
五	損十六	盈二十七度	益四百五	縮十七度四十一
六	損二百一十四	盈二十六度八十四	益三百二十三	縮二十一度四十七
七	損三百二十三	盈二十四度七十	益二百一十四	縮二十四度七十
八	損四百五	盈二十一度四十七	益十六	縮二十六度八十四
九	損四百四十八	盈十七度四十一	損二百一	縮二十七度
十	損四百五十七	盈十二度九十四	損四百七十三	縮二十四度九十八
十一	損四百四十一	盈八度三十七	損八百一十二	縮二十一度二十五
十二	損三百九十六	盈三度九十六	損千二百一十三	縮十二度十三

鎮星終率五百一十萬四千八十四秒五十四

平合日三百七十八餘千八百八十四秒五十四約餘八百三

盈限百八十二度六十二分秒六十三太 盈晝十五度二十二分

縮限百八十二度六十三分 縮晝十五度二十二分

歲差百三十二秒九十四

晝數	損益	盈差積	損益	縮差積
初	益百	盈初	益三百	縮初
二	益百三十	盈一度	益二百二十五	縮三度
三	益百七十	盈二度三十	益二百	縮五度二十五
四	益二百二十	盈四度	益五十	縮七度二十五
五	益百二十	盈六度二十	損三十五	縮七度七十五

六	益三十五	盈七度四十	損二十	縮七度四十
七	損三十五	盈七度七十五	損十五	縮七度二十
八	損百二十	盈七度四十	損五	縮七度五
九	損二百二十	盈六度二十	損百六十	縮七度
十	損百七十	盈四度	損百七十	縮五度四十
十一	損百二十	盈二度二十	損百八十	縮三度七十
十二	損百	盈一度	損百九十	縮一度九十

太白終率七百八十八萬二千六百四十八秒七十六

平合日五百八十三餘萬二千一百四十八秒七十六約餘八千九百九十九　再合日二百九十一餘萬二千八百二十四秒三十八約餘九千五百

盈限百九十七度十六分　盈晝十六度四十三分

縮限百六十八度九分秒六十三太　縮晝十四度秒八十

歲差百三十四秒三十六

晝數	損益	盈差積	損益	縮差積
初	益百八十三	盈初	益六十四	縮初
二	益百五十	盈一度八十三	益百一十九	縮六十四
三	益百一十七	盈三度三十三	益百二	縮一度八十三
四	益八十三	盈四度五十	益百	縮二度八十五
五	益五十	盈五度三十三	益九十	縮三度八十五
六	益七十	盈五度八十三	益七十三	縮四度七十五
七	損七十	盈六度	益四十五	縮五度四十八
八	損五十	盈五度八十三	益十五	縮五度九十三
九	損八十二	盈五度三十三	益五十一	縮六度八
十	損百一十七	盈四度五十	損百五	縮五度五十七
十一	損百五十	盈三度三十三	損百八十	縮四度五十二
十二	損百八十三	盈一度八十三	損二百七十二	縮二度七十二

辰星終率百五十六萬四千三百七十八秒九十七

平合日百一十五餘萬一千八百七十八秒九十七約餘八千八百　再合日五十七餘萬二千六百八十九秒四十八半約餘九千四百

盈限百八十二度六十二分　盈晝十五度二十二分

縮限百八十二度六十二分秒六十三太　縮晝十五度二十一分秒八十九

歲差百三十三秒六十四

晝數	損益	盈差積	損益	縮差積
初	益九十二	盈初	益九十二	縮初
二	益七十五	盈九十二	益七十五	縮九十二
三	益五十八	盈一度六十七	益五十八	縮一度六十七
四	益四十一	盈二度二十五	益四十一	縮二度二十五
五	益二十五	盈二度六十六	益二十五	縮二度六十六
六	益九	盈二度九十一	益九	縮二度九十一
七	損九	盈三度	損九	縮三度
八	損二十五	盈二度九十一	損二十五	縮二度九十一
九	損四十一	盈二度六十六	損四十一	縮二度六十六
十	損五十八	盈二度二十五	損五十八	縮二度二十五
十一	損七十五	盈一度六十七	損七十五	縮一度六十七
十二	損九十二	盈九十二	損九十二	縮九十二

五星入變曆

星名	變目	常積日	常積度	加減
歲星	晨見	十七日五十分	三度五十分	用日躔差
	前疾	九十八日	十八度五十分	
	前遲	百三十一日五十分	二十二度五十分	
	前留	百五十八日		減六十五度
	前退	百九十九日七十五分	十六度七十五分	減七十一度
	後退	二百四十日	十一度	減八十二度五十分
	後留	二百六十七日五十分		減八十七度
	後遲	三百一日	十五度	
	後疾	三百八十一日三十八分	三十度十二分半	用日躔差
	夕合	三百九十八日八十七分	三十三度六十二分半	用日躔差
熒惑	晨見	七十二日	五十五度	用日躔差
	前疾	百九十三日	百三十五度	
	前次疾	二百八十七日	百九十二度五十分	
	前遲	三百四十七日	二百二十六度七十五分	
	前留	三百六十日		減百二十度
	前退	三百九十日	二百七度二十五分	減百二十五度五十分
	後退	四百二十日	百九十七度七十五分	減百三十度
	後留	四百三十三日		減百三十五度
	後遲	四百九十三日	二百二十二度	
	後次疾	五百八十七日	二百七十九度五十分	
	後疾	七百七日九十二分	三百五十九度六十二分	用日躔差
	夕合	七百七十九日九十二分	四百一十四度六十二分	用日躔差
鎮星	晨見	十九日	二度	用日躔差
	前疾	七十九日	八度	
	前遲	百三日	九度六十分	
	前留	百四十日		減百七十二度
	前退	百八十九日	六度四十二分	減百七十度
	後退	二百三十八日	三度二十四分	減百七十六度
	後留	二百七十五日		減百八十二度
	後遲	二百九十九日	四度八十四分	
	後疾	三百五十九日八分	十一度八十三分	用日躔差
	夕合	三百七十八日八分	十二度八十三分	用日躔差
太白	夕見	四十二日	五十三度	用日躔差
	夕疾	百四十一日	百八十度五十分	
	夕次疾	二百一十九日	二百六十五度	
	夕遲	二百六十八日	三百一度五十分	
	夕留退	二百八十五日	二百九十六度	用日躔差
	再合	二百九十二日	二百九十二度	用日躔差
	晨見	二百九十九日	二百八十八度	用日躔差
	晨退留	三百一十六日	二百八十二度五十分	
	晨遲	三百六十五日	三百一十九度五十分	
	晨次疾	四百四十二日	四百三度五十分	
	晨疾	五百四十一日九十七分	五百二十度九十七分	用日躔差
	晨伏合	五百八十三日九十七分	五百八十二度九十七分	用日躔差
辰星	夕見	十七日	三十四度	用日躔差
	夕順留	四十七日	六十四度	用日躔差
	再合	五十八日	五十八度	用日躔差
	晨見	六十九日	五十二度	用日躔差
	晨留順	九十八日八十八分	八十一度八十八分	用日躔差
	晨伏合	百一十五日八十八分	百一十五度八十八分	用日躔差

唐書卷三十一

宋　翰　林　學　士　歐　陽　修　撰

志第二十一

天文志

昔者堯命羲和出納日月考星中以正四時至舜則曰在璿璣玉衡以齊七政而已雖二典質略存其大法亦由古者天人之際推候占測爲術猶簡至於後世其法漸密者必積衆人之智然後能極其精微哉蓋自三代以來詳矣詩人所記婚禮土功必候天星而春秋書日食星變傳載諸國所占次舍伏見逆順至於周禮測景求中分星辨國妖祥察候皆可推考而獨無所謂璿璣玉衡者豈其不用於三代耶抑其法制遂亡而不可復得耶不然二物者莫有知其爲何器也至漢以後表測景晷以正地中分列境界上當星次皆略依古而又作儀以候天地而渾天周髀宣夜之說至於星經歷法皆出於數術之學唐興太史李淳風浮圖一行尤稱精博後世未能過也故採其要說以著于篇至於天象變見所以譴告人君者皆有司所宜謹記也貞觀初淳風上言舜在璿璣玉衡以齊七政則渾天儀也周禮土圭正日景以求地中有以見日行黃道之驗也暨于周末此器乃亡漢落下閎作渾儀其後賈逵張衡等亦各有之而推驗七曜並循赤道按冬至極南夏至極北而赤道常定於中國無南北之異蓋渾儀無黃道久矣太宗異其說因詔爲之至七年儀成表裏三重下據準基狀如十字末樹鼇足以張四表一曰六合儀有天經雙規金渾緯規金常規相結於四極之內列二十八宿十日十二辰經緯三百六十五度二曰三辰儀圓徑八尺有璿璣規月遊規列宿距度七曜所行轉於六合之內三曰四遊儀玄樞爲軸以連結玉衡遊筩而貫約矩規又玄樞北樹北辰南矩地軸傍轉於內玉衡在玄樞之間而南北遊仰以觀天之辰宿下以識器之晷度皆用銅帝稱善置於凝暉閣用之測候閣在禁中其後遂亡開元九年一行受詔改治新曆欲知黃道進退而太史無黃道儀率府兵曹參軍梁令瓚以木爲游儀一行是之乃奏黃道游儀古有其術而無其器昔人潛思皆未能得今令瓚所爲日道月交皆自然契合於推步尤要請更鑄以銅鐵十一年儀成一行又曰靈臺鐵儀後魏斛蘭所作規制朴略度刻不均赤道不動乃如膠柱以考月行遲速多差多或至十七度少不減十度不足以稽天象授人時李淳風黃道儀以玉衡旋規別帶日道傍列二百四十九交以攜月游法頗難術遂寢廢臣更造游儀使黃道運行以追列舍之變因二分之中以立黃道交於奎軫之間二至陟降各二十四度黃道內施白道月環用究陰陽朓朒動合天運簡而易從可以制器垂象永傳不朽於是玄宗嘉之自爲之銘又詔一行與令瓚等更鑄渾天銅儀圓天之象具列宿赤道及周天度數注水激輪令其自轉一晝夜而天運周外絡二輪綴以日月令得運行每天西旋一周日東行一度月行十三度十九分度之七二十九轉有餘而日月會三百六十五轉而日周天以木櫃爲地平令儀半在地下晦明

朔望遲速有準立木人二於地平上其一前置鼓以候刻至一刻則自擊之其一前置鍾以候辰至一辰亦自撞之皆於櫃中各施輪軸鈎鍵關鏁交錯相持置於武成殿前以示百官無幾而銅鐵漸澀不能自轉遂藏於集賢院其黃道游儀以古尺四分爲度旋樞雙環其表一丈四尺六寸一分縱八分厚三分直徑四尺五寸九分古所謂旋儀也南北科兩極上下循規各三十四度表裏畫周天度其一面加之銀釘使東西運轉如渾天游旋中旋樞軸至兩極首內孔徑大兩度半長與旋環徑齊玉衡望箭長四尺五寸八分廣一寸二分厚一寸孔徑六分衡旋於軸中旋運持正用窺七曜及列星之闊狹外方內圓孔徑一度半周日輪也陽經雙環表一丈七尺三寸裏一丈四尺六寸四分廣四寸厚四分直徑五尺四寸四分置於子午左右用八柱八柱相固亦表裏畫周天度其一面加之銀釘半出地上半入地下雙間使樞軸及玉衡望箭旋環於中也陰緯單環外內廣厚周徑皆準陽經與陽經相銜各半內外俱齊而平上爲天下爲地橫周陽環謂之陰渾也平上爲兩界內外爲周天百刻天頂單環表一丈七尺三寸縱廣八尺厚三分直徑五尺四寸四分直中國人頂之上東西當卯酉之中稍南使見日出入令與陽經陰緯相固如鳥㲉之裏黃南去赤道三十六度去黃道十二度去北極五十五度去南北平各九十一度强赤道單環表一丈四尺五寸九分橫八分厚三分直徑四尺五寸八分赤道者當天之中二十八宿之位也雙規運動度穿一穴古者秋分日在角五度今在軫十三度冬至日在牽牛初今在斗十度隨穴退交不復差謬傍在卯酉之南上去天頂三十六度而橫置之黃道單環表一丈五尺四寸一分橫八分厚四分直徑四尺八寸四分日之所行故名黃道太陽陟降積歲有差月及五星亦隨日度出入古無其器規制不知準的斟酌爲率疏闊尤甚今設此環置於赤道環內仍開合使運轉出入四十八度而極晝兩方東西列周天度數南北列百刻可使見日知時上列三百六十策與用卦相準度穿一穴與赤道相交白道月環表一丈五尺一寸五分橫八分厚三分直徑四尺七寸六分月行有迂曲遲速與日行緩急相反古亦無其器今設於黃道環內使就黃道爲交合出入六度以測每夜月離上畫周天度數度穿一穴擬移交會皆用鋼鐵游儀四柱爲龍其崇四尺七寸水槽及山崇一尺七寸半槽長六尺九寸高廣皆四寸池深一寸廣一寸半龍能興雲雨故以飾柱柱在四維龍下有山雲俱在水平槽上皆用銅其所測宿度與古異者舊經角距星去極九十一度亢八十九度氐九十四度房百八度心百八度尾百二十度箕百一十八度南斗百一十六度牽牛百六度須女百度虛百四度危九十七度營室八十五度東壁八十六度奎七十六度婁八十度胃昴七十四度畢七十八度觜觿八十四度參九十四度東井七十度輿鬼六十八度柳七十七度七星九十一度張九十七度翼九十七度軫九十八度今測角九十三度半亢九十一度半氐九十八度房百一十度半心百一十度尾百二十四度箕百二十度南斗百一十九度牽牛百四度須女百一度虛百一度危九十七度營室八十三度東壁八十四度奎七十三度婁七十七度胃昴七十二度畢七十六度觜觿八十二度參九十三度東井六十八度輿鬼六十八度柳八十度半七星九十三度半張百度翼百三度軫百度又舊經角距星正當赤道黃道在其南今測角在赤道南二度半則黃道復經角中與天象合虛北星舊圖入虛今測在須女九度危北星舊圖入危今測在虛六度半又奎誤距以西大星故壁損二度奎增二度今復距西南大星即奎壁各得本度畢赤道十六度黃道亦十六度觜觿赤道二度黃道三度二宿俱當黃道斜虛畢尚與赤道度同觜觿總二度黃道損加一度蓋其誤也今測畢十七度半觜觿半度又柳誤距以第四星今復用第四星張中央四星爲朱鳥嗉外二星爲翼北距以翼而不距以膺故張增二度半七星減二度半今復以膺爲距則七星張各得本度其他星舊經文昌二星在輿鬼四星在東井北斗樞在七星一度璇在張二度機在翼二度權在翼八度衡在軫八度開陽在角七度杓在亢四度天關在黃道南四度天尊天樽在黃道北天江天高狗國外屏雲雨虛梁在黃道外天囷土公吏在赤道外上台在東井中台在七星建星在黃道北半度天苑在昴畢王良在壁外屏在觜觿雷電在赤道外五度霹靂在赤道外四度八魁在營室長垣羅堰當黃道今測文昌四星在柳一星在輿鬼一星在東井北斗樞在張十三度璇在張十二度半機在翼十三度權在翼十七度太衡在軫十度半開陽在角四度少杓在角十二度少天關天尊天樽天江天高狗國外屏皆當黃道雲雨在黃道內七度虛梁在黃道內四度天囷當赤道土公吏在赤道內六度上台在柳中台在張建星在黃道北四度半天苑在胃昴王良四星在奎一星在壁外屏在畢雷電在赤道內二度霹靂四星在赤道內一星在外八魁五星在壁四星在營室長垣在黃道北五度羅堰在黃道北黃道春分與赤道交於奎五度太秋分交於軫十四度少冬至在斗十度去赤道南二十四度夏至在井十三度少去赤道北二十四度其赤道帶天之中以分列宿之度黃道斜運以明日月之行乃立八節九限校二道差數著之歷經蓋天之說李淳風以爲天地中高而四隤日月相隱蔽以爲晝夜遶北極常見者謂之上規南極常隱者謂之下規赤道橫絡者謂之中規及一行考月行出入黃道爲圖三十六究九道之增損而蓋天之狀見矣削篾爲度徑一分其厚半之長與圖等穴其正中植鍼爲樞令可環運自中樞之外均刻百四十七度全度之末旋爲外規規外太半度再旋爲重規以均賦周天度分又距極樞九十一度少半旋爲赤道帶天之紘距極三十五度旋爲內規乃步冬至日躔所在以正辰次之中以立宿距按渾儀所測甘石巫咸衆星明者皆以篾橫考入宿距縱考去極度而後圖之其赤道外衆星疏密之狀與仰視小殊者由渾儀去南極漸近其度益狹而蓋圖漸遠其度益廣使然若考其去極入宿度數移之於渾天則一也又赤道內外其廣狹不均若就二至出入赤道二十四度以規度之則二分所交不得其正自二分黃赤道交以規度之則二至距極度數不得其正當求赤道分至之中均刻爲七十二限據每黃道差數以篾度量而識之然後規爲黃道則周天咸得其正矣又考黃道二分二至之中均刻爲七十二候定陰陽歷二交所在依月去黃道度率差一候亦以篾度量而識之然後規爲月道則周天咸得其正矣中晷之法初淳風造歷定二十四氣中晷與祖沖之短長頗異然未知其孰是及一行作大衍歷詔太史測天下之晷求其土中以爲定數其議曰周禮大司徒以土圭之法測土深日至之景尺有五寸謂之地中鄭氏以爲日景於地千里而差一寸尺有五寸者南戴日下萬五千里地與星辰四游升降於三萬里內是以半之得地中今潁川陽城是也宋元嘉中南征林邑五月立表望之日在表北交州影在表南三寸林邑九寸一分交州去洛水陸之路九千里蓋山川回折使之然以表考其弦當五千乎開元十二年測交州夏至在表南三寸三分與元嘉所測略同使者大相元太言交州望極纔高二十餘度八月海中望老人星下列星粲然明大者甚衆古所未識邇渾天家以爲常沒地中者也大率去南極二十度已上之星則見又鐵勒回紇在薛延陀之北去京師六千九百里其北又有骨利幹居瀚海之北北距大海晝長而夜短既夜天如曛不瞑夕胹羊髀纔熟而曙蓋近日出沒之所太史監南宮說擇河南平地設水準繩墨植表而以引度之自滑臺始白馬夏至之晷尺五寸七分又南百九十八里百七十九步得浚儀岳臺晷尺五寸三分又南百六十七里二百八十一步得扶溝晷尺四寸四分又南百六十里百一十步至上蔡武津晷尺三寸六分半大率五百二十六里二百七十步晷差二寸餘而舊說王畿千里影差一寸妄矣今以句股校陽城中晷夏至尺四寸七分八釐冬至丈二尺七寸一分半定春秋分五尺四寸三分以覆矩斜視極出地三十四度十分度之四自滑臺表視之極高三十五度三分冬至丈三尺定春秋分五尺五寸六分自浚儀表視之極高三十四度八分冬至丈二尺八寸五分定春秋分五尺五寸自扶溝表視之極高三十四度三分冬至丈二尺五寸五分定春秋分五尺三寸七分上蔡武津表視之極高三十三度八分冬至丈二尺三寸八分定春秋分五尺二寸八分其北極去地雖秒分微有盈縮難以目校大率三百五十一里八十步而極差一度極之遠近異則黃道軌景固隨而變矣自此爲率推之比歲武陵晷夏至七寸七分冬至丈五寸三分春秋分四尺三寸七分半以圖測之定氣四尺四寸七分按圖斜視極高二十九度半差陽城五度三分蔚州橫野軍夏至二尺二寸九分冬至丈五尺八寸九分春秋分六尺四寸四分半以圖測之定氣六尺六寸二分半按圖斜視極高四十度差陽城五度三分凡南北之差十度半其徑三千六百八十八里九十步自陽城至武陵千八百二十六里七十六步自陽城至橫野千八百六十一里二百十四步夏至晷差尺五寸三分自陽城至武陵差七寸三分自陽城至橫野差八寸冬至晷差五尺三寸六分自陽城至武陵差二尺一寸八分自陽城至橫野差三尺一寸八分率夏至與南方差少冬至與北方差多又以圖校安南日在天頂北二度四分極高二十度四分冬至晷七尺九寸四分定春秋分二尺九寸三分夏至在表南三寸三分差陽城十四度三分其徑五千二十三里至林邑日在天頂北六度六分彊極高十七度四分周圓三十五度常見不隱冬至晷六尺九寸定春秋分二尺八寸五分夏至在表南五寸七分

其徑六千一百一十二里若令距陽城而北至鐵勒之地亦差十七度四分與林邑正等則五月日在天頂南二十七度四分極高五十二度周圓百四度常見不隱北至晷四尺一寸三分南至晷二丈九尺二寸六分定春秋分晷五尺八寸七分其沒地纔十五餘度夕沒亥西晨出丑東校其里數已在回紇之北又南距洛陽九千八百一十五里則極長之晝其夕常明然則骨利幹猶在其南矣吳中常侍王蕃考先儒所傳以戴日下萬五千里爲句股斜射陽城考周徑之率以揆天度當千四百六里二十四步有餘今測日晷距陽城五千里已在戴日之南則一度之廣皆三分減二南北極相去八萬里其徑五萬里宇宙之廣豈若是乎然則蕃之術以蠡測海者也古人所以恃句股術謂其有證於近事顧未知目視不能及遠遠則微差其差不已遂與術錯譬游於太湖廣袤不盈百里見日月朝夕出入湖中及其浮于巨海不知幾千萬里猶見日月朝夕出入其中矣若於朝夕之際俱設重差而望之必將大小同術無以分矣橫既有之縱亦宜然又若樹兩表南北相距十里其崇皆數十里置大炬於南表之端而植八尺之木於其下則當無影試從南表之下仰望北表之端必將積微分之差漸與南表參合表首參合則置炬於其上亦當無影矣又置大炬於北表之端而植八尺之木於其下則當無影試從北表之下仰望南表之端又將積微分之差漸與北表參合表首參合則置炬於其上亦當無影矣復於二表間更植八尺之木仰而望之則表首環屈相合若置火炬於兩表之端皆當無影矣夫數十里之高與十里之廣然猶斜射之影與仰望不殊今欲憑晷差以指遠近高下尚不可知而況稽周天里步於不測之中又可必乎十三年南至岱宗禮畢自上傳呼萬歲聲聞於下時山下夜漏未盡自日觀東望日已漸高據曆法晨初迨日出差二刻半然則山上所差凡三刻餘其冬至夜刻同立春之後春分夜刻同立夏之後自岳趾升泰壇僅二十里而晝夜之差一節設使因二十里之崇以立句股術固不知其所以然況八尺之表乎原古人所以步圭影之意將以節宣和氣輔相物宜不在於辰次之周徑其所以重曆數之意將欲恭授人時欽若乾象不在於渾蓋之是非若乃述無稽之法於視聽之所不及則君子當闕疑而不議也而或者各守所傳之器以術天體謂渾元可任數而測大象可運算而闚終以六家之說迭爲矛楯誠以爲蓋天邪則南方之度漸狹果以爲渾天邪則北方之極寖高此二者又渾蓋之家盡智畢議未能有以通其說也則王仲任葛稚川之徒區區於異同之辨何益人倫之化哉凡晷差冬夏不同南北亦異先儒一以里數齊之遂失其實今更爲覆矩圖南自丹穴北暨幽都每極移一度輒累其差可以稽日食之多少定晝夜之長短而天下之晷皆協其數矣昭宗時太子少詹事邊岡修歷術服其精粹以爲不刊之數也初貞觀中淳風譔法象志因漢書十二次度數始以唐之州縣配焉而一行以爲天下山河之象存乎兩戒北戒自三危積石負終南地絡之陰東及太華逾河並雷首底柱王屋太行北抵常山之右乃東循塞垣至濊貊朝鮮是謂北紀所以限戎狄也南戒自岷山嶓冢負地絡之陽東及太華連商山熊耳外方桐柏自上洛南逾江漢攜武當荊山至于衡陽乃東循嶺徼達東甌閩中是謂南紀所以限蠻夷也故星傳謂北戒爲胡門南戒爲越門河源自北紀之首循雍州北徼達華陰而與地絡相會並行而東至太行之曲分而東流與涇渭濟瀆相爲表裏謂之北河江源自南紀之首循梁州南徼達華陽而與地絡相會並行而東及荊山之陽分而東流與漢水淮瀆相爲表裏謂之南河故於天象則弘農分陝爲兩河之會五服諸侯在焉自陝而西爲秦涼北紀山河之曲爲晉代南紀山河之曲爲巴蜀皆負險用武之國也自陝而東三川中岳爲成周西距外方大伾北至于濟南至于淮東達鉅野爲宋鄭陳蔡河內及濟水之陽爲邶衞漢東濱淮水之陰爲申隨皆四戰用文之國也北紀之東至北河之北爲邢趙南紀之東至南河之南爲荊楚自北河下流南距岱山爲三齊夾右碣石爲北燕自南河下流北距岱山爲鄒魯南涉江淮爲吳越皆負海之國貨殖之所阜也自河源循塞垣北東及海爲戎狄自江源循嶺徼南東及海爲蠻越觀兩河之象與雲漢之所始終而分野可知矣於易五月一陰生而雲漢潛萌于天稷之下進及井鉞間得坤維之氣陰始達於地上而雲漢上升始交於列宿七緯之氣通矣東井據百川上流故鶉首爲秦蜀墟得兩戒山河之首雲漢達坤維右而漸升始居列宿上觜觿參伐皆直天關表而在河陰故實沈下流得大梁距河稍遠涉陰亦深故其分野自漳濱卻負恒山居北紀衆山之東南外接髦頭地皆河外陰國也十月陰氣進踰乾維始上達于天雲漢至營室東壁間升氣悉究與內規相接故自南正達於西正得雲漢升氣爲山河上流自北正達于東正得雲漢降氣爲山河下流陬訾在雲漢升降中居水行正位故其分野當中州河濟間且王良閣道由紫垣絕漢抵營室上帝離宮也內接成周河內皆豕韋分十一月一陽生而雲漢漸降退及艮維始下接于地至斗建間復與列舍氣通於易天地始交泰象也踰析木津陰氣益降進及大辰升陽之氣究而雲漢沈潛於東正之中故易雷出地曰豫龍出泉爲解皆房心象也星紀得雲漢下流百川歸焉析木爲雲漢末派山河極焉故其分野自南河下流窮南紀之曲東南負海爲星紀自北河末派窮北紀之曲東北負海爲析木負海者以其雲漢之陰也唯陬訾內接紫宮在王畿河濟間降婁玄枵與山河首尾相遠鄰顓頊之墟故爲中州負海之國也其地當南河之北北河之南界以岱宗至于東海自鶉首踰河戒東曰鶉火得重離正位軒轅之祇在焉其分野自河華之交東接祝融之墟北負河南及漢蓋寒燠之所均也自析木紀天漢而南曰大火得明堂升氣天市之都在焉其分野自鉅野岱宗西至陳留北負河濟南及淮皆和氣之所布也陽氣自明堂漸升遠于龍角曰壽星龍角謂之天闕於易氣以陽決陰夬象也升陽進踰天關得純乾之位故鶉尾直建巳之月內列太微爲天庭其分野自南河以負海亦純陽地也壽星在天關內故其分野在商亳西南淮水之陰北連太室之東自陽城際之亦巽維地也夫雲漢自坤抵艮爲地紀北斗自乾攜巽爲天綱其分野與帝車相直皆五帝墟也究咸池之政而在乾維內者降婁也故爲少昊之墟叶北宮之政而在乾維外者陬訾也故爲顓頊之墟成攝提之政而在巽維內者壽星也故爲太昊之墟布太微之政而在巽維外者鶉尾也故爲列山氏之墟得四海中承太階之政者軒轅也故爲有熊氏之墟木金得天地之微氣其神治於季月水火得天地之章氣其神治於孟月故章道存乎至微道存乎終皆陰陽變化之際也若微者沈潛而不及章者高明而過亢皆非上帝之居也斗杓謂之外廷陽精之所布也斗魁謂之會府陽精之所復也杓以治外故鶉尾爲南方負海之國魁以治內故陬訾爲中州四戰之國其餘列舍在雲漢之陰者八爲負海之國在雲漢之陽者四爲四戰之國降婁玄枵以負東海其神主於岱宗歲星位焉星紀鶉尾以負南海其神主於衡山熒惑位焉鶉首實沈以負西海其神主於華山太白位焉大梁析木以負北海其神主於恒山辰星位焉鶉火大火壽星豕韋爲中州其神主於嵩丘鎮星位焉近代諸儒言星土者或以州或以國虞夏秦漢郡國廢置不同周之興也王畿千里及其衰也僅得河南七縣今又天下一統而直以鶉火爲周分則疆埸舛矣七國之初天下地形雌韓而雄魏魏地西距高陵盡河東河內北固漳鄴東分梁宋至於汝南韓據全鄭之地南盡潁川南陽西達虢略距函谷固宜陽北連上地皆綿亘數州相錯如繡考雲漢山河之象多者或至十餘宿其後魏徙大梁則西河合於東井秦拔宜陽而上黨入於輿鬼方戰國未滅時星家之言屢有明效今則同在畿甸之中矣而或者猶據漢書地理志推之是守甘石遺術而不知變通之數也又古之辰次與節氣相係各據當時曆數與歲差遷徙不同今更以七宿之中分四象中位自上元之首以度數紀之而著其分野其州縣雖改隸不同但據山河以分爾須女虛危玄枵也初須女五度餘二千三百七十四秒四少中虛九度終危十二度其分野自濟北東踰濟水涉平陰至于山茌循岱岳衆山之陰東南及高密又東盡萊夷之地得漢北海千乘淄川濟南齊郡及平原渤海九河故道之南濱于碣石古齊紀祝淳于萊譚寒及斟尋有過有鬲蒲姑氏之國其地得陬訾之下流自濟東達于河外故其象著爲天津絕雲漢之陽凡司人之星與羣臣之錄皆主虛危故岱宗爲十二諸侯受命府又下流得婺女當九河末派比于星紀與吳越同占營室東壁陬訾也初危十三度餘二千九百二十六秒一太中營室十二度終奎一度自王屋太行而東得漢河內至北紀之東隅北負漳鄴東及館陶聊城又自河濟之交涉滎波濱濟水而東得東郡之地古邶鄘衞凡胙邘雍共微觀南燕昆吾豕韋之國自閣道王良至東壁在豕韋爲上流當河內及漳鄴之南得山河之會爲離宮又循河濟而東接玄枵爲營室之分奎婁降婁也初奎二度餘千二百一十七秒十七少中婁一度終胃三度自蛇丘肥城南屆鉅野東達梁父循岱岳衆山之陽以負東海又濱泗水經方輿沛留彭城東至于呂梁乃東南抵淮並淮水而東盡徐夷之地得漢東平魯國琅邪東海泗水城陽古魯薛邾莒小邾徐郯鄫鄅邳邿任宿須句顓臾牟遂鑄夷介根牟及大庭氏之國奎爲大澤在陬訾下流當鉅野之東陽至于淮泗婁胃之墟東北負山蓋中國膏腴地百穀之所阜也胃得馬牧之氣與冀之北土同占胃昴畢大梁也初胃四度餘二千五百四十九秒八太中昴六度終畢九度

自魏郡濁漳之北得漢趙國廣平鉅鹿常山東及清河信都北據中山眞定全趙之分又北逾衆山盡代郡鴈門雲中定襄之地與北方羣狄之國北紀之東陽表裏山河以蕃屏中國爲畢分循北河之表西盡塞垣皆髦頭故地爲昴分冀之北土馬牧之所蕃庶故天苑之象存焉觜觿參伐實沈也初畢十度餘八百四十一秒四之一中參七度終東井十一度自漢之河東及上黨太原盡西河之地古晉魏虞唐耿揚霍冀黎邘與西河戎狄之國西河之濱所以設險限秦晉故其地上應天關其南曲之陰在晉地衆山之陽南曲之陽在秦地衆山之陰陰陽之氣并故與東井通河東永樂芮城河北縣及河曲豐勝夏州皆東井之分參伐爲戎索爲武政當河東盡大夏之墟上黨次居下流與趙魏接爲觜觿之分東井輿鬼鶉首也初東井十二度餘二千一百七十二秒十五太中東井二十七度終柳六度自漢三輔及北地上郡安定西自隴坻至河右西南盡巴蜀漢中之地及西南夷犍爲越巂益州郡極南河之表東至牂牁古秦梁豳芮豐畢駘杠有扈密須庸蜀羌髳之國東井居兩河之陰自山河上流當地絡之西北輿鬼居兩河之陽自漢中東盡華陽與鶉火相接當地絡之東南鶉首之外雲漢潛流而未達故狼星在江河上源之西弧矢犬雞皆徼外之備也西羌吐蕃吐谷渾及西南徼外夷人皆占狼星柳七星張鶉火也初柳七度餘四百六十四秒七少中七星七度終張十四度北自滎澤滎陽竝京索暨山南得新鄭密縣至外方東隅斜至方城抵桐柏北自宛葉南暨漢東盡漢南陽之地又自雒邑負北河之南西及函谷逾南紀達武當漢水之陰盡弘農郡以淮源桐柏東陽爲限而中州屬壽星古成周虢鄭管鄶東虢密滑焦唐隨申鄧及祝融氏之都新鄭爲軒轅祝融之墟其東鄙則入壽星柳在輿鬼東又接漢源當商洛之陽接南河上流七星係軒轅得土行正位中岳象也河南之分張直南陽漢東與鶉尾同占翼軫鶉尾也初張十五度餘千七百九十五秒二十二太中翼十二度終軫九度自房陵白帝而東盡漢之南郡江夏東達廬江南部濱彭蠡之西得長沙武陵又逾南紀盡鬱林合浦之地自沅湘上流西達黔安之左皆全楚之分自富昭象龔繡容白廉州已西亦鶉尾之墟古荊楚鄖鄀羅權巴夔與南方蠻貊之國翼與咮張同象當南河之北軫在天關之外當南河之南其中一星主長沙逾嶺徼而南爲東甌青丘之分安南諸州在雲漢上源之東陽宜屬鶉火而柳七星張皆當中州不得連負海之地故麗于鶉尾角亢壽星也初軫十度餘八十七秒十四少中角八度終氐一度自原武管城濱河濟之南東至封丘陳留盡陳蔡汝南之地逾淮源至于弋陽西涉南陽郡至于桐柏又東北抵嵩之東陽中國地絡在南北河之間首自西傾極于陪尾故隨申光皆豫州之分宜屬鶉火古陳蔡許息江黃道栢沈賴蓼須頓胡防弦厲之國氐涉壽星當洛邑衆山之東與亳土相接次南直潁水之間曰太昊之墟爲亢分又南涉淮氣連鶉尾在成周之東陽爲角分氐房心大火也初氐二度餘千四百一十九秒五太中房二度終尾六度自雍丘襄邑小黃而東循濟陰界于齊魯右泗水達于吕梁乃東南接太昊之墟盡漢濟陰山陽楚國豐沛之地古宋曹郕滕茅郜蕭葛向城偪陽申父之國商亳負北河陽氣之所升也爲心分豐沛負南河陽氣之所布也爲房分其下流與尾同占西接陳鄭爲氐分尾箕析木津也初尾七度餘二千七百五十秒二十一少中箕五度終南斗八度自渤海九河之北得漢河間涿郡廣陽及上谷漁陽右北平遼西遼東樂浪玄菟古北燕孤竹無終九夷之國尾得雲漢之末派龜魚麗焉當九河之下流濱于渤碣皆北紀之所窮也箕與南斗相近爲遼水之陽盡朝鮮三韓之地在吳越東南斗牽牛星紀也初南斗九度餘千四十二秒十二太中南斗二十四度終女四度自廬江九江負淮水南盡臨淮廣陵至于東海又逾南河得漢丹陽會稽豫章西濱彭蠡南涉越門訖蒼梧南海逾嶺表自部廣以西珠崖以東爲星紀之分也古吳越羣舒廬桐六蓼及東南百越之國南斗在雲漢下流當淮海間爲吳分牽牛去南河寖遠自豫章迄會稽南逾嶺徼爲越分島夷蠻貊之人聲教所不曁皆係于狗國云

唐書卷三十二

宋　翰　林　學　士　歐　陽　修　撰

志第二十二

天文二

日食武德元年十月壬申朔日有食之在氐五度占曰諸侯專權則其應在所宿國諸侯附從則爲王者事四年八月丙戌朔日有食之在翼四度楚分也六年十二月壬寅朔日有食之在南斗十九度吳分也九年十月丙辰朔日有食之在氐七度貞觀元年閏三月癸丑朔日有食之在胃九度九月庚戌朔日有食之在亢五度胃爲天倉亢爲疏廟二年三月戊申朔日有食之在婁十一度占爲大臣憂三年八月己巳朔日有食之在翼五度占曰旱四年閏正月丁卯朔日有食之在營室四度七月甲子朔日有食之在張十四度占爲禮失六年正月乙卯朔日有食之在虛九度虛耗祥也八年五月辛未朔日有食之在參七度九年閏四月丙寅朔日有食之在畢十三度占爲邊兵十一年三月丙戌朔日有食之在婁二度占爲大臣憂十二年閏二月庚辰朔日有食之在奎九度奎武庫也十三年八月辛未朔日有食之在翼十四度翼爲遠夷十七年六月己卯朔日有食之在東井十六度京師分也十八年十月辛丑朔日有食之在房三度房將相位二十年閏二月癸巳朔日有食之在胃九度占曰主有疾二十二年八月己酉朔日有食之在翼五度占曰旱顯慶五年六月庚午朔日有食之在柳五度龍朔元年五月甲子晦日有食之在東井二十七度皆京師分也麟德三年閏三月癸酉朔日有食之在胃九度占曰主有疾乾封二年八月己酉朔日有食之在翼六度總章二年六月戊申朔日有食之在東井二十九度咸亨元年六月壬寅朔日有食之在東井十八度二年十一月甲午朔日有食之在箕九度三年十一月戊子朔日有食之在尾十度東井京師分箕爲后妃之府尾爲後宮五年三月辛亥朔日有食之在婁十三度占爲大臣憂永隆元年十一月壬申朔日有食之在尾十六度開耀元年十月丙寅朔日有食之在尾四度永淳元年四月甲子朔日有食之在畢五度十月庚申朔日有食之在房三度垂拱二年二月辛未朔日有食之在營室十五度四年六月丁亥朔日有食之在東井二十七度京師分也天授二年四月壬寅朔日有食之在昴七度如意元年四月丙申朔日有食之在胃十一度皆正陽之月長壽二年九月丁亥朔日有食之在角十度角內爲天廷延載元年九月壬午朔日有食之在軫十八度軫爲車騎證聖元年二月己酉朔日有食之在營室五度聖曆三年五月己酉朔日有食之在畢十五度長安二年九月乙丑朔日有食之幾既在角初度三年三月壬戌朔日有食之在奎十度占曰君不安九月庚寅朔日有食之在亢七度神龍三年六月丁卯朔日有食之在東井二十八度京師分也景龍元年十二月乙丑朔日有食之在南斗二十一度斗爲丞相位先天元年九月丁卯朔日有食之在角十度開元三年七月庚辰朔日有食之在張四度七年五月己丑朔日有食之在畢十五度九年九月乙巳朔日有食之在軫十八度十二年閏十二月丙辰朔日有食之在虛初度十七年十月戊午朔日有食之不盡如鉤在氐九度二十年二月甲戌朔日有食之在營室十度八月辛未朔日有食之在翼七度二十一年七月乙丑朔日有食之在張十五度二十二年十二月戊子朔日有食之在南斗二十三度二十三年閏十一月壬午朔日有食之在南斗十一度二十六年九月丙申朔日有食之在亢九度二十八年三月丁亥朔日有食之在婁三度天寶元年七月癸卯朔日有食之在張五度五載五月壬子朔日有食之在畢十六度十三載六月乙丑朔日有食之幾既在東井十九度京師分也至德元載十月辛巳朔日有食之既在氐十度上元二年七月癸未朔日有食之既大星皆見在張四度大曆三年三月乙巳朔日有食之在奎十一度十年十月辛酉朔日有食之在氐十一度宋分也十四年七月戊辰朔日有食之在張四度十二月丙寅晦日有食之在危十二度貞元二年八月辛巳朔日有食之在軫八度五年正月甲辰朔日有食之在營室六度八年十一月壬子朔日有食之在尾六度宋分也十二年八月己未朔日有食之在翼十八度占曰旱十七年五月壬戌朔日有食之在東井十度元和三年七月辛巳朔日有食之在七星三度十年八月己亥朔日有食之在翼十八度十三年六月癸丑朔日有食之在輿鬼一度京師分也長慶二年四月辛酉朔日有食之在胃十三度三年九月壬子朔日有食之在角十二度太和八年二月壬午朔日有食之在奎一度開成元年正月辛丑朔日有食之在虛三度會昌三年二月庚申朔日有食之在東壁一度并州分也四年二月甲寅朔日有食之在營室七度五年七月丙午朔日有食之在張七度六年十二月戊辰朔日有食之在南斗十四度大中二年五月己未朔日有食之在參九度八年正月丙戌朔日有食之在危一度危爲玄枵亦耗祥也咸通四年七月辛卯朔日有食之在張十七度乾符三年九月乙亥朔日有食之在軫十四度四年四月壬申朔日有食之在畢三度六年四月庚申朔日有食之既在胃八度文德元年三月戊戌朔日有食之在胃一度天祐元年十月辛卯朔日有食之在心二度三年四月癸未朔日有食之在胃十二度凡唐著紀二百八十九年日食九十三朔九十一晦二日

日變貞觀初突厥有五日竝照二十三年三月日赤無

光李淳風曰日變色有軍急又曰其君無德其臣亂國濮陽復曰日無光主病咸亨元年二月壬子日赤無光癸丑四方濛濛日有濁氣色赤如赭上元二年三月丁未日赤如赭永淳元年三月日赤如赭文明元年二月辛巳日赤如赭長安四年正月壬子日赤如赭景龍三年二月庚申日色紫赤無光開元十四年十二月己未日赤如赭二十九年三月丙午風霾日無光近晝昏也占爲上刑急人不樂生天寶三載正月庚戌日暈五重占曰是謂棄光天下有兵肅宗上元二年二月乙酉白虹貫日大歷二年七月丙寅日旁有青赤氣長四丈餘壬申日上有赤氣長二丈九月乙亥至于辛丑日旁有青赤氣三年正月丁巳日有黃冠青赤珥辛丑赤如之凡氣長而立者爲直橫者爲格立于日上者爲冠直爲有自立者格爲戰鬭又曰赤氣在日上君有佞臣黃爲土功青赤爲憂貞元二年閏五月壬戌日有黑暈六年正月甲子日赤如血十年三月乙亥黃霧四塞日無光元和二年十月壬午日傍有黑氣如人形跪手捧盤向日盤中氣如人頭四年閏三月日傍有物如日五年四月辛未白虹貫日十年正月辛卯日外有物如烏十一年正月己卯日紫赤無光長慶元年六月己丑白虹貫日三年二月庚戌白虹貫日寶歷元年六月甲戌赤虹貫日九月甲申日赤無光二年三月甲午日中有黑氣如杯辛亥日中有黑子四月甲寅白虹貫日太和二年二月癸亥日無光白霧晝昏十二月癸亥有黑祲與日如鬬五年二月辛丑白虹貫日六年三月有黑祲與日如鬬庚戌日中有黑子四月乙丑黑氣蔽日七年正月庚戌白虹貫日八年七月甲戌白虹貫日日有交暈十月壬寅白虹貫日東西際天上有背玦九年二月辛卯日月赤如血壬辰亦如之開成元年正月辛丑朔白虹貫日二月己丑赤如之二年十一月辛巳日中有黑子大如雞卵日赤如赭晝昏至于癸未五年正月己丑日暈白虹在東如玉環貫珥二月丙辰日有重暈有赤氣夾日十二月癸卯朔日旁有黑氣來觸會昌元年十一月庚戌日中有黑子四年正月戊申日無光二月己巳白虹貫日如玉環大中十三年四月甲午日暗無光咸通六年正月白虹貫日中有黑氣如雞卵七年十二月癸酉白氣貫日日有重暈甲戌赤如之白氣兵象也十四年二月癸卯白虹貫日乾符元年日中有黑子二年日中有若飛鷰者六年十一月丙辰朔有兩日竝出而鬭三日乃不見鬭者離而復合也廣明元年日暈如虹黃氣蔽日無光日不可以二虹白殃之本也中和三年三月丙午日有青黃暈四月丙辰赤如之丁巳戊午又如之光啓三年十一月己亥下晡日上有黑氣四年二月己丑日赤如血庚寅旼元文德是日風日赤無光景福元年五月日色散如黃金光化三年冬日有虹蜺背璚彌旬日有赤氣自東北至于東南天復元年十月日色散如黃金十一月又如之三年二月丁丑日有赤氣自東北至于東南天祐元年二月丙寅日中見北斗其占重十一月癸酉日中日有黃暈旁有青赤氣二二年正月甲申日有黃白暈暈上有青赤背乙酉赤如之暈中生白虹漸東長百餘丈二月己巳日有黃白暈如半環有蒼黑雲夾日長各六尺餘既而雲變狀如人如馬乃消舊占背者叛背之象日暈有虹者爲大戰半暈者相有謀蒼黑祲祥也夾日者賊臣制君之象變而如人者爲叛臣如馬者爲兵三年正月辛未日有黃白暈上有青赤背二月癸巳日有黃白暈如半環有青赤背庚戌日有黃白暈青赤背

月變貞觀初突厥有三月並見儀鳳二年正月甲子朔月見西方是謂朓朓則侯王其舒武太后時月過望不虧者二天寶三載正月庚戌日有紅氣如垂帶肅宗元年建子月癸巳乙夜月掩昴而暈色白有白氣自北貫之昴胡也白氣兵喪建辰月丙戌月有黃白冠連暈圍東井五諸侯兩河及輿鬼東井京師分也大歷十年九月戊申月暈熒惑畢昴參東及五車暈中有黑氣乍合乍散十二月丙子月出東方上有白氣十餘道如匹練貫五車及畢觜觿參東井輿鬼柳軒轅中夜散去占曰女主凶白氣爲兵喪五車主庫兵軒轅爲後宮其宿則晉分及京師也元和十一年己未旦日已出有虹貫月于營室開成四年閏正月甲申朔乙酉月在營室正偃魄質成早也占爲臣下專恣之象五年正月戊寅朔甲申月昏而中未弦而中早也占同上景福二年十一月有白氣如環貫月穿北斗連太微天復二年十二月甲中夜月有三暈裏白中赤黃外綠天祐三年二月丙申月暈熒惑

孛彗武德九年二月壬午有星孛于胃昴間丁亥孛于卷舌孛與彗皆非常惡氣所生而災甚于彗貞觀八年八月甲子有星孛于虛危歷玄枵乙亥不見十二年三月乙丑有星孛于畢昴十五年六月己酉有星孛于太微犯郎位七月甲戌不見龍朔三年八月癸卯有彗星于左攝提長二尺餘乙巳不見攝提建時節大臣象乾封二年四月丙辰有彗星于東北在五車畢昴間乙亥不見上元二年十二月壬午有彗星于角亢南長五尺三年七月丁亥有彗星于東井指北河長三尺餘東北行光芒益盛長三尺掃中台指文昌九月乙酉不見東井京師分中台文昌將相位兩河天關也開耀元年九月丙申有彗星于天市中長五丈漸小東行至河鼓癸丑不見市者貨食之所聚以衣食生民者一曰帝將遷都河鼓將軍象永淳二年三月丙午有彗星于五車北四月辛未不見光宅元年九月丁丑有星如半月見于西方月衆陰之長星如月者陰盛之極文明元年七月辛未夕有彗星于西方長丈餘八月甲辰不見是謂天欃景龍元年十月壬午有彗星于西方十一月甲寅不見二年二月丁酉有星孛于胃昴間胡分也八月壬辰有星孛于紫宮延和元年六月有彗星自軒轅入太微至大角滅開元十八年六月甲子有彗星于五車癸酉有星孛于畢昴二十六年三月丙子有星孛于紫宮垣歷北斗魁旬餘因雲陰不見乾元三年四月丁巳有彗星于東方在婁胃間色白長四尺東方疾行歷昴畢觜觿參東井輿鬼柳軒轅至右執法西凡五旬餘不見閏月辛酉朔有彗星于西方長數丈至五月乃滅婁爲魯胃昴畢爲趙觜觿參爲唐東井輿鬼爲京師分柳其半爲周分二彗仍見者荐禍也又婁胃間天倉大歷元年十二月己亥有彗星于匏瓜長尺餘經二旬不見犯宦者星五年四月己未有彗星于五車光芒蓬勃長三丈五月己卯彗星見于北方色白癸未東行近八穀中星六月癸卯近三公己未不見占曰色白者太白所生也七年十二月丙寅有長星于參下其長亘天長星彗屬參唐星也元和十年三月有長星于太微尾至軒轅十二年正月戊子有彗星于畢長慶元年正月己未有星孛于翼二月丁卯孛于太微西上將六月有彗星于昴長一丈凡十日不見太和二年七月甲辰有彗星于右攝提南長二尺三年十月客星見于水位八年九月辛亥有彗星于太微長丈餘西北行越郎位庚申不見開成二年二月丙午有彗星于危長七尺餘西指南斗戊申在危西南芒耀愈盛癸丑在虛辛酉長丈餘西行稍南指壬戌在婺女長二丈餘廣三尺癸亥愈長且闊三月甲子在南斗乙丑長五丈其末兩岐一指氐一掩房丙寅長六丈無岐北指在亢七度丁卯西北行東指己巳長八丈餘在張癸未長三尺在軒轅右不見凡彗星晨出則西指夕出則東指乃常也未有遍指四方淩犯如此之甚者甲申客星出于東井下戊子客星別出于端門內近屏星四月丙午東井下客星沒五月癸酉端門內客星沒壬午客星如孛在南斗天籥旁八月丁酉有彗星于虛危虛危爲玄枵枵耗名也三年十月乙巳有彗星于軫魁長二丈餘漸長西指十一月乙卯有彗星于東方在尾箕東西亘天十二月壬辰不見四年正月癸酉有彗星于羽林衞分也閏月丙午有彗星于卷舌西北二月己卯不見五年二月庚申有彗星于營室東壁間二十日滅十一月戊寅有彗星于東方燕分也會昌元年七月有彗星于羽林營室東壁間也十一月壬寅有彗星于北落師門在營室入紫宮十二月辛卯不見幷州分也大中六年三月有彗星于觜參參唐星也十一年九月乙未有彗星于房長三尺咸通五年五月己亥夜漏未盡一刻有彗星出于東北色黃白長三尺在婁徐州分也九年正月有彗星于婁胃十年八月有彗星于太陵東北指占爲外夷兵及水災乾符四年五月有彗星光啓元年有彗星于積水積薪之間二年五月丙戌有星孛于尾箕歷北斗攝提占曰貴臣誅大順二年四月庚辰有彗星于三台東行入太微掃大角天市長十丈餘五月甲戌不見宦者陳匡知星奏曰當有亂臣入宮三台太一三階也太微大角帝廷也天市都市也景福元年五月蚩尤旗見初出有白彗形如髮長二尺許經數日乃從中天下如匹布至地如蛇六月孫儒攻楊行密于宣州有黑雲如山漸下墜于儒營上狀如破屋占曰營頭星也十一月有星孛于斗牛占曰越有自立者十二月丙子天攙出于西南己卯化爲雲而沒二年三月天久陰至四月乙酉夜雲稍開有彗星于上台長十餘丈東行入太微掃大角入天市經三旬有七日益長至二十餘丈因雲陰不見乾寧元年正月有星孛于鶉首秦分也又星隕于西南有聲如雷七月妖星見非彗非孛不知其名時人謂之妖星或曰惡星三年十月有客星三一大二小在虛危間乍合乍離相隨東行狀如鬬經三日而二小星沒其大星後沒虛危齊分也光化三年正月客星出于中垣宦者旁大如桃光焰射宦者宦者不見天復元年五月有三赤星各有鋒芒在南方既而西方北方東方亦如之頃之又各增一星凡十六星少時先從北滅占曰濛星也見則諸侯兵相攻二年正月客星如桃在紫宮華蓋下漸行至御女丁卯有流星起文昌抵客星客星不動己巳客星在杠守之至明年猶不去占曰將相出兵五月夕有星當

箕下如炬火炎炎上衝人初以爲燒火也高丈餘乃隕占曰機星也下有亂天祐元年四月有星狀如人首赤身黑在北斗下紫微中占曰天衡也天衡抱極泣帝前血濁霧下天下兗後三日而黑風晦暝二年四月庚子夕西北隅有星類太白上有光似彗長三四丈色如赭辛丑夕色如縞或曰五車之水星也一曰昭明星也甲辰有彗星于北河貫文昌長三丈餘陵中台下台五月乙丑夜自軒轅左角及天市西垣光芒猛怒其長亘天丙寅雲陰至辛未少霽不見兩河爲天闕在東井間而北河中國所經也文昌天之六司天市都市也

星變武德三年十月己未有星隕于東都中隱隱有聲貞觀二年天狗隕于夏州城中十四年八月有星隕于高昌城中十六年六月甲辰西方有流星如月西南行三丈乃滅占曰星甚大者爲人主十八年五月流星出東壁有聲如雷占曰聲如雷者怒象十九年四月己酉有流星向北斗杓而滅永徽三年十月有流星貫北極四年十月睦州女子陳碩真反婺州刺史崔義玄討之有星隕于賊營乾封元年正月癸酉有星出太微東流有聲如雷咸亨元年十一月西方有流星聲如雷調露元年十一月戊寅流星入北斗魁中乙巳流星燭地有光使星也神龍三年三月丙辰有流星聲如頹墻光燭天地景龍二年二月癸未有大星隕于西南聲如雷野雉皆雊景雲元年八月己未有流星出五車至上台滅九月甲申有流星出中台至相滅太極元年正月辛卯有流星出太微至相滅延和元年六月幽州都督孫佺討奚契丹出師之夕有大星隕于營中開元二年五月乙卯晦有星西北流或如甕或如斗貫北極小者不可勝數天星盡搖至曙乃止占曰星民象流者失其所也漢書曰星搖者民勞十二年十月壬辰流星大如桃色赤黃有光燭地占曰色赤爲將軍使天寶三載閏二月辛亥有星如月墜于東南墜後有聲至德二載賊將武令珣圍南陽四月甲辰夜中有大星赤黃色長數十丈光燭地墜賊營中十一月壬戌有流星大如斗東北流長數丈蛇行屈曲有碎光迸出占曰是謂枉矢廣德二年六月丁卯有妖星隕于汾州十二月丙寅自乙夜至曙星流如雨大歷二年九月乙丑晝有星如一斗器色黃有尾長六丈餘出南方沒于東北東北于中國則幽州分也三年九月乙亥有星大如斗北流有光燭地占爲貴使六年九月甲辰有星西流大如一斗器光燭地有尾迸光如珠長五丈出婺女入天市南垣滅八年六月戊辰有流星大如一升器有尾長三丈餘入太微十二月壬申有流星大如一升器有尾長二丈餘出紫微入濁十年三月戊戌有流星出于西方如二升器有尾長二丈入濁十二年二月辛亥有流星如桃尾長十丈出匏瓜入太微建中四年八月庚申有星隕于京師興元元年六月戊午星或什或伍而隕貞元三年閏五月戊寅枉矢墜于虛危十四年閏五月辛亥有星墜于東北光燭如晝聲如雷元和二年十二月己巳西北有流星亘天尾散如珠占曰有貴使四年八月丁丑西北有大星東南流聲如雷鼓六年三月戊戌日晡天陰寒有流星大如一斛器墜于兗鄆間聲震數百里野雉皆雊所墜之上有赤氣如立蛇長丈餘至夕乃滅時占者以爲日在戌魯分也不及十年其野主殺而地分九年正月有大星如半席自下而升有光燭地羣小星隨之四月辛巳有大流星尾迹長五丈餘光燭地至右攝提西滅十二年九月己亥甲夜有流星起中天首如甕尾如二百斛船長十餘丈聲如羣鴨飛明若火炬過月下西流須臾有聲礔礴墜地有大聲如壞屋者三在陳蔡間十四年五月己亥有大流星出北斗魁長二丈餘南抵軒轅而滅占曰有赦赦覗星之大小十五年七月癸亥有大星出鉤陳南流至婁滅長慶元年正月丙辰有大星出狼星北色赤有尾迹長三丈餘光燭地東北流至七星南滅四月有大星墜于吳聲如飛羽七月乙巳有大流星出參西北色黃有尾迹長六七丈光燭地至羽林滅八月辛巳東北方有大星自雲中出色白光燭地前銳後大長二丈餘西北流入雲中滅二年四月辛亥有流星出天市光燭地隱隱有聲至郎位滅市者小人所聚郎在天廷中主宿衛六月丁酉有小星隕于房心間戊戌亦如之己亥亦如之閏十月丙申有流星大如斗抵中台上星三年八月丁酉夜有大流星如數斗器起西北經奎婁東南流去月甚近迸光散落墜地有聲四年四月紫微中星隕者衆十月乙卯有大流星出天船犯斗魁樞星而滅占曰有舟檝事丙子有大流星出天將軍東北入濁寶歷元年正月乙卯有流星出北斗樞星光燭地入濁占曰有赦二年五月癸巳西北有流星長三丈餘光燭地入天市中滅占爲有誅七月丙戌日初入東南有流星向南滅以晷度推之在箕斗間八月丙申有大流星出王良長四丈餘至北斗杓滅王良奉車御官也太和四年六月辛未自昏至戊夜流星或大或小觀者不能數占曰民失其所王者失道綱紀廢則然又曰星在野象物在朝象官七年六月戊子自昏及曙四方流星大小縱橫百餘八年六月辛巳夜中有流星出河鼓赤色有尾迹光燭地迸如散珠北行近天棓滅有聲如雷河鼓爲將軍天棓者帝之武備九年六月丁酉自昏至丁夜流星二十餘縱橫出沒多近天漢開成二年九月丁酉有星大如斗長五丈自室壁西北流入大角下沒行類枉矢中天有聲小星數百隨之十一月丁丑有大星隕于興元府署寢室之上光燭庭宇三年五月乙丑有大星出于柳張尾長五丈餘再出再沒四年二月己亥丁夜至戊夜四方中天流星小大凡二百餘並西流有尾迹長二丈至五丈八月辛未流星出羽林有尾迹長八丈餘有聲如雷羽林天軍也十二月壬申蚩尤旗見會昌元年六月戊辰自昏至戊夜小星數十縱橫流散占曰小星民象七月庚午北方有星光燭地東北流經王良有聲如雷十一月壬寅有大星東北流光燭地有聲如雷四年八月丙午有大星如炬火光燭天地自奎婁掃西北七宿而隕六年二月辛丑夜中有流星赤色如桃光燭地有尾迹貫紫微入濁咸通六年七月乙酉甲夜有大流星長數丈光爍如電聲小星隨之自南徂北其象南方有以衆叛而之北也九年十一月丁酉有星出如匹練亘空化爲雲而沒在楚分是謂長庚見則兵起十三年春有二星從天際而上相從至中天狀如旌旗乃隕九月蚩尤旗見乾符二年冬有二星一赤一白大如斗相隨東南流燭地如月漸大光芒猛怒三年晝有星如炬火大如五升器出東北徐行隕于西北四年七月有大流星如盂自虛危歷天市入羽林滅占爲外兵中和元年有異星出于輿鬼占者以爲惡星八月己丑夜星隕如雨或如杯椀者交流如織庚寅夜亦如之至丁酉止三年十一月夜星隕于西北如雨光啓二年九月有大星隕于揚州府署延和閣前聲如雷光炎燭地十月壬戌有星出于西方色白長一丈五尺屈曲而隕占曰長庚也下則流血三年五月秦宗權擁兵于汴州北郊晝有大星隕于其營聲如雷是謂營頭其下破軍殺將乾寧元年夏有星隕于越州後有光長丈餘狀如蛇或曰枉矢也三年六月天暴雷雨電有星大如椀起西南墜于東北色如鶴練聲如羣鴨飛占爲姦謀光化元年九月丙子有大星墜于北方三年三月丙午有星如二十斛船色黃前銳後大西南行十一月中天有大星自東緩流如帶屈曲光凝著天食頃乃滅是謂枉矢天復三年二月帝至自鳳翔其明日有大星如月自東濁際西流有聲如雷尾跡橫貫中天三夕乃滅天祐元年五月戊寅乙夜兩晦暝有星長二十丈出東方西南向首黑尾赤中白枉矢也一曰長星二年三月乙丑夜中有大星出中天如五斗器流至西北去地十丈許而止上有星芒炎如火赤而黃長丈五許而蛇行小星皆動而東南其隕如雨少頃沒後有蒼白氣如竹叢上衝天中色瞢瞢占曰亦枉矢也三年十二月昏東方有星如太白自地徐上行極緩至中天如上弦月乃曲行頃之分爲二占曰有大孽

唐書卷三十三

宋　翰　林　學　士　歐　陽　修　撰

志第二十三

天文志

月五星凌犯及星變隋大業十三年六月鎮星羸而旅于參參唐星也李淳風曰鎮星主福未當居而居所宿國吉義寧二年三月丙午熒惑入東井占曰大人憂武德元年五月庚午太白晝見占曰兵起臣彊六月丙子熒惑犯右執法占曰執法大臣象二年七月戊寅月犯牽牛凡月與列宿相犯其宿地憂牽牛吳越分九月庚寅太白晝見冬熒惑守五諸侯六年七月癸卯熒惑犯輿鬼西南星占曰大臣有誅七年六月熒惑犯右執法七月戊寅歲星犯畢占曰邊有兵八年九月癸丑熒惑入太微太微天廷也冬太白入南斗斗主爵祿九年五月太白晝見六月丁巳經天己未又經天在秦分丙寅月犯氐氐爲天子宿宮己卯太白晝見七月辛亥晝見甲寅晝見八月丁巳晝見太白上公經天者陰乘陽也貞觀三年三月丁丑歲星逆行入氐占曰人君治宮室過度一曰饑五年五月庚申鎮星犯鍵閉占爲腹心喉舌臣九年四月丙午熒惑犯軒轅十年四月癸酉復犯之占曰熒惑主禮禮失而後罰出焉軒轅爲後宮十一年二月癸未熒惑入輿鬼占曰賊在大人側十二年六月辛卯熒惑入東井占曰旱十三年五月乙巳犯右執法六月太白犯東井北轅井京師分也十四年十一月壬午月入太微占曰君不安十五年二月熒惑逆行犯太微東上相十六年五月太白犯畢左股畢爲邊將六月戊戌晝見九月己未熒惑犯太微西上將十月丙戌入太微犯左執法十七年二月犯鍵閉三月丁巳守心前星癸酉逆行犯鉤鈐熒惑常以十月入太微受制而出伺其所守犯天子所誅也鍵閉爲腹心喉舌臣鉤鈐

以開闓天心皆貴臣象十八年十一月乙未月掩鉤鈐十九年七月壬午太白入太微是夜月掩南斗太白遂犯左執法光芒相及箕斗間漢津高麗地也太白爲兵亦罰星也二十年七月丁未歲星守東壁占曰五穀以水傷二十一年四月戊寅月犯熒惑占曰貴臣死十二月丁丑月食昴占曰天子破匈奴二十二年五月丁亥犯右執法七月太白晝見乙巳鎮星守東井占曰旱閏十二月辛巳太白犯建星占曰大臣相譖永徽元年二月己丑熒惑犯東井占曰旱四月己巳月犯五諸侯熒惑犯輿鬼占曰諸侯凶五月己未太白晝見二年六月己丑太白入太微犯右執法九月甲午犯心前星十二月乙未太白晝見三年正月壬戌犯牽牛牽牛爲將軍又吳越分也丁亥歲星掩太微上將二月己丑熒惑犯五諸侯五月戊子掩右執法四年六月己丑太白晝見六年七月乙亥歲星守尾占曰人主以嬪爲后己丑熒惑入輿鬼八月丁卯入軒轅顯慶元年四月丁酉太白犯東井北轅占曰秦有兵五年二月甲午熒惑入南斗六月戊申復犯之南斗天廟去復來者其事大且久也龍朔元年六月辛巳太白晝見經天九月癸卯犯左執法二年七月己丑熒惑守羽林羽林禁兵也三年正月己卯犯天街占曰政塞姦出六月乙酉太白入東井占曰君失政大臣有誅麟德二年三月戊午熒惑犯東井四月壬寅入輿鬼犯質星乾封元年八月乙巳熒惑入東井二年五月庚申入軒轅三年正月乙巳月犯軒轅大星咸亨元年四月癸卯月犯東井占曰人主憂七月壬申熒惑入東井占曰旱丙申月犯熒惑占曰貴人死十二月丙子熒惑入太微二年四月戊辰復犯太微垣將相位也五年六月壬寅太白入東井上元二年正月甲寅熒惑犯房占曰君有憂一曰有喪二年正月丁卯太白犯牽牛占曰將軍凶儀鳳二年八月辛亥太白犯軒轅左角左角貴相也三年十月戊寅熒惑犯鉤鈐四年四月戊午入羽林占曰軍變調露元年七月辛巳入天囷永隆元年五月癸未犯輿鬼丁酉太白晝見經天是謂陰乘陽陽君道也永淳元年五月丁巳辰星犯軒轅九月庚戌熒惑入輿鬼犯質星十一月乙未復犯輿鬼去而復來是謂句己垂拱元年四月癸未辰星犯東井北轅辰星爲廷尉東井爲法令失道則相犯也十二月戊子月掩軒轅大星二年三月丙辰復犯之萬歲通天元年十一月乙丑歲星犯司怪占曰水旱不時聖歷元年五月庚午太白犯天關天關主邊事二年熒惑入輿鬼三年三月辛亥歲星犯左執法久視元年十二月甲戌晦熒惑犯軒轅自乾封二年後月及熒惑太白辰星淩犯軒轅者六長安二年熒惑犯五諸侯渾儀監尚獻甫奏臣命在金五諸侯太史之位火克金臣將死矣武后曰朕爲卿禳之以獻甫爲水衡都尉水生金又去太史之位卿無憂矣是秋獻甫卒四年熒惑入月鎮星犯天關神龍元年三月癸巳熒惑犯天田占曰旱七月辛巳掩氐西南星占曰賊臣在內二年閏正月丁卯月掩軒轅后星九月壬子熒惑犯左執法己巳月犯軒轅后星十一月辛亥犯昴占曰胡王死戊午熒惑入氐十二月丁酉犯天江占曰旱三年五月戊戌太白入輿鬼中占曰大臣有誅景龍三年六月癸巳太白晝見在東井京師分也四年二月癸未熒惑犯天街五月甲子月犯五諸侯景雲二年三月壬申太白入羽林八月己未歲星犯執法三月壬申熒惑入東井先天元年八月甲子太白襲月占曰太白兵象月大臣體二年十一月丙子熒惑犯司怪開元二年七月己丑太白犯輿鬼東南星七年六月甲戌太白犯東井鉞星占曰斧鉞用八年三月庚午犯東井北轅五月甲子犯軒轅十一年十一月丁卯歲星犯進賢十四年十月甲寅太白晝見二十五年六月壬戌熒惑犯房二十七年七月辛丑犯南斗占曰貴相凶天寶十三載五月熒惑守心五旬餘占曰主去其宮十四載十二月月食歲星在東井占曰其國亡東井京師分也至德二載七月己酉太白晝見經天至于十一月戊午不見歷秦周楚鄭宋燕之分十二月歲星犯軒轅大星占曰女主謀君乾元元年五月癸未月掩心前星占曰太子憂六月癸丑入南斗魁中占曰大人憂二年正月癸未歲星蝕月在翼楚分也一曰饑二月丙辰月犯心中星占曰主命惡之上元元年五月癸丑月掩昴占曰胡王死八月己酉太白犯進賢十二月癸未歲星掩房占曰將相憂三年建子月癸巳月掩昴出昴北八月丁卯又掩昴寶應二年四月己丑月掩歲星占曰饑永泰元年九月辛卯太白晝見經天大歷二年七月癸亥熒惑入氐其色赤黃乙丑鎮星犯水位占曰有水災乙亥歲星犯司怪八月壬午月入氐丙申犯畢九月戊申歲星守東井占皆爲有兵乙丑熒惑犯南斗在燕分十二月丁丑犯壘壁占曰兵起三年正月壬子月掩畢八月己未復掩畢辛酉入東井九月壬申歲星入輿鬼占曰歲星爲貴臣輿鬼主死喪丁丑熒惑入太微二旬而出己卯太白犯左執法四年二月壬寅熒惑守房上相丙午有芒角三月壬午逆行入氐中是月鎮星犯輿鬼七月戊辰熒惑犯次相九月丁卯犯建星占曰大臣相譖五年二月乙巳歲星入軒轅六月丁酉月犯進賢庚子犯氐庚戌太白入東井六年七月乙巳月掩畢入畢中壬子月犯太微八月甲戌熒惑犯鄭星庚辰月入太微九月壬辰熒惑犯哭星庚子犯泣星是夜月掩畢丁未入太微十月丁卯掩畢己巳熒惑犯壘壁甲戌月入軒轅占曰憂在後宮十一月壬寅入太微丙午掩氐十二月己巳入太微七年正月乙未犯軒轅二月戊午掩天關占曰亂臣更天子法令己巳熒惑犯天街四月丁巳入東井辛未歲星犯左角占曰天下之道不通壬申月入羽林五月丙戌入太微八年四月癸丑歲星掩房占曰將相憂又宋分也甲寅熒惑入壘壁五月庚辰入羽林七月己卯太白入東井留七日非常度也占曰秦有兵乙未月入壁中癸未入羽林己丑太白入太微占曰兵入天廷八月晝見十月丁巳月掩畢壬戌入輿鬼掩質星庚午月及太白入氐中占曰君有哭泣事十一月己卯月入羽林癸未太白入房占曰白衣會不曰犯而曰入蓋鉤鈐間癸丑月掩天關甲寅入東井癸酉入羽林九年三月丁未熒惑入東井四月丁丑月入太微五月己未太白入軒轅占曰憂在後宮六月己卯月掩南斗庚辰入太微七月甲辰掩房辛亥入羽林壬戌入輿鬼九月辛丑太白入南斗占曰有反臣又曰有赦甲子熒惑入氐宋分也十月戊子歲星入南斗占曰大臣有誅十二月戊辰月入羽林十年三月庚戌熒惑入壘壁四月甲子入羽林八月戊辰月入太微十一年閏八月丁酉太白晝見經天十二年正月乙丑月掩軒轅癸酉掩心前星宋分也丙子入南斗魁中二月乙未鎮星入氐中占曰其分兵喪李正己地也三月壬戌月入太微四月乙未掩心前星五月丙辰入太微戊戌入羽林七月庚戌入南斗乙亥熒惑入東井十月壬辰月掩昴庚子入太微十一月乙卯入羽林十二月壬午復入羽林自六年至此月入太微者十有二入羽林者八熒惑三入東井再入羽林三入壘壁月太白歲星皆入南斗魁中十四年春歲星入東井建中元年十一月月食歲星在秦分占曰其國亡是月歲星食天尸天尸輿鬼中星占曰有妖言小人在位君王失樞死者大半三年七月月掩心中星貞元四年五月丁卯月犯歲星在營室六月癸卯熒惑逆行入羽林占曰軍有憂六年五月戊辰月犯太白間容一指占曰大將死十年四月太白晝見十一年七月熒惑太白相繼犯太微上將十三年二月戊辰太白入昴三月庚寅月犯太白十九年三月熒惑入南斗色如血斗吳越分色如血者旱祥也二十一年正月己酉太白犯昴趙分也永貞元年十二月丙午月犯畢己酉歲星犯太微西垣將相位也元和元年十月太白入南斗十二月復犯之斗吳分也二年正月癸丑月犯太白于女虛二月壬申月掩歲星占曰大臣死四月丙子太白犯東井北轅己卯月犯房上相三年三月乙未鎮星蝕月在氐占曰其地主死四年九月癸亥太白犯南斗七年正月辛未月掩熒惑五月癸亥熒惑犯右執法六月己亥月犯南斗魁八年七月癸酉月犯五諸侯十月己丑熒惑犯太微西上將十二月掩左執法九年二月丁酉月犯心中星七月辛亥掩心中星占曰其宿地凶心豫州分壬辰月掩軒轅是月太白入南斗至十月出乃晝見熒惑入南斗中因留犯之南斗天廟又丞相位也十年八月丙午月入南斗魁中十一年二月丙辰月掩心是月熒惑入氐因逆行三月己丑月犯鎮星在女齊分也四月丙辰太白犯輿鬼占曰有僇臣六月甲辰月掩心後星是月熒惑復入氐是謂句己十一月戊寅月犯歲星十二月甲午犯鎮星在危亦齊分也十二年三月丁丑月犯心十三年正月乙未歲星逆行犯太微西上將三月熒惑入南斗因逆留至于七月在南斗中大如五升器色赤而怒乃東行非常也八月甲戌太白犯左執法乙巳熒惑犯哭星十月甲子月犯昴趙分也十四年正月癸卯月犯南斗魁占曰相凶五月丙戌月犯心中星七月乙酉掩心中星十五年正月丙申復犯中星四月太白犯昴七月庚申熒惑逆行入羽林八月己卯月掩牽牛吳越分也十一月壬子月犯東井北轅長慶元年正月丙午月掩東井鉞遂犯南轅第一星二月乙亥太白犯昴趙分也丁亥月犯歲星在尾占曰大臣死燕分也三月庚戌太白犯五車因晝見至于七月以歷度推之在唐及趙魏之分占曰兵起七月壬寅月掩房次相九月乙巳太白犯左執法二年九月太白晝見熒惑守天囷六旬餘乃去占曰天囷上帝之藏耗祥也十月熒惑犯鎮星于昴甲子月掩牽牛中星占曰吳越凶十一月丁丑掩左角十二月復掩之占曰將死甲寅月犯太白于南斗四年三月庚午太白犯東井北轅遂入井中晝見經天七日而出因犯輿鬼京師分也五月乙亥月掩畢大星六月丙戌鎮星依歷在觜觿贏行至參六度當居不居失行

而前遂犯井鉞占曰所居宿久國福厚易福薄又曰贏爲王不寧鉞主斬刈而又犯之其占重癸未熒惑犯東井丁亥入井中己丑太白犯軒轅右角因晝見至于九月占曰相凶十月辛巳月入畢口十一月熒惑逆行向參鎮星守天關十二月戊子月掩東井寶歷元年四月壬寅熒惑入輿鬼掩積尸七月癸卯犯執法甲辰鎮星犯東井甲子月掩畢大星癸未太白犯南斗丙戌月犯畢十月辛亥犯天囷十一月庚辰鎮星復犯東井癸未月犯東井二年正月甲申犯左執法戊子入于氐二月丙午犯畢五月甲午熒惑犯昴六月太白犯昴七月壬申月犯畢八月庚戌熒惑犯輿鬼太和元年正月庚午月掩畢三月癸丑入畢口掩大星月變于畢者自寶歷元年九月及玆而五五月月掩熒惑在太微西垣丙戌熒惑犯右執法太和二年正月庚午月掩鎮星七月甲辰熒惑掩輿鬼質星十月丁卯月掩東井北轅三年二月乙卯太白犯昴壬申熒惑掩右執法七月入于氐十月入于南斗四年四月庚申月掩南斗杓次星十一月辛未熒惑犯右執法五年三月甲申月掩熒惑三月熒惑犯南斗杓次星六年四月辛未月掩鎮星于端門己丑太白晝見七月戊戌月掩心大星辛丑掩南斗杓次星七年五月甲辰熒惑守心中星六月丙子月掩心中星遂犯熒惑七月甲午月掩心中星丙申掩南斗口第二星九月丁巳入于箕戊辰入于南斗癸酉太白入南斗冬鎮星守角八年二月始去七月戊子月犯昴十月庚子熒惑鎮星合于亢十二月丙戌月掩昴是歲月入南斗者五占曰大人憂九年夏太白晝見自軒轅至于翼軫六月庚寅月掩歲星在危而暈十月庚辰月復掩歲星在危開成元年正月甲辰太白掩建星占曰大臣相譖六月丁未月掩心前星八月乙巳入南斗二年正月壬申月掩昴二月己亥月掩太白于昴中六月甲寅月掩昴而暈太白亦有暈六月己酉大星晝見庚申太白入于東井七月壬申月入南斗丁亥掩太白于柳八月壬子太白入太微遂犯左右執法九月丙子月掩昴三年二月己酉掩心前星二月戊午熒惑入東井三月乙酉入輿鬼五月辛酉太白犯輿鬼庚午月犯心中星甲寅太白犯右執法七月乙丑月掩心前星十月辛卯太白犯南斗四年二月丁卯月掩歲星于畢十月辛酉掩東井七月乙未月犯熒惑占曰貴臣死八月壬申熒惑犯鉞遂入東井十月戊午辰星入南斗魁中占曰大赦五年春木當王而歲星小闇無光占曰有大喪二月壬申熒惑入輿鬼四月太白歲星入輿鬼五月辰星見于七星色赤如火七月乙酉月掩鎮星會昌元年閏八月丁酉熒惑入輿鬼中占曰有兵喪十二月庚午月犯太白于羽林二年正月壬戌掩太白于羽林六月丙寅太白犯東井十月丙戌月掩歲星于角三年三月丙申又掩歲星于角七月癸巳熒惑入東井色蒼赤動搖井中八月丁丑犯輿鬼十月壬午晝月食太白于亢四年二月歲星守房掩上相熒惑逆行守軒轅四旬乃去庚申月掩畢大星十月癸未太白與熒惑合遂入南斗五年二月壬午太白掩昴五月辛酉入畢口八月壬午犯軒轅大星九月癸巳熒惑犯太微上將六年二月丁丑犯畢大星丁亥月出無光犯熒惑于太微頃之乃稍有光遂犯左執法丙申掩牽牛南星遂犯歲星牽牛揚州分大中十一年八月熒惑犯東井咸通十年春熒惑逆行守心乾符二年四月庚辰太白晝見在昴三年七月常星晝見四年七月月犯房六年冬歲星入南斗魁中占曰有反臣光啓二年四月熒惑犯月角文德元年七月丙午月入南斗八月熒惑守輿鬼占曰多戰死龍紀元年七月甲辰月犯心乾寧二年七月癸亥熒惑犯心光化二年鎮星入南斗三年八月壬申太白應見在氐不見至九月丁亥乃見是謂當出不出十一月丁未太白犯月因晝見天復元年五月自丁酉至于己亥太白晝見經天在井度十月大角五色散搖煌煌如火占曰王者惡之二年五月甲子太白襲熒惑在軒轅后星上太白遂犯端門又犯長垣中星占曰賊臣謀亂京畿大戰十月甲戌太白夕見在斗去地一丈而隆占曰兵聚其下又曰山摧石裂大水竭庚子辰星見氐中小而不明占曰負海之國大水是歲鎮星守虛三年二月始去虛十一月丙戌太白在南斗去地五尺許色小而黃至明年正月乃高十丈光芒甚大是冬熒惑徘徊于東井間久而不去京師分也天祐元年二月辛卯太白夕見昴西色赤炎談如火壬辰有三角如花而動搖占曰有反城有火熒胡兵起六月甲午太白在張芒角甚大癸丑句己犯水位自夏及秋大角五色散搖煌煌然占同天復初三年八月丙午歲星在哭星上生黃白氣如孛狀

五星聚合武德元年七月丙午鎮星太白辰星聚于東井關中分也二年三月丙申鎮星太白辰星復聚于東井九年六月己卯歲星辰星合于東井占曰爲變謀貞觀十八年五月太白辰星合于東井占曰爲兵謀十九年六月丙辰太宗征高麗次安市城太白辰星合于東井史記曰太白爲主辰星爲客爲蠻夷出相從而兵在野爲戰永徽元年七月辛酉歲星太白合于柳在秦分占曰兵起景龍元年十月丙寅太白熒惑合于虛危占曰有喪景雲二年七月鎮星太白合于張占曰內兵太極元年四月熒惑太白合于東井天寶九載八月五星聚于尾箕熒惑先至而又先去尾箕燕分也占曰有德則慶無德則殃十四載二月熒惑太白鬭于畢昴井鬼間至四月乃伏十五載五月熒惑鎮星同在虛危中天芒角大動搖占者以爲北方之宿子午相衝災在南方至德二載四月壬寅歲星熒惑太白辰星聚于鶉首從歲星也罰星先去而歲星留占曰歲星熒惑爲陽太白辰星爲陰陰主外邦陽主中邦陽與陰合中外相連以兵八月太白芒怒掩歲星于鶉火又晝見經天鶉火周分也乾元元年四月熒惑鎮星太白聚于營室太史南宮沛奏其地戰不勝衞分也大歷三年七月壬申五星並出東方占曰中國利八年閏十一月壬寅太白辰星合于危齊分也十年正月甲寅歲星熒惑合于南斗占曰饑旱吳越分也一曰不可用兵七月庚辰太白辰星合于柳京師分也建中三年六月熒惑太白鬭于東井四年六月熒惑太白復鬭于東井京師分也金火罰星鬭者戰象也興元元年春熒惑守歲星在角亢占曰有反臣角亢鄭也貞元四年五月乙亥歲星熒惑鎮星聚于營室占曰其國亡地在衞分六年閏三月庚申太白辰星合于東井占爲兵憂戊寅熒惑犯鎮星在奎魯分也元和九年十月辛未熒惑犯鎮星又與太白合于女在齊分十年六月辛未歲星熒惑太白辰星合于東井占曰中外相連以兵十一年五月丁卯歲星辰星合于東井六月己未復合于東井占曰爲變謀而更事十一月戊子鎮星熒惑合于虛危十二月鎮星太白辰星聚于危皆齊分也十四年八月丁丑歲星太白辰星聚于軫占曰兵喪在楚分與南方夷貊之國十五年三月鎮星太白合于奎占曰內兵徐州分也十二月熒惑鎮星合于奎占曰主憂長慶二年二月甲戌歲星熒惑合于南斗占曰饑旱八月丙寅熒惑犯鎮星在昴畢因留相守占曰主憂四年八月庚辰熒惑犯鎮星于東井鎮星既失行犯鉞而熒惑復往犯之占曰內亂寶歷二年八月丁未熒惑鎮星復合于東井輿鬼間太和二年九月歲星熒惑鎮星聚于七星三年四月壬申歲星犯鎮星占曰饑四年五月丙午歲星太白合于東井六年正月太白熒惑合于羽林十月太白熒惑鎮星聚于軫八年七月庚寅太白熒惑合相犯推歷度在翼近太微占曰兵起開成三年六月丁亥太白犯熒惑于張占曰有喪四年正月丁巳熒惑太白辰星聚于南斗推歷度在燕分占曰內外兵喪改立王公冬歲星熒惑俱逆行失色合于東井京師分也會昌二年六月乙丑熒惑犯歲星于翼占曰旱四年十月癸未太白熒惑合于南斗咸通中熒惑鎮星太白辰星聚于畢昴在趙魏之分詔鎮州王景崇被袞冕軍府稱臣以厭之文德元年八月歲星鎮星太白聚于張周分也占曰內外有兵爲河內河東地光化三年十月太白鎮星合于南斗占曰吳越有兵

唐書卷三十四

宋　翰　林　學　士　歐　陽　修　撰

志第二十四

五行志

萬物盈於天地之間而其爲物最大且多者有五一曰水二曰火三曰木四曰金五曰土其用於人也非此五物不能以爲生而闕其一不可是以聖王重焉夫所謂五物者其見象於天也爲五星分位於地也爲五方行於四時也爲五德稟於人也爲五常播於音律爲五聲發於文章爲五色而總其精氣之用謂之五行自三代之後數術之士興而爲災異之學者務極其說至舉天地萬物動植無大小皆推其類而附之於五物曰五行之屬以謂人稟五行之全氣以生故於物爲最靈其餘動植之類各得其氣之偏者其發爲英華美實氣臭滋味羽毛鱗介文采剛柔亦皆得其一氣之盛至其爲變怪非常失其本性則推以事類吉凶影響其說尤爲委曲繁密蓋王者之有天下也順天地以治人而取材於萬物以足用若政得其道而取不過度則天地順成萬物茂盛而民以安樂謂之至治若政失其道用物傷夭民被其害而愁苦則天地之氣沴三光錯行陰陽寒暑

失節以爲水旱蝗螟風雹雷火山崩水溢泉竭雪霜不時雨非其物或發爲氛霧虹蜺光怪之類此天地災異之大者皆生於亂政而考其所發驗以人事往往近其所失而以類至然時有推之不能合者豈非天地之大固有不可知者邪若其諸物種類不可勝數下至細微家人里巷之占有考於人事而合者有漠然而無所應者皆不足道語曰迅雷風烈必變蓋君子之畏天也見物有反常而爲變者失其本性則思其有以致而爲之戒懼雖微不敢忽而已至爲災異之學者不然莫不指事以爲應及其難合則旁引曲取而遷就其說蓋自漢儒董仲舒劉向與其子歆之徒皆以春秋洪範爲學而失聖人之本意至其不通也父子之言自相戾可勝歎哉昔者箕子爲周武王陳禹所有洪範之書條其事爲九類別其說爲九章謂之九疇考其說初不相附屬而向爲五行傳乃取其五事皇極庶證附於五行以爲八事皆屬五行歟則至於八政五紀三德稽疑福極之類又不能附至俾洪範之書失其倫理有以見所謂旁引曲取而遷就其說也然自漢以來未有非之者又其祥眚禍痾之說自其數術之學故略存之庶幾深識博聞之士有以考而擇焉夫所謂災者被於物而可知者也水旱螟蝗之類是已異者不可知其所以然者也日食星孛五石六鷁之類是已孔子於春秋記災異而不著其事應蓋愼之也以謂天道遠非諄諄以諭人而君子見其變則知天之所以譴告恐懼脩省而已若推其事應則有合有不合有同有不同至於不合不同則將使君子怠焉以爲偶然而不懼此其深意也蓋聖人愼而不言如此而後世猶爲曲說以妄意天此其不可以傳也故考次武德以來略依洪範五行傳著其災異而削其事應云

五行傳曰田獵不宿飲食不享出入不節奪民農時及有姦謀則木不曲直謂生不暢茂多折槁及爲變怪而失其性也又曰貌之不恭是謂不肅厥咎狂厥罰常雨厥極凶時則有服妖時則有龜孽時則有雞禍時則有下體生上之痾時則有青眚青祥鼠妖惟金沴木木不曲直武德四年亳州老子祠枯樹復生枝葉老子唐祖也占曰枯木復生權臣執政眭孟以爲有受命者九年三月順天門樓東柱已傾毀而自起占曰木仆而自起國之災永徽二年十一月甲申陰霧凝凍封樹木數日不解劉向以爲木少陽貴臣象此人將有害則陰氣脅木先寒故得雨而冰也亦謂之樹介介兵象也顯慶四年八月有毛桃樹生李李國姓也占曰木生異實國主殃麟德元年十二月癸酉氛霧終日不解甲戌雨木冰儀鳳三年十一月乙未昏霧四塞連夜不解丙申雨木冰垂拱四年三月雨桂子于台州旬餘乃止占曰天雨草木人多死長壽二年十月萬象神宮側檉杉皆變爲栢栢貫四時不改柯易葉有士君子之操檉杉柔脆小人性也象小人居君子之位延載元年十月癸酉白霧木冰景龍四年三月庚申雨木冰景雲二年高祖故第有柿樹自天授中枯死至是復生開元二十一年蓬州枯楊生李枝有實與顯慶中毛桃生李同二十九年亳州老子祠枯樹復榮是年十一月己巳寒甚雨木冰數日不解永泰元年三月庚子夜霜木有冰大曆二年十一月紛霧如雪草木冰九年晉州神山縣慶唐觀枯檜復生興元元年春亳州眞源縣有李樹植已十四年其長尺有八寸至是枝忽上聳高六尺周迴如蓋九尺餘李國姓也占曰木生枝聳國有寇盜是歲中書省枯柳復榮貞元元年十二月雨木冰四年正月雨木于陳留十里許大如指長寸餘中空所下者立如植木生于下而自上隕者上下易位之象碎而中空者小人象如植者自立之象二十年冬雨木冰元和十五年九月己酉大雨樹無風而摧者十五六近木自拔也占曰木自拔國將亂長慶三年十一月丁丑雨木冰成都栗樹結實食之如李寶曆元年十一月丙申雨木冰大和三年成都李樹生木瓜空中不實七年十二月丙戌夜霧木冰開成四年九月辛丑雨雪木冰十月己巳亦如之會昌元年十二月丁丑雨木冰四年正月己酉雨木冰庚戌亦如之咸通十四年四月成都李實變爲木瓜時人以爲李國姓也變者國奪於人之象廣明二年春眉州有檀樹已枯倒一夕復生常雨武德六年秋關中久雨少陽曰暘少陰曰雨陽德衰則陰氣勝故常雨貞觀十五年春霖雨永徽六年八月京城大雨顯慶元年八月霖雨更九旬乃止開元二年五月壬子久雨禜京城門十六年九月關中久雨害稼天寶五載秋大雨十二載八月久雨十三載秋大霖雨害稼六旬不止九月閉坊市北門蓋井禁婦人入街市祭玄冥太社禜明德門壞京城垣屋殆盡人亦乏食至德二載三月癸亥大雨至甲戌乃止上元元年四月雨訖閏月乃止二年秋霖雨連月渠竇生魚永泰元年九月丙午大雨至于丙寅大歷四年四月雨至于九月閉坊市北門置土臺臺上置壇立黃幡以祈晴六年八月連雨害秋稼貞元二年正月乙未大雨雪至于庚子平地數尺雪上黃黑如塵五月乙巳雨至于丙申時大飢至是麥將登復大雨霖衆心恐懼十年春雨至閏四月間止不過一二日十一年秋大雨十九年八月己未大霖雨元和四年四月冊皇太子寧以雨霑服罷十月再擇日冊又以雨霑服罷近常雨也六年七月霖雨害稼十二年五月連雨八月壬申雨至于九月戊子十五年二月癸未大雨八月久雨閉坊市北門宋滄景等州大雨自六月癸酉至于丁亥廬舍漂沒殆盡寶曆元年六月雨至于八月大和四年夏鄆曹濮等州雨壞城郭廬舍殆盡五年正月庚子朔京城陰雪彌旬開成五年七月霖雨葬文宗龍輴陷不能進大中十年四月雨至于九月咸通九年六月久雨禜明德門乾符五年秋大霖雨汾澮及河溢流害稼廣明元年秋八月大霖雨天復元年八月久雨服妖唐初宮人乘馬者依周舊儀著冪䍦全身障蔽永徽後乃用帷帽施裙及頸頗爲淺露至神龍末冪䍦始絕皆婦人預事之象太尉長孫無忌以烏羊毛爲渾脫氈帽人多效之謂之趙公渾脫近服妖也高宗嘗內宴太平公主紫衫玉帶皁羅折上巾具紛礪七事歌舞于帝前帝與武后笑曰女子不可爲武官何爲此裝束近服妖也武后時嬖臣張易之爲母臧作七寶帳有魚龍鸞鳳之形仍爲象牀犀簟安樂公主使尚方合百鳥毛織二裙正視爲一色傍視爲一色日中爲一色影中爲一色而百鳥之狀皆見以其一獻韋后公主又以百獸毛爲韉面韋后則集鳥毛爲之皆具其鳥獸狀工費巨萬公主初出降益州獻單絲碧羅籠裙縷金爲花鳥細如絲髮大如黍米眼鼻觜甲皆備瞭視者方見之皆服妖也自作毛裙貴臣富家多效之江嶺奇禽異獸毛羽采之殆盡韋后妹嘗爲豹頭枕以辟邪白澤枕以辟魅伏熊枕以宜男亦服妖也景龍三年十一月郊祀韋后爲亞獻以婦人爲齋娘以祭祀之服執事近服妖也中宗賜宰臣宗楚客等巾子樣其制高而踣即帝在藩邸時冠也故時人號英王踣顛仆也開元二十五年正月道士尹愔爲諫議大夫衣道士服視事亦服妖也天寶初貴族及士民好爲胡服胡帽婦人則簪步搖釵衿袖窄小楊貴妃常以假鬢爲首飾而好服黃裙近服妖也時人爲之語曰義髻拋河裏黃裙逐水流元和末婦人爲圓鬟椎髻不設鬢飾不施朱粉惟以烏膏注脣狀似悲啼者圓鬟者上不自樹也悲啼者憂恤象也文宗時吳越間織高頭草履織如綾縠前代所無履下物也織草爲之又非正服而被以文飾蓋陰斜闒茸泰侈之象乾符五年雒陽人爲帽皆冠軍士所冠者又内臣有刻木象頭以裹幞頭百官效之工門如市度木斫之曰此斫尚書頭此斫將軍頭此斫軍容頭近服妖也僖宗時内人束髮極急及在成都蜀婦人效之時謂爲囚髻唐末京都婦人梳髮以兩鬢抱面狀如椎髻時謂之拋家髻又世俗尚以琉璃爲釵釧近服妖也拋家流離皆播遷之兆云昭宗時十六宅諸王以華侈相尚巾幘各自爲制度都人效之則曰爲我作某王頭識者以爲不祥龜孽大足初虔州獲龜六眼一夕而失肅宗上元二年有龜聚于揚州城門上節度使鄧景山以問族弟珽對曰龜介物兵象也貞元三年潤州魚鼈蔽江而下皆無首大和三年魏博管内有蟲狀如龜其鳴晝夜不絕近龜孽也秦宗權在蔡州州中地忽裂有石出高五六尺廣袤丈餘正如大龜雞禍垂拱三年七月冀州雌雞化爲雄永昌元年正月明州雌雞化爲雄八月松州雌雞化爲雄景龍二年春滑州匡城縣民家雞有三足京房易妖占曰君用婦言則雞生妖玄宗好鬬雞貴臣外戚皆尚之貧者或弄木雞識者以爲雞酉屬帝生之歲也鬬者兵象近雞禍也大中八年九月考城縣民家雄雞化爲雌伏子而雄鳴化爲雌王室將卑之象反雌伏也漢宣帝時雌雞化爲雄至元帝而王氏始萌蓋馴致其禍也咸通六年七月徐州彭城民家雞生角角兵象雞小畜猶賤類也下體生上之痾咸通十四年七月宋州襄邑有獵者得雉五足三足出背上足出于背者下干上之象五足衆也青眚青祥貞觀十七年四月立晉王爲太子有青氣繞東宮殿始冊命而有祲不祥十八年六月壬戌有青黑氣廣六尺貫于辰戌其長亘天太和九年鄭注篋中藥化爲蠅數萬飛去注始以藥術進化爲蠅者敗死之象近青眚也乾元三年六月昏西北有青氣三鼠妖武德元年秋李密王世充隔洛水相拒密營中鼠一夕渡水盡去占曰鼠無故皆夜去邑有兵貞觀十三年建州鼠害稼二十一年渝州鼠害稼顯慶三年長孫無忌第有大鼠見於庭月餘出入無常後忽然死龍朔元年十一月洛州貓鼠同處鼠隱伏象盜竊貓職捕嚙而反與鼠同象司盜者廢職容姦弘道初梁州倉有大鼠長二尺餘爲貓所嚙數百鼠反嚙貓少選聚萬餘鼠州遣人捕擊殺之餘皆去景雲中有蛇鼠鬭于右威衛營東街槐樹蛇爲鼠所傷鬬者兵象景龍元年基州鼠害稼開元二年韶州鼠害稼千萬爲群天寶元年十月

魏郡貓鼠同乳同乳者甚于同處大歷十三年六月隴右節度使朱泚於兵家得貓鼠同乳以獻太和三年成都貓鼠相乳開成四年江西鼠害稼咸通十二年正月汾州孝義縣民家鼠多銜蒿芻巢樹上鼠穴居去穴登木賤人將貴之象乾符三年秋河東諸州多鼠穴屋壞衣三月止鼠盜也天戒若曰將有盜矣乾寧末陝州有蛇鼠鬬于南門之內蛇死而鼠亡去金沴木武德元年八月戊戌突厥始畢可汗衙帳無故自壞中宗即位金雞竿折樹雞竿所以肆赦始發大號而雞竿折不祥神龍中有羣狐入御史大夫李承嘉第其堂無故壞又秉筆而管直裂易之又裂開元五年正月癸卯太廟四室壞天寶十四載十二月哥舒翰帥師守潼關前軍啓行牙門旗至坊門觸落槍刃衆以爲不祥永泰二年三月辛酉中書敕庫壞貞元四年正月庚戌朔德宗御含元殿受朝賀質明殿階及欄檻三十餘間自壞衞士死者十餘人含元路寢大朝會之所御也正月朔一歲之元王者之事天所以儆者重矣太和九年鄭注爲鳳翔節度使將之鎮出開遠門旗竿折光啓初揚州府署門屋自壞故隋之行臺門也制度甚宏麗云

五行傳曰棄法律逐功臣殺太子以妾爲妻則火不炎上謂火失其性而爲災也京房易傳曰上不儉下不節盛火數起燔宮室蓋火主禮云又曰視之不明是謂不哲厥咎舒厥罰常燠厥極疾時則有草妖時則有羽蟲之孽時則有羊禍時則有目痾時則有赤眚赤祥惟水沴火火不炎上貞觀四年正月癸巳武德殿北院火十三年三月壬寅雲陽石燃方丈晝則如灰夜則有光投草木則焚歷年乃止火失其性而沴金也二十三年三月甲弩庫火永徽五年十二月乙巳尚書司勳庫火顯慶元年九月戊辰恩州吉州火焚倉廩甲仗民居二百餘家十一月己巳饒州火證聖元年正月丙申夜明堂火武太后欲避正殿徹樂宰相姚璹以爲火因人非天災也不宜貶損后乃御端門觀酺引建章故事復作明堂以厭之是歲內庫災燔二百餘區萬歲登封元年三月壬寅撫州火久視元年八月壬子平州火燔千餘家景龍四年二月東都凌空觀災開元五年十一月乙卯定陵寢殿火是歲洪州潭州災延燒州署州人見有物赤而暾暾飛來旋即火發十五年七月甲戌興教門樓柱災是年衡州災延燒三百餘家州人見有物大如甕赤如燭籠所至火即發十八年二月丙寅大雨雪俄而雷震左飛龍廐災占曰天火燒廐兵大起十月乙丑東都宮佛光寺火天寶二年六月東都應天門觀災延燒左右延福門經日不滅京房易傳曰君不思道天火燔其宮室九載三月華岳廟災時帝將封西嶽以廟災乃止十載八月丙辰武庫災燔兵器四十餘萬武庫甲兵之本也寶應元年十二月己酉大府左藏庫火廣德元年十二月辛卯夜鄂州大風火發江中焚舟三千艘延及岸上民居二千餘家死者數千人大歷十年二月莊嚴寺浮圖災初有疾風震電俄而火從浮圖中出貞元元年江陵度支院火焚江東租賦百餘萬十三年正月東都尚書省火十九年四月家令寺火二年七月洪州火燔民舍萬七千家元和七年六月鎮州甲仗庫災主吏坐死者百餘人八年江陵大火十一年十一月甲戌元陵火李師道起宮室於鄆州將謀亂既成而火大和二年十一月甲辰禁中昭德寺火延至宣政東垣及門下省宮人死者數百人三年十月癸丑仗內火四年三月陳州許州火燒萬餘家十月浙西火十一月揚州海陵火八年三月揚州火皆燔民舍千區五月己巳飛龍神駒中廐火十月揚州市火燔民舍數千區十二月禁中昭成寺火開成二年六月徐州火延燒民居三百餘家四年十二月乙卯乾陵火丁丑晦揚州市火燔民舍數千家會昌元年五月潞州市火三年六月西內神龍寺火萬年縣東市火焚廬舍甚衆六年八月葬武宗辛未靈駕次三原縣夜大風行宮幔城火乾符四年十月東都聖善寺火大順二年六月乙酉幽州市樓災延及數百步七月癸丑甲夜汴州相國寺佛閣災是日暮微雨震電或見有赤塊轉門譙藤網中周而火作頃之赤塊北飛轉佛閣藤網中亦周而火作既而大雨暴至平地水深數尺火益甚延及民居三日不滅常燠天寶元年冬無冰先儒以爲陰失節也又曰知罪不誅其罰燠夏則暑殺人冬則物華實蓋當寒反燠象宜刑而賞之也貞元十四年夏大燠元和九年六月大燠長慶二年冬少雪水不冰凍草木萌荑如正月廣明元年十一月暖如仲春草妖武德四年益州獻芝草如人狀占曰王德將衰下人將起則有木生爲人狀草亦木類也景龍二年岐州郿縣民王上賓家有苦蕒菜高三尺餘上廣尺餘厚二分近草妖也三年內出蒜條上重生蒜蒜惡草也重生者其類衆也四年京畿藍田山竹實如麥占曰大饑開元二年終南山竹有華實如麥嶺南亦然竹並枯死是歲大饑民採食之占曰國中竹栢枯不出三年有喪十七年睦州竹實天寶初臨川郡人李嘉胤屋柱生芝之草狀如天尊像上元二年七月甲辰延英殿御座上生白芝一莖三花白喪象也太和九年冬鄭注之金帶有菌生近草妖也開成四年六月襄州山竹有實成米民採食之光啓元年七月河中解永樂生草葉自相樛結如旌旗之狀時人以爲旗子草二年七月鳳翔麟游草生如旗狀占曰其野有兵羽蟲之孽武德初隋將堯君素守蒲州有鵲巢其砲機貞觀十七年春齊王祐爲齊州刺史好畜鴨有貍齧鴨頭斷者四十餘是歲四月丙戌立晉王爲太子雌雉集太極殿前雄雉集東宮顯德殿前太極三朝所會也永徽四年宋州人蔡道基舍傍有獸高丈餘頭類羊一角鹿形馬蹄牛尾五色有翅古曰鳥如畜形者有大兵五年七月辛巳萬年宮有小鳥如雀生子大如鳲鳩調露元年鳴鵽羣飛入塞相繼蔽野至二年正月還復北飛至靈夏北悉墮地而死視之皆無首文明後天下屢奏雌雞化爲雄或半化者景龍四年六月辛巳朔烏集太極殿梁驅之不去開元十二年十一月戊子雄雉馴飛泰山齋宮內封禪所以告成功祀事無重於此者而野鳥馴飛不忌禁衞不祥二十五年四月濮州兩烏兩鵲兩鸜鵒同巢隴州鵲哺慈烏二十八年四月庚辰慈烏巢宣政殿栱辛巳又巢宣政殿栱天寶十三載葉縣有鵲巢于車轍中不巢木而巢地失其所也至德二載三月安祿山將武令珣圍南陽有鵲巢于城中砲機者三雛成乃去大歷八年九月武功獲大鳥肉翅狐首四足有爪長四尺餘毛赤如蝙蝠羣鳥隨而噪之近羽蟲孽也十三年五月左羽林軍有鸜鵒乳鵲二貞元四年三月中書省梧桐樹有鵲以泥爲巢鵲巢知歲次於羽蟲爲有知今以泥露巢遇風雨壞矣是歲夏鄭汴境內烏皆羣飛集魏博田緒淄青李納境內銜木爲城高二三尺方十里緒納惡而焚之信宿又然烏口皆流血九年春許州鵲哺烏鶵十年四月有大鳥飛集宮中食雜骨數日獲之不食死六月辛未晦水鳥集左藏庫十三年十月懷州鶺鴒巢內有黃雀往來哺食十四年秋有異鳥色青類鳩鵲見於宋州郊外所止之處羣鳥翼衞朝夕嗛稻粱以哺之睢陽人適野聚觀者旬日十八年六月烏集徐州之滕縣嗛柴爲城中有白烏一碧烏一元和元年常州鵲巢于平地四年十二月羣烏夜集于太行山上十三年春淄青府署及城中烏鵲互取其雛各以哺子更相搏擊不能禁寶歷元年十一月丙申羣烏夜鳴開成元年閏五月丙戌烏集唐安寺逾月散雀集玄法寺鶩集蕭望之冢二年三月眞興門外鵲巢於古冢鵲巢知避歲而占又以高下卜水旱今不巢于木而穴于冢不祥秋突厥烏自塞北羣飛入塞五年六月有禿鶖羣飛集禁苑鶖水鳥也會昌元年潞州長子有白頸烏與鵲鬬大中十年三月舒州吳塘堰有衆禽成巢闊七尺高一尺水禽山鳥無不馴狎中有如人面綠毛紺爪觜者其聲曰甘八謂之甘蟲占曰有鳥非常來宿于邑中國有兵人相食咸通七年涇州靈臺百里戍有雀生鸞至大俱飛去京房易傳曰賊臣在國厥妖鸞生雀雀生鸞同說十一年夏雉集河內縣署咸通中吳越有異鳥極大四目三足鳴山林其聲曰羅平占曰國有兵人相食乾符四年春廬江縣北鵲巢于地六年夏鶡雉集于偃師南樓及縣署劉向說野鳥入處宮室將空廣明元年春絳州翼城縣有鴝鵒鳥羣飛集縣署衆鳥逐而噪之光啓元年二月復如之鴝鵒一名訓狐中和元年三月陳留有烏變爲鵲二年有鵲變爲烏古者以烏卜軍之勝負烏變爲鵲民從賊之象鵲復變爲烏賊復爲民之象三年新安縣吏家捕得雉養之與雞馴月餘相與鬬死四年臨淮漣水民家鷹化爲鵝而弗能游鷹以鷙而擊武臣象也鵝雖毛羽清潔而飛不能遠無搏擊之用充庖廚而已光啓元年十二月陝州平陸集津山有雉二首向背而連頸者棲集津倉廡後數月羣雉數百來鬬殺之二年正月閿鄉湖城野雉及鳶夜鳴七月中條山鵲焚其巢三年七月鵲復焚巢京房易傳曰人君暴虐鳥焚其舍三年十月慈州作城梟與鴟鬬相殺光化二年幽州節度使劉仁恭屠貝州去夜有鴝鵒鳥十數飛入帳中逐去復來昭宗時有禿鶖鳥巢寢殿隅帝親射殺之天復二年帝在鳳翔十一月丁巳日南至夜驟風有烏數千迄明飛噪數日不止自車駕在岐常有烏數萬棲殿前諸樹岐人謂之神鴉三年宣州有鳥如雉而大尾有火光如散星集于戟門明日大火曹局皆盡惟兵械存羊禍義寧二年三月丙辰麟游縣有羔生而無尾是月乙丑太原獻羖羊無頭而不死開元二年正月原州獻肉角羊二年三月富平縣有肉角羊會昌二年春代州崞縣羊生二首連頸兩尾占曰二首上不一也咸通三年夏平陶民家羊生羔如獺乾符三年洛陽建春門外因暴雨有物墮地如羖羊不食頃之入地中其跡月餘不滅或以爲雨工也占曰當旱赤眚赤祥武德七年河間王孝恭征輔公祏宴羣帥于舟中孝恭以金盌酌江水將飲之則化爲血孝恭曰盌中之血公祏授首之

祥武德初突厥國中雨血三日光宅初宗室岐州刺史崇與之子橫杭等夜宴忽有氣如血腥武后時來俊臣家井水變赤如血井中夜有吁嗟歎惋聲俊臣以木棧之木忽自投十步外長安中并州晉祠水赤如血中宗時成王千里家有血點地及奩箱上有血淋瀝間數步又中郎將東夷人毛婆羅炊飯一夕化爲血景龍二年七月癸巳赤氣際天光燭地三日乃止赤氣血祥也天寶六載少陵原楊愼矜父墓封域內草木皆流血愼矜令浮屠史敬忠禳之退朝裸而桎梏於叢棘間如是數旬而流血不止十二載李林甫第東北隅每夜火光起或有如小兒持火出入者近赤祥也寶應元年八月庚午夜有赤光亘天貫紫微漸移東北彌漫半天大歷十三年二月太僕寺有泥像左臂上有黑汗滴下以紙承之血也貞元二年十一月壬午日沒有赤氣五出于黑雲中亘天十二年九月癸卯夜有赤氣如火見北方上至北斗十七年福州劍池水赤如血二十一年正月甲戌雨赤雪于京師元和十四年二月鄆州從事院門前地有血方尺餘色甚鮮赤不知所從來人以爲自空而墜也長慶元年七月戊午河水赤三日止寶歷元年十二月乙酉夜西北有霧起須臾遍天霧止有赤氣或淺或深久而乃散大和元年四月庚戌北方有赤氣中有數白氣間之六月乙卯夜西北有赤氣八月癸卯京師見赤氣滿天二年閏三月乙卯北方有赤氣如血咸通七年鄭州永福湖水赤如凝血者三日乾符六年中書政事堂忽旦有死人血汚滿地不知主名又御井水色赤而腥渫之得一死女子腐爛近赤祥也中和二年七月丙午夜西北方赤氣如絳際天光啓元年正月潤州江水赤凡數日水沴火幽州坊谷地常有火長慶三年夏遂積水爲池近水沴火也

唐書卷三十五

宋 翰 林 學 士 歐 陽 修 撰

志第二十五

五行志

五行傳曰治宮室飾臺榭內淫亂犯親戚侮父兄則稼穡不成謂土失其性則有水旱之災草木百穀不熟也又曰思心不睿是謂不聖厥咎霿厥罰常風厥極凶短折時則有脂夜之妖時則有華孽蠃蟲之孽時則有牛禍時則有心腹之痾時則有黃眚黃祥時則有木火金水沴土稼穡不成貞觀元年關內饑總章二年諸州四十餘饑關中尤甚儀鳳四年春東都饑調露元年秋關中饑永隆元年冬東都饑永淳元年關中及山南州二十六饑京師人相食垂拱三年天下饑大足元年春河南諸州饑景龍二年春饑三年三月饑先天二年冬京師岐隴幽州饑開元十六年河北饑乾元三年春饑米斗錢千五百廣德二年秋關輔饑米斗千錢永泰元年饑京師米斗千錢貞元元年春大饑東都河南河北米斗千錢死者相枕二年五月麥將登而雨霖米斗千錢十四年京師及河南饑十九年秋關輔饑元和七年春饑八年廣州饑九年春關內饑十一年東都陳許州饑長慶二年江淮饑大和四年河北及太原饑六年春劍南饑九年春饑河北尤甚開成四年溫台明等州饑大中五年冬湖南饑六年夏淮南饑海陵高郵民於官河中漉得異米號聖米九年秋淮南饑咸通三年夏淮南河南饑九年秋江左及關內饑東都尤甚乾符三年春京師饑中和二年關內大饑四年關內大饑人相食光啟二年二月荆襄大饑米斗三千錢人相食三年揚州大饑米斗萬錢大順二年春淮南大饑天祐元年十月京師大饑常風武德二年十二月壬子大風拔木易巽爲風重巽以申命其及物也象人君誥命其鼓動於天地間有時飛沙揚塵怒也發屋拔木者怒甚也其占大臣專恣而氣盛衆逆同志君行蒙暗施於事則皆傷害故常風又飄風入宮闕一日再三若風聲如雷觸地而起爲兵將興貞觀十四年六月乙酉大風拔木咸亨四年八月己酉大風落太廟鴟尾永隆二年七月雍州大風害稼弘道元年十二月壬午晦宋州大風拔木嗣聖元年四月丁巳寧州大風拔木垂拱四年十月辛亥大風拔木永昌二年五月丁亥大風拔木神龍元年三月乙酉睦州大風拔木崔玄暐封博陵郡王也大風折其輅蓋二年六月乙亥滑州大風拔木景龍元年七月郴州大風發屋拔木八月宋州大風拔木壞廬舍二年十月辛亥滑州暴風發屋三年三月辛未曹州大風拔木開元二年六月京師大風發屋大木拔者十七八四年六月辛未京師陝華大風拔木九年七月丙辰揚州潤州暴風雨發屋拔木十四年六月戊午大風拔木發屋端門鴟尾盡落端門號令所從出也十九年六月乙酉大風拔木二十二年五月戊子大風拔木天寶十一載五月甲子東京大風拔木十三載三月辛酉大風拔木永泰元年三月辛亥大風拔木大歷七年五月乙酉大風拔木十年五月甲寅大風拔木貞元元年七月庚子大風拔木六年四月甲申大風雨八年五月己未暴風發太廟屋瓦毀門闕官署廬舍不可勝紀十年六月辛未大風拔木十四年八月癸未廣州大風壞屋覆舟元和元年六月丙申大風拔木三年四月壬申大風毀含元殿欄檻二十七間占爲兵起四年十月壬午天有氣如煙臭如燔皮日昳大風而止五年三月丙子大風毀崇陵上宮衙殿鴟尾及神門戟竿六壞行垣四十間八年六月庚寅京師大風雨毀屋飄瓦人多壓死者丙申富平大風拔棗木千餘株十二年春青州一夕暴風自西北天地晦冥空中有若旌旗狀屋瓦上如躁蹴聲有日者占之曰不及五年茲地當大殺戮長慶二年正月己酉大風霾十月夏州大風飛沙爲堆高及城堞三年正月丁巳朔大風昏霾終日四年六月庚寅大風毀延喜門及景風門太和八年六月癸未暴風壞長安縣署及經行寺塔九年四月辛丑大風拔木萬株墮含元殿四鴟尾拔殿廷樹三壞金吾仗舍發城門樓觀內外三十餘所光化門西城十數雉壞開成三年正月戊辰大風拔木五年四月甲子大風拔木五月壬寅亦如之七月戊寅亦如之會昌元年三月黔南大風飄瓦咸通六年正月絳州大風拔木有十圍者十一月己卯晦潼關夜中大風山如吼雷河噴石鳴羣鳥亂飛重關傾側十二月大風拔木乾符五年五月丁酉大風拔木廣明元年四月甲申京師及東都汝州雨雹大風拔木四年六月乙巳太原大風雨拔木千株害稼百里光化三年七月乙丑洛州大風拔木發屋天復二年昇州大風發屋飛大木夜妖太和九年十一月戊辰晝晦咸通七年九月辛卯朔天闇乾符二年二月宣武境內黑風雨土天祐元年閏四月乙未朔大風雨土華孽延載元年九月內出梨華一枝示宰相萬木搖落而生華陰陽顯也傳曰天反時爲災又近常燠也神龍二年十月陳州李有華鮮茂如春元和十一年十二月桃杏華太和二年九月徐州滑州李有華實可食會昌三年冬沁源桃李華廣明元年冬桃李華山華皆發中和二年九月太原諸山桃杏華有實景福中滄州城壍中冰有文如畫大樹華葉芬敷有時人以爲其地當有兵難近華孽也蠃蟲之孽貞觀二十一年八月萊州螟開元二十二年八月榆關虸蚄蟲害稼入平州界有羣雀來食之一日而盡二十六年榆關虸蚄蟲害稼羣雀來食之三載青州紫蟲食田有鳥食之廣德元年秋虸蚄蟲害稼關中尤甚米斗千錢貞元十年四月江西溪澗魚頭皆戴蚯蚓長慶四年絳州虸蚄蟲害稼太和元年秋河東同虢等州虸蚄蟲害稼開成元年京城有蟻聚長五六十步濶五尺至一丈厚五寸至一尺者四年河南黑蟲食田牛禍調露元年春牛大疫京房易傳曰牛少者穀不成又占曰金革動長安中有獻牛無前膞三足而行者又有牛膞上生數足蹄甲皆具者武太后從姊之子司農卿宗晉卿家牛生三角神龍元年春牛疫二年冬牛大疫先天初洛陽市有牛左脇有人手長一尺或牽之以乞丐開元十五年春河北牛大疫大歷八年武功櫟陽民家牛生犢二首貞元二年牛疫四年二月郊牛生犢六足足多者下不一郊所以奉天七年關輔牛大疫死者十五六咸通七年荆州民家牛生犢五足十五年夏渝州江陽有水牛生騾駒駒死光啟元年河東有牛人言其家殺而食之二年延州膚施有牛死復生黃眚黃祥貞觀七年三月丁卯雨土二十年閏三月己酉有黃雲闊一丈東西際天黃爲土功永徽三年三月辛巳雨土景龍元年六月庚午陝州雨土十二月丁丑雨土天寶十三載二月丁丑雨黃土大歷七年十二月丙寅雨土貞元二年四月甲戌雨土八年二月庚子雨土太和八年十月甲子土霧晝昏至于十一月癸丑開成元年七月乙亥雨土咸通十四年三月癸巳雨黃土中和二年五月辛酉大風雨土天復三年二月雨土天地昏霾天祐元年閏四月甲辰大風雨土木火金水沴土武德二年十月乙未京師地震陰盛而反常則地震故其占爲臣彊爲后妃專恣爲夷犯華爲小人道長爲寇至爲叛臣七年七月巂州地震山摧壅江水噎流貞觀七年十月乙丑京師地震十二年正月壬寅松叢二州地震壞廬舍二十年九月辛亥靈州地震有聲如雷二十三年八月癸酉朔河東地震晉州尤甚壓殺五十餘人乙亥又震十一月乙丑又震永徽元年四月己巳朔晉州地震己卯又震六月庚辰又震有聲如雷二年十月又震十一月戊寅定襄地震帝始封晉王初即位而地屢震天下將由帝而動搖象也儀鳳二年正月庚辰京師地震永淳元年十月甲子京師地震垂拱三年七月乙亥京師地震四年七月戊午又震八月戊戌神都地震延載元年四月壬戌常州地震大足元年七月乙亥揚楚常潤蘇五州地震二年八月辛亥劍南六州地震景龍四年五月丁丑剡縣地震景雲三年正月甲戌并汾絳三州地震壞廬舍壓死百餘人開元二十二年二月壬寅秦州地震西北隱隱有聲坼而復合經時不止壞廬舍

殆盡壓死四千餘人二十六年三月癸巳京師地震至德元載十一月辛亥朔河西地震裂有聲陷廬舍張掖酒泉尤甚至二載三月癸亥乃止大歷二年十一月壬申京師地震自東北來其聲如雷者三年五月丙戌又震十二年恒定二州地大震三日乃止束鹿寧晉地裂數丈沙石隨水流出平地壞廬舍壓死者數百人建中元年四月己亥京師地震三年六月甲子又震四年四月甲子又震五月辛巳又震貞元二年五月己酉又震三年十一月丁丑夜京師東都蒲陝地震四年正月庚戌朔夜京師地震辛亥壬子丁卯戊辰庚午癸酉甲戌乙亥皆震金房二州尤甚江溢山裂屋宇多壞人皆露處二月壬午京師又震甲申乙酉丙申三月甲寅己未庚午辛未五月丙寅丁卯皆震八月甲午又震有聲如雷甲辰又震九年四月辛酉又震有聲如雷河中關輔尤甚壞城壁廬舍地裂水湧十年四月戊申京師地震癸丑又震侍中渾瑊第有樹湧出樹枝皆戴蚯蚓十三年七月乙未又震元和七年八月京師地震草樹皆搖九年三月丙辰巂州地震晝夜八十壓死百餘人地陷者三十里十年十月京師地震十一年二月丁丑又震十五年正月穆宗即位戊辰始朝羣臣於宣政殿是夜地震太和二年正月壬申地震七年六月甲戌又震九年三月乙卯京師地震屋瓦皆墜戶牖間有聲開成元年二月乙亥又震二年十一月乙丑夜又震四年十一月甲戌又震會昌二年正月癸亥宋亳二州地震十二月癸未京師地震大中三年十月辛巳上都及振武河西天德靈武鹽夏等州地震壞廬舍壓死數十人十二年八月丁巳太原地震咸通元年五月上都地震六年十二月晉絳二州地震壞廬舍地裂泉湧泥出青色八年正月丁未河中晉絳三州地大震壞廬舍人有死者十三年四月庚子朔浙東西地震乾符三年六月乙丑雄州地震至七月辛巳止州城廬舍盡壞地陷水湧傷死甚衆是月濮州地震十二月京師地震有聲四年六月庚寅雄州地震六年二月京師地震有聲如雷藍田山裂水湧中和三年秋晉州地震有聲如雷光啓二年春成都地震月中數十占曰兵饑十二月魏州地震乾寧二年三月庚午河東地震山摧貞觀八年七月隴右山摧山者高峻自上而隕之象也垂拱二年九月己巳雍州新豐縣露臺鄉大風雨震電有山湧出高二十丈有池周三百畝池中有龍鳳之形米麥之異武后以為休應名曰慶山荆州人俞文俊上言天氣不和而寒暑隔人氣不和而贅疣生地氣不和而堆阜出今陛下以女主居陽位反易剛柔故地氣隔塞山變為災陛下以為慶山臣以為非慶也宜側身脩德以答天譴不然恐災禍至后怒流于嶺南永昌中華州赤水南岸大山晝日忽風昏有聲隱隱如雷頃之漸移東數百步擁赤水壓張村民三十餘家山高二百餘丈水深三十丈坡上草木宛然金縢曰山徙者人君不用道祿去公室賞罰不由君佞人執政政在女主不出五年有走王開元十七年四月乙亥大風震電藍田山摧裂百餘步畿內山也國主山川山摧川竭亡之證也占曰人君德消政易則然大歷九年十一月戊戌同州夏陽有山徙于河上聲如雷十三年郴州黃芩山摧壓死者數百人建中二年霍山裂元和八年五月丁丑大隗山摧十五年七月丁未苑中土山摧壓死二十人光啓二年四月維州山崩累日不止塵坌亘天壅江水逆流占曰國破山鳴武德二年三月太行山聖人崖有聲占曰有寇至開元二十八年六月吐蕃圍安戎城斷水路城東山鳴石拆湧泉二土為變怪垂拱元年九月淮南地生毛或白或蒼長者尺餘遍居人牀下揚州尤甚大如馬鬣焚之臭如燎毛占曰兵起民不安長壽中東都天宮寺泥像皆流汗霖霪天寶十一載六月虢州閿鄉黃河中女媧墓因大雨晦冥失其所在至乾元二年六月乙未夜瀕河人聞有風雷聲曉見其墓湧出下有巨石上有雙柳各長丈餘時號風陵堆占曰塚墓自移天下破十三載汝州葉縣南有土塊闘中有血出數日不止大歷六年四月戊寅藍田西原地陷建中初魏州魏縣西四十里地數畝忽長崇數尺四年四月甲子京師地生毛或黃或白有長尺餘者貞元四年四月淮南及河南地生毛元和十二年四月吳元濟鄖城守將鄧懷金以城降城自壞五十餘步太和六年二月蘇州地震生白毛長慶中新都大道觀泥人生須數寸拔之復生咸通五年十月貞陵隧道摧陷神策軍有浮屠像懿宗嘗跪禮之像沒地四尺

五行傳曰好攻戰輕百姓飾城郭侵邊境則金不從革謂金失其性而為變怪也又曰言之不從是謂不乂厥咎僭厥罰常暘厥極憂時則有詩妖訛言時則有毛蟲之孽時則有犬禍時則有口舌之痾時則有白眚白祥惟木沴金金不從革堯君素為隋守蒲州兵器夜皆有光如火火爍金金所畏也敗亡之象劉武周據并州兵勢甚盛城上稍刃夜每有火光貞觀十七年八月涼州昌松縣鴻池谷有石五青質白文成字曰高皇海出多子李元王八十年太平天子李世民千年太子李治書燕山人士樂大國主尚汪譚獎文仁邁千古大王五王六王七王十風毛才子七佛八菩薩及上界佛田天子文武貞觀昌大聖延四方上不治示孝仙戈八為善太宗遣使祭之曰天有成命表瑞貞石文字昭然歷數惟永既旌高廟之業又錫眇身之祚迨于皇太子治亦降貞符具紀姓氏甫惟寡薄彌增寅懼昔魏以土德代漢涼州石有文石金類以五勝推之故時人謂為魏氏之妖而晉室之瑞唐亦土德王石有文事頗相類然其文初不可曉而後人因推己事以驗之蓋武氏革命自以為金德王其佛菩薩者慈氏金輪之號也樂太國主則鎮國太平公主安樂公主皆以女亂國其五王六王七王者唐世十八之數垂拱三年七月魏州地出鐵如船數十丈廣州雨金金位正秋為刑為兵占曰人君多殺無辜一年兵災于朝開元二十三年十二月乙巳龍池聖德頌石自鳴其音清遠如鍾磬石與金同類春秋傳怨讟動于民則有非言之物言石鳴近石言也天寶十載六月乙亥大同殿前鍾自鳴占曰庶雄為亂至德二載昭陵石馬汗出昔周武帝之克晉州也齊有石像汗流濕地此其類也乾元二年七月乙亥晝渾天儀有液如汗下流上元二年楚州獻寶玉十三曰玄黃天符形如笏長八寸有孔云辟兵疫曰玉雞毛白玉也曰穀璧亦白玉也粟粒自然無雕鐫迹曰西王母白環二曰如意寶珠大如雞卵曰紅靺鞨大如巨栗曰琅玕珠二形如玉環四分缺一曰玉印大如半手理如鹿陷入印中曰皇后採桑鉤如箸屈其末曰雷公石斧無孔其一闕凡十三寶之日中白氣連天元和中文水武士彠碑失其龜頭翰林院有鈴夜中文書入則引之以代傳呼長慶中河北用兵夜輒自鳴與軍中息耗相應聲急則軍事急聲緩則軍事緩資州有石方丈走行數畝大和三年南蠻圍成都毀玉晨殿為礌有吼聲三乃止四年五月己卯通化南北二門鏁不可開鑰入如有持之者破其管門乃啟又浙西觀察使王璠治潤州城隍中得方石有刻文曰山有石石有玉玉有瑕瑕即休廣明元年華岳廟玄宗御製碑隱隱然有聲聞數里間浹旬乃止近石言也光化三年冬武德殿前鍾聲忽嘶嗄天復元年九月聲又變小常暘武德三年夏旱至于八月乃雨四年自春不雨至于七月雨少陰之氣其氣毀則不雨少陰者金也金為刑為兵刑不辜兵不戢則金氣毀故常為旱火為盛陽陽氣彊悍故聖人制禮以節之禮失則僭而驕炕以導盛陽火勝則金衰故亦旱於五行土實制水土功興則水氣壅閼又常為旱天官有東井主水事天漢天江亦水祥也水與火仇而受制于土土火謫見若日蝕過分而未至與七曜循中道之南皆旱祥也七年秋關內河東旱貞觀元年夏山東大旱二年春旱三年春夏旱四年春旱自太上皇傳位至此而比年水旱九年秋劍南關東州二十四旱十二年吳楚巴蜀州二十六旱冬不雨至于明年五月十七年春夏旱二十一年秋陝絳蒲夔等州旱二十二年秋開萬等州旱冬不雨至于明年三月永徽元年京畿雍同絳等州大旱二年九月不雨至于明年二月四年夏秋旱光婺滁潁等州尤甚顯慶五年春河北州二十二旱總章元年京師及山東江淮大旱二年七月劍南州十九旱冬無雪咸亨元年春旱秋復大旱儀鳳二年夏河南河北旱三年四月旱永隆二年關中旱霜大饑永淳元年關中大旱饑二年夏河南河北旱永昌元年三月旱神功元年黃隋等州旱久視元年夏關內河東旱長安二年春不雨至于六月三年冬無雪至于明年二月神龍二年冬不雨至于明年五月京師山東河北河南旱饑太極元年春旱七月復旱開元二年春大旱十二年七月河東河北旱帝親禱雨宮中設壇席暴立三日九月蒲同等州旱十四年秋諸道州十五旱十五年諸道州十七旱十六年東都河南宋亳等州旱二十四年夏旱禾黍元年春夏旱二年關內大旱自三月不雨至于六月大歷六年春旱至于八月建中三年自五月不雨至于七月興元元年冬大旱貞元元年春旱無麥苗至于八月旱甚灞滻將竭井皆無水六年春關輔大旱無麥苗夏淮南浙西福建等道大旱井泉竭人暍且疫死者甚衆七年揚楚滁壽澧等州旱十四年春旱無麥十五年夏旱十八年夏申光蔡州旱十九年正月不雨至七月甲戌乃雨永貞元年秋江浙淮南荆南湖南鄂岳陳許等州二十六旱元和三年淮南江南江西湖南廣南山南東西皆旱四年春夏大旱秋淮南浙西江西江東旱七年夏揚潤等州旱八年夏同華二州旱十五年夏旱寶歷元年秋荆南淮南浙西江西湖南及宣襄鄂等州旱太和元年夏京畿河中同州旱六年河東河南關輔旱七年秋大旱八年夏江淮及陝華等州旱九年秋京兆河南河中陝華同等州旱開成二年春夏旱四年夏旱浙東尤甚會昌五年春旱六年春不雨冬又不雨至明

年二月大中四年大旱咸通二年秋淮南河南不雨至于明年六月九年江淮旱十年夏旱十一年夏旱廣明元年春夏大旱中和四年江南大旱饑人相食景福二年秋大旱光化三年冬京師旱至于四年春詩妖竇建德未敗時有謠曰豆入牛口勢不得久貞觀十四年交河道行軍大總管侯君集伐高昌先是其國中有童謠曰高昌兵馬如霜雪漢家兵馬如日月日月照霜雪回首自消滅未幾後民歌武媚娘曲調露初京城民謠有側堂堂橈堂堂之言太常丞李嗣眞曰側者不正橈者不安自隋以來樂府有堂堂曲再言堂者唐再受命之象永淳元年七月東都大雨人多殍殕先是童謠曰新禾不入箱新麥不入場迨及八九月狗吠空垣牆高宗自調露中欲封嵩山屬突厥叛而止後又欲封以吐蕃入寇遂停時童謠曰嵩山凡幾層不畏登不得但恐不得登三度徵兵馬傍道打騰騰永徽末里歌有桑條韋也女時韋也樂龍朔中時人飲酒令曰子母相去離連臺拗倒俗謂盃盤爲子母又名盤爲臺又里歌有突厥鹽永淳後民歌曰楊柳楊柳漫頭駝垂拱後東都有契苾兒歌皆淫豔之詞契苾張易之小字也如意初里歌曰黃獐黃獐草裏藏彎弓射爾傷其後王孝傑敗於黃獐谷神龍以後民謠曰山南烏鵲窠山北金駱駝鐮柯不鑿孔斧子不施柯山南唐也烏鵲窠者人居寡也山北胡也金駱駝者虜獲而重載也安樂公主於洛州造安樂寺童謠曰可憐安樂寺了了樹頭懸景龍中民謠曰黃牸犢子挽紖斷兩足踏地鞋䩞斷城南黃牸犢子韋又有阿緯娘歌時又謠曰可憐聖善寺身著綠毛衣牽來河裏飲踏殺鯉魚兒玄宗在潞州有童謠曰羊頭山北作朝堂天寶中有術士李遐周於玄都觀院廡間爲詩曰燕市人皆去函關馬不歸人逢山下鬼環上繫羅衣而人皆不悟近詩妖也又祿山未反時童謠曰燕燕飛上天天上女兒鋪白氈氈上有千錢時幽州又有謠曰舊來誇戴竿今日不堪看但看五月裏清水河邊見契丹德宗時或爲詩曰此水連涇水雙眸血滿川青牛逐朱虎方號太平年近詩妖也朱泚未敗前兩月有童謠曰一隻箭兩頭朱五六月化爲蛆元和初童謠曰打麥打麥三三三乃轉身曰舞了也太和末京師小兒疊布漬水紐之向日謂之曰拔暈咸通七年童謠曰草青青被嚴霜鵲始復看顛狂十四年成都童謠曰咸通癸巳出無所之蛇去馬來道路稍開頭無片瓦地有殘灰是歲歲陰在巳明年在午巳蛇也午馬也僖宗時童謠曰金色蝦蟆爭努眼翻却曹州天下反乾符六年童謠曰八月無霜寒草青將軍騎馬出空城漢家天下西巡狩猶向江東更索兵中和初童謠曰黃巢走泰山東死在翁家翁訛言貞觀十七年七月民訛言官遣棖棖殺人以祭天狗云其來也身衣狗皮鐵爪每於闇中取人心肝而去於是更相震怖每夜驚擾皆引弓劍自防無兵器者剡竹爲之郊外不敢獨行太宗惡之令通夜開諸坊門宣旨慰諭月餘乃止武后時民飲酒謳歌曲終而不盡者謂之族鹽開元二十七年十月改作東都明堂訛言官取小兒埋明堂下以爲厭勝村野兒童藏于山谷都城騷然或言兵至玄宗惡之遣使慰諭久之乃止天寶三載二月辛亥有星如月墜于東南墜後有聲京師訛言官遣棖棖捕人取肝以祭天狗人頗恐懼畿內尤甚遣使安諭之與貞觀十七年占同天寶後詩人多爲憂苦流寓之思及寄興于江湖僧寺而樂曲亦多以邊地爲名有伊州甘州涼州等至其曲遍繁聲皆謂之入破又有胡旋舞本出康居以旋轉便捷爲巧時又尚之破者蓋破碎云建中三年秋江淮訛言有毛人食其心人情大恐朱泚既僭號名其舊第曰潛龍宮移內府珍貨以實之占者以爲易稱潛龍勿用此敗祥也太和九年京師訛言鄭注爲上合金丹生取小兒心肝密旨捕小兒無算往往陰相告曰某處失幾兒矣方士言金丹可致神仙蓋誕妄不經之語或信而服之則發熱多死如有所戒云小兒無辜者取其心肝將有殺戮象劉從諫未死時潞州有任人折腰於市曰石雄七千人至矣從諫捕斬之咸通十四年秋成都訛言有狼母鬼夜入人家民皆恐夜則聚坐或曰某家見鬼眼晃然如燈焰民益懼黃巢未入京師時都人以黃米及黑豆屑蒸食之謂之黃賊打黑賊僖宗時里巷鬬者激怒言任見右廂天子毛蟲之孽永徽中河源軍有狼三晝入軍門射之斃永淳中嵐勝州兔害稼千萬爲羣食苗盡兔亦不復見開元三年有熊晝入楊州城乾元二年十月詔百官上勤政樓觀安西兵赴陝州有狐出于樓上獲之大歷四年八月己卯虎入京師長壽坊宰臣元載家廟射殺之虎西方之屬威猛吞噬刑戮之象六年八月丁丑獲白兔于太極殿之內廊占曰國有憂白喪祥也建中三年九月己亥夜虎入宣陽里傷人二詰朝獲之貞元二年二月乙丑有野鹿至于含元殿前獲之壬申又有鹿至于含元殿前獲之占曰有大喪四年三月癸亥有鹿至京師西市門獲之開成四年四月有蠶出于太廟獲之犬禍武德三年突厥處羅可汗將入寇夜聞犬羣嘷而不見犬武后初酷吏丘神勣家狗生子皆無首當項有孔如口晝夜鳴吠俄失所在神功元年安國獻兩首犬首多者上不一也天寶十一載李林甫晨起盥飾將朝取書囊視之中有物如鼠躍于地即變爲狗壯大雄目張牙視林甫林甫射之中殺然有聲隨箭沒貞元七年趙州栢鄉民李崇貞家黃犬乳犢會昌三年定州深澤令家狗生角大中初狗生角京房曰執政失將害之應又曰君子危陷則狗生角咸通中會稽有狗生而不能吠擊之無聲狗職吠以守禦其不能者象鎮守者不能禦寇之兆成汭爲荊南節度使城中犬皆夜吠日者向隱以爲城郭將丘墟中和二年秋丹徒狗與彘交占曰諸侯有謀害國者白眚白祥調露元年十一月壬午秦州神亭治北霧開如日初耀有白鹿白狼見近白祥也神龍二年四月己亥雨毛于越州之鄮縣占曰邪人進賢人遁大歷二年七月甲戌日入時有白氣亘天九月戊午夜白霧起西北亘天五年五月甲申西北有白氣亘天貞元二十年九月庚辰甲夜有白氣入東西際天大和三年八月西方有白氣如杠七年十月己酉西方又有白氣如杠者三光啓二年四月有白氣頭黑如髮自東南入于揚州滅光化二年三月乙巳日中有白氣亘天自西南貫于東北天復元年八月己亥西方有白雲如履底中出白氣如匹練長五丈上衝天分爲三彗頭下垂占曰天下有兵白者戰祥也木沴金神龍中東都白馬寺鐵像頭無故自落於殿門外天寶五載四月宰臣李適之常列鼎具膳羞中夜鼎躍出相鬬不解鼎耳及足皆折

唐書卷三十六

宋　翰　林　學　士　歐　陽　修　撰

志第二十六

五行志

五行傳曰簡宗廟不禱祠廢祭祀逆天時則水不潤下謂水失其性百川逆溢壞鄉邑溺人民而爲災也又曰聽之不聰是謂不謀厥咎急厥罰常寒厥極貧時則有鼓妖時則有豕禍時則有耳痾時則有雷電霜雪雨雹黑眚黑祥惟火沴水水不潤下貞觀三年秋貝譙鄆泗沂徐濠蘇隴九州水水太陰之氣也若臣道顓女謁行夷狄彊小人道長嚴刑以逞下民不堪其憂則陰類勝其氣應而水至其譴見于天月及辰星與列星之司水者爲之變若七曜循中道之北皆水祥也四年秋許戴集三州水七年八月山東河南州四十大水八年七月山東江淮大水十年關東及淮海旁州二十八大水十一年七月癸未黃氣際天大雨穀水溢入洛陽宮深四尺壞左掖門毀官寺十九洛水漂六百餘家九月丁亥河溢壞陝州之河北縣及太原倉毀河陽中潬十六年秋徐戴二州大水十八年秋穀襄豫荊徐梓忠綿宋亳十州大水十九年秋沁易二州水害稼二十一年八月河北大水泉州海溢驩州水二十二年夏瀘越徐交渝等州水永徽元年六月新豐渭南大雨零口山水暴出漂廬舍宣歙饒常等州大雨水溺死者數百人秋齊定等州十六水二年秋汴定濮亳等州水四年杭夔果忠等州水五年五月丁丑夜大雨麟游縣山水衝萬年宮玄武門入寢殿衞士有溺死者六月河北大水滹沱溢損五千餘家六年六月商州大水秋冀沂密兗滑汴鄭婺等州水害稼洛州大水毀天津橋十月齊州河溢顯慶元年七月宣州涇縣山水暴出平地四丈溺死者二千餘人九月括州暴風雨海水溢壞安固永嘉二縣四年七月連州山水暴出漂七百餘家麟德二年六月鄜州大水壞居人廬舍總章二年六月括州大風雨海溢壞永嘉安固二縣溺死者九千七十人冀州大雨水平地深一丈壞民居萬家咸亨元年五月丙戌大雨山水溢溺死五千餘人二年八月徐州山水漂百餘家四年七月婺州大雨山水暴漲溺死五千餘人上元三年八月青州大風海溢漂居人五千餘家齊淄等七州大水永隆元年九月河南河北大水溺死者甚衆二年八月河南河北大水壞民居十萬餘家永淳元年五月丙午東都連日澍雨乙卯洛水溢壞天津橋及中橋漂居民千餘家六月乙亥京師大雨水平地深數尺秋山東大雨水大饑二年七月己巳河溢壞河陽橋八月恒州滹沱河及山水暴溢害稼文明元年七月溫州大水漂千餘家括州溪水暴漲溺死百餘人如意元年四月洛水溢壞永昌橋漂居民四百餘家七月洛水溢漂居民五千餘家八月河溢壞河陽縣長壽二年五月棣州河溢壞居民二千餘家是歲河陽州十一水萬歲通天元年八月徐州大水害稼神功元年三月括州水壞民居七百餘家是歲河南州十九水聖歷二年七月丙辰神都大雨洛水壞天津橋秋水溢懷州漂千餘家三年三月

辛亥鴻州水漂千餘家溺死四百餘人久視元年十月洛州水長安三年六月寧州大雨水漂二千餘家溺死千餘人四年八月瀛州水壞民居數千家神龍元年四月雍州同官縣大雨水漂民居五百餘家六月河北州十七大水七月甲辰洛水溢壞民居二千餘家二年四月辛丑洛水壞天津橋溺死數百人八月魏州水景龍三年七月澧水溢害稼九月密州水壞民居數百家開元三年河南河北水四年七月丁酉洛水溢沉舟數百艘五年六月甲申瀍水溢溺死者千餘人鞏縣大水壞城邑損居民數百家河南水害稼八年夏契丹寇營州發關中卒援之宿澠池之闕門營穀水上夜半山水暴至萬餘人皆溺死六月庚寅夜穀洛溢入西上陽宮宮人死者十七八畿內諸縣田稼廬舍蕩盡掌閑衞兵溺死千餘人京師興道坊一夕陷為池居民五百餘家皆没不見是年鄧州三鵶口大水塞谷或見二小兒以水相沃須臾有蛇大十圍張口仰天人或斫射之俄而暴雷雨漂溺數百家十年五月辛酉伊水溢毁東都城東南隅平地深六尺河南許仙豫陳汝唐鄧等州大水害稼漂没民居溺死者甚衆六月博州棣州河決十二年六月豫州大水八月兗州大水十四年秋天下州五十水河南河北尤甚河及支川皆溢懷衞鄭滑汴濮人或巢或舟以居死者千計潤州大風自東北海濤没瓜步十五年五月晉州大水七月鄧州大水溺死數千人洛水溢入鄜城平地丈餘死者無算壞同州城市及馮翊縣漂居民二千餘家八月澗穀溢毁澠池縣是秋天下州六十三大水害稼及居人廬舍河北尤甚十七年八月丙寅越州大水壞州縣城十八年六月壬午東都瀍水溺揚楚等州租船洛水壞天津永濟二橋及民居千餘家十九年秋河南水害稼二十年秋宋滑兗鄆等州大水二十二年秋關輔河南州十餘水害稼二十七年三月澧袁江等州水二十八年十月河南郡十三水二十九年七月伊洛及支川皆溢害稼毁天津橋及東西漕上陽宮仗舍溺死千餘人是秋河南河北郡二十四水害稼天寶四載九月河南淮陽睢陽譙四郡水十載廣陵大風駕海潮沈江口船數千艘十三載九月東都瀍洛溢壞十九坊廣德元年九月大雨水平地數尺時吐蕃寇京畿以水自潰去二年五月東都大雨洛水溢漂二十餘坊河南諸州水大歷元年七月洛水溢二年秋湖南及河東河南淮南浙東西福建等道州五十五水災七年二月江州江溢十年七月杭州海溢十一年七月戊子夜澍雨京師平地水尺餘溝渠漲溢壞民居千餘家十二年秋京畿及宋亳滑三州大雨水害稼河南尤甚平地深五尺河溢建中元年幽鎮魏博大雨易水滹沱橫流自山而下轉石折樹水高丈餘苗稼蕩盡貞元二年六月丁酉大風雨京城通衢水深數尺有溺死者東都河南荆南淮南江河溢三年三月東都河南江陵汴揚等州大水四年八月灞水暴溢殺百餘人八年秋自江淮及荆襄陳宋至于河朔州四十餘大水害稼溺死二萬餘人漂没城郭廬舍幽州平城水深二丈徐鄭涿薊檀平等州皆深丈餘八年六月淮水溢平地七尺没泗州城十一年十月朗蜀二州江溢十二年四月福建二州大水嵐州暴雨水深二丈十三年七月淮水溢于亳州十八年春申光蔡等州大水永貞元年夏朗州之熊武五溪溢秋武陵龍陽二縣江水溢漂萬餘家京畿長安等九縣山水害稼元和元年夏荆南及壽幽徐等州大水二年六月蔡州大雨水平地深數尺四年十月丁未渭南暴水漂民居二百餘家六年十月鄜坊黔中水七年正月振武河溢毁東受降城五月饒撫虔吉信五州暴水虔州尤甚平地有深至四丈者八年五月陳州許州大雨大隗山摧水流出溺死者千餘人六月庚寅大風毁屋揚瓦人多壓死京師大水城南深丈餘入明德門猶漸車輻辛卯渭水漲絕濟時所在百川發溢多不由故道滄州水潦浸鹽山等四縣九年秋淮南及岳安宣江撫袁等州大水害稼十一年五月京畿大雨水昭應尤甚衢州山水害稼深三丈毁州郭溺死百餘人六月密州大風雨海溢毁城郭饒州浮梁樂平二縣暴雨水漂没四千餘戶潤常湖陳許五州及京畿水害稼八月甲午渭水溢毁中橋十二年六月乙酉京師大雨水含元殿一柱傾市中水深三尺毁民居二千餘家河南河北大水洺邢尤甚平地二丈河中江陵幽澤潞晉隰蘇台越州水害稼十三年六月辛未淮水溢十五年秋洪吉信滄等州水長慶二年七月河南陳許蔡等州大水好畤山水漂民居三百餘家處州大雨水平地深八尺壞城邑桑田大半四年夏蘇湖二州大雨水太湖決溢睦州及壽州之霍山山水暴出鄆曹濮三州雨水壞州城民居田稼略盡襄均復郢四州漢水溢決秋河南及陳許二州水害稼寶歷元年秋鄜坊二州暴水兗海華三州及京畿奉天等六縣水害稼大和二年夏京畿及陳滑二州水害稼河陽水平地五尺河決壞棣州城越州大風海溢河南鄆曹濮淄青齊德兗海等州並大水三年四月同官縣暴水漂没二百餘家宋亳徐等州大水害稼四年夏江水溢没舒州太湖宿松望江三縣民田數百戶鄜坊水漂三百餘家浙西浙東宣歙江西鄜坊山南東道淮南京畿河南江南荆襄鄂岳湖南大水皆害稼五年六月玄武江漲高二丈溢入梓州羅城淮西浙東浙西荆襄岳鄂東川大水害稼六年二月蘇湖二州大水六月徐州大雨壞民居九百餘家七年秋浙西及揚楚舒廬壽滁和宣等州大水害稼八年秋江西及襄州水害稼蘄州湖水溢滁州大水溺萬餘戶開成元年夏鳳翔麟遊縣暴雨水毁九成宮壞民舍數百家死者百餘人七月鎮州滹沱河溢害稼三年夏河決浸鄭滑外城陳許鄜坊鄂曹濮襄魏博等州大水江漢漲溢壞房均荆襄等州民居及田產殆盡蘇湖處等州水溢入城處州平地八尺四年秋西川滄景淄青大雨水害稼及民廬舍德州尤甚平地水深八尺五年七月鎮州及江南水會昌元年七月江南大水漢水壞襄均等州民居甚衆大中十二年八月魏博幽鎮兗鄆滑汴宋舒壽和潤等州水害稼徐泗等州水深五丈漂没數萬家十三年夏大水咸通元年潁州大水四年閏六月東都暴水自龍門毁定鼎長夏等門漂溺居人七月東都許汝徐泗等州大水傷稼九月孝義山水深三丈破武牢關金城門汜水橋六年六月東都大水漂壞十二坊溺死者甚衆七年夏江淮大水秋河南大水害稼十四年八月關東河南大水乾符三年關東大水光化三年九月浙江溢壞民居甚衆乾寧三年四月河圮于滑州朱全忠決其堤因為二河散漫千餘里

常寒顯慶四年二月壬子大雨雪方春少陽用事而寒氣脅之古占以為人君刑法暴濫之象近常寒也咸亨元年十月癸酉大雪平地三尺人多凍死儀鳳三年五月丙寅高宗在九成宮霖雨大寒兵衞有凍死者開耀元年冬大寒久視元年三月大雪神龍元年三月乙酉睦州暴寒且冰開元二十九年九月丁卯大雨雪大木偃折大歷四年六月伏日寒貞元元年正月戊戌大風雪寒丙午又大風雪寒民饑多凍死者十二年十二月大雪甚寒竹柏柿樹多死占曰有德遭險厥災暴寒十九年三月大雪二十年二月庚戌始雷大雨雹震電大雨雪既雷則不當雪陰脅陽也如魯隱公之九年元和六年十二月大寒八年十月東都大寒霜厚數寸雀鼠多死十二年九月己丑雨雪人有凍死者十五年八月己卯同州雨雪害稼長慶元年二月海州海水冰南北二百里東望無際太和六年正月雨雪踰月寒甚九年十二月京師苦寒會昌三年春寒大雪江左尤甚民有凍死者咸通五年冬隰石汾等州大雨雪平地深三尺景福二年二月辛巳曹州大雪平地二尺天復三年三月浙西大雪平地三尺餘其氣如煙其味苦十二月又大雪江海冰天祐元年九月壬戌朔大風寒如仲冬是冬浙東浙西大雪吳越地氣常燠而積雪近常寒也鼓妖武德三年二月丁丑京師西南有聲如崩山近鼓妖也說者以為人君不聰為衆所惑則有聲無形不知所從生天授元年九月檢校內史宗秦客拜日無雲而雷震近鼓妖也貞元十三年六月丙寅天晦街鼓不鳴中和二年十月西北方無雲而雷天復三年十月甲午有大聲出于宣武節度使廳事近鼓妖也魚孽如意中濟源路敬淳家水碾柱將壞易之為薪中有鮎魚長尺餘猶生近魚孽也開元四年安南都護府江中有大蛇首尾橫出兩岸經日而腐寸寸自斷數日江魚盡死蔽江而下十十五五相附著江水臭神龍中渭水有蝦蟆大如鼎里人聚觀數日而失是歲大水元和十四年二月晝有魚長尺餘墜於鄆州市良久乃死魚失水而墜于市敗滅象也開成二年三月壬申有大魚長六丈自海入淮至濠州招義民殺之近魚孽也乾符六年汜水河魚逆流而上至垣曲平陸界魚民象逆流而上民不從君令也光啓二年揚州雨魚占如元和十四年蝗武德六年夏州蝗蝗之殘民若無功而祿者然皆貪撓之所生先儒以為人主失禮煩苛則旱魚螺變為蟲蝗故以屬魚孽貞觀二年六月京畿旱蝗太宗在苑中掇蝗祝之曰人以穀為命百姓有過在予一人但當蝕我無害百姓將吞之侍臣懼帝致疾遽以為諫帝曰所冀移災朕躬何疾之避遂吞之是歲蝗不為災三年五月徐州蝗秋德戴廓等州蝗四年秋觀兗遼等州蝗二十一年秋渠泉二州蝗永徽元年夔絳雍同等州蝗永淳元年三月京畿蝗無麥苗六月雍岐隴等州蝗長壽二年台建等州蝗開元三年七月河南河北蝗四年夏山東蝗蝕稼聲如風雨二十五年貝州蝗有白鳥數千萬羣飛食之一夕而盡禾稼不傷廣德二年秋蝗關輔尤甚米斗千錢興元元年秋螟蝗自山而東際于海晦天蔽野草木葉皆盡貞元元年夏蝗東自海西盡河隴羣飛蔽天旬日不息所至草木葉及畜毛靡有孑遺餓殣枕道民蒸蝗曝颺去翅足而食之永貞元年秋陳州蝗元和元年夏鎮冀等州蝗長慶三年秋洪州螟蝗害稼八萬

項開成元年夏鎮州河中蝗害稼二年六月魏博昭義淄青滄州兗海河南蝗三年秋河南河北鎮定等州蝗草木葉皆盡五年夏幽魏博鄆曹濮滄齊德淄青兗海河陽淮南虢陳許汝等州螟蝗害稼占曰國多邪人朝無忠臣居位食祿如蟲與民爭食故比年蟲蝗會昌元年七月關東山南鄧唐等州蝗大中八年七月劍南東川蝗咸通三年六月淮南河南蝗六年八月東都同華陝虢等州蝗七年夏東都同華陝虢及京畿蝗九年江淮關內及東都蝗十年夏陝虢等州蝗不絀無德虐取於民之罰乾符二年蝗自東而西蔽天光啓元年秋蝗自東方來羣飛蔽天二年荆襄蝗米斗錢三千人相食淮南蝗自西來行而不飛浮水緣城入揚州府署竹樹幢節一夕如翦幡幟畫像皆齧去其首撲不能止旬日自相食盡豕禍貞觀十七年六月司農寺豕生子一首八足自頸分爲二貞元四年二月京師民家有豕生子兩首四足首多者上不一也是歲宣州大雨震雷有物墮地如豬手足各兩指執赤班蛇食之頃之雲合不復見近豕禍也元和八年四月長安西市有豕生子三耳八足自尾分爲二足多者下不一也咸通七年徐州蕭縣民家豕出圂舞又牡豕多將鄰里羣豕而行復自相噬齧乾符六年越州山陰民家有豕入室內壞器用銜桉缶置於水次廣明元年絳州稷山縣民一豕生如人狀無眉目耳髮占爲邑有亂雷電貞觀十一年四月甲子震乾元殿前槐樹震耀天之威怒以象殺戮槐古者三公所樹也證聖元年正月丁酉雷雷者陽聲出非其時臣竊君柄之象長安四年五月丁亥震雷大風拔木人有震死者延和元年六月河南偃師縣李材村有震電入民家地震裂闊丈餘長十五里深不可測所裂處井厠相通或衝冢墓柩出平地無損李國姓也震電威刑之象地陰類也永泰元年二月甲子夜震霆自是無雷至六月甲申乃雷大曆十年四月甲申雷電暴風拔木飄瓦人有震死者京畿害稼者七縣建中元年九月己卯雷四年四月丙子東都畿汝節度使哥舒曜攻李希烈進軍至潁橋大雨震電人不能言者十三四馬驢多死貞元十四年五月己酉夏至始雷元和十一年冬雷長慶二年六月乙丑大風震電落太廟鴟尾破御史臺樹大和八年三月辛酉定陵臺大雨震廡下地裂二十有六步占曰士庶分離大臣專恣不救大敗會昌三年五月甲午始雷咸通四年十二月震雷乾符二年十二月震雷雨雹乾寧四年李茂貞遣將符道昭攻成都至廣漢震雷有石隕于帳前霜貞觀元年秋霜殺稼京房易傳曰人君刑罰妄行則天應之以隕霜三年北邊霜殺稼永徽二年綏延等州霜殺稼調露元年八月邠涇寧慶原五州霜證聖元年六月睦州隕霜殺草吳越地燠而盛夏隕霜昔所未有四年四月延州霜殺草四月純陽用事象人君當布惠于天下而反隕霜是無陽也開元十二年八月潞綏等州霜殺稼十五年天下州十七霜殺稼元和二年七月邠寧等州霜殺稼九年三月丁卯隕霜殺桑十四年四月淄青隕霜殺惡草及荆棘而不害嘉穀寶歷元年八月邠州霜殺稼太和三年秋京畿奉先等八縣旱霜殺稼大中三年春隕霜殺桑中和元年春霜秋河東早霜殺稼雹貞觀四年秋丹延北永等州雹顯慶二年五月滄州大雨雹中人有死者咸亨元年四月庚午雍州大雨雹二年四月戊子大雨雹震電大風折木落則天門鴟尾三先儒以爲雹者陰脅陽也又曰人君惡聞其過抑賢用邪則雹與雨俱信讒殺無罪則雹下毀瓦破車殺牛馬永淳元年五月壬寅定州大雨雹害麥禾及桑天授二年六月庚戌許州大雨雹證聖元年二月癸卯滑州大雨雹殺燕雀神功元年媯綏二州雹聖歷元年六月甲午曹州大雨雹久視元年六月丁亥曹州大雨雹長安三年八月京師大雨雹人畜有凍死者神龍元年四月壬子雍州同官縣大雨雹殺鳥獸景龍元年四月己巳曹州大雨雹二年正月己卯滄州雨雹如雞卵開元八年十二月丁未滑州大雨雹二十二年五月戊辰京畿渭南等六縣大風雹傷麥大歷七年五月乙酉雨雹貞元二年六月丙子大雨雹十七年二月丁酉雨雹己亥霜戊申夜震霆雨雹庚戌大雨雪而雹五月戊寅好畤縣風雹害麥十八年七月癸酉大雨雹元和元年鄜坊等州雹十年秋鄜坊等州風雹害稼十二年夏河南雨雹中人有死者十五年三月京畿興平醴泉等縣雹傷麥長慶四年六月庚寅京師雨雹如彈丸太和四年秋鄜坊等州雹五年夏京畿奉先渭南等縣雨雹開成二年秋河南雹害稼四年七月鄭滑等州風雹五年六月濮州雨雹如拳殺人三十六牛馬甚衆會昌元年秋登州雨雹文登尤甚破瓦害稼四年夏雨雹如彈丸乾符六年五月丁酉宣授宰臣豆盧瑑崔沆制殿庭氛霧四塞及百官班賀于政事堂雨雹如鳧卵大風雷雨拔木廣明元年四月甲申朔汝州大雨風拔街衢樹十二三東都有雲起西北大風隨之長夏門內表道古槐樹自拔者十五六宮殿鴟尾皆落雨雹大如杯鳥獸殪於川澤黑眚黑祥大歷二年十二月戊戌黑氣如塵彌漫于北方黑氣陰沴也貞元四年七月自陝至河陰河水黑流入汴至汴州城下一宿而復近黑祥也占曰法嚴刑酷傷水性也五行變節陰陽相干氣色繆亂皆敗亂之象十四年潤州有黑氣如隄自海門山横亘江中與北固山相峙又有白氣如虹自金山出與黑氣交將旦而沒太和四年正月壬寅黑氣如帶東西際天咸通十四年七月僖宗即位是日黑氣如盤自天屬含元殿庭火沴水武德九年二月蒲州河清襄楷以爲河諸侯象清陽明之效也貞觀十四年二月陝州泰州河清十六年正月懷州河清十七年十二月鄭州滑州河清二十三年四月靈州河清永徽元年正月濟州河清二年十二月衛州河清五年六月濟州河清十六里調露二年夏豐州河清長安初醴泉坊太平公主第井水溢流又并州文水縣猷水竭武氏井溢神龍二年二月壬子洛陽城東七里地色如水樹木車馬歷歷見影漸移至都月餘乃滅長安街中往往見水影昔符堅之將死也長安嘗有是景龍四年三月庚申京師井水溢占曰君凶又曰兵將起開元二十二年八月清夷軍黃帝祠古井湧溢二十五年五月淄州棣州河清二十九年亳州老子祠九井涸復湧乾元二年七月嵐州合河關河三十里清如井水四日而變寶應元年九月甲午太州至陝州二百餘里河清澄澈見底大歷末深州束鹿縣中有水影長七八尺遙望見人馬往來如在水中及至前則不見水建中四年五月乙巳滑州濮州河清十四年閏五月乙丑滑州河清貞元二十一年夏越州鏡湖竭是歲朗州熊武五溪水鬭占曰山崩川竭國必亡又曰方伯力政厥異水鬭開成二年夏旱揚州運河竭大中八年正月陝州河清咸通八年七月泗州下邳雨湯殺鳥雀水沸于火則可以傷物近火沴水也雨者自上而降鳥雀民象中和三年秋汴水入于淮水鬭壞船數艘廣明元年夏汝州峴陽峯龍池涸近川竭也五行傳曰皇之不極是謂不建厥咎眊厥罰常陰厥極弱時則有射妖時則有龍蛇之孽時則有馬禍時則有下人伐上之痾時則有日月亂行星辰逆行謂木金火水土沴天也常陰長安四年自九月霖雨陰晦至于神龍元年正月貞元二十一年秋連月陰曀元和十五年正月庚辰至于丙申晝常陰晦微雨雪夜則晴霽占曰晝霧夜晴臣志得申咸通十四年七月靈州陰晦乾符六年秋多雲霧晦冥自旦及禺中乃解光啓元年秋河東大雲霧明年夏晝陰積六十日二年十一月淮南陰晦雨雪至明年二月不解景福二年夏連陰四十餘日霧長壽元年九月戊戌黃霧四塞霧者百邪之氣爲陰冒陽本于地而應于天黃爲土土爲中宮神龍二年三月乙巳黃霧四塞景龍二年八月甲戌黃霧昏濁不雨三年正月丁卯黃霧四塞十一月甲寅日入後昏霧四塞經二日乃止占曰霧連日不解其國昏亂開元五年正月戊辰昏霧四塞天寶十四載冬三月常霧起昏暗十步外不見人是謂晝昏占曰有破國至德二載四月賊將武令珣圍南陽白霧四塞上元元年閏四月大霧占曰兵起貞元十年三月乙亥黃霧四塞日無光咸通九年十一月龐勛圍徐州甲辰大霧昏塞至于丙午光化四年冬昭宗在東內武德門內煙霧四塞門外日色皎然虹蜺武德初隋將堯君素守蒲州有白虹下城中唐隆元年六月戊子虹蜺亘天蜺者斗之精占曰后妃陰脅王者又曰五色迭至照于宮殿有兵延和元年六月幽州都督孫佺帥兵襲奚將入賊境有白虹垂頭于軍門占曰其下流血至德二載正月丙子南陽夜有白虹四上亘百餘丈元和十三年十二月丙辰有白虹闊五尺東西亘天會昌四年正月己酉西方有白虹咸通元年七月己酉朔白虹横亘西方九年七月戊戌白虹横亘西方光啓二年九月白虹見西方十月壬辰夜又如之天復三年三月朔日有曲虹在日東北龍蛇孽貞觀八年七月隴右大蛇屢見蛇女子之祥大者有所象也又汾州青龍見吐物在空中光明如火墮地地陷掘之得玄金廣尺長七寸顯慶二年五月庚寅有五龍見于岐州之皇后泉先天二年六月京師朝堂塼下有大蛇出長丈餘有大蝦蟆如盤而目赤如火相與鬭俄而蛇入于大樹蝦蟆入于草蛇蝦蟆皆陰類朝堂出非其所也開元四年六月郴州馬嶺山下有白蛇與黑蛇鬭白蛇長六七尺吞黑蛇至腹口眼血流黑蛇長丈餘頭穿白蛇腹出俱死天寶中洛陽有巨蛇高丈餘長百尺出芒山下胡僧無畏見之曰此欲決水豬洛城即以天竺法呪之數日蛇死十四載七月有二龍鬭於南陽城西易坤上六龍戰於野文言曰陰疑於陽必戰至德元載八月朔成都丈人廟有肉角蛇見二載三月有蛇鬭於南陽門之外一蛇死一蛇上城建中二年夏趙州寧晉縣沙河北有棠樹甚茂民祠之爲神有蛇數百千自東西來趨北岸者聚棠樹下爲二積留南岸者爲一積俄有徑寸龜三繞行積蛇盡死而

後各登其積野人以告蛇腹皆有箸若矢所中刺史康日知圖其事奉三龜來獻四年九月戊寅有龍見于汝州城壕龍大人象其潛也象其飛也大城壕失其所也貞元末資州得龍丈餘西川節度使韋皐匣而獻之百姓縱觀三日爲煙所薰而死太和二年六月丁丑西北有龍鬬三年成都門外有龍與牛鬬開成元年宮中有衆蛇相與鬬光化三年九月杭州有龍鬬于浙江水溢壞民廬舍占同天寶十四載光啓二年冬鄜州洛交有蛇見于縣署復見于州署蛇冬則蟄易曰龍蛇之蟄以存身也馬禍義寧二年五月戊申有馬生角長二寸末有肉角者兵象武德三年十月王世充僞左僕射韋霽馬生角當頂永隆二年監牧馬大死凡十八萬匹馬者國之武備天去其備國將危亡文明初新豐有馬生駒二首同項各有口鼻生而死又咸陽牝馬生石大如升上微有綠毛皆馬禍也開元十二年五月太原獻異馬駒兩肋各十六肉尾無毛二十五年濮州有馬生駒肉角二十九年三月滑州刺史李邕獻馬肉鬉鱗臆嘶不類馬日行三百里建中四年五月滑州馬生角大和九年八月易定馬飲水因吐珠一以獻開成元年六月揚州民明齊家馬生角長一寸三分會昌元年四月桂州有馬生駒三足能隨羣于牧咸通三年郴州馬生角十一年沁州綿上及和川牡馬生子皆死京房易傳曰方伯分威厥妖牡馬生子乾符二年河北馬生人中和元年九月長安馬生人京房易傳曰諸侯相伐厥妖馬生人一曰人流亡二年二月蘇州嘉興馬生角光啓二年夏四月僖宗在鳳翔馬尾皆咤蓬如篲咤怒象文德元年李克用獻馬二肘膝皆有鬣長五寸許蹄大如七寸甌人痾武德四年太原尼志覺死十日而蘇貞觀十九年衛州人劉道安頭生肉角隱見不常因以惑衆伏誅角兵象肉不可以觸者永徽六年淄州高苑民吳威妻嘉州民辛道護妻皆一產四男凡物反常則爲妖亦陰氣盛則母道壯也顯慶二年晉州有人化爲虎虎猛噬而不仁儀鳳三年四月涇州獻二小兒連心異體初鶉觚縣衛士胡萬年妻吳生一男一女其胸相連餘各異體乃析之則皆死又產復然俱男也遂育之至是四歲以獻于朝永隆元年長安獲女魃長尺有二寸其狀怪異詩曰旱魃爲虐如惔如焚是歲秋不雨至于明年正月永隆二年九月萬年縣女子劉凝靜衣白衣從者數人升太史令廳問比有何災異令執之以聞是夜彗星見太史司天文歷候王者所以奉若天道恭授民時者非女子所當問載初中涪州民范端化爲虎神功元年二月庚子有人走入端門又入則天門至通天宮閽及仗衛不之覺時來俊臣婢產肉塊如二升器剖之有赤蟲須臾化爲蜂螫人而去久視二年正月成州有大人跡見長安中郴州佐史因病化爲虎欲食其嫂擒之乃人也雖未全化而虎毛生矣太極元年狂人段萬謙潛入承天門登太極殿升御牀自稱天子且言我李安國也人相我年三十二當爲天子開元二十三年四月冀州獻長人李家寵八尺有五寸大歷十年二月昭應婦人張產一男二女貞元八年正月丁亥許州人李狗兒持杖上含元殿擊欄檻伏誅十年四月恒州有巨人跡見十五年正月戊申狂人劉忠詣銀臺稱白起令上表天下有火災十七年十一月翰林待詔戴少平死十有六日而蘇是歲宣州南陵縣丞李嶷死已殯三十日而蘇元和二年商州洪崖冶役夫將化爲虎衆以水沃之不果化長慶四年三月民徐忠信潛入浴堂門寶歷二年十二月延州人賀文妻一產四男太和二年十月狂人劉德廣入含元殿咸通七年渭州有人生角寸許占曰天下有兵十三年四月太原晉陽民家有嬰兒兩頭異頸四手聯足此天下不一之妖是歲民皇甫及年十四暴長七尺餘長啜大嚼三倍如初歲餘死乾符六年秋蜀郡婦人尹生子首如豕目在腋下占曰君失道光啓元年隰州溫泉民家有死者既葬且半月行人聞聲呼地下其家發之則復生歲餘乃死二年春鳳翔郿縣女子未齓化爲丈夫旬日而死京房易傳曰茲謂陰昌賊人爲王大順元年六月資州兵王全義妻如孕覺物漸下入股至足大拇痛甚折而生珠如彈丸漸長大如杯天祐二年五月潁州汝陰民彭文妻一產三男疫貞觀十年關內河東大疫十五年三月澤州疫十六年夏穀涇徐戴虢五州疫十七年夏澤濠廬三州疫十八年廬濠巴普郴五州疫二十二年郴州大疫永徽六年三月楚州大疫永淳元年冬大疫兩京死者相枕於路占曰國將有恤則邪亂之氣先被于民故疫景龍元年夏自京師至山東河北疫死者千數寶應元年江東大疫死者過半貞元六年夏淮南浙西福建道疫元和元年夏浙東大疫死者大半太和六年春自劍南至浙西大疫開成五年夏福建台明四州疫咸通十年宣歙兩浙疫大順二年春淮南疫死者十三四天鳴天寶十四載五月天鳴聲若雷占曰人君有憂貞元二十一年八月天鳴在西北中和三年三月浙西天鳴聲如轉磨無雲而雨元和十二年正月乙酉星見而雨占曰無雲而雨是謂天泣隕石永徽四年八月己亥隕石于同州馮翊十八光耀有聲如雷近星隕而化也庶民惟星在上而隕民去其上之象一曰人君爲詐妄所蔽則然

唐書卷三十七

宋 翰 林 學 士 歐 陽 修 撰

志第二十七

地理志

自秦變古王制亡始郡縣天下下更漢晉分裂爲南北至隋滅陳天下始合爲一乃改州爲郡依漢制置太守以司隸刺史相統治爲郡一百九十縣一千二百五十五戶八百九十萬七千五百三十六口四千六百一萬九千九百五十六其地東西九千三百里南北一萬四千八百一十五里東南皆至海西至且末北至五原唐興高祖改郡爲州太守爲刺史又置都督府以治之然天下初定權置州郡頗多太宗元年始命併省又因山川形便分天下爲十道一曰關內二曰河南三曰河東四曰河北五曰山南六曰隴右七曰淮南八曰江南九曰劍南十曰嶺南至十三年定簿凡州府三百五十八縣一千五百五十一明年平高昌又增州二縣六其後北殄突厥頡利西平高昌北踰陰山西抵大漠其地東極海西至焉耆南盡林州南境北接薛延陀界東西九千五百一十一里南北一萬六千九百一十八里景雲二年分天下郡縣置二十四都督府以統之既而以其權重不便罷之開元二十一年又因十道分山南江南爲東西道增置黔中道及京畿都畿置十五採訪使檢察如漢刺史之職天寶盜起中國用兵而河西隴右不守陷於吐蕃至大中咸通始復隴右乾符以後天下大亂至於唐亡然舉唐之盛時開元天寶之際東至安東西至安西南至日南北至單于府蓋南北如漢之盛東不及而西過之開元二十八年戶部帳凡郡府三百二十有八縣千五百七十三戶八百四十一萬二千八百七十一口四千八百一十四萬三千六百九應受田一千四百四十萬三千八百六十二頃考隋唐地理之廣狹戶口盈耗與其州縣廢置其盛衰治亂興亡可以見矣蓋自古爲天下者務廣德而不務廣地德不足矣地雖廣莫能守也嗚呼盛極必衰雖曰勢使之然而殆忽驕滿常因盛大可不戒哉

關內道蓋古雍州之域漢三輔北地安定上郡及弘農隴西五原西河雲中之境京兆華同鳳翔邠隴涇原渭武寧慶鄜坊丹延靈威雄會鹽綏宥爲鶉首分麟豐勝銀夏單于安北爲實沈分爲府二都護府二州二十七縣百三十五其名山太白九嵕吳岐梁華其大川涇渭灞滻厥賦絹綿布麻京兆同華岐邠絹綿餘州布麻開元二十五年以關輔寡蠶詔納米粟其河南河北非通漕州皆調絹以便關中厥貢毛羽革角布席弓刀

上都初曰京城天寶元年曰西京至德二載曰中京上元二年復曰西京肅宗元年曰上都皇城長千九百一十五步廣千二百步宮城在北長千四百四十步廣九百六十步周四千八百六十步其崇三丈有半龍朔後皇帝常居大明宮乃謂之西內神龍元年曰太極宮大明宮在禁苑東南西接宮城之東北隅長千八百步廣千八十步曰東內本永安宮貞觀八年置九年曰大明宮以備太上皇清暑百官獻貲以助役高宗以風痺厭西內湫溼龍朔二年始大興葺曰蓬萊宮咸亨元年曰含元宮長安元年復曰大明宮興慶宮在皇城東南距京城之東開元初置至十四年又增廣之謂之南內二十年築夾城入芙蓉園京城前直子午谷後枕龍首山左臨灞岸右抵澧水其長六千六百六十五步廣五千五百七十五步周二萬四千一百二十步其崇丈有八尺

京兆府京兆郡本雍州開元元年爲府厥貢水土稻麥麰紫稈粟隔紗粲席韡氈蠟酸棗仁地骨皮櫻桃藕粉天寶元年領戶三十六萬二千九百二十一口百九十六萬一百八十八領縣二十有府百三十一日眞化道水衡仲山新城寶泉善信鳳神安業平香太清餘皆逸萬年赤本大興武德元年更名二年析置芷陽縣七年省總章元年析置明堂縣長安二年省天寶七載曰咸寧至德三載復故名有南望春宮臨滻水西岸有北望春宮宮東有廣運潭福陵在東二十五里敬陵在東南四十里長安赤總章元年析置乾封縣長安二年省有大安宮本弘義後更名南五十里太和谷有太和宮武德八年置貞觀十年廢二十一年復置曰翠微宮籠山爲苑元和中以爲翠微寺有子午關天寶二年尹韓朝宗引渭水入金光門置潭於西市以貯材木大曆元年尹黎幹自南山開漕渠抵景風延喜門入苑以漕炭薪咸陽畿武德元年析涇陽始平置有望賢宮有便橋有興寧陵又有順陵在咸陽原興平畿本始平景龍二年中宗送金城公主降吐蕃至此改曰金城至德二載更名西十八里有隋仙林宮雲陽畿武德元年析置石門溫秀二縣貞觀元年州廢省溫秀更石門曰雲陽池陽曰涇陽八年省雲陽更池陽曰雲陽天授二年以雲陽涇陽醴泉三原置鼎州大足元年州廢有甘泉山凡禁樵採者著于志有古鄭白渠崇陵在北十五里嵯峨山貞陵在西北四十里涇陽畿三原畿武德四年曰池陽六年曰華池隸泉州貞觀元年省華池曰三原永康陵在北十八里獻陵在東十八里莊陵在西北五里端陵在東十里渭南畿武德元年析渭南華州五年還隸雍州天授二年析渭南慶山置鴻門縣以渭南慶山鴻門高陵櫟陽置鴻州大足元年州廢十里有遊龍宮開元二十五年更置東十五里有隋崇業宮昭應次赤本新豐垂拱元年復故名有宮在驪山下貞觀十八年置咸亨二年始名溫泉宮天寶元年更驪山曰會昌山三載以縣去宮遠析新豐萬年置會昌縣六載更溫泉曰華清宮治湯井爲池環山列宮室又築羅城置百司及十宅七載省新豐更會昌縣及山曰昭應東三十五里有慶山垂拱二年涌出有清虛原本鳳凰原有幽棲谷本鸚鵡谷中宗

以韋嗣立所居更名有旌儒鄉有廟故坑儒鄉玄宗更名齊陵在東十六里

高陵畿武德元年析置鹿苑縣貞觀元年省西四十里有龍躍宮武德六年高祖以舊第置德宗以爲修眞觀有古白渠寶曆元年令劉仁師請更水道渠成名曰劉公堰曰彭城

同官畿有女迴山

富平次赤有荊山有鹽池澤定陵在西北十五里龍泉山元陵在西北二十五里檀山豐陵在東三十三里甕金山章陵在西北二十里簡陵在西北四十里

藍田畿武德二年析置白鹿縣三年更曰寧民又析藍田置玉山縣貞觀元年皆省有覆車山有藍田關故嶢關有庫谷有關武德六年寧民令顏昶引南山水入京城永淳元年作萬全宮弘道元年廢

鄠畿有漢陵東南三十里有隋太平宮西南二十二里有隋甘泉宮

奉天次赤文明元年析醴泉始平好畤武功豳州之永壽置以奉乾陵陵在北五里梁山端陵在東北十里乾寧二年以縣置乾州及覃王出鎮又以畿內之好畤武功盩厔醴泉隸之

好畤畿故上宜武德二年析醴泉置好畤貞觀八年廢上宜入岐陽二十一年省好畤岐陽復置上宜更上宜曰好畤有大橫關

武功畿武德三年以武功好畤盩厔及郿州之郿鳳泉置稷州又析始平置扶風縣四年以岐州之圍川隸之七年以郿隸岐州貞觀元年州廢省扶風以圍川鳳泉隸岐州盩厔武功隸雍州天授二年復以武功始平奉天盩厔好畤置稷州大足元年州廢有太一山高十八里有慶善宮臨渭水武德元年高祖以舊第置宮後廢爲慈德寺西原殤帝所葬

醴泉次赤武德元年析置溫秀縣後省醴泉貞觀十年營昭陵析雲陽咸陽復置有芳山有九嵕山昭陵在西北六十里九嵕山建陵在東北十八里武將山一名馮山

華原畿義寧二年以華原宜君同官置宜君郡并置土門縣以隸之武德元年曰宜州貞觀十七年州廢省宜君土門以華原同官隸雍州垂拱二年更華原曰永安天授二年復以永安同官富平美原置宜州大足元年州廢有永安宮長安二年置神龍元年復永安曰華原有蒲萄園宮天祐三年李茂貞墨制以縣置耀州

美原畿咸亨二年析富平華原及同州之蒲城以故土門縣置天祐二年李茂貞墨制以縣置鼎州

華州華陰郡上輔義寧元年析京兆郡之鄭華陰置垂拱二年避武氏諱曰太州神龍元年復故名上元二年又更名太州寶應元年復故名乾寧四年曰興德府縣次畿赤光化三年復爲州土貢鷂烏鷃伏苓伏神細辛戶三萬三千一百八十七口二十二萬三千六百一十三縣四有府二十曰普樂豐源義全清義萬福修仁神水常興義津定城延壽羅文鄭邑宣義相原孝德溫湯宣化懷德懷仁有鎮國軍肅宗上元元年置

鄭望有少華山東北三里有神臺宮本隋普德宮咸亨二年更名西南二十三里有利俗渠引喬谷水東南十五里有羅文渠引小敷谷水支分溉田皆開元四年詔陝州刺史姜師度疏故渠又立隄以捍水害

華陰望垂拱元年更名仙掌天授二年析置潼津縣在關口後隸虢州聖曆二年來屬長安中省神龍元年復曰華陰上元二年曰太陰華山曰太山寶應元年復故名有岳祠有潼關有渭津關有漕渠自苑西引渭水因石渠會灞滻經廣運潭至縣入渭天寶三載韋堅開又有永豐倉有臨渭倉西十八里有瓊岳宮故隋華陰宮顯慶三年更名東十三里有隋金城宮武德三年廢顯慶三年復置西二十四里有敷水渠開元二年姜師度鑿以洩水害五年刺史樊忱復鑿之使通渭漕

下邽望本隸同州垂拱元年來屬東南二十里有金氏二陂武德二年引白渠灌之以置監屯

櫟陽次畿故萬年隸雍州武德元年更名又析置平陵縣三年更平陵曰粟邑貞觀八年省有鹽澤天祐三年來屬

同州馮翊郡上輔武德元年更諸郡爲州其沒于賊者乃更天寶三載以州爲郡乾元元年復以郡爲州凡州郡縣無所更置者皆承隋舊土貢韉鄜二物皺紋吉莫靡芭茨龍莎凝水石戶六萬九百二十八口四十萬八千七百五縣八有府二十六曰濟北唐安秦城大州大亭河東興德連邑伏龍溫湯安遠業善南鄉臨高濮陽襄城崇道洪谷吉安長春華池永大洪泉善福司禦效誠

馮翊望武德九年析置臨沮縣貞觀九年省有沙苑南二十二里有興德宮在志武里高祖將趣長安所次

朝邑望有長春宮武德三年析置河濱縣貞觀元年省北四里有通靈陂開元七年刺史姜師度引洛堰河以溉田百餘頃乾元三年曰河西隸河中府大曆三年復曰朝邑還隸同州有河瀆祠西海祠小池有鹽

韓城上武德八年徙置西韓州貞觀八年州廢以韓城河西郃陽來屬天祐二年更名韓原有鐵有梁山有龍門山有關武德七年治中雲得臣自龍門引河溉田六千餘頃

郃陽望有陽班湫貞元四年堰湊谷水成

夏陽本河西武德三年析郃陽置又以河西韓城置西韓州乾元三年更河西曰夏陽隸河中後復來屬

白水望

澄城望武德三年析置長寧縣貞觀八年省

奉先次赤故蒲城開元四年更名隸京兆府橋陵在西北二十里豐山泰陵在東北二十里金粟山景陵在西北二十里金熾山光陵在北十五里堯山惠陵在西北十里一有鹵池二大中二年其生鹽天祐三年來屬

商州上洛郡望土貢麝香弓材有洛源監錢官貞元七年刺史李西華自藍田至內鄉開新道七百餘里迴山取塗人不病涉謂之偏路行旅便之戶八千九百二十六口五萬三千八十縣六有府二曰洵水玉京有興平軍初在郿縣東原至德中徙

上洛緊有熊耳山

豐陽上

洛南上有金有銅有鐵

商洛望東有武關

上津上義寧二年以上津豐利黃土置上津郡并置長利縣武德元年曰上州貞觀元年省長利八年州廢以黃土隸金州豐利隸均州上津來屬

乾元中下本安業萬歲通天元年析豐陽置景龍三年隸雍州景雲元年來屬乾元元年更名隸京兆尋復還屬

鳳翔府扶風郡赤上輔本岐州至德元載更郡曰鳳翔二載復郡故名號西京爲府上元二年罷京元年曰西都未幾復罷都土貢榛實龍鬚席蠟燭戶五萬八千四百八十六口三十八萬四百六十三縣九有府十三曰岐山雍北道清洛邑留谷岐陽文城郝邑三交鳳泉望苑郿吉山泉

天興次赤本雍至德二載曰鳳翔仍析置天興縣寶應元年省鳳翔入天興

岐山次畿武德七年析扶風岐山之上宜置岐陽縣八年省上宜入岐山永徽五年復置元和三年省有岐山

扶風次畿本湋川武德三年析岐山置以湋水名之貞觀八年更名

麟遊次畿義寧元年置以麟遊及京兆之上宜扶風郡之普潤置鳳棲郡二年以仁壽宮中復白麟更郡曰麟遊又以安定郡之鶉觚并析置靈臺縣隸之武德元年曰麟州貞觀元年州廢省靈臺入麟遊以麟遊普潤來屬上宜還隸雍州西五里有九成宮本隋仁壽宮義寧元年廢貞觀五年復置更名永徽二年曰萬年宮乾封二年復曰九成宮周垣千八百步并置禁苑及府庫官寺等又西三十里有永安宮貞觀八年置

普潤次畿有隴右軍貞元十年置十一年以縣隸隴右經略使元和元年更名保義軍

寶雞次畿本陳倉至德二載更名東有渠引渭水入昇原渠通長安故城咸通三年開西南有大散關有寶雞山

虢次畿貞觀八年省入岐山天授二年復置東北十里有高泉渠如意元年開引水入縣城又西北有昇原渠引汧水至咸陽垂拱初運岐隴水入京城

郿次畿義寧二年置郿城郡又析置鳳泉縣武德元年曰稷州以鳳泉來屬三年州廢以郿隸稷州七年來屬貞觀八年省鳳泉大歷五年隸京兆有太白山有鳳泉湯

盩厔次畿隸雍州武德二年析置終南縣貞觀八年省天寶元年更名宜壽至德二載復故名乾寧中隸乾州天復元年來屬有駱谷關武德七年置有司竹園東南三十二里有隋宜壽宮有樓觀老子祠

邠州新平郡緊義寧二年析北地郡之新平三水置邠故作豳開元十三年以字類幽改土貢剪刀火筯華豆澡豆白蜜地膽戶二萬二千九百七十七口十二萬五千二百五十縣四有府十曰嘉陽宜祿公劉良杜胡陵嶧川萬敵金池舜城宜山

新平望有永定壘二太宗討薛舉置

三水緊有石門山北二十里有萬壽林大曆八年因風雷而成

永壽上武德二年析新平置神龍元年隸雍州唐隆元年來屬

宜祿中貞觀二年析新平及涇州之保定靈臺置有淺水原有長武城

右京畿採訪使治京城內

隴州汧陽郡上本隴東郡義寧二年析扶風郡之汧源汧陽南由安定郡之華亭置天寶元年更郡曰汧陽土貢榛實龍鬚席戶二萬四千六百五十二口十萬一百四十八縣三有府四曰大堆龍盤開川臨汧

汧源上垂拱二年更華亭曰華川神龍元年復故名元和三年省入汧源西有安戎關在隴山本大震關大中六年防禦使薛逵徙築更名有鐵有五節堰引隴水通漕武德八年水部郎中姜行本開後廢華亭有義寧軍大歷八年置貞元十三年築永信城于平戎川

汧陽上有臨汧城太和元年築

吳山中本長蛇義寧二年置貞觀元年更名上元二年曰華山尋復曰吳山武德元年以南由縣置含州四年州廢元和三年省入焉有西鎮吳山祠有紫超山西有安夷關

涇州保定郡上本安定郡至德元載更名土貢龍鬚席戶三萬一千三百六十五口十八萬六千八百四十九縣五有府六曰涇陽四門興教純德肅清仁賢

保定上本安定至德元載更名廣德元年沒吐蕃大曆三年復置有折墌故城

靈臺上本鶉觚天寶元年更名

臨涇中

良原上興元二年沒吐蕃貞元四年復置

潘原中本陰盤天寶元年更名後省爲彰信堡貞元十一年復置

原州平涼郡中都督府望廣德元年沒吐蕃節度使馬璘表置行原州於靈臺之百里城貞元十九年徙治平涼元和三年又徙治臨涇大中三年收復關隴歸治平高廣明後復沒吐蕃又僑治臨涇土貢氈覆鞍氈龍鬚席戶七千三百四十九口三萬三千一百四十六縣二有府二曰彭陽安善

平高望有崆峒山西南有木峽關州境又有石門驛藏制勝石峽木靖等關并木峽大盤爲七關又南有尾亭故關

百泉上

渭州元和四年以原州之平涼縣置行渭州廣明元年爲吐蕃所破中和四年涇原節度使張鈞表置凡乾元後所置州皆無郡名及其季世所置州縣又不列上中下之第縣一

平涼上廣德元年沒吐蕃貞元四年復置及爲行渭州其民皆州自領之西南隴山有六盤關有銅有鐵西北五里有吐蕃會盟壇貞元三年築

武州中大中五年以原州之蕭關置中和四年僑治潘原縣一

蕭關中貞觀六年以突厥降戶置緣州治平高之他樓城高宗置他樓縣隸原州神龍元年省置蕭關縣白草軍在蔚茹水之西至德後沒吐蕃

寧州彭原郡望本北地郡天寶元年更名土貢五色覆鞍氈龍鬚席芫青亭長菴蔄假蘇戶三萬七千一百二十一口二十二萬四千八百三十七縣五有府十一曰彭池高望靜難寶天固蒲川東原三會大延和泉永寧

定安望義寧二年析置歸義縣十七年省入定平有定安故關

眞寧緊本羅川有要冊湫天寶元年獲玉眞人像二十七因更名

襄樂緊

彭原緊武德元年以縣置彭州二年析置豐義縣貞觀元年州廢以彭原豐義來屬開元八年以豐義隸涇州尋復還屬唐末省

定平上武德二年析定安置後隸邠州元和三年復來屬四年隸左神策軍有高墌城唐末以縣置衍州

慶州順化郡中都督府本弘化郡天寶元年曰安化至德元載更名土貢胡女布牛酥麝蠟戶二萬三千九百四十九口十二萬四千二百三十六縣十有府八曰龍息交水同川永清蟠交永業樂蟠永安

順化中本弘化天寶元年曰安化至德元載更名

合水中本合川武德元年置是年又析置蟠交縣貞觀元年省合川入弘化天寶元年更蟠交曰合水

樂蟠中義寧元年析合水置

馬嶺中

華池中下武德四年置以縣置林州貞觀元年州廢

同川中下本三泉義寧二年析彭原郡之彭源置武德二年更名

洛源中貞觀三年置四年隸北永州五年徙州來治八年州廢來屬

延慶中本白馬武德六年徙故豐州民析合水置天寶元年更名

方渠中下神龍三年析馬嶺置

懷安下開元十一年括逃戶連党項蕃落置

鄜州洛交郡上本上郡天寶元年更名土貢龍鬚席戶二萬三千四百八十四口十五萬三千七百一十四縣五有府十一曰洛昌龍交華川五交大同安光洛安銀方杏林僑武安占有讀戒軍大曆六年置在鄜城

洛交緊

洛川上

三川中華池水黑水洛水所會

直羅中武德三年析三川洛交因古直羅城置羅水城下地平直故名

甘泉中本伏陸武德元年析洛交置天寶元年更名

坊州中部郡上武德二年析鄜州之中部鄜城置土貢龍鬚席枲茲麻戶二萬二千四百五十八口十二萬二百八縣四有府五曰杏城仁里思臣永平安臺

中部上本內部武德二年更名周天和中元皇帝爲敷州刺史置馬坊高祖因以名州有鐵州郭無水東北七里有上善泉開成二年刺史張怡架水入城以紓遠汲四年刺史崔駢復增修之民獲其利後思之爲立祠

宜君上本隸宜州有仁智宮武德七年置貞觀十七年州廢縣亦省二十年置玉華宮後置縣隸雍州宮在北四里鳳谷永徽二年廢宮爲玉華寺縣又省龍朔三年析中部同官復置來屬有鐵

昇平上天寶十二載析宜君置寶應元年省後復置

鄜城上唐末以縣置翟州

丹州咸寧郡上本丹陽郡義寧元年析延安郡之義川汾川咸寧縣置天寶元年更名土貢龍鬚席麝蠟燭戶萬五千一百五口八萬七千六百二十五縣四有府五曰宜城通天同化丹陽長松

義川上

雲巖中武德元年析義川置

汾川上有烏仁關

咸寧中

延州延安郡中都督府土貢樺皮麝蠟戶萬八千九百五十四口十萬四十縣十有府七曰敷化延川寧戎因城塞門延安金明又有儀鳳中吐谷渾部落自涼州內附置二府于金明西境曰羌部落曰閤門

膚施上

延長中本延安武德二年置北連州并置義鄉齊明二縣以隸之貞觀二年州廢省義鄉齊明入延安來屬廣德二年更名

臨眞中武德元年置東夏州貞觀二年州廢來屬

金明中武德二年析膚施置以縣置北武州并置開遠全義崇德永安定義五縣貞觀二年州廢省開遠全義崇德永安定義入金明來屬

豐林中武德四年僑置雲州及雲中榆林龍泉三縣八年州廢省龍泉入臨眞省雲中榆林入豐林東北有合嶺關

延川中武德二年招慰稽胡置基州又安撫使段德操表置義門縣以義門置南平州三年析綏州之城平置魏平縣四年廢南平州省義門魏平入延川五年更基州曰北基州貞觀八年州廢來屬

敷政中下本因城武德二年徙治金城鎮更名金城又東境置永州并置洛盤新昌土塠三縣貞觀四年徙州治洛源及州廢省洛盤新昌土塠入金城天寶元年曰敷政

延昌中下武德二年置北仁州貞觀三年州廢十年以其地置罷交縣天寶元年更名其北蘆子關

延水中下本安民武德二年析延川置以縣置西和州并置修文桑原二縣貞觀二年州廢省修文桑原入安民隸北基州州廢來屬二十三年曰弘風神龍元年更名

門山上武德三年析汾川置隸丹州廣德二年來屬

靈州靈武郡大都督府土貢紅藍甘草花蓯蓉代赭白膠青蟲鵰鶻白羽麝野馬鹿革野猪黃吉莫韡鞹氊庫利赤檉馬策印鹽黃牛臆戶萬一千四百五十六口五萬三千一百六十三縣四有府五曰武略河間靜城鳴沙萬春有朔方經略軍黃河外有豐安定遠新昌等軍豐寧保寧等城迴樂望武德四年析置豐安縣貞觀四年於迴樂境置迴州以豐安隸迴州十三年州廢省豐安有溫泉鹽池有特進渠溉田六百頃長慶四年詔開靈武上懷遠緊武德六年廢豐州省九原永豐二縣入焉隋九原郡也有鹽池三曰紅桃武平河池保靜上本弘靜神龍元年曰安靜至德元載更名

威州郡闕中本安樂州初吐谷渾部落自涼州徙於鄯州不安其居又徙於靈州之境咸亨三年以靈州之故鳴沙縣地置州以居之至德後沒吐蕃大中三年收復更名光啓三年徙治涼州鎮爲行州縣二鳴沙上武德二年置會州貞觀六年州廢更置環州以大河環曲爲名九年州廢還隸靈州神龍中爲默啜所寇移治故豐安城咸亨三年復得故縣溫池上本隸靈州神龍元年置大中四年來屬有鹽池

雄州在靈州西南百八十里中和元年徙治承天堡爲行州

警州本定遠城在靈州東北二百里先天二年朔方大總管郭元振置其後爲上縣隸靈州景福元年靈威節度使韓遵表爲州羊馬城幅員十四里信安王禕所築

會州會寧郡上本西會州武德二年以平涼郡之會寧鎮置貞觀八年以足食故更名粟州是年又更名土貢駝毛褐野馬革覆鞍氊鹿舌鹿尾戶四千五百九十四口二萬六千六百六十縣二有新泉軍開元三年廢爲守捉會寧上本涼川武德二年更名開元四年別置涼川縣九年省有黃河堰開元七年刺史安敬忠築以捍河流有河池因雨生鹽東南有會寧關烏蘭上武德九年置西南有烏蘭關

鹽州五原郡下都督府本鹽川郡唐初沒梁師都武德元年僑治靈州貞觀元年州省以縣隸靈州二年師都平復置州天寶元年更郡曰五原貞元三年沒吐蕃九年復城之土貢鹽山木瓜延牛戶二千九百二十九口萬六千六百六十五縣二有府一曰鹽川有保塞軍貞元十九年置五原上有烏池白池細項池瓦窰池鹽白池上本興寧貞觀元年與州俱省二年復置景龍二年更名

夏州朔方郡中都督府土貢氊角弓酥拒霜薺戶九千二百一十三口五萬三千一十四縣三有府二曰寧朔順化朔方上本嵒綠貞觀二年更名貞觀七年開延化渠引烏水入庫狄澤溉田二百頃有鹽池二有天柱軍天寶十四載置寶應元年廢長慶四年節度使李祐築烏延宥州臨塞陰河陶子等城于蘆子關北以護塞外有木瓜嶺德靜中下貞觀七年隸北開州八年曰化州十三年州廢寧朔中下武德六年置南夏州貞觀二年州廢縣省五年復置來屬長安二年省開元四年又置九年省其後又置

綏州上郡下本雕陰郡地唐初沒梁師都武德三年以歸民於延州豐林縣僑置六年徙治延川境七年徙治魏平貞觀二年師都平歸治上縣天寶元年更郡名土貢胡女布蠟燭戶萬八百六十七口八萬九千一百一十二縣五有府四曰伏洛義合萬吉大斌龍泉中本上縣天寶元年更名延福中下武德六年析置北吉州幷置歸義洛陽二縣又析置羅州幷置石羅關善萬福三縣又析置匡州幷置安定源泉二縣貞觀二年州縣皆廢綏德中下武德二年置六年析置雲州幷置信義淳義二縣又析置龍州幷置風鄉義良二縣貞觀二年州縣皆廢城平中下武德三年置魏州幷置安故安泉二縣貞觀二年州廢省安故安泉西南有魏平關大斌中下武德七年徙治魏平城取稽胡懷化文武雜半以名

銀州銀川郡下貞觀二年析綏州之儒林眞鄉置土貢女稽布戶七千六百二口四萬五千五百二十七縣四儒林中東北有無定河眞鄉中下西北有茹盧水開光中本隸綏州貞觀二年置八年隸祐州十三年州廢來屬撫寧中下本隸綏州貞觀八年來屬

宥州寧朔郡上調露元年於靈夏南境以降突厥置魯州麗州含州塞州依州契州以唐人爲刺史謂之六胡州長安四年併爲匡長二州神龍三年置蘭池都督府分六州爲縣開元十年復置魯州麗州契州塞州十年平康待賓遷其人於河南及江淮十八年復置匡長二州二十六年還所遷胡戶置宥州及延恩等縣其後僑治經略軍至德二載更郡曰懷德乾元元年復故名寶應後廢元和九年於經略軍復置距故州東北三百里十五年徙治長澤爲吐蕃所破長慶四年節度使李祐復奏置土貢氊戶七千八十三口三萬二千六百五十二縣二延恩中開元二十六年以故匡州地置又以故塞門縣地置懷德縣以故蘭州之長泉縣地置歸仁縣寶應後皆省元和九年復置延恩有經略軍在榆多勒城天寶中王忠嗣奏置長澤中下本隸夏州貞觀七年置長州十三年州廢隸夏州元和十五年來屬有胡洛鹽池

麟州新秦郡下都督府開元十二年析勝州之連谷銀城置十四年廢天寶元年復置土貢青他鹿角戶二千四百二十八口萬九百三縣三新秦中開元十二年置七年又置鐵麟縣十四年州廢省天寶元年復置新秦連谷中下貞觀八年以隋連谷戍置銀城中下貞觀二年置四年隸銀州八年隸勝州

勝州榆林郡下都督府武德中沒梁師都師都平復置土貢胡布青他鹿角芍藥徐長卿戶四千一百八十七口二萬九百五十二縣二有義勇軍榆林中下有隋故榆林宮東有榆林關貞觀十三年置河濱中下貞觀三年置以縣置雲州四年曰威州八年州廢來屬東北有河濱關貞觀七年置

豐州九原郡下都督府貞觀四年以降突厥戶置不領縣十一年州廢地入靈州二十三年復置土貢白麥印鹽野馬胯革駝毛褐氊戶二千八百一十三口九千六百四十一縣二九原中下永徽四年置有陵陽渠建中三年浚之以溉田置屯尋棄之有咸應永清二渠貞元中刺史李景略闢田數百頃永豐中下永徽元年置麟德元年別置豐安縣天寶末省東受降城景雲三年朔方軍總管張仁愿築三受降城寶歷元年振武節度使張惟淸以東城濱河徙置綏遠烽南中受降城有拂雲堆祠接靈州境有關元和九年置又有橫塞軍本可敦城天寶八載置十二載廢西二百里大同川有天德軍大同川之西有天安軍皆天寶十二載置天德軍乾元後徙屯永濟柵故大同城也元和九年宰相李吉甫奏修復舊城北有安樂戍西受降城開元初爲河所圮十年總管張說於城東別置新城北三百里有鸊鵜泉

單于大都護府本雲中都護府龍朔三年置麟德元年更名土貢胡女布野馬胯革戶二千一百五十五口六千八百七十七縣一金河中天寶四年置本後魏道武所都有雲伽關後廢太和四年復置

安北大都護府本燕然都護府龍朔三年曰瀚海都督府總章二年更名開元二年治中受降城十年徙治豐勝二州之境十二年徙治天德軍土貢野馬胯革戶二千六口七千四百九十八縣二陰山上天寶元年置通濟上

鎮北大都護府土貢犛牛尾縣二大同上長寧上

右關內採訪使以京官領

唐書卷三十七考證

地理志一關內道商州○舊書屬山南西道

岐山注省上宜入岐山○臣西按上宜入岐陽山字誤

渭州○舊書無又武州威州雄州警州舊書亦無

單于大都護府○舊書屬河南道

唐書卷三十八

宋翰林學士歐陽修撰

志第二十八

地理志

河南道蓋古豫兗青徐之域漢河南弘農潁川汝南陳留沛泰山濟陰濟南東萊齊山陽東海琅邪北海千乘東郡及梁楚魯東平城陽淮陽菑川高密泗水等國暨平原渤海九江之境洛陝負河而北爲實沈分負河而南號汝許及新鄭之地爲鶉火分鄭汴陳蔡潁爲壽星分宋亳徐宿鄆曹濮爲大火分兗海沂泗爲降婁分青淄密登萊齊棣爲玄枵分滑爲娵訾分濠爲星紀分爲府一州二十九縣百九十六其名山三崤少室砥柱蒙澤嵩高泰岳其大川伊洛汝潁沂泗淮濟厥賦絹絁綿布厥貢絲布葛席埏埴盎缶

東都隋置武德四年廢貞觀六年號洛陽宮顯慶二年曰東都光宅元年曰神都神龍元年復曰東都天寶元年曰東京上元二年罷京肅宗元年復爲東都皇城長千八百一十七步廣千三百七十八步周四千九百三十步其崇三丈七尺曲折以象南宮垣名曰太微城宮城在皇城北長千六百二十步廣八百有五步周四千九百二十一步其崇四丈八尺以象北辰藩衞曰紫微城武后號太初宮上陽宮在禁苑之東東接皇城之西南隅上元中置高宗之季常居以聽政都城前直伊闕後據中山左瀍右澗洛水貫其中以象河漢東西五千六百一十步南北五千四百七十步西連苑北自東城而東二千五百四十步周二萬五千五十步其崇丈有八尺武后號曰金城

河南府河南郡本洛州開元元年爲府土貢文綾繒縠絲葛埏埴盎缶苟杞黃精美果華酸棗戶十九萬四千七百四十六口百一十八萬三千九十二縣二十有府三十九曰武定復梁康城柏林嵩邑陽樊王陽永嘉邵南慈善政教鞏洛伊陽懷音軹城洛汭鄩郇伊川洛泉通谷穎源宜陽金谷王屋成皐夏邑原邑原城鶴臺函谷千秋同軌饒濟溫城具茨寶圖釣臺承雲軒轅河南赤垂拱四年析河南洛陽置永昌縣永昌元年更河南曰合宮長安二年省永昌神龍元年復曰河南二年又曰合宮唐隆元年復故名有洛漕新潭大足元年開以置租船龍門山東抵天津有伊水石堰天寶十載尹裴迥置有瀍水避武宗名曰吉水宣宗立復故名洛陽赤天授三年析洛陽永昌置來庭縣長安二年省神龍二年更洛陽曰永昌唐隆二年復故名偃師畿天寶七載尹韋濟以北坡道迂自縣東山下開新道通孝義西北有故富平津河陽故關鞏畿有洛口倉緱氏次赤貞觀十八年省上元二年復置有恭陵有和陵在太平山本懷來山天祐元年更名東南有軒轅故關陽城畿武德四年王世充僞令王雄來降以陽城嵩陽陽翟置嵩州又析三縣地置康城縣貞觀三年州廢省康城萬歲登封元年將封嵩山改陽城曰告成神龍元年復故名二年復爲告成天祐二年更名陽邑有測景臺開元十一年詔太史監南宮說刻石表焉登封畿本嵩陽貞觀十七年省入陽城永淳元年以營奉天宮分陽城緱氏復置二年省光宅元年復置萬歲登封元年更名神龍元年曰嵩陽二年復曰登封嵩山有中岳祠有少室山有三陽宮聖曆三年置陸渾畿有鳴皐山漢故關伊闕畿北有伊闕故關有陸渾山一名方山新安畿義寧二年以縣置新安郡武德元年曰穀州以熊州之澠池隸之并析置東垣縣四年省東垣貞觀元年來屬有長石山澠池畿貞觀元年徙穀州來治西五里有紫桂宮儀鳳二年置調露二年曰避暑宮永淳元年曰芳桂宮弘道元年廢福昌畿本宜陽義寧二年以宜陽澠池永寧置宜陽郡武德元年曰熊州二年更宜陽曰富昌因隋宮爲名四年以洛州之壽安隸之貞觀元年州廢以福昌永寧二縣隸穀州六年徙穀州來治八年以熊州之長水隸之顯慶二年州廢以福昌永寧長水來隸西十七里有蘭昌宮有故隋福昌宮顯慶三年復置有女几山長水畿本長淵隸弘農郡義寧元年更名武德元年隸虢州貞觀八年隸穀州顯慶二年來屬有陽西有高門關松陽故關鵶鶻故關永寧畿本熊耳義寧二年更名隸宜陽郡武德二年以永寧置函州八年州廢以永寧隸熊州崤陝州西五里有崎岫宮西三十三里有蘭峯宮皆顯慶三年置壽安畿初隸穀州貞觀九年來屬西一十九里有連昌宮顯慶三年置西南四十里萬安山有興泰宮長安四年置并析置泰興縣神龍二年省有鋸屏山武后所名密畿武德三年以縣置密州并置零水滑源二縣四年州廢省零水滑源以密隸鄭州龍朔二年來屬有羽山河淸畿本大基武德二年置隸懷州八年省咸亨四年析河南洛陽新安王屋濟源河陽復置并置柏崖縣尋省柏崖先天元年更名會昌三年隸孟州尋還屬後廢咸通中復置有柏崖倉潁陽畿本武林載初元年析河南伊闕嵩陽置開元十五年更名西北有大谷故關伊陽畿先天元年析陸渾置有太和山有倚箔山有鍾乳貞觀七年采王屋畿武德元年更名邵伯隸邵州貞觀元年州廢隸懷州顯慶二年復故名來屬有銀銅錫伊水有金有王屋山

汝州臨汝郡雄本伊州襄城郡貞觀八年更州名天寶元年更郡名土貢絁戶六萬九千三百七十四口二十七萬三千七百五十六縣七有府四曰龍興魯陽梁川郟城梁望本承休又有梁縣在西南四十五里貞觀元年省梁更承休曰梁西南五十里有溫湯可以熟米又有黃女湯高宗置溫泉頓有石樓山永仁山郟城緊魯山上王世充置魯州武德四年廢俄以魯山滍陽復置魯州貞觀九年州廢省滍陽以魯山來屬有堯山有銀有漢故關葉緊本隸許州武德四年以縣置葉州五年州廢

隸北澧州貞觀八年隸魯州州廢隸許州開元二年以葉襄城及唐州之方城豫州之西平許州之舞陽置仙州二十六年州廢縣還故屬未幾以葉來屬大歷四年復以葉襄城置仙州又析置仙鳧縣以許州之舞陽蔡州之西平唐州之方城隸之五年州廢省仙鳧餘縣皆還故屬有黃城山石山 襄城 望武德元年以縣置汝州并置汝墳期城二縣貞觀元年州廢省汝墳期城以襄城隸許州開元二十七年來屬二十八年還隸許州天寶七載復來屬 龍興 上本湍陽武德四年置貞觀元年省聖曆元年析陝城滑山復置曰武興神龍元年更名中興尋又更名 臨汝 上先天元年置有清暑宮在鳴皋山南貞觀中置

右都畿採訪使治東都城內

陝州陝郡大都督府雄本弘農郡義寧元年置武德元年曰陝州三年兼置南韓州四年廢南韓州天寶元年更郡名天祐元年為興唐府縣亦皆為赤畿哀帝初復故土貢紬麥栝蔞柏實戶三萬九百五十八口十七萬二百三十八縣六 有府十五曰曹陽崇業華望安城桃林夏臺萬歲安戎河北忠孝上陽底柱夏川陝 陝 望有大陽故關即茅津一曰陝津貞觀十一年造浮梁有朝北利人渠南渠貞觀十一年太宗東幸使武候將軍丘行恭開有廣濟渠武德元年陝東道大行臺金部郎中長孫操所開引水入城以代井汲有太原倉 峽石 上本崤義寧二年省武德元年復置貞觀十四年移治峽石塢因更名有峴山底柱山有三門河所經太宗勒銘有繡嶺宮顯慶三年置東有神雀臺天寶二年以赤雀見置 靈寶 望本桃林義寧元年隸虢郡武德元年來屬天寶元年獲寶符于縣南古函谷關因更名有湹津義寧元年置關貞觀元年廢關置津 夏 望本隸虞州貞觀十七年隸絳州大足元年來屬尋還隸絳州乾元三年復來屬有桃源宮武德元年置 平陸 望本河北隸蒲州貞觀元年來屬天寶元年太守李齊物開三門以利漕運得古刃有篆文曰平陸因更名三門西有鹽倉東有集津倉有琵琶穴有銀穴三十四銅穴四十八在覆釜二錐五岡分雲等山

虢州弘農郡雄本虢郡治盧氏義寧元年析隋弘農郡三縣置貞觀八年徙治弘農天寶元年更郡名土貢絁瓦硯麝地骨皮梨戶二萬八千二百四十九口八萬八千八百四十五縣六 有府四曰鼎湖閿鄉 弘農 緊本隋弘農義寧元年曰鳳林領弘農閿鄉湖城武德元年曰鼎州因鼎湖為名貞觀八年州廢縣皆來屬神龍初避孝敬皇帝諱曰恒農開元十六年復故名南七里有渠貞觀元年令元伯武引水北流入城 閿鄉 望貞觀元年來屬有潼關大谷關武德二年廢有鳳陵關 湖城 望義寧元年廢有軒遊宮故隋別院宮咸亨五年更名 玉城 上義寧元年置乾元三年更名天平大曆四年復舊有故隋上陽宮貞觀初置咸亨元年廢縣東故道瀕河不井汲馬多渴死天寶八載館驛使御史中丞宋渾開新路自稠桑西由晉王斜有熊耳山覆釜山一名荊山 朱陽 上龍朔元年隸商州萬歲通天二年隸洛州後來屬有鐵 盧氏 上武德元年置南有朱陽關武德八年廢

滑州靈昌郡望本東郡天寶元年更名土貢方紋綾紗絹藨席酸棗人戶七萬一千九百八十三口四十二萬二千七百九縣七 有宜義軍大曆七年置永平十年徙屯蔡州興元元年復還貞元元年曰義成軍尋更名 白馬 望 衛南 緊 匡城 望有長垣縣貞觀八年省 韋城 緊武德二年置 胙城 緊武德二年置胙州四年州廢以王世充將史萬寶守節因置舊州以縣來屬 酸棗 望本隸東梁州武德四年州廢省南燕縣四年析置守節縣四年省貞觀八年州廢來屬 靈昌 緊王世充置典州世充平廢

鄭州滎陽郡雄武德四年置治虎牢城貞觀七年徙治管城土貢絹龍莎戶七萬六千六百九十四口三十六萬七千八百八十一縣七 管城 望 滎陽 原武 陽武 新鄭 望 中牟 緊 滎澤 望

潁州汝陰郡上本信州武德四年置六年更名土貢絁綿糟白魚戶三萬七百七十二口二十萬二千八百九十縣四 汝陰 緊 潁上 上 下蔡 上 沈丘 緊

許州潁川郡望土貢絹藨席柿戶七萬三千三百四十七口四十萬八千八百六十縣九 長社 望本潁川武德四年以縣置許州 長葛 緊 許昌 上 鄢陵 上 扶溝 望 臨潁 上 郾城 緊武德四年以郾城置道州 舞陽 上本北舞武德四年以郾城建安隸道州省北舞以西平置

陳州淮陽郡上土貢絹戶六萬六千四百四十二口四十萬二千四百八十六縣六 宛丘 緊 太康 緊 項城 上武德元年置 溵水 上 南頓 上 西華 上

蔡州汝南郡緊本豫州寶應元年更名土貢珉玉棊子四窠雲花龜甲雙距溪鷘等綾戶八萬七千六十一口四十六萬二百五縣十 汝陽 上 朗山 上 遂平 上 上蔡 緊 新蔡 緊 褒信 中 新息 緊 真陽 中 平輿 上 西平 上

汴州陳留郡雄武德四年以鄭州之浚儀開封滑州之封丘置土貢絹戶十萬九千八百七十六口五十七萬七千五百七縣六 有宣武軍建中二年置于宋州興元元年徙屯 浚儀 望故縣隋末縣民王要漢率家族自為高祖因之復置汴州并置小黃新里三縣貞觀元年省入浚儀延和元年析浚儀尉氏復置開元年省二縣 開封 望有湛渠載初元年引汴注白溝以通曹兗賦租有福源池本蓬池天寶六載更名禁漁採 尉氏 望本隸潁川郡王世充置尉州武德四年州廢以尉氏扶溝鄢陵隸許州 封丘 雍丘 望本隸梁郡武德四年以雍丘陳留圍城襄邑外黃濟陽置杞州貞觀元年州廢省濟陽圍城襄邑外黃以雍丘陳留來屬 陳留 緊武德四年置有觀省陂貞觀十年令劉雅決水溉田百頃

宋州睢陽郡望本梁郡天寶元年更名土貢絹戶十二萬四千二百六十八口八十九萬七千四十一縣十 宋城 望 襄邑 望本隸杞州貞觀元年來屬 寧陵 緊 下邑 上隋末縣民劉 穀熟 緊貞觀元年省入寧陵穀熟永 柘城 緊 楚丘 緊武德四年置南陵州貞觀四年州廢 碭山 上光化二年朱全忠以碭山虞城單父置輝州 單父 緊 虞城 上武德四年置東虞州五年州廢

亳州譙郡望本譙州貞觀八年更名土貢絹戶八萬八千九百六十口六十七萬五千一百二十一縣七 譙 緊 城父 上王世充置成州 鄼 上本隸沛郡武德四年來屬 酇 上 鹿邑 上 真源 望本谷陽乾封元年更名 永城 上本山桑 蒙城 上本山桑天寶元年更名

徐州彭城郡緊土貢雙絲綾絹綿紬布刀錯紫石戶六萬五千一百七十口四十七萬八千六百七十六縣七 彭城 望有秋丘 蕭 上 豐 上 沛 上 滕 上武德四年置 宿遷 上本宿預 下邳 上武德四年以下邳良城置邳州貞觀元年州廢省良城以下邳隸泗州元和四年來屬

泗州臨淮郡上本下邳郡治宿預開元二十三年徙治臨淮天寶元年更郡名土貢錦貲布戶三萬七千五百二十六口二十萬五千九百五十九縣四 臨淮 緊長安四年析 漣水 上武德四年以縣置連州并置金城縣貞觀元年州廢省金城以漣水來屬總章元年隸楚州 徐城 中 盱眙 緊武德四年以縣置西楚州

濠州鍾離郡上濠字初作豪元和三年改從濠土貢絲綿布雲母戶二萬一千八百六十四口十三萬八千三百六十一縣三 鍾離 緊武德七年省塗山縣入焉南有故塘 定遠 緊本臨濠武德三年更名 招義 上本化明武德二年析置

宿州上元和四年析徐州之符離蘄泗州之虹置太和三年州廢七年復置初治虹後徙治符離土貢絹縣四 符離 武德四年置 蘄 上 虹 臨渙 緊

鄆州東平郡緊本治鄆城貞觀八年徙治須昌土貢絹防風戶八萬三千四十八口五十萬一千五百九縣九 須昌 望 壽張 緊 鄆城 鉅野 望 盧 緊 陽穀 東阿 緊 平陰 中都 上本平陸隸兗州

齊州濟南郡上本齊郡天寶元年更名臨淄五載又更名土貢絲葛絹綿防風滑石雲母戶六萬二千四百八十五口三十六萬五千九百七十二縣六 歷城 上 章丘 上 臨邑 上 臨濟 上 長清 上 禹城 上

曹州濟陰郡上土貢絹綿大蛇粟葶藶戶十萬三百五十二口七十一萬六千八百四十八縣六 濟陰 緊 考城 上 宛句 上 乘氏 上 南華 上 成武 緊

濮州濮陽郡上武德四年置土貢絹犬戶五萬七千七百八十二口四十萬六千四百四十八縣五 鄄城 緊 濮陽 緊 范 上 雷澤 上 臨濮 緊

青州北海郡望土貢仙紋綾絲棗紅藍紫草戶七萬三

千一百四十八戶四十萬二千七百四縣七益都望臨淄緊武德八年省時水縣入焉千乘緊武德二年以千乘博昌壽光置乘州并置新河縣六年省新河八年州廢縣來屬博昌上武德八年省樂安平二縣入焉有鬵山壽光緊武德二年置臨朐上武德五年置八年省般陽縣入焉北海緊唐初營丘民汲嗣率鄉人拒賊權置杞州武德二年復爲營丘縣是年以北海營丘下密置濰州又置連水平壽華池城都東陽寒水營亭濰水汶陽膠東華宛昌安城平十二縣六年皆省八年州廢省營丘下密入北海來屬長安中令竇琰於故營丘城東北穿渠引白浪水曲折三十里以溉田號竇公渠

淄州淄川郡上武德元年析齊州之淄川置土貢防風理石戶四萬二千七百三十七口二十三萬三千八百二十一縣四淄川上武德元年析置長白縣六年省有鐵長山上高苑上景龍元年析置濟陽縣元和十五年省南有八會津鄒平上武德元年置

登州東牟郡中都督府如意元年以萊州之牟平黃文登置神龍三年徙治蓬萊土貢貲布水葱席石器文蛤牛黃戶二萬二千二百九十八口十萬八千九縣四有平海軍亦曰東牟守捉蓬萊本黃神龍三年更名有銀山龍山牟平中武德四年以牟平黃置牟州六年以登州之觀陽隸萊州麟德元年析文登復置牟平來屬有之罘山文登中武德四年置登州以東萊郡之觀陽隸之六年析置清陽郭定二縣及州廢省清陽郭定以文登來屬有成山黃中先天元年析蓬萊別置有萊山

萊州東萊郡中土貢貲布水葱席石器文蛤牛黃戶二萬六千九百九十八口十七萬一千五百一十六縣四有東萊守捉亦曰團結營又有蓬萊鎮兵亦曰挽強兵掖上貞觀元年省曲城當利曲臺三縣入焉有東海祠有鹽井二昌陽上貞觀元年省盧鄉縣入焉有銀有鐵東百四十里有黃銀坑貞觀初得之膠水中貞觀元年省膠東縣入焉有鹽即墨中有馬山中祠山女姑山東南有堰貞觀十年令仇源築以防淮涉水有鹽

棣州樂安郡上武德四年析滄州之陽信滴河樂陵厭次置八年州廢縣還隸滄州貞觀十七年復以滄州之厭次德州之滴河陽信置土貢絹戶三萬九千一百五十口二十三萬八千一百五十九縣五厭次上貞觀元年隸德州滴河中貞觀元年隸德州陽信望貞觀元年省八年復置蒲臺緊本隸淄州貞觀六年省入高苑七年復置景龍元年來屬渤海緊垂拱四年析蒲臺厭次置有鹽

兗州魯郡上都督府土貢鏡花綾雙距綾絹雲母防風紫石戶八萬七千九百八十七口五十八萬六百八縣十瑕丘上曲阜緊貞觀元年省八年復置乾封上本博城武德五年以博城梁父嬴置東泰州并置肥城岱二縣貞觀元年州廢省梁父嬴肥城岱入博城來屬乾封元年更名乾封總章元年又曰博城神龍元年復曰乾封有泰山有東嶽祠有梁父山亭亭山奕奕山云云山社首山肅然山石閭山蒿里山泗水上鄒上有嶧山任城緊龔丘中金鄉望武德四年以金鄉方輿置金州五年州廢縣隸戴州徙戴州來治仍析金鄉置昌邑縣八年省昌邑貞觀元年以單父楚丘隸宋州成武隸曹州鉅野隸鄆州魚臺上本方輿寶應元年更名元和十四年權隸徐州尋復故萊蕪中本隸淄州武德六年省入博城長安四年以廢嬴縣復置元和十五年省入乾封太和元年復置有鐵冶十三有銅冶十八銅坑四有錫西北十五里有普濟渠開元六年令趙建盛開

海州東海郡上土貢綾楚布紫菜戶二萬八千五百四十九口十八萬四千九縣四朐山上武德四年析州境置龍沮曲陽利城厚丘新樂五縣六年改新樂曰祝其八年省龍沮曲陽入朐山利城祝其入懷仁厚丘入沭陽東二十里有永安堤北接山環城長七里以捍海潮開元十四年刺史杜令昭築東海上武德四年以縣置環州并置青山石城贛榆三縣八年州廢省青山石城贛榆以東海來屬沭陽中總章元年隸泗州咸亨五年復故懷仁中

沂州琅邪郡上土貢紫石鍾乳戶三萬三千五百一十口十九萬五千七百三十七縣五臨沂上武德四年析置蘭山臨沂昌樂三縣六年皆省費上貞觀元年省顓臾縣入焉承上本蘭陵武德四年以縣置鄫州更名別置蘭陵鄫城二縣貞觀元年州廢省蘭陵鄫城以承來屬有鐵有陂十三畜水溉田皆貞觀以來築沂水上武德五年以沂水新泰莒置莒州貞觀八年州廢以莒隸密州沂水新泰來屬有銅有沂山龍山北有穆陵關新泰上有蒙山

密州高密郡上土貢貲布海蛤牛黃戶二萬八千二百九十二口十四萬六千五百二十四縣四諸城上有鹽輔唐上本安丘武德六年省郚城縣入焉乾元二年更名高密上武德三年置六年省膠西縣入焉莒上有鹽

右河南採訪使治汴州

唐書卷三十八考證

地理志二河南道濮州○舊書屬淮南道

唐書卷三十九

宋 翰林學士 歐陽修 撰

志第二十九

地理志

河東道蓋古冀州之域漢河東太原上黨西河鴈門代郡及鉅鹿常山趙國廣平國之地河中絳晉慈隰石太原汾忻潞澤沁遼爲實沈分代雲朔蔚武新嵐憲爲大梁分爲府二州十九縣百一十其名山雷首介霍五臺其大川汾沁丹潞厥賦布繝厥貢布席豹尾熊鞹鵰羽

河中府河東郡赤本蒲州上輔義寧元年治桑泉武德三年徙治河東開元八年置中都爲府是年罷都復爲州乾元三年復爲府土貢氈麴扇龍骨棗鳳棲梨戶七萬八百口四十六萬九千二百一十三縣十三有府三十三曰興樂德義胡壁龍亭清源永和陶城霍山濼水首陽壽貴歸仁長渠虞城通閏寶鼎鹽海歸淳大陽永安奉信永興右威汾陰甘泉平川安保石門綏化壇道安邑崇義六軍又有耀德軍乾元二年置廣德二年廢河東次赤有芳醞監汲河以灌武德三年置貞觀十年廢南有風陵關聖曆元年置有歷山河西次赤開元八年析河東置是年省乾元三年更同州之朝邑曰河西來屬大曆五年復還同州析朝邑河東別置有蒲津關一名蒲坂開元十二年鑄八牛牛有一人策之牛下有山皆鐵也夾岸以維浮梁十五年自朝邑徙河瀆祠于此臨晉次畿本桑泉武德三年析置溫泉縣九年省天寶十三載更名解次畿本虞鄉武德元年更名貞觀十七年省以地入虞鄉二十二年復置有鹽池又有女鹽池有紫泉監乾元元年置有銅穴十二猗氏次畿有孤山虞鄉次畿武德元年別置貞觀二十二年省以地入解天授二年復置北十五里有涑水渠貞觀十七年刺史薛萬徹開自聞喜引涑水下入臨晉永樂次畿武德元年置本隸芮州廢隸鼎州貞觀八年來屬後又隸虢州神龍元年復故有雷首山安邑次畿義寧元年以安邑虞鄉夏置安邑郡武德元年曰虞州又析置桐鄉縣三年析安邑置興樂縣貞觀元年州廢省桐鄉入聞喜以安邑解來屬至德二載更安邑曰虞邑乾元元年隸陝州大曆四年復故名元和三年來屬有龍池宮開元八年置有鹽池與解爲兩池大曆十二年生乳鹽賜名寶應慶靈池有銀鹽寶鼎次畿本汾陰義寧元年以汾陰龍門置汾陰郡武德元年曰泰州州廢來屬開元十年更名有后土祠襄陵緊本隸晉州元和十四年隸絳州太和元年來屬稷山上本隸絳州唐末來屬有稷山萬泉上本隸泰州武德三年析稷山安邑猗氏汾陰龍門置州廢隸絳州大順二年來屬有介山龍門次畿武德二年徙泰州來治五年析置萬春縣貞觀十七年州廢省萬春入龍門隸絳州元和初來屬有龍門關有高祖廟貞觀中置北三十里有瓜谷山堰貞觀十年築東南二十三里有十石壚渠二十三年縣令長孫恕鑿溉田良沃畝收十石西二十一里有馬鞍塢渠亦恕所鑿有龍門倉開元二年置

晉州平陽郡望本臨汾郡義寧二年更名土貢蠟燭有平陽院礬官戶六萬四千八百三十六口四十二萬九千二百二十一縣八有府十五曰神山平陽豐寧冀城安信萬安益昌英臺岳陽仁壽高陽臨汾晉安白澗高華仁德臨汾望東北十里有高梁堰武德中引高梁水溉田入百金泊貞觀十三年爲水所壞永徽二年刺史李寬自東二十五里夏柴堰引潏水溉田令陶善鼎復治百金泊亦引潏水溉田乾封二年堰壞乃西引晉水有姑射山洪洞望本揚義寧二年更名武德元年析洪洞臨汾置西河縣貞觀十七年省入臨汾神山中本浮山武德二年析襄陵置東南有羊角山四年以老子祠更名岳陽中東有府城關有鐵霍邑上義寧元年以霍邑趙城汾西靈石置霍山郡武德元年曰呂州貞觀十七年州廢以靈石隸汾州霍邑趙城汾西來屬有西北鎮霍山祠趙城上義寧元年析霍邑置汾西中有鐵冀氏中

絳州絳郡雄土貢白穀粱米梨墨蠟燭防風戶八萬二千二百四口五十一萬七千三百三十一縣七有府三十三曰新田太平正平武城長社大鄉垣城涑川絳川蓋松鳳亭延光平原高涼神泉桐鄉萬泉翼城皮氏董澤零原石地延福永康景山周陽夏臺古亭崇樂絳邑長平武陽蒲邑正平望西有武平故關太平緊有太平關貞觀七年置曲沃望東北三十五里有新絳渠永徽元年令崔翳引古堆水溉田百餘頃南十三里山有銅翼城望義寧元年以翼城絳置翼城郡并置小鄉縣武德元年曰澮州二年曰北澮州四年州廢縣皆來屬九年省小鄉入翼城天祐二年更曰澮川有銅源翔皋錢坊二有澮高山有銅有鐵絳望有鐵聞喜望武德元年置有銅冶東南三十五里有沙渠儀鳳二年詔引中條山水于南城下西流經十六里溉涑陰田垣上義寧元年以垣王屋置邵原郡又置清廉亳城二縣武德元年曰邵州二年置長泉縣是年以長泉隸懷州後省五年省亳城入垣貞觀元年州廢省清廉入垣來屬龍朔三年隸洛州長安二年復舊貞元三年隸陝州元和三年復舊

慈州文城郡下本汾州武德五年曰南汾州貞觀八年更名土貢白蜜蠟燭戶萬一千六百一十六口六萬二千四百八十六縣五有府三曰仵城吉昌平昌吉昌中有鐵文城中天祐中更曰屈邑有孟門山石鼓山昌寧中有鐵呂香中本平昌義寧元年析仵城置貞觀元年更名仵城中有雞山

隰州大寧郡下本龍泉郡天寶元年更名土貢胡女布蜜蠟燭戶萬九千四百五十五口十二萬四千四百二十縣六有府六曰隰川大義孝敬修善王城屈產隰川中蒲縣中武德二年以縣置昌州并置仵城常安昌原三縣貞觀元年州廢省昌原仵城常安以蒲來屬西南有常安原大寧中本仵城武德二年更名是年置中州并置大義白龍二縣貞觀元年州廢省大義白龍以大寧來屬有孔山西有馬鬭關永和中武德二年置東和州六年析置樓山縣貞觀二年州廢省樓山以永和來屬西北有永和關石樓中武德二年以縣置西德州并置長壽臨河二縣貞觀元年州廢省長壽臨河以石樓隸東和州州廢來屬北有上平津溫泉中武德二年置北溫州并置新城高唐二縣貞觀元年州廢省新城高唐以溫泉來屬有鐵

北都天授元年置神龍元年罷開元十一年復置天寶元年曰北京上元二年罷肅宗元年復爲北都晉陽宮在都之西北宮城周二千五百二十步崇四丈八尺都城左汾右晉潛丘在中長四千三百二十一步廣三千一百二十二步周萬五千一百五十三步其崇四丈汾東曰東城貞觀十一年長史李勣築兩城之間有中城武后時築以合東城宮南有大明城故宮城也宮城東有起義堂倉城中有受瑞壇唐初高祖使子元吉留守獲瑞石有文曰李淵萬吉築壇祠以少牢

太原府太原郡本并州開元十一年爲府土貢銅鏡鐵鏡馬鞍梨蒲萄酒及煎玉粉屑龍骨柏實人黃石鉚甘草人葠礬石礜石戶十二萬八千九百五口七十七萬八千二百七十八縣十三有府十八曰興政復化學靜洞渦五泉昌寧志節汾陽靜智信童晉原閻陽清定豐川竹馬擴胡西胡文谷城中有天兵軍開元十一年廢太原赤井茗不可飲貞觀中長史李勣架汾引晉水入東城以甘民食謂之晉渠晉陽赤有號令堂高祖誓義師於此西北十五里有講武臺飛閣顯慶五年築有龍山太谷畿武德三年以太谷祁置太州六年州廢二縣來屬東南八十里馬嶺上有長城自平城至于魯口三百里貞觀元年廢祁畿文水畿武德三年隸汾州六年來屬七年又隸汾州貞觀元年復舊天授元年更名武興神龍元年復故名西北二十里有柵城渠貞觀三年民相率引文谷水溉田數百頃西十里有常渠武德二年汾州刺史蕭顗引文水南流入汾州東北五十里有甘泉渠二十五里有蕩沙渠二十里有靈長渠有千畝渠俱引文谷水傳溉田數千頃皆開元二年令戴謙所鑿榆次畿盂畿武德三年以盂受陽置受州貞觀元年省并州之烏河縣入焉有銅有鐵東北有白馬故關壽陽畿本受陽武德六年徙受州來治又以遼州之石艾樂平隸之貞觀八年州廢縣皆來屬十一年更名有方山樂平畿廣陽畿本石艾天寶元年更名東有井陘故關東北有綮石故關葦澤故關清源畿武德元年置交城畿先天二年析置靈川縣開元二年省有鐵陽曲畿本陽直武德三年析置汾陽縣七年省陽直更汾陽曰陽曲仍析置羅陰縣貞觀元年省六年以蘇農部落置燕然縣隸順州八年僑治陽曲十七年省有赤塘關天門關

汾州西河郡望本浩州武德三年更名土貢鞍面氈龍鬚席石膏消石戶五萬九千四百五十口三十二萬二百三十縣五有府十二曰嘉善六壁崇德華夏靈扶五柳京陵介休賈胡寧固開遠清勝西河望本隰城肅宗上元元年更名孝義望本永安貞觀元年更名有隱泉山介休望義寧元年以介休平遙置介休郡武德元年曰介州貞觀元年州廢以二縣來屬有雀鼠谷有介山平遙望靈石上有賈胡堡宋金剛拒唐兵高祖所次西南有陰地關又有長寧關

沁州陽城郡下本義寧郡義寧元年置天寶元年更郡名土貢龍鬚席弦麻戶六千三百八口三萬四千九百六十三縣三有府二曰延雙安樂沁源中武德二年析置招遠縣三年省有柴店關和川中義寧元年析沁源置綿上中有鐵

遼州樂平郡下武德三年析并州之樂平遼山平城石艾置六年徙治遼山八年曰箕州先天元年避玄宗名曰儀州中和三年復曰遼州土貢人蔘蠟戶九千八百八十二口五萬四千五百八十縣四有府三曰遼城清谷龍城遼山中榆社中本隸太原郡義寧元年析上黨之鄉置武德元年隸韓州三年以縣及并州之平城置榆州又析置偃武縣六年州廢省偃武以榆社平城來屬平城中和順中武德三年析置義興縣六年省

嵐州樓煩郡下本東會州武德六年更名土貢熊鞹麝香戶萬六千七百四十八口八萬四千六縣四有府一曰嵐山有守捉兵宜芳中本嵐城武德四年更名析置豐閏合會二縣五年省豐閏六年省合會靜樂中武德四年置管州仍析置汾陽六度二縣五年曰北管州六年州廢省汾陽六度以靜樂來屬有天池祠有管涔山北有樓煩關有隋故汾陽宮合河中本臨泉武德三年曰臨津四年隸東會州九年省太和縣入焉貞觀元年更名三年復置太和八年又省北有合河關東有蔚汾關嵐谷中長安三年析宜芳置神龍二年省開元十二年復置有岢嵐軍永淳二年以岢嵐鎮爲柵長安三年爲軍景龍中張仁亶徙其軍於朔方留者號岢嵐守捉隸大同

憲州下本樓煩監牧嵐州刺史領之貞元十五年別置監牧使龍紀元年李克用表置州領縣三樓煩下玄池下有鐵天池下有馬門關

石州昌化郡下本離石郡天寶元年更名土貢胡女布龍鬚席蜜蠟燭菴䕡戶萬四千二百九十四口六萬六千九百三十五縣五有府二曰離石昌化離石中平夷中有孝文山定胡中武德三年置西定州貞觀二年州廢來屬又析置孟門縣七年省西有孟門關臨泉中本太和武德三年更名置北和州析置太和縣四年以太和隸東會州貞觀三年州廢以臨泉來屬方山中武德二年以縣置方州三年州廢來屬

忻州定襄郡下本新興郡義寧元年以樓煩郡之秀容置土貢麝香豹尾戶萬四千八百六口八萬二千三十二縣二有府四曰秀容高城淳源定襄有守捉兵秀容上貞觀五年以思結部落於縣境置懷化縣隸順州十二年以懷化隸代州後省有繫舟山有鐵定襄上武德四年析秀容置有石嶺關

代州鴈門郡中都督府土貢蜜青碌彩麝香豹尾白鵰羽戶二萬一千二百八十口十萬三百五十縣五有府三曰五臺東治鴈門有守捉兵其北有大同軍本大武軍調露二年曰神武軍天授二年曰平狄軍大足元年復更名其西有天安軍天寶十二載置又有代北軍永泰元年置鴈門上有東陘關西陘關五臺中有柏谷有銀有銅有鐵有五臺山繁畤中崞中有石門關唐林中本武延證聖元年析五臺崞置唐隆元年更名

雲州雲中郡下都督府貞觀十四年自朔州北定襄城徙治定襄縣永淳元年爲默啜所破徙其民於朔州開元十八年復置土貢麝牛尾鵰羽戶三千一百六十九口七千九百三十縣一有雲中守捉城東有牛皮關雲中中本馬邑郡雲內之恆安鎮武德元年置北恆州七年廢貞觀十四年復置曰定襄縣永淳元年廢開元十八年復置更名有陰山道青坡道皆出兵路

朔州馬邑郡下本治善陽建中中節度使馬燧徙治馬邑後復故治土貢白鵰羽豹尾甘草戶五千四百九十三口二萬四千五百三十三縣二善陽中武德四年省常寧縣入焉馬邑中開元五年析善陽於大同軍城置

蔚州興唐郡下本安邊郡隋鴈門郡之靈丘上谷郡之飛狐縣地唐初沒突厥武德六年置州并置靈丘飛狐二縣僑治陽曲七年僑治繁畤八年僑治秀容故北恆州城貞觀五年破突厥復故地還治靈丘開元初徙治安邊至德二載更郡名復故治土貢熊鞹豹尾松實戶五千五十二口二萬九百五十八縣三東北有橫野軍乾元元年徙天成軍合之而廢橫野軍西有清塞軍本清塞守捉城貞元十五年置靈丘中有直谷關其北有孔嶺關有太安鎮飛狐中初僑治易州之遂城隸蔚州貞觀五年復故地有三河銅冶有錢官興唐中本安邊開元十二年置治橫野軍至德二載更名

武州闕領縣一文德

新州闕領縣四永興礬山龍門懷安

潞州上黨郡大都督府土貢貲布人葠石蜜墨戶六萬八千三百九十一口三十八萬八千六百六十一縣十有府一曰黎上黨望有啓聖宮本飛龍宮玄宗故第開元十一年置後又更名有端闕有五龍山馬駒山壺關上武德四年析上黨置長子緊屯留上有三嵕山潞城上天祐二年更曰潞子襄垣上武德元年以襄垣黎城涉銅鞮鄉置韓州貞觀十七年州廢縣皆來屬東有井谷故關黎城上天祐二年更曰黎亭有銅山東有壺口故關涉中有鐵銅鞮上武德三年析置甲水縣隸韓州九年省永徽六年隸沁州顯慶四年來屬武鄉中本鄉武后更名武鄉神龍元年復故名尋又曰武鄉北有昂車關

澤州高平郡上本長平郡治濩澤武德八年徙治端氏貞觀元年徙治晉城天寶元年更郡名土貢人葠石英野雞戶二萬七千八百二十二口十五萬七千九十縣六有府五曰丹川永固安平沁水白澗晉城上本丹川武德元年置建州三年析丹川置晉城以隸之六年州廢隸蓋州徙蓋州來治九年省丹川蓋城入晉城貞觀元年州廢以晉城高平陵川來屬天祐二年更曰丹川南有天井關一名太行關端氏中有隴山陵川中陽城中本濩澤天寶元年更名天祐二年更曰濩澤有銅有錫有鐵沁水中高平上本隋長平郡武德元年曰蓋州領高平丹川陵川三縣并析置蓋城縣以隸之有泫水一曰丹水貞元元年令明濟引入城號甘泉有省冤谷本殺谷玄宗幸潞州過之因更名北有長平關

右河東採訪使治蒲州

河北道蓋古幽冀二州之境漢河內魏勃海清河平原常山上谷涿漁陽右北平遼西真定中山信都河間廣陽等郡國又參有東郡河東上黨鉅鹿之地孟懷澶衛及魏博相之南境爲娵訾分邢洺惠貝冀深趙鎮定及魏博相之北境爲大梁分滄景德爲玄枵分瀛莫幽易涿平嬀檀薊營安東爲析木津分爲州二十九都護府一縣百七十四其名山林慮白鹿封龍井陘碣石常岳其大川漳淇呼沱厥賦絲絹緜厥貢羅綾䌷紗鳳翮葦席

孟州望建中二年以河南府之河陽河清濟源溫租賦入河陽三城使又以汜水租賦益之會昌三年遂以五縣爲州土貢黃魚鮓縣五有河陽軍建中四年置河陽望武德四年析懷州之河陽集城溫置盟州八年州廢省集城入河陽溫隸懷州顯慶二年隸洛州有河陽關有回洛故城有池永徽四年引濟水漲之開元中以畜黃魚汜水望本隸鄭州武德四年析置成皋縣貞觀元年省顯慶二年隸洛州垂拱四年曰廣武神龍元年復故名有虎牢關東南有成皋故關西南有旋門故關有牛口渚西一里伏毫山有昭武廟會昌三年置河陰望開元二十二年析汜水滎澤武陟置隸河南府領河陰倉會昌三年來屬有梁公堰在河汴間開元二年河南尹李傑因故渠濬之以便漕運溫望武德四年隋令周仲隱以縣去王世充來降置平州名城曰李城是年州廢隸懷州顯慶二年隸洛州濟源望武德二年王世充將丁伯德以縣來降置西濟州又析置溴陽蓁川邵源三縣四年州廢省溴陽蓁川邵源以濟源隸懷州貞觀元年省懷州之軹縣入焉顯慶二年隸洛州有坊口堰太和五年節度使溫造浚古渠溉濟源河內溫武陟田五千頃有濟瀆祠北海祠西有故軹關

懷州河內郡雄武德二年沒王世充僑治濟源之柏崖城四年世充平還舊治土貢平紗平紬枳殼茶牛膝戶五萬五千三百四十九口三十一萬八千一百二十六縣五有府二曰丹水吳澤河內望武德三年析置太行忠義紫陵三縣析河陽置穀旦縣四年皆省有太行山有丹水關元十一年更名懷水武德望本安昌武德二年更名是年置北義州四年州廢來屬北百里有大斛故關在太行山獲嘉望武德四年以獲嘉武陟修武新鄉其城置殷州并置博望縣貞觀元年州廢以獲嘉武陟修武來屬析新鄉其城博望隸衛州武陟望貞觀元年省懷縣入焉修武緊武德二年河內民李厚德以濁鹿城來降置陟州并置修武縣四年徙縣治故修武更修武曰武陟別置修武縣是年州廢隸殷州西北二十里有新河自六眞山下合黃丹泉南流入吳澤陂大中年令杜某開

魏州魏郡大都督府雄本武陽郡龍朔二年更名冀州咸亨三年復曰魏州天寶元年更郡名土貢花紬緜紬平紬絁絹紫草戶十五萬一千五百九十六口百一十萬九千八百七十三縣十四貴鄉望有西渠開元二十八年刺史盧暉徙永濟渠自石灰窠引流至城西注魏橋以通江淮之貨元城望貞觀十七年省入貴鄉聖歷二年復置魏縣望武德四年置漳陰縣貞觀元年省入焉館陶望武德五年以館陶冠氏及博州之堂邑貝州之臨清清水置毛州并析臨清置沙丘縣貞觀元年州廢省清水入冠氏省沙丘入臨清餘縣皆還故屬冠氏望莘上武德五年以莘臨黃武陽博州之武水置莘州貞觀元年州廢縣還故屬朝城緊本武陽貞觀十七年省入臨黃永昌元年復置開元七年更名元和中隸澶州後復來屬天祐三年更曰武陽又以武陽莘河外地入鄆州昌樂望武德五年置貞觀十七年省繁水入焉臨河上武德二年隸黎州貞觀十七年省澶水縣入焉澶水本澶淵避高祖名更州廢隸相州天祐三年來屬洹水上本隸相州天祐三年來屬成安上本隸相州天祐二年更名斥丘三年來屬內黃緊本隸相州武德四年析置繁陽縣隸黎州貞觀元年省天祐三年來屬宗城望本隸貝州武德四年以宗城經城及冀州之南宮斌瀛置宗州析經城置府城縣九年州廢省府城入經城省斌瀛入清河餘縣皆還故屬天祐三年曰廣宗是歲來屬永濟上本隸貝州大歷七年田承嗣析魏州之臨清置天祐三年來屬

博州博平郡上武德四年以魏州之聊城武水堂邑高唐置土貢綾平紬戶五萬二千六百三十一口四十萬八千二百五十二縣六聊城緊武德四年析置茌平縣又析魏州之華置華亭縣貞觀元年皆省天祐三年更曰聊邑又以聊邑博平高唐武水之河外地入鄆州東南有四口故關博平上武德三年析置靈泉縣四年省貞觀十七年省博平入聊城天授二年復置武水上清平上武德四年置堂邑上高唐上長壽二年曰崇武神龍元年復故名

相州鄴郡望本魏郡天寶元年更名土貢紗絹隔布鳳翮席花口瓢知母胡粉戶十萬一千一百四十二口五十九萬一百九十六縣六有昭義軍大曆元年置安陽緊武德四年省零泉縣五年省相縣入焉西二十里有高平渠刺史李景引安陽水東流溉田入廣潤陂咸亨三年開鄴緊南五里有金鳳渠引天平渠下流溉田咸亨三年開有鐵湯陰上本蕩陰武德四年析安陽置蕩源縣隸衛州六年來屬貞觀元年省更蕩陰曰湯陰林慮上武德二年以縣置巖州五年州廢來屬有鐵有林慮山堯城上天祐三年更曰永定北四十五里有萬金渠引漳水入故齊都領渠以溉田咸亨三年開臨漳上南有菊花渠自鄴引天平渠水溉田屈曲經三十里又北三十里有利物渠自滏陽下入成安幷取天平渠水以溉田皆咸亨四年令李仁綽開

衛州汲郡望本治衛貞觀元年徙治汲土貢綾絹綿胡粉戶四萬八千五十六口二十八萬四千六百三十縣五汲緊武德元年以汲新鄉置義州四年州廢以汲來屬新鄉隸殷州衛緊貞觀十七年省清淇縣入焉長安三年復置清淇神龍元年又省有御水有石堰一貞觀十七年築有蘇門山共城上武德元年以縣置共州并析置凡城縣四年州廢省凡城以共城隸殷州六年省博望縣入焉有白鹿山新鄉望東北有故臨清關東南有延津關黎陽上武德二年以縣置黎州尋沒竇建德四年建德平復以黎陽臨河內黃澶水魏州觀城頓丘相州之湯陰置是年以頓丘觀城還隸魏州湯陰還隸相州貞觀十七年州廢省澶水以黎陽來屬內黃臨河隸相州有白馬津一名黎陽關有大伾山一名黎陽山有新河元和八年觀察使田弘正及鄭滑節度使薛平開長十四里闊六十步深丈有七尺決河注故道滑州遂無水患

貝州清河郡望本治清河武德六年徙治歷亭八年復故治土貢絹氈覆鞍氈戶十萬一千五口八十三萬四千七百五十七縣八清河緊清陽緊武德四年析置夏津縣九年省武城望西南四十里有張甲河神龍三年姜師度因故瀆開臨清望大歷七年隸瀛州貞元末來屬漳南上歷亭上夏津上本鄃天寶元年更名

澶州上武德四年析黎州之澶水魏州之頓丘觀城置貞觀元年州廢縣還故屬大歷七年田承嗣表以魏州之頓丘臨黃復置土貢角弓鳳翮席胡粉縣四頓丘望清豐上大歷七年析頓丘昌樂置以孝子張清豐名觀城緊貞觀十七年省入昌樂臨黃大歷七年復置臨黃緊東南有盧津關一名高陵津

邢州鉅鹿郡上本襄國郡天寶元年更名土貢絲布磁器刀文石戶七萬一百八十九口三十八萬二千七百九十八縣八龍岡上武德元年析龍岡內丘置青山縣開成五年省入焉沙河上武德元年置溫州四年州廢來屬有鐵南和緊武德元年置和州四年州廢來屬鉅鹿上武德元年置起州并析置白起縣四年州廢省白起以鉅鹿隸趙州貞觀元年來屬有大陸澤有鹹泉煮而成鹽平鄉上武德元年置封州四年州廢來屬貞元中刺史元誼徙漳水自州東二十里出至鉅鹿北十里入故河任中武德四年置堯山上本柏仁武德元年置東龍州四年州廢隸趙州五年來屬天寶元年更名內丘上武德四年隸趙州五年來屬有鐵

洺州廣平郡望本武安郡天寶元年更名土貢絁綿紬油衣戶九萬一千六百六十六口六十八萬三千二百八十縣六永年望 平恩上 臨洺緊武德元年以臨洺武安肥鄉邯鄲置紫州四年州廢縣皆隸磁州六年以臨洺來屬有狗山有太宗故壘討劉黑闥于此 雞澤上武德四年置有普樂縣武德初置後陷竇建德遂廢有漳洺南隄二沙河南隄一永徽五年築 肥鄉上州又領清漳洺水二縣會昌三年省清漳入肥鄉洺水入曲周 曲周上武德四年置

惠州上本磁州武德元年以相州之滏陽臨水成安置貞觀元年州廢滏陽成安還隸相州永泰元年昭義節度使薛嵩表復以相州之滏陽洺州之邯鄲武安置天祐三年以磁慈聲一更名土貢紗磁石縣四滏陽望 邯鄲上貞觀元年隸洺州 武安上武德六年隸洺州有錫 昭義上本臨水武德六年省永泰元年復置更名有鐵

鎮州常山郡大都督府本恒州恒山郡治石邑義寧元年析隋高陽郡置武德四年徙治真定天寶元年更郡名十五載曰平山尋復爲恒山元和十五年避穆宗名更土貢孔雀羅瓜子羅春羅梨戶五萬四千六百三十三口三十四萬二千一百三十四縣十一有恒陽軍開元中置 真定望武德六年析置恒山縣貞觀元年省載初元年曰中山神龍元年復故名 藁城緊義寧元年析鉅鹿郡并析置柏肆新豐宜安三縣武德元年曰廉州四年以趙州之鼓城定州之毋極冀州之鹿城隸之省柏肆新豐宜安入藁城貞觀元年州廢以鹿城隸深州鼓城毋極隸定州藁城來屬天祐二年更曰藁平 石邑緊 九門上義寧元年置新市信義二縣武德元年以九門新市信義置觀州五年州廢省信義新市以九門來屬 行唐緊武德四年置滋陽縣五年省長壽二年曰章武神龍元年復故名大歷三年以縣置泜州又以靈壽及定州之恒陽隸之九年州廢縣還故屬 井陘中義寧元年置井陘郡又析置葦澤縣武德元年曰井州後又領鹿泉及房山蒲吾靈壽貞觀元年省蒲吾入房山鹿泉葦澤入井陘十七年州廢縣皆來屬有鐵有離隔山 平山中本房山義寧元年置房山郡又置蒲吾縣武德元年曰嶽州四年州廢縣皆隸并州天寶十五載更名有鐵有白馬關有房山 獲鹿中本鹿泉天寶十五載更名有故井陘關一名土門關東北十里有大唐渠自平山至石邑引太白渠溉田有禮教渠總章二年自石邑西北引太白渠東流入真定界以溉田天寶二年又自石邑引大唐渠東南流四十三里入太白渠有抱犢山 靈壽中義寧元年以縣置燕州四年州廢隸并州 鼓城中本隸定州大歷三年來屬 欒城中本隸趙州大歷二年來屬天祐二年更名欒氏

冀州信都郡上本治信都武德六年徙治下博貞觀元年復故治龍朔二年更名魏州咸亨三年復故名土貢絹綿戶十一萬三千八百八十五口八十三萬五百二十縣九信都望天祐二年更曰堯都東二里有葛榮陂貞觀十一年刺史李興公開引趙照渠水以注之 南宮望西五十九里有濁漳隄顯慶元年築有通利渠延載元年開 堂陽上西南三十里有渠自鉅鹿入縣境下入南宮景龍元年開西十里有漳水隄開元六年築 棗彊上 武邑上武德四年析置昌亭縣貞觀元年省北三十里有衡漳右隄顯慶元年築 衡水上南一里有羊令渠載初中令羊元珪引漳水北流貫城注隍 阜城望貞觀元年隸深州州廢來屬後復隸深州天祐二年更曰漢阜 蓚上本隸德州永泰元年來屬 武彊望貞觀元年隸深州州廢來屬後復隸深州開元二年來屬永泰元年復隸深州唐末來屬

深州饒陽郡上武德四年以定州之安平瀛州之饒陽置尋徙治饒陽貞觀十七年州廢縣還故屬先天二年以瀛州之饒陽冀州之鹿城下博武彊定州之安平復置土貢絹戶萬八千八百二十五口三十四萬六千四百七十二縣七陸澤上先天二年析饒陽鹿城置 饒陽望武德四年析置蕪蔞縣貞觀元年省 束鹿上本鹿城天寶十五年更名 安平上 博野望本隸瀛州武德五年以博野清苑定州之義豐置蠡州八年州廢縣還故屬九年復以博野清苑置蠡州貞觀元年州廢以博野清苑隸瀛州永泰中以博野來屬元和十年復隸瀛州後又來屬 樂壽緊本隸瀛州大歷中來屬元和十年復隸瀛州後又來屬 下博上本隸冀州貞觀元年來屬州廢還隸冀州後又來屬開元二年隸冀州永泰元年復來屬有永寧軍貞元十年置

趙州趙郡望武德初治柏鄉四年徙治平棘五年更名欒城貞觀初復故名土貢絹戶六萬三千四百五十四口三十九萬五千二百三十八縣八平棘上東二里有廣潤陂引太白渠以注之東南二十里有畢泓皆永徽五年令弓志元開以畜洩水利 寧晉緊本廣阿天寶元年更名地旱鹵西南有新渠上元中令程處默引洨水入城以溉田經十餘里地用豐潤民食乃甘 昭慶望本大陸武德四年曰象城天寶元年更名西南二十里有建初陵啓運陵二陵共塋城下有澧水渠儀鳳三年令李玄開以溉田通漕 柏鄉上西有千金渠萬金堰開元中令王佐所浚以疏積潦 高邑中 臨城中本房子天寶元年更名天祐二年更曰房子 贊皇中 元氏上有靈山封龍山

滄州景城郡上本渤海郡治清池武德元年徙治饒安六年徙治胡蘇貞觀元年復治清池土貢絲布柳箱葦簟糖蟹鱧鮧戶十二萬四千二十四口八十二萬五千七百五縣七西南有橫海軍開元十四年置天寶後廢大歷元年復置 清池緊西北五十五里有永濟隄二永徽二年築西四十五里有明溝河隄二西五十里有李彪淀東隄及徒駭河西隄皆三年築西四十里有衡漳隄二顯慶元年築西北六十里有衡漳東隄開元十年築東南二十里有渠注毛氏河東南七十里有渠注漳並引浮水皆刺史姜師度開西南五十七里有無棣河東南十五里有陽通河皆開元十六年開南十五里有浮河隄陽通河隄又南三十里有永濟北隄亦是年築有甘泉二十年令毛某母老若水鹹無以養縣令穿地泉湧而甘民謂之毛公井 鹽山緊武德四年置東鹽州析鹽山置浮水縣以隸之貞觀元年州廢省浮水以鹽山來屬有鹽 長蘆上本隸瀛州武德四年以長蘆平舒魯城及滄州之清池置景州貞觀元年州廢以平舒還隸瀛州長蘆魯城來屬 樂陵上本隸棣州武德八年來屬太和二年又隸棣州尋復來屬 饒安上武德四年析置隔津縣貞觀元年省入樂陵 無棣上貞觀元年省入陽信八年復置太和二年隸棣州尋來屬有無棣溝通海隋末廢永徽元年刺史薛大鼎開 乾符上本魯城乾符元年生野稻水穀二千餘頃燕魏饑民就食之因更名

景州上貞元三年析滄州之弓高東光臨津置長慶元年州廢縣還滄州二年復以弓高東光臨津南皮景城置太和四年州又廢縣還滄州景福元年復置土貢葦簟縣四弓高上本隸德州武德四年以弓高及胡蘇東光冀州之阜城蓚安陵觀津置觀州并析東光置安陵縣析蓚置觀津縣六年以胡蘇隸滄州貞觀元年省觀津復以胡蘇隸觀州十七年州廢以弓高東光胡蘇隸滄州蓚安陵隸德州阜城還隸冀州 東光上南二十里有靳河自安陵入浮河開元中開 臨津上本胡蘇天寶元年更名 南皮上古毛河自臨津經縣入清池開元十年開有唐昌軍貞元二十一年置

德州平原郡上土貢絹綾戶八萬三千二百一十一口六十五萬九千八百五十五縣六安德緊 長河上東南有張公故關 平原上大和二年隸齊州三年來屬 平昌上貞觀十七年省般縣入焉大和二年隸齊州三年來屬有馬頰河久視元年開號新河 將陵望 安陵望景福元年隸景州尋復來屬

定州博陵郡上本高陽郡天寶元年更名土貢羅紬細綾瑞綾兩窠綾獨窠綾二包綾熟線綾戶七萬八千九十口四十九萬六千六百七十六縣十有義武軍建中四年置西有北平軍開元中置 安喜緊本鮮虞武德四年更名 義豐緊萬歲通天二年以拒契丹更名立節神龍元年復故名 北平上萬歲通天二年以拒契丹更名徇忠神龍元年復故名西北有安陽故關 望都上武德四年置 曲陽上本恒陽元和十五年更名是年又更恒岳曰鎮岳有岳祠 陘邑中本隋昌武德四年曰唐昌天寶元年更名 唐上有銅有鐵西北有八度故關倒馬故關北有委粟故關 新樂中東南二十里有木刀溝有民木刀居溝傍因名之 無極上本作毋萬歲通天二年更有無極山景福二年節度使王處存以縣及深澤表置祁州 深澤中

易州上谷郡上土貢紬綿墨戶四萬四千二百三十口二十五萬八千七百七十九縣六有府九曰遂城安義修武德行新安古亭武遂長樂龍水有高陽軍 易上 容城上本遒武德五年以遒容城及幽州之固安歸義置北義州貞觀元年州廢縣還故屬聖歷二年以拒契丹更名全忠神龍元年復故名天寶元年又更名 遂城上 淶水上 滿城中本永樂天寶元年更名有郎山有永清軍貞元十五年置 五回中下開元二十三年析易置并置樓亭板城二縣天寶後省

幽州范陽郡大都督府本涿郡天寶元年更名土貢綾綿絹角弓人葠栗戶六萬七千二百四十三口三十七萬一千三百一十二縣九有府十四曰呂平涿城德聞潞城樂上清化洪源良鄉開福政和停驂柘河良杜咸寧城內有經略軍又有納降軍本納降守捉城故丁零川也西南有安塞軍有赫連城宗王乾潤殄寇三鎮城石堆車坊高城河旁四戍 薊望天寶元年析置廣寧縣三載省有鐵有故隋臨朔宮 幽都望本薊縣地隋於營州之境汝羅故城置遼西郡以處粟末靺鞨降人武德元年曰燕州領縣三遼西瀘河懷遠是年省瀘河六年自營州遷于幽州城中以首領世襲刺史貞觀元年省懷遠開元二十五年徙治幽州北桃谷山天寶元年曰歸德郡戶二千四十五口萬一千六百三建中二年爲朱滔所滅因廢爲縣 廣平下天寶元年析薊置三載省至德後復置 潞上武德二年自漁陽郡徙治於此置玄州領漁陽無終二縣并置臨泃貞觀元年州廢省臨泃無終以潞漁陽來屬 武清上本雍奴天寶元年更名 永清緊本武隆如意元年析安次置景雲元年曰會昌天寶元年更名 安次上 良鄉望聖歷元年曰固節神龍元年復故名有大防山 昌平望北十五里有軍都陘西北三十五里有納款關即居庸故關亦謂之軍都關其北有防禦軍古夏陽川也有狼山

涿州上大歷四年節度使朱希彩表析幽州之范陽歸義固安置縣五范陽望本涿武德七年更名 歸義上武德五年置貞觀元年省八年復置景雲二年隸鄚州是年還隸幽州 固安上 新昌上大歷四年析固安置 新城上太和六年以故督亢地置

瀛州河間郡上土貢絹戶九萬八千一十八口六十六萬三千一百七十一縣五河間望武德五年置武垣縣貞觀元年省入焉西北百里有長豐渠二十一年刺史朱潭開又西南五里有長豐渠開元二十五年刺史盧暉自東城平舒引滹沱東入淇通漕溉田五百餘頃 高陽上武德四年以高陽及鄚博野清苑置蒲州五年以博野清苑隸蠡州貞觀元年州廢以鄚高陽來屬 平舒上 東城上 景城上本隸滄州武德四年來屬貞觀元年隸滄州大歷七年復舊後隸鄚州尋又來屬

莫州文安郡上本鄚州景雲二年以瀛州之鄚任丘文安清苑唐興幽州之歸義置開元十三年以鄚鄭文相類更名土貢絹綿戶五萬三千四百九十三口三十三萬九千九百七十二縣六有唐興軍開元十四年置北又有渤海軍 莫緊本鄚開元十三年更有九十九淀 清苑上 文安上貞觀元年省豐利縣入焉 任丘上武德五年分鄚置有通利渠開元四年令魚思賢開以洩陂淀自縣南五里至城西北入滱得地二百餘頃 長豐中本利豐開元十年析文安任丘置是年更名 唐興上本武興如意元年析河間置長安四年隸易州是年還隸瀛州神龍元年更名

平州北平郡下初治臨渝武德元年徙治盧龍土貢熊鞹蔓荊實人葠戶三千一百一十三口二萬五千八十六縣三有府一曰盧龍有盧龍軍天寶二載置又有柳城軍永泰元年置有溫溝白望西狹石東狹石綠疇米磚長楊黃花紫蒙白狼昌黎遼西等十二戍愛川周夔二鎮城東北有明埵關榆關渝關牛毛城 盧龍中本肥如武德二年更名又置撫寧縣七年省 石城中本臨渝武德七年省貞觀十五年復置萬歲通天二年更名有臨渝關一名臨閭關有大海關有碣石山有溫昌鎮 馬城中古海陽城也開元二十八年置以通水運東北有千金冶城東有茂鄉鎮城

媯州媯川郡上本北燕州武德七年平高開道以幽州之懷戎置貞觀八年更名土貢樺皮胡祿甲榆髀矢麝香戶二千二百六十三口萬一千五百八十四縣一有府二曰密雲白檀有清夷軍垂拱中置有雄北白陽度雲治廣邊四鎮兵有橫河柴城二戍有陽門城有永定寨子二關又有懷柔軍在媯蔚二州之境 懷戎上天寶中析置媯川縣尋省媯水貫中北九十里有長城開元中張說築東南五十里有居庸塞東連盧龍碣石西屬太行常山實天下之險有鐵門關西有寧武軍又北有廣邊軍故白雲城也

檀州密雲郡本安樂郡天寶元年更名土貢人葠麝香戶六千六十四口三萬二百四十六縣二有威武軍萬歲通天元年置本漁陽開元十九年更名又有鎮遠軍故黑城川也有三叉城橫山城米城有大王北來保要鹿固赤城邀虜石子航七鎮有臨河黃崖二戍 密雲中有隗山 燕樂中東北百八十五里有東軍北口二守捉北口長城口也又北八百里有吐護真河奚王衙帳也

薊州漁陽郡下開元十八年析幽州置土貢白膠戶五千三百一十七口萬八千五百二十一縣三有府二曰漁陽臨渠南二百里有靜塞軍本障塞軍開元十九年更名又有雄武軍故廣漢川也東北九十里有洪水守捉又東北三十里有鹽城守捉又東北渡灤河有古盧龍鎮又有斗陘鎮自古盧龍北經九荊嶺受米城張洪隘度石嶺至奚王帳六百里又東北行傍吐護真河五百里至奚契丹衙帳又北百里至室韋帳 漁陽中神龍元年隸營州開元四年還隸幽州有平虜渠傍海穿漕以避海難又其北漲水爲溝以拒契丹皆神龍中滄州刺史姜師度開 三河中開元四年析潞置北十二里有渠河塘西北六十里有孤山陂溉田三千頃 玉田中本無終武德二年置貞觀元年省乾封二年復置萬歲通天元年更名神龍元年隸營州開元四年還隸幽州八年隸營州十一年又隸幽州有壕門米亭三谷礓石方公白楊等七戍

營州柳城郡上都督府本遼西郡萬歲通天元年爲契丹所陷聖歷二年僑治漁陽開元五年又還治柳城天寶元年更名土貢人葠麝香豹尾皮骨骴戶九百九十

七口三千七百八十九縣一有平盧軍開元初置東有鎮安軍本燕郡守捉城貞元二年為軍城西四百八十里有渝關守捉城又有汝羅懷遠巫閭襄平四守捉城柳城中西北接奚北接契丹有東北鎮醫巫閭山祠又東有碣石山

安東上都護府總章元年李勣平高麗國得城百七十六分其地為都督府九州四十二縣一百置安東都護府於平壤城以統之用其酋渠為都督刺史縣令上元三年徙遼東郡故城儀鳳二年又徙新城聖曆元年更名安東都督府神龍元年復故名開元二年徙于平州天寶二年又徙于遼西故郡城至德後廢土貢人葠有安東守捉有懷遠軍天寶二載置又有保定軍

右河北採訪使治魏州

唐書卷三十九考證

地理志三河東道絳州絳郡雄○臣酉按此郡不記何年置當是缺文

武州新州○舊書俱無

河北道孟州○舊書屬河南道

唐書卷四十

宋　翰林學士歐陽修　撰

志第三十

地理志

山南道蓋古荊梁二州之域漢南郡武陵巴郡漢中南陽及江夏弘農廣漢武都郡地江陵峽歸夔澧朗復郢襄房為鶉尾分鄧隋泌均為鶉火分興元金洋鳳興成文扶利集壁巴蓬通開忠萬涪閬果渠為鶉首分為府二州三十三縣百六十一其名山嶓冢熊耳銅梁巫荊峴其大川巴漢沮漳厥賦絹布綿紬厥貢金絲紵漆

江陵府江陵郡本荊州南郡天寶元年更郡名肅宗上元元年號南都為府二年罷都是年又號南都尋罷都土貢方紋綾貲布柑橙橘椑白魚糖蟹梔子貝母覆盆烏梅石龍芮戶三萬三百九十二口十四萬八千一百四十九縣八有府一曰羅含有永安軍乾元二年置江陵次赤貞觀十七年省安興縣入焉貞元八年節度使嗣曹王臯塞古堤廣良田五千頃畝收一鍾又規江南廢洲為廬舍架江為二橋荊俗飲陂澤乃教人鑿井人以為便枝江次畿上元元年析江陵置長寧縣二年省枝江入長寧大曆六年復置枝江省長寧當陽次畿武德四年置平州井析置臨沮縣六年曰玉州八年州廢省臨沮以當陽來屬有南紫蓋山北紫蓋山長林次畿武德四年於東境置基州井置章山縣七年州廢以章山隸郢州郢州廢來屬八年省章山入長林石首次畿武德四年置松滋次畿公安次畿荊門次畿貞元二十一年析長林置

峽州夷陵郡中本治下牢戍貞觀九年徙治步闡壘土貢紵葛箭竹柑茶蠟芒硝五加杜若鬼臼戶八千九十八口四萬五千六百六縣四夷陵上西北二十八里有下牢鎮有黃牛山宜都中下本宜昌隸南郡武德二年更名以宜都及峽州之夷道置江州六年曰東松州貞觀八年州廢省入宜都來屬長陽中下本隸南郡武德四年以縣置睦州井置巴山鹽水二縣八年州廢省鹽水以長陽巴山隸東松州州廢來屬天寶八載省巴山入長陽遠安中下有神馬山本曰馬山天寶元年更名

歸州巴東郡下武德二年析夔州之秭歸巴東置土貢紵葛茶蜜蠟戶四千六百四十五口二萬三千四百一十七縣三秭歸中有鹽東南八十五里有太清鎮城巴東中下有鹽有鐵興山中下武德三年析秭歸置

夔州雲安郡下都督府本信州巴東郡武德二年更州名天寶元年更郡名土貢紵錫布熊羆山雞茶柑橘蜜蠟戶萬五千六百二十口七萬五千縣四有府一曰東陽奉節上本人復貞觀二十三年更名有鐵有永安井鹽官雲安上有鹽官巫山中有巫山大昌下有鹽官

澧州澧陽郡上土貢紋綾紵練縛巾犀角竹簟光粉柑橘恆山蜀漆戶萬九千六百二十口九萬三千三百四十九縣四澧陽望有關山安鄉中貞觀元年省孱陵縣入焉石門中有鐵慈利中下武德中置崇義縣麟德元年省入焉本故崇州

朗州武陵郡下土貢葛紵練簟柑犀角戶九千三百六口四萬三千七百六十縣二武陵上北有永泰渠光宅中刺史胡處立開通漕且為火備西北二十七里有北塔堰開元二十七年刺史李璡增修接古專陂由黃土堰注白馬湖分入城隍及故永泰渠溉田千餘頃東北八十九里有考功堰長慶元年刺史李翱因故漢樊陂開溉田千一百頃又有右史堰二年刺史溫造增修開後鄉渠九十七里溉田二千頃又北百一十九里有津石陂本聖曆初令崔嗣業開翱造亦從而增之溉田九百頃翱以尚書考功員外郎造以起居舍人出為刺史故以官名堰東北八十里有崔陂東北三十五里有槎陂亦嗣業所修以溉田後廢大曆五年刺史韋夏卿復治槎陂溉田千餘頃十三年以堰壞遂廢有枉山龍陽中上

忠州南賓郡下本臨州義寧二年析巴東郡之臨江置貞觀八年更名土貢生金綿紬蘇薰席文刀戶六千七百二十二口四萬三千二十六縣五臨江中下有鹽豐都中下義寧二年析臨江置南賓中下武德二年析浦州之武寧置有鐵墊江中下桂溪中下本清水武德二年析臨江置天寶元年更名

涪州涪陵郡下武德元年以渝州之涪陵鎮置土貢麩金文刀獠布蠟戶九千四百口四萬四千七百二十二縣五涪陵中下武德二年置井置武龍縣又析涪陵巴縣地置永安縣開元二十二年省永安入樂溫賓化中下本隆化貞觀十一年置先天元年更名武龍中下樂溫中下武德二年析巴縣地置隸南潾州九年來屬溫山下本隸南潾州州後來屬

萬州南浦郡下本南浦州武德二年析信州置八年州廢以南浦梁山隸夔州武寧隸臨州九年復置曰浦州貞觀八年更名土貢麩金藥子戶五千一百七十九口二萬五千七百四十六縣三南浦中有塗溍監漁陽監鹽官二武寧中下梁山中下

襄州襄陽郡望土貢綸巾漆器庫路真二品十乘花文五乘碎石文柑蔗芋薑戶四萬七千七百八十口二十五萬二千一縣七有府一曰漢津襄陽望貞觀八年省常平縣入焉有峴山鄧城緊本安養天寶元年曰臨漢貞元二十一年更名穀城上武德四年以穀城陰城置酇州五年州廢二縣來屬貞觀八年省陰城入焉有薤山義清中貞觀八年省南漳入焉南漳本臨沮南漳中下本荊山武德二年析南漳置以縣置重州井置重陽平陽渠陽土門歸義五縣七年省渠陽入荊山省平陽入重陽省土門歸義入房州之永清貞觀元年州廢以荊山來屬徙重陽于故重州隸遷州八年省重陽入荊山開元十八年徙于故南漳因更名有荊山樂鄉中下本隸竟陵郡武德四年以樂鄉及襄州之率道上洪置鄀州貞觀元年又領長壽省上洪入八年州廢以長壽隸溫州樂鄉率道來屬宜城上本率道貞觀八年省漢南縣入焉天寶七載改名有石梁山陰山

泌州淮安郡上本昌州春陵郡治棗陽武德五年以唐城山更名唐州九年徙治比陽天寶元年更郡名天祐三年朱全忠徙治泌陽表更名土貢絹布戶四萬二千六百四十三口十八萬二千三百六十四縣七泌陽中本上馬貞觀元年省入湖陽開元十三年復置天寶元年更名比陽上本淮安郡治武德四年曰顯州領比陽慈丘平氏顯岡桐柏五縣二年省顯岡九年州廢縣皆來屬慈丘上桐柏中武德初置純州貞觀元年州廢來屬有桐柏山有淮瀆祠平氏中有析中山湖陽中武德四年以縣置湖州貞觀元年州廢來屬有蓼山方城上本淯陽郡治武德二年曰北澧州領方城真昌二縣貞觀元年省真昌八年曰魯州九年州廢以方城來屬

隋州漢東郡上土貢合羅綾葛覆盆戶二萬三千九百一十七口十萬五千七百二十二縣四隋上武德四年省安貴縣入焉五年省平林順義縣入焉光化上棗陽上本隸唐州武德五年省唐州之清潭縣入焉貞觀元年又省唐州之春陵縣入焉十年以棗陽來屬有光武山唐城上開元二十六年以客戶析棗陽地置

鄧州南陽郡上土貢絲布茅菊戶四萬三千五十五口十六萬五千二百五十七縣六穰望武德四年析置平晉縣以新野置新州尋廢新州以新野來屬六年省平晉州又領深陽縣貞觀元年省乾元元年省新野皆入焉南陽緊武德三年以南陽及春陵郡之上馬置宛州井置雲陽上宛安固三縣八年州廢以上馬隸唐州省雲陽上宛以安固入南陽來屬聖曆元年曰武臺神龍初復故名有銅向城上武德三年以縣置淯州八年州廢隸北澧州州廢來屬聖曆元年曰武清神龍初復故名北八十里有魯陽關臨湍上本新城武德二年以縣置酈州八年州廢來屬貞觀元年省冠軍縣入焉天寶元年更名又有順陽縣武德二年析冠軍置六年省內鄉上本淅陽郡治武德二年曰淅州井置默水縣貞觀二年州廢省默水入內鄉來屬有峙山菊潭中開元二十四年析新城置

均州武當郡下義寧二年析淅陽郡之武當均陽置貞觀元年州廢二縣隸淅州八年以武當鄖鄉復置土貢山雞尾麝香戶九千六百九十八口五萬八百九縣三有府一曰至誠武當上義寧二年析置平陵縣武德七年省八年省均陽入焉東南百里有鹽池有武當山鄖鄉上本隸淅陽郡武德元年以鄖鄉安福置南豐州井置堵陽黃沙白沙固城四縣八年省黃沙白沙固城是年州廢以鄖鄉安福堵陽隸淅州貞觀元年省安福堵陽入焉有精舍山本舊山天寶中更名豐利上有伏龍山有錫義山一名天心山

房州房陵郡上武德元年析遷州之竹山上庸置貞觀十年徙治房陵土貢蠟蒼礬麝香鍾乳雷丸石膏竹䶉戶萬四千四百二十二口七萬一千七百八縣四房陵上本光遷房陵郡治武德元年曰遷州井析置受陽淅川房陵三縣五年省淅川七年省房陵受陽貞觀十年州廢來屬更光遷曰房陵永清中下本隸遷州廢來屬有房山竹山中下武德元年析置武陵縣貞觀十年省上庸上

復州竟陵郡上本沔陽郡治竟陵貞觀七年徙治沔陽天寶元年更名寶應二年復故治土貢白紵白蜜戶八千二百一十口四萬四千八百八十五縣三沔陽上竟陵上有五花山有石堰渠咸通中刺史董元素開監利中下

郢州富水郡上本竟陵郡治長壽貞觀元年州廢以長壽隸郢州十七年復置治京山後還治長壽土貢紵布葛蕉春酒麴棗節米戶萬二千四十六口五萬七千三百七十五縣三長壽上貞觀元年省藍水縣入焉京山上本隸安州武德四年以京山富水二縣置溫州貞觀十七年州廢縣皆來屬富水上有白沙山

金州漢陰郡上本西城郡天寶元年曰安康郡至德二載更名土貢麩金茶牙椒乾漆椒實白膠香麝香杜仲雷丸枳殼枳實黃蘗有橘官戶萬四千九十一口五萬七千九百二十九縣六有府一曰洪義西城上本金川義寧二年更名有牛山漢水有金洵陽中下武德元年以縣置洵州井置洵城驢川二縣七年州廢縣皆來屬貞觀二年省驢川八年省洵城東有中口鎮城淯陽上本黃土天寶元年更名大曆六年省入洵陽長慶初復置石泉中下聖曆元年曰武安神龍元年復故名大曆六年省入漢陰永貞元年復置漢陰中下本安康武德元年以縣置西安州井置寧都廣德二縣二年曰直州貞觀元年州廢省寧都以廣德入安康來屬至德二載更名西有方山關貞觀十二年置月川水有金平利中下武德元年以故吉安置大曆六年省入西城長慶初復置有女媧山

右東道採訪使治襄州

興元府漢中郡赤本梁州漢川郡開元十三年以梁京聲相近更名褒州二十年復曰梁州天寶元年更郡名興元元年為府土貢穀蠟紅藍燕脂夏蒜冬筍糟瓜柑枇杷茶戶三萬七千四百七十口十五萬三千七百一十七縣五有府一曰麗水南鄭次赤有旱山玉女山中梁山褒城次畿義寧二年更名褒中貞觀三年復故名有牛頭山北有甘亭關城固次畿武德二年更名唐固三年析置白雲縣九年省貞觀二年復故名西次畿武德三年以縣置褒州析利州之綿谷置金牛縣八年州廢二縣來屬寶曆元年省金牛縣入焉西南有百牢關有錫有鐵三泉次畿武德四年析利州之綿谷置以縣置南安州井置嘉牟縣八年州廢省嘉牟以三泉隸利州天寶元年來屬

洋州洋川郡雄武德元年析梁州之西鄉黃金興勢置天寶十五載徙治興道土貢白交梭火麻布野苧麻蠟

白膠香麝香戶二萬三千八百四十九口八萬八千三百二十七縣四興道緊本興勢貞觀二十三年更名有駱谷路南口曰儻谷北口曰駱谷西鄉上武德四年析置洋源縣寶歷元年省有雲亭山黃金中有子午谷路眞符中本華陽開元十八年析興道置天寶三載省八載開清水谷路復置因鑿山得玉冊更名隸京兆府十一載來屬有大白山金星洞

利州益昌郡下都督府本義城郡天寶元年更名土貢金絲布柔米蠟燭酥魚天門冬芎藭麝香戶萬三千九百一十口四萬四千六百縣六綿谷上有鐵葭萌上益昌中下嘉川中下胤山中下本義城義寧二年曰義清武德七年以義清岐坪隆州之奉國置西平州貞觀二年州廢以義清來屬岐坪奉國隸閬州天寶元年更名景谷中下武德四年以景谷及龍州之方維置沙州貞觀元年州廢省方維爲鎮以景谷來屬寶歷元年省尋復置西有石門關西北有白壩魚老二鎮城

鳳州河池郡下土貢布蠟燭麝香戶五千九百一十八口二萬七千八百七十七縣三有府一曰歸昌梁泉中下武德元年析置黃花縣寶歷元年省有銀有鐵兩當中下有銀河池下

興州順政郡下土貢蠟漆丹沙蜜筍戶二千二百二十四口萬一千四十六縣二順政中有鐵南有興城關長舉中下元和中節度使嚴礪自縣而西疏嘉陵江三百里焚巨石沃醯以碎之通漕以饋成州戍兵州又領鳴水縣長慶元年省入焉有鐵

成州同谷郡下本漢陽郡治上祿天寶元年更名寶應元年沒吐蕃貞元五年於同谷之西境泥公山權置行州咸通七年復置徙治寶井堡後徙治同谷土貢蠟燭麝香鹿茸防葵狼毒戶四千七百二十七口二萬一千五百八縣三有府一曰平陰有靜戎軍寶應元年徙馬邑州于鹽井城置同谷中下武德元年以縣置西康州貞觀元年州廢來屬咸通十三年復置上祿中沒蕃後廢有仇池山有鹽漢源中下沒蕃後廢

文州陰平郡下義寧二年析武都郡之曲水正西長松置土貢麩金紬綿麝香白蜜蠟燭柑戶千九百八口九千二百五縣一曲水中下貞觀元年省正西縣貞元六年省長松縣皆來屬

扶州同昌郡下乾元後沒吐蕃大中二年節度使鄭涯收復土貢麝香當歸芎藭戶二千四百一十八口萬四千二百八十五縣四有府二曰安川合川同昌中下帖夷中下萬歲通天二年曰武進神龍元年復故名萬全中下本尚安至德二年更名鉗川中下

集州符陽郡下武德元年析梁州之難江巴州之符陽長池白石置土貢蠟燭藥子戶四千三百五十三口二萬五千七百二十六縣三難江上武德九年析置平桑縣貞觀元年省二年復置六年省又省長池縣入焉大牟下武德二年徙靜州治伏平更伏平曰地平十七年廢靜州以大牟清化隸巴州地平來屬永泰元年以大牟隸集州更地平曰通平寶歷元年省嘉川下本隸利州貞觀二年隸靜州州廢還隸利州永泰元年來屬

壁州始寧郡下武德八年析巴州之始寧縣地置土貢紬綿馬策戶萬三千三百六十八口五萬四千七百五十七縣五通江上本諾水隸萬州武德中省八年又析巴州之始寧復置天寶元年更名廣納中武德三年析始寧置寶歷元年省大中初復置符陽中本隸集州武德八年來屬貞觀八年復隸集州長安三年來屬景雲二年又隸集州永泰元年來屬白石中本隸集州八年來屬東巴中本太平開元二十三年置天寶元年更名

巴州清化郡中土貢麩金綿紬貲布花油橙石蜜戶三萬二百一十口九萬一千五十七縣九化城上盤道中下寶歷元年省入恩陽長慶中復置清化上武德元年置靜州又析置大牟伏平二縣曾口中歸仁中始寧中其章中寶歷元年省大中元年復置恩陽中貞觀十七年省萬歲通天元年復置七盤上久視元年置

蓬州蓬山郡下本咸安郡武德元年以巴州之安固伏虞隆州之儀隴大寅渠州之宕渠咸安置開元二十九年徙治大寅至德二載更郡名土貢綿紬戶萬五千五百七十六口五萬三千三百五十三縣七蓬池中本大寅廣德元年更名後省開成元年復置良山中本安固天寶元年更名寶歷元年省入蓬池大中中復置儀隴中武德三年以縣置方州八年州廢還隸蓬州伏虞中宕渠中下寶歷元年省入蓬山大中初復置蓬山上本咸安至德二載更名朗池中武德四年析果州之相如縣置隸果州寶應元年來屬寶歷元年省開成二年復置

通州通川郡上土貢紬綿蜜蠟麝香楓香白藥實戶四萬七百四十三口十一萬八百四縣九通川上武德二年置思來縣貞觀元年省永穆上本隸巴州武德二年以永穆及歸仁置萬州又置諾水廣納太平恆豐四縣七年省諾水八年州廢以歸仁還隸巴州恆豐入永穆來屬三岡中寶歷元年省大中元年復置石鼓中武德元年又置下蒲昌縣五年省東鄉中武德三年置南井縣八年州廢省東鄉入宣漢中下武德二年析通川置東關縣以東鄉來屬宣漢元年州廢省東關縣入焉有鹽有金新寧中下武德二年析通川置三年隸開州四年來屬巴渠中永泰元年析石鼓置大和三年隸開州四年來屬闐英中天寶九載置

開州盛山郡下本萬世郡義寧二年析巴東郡之盛山新浦通川郡之萬世西流置天寶元年更名土貢白紵布柑芙蓉實戶五千六百六十口三萬四百二十一縣三開江上本盛山貞觀元年省西流入焉元年更名新浦中下萬歲中下本萬世貞觀二十三年更名寶歷元年省入盛山九年復置有鹽

閬州閬中郡上本隆州巴西郡先天二年避玄宗名更州名天寶元年更郡名土貢蓮綾綿綢紬穀戶二萬九千五百八十八口十三萬二千一百九十二縣九閬中緊本閬中武德四年更名是年析置思恭縣七年省有靈山有鹽晉安中本晉城武德元年更名上有蒼溪山紫陽山臺西水中下奉國上武德七年隸西平州貞觀元年州廢隸利州開元二十三年來屬新井中本隸利州貞觀元年析南部新政中武德四年析南部相如置新政有鹽南部上有鹽岐坪中本隸利州寶應元年省入奉國蒼溪天復中王建表置

果州南充郡中武德四年析隆州之南充相如置大歷六年更名充州十年復故名土貢絹絲布戶三萬三千六百四口八萬九千二百二十五縣五南充上有鹽相如中有流溪中開耀元年析南充置西充上武德四年析南充置有鹽岳池中萬歲通天二年析南充相如置有龍扶山

渠州潾山郡下本宕渠郡天寶元年更名土貢紬綿藥實買子本實戶九千九百五十七口二萬六千五百二十四縣三流江上[illegible]渠江中本賨城武德元年析潾水置[illegible]潾水中武德元年[illegible]

右西道採訪使治梁州

隴右道蓋古雍梁二州之境漢天水武都隴西金城武威張掖酒泉敦煌等郡總爲鶉首分爲州十九都護府二縣六十其名山秦嶺隴坻鳥鼠同穴朱圉西傾積石合黎崆峒三危其大川河洮弱羌休屠之澤厥賦布麻厥貢金屑礪石鳥獸革角自祿山之亂河右暨西平武都合川懷道等郡皆沒于吐蕃寶應元年又陷秦渭洮臨廣德元年復陷河蘭岷廓貞元三年陷安西北庭隴右州縣盡矣大中後吐蕃微弱秦武二州漸復故地置官守五年張義潮以瓜沙伊肅鄯甘河西蘭岷廓十一州來歸而宣懿德微不暇疆理惟名存有司而已

秦州天水郡中都督府本治上邽開元二十二年以地震徙治成紀之敬親川天寶元年還治上邽大中三年復徙治成紀土貢龍鬚席芎藭戶二萬四千八百二十七口十萬九千七百四十縣六有府四曰成紀修德三度長川成紀上[illegible]上邽[illegible]伏羌[illegible]隴城[illegible]清水下武德四年[illegible]長道[illegible]

河州安昌郡下本枹罕郡天寶元年更名土貢麝香戶五千七百八十二口三萬六千八十六縣三枹罕[illegible]鳳林中下[illegible]大夏[illegible]

渭州隴西郡中都督府土貢龍鬚席麝香秦艽戶六千四百二十五口二萬四千五百二十縣四有府四曰渭源平樂臨源[illegible]襄武上隴西上鄣上渭源[illegible]

鄯州西平郡下都督府土貢牸犛角戶五千三百八十九口二萬七千一十九縣三星宿川西有安人軍西北三百五十里有威戎軍西南二百五十里有綏和守捉城南百八十里有合川守捉城湟水中龍支中肅宗上元二年州沒吐蕃以龍支鄯城隸河州鄯城中儀鳳三年置有土樓山有河源軍西六十里有臨蕃城又西六十里有白水軍綏戎城又西南六十里有定戎城又南隔澗七里有天威軍軍故石堡城開元十七年置初曰振武軍二十九年沒吐蕃天寶八載克之更名又西二十里至赤嶺其西吐蕃有開元中分界碑自振武經尉遲川苦拔海王孝傑米柵九十里至莫離驛又經公主佛堂大非川二百八十里至那錄驛吐渾界也又經暖泉烈謨海四百四十里渡黃河又四百七十里至眾龍驛又渡西月河二百一十里至多彌國西界又經犛牛河度藤橋百里至列驛又經食堂吐蕃村截支橋兩石南北相當又經截支川四百四十里至婆驛乃度大月河羅橋經潭池魚池五百三十里至悉諾羅驛又經乞量寧水橋又經大速水橋三百二十里至鶻莽驛唐使入蕃公主每使人迎勞於此又經鶻莽峽十餘里兩山相嶔上有小橋三瀑水注如瀉缶其下如煙霧百里至野馬驛經吐蕃墾田又經樂橋湯四百里至閤川驛又經恕諶海百三十里至蛤不爛驛旁有三羅骨山積雪不消又六十里至突錄濟驛唐使至贊普每遣使慰勞于此又經柳谷莽布支莊有溫湯湧高二丈氣如煙雲可以熟米又經湯羅葉遺山及贊普祭神所二百五十里至農歌驛邏些在東南距農歌二百里唐使至吐蕃宰相每遣使迎候于此又經鹽池暖泉江布靈河百一十里渡姜濟河經吐蕃墾田二百六十里至卒歌驛乃渡臧河經佛堂百八十里至勃令驛鴻臚館至贊普牙帳其西南拔布海

蘭州金城郡下以皋蘭山名州土貢麩金麝香鼧鼠戶二千八百八十九口萬四千二百二十六縣二有府二曰金城廣武又有榆林軍五泉下咸亨二年更名金城天寶元年復故名北有金城關金城本廣武縣乾元二年更名

臨州狄道郡下都督府天寶三載析金城郡之狄道縣置縣二有臨洮軍久視元年置寶應元年沒吐蕃狄道下長樂下本安樂天寶後置乾元後更名

階州武都郡下本武州因沒吐蕃廢大歷二年復置爲行州咸通中始得故地龍紀初遣使招葺之景福元年更名治皋蘭鎮土貢麝香蜜蠟燭山雞尾羚羊角戶二千九百二十三口萬五千一十三縣三將利中下又領建威縣貞觀元年省入焉福津中下本覆津景福元年更名盤隄中下沒蕃後不復置

洮州臨洮郡下本治美相貞觀八年徙治臨潭開元十七年州廢以縣隸岷州二十年復置更名臨州二十七年復故名土貢甘草麝香戶二千七百口萬五千六十縣一有府一曰安西有莫門軍儀鳳二年置西八十里有磨禪川有神策軍天寶十三載置臨潭中本美相貞觀四年徙治洪和城以故地置旭州五年又置臨潭縣八年州廢以臨潭來屬從州來治遷于洮陽城十二年省博陵縣天寶中省美相縣皆入臨潭西百六十里有廣恩鎮有西傾山

岷州和政郡下義寧二年析臨洮郡之臨洮和政置土貢龍鬚席甘草戶四千三百二十五口二萬三千四百四十一縣三有府三曰祐川臨洮和政溢樂中下本臨洮義寧二年更名貞觀二年析置當夷縣神龍元年省有岷山西有崆峒山祐川中下本基城義寧二年置先天元年更名和政有闕博山

廓州寧塞郡下本澆河郡天寶元年更名土貢麩金酥大黃戎鹽麝香戶四千二百六十一口二萬四千四百

縣三西有寧邊軍本寧塞軍西八十里宛秀城有威勝軍西南百四十里洪濟橋有金天軍其東南八十里百谷城有武寧軍南二百里黑峽川有曜武軍皆天寶十三載置廣威下本化隆先天元年曰化成天寶元年又更名達化下西有積石軍本靜邊鎮儀鳳二年爲軍東有黃沙戍米川下貞觀五年置又以縣置米州十年州廢隸河州永徽六年來屬

疊州合川郡下武德二年析洮州之合川樂川疊川置土貢麝香戶千二百七十五口七千六百七十四縣二有府一曰長利合川下武德五年以党項戶置安化和同二縣尋省貞觀二年省樂川入焉有渭蕃山常芬下武德元年以縣置芳州并置丹嶺縣四年以丹嶺隸洮州貞觀二年置恒香縣僑治恒香戍復以丹嶺隸芳州高宗上元二年陷吐蕃神龍元年州廢省丹嶺恒香以常芬來屬

宕州懷道郡下本宕昌郡天寶元年更名土貢麩金散金麝香戶千一百九十口七千一百九十九縣二有府二曰同歸常吉懷道下貞觀三年省和戎縣入焉西百八十三里有蘇董戍有同均山良恭下貞觀元年以成州之潭水來屬後省入焉

涼州武威郡中都督府土貢白綾龍鬚席毯野馬革芎藭戶二萬二千四百六十二口十二萬二百八十一縣五有府六曰明威洪池番禾武安麗水姑臧又有赤水軍本赤烏鎮有赤青泉因名之幅員五千一百八十里軍之最大也西二百里有大斗軍本赤水守捉開元十六年爲軍因大斗拔谷爲名東南二百里有烏城守捉南二百里有張掖守捉西二百里有交城守捉西北五百里有白亭軍本白亭守捉天寶十四載爲軍姑臧中下北百八十里有明威戍西北百六十里有武安戍有武興鹽池黛眉鹽池神烏下武德三年置貞觀元年省總章元年復置曰武威神龍元年復故名昌松中東北百五十里有白山戍天寶中下本番禾咸亨元年以縣置雄州調露元年州廢來屬天寶三載以山出醴泉更名有通化鎮有焉支山嘉麟神龍二年於故漢鸞鳥縣城置景龍元年省先天二年復置

沙州敦煌郡下都督府本瓜州武德五年曰西沙州貞觀七年曰沙州土貢碁子黃礬石膏戶四千二百六十五口萬六千二百五十縣二有府三曰龍勒效穀縣泉有豆盧軍神龍元年置敦煌東四十七里有鹽池有三危山壽昌下武德二年析敦煌置永徽元年省乾封二年復置開元二十六年又省後復置治漢龍勒城西有陽關西北有玉門關有雲雨山

瓜州晉昌郡下都督府武德五年析沙州之常樂置土貢野馬革緊鞓草豉黃礬絳礬胡桐律戶四百七十七口四千九百八十七縣二有府一曰大黃西北千里有墨離軍晉昌中下本常樂武德四年更名東北有合河鎮又百二十里有百帳守捉又東百五十里有豹文山守捉又七里至寧寇軍與甘州路合常樂中下武德五年別置有拔河帝山

甘州張掖郡下土貢麝香野馬革冬柰枸杞實葉戶六千二百八十四口二萬二千九十二縣二西北百九十里祁連山北有建康軍證聖元年王孝傑以甘肅二州相距迥遠置軍西百二十里有蓼泉守捉城張掖上有祁連山合黎山北九百里有鹽池西有鞏笓驛刪丹中下北渡張掖河西北行出合黎山峽口傍河東壖屈曲東北行千里有寧寇軍故同城守捉也天寶二載爲軍軍東北有居延海又北三百里有花門山堡又東北千里至回鶻衙帳

肅州酒泉郡下武德二年析甘州之福祿瓜州之玉門置土貢麩金野馬革蓯蓉柏脉根戶二千二百三十口八千四百七十六縣二有酒泉威遠二守捉城酒泉中下本福祿唐初更名西十五里有興聖皇帝陵七十里有洞庭山出金有崑崙山福祿下武德二年別置東南百二十里有祁連戍東北八十里有鹽池玉門中下貞觀元年省後復置開元中沒吐蕃因其地置玉門軍天寶十四載廢軍爲縣北有獨登山出鹽以充貢有神雨山

伊州伊吾郡下本西伊州貞觀六年更名土貢香棗陰牙角胡桐律戶二千四百六十七口萬一百五十七縣三西北三百里甘露川有伊吾軍景龍四年置伊吾下貞觀四年置并置柔遠縣神功元年省入焉在大磧外南去玉門關八百里東去陽關二千七百三十里有折羅漫山亦曰天山南二里有鹽池海納職下貞觀四年以鄯善故城置開元六年省十五年復置南六十里有陸鹽池自縣西經獨泉東華西華駝泉渡茨其水過神泉三百九十里有羅護守捉又西南經達匪草堆百九十里至赤亭守捉與伊西路合別自羅護守捉西北上乏驢嶺百二十里至赤谷又出谷口經長泉龍泉百八十里有獨山守捉又經蒲類百六十里至北庭都護府柔遠下

西州交河郡中都督府貞觀十四年平高昌以其地置開元中曰金山都督府天寶元年爲郡土貢絲氎布毯刺蜜蒲萄五物酒漿煎皺乾戶萬九千一十六口四萬九千四百七十六縣五有天山軍開元二年置自州西南有南平安昌兩城百二十里至天山西南入谷經礌石磧二百二十里至銀山磧又四十里至焉耆界呂光館又經盤石百里有張三城守捉又西南百四十五里經新城館渡淡河至焉耆鎮城前庭下本高昌寶應元年更名柳中下交河中下自縣北八十里有龍泉館又北入谷百三十里經柳谷渡金沙嶺百六十里經石會漢戍至北庭都護府城蒲昌中本隸庭州後來屬西有七屯城弩支城有石城鎮播仙鎮天山下

北庭大都護府本庭州貞觀十四年平高昌以西突厥泥伏沙鉢羅葉護阿史那賀魯部落置并置蒲昌縣尋廢顯慶三年復置長安二年爲北庭都護府土貢陰牙角速霍角阿魏截根戶二千二百二十六口九千九百六十四縣四有瀚海軍本燭龍軍長安二年置三年更名開元中蓋嘉運增築西七百里有清海軍本清海鎮天寶中爲軍南有神山鎮自庭州西延城西六十里有沙鉢城守捉又有馮洛守捉又八十里有耶勒城守捉又八十里有俱六城守捉又百里至輪臺縣又百五十里有張堡城守捉又渡里移得建河七十里有烏宰守捉又渡白楊河七十里有清鎮軍城又渡葉葉河七十里有葉河守捉又渡黑水七十里有黑水守捉又七十里有東林守捉又七十里有西林守捉又經黃草泊大漠小磧渡石漆河踰車嶺至弓月城過思渾川蟄失蜜城渡伊麗河一名帝帝河至碎葉界又西行千里至碎葉城水皆北流入磧及入夷播海金滿下輪臺下有靜塞軍大歷六年置後庭下本蒲類隸西州後來屬寶應元年更名有蒲類郝遮鹹泉三鎮特羅堡西海下寶應元年置

安西大都護府初治西州顯慶二年平賀魯析其地置濛池崑陵二都護府分種落列置州縣西盡波斯國皆隸安西又徙治高昌故地三年徙治龜茲都督府而故府復爲西州咸亨元年吐蕃陷都護府長壽二年收復安西四鎮至德元載更名鎮西後復爲安西土貢硇砂緋氈偏桃人吐蕃既侵河隴惟李元忠守北庭郭昕守安西與沙陀迴紇相依吐蕃攻之久不下建中二年元忠昕遣使間道入奏詔各以爲大都護並爲節度貞元三年吐蕃攻沙陀迴紇北庭安西無援遂陷有保大軍屯碎葉城于闐東界有蘭城坎城二守捉城西有葱嶺守捉城有胡弩固城吉良三鎮東有且末鎮西南有皮山鎮焉耆西有于術榆林龍泉東夷僻西夷僻赤岸六守捉城

右隴右採訪使治鄯州

唐書卷四十考證

地理志四山南東道鄧州比陽注武德四年曰顯州領比陽慈丘平氏顯岡桐柏五縣二年省顯岡九年州廢縣皆來屬○臣酉按舊書無桐柏只領四縣又廢唐州不廢顯州

金州漢陰郡○舊書屬山南西道

唐書卷四十一

宋 翰林學士歐陽修撰

志第三十一

地理志

淮南道蓋古揚州之域漢九江廬江江夏等郡廣陵六安國及南陽汝南臨淮之境揚楚滁和廬壽舒爲星紀分安黃申光蘄爲鶉尾分爲州十二縣五十三其名山灊天柱羅塗八公其大川滁肥巢湖厥賦絁絹綿布厥貢絲布紵葛

揚州廣陵郡大都督府本南兗州江都郡武德七年曰邗州以邗溝爲名九年更置揚州天寶元年更郡名土貢金銀銅器青銅鏡綿蕃客袍錦被錦半臂錦獨窠綾殿額莞席水兕甲黃稑米烏節米魚臍魚鮬糖蟹蜜薑藕鐵精空青白芒兔絲蛇粟括蔞粉有丹楊監廣陵監錢官二戶七萬七千一百五口四十六萬七千八百五十七縣七有府四曰江平新林方山邛江江都望東十一里有雷塘貞觀十八年長史李襲譽引渠又築勾城塘以溉田八百頃有愛敬陂水門貞元四年節度使杜亞自江都西循蜀岡之右引陂趨城隅以通漕溉夾陂田寶曆二年漕渠淺輸不及期鹽鐵使王播自七里港引渠東注官河以便漕運有銅江陽望貞觀十八年析江都置有康令祠咸通中大旱令以身禱雨赴水死即大雨民爲立祠六合緊武德七年析置石梁縣以石梁六合二縣置方州貞觀元年州廢省石梁以六合來屬有銅有鐵海陵望武德三年更名吳陵以縣置吳州七年州廢復故名來屬景龍二年析置海安縣開元十年省有鹽官高郵上有隄塘溉田數千頃元和中節度使李吉甫築揚子望永淳元年析江都置天長望本千秋天寶元年析江都六合高郵置七載更名有銅

楚州淮陰郡緊本江都郡之山陽安宜縣地臧君相據之號東楚州武德四年君相降因之八年更名土貢貲布紵布戶二萬六千六十二口十五萬三千縣四山陽上有常豐堰大歷中黜陟使李承置以溉田鹽城上本漢鹽瀆縣地隋末韋徹據其地置射州及射陽安樂新安三縣武德四年來歸因之七年州廢省射陽安樂新安置鹽城縣有鹽亭百二十三有監寶應望本安宜武德四年以縣置倉州七年州廢來屬上元三年以獲定國寶更名西南八十里有白水塘羨塘證聖中開置屯田西南四十里有徐州涇青州涇西南五十里有大府涇長慶中興白水塘屯田發青徐揚州之民以鑿之大府即揚州北四里有竹子涇亦長慶中開淮陰中武德七年省乾封二年析山陽復置南九十五里有棠梨涇長慶二年開

滁州永陽郡上武德三年析揚州置土貢貲布絲布紵練麻有銅坑二戶二萬六千四百八十六口十五萬二千三百七十四縣三清流上全椒緊永陽上景龍三年析清流置

和州歷陽郡上土貢紵布戶二萬四千七百九十四口十二萬二千一十三縣三有府一曰新川歷陽上有鷄籠山本白石山有梭塘山本梅山天寶六載更名烏江上東南二里有韋游溝引江至郭十五里溉田五百頃開元中丞韋尹開貞元十六年令游重彥又治之民享其利以姓名溝含山上武德六年析歷陽之故龍亢縣地置八年省長安四年復置更名武壽神龍元年復故名

壽州壽春郡中都督府本淮南郡天寶元年更名土貢絲布絁茶生石斛戶三萬五千五百八十一口十八萬七千五百八十七縣五壽春上有八公山安豐緊武德七年省小黃陵二縣入焉東北十里有永樂渠溉高原田廣德二年宰相元載置大曆十三年廢盛唐上本霍山武德四年以霍山應城灊城三縣置霍州貞觀元年州廢省應城灊城以霍山來屬神功元年曰武昌神龍元年復故名開元二十七年更名有開化縣武德四年置有灊縣五年置貞觀中皆省霍丘緊武德四年以松滋霍丘二縣置蓼州七年州廢省松滋以霍丘來屬神功元年曰武昌景雲元年復故名霍山上天寶初析盛唐別置有大別山霍山

廬州廬江郡上土貢花紗交梭絲布茶蠟酥鹿脯生石斛戶四萬三千三百二十三口二十萬五千三百九十六縣五合肥緊慎緊巢上本襄安武德三年置巢州并析置開城扶陽二縣七年州廢省開城扶陽以巢來屬東南四十里有故東關廬江緊有礬山有銅舒城上開元二十三年析合肥廬江置

舒州同安郡上至德二載更名盛唐郡後復故名土貢紵布酒器鐵器石斛蠟戶三萬五千三百五十三口十八萬六千三百九十八縣五懷寧上武德五年析置皖城縣是年省安樂七年省皖城梅城皖陽有皖山宿松上武德四年以縣置嚴州七年州廢縣皆來屬有嚴恭山望江中武德四年以縣置智州七年州廢以望江隸嚴州八年州廢太湖上武德四年析置青城荊陽二縣七年省青城入荊陽八年省荊陽入太湖桐城緊本同安至德二載更名自開元中徙治山城地多猛虎毒虺元和八年令韓震焚蕪草木其害遂除

光州弋陽郡上本治光山太極元年徙治定城土貢葛布石斛戶三萬一千四百七十三口十九萬八千五百八十縣五定城上武德三年置弦州貞觀元年州廢來屬光山上南有木陵故關西南八十里有雨施陂永徽四年刺史裴大覺積水以溉田百餘頃仙居上本安樂武德三年析置宋安縣以宋安置谷州貞觀元年州廢省宋安天寶元年更名殷城中武德元年置義州貞觀元年州廢來屬西有定城故關固始上

蘄州蘄春郡上土貢白紵簟鹿毛筆茶白花蛇烏蛇脯戶二萬六千八百九口十八萬六千八百四十九縣四蘄春上武德四年省蘄水縣入焉有鼓吹山黃梅上武德四年置以縣置南晉州析置義豐長吉塘陽新蔡四縣八年州廢省義豐長吉塘陽新蔡以黃梅來屬廣濟中本永寧武德四年析蘄春置天寶元年更名有鐵蘄水上本浠水武德四年更名蘭溪省羅田縣入焉天寶元年又更名有鐵

安州安陸郡中都督府土貢青紵布糟筍瓜戶二萬二千二百二十一口十七萬一千二百二縣六有府一曰義安安陸上雲夢中有神山孝昌中武德四年以縣置澴州并置澴陽縣八年州廢省澴陽以孝昌來屬寶應二年隸沔州後復來屬元和三年省入雲夢咸通中復置應城中本應陽武德四年更名元和二年省入雲夢大和二年復置天祐二年復曰應陽吉陽中元和三年省入應山後復置有白光山應山中武德四年以縣置應州并析置禮山縣八年州廢省禮山以應山來屬有故黃峴武陽百鴈平靖四關

黃州齊安郡下本永安郡天寶元年更名土貢白紵布貲布連翹松蘿蝱蟲戶萬五千五百一十二口九萬六千三百六十八縣三黃岡上武德三年省木蘭縣入焉又析置堡城縣七年省有木蘭山黃陂中武德三年以縣置南司州七年州廢來屬北有大后關有白沙關麻城中武德三年以縣置亭州又析置陽城縣八年州廢省陽城以麻城來屬元和三年省入黃岡建中三年復置西北有木陵關在木陵山上東北有陰山關

申州義陽郡中土貢絺葛紵布貲布茶蝱蟲戶二萬五千八百六十四口十四萬七千七百五十六縣三義陽上南有故平靖關鍾山上羅山上武德四年以縣置南羅州八年州廢來屬

右淮南採訪使治揚州

江南道蓋古揚州南境漢丹陽會稽豫章廬江零陵桂陽等郡長沙國及牂柯江夏南郡地潤昇常蘇湖杭睦越明衢處婺溫台宣歙池洪江饒虔吉袁信撫福建泉汀漳為星紀分岳鄂潭衡永道郴邵黔辰錦施敘獎夷播思費南溪溱為鶉尾分為州五十一縣二百四十七其名山衡廬茅蔣天目天台會稽四明括蒼縉雲金華大庾武夷其大川湘灨沅澧浙江洞庭彭蠡太湖厥賦麻紵厥貢金銀紗綾蕉葛綿練鮫革藤紙丹沙

潤州丹陽郡望武德三年以江都郡之延陵縣地置取潤浦為州名土貢衫羅水紋方紋魚口繡葉花紋等綾火麻布竹根黃粟伏牛山銅器鱘鮓戶十萬二千二十三口六十六萬二千七百六縣四有丹陽軍乾元二年置元和二年廢丹徒望本延陵縣地武德三年置開元二十二年刺史齊澣以州北隔江舟行繞瓜步回遠六十里多風濤乃於京口埭下直趨渡江二十里開伊婁河二十五里渡揚子立埭歲利百億舟不漂溺有勾驪山丹陽望本曲阿武德二年以縣置雲州五年曰簡州以縣南有簡瀆取名八年州廢來屬天寶元年更名有練塘周八十里永泰中刺史韋損因廢塘復置以溉丹陽金壇延陵之田民刻石頌之金壇緊本曲阿縣地隋末土人保聚因為金山縣亡沈法興又置琅邪縣李子通以琅邪置茅州以金山隸之賊平因之後隸蔣州武德八年省入延陵垂拱四年復置來屬更名東南三十里有南北謝塘武德二年刺史謝元超因故塘復置以溉田延陵緊故治丹徒武德三年別置隸茅州後隸蔣州九年來屬有茅山

昇州江寧郡至德二載以潤州之江寧縣置上元二年廢光啓三年復以上元句容溧水溧陽四縣置土貢筆甘棠縣四有江寧軍乾元二年置有石頭鎮兵有下蜀淮安二戍上元望本江寧隸潤州武德三年以江寧溧水二縣置揚州析置丹陽溧陽安業三縣更江寧曰歸化七年平輔公祏更名蔣州八年復為揚州又以延陵句容隸之省安業入歸化更歸化曰金陵九年州廢都督徙治江都更名金陵曰白下以白下延陵句容隸潤州丹陽溧水溧陽隸宣州貞觀九年更白下曰江寧肅宗上元二年又更名有銅有鐵有蔣山句容望武德三年以句容延陵二縣置茅州七年州廢隸蔣州九年隸潤州乾元元年來屬西南三十里有絳巖湖麟德中令楊延嘉因梁故隄置後廢大曆十二年令王昕復置周百里為塘立二斗門以節旱暵開田萬頃絳巖故赤山天寶中更名有銅有礬溧水上乾元元年隸昇州州廢還隸宣州有銅溧陽緊上元元年隸昇州州廢還隸宣州有湖山有銅有鐵

常州晉陵郡望本毗陵郡天寶元年更名土貢紬絹布紵紅紫綿巾緊紗兔褐皂布大小香秔龍鳳席紫筍茶署預戶十萬二千六百三十三口六十九萬六百七十三縣五晉陵望武進望武德三年以故蘭陵縣地置貞觀八年省入晉陵垂拱二年復置西四十里有孟瀆引江水南注通漕溉田四千頃元和八年刺史孟簡因故渠開江陰望武德三年以縣置暨州并析置暨陽利城二縣九年州廢省暨陽利城以江陰來屬義興緊武德七年以縣置南興州并析置臨津陽羨二縣八年州廢省陽羨臨津以義興來屬有張公山無錫望南五里有泰伯瀆東連蠡湖亦元和八年孟簡所開

蘇州吳郡雄土貢絲葛絲綿八蠶絲緋綾布白角簟草席鞵大小香秔柑橘藕鯔皮魬鯌鴨胞肚魚魚子白石脂蛇粟戶七萬六千四百二十一口六十三萬二千六百五十縣七有長洲軍乾元二年置大曆十二年廢吳望有包山有銅長洲望萬歲通天元年析吳置嘉興望武德七年置八年省入吳貞觀八年復置有鹽官崑山望常熟緊海鹽緊貞觀元年省景雲二年復置有古涇三百長慶中令李諤開以禦水旱又西北六十里有漢塘大和七年開有故縣山華亭上天寶十載析嘉興置

湖州吳興郡上武德四年以吳郡之烏程縣置土貢御服烏眼綾折皁布綿紬布紵糯米黃糙紫筍茶木瓜杭子乳柑蜜金沙泉戶七萬三千三百六口四十七萬七千六百九十八縣五烏程望東北二十三里有官池元和中刺史范傳正開東南三十五里有陵波塘寶曆中刺史崔玄亮開北二里有蒲帆塘刺史楊漢公開開而得蒲帆因名有卞山有太湖占湖宣常蘇四州境武康上李子通置安州又曰武州武德四年平子通因之七年州廢縣隸湖州有封山有長城望大業末沈法興置長州武德四年更置綏州因古綏安縣名之又更名雉州并置原鄉縣七年州廢省原鄉以長城來屬有西湖溉田二千頃其後堙廢貞元十三年刺史于頔復之人賴其利顧山有茶以供貢有銅安吉緊義寧二年沈法興置武德四年賊平因之以縣隸桃州七年省入長城麟德元年復置北三十里有郎閣池北十七里有石鼓堰引天目山水溉田百頃皆聖曆初令鈕耳知命置有銅有錫德清上本武源天授二年析武康置景雲二年曰臨溪天寶元年更名

杭州餘杭郡上土貢白編綾緋綾藤紙木瓜橘蜜蕈乾薑芑牛膝有臨平監新亭監鹽官二戶八萬六千二百五十八口五十八萬五千九百六十三縣八有餘杭軍乾元二年置有鎮海軍建中二年置于潤州元和六年廢大和九年復置景福二年徙屯又有烏山戍錢塘望南五里有沙河塘咸通二年刺史崔彥曾開有皋亭山鹽官緊武德四年隸東武州七年省入錢塘貞觀四年復置有鹽官有捍海塘隄長百二十四里開元元年重築餘杭望南五里有上湖西二里有下湖寶曆中令歸珧因漢令陳渾故迹置北三里有北湖亦珧所開溉田千餘頃珧又築甬道通西北大路高廣徑直百餘里行旅無山水之患有銅富陽緊北十四里有陽陂湖貞觀十二年令郝某開南七十步有堤登封元年令李濬時築東自海西至于莧浦以捍水患貞元七年令鄭早又增修之王洲有橘以供貢於潛緊武德七年以縣置潛州并置臨水縣八年州廢省臨水以於潛來屬南三十里有紫溪水溉田貞元十八年令杜泳開又鑿渠三十里以通舟檝有天目山臨安緊垂拱四年析餘杭於潛地以故臨水城置有石鏡山新城上武德七年省入富陽永淳元年復置北五里有官塘堰水溉田有九澳永淳元年開唐山中垂拱二年析於潛置紫溪縣萬歲通天元年曰武隆其年復為紫溪又析紫溪別置武隆縣聖曆三年省武隆入紫溪長安四年復置神龍元年更武隆為唐山大歷三年皆省長慶初復置唐山

睦州新定郡上本遂安郡治雉山武德七年曰東睦州八年復舊名萬歲通天二年徙治建德天寶元年更郡名土貢文綾簟白石英銀花細茶有銅坑二戶五萬四千九百六十一口三十八萬二千五百六十三縣六有三河戍建德上武德四年置七年省入桐廬雉山永淳二年復置有銅青溪上本雉山文明元年曰新安開元二十年曰還淳永貞元年更名壽昌上永昌元年析雉山置載初元年省神龍元年復置桐廬緊武德四年以桐廬分水建德置嚴州七年州廢以桐廬來屬分水上武德七年省入桐廬如意元年復置更名武盛神龍元年復故名寶應二年析置昭德縣大曆六年省遂安上石英山有白石英以供貢有銅

越州會稽郡中都督府土貢寶花花紋等羅白編交梭十樣花紋等綾輕容生穀花紗吳絹丹沙石蜜橘葛粉瓷器紙筆有蘭亭監鹽官戶九萬二百七十九口五十二萬九千五百八十九縣七有府一曰浦陽有義勝軍靜海軍寶應元年置大歷二年廢靜海軍元和六年廢義勝軍中和二年復置義勝軍乾寧三年曰鎮東會稽望有南鎮會稽山有祠東北四十里有防海塘自上虞江抵山陰百餘里以畜水溉田開元十年令李俊之增修大曆十年觀察使皇甫溫大和六年令李左次又增修之有錫山陰緊武德七年析會稽置八年省垂拱二年復置大曆二年省七年復置元和七年省十年復置北三十里有越王山堰貞元元年觀察使皇甫政鑿山以畜洩水利又東北二十里作朱儲斗門北五里有新河西北十里有運道塘皆元和十年觀察使孟簡開西北四十六里有新逕斗門大和七年觀察使陸亘置有鐵諸暨望有銀冶東二里有湖塘天寶中令郭密之築溉田二十餘頃餘姚緊武德四年析故章句縣置以縣置姚州七年州廢來屬有風山四明山剡望武德四年以縣置嵊州并析置剡城縣八年州廢省剡城以剡來屬蕭山緊本永興儀鳳二年置天寶元年更名上虞上貞元中析會稽置西北二十七里有任嶼湖寶曆二年令金堯恭置溉田二百頃北二十里有黎湖亦堯恭所置

明州餘姚郡上開元二十六年採訪使齊澣奏以越州之鄮縣置以境有四明山為名土貢吳綾交梭綾海味署預附子戶四萬二千二百七口二十萬七千三十二縣四有上亭戍鄮上武德四年析句章縣置鄞州八年州廢更置鄮縣隸越州開元二十六年析置翁山縣大歷六年省有鹽南二里有小江湖溉田八百頃開元中令王元緯置民立祠祀之東二十五里有西湖溉田五百頃天寶二年令陸南金開廣之西十二里有廣德湖溉田四百頃貞元九年刺史任侗因故迹增修西南四十里有仲夏堰溉田數千頃太和六年刺史于季友築奉化上開元二十六年析鄮置有銅慈溪上開元二十六年析鄮置象山中本隸台州神龍元年析寧海及鄮置廣德二年來屬

衢州信安郡上武德四年析婺州之信安縣置六年沒輔公祏因廢州垂拱二年析婺州之信安龍丘常山復置土貢綿紙竹扇戶六萬八千四百七十二口四十四萬四百一十一縣四西安望本信安武德四年析置定陽縣六年省咸通中更信安曰西安東五十五里有神塘開元五年因風雷摧山偃澗成塘溉田二百頃有銀龍丘緊本太末武德四年置以縣置穀州并置白石縣八年州廢省太末白石入信安貞觀八年析信安復置更名龍丘隸婺州如意元年析置盈川縣證聖二年置武安縣後省武安元和七年省盈川入信安有岑山須江上武德四年析信安置八年省永昌元年復置常山上咸亨五年析信安置隸婺州垂拱二年來屬乾元元年隸信州後復故

處州縉雲郡上本括州永嘉郡天寶元年更郡名大歷十四年更州名土貢綿蠟黃連戶四萬二千九百三十六口二十五萬八千二百四十八縣六麗水上本括蒼武德八年省麗水縣入焉大歷十四年更名有銅出麇章孝義二山東十里有惡溪多水怪宣宗時刺史段成式有善政水怪潛去民謂之好溪有括蒼山松陽上武德中以縣置松州八年州廢來屬有銀出馬鞍山縉雲上聖歷元年析括蒼及婺州之永康置有縉雲山青田中景雲二年析括蒼置遂昌上武德八年省入松陽景雲二年復置龍泉中乾元二年析遂昌松陽置

婺州東陽郡上土貢綿葛紵布藤紙漆赤松澗米香秔葛粉黃連戶十四萬四千八十六口七十萬七千一百五十二縣七金華望武德八年省長山縣入焉垂拱四年曰金山神龍元年復故名有百沙山金華山有銅義烏緊本烏傷武德四年以縣置綢州因綢巖為名并析置華川縣七年州廢省華川入烏傷更名來屬永康望本縉雲武德四年置麗州八年州廢更名來屬東陽望垂拱二年析義烏置有歌山蘭溪緊咸亨五年析金華置有望雲山大家山武成上本武義天授二年析永康置更名天祐中復曰武義浦陽上天寶十三載析義烏蘭溪及杭州之富陽置

溫州永嘉郡上高宗上元元年析括州之永嘉安固置土貢布柑橘蔗蛟革有永嘉監鹽官戶四萬二千八百一十四口二十四萬一千六百九十縣四永嘉上武德五年以縣置東嘉州并析置永寧安固橫陽樂成四縣貞觀元年州廢省橫陽永寧以永嘉安固隸括州安固上有銅橫陽上大定元年析安固復置樂成上武德七年省入永嘉載初元年復置

台州臨海郡上本海州武德四年以永嘉郡之臨海置土貢金漆乳柑乾薑甲香蛟革飛生鳥戶八萬三千八百六十八口四十八萬九千一十五縣五臨海望武德四年析置章安縣八年省有鐵唐興上本始豐武德四年析臨海置八年省貞觀八年復置高宗上元二年更名有土墻山鼻山天台山黃巖上本永寧高宗上元二年析臨海置天授元年更名有鐵有鹽樂安

上武德四年析臨海置八年省高宗上元二年復置寧海上武德四年析臨海置七年省入章安永昌元年復置有鐵有鹽

福州長樂郡中都督府本泉州建安郡治武德六年別置景雲二年曰閩州開元十三年更州名天寶元年更郡名土貢蕉布海蛤文扇茶橄欖戶三萬四千八十四口七萬五千八百七十六縣十有經略軍有寧海軍至德二載置元和六年廢閩望東五里有海隄太和三年令李茸築先是每六月潮水鹹鹵禾苗多死隄成潴溪水殖稻其地三百戶皆良田侯官緊武德六年置八年省長安二年析閩復置元和三年省五年復置有鹽官西南七里有洪塘浦自石岊江而東經甓瀆至柳橋以通舟楫貞元十一年觀察使王翃開長樂上本新寧武德六年析閩置尋更名元和三年省入福唐五年復置有鹽東十里有海隄太和七年令李茸築立十斗門以禦潮旱則潴水雨則洩水遂成良田福唐上本萬安聖歷二年析長樂置天寶元年更名有鐵連江上本溫麻武德六年析閩置尋更名有鹽東北十八里有材塘貞觀元年築長溪中下武德六年置尋省入連江長安二年復置有鹽古田中下永泰二年析候官尤溪置梅溪中貞元元年析候官置永泰中咸通二年析連江及閩置尤溪中下開元二十九年開山洞置有銀有銅有鐵

建州建安郡上武德四年置土貢蕉花練竹練戶二萬二千七百七十口十四萬二千七百七十四縣五建安上有銀有銅邵武中下本隸撫州武德四年析置綏城縣隸建州七年以邵武來屬貞觀三年置省綏城入焉有銅有鐵浦城緊本吳興武德四年更名唐興後廢入建安載初元年復置天授二年曰武寧神龍元年復曰唐興天寶元年更名建陽上武德四年置八年省入建安垂拱四年復置有武夷山將樂中下武德五年析邵武置隸撫州七年省垂拱四年析邵武及故綏城縣地復置元和三年省五年復置有金泉有金又有銀有鐵

泉州清源郡上本武榮州聖歷二年析泉州之南安莆田龍溪置治南安後治晉江三年州廢縣還隸泉州久視元年復置景雲二年更名土貢綿絲蕉葛戶二萬三千八百六口十六萬二百九十五縣四自州正東海行二日至高華嶼又二日至鼅鼊嶼又一日至流求國晉江上開元八年析南安置北一里有晉江開元二十九年別駕趙頤貞鑿溝通舟楫至城下東一里有尚書塘溉田三百餘頃貞元五年刺史趙昌置名常稔塘後昌為尚書民思之因更名西南一里有天水淮灌田百八十頃太和二年刺史趙棨開有鹽南安緊武德五年以縣置豐州并析置莆田縣貞觀元年州廢二縣來屬有鹽有鐵莆田上武德五年析南安置西一里有諸泉塘南五里有洩潟塘西南二里有永豐塘南二十里有橫塘東北四十里有顏洋塘東南二十里有國清塘溉田總千二百頃並貞觀中置北七里有延壽陂溉田四百餘頃建中年置仙遊中本清源聖歷二年析莆田置天寶元年更名

汀州臨汀郡下開元二十四年開福撫二州山洞置治新羅大歷四年徙治白石皆長汀縣地土貢蠟燭戶四千六百八十口萬三千七百二縣三長汀中下有銅有鐵寧化中下本黃連天寶元年更名有銀有鐵沙中下本隸建州武德四年置後省入建安永徽六年復置大歷十二年來屬有銅有鐵

漳州漳浦郡下垂拱二年析福州西南境置以南有漳水為名并置漳浦懷恩二縣初治漳浦開元四年徙治李澳川乾元二年徙治龍溪土貢甲香鮫革戶五千八百四十六口萬七千九百四十縣三龍溪中下本隸泉州後隸武榮州開元二十九年來屬龍巖中下開元二十四年置隸汀州大歷十二年來屬漳浦中下開元二十九年省懷恩縣入焉有梁山

右東道採訪使治蘇州

宣州宣城郡望土貢銀銅器綺白紵絲頭紅毯兔褐簟紙筆署預黃連碌青有鉛坑一戶十二萬一千二百四口八十八萬四千九百八十五縣八有采石軍乾元二年置元和六年廢宣城望武德三年析置懷安縣六年省東十六里有德政陂引渠溉田二百頃大歷二年觀察使陳少遊置有敬亭山當塗緊武德三年以縣置南州八年州廢來屬貞觀元年省丹陽縣入焉乾元元年隸昇州上元二年復來屬武山有采石戍有銅有鐵涇緊武德三年以縣置徐州尋更名猷州并置南陽安吳二縣八年州廢省南陽安吳以涇來屬廣德緊本綏安武德三年以縣置桃州并置桐陳懷德二縣七年州廢省桐陳懷德以綏安來屬至德二載更名有橫山南陵望武德四年隸池州州廢來屬後析置義安縣又廢義安為銅官冶利國山有銅有鐵鳳凰山有銀有大農陂溉田千頃元和四年寧國令范某因廢陂置為石堰三百步水所及者六十里有永豐陂在青弋江中咸通五年置有鶻頭鎮兵有梅根宛陵二監錢官太平上天寶十一載析當塗涇置大歷中省永泰中復置寧國緊武德三年析宣城置六年省天寶三載析宣城當塗復置有銀旌德上寶應二年析太平置

歙州新安郡上土貢白紵簟紙黃連戶三萬八千三百二十口二十四萬九千一百九縣六歙緊東南十二里有呂公灘本車輪灘湍悍善覆舟刺史呂季重以俸募工鑿之遂成安流休寧上永泰元年盜方清陷州州民拒賊保于山險二年賊平因析置歸德縣大歷四年省黟上績溪中下本北野永徽五年析歙置後更名有銀有鉛婺源上開元二十八年析休寧置祈門中下永泰二年平方清因其壘析黟及饒州之浮梁置西四十里有武陵嶺元和中令路旻鑿石為盤道西南十三里有閶門灘善覆舟旻開斗門以平其隘號路公溪後斗門廢咸通三年令陳甘節以俸募民穴石積木為橫梁因山派渠餘波入于乾溪舟行乃安

池州上武德四年以宣州之秋浦南陵二縣置貞觀元年州廢縣還隸宣州永泰元年復析宣州之秋浦青陽饒州之至德置土貢紙鐵有鉛坑一縣四秋浦緊有烏石山廣德初盜陳莊方清所據有銀有銅青陽上天寶元年析涇南陵秋浦置有銅有銀至德中至德二載析鄱陽秋浦置隸潯陽郡乾元元年隸饒州石埭中永泰二年析青陽秋浦置

洪州豫章郡上都督府土貢葛絲布梅煎乳柑有銅坑一戶五萬五千五百三十口三十五萬三千二百三十一縣七有南昌軍乾元二年置元和六年廢南昌望本豫章武德五年析置鍾陵縣又置南昌縣以南昌置孫州八年州廢又省南昌鍾陵寶應元年更豫章曰鍾陵貞元中又更名縣南有東湖元和三年刺史韋丹開南塘斗門以節江水開陂塘以溉田豐城上天祐中曰吳皐高安望本建城武德五年更名以縣置靖州又置望蔡華陽宜豐陽樂四縣七年曰米州又更名筠州八年州廢省華陽望蔡宜豐陽樂以高安來屬有米山建昌緊武德五年置南昌州又析置龍安永脩新吳三縣八年州廢省永脩龍安新吳以建昌來屬南一里有捍水堤會昌六年攝令何易于築西二里又有隄咸通二年令孫永築新吳上永淳二年析建昌復置武寧上長安四年析建昌置景雲元年曰豫寧寶應元年復故名分寧上貞元十五年析武寧置

江州潯陽郡上本九江郡天寶元年更名土貢葛紙碌生石斛戶萬九千二十五口十萬五千七百四十四縣三有湖口湓城二戍潯陽緊本湓城武德四年更名又別析置湓城縣五年析湓城置楚城縣八年省湓城貞觀八年省楚城南有甘棠湖長慶二年刺史李渤築立斗門以蓄洩水勢東有秋水隄太和三年刺史韋珩築西有斷洪隄會昌二年刺史張又新築以窒水害有銀有銅有廬山彭蠡湖一名宮亭湖彭澤上武德五年置浩州又析置都昌樂城二縣八年州廢省樂城以彭澤都昌隸江州有銅都昌上南一里有陳令塘咸通元年令陳可夫築以阻潦水

鄂州江夏郡緊土貢銀碌紵布有鳳山監錢官戶萬九千一百九十口八萬四千五百六十三縣七有武昌軍元和元年置江夏望有鐵永興緊有銅有鐵北有長樂堰貞元十三年築武昌緊有樊山有銀有銅有鐵蒲圻上唐年上天寶二年開山洞置漢陽中本沔州漢陽郡武德四年以沔陽郡之漢陽汊川二縣置寶應二年以安州之孝昌隸之建中二年州廢四年復置元和三年省孝昌寶歷三年州又廢二縣來屬汊川中武德四年析漢陽置

岳州巴陵郡中本巴州武德六年更名土貢紵布鼈甲戶萬一千七百四十口五萬二千九百十八縣五巴陵上有鐵有洞庭山在洞庭湖中華容上垂拱二年更名容城神龍元年復故名橋江中本沅江乾寧中更名湘陰中下武德八年省羅縣入焉昌江中下神龍三年析湘陰置

饒州鄱陽郡上土貢麩金銀簟茶有永平監錢官有銅坑三戶四萬八百九十九口二十四萬四千三百五十縣四鄱陽上武德四年析置廣晉縣隸浩州八年州廢省縣入焉縣東有邵父隄東北三里有李公隄建中元年刺史李復築以捍江水東北四里有馬塘北六里有土湖皆刺史馬植築餘干上武德四年置玉亭長城二縣七年省玉亭入長城八年省長城入餘干有神山樂平上武德四年置九年省後復置有金有銀有銅有鐵浮梁上本新平武德四年析鄱陽置八年省開元四年復置曰新昌天寶元年更名

虔州南康郡上土貢絲布紵布竹練石蜜梅桂子斑竹戶三萬七千六百四十七口二十七萬五千四百一十縣七有猶口鎮兵有百丈戍贛上虔化上有梅嶺山南康上有錫有大庾山雩都上有金天祐元年置瑞金監有君山有殷山信豐上本南安永淳元年析南康置天寶元年更名大庾中神龍元年析南康置有鉛錫有橫浦關安遠中貞元四年析雩都置有鐵有錫

吉州廬陵郡上土貢絲葛紵布陟釐斑竹戶三萬七千七百五十二口三十三萬七千三十二縣五廬陵緊太和上武德五年置南平州并置永新廣興東昌三縣八年州廢省永新廣興東昌入太和來屬有玉山安福上武德五年以縣置潁州七年州廢來屬新淦上永新上顯慶二年析太和置

袁州宜春郡上土貢白紵有銅坑一戶二萬七千九十三口十四萬四千九十六縣三宜春上有宜春泉醞酒入貢西南十里有李渠引仰山水入城刺史李將順鑿有鐵萍鄉上新喻上本作渝天寶後相承作喻

信州上乾元元年析饒州之弋陽衢州之常山玉山及建撫之地置土貢葛粉有玉山監錢官有銅坑一鉛坑一縣四上饒緊武德四年置隸饒州七年省入弋陽乾元元年復置并置永豐縣元和七年省永豐入焉有金有銀有鐵有鉛弋陽上有銀貴溪中永泰元年析弋陽置玉山上證聖二年析常山須江及弋陽置有銀

撫州臨川郡上土貢金絲布葛竹箭朱橘戶三萬六百一口十七萬六千三百九十四縣四臨川上有金有銀南城上武德五年析置永城東興二縣七年省崇仁上武德五年析置宜黃縣八年省南豐上景雲二年析南城置先天二年省開元八年復置

潭州長沙郡中都督府土貢絲葛絲布木瓜戶三萬二千二百七十二口十九萬二千六百五十七縣六有府一曰長沙有淥口花石二戍有橋口鎮兵長沙望有金湘潭緊本隸衡州元和後來屬有衡山湘鄉緊武德四年析衡山置益陽上武德四年析置新康縣七年省永泰元年都督翟灌自望浮驛開新道經浮丘至湘鄉醴陵中武德四年析長沙置有王喬山瀏陽中景龍二年析長沙置

衡州衡陽郡上本衡山郡天寶元年更名土貢麩金綿紙戶三萬三千六百八十八口十九萬九千二百二十八縣六有戍分洞口平陽三戍衡陽緊本臨烝武德四年置七年省重安新城二縣入焉開元二十年更名衡山上本隸潭州神龍三年來屬有南岳衡山祠常寧中下本新寧天寶元年更名攸中武德四年置南雲州又析置茶陵安樂陰山新興建寧五縣貞觀元年州廢省茶陵安樂陰山新興建寧以攸來屬茶陵中聖歷元年析攸因故縣復置耒陽上本耒陰武德四年更名

永州零陵郡中土貢葛筍零陵香石蜜石鷰戶二萬七千四百九十四口十七萬六千一百六十八縣四有麻田鎮兵有雷石廬洪二戍零陵上祁陽上武德四年析零陵置貞觀元年省四年復置有鐵湘源上有金有鐵灌陽中蕭銑析湘源置武德七年省上元二年復置

道州江華郡中本營州武德四年以零陵郡之營道永陽二縣置五年曰南營州貞觀八年更名十七年州廢入永州上元二年復置土貢白紵零陵香犀角戶二萬二千五百五十一口十三萬九千六十三縣五弘道上本營道天寶元年更名延唐上本梁興蕭銑析營道置銑平更名唐興長壽二年曰武盛神龍元年復曰唐興天寶元年又更名有鐵江華中武德四年析賀州之馮乘縣置文明元年曰雲溪神龍元年更名有錫永明中本永陽貞觀八年省入營道天授二年復置天寶元年更名有銀有鐵大歷中大歷二年析延唐置

郴州桂陽郡上土貢赤錢紵布絲布有桂陽監錢官戶三萬三千一百七十五縣八郴上有馬嶺山義章中下蕭銑析郴置武德七年省八年復置有銀有銅有鉛平陽上資興上本晉興貞觀八年省咸亨二年復置更名高亭中下本安陵開元十三年析郴置天寶元年更名義昌中下臨武中下如意元年曰隆武神龍元年復故名藍山上本南平咸亨二年置天寶元年更名

邵州邵陽郡下本南梁州武德四年析潭州之邵陽置并置邵陵建興二縣貞觀十年更名土貢銀犀角戶萬七千七十三口七萬一千六百四十四縣二邵陽上武德七年省邵陵縣入焉有文斤山武岡中本武攸武德四年更名七年省建興縣入焉

右西道採訪使治洪州

黔州黔中郡下都督府本黔安郡天寶元年更名土貢犀角光明丹沙蠟戶四千二百七十口二萬四千二百四縣六彭水上武德元年析置都上石城二縣二年又析置盈隆洪杜相永萬資四縣貞觀四年

以相承萬資置費州都上置夷州十年以夷州之高富來屬十一年以高富隸夷州有隴黔江中下本石
城天寶元年更名洪杜中下洋水中下本盈隆先天元年曰盈川天寶元年更名信寧中下
本信安武德二年更名隸義州貞觀十一年州廢來屬都濡中下貞觀二十年析盈隆置
辰州盧溪郡中都督府本沅陵郡天寶元年更名土貢
光明丹沙犀角黃連黃牙戶四千二百四十一口二萬
八千五百五十四縣五沅陵上盧溪中下武德三年析沅陵置有武山
漵浦上武德五年析辰溪置麻陽中下武德三年析沅陵辰溪置垂拱四年析置龍門縣尋省有
丹穴長溪中
錦州盧陽郡下垂拱二年以辰州麻陽縣地及開山洞
置土貢光明丹沙犀角戶二千八百七十二口萬四千
三百七十四縣五盧陽中下招諭中下渭陽中下常豐中下本萬安天
寶元年更名洛浦中下本隸溪州天授二年析辰州之大鄉置長安四年來屬
施州清化郡下本清江郡天寶元年更名土貢麩金犀
角黃連蠟藥實戶三千七百二口萬六千四百四十四
縣二清江中下義寧元年置開夷縣武德元年省入焉建始中下義寧二年置業州貞觀八
年州廢來屬
敍州潭陽郡下本巫州貞觀八年以辰州之龍標縣置
天授二年曰沅州開元十三年以沅原聲相近復為巫
州大歷五年更名土貢麩金犀角戶五千三百六十八
口二萬二千七百三十八縣三龍標上武德七年置貞觀八年析置夜郎
郎溪思微三縣九年省思微朗溪中下潭陽中下先天二年析龍標置
獎州龍溪郡下本舞州長安四年以沅州之夜郎渭溪
二縣置開元十三年以舞武聲相近更名鶴州二十年
曰業州大歷五年又更名土貢麩金犀角蠟戶千六百
七十二口七千二百八十四縣三峨山中下本夜郎天寶元年更名
渭溪中下天授二年析夜郎置梓薑中下本隸充州天寶三載廢為羈縻州以縣來屬
夷州義泉郡下本隋明陽郡地武德四年以思州之寧
夷縣置貞觀元年州廢四年復以黔州之都上縣開南
蠻置十一年徙治綏陽土貢犀角蠟燭戶千二百八十
四口七千一十三縣五綏陽中下有綏陽山都上中下義泉中下本隸
明陽郡武德二年以信安義泉綏陽三縣置義州并置都牢洋川二縣五年曰智州貞觀四年省都牢五年以州廢以州之樂安宜林芙蓉琊川四縣隸之後又省廢夷州之綏養十一年州徙治義泉十六年州廢省綏養樂安宜林以綏陽義泉洋川隸夷州
川來屬芙蓉琊川隸播州洋川下寧夷中下武德四年析置夜郎神泉豐樂綏養雞翁伏遠明陽高富思義丹川宜慈岳十二縣六年省雞翁及州廢省夜郎神泉豐樂以寧夷伏遠明陽高富丹川隸務州宜慈宜岳隸涪州以綏養隸智州貞觀六年復置雞翁縣來屬十一年又以高富來屬禾徵後省雞翁高富開元二十五年復以寧夷來屬
播州播川郡下本郎州貞觀九年以隋牂柯郡之牂柯
縣置十一年廢十三年復置更名土貢斑竹戶四百九
十口二千一百六十八縣三遵義中下本恭水貞觀元年以牂柯地置并置
高山貢山柯盈邪施釋燕五縣及郎州廢縣亦省十三
年復置州亦復置縣十四年更恭水曰羅蒙高山曰舍
月貢山曰湖江柯盈曰帶水邪施曰羅為釋燕曰湖刀十六年[illegible]羅為入焉芙蓉中下帶水下中
思州寧夷郡下本務州武德四年以隋巴東郡之務川
扶陽置貞觀四年更名土貢蠟戶千五百九十九口萬
二千二十一縣三務川中下武德四年置貞觀元年以高富丹川及廢思州丹陽隸之尋省思王多田二縣以高富隸夷州伏遠思義明陽王多田隸務州省感化十年十一年省伏遠思王扶陽中下思邛中下開元四年以生獠置
費州涪川郡下貞觀四年析思州之涪川扶陽開南蠻
置土貢蠟戶四百二十九口二千六百九縣四涪川下中多田中下武德四年招慰生獠置城樂中下多田中下武德年隸務州
南州南川郡下武德二年開南蠻置三年更名僰州四
年復故名土貢斑布戶四百四十三口二千四十三縣
二南川中下三溪中下化隆巫升溪巫靈木先天元年置當山皆省
溪州靈溪郡下天授二年析辰州置土貢丹沙犀角茶
牙戶二千一百八十四口萬五千二百八十二縣二大
鄉上三亭中下
溱州溱溪郡下貞觀十六年開山洞置土貢文龜斑布
丹沙戶八百七十九口五千四十五縣五榮懿中下貞觀十六年開山洞置珍州六年并扶歡中下夜郎中下麗皐下樂源下中

右黔中採訪使治黔州

唐書卷四十一考證
地理志五江南東道蘇州華亭○舊書無華亭縣
江南西道歙州○舊書屬江南東道

唐書卷四十二

宋　翰　林　學　士　歐　陽　修　撰

志第三十二

地理志

劍南道蓋古梁州之域漢蜀郡廣漢犍為越嶲益州牂
柯巴郡之地總為鶉首分為府一都護府一州二十八
縣百八十九其名山岷峨青城鶴鳴其大川江涪雒西
漢厥賦絹綿葛紵厥貢金布絲葛羅綾綿紬羚角氂尾
成都府蜀郡赤至德二載曰南京為府上元元年罷京
土貢錦單絲羅高杼布麻蔗糖梅煎生春酒戶十六萬
九百五十口九十二萬八千一百九十九縣十有府三曰威遠
歸德二江有天征軍本天威乾元二年置元和三年更名成都次赤有江瀆祠北十八里有萬歲池天寶
中長史章仇兼瓊築隄積水溉田南百步有官源渠隄百餘里天寶二載令獨孤戒盈築華陽次赤本蜀
縣貞觀十七年析成都置乾元元年更名新都次畿武德二年析成都置犀浦次畿垂拱二年析成都置新繁次畿雙流次畿本廣都仁壽元年更名有新源水開元二十三年長史章仇兼瓊因蜀王秀故渠開通漕西山竹木郫次畿溫江次畿本萬春武德三年置貞觀元年更名
靈池次畿本東陽久視元年置天寶元年更名
彭州濛陽郡緊垂拱二年析益州置土貢段羅交梭戶
五萬五千九百二十二口三十五萬七千三百八十七
縣四有府二曰天水唐興有威戎軍有羊灌田朋管三守捉城有七盤安遠龍溪三城有當風戍有靜塞關九隴望武德三年以九隴綿竹導江置濛州貞觀二年州廢縣皆來屬武后時長史劉易從決唐昌沲江鑿川派流合堋口埌岐水溉九隴唐昌田民為立祠有萬積山濟沲山水陽平山導江望本盤龍武德元年以故汶山置尋更名貞觀中曰灌寧開元中復為導江有侍郎堰其東百丈堰引江水以溉彭益田龍朔中築又有小堰長安初築西有蠶崖關有峨山五壘山有鎮靜軍開元中置有白沙守捉城有木瓜戍三奇成唐昌望儀鳳二年析九隴導江郫置長壽二年曰周昌神龍元年復故名濛陽緊儀鳳二年析九隴什邡雒置
蜀州唐安郡緊垂拱二年析益州置土貢錦單絲羅花
紗紅藍馬策戶五萬六千五百七十七口三十九萬六
百九十四縣四有府三曰金堰廣逢灌口有鎮靜軍乾符二年節度使高駢置晉原有望
天倉山青城望故作清城開元十八年更名有青城山唐安望本唐隆武德元年置長壽二年曰武隆神龍元年復為唐隆先天元年更名新津望西南二里有遠濟堰分四筒穿渠溉眉州通義彭山之田開元二十八年採訪使章仇兼瓊開有稠梗山本竹山天社山主簿山有鐵
漢州德陽郡上垂拱二年析益州置土貢交梭雙紃彌
牟紵布彩段綾紅藍蜀馬戶六萬九千五口三十萬八
千二百三縣五有府一曰玉津有威勝軍雒望貞元末刺史盧士珵立隄堰溉田四百餘頃德陽緊武德三年析雒置有鹿頭關什邡望武德二年析雒置有李冰祠山緜竹緊有鹿堂山萬安山金堂上咸亨二年析雒新都置有昌利山
嘉州犍為郡中本眉山郡天寶元年更名土貢麩金紫
葛麝香戶三萬四千二百八十九口九萬九千五百九
十一縣八有犍為沐源寺莊牛徑銅山幽灘羅和平戎依名利雲洛川羅護柘林大池雒心龍溪賴泥可陽婆籠馬鞍始婆峨眉等二十二鎮兵龍遊緊平羌中下有鐵有關峨眉上有金有鐵夾江上有鐵玉津中綏山中久視元年析置都縣尋省有綏山羅目中麟德二年開生獠置以縣置沐州高宗上元三年州廢縣亦省儀鳳二年復置來屬有峨眉山犍為中本隸戎州高宗上元元年來屬
眉州通義郡上武德二年析嘉州置土貢麩金柑石蜜
葛粉戶四萬三千五百二十九口十七萬五千二百五
十六縣五通義緊彭山緊本隆山隸陵州貞觀元年省入通義二年復置來屬先天元年更名有通濟大堰一小堰十自新津邛江口引渠南下百二十里至州西南入江溉田千六百頃開元中益州長史章仇兼瓊開丹稜上有龍鵠山有鹽有彭女山洪雅上武德元年以置犍州五年州省以南安置義州并以安入焉貞觀元年州廢來屬開元七年置義州并以戶置南安平鄉二縣八年州廢省二縣以洪雅來屬
青神上太和中榮夷人張武等百餘家請田于青神鑿山灑渠溉田二百餘頃
邛州臨邛郡上武德元年析雅州置顯慶二年徙治臨
邛土貢葛絲布酒杓戶四萬二千一百七口十九萬三
百二十七縣七有府一曰興化南軍寶應元年置臨邛緊有銅有鐵依政
上安仁上武德三年析臨邛依政置貞觀十七年省咸亨元年復置大邑上咸亨二年析益州
之晉原置有鳴鶴山蒲江中下有鹽大和四年以蒲江臨溪隸嶲州後皆復來屬臨溪中下有鐵
火井中下有鎮兵有鹽
簡州陽安郡下武德三年析益州置土貢麩金葛絲紬
柑戶二萬三千六十六口十四萬三千一百九縣三陽
安上有銅有鹽有柘廟山玉女靈山金水上本金淵武德元年更名有銅平泉中
資州資陽郡上本治盤石咸通六年徙治內江七年復
治盤石土貢麩金柑戶二萬九千六百三十五口十萬
四千七百七十五縣八有安定軍盤石中有平岡山崇龕山有鹽北七十里有百
枝池周六十里貞觀六年將軍薛萬徹決東使流資陽上有鹽清溪下本牛鞞天寶元年更名
內江中有鹽月山下義寧二年置龍水中下義寧二年置有鹽銀山下義寧二年置丹
山中貞觀四年置六年省入內江七年復置
嶲州越嶲郡中都督府本治越嶲至德二載沒吐蕃貞
元十三年收復大和五年為蠻寇所破六年徙治臺登
土貢蜀馬絲布花布麩金麝香刀靶戶四萬七百二十
一口十七萬五千二百八十縣九有清溪關大和中節度使李德裕徙于中城西南有昆明軍其西有寧遠軍有新安三阜沙野蘇祁保塞羅山西瀘蛇勇遏戎九城自清溪關南經大定城百一十里至達仕城西南經菁口百二十里至永安城城當箐要衝又南經水口西南度木瓜嶺二百二十里至臺登城又九十里至蘇祁縣又南八十里至嶲州又經沙野二百六十里至羌浪驛又經陽蓬嶺百餘里至俄準添館陽蓬嶺北嶲州境其南南詔境又經菁口會川四百三十里至河子鎮城又三十里渡瀘水又五百四十里至姚州又南九十里至外滂館又百里至佉龍驛與戎州往羊苴咩城路合貞元十四年內侍劉希昂使南詔由此臺登中武德元年隸登州貞觀二年來屬有九子山越嶲中邛部中
蘇祁中西瀘中本可泉天寶元年更名昆明中武德二年置有鹽有鐵和集中貞觀八
年置昌明中貞觀二十二年開松外蠻置牢州及松外尋聲林開三縣永徽三年州廢省三縣入昌明
會川中本邛都高宗上元二年徙于會川因更名有瀘津關
雅州盧山郡下都督府本臨邛郡天寶元年更名土貢
麩金茶石菖蒲落鴈木戶萬八百九十二口五萬四千
一十九縣五有和川始陽靈關安國四鎮兵又有婁山邏臨統塞集重伐謀制勝龍游尼陽八城
嚴道中唐初以州境析置蒙陽長松靈關陽啓嘉良火利六縣武德六年皆省盧山中儀鳳二年置
大渡縣長安二年省有靈關有鹽有銅名山中下有羅棟關百丈中貞觀八年置榮經中下
武德三年置有邛崍山有關有銅有金湯軍乾符二年置并置靜寇軍故延貢地也
黎州洪源郡下都督府大足元年以雅州之漢源飛越
嶲州之陽山置神龍三年州廢縣還故屬開元四年復
置土貢升麻椒麝香牛黃戶千七百三十一口七千六
百七十縣三有洪源軍有定蕃飛越和孤三鎮兵又有武侯廓清銅山肅寧大定要衝潘倉三碉
杖義瑠璃和孤十一城漢源中武德元年以漢源陽山二縣置登州九年州廢二縣來屬貞觀三年隸

嶲州。永徽三年復故。飛越，中。儀鳳二年析漢源置，并置大渡縣，隷雅州。長安二年省。神龍中隷雅州，開元二年還屬。通望，中下。本陽山，隷登州，武德元年析臺登置。州廢，隷雅州，貞觀二年來屬，天寶元年更名。

茂州通化郡，下都督府。本汶山郡，武德元年曰會州，四年曰南會州，貞觀八年更州名。天寶元年更郡名。土貢：麩金、丹砂、麝香、狐尾、羌活、當歸、乾酪。戶二千五百一十，口萬五千二百四十二。縣四：有威戎軍。汶山，中。有龍泉山、岷山。汶川，中下。有古桃關。石泉，中下。貞觀八年置，永徽二年省北川縣入焉。有石紐山。通化。下。

翼州臨翼郡，下。武德元年析會州之左封、翼針置，咸亨三年僑治悉州之悉唐，上元二年還治翼針。土貢：犛牛尾、麝香、白蜜。戶七百一十一，口三千六百一十八。縣三：有峨和、白岸、都護、新鼎四城，有合江、毅旅三守捉，城東有登溪、潛渚、清溪、吉超五鎮兵。衛山，中下。本翼針，天寶元年更名。翼水，下。峨和。下。

維州維川郡，下。武德七年以白狗羌戶於姜維故城置，并置金川、定廉二縣。貞觀元年以羌叛，州廢，縣亦省。二年復置。麟德二年自羈縻州為正州。儀鳳二年以羌叛，復降為羈縻州。垂拱三年復為正州。廣德元年沒吐蕃，太和五年收復，尋棄其地。大中三年首領以州內附。土貢：麝香、犛牛尾、羌活、當歸。戶二千一百四十二，口三千一百九十八。縣三：有通化軍，有乾溪、白望、暗桶、赤鼓、溪石、梯達、節鴿、口賓、臺駱、它九守捉城。西山南路有通耳、瓜平、乾溪、依備、箭上、谷口六守捉城，又有符堅城，有寧塞、姜維二鎮兵。薛城，中下。貞觀二年置，又析置鹽溪縣，永徽元年省入定廉。有鹽。通化，中下。本小封，咸亨二年以生羌戶於故金川縣地置，後更名。歸化，下。

戎州南溪郡，中都督府。本犍為郡，治南溪，貞觀中徙治僰道。天寶元年更名。長慶中復治南溪。土貢：葛、纖、荔枝煎。戶四千三百五十九，口萬六千三百七十五。縣五：有石門、龍朔、和戎、馬湖、移風、伊祿、義賓、可封、泥溪、開邊、平寇十一鎮兵，有奮戎城，乾符二年置。南溪，中。有平蓋山。僰道，中。義賓，中下。本犍為，武德二年省，天寶元年更名，又省撫夷縣入焉。開邊，中下。貞觀四年以石門、朱提三縣置南通州，五年析置鹽泉縣以隷之，八年曰賢州，是年州廢，以石門、朱提、鹽泉、撫夷縣及開邊隷戎州，南七十里至曲州，又四百八十里至石門鎮，隋開皇五年率益漢二州兵所開，又經鄧枕山、馬鞍渡二百二十五里至阿傍部落，又經蒙夔山百九十里至阿夔部落，又百八十里至諭官川，又經薄𡹴川百五十里至界江山下，又經荊溪谷、激沫池三百二十里至湯麻頓，又二百五十里至柘東城，又經安寧井三百九十里至曲水，又經石鼓二百二十里渡石門至佉龍驛，又六十里至雲南城，又八十里至白崖城，又八十里至龍尾城，又四十里至羊苴咩城。貞元十年，詔祠部郎中袁滋與內給事劉貞諒使南詔，由此。歸順，中下。聖曆二年析僰道縣地以生獠戶置。

姚州雲南郡，下。武德四年以漢雲南縣地置。土貢：麩金、麝香。戶三千七百。縣三：有澄川、南江二守捉城。白嶲州南至西瀘，經陽蓬、鹿谷、替口、會川四百五十里至瀘州，乃南渡瀘水，經褒州、微州三百五十里至姚州。州西距羊苴咩城三百里，東南距安南水陸二千里。姚城，下。故漢弄棟縣地。瀘南，下。本長城，垂拱元年置，天寶初更名。有蔥山。長明。下。

松州交川郡，下都督府。武德元年以扶州之嘉誠會州之交川置，以地產甘松名。廣德元年沒吐蕃，其後松、當、悉、靜、柘、恭、保、真、霸、乾、維、翼等為行州，以部落首領世為刺史、司馬。土貢：蠟、朴硝、麝香、狐尾、當歸、羌活。戶千七十六，口五千七百四十二。縣四：有松當軍，武后時置。嘉誠，下。交川，下。平康，下。本隷當州，垂拱元年析交川及當州之通軌、翼針置，天寶元年隷松州。鹽泉。下。

當州江源郡，下。貞觀二十一年以羌首領董和那蓬固守松州功，析松州之通軌縣置，以地產當歸名。土貢：麩金、酥、麝香、當歸、羌活。戶二千一百四十六，口六千七百一十三。縣三：通軌，中下。貞觀三年置。利和，下。顯慶二年析通軌置。谷和，下。文明元年開生羌置，并置平唐縣，後省。有常售山。

悉州歸誠郡，下。顯慶元年以當州之左封置，并置悉唐、識臼二縣，治悉唐。咸亨元年徙治左封。儀鳳二年羌叛，僑治當州，俄徙治左封。土貢：麩金、麝香、犛牛尾、當歸、柑。戶八百一十六，口三千九百一十四。縣二：左封，中。本隷會州，武德元年隷翼州，三年省，貞觀四年復置，二十一年隷當州。歸誠，下。垂拱二年析左封置。

靜州靜川郡，下。本南和州，儀鳳元年以悉州之悉唐置，天授二年更名。土貢：麝香、犛牛尾、當歸、羌活。戶千五百七十七，口六千六百六十九。縣三：悉唐，中。靜居，中。清道，下。

柘州蓬山郡，下。顯慶三年開置。土貢：麝香、當歸、羌活。戶四百九十五，口二千二百二十。縣二：柘，下。喬珠，下。

恭州恭化郡，下。開元二十四年以靜州之廣平置。土貢：麝香、當歸、升麻、羌活。戶千一百八十九，口六千二百二十三。縣三：西南有平戎軍。和集，下。本廣平，天寶元年更名。博恭，下。開元二十四年析廣平置。烈山，下。開元二十四年析廣平置。

保州天保郡，下。本奉州雲山郡，開元二十八年以維州之定廉置。天寶八年徙治天保軍，更郡名。廣德元年沒吐蕃。乾元元年嗣歸誠王董嘉俊以郡來歸，更州名，後又更名古州，其後復為保州。土貢：麩金、麝香、犛牛尾。戶千二百四十五，口四千五百三十六。縣四：有天保軍。定廉，下。武德七年置，永徽元年省維州之鹽溪縣入焉。歸順，下。天寶八載析定廉置。雲山，下。天寶八載析定廉置。安居，下。

眞州昭德郡，下。天寶五載析臨翼郡置。土貢：麝香、大黃。戶六百七十六，口三千一百四十七。縣四：眞符，中下。天寶五載析雞川、昭德置。雞川，中下。先天元年析翼水縣地，開生獠置，本隷悉州，天寶元年隷翼州。昭德，下。本識臼，顯慶元年開生獠置，隷悉州，天寶元年隷翼州。昭遠，中下。

霸州靜戎郡，下。天寶元年招附生羌置。戶五百七十一，口千八百六十一。縣四：安信，下。牙利，中。保寧，中。歸化。中。

乾州，下。大曆三年開西山置。縣二：招武，下。寧遠。下。

梓州梓潼郡，下。本新城郡，天寶元年更名。土貢：紅綾、絲布、柑、蔗糖、橘皮。戶六萬一千八百二十四，口二十四萬六千六百五十二。縣九：郪，望。有鹽。射洪，上。通泉，緊。大曆二年隷遂州，後復來屬。有鹽。玄武，上。有鹽。鹽亭，上。有鹽，有負戴山。飛烏，[illegible]之黃[illegible]。銅山，中。南有可象山。[illegible]涪城，緊。本[illegible]隷綿州[illegible]來屬。有鹽。[illegible]堂山。

遂州遂寧郡，中都督府。土貢：樗蒲綾、絲布、天門冬。戶三萬五千六百三十二，口十萬七千七百一十六。縣五：有靜戎軍。方義，望。長江，中。有鹽。蓬溪，中。本唐興，永淳元年析[illegible]置，長壽二年曰武豐，神龍元年復故名，天寶元年更名。遂寧，中。故廣漢縣地[illegible]安縣，先天[illegible]。有化鹽池。青石，中。

綿州巴西郡，上。本金山郡，天寶元年更名。土貢：鏤金銀器、麩金、輕容、雙紃綾、錦[illegible]。戶六萬五千六十六，口二十六萬三千三百五十二。縣八：巴西，望。南六里有廣[illegible]。[illegible]昌明，[illegible]。有鹽。魏城，上。[illegible]羅江，中。本萬安[illegible]。神泉，[illegible]。龍安，[illegible]。西昌，[illegible]。鹽泉。[illegible]

劍州普安郡，上。本始州，先天二年更名。土貢：麩金、絲布、蘇薰席、葛粉。戶二萬三千五百一十，口十萬四百五十。縣八：普安，上。[illegible]永歸，中下。梓潼，上。有亮山、神山。陰平，中。[illegible]二年析[illegible]又[illegible]。劍門，[illegible]。臨津，上。武連，中。[illegible]黃安，[illegible]。

合州巴川郡，中。本涪陵郡，天寶元年更名。土貢：麩金、葛、桃竹箸、雙陸子、書筒、橙、牡丹、藥實。戶六萬六千八百一十四，口十萬七千二百二十。縣六：石鏡，上。有鐵。新明，中。武德二年析石鏡置。有鐵。漢初，中。赤水，中。巴川，[illegible]。銅梁。中。長安[illegible]。

龍州應靈郡，中都督府。本平武郡，西龍州。義寧二年曰龍門郡，又曰西龍門郡。貞觀元年曰龍門州，初為羈縻，屬茂州，垂拱中為正州。天寶元年曰江油郡，至德二載更郡名，乾元元年更州名。土貢：麩金、酥、羚羊角、葛粉、厚朴、附子、天雄、側子、烏頭。戶二千九百九十二，口四千二百二十八。縣二：江油，望。[illegible]清川，中下。本武[illegible]烏盤，天寶元年更名。

普州安岳郡，中。武德二年析資州置。土貢：雙紃、葛布、柑、天門冬。戶二萬五千六百九十三，口七萬四千六百九十二。縣六：安岳，上。有鹽。安居，中下。大曆二年隷遂州，後復來屬。有鹽。普慈，中。樂至，中。武德三年置。有鹽。普康，中下。本隆康，先天元年更名。有鹽。崇龕，中。本龍龕，武德三年置，先天元年更名。

渝州南平郡，下。本巴郡，天寶元年更名。土貢：葛、藥實。戶六千九百九十五，口二萬七千六百八十五。縣五：巴，中下。有鹽。江津，中下。萬壽，中下。本萬春，武德三年析江津置，五年更名。南平，中下。貞觀四年析巴縣置南平州，并置南平、清谷、周泉、昆川、和山、白溪、瀛山七縣，八年曰霸州，十三年州廢，省清谷、周泉、昆川、和山、白溪、瀛山，以南平來屬。璧山，中下。至德二載析巴、江津、萬壽置。有鹽。

陵州仁壽郡，本隆山郡，天寶元年更名。土貢：麩金、鵝溪絹、細葛、續隨、苦藥。戶三萬四千七百二十八，口十萬一百二十八。縣五：仁壽，望。有鹽。有高城山。貴平，中。有鹽。井研，中。有井鑊山。始建，中下。有鹽。籍，上。永徽四年析貴平置。東五里有漢陽堰，武德初引漢水溉田二百頃，後廢，文明元年令陳充復置，後又廢。有鹽。

榮州和義郡，中。武德元年析資州置，治公井，六年徙治大牢，永徽二年徙治旭川。土貢：紬、班布、葛、利鐵、柑。戶五千六百三十九，口萬八千二十四。縣六：有威遠軍。旭川，中下。貞觀元年析大牢置。應靈，中下。本大牢，景龍二年省雲州及羅木、雲川、湖連三縣入焉，天寶元年更名。有鹽。公井，中下。本隷嘉州，武德元年置。有鹽。資官，中下。六年來屬。有鹽。有鐵。威遠，中下。貞觀元年析置婆日、至如二縣，二年以瀘州之隆越來屬，八年省婆日、至如、隆越入焉。有鹽。和義，中下。本隷瀘州，貞觀八年來屬。

昌州，下都督府。乾元二年析資、瀘、普、合四州之地置，治昌元。大曆六年州縣廢，其地各還故屬。十年復置。光啓元年徙治大足。土貢：麩金、麝香。縣四：大足，下。本合州巴川地。靜南，中。昌元，上。永川。下。本渝州璧山縣地。有鐵。

瀘州瀘川郡，下都督府。土貢：麩金、利鐵、葛、布、斑布。戶萬六千五百九十四，口六萬五千七百一十一。縣五：瀘川，中。貞觀八年析置涇南縣，後省。富義，中。本富世，武德九年省來鳳縣入焉，貞觀二十三年更名。江安，中。貞觀元年以夷獠戶置思隷、思逢、施陽三縣，八年省施陽，十三年省思隷、思逢入焉。有鹽。合江，中。綿水。中。

保寧都護府，天寶八載以劍南之索磨川置，領牂柯、吐蕃。

右劍南採訪使，治益州。

唐書卷四十二考證

地理志六劍南道黎州漢源注：武德元年以漢源、陽山二縣置登州，九年州廢，二縣來屬。○沈炳震曰：按武德時無黎州，不當云來屬。

通望注：貞觀二年來屬。○沈炳震曰：按貞觀時無黎州，不當云來屬。

羈州峨和○舊書無峨和又維州之歸化靜州之清道舊書俱無

保州安居○舊書無安居又眞州之昭遠覇州之牙利保寧歸化舊書俱無

乾州○舊書無

渝州南平郡○舊書屬山南西道

璧山○舊書無

昌州○舊書無

唐書卷四十三上

宋　翰　林　學　士　歐　陽　脩　撰

志第三十三上

地理志

嶺南道蓋古揚州之南境漢南海鬱林蒼梧珠崖儋耳交趾合浦九眞日南等郡韶廣康端封梧藤羅雷崖以東爲星紀分桂柳鬱林富昭蒙龔繡容白羅而西及安南爲鶉尾分爲州七十有三都護府一縣三百一十四其名山黃嶺靈洲其大川桂鬱厥賦蕉紵落麻厥貢金銀孔翠犀象綵藤竹布

廣州南海郡中都督府土貢銀藤簟竹席荔支鼊皮鼈甲蚺蛇膽石斛沈香甲香詹糖香戶四萬二千二百三十五口二十二萬一千五百縣十三有府二曰綏南番禺有經略軍屯門鎮兵南海上有南海祠山峻水深民不井汲都督劉巨鱗始鑿井四有牛鼻鎮兵有赤崖紫石二戍有靈洲山在鬱水中番禺上增城中四會中武德五年以四會化蒙二縣置南綏州并析置新招化注化穆三縣貞觀元年省新招化注以廢威州之懷集廢齊州之洊安隸之八年更名湞州十三年州廢省化穆以四會化蒙懷集洊安來屬化蒙中有鉛穴一懷集中武德五年置威州并析置興平霍清威成三縣貞觀元年州廢省興平霍清威成入懷集開元二年省永固縣入焉有鉛山有鐵洊水中本洊安武德五年置齊州并析置宣樂宋昌二縣貞觀元年州廢省宣樂宋昌入洊安至德二載更名東莞中本寶安至德二載更名有鹽有黃嶺山清遠中武德六年省政賓縣入焉洽洭中武德五年以洽洭湞陽二縣置洭州并析置翁源縣貞觀元年州廢以翁源隸韶州洽洭湞陽來屬湞陽中本眞陽貞觀元年更名有鐵西南有洭浦故關新會中武德四年以南海郡之新會義寧二縣置岡州新會郡以地有金岡故名州并析置封平封樂二縣貞觀十三年州廢省封平封樂以新會義寧來屬是年復以新會義寧置岡州又析義寧置封樂縣後省封樂開元二十三年州廢以新會義寧復來屬有鹽義寧中

韶州始興郡下本番州武德四年析廣州之曲江始興樂昌翁源置尋更名東衡州貞觀元年又更名土貢竹布鍾乳石斛戶三萬一千口十六萬八千九百四十八縣六曲江上武德四年置臨瀧良化二縣貞觀八年省始興下有大庾嶺新路開元十六年詔張九齡開東北有安遠鎮兵樂昌下翁源下仁化下本隸廣州垂拱四年析曲江置後來屬湞昌下光宅元年析始興置

循州海豐郡下本龍川郡天寶元年更名土貢布五色藤盤鏡匣蚺蛇膽甲煎鮫革荃臺綏草戶九千五百二十五縣六歸善中下貞觀元年省龍川縣入焉博羅中下貞觀元年省羅陽縣入焉河源中下武德五年析置石城縣貞觀元年省海豐中下武德五年析置陸安縣貞觀元年省興寧貞觀元年省齊昌縣入焉雷鄉中下天授二年置

潮州潮陽郡下本義安郡土貢蕉鮫革甲香蚺蛇膽鼊石井銀石水馬戶四千四百二十口二萬六千七百四十五縣三海陽中下有鹽潮陽中下永徽初省先天初復置程鄉中下

康州晉康郡下本南康州武德六年析端州之端溪置九年州廢貞觀元年復置十一年又廢十二年復置更名康州土貢金銀戶萬五百一十口萬七千二百一十九縣四端溪下武德五年析置博林無納縣後省晉康下本遂安至德二載更名悅城下本樂城隸端州武德五年來屬後更名都城下

瀧州開陽郡下本永熙郡天寶元年更名土貢銀石斛戶三千六百二十七口九千四百三十九縣四瀧水下武德四年析置正義縣并領懷德縣後省正義以懷德隸寶州開陽下武德四年析瀧水置鎮南下本安南武德四年置南建州以永熙安遂永業三縣隸之五年析置瀧水安南縣貞觀八年更南建州曰葉州十八年州廢省安遂永業以永寧安南來屬至德二載更名建水下本永熙武德五年曰永寧天寶元年復更名以建水在西也

端州高要郡下本信安郡天寶元年更名土貢銀柑戶九千五百口二萬一千一百二十縣二高要下貞觀十三年省博林縣入焉有青岐鎮平興下武德七年析置清泰縣貞觀十三年省

新州新興郡下本新昌郡武德四年以端州之新興置土貢金銀蕉戶九千五百縣二新興下武德四年析置索盧新昌單牒永順四縣後省新昌單牒乾元後又省索盧永順下

封州臨封郡下本廣信郡天寶元年更名土貢銀鮫革石斛戶三千九百口萬一千八百二十七縣二封川下武德四年析置封興縣後省開建下武德四年置

潘州南潘郡下本南宕州南巴郡武德四年以合浦郡之南昌定川置本治南昌貞觀元年徙治定川八年更名後徙治茂名後廢地入高州永徽元年復以茂名南巴毛山三縣置土貢銀戶四千三百口八千九百六十七縣三茂名下本隸高州以茂名貞觀元年來屬潘水下武德五年置以潘水名又析南昌定川置陸川思城溫水宕川四縣貞觀八年省思城後以定川宕川隸牢州陸川溫水隸禺州又省南昌二十三年析潘水置毛山縣以毛山名其後省潘水縣開元二年改毛山曰潘水南有博畔鎮南巴下本隸高州武德五年置永徽元年來屬

春州南陵郡下本陽春郡武德四年以高涼郡之陽春置天寶元年更名土貢銀鍾乳石斛戶萬一千二百一十八縣二陽春下武德四年并置流南縣五年又置西城縣後皆省有鉛羅水下天寶後置

勤州雲浮郡下本銅陵郡武德四年析春州置五年州廢萬歲通天二年復置長安中復廢開元十八年平春瀧等州首領陳行範餘黨保銅陵北山廣州都督耿仁忠奏復置州治富林洞因以爲縣乾元元年徙治銅陵土貢金銀石斛戶六百八十二口千九百三十三縣二銅陵下本隸瀧州武德四年來屬有銅富林下武德四年析銅陵置隸春州後縣亦廢乾元元年復置

羅州招義郡下本石城郡武德五年以高涼郡之石龍吳川置六年徙治石城土貢銀孔雀鸚鵡戶五千四百六十口八千四十一縣四廉江下本石城以石城水名武德五年析石龍吳川置南河陵羅龍化羅辯慈廉羅肥天寶元年更名吳川下幹水下本羅辯武德五年曰招義天寶元年更名以幹水名零綠下以零綠水名

辯州陵水郡下本南石州石龍郡武德六年以羅州之石龍陵羅龍化羅辯慈廉羅肥置貞觀九年更名天祐元年朱全忠以辯汴聲近更名勳州土貢銀竹䉀戶四千八百五十八口萬六千二百九縣二石龍下貞觀元年省慈廉羅肥二縣入焉陵羅下

高州高涼郡下武德六年分廣州之電白連江置本治高涼貞觀二十三年徙治良德大歷十一年徙治電白土貢銀蚺蛇膽戶萬二千四百縣三電白下良德下本隸瀧州武德中來屬保寧下本連江至德二載更名

恩州恩平郡下本齊安郡貞觀二十三年以高州之西平齊安杜陵置大順二年徙治恩平土貢金銀戶九千縣三有清海軍恩平下本齊安至德二載更名杜陵下本杜原武德五年更名陽江有銀

雷州海康郡下本南合州徐聞郡武德四年以合浦郡之海康隋康鐵杷置貞觀元年更名東合州八年又更名土貢絲電斑竹孔雀戶四千三百二十口二萬五百七十二縣三海康下遂溪下本鐵杷天寶元年更名徐聞下本隋康貞觀二年更名

崖州珠崖郡下土貢金銀珠玳瑁高良薑戶八百一十九縣三舍城下西南有顏城鎮兵開元後省澄邁下文昌下本平昌貞觀元年更名

瓊州瓊山郡下都督府貞觀五年以崖州之瓊山置自乾封後沒山洞蠻貞元五年嶺南節度使李復討復之土貢金戶六百四十九縣五瓊山下貞觀十三年析置曾口顏羅容瓊三縣五年來屬貞元七年更名容瓊有鹽曾口樂會下顏羅下

振州延德郡下本臨振郡又曰寧遠郡天寶元年更名土貢金五色藤盤斑布食單戶八百一十九口二千八百二十一縣五寧遠下以寧遠水名有鹽延德下以延德水名吉陽下貞觀二年析延德置臨川下落屯下天寶後置

儋州昌化郡下本儋耳郡隋珠崖郡治天寶元年更名土貢金糖香戶三千三百九縣五義倫下有鹽昌化下貞觀元年析置吉安縣乾元後省感恩下洛場下乾元後置富羅下本毗善武德五年更名

萬安州萬安郡下龍朔二年以崖州之萬安置開元九年徙治陵水至德二載更名萬全郡貞元元年復治萬全後復故名土貢金銀戶二千九百九十七縣四萬安下本隸瓊州貞觀五年析文昌置并置富雲博遼二縣十三年隸崖州後來屬至德二載曰萬全後復故名陵水下本隸振州後來屬富雲下博遼下

邕州朗陵郡下都督府本南晉州武德四年以隋鬱林郡之宣化置貞觀八年更名土貢金銀有金坑戶二千八百九十三口七千三百二縣七有經略軍宣化中下武德五年析置武緣晉興朗寧橫山四縣乾元後省橫山鬱水自蠻境七源州流出州民常苦之景雲中司馬呂仁引渠分流以殺水勢自是無沒溺之害民乃夾水而居武緣中下西有都稜鎮晉興中下朗寧中下思籠中下乾元後開山洞置如和中下本隸欽州武德五年析南賓安京置景龍二年來屬封陵中下乾元後開山洞置

澄州賀水郡下本南方州武德四年以鬱林郡之嶺方地置貞觀八年更名土貢金銀戶千三百六十八口八千五百八十縣四上林下武德四年析嶺方縣地置無虞琅邪思干上林止戈五縣無虞下止戈下賀水下本隸柳州武德四年析馬平置八年來屬

賓州嶺方郡下本安城郡貞觀五年析南方州之嶺方思干琅邪南尹州之安城置至德二載更名土貢藤器戶千九百七十六口八千五百八十縣三嶺方中下貞觀十二年省思干縣琅邪中下保城中下本安城至德二載更名

橫州寧浦郡下本簡州武德四年以鬱林郡之寧浦樂山置六年日南簡州貞觀八年更名土貢金銀戶千九百七十八口八千三百四十二縣三寧浦中下武德四年析置蒙澤縣五年以貴州之嶺山來屬貞觀十二年省蒙澤入焉後又省嶺山從化中下本淳風武德四年析寧浦置永貞元年更名樂山下

潯州潯江郡下貞觀七年以鸞州之桂平大賓置十三年州廢縣隸龔州後復置土貢金銀戶二千五百口六千八百三十六縣三桂平下本隸貴州武德五年隸鸞州七年置陵江縣十二年省入焉皇化下本隸繡州貞觀七年來屬大賓下

巒州永定郡下本淳州武德四年以故秦桂林郡地置永貞元年更名土貢金銀戶七百七十口三千八百三縣三永定下武羅下靈竹下

欽州寧越郡土貢金銀翠羽高良薑戶二千七百口萬一百四十六縣五欽江下東南有西零戍保京下本安京至德二載更名內

亭下武德五年以內亭遵化二縣置南亭州貞觀二年州廢二縣來屬遵化中下靈山下本南賓貞觀十年更名

貴州懷澤郡下本南定州武德四年曰南尹州貞觀八年曰貴州天寶元年更郡名土貢金銀鉛器紵布戶三千二十六口九千三百縣四有府一曰龍山鬱林中下懷澤下武德四年置潮水下武德四年析鬱林置義山下武德四年更馬嶺縣曰馬度貞觀後省天寶後更置曰義山

龔州臨江郡下貞觀七年以鸞州故治析潯州之武林鸞州之泰川置後徙治南平土貢銀戶九千口二萬一千縣五平南下貞觀七年置又置西平歸政大同三縣十二年省泰川入平南又省歸政西平武林下本隸藤州武德七年來屬隋建下本隸藤州貞觀十三年來屬大同下陽川下本陽建後更名

象州象郡下本桂林郡武德四年以始安郡之陽壽桂林置以象山爲州名貞觀十三年徙治武化大歷十一年復治陽壽土貢銀藤器戶五千五百口萬八百九十縣三陽壽下武德四年析桂林置武德西寧武仙三縣貞觀十二年省西寧入武德天寶元年省武德入武仙下乾封元年省桂林縣入焉武化下武德四年析桂州之陽壽置本隸封州後隸晏州又析陽壽置長風縣隸晏州州廢縣皆來屬大歷十一年省長風入焉

藤州感義郡下本永平郡天寶元年更名土貢銀戶三千九百八十縣四鐔津中下隋安初州治永平無鐔津又有賀川寧人等縣皆貞觀後省併更置而寧人隸容州永平隸昭州有鉛感義下本淳民武德中更名義昌下本安昌至德二載更名寧風下武德五年以縣置鸞州以桂州之桂平隸之貞觀三年又以藤州之大賓隸之增領長恭泰川池陽能陽四縣治長恭五年置新樂寧風梁石羅風四縣七年更名泰州徙治寧風更池陽曰承恩復以藤州之安基隸之以梁石羅風隸藤州省長恭縣八年徙治安基復爲鸞州十二年省龍陽承恩二縣十八年州廢以寧風來屬後省新樂安基梁石羅風

巖州常樂郡下調露二年析橫貴二州置以巖岡之北因爲名天寶元年曰安樂郡至德二載更名土貢金戶千一百一十縣四常樂下本安樂蕭銑分興德縣置貞觀元年省乾封元年復置隸鬱林州永隆元年來屬至德二載更名恩封下本伏龍洞當牢宜二州之境調露二年與高城石巖同置高城下以高城水名石巖下

宜州龍水郡下唐開置本粵州乾封中更名有銀丹沙戶千二百二十口三千二百三十縣四龍水下崖山下東璽下天河下邕管所領又有顯州武州沇州後皆廢省

瀼州臨潭郡下貞觀十二年清平公李弘節開夷獠置戶千六百六十六縣四瀼江下波零下鵠山下弘遠下貞元後州縣名存而已

龍州扶南郡下貞觀十二年李弘節招慰生蠻置戶三千六百六十七縣七武勤下武禮下羅龍下扶南下龍額下武觀下武江下

田州橫山郡下開元中開蠻洞置貞元二十一年廢後復置戶四千一百六十八縣五都救下惠佳下武龍下橫山下如賴下

環州整平郡下貞觀十二年李弘節開拓生蠻置縣八正平下福零下龍源下饒勉下思恩下武石下歌良下都蒙下

桂州始安郡中都督府至德二載更郡曰建陵後復故名土貢銀銅器麖皮韡簟戶萬七千五百口七萬一千一十八縣十一有經略軍臨桂上本始安武德四年置福祿縣貞觀八年省入焉更名有相思埭長壽元年築分相思水使東西流又東南有回濤堤以捍桂水貞元十四年築有侯山理定中本興安武德四年置置宜風縣貞觀十二年省入焉至德二載更名西十里有靈渠引離水故秦史祿所鑿後廢寶歷初觀察使李勃立斗門十八以通漕俄又廢咸通九年刺史魚孟威以石爲鏵隄亘四十里植大木爲斗門至十八重乃通巨舟靈川中龍朔二年析始安置陽朔中下武德四年置歸義縣貞觀元年省入焉荔浦中下武德四年以始安郡之荔浦建陵隋化三縣置荔州又析置崇仁純義東區三縣五年以隋化東區隸南恭州貞觀元年以建陵隸晏州十二年州廢以荔浦崇仁來屬崇仁後省純義隸蒙州豐水中下本永豐隸昭州武德四年析陽朔置後來屬長慶三年更名脩仁中下本建陵貞觀元年置晏州并置武龍武化長風三縣十二年州廢省武龍以武化長風隸象州建陵來屬長慶二年更名恭化中下本純化武德四年析始安置永貞元年更名永福中下武德四年析始安置全義中下本臨源武德四年析始安置大歷三年更名古乾寧二年析慕化置

梧州蒼梧郡下武德四年以靜州之蒼梧豪靜開江置土貢銀白石英戶千二百九縣三蒼梧下貞觀八年以賀州之綏越來屬十二年省豪靜其後又省綏越而開江復隸富州戎城下本隸藤州永徽中來屬光化四年馬殷表以縣隸桂州孟陵下本猛陵隸藤州蕭銑置貞觀八年來屬更名光化中馬殷表以縣隸桂州

賀州臨賀郡下本綏越郡武德四年以始安郡之富川熙平郡之桂嶺零陵郡之馮乘蒼梧郡之封陽置土貢銀戶四千五百五十二口二萬五百七十縣六臨賀下武德四年置東有銅冶在橘山桂嶺下朝岡程岡皆有鐵馮乘下有荔平關有錫冶三封陽下貞觀元年省九年復置富川下有富水天寶中更名富水後復故名有錫有鍾乳穴三蕩山下天寶後置

連州連山郡下本熙平郡天寶元年更名土貢赤錢竹紵練白紵細布鍾乳水銀丹沙白蠟戶三萬二千二百一十口十四萬三千五百二十三縣三桂陽上有桂林山本靈山天寶八載更名有銀有鐵陽山中下有鐵有金有故秦湟溪關連山中有銅有鐵

柳州龍城郡下本昆州武德四年以始安郡之馬平置是年更名南昆州貞觀八年又以地當柳星更名土貢銀蚺蛇膽戶二千二百三十二口萬一千五百五十縣五馬平下武德四年析置新平文安賀水歸德四縣尋更名歸德曰脩德文安曰樂沙八年以賀水隸巖州貞觀七年省樂沙九年置崖山縣十二年省新平其後又省崖山以脩德隸巖州龍城下武德四年置龍州并置柳嶺縣貞觀七年州廢省柳嶺以龍城來屬象下本隸桂州後來屬洛漕下本洛封元和十三年更名洛容下貞觀中置

富州開江郡下本靜州龍平郡武德四年以始安郡之龍平豪靜蒼梧郡之蒼梧置貞觀八年更名土貢銀斑布戶千四百六十口八千五百八十六縣三龍平下武德四年析置博勞歸化安樂開江四縣尋以蒼梧豪靜開江隸梧州九年省安樂歸化博勞思勤下天寶後置馬江下本開江後隸梧州又復隸柳州長慶三年更名

昭州平樂郡下本樂州武德四年以始安郡之平樂置貞觀八年更名土貢銀戶四千九百一十八口萬二千六百九十一縣三平樂下以平樂水名之有鍾乳穴三武德四年析置沙亭縣貞觀七年省沙亭恭城下蕭銑置有鍾乳穴十二在銀殿山永平下本隸藤州後來屬

蒙州蒙山郡下本南恭州武德五年析荔州之隋化置貞觀八年更名土貢麩金銀戶千五十九口五千九百三十三縣三立山下本隋化武德五年更名又析置欽政縣貞觀十二年省東區下武德五年析立山置貞觀六年隸鸞州十年來屬正義下本純義隸鸞州十年來屬永貞元年更名

嚴州循德郡下乾封二年招致生獠以秦故桂林郡地置土貢銀戶千八百五十九口七千五十一縣三來賓下乾封二年置循德下本隸柳州後來屬歸化下乾封二年置

融州融水郡下武德四年析始安郡之義熙置土貢金桂心戶千二百三十二縣二融水下本義熙武德四年析置臨牂黃水安脩三縣六年更名貞觀十三年省安脩入臨牂武陽下天寶初併黃水臨牂二縣更置

思唐州武郎郡下永隆二年析龔蒙象三州置開元二十四年爲羈縻州建中元年爲正州土貢銀戶百四十一縣二武郎下思和下本平原長慶三年更名

古州樂興郡下貞觀十二年李弘節開夷獠置土貢蠟戶二百八十五縣三樂山下本樂預寶應元年更名古書下樂興下

容州普寧郡下都督府本銅州武德四年以合浦郡之北流普寧置貞觀八年更名元和中徙治普寧土貢銀丹沙水銀戶四千九百七十口萬七千八十五縣六有經略軍普寧下北流下武德四年析置豪石岩昌南流陵城新安五縣貞觀十一年省新安後又省豪石岩昌北三十里有鬼門關兩石相對中闊三十步陵城下渭龍下武德四年析普寧置欣道下本寧人隸藤州貞觀二十三年更名來屬陸川下本隸南巖州唐末來屬

牢州定川郡下本義州武德二年以巴蜀徼外蠻夷地置貞觀十一年以東北有牢石因更名徙治南流後廢乾封三年將軍王杲平蠻獠復置土貢布銀戶千六百四十一口萬一千七百五十六縣三南流下本隸容州武德四年析北流置南流定川牢川三縣以南百步有南流江名之乾封三年皆來屬定川下本隸瀼州因定川水名之宕川下本隸瀼州因宕水名之

白州南昌郡下本南州武德四年以合浦郡之合浦地置六年更名土貢金銀珠戶二千五百七十四口九千四百九十八縣四博白下武德四年置并置朗平周羅龍豪淳良建寧五縣貞觀六年以廉州之大都隸之十二年省朗平淳良後又省大都大歷八年以龍豪隸順州西南百里有北戍灘咸通中安南都護高駢募人平其險石以通舟檝建寧下周羅下南昌下本隸潘州後來屬

順州順義郡下大曆八年容管經略使王翃析禺羅辯白四州置土貢銀戶五百九縣四龍化下武德四年置以西有龍化水名之六年隸辯州溫水下本隸禺州南河下武德五年析石龍置隸羅州龍豪武德四年析合浦置隸白州

繡州常林郡下本林州武德四年以鬱林郡之阿林縣及鬱平縣地置六年更名土貢金戶九千七百七十三縣三常林中武德四年置又置羅繡皇化歸誠三縣貞觀七年以皇化隸潯州省歸誠阿林中下羅繡下武德四年析置廬越縣貞觀六年縣廢入焉

鬱林州鬱林郡下本鬱州麟德二年析貴州之石南興德鬱平置乾封元年更名土貢布戶千九百一十八口九千六百九十九縣四鬱平下本隸貴州後來屬興業下麟德二年析石南置建中二年省石南入焉興德下蕭銑析石南置尋廢武德四年析鬱平復置潭栗下

黨州寧仁郡下本鬱林州地永淳元年開古黨洞置土貢金銀戶千一百四十九口七千四百四縣八撫安下古西地善勞中下善文下寧仁下容山下本安仁永淳二年析黨州置平琴州平琴郡領安仁懷義福陽古符四縣垂拱三年廢神龍三年復置至德中更安仁曰容山建中二年州廢縣皆來屬懷義下福陽下古符下

竇州懷德郡下本南扶州武德四年以永熙郡之懷德置以獠叛僑治瀧州後徙治信義貞觀元年州廢以縣隸瀧州二年復置五年又廢以縣隸瀧州六年復置八年更名土貢銀戶千一十九口七千三百三十九縣四信義中下武德四年置并析置潭峩縣五年又析置特亮縣懷德中潭峩下特亮下

禺州溫水郡下本東峩州乾封三年將軍王杲奏析白辯竇容四州置總章二年更名土貢銀戶三千一百八十縣四峩石下總章二年析白州之溫水置以南有峩石名之羅辯下本陸川隸辯州後更名本羅辯洞地扶萊下武德五年析信義縣置隸竇州以扶萊水名之貞觀中省後復置宕昌下本隸容州

廉州合浦郡下本合州武德四年曰越州貞觀八年更名以本大廉洞地土貢銀戶三千三十二口萬三千二十九縣四合浦中下武德五年置安昌高城大廉大都四縣貞觀六年置珠池縣後以大都隸白州十二年省珠池安昌入焉封山下武德五年置東羅蔡龍二縣貞觀十年州廢以封山東羅蔡龍來屬後省東羅蔡龍下以蔡龍洞名之貞觀十二年省高城縣入焉廉下

義州連城郡下本南義州武德五年以永熙郡之永業縣地置貞觀元年州廢以縣隸南建州二年復置五年又廢以縣隸南建州六年復置後第名義州土貢銀戶千一百一十口七千三百三縣三岑溪下本龍城武德五年置并置安義義城二縣至德中更龍城曰岑溪其後又省義城有郡山永業下本安義至德中更名連城下武德五年析瀧州之正義置

安南中都護府，本交趾郡，武德五年曰交州，治交趾。調露元年曰安南都護府，至德二載曰鎮南都護府，大歷三年復爲安南。寶歷元年徙治宋平。土貢：蕉、檳榔、鮫革、蚺蛇膽、翠羽。戶二萬四千二百三十，口九萬九千六百五十二。縣八：有經略軍。宋平，上。武德四年置宋州，并置弘教、南定二縣。五年析置交趾、懷德二縣，隸交州。六年曰南宋州。貞觀元年州廢，省弘教、懷德，徙交趾于故南慈州，來屬。南定，本隸宋州，武德四年析宋平置，五年隸交州。大歷五年省，貞元八年復置。太平，中下。本隆平，武德四年置，以縣置隆州，并置義廉、封溪二縣，治義廉。六年曰南隆州。貞觀元年州廢，省義廉，以封溪隸峯州，隆平來屬。先天元年更名。交趾，中下。武德四年置慈州，并置慈廉、烏延、武立三縣，以慈廉水因名之。六年曰南慈州。貞觀元年州廢，省三縣，更置。朱鳶，上。武德四年置鳶州，并置高陵、定安二縣。貞觀元年州廢，省高陵、定安，以朱鳶來屬。龍編，中下。武德四年置龍州，并置武寧、平樂二縣。貞觀元年州廢，省武寧、平樂，以龍編隸仙州，州廢來屬。平道，中下。武德四年置道州，并置昌國縣。六年曰南道州，是年更名仙州。貞觀十年州廢，省昌國，以平道來屬。武平，中下。本隸道州，武德五年來屬。

陸州玉山郡，下。本玉山州，武德五年以寧越郡之安海、玉山置。貞觀二年州廢，縣隸欽州。高宗上元二年復置，更名。土貢：銀、玳瑁、鼊皮、翠羽、甲香。戶四百九十四，口二千六百七十四。縣三：烏雷，下。華清，下。本玉山，天寶中更名。寧海。下。本安海，武德四年又置海平縣，貞觀十二年省，至德二載更名。

峯州承化郡，下都督府。武德四年以交趾郡之嘉寧置。土貢：銀、藤器、白鑞、蚺蛇膽、豆蔻。戶千九百二十。縣五：嘉寧，下。武德四年置新昌、安仁、竹格、石堤四縣，又領封溪縣。貞觀元年省石堤、封溪入嘉寧，後又省安仁。承化，下。新昌，下。貞觀元年省竹格縣入焉。高山，元和後置。珠綠。元和後置。

愛州九眞郡，下。土貢：紗、絁、孔雀尾。戶萬四千七百。縣六：九眞，下。武德五年置松源、楊山、安順三縣。貞觀元年省楊山、安順，九年省松源。有金，有石磬。安順，下。武德五年置順州，并置東河、建昌、邊河三縣。貞觀元年州廢，省三縣入安順，來屬。崇平，下。本隆安，武德五年置安州，并置教山、建道、都握三縣。又置山州，并置閻山、眞潤、古安、建初五縣。貞觀元年廢安州，省教山、建道、都握入隆安，來屬。又廢山州，省眞潤、古安、西安入建初，來屬。八年省建初。先天元年更隆安曰崇安，至德二載又更名。軍寧，下。本軍安，武德五年以縣置永州，十年曰都州。貞觀元年州廢，隸南陵州。至德二載更名。日南，下。武德五年置積州，又置積善、津梧、方載三縣。又以移風縣地置前眞州，并置九皐、建正、眞寧三縣。又以胥浦縣置胥州，并置攀龍、如侯、博犢、綿星四縣。九年更積州曰南陵州，眞州曰後眞州。是年廢前眞州，省九皐、建正、眞寧，以移風隸南陵州。又廢胥州，省攀龍、如侯、博犢、綿星，以胥浦隸南陵州。十年州廢，以軍寧、日南、移風、胥浦來屬。天寶中省移風、胥浦。長林。下。本無編。

驩州日南郡，下都督府。本南德州，武德八年曰德州，貞觀元年又更名。土貢：金薄、黃屑、象齒、犀角、沉香、斑竹。戶九千六百一十九，口五萬八百一十八。縣四：九德，中下。武德五年置安遠、曇羅、光安三縣。是年以光安置源州，又置水源、安銀、河龍、長江四縣。貞觀八年更名阿州。十三年州廢，省水源、河龍、長江，以光安、安銀來屬。安遠、曇羅、光安、安銀後皆省。浦陽，下。越裳，下。武德五年置明州，并置萬安、明弘、明定三縣。又以日南郡之文谷、金寧二縣置智州，并置新鎭、闍員二縣。貞觀元年更日南智州。省新鎭、闍員。十三年廢明州，省萬安、明弘、明定入越裳，隸智州。後廢智州，省文谷、金寧入越裳，來屬。初以隋林邑郡置林州，北景郡置七州，又更名七州曰南景州。貞觀二年廢林邑，乃僑治驩州之南境，領北景、朱吾二縣，并置由文縣。八年第名景州。九年置林州，亦寄治驩州之南境，領林邑、金龍、海界三縣。又置山州，領龍池、盆山二縣，有浦陽戍。戶千二百二十，口五千二百。後爲龍池郡，皆貞元末廢。懷驩，下。本咸歡，武德五年置驩州，并置安人、扶演、相景、西源四縣，治安人。貞觀元年更名演州。十三年省相景。十六年州廢，省安人、扶演、西源，以咸驩來屬。後更咸歡曰懷驩。

長州文楊郡，下。唐置。土貢：金。戶六百四十八。縣四：文陽，下。銅蔡，下。長山，下。其常。下。

福祿州唐林郡，下。本福祿郡，總章二年智州刺史謝法成招慰生獠昆明、北樓等七千餘落，以故唐林州地置。大足元年更名安武州，至德二載更郡曰唐林，乾元元年復州故名。土貢：白蠟、紫鉚。戶三百一十七。縣三：柔遠，本安遠，至德二載更名。唐林，唐初以唐林、安遠二縣置唐林州，後州縣皆廢，更置。福祿。下。

湯州湯泉郡，下。唐以故秦象郡地置。土貢：金。縣三：湯泉，下。綠水，下。羅韶。下。

芝州忻城郡，下。唐置。戶千二百，口五千三百。縣七：忻城，下。富川，下。平西，下。樂光，下。樂懿，下。多雲，下。思龍。下。

武峩州武峩郡，下。唐置。戶千八百五十，口五千三百二十。縣七：武峩，下。如馬，下。武義，下。武夷，下。武緣，下。武勞，下。梁山。下。

演州龍池郡，下。本忠義郡，又曰演水郡，貞觀中廢，廣德二年析驩州復置。土貢：金。戶千四百五十。縣七：忠義，下。懷驩，下。龍池，下。思農，下。武郎，下。武容，下。武金。下。

武安州武曲郡，下。土貢：金、朝霞布。戶四百五十。縣二：武安，下。臨江。下。開元中安南所領有龐州，土貢孔雀尾、紫鉚。又有南登州，後皆廢省。

右嶺南採訪使，治廣州。

唐書卷四十三上考證

地理志七上嶺南道瀧州開陽郡建水注本永寧天寶元年復更名○臣酉按舊書永寧建水別爲一縣非永寧改建水故領縣五新書合二縣爲一故領縣四

唐書卷四十三下

宋　翰　林　學　士　歐　陽　修　撰

第三十三下

地理志

羈縻州

唐興，初未暇於四夷。自太宗平突厥，西北諸蕃及蠻夷稍稍內屬，即其部落列置州縣。其大者爲都督府，以其首領爲都督、刺史，皆得世襲。雖貢賦版籍多不上戶部，然聲教所暨，皆邊州都督、都護所領，著于令式。今錄招降開置之目，以見其盛。其後或臣或叛，經制不一，不能詳見。突厥、回紇、党項、吐谷渾隸關內道者，爲府二十九，州九十。突厥之別部及奚、契丹、靺鞨、降胡、高麗隸河北者，爲府十四，州四十六。突厥、回紇、党項、吐谷渾之別部及龜茲、于闐、焉耆、疏勒、河西內屬諸胡、西域十六國隸隴右者，爲府五十一，州百九十八。羌、蠻隸劍南者，爲州二百六十一。蠻隸江南者，爲州五十一，隸嶺南者，爲州九十三。又有党項州二十四，不知其隸屬。大凡府州八百五十六，號爲羈縻云。

關內道

突厥州十九，府五。

定襄都督府　貞觀四年析頡利部爲二，以北部置，僑治寧朔。領州四：貞觀二十三年分諸部置。阿德州　以阿史德部置。執失州　以執失部置。蘇農州　以蘇農部置。拔延州

右隸夏州都督府。

雲中都督府　貞觀四年析頡利右部置，僑治朔方之境。領州五：貞觀二十三年分諸部置。舍利州　以舍利吐利部置。阿史那州　以阿史那部置。綽州　以綽部置。思壁州　白登州　貞觀末隸燕然都護，後復來屬。

桑乾都督府　龍朔三年分定襄置，僑治朔方。領州四：貞觀二十三年分諸部置。郁射州　以郁射施部置，初隸定襄，後來屬。藝失州　以多地藝失部置。卑失州　以卑失部置。叱略州

呼延都督府　貞觀二十年置。領州三：貞觀二十三年分諸部置。賀魯州　以賀魯部置，初隸雲中都督，後來屬。葛邏州　以葛邏祿挹怛部置，初隸雲中都督，後來屬。跌跌州　初爲都督府，隸北庭；後爲州，來屬。

右隸單于都護府。

新黎州　以車鼻可汗之子羯漫陀部置都督府，後爲州。渾河州　永徽元年以車鼻可汗餘眾歌邏祿之烏德鞬山左廂部落置。狼山州　永徽元年以歌邏祿右廂部落置，爲都督府，隸雲中都護；顯慶三年爲州，來屬。

堅昆都督府　貞觀二十二年以結骨部置。

右隸安北都護府。

回紇州十八，府九。貞觀二十一年分回紇諸部置。

燕然州　以多濫葛部置，初爲都督府，及雞鹿、雞田、燭龍三州，隸燕然都護。開元元年來屬，僑治回樂。雞鹿州　以奚結部置，僑治回樂。雞田州　以阿跌部置，僑治回樂。東皋蘭州　以渾部置。初爲都督府，并以延陀餘眾置祁連州，隸靈州都督。永徽三年皆廢，後復置東皋蘭州，僑治鳴沙。燭龍州　析瀚海都督府之掘羅勿部置，僑治溫池。燕山州　僑治溫池。

右隸靈州都督府。

達渾都督府　以延陀部落置，僑治寧朔。領州五：姑衍州　步訖若州　嵠彈州　鶻州　低粟州

安化州都督府　僑治朔方。

寧朔州都督府　僑治朔方。

僕固州都督府　僑治朔方。

右隸夏州都督府。

榆溪州　以契苾部置。寘顏州　以白霫部置。居延州　以白霫別部置。稽落州　本高闕州，以斛薩部置。永徽元年廢高闕州，更置稽落州，後又廢，三年以阿特部復置。余吾州　本玄闕州，貞觀中以骨利幹部置，龍朔中更名。浚稽州　仙蕚州　初隸瀚海都護，後來屬。

瀚海都督府　以回紇部置。

金微都督府　以僕固部置。

幽陵都督府　以拔野古部置。

龜林都督府　貞觀二年以同羅部落置。

堅昆都督府　以結骨部置。

右隸安北都護府。

党項州五十一，府十五。貞觀三年酋長細封步賴內附，其後諸姓酋長相率亦內附，皆列其地置州縣，隸松州都督府。五年又開其地置州十六，縣四十七。又以拓拔赤詞部置州三十二。乾封二年以吐蕃入寇，廢都、流、厥、調、湊、般、匐、器、邇、鋸、率、差等十二州。咸亨二年又廢蠶、黎二州。祿山之亂，河隴陷吐蕃，乃徙党項州所存者于靈、慶、銀、夏之境。清塞州　歸德州　僑治銀州境。

蘭池都督府

芳池都督府

相興都督府

永平都督府

旭定都督府

清寧都督府

忠順都督府

寧保都督府

靜塞都督府

萬吉都督府

樂容州都督府　領州一：東夏州

靜邊州都督府　貞觀中置，初在隴右，後僑治慶州之境。領州二十五：布州　北夏州　思義州　思樂州　昌塞州　吳州　天授二年置吳、歸浮等州。朝州　朝一作彭。歸州　歸一作陽。浮州　祐州　貞觀四年置，領縣三：歸定、鄜川。甲州　西歸州　嶂州　貞觀四年置，縣四：洛平、顯川、桂川、顯平。餘州　開元州　歸順州　本在山南之西，寶應元年諸梁州刺史內附。淳州　貞觀十二年以降戶置于洮州之境，并置索恭、烏城二縣，開元中廢，後爲羈縻。烏籠州　恤州　嵯州　貞觀五年置縣一：相雞。本隸西懷州，貞觀十年來屬。蓋州　本西唐州，貞觀四年置，八年更名，縣四：相水、河唐、曲滿、祐川。悅州　廻樂州　烏掌州　諾州　貞觀五年置縣三：諾川、德歸、籬渭。

右隸靈州都督府。

芳池州都督府　僑治懷安，皆野利氏種落。領州九：寧靜州　種州　玉州　貞觀五年置縣二：玉山、帶河。濮州　林州　尹州　位州　貞觀四年置縣二：位豐、西使。長州　寶州

宜定州都督府　本安定，後更名。領州七：党州　橋州　貞觀六年置。烏州　西戎州　貞觀五年以拓拔赤詞部落置，初爲都督府，後爲州，來屬。野利州

米州 還州

安化州都督府領州七 永和州 威州 旭州 莫州 西滄州貞觀六年置八年更名臺州後復故名 琮州 儒州本西鹽州貞觀五年以拓拔部置治故後魏洪和郡之藍川縣地八年更名開元中廢後為羈縻

右隸慶州都督府

吐谷渾州二

寧朔州初隸樂容都督府代宗時來屬

右隸夏州都督府

渾州儀鳳中自涼州內附者處於金明西境置

右隸延州都督府

河北道

突厥州二

順州順義郡貞觀四年平突厥以其部落置順祐化長四州都督府于幽靈之境又置北開北寧北撫北安等四州都督府六年順州僑治營州南之五柳戍又分思農部置燕然縣僑治陽曲分思結部置懷化縣僑治秀容隸順州後皆省祐化長及北開等四州亦廢而順州僑治幽州城中歲貢麝香縣一賓義 瑞州本威州貞觀十年以烏突汗達干部落置在營州之境咸亨中更名後僑治良鄉之廣陽城縣一來遠

右初隸營州都督府及李盡忠陷營州以順州隸幽州都督府徙瑞州于宋州之境神龍初北還亦隸幽州都督府

奚州九府一

鮮州武德五年析饒樂都督府置僑治潞之古縣城縣一賓從 崇州武德五年析饒樂都督府之可汗部落置貞觀三年更名北黎州治營州之廢陽師鎮八年復故名後與鮮州同僑治潞之古縣城縣一昌黎

順化州縣一懷遠 歸義州歸德郡總章中以新羅戶置僑治良鄉之廣陽城縣一歸義後廢開元中信安王禕降契丹李詩部落五千帳以其眾復置

奉誠都督府本饒樂都督府唐初置後廢貞觀二十二年以內屬奚可度者部落更置并以別帥五部置弱水等五州開元二十三年更名領州五 弱水州以阿會部置 祁黎州以處和部置 洛瓌州以奧失部置 太魯州以度稽部置 渴野州以元俟折部置

契丹州十七府一

玄州貞觀二十年以紇主曲據部落置僑治范陽之魯泊村縣一靜蕃 威州本遼州武德二年以內稽部落置初治燕支城後僑治營州城中貞觀元年更名後治良鄉之石窟堡縣一威化 昌州貞觀二年以松漠部落置僑治營州之靜蕃戍七年徙于三合鎮後治安次之故常道城縣一龍山 師州貞觀三年以契丹室韋部落置僑治營州之廢陽師鎮後僑治良鄉之東閭城縣一陽師 帶州貞觀十年以乙失革部落置僑治昌平之清水店縣一孤竹 歸順州歸化郡本彈汗州貞觀二十二年以內屬契丹別帥析紇便部置開元四年更名縣一懷柔 沃州載初中析昌州置萬歲通天元年沒于李盡忠開元二年復置僑治薊之南回城縣一濱海 信州萬歲通天元年以乙失活部落置僑治范陽境縣一黃龍 青山州景雲元年析玄州置僑治范陽之水門村縣一青山

松漠都督府貞觀二十二年以內屬契丹窟哥部置別帥七部分置峭落等八州李盡忠叛後廢開元二年復置領州八 峭落州以達稽部置 無逢州以獨活部置 羽陵州以芬問部置 白連州以突便部置 徒河州以芮奚部置 萬丹州以墜斤部置 疋黎州以伏部置 赤山州以伏部分置

歸誠州

靺鞨州三府三

慎州武德初以涑沫烏素固部落置僑治良鄉之故都鄉城縣一逢龍 夷賓州乾封中以愁思嶺部落置僑治良鄉之古廣陽城縣一來蘇 黎州載初二年析慎州置僑治良鄉之故都鄉城縣一新黎

黑水州都督府開元十四年置

渤海都督府

安靜都督府

右初皆隸營州都督府李盡忠陷營州乃遷玄州于徐宋之境威州于幽州之境昌師帶鮮信五州于青州之境崇慎二州于淄青之境夷賓州于徐州之境黎州于宋州之境在河南者十州神龍初乃使北還二年皆隸幽州都督府

降胡州一

濛州天寶初置僑治范陽境

右隸幽州都督府

高麗降戶州十四府九太宗親征得蓋牟城置蓋州得遼東城置遼州得白崖城置巖州及師還拔蓋遼巖三州之人以歸高宗滅高麗置都督府九州四十二後所存州止十四初顯慶五年平百濟以其地置熊津馬韓東明金漣德安五都督府并置帶方州麟德後廢

南蘇州 蓋牟州 代那州 倉巖州 磨米州 積利州 黎山州 延津州 木底州 安市州 諸北州 識利州 拂涅州 拜漢州

新城州都督府 遼城州都督府 哥勿州都督府 衛樂州都督府 舍利州都督府 居素州都督府 越喜州都督府 去旦州都督府 建安州都督府

右隸安東都督府

隴右道

突厥州三府二十七 皐蘭州貞觀二十二年以阿史德特健部置初隸燕然都護後來屬

興昔都督府

右隸涼州都督府

特伽州 雞洛州開元中又有火拔州葛祿州後不復見

濛池都護府貞觀二十三年以阿史那賀魯部落置瑤池都督府永徽四年廢顯慶二年禽賀魯分其地置都護府二都督府八其役屬諸胡皆為州

昆陵都護府

匐延都督府以處木昆部置

嗢鹿州都督府以突騎施索葛莫賀部置

潔山都督府以突騎施阿利施部置

雙河都督府以攝舍提暾部置

鷹娑都督府以鼠尼施處半部置

鹽泊州都督府以胡祿屋闕部置

陰山州都督府顯慶三年分葛邏祿三部置三府以謀落部置

大漠州都督府以葛邏祿熾俟部置

玄池州都督府以葛邏祿踏實部置

金附州都督府析大漠州置

輪臺州都督府

金滿州都督府永徽五年以處月部落置為州隸輪臺龍朔二年為府

咽麪州都督府初玄池咽麪為州隸燕然長安二年為都督府隸北庭

鹽祿州都督府 哥係州都督府 孤舒州都督府 西鹽州都督府 東鹽州都督府 叱勒州都督府 迦瑟州都督府 憑洛州都督府 沙陀州都督府 答爛州都督府

右隸北庭都護府

回紇州三府一

蹛林州以思結別部置 金水州 賀蘭州

盧山都督府以思結部置

右初隸燕然都護府總章元年隸涼州都督府

党項州七十三府一縣一

馬邑州開元十七年置在秦成二州山谷間寶應元年徙于成州之鹽井故城

右隸秦州都督府

保塞州

右隸臨州都督府

密恭縣高宗上元三年為吐蕃所破因廢後復置

右隸洮州

叢州貞觀三年置縣三寧遠臨泉臨河 嵠州貞觀元年以降戶置縣二江源落稽 奉州本西仁州貞觀元年置八年更名縣三奉德恩安永慈 巖州本西金州貞觀五年置八年更名縣三金池甘松丹嶺 遠州本西懷州貞觀四年置八年更名縣二羅木小部川 麟州本西麟州貞觀五年置八年更名縣七峽川和善劍具硤源三交利恭東陵 可州本西義州貞觀四年置八年更名縣三義誠清化帶方 闊州貞觀五年置縣二闊源落吳 彭州本洪州貞觀三年置七年更名縣四洪川歸遠臨津歸正 直州本西集州貞觀五年置更名縣二集川新川 肆州貞觀五年置縣四歸唐芳叢鹽水磨山 序州貞觀十年置 靜州咸亨三年以內附部落置

軌州都督府貞觀二年以細封步賴部置縣四玉城金原俄徹通川 以上有版

研州 探那州 杞州 毗州 河州

幹州 瓊州 犀州 龕州 陪州

如州 麻州 霸州 彌州 光州

至涼州 曄州 思帝州 統州 穀印州

達違州 萬甲州 慈州 融洮州 執州

答針州 稅河州 吳洛州 齊帝州 苗州

始目州 悉多州 質州 兆州 求易州

託州 志德州 延避州 略州 索京州

柘剛州 明桑州 白豆州 瓚州 會和州

和昔州 祝州 索川州 拔揭州 鼓州

飛州 索渠州 目州 寶劒州 津州

柘鍾州 紀州 嶶州 以上無版

右初隸松州都督府肅宗時懿蓋嵯諾祐臺橋浮寶玉位儒歸恤及西戎西滄樂容歸德等州皆內徙餘皆沒于吐蕃

乾封州 歸義州 順化州 和寧州 和義州

保善州 寧定州 羅雲州 朝鳳州以上寶應元年內附

永定州永泰元年以永定等十二州部落內附析置州十五 宜芳州餘闕

右闕

吐谷渾州一

閤門州

右隸涼州都督府

四鎮都督府州三十四咸亨元年吐蕃陷安西因罷四鎮長壽二年復置

龜茲都督府貞觀二十年平龜茲置 領州九闕

毗沙都督府本于闐國貞觀二十二年內附初置州五高宗上元二年置府析州為十 領州十闕

焉耆都督府貞觀十八年滅焉耆置有碎葉城調露元年都護王方翼築四面十二門為屈曲隱出伏沒之狀云

疏勒都督府貞觀九年疏勒內附置 領州十五闕

河西內屬諸胡州十二府二

烏壘州 和墨州 温府州 蔚頭州 遍城州

耀建州 寅度州 豬拔州 達滿州 蒲順州

郢及滿州、乞乍州

嫣塞都督府

渠黎都督府

西域府十六州七十二龍朔元年以隴州南由令王名遠為吐火羅道置州縣使自于

闐以西波斯以東凡十六國以其王都爲都督府以其屬部爲州縣凡州八十八縣百一十軍府百二十六

月支都督府以吐火羅葉護阿緩城置領州二十五 藍氏州以鉢勃城置 大夏州以縛叱城置 漢樓州以俱祿犍城置 弗敵州以烏邏氈城置 沙律州以咄城置 嬀水州以羯城置 盤越州以忽婆城置 忸密州以烏羅渾城置 伽倍州以摩彥城置 粟特州以阿濫城置 鉢羅州以蘭城置 雙泉州以悉計密悉帝城置 祀惟州以昏磨城置 遲散州以悉密言城置 富樓州以乞施巘城置 丁零州以泥射城置 薄知州以析面城置 桃槐州以阿臘城置 大檀州以頻厥伊城具闕達官部落置 伏盧州以播薩城置 身毒州以乞澀職城置 西戎州以突厥施怛駃城置 篋頡州以騎失帝城置 疊仗州以發部落城置 苑湯州以拔特山城置

大汗都督府以嚈噠部活路城置領州十五 附墨州以弩那城置 奄蔡州以胡路城置 依耐州以婆多楞薩達健城置 犂州以少俱部落置 榆令州以烏渙言城置 波知州以騸支城置 烏丹州以烏篤斯城置 諸色州以速利城置 安屋州以遮瑟城置 闘陵州以[illegible]城置 碣石州以迦沙紛城置 密州以[illegible]城置 盼頓州以[illegible]城置 宿利州以[illegible]部落置 賀那州以汗谷鶻部落置

條支都督府以訶達羅支國伏寶瑟顛城置領州九 細柳州以護閭城置 虞泉州以葛勞支城置 拳靳州以遏忽部落置 巨雀州 [illegible] 遺州以[illegible] 西海州以[illegible] 鎮西州以活恨部落置 乾陀州以[illegible]

天馬都督府以解蘇國數瞞城置領州二 洛那州以忽論城置 束離州以達利薄紀城置

高附都督府以骨咄施沃沙城置領州二 五翎州以葛邏犍城置 休蜜州以烏斯城置

修鮮都督府以罽賓國遏紇城置領州十 毗舍州以羅漫城置 陰米州以賤那城置 波路州以和藍城置 龍池州以遺恨城置 烏弋州以塞奔你羅斯城置 羅羅州以濫犍城置 檀特州以半製城置 烏利州以勃逝城置 漠州以鵠換城置 懸度州以布路犍城置

寫鳳都督府以帆延國羅爛城置領州四 𡸁谷州以肩捺城置 冷淪州以侯鱗城置 悉萬州以縛時伏城置 鉗敦州以末臘薩旦城置

悅般州都督府以石汗那國豔城置領雙靡州以俱蘭城置

奇沙州都督府以護時犍國遏密城置領州二 沛隸州以漫山城置

大秦州以勸密城置

姑墨州都督府以怛沒國怛沒城置領栗弋州以弩羯城置

旅獒州都督府以烏拉喝國摩竭城置

崑墟州都督府以多勒建國低寶那城置

至拔州都督府以俱密國褚瑟城置

鳥飛州都督府以護密多國摸達城置領鉢和州以婆勒色訶城置

王庭州都督府以久越得犍國步師城置

波斯都督府以波斯國疾陵城置

右隸安西都護府

劍南道

諸羌州百六十八

西雅州貞觀五年置縣三 新城 三泉 石龍　蛾州貞觀五年置縣二 常平 那川　拱州顯慶元年以鉢南伏浪恐部置　劍州永徽五年以大首領凍就部落置

右隸松州都督府

塗州武德元年以臨塗羌內附置領臨塗端源婆覽三縣貞觀元年州廢縣亦省二年析茂州之端源戍復置縣三 端源 臨塗 悉護　炎州本西封州貞觀三年開生羌置八年更名縣三 大封 慕仙 義川　徹州貞觀六年以西羌董洞貴部落置縣三 文徹 俄耳 文進　向州貞觀五年以生羌置縣二 貝左 向貳　冉州本西冉州貞觀六年以徼外敵才羌地置八年更名九年爲州縣四 冉山 磨山 玉溪 金水　穹州本西恭州貞觀五年以生羌置八年更名縣五 小川 徹當 當博 壁川 耷耳　笮州本西博州貞觀七年以白狗羌戶置八年更名永徽二年特浪生羌卜檐莫等種落萬餘戶內附又析置州二十二　蓬魯州奉求辟惠生羌縣三 蓬魯 都亭 勸比思

姜州　怒州　葛州

勿州　覊州　占州　達州　涙州

邲州　斂州　補州　賴州　那州

奉州　多州　爾州　射州　鐸州

平祭州　時州　篙州　婆州　浩州

質州　居州　可州　宕州　歸化州

柰州　竺州　卓州

右隸茂州都督府

思亮州　杜州　初漢州　孚川州　渠川州

丘盧州　祐州　計州　龍施州　月亂州

涙彌州　月邊州　團州　櫃州　威川州

米羌州

右隸巂州都督府

當馬州此下二十一州天寶前置　林波州　中川州　林燒州

鉗矢州　會野州　當仁州　金林州　東嘉梁州

西嘉梁州　東石乳州　西石乳州

涉邛州　汶東州　費林州　徐渠州　彊雞州

長臂州　楊常州　羅巖州初隸黎州都督後來屬　雉州

椎梅州此下二十六州開元後置　三井州　東鋒州　名配州

鉗恭州　斜恭州　畫重州　羅林州　籠羊州

龍逢州　敢川州　驚川州　楊眉州　作燭州

當品州　嚴城州　昌磊州　鉗并州　木重州

楊林州　三恭州　布嵐州　欠馬州　羅蓬州

論川州　讓川州　遠南州　卑盧州　夔龍州

耀川州　金川州　鹽井州　涼川州　夏梁州

甫和州　槪査州

右隸雅州都督府

奉上州此下二十二州開元前置　飄榮州　劇川州　合欽州

蓬口州　博盧州　明川州　脆腑州　蓬矢州

大渡州　米川州　木屬州　河東州　甫嵐州

昌明州　歸化州初隸巂州後來屬　象川州　叢夏州

和良州　和都州　附樹州　東川州　上貴州此下二十八州開元十七年置

滑川州　比川州　吉川州　甫萼州

北地州　蒼榮州　野川州　邛陳州　貴林州

牒珍州　涙彌州　郎郭州　上欽州　時蓬州

儼馬州　邛川州　護邛州　腳川州　開望州

上蓬州　比蓬州　剝重州　久護州　瑤劒州

明昌州　護川州　索古州和以上前置　大諾柞州

栢坡州

右隸黎州都督府

諸蠻州九十二皆無城邑椎髻皮服惟來集于都督府則衣冠如華人焉

南寧州漢夜郎地武德元年開南中因故同樂縣置治味四年置總管府五年僑治益州八年復治味貞觀元年罷都督更名郎州開元五年復故名天寶末沒于蠻因廢縣七 味 同樂 升麻 同起 新豐 隆 泉麻　昆州[illegible]縣四 益寧 晉寧 安寧 秦臧　黎州[illegible]　匡州[illegible]　髳州[illegible]　尹州[illegible]　鉤州[illegible]　曾州[illegible]　裒州[illegible]　宗州本西宗州武德七年置[illegible]　微州[illegible]　麻州[illegible]　望州貞觀十一年[illegible]　英州[illegible]　勤州[illegible]　傍州[illegible]　盤州[illegible]　求州[illegible]　丘州　覽州　咸州　瀘州[illegible]　讓羅州[illegible]

慈州　歸武州　嚴州　湯望州　武德州　奏龍州

武鎮州[illegible]　南唐州[illegible]　連州[illegible]　南州

洛州[illegible]　移州[illegible]　德州[illegible]　悅州縣六[illegible]

昌州[illegible]　志州[illegible]　鎮州[illegible]　盈州[illegible]　扶德州[illegible]　鈞州[illegible]　播朗州[illegible]　武

協州[illegible]　淯川州[illegible]　靖州[illegible]

曲州[illegible]　播陵州[illegible]　鉗州[illegible]　哥靈州　高州縣三

切騎州[illegible]　品州[illegible]　從州縣六[illegible]

昆池 武安 羅林 梯山 南寧　牁連州縣三 牁連 羅名 新成　磤衞州縣三 磤衞 涪麻 金麻

右隸戎州都督府

于州武德四年以古滇王國民多姓姚因置姚州都督并置州十三　異州　五陵州

袖州　和往州　舍利州　范鄧州　野共州

洪郎州　日南州　眉鄧州　澄備州　洛諾州

右隸姚州都督府

納州都寧郡儀鳳二年開山洞置縣八 羅圍 播羅 施陽 都寧 羅當 羅藍 都胡 茂先天二年與薩晏肇皆降爲羈縻　薩州黃池郡儀鳳二年招生獠置縣二 黃池 播陽　晏州羅陽郡儀鳳二年招生獠置縣七 思峩 多溪 新賓 扶來 思晏 哆岡 羅陽　肇州因忠郡儀鳳二年開山洞置縣五 陰 哆樓 都檀 波婆 比求 播郎　奉州儀鳳二年開山洞置縣二 牁里 邏逢　浙州儀鳳二年開山洞置縣四 浙源 越賓 洛川 鱶山　順州載初二年置縣五 曲木 順山 靈巖 來猿 龍池　思峩州天授二年置縣二 多溪 洛溪　淯州久視元年置縣四 新定 清川 固城 居牢　能州大定元年置縣四 長寧 來銀 菊池 猿山　高州縣三 牁巴 移甫 徙西　宋州縣四 牁龍 牁支 宋水 盧吾　長寧州縣四 婆員 波居　定州縣二 支江 扶德 青盧 龍門

右隸瀘州都督府

江南道

諸蠻州五十一

牂州武德三年以牂牁首領謝龍羽地置四年更名牁州後復故名初牂琰莊充應矩六州皆爲下州開元中降爲羈縻天寶三載又降爲羈縻縣三 建安 賓化 新興 建安本牂牁武德二年更名新興與州同置　琰州貞觀四年置縣五 武侯 望江 應江 始安 東南貞觀中又領隆昆琰川二縣後省　莊州本南壽州貞觀三年以南謝蠻首領謝彊地置四年更名十一年爲都督府景龍二年罷都督故隋牂牁郡地南百里有桂嶺關縣七 石牛 南陽 輕水 多樂 樂安 石城 新安貞觀中又領清蘭縣後省　充州武德三年以牂牁蠻別部置縣七 平蠻 東停 部明 牂牁 東陵 辰水 思王　應州貞觀三年以東謝蠻首領謝元深地置縣五 都尚 婆覽 應江 陁隆 羅恭　矩州武德四年置　明州貞觀中以西趙首領趙酋地置　蒍州

勞州　義州　福州　犍州　邦州　清州　峩州

蠻州縣一 巴江　巖州縣一 作巖 鼓　濡州　琳州縣三 古陽 多梅 鸞州

令州　那州　暉州　都州　總州咸亨三年昆明十四姓率戶二萬內屬分置　敦州咸亨三年析昆明部置縣六 武寧 灐木 古質 昆川 叢燕 孤雲　殷州咸亨三年析昆明部置後廢開元十五年分戎州復置後又廢貞元二年節度使韋皋表復置故南漢之境也縣五 殷川 東公 龍原 韋川 賓川初與敦州皆隸戎州都督後來屬　候州　晃州　樊州　稜州

添州　普寧州　功州　亮州　茂龍州　延州

訓州　卿州貞觀十五年置　雙城州　整州　懸州　撫水州縣四 撫水 古勞 多蓬 京永　思源州　逸州　南平州　勳州　襲州

寶州萬歲通天二年以昆明夷內附置　姜州　鴻州縣五 樂鴻 思翁 都部 新庭 臨川

右隸黔州都督府

嶺南道

諸蠻州九十二

紆州縣六 東區 吉陵 賓安 南山 都邦 紆質　歸思州　思順州縣五 羅遵 履博 都思 吉南 許水　蕃州縣三 審水 都伊 思寮　溫泉州溫泉郡土貢金縣二 溫泉 洛富　述昆州土貢桂心縣五 夷水 古桂 臨山 都隴 夷蒙　格州

右隸桂州都督府

㮚州縣八：正平、富平、龍源、思恩、饒勉、武招、都象、歌良。　歸順州本歸淳，元和初更名。

思剛州　侯州　歸誠州　倫州　石西州

思恩州　思同州　思明州縣一：顯川。　萬形州

萬承州　上思州　談州　思琅州　波州

員州　功饒州　萬德州　左州　思誠州

鵶州　歸樂州　青州　得州　七源州

右隸邕州都督府

德化州永泰二年以林覩符部落置。縣二：德化、歸義。　郎茫州永泰二年以林覩符部落分置。縣二：郎茫、古勇。　龍武州大曆中以潘歸國部落置。縣二：龍丘、福宇。　歸化州縣四：歸朝、洛都、落回、落蠻。　郡州土貢：白蠟、孔雀尾。縣二：都口、樂安。　萬泉州縣一：陸水。　思農州縣三：武郎、武容、武全。　武爲州縣三：都龍、漢會、武零。　西原州縣三：羅和、古林、羅淡。　林西州縣二：林西、甘橋。　思廓州縣三：都寧、昆陽、羅方。　武寧州縣三：文萬、甘郎、蘇物。　新安州縣三：歸化、賓陽、安德。　金廓州縣三：羅嘉、文龍、祿榮。　提上州縣三：長賓、提頭、朱綠。　甘棠州縣一：忠誠。　武定州縣三：福祿、柔遠、康林。　都金州縣四：溫泉、嘉陵、甘陽、都金。　諒州縣二：武典、古都。　武陸州開成三年，都護馬植表以武陸縣置。　平原州開成四年析都金州之平原館置。縣三：龍石、平林、龍當。　龍州　武定州　眞州　信州　思陵州　祿州中宗時有單樂縣，後省。　南平州　西平州　門州　餘州　歸州　金隣州儀鳳元年置。　暑州　羅伏州　儋陵州　樊德州　金龍州　哥富州貞元十二年置。　尚思州貞元十二年置。　安德州貞元十二年置。

右隸安南都護府

羈縻州十八貞元七年領，州名逸。

右隸峯州都護府

唐置羈縻諸州，皆傍塞外，或寓名於夷落。而四夷之與中國通者甚衆，若將臣之所征討，勑使之所慰賜，宜有以記其所從出。天寶中，玄宗問諸蕃國遠近，鴻臚卿王忠嗣以西域圖對，纔十數國。其後貞元宰相賈耽考方域道里之數最詳，從邊州入四夷，通譯于鴻臚者，莫不畢紀。其入四夷之路與關戍走集最要者七：一曰營州入安東道，二曰登州海行入高麗渤海道，三曰夏州塞外通大同雲中道，四曰中受降城入回鶻道，五曰安西入西域道，六曰安南通天竺道，七曰廣州通海夷道。其山川聚落，封略遠近，皆槩舉其目。州縣有名而前所不錄者，或夷狄所自名云。

營州西北百里曰松陘嶺，其西奚，其東契丹。距營州北四百里至湟水。營州東百八十里至燕郡城。又經汝羅守捉，渡遼水至安東都護府五百里。府，故漢襄平城也。東南至平壤城八百里；西南至都里海口六百里；西至建安城三百里，故中郭縣也；南至鴨淥江北泊汋城七百里，故安平縣也。自都護府東北經古蓋牟、新城，又經渤海長嶺府，千五百里至渤海王城，城臨忽汗海，其西南三十里有古肅慎城，其北經德理鎮，至南黑水靺鞨千里。

登州東北海行，過大謝島、龜歆島、淤島、烏湖島三百里。北渡烏湖海，至馬石山東之都里鎮二百里。東傍海壖，過青泥浦、桃花浦、杏花浦、石人汪、橐駝灣、烏骨江八百里。乃南傍海壖，過烏牧島、貝江口、椒島，得新羅西北之長口鎮。又過秦王石橋、麻田島、古寺島、得物島，千里至鴨淥江唐恩浦口。乃東南陸行，七百里至新羅王城。自鴨淥江口舟行百餘里，乃小舫泝流東北三十里至泊汋口，得渤海之境。又泝流五百里，至丸都縣城，故高麗王都。又東北泝流二百里，至神州。又陸行四百里，至顯州，天寶中王所都。又正北如東六百里，至渤海王城。

夏州北渡烏水，經賀麟澤、拔利干澤，過沙，次內橫劃、沃野泊、長澤、白城，百二十里至可朱渾水源。又經故陽城澤、橫劃北門、突紇利泊、石子嶺，百餘里至阿頹泉。又經大非苦鹽池，六十六里至賀蘭驛。又經庫也干泊、彌鵝泊、榆祿渾泊，百餘里至地頹澤。又經步拙泉故城，八十八里渡烏那水，經胡洛鹽池、紇伏干泉，四十八里度庫結沙，一曰普納沙。二十八里過橫水，五十九里至十賁故城，又十里至寧遠鎮，又涉屯根水，五十里至安樂戍，戍在河西壖，其東壖有古大同城，今大同城故永濟柵也。北經大泊，十七里至金河，又經故後魏沃野鎮城，傍金河，過古長城，九十二里至吐俱麟川。傍水行，經破落汗山、賀悅泉，百三十一里至步越多山。又東北二十里至纈特泉，又東六十里至賀人山，山西磧口有詰特犍泊，吐俱麟川水西有城，城東南經拔厥那山，二百三十里至帝割達城，又東北至諾眞水汊，又東南百八十七里經古可汗城，至鹹澤，又東南經烏咄谷，二百七里至古雲中城，又西五十五里有綏遠城，皆靈夏以北蕃落所居。

中受降城正北如東八十里，有呼延谷，谷南口有呼延柵，谷北口有歸唐柵，車道也，入回鶻使所經。又五百里至鸊鵜泉，又十里入磧，經麏鹿山、鹿耳山、錯甲山，八百里至山燕子井。又西北經密粟山、達旦泊、野馬泊、可汗泉、橫嶺、綿泉、鏡泊，七百里至回鶻衙帳。又別道自鸊鵜泉北經公主城、眉間城、怛羅思山、赤崖、鹽泊、渾義河、爐門山、木燭嶺，千五百里亦至回鶻衙帳。東有平野，西據烏德鞬山，南依嗢昆水，北六七百里至仙娥河，河北岸有富貴城。又正北如東過雪山松樺林及諸泉泊，千五百里至骨利幹，又西十三日行至都播部落，又北六七日至堅昆部落，有牢山、劍水。又自衙帳東北渡仙娥河，二百里至室韋。骨利幹之東，室韋之西有鞠部落，亦曰祴部落。其東十五日行有俞折國，亦室韋部落。又正北十日行有大漢國，又北有骨師國。骨利幹、都播二部落北有小海，冰堅時馬行八日可度。海北多大山，其民狀貌甚偉，風俗類骨利幹，晝長而夕短。回鶻有延姪伽水，一曰延特勒泊，曰延特勒那海。烏德鞬山左右嗢昆河、獨邏河皆屈曲東北流，至衙帳東北五百里合流。泊東北千餘里有俱輪泊，泊之四面皆室韋。

安西西出柘厥關，渡白馬河，百八十里西入俱毗羅磧。經苦井，百二十里至俱毗羅城。又六十里至阿悉言城。又六十里至撥換城，一曰威戎城，曰姑墨州，南臨思渾河。乃西北渡撥換河、中河，距思渾河百二十里，至小石城。又二十里至于闐境之胡蘆河。又六十里至大石城，一曰于祝，曰溫肅州。又西北三十里至粟樓烽。又四十里度拔達嶺。又五十里至頓多城，烏孫所治赤山城也。又三十里渡眞珠河，又西北渡乏驛嶺，五十里渡雪海，又三十里至碎卜戍，傍碎卜水五十里至熱海。又四十里至凍城，又百一十里至賀獵城，又三十里至葉支城，出谷至碎葉川口，八十里至裴羅將軍城。又西二十里至碎葉城，城北有碎葉水，水北四十里有羯丹山，十姓可汗每立君長於此。自碎葉西十里至米國城，又三十里至新城，又六十里至頓建城，又五十里至阿史不來城，又七十里至俱蘭城，又十里至稅建城，又五十里至怛羅斯城。自撥換、碎葉西南渡渾河，百八十里有濟濁館，故和平鋪也。又經故達幹城，百二十里至謁者館。又六十里至據史德城，龜茲境也，一曰鬱頭州，在赤河北岸孤石山。渡赤河，經岐山，三百四十里至葭蘆館。又經達漫城，百四十里至疏勒鎮。南北西三面皆有山，城在水中。城東又有漢城，亦在灘上。赤河來自疏勒西葛羅嶺，至城西分流，合于城東北，入據史德界。自撥換南而東，經崑崗，渡赤河，又西南經神山、睢陽、鹹泊，又南經疎樹，九百三十里至于闐鎮城。于闐西五十里有葦關，又西經渤海，西北渡繫館河，六百二十里至郅支滿城，一曰磧南州。又西北經苦井、黃渠，三百二十里至雙渠，故羯飯館也。又西北經半城，百六十里至演渡州，又北八十里至疏勒鎮。自疏勒西南入劍末谷、青山嶺、青嶺、不忍嶺，六百里至葱嶺守捉，故羯盤陀國，開元中置守捉，安西極邊之戍。有寧彌故城，一曰達德力城，曰汗彌國，曰拘彌城。于闐東三百九十里，有建德力河，東七百里有精絕國。于闐西南三百八十里，有皮山城，北與姑墨接。凍淩山在于闐東南七百里。又于闐東三百里有坎城鎮，東六百里有蘭城鎮，南六百里有胡弩鎮，西二百里有固城鎮，西三百九十里有吉良鎮。于闐東距且末鎮千六百里。自焉耆西五十里過鐵門關，又二十里至于術守捉城，又二百里至榆林守捉，又五十里至龍泉守捉，又六十里至東夷僻守捉，又七十里至西夷僻守捉，又六十里至赤岸守捉，又百二十里至安西都護府。又一路自沙州壽昌縣西十里至陽關故城，又西至蒲昌海南岸千里。自蒲昌海南岸，西經七屯城，漢伊修城也。又西八十里至石城鎮，漢樓蘭國也，亦名鄯善，在蒲昌海南三百里，康豔典爲鎮使以通西域者。又西二百里至新城，亦謂之弩支城，豔典所築。又西經特勒井，渡且末河，五百里至播仙鎮，故且末城也，高宗上元中更名。又西經悉利支井、祆井、勿遮水，五百里至于闐東蘭城守捉。又西經移杜堡、彭懷堡、坎城守捉，三百里至于闐。

安南經交趾太平，百餘里至峯州。又經南田，百三十里至恩樓縣，乃水行四十里至忠城州。又二百里至多利州，又三百里至朱貴州，又四百里至丹棠州，皆生獠也。又四百五十里至古湧步，水路距安南凡千五百五十里。又百八十里經浮動山、天井山，山上夾道皆天井，間不容跬者三十里。二日行至湯泉州，又五十里至祿索州，又十五里至龍武州，皆爨蠻安南境也。又八十三里至儻遲頓，又經八平城，八十里至洞澡水，又經南亭，百六十里至曲江，劍南地也。又經通海鎮，百六十里渡海河、利水至絳縣。又八十里至晉寧驛，戎州地也。又八十里至柘東城，又八十里至安寧故城，又四百八十里至靈南城，又八十里至白崖城，又七十里至蒙舍城，又八十里至龍尾城，又十里至太和城，又二十五里至羊苴咩城。自羊苴咩城西至永昌故郡三百里。又西渡怒江，至諸葛亮城二百里。又南至樂城二百里。又入驃國境，經萬公等八部落，至悉利城七百里。又經突旻城至驃國千里。又自驃國西度黑山，至東天竺迦摩波國千六百里。又西北渡迦羅都河至奔那伐檀那國六百里。又西南至中天竺國東境恒河南岸羯朱嗢羅國四百里。又西至摩羯陀國六百里。一路自諸葛亮城西去騰充城二百里。又西至彌城百里。又西過山，二百里至麗水城。乃西渡麗水、龍泉水，二百里至安西城。乃西渡彌諾江

水千里至大秦婆羅門國有西渡大嶺三百里至東天竺北界箇沒盧國又西南千二百里至中天竺國東北境之奔那伐檀那國與驃國往婆羅門路合一路自驩州東二日行至唐林州安遠縣南行經古羅江二日行至環王國之檀洞江又四日至朱崖又經單補鎮二日至環王國城故漢日南郡地也自驩州西南三日行度霧溫嶺又二日行至棠州日落縣又經羅倫江及古朗洞之石蜜山三日行至棠州文陽縣又經蔡蔡澗四日行至文單國之算臺縣又三日行至文單外城又一日行至內城一曰陸眞臘其南水眞臘又南至小海其南羅越國又南至大海

廣州東南海行二百里至屯門山乃帆風西行二日至九州石又南二日至象石又西南三日行至占不勞山山在環王國東二百里海中又南二日行至陵山又一日行至門毒國又一日行至古笪國又半日行至奔陀浪洲又兩日行到軍突弄山又五日行至海硤蕃人謂之質南北百里北岸則羅越國南岸則佛逝國佛逝國東水行四五日至訶陵國南中洲之最大者又西出硤三日至葛葛僧祇國在佛逝西北隅之別島國人多鈔暴乘舶者畏憚之其北岸則箇羅國箇羅西則哥谷羅國又從葛葛僧祇四五日行至勝鄧洲又西五日行至婆露國又六日行至婆國伽藍洲又北四日行至師子國其北海岸距南天竺大岸百里又西四日行經沒來國南天竺之最南境又西北經十餘小國至婆羅門西境又西北二日行至拔颶國又十日行經天竺西境小國五至提颶國其國有彌蘭大河一曰新頭河自北渤崑國來西流至提颶國北入于海又自提颶國西二十日行經小國二十餘至提羅盧和國一曰羅和異國國人於海中立華表夜則置炬其上使舶人夜行不迷又西一日行至烏剌國乃大食國之弗利剌河南入于海小舟泝流二日至末羅國大食重鎮也又西北陸行千里至茂門王所都縛達城自婆羅門南境從沒來國至烏剌國皆緣海東岸行其西岸之西皆大食國其西最南謂之三蘭國自三蘭國正北二十日行經小國十餘至設國又十日行經小國六七至薩伊瞿和竭國當海西岸又西六七日行經小國六七至沒巽國又西北十日行經小國十餘至拔離謌磨難國又一日行至烏剌國與東岸路合西域有陀拔思單國在疏勒西南二萬五千里東距勃達國西至涅滿國皆一月行南至羅剎支國半月行北至海兩月行羅剎支國東至都槃國半月行西至沙蘭國南至大食國皆二十日行都槃國東至大食國半月行南至大食國二十五日行北至勃達國一月行勃達國東至大食國兩月行西北至岐蘭國二十日行北至大食國一月行河沒國東南至陀拔國半月行西北至岐蘭國二十日行南至沙蘭國一月行北至海兩月行岐蘭國西至大食國兩月行南至涅滿國二十日行北至海五日行涅滿國西至大食國兩月行南至大食國一月行北至岐蘭國二十日行沙蘭國南至大食國二十五日行北至涅滿國二十五日行石國東至拔汗那國百里西南至東米國五百里罽賓國在疏勒西南四千里東至俱蘭城國七百里西至大食國千里南至婆羅門國五百里北至吐火羅國二百里東米國在安國西北二千里東至碎葉國五千里西南至石國千五百里南至拔汗那國千五百里史國在疏勒西二千里東至俱密國千里西至大食國二千里南至吐火羅國二百里西北至康國七百里

唐書卷四十三下考證

地理志七下羈縻州關內道雲中都督府注析頡利右部置○舊書党項部落置

賀魯州葛邏州跌跌州右隸單于都護府○舊書皆屬夏州都督府

唐書卷四十四

宋　翰　林　學　士　歐　陽　修　撰

志第三十四

選舉志

唐制取士之科多因隋舊然其大要有三由學館者曰生徒由州縣者曰鄉貢皆升于有司而進退之其科之目有秀才有明經有俊士有進士有明法有明字有明筭有一史有三史有開元禮有道舉有童子而明經之別有五經有三經有二經有學究一經有三禮有三傳有史科此歲舉之常選也其天子自詔者曰制舉所以待非常之才焉凡學六皆隸于國子監國子學生三百人以文武三品以上子孫若從二品以上曾孫及勳官二品縣公京官四品帶三品勳封之子爲之太學生五百人以五品以上子孫職事官五品期親若三品曾孫及勳官三品以上有封之子爲之四門學生千三百人其五百人以勳官三品以上無封四品有封及文武七品以上子爲之八百人以庶人之俊異者爲之律學生五十人書學生三十人算學生三十人以八品以下子及庶人之通其學者爲之京都學生八十人大都督中都督府上州各六十人下都督府中州各五十人下州四十人京縣五十人上縣四十人中縣中下縣各三十五人下縣二十人國子監生尚書省補祭酒統焉州縣學生州縣長官補長史主焉凡館二門下省有弘文館生三十人東宮有崇文館生二十人以皇緦麻以上親皇太后皇后大功以上親宰相及散官一品功臣身食實封者京官職事從三品中書黃門侍郎之子爲之凡博士助教分經授諸生未終經者無易業凡生限年十四以上十九以下律學十八以上二十五以下凡禮記春秋左氏傳爲大經詩周禮儀禮爲中經易尚書春秋公羊傳穀梁傳爲小經通二經者大經小經各一若中經二通三經者大經中經小經各一通五經者大經皆通餘經各一孝經論語皆兼通之凡治孝經論語共限一歲尚書公羊傳穀梁傳各一歲半易詩周禮儀禮各二歲禮記左氏傳各三歲學書日紙一幅間習時務策讀國語說文字林三蒼爾雅凡書學石經三體限三歲說文二歲字林一歲凡算學孫子五曹共限一歲九章海島共三歲張丘建夏侯陽各一歲周髀五經算共一歲綴術四歲緝古三歲記遺三等數皆兼習之旬給假一日前假博士考試讀者千言試一帖帖三言講者二千言問大義一條總三條通二爲第不及者有罰歲終通一年之業口問大義十條通八爲上六爲中五爲下併三下與在學九歲律生六歲不堪貢者罷歸諸學生通二經俊士通三經已及第而願留者四門學生補太學太學生補國子學每歲五月有田假九月有授衣假二百里外給程其不帥教及歲中違程滿三十日事故百日緣親病二百日皆罷歸既罷條其狀下之屬所五品以上子孫送兵部準蔭配色每歲仲冬州縣館監舉其成者送之尚書省而舉選不繇館學者謂之鄉貢皆懷牒自列于州縣試已長吏以鄉飲酒禮會屬僚設賓主陳俎豆備管絃牲用少牢歌鹿鳴之詩因與耆艾敘長少焉旣至省皆疏名列到結款通保及所居始由戶部集閱而關于考功員外郎試之凡秀才試方略策五道以文理通粗爲上上上中上下中上凡四等爲及第凡明經先帖文然後口試經問大義十條答時務策三道亦爲四等凡開元禮通大義百條策三道者超資與官義通七十策通二者及第散試官能通者依正員凡三傳科左氏傳問大義五十條公羊穀梁傳三十條策皆三道義通七以上策通二以上爲第白身視五經有出身及前資官視學究一經凡史科每史問大義百條策三道義通七策通二以上爲第能通一史者白身視五經三傳有出身及前資官視學究一經三史皆通者獎擢之凡童子科十歲以下能通一經及孝經論語卷誦文十通者予官通七予出身凡進士試時務策五道帖一大經經策全通爲甲第策通四帖過四以上爲乙第凡明法試律七條令三條全通爲甲第通八爲乙第凡書學先口試通乃墨試說文字林二十條通十八爲第凡算學錄大義本條爲問答明數造術詳明術理然後爲通試九章三條海島孫子五曹張丘建夏侯陽周髀五經算各一條十通六記遺三等數帖讀十得九爲第試綴術緝古錄大義爲問答者明數造術詳明術理無注者合數造術不失義理然後爲通綴術七條緝古三條十通六記遺三等數帖讀十得九爲第落經者雖通六不第凡弘文崇文生試一大經一小經或二中經或史記前後漢書三國志各一或時務策五道經史皆試策十道經通六史及時務策通三皆帖孝經論語共十條通六爲第凡貢舉非其人者廢舉者校試不以實者皆有罰其教人取士著於令者大略如此而士之進取之方與上之好惡所以育材養士招來獎進之意有司選士之法因時增損不同自高祖初入長安開大丞相府下令置生員自京師至于州縣皆有數旣即位又詔秘書外省別立小學以教宗室子孫及功臣子弟其後又詔諸州明經秀才俊士進士明於理體爲鄉里稱者縣考試州長重覆歲隨方物入貢吏民子弟學藝者皆送于京學爲設考課之法州縣鄉皆置學焉及太宗即位益崇儒術乃於門下別置弘文館又增置書律學進士加讀經史一部十三年東宮置崇文館自天下初定增築學舍至千二百區雖七營飛騎亦置生遣博士爲授經四夷若高麗百濟新羅高昌吐蕃相繼遣子弟入學遂至八千餘人高宗永徽二年始停秀才科龍朔二年東都置國子監明年以書學隸蘭臺算學隸秘閣

律學隸詳刑上元二年加試貢士老子策明經二條進士三條國子監置大成二十人取已及第而聰明者爲之試書日誦千言并日試策所業十通七然後補其祿俸同直官通四經業成上於尚書吏部試之登第者加一階放選其不第則習業如初三歲而又試三試而不中第從常調永隆二年考功員外郎劉思立建言明經多抄義條進士唯誦舊策皆亡實才而有司以人數充第乃詔自今明經試帖麤十得六以上進士試雜文二篇通文律者然後試策武后之亂改易舊制頗多中宗反正詔宗室三等以下五等以上未出身願宿衞及任國子生聽之其家居業成而堪貢者宗正寺試送監舉如常法三衞番下日願入學者聽附國子學太學及律館習業蕃王及可汗子孫願入學者附國子學讀書玄宗開元五年始令鄉貢明經進士見訖國子監謁先師學官開講問義有司爲具食清資五品以上官及朝集使皆往閱禮焉七年又令弘文崇文國子生季一朝參及注老子道德經成詔天下家藏其書貢舉人減尚書論語策而加試老子又敕州縣學生年二十五以下八品子若庶人二十一以下通一經及未通經而聰悟有文辭史學者入四門學爲俊士即諸州貢舉省試不第願入學者亦聽二十四年考功員外郎李昂爲舉人詆訶帝以員外郎望輕遂移貢舉於禮部以侍郎主之禮部選士自此始二十九年始置崇玄學習老子莊子文子列子亦曰道舉其生京都各百人諸州無常員官秩蔭第同國子舉送課試如明經天寶九載置廣文館於國學以領生徒爲進士者舉人舊重兩監後世祿者以京兆同華爲榮而不入學十二載乃敕天下罷鄉貢舉人不由國子及郡縣學者勿舉送是歲道舉停老子加周易十四載復鄉貢代宗廣德二年詔曰古者設太學教冑子雖年穀不登兵革或動而俎豆之事不廢頃年戎車屢駕諸生輟講宜追學生在館習業度支給廚米是歲賈至爲侍郎建言歲方艱歉舉人赴省者兩都試之兩都試人自此始貞元二年詔習開元禮者舉同一經例明經習律以代爾雅是時弘文崇文生未補者務取員闕以補速於登第而用蔭乖實至有假市門資變易昭穆及假人試藝者六年詔宜據式考試假代者論如法初禮部侍郎親故移試考功謂之別頭十六年中書舍人高郢奏罷議者是之元和二年置東都監生一百員然自天寶後學校益廢生徒流散永泰中雖置西監生而館無定員於是始定生員西京國子館生八十人太學七十人四門三百人廣文六十人律館二十人書算館各十人東都國子館十人太學十五人四門五十人廣文十人律館十人書館三人算館二人而已明經停口義復試墨義十條五經取通五明經通六其嘗坐法及爲州縣小吏雖藝文可采勿舉十三年權知禮部侍郎庾承宣奏復考功別頭試初開元中禮部考試畢送中書門下詳覆其後中廢是歲侍郎錢徽所舉送覆試多不中選由是貶官而舉人雜文復送中書門下長慶三年侍郎王起言故事禮部已放牓而中書門下始詳覆今請先詳覆而後放牓議者以起雖避嫌然失貢職矣諫議大夫殷侑言三史爲書勸善懲惡亞於六經比來史學都廢至有身處班列而朝廷舊章莫能知者於是立史科及三傳科太和三年高鍇爲考功員外郎取士有不當監察御史姚中立又奏停考功別頭試六年侍郎賈餗又奏復之八年宰相王涯以爲禮部取士乃先以牓示中書非至公之道自今一委有司以所試雜文鄉貫三代名諱送中書門下大抵衆科之目進士尤爲貴其得人亦最爲盛焉方其取以辭章類若浮文而少實及其臨事設施奮其事業隱然爲國名臣者不可勝數遂使時君篤意以謂莫此之尚及其後世俗益媮薄上下交疑因以謂按其聲病可以爲有司之責捨是則汗漫而無所守遂不復能易嗚呼乃知三代鄉里德行之舉非至治之隆莫能行也太宗時冀州進士張昌齡王公謹有名於當時考功員外郎王師旦不署以第太宗問其故對曰二人者皆文采浮華擢之將誘後生而敝風俗其後二人者卒不能有立寶應二年禮部侍郎楊綰上疏言進士科起於隋大業中是時猶試策高宗朝劉思立加進士雜文明經塡帖故爲進士者皆誦當代之文而不通經史明經者但記帖括又投牒自舉非古先哲王側席待賢之道請依古察孝廉其鄉閭孝友信義廉恥而通經者縣薦之州州試其所通之學送于省自縣至省皆勿自投牒其到狀保辨識牒皆停而所習經取大義聽通諸家之學每問經十條對策三道皆通爲上第吏部官之經義通八策通二爲中第與出身下第罷歸論語孝經孟子兼爲一經其明經進士及道舉竝停詔給事中李栖筠李廙尚書左丞賈至京兆尹兼御史大夫嚴武議栖筠等議曰夏之政忠商之政敬周之政文然則文與忠敬皆統人行且謚號述行莫美於文文興則忠敬存焉故前代以文取士本文行也由辭觀行則及辭焉宣父稱顏子不遷怒不貳過謂之好學今試學者以帖字爲精通不窮旨義豈能知遷怒貳過之道乎考文者以聲病爲是非豈能知移風易俗化天下乎是以上失其源下襲其流先王之道莫能行也夫先王之道消則小人之道長亂臣賊子由是生焉今取士試之小道而不以遠大是猶以蝸蚓之餌垂海而望吞舟之魚不亦難乎所以食垂餌者皆小魚就科目者皆小藝且夏有天下四百載禹之道喪而商始興商有天下六百祀湯之法棄而周始興周有天下八百年文武之政廢而秦始并焉三代之選士任賢皆考實行是以風俗淳一運祚長遠漢興監其然尊儒術尚名節雖近戚竊位彊臣擅權弱主外立母后專政而亦能終彼四百豈非學行之効邪魏晉以來專尚浮侈德義不修故子孫速顚享國不永也今綰所請實爲正論然自晉室之亂南北分裂人多僑處必欲復古鄉舉里選竊恐未盡請兼廣學校以明訓誘雖京師州縣皆有小學兵革之後生徒流離儒臣師氏祿廩無向請增博士員厚其廩稍選通儒碩生間居其職十道大郡置太學館遣博士出外兼領郡官以教生徒保桑梓者鄉里舉焉在流寓者庠序推焉朝而行之夕見其利而大臣以爲舉人循習難於速變請自來歲始帝以問翰林學士對曰舉進士久矣廢之恐失其業乃詔明經進士與孝廉兼行先是進士試詩賦及時務策五道明經策三道建中二年中書舍人趙贊權知貢舉乃以箴論表贊代詩賦而皆試策三道太和八年禮部復罷進士議論而試詩賦文宗從內出題以試進士謂侍臣曰吾患文格浮薄昨自出題所試差勝乃詔禮部歲取登第者三十人苟無其人不必充其數是時文宗好學嗜古鄭覃以經術位宰相深嫉進士浮薄屢請罷之文宗曰敦厚浮薄色色有之進士科取人二百年矣不可遽廢因得不罷武宗即位宰相李德裕尤惡進士初舉人既及第綴行通名詣主司第謝其制序立西階下北上東向主人席東階下西向諸生拜主司答拜乃敘齒謝恩遂升階與公卿觀者皆坐酒數行乃赴期集又有曲江會題名席至是德裕奏國家設科取士而附黨背公自爲門生自今一見有司而止其期集參謁曲江題名皆罷德裕嘗論公卿子弟艱於科舉武宗曰向聞楊虞卿兄弟朋比貴勢妨平進之路昨黜楊知至鄭朴等抑其太甚耳有司不識朕意不放子弟即過矣但取實藝可也德裕曰鄭肅封敖子弟皆有才不敢應舉臣無名第不當非進士然臣祖天寶末以仕進無他岐勉彊隨計一舉登第自後家不置文選蓋惡其不根藝實然朝廷選官須公卿子弟爲之何者少習其業目熟朝廷事臺閣之儀不教而自成寒士縱有出人之才固不能閑習也則子弟未易可輕德裕之論偏異蓋如此然進士科當唐之晚節尤爲浮薄世所共患也所謂制舉者其來遠矣自漢以來天子常稱制詔道其所欲問而親策之唐興世崇儒學雖其時君賢愚好惡不同而樂善求賢之意未始少怠故自京師外至州縣有司常選之士以時而舉而天子又自詔四方德行才能文學之士或高蹈幽隱與其不能自達者下至軍謀將略翹關拔山絕藝奇伎莫不兼取其爲名目隨其人主臨時所欲而列爲定科者如賢良方正直言極諫博通墳典達於教化軍謀宏遠堪任將率詳明政術可以理人之類其名最著而天子巡狩行幸封禪太山梁父往往會見行在其所以待之之禮甚優而宏材偉論非常之人亦時出於其間不爲無得也其外又有武舉蓋其起於武后之時長安二年始置武舉其制有長垜馬射步射平射筒射又有馬槍翹關負重身材之選翹關長丈七尺徑三寸半凡十舉後手持關距出處無過一尺負重者負米五斛行二十步皆爲中第亦以鄉飲酒禮送兵部其選用之法不足道故不復書

唐書卷四十五

宋　翰　林　學　士　歐　陽　修　撰

志第三十五

選舉志

凡選有文武文選吏部主之武選兵部主之皆爲三銓尚書侍郎分主之凡官員有數而署置過者有罰知而聽者有罰規取者有罰每歲五月頒格于州縣選人應格則本屬或故任取選解列其罷免善惡之狀以十月會于省過其時者不敘其以時至者乃考其功過同流者五五爲聯京官五人保之一人識之刑家之子工賈

異類及假名承僞隱冒升降者有罰文書粟錯隱倖者駮放之非隱倖則不凡擇人之法有四一曰身體貌豐偉二曰言言辭辯正三曰書楷法遒美四曰判文理優長四事皆可取則先德行德均以才才均以勞得者爲留不得者爲放五品以上不試上其名中書門下六品以下始集而試觀其書判已試而銓察其身言已銓而注詢其便利而擬已注而唱不厭者得反通其辭三唱而不厭聽冬集厭者爲甲上于僕射乃上門下省給事中讀之黃門侍郎省之侍中審之然後以聞主者受旨而奉行焉謂之奏受視品及流外則判補皆給以符謂之告身凡官已受成皆廷謝凡試判登科謂之入等甚拙者謂之藍縷選未滿而試文三篇謂之宏辭試判三條謂之拔萃中者卽授官凡出身嗣王郡王從四品下親王諸子封郡公者從五品上國公正六品上郡公正六品下縣公從六品上侯正七品上伯正七品下子從七品上男從七品下皇帝緦麻以上親皇太后期親正六品上皇太后大功皇后期親從六品上皇帝袒免皇太后小功緦麻皇后大功親正七品上皇后小功緦麻皇太子妃期親從七品上外戚皆以服屬降二階敘娶郡主者正六品上娶縣主者正七品上郡主子從七品上縣主子從八品上凡用蔭一品子正七品上二品子正七品下三品子從七品上從三品子從七品下正四品子正八品上從四品子正八品下正五品子從八品上從五品及國公子從八品下凡品子任雜掌及王公以下親事帳內勞滿而選者七品以上子從九品上敘其任流外而應入流內敘品卑者亦如之九品以上及勳官五品以上子從九品下敘三品以上蔭曾孫五品以上蔭孫孫降子一等曾孫降孫一等贈官降正官一等死事者與正官同郡縣公子視從五品孫縣男以上子降一等勳官二品子又降一等二王後孫視正三品凡秀才上上第正八品上上中第正八品下上下第從八品上中上第從八品下明經上上第從八品下上中第正九品上上下第正九品下中上第從九品下進士明法甲第從九品上乙第從九品下弘文崇文館生及第亦如之應入五品者以聞書算學生從九品下敘凡弘文崇文生皇緦麻以上親皇太后皇后大功以上親一家聽二人選職事二品以上散官一品中書門下正三品同三品六尚書等子孫并姪功臣身食實封者子孫一蔭聽二人選京官職事正三品同中書門下平章事供奉官三品子孫京官職事從三品中書黃門侍郎并供奉三品官帶四品五品散官子一蔭一人凡勳官選者上柱國正六品敘六品而下遞降一階驍騎尉武騎尉從九品上敘凡居官必四考四考中中進年勞一階敘每一考中上進一階上下二階上中以上及計考應至五品以上奏而別敘六品以下遷改不更選及守五品以上官年勞歲一敘給記階牒考多者准考累加凡醫術不過尚藥奉御陰陽卜筮圖畫工巧造食音聲及天文不過本色局署令鴻臚譯語不過典客署令凡千牛備身備身左右五考送兵部試有文者送吏部凡齋郎太廟以五品以上子孫及六品職事并清官子爲之六考而滿郊社以六品職事官子爲之八考而滿皆讀兩經粗通限年十五以上二十以下擇儀狀端正無疾者武選凡納課品子歲取文武六品以下勳官三品以下五品以上子年十八以上每州爲解上兵部納課十三歲而試第一等送吏部第二等留本司第三等納資二歲第四等納資三歲納已復試量文武授散官若考滿不試免當年資遭喪免資無故不輸資及有犯者放還之凡捉錢品子無違負滿二百日本屬以簿附朝集使上于考功兵部滿十歲量文武授散官其視品國官府佐應停者依品子納課十歲而試凡一歲爲一選自一選至十二選視官品高下以定其數因其功過而增損之初武德中天下兵革新定士不求祿官不充員有司移符州縣課人赴調遠方或賜衣續食猶辭不行至則授用無所黜退不數年求者寖多亦頗加簡汰貞觀二年侍郎劉林甫言隋制以十一月爲選始至春乃畢今選者衆請四時注擬十九年馬周以四時選爲勞乃復以十一月選至三月畢太宗嘗謂攝吏部尚書杜如晦曰今專以言辭刀筆取人而不悉其行至後敗職雖刑戮之而民已敝矣乃欲放古令諸州辟召會功臣行世封乃止它日復顧侍臣曰致治之術在於得賢今公等不知人朕又不能徧識日月其逝而人遠矣吾將使人自舉可乎而魏徵以爲長澆競又止初銓法簡而任重高宗總章二年司列少常伯裴行儉始設長名牓引銓注法復定州縣升降爲八等其三京五府都護都督府悉有差次量官資授之其後李敬玄爲少常伯委事於員外郎張仁禕仁禕又造姓歷改狀樣銓歷等程式而銓總之法密矣然是時仕者衆庸愚咸集有僞主符告而矯爲官者有接承它名而參調者有遠人無親而置保者試之日冒名代進或旁坐假手或借人外助多非其實雖繁設等級遞差選限增譴犯之科開糾告之令以遏之然猶不能禁大率十人競一官餘多委積不可遣有司患之謀爲黜落之計以僻書隱學爲判目無復求人之意而吏求貨賄出入升降至武后時天官侍郎魏玄同深嫉之因請復古辟署之法不報初試選人皆糊名令學士考判武后以爲非委任之方罷之而其務收人心士無賢不肖多所進獎長安二年舉人授拾遺補闕御史著作佐郎大理評事衞佐凡百餘人明年引見風俗使舉人悉授試官高者至鳳閣舍人給事中次員外郎御史補闕拾遺校書郎試官之起自此始時李嶠爲尚書又置員外郎二千餘員悉用勢家親戚給俸祿使釐務至與正官爭事相毆者又有檢校勑攝判知之官神龍二年嶠復爲中書令始悔之乃停員外郎官釐務中宗時韋后及太平安樂公主等用事於側門降墨勑斜封授官號斜封官凡數千員內外盈溢無廳事以居當時謂之三無坐處言宰相御史及員外郎也又以鄭愔爲侍郎大納貨賂選人留者甚衆至逆用三年員闕而綱紀大潰韋氏敗始以宋璟爲吏部尚書李乂盧從愿爲侍郎姚元之爲兵部尚書陸象先盧懷慎爲侍郎悉奏罷斜封官量闕留人雖資高考深非才實者不取初尚書銓掌七品以上選侍郎銓掌八品以下選至是通其品而掌焉未幾璟元之等罷殿中侍御史崔湜太子中允薛昭希太平公主意上言罷斜封官人失其所而怨積於下必有非常之變乃下詔盡復斜封別勑官玄宗卽位厲精爲治左拾遺內供奉張九齡上疏言縣令刺史陛下所與共理尤親於民者也今京官出外乃反以爲斥逐非少重其選不可又曰古者或遙聞辟召或一見任之是以士脩名行而流品不雜今吏部始造簿書以備遺忘而反求精於案牘不急人才何異遺劒中流而刻舟以記於是下詔擇京官有善政者補刺史歲十月按察使校殿最自第一至第五校考使及戶部長官總覈之以爲升降凡官不歷州縣不擬臺省已而悉集新除縣令宣政殿親臨問以治人之策而擢其高第者又詔員外郎御史諸供奉官皆進名勑授而兵吏部各以員外郎一人判南曹由是銓司之任輕矣其後戶部侍郎宇文融又建議置十銓乃以禮部尚書蘇頲等分主之太子左庶子吳兢諫曰易稱君子思不出其位言不侵官也今以頲等分掌吏部選而天子親臨決之尚書侍郎皆不聞參議者以爲萬乘之君下行選事帝悟遂復以三銓還有司開元十八年侍中裴光庭兼吏部尚書始作循資格而賢愚一槩必與格合乃得銓授限年躡級不得踰越於是久淹不收者皆便之謂之聖書及光庭卒中書令蕭嵩以爲非求材之方奏罷之乃下詔曰凡人年三十而出身四十乃得從事更造格以分寸爲差若循新格則六十未離一尉自今選人才業優異有操行及遠郡下寮名迹稍著者吏部隨材甄擢之初諸司官兼知政事者至日午後乃還本司視事兵部吏部尚書侍郎知政事者亦還本司分闕注唱開元以來宰相位望漸崇雖尚書知政事亦於中書決本司事以自便而左右相兼兵部吏部尚書者不自銓總又故事必三銓三注三唱而后擬官季春始畢乃過門下省楊國忠以右相兼吏部尚書建議選人視官資書判狀迹功優宜對衆定留放乃先遣吏密定員闕一日會左相及諸司長官於都堂注唱以誇神速由是門下過官三銓注官之制皆廢侍郎主試判而已肅代以後兵興天下多故官員益濫而銓法無可道者至德宗時試太常寺協律郎沈既濟極言其敝曰近世爵祿失之者久其失非他四太而已入仕之門太多世冑之家太優祿利之資太厚督責之令太薄臣以爲當輕其祿利重其督責夫古今選用之法九流常敘有三科而已曰德也才也勞也而今選曹皆不及焉且吏部甲令雖曰度德居任量才授職計勞升敘然考校之法皆在書判簿歷言辭俯仰之間侍郎非通神不可得而知則安行徐言非德也空文善書非才也累資積考非勞也苟執不失猶乖得人況衆流茫茫耳目有不足者乎蓋非鑒之不明非擇之不精法使然也王者觀變以制法察時而立政按前代選用皆州府察舉至于齊隋署置多由請託故當時議者以爲與其率私不若自舉與其外濫不若內收是以罷州府之權而歸於吏部此矯時懲弊之權法非經國不刊之常典今吏部之法蹙矣不可以坐守刓弊臣請五品以上及羣司長官宰臣進敘吏部兵部得參議焉六品以下或僚佐之屬聽州府辟用則銓擇之任委於四方結奏之成歸於二部必先擇牧守然後授其權高者先署而後聞卑者聽版而不命其牧守將帥或選用非公則吏部兵部得察而舉之聖主明目達聰逖聽遐視罪其私冒不慎舉者小加譴黜大正刑典責成授任誰敢不勉夫如是則接名僞命之徒非才薄行之人貪叨賄貨懦弱姦宄下詔之日隨聲而廢通大數十去八九矣如是人少而員寬事簡而官審賢者不奬而自進不肖者不抑而自退或曰開元天寶中不易吏部之法而天下砥平何必外辟方臻

于理臣以為不然夫選舉者經邦之一端雖制之有美惡而行之由法令是以州郡察舉在兩漢則理在魏齊則亂吏部選集在神龍景龍則紊在開元天寶則理當其時久承升平御以法術慶賞不軼威刑必齊由是而理匪用吏部而臻此也況以此時用辟召之法則理不益久乎天子雖嘉其言而重於改作訖不能用初吏部歲常集人其後三數歲一集選人猥至文簿紛雜吏因得以為姦利士至蹉跌或十年不得官而闕員亦累歲不補陸贄為相乃懲其弊命吏部據內外員三分之計闕集人歲以為常是時河西隴右沒于虜河南河北不上計吏員大幸減天寶三之一而入流者加一故士人二年居官十年待選而考限遷除之法寖壞憲宗時宰相李吉甫定考遷之格諸州刺史次赤府少尹次赤令諸陵令五府司馬上州以上上佐東宮官詹事諭德以下王府官四品以上皆五考侍御史十三月殿中侍御史十八月監察御史二十五月三省官諸道勅補檢校五品以上及臺省官皆三考餘官四考文武官四品以下五考凡遷尚書省四品以上文武官三品以上皆先奏唐取人之路蓋多矣方其盛時著於令者納課品子萬人諸館及州縣學六萬三千七十人太史歷生三十六人天文生百五十人太醫藥童針呪諸生二百一十一人太卜卜筮三十人千牛備身八十人備身左右二百五十六人進馬十六人齋郎八百六十二人諸衞三衞監門直長三萬九千四百六十二人諸屯主副千九百八人諸折衝府錄事府史一千七百八十二人校尉三千五百六十四人執仗執乘每府三十二人親事帳內萬人集賢院御書手百人史館典書楷書四十一人尚藥童三十人諸臺省寺監軍衞坊府之胥史六千餘人凡此者皆入官之門戶而諸司主祿已成官及州縣佐史未敘者不在焉至於銓選其制不一凡流外兵部禮部舉人郎官得自主之謂之小選太宗時以歲旱穀貴東人選者集于洛州謂之東選高宗上元二年以嶺南五管黔中都督府得卽任土人而官或非其才乃遣郎官御史為選補使謂之南選其後江南淮南福建大抵因歲水旱皆遣選補使卽選其人而廢置不常選法又不著故不復詳焉

唐書卷四十六

宋　翰　林　學　士　歐　陽　修　撰

志第三十六

百官志

唐之官制其名號祿秩雖因時增損而大抵皆沿隋故其官司之別曰省曰臺曰寺曰監曰衞曰府各統其屬以分職定位其辨貴賤敘勞能則有品有爵有勳有階以時考覈而升降之所以任羣材治百事其為法則精而密其施於事則簡而易行所以然者由職有常守而位有常員也方唐之盛時其制如此蓋其始未嘗不欲立制度明紀綱為萬世法而常至於交侵紛亂者由其時君不能慎守而狥一切之苟且故其事愈繁而官益冗至失其職業而卒不能復初太宗省內外官定制為七百三十員曰吾以此待天下賢材足矣然是時已有員外置其後又有特置同正員至於檢校兼守判知之類皆非本制又有置使之名或因事而置事已則罷或遂置而不廢其名類繁多莫能徧舉自中世已後盜起兵興又有軍功之官遂不勝其濫矣故採其綱目條理可為後法及事雖非正後世遵用因仍而不能改者著于篇宰相之職佐天子總百官治萬事其任重矣然自漢以來位號不同而唐世宰相名尤不正初唐因隋制以三省之長中書令侍中尚書令共議國政此宰相職也其後以太宗嘗為尚書令臣下避不敢居其職由是僕射為尚書省長官與侍中中書令號為宰相其品位既崇不欲輕以授人故常以他官居宰相職而假以他名自太宗時杜淹以吏部尚書參議朝政魏徵以祕書監參預朝政其後或曰參議得失參知政事之類其名非一皆宰相職也貞觀八年僕射李靖以疾辭位詔疾小瘳三兩日一至中書門下平章事而平章事之名蓋起於此其後李勣以太子詹事同中書門下三品謂同侍中中書令也而同三品之名蓋起於此然二名不專用而佗官居職者猶假佗名如故自高宗以後為宰相者必加同中書門下三品雖品高者亦然惟三公三師中書令則否其後改易官名而張文瓘以東臺侍郎同東西臺三品同三品入銜自文瓘始永淳元年以黃門侍郎郭待舉兵部侍郎岑長倩等同中書門下平章事平章事入銜自待舉等始自是以後終唐之世不能改初三省長官議事于門下省之政事堂其後裴炎自侍中遷中書令乃徙政事堂於中書省開元中張說為相又改政事堂號中書門下列五房于其後一曰吏房二曰樞機房三曰兵房四曰戶房五曰刑禮房分曹以主衆務焉宰相事無不統故不以一職名官自開元以後常以領他職實欲重其事而反輕宰相之體故時方用兵則為節度使時崇儒學則為大學士時急財用則為鹽鐵轉運使又其甚則為延資庫使至於國史太清宮之類其名頗多皆不足取法故不著其詳學士之職本以文學言語被顧問出入侍從因得參謀議納諫諍其禮尤寵而翰林院者待詔之所也唐制乘輿所在必有文詞經學之士下至卜醫伎術之流皆直於別院以備宴見而文書詔令則中書舍人掌之自太宗時名儒學士時時召以草制然猶未有名號乾封以後始號北門學士玄宗初置翰林待詔以張說陸堅張九齡等為之掌四方表疏批答應和文章既而又以中書務劇文書多壅滯乃選文學之士號翰林供奉與集賢院學士分掌制詔書敕開元二十六年又改翰林供奉為學士別置學士院專掌內命凡拜免將相號令征伐皆用白麻其後選用益重而禮遇益親至號為內相又以為天子私人凡充其職者無定員自諸曹尚書下至校書郎皆得與選入院一歲則遷知制誥未知制誥者不作文書班次各以其官內宴則居宰相之下一品之上憲宗時又置學士承旨唐之學士弘文集賢分隸中書門下省而翰林學士獨無所屬故附列於此云

三師三公

太師太傅太保各一人是為三師太尉司徒司空各一人是為三公皆正一品三師天子所師法無所總職非其人則闕三公佐天子理陰陽平邦國無所不統親王拜者不親事祭祀闕則攝（隋廢三師貞觀十一年復置與三公皆不設官屬）

尚書省尚書令一人正二品掌典領百官其屬有六尚書一曰吏部二曰戶部三曰禮部四曰兵部五曰刑部六曰工部（六尚書兵部吏部為前行刑部戶部為中行工部禮部為後行行總四司以本行為頭司餘為子司）庶務皆會決焉凡上之逮下其制有六一曰制二曰敕三曰冊天子用之四曰令皇太子用之五曰教親王公主用之六曰符省下於州州下於縣縣下於鄉下之達上其制有六一曰表二曰狀三曰牋四曰啓五曰辭六曰牒諸司相質其制有三一曰關二曰刺三曰移凡授內外百司之事皆印其發日為程一曰受二曰報諸州計奏達京師以事大小多少為之節凡符移關牒必遣於都省乃下天下大事不決者皆上尚書省凡制敕計奏之數省符宣告之節以歲終為斷（龍朔二年改尚書省曰中臺廢尚書令尚書曰太常伯侍郎曰少常伯光宅元年改尚書省曰文昌臺俄曰文昌都省垂拱元年曰都臺長安三年曰中臺）

左右僕射各一人從二品掌統理六官為令之貳令闕則總省事劾御史糾不當者（龍朔二年改左右僕射曰左右匡政光宅元年曰文昌左右相開元元年曰左右丞相天寶元年復）

左丞一人正四品上右丞一人正四品下掌辨六官之儀糾正省內劾御史舉不當者吏部戶部禮部左丞總焉兵部刑部工部右丞總焉郎中各一人從五品上員外郎各一人從六品上掌付諸司之務舉稽違署符目知宿直為丞之貳以都事受事發辰察稽失監印給紙筆以主事令史書令史署覆文案出符目以亭長啓閉傳禁約以掌固守當倉庫及陳設諸司皆如之（隋尚書省諸司郎及承務郎各一人而廢左右司武德三年改諸司郎為郎中承務郎為員外郎貞觀元年復置左右司郎中龍朔元年改左右丞曰左右肅機郎中曰左右承務諸司郎中曰大夫永昌元年復置員外郎神龍元年省開年復置初有驛百人掌乘傳送符後廢）

都事各六人從七品上主事各六人從八品下吏部考功禮部主書皆如之諸司主事從九品上（有令史各十八人書令史各三十六人亭長各六人掌固各十四人）

吏部尚書一人正三品侍郎二人正四品上郎中二人正五品上員外郎二人從六品上掌文選勳封考課之政以三銓之法官天下之材以身言書判德行才用勞效較其優劣而定其留放為之注擬五品以上以名上而聽制授六品以下量資而任之其屬有四一曰吏部二曰司封三曰司勳四曰考功吏部郎中掌文官階品朝集祿賜給其告身假使一人掌選補流外官員外郎二人從六品上一人判南曹皆為尚書侍郎之貳凡文官九品有正有從自正四品以下有上下為三十等凡文散階二十九從一品曰開府儀同三司正二品曰特進從二品曰光祿大夫正三品曰金紫光祿大夫從三品曰銀青光祿大夫正四品上曰正議大夫正四品下曰通議大夫從四品上曰太中大夫從四品下曰中大夫正五品上曰中散大夫正五品下曰朝議大夫從五品上曰朝請大夫從五品下曰朝散大夫正六品上曰朝議郎正六品下曰承議郎從六品上曰奉議郎從六品下曰通直郎正七品上曰朝請郎正七品下曰宣德郎從七品上曰朝散郎從七品下曰宣義郎正八品上曰給事郎正八品下曰徵事郎從八品上曰承奉郎從八品下曰承務郎正九品上曰儒林郎正九品下曰登仕郎從九品上曰文林郎從九品下曰將仕郎自四品皆番上於吏部不上者歲輸資錢三品以上六百六品以下一千水旱蟲霜減半資有文藝樂京上者每州七

人六十不樂簡選者罷輸勳官亦如之以征鎭功得護軍以上者納資減三之一凡流外九品取其書計時務其校試銓注與流內略同謂之小選吏部主事四人司封主事二人司勳主事四人考功主事三人武德五年改選部曰吏部七年省侍郎貞觀二年復置龍朔元年改吏部曰司列主爵曰司封考功曰司績武后光宅元年改吏部曰天官垂拱元年改主爵曰司封天寶十一載改吏部曰文部至德二載復舊有吏部令史三十人書令史六十人制書令史十四人甲庫令史十一人亭長八人掌固十二人司封令史四人書令史九人掌固四人司勳令史三十三人書令史六十七人掌固四人考功令史十五人書令史三十人掌固四人

司封郎中一人從五品上員外郎一人從六品上諸郎中員外郎品皆如之掌封命朝會賜予之級凡爵九等一曰王食邑萬戶正一品二曰嗣王郡王食邑五千戶從一品三曰國公食邑三千戶從一品四曰開國郡公食邑二千戶正二品五曰開國縣公食邑千五百戶從二品六曰開國縣侯食邑千戶從三品七曰開國縣伯食邑七百戶正四品上八曰開國縣子食邑五百戶正五品上九曰開國縣男食邑三百戶從五品上皇兄弟皇子皆封國爲親王皇太子子爲郡王親王之子承嫡者爲嗣王諸子爲郡公以恩進者封郡王襲郡王嗣王者封國公皇姑爲大長公主正一品姊爲長公主女爲公主皆視一品皇太子女爲郡主從一品親王女爲縣主從二品凡王公十五以上預朝集宗親女婦諸王長女月二參內命婦一品母爲正四品郡君二品母爲從四品郡君三品四品母爲正五品縣君凡諸王公主外戚之家卜祝占相不入門王妃公主郡縣主嫠居有子者不再嫁凡外命婦有六王嗣王郡王之母妻爲妃文武官一品國公之母妻爲國夫人三品以上母妻爲郡夫人四品母妻爲郡君五品母妻爲縣君勳官四品有封者母妻爲鄉君凡外命婦朝參視夫子之品諸蕃三品以上母妻授封以制流外技術官不封母妻親王孺人二人視正五品媵十人視從六品二品媵八人視正七品國公及三品媵六人視從七品四品媵四人視正八品五品媵三人視從八品凡置媵上其數補以告身散官三品以上皆置媵凡封戶三丁以上爲率歲租三之一入于朝廷食實封者得眞戶分食諸州皇后諸王公主食邑皆有課戶名山大川畿內之地皆不以封

司勳郎中一人員外郎二人掌官吏勳級凡十有二轉爲上柱國視正二品十有一轉爲柱國視從二品十轉爲上護軍視正三品九轉爲護軍視從三品八轉爲上輕車都尉視正四品七轉爲輕車都尉視從四品六轉爲上騎都尉視正五品五轉爲騎都尉視從五品四轉爲驍騎尉視正六品三轉爲飛騎尉視從六品二轉爲雲騎尉視正七品一轉爲武騎尉視從七品凡以功授者覆實然後奏擬戰功則計殺獲之數堅城苦戰功第一者三轉出少擊多曰上陣兵數相當曰中陣出多擊少曰下陣矢石未交陷堅突衆敵因而敗者曰跳盪殺獲十之四曰上獲十之二曰中獲十之一曰下獲凡酬功之等見任前資常選曰上資文武散官衞官勳官五品以上曰次資五品以上子孫上柱國柱國子勳官六品以下曰下資白丁衞士曰無資跳盪人上資加二階次資下資無資以次降凡上陣上獲五轉中獲四轉下獲三轉第二第三等遞降焉中陣之上獲眂上陣之中獲中獲眂上陣之下獲下獲兩轉下陣之上獲眂中陣之中獲中獲眂中陣之下獲下獲一轉破蠻獠上陣上獲比兩番降二轉凡勳官九百八無職任者番上於兵部眂遠近爲十二番以彊幹者爲番頭留宿衞者爲番月上外州分五番主城門倉庫執刀上柱國以下番上四年驍騎尉以下番上五年簡於兵部授散官不第者五品以上復番上四年六品以下五年簡如初再不中者十二年則番上六年八年則番上四年勳至上柱國有餘則授周以上親無者賜物太常音聲人得五品以上勳非征討功不除簿諸州授勳人歲第勳之高下三月一報戶部有蠲免必驗

考功郎中員外郎各一人掌文武百官功過善惡之考法及其行狀若死而傳於史官謚于太常則以其行狀質其當不其欲銘于碑者則會百官議其宜述者以聞報其家其考法凡百司之長歲較其屬功過差以九等大合衆而讀之流內之官敍以四善一曰德義有聞二曰清愼明著三曰公平可稱四曰恪勤匪懈善狀之外有二十七最一曰獻可替否拾遺補闕爲近侍之最二曰銓衡人物擢盡才良爲選司之最三曰揚淸激濁褒貶必當爲考校之最四曰禮制儀式動合經典爲禮官之最五曰音律克諧不失節奏爲樂官之最六曰決斷不滯與奪合理爲判事之最七曰部統有方警守無失爲宿衞之最八曰兵士調習戎裝充備爲督領之最九曰推鞫得情處斷平允爲法官之最十曰讐校精審明於刊定爲校正之最十一曰承旨敷奏吐納明敏爲宣納之最十二曰訓導有方生徒克業爲學官之最十三曰賞罰嚴明攻戰必勝爲軍將之最十四曰禮義興行肅清所部爲政教之最十五曰詳錄典正詞理兼舉爲文史之最十六曰訪察精審彈舉必當爲糾正之最十七曰明於勘覆稽失無隱爲句檢之最十八曰職事脩理供承彊濟爲監掌之最十九曰功課皆充丁匠無怨爲役使之最二十曰耕耨以時收穫成課爲屯官之最二十一曰謹於蓋藏明於出納爲倉庫之最二十二曰推步盈虛究理精密爲歷官之最二十三曰占候醫卜效驗多者爲方術之最二十四曰檢察有方行旅無壅爲關津之最二十五曰市廛弗擾姦濫不行爲市司之最二十六曰牧養肥碩蕃息孳多爲牧官之最二十七曰邊境淸肅城隍脩理爲鎭防之最一最四善爲上上一最三善爲上中一最二善爲上下無最而有二善爲中上無最而有一善爲中中職事粗理善最不聞爲中下愛憎任情處斷乖理爲下上背公向私職務廢闕爲下中居官飾詐貪濁有狀爲下下凡定考皆集於尚書省唱第然後奏親王及中書門下京官三品以上都督刺史都護節度觀察使則奏功過狀以覈考行之上下每歲尚書省諸司具州牧刺史縣令殊功異行災蝗祥瑞戶口賦役增減盜賊多少皆上於考司監領之官以能撫養役使者爲功有耗亡者以十分爲率一分爲一殿博士助教計講授多少爲差親勳翊衞以行能功過爲三等親勳翊衞備身東宮親勳翊衞備身王府執仗親事執乘親事及親勳翊衞主帥校尉直長品子雜任飛騎皆上中下考有二上第者加階番考別爲簿以侍郎顓掌之流外官以行能功過爲四等清謹勤公爲上執事無私爲中不勤其職爲下貪濁有狀爲下下凡考中上以上每進一等加祿一季中中守本祿中下以下每退一等奪祿一季中品以下四考皆中中者進一階一中上考復進一階一上下考進二階計當進而參有下考者以一中上覆一中下以一上下覆二中下上中以上雖有下考從上第有下下考者解任凡制敕不便有執奏者進其考貞觀初歲定京官望高者二人分校京官外官考給事中中書舍人各一人涖之號監中外官考使考功郎中判京官考員外郎判外官考其後屢置監考校考知考使故事考簿朱書吏緣爲姦咸通十四年始以墨

戶部尚書一人正三品侍郎二人正四品下掌天下土地人民錢穀之政貢賦之差其屬有四一曰戶部二曰度支三曰金部四曰倉部戶部郎中員外郎掌戶口土田賦役貢獻蠲免優復婚姻繼嗣之事以男女之黃小中丁老爲之帳籍以永業口分園宅均其土田以租庸調斂其物以九等定天下之戶以爲尚書侍郎之貳其後以諸行郎官判錢穀而戶部度支郎官失其職矣會昌二年著令以本行郎官分判錢穀戶部巡官二人主事四人度支主事二人金部主事三人倉部主事三人高宗卽位改民部曰戶部龍朔三年改戶部曰司元度支曰司度金部曰司珍倉部曰司庾光宅元年改戶部曰地官天寶十一載改金部曰司金倉部曰司儲有戶部令史十七人書令史三十四人計史一人亭長六人掌固十人度支令史十六人書令史三十三人計史一人掌固四人金部令史十人書令史二十一人計史一人掌固四人倉部令史十二人書令史二十三人計史一人掌固四人

度支郎中員外郎各一人掌天下租賦物產豐約之宜水陸道涂之利歲計所出而支調之以近及遠與中書門下議定乃奏

金部郎中員外郎各一人掌天下庫藏出納權衡度量之數兩京市互市和市宮市交易之事百官軍鎭蕃客之賜及給宮人王妃官奴婢衣服

倉部郎中員外郎各一人掌天下軍儲出納租稅祿糧倉廩之事以木契百合諸司出給之數以義倉常平倉備凶年平穀價

禮部尚書一人正三品侍郎一人正四品下掌禮儀祭享貢舉之政其屬有四一曰禮部二曰祠部三曰膳部四曰主客禮部郎中員外郎掌禮樂學校衣冠符印表疏圖書冊命祥瑞鋪設及百官宮人喪葬贈賻之數爲尚書侍郎之貳五禮之儀一曰吉禮二曰賓禮三曰軍禮四曰嘉禮五曰凶禮凡齊衰心喪以上奪情從職及周喪未練大功未葬皆不預宴大功以上喪受冊涖官鼓吹從而不作戎事則否凡朝晚入失儀御史錄名奪俸三奪者奏彈凡出蕃冊授弔贈者給衣冠皇帝巡幸兩京文武官職事五品以上月朔以表參起居近州刺史遣使一參留守月遣使起居北都則四時遣使起居諸司奏大事者前期三日具狀長官躬署對仗伏奏仗下中書門下涖讀河南太原府父老每歲上表願駕幸遣使以聞駕在都則京兆府亦如之凡景雲慶雲爲大瑞其名物六十有四白狼赤兎爲上瑞其名物三十有八蒼烏朱鴈爲中瑞其名物三十有二嘉禾芝草木連理爲下瑞其名物十四大瑞則百官詣闕奉賀餘瑞歲終員外郎以聞有司告廟凡喪二品以上稱薨五品以上稱卒自六品達于庶人稱死皇親三等以上喪舉哀有司帳具給食諸蕃首領喪則主客鴻臚月奏禮部主事二人祠部主事二人膳部主事二人主客主事二人武德三年改儀曹郎曰禮部郎中司藩郎曰主客郎中龍朔二年改禮部曰司禮祠部曰司禋膳部曰司膳光宅元年改禮部曰春官有禮部令史五人書令史十三人亭長六人掌固八人祠部令史六人書令史十三人掌固四人主客令史四人書令史九人掌固四人

祠部郎中員外郎各一人掌祠祀享祭天文漏刻國忌廟諱卜筮醫藥僧尼之事殊玉珍寶供祭者不求於市駕部比部歲會牲之死亡輸皮於太府郊祭酒醴脯醢黍稷果實所司長官封署以供兩京及磧西諸州火祆歲再祀而禁民祈祭凡巡幸路次名山大川聖帝明王名臣墓州縣以官告祭二王後享廟則給牲牢祭器而完其帷帟凡築主客以四時省問凡國忌廢務日內教太常停習樂兩京文武五品以上及清官七品以上行香於寺觀凡名醫子弟試療病長官涖覆三年有驗者以名聞

膳部郎中員外郎各一人掌陵廟之牲豆酒膳諸司供奉口味躬繕其畢乃遣進胙亦如之非大禮大慶不獻食不進口味凡羊至廚而乳者釋之長生大齋日尚食進蔬食釋所殺羊爲長生供奉凡獻食進口味不殺犢尚食有猝須則索必奏覆月終而會之凡尚食進食以種取而別嘗之殿中省主膳上食於諸陵以番上下四時遣食醫主食各一人涖之

主客郎中員外郎各一人掌二王後諸蕃朝見之事二王後子孫視正三品酅公歲賜絹三百米粟亦如之介公減三之一殊俗入朝者始至之州給牒覆其人數謂之邊牒蕃州都督刺史朝集日視品給以衣冠袴褶乘傳者日四驛乘驛者六驛供客食料以四時給鴻臚季終句會之客初至及辭設會第一等視三品第二等視四品第三等視五品蕃望非高者視散官而減半參日設食路由大海者給祈羊豕皆一西南蕃使還者給入海程糧西北諸蕃則給度磧程糧蕃客請宿衛者奏狀貌年齒突厥使置市坊有貿易錄奏爲質其輕重太府丞一人涖之蕃王首領死子孫襲初授官兄弟子降一品兄弟子代攝者嫡年十五還以政使絕域者還上聞見及風俗之宜供饋贈貺之數

兵部尚書一人正三品侍郎二人正四品下掌武選地圖車馬甲械之政其屬有四一曰兵部二曰職方三曰駕部四曰庫部凡將出征告廟授斧鉞軍不從令大將專決還日具上其罪凡發兵降敕書於尚書尚書下文符放十人發十馬軍器出十皆不待敕衛士番直發一人以上必覆奏諸蕃首領至則備威儀郊導凡俘馘酬以絹入鈔之俘歸於司農郎中一人判帳及武官階品衛府衆寡校考給告身之事一人判簿及軍戎調遣之名數朝集祿賜假告之常員外郎一人掌貢舉雜請一人判南曹歲選解狀則覈簿書資歷考課皆爲尚書侍郎之貳武散階四十有五從一品曰驃騎大將軍正二品曰輔國大將軍從二品曰鎮軍大將軍正三品上曰冠軍大將軍懷化大將軍正三品下曰懷化將軍從三品上曰雲麾將軍歸德大將軍從三品下曰歸德將軍正四品上曰忠武將軍正四品下曰壯武將軍懷化中郎將從四品上曰宣威將軍從四品下曰明威將軍歸德中郎將正五品上曰定遠將軍正五品下曰寧遠將軍懷化郎將從五品上曰游騎將軍從五品下曰游擊將軍歸德郎將正六品上曰昭武校尉正六品下曰昭武副尉懷化司階從六品上曰振威校尉從六品下曰振威副尉歸德司階正七品上曰致果校尉正七品下曰致果副尉懷化中候從七品上曰翊麾校尉從七品下曰翊麾副尉歸德中候正八品上曰宣節校尉正八品下曰宣節副尉懷化司戈從八品上曰禦侮校尉從八品下曰禦侮副尉歸德司戈正九品上曰仁勇校尉正九品下曰仁勇副尉懷化執戟長上從九品上曰陪戎校尉從九品下曰陪戎副尉歸德執戟長上自四品以上皆番上於兵部以遠近爲八番三月以上三千里外者免番輸資如文散官唯追集乃上六品以下尚書省送符懷化大將軍歸德大將軍配諸衛上下餘直諸衛爲十二番皆月上忠武將軍以下游擊將軍以上每番閱譽較者直諸衛番滿有略者以名聞兵部主事四人職方主事二人駕部主事二人庫部主事二人龍朔二年改兵部曰司戎職方曰司城駕部曰司輿庫部曰司庫光宅元年改兵部曰夏官天寶十一載曰武部駕部曰司駕有兵部令史三十人書令史六十人制書令史十三人甲庫令史十三人亭長八人掌固十二人職方令史四人書令史九人掌固四人駕部令史十人書令史二十四人掌固四人庫部令史七人書令史十五人掌固四人

職方郎中員外郎各一人掌地圖城隍鎮戍烽候防人道路之遠近及四夷歸化之事凡圖經非州縣增廢五年乃脩歲與版籍偕上凡蕃客至鴻臚訊其國山川風土爲圖奏之副上於職方殊俗入朝者圖其容狀衣服以聞

駕部郎中員外郎各一人掌輿輦車乘傳驛廄牧馬牛雜畜之籍凡給馬者一品八匹二品六匹三品五匹四品五品四匹六品三匹七品以下二匹給傳乘者一品十馬二品九馬三品八馬四品五品四馬六品七品二馬八品九品一馬三品以上敕召者給四馬五品三馬六品以下有差凡驛馬給地四頃蒔以苜蓿凡三十里有驛驛有長舉天下四方之所達爲驛千六百三十九阻險無水草鎮戍者視路要隙置官馬水驛有舟凡傳驛馬驢每歲上其死損肥瘠之數

庫部郎中員外郎各一人掌戎器鹵簿儀仗元日冬至陳設祠祀喪葬辨其名數而供焉凡戎器色別而異處以衛尉幕士暴涼之京衛旗畫蹲獸立禽行幸則給飛走旗凡諸衛儀仗以御史涖其庋掌武庫器仗則兵部長官涖其脩完京官五品以上征行者假甲纛旗幡矟諸衛給弓千牛給甲

刑部尚書一人正三品侍郎一人正四品下掌律令刑法徒隸按覆讞禁之政其屬有四一曰刑部二曰都官三曰比部四曰司門刑部郎中員外郎掌律法按覆大理及天下奏讞爲尚書侍郎之貳凡刑法之書有四一曰律二曰令三曰格四曰式凡鞫大獄以尚書侍郎與御史中丞大理卿爲三司使凡國有大赦集囚徒于闕下以聽刑部主事四人都官主事二人比部主事四人司門主事二人龍朔二年改刑部曰司刑都官曰司僕比部曰司計司門曰司關光宅元年改刑部曰秋官天寶十一載改刑部曰司憲比部曰司計有刑部令史十九人書令史三十八人亭長六人掌固十八人都官令史九人書令史十二人掌固四人比部令史十四人書令史二十七人計史一人掌固四人司門令史六人書令史十三人掌固四人

都官郎中員外郎各一人掌俘隸簿錄給衣糧醫藥而理其訴免凡反逆相坐沒其家配官曹長役爲官奴婢一免者一歲三番役再免爲雜戶亦曰官戶二歲五番役每番皆一月三免爲良人六十以上及廢疾者爲官戶七十爲良人每歲孟春上其籍自黃口以上印臂仲冬送於都官條其生息而按比之樂工獸醫騸馬調馬羣頭栽接之人皆取焉附貫州縣者按比如平民不番上歲督丁資爲錢一千五百丁婢中男五輸其一侍丁殘疾半輸凡居作者差以三等四歲以上爲小十一以上爲中二十以上爲丁丁奴三當二役中奴丁婢二當一役中婢三當一役

比部郎中員外郎各一人掌句會內外賦斂經費俸祿公廨勳賜贓贖徒役課程逋欠之物及軍資械器和糴屯收所入京師倉庫三月一比諸司諸使京都四時句會於尚書省以後季句前季諸州則歲終總句焉

司門郎中員外郎各一人掌門關出入之籍及闌遺之物凡著籍月一易之流內記官爵姓名流外記年齒貌狀非遷解不除凡有名者降墨敕勘銅魚木契然後入監門校尉巡日送平安凡奏事遣官送之晝題時刻夜題更籌命婦諸親朝參者內侍監校尉涖索凡輦輿車不入宮門闌遺之物揭於門外牓以物色朞年沒官天下關二十六有上中下之差度者本司給過所出塞踰月者給行牒獵手所過給長籍三月一易蕃客往來閱其裝重入一關者餘關不譏

工部尚書一人正三品侍郎一人正四品下掌山澤屯田工匠諸司公廨紙筆墨之事其屬有四一曰工部二曰屯田三曰虞部四曰水部工部郎中員外郎各一人掌城池土木之工役程式爲尚書侍郎之貳凡京都營繕皆下少府將作共其用役千功者先奏凡工匠以州縣爲團五人爲火五火置長一人四月至七月爲長功二月三月八月九月爲中功十月至正月爲短功雇者日爲絹三尺內中尚巧匠無作則納資凡津梁道路治以九月工部主事三人屯田主事二人虞部主事二人水部主事二人武德三年改起部曰工部龍朔二年曰司平屯田曰司田虞部曰司虞水部曰司川光宅元年改工部曰冬官天寶十一載改虞部曰司虞水部曰司水工部有令史十二人書令史二十一人計史一人亭長六人掌固八人屯田令史七人書令史十二人計史一人掌固四人虞部令史四人書令史九人掌固四人水部令史四人書令史九人掌固四人

屯田郎中員外郎各一人掌天下屯田及京文武職田諸司公廨田以品給焉

虞部郎中員外郎各一人掌京都衢閧苑囿山澤草木及百官蕃客時蔬薪炭供頓畋獵之事每歲春以戶小兒戶婢仗內蒔種漑灌冬則謹其蒙覆凡郊祠神壇五岳名山樵採芻牧皆有禁距壝三十步外得耕種春夏不伐木京兆河南府三百里內正月五月九月禁弋獵山澤有寶可供用者以聞

水部郎中員外郎各一人掌津濟船艫渠梁堤堰溝洫漁捕運漕碾磑之事凡坑陷井穴皆有標京畿有渠長斗門長諸州堤堰刺史縣令以時檢行而涖其決築有埭則以下戶分牽禁爭利者

唐書卷四十六考證

百官志一兵部正三品下曰懷化將軍○舊書無

都官六十以上及廢疾者爲官戶○舊書作番戶

唐書卷四十七

宋　翰　林　學　士　歐　陽　修　撰

志第三十七

百官志

門下省侍中二人正二品掌出納帝命相禮儀凡國家之務與中書令參總而顓判省事下之通上其制有六一曰奏鈔以支度國用授六品以下官斷流以下罪及除免官用之二曰奏彈三曰露布四曰議五曰表六曰狀自露布以上乃審其餘覆奏畫制可而授尚書省行幸則負寶以從版奏中嚴外辦還宮則請降輅解嚴皇帝齋則請就齋室將奠則奉玉幣盥則奉匜取盤酌罍水贊洗酌泛齊受虛爵進福酒皆左右其儀饗宗廟進瓚而贊酌鬯酒既贊酌醴齊藉田則奉耒四夷朝見則承詔勞問臨軒命使冊皇后皇太子則承詔降宣命慰問聘召則涖封題發驛遣使則給魚符凡官爵廢置刑政損益授之史官既書復涖其記職事官六品以下進擬則審其稱否而進退之武德元年改侍中曰納言三年曰侍中龍朔二年改門下省曰東臺侍中曰左相垂拱元年改門下省曰鸞臺侍中曰納言開元元年曰黃門省侍中曰監天寶元年曰左相

門下侍郎二人正三品掌貳侍中之職大祭祀則從盥則奉巾既帨奠巾奉匏爵贊獻元日冬至奏天下祥瑞侍中闕則涖封符券給傳驛龍朔二年改黃門侍郎曰東臺侍郎武后垂拱元年曰鸞臺侍郎天寶元年曰門下侍郎乾元元年曰黃門侍郎大歷二年復舊

左散騎常侍二人正三品下掌規諷過失侍從顧問隋廢散騎常侍貞觀元年復置十七年為職事官顯慶二年分左右隸門下中書省皆金蟬珥貂左散騎與侍中為左貂右散騎與中書令為右貂謂之八貂

左諫議大夫四人正四品下掌諫諭得失侍從贊相武后垂拱二年有魚保宗者上書請置匭以受四方之書乃鑄銅匭四塗以方色列于朝堂青匭曰延恩在東告養人勸農之事者投之丹匭曰招諫在南論時政得失者投之白匭曰伸冤在西陳抑屈者投之黑匭曰通玄在北告天文祕謀者投之以諫議大夫補闕拾遺一人充使知匭事御史中丞侍御史一人為理匭使其後同為一匭天寶九載玄宗以匭聲近鬼改理匭使為獻納使至德元年復舊貞元元年命中書門下擇正直清白官一人知匭以給事中中書舍人為理匭使建中二年以御史中丞為理匭使諫議大夫一人為知匭使投匭者使先驗副本開成三年知匭使李中敏以為非所以廣聰明而慮枉也乃奏罷驗副封武德元年置諫議大夫龍朔二年曰正諫大夫貞元四年分左右

給事中四人正五品上掌侍左右分判省事察弘文館繕寫讎校之課凡百司奏抄侍中既審則駁正違失詔敕不便者塗竄而奏還謂之塗歸季終奏駁正之目凡大事覆奏小事署而頒之三司詳決失中則裁其輕重發驛遣使則與侍郎審其事宜六品以下奏擬則校功狀殿最行藝非其人則白侍中而更焉與御史中書舍人聽天下冤滯而申理之錄事四人從七品上主事四人從八品下有令史二十二人書令史四十三人能書一人甲庫令史十三人亭長六人掌固十人修補制敕匠五人武德三年改給事郎曰給事中

左補闕六人從七品上左拾遺六人從八品上掌供奉諷諫大事廷議小則上封事武后垂拱元年置補闕拾遺左右各二員

起居郎二人從六品上掌錄天子起居法度天子御正殿則郎居左舍人居右有命俯陛以聽退而書之季終以授國史貞觀初以給事中諫議大夫兼知起居注或知起居事每仗下議政事起居郎一人執筆記錄于前史官隨之其後復置起居舍人分侍左右秉筆隨宰相入殿若仗在紫宸內閤則夾香案分立殿下直第二螭首和墨濡筆皆即坳處時號螭頭高宗臨朝不決事有所奏唯辭見而已許敬宗李義府為相奏請多畏人之知也命起居郎舍人對仗承旨仗下與百官皆出不復聞機務矣長壽中宰相姚璹建議仗下後宰相一人錄軍國政要為時政記月送史館然率推美讓善事非其實未幾亦罷而起居郎猶因制敕稍稍筆削以廣國史之闕起居舍人本記言之職惟編詔書不及它事開元初復詔修史官非供奉者皆隨仗而入位於起居郎舍人之次及李林甫專權又廢太和九年詔入閤日起居郎舍人具紙筆立螭頭下復貞觀故事有令史三人贊者六人貞觀三年置起居郎龍朔二年曰左史天授元年亦如之

典儀二人從九品下掌贊唱及殿中版位之次侍中版奏中嚴外辦亦贊焉武德

城門郎四人從六品上掌京城皇城宮殿諸門開闔之節奉管鑰而出納之開則先外後內闔則先內後外啓閉有時不以時則詣閤覆奏有令史二人書令史二人武德五年置門僕八百人

符寶郎四人從六品上掌天子八寶及國之符節有事則請於內既事則奉而藏之大朝會則奉寶進于御座行幸則奉以從大事出符則藏其左而班其右以合中外之契兼以敕書小事則降符函封使合而行之凡命將遣使皆請旌節旌以顓賞節以顓殺有令史二人書令史三人主寶二人主符四人主節四人武后延載元年改符璽郎曰符寶郎開元元年亦曰符寶郎

弘文館學士掌詳正圖籍教授生徒朝廷制度沿革禮儀輕重皆參議焉武德四年置修文館於門下省九年改曰弘文館貞觀元年詔京官職事五品已上子嗜書者二十四人隸館習書出禁中書法以授之其後又置講經博士儀鳳中置詳正學士校理圖籍武德後五品以上曰學士六品以上曰直學士又有文學直館皆它官領之武后垂拱後以宰相兼領館務號館主給事中一人判館事神龍元年改弘文館曰昭文館以避孝敬皇帝之名二年曰修文館景龍二年置大學士四人以象四時學士八人以象八節直學士十二人以象十二時景雲中減其員數復為昭文館開元七年曰弘文館置校書郎又有校理讎校錯謬等官長慶三年與詳正學士講經博士皆罷顧以五品以上曰學士六品以下曰直學士未登朝為直館

校書郎二人從九品上掌校理典籍刊正錯謬凡學生教授考試如國子之制有學生三十八人令史二人楷書十二人供進筆二人典書二人搨書手三人筆匠三人熟紙裝潢匠八人亭長二人掌固四人

中書省中書令二人正二品掌佐天子執大政而總判省事凡王言之制有七一曰冊書立皇后皇太子封諸王臨軒冊命則用之二曰制書大賞罰赦宥慮囚大除授則用之三曰慰勞制書褒勉贊勞則用之四曰發敕廢置州縣增減官吏發兵除免官爵授六品以上官則用之五曰敕旨百官奏請施行則用之六曰論事敕書戒約臣下則用之七曰敕牒隨事承制不易於舊則用之皆宣署申覆然後行焉大祭祀則相禮親征纂嚴則戒飭百官臨軒冊命則讀冊若命於朝則宣授而已冊太子則授璽綬凡制詔文章獻納以授記事之官武德三年改內書省曰中書省內書令曰中書令龍朔元年改中書省曰西臺中書令曰右相光宅元年改中書省曰鳳閣中書令曰內史開元元年改中書省曰紫微省中書令曰紫微令天寶元年曰右相至大歷五年紫微侍郎乃復為中書侍郎

侍郎二人正三品掌貳令之職朝廷大政參議焉臨軒冊命為使則持冊書授之四夷來朝則受其表疏而奏之獻贄幣則受以付有司

舍人六人正五品上掌侍進奏參議表章凡詔旨制敕璽書冊命皆起草進畫既下則署行其禁有四一曰漏洩二曰稽緩三曰違失四曰忘誤制敕既行有誤則奏改之大朝會諸方起居則受其表狀大捷祥瑞百寮表賀亦如之冊命大臣則使持節讀冊命將帥有功及大賓客則勞問與給事中及御史三司鞫究滯百司奏議考課皆預裁焉以久次者一人為閣老判本省雜事又一人知制誥顓進畫給食于政事堂其餘分署制敕以六員分押尚書六曹佐宰相判案同署乃奏唯樞密遷授不預姚崇為紫微令奏大事舍人為商量狀與本狀皆下紫微令判二狀之是否然後乃奏開元初以它官掌詔敕策命謂之兼知制誥肅宗即位又以它官知中書舍人事兵興急於權便政去臺閣決遣顓出宰相自是舍人不復押六曹之奏會昌末宰相李德裕建議臺閣常務州縣奏請復以舍人平處可否先是知制誥率用前行正郎宣宗時選尚書郎為之

主書四人從七品上主事四人從八品下有令史二十三人書令史五十人能書四人蕃書譯語十人乘驛二十人傳制十人亭長十八人掌固二十四人裝制敕匠一人修補制敕匠五十人掌函掌案各二十人

右散騎常侍二人右諫議大夫四人右補闕六人右拾遺六人掌如門下省

起居舍人二人從六品上掌修記言之史錄制誥德音如記事之制季終以授國史有楷書手四人典二人

通事舍人十六人從六品上掌朝見引納殿庭通奏凡近臣入侍文武就列則導其進退而贊其拜起出入之節蠻夷納貢皆受而進之軍出則受命勞遣既行則每月存問將士之家視其疾苦凱還則郊迓有令史十人典謁十八人亭長十八人掌固二十四人武德四年廢謁者臺改通事謁者曰通事舍人

集賢殿書院學士直學士侍讀學士修撰官掌刊緝經籍凡圖書遺逸賢才隱滯則承旨以求之謀慮可施於時著述可行於世者考其學術以聞凡承旨撰集文章校理經籍月終則進課於內歲終則考最於外開元五年乾元殿寫四部書置乾元院使有刊正官四人以一人判事押院中使一人掌出入宣奏領中官監守院門知書官八人分掌四庫書六年乾元院更號麗正修書院置使及檢校官改修書官為麗正殿直學士八年加文學直又加修撰校理刊正校勘官十一年置麗正院修書學士光順門外亦置書院十二年東都明福門外亦置麗正書院十三年改麗正修書院為集賢殿書院五品以上為學士六品以下為直學士宰相一人為學士知院事常侍一人為副知院事又置判院一人押院中使一人玄宗嘗選耆儒日一人侍讀以質史籍疑義至是置集賢院侍講學士侍讀直學士其後又增修撰官校理官待制官留院官知檢討官文學直之員又募能書者為書直及寫御書人其後亦以前資常選三衛散官五品以上子孫為之又置畫直至十九年以書直畫直搨書有官者為直院至德二年置大學士貞元初置編錄官四年罷大學士八年罷校理置校書四人正字二人元和二年復置集賢校理罷校書正字四年集賢御書院學士直學士皆用五品如開元故事以學士一人年高者判院事非登朝官者為校理餘皆罷初太宗即位命京官五品以上更宿中書門下兩省以備訪問永徽中命弘文館學士一人日待制于武德殿西門文明元年詔京官五品以上清官日一人待制于章善明福門先天末又命朝集使六品以上二人隨仗待制永泰時勳臣罷節制無職事皆待制于集賢門凡十三人崔祐甫為相建議文官一品以上更直待制其後著令正衙待制官日二人

校書四人正九品下正字二人從九品上有中使一人孔目官一人專知御書檢討八人知書官八人書直寫御書手九十人畫直八人裝書直十四人造筆直四人搨書六人典四人

史館修撰四人掌修國史貞觀三年置史館於門下省以它官兼領或卑位有才者亦以直館稱以宰相涖修撰又於中書省置祕書內省修五代史開元二十年李林甫以宰相監修國史建議以為中書切密之地史官記事隸門下省疏遠於是諫議大夫史館修撰尹愔奏徙于中書省天寶後它官兼史職者曰史館修撰初入為直館元和六年宰相裴珀建議登朝官領史職者為修撰以官高一人判館事未登朝官皆為直館大中八年廢史館直館二員增修撰四人分掌四季有令史二人楷書十二人寫國史楷書

十人楷書手二十五人典書二人亭長二人掌固四人熟紙匠六人

祕書省 監一人從三品少監二人從四品上丞一人從五品上監掌經籍圖書之事領著作局少監為之貳武德四年改少令曰少監龍朔二年改祕書省曰蘭臺監曰太史少監曰侍郎丞曰大夫祕書郎曰蘭臺郎武后垂拱元年祕書省曰麟臺太極元年曰祕書省有典書四人楷書十人令史四人書令史九人亭長六人掌固八人熟紙匠十人裝潢匠十人筆匠六人

祕書郎三人從六品上掌四部圖籍以甲乙丙丁為部皆有三本一曰正二曰副三曰貯凡課寫功程皆分判

校書郎十人正九品上正字四人正九品下掌讎校典籍刊正文章

著作局 郎二人從五品上著作佐郎二人從六品上校書郎二人正九品上正字二人正九品下著作郎掌撰碑誌祝文祭文與佐郎分判局事武德四年改著作曹曰局龍朔二年曰司文局郎曰司文郎中佐郎曰司文郎有楷書五人令史一人書吏二人掌固四人

司天臺 監一人正三品少監二人正四品上丞一人正六品上主簿二人正七品上主事一人正八品下監掌察天文稽曆數凡日月星辰風雲氣色之異率其屬而占有通玄院以藝學召至京師者居之凡天文圖書器物非其任不得與焉每季錄祥眚送門下中書省紀于起居注歲終上送史館歲頒曆于天下武德四年改太史監曰太史局隸祕書省七年廢監候龍朔二年改太史局曰祕書閣局令曰祕書閣郎中武后光宅元年改太史局曰渾天監不隸麟臺俄改曰渾儀監置副監及丞主簿改司辰師曰司辰長安二年渾儀監復曰太史局廢副監及丞隸麟臺如故改天文博士曰靈臺郎曆博士曰保章正景龍二年改太史局曰太史監不隸祕書省復置丞景雲元年又為局隸祕書省踰月為監歲中復為局二年改曰渾儀監開元二年復曰太史監改令為監置少監十四年太史監復為局以監為令而廢少監天寶元年太史局復為監自是不隸祕書省乾元元年曰司天臺藝術人韓穎劉烜建議改令為監置通玄院及主簿置五官監候及五官禮生十五人掌布諸壇神位五官楷書手五人掌寫御書有令史五人天文觀生九十人天文生五十人曆生五十五人初有天文博士二人正八品下曆博士一人從八品上司辰師五人正九品下裝書曆生掌候天文掌教習天文氣色掌寫御曆後皆省

春官夏官秋官冬官中官正各一人正五品上副正各一人正六品上掌司四時各司其方之變異冠加一星珠以應五緯衣從其方色元日冬至朔望朝會及大禮各奏方事而服以朝見乾元元年置五官正及副正

五官保章正二人從七品上五官監候三人正八品下五官司曆二人從八品上掌曆法及測景分至表準

五官靈臺郎各一人正七品下掌候天文之變五官挈壺正二人正八品上五官司辰八人正九品上漏刻博士六人從九品下掌知漏刻凡孔壺為漏浮箭為刻以考中星昏明更以擊鼓為節點以擊鐘為節武后長安二年置挈壺正乾元元年與靈臺郎保章正司曆司辰皆加五官之名有漏刻生四十人典鐘典鼓三百五十人初有刻漏視品刻漏典事掌知刻漏檢校刻漏後皆省

殿中省 監一人從三品少監二人從四品上丞二人從五品上監掌天子服御之事其屬有六局曰尚食尚藥尚衣尚乘尚舍尚輦少監為之貳凡聽朝率屬執繖扇列于左右大朝會祭祀則進爵行幸則侍奉仗內驂乘百司皆納印而藏之大事聽焉有行從百司之印左右仗廄左曰奔星右曰內駒兩仗內又有六廄一曰左飛二曰右飛三曰左萬四曰右萬五曰東南內六曰西南內園苑有官馬坊每歲河隴羣牧進其良者以供御六閑馬以殿中監及尚乘主之武后萬歲通天元年置仗內六閑一曰飛龍二曰祥麟三曰鳳苑四曰鵷鸞五曰吉良六曰六羣亦號六廄以殿中丞檢校仗內閑廄以中官為內飛龍使聖曆中置閑廄使以殿中監承恩遇者為之分領殿中太僕之事而專掌輿輦牛馬自是宴游供奉殿中監皆不豫開元初閑廄馬至萬餘匹駱駝巨象皆養焉以駝馬隸閑廄而尚乘局名存而已閑廄使押五坊以供時狩一曰鵰坊二曰鶻坊三曰鷂坊四曰鷹坊五曰狗坊侍御尚醫二人正六品上主事二人從九品上武德元年改殿內監曰殿中省龍朔二年曰中御府監曰大監丞曰大夫有令史四人書令史十二人左右仗千牛各十八人掌固亭長各八人舊有天藏府開元二十二年省

進馬五人正七品上掌大陳設戎服執鞭居立仗馬之左視馬進退天寶八載罷南衙立仗馬因省進馬十二載復置乾元後又省大曆十四年復

尚食局 奉御二人正五品下直長五人正七品上諸奉御直長品皆如之食醫八人正九品下奉御掌儲供直長為之貳進御必辨時禁先嘗之饗百官賓客則與光祿視品秩而供凡諸陵月享視膳乃獻龍朔二年改尚食局曰奉膳局諸局奉御皆曰大夫有書令史二人書吏五人主食十六人主膳八百四十人掌固八人

尚藥局 奉御二人直長二人掌和御藥診視凡藥供御中書門下長官及諸衞上將軍各一人與監奉御涖之藥成醫佐以上先嘗疏本方具歲月日涖者署奏餌日奉御先嘗殿中監次之皇太子又次之然後進御太常每季閱送上藥而還其朽腐者左右羽林軍給藥飛騎萬騎病者頒焉龍朔二年改尚藥局曰奉醫局有按摩師四人咒禁師四人書令史二人書吏四人直官十人主藥十二人藥童三十人合口脂匠二人掌固四人

侍御醫四人從六品上掌供奉診候

司醫五人正八品下醫佐十人正九品下掌分療眾疾皆貞觀中置

尚衣局 奉御二人直長四人掌供冕服几案祭祀則奉鎮圭於監而進于天子大朝會設案龍朔二年改尚衣局曰奉冕局有書令史三人書吏四人主衣十六人掌固四人

尚舍局 奉御二人直長六人掌殿庭祭祀張設湯沐燈燭汎掃行幸則設三部帳幕有古帳大帳次帳小次帳小帳凡五等各三部其外則蔽以排城大朝會設黼扆施躡席薰鑪朔望設幄而已龍朔二年改尚舍局曰奉扆局有書令史三人書吏七人掌固十人幕士八十人舊有給使百二十人掌供御湯沐燈燭雜使貞觀中省

尚乘局 奉御二人直長十人掌內外閑廄之馬左右六閑一曰飛黃二曰吉良三曰龍媒四曰騊駼五曰駃騠六曰天苑凡外牧歲進良馬印以三花飛鳳之字飛龍廄日以八馬列宮門之外號南衙立仗馬仗下乃退大陳設則居樂縣之北與象相次龍朔二年改尚乘局曰奉駕局有書令史六人書吏十四人直官二十人習馭五百人掌閑五千人典事五人獸醫七十人掌固四人習馭掌調六閑之馬掌閑掌飼六閑之馬治其乘具鞍轡典事掌六閑芻粟太宗置司廩司庫高宗置習馭獸醫

司廩司庫各一人正九品下掌六閑芻藁出納奉乘十八人正九品下掌飼習御馬

尚輦局 奉御二人直長三人尚輦二人正九品下掌輿輦繖扇大朝會則陳于庭大祭祀則陳于廟皆繖二翰一扇一百五十有六既事而藏之常朝則去扇左右留者三龍朔二年改尚輦局曰奉輿局有書令史二人書吏四人七輦主輦各六人掌扇六十人掌翰三十人掌輦四十二人奉輦十五人掌固六人掌扇掌翰掌執繖扇紙筆硯雜供奉之事掌輦掌奉主輦以供其事高宗置掌翰

內侍省 監二人從三品少監二人內侍四人皆從四品上監掌內侍奉宣制令其屬六局曰掖庭宮闈奚官內僕內府內坊少監內侍為之貳皇后親蠶則升壇執儀大駕出入為夾引武德四年改長秋監曰內侍監內承奉曰內常侍內承直曰內給事龍朔二年改監為省武后垂拱元年曰司宮臺天寶十三年置內侍監改內侍曰少監事更置內侍有高品一千六百九十六人品官白身二千九百三十二人令史八人書令史十六人

內常侍六人正五品下通判省事

內給事十人從五品下掌承旨勞問分判省事凡元日冬至百官賀皇后則出入宣傳宮人衣服費用則具品秩計其多少春秋宣送于中書主事二人從九品下

內謁者監十人正六品下掌儀法宣奏承勑令及外命婦名帳凡諸親命婦朝會者籍其數上內侍省命婦下車則導至朝堂奏聞唐廢內謁者局置內典引十八人掌諸親命婦朝參出入導引有內亭長六人掌固八人

內謁者十二人從八品下掌諸親命婦朝集班位分涖諸門

內寺伯六人正七品下掌糾察宮內不法歲儺則涖出入

寺人六人從七品下掌皇后出入執御刀冗從

掖庭局 令二人從七品下丞三人從八品下掌宮人簿帳女工凡宮人名籍司其除附公桑養蠶會其課業供奉物皆取焉婦人以罪配沒工縫巧者隸之無技能者隸司農諸司營作須女功者取於戶婢有書令史四人書吏八人計史二人典事十八人掌固四人計史掌料工程

宮教博士二人從九品下掌教習宮人書算眾藝初內文學館隸中書省以儒學者一人為學士掌教宮人武后如意元年改曰習藝館又改曰萬林內教坊尋復舊有內教博士十八人經學五人史子集綴文三人楷書二人莊老太一篆書律令吟詠飛白書算碁各一人開元末館廢以內教博士以下隸內侍省中官為之

監作四人從九品下掌監涖雜作典工役

宮闈局 令二人從七品下丞二人從八品下掌侍宮闈出入管籥凡享太廟皇后神主出入則帥其屬輿之總小給使學生之籍給以糧稟有書令史三人書吏六人內閽人二十人內掌扇十六人內給使無常員小給使學生五十人掌固四人凡無官品者號曰內給使掌諸門進物之歷內閽人掌承傳諸門出納管籥內掌扇掌中宮繖扇

奚官局 令二人正八品下丞二人正九品下掌奚隸工役宮官之品宮人病則供醫藥死給衣服各視其品陪陵而葬者將作給匠戶衞士營冢三品葬給百人四品八十人五品六十人六品七品十人八品九品七人無品者斂以松棺五釘葬以犢車給三人皆監門校尉直長涖之內命婦五品以上無親戚者以近冢同姓中男一人主祭于墓無同姓者春秋祠以少牢有書令史三人書吏六人典事藥童掌固各四人

內僕局 令二人正八品下丞二人正九品下掌中宮車乘皇后出則令居左丞居右夾引有書令史二人書吏四人駕士百四十人典事八人掌固八人駕士掌習御車輿雜畜

內府局 令二人正八品下丞二人正九品下掌中藏寶貨給納之數及供燈燭湯沐張設凡朝會五品已上及有功將士蕃酋辭還皆賜於庭有書令史二人書吏典史掌固各四人典事六人

太子內坊局 令二人從五品下丞二人從七品下掌東宮閤內及宮人糧稟坊事五人從八品下初內坊隸東宮開元二十七年隸內侍省為局改典內曰令置丞坊事及導客舍人六人掌序導賓客閤帥六人掌帥閽人內給使以供其事內閽人八人掌承諸門出入管籥內繖扇燈燭內廄尉二人掌車乘有錄事一人令史三人書令史五人典事二人駕士三十人亭長掌固各二人

典直四人正九品下掌宮內儀式導引通傳勞問糾劾非違察出納

內官 貴妃惠妃麗妃華妃各一人正一品掌佐皇后論婦禮於內無所不統唐因隋制有貴妃淑妃德妃賢妃各一人為夫人正一品昭儀昭容昭媛修儀修容修媛充儀充容充媛各一人為九嬪正二品婕妤九人正三品美人四人正四品才人五人正五品寶林二十七人正六品御女二十七人正七品采女二十七人正八品六尚亦曰諸尚書正三品二十四司亦曰諸司事正四品二十四典亦曰諸典事正六品三十四掌亦曰諸掌事龍朔二年置贊德二人正一品

宣儀四人正二品承閨五人正四品承旨五人正五品衞仙六人正六品供奉八人正七品侍櫛二十人正八品侍巾三十人正九品咸亨復舊開元中玄宗以后妃四星一爲后有后而復置四妃非典法乃置惠妃麗妃華妃以代三夫人又置六儀美人才人增尚宮尚儀尚服三局諸司諸典自六品至九品而止其後復置貴妃
淑儀德儀賢儀順儀婉儀芳儀各一人正二品掌教九
御四德率其屬以贊后禮
美人四人正三品掌率女官修祭祀賓客之事
才人七人正四品掌敘燕寢理絲枲以獻歲功
宮官尚宮局尚宮二人正五品六尚皆如之掌導引中
宮總司記司言司簿司闈凡六尚事物出納文籍皆涖
其印署有女史六人掌執文書
司記二人正六品二十四司皆如之掌宮內文簿入出
錄爲抄目審付行焉牒狀無違然後加印
典記二人正七品二十四典皆如之
掌記二人正八品二十四掌皆如之
司言典言各二人掌承勅宣付別鈔以授司闈傳外
掌言二人掌宣傳外司附奏受事者奏聞承勅處分則
錄所奏爲案記有女史四人
司簿典簿掌簿各二人掌女史以上名簿稟賜則品別
條錄爲等有女史六人
司闈六人掌諸閤管鑰
典闈掌闈各六人掌分涖啓閉有女史四人
尚儀局尚儀二人掌禮儀起居總司籍司樂司賓司贊
司籍典籍掌籍各二人掌供御經籍分四部部別爲目
以時暴涼教學則簿記課業供奉几案紙筆皆預偫焉
有女史十人
司樂典樂掌樂各四人掌宮縣及諸樂陳布之儀涖其
閱習有女史二人
司賓典賓掌賓各二人掌賓客朝見受名以聞宴會則
具品數以授尚食有賜物與尚功涖給有女史二人
司贊典贊掌贊各二人掌賓客朝見宴食贊相導引會
日引客立于殿庭司言宣勅坐然後引即席酒至起再
拜食至亦起皆相其儀
彤史二人正六品有女史二人
尚服局尚服二人掌供服用采章之數總司寶司衣司
飾司仗
司寶二人掌神寶受命寶六寶及符契皆識其行用記
以文簿
典寶掌寶各二人凡出付皆旬別案記還則朱書注入
有女史四人
司衣典衣掌衣各二人掌宮內御服首飾整比以時進
奉有女史四人
司飾典飾掌飾各二人掌湯沐巾櫛凡供進識其寒溫
之節有女史二人
司仗典仗掌仗各二人掌仗衞之器凡立儀衞尚服率
司仗等供其事有女史二人
尚食局尚食二人掌供膳羞品齊總司膳司醞司藥司
饎凡進食先嘗
司膳二人掌烹煎及膳羞米麪薪炭凡供奉口味皆種
別封印
典膳掌膳各四人掌調和御食溫涼寒熱以時供進則
嘗之有女史四人
司醞典醞掌醞各二人掌酒醴酏飲以時進御有女史二人
司藥典藥掌藥各二人掌醫方凡藥外進者簿案種別
有女史二人
司饎典饎掌饎各二人掌給宮人餼食薪炭皆有等級
受付則旬別案記有女史四人
尚寢局尚寢二人掌燕見進御之次敘總司設司輿司
苑司燈
司設典設掌設各二人掌牀帷茵席鋪設久故者以狀
聞凡汎掃之事典設以下分視有女史四人
司輿典輿掌輿各二人掌輿輦繖扇文物羽旄以時暴
涼典輿以下分察有女史二人
司苑典苑掌苑各二人掌園苑蒔植蔬果典苑以下分
察之果熟進御有女史二人
司燈典燈掌燈各二人掌門閤燈燭畫漏盡一刻典燈
以下分察有女史二人
尚功局尚功二人掌女功之程總司製司珍司綵司計
司製典製掌製各二人掌供御衣服裁縫有女史二人
司珍典珍掌珍各二人掌珠珍錢貨有女史六人
司綵典綵掌綵各二人掌錦綵縑帛絲枲有賜用則旬
別案記有女史二人
司計典計掌計各二人給衣服飲食薪炭有女史二人
宮正一人正五品司正二人正六品典正二人正七品
宮正掌戒令糾禁謫罰之事宮人不供職者司正以牒
取裁小事決罰大事奏聞有女史四人阿監副監視七品
太子內官良娣二人正三品良媛六人正四品承徽十
人正五品昭訓十六人正七品奉儀二十四人正九品
司閨二人從六品三司皆如之掌導引妃及宮人名簿
總掌正掌書掌筵
掌正三人從八品九掌皆如之掌文書出入管鑰糺察
推罰有女史三人
掌書三人掌符契經籍宣傳啓奏教學稟賜紙筆有女史三人
掌筵三人掌幄帟牀褥几案輿繖汎掃鋪設
司則二人掌禮儀參見總掌嚴掌縫掌藏
掌嚴三人掌首飾衣服巾櫛膏沐服玩仗衞有女史三人
掌縫三人掌裁紉織績有女史三人
掌藏三人掌財貨珠寶縑綵
司饌二人掌進食先嘗總掌食掌醫掌園有女史四人
掌食三人掌膳羞酒醴燈燭薪炭器皿有女史四人
掌醫三人掌方藥伎樂有女史二人
掌園三人掌種植蔬果有女史二人

唐書卷四十七考證

百官志二內侍省監二人從三品○舊書作正三品

唐書卷四十八

宋 翰林學士歐陽修撰

志第三十八

百官志

御史臺大夫一人正三品中丞三人正四品下大夫掌
以刑法典章糾正百官之罪惡中丞爲之貳其屬有三
院一曰臺院侍御史隸焉二曰殿院殿中侍御史隸焉
三曰察院監察御史隸焉凡冤而無告者三司詰之三
司謂御史大夫中書門下也大事奏裁小事專達凡有
彈劾御史以白大夫大事以方幅小事署名而已有制
覆囚則與刑部尚書平閱行幸乘輅車爲導朝會則率
其屬正百官之班序遲明列於兩觀監察御史二人押
班侍御史顯舉不如法者文武官職事九品以上及二
王後朝朔望文官五品以上及兩省供奉官監察御史
員外郎太常博士日參號常參官武官三品以上三日
一朝號九參官五品以上及折衝當番者五日一朝號
六參官弘文崇文館國子監學生四時參凡諸王入朝
及以恩追至者日參九品以上自十月至二月袴褶以
朝五品以上有珂蕃官及四品非清官則否凡朝位以
官職事同者先爵爵同以齒致仕官居上職事與散官
勳官合班則文散官居職事之下武散官次之勳官又
次之官同者異姓爲後親王嗣王任文武官者從其班
官卑者從王品郡王任三品以下職事者居同階品之
上非任文武官者嗣王居太子太保之下郡王次之國
公居三品之下郡公居從三品之下縣公居四品之下
侯居從四品之下伯居五品之下子居從五品之上男
居從五品之下以前官召見者居本品見任之上以理
解者居同品之下本司參集者以職事爲上下文武三
品非職事官者朝參名簿皆稱曰諸公凡出不踰四面
關則不辭見都督刺史都護既辭候旨於側門左右僕
射侍中中書令初拜以表讓中書門下五品以上及諸
司長官謝於正衙復進狀謝於側門兩班三品以朔望
朝就食廊下殿中侍御史二人爲使涖之高宗改治書侍御史中丞以避帝名龍朔二年改御史臺曰憲臺大夫曰大司憲中丞曰司憲大夫武后文明元年改御史臺曰肅政臺光宅元年分左右臺左臺知百司監軍旅右臺察州縣省風俗尋命左臺兼察州縣兩臺歲再發使八人春曰風俗秋曰廉察以四十八條察州縣兩臺御史有假有檢校有員外有試至神龍初皆廢景雲三年以兩臺望齊糾舉苛察百僚厭其煩乃廢右臺延和元年復置歲中以尚書省隸左臺月餘而右臺復廢至德後諸道使府參佐皆以御史爲之謂之外臺復有檢校裏行內供奉或兼或攝諸使下官亦如之會昌初升大夫中丞品東都留臺有中丞一人侍御史一人殿中侍御史二人監察御史三人元和後不置中丞以侍御史殿中侍御史監察御史主留臺務而三院御史亦不常備
侍御史六人從六品下掌糾舉百寮及入閤承詔知推
彈雜事凡三司理事與給事中中書舍人更直朝堂若
三司所按而非其長官則與刑部郎中員外郎大理司
直評事往訊彈劾則大夫中丞押奏大事法冠朱衣纁
裳白紗中單小事常服久次者一人知雜事謂之雜端
殿中監察職掌進名遷改及令史考第臺內事顓決亦
號臺端次一人知公廨次一人知彈分京城諸司及諸
州爲東西次一人知西推贓贖三司受事號副端次一
人知東推理匭等有不糾舉者罰之以殿中侍御史第
一人同知東推涖太倉出納第一人同知西推涖左藏
出納號四推御史隻日臺院受事雙日殿院受事次侍
御史一人分司東都臺凡御史以下遇長官於路去幰
下馬長官斂轡止之出入行止殿中以下視以爲法先
後有罰入朝則與殿中侍御史隨仗分入東則居侍中
黃門侍郎給事中之次西則居中書令侍郎舍人之次
各居中丞大夫下每一人東嚮承詔五日有旨召御史
不呼名則承詔者出欒彥瑋爲大夫以嘗召兩御史乃
加副承詔一人闕則殿中承之監察御史分日直朝堂
入自側門非奏事不至殿庭正門無籍天授中詔側門
置籍得至殿庭開元七年又詔隨仗入閤分左右巡糾

察違失左巡知京城內右巡知京城外盡雍洛二州之境月一代將晦即巡刑部大理東西徒坊金吾縣獄蒐狩則監圍察斷絕失禽者其後以殿中掌左右巡尋以務劇選用京畿縣尉又置御史裏行使侍御史裏行使殿中裏行使監察裏行使以未爲正官無員數唐法殿中侍御史遷拜及職事與侍御史鈞開元以降權屬侍御史而殿中兼知庫藏宮門內事故事御史臺不受訟有訴可聞者略其姓名託以風聞其後御史嫉惡者少通狀壅絕十四年乃定授事御史一人知其日劾狀題告事人姓名其後宰相以御史權重建議彈奏先白中丞大夫復通狀中書門下然後得奏自是御史之任輕矣建中元年以侍御史分掌公廨推彈自是雜端之任輕矣元和八年命四推御史受事周而復始罷東西分日之限隋末廢殿內侍御史義寧元年丞相府置察吏掾二人武德元年改曰殿中侍御史龍朔元年置監察御史裏行武后文明元年置殿中裏行後亦額以裏行名官長安二年置內供奉

主簿一人從七品下掌印受事發辰覈臺務主公廨及戶奴婢勳散官之職錄事二人從九品下有主事二人臺院有令史七十八人書令史二十五人亭長六人掌固十一人殿院有令史八人書令史十八人察院有計史三十四人令史十人掌固十二人

殿中侍御史九人從七品下掌殿庭供奉之儀京畿諸州兵皆隸焉正班列於閤門之外糾離班語不肅者元日冬至朝會則乘馬具服戴黑豸升殿巡幸則往來門旗之內檢校文物虧失者一人同知東推監太倉出納二人同知西推監左藏出納二人爲廊下食使二人分知左右巡三人內供奉

監察御史十五人正八品下掌分察百寮巡按州縣獄訟軍戎祭祀營作太府出納皆莅焉知朝堂左右廂及百司綱目凡十道巡按以判官二人爲佐務繁則有支使其一察官人善惡其二察戶口流散籍帳隱沒賦役不均其三察農桑不勤倉庫減耗其四察妖猾盜賊不事生業爲私蠹害其五察德行孝悌茂才異等藏器晦跡應時用者其六察黠吏豪宗兼并縱暴貧弱冤苦不能自申者凡戰伐大克獲則數俘馘審功賞然後奏之屯田鑄錢嶺南黔府選補亦視功過糾察決囚徒則與中書舍人金吾將軍莅之國忌齋則與殿中侍御史分察寺觀莅宴射習射及大祠中祠視不如儀者以聞初開元中兼巡傳驛至二十五年以監察御史檢校兩京館驛大歷十四年兩京以御史一人知館驛號館驛使監察御史分察尚書省六司繇下第一人爲始出使亦然興元元年以第一人察吏部禮部兼監察使第二人察兵部工部兼館驛使第三人察戶部刑部歲終議殿最元和中以新入不出使無以觀能否乃命顓察尚書省號曰六察官開元十九年以監察御史二人莅太倉左藏庫三院御史皆初領繁劇外府推事其後以殿中侍御史上一人爲監太倉使第二人爲監左藏庫使凡諸使下三院御史內供奉其班居正臺監察御史之上

太常寺卿一人正三品少卿二人正四品上掌禮樂郊廟社稷之事總郊社太樂鼓吹太醫太卜廩犧諸祠廟等署少卿爲之貳凡大禮則贊引有司攝事則爲亞獻三公行園陵則爲副大祭祀省牲器則謁者爲之導小祀及公卿嘉禮命謁者贊相凡巡幸出師克獲皆擇日告太廟凡藏大享之器服有四院一曰天府院藏瑞應及伐國所獲之寶禘祫則陳于廟庭二曰御衣院藏天子祭服三曰樂縣院藏六樂之器四曰神廚院藏御廩及諸器官奴婢初有衣冠署令一人正八品上貞觀元年署廢高宗即位改治禮郎曰奉禮郎以避帝名龍朔二年改太常寺曰奉常寺九寺卿皆曰正卿少卿曰大夫武后光宅元年復改太常寺曰司常寺

丞二人從五品下掌判寺事凡享太廟則脩七祀于西門之內主簿二人從七品上

博士四人從七品上掌辨五禮按王公三品以上功過善惡爲之謚大禮則贊卿導引

大祝六人正九品上掌出納神主祭祀則跪讀祝文卿省牲則循牲告充牽以授太官

奉禮郎二人從九品上掌君臣版位以奉朝會祭祀之禮宗廟則設皇帝位於庭九廟子孫列焉昭穆異位去爵從齒凡樽彝勺冪篚坫簠簋鈃籩豆皆辨其位凡祭祀朝會在位拜跪之節皆贊導之公卿巡行諸陵則主其威儀鼓吹而相其禮

協律郎二人正八品上掌和律呂錄事二人從九品上八寺錄事品同有禮院脩撰檢討官各一人府十一人史二十二人謁者十人贊引二十人贊者四人祝史六人贊者十六人太常寺禮院禮生各三十五人亭長八人掌固十二人

兩京郊社署令各一人從七品下丞各一人從八品上令掌五郊社稷明堂之位與奉禮郎設樽罍篚冪而太官令實之立燎壇積柴合朔有變則巡察四門以俟變過明則罷有府二人史四人典事五人掌固五人門僕八人齋郎百一十人齋郎掌供郊廟之役太廟九室室有長三人以主樽罍篚冪鈃鑰又有罍洗二人郊壇有掌座二十四人以主神御之物皆禮部奏補凡室長十年掌座十二年皆授官祭饗而員少兼取三館學生告縫衣縫續吏一番者戶部下蠲符歲一申考諸署所擇者太常以十月中解於禮部如貢舉法帖論語及一大經中第者錄奏吏部注冬集散官否者番上如初六試而絀授散官唐初以郊社太樂鼓吹太醫太官左藏乘黃典廄典客上林太倉平準常平典牧左尚右尚爲上署鉤盾右藏織染掌治爲中署珍羞良醞掌醢守官武器車府司儀崇玄導官甄官河渠弩坊甲坊舟楫太卜廩犧中校左校右校爲下署

大樂署令二人從七品下丞一人從八品下樂正八人從九品下令掌調鐘律以供祭饗凡習樂立師以教而歲考其師之課業爲三等以上禮部十年大校未成則五年而校以番上下有故及不任供奉則輸資錢以充伎衣樂器之用散樂閏月人出資錢百六十長上者復繇役音聲人納資者歲錢二千博士教之功多者爲上第功少者爲中第不勤者爲下第禮部覆之十五年有五上考七中考者授散官直本司年滿考少者不敍教長上弟子四考難色二人次難色二人業成者進考得難曲五十以上任供奉者爲業成習難色大部伎三年而成次部二年而成易色小部伎一年而成皆入等第三爲業成業成行脩謹者爲助教博士缺以次補之長上及別教未得十曲給資三之一不成者隸鼓吹署習大小橫吹難色四番而成易色三番而成不成者博士有謫內教博士及弟子長教者給資錢而留之武德後置內教坊于禁中武后如意元年改曰雲韶府以中官爲使開元二年又置內教坊于蓬萊宮側有音聲博士第一曹博士第二曹博士京都置左右教坊掌俳優雜技自是不隸太常以中官爲教坊使唐改太樂爲樂正有府三人史六人典事八人掌固六人文武二舞郎一百四十人散樂二百八十二人仗內散樂一千人音聲人一萬二十七人有別教院開成三年改法曲所處院曰仙韶院

鼓吹署令二人從七品下丞二人從八品下樂正四人從九品下令掌鼓吹之節合朔有變則帥工人設五鼓于太社執麾旒于四門之塾置龍牀有變則舉麾擊鼓變復而止馬射設棡鼓金鉦施龍牀大儺帥鼓角以助侲子之唱有府三人史六人典事四人掌固四人唐并清商鼓吹爲一署增令一人

太醫署令二人從七品下丞二人醫監四人並從八品下醫正八人從九品下令掌醫療之法其屬有四一曰醫師二曰針師三曰按摩師四曰呪禁師皆教以博士考試登用如國子監醫師醫正醫工療病書其全之多少爲考課歲給藥以防民疾凡陵寢廟皆儲以藥尚藥太常醫各一人受之宮人患坊有藥庫監門莅出給醫師醫監醫正番別一人莅坊凡課藥之州置採藥師一人京師以良田爲園庶人十六以上爲藥園生業成者爲師凡藥辨其所出擇其良者進焉有府二人史四人主藥八人藥童二十四人藥園師二人藥園生八人掌固四人醫師二十人醫工百人醫生四十人典藥一人針師十人針工二十人針生二十人按摩師四人按摩工十六人按摩生十五人呪禁師二人呪禁工八人呪禁生十人

醫博士一人正八品上助教一人從九品上掌教授諸生以本草甲乙脈經分而爲業一曰體療二曰瘡腫三曰少小四曰耳目口齒五曰角法

針博士一人從八品上助教一人針師十人並從九品下掌教針生以經脈孔穴教如醫生

按摩博士一人按摩師四人並從九品下掌教導引之法以除疾損傷折跌者正之

呪禁博士一人從九品下掌教呪禁祓除爲厲者齋戒以受焉

太卜署令一人從七品下丞二人從八品下卜正博士各二人從九品下掌卜筮之法一曰龜二曰五兆三曰易四曰式祭祀大事率卜正卜日示高於卿退而命龜既灼而占先上旬次中旬次下旬小祀小事者則卜正示高命龜作而太卜令佐莅之季冬帥侲子堂贈大儺天子六隊太子二隊方相氏右執戈左執楯而導之唱十二神名以逐惡鬼儺者出磔雄雞于宮門城門有卜助教二人卜師二十人巫師十五人卜筮生四十五人府一人史二人掌固二人

廩犧署令一人從八品下丞二人正九品下掌犧牲粢盛之事祀用太牢者三牲加酒脯醢與太祝牽牲就牓位卿省牲則北面告腯以授太官籍田則供耒于司農卿卿以授侍中籍田所收以供粢盛五齊三酒之用以餘及稾飼犧牲有府一人史二人典事二人掌固二人

汾祠署令一人從七品下丞一人從八品上掌享祭灑掃之制有府二人史四人廟幹二人開元二十一年置署

三皇五帝以前帝王三皇五帝周文王周武王漢高祖兩京武成王廟令一人從六品下丞一人正八品下掌開闔灑掃釋奠之禮有錄事一人府二人史四人廟幹二人掌固四人門僕八人神龍二年兩京置齊太公廟署其後廢開元十九年復置天寶三載初置周文王廟署六載置三皇五帝廟署七載置三皇五帝以前帝王廟署九載置周武王漢高祖廟署上元元年改齊太公署爲武成王廟署朱全忠曰武明

光祿寺卿一人從三品少卿二人從四品上丞二人從六品上主簿一人從七品上掌酒醴膳羞之政總大官珍羞良醞掌醢四署凡祭祀省牲鑊濯溉三公攝祭則爲終獻朝會享則節其等差錄事二人龍朔二年改光祿寺曰司宰寺武后光宅元年曰司膳寺有府十一人史二十一人亭長六人掌固六人

太官署令二人從七品下丞四人從八品下掌供祠宴朝會膳食祭日令白卿詣廚省牲鑊取明水明火帥宰人割牲取毛血實豆遂烹又實簠簋設于饌幕之內有府四人史八人監膳十人監膳史十五人供膳二千四百人掌固四人

珍羞署令一人正八品下丞二人正九品下掌供祭祀朝會賓客之庶羞榛栗脯脩魚鹽菱芡之名數武后垂拱元年改肴藏署曰珍羞署神龍元年復舊開元元年又改有府三人史六人典書八人餳匠五人掌固四人

良醞署令二人正八品下丞二人正九品下掌供五齊三酒享太廟則供鬱鬯以實六彝進御則供春暴秋清

酴醾桑落之酒有府三人史六人監事二人掌醞二十人酒匠十三人奉觶百二十人掌固四人

掌醢署令一人正八品下丞二人正九品下掌供醢醢之物一曰鹿醢二曰兔醢三曰羊醢四曰魚醢宗廟用菹以實豆賓客百官用醢醬以和羹有府二人史二人主醢十人醬匠二十三人酢匠十二人豉匠十二人菹醢匠八人掌固四人

衞尉寺卿一人從三品少卿二人從四品上丞二人從六品上掌器械文物總武庫武器守宮三署兵器入者皆籍其名數祭祀朝會則供羽儀節鉞金鼓帷帟茵席凡供宮衞者歲再閱有敝則脩於少府主簿二人從七品上錄事一人龍朔二年改曰司衞寺武后光宅元年又改有府六人史十一人亭長四人掌固六人

丞掌判寺事辨器械出納之數大事承制敕小事則聽於尚書省

兩京武庫署令各二人從六品下丞各二人從八品下掌藏兵械有赦建金雞置鼓宮城門之右大理及府縣囚徒至則擊之監事各一人正九品上諸署監事品同有府各六人史各六人典事各二人掌固各五人開元二十五年東都亦置署

武器署令一人正八品下丞二人正九品下掌外戎器祭祀巡幸則納於武庫給六品以上葬鹵簿棨戟凡戟廟社宮殿之門二十有四東宮之門一十八一品之門十六二品及京兆河南太原尹大都督大都護之門十四三品及上都督中都督上都護之門十二下都督下都護中州下州之門各十衣幡壞者五歲一易之薨卒者既葬追還監事二人有府二人史六人典事二人掌固四人貞觀中東都亦置署

守宮署令一人正八品下丞二人正九品下掌供帳帟祭祀巡幸則設王公百官之位吏部兵部禮部試貢舉人則供帷幕王公婚禮亦供帳具京諸司長上官以品給其牀罽供蕃客帷帟則題歲月席壽三年氈壽五年褥壽七年不及期而壞有罰監事二人有府二人史四人掌設六人幕士八十八人掌固四人

宗正寺卿一人從三品少卿二人從四品上丞二人從六品上掌天子族親屬籍以別昭穆領陵臺崇玄二署凡親有五等先定於司封一曰皇帝周親皇后父母視三品二曰皇帝大功親小功尊屬太皇太后皇太后皇后周親視四品三曰皇帝小功親緦麻尊屬太皇太后皇太后皇后大功親視五品四曰皇帝緦麻親袒免尊屬太皇太后皇太后皇后小功親五曰皇帝袒免親太皇太后小功卑屬皇太后皇后緦麻親視六品皇帝親之夫婦男女降本親二等餘親降三等尊屬進一等降而過五等者不爲親諸王大長公主長公主親本品嗣王郡王非三等親者亦視五品駙馬都尉視諸親祭祀冊命朝會陪位襲封者皆以簿書上司封主簿二人從七品上知圖譜官一人修玉牒官一人知宗子表疏官一人錄事二人武德二年置宗師一人後省龍朔二年改宗正寺曰司宗寺武后光宅元年曰司屬寺有府五人史五人亭長四人掌固四人京都太廟齋郎各一百三十人門僕各三十三人主簿錄事各二人

諸陵臺令各一人從五品上丞各一人從七品下建初啓運興寧永康陵令各一人從七品下丞各一人從八品下掌守衞山陵凡陪葬以文武分左右子孫從父祖者亦如之宮人陪葬則陵戶成墳諸陵四至有封禁民葬唯故墳不毀開元二十四年以宗廟所奉不可名以署太常少卿韋縚奏廢太廟署以少卿一人知太廟事二十五年濮陽王徹爲宗正卿恩遇甚厚建議以宗正司屬籍乃請以陵寢宗廟隸宗正天寶十二載馴馬都尉張垍爲太常卿得幸又以太廟諸陵署隸太常十載改獻昭乾定橋五陵署爲臺升令品丞康興寧二陵稱署如故至德二年復以陵廟隸宗正永泰元年太常卿姜慶初奏以陵廟隸太常大曆二年復舊陵臺有錄事各一人府各二人史各四人主衣主輦主藥各四人典事各三人掌固各二人陵戶各三百人昭陵乾陵橋陵增百人諸陵有錄事各一人府各一人史各二人典事各二人掌固各二人陵戶各百人

諸太子廟令各一人從八品上丞各一人正九品下錄事各一人令掌灑掃開闔之節四時享祭焉有府各一人史各二人典事各二人掌固各一人

諸太子陵令各一人從八品下丞各一人從九品下錄事各一人有府各一人史各二人典事各二人掌固各一人陵戶各三十人太常舊有太廟署令一人從七品下丞二人從七品下齋郎二十四人

崇玄署令一人正八品下丞一人正九品下掌京都諸觀名數與道士帳籍齋醮之事新羅日本僧入朝學問九年不還者編諸籍道士女冠僧尼見天子必拜凡止民家不過三夜出踰宿者立案連署不過七日路遠者州縣給程天下觀一千六百八十七道士七百七十六女冠九百八十八寺五千三百五十八僧七萬五千百二十四尼五萬五百七十六兩京度僧尼道士女冠御史一人涖之每三歲州縣爲籍一以留縣一以留州僧尼一以上祠部道士女冠一以上宗正一以上司封有府二人史三人典事六人掌固二人崇玄學博士一人學生百人隋以署隸鴻臚又有道場玄壇唐置諸寺觀監隸鴻臚寺每寺觀有監一人貞觀中廢寺觀監上元二年置漆園監尋廢開元二十五年置崇玄學於玄元皇帝廟天寶元年兩京置博士助教各一員學生百人每祠享以學生代齋郎二載改崇玄學曰崇賢館博士曰學士助教曰直學士置大學士一人以宰相爲之領兩京玄元宮及道院改天下崇玄學爲通道學博士曰道德博士未幾而罷寶應永泰間學生存者亡幾大曆三年復增至百人初天下僧尼道士女冠皆隸鴻臚寺武后延載元年以僧尼隸祠部開元二十四年道士女冠隸宗正寺天寶二載以道士隸司封貞元四年崇玄館罷大學士後復置左右街大功德使東都功德使脩功德使總僧尼之籍及功役元和二年以道士女冠隸左右街功德使會昌二年以僧尼隸主客太清宮置玄元館亦有學士至六年廢而僧尼復隸兩街功德使

太僕寺卿一人從三品少卿二人從四品上丞四人從六品上主簿二人從七品上錄事二人卿掌廄牧輦輿之政總乘黃典廄典牧車府四署及諸監牧行幸供五路屬車凡監牧籍帳歲受而會之上駕部以議考課永徽中太僕寺曰司馭寺武后光宅元年改曰司僕寺有府十七人史三十四人獸醫六百人獸醫博士四人學生百人亭長四人掌固六人

乘黃署令一人從七品下丞一人從八品下掌供車路及馴馭之法凡有事前期四十日率駕士調習尚乘隨路色供馬前期二十日調習於內侍省有府一人史二人駕士一百四十人羊車小史十四人掌固六人

典廄署令二人從七品下丞四人從八品下掌飼馬牛給養雜畜良馬一丁中馬二丁駑馬三丁乳駒乳犢十給一丁有府四人史八人主乘六人典事八人執馭百人駕士八百人掌固六人

典牧署令三人正八品上丞六人從九品上掌諸牧雜畜給納及酥酪脯腊之事羣牧所送羊犢以供廩犧尚食監事八人有府四人史八人典事十六人主酪七十四人駕士百六十人掌固四人

車府署令一人正八品下丞一人正九品下掌王公以下車路及馴馭之法從官三品以上昏葬給駕士凡路車之馬牛率馭士調習有府一人史二人典書四人馭士百七十五人掌固六人

諸牧監上牧監監各一人從五品下副監各二人正六品下丞各二人正八品上主簿各一人正九品下中牧監監正六品下副監從六品下丞從八品上主簿從九品上下牧監監從六品下副監正七品下丞正九品上主簿從九品下中牧監副監丞減上牧監一員南使西使丞各三人從七品下錄事各一人從九品下北使鹽州使丞各二人從七品下掌羣牧孳課凡馬五千爲上監三千爲中監不及爲下監馬牛之羣有牧長有尉馬之駑良皆著籍良馬稱左駑馬稱右每歲孟秋羣牧使以諸監之籍合爲一以仲秋上於寺送細馬則有牽夫識馬小兒獸醫等凡馬游牝以三月駒犢在牧者三歲別羣孳生過分有賞死耗亦以率除之歲終監牧使巡按以功過相除爲考課上牧監有錄事各一人府各三人史各六人典事各八人掌固各四人中牧監減府一人史典事掌固減三人南使西使錄事各九人北使鹽州使錄事以下員數及品如南使麟德中置八使分總監坊秦蘭原渭四州及河曲之地凡監四十有八南使有監十五西使有監十六北使有監七鹽州使有監八嵐州使有監二自京師西屬隴右有七馬坊置隴右三使領之又有沙苑樓煩天馬監沙苑監掌畜隴右諸牧牛羊給宴祭及尚食所用每歲與典牧署供焉自監以下品數如下牧監至開元二十三年廢監

東宮九牧監丞二人正八品上錄事一人從九品下掌牧養馬牛以供皇太子之用有錄事史各一人府三人史六人初監有監副監丞主簿錄事各一人府二人史四人典事四人掌固二人自監以下品同下牧監又有馬牧使有丞以下官

大理寺卿一人從三品少卿二人從五品下掌折獄詳刑凡罪抵流死皆上刑部覆於中書門下繫者五日一慮龍朔二年改曰詳刑寺武后光宅元年改曰司刑寺中宗時廢獄丞有府二十八人史五十六人司直史十二人評事史二十四人獄史六人亭長四人掌固十八人問事百人

正二人從五品下掌議獄正科條凡丞斷罪不當則以法正之五品以上論者莅決巡幸則留總持寺事

丞六人從六品上掌分判寺事正刑之輕重徒以上囚則呼與家屬告罪問其服否

主簿二人從七品上掌印省署鈔目句檢稽失凡官吏抵罪及雪免皆立簿私罪贖銅一斤公罪二斤皆爲一負十負爲一殿每歲吏部兵部牒覆選人殿負錄報焉

獄丞二人從九品下掌率獄史知囚徒貴賤男女異獄五品以上月一沐暑則置漿禁紙筆金刃錢物杵梃入者囚病給醫藥重者脫械鎖家人入侍

司直六人從六品上評事八人從八品下掌出使推按凡承制推訊長吏當停務禁錮者請魚書以往錄事二人

鴻臚寺卿一人從三品少卿二人從四品上丞一人從六品上掌賓客及凶儀之事領典客司儀二署凡四夷君長以蕃望高下爲簿朝見辨其等位第三等居武官三品之下第四等居五品之下第五等居六品之下有官者居本班御史察食料二王後夷狄君長襲官爵者辨嫡庶諸蕃封命則受冊而往海外諸蕃朝賀進貢使有下從留其半於境繇海路朝者廣州擇首領一人左右二人入朝所獻之物先上其數於鴻臚凡客還鴻臚籍衣齎賜物多少以報主客給過所蕃客奏事具至日月及所奏之宜方別爲狀月一奏爲簿以副藏鴻臚獻馬則殿中太僕寺涖閱良者入殿中駑病入太僕獻藥者鴻臚寺驗覆少府監定價之高下鷹鶻狗豹無估則鴻臚定所報輕重凡獻物皆客執以見駝馬則陳于朝堂不足進者州縣留之皇帝皇太子爲五服親及大臣發哀臨弔則卿贊相大臣一品葬以卿護二品以少卿三品以丞皆司儀示以禮制主簿一人從七品上錄事二人龍朔二年改鴻臚寺曰同文寺武后光宅元年改曰司賓寺有府五人史十八人亭長四人掌固六人

典客署令一人從七品下丞三人從八品下掌二王後介公酅公之版籍及四夷歸化在蕃者朝貢宴享送迎皆預焉酋渠首領朝見者給稟食病則遣醫給湯藥喪則給以所須還蕃賜物則佐其受領教拜謝之節有典客十三人府四人史八人掌固二人

掌客十五人正九品上掌送迎蕃客顓莅館舍

司儀署令一人正八品下丞一人正九品下掌凶禮喪葬之具京官職事三品以上散官二品以上祖父母父母喪職事散官五品以上都督刺史卒于京師及五品死王事者將葬祭以少牢率齋郎執俎豆以往三品以上贈以束帛黑一纁二一品加乘馬既引遣使贈於郭門之外皆有束帛一品加璧五品以上葬給營墓夫(有司儀六人府二人史四人掌設十八人齋郎三十八人掌固四人幕士六十人)

司農寺卿一人從三品少卿二人從四品上掌倉儲委積之事總上林太倉鉤盾導官四署及諸倉司竹諸湯宮苑鹽池諸屯等監凡京都百司官吏祿稟朝會祭祀所須皆供焉藉田則進耒耜

丞六人從六品上總判寺事凡租及藁秸至京都者閱而納焉官戶奴婢有技能者配諸司婦人入掖庭以類相偶行宮監牧及賜王公公主皆取之凡孳生雞彘以戶奴婢課養俘口則配輕使始至給稟食主簿二人從七品上錄事二人(龍朔二年改司農寺曰司稼寺有府三十八人史七十六人計史三人亭長九人掌固七人)

上林署令二人從七品下丞四人從八品下掌苑囿園池植果蔬以供朝會祭祀及尚食諸司常料季冬藏冰千段先立春三日納之冰井以黑牡秬黍祭司寒仲春啓冰亦如之監事十人(有府七人史十四人典事二十四人掌固五人)

太倉署令三人從七品下丞五人從八品下監事八人掌廩藏之事(有府十人史二十人典事二十四人掌固八人)

鉤盾署令二人正八品上丞四人正九品上監事十人掌供薪炭鵝鴨蒲藺陂池藪澤之物以給祭祀朝會饗燕賓客(有府七人史十四人典事十九人掌固五人)

導官署令二人正八品上丞四人正九品上監事十人掌導擇米麥凡九穀皆隨精麤差其耗損而供焉(有府八人史十六人典事二十四人掌固五人初有御細倉督麤倉督貞觀中省)

太原永豐龍門等倉每倉監一人正七品下丞二人從八品上掌倉廩儲積凡出納帳籍歲終上寺(有錄事一人府三人史六人典事八人掌固六人龍門等倉減府一人史典事掌固各減二人)

司竹監一人從六品下副監一人正七品下丞二人正八品上掌植竹葦供宮中百司簾篚之屬歲以筍供尚食(有錄事一人府二人史四人典事三十人掌固四人葦園匠一百人)

慶善石門溫泉湯等監每監監一人從六品下丞一人正七品下掌湯池宮禁防堰及偫粟芻偫調度以備供奉王公以下湯館視貴賤爲差凡近湯所潤瓜蔬先時而熟者以薦陵廟(有錄事一人府一人史二人掌固四人)

京都諸宮苑總監監各一人從五品下副監各一人從六品下丞各二人從七品下主簿各二人從九品上掌苑內宮館園池禽魚果木凡官屬人畜出入皆有籍(有錄事各二人府各八人史各十六人亭長各四人掌固各六人獸醫各五人)

京都諸園苑監監各一人從六品下副監各一人從七品下丞各二人正八品下掌完葺苑面宮館園池與種蒔蕃養六畜之事(顯慶二年改青城宮監曰東都苑北面監明德宮監曰東都苑南面監洛陽宮農圃監曰東都苑東面監食貨監曰東都苑西面監有錄事各一人府各三人史各六人典事各六人掌固各六人)

九成宮總監監一人從五品下副監一人從六品下丞一人從七品下主簿一人從九品上掌脩完宮苑供進鍊餌之事(有錄事一人府三人自監以下品同宮苑武德初改隋仁壽宮監曰九成宮監)

諸鹽池監監一人正七品下掌鹽功簿帳(有錄事一人史二人)

諸屯監監一人從七品下丞一人從八品下掌營種屯田句會功課及畜產簿帳以水旱蝝蝗定課屯主勸率營農督斂地課(有錄事一人府一人史二人典事二人掌固四人每屯主一人屯副一人主簿一人錄事一人府三人史五人)

太府寺卿一人從三品少卿二人從四品上掌財貨廩藏貿易總京都四市左右藏常平七署凡四方貢賦百官俸秩謹其出納賦物任土所出定精麤之差祭祀幣帛皆供焉(龍朔二年改太府寺曰外府寺武后光宅元年曰司府寺中宗即位復曰太府寺有府二十五人史五十八人計史四人亭長七人掌固七人)

丞四人從六品上掌判寺事凡元日冬至以方物陳于庭者受而進之會賜及別勑六品以下賜者給於朝堂以一人主左右藏署帳凡在署爲簿在寺爲帳三月一報金部

主簿二人從七品上掌印省鈔目句檢稽失平權衡度量歲以八月印署然後用之錄事二人

兩京諸市署令一人從六品上丞二人正八品上掌財貨交易度量器物辨其眞僞輕重市肆皆建標築土爲候禁權固及參市自殖者凡市日中擊鼓三百以會衆日入前七刻擊鉦三百而散有果毅巡迣平貨物爲三等之直十日爲簿車駕行幸則立市于頓側互市有衞士五十人以察非常(有錄事一人府三人史七人典事三人掌固一人)

左藏署令三人從七品下丞五人從八品下監事八人掌錢帛雜綵天下賦調卿及御史監閱(有府九人史十八人典事十二人掌固八人)

右藏署令二人正八品上丞三人正九品上監事四人掌金玉珠寶銅鐵骨角齒毛綵畫(有府五人史十二人典事七人掌固十人)

常平署令一人從七品上丞二人從八品下監事五人掌平糴倉儲出納(有府四人史八人典事五人掌固六人顯慶三年置署武后時東都亦置署)

國子監祭酒一人從三品司業二人從四品下掌儒學訓導之政總國子太學廣文四門律書算凡七學天子視學皇太子齒胄則講義釋奠執經論議奏京文武七品以上觀禮凡授經以周易尚書周禮儀禮禮記毛詩春秋左氏傳公羊傳穀梁傳各爲一經兼習孝經論語老子歲終考學官訓導多少爲殿最

丞一人從六品下掌判監事每歲七學生業成與司業祭酒蒞試登第者上於禮部

主簿一人從七品下掌印句督監事七學生不率教者舉而免之錄事一人從九品下(武德初以國子監曰國子學隸太常寺貞觀二年復曰監龍朔二年改國子監曰司成館祭酒曰大司成司業曰少司成咸亨元年復垂拱元年改國子監曰成均監有府七人史十三人亭長六人掌固八人)

國子監博士五人正五品上掌教三品以上及國公子孫從二品以上曾孫爲生者五分其經以爲業周禮儀禮禮記毛詩春秋左氏傳各六十人暇則習隸書國語說文字林三倉爾雅每歲通兩經求仕者上於監秀才進士亦如之學生以長幼爲序習正業之外教吉凶二禮公私有事則相儀(龍朔二年改博士曰宣業有大成十人學生八十人典學四人廟幹二人掌固四人東都學生十五人)

助教五人從六品上掌佐博士分經教授

直講四人掌佐博士助教以經術講授

五經博士各二人正五品上掌以其經之學教國子周易尚書毛詩左氏春秋禮記爲五經論語孝經爾雅不立學官附中經而已

太學博士六人正六品上助教六人從七品上掌教五品以上及郡縣公子孫從三品曾孫爲生者五分其經以爲業每經百人(有學生七十人典學四人掌固六人東都學生十五人)

廣文館博士四人助教二人掌領國子學生業進士者(有學生六十人東都十人天寶九載置廣文館有知進士助教後罷知進士之名)

四門館博士六人正七品上助教六人從八品上直講四人掌教七品以上侯伯子男子爲生及庶人子爲俊士生者(有學生三百人典學四人掌固六人東都學生五十人)

律學博士三人從八品下助教一人從九品下掌教八品以下及庶人子爲生者律令爲顓業兼習格式法例(隋律學隸大理寺博士八人武德初隸國子監尋廢貞觀六年復置顯慶三年又廢以博士以下隸大理寺龍朔二年復置有學生二十人典學二人元和初東都置學生五人)

書學博士二人從九品下助教一人掌教八品以下及庶人子爲生者石經說文字林爲顓業兼習餘書(武德初廢貞觀二年復置顯慶三年又廢以博士以下隸祕書省龍朔二年復有學生十人典學二人東都學生三人)

算學博士二人從九品下助教一人掌教八品以下及庶人子爲生者二分其經以爲業九章海島孫子五曹張丘建夏侯陽周髀五經算綴術緝古爲顓業兼習記遺三等數凡六學束脩之禮督課試舉皆如國子學助教以下所掌亦如之(唐廢算學顯慶元年復置三年又廢以博士以下隸太史局龍朔二年復有學生十人典學一人東都學生二人)

少府監監一人從三品少監二人從四品下掌百工技巧之政總中尚左尚右尚織染掌冶五署及諸冶鑄錢互市等監供天子器御后妃服飾及郊廟圭玉百官儀物凡武庫袍襦皆識其輕重乃藏之冬至元日以給衞士諸州市牛皮角以供用牧畜角筋腦革悉輸焉細鏤之工教以四年車路樂器之工三年平漫刀矟之工二年矢鏃竹漆屈柳之工半焉冠冕弁幘之工九月教作者傳家技四季以令丞試之歲終以監試之皆物勒工名

丞六人從六品下掌判監事給五署所須金石齒革羽毛竹木所入之物各以名數州土爲籍工役衆寡難易有等差而均其勞逸主簿二人從七品下錄事二人從九品上(武德初廢監以諸署隸大府寺貞觀元年復置龍朔二年改曰內府監武后垂拱元年曰尚方監有府二十七人史十七人計史三人亭長八人掌固六人短蕃匠五千二十九人綾錦坊巧兒三百六十五人內作使綾匠八十三人掖庭綾匠百五十人內作巧兒四十二人配京都諸司諸使雜匠百二十五人)

中尚署令一人從七品下丞二人從八品下掌供郊祀圭璧及天子器玩后妃服飾彫文錯綵之制凡金木齒革羽毛任土以時而供赦日樹金雞於仗南竿長七丈有雞高四尺黃金飾首銜絳幡長七尺承以綵盤維以絳繩將作監供焉擊鼓千聲集百官父老囚徒坊小兒得雞首者官以錢購或取絳幡而已歲二月獻牙尺寒食獻毬五月獻綬帶夏至獻雷車七月獻鈿針臘日獻口脂唯筆琴瑟紘月獻金銀暨紙非旨不獻製魚袋以給百官蕃客賜寶鈿帶魚袋則授鴻臚寺丞主簿監作四人從九品下凡監作皆同品(有府九人史十八人典事四人掌固四人唐改內尚方署曰中尚方署武后改少府監曰尚方監而中左右尚方織染方掌冶方五署皆去方以避監自是不改矣有金銀作坊院)

左尚署令一人從七品下丞五人從八品下掌供翟扇蓋繖五路五副七輦十二車及皇太后皇太子公主王妃內外命婦王公之車路凡畫素刻鏤與宮中蠟炬雜作皆領之監作六人(有府七人史二十八人典事十八人掌固十四人)

右尚署令二人從七品下丞四人從八品下掌供十二閑馬之轡每歲取於京兆河南府加飾乃進凡五品三

部之帳刀劒斧鉞甲冑紙筆茵席履舃皆儀其用皮毛之工亦領焉監作六人有府七人史二十人典事十三人掌固十八人

織染署令一人正八品上丞二人正九品上掌供冠冕組綬及織紝色染錦羅紗縠綾紬絁絹布皆廣尺有八寸四丈爲疋布五丈爲端綿六兩爲屯絲五兩爲絇麻三斤爲綟凡綾錦文織禁示於外高品一人專莅之歲奏用度及所織每掖庭經錦則給酒羊七月七日祭杼監作六人有府六人史十四人典事十一人掌固五人

掌冶署令一人正八品上丞二人正九品上掌范鎔金銀銅鐵及塗飾琉璃玉作銅鐵人得採而官收以稅唯鑞官市邊州不置鐵冶器用所須皆官供凡諸冶成器上數于少府監然後給之監作二人有府六人史十二人典事二十三人掌固四人

諸冶監令各一人正七品下丞各一人從八品上掌鑄兵農之器給軍士屯田居民唯興農冶監供隴右監牧監作四人有錄事一人府一人史一人典事二人掌固四人太原冶城監作二人

諸鑄錢監監各一人副監各二人丞各一人以所在都督刺史判爲副監上佐丞以判司監事以參軍及縣尉爲之監事各一人有錄事各一人府各三人史各四人典事各五人凡鑄錢有七監會昌中增至八監每道置鑄錢坊一大中初三監廢

互市監每監監一人從六品下丞一人正八品下掌蕃國交易之事隋以監隸四方館唐隸少府貞觀六年改交市曰互市監副監曰丞武后垂拱元年曰通市監有錄事一人府二人史四人價人四人掌固八人

將作監監二人從三品少監二人從四品下掌土木工匠之政總左校右校中校甄官等署百工等監大明興慶上陽宮中書門下六軍仗舍閑廄謂之內作郊廟城門省寺臺監十六衛東宮王府諸廨謂之外作自十月距二月休冶功自冬至距九月休土功凡治宮廟太常擇日以聞

丞四人從六品下掌判監事凡外營繕大事則聽制勑小事則須省符功有長短役有輕重自四月距七月爲長功二月三月八月九月爲中功自十月距正月爲短功長上匠州率資錢以酬雇軍器則勒歲月與工姓名武德初改令曰大匠少令曰少匠龍朔二年改將作監曰繕工監大匠曰大監少匠曰少監咸亨元年繕工監曰營繕監天寶十一載改大匠曰大監少匠曰少監有府十四人史二十八人計史三人亭長四人掌固六人短蕃匠一萬二千七百四十四人明資匠二百六十人

主簿二人從七品下掌官吏糧料俸食假使必由之諸司供署監物有闕舉焉錄事二人從九品上

左校署令二人從八品下丞一人正九品下掌梓匠之事樂縣簨簴兵械喪葬儀物皆供焉宮室之制自天子至士庶有等差官脩者左校爲之監作十人有府六人史十二人

右校署令二人正八品下丞三人正九品下掌版築塗泥丹堊匽廁之事有所須則審其多少而市之監作十人有府五人史十人典事二十四人

中校署令一人從八品下丞三人正九品下掌供舟車兵械雜器行幸陳設則供竿柱閑廄繫秣則供行槽禱祀則供棘葛內外營作所須皆取焉監牧車牛有年支芻豆則受之以給車坊監事四人武后時改曰營繕署垂拱元年復舊尋廢開元初復置有府二人史六人典事八人掌固二人

甄官署令一人從八品下丞二人正九品下掌琢石陶土之事供石磬人獸碑柱碾磑瓶缶之器勑葬則供明器監作四人有府五人史十人典事十八人

百工就谷庫谷斜谷太陰伊陽監監各一人正七品下副監一人從七品下丞一人正八品上掌采伐材木監作四人武德初置百工監掌舟車及營造雜作有監少監各一人丞四人主簿一人又置就谷庫谷斜谷太陰伊陽五監貞觀中廢百工監高宗置百工署掌東都土木瓦石之功開元十五年爲監有錄事二人府一人史三人典事二十八人

軍器監監一人正四品上丞一人正七品上掌繕甲弩以時輸武庫總署二一曰弩坊二曰甲坊主簿一人正八品下錄事一人從九品下武德初有武器監一人正八品下掌兵仗廄牧少監一人丞二人主簿一人七年廢軍器監八年復置九年又廢貞觀六年廢武器監開元以前軍器皆出左尚署三年置軍器監十一年復廢爲甲弩坊隸少府十六年復爲監有府八人史十二人亭長二人掌固四人

弩坊署令一人正八品下丞一人正九品下掌出納矛矟弓矢排弩刃鏃雜作及工匠監作二人有府二人史五人典事二人貞觀六年改弓弩署爲弩坊署甲鎧署爲甲坊署

甲坊署令一人正八品下丞一人正九品下掌出納甲冑綅繩筋角雜作及工匠監作二人有府二人史五人典事二人

都水監使者二人正五品上掌川澤津梁渠堰陂池之政總河渠諸津監署凡漁捕有禁溉田自遠始先稻後陸渠長斗門長節其多少而均焉府縣以官督察

丞二人從七品上掌判監事凡京畿諸水因灌溉盜費者有禁水入內之餘則均王公百官

主簿一人從八品下掌運漕漁捕程會而糾舉之武德初廢都水監爲署貞觀六年復爲監改令曰使者龍朔二年改都水監曰司津監使者曰監武后垂拱元年改都水監曰水衡監使者曰都尉開元二十五年不隸將作監有錄事一人府五人史十人亭長一人掌固四人初貞觀六年置舟楫署有令一人正八品下掌舟楫運漕正一人府三人史六人監漕一人漕史一人典事六人掌固八人上元二年置丞二人正九品下掌運漕隱失開元二十六年署廢

河渠署令一人正八品下丞一人正九品上掌河渠陂池隄堰魚醢之事凡溝渠開塞漁捕時禁皆顓之饗宗廟則供魚鱐祀昊天上帝有司攝事則供腥魚日供尚食及給中書門下歲供諸司及東宮之冬藏渭河三百里內漁釣者五坊捕治之供祠祀則自便橋至東渭橋禁民漁三元日非供祠不採魚唐有河隄使者貞觀初改曰河隄謁者有府三人史六人典事三人每渠及斗門有長一人掌固三人魚師十三人初有監漕十人從九品上大曆後省與成五門六門龍首涇堰溢隄凡六堰皆有丞從九品下府一人史二人典事一人掌固二人貞觀六年皆廢

河隄謁者六人正八品下掌完隄堰利溝瀆漁捕之事

涇渭白渠以京兆少尹一人督視

諸津令各一人正九品上丞二人從九品下掌天下津濟舟梁灞橋永濟橋以勳官散官一人莅之天津橋中橋則以衛士抍掃凡舟渠之備皆先儗其半柳塞竹䉶所在供焉唐改津尉曰令有錄事一人府一人史二人典事三人津吏五人橋丁各三十人匠各八人京兆河南諸津隸都水監便橋渭橋萬年三橋有丞一人從九品下府一人史七人典事二人掌固二人貞觀中廢

唐書卷四十八考證

百官志三御史臺大夫一人正三品〇舊書作從三品

監察御史十五人正八品下〇舊書作正八品上

唐書卷四十九上

宋 翰林學士 歐陽修 撰

志第三十九上

百官志

十六衛

左右衛上將軍各一人從二品大將軍各一人正三品將軍各二人從三品掌宮禁宿衛凡五府及外府皆總制焉凡五府三衛及折衝府驍騎番上者受其名簿而配以職皇帝御正殿則守諸門及內廂宿衛仗非上日亦將軍一人押仗將軍缺以中郎將代將軍掌貳上將軍之事左右驍騎左右武衛左右威衛左右領軍左右金吾左右監門衛上將軍以下品同武德五年改左右翊衛曰左右衛府左右驍騎衛曰左右驍騎府左右屯衛曰左右威衛府左右禦衛曰左右領軍衛左右備身府曰左右府唯左右武衛府左右監門府左右候衛仍隋不改顯慶五年改左右府曰左右千牛府龍朔二年左右衛府驍衛府武衛府皆省府字改左右威衛曰左右武威衛左右領軍衛曰左右戎衛左右候衛曰左右金吾衛左右監門府曰左右監門衛左右千牛府曰左右奉宸衛又曰左右千牛衛咸亨元年改左右戎衛曰左右領軍衛武后光宅元年改左右驍衛曰左右武威衛左右武衛曰左右鷹揚衛左右威衛曰左右豹韜衛左右領軍衛曰左右玉鈐衛貞元二年初置十六衛上將軍左右衛有錄事一人府一人史二人亭長八人掌固四人

長史各一人從六品上掌判諸曹五府外府稟祿卒伍軍團之名數器械車馬之多少小事得專達每歲秋贊大將軍考課

錄事參軍事各一人正八品上掌受諸曹及五府之外府事句稽抄目印給紙筆

倉曹參軍事各二人正八品下掌五府文官勳考假使祿俸公廨田園食料醫藥過所自倉曹以下同品有府二人史四人兵曹府四人史七人騎曹府二人史四人冑曹府三人史三人武后長安初改鎧曹曰冑曹中宗即位復舊先天元年又曰冑曹開元初諸衛司倉司兵騎兵參軍改曰倉曹兵曹騎曹冑曹參軍事

兵曹參軍事各二人掌五府武官宿衛番第受其名數而大將軍配焉

騎曹參軍事各一人掌外府雜畜簿帳牧養凡府馬承直以遠近分七番月一易之以勑出宮城者給馬

冑曹參軍事各一人掌兵械公廨興繕罰謫大朝會行從則受黃質甲鎧弓矢於衛尉

奉車都尉掌馭副車有其名而無其人大陳設則宅官攝騎馬都尉無定員與奉車都尉皆從五品下司階各二人正六品上中候各三人正七品下司戈各五人正八品下執戟各五人正九品下長上各二十五人從九品下武后天授二年置諸衛司階中候司戈執戟謂之四色官

親衛之府一曰親府勳衛之府二一曰勳一府二曰勳二府翊衛之府二一曰翊一府二曰翊二府凡五府每府中郎將一人正四品下左右郎將一人正五品上親衛正七品上勳衛從七品上翊衛正八品上總四千九百六十三人兵曹參軍事各一人正九品上校尉各五人正六品上每校尉有旅帥二人從六品上每旅帥各有隊正二十人正七品上副隊正二十人正七品下五府中郎將掌領校尉旅帥親衛勳衛之屬宿衛者而總其府事左右郎將貳焉番上者以名簿上于大將軍而配以職武德貞觀世重資蔭二品三品子補親衛二品曾孫三品孫四品子職事官五品子若孫勳官三品以上有封及國公子補勳衛及率府親衛四品孫五品及上柱國子補翊衛及率府勳衛勳官二品及縣男以上散官五品以上子若孫補諸衛及率府翊衛王府執仗親事執乘親事每月番上者數千人宿衛內廡及城門給稟食執扇三衛三百人擇少壯肩膊齊儀容整美者本衛印臂送殿中省肆習仗下每番三衛一人爲太僕寺引輅其後入官路艱三衛非權勢子弟輒退番柱國子有白首不得進者流外雖鄙不數年給祿稟故三衛益賤人罕趨之有錄事府一人史三人唐親衛勳衛置驃騎將軍車騎將軍翊衛置車騎將軍武德七年改驃騎將軍爲中郎將車騎將軍皆爲郎將分左右以親衛曰一府勳衛翊衛曰二府謂之三府衛諸衛翊衛及率府親勳衛亦曰三衛永徽三年避太子諱改中郎將曰旅賁郎將郎將曰翊軍郎將太子廢復舊

左右驍衛上將軍各一人大將軍各一人將軍各二人掌同左右衛凡翊府之翊衛外府豹騎番上者分配之凡分兵守諸門在皇城四面宮城內外則與左右衛分知助鋪長史各一人錄事參軍事各一人倉曹參軍事各二人兵曹參軍事各二人騎曹參軍事各一人冑曹參軍事各一人左右司階各二人左右中候各三人左右司戈各五人左右執戟各五人左右翊中郎將府中郎將各一人左郎將各一人右郎將各一人兵曹參軍事各一人校尉各五人旅帥各十人隊正各二十人副隊正各二十人有錄事一人史二人亭長一人掌固四人倉曹府二人史二人兵曹府三人史五人騎曹府二人史四人冑曹府三人史三人左右翊中郎將府錄事一人府一人史二人

左右武衛上將軍各一人大將軍各一人將軍各二人掌同左右衛凡翊府之翊衛外府熊渠番上者分配之長史各一人錄事參軍事各一人倉曹參軍事各二人兵曹參軍事各二人騎曹參軍事各一人冑曹參軍事各一人左右司階各二人左右中候各三人左右司戈各五人左右執戟各五人長上各二十五人左右翊中郎將府官同驍騎有稱長二人錄事一人史二人亭長二人掌固四人倉曹府二人史四人兵曹府三人史五人騎曹府三人史四人冑曹府三人史三人稱長掌唱警為應蹕之節

左右威衛上將軍各一人大將軍各一人將軍各二人掌同左右衛凡翊府之翊衛外府羽林番上者分配之凡分兵主守則知皇城東面助鋪長史各一人錄事參軍事各一人倉曹參軍事各二人兵曹參軍事各二人騎曹參軍事各一人冑曹參軍事各一人左右司階各二人左右中候各三人左右司戈各五人左右執戟各五人長上各二十五人左右翊中郎將府官同驍衛有錄事一人史二人亭長二人掌固四人倉曹府二人史四人兵曹府三人史五人騎曹府二人史四人冑曹府三人史三人

左右領軍衛上將軍各一人大將軍各一人將軍各二人掌同左右衛凡翊府之翊衛外府射聲番上者分配之凡分兵主守則知皇城西面助鋪及京城苑城諸門長史各一人錄事參軍事各一人倉曹參軍事各二人兵曹參軍事各二人騎曹參軍事各一人冑曹參軍事各一人左右司階各二人左右中候各三人左右司戈各五人左右執戟各五人長上各二十五人左右翊中郎將府官同驍衛有錄事二人史二人亭長二人掌固四人倉曹府二人史四人兵曹府三人史五人騎曹府一人史四人冑曹府三人史三人

左右金吾衛上將軍各一人大將軍各一人將軍各二人掌宮中京城巡警烽候道路水草之宜凡翊府之翊衛及外府佽飛番上皆屬焉師田則執左右營之禁南衙宿衛官將軍以下及千牛番上者皆配以職大功役則與御史循行凡敵幕故氈以給病坊

兵曹參軍事掌翊府外府武官兼掌獵師

騎曹參軍事掌外府雜畜簿帳牧養之事

冑曹參軍事掌同左右衛大朝會行從給青龍旗䝟矟於衛尉長史各一人錄事參軍事各一人倉曹參軍事各二人兵曹參軍事各二人騎曹參軍事各一人冑曹參軍事各一人左右司階各二人左右中候各三人左右司戈各五人左右執戟各五人左右街使各一人判官各二人左右翊中郎將府官如驍衛有錄事一人史二人倉曹府二人史四人兵曹府三人史五人騎曹府二人史四人冑曹府三人史三人左右街典二人引駕仗三衛六十人引駕佽飛六十六人大角手六百人隋有察非掾至唐廢

左右翊中郎將府中郎將掌領府屬督京城左右六街鋪巡警以果毅二人助巡探入閤日中郎將一人升殿受狀衛士六百為大角手六番閱習吹大角為昏明之節諸營壘候以進退

左右街使掌分察六街徼巡凡城門坊角有武候鋪衛士彍騎分守大城門百人大鋪三十人小城門二十人小鋪五人日暮鼓八百聲而門閉乙夜街使以騎卒循行囂譁武官暗探五更二點鼓自內發諸街鼓承振坊市門皆啓鼓三千撾辨色而止

左右監門衛上將軍各一人大將軍各一人將軍各二人掌諸門禁衛及門籍文武官九品以上每月送籍於引駕仗及監門衛衛以帳報內門凡朝參奏事待詔官及繖扇儀仗出入者閱其數以物貨器用入宮者有籍有傍左監門將軍判入右監門將軍判出月一易其籍行幸則率屬於衙門監守

長史掌判諸曹及禁門巡視出入而司其籍傍餘同左右衛兵曹參軍事兼掌倉曹冑曹兼掌騎曹

左右翊中郎將府中郎將掌涖宮殿城門皆左入右出中郎將各四人長史各一人錄事參軍事各一人兵曹參軍事各一人冑曹參軍事各一人有錄事一人史二人亭長二人掌固二人兵曹府三人史五人冑曹府三人史四人監門校尉三百二十人直長六百八十人長入長上二十人直長長上二十人監門校尉掌敘出入唐改監門府郎將為將軍

左右千牛衛上將軍各一人大將軍各一人將軍各二人掌侍衛及供御兵仗以千牛備身左右執弓箭宿衛以主仗守戎器朝日領備身左右升殿列侍親射則率屬以從冑曹參軍事掌甲仗凡御仗之物二百一十有九羽儀之物三百自千牛以下分掌之上日執御弓箭者亦自備以入宿主仗每月上則配以職行從則兼騎曹中郎將各二人長史各一人錄事參軍事各一人兵曹參軍事各一人冑曹參軍事各一人唐改備身郎將曰將軍備身將曰中郎將千牛左右備身左右曰千牛備身主仗有錄事一人史二人亭長二人掌固四人兵曹府一人史二人冑曹府一人史一人千牛備身十二人備身左右十二人備身二百人主仗一百五十人千牛備身掌執御刀服花鈿繡衣綠執象笏宿衛侍從備身左右掌執御弓矢宿衛侍從備身掌宿衛侍從主仗掌守供御兵仗

左右翊中郎將府中郎將掌供奉侍衛凡千牛及備身左右以御刀仗升殿供奉者皆上將軍領之中郎將佐其職有口勅通事舍人承傳聲不下聞者中郎將宣告

諸衛折衝都尉府每府折衝都尉一人上府正四品上中府從四品下下府正五品下左右果毅都尉各一人上府從五品下中府正六品上下府正六品下別將各一人上府正七品下中府從七品上下府從七品下長史各一人上府正七品下中府從七品上下府從七品下兵曹參軍事各一人上府正八品下中府正九品下下府從九品上校尉五人從七品下旅帥十人從八品上隊正二十人正九品下副隊正二十人從九品下折衝都尉掌領屬備宿衛師役則總戎具資糧點習以三百人為團一校尉領之捉鋪持更者晨夜有行人必問不應則彈弓而嚮之復不應則旁射又不應則射之晝以排門人遠望暮夜以持更人遠聽有衆而囂則告主帥

左右果毅都尉掌貳都尉每府有錄事一人府一人史二人兵曹府二人史二人每隊正領兵五十人武德元年改鷹揚郎將曰軍頭正四品下鷹擊郎將曰府副正五品上司馬曰長史正八品下校尉正六品下旅帥正七品下廢越騎步兵二校尉及察非掾又改軍頭曰驃騎將軍府副曰車騎將軍皆為府諸率府置驃騎將軍五人車騎將軍十人二年以車騎將軍府隸驃騎府置十二軍分關內諸府皆隸焉每軍將軍一人副一人至六年廢七年改驃騎將軍府為統軍府車騎將軍為別將八年復置十二軍貞觀十年改統軍府曰折衝都尉別將曰果毅都尉軍坊置坊主一人檢校戶口勸課農桑以本坊五品勳官為之三輔及近畿州都督府皆置府凡六百三十三永徽中廢長史置司馬一人總司兵司騎二局武后垂拱中以千二百人為上府千人為中府八百人為下府赤縣為赤府畿縣為畿府聖曆元年廢司馬置長史兵曹參軍事又有別將一人從六品下居果毅都尉之次其後分左右各一人尋廢久之復置一人降其品開元初衛士為武士諸衛折衝果毅別將擇有行者為彍仗押官右羽林軍十五人左羽林軍二十五人衣服同色諸衛有弩手左右驍衛各八十五人餘衛各八十三人

左右羽林軍大將軍各一人正三品將軍各三人從三品掌統北衙禁兵督攝左右廂飛騎儀仗大朝會則周衛階陛巡幸則夾馳道為內仗凡飛騎番上者配其職有勅上南衙者大將軍承墨勅白移於金吾引駕仗官與監門奏覆降墨勅然後乃得入長史各一人從六品上錄事參軍事各一人正八品上倉曹參軍事各一人兼總騎曹事兵曹參軍事各一人冑曹參軍事各一人自倉曹參軍以下皆正八品下司階各二人正六品上中候各三人正七品下司戈各五人正八品上執戟各五人正九品下長上各十人左右翊衛中郎將府中郎將一人正四品下左右郎將一人左右郎將一人皆正五品上兵曹參軍事一人正九品上校尉五人旅帥十人隊正二十人副隊正二十人有錄事一人史二人亭長二人掌固四人倉曹兵曹各府二人史四人冑曹府史各二人左右翊中郎將府錄事一人府一人史二人倉曹兵曹各府二人史四人冑曹府史各二人

左右龍武軍大將軍各一人正二品統軍各一人正三品將軍三人從三品掌同羽林長史錄事參軍事倉曹參軍事兵曹參軍事冑曹參軍事各一人司階各二人中候各三人司戈執戟各五人長上各十人景雲元年置龍武將軍興元元年六軍各置統軍貞元三年龍武軍增將軍一員有錄事一人史二人亭長二人掌固四人倉曹府二人史四人兵曹府二人史四人冑曹府史各二人

左右神武軍大將軍各一人正二品統軍各一人正三品將軍三人從三品總衛前射生兵長史錄事參軍事倉曹參軍事兵曹參軍事冑曹參軍事各一人司階各二人中候各三人司戈執戟各五人長上各十人有錄事一人史二人倉曹兵曹冑曹府史皆如龍武軍開元二十六年分羽林置左右神武軍尋廢至德二年復置

左右神策軍大將軍各一人正二品統軍各二人正三品將軍各四人從三品掌衞兵及內外八鎮兵護軍中尉各一人中護軍各一人判官各三人都句判官二人句覆官各一人表奏官各一人支計官各一人孔目官各二人驅使官各二人自長史以下員數如龍武軍左右龍武左右神武左右神策號六軍貞元二年神策軍置大將軍十四年置統軍品秩同六軍始殿前左右神威軍有大將軍二人正二品統軍二人從三品將軍二人從五品元和初為一軍號天威軍八年廢以軍隸神策有馬軍步軍將軍及指揮使等以馬軍大將軍知軍事天復三年廢神策軍四年復置神策軍

東宮官

太子太師太傅太保各一人從一品掌輔導皇太子每見迎拜殿門三師答拜每門必讓三師坐太子乃坐與三師書前名惶恐後名惶恐再拜太子出則乘路備鹵簿以從

少師少傅少保各一人從二品掌曉三師德行以諭皇太子奉太子以觀三師之道德自太師以下唯其人不必備先天元年開府置令丞各一人隸詹事府尋廢

太子賓客四人正三品掌侍從規諫贊相禮儀宴會則上齒侍讀無常員掌講導經學貞觀十八年以宰相兼賓客開元中定員四人太宗時晉王府有侍讀及為太子亦置焉其後或置或否開元初十王宅引辭學工書者入教亦為侍讀

詹事府太子詹事一人正三品少詹事一人正四品上掌統三寺十率府之政少詹事為之貳皇太子書稱令

庶子以下署名奉行書案畫日丞二人正六品上掌判府事知文武官簿假使凡勅令及尚書省二坊符牒下東宮諸司者皆發焉

主簿一人從七品上錄事二人正九品下［隋廢詹事府武德初復置龍朔二年曰端尹府詹事曰端尹少詹事曰少尹武后光宅元年改曰宮尹府詹事曰宮尹少詹事曰少尹有令史九人書令史十八人］

司直一人正七品上掌糾劾宮寮及率府之兵皇太子朝則分知東西班監國則詹事庶子爲三司使司直一人與司議郎舍人分日受理啓狀太子出則分察鹵簿之內［有令史一人書令史二人亭長四人掌固六人］

左春坊左庶子二人正四品上中允二人正五品下掌侍從贊相駁正啓奏總司經典膳藥藏內直典設宮門六局皇太子出則版奏外辦中嚴入則解嚴凡令書下則與中允司議郎等畫諾覆審留所畫以爲案更寫印署注令諾送詹事府

司議郎二人正六品上掌侍從規諫駁正啓奏凡皇太子出入朝謁從祀釋奠講學監國之命可傳於史冊者錄爲記注宮坊祥眚官長除拜薨卒歲終則錄送史館

左諭德一人正四品下掌諭皇太子以道德隨事諷贊皇太子朝宮臣則列侍左階出入騎從

左贊善大夫五人正五品上掌傳令諷過失贊禮儀以經教授諸郡王錄事二人從八品下主事三人從九品下［隋有內允武德三年改曰中舍人隸門下坊貞觀初曰中允十八年置司議郎永徽三年避皇太子名復改中允曰內允太子廢復舊龍朔二年改門下坊曰左春坊左庶子曰左中護中允曰左贊善大夫司議郎分左右置左右諭德各一人咸亨元年皆復舊司議郎不分左右其後諭德廢而司議郎復分儀鳳四年置左右贊善大夫各十人以同姓爲之景雲二年始兼用庶姓改門下坊曰左春坊復置諭德庶子以比侍中中允以比門下侍郎司議郎以比給事中贊善大夫以比諫議大夫諭德以比散騎常侍右坊則庶子以比中書令中舍人以比中書侍郎太子監國則庶子比尚書令有令史六人書令史十二人傳令四人掌儀一人贊者三人亭長三人掌固十八人］

崇文館學士二人掌經籍圖書教授諸生課試舉送如弘文館校書郎二人從九品下掌校理書籍［貞觀十三年置崇賢館顯慶元年置學生二十人上元二年避太子名改曰崇文館有學士直學士及讐校皆無常員無其人則庶子領館事開元七年改讐校曰校書郎乾元初以宰相爲學士總館事貞元八年隸左春坊有館生十五人書直一人令史二人書令史二人典書二人搨書手二人楷書手十人熟紙匠一人裝潢匠二人筆匠一人］

司經局洗馬二人從五品下掌經籍出入侍從圖書上東宮者皆受而藏之

文學三人正六品下分知經籍侍奉文章

校書四人正九品下正字二人從九品上掌校刊經史［唐改太子正書曰正字龍朔三年改司經局曰桂坊罷隸左春坊領崇賢館比御史臺以詹事二人爲令比御史大夫司直二人比侍御史以洗馬爲司經大夫置文學四人錄事一人正九品下三年改司經大夫曰桂坊大夫科正違失咸亨元年復隸左春坊省錄事有書令史二人書吏二人典書四人楷書二十五人掌固六人裝潢匠二人熟紙匠筆匠各一人］

典膳局典膳郎二人從六品下丞二人正八品上掌進膳嘗食丞爲之貳每夕更直於廚［龍朔二年改典膳監曰典膳郎有書令史二人書吏四人主食六人典食二百人掌固四人］

藥藏局藥藏郎二人從六品下丞二人正八品上掌和醫藥丞爲之貳皇太子有疾侍醫診候議方藥將進宮臣涖嘗如尚藥局之職［有書令史一人書吏二人侍醫四人典藥二人藥童六人掌固四人］

內直局內直郎二人從六品下丞二人正八品下掌符璽衣服繖扇几案筆硯垣墻［龍朔二年改監曰內直郎副監曰丞有令史一人書吏二人典服十二人典扇八人典翰八人掌固六人武德中有典璽四人開元中廢］

典設局典設郎四人從六品下丞二人正八品下掌湯沐燈燭汛掃鋪設凡皇太子散齋別殿致齋正殿前一日設幄坐於東序及室內張帷前楹［龍朔二年改齋帥局曰典設局齋帥曰郎有書令史二人書吏四人幕士二百四十五人掌固十二人］

宮門局宮門郎二人從六品下丞二人正八品下掌宮門管籥凡夜漏盡擊漏鼓而開夜漏上水一刻擊漏鼓而閉歲終行儺則先一刻而啓皇太子不在則闔正門還仗如常凡宮中唱時不鼓［龍朔三年改宮門監曰宮門郎有書令史一人書吏一人門僕百人掌固四人］

右春坊右庶子二人正四品下中舍人二人正五品下掌侍從獻納啓奏中舍人爲之貳皇太子監國下令書則畫日至春坊則庶子宣傳中舍人奉行

太子舍人四人正六品上掌令書表啓諸臣上皇太子大事以牋小事以啓其封題皆上右春坊通事舍人以進

通事舍人八人正七品下掌導宮臣辭見承令勞問右諭德一人右贊善大夫五人錄事一人主事二人品皆如左春坊［隋內舍人隸典書坊武德初改曰中舍人管記舍人曰太子舍人永徽元年避太子名復改中舍人曰內舍人龍朔三年改典書坊曰右春坊右庶子曰右中護中舍人曰右贊善大夫舍人曰右司議郎有令史九人書令史十八人傳令四人典謁四人亭長六人掌固十八人］

家令寺家令一人從四品上掌飲膳倉儲總食官典倉司藏三署皇太子出入則乘軺車爲導祭祀賓客則供酒食賜予則奉金玉貨幣凡牀几茵席器物非取於將作少府者皆供焉丞二人從七品下掌判寺事凡三署出納皆刺於詹事宅莊田園審肥瘠爲收斂之數宮朝坊府土木營膳則下於司藏主簿一人正九品下［唐改司府令曰家令龍朔二年改家令寺曰宮府寺家令曰大夫有錄事一人府十八人史二十八人亭長四人掌固四人雜匠百人］

食官署令一人從八品下丞二人從九品下掌飲膳酒醴凡四時供送設食皆顯焉供六品以下元日寒食冬至食於家令廚者［有府二人史四人掌膳四人供膳百四十人奉觶三十人］

典倉署令一人從八品下丞二人從九品下掌九穀醯醢庶羞器皿燈燭凡園圃樹藝皆受令焉每月籍出納上於寺歲終上詹事府給戶奴婢番戶雜戶資糧衣服［有府三人史五人園丞二人史二人］

司藏署令一人從八品下丞二人從九品下掌庫藏財貨出納營繕［有府三人史四人計史二人］

率更寺令一人從四品上掌宗族次序禮樂刑罰及漏刻之政太子釋奠講學齒胄則總其儀出入乘軺車爲導居家令之次坊寺府有罪者論罰庶人杖以下皆送大理皇太子未立則斷於大理

丞一人從七品上掌貳令事宮臣有犯理於率更者躬問蔽罪而上於詹事

主簿一人正九品下掌印局凡宗族不序禮儀不節音律不諧漏刻不審刑名不法皆舉而正之決囚則與丞同涖［龍朔二年改曰司更寺令曰司更大夫有錄事一人府三人史四人漏刻博士二人掌漏六人漏童二十人典鐘典鼓各十二人亭長四人掌固四人漏刻博士掌教漏刻］

僕寺僕一人從四品上掌車輿乘騎儀仗喪葬總廄牧署太子出則率廄牧令進路親馭

丞一人從七品上掌判寺事凡馬畜芻粟歲以季夏上於詹事以時出入而節其數

主簿一人正九品下掌廄牧畜養車騎駕馭儀仗［龍朔二年改曰馭僕寺僕曰大夫有進馬十一人錄事一人府三人史五人亭長二人掌固三人］

廄牧署令一人從八品下丞二人從九品下掌車馬閑廄牧畜皇太子出則率典乘先期習路馬率駕士馭車乘既出進路式路車於西閤外南向以俟凡羣牧隸東宮者皆受其職事典乘四人從九品下［有府三人史六人翼馭十八人駕士十五人掌閑六百人獸醫十人主酪三十八人翼馭掌調馬執馭］

太子左右率府率各一人正四品上副率各一人從四品上掌兵仗儀衞凡諸曹及三府外府皆隸焉元日冬至皇太子朝宮臣諸方使則率衞府之屬爲衞每月三府三衞及五府超乘番上者配以職［武德五年改左右侍率曰左右衞率府左右武侍衞率曰左右宗衞率府左右宮門將曰左右監門率府龍朔二年改左右衞率府曰左右典戎衞左右宗衞率府曰左右司禦率府左右虞候率府曰左右清道衞左右內率府曰左右奉裕衞左右監門率府曰左右崇掖衞武后垂拱中改左右監門率府曰左右鶴禁衞神龍元年改左右司禦率府曰左右宗衞率府左右清道衞曰左右虞候率府景雲二年左右宗衞府復曰左右司禦率府開元初左右虞候率府復曰左右清道率府］

長史各一人正七品上掌判諸曹府季秋以屬官功狀上於率而爲考課

錄事參軍事各一人從八品上倉曹參軍事兵曹參軍事胄曹參軍事騎曹參軍事各一人從八品下倉曹掌文官簿書兵曹掌武官簿書胄曹掌器械公廨營繕司皆各一人從六品上中候各二人從七品下司戈各二人從八品上執戟各三人散長上各十人從九品下左右司禦清道監門內率府自率以下品同［有錄事一人府一人史一人倉曹府一人史二人兵曹胄曹各府二人史三人騎曹府五人史七人亭長掌固各二人］

親府勳府翊府三府每府中郎將各一人從四品上左右郎將各一人正五品下中郎將郎將掌其府校尉旅帥及親勳翊衞之屬宿衞而總其事

兵曹參軍事各一人從九品上掌判句大朝會及皇太子出則從鹵簿而涖其儀親衞從七品上勳位正八品上翊衞從八品上員皆亡校尉各五人從六品上旅帥各十人正七品下隊正各二十人從八品上［武德元年改功曹曰親衞義曹曰勳衞良曹曰翊衞置三府有錄事二人府史各一人］

太子左右司禦率府率各一人正四品上副率各二人從四品上掌同左右衞凡諸曹及外府旅賁番上者隸焉長史各一人正七品上錄事參軍事各一人從八品上倉曹參軍事兵曹參軍事胄曹參軍事騎曹參軍事各一人從八品下司階各一人中候各二人司戈各二人執戟各三人親衞勳衞翊衞三府中郎將以下如左右衞率府［有錄事一人史二人倉曹府一人史二人兵曹府二人史三人曹府史各二人亭長一人掌固二人］

太子左右清道率府率各一人副率各二人掌晝夜巡警凡諸曹及外府直盪番上者隸焉皇太子出入則以清游隊先導後拒隊爲殿長史各一人錄事參軍事各一人從八品上倉曹參軍事兵曹參軍事胄曹參軍事各一人從八品下左右司階各一人左右中候各二人左右司戈各一人左右執戟各三人親衞勳衞翊衞三府中郎將以下如左右衞率府［有錄事一人史二人亭長二人掌固二人倉曹府一人史二人兵曹府二人史三人胄曹府二人史二人細引押仗五十八人］

太子左右監門率府率各一人副率各二人掌諸門禁衞凡財物器用出者有籍長史各一人錄事參軍事各一人正九品上兵曹參軍事各一人正九品下兼領倉曹胄曹參軍事各一人正九品下監門直長七十八人從七品下［唐改宮門將曰監門率直事曰直長有錄事一人史二人亭長一人掌固二人兵曹府二人史二人胄曹府二人史三人］

太子左右內率府率各一人副率各一人掌千牛供奉之事皇太子坐日領千牛升殿射于射宮則千牛奉弓

矢立東階西面率奉弓副率奉矢決拾北面張弓左執弣右執簫以進副率以弓拂矢而進各退立於位既射左內率啓其中否長史各一人錄事參軍事各一人正九品上兵曹參軍事各一人正九品下兼領倉曹胄曹參軍事各一人正九品下千牛各四十四人從七品上唐置兵曹改司使左右復曰千牛備身主射左右復曰備身左右弓箭備身去弓箭之名龍朔二年改千牛備身曰奉裕開元中千牛備身備身左右并爲千牛有備身二十八人主仗四十人錄事一人史二人兵曹府一人史二人胄曹府一人史一人

唐書卷四十九上考證

百官志四上左右羽林軍將軍各三人○舊書作二員

左右龍武軍大將軍各一人正二品○舊書作正三品

唐書卷四十九下

宋　翰　林　學　士　歐　陽　修　撰

志第三十九下

百官志

王府官

傅一人從三品掌輔正過失諮議參軍事一人正五品上掌訏謀議事友一人從五品下掌侍游處規諷道義侍讀無定員文學一人從六品上掌校典籍侍從文章東西閤祭酒各一人從七品上掌禮賢良導賓客自祭酒以下爲王官武德中置師一人常侍二人侍郎四人皆掌表啓書疏贊相禮儀舍人四人掌通傳引納謁者二人舍人亡人諮議參軍事友皆正五品下文學祭酒皆正六品下高宗中宗時相王府長史以宰相兼之魏奏備王府以尚書兼之餘轉二王爲刺史府官同外官資望愈下永淳以前王未出閤則不開府天授二年置皇孫府官玄宗諸子多不出閤王官益輕而員亦減矣景雲二年改師曰傅開元二年廢尋復置廢常侍侍郎謁者舍人開成元年改諸王侍讀曰奉諸王講讀大中初復舊

長史一人從四品上司馬一人從四品下皆掌統府僚紀綱職務掾一人掌通判功曹倉曹戶曹事屬一人皆正六品上掌通判兵曹騎曹法曹士曹事主簿一人掌覆省書教記室參軍事二人掌表啓書疏錄事參軍事一人皆從六品上掌付事句稽省署鈔目錄事一人從九品下功曹參軍事掌文官簿書考課陳設倉曹參軍事掌祿廩廚膳出納市易畋漁芻稾戶曹參軍事掌封戶僮僕弋獵過所兵曹參軍事掌武官簿書考課儀衛假使騎曹參軍事掌廄牧騎乘文物器械法曹參軍事掌按訊決刑士曹參軍事掌土功公廨自功曹以下各一人正七品上參軍事二人正八品下行參軍事四人從八品上皆掌出使雜檢校典籤二人從八品下掌宣傳書教武德中改功曹以下書佐法曹行書佐士曹佐皆曰參軍事長兼行書佐曰行參軍廢城局參軍事又有鎧曹參軍事二人掌儀衛兵仗田曹參軍事一人掌公廨職田弋獵水曹參軍事二人掌舟舡漁捕芻草皆正七品下家吏二人百司問事謁者一人正七品下司閤一人正九品下貞觀中廢鎧曹田曹水曹武后時家吏以下皆廢主簿記室有史二人錄事功曹倉曹兵曹騎曹法曹士曹各府二人史二人戶曹府史各二人自典籤以上爲府官郡王嗣王不置長史

親事府典軍二人正五品上副典軍二人從五品上皆掌校尉以下守衛陪從兼知鞍馬校尉五人從六品上旅帥從七品下隊正從八品下隊副從九品下皆掌領事帳內陪從自旅帥以下視親事多少乃置帳內府典軍二人正五品上副典軍二人從五品上自校尉以下員如親事府初典軍以武官及流外爲之領執仗帳內等秦王齊王府置左右六護軍府左右護軍府左右帳內府左一右一護軍府護軍各一人副護軍各二人長史錄事參軍事倉曹兵曹鎧曹參軍事各一人統軍各五人別將各一人左一右二護軍府左三右三護軍府減統軍三人別將六人左右親軍府統軍各一人長史各一人錄事參軍事兵曹鎧曹參軍事左別將右別將各一人帳內府職員與護軍府同又有庫直隸親事府驅咥直隸帳內府選材勇爲之貞觀中庫直以下皆廢親事府有府一人史二人執仗親事十六人執弓仗執乘親事十六人掌供騎乘親事二百三十人帳內府有府一人史一人帳內六百六十七人

親王國令一人從七品下大農一人從八品下掌判國司尉一人正九品下丞一人從九品下學官長丞各一人掌教授內人食官長丞各一人掌營膳食廄牧長丞各二人掌畜牧典府長丞各二人掌府內雜事長皆正九品下丞皆從九品下有典衛八人掌守衛陪從舍人四人錄事一人府四人史八人

公主邑司令一人從七品下丞一人從八品下掌公主財貨稟積田園主簿一人正九品下錄事一人從九品下督封租主家財貨出入有史八人謁者二人舍人二人家史二人

外官

天下兵馬元帥副元帥都統副都統行軍長史行軍司馬行軍左司馬右司馬判官掌書記行軍參謀前軍兵馬使中軍兵馬使後軍兵馬使中軍都虞候各一人元帥都統招討使掌征伐兵罷則省都統總諸道兵馬不賜旌節高祖起兵置左右領軍大都督各三軍及定京師置左右元帥太原道行軍元帥西討元帥皆親王領之天寶末置天下兵馬元帥都統朔方河東河北平盧節度使招討都統之名始於此大曆八年罷天下兵馬元帥建中四年以李希烈反置諸軍行營兵馬都元帥興元元年置副都統會昌中置靈夏六道元帥黃巢之難置諸道行營都都統天復二年置諸道兵馬元帥尋復改曰天下兵馬元帥

行軍司馬掌弼戎政居則習蒐狩有役則申戰守之法器械糧糒軍籍賜予皆專焉武德元年改贊治曰治中太宗即位曰司馬下州亦置焉顯慶二年置洛州司馬武后大足元年東都北都雍荊揚益州置左右司馬神龍三年省太極元年雍洛四大都督府增司馬一人亦分左右

掌書記掌朝覲聘問慰薦祭祀祈祝之文與號令升絀之事行軍參謀關豫軍中機密景龍元年置掌書記開元十二年罷行軍參謀尋復置

節度使副大使知節度事行軍司馬副使判官支使掌書記推官巡官衙推各一人同節度副使十人館驛巡官四人府院法直官要籍逐要親事各一人隨軍四人節度使封郡王則有奏記一人兼觀察使又有判官支使推官巡官衙推各一人又兼安撫使則有副使判官各一人兼支度營田招討經略使則有副使判官各一人支度使復有遺運判官巡官各一人節度使掌總軍旅顓誅殺初授具帑抹兵仗詣兵部辭見觀察使亦如之辭日賜雙旌雙節行則建節樹六纛中官祖送次一驛輒上聞入境州縣築節樓迎以鼓角衙仗居前旌幢居中大將鳴珂金鉦鼓角居後州縣齋印迎于道左視事之日設禮案高尺有二寸方八尺判三案節度使判宰相觀察使判節度使團練使判觀察使三日洗印視其刓缺歲以八月考其治否銷兵爲上考足食爲中考邊功爲下考觀察使以豐稔爲上考省刑爲中考辦稅爲下考團練使以安民爲上考懲姦爲中考得情爲下考防禦使以無虞爲上考清苦爲中考政成爲下考經略使以計度爲上考集事爲中考脩造爲下考罷秩則交廳以節度使印自隨留觀察使營田等印以郎官主之鏁節樓節堂以節院使主之祭奠以時入朝未見不入私第京兆河南牧大都督大都護皆親王遙領兩府之政以尹主之大都督府之政以長史主之大都護府之政以副大都護主之副大都護則兼王府長史其後有持節爲節度副大使知節度事者正節度也諸王拜節度大使者皆留京師

觀察使副使支使判官掌書記推官巡官衙推隨軍要籍進奏官各一人

團練使副使判官推官巡官衙推各一人

防禦使副使判官推官巡官各一人觀察處置使掌察所部善惡舉大綱凡奏請皆屬於州貞觀初遣大使十三人巡省天下諸州水旱則遣使有巡察安撫存撫之名神龍二年以五品以上二十人爲十道巡察使按舉州縣再周而代景雲二年置都督二十四人察刺史以下善惡置司舉從事二人秩比侍御史揚益并荊四州爲大都督汴兗魏冀蒲綿秦洪潤越十州爲中都督皆正三品齊鄜涇襄安潭遂通梁夔十州爲下都督從三品當時以爲權重難制罷之唯四大都督府如故置十道按察使道各一人開元二年曰十道按察採訪處置使至四年罷八年復置十道按察使秋冬巡視州縣十年又罷十七年復置十道京都兩畿按察使二十年曰採訪處置使分十五道天寶末又兼黜陟使乾元元年改曰觀察處置使

西都東都北都牧各一人從二品西都東都北都鳳翔成都河中江陵興元興德府尹各一人從三品掌宣德化歲巡屬縣觀風俗錄囚恤鰥寡親王典州則歲以上佐巡縣武德元年雍州置牧一人以親王爲之然常以別駕領州事永徽中改曰長史初太宗伐高麗置京城留守其後車駕不在京都則置留守以右金吾大將軍爲副留守開元元年改京兆河南府長史復爲尹通判府務牧缺則行其事十一年太原府亦置尹及少尹以尹爲留守少尹爲副留守謂之三都留守三都大都督府有典獄十八人問事十二人白直一十四人典獄以防守囚繫問事以行罰中府上州典獄十四人問事八人白直二十人下府中州典獄十二人問事六人白直十六人下州典獄八人問事四人白直十六人自三都以下皆有執刀十五人

少尹二人從四品下掌貳府州之事歲終則更次入計

司錄參軍事二人正七品上錄事四人從九品上功曹倉曹戶曹田曹兵曹法曹士曹參軍事各二人皆正七品下參軍事六人正八品下六府錄事參軍事以下減一人錄事參軍事掌正違失蒞符印武德初改州主簿曰錄事參軍事開元元年改曰司錄有史十八人大都督府有史四人中府有史三人下府都護府上州中州下州有史二人

功曹司功參軍事掌考課假使祭祀禮樂學校表疏書啓祿食祥異醫藥卜筮陳設喪葬武德初司功司倉司戶司兵司法司士書佐皆爲司功等參軍事有府四人史十八人大都督府府三人史六人中府有府二人史三人下府有府一人史三人大都護府有府一人史二人上府有府史各二人上州有佐二人史五人中州減史二人

倉曹司倉參軍事掌租調公廨庖廚倉庫市肆有府五人史十三人大都督府有府四人史六人中府下府各有府三人史五人都護府有府史各二人上州有佐二人史五人中州下州減史二人

戶曹司戶參軍事掌戶籍計帳道路過所蠲符雜徭逋負良賤芻藁逆旅婚姻田訟旌別孝弟有府八人史十六人帳史二人知籍按帳目捉錢大都督府有府四人史七人帳史二人中府有府三人史五人帳史一人下府有府二人史五人帳史一人上州有佐四人史六人帳史一人中州有佐三人史五人帳史一人下州有佐二人史四人帳史一人都護府有府史各二人帳史一人

田曹司田參軍事掌園宅口分永業及蔭田景龍三年初置司田參軍事唐隆元年省上元二年復置有府四人史十人大都督府有府二人史六人中府有府史各二人下府有府一人史二人上州有佐二人史五人中州下州減史二人

兵曹司兵參軍事掌武官選兵甲器仗門禁管鑰軍防烽候傳驛畋獵有府六人史十四人大都督府四人史八人中府有府三人史六人下府有府二人史五人都護府有府三人史四人上州有佐二人史五人中州減史二人

法曹司法參軍事掌鞫獄麗法督盜賊知贓賄沒入有府六人史十四人大都督府有府三人史八人中府有府三人史六人下府有府二人史五人上州有佐四人史七人中州有佐一人史四人下州有佐二人史三人

士曹司士參軍事掌津梁舟車舍宅工藝有府五人史十一人大都督府有府四人史八人中府下府有府三人史六人上州有佐二人史五人中州有佐一人史四人

參軍事掌出使贊導武德初改行書佐曰行參軍尋又改曰參軍事初有丞使十五人後省文學一人從八品上掌以五經授諸生縣則州補州則授於吏部然無職事衣冠恥之武德初置經學博士助教學生德宗卽位改博士曰文學元和六年廢中州下州文學京兆等三府助教二人學生八十人大都督府上州各助教一人中都督府學生五十人下府下州各四十人

醫學博士一人從九品上掌療民疾貞觀三年置醫學有醫藥博士及學生開元元年改醫藥博士爲醫學博士諸州置助教寫本草百一集驗方藏之未幾醫學博士學生皆省僻州少醫藥者如故二十七年復置醫學生掌州境巡療永泰元年復置醫學博士三都都督府上州中州各有助教一人三都學生二十人都督府上州二十人中州下州十人

大都督府都督一人從二品長史一人從三品司馬二人從四品下錄事參軍事一人正七品上錄事二人從九品上功曹參軍事倉曹參軍事戶曹參軍事田曹參軍事兵曹參軍事法曹參軍事士曹參軍事各一人正七品下參軍事五人正八品下市令一人從九品上文學一人正八品下醫學博士一人從八品上中都督府都督一人正三品別駕一人正四品下長史一人正五品上司馬一人正五品下錄事參軍事一人正七品下錄事二人從九品上功曹參軍事倉曹參軍事戶曹參軍事田曹參軍事兵曹參軍事法曹參軍事士曹參軍事各一人從七品上參軍事四人從八品上市令一人從九品上文學一人從八品上醫學博士一人正九品上下都督府都督一人從三品別駕一人從四品下長史一人從五品上司馬一人從五品下錄事參軍事一人從七品上錄事二人從九品上功曹參軍事倉曹參軍事戶曹參軍事田曹參軍事兵曹參軍事法曹參軍事士曹參軍事各一人從七品下參軍事三人從八品下文學一人從八品下醫學博士一人正九品上都督掌督諸州兵馬甲械城隍鎮戍糧稟總判府事武德初邊要之地置總管以統軍加號使持節蓋漢刺史之任有行臺有大行臺其員有尚書省令一人正二品掌管內兵民總判省事僕射二人從二品掌貳令事自左右丞以下諸司郎中略如京省又有食貨監一人丞二人掌膳羞財物賓客帳具音樂醫藥有農圃監一人丞四人掌倉廩園圃薪炭芻稾運漕有武器監一人丞二人掌兵械廄牧有百工監一人丞四人掌舟車營作監皆八品下丞正九品下七年改總管曰都督總十州者爲大都督貞觀二年去大字凡都督府有刺史以下如故然大都督又兼刺史而不檢校州事其後都督加使持節則爲將諸將亦通以都督稱唯朔方猶稱大總管邊州別置經略使沃衍有屯田之州則置營田使武后聖曆元年以夏州都督領鹽州防禦使及安祿山反諸郡當賊衝者皆置防禦守捉使乾元元年置團練守捉使都團練守捉使大者領州十餘小者二三州代宗卽位廢防禦使唯山南西道如故元載秉政思結人心刺史皆得兼團練守捉使楊綰爲相罷團練守捉使唯灃朗峽興鳳如故建中後行營亦置節度使防禦使都團練使大率節度觀察防禦團練使皆兼所治州刺史都督府則領長史都護或亦別置都護都督府有掾有屬有記室參軍事有典籤武德中省

市令一人從九品上掌交易禁姦非通判市事貞觀十七年廢垂拱元年復置都督府三都諸州各有市丞一人佐一人史二人帥三人分行檢察倉督二人顯溢出納史二人下州省丞

大都護府大都護一人從二品副大都護二人從三品副都護二人正四品上長史一人正五品上司馬一人正五品下錄事參軍事一人正七品上錄事二人從九品上功曹參軍事倉曹參軍事戶曹參軍事兵曹參軍事法曹參軍事各一人正七品下參軍事三人正八品下上都護一人正三品副都護二人從四品上長史一人正五品上司馬一人正五品下錄事參軍事一人正七品下功曹參軍事倉曹參軍事戶曹參軍事兵曹參軍事各一人從七品上參軍事三人從八品上都護掌統諸蕃撫慰征討敘功罰過總判府事

上州刺史一人從三品別駕一人從四品下武德元年改太守曰刺史加號持節丞曰別駕十年改雍州別駕曰長史高宗卽位改別駕皆爲長史上元二年諸州復置別駕以諸王子爲之永隆元年省永淳元年復置景雲二年始參用庶姓天寶元年改刺史曰太守八載諸郡廢別駕下郡置長史一員上元二年諸州復置別駕德宗時復省元和長慶之際兩河用兵裨將有功者補東宮王府官久次當進及受代居京師者常數十人訴宰相以求官文宗世宰相韋處厚建議復置兩畿六雄十望十緊州別駕長史一人從五品上司馬一人從五品下錄事參軍事一人從七品上錄事一人從九品下司功參軍事一人司倉參軍事一人司戶參軍事二人司田參軍事一人司兵參軍事一人司法參軍事二人司士參軍事一人皆從七品下參軍事四人從八品下市令一人從九品上丞一人從九品下文學一人從八品下醫學博士一人從九品下中州刺史一人正四品下錄事參軍事一人正八品上錄事一人從九品上司功參軍事司倉參軍事司戶參軍事司田參軍事司兵參軍事司法參軍事司士參軍事各一人正八品下參軍事三人正九品下醫學博士一人從九品下下州刺史一人正四品下別駕一人從五品上司馬一人從六品上錄事參軍事一人從八品上錄事一人從九品下司倉參軍事司戶參軍事司田參軍事司法參軍事各一人從八品下參軍事二人從九品下醫學博士一人從九品下諸軍各置使一人五千人以上有副使一人萬人以上有營田副使一人軍皆有倉兵胄三曹參軍事刺史領使則置副使推官衙官州衙推軍衙推

京縣令各一人正五品上丞二人從七品上主簿二人從八品上錄事二人從九品下尉六人從八品下畿縣令各一人正六品上丞一人正八品下主簿一人正九品上尉二人正九品下上縣令一人從六品上丞一人從八品下主簿一人正九品下尉二人從九品上中縣令一人正七品上丞一人從八品下主簿一人從九品上尉一人從九品下中下縣令一人從七品上丞一人正九品上主簿一人從九品上尉一人從九品下下縣令一人從七品下丞一人正九品下主簿一人從九品上尉一人從九品下縣令掌導風化察冤滯聽獄訟凡民田收授縣令給之每歲季冬行鄉飲酒禮籍帳傳驛倉庫盜賊隄道雖有專官皆通知縣丞爲之貳縣尉分判衆曹收率課調武德元年改書佐曰縣尉尋改曰正諸縣置主簿以流外爲之京縣上縣丞皆一人畿縣上縣正皆四人七年改縣正復曰尉貞觀初諸縣置錄事開元中上縣萬戶中縣四千戶以上增尉一人京兆河南府諸縣戶三千以上置市令一人戶一萬以上置義倉督三人其後畿縣戶不及四千亦置尉二人萬戶增一人凡縣有司功佐司倉佐司戶佐司兵佐司法佐司士佐典獄門事等畿縣減司兵上縣有司戶司法而已凡縣皆有經學博士助教各一人京縣學生五十人畿縣四十人中縣以下各二十五人

上鎮將一人正六品下鎮副二人正七品下倉曹參軍事兵曹參軍事各一人從八品下中鎮將一人正七品上鎮副一人從七品上兵曹參軍事一人正九品下下鎮將一人正七品下鎮副一人從七品下兵曹參軍事一人從九品下每鎮又有使一人副使一人凡軍鎮三萬人以上置司馬一人正六品上增倉曹兵曹參軍事各一人從七品下不及二萬者司馬從六品上倉曹兵曹參軍事正八品上上戍主一人正八品下戍副一人從八品下中戍主一人從八品下下戍主一人正九品下鎮將鎮副戍主戍副掌捍防守禦凡上鎮二十中鎮九十下鎮一百三十五上戍十一中戍八十六下戍二百四十五倉曹參軍事掌儀式倉庫飲膳醫藥付事句稽省署鈔目監印給紙筆市易公廨中鎮則兵曹兼掌兵曹參軍事掌防人名帳戎器管鑰馬驢土木謫罰之事上鎮有錄事一人史二人倉曹佐一人史二人兵曹佐史各二人倉督二人史二人中鎮錄事一人兵曹佐一人史四人倉督一人史二人下鎮錄事一人兵曹佐一人史二人倉督一人史一人凡軍鎮五百人有押官一人千人有子總管一人五千人又有府一人史四人上戍佐一人史二人中戍史二人下戍史一人唐廢戍子每防人五百人爲上鎮三百人爲中鎮不及者爲下鎮五十人爲上戍三十人爲中戍不及者爲下戍開元十五年朔方五城各置田曹參軍事一人品同諸軍判司專莅營田永泰後諸鎮官頗增減開元之舊

五岳四瀆令各一人正九品上掌祭祀有祝史三人齋郎各十三人

上關令一人從八品下丞二人正九品下中關令一人正九品下丞一人從九品下下關令一人亦從九品下掌禁末游察姦慝凡行人車馬出入據過所爲往來之節凡關二十有六京四面關有驛道者爲上關無驛道者爲中關餘爲下關丞掌付事句稽監部省署鈔目通判關事上關錄事一人府二人史四人典事六人中關錄事一人府二人史二人典事四人下關府一人史典事各二人典事掌巡雜及雜當初諸關置都尉亦有他官率勅監上津置尉一人掌舟梁之事府一人史二人津長四人下津尉一人史一人津長二二人永徽中廢津尉上關置津吏八人永泰元年中關置津吏六人下關四人無津者不置

唐書卷四十九下考證

百官志四下王府官文學一人○舊書作二人

外官大都督府參軍事一人○舊書作二人

田曹參軍事○舊書無

上州司田參軍事一人○舊書無

唐書卷五十

宋 翰 林 學 士 歐 陽 修 撰

兵志第四十

古之有天下國家者其興亡治亂未始不以德而自戰國秦漢以來鮮不以兵夫兵豈非重事哉然其因時制變以苟利趨便至於無所不爲而考其法制雖可用於一時而不足施於後世者多矣惟唐立府兵之制頗有足稱焉蓋古者兵法起於井田自周衰王制壞而不復至於府兵始一寓之於農其居處教養畜材待事動作休息皆有節目雖不能盡合古法蓋得其大意焉此高祖太宗之所以盛也至其後世子孫驕弱不能謹守屢變其制夫置兵所以止亂及其弊也適足爲亂又其甚也至困天下以養亂而遂至於亡焉蓋唐有天下二百餘年而兵之大勢三變其始盛時有府兵府兵後廢而爲彍騎彍騎又廢而方鎮之兵盛矣及其末也彊臣悍將兵布天下而天子亦自置兵於京師曰禁軍其後天子弱方鎮彊而唐遂以亡滅者措置之勢使然也若乃將卒營陣車旗器械征防守衛凡兵之事不可以悉記記其廢置得失終始治亂興滅之迹以爲後世戒云府兵之制起自西魏後周而備於隋唐興因之隋制十二衞曰翊衞曰驍騎衞曰武衞曰屯衞曰禦衞曰候衞爲左右皆有將軍以分統諸府之兵府有郎將副郎將坊主團主以相統治又有驃騎車騎二府皆有將軍後更驃騎曰鷹揚郎將車騎曰副郎將別置折衝果毅自高祖初起開大將軍府以建成爲左領大都督領左三軍敦煌公爲右領大都督領右三軍元吉統中軍發自太原有兵三萬人及諸起義以相屬與降羣盜得兵二十萬武德初始置軍府以驃騎車騎兩將軍府領之析關中爲十二道曰萬年道長安道富平道醴泉道同州道華州道寧州道岐州道豳州道西麟州道涇州道宜州

道皆置府三年更以萬年道爲參旗軍長安道爲鼓旗軍富平道爲玄戈軍醴泉道爲井鉞軍同州道爲羽林軍華州道爲騎官軍寧州道爲折威軍岐州道爲平道軍豳州道爲招搖軍西麟州道爲苑游軍涇州道爲天紀軍宜州道爲天節軍軍置將副各一人以督耕戰以車騎府統之六年以天下既定遂廢十二軍改驃騎曰統軍車騎曰別將居歲餘十二軍復而軍置將軍一人軍有坊置主一人以檢察戶口勸課農桑太宗貞觀十年更號統軍爲折衝都尉別將爲果毅都尉諸府總曰折衝府凡天下十道置府六百三十四皆有名號而關內二百六十有一皆以隸諸衞凡府三等兵千二百人爲上千人爲中八百人爲下府置折衝都尉一人左右果毅都尉各一人長史兵曹別將各一人校尉六人士以三百人爲團團有校尉五十人爲隊隊有正十人爲火火有長火備六馱馬凡火具烏布幕鐵馬盂布槽鍤钁鑿碓筐斧鉗鋸皆一甲牀二鎌二隊具火鑽一胷馬繩一首羈足絆皆三人具弓一矢三十胡祿橫刀礪石大觿氈帽氈裝行縢皆一麥飯九斗米二斗皆自備并其介冑戎具藏於庫有所征行則視其入而出給之其番上宿衞者惟給弓矢橫刀而已凡民年二十爲兵六十而免其能騎而射者爲越騎其餘爲步兵武騎排䂎手步射每歲季冬折衝都尉率五校兵馬之在府者置左右二校尉位相距百步每校爲步隊十騎隊一皆卷矟幡展刃旗散立以俟角手吹大角一通諸校皆斂人騎爲隊二通偃旗矟解幡三通旗矟舉左右校擊鼓二校之人合譟而進右校擊鉦隊少却左校進逐至右校立所左校擊鉦少却右校進逐至左校立所右校復擊鉦隊還左校復薄戰皆擊鉦隊各還大角復鳴一通皆卷幡攝矢弛弓匣刃二通旗矟舉隊皆進三通左右校皆引還是日也因縱獵獲各入其人其隸於衞也左右衞皆領六十府諸衞領五十至四十其餘以隸東宮六率凡發府兵皆下符契州刺史與折衝勘契乃發若全府發則折衝都尉以下皆行不盡則果毅行少則別將行當給馬者官予其直市之每匹予錢二萬五千刺史折衝果毅歲閱不任戰事者鬻之以其錢更市不足則一府共足之凡當宿衞者番上兵部以遠近給番五百里爲五番千里七番一千五百里八番二千里十番外爲十二番皆一月上若簡留直衞者五百里爲七番千里八番二千里十番外爲十二番亦月上先天二年詔曰往者分建府衞計戶充兵裁足周事二十一入幕六十一出軍多憚勞以規避匿今宜取年二十五以上五十而免屢征鎮者十年免之雖有其言而事不克行玄宗開元六年始詔折衝府兵每六歲一簡自高宗武后時天下久不用兵府兵之法寖壞番役更代多不以時衞士稍稍亡匿至是益耗散宿衞不能給宰相張說乃請一切募士宿衞十一年取京兆蒲同岐華府兵及白丁而益以潞州長從兵共十二萬號長從宿衞歲二番命尚書左丞蕭嵩與州吏共選之明年更號曰彍騎又詔諸州府馬闕官私共補之今兵貧難致乃給以監牧馬然自是諸府士益多不補折衝將又積歲不得遷士人皆恥爲之十三年始以彍騎分隸十二衞總十二萬爲六番每衞萬人京兆彍騎六萬六千華州六千同州九千蒲州萬二千三百絳州三千六百晉州千五百岐州六千河南府三千陝虢汝鄭懷汴六州各六百內弩手六千其制皆擇下戶白丁宗丁品子彊壯五尺七寸以上不足則兼以戶八等五尺以上皆免征鎮賦役爲四籍兵部及州縣衞分掌之十人爲火五火爲團皆有首長又擇材勇者爲番頭頗習弩射又有羽林軍飛騎亦習弩凡伏遠弩自能施張縱矢三百步四發而二中擘張弩二百三十步四發而二中角弓弩二百步四發而三中單弓弩百六十步四發而二中皆爲及第諸軍皆近營爲堋士有便習者教試之及第者有賞自天寶以後彍騎之法又稍變廢士皆失拊循八載折衝諸府至無兵可交李林甫遂請停上下魚書其後徒有兵額官吏而戎器馱馬鍋幕糗糧並廢矣故時府人目番上宿衞者曰侍官言侍衞天子至是衞佐悉以假人爲童奴京師人恥之至相罵辱必曰侍官而六軍宿衞皆市人富者販繒綵食粱肉壯者爲角觝拔河翹木扛鐵之戲及祿山反皆不能受甲矣初府兵之置居無事時耕於野其番上者宿衞京師而已若四方有事則命將以出事解輒罷兵散于府將歸于朝故士不失業而將帥無握兵之重所以防微漸絕禍亂之萌也及府兵法壞而方鎮盛武夫悍將雖無事時據要險專方面既有其土地又有其人民又有其甲兵又有其財賦以布列天下然則方鎮不得不彊京師不得不弱故曰措置之勢使然者以此也夫所謂方鎮者節度使之兵也原其始起於邊將之屯防者唐初兵之戍邊者大曰軍小曰守捉曰城曰鎮而總之者曰道若盧龍軍一東軍等守捉十一曰平盧道橫海北平高陽經略安塞納降唐興渤海懷柔威武鎮遠靜塞雄武鎮安懷遠保定軍十六曰范陽道天兵大同天安橫野軍四岢嵐等守捉五曰河東道朔方經略豐安定遠新昌天柱宥州經略橫塞天德天安軍九三受降豐寧保寧烏延等六城新泉守捉一曰關內道赤水大斗白亭豆盧墨離建康寧寇玉門伊吾天山軍十烏城等守捉十四曰河西道瀚海清海靜塞軍三沙鉢等守捉十曰北庭道保大軍一鷹娑都督一蘭城等守捉八曰安西道鎮西天成振威安人綏戎河源白水天威榆林臨洮莫門神策寧邊威勝金天武寧曜武積石軍十八平夷綏和合川守捉三曰隴右道威戎安夷昆明寧遠洪源通化松當平戎天保威遠軍十羊灌田等守捉十五新安等城三十二犍爲等鎮三十八曰劍南道嶺南安南桂管邕管容管經略清海軍六曰嶺南道福州經略軍一曰江南道平海軍一東牟東萊守捉二蓬萊鎮一曰河南道此自武德至天寶以前邊防之制其軍城鎮守捉皆有使而道有大將一人曰大總管已而更曰大都督至太宗時行軍征討曰大總管在其本道曰大都督自高宗永徽以後都督帶使持節者始謂之節度使然猶未以名官景雲二年以賀拔延嗣爲涼州都督河西節度使自此而後接乎開元朔方隴右河東河西諸鎮皆置節度使及范陽節度使安祿山反犯京師天子之兵弱不能抗遂陷兩京肅宗起靈武而諸鎮之兵共起誅賊其後祿山子慶緒及史思明父子繼起中國大亂肅宗命李光弼等討之號九節度之師久之大盜既滅而武夫戰卒以功起行陣列爲侯王者皆除節度使由是方鎮相望於內地大者連州十餘小者猶兼三四故兵驕則逐帥帥彊則叛上或父死子握其兵而不肯代或取捨由於士卒往往自擇將吏號爲留後以邀命於朝天子顧力不能制則忍恥含垢因而撫之謂之姑息之政蓋姑息起於兵驕兵驕由於方鎮姑息愈甚而兵將愈俱驕由是號令自出以相侵擊虜其將帥并其土地天子熟視不知所爲反爲和解之莫肯聽命始時爲朝廷患者號河朔三鎮及其末朱全忠以梁兵李克用以晉兵更犯京師而李茂貞韓建近據岐華妄一喜怒兵已至於國門天子爲殺大臣罪己悔過然後去及昭宗用崔胤召梁兵以誅宦官而劫天子天子奔岐梁兵圍之逾年當此之時天下之兵無復勤王者嚮之所謂三鎮者徒能始禍而已其他大鎮南則吳浙荊湖閩廣西則岐蜀北則燕晉而梁盜據其中自國門以外皆分裂於方鎮矣故兵之始重於外也土地民賦非天子有既其盛也號令征伐非其有又其甚也至無尺土而不能庇其妻子宗族遂以亡滅語曰兵猶火也弗戢將自焚夫惡危亂而欲安全者庸君常主之能知至於措置之失則所謂困天下以養亂也唐之置兵既外柄以授人而末大本小方區區自爲捍衞之計可不哀哉夫所謂天子禁軍者南北衙兵也南衙諸衞兵是也北衙者禁軍也初高祖以義兵起太原已定天下悉罷遣歸其願留宿衞者三萬人高祖以渭北白渠旁民棄腴田分給之號元從禁軍後老不任事以其子弟代謂之父子軍及貞觀初太宗擇善射者百人爲二番於北門長上曰百騎以從田獵又置北衙七營選材力驍壯月以一營番上十二年始置左右屯營於玄武門領以諸衞將軍號飛騎其法取戶二等以上長六尺闊壯者試弓馬四次上翹關舉五負米五斛行三十步者復擇馬射爲百騎衣五色袍乘六閑駁馬虎皮韉爲游幸翊衞高宗龍朔二年始取府兵越騎步射置左右羽林軍大朝會則執仗以衞階陛行幸則夾馳道爲內仗武后改百騎曰千騎睿宗又改千騎曰萬騎分左右營及玄宗以萬騎平韋氏改爲左右龍武軍皆用唐元功臣子弟制若宿衞兵是時良家子避征戍者亦皆納資隸軍分日更上如羽林開元十二年詔左右羽林軍飛騎闕取京旁州府士以戶部印印其臂爲二籍羽林兵部分掌之末年禁兵寖耗及祿山反天子西駕禁軍從者裁千人肅宗赴靈武士不滿百及即位稍復舊稱北軍至德二載置左右神武軍補元從扈從官子弟不足則取它色帶品者同四軍亦曰神武天騎制如羽林總曰北衙六軍又擇便騎射者置衙前射生手千人亦曰供奉射生官又曰殿前射生手分左右廂總號曰左右英武軍乾元元年李輔國用事請選羽林騎士五百人徼巡李揆曰漢以南北軍相制故周勃以北軍安劉氏朝廷置南北衙文武區列以相察伺今用羽林代金吾警忽有非常何以制之遂罷上元中以北衙軍使衞伯玉爲神策軍節度使鎮陝州中使魚朝恩爲觀軍容使監其軍初哥舒翰破吐蕃臨洮西之磨環川即其地置神策軍以成如璆爲軍使及安祿山反如璆以伯玉將兵千人赴難伯玉與朝恩皆屯于陝時邊土陷蹙神策故地淪沒即詔伯玉所部兵號神策軍以伯玉爲節度使與陝州節度使郭英乂皆鎮陝其後伯玉罷以英乂兼神策軍節度英乂入爲僕射軍遂統於觀軍容使代宗即位以射生軍入禁中清難皆賜名寶應功臣故射生軍又號寶應軍廣德元年代宗避吐

蕃幸陝朝恩舉在陝兵與神策軍迎扈悉號神策軍天子幸其營及京師平朝恩遂以軍歸禁中自將之然尚未與北軍齒也永泰元年吐蕃復入寇朝恩又以神策軍屯苑中自是寖盛分為左右廂勢居北軍右遂為天子禁軍非它軍比朝恩乃以觀軍容宣慰處置使知神策軍兵馬使大歷四年請以京兆之好畤鳳翔之麟游普潤皆隸神策軍明年復以興平武功扶風天興隸之朝廷不能遏又用愛將劉希暹為神策虞候主不法遂置北軍獄募坊市不逞誣捕大姓沒產為賞至有選舉旅寓而挾厚貲多橫死者朝恩得罪死以希暹代為神策軍使是歲希暹復得罪以朝恩舊校王駕鶴代將十數歲德宗即位以白志貞代之是時神策兵雖處內而多以裨將將兵征伐往往有功及李希烈反河北盜且起數出禁軍征伐神策之士多鬭死者建中四年下詔募兵以志貞為使蒐補峻切郭子儀之壻端王傅吳仲孺殖貲累巨萬以國家有急不自安請以子率奴馬從軍德宗喜甚為官其子五品志貞乃請節度都團練觀察使與世嘗任者家皆出子弟馬奴裝鎧助征授官如仲孺子於是豪富者緣為幸而貧者苦之神策兵既發殆盡志貞陰以市人補之名隸籍而身居市肆及涇卒潰變皆戢伏不出帝遂出奔初段秀實見禁兵寡弱不足備非常上疏曰天子萬乘諸侯千大夫百蓋以大制小十制一也尊君卑臣彊幹弱枝之道今外有不廷之虜內有梗命之臣而禁兵不精其數削少後有猝故何以待之猛虎所以百獸畏者爪牙也爪牙廢則孤豚特犬悉能為敵願少留意至是方以秀實言為然及志貞等流貶神策都虞候李晟與其軍之他將皆自飛狐道西兵赴難遂為神策行營節度屯渭北軍遂振貞元二年改神策左右廂為左右神策軍特置監句當左右神策軍以寵中官而益置大將軍以下又改殿前射生左右廂曰殿前左右射生軍亦置大將軍以下三年詔射生神策六軍將士府縣以事辦治先奏乃移軍勿輒逮捕京兆尹鄭叔則建言京劇輕猾所聚慝作不常俟奏報將失罪人請非昏田皆以時捕乃可之俄改殿前左右射生軍曰左右神武軍置監左右神威軍使左右神策軍皆加將軍二員左右龍武軍加將軍一員以待諸道大將有功者自肅宗以後北軍增置威武長興等軍名類頗多而廢置不一惟羽林龍武神武神策神威最盛總曰左右十軍矣其後京畿之西多以神策軍鎮之皆有屯營軍司之人散處甸內皆恃勢凌暴民間苦之

自德宗幸梁還以神策兵有勞皆號興元元從奉天定難功臣恕死罪中書御史府兵部乃不能歲比其籍京兆又不敢總舉名實三輔人假比於軍一牒至十數長安姦人多寓占兩軍身不宿衞以錢代行謂之納課戶益肆為暴吏稍禁之輒先得罪故當時京尹赤令皆為之斂屈十年京兆尹楊於陵請置挾名敕五丁許二丁居軍餘差以條限繇是豪彊少畏十二年以監句當左神策軍左監門衞大將軍知內侍省事竇文場為左神策軍護軍中尉監句當右神策軍右監門衞將軍知內侍省事霍仙鳴為右神策軍護軍中尉監右神威軍使內侍兼內謁者監張尚進為右神威軍中護軍監左神威軍使內侍兼內謁者監焦希望為左神威軍中護軍護軍中尉中護軍皆古官帝既以禁衞假宦官又以此寵之十四年又詔左右神策置統軍以崇親衞如六軍時邊兵衣饟多不贍而戍卒屯防藥茗蔬醬之給最厚諸將務為詭辭請遙隸神策軍稟賜遂贏舊三倍繇是塞上往往稱神策行營皆內統於中人矣其軍乃至十五萬故事京城諸司諸使府縣皆季以御史巡囚後以北軍地密未嘗至十九年監察御史崔薳不知近事遂入右神策中尉奏之帝怒杖薳四十流崖州順宗即位王叔文用事欲取神策兵柄乃用故將范希朝為左右神策京西諸城鎮行營兵馬節度使以奪宦者權而不克元和二年省神武軍明年又廢左右神威軍合為一曰天威軍八年廢天威軍以其兵騎分隸左右神策軍及僖宗幸蜀田令孜募神策新軍為五十四都離為十軍令孜自為左右神策十軍兼十二衞觀軍容使以左右神策大將軍為左右神策諸都指揮使諸都又領以都將亦曰都頭景福二年昭宗以藩臣跋扈天子孤弱議以宗室典禁兵及伐李茂貞乃用嗣覃王允為京西招討使神策諸都指揮使李鐬副之悉發五十四軍屯興平已而兵自潰茂貞逼京師昭宗為斬神策中尉西門重遂李周潼乃引去乾寧元年王行瑜韓建及茂貞連兵犯闕天子又殺宰相韋昭度李磎乃去太原李克用以其兵伐行瑜等同州節度使王行實入迫神策中尉駱全瓘劉景宣請天子幸邠州全瓘景宣及子繼晟與行實縱火東市帝御承天門敕諸王率禁軍扞之捧日都頭李筠以其軍衞樓下茂貞將閻圭攻筠矢及樓屏帝乃與親王公主幸筠軍扈蹕都頭李君實亦以兵至侍帝出幸莎城石門詔嗣薛王知柔入長安收禁軍清宮室月餘乃還又詔諸王閱親軍收拾神策亡散得數萬益置安聖捧宸保寧安化軍曰殿後四軍嗣覃王允與嗣延王戒丕將之三年茂貞再犯闕嗣覃王戰敗昭宗幸華州明年韓建畏諸王有兵請皆歸十六宅留殿後兵三十人為控鶴排馬官隸飛龍坊餘悉散之且列甲圍行宮於是四軍二萬餘人皆罷又請誅都頭李筠帝恐為斬於大雲橋俄遂殺十一王及還長安左右神策軍復稍置之以六千人為定是歲左右神策中尉劉季述王仲先以其兵千人廢帝幽之季述等誅已而昭宗召朱全忠兵入誅宦官宦官覺劫天子幸鳳翔全忠圍之歲餘天子乃誅中尉韓全誨張弘彥等二十餘人以解梁兵乃還長安於是悉誅宦官而神策左右軍繇此廢矣諸司悉歸尚書省郎官兩軍兵皆隸六軍而以崔胤判六軍十二衞事六軍者左右龍武神武羽林其名存而已自是軍司以宰相領及全忠歸留步騎萬人屯故兩軍以子友倫為左右軍宿衞都指揮使禁衞皆汴卒崔胤乃奏六軍名存而兵亡非所以壯京師軍皆置步軍四將騎軍一將步將皆兵二百五十人騎將皆百人總六千六百人番上如故事乃令六軍諸衞副使京兆尹鄭元規立格募兵於市而全忠陰以汴人應之胤死以宰相裴樞判左三軍獨孤損判右三軍向所募士悉散去全忠亦兼判左右六軍十二衞及東遷唯小黃門打毬供奉十數人內園小兒五百人從至穀水又盡屠之易以汴人於是天子無一人之衞昭宗遇弒唐乃亡馬者兵之用也監牧所以蕃馬也其制起於近世唐之初起得突厥馬二千匹又得隋馬三千於赤岸澤徙之隴右監牧之制始於此其官領以太僕其屬有牧監副監監有丞有主簿直司團官牧尉排馬牧長羣頭有正有副凡羣置長一人十五長置尉一人歲課功進排馬又有掌閑調馬習上又以尚乘掌天子之御左右六閑一曰飛黃二曰吉良三曰龍媒四曰騊駼五曰駃騠六曰天苑總十有二閑為二廄一曰祥驎二曰鳳苑以繫飼之其後禁中又增置飛龍廄初用太僕少卿張萬歲領羣牧自貞觀至麟德四十年間馬七十萬六千置八坊岐豳涇寧間地廣千里一曰保樂二曰甘露三曰南普閏四曰北普閏五曰岐陽六曰太平七曰宜祿八曰安定八坊之田千二百三十頃募民耕之以給芻秣八坊之馬為四十八監而馬多地狹不能容又析八監列布河西豐曠之野凡馬五千為上監三千為中監餘為下監監皆有左右因地為之名方其時天下以一縑易一馬萬歲掌馬久恩信行於隴右後以太僕少卿鮮于匡俗檢校隴右牧監儀鳳中以太僕少卿李思文檢校隴右諸牧監使監牧有使自是始後又有羣牧都使有閑廄使使皆置副有判官又立四使南使十五西使十六北使七東使九諸坊若涇川亭川闕水洛赤城南使統之清泉溫泉西使統之烏氏北使統之木硤萬福東使統之它皆失傳其後益置八監於鹽州三監於嵐州鹽州使八統白馬等坊嵐州使三統樓煩玄池天池之監凡征伐而發牧馬先盡彊壯不足則取其次錄色歲膚第印記主名送軍以帳馱之數上於省自萬歲失職馬政頗廢永隆中夏州牧馬之死失者十八萬四千九百九十景雲二年詔羣牧歲出高品御史按察之開元初國馬益耗太常少卿姜誨乃請以空名告身市馬於六胡州率三十匹讎一游擊將軍命王毛仲領內外閑廄九年又詔天下之有馬者州縣皆先以郵遞軍旅之役定戶復緣以升之百姓畏苦乃多不畜馬故騎射之士減曩時自今諸州民勿限有無廕能家畜十馬以下免帖驛郵遞征行定戶無以馬為貲毛仲既領閑廄馬稍稍復始二十四萬至十三年乃四十三萬其後突厥款塞玄宗厚撫之歲許朔方軍西受降城為互市以金帛市馬於河東朔方隴右牧之既雜胡種馬乃益壯天寶後諸軍戰馬動以萬計王侯將相外戚牛駝羊馬之牧布諸道百倍於縣官皆以封邑號名為印自別將校亦備私馬議謂秦漢以來唐馬最盛天子又銳志武事遂弱西北蕃十一載詔二京旁五百里勿置私牧十三載隴右羣牧都使奏馬牛駝羊總六十萬五千六百而馬三十二萬五千七百安祿山以內外閑廄都使兼知樓煩監陰選勝甲馬歸范陽故其兵力傾天下而卒反肅宗收兵至彭原率官吏馬抵平涼蒐監牧及私羣得馬數萬軍遂振至鳳翔又詔公卿百寮以後乘助軍其後邊無重兵吐蕃乘隙陷隴右苑牧畜馬皆沒矣乾元後回紇恃功歲入馬取繒馬皆病弱不可用永泰元年代宗欲親擊虜魚朝恩乃請大搜城中百官士庶馬輸官曰團練馬下制禁馬出城者已而復罷德宗建中元年市關輔馬三萬實內廄貞元三年吐蕃羌渾犯塞詔禁大馬出潼蒲武關者元和十一年伐蔡命中使以絹二萬市馬河曲其始置四十八監地據隴西金城平涼天水員廣千里繇京度隴置八坊為會計都領其間善水草腴田皆隸之後監牧使與坊皆廢故地存者一歸閑廄旋以給貧民及軍吏間又賜佛寺道館幾千頃十二年閑廄使張茂宗舉故事盡收岐陽坊地民

失業者甚衆十三年以蔡州牧地爲龍陂監十四年置臨漢監於襄州牧馬三千二百費田四百頃穆宗即位岐人叩闕訟茂宗所奪田事下御史按治悉予民大和七年度支鹽鐵使言銀州水甘草豐請詔刺史劉源市馬三千河西置銀川監以源爲使襄陽節度使裴度奏停臨漢監開成二年劉源奏銀川馬已七千若水草乏則徙牧綏州境今綏南二百里四隅險絕寇不能通以數十人守要畜牧無它患乃以隸銀川監其後闕不復可紀

唐書卷五十一

宋　翰　林　學　士　歐　陽　修　撰

食貨志第四十一

古之善治其國而愛養斯民者必立經常簡易之法使上愛物以養其下下勉力以事其上上足而下不困故量人之力而授之田量地之產而取以給公上量其入而出之以爲用度之數是三者常相須以濟而不可失失其一則不能守其二及暴君庸主縱其佚欲而苟且之吏從之變制合時以取寵於其上故用於上者無節而取於下者無限民竭其力而不能供由是上愈不足而下愈困則財利之說興而聚斂之臣用記曰寧畜盜臣盜臣誠可惡然一人之害爾聚斂之臣用則經常之法壞而下不勝其弊焉唐之始時授人以口分世業田而取之以租庸調之法其用之也有節蓋其畜兵以府衞之制故兵雖多而無所損設官有常員之數故官不濫而易祿雖不及三代之盛時然亦可以爲經常之法也及其弊也兵冗官濫爲之大蠹自天寶以來大盜屢起方鎮數叛兵革之興累世不息而用度之數不能節矣加以驕君昏主姦吏邪臣取濟一時屢更其制而經常之法蕩然盡矣由是財利之說興聚斂之臣進蓋口分世業之田壞而爲兼并租庸調之法壞而爲兩稅至於鹽鐵轉運屯田和糴鑄錢括苗榷利借商進奉獻助無所不爲矣蓋愈煩而愈弊以至於亡焉唐制度田以步其闊一步其長二百四十步爲畝百畝爲頃凡民始生爲黃四歲爲小十六爲中二十一爲丁六十爲老授田之制丁及男年十八以上者人一頃其八十畝爲口分二十畝爲永業老及篤疾廢疾者人四十畝寡妻妾三十畝當戶者增二十畝皆以二十畝爲永業其餘爲口分永業之田樹以榆棗桑及所宜之木皆有數田多可以足其人者爲寬鄉少者爲狹鄉狹鄉授田減寬鄉之半其地有薄厚歲一易者倍授之寬鄉三易者不倍授工商者寬鄉減半狹鄉不給凡庶人徙鄉及貧無以葬者得賣世業田自狹鄉而徙寬鄉者得并賣口分田已賣者不復授死者收之以授無田者凡收授皆以歲十月授田先貧及有課役者凡田鄉有餘以給比鄉縣有餘以給比縣州有餘以給近州凡授田者丁歲輸粟二斛稻三斛謂之租丁隨鄉所出歲輸絹二匹綾絁二丈布加五之一綿三兩麻三斤非蠶鄉則輸銀十四兩謂之調用人之力歲二十日閏加二日不役者日爲絹三尺謂之庸有事而加役二十五日者免調三十日者租調皆免通正役不過五十日自王公以下皆有永業田太皇太后皇太后皇后緦麻以上親內命婦一品以上親郡王及五品以上祖父兄弟職事勳官三品以上有封者若縣男父子國子太學四門學生俊士孝子順孫義夫節婦同籍者皆免課役凡主戶內有課口者爲課戶若老及男廢疾篤疾寡妻妾部曲客女奴婢及視九品以上官不課凡里有手實歲終具民之年與地闊陿爲鄉帳鄉成於縣縣成於州州成於戶部又有計帳具來歲課役以報度支國有所須先奏而斂凡稅斂之數書于縣門村坊與衆知之水旱霜蝗耗十四者免其租桑麻盡者免其調田耗十之六者免租調耗七者諸役皆免凡新附之戶春以三月免役夏以六月免課秋以九月課役皆免徙寬鄉者縣覆於州出境則覆于戶部官以閒月達之自畿內徙畿外自京縣徙餘縣皆有禁四夷降戶附以寬鄉給復十年奴婢縱爲良人給復三年沒外蕃人一年還者給復三年二年者給復四年三年者給復五年浮民部曲客女奴婢縱爲良者附寬鄉貞觀中初稅草以給諸閑而驛馬有牧田太宗方銳意於治官吏考課以鰥寡少者進考如增戶法失勸導者以減戶論配租以斂穫早晚險易遠近爲差庸調輸以八月發以九月同時輸者先遠民皆自槩量州府歲市土所出爲貢其價視絹之上下無過五十匹異物滋味口馬鷹犬非有詔不獻有加配則以代租賦其凶荒則有社倉賑給不足則徙民就食諸州尚書左丞戴胄建議自王公以下計墾田秋熟所在爲義倉歲凶以給民太宗善之乃詔畝稅二升粟麥秔稻隨土地所宜寬鄉斂以所種狹鄉據青苗簿而督之田耗十四者免其半耗十七者皆免之商賈無田者以其戶爲九等出粟自五石至于五斗爲差下下戶及夷獠不取焉歲不登則以賑民或貸爲種子則至秋而償其後洛相幽徐齊并秦蒲州又置常平倉粟藏九年米藏五年下溼之地粟藏五年米藏三年皆著于令貞觀初戶不及三百萬絹一匹易米一斗至四年米斗四五錢外戶不閉者數月馬牛被野人行數千里不齎糧民物蕃息四夷降附者百二十萬人是歲天下斷獄死罪者二十九人號稱太平此高祖太宗致治之大略及其成效如此高宗承之海內乂安太尉長孫无忌等輔政天下未見失德數引刺史入閤問民疾苦即位之歲增戶十五萬及中書令李義府侍中許敬宗既用事役費並起永淳以後給用亦不足加以武后之亂紀綱大壞民不勝其毒玄宗初立求治蠲徭役者給蠲符以流外及九品京官爲蠲使歲再遣之開元八年頒庸調法于天下好不過精惡不至濫闊者一尺八寸長者四丈然是時天下戶未嘗升降監察御史宇文融獻策括籍外羨田逃戶自占者給復五年每丁稅錢千五百以攝御史分行括實陽翟尉皇甫憬上書言其不可玄宗方任用融乃貶憬爲盈川尉諸道所括得客戶八十餘萬田亦稱是州縣希旨張虛數以正田爲羨編戶爲客歲終籍錢數百萬緡十六年乃詔每三歲以九等定籍而庸調折租所取華好州縣長官勸織中書門下察濫惡以貶官吏精者褒賞之二十二年詔男十五女十三以上得嫁娶州縣歲上戶口登耗採訪使覆實之刺史縣令以爲課最初永徽中禁買賣世業口分田其後豪富兼并貧者失業於是詔買者還地而罰之先是揚州租調以錢嶺南以米安南以絲益州以羅紬綾絹供春綵因詔江南亦以布代租中書令李林甫以租庸丁防和糴春綵稅草無定法歲爲旨符遣使一告費紙五十餘萬條目既多覆問踰年乃與採訪朝集使議革之爲長行旨以授朝集使及送旨符使歲有所支進畫附驛以達每州不過二紙凡庸調租資課皆任土所宜州縣長官涖定麤良具上中下三物之樣輸京都有濫惡督中物之直二十五年以江淮輸運有河洛之艱而關中蠶桑少菽粟常賤乃命庸調資課皆以米凶年樂輸布絹者亦從之河南北不通運州租皆爲絹代關中庸課詔度支減轉運明年又詔民三歲以下爲黃十五以下爲小二十以下爲中又以民門戶高丁多者率與父母別籍異居以避征戍乃詔十丁以上免二丁五丁以上免一丁侍丁孝者免徭役天寶三載更民十八以上爲中男二十三以上成丁五載詔貧不能自濟者每鄉免三十丁租庸男子七十五以上婦人七十以上中男一人爲侍八十以上以令式從事是時海內富實米斗之價錢十三青齊間斗纔三錢絹一匹錢二百道路列肆具酒食以待行人店有驛驢行千里不持尺兵天下歲入之物租錢二百餘萬緡粟千九百八十餘萬斛庸調絹七百四十萬匹綿百八十餘萬屯布千三十五萬餘端天子驕於佚樂而用不知節大抵用物之數常過其所入於是錢穀之臣始事朘刻太府卿楊崇禮句剝分銖有欠折漬損者州縣督遞歷年不止其子慎矜專知太府次子慎名知京倉亦以苛刻結主恩王鉷爲戶口色役使歲進錢百億萬緡非租庸正額者積百寶大盈庫以供天子燕私及安祿山反司空楊國忠以爲正庫物不可以給士遣侍御史崔衆至太原納錢度僧尼道士旬日得百萬緡而已自兩京陷沒民物耗弊天下蕭然肅宗即位遣御史鄭叔清等籍江淮蜀漢富商右族訾畜十收其二謂之率貸諸道亦稅商賈以贍軍錢一千者有稅於是北海郡錄事參軍第五琦以錢穀得見請於江淮置租庸使吳鹽蜀麻銅冶皆有稅市輕貨繇江陵襄陽上津路轉至鳳翔明年鄭叔清與宰相裴冕建議以天下用度不充諸道得召人納錢給空名告身授官勳邑號度道士僧尼不可勝計納錢百千賜明經出身商賈助軍者給復及兩京平又於關輔諸州納錢度道士僧尼萬人而百姓殘於兵盜米斗至錢七千鬻籺爲糧民行乞食者屬路乃詔能賑貧乏者寵以爵秩故事天下財賦歸左藏而太府以時上其數尚書比部覆其出入是時京師豪將假取不能禁第五琦爲度支鹽鐵使請皆歸大盈庫供天子給賜主以中官自是天下之財爲人君私藏有司不得程其多少廣德元年詔一戶三丁者免一丁凡畝稅二升男子二十五爲成丁五十五爲老以優民而彊寇未夷民耗斂重及吐蕃逼京師近甸屯兵數萬百官進俸錢又率戶以給軍糧至大曆元年詔流民還者給復二年田園盡則授以逃田天下苗一畝稅錢十五市輕貨給百官手力課以國用急不及秋方苗青即征之號青苗錢又有地頭錢每畝二十通名爲青苗錢又詔上都秋稅分二等上等畝稅一斗下等六升荒田畝稅二升五年始定法夏上田畝稅六升下田畝四升秋上田畝稅五升下田畝三升荒田如故青苗錢畝加一倍而地頭錢不在焉初轉運使掌外度支使掌內永泰二年分天下財賦鑄錢常平轉運鹽鐵置二使東都畿內河南淮南江東西湖南荊南山南東道以轉運使劉晏領之京畿關內河南劍南山南西道以京兆尹判度

支第五琦領之及琦貶以戶部侍郎判度支韓滉與晏分治時回紇有助收西京功代宗厚遇之與中國婚姻歲送馬十萬匹酬以縑帛百餘萬匹而中國財力屈竭歲負馬價河湟六鎮旣陷歲發防秋兵三萬戍京西資糧百五十餘萬緡而中官魚朝恩方恃恩擅權代宗與宰相元載日夜圖之及朝恩誅帝復與載貳君臣猜間不協邊計兵食置而不議者幾十年而諸鎮擅地結爲表裏日治兵繕壘天子不能繩以法顓留意祠禱焚幣玉寫浮屠書度支稟賜僧巫歲以鉅萬計然帝性儉約身所御衣必浣染至再三欲以先天下然生日端午四方貢獻至數千萬者加以恩澤而諸道尚侈麗以自媚朝多留事經歲不能遣置客省以居上封事不足采者蕃夷貢獻未報及失職未敘者食度支數千百人德宗卽位用宰相崔祐甫拘客省者出之食度支者遣之歲省費萬計

唐書卷五十一考證

食貨志一絹二匹綾絁二丈○舊書皆二丈

唐書卷五十二

宋　翰　林　學　士　歐　陽　修　撰

食貨志第四十二

租庸調之法以人丁爲本自開元以後天下戶籍久不更造丁口轉死田畝賣易貧富升降不實其後國家侈費無節而大盜起兵興財用益屈而租庸調法弊壞自代宗時始以畝定稅而斂以夏秋至德宗相楊炎遂作兩稅法夏輸無過六月秋輸無過十一月置兩稅使以總之量出制入戶無主客以居者爲簿人無丁中以貧富爲差商賈稅三十之一與居者均役田稅視大歷十四年墾田之數爲定遣黜陟使按比諸道丁產等級免鰥寡惸獨不濟者敢有加斂以枉法論議者以租庸調高祖太宗之法也不可輕改而德宗方信用炎不疑也舊戶三百八十萬五千使者按比得主戶三百八十萬客戶三十萬天下之民不土斷而地著不更版籍而得其虛實歲斂錢二千五十餘萬緡米四百萬斛以供外錢九百五十餘萬緡米千六百餘萬斛以供京師稅法旣行民力未及寬而朱滔王武俊田悅合從而叛用益不給而借商之令出初太常博士韋都賓陳京請借富商錢德宗以問度支杜佑以爲軍費裁支數月幸得商錢五百萬緡可支半歲乃以戶部侍郎趙贊判度支代佑行借錢令約罷兵乃償之京兆少尹韋禎長安丞薛萃搜督甚峻民有不勝其冤自經者家若被盜然總京師豪人田宅奴婢之估裁得八十萬緡又取僦櫃納質錢及粟麥糶於市者四取其一長安爲罷市市民相率遮邀宰相哭訴盧杞疾驅而過韋禎懼乃請錢不及百緡粟麥不及五十斛者免而所獲裁二百萬緡淮南節度使陳少游增其本道稅錢每緡二百因詔天下皆增之自太宗時置義倉及常平倉以備凶荒高宗以後稍假義倉以給他費至神龍中略盡玄宗卽位復置之其後第五琦請天下常平倉皆置庫以畜本錢至是趙贊又言自軍興常平倉廢垂三十年凶荒潰散餧死相食不可勝紀陛下卽位京城兩市置常平官雖頻年少雨米不騰貴可推而廣之宜兼儲布帛請於兩都江陵成都揚汴蘇洪置常平輕重本錢上至百萬緡下至十萬積米粟布帛絲麻貴則下價而出之賤則加估而收之諸道津會置吏閱商賈錢每緡稅二十竹木茶漆稅十之一以贍常平本錢德宗納其策屬軍用迫蹙亦隨而耗竭不能備常平之積是時諸道討賊兵在外者度支給出界糧每軍以臺省官一人爲糧料使主供億士卒出境則給酒肉一卒出境兼三人之費將士利之逾境而屯趙贊復請稅間架算除陌其法屋二架爲間上間錢二千中間一千下間五百匿一間杖六十告者賞錢五萬除陌法公私貿易千錢舊算二十加爲五十物兩相易者約直爲率而民益愁怨及涇原兵反大譟長安市中曰不奪爾商戶僦質不稅爾間架除陌矣於是間架除陌竹木茶漆鐵之稅皆罷朱泚平天下戶口三耗其二貞元四年詔天下兩稅審等第高下三年一定戶自初定兩稅貨重錢輕乃計錢而輸綾絹旣而物價愈下所納絹匹爲錢三千二百其後一匹爲錢一千六百輸一者過二雖賦不增舊而民愈困矣度支以稅物頒諸司皆增本價爲虛估給之而繆以濫惡督州縣剝價謂之折納復有進奉宣索之名改科役曰召雇率配曰和市以巧避微文比大曆之數再倍又癘疫水旱戶口減耗刺史析戶張虛數以寬責逃死闕稅取於居者一室空而四鄰亦盡戶版不緝無浮游之禁州縣行小惠以傾誘鄰境新收者優假之唯安居不遷之民賦役日重帝以問宰相陸贄贄上疏請釐革其甚害者大略有六其一曰國家賦役之法曰租曰調曰庸其取法遠其斂財均其域人固有田則有租有家則有調有身則有庸天下法制均壹雖轉徙莫容其姦故人無搖心天寶之季海內波蕩版圖隳於避地賦法壞於奉軍賦役舊法行之百年人以爲便兵興供億不常誅求隳制此時弊非法弊也時有弊而未理法無弊而已更兩稅新制竭耗編甿日日滋甚陛下初卽位宜損上益下嗇用節財而摘郡邑驗簿書州取大歷中一年科率多者爲兩稅定法此總無名之暴賦而立常規也夫財之所生必因人力兩稅以資產爲宗不以丁身爲本資產少者稅輕多者稅重不知有藏於襟懷囊篋物貴而人莫窺者有場圃囷倉直輕而衆以爲富者有流通蕃息之貨數寡而日收其贏者有廬舍器用價高而終歲利寡者計估算緡失平長僞挾輕費轉徙者脫傜稅敦本業者困斂求此誘之爲姦敺之避役也今徭賦輕重相百而以舊爲準重處流亡益多輕處歸附益衆有流亡則攤出已重者愈重有歸附則散出已輕者愈輕人嬰其弊願詔有司與宰相量年支有不急者罷之廣費者節之軍興加稅諸道權宜所增皆可停稅物估價宜視月平至京與色樣符者不得虛稱折估有濫惡罪官吏勿督百姓每道以知兩稅判官一人與度支參計戶數量土地沃瘠物產多少爲二等州等下者配錢少高者配錢多不變法而逋逃漸息矣其二曰播殖非力不成故先王定賦以布麻繒纊百穀勉人功也又懼物失貴賤之平交易難準乃定貨泉以節輕重蓋爲國之利權守之在官不以任下然則穀帛人所爲也錢貨官所爲也人所爲者租稅取焉官所爲者賦斂捨焉國朝著令稅出穀庸出絹調出繒纊布麻曷嘗禁人鑄錢而以錢爲賦今兩稅效算緡之末法估資產爲差以錢穀定稅折供雜物歲目頗殊所供非所業所業非所供增價以市所無減價以貨所有耕織之力有限而物價貴賤無常初定兩稅萬錢爲絹三匹價貴而數不多及給軍裝計數不計價此稅少國用不充也近者萬錢爲絹六匹價賤而數加計口蠶織不殊而所輸倍此供稅多人力不及也宜令有司覆初定兩稅之歲絹布定估爲布帛之數復庸調舊制隨土所宜各修家技物甚賤所出不加物甚貴所入不減且經費所資在錢者獨月俸資課以錢數多少給布廣鑄而禁用銅器則錢不乏有糴鹽以入直榷酒以納資何慮無所給哉其三曰廉使奏吏之能者有四科一曰戶口增加二曰田野墾闢三曰稅錢長數四曰率辦先期夫貴戶口增加詭情以誘姦浮苛法以析親族所誘者將議薄征則遽散所析者不勝重稅而亡有州縣破傷之病貴田野墾闢率民殖荒田限年免租新畝雖闢舊畬蕪矣人以免租年滿復爲汙萊有稼穡不增之病貴稅錢長數重困疲羸捶骨瀝髓苟媚聚斂之司有不恤人之病貴率辦先期作威殘人絲不容織粟不暇舂貧者奔迸有不恕物之病四病繇考覈不切事情之過驗之以實則租賦所加固有受其損者此州若增客戶彼郡必減居人增處邀賞而稅數加減處懼罪而稅數不降國家設考課之法非欲崇聚斂也宜命有司詳考課績州稅有定傜役有等覆實然後報戶部若人益阜實稅額有餘據戶均減十三爲上課減二次之減一又次之若流亡多加稅見戶者殿亦如之民納租以去歲輸數爲常罷據額所率者增闢勿益租廢耕不降數定戶之際視雜產以校之田旣有常租則不宜復入兩稅如此不督課而人人樂耕矣其四曰明君不厚所資而害所養故先人事而借其暇力家給然後斂餘財今督收迫促蠶事方興而輸縑農功未艾而斂穀有者急賣而耗半直無者求假費倍定兩稅之初期約未詳屬征役多故率先限以收宜定稅期隨風俗時候務於紓人其五曰頃師旅亟興官司所儲唯給軍食凶荒不遑賑救人小乏則取息利大乏則鬻田廬斂穫始畢執契行貸饑歲室家相棄乞爲奴僕猶莫之售或縊死道途天災流行四方代有稅茶錢積戶部者宜計諸道戶口均之穀麥熟則平糴亦以義倉爲名主以巡院時稔傷農則優價廣糴穀貴而止小歉則借貸循環斂散使聚穀幸災者無以牟大利其六曰古者百畝地號一夫蓋一夫授田不得過百畝欲使人不廢業田無曠耕今富者萬畝貧者無容足之居依託彊家爲其私屬終歲服勞常患不充有田之家坐食租稅京畿田畝稅五升而私家收租畝一石官取一私取十稿者安得足食宜爲占田條限裁租價損有餘優不足此安富恤窮之善經不可捨也贄言雖切以讒逐事無施行者十二年河南尹齊抗復論其弊以爲軍興國用稍廣隨要而稅吏擾人勞陛下變爲兩稅督納有時貪暴無容其姦二十年間府庫充牣但定稅之初錢輕貨重故陛下以錢爲稅今錢重貨輕若更爲稅名以就其輕其利有六吏絕其姦一也人用不擾二也靜而獲利三也用不乏錢四也不勞而易知五也農桑自勸六也百姓本出布帛而稅反配錢至輸時復取布帛更爲三估計折州縣升降成姦若直定布帛無估可折蓋以錢爲稅則人力竭而有司不之覺今兩稅出於農人農人所有

唯布帛而已用布帛處多用錢處少又有鼓鑄以助國計何必取於農人哉疏入亦不報初德宗居奉天儲畜空窘嘗遣卒視賊以苦寒乞襦袴帝不能致剔親王帶金而鬻之朱泚既平於是帝屬意聚斂常賦之外進奉不息劍南西川節度使韋皐有日進江西觀察使李兼有月進淮南節度使杜亞宣歙觀察使劉贊鎮海節度使王緯李錡皆徼射恩澤以常賦入貢名爲羨餘至代易又有進奉當是時戶部錢物所在州府及巡院皆得擅留或矯密旨加斂讁官吏刻祿稟增稅通津死人及蔬果凡代易進奉取於稅入十獻二三無敢問者常州刺史裴肅鬻薪炭案紙爲進奉得遷浙東觀察使刺史進奉自肅始也劉贊卒于宣州其判官嚴綬傾軍府爲進奉召爲刑部員外郎判官進奉自綬始也自裴延齡用事益爲天子積私財而生民重困延齡死而人相賀是時宮中取物於市以中官爲宮市使兩市置白望數十百人以鹽估敝衣絹帛尺寸分裂酬其直又索進奉門戶及腳價錢有齎物入市而空歸者每中官出沽漿賣餅之家皆徹肆塞門諫官御史數上疏諫不聽人不堪其弊戶部侍郎蘇弁言京師游手數千萬家無生業者仰宮市以活奈何罷帝悅以爲然京兆尹韋湊奏小人因宮市爲姦眞僞難辨宜下府縣供送帝許之中官言百姓賴宮市以養者也湊反得罪順宗卽位乃罷宮市使及鹽鐵使月進憲宗又罷除官受代進奉及諸道兩稅外榷率分天下之賦以爲三一曰上供二曰送使三曰留州宰相裴垍又令諸道節度觀察調費取於所治州不足則取於屬州而屬州送使之餘與其上供者皆輸度支是時因德宗府庫之積頗約費用天子身服澣濯及劉闢李錡既平訾藏皆入內庫山南東道節度使于頔河東節度使王鍔進獻甚厚翰林學士李絳嘗諫曰方鎮進獻因緣爲姦以侵百姓非聖政所宜帝喟然曰誠知非至德事然兩河中夏貢賦之地朝覲久廢河湟陷没烽候列於郊甸方刷祖宗之恥不忍重斂於人也然獨不知進獻之取於人者重矣及討淮西判度支楊於陵坐饋餫不繼貶以司農卿皇甫鎛代之由是益爲刻剝司農卿王遂京兆尹李翛號能聚斂乃以爲宣歙浙西觀察使予之富饒之地以辦財賦鹽鐵使王播言劉晏領使時自按租庸然後知州縣錢穀利病虛實乃以副使程异巡江淮覈州府上供錢穀异至江淮得錢百八十五萬貫其年遂代播爲鹽鐵使是時河北兵討王承宗於是募人入粟河北淮西者自千斛以上皆授以官度支鹽鐵與諸道貢獻尤甚號助軍錢及賊平則有賀禮及助賞設物羣臣上尊號又有獻賀物穆宗卽位一切罷之兩稅外加率一錢者以枉法贓論然自在藩邸時習見用兵之弊以謂戎臣武卒法當姑息及卽位自神策諸軍非時賞賜不可勝紀已而幽州兵囚張弘靖鎮州殺田弘正兩鎮用兵置南北供軍院而行營軍十五萬不能亢兩鎮萬餘之衆而饋運不能給帛粟未至而諸軍或彊奪於道蓋自建中定兩稅而物輕錢重民以爲患至是四十年當時爲絹二匹半者爲八匹大率加三倍豪家大商積錢以逐輕重故農人日困末業日增帝亦以貨輕錢重民困而用不充詔百官議革其弊而議者多請重挾銅之律戶部尚書楊於陵曰王者制錢以權百貨貿遷有無變通不倦使物無甚貴甚賤其術非他在上而已何則上之所重人必從之古者權之於上今索之於下昔散之四方今藏之公府昔廣鑄以資用今減鑪以廢功昔行之於中原今洩之於邊裔又有闤井送終之唅商賈貸舉之積江湖壓覆之耗則錢焉得不重貨焉得不輕開元中天下鑄錢七十餘鑪歲盈百萬今纔十數鑪歲入十五萬而已大厯以前淄青太原魏博雜鉛鐵以通時用嶺南雜以金銀丹砂象齒今一用泉貨故錢不足今宜使天下兩稅榷酒鹽利上供及留州送使錢悉輸以布帛穀粟則人寬於所求然後出內府之積收市廛之滯廣山鑄之數限邊裔之出禁私家之積則貨日重而錢日輕矣宰相善其議由是兩稅上供留州皆易以布帛絲纊租庸課調不計錢而納布帛唯鹽酒本以榷率計錢與兩稅異不可去錢文宗太和九年以天下回殘錢置常平義倉本錢歲增市之非遇水旱不增者判官罰俸書下考州縣假借以枉法論文宗嘗召監倉御史崔虞問太倉粟數對曰有粟二百五十萬石帝曰今歲費廣而所畜寡柰何乃詔出使郎官御史督察州縣壅遏錢穀者時豪民侵噬產業不移戶州縣不敢傜役而征稅皆出下貧至於依富爲奴客役罰峻於州縣長吏歲輒遣吏巡覆田稅民苦其擾武宗卽位廢浮屠法天下毁寺四千六百招提蘭若四萬籍僧尼爲民二十六萬五千人奴婢十五萬人田數千萬頃大秦穆護祅二千餘人上都東都每街留寺二每寺僧三十人諸道留僧以三等不過二十人腴田鬻錢送戶部中下田給寺家奴婢丁壯者爲兩稅戶人十畝以僧尼旣盡兩京悲田養病坊給寺田十頃諸州七頃主以耆壽自會昌末置備邊庫收度支戶部鹽鐵錢物宣宗更號延資庫初以度支郎中判之至是以屬宰相其任益重戶部歲送錢帛二十萬度支鹽鐵送者三十萬諸道進奉助軍錢皆輸焉懿宗時雲南蠻數內寇徙兵戍嶺南淮北大水征賦不能辦人人思亂及龐勛反附者六七萬自關東至海大旱冬蔬皆盡貧者以蓬子爲麪槐葉爲齏乾符初大水山東饑中官田令孜爲神策中軍怙權用事督賦益急王仙芝黃巢等起天下遂亂公私困竭昭宗在鳳翔爲梁兵所圍城中人相食父食其子而天子食粥六宮及宗室多饑死其窮至於如此遂以亡初乾元末天下上計百六十九州戶百九十三萬三千一百二十四不課者百一十七萬四千五百九十二口千六百九十九萬三百八十六不課者千四百六十一萬九千五百八十七減天寶戶五百九十八萬二千五百八十四口三千五百九十二萬八千七百二十三元和中供歲賦者浙西浙東宣歙淮南江西鄂岳福建湖南八道戶百四十四萬比天寶纔四之一兵食於官者八十三萬加天寶三之一通以二戶養一兵京西北河北以屯兵廣無上供至長慶戶三百三十五萬而兵九十九萬率三戶以奉一兵至武宗卽位戶二百一十一萬四千九百六十會昌末戶增至四百九十五萬五千一百五十一宣宗旣復河湟天下兩稅榷酒茶鹽錢歲入九百二十二萬緡歲之常費率少三百餘萬有司遠取後年乃濟及羣盜起諸鎮不復上計云

唐書卷五十三

宋 翰 林 學 士 歐 陽 脩 撰

食貨志第四十三

唐都長安而關中號稱沃野然其土地狹所出不足以給京師備水旱故常轉漕東南之粟高祖太宗之時用物有節而易贍水陸漕運歲不過二十萬石故漕事簡自高宗以後歲益增多而功利繁興民亦罹其弊矣初江淮漕租米至東都輸含嘉倉以車或馱陸運至陝而水行來遠多風波覆溺之患其失常十七八故其率一斛得八斗爲成勞而陸運至陝纔三百里率兩斛計庸錢千民送租者皆有水陸之直而河有三門底柱之險顯慶元年苑西監褚朗議鑿三門山爲梁可通陸運乃發卒六千鑿之功不成其後將作大匠楊務廉又鑿爲棧以輓漕舟輓夫繫二鉏於胷而繩多絕輓夫輒墜死則以逃亡報因繫其父母妻子人以爲苦開元十八年宣州刺史裴耀卿朝集京師玄宗訪以漕事耀卿條上便宜曰江南戶口多而無征防之役然送租庸調物以歲二月至揚州入斗門四月已後始度淮入汴常苦水淺六七月乃至河口而河水方漲須八九月水落始得上河入洛而漕路多梗船檣阻隘江南之人不習河事轉雇河師水手重爲勞費其得行日少阻滯日多今漢隋漕路瀕河倉廩遺迹可尋可於河口置武牢倉鞏縣置洛口倉使江南之舟不入黃河黃河之舟不入洛口而河陽柏崖太原永豐渭南諸倉節級轉運水通則舟行水淺則寓於倉以待則舟無停留而物不耗失此甚利也玄宗初不省二十一年耀卿爲京兆尹京師雨水穀踊貴玄宗將幸東都復問耀卿漕事耀卿因請罷陝陸運而置倉河口使江南漕舟至河口者輸粟於倉而去縣官雇舟以分入河洛置倉三門東西漕舟輸其東倉而陸運以輸西倉復以舟漕以避三門之水險玄宗以爲然乃於河陰置河陰倉河西置柏崖倉三門東置集津倉西置鹽倉鑿山十八里以陸運自江淮漕者皆輸河陰倉自河陰西至太原倉謂之北運自太原倉浮渭以實關中玄宗大悅拜耀卿爲黃門侍郎同中書門下平章事兼江淮都轉運使以鄭州刺史崔希逸河南少尹蕭炅爲副使益漕晉絳魏濮邢貝濟博之租輸諸倉轉而入渭凡三歲漕七百萬石省陸運傭錢三十萬緡是時民久不罹兵革物力豐富朝廷用度亦廣不計道里之費而民之輸送所出水陸之直增以函腳營窖之名民間傳言用斗錢運斗米其糜耗如此及耀卿罷相北運頗艱米歲至京師纔百萬石二十五年遂罷北運而崔希逸爲河南陝運使歲運百八十萬石其後以太倉積粟有餘歲減漕數十萬石二十九年陝郡太守李齊物鑿砥柱爲門以通漕開其山巔爲輓路燒石沃醯而鑿之然棄石入河激水益湍怒舟不能入新門候其水漲以人輓舟而上天子疑之遣宦者按視齊物厚賂使者還言便齊物入爲鴻臚卿以長安令韋堅代之兼水陸運使堅治漢隋運渠起關門抵長安通山東租賦乃絕灞滻並渭而東至永豐倉與渭合又於長樂坡瀕苑墻鑿潭於望春樓下以聚漕舟堅因使諸舟各揭

其郡名陳其土地所産寶貨諸奇物於栿上先時民間唱偅歌曰得体紇那邪其後得寶符於桃林於是陝縣尉崔成甫更得体歌爲得寶弘農野堅命舟人爲吳楚服大笠廣袖芒屩以歌之成甫又廣之爲歌辭十闋自衣闕後綠衣錦半臂紅抹額立第一船爲號頭以唱集兩縣婦女百餘人鮮服靚糚鳴鼓吹笛以和之衆艘以次輳樓下天子望見大悅賜其潭名曰廣運潭是歲漕山東粟四百萬石自裴耀卿言漕事進用者常兼轉運之職而韋堅爲最初耀卿與漕路請罷陸運而不果廢自景雲中陸運北路分八遞雇民車牛以載開元初河南尹李傑爲水陸運使運米歲二百五十萬石而八遞用車千八百乘耀卿罷久之河南尹裴迥以八遞傷牛乃爲交場兩遞濱水處爲宿場分官總之自龍門東山抵天津橋爲石堰以遏水其後大盜起而天下匱矣肅宗末年史朝義兵分出宋州淮運於是阻絕租庸鹽鐵泝漢江而上河南尹劉晏爲戶部侍郎兼句當度支轉運鹽鐵鑄錢使江淮粟帛繇襄漢越商於以輸京師及代宗出陝州關中空窘於是盛轉輸以給用廣德二年廢句當度支使以劉晏顓領東都河南淮西江南東西轉運租庸鑄錢鹽鐵轉輸至上都度支所領諸道租庸觀察使凡漕事亦皆決於晏晏即鹽利雇傭分吏督之隨江汴河渭所宜故時轉運船繇潤州陸運至揚子斗米費錢十九晏命囊米而載以舟減錢十五繇揚州距河陰斗米費錢百二十晏爲歇艎支江船二千艘每船受千斛十船爲綱每綱三百人篙工五十人自揚州遣將部送至河陰上三門號上門塡闕船米斗減錢九十調巴蜀襄漢麻枲竹篠爲綯挽舟以朽索腐材代薪物無棄者未十年人人習河險江船不入汴汴船不入河河船不入渭江南之運積揚州汴河之運積河陰河船之運積渭口渭船之運入太倉歲轉粟百一十萬石無升斗溺者輕貨自揚子至汴州每馱費錢二千二百減九百歲省十餘萬緡又分官吏主丹陽湖禁引溉自是河漕不涸大曆八年以關內豐穰減漕十萬石度支和糴以優農晏自天寶末掌出納監歲運知左右藏主財穀三十餘年矣及楊炎爲相以舊惡罷晏轉運使復歸度支凡江淮漕米以庫部郎中崔河圖主之及田悅李惟岳李納梁崇義拒命舉天下兵討之諸軍仰給京師而李納田悅兵守渦口梁崇義搤襄鄧南北漕引皆絕京師大恐江淮水陸轉運使杜佑以秦漢運路出浚儀十里入琵琶溝絕蔡河至陳州而合自隋鑿汴河官漕不通若導流培岸功用甚寡疏雞鳴岡首尾可以通舟陸行纔四十里則江湖黔中嶺南蜀漢之粟可方舟而下繇白沙趣東關歷潁蔡涉汴抵東都無濁河泝淮之阻減故道二千餘里會李納將李洧以徐州歸命淮路通而止戶部侍郎趙贊又以錢貨出淮迂緩分置汴州東西水陸運兩稅鹽鐵使以度支總大綱貞元初關輔宿兵米斗千錢太倉供天子六宮之膳不及十日禁中不能釀酒以飛龍駝負永豐倉米給禁軍陸運牛死殆盡德宗以給事中崔造敢言爲能立事用爲相造以江吳素嫉錢穀諸使顓利罔上乃奏諸道觀察使刺使選官部送兩稅至京師廢諸道水陸轉運使及度支巡院江淮轉運使以度支鹽鐵歸尚書省宰相分判六尚書事以戶部侍郎元琇判諸道鹽鐵榷酒侍郎吉中孚判度支諸道兩稅增江淮之運浙江東西歲運米七十五萬石復以兩稅易米百萬石江西湖南鄂岳福建嶺南米亦百二十萬石詔浙江東西節度使韓滉淮南節度使杜亞運至東西渭橋倉諸道有鹽鐵處復置巡院歲終宰相計課最崔造厚元琇而韓滉方領轉運奏國漕不可改帝亦雅器滉復以爲江淮轉運使元琇嫉其剛不可共事因有隙琇稱疾罷而滉爲度支諸道鹽鐵轉運使於是崔造亦罷滉遂劾琇常餫米淄青河中而李納懷光倚以構叛貶琇雷州司戶參軍尋賜死是時汴宋節度使春夏遣官監汴水察盜灌溉者歲漕經底柱覆者幾半河中有山號米堆運舟入三門雇平陸人爲門匠執標指麾一舟百日乃能上諺曰古無門匠墓謂皆溺死也陝虢觀察使李泌益鑿集津倉山西逕爲運道屬于三門倉治上路以回空車費錢五萬緡下路減半又爲入渭船方五板輸東渭橋太倉米至凡百三十萬石遂罷南路陸運其後諸道鹽鐵轉運使張滂復置江淮巡院及浙西觀察使李錡領使江淮堰埭隸浙西者增私路小堰之稅以副使潘孟陽主上都留後李巽爲諸道轉運鹽鐵使以堰埭歸鹽鐵使罷其增置者自劉晏後江淮米至渭橋寖減矣至巽乃復如晏之多初揚州疏太子港陳登塘凡三十四陂以益漕河輒復堙塞淮南節度使杜亞乃濬渠蜀岡疏句城湖愛敬陂起隄貫城以通大舟河益庫水下走淮夏則舟不得前節度使李吉甫築平津堰以洩有餘防不足漕流遂通然漕益少江淮米至渭橋者纔二十萬斛諸道鹽鐵轉運使盧坦糴以備一歲之費省冗職八十員自江以南補署皆剸屬院監而漕米亡耗於路頗多刑部侍郎王播代坦建議米至渭橋五百石亡五十石者死其後判度支皇甫鏄議萬斛亡三百斛者償之千七百斛者流塞下過者死盜十斛者流三十斛者死而覆船敗輓至者不得十之四五部吏舟人相挾爲姦榜笞號苦之聲聞于道路禁錮連歲赦下而獄死者不可勝數其後貸死刑流天德五城人不畏法運米至者十亡七八鹽鐵轉運使柳公綽請如王播議加重刑太和初歲旱河涸掊沙而進米多耗抵死甚衆不待覆奏秦漢時故漕興成堰東達永豐倉咸陽縣令韓遼請疏之自咸陽抵潼關三百里可以罷車輓之勞宰相李固言以爲非時文宗曰苟利於人陰陽拘忌非朕所顧也議遂決堰成罷輓車之牛以供農耕關中賴其利故事州縣官充綱送輕貨四萬書上考開成初爲長定綱州擇清強官送兩稅至十萬遷一官往來十年者授縣令江淮錢積河陰轉輸歲費十七萬餘緡行綱多以盜抵死判度支王彥威置縣遞郡畜萬三千三百乘使路傍民養以取傭日役一驛省費甚博而宰相亦以長定綱命官不以材江淮大州歲授官者十餘人乃罷長定綱送五萬者書上考七萬者減一選五十萬減三選而已及戶部侍郎裴休爲使以河瀕縣令董漕事自江達渭運米四十萬石居三歲米至渭橋百二十萬石凡漕達于京師而足國用者大略如此其他州縣方鎮漕以自資或兵所征行轉運以給一時之用者皆不足紀唐開軍府以扞要衝因隙地置營田天下屯總九百九十二司農寺每屯三頃州鎮諸軍每屯五十頃水陸腴瘠播殖地宜與其功庸煩省收率之多少皆決於尚書省苑內屯以善農者爲屯官屯副御史巡行莅輸上地五十畝瘠地二十畝稻田八十畝則給牛一諸屯以地良薄與歲之豐凶爲三等其民田歲穫多少取中熟爲率有警則以兵若夫千人助收隸司農者歲三月卿少卿循行治不法者凡屯田收多者褒進之歲以仲春籍來歲頃畝州府軍鎮之遠近上兵部度便宜遣之開元二十五年詔屯官敘功以歲豐凶爲上下鎮戍地可耕者人給十畝以供糧方春屯官巡行謫作不時者天下屯田收穀百九十餘萬斛初度支歲市糧於北都以贍振武天德靈武鹽夏之軍費錢五六十萬緡泝河舟溺甚衆建中初宰相楊炎請置屯田於豐州發關輔民鑿陵陽渠以增漑京兆尹嚴郢嘗從事朔方知其利害以爲不便疏奏不報郢又奏五城舊屯其數至廣以開渠之糧貸諸城約以冬輸又以開渠功直布帛先給田者據估轉穀如此則關輔免調發五城田關北之浚渠利十倍也時楊炎方用事郢議不用而陵陽渠亦不成然振武天德良田廣袤千里元和中振武軍饑宰相李絳請開營田可省度支漕運及絕和糴欺隱憲宗稱善乃以韓重華爲振武京西營田和糴水運使起代北墾田三百頃出贓罪吏九百餘人給以耒耜耕牛假種糧使償所負粟二歲大熟因募人爲十五屯每屯百三十人人耕百畝就高爲堡東起振武西逾雲州極於中受降城凡六百餘里列柵二十墾田三千八百餘里歲收粟二十萬石省度支錢二千餘萬緡重華入朝奏請益開田五千頃法用人七千可以盡給五城會李絳已罷後宰相持其議而止憲宗末天下營田皆雇民或借庸以耕又以瘠地易上地民間苦之穆宗即位詔還所易地而耕以官兵耕官地者給三之一以終身靈武邠寧土廣肥而民不知耕太和末王起奏立營田後党項大擾河西邠寧節度使畢諴亦募士開營田歲收三十萬斛省度支錢數百萬緡貞觀開元後邊土西舉高昌龜茲焉耆小勃律北抵薛延陀故地緣邊數十州戍重兵營田及地租不足以供軍於是初有和糴牛仙客爲相有彭果者獻策廣關輔之糴京師糧稟益美自是玄宗不復幸東都天寶中歲以錢六十萬緡賦諸道和糴斗增三錢每歲短遞輸京倉者百餘萬斛米賤則少府加估而糴貴則賤價而糶貞元初吐蕃劫盟召諸道兵十七萬戍邊關中爲吐蕃蹂躙者二十年矣北至河曲人戶無幾諸道戍兵月給粟十七萬斛皆糴於關中宰相陸贄以關中穀賤請和糴可至百餘萬斛計諸縣船車至太倉穀價四十有餘米價七十則一年和糴之數當轉運之二年一斗轉運之資當和糴之五斗減轉運以實邊存轉運以備時要江淮米至河陰者罷八十萬斛河陰米至太原倉者罷五十萬太原米至東渭橋者罷二十萬以所減米糴江淮水潦州縣斗減時五十以救之京城東渭橋之糴斗增時三十以利農以江淮糴米及減運直市絹帛送上都帝乃命度支增估糴粟三十三萬斛然不能盡用贄議憲宗即位之初有司以歲豐熟請畿內和糴當時府縣配戶督限有稽違則迫蹙鞭撻甚於稅賦號爲和糴其實害民

唐書卷五十三考證

食貨志三凡三歲漕七百萬石省陸運傭錢三十萬緡○三十舊書作四十

唐書卷五十四

宋　翰　林　學　士　歐　陽　修　撰

食貨志第四十四

唐有鹽池十八井六百四十皆隸度支蒲州安邑解縣有池五總曰兩池歲得鹽萬斛以供京師鹽州五原有烏池白池瓦池細項池靈州有溫泉池兩井池長尾池五泉池紅桃池回樂池弘靜池會州有河池三州皆輸米以代鹽安北都護府有胡落池歲得鹽萬四千斛以給振武天德黔州有井四十一成州嶲州井各一果閬開通井百二十三山南西院領之邛眉嘉有井十三劍南西川院領之梓遂綿合昌渝瀘資榮陵簡有井四百六十劍南東川院領之皆隨月督課幽州大同橫野軍有鹽屯每屯有丁有兵歲得鹽二千八百斛下者千五百斛負海州歲免租爲鹽二萬斛以輸司農青楚海滄棣杭蘇等州以鹽價市輕貨亦輸司農天寶至德間鹽每斗十錢乾元元年鹽鐵鑄錢使第五琦初變鹽法就山海井竈近利之地置監院游民業鹽者爲亭戶免雜傜盜鬻者論以法及琦爲諸州榷鹽鐵使盡榷天下鹽斗加時價百錢而出之爲錢一百一十自兵起流庸未復稅賦不足供費鹽鐵使劉晏以爲因民所急而稅之則國足用於是上鹽法輕重之宜以鹽吏多則州縣擾出鹽鄉因舊監置吏亭戶糶商人縱其所之江嶺去鹽遠者有常平鹽每商人不至則減價以糶民官收厚利而人不知貴晏又以鹽生霖潦則鹵薄暵旱則土溜墳乃隨時爲令遣吏曉導倍於勸農吳越揚楚鹽廩至數千積鹽二萬餘石有漣水湖州越州杭州四場嘉興海陵鹽城新亭臨平蘭亭永嘉太昌侯官富都十監歲得錢百餘萬緡以當百餘州之賦自淮北置巡院十三曰揚州陳許汴州廬壽白沙淮西甬橋浙西宋州泗州嶺南兗鄆鄭滑捕私鹽者姦盜爲之衰息然諸道加榷鹽錢商人舟所過有稅晏奏罷州縣率稅禁堰埭邀以利者晏之始至也鹽利歲纔四十萬緡至大歷末六百餘萬緡天下之賦鹽利居半宮闈服御軍饟百官祿俸皆仰給焉明年而晏罷貞元四年淮西節度使陳少游奏加民賦自此江淮鹽每斗亦增二百爲錢三百一十其後復增六十河中兩池鹽每斗爲錢三百七十江淮豪賈射利或時倍之官收不能過半民始怨矣劉晏鹽法既成商人納絹以代鹽利者每緡加錢二百以備將士春服包佶爲汴東水陸運兩稅鹽鐵使許以漆器瑇瑁綾綺代鹽價雖不可用者亦高估而售之廣虛數以罔上亭戶冒法私鬻不絕巡捕之卒遍于州縣鹽估益貴商人乘時射利遠鄉貧民困高估至有淡食者巡吏既多官冗傷財當時病之其後軍費日增鹽價寖貴有以穀數斗易鹽一升私糴犯法未嘗少息順宗時始減江淮鹽價每斗爲錢二百五十河中兩池鹽斗錢三百增雲安渙陽塗涂三監其後鹽鐵使李錡奏江淮鹽斗減錢十以便民未幾復舊方是時錡盛貢獻以固寵朝廷大臣皆餌以厚貨鹽鐵之利積于私室而國用耗屈榷鹽法大壞多爲虛估率千錢不滿百三十而已兵部侍郎李巽爲使以鹽利皆歸度支物無虛估天下糶鹽稅茶其贏六百六十五萬緡初歲之利如劉晏之季年其後則三倍晏時矣兩池鹽利歲收百五十餘萬緡四方豪商猾賈雜處解縣主以郎官其佐貳皆御史鹽民田園籍於縣而令不得以縣民治之憲宗之討淮西也度支使皇甫鎛加劍南東西兩川山南西道鹽估以供軍貞元中盜鬻兩池鹽一石者死至元和中減死流天德五城鎛奏論死如初一斗以上杖背沒其車驢能捕斗鹽者賞千錢節度觀察使以判官州以司錄錄事參軍察私鹽漏一石以上罰課料鬻兩池鹽者坊市居邸主人市儈皆論坐盜刮鹼土一斗比鹽一升州縣團保相察比於貞元加酷矣自兵興河北鹽法羈縻而已至皇甫鎛又奏置榷鹽使如江淮榷法犯禁歲多及田弘正舉魏博歸朝廷穆宗命河北罷榷鹽戶部侍郎張平叔議榷鹽法弊請糶鹽可以富國詔公卿議其可否中書舍人韋處厚兵部侍郎韓愈條詰之以爲不可平叔屈服是時奉天鹵池生水柏以灰一斛得鹽十二斤利倍鹼鹵文宗時采灰一斗比鹽一斤論罪開成末詔私鹽月再犯者易縣令罰刺史俸十犯則罰觀察判官課料宣宗即位茶鹽之法益密糶鹽少私盜多者謫觀察判官不計十犯戶部侍郎判度支盧弘正以兩池鹽法敝遣巡院官司空輿更立新法其課倍入遷榷鹽使以壕籬者鹽池之隄禁有盜壞與鬻鹼皆死鹽盜持弓矢者亦皆死刑兵部侍郎判度支周墀又言兩池鹽盜販者迹其居處保社按罪鬻五石市二石亭戶盜糶二石皆死是時江吳羣盜以所剽物易茶鹽不受者焚其室廬吏不敢枝梧鎮戍場鋪堰埭以關通致富宣宗乃擇嘗更兩畿輔望縣令者爲監院官戶部侍郎裴休爲鹽鐵使上鹽法八事其法皆施行兩池榷課大增其後兵遍天下諸鎮擅利兩池爲河中節度使王重榮所有歲貢鹽三千車中官田令孜募新軍五十四都餫轉不足乃倡議兩池復歸鹽鐵使而重榮不奉詔至舉兵反僖宗爲再出然而卒不能奪唐初無酒禁乾元元年京師酒貴肅宗以稟食方屈乃禁京城酤酒期以麥熟如初二年饑復禁酤非光祿祭祀燕蕃客不御酒廣德二年定天下酤戶以月收稅建中元年罷之三年復禁民酤以佐軍費置肆釀酒斛收直三千州縣總領醨薄私釀者論其罪尋以京師四方所湊罷榷貞元二年復禁京城畿縣酒天下置肆以酤者斗錢百五十免其傜役獨淮南忠武宣武河東榷麴而已元和六年罷京師酤肆以榷酒錢隨兩稅青苗斂之太和八年遂罷京師榷酤凡天下榷酒爲錢百五十六萬餘緡而釀費居三之一貧戶逃酤不在焉昭宗世以用度不足易京畿近鎮麴法復榷酒以贍軍鳳翔節度使李茂貞方顓其利按兵請入奏利害天子遽罷之初德宗納戶部侍郎趙贊議稅天下茶漆竹木十取一以爲常平本錢及出奉天乃悼悔下詔亟罷之及朱泚平佞臣希意興利者益進貞元八年以水災減稅明年諸道鹽鐵使張滂奏出茶州縣若山及商人要路以三等定估十稅其一自是歲得錢四十萬緡然水旱亦未嘗拯之也穆宗即位兩鎮用兵帑藏空虛禁中起百尺樓費不可勝計鹽鐵使王播圖寵以自幸乃增天下茶稅率百錢增五十江淮浙東西嶺南福建荊襄茶播自領之兩川以戶部領之天下茶加斤至二十兩播又奏加取焉右拾遺李珏上疏諫曰榷率起於養兵今邊境無虞而厚斂傷民不可一也茗飲人之所資重稅則價必增貧弱益困不可二也山澤之饒其出不訾論稅以售多爲利價騰踊則市者稀不可三也其後王涯判二使置榷茶使徙民茶樹於官場焚其舊積者天下大怨令狐楚代爲鹽鐵使兼榷茶使復令納榷加價而已李石爲相以茶稅皆歸鹽鐵復貞元之制武宗即位鹽鐵轉運使崔珙又增江淮茶稅是時茶商所過州縣有重稅或掠奪舟車露積雨中諸道置邸以收稅謂之搨地錢故私販益起大中初鹽鐵轉運使裴休著條約私鬻三犯皆三百斤乃論死長行羣旅茶雖少皆死雇載三犯至五百斤居舍儈保四犯至千斤者皆死園戶私鬻百斤以上杖背三犯加重傜伐園失業者刺史縣令以縱私鹽論廬壽淮南皆加半稅私商給自首之帖天下稅茶增倍貞元江淮茶爲大摸一斤至五十兩諸道鹽鐵使于悰每斤增稅錢五謂之剩茶錢自是斤兩復舊凡銀銅鐵錫之冶一百六十八陝宣潤饒衢信五州銀冶五十八銅冶九十六鐵山五錫山二鉛山四汾州礬山七麟德二年廢陝州銅冶四十八開元十五年初稅伊陽五重山銀錫德宗時戶部侍郎韓洄建議山澤之利宜歸王者自是皆隸鹽鐵使元和初天下銀冶廢者四十歲采銀萬二千兩銅二十六萬六千斤鐵二百七萬斤錫五萬斤鉛無常數開成元年復以山澤之利歸州縣刺史選吏主之其後諸州牟利以自殖舉天下不過七萬餘緡不能當一縣之茶稅及宣宗增河湟戍兵衣絹五十二萬餘疋鹽鐵轉運使裴休請復歸鹽鐵使以供國用增銀冶二鐵山七十一廢銅冶二十七鉛山一天下歲率銀二萬五千兩銅六十五萬五千斤鉛十一萬四千斤錫萬七千斤鐵五十三萬二千斤隋末行五銖白錢天下盜起私鑄錢行千錢初重二斤其後愈輕不及一斤鐵葉皮紙皆以爲錢高祖入長安民間行綫環錢其製輕小凡八九萬纔滿半斛武德四年鑄開元通寶徑八分重二銖四參積十錢重一兩得輕重大小之中其文以八分篆隸三體洛幷幽益桂等州皆置監賜秦王齊王三鑪右僕射裴寂一鑪以鑄盜鑄者論死沒其家屬其後盜鑄漸起顯慶五年以惡錢多官爲市之以一善錢售五惡錢民間藏惡錢以待禁弛乾封元年改鑄乾封泉寶錢徑寸重二銖六分以一當舊錢之十踰年而舊錢多廢明年以商賈不通米帛踊貴復行開元通寶錢天下皆鑄之然私錢犯法日蕃有以舟筏鑄江中者詔所在納惡錢而姦亦不息儀鳳中瀕江民多私鑄錢爲業詔巡江官督捕載銅錫鑞過百斤者沒官四年命東都糶米粟斗別納惡錢百少府司農毀之是時鑄多錢賤米粟踊貴乃罷少府鑄尋復舊永淳元年私鑄者抵死鄰保里坊村正皆從坐武后時錢非穿穴及鐵錫銅液皆得用之熟銅排斗沙澀之錢皆售自是盜鑄蜂起江淮游民依大山陂海以鑄吏莫能捕先天之際兩京錢益濫郴衡錢纔有輪郭鐵錫五銖之屬皆可用之或鎔錫摸錢須臾百十開元初宰相宋璟請禁惡錢行二銖四參錢毀舊錢不可用者江淮有官鑪錢偏鑪錢稜錢時錢遣監察御史蕭隱之使江淮率戶出惡錢捕責甚峻上青錢皆輸官小惡者沈江湖市井不通物價益貴隱之坐貶官宋璟又請出米十萬斛收惡錢少府毀之十一年詔所在加鑄禁賣銅錫及造銅器者二十年千錢以重六斤四兩爲率每錢重二銖四參禁缺頓沙澀盪染白彊黑彊之錢首者官爲市之銅一斤爲錢八千二十二年宰相張九齡建議古者以布帛菽粟不可尺寸抄勺而均

乃爲錢以通貿易官鑄所入無幾而工費多宜縱民鑄議下百官宰相裴耀卿黃門侍郎李林甫河南少尹蕭炅秘書監崔沔皆以爲嚴斷惡錢則人知禁稅銅折役則官冶可成計估度庸則私錢以利薄而自息若許私鑄則下皆棄農而競利矣左監門衞錄事參軍事劉秩曰今之錢古之下幣也若捨之任人則上無以御下下無以事上不可一也物賤傷農錢輕傷賈物重則錢輕錢輕由乎物多多則作法收之使少少則作法布之使輕奈何假人不可二也鑄錢不雜鉛鐵則無利雜則錢惡今塞私鑄之路人猶冒死況設陷穽誘之不可三也鑄錢無利則人不鑄有利則去南畝者衆不可四也人富則不可以賞勸貧則不可以威禁法不行人不理係貧富不齊若得鑄錢貧者服役於富室富室乘而益恣不可五也夫錢重係人日滋於前而鑪不加舊公錢與銅價頗等故破重錢爲輕錢銅之不贍在採用者衆也銅之爲兵不如錢爲器不如漆禁銅則人無所用盜鑄者少公錢不破人不犯死錢又日增是一舉而四美兼也是時公卿皆以縱民鑄爲不便於是下詔禁惡錢而已信安郡王禕復言國用不足請縱私鑄議者皆畏禕帝弟之貴莫敢與抗獨倉部郎中韋伯陽以爲不可禕議亦格二十六年宣潤等州初置錢監兩京用錢稍善米粟價益下其後錢又漸惡詔出銅所在置監鑄開元通寶錢京師庫藏皆滿天下盜鑄益起廣陵丹陽宣城尤甚京師權豪歲歲取之舟車相屬江淮偏鑪錢數十種雜以鐵錫輕漫無復錢形公鑄者號官鑪錢一以當偏鑪錢七八富商往往藏之以易江淮私鑄者兩京錢有鵝眼古文綫環之別每貫重不過三四斤至剪鐵而緡之宰相李林甫請出絹布三百萬匹平估收錢物價踊貴訴者日萬人兵部侍郎楊國忠欲招權以市恩揚鞭市門曰行當復之明日詔復行舊錢天寶十一載又出錢三十萬緡易兩市惡錢出左藏庫排斗錢許民易之國忠又言錢非鐵錫銅沙穿穴古文皆得用之是時增調農人鑄錢既非所習皆不聊生內作判官韋倫請厚價募工繇是役用減而鼓鑄多天下鑪九十九絳州三十揚潤宣鄂蔚皆十益郴皆五洋州三定州一每鑪歲鑄錢三千三百緡役丁匠三十費銅二萬一千二百斤鑞三千七百斤錫五百斤每千錢費錢七百五十天下歲鑄三十二萬七千緡肅宗乾元元年經費不給鑄錢使第五琦鑄乾元重寶錢徑一寸每緡重十斤與開元通寶參用以一當十亦號乾元十當錢先是諸鑪鑄錢寖薄鎔破錢及佛像謂之盤陀皆鑄爲私錢犯者杖死第五琦爲相復命絳州諸鑪鑄重輪乾元錢徑一寸二分其文亦曰乾元重寶背之外郭爲重輪每緡重十二斤與開元通寶錢並行以一當五十是時民間行三錢大而重稜者亦號重稜錢法既屢易物價騰踊米斗錢至七千餓死者滿道初有虛錢京師人人私鑄并小錢壞鍾像犯禁者愈衆鄭叔清爲京兆尹數月榜死者八百餘人肅宗以新錢不便命百官集議不能改上元元年減重輪錢以一當三十開元舊錢與乾元十當錢皆以一當十碾磑鬻受得爲實錢虛錢交易皆用十當錢由是錢有虛實之名史思明據東都亦鑄得一元寶錢徑一寸四分以一當開元通寶之百既而惡得一非長祚之兆改其文曰順天元寶代宗即位乾元重寶錢以一當二重輪錢以一當三凡三日而大小錢皆以一當一自第五琦更鑄犯法者日數百州縣不能禁止至是人甚便之其後民間乾元重稜二錢鑄爲器不復出矣當時議者以爲自天寶至今戶九百餘萬王制上農夫食九人中農夫七人以中農夫計之爲六千三百萬人少壯相均人食米二升日費米百二十六萬斛歲費四萬五千三百六十萬斛而衣倍之吉凶之禮再倍餘三年之儲以備水旱凶災當米十三萬六千八十萬斛以貴賤豐儉相當則米之直與錢均也田以高下肥瘠豐耗爲率一頃出米五十餘斛當田二千七百二十一萬六千頃而錢亦歲毀於棺瓶埋藏焚溺其間銅貴錢賤有鑄以爲器者不出十年錢幾盡不足周當世之用諸道鹽鐵轉運使劉晏以江嶺諸州任土所出皆重麤賤弱之貨輸京師不足以供道路之直於是積之江淮易銅鉛薪炭廣鑄錢歲得十餘萬緡輸京師及荊揚二州自是錢日增矣大曆七年禁天下鑄銅器建中初戶部侍郎韓洄以商州紅崖冶銅多請復洛源廢監起十鑪歲鑄錢七萬二千緡每千錢費九百德宗從之江淮多鉛錫錢以銅盪外不盈斤兩帛價益貴銷千錢爲銅六斤鑄器則斤得錢六百故銷鑄者多而錢益耗判度支趙贊採連州白銅鑄大錢一當十以權輕重貞元初駱谷散關禁行人以一錢出者諸道鹽鐵使張滂奏禁江淮鑄銅爲器惟鑄鑑而已十年詔天下鑄銅器每器一斤其直不得過百六十銷錢者以盜鑄論然而民間錢益少繒帛價輕州縣禁錢不出境商賈皆絕浙西觀察使李若初請通錢往來而京師商賈齎錢四方貿易者不可勝計詔復禁之二十年命市井交易以綾羅絹布雜貨與錢兼用憲宗以錢少復禁用銅器時商賈至京師委錢諸道進奏院及諸軍諸使富家以輕裝趨四方合券乃取之號飛錢京兆尹裴武請禁與商賈飛錢者廋索諸坊十人爲保鹽鐵使李巽以郴州平陽銅坑二百八十餘復置桂陽監以兩鑪日鑄錢二十萬天下歲鑄錢十三萬五千緡命商賈蓄錢者皆出以市貨天下有銀之山必有銅唯銀無益於人五嶺以北採銀一兩者流它州官吏論罪元和四年京師用錢緡少二十及有鉛錫錢者捕之非交易而錢行衢路者不問復詔采五嶺銀坑禁錢出嶺六年貿易錢十緡以上者參用布帛蔚州三河冶距飛狐故監二十里而近河東節度使王鍔置鑪疏拒馬河水鑄錢工費尤省以刺史李聽爲使以五鑪鑄每鑪月鑄錢三十萬自是河東錫錢皆廢自京師禁飛錢家有滯藏物價寖輕判度支盧坦兵部尚書判戶部事王紹鹽鐵使王播請許商人於戶部度支鹽鐵三司飛錢每千錢增給百錢然商人無至者復許與商人敵貫而易之然錢重帛輕如故憲宗爲之出內庫錢五十萬緡市布帛每疋加舊估十之一會吳元濟王承宗連衡拒命以七道兵討之經費屈竭皇甫鎛建議內外用錢每緡墊二十外復抽五十送度支以贍軍十二年復給京兆府錢五十萬緡市布帛而富家錢過五千貫者死王公重貶沒入於官以五之一賞告者京師區肆所積皆方鎮錢少亦五十萬緡乃爭市第宅然富賈倚左右神策軍官錢爲名府縣不敢劾問民間墊陌有至七十者鉛錫錢益多吏捕犯者多屬諸軍諸使譁集市人殭奪毆傷吏卒京兆尹崔元略請犯者本軍本使涖決帝不能用詔送本軍本使而京兆府遣人涖決穆宗即位京師鬻金銀十兩亦墊一兩糴米鹽百錢墊七八京兆尹柳公綽以嚴法禁止之尋以所在用錢墊陌不一詔從俗所宜內外給用每緡墊八十寶歷初河南尹王起請銷錢爲佛像者以盜鑄錢論太和三年詔佛像以鉛錫土木爲之飾帶以金銀鍮石烏油藍鐵唯鑑磬釘鐶鈕得用銅餘皆禁之盜鑄者死是時峻鉛錫錢之禁告千錢者賞以五千四年詔積錢以七千緡爲率十萬緡者期以一年出之二十萬以二年凡交易百緡以上者匹帛米粟居半河南府揚州江陵府以都會之劇約束如京師未幾皆罷八年河東錫錢復起鹽鐵使王涯置飛狐鑄錢院於蔚州天下歲鑄錢不及十萬緡文宗病幣輕錢重詔方鎮縱錢穀交易時雖禁銅爲器而江淮嶺南列肆鬻之鑄千錢爲器售利數倍宰相李珏請加鑪鑄錢於是禁銅器官一切爲市之天下銅坑五十歲采銅二十六萬六千斤及武宗廢浮屠法永平監官李郁彥請以銅像鍾磬鑪鐸皆歸巡院州縣銅益多矣鹽鐵使以工有常力不足以加鑄許諸道觀察使皆得置錢坊淮南節度使李紳請天下以州名鑄錢京師爲京錢大小徑寸如開元通寶交易禁用舊錢會宣宗即位盡黜會昌之政新錢以字可辨復鑄爲像昭宗末京師用錢八百五十爲貫每百纔八十五河南府以八十爲百云

唐書卷五十四考證

食貨志四每緡重十二斤○舊書作二十斤

唐書卷五十五

宋 翰 林 學 士 歐 陽 修 撰

食貨志第四十五

武德元年文武官給祿頗減隋制一品七百石從一品六百石二品五百石從二品四百六十石三品四百石從三品三百六十石四品三百石從四品二百六十石五品二百石從五品百六十石六品百石從六品九十石七品八十石從七品七十石八品六十石從八品五十石九品四十石從九品三十石皆以歲給之外官則否一品有職分田十二頃二品十頃三品九頃四品七頃五品六頃六品四頃七品三頃五十畝八品二頃五十畝九品二頃皆給百里內之地諸州都督都護親王府官二品十二頃三品十頃四品八頃五品七頃六品五頃七品四頃八品三頃九品二頃五十畝鎮戍關津岳瀆官五品五頃六品三頃五十畝七品三頃八品二頃九品一頃五十畝三衞中郎將上府折衝都尉六頃中府五頃五十畝下府及郎將五頃上府果毅都尉四頃中府三頃五十畝下府三頃上府長史別將三頃中府下府二頃五十畝親王府典軍五頃五十畝副典軍四頃千牛備身左右太子千牛備身三頃折衝上府兵

曹二頃中府下府一頃五十畝外軍校尉一頃二十畝旅帥一頃隊正副八十畝親王以下又有永業田百頃職事官一品六十頃郡王職事官從一品五十頃國公職事官從二品三十五頃縣公職事官三品二十五頃職事官從三品二十頃侯職事官四品十二頃子職事官五品八頃男職事官從五品五頃六品七品二頃五十畝八品九品二頃二品上柱國三十頃柱國二十五頃上護軍二十頃護軍十五頃上輕車都尉十頃輕車都尉七頃上騎都尉六頃騎都尉四頃驍騎飛騎尉八十畝雲騎武騎尉六十畝散官五品以上給同職事官五品以上受田寬鄉六品以下受於本鄉解免者追田除名者受口分之田襲爵者不別給流內九品以上口分田終其身六十以上停私乃收凡給田而無地者畝給粟二斗京師及州縣皆有公廨田供公私之費其後以用度不足京官有俸賜而已諸司置公廨本錢以番官貿易取息計員多少爲月料貞觀初百官得上考者給祿一季未幾又詔得上下考給祿一年出使者稟其家新至官者計日給糧中書舍人高季輔言外官卑品貧匱宜給祿養親自後以地租春秋給京官歲凡五十萬一千五百餘斛外官降京官一等一品以五十石爲一等二品三品以三十石爲一等四品五品以二十石爲一等六品七品以五石爲一等八品九品以二石五斗爲一等無粟則以鹽爲祿十一年以職田侵漁百姓詔給逃還貧戶視職田多少每畝給粟二升謂之地子是歲以水旱復罷之十二年罷諸司公廨本錢以天下上戶七千人爲胥士視防閤制而收其課計官多少而給之十五年復置公廨本錢以諸司令史主之號捉錢令史每司九人補於吏部所主纔五萬錢以下市肆販易月納息錢四千歲滿受官諫議大夫褚遂良上疏京七十餘司更一二歲捉錢令史六百餘人受職太學高第諸州進士拔十取五猶有犯禁罹法者況廛肆之人苟得無恥不可使其居職太宗乃罷捉錢令史復詔給百官俸十八年以京兆府岐同華邠坊州隙地陂澤可墾者復給京官職田二十二年置京諸司公廨本錢捉以令史府史胥士永徽元年廢之以天下租脚直爲京官俸料其後又薄斂一歲稅以高戶主之月收息給俸尋顯以稅錢給之歲總十五萬二千七百三十緡一品月俸八千食料一千八百雜用一千二百二品月俸六千五百食料一千五百雜用一千二品月俸五千一百雜用九百四品月俸三千五百食料雜用七百五品月俸三千食料雜用六百六品月俸二千食料雜用四百七品月俸一千七百五十食料雜用三百五十八品月俸一千三百食料三百雜用二百五十九品月俸一千五十食料二百五十雜用二百行署月俸一百四十食料三十職事官又有防閤庶僕一品防閤九十六人二品七十二人三品四十八人四品三十二人五品二十四人六品庶僕十五人七品四人八品三人九品二人公主有邑士八十人郡主六十人縣主四十人外官以州府縣上下中爲差少尹長史司馬及丞減長官之半參軍博士減判司三之二主簿縣尉減丞三之二錄事市令以參軍職田爲輕重京縣錄事以縣尉職田爲輕重羈縻州官給以土物關監官給以年支輕貨折衝府官則有仗身上府折衝都尉六人果毅四人長史別將三人兵曹二人中下府各減一人皆十五日而代開府儀同三司特進光祿大夫同職事官公廨雜用不給員外官檢校判試知給祿料食糧之半散官勳官衞官減四之一致仕五品以上給半祿解官充侍亦如之四夷宿衞同京官天下置公廨本錢以典史主之收贏十之七以供佐史以下不賦粟者常食餘爲百官俸料京兆河南府錢三百八十萬太原及四大都督府二百七十五萬中都督府上州二百四十二萬下都督中州一百五十四萬下州八十八萬京兆河南府京縣一百四十三萬太原府京縣九十一萬三千京兆河南府畿縣八十二萬五千太原府畿縣諸州上縣七十七萬中縣五十五萬中下縣下縣二十八萬五千折衝上府二十萬中府減四之一下府十萬麟德二年給文官五品以上仗身以掌閑幕士爲之咸亨元年與職事官皆罷乾封元年京文武官視職事品給防閤庶僕百官俸出於租調運送之費甚廣公廨出舉典史有徹垣墉鬻田宅以免責者又以雜職供薪炭納直倍於正丁儀鳳三年王公以下率口出錢以充百官俸食防閤庶僕邑士仗身封戶調露元年職事五品以上復給仗身光宅元年以京官八品九品俸薄詔八品歲給庶僕三人九品二人文武職事三品以上給親事帳內以六品七品子爲親事以八品九品子爲帳內歲納錢千五百謂之品子課錢三師三公開府儀同三司百三十人嗣王郡王百八人上柱國領二品以上職事九十五人領三品職事六十九人柱國領二品以上職事七十三人領三品職事五十五人護軍領二品以上職事六十二人領三品職事三十六人二品以下又有白直執衣二品白直四十人三品三十二人四品二十四人五品十六人六品十人七品七人八品五人九品四人二品執衣十八人三品十五人四品十三人五品九人六品七品各六人八品九品各三人皆中男爲之防閤庶僕皆滿歲而代外官五品以上亦有執衣都護府不治州事亦有仗身都護四人副都護長史司馬三人諸曹參軍士二人上鎮將四人中下鎮將上鎮副三人中下鎮副各二人鎮倉曹關令丞戍主副各一人皆取於防人衞士十五日而代宿衞官三品以上仗身三人五品以上二人六品以下及散官五品以上各一人取於番上衞士役而不收課親王出藩者府佐史典軍副典軍有事力人數如白直諸司諸使有守當及廳子以兵及勳官爲之白直執衣以下分三番周歲而代供役不踰境後皆納課仗身錢六百四十防閤庶僕白直錢二千五百執衣錢一千其後親事帳內亦納課如品子之數州縣典史捉公廨本錢者收利十之七富戶幸免徭役貧者破產甚衆祕書少監崔沔請計戶均出每丁加升尺所增蓋少流亡漸復倉庫充實然後取於正賦罷新加者開元十年中書舍人張嘉貞又陳其不便遂罷天下公廨本錢復稅戶以給百官籍內外職田賦逃還戶及貧民罷職事五品以上仗身十八年復給京官職田州縣籍一歲稅錢爲本以高戶捉之月收贏以給外官復置天下公廨本錢收贏十之六十九年初置職田頃畝簿租價無過六斗地不毛者畝給二斗二十四年令百官防閤庶僕俸食雜用以月給之總稱月俸一品錢三萬一千二品二萬四千三品萬七千四品萬一千五百六十七五品九千二百六品五千三百七品四千一百八品二千四百七十五九品千九百一十七祿米則歲再給之一品七百斛從一品六百斛二品五百斛從二品四百六十斛三品四百斛從三品三百六十斛四品三百斛從四品二百五十斛五品二百斛從五品百六十斛六品百斛自此十斛爲率至從七品七十斛八品六十七斛自此五斛爲率至從九品五十二斛外官降一等先是州縣無防人者籍十八以上中男及殘疾以守城門及倉庫門謂之門夫番上不至者閒月督課爲錢百七十忙月二百至是以門夫資課給州縣官二十九年以京畿地狹計丁給田猶不足於是分諸司官在都者給職田於都畿以京師地給貧民是時河南北職田兼稅桑有詔公廨職田有桑者毋督絲課天寶初給員外郎料天下白直歲役丁十萬有詔罷之計數加稅以供用人皆以爲便自開元後置使甚衆每使各給雜錢宰相楊國忠身兼數官堂封外月給錢百萬幽州平盧節度使安祿山隴右節度使哥舒翰兼使所給亦不下百萬十二載國忠以兩京百官職田送租勞民請五十里外輸于縣倉斗納直二錢百里外納直三錢使百官就請于縣然縣吏欺盜蓋多而閑司有不能自直者十四載兩京九品以上月給俸加十之二同正員加十之一兵興權臣增領諸使月給厚俸比開元制祿數倍至德初以用物不足內外官不給料錢郡府縣官給半祿及白直品子課乾元元年亦給外官半料及職田京官給手力課而已上元元年復令京官職田以時輸送受加耗者以枉法贓論其後籍以爲軍糧矣永泰末取州縣官及折衝府官職田苗子三之一市輕貨以賑京官大歷元年斂天下青苗錢得錢四百九十萬緡輸大盈庫封太府左右藏鑰而不發者累歲二年復給京兆府及畿縣官職田以三之一供軍饟增稅青苗錢一畝至三十權臣月俸有至九十萬者刺史亦至十萬楊綰常衮爲相增京官正員官及諸道觀察使都團練使副使以下料錢初檢校官同中書門下平章事者月給錢十二萬至是戶部侍郎判度支韓滉請同正官從高而給之文官一千八百五十四員武官九百四十二員月俸二十六萬緡而增給者居三之一先是州縣職田公廨田每歲六月以白簿上尚書省覆實至十月輸送則有黃籍歲一易之後不復簿上唯授租清望要官而職卑者稽留不付黃籍亦不復更矣德宗即位詔黃籍與白簿皆上有司建中三年復減百官料錢以助軍李泌爲相又增百官及畿內官月俸復置手力資課歲給錢六十一萬六千餘緡文官千八百九十二員武官八百九十六員左右衞上將軍以下又有六雜給一曰糧米二曰鹽三曰私馬四曰手力五曰隨身六曰春冬服私馬則有芻豆手力則有資錢隨身則有糧米鹽春冬服則有布絹絁紬綿射生神策軍大將軍以下增以鞋比大歷制祿又厚矣州縣官有手力雜給錢然俸最薄者也李泌以度支有兩稅錢鹽鐵使有筦榷錢可以擬經費中外給用每貫墊二十號戶部除陌錢復有闕官俸料職田錢積戶部號戶部別貯錢御史中丞專掌之皆以給京官歲費不及五十五萬緡京兆和糴度支給諸軍冬衣亦往往取之減王公以下永業田郡王職事官從一品田五十頃國公職事官正二品田四十頃郡公職事官從二品田三十頃縣公職事官正四品田十四頃職事官從四

品田十一頃尚郡主檢校四品京官者月給料錢三十萬祿百二十石尚縣主檢校五品京官者料錢二十萬祿百石者自李泌增百官俸當時以爲不可朘削矣然有名存而職廢額去而俸在者宰相李吉甫建議減之遂爲常法于時祠祭蕃夷賜宴別設皆長安萬年人吏主辦二縣置本錢配納質積戶收息以供費諸使捉錢者給牒免徭役有罪府縣不敢劾治民間有不取本錢立虛契子孫相承爲之嘗有毆人破首詣閑廐使納利錢受牒貸罪御史中丞柳公綽奏諸使捉錢戶府縣得捕役給牒者毁之自是不得錢者不納利矣議者以兩省尚書自御史臺總樞機正百寮而倍稱息利非馭官之體元和九年戶部除陌錢每緡增墊五錢四時給諸司諸使之餐置驅使官督之御史一人覈其侵漁起明年正月收息五之一號元和十年新收置公廨本錢初捉錢者私增公廨本以防耗失而富人乘以爲姦可督者私之外以逋官錢迫蹙閭里民不堪其擾御史中丞崔從奏增錢者不得踰官本其後兩省捉錢官給牒逐利江淮之民齎茶鹽以撓法十三年以職田多少不均每司收草粟以多少爲差其後宰相李珏楊嗣復奏堂厨食利錢擾民頗碎於是罷堂厨捉錢官置庫量入計費唐世百官俸錢會昌後不復增減今著其數太師太傅太保錢二百萬太尉司徒司空百六十萬侍中百五十萬中書令門下中書侍郎左右僕射太子太師太保太傅百四十萬尚書御史大夫太子少師少保少傅百萬節度使三十萬都防禦使副使監軍十五萬觀察使十萬左右丞侍郎散騎常侍諫議大夫給事中中書舍人祕書殿中內侍監御史中丞太常宗正大理司農太府鴻臚太僕光祿衛尉卿國子祭酒將作少府監太子賓客詹事諸府尹大都督府長史都團練使副使上州刺史八萬太常宗正少卿太子左右庶子節度副使刺史知軍事七萬六軍統軍諸府少尹少監少卿國子司業少詹事六萬五千左右衛金吾衛上將軍六軍大將軍六萬左右驍衛武衛威衛領軍衛監門衛千牛衛上將軍上州別駕五萬五千郎中司天監太子左右諭德家令寺僕寺率更寺令親王傅別勑判宮觀察團練判官掌書記上州長史司馬五萬左右衛金吾衛大將軍懷化大將軍諸府大都督司錄參軍事畿赤縣令四萬五千員外郎起居郎通事舍人起居舍人著作郎內常侍侍御史殿中侍御史太常宗正殿中祕書丞大理正國子博士京都宮苑總監監都水使者太子中舍中允王府長史歸德將軍節度推官支使防禦判官上州錄事參軍事畿縣上縣令四萬懷化中郎將三萬七千左右驍衛武衛威衛領軍衛監門衛千牛衛殿前左右射生軍神策軍大將軍左右衛金吾衛將軍三萬六千補闕殿中侍御史諸府大都督府判官赤縣丞三萬五千懷化郎將三萬二千拾遺司天少監六局奉御內常侍監察御史御史臺主簿太常博士陵署令大理司直中書主書門下錄事太子贊善典內洗馬司議郎王府司馬驍衛武衛威衛領軍衛監門衛六軍射生神策軍將軍歸德中郎將觀察防禦團練推官巡官畿赤縣丞兩赤縣主簿尉上州功曹參軍以下上縣丞三萬城門郎祕書郎著作佐郎六局直長十六衛六軍諸府十率府長史懷化司階畿縣丞畿赤縣主簿尉二萬五千歸德司階二萬三千五官正太常寺協律郎陵署丞諸寺監主簿國子太學廣文助教都水監丞詹事府司直太子通事舍人文學三寺丞五局郎正府諮議參軍友畿縣上縣主簿尉二萬懷化中候萬八千十六衛六軍十率府率副率中郎中郎將萬七千三百五十歸德中候萬七千四門助教十六衛佐祕書省崇文弘文館校書郎正字太常寺奉禮郎太祝郊社太樂鼓吹署令四門助教京都宮苑總監副監九成宮總監監主事十六衛六軍衛佐尚書省都事萬六千十六衛六軍中候太子內率府千牛六千一百七十四內寺伯懷化司戈諸府大都督府參軍事文學博士錄事上州參軍事博士萬五千歸德司戈萬四千十六衛六軍十率府左右郎將親王府典軍副典軍萬三千八百司戈內率府備身僕寺進馬三千七百一十二符寶郎內謁者監九寺諸監詹事府丞太醫署令太學廣文四門博士中書門下主事太子文學侍醫諸府都督府醫博士法直兩赤縣錄事上州錄事市令萬三千懷化執戟長上萬一千門下省典儀侍御醫司天臺丞都水監主簿率府衛佐諸司主事御史臺主事萬二千司醫太醫署丞歸德執戟長上一萬醫佐大理寺評事太常宗正寺詹事府主簿寺監內侍省司天臺左右春坊詹事府錄事主事八千司階千牛備身左右七千九百九十京都園苑四面監監兩京諸市中尚武庫武成王廟署令王府掾屬主簿記室錄事參軍事七千司天臺主簿靈臺郎保章正上局署令七品陵廟令京都宮苑總監丞司竹溫泉監監太子內坊丞王府功曹以下參軍事親王國令公主邑司令六千奚官內僕內府局令司竹溫泉副監五千書算律學博士內謁者中局署令上局署丞五官挈壺正京都園苑四面監九成宮總監副監醫針博士醫監陵廟令司竹溫泉監丞太子藥藏局丞王府參軍事王國大農公主邑司丞四千獄丞國子監直講掌客司儀中局署丞監膳監作監事食醫尚輦進馬奉乘主乘典乘司庫司廩十六衛十率府錄事親勳翊府兵曹參軍事司天臺司辰司曆監候內坊典直宮教博士樂正醫正卜正按摩呪禁卜博士針醫卜書算助教陵廟太樂鼓吹署丞京都園苑四面監九成宮總監丞諸總監主簿太子典膳內直典設宮門局丞三寺主簿親王國尉丞三千十六衛六軍十率府執戟長上左右中郎將二千八百五十

唐書卷五十五考證

食貨志五四門助教○此句已見前文疑重出

唐書卷五十六

宋　翰　林　學　士　歐　陽　修　撰

刑法志第四十六

古之爲國者議事以制不爲刑辟懼民之知爭端也後世作爲刑書惟恐不備俾民之知所避也其爲法雖殊而用心則一蓋皆欲民之無犯也然未知夫導之以德齊之以禮而可使民遷善遠罪而不自知也唐之刑書有四曰律令格式令者尊卑貴賤之等數國家之制度也格者百官有司之所常行之事也式者其所常守之法也凡邦國之政必從事於此三者其有所違及人之爲惡而入于罪戾者一斷以律律之爲書因隋之舊爲十有二篇一曰名例二曰衛禁三曰職制四曰戶婚五曰廐庫六曰擅興七曰賊盜八曰鬬訟九曰詐僞十曰雜律十一曰捕亡十二曰斷獄其用刑有五一曰笞笞之爲言恥也凡過之小者捶撻以恥之漢用竹後世更以楚書曰扑作教刑是也二曰杖杖者持也可持以擊也書曰鞭作官刑是也三曰徒徒者奴也蓋奴辱之周禮曰其奴男子入于罪隸任之以事寘之圜土而教之量其罪之輕重有年數而捨四曰流書云流宥五刑謂不忍刑殺宥之于遠也五曰死乃古大辟之刑也自隋以前死刑有五曰罄絞斬梟裂而流徒之刑鞭笞兼用數皆踰百至隋始定爲笞刑五自十至于五十杖刑五自六十至于百徒刑五自一年至于三年流刑三自一千里至于二千里死刑二絞斬除其鞭刑及梟首轘裂之酷又有議請減贖當免之法唐皆因之然隋文帝性刻深而煬帝昏亂民不勝其毒唐興高祖入京師約法十二條惟殺人劫盜背軍叛逆者死及受禪命納言劉文靜等損益律令武德二年頒新格五十三條唯吏受賕犯盜詐冒府庫物赦不原凡斷屠日及正月五月九月不行刑四年高祖躬錄囚徒以人因亂冒法者衆盜非劫傷其主及征人逃亡官吏枉法皆原之已而又詔僕射裴寂等十五人更撰律令凡律五百麗以五十三條流罪三皆加千里居作三歲至二歲半者悉爲一歲餘無改焉太宗即位詔長孫无忌房玄齡等復定舊令議絞刑之屬五十皆免死而斷右趾既而又哀其斷毁支體謂侍臣曰肉刑前代除之久矣今復斷人趾吾不忍也王珪蕭瑀陳叔達對曰受刑者當死而獲生豈憚去一趾去趾所以使見者知懼今以死刑爲斷趾蓋寬之也帝曰公等更思之其後蜀王法曹參軍裴弘獻駮律令四十餘事乃詔房玄齡與弘獻等重加刪定玄齡等以謂古者五刑刖居其一及肉刑既廢今以笞杖徒流死爲五刑而又刖足是六刑也於是除斷趾法爲加役流三千里居作二年太宗嘗覽明堂針灸圖見人之五臟皆近背針灸失所則其害致死歎曰夫箠者五刑之輕死者人之所重安得犯至輕之刑而或致死遂詔罪人無得鞭背五年河內人李好德坐妖言下獄大理丞張蘊古以爲好德病狂瞀法不當坐治書侍御史權萬紀劾蘊古相州人好德兄厚德方爲相州刺史故蘊古奏不以實太宗怒遽斬蘊古既而大悔因詔死刑雖令即決皆三覆奏久之謂羣臣曰死者不可復生昔王世充殺鄭頲而猶能悔近有府史取賕不多朕殺之是思之不審也決囚雖三覆奏而頃刻之間何暇思慮自今宜二日五覆奏決日尚食勿進酒肉教坊太常輟教習諸州死罪三覆奏其日亦蔬食務合禮撤樂減膳之意故時律兄弟分居蔭不相及而連坐則俱死同州人房彊以弟謀反當從坐帝因錄囚爲之動容曰反逆有二興師動衆一也惡言犯法二也輕重固異而鈞謂之反連坐皆死豈定法耶玄齡等議曰禮孫爲父尸故祖有蔭孫令是祖孫重而兄弟輕於是令反逆者祖孫與兄弟緣坐皆配沒惡言犯法者兄弟配流而已玄齡等

遂與法司增損隋律，降大辟爲流者九十二，流爲徒者七十一，以爲律；定令一千五百四十六條，以爲令；又刪武德以來敕三千餘條爲七百條，以爲格；又取尚書省列曹及諸寺監十六衞計帳以爲式。凡州縣皆有獄，而京兆河南獄治京師，其諸司有罪及金吾捕者又有大理獄。京師之囚，刑部月一奏，御史巡行之。每歲立春至秋及大祭祀致齊、朔望、上下弦、二十四氣、雨及夜未明、假日、斷屠月，皆停死刑。京師決死，涖以御史、金吾，在外則上佐，餘皆判官涖之。五品以上罪論死，乘車就刑，大理正涖之，或賜死于家。凡囚已刑，無親屬者，將作給棺，瘞于京城七里外，壙有甎銘，上揭以榜，家人得取以葬。諸獄之長官，五日一慮囚。夏置漿飲，月一沐之；疾病給醫藥，重者釋械，其家一人入侍，職事散官三品以上，婦女子孫二人入侍。天下疑獄讞大理寺不能決，尚書省衆議之，錄可爲法者送祕書省。奏報不馳驛。經覆而決者，刑部歲以正月遣使巡覆，所至，閲獄囚杻校、糧餉，治不如法者。杻校鉗鎖皆有長短廣狹之制，量囚輕重用之。囚二十日一訊，三訊而止，數不過二百。凡杖皆長三尺五寸，削去節目。訊杖，大頭徑三分二釐，小頭二分二釐；常行杖，大頭二分七釐，小頭一分七釐；笞杖，大頭二分，小頭一分有半。死罪校而加杻，官品勳階第七者，鎖禁之。輕罪及十歲以下至八十以上者，廢疾、侏儒、懷妊皆頌繫以待斷。居作者著鉗若校，京師隸將作，女子隸少府縫作。旬給假一日，臘、寒食二日，毋出役院。病者釋鉗校、給假，疾差陪役。謀反者男女奴婢沒爲官奴婢，隸司農，七十者免之。凡役，男子入于蔬圃，女子入于廚饎。流移人在道疾病，婦人免乳，祖父母、父母喪，男女奴婢死，皆給假，授程糧。非反逆緣坐，六歲縱之，特流者三歲縱之，有官者得復仕。初，太宗以古者斷獄，訊於三槐九棘，乃詔死罪，中書門下五品以上及尚書等平議之；三品以上犯公罪流、私罪徒，皆不追身。凡所以纖悉條目，必本於仁恕。然自張蘊古之死也，法官以失出爲誡，有失入者，又不加罪，自是吏法稍密。帝以問大理卿劉德威，對曰：「律，失入減三等，失出減五等。今失入無辜，而失出爲大罪，故吏皆深文。」帝矍然，遂命失出入者皆如律，自此吏亦持平。十四年，詔流罪無遠近皆徙邊要州。後犯者寖少。十六年，又徙死罪以實西州，流者戍之，以罪輕重爲更限。廣州都督党仁弘嘗率鄉兵二千助高祖起，封長沙郡公。仁弘交通豪酋，納金寶，沒降獠爲奴婢，又擅賦夷人。既還，有舟七十。或告其贓，法當死。帝哀其老且有功，因貸爲庶人，乃召五品以上，謂曰：「賞罰所以代天行法，今朕寬仁弘死，是自弄法以負天也。人臣有過，請罪於君，君有過，宜請罪於天。其令有司設藁席于南郊三日，朕將請罪。」房玄齡等曰：「寬仁弘不以私而以功，何罪之請？」百僚頓首三請，乃止。太宗以英武定天下，然其天姿仁恕。初卽位，有勸以威刑肅天下者，魏徵以爲不可，因爲上言王政本於仁恩，所以愛民厚俗之意，太宗欣然納之，遂以寬仁治天下，而於刑法尤慎。四年，天下斷死罪二十九人。六年，親錄囚徒，閔死罪者三百九十人，縱之還家，期以明年秋卽刑；及期，囚皆詣朝堂，無後者。太宗嘉其誠信，悉原之。然嘗謂羣臣曰：「吾聞語曰『一歲再赦，好人喑啞』。吾有天下未嘗數赦者，不欲誘民於幸免也。」自房玄齡等更定律、令、格、式，訖太宗世，用之無所變改。高宗初卽位，詔律學之士撰律疏。又詔長孫无忌等增損格敕，其曹司常務曰留司格，頒之天下曰散頒格。龍朔、儀鳳中，司刑太常伯李敬玄、左僕射劉仁軌相繼又加刊正。武后時，內史裴居道、鳳閣侍郎韋方質等又刪武德以後至于垂拱詔敕爲新格，藏於有司，曰垂拱留司格。神龍元年，中書令韋安石又續其後至於神龍，爲散頒格。睿宗卽位，戶部尚書岑羲等又著太極格。玄宗開元三年，黃門監盧懷慎等又著開元格。至二十五年，中書令李林甫又著新格，凡所損益數千條。明年，吏部尚書宋璟又著後格，皆以開元名書。天寶四載，又詔刑部尚書蕭炅稍復增損之。肅宗、代宗無所改造。至德宗時，詔中書門下選律學之士，取至德以來制敕奏讞，掇其可爲法者藏之，而不名書。憲宗時，刑部侍郎許孟容等刪天寶以後敕爲開元格後敕。文宗命尚書省郎官各刪本司敕，而丞與侍郎覆視，中書門下參其可否而奏之，爲太和格後敕。開成三年，刑部侍郎狄兼謩采開元二十六年以後至于開成制敕，刪其繁者，爲開成詳定格。宣宗時，左衞率府倉曹參軍張戣以刑律分類爲門，而附以格敕，爲大中刑律統類，詔刑部頒行之。此其當世所施行而著見者，其餘有其書而不常行者，不足紀也。書曰：「愼乃出令。」蓋法令在簡，簡則明，行之在久，久則信，而中材之主，庸愚之吏，常莫克守之，而喜爲變革，至其繁積，則雖有精明之士不能徧習，而吏得上下以爲姦，此刑書之弊也。蓋自高宗以來，其大節鮮可紀，而格令之書，不勝其繁也。高宗既昏懦，而繼以武氏之亂，毒流天下，幾至於亡。自永徽以後，武氏已得志，而刑濫矣。當時大獄，以尚書刑部、御史臺、大理寺雜按，謂之三司，而法吏以慘酷爲能，至不釋枷而笞箠以死者，皆不禁。律有杖百，凡五十九條，犯者或至死而杖未畢，乃詔除其四十九條，然無益也。武后已稱制，懼天下不服，欲制以威，乃脩後周告密之法，詔官司受訊，有言密事者，馳驛奏之。自徐敬業、越王貞、琅邪王沖等起兵討亂，武氏益恐。乃引酷吏周興、來俊臣輩典大獄，與侯思止、王弘義、郭弘霸、李敬仁、康暐、衞遂忠等集告事數百人，共爲羅織，構陷無辜。自唐之宗室與朝廷之士，日被告捕，不可勝數，天下之人，爲之仄足，如狄仁傑、魏元忠等皆幾不免。左臺御史周矩上疏曰：「比姦憸告訐，習以爲常。推劾之吏，以深刻爲功，鑿空爭能，相矜以虐。泥耳囊頭，摺脅籤爪，懸髮燻耳，臥隣穢溺，刻害支體，糜爛獄中，號曰『獄持』；閉絕食飲，晝夜使不得眠，號曰『宿囚』。殘賊威暴，取快目前。被誣者苟求得死，何所不至。爲國者以仁爲宗，以刑爲助，周用仁而昌，秦用刑而亡。願陛下緩刑用仁，天下幸甚。」武后不納。麟臺正字陳子昂亦上書切諫，不省。及周興、來俊臣等誅死，后亦老，其意少衰，而狄仁傑、姚崇、宋璟、王及善相與論垂拱以來酷濫之冤，太后感寤，由是不復殺戮，然其毒虐所被，自古未之有也。大足元年，乃詔法司及推事使敢多作辯狀而加語者，以故入論。中宗、韋后繼以亂敗。玄宗自初卽位，勵精政事，常自選太守、縣令，告戒以言，而良吏布州縣，民獲安樂，二十年間，號稱治平，衣食富足，人罕犯法。是歲刑部所斷天下死罪五十八人。往時大理獄，相傳烏雀不棲，至是有鵲巢其庭樹，羣臣稱賀，以爲幾致刑錯。然而李林甫用事矣，自來俊臣誅後，至此始復起大獄，以誣陷所殺數十百人，如韋堅、李邕等皆一時名臣，天下冤之。而天子亦自喜邊功，遣將分出以擊蠻夷，兵數大敗，士卒死傷以萬計，國用耗乏，而轉漕輸送，遠近煩費，民力既弊，盜賊起而獄訟繁矣。天子方惻然詔曰：「徒非重刑，而役者寒暑不釋械繫。杖，古以代肉刑也，或犯非巨蠹而捶以至死，其皆免，以配諸軍自效。民年八十以上及重疾有罪，皆勿坐。侍丁犯法，原之俾終養。」以此施德其民，然巨盜起，天下被其毒，民莫蒙其賜也。安史之亂，僞官陸大鈞等背賊來歸，及慶緒奔河北，脅從者相率待罪闕下，自大臣陳希烈等合數百人。以御史大夫李峴、中丞崔器等爲三司使，而肅宗方喜刑名，器亦刻深，乃以河南尹達奚珣等三十九人爲重罪，斬于獨柳樹者十一人，珣及韋恒腰斬，陳希烈等賜自盡於獄中者七人，其餘決重杖死者二十一人，以歲除日行刑，集百官臨視，家屬流竄。初，史思明、高秀巖等自拔歸命，聞珣等被誅，懼不自安，乃復叛。而三司用刑連年，流貶相繼，及王璵爲相，請詔三司推覈未已者一切免之。然河北叛人畏誅不降，兵連不解，朝廷屢起大獄。肅宗後亦悔，歎曰：「朕爲三司所誤。」臨崩，詔天下流人皆釋之。代宗性仁恕，常以至德以來用刑爲戒。及河洛平，下詔河北、河南吏民任僞官者，一切不問。得史朝義將士妻子四百餘人，皆赦之。僕固懷恩反，免其家，不緣坐。劇賊高玉聚徒南山，啗人數千，後擒獲，會赦，代宗將貸其死，公卿議請爲葅醢，帝不從，卒杖殺之。諫者常諷帝政寬，故朝廷不肅。帝笑曰：「艱難時無以逮下，顧刑法峻急，有威無恩，朕不忍也。」卽位五年，府縣寺獄無重囚。故時，別勑決人捶無數。寶應元年，詔曰：「凡制敕與一頓杖者，其數止四十；至到與一頓及重杖一頓、痛杖一頓者，皆止六十。」德宗性猜忌少恩，然用刑無大濫。刑部侍郎班宏言：「謀反、大逆及叛、惡逆四者，十惡之大也，犯者宜如律。其餘當斬、絞刑者，決重杖一頓處死，以代極法。」故時死罪皆先決杖，其數或百或六十，於是悉罷之。憲宗英果明斷，自卽位數誅方鎭，欲治僭叛，一以法度，然於用刑喜寬仁。是時，李吉甫、李絳爲相。吉甫言：「治天下必任賞罰，陛下頻降赦令，蠲逋負，賑飢民，恩德至矣。然典刑未舉，中外有懈怠心。」絳曰：「今天下雖未大治，亦未甚亂，乃古平國用中典之時。自古欲治之君，必先德化，至暴亂之世，始專任刑法。吉甫之言過矣。」憲宗以爲然。司空于頔亦諷帝用刑以收威柄，帝謂宰相曰：「頔懷姦謀，欲朕失人心也。」元和八年，詔：「兩京、關內、河東、河北、淮南、山南東西道死罪十惡、殺人、鑄錢、造印，若彊盜持杖劫京兆界中及它盜贓踰三匹者，論如故。其餘死罪皆流天德五城，父祖子孫欲隨者，勿禁。」蓋刑者，政之輔也。政得其道，仁義興行，而禮讓成俗，然猶不敢廢刑，所以爲民防也，寬之而已。今不隆其本，顧風俗謂何而廢常刑，是弛民之禁，啓其姦，由積水而決其防。故自玄宗廢徒杖刑，至是又廢死刑，民未知德，而徒以爲幸也。穆宗童昏，然頗知慎刑法，每有司斷大獄，令中書舍人一人參酌而輕重之，號「參酌院」。大理少卿崔杞奏曰：「國家法度，高祖、太宗制二百餘年矣。周禮正月布刑，張之門閭及都鄙邦國，所以屢丁寧，使四方謹行之。大理寺，陛下守法之司也。今別設參酌之官，有司定罪，乃議其出入，是與奪繫於人情，而法官不得守其職。昔子路問政，孔子曰：『必也正名乎！』臣以爲參酌之名不正，宜廢。」乃罷之。太和六年與平縣民上官興以醉殺人而逃聞械其父乃自歸京兆尹杜悰御史中丞宇文鼎以其就刑免父請減死詔兩省議以爲殺人者死百王所守若許以生是誘之殺人也諫官亦以爲言文宗以興免父囚近於義杖流靈州君子以爲失刑文宗好治務自謙畏然閹官肆孽不能制至誅殺大臣夷滅其族濫及者不可勝數心知其冤爲之飲恨流涕而莫能救止蓋仁者制亂而弱者縱之然則剛彊非不仁而柔弱者仁之賊也武宗用李德裕誅劉稹等大刑舉矣而性嚴刻故時竊盜無死所以原民情迫於飢寒也至是贓滿千錢者死至宣宗乃罷之而宣宗亦自喜刑名常曰犯我法雖子弟不宥也然少仁恩唐德自是衰矣蓋自高祖太宗除隋虐亂治以寬平民樂其安重於犯法致治之美幾乎三代之盛時考其推心惻物其可謂仁矣自高宗武后以來毒流邦家唐祚絕而復續玄宗初勵精爲政二十年間刑獄減省歲斷死罪纔五十八人以此見致治雖難勉之則易未有爲而不至者自此以後兵革遂興國家多故而人主規規無復太宗之志其雖有心於治者亦不能講考大法而性有寬猛凡所更革一切臨時苟且或重或輕徒爲繁文不足以示後世而高祖太宗之法僅守而存故自肅宗以來所可書者幾希矣懿宗以後無所稱焉

唐書卷五十六考證

刑法志定令一千五百四十六條○舊書作一千五百九十條

明年吏部尚書宋璟又著後格○臣酉按上文云二十五年則此明年爲二十六年宋璟卒于二十五年安得至此始著後格耶舊書作六年似得其實

唐書卷五十七

宋 翰 林 學 士 歐 陽 修 撰

藝文志第四十七

自六經焚於秦而復出於漢其師傳之道中絕而簡編脫亂訛闕學者莫得其本眞於是諸儒章句之學興焉其後傳注箋解義疏之流轉相講述而聖道麤明然其爲說固已不勝其繁矣至於上古三皇五帝以來世次國家興滅終始僭竊僞亂史官備矣而傳記小說外暨方言地理職官氏族皆出於史官之流也自孔子在時方修明聖經以紬繆異而老子著書論道德接乎周衰戰國遊談放蕩之士田駢愼到列莊之徒各極其辯而孟軻荀卿始專修孔氏以折異端然諸子之論各成一家自前世皆存而不絕也夫王迹熄而詩亡離騷作而文辭之士興歷代盛衰文章與時高下然其變態百出不可窮極何其多也自漢以來史官列其名氏篇第以爲六藝九種七略至唐始分爲四類曰經史子集而藏書之盛莫盛於開元其著錄者五萬三千九百一十五卷而唐之學者自爲之書者又二萬八千四百六十九卷嗚呼可謂盛矣六經之道簡嚴易直而天人備故其愈久而益明其餘作者衆矣質之聖人或離或合然其精深閎博各盡其術而怪奇偉麗往往震發於其間此所以使好奇博愛者不能忘也然凋零磨滅亦不可勝數豈其華文少實不足以行遠歟而俚言俗說猥有存者亦其有幸不幸歟今著于篇有其名而亡其書者十蓋五六也可不惜哉初隋嘉則殿書三十七萬卷至武德初有書八萬卷重複相糅王世充平得隋舊書八千餘卷太府卿宋遵貴監運東都浮舟泝河西致京師經砥柱舟覆盡亡其書貞觀中魏徵虞世南顏師古繼爲祕書監請購天下書選五品以上子孫工書者爲書手繕寫藏於內庫以宮人掌之玄宗命左散騎常侍昭文館學士馬懷素爲修圖書使與右散騎常侍崇文館學士褚無量整比會幸東都乃就乾元殿東序檢校無量建議御書以宰相宋璟蘇頲同署如貞觀故事又借民間異本傳錄及還京師遷書東宮麗正殿置修書院於著作院其後大明宮光順門外東都明福門外皆創集賢書院學士通籍出入既而太府月給蜀郡麻紙五千番季給上谷墨三百三十六丸歲給河間景城清河博平四郡兔千五百皮爲筆材兩都各聚書四部以甲乙丙丁爲次列經史子集四庫其本有正有副軸帶帙籤皆異色以別之安祿山之亂尺簡不藏元載爲宰相奏以千錢購書一卷又命拾遺苗發等使江淮括訪至文宗時鄭覃侍講進言經籍未備因詔祕閣搜採於是四庫之書復完分藏于十二庫黃巢之亂存者蓋尠昭宗播遷京城制置使孫惟晟斂書本軍寓教坊於祕閣有詔還其書命監察御史韋昌範等諸道求購及徙洛陽蕩然無遺矣

甲部經錄其類十一一曰易類二曰書類三曰詩類四曰禮類五曰樂類六曰春秋類七曰孝經類八曰論語類九曰讖緯類十曰經解類十一曰小學類凡著錄四百四十家五百九十七部六千一百四十五卷不著錄一百一十七家三千三百六十卷

連山十卷司馬膺注歸藏十三卷周易卜商傳二卷孟喜章句十卷京房章句十卷費直章句四卷馬融章句十卷荀爽章句十卷鄭玄注周易十卷王肅注十卷董遇注十卷宋忠注十卷王弼注七卷劉表注五卷又大衍論三卷虞翻注九卷陸績注十三卷姚信注十卷荀輝注十卷蜀才注十卷王廙注十卷干寶注十卷又爻義一卷黃穎注十卷崔浩注十卷崔覲注十三卷何胤注十卷盧氏注十卷傳氏注十四卷王又玄注十卷王凱沖注十卷荀氏九家集解十卷馬鄭二王集解十卷王弼韓康伯注十卷二王集解十卷張璠集解十卷又略論一卷謝萬韓康伯注繫辭二卷桓玄注繫辭二卷荀諺注繫辭二卷荀柔之注繫辭二卷宋褰注繫辭二卷宋明帝注義疏二十卷張該等羣臣講易疏二十卷梁武帝大義二十卷又大義疑問二十卷蕭偉發義一卷又幾義一卷蕭子政義疏十四卷又繫辭義二卷張譏講疏三十卷何妥講疏十三卷褚仲都講疏十六卷梁蕃文句義疏二十卷又開題論序疏十卷釋序義三卷劉瓛繫辭義疏二卷又乾坤義疏一卷鍾會周易論四卷范氏周易論四卷應吉甫明易論一卷鄒湛統略論三卷阮長成阮仲容難答論二卷宋處宗通易論一卷宣聘通易象論一卷欒肇通易象論一卷袁宏略譜一卷楊乂卦序論一卷沈熊周易譜一卷任希古注周易十卷周易正義十六卷國子祭酒孔穎達顏師古司馬才章王恭太學博士馬嘉運太學助教趙乾叶王談于志寧等奉詔撰四門博士蘇德融趙弘智覆審陸德明周易文句義疏二十四卷文外大義二卷陰弘道周易新傳疏十卷顯子臨渙令薛仁貴周易新注本義十四卷王勃周易發揮五卷玄宗周易大衍論三卷李鼎祚集注周易十七卷東鄉助周易物象釋疑一卷僧一行周易論卷亡又大衍玄圖一卷義決一卷大衍論二十卷崔良佐易忘象卷亡元載集注周易一百卷李吉甫注一行易卷亡衞元嵩元包十卷蘇源明傳李江注高定周易外傳二十二卷郢子京兆府參軍裴通易書一百五十卷字又玄士淹子文宗訪以易義令進所撰書盧行超易義五卷字孟起大中六合丞陸希聲周易傳二卷

右易類七十六家八十八部六百六十五卷失姓名一家李鼎祚以下不著錄十一家三百二十九卷

古文尚書孔安國傳十三卷謝沈注十三卷王肅注十卷又釋駁五卷范甯注十卷李顒集注十卷又新釋二卷要略二卷姜道盛集注十卷徐邈注逸篇二卷伏勝注大傳三卷又暢訓一卷劉向洪範五行傳論十一卷馬融傳十卷王肅孔安國問答三卷鄭玄注古文尚書九卷又注釋問四卷王粲問田瓊韓益正呂文優義注三卷伊說釋義四卷顧歡百問一卷巢猗百釋三卷又義疏十卷費甝義疏十卷任孝恭古文大義二十卷蔡大寶義疏三十卷劉焯義疏二十卷顧彪古文音義五卷又文外義五卷劉炫述義二十卷王儉音義四卷王玄度注尚書十三卷今文尚書十三卷開元十四年玄宗以洪範無偏無頗聲不協詔改爲無偏無陂天寶三載又詔集賢學士衞包改古文從今文尚書正義二十卷國子祭酒孔穎達太學博士王德韶四門助教李子雲等奉詔撰四門博士朱長才蘇德融太學助教隋德素四門助教王士雄趙弘智覆審太尉揚州都督長孫無忌司空李勣左僕射于志寧右僕射張行成吏部尚書侍中高季輔吏部尚書褚遂良中書令柳奭弘文館學士谷那律劉伯莊太學博士賈公彥范義頵齊威太常博士柳士宣孔志約四門博士趙君贊右內率府長史弘文館直學士薛伯珍國子助教史士弘太學助教鄭祖玄周玄達四門助教李玄植王眞儒與王德韶隋德素等刊定王元感尚書糾繆十卷穆元休洪範外注十卷陳正卿續尚書纂漢至唐十二代詔策章疏歌頌符檄論議成書闕元末上之卷亡崔良佐尚書演範卷亡

右書類二十五家三十三部三百六卷王元感以下不著錄四家二十卷

韓詩卜商序韓嬰注二十二卷又外傳十卷卜商集序二卷又翼要十卷毛萇傳十卷鄭玄箋毛詩詁訓二十卷又譜三卷王肅注二十卷又雜義駁八卷問難二卷葉遵注二十卷號葉詩崔靈恩集注二十四卷義注五卷劉楨義問十卷王基毛詩駁五卷毛詩雜答問五卷雜義難十卷孫毓異同評十卷楊乂毛詩辯三卷陳統難孫氏詩評四卷又表隱二卷元延明諠府三卷張氏義疏五卷陸璣草木鳥獸魚蟲疏二卷謝沈釋義十卷劉氏序義一卷劉炫述義三十卷魯世達音義二卷鄭玄等諸家音十五卷王玄度注毛詩二十卷毛詩正義四十卷孔穎達王德韶齊威等奉詔撰趙乾叶四門助教賈普曜趙弘智等覆正許叔牙毛詩纂義十卷成伯璵毛詩指說一卷又斷章二卷毛詩草木蟲魚圖二十卷開成中文宗命集賢院修撰并繪圖象大學士楊嗣復學士張次宗上之

右詩類二十五家三十一部三百二十二卷失姓名三家許叔牙以下不著錄三家三十三卷

大戴德禮記十三卷又喪服變除一卷鄭玄注小戴聖禮記二十卷又禮議二十卷禮記音三卷曹耽解三禮目錄一卷注周官十三卷音三卷注儀禮十七卷喪服變除一卷注喪服紀一卷盧植注小戴禮記二十卷馬融周官傳十二卷又注喪服記一卷王肅注小戴禮記三十卷又注周官十二卷注儀禮十七卷音二卷喪服要記一卷注喪服紀一卷鄭小同禮記義記四卷袁準注儀禮一卷孔倫注一卷陳銓注一卷蔡超宗注二卷田

偁紹注二卷傳玄周官論評十二卷陳劭駁杜預喪服要集議三卷賀循喪服譜一卷又喪服要記五卷謝徽注干寶注周官十二卷又答周官駁難五卷孫略問李軌小戴禮記音二卷尹毅音二卷徐邈音三卷徐爰音二卷司馬伷周官寧朔新書八卷又禮記寧朔新書二十卷王懋約注戴顒月令章句十二卷又中庸傳二卷繇氏要鈔六卷王逡之注喪服五代行要記十卷徐廣禮論問答九卷范甯禮問九卷又禮論答問九卷射慈小戴禮記音二卷又喪服天子諸侯圖一卷崔游喪服圖一卷蔡謨喪服譜一卷喪服要難一卷趙成問袁準答伊說注周官十卷孫炎注禮記三十卷葉遵注十二卷董勛問禮俗十卷劉儁禮記評十卷吳商雜禮義十一卷何承天禮論三百七卷顏延之禮逆降議三卷任預禮論條牒十卷又禮論帖三卷禮論鈔六十六卷庾蔚之禮記略解十卷又注喪服要記五卷禮論鈔二十卷王儉禮儀答問十卷又禮雜答問十卷喪服古今集記三卷荀萬秋禮雜鈔略二卷傅隆禮議一卷梁武帝禮大義十卷周捨禮疑義五十卷何佟之禮記義十卷又禮答問十卷戚壽雜禮義問答四卷賀瑒禮論要鈔一百卷賀述禮統十二卷崔靈恩周官集注二十卷又三禮義宗三十卷元延明三禮宗略二十卷皇侃禮記講疏一百卷又義疏五十卷喪服文句義十卷沈重周禮義疏四十卷又禮記義疏四十卷熊安生義疏四十卷劉芳義證十卷沈文阿喪服經傳義疏四卷又喪服發題二卷夏侯伏朗三禮圖十二卷禮記隱二十六卷禮類聚十卷禮儀雜記故事十一卷禮統郊祀六卷禮論要鈔十三卷區分十卷禮論鈔略十三卷禮記正義七十卷孔穎達國子司業朱子奢國子助教李善信賈公彥柳士宣范義頵魏王參軍事張權等奉詔撰與周玄達趙君贊王士雄趙弘智覆審賈公彥禮記正義八十卷又周禮疏五十卷儀禮疏五十卷魏徵次禮記二十卷亦曰類禮王玄度周禮義決三卷又注禮記二十卷元行沖類禮義疏五十卷御刊定禮記月令一卷集賢院學士李林甫陳希烈徐安貞直學士劉光謙齊光乂陸善經修撰官史玄晏待制官梁令瓚等注解自第五易爲第一成伯璵禮記外傳四卷王元感禮記繩愆三十卷王方慶禮經正義十卷禮雜問答十卷李敬玄禮論六十卷張鎰二禮圖九卷陸質類禮二十卷韋彤五禮精義十卷丁公著禮志十卷禮記字例異同一卷元和十二年詔定丘敬伯五禮異同十卷孫玉汝五禮名義十卷杜肅禮略十卷張頻禮粹二十卷

右禮類六十九家九十六部一千八百二十七卷失姓名七家元行沖以下不著錄十六家二百九十五卷

桓譚樂元起二卷又琴操二卷孔衍琴操一卷荀勗太樂雜歌辭三卷又太樂歌辭二卷樂府歌詩十卷謝靈運新錄樂府集十一卷信都芳刪注樂書九卷留進管絃記十二卷夌秀管絃志十卷公孫崇鐘磬志二卷梁武帝樂社大義十卷又樂論三卷沈重鐘律五卷釋智匠古今樂錄十三卷鄭譯樂府歌辭八卷又樂府聲調六卷蘇夔樂府志十卷李玄楚樂經三十卷元慇樂略四卷又聲律指歸一卷翟子樂府歌詩十卷又三調相和歌辭五卷劉氏周氏琴譜四卷陳懷琴譜二十一卷漢魏吳晉鼓吹曲四卷琴集歷頭拍簿一卷外國伎曲三卷又一卷論樂事二卷歷代曲名一卷推七音一卷十二律譜義一卷鼓吹樂章一卷李守真古今樂記八卷蕭吉樂譜集解二十卷武后樂書要錄十卷趙邪利琴敘譜九卷張文收新樂書十二卷劉貺太學令壁記三卷徐景安歷代樂儀三十卷崔令欽教坊記一卷吳兢樂府古題要解一卷郗昂樂府古今題解三卷一作王昌齡段安節樂府雜錄一卷文昌孫寶璡正聲樂調一卷玄宗金風樂一卷蕭祐無射商九調譜一卷趙惟暕琴書三卷陳拙大唐正聲新址琴譜十卷呂渭廣陵止息譜一卷李良輔廣陵止息譜一卷李約東杓引譜一卷勉子兵部員外郎齊嵩琴雅略一卷王大力琴聲律圖一卷陳康士琴譜十三卷字安道僖宗時人又琴調四卷琴譜一卷離騷譜一卷趙邪利琴手勢譜一卷南卓羯鼓錄一卷

右樂類三十一家三十八部二百五十七卷失姓名九家張文收以下不著錄二十家九十三卷

左丘明春秋外傳國語二十卷董仲舒春秋繁露十七卷春秋穀梁傳十五卷尹更始注春秋公羊傳五卷嚴彭祖述賈逵春秋左氏長經章句二十卷又解詁三十卷春秋三家訓詁十二卷董遇左氏經傳章句三十卷王肅注三十卷又國語章句二十二卷王朗注左氏十卷士燮注春秋經十一卷杜預左氏經傳集解三十卷又釋例十五卷音三卷鄭眾牒例章句九卷潁容釋例七卷劉寔條例十卷方範經例六卷何休左氏膏肓十卷鄭玄箴又公羊解詁十三卷春秋漢議十卷麋信注鄭玄駁公羊條傳一卷墨守一卷鄭玄發穀梁廢疾三卷鄭玄釋張靖成服虔左氏解誼三十卷又膏肓釋痾五卷春秋成長說七卷塞難三卷音隱一卷駁何氏春秋漢議十一卷王玢達長義一卷孫毓左氏傳義注三十卷又賈服異同略五卷梁簡文帝左氏傳例苑十八卷干寶春秋函傳十六卷序論一卷殷興左氏釋滯十卷何始真春秋左氏區別十二卷張沖春秋左氏義略三十卷嚴彭祖春秋圖七卷吳略春秋經傳詭例疑隱一卷京相璠春秋土地名三卷王延之旨通十卷顧啓期大夫譜十一卷李謐叢林十二卷崔靈恩立義十卷申先儒傳例十卷沈宏經傳解六卷又文苑六卷嘉語六卷沈文阿義略二十七卷劉炫攻昧十二卷又規過三卷述議三十七卷高貴鄉公左氏音三卷曹耽荀訥音四卷李軌音三卷孫邈音三卷王元規音三卷孔氏公羊集解十四卷王愆期注公羊十二卷又難答論一卷庾翼難高襲傳記十二卷荀爽徐欽答問五卷劉寔左氏牒例二十卷又公羊達義三卷劉晏注王儉音二卷春秋穀梁傳段肅注十三卷唐固注穀梁十二卷又注國語二十一卷麋信注穀梁十二卷又左氏傳說要十卷張靖集解十一卷程闡經傳集注十六卷孔衍訓注十三卷范甯集注十二卷徐乾注十三卷徐邈注十二卷又傳義十卷音一卷沈仲義集解十卷蕭邕問傳義三卷劉兆三家集解十一卷韓益三傳論十卷胡訥集撰三傳經解十一卷又三傳評十卷潘叔度春秋成集十卷又合三傳通論十卷江熙公羊穀梁二傳評三卷李鉉春秋二傳異同十二卷虞龢注國語二十一卷韋昭注二十一卷孔晁解二十一卷春秋辨證明經論六卷左氏音十二卷左氏鈔十卷春秋辭苑五卷雜義難五卷左氏杜預評二卷春秋正義三十六卷孔穎達楊士勛朱長才奉詔撰馬嘉運王德韶蘇德融與隋德素覆審楊士勛穀梁疏十二卷王玄度注春秋左氏傳七卷盧藏用春秋後語十卷高重春秋纂要四十卷字文明士廉五代孫文宗時翰林侍講學士帝好左氏春秋命重分諸國各爲書別名經傳要略歷國子祭酒許康佐等集左氏傳三十卷一作文宗御集徐文遠左傳義疏六十卷又左傳音三卷陰弘道春秋左氏傳序一卷李氏三傳異同例十三卷開元中右威衛錄事參軍失名馮伉三傳異同三卷劉軻三傳指要十五卷韋表微春秋三傳總例二十卷王元感春秋振滯二十卷韓滉春秋通一卷陸質集注春秋二十卷又集傳春秋纂例十卷春秋微旨二卷春秋辨疑七卷樊宗師春秋集傳十五卷春秋加減一卷元和十二年國子監修定李瑾春秋指掌十五卷張傑春秋圖五卷又春秋指元十卷裴安時左氏釋疑七卷字適之大中江陵少尹第五泰左傳事類二十卷字伯通青州益都人咸通鄂州文學成玄穀梁總例十卷字又玄咸通山陽令陸希聲春秋通例三卷陳岳折衷春秋三十卷唐末鍾傳江西從事郭翔春秋義鑑三十卷柳宗元非國語二卷

右春秋類六十六家一百部一千一百六十三卷失姓名五家王玄度以下不著錄二十二家四百三卷

古文孝經孔安國傳一卷劉邵注一卷孝經王肅注一卷鄭玄注一卷韋昭注一卷孫熙注一卷蘇林注一卷謝萬注一卷虞盤佐注一卷孔光注一卷殷仲文注一卷殷叔道注一卷徐整默注二卷車胤講孝經義四卷荀勗講孝經集解一卷皇侃義疏三卷何約之大明中皇太子講義疏一卷梁武帝疏十八卷太史叔明發題四卷劉炫述義五卷張士儒演孝經十二卷應瑞圖一卷賈公彥孝經疏五卷魏克己注孝經一卷任希古越王孝經新義十卷今上孝經制旨一卷玄宗元行沖御注孝經疏二卷尹知章注孝經一卷孔穎達孝經義疏卷亡王元感注孝經一卷李嗣真孝經指要一卷平貞昚孝經議卷亡徐浩廣孝經十卷浩稱四明山人乾元二年上授校書郎

右孝經類二十七家三十六部八十二卷失姓名一家尹知章以下不著錄六家一十三卷

論語鄭玄注十卷又注論語釋義一卷論語篇目弟子一卷王弼釋疑二卷王肅注論語十卷又注孔子家語十卷李充注論語十卷梁顗注十卷孟釐注九卷袁喬注十卷尹毅注十卷張氏注十卷何晏集解十卷孫綽集解十卷盈氏集義十卷江熙集解十卷徐氏古論語義注譜一卷虞喜贊鄭玄論語注十卷暢惠明義注十卷宋明帝補衞瓘論語注十卷欒肇論語釋十卷又駁二卷崔豹大義解十卷繆播旨序二卷郭象體略二卷戴詵述議二十卷劉炫章句二十卷皇侃疏十卷褚仲都講疏十卷義注隱三卷雜義十三卷剔義十卷徐邈音二卷孔叢七卷王勃次論語十卷賈公彥論語疏十五卷韓愈注論語十卷張籍論語注辨二卷

右論語類三十家三十七部三百二十七卷失姓名三家韓愈以下不著錄二家十二卷

宋均注易緯九卷注詩緯十卷注禮緯三卷注樂緯三卷注春秋緯三十八卷注論語緯十卷注孝經緯五卷鄭玄注書緯三卷注詩緯三卷

右讖緯類二家九部八十四卷

劉向五經雜義七卷又五經通義九卷五經要義五卷許慎五經異義十卷鄭玄駁譙周五經然否論五卷楊方五經鉤沈十卷楊思五經咨疑八卷元延明五經宗略四十卷劉炫五經正名十二卷沈文阿經典玄儒大義序錄十卷班固等白虎通義六卷鄭玄六藝論一卷鄭志九卷鄭記六卷王肅聖證論十一卷梁武帝孔子正言二十卷簡文帝長春義記一百卷樊文深七經義綱略論三十卷又質疑五卷張譏游玄桂林二十卷謚法

三卷荀顗演劉熙注沈約諡例十卷賀琛諡法三卷集天名稱三卷陸德明經典釋文三十卷顏師古匡謬正俗八卷趙英五經對訣四卷（英龍朔中汲令）劉迅六說五卷劉貺六經外傳三十七卷張謐五經微旨十四卷韋表微九經師授譜一卷裴僑卿微言注集二卷（開元中鄭縣尉）高重經傳要略十卷王彥威續古今諡法十四卷慕容宗本五經類語十卷（字泰初幽州人大中時）劉氏經典集音三十卷（鎔字正範冀州正平人咸通晉州長史）

右經解類十九家二十六部三百八十一卷（失姓名二家趙英以下不著錄十家一百二十七卷）

爾雅李巡注三卷樊光注六卷孫炎注六卷沈琁集注十卷郭璞注一卷又圖一卷音義一卷江灌圖贊一卷又音六卷李軌解小爾雅一卷楊雄別國方言十三卷劉熙釋名八卷韋昭辨釋名一卷李斯等三蒼三卷（郭璞解）杜林蒼頡訓詁二卷張揖廣雅四卷又埤蒼三卷三蒼訓詁三卷雜字一卷古文字訓二卷樊恭廣蒼一卷史游急就章一卷（曹壽解）顏之推注一卷司馬相如凡將篇一卷班固在昔篇一卷太甲篇一卷蔡邕聖草章一卷又勸學篇一卷今字石經論語二卷崔瑗飛龍篇篆草勢合三卷許慎說文解字十五卷呂忱字林七卷楊承慶字統二十卷馮幹括字苑十三卷賈魴字屬篇一卷葛洪要用字苑一卷戴規辨字一卷僧寶誌文字釋訓三十卷周成解文字七卷王延雜文字音七卷王氏文字要說一卷阮孝緒文字集略一卷彭立文字辨嫌一卷王愔文字志三卷顧野王玉篇三十卷李登聲類十卷呂靜韻集五卷陽休之韻略一卷又辨嫌音二卷夏侯詠四聲韻略十三卷張諒四聲部三十卷趙氏韻篇十二卷陸慈切韻五卷郭訓字旨篇一卷古文奇字二卷衞宏詔定古文字書一卷虞龢法書目錄六卷衞恒四體書勢一卷蕭子雲五十二體書一卷庾肩吾書品一卷顏之推筆墨法一卷僧正度雜字書八卷何承天纂文三卷顏延之纂要六卷又詁幼文三卷張推證俗音三卷顏愍楚證俗音略一卷李虔續通俗文二卷李少通俗語難字一卷諸葛穎桂苑珠叢一百卷朱嗣卿幼學篇一卷項峻始學篇十二卷王羲之小學篇一卷楊方少學集十卷顧凱之啓疑三卷蕭子範千字文一卷周興嗣次韻千字文一卷演千字文五卷黃初篇一卷吳章篇一卷音隱四卷雜要字三卷覽字知源三卷字書十卷同音三卷桂苑珠叢略要二十卷古今八體六文書法一卷古來篆隸詁訓名錄一卷筆墨法一卷鹿紙筆墨疏一卷篆書千字文一卷今字石經易篆三卷今字石經尚書本五卷今字石經鄭玄尚書八卷三字石經尚書古篆三卷今字石經毛詩三卷今字石經儀禮四卷三字石經左傳古篆書十二卷今字石經左傳經十卷今字石經公羊傳九卷蔡邕今字石經論語二卷曹憲爾雅音義二卷又博雅十卷文字指歸四卷劉伯莊續爾雅一卷顏師古注急就章一卷武后字海一百卷（凡武后所著書皆元萬頃范履冰苗神客周思茂胡楚賓衞業等撰）李嗣真書後品一卷徐浩書譜一卷古跡記一卷張懷瓘書斷三卷（開元中翰林院供奉）又評書藥石論一卷張敬玄書則一卷（貞元中處士）褚長文書指論一卷張彥遠法書要錄十卷（弘靖孫乾符初大理卿）裴行儉草書雜體（卷亡）荊浩筆法記一卷（浩隱洪谷子）二王張芝張昶等書一千五百一十卷（太宗出御府金帛購天下古本命魏徵虞世南褚遂良定真僞凡得羲之真行二百九十紙爲八十卷又得獻之張芝等書以貞觀字爲印章跡命遂良楷書小字以影之其古本多梁隋官書梁則滿騫徐僧權沈熾文朱异隋則江總姚察署記帝令魏褚卷尾各署名開元五年敕陸玄悌魏哲劉懷信檢校分益卷秩玄宗自書開元自爲印）王方慶寶章集十卷又王氏八體書範四卷王氏工書狀十五卷玄宗開元文字音義三十卷張參五經文字三卷唐玄度九經字樣一卷（文宗時待詔）顏元孫干祿字書一卷歐陽融經典分毫正字一卷李騰說文字源一卷（陽冰從子）僧慧力像文玉篇三十卷蕭鈞韻音二十卷孫愐唐韻五卷武元之韻銓十五卷玄宗韻英五卷（天寶十四載撰詔集賢院寫付諸道採訪使傳布天下）顏真卿韻海鏡源三百六十卷李舟切韻十卷僧猷智辨體補修加字切韻五卷

右小學類六十九家一百三部七百二十一卷（失姓名二十三家徐浩以下不著錄二十三家二千四十五卷）

唐書卷五十七考證

藝文志一甲部經錄其類十一○舊書作十二

右禮類注二百九十五卷○沈炳震曰按上止二百六十五卷作九十五卷誤

唐書卷五十八

藝文志第四十八

宋 翰 林 學 士 歐 陽 修 撰

乙部史錄其類十三一曰正史類二曰編年類三曰僞史類四曰雜史類五曰起居注類六曰故事類七曰職官類八曰雜傳記類九曰儀注類十曰刑法類十一曰目錄類十二曰譜牒類十三曰地理類凡著錄五百七十一家八百五十七部一萬六千八百七十四卷不著錄三百五十八家一萬二千二百二十七卷

司馬遷史記一百三十卷裴駰集解史記八十卷徐廣史記音義十三卷鄒誕生史記音三卷班固漢書一百一十五卷服虔漢書音訓一卷應劭漢書集解音義二十四卷諸葛亮論前漢事一卷又音一卷孟康漢書音義九卷晉灼漢書集注十四卷又音義十七卷韋昭漢書音義七卷崔浩漢書音義二卷孔氏漢書音義鈔二卷（孔文祥）劉嗣等漢書音義二十六卷夏侯詠漢書音二卷包愷漢書音十二卷蕭該漢書音十二卷陰景倫漢書律歷志音義一卷項岱漢書敘傳八卷劉寶漢書駁義二卷陸澄漢書新注一卷韋稜漢書續訓二卷姚察漢書訓纂三十卷顏游秦漢書決疑十二卷僧務靜漢書正義三十卷李喜漢書辨惑二十卷漢書正名氏義十二卷漢書英華八卷劉珍等東觀漢記一百二十六卷又錄一卷謝承後漢書一百三十三卷又錄一卷薛瑩後漢記一百卷司馬彪續漢書八十三卷又錄一卷劉義慶後漢書五十八卷華嶠後漢書三十一卷謝沈後漢書一百二卷又外傳十卷袁崧後漢書一百一卷又錄一卷范曄後漢書九十二卷又論贊五卷劉昭補注後漢書五十八卷張瑩漢南紀五十八卷劉熙注范曄後漢書一百二十二卷蕭該後漢書音三卷劉芳後漢書音一卷臧競後漢書音三卷王沈魏書四十七卷陳壽魏國志三十卷蜀國志十五卷吳國志二十一卷（裴松之注）韋昭吳書五十五卷王隱晉書八十九卷虞預晉書五十八卷朱鳳晉書十四卷謝靈運晉書三十五卷又錄一卷臧榮緒晉書一百一十卷干寶晉書二十二卷蕭子雲晉書九卷何法盛晉中興書八十卷徐爰宋書四十二卷孫嚴宋書五十八卷沈約宋書一百卷王智深宋書三十卷魏收後魏書一百三十卷魏澹後魏書一百七卷李德林北齊未修書二十四卷王劭齊志十七卷又隋書八十卷蕭子顯齊書六十卷劉陟齊書十三卷謝吳姚察梁書三十四卷顧野王陳書三卷傅縡陳書三卷許子儒注史記一百三十卷又音三卷（字文舉叔牙子也證聖天官侍郎潁川縣男）劉伯莊史記音義二十卷御銓定漢書八十七卷（高宗與郝處俊等撰）顧胤漢書古今集義二十卷顏師古注漢書一百二十卷章懷太子賢注後漢書一百卷（賢命劉訥言格希玄等注）韋機後漢書音義二十七卷晉書一百三十卷（房玄齡褚遂良許敬宗來濟陸元仕劉子翼令狐德棻李義府薛元超上官儀崔行功李淳風辛丘馭劉引之陽仁卿李延壽張文恭敬播李安期李懷儼趙弘智等修而名爲御撰）姚思廉梁書五十六卷陳書三十六卷（皆魏徵同撰）張大素後魏書一百卷又北齊書二十卷隋書三十二卷李百藥北齊書五十卷令狐德棻後周書五十卷隋書八十五卷志三十卷（顏師古孔穎達于志寧李淳風韋安仁李延壽與德棻敬播趙弘智魏徵等撰）王元感注史記一百三十卷徐堅注史記一百三十卷李鎮注史記一百三十卷（開元十七年上授門下典儀）又義林二十卷陳伯宣注史記一百三十卷（貞元中上）韓琬續史記一百三十卷司馬貞史記索隱三十卷（開元潤州別駕）劉伯莊又撰史記地名二十卷漢書音義二十卷張守節史記正義三十卷竇羣史記名臣疏三十四卷敬播注漢書四十卷又漢書音義十二卷元懷景漢書議苑（卷亡開元右庶子武陵縣男諡曰文）姚庭漢書紹訓四十卷沈遵漢書問答五卷李善漢書辨惑一十卷徐堅晉書一百一十卷高希嶠注晉書一百三十卷（開元十年上授清池主簿）何超晉書音義三卷（處士）武德貞觀兩朝史八十卷（長孫无忌令狐德棻顧胤等撰）吳兢又齊史十卷梁史十卷陳史五卷周史十卷隋史二十卷唐書一百卷又一百三十卷（兢韋述柳芳令狐峘于休烈等撰）國史一百六卷又一百一十三卷裴安時史記纂訓二十卷又元魏書三十卷（字適之大中江陵少尹）

凡集史五家六部一千二百二十二卷（高峻以下不著錄三家四百四十卷）

梁武帝通史六百二卷李延壽南史八十卷又北史一百卷高氏小史一百二十卷（高峻初六十卷其子迥釐益之峻元和中人）劉氏洞史二十卷（劉權忠州刺史晏曾孫）姚康復統史二百卷（大中太子詹事）

右正史類七十家九十部四千八十五卷（失姓名二家王元感以下不著錄二十三家一千七百九十卷）總七十三家六十九部

紀年十四卷（汲冢書）荀悅漢紀三十卷應劭等注荀悅漢紀三十卷崔浩漢紀音義三卷侯瑾漢皇德紀三十卷張璠後漢紀三十卷袁宏後漢紀三十卷張緬後漢略二十七卷劉艾漢靈獻二帝紀六卷袁曄漢獻帝春秋十卷樂資山陽公載記十卷習鑿齒漢晉春秋五十四卷魏武本紀四卷孫盛魏武春秋二十卷又晉陽秋二

十二卷魏澹魏記十二卷梁祚魏書國紀十卷環濟吳紀十卷陸機晉帝紀四卷干寶晉紀二十二卷劉協注干寶晉紀六十卷劉謙之晉紀二十卷曹嘉之晉紀十卷徐廣晉紀四十五卷鄧粲晉紀十一卷又晉陽秋三十二卷檀道鸞晉春秋二十卷蕭景暢晉史草三十卷郭季產晉續紏五卷晉錄五卷王智深宋紀三十卷裴子野宋略二十卷鮑衡卿宋春秋二十卷王琰宋春秋二十卷沈約齊紀二十卷吳均齊春秋三十卷謝昊梁典三十九卷劉璠梁典三十卷何之元梁典三十卷蕭韶梁太清紀十卷皇帝紀七卷梁末代紀一卷臧嚴棲鳳春秋五卷姚最梁昭後略十卷北齊紀二十卷王劭北齊志十七卷趙毅隋大業略紀三卷杜延業晉春秋略二十卷張大素隋後略十卷柳芳唐歷四十卷續唐歷二十二卷韋澳蔣偕李荀張彥遠崔瑄撰崔龜從監修吳兢唐春秋三十卷韋述唐春秋三十卷陸長源唐春秋六十卷陳嶽唐統紀一百卷焦璐唐朝年代紀十卷徐州從事龐勛亂遇害李仁實通歷七卷馬總通歷十卷王氏五位圖十卷王起廣五運圖卷亡苗台符古今通要四卷宣懿時人賈欽文古今年代歷一卷大中時人曹圭五通錄十二卷張敦素建元歷二卷劉軻帝王歷數謌一卷字希仁元和末進士第洛州刺史封演古今年號錄一卷天寶末進士第韋美嘉號錄一卷中和中進士柳璨正閏位歷三卷李匡文兩漢至唐年紀一卷昭宗時宗正少卿

右編年類四十一家四十八部九百四十七卷失姓名四家柳芳以下不著錄十九家三百五十五卷

常璩華陽國志十三卷又漢之書十卷蜀李書九卷和包漢趙紀十四卷田融趙石紀二十卷又二石紀二十卷符朝雜記一卷王度隨翻二石偽事六卷二石書十卷范亨燕書二十卷王景暉南燕錄六卷張銓南燕書十卷高閭燕志十卷段龜龍涼記十卷西河記二卷張諮涼記十卷劉昞涼書十卷又燉煌實錄二十卷裴景仁秦記十一卷杜惠明注拓拔涼錄十卷桓玄偽事二卷鄴洛鼎峙記十卷守節先生天啟紀十卷崔鴻十六國春秋一百二十卷蕭方三十國春秋三十卷李槩戰國春秋二十卷蔡允恭後梁春秋十卷武敏之三十國春秋一百卷

右偽史類一十七家二十七部五百四十二卷失姓名三家

古文鎖語四卷汲冢周書十卷子貢越絕書十六卷孔晁注周書八卷何承天春秋前傳十卷又春秋前傳雜語十卷樂資春秋後傳三十卷孟儀注周載三十卷趙曄吳越春秋十二卷楊方吳越春秋削煩五卷吳越記六卷劉向戰國策三十二卷高誘注戰國策三十二卷延篤戰國策論一卷陸賈楚漢春秋九卷衛颯史記要傳十卷張瑩史記正傳九卷譙周古史考二十五卷王粲漢書英雄記十卷葛洪史記鈔十四卷又漢書鈔三十卷後漢書鈔三十卷張緬後漢書略二十五卷又晉書鈔二十卷范曄後漢書纘十三卷孔衍春秋時國語十卷又春秋後國語十卷漢尚書十卷漢春秋十卷後漢尚書六卷後漢春秋六卷後魏尚書十四卷後魏春秋九卷王越客後漢文武釋論二十卷袁希之漢表十卷張溫三史要略三十卷阮孝緒正史削繁十四卷王延秀史要二十八卷蕭肅合史二十卷又錄一卷王蔑史漢要集二卷司馬彪九州春秋九卷後漢雜事十卷魚豢魏略五十卷孫壽魏陽秋異同八卷魏武本紀年歷五卷王隱刪補蜀記七卷張勃吳錄三十卷李槩左史六卷胡冲吳朝人士品秩狀八卷又吳歷六卷虞禹吳士人行狀名品二卷虞溥江表傳五卷徐衆三國評三卷王濤三國志序評三卷傅暢晉諸公讚二十二卷晉曆二卷荀綽晉後略五卷賈匪之漢魏晉帝要紀三卷郭頒魏晉代說十卷謝綽宋拾遺錄十卷孔思尚宋齊語錄十卷陰僧仁梁撮要三十卷宋孝王關東風俗傳六十三卷來奧帝王本紀十卷環濟帝王略要十二卷劉滔先聖本紀十卷楊曄華夷帝王紀三十七卷張愔等帝系譜二卷韋昭洞紀四卷皇甫謐帝王代紀十卷又年歷六卷何茂林續帝王代紀十卷帝王代紀十六卷歷紀十卷姚恭年歷帝紀二十六卷吉文甫十五代略十卷代譜四十八卷周武帝勑撰諸葛耽帝錄十卷庾和之歷代紀三十卷熊襄十代紀十卷盧元福帝王編年錄五十一卷又共和以來甲乙紀年二卷趙弘禮三業歷二卷周樹洞歷紀九卷徐整三五歷紀二卷又通歷二卷雜歷五卷孔衍國志歷五卷長歷十四卷千年歷二卷許氏千歲歷三卷陶弘景帝王年歷五卷羊瑗分王年歷五卷王嘉拾遺錄三卷又拾遺記十卷蕭綺錄周祇崇安記二卷王韶之崇安記十卷鮑衡卿乘輿飛龍記二卷蕭大圜淮海亂離志四卷李仁實通歷七卷裴矩隋開業平陳記十二卷褚无量帝王紀錄三卷皇甫遵吳越春秋傳十卷盧彥卿後魏紀三十三卷劉允濟魯後春秋二十卷丘悅三國典略三十卷元行沖魏典三十卷員半千三國春秋二十卷李筌閫外春秋十卷李吉甫六代略三十卷張詢古五代新記二卷許嵩建康實錄二十卷柳氏自備三十卷柳仲郢鄭暐史雋十卷呂才隋記二十卷丘啓期隋記十卷開元管城尉杜寶大業雜記十卷杜儒童隋季革命記五卷武后時人劉氏行年記二十卷劉仁軌崔良佐三國春秋卷亡良佐深州安平人日用從子居於白鹿山門人諡曰貞文孝父裴遵度王政記楊岑皇王寶運錄並卷亡岑憲宗時人功臣錄三十卷唐穎稽典一百三十卷開元中穎爲臨汾尉上之張說奏留史館修史兼集賢待制王彥威唐典七十卷吳兢唐書備闕記十卷續皇王寶運錄十卷韋昭度楊涉撰韓祐續古今人表十卷開元十七年上授太常寺太祝張薦宰輔傳略卷亡蔣乂大唐宰輔錄七十卷又凌煙功臣秦府十八學士史臣等傳四十卷凌璠唐錄政要十二卷昭宗時江都尉南卓唐朝綱領圖一卷字昭嗣大中黔南觀察使薛璠唐聖運圖一卷劉肅大唐新語十三卷元和中江都主簿李肇國史補三卷翰林學士坐薦柏耆自中書舍人左遷將作少監林恩補國史十卷僖宗時進士傳載一卷史遺一卷溫大雅今上王業記六卷李延壽太宗政典三十卷吳兢太宗勳史一卷又貞觀政要十卷李康明皇政錄十卷鄭處誨明皇雜錄二卷鄭棨開天傳信記一卷溫畬天寶亂離西幸記一卷宋巨明皇幸蜀記一卷姚汝能安祿山事迹三卷華陰尉包諝河洛春秋二卷安祿山史思明事徐岱奉天記一卷德宗西狩事崔光庭德宗幸奉天錄一卷趙元一奉天錄四卷張讀建中西狩錄十卷字聖用僖宗時吏部侍郎袁皓興元聖功錄三卷谷況燕南記三卷張孝忠事路隋平淮西記一卷杜信史略三十卷又閒居錄三十卷鄭澥涼國公平蔡錄一卷字藏之李愬山南東道掌書記開州刺史薛圖存河南記一卷李師道事李潛用乙卯記一卷李訓鄭注事太和摧兇記一卷野史甘露記二卷開成紀事二卷李石開成承詔錄二卷李德裕次柳氏舊聞一卷又文武兩朝獻替記三卷會昌伐叛記一卷上黨紀叛一卷劉從諫事韓昱壺關錄三卷裴庭裕東觀奏記三卷大順中詔修宣懿僖實錄以日歷注記亡闕因撰宣宗政事奏記於監修國史杜讓能庭裕字膺餘昭宗時翰林學士左散騎常侍貶湖南令狐澄貞陵遺事二卷綯子也乾符中書舍人柳玭續貞陵遺事一卷鄭言平剡錄一卷裘甫事言字垂之浙西觀察使王式從事咸通翰林學士戶部侍郎張雲咸通解圍錄一卷字景之一字瑞卿起居舍人鄭樵彭門紀亂三卷龐勛事王坤驚聽錄一卷黃巢事郭廷誨廣陵妖亂志二卷高駢事乾寧會稽錄一卷董昌事韓偓金鑾密記五卷王振汴水滔天錄一卷昭宗時拾遺公沙仲穆太和野史十卷起太和盡龍紀

右雜史類八十八家一百七部一千八百二十八卷失姓名八家元行沖以下不著錄六十八家八百六十一卷

郭璞穆天子傳六卷漢獻帝起居注五卷李軌晉泰始起居注二十二卷又晉咸寧起居注二十二卷晉太康起居注二十二卷晉永平起居注八卷晉咸和起居注十八卷晉咸康起居注二十二卷劉道薈晉起居注三百二十卷晉建武大興永昌起居注二十二卷晉建元起居注四卷晉永和起居注二十四卷晉升平起居注十卷晉隆和興寧起居注五卷晉太和起居注六卷晉咸安起居注三卷晉寧康起居注六卷晉太元起居注五十二卷晉崇寧起居注十卷晉元興起居注九卷晉義熙起居注三十四卷晉元熙起居注二卷何始眞晉起居鈔五十一卷晉起居注鈔二十四卷宋永初起居注六卷宋景平起居注三卷宋元嘉起居注七十一卷宋孝建起居注十七卷宋大明起居注十五卷後魏起居注二百七十六卷齊永明起居注二十五卷梁大同七年起居注十卷陳起居注四十一卷隋開皇元年起居注六卷王逡之三代起居注鈔十五卷流別起居注四十七卷溫大雅大唐創業起居注三卷開元起居注二千六百八十二卷失撰人名姚璹修時政記四十卷

凡實錄二十八部三百四十五卷劉知幾以下不著錄四百五十七卷

周興嗣梁皇帝實錄二卷謝昊梁皇帝實錄五卷梁太清實錄十卷高祖實錄二十卷敬播撰房玄齡監修許敬宗刪改今上實錄二十卷敬播顧胤撰房玄齡監修長孫無忌貞觀實錄四十卷許敬宗皇帝實錄三十卷高宗後修實錄三十卷初令狐德棻撰止乾封劉知幾吳兢續成韋述高宗實錄三十卷武后高宗實錄一百卷則天皇后實錄二十卷魏元忠武三思祝欽明徐彥伯柳沖韋承慶崔融岑羲徐堅撰劉知幾吳兢刪正宗秦客聖母神皇實錄十八卷吳兢中宗實錄二十卷劉知幾太上皇實錄十卷吳兢睿宗實錄五卷張說今上實錄二十卷說與唐穎撰玄宗開元初事開元實錄四十七卷失撰人名玄宗實錄一百卷令狐峘撰元載監修肅宗實錄三十卷元載監修令狐峘代宗實錄四十卷沈旣濟建中實錄十卷德宗實錄五十卷蔣乂樊紳林寶韋處厚獨孤郁撰裴垍監修順宗實錄五卷韓愈沈傳師宇文籍撰李吉甫監修憲宗實錄四十卷沈傳師鄭澣宇文籍蔣係李漢陳夷行蘇景胤撰杜元穎韋處厚路隋監修景胤弁子也中書舍人穆宗實錄二十卷蘇景胤王彥威楊漢公蘇滌裴休撰路隋監修滌字玄獻晃子也荊南節度使吏部尚書敬宗實錄十卷陳商鄭亞撰李讓夷監修商字述聖禮部侍郎祕書監文宗實錄四十卷盧耽蔣偕王渢盧告牛叢撰魏謩監修耽字子嚴一字子重歷西川節度使同中書門下平章事渢字中德歷東都留守告字子有弘宣子也歷吏部侍郎武宗實錄三十卷韋保衡監修

凡詔令一家一十一部三百五卷失姓名十家溫彥博以下不著錄十一家二百二十二卷

晉雜詔書一百卷又二十八卷又六十六卷晉詔書黃

素制五卷晉定品雜制八卷晉太元副詔二十一卷晉崇安元輿大亨副詔八卷晉義熙詔二十二卷宋永初詔六卷宋元嘉詔二十一卷宋幹詔集區別二十七卷溫彥博古今詔集三十卷李義府古今詔集一百卷薛克構聖朝詔集三十卷唐德音錄三十卷太平內制五卷明皇制詔錄十卷元和制集十卷王起寫宣十卷馬文敏王言會最五卷唐舊制編錄六卷費氏集擬狀注制十卷

右起居注類六家三十八部一千二百七十二卷失姓名二十六家開元起居注以下不著錄三家三千七百二十五卷總七家七十七部

秦漢以來舊事八卷漢武帝故事二卷葛氏三輔舊事一卷葛洪西京雜記二卷建武故事三卷永平故事二卷應劭漢朝駮三十卷漢諸王奏事十卷漢魏吳蜀舊事八卷魏名臣奏事三十卷魏臺訪議三卷魏廷尉決事十卷南臺奏事九卷晉太始太康故事八卷孔愉晉建武咸和咸康故事四卷晉建武以來故事三卷晉氏故事三卷晉朝雜事二卷晉故事四十三卷晉諸雜故事二十二卷晉雜議十卷晉要事三卷晉宋舊事一百三十卷車灌晉修復山陵故事五卷盧綝晉八王故事十二卷又晉四王起事四卷張敞晉東宮舊事十卷范汪尚書大事二十一卷華林故事名一卷劉道薈先朝故事二十卷交州雜故事九卷中興伐逆事二卷溫子昇魏永安故事三卷蕭大圜梁魏舊事三十卷僧亡名天正舊事三卷應詹江南故事三卷大司馬陶公故事三卷郗太尉爲尚書令故事三卷王愆期救襄陽上都府事一卷春坊舊事三卷武后述聖紀一卷杜正倫春坊要錄四卷王方慶南宮故事十二卷裴矩鄴都故事十卷馬總唐年小錄八卷張齊賢孝和中興故事三卷盧若虛南宮故事三十卷令狐德棻凌煙閣功臣故事四卷敬播文貞公傳事四卷劉禕之文貞公故事六卷張大業魏文貞故事八卷王方慶文貞公事錄一卷李仁實衛公平突厥故事二卷謝偃英公故事四卷劉禕之英國貞武公故事四卷陳諫等彭城公故事一卷劉晏張九齡事迹一卷李渤事迹一卷杜悰事迹一卷吳湘事迹一卷丘據相國涼公錄一卷李抱玉事據諫議大夫

右故事類十七家四十三部四百九十六卷失姓名二十三家裴矩以下不著錄十六家九十卷

王隆漢官解詁三卷胡廣注應劭漢官五卷漢官儀十卷蔡質漢官典儀一卷丁孚漢官儀式選用一卷荀攸等魏官儀一卷傅暢晉公卿禮秩故事九卷百官名十四卷干寶司徒儀注五卷陸機晉惠帝百官名三卷晉官屬名四卷晉過江人士目一卷衞禹晉永嘉流士二卷登城三戰簿三卷范曄百官階次一卷荀欽明宋百官階次三卷宋百官春秋六卷魏官品令一卷王珪之齊職官儀五十卷徐勉梁選簿三卷沈約梁新定官品十六卷梁百官人名十五卷陳將軍簿一卷太建十一年百官簿狀二卷郎楚之隋官序錄十二卷王道秀百官春秋十三卷郭演職令古今百官注十卷陶彥藻職官要錄三十六卷職員舊事三十卷王方慶宮卿舊事一卷六典三十卷開元十年起居舍人陸堅被詔集賢院修六典玄宗手寫六條曰理典教典禮典政典刑典事典張說知院委徐堅經歲無規制乃命毋煚余欽咸廙業孫季良韋述參撰始以令式象周禮六官爲制蕭嵩知院加劉鄭蘭蕭晟盧若虛張九齡知院加陸善經李林甫代九齡加苑咸二十六年書成王方慶又撰尚書考功簿五卷又尚書考功狀績簿十卷尚書科配簿五卷五省遷除二十卷裴行儉選譜十卷唐循資格一卷天寶中定沈既濟選舉志十卷梁載言具員故事十卷又具員事迹十卷杜英師職該二卷任戩官品纂要十卷溫大雅大丞相唐王官屬記二卷杜易簡御史臺雜注五卷韓琬御史臺記十二卷韋述御史臺記十卷又集賢注記三卷李構御史臺故事三卷劉昫天官舊事一卷柳芳大唐宰相表三卷馬宇鳳池錄五十卷賀蘭正元輔佐記十卷又舉選衡鑑三卷昭義判官貞元十三年上韋琯國相事狀七卷憲宗時人張之緒文昌損益二卷德宗時人李肇翰林志一卷李吉甫元和國計簿十卷又元和百司舉要一卷王涯唐循資格五卷韋處厚太和國計二十卷王彥威占額圖一卷孫結大唐國照圖一卷文宗時人大唐國要圖五卷左僕射賈耽纂監察御史諸葛重修翰林內誌一卷楊鉅翰林學士院舊規一卷字文碩收子也昭宗時翰林學士吏部侍郎

右職官類十九家二十六部二百六十二卷失姓名十家六典以下不著錄二十九家二百八十卷

趙岐三輔決錄十卷摯虞注魏文帝海內四品錄三卷海內先賢傳五卷魏明帝時撰李氏海內先賢行狀三卷韋氏四海耆舊傳一卷諸國先賢傳一卷圈稱陳留風俗傳三卷蘇林陳留耆舊傳三卷劉昞燉煌實錄二十卷陳英宗陳留先賢傳像讚一卷江敞陳留人物志十五卷周斐汝南先賢傳五卷陸胤廣州先賢傳一卷劉芳廣州先賢傳七卷徐整豫章舊志八卷又豫章烈士傳三卷華隔廣陵烈士傳一卷張勝桂陽先賢畫讚五卷朱育會稽記四卷虞預會稽典錄二十四卷謝承會稽先賢傳七卷賀氏會稽先賢傳像讚四卷鍾離岫會稽後賢傳三卷賀氏會稽太守像讚二卷陸凱吳國先賢傳五卷吳國先賢像讚三卷陳壽益部耆舊傳十四卷益州耆舊雜傳記二卷白褒魯國先賢傳十四卷張方楚國先賢傳十二卷高範荊州先賢傳一卷仲長統山陽先賢傳一卷范瑗交州先賢傳四卷習鑿齒襄陽耆舊傳五卷又逸人高士傳八卷王基東萊耆舊傳一卷王義度徐州先賢傳九卷又一卷劉義慶徐州先賢傳讚八卷劉彧長沙舊邦傳讚四卷郭緣生武昌先賢傳三卷虞溥江表傳三卷崔蔚祖海岱志十卷吳均吳郡錢塘先賢傳五卷陽休之幽州古今人物志三十卷劉叔先東陽朝堂書讚一卷濟北先賢傳一卷盧江七賢傳一卷零陵先賢傳一卷蕭廣濟孝子傳十五卷師覺授孝子傳八卷王韶之孝子傳十五卷又讚三卷宗躬孝子傳二十卷又止足傳十卷虞盤佐孝子傳一卷又高士傳二卷徐廣孝子傳三卷梁武帝孝子傳三十卷雜孝子傳二卷鄭緝之孝子傳讚十卷申秀孝友傳八卷元懌顯忠錄二十卷嵇康聖賢高士傳八卷皇甫謐高士傳十卷又逸士傳一卷公晏春秋二卷韋氏家傳三卷周續之上古以來聖賢高士傳讚三卷劉晝高才不遇傳四卷周弘讓續高士傳八卷張顯逸人傳三卷鍾離儒逸人傳十卷袁宏名士傳三卷袁淑眞隱傳二卷阮孝緒高隱傳十卷劉向列士傳二卷范晏陰德傳二卷齊竟陵文宣王子良止足傳十卷鍾岏良吏傳十卷先儒傳五卷殷系英藩可錄事三卷一云張萬賢撰鄭忱文林館記十卷張隲文士傳五十卷梁元帝孝德傳三十卷又忠臣傳三十卷全德志一卷丹揚尹傳十卷同姓名錄一卷懷舊志九卷裴懷貴兄弟傳三卷悼善列傳四卷劉昭幼童傳十卷盧思道知己傳一卷孫敏春秋列國名臣傳九卷孔子弟子傳五卷東方朔傳八卷李固別傳七卷梁冀傳二卷郭沖諸葛亮隱沒五事一卷何顒傳一卷曹瞞傳一卷毋丘儉記三卷管辰管輅傳二卷戴逵竹林七賢論二卷孟仲暉七賢傳七卷桓玄傳二卷雜傳六十九卷又四十卷又九卷任昉雜傳一百二十卷荊揚二州遷代記四卷元暉等秘錄二百七十卷王孝恭集記一百卷漢明帝畫讚五十卷姚滑四科傳讚四卷七國敘讚十卷益州文翁學堂圖一卷荀伯子荀氏家傳十卷又薛常侍傳二卷明氏世錄六卷明粲漢南庾氏家傳三卷庾守業褚氏家傳一卷褚結撰褚陶注殷氏家傳三卷殷敬崔氏世傳七卷崔鴻邵氏家傳十卷王氏家傳二十一卷江氏家傳七卷江饒暨氏家傳一卷虞氏家傳五卷虞覽裴氏家記三卷裴松之諸葛傳五卷曹氏家傳一卷曹毗諸王傳一卷陸史十五卷陸煦王劭爾朱氏家傳二卷何妥家傳二卷裴若弼家傳一卷令狐家傳一卷令狐德棻張大素燉煌張氏家傳二十卷魏徵自古諸侯王善惡錄二卷章懷太子列藩正論三十卷鄭世翼交游傳二卷李襲譽忠孝圖傳讚二十卷許敬宗文館詞林文人傳一百卷崔玄暐友義傳十卷又義士傳十五卷傳弈高識傳十卷郎餘令孝子後傳三十卷平貞脊養德傳卷亡徐堅大隱傳三卷裴朏續文士傳十卷開元中懷州司馬李襲譽又撰江東記三十卷李義府宦遊記七十卷王方慶友悌錄十五卷又王氏訓誡五卷王氏列傳十五卷王氏尚書傳五卷魏文貞故書十卷唐臨冥報記二卷李筌中台志十卷盧詵四公記一卷一作梁載言王瓘廣軒轅本紀三卷李渤六賢圖讚一卷陸龜蒙小名錄五卷張昌宗古文紀年新傳三卷昌宗冀州南宮人太子舍人王緒永寧公輔梁記十卷緒開元人僧辨兄孫也永寧郎僧辨所封賈閏甫李密傳三卷閏甫密舊屬顏師古安興貴家傳卷亡陸氏英賢傳記三卷陸師儒李邕狄仁傑傳三卷郭湜高氏外傳一卷力士湜大曆大理司直李翰張巡姚誾傳二卷陳翃郭公家傳八卷子儀翃嘗爲其寮屬後又從事渾瑊河中幕殷亮顏氏家傳一卷杲卿殷仲容顏氏行狀一卷眞卿馬宇段公別傳二卷秀實宇元和秘書少監史館修撰李繁鄴侯家傳十卷王起李趙公行狀一卷李吉甫張茂樞河東張氏家傳三卷弘靖孫崔氏唐顯慶登科記五卷失名姚康科第錄十六卷字汝諧南仲孫也兵部郎中金吾將軍李弈唐登科記二卷文場盛事一卷張鷟朝野僉載二十卷自號浮休子封氏聞見記五卷封演劉餗國朝傳記三卷國朝舊事四十卷蘇特唐代衣冠盛事錄一卷李綽尚書故實一卷尚書郎張延賞柳氏訓序一卷柳玭武平一景龍文館記十卷蕭叔和天祚永歸記一卷睿宗事韋機西征記卷亡韓琬南征記十卷凌準邠志二卷陸贄遣使錄一卷裴肅平戎記五卷休父房千里投荒雜錄一卷字鵠舉大和初進士第高州刺史杜佑賓佐記一卷文宗朝備問一卷黃璞閩川名士傳一卷字紹山大順中進士第魏徵祥瑞錄十卷徐景玉璽正錄一卷國寶傳一卷許康佐九鼎記四卷顏師古王會圖卷亡李德裕異域歸忠傳二卷西蕃會盟記三卷西戎記二卷英雄錄一卷趙玭孝行志二十卷字盈之晉州岳陽人會昌中武誼自古忠臣傳二十卷字子思楚州盱眙人咸通中州從事

凡女訓十七家二十四部三百八十三卷失姓名一家王方慶以下不著錄五家八十三卷

劉向列女傳十五卷曹大家注皇甫謐列女傳六卷綦毋邃

列女傳七卷劉熙列女傳八卷趙母列女傳七卷項宗列女後傳十卷曹植列女傳頌一卷孫夫人列女傳序讚一卷杜預列女記十卷虞通之后妃記四卷又妬記二卷諸葛亮貞潔記一卷曹大家女誡一卷辛德源王劭等內訓二十卷徐湛之婦人訓解集十卷女訓集六卷長孫皇后女則要錄十卷魏徵列女傳略七卷武后列女傳一百卷又孝女傳二十卷古今內範一百卷內範要略十卷保傅乳母傳七卷鳳樓新誡二十卷王方慶王氏女記十卷又王氏王嬪傳五卷續妬記五卷尚宮宋氏女論語十篇薛蒙妻韋氏續曹大家女訓十二章（韋溫女蒙字仲明開成中進士第）王摶妻楊氏女誡一卷

右雜傳記類一百二十五家一百四十六部一千六百五十六卷（失姓名十四家崔玄暐以下不著錄五十一家二千五百七十四卷）總一百四十七家一百五十一部

衛宏漢舊儀四卷董巴大漢輿服志一卷徐廣車服雜注一卷又晉尚書儀曹新定儀注四十一卷晉儀注三十九卷傅瑗晉新定儀注四十卷晉尚書儀曹吉禮儀注三卷晉尚書儀曹事九卷晉雜儀注二十一卷宋尚書儀注三十六卷宋儀注二卷張鏡宋東宮儀記二十三卷嚴植之南齊儀注二十八卷又梁皇帝崩凶儀十一卷梁皇太子喪禮五卷梁王侯以下凶禮九卷十喪禮儀注十四卷沈約梁儀注十卷又梁祭地祇陰陽儀注二卷鮑泉新儀三十卷明山賓等梁吉禮十八卷梁吉禮儀注四卷又十卷梁尚書儀曹儀注十八卷又二十卷梁天子喪禮七卷又五卷梁大行皇帝皇后崩儀注一卷梁太子妃薨凶儀注九卷梁諸侯世子卒凶儀注九卷梁陳大行皇帝崩儀注八卷賀瑒等梁賓禮一卷梁賓禮儀注十三卷陸璉梁軍禮四卷司馬褧梁嘉禮三十五卷又嘉禮儀注四十五卷陳吉禮儀注五十卷陳雜吉儀注三十卷陳雜儀注六卷陳諸帝后崩儀注五卷陳雜儀注凶儀十三卷陳皇太后崩儀注四卷（儀曹撰）陳皇太子妃薨儀注五卷（儀曹撰）張彥陳賓禮儀注六卷常景後魏儀注五十卷趙彥深北齊吉禮七十二卷北齊皇太后喪禮十卷高熲隋吉禮五十四卷牛弘潘徽隋江都集禮一百二十卷大駕鹵簿一卷周遷古今輿服雜事十卷蕭子雲古今輿服雜事二十卷甲辰儀注五卷摯虞決疑要注一卷崔豹古今注一卷諸王國雜儀注十卷雜儀注一百卷范注雜府州郡儀十卷又祭典三卷何胤喪服治禮儀注九卷何點理禮儀注九卷冠婚儀四卷崔皓婚儀祭儀二卷何晏魏明帝謚議二卷魏氏郊丘二卷高堂隆魏臺雜訪議三卷晉謚議八卷晉簡文謚議四卷孔晁等晉明堂郊社議三卷蔡謨晉七廟議三卷干寶雜議五卷荀顗等晉雜議十卷王景之要典三十九卷王逸齊典四卷丘仲孚皇典五卷盧諶雜祭注六卷盧辨祀典五卷徐爰家儀一卷王儉吉儀二卷又弔答書儀十卷皇室書儀七卷鮑衡卿皇室書儀十三卷謝朏書筆儀二十卷謝允書儀二卷唐瑾婦人書儀八卷童悟十三卷紀僧眞玉璽譜一卷姚察傳國璽十卷徐令言玉璽正錄一卷張大頤明堂儀一卷姚璠等明堂儀注三卷皇太子方岳亞獻儀二卷蕭子雲東宮雜事二十卷陸開明宇文愷東宮典記七十卷令狐德棻皇帝封禪儀六卷孟利貞封禪錄十卷裴守眞神岳封禪儀注十卷郭山惲大享明堂儀注二卷親享太廟儀注三卷裴矩虞世南大唐書儀十卷竇維鋈吉凶禮要二十卷韋叔夏五禮要記三十卷王懿中禮儀注八卷楊炯家禮十卷大唐儀禮一百卷（長孫無忌房玄齡魏徵李百藥顏師古令狐德棻孔穎達于志寧等撰吉禮六十一篇賓禮四篇軍禮二十篇嘉禮四十二篇凶禮六篇國恤五篇總一百三十篇貞觀十一年上）永徽五禮一百三十卷（長孫無忌侍中許敬宗中書令李義府黃門侍郎劉祥道許圉師太常卿韋琨博士蕭楚材孔志約等撰削國恤以爲豫凶事非臣子所宜論次定著二百九十九篇顯慶三年上）武后紫宸禮要十卷開元禮一百五十卷（開元中通事舍人王嵒請改禮記附唐制度張說引嵒就集賢書院詳議奏禮記漢代舊文不可更請修貞觀永徽五禮爲開元禮命賈登張烜施敬本李銳王仲丘陸善經洪孝昌撰緝蕭嵩總之）蕭嵩開元禮義鏡一百卷開元禮京兆義羅十卷開元禮類釋二十卷開元禮百問二卷顏眞卿禮樂集十卷（禮儀使所定）韋渠牟貞元新集開元後禮二十卷柳逞唐禮纂要六卷韋公肅禮閣新儀三十卷（元和人）王彥威元和曲臺禮三十卷又續曲臺禮三十卷李弘澤直禮一卷（林甫孫開成太府卿）韋述東封記一卷李襲譽明堂序一卷員半千明堂新禮三卷李嗣眞明堂新禮十卷王涇大唐郊祀錄十卷（貞元九年上時爲太常禮院修撰）裴瑾崇豐二陵集禮（卷亡瑾字封叔光庭曾孫元和吉州刺史）王方慶三品官祔廟禮二卷又古今儀集五十卷孟詵家祭禮一卷徐閏家祭儀一卷范傳式寢堂時饗儀一卷鄭正則祠享儀一卷周元陽祭錄一卷賈頊家薦儀一卷盧弘宣家祭儀（卷亡）孫氏仲享儀一卷（孫日用）劉孝孫二儀實錄一卷袁郊二儀實錄衣服名義圖一卷又服飾變古元錄一卷（字之儀滋子也昭宗時翰林學士）王晉使範一卷戴至德喪服變一卷張戩喪儀纂要九卷孟詵喪服正要二卷商价喪禮極議一卷張薦五服圖（卷亡）仲子陵五服圖十卷（貞元九年上）裴茝內外親族五服儀二卷又書儀三卷（朱儔注茝元和太常少卿）葬王播儀一卷鄭氏書儀二卷（鄭餘慶）裴度書儀二卷杜有晉書儀二卷

右儀注類六十一家一百部一千四百六十七卷（失姓名三十二家竇維鋈以下不著錄四十九家八百九十三卷）

漢建武律令故事三卷漢名臣奏二十九卷廷尉決事二十卷廷尉駁事十一卷廷尉雜詔書二十六卷南臺奏事二十二卷應劭漢朝議駁三十卷陳壽漢名臣奏事三十卷晉駁事四卷晉彈事九卷賈充杜預刑法律本二十一卷又晉令四十卷宗躬齊永明律八卷蔡法度梁律二十卷又梁令三十卷梁科二卷條鈔晉宋齊梁律二十卷范泉等陳律九卷又陳令三十卷陳科三十卷趙郡王叡北齊律二十卷令八卷麟趾格四卷（文襄帝時撰）趙肅等周律二十五卷蘇綽大統式三卷張斐律解二十卷劉邵律略論五卷高熲等隋律十二卷牛弘等隋開皇令三十卷隋大業律十八卷武德律十二卷又式十四卷令三十一卷（尚書左僕射裴寂右僕射蕭瑀大理卿崔善爲給事中王敬業中書舍人劉林甫顏師古王孝遠涇州別駕靖延太常丞丁孝烏隋大理丞房軸天策上將府參軍李桐客太常博士徐上機等奉詔撰定以五十三條附新律餘無增改武德七年上）貞觀律十二卷又令二十七卷格十八卷留司格一卷式三十三卷（中書令房玄齡右僕射長孫無忌蜀王府法曹參軍裴弘獻等奉詔撰定凡律五百條令一千五百四十六條格七百條以尚書省諸曹爲目其常務留本司者著爲留司格）永徽律十二卷又式十四卷式本四卷令三十卷散頒天下格七卷留本司行格十八卷（太尉無忌司空李勣左僕射于志寧右僕射張行成侍中高季輔黃門侍郎宇文節柳奭尚書右丞段寶玄太常少卿令狐德棻吏部侍郎高敬言刑部侍郎劉燕客給事中趙文恪中書舍人李友益少府丞張行實大府丞王文端大理丞元紹刑部郎中賈敏行等奉詔撰定分格爲二部以曹司常務爲行格天下所共爲散頒格永徽三年上至龍朔二年詔司刑太常伯源直心少常伯李敬玄司刑大夫李文禮復刪定唯改官曹局名而已題行格曰留本司行格中本散頒格曰天下散行格中本）律疏三十卷（無忌李勣于志寧刑部尚書唐臨大理卿段寶玄尚書右丞劉燕客御史中丞賈敏行等奉詔撰永徽四年上）永徽留本司格後十一卷（左僕射劉仁軌右僕射戴至德侍中張文瓘中書令李敬玄右庶子郝處俊黃門侍郎來恆左庶子高智周右庶子李義琰吏部侍郎裴行儉馬載兵部侍郎蕭德昭裴炎工部侍郎李義琛刑部侍郎張楚金金部郎中盧律師等奉詔撰儀鳳二年上）趙仁本法例二卷崔知悌法例二卷垂拱式二十卷又格十卷新格二卷散頒格三卷留司格六卷（秋官尚書裴居道夏官尚書同鳳閣鸞臺三品岑長倩鳳閣侍郎同鳳閣鸞臺平章事韋方質與刪定官袁智弘咸陽尉王守愼奉詔撰加計帳勾帳二式垂拱元年上新格武后製序）刪垂拱式二十卷又散頒格七卷（中書令韋安石禮部尚書同中書門下三品祝欽明尚書右丞蘇瓌兵部郎中狄光嗣等刪定神龍元年上）太極格十卷（戶部尚書同中書門下三品岑羲中書侍郎同中書門下三品陸象先右散騎常侍徐堅右司郎中唐紹刑部員外郎邵知新大理寺丞陳義海評事張名播右衛長史張處斌左衛率府倉曹參軍羅思貞刑部主事閻義顓等刪定太極元年上）開元前格十卷（兵部尚書兼紫微令姚崇黃門監盧懷愼紫微侍郎兼刑部尚書李乂紫微侍郎蘇頲舍人呂延祚給事中魏奉古大理評事高智靜韓城縣丞侯郢璡瀛州司法參軍閻義顓等奉詔刪定開元三年上）開元後格十卷又三十卷式二十卷（吏部侍郎兼侍中宋璟中書侍郎蘇頲尚書左丞盧從愿吏部侍郎裴漼慕容珣戶部侍郎楊滔中書舍人劉令植大理司直高智靜幽州司功參軍侯郢璡等刪定開元七年上）格後長行敕六卷（侍中裴光庭中書令蕭嵩等刪次開元十九年上）開元新格十卷格式律令事類四十卷（中書令李林甫侍中牛仙客御史中丞王敬從左武衛胄曹參軍崔冕衛州司戶參軍直中書陳承信酸棗尉直刑部俞元杞等刪定開元二十五年上）度支長行旨五卷王行先律令手鑑二卷元泳式苑四卷裴光庭唐開元格令科要一卷元和格敕三十卷（權德輿劉伯芻等集）元和刪定制敕三十卷（許孟容韋貫之蔣乂柳登等集）太和格後敕四十卷格後敕五十卷（初前大理丞謝登纂凡六十卷詔刑部詳定去其繁複太和七年上）狄兼謩開成詳定格十卷大中刑法總要格後敕六十卷（刑部侍郎劉瑑等纂）張戣大中刑律統類十二卷盧紓刑法要錄十卷（裴向上之）張伾判格三卷李崇法鑑八卷

右刑法類二十八家六十一部一千四卷（失姓名九家自開元新格以下不著錄十三家三百二十三卷）

劉向七略別錄二十卷劉歆七略七卷荀勗晉中經簿十四卷又新撰文章家集敘五卷丘深之晉義熙以來新集目錄三卷王儉宋元徽元年四部書目錄四卷令書七志七十卷（賀縱補注）阮孝緒七錄十二卷丘賓卿梁天監四年書目四卷劉遵梁東宮四部書目四卷陳天嘉四部書目四卷牛弘隋開皇四年書目四卷王劭隋開皇二十年書目四卷殷淳四部書目序錄三十九卷楊松珍史目三卷摯虞文章志四卷宋明帝晉江左文章志二卷沈約宋世文章志二卷傅亮續文章志二卷名手書錄一卷虞龢法書目錄六卷羣書四錄二百卷（殷踐猷王愜韋述余欽毋煚劉彥直王灣王仲丘撰元行沖上之）毋煚古今書錄四十卷韋述集賢書目一卷李肇經史釋題二卷宗諫注十三代史目十卷常寶鼎文選著作人名目三卷尹植文樞祕要目七卷（鈔文思博要藝文類聚爲祕要）唐書敘例目錄一卷孫玉汝唐列聖賢錄目二十五卷吳氏西齋書目一卷（吳兢）河南東齋史目三卷蔣彧新集書目一卷杜信東齋籍二十卷（字立言元和國子司業）

右目錄類十九家二十二部四百六卷（失姓名二家毋煚以下不著錄十二家一百十四卷）

宋衷世本四卷世本別錄一卷宋均注帝譜世本七卷王氏注世本譜二卷漢氏帝王譜二卷齊永元中表簿六卷梁大同四年表簿三卷齊梁宗簿三卷梁親表譜五卷後魏皇帝宗族譜四卷元暉業後魏辨宗錄二卷後魏譜二卷後魏方司格一卷齊高氏譜六卷周宇文氏譜一卷賈冠國親皇太子親傳四卷王儉百家集譜

十卷王僧孺百家譜三十卷又十八州譜七百一十二卷徐勉百官譜二十卷賈執百家譜五卷又姓氏英賢譜一百卷何承天姓苑十卷賈希鏡氏族要狀十五卷官族傳十五卷冀州姓族譜七卷洪州諸姓譜九卷袁州諸姓譜七卷司馬氏世家二卷楊氏譜一卷蘇氏譜一卷孫氏譜記十五卷韋氏譜十卷韋鼎裴氏家牒二十卷裴守貞大唐氏族志一百卷高士廉韋挺岑文本令狐德棻撰姓氏譜二百卷許敬宗李義府孔志約楊仁卿史玄道呂才譔柳冲大唐姓族系錄二百卷路敬淳衣冠譜六十卷又著姓略記二十卷王元感姓氏實論十卷崔日用姓苑略一卷岑義氏族錄卷亡王方慶王氏家牒十五卷又家譜二十卷王氏著錄十卷韋述開元譜二十卷國朝宰相甲族一卷百家類例三卷唐新定諸家譜錄一卷李林甫等林寶元和姓纂十卷竇從一系纂七卷陳湘姓林五卷孔至姓氏雜錄一卷李利涉唐官姓氏記五卷初十卷利涉貶南方亡其半又編古命氏三卷柳璨姓氏韻略六卷蕭穎士梁蕭史譜二十卷柳芳永泰新譜二十卷一作皇室新譜柳璟續譜十卷皇唐玉牒一百一十卷開成二年李衎林寶譔唐皇室維城錄一卷李匡文天潢源派譜一卷又唐偕日譜一卷玉牒行樓一卷皇孫郡王譜一卷元和縣主譜一卷家譜一卷李衢大唐皇室新譜一卷黃恭之孔子系葉傳二卷謝氏家譜一卷東萊呂氏家譜一卷薛氏家譜一卷顏氏家譜一卷虞氏家譜一卷孫氏家譜一卷吳郡陸氏宗系譜一卷陸景獻劉氏譜考三卷劉氏家史十五卷並劉子玄紀王慎家譜一卷蔣王惲家譜一卷李用休家譜二卷紀王慎之後徐氏譜一卷徐商徐義倫家譜一卷劉晏家譜一卷劉輿家譜一卷周長球家譜一卷施氏家譜二卷萬氏家譜一卷滎陽鄭氏家譜一卷懿宗時國子博士竇澄之鮮于氏家譜一卷趙郡東祖李氏家譜二卷李氏房從譜一卷韋氏諸房略一卷韋綯諱行錄一卷

右譜牒類十七家三十九部一千六百一十七卷王元感以下不著錄二十二家三百三十三卷

三輔黃圖一卷三輔舊事三卷漢宮闕簿三卷洛陽宮殿簿三卷葛洪西京雜記二卷薛冥西京記三卷潘岳關中記一卷陸機洛陽記一卷戴延之洛陽記一卷後魏洛陽記五卷楊佺期洛城圖一卷鄧基陸澄地理志一百五十卷任昉地記二百五十二卷虞茂區宇圖一百二十八卷郎蔚之隋圖經集記一百卷周地圖一百三十卷雜記十二卷雜地志五卷地理志書鈔十卷地城方丈圖一卷地城方尺圖一卷職方記十六卷晉太康土地記十卷太康州郡縣名五卷後魏諸州記二十卷周處風土記十卷圈稱陳留風俗傳三卷揚雄蜀王本記一卷譙周三巴記一卷李克益州記三卷郭仲產荊州記二卷鮑堅南雍州記三卷阮敘之南兗州記一卷山謙之南徐州記二卷劉損之京口記二卷孫處玄潤州圖注二十卷雷次宗豫章記一卷鄭緝之東陽記一卷張僧監潯陽記二卷李叔布齊州記四卷張勃吳地記一卷晏模齊地記二卷陸翽鄴中記二卷劉芳徐地錄一卷梁元帝職貢圖一卷又荊南地志二卷王範交廣二州記一卷樊文深中岳潁州志五卷秣陵記二卷湘州記四卷湘州圖副記一卷京邦記二卷分吳會丹陽三郡記二卷西河舊事一卷闞駰十三州志十四卷顧野王輿地志三十卷又十國都城記十卷周明帝國都城記九卷郭璞注山海經二十三卷又山海經圖讚二卷山海經音二卷桑欽水經三卷一作郭璞譔酈道元注水經四十卷僧道安四海百川水源記一卷又一卷江圖二卷庾仲雍江記五卷又漢水記五卷尋江源記五卷劉澄之永初山川古今記二十卷李氏宜都山川記一卷沈瑩臨海水土異物志一卷楊孚交州異物志一卷陳祈暢異物志一卷萬震南州異物志一卷朱應扶南異物志一卷京兆郡方物志二十卷諸郡土俗物產記十九卷涼州異物志二卷廟記一卷薛泰輿駕東幸記一卷諸葛穎巡總揚州記七卷戴祚西征記二卷郭緣生述征記二卷姚最述行記二卷沈懷文隨王入沔記十卷魏聘使行記五卷李彤聖賢塚墓記一卷宋雲魏國以西十一國事一卷沈懷遠南越志五卷程士章西域道里記二卷常駿等赤土國記二卷王玄策中天竺國行記十卷僧智猛游行外國傳一卷僧法盛歷國傳二卷日南傳一卷林邑國記一卷眞臘國事一卷交州以來外國傳一卷奉使高麗記一卷西南蠻入朝首領記一卷裴矩高麗風俗一卷鄧行儼東都記三十卷貞觀著作郎括地志五百五十卷又序略五卷魏王泰命著作郎蕭德言秘書郎顧胤記室參軍蔣亞卿功曹參軍謝偃蘇勗撰長安四年十道圖十三卷開元三年十道圖十卷劍南地圖二卷李播方志圖卷亡西域圖志六十卷高宗遣使分往康國吐火羅訪其風俗物產畫圖以聞詔史官撰次許敬宗領之顯慶三年上李吉甫元和郡縣圖誌五十四卷又十道圖十卷古今地名三卷刪水經十卷梁載言十道志十六卷王方慶九嵕山志十卷賈耽地圖十卷又皇華四達記十卷古今郡國縣道四夷述四十卷關中隴右山南九州別錄六卷貞元十道錄四卷吐蕃黃河錄四卷韋澳諸道山河地名要略九卷一作虞分譔劉之推文括九州要略三卷郡國志十卷馬敬寔諸道行程血脉圖一卷鄧世隆東都記三十卷韋機東都記二十卷韋述兩京新記五卷兩京道里記三卷李仁實戎州記一卷盧鴻嵩山記一卷天寶人馬溫鄴都故事二卷肅代時人劉公鋭鄴城新記三卷張周封華陽風俗錄一卷字子望西川節度使李德裕從事試協律郎盧求成都記五卷西川節度使白敏中從事鄭暐益州理亂記三卷李璋太原事迹記十四卷張文規吳興雜錄七卷房千里南方異物志一卷孟琯嶺南異物志一卷劉恂嶺表錄異三卷余知古渚宮故事十卷文宗時人吳從政襄沔記三卷張氏燕吳行役記二卷宣宗時人失名韋宙零陵錄一卷張密廬山雜記一卷張容九江新舊錄三卷咸通人莫休符桂林風土記三卷段公路北戶雜錄三卷文昌孫林諝閩中記十卷裴矩又譔西域圖記三卷顧愔新羅國記一卷大曆中歸崇敬使新羅愔爲從事張建章渤海國記三卷戴斗諸蕃記一卷達奚通海南諸蕃行記一卷袁滋雲南記五卷李繁北荒君長錄三卷高少逸四夷朝貢錄十卷呂述黠戛斯朝貢圖傳一卷字修業會昌秘書少監商州刺史樊綽蠻書十卷咸通中嶺南西道節度使蔡襲從事竇滂雲南別錄一卷雲南行記一卷徐雲虔南詔錄三卷乾符中人

右地理類六十三家一百六部一千二百九十二卷失姓名三十一家李播以下不著錄五十三家九百八十九卷

唐書卷五十八考證

藝文志二乙部李喜漢書辨惑三十卷○舊書作李善

臣酉按李善本傳著漢書辨惑三十卷當從舊書又此志後復載李善漢書辨惑一十卷乃重出卷數亦誤

右編年類注三百五十五卷○沈炳震曰按上止三百四十五卷作五十五誤

任昉雜傳一百二十卷○沈炳震曰按隋書經籍志作三十六卷注云本百四十七卷亡此云一百二十卷既非原本又非缺本未詳何據

唐書卷五十九

宋 翰林學士歐陽修撰

藝文志第四十九

丙部子錄其類十七一曰儒家類二曰道家類三曰法家類四曰名家類五曰墨家類六曰縱橫家類七曰雜家類八曰農家類九曰小說類十曰天文類十一曰曆算類十二曰兵書類十三曰五行類十四曰雜藝術類十五曰類書類十六曰明堂經脉類十七曰醫術類凡著錄六百九家九百六十七部一萬七千一百五十二卷不著錄五百七家五千六百一十五卷

晏子春秋七卷晏嬰曾子二卷曾參子思子七卷孔伋公孫尼子一卷趙岐注孟子十四卷孟軻劉熙注孟子七卷鄭玄注孟子七卷綦母邃注孟子七卷荀卿子十二卷荀況董子一卷董無心魯連子一卷魯仲連陸賈新語二卷賈誼新書十卷桓寬鹽鐵論十卷劉向新序三十卷又說苑三十卷揚子法言六卷揚雄宋衷注法言十卷李軌注法言三卷陸績注揚子太玄經十二卷虞翻注太玄經十四卷范望注太玄經十二卷宋仲子注太玄經十二卷蔡文邵注太玄經十卷桓子新論十七卷桓譚王符潛夫論十卷仲長子昌言十卷仲長統荀悅申鑒五卷魏子三卷魏朗魏文帝典論五卷徐氏中論六卷徐幹王粲去伐論集三卷王肅政論十卷杜氏體論四卷杜恕顧子新論五卷顧譚文禮通語十卷殷興續諸葛亮集誡二卷陸景典訓十卷譙子法訓八卷又五教五卷譙周王嬰古今通論三卷周生烈子五卷袁子正論二十卷又正書二十五卷袁準孫氏成敗志三卷孫敏夏侯湛新論十卷楊泉物理論十六卷又太玄經十四卷劉緝注華譚新論十卷虞喜志林新書二十卷又後林新書十卷顧子義訓十卷顧夷蔡洪清化經十卷干寶正言十卷又立言十卷蔡韶閬論二卷呂竦要覽五卷周捨正覽六卷劉徽魯史欹器圖一卷綦母氏誡林三卷顏氏家訓七卷顏之推李穆叔典言四卷王滂百里昌言二卷崔子至言六卷崔靈童盧辯墳典三十卷王劭讀書記三十二卷王通中說五卷辛德源正訓二十卷太宗序志一卷又帝範四卷賈行注高宗天訓四卷武后紫樞要錄十卷又臣軌二卷百寮新誡五卷青宮紀要三十卷少陽正範三十卷列藩正論三十卷章懷太子春秋要錄十卷又修身要覽十卷君臣相起發事三卷魏徵諫事五卷又自古諸侯王善惡錄二卷張太玄平臺百一寓言三卷楊相如君臣政理論三卷陸善經注孟子七卷張鎰孟子音義三卷楊倞注

荀子二十卷（汝士子大理評事）王涯注太玄經六卷員俶太玄幽贊十卷（開元四年京兆府童子進書召試及第授散官文學直弘文館）柳宗元注揚子法言十三卷李襲譽五經妙言四十卷鄭澣經史要錄二十卷劉貺續說苑十卷杜正倫百行章一卷憲宗前代君臣事跡十四篇武后訓記雜載十卷（采青宮紀要維城典訓古今內範內範要略等書爲雜載云）維城典訓二十卷褚无量翼善記（卷亡）裴光庭搖山往則一卷又維城前軌一卷丁公著皇太子諸王訓十卷六經法言二十卷（韋處厚路有譔）崔郾諸經纂要十卷于志寧諫苑二十卷王方慶諫林二十卷楊浚聖典三卷（校書郎開元中上）張九齡千秋金鏡錄五卷唐次辨謗略三卷元和辨謗略十卷（令狐楚沈傳師杜元穎譔）裴潾太和新修辨謗略三卷李仁實格論三卷趙冬曦王政三卷（景龍二年上）馮中庸政錄十卷（開元十九年上長汜水尉）賈子一卷（開元中藍田尉失名）儲光義正論十五卷（兗州人開元進士第又詔中書試文章歷監察御史安祿山反陷賊自歸）牛希濟理源二卷陸質君臣圖翼二十五卷李吉甫古今說苑十一卷李德裕御臣要略（卷亡）丘光庭康教論一卷元子十卷又浪說七篇漫說七篇（元結）杜信元和子二卷林慎思伸蒙子三卷（咸通中人）冀子五卷（冀重字子泉定州容城人廣明修武令）崔憼儒玄論三卷（字敬之後魏白馬侯浩七世孫中和光祿丞）

右儒家類六十九家九十二部七百九十一卷（陸善經以下不著錄三十九家三百七十一卷）

鬻子一卷（鬻熊）老子道德經二卷（李耳）又三卷河上公注老子道德經二卷王弼注新記玄言道德二卷又老子指例略二卷蜀才注老子二卷鍾會注二卷羊祜注二卷又解釋四卷孫登注老子二卷王尚注二卷袁眞注二卷張憑注二卷劉仲融注二卷陶弘景注四卷樹鍾山注二卷李允愿注二卷陳嗣古注二卷僧惠琳注二卷惠嚴注二卷鳩摩羅什注二卷義盈注二卷程韶集注二卷任眞子集解四卷張道相集注四卷盧景裕梁曠等注二卷安丘望之老子章句二卷又道德經指趣三卷王肅玄言新記道德二卷梁曠道德經品四卷嚴遵指歸十四卷何晏講疏四卷又道德問二卷梁武帝講疏四卷又講疏六卷顧歡道德經義疏四卷又義疏治綱一卷孟智周義疏五卷戴詵義疏六卷葛洪老子道德經序訣二卷韓莊玄旨八卷劉遺民玄譜一卷節解二卷章門一卷李軌老子音一卷鶡冠子三卷張湛注列子八卷（列禦寇）郭象注莊子十卷（莊周）向秀注二十卷崔譔注十卷司馬彪注二十一卷又注音一卷李頤集解二十卷王玄古集解二十卷李充釋莊子論二卷馮廓老子指歸十三卷又莊子古今正義十卷梁簡文帝講疏三十卷王穆疏十卷又音一卷莊子疏七卷文子十二卷廣成子十二卷（商洛公譔張太衡注）唐子十卷（唐滂）蘇子七卷（蘇彥）宣子二卷（宣聘）陸子十卷（陸雲）抱朴子內篇十卷（葛洪）孫子十二卷（孫綽）符子三十卷（符朗）賀子十卷（賀道養）牟子二卷（牟融）傳弈注老子二卷楊上善注老子道德經二卷又注莊子十卷老子指略論二卷（太子文學）辟閭仁諝注老子二卷（聖曆司禮博士）賈大隱老子述義十卷陸德明莊子文句義二十卷玄宗注道德經一卷又疏八卷（天寶中加號玄通道德經世不稱之）盧藏用注老子二卷又注莊子內外篇十二卷邢南和注老子（開元二十一年上）馮朝隱注老子白履忠注老子李播注老子尹知章注老子傳弈老子音義（卷亡）陸德明老子疏十五卷逢行珪注鬻子一卷（鄭縣尉）陳庭玉老子疏（開元二十年上授校書郎卷亡）陸希聲道德經傳四卷吳善經注道德經二卷（貞元中人）楊上善道德經三略論三卷道士成玄英注老子道德經二卷又開題序訣義疏七卷注莊子三十卷疏十二卷（玄英字子實陝州人隱居東海貞觀五年召至京師永徽中流郁州書成道王元慶遣文學賈鼎就授大義嵩高山人李利涉爲序唯老子注莊子疏著錄）張游朝南華象罔說十卷又沖虛白馬非馬證八卷（志和父）孫思邈注老子（卷亡）又注莊子柳縱注莊子（開元二十年上授章懷太子廟丞）尹知章注莊子（並卷亡）甘暉魏包注莊子（卷亡開元末奉詔注）元載南華通微十卷張志和太易十五卷又玄眞子十二卷（韋詣作內解）陳庭玉莊子疏（卷亡）道士李含光老子莊子周易學記三卷又義略三卷（含光揚州江都人本姓弘避孝敬皇帝諱改焉天寶間人）張隱居莊子指要三十三篇（名九垓號渾淪子代德時人）帥夜光三玄異義三十卷（幽州人開元二十年上授校書郎直國子監）徐靈府注文子十二卷李暹訓注文子十二卷王士元亢倉子二卷（天寶元年詔號莊子爲南華眞經列子爲沖虛眞經文子爲通玄眞經亢桑子爲洞靈眞經然亢桑子求之不獲襄陽處士王士元謂莊子作庚桑子太史公列子作亢倉子其實一也取諸子文義類者補其亡）無能子三卷（不著人名氏光啓中隱民間）

凡神仙三十五家五十部三百四十一卷（失姓名十三家自道藏音義以下不著錄六十二家二百六十五卷）

尹喜高士老君內傳三卷玄景先生老子道德簡要義五卷梁簡文帝老子私記十卷戴詵老子西升經義一卷韋處玄集解老子西升經二卷老子黃庭經一卷老子探眞經一卷老君科律一卷老子宣時誡一卷老子入室經一卷老子華蓋觀天訣一卷老子消水經一卷老子神策百二十條經一卷鬼谷先生關令尹喜傳一卷（四皓注）清虛眞人王君內傳一卷王萇三天法師張君內傳一卷李遵茅君內傳一卷呂先生太極左仙公葛君內傳一卷華嶠紫陽眞人周君傳一卷趙昇等仙人馬君陰君內傳一卷鄭雲千清虛眞人裴君內傳一卷范邈紫虛元君南岳夫人內傳一卷項宗紫虛元君魏夫人內傳一卷王羲之許先生傳一卷九華眞妃內記一卷宋都能嵩高少室寇天師傳三卷王喬傳一卷漢武帝傳二卷劉向列仙傳二卷葛洪神仙傳十卷見素子洞仙傳十卷東方朔神異經二卷（張華注）又十洲記一卷周季通蘇君記一卷梁曠南華仙人莊子論三十卷南華眞人道德論三卷任子道論十卷任嘏道士論三卷（顧谷）姫威渾輿經一卷杜夷幽求子三十卷張讓玄書通義十卷陶弘景登眞隱訣一十五卷又眞誥十卷張湛養生要集十卷養性傳二卷張太衡無名子一卷劉道人老子玄譜一卷劉無待同光子八卷（佚偃注）靈人辛玄子自序一卷華陽子自序一卷（茅處玄）無上祕要七十二卷道要三十卷馬樞學道傳十二卷郭憲漢武帝別國洞冥記四卷道藏音義目錄一百一十三卷（崔湜薛稷沈佺期道士史崇玄等譔）集注陰符經一卷（太公范蠡鬼谷子張良諸葛亮李淳風李筌李治李鑒李銳楊晟）李靖陰符機一卷道士李少卿十異九迷論一卷道士劉進喜老子通諸論一卷又顯正論一卷張果陰符經太無傳一卷又陰符經辨命論一卷氣訣一卷神仙得道靈藥經一卷罔象成名圖一卷丹砂訣一卷（開元二十二年上）韋弘陰符經正卷一卷李筌驪山母傳陰符玄義一卷（筌號少室山達觀子於嵩山虎口巖石壁得黃帝陰符本題云魏道士寇謙之傳諸名山筌至驪山老母傳其說）葉靜能太上北帝靈文三卷李淳風注泰乾祕要三卷楊上器注太上玄元皇帝聖紀十卷崔少元老子心鏡一卷皇天原太上老君現跡記一卷（文明元年老子降事）呂氏老子昌言二卷王方慶神仙後傳十卷玄晉蘇元明太清石壁記三卷（乾元中劍州司馬蘇失名）議化胡經狀一卷（萬歲通天元年僧惠澄上言乞毀老子化胡經敕秋官侍郎劉知璿等議狀）寧州眞觀二十七宿眞形圖讚一卷（記天寶中寧州羅川縣金華洞獲玉像皆列宿之眞准少氏宿改縣爲寧眞事）道士令狐見堯正一眞人二十四治圖一卷（貞元人）孫思邈馬陰二君內傳一卷又太清眞人煉雲母訣二卷攝生眞錄一卷養生要錄一卷氣訣一卷燒煉祕訣一卷龍虎通元訣一卷龍虎亂日篇一卷幽傳福壽論一卷枕中素書一卷會三教論一卷龍虎篇一卷（青羅子周希彭少室山人儒登同注）朱少陽道引錄三卷（浮山隱士代德時人）張志和玄眞子二卷藏簡眞教元符三卷楊嗣復九徵心戒一卷裴煜延壽赤書一卷紇干臮序通解錄一卷（字咸大中中江西觀察使）守眞子秦鑑語一卷道士張仙庭三洞瓊綱三卷段世貴演正一烝化圖三卷女子胡愔黃庭內景圖一卷道士司馬承禎坐忘論一卷又修生養氣訣一卷洞元靈寶五岳名山朝儀經一卷賈參寥莊子通眞論三卷（垂拱中隱武陵）白履忠注黃庭內景經（卷亡）又三玄精辨論一卷吳筠神仙可學論一卷又玄綱論三卷明眞辨僞論二卷輔正除邪論一卷辨方正惑論一卷道釋優劣論一卷心目論一卷復淳化論一卷著生論一卷形神可固論一卷李延章集鄭綽錄中元論一卷（太和人）施肩吾辨疑論一卷（睦州人元和進士第隱洪州西山）道士令狐見堯玉笥山記一卷道士李冲昭南岳小錄一卷沈汾續神仙傳三卷道士胡慧超神仙內傳一卷晉洪州西山十二眞君內傳一卷李渤眞系傳一卷李遵茅三君內傳一卷道士胡法超許遜修行傳一卷張說洪崖先生傳一卷（張氳先生唐初人）冲虛子胡慧超傳一卷（失名慧超高宗時道士）潘尊師傳一卷（師正）蔡尊師傳一卷（名南玉字叔寶宋同郡尚書郭七世孫歷全部員外郎棄官入道大曆中卒）劉谷神葉法善傳二卷正元師諭仙崔少元傳二卷陰日用傳仙宗行記一卷（仙宗開元責陽道士）謝良嗣吳天師內傳一卷（吳筠）溫造瞿童述一卷（大曆中辰溪童子瞿柏庭昇仙造爲朗州刺史追述其事）李堅東極眞人傳一卷（果州謝自然）江積八仙傳一卷（大中後事）王仲丘攝生纂錄一卷高福攝生錄三卷郭霽攝生經一卷上宮翼養生經一卷康仲熊服內元氣訣一卷氣經新舊服法三卷康眞人氣訣一卷太无先生炁訣一卷（失名大曆中遇羅浮王公傳氣術）菩提達磨胎息訣一卷李林甫唐朝煉大丹感應頌一卷崔元眞靈沙受氣用藥訣一卷又雲母論二卷（天寶隱嵋山）劉知古日月元樞一卷海蟾子元英還金篇一卷還陽子大還丹金虎白龍論一卷（隱士失姓名）陳少微太洞鍊眞寶經修伏丹砂妙訣一卷嚴靜大丹至論一卷

凡釋氏二十五家四十部三百九十五卷（失姓名一家玄琬以下不著錄七十四家九百四十一卷）

蕭子良淨注子二十卷（王融頌）僧僧祐法苑集十五卷又弘明集十四卷釋迦譜十卷薩婆多師資傳四卷虞孝敬高僧傳六卷又內典博要三十卷僧賢明眞言要集十卷郭瑜修多羅法門二十卷駱子義經論纂要十卷顧歡夷夏論二卷甄鸞笑道論三卷衞元嵩齊三教論七卷杜乂甄正論三卷李思愼心鏡論十卷裴子野名僧錄十五卷僧寶昌名僧傳三十卷又比丘尼傳四卷僧惠皎高僧傳十四卷僧道宗續高僧傳三十二卷陶弘景草堂法師傳一卷蕭回理草堂法師傳一卷稠禪師傳一卷陽衒之洛陽伽藍記五卷費長房歷代三寶記三卷（長房成都人隋翻經學士）僧彥琮崇正論六卷又集沙門不拜俗議六卷福田論二卷道宣統畧淨注子二卷又通

或決疑錄二卷廣弘明集三十卷集古今佛道論衡四
卷續高僧傳二十卷起梁初盡貞觀十九年後集續高僧傳十卷
東夏三寶感通錄三卷大唐貞觀內典錄十卷義淨大
唐西域求法高僧傳二卷法琳辯正論八卷陳子良注又破
邪論二卷琳姓陳氏太史令傅奕請廢佛法琳諍之放死蜀中復禮十門辨惑論
二卷永隆二年答太子文學權無二釋典稽疑楊上善六趣論六卷又三教
銓衡十卷僧玄琬佛教後代國王賞罰三寶法一卷又
安養蒼生論一卷三德論一卷姓楊氏新豐人貞觀十年上入道方
便門二卷衆經目錄五卷鏡論論一卷無礙緣起一卷
十種讀經儀一卷無盡藏儀一卷發戒緣起二卷法界
僧圖一卷十不論一卷懺悔罪法一卷禮佛儀式二卷
李師政內德論一卷上黨人貞觀門下典儀僧法雲辨量三教論
三卷又十王正業論十卷絳州人道宣又譔注戒本二卷
疏記四卷注羯磨二卷疏記四卷行事刪補律儀三卷
或六卷釋門正行懺悔儀三卷釋門亡物輕重儀二卷釋
門章服儀二卷釋門歸敬儀二卷釋門護法儀二卷釋
氏譜畧二卷聖迹見在圖贊二卷佛化東漸圖贊二卷
釋迦方志二卷僧彥琮大唐京寺錄傳十卷又沙門不
敬錄六卷龍朔人井隋有二彥琮玄應大唐衆經音義二十五卷
玄惲敬福論十卷又畧論二卷大小乘觀門十卷法苑
珠林集一百卷四分律僧尼討要畧五卷金剛般若經
集注三卷百願文一卷玄惲本名道世玄範注金剛般若經一
卷又注二帝三藏聖教序一卷太宗高宗慧覺華嚴十地維
摩續義章十三卷姓范氏武德人行友已知沙門傳一卷序僧海順
事道岳三藏本疏二十二卷姓孟氏河陽人貞觀中道基雜心玄
章并鈔八卷又大乘章鈔八卷姓呂氏東平人貞觀時智正華嚴
疏十卷姓白氏安喜人貞觀中慧淨雜心玄文三十卷姓房隋國子博士徵
遠從子又俱舍論文疏三十卷大莊嚴論文疏三十卷法
華經纘述十卷那提大乘集議論四十卷釋疑論一卷
注金剛般若經一卷諸經講序一卷玄會義源文本四
卷又時文釋鈔四卷涅槃義章句四卷字懷默姓席氏安定人貞觀中
慧休雜心玄章鈔疏卷亡姓樂氏瀛州人靈潤涅槃義疏十三卷
又玄章三卷遍攝大乘論義鈔十三卷玄章三卷姓梁氏虞
鄉人辯相攝論疏五卷辯相居淨影寺玄奘大唐西域記十二卷
姓陳氏緱氏人辯機西域記十二卷清徹金陵塔寺記三十六
卷師哲前代國王修行記五卷盡中宗時大唐內典錄十卷
西明寺僧譔母煚開元內外經錄十卷道釋書二千五百餘部九千五百餘卷
智矩寶林傳十卷法常攝論義疏八卷又玄章五卷姓張
氏南陽人貞觀末慧能金剛般若經口訣正義一卷姓盧氏曲江人僧
灌頂私記天台智者詞旨一卷又義記一卷字法雲姓吳氏章安

人道綽淨土論二卷姓衞氏并州文水人道綽行圖一卷智首五
部區分鈔二十一卷姓皇甫氏法礪四分疏十卷又羯磨疏
三卷捨懺儀一卷輕重儀一卷姓李氏趙郡人慧滿四分律疏
二十卷姓梁氏京兆長安人慧旻十誦私記十三卷又僧尼行事
三卷尼衆羯磨二卷菩薩戒義疏四卷字玄素河東人空藏大
乘要句三卷姓王氏新豐人道宗續高僧傳三十二卷玄宗注
金剛般若經一卷道氤御注金剛般若經疏宣演三卷
高僧嬾殘傳一卷天寶人元偉真門聖胄集五卷僧法海
六祖法寶記一卷辛崇僧伽行狀一卷神楷維摩經疏
六卷靈湍攝山棲霞寺記一卷破胡集一卷會昌沙汰佛法詔敕
法藏起信論疏二卷法琳別傳二卷大唐京師寺錄卷亡
玄覺永嘉集十卷慶州刺史魏靖編次懷海禪門規式一卷希運
傳心法要一卷裴休集玄嶷甄正論三卷光瑤注僧肇論
三卷李繁玄聖蘧廬一卷白居易八漸通真議一卷七
科義狀一卷雲南國使段立之問僧悟達答棲賢法雋一卷僧惠明與西川節度
判官鄭愚漢州刺史趙璘論佛書禪關八問一卷楊士達問唐宗美對僧一行釋
氏系錄一卷宗密禪源諸詮集一百一卷又起信論二
卷起信論鈔三卷原人論一卷圓覺經大小疏鈔各一
卷楚南般若經品頌偈一卷又破邪論一卷大順中人希還
參同契一卷良伯大乘經要一卷又激勵道俗頌偈一
卷光仁四大頌一卷又畧華嚴長者論一卷無殷垂誡
十卷神清參元語錄十卷智月僧美三卷惠可達摩血
脉一卷靖邁古今譯經圖紀四卷智昇續古今譯經圖
紀一卷又續大唐內典錄一卷續古今佛道論衡一卷
對寒山子詩七卷天台隱士台州刺史閭丘胤序僧道翹集寒山子隱唐興縣寒山巖於國
清寺與隱者拾得往還龐蘊詩偈三卷字道玄衡州衡陽人貞元初人三百餘篇智閑
偈頌一卷二百餘篇李吉甫一行傳一卷王彥威內典目錄
十二卷
右道家類一百三十七家七十四部一千二百四十
卷失姓名三家玄宗以下不著錄一百五十八家一千三百三十八卷總一百三十七
家一百七十四部
管子十九卷管仲商君書五卷商鞅或作商子慎子十卷慎到譔滕輔注
申子三卷申不害韓子二十卷韓非晁氏新書七卷晁錯董仲
舒春秋決獄十卷黃氏正崔氏政論六卷崔寔劉氏政論五
卷劉廙阮子政論五卷阮武劉氏法論十卷劉邵桓氏世要論
十二卷桓範陳子要言十四卷陳融李文博治道集十卷邯
鄲綽五經析疑三十卷尹知章注管子三十卷又注韓
子卷亡杜佑管氏指畧二卷李敬玄正論三卷
右法家類十五家十五部一百六十六卷尹知章以下不著錄三家三十五卷

鄧析子一卷尹文子一卷公孫龍子三卷陳嗣古注公
孫龍子一卷劉邵人物志三卷劉炳注人物志三卷姚
信士緯十卷魏文帝士操一卷盧毓九州人士論一卷
范謐辨名苑十卷僧遠年兼名苑二十卷賈大隱注公
孫龍子一卷趙武孟河西人物志十卷杜周士廣人物
志三卷宋璲吳興人物志十卷字勝之吳興烏程人大中時
右名家類十二家十二部五十五卷趙武孟以下不著錄三家二十
三卷
墨子十五卷墨翟隨巢子一卷胡非子一卷
右墨家類三家三部一十七卷
鬼谷子二卷蘇秦樂臺注鬼谷子三卷梁元帝補闕子十
卷尹知章注鬼谷子三卷
右縱橫家類四家四部一十五卷尹知章不著錄
尉繚子六卷尸子二十卷尸佼呂氏春秋二十六卷呂不韋譔
高誘注許慎注淮南子二十一卷淮南王劉安高誘注淮南子
二十一卷又淮南鴻烈音二卷嚴尤三將軍論一卷王
充論衡三十卷應劭風俗通義三十卷蔣子萬機論十
卷蔣濟杜恕篤論四卷鍾會芻蕘論五卷傅子一百二十
卷傅玄張儼默記三卷又誓論三十卷裴玄新言五卷蘇
道立言十卷劉欽新義十八卷秦子三卷秦菁張明誓論
二十卷古訓十卷孔衍說林五卷抱朴子外篇二十卷
葛洪楊偉時務論十二卷范泰古今善言三十卷徐益壽
記聞三卷何子五卷何楷劉子十卷劉勰梁元帝金樓子十
卷朱澹遠語麗十卷又語對十卷張公雜記一卷張華陸
士衡要覽三卷郭義恭廣志二卷崔豹古今注三卷伏
侯古今注三卷江邃釋文十卷盧辯稱謂五卷謝昊物
始十卷任昉文章始一卷張續補姚察續文章始一卷庾
肩吾採璧三卷韋道孫新畧十卷徐陵名數十卷沈約
袖中記二卷范謐典墳數集十卷侯亶祥瑞圖八卷孟
衆張掖郡玄石圖一卷高堂隆張掖郡玄石圖一卷孫
柔之瑞應圖記三卷熊理瑞應圖讚三卷顧野王符瑞
圖十卷又祥瑞圖十卷王劭皇隋靈感志十卷許善心
皇隋瑞文十四卷何望之諫林十卷虞通之善諫二卷
孟儀子林二十卷沈約子鈔三十卷庾仲容子鈔三十
卷殷仲堪論集九十六卷崔宏帝王集要三十卷陸澄
述正論十三卷又闕文十卷徐陵文府七卷宗道摩注劉守
敬四部言心十卷新舊傳四卷古今辨作錄三卷博覽
十五卷部畧十五卷翰墨林十卷魏徵羣書治要五十
卷麟閣詞英六十卷高宗時敬譔朱敬則十代興亡論十卷
薛克構子林三十卷虞世南帝王畧論五卷劉伯莊羣

書治要音五卷張大素說林二十卷王方慶續世說新
書十卷韓潭統載三十卷夏綏銀節度使貞元十三年上熊執易化統
五百卷執易類九經為書三十年乃成未及上卒於西川武元衡將為寫進妻薛藏之不許李文
成博雅志十三卷安國公與貴子元懷景屬文要義十卷崔玄
暐行已要範十卷盧藏用子書要畧一卷馬總意林一
卷魏氏手畧二十卷魏謩辛之諤敘訓二卷開元十七年上授長社尉
博聞奇要二十卷開元武功縣人徐閏上詔試文章留集賢院校理周蒙續古
今注三卷薛洪古今精義十五卷趙甤長短要術十卷
字太賓梓州人開元中召之不赴杜佑理道要訣十卷賀蘭正元用人
權衡十卷貞元十二年上樊宗師魁紀公三十卷又樊子三十
卷郭昭度治書十卷朱朴致理書十卷蘇源治亂集三
卷唐末人張薦江左寓居錄卷亡張楚金紳誡三卷馮伉諭
蒙一卷庾敬休論善錄七卷蕭佚牧宰政術二卷未暘令
魯人初公侯政術十卷魯人名初不著姓大中人李知保儉志三卷
代宗信州司倉參軍王範續蒙求三卷白延翰唐蒙求三卷廣明人
李伉系蒙二卷盧景亮三足記二卷
右雜家類六十四家七十五部一千一百三卷失姓名六
家虞世南以下不著錄三十四家六百一十八卷
范子計然十五卷范蠡問計然答尹都尉書三卷氾勝之書二
卷崔寔四人月令一卷賈思協齊民要術十卷宗懍荊
楚歲時記一卷杜公瞻荊楚歲時記二卷杜臺卿玉燭
寶典十二卷王氏四時錄十二卷戴凱之竹譜一卷顧
烜錢譜一卷浮丘公相鶴經一卷堯須跋鷙擊錄二十
卷相馬經三卷伯樂相馬經一卷徐成等相馬經二卷
諸葛穎種植法七十七卷又相馬經六十卷甯戚相牛
經一卷范蠡養魚經一卷禁苑實錄一卷鷹經一卷蠶
經一卷又二卷相貝經一卷武后兆人本業三卷王方
慶園庭草木疏二十一卷孫氏千金月令三卷孫思邈李
淳風演齊人要術卷亡李邕金谷園記一卷薛登四時記
二十卷裴澄乘輿月令十二卷國子司業貞元十一年上王涯月令
圖一軸李綽秦中歲時記一卷韋行規保生月錄一卷
韓鄂四時纂要五卷歲華紀麗二卷
右農家類十九家二十六部二百三十五卷失姓名六家王
方慶以下不著錄十一家六十六卷
燕丹子一卷燕太子邯鄲淳笑林三卷裴子野類林三卷
張華博物志十卷又列異傳一卷賈泉注郭子三卷郭澄
之劉義慶世說八卷又小說十卷劉孝標續世說十卷
殷芸小說十卷劉齊釋俗語八卷蕭賁辨林二十卷劉
炫酒孝經一卷庾元威坐右方三卷侯白啓顏錄十卷
雜語五卷戴祚甄異傳三卷袁王壽古異傳三卷祖冲

之述異記十卷劉質近異錄二卷干寶搜神記三十卷劉之遴神錄五卷梁元帝妍神記十卷祖台之志怪四卷孔氏志怪四卷荀氏靈鬼志三卷謝氏鬼神列傳二卷劉義慶幽明錄三十卷東陽无疑齊諧記七卷吳筠續齊諧記一卷王延秀感應傳八卷陸杲繫應驗記一卷王琰冥祥記十卷王曼穎續冥祥記十一卷劉泳因果記十卷顏之推冤魂志三卷又集靈記十卷徵應集二卷侯君素旌異記十五卷唐臨冥報記二卷李恕誡子拾遺四卷開元御集誡子書一卷王方慶王氏神通記十卷狄仁傑家範一卷盧公家範一卷盧僎蘇瓌中樞龜鏡一卷姚元崇六誡一卷事始三卷劉孝孫房德懋劉睿續事始三卷元結猗玕子一卷趙自勔造化權輿六卷通微子十物志一卷吳筠兩同書一卷李涪刊誤二卷李匡文資暇三卷炙轂子雜錄注解五卷王叡蘇鶚演義十卷又杜陽雜編三卷字德祥光啓中進士第柳氏家學要錄二卷柳珵盧光啓初舉子一卷字子忠相昭宗劉訥言俳諧集十五卷陳翺卓異記一卷憲穆時人裴紫芝續卓異記一卷薛用弱集異記三卷字中勝長慶光州刺史李玫纂異記一卷大中時人李亢獨異志十卷谷神子博異志三卷沈如筠異物志三卷古異記一卷劉餗傳記三卷一作國史異纂牛肅紀聞十卷陳鴻開元升平源一卷字大亮貞元主客郎中張薦靈怪集二卷陸長源辨疑志三卷李繁說纂四卷戴少平還冤記一卷貞元待詔牛僧孺玄怪錄十卷李復言續玄怪錄五卷陳翰異聞集十卷唐末屯田員外郎鄭遂洽聞記一卷鍾輅前定錄一卷趙自勤定命論十卷天寶祕書監呂道生定命錄二卷太和中道生增趙自勤之說溫畬續定命錄一卷胡璩譚賓錄十卷字子溫文武時人韋絢劉公嘉話錄一卷絢字文明咸通義武軍節度使劉公禹錫也戎幕閑談一卷趙璘因話錄六卷字澤章大中衢州刺史袁郊甘澤謠一卷溫庭筠乾𦠆子三卷又採茶錄一卷段成式酉陽雜俎三十卷盧陵官下記二卷康軿劇談錄三卷字駕言乾符進士第高彥休闕史三卷盧子史錄卷亡又逸史三卷大中時人李隱大唐奇事記十卷咸通中人陳邵通幽記一卷范攄雲溪友議三卷咸通時自稱五雲溪人李躍嵐齋集二十五卷尉遲樞南楚新聞三卷唐末人張固幽閑鼓吹一卷常侍言旨一卷柳珵盧氏雜說一卷桂苑叢談一卷馮翊子休樹萱錄一卷會昌解頤四卷松䆫錄一卷芝田錄一卷玉泉子見聞真錄五卷張讀宣室志十卷柳祥瀟湘錄十卷皇甫松醉鄉日月三卷何自然笑林三卷焦璐窮神祕苑十卷裴鉶傳奇三卷高駢從事劉軻牛羊日曆一卷牛僧孺楊虞卿事檀欒子皇甫松序補江總白猿傳一卷郭良輔武孝經一卷陸羽茶經三卷張又新煎茶水記一卷封演續錢譜一卷

右小說家類三十九家四十一部三百八卷失姓名二家李恕以下不著錄七十八家三百二十七卷

趙嬰注周髀一卷甄鸞注周髀一卷張衡靈憲圖一卷又渾天儀一卷王蕃渾天象注一卷姚信昕天論一卷石氏星經簿讚一卷石申虞喜安天論一卷甘氏四七法一卷甘德劉表荊州星占二卷劉叡荊州星占二十卷天文集占三卷祖暅之天文錄三十卷韓楊天文要集四十卷高文洪天文橫圖一卷吳雲天文雜占一卷陳卓四方星占一卷又五星占一卷天文集占七卷孫僧化等星占三十三卷史崇十二次二十八宿星占十二卷庾季才靈臺祕苑一百二十卷逢行珪玄機內事七卷論二十八宿度數一卷五星兵法一卷黃道晷星占一卷孝經內記星圖一卷周易分野星圖一卷李淳風釋周髀二卷又乙巳占十二卷天文占一卷大象元文一卷乾坤祕奧七卷法象志七卷太白會運逆兆通代記圖一卷淳風與袁天綱集武密古今通占鏡三十卷大唐開元占經一百一十卷瞿曇悉達集董和通乾論十五卷和本名純避憲宗名改善曆算裴冑爲荊南節度館之著是書云長慶算五星所在宿度圖一卷司天少監徐昇黃冠子李播天文大象賦一卷李台集解王希明丹元子步天歌一卷

右天文類二十家三十部三百六卷失姓名六家李淳風天文占以下不著錄六家一百七十五卷

劉向九章重差一卷徐岳九章算術九卷又算經要用百法一卷數術記遺一卷甄鸞注張丘建算經一卷甄鸞注董泉三等數一卷甄鸞注夏侯陽算經一卷甄鸞注甄鸞九章算經九卷又五曹算經五卷七曜本起曆五卷七曜曆算二卷曆術一卷韓延夏侯陽算經一卷又五曹算經五卷宋泉之九經術疏九卷劉徽海島算經一卷又九章重差圖一卷劉祐九章雜算文二卷陰景愉七經算術通義七卷信都芳器準三卷黃鍾算法四十卷劉歆三統曆一卷四分曆一卷推漢書律曆志術一卷劉洪乾象曆術三卷闞澤注乾象曆三卷楊偉魏景初曆二卷何承天宋元嘉曆二卷又刻漏經一卷虞劇梁大同曆一卷吳伯善陳七曜曆五卷孫僧化後魏永安曆一卷李業興後魏甲子曆一卷後魏武定曆一卷宋景業北齊天保曆一卷北齊甲子元曆一卷王琛周天象曆二卷馬顯周甲寅元曆一卷周甲子元曆一卷劉孝孫隋開皇曆一卷又七曜雜術二卷李德林隋開皇曆一卷張冑玄隋大業曆一卷又玄曆術一卷七曜曆疏三卷劉焯皇極曆一卷趙敺河西壬辰元曆一卷河西甲寅元曆一卷劉智正曆四卷薛夏訓姜氏曆術三卷崔浩律曆術一卷曆日義統一卷曆日吉凶注一卷朱史刻漏經一卷宋景刻漏經一卷李淳風注周髀算經二卷又注九章算術九卷注九章算經要畧一卷注五經算術二卷注張丘建算經三卷注海島算經一卷注五曹孫子等算經二十卷注甄鸞孫子算經三卷釋祖冲之綴術五卷皇極曆一卷傅仁均大唐戊寅曆一卷唐麟德曆一卷麟德曆出生記十卷王孝通緝古算術四卷太史丞李淳風注算經表序一卷南宮說光宅曆草十卷瞿曇謙大唐甲子元辰曆一卷大唐刻漏經一卷王勃千歲曆卷亡謝察微算經三卷江本一位算法二卷陳從運得一算經七卷曹士蔿新集五曹時要術三卷邢和璞潁陽書三卷隱潁陽石堂山僧一行開元大衍曆一卷又曆議十卷曆立成十二卷曆草二十四卷七政長曆三卷心機算術括一卷黃棲巖注寶應五紀曆四十卷建中正元曆二十八卷曹士蔿七曜符天曆一卷建中時人七曜符天人元曆三卷龍受算法二卷貞元人長慶宣明曆三十四卷長慶宣明曆要畧一卷宣明曆超捷例要畧一卷邊岡景福崇玄曆四十卷岡稱處士大衍通元鑑新曆二卷貞元至大中大唐長曆一卷都利聿斯經二卷貞元中都利術士李彌乾傳自西天竺有璩公者譯其文陳輔聿斯四門經一卷

右曆算類三十六家七十五部二百三十七卷失姓名五家王勃以下不著錄十九家一百二十六卷

黃帝問玄女法三卷黃帝用兵法訣一卷黃帝兵法孤虛推記一卷黃帝太一兵曆一卷黃帝太公三宮法要訣一卷太公陰謀三卷又陰謀三十六用一卷金匱二卷六韜六卷當敵一卷周書陰符九卷周呂書一卷田穰苴司馬法三卷魏武帝注孫子三卷又續孫子兵法二卷兵書捷要七卷孫武孟氏解孫子二卷沈友注孫子二卷賈詡注吳子兵法一卷吳起吳孫子三十二壘經一卷伍子胥兵法一卷黃石公三畧三卷又陰謀乘斗魁剛行軍祕一卷成氏三畧訓三卷張良經一卷張氏七篇七卷張良魏文帝兵書要畧十卷宋高祖兵法要畧一卷司馬彪兵記十二卷孔衍兵林六卷葛洪兵法孤虛月時祕要法一卷梁武帝兵法一卷梁元帝玉韜十卷劉祐金韜十卷蕭吉金海四十七卷陶弘景眞人水鏡十卷握鏡三卷王畧武林一卷許子新書軍勝十卷樂產王佐祕書五卷後周齊王憲兵書要畧十卷隋高祖新譔兵書三十卷解忠鯁龍武玄兵圖二卷新兵法二十四卷用兵要術一卷太一兵法一卷兵法要訣一卷承神兵書八卷兵機十五卷兵書要畧十卷周兵撮要二卷兵春秋一卷獸闘亭亭一卷玉帳經一卷三陰圖一卷兵法雲氣推占一卷武德圖五兵八陣法要一卷李靖六軍鏡三卷員半千臨戎孝經二卷李淳風懸鏡十卷李筌注孫子二卷又太白陰經十卷青囊括一卷杜牧注孫子三卷陳皥注孫子一卷賈林注孫子一卷孫鎬注吳子一卷裴行儉安置軍營行陣等四十六訣一卷李嶠軍謀前鑒十卷郭元振定遠安邊策三卷吳兢兵家正史九卷李處祐兵法開元中左衞中郎將奉詔譔卷亡鄭虔天寶軍防錄卷亡劉秩止戈記七卷至德新議十二卷董承祖至德元寶玉函經十卷李光弼統軍靈轄祕策一卷一作武記裴守一軍誡三卷裴子新令二卷裴緒韓滉天事序議一卷章皐開復西南夷事狀十七卷范傳正西陲要畧三卷王公亮兵書十八卷長慶元年上商州刺史行師類要七卷燕僧利正長慶人事軍律三卷李渤禦戎新錄二十卷李德裕西南備邊錄十三卷杜希全新集兵書要訣三卷張道古兵論一卷字子美景福進士第

右兵書類二十三家六十部三百一十九卷失姓名十四家李筌以下不著錄二十五家一百六十三卷

史蘇沈思經一卷焦氏周易林十六卷焦贛京氏周易四時候二卷京房又周易飛候六卷周易混沌四卷周易錯卦八卷逆刺三卷費氏周易逆刺占災異十二卷費直又周易林二卷崔氏周易林十六卷崔篆鄭玄注九宮行棊經三卷管輅周易林四卷又鳥情逆占一卷張滿周易林七卷許氏周易雜占七卷許峻尚廣周易雜占八卷武氏周易雜占八卷魏伯陽周易參同契二卷又周易五相類一卷徐氏周易筮占二十四卷徐苗伏曼容周易集林十二卷伏氏周易集林一卷杜氏新易林占三卷梁運周易雜占筮訣文二卷虞翻周易集林律曆一卷郭璞周易洞林解三卷梁元帝連山三十卷又洞林三卷郭氏易腦一卷周易立成占六卷易林十四卷周易新林一卷易律曆一卷周易服藥法一卷易三備三卷又三卷易髓一卷周易問十卷周易雜圖序一卷周易八卦斗內圖一卷又三卷周易內卦神筮法二卷周易雜筮占四卷老子神符易一卷孝經元辰二卷椎元辰厄命一卷元辰章三卷元辰一卷雜元辰祿命二卷涉河祿命二卷孫僧化六甲開天曆二卷翼奉風角要候一卷王琛風角六情訣一卷又推產婦何時產法一卷九

宮行碁立成一卷祿命書二卷遁甲開山圖一卷劉孝恭風角鳥情二卷又祿命書二十卷鳥情占一卷風角十卷九宮經解三卷婚嫁書二卷登壇經一卷太一太游歷二卷太游太一歷一卷曜靈經一卷七政歷一卷六壬歷一卷六壬擇非經六卷靈寶登圖一卷梁王榮光明符十二卷推二十四氣歷一卷太一歷一卷曹氏黃帝式經三十六用一卷玄女式經要訣一卷董氏大龍首式經一卷桓公式經一卷宋琨式經一卷六壬式經雜占九卷雷公式經一卷太一式經二卷太一式經雜占十卷黃帝式用常陽經一卷黃帝龍首經二卷黃帝集靈三卷黃帝降國一卷黃帝斗歷一卷太史公萬歲歷一卷司馬談萬歲歷祠二卷任氏十歲歷祠二卷舉百事要畧一卷張衡黃帝飛鳥歷一卷太一飛鳥歷一卷太一九宮雜占十卷九宮經三卷堪輿歷注二卷殷紹黃帝四序堪輿一卷地節堪輿二卷伍子胥遁甲文一卷信都芳遁甲經二卷葛洪三元遁甲圖三卷許昉三元遁甲六卷杜仲三元遁甲一卷榮氏遁甲開山圖二卷遁甲經十卷遁甲囊中經一卷遁甲推要一卷遁甲祕要一卷遁甲九星歷一卷遁甲萬一訣三卷三元遁甲立成圖二卷遁甲立成法三卷遁甲九宮八門圖一卷遁甲三奇三卷陽遁甲九卷陰遁甲九卷遁甲三元九甲立成一卷白澤圖一卷武王須臾二卷師曠占書一卷東方朔占書一卷淮南王萬畢術一卷樂產神樞靈轄十卷柳彥詢龜經三卷柳世隆龜經三卷劉寶眞龜經一卷王弘禮龜經一卷莊道名龜經一卷蕭吉五行記五卷又五姓宅經二十卷葬經二卷王璨新譔陰陽書三十卷青烏子三卷葬經八卷又十卷葬書地脉經一卷墓書五陰一卷雜墓圖一卷墓圖立成一卷六甲冢名雜忌要訣二卷郭氏五姓墓圖要訣五卷壇中伏尸一卷胡君玄女彈五音法相冢經一卷百怪書一卷祠竈經一卷解文一卷周宣占夢書三卷又二卷孫思邈龜經一卷又五兆算經一卷龜上五兆動搖經訣一卷福祿論三卷李淳風四民福祿論三卷又玄悟經三卷太一元鑑五卷占燈經一卷注鄭玄九旗飛變一卷三元經一卷太一樞會賦一卷玄宗注崔知悌產圖一卷呂才陰陽書五十三卷廣濟陰陽百忌歷一卷大唐地理經十卷貞觀中上袁天綱相書七卷要訣三卷陳恭釗天寶歷二卷天寶中詔定趙同珍壇經一卷黎幹蓬瀛書三卷賈耽唐七聖歷一卷李遠龍紀聖異歷一卷竇維鋈廣古今五行記三十卷濮陽夏樵子五行志五卷祿命人元經三卷楊龍光推計祿命厄運詩一卷王希明太一金鏡式經十卷開元中詔譔僧一行天一太一經一卷又遁甲十八局一卷太一局遁甲經一卷五音地理經十五卷六壬明鏡連珠歌一卷六壬髓經三卷馬先天寶太一靈應式記五卷李鼎祚連珠明鏡式經十卷開耀中上之蕭君靖遁甲圖開元僕寺主簿奉詔譔卷亡司馬驤遁甲符寶萬歲經國歷一卷驤與弟裕同譔曹士蔿金匱經三卷馬雄絳囊經一卷雄稱居士李靖玉帳經一卷李筌六壬大玉帳歌十卷王叔政推太歲行年吉凶厄一卷由吾公裕葬經三卷孫季邕葬範三卷盧重元夢書四卷開元人柳璨夢雋一卷

右五行類六十家一百六十部六百四十七卷失姓名六十五家袁天綱以下不著錄二十五家一百三十二卷

郝沖虞譚法投壺經一卷魏文帝皇博經一卷大小博法二卷大博經行碁戲法二卷鮑宏小博經一卷博塞經一卷雜博戲五卷隋煬帝二儀簿經一卷范汪等注碁品五卷梁武帝碁評一卷碁勢六卷圍碁後九品序錄一卷竹苑仙碁圖一卷周武帝象經一卷何妥象經一卷王褒象經一卷王裕注象經一卷今古術藝十五卷名手畫錄一卷李嗣眞畫後品一卷禮圖等雜畫五十六卷漢王元昌畫漢賢王圖閻立德畫文成公主降蕃圖玉華宮圖鬭雞圖閻立本畫秦府十八學士圖凌煙閣功臣二十四人圖范長壽畫風俗圖醉道士圖王定畫本草訓戒圖貞觀尚方令檀智敏畫游春戲藝圖振武校尉殷鞍韋无忝畫皇朝九聖圖高祖及諸王圖太宗自定輦上圖開元十八學士圖開元人董蕚畫盤車圖開元人字重熙曹元廓畫後周北齊梁陳隋武德貞觀永徽等朝臣圖高祖太宗諸子圖秦府學士圖凌煙圖武后左尚方令楊昇畫望賢宮圖安祿山眞張萱畫伎女圖乳母將嬰兒圖按羯鼓圖鞦韆圖開元館畫直談皎畫武惠妃舞圖佳麗寒食圖佳麗伎樂圖韓幹畫龍朔功臣圖姚宋及安祿山圖相馬圖玄宗試馬圖寧王調馬打毬圖大梁人大府寺丞陳宏畫安祿山圖玄宗馬射圖上黨十九瑞圖永王府長史王象畫鹵簿圖田琦畫洪崖子橘木圖德平子汝南太守竇師綸畫內庫瑞錦對雉鬭羊翔鳳游麟圖字希言太宗秦王府諮議相國錄事參軍封陵陽公韋鶠畫天竺胡僧渡水放牧圖鑒子周昉畫撲蝶按箏楊眞人降眞五星等圖各一卷字景玄張彥遠歷代名畫記十卷姚最續畫品一卷裴孝源畫品錄一卷中書舍人記貞觀顯慶年事顧況畫評一卷朱景玄唐畫斷三卷會昌人竇蒙畫拾遺一卷卷亡吳恬畫山水錄一卷卷亡恬一名玠字建康青州人王琚射經一卷張守忠射記一卷任權弓箭論一卷上官儀投壺經一卷王積薪金谷園九局圖一卷開元待詔韋延碁圖一卷呂才大博經二卷董叔經博經一卷貞元中上李郃骰子選格三卷字仲玄賀州刺史

右雜藝術類十一家二十部一百四十二卷失姓名一家張彥遠以下不著錄一十六家一百一十七卷

何承天幷合皇覽一百二十二卷徐爰幷合皇覽八十四卷劉孝標類苑一百二十卷劉香壽光書苑二百卷徐勉華林遍畧六百卷祖孝徵等修文殿御覽三百六十卷虞綽等長洲玉鏡二百三十八卷諸葛穎玄門寶海一百二十卷張氏書圖泉海七十卷要錄六十卷檢事書一百六十卷帝王要覽二十卷文思博要一千二百卷目十二卷右僕射高士廉左僕射房玄齡特進魏徵中書令楊師道兼中書侍郎岑文本禮部侍郎顏相時國子司業朱子奢博士劉伯莊太學博士馬嘉運給事中許敬宗司文郎中崔行功太常博士呂才秘書丞李淳風起居郎褚遂良晉王友姚思廉太子舍人司馬宅相等奉詔譔貞觀十五年上許敬宗搖山玉彩五百卷孝敬皇帝令太子少師許敬宗司議郎孟利貞崇賢館學士郭瑜顧胤右史董思恭等譔累璧四百卷又目錄四卷許敬宗等譔龍朔元年上東殿新書二百卷許敬宗李義府奉詔於武德殿內修譔其書自史記至晉書刪其繁辭龍朔元年上高宗製序歐陽詢藝文類聚一百卷令狐德棻袁朗趙弘智等同修虞世南北堂書鈔一百七十三卷張太素策府五百八十二卷武后玄覽一百卷三教珠英一千三百卷目十三卷張昌宗李嶠崔湜閻朝隱徐彥伯張說沈佺期宋之問富嘉謩喬侃員半千薛曜等譔開成初改爲海內珠英武后所改字並復舊孟利貞碧玉芳林四百五十卷玉藻瓊林一百卷王義方筆海十卷玄宗事類一百三十卷又初學記三十卷張說類集要事以教諸王徐堅韋述余欽施敬本張烜李銳孫季良等分譔是光乂十九部書語類十卷開元末自祕書省正字上授集賢院修譔後賜姓齊劉秩政典三十五卷杜佑通典二百卷蘇冕會要四十卷續會要四十卷楊紹復裴德融崔瑑薛逢鄭言周膚敏薛廷望于珪于球等譔崔鉉監修陸贄備舉文言二十卷劉綺莊集類一百卷高丘詞集類畧三十卷陸羽警年十卷張仲素詞圖十卷字繪之元和翰林學士中書舍人元氏類集三百卷元稹白氏經史事類三十卷白居易一名六帖王氏千門四十卷王洛賓于立政類林十卷郭道規事鑑五十卷馬幼昌穿楊集四卷判目盛均十三家帖均字之材泉州南安人終昭州刺史以白氏六帖未備而廣之卷亡竇蒙青囊書十卷國子司業韋稔瀛類十卷應用類對十卷高測韻對十卷溫庭筠學海三十卷王博古修文海十七卷李途記室新書三十卷孫翰錦繡谷五卷張楚金翰苑七卷皮氏鹿門家鈔九十卷皮日休字襲美咸通太常博士劉揚名戚苑纂要十卷戚苑英華十卷袁說重修

右類書類十七家二十四部七千二百八十八卷失姓名二家王義方以下不著錄三十一家一千二百三十八卷

皇甫謐黃帝三部鍼經十二卷張子存赤烏神鍼經一卷黃帝鍼灸經十二卷黃帝雜注鍼經一卷黃帝鍼經十卷玉匱鍼經十二卷龍銜素鍼經幷孔穴蝦蟇圖三卷徐叔嚮鍼灸要鈔一卷黃帝明堂經三卷黃帝明堂三卷楊玄注黃帝明堂經三卷黃帝內經明堂十三卷黃帝十二經脉明堂五臟圖一卷曹氏黃帝十二經明堂偃側人圖十二卷秦承祖明堂圖三卷明堂孔穴五卷秦越人黃帝八十一難經二卷全元起注黃帝素問九卷靈寶注黃帝九靈經十二卷黃帝甲乙經十二卷黃帝流注脉經一卷三部四時五藏辨候診色脉經一卷脉經十卷又二卷徐氏脉經訣三卷王子顒脉經二卷岐伯灸經一卷雷氏灸經一卷五藏訣一卷五藏論一卷賈和光鈴和子十卷王冰注黃帝素問二十四卷釋文一卷冰號啓玄子楊上善注黃帝內經明堂類成十三卷又黃帝內經太素三十卷甄權脉經一卷鍼經鈔三卷鍼方一卷明堂人形圖一卷米遂明堂論一卷

右明堂經脉類一十六家三十五部二百三十一卷失姓名十六家甄權以下不著錄二家七卷

神農本草三卷雷公集譔神農本草四卷吳氏本草因六卷吳普李氏本草三卷原平仲靈秀本草圖六卷殷子嚴本草音義二卷本草用藥要妙九卷本草病源合藥節度五卷本草要術三卷療癰疽耳眼本草要妙五卷桐君藥錄三卷徐之才雷公藥對二卷僧行智諸藥異名十卷藥類二卷藥目要用二卷四時採取諸藥合和四卷名醫別錄三卷吳景諸病源候論五十卷巢氏諸病源候論五十卷巢元方徐嗣伯雜病論一卷又徐氏落年方三卷彭祖養性經一卷張湛養生要集十卷延年祕錄十二卷秦承祖藥方四十卷吳普集華氏藥方十卷華佗葛洪肘後救卒方六卷梁武帝坐右方十卷如意方十卷陶弘景集注神農本草七卷又效驗方十卷補肘後救卒備急方六卷太清玉石丹藥要集三卷太清諸草木方集要三卷隋煬帝敕譔四海類聚單方十六卷王叔和張仲景藥方十五卷又傷寒卒病論十卷阮河南藥方十六卷阮炳尹穆纂范東陽雜藥方一百七十卷范汪胡居士治百病要方三卷胡治徐叔嚮雜療方二十卷又體療雜病方六卷脚弱方八卷解寒食方十五卷阮河南藥方十七卷褚澄雜藥方十二卷陳山提雜藥方十卷謝泰黃素方二十五卷孝思雜湯丸散方五十七卷謝上太刪繁方十二卷徐之才徐王八代效驗方十

卷又家祕方三卷范世英千金方三卷姚僧垣集驗方十卷陳延之小品方十二卷蘇游玄感傳屍方一卷又太一鐵胤神丹方三卷俞氏治小兒方四卷俞寶小女節療方一卷僧僧深集方三十卷僧鸞調氣方一卷龔慶宣劉涓子男方十卷甘濬之療癰疽金瘡要方十四卷甘伯齊療癰疽金瘡要方十二卷雜藥方六卷雜丸方一卷名醫集驗方三卷百病膏方十卷雜湯方八卷療目方五卷寒食散方并消息節度二卷婦人方十卷又二十卷少女方十卷少女雜方二十卷類聚方二千六百卷種芝經九卷芝草圖一卷諸葛穎淮南王食經一百三十卷音十三卷食目十卷盧仁宗食經三卷崔浩食經九卷竺暄食經四卷又十卷趙武四時食法一卷太官食法一卷太官食方十九卷四時御食經一卷抱朴子太清神仙服食經五卷沖和子太清璿璣文七卷太清神丹中經三卷太清神仙服食經五卷太清諸丹藥要錄四卷京里先生金匱仙藥錄三卷神仙服食經十二卷神仙藥食經一卷神仙服食方十卷神仙服食藥方十卷服玉法并禁忌一卷寒食散論二卷葛仙公錄狐子方金訣三卷狐子雜訣三卷明月公陸陽子祕訣一卷黃公神臨藥祕經一卷黃白祕法一卷又二十卷葛氏房中祕術一卷沖和子玉房祕訣十卷（張鼎）本草二十卷目錄一卷藥圖二十卷圖經七卷（顯慶四年英國公李勣、太尉長孫無忌、兼侍中辛茂將、太子賓客弘文館學士許敬宗、禮部郎中兼太子洗馬弘文館大學士孔志約、尚藥奉御許孝崇、胡子家、蔣季璋、尚藥局直長藺復珪、許弘直、侍御醫巢孝儉、太子藥藏監蔣季瑜、吳嗣宗、丞蔣義方、太醫令蔣季琬、許弘、丞蔣茂昌、太常丞呂才、賈文通、太史令李淳風、潞王府參軍吳師哲、禮部主事顏仁楚、右監門府長史蘇敬等撰）孔志約本草音義二十卷蘇敬新修本草二十一卷又新修本草圖二十六卷本草音三卷本草圖經七卷甄立言（一作權）本草音義七卷又本草藥性三卷古今錄驗方五十卷孟詵食療本草三卷又補養方三卷必效方十卷宋俠經心方十卷崔氏纂要方十卷（崔行功）崔知悌骨蒸病灸方一卷王方慶新本草四十一卷又藥性要訣五卷袖中備急要方三卷嶺南急要方二卷鍼灸服藥禁忌五卷李含光本草音義二卷陳藏器本草拾遺十卷（開元中人）鄭虔胡本草七卷孫思邈千金方三十卷又千金髓方二十卷千金翼方三十卷神枕方一卷醫家要妙五卷楊太僕醫方一卷（失名，天授二年上）衞嵩醫門金寶鑑三卷許詠六十四問一卷段元亮病源手鏡一卷伏氏醫苑一卷（伏適）甘伯宗名醫傳七卷王超仙人水鏡圖訣一卷（貞觀人）吳兢五藏論應象一卷裴璡五藏論一卷劉清海五藏類合賦五卷裴王廷五色傍通五藏圖一卷張文懿藏府通元賦一卷段元亮五藏鏡源四卷喻義纂療癰疽要訣一卷瘡腫論一卷沈泰之癰疽論二卷青溪子萬病拾遺三卷又消渴論一卷脚氣論三卷李暄嶺南脚氣論一卷又方一卷脚氣論一卷（蘇鑒、徐玉等編集）鄭景岫南中四時攝生論一卷蘇游鐵粉論一卷陳元北京要術一卷（元爲太原少尹）司空輿發焰錄一卷（圖父，大中時商州刺史）青羅子道光通元祕要術三卷（失姓，咸通人）乾寧晏先生制伏草石論六卷（晏封）江承宗刪繁藥詠三卷（鳳翔節度要籍）玄宗開元廣濟方五卷劉貺眞人肘後方三卷王燾外臺祕要方四十卷又外臺要略十卷德宗貞元集要廣利方五卷陸氏集驗方十五卷（陸贄）賈耽備急單方一卷薛弘慶兵部手集方三卷（兵部尚書李絳所傳方，弘慶，太和河中少尹）薛景晦古今集驗方十卷（元和刑部郎中，貶道州刺史）劉禹錫傳信方二卷崔玄亮海上集驗方十卷楊氏產乳集驗方三卷（楊歸厚，元和中自左拾遺貶鳳州司馬，終虢州刺史。方九百一十一）鄭注藥方一卷韋氏集驗獨行方十二卷（韋宙）張文仲隨身備急方三卷蘇越纂方祕要三卷李繼皋南行方三卷白仁敍唐興集驗方五卷包會應驗方一卷許孝宗篋中方三卷梅崇獻方五卷姚和衆童子祕訣二卷又衆童延齡至寶方十卷孫會嬰孺方十卷邵英俊口齒論一卷又排玉集二卷（口齒方）李昭明嵩臺集三卷陽曄膳夫經手錄四卷嚴龜食法十卷（震之後，鎭西軍節度使譔子也，昭宗時宣慰汴寨）

右醫術類六十四家一百二十部四千四十六卷（失姓名二十八家，王方慶以下不著錄五十五家四百八卷）

唐書卷六十

宋　翰　林　學　士　歐　陽　修　撰

藝文志第五十

丁部集錄其類三：一曰楚辭類，二曰別集類，三曰總集類。凡著錄八百一十八家八百五十六部一萬一千九百二十三卷，不著錄四百八家五千八百二十五卷。

王逸注楚辭十六卷郭璞注楚辭十卷楊穆楚辭九悼一卷劉杳離騷草木蟲魚疏二卷孟奧楚辭音一卷徐邈楚辭音一卷僧道騫楚辭音一卷

右楚辭類七家七部三十二卷

趙荀況集二卷楚宋玉集二卷漢武帝集二卷淮南王安集二卷賈誼集二卷枚乘集一卷司馬遷集二卷東方朔集二卷董仲舒集二卷李陵集二卷司馬相如集二卷孔臧集二卷魏相集二卷張敞集二卷韋玄成集二卷劉向集五卷王褒集五卷谷永集五卷杜鄴集五卷師丹集五卷息夫躬集五卷劉歆集五卷楊雄集五卷崔篆集一卷東平王蒼集二卷桓譚集二卷史岑集二卷王文山集二卷朱勃集二卷梁鴻集二卷黃香集二卷馮衍集五卷班彪集三卷杜篤集五卷傅毅集五卷班固集十卷崔駰集十卷賈逵集二卷劉騊駼集二卷崔瑗集五卷蘇順集二卷竇章集二卷胡廣集二卷高彪集二卷王逸集二卷桓驎集二卷邊韶集二卷皇甫規集五卷張奐集二卷朱穆集二卷趙壹集二卷張升集二卷侯瑾集二卷酈炎集二卷盧植集二卷劉珍集二卷楊厚集二卷張衡集十卷葛龔集五卷李固集十卷馬融集五卷崔琦集二卷延篤集二卷劉白集二卷荀爽集二卷劉梁集二卷鄭玄集二卷蔡邕集二十卷應劭集四卷士孫瑞集二卷張邵集五卷禰衡集二卷孔融集十卷潘勗集二卷阮瑀集五卷陳琳集十卷張紘集一卷繁欽集十卷楊修集二卷王粲集十卷魏武帝集三十卷文帝集十卷明帝集十卷高貴鄉公集二卷陳思王集二十卷又三十卷華歆集三十卷王朗集三十卷邯鄲淳集二卷袁渙集五卷應瑒集二卷徐幹集五卷劉楨集二卷路粹集二卷丁儀集二卷丁廙集二卷劉廙集二卷吳質集五卷孟達集三卷陳羣集三卷王修集三卷管寧集二卷劉邵集二卷麋元集五卷李康集二卷孫該集二卷卞蘭集二卷傅巽集二卷高堂隆集十卷繆襲集五卷殷褒集二卷韋誕集三卷曹義集五卷傅嘏集二卷桓範集二卷夏侯霸集二卷鍾毓集五卷江奉集二卷夏侯惠集二卷毋丘儉集二卷王弼集五卷呂安集二卷王昶集五卷王肅集五卷何晏集十卷應璩集十卷杜摯集二卷夏侯玄集二卷程曉集二卷阮籍集五卷嵇康集十五卷鍾會集十卷蜀許靖集二卷諸葛亮集二十四卷吳張溫集五卷士燮集五卷虞翻集三卷駱統集十卷暨豔集二卷謝承集四卷姚信集十卷陸凱集五卷華覈集五卷胡綜集二卷薛瑩集三卷薛綜集三卷張儼集二卷韋昭集二卷紀騭集二卷晉宣帝集五卷文帝集二卷明帝集五卷簡文帝集五卷齊王攸集二卷會稽王道子集八卷彭城王集八卷譙王集三卷王沈集五卷鄭袤集二卷應貞集五卷嵇喜集二卷傅玄集五十卷成公綏集十卷裴秀集三卷何禎集五卷袁準集二卷山濤集五卷向秀集二卷阮沖集二卷阮侃集五卷羊祜集二卷賈充集二卷荀勖集二十卷杜預集二十卷王濬集二卷皇甫謐集二卷程咸集二卷劉毅集二卷庾峻集三卷郤正集一卷楊泉集二卷陶濬集二卷宣騁集三卷曹志集二卷鄒湛集四卷孫毓集五卷王渾集五卷王深集四卷江偉集五卷閔鴻集二卷裴楷集二卷何劭集二卷劉寔集二卷裴頠集十卷許孟集二卷王祐集三卷王濟集二卷華嶠集二卷庾儵集三卷謝衡集二卷傅咸集三十卷棗據集二卷劉寶集三卷孫楚集十卷王讚集二卷夏侯湛集十卷夏侯淳集十卷張敏集二卷劉許集二卷李黃集二卷樂廣集二卷阮渾集二卷楊乂集三卷張華集十卷李虔集十卷石崇集五卷潘岳集十卷潘尼集十卷歐陽建集二卷嵇紹集二卷衞展集十四卷盧播集二卷欒肇集五卷應亨集二卷司馬彪集三卷杜育集二卷摯虞集十卷繆徵集二卷左思集五卷夏侯靖集二卷鄭豐集二卷陳略集二卷張翰集二卷陸機集十五卷陸雲集十卷陸沖集二卷孫極集二卷張載集二卷張協集二卷束皙集五卷華譚集二卷曹攄集二卷江統集十卷胡濟集五卷卞粹集二卷閭丘沖集二卷庾敳集二卷阮瞻集二卷阮修集二卷裴邈集二卷郭象集五卷嵇含集十卷孫惠集十卷蔡洪集二卷牽秀集五卷蔡克集二卷索靖集二卷閭棐集二卷張輔集二卷殷巨集五卷陶佐集五卷仲長敖集二卷虞溥集二卷吳商集五卷劉弘集三卷山簡集二卷宗岱集三卷王曠集五卷王峻集二卷棗腆集二卷棗嵩集二卷劉琨集十卷盧諶集十卷傅暢集五卷顧榮集五卷荀組集一卷周顗集二卷周嵩集三卷王導集十卷荀邃集二卷王敦集五卷謝琨集二卷張抗集三卷賈霖集三卷劉隗集三卷應詹集五卷陶侃集二卷王洽集三卷張闓集三卷卞壺集二卷劉超集二卷楊方集二卷傅純集二卷郗鑒集十卷溫嶠集十卷孔坦集五卷王濤集五卷王廙集五卷甄述集五卷王嶠集二卷戴邈集五卷賀循集二十卷張峻集二卷應碩集二卷陸沈集二卷曾瓌集五卷熊遠集五卷郭璞集十卷王鑒集五卷庾亮集二十卷虞預集十卷顧和集五卷范宣集十卷張虞集五卷庾冰集二十卷庾翼集二十卷何充集五卷諸葛恢集五卷祖台之集十五卷李充集十四卷蔡謨集十卷謝艾集八卷范汪

集八卷范甯集十五卷阮放集五卷王廙集十卷王彪之集二十卷謝安集五卷謝万集十卷王羲之集五卷干寶集四卷殷融集十卷劉遐集五卷殷浩集五卷劉惔集二卷王濛集五卷謝尚集五卷張憑集五卷張望集三卷韓康伯集五卷王胡之集五卷江霖集五卷范宣集五卷江惇集五卷王述集五卷郝默集五卷黃整集十卷王洽集二卷王度集五卷劉系之集五卷劉恢集五卷范起集五卷殷康集五卷孫嗣集三卷王坦之集五卷桓溫集二十卷郗超集十五卷謝朗集五卷謝玄集十卷王珣集十卷許詢集三卷孫統集五卷孫綽集十五卷孔嚴集五卷江逌集五卷車灌集五卷丁纂集二卷曹毗集十五卷蔡系集二卷李顒集十卷顧夷集五卷袁喬集五卷謝沈集五卷庾闡集十卷王隱集十卷殷允集十卷徐邈集八卷殷仲堪集十卷殷叔獻集三卷伏滔集五卷桓嗣集五卷習鑿齒集五卷鈕滔集五卷邵毅集五卷孫盛集十卷袁質集二卷袁宏集二十卷袁邵集三卷羅含集三卷孫放集十五卷辛昞集四卷庾統集二卷郭愔集五卷滕輔集五卷庾龢集二卷庾軌集二卷庾儵集二卷庾肅之集十卷王修集二卷戴逵集十卷桓玄集二十卷殷仲文集七卷卞湛集五卷蘇彥集十卷袁豹集十卷王謐集十卷周祇集十卷梅陶集十卷湛方生集十卷劉瑾集八卷羊徽集一卷卞裕集十四卷王愆期集十卷孔璠之集二卷王茂略集四卷薄肅之集十卷滕演集一卷宋武帝集二十卷文帝集十卷長沙王義欣集十卷臨川王義慶集八卷衡陽王義季集十卷江夏王義恭集十五卷南平王鑠集五卷建平王宏集十卷又小集六卷新渝侯義宗集十二卷謝瞻集二卷孔琳之集十卷王叔之集十卷徐廣集十五卷孔甯子集十五卷蔡廓集十卷傅亮集十卷孫康集十卷鄭鮮之集二十卷陶潛集二十卷又集五卷范泰集二十卷王弘集二十卷謝惠連集五卷謝靈運集十五卷荀昶集十四卷孔欣集十卷卞伯王集五卷王曇首集二卷謝弘微集二卷王韶之集二十卷沈林子集七卷姚濤之集二十卷賀道養集十卷衛令元集八卷褚詮之集八卷荀欽明集六卷殷淳集三卷劉瑀集十卷劉緄集五卷雷次宗集三十卷宗炳集十五卷伍緝之集十一卷荀雍集十卷袁淑集十卷顏延之集三十卷王微集十卷王僧達集十卷張暢集十四卷何偃集八卷沈懷文集十三卷江智淵集十卷謝莊集十五卷殷琰集八卷顏竣集十三卷何承天集

二十卷裴松之集三十卷卞瓘集十卷丘淵之集六卷顏測集十一卷湯惠休集三卷沈勃集十五卷徐爰集十卷鮑照集十卷庾蔚之集十一卷虞通之集五卷劉愔集十卷孫緬集十卷袁伯文集十卷袁粲集十卷齊竟陵王集三十卷褚淵集十五卷王儉集六十卷周顒集二十卷徐孝嗣集十二卷王融集十卷謝朓集十卷孔稚珪集十卷陸厥集十卷虞羲集十一卷宗躬集十二卷江奐集十一卷張融王海集六十卷梁文帝集十八卷武帝集十卷簡文帝集八十卷元帝集五十卷又小集十卷昭明太子集二十卷邵陵王綸集四卷武陵王紀集八卷范雲集十二卷江淹前集十卷後集十卷任昉集三十四卷宗夬集十卷王暕集二十卷魏道微集三卷司馬褧集九卷沈約集一百卷又集略三十卷傅昭集十卷袁昂集二十卷徐勉前集三十五卷後集十六卷陶弘景集三十卷周捨集二十卷何遜集八卷謝琛集五卷謝郁集五卷王僧孺集三十卷張率集三十卷楊眺集十卷鮑幾集八卷周興嗣集十卷蕭洽集二卷裴子野集十四卷庾曇隆集十卷陸倕集二十卷劉之遴前集十一卷後集三十卷虞嚼集六卷王冏集三卷劉孝綽集十二卷劉孝儀集二十卷劉孝威前集十卷後集十卷丘遲集十卷王錫集七卷蕭子範集三卷蕭子雲集二十卷蕭子暉集十一卷江革集十卷吳均集二十卷庾肩吾集十卷王筠洗馬集十卷又中庶子集十卷左右集十卷臨海集十卷中書集十卷尚書集十一卷鮑泉集一卷謝瑱集十卷任孝恭集十卷張纘集十卷陸雲公集四卷張綰集十卷甄玄成集十卷蕭欣集十卷沈君攸集十二卷後梁明帝集一卷後魏文帝集四十卷高允集二十卷宗欽集二卷李諧集十卷韓宗集五卷袁躍集九卷薛孝通集六卷溫子昇集三十五卷盧元明集六卷陽固集三卷魏孝景集一卷北齊陽休之集三十卷邢邵集三十卷魏收集七十卷劉逖集四十卷後周明帝集五十卷趙平王集十卷滕簡王集十二卷宗懍集十卷王褒集二十卷蕭撝集十卷庾信集二十卷王衡集三卷陳後主集五十五卷沈炯前集六卷後集十三卷周弘正集二十卷周弘讓集十八卷徐陵集三十卷張正見集四卷陸珍集五卷陸瑜集十卷沈不害集十卷張式集十三卷褚介集十卷顧越集二卷顧覽集五卷姚察集二十卷隋煬帝集五十卷盧忠道集二十卷李元操集二十二卷辛德源集三十卷李德林集十卷牛弘集十二卷薛道衡集三十

卷何妥集十卷柳顧言集十卷江總集二十卷殷英童集三十卷蕭慤集九卷魏澹集四卷尹式集五卷諸葛穎集十四卷王胄集十卷虞茂世集五卷劉興宗集三卷李播集三卷道士江旻集三十卷僧曇諦集六卷惠遠集十五卷支遁集十卷惠琳集五卷曇瑗集六卷靈裕集二卷亡名集十卷曹大家集二卷鍾夫人集二卷劉臻妻陳氏集五卷左九嬪集一卷臨安公主集三卷范靖妻沈滿願集三卷徐悱妻劉氏集六卷太宗集四十卷高宗集八十六卷中宗集四十卷睿宗集十卷武后垂拱集一百卷又金輪集十卷陳叔達集十五卷竇威集十卷褚亮集二十卷虞世南集三十卷蕭瑀集一卷沈齊家集十卷薛收集十卷楊師道集十卷庾抱集十卷孔穎達集五卷王績集五卷郎楚之集三卷魏徵集二十卷許敬宗集八十卷于志寧集四十卷上官儀集二十卷李義府集四十卷顏師古集六十卷岑文本集六十卷劉子翼集二十卷殷聞禮集一卷陸士季集十卷劉孝孫集三十卷鄭世翼集八卷崔君實集十卷李百藥集三十卷孔紹安集五十卷高季輔集二十卷溫彥博集二十卷李玄道集十卷謝偃集十卷沈叔安集二十卷陸楷集十卷曹憲集三十卷蕭德言集二十卷潘求仁集三卷殷芊集三卷蕭鈞集三十卷袁朗集十四卷楊續集十卷王約集一卷任希古集十卷凌敬集十四卷王德儉集十卷徐孝德集十卷杜之松集十卷宋令文集十卷陳子良集十卷顏頵集十卷劉穎集十卷司馬儉集十卷鄭秀集十二卷耿義褒集七卷楊元亨集五卷劉綱集三卷王歸一集十卷馬周集十卷薛元超集三十卷高智周集五卷褚遂良集二十卷劉褘之集七十卷郝處俊集十卷崔知悌集五卷李安期集二十卷唐觀集五卷張太素集十五卷鄧玄挺集十卷劉允濟集二十卷駱賓王集十卷盧照鄰集二十卷又幽憂子三卷楊炯盈川集三十卷王勃集三十卷狄仁傑集十卷李懷遠集八卷盧受采集二十卷蘇味道集十五卷薛曜集二十卷郎餘慶集十卷盧光容集二十卷崔融集六十卷閻鏡機集十卷李嶠集五十卷喬備集六卷陳子昂集十卷元希聲集十卷李適集十卷沈佺期集十卷徐彥伯前集十卷後集十卷宋之問集十卷杜審言集十卷谷倚集十卷富嘉謨集十卷吳少微集十卷劉希夷集十卷張柬之集十卷桓彥範集三卷韋承慶集六十卷閭丘均集二十卷郭元振集二十卷魏知古集二十卷閻朝隱集五卷蘇瓌集十卷員半

千集十卷李乂集五卷姚崇集十卷丘悅集十卷劉子玄集三十卷盧藏用集三十卷玄宗集卷亡濮王泰集二十卷上官昭容集二十卷令狐德棻集三十卷褚亮集二十卷許彥伯集十卷劉洎集十卷來濟集三十卷杜正倫集十卷李敬玄集三十卷裴行儉集二十卷崔行功集六十卷張文琮集二十卷麴崇裕集二十卷劉憲集三十卷薛稷集三十卷宋璟集十卷蔣儼集五卷趙弘智集二十卷賀德仁集二十卷許子儒集十卷蔡允恭集二十卷張昌齡集二十卷杜易簡集二十卷顏元孫集三十卷姚璹集七卷杜元志集十卷字道寧開元考功郎中杭州刺史楊仲昌集十五卷崔液集十卷裴耀卿纂張說集三十卷徐堅集三十卷元海集十卷字休則開元臨河尉李邕集七十卷王翰集十卷張九齡集二十卷康國安集十卷以明經高第直國子監教授三館進士授右典戎衞錄事參軍太學崇文助教邊博士白獸門內供奉崇文館學士孫逖集二十卷趙冬曦集卷亡苑咸集卷亡京兆人開元末上書拜司經校書中書舍人貶漢東郡司戶參軍復起爲舍人永陽太守毛欽一集三卷字傑荊州長林人王助雕蟲集一卷王維集十卷康希銑集二十卷字南金開元中台州刺史張均集二十卷權若訥集十卷開元梓州刺史白履忠集十卷鮮于向集十卷康玄辯集十卷字通理開元瀘州刺史嚴從集三卷從卒詔求其稾呂向集而進焉陶翰集卷亡潤州人開元禮部員外郎崔國輔集卷亡應縣令集賢直學士禮部員外郎坐王鉷近親貶竟陵郡司馬高適集二十卷賈至集二十卷別十五卷蘇冕編張孝嵩集十卷字仲山南陽人開元河東節度使南陽郡公儲光羲集七十卷蘇源明前集三十卷李白草堂集二十卷李陽冰錄杜甫集六十卷小集六卷涯州刺史樊晃集岑參集十卷盧象集十二卷字緯卿左拾遺膳部員外郎授安祿山僞官貶永州司戶參軍起爲主客員外郎蕭穎士游梁新集三卷文集十卷李華前集十卷中集二十卷李翰前集三十卷王昌齡集五卷元結文編十卷邵說集十卷裴倩集五卷又溢城集五卷均之父劉藁集三卷樊澤集十卷崔良佐集十卷湯賁集十五卷字文叔潤州丹陽人貞元宋州刺史劉迥集五卷武就集五卷元衡父王休烈集十卷元載集十卷張薦集三十卷劉長卿集十卷字文房至德監察御史以檢校祠部員外郎爲轉運使判官知淮西鄂岳轉運留後鄂岳觀察使吳仲孺誣奏貶潘州南巴尉會有爲辨之者除睦州司馬終隋州刺史戎昱集五卷衞伯玉鎮荊南從事後爲辰州虔州二刺史崔祐甫集三十卷常袞集十卷又詔集六十卷楊炎集十卷又制集十卷蘇弁編顏真卿吳興集十卷又盧集十卷臨川集十卷歸崇敬集二十卷劉太真集三十卷于邵集四十卷梁肅集二十卷獨孤及毗陵集二十卷竇叔向集七卷字遺直與常袞善袞爲相用爲左拾遺內供奉及貶亦出溧水令丘爲集卷亡蘇州嘉興人事繼母孝嘗有靈芝生堂下累官太子右庶子時年八十餘而母無恙給俸祿之半及居憂觀察使韓滉以致仕

官給廪所以惠養老臣不可在喪爲異惟罷春秋羊酒初還鄉縣令謁之爲候門磬折令坐乃拜里胥立庭下飯出乃敢坐經縣署馬而過卒年九十六)柳渾集十卷李泌集二十卷張建封集二百三十篇顧況集二十卷鮑溶集五卷齊抗集二十卷鄭餘慶集五十卷崔元翰集三十卷楊凝集二十卷歐陽詹集十卷李觀集三卷(陸希聲纂)呂溫集十卷穆員集十卷竇常集十八卷鄭絪集三十卷符載集十四卷鄒純集六十卷戴叔倫述藁十卷張登集六卷(貞元漳州刺史)陸迅集十卷(德宗時監察御史裏行)柳冕集(卷亡)姚南仲集十卷李吉甫集二十卷武元衡集十卷權德輿童蒙集十卷又集五十卷制集五十卷韓愈集四十卷柳宗元集三十卷韋貫之集三十卷李絳集二十卷令狐楚漆匳集一百三十卷又梁苑文類三卷表奏集十卷(自稱白雲孺子表奏集)韋武集十五卷皇甫鏞集十八卷樊宗師集二百九十一卷武儒衡集二十五卷又制集二十卷李道古文輿三十卷董侹武陵集(卷亡。侹字庶中，元和荊南從事)劉禹錫集四十卷元氏長慶集一百卷又小集十卷(元稹)白氏長慶集七十五卷(白居易)白行簡集二十卷張仲方集三十卷鄭澣集三十卷馮宿集四十卷劉伯芻集三十卷段文昌集三十卷又詔誥二十卷韋處厚集七十卷劉栖楚集二十卷李翺集十卷溫造集八十卷滕珦集(卷亡。珦東陽人，歷茂王傅，太和初以右庶子致仕，四品給務還鄉自珦始)王起集一百二十卷崔咸集二十卷(太和人)皇甫湜集三卷舒元輿集一卷李德裕會昌一品集二十卷又姑臧集五卷窮愁志三卷雜賦二卷杜牧樊川集二十卷沈亞之集九卷羅讓集三十卷王涯集十卷魏謩集十卷秣陵子集一卷(來擇字無擇，寶曆應賢良科)柳仲郢集二十卷陳商集十七卷歐陽衮集二卷(衮，福州閩縣人，歷侍御史)溫庭筠握蘭集三卷又金筌集十卷詩集五卷漢南眞藁十卷陳陶文錄十卷劉蛻文泉子十卷(字復愚，咸通中書舍人)鄭畋玉堂集五卷又鳳池藁草三十卷續鳳池藁草三十卷孫樵經緯集三卷(字可之，大中進士第)周愼辭寧蘇集五卷(字若訥，咸通進士第)皮日休集十卷又胥臺集七卷文藪十卷詩一卷陸龜蒙笠澤叢書三卷又詩編十卷賦六卷楊夔集五卷又冗書十卷冗餘集一卷沈栖遠景臺編十卷(字子鸞，咸通進士第)鄭誠集(卷亡。字中虛，福州閩縣人，大中國子司業，鄂安二州刺史，江西節度副使)司空圖一鳴集三十卷陸扆集七卷秦韜玉投知小錄三卷(字中明，田令孜神策判官，工部侍郎)鄭賓集十卷(字貢華，乾符進士第)袁皓碧池書三十卷(袁州宜春人，龍紀集賢殿圖書使，自稱碧池處士)鄭氏眙孫集四卷養素先生遺榮集三卷(皆唐末人)張玄晏集二卷(字寅節，昭宗翰林學士)齊夔集一卷黃璞霧居子十卷譚正夫集一卷丘光庭集三卷張安石涪江集一卷張友正雜編一卷沈光集五卷(題曰雲夢子)程晏集七卷(字晏然，乾寧進士第)沈顏聲書十卷李善夷江南集十卷劉綺莊集十卷王秉集五卷孫子文纂四十卷又孫氏小集三卷(孫郃，字希韓，乾寧進士第)陳黯集三卷([illegible])羅衮集二卷(字子制，天祐起居郎)

李嶠雜詠詩十二卷劉希夷詩集四卷崔顥詩一卷(汴州人，才俊無行，娶妻不愜輒去之者三四，歷司勳員外郎)綦毋潛詩一卷(字孝通，開元中繇宜壽尉入集賢院待制，遷右拾遺，終著作郎)祖詠詩一卷李頎詩一卷(開元進士第)孟浩然詩集三卷(弟洗然，宜城王士源所次，皆三卷也，士源別爲七類)包融詩一卷(潤州延陵人，歷大理司直，二子何、佶，齊名，世稱二包。何字幼嗣，大曆起居舍人。融與儲光羲皆延陵人；曲阿有餘杭尉丁仙芝、緱氏主簿蔡隱丘、監察御史蔡希周、渭南尉蔡希寂、處士張彥雄、張潮、校書郎張暈、吏部常選周瑀、長洲尉談戭；句容有忠王府倉曹參軍殷遙、硤石主簿樊光、橫陽主簿沈如筠；江寧有右拾遺孫處玄、處士徐延壽；丹徒有江都主簿馬挺、武進尉申堂構，十八人皆有詩名，殷璠彙次其詩爲丹陽集者)皇甫冉詩集三卷(字茂政，潤州丹陽人，祕書少監集賢院修撰彬姪也，天寶末無錫尉，避難居陽羨，後爲左金吾衛兵曹參軍、左補闕，與弟曾齊名。曾字孝常，歷侍御史，坐事貶舒州司馬、陽翟令)嚴維詩一卷(字正文，越州人，祕書郎)張繼詩一卷(字懿孫，襄州人，大曆末檢校祠部員外郎，分掌財賦於洪州)李嘉祐詩一卷(字從一，袁台二州刺史)郎士元詩一卷(字君胄，中山人，寶應元年選官詔試中書，補渭南尉，歷拾遺，郢州刺史)張南史詩一卷(字季直，幽州人，以試參軍避亂居揚州揚子，再召之，未赴卒)暢當詩二卷鄭常詩一卷蘇渙詩一卷(渙少喜剽盜，善用白弩，巴蜀商人苦之，號白跖，以比莊蹻。後折節讀書，進士及第，湖南崔瓘辟從事。瓘遇害，渙走交廣，與哥舒晃反，伏誅)朱灣詩集四卷(李勉永平從事)吉中孚詩一卷(楚州人，始爲道士，後官校書郎，登宏辭，諫議大夫、翰林學士、戶部侍郎、判度支，貞元初卒)朱放詩一卷(字長通，襄州人，隱居剡溪，嗣曹王皐鎮江西，辟節度參謀，貞元初召爲拾遺，不就)劉方平詩一卷(河南人，與元魯山善，不仕)常建詩一卷(肅代時人)魏信陵詩一卷章八元詩一卷(睦州人，大曆進士第)秦系詩一卷陳詡詩集十卷(字載初，福州閩縣人，貞元戶部郎中、知制誥)錢起詩一卷李端詩集三卷韓翃詩集五卷司空曙詩集二卷盧綸詩集十卷耿湋詩集二卷崔峒詩一卷韋應物詩集十卷許經邦詩集一卷(建中左武衛胄曹參軍)韋渠牟詩集十卷(諫議大夫時集)劉商詩集十卷(貞元比部郎中)王建集十卷(太和陝州司馬)張碧謌行集二卷(貞元人)雍裕之詩一卷楊巨源詩一卷(字景山，太和中少尹)孟郊詩集十卷張籍詩集七卷李涉詩一卷李賀集五卷李紳追昔遊詩三卷又批答一卷章孝標詩一卷殷堯藩詩一卷(元和進士第)李敬方詩一卷(字中虔，太和歙州刺史)玉川子詩一卷(盧仝)裴夷直詩一卷施肩吾詩集十卷姚合詩集十卷韓琮詩一卷(字成封，大中湖南觀察使)李商隱樊南甲集二十卷乙集二十卷玉溪生詩三卷又賦一卷文一卷賈島長江集十卷又小集三卷張祜詩一卷(字承吉，處士，大中中卒)許渾丁卯集二卷(字用晦，圉師之後，大中睦州、郢州二刺史)李遠詩集一卷(字求古，大中建州刺史)雍陶詩集十卷(字國鈞，大中八年自國子毛詩博士出爲簡州刺史)朱慶詩一卷(名可久，以字行，寶曆進士第)喻鳧詩一卷(開成進士第，烏程令)馬戴詩一卷(字虞臣，會昌進士第)李羣玉詩三卷後集五卷(字文山，澧州人，裴休觀察湖南，厚延致之，及爲相，以詩論薦，授校書郎)崔櫓無機集四卷郁渾百篇集一卷([illegible])項斯詩一卷([illegible])[illegible]詩一卷(字居雲，會[illegible])[illegible]詩一卷(字遲之，會昌進士第)趙嘏渭南集三卷又編年詩二卷([illegible])薛逢詩集十卷又別紙十三卷賦集十四卷于武陵詩一卷李頻詩一卷[illegible](字鄴之，大中進士第，洋州[illegible])劉得仁詩一卷([illegible])劉滄詩一卷[illegible]崔珏詩一卷[illegible]高駢詩一卷薛能詩集十卷又繁城集一卷陸希聲頤山詩一卷鄭嵎津陽門詩一卷于濆詩一卷(字子漪)許棠詩一卷(字文化)公乘億詩一卷(字壽山，咸通進士第)聶夷中詩二卷(字坦之)于鄴詩一卷于鵠詩一卷鄭谷雲臺編三卷又宜陽集三卷(字守愚，袁州人，爲右拾遺、都官郎中)[illegible]玄英先生詩集十卷(方干)李洞詩一卷吳融詩集四卷又制誥一卷韓偓詩一卷又香匳集一卷曹唐詩三卷(字堯賓)周賀詩一卷劉干詩一卷崔塗詩一卷([illegible])唐彥謙詩集三卷張喬詩集二卷王駕詩集六卷(字大用)吳仁璧詩一卷(字廷寶，大順進士第)王貞白詩一卷(字有道)張蠙詩集二卷(字象文)翁承贊詩一卷(字文堯)褚載詩三卷(字厚之，乾寧進士第)王穀詩集三卷([illegible])曹松詩集三卷(字夢徵，天復進士第，校書郎)羅鄴詩一卷趙摶歌詩二卷周朴詩二卷([illegible])朱景元詩一卷崔道融申唐詩三卷陳光詩一卷王德輿詩一卷湯緒潛陽雜題詩三卷[illegible]張爲詩一卷羅浩源詩一卷薛瑩洞庭詩集一卷謝蟠隱雜感詩二卷譚藏用詩一卷[illegible]黃滔集十五卷[illegible](昭宗時獻詩授補闕)[illegible](字文江，光化四門博士)[illegible]來鵬詩一卷陸元皓詠劉子詩三卷[illegible]李山甫詩一卷道士吳筠集十卷[illegible]僧玄範集二十卷僧法琳集三十卷[illegible]皎然詩集十卷([illegible]預其論著)[illegible](貞元中[illegible]集以藏之)[illegible]謝觀賦八卷盧肇海潮賦一卷又通屈賦一卷注林絢大統賦二卷([illegible]咸通[illegible])[illegible]大隱賦一卷崔葆數賦十卷(王起注)宋言賦一卷陳汀賦一卷(字用濟[illegible])樂朋龜綸閣集十卷又德門集五卷賦一卷([illegible])蔣凝賦三卷(字仲山，咸通進士第)公乘億賦集十二卷林嵩賦一卷([illegible]乾符進士第)王翃賦一卷(字維乘，大順進士第)賈嵩賦三卷李山甫賦二卷陸贄議論表疏集十二卷又翰苑集十卷(韋處厚纂)王仲舒制集十卷李虞仲制集四卷封敖翰藁八卷崔嘏制誥集十卷(字乾錫，邢州刺史，會昌中，劉稹反，歸朝，授考功郎中、中書舍人。李德裕之謫，嘏草制不盡書其過，貶端州刺史)獨孤霖玉堂集二十卷劉崇望中和制集十卷李磎制集四卷錢珝舟中錄二十卷薛廷珪鳳閣書詞十卷郭元振九諫書一卷李絳論事集二卷(蔣偕集)李磎表疏一卷張濬表狀一卷臨淮尺題二卷(武元衡西川從事譔)李程表狀一卷劉三復表狀十卷問遺雜錄三卷趙璘表狀集一卷張次宗集六卷呂述東平小集三卷段全緯集二十卷劉鄴甘棠集三卷王虬集十卷(字希龍，泉州南安人，大順初舉進士第)崔致遠四六一卷又桂苑筆耕二十卷(高麗人，賓貢及第，高駢淮南從事)顧氏編遺十卷苕川總載十卷纂新文苑十卷啓事一卷賦二卷集遺具錄十卷(顧雲，字垂象，池州人，虞部郎中，高駢淮南從事)鄭準渚宮集一卷(字不欺，乾寧進士第)李巨川四六集二卷(韓建華州從事)胡曾安定集十卷陳蟠隱集五卷張澤飲河集十五卷黃台江西表狀二卷(鍾傳從事)太宗凌煙閣功臣讚一卷崔融寶圖讚一卷(王起注)盧鋋武成王廟十哲讚一卷李靖霸國箴一卷魏徵時務策五卷郭元振安邦策一卷劉蕡策一卷王勃舟中纂序五卷才命論一卷(張鷟譔，鄒昂注，一作張說譔，潘詢注)杜元穎五題一卷李甘文一卷南卓文一卷劉軻文一卷陸驚文一卷([illegible]咸通進士第)吳武陵書一卷夏侯韞大中年奏京州書一卷駱賓王百道判集一卷張文成龍筋鳳髓十卷崔銳判一卷(大曆人)鄭寬百道判一卷(元和拔萃)

右別集類七百三十六家，七百五十部，七千六百六十八卷。(失姓名一家，玄宗以下不著錄一百六家，五千一十二卷)

摯虞文章流別集三十卷杜預善文四十九卷謝沈名文集四十卷孔逭文苑一百卷梁昭明太子文選三十卷又古今詩苑英華二十卷蕭該文選音十卷僧道淹文選音義十卷小辭林五十三卷集古今帝王正位文章九十卷蕭圓文海集三十六卷康明貞辭苑麗則二十卷庾自直類文三百七十七卷宋明帝賦集四十卷皇帝瑞應頌集十卷五都賦五卷卞鑠獻賦集十卷司馬相如上林賦一卷曹大家注班固幽通賦一卷項岱注幽通賦一卷張衡二京賦二卷薛綜二京賦音二卷三都賦三卷左太沖齊都賦一卷李軌齊都賦音一卷褚令之百賦音一卷郭微之賦音二卷綦毋邃三京賦音一卷木連理頌二卷李暠靖恭堂頌一卷諸郡碑一百六十六卷雜碑文集二十卷殷仲堪雜論九十五卷劉楷設論集三卷謝靈運設論集五卷又連珠集五卷

梁武帝制旨連珠四卷陸緬注制旨連珠十一卷謝莊讚集五卷張湛古今箴銘集十三卷衆賢誡集十五卷雜誡箴二十四卷李德林霸朝雜集五卷王履書集八十卷夏赤松書林六卷山濤啓事十卷梁中書表集二百五十卷薦文集七卷宋元嘉策五卷又元嘉宴會游山詩集五卷宋伯宜箋集六卷卞氏七林集十二卷顏之推七悟集一卷袁淑俳諧文十五卷顏竣婦人詩集二卷殷淳婦人集三十卷江邃文釋十卷干寶百志詩集五卷崔光百國詩集二十九卷應璩百一詩八卷李夔百一詩集二卷晉元正宴會詩集四卷伏滔袁豹謝靈運集顏延之元嘉西池宴會詩集三卷清溪集三十卷齊武帝敕撰齊釋奠會詩集二十卷徐伯陽文會詩集四卷文林詩府六卷北齊後主作蕭淑西府新文十卷新文要集十卷宋明帝詩集新議三十卷詩集二十卷謝靈運詩集五十卷又詩集鈔十卷詩英十卷回文詩集一卷七集十卷劉和詩集二十卷顏竣詩集一百卷許麥六代詩集鈔四卷詩林英選十一卷庾綽等類集一百一十三卷詩纘十二卷詩錄二十卷文苑詞英八卷徐陵六代詩集鈔四卷又玉臺新詠十卷謝混集苑六十卷宋臨川王義慶集林二百卷丘遲集鈔四十卷李善注文選六十卷公孫羅注文選六十卷又音義十卷劉允濟金門待詔集十卷文館辭林一千卷許敬宗劉伯莊等撰麗正文苑二十卷芳林要覽三百卷許敬宗顧胤許圉師上官儀楊思儉孟利貞姚璹竇德玄郭瑜董思恭元思敬集僧惠淨續古今詩苑英華集二十卷劉孝孫古今類聚詩苑三十卷郭瑜古今詩類聚七十九卷歌錄集八卷李淳風注顏之推稽聖賦一卷張庭芳注庾信哀江南賦一卷崔令欽注一卷竇嚴東漢文類三十卷李善文選辨惑十卷五臣注文選三十卷衢州常山尉呂延濟都水使者劉承祖男良處士張銑呂向李周翰注開元六年工部侍郎呂延祚上之曹憲文選音義卷亡康國安注駮文選異義二十卷許淹文選音十卷孟利貞續文選十三卷崔玄暐訓注文館辭林策二十卷康顯辭苑麗則二十卷又海藏連珠三十卷希鉞之兄修書學士卜長福續文選二十卷開元十七年上授富陽尉卜隱之擬文選三十卷開元處士朝英集三卷開元中張孝嵩出塞張九齡韓休崔沔王翰胡皓賀知章所撰送行歌詩張楚金翰苑三十卷王方慶王氏神道銘二十卷徐堅文府二十卷開元中詔張說括文選外文章乃命堅與賀知章趙冬曦分討會詔促之堅乃先集詩賦二韻爲文府上之餘不能就而罷裴潾太和通選三十卷李康王臺後集十卷元思敬詩人秀句二卷孫季良正聲集三卷珠英學士集五卷崔融集武后時修三教珠英學士李嶠張說等詩搜王集十卷曹恩起子集五卷大曆人元結篋中集一卷奇章集四卷劉明素麗文集五卷興元中集李吉甫古今文集略二十卷又國朝哀策文四卷梁大同古銘記一卷麗則集五卷類表五十卷亦名表啓集柳宗直西漢文類四十卷柳玄司題集十卷竇常南薰集三卷殷璠丹陽集一卷又河岳英靈集二卷王起文場秀句一卷姚合極玄集一卷高仲武中興間氣集二卷李戡唐詩三卷顧陶唐詩類選二十卷大中校書郎劉餗樂府古題解一卷李氏花萼集二十卷李乂尚一尚貞韋氏兄弟集二十卷韋會弟弼竇氏聯珠集五卷竇常牟羣庠鞏集賢院壁記詩二卷翰林歌辭一卷大曆年浙東聯倡集二卷斷金集一卷李逢吉令狐楚倡和元白繼和集一卷元稹白居易三州倡和集一卷元稹白居易崔玄亮劉白倡和集三卷劉禹錫白居易汝洛集一卷裴度劉禹錫倡和洛中集七卷彭陽倡和集三卷令狐楚劉禹錫吳蜀集一卷劉禹錫李德裕倡和裴均壽陽倡詠集十卷又渚宮倡和集二十卷峴山倡詠集八卷荊潭倡和集一卷盛山倡和集一卷荊夔倡和集一卷僧廣宣與令狐楚倡和一卷名公倡和集二十三卷漢上題襟集十卷段成式溫庭筠余知古袁皓集道林寺詩二卷松陵集十卷皮日休陸龜蒙倡和廖氏家集一卷廖光圖唐末人盧瓌杼情集二卷孟啓本事詩一卷劉松宜陽集六卷字松稿芙袁州人集其州天寶以後詩四百七十篇蔡省風瑤池新詠二卷集婦人詩僧靈徹酬倡集十卷大歷至元和中名人吳兢唐名臣奏十卷馬總奏議集三十卷臧嘉猷羽書三卷處士沈常總戎集三十卷唐稟貞觀新書三十卷稟袁州萍鄉人集貞觀以前文章黃滔泉山秀句集三十卷編閩人詩自武德盡天祐末周仁滔古今類聚策苑十四卷五子策林十卷集許南容而下五人策問元和制策三卷元稹獨孤郁白居易李太華掌記略十五卷新掌記略九卷林逖續掌記略十卷

凡文史類四家四部十八卷劉子玄以下不著錄二十二家二十三部一百七十九卷

李充翰林論三卷劉勰文心雕龍十卷顏竣詩例錄二卷鍾嶸詩評三卷劉子玄史通二十卷柳氏釋史十卷柳璨一作史通析微劉餗史例三卷沂公史例十卷田弘正客譔裴傑史漢異義三卷河南人開元十七年上授臨濮尉李嗣真詩品一卷元兢宋約詩格一卷王昌齡詩格二卷晝公詩式五卷詩評三卷僧皎然王起大中新行詩格一卷姚合詩例一卷賈島詩格一卷炙轂子詩格一卷元兢古今詩人秀句二卷李洞集賈島句圖一卷張仲素賦樞三卷范傳正賦訣一卷浩虛舟賦門一卷倪宥文章龜鑑一卷劉遷應求類二卷孫郃文格二卷

右總集類七十五家九十九部四千二百二十三卷李淳風以下不著錄七十八家八百一十三卷

總七十九家一百七部

唐書卷六十考證

藝文志四丁部後周明帝集五十卷○舊書作十卷沈炳震曰按隋書作九卷

唐書卷六十一

宋 翰林學士歐陽修撰

表第一

宰相表上

唐因隋舊以三省長官爲宰相已而又以他官參議而稱號不一出於臨時最後乃有同品平章之名然其爲職業則一也作宰相表

	宰相	三師	三公
武德元年戊寅	六月甲戌趙國公世民爲尚書令相國長史裴寂拜尚書右僕射知政事相國司馬劉文靜爲納言隋民部尚書宋國公蕭瑀相國司錄參軍竇威並爲內史令庚辰世民封秦王癸未世民爲西討元帥壬辰爲雍州牧辛丑威薨將作大匠襄陳國公竇抗本官兼納言黃門侍郎陳叔達判納言八月己丑世民爲西討行軍元帥戊申文靜除名十月抗罷爲左武候大將軍		十二月壬申秦王世民爲太尉陝東道行臺尚書令
二年己卯	正月甲子叔達兼納言十月己亥黃門侍郎涼州總管楊恭仁遙領納言		
三年庚辰	二月甲戌中書侍郎封德彝兼中書令		四月甲寅世民爲益州道行臺尚書令
四年辛巳	正月德彝判吏部尚書四月癸酉寂爲左僕射		十月己丑齊王元吉爲司空世民加司徒天策上將
五年壬午			十月甲子世民領左右十二衛大將軍
六年癸未	四月癸酉德彝爲中書令恭仁入爲吏部尚書兼中書令檢校涼州諸軍事瑀爲尚書右僕射寂爲左僕射		
七年甲申	十二月庚午太子詹事裴矩檢校侍中		
八年乙酉	十二月辛卯矩罷判黃門侍郎庚子天策府司馬宇文士及權檢校侍中兼太子詹事癸卯世民加中書令元吉加侍中		
九年丙戌	六月癸亥世民爲皇太子七月辛卯太子右庶子高士廉爲侍中左庶子房玄齡爲中書令蕭瑀爲尚書左僕射恭仁罷癸巳士及爲中書令德彝爲尚書右僕射十月庚辰叔達瑀坐事免		正月甲寅裴寂爲司空二月庚申元吉爲司徒六月庚申元吉誅
貞觀元年丁亥	六月辛丑德彝薨壬辰太子少師蕭瑀爲尚書左僕射七月壬子吏部尚書長孫無忌爲尚書右僕射八月士及檢校涼州都督戊戌士廉貶爲安州大都督九月辛酉御史大夫杜淹檢校吏部尚書參豫朝政士及罷爲殿中監十二月壬午瑀罷		
二年戊子	正月辛亥兵部尚書杜如晦檢校侍中攝吏部尚書仍總監東宮兵馬事無忌罷庚午刑部尚書李靖檢校中書令三月壬戌靖爲關內道行軍大總管七月戊申玄齡兼太子少詹事十月庚辰淹薨十二月壬辰黃門侍郎王珪守侍中		
三年己丑	二月戊寅房玄齡爲尚書左僕射杜如晦爲右僕射尚書右丞魏徵爲祕書監參豫朝政靖爲兵部尚書八月靖爲定襄道行軍大總管十二月癸未如晦罷		正月辛未寂免
四年庚寅	二月甲寅珪爲侍中太常卿蕭瑀爲御史大夫參議朝政御史大夫溫彥博爲中書令民部尚書戴胄檢校吏部尚書參豫朝政八月甲寅靖爲尚書右僕射十一月壬戌右衛大將軍侯君集爲兵部尚書參豫朝政		
五年辛卯			
六年壬辰	三月君集以喪罷五月徵檢校侍中十一月君集起復		
七年癸巳	三月戊子珪罷爲同州刺史庚寅徵爲侍中六月辛亥胄薨		十一月壬辰開府儀同三司長孫無忌爲司空
八年甲午	十月丙寅詔靖三兩日一至門下中書平章政事十一月辛未靖罷爲特進十二月辛丑君集爲積石道行軍總管		
九年乙未	七月辛巳恭仁罷爲雍州牧十一月壬戌特進蕭瑀參豫朝政		二月無忌以母喪罷五月起復
十年丙申	六月壬申彥博爲尚書右僕射太常卿楊師道爲侍中參豫朝政魏徵爲特進知門下省事朝章國典參議得失十二月瑀罷爲岐州刺史		

十一年 丁酉	十二年 戊戌	十三年 己亥	十四年 庚子	十五年 辛丑	十六年 壬寅	十七年 癸卯	十八年 甲辰	十九年 乙巳	二十年 丙午	二十一年 丁未	二十二年 戊申	二十三年 己酉
六月甲寅，彥博薨。	七月癸酉，吏部尚書高士廉爲尚書右僕射。八月戊寅，君集爲吏部尚書。壬寅，爲當彌道行軍大總管。	正月，玄齡爲太子少師。十一月辛亥，師道爲中書令。戊辰，尚書左丞劉洎爲黃門侍郎，參知政事。十二月壬申，君集爲交河道行軍大總管。	十二月，君集還。		正月辛未，中書舍人兼侍郎岑文本爲中書侍郎，專典機密。九月丁巳，徵罷爲太子太師。	四月乙酉，君集誅。丁亥，師道罷爲吏部尚書。己丑，特進蕭瑀爲太子太保，兵部尚書李世勣爲特進太子詹事，並同中書門下三品。六月丁酉，士廉爲開府儀同三司、同中書門下三品，平章政事。七月丁酉，玄齡以母喪罷。八月庚戌，工部尚書張亮爲刑部尚書，參豫朝政。十月丁巳，玄齡起復。	八月丁卯，洎爲侍中，文本爲中書令，中書侍郎馬周守中書令。九月，黃門侍郎褚遂良參豫朝政。十一月甲子，世勣爲遼東道行軍大總管。	二月乙卯，士廉攝太子太傅，劉洎、馬周太子左庶子，許敬宗右庶子，高季輔少詹事，張行成同掌機務。三月壬辰，楊師道攝中書令，無忌攝侍中。四月丁丑，文本薨。十一月丁亥，師道貶爲工部尚書。十二月庚申，洎賜死。	二月丁丑，亮誅。四月甲子，瑀罷太子太保。十月，貶商州刺史。	正月壬辰，士廉薨。三月戊子，世勣爲遼東道行軍大總管。十月癸丑，遂良以父喪罷。	正月庚寅，周薨。己亥，中書舍人崔仁師爲中書侍郎，參知機務。丙午，無忌檢校中書令，知尚書、門下三省事。二月，遂良起復。己卯，仁師除名，流連州。九月己亥，遂良爲中書令。	五月戊午，勣貶疊州都督。庚午，行成兼侍中、檢校刑部尚書，季輔兼中書令、檢部尚書，于志寧爲侍中。癸巳，檢校洛州刺史李勣爲開府儀同三司、同中書門下，參掌機密。九月乙卯，李勣爲尚書左僕射，同中書門下三品。
					七月戊午，無忌爲司徒，玄齡爲司空。	七月丁酉，玄齡以母喪罷，十月丁巳起復。					七月癸卯，玄齡薨。	六月癸未，無忌爲太尉。九月甲寅，荊王元景爲司徒，吳王恪爲司空。

永徽元年 庚戌	二年 辛亥	三年 壬子	四年 癸丑	五年 甲寅	六年 乙卯	顯慶元年 丙辰	二年 丁巳	三年 戊午	四年 己未
正月丙午，行成爲侍中。十月戊辰，勣罷僕射。十一月，遂良貶同州刺史。	正月乙巳，黃門侍郎宇文節、中書侍郎柳奭並同中書門下三品。八月己巳，張行成爲尚書右僕射、同中書門下三品，高季輔爲侍中，志寧爲尚書左僕射、同中書門下三品。	正月己巳，褚遂良爲吏部尚書、同中書門下三品。三月辛巳，節爲侍中，奭守中書令，兵部侍郎韓瑗守黃門侍郎、同中書門下三品。七月乙丑，行成兼太子少傅，季輔兼太子少保，志寧兼太子少師，奭兼太子詹事。九月，守中書侍郎來濟同中書門下三品。	三月乙酉，節流桂州。九月甲戌，遂良爲尚書左僕射，同中書門下三品，仍知選事。壬戌，行成薨。十一月癸丑，兵部尚書崔敦禮爲侍中。丁巳，奭爲中書令。十二月庚子，季輔薨。	六月癸亥，奭罷爲吏部尚書。	五月壬辰，瑗爲侍中，濟爲中書令。七月乙酉，敦禮爲中書令，中書舍人李義府守中書侍郎，參知政事。九月庚午，遂良貶潭州都督。十月癸丑，敦禮檢校太子詹事。	正月甲申，志寧爲太子太傅，瑗、濟並罷太子賓客。三月丙戌，戶部侍郎杜正倫爲黃門侍郎、同中書門下三品。七月癸未，敦禮爲太子少師、同中書門下三品。八月丙申，敦禮薨。	三月癸丑，義府兼中書令，兼檢校御史大夫，仍太子賓客。正倫兼度支尚書。八月丁卯，瑗貶振州刺史，濟貶台州刺史。辛未，衛尉卿許敬宗爲侍中。九月庚寅，正倫兼中書令。	十一月乙酉，正倫貶橫州刺史，義府貶普州刺史。戊子，敬宗權檢校中書令。戊戌，敬宗爲中書令，大理卿辛茂將兼侍中。	四月丙辰，志寧爲太子太師、同中書門下三品。乙丑，守黃門侍郎許圉師兼檢校左庶子、同中書門下三品。戊辰，志寧免。五月己卯，圉師爲中書侍郎、同三品。丙申，兵部尚書任雅相同中書門下三品，度支尚書盧承慶參知政事。八月壬子，義府兼吏部尚書、同中書門下三品。九月癸卯，茂將兼左庶子，十月甲辰，圉師兼右庶子。十一月丙午，圉師爲左散騎常侍、檢校侍中。戊午，茂將薨。癸亥，承慶同中書門下三品。
			二月甲申，荊王元景、吳王恪賜死。己亥，開府儀同三司、同中書門下三品勣爲司空，徐王元禮爲司徒。						四月戊辰，無忌爲揚州都督，黔州安置。

五年 庚申	龍朔元年 辛酉	二年 壬戌	三年 癸亥	麟德元年 甲子	二年 乙丑	乾封元年 丙寅	二年 丁卯	總章元年 戊辰	二年 己巳	咸亨元年 庚午	二年 辛未	三年 壬申
七月丁卯，承慶免。	四月庚辰，雅相爲浿江道行軍總管。	二月甲戌，雅相薨。丙戌，敬宗爲右相，圉師爲左侍極、檢校左相。七月戊戌，義府以母喪罷。八月壬寅，敬宗爲太子少師、同東西臺三品，仍知西臺事。九月丁丑，義府起復。十月庚戌，西臺侍郎上官儀同東西臺三品。十一月辛未，圉師貶爲虔州刺史。	正月乙丑，義府爲右相。四月戊子，義府流于巂州。	八月丁亥，司列太常伯劉祥道兼右相，大司憲竇德玄爲司元太常伯、檢校左相。十二月丙戌，儀被殺。戊子，祥道罷爲司禮太常伯。太子右中護樂彥瑋、檢校西臺侍郎，西臺侍郎孫處約並同知軍國政事。	三月甲寅，司戎太常伯姜恪同東西臺三品。四月戊辰，彥瑋、處約並罷。左侍極陸敦信檢校右相。十月壬戌，帶方州刺史劉仁軌爲大司憲兼知政事，檢校太子左中護。	四月庚戌，敦信罷爲大司成。七月庚午，仁軌兼右相，檢校右中護。八月辛丑，德玄薨。十二月癸酉，勣爲遼東道行軍大總管。	六月乙卯，西臺侍郎楊武、戴至德、東臺侍郎李安期、司列少常伯趙仁本並同東西臺三品，東臺舍人張文瓘參知政事。八月辛亥，安期罷爲荊州大都督長史。	正月壬子，仁軌爲遼東道行軍副總管，兼安撫大使、浿江道行軍總管。四月辛巳，武薨。十二月甲戌，恪檢校左相，司平太常伯閻立本守右相。是歲，勣加太子太師。	二月辛酉，文瓘爲東臺侍郎，右肅機李敬玄爲西臺侍郎，並同東西臺三品。三月丙戌，東臺侍郎郝處俊同東西臺三品。	正月丁丑，仁軌以金紫光祿大夫致仕。三月壬辰，敬宗以特進致仕。四月己酉，敬玄以喪免。七月戊子，敬玄起復。閏九月甲寅，恪爲涼州道行軍大總管。十月乙未，仁本罷爲左肅機。	恪爲侍中，立本爲中書令。	二月己卯，恪薨。十月，文瓘爲大理卿。乙亥，至德爲戶部尚書，敬玄吏部侍郎，處俊中書侍郎。十二月，劉仁軌爲太子左庶子、同中書門下三品。
									十二月戊申，勣薨。		九月丙申，徐王元禮薨。	

四年 癸酉	上元元年 甲戌	二年 乙亥	儀鳳元年 丙子	二年 丁丑	三年 戊寅	調露元年 己卯	永隆元年 庚辰	開耀元年 辛巳	永淳元年 壬午	弘道元年 癸未	
十月壬午，立本薨。	二月壬午，仁軌爲雞林道行軍大總管。	八月庚子，文瓘爲侍中，處俊爲中書令，並同中書門下三品。仁軌爲尚書左僕射，至德爲右僕射，敬玄爲吏部尚書。	三月癸卯，黃門侍郎來恆、中書侍郎薛元超並同中書門下三品。四月甲寅，中書侍郎李義琰同中書門下三品。六月癸亥，黃門侍郎高智周並同中書門下三品。十一月庚寅，敬玄爲中書令。十二月丙午，恆爲河南道大使，元超河北道大使。	三月癸亥，處俊、智周爲太子左庶子，義琰爲右庶子。四月，太子左庶子張大安同中書門下三品。八月辛亥，仁軌爲洮河軍鎮守使。	正月丙子，敬玄爲洮河道行軍大總管，兼安撫大使，檢校鄯州都督。九月癸亥，文瓘薨。十一月壬子，恆薨。	正月庚戌，至德薨。四月辛酉，處俊爲侍中，元超檢校太子左庶子。十一月戊寅，智周罷爲御史大夫。	四月戊辰，中書侍郎王德眞、黃門侍郎裴炎、崔知溫並同中書門下三品。八月丁巳，敬玄貶衡州刺史。己巳，大安貶普州刺史。九月甲申，德眞罷爲相王府長史。	三月辛卯，仁軌兼太子少傅，處俊罷爲太子少保。七月甲午，仁軌罷左僕射，以太子少傅同中書門下三品。	閏七月丁未，元超、知溫並守中書令，炎爲侍中。四月丙寅，仁軌爲京副留守，元超、炎留輔皇太子。丁亥，黃門侍郎郭待舉、兵部侍郎岑長倩、祕書員外少監郭正一、吏部侍郎魏玄同並與中書門下同承受進止平章事。十月丙寅，黃門侍郎劉景先同中書門下平章事。	三月庚子，義琰以銀青光祿大夫致仕。癸丑，知溫薨。四月壬申，待舉檢校太子右庶子，正一爲中書侍郎，並同中書門下平章事。七月甲辰，元超罷。十一月戊申，炎、正一、景先兼於東宮平章事。十二月甲戌，仁軌罷爲左僕射、京師留守，炎爲中書令。戊寅，景先守侍中，長倩兵部尚書，待舉左散騎常侍，玄同黃門侍郎，並同中書門下三品。癸未，正一罷爲國子祭酒。	正月癸巳，左散騎常侍韋弘敏爲太府卿、同中書門下三品。二月丁丑，檢校豫王府長史、太常卿王德眞爲侍中。
										十二月庚午，韓王元嘉爲太尉，霍王元軌爲司徒，舒王元名爲司空。	

光宅元年 甲申

中書侍郎豫王府司馬劉禕之爲中書侍郎同中書門下三品　閏五月甲子禮部尚書武承嗣爲太常卿同中書門下三品　八月丙午承嗣罷爲禮部尚書　十月丁亥鳳閣舍人李景諶同鳳閣鸞臺平章事左肅政臺御史大夫騫味道檢校內史同鳳閣鸞臺三品丙申炎被殺丁酉景先貶辰州刺史弘敏貶汾州刺史景諶罷守司賓少卿右史沈君諒著作郎崔詧並爲正諫大夫同鳳閣鸞臺平章事　十一月丁卯待舉罷爲左庶子鸞臺侍郎韋方質守鳳閣侍郎同鳳閣鸞臺平章事

垂拱元年 乙酉

正月戊辰仁軌薨　庚戌味道守內史同三品　二月乙巳承嗣同鳳閣鸞臺三品君諒罷右肅政臺御史大夫韋思謙秋官尚書裴居道並同鳳閣鸞臺三品　三月辛酉承嗣罷詧使河北罷　四月丙子味道貶青州刺史　五月丙午居道爲內史　丁未德真罷爲同州刺史其日流象州　己酉冬官尚書蘇良嗣守納言　壬申方質同鳳閣鸞臺三品　六月天官尚書韋待價同鳳閣鸞臺三品　七月己酉玄同自文昌左丞遷鸞臺侍郎　十一月癸卯待價爲燕然道行軍大總管

二年 丙戌

三月丙辰玄同爲地官尚書　四月庚辰長倩爲內史　五月丙午居道爲納言　六月辛未良嗣守文昌左相同鳳閣鸞臺三品待價守文昌右相　己卯思謙守納言

三年 丁亥

三月乙丑思謙以太中大夫致仕　四月壬戌居道爲納言　五月丙寅夏官侍郎張光輔爲鳳閣侍郎同鳳閣鸞臺平章事　庚午禕之被殺　八月壬子玄同兼檢校納言　十二月壬辰待價爲安息道行軍大總管

四年 戊子

九月丁卯左肅政臺御史大夫騫味道夏官侍郎王本立並同鳳閣鸞臺平章事　丙辰光輔爲諸軍節度長倩爲後軍大總管討越王貞　十二月己亥味道被殺

十一月丙辰元嘉自殺元軌流黔州

載初元年 己丑

二月甲寅方質守地官尚書　三月甲寅本立守左肅政臺御史大夫　甲子光輔守納言　癸酉天官尚書武承嗣爲納言光輔守內史　五月丙辰待價爲安息道行軍總管　七月丙子待價流繡州　戊寅本立同鳳閣鸞臺三品　八月甲申光輔被殺　閏九月甲午玄同被殺　十月丁卯春官尚書范履冰鳳閣侍郎邢文偉並同鳳閣鸞臺平章事

正月丁巳元名爲司徒

天授元年 庚寅

二月戊子承嗣爲文昌左相長倩爲文昌右相並同鳳閣鸞臺三品良嗣爲特進本立罷爲地官尚書文偉守內史鳳閣侍郎武攸寧納言居道爲太子少保　甲午方質流于儋州　三月丁亥良嗣薨　四月丁巳履冰被殺　八月甲寅居道下獄死　九月丙戌給事中傅游藝爲鸞臺侍郎同鳳閣鸞臺平章事司賓卿史務滋守納言鳳閣侍郎宗秦客檢校納言　十月甲子秦客貶遵化尉　辛未文偉貶珍州刺史

七月辛巳元名流和州

二年 辛卯

正月庚子務滋自殺　五月丁亥長倩爲武威道行軍大總管　六月庚戌鸞臺侍郎樂思晦鳳閣侍郎任知古左肅政臺御史大夫格輔元爲地官尚書並同鳳閣鸞臺平章事　癸卯長倩爲輔國大將軍　八月戊申攸寧罷爲左羽林衞大將軍夏官尚書歐陽通爲司禮卿兼判納言事　九月壬辰游藝自殺　癸巳攸寧守納言冬官侍郎裴行本洛州司馬狄仁傑守地官侍郎並同鳳閣鸞臺平章事　十月己酉長倩輔元通被殺　壬戌思晦被殺

長壽元年 壬辰

正月戊辰夏官尚書楊執柔同鳳閣鸞臺平章事　庚午知古貶江夏令行本流嶺南仁傑貶彭澤令　庚辰司刑卿李游道爲冬官尚書同鳳閣鸞臺平章事　二月戊午秋官尚書袁智弘同鳳閣鸞臺平章事　八月戊寅承嗣罷爲特進攸寧罷爲冬官尚書執柔罷守地官尚書司賓卿崔神基秋官侍郎崔元綜夏官侍郎李昭德權檢校天官侍郎姚璹守容州都督檢校地官侍郎李元素並同鳳閣鸞臺平章事　辛巳營繕大匠王璿守夏官尚書同鳳閣鸞臺平章事　九月辛丑璹罷爲司賓少卿　癸丑游道智弘神基元素璿並流嶺南

二年 癸巳

二月庚子夏官侍郎婁師德同鳳閣鸞臺平章事　乙卯昭德爲夏官侍郎　九月癸丑文昌右丞韋巨源秋官侍郎陸元方爲鸞臺侍郎並同鳳閣鸞臺平章事司賓卿豆盧欽望守內史

延載元年 甲午

二月甲午師德爲秋官尚書克河源積石懷遠等軍營田大使　三月甲申昭德爲檢校內史鳳閣舍人蘇味道爲鳳閣侍郎同鳳閣鸞臺平章事昭德爲朔方道行軍長史味道爲司馬　四月壬戌夏官尚書武威道大總管王孝傑同鳳閣鸞臺三品　七月癸未嵩岳山人武什方爲正諫大夫同鳳閣鸞臺平章事　八月什方乞歸山遣之　戊辰孝傑爲瀚海道行軍總管　己巳姚璹守納言左肅政臺御史大夫楊再思爲鸞臺侍郎洛州司馬杜景佺檢校鳳閣侍郎並同鳳閣鸞臺平章事　戊寅元綜流于振州　九月壬寅昭德貶南賓尉　十月壬申文昌右丞李元素守鳳閣侍郎右肅政臺御史中丞周允元檢校鳳閣侍郎並同鳳閣鸞臺平章事

萬歲登封元年 乙未

正月戊子欽望貶趙州刺史巨源鄜州刺史景佺溱州刺史味道集州刺史元方綏州刺史　丙午孝傑爲朔方道行軍總管　二月丙辰允元薨　七月辛酉孝傑爲肅邊道行軍大總管

萬歲通天元年 丙申

二月甲寅師德爲左肅政臺御史大夫肅邊道行軍總管　三月壬寅孝傑免　四月癸酉檢校夏官侍郎孫元亨同鳳閣鸞臺平章事　庚子師德貶原州司馬　七月辛亥璹爲隴右道安撫大使　九月庚申并州長史王方慶爲鸞臺侍郎殿中監李道廣並同鳳閣鸞臺平章事　十月己卯方慶爲鳳閣侍郎

神功元年 丁酉

正月壬戌元素元亨被殺　甲子師德守鳳閣侍郎同鳳閣鸞臺平章事　四月癸酉益州大都督府長史王及善爲內史　五月癸卯師德爲清邊道行軍副大總管　六月己卯尚方少監宗楚客檢校夏官侍郎同鳳閣鸞臺平章事　戊子承嗣春官尚書武三思並同鳳閣鸞臺三品道廣兼檢校洛州長史　辛卯師德安撫河北　七月丁酉承嗣三思並罷　八月丙戌璹罷爲益州長史　庚子仁傑兼納言三思檢校內史欽望自太子宮尹爲文昌右相同鳳閣鸞臺三品　九月甲子攸寧同鳳閣鸞臺三品　戊寅仁傑爲河北道副元帥檢校納言　庚戌師德守納言　十月癸卯仁傑爲河北道安撫大使　閏十月甲寅仁傑爲鸞臺侍郎景佺爲鳳閣侍郎並同鳳閣鸞臺平章事

聖歷元年 戊戌

正月丙寅楚客罷爲文昌左丞　丁亥道廣罷爲汴州刺史　二月乙未欽望罷爲太子賓客　三月甲戌師德罷爲納言　四月辛丑師德爲隴右諸軍大使仍檢校河西營田事　七月辛未景佺罷爲秋官尚書　八月甲午方慶罷爲麟臺監修國史　庚子三思檢校內史仁傑兼納言　九月甲子夏官尚書武攸寧同鳳閣鸞臺三品　戊寅仁傑爲河北道行軍副元帥檢校納言　辛巳試天官侍郎蘇味道爲鳳閣侍郎同鳳閣鸞臺平章事　十月癸卯狄仁傑爲河北道安撫大使夏官侍郎姚元崇麟臺少監脩國史知鳳閣侍郎李嶠同鳳閣鸞臺平章事　臘月戊子檢校左肅政臺御史中丞吉頊爲天官侍郎右臺魏元忠爲鳳閣侍郎並同鳳閣鸞臺平章事　二月庚申武攸寧罷爲冬官尚書

二年 己亥

三月甲戌師德爲納言　四月壬辰魏元忠檢校并州大都督府長史天兵軍大總管師德副之　壬寅師德充隴右諸軍大使　八月庚子再思罷爲左肅政臺御史大夫及善爲文昌左相同鳳閣鸞臺平章事太子宮尹欽望爲文昌右相同鳳閣鸞臺三品　丁未師德薨試天官侍郎陸元方爲鸞臺侍郎同鳳閣鸞臺平章事　戊申三思爲內史　九月庚辰及善薨

久視元年 庚子

正月戊午頊貶琰川尉　壬申三思罷爲特進太子少保　丁酉狄仁傑爲內史　庚子文昌左相韋巨源爲納言　二月乙未欽望罷爲太子賓客　三月癸丑元忠兼洛州長史　辛未嶠守鸞臺侍郎兼修國史　甲戌頊加左控鶴內供奉　六月丁亥元忠爲左肅政臺御史大夫　閏七月己丑嶠罷爲成均祭酒守天官侍郎張錫爲鳳閣侍郎同鳳閣鸞臺平章事　八月庚戌元忠爲隴右諸軍州大總管　九月辛丑仁傑薨　十月辛亥元忠爲蕭關道行軍大總管　丁巳巨源罷爲地官尚書文昌右丞韋安石守鸞臺侍郎同鳳閣鸞臺平章事

長（安元年） 辛丑

二月己酉鸞臺侍郎李懷遠同鳳閣鸞臺平章事　三月己卯元崇爲鳳閣侍郎　丙申錫流循州　四月癸丑元崇往并州以北檢校諸軍州兵馬

年	宰相	三公
安元年	五月丁丑元忠爲靈武道行軍大總管 丙申天官侍郎顧琮同鳳閣鸞臺平章事 六月庚申元崇兼知夏官尚書事夏官侍郎右奉宸內供奉李迥秀同鳳閣鸞臺平章事 七月壬午味道充使往幽平等州按察兵馬 甲申懷遠罷爲秋官尚書 十月丙寅元忠同鳳閣鸞臺三品兼羣牧大使 十一月壬申三思罷爲特進太子少保 甲午元崇加相王府長史安石加檢校太子左庶子	
二年 壬寅	三月丙戌迥秀充使山東潞州安置軍馬并檢校武騎兵 五月元忠爲安北道行軍副元帥尋授并州道行軍大總管兼宣勞使左肅政臺御史大夫同鳳閣鸞臺三品兼知并州事 十月甲辰琮薨 甲寅元崇同鳳閣鸞臺平章事味道迥秀安石並同鳳閣鸞臺三品 十二月甲午元忠爲安東道安撫使	十一月甲子相王旦爲司徒
三年 癸卯	閏四月庚午嶠爲左丞同鳳閣鸞臺平章事 丁丑安石爲神都留守判天官秋官二尚書事 己卯嶠知納言事 五月戊戌元忠兼左庶子 七月壬寅正諫大夫朱敬則同鳳閣鸞臺平章事 庚戌檢校涼州都督唐休璟爲夏官尚書同鳳閣鸞臺平章事 九月丁酉元忠貶高要尉	四月庚子相王旦罷
四年 甲辰	正月壬子天官侍郎韋嗣立爲鳳閣侍郎同鳳閣鸞臺三品 二月癸亥迥秀貶廬州刺史壬申敬則致仕 三月己丑嗣立檢校汴州刺史己亥貶味道坊州刺史夏官侍郎宗楚客同鳳閣鸞臺平章事休璟行右庶子 四月壬戌安石知納言事嶠知內史事 六月辛酉元崇罷爲相王府長史一事以上並同三品乙丑天官侍郎崔玄暐爲鸞臺侍郎同鳳閣鸞臺平章事嗣立追赴宮所 丁丑嶠爲成均祭酒同鳳閣鸞臺三品壬午元崇兼知夏官尚書同鳳閣鸞臺三品 七月丙戌左肅政臺御史大夫楊再思守內史甲午楚客貶原州都督 八月甲寅安石兼檢校揚州長史庚申休璟兼幽營二州都督安東都護辛酉元崇兼知春官尚書庚辰元崇爲司僕卿 九月壬子元之知羣牧使兼攝右肅政臺御史大夫靈武道行軍大總管 十月辛酉元之爲靈武道安撫大使懷遠檢校左臺大夫甲戌判秋官侍郎張柬之同鳳閣鸞臺平章事乙亥嗣立檢校魏州刺史壬辛懷州長史房融爲正諫大夫同鳳閣鸞臺平章事 十一月丁亥天官侍郎韋承慶行鳳閣侍郎同鳳閣鸞臺平章事柬之守鳳閣侍郎癸卯嶠罷爲地官尚書監修國史丁未玄暐兼檢校太子右庶子 十二月丙辰嗣立罷爲成均祭酒	
神龍元年 乙巳	正月甲辰司刑少卿袁恕己爲鳳閣侍郎同鳳閣鸞臺平章事 丙午安國相王爲太尉同鳳閣鸞臺平章事 庚戌玄暐守內史左羽林將軍敬暉檢校左羽林將軍桓彥範並爲納言柬之爲天官尚書恕己爲鳳閣侍郎並同鳳閣鸞臺三品 二月甲寅三思爲戶部尚書同中書門下三品元之罷爲亳州刺史承慶貶高要尉融除名流高州 甲戌太子少詹事祝欽明同中書門下三品安石罷爲守刑部尚書 三月己丑恕己守中書令 四月辛亥恕己爲中書令彥範爲侍中柬之爲天官尚書 丁卯元忠爲衛尉卿同中書門下平章事 辛未暉爲侍中 甲戌元忠爲兵部尚書安石爲吏部尚書懷遠爲左散騎常侍休璟自涼州入爲輔國大將軍並同中書門下三品再思檢校揚州大都督玄暐爲特進檢校益州大都督府長史同中書門下三品欽明守刑部尚書 乙亥柬之爲中書令同中書門下三品 五月甲午安石兼檢校中書令玄暐罷爲博陵郡王柬之罷爲漢陽郡王恕己罷爲南陽郡王暉罷爲平陽郡王彥範罷爲扶陽郡王元忠兼侍中 庚子懷遠爲左散騎常侍 甲辰休璟爲尚書左僕射欽望自特進爲右僕射同中書門下平章事 六月癸亥欽望軍國重事中書門下平章事安石爲中書令元忠爲侍中再思檢校中書令 七月辛巳太子賓客韋巨源同中書門下三品 八月欽望兼檢校安國相王府長史 九月癸巳巨源罷爲禮部尚書 十月丁未休璟爲京留守仍判尚書省事 辛未元忠爲中書令再思行侍中	正月丙午安國相王爲太尉 二月丙寅梁王武三思爲司空同中書門下三品 丁卯右散騎常侍武攸暨爲司徒 辛未安國相王讓太尉同三品 丁丑三思攸暨罷
二年 丙午	正月戊戌守吏部尚書李嶠同中書門下三品中書侍郎于惟謙同中書門下平章事 二月乙未禮部尚書韋巨源守刑部尚書同中書門下三品 三月甲辰安石罷爲戶部尚書戶部尚書蘇瓌守侍中 戊申休璟致仕 四月己丑懷遠致仕 六月戊寅貶暉爲崖州司馬彥範瀧州司馬恕己竇州司馬玄暐白州司馬柬之新州司馬 七月丙寅元忠爲尚書右僕射兼中書令仍知兵部事嶠守中書令 辛未懷遠復爲同中書門下三品流暉于嘉州彥範于瀼州恕己于環州玄暐于古州柬之于瀧州 八月丙子欽明貶申州刺史 九月戊午懷遠薨 十月癸巳瓌爲侍中 十二月丙申欽望爲開府儀同三司依舊平章軍國重事元忠爲尚書左僕射	
景龍元年 丁未	七月壬戌嶠爲中書令巨源爲吏部尚書元忠加特進 八月丙戌元忠以特進致仕 九月丁酉惟謙罷爲國子祭酒行兵部尚書宗楚客左衛將軍兼太府卿紀處訥爲太僕卿吏部侍郎蕭至忠爲黃門侍郎並同中書門下三品 丙辰至忠行中書侍郎 辛亥再思爲中書令巨源處訥爲侍中瓌罷爲行吏部尚書	
二年 戊申	七月癸巳左屯衛大將軍朔方道行軍大總管張仁亶同中書門下三品	
三年 己酉	二月壬寅巨源爲尚書左僕射再思爲右僕射同中書門下三品 三月戊午楚客爲中書令至忠守侍中太府卿韋嗣立守兵部尚書同中書門下三品中書侍郎兼檢校吏部侍郎崔湜守兵部侍郎趙彥昭爲中書侍郎並同中書門下平章事 戊寅禮部尚書韋溫爲太子少保同中書門下三品太常少卿鄭愔守吏部侍郎同中書門下平章事 五月丙戌湜貶襄州刺史愔貶江州司馬 六月癸巳再思薨 八月乙酉嶠守兵部尚書同中書門下三品安石自特進爲侍中至忠爲中書令 九月巨源爲都留守 戊辰瓌爲右僕射同中書門下三品 十一月甲戌欽望薨 十二月壬辰前右僕射同三品宋國公致仕唐休璟爲太子少師同中書門下三品	
景雲元年	六月壬午工部尚書張錫刑部尚書裴談並同中書門下三品吏部侍郎崔湜中書侍郎岑羲吏部尚書張嘉福並同中書門下平章事溫總知內外兵馬 甲申相王參謀政事 壬辰嘉福持節河北道巡撫處訥持節河南道巡撫錫持節關內道巡撫 庚子巨源誅 辛丑朝邑尉劉幽求爲中書舍人苑總監鍾紹京爲中書侍郎並參預機務 壬寅紹京黃門侍郎李日知殿中監平王隆基並同中書門下三品至忠貶許州刺史嗣立宋州刺史彥昭絳州刺史湜華州刺史 處訥楚客溫誅 癸卯隆基同中書門下三品紹京行中書令嘉福誅 乙巳紹京罷爲戶部尚書 丙午太常少卿薛稷爲黃門侍郎參豫機務 丁未隆基爲皇太子 戊申許州刺史姚元之爲兵部尚書同中書門下三品嗣立至忠爲中書令彥昭爲中書侍郎湜爲吏部侍郎同中書門下平章事 七月癸丑兵部尚書崔日用行黃門侍郎參知機務稷爲中書侍郎 丁巳洛州長史宋璟檢校吏部尚書同中書門下三品元之兼太子左庶子璟兼右庶子羲罷爲右散騎常侍 壬戌湜罷爲尚書左丞錫貶絳州刺史至忠爲晉州刺史彥昭爲宋州刺史嗣立爲許州刺史 丙寅元之兼中書令瓌爲尚書左僕射嶠貶爲懷州刺史 丁卯休璟致仕仁亶罷爲左衛大將軍己巳日用罷爲雍州刺史稷罷爲左散騎常侍 八月癸巳談罷爲蒲州刺史 十一月戊申元崇爲中書令兼兵部尚書 壬子安石罷爲太子少保瓌罷爲少傅宋王成器爲尚書左僕射	六月甲申安國相王罷參謀政事加太尉 十一月己巳宋王成器爲司徒兼揚州大都督
二年	正月己未太僕卿郭元振中書侍郎張說並同中書門下平章事 二月甲申璟貶楚州刺史元之申州刺史 丙戌韋安石爲侍中幽求罷爲戶部尚書 四月甲申安石爲中書令 辛卯日知守侍中 庚戌安石加開府儀同三司	四月甲申宋王憲讓

年	宰相	三師三公
年（辛亥）	壬戌殿中監竇懷貞爲左臺御史大夫同中書門下平章事　八月庚午安石爲尚書左僕射同中書門下三品　九月乙亥懷貞守侍中　十月甲辰日知罷爲戶部尚書元振罷爲吏部尚書說罷爲尚書左丞懷貞罷爲左臺御史大夫安石罷爲特進中書侍郎陸象先同中書門下平章事吏部尚書劉幽求爲侍中右散騎常侍魏知古太子詹事崔湜爲中書侍郎並同中書門下三品	司徒爲太子賓客
先天元年	正月壬辰象先同中書門下三品　乙未竇懷貞戶部尚書岑羲並同中書門下三品　六月癸丑羲爲侍中壬戌知古爲戶部尚書同中書門下三品　七月乙亥懷貞爲尚書右僕射軍國重事宜共平章　八月庚戌湜檢校中書令幽求守尚書右僕射懷貞守左僕射並同三品知古守侍中　戊午幽求流于封州	八月己酉宋王成器爲司空

唐書卷六十一考證

宰相表上武德元年八月戊申文靜除名○臣酉按舊書本紀作壬申八月無戊申表誤

四年四月癸酉寂爲左僕射○臣酉按通鑑六年四月癸酉寂左轉蓋六年蕭瑀拜右故寂轉左也四年四月無癸酉表誤

貞觀九年七月辛巳恭仁罷爲雍州牧○沈炳震曰恭仁武德九年七月辛卯已罷矣此蓋因九年之文而誤也

龍朔二年十一月辛未圖師貶爲虔州刺史○舊書本紀十一月下獄三年三月貶表誤

長壽元年九月辛丑璹罷○本紀作二年九月辛丑沈炳震曰按是年九月無辛丑且據傳當從紀

神功元年八月庚子三思檢校○臣酉按舊書此卽下聖曆元年八月庚子之拜重出

欽望自太子宮尹爲文昌右相○臣酉按舊書此卽下聖曆二年八月庚子之拜重出

聖曆元年二月乙未欽望罷○臣酉按舊書本紀此卽下久視元年二月乙未之免重出

三月甲戌師德罷爲納言○臣酉按罷字衍文蓋師德以神功元年九月守納言至是而正拜爲納言也又按舊書本紀此卽下二年三月甲戌之拜重出

臘月○沈炳震曰按自載初建子之後以十二月爲臘月在春一月之前爲六年文表屬聖曆元年誤

唐書卷六十二

宋翰林學士歐陽修撰

表第二

宰相表中

年	宰相	三師三公
開元元年（癸丑）	正月乙亥吏部尚書蕭至忠爲中書令　六月丙寅兵部尚書郭元振同中書門下三品　七月甲子至忠羲誅懷貞自殺　庚子湜流竇州　乙亥說檢校中書令　庚辰象先罷爲益州大都督府長史　八月癸巳幽求爲尚書右僕射知軍國重事　九月庚午說爲中書令幽求同三品　十月癸卯元振流于新州　甲辰同州刺史姚元之爲兵部尚書同中書門下三品　十一月乙丑幽求兼侍中　十二月壬寅元之兼紫微令癸丑幽求罷爲太子少師說貶爲相州刺史　甲寅黃門侍郎盧懷愼同紫微黃門平章事	八月壬寅宋王成器爲太尉申王撝爲司徒邠王守禮爲司空　九月丙寅宋王憲罷爲開府儀同三司
二年（甲寅）	正月己卯懷愼檢校黃門監　甲申中和戎大武諸軍節度使薛訥同紫微黃門三品　五月辛亥知古罷守工部尚書　七月訥除名	
三年（乙卯）	正月癸卯懷愼檢校吏部尚書兼黃門監	
四年（丙辰）	正月丙申懷愼檢校吏部尚書　十一月己卯懷愼去官養疾　丙申尚書左丞源乾曜爲黃門侍郎同紫微黃門平章事　閏十二月己亥元之崇罷爲開府儀同三司乾曜罷爲京兆尹刑部尚書宋璟爲吏部尚書兼黃門監紫微侍郎蘇頲同紫微黃門平章事	
五年（丁巳）		
六年（戊午）		
七年（己未）		
八年（庚申）	正月辛巳頲罷爲禮部尚書璟罷爲開府儀同三司京兆尹源乾曜爲黃門侍郎同中書門下平章事并州大都督府長史張嘉貞爲中書侍郎同中書門下平章事　五月丁卯乾曜爲侍中嘉貞爲中書令	
九年（辛酉）	九月辛亥天平軍節度使張說守兵部尚書同中書門下三品	
十年（壬戌）		
十一年（癸亥）	二月己酉嘉貞貶幽州刺史　癸亥說兼中書令　四月甲子吏部尚書王晙爲兵部尚書同中書門下三品　五月己丑晙兼朔方節度使知河北河東隴右河西兵馬使　六月迥邊　十二月庚申晙貶蘄州刺史	
十二年（甲子）		十一月辛巳申王撝薨
十三年（乙丑）	十一月壬辰說爲尚書右丞相兼中書令璟爲尚書左丞相兼侍中	
十四年（丙寅）	四月丁巳戶部侍郎李元紘爲中書侍郎同中書門下平章事　四月庚申說罷爲尚書右丞相　九月己丑磧西節度使杜暹檢校黃門侍郎同中書門下平章事	
十五年（丁卯）		
十六年（戊辰）	十一月癸巳河西節度使蕭嵩爲兵部尚書同中書門下平章事	
十七年（己巳）	六月甲戌元紘罷爲曹州刺史暹罷爲荊州大都督府長史乾曜罷爲尚書左丞相嵩兼中書令戶部侍郎宇文融爲黃門侍郎兵部侍郎裴光庭爲中書侍郎同中書門下平章事　八月己卯光庭兼御史大夫　九月壬子融貶汝州刺史	
十八年（庚午）	正月辛卯光庭爲侍中　四月乙丑兼吏部尚書	
十九年（辛未）		
二十年（壬申）	十二月壬申嵩爲兵部尚書	六月丁丑忠王浚爲司徒
二十一年（癸酉）	三月乙巳光庭薨　甲寅尚書右丞韓休爲黃門侍郎同中書門下平章事　十二月丁巳嵩罷爲右丞相休罷爲工部尚書京兆尹裴耀卿守黃門侍郎同中書門下平章事兼檢校中書侍郎起復張九齡爲中書侍郎同中書門下平章事	四月丁巳宋王憲爲太尉薛王業爲司徒
二十二年（甲戌）	五月戊子耀卿爲侍中九齡爲中書令黃門侍郎李林甫爲禮部尚書同中書門下三品　七月甲申九齡爲河南開稻田使　八月耀卿爲江淮以南回造使	七月己巳薛王業薨
二十三年（乙亥）	十一月壬寅林甫爲戶部尚書	
二十四年（丙子）	七月庚子林甫爲兵部尚書　十一月壬寅耀卿罷爲左丞相九齡罷爲右丞相林甫兼中書令朔方節度使牛仙客守工部尚書同中書門下三品　十二月丙寅仙客知門下省事	十二月戊申慶王琮爲司徒
二十五年（丁丑）		
二十六年（戊寅）	正月乙亥仙客守侍中　正月壬辰林甫[illegible]遙領隴右節度副大使知節度事　二月乙卯仙客遙領河東節度使　五月乙酉林甫遙領河西節度副大使知節度事仍判涼州事	六月庚子忠王浚爲皇太子
二十七年（己卯）	四月己丑林甫爲吏部尚書仙客爲兵部尚書兼侍中	
二十八年（庚辰）	十一月仙客罷節度使	
二十九年（辛巳）		十一月庚戌邠王守禮薨　辛未宋王憲薨
天寶元年（壬午）	七月辛丑仙客薨　八月丁丑刑部侍郎李適之爲左相　壬辰林甫爲尚書左僕射適之兼兵部尚書	
二年（癸未）		
三載（甲申）		
四載（乙酉）		

五載 丙戌	四月庚寅適之罷爲太子少保。丁酉門下侍郎陳希烈同中書門下平章事		
六載 丁亥	二月甲辰希烈爲左丞相兼兵部尚書		
七載 戊子			
八載 己丑			
九載 庚寅			
十載 辛卯	正月丁酉林甫遙領單于安北副大都護充朔方節度使		
十一載 壬辰	四月丙戌林甫罷都護。十一月乙卯林甫死。庚申御史大夫判度支事劍南節度使楊國忠爲右相兼文部尚書		五月戊申慶王琮薨
十二載 癸巳	十二月戊子希烈爲祕書省圖書使		
十三載 甲午	八月丙戌希烈罷爲太子太師。文部侍郎韋見素爲武部尚書同中書門下平章事知門下省事		二月丁丑楊國忠爲司空
十四載 乙未			
至德元載 丙申	六月丙午劍南節度使崔圓爲中書侍郎同中書門下平章事。七月甲子憲部侍郎房琯爲文部尚書，河西行軍司馬裴冕爲中書侍郎，同中書門下平章事。庚午見素爲左相，蜀郡太守崔渙爲門下侍郎同中書門下平章事。八月庚子見素琯渙赴靈武。十一月甲寅憲部尚書李麟同中書門下平章事。戊午渙爲江南宣慰使		六月丙申國忠死
二載 丁酉	正月甲寅圓自蜀來。三月辛酉見素罷爲左僕射，冕罷爲右僕射，憲部尚書致仕苗晉卿爲左相。五月丁巳琯罷爲太子少師，諫議大夫兼侍御史張鎬爲中書侍郎同中書門下平章事。八月甲申渙罷爲左散騎常侍餘杭郡太守，鎬兼河南節度使都統淮南諸軍事。十二月甲寅晉卿爲中書侍郎同中書門下平章事。戊午圓爲中書令，麟同中書門下三品，晉卿行侍中		四月戊寅朔方節度使同平章事郭子儀爲司空。五月甲子子儀罷司空。十二月戊午河東節度使同平章事李光弼守司空，子儀爲司徒，廣平郡王俶爲太尉，進封楚王
乾元元年 戊戌	五月戊子鎬罷爲荊州大都督府長史。乙未圓罷爲太子少師，麟罷爲太子少傅，太常少卿王璵爲中書侍郎同中書門下平章事。三月甲午兵部侍郎呂諲同中書門下平章事，判度支		三月甲戌楚王俶封成王。五月庚寅俶爲皇太子。八月丙辰光弼爲侍中，子儀兼中書令
二年 己亥	乙未晉卿罷爲太子太傅，璵罷爲刑部尚書，御史大夫京兆尹李峴爲吏部尚書，中書舍人李揆爲中書侍郎，戶部侍郎第五琦，並同中書門下平章事。五月辛巳峴貶蜀州刺史。七月辛卯諲以母喪罷。十月壬戌起復。十一月庚午琦貶忠州刺史。十二月甲午諲充句當度支使。丙午爲黃門侍郎		
上元元年 庚子	五月丙午晉卿爲侍中。壬子諲罷爲太子賓客		正月辛巳光弼加太尉兼中書令。閏四月丁卯河東節度副大使王思禮爲司空
二年 辛丑	二月癸未揆貶袁州長史。河中節度使蕭華爲中書侍郎同中書門下平章事。四月己未吏部侍郎裴遵慶爲黃門侍郎同中書門下平章事		三月戊戌光弼罷太尉，復兼侍中。五月庚子光弼復爲太尉。思禮薨
寶應元年 壬寅	建辰月戊申華罷爲禮部尚書，戶部侍郎元載同中書門下平章事。五月丙寅載行中書侍郎，句當轉運租庸支度使		正月壬午李輔國爲司空。十月壬戌死
廣德元年 癸卯	正月癸未京兆尹劉晏爲吏部尚書同中書門下平章事。七月壬子雍王适兼中書令。十月壬辰載判元帥行兵司馬。十二月乙未晉卿罷爲太子太保，檢校禮部尚書李峴爲黃門侍郎同中書門下平章事，遵慶罷爲太子少傅		六月癸未澤潞節度使李抱玉爲司空兼兵部尚書
二年 甲辰	正月乙卯雍王适爲皇太子。癸亥峴罷爲太子詹事，晏罷爲太子賓客，右散騎常侍王縉爲黃門侍郎，太常卿杜鴻漸爲兵部侍郎，並同中書門下平章事。丁卯鴻漸加崇宅使。四月甲午縉爲中書侍郎。八月丙寅縉爲侍中持節都統河南淮南淮西山東道行營節度使。壬申縉罷侍中。甲午兼東都留守	四月壬子朔方行營節度使尚書左僕射同平章事兼太保僕固懷恩爲太保	七月乙酉光弼薨。九月辛亥子儀爲太尉，抱玉爲司徒。甲寅子儀讓罷之。十二月乙丑子儀爲尚書令。辛未子儀讓罷之
永泰元年 乙巳	八月庚辰縉爲河南副元帥	九月丁酉懷恩死	三月丙午抱玉讓司徒
大曆元年 丙午	二月壬子鴻漸爲黃門侍郎同中書門下平章事兼成都尹，持節山南西道劍南東川西川邛南西山等道副元帥，仍充劍南西川節度副大使		八月丙辰光弼爲侍中，子儀兼中書令
二年 丁未	六月丙戌鴻漸自劍南追至		
三年 戊申	閏六月庚午縉兼幽州盧龍節度使。八月庚午兼河東節度使		閏六月己酉子儀爲司徒。庚午魏博節度使田承嗣爲司空兼檢校尚書左僕射
四年 己酉	二月乙卯鴻漸讓山劍副元帥。六月戊申縉罷副元帥都統行營節度使。十一月壬申鴻漸罷。癸酉載權知門下省事。丙子尚書左僕射裴冕爲同中書門下平章事。十二月戊戌冕薨		
五年 庚戌	四月庚申縉至自太原		
六年 辛亥			
七年 壬子			
八年 癸丑			二月戊申承嗣爲太尉
九年 甲寅			
十年 乙卯			
十一年 丙辰			
十二年 丁巳	三月辛巳載誅，縉貶括州刺史。四月壬午太常卿楊綰爲中書侍郎，禮部侍郎常袞爲門下侍郎，並同中書門下平章事。七月己巳綰薨		
十三年 戊午			
十四年 己未	三月丁未前淮西節度使檢校司空同平章事李忠臣本官同平章事。閏五月甲戌袞貶河南少尹，河南少尹崔祐甫爲門下侍郎同中書門下平章事。八月甲辰懷州刺史喬琳爲御史大夫，道州司馬楊炎爲門下侍郎，並同中書門下平章事。十一月壬午琳罷爲工部尚書		二月癸未承嗣死。閏五月甲申子儀加尚父兼太尉中書令。六月己亥平盧淄青節度使檢校司空同平章事李正己爲司徒，成德軍節度使檢校司空同平章事李寶臣爲司空
建中元年 庚申	六月甲午祐甫薨		
二年 辛酉	二月乙巳炎爲中書侍郎，御史大夫盧杞爲門下侍郎，同中書門下平章事。七月庚申永平軍節度使張鎰爲中書侍郎平章事，炎罷爲左僕射		正月戊辰寶臣死。六月辛丑子儀薨。七月庚申檢校右僕射侯希逸爲司空，是日卒。壬午幽州隴右兼四鎮北庭行軍涇原節度使檢校司空兼中書令朱泚爲太尉。八月辛卯正己死
三年 壬戌	四月戊寅鎰罷爲鳳翔節度使。十月丙辰吏部侍郎關播爲中書侍郎同中書門下平章事		
四年 癸亥	十月丁巳戶部尚書蕭復爲吏部尚書，吏部郎中劉從一爲刑部侍郎，京兆府戶曹參軍翰林學士姜公輔爲諫議大夫，並同中書門下平章事。十一月癸巳朔方節度使李懷光爲中書令，朔方邠寧同華陝虢河中晉絳慈隰行營兵馬副元帥。十二月壬戌杞貶新州司馬		
興元元年 甲子	正月癸酉播罷爲刑部尚書。丙戌吏部侍郎盧翰爲兵部侍郎同中書門下平章事。戊子復爲山南東西荊湖淮南淮西鄂岳浙江東西福建嶺南宣慰安撫使。四月甲寅公輔罷爲左庶子。六月己酉李晟爲中書令。癸丑從一爲中書侍郎，翰爲門下侍郎。甲寅朔方節度使邠寧振武永平奉天行營兵馬副元帥檢校尚書右僕射同平章事渾瑊爲侍中。丙辰忠臣誅。八月癸卯瑊爲河中同絳陝虢諸軍行營兵馬副元帥。丙午瑊兼朔方行營兵馬副元帥。十月辛丑檢校司徒李勉本官同中書門下平章事		二月甲子李懷光爲太尉，不拜。六月己酉京畿渭北商華兵馬副元帥李晟爲司徒中書令。八月癸卯晟爲鳳翔隴右諸軍涇原四鎮北庭行營兵馬元帥

年

十一月乙丑，復罷爲左庶子。十二月己卯，勉加太清宮使，翰加太微宮使，從一集賢殿大學士。

貞元元年 乙丑

四月丙戌，璘爲河中招撫使。六月辛卯，西川節度使同平章事張延賞爲中書侍郎同中書門下平章事。八月己卯，河東節度使檢校司徒同平章事馬燧兼侍中，延賞罷爲僕射。九月辛亥，從一罷爲戶部尚書。

八月甲戌，懷光伏誅。

二年 丙寅

正月壬寅，翰罷爲太子賓客，吏部侍郎劉滋爲左散騎常侍，給事中崔造、中書舍人齊映並同中書門下平章事。癸丑，映判兵部，勉判刑部，滋判吏部、禮部，造判戶部、工部。十二月丁巳，燧爲綏銀麟勝招討使。庚申，造罷爲右庶子。

三年 丁卯

正月壬寅，尚書左僕射張延賞同中書門下平章事。壬子，滋罷守左散騎常侍，映貶夔州刺史，兵部侍郎柳渾同中書門下平章事。三月辛亥，燧罷副元帥。六月丙戌，陝虢觀察使李泌爲中書侍郎同中書門下平章事。七月壬申，延賞薨。八月己丑，渾罷爲散騎常侍。

三月丁未，晟爲太尉。六月丙戌，馬燧爲司徒兼侍中。

四年 戊辰

七月庚戌，瑊爲邠寧慶副元帥。

五年 己巳

二月庚子，御史大夫竇參爲中書侍郎，大理卿董晉爲門下侍郎，並同中書門下平章事。三月甲辰，泌薨。

六年 庚午

七年 辛未

八年 壬申

正月丁丑，參兼吏部尚書、知選事。四月乙未，參貶郴州別駕，尚書左丞趙憬、兵部侍郎陸贄並中書侍郎同中書門下平章事。

九年 癸酉

五月甲辰，憬爲門下侍郎，義成軍節度使賈耽爲尚書右僕射，尚書右丞盧邁守本官，並同中書門下平章事。五月丙午，晉罷爲禮部尚書。

正月己亥，抱眞讓司徒，爲檢校左僕射。六月壬寅，抱眞卒。八月庚戌，晟薨。

十年 甲戌

十二月壬戌，贄罷爲太子賓客。

十一年 乙亥

正月乙亥，邁爲中書侍郎。

八月辛亥，燧薨。

十二年 丙子

二月乙丑，瑊兼中書令。八月丙戌，憬薨。十月甲戌，諫議大夫崔損、給事中趙宗儒並同中書門下平章事。

十三年 丁丑

九月己丑，邁罷爲太子賓客。

十四年 戊寅

四月丁丑，損爲修八陵使。七月壬申，宗儒罷爲太子右庶子，工部侍郎鄭餘慶爲中書侍郎同中書門下平章事。

十五年 己卯

十二月辛未，瑊薨。

十六年 庚辰

九月庚戌，餘慶貶郴州司馬。庚申，太常卿齊抗爲中書侍郎同中書門下平章事。

十七年 辛巳

十八年 壬午

十九年 癸未

三月壬子，淮南節度使檢校尚書左僕射同平章事杜佑檢校司空同中書門下平章事。七月己未，抗罷爲太子賓客。閏十一月丁巳，損薨。十二月庚申，太常卿高郢爲中書侍郎，吏部侍郎鄭珣瑜爲門下侍郎，並同中書門下平章事。

二十年 甲申

永貞元年 乙酉

二月辛亥，吏部侍郎韋執誼爲尚書右丞同中書門下平章事。三月丙戌，佑檢校司徒。庚寅，郢爲刑部尚書，珣瑜爲吏部尚書，執誼爲中書侍郎。七月乙未，郢罷守刑部尚書，珣瑜罷守吏部尚書，太常卿杜黃裳爲門下侍郎，左金吾衛大將軍袁滋爲中書侍郎，並同中書門下平章事。八月己未，滋爲劍南東西川山南西道安撫大使。癸亥，尚書左丞鄭餘慶同中書門下平章事。十月丁酉，耽薨。戊戌，滋罷爲檢校吏部尚書同平章事西川節度使。十一月壬申，執誼貶崖州司馬。十二月壬戌，中書舍人鄭絪爲中書侍郎同中書門下平章事。

元和元年 丙戌

十一月庚戌，餘慶罷爲河南尹。

四月丁未，佑爲司徒。

二年 丁亥

正月乙巳，黃裳罷爲檢校司空同平章事河南節度使。己酉，御史中丞武元衡爲門下侍郎，中書舍人李吉甫爲中書侍郎，並同中書門下平章事。八月辛酉，元衡兼判戶部。十月丁卯，檢校吏部尚書兼門下侍郎同平章事西川節度使。

三年 戊子

九月庚寅，山南東道節度使檢校尚書左僕射于頔守司空同中書門下平章事。丙申，戶部侍郎裴垍守中書侍郎同中書門下平章事，絪爲門下侍郎。戊戌，吉甫檢校兵部尚書兼中書侍郎同平章事淮南節度使。

九月庚寅，頔守司空。

四年 己丑

二月丁卯，絪罷爲太子賓客，給事中李藩爲門下侍郎同中書門下平章事。

五年 庚寅

九月丙寅，太常卿權德輿爲禮部尚書同中書門下平章事。十一月庚申，垍罷爲兵部尚書。

六年 辛卯

正月庚申，李吉甫爲中書侍郎同中書門下平章事。二月壬申，藩罷爲太子詹事。十一月己丑，戶部侍郎李絳爲中書侍郎同中書門下平章事。

七年 壬辰

六月癸巳，佑爲太保致仕。

八年 癸巳

正月辛未，德輿罷爲禮部尚書。三月甲子，武元衡爲門下侍郎平章事。己巳，至自西川。

三月丁酉，頔貶恩王傅。

九年 甲午

二月癸卯，絳罷爲禮部尚書。六月壬寅，河中節度使張弘靖爲刑部尚書同中書門下平章事。十月丙午，吉甫薨。十二月庚戌，弘靖守中書侍郎。戊辰，尚書右丞韋貫之同中書門下平章事。

十年 乙未

六月癸卯，元衡爲盜殺。乙丑，御史中丞裴度爲中書侍郎同中書門下平章事。

正月乙酉，宣武軍節度使韓弘守司徒。

十一年 丙申

正月己巳，弘靖罷檢校吏部尚書河東節度使。二月乙巳，中書舍人李逢吉爲門下侍郎同中書門下平章事，貫之爲中書侍郎。八月壬寅，貫之罷爲吏部侍郎。十二月丁未，翰林學士工部侍郎王涯爲中書侍郎同中書門下平章事。

十二年 丁酉

七月丙辰，度守門下侍郎同平章事，彰義節度、淮西宣慰處置使，戶部侍郎崔羣爲中書侍郎同中書門下平章事。九月丁未，逢吉罷爲劍南東川節度使。十月甲戌，淮南節度使檢校尚書左僕射李鄘爲門下侍郎同中書門下平章事。十二月戊寅，鄘至。

十三年 戊戌

三月戊戌，鄘罷爲戶部尚書，御史大夫李夷簡爲門下侍郎同中書門下平章事。七月辛丑，夷簡檢校左僕射同平章事淮南節度使。八月壬子，涯罷爲兵部侍郎。九月甲辰，戶部侍郎判度支皇甫鎛、工部侍郎諸道鹽鐵轉運使程异並同中書門下平章事，判使各如故。

十四年 己亥

四月辛未，异薨。丙子，度檢校左僕射兼門下侍郎同平章事河東節度使。七月丁酉，鎛守門下侍郎，河陽節度使令狐楚守中書侍郎同中書門下平章事。八月己酉，宣武節度使守司徒兼侍中同平章事韓弘兼中書令。十二月己卯，羣罷爲湖南觀察使。

十五年 庚子

正月壬午，鎛罷度支。閏月丁未，鎛貶崖州司戶參軍。辛亥，楚爲門下侍郎，御史中丞蕭俛、翰林學士段文昌並守中書侍郎同中書門下平章事。七月丁卯，楚罷爲宣歙觀察使。八月戊戌，俛爲門下侍郎，御史中丞崔植守中書侍郎同中書門下平章事。

九月戊午，檢校左僕射河東節度使裴度守司空。

唐書卷六十二考證

宰相表中開元二年正月己卯懷愼檢校黃門監○沈炳震曰按兩書本紀懷愼皆以三年正月癸卯檢校黃門監此表二年文重出

貞元十九年閏十一月○臣酉按是年閏十月非閏十一月也一字疑衍

唐書卷六十三

宋 翰 林 學 士 歐 陽 修 撰

表第三

宰相表下

	宰相	三師三公	
長慶元年 辛丑	正月壬戌俛罷爲尚書右僕射 二月壬午文昌檢校刑部尚書同平章事西川節度使戶部侍郎翰林學士杜元穎守戶部侍郎同中書門下平章事 十月丙寅諸道鹽鐵轉運使刑部尚書王播守中書侍郎同中書門下平章事		
二年 壬寅	二月辛巳植罷爲刑部尚書工部侍郎元稹守工部侍郎同中書門下平章事元穎爲中書侍郎 三月戊午度守司空兼門下侍郎平章事播檢校尚書右僕射平章事淮南節度使 六月甲子度罷爲尚書左僕射稹罷爲同州刺史兵部尚書李逢吉守門下侍郎同中書門下平章事 戊寅夷簡分司東都		三月戊午度守司空 十二月庚寅弘卒
三年 癸卯	三月壬戌御史中丞牛僧孺爲戶部侍郎同中書門下平章事丁卯復判戶部 十月己丑元穎檢校禮部尚書同平章事西川節度使		八月癸卯度守司空山南西道節度使
四年 甲辰	庚寅僧孺爲中書侍郎 五月乙卯吏部侍郎李程戶部侍郎判度支竇易直並同中書門下平章事 六月丙申度同平章事 乙酉逢吉爲尚書右僕射		六月丙申橫海軍節度使李光顏守司徒
寶曆元年 乙巳	正月乙卯僧孺檢校禮部尚書同平章事武昌節度使 辛酉程守中書侍郎易直守門下侍郎 十一月庚午易直罷度支		
二年 丙午	二月丁未裴度守司空同中書門下平章事 八月丙申度判度支 九月壬午程檢校兵部尚書同平章事河東節度使 十一月甲申逢吉檢校司空同平章事山南東道節度使 十二月庚戌兵部侍郎翰林學士韋處厚爲中書侍郎同中書門下平章事 庚申度兼門下侍郎易直尚書右僕射		二月丁未度守司空 九月戊寅光顏卒
太和元年 丁未	六月癸巳淮南節度副大使王播爲尚書左僕射同中書門下平章事 十月丙寅度罷度支		正月癸未天平軍節度使烏重胤守司徒 丙寅重胤卒
二年 戊申	十月癸酉易直檢校尚書左僕射平章事山南東道節度使 十二月壬申處厚薨 戊寅兵部侍郎翰林學士路隨守中書侍郎同中書門下平章事		九月甲午武寧節度使王智興守司徒
三年 己酉	八月甲戌吏部侍郎李宗閔同中書門下平章事 十二月己酉元穎貶邵州刺史	十一月乙巳智興爲太傅	
四年 庚戌	正月辛卯牛僧孺爲兵部尚書同中書門下平章事 六月丁未度平章軍國重事 己酉隨爲門下侍郎宗閔爲中書侍郎 七月癸未尚書右丞宋申錫同中書門下平章事 九月壬午度爲司徒兼侍中山南東道節度使	六月己巳檢校司徒平章事李載義守太保	六月丁未度守司空 九月壬午度爲司徒
五年 辛亥	三月庚子申錫罷爲太子右庶子 乙丑僧孺爲中書侍郎		
六年 壬子	十二月乙丑僧孺檢校尚書右僕射平章事淮南節度使		
七年 癸丑	二月丙戌兵部尚書李德裕守本官同中書門下平章事 六月乙亥宗閔檢校禮部尚書平章事興元節度使 七月丁酉德裕爲中書侍郎壬寅尚書右僕射諸道鹽鐵轉運使王涯守右僕射同中書門下平章事 是年隨爲太子太師		
八年 甲寅	三月戊午涯檢校司空兼門下侍郎 十月庚寅李宗閔守中書侍郎同平章事 甲午德裕檢校兵部尚書同平章事山南西道節度使		
九年 乙卯	四月丙申隨檢校尚書右僕射平章事鎮海軍節度使 戊戌浙西觀察使賈餗守中書侍郎同中書門下平章事 六月壬寅宗閔貶明州刺史 七月辛亥御史大夫李固言守門下侍郎同中書門下平章事 九月丁卯固言檢校兵部尚書山南西道節度使 己巳御史中丞舒元輿爲刑部侍郎兵部侍郎翰林學士李訓爲禮部侍郎並同中書門下平章事 十月乙亥涯兼諸道鹽鐵榷茶使 庚子度兼中書令 十一月甲子訓斬首於昆明池尚書右僕射鄭覃同中書門下平章事 乙丑元輿餗爲仇士良所殺戶部侍郎判度支李石守本官同中書門下平章事	七月癸酉智興卒 十一月癸丑載義守太傅	五月辛未涯爲司空 十一月乙丑仇士良殺涯
開成元年 丙辰	正月甲子覃兼門下侍郎石爲中書侍郎 四月甲午李固言守門下侍郎同中書門下平章事 石兼鹽鐵使 丙申固言判戶部 五月己巳罷 八月己酉覃兼國子祭酒 石罷度支		
二年 丁巳	四月戊戌翰林學士工部侍郎陳夷行以本官同中書門下平章事 十月戊申固言爲門下侍郎同平章事西川節度使 十一月壬戌石罷鹽鐵使	四月庚申載義卒	
三年 戊午	正月戊辰戶部尚書諸道鹽鐵轉運使楊嗣復戶部侍郎判戶部李珏並同中書門下平章事 丙子石以中書侍郎同中書門下平章事荊南節度使 三月庚午覃爲太子太師 四月丙申珏罷戶部 七月戊辰嗣復罷鹽鐵使 九月己巳夷行爲門下侍郎珏嗣復爲中書侍郎 十二月辛丑度守司徒兼中書令 丙午覃罷太子太師五日一入中書		
四年 己未	閏正月己亥度來朝 五月丙申覃罷爲尚書左僕射夷行罷爲吏部侍郎 七月甲辰太常卿崔鄲同中書門下平章事 十一月壬午嗣復爲門下侍郎鄲爲中書侍郎		三月丙戌度薨
五年 庚申	二月癸丑珏兼戶部尚書嗣復兼吏部尚書鄲兼禮部尚書 五月己卯珏爲門下侍郎嗣復罷守吏部尚書刑部尚書諸道鹽鐵轉運使刑部尚書崔珙同中書門下平章事 八月庚午珏貶太常卿 九月丁丑淮南節度副大使檢校右僕射李德裕爲門下侍郎同中書門下平章事 庚辰珙爲中書侍郎		
會昌元年 辛酉	三月甲戌御史大夫陳夷行爲門下侍郎同中書門下平章事 十一月癸亥鄲檢校吏部尚書同平章事劍南西川節度使		
二年 壬戌	正月己亥夷行爲尚書左僕射珙爲尚書右僕射 二月丁丑檢校尚書右僕射淮南節度使李紳爲中書侍郎平章事 三月丙申紳權判度支 六月夷行罷爲太子太保 七月尚書左丞兼御史中丞李讓夷爲中書侍郎同中書門下平章事		正月己亥李德裕爲司空
三年 癸亥	二月辛未珙罷守尚書右僕射 五月壬寅紳爲門下侍郎 戊申翰林學士承旨中書舍人崔鉉爲中書侍郎同中書門下平章事庚戌紳爲尚書右僕射		六月辛酉德裕爲司徒
四年 甲子	閏七月壬戌淮南節度使檢校尚書右僕射駙馬都尉杜悰爲尚書右僕射兼中書侍郎同中書門下平章事諸道鹽鐵轉運使紳檢校尚書右僕射同平章事淮南節度使 八月庚戌讓夷爲檢校尚書右僕射兼中書侍郎鉉兼戶部尚書悰爲尚書左僕射兼門下侍郎		八月戊申德裕守太尉
五年 乙丑	正月己未德裕加特進 五月壬戌鉉罷爲戶部尚書悰罷爲尚書右僕射 乙丑戶部侍郎判戶部李回爲中書侍郎同中書門下平章事兼判戶部 七月山南東道節度使檢校尚書右僕射鄭肅本官同中書門下平章事		
六年 丙寅	四月丙子德裕檢校司徒同平章事荊南節度使 辛卯肅檢校尚書左僕射兼中書侍郎讓夷爲司空兼門下侍郎 五月乙巳翰林學士承旨兵部侍郎白敏中本官同中書門下平章事 九月肅本檢校官荊南節度使兵部侍郎判度支盧商爲中書侍郎兼工部尚書同中書門下平章事回爲門下侍郎敏中爲中書侍郎		四月辛卯讓夷爲司空七月讓夷檢校司空同平章事淮南節度使
大中元年 丁卯	三月商檢校兵部尚書武昌軍節度使刑部尚書判度支崔元式爲門下侍郎兼刑部尚書翰林學士承旨戶部侍郎韋琮爲中書侍郎並同中書門下平章事 八月丙申回檢校吏部尚書同平章事劍南西川節度使		
二年 戊辰	正月丙寅敏中兼刑部尚書元式兼戶部尚書琮兼禮部尚書 己卯刑部侍郎諸道鹽鐵轉運使馬植同中書門下平章事元式罷爲刑部尚書兵部侍郎判度支周墀同中書門下平章事 六月庚戌敏中琮爲門下侍郎植墀爲中書侍郎 十一月壬午琮罷爲太子賓客分司東都		
三年 己巳	三月墀兼刑部尚書敏中爲尚書右僕射植檢校禮部尚書天平軍節度使 四月乙酉御史大夫崔鉉守中書侍郎同中書門下平章事墀檢校刑部尚書東川節度使兵部侍郎判戶部事魏扶守本官同中書門下平章事		
四年 庚午	六月戊申扶薨戶部侍郎判度支崔龜從守戶部尚書同中書門下平章事判如故 八月庚戌罷判 十月辛未翰林學士承旨兵部侍郎令狐綯守本官同中書門下平章事		

年	宰相	三公
五年 辛未	三月甲申敏中爲特進守司空兼門下侍郎同平章事招討南山平夏党項行營兵馬都統制置使并南北路供軍使兼邠寧慶等州節度使 四月乙卯鉉守尚書右僕射兼門下侍郎龜從爲中書侍郎兼吏部尚書綯爲中書侍郎兼禮部尚書 十月戊辰戶部侍郎判戶部魏謩守本官同中書門下平章事判如故 十一月庚寅龜從檢校吏部尚書同平章事宣武節度使	三月甲申敏中守司空 十月敏中守司空同中書門下平章事兼邠寧慶等州節度使
六年 壬申	正月癸巳綯兼戶部尚書 八月禮部尚書諸道鹽鐵轉運使裴休本官同中書門下平章事使如故 十二月壬午謩爲中書侍郎	四月甲辰敏中檢校司徒平章事西川節度使
七年 癸酉		
八年 甲戌	十一月乙酉休罷使 十二月癸巳謩罷戶部	
九年 乙亥	二月甲戌鉉爲尚書左僕射綯爲門下侍郎兼禮部尚書休爲中書侍郎兼戶部尚書 七月丙辰鉉檢校尚書左僕射同平章事淮南節度使	
十年 丙子	正月丁巳御史大夫鄭朗守工部尚書同中書門下平章事 十月戊子休爲檢校戶部尚書同平章事宣武節度使綯爲尚書右僕射兼門下侍郎兼戶部尚書朗爲中書侍郎兼禮部尚書 十一月壬辰戶部侍郎判戶部事崔慎由爲工部尚書同中書門下平章事	
十一年 丁丑	二月辛巳謩爲檢校戶部尚書平章事西川節度使 七月庚子兵部侍郎判度支蕭鄴本官同中書門下平章事判如故 十月鄴罷度支壬申朗罷爲檢校尚書右僕射兼太子少師 十一月己未愼由爲中書侍郎禮部尚書鄴爲工部尚書	
十二年 戊寅	正月戊戌戶部侍郎判度支劉瑑本官同中書門下平章事判如故 二月壬申愼由罷爲檢校禮部尚書劍南東川節度使 四月戊申兵部侍郎諸道鹽鐵轉運使夏侯孜本官同中書門下平章事使如故己酉鄴爲中書侍郎兼禮部尚書瑑爲工部尚書 五月丙寅瑑薨 十月癸巳孜爲工部尚書 十一月己未綯爲尚書左僕射 十二月甲寅兵部侍郎判戶部蔣伸本官同中書門下平章事判如故	
十三年 己卯	三月甲戌伸罷戶部 八月癸卯鄴爲門下侍郎伸爲中書侍郎並兼兵部尚書孜爲中書侍郎兼刑部尚書 十一月戊午鄴檢校尚書右僕射同平章事荊南節度使 十二月甲申翰林學士承旨兵部侍郎杜審權本官同中書門下平章事丁酉敏中守司徒兼門下侍郎同中書門下平章事	八月癸卯綯爲司空 十二月丁酉檢校司徒兼太子太師同平章事荊南節度使白敏中守司徒綯爲檢校司徒同平章事河中節度使
咸通元年 庚辰	九月癸酉孜爲門下侍郎兼兵部尚書伸兼刑部尚書審權爲中書侍郎兼工部尚書戊申敏中爲中書令 十月己亥孜爲檢校尚書右僕射同平章事劍南西川節度使戶部尚書判度支畢諴爲禮部尚書同中書門下平章事	十二月癸亥福王綰爲司空
二年 辛巳	二月尚書左僕射判度支杜悰本官兼門下侍郎同中書門下平章事判如故庚戌敏中檢校司徒兼中書令鳳翔節度使	二月庚戌敏中遷福王綰薨
三年 壬午	正月己酉伸檢校兵部尚書同平章事河中節度使 二月庚子審權爲門下侍郎兼吏部尚書諴爲中書侍郎兼兵部尚書 七月夏侯孜爲尚書左僕射兼門下侍郎同中書門下平章事	二月庚子悰守司空 十月丙申悰爲司徒
四年 癸未	四月癸巳諴罷爲兵部尚書 五月己巳翰林學士承旨兵部侍郎楊收守本官同中書門下平章事 戊子審權檢校吏部尚書同平章事鎮海軍節度使 閏六月兵部侍郎判度支曹確本官同中書門下平章事悰檢校司徒同平章事鳳翔節度使 十月收爲中書侍郎	正月庚辰撫王紘守司空
五年 甲申	三月己亥確爲中書侍郎 四月兵部侍郎判戶部蕭寘本官同中書門下平章事 五月戊戌伸爲太子少保分司東都 八月乙卯收爲門下侍郎兼刑部尚書確兼工部尚書寘爲中書侍郎 十一月壬寅翰林學士承旨兵部侍郎路巖本官同中書門下平章事	八月丁卯孜爲司空 十一月戊戌孜檢校尚書右僕射同平章事河中節度使
六年 乙酉	三月寘薨 四月劍南東川節度使高璩爲兵部侍郎同中書門下平章事 六月收爲尚書右僕射兼門下侍郎確兼工部尚書巖爲中書侍郎庚戌璩薨御史大夫徐商爲兵部侍郎同中書門下平章事	
七年 丙戌	十月壬申收檢校工部尚書宣歙池觀察使 十一月戊辰確爲門下侍郎巖兼刑部尚書商爲中書侍郎兼工部尚書	
八年 丁亥	七月甲子兵部侍郎諸道鹽鐵轉運使駙馬都尉于琮本官同中書門下平章事 十月確兼吏部尚書巖爲門下侍郎兼戶部尚書商兼刑部尚書	
九年 戊子		
十年 己丑	六月癸卯商檢校尚書右僕射平章事荊南節度使翰林學士承旨戶部侍郎劉瞻本官同中書門下平章事 九月瞻爲中書侍郎 正月戊午確加尚書左僕射巖加右僕射瞻刑部尚書	
十一年 庚寅	三月確檢校司徒同平章事鎮海軍節度使 四月丙午翰林學士承旨兵部侍郎駙馬都尉韋保衡本官同中書門下平章事 九月丙辰瞻檢校刑部尚書同平章事荊南節度使 十一月辛亥禮部尚書判度支王鐸本官同中書門下平章事	
十二年 辛卯	四月癸卯巖檢校司徒平章事劍南西川節度使鐸爲中書侍郎兼刑部尚書 十月兵部侍郎諸道鹽鐵轉運使劉鄴爲禮部尚書同中書門下平章事使如故鐸爲門下侍郎兼吏部尚書	
十三年 壬辰	三月丁巳琮檢校尚書左僕射山南東道節度使保衡爲右僕射鐸爲尚書左僕射鄴爲中書侍郎以刑部侍郎判戶部趙隱爲戶部侍郎同中書門下平章事 十月保衡爲門下侍郎兼兵部尚書 十一月庚辰鄴兼戶部尚書鐸爲門下侍郎隱爲中書侍郎	十一月保衡爲司空鐸爲司徒
十四年 癸巳	六月鐸檢校尚書左僕射同平章事宣武軍節度使 八月乙卯鄴兼吏部尚書隱兼禮部尚書 十月乙未鄴爲尚書左僕射隱兼戶部尚書尚書左僕射蕭倣爲中書侍郎兼兵部尚書同中書門下平章事	八月乙卯保衡爲司徒 九月癸亥保衡貶賀州刺史
乾符元年 甲午	二月癸丑隱檢校兵部尚書鎮海軍節度使檢校戶部尚書兼華州刺史裴坦爲中書侍郎同中書門下平章事 五月乙未坦薨刑部尚書劉瞻爲中書侍郎同中書門下平章事 八月辛未瞻薨兵部侍郎判度支崔彥昭爲中書侍郎同中書門下平章事 十月丙辰鄴檢校尚書左僕射同平章事淮南節度使吏部侍郎鄭畋爲兵部侍郎翰林學士承旨戶部侍郎盧攜並同中書門下平章事 十一月彥昭爲門下侍郎兼刑部尚書畋爲中書侍郎	十一月倣爲司空
二年 乙未	六月吏部尚書李蔚爲中書侍郎同中書門下平章事彥昭爲尚書右僕射兼門下侍郎畋爲門下侍郎攜兼工部尚書	五月倣薨
三年		六月乙丑撫王紘爲太尉未幾紘薨
四年 丁酉	正月畋兼兵部尚書攜兼刑部尚書 閏二月彥昭罷爲太子太傅王鐸檢校司徒兼門下侍郎同中書門下平章事 九月攜兼戶部尚書	正月丁丑彥昭爲司空 六月癸酉鐸爲司徒
五年 戊戌	五月丁酉畋攜並罷爲太子賓客分司東都翰林學士承旨戶部侍郎豆盧瑑爲兵部侍郎吏部侍郎崔沆爲戶部侍郎並同中書門下平章事 九月吏部尚書鄭從讜爲中書侍郎兼禮部尚書同中書門下平章事蔚檢校司空判東都尚書省都畿汝防禦使	
六年 己亥	四月鐸檢校司空兼侍中荊南節度使南面行營招討都統從讜兼禮部尚書 十二月兵部尚書盧攜爲門下侍郎同中書門下平章事瑑爲中書侍郎兼戶部尚書沆爲中書侍郎兼工部尚書從讜爲門下侍郎兼兵部尚書鐸貶太子賓客分司東都	
廣明元年 庚子	正月壬子從讜檢校司空兼平章事河東節度行營招討等使 六月丙午攜兼兵部尚書 十二月甲申攜貶爲太子賓客分司東都翰林學士承旨尚書左丞王徽爲戶部侍郎翰林學士戶部侍郎裴澈爲工部侍郎並同中書門下平章事庚子黃巢殺瑑沆	八月榮王憒守司空 是月憒薨
中和元年 辛丑	正月壬申兵部侍郎判度支蕭遘爲工部侍郎同中書門下平章事 二月澈兼禮部尚書己卯太子少師王鐸爲司徒兼門下侍郎同中書門下平章事 三月徽罷爲兵部尚書 四月庚寅澈爲門下侍郎兼兵部尚書遘爲中書侍郎兼禮部尚書鐸兼侍中 六月戊戌檢校司空同平章事京城西面行營都統鄭畋守司空兼門下侍郎同中書門下平章事京城四面行營都統鐸守司徒兼太子太保 七月庚申翰林學士承旨兵部侍郎韋昭度本官同中書門下平章事 十一月畋罷爲太子少傅分司東都澈爲檢校兵部尚書鄂岳觀察使遘兼戶部尚書昭度爲中書侍郎兼禮部尚書	二月己卯鐸爲司徒駢爲太尉 六月丁丑鐸守司徒畋爲司空 十一月畋爲太子少傅分司東都

二年 壬寅	正月辛亥，鐸爲諸道行營都統，兼諸軍兵馬，收復京城，及諸道租庸等使，權知義成軍節度使。二月，遘判度支，鐸兼戶部。己卯，鄭畋爲司空，兼門下侍郎同中書門下平章事。四月，遘爲門下侍郎兼吏部尚書。五月，昭度兼吏部尚書，遘爲尚書左僕射。		二月己卯，畋爲司空。
三年 癸卯	正月乙亥，鐸檢校司徒兼中書令、義成軍節度使。五月，東都留守、檢校司空兼侍中鄭從讜爲司空兼門下侍郎同中書門下平章事。七月，昭度爲門下侍郎、檢校兵部尚書，判度支。裴澈爲中書侍郎同中書門下平章事。	二月，建王震守太保。	五月，畋爲司徒，從讜爲司空。七月，畋罷爲檢校司徒、守太子太保。
四年 甲辰	十月，澈加尚書右僕射，昭度加左僕射，並兼門下侍郎。		十月，建爲司空。
光啓元年 乙巳	三月，澈爲尚書左僕射。		二月，遘爲司徒，昭度爲司空。
二年 丙午	二月戊戌，御史大夫孔緯、翰林學士承旨兵部尚書杜讓能並爲兵部侍郎同中書門下平章事。四月，緯爲中書侍郎，讓能爲工部尚書。		二月，從讜爲太傅兼侍中。
三年 丁未	三月癸未，遘伏誅。緯爲門下侍郎，讓能爲中書侍郎。六月，緯兼吏部尚書，充諸道鹽鐵轉運等使。讓能兼兵部尚書，昭度兼侍中。九月，戶部侍郎判度支張濬爲兵部侍郎同中書門下平章事。	八月，昭度爲太保兼侍中。	三月，從讜爲太子太保。癸未，遘伏誅。壬辰，昭度爲司徒。
文德元年 戊申	二月，讓能爲尚書右僕射，緯爲左僕射，濬爲中書侍郎。四月，昭度守中書令，讓能爲尚書左僕射，濬守戶部尚書。六月，昭度檢校太尉兼中書令、劍南西川節度兼兩川招撫制置等使。九月，緯兼國子祭酒。	二月，昭度兼中書令。四月，昭度守中書令。	四月，緯爲司空。
龍紀元年 己酉	正月，翰林學士承旨兵部侍郎劉崇望本官同中書門下平章事。三月，濬兼吏部尚書，崇望爲中書侍郎，讓能兼門下侍郎。十一月己酉，崇望兼吏部尚書。	十一月戊午，緯爲太保。	三月，緯爲司徒，讓能爲司空。十二月戊午，讓能爲司徒。
大順元年 庚戌	五月，濬爲河東行營都招討制置宣慰使。		
二年 辛亥	正月庚申，緯檢校太保兼御史大夫、荊南節度使；濬罷爲檢校尚書右僕射、鄂岳觀察使。翰林學士承旨兵部侍郎崔昭緯、御史中丞徐彥若爲戶部侍郎，並同中書門下平章事。崇望判度支。二月，崇望爲門下侍郎，昭緯、彥若並爲中書侍郎。十月，崇望爲尚書右僕射。十二月，昭緯兼吏部尚書，彥若兼兵部尚書。	正月庚申，緯罷。	
景福元年 壬子	二月，崇望罷爲檢校司徒同中書門下平章事、武寧軍節度使。三月，戶部尚書鄭延昌爲中書侍郎同中書門下平章事。八月，昭緯爲門下侍郎。		四月，讓能守太尉。
二年 癸丑	正月，彥若爲檢校尚書左僕射同平章事、鳳翔節度使。六月，昭緯爲尚書左僕射，延昌兼刑部尚書。九月壬辰，檢校司徒、東都留守韋昭度爲司徒兼門下侍郎；御史中丞崔胤爲戶部侍郎，並同中書門下平章事。十月，昭緯充諸道鹽鐵轉運使。	十二月，昭度爲太傅。	九月，讓能貶梧州刺史，再貶雷州司戶參軍。昭度守司徒。十月，讓能賜死。
乾寧元年 甲寅	二月，延昌爲尚書右僕射兼門下侍郎；右散騎常侍鄭綮爲禮部侍郎同中書門下平章事。五月，延昌罷爲尚書右僕射。六月，胤爲中書侍郎。戊午，翰林學士承旨禮部尚書李磎本官同中書門下平章事；庚申，磎罷爲太子少傅。御史大夫徐彥若爲中書侍郎兼吏部尚書同中書門下平章事。七月，綮爲太子少保致仕。		
二年 乙卯	正月己巳，給事中陸希聲爲戶部侍郎同中書門下平章事。二月乙未，李磎爲戶部侍郎同中書門下平章事，判度支。三月，胤檢校尚書右僕射同平章事、護國節度使；磎罷爲檢校吏部尚書、守太子少師。戶部侍郎判戶部王搏爲中書侍郎同中書門下平章事。四月，希聲罷爲太子少師，昭度太保致仕。六月癸巳，吏部尚書孔緯爲司空兼門下侍郎同中書門下平章事；彥若爲尚書左僕射兼門下侍郎。七月庚申，京兆尹、檢校司徒兼戶部尚書、判度支、諸道鹽鐵轉運使嗣薛王知柔權知中書事及隨駕置頓使。甲子，崔胤爲中書侍郎兼禮部尚書同中書門下平章事。辛未，知柔爲清海軍節度使同平章事，仍權知京兆尹，判度支，充諸道鹽鐵轉運等使。八月壬子，昭緯罷爲尚書左僕射；搏爲門下侍郎兼戶部尚書，判度支，諸道鹽鐵轉運使。九月，胤判戶部。十月，京兆尹孫偓爲戶部侍郎同中書門下平章事，判戶部。	八月辛丑，河東節度使、檢校太傅同平章事李克用守太師兼中書令，充邠寧四面諸軍行營都統。	六月癸巳，孔緯爲司空。九月丙辰，彥若爲司空。癸亥，緯薨。
三年 丙辰	五月，偓爲兵部侍郎。七月乙巳，胤檢校禮部尚書同平章事、武安軍節度使；偓爲中書侍郎。丙午，翰林學士承旨尚書左丞陸扆爲戶部侍郎同中書門下平章事。八月甲寅，搏檢校戶部尚書同平章事、威勝軍節度使。戊午，扆爲中書侍郎，判戶部。乙丑，國子監毛詩博士朱朴爲左諫議大夫同中書門下平章事。九月乙未，崔胤爲中書侍郎兼戶部尚書同中書門下平章事；翰林學士承旨兵部侍郎崔遠本官同中書門下平章事。丁酉，扆貶峽州刺史。己亥，朴判戶部。戊申，偓爲門下侍郎兼諸道鹽鐵轉運使，判度支。十月壬子，偓兼禮部尚書，持節鳳翔四面行營節度諸軍都統招討處置等使。戊午，王搏爲吏部尚書同中書門下平章事。十一月癸卯，朴爲中書侍郎。		三月，彥若兼侍中，大明宮留守，京畿安撫制置使。
四年 丁巳	正月己亥，偓罷都統招討使。二月己亥，偓罷守禮部尚書，朴罷守秘書監。三月，遠判戶部。四月，搏爲門下侍郎兼吏部尚書、諸道轉運等使；遠爲兵部尚書。六月乙巳，遠爲中書侍郎，胤兼戶部尚書。		
光化元年 戊午	正月，搏爲尚書右僕射兼門下侍郎，胤兼吏部尚書，遠兼工部尚書。	九月，鎮國匡國軍節度使、檢校太尉兼侍中韓建守太傅兼中書令。	正月，彥若爲司徒。
二年 己未	正月丁未，胤罷守吏部尚書；兵部尚書陸扆本官同中書門下平章事；未幾，爲中書侍郎兼戶部尚書平章事。彥若兼門下侍郎。四月，遠兼吏部尚書。	十一月，彥若爲太保。	十一月，搏爲司空。
三年 庚申	六月丁卯，崔胤爲尚書左僕射兼門下侍郎同中書門下平章事，諸道鹽鐵轉運等使。九月乙巳，彥若檢校太尉同平章事、清海軍節度使。丙午，遠罷爲兵部尚書。戊申，刑部尚書裴贄爲中書侍郎兼刑部尚書同中書門下平章事；扆爲門下侍郎兼戶部尚書。		六月，搏罷爲工部侍郎。
天復元年 辛酉	二月，翰林學士戶部侍郎王溥爲中書侍郎，吏部侍郎裴樞爲戶部侍郎，並同中書門下平章事。五月，扆爲兵部尚書，贄兼戶部尚書。十一月辛酉，兵部侍郎盧光啓權句當中書事，兼判三司。丁卯，光啓爲右諫議大夫，參知機務。甲戌，胤罷爲守工部尚書。		正月，胤爲司空。
二年 壬戌	正月丁卯，給事中韋貽範爲工部侍郎同中書門下平章事，判度支。四月，光啓罷爲太子少保。五月庚午，貽範以母喪罷。六月丙子，中書舍人蘇檢爲工部侍郎同中書門下平章事。八月己亥，貽範起復守戶部侍郎同中書門下平章事，依前充諸道鹽鐵轉運等使，判度支。十一月丙辰，貽範薨。		
三年 癸亥	正月壬子，崔胤守司空兼門下侍郎同中書門下平章事，判使如故。辛未，兼判六軍十二衞事。二月甲戌，扆貶沂王傅，分司東都。丙子，胤兼侍中，檢爲全忠所害。溥罷爲戶部侍郎。乙未，清海軍節度使、檢校尚書右僕射同平章事裴樞爲門下侍郎同中書門下平章事。十二月，贄罷爲尚書左僕射。辛巳，禮部尚書獨孤損爲兵部侍郎同中書門下平章事。		二月庚辰，胤守司徒。宣武宣義天平護國軍節度、晉絳慈隰觀察處置、安邑解縣兩池榷鹽制置等使、檢校太師兼中書令、梁王朱全忠守太尉、中書令，充諸道兵馬副元帥。四月己卯，判元帥府事。八月庚辰，劍南東西川節度使、檢校太師王建守司徒。
天祐元年 甲子	正月乙巳，胤罷爲太子少傅，分司東都。兵部尚書崔遠爲中書侍郎，翰林學士左拾遺柳璨爲右諫議大夫，並同中書門下平章事。樞判左三軍事，諸道鹽鐵轉運等使；損判右三軍事，判度支。閏四月己卯，損爲門下侍郎兼戶部尚書，遠兼兵部尚書，樞爲尚書右僕射。		三月丁未，全忠兼判左右神策及六軍諸衞事。
二年 乙丑	三月甲子，樞罷爲尚書左僕射；戊寅，損檢校尚書左僕射同平章事、靜海軍節度使；禮部侍郎張文蔚同中書門下平章事；甲申，吏部侍郎楊涉同中書門下平章事。判戶部文蔚爲中書侍郎，判度支；璨爲門下侍郎兼戶部尚書；遠罷爲尚書右僕射。十二月癸卯，璨爲司空、諸道鹽鐵轉運使；癸丑，貶登州刺史。		十一月辛巳，全忠進封魏王，授相國，總百揆。十二月丁酉，全忠爲天下兵馬元帥。癸卯，璨爲司空；癸丑，璨貶登州刺史。
三年 丙寅			三月戊寅，全忠爲諸道鹽鐵等使，判度支戶部事，充三司都制置使。閏十二月丙寅，建削奪官爵。
四年 丁卯			

唐書卷六十三考證

宰相表下 長慶二年三月戊午度守司空○舊書本紀作司徒

咸通六年三月寘薨○臣酉按：舊書本紀是年四月寘猶轉中書侍郎，表三月已卒，未知孰是

四月高璩同中書門下平章事○臣酉按：舊書本紀四年十一月拜，六年二月免。璩之表則其罷免之月尚

未入相也未知孰是

乾符二年五月倣薨○舊書本紀三年正月免　臣酉按傳當從本紀

中和元年六月鄭畋同中書門下平章事○　臣酉按本紀畋爲鳳翔節度加司空同平章事充京城諸道行營都統耳非入相也並下十一月畋罷之文亦誤

唐書卷六十四

宋 翰 林 學 士 歐 陽 修 撰

表第四

方鎮表

高祖太宗之制兵列府以居外將列衛以居內有事則將以征伐事已各解而去兵者將之事也使得以用而不得以有之及其晚也土地之廣人民之衆城池之固器甲之利舉而予之何慮於其始也深而易於其後也忽如此之異哉豈其弊有漸馴而致之勢有不得已而然哉方鎮之患始也各專其地以自世既則迫於利害之謀故其喜則連衡而叛上怒則以力而相并及其甚則起而弱王室唐自中世以後收功弭亂雖常倚鎮兵而其亡也亦終以此可不戒哉作方鎮表

年	京畿	興鳳隴	涇原	邠寧	渭北鄜坊	朔方	東畿
景雲元年							
二年							
先天元年							
開元元年							
二年							
三年							
四年							
五年							
六年							
七年							
八年							
九年						置朔方軍節度使領單于大都護府夏鹽綏銀豐勝六州定遠豐安二軍東中西三受降城	
十年						朔方節度增領魯麗契三州	
十一年							
十二年							
十三年							
十四年						朔方節度領關內支度營田使	
十五年						朔方節度兼關內鹽池使	
十六年						廢達運都督府朔方節度兼檢校渾部落使	
十七年							
十八年							
十九年							
二十年						朔方節度增領押諸蕃部落使及閑廐宮苑監牧使	
二十一年							
二十二年						朔方節度兼關內道採訪處置使增涇原寧慶隴鄜坊丹延會宥麟十二州以匡長二州隸慶州安樂二州隸原州	
二十三年							
二十四年							
二十五年							
二十六年							
二十七年							
二十八年							
二十九年						朔方節度兼六城水運使	
天寶元年						朔方節度增領邠州	
二年							
三載							
四載							
五載							
六載							
七載							
八載						朔方節度兼隴右兵馬使	
九載							
十載							
十一載							
十二載							
十三載						以豐州置九原朔方節度隴右兵馬使	
十四載							
至德元載	置京畿節度使領京兆同岐金商五州是年以金商岐州隸興平鳳翔同州隸河中					別置關內節度使以代採訪使徙治安化郡	置東畿觀察使領懷鄭汝陝四州尋以鄭州隸淮西

二載							
乾元元年						置振武節度押蕃落使領鎮北大都護府麟勝二州	陝州隸陝虢華節度汝州隸豫許汝節度
二年				置邠寧節度使領州九邠寧慶涇原鄜坊丹延			置陝虢華節度領潼關防禦團練鎮守等使治陝州
上元元年		置興鳳隴節度使		罷領鄜坊丹延	置渭北鄜坊節度使治坊州并領丹延二州		改陝虢華節度為陝西節度兼神策軍使尋置觀察使
二年	以華州置鎮國節度亦曰關東節度					廢關內節度使罷領單于大都護以涇原寧慶坊丹延隸邠寧節度麟勝隸振武節度	陝西節度罷領華州
寶應元年	京畿節度使復領金商是年廢節度使					振武節度增領鎮北大都護府以鎮北隸朔方	陝西觀察使增領都防禦使
廣德元年	罷鎮國軍節度						懷州隸昭義陝西觀察使增領虢州
二年	置京畿觀察使以御史中丞兼之					朔方節度復兼單于大都護罷河中振武節度以所管七州隸朔方	罷東畿觀察使
永泰元年	以御史大夫兼京畿觀察使				渭北鄜坊節度使罷領丹延二州增領綏州以丹延二州別置都團練使治延州是年增領安塞軍使尋升為觀察使		

大曆元年							
二年							
三年			置涇原節度使治涇州	罷邠寧節度使		朔方節度增領邠寧慶三州	
四年							
五年			涇原節度使馬璘訴地貧軍廩不給遂領鄭潁二州				
六年						渭北鄜坊節度使更名渭北節度使復領丹延二州廢丹延觀察使	
七年							
八年							
九年							
十年							
十一年							
十二年							
十三年							
十四年			潁州隸永平節度使	復置邠寧慶觀察使	罷渭北節度置都團練觀察使	析置河中振武邠寧三節度朔方所領靈鹽夏豐四州西受降城定遠天德二軍振武節度復領鎮北大都護府及綏銀二州東中二受降城	復置東畿觀察使以留臺御史中丞兼之復領汝州廢陝西防禦觀察使

建中元年							
二年			定州隸永平節度				以汝州隸河陽尋復舊復置陝西防禦使置河陽三城節度使以東都畿觀察使兼之領懷鄭汝陝四州尋置使增領東畿五縣及衛州亦曰懷衛節度使
三年							
四年	置京畿渭南節度觀察使領金商二州是年兼渭北鄜坊丹延綏五州未幾罷五州及金州為京畿商州節度使	興鳳隴節度賜號保義節度是年罷保義以隴州置奉義軍節度使尋廢			復置渭北節度如上元之舊尋罷未幾復置徙治鄜州其後置都團練觀察防禦使		罷觀察置東畿汝州節度置陝西都防禦使尋升為節度使
興元元年	罷京畿節度使以同州為奉誠軍節度領同晉慈隰四州是年罷以華州置潼關節度使						廢陝西節度使
貞元元年		保義節度增領臨洮軍使					廢東都畿汝州節度置都防禦使以東都留守兼之增領唐鄧二州置陝虢都防禦使治陝州踰月又為都防禦觀察陸運使罷河陽節度置都團練使

年							
二年							升東都畿汝州都防禦使爲都防禦觀察使
三年		罷保義節度置都團練觀察防禦使未幾復置節度兼右神策軍行營節度使初隴右節度兵入屯秦州尋徙岐州及吐蕃陷隴右德宗置行秦州以刺史兼隴右經略使治普潤以鳳翔節度使領隴右支度營田觀察使			復置渭北節度使以綏州隸銀夏節度	置夏州節度觀察處置押蕃落使領綏銀鹽二州其後罷領鹽州	唐鄧二州隸山南東道
四年							
五年							罷東都畿汝州觀察使置都防禦使汝州別置防禦使
六年			涇原節度領四鎮北庭行軍節度使				
七年							
八年							
九年	罷潼關節度						
十年							
十一年							
十二年						朔方節度罷領豐州及四受降城天德軍以振武之東中二受降城隸天德軍以天德軍置都團練防禦使領豐會二州三受降城	復置河陽懷節度治河陽
十四年							
十五年							
十六年							
十七年							
十八年							
十九年							
二十年							
永貞元年							
元和元年		升隴右經略使爲保義節度尋罷保義復舊名是年增領靈臺良原崇信三鎮			析丹州置防禦使		
二年							
三年							罷東都畿汝州都防禦使
四年			涇原節度增領行渭州				
五年							
六年							
七年							
八年							
九年						夏州節度增領宥州	河陽節度增領汝州徙治汝州
十年							
十一年							
十二年							
十三年							汝州隸東畿復置東都畿汝州都防禦使兼東都留守如故罷河陽節度
十四年							
十五年							
長慶元年							東都畿防禦罷領汝州
二年							東都畿復領汝州
三年							
四年							
寶曆元年							
二年							
大和元年							
二年							
三年							以陝虢地近京師罷陝虢都防禦使
四年							
五年							
六年							
七年						以銀州刺史領銀川監牧使	
八年							
九年							
開成元年							復置陝虢都防禦觀察使
二年							

年							
三年						夏州節度使領採造供軍銀川監牧使	
四年							
五年							
會昌元年							
二年						天德軍使賜號歸義軍節度使尋廢	
三年						改單于大都護爲安北都護	復置河陽節度徙治孟州
四年							河陽節度增領澤州
五年							
六年							
大中元年							
二年							
三年				邠寧節度以南山平夏部落叛徙治寧州及內附復徙故治			
四年		增領秦州					
五年		罷領隴州以隴州置防禦使領黃頭軍使		增領武州			
六年							
七年							
八年						朔方節度增領威州	
九年							
十年						夏州節度使增領撫平党項等使	
十一年							

年							
十二年							
十三年							
咸通元年							
二年							
三年							
四年							
五年		秦州隸天雄軍節度					
六年							
七年							
八年							
九年							
十年							
十一年							
十二年							
十三年							
十四年							
乾符元年							
二年							
三年							
四年							
五年							
六年							
廣明元年							
中和元年							
二年					渭北節度賜號保大軍節度增領翟州以延州置保塞軍節度	夏州節度賜號定難節度	

年							
三年		隴州防禦使增京甸神勇軍使					升陝虢防禦觀察使爲節度使
四年							
光啓元年				邠寧節度賜號靜難軍節度			置東畿觀察兼防遏使
二年							
三年							升東畿觀察兼防遏使爲佑國軍節度
文德元年							
龍紀元年							賜陝虢節度爲保義軍節度
大順元年							
二年							
景福元年							
二年							
乾寧元年	以乾州置威勝軍節度	鳳翔節度增領乾州未幾罷	涇原節度賜號彰義軍節度增領渭武二州				汝州隸忠武軍節度
二年	升同州爲匡國軍節度						
三年							
四年							
光化元年	以華州置鎮國軍節度鎮華同二州兼興德尹				更保塞軍節度曰寧塞軍節度後又更名衛國軍節度罷丹州防禦使以丹州隸衛國軍		
二年							

三年	罷鎮國軍節度及興德尹							復置東畿觀察使兼防遏使置祐國軍節度河陽節度罷領澤州
天復元年		升龍州防禦使爲保勝節度使						
二年								
三年								
天祐元年	以京畿置佑國軍節度使領金商二州							罷東畿觀察使兼防遏使
二年								
三年	置義勝軍節度使領耀鼎二州罷匡國軍							
四年								

唐書卷六十四考證

方鎮表一乾寧二年升同州爲匡國軍節度○沈炳震曰此條疑在元年

光化三年罷鎮國軍節度及興德尹○舊書昭宗紀在天祐三年通鑑在天復三年

唐書卷六十五

宋翰林學士歐陽修撰

表第五

方鎮表

	滑衞	河南	鄭陳	淮南西道	徐海沂密	青密	北都
景雲元年							
二年							北都長史領持節和戎大武等諸軍州節度使
先天元年							
開元元年							
二年							
三年							
四年							
五年							領天兵軍大使
六年							
七年							
八年							更天兵軍大使爲天兵軍節度使
九年							
十年							
十一年							更天兵軍節度爲太原府以北諸軍州節度河東道支度營田使兼北都留守領太原及遼石嵐汾代忻朔蔚雲九州治太原
十二年							
十三年							
十四年							
十五年							
十六年							
十七年							以儀石二州隸潞州都督
十八年							更太原府以北諸軍州節度爲河東節度自後節度使領大同軍使副使以代州刺史領之增領儀石二州
十九年							
二十年							
二十一年							
二十二年							
二十三年							
二十四年							
二十五年							
二十六年							
二十七年							
二十八年							
二十九年							
天寶元年							
二年							
三載							
四載							
五載							
六載							
七載							
八載							
九載							
十載							
十一載							
十二載							

年							
十三載							
十四載							
至德元載		置河南節度使治汴州領郡十三陳留睢陽靈昌淮陽汝陰譙濟陰濮陽淄川琅邪彭城臨淮東海		置淮南西道節度使領義陽弋陽潁川滎陽汝南五郡治潁川郡		置青密節度使領北海高密東牟東萊四郡治北海郡置鄆齊兗三州都防禦使治青州	
二載							
乾元元年		廢河南節度使置汴州都防禦使領州十三如故尋以滑濮二州隸青密		淮南西道節度徙治鄭州增領陳潁亳三州別置豫許汝節度使治豫州		青密節度增領淮濮二州	
二年		廢汴州都防禦使置汴滑節度使治滑州領州五滑濮汴曹宋又置河南節度使治徐州領州五徐泗海亳潁未幾潁州隸鄭陳節度尋復領潁州是年又以濮州隸兗鄆節度潁亳州隸鄭陳節度	置鄭陳節度使領鄭陳亳潁四州治鄭州尋增領申光壽三州未幾以三州隸淮西	廢淮南西道節度使以陳潁亳隸陳鄭是年復置淮南西道節度使領申光壽安沔蘄黃七州治壽州		青密節度使增領淄沂海三州滑州隸汴滑節度使濮州隸鄆齊兗節度使是年以海州隸汴滑節度升鄆齊兗三州都防禦使為節度使治兗州增領濮州尋以濮州隸河南節度	
上元元年		以海州隸青密節度				海州復隸青密節度	
二年	置滑衛節度使治滑州領州六滑衛相魏德貝尋以德州隸淄沂節度而增領博州	廢汴滑河南二節度以徐泗汴宋曹五州隸淮西節度滑州隸滑衛節度	廢鄭陳節度以鄭陳亳潁四州隸淮西	淮南西道節度使增領陳鄭潁亳汴曹宋徐泗九州徙治安州號淮西十六州節度使尋以亳州隸滑衛節度徐州隸兗鄆節度		置淄沂節度使領淄沂滄德棣五州治沂州平盧軍節度使侯希逸引兵保青州授青密節度使遂廢淄沂節度并所管五州號淄青平盧節度增領齊州以齊州隸青密而兗鄆節度增領徐州	

年							
寶應元年		復置河南節度使治汴州領州八汴宋曹徐潁兗鄆濮		淮西節度增領許隋唐三州以鄭州隸澤潞節度潁汴宋曹四州隸河南節度泗州隸兗鄆節度申州隸蔡汝節度		登萊沂海泗五州隸兗鄆節度是年廢兗鄆節度以鄆兗濮徐四州隸河南節度登萊沂海泗隸淄青平盧節度	
廣德元年	滑衛節度增領亳州更號滑亳節度使增領德州以衛州隸澤潞析相貝別置節度魏博別置防禦					滄德二州隸魏博節度淄青平盧節度增領瀛州未幾瀛州徙隸魏博節度	
二年							
永泰元年				沔蘄黃三州隸鄂岳節度		淄青平盧節度增領押新羅渤海兩蕃使	
大曆元年							
二年							
三年				蔡汝節度增領仙州			
四年	滑亳節度增領陳州	河南節度增領泗州以潁州隸澤潞節度				淄青平盧節度罷領海沂密三州置海沂密三州都防禦使尋廢復以三州隸淄青平盧節度	
五年				省仙州			
六年							
七年	賜滑亳節度為永平節度						
八年				淮西節度使徙治蔡州廢蔡汝節度使所管州皆隸淮西節度			
九年							
十年						淄青平盧節度又領德州	

年							
十一年	永平節度增領宋泗二州	廢河南節度使曹兗鄆濮徐五州隸淄青節度宋潁泗三州隸永平軍節度汴州隸淮西節度		淮西節度使增領汴州徙治汴州		淄青平盧節度增領鄆曹濮徐兗五州以泗州隸永平軍節度	
十二年							
十三年							
十四年	永平節度增領汴潁二州徙治汴州			淮西節度使復治蔡州是年賜號淮寧軍節度尋更號申光蔡節度使汝州隸東都畿汴州隸永平軍節度			
建中元年							
二年	永平節度增領鄭州析宋亳潁別置節度使以泗州隸淮南是年以鄭州隸河陽三城節度既而復舊	置宋亳潁節度使治宋州尋號宣武軍節度使					
三年					置徐海沂密都團練觀察使治徐州	廢淄青平盧節度使置淄青都團練觀察使領淄青登萊齊兗鄆七州治青州置曹濮都團練觀察使治濮州	
四年							
興元元年	永平軍節度以汴滑二州隸宣武軍尋復領滑州徙治滑州	宣武軍節度使徙治汴州		壽州別置觀察使	廢徐海沂密都團練觀察使	復置淄青平盧節度使領青淄登萊齊兗鄆徐海沂密曹濮十三州治青州廢曹濮都團練觀察使	賜河東節度號保寧軍節度

年							
貞元元年	永平軍節度更號義成軍節度增領許州			唐州隸東都畿許州隸義成軍節度			
二年							
三年	以許州隸陳許節度使		置陳許節度使治許州	安州隸山南東道			保寧軍節度復爲河東節度
四年					置徐泗濠三州節度使治徐州	淄青平盧節度使徙治鄆州以徐州隸徐泗節度	
五年							
六年							
七年							
八年							
九年							
十年			陳許節度賜號忠武軍節度使				
十一年							
十二年							
十三年							
十四年				申光蔡節度賜號彰義軍節度			
十五年							
十六年					廢徐泗濠三州節度使未幾復置泗濠二州觀察使州隸淮南徐州領本州留後		
十七年							
十八年							
十九年							
二十年							
永貞元年							
元和元年							

年							
二年					廢泗濠二州觀察使置武寧軍節度使治徐州領徐泗濠三州		
三年							
四年					武寧軍節度增領宿州		
五年							
六年							
七年							
八年							
九年							
十年							
十一年				彰義軍節度增領唐隋鄧三州尋以三州別置節度使			
十二年			忠武節度增領溵州	彰義軍節度復爲淮西節度增領溵州未幾以溵州隸忠武軍節度			
十三年			忠武軍節度增領蔡州未	廢淮西節度			
十四年						淄青平盧節度使領青淄齊登萊五州復治青州置鄆曹濮節度使治鄆州置沂海觀察使領沂海兗密四州治沂州	
十五年						賜鄆曹濮節度使號天平軍節度使	
長慶元年					宿州隸淮南節度	升沂海觀察使爲節度使徙治兗州	河東節度使領押北山諸蕃使

年							
二年	義成軍節度使復領潁州		省溵州				
三年							
四年							
寶曆元年							
二年							
大和元年						齊州隸橫海節度	
二年						淄青平盧節度增領棣州	
三年							
四年							
五年							
六年							
七年					宿州復隸武寧節度		
八年					廢沂海節度使爲觀察使		
九年							
開成元年							
二年							
三年							
四年							
五年							
會昌元年							
二年							
三年							河東節度使罷領雲蔚朔三州以雲蔚朔三州置大同都團練使治雲州
四年							升大同都團練使爲大同都防禦使

年							
五年							
六年							
大中元年							
二年				置蔡州防禦使龍陂監牧使			
三年							
四年							
五年						升沂海觀察使為節度使	
六年							
七年							
八年							
九年							
十年							
十一年							
十二年							
十三年							
咸通元年							
二年							
三年					罷武寧軍節度置徐州團練防禦使隸兗海又置宿泗等州都團練觀察處置使治宿州	沂海節度使增領徐州	
四年					罷徐州防禦使以濠州隸淮南節度		
五年					置徐泗團練觀察處置使治徐州	天平軍節度增領齊棣二州沂海節度使罷領徐州	

年							
六年							
七年							
八年							
九年							
十年					置徐泗節度使是年復置都團練防禦使增領濠宿二州		
十一年					置徐泗觀察使尋賜號感化軍節度使		
十二年							
十三年						淄青平盧節度復領齊棣二州	
十四年							
乾符元年							
二年					感化軍節度罷領泗州		
三年							
四年							
五年							升大同都防禦使為節度使
六年							
廣明元年							
中和元年							
二年				蔡州置奉國軍節度升蔡州防禦使為奉國軍節度		河東節度增領麟州以忻代二州隸鴈門節度更大同節度為鴈門節度領左神策軍天寧鎮遏觀察使徙治代州	

年							
三年							賜鴈門節度為代北節度
四年							河東節度復領雲蔚二州
光啓元年							
二年	義成軍節度使改為宣義軍節度使朱全忠請改以避其父名						
三年							
文德元年							
龍紀元年							河東節度增領憲州
大順元年							
二年							
景福元年							
二年							
乾寧元年			忠武軍節度增領汝州				
二年						析齊州置武肅軍防禦使	
三年							
四年				奉國軍節度增領申和二州		賜沂海節度使為泰寧軍節度使	
光化元年					感化軍節度復為武寧軍節度未幾復為感化軍節度		
二年							
三年			汝州隸東都				
天復元年						罷武肅軍防禦使	
二年					罷感化軍節度		
三年							
天祐元年							

二年
三年
四年

唐書卷六十五考證

方鎮表二貞元十年陳許節度賜號忠武軍○舊書本紀在二十年疑表誤

唐書卷六十六

宋翰林學士歐陽修撰

表第六

方鎮表

	河中	澤潞沁	成德	義武	幽州	魏博	橫海
景雲元年							
二年							
先天元年							
開元元年					幽州置防禦大使		
二年					置幽州節度諸州軍管內經略鎮守大使領幽易平檀媯燕六州治幽州置營平鎮守治太平州		
三年							
四年							
五年					營州置平盧軍使		
六年							
七年					升平盧軍使爲平盧軍節度經略河北支度管內諸蕃及營田等使兼領安東都護及營遼燕三州		
八年					幽州節度兼本軍州經略大使并節度河北諸軍大使		
九年							
十年							
十一年							
十二年							
十三年							滄州置橫海軍使
十四年							
十五年					幽州節度大使兼河北支度營田事		
十六年							
十七年							
十八年					幽州節度增領薊滄二州		
十九年							
二十年					幽州節度使兼河北採訪處置使增領衞相洺貝冀邢德博棣營鄚十六州及安東都護府		
二十一年							
二十二年							
二十三年							
二十四年							
二十五年							
二十六年							
二十七年					幽州節度使增領河北海運使		
二十八年					平盧軍節度使兼押兩蕃渤海黑水四府經略處置使		
二十九年					幽州節度副使領平盧軍節度副使治順化州		
天寶元年					更幽州節度使爲范陽節度使增領歸順歸德二郡		
二年					平盧軍節度使治遼西故城副都護領保定軍使		
三載							
四載							
五載							
六載							
七載							
八載							
九載							
十載							
十一載							
十二載							
十三載							
十四載							
至德元載	置河中防禦守捉蒲關使	置澤潞沁節度使治潞州					
二載	升河中防禦爲河中節度兼蒲關防禦使領蒲晉絳隰慈虢同七州治蒲州						
乾元元年							
二年	河中節度兼河中尹耀德軍使虢州隸陝華節度						

	上元元年	二年	寶應元年	廣德元年	二年	永泰元年	大歷元年	二年	三年	四年
		河中節度增領沁州以同州隸鎮國軍節度是年復以沁州隸澤潞節度			廢河中節度置河中五州都團練觀察使					
		澤潞節度增領沁州	澤潞節度增領鄭州又增領陳邢洺趙四州是年以趙州隸成德軍節度	置相衛節度使治相州是年增領貝邢洺號洺相節度衛州復隸澤潞未幾復領號相衛六州節度使是年增領河陽三城澤潞節度增領懷衛二州尋以衛州還相衛節度			相衛六州節度賜號昭義軍節度後田承嗣盜取相衛洺貝四州所存者二州			澤潞節度增領潁州
			置成德軍節度使領恒定易趙深五州治恒州	成德軍節度增領冀州						
		滄德棣三州隸淄沂節度衛相貝魏博五州隸滑衛節度	范陽節度使復爲幽州節度使及平盧陷又兼盧龍節度使以恒定易趙深五州隸成德軍節度邢州隸澤潞節度置平盧防置平盧防禦本軍營田使	冀州隸成德軍節度罷領順易歸順三州						
				置魏博等州防禦使領魏博貝瀛滄五州治魏州是年升爲節度使增領德州以瀛滄二州隸淄青平盧節度貝州隸洛相節度未幾復領瀛滄二州						

	五年	六年	七年	八年	九年	十年	十一年	十二年	十三年	十四年	建中元年	二年	三年	四年	興元元年
															置晉慈隰節度使治晉州尋罷復置河中節度使領河中府同絳虢陝四州
	潁鄭二州隸涇原節度										昭義軍節度兼領澤潞二州徙治潞州	昭義軍節度罷領懷衛二州河陽三城	昭義軍節度增領洺州以趙州隸深趙節度		
						成德軍節度增領滄州							罷成德軍節度置恒冀都團練觀察使治恒州深趙都團練觀察使治趙州		廢恒冀深趙二觀察使復置成德軍節度使領恒冀趙深四州治恒州
													置義武軍		
												省燕州	幽州節度復領德棣二州後以二州復隸成德軍節度		
		魏博節度增領澶州					魏博節度增領相衛洺貝四州								
						瀛州隸幽州盧龍節度滄州隸義武軍節度德州隸淄青平盧節度									

	貞元元年	二年	三年	四年	五年	六年	七年	八年	九年	十年	十一年	十二年	十三年	十四年	十五年	十六年	十七年	十八年	十九年	二十年	永貞元年	元和元年	二年	三年	四年
	河中節度罷領陝虢二州			置晉慈隰防禦觀察使											罷河中節度置河中防禦觀察使	復置河中節度使								罷晉慈隰觀察使以三州隸河中節度	
			陳州隸陳許節度																						
	成德軍節度增領德棣二州																								德棣二州隸保信軍節度
	置德棣二州都團練守捉使		置橫海軍節度使領滄景二州治滄州																						置保信軍節度使領德棣二州治德州

五年	六年	七年	八年	九年	十年	十一年	十二年	十三年	十四年	十五年	長慶元年	二年	三年	四年	寶曆元年	二年	太和元年
									罷河中節度置河中都防禦觀察使	復置河中節度使		置晉慈都團練觀察使治晉州					升晉慈觀察使爲保義軍節度是年罷以二州隸河中節度
成德軍節度復領德棣二州								以德棣二州隸橫海節度			置深冀節度治深州尋罷復以深冀隸成德軍節度						
											幽州節度罷領瀛莫二州置瀛莫都團練觀察使治瀛州尋升爲節度使	幽州節度復領瀛莫二州廢瀛莫節度使					
廢保信軍節度使以德棣二州隸成德軍節度											置德棣二州觀察處置使省景州	罷德棣二州觀察處置使橫海節度使復領景州					橫海節度增領齊州

二年	三年	四年	五年	六年	七年	八年	九年	開成元年	二年	三年	四年	五年	會昌元年	二年	三年	四年	五年	六年	大中元年	二年	三年	四年	五年	六年	七年
																澤州隸河陽節度									
	置相衛澶三州節度使治相州尋罷相州復隸魏博																								
	罷橫海節度更置齊德節度使治德州尋廢復置更號齊滄德節度使	省景州	齊德滄節度使賜號義昌軍節度																						

八年	九年	十年	十一年	十二年	十三年	咸通元年	二年	三年	四年	五年	六年	七年	八年	九年	十年	十一年	十二年	十三年	十四年	乾符元年	二年	三年	四年	五年	六年	廣明元年	中和元年

二年		節度使孟方立徙昭義軍於邢州而兼領潞州自是五州有二昭義節度					
三年							
四年							
光啓元年	賜河中節度號護國軍節度						
二年							
三年							
文德元年							
龍紀元年							
大順元年							
二年							
景福元年							義昌軍節度復領景州
二年							
乾寧元年							
二年							齊州隸武肅軍節度
三年							
四年							
光化元年							
二年							
三年							
天復元年		二昭義軍節度合爲一復領澤州			置平營瀛莫等州觀察使		
二年							
三年							
天祐元年						賜魏博節度號天雄軍節度	
二年			更成德軍節度號武順軍節度				
三年							
四年							

唐書卷六十六考證

方鎮表三天祐元年賜魏博節度號天雄軍○通鑑在廣德元年

唐書卷六十七

宋翰林學士歐陽修撰

表第七

方鎮表

	景雲元年	二年	先天元年	開元元年	二年	三年	四年	五年	六年	七年
南陽										
山南西道										
荊南										
安西	安西四鎮都護經略大使		北庭都護領伊西節度等使				安西大都護領四鎮諸蕃落大使		安西都護領四鎮節度支度經略使副大都護領磧西節度支度經略等使治西州	
河西	置河西諸軍州節度支度營田督察九姓部落赤水軍兵馬大使領涼甘肅伊瓜沙西七州治涼州副使治甘州領都知河西兵馬使				河西節度使兼隴右羣牧都使本道支度營田等使					河西節度增領經略大使
隴右								置隴右節度亦曰隴西節度兼隴右道經略大使領秦河渭鄯蘭臨武洮岷廓疊宕十二州治鄯州		
劒南					以益州長史領劒南道支度營田松當姚嶲州防禦處置兵馬經略使					升劒南支度營田處置兵馬經略使爲節度使兼昆明軍使領益彭蜀漢眉綿梓遂邛劒榮陵嘉普資嶲黎戎維茂簡龍雅瀘合二十五州治益州

年	〔襄陽/山南東〕	〔山南西〕	〔荊南/夔〕	〔安西/北庭〕	〔河西〕	〔隴右〕	〔劍南〕
八年							
九年							
十年							
十一年							
十二年							
十三年							
十四年							
十五年				分伊西北庭置二節度使		隴右節度副使兼關西兵馬使	
十六年							
十七年							
十八年							
十九年				合伊西北庭二節度爲安西四鎮北庭經略節度使			
二十年							
二十一年							
二十二年							劍南節度兼山南西道採訪處置使號山劍西道增領文扶姚三州
二十三年							
二十四年							
二十五年							
二十六年							
二十七年							

年	〔襄陽/山南東〕	〔山南西〕	〔荊南/夔〕	〔安西/北庭〕	〔河西〕	〔隴右〕	〔劍南〕
二十八年							劍南節度增領鳳州
二十九年				復分置安西四鎮節度治安西都護府北庭伊西節度使治北庭都護府			
天寶元年							劍南節度增領霸州
二載							
三載							
四載					以張掖郡太守領河西節度副使		
五載							
六載							
七載							
八載							劍南節度增領保寧都護府
九載							
十載							
十一載							
十二載				安西四鎮復兼北庭節度是年復置二節度			
十三載							
十四載							

年	〔襄陽/山南東〕	〔山南西〕	〔荊南/夔〕	〔安西/北庭〕	〔河西〕	〔隴右〕	〔劍南〕
至德元年	襄陽南陽二郡皆置防禦守捉使尋升南陽防禦爲節度使置興平節度使領上洛安康武當房陵四郡治上洛郡	置山南西道防禦守捉使	置夔州防禦守捉使		河西節度兼隴右河西北路未幾而罷	天水郡太守兼防禦守捉使及大震關使	
二載	廢南陽節度使升襄陽防禦使爲山南東道節度使領襄鄧隋唐安均房金商九州治襄州		置荊南節度亦曰荊澧節度領荊澧朗郢復夔峽忠萬歸十州治荊州升夔州防禦爲夔峽節度使	更安西曰鎮西			更劍南節度號西川節度使兼成都尹增領果州以梓遂綿劍龍閬普陵瀘榮資簡十二州隸東川節度
乾元元年			廢夔峽節度使				
二年		置興鳳二州都團練守捉使治鳳州	置澧朗溆都團練使治澧州以夔峽忠歸萬五州隸夔州				
上元元年			廢澧朗溆都團練使荊南節度使兼江南尹荊南節度復領澧朗忠峽四州				

年							
二年	廢興平節度使置武關內外四州防禦觀察使領州如故		荊南節度增領涪衡潭岳郴邵永道連九州				
寶應元年	金商二州隸京畿龍武關內外四州防禦觀察使						劍南節度增領通巴蓬渠四州尋以四州隸山南西道其後又領松當悉柘翼恭靜環眞九州
廣德元年		升山南西道防禦守捉使爲節度使尋降爲觀察使領梁洋集壁文通巴興鳳利開渠蓬十三州治梁州					
二年			荊南節度罷領忠涪二州以衡潭邵永衡五州隸湖南觀察使罷夔忠涪都防禦使治夔州				劍南西川節度復領東川十五州

年							
永泰元年			荊南節度罷領岳州				
大曆元年			荊南節度復領澧朗涪三州		河西節度徙治沙州		置邛南防禦使治邛州尋升爲節度使未幾廢置劍南西山防禦使治茂州未幾廢復以十五州還東川節度
二年				鎮西復爲安西其後增領五十七蕃使			
三年							劍南節度增領乾州
四年							
五年							
六年							
七年							
八年							
九年							
十年							
十一年							
十二年							
十三年							
十四年							
建中元年		升山南西道觀察使爲節度使					
二年							

年							
三年							
四年							
興元元年	置金商二州都防禦使	山南西道節度使兼興元尹增領果閬二州					果州隸山南西道
貞元元年	鄧州隸東都畿						
二年							
三年	山南東道節度增領復州						
四年							
五年							
六年					涇原節度使兼領安西四鎮北庭節度		
七年							
八年							
九年							
十年	安州隸奉義軍節度						
十一年							西川節度增領統押近界諸蠻及西山八國雲南安撫使
十二年							
十三年							
十四年							
十五年							
十六年							

年	1	2	3	4	5	6	7
十七年							
十八年							
十九年							
二十年							
永貞元年							西川節度增鎮古州
元和元年							
二年							
三年			涪州隸黔中節度				
四年							西川節度復領資簡二州
五年							
六年							
七年							
八年							
九年							
十年	置唐鄧隋三州節度使治唐州						
十一年	廢唐隋鄧節度使是年復置徙治隋州						
十二年	廢唐隋鄧節度使以唐隋鄧三州還隸山南東道						
十三年							
十四年	山南東道節度增領臨漢監牧使						
十五年							
長慶元年							
二年							
三年							
四年							
寶曆元年							
二年							
太和元年							
二年							
三年							
四年							
五年							
六年			廢荊南節度使置都團練觀察使				
七年	山南東道節度罷臨漢監牧使						
八年							
九年							
開成元年							
二年							
三年			復置荊南節度使				
四年							
五年							
會昌元年							
二年							
三年							
四年	廢山南東道節度是年復置						
五年							
六年							
大中元年							
二年			荊南節度復領涪州未幾復以涪州隸黔中				
三年						升秦州防禦守捉使為秦成兩州經略天雄軍使	
四年							
五年						置歸義軍節度使領沙甘瓜肅鄯伊西河蘭岷廓十一州治沙州	
六年						秦成兩州經略領押蕃落副使	
七年							

八年							
九年							
十年							
十一年							
十二年							
十三年							
咸通元年							
二年							
三年							
四年					置涼州節度領涼洮西鄯河臨六州治涼州	河鄯西三州隸涼州節度	
五年						升秦成兩州經略天雄軍使爲天雄軍節度觀察處置營田押蕃落等使增領階州	
六年							
七年							
八年							置定邊軍節度觀察處置統押近界諸蠻并統領諸道行營兵馬制置等使領嶲眉蜀邛雅嘉黎七州治邛州

九年							
十年							
十一年							西川節度復領統押近界諸蠻等使又增領管內制置指揮兵馬等使廢定邊軍節度使復以嶲眉蜀邛雅嘉黎七州隸西川節度
十二年							
十三年							
十四年							
乾符元年							
二年							
三年							
四年							
五年							
六年							
廣明元年							
中和元年							
二年							置保勝軍防禦使治眉州綿漢二州皆置防禦使置彭州防禦使
三年							
四年							

光啓元年	升金商都防禦使爲節度兼京畿制置、萬勝軍等使是年罷節度置昭信軍防禦使治金州	升興鳳二州都團練守捉使爲防禦使治鳳州置武定軍節度使治洋州					
二年		升興鳳二州防禦使爲感義軍節度使					
三年							
文德元年	賜山南東道節度號忠義軍節度	感義軍節度增領利州			成州隸威戎軍節度		置永平軍節度使領邛蜀黎雅四州治邛州升彭州防禦使爲威戎軍節度使領彭文成龍茂五州治彭州
龍紀元年							
大順元年							
二年		武定軍節度增領階扶二州					廢永平軍節度使以邛蜀黎雅四州復隸西川節度使

年							
景福元年		武定軍節度增領果閬二州是年以閬州隸龍劍節度					彭州隸龍劍節度
二年							
乾寧元年							
二年							
三年							
四年		更感義軍節度曰昭武軍節度					
光化元年	升昭信軍防禦爲節度使	蓬壁二州隸武定軍節度使	置貞武軍節度使領澧朗溆三州治澧州				
二年							
三年							
天復元年							
二年							
三年		巴州置防禦使					
天祐元年							
二年	賜昭信軍節度號戎昭軍節度增領均房二州是年更戎昭軍曰武定軍徙治均州	山南西道節度罷領巴渠開三州升巴州防禦使爲渠巴開三州團練觀察使					
三年	忠義軍節度復爲山南東道節度廢武定軍節度復以均房二州隸山南東道節度	利州節度增領閬陵榮果蓬通六州更號利閬節度置興文節度使領興文集壁四州治興州	升夔忠涪防禦使爲鎮江節度使				文州隸興文節度
四年							

唐書卷六十七考證

方鎮表四乾元二年以夔峽忠歸萬五州隸夔州○沈

炳震曰疑當作隸澧州

唐書卷六十八

宋翰林學士歐陽修撰

表第八

方鎮表

年	東川	淮南	江東	浙東	福建	洪吉鄂岳沔
景雲元年						
二年						
先天元年						
開元元年						
二年						
三年						
四年						
五年						
六年						
七年						
八年						
九年						
十年						

年							
十一年							
十二年							
十三年							
十四年							
十五年							
十六年							
十七年							
十八年							
十九年							
二十年							
二十一年					置福建經略使領福泉建漳潮五州治福州		
二十二年					福建經略使增領汀州漳潮二州隸嶺南道經略使		
二十三年							
二十四年							
二十五年							
二十六年							
二十七年							
二十八年							
二十九年							
天寶元年					福建經略使復領漳潮二州		
二年							
三載							

年							
四載							
五載							
六載							
七載							
八載							
九載							
十載					漳潮二州隸嶺南經略使		
十一載							
十二載							
十三載							
十四載							
至德元載		置淮南節度使領揚楚滁和壽廬舒光蘄安黃申沔十二州治揚州壽以光州隸淮西					
二載	置劍南東川節度使領梓遂綿劍龍閬普陵瀘榮資簡十二州治梓州		置江東防禦使治杭州				

年							
乾元元年			置浙江西道節度兼江寧軍使領昇潤宣歙饒江蘇常杭湖十州治昇州尋徙治蘇州未幾罷領宣歙饒三州副使兼餘杭軍使治杭州	置浙江東道節度使領越睦衢婺台明處溫八州治越州	改福建經略使爲都防禦使兼寧海軍使	置洪吉都防禦團練觀察處置使兼莫傜軍使領洪吉虔撫袁五州治洪州置宣歙饒觀察使治宣州	
二年	劍南東川增領昌渝合三州	沔州隸鄂岳節度壽州隸淮西節度	廢浙江西道節度使置觀察處置都團練守捉及本道營田使更領丹陽軍使治蘇州復領宣歙饒三州			廢宣歙饒觀察使	置鄂岳沔三州都團練守捉使治鄂州
三年							
四年							
五年							
六年							
七年							
八年							

九年	十年	十一年	十二年	十三年	十四年	上元元年	二年	寶應元年	廣德元年	二年	永泰元年	大歷元年	二年
										廢東川節度以所管十五州隸西川節度		復置劍南東川節度使領州如故	廢劍南東川節度置都防禦觀察使兼靜戎軍使治遂州尋復置節度使治梓州
											蘄黃二州隸鄂岳節度		
							浙江西道觀察使徙治宣州罷領昇州杭州刺史領防禦使					浙江西道觀察使罷領宣歙二州	
	漳潮二州隸嶺南經略使					升福建都防禦使爲節度使							
						洪吉觀察使增領信州				洪吉都防禦團練觀察使更號江南西道		復置宣歙池等州都團練守捉觀察處置使兼采石軍使	
						岳州隸荊南節度					升鄂州都團練使爲觀察使增領岳蘄黃三州		

三年	四年	五年	六年	七年	八年	九年	十年	十一年	十二年	十三年	十四年	建中元年	二年
			劍南東州節度罷領昌州				劍南東川節度復領昌州						
													淮南節度增領泗州
									浙江西道觀察使罷領丹陽軍使		合浙江東西道置都團練觀察使	分浙江東西道都團練觀察使爲二道	合浙江東西二道觀察置節度使治潤州尋賜號鎮海軍節度
		廢浙江東道節度使置都團練守捉及觀察處置等使領州如故									廢浙江東道都團練觀察使以所管州隸浙江西道	復置浙江東道都團練觀察使	廢浙江東道都團練觀察使以所管州隸浙江西道
			廢福建節度使置都團練觀察處置使										
											廢宣歙池觀察處置團練使		
									鄂州觀察使兼防禦使		罷鄂州觀察防禦使		省沔州

三年	四年	興元元年	貞元元年	二年	三年	四年	五年	六年	七年
		閬州隸山南西道							
	置壽州團練使	淮南節度罷領濠壽廬三州升壽州團練使爲都團練觀察使領壽濠廬三州治壽州				淮南節度復領廬壽二州以泗州隸徐泗節度廢壽州都團練觀察使爲團練使			
					分浙江東西爲二道復置浙江西道都團練觀察使領潤江常蘇杭湖睦七州治蘇州	江州隸江西觀察使			
	升江南西道都防禦團練觀察使爲節度使		廢江南西道節度使復置都團練觀察使			江南西道觀察使增領江州			
	復置鄂州都團練觀察使復領沔州								

八年	九年	十年	十一年	十二年	十三年	十四年	十五年	十六年	十七年	十八年	十九年	二十年	永貞元年	元和元年
								置舒廬滁和四州都團練使隸淮南節度						
							置安黃節度觀察使治安州				賜安黃節度觀察使號奉義軍節度			罷奉義軍節度使升鄂岳觀察使爲武昌軍節度使增領安黃二州

二年	三年	四年	五年	六年	七年	八年	九年	十年	十一年	十二年	十三年	十四年
		資簡二州隸西川節度										
淮南節度罷領楚州尋復領楚州升壽州團練使爲都團練使領壽泗楚三州治泗州尋廢都團練使復爲壽州團練使以泗州隸武寧節度楚州隸淮南節度											淮南節度增領光州	
升浙江西道都團練觀察使爲鎮海軍節度使		廢浙江西道節度使復置觀察使領鎮海軍使		浙西觀察罷領鎮海軍使								
				宣歙團練使罷領采石軍使								
			罷武昌軍節度使置鄂岳都團練觀察使								鄂岳觀察使增領申州	

十五年	長慶元年	二年	三年	四年	寶曆元年	二年	太和元年	二年	三年	四年	五年	六年	七年	八年	九年	開成元年	二年	三年
	淮南節度增領宿州												宿州隸武寧軍節度					
															復置鎮海軍節度使數日廢既而復置踰月又廢			
						省泗州												

年							
四年							
五年							
會昌元年							
二年							
三年							
四年							
五年							
六年							
大中元年							復置武昌軍節度使
二年							罷武昌軍節度使
三年							
四年							復置武昌軍節度
五年							
六年							罷武昌軍節度
七年							
八年							
九年							
十年							
十一年							
十二年		淮南節使增領申州，未幾復以申州隸武昌軍節度	復置鎮海軍節度使				
十三年			廢鎮海軍節度使，置都團練觀察使				
咸通元年							
二年			置鎮海軍節度使				
三年							
四年		淮南節度增領濠州					
五年							
六年						升江南西道團練觀察使爲鎮南軍節度使	
七年							
八年			廢鎮海軍節度使				
九年							
十年		濠州隸武寧軍節度					
十一年			置鎮海軍節度使				
十二年							
十三年							
十四年							
乾符元年						廢鎮南軍節度，復置江南西道觀察使	
二年							
三年							
四年							
五年							
六年							
廣明元年							
中和元年							
二年							
三年				升浙江東道觀察使爲義勝軍節度使			
四年							
光啓元年							
二年							
三年				改義勝軍節度爲威勝軍節度			
文德元年	龍州隸威戎節度		置忠國軍節度使，治湖州				復置武昌軍節度
龍紀元年			置杭州防禦使			復升江南西道觀察使爲鎮南軍節度使	
大順元年							
二年							
景福元年	置龍劍節度使，領龍、劍、利、閬四州		賜杭州防禦使號武勝軍防禦使			升宣歙團練使爲寧國軍節度	

二年	乾寧元年	二年	三年	四年	光化元年	二十	三年	天復元年	二年	三年	天祐元年
				置武信軍節度使領遂合昌渝瀘五州							
											廢舒廬滁和四州都團練使置光州防禦使
升武勝軍防禦使為都團練蘇杭等州觀察使尋廢從鎮海軍節度使治杭州											
			改威勝軍節度為鎮東節度								
				升福建都團練觀察處置使為威武軍節度使							
										廢寧國軍節度使復為都團練觀察使	

二年	三年	四年		
	龍劍節度罷領閬州			
置歙婺衢睦四州都團練觀察處置使				

唐書卷六十八考證

方鎮表五元和四年廢浙江西道節度使復置觀察使○臣酉按舊書本紀二年韓臯已拜浙西觀察使矣不應至四年始廢節度也疑表誤

唐書卷六十九

宋翰林學士歐陽修撰

表第九

方鎮表

	景雲元年
衡州	
黔州	
嶺南	
邕管	
容管	
桂管	桂州開耀後置管內經略使領桂梧賀連柳富昭蒙嚴環融古思唐龔十四州治桂州
安南	

二年	先天元年	開元元年	二年	三年	四年	五年	六年	七年	八年	九年	十年	十一年	十二年	十三年	十四年	十五年	十六年	十七年	十八年	十九年	二十年	二十一年	二十二年	二十三年	二十四年	二十五年

年							
二十六年		黔州置五溪諸州經略使					
二十七年							
二十八年							
二十九年							
天寶元年							
二載							
三載							
四載							
五載							
六載							
七載							
八載							
九載							
十載							置安南管內經略使領交陸峯愛驩長福祿芝武峩演武安十一州治交州
十一載							
十二載							
十三載							
十四年		五溪經略使增領守提使		置邕州管內經略使領邕貴橫欽澄賓巖羅淳瀼山田籠十三州治邕州	置容州管內經略使領容白禺牢繡黨竇廉義鬱林湯巖辯平琴十四州治容州		

年							
至德元載			升五府經略討擊使爲嶺南節度使領廣韶循潮康瀧端新封春勤羅潘高恩雷崖瓊振儋萬安滕二十二州治廣州				
二載	置衡州防禦使領衡涪岳潭郴邵永道八州治衡州						
乾元元年	衡州防禦使罷領郴州		置韶連郴三州都團練守捉使治韶州	邕州管內經略使兼都防禦使增領羅州			升安南管內經略使爲節度使
二年	涪州隸荆南節度使岳州隸鄂岳團練使			升邕州管內都防禦經略使爲節度使	容州管內經略使增領都防禦使		
上元元年				廢邕州管內節度使置都防禦經略使	升容州經略都防禦使爲觀察使		
二年	廢衡州防禦使廢韶連郴都團練使三州復隸嶺南節度羅潘二州隸邕管觀察使						
寶應元年							
廣德元年							

年							
二年	置湖南都團練守捉觀察處置使治衡州領衡潭邵永道五州治衡州			廢邕州管內都防禦使以所管州隸桂管經略使		置桂邕都防禦觀察招討處置等使增領邕管諸州	改安南節度使爲鎮南大都護都防禦觀察經略使
永泰元年							更鎮南曰安南
大曆元年							
二年							
三年							
四年	湖南觀察使徙治潭州	置辰溪巫錦業五州都團練守捉觀察處置使治辰州					
五年				復置邕州管內都防禦使		桂管觀察使罷領邕管諸州	
六年							
七年							
八年				邕州管內都防禦使增領桂管諸州		罷桂管觀察使以諸州隸邕管	
九年							
十年							
十一年							
十二年		置黔州經略招討觀察使領黔施夷辰思費溆播南溱珍錦十二州治黔州					

十三年	十四年	建中元年	二年	三年	四年	興元元年	貞元元年	二年	三年	四年	五年	六年	七年	八年	九年	十年	十一年	十二年	十三年	十四年
							黔州觀察使徙治辰州增領獎溪二州		黔州觀察使復治黔州											
							邕州都防禦使罷領桂管諸州增領潯州													
		容管觀察使增領順藤二州	省平琴州																	
							復置桂管經略招討使						桂管經略使罷領招討使							

十五年	十六年	十七年	十八年	十九年	二十年	永貞元年	元和元年	二年	三年	四年	五年	六年	七年	八年	九年	十年
									黔州觀察增領涪州							
							嶺南節度復領潘辨二州									
						省瀼田山三州	邕州管內都防禦觀察經略使增領懷澤軍使嚴州隸容管觀察使羅州隸嶺南節度									
							辨州隸嶺南節度嚴州隸桂管觀察省湯州									
							桂管經略使增領嚴州									

十一年	十二年	十三年	十四年	十五年	長慶元年	二年	三年	四年	寶曆元年	二年	大和元年	二年	三年	四年	五年	六年	七年	八年	九年	開成元年	二年	三年	四年	五年	會昌元年	二年
				罷邕管經略使		復置邕管經略使																				

年							
三年							
四年							
五年							
六年							
大中元年							
二年		涪州隸荆南節度未幾復隸黔州觀察					
三年							
四年							
五年							
六年							
七年							
八年							
九年							
十年							
十一年							
十二年							
十三年							
咸通元年				邕管經略使增領容管十一州尋皆罷領	廢容管觀察使以所管十一州隸邕管經略使未幾復置領州如故		

年							
二年							
三年			分嶺南節度爲東西道改嶺南節度爲嶺南東道節度	升邕經管略使爲嶺南西道節度使增領蒙州			
四年							
五年							
六年							
七年							升安南都護爲靜海軍節度使
八年							
九年							
十年							
十一年							
十二年							
十三年							
十四年							
乾符元年							
二年							
三年							
四年							
五年							
六年							
廣明元年							
中和元年							
元年							

年							
三年	升湖南觀察使爲欽化軍節度						
四年							
光啓元年	改欽化軍節度爲武安軍節度使						
二年							
三年							
文德元年							
龍紀元年							
大順元年		賜黔州觀察使號武泰軍節度					
二年							
景福元年							
二年							
乾寧元年							
二年			賜嶺南東道節度號清海軍節度				
三年							
四年					升容管觀察使爲寧遠軍節度使		
光化元年		溆州隸武貞軍節度					
二年							
三年						升桂管經略使爲靜江軍節度使	
天復元年							

二年	
三年	武泰軍節度徙治涪州
天祐元年	
二年	
三年	
四年	

唐書卷六十九考證

方鎮表六上元二年廢韶連郴都團練使○臣酉按韋倫傳代宗初拜倫三州都團練使是代宗時此官尚未廢也疑表誤

大歷八年罷桂管觀察使以諸州隸邕管○臣酉按是年李昌夔拜桂管觀察使至建中二年始遷荆南此時桂管未嘗罷也此疑廢邕管以隸桂管耳

唐書卷七十上

宋翰林學士歐陽修撰

表第十上

宗室世系表

昔者周有天下封國七十而同姓居五十三焉後世不以為私也蓋所以隆本支崇屏衞雖其弊也以侵凌王室有末大之患然亦宗獎扶持猶四百餘年而後亡蓋其德與力皆不足矣而其勢或然也至漢鑒秦務廣宗室世其國地不幸世絕若罪除輒復續以存其祭祀與為長久之計故自三代以來獨漢為長世唐有天下三百年子孫蕃衍可謂盛矣其初皆有封爵至其世遠親盡則各隨其人賢愚遂與異姓之臣雜而仕宦至或流落於民間甚可歎也然其疏戚遠近源流所來可以考見作宗室世系表

李氏出自嬴姓帝顓頊高陽氏生大業大業生女華女華生皐陶字庭堅為堯大理生益益生恩成歷虞夏商世為大理以官命族為理氏至紂之時理徵字德靈為翼隸中吳伯以直道不容於紂得罪而死其妻陳國契和氏與子利貞逃難於伊侯之墟食木子得全遂改理為李氏利貞亦娶契和氏女生昌祖為陳大夫家于苦縣生彤德彤德曾孫碩宗周康王賜采邑於苦縣五世孫乾字元果為周上御史大夫娶益壽氏女嬰敷生耳字伯陽一字聃周平王時為太史其後有李宗字尊祖魏封於段為干木大夫生同為趙大將軍生兌為趙相生躋趙陽安君二子曰雲曰恪恪生洪字道弘秦太子太傅生興族字育神一名汪秦將軍生曇字貴遠趙柏人侯入秦為御史大夫葬柏人西生四子崇辨昭璣崇為隴西房璣為趙郡房崇字伯祐隴西守南鄭公生二子長曰平燕次曰瑤字內德南郡守狄道侯生信字有成大將軍隴西侯生超一名伉字仁高漢大將軍漁陽太守生二子長曰元曠侍中次曰仲翔河東太守征西將軍討叛羌于素昌戰沒贈太尉葬隴西狄道東川因家焉生伯考隴西河東二郡太守生尚成紀令因居成紀弟向范陽房始祖也尚生廣前將軍二子長曰當戶生陵字少卿騎都尉次曰敢字幼卿郎中令關內侯生禹字子通弟忠頓丘房始祖也禹生丞公字丞公河南太守生先字敬宗蜀郡北平太守生長宗字伯禮漁陽丞生君況字叔干一字子期博士議郎太中大夫生本字上明郎中侍御史生次公字仲居巴郡太守西夷校尉弟恬渤海房始祖也次公生軌字文逸魏臨淮太守司農卿弟潛申公房始祖也軌生隆字彥緒長安令積弩將軍生艾字世績晉驍騎將軍魏郡太守生雍字儁熙濟北東莞二郡太守生二子長曰倫丹楊房始祖也次曰柔字德遠北地太守雍孫蓋安邑房始祖也柔生弇字季子前涼張駿天水太守武衞將軍安西亭侯生昶字仲堅涼太子侍講生暠字玄盛西涼武昭王興聖皇帝十子譚歆讓愔恂翻豫宏眺亮愔鎮遠將軍房始祖也其曾孫系平涼房始祖也翻孫三人曰丞姑臧房始祖也曰茂燉煌房始祖也曰沖僕射房始祖也曾孫曰成禮絳郡房始祖也豫玄孫曰剛武陵房始祖也歆字士業西涼後主八子勗紹重耳弘之崇明崇產崇庸崇祐重耳字景順以國亡奔宋為汝南太守後魏克豫州以地歸之拜恆農太守復為宋將薛安都所陷後魏安南將軍豫州刺史生獻祖宣皇帝熙字孟良後魏金門鎮將生懿祖光皇帝諱天賜字德眞三子長曰起頭長安侯生達摩後周羽林監太子洗馬長安縣伯其後無聞次曰太祖次乞豆定州刺史房

後魏定州刺史乞豆	閼化郡公後周秦河渭三州刺史貞			
	襲公後濟南鼎 周中衞公隆州 二州刺刺史士 史慧都			
	尚輦 直長 上善	西平 王晉 定	北平公 世武	
		嗣楚 王靈 夔出 繼智 雲		
	右衞 將軍 延之	嗣楚 公右 威衞 將軍 福	濟	益府 長中 濬
	自由	右羽 林將 軍丞 況		麟 相 肅 宗
				登封 令全

郇國公洽　乂羅

滿才　從　大理少卿直方

君房

太祖景皇帝虎字文彬後周柱國大將軍唐國襄公八子長曰延伯生於山東其後太祖入關延伯仕北齊爲散騎常侍武德四年追封南陽伯附屬籍貞觀初罷之與姑臧絳郡武陽公三房號四公子房至開元二十三年復附屬籍

南陽公房

南陽公延伯 隋廣平太守昭　貴　周南陽太守昭仲　秘書丞元瑋　司儀員外郎朏　監察御史晞

譙王房

譙王眞字長宣　竟陵郡王道素以雍王第五男部子繼

蔡王房

蔡王國同朝州總管相燕恒三州刺史襄武縣公　西平懷王安字玄德隋右領軍大將軍趙郡懷公

平原王瓊　平原王崇嗣丹冀貝三州刺史宗正卿諡曰懿　太常卿蔡國公法祥　嗣衞王保定出繼玄霸

霍山王璡　霍山公洪嗣以漢陽郡王瓌子繼諡曰武

襄武郡王琛字惟寶一字道恭　襄公儉　裔孫太常卿居士

河間元王孝恭　蒲同絳陝幽夏六州刺史益州長史譙國公崇義　襄　譙國公　河西令　尚丘

雙流令昭　錫

衡初名鋭

襄譙國公太子舍人冰　軫

宋王府司功參軍晙　輪

婺州長史況　宗正丞士詹初名寬　邑

岊

嵒

巒

峀

和州刺史士英初名容　岌

崟

岑

永康令士先初名宏

越州參軍凝

河南府法曹士瀛初名宰　然　保淋　漢和

保榮

太子通事舍人保眞　知朴　左金吾引駕押衙厚

可信

小老

先遠初名可集

玄都

可誠

可立

小都

小休

保昇

崗

徽

幽府錄事參軍岕　岸

西河丞士恭初名宋　玉　疆　文春　左武衞兵曹參軍嵩　弘丕

弘侍

弘惠

弘球

弘抱

文芳　播

拒　弘晟

温州文學奉禮郎文經　樂　仲瑄

讓　初遠

省

燮

統

尚範　揚府戶曹參軍司道　少府監右衛郎將貶夏州司馬滲

岐王府參軍峻復州刺史惻　浩　翼城令汪　諸暨令罕　永新令雙　宋州長史兼　永王府參軍重　吳興郡司功參軍梟

遇　迴　邁　迪　平　茸　聳　覃　宰　少戩　少益　少雅　少誠

文絢　文明

道超　道遷　道適　道延　道遄　友

瓌　珵　琮　鉼

秋官尚嗣吳書崇嗣王榮

尚旦　尚古　延州刺史尚賓

司勳員外郎延坊州三州刺史貶宦州司馬濯　仙鶴　仙童　仙芝　濮陽太守頎　相如　簡如

綏山令總　福州戶曹參軍璒　庶　井　渾　將作監士則　雅信二州刺史岑

少諫　永嘉監官謂　少府監鍨　況

太子詹事右散騎常侍休古　自勗

正平令復元　太子司議郎茂元　宗正少卿通元　大理司直道元　黃金令光元　大理丞湖陽令孟元　大理丞師全

宗正丞郁　五領租庸判官蒙州刺史漳　開封令守一　賴州錄事參軍郢　榮澤尉封　鄆城主簿鄖　南頓尉郊　陪位出身鄧　陪位出身鄗　陪位出身邠

胙尉　途　長垣主簿與　陪位出身瓘　陪位出身瑕

濟北郡王瑊　襲濟北郡公梓州刺史崇敬

岐州刺史崇輿　都水使者右金吾衛大將軍儉　襲濟北郡公太子中允孚

植　襲濟北郡公須江令蘧客

愿　太子家令炎

右金吾衛大將軍方叔　襲濟北郡公衢黃二州刺史兼

莆田令丹

崇　舜卿　巖

承誨　仁景　仁詡

士元　甫　正白　欣　款　歆　正輔　正朴　宣

璸　琚　玢　昪　昂　平　勉　希　宗道　宗揚　宗元　宗善　宗閔　宗亮　宗魯　宗巖　宗禮　宗古　宗回　宗何　晁　暈

防禦使興平軍節度使御史中丞鎮

隴西郡公青衍慈邢汝五州刺史永王傅津客　倉部員外郎憎　襲濟北郡公北海令鈒　沂水令循　青州司法參軍事爰　坊州錄事參軍各　陪位出身遜

黃令慶　陪位出身勍

陪位出身重

陪位出身沐

陪位出身洞

陪位出身洪

陪位出身弘

陪位出身汝

博興令元保　陪位出身經

陪位出身蒙

元立　陪位出身應

陪位出身綜

陪位出身周

陪位出身撰

陪位出身方

陪位出身順

陪位出身全　陪位出身筠

千乘令敦禮　陪位出身邵

陪位出身鄴　陪位出身榮

吏部郎中直　密州錄事參軍讓　大理評事瑜　申州錄事參軍聊

祕

光州司法參軍遣　登州參軍興

普州文學參軍頊

安州司馬勤　徐州錄事參軍朗

邵州長史前司農卿鉊　御史中丞元亮

大理司直兼監察御史元道

盩厔尉元規

右金吾兵曹參軍元會

江陵府參軍元簡

太原府參軍元舉

太子文學元明　太子賓客容　詹事府丞涪　陪位出身承遠

邾城令湘

孟州錄事參軍澤　承邁

元衡

元輔

河南功曹參軍倫　翼城令巨濟　梓州司士參軍論　通義令孟　襄陵主簿瓌

漢陽王瓌　兗州長史沖寂　脩州刺史銳

各官尚書沖玄　祠部員外郎恒

中部郡太守惇

尚方監沖虛

濟南王楷隋工部尚書黃臺縣男　順陽公瑋　襄濟南公思敬

畢王房

廬江王瑗

畢王璋周汴梁亓刺史永安壯王孝基　嗣王道立以雍王繪男部太子高平公繼　蔡國公景悏

畢國公景淑

太子左贊善大夫孟康

楚州刺史仲康　衢州司士參軍濤　越州士曹參軍居介

南陵尉居左

鄠尉居敬

居易

睢陽郡太守少康　右僕射涵　鮪

覘

鯛

汧

濃

宗正少卿少連

子　孫　曾孫　五世　六世　殿中侍御史師素

子　孫　曾孫　五世　六世　七世　八世　九世　十世　永和令知保

雍王房

雍王賢江夏愍王繪　長平王贄　淮陽王道玄

淮陽王道明

東平王韶　景融　務該　思一　晉原尉岌　陝府左司馬邢　[illegible]城主簿郊

鹿城令激

芮城尉放

宗正少卿漢字南紀　晛

贍

漼字經野

洸字正武

潘字子及　炬字則中

炯字著明

江夏王道宗字承範盧國公　相州刺史景愼

子　孫　曾孫　汭　戶部員外郎宗

宗正少卿涗

潞城令景仁字楚子

廣寧公道興

博陵郡公道彥　御史中丞知柔

刑部郎中知止

鄅王房

鄅王禕陳留太守長平郡公　武陵郡王伯良

長平肅王叔良字孝協郇國公　思愼

思言

思泰

思本

思莊

夔州司功參軍思正　蘭陵丞令望　璨

衆

倫

婺州刺史襲郇國公思忠　宣州士曹參軍建成　泗水令峻嶒　奉先令如仙　綿州刺史騈　成都少尹寓

阿端

鄆王傅知隱　度支漁陽監事銳

邠州司法參軍臻

南鄭令知章　潛

京兆少尹知義

回初名躔相武宗　滑州觀察巡官知柔

興平尉塤字潛元

山南東道節度掌書記筠字禮符　江陵令少徵

小篤

濤江

萬倩

高巖

澄潭

芳苑

海州司倉參軍漣成　冏

固

文水令遂成　曹州上曹參軍明眞　朝仙

宜春令玄眞　文迪

太子僕超成　許州司馬澄眞

文昌壽州團練使文通破蔡州有功終遂州刺史　監察御史穆

臨濮令鎭

祕書少監中庸

太府少卿元　壽　承礭

承休

仲寶　承端

淬　承績

隋縣令去戚死王仙芝之難贈隋州刺史

阿圭

權

質

業

實

耽

櫝

高卿

華陽郡公原州長史孝斌　彭國昭公左武衛大將軍思訓字建　魏州別駕福道

儀王府司馬復道

太原府倉曹直集賢院昭道

揚州參軍思誨　林甫相玄宗　將作監岫　司儲郎中專

中山郡王仲良　去病以季良子繼
季良
新興郡王德良　西陽郡公仁裕　新興郡公戶部尚書晉　宗正卿濟　左金吾衛大將軍通
　　左金吾衛大將軍翰
林宗字直木
太常少卿嶼　武功令崒　符寶郎崴　宗正卿弘澤字德潤　汴州參軍仁之
　　昌圖
　　虢州參軍損之
　　常熟尉大雅

大鄭王房

長樂郡王幼良　上黨孝公矩
　　都水使者仁方　處淨
　　蔡國公仁敎
　　張掖郡公水部郎中欽
鄭孝王亮隋通興太守長社郡公　淮南靖王神通　膠東郡公道彥　辰錦觀察使昌晤
　　荊南節度使檢校工部尚書昌夔
　　高密郡公孝睿

淄州郡公孝同　左衛將軍暕　劍州長史廣業　戶部尚書國貞字南華　錡　師回
　　蘄州刺史鎰
　　郇令豐士
　　長安尉豐器
廣平郡公孝慈　徐州刺史瑑　右金吾將軍若冰　京兆尹銛
河間郡公孝本
尚書左丞孝友　工部尚書珍
清河郡公靈州都督孝節　汝州刺史項
　　幽州都督琬
　　鄭州刺史瑜　光祿卿昇　溝　誦
　　　　諲
　　　　諤
　　　　武都郡公吏部尚書嵩　起居舍人造
　　　　太僕卿暈　太子少傅鄭國公遵　太常少卿調字伯英
　　　　　　御史中丞東畿採訪使遇　河東節度使說字巖甫　太子通事舍人公敏
　　　　　　靈鹽朔方節度使公度
　　　　　　公輔
　　　　　　千牛備身公佐

公宥
絳州刺史祕書監勛　眞宰
兵部侍郎進　江西觀察使少和
膠西郡公司農卿孝義　襄公南州司馬璥　泗州刺史孟犨字公悅　金州刺史權
清漳
尉衡
檢校虞部員外郎兼侍御史樞
歙州別駕黔
渭南令房　萬鈞　磵字耀山
　　千鈞　磁字景山
　　　　蟾初名礵
　　　　蚡字漢山　延璧字冠祥
　　　　嬪字懿川　昭裔字延海
　　　　　　昭業字延章
　　　　　　昭圖字延譽
　　仁鈞　硎字次山
　　　　礎
宗正卿太子賓客隴西縣子冀字則之　大理評事良鈞
　　陸渾尉正鈞
　　執鈞

鹽州刺史孝銳 弘農太守璟 刑部尚書齊物 鄭滑節度使檢校右僕射復

一子山身直鈞

司農少卿倏字堅 昌

淮安忠公宗正卿秀字秀 陝王府戶曹參軍齊晏

少府監齊克

文部侍郎暐 御史中丞汶

刑部侍郎曄

符寶郎旰

梁郡公給事中孝逸

襄邑恭王神符 廣宗郡公仁鑒 中書舍人猷

臨川郡公刑部尚書德懋 左衛將軍思齊 鄜城令知賢 司農卿謚曰敬模 太子賓客守散騎常侍詞 吏部郎中顥鈞

將作監話

明州刺史諝 左諫議大夫從規

懷州刺史從矩

檢校刑部郎中從毅字仁卿 竦字特卿

興元節度使檢校工部尚書從暉字含章 國子監主簿伷

司農寺主簿俶

擢字大用

成都府參軍拙

招

尚書右丞擇字仁表

太常卿從乂 右拾遺濬沖

檢校戶部員外郎濬源

太子左庶子甫 左諫議大夫敬倫 試協律郎仁嶠

弘文館校書郎仁峻 惟邈

大理司直敬悅 昌忠

攝泉州衙推昌岳 惟植

昌嶼 梨

太子左贊善大夫從師

江陵少尹從吉

太子左庶子從方

宗正少卿從貞

咸陽縣尉史館修撰從實

福建觀察使誨

廣川郡公義範 靈州刺史襲廣川郡公邇 成紀令朝 尋陽丞儀 湖南觀察使檢校右散騎常侍叢 伊陽丞良史

國子廣文春秋博士彬

湖州錄事參軍眞 濟州尉弘乂字大能 虬

乾

肩

文 撖

常州刺史翦

魏國公幽州大總管文暕 宗正卿佺

挻 太僕卿栖字康幹 鶴 長水令台 南陵令靡

湖南觀察使兼御史大夫庾字子虔 衡州刺史延澤

鴾

太子少師鵠 禮部尚書太子賓客分司東都恬 湖南團練副使檢校工部員外郎宗師 祕書省祕書郎瑄

漳州刺史璟 仁魯 鐸

錫

叶

準 用霖

華州文學仁穎

鶼

鴿

鴝

鶚

滁州刺史讜

池州刺史倸

嘉州刺史宗長

中牟令宗規

程字表臣，相敬宗

武寧軍節度使、檢校工部尚書廓

濟

昌符字巖夢

萬年尉、直史館書字貞燿

華陽令庇

太子中允慶

祕書省祕書郎庠

太子通事舍人廡

殿中丞、襲魏國公捷

虢州刺史堅

盛唐令鵬

石字中玉，相文宗

贛

太子太傅、同平章事福字能之

太常卿就

汴州法曹參軍彥保

正字佩

扶

駕部郎中玩字成璉

監察御史籍

昌素

梁王房

代祖元皇帝諱昺，周安州總管、柱國大將軍、唐國仁公。四子：長曰高祖，次曰梁王澄，次曰蜀王湛，次曰漢王洪。

安平公國子祭酒仲思

文舉

宗正少卿言思

兵部郎中華

懷州刺史肇

膳部郎中勍字德勝

太府卿棨

太常博士、宗正寺修撰頵字昭升

給事中元龜字從吉

涪

璩

監察御史航字般用

梁王澄

彭城王士衍

淄州刺史陳國公玄同以隴西王博乂第五子繼

荊州司馬玄弁

江東郡王世譓

衡山郡王世訓

宗正卿隴西恭王博乂以蜀王第二子繼

蒲州潼水府折衝陳留郡公懷仁

師益

元蚨

天益

道益

常州司馬普昌縣男懷節

元益

瓛

班

倩

溫州刺史將國公懷讓

貞

質

璩

瑗

瑾

京兆尹慎名

司門員外郎自下

慎終

蜀王房後爲渤海王房

蜀王湛

襄城王容兒

懷眞以隴西王博乂第三子繼

左衛大將軍渤海敬王奉慈

眉州刺史義節

瀛州司馬如珪

益州戶曹參軍匀

慶王府典庫牧

江陵尉兗

贊善大夫參

華原丞桐

大理評事元

左羽林錄事參軍方

福建觀察使椅

信州刺史充

承構

南陽令承緒

六局丞承規

長水令直
稷山尉承祚
京兆府戶曹參軍齊
同州參軍知海陵監丸
黔州刺史樟
玄
亮
梓州刺史季貞初名栝
奭
商
宗正丞逢
溫江令杞
京
交
遷
唐興令蜀
繼
臨卭尉署
前宗正寺明經
鯨
陪位出身武
陪位出身寔
長
及
唐州刺史隴西縣男如玉
袁州別駕
常州別駕
朝晟
冬日椮
朝式
岐陽令譸
徐州司馬淩
南陵令瀌
洵
濛

都水使者夏日
涇陽令標
江陵府士曹參軍朝相
涓
龔丘令朝盈
寧州參軍撓
商州別駕楞
河中府戶曹參軍朝師
授
溶
元樞
洌
微
杭州參軍朝英
朝野
猗氏令朝用
朝汶
朝衡
徽
徹
徐泗節度判官楓
揚州法曹參軍朝宗
亳州參軍偘
吏部常選貞伯
寧化尉厚
洪州參軍求中
芮城尉惠伯
申伯
陽翟令何
豐城丞景伯
吏部常選侶
鄴尉宣伯
義方
稷尉朝諫
朝清
休甫

朝興
吉羅
安悉
竹箭
朝威
膠初名朝艮
橦
虞卿丞縱
太子通事舍人春日
坊州司法參軍樿
棹
冀州別駕守一
勉均
左府率長史國寧
江陵府功曹參軍系
襄州司兵參軍國平
京兆府法曹參軍國榮
黔中觀察使國清
東陽令季方
弘周
安州刺史部
渭南尉有方
成都府司錄參軍國英
越州司錄參軍勵均
漣水令岑
岌
崴
良原令助
左金吾衛大將軍兼鴻臚卿嗣徒
左監門衛率府兵曹參軍維城
承宗
均

左驍衛長史勤均
撫錫令封均
鳳州刺史信伯
新津令稱
渠江令言思
知遠
七盤令言中
陪位出身言約
東漢
稽
臨汝尉穗
隰陵令稹
汧源令稠
玄武主簿柅
延州別駕振
浙西長史嗣金
壽州長史樛
盈川令杠
補陽尉薆
平盧節度判官戡字定
審之
臣
順陽丞標
涇陽尉招
江陵錄事參軍纂
祐
建
伕
猗氏令管
隴州錄事參軍件
吏部常選景之
昭應令信
臨濟川建度
中牟尉睚
靈昌尉玄謀
鄜州刺史宗正少卿篆
管城尉某
左金吾衛大將軍
趙州刺史嗣彝
諸暨尉橡

南陽令操
濟王府戶曹參軍椁初名樟
襄陽令繼祖
栒
櫰
左率府郎將嗣琳
司議郎相
栝
札
都官郎中嗣壤
宗正卿拭初名檀
宗正卿仍叔字周美初名章甫
檢校水部員外郎兼嶺南節度副使焜
潤州參軍暉
襄州支使綯字繪老初名弘本
鄠尉弘文
四會令弘略
主客郎中讓
延興初名廷玉
楣
遂州司馬知本
汾州長史守慎
青州司倉參軍子房
昇
延州司馬友諒
惠陵臺令晃
潞府士曹參軍審
偃師尉江
太牟令思文
靈寶主簿思永
涇王府功曹參軍從
鄜州錄事參軍蒼梧
洛水主簿弘慶
洛交主簿弘度

白馬令乃武
察
閬中主簿弘恕初名楚
閣
三泉令寧
龍江主簿緒
吏部常選鎮
襄城尉綱
瑰
隋州錄事參軍唐城令穀
經
河陽尉絢
禎顒
吏部常選紹
徐州司戶參軍昂
金華丞盱
垣尉渾
炫
烔
密令曠
玉城主簿公瑾
公贊
陽翟尉公度
汴州司倉參軍寀初名公器
猻
公選
濡水令暐
宋州參軍公倍
安州倉曹衛州錄事參軍公約
元江令克勤
蘊中
蘊達

							饒州錄事參軍暢
							鄆都主簿確
							雲夢令克讓
							導
							克章
					左金吾倉曹參軍昉	穀城令從簡	蒲圻丞必聞
							南陽尉貴
						從神	
						金	
						澧州司倉參軍公立	
				蔡州司戶參軍友貞	定陵令旻	恒王府參軍寔	
						晉陽丞寬	
						烏程令寵	
						宏	
						容	
					雍丞昱	寂	
						宇	
						宙	
		代州都督景城縣男行褒	守忠				
		餘福					

		國子祭酒隴西郡王餘慶	壽王府司馬儒舟	滄州司戶參軍元遷	益州司戶參軍日休		
					華陽尉日航		
				睦州長史兼家令琬	太子典膳郎闡		
					新津令闕		
				金城令壽	乾元丞日用		
					襄城丞日成		
					永王府參軍日知		
					昭州刺史日敷		
				晉州參軍彝	日正		
				嘉王府長史瓊	汧源尉暹		
					華陽令暄	況	
						成都丞進	
					江陽令晤	閬州別駕潔	綿州參軍同節
				成都司戶參軍璥	支補以荊國公玢子繼		
			岐王府功曹參軍元邃				
			右領軍長史元遲	壽鄉令可贍	澧州司戶參軍信		
					吏部常選修		
					揚子丞像		
				黃州司馬可闓			
				國子監丞可器			
		圓滿	崇禮				
			崇慕	懷州參軍儀	易從		
					敬從		

				脩	
		渠州司馬寶續	洛		
			晉州司功參軍常光	可襲	
				可獻	
		尚輦奉御明遠	睦州刺史無言		
			無忝	漢部郎中霸	
		殿中丞明哲			
	嗣沈黎侯長沙出繼元景		嗣荊王逖		
漢王洪	巴陵郡王盤陁				

唐書卷七十上考證

宗室世系表上大業生女華○臣酉按史記秦本紀大業取少典之子曰女華女華生大費則女華乃大業之妻可以爲子乎

女華生皐陶○臣酉按史記女華生大費注正義曰大業是皐陶大費是伯益則大業皐陶本是一人大費爲伯益正是皐陶子今以皐陶爲大業之孫可乎且據新書宰相世系表裴氏下云女華生大費大費生皐陶則皐陶又爲伯益之子矣其自相矛盾如此

其後有李宗字尊祖魏封于段爲干木大夫○沈炳震曰北史序傳子孫散在諸國在魏者爲段干大夫段干木其後也據此則段干爲姓而木乃名表則李宗封于段而干木乃大夫爵名也

唐書卷七十下

宋 翰 林 學 士 歐 陽 修 撰

表第十下

宗室世系表

高祖神堯大聖大光孝皇帝二十二子分十五房曰楚王智雲曰荆王元景曰徐王元禮曰韓王元嘉曰彭王元則曰鄭王元懿曰霍王元軌曰虢王鳳曰道王元慶曰鄧王元裕曰舒王元名曰魯王靈夔曰江王元祥曰密王元曉曰滕王元嬰智雲元景皆無後

徐王房

徐康王元禮 ｜ 淮南王茂 ｜ 嗣王宗正員外卿璀 ｜ 嗣王餘杭郡司馬延年 ｜ 嗣王施州刺史諲

淮南公蕃

汶山公蓁

韓王房建中元年詔改爲嗣鄆王房懿宗即位復舊

韓王元嘉 ｜ 潁川郡公訓

武陵郡公誼 ｜ 楚國公野

黃國公譔

上黨郡公諶

嗣韓王太僕卿訥 ｜ 嗣王叔璩 ｜ 嗣鄆王煒

彭王房

彭思王元則 ｜ 嗣王綱以霍王元軌第五子繼 ｜ ｜ 志謙

嗣王左千牛衛將軍志暕

小鄭王房稱惠鄭王房

鄭惠王元懿 ｜ 嗣王遂州刺史璥 ｜ 嗣王太子詹事希言

贈左僕射察言 ｜ 太僕少卿楚州別駕自僊 ｜ 夷簡字易之相憲宗 ｜ 匡文

夷亮

夷則

夷範

陳留郡公兗州刺史虞部郎中朔 ｜ 宗冉 ｜ 澹 ｜ 令圖字德遷

給事中湯

字希仁

溧字希尚

韶州刺史泊 ｜ 鏻 ｜ 若愚

鉊 ｜ 承翰

宗閔字損之相文宗 ｜ 琨字希立 ｜ 銳字執聖

桂管觀察使瓚字公錫 ｜ 欽說字巖卿

眉州刺史自昌

霍王房

霍王元軌 ｜ 江都郡王緒 ｜ 嗣王志順 ｜ ｜ 嗣王右千牛員外郎暉

呂國公 ｜ 嗣公立言以南海公瑢第三子繼

樂安郡公珪

上庸郡公琰

樂陵郡公球

南海郡公瑢

安德郡公琳 ｜ 嗣公岐州刺史擇言以南海公瑢次子繼 ｜ 勉字玄卿相德宗 ｜ 續

纘

緯

兵部員外郎約

新平郡公遂

邵陵郡公珩 ｜ 左千牛衛將軍德言

虢王房

安定郡王純 ｜ 部國公志直以南陽郡公綱長子繼

胙國公綽 ｜ 翼國公志廉以南昌郡公絢長子繼

南陽公綱 ｜ 襄公志悌

南昌郡公絢

山陽郡公繹

虢莊王鳳 ｜ 嗣王翼 ｜ 嗣王寓

鄶國公顒

定襄公宣州刺史宏 ｜ 嗣虢王秘書監邕 ｜ 嗣王河南節度使巨 ｜ 嗣王左金吾大將軍則之

鄅國公昭義軍節度使檢校吏部尚書承昭字承昭 ｜ 循王府長史宗之

太僕寺主簿徵

榆次令應

潤之

東莞郡公茂融 ｜ 濮陽郡王宗正卿徹

中山郡公堯臣 ｜ 襲公宗正卿伯潛 ｜ 鄭州刺史韜 ｜ 密令承晧

燕郡公舜臣

道王房

道孝王元慶 ｜ 嗣王誘 ｜ 嗣王宗正卿微 ｜ 嗣王宗正卿鍊 ｜ 嗣王京兆尹實

東安郡公壽州刺史詢

南康郡公諒 ｜ 嗣公崎

信安郡公詡

廣漢郡公諡
鄱陽郡公諲
敷城郡公誕　右千牛將軍岑　嗣公雲　兵部郎中洞清
魯陽郡公諯
修城郡公諫　兵部尚書辟彊十一世孫元夔　鴻臚卿紹封　仁濟　匡遠字聖父
允濟　在愚字韜業

鄧王房

鄧康王元裕　嗣王炅以江王第五子繼

舒王房建中元年改爲嗣郢王房

舒王元名　豫章王亶　嗣王左威衛將軍津　嗣王善　嗣王藻
鄅國公昭

魯王房寶應元年改爲嗣鄒王房

魯王靈夔　清河郡王誂
范陽郡王左散騎常侍藹　嗣王宗正卿道堅　嗣鄒王太僕卿字　萃
蔡國公道欽
戴國公宗正卿道邃

江王房

江安元王祥　永嘉郡王晫
武陽郡王復州刺史畈　蕖　贈秘書監萬康　隴西郡公左領軍衛大將軍太常卿楚珪　洪州都督長史尚殷　暖　承光　珦　崇
忠
賢
孝
濟

環
僎　愈　最　兒　團　滈
冬
智
勤　相
須　庫
崇　譽元
繼
祚　呈　玲　寵
勇
尚炅
左驍衛翊府左郎將尚盈　太原府至節府折衝都尉日進　奎
尚達　闢
奉天定難功臣左武衛將軍鼂嵩　左翊府中郎將尚春　善訓府左果毅都尉懷順　禮
寧
鞠
瑤
時　玩　闕　邦
右衛絳州新田府折衝都尉希悅　翊　顥　鍵　悇
詡　省　琚　岫
奉天定難功臣左金吾衛大將軍尚芬　右金吾衛翊府左郎將庭金　引　調　郁　陣
戀　卿
賁　坤　勝　認
庭芝　事　珠　鞠　溫
高
育　愼

縱
愈　艮　仰
壽王傅浙江東道越福十二州招討海賊使鼂唐　桂州長史尚儀　紹宗
左羽林大將軍試鴻臚卿隴西縣男尚祿　興宗　孝隨　承霏
謇　因　泗
興昌　謀
律　檢　晉　玉
銳　鄖　崑　皎　武
約　略　忍
中義　莆田尉翔　逢　邰　演
晦
迥　瑞　威　餘
感　護
鳳　藹
憧
筠
璉
試太僕卿尚鋥　全交
全立
全經
右驍衛翊府中郎將尚義　思勤
試千牛衛長史思頊
左驍衛翊府中郎將鼂從　江澄
江淸
尚長
丹州長松府折衝都尉尚容　標　續　彥　師　將

任國公昕 尚榮 浩然
義興郡公皓
廣平郡公昃 嗣鄧王右監門衛大將軍孝先
信王傅繼先 鳳翔少尹無諂
澧國公金吾衛軍繼宗
中郎將繼賢
鉅鹿郡公晃 嗣江王千牛將軍欽
暹

密王房
密貞王元曉 南安王穎 嗣王昺
亮 嗣王昱

滕王房
滕王元嬰 薛國公修琦
長安公修琰
嗣滕王修瑀
下邳公修瑤
蘭陵公修琜 金山公知禮
昌寧公知節
臨海公修玢
臨淮公修琬
修頊
修玘
修琨
修珽
修琢
修琮
修琋
修珵
修琈
修琚
修琂 嗣滕王涉本名茂宗 嗣王殿中監湛然

太宗文武大聖大廣孝皇帝十四子長曰恒山愍王承乾次曰楚王寬出繼次曰吳王恪次曰濮王泰次曰庶人祐附濮王譜次曰蜀王愔次曰蔣王惲次曰越王貞次曰高宗次曰紀王慎次曰江王囂次曰代王簡次曰趙王福次曰曹王明囂簡福皆附曹王譜

恒山愍王譜
恒山愍王承乾 郇國公象 太子詹事玭 宗正卿粹 信州刺史佃
尚書左承廙 邕管經略使兼御史中丞位 孟輿
仲權
季謀
適之相玄宗 霅
鄠州別駕厥 扶風郡太守昶
旭
醫

吳王房
吳王恪 成王千里初名仁 太僕少卿天水郡王禧 蔡國公漼
右金吾衛將軍鄎國公峒
朗陵王瑋 嗣王祚
廣漢王祗本名榆
淄衛宋鄭梁幽六州刺史贈吳王琨 信安王禕 越國公峘
戶部侍郎嶧
峴相肅宗 孝孫

峽
品
巒
左千牛衛將軍崗
畢國公襦
禰
吳嗣王祇 蘇穎二州刺史岵
峼
嗣王巘 嗣王寅 復
袿
歸政郡王璄 吳國公禬

濮王房
濮恭王泰 嗣王欣 嗣王嶠初名餘慶 襄陽郡司馬誠初 鴻臚丞倚 自勤
自建
自順
自誠
自愔
誠逸
誠奢
誠耀
誠超
誠平
誠惑
誠疑
永興丞誠滿 信
何
侗
新安郡王徽
蜀悼王愔 廣都王璹

江陵郡公瑾

房鄧台三州刺史嗣王璠

蔣王房

蔣王惲 | 博陵王焯

嗣蔣王煒 | 銑 | 嗣王紹宗 | 濟州司馬欽業 | 吏部常選邊 | 贊字子匡

嗣王左千牛衞將軍欽福 | 頎

顒

頍

濠州司馬欽鍔 | 序

廙

蔡國公煜 | 承業

承嘉

承肩

左武衞將軍蔡國公承祖 | 鄂州別駕之遠 | 岳州長史禱 | 吏部常選驂

吏部常選騎

驤

太子賓客之芳 | 奉天皇帝廟丞佇 | 珣

玠

定陵令之芬

同州別駕成紀縣男之蕚

忻王府司馬清河縣男之藺 | 左清道率府兵曹參軍係

傾城令俟 | 永城尉駉 | 從質

從師

從古

從人

從衆

澤州參軍紀 | 從素

從曾

從儉

佟

佚

泗水公烱

五原公逖

六安公珙 | 襲公忠王府長史思絢 | 襲公殿中監恕

都水監丞巳

珍州司馬承煦 | 昌庭

國芳

國幹

弋陽郡公煥

建寧公休道 | 中山王据初名思順 | 右衞長史齊昌 | 繁

宗正卿齊運字仲達 | 太常主簿贊初名庠 | 珂

項

康

庾

典膳丞贊

濟明 | 廉

九真郡公發

潯陽郡公爽 | 襲公右武衞將軍森初名溫 | 鴻臚寺主簿盈 | 監察御史裹行乘 | 連江令蘷

湖城主簿覃 | 處儀

處修

處位

七盤令早 | 處厚

硤石尉平 | 處約

六合尉常 | 處仁

玉城尉準 | 處讓

宗正主簿嶷 | 譙尉聿

臨渙尉單 | 嗣宗

茂宗

元宗

紹宗

峯

芊

牟

橋陵令美 | 萬州刺史元系 | 萬州錄事參軍知至 | 博雅

興平丞博文

餘姚令元隱 | 知則

杭州刺史構 | 太常寺協律郎種

常州司法參軍稅 | 希

茂玄

茂豪

茂竟

滁州司馬穠 | 玄一

兵州司馬稜　茂輿
渾
錢塘丞程　茂雍
茂高
茂元
鄭丞稹　茂文
茂章
茂奇
吏部常選積
亳州司戶參軍掄　湖州參軍稠　綘
純
綬
稱　縉
紳
稠　綽
緯
嵇滋尉樅　元立
元直
安州別駕括　申州刺史班　越州兵曹參軍稟　吏部常選承慶　寔
寰
宬
吏部常選承榮　寮
審
吏部常選承敘
吏部常選承義
吏部常選承恰
同州司馬參軍璘

節愍廟令繁
盧州司馬揖　嘉興丞顏　績　譯
訊
纁
吏部常選顒　吏部常選績
紳
義烏丞穎　紘
紵
綱
尚衣奉御滔
安定郡公封　潁川郡伯椿初名承恩　蜀州司馬參軍若愚
太子文學若冰
蘄州刺史若水　太常寺協律郎雄　文力
文方
慶王府兵曹參軍若舊　義烏主簿廣　維寧
維城
維平
維清
廣州司馬若思　某王府參軍卓　仁忠
仁志
仁愿
仁恕
慶王府參軍準

成王府參軍若虛　吏部常選標　角
房
延王府參軍若彥
咸寧郡公珪
潁田郡公璋
汝南郡公詧
同安郡公游素
眞安郡公游藝

越王房

越敬王貞　琅邪王沖　汲
洽
沈國公溫
常山公清
臨淮公珍子　晉州參軍銳　嗣越王存紹
規

紀王房

紀王愼　東平郡王續　徐國公行淹　兗州錄事參軍毅　季隼
王屋主簿季和
武陟尉炳
修武尉汀
讓
項城令平仲

商州錄事參軍方叔
鄧州參軍成季
穀熟尉幼直　王屋主簿少和　仁軌
準
行餘
泗州長史歐　湧
弁
弇
羿
義陽郡王琮　行遠
行芳
鄧國公汝州刺史行休　寧州刺史杭　大理丞較
新平令幹
西河令軺　高平令
季貞
遂平令
君儒
曹州別駕兢　成都府士曹參軍覲
右率府兵曹參軍韜
吏部常選輪
狄道縣男宗正少卿晛　猗氏丞軿
陝令輯
漳州刺史軻
左率府兵曹參軍轅
虞鄉尉轅　黃

宗儒
劍南效職章
瓘
汎陽令寫　宗儀　興子
阿神
太原府司錄參軍原
陽翟令宗本
譙尉應
阿師
諸暨尉李五
樂安縣公衡州別駕愻
丹陽郡公宋州刺史庄　襲公汴州節度使行褘　均州刺史清　陝州兵曹參軍審　文舉
晉州參軍榮子　譙丞衢以姊婿崔獻諫子繼
萬泉令立言
同州司馬文通　元立
永樂令宸　敦敘　元度
扶風令宙　盧州司倉參軍老
潞州錄事參軍宁　朗山令文貞
蒲圻令文亮
安吉主簿文約　阿蕩
汾州司戶參軍亨
撫州別駕艮　長社令寮

崑山令寀　吏部常選惿　觀主
餘姚令悰　少矜
富陽令某　雷澤令少微　阿叔
阿老
江夏令愐　餘姚主簿少真
舒州參軍鍙
武昌尉惟　廣興主簿少康
台州抑衙少毅
少贊
當塗令寘
亳州參軍豐　悅
博昌尉惬
魚臺主簿悚
烏程尉寔　永新令悖　阿巖
盩厔令汴　黃巖令輿　常州司兵參軍悛
鄒尉文質
餘姚尉讓
綿蜀等州刺史漸　犀浦尉晟　嶲州刺史重
垂
襲丹陽公桂府都督艮
楚國公江王友叡
襄陽郡公博州別駕秀
廣州別駕梁王友獻
建平郡公趙王府司馬欽

隴西郡公都官郎中鎬｜淄州刺史行淳｜安邑尉調
荊南楊子兩稅使判官㝢｜吉州文學公度
容府經略推官慶之｜鐇
鉞
常州司兵參軍元輔｜顓
頊
頡
頏
吏部常選元弼｜顋
顒
頠
復州刺史行肅｜美原尉某
武德令謨
襲隴西郡公宣歙觀察使行穆｜義烏令詞｜太常寺奉禮元裕｜左押衙當涂鎮遏使兼知縣事檢校右僕射延彥｜南陵鎮縣事檢校刑部尚書用休｜宣州衙前虞候法歸
左軍衙前總管三奇
金州刺史行正｜泗州司馬謠
華州司功參軍記
衡南尉迪
寧陵尉迵
譙郡司戶參軍行謙｜鄂州司馬諸｜吏部常選德宣
嗣紀王定州刺史澄初名鐵誠｜嗣紀王信王府長史行同
嗣紀王光祿少卿行周
端王府司馬行用

襄王府司馬行冏
嘉州刺史行冏｜廣都令翃
嗣紀王資州司馬建
德陽尉珝
綿州錄事參軍翊
曹王房
趙王福｜贈建平王肩
嗣趙王穆｜嗣王周以蔣王惲孫繼
信都郡公澤
邯鄲公恭
曹王明｜零陵王俊
黎國公傑｜嗣曹王肩｜嗣王右衛率府中郎將戢｜嗣成王江南東道節度使戶部尚書皐字子蘭｜右金吾衛將軍道古｜紘
綽
紹
綰
安南都護象古
復古
价｜濟國公臻
嗣曹王衛尉少卿同正員備
左武衛大將軍偲｜昌｜訓｜挻｜宗｜長江令瑜｜眭｜楷｜宣｜丕｜璵
汶｜遊奕使大夫

玘
璋
琛
壽椿｜寘｜瑨
瓚｜言
穩
高
金
玩｜霸
敬怡
宦｜伯昫｜可周
可圍
可同
可朋
昵｜昃｜進玉｜塘｜晁
承義
晏
承禮
晃
嶕
嵋
晟｜竚｜璿｜周
珍｜景信
忠信
宥信
正信
懷信
翊｜遠｜神睿
達
戣｜巖

			崇	蓬
			嶠	元順
				元頡
			崧	承祐
				訔
				居靜
			峀	歸漢
暕	承光	叔殷	諷	延珠
			懷謙	權
				樞
		叔毅	匡緒	孺臣
			匡繹	
			匡友	延族
				延實
			匡業	延誨
			匡賓	礭
				紹
				蘊
		叔微	蕠	行昭
			匡遠	
			椽	行偉
		叔微	球	
曙			璜	
	玔			
	璠	恪	珪	
		悅		
		惶		
	璹	從道		
	玹	玟		
映				

晴	賽	玎	饒	太祁
				太郃
			餕	太郢
		玕		太邧
				太郘
				太郗
			餉	太郜
		強		
		琥	餘	太靜
				太鄮
			味言	
			味餘	太郎
				太邢
				太鄘
		珸	餇	
		瓘	鎌	

高宗天皇大聖大弘孝皇帝八子

燕王房

燕王忠	

澤王房

澤王上金	長平王義瑜		
	義璡		
	義琛		
	義珍		
	義現		
	義瑋		
	義玫		
	義珪		
	嗣信王義珣	嗣王守光祿卿澧	嗣王潤

許王房

許王素節	琪		
	瑛		
	玥		
	琬		
	瓚		
	瑒		
	瑗		
	琛		
	唐臣		
	中山郡王琳	靈昌太守夔國公隨	庫部員外郎俠
	嗣許王秘書監瓘	嗣王宗正少卿解	嗣王殿中監昭
	嗣澤王璆	郢國公梓州刺史謙	
		汝南公兵部郎中巽	
		益	
	巴國公欽古	襲公賁	

太邠章懷太子房

章懷太子賢	義豐王光順		
	邠王守禮	廣武王承宏	
		秘書少監承寯	
		嗣邠王承寧	嗣王諝
		燉煌王承寀	
		儀王司馬承宥	
		梁王諮議參軍承寰	
		梁王諮議參軍承寔	
		豐王友承宮	
		豐王友承實	

		信王諮議參軍承貢	
		信王諮議參軍承宧	
		延王友承寀	
		延王友承容	
		榮王諮議參軍承宊	
		榮王諮議參軍承寠	
		永王友承夰	
		永王友承寫	
		濟王諮議參軍承寯	
		濟王諮議參軍承寏	
	武安郡王贈畢王守義		
中宗大和大聖大昭孝皇帝四子			
湖陽郡王房			
節愍太子重俊	湖陽郡王宗暉		
睿宗玄眞大聖大興孝皇帝六子			
讓皇帝房亦曰寧王房			
讓皇帝憲	汝陽王璡初名嗣恭又名淳	隴西縣男衡州刺史椿	
		頓丘縣子睦州別駕繇	
		燉煌縣子泰陵令榧	
	天水縣男朗州別駕榣		
	宗正少卿栿		
	梠		
	范陽縣男楞		
	弘農令梗		
	楓		
	上邽縣男太原少尹樞	富平令子昱	閭禮
			嗣寧王邠寧節度使宥禮

		數令子稱	居禮					
			三水令全禮					
		太子中允子誼	左武衞將軍傳禮					
			隴西郡公靈武節度使玄禮	光祿寺丞光符				
				檢校祠部員外郎落				
				隴西縣男檢校吏部尚書光碩初名濆				
				橘陵臺令濟	傳 裔	守 琮	文 著	
						文尉		
						文郁		
						文端	友澤	誥
								謀
								詠
							友諒	湜
								演
			彭原令泰禮					
濟陽郡王嗣莊								
嗣寧王琳	鴻臚卿栩							
	嗣寧王宗正卿頫	嗣王子溆						
		嗣寧王太僕卿子鴻	嗣王太子家令嗣王秘書太原少監穎					
潁州郡公珣								
晉昌郡公珽								
魏郡公琯								
蒼梧郡公玠	杞以晉昌公珽第五子繼							

			嶺南節度使從易	榮州刺史弘度		
				蓬翎滁光等州刺史弘毅		
			濠復等州刺史從簡			
	文安郡公瓘					
	漢中郡王瑀	楬				
		太常博士太子中舍人楠	諫議大夫景儉	圻字欠山		
				堪字勝之		
			散騎常侍景儒			
			江州刺史景信	喬字平叔		
			容管經略使左庶子景仁			
惠莊太子房亦曰申王房						
惠莊太子撝	嗣申王誗初名嗣英以讓皇帝第六子繼					
	嗣王壽以珣兄繼	構	嗣申王陝州左司馬師貞			
		左散騎常侍秘	贈諫議大夫祐	鳳齊乾婺安五州刺史弘讓		
					左贊善大夫允方	
					涇原節度副使仲方	戴
					醴泉令元方	恕
						佺
					光祿少卿敬立	
			贈國子司業棲	嘉衡二州刺史翃	太原少尹泳	儋
				扶溝令承方	嗣申王銳	
			振			

惠文太子房亦曰岐王房

惠文太子範 河東郡王僅
河西郡王珎
嗣岐王珍以惠宣太子子繼 嗣王逸 嗣王愈 嗣王雲翰

惠宣太子房亦曰薛王房

惠宣太子業 樂安郡王瑗
滎陽郡王瑒 絳州長史迥
遐
嗣薛王珣
嗣王邃 嗣王宓 嗣王知柔相昭宗
特進璨
特進璲
琛
璪
琇 逢
瑨

玄宗至道大聖大明孝皇帝二十三子自玄宗以後諸王不出閤不分房子孫闕而不見

奉天皇帝琮 嗣慶王俅以廢太子瑛第二子繼
廢太子瑛 新平郡王儼字伯莊
平原郡王伸
僑
鄭國公儆
韓國公太僕卿備
太僕卿倫
棣王琰 汝南郡王僎
宜都郡王僑
濟南郡王俊
順化郡王佼

鄂王瑤 衛尉卿微
太僕卿僚
國子祭酒俠
殿中監仁
秘書監僾
靖恭太子琬 濟陰郡王俌
北平郡王偕
陳留郡王倩
衛尉卿傆
秘書監僓
鴻臚卿佩
文安郡王像
光王琚
儀王璲 嗣王俓
臨川郡王侁
廣陵郡王僆
虢國公供
潁王璬 滎陽郡王伸
高邑郡王儛
永王璘 楚國公倪
夔國公僔
襄城郡王偒
餘姚郡王僓
莒國公偵
郯國公儇
國子祭酒伶
國子祭酒儀
壽王瑁 德陽郡王僾
濟陽郡王伓

廣陽郡王倛
薛國公伉
滕國公侑
國子祭酒傑
嗣壽王存志
延王玢 彭城郡王倬
平陽郡王侹
魯國公倞
荊國公偃
太僕卿佐
盛王琦 眞定郡王償
信都郡王佩
徐國公俗
許國公係
濟王環 永嘉郡王傃
平樂郡王俛
沛國公佴
蕭國公俸
信王珵 新安郡王佟
晉陵郡王倜
吳國公保
越國公伋
鄗國公儔
嗣信王林
義王玭 武陽郡王儀
高陽郡王僇
曹國公佳
魏國公俗
陳王珪 安南郡王倫
臨淮郡王佗

	安陽郡王佼		
	祕書監仿		
	代國公伃		
	宣城郡王儼		
	贈太常卿倪		
豐王珙	齊安郡王佻		
	宜春郡王伷		
	鄆國公佽		
	江國公侚		
恒王瑱			
涼王璿	瀘陽郡王仂		
	安定郡王仕		
	蒲國公侶		
	鄭國公侳		
		嗣涼王賓雅	
肅宗文明武德大聖大宣孝皇帝十四子			
趙王係	武威郡王建		
	興道郡王逌		
	延德郡王迨		
承天皇帝倓			
彭王僅	常山郡王鎮		
兖王僴			
涇王侹	延德郡王迨		
襄王僙	伊吾郡王宣		
	樂安郡王宷		
杞王倕	同昌郡王建		
邵王偲			
代宗睿文孝武皇帝二十子			
昭靖太子邈	舒王誼	寧塞郡王太僕卿涉	

		清河郡王太府卿洓	
	靈溪郡王詠		
睦王述	恭化郡王謂		
	洪源郡王太常卿諷		
丹王逾	寧朔郡王宗正卿訪		
恩王連	景城郡王大理卿誨		
韓王迥	安康郡王諸		
簡王遘	恩平郡王司農卿証		
益王迺			
隋王迅			
忻王造	武威郡王太府卿諸		
韶王暹	晉昌郡王鴻臚卿詡		
嘉王運	新安郡王太僕卿訢		
端王遇	新興郡王衞尉卿諴		
循王遹	平樂郡王光祿卿護		
恭王通			
原王逵			
雅王逸			
蜀王遡			
德宗神武孝文皇帝十一子			
通王諶	山陽郡王緘		
虔王諒			
資王謙			
昭王誠			
欽王諤			
珍王諴			
順宗至德弘道大聖大安孝皇帝二十二子			
郯王經	東平郡王恪		

均王緯			
溆王縱	清河郡王懷		
莒王紓	內黃郡王悺		
密王綢			
郇王總			
邵王約			
宋王結			
集王緗			
冀王絿			
和王綺			
衡王絢			
欽王績			
會王纁			
福王綰	高陽郡王慎		
珍王繕			
撫王紘	中山郡王㤕		
岳王緄			
袁王紳	安善郡王憻		
桂王綸			
翼王綽	土谷郡王怜		
蘄王緝			
憲宗昭文章武大聖至神孝皇帝二十子			
惠昭皇太子寧			
澧王惲	東陽郡王漢		
	安陸郡王源		
深王悰	臨川郡王演		
	河內郡王潭		
	吳興郡王淑		
洋王忻	潁川郡王沛		
絳王悟	新安郡王洙		

高平郡王滂
建王恪
鄜王憬 — 平陽郡王溥
瓊王悅 — 河間郡王津
沔王恂 — 晉陵郡王瀛
婺王懌 — 新平郡王淸
茂王愔 — 武功郡王潓
淄王協 — 許昌郡王澣
馮翊郡王滋
衢王憺 — 晉陵郡王涉
澶王㤚 — 鴈門郡王濘
棣王惴
彭王惕
信王憻
榮王憒 — 嗣王令平
穆宗睿聖文惠孝皇帝五子
懷懿太子湊
安王溶
敬宗睿武昭愍孝皇帝五子
悼懷太子普
梁王休復
襄王執中
紀王言揚
陳王成美
文宗元聖昭獻孝皇帝二子
莊恪太子永
蔣王宗儉
武宗至道昭肅孝皇帝五子
杞王峻
益王峴

兗王岐
德王嶧
昌王嵯
宣宗元聖至明成武獻文睿智章仁神德懿道大孝皇帝十一子
靖懷太子漢
雅王涇
衛王灌
夔王滋
慶王沂
濮王澤
懷王洽
鄂王潤
昭王汭
康王汶
廣王澭
懿宗昭聖恭惠孝皇帝八子
魏王佾
涼王侹
蜀王佶
威王偘
吉王保
恭哀太子倚
僖宗聖神聰睿仁哲明孝皇帝二子
建王震
益王陞
昭宗聖文睿德光武弘孝皇帝十七子
德王裕
棣王祤
虔王禊
沂王禋

遂王禕
景王祕
祁王祺
雅王禛
瓊王祥
端王禎
豐王祁
和王福
登王禧
嘉王祐
潁王禔
蔡王祐

宗室四十一房一曰定州刺史二曰南陽公三曰譙王四曰蔡王五曰畢王六曰雍王七曰郇王八曰大鄭王九曰蜀王十曰巢王十一曰大楚王十二曰荆王十三曰徐王十四曰韓王十五曰彭王十六曰小鄭王十七曰霍王十八曰虢王十九曰道王二十曰鄧王二十一曰舒王二十二曰魯王二十三曰江王二十四曰密王二十五曰滕王二十六曰恒山王二十七曰吳王二十八曰濮王二十九曰蔣王三十曰越王三十一曰紀王三十二曰曹王三十三曰澤王三十四曰章懷太子三十五曰湖陽郡王三十六曰讓皇帝三十七曰惠莊太子三十八曰惠文太子三十九曰惠宣太子蜀王房又有隴西渤海二房附見其譜定著三十九房終唐之世有宰相十一人郇王房有林甫回鄭王房有程石福小鄭王房有勉夷簡宗閔恒山王房有適之吳王房有峴惠宣太子房有知柔

唐書卷七十下考證

宗室世系表下祭國公煜○兩書皆作煜

頴川郡公珣○臣酉按珣無頴川封且珣出繼惠莊太子列于申王房矣此重出

唐書卷七十一上

宋 翰 林 學 士 歐 陽 修 撰

表第十一上

宰相世系表

唐爲國久傳世多而諸臣亦各修其家法務以門族相高其材賢子孫不殞其世德或父子相繼居相位或累數世而屢顯或終唐之世不絕嗚呼其亦盛矣然其所以盛衰者雖由功德薄厚亦在其子孫作宰相世系表

裴氏出自風姓顓頊裔孫大業生女華女華生大費大費生皐陶皐陶生伯益賜姓嬴氏生大廉大廉五世孫曰仲衍仲衍四世孫曰軒軒生潏潏生飛廉飛廉生惡來惡來生女防女防生旁皐旁皐生太几太几生大駱大駱生非子周孝王使養馬汧渭之間以馬蕃息封之於秦爲附庸使續嬴氏號曰秦嬴非子之支孫封𨚗鄉因以爲氏今聞喜𨚗城是也六世孫陵當周僖王之時封爲解邑君乃去邑從衣爲裴裴衣長貌一云晉平公封顓頊之孫鍼於周川之裴中號裴君疑不可辨陵裔孫蓋漢水衡都尉侍中九世孫燉煌太守遵自雲中從光武平隴蜀徙居河東安邑安順之際徙聞喜曾孫曄并州刺史度遼將軍子茂字巨光靈帝時歷郡守尚書率諸將討李傕有功封陽吉平侯三子潛徽輯

西眷裴出自陽吉平侯茂長子徽字文秀魏冀州刺史蘭陵武公以其子孫多仕西涼者故號西眷四子黎康楷綽黎字伯宗一名演游擊將軍祕書監二子粹苞粹晉武威太守二子詵𩣡詵太常卿避地涼州及苻堅克河西復還解縣生劭劭生和和生種種生景惠

景惠後魏州別駕
會
韶
融後周司木大夫
孝瑜儀同大將軍
該
奐戶部員外郎
侚赤丞

禕

爽

寂字真之相高祖
律師駙馬都尉河東公
承光檢校左羽林軍將軍臨國公

承勳右清道率河東公
景儒武彊公

法師將軍聞喜公

他字元化後魏中軍將軍荊州刺史
讓之字士禮齊中書舍人
淨

綸太子舍人
傑

諏之字士言北齊中書舍人居朝書
揆

式徽大理司直

子儀瀛州刺史

世緒字弘大相高祖
宣機禮部侍郎

奉高
延慶商州刺史聞喜公

善昌河州刺史

謁之字士敬齊壺關令
通
瑀費州刺史

洗馬裴出自粹子𩣡𩣡生僅自河西歸桑梓居解縣洗馬川號洗馬裴仕前秦大鴻臚二子天恩天壽

天恩後魏武都太守
祖安邑令
思濟
宗賢
錯
同

機
奉禮
亨駕部郎中

恒左拾遺

談相中宗
元明睦州刺史
光裔
旻左金吾大將軍

晟和州刺史
康時昭應令
怡滁州刺史生宣禮司農卿

晞尚方監

仙裔

紡雋猗氏令
處晞

慶升
弘獻刑部郎中穎州刺史初以蜀王府法曹參軍刪改律令
邦基字祖思大理正

祖思
仲初
昶
克己京掾

元諧都官員外郎

萬頃冀州刺史

祖愛
義同鴻臚卿
仁素
大同洛交府折衝
炎字子隆相中宗武后
懿太子舍人

彥先太子中舍人

旦京掾

伷先工部尚書冀城公
愿左補闕

思莊起居舍人

翼

重晙一名積慶登州刺史
朏禮部郎中
慎從

道玄

天壽後魏中書博士
智深
襲
叔騰
善政隋黎州刺史黎國公
文立紀王府諮議參軍
元簡尉氏尉
曠御史中丞
鵬容州長史

虬諫議大夫
復字茂紹河南少尹
瓌生蟾

質吏部郎中

望郎

乾貞字牧天德關防禦使御史大夫
訥太子正字夏州觀察判官

譽

諿

恭字肅夫邕管經略使 琰
璋
弘泰義成、邠寧鳳翔節度使、太子少傅、河東縣伯
竦
遜 士衡 季通金部郎中、絳州刺史 依訓
英元 士勛 延休懷州刺史
彥後周驃騎大將軍、吉陽郡公 懷義儀同三司、懷義郡公 弘策隋將作大匠、黎盂公 行方字德備，茂州道行軍總管、右衛將軍、檢校幽州都督、襲黎盂公 履昭甘州刺史 務 裔 茂襄陽節度使 薦主客員外郎 次元福建觀察使兼御史中丞、京兆尹，三子：處道、處範、處權。範生瓌，字韞徽。處權字勝之，禮部郎中，生瓘，字升卿
敬忠 晉梓州刺史 敦成都少尹 州刺史、觀察使 少尹，名逸一
善文 元璥都督 員外郎 國子玉城尉
兢 操之 弘泰雍州錄事參軍 思義河東太守、晉城縣子 敬玢薛王騎曹參軍 溫任
大方 大猷監察御史 思徽一名思明，遼州刺史 聞韶赤尉
迺薦 遙同州刺史 造 達

南來吳裴出自黎第二子苞，苞三子：軫、丕、彬。軫生嗣，嗣西涼武都太守，三子：邕、奣、策。邕度江居襄陽，生順宗，順宗三子：叔寶、叔業、令寶。叔業齊南兗州刺史，初歸北，號南來吳裴。事後魏豫州刺史、蘭陵郡公，諡忠武。子蒨之、芬之、簡之、英之、藹之。

蒨之字文聰，北齊侍中、王左常侍 譚輔國將軍、襲蘭陵郡公 測字伯源，後周常侍
簡之後魏岐州刺史 景富平令 正隋散騎常侍 睿字鑰，厚南鄭令 九思歷陽丞 同節殿中侍御史
仲卿 季卿湖州司士參軍
光復虔州刺史 淨永平尉、大理正 淑汝州參軍 集
叔卿濟州司馬 洵揚府參軍
潤明法 淨明法 演明經 江明經
子餘給事中，諡孝 字真，字方思，邠寧二州刺史 淶奉禮郎
頎左清道率府兵曹參軍
巨卿衛尉少卿 沐河南府參軍
濛臨安令
樞司勳員外郎 熲字知止
袞字補臣
權卿字渙之，相玄宗 遂太子司議郎
浼梁州都督 覞
收
虒
汯秘書少監

繜吏部郎中 佶字弘正 泰章字敦 孝頊 禂字
國子祭酒 藻給事中 祈山
含章字積中
耕字德實
琬侍御史 茂章字子光
鋮字鼎俊
武太府卿
皐給事中、諡江西觀察使 德藩字商老
德融字周擢
德符字渭翁
延通事舍人
壽安太府卿 幼卿洛陽尉 亮
佐 僑卿起居郎
佑
傳
保
信
泮尚舍直長 仲左
叔謩
叔猷均州刺史
伯言行立戶部員外郎、邕管經略使
春卿太子中允 淑倉曹參軍
挺內直丞
常棣杭州刺史 臨字敦言
常憲
好古
好問
昱鼓城令 治左司禦兵曹參軍

濟明法
液
澈
鎬仁潞府司兵參軍 / 知柔兗州司馬 / 襲治 / 廣
嗣
守府下部令 / 令溫房陵三州刺史 / 導
令寶二子彥先彥遠彥遠生鑒鑒生獻
獻隋扶州刺史臨汾公 / 義山 / 爽
知節南和令 / 倩 / 士淹禮部尚書絳郡公 / 登
遍字文玄檢校禮部尚書
嬰蘭州刺史
士南
行本相武后
羅隋魏郡丞 / 公緯祠部郎中 / 瑾之倉部郎中 / 灌太子賓客正平懿公 / 堯
琰之 / 系諫議大夫
公繹邢州刺史 / 延昕婺州刺史
無悔袁州長史 / 卓岐州刺史 / 騰戶部郎中 / 說員外郎
淙
沖
汶湖州刺史
渾
濬
清祕書監 / 叔潾
霸吏部員外郎
坦太平令 / 典工部員外郎

昌弘農太守 / 徹戶部郎中 / 滉
涓
寬禮部尚書 / 諤字士明東都副留守 / 弘儀
戩
歆侍御史大理正 / 勝國子司業 / 澥給事中 / 覽
克河南府司錄參軍 / 珏杭州刺史 / 堅
璩字挺秀檢校司空
瓚字公器刑部尚書 / 垣字克構
淟戶部侍郎 / 涇
沼
注
渙
佾鳳州刺史
恂河內太守 / 育檢校員外郎 / 澡工部侍郎
溶
濡
漸
脩
靖舒州刺史
晏
京汝南別駕 / 冑字遐叔檢校兵部尚書謚成 / 胥容府經略推官
溫太子舍人
潼右衛錄事參軍
潾絳州參軍
渙弘文明經

公績 / 挺之洪州都督
允 / 肅右領軍將軍
眺 / 龍虔相州刺史 / 守義左補闕
中眷裴氏出自嗣中子奣晉太尉宋公版諮議參軍并州
別駕號中眷三子萬虎雙虎三虎
萬虎 / 保歡 / 良字元寶後魏太府卿謚貞 / 子通隋太中大夫 / 敬彝吏部侍郎 / 錫司勳員外郎
叔祉北齊太府卿 / 子闡 / 元質尚書右丞 / 杞
大醜 / 慶孫後魏太中大夫 / 子瑩太尉司參軍 / 受 / 宣明華州刺史謚簡 / 景鸞華州刺史 / 文瑞北齊行臺郎 / 願
安
弘
振
景鴻北齊和夷郡守 / 叔卿貝丘令 / 神舉和州刺史
神符 / 紹宗 / 旭和州刺史生光庭堯臣禹臣延齡戶部侍郎生損
茂宗禮部尚書 / 眺金部郎中孫嘉壽
雙虎後魏河東郡太守 / 秀冀天水郡太守 / 邃正平郡太守澄城縣子 / 文舉字道裕後周青州刺史 / 胄大都督 / 神安邑通守 / 知禮同州刺史 / 思本
思哲
思泰
知古太常令
大成石州刺史 / 允初太子賓客 / 藏之道州刺史 / 常
璣
則之
惠秀 / 嵩壽梁兵部尚書 / 伯鳳後周光汾二州刺史琅邪郡公 / 定高襲琅邪郡公馮翊郡公 / 仁基字德本隋光祿大夫忠公 / 行儼 / 貞隱郎南府果毅 / 參玄鄧州刺史 / 植祠部郎中

義玄
懂素丞
延休
慶遠
德超寧州刺史 思簡 休貞定州刺史
思諒左武大將軍河東郡公 肅親衛參軍
孜家漢州刺史 敎
繁
徹
行儉襄武道大總管聞喜憲公 光庭字連城相玄宗 稹司勳員外郎襲正平縣子 倩字容卿度支郎中正平縣男謚節 均字君齊左僕射平章事郇公 鉷鳳翔府參軍河東縣男
鍔江陵尉
鋗
鐈
鎬
儆字九思左金吾將軍謚成 堅殿中丞
璡字封叔古州刺史 銑
墉字靖之秘書監
墳戶部郎中 鐇
鍠字振德
倚殿中侍御史
侑榆次尉
三虎後魏義陽太 文德 軌 瑾 景叔青州刺史
子瑜 喻朗州刺史
景深 著 世清江州刺史 嘉陵齊州司馬
思訓巴州刺史 皎然 周南監察御史

邵南
士南
倚然 國南
嵩仁 羅之高陽太守 知道武陵令 義弘中書舍人玄武公 蟾字彝喜杭州刺史河東縣男 遵裕 單
宣
遵業 彭 禮韶州刺史
遵慶字少眞相代宗 會都官郎中
向字儒仁吏部尚書 寅字子敬御史大夫 格
樞字化聖相昭宗
桃弓 凤字買興後魏河北大守 鑒司徒右長史 澤北齊黃門侍郎 祥 方產右司郎中 咸太子論德

苞第三子丕丕孫定宗定宗涼州刺史生詵後魏冠軍將軍生遼太原太守散騎常侍生纂纂正平太守鄜西公四子舒嗣秀詢舒後周車騎將軍元氏公生昂生玄運濮州刺史生季友司門郎中太子僕生武武曾孫訢

訢赤尉 摠太常博士太子舍人
世節隋營州司馬永福公 玄本梁州都督襲永福公
知宜興令 安期汾州司馬 後己濟源令 郁太常卿河東縣公
邠少府監丞
鄖涪州刺史
郇兗州別駕
郜汾州別駕 乂福建觀察使 誨
訾

讜
坦字知進相僖宗 頎字敦士
質字殷敬
勛字思弘
騤字延實
購字昌言
稷虔州刺史 儲大理丞 贊字敬臣相昭宗 羽字用化壽安尉
墀字右郊越州觀察判官
及
循己左衛大將軍 郾澤州刺史
郕嶺南節度判官
鄲江州刺史 溫伯澤州刺史 岫宜春尉
郢河陽令
脩己左贊善大夫 鄖衛州刺史
鄩宣州長史
遠梁主簿
智瑰登州刺史
瑒

東眷裴出自茂第三子輯號東眷生穎穎司隸校尉生武字文應晉大將軍玄菟太守永嘉末避地平州二子開湛開字景舒仕慕容氏太常卿祭酒三子原成範範字仁則河南太守四子韜沖湛綏沖字太寧後秦并州刺史夷陵子五子道子道護道大道會道賜道子字復恭本州別駕從劉裕入關事魏南梁州刺史義昌順伯三子德歡恩立輔立德歡一名度豫鄭廣坊四州刺史謚曰康二子澄禮

澄字靜慮後魏汾州刺史 景漢字仲霄後周車騎大將軍 鏡民隋兵曹郎 熙載兵部尚書 居道相武后 望麟臺郎

兼

潤

融右驍衛將軍 | 泰安南都護

熙勗洛州長史 | 居業

中庸 | 恂京掾

文度隋絳州留守知蒲虞絳泰十六州兵馬事 | 翟曇舒州刺史 | 居素 | 惲 | 孝禮京掾 | 洽

汲

孝智都官郎中 | 通壽州刺史

造

居默大谷令 | 愔亳州刺史 | 千鈞丹州刺史 | 政柔左金吾將軍 | 炫隰川令

嶠虞部員外郎 | 浩鱗游令

沼閒喜令

敬休文水令

敬柔閒喜令

建新安令

銳絳州刺史

弘慶屯田郎中

弘本鄂州知院

魯顧宿州刺史

魯賓

玘

大方司勳員外郎 | 居旺

居士太子少詹事 | 盧巳光祿卿駙馬都尉

盧舟右贊善大夫 | 元乘

璆 | 徽殿中丞駙馬都尉 | 液道州刺史駙馬都尉

珖

玲太僕卿駙馬都尉 | 倣太常卿駙馬都尉

光叔導江令 | 師貞

居業

居約

居近

正覺

尼字景尼後周御正大夫 | 之懋梓州長史會稽安男

師民後周記室參軍

之爽 | 希仁膳部郎中

希惇字處實齊州長史 | 思進隋令 | 巽國子祭酒駙馬都尉魏國公 | 齊參贊善大夫

齊閔國子司業 | 頼衛尉卿駙馬都尉

頎太原令

頵

齊游祕書少監 | 大亮兼御史中丞

齊丘祕書監駙馬都尉

齊嬰陳王府長史 | 項

孚

臨祕書郎

隨 | 冀右金吾將軍

鼎左衛將軍 | 友悌郴州刺史

思約威遠令

思禮穀熟令

思政

醫王太子僕

思溫洛州司功參軍

希莊陳州刺史 | 抗京掾 | 宣 | 肅字中明浙東觀察使 | 儔字次之江西觀察使 | 延翰字伯甫藍田尉集賢校理

延魯字東禮浙東觀察使

休字公美相宣宗 | 弘字裕志 | 瑀字夷玉

垧字德潤

弢字藏器 | 璩

佽字冠儀諫議大夫 | 渥

澈字深源相僖宗

撝寧州刺史

搏職方郎中

巨源 | 愚愼職方郎中

稚珪戶部郎中

道護二子次愛祖念祖念生弘陁後魏閆喜公生鴻琳易

郡太守生客兒

客兒後魏長平郡公 | 文行右艾丞 | 玄度絳丞 | 翔朝城令 | 浩 | 佐杭州司田參軍

文政 | 玄珪莊州都督 | 獻之

令慈 | 守一河州刺史 | 偃

淑永州刺史

文藝後魏伊河二州刺史 | 思賢齊州刺史

道齊州刺史 | 果字茂昭後周眉復二州刺史冠軍賢公 | 孝仁建譙亳三州刺史

思業 | 譒

馮智襄州長史高邑縣侯	師道	懷節洛州刺史諡定	浩太僕少卿	貞亳州刺史					
			昭太府少卿	礭右金吾將軍平陽貞公	競大理司直				
					悟長樂太守				
					怦洛交太守	希先溫州刺史			
				綱蔡州刺史	璩河南少尹	澄蘇州刺史			
						濟			
						涇泉州刺史			
					歡赤尉				
					相京掾				
			皎太廟令	之慶綏州刺史					
		懷儉監察御史				昱高陵令	增		
							埴字弘相憲宗	鍠	
							衡字無忝		曄
							坰大理卿	含章	
							惠迪		
							思獻字獻臣工部尚書		
							思謙字自牧左散騎常侍兼大理卿	紹光字安甲	
								紹昌殿中侍御史	愼辭
							思	洸大理寺丞	
								濯臨汾尉	
								渼太原府參軍	
								湘絳州司法參軍	

						塤壽州刺史			
					登	堪	紳字子佩	庭裕字膺餘	懿字莊巳
師武	懷肅		懸吉州刺史						
	懷愻忠州刺史								
師義	懷感澧州刺史	陟滑州司馬	紀長安丞	冕字章甫相代宗					
				正河中少尹	殷				
					愨				

					某朗州刺史	希顏邕府巡官	
						覺	
				昇太僕卿	簠贊善大夫		
					儉劍州刺史		
					素		
					廣		
					均		
				嬰	匡慈州刺史		
					匯		
					匪		
					匣		
			縉	憲	區		
					莒國子司業		
					爽	格字文明	
			續	迥	偃		
				昕兼御史中丞			
		成		峴			
		珍		平			
		泰京掾					
欣敎		魯師	知機	鉉	夏	政行軍司馬	克諒

寶	有鄰漢陽令	澈澠池丞	度字中立相憲穆敬文	譔字宣業翰林學士工部侍郎		
				翊	造	
				諗權知刑部侍郎	湝字化龍	
				調		
				識字通理檢校右僕射晉昭公	佋監察御史	
					迪司封員外郎	純懿掌書記
				誠	光鼎字德源	
				讓	禹昌字聖規	

裴氏定著五房一曰西眷裴二曰洗馬裴三曰南來吳裴四曰中眷裴五曰東眷裴宰相十七人西眷有寂矩洗馬有談炎南來吳有耀卿行本坦中眷有光庭遵慶樞贄東眷有居道休澈垍冕度

劉氏出自祁姓帝堯陶唐氏子孫生子有文在手曰劉累因以爲名能擾龍事夏爲御龍氏在商爲豕韋氏在周封爲杜伯亦稱唐杜氏至宣王滅其國其子隰叔奔晉爲士師生士蔿蔿生成伯缺缺生士會會適秦歸晉有子留於秦自爲劉氏生明明生遠遠生陽十世孫戰國時獲於魏遂爲魏大夫秦滅魏徙大梁生清徙居沛生仁號豐公生煓字執嘉生四子伯仲邦交邦漢高祖也高祖七世孫宣帝生楚孝王囂囂生思王衍衍生紆紆生居巢侯般字伯興般生愷字伯豫太尉司空生茂字叔盛司空太中大夫徙居叢亭里愷六世孫訥晉司隸校尉孫憲生羡羡二子敏該敏從子僧利

敏	慶後魏東徐州刺史諡曰簡	軫北齊高平太守	通字子將隋毗陵郡通守	德威字尚重刑部尚書	審禮工部尚書彭城公	佺壽太常丞		
						侍庶		
						易從漢州刺史	昇中書舍人	
							最給事中	顥

崇業 腦州刺史 識 殿中侍御史
延景 陝州刺史
溫玉 許州刺史
寡梅齊 州刺史
承顏
瑗 國子祭酒 爲輔 商 檢校虞部郎中 仁師 字行典 司勳郎中
爲麟 褒
琪 左衛將軍 爲翼
爲範
崇衛 德敬 隋州都督 州刺史
悅 鳳州刺史
延嗣 德智 滁州刺史 汾州刺史
崇嘉 州刺史 禮 諫議大夫 衛尉卿 徽
守約 昌源 秦州都督 宅相 吏部郎中
守惕 刑部侍郎
軌 澈 權 隋衛尉卿
世明 字備 後魏羽林監 偉 字世英 北齊兗州刺史 伯 雍州刺史 瑗 脩之 楚州刺史 欣時 侍御史 叔時 殿中侍御史
行之 延祐 安南都護 含章 猛
延慶 貞 太常平 液 尉 管城令 汴

深 居簡 太原尹
務本 隋留縣長 琝 北齊睢陽太守 綦器 比部員外郎 知柔 工部尚書 彭城侯 繹 金部郎中
緝 巴陵太守
緂 和州刺史
繪 延州刺史
繕 桂府都督
知章 子玄 中書舍人 居巢文公 貺 起居郎 浹 敦質
約 滋 相德宗
緒
陳 河南功曹參軍 贊 字公佐 宣歙觀察使 彭城縣男 從周 左補闕 茂孫
彙 尚書右丞
勝孫
憲孫
懿孫
秩 國子祭酒 賁
製
迅 左補闕
適 給事中
京兆武功劉氏本出彭城後周有石州刺史懿
懿 昭 隋上儀同三司 樹藝 文靜 字 肇仁 相高祖 樹義 襲魯國公
文起 通直散騎常侍
彭城劉氏又有劉升
升 景 字司光 鄜坊從事 晃 字幾之 相懿宗 濛 字鑒源

尉氏劉氏出自漢章帝子河閒孝王開世居樂城十世孫
陟 延賞 濟南尉 右拾遺
通徙居尉氏
通 後魏建武將軍 南陽太守 樂城侯 能 北齊冠軍將軍 子 熾 淮陽王參軍 威 滔 仁軌 字正則 相高宗 濬 工部員外郎 晃 太常卿 襲樂城公 子 藩 河東節度掌書記 虞部員外郎 焆 雅州刺史 瑑 字子全 相宣宗 項 字昭愿
思 字元鼎 慈州刺史 挺秀 京兆少尹 子之 公輿 祠部員外郎
仁相
臨淮劉氏出自漢世祖光武皇帝子廣陵思王荆子俞鄉元侯平平生彪襲封事繼母以孝聞世號仁義侯生玄生熙魏尚書郎熙生述東平太守述生建晉永城令世居臨淮建生會歷琅邪內史從元帝度江居丹陽會孫彥英宋給事中通直散騎常侍二子隱人逸人梁末又徙晉陵隱人五世孫子翼
子翼 字小心 著作郎 弘文館學士 懿之 給事中 褘之 相武后 揚名
南陽劉氏出自長沙定王生安衆康侯丹襲封三世徙沮陽裔孫廙字恭嗣魏侍中關內侯無子以弟子阜嗣阜字伯陵陳留太守生喬字仲彥晉太傅軍咨祭酒生挺潁川太守二子簡耽耽字敬道爲尚書令生柳字叔惠徐兗江三州刺史又徙江陵曾孫虬
虬 字靈預 宋當陽令 文藝先生 之遴 字思貞 梁都官尚書 洎 字思道 相太宗 廣宗 都官郎中

肱 敦行，屯田員外郎

朓

弘業

廣平劉氏出自漢景帝子趙敬肅王彭祖。彭祖生陰城思侯蒼，蒼薨，嗣子有罪，不得立，遂居廣平肥鄉。蒼十一世孫邵，字孔才，魏散騎常侍。十一世孫藻。

藻 秘，兗州刺史 林甫，中書侍郎、樂平男 祥道，相高宗 齊賢，吏名景先，相高宗

廣禮

慶道，祠部郎中

應道，吏部郎中 令植，禮部尚書 孺之，京兆少尹 從一，相德宗

武幹，會寧五州留守、襲金鄉公 元勗，括州刺史 如璠，朐山丞 勳，字丞，吏兵部侍郎、貞惠公 伯芻，字素芝，刑部侍郎 寬夫，字盛之，潞幕書記、秘書省校書郎 允章，字蘊中 濟明，字外朗

煥章，字文中

玄章，字求中

端夫，吏部員外郎

巖夫，字子耕

丹陽劉氏世居句容。

三復，刑部侍郎 鄴，字漢藩，相懿宗、僖宗 希，字至顏

覃，字致君，校書郎

曹州南華劉氏出自漢楚元王交之後，自彭城避地徙南華，築堌以居，世號劉堌。隋有東萊令劉晉，字進之，三子：郁、多讓、多退。

郁，字蔚，鄭弘文館學士 懷器，字汨藏 知仁，字仲安，新鄭令 卜兒，五經及第

恭，字伯寅，新井令 知晦，字仲昌，武功丞 昱，字士明，大理司直 傳經，字仲習，殿中侍御史 譜，字伯圖，睦州士曹參軍 鼎，字仲寶 顏，新安令

巘郎

巽，字中正

咸

革

解

益

專經，字仲純，侍御史、徐州觀察判官 審一

緒經，字仲莊，幽州功曹參軍

深經，字仲淵，幽州功曹參軍

暹，字士昭，杭州刺史 談經，字辨之，大理評事 濛，字潤之，大理卿 墀，河中少尹

壇，字秉中，兵部吏部郎中 顗

顓，著作郎

拱

枝，字士能，檢校戶部員外郎 文滔，泉州觀察推官

文濟，字翩源，吏部郎中

文澤，武連令

徵，字休祥，盩厔尉、直史館

武庫

揆，長水尉

坊，字唐叟，宣武節度判官 首孫，江陽令

弄璋

垣

渙，字濟川，芮城尉

琡，字子美，大理評事 壎，陳留令

汪 壇

通經，字仲達，奉天尉

全經，字仲博，清河尉 貴，字寶卿，王屋尉 垍

弘夫

鵬夫

顏夫

贍經，字仲豊

遵經，字仲常，太常寺太祝 天養

忠經，字仲修，雅州刺史 灌，字禮先，華州司馬 記，大理評事

寔，西河令 紹

詳，金州防禦判官

董

阿君，渠令

阿更

從方，朗山令

紘，商南令

緼，渠江令 三象

綰

頻

洙，字敬先，好畤尉 庚子

潼，字子固，河東節度使 紓

隄

晏，字士安，相肅宗、代宗 執經，字長倩，吏部郎中 瑑，字景先，大理評事、嶺南節度判官 審己，華州文學

讜，字直哉

瑀，字景溫，澤州刺史 彥，盧氏尉

瑁，字景潤，楚州刺史

琢，字景眞 坤

和字時中汝州司士參軍 堈松陽令
珂字景儀夏尉 語字坦然普安令
詠澤州錄事參軍
韶新寧令
宗經字仲儒國子祭酒 倚字正卿監察御史 權平輿令
文簡洛陽丞
侃號州長史左贊善大夫 好古字彥純宋州司士參軍 車子
季隨
好問字彥博無錫丞
好學字彥深蘇州功曹參軍
伉藍田令 挺澂水令
軒河南尉
輜
偃龍丘令 承嗣
懷素字伯謀 知至字惟幾 去澄
知運字惟變 寶南充丞
知遠字惟深
多讓字肅之 知演字子仲 緒 欽太
欽瑜
欽惠
神慶
神務 光輔
犨 光嶷

逸愃
瓌
贊 璋
多退字敬之 懷亮字子信
懷璧字子溫 景珍
懷安字子寧

劉氏定著七房一曰彭城二曰尉氏三曰臨淮四曰南陽五曰廣平六曰丹陽七曰南華宰相十二人彭城房有滋文靜瞻尉氏房有仁軌臨淮房有禕之南陽房有洎廣平房有祥道景先從一丹陽房有鄴南華房有晏

河南劉氏本出匈奴之族漢高祖以宗女妻冒頓其俗貴者皆從母姓因改爲劉氏左賢王去卑裔孫庫仁字沒根後魏南部大人凌江將軍弟眷生羅辰定州刺史永安敬公其後又居遼東襄平徙河南羅辰五世孫環雋字仲賢北齊中書侍郎秀容懿公弟仕雋

仕雋 坦字寬政隋大理卿昌國縣伯 會邢襄公
玄意字深之汝州刺史駙馬都尉 奇天官侍郎 慎知獲嘉令 裴東阿令
藻字茂實祕書郎 符字端期蔡州刺史 崇龜字子長清海節度使 垂字昭睍
崇彝字子憲都官郎中
崇望字希徒相昭宗
崇魯字郊文水部員外郎知制誥
崇謩字成禹太常少卿弘文館直學士
珪字寶臣洪洞令 岳字昭輔
瓌
玗
超河南少尹 全誠
徵字可大吳郡太守江南採訪使 方平

同萬年令
循金吾將軍
玄象主客郎中
玄育易州刺史

河南劉氏宰相一人崇望

唐書卷七十一上考證

宰相世系表一上○沈炳震曰唐書宰相世系大端紕戾官爵謚號或書或否或丞尉而不遺或卿貳而反缺或誤書其兄弟之官或備書其褒贈之職更或其生平所偶歷及曾未嘗居是官者龐雜淆亂不可究詰以表序昭穆此非所重故不詳載要之此書不足徵信適以滋謬舉不可廢也

裴氏行立○臣酉按裴守眞傳行立乃守眞曾孫表作守眞之六代孫誤

漼○臣酉按裴充本傳漼乃充之子表以充爲漼之子誤

宣明○臣酉按北史裴延儁傳宣明良從兄則慶孫之伯叔矣表作慶孫之曾孫誤

行儉○本傳仁基子表作思諒子誤

鴻智○臣酉按表乃客兒之弟則父名鴻琳子不當名鴻智

唐書卷七十一下

宋　翰林學士歐陽修撰

表第十一下

宰相世系表

蕭氏出自姬姓，帝嚳之後。商帝乙庶子微子，周封爲宋公，弟仲衍八世孫戴公生子衎，字樂父，裔孫大心平南宮長萬有功，封于蕭，以爲附庸，今徐州蕭縣是也。子孫因以爲氏。其後楚滅蕭，裔孫不疑爲楚相春申君上客，世居豐沛。漢有丞相酇文終侯何，二子：遺、則。則生彪，字伯文，諫議大夫、侍中，以事始徙蘭陵丞縣。生章，公府掾。章生仰，字惠高。生皓，皓生望之，御史大夫，徙杜陵。生育，光祿大夫。生紹，御史中丞，復還蘭陵。生閎，光祿勳。閎生闡，濟陰太守。闡生冰，吳郡太守。冰生苞，後漢中山相。生周，博士。周生蟜，蛇丘長。蟜生逵，州從事。逵生休，孝廉。休生豹，廣陵郡丞。豹生裔，太中大夫。生整，字公齊，晉淮南令，過江居南蘭陵武進之東城里。三子：儁、鎋、烈。苞九世孫卓，字子略，洮陽令，女爲宋高祖繼母，號皇舅房。卓生源之，字君流，徐兗二州刺史，襲封陽縣侯。生思話，郢州都督、封陽穆侯。六子：惠開、惠明、惠基、惠休、惠朗、惠蒨。惠蒨，齊左戶尚書。生介，

介字茂鏡，梁侍中。
引字叔休，陳吏部侍郎。
德言，秘書少監。
沇，太子洗馬。
安節，相王兵曹參軍。
至忠，相中宗、睿宗。
衡
元嘉，諫議大夫。
衍
廣微，工部員外郎。
隨

齊梁房：整第二子鎋，濟陰太守。生副子，州治中從事。生道賜，宋南臺治中侍御史。三子：尚之、順之、崇之。順之字文緯，齊丹陽尹、臨湘懿侯。十子：懿、敷、衍、暢、融、宏、偉、秀、憺、恢。衍，梁高祖武皇帝也。號齊梁房。懿字元達，長沙宣武王。七子：業、藻、象、猷、朗、軌、明。明字靖通，梁貞陽侯。曾孫文憬。

文憬，湖州司馬。
元祚，萍鄉侯。
誠，司勳員外郎。
諒，汝州刺史。
直，給事中。
策，檢校員外郎。
節
華，鄀州刺史。
嶰字應之。
說字僧弼。
鄴字敬之，相宣宗。
晏字季平。
浼字文度。
昌字光祥。
黯字中蘊。
曙字象文。
翥字文舉。
峴
元禮，湘州刺史。
識，虢州刺史。
諼，鄂州刺史。
詮，大理評事。
纂

梁高祖武皇帝八子：統、綱、續、繹、綜、績、綸、紀。統，昭明太子。綱，簡文皇帝也。統五子：歡、譽、詧、警、譼。

歡字孟孫，豫章安王。
崇望，洛陽令。
詧，後梁宣帝。
巋，後梁明帝。
琮，隋莒國公。
鉉，集州刺史。
璟，秘書監。
瑑，晉陵王。
欽，貝州刺史。
昉
昭

瑀，南海王。
鉅
嗣德，銀州刺史。
嗣業，鴻臚少卿、琅邪郡公。
煒
希諒，黔州都督。
鈞，太子率更令。
灌字玄茂，渝州長史。
仲豫，絳州刺史。
貴，侍御史。
孚，均州刺史。
晉，汾州刺史。
遇，國子司業。
顒，東川行軍司馬兼御史大夫。
澣字明文。
沐
異，起居舍人。
嵩，相玄宗。
華，相肅宗。
恒，殿中侍御史。
俛字思謙，相穆宗。
悟，大理司直。
倣字思道，相僖宗。
究字富侯，給事中。
須字子登。
廩字文恭。
藍，商州團練推官。
頊字子光，度支巡官。
俶
庸字應之。
衡，太僕卿、駙馬都尉。
戡
復字履初，相德宗。
儉
騫字鵬舉。
湛
寘，相懿宗。
遘字德聖，相僖宗。
宥
邁字昌聖。
巽
升，太僕卿、駙馬都尉。
位
佩
儒

偲				
鼎蜀州別駕				
瑀字時文相高祖	銳駙馬都尉太常卿	守業衛州刺史	建黔中觀察使	
守道	籍襄州刺史			
守規	沔劍南西川行軍司馬兼御史中丞			
鍇虞部郎中				
鉞給事中	恕虢州刺史	定字梅臣太常卿		
岌				
巖安平王	隱之刑部侍郎			
岑吳王	瓚	文朗祕書少監		
球	膳衛州刺史			
瑁	憲亳州刺史			

蕭氏定著二房一曰皇舅房二曰齊梁房宰相十八人皇舅房有至忠齊梁房有瑀嵩華俛倣復寘遘鄴

竇氏出自姒姓夏后氏帝相失國其妃有仍氏女方娠逃出自竇奔歸有仍氏生子曰少康少康二子曰杼曰龍留居有仍遂爲竇氏龍六十九世孫鳴犢爲晉大夫葬常山及六卿分晉竇氏遂居平陽鳴犢生仲仲生臨臨生亶亶生陽陽生庚庚生誦二子世匽世生嬰漢丞相魏其侯也匽二子經充經秦大將軍生甫漢孝文皇后之兄也充避秦之難徙居清河漢贈安成侯葬觀津二子長君廣國廣國字少君章武景侯二子定誼誼生賞襲章武侯宣帝時以吏二千石徙扶風平陵二子壽邕壽護羌校尉燉煌南竇祖也邕南陽太守生猛定安太守二子秀敷秀二子丞林林後漢武威太守太中大夫避難徙居武威爲武威竇祖敷三子平年友融融字周公大司馬安豐戴侯生穆城門校尉駙馬都尉襲安豐侯五子勳宣褒霸嘉宣生尚以家難隨母徙隴右爲隴右竇祖嘉少府兼侍中安豐侯三子潛奉萬全奉子武特進槐里侯晉贈文嘉貞侯萬全襲安豐侯二子會宗章會宗子孫居武功扶風章大鴻臚卿三子陶唐統統字敬道鴈門太守以竇武之難亡入鮮卑拓拔部使居南境代郡平城以閒窺中國號沒鹿回部落大人後得匈奴舊境又徙居之生賓字力延襲部落大人二子異他他字建侯亦襲部落大人爲後魏神元皇帝所殺併其部落他生勤字羽德穆帝復使領舊部落命爲統豆陵氏晉冊穆帝爲代王亦封勤忠義侯徙居五原生子眞字玄道率衆入魏爲征西大將軍生朗字明遠復領父衆二子滔祐祐遼東公亦領部落三子提拓巖自拓不領部落爲魏侍中遼東宣王巖安西大將軍遼東穆公從孝武徙洛陽自是遂爲河南洛陽人三子那敦略略字六頭征北大將軍建昌孝公孝文帝之世復爲竇氏五子典拔岳善熾岳後周清河廣平二郡太守神武郡公典善熾子孫號爲三祖岳二子熾毅

熾後魏定安扶風二郡太守義安侯	洪景隋驃騎大將軍西河郡公	儼都水使者襲公	明哲河池郡司馬襲公	璿				
毅後周大司馬杞公	照蜀郡太守鉅鹿郡公	彥隋駕部侍郎襲公	德明晉陵郡太守襲公	知敬常州長史襲公	思泰			
			德素南康郡太守	懷文延安郡司馬	思暕陳留令	仙童		
					承家右勳衛			
					思忠壽陽郡司馬	景容唐安郡司馬	千頃	敬
							萬頃	

景光			
景詮	萬鈞		
萬錫			
景俊恒王府參軍	論		
建左武衛兵曹參軍			
承祖三山令	南容安康令	充猗氏令	
瑨鴈門丞	昕		
霈江陵丞	王奴		
齊義川令	穆		
浦			
迥			
伯金			
伯玉			
伯瑜平高令			
西賓			
東里河東丞			
思恭洪府錄事參軍	如璧東陽令		
思泰			
懷哲武威郡都督	承基右衛中郎	儼扶風主簿	
傑三水主簿			
承禮	佖		
承慶安西副都護	偉左衛千牛		
儆左金吾胄曹參軍			
倩恒王府戶曹參軍			

- 偷恒州參軍
- 佼太常寺太祝
- 儀同州司士參軍
- 承孝夷陵太守／僎唐安郡太守／迥
- 逞
- 遇
- 逾
- 述
- 僑巴西郡參軍
- 承福／俊
- 德沖陝州刺史／積善瀚林郡司馬／訔益昌郡司馬
- 宣新蔡丞
- 詵巴西郡參軍
- 崇樂安主簿／鴻漸應城令／復監察御史
- 敞神皋丞
- 岳
- 君布西令／南銑／卓太原府倉曹參軍
- 良弼
- 義積太常少卿／欽望中定令／廣成中部令／良縱綿州錄事參軍／敬常／豐
- 敬則
- 敬文
- 良友涇州錄事參軍／敬初
- 良杞
- 廣濟左一監丞／璧恒王府參軍
- 顥霸州定襄折衝府／鑌大理評事／公執
- 公敏
- 公佐
- 公甫
- 公亮
- 義節虢州刺史／減言左監門將軍／庭蘭衛尉少卿／霸
- 單

- 澧左衛兵曹參軍
- 庭萱光祿卿／文剛城門郎
- 文仲光祿寺丞
- 文雄著作郎
- 友初名文擧朔州刺史
- 誠盈青州刺史／庭芝太府少卿／伯元會稽令
- 伯昌江陵令
- 伯朋渭州長史
- 伯陽侍御史
- 伯良河陽尉
- 庭華中書舍人／叔展太子正字左拾遺／抗
- 晏同官令
- 庭蕙揚府長史／申給事中／宣孟長沙令
- 庭芳／昱給事中／歸來鄱陽令
- 自正
- 誠審富平令／子童漢陽郡參軍／字
- 子禹
- 子夏
- 誠遇果州司士參軍／薇
- 蘼
- 德玄相高宗／懷讓州刺史／思仁字恕殿中少監扶風郡公／津永樂令／良矩朗州別駕
- 良播襄府兵曹參軍
- 良輔
- 良遜蒲江令
- 思純南唐郡司馬／潔
- 汲
- 溫吏部常選
- 渟

- 思亮榆林郡太守／詳清化太守／誠順
- 誠信
- 誠勗
- 漢忠州長史／誠質
- 誠家
- 誠則光祿寺主簿
- 誠愨
- 良劍
- 良頤
- 良鎮射洪令
- 良銛
- 思光蜀州錄事參軍／灌吏部常選
- 渾蓬山長史／良俛
- 液
- 泌／寓
- 褒／簡能
- 宏
- 寘
- 宰
- 溥高山令
- 懷道／崇喜衛尉少卿
- 崇道廣陵郡太守／況
- 沫定州參軍／協
- 濛深州司功參軍／遂良
- 崇敏太常丞／凝
- 懷武弘農郡司馬／庭玉
- 庭瑜／采／深鄭令／齊運
- 齊物
- 庭璠
- 懷恪天水都督／延宗舒王文學
- 延祚鄆州刺史
- 延福
- 懷貞相中宗／鼎

- 德遠樂安縣男／知節永康令／崇宗成都尉
- 崇基
- 思光
- 知易左金吾引駕
- 處常翼城令／令瓌／固思光州長史
- 固言安邑府果毅
- 固信
- 楨幹相州參軍
- 德洽將作大匠／全真永樂令／令宗左衛翊府左郎將／昚知四門府別將／崇俊／萬
- 昚誠安邑府別駕／獻誠太常卿
- 昚言新津令／叔良太僕卿／文工岳陽府別將
- 晟
- 令琬蜀州司馬／昚盈
- 令瑛大清府別將／昚徽／鍠
- 澄
- 令玢
- 令琇兵部常選
- 令瓌兵部常選／昚非金吾衛大將軍
- 昚滔
- 令珍玉津府果毅
- 全質江陰令／令瑜吏部常選／珣
- 知約
- 知軌／思貞成都尉／崇禮德湯郡司戶參軍／稱太常少卿／綱
- 繼
- 維／儒宗
- 明宗
- 知義／胡子／元臣
- 懷質／榮

文殊隋儀同三司成都公

招賢隋遷州刺史杞國公

孝宣襲安城公

紹宣襲杞國公

德藏以孝宣子繼北海太守襲杞國公

靈運汾州長史襲杞國公

琛河東郡司士參軍襲公

溫御史大夫

承肩濮陽郡參軍

遵揚州戶曹參軍

遂光祿寺丞

連大理評事

瓘

珣華州刺史扶風郡公

洵以弟子繼揚子尉

琰北海令

嶠

泚

澄

淹

璠

泫

琁灌津縣男

潤

晉

汪

珪

璆新平令

瑰靈安丞

淳

滑

洌

濯

洞

浩

璋

惠慈渝州司馬

禹

翊華州司兵參軍

嵩兗州參軍

崑

鄭吏部常選

郢

鄽

詳

義方扶風郡參軍

大智杞王府參軍

廸廣平郡參軍

琳

務

曷

顏

鳳

仕俛

仕品

靈勗魯王府戶曹參軍

欽

重客

遐梓潼郡參軍

鍔東流令

銑

剸

旻平鄉府別將

旲寧遠將軍

敬

好客

靈獎信都郡太守

仙期麗水府別將

援

彝

榮

仙鶴

捍

仙童

撫

仙客

鳳宣

志以姪繼襲神武郡公

靈感和益令襲公

昱延州戶曹參軍

漼

榮

涓安業府別將

倂

偃

求

汪兵部常選

涔道舉出身

偍新鄭令

渙兵部常選

昇岐陽令襲神武公

潤恒王府兵曹參軍

季倫

泌戢黎府折衝

華聞

喜令

季初

潮貝州司兵參軍

善一名溫西魏汾華隴三州刺史永富縣男生榮定

榮定隋冀州刺史陳懿公

抗字道生相高祖

衍左武侯將軍

孝儉

畢太僕少卿

靜字元休民部尚書信都肅公

遠駙馬都尉襲公

松壽殿中少監

孝忠簡州刺史

孝威

遜字克讓兵部侍郎

逵蔡州刺史

孝德慈州刺史 / 誕駙馬都尉莘安公 / 希玠禮部尚書莘公 / 錫
銳
希瓌達州刺史 / 銓滑州刺史
敬賓河南少尹
孝立 / 鎮右武衛將軍 / 顒
項洋州刺史
孝沖
孝彝夷州刺史 / 瑾 / 審言聞喜尉 / 戩
權著作郎
參相德宗 / 景伯兼監察御史
孝誠溪州刺史
孝果 / 維鑾水部郎中
孝讜潤州刺史 / 希瑊字美玉太子少傅酇公 / 鍊司農卿
鋼將作監
希球字國珍太子賓客冀國公 / 鑑 / 榮虞部郎中
希瑊字希瓘太子少師畢公 / 鉉太子左贊善大夫
鍔駙馬都尉秘書監 / 克恭
澮涇王傅
沔壽王傅 / 克良駙馬都尉
克溫
灌陳王府長史
希琬衛尉少卿 / 鋒太僕少卿 / 昱隋州刺史
邑鳳州刺史
孝禮良原令 / 瑋遂州刺史
璡京兆少尹 / 紹給事荊府長史 / 寓
綜

綸
纓駙馬都尉衛尉卿
纘
績奉先令
續
級
旻賓 / 林司封郎中
瑗光祿大夫 / 銑
乂太府卿同正
幹
師綸太府少卿 / 尚義 / 贊道州刺史
尚烈 / 進右庶子 / 蒙太原令
鼎都官郎中
師武 / 孝緯 / 憬 / 履庭梓州刺史 / 暄
履信鴻臚卿 / 曙
曖
孝約開州刺史
師仁
慶 / 智純蒲州刺史
智弘 / 懷玉夔州刺史
懷和 / 從之右司郎中
從光 / 靚
覲揚府長史
從昭江州刺史
智圓開州刺史
璡字之推將作大匠鄧安公 / 普行饒州刺史 / 總汾州刺史 / 弘徽屯田員外郎
熾周太保鄧公六子恭覽深嶷誼威
恭後周雍州牧鄴國公 / 軌字士則益州都督鄴公 / 奉節駙馬都尉黃國公
克順將作大匠

覽 / 琮晉州總管譙敬公 / 孝讓洛州刺史
孝永濟州刺史
孝鼎司勳郎中
深 / 襲右武衛將軍 / 文表 / 季輿開州刺史
季安湖州刺史
嶷 / 德宗播州刺史
誼 / 有意熊州刺史 / 元暐諫議大夫
威字文蔚相高宗 / 惲岐州刺史 / 旻 / 諮棣王傅觀津公 / 顒撫州刺史
竇武之後又有敬遠封西河公居扶風平陵孫善衡
善衡左衛將軍襲西河公 / 懷亶洪州都督襲公 / 肩同昌郡司馬襲公 / 叔向左拾遺 / 常字中行國子祭酒 / 弘餘黃州刺史
藩餘字外臣
牟字貽周國子司業 / 周餘秘書監
羣字丹列容管觀察使 / 讓餘
審餘
庠字胄卿澧登信婺四州刺史 / 蘇
載
鞏字友封鄂岳節度副使 / 景餘
師裕
端
元昌九隴令 / 洵直
彧盧州刺史 / 易直字宗玄相穆敬 / 紃字受章循州司戶參軍
從直兼殿中侍御史
敬直

竇氏定著二房：一曰三祖房，二曰平陵房。宰相六人。三祖房有德玄、懷貞、抗、參、威；平陵房有易直。

陳氏出自嬀姓，虞帝舜之後。夏禹封舜子商均於虞城。三十二世孫遏父為周陶正，武王妻以元女大姬，生滿，封之於陳，賜姓嬀，以奉舜祀，是為胡公。九世孫厲公他生敬仲完，奔齊，以國為姓，既而食邑於田，又為田氏。十五世孫齊王建為秦所滅，三子：昇、桓、軫。桓稱王氏。軫，楚相，封潁川侯，因徙潁川，稱陳氏。生嬰，秦東陽令史。嬰生成安君餘。餘生軌。軌生審。審生安。安生恒。恒生願。願四子：清、察、齊、尚。齊生源。源三子：寔、蒯、蓬。寔字仲弓，後漢大將軍掾屬，文範先生。六子：紀、夔、洽、諶、休、光。諶字季方，獻文先生，生青州刺史忠。忠二子：佐、和。佐二子：準、徽。準字道基，晉太尉、廣陵元公，生伯眕，建興中渡江，居曲阿新豐湖，生匡。匡二子：赤松、世達。世達長城令，徙居長城下若里，生丞相掾康。康生盱眙太守英。英生尚書郎公弼。公弼生步兵校尉鼎。鼎生散騎侍郎高。高生懷安令詠。詠生安成太守猛。猛生太常卿道巨。道巨生文讚。文讚三子：談先、霸先、休先。

談先梁東宮直閣將軍義興昭烈公 / 曇倩陳世祖文皇帝 / 伯山字靜之鄱陽王 / 君範隋溫令
君通淄州刺史 / 矩黎州刺史
君賓虔州刺史
伯固字牢之新安王 / 願萬州刺史
伯仁字壽之廬陵王 / 蕃隋資陽令
挺綏州刺史
岌長城公
伯義字堅之江夏王 / 元基隋穀熟令
察文州刺史
憲忠州刺史
伯謀字深之桂陽王 / 鄯隋番和令 / 瑨渠州刺史
璸黔州都督
伯信出繼衡陽王西衡州刺史 / 法會梁州刺史
曇頊高宗孝宣皇帝 / 叔寶後主 / 莊字承肅隋昌陽令 / 蕃字承廣忠州刺史
叔英字子烈隋涪陵太守 / 弘 / 履華夏州刺史
徽 / 元龡申州刺史

叔堅字子成隋遂寧郡守 遺玉涇州長史

叔騫字子騫隋上黨通守 正循王傅

叔明字子昭隋鴻臚少卿 繹侍御史

宏邢州刺史

某會稽郡司馬 某晉陵郡司功參軍 兼右補闕翰林學士 當監察御史

萇大理評事

京字慶復祕書少監 褒以從子繼鹽官令 灌高安令 伯宣著作郎 旺字野王 機

伯黨 元史 徽溫州司戶參軍

歸考功員外郎 翱

叔彪字子華淮南王 瓊唐州錄事參軍 彝左散騎常侍 商字述聖祕書監許昌縣男 峻

叔達字子聰相高祖 政德 義少府少監

玄德 仲方順州刺史

賢德水部郎中

紹德 復盩厔尉 遂

又有潁川陳忠不知所承

思邕 夷行字周道相文宗 玄錫

夷則 喜陵州別駕 閬陵州刺史 仲寓 象

夷實 翻字昭文 昌海初名黯 康乂

陳氏宰相三人 叔達 希烈 夷行

封氏出自姜姓炎帝裔孫鉅為黃帝師胙土命氏至夏后氏之世封父列為諸侯其地汴州封丘有封父亭即封父所都至周失國子孫為齊大夫遂居渤海蓨縣裔孫岌字仲山後漢侍中涼州刺史生暉暉四世孫仁仁孫釋晉侍中東夷校尉二子悛悛悛二子放奕奕燕太尉二子蘄勸蘄孫鑒後魏滄水太守二子琳回滑

回字叔念後魏尚書僕射富城孝宣公 隆之字祖裔北齊右僕射富城宣懿子 子繪字仲藻祠部尚書左僕射諡簡 寶蓋

子繡隋通州刺史 德潤青城令 行賓 廣城雍州司法參軍 希顏中書舍人吏部侍郎

智贍

行高禮部郎中 梁客吏部員外郎中書舍人

德輿隋南田令 安壽湖州刺史 玄景

德如隋河南王司馬 元素戶部侍郎

倫字德彝相高祖太宗 言道汝宋二州刺史駙馬都尉 思敏 守靜渠州刺史 利建 夏時兼殿中侍御史

興之字祖胄後魏平北府長史諡曰文 孝琬字士禕北齊東宮洗馬

孝琰字士光北齊通直散騎常侍 君確

君靜

君嚴

君贊

孝璋 君誕 叔廉光州刺史 悌

倍

君夷 道弘右司郎中虢州刺史 踐一 無待刑部郎中 希奭 亮司封員外郎杭州刺史 敖字碩夫戶部尚書渤海縣男 望卿字子踐

彥卿字峙元 翹字明

挺卿字愼獨

舜卿字贊聖

煦卿字愛之

特卿字亞公

貢 信卿 渭字希叟

踐福黃州刺史 無遺

道瑜 綽 恩武邑令 思業戶部郎中幽州都督

士泰 松年 良弼京兆府士曹參軍 洄

封氏宰相一人 倫

楊氏出自姬姓周宣王子尚父封為楊侯一云晉武公子伯僑生文文生突羊舌大夫也又云晉之公族食邑於羊舌凡三縣一曰銅鞮二曰楊氏三曰平陽突生職職五子赤肸鮒虎季夙赤字伯華為銅鞮大夫肸字叔向亦曰叔譽鮒字叔魚虎字叔羆號羊舌四族叔向晉太傅食采楊氏其地平陽楊氏縣是也叔向生伯石字食我以邑為氏號曰楊石黨於祁盈盈得罪於晉并滅羊舌氏叔

向子孫逃于華山仙谷，遂居華陰。有楊章者，生苞、朗、款。苞爲韓襄王將，守脩武，子孫因居河內。朗爲秦將，封臨晉君，子孫因居馮翊。款爲秦上卿，生碩，字太初，從沛公征伐，爲太史。八子：鵾、奮、彪、儵、熊、喜、鵰、雕。喜字幼羅，漢赤泉嚴侯，生敷，字伯宗，赤泉定侯，生胥，字母害。胥生敞，字君平，丞相、安平敬侯。二子：忠、惲。忠，安平頃侯，生譚，屬國、安平侯。二子：寶、並。寶字稚淵。二子：震、衡。震字伯起，太尉。五子：牧、里、秉、讓、奉。牧字孟信，荆州刺史、富波侯。二子：統、馥。十世孫孕。孕六世孫渠，渠生鉉，燕北平郡守，生元壽，後魏武川鎮司馬，生惠嘏。

惠嘏太原郡守										
謇汲郡太守				烈平原太守						
鍾馗隋義城縣公				楨寧遠將軍						
處綱秦州總管義城恭公			處業隋洛州刺史	忠隋太祖武元皇帝						
元景	元珙	元約		堅字那羅延隋高祖文皇帝						
	君操陳州刺史	謹度支員外郎		廣煬皇帝						
		孚刑部郎中		昭元德太子世宗孝成皇帝					暕字世朏隋齊王	
		黃裳		侑鄘國公			倓字仁安隋燕王	侗字仁謹隋恭皇帝	正道尚衣奉御	
		中侍御史		行基嗣鄘公					崇禮太府卿戶部尚書	
				棨字德順嗣鄘公		懷讓			眘餘吏部郎中少府少監	眘矜戶部侍郎
				潤	溫				岳少府監	諒岳州刺史
					幼言嗣鄘公	敦駙馬都尉太僕卿同正員				

觀王房本出渠孫興，後魏新平郡守，生國。國孫紹，後周特賜姓屋呂引氏，隋初復舊。後以士雄封觀王，號觀王房。

	國後魏中散大夫																			
	定并州刺史晉昌穆侯																			
	紹字子安後周驃騎大將軍儻城信公																			
	士雄隋雍州牧司空觀德王				緘隋司隸校尉						續都水使者弘農公									
	恭仁相高祖																			
	思誼	思訓左屯衛將軍		思納鳳州刺史	思儉衛尉少卿	思約			思禮岳州刺史		思簡太子舍人									思禎
	嘉賓晉州刺史	嘉本左衛將軍			承祐右衛將軍	承初	承令尚書右丞		承緒鄧州刺史	承緘右金吾將軍	冲寂司僕卿									正基
		慎交駙馬都尉祕書監				眘直萊州刺史	宗兵部郎中	福			令一吏部員外郎		愍安州都督	愿汝州刺史			恕工部郎中	志蘇州刺史	慫右司郎中	琮比部郎中
眘名洛陽令		泂駙馬都尉衛尉卿	沐					鼎			愷綿州刺史			奧贊善大夫	庭	序				
		悅駙馬都尉									俛			廸						
											崟	徵								

																		士貴隋道燕二州刺史邢國公
									縯		綱王府郎中平河公		恭道				師道相太宗	福蒲州刺史
	思止字不殆潞州刺史湖城縣男							思昭膳部員外郎	思玄吏部侍郎	思敬禮部尚書駙馬都尉	思謙光祿卿						豫之	
正言陳州刺史	執柔相武后			執虛新安令	愛業美原令	執一朔方節度使河東郡公					履忠殿中侍御史	履言	邁汾陰令					
	濬	湜太原少尹	滔兵戶吏三侍郎	涉資州刺史廣平郡公		濯隋州刺史	汪殿中侍御史					湑倉部郎中	譚廣州都督	詘		羲水部郎中		
	蕙湖州刺史		藻											伯明	叔興	詢伯		

譽汾州刺史靜公 崇禮 晤 損
漸
崇敬太子少師鄭懿公 志誠吏部員外郎中 澂兵部郎中 默
黙
沘左武衛將軍
均光祿少卿
逵字士達隋納言始安恭侯 緘 全節 知慶左武將軍 諤尚書奉御
知運 令珪漢州刺史 揩左衛將軍
援巴州刺史 岳
岡
岱
嵇檢校員外郎
知亮集州刺史
知什 挹玉太僕卿
紹玉右衛將軍
遺玉鄭王傳
白澤 孝義 至公 令禕司農少卿
令深商州刺史
知敬
孝仁濟汝二州刺史

孕五世孫賚隋輔國將軍河東公生初左光祿大夫華山郡公初裔孫播世居扶風
播 炎字公南相德宗 朗殿中侍御史
太尉震子奉字季叔後漢城門校尉中書侍郎八世孫結仕慕容氏中山相二子珍繼至順徙居河中永樂岐徙居原武
珍後魏上谷太守 真河內清河二太守 懿洛州刺史弘農簡公 順字延伯冀州刺史三門縣伯 琛儀同三司平鄉縣公 汪字元度隋梁郡通守 令本庫部郎中 友諒昊陵令 珣宣州司士參軍 國忠相玄宗 暄太常卿
曉殿中少監
朏鴻臚卿駙馬都尉
晞太子中允
志謙 玄琰蜀州司戶參軍 銛殿中祕書監
玄珪工部尚書 錡太僕卿駙馬都尉 晅
玄璬國子司業 鑑湖州刺史
志詮 明肅少府監
津字羅漢後魏司空孝穆公 愔字遵彥北齊尚書令開府王 復珪起居郎
暐字延孝後魏安南將軍
岐呂州刺史 行表長安尉 敏 冠時侍御史
繇字再思相武后中宗 禎司勳員外郎 獻汝南太守 和
堯字季昭鄧州刺史

潤字溫玉國子祭酒湖城公 回遂寧太守 勉 垂
炅遂州刺史
昱偃師丞 歸厚右拾遺 騭字殷篤
侃白水令 纘
紘
繪
綰字公權相代宗 弘微兼監察御史
宏字玄之陝主簿
越公房本出中山相結次子繼生暉洛川刺史諡曰簡生河間太守恩恩生越恭公鈞號越公房
鈞恒州刺史越恭公 瑄字宣和西魏度支尚書 敷字文衍後周汾州刺史臨貞杜武公 素字處道隋尚書令司徒楚景武公 玄獎清河公 崇本宋州長史
積善上儀同
晤靈錢塘令 幼列寧州司馬 藏器三水丞 遺直豪州錄事參軍 發 楪字文逸
假 收字藏之相懿宗 鑒字文通生弘字伯寬
鏻字文豪
鉅字文碩
嚴字凜之兵部侍郎判度支 涉字文川相昭宗生凝式
注字文台

										儉字景則西魏侍中夏陽靜侯						文昇字文殊隋刑部尚書吳州總管樂昌縣侯		
									文休	文昇				處相		安仁		
	約隋萬年令脩武公	愼義安侯	岳隋萬年令蒼山公						處嶷			寶琳				德立		
			弘禮中書侍郎太府少卿	弘文駕部郎中	弘武相高宗				寶應華州刺史鴻臚卿	昉尚書右丞工部尚書		中敏郴州刺史		恂左司郎中		隱朝部陽令		
					元亨庫部郎中睦州刺史	元裕博州刺史	元禧台州刺史	元禕宣州刺史	維友工部員外郎	元咸安州都督						燕客臨汝令		
											鉞侍御史					審	寧國子祭酒	
									志先戶部郎中								汝士字藻刑部尚書東川節度使	
									佚								知溫字德之荊南節度使	知遠字明之絳州刺史
									鍠								開物字熙之左拾遺	及善字元吉西令
洞字文遠																		

																				澳公字用乂天平軍節度使檢校戶部尚書	
					虞卿字師臯京兆尹																
			賀知字幾之戶部侍郎		知退字先之左散騎常侍				元孫字立之頳州刺史		知權字正之試協律郎			璠字後隱水部郎中	思方字立之鳳翔副使檢校吏部郎中	壇字坦之右拾遺	堪字時之太子少師	思愿字乂聞韶州刺史			㷇字景山
弘嘉	慕義	全愛岳陽令	整字秉禮鳳翔從事	協字興樂	恪	貽德字垂裕永州刺史	贊禹字昭讓左司郎中集賢學士生澄字表徵	贊圖字光祐司封員外郎知制誥	緒	齊	業	球字遐寶度支宣歙院巡官兼侍御史	贊辭字彰史	旬字禹封司勳員外郎	恂字莊已常州刺史生道沖	安期字樂全		孫延史字昭文端州刺史	承休字祐之刑部員外郎		沼

																							遐度
																					志立		
																					九思鄜州刺史		
																					如權爪州刺史	思齊瀛州刺史	
												魯士字宗尹長安令											
籌字本勝監察御史	範字憲之楚州刺史			諲字昭業涇州營田判官				知章字通微檢校金部郎中	篆字義圖司勳郎中	筠字禮潤給事中	遷	藂字廷儀	管	希古字尚之尚書右丞	仁贍字濟之祕書監	嶠							
寓	瑄字秀文陝州節度判官	玢字表文監察御史	璨玉城令	珂字成美蒲令	廷㷇	承鱣	符字信之侍御史		徹					徵	峴字眞川左拾遺	思賓忠武從事	敬福字遐吉同官令	郁字堯之永和令		崇鼎	源皤字雍字昭化紀川兵藍田尉直		

源皤字	部郎中弘文館

文偉，隋安、溫二州刺史、安平公。榮 師武，州刺史
泰，駕部郞中
恪 溫令 元表，國子司業
元政，司勳郞中 志元，殿中侍御史 成名 憑字處受，刑部侍郞、京兆尹 渾之 簡 途字遐至
凝字懋功，司封郞中 後之字謙入
夌 敬之，同州刺史 戴字贊業，江西觀察使 迢字文通
遵字嗣古，太僕少卿
成規 邈
士積 鹹，都官員外郞、將作少匠 言成，商州刺史
魏成，滁州刺史
安，濟州刺史
纂，戶部尚書、長平公 守拙，考功郞中 頔，職方郞中
守訥，倉部郞中、汾州刺史 晉，金部郞中
守愚，雍州長史
守柔，鄧州刺史 祇本，吏部郞中
踐本
守挹，岐州刺史 勵本，蜀州別駕

寬字處仁，周總管梁、興等州諸軍事、宜陽元公 文紀字溫範，隋荊州總管、楊山恭公 孝湛 弘業，主客員外郞
孝儼 弘毅，洛州長史 瑾
璉，辰州司戶參軍 冠俗，奉先丞 大清，單父尉 於陵字達夫，左僕射、弘農郡公 景復，衛尉卿
禮，大理司直 成器，涪州刺史
嗣復字繼之，相文宗、武宗 損 溥字無尤 生安貞字不忒 安吉字垂則
授 然字公隱
昭文 技字
昭玉 拭字
謙光 撝字
紹復字紹之 擇字道叶
知幾 擬字
致堯 拯字
師復 藏用 拙字

楊氏宰相十一人 恭仁、執柔、師道、炎、國忠、再思、綰、收、涉、弘武、嗣復。

孝怡，膳部郞中、太僕卿
弘胄，水部郞中
弘驥，工部員外郞

高氏出自姜姓，齊太公六世孫文公赤生公子高，孫傒爲齊上卿，與管仲合諸侯有功，桓公命傒以王父字爲氏，食采於盧，諡曰敬仲，世爲上卿。敬仲生莊子虎，虎生傾子傾，子生宣子固，固生厚，厚生子麗，子麗生止，奔燕。十世孫量，爲宋司城，後入楚。十世孫洪，後漢渤海太守，因居渤海蓨縣。洪四世孫褒，字宣仁，太子太傅。褒孫承，字文休，國子祭酒、東莞太守，生延，字慶壽，漢中太守。延生納，字孝才，魏尚書郞、東莞太守。納生達，字式遠，吏部郞中、江夏太守。四子：約、乂、隱、漢。隱，晉玄菟太守，生慶，北燕太子詹事、司空。三子：展、敬、泰。展，後魏黃門侍郞、三都大官。二子：讜、頤。讜，冀、青二州中正、滄水康公。二子：祚、祐。祐字子集，光祿大夫、建康靈侯。二子：和璧、振。

和璧字僧壽，後魏中書博士、下博公 顥字門賢，輔國將軍、建康惠子 德政，北齊左僕射、藍田康公 伯堅 希傑 敬言，吏部侍郞 崇業
子繼 憲 蓋，禮部郞中
丘 叔讓，殿中侍御史
慈 光復，天官郞中 念，職方員外郞
寧
寬
密
察

振 石安 表，後魏安德太守 衛，隋萬年令 志廉，都官員外郞 正臣，襄州刺史 元道，汲令
仲仁 儼，刑部郞中
季通，宗正少卿
季馮字季輔，相太宗、高宗 正業，中書舍人

泰，北燕吏部尚書、中書令。二子：韜、湖。

湖，後魏寧西將軍 謐，侍御史 樹生 歡，北齊高祖神武皇帝 嶽字洪略？
歡，北齊高祖神武皇帝 岳字仁，弘齊安王
玄景，沂州刺史 元思，吏部郞中
琛，趙郡王 叡，襲趙郡王 齊孫正初 正初，隋左金吾衛郞將 翰，常州長史 莊，左驍衛將軍 武光字叔良，晉州刺史、渤海縣伯 昇，右司郞中

4372

翻字飛雀後魏侍御中散孝宣公																			
岳字洪略北齊太保清河昭武王																			
勸字敬德隋洮州刺史樂安侯																			
士寧	宗儉字士廉相太宗																		
	文敏字履行戶部尚書駙馬都尉							賓行主客郎中	眞行左驍衛將軍										
	琁循州司馬襲申公		璀						嶠司門郎中	峻殿中丞蒲州長史					熊和州刺史	彖魏州別駕			
	紹考功郎中	衎衛尉少卿	丕	遷祠部郎中						迥餘杭令						重字文明檢校戶部尚書渤海縣子			
昱			巂字時雍	子羽右司郎中			子平			彪著作佐郎崇賢館學士									
				曙	暄	暖				昱侍御史倉部員外郎	侯太原少尹兼御史中丞								
											允恭	少逸工部尚書	元裕字景圭初名允中吏部尚書渤海縣男子璩字瑩之相懿宗	允誠生錫望字叶中暐字暈殷字贊禹殷生濟字德昌汶字魯昌		元經河南兵曹參軍	德明大理評事	光庭左金吾胄曹參軍	由庚華州參軍

		審行戶部侍郎			
	嵊祠部郎中		嶧廬州刺史	崘倉部郎中	嵘
					惠恭巴州刺史
公衡河中觀察支使生育字全之					

京兆高氏又有與北齊同祖，初居文安，後徙京兆。

卿遂城令
質滄州長史
伯祥右拾遺
郢字公楚相德宗順宗
定

晉陵高氏本出吳丹陽太守高瑞，初居廣陵，四世孫悝徙秣陵，十三世孫子長。

子長隋秘書學士
智周相高宗

高氏宰相四人。士廉、璩、郢、智周。

房氏出自祁姓，舜封堯子丹朱於房，朱生陵，以國爲氏。陵三十五世孫鍾，周昭王時食采靈壽，生沈，沈十二世孫漢常山太守雅，徙清河繹幕。十一世孫植，後漢司空。植八代孫諶，隨慕容德南遷，因居濟南。四子：裕、坦、邃、熙，號四祖。裕孫後魏冀州刺史法壽，孫翼，仕至鎮遠將軍，襲壯武伯。二子：熊、豹。熊字子彪，本州主簿，生彥謙。

彥謙司隷刺史						
玄齡字喬松相太宗						
遺直禮部尚書				遺則	遺愛太府卿	
					絳	
					晦	勳
偕大理司直					凝字玄儉鄆州刺史	克讓
曾字詠歸						鄭字正封
重字蕤武功尉						
譚大理評事						
從約	從繹	從絢	從縉			

沼監察御史
復

河南房氏，晉初有房乾，本出清河，使北虜，留而不遣。虜俗謂房爲屋引，因改爲屋引氏。乾子孫隨魏南遷，復爲房氏。而河南猶有屋引氏。唐雲麾將軍、弘江府統軍、渭源縣公豐生卽其後也。

倫後魏殿中尚書武陽公																			
謨北齊侍中吏部尚書																			
廣深	恭懿隋海州刺史																		
	彥雲																		
德懋兵部郎中	玄基倉部郎中	融相武后												玄靜膳部郎中清漳公					
	元陽水部郎中	琯字次律相肅宗			璩少府監								禋中書侍郎	肱					
		宗偃御史中丞	乘祕書郎	孺復容州刺史	履	潔	觀成都少尹	興	奉若	濟容管經略使	璋	瑜		岳	巒都水使者	陟	武興元少尹	式宣歙觀察使	岱
			啟容管經略使														次卿字蜀客		
由度支郎中			越																

密諫議大夫 | 署光祿卿
嵒 | 諶 | 全慶
岡 | 說右司郎中 | 夷則 | 千里字鵠舉
垂 | 挺常州刺史 | 謹字莊己
周平襄陽公 | 崱朔州刺史

房氏宰相三人 玄齡融琯

宇文氏出自匈奴南單于之裔有葛烏兎爲鮮卑君長世襲大人至普回因獵得玉璽自以爲天授也俗謂天子爲宇文因號宇文氏或云神農氏爲黄帝所滅子孫遁居北方鮮卑俗呼草爲俟汾以神農有嘗草之功因自號俟汾氏其後音訛遂爲宇文氏普回子莫那自陰山徙居遼西至後周追謚曰獻侯獻侯生可地汗號莫何單于闕地西出玉門東踰遼水孫普撥普撥生丘不勤丘不勤生莫珪莫珪生遜昵延遜昵延生俟豆歸自稱大單于爲慕容晃所滅生六子一曰拔拔陵陵二曰拔拔瓌三曰紇闍四曰目原五曰紇闍俟直六曰目陳拔拔陵號阿若諺仕後魏都牧主開府儀同三司安定忠侯以豪傑徙居代州武川生系位至內阿干二子韜阿頭韜三子肱顥泰泰後周太祖文皇帝阿頭生仲贈大司徒虞公生興襲虞公生洛

洛隋介公 | 裕 | 延 | 離惑 | 庭立董襲介公
邈御史中丞 | 鼎字周重 | 獻字昌言
璜字禮用

目原孫跋後魏羽眞尚書居庸侯生直力勤比部尚書直力勤生賢

賢字大雅定州刺史 | 瓌字法珍後周右州刺史壽張公 | 敫字公輔隋禮部尚書昌樂公 | 儉九隴令 | 節字大禮相高宗 | 嶠萊州長史 | 融相玄宗 | 寬
寧
審字審禾州刺史 | 炫刑部郎中

宣
瑗 | 紹水部員外郎

又有費也頭氏臣屬鮮卑俟豆歸後從其主亦稱宇文氏仕後魏世爲沃野鎮軍主玄孫盛

盛後周柱國濮陽公 | 歸 | 定及德州刺史 | 規光祿少卿 | 顒 | 寶好畤令
宿均州刺史
述隋左翊衛大將軍 | 智及
化及隋太僕卿
士及相高祖 | 某封城縣公
靜 | 福及 | 全志左司員外郎 | 順虞部員外郎 | 褒 | 巘
屺

宇文氏宰相三人 士及節融

唐書卷七十一下考證

宰相世系表一下蕭氏出自姬姓○臣酉按下文云蕭爲宋後則子姓非姬姓也

戴公生子衎字樂父裔孫大心平南宮長萬有功封于蕭以爲附庸○沈炳震曰按樂氏世系云宋戴公子衎字樂父子孫以王父字爲氏與此正同則此之裔孫乃樂大心非蕭叔大心也按春秋宋萬弑閔公在莊公十三年左傳昭公七年樂大心見于傳自莊公十三年至昭公七年相去一百四十五年無緣樂大心得與平萬功封于蕭也又按莊公十三年傳蕭叔大心及武宣穆莊之族以曹師殺南宮牛于師杜氏曰叔蕭大夫名正義曰此是宋蕭邑大夫以此年有功宋人以蕭邑别封其人爲附庸故二十三年蕭叔朝公杜氏直曰蕭附庸國據春秋傳及杜注正義蕭叔不詳世系則蕭固非子姓卽姬姓亦未的也故以蕭叔大心爲蕭氏之始祖則可若指樂父之裔孫大心爲蕭叔大心則謬之甚矣

陳氏齊王建爲秦所滅三子昇桓軫桓稱王氏軫楚相封潁川侯○臣酉按陳軫與張儀同事秦惠王後儀相秦而軫遂奔楚在秦滅齊前一百餘年今反以軫相楚在秦滅齊之後紕謬甚矣

嬰生成安君餘餘生軌○沈炳震曰史記陳餘傳不言餘父嬰祖軫諸家注亦無及之者覩于軫爲建子則餘之祖父及子皆不足信矣自軌而下無論也

楊氏牧字孟信荆州刺史○沈炳震曰後漢書楊震傳拜荆州刺史者高舒也蓋以與牧連文故以牧爲荆州刺史誤也

二子統馥十世孫孕孕六世孫渠渠生鉉○隋書高祖紀震八代孫鉉臣酉按震當漢靈帝時前燕當晉成帝時相去一百七十餘年不應遽傳十七世也當從隋紀

順琛○沈炳震曰魏書楊播傳順四子長辨次仲宣潤稚卿而無琛隋書楊汪傳曾祖順父琛而不詳其祖蓋琛乃順孫非順子也表缺一世

高氏歡廓○臣酉按北齊書武成十二王傳廓乃武成子爲歡之孫非歡之子也

唐書卷七十二上

宋　翰林學士歐陽脩撰

表第十二上

宰相世系表

長孫氏出自拓拔鬱律生二子長曰沙莫雄次曰什翼犍什翼犍卽後魏道武皇帝祖也後魏法七分其國人以兄弟分統之沙莫雄爲南部大人後改名仁號爲拓拔氏生嵩太尉柱國大將軍北平宣王道武以嵩宗室之長改爲長孫氏至孝文以獻帝長兄爲紇骨氏次兄普氏爲周氏又次兄爲達奚氏又次兄爲伊婁氏改爲婁氏又次兄敦丘氏爲丘氏又次兄俟氏爲万俟氏叔父之後乙旃氏爲叔孫氏疏屬車焜氏改爲車氏是爲十姓太和中詔自代北而徙者皆爲河南洛陽人嵩二子泰同敦泰征南將軍都督中外諸軍事生黃門侍郎大將軍延年延年生陝州刺史鄶國公儉儉生相州刺史昌寧公平二子道生道開道生太尉上黨靖王三子旃太一德一旃司空上黨康王生觀觀司徒上黨定王生稚澄稚字幼卿西魏尚書令太師上黨文宣王二子子裕子彥子裕右武衞將軍平原公二子紹遠兕

紹遠字師西魏大司空河中獻公
覽字休因後周大司徒薛公
兕晉州刺史

寬
昭郢州刺史
仲宣
鄭倉部員外郎

庶幾
勛西河太守

龕房州刺史
子哲信安太守

操金部郎中樂壽安男
憲屯田員外郎

詵睦州刺史
永屯田員外郎

鑒
湯

詮尚衣奉御駙馬都尉

兕後周絳州刺史平原公
敞宗正少卿平原安男
无虎右監門將軍

熾隋戶部尚書饒陽公
安世
祥刑部尚書
孝紀左司員外郎

晟字季晟隋淮陽太守齊獻公
无乃左監門衞將軍薛郡公

无傲昌寧郡公

无憲兵部尚書薛國公

安業右監門將軍

无忌字輔機相太宗高宗
冲祕書監駙馬都尉
延通事舍人
元翼宣州刺史
訓寧州刺史陳留縣公
釗福昌尉
守貞鴻臚卿
全緒渟州刺史
綖涇原營田判官試太子通事舍人
紹先

恭先

孝先

稚先

凝刑部尚書
嬉邠州刺史

洹陳州主簿

守英

守廉

節

操

元冀

元遐

絢

項

濬鴻臚少卿上黨郡公
詡

澹常州刺史安康伯
嘉平幽州司兵參軍
琮

瓊

琦

漪長水令安成縣公

溫尚衣直長

濟太子洗馬

淨尚衣奉御
崇宗

崇一

崇信

崇質

崇賢

崇順

淑成州刺史
瓚

璉

珪

球

湛襄州刺史

津尚衣奉御

澤左千牛衞長史
璋

瓊

琓

珩

瑛

潤太常少卿金城縣子

无逸雲麾將軍郫縣公

義莊邢州刺史

長孫氏宰相一人。无忌

杜氏出自祁姓帝堯裔孫劉累之後在周爲唐杜氏成王滅唐以封弟叔虞改封唐氏子孫於杜城京兆杜陵縣是也杜伯入爲宣王大夫無罪被殺子孫分適諸侯之國居杜城者爲杜氏在魯有杜洩避季平子之難奔於楚生大夫綽綽生段段生赫赫爲秦大將軍食采於南陽衍邑世稱爲杜衍赫少子秉上黨太守生南陽太守札札生周御史大夫以豪族徙茂陵二子延壽延考延年延年字幼公御史大夫建平敬侯六子緩繼他紹緒熊熊字少卿荊州刺史生後漢諫議大夫穰字子饒二子敦篤敦字仲信西

河太守生邦字召伯中散大夫三子賓宏繁賓字叔達舉有道不就二子翕崇崇字伯括司空掾生畿畿爲伯侯魏河東太守豐樂戴侯三子恕理寬恕字伯務弘農太守幽州刺史生預字元凱晉荊州刺史征南大將軍當陽侯四子錫躋耽尹錫字世嘏爲尚書左丞曾孫悊二子楚秀秀二子果皎皎生徽徽字曄隋懷州長史豐鄉侯生吒淹

吒隋昌州司馬 如晦字克明相太宗 構慈州刺史 荷駙馬都尉襄陽公

楚客工部尚書

淹字執禮相太宗 敬愛

敬同中書舍人東陽公 從則工部侍郎 自遠 繁 佐大理正 元穎相穆宗 審禮京兆少尹

敏求字千之

延雍字道光

元降太子賓客 審權字殷衡相宣宗懿宗 讓能字群懿相昭宗 光乂字啓之

曉字明遠膳部郎中翰林學士

彥林字寧臣中書舍人

弘徽字範華吏部尚書

用礪字嚴臣

蔚字日彰

昌遠 倚左衛將軍

志遠 俾易州刺史

僧

愛同易州刺史

京兆杜氏漢建平侯延年二十世孫文瑤與義興公同房

瑤隋復州刺史 玄道左千牛 定州司法參軍 繹秀容令 孟寅侍御史

亞字少公檢校禮部尚書

鄰河南士曹參軍

平太子舍人

綰京兆府司錄參軍 黃裳字遵素相憲宗 勝字試卿天平節度使 庭堅字輔堯衛州刺史

黃中峽州刺史 載

襄陽杜氏出自當陽侯預少子尹字世甫晉弘農太守二子綝瞞綝字弘固奉朝請生襲字祖嗣上洛太守襲生摽摽字文湛中書侍郎池陽侯生沖字方進中書侍郎襲池陽侯生洪泰字道廓南徐州刺史襲池陽侯二子祖悅顒

顒字思穎後周襄州刺史安平公 景仲鄜州刺史廣陽公 整 孝辯 惟慎監察御史

孝奘撫州刺史

孝弁 元懐左金吾將軍

景秀後周泗州刺史恩寧公 懿隋殿內監甘棠公 乾播 崇胤成州刺史 正義 望之溱州刺史 正心 齊之 南昇京兆功曹參軍

南榮長安主簿

乾祐 續主客郎中 知讓明堂令 慮 隋果州刺史

惠高陵令 濟字應物給事中京兆尹 匡

陟

緝

學

楊

知謙邢州刺史

乾祚 操殿中侍御史 廉

遜柏仁令 淹本縣中正 行敏益州長史南陽襄公 崇慤益州司倉參軍

崇懿宮尹丞右司員外郎麗正殿學士 希奭右千牛

希望河西隴右節度使太僕卿襄陽縣男 信太子賓客

位考功郎中湖州刺史 液

佋詹事司直金城丞 尚

參

任河南府兵曹參軍

儒字巨卿武進主簿

佑字君卿相德順憲三宗 師損工部郎中司農少卿 詮字詮夫復州司馬

愉 承昭字子昌

羔延陵令避亂從黃巖 宗之夏州司法參軍 詢字誠之河中府功曹參軍生鵬字選舉秘書監二子光遐光遠

式方字考元桂管觀察使 惲富平尉

憓興平尉

悰字永裕相武宗懿宗 裔休字徵之

述休

孺休字休之

恂

愔泗州刺史

從郁駕部員外郎 牧字牧之中書舍人 承澤字浚之

晦辭字行之左補闕

惠祥字應之禮部侍郎 逢

顗字勝之淮南節度判官 无逸 淪字正猷

潾字文輝

供洪州長史

巨卿兼侍御史

景恭廊州刺史康城公

景裕幽州刺史殿中少監安衆公

敬則邛州司馬

元同萬年尉

元志考功郎中杭州刺史

行鍼郊社令

行則游擊將軍

彥先率更令

逢時

韓殿中侍御史

信字立言刑部員外郎杭州刺史

禮

佐

梅

孝輔大理寺丞

伯卿

繼

師古懷州參軍

承慶

襲慶

虔大理司直

與

賢

應

鸞

清檢校員外郎

師古吉州刺史

湘

義符初名師義

翔字擇木

師禮

翦字文垂

參謨陝州司倉參軍

寅京兆法曹參軍

淪水部郎中澧州刺史

洹水杜氏出自戴侯恕少子寬字務叔孝廉郎中曾孫曼仕石趙從事中郎河東太守初居鄴葬父洹水後亦徙居洹水五世孫君賜君賜生景宣明景生子裕

子裕字慶延隋樂陵令

正玄字知禮隋章王記室

正藏字為善隋行軍長史

志靜出繼叔正倫安陽公

僑懷州刺史

咸涼州都督

損大理少卿

存左贊善大夫

占

介

廣鄭州錄事參軍死安祿山難

曾左金吾兵曹參軍

冀太學博士

兼字處弘河南尹

柔立

天長主簿

詞立壽州參軍

誼立順宗挽郎

中立義武節度使

羔刑部郎中

戩

思立

元振

嶠監察御史

諒

誠

濮陽杜氏出自赫子威世居濮陽裔孫模後魏濮陽太守因家焉模中生亮

正倫相高宗

正儀

正德

亮後魏陳留太守

伽北齊膠州刺史竟陵公

保隋鴈門太守

義博

仁端

元揆天官員外郎

希晏太子洗馬

華

萬檢校郎中

杜氏宰相十一人 如晦 淹 元穎 審權 讓能 黃裳 佑 悰 正倫 鴻漸 暹

李氏武陽房出自興聖皇帝第七子豫其後為武陽房

豫字士寧東晉西海太守

玫之字尋珍後魏黃門侍中衞公

剛宜州刺史

充隋朔州刺史武陽公

大通

道裕

大辯

直璀德州刺史

大亮右衛大將軍武陽懿公

守一庫部員外郎

如璧監察御史

充信

法靜商州刺史

充敬後周濟州刺史漣江郡公

義本宣州刺史

迥秀字茂實相武后

俊黃州刺史

玄明濟州刺史成紀縣公

敬本豫州刺史

璀恒州刺史

思本

崇敬司勳郎中

義寬滕王府諮議蘇州司馬

無忝

兼愛

祐

殷同字子遷

官令

兼拯

順休兼殿中侍御史

鎮起居郎

愼行荊益二州長史正平侯

鵬舉安州都督

靈瑤太康主簿

鳳舉

鴻漸字之巽相代宗

收戶部郎中

綸

慶

咸

封

鼎丹王府長史

承志天官員外郎

暹相玄宗

孝友殿中監

延壽武進尉

孝孫

孝恭殿中侍御史

昱給事中

慧｜充弼刺史｜嘉蘇州
虔緒洛州刺史
虔繹兵部尚書
文楷殿中少監

姑臧大房出自興聖皇帝第八子翻字士舉東晉祁連酒泉晉昌太守三子寶懷達抗抗東萊太守生思穆字叔仁後魏營州刺史樂平宣惠伯生獎字道休北齊魏尹廣平侯生瓌黃門郎生斌散騎侍郎襲樂平伯寶七子承茂輔佐公業冲仁宗承號姑臧房

承字伯業後魏滎陽太守姑臧穆侯
紹字元伯定州刺史襲姑臧文恭侯
瑍字道璠北齊前將軍安城縣伯｜尚德都官員外郎｜士詹
郎
季回忠州刺史
慎機｜幼清
元恪冀州刺史
瑾字道瑜後魏通直散騎侍郎文恭侯｜衆甫朗州刺史｜引
僑之字慶容北齊尚書考功郎中｜元儉｜義璹
義珙
義璋｜紹鄆州刺史
整｜震起居郎｜晊
晉汝州刺史
義瑛｜弼
頠氏部郎中
咸工部郎中
巢
義琛工部侍郎｜紹吏部郎中｜先發州刺史
部侍郎中｜史
惟｜長通州刺史
亘｜環普州刺史

通考功郎中
灋水部郎中｜賓喜
準
武卿｜玄德義琰相高宗｜起
慶陶宗｜詢甫主客員外郎
義瓘
義璡｜融
慎河內太守
敷同州刺史
恒殿中侍御史
回工部員外郎
賜都官員外郎
耿
沆
元澄泉州刺史
昭一作照
行之字義通隋唐州下邳郡太守固始縣男｜夷道
玄道秦府學士常州刺史｜正基太子舍人｜直字景信給事中｜成裕秘書監｜揆字端卿相肅宗｜興公侍御史
佐公河中少尹｜元陟｜歸魯兼殿中侍御史
元賓右衛兵曹參軍｜絢長壽令
元易｜歸文滄州節度判官
元城監令
元贊太僕卿｜檢河南少尹
冉右司郎中
儉
漸補闕
元羨宗正少卿｜岫殿中侍御史
次公殿中侍御史
元周王屋令
元裔奉天令｜愔
幼公杭州刺史
汾
衡
均之｜隋秘書監｜正範庫部郎中｜樞

悉之｜上公秘書監｜景素太子庶子｜蔚字茂林相僖宗三子涯禮部侍郎洵福建觀察使沇字殷澤
緒字權化
翥字圖南
景回國子司業｜昜
申｜繪字德彰
弘甫宗正卿涇原節度使｜混字巨川池州刺史
皆司封員外郎｜震泉州刺史
咸績虞部郎中
虬｜谷秘書少監｜當刑部尚書｜藻尚書右丞
拯字昌時
敞
崇
奕
成式淮南採訪使
京字嘉會淄州刺史｜成性太子右贊善大夫｜蒙潁州司功參軍
挺監察御史
慶越州參軍
成義文學｜表
成紀
雲將尚書右丞｜晏｜顏｜歸期｜逢吉字虛舟相憲宗
絳滑州刺史
緒
纁諫議大夫
維
仲華庫部郎中
疑之字惠堅光州中從事｜君志

君範 / 孝深 / 詢 / 執 / 涓商州刺史
涉美 / 原令
君徹 / 元珍 / 構泉州刺史
君可
君弁 / 稚州倉部員外郎 / 夔 / 嘉 / 準監察御史
思言 / 寔
惇 / 光庭
君德
君平冀州刺史 / 顓蘇州錄事
佋袁州刺史
瓚字道瓘，後魏司徒參軍事 / 脩年，大將軍、開府士曹參軍事 / 玄表庫部郎中 / 思誨潁州司馬 / 炅
獻
彊
俊 / 昕司門員外郎 / 翥
憩洋州刺史
彥字次仲，後魏秦州刺史，謚曰孝貞 / 蕤字德諧，司徒府主簿 / 士萬高都太守 / 大壽袁州參軍 / 傑 / 剬
爽字德明 / 元相 / 乾昇秦府戶曹參軍 / 岑水部郎中、眉州刺史 / 舟字公受，虔州刺史、隴西縣男
丹亳州刺史
峯開州刺史 / 巨司勳員外郎 / 樞實字子重
傳
伏陁 / 崇基尚書左丞、權御史大夫 / 景融 / 康時
景昌 / 操

慶字叔恭，後魏驃騎大將軍、高平宣景男 / 堅字仁明，尚書左外兵部 / 裒章武郡守 / 德基亳州法曹參軍 / 思文同官丞 / 況 / 防右衛長史，一作昉
玄就右神武軍參軍事
玄成試太常寺協律郎
玄度
玄爽
冽
凝
絜
凉
憑
皓字仁昭，後魏散騎侍郎 / 士操北齊儀同開府參軍事 / 昇期給事中 / 何汜水令 / 粲字師胡，南園練觀察使、左散騎常侍 / 玄奭
儋殿中侍御史
曉字仁略，北齊廣武東郡太守 / 超字仲舉，隋冀州清江令，傳 / 太師字君威，渤海郡主簿 / 慶孫
正禮 / 元贊
利王 / 元道
元德 / 光遠 / 構
位房州刺史 / 緄殿中侍御史
延壽符璽郎
安世
行師卬州刺史、虞部員外郎 / 玄運 / 元璥濟州刺史 / 推
損 / 鋋

玄又潤州刺史 / 尚義右庶子、揚州刺史
叔儀 / 庭言楚州刺史 / 恭 / 懿 / 榮 / 實
休 / 弘式 / 龜圖字玄錫
玄約 / 鎔陵嘉州刺史
玄挺相州刺史 / 尚虛
尚詞申州刺史 / 俠
欽回
中庸
昭 / 贊
踐中臨汝太守
季遠
仁璹衡州刺史
蘳字延賓，後魏司農少卿

丹陽李氏，晉東莞太守雍長子曰倫，五世孫文度，西涼安定太守，與族人寶入後魏，因居京兆山北。

文度 / 權，後魏河秦二州刺史、杜縣公 / 崇義，後周雍州大中正，廣和復硤殷五州刺史、永康縣公 / 詮，隋趙郡太守、臨汾襄公 / 藥王 / 脩志 / 元慎洛州刺史
脩行汝州刺史
靖字藥師，相太宗 / 德謇太府少卿
德獎
僾嘉州刺史
湜
汗
沅兼殿中侍御史
客師左領軍大將軍、幽州都督、丹陽郡公 / 嘉字大善，隰川令，襲公 / 守節 / 化令

思孝夏州都督
鉷儀州刺史
大惠
炅刺史
琛
正封字中護，監察御史
大志右金吾將軍
令哲會州刺史
令問殿中監宋公
止明右衛將軍
志覽
慶遠
志貞
偉節隋司隸州刺史
乾祐刑部尚書
昭德相武后
瑊
餘福監察御史

漢騎都尉陵降匈奴，裔孫歸魏，見於丙殿，賜氏曰丙。後周有信州總管、龍居縣公明，明生粲，唐左監門大將軍、應國公，高祖與之有舊，以避世祖名，賜姓李氏。

粲
寬奉常正卿隴西公
道廣字太丘，相武后
元綜屯田郎中荊府長史
舒工部郎中
莒
元紘字大綱，相玄宗
有季
元繹都水使者
有容
元緘鄖州刺史
有功
晏紀王府參軍
承議絳州刺史
承嘉御史大夫襄武郡公
希逸左率府兵曹參軍
希逵涇州司馬
希遠同州司兵參軍

隴西李氏後徙京兆
嵩岷州刺史
思恭洮州刺史
欽左金吾衞大將軍
晟字良器，相德宗
愿河中節度使
聰光祿寺主簿
總太子中允
愻左神武軍大將軍
憑右威衞大將軍
恕光祿卿
憲嶺南節度使
愬檢校左僕射、同平章事
懿渭南尉
聽字正思，檢校司徒、涼國公
琢左神武將軍
璋太常寺太祝
瑾
璿侍御史內供奉
琭左千牛衞將軍
瓊福昌尉
璀光王府參軍
惎左羽林軍將軍
愍嵐州刺史

隴西李氏定著四房：其一曰武陽，二曰姑臧，三曰燉煌，四曰丹陽。宰相十人。武陽房有迥秀；姑臧大房有義琰、蔚、揆、逢吉、丹陽房有靖、昭德、又有道廣、元紘、晟。

趙郡李氏出自秦司徒曇次子璣，字伯衡，秦太傅。三子：雲、牧、齊。牧為趙相，封武安君，始居趙郡。趙納頓弱之間，殺牧。齊為中山相，亦家焉，卽中山始祖也。牧三子：汨、弘、鮮。汨，秦中大夫、詹事，生諒、左車、仲車。左車，趙廣武君，生常伯、遐。遐字伯友，漢涿郡守，生岳、德文。班岳字長卿，諫議大夫，生秉、義。秉字世範，潁川太守，因徙家焉，生翼、協、敏。敏，五大夫將軍，生謨、道朗。謨字道謀，臨淮太守，生哆、華、旭。哆字子讓，上黨太守，生護、元。護字鴻默，酒泉太守，生武昭。奮武字昭先，東郡太守、太常卿，生讚、脩、奕、就。脩字伯游，後漢太尉，生諒、叔訓、季。諒字世益，趙國相，生膺，字元禮，河南尹，生瓚、瓆、瑾。瑾字叔瑜，東平相，避難復居趙，生志、恢、宣。恢字叔興，生定、臺、奬。碩定字文義，魏木衡都尉、漁陽太守，生伯括、機、叔括、季括。機字仲括，太學博士、臨江樂安二郡太守，生羣、瓌、密、楷、越。楷字雄方，晉司農丞、治書侍御史，避趙王倫之難，徙居常山。五子：輯、晃、芬、勁、叡。叡子勗，兄弟居巷東；勁子盛，兄弟居巷西。故叡為東祖，芬與弟勁共稱西祖，輯與弟晃共稱南祖。自楷徙居平棘南通號平棘李氏。輯字護宗，高密太守，子慎、敦，居柏仁，子孫甚微，與晃南徙故壘，故輯、晃皆稱南祖。晃字仲黃，鎮南府長史，生義，字敬仲，燕司空長史，生吉，字彥同，東宮舍人，生聰，字小時，尚書郎。二子：真、融。

真字令才，中書侍郎
紹字嗣宗，殷州別駕
義深北齊行梁州刺史
陶騏隋絳州長史
政藻宜州長史
叔春刑部侍郎
懋道左司郎中
游道相武后
景宣台州刺史
球
諧道
景祐婺州刺史
政起
行沖駕部員外郎
行敦離狐主簿
懷一晉陽尉
雍門湖城令
湜
塤三原令
澥字堅，水刑部侍郎
騰隰州刺史
陽冰將作少監
服之
政期水部郎中
素立蒲州刺史、高邑平侯
休烈
鄴令
鵬字至遠，璧州刺史
會字玉田，考功郎中
承山南東道節度使
潘
曄
龜左衞錄事參軍
載河陽令
昇遠水部員外郎
雄飛
矩

羲之後有萬安自趙郡徙于管城
南祖之後有善權後魏譙郡太守徙居譙生延觀徐梁二州刺史生續

- 封，左補闕
- 從遠，黃門侍郎、趙郡懿公 — 巖，兵部侍郎、贊皇縣伯 — 則，河南少尹
- 範
- 威
- 盛
- 常，同安郡別駕
- 申，恒王友
- 希遠，晉陽尉 — 揚，幷州左司馬 — 峴，盧江令 — 固言，字仲樞，相文宗 — 懂，河南功曹參軍
- 悅，一子出身
- 規，壽州刺史 — 將順，袁州刺史
- 覲
- 覿
- 觀
- 昌遠 — 美
- 素誠
- 融，後魏中書侍郎 — 蘭 — 僉，給事中 — 令莊
- 萬安，鄒平郡丞 — 項 — 日知，相玄宗 — 雍，太原府司錄參軍 — 亥之，洞令 — 彬，新野尉
- 彤，吏部尚書
- 彩，太康尉
- 彣
- 彧
- 伊衡

東祖叡，字幼黃，高平太守、江陵寧公，生勗，字景賢，頓丘太守、太中正，生頤，字彥祖，高陽太守、武安公，四子：勰、系、奉、曾。

- 續，馬頭太守 — 顯達，隋潁州刺史 — 遷，德州刺史 — 孝卿，穀州治中 — 敬玄，相高宗 — 思冲，工部侍郎
- 守一，成都郡令 — 晤，金壇令 — 紳，字公垂，相武宗 — 開，水部員外郎 — 無逸，筭曹博士 — 復圭 — 肱
- 乾祐，建州刺史 — 羔，容管經略判官 — 昊 — 孝運
- 晦
- 悅，字敬一 — 惠子 — 希言，禮部侍郎 — 縱，金州刺史
- 紓，字仲舒，吏部侍郎 — 脩 — 寬中，字子量 — 緯，字肩孟
- 昌謀，字愼機
- 元素，相武后 — 志德，隴州刺史 — 構
- 勰，字少同，蘭陵太守 — 靈，字虎符，後魏洛州刺史、鉅鹿簡公 — 拔，字祚，定州刺史、鉅鹿貞公 — 悅祖，中山太守、高邑伯 — 瑾，字伯瑜，大司農卿、文公 — 子服，陽翟太守 — 伏惠，主簿 — 世起，深州司兵參軍 — 承眞，盧州司兵參軍
- 挺秀
- 敬叔，後周聘陳使、義陽太守 — 君昂，濟陽長 — 仁方，洛陽尉 — 玄乂
- 玄本
- 仁則
- 仁表
- 君素
- 君節
- 子智，晉陵太守 — 孝儼 — 文幹，冀州司法參軍 — 優務
- 優幹
- 華，後魏中山太守 — 敬義，散騎常侍 — 仲通，陽平太守 — 孝端，隋獲嘉丞 — 知本，夏津令 — 懲富，平尉令 — 處玄，棗彊令
- 恕，襄陽令 — 錫，長洲丞 — 允 — 宗

- 道宗
- 紘，曲阿尉
- 鈞，蜀州刺史 — 怦
- 銳
- 銓，經城尉
- 玩
- 遜，度支郎中 — 處厚 — 同悅
- 處實 — 演
- 融
- 處直，給事中 — 南榮 — 孫閣，檢校郎中
- 西昇
- 處中，櫟陽令 — 悌
- 仙壽
- 處恭 — 明道
- 言道
- 勤道
- 謀道
- 處方，虞城尉
- 思，萊州長史 — 瑱，揚州長史 — 胡
- 琡，襄邑丞 — 冊
- 艮
- 詔，太子通事舍人
- 珂，澤州刺史 — 涉
- 擇
- 漪
- 瀾
- 汪
- 從
- 徵
- 觀，監察御史

瑝西平令 芳無錫尉
湲武昌尉
璞九隴尉 滔
瓛曹州參軍
知隱伊闕尉 慈櫟陽丞 垣隰州刺史 光輔
光弼
旭雲陽主簿 光復
光宰
慜明堂尉 顒給事中 宗鄭州參軍
寧涇州參軍
寀江州刺史
安石
志沂州刺史 全璧洋州刺史 載
衡
嘉
全昌光祿少卿 登蘇德太子廟丞
褒
同復潞城令
全交忠州司馬 審虔左補闕 諒
孝徵知約偃師尉 誕
延世趙郡太守 子真長卿 玄操
玄乂
喬卿
子遼驍兵將軍 君信 素臣曲阿尉
君壽安州司功參軍 思恭
君武蔚州司馬 無思
處靜
僊童
思貞

崇憲
綜行 河間郡 遵字良軌後魏度支郎中謚曰簡 渾字季初北齊海州刺史涇陽縣男 汪字處季廣宗令 國寶
世寶河南郡東曹掾 友益中書侍郎 元恭初名潔工部郎中
元休
元甫
元儉潞州司功參軍
承僊
智積海陵令 元嗣
元符
人寶眞定令 損之洛州總管府典籤 守禮
依禮
元貞
綸字敬文北齊博陵太守謚曰景 君章雍丘令 師表貴安令 挺立梓州司馬 承家
承懿
繹字乾經北齊太子家令謚曰文 立言 納義考城令 常
均字善德後魏趙郡太守 檠字世顯恒山太守始豐懿侯 元茂徐州刺史襲始豐順侯 子雲字鳳昇鉅鹿太守 道宗直閤將軍駙馬都尉 山壽北齊兵部郎中 仁則
文尚華州司功參軍 玄弈
玄福
仁瞻梁州長史 玄祐瀛州司戶參軍
玄恩 察少府監 光之
寔
全壽監察御史 元楷慈丘令
元規
元軌

元謹
宣茂後魏幽州刺史謚曰惠 籍之字脩遠司徒諮議參軍 徽北齊濟州長史迎勞使尚書右丞 純陶介州刺史 德饒字世文司隸從事 高行曹州刺史 延慶 元瑒
元琰嘉興令 鉉
元瑜
高節泉尉 福慶襄城主簿 道長 鎬
鈞
鍰
元瑾衡陽尉
㝢 王戎
王喬
王烈
王粲
思義
思敬
德範魏令 弄璋 思安
思玄
啓期
楚人
啓方
玄昶
延年
高亮
玄威
玄乂
玄靜
德晏洛陽令 玄同度支員外郎 翫給事中 廸 詠
諷
訊

諍
諫
迒　尚恒山府司馬
逵肇令　議
老
逖猗氏尉　計
識
守義
守物
迴
愻湖州司馬　延喜潭州司戶參軍
逢　遙
建
逵溱州司戶參軍
進
懃博州司功參軍
公褵字穆叔，後魏冀州司馬，棄官，賜號潛居公　少連鄧州司戶參軍　守冲
守玄
守忱　公召亳州司戶參軍
守素秦王府學士天策倉曹參軍　乾悆上洛令　仲宜德州刺史　暉
辯巴州刺史
延祖　仲將　映宛丘令
逖淄州功曹參軍　賢
莊生
槃字季節北齊并州功曹參軍　山圖

志之郢州刺史　璡青州刺史　公節上蔡主簿　行詡將仕郎　元慶昭陵令
行禮
行純
行指
季璵
季略
粹之步兵校尉　士高征虜將軍　公俊　輔仁箕州司法參軍
公輔　輔蕭氏令
輔智九隴主簿
士儀
士章
士政
士逵
叔亂南弼魏郡太守　士瑜趙郡功曹　孝慈　德源丹川尉　儀王
儀道
德逸
士璜
士璀趙郡功曹　祖忽
仲忽　師信　神景虔州司法參軍　楚珪象州司法參軍　秉全安德丞　詠
楚璋
楚璧
楚鈞
神懿
翼定州刺史　幼達德廣郡太守　積善本州主簿　玄恭
昭善
萬善

仲亂光州刺史　敦散騎常侍　琥瀛州錄曹　善慶汴州總管府長史　行充陽翟令
全節唐州司馬　奉兌
仁元虔州刺史
善日　玄紀
玄明潭州司倉參軍
客師富水令
固本州主簿　多能
湛然屯田郎中
系字邾叔後魏平棘令追封平棘縣男　順字德正四部尚書高平宣王　式字景則西兗州刺史襲濮陽侯　憲字仲軌揚州刺史襲濮陽文靜伯　希遠字景中散騎侍郎新豐文公　祖俊左衛將軍襲濮陽文公　君策考功郎中　亂卿高陵尉
君約
君頵
君弘趙郡主簿　師太　恒安　師府旅　齊彥
師稚字孝仁謁者臺將仕郎　玄素丹山簿　審言
審義
師仲
閑善
收善
惠善
君亮　玄度
君儀
光悅　子游
子真
子哲
嘉璧　溥
滋

玄惲
稚昌青州司法參軍
君盛青州司戶參軍
君褒
俞字景玄北齊行上黨太守文簡公 祖昇青州刺史貞烈公 德璡饒州刺史以祖擢子繼 師旦右領軍錄事
師素
師喬臨涣令
師蔺上柱國儀同三司 元穆 曉 昊 金 覺
暕
晈
一作冊
晦
元悅 昕 鐃 銳
嘉休
皡
元恩常山令 畯桂州司馬 暄長州主簿 涇
渭
漥
灞
約泗州司倉參軍 濟
潛
植廣州司兵參軍 瀝
祖勳北齊右僕射丹陽文孝公 德璋隋寧州司戶參軍 知仁 釋意
祖納北齊光祿卿 德瑞江陵令 胡麾

正節
正度
正美
正禮
德玘
德梃州主簿 政感 禪師上騎都尉 璡
祖揖北齊冀州別駕忠公 德璉隋司徒長史 行敏左威衛長史
行矩易州司馬 玄慶陽武主簿 怡
悌 濤
彥芳
偁監門曹參軍 詞 偶尉氏令
脩
巽
玄起鍾山令 諫城固令
侃蘄春令 守虛和津尉 津
深臨安尉
協溫王府參軍
祖欽隋總管府長史南燕子 德琰 文範 文則潁州司倉參軍 延福光山丞 晏清平令
翁壁新野丞
晶南和令 岫
嗣福監門直長 景祥 璵

琇
嘉福餘干令 曜皐平尉
彝福 奇客 俛
德璋鄂州司戶參軍 文敬內鄉丞 震溧水尉 昭武進丞
紹襟陽尉 頊
循來 暘寧
庭尉 陵尉
宏左
補闕
寔內鄉丞
德琰河間丞 表慶同十左胡衛 壽陽令 齊志偃城尉
祖禕字叔衡征虜將軍 孝深
奕字景世後魏都官尚書安平侯 慶業館陶令
祖仁字景山北齊太子詹事靈武昭公 公源襲男 善願右衛倉曹參軍 彥之羽衛尉
希義字希義後魏黃門侍郎文惠公 元卿隋淮陽令 大倫散騎常侍 承嗣鳳州刺史 紹先洛州司戶參軍 德當塗主簿 壽餘
岱鄠陽尉 君既單父丞
金武康尉 文炳
奉先義王文學 巒碭山尉 芳時
欣時
昌時
岳大理評事
品 緄臨海尉
約
嵆
俞澤州司士參軍
岳澧州司田參軍 可贈

仲卿中山王開府諮議
大儼　大衍雲夢主簿　處惠　文琬　文立右衛翊衛　文政虢州別駕　慎淮陰令　晉客司農卿元氏縣男
惠登　公會朗山尉　思過涇陽丞　貞道　貞悌懷州司馬襄男　粵揚州別駕
祖先宮門郎　辟惡　恭禮　敬節　敬業　敬道　敬瑜潞州錄事參軍　南容周王府隊正　當璧　昌　岩
敏子　混　儒子　賁子　湯　清
呂蘇州參軍　罡全椒尉　嵩壽昌令　忠順　嶷　楚　縝　絢　泱睦州司倉參軍孫孟菅信陵潁士
鄭　郇　鄒　曾彭城丞

貞簡司農卿
岑　珍　樽　岡成武令　貞隱京兆府法曹參軍
和睦　長倩　元善　襄州錄事參軍　長裕鄱陽令　峯和州司戶參軍
沐建德尉　源河間丞　汾嘉興令　瀋武康令
汪　斯義烏尉　權生若愚蘇州司法參軍　璟無錫丞　正諫　正規　五福　得一　上士　復蒙常州司戶參軍
絳字深之相憲宗生璆項璋璆河南府司錄參軍生隱字巖士項衢州刺史生軒子德輿轂字致之軫字輝之璋字重禮宣歙觀察使生讜兒左庶子慎徽德鄰字朋言少徵德休字表逸相如令
縉司農少卿生瑜聆況瓌義揖瑜生怡忻怡湘潭尉忻生連慶郫江陵少尹生璩逵防璩石山令逵辰州刺史防叙州刺史生覽畫
納江西觀察判官生珮揚州參軍珮彭澤主簿玩虔州分巡官
綽雲都令四子璥顗陶瓊璥唐興令二子崇規崇矩崇矩生敬通延通教通乂通俊通顥生崇丘崇鼎陶率更丞生崇節瓊建德丞生崇威崇龜

希禮字景節北齊信州刺史文公
孝貞字元操隋馮翊太守武安縣公　來王散騎常侍
文乂鄭丞　文友東城令　文立九門令　賓王太子舍人　遵王　讓王字撝道襲武安縣公　師王　思諒金部郎中
守仁永年丞　敬忠許王府典籤
皎　昭　暕都水使者
貞恕大理評事　佺　同愛　愔　恪安平游擊將軍　憬秦州刺史　瓊易州參軍　震大理丞
嵩平原主簿　擇右衛親王府郎將　抗濮陽司戶參軍　相茂州參軍　拯長洲尉　釭　陟　端臨川尉生虞仲字見之中書舍人　珉穀熟令　爽一名奭　韶　戎生殷正範
象　幼復

彬
昂倉部員外郎
胄比部郎中生乂
重乂監察御史
翼
房陸渾尉
敬節洛州司士參軍
晧許州司馬
松年常熟尉
龜年京兆府司戶參軍
鈞臨潁主簿生
存範存誠存範
檢校金部員外
郎生嵩漢陽王
簿存誠中牟尉
繼河西令
鉉
涇
淑
錤餘杭主簿生存亮
鶚和州司馬 / 湜
清和州長史
涉
況
璜
昕汴州長史遂年司農卿 / 鉅綿竹丞
鎮越州參軍
錩
鑄越州錄事參軍
鏞
鐶
錞河南參軍
臺會稽令 / 鈂
鋒
錢

鍔勾容尉
思言堂邑令 / 敬玄平陽令 / 子公
敬本 / 回
敬一 / 暹
濯
潤
敬同
敬宗 / 暉南充尉 / 柏舟
晦
望儼
夢周
浮丘
敬之鄭王騎曹參軍 / 少彌頓丘尉
晞
曄
敬彝宣城令 / 昶南皮尉
敬臣 / 愿 / 恕
懷
盈 / 倚
運
檀陀
僧伽 / 偃
倨
崇業滑州司戶參軍 / 允王武安尉
崇德給事中 / 謙定州長史 / 迅襄城丞
迥臨汾主簿
造左威衛錄事 / 幼積
繼武
誠大理少卿 / 進樂壽令

選常州別駕 / 孝大湖令 / 儒
處厚
哲常州錄事 / 士約蕭山令生邠
從約錢塘令生鄀郁
臻洪州參軍 / 標
端友
況
湑
泚
洽
湛
浣左金吾兵曹參軍 / 符
湍
溷閬尉 / 坦
埴
諶鄂州司戶參軍 / 遷益都令 / 堅 / 孟宣蘇州錄事生鵬鎬鑛擢損 / 易勔叔王武式
適安州錄事參軍
逢柘城令
還大理評事
孝基隋晉王文學 / 野王魯郡功曹 / 鎮惡襄城令 / 侶台州司法參軍 / 邵鄭城令
昧冀州刺史 / 惟賢
晤伊闕尉 / 惟徽淮陰令
惟清監城令 / 伯容
嶠字巨山相武后 / 暢相州刺史 / 惟和大理司直 / 琰合肥令生長倩
裕海州刺史 / 惟寧

惟成
粲濮州刺史
懿華陰郡太守
惟岳監察御史
惟乂新安主簿
東王衛水令 / 守文 / 藺客蔚州長史 / 奉秘
奉亂
奉胄
邵
彥輸固安丞
彥莊
守節
孝俊隋淸池令 / 壽王司勳郎中 / 翁父
翁孫
翁叔
勤王襄令 / 世徵零陵令 / 嘉祚衛州刺史 / 渙美原丞 / 銑 / 道遇
贍壽王府參軍
濬鄆州長史 / 銛南梁州司功參軍 / 聽希屯田郎中
端饒州刺史生域
況右衛長史
佳河池郡太守 / 鍠金吾錄事 / 璉
珣
璟饒東主簿
瓘江陽令
覲王晉州刺史 / 休徵東安王傅以勤王次子繼 / 嘉會

嘉淳 / 多侯
嘉婁 / 演
珩
仲子
贊王蘭州長史濮陽男 / 處約
處祕
處義都水使者 / 楚 / 華
處恭烏江令 / 環壁州司馬 / 銳
璲括蒼尉 / 釗
鐶
鉽
鎬
斑屯留丞 / 鍠
鎮
銶
鍾
有意猗氏令 / 琬鹽城令 / 革
葩
芳
芬 / 高岳衛州長史
琰湯陰主簿
琛肝城主簿
瑗安次尉 / 莒
荷
芊
萬
孝威隋大理少卿 / 大眞趙州刺史 / 構字承業齊州刺史 / 逸客浦城令 / 怡顏衛水尉 / 鶻
澤 / 辯以怡顏次子繼

踐一泌陽丞
承訓杭州司功參軍
恪字承敬汴州司空參軍
僊客
踐忠
倚澤州安平府別將 / 寬
埶大理評事 / 瑞
珮硤石主簿
瑀
演開 / 亮淮西節度參謀監察御史
踐義 / 怡涇丞 / 弘簡
弘素 / 能賓應尉
椅梧
佋左驍衛兵曹參軍
僱
俌玉山尉
伋萍鄉令
太初許州司馬 / 宣道臨汾丞 / 延孫
延祚脩令 / 續湯陰尉
紓
縱
澤陸渾尉 / 應蘇州刺史 / 敬彝
敬
行餘
宜德許州司馬 / 延祐信王府功曹參軍 / 湊蘭州長史
泌 / 繁懷州錄事

大沖雍因守業王友翊衛　元璋字如玉邢州司士參軍　伯成
恒
幼
隆業藍田令　重丘博州參軍
重光翊衛　唐卿　璩
嗣業同州司功參軍　虛己安邑丞　萬萊州倉曹參軍
韶延陵丞
茗越州錄事參軍
恕己典設郎　華字遐叔吏部員外郎　隲
肇大理評事
延業洪洞令　光紹揚州錄事　愍真定簿
昭業冀州士曹參軍
宣業鄜游令　庭秀平正令　潤淄川尉
翊
知業
慶業陝州司兵參軍　庭光棣王屬　詵
謹鄆州司功參軍
諄
緜城父令　宗師
從古
珙監利丞
紹先
峯滑州司倉參軍
疑真定令
從恒州司法參軍

敬業汲令　志廣房陵主簿　鄰著作郎　璹京兆府功曹參軍
珺
孝衛　素主隋左親仗　仁亮於濟令　延安潞州司倉參軍　鉉舞陽尉　琮
鎔鄭令　徽靈寶尉　弘慶弘範　弘慶金州刺史生愼知
詢宋城令　準
璘大理評事　積善
琇任城令　羣奉先丞
韋
襲慶
鉅新息尉　琢
延固安陽令　鑒豪城令
鑾長洲尉
表質密州司倉參軍
鑾
彊誠
仁濟棣陽令　延嗣　若思
九思廣州司馬　宅相
寶鼎
延宗棣州刺史　伯思深州刺史　琯
玢臨朐令
仲思藍田尉　玘臨濟府司馬　敬道
琳河南府參軍　復司農寺丞生睦護
文通生友真
璆
璩獲嘉尉　從規
從矩

琨
班巴州司馬
璠金吾將軍
幼延連州錄事參軍
叔思盧州司馬
再思盧州司馬
驄潭州司戶參軍
璥南陵令　勿襄城尉
從湘鄉尉
輔弼涼州參軍
理大理司直
季思
昭思
延節長沙尉
延喜兵部郎中　進思　昭金吾長史　惟忠
惟孝
惟省
鐙荊州司功參軍　鍠
鈴
令思蕭山丞　嵩
鄠
敬思上輕車都尉
仁緯東光令　同恩江州刺史　參潞州長史　諷
評大理評事
論汜水丞
偃緜州參軍　廣利
延之坊州刺史　蘭郫尉　克伊闕　紹興安丞

					暐萬年尉
				巨光祿丞	
				汞	
				卞	
			退思駕部員外郎		
			均懷州參軍	子章趙城尉	
		延祐益州司士參軍	輞趙州刺史	武大理評事	
				眞	
			韜壽王記室	漸嘉興尉	承規生彰明
					士規
					士矩
				潛	
				潾都昌尉	元成
					元用
				瀲峨眉令	俅肥鄉丞
	仁彊	延休華州刺史	亢慈州別駕	奕	
			期襄成令	羿盧城令	
				嬰之端州刺史	
				茂實	
		延紀常州司功參軍	正辭六合令	弨字存誠江夏令	
				弣安吉尉	
				弼	
			迪新鄭尉		
			述東海尉		
			朝昇		
			正議全椒令	招	
				元輔	

延載平遙令	懌益州錄事參軍	懔新興尉	緩
	悍臨渙丞	馮餘干令	
		弁	
	惇		
	懊		
延昌	瑗阜城尉	俛	
		信	
		倫范令	鄭鄉襄陵尉生諫信豐令
		倜宋州參軍	君仲

									[illegible]符雝丞
							延雍衡州兵曹參軍		
脩基後魏陳留太守	美策秀才	鴻鸞河間太守	士永清河太守	希寔通州刺史	孝通鉅鹿太守	那舍翊衛	弘睿		
							弘操		
							守藏		
						善意			
						善守			
						君威			
						君協			
						君遵			
						慈師			
				希傑阜陵太守	仲德				
				希彥趙州別駕	道常	公瑜滕王參軍	遜言		
						君淑			
					德珪				
					義珪				
					信璋				

			希猷	元素	孝德	
		士安行臺郎中				
		士雋本州主簿				
		叔綦秦州外軍參軍				
			希文		仲貞	
					觀達	
					仲質	文長
					季礭	君逸
研字探幽高平太守	元則并州刺史	文殊高平太守	德潤	彥雲	守順	
					守行	
		孝叡鴈門太守	德延漳南令	治端同州倉曹參軍	玄徽	
					玄恪	
					玄朗	
					玄肅	
				治高		
			德義	鏡		
				素民		

曾字慶子後魏趙郡太守相仁懿子	祥字元善中書侍郎平棘憲子	安世字德合相州刺史假節趙郡公	瑒字瑒羅岐州刺史	爲清河太守	君正南皮令	志道兵部郎中	思仁			
					君偉朝請大夫	陳師清河令	思禮長城令			
					君游					
	孝伯後魏秦州刺史宣成文昭公	豹子中山太守	叔讓湖州長史	孝緒後周萬城令	延壽隋儒林郎	賤衡荆山令	仁顥都水丞	諱太子太保	井渭南尉	紇
										紓
										纓
										縱
									交	納

申監察御史 鶚三子詢古延嗣鵬詢古字垂卿延嗣字耀卿鵬字直卿年枝字有之
輯
丹浙西觀察使 袁秘書郎 君系
訥左庶子 何忌諫議大夫 事舉蘇州刺史 續濟州刺史生近仁禮仁近仁汝州刺史生煦禮藏簡字秉融禮仁江州刺史生崇鼎成彥崇鼎字重周
諫監察御史 子文上黨令 欽凌 僕射
居中光祿主簿 潭常州司士參軍 位 邁江都尉
誠河南府法曹參軍 仲連
秀
謙
詵
仁軌 仁則 汩 旭 奉初 存 達
孝約司徒錄事參軍 子行鄭州刺史 玫
孝純 子廉 瓌 師本 師幹 玄珪

東祖之後又有諶

諶隋南和公 爽左金吾衛將軍 震太子中允 光朝鄧州司馬 仲甄鹽鐵判官兼監察御史 珏字侍價相文宗 嗜度支判官兼殿中侍御史 弱翁鹽鐵判官兼監察御史 首字子昌之兗海從事校書郎 愈衛尉

西祖勁字少黃晉治書侍御史二子盛隆

盛中書侍郎 續字建業太子祭酒 延字紹先後魏假建趙郡太守
公淹 自易勝右司部員外郎 郎中
自挹杭州刺史 令志
藏諸 雄 萱絳州刺史
連 搏固始令 恵明熊州司倉佐 大智新聲令 尚一
尚貞搏州刺史 密益州司馬知留後
寧 父字尚真中山真公 宙殿中侍御史 審左司郎中 宿緱氏尉
龜字神龜後魏州主簿 鳳林 商字敬伯以秀林子繼陝州刺史國安縣伯 子雄隋河北道行臺兵部尚書高都郡公 公宏 公挺撫高郡公 世嶷緯戶部尚書
秀林後魏定州大中正 景昕 仲雲左員外郎 叔雲監察御史生撰
休字紹則後魏散騎侍郎 詵字令世京兆太守 士衛趙州刺史
襲 閣 傑 公敏 懷遠 相武后 景伯禮部侍郎生彭年喬年彭年吏部侍郎喬年生收收字給事中喬年左司郎中
佯 恃顯
恃和 彥宗趙州長史 嗣真太常卿 默之

隆字太壽後魏阜城令 謀幕令 吶罕太守 伯膺東郡太守 弘節北齊廣平郡太守 謙道太府卿 恩恭留州刺史 同亨 渙洽兼御史中丞
去伐
齊莊 知讓 承亂 嶷右 翼字令叔吏部尚書度支鹽鐵轉運使生紹繼紆緘紹鳳翔節度判官
道信 倉部員外郎 長水 江州 武衛 主簿 別駕 錄事參軍 繼京兆府參軍生荊薦荊字處仲薦字茂穎緘字德高
謀遜尼稱後魏廷尉 孝恭 懷柔 祖威倉部郎中 思行嘉州刺史樂安公 辟邪陝州刺史 栖筠字貞一贊皇文獻公 老彭侍御史
懷宗 君遜隋謁者臺郎 肅然 載
吉甫字弘憲相憲宗 德脩楚州刺史 德裕字文饒相文武生椅渾燁渾比部員外郎燁郴尉生殷衡延古殷衡右補闕延古司勳員外郎
自然 玄乂 叔度左諫議大夫 恭懿
行諶
行敏
行恭生啓
叔儀

遼東李氏璣少子齊趙相初居中山十三世孫寶字君長後漢玄菟都尉徙襄平生雄車騎長史生亮字威明原武令生敏河內太守生信生亂字宜伯晉司徒廣陸成侯生固字萬基散騎侍郎生志字彥道陽平太守嗣廣陸侯弟沉沉孫根

根後魏宣鄴郡守龍驤將軍 燕中書令 貴後魏征東將軍汝南公 永太中大夫 弼字景和後周太師隴西武公 耀開府國公 寬隋梁州總管蒲山公 密字玄邃 知古右臺監察裏行
匡民
偉左千衛將軍 擅沙州刺史燉煌公 諫水陽郡長史襲燉煌公 鏡字浩清江汧陽太守襲燉煌公 澄義成節度使武威郡王 克寧

							溫太僕少卿
	暉						
	安						
	衍後周太宮伯眞鄉厲公	仲威					
			承休	泌字長源相德宗	絙高陵尉		
					繁和州刺史		
					繟咸陽尉		
					紩涪州刺史		
					綯華州文學		
				昂			
		仲文					
		仲武					
		義方元通					
		仲賢					
	綸	長					
		稚					
				知古			
				翁歸			
	晏						
	椿		祖光				
						元素字大郎戶部尚書	

江夏李氏漢酒泉太守護次子昭昭少子就後漢會稽太守高陽侯徙居江夏平春六世孫式字景則東晉侍中生㬢疑生尚字茂仲生矩字茂約江州刺史生充字弘度中書侍郎生顒郡舉孝廉七世孫元哲

元哲徙居廣陵	善蘭臺郎	邕字太和北海太守	岐	正臣大理卿	漸	師諒
						師稷	誥字思翰	韞字丙文
			頎	正叔工部員外郎	翹	諤字德遠

				正卿	公敏	滔字德隱	
						沆字叔之	
昉	瓘鄭州司戶參軍	瑄起居郎	鄆				
			鄴字建侯相憲宗	拭起居舍人	磎字景望相昭宗	洸字東齊	

漢中李氏漢東郡太守太常卿武孫頡後漢博士始居漢中南鄭生郃字孟節司徒生固字子堅太尉生三子基字憲公茲字季公燮字德公安平相十二世孫德林

德林隋內史安平公	百藥禮部侍郎宗正卿安平文公	安期相高宗	宗師鄆城令	羲仲中書舍人	泳字泳之	[illegible]	
						菑	
			宗臣				
			宗玄				
			宗墨	容成壽春太守			
				力牧餘杭太守	艮相		
					艮卿		
				夷吾竟陵太守	濟同州司戶參軍	端	
							序殿中侍御史

趙郡李氏定著六房其一曰南祖二曰東祖三曰西祖四曰遼東五曰江夏六曰漢中宰相十七人南祖有游道藩固言曰知敬玄紳元素東祖有絳嶠珏西祖有懷遠吉甫德裕遼東有泌江夏有鄘磎漢中有安期

唐書卷七十二上考證

宰相世系表二上長孫氏嵩三子泰同敦泰生延年延年生儉○沈炳震曰據表則嵩儉之曾祖按周書長孫儉傳五世祖嵩北史長孫嵩傳儉曾祖地汾祖酌父鍼則嵩非曾祖而儉之祖父非泰與延年矣

儉生平二子道生道開○沈炳震曰魏書長孫道生傳道生嵩從子不詳父祖與嵩同事道武帝據表則儉爲道生之祖豈祖仕于周而其孫先魏兩朝十五帝百七十年與八世祖同事魏開國之帝乎

杜氏秀二子果皎○臣酉按杜如晦傳祖果曾祖皎則皎乃果之父而表以皎爲果之弟誤矣又舊書果作杲未詳孰是

元頡○臣酉按本傳元頡如晦五世孫非淹之後也表列于淹下誤

唐書卷七十二中

宋翰林學士歐陽修撰

表第十二中

宰相世系表

王氏出自姬姓周靈王太子晉以直諫廢爲庶人其子宗敬爲司徒時人號曰王家因以爲氏八世孫錯爲魏將軍生賁爲中大夫賁生渝爲上將軍渝生息爲司寇息生恢封伊陽君生元元生頤皆以中大夫召不就生翦秦大將軍生賁字典武陵侯生離字明武城侯二子元威元避秦亂遷於琅邪後徙臨沂四世孫吉字子陽漢諫大夫始家皐虞後徙臨沂都鄉南仁里生駿字偉山御史大夫二子崇游崇字德禮大司空扶平侯生遵字伯業後漢中大夫義鄉侯生二子音音字少玄大將軍掾四子誼叡典融融字巨偉二子祥覽覽字玄通晉宗正卿即丘貞子六子裁基會正彥琛裁字士初撫軍長史襲即丘子三子導穎敞導字茂弘丞相始興文獻公六子悅恬劭洽協薈洽字敬和散騎侍郎二子珣珉珣字元琳尚書令前將軍謚曰獻穆五子弘虞柳孺曇首曇首宋侍中太子詹事豫寧文侯二子僧綽僧虔僧綽中書侍郎襲豫寧愍侯生儉字仲寶齊侍中尚書令南昌文憲公生騫字思寂梁給事中南

昌安侯生規字威明左戶尚書南昌章侯生褒褒字子淵
後周光祿大夫石泉康侯生彝字玉鉉隋安都通守石泉
明威侯子弘讓弘直

弘讓字敬宗中書舍人專掌機密	方士字玄邈臨卭令	崇禮沂州司馬	瑤涿城府果毅			
	方則字玄憲光祿卿	景蘭州刺史	綰常選	混		
				液		
			綺越州倉曹參軍	浩		
				渙		
			純成武令	澹		
				沂		
			縉祕書郎	垣		
				洧	源廣管城尉	
					德文	
			練華尉			
			紆通事舍人			
		晏益州倉曹參軍	安期			
			佺期			
			榮期			
		昱好畤丞	維			
			綱臨洛丞			
		昇夏州長史	繪			
			縱			
	方泰字玄敏太府少卿	鴻馮翊丞	志悌宜壽尉	汶殿中少監	袞御史知雜	宜陽
						紹
			志凝襄垣尉			
		源虢州參軍	志福			
			志斌長上果毅			
			志深襄樂尉			
		澄				
		濬南昌丞				

		濛宋王屬	志簡常選				
弘直字長宗魏州刺史謚曰孝	緘字方舉隋州司馬	思哲洛州參軍	撝				
			擢				
		思恭義昌丞	希倩光州刺史	珪漢州別駕	海字巨元	建子	台老明經及第
						銓	寶子
							馬老
					添字益源祕書丞	銑	
						鋭	
						邁字遐巢黃巖令	
					知蘊字積中蜀王諮議	愼微字表仁吉州長史	章
							融
							彥範
						璆范陽丞	
						昌禹山南東道節度推官試大理評事	瓚
						彥規	
					知進肅清簿		
					知綬眞鄉令		
				逸字從之平望戍副	綱		
					縞		
					進		
				迺字匡恐常選	師逈		
					師達		
					師逸		
					師遂		
					師述		
					師遲		
					師造		

					楨字德中檢校刑部尚書琅邪郡子	昌嗣	給字執中壽州法曹參軍
						昌裔上虞令	
						淙字濬源會稽令	紳寧國令
							知古
							希古
					遇南宮令		
稹字方紹羅川令	愔	延璋					
		延祚					
		延肅					
		延之					
績字方節越王府法曹參軍	思敬	海雲					
琳字方慶相武后	翛字光烈鄜州刺史襲石泉侯	備字靈龜定州刺史	濡膳部員外郎黃州刺史	牧涇陽尉			
				源茂榮州刺史	璋左衛兵曹參軍	晉	
						存	
				遂沂海觀察使	新豐蓬州刺史		
					果鳳翔府參軍		
				長文禮賓使	早大理丞		
					昶太子詹事	仲鸞徐州節度判官	
					皞福建觀察推官		
					晟明經及第		
					昇舞陽尉		
			澄洋州刺史	造太子諭德			
				迺淄州刺史	鈦		
					鎬		
					鎔		
				遠殿中少監	鍊祕書省正字		
					錫		

		鏄
	邁涵州刺史	
	迡	
沐御史中丞	源上華陰令	
	源長渭南令	
	源通衛佐	
淮御史中丞	子文平山尉	
	子西恒州參軍	
	子向恒山令	
濟尚衣奉御	源	
沼巢州刺史	曾卿	質假師丞
		寶
		賀
		贇
		賈
潤杭州別駕	遇著作郎	
	源中字王業天平節度使	擢字嵒臣
		應
		叔鳳
		叔鸞
	整元散騎常侍	
	逢元	
	迪	
	適侍御史	季羽
	高安邑尉	希範
澗汝州長史	源植福建觀察使	愿襄邑尉
		賜永成尉
		恪同州參軍
		慎
		悵

				憬				
				覢字不矓給事中				
			源會豫州司馬					
			源端溫令	懽湖亭				
			源業四門助教					
			退思晉陵丞					
	侁舒州刺史	濟衛尉丞						
		泛	遐孫城令	師貞				
		渙	源謙					
			源評	修禮				
			源誠					
晦字光遠冀王執仗	休以晦再從弟春子繼激水令							
暾字光輔	寵	仲連陽州錄事參軍	紹	璵相肅宗	及中書舍人	鐬字聲仁右諫議大夫	搏字昭逸相昭宗	儔字垂光鄆尉直弘文館
								倓河南府文學
								倫校書郎
						鑾字衡莓		參字古魯
								損字中禮
								倸字德華
					乂			
	宰國子司業	嗣宗						
		汶	衆					
		嗣昌						
		嗣端						
		士則挽郎						
		嗣源饒州參軍						
		嗣恭						
		師寶						
		平子						

暀字光賓監察殿中侍御史	寰河東丞	嗣音晉州參軍		
		源潔建昌尉		
	寂	嗣文		
	寧	仲文義烏尉	忠君溧陽丞	
		仲武		
驥驤侍御史假挽郎				
投字光庭明威將軍	份咸陽令	復奉尉	宗卿分寧丞	麗
		河	孺卿好畤令	
	份臨汾尉	和	道固	
				元貞晉城令
				孝源
			雄	
			溥	源矩
				源明
			濤	源孚
				源采
				源芳
				源旭
	倜大理主簿	佛奴處州刺史		
暄字光範明威將軍	儼荊州刺史	金刀		
		鼎子		
	傑	現	源奕	
			源奭	
			源爽	
	儀	瀣	天養	
		貞		
斯字光業忠王司馬				
暐字光緒萬州司馬	佺金牛令	和及	晃	
			冠	

求

和友 罕 亭

謝老

筧

覺

寬 相老

澈佋睦州司馬祁縣

湜

彭凋玄金州司馬

佖璆字光聞文化郡司馬

伸

佶

緄字方操今負南丞

輝遠

鬱蒨蒸尉

弘慶字承宗

弘字嗣宗 方誕

方寔

弘義字林宗判王屬 方諝海州錄事參軍 鄧州參軍

弘訓字丕宗 方茂

方智戶部郎中 固思御丞

固基

固信

固胤城令

固業涼州司倉參軍

固廉隴州參軍

固巽父令

弘道字玄宗丹徒令

弘義字延宗膳部郎中 方壽

正字士則晉尚書郎三子廙曠彬彬字世儒尚書右僕射

肅侯二子彭之彪之彪之字叔武尚書令謚曰簡二子越

之臨之臨之生納之晉御史中丞納之生准之字元魯宋

丹陽尹生輿之征虜將軍生進之梁左衛將軍建寧公生

淸安南將軍中盧公生猛

猛字世雄初名勇陳東衡州刺史應陽城公 繕隋晉州刺史

績旗鼓將軍楚州刺史 德儉字守節御史中丞歸仁縣男 璬字希大有左

璿武彥衛郎中

同人泗州刺史

叡溫州府功曹參軍

休明南和尉

休光博州別駕

休明相州刺史

傑字解令

績吏部郎中 德素閬州刺史 鼎工部員外郎

豫屯田郎中

瑜字希望侍御史

瑤古驍騎將軍

德本西臺舍人 爲右衛將軍 承慶駙馬都尉

承先

靈華左拾遺

蕭左司員外郎

重明

洪虞部郎中

權國子祭酒 申伯 華司勳郎中

貞伯 葆字禮羽

師甫江西觀察使

瀋戶部郎中

蕘

楷虞部郎中石庶子

太原王氏出自離次子威漢揚州刺史九世孫霸字儒仲

居太原晉陽後漢連聘不至霸生咸咸十九世孫澤字季

道鴈門太守生昶字文舒魏司空京陵穆侯二子渾濟渾

字玄沖晉錄尚書事京陵元侯生湛字處沖汝南內史生

承字安期鎭東府從事中郎藍田縣侯生述字懷祖尚書

令藍田簡侯生坦之字文度左衛將軍藍田獻侯生愉字

茂和江州刺史生緝散騎侍郎生慧龍後魏寧南將軍長

社穆侯生寶興龍驤將軍生瓊字世珍鎭東將軍四子遵

業廣業延業季和號四房王氏

大房王氏

遵業黃門郎 長明

松年北齊黃門侍郎高邑平侯 邵字君懋隋祕書少監 孝京揚州司馬 子奇青州司戶參軍 慶賢美原丞 光謙淮陰令 翊吏部侍郎 重河東令 文仲

玉屋令

君仲

衆仲衛州刺史 淙 鎬字仁固

疑字成德致平宣歙觀察使謚貞 鐈字中御

洧 鉅字弘猷

倉兼御史中丞 叔仲

敬仲 寡言 錯字豐胖

翔陽翟尉 勳

湛定陵令 聰 溥字德潤相昭宗

璽字宏胲東都留守謚肅 鼐

正雅山南東道節度使謚忠惠

向上邽尉

翃太子僕 鼎

慶祚

慶符 合元 華水部員外郎 藹字望之

規　大觀　商亳州刺史、光祿少卿　守忠　愛景
孝桑　子貞，行臺倉部郎中
慶玄　光復　邑金部郎中　篆
慶詵
申
思訥　子遂
自勉
仲璋　佇

第二房王氏
廣業，後魏太中大夫　野父，北齊膠州刺史　君儒，御史中丞　孝幹　康壽，集州刺史　灣，長安尉
東
元方　約　翁慶，士曹參軍　日新
履仁，吏部員外　省躬
玄壽
乾壽
神壽
孝倫　仁表，祠部郎中
欽，司勳郎中
孝遠，中書舍人　崇
疑
友札，安陸令　玄道，桃林令
元鼎
世鼎，國子主簿　邈，梁州司馬　彧
韜，徐州刺史　蒙
佶，祠部郎中
璉　衡　魯　振，字文飛
璵，湖杭州司倉參軍

河東王氏
烏丸王氏霸長子殷，後漢中山太守，食邑祁縣，四世孫寶
三子：允、隗、懋。懋，後漢侍中、幽州刺史，六世孫光，後魏并州
刺史，生冏，度支尚書、護烏丸校尉、廣陽侯，因號烏丸王氏
生神念，北齊亡，從家萬年
神念，梁冀州刺史、壯侯　僧辯，太尉、永寧公　顗，侍中、樂陵守　珌　閔　纂，字紹，鄭州刺史　美暢，字通理，司封郎中、薛公　昕，司農卿、薛公　晉，滑州刺史　翼，盩厔令
紞，太常少卿
紘
備，賢趙州司馬　冑，知節揚州司馬　協，律郎　處廉，汾州司馬　維，字摩詰，尚書右丞
縉，字夏卿，相代宗
繟，江陵少尹
晏，武城尉
季貞　惠子　温之　暹　鑑
易陽令　曙
暐
晛
晤　鎡　愷
悟，字郎之
渙，字羣吉
滌，字用霖
瑒　鐸　闔
釗　闢
師丘　道質　仙客，太常博士　項，冀州刺史　鈞
神鼎　志仁，殿中侍御史　達，揚州司戶參軍
禔　滂
大興源令　方興
懷禮　寺丞

冏五世孫元政
元政，幽州別駕　寶，安吉令　祚，青州司馬　晃，溫州刺史　滔，禮部郎中　紫，國子司業　涯，字廣津，相憲宗、文宗　孟堅，工部郎中、集賢院學士　仲翔，太常博士
文泊　仁皎，字鳴鶴，特進、祁昭慕　守一，太子少保
鑒，懷州刺史　楚，黔中觀察使
㽵
男
岧
僧修　頍　昱，孝隋屯田侍郎　詮，汾州刺史、歆縣男　文濟，給事中　仁忠，字揖，左千牛將軍　疑，右衛長史
遵，工部員外郎　彥休，倉部郎中
敬直，南城縣男
崇，京兆府參軍
昆，司農寺主簿
崗，尚衣奉御
瑧，字叔玠，相太宗　崇基，主爵員外郎　禮仁，朝散大夫
尚逸，字伯
惠，定州長史
史，襲公
齊望，通州刺史
旭，左司郎中
光大，司勳郎中
燾，給事中
遂，大理少卿
蕃，蘇州刺史
茂時
輝，千牛
玢，符璽郎
弼，長安丞

中山王氏亦出晉陽永嘉之亂涼州參軍王軌子孫因居武威姑臧五世孫橋字法生侍御史贈武威定王生叡封中山王號中山王氏後徙樂陵

叡字洛誠後魏尚書令中山宣王 襲字元孫吏部尚書中山惠王 析散騎常侍肆州刺史謚曰穆 子晁北豫州司馬 元季隋大中正開府儀同三司 有方岷州刺史 行果長安尉 晙相玄宗 殷任奋少尹易州刺史

眞業令 怡戶部侍郎 曒永壽令

汾州長史王滿亦太原晉陽人生大璡

大璡嘉州司馬 昇

昇咸陽令 恕字寬元揚府倉曹參軍 播字明敭相文宗 鎮祕書丞

冰京兆府參軍

起字舉之魏郡文懿公 式武寧節度使

龜字大年浙東觀察使 蕘右司員外郎 權

定保字翊聖

檀字秀山

鐐字德耀汝州刺史 蘋字玄禮

鐬字台臣

炎字建時太常博士 鐸字昭範相僖宗

華陰王氏後徙京兆新豐

孝傑相武后 無擇左驍衛將軍

京兆王氏出自姬姓周文王少子畢公高之後封魏至昭王形生公子無忌封信陵君無忌生間憂襲信陵君秦滅魏間憂子畢子逃難于太山漢高祖召爲中涓封蘭陵侯時人以其故王族也謂之王家畢子生悼悼生賢濟南太守宣帝徙豪傑居霸陵遂爲京兆人賢七世孫黨上郡太守黨子九世孫遵字子春後漢河南尹上樂莊侯遵生魴魴孫康康生諶諶生嶲魴別孫景生均忠均八世孫羆至易從徙居汲郡

羆字熊羆後魏雍州刺史萬年忠公 慶遠直閤將軍 進字長安隋杜國龍門莊公 無畏都官郎中

儼工部侍郎 懷淸

明遠周司金上士 壽隋州都七職主簿 喆河西令 慶蒲州長史 易從揚州刺史 賓

寔

宥

密越州刺史 行古 攸字種德 超字子榮

定字維藩太子右庶子集賢院學士 逢殿中侍御史

仲周攝監察御史

敬從右庶子 [illegible]錄事參軍

擇從京兆士曹參軍麗正殿學士 察運州刺史 自立緱氏令 徽字昭文相僖宗 椿

穆

松字夢禎

朋從

言從

忠七世孫直

直瓜州刺史 承家都官郎中 滔果州刺史 何丹王傳

武宣岳州刺史 德本鄧州刺史

德眞相高宗武后 九思三原令 潛吉城令

坦

喬

長諧 德玄倉部郎中唐州刺史 九功 沖之度支郎中

九言駕部郎中并州司馬

士會陸渾令 基寧王掾

王氏定著三房一曰琅邪王氏二曰太原王氏三曰京兆王氏宰相十三人琅邪有方慶璵摶璿太原有溥縉珪涯晙播鐸京兆有徽德眞

魏氏出自姬姓周文王第十五子畢公高受封於畢其後國絕裔孫萬爲晉獻公大夫封於魏河中河西縣是也因爲魏氏萬生芒季芒季生武子犨犨生悼子悼子生昭子絳絳生嬴嬴生獻子舒舒生襄子曼多曼多生文子須須生桓子桓子孫文侯都都生武侯擊擊生惠王罃罃生襄王嗣嗣生哀王哀王生昭王昭王生公子無忌孫無知漢高梁侯生均均生恢恢二子伯倫彥彥字叔綸張掖太守生歆字子胡鉅鹿太守初居下曲陽二子愉悅愉字彥長侍中生甯字惠開平原郡守生紹曾孫宣北海公孫統二子儁植儁爲東祖植爲西祖儁孫藪三子僉意暨意裔孫生士廓

士廓隋治書侍御史 文濮陽令 玄同字和初相武后 恬著作郎 長裕河南法曹參軍 充

霓

尤

季隋膳部郎中

季邁長安尉

方回[illegible]二州刺史 懷[illegible]主簿

方進御史大夫 元 叔正兼監察御史

循郴州刺史

廣業昇州刺史 甫

括鄭州刺史 嶠 黃裳開州刺史

協

確司議郎

館陶魏氏本出漢兗州刺史衡曾孫珉始居館陶珉孫彥

彥字惠卿後魏光州長史 釗字顯義義陽太守陵江將軍 伯偕

長賢北齊屯留令　徵字玄成相太宗　叔玉光祿少卿　膺祕書丞

叔瑜職方郎中　華禮部侍郎　贍駕部郎中

叔琬

叔璘　殷汝陽令　明監察御史　憑獻陵臺令　謩字申之相宣宗　潛字蘊華　敖

滂殿中進馬

隋蓬州刺史

萬兼御史中丞

德振

宋城魏氏　元忠相武后中宗　昇太僕少卿　晃

鹿城魏氏　知古相玄宗　哲延安太守　悊陽安太守　林朔州刺史　珏鴻臚少卿　曜贊善大夫

又有魏盈之族　盈　昌　扶字相之相宣宗　篁字守之刑部侍郎

魏氏宰相六人　玄同　徵　謩　元忠　知古　扶

温氏出自姬姓唐叔虞之後以公族封於河内温因以命氏又郄至食采于温亦號温季漢有温疥封栒侯謚曰順生仁仁子何始居太原祁縣何六代孫序字次房後漢護羌校尉二子壽恢壽鄧平侯相恢字伯起兗州刺史生恕孫恢魏揚州刺史生濟南太守恭恭二子羨憺憺晉河東太守生嶠字太眞江州刺史始安忠武公從子楷隨桓謚奔于後魏兄孫奇馮翊太守曾孫裕太中大夫生君攸

君攸隋泗州司馬　大雅字彥弘禮部尚書黎孝公　無隱工部侍郎　克讓

克明

晉昌

穆倚坊州刺史

景倩南鄭令　信字輔國太常丞　邈　造字簡輿河陽節度使禮部尚書祁縣子　琯字

子俟

璋京兆尹檢校吏部尚書

遜

彥博字大臨相太宗　振太子舍人　翁歸庫部郎中　緬　續朗州刺史虞公　晧

晈

曦太僕卿駙馬都尉　西華祕書監駙馬都尉　瑒

績

纘

紹　肇道州刺史

絾

綸比部員外郎

翁念太僕少卿

翁愛

挺延州刺史駙馬都尉　常節　履言左羽林軍將軍　冬日

光嗣

彥將字大有中書侍郎清源敬公　瓚　焯

熚

烶

瑜祠部郎中

瑾

璩職方郎中陝州刺史

廷實陝州刺史

愼微鄭州刺史

道沖和州刺史　任　袞　初國子主簿

佐

佚

温氏宰相一人　彥博

戴氏出自子姓宋戴公之孫以祖父謚爲氏至漢信都太傅戴德世居魏郡斥丘裔孫景珍

景珍後魏司州從事　胄字玄胤相太宗

仲孫　至德相高宗　良紹

戴氏宰相二人　胄　至德

侯氏出自姒姓夏后氏之裔封於侯子孫因以爲氏一云本出姬姓晉侯緡爲曲沃武公所滅子孫適於他國以侯爲氏鄭有侯宣多生晉漢末徙上谷裔孫恕爲北地太守因家于北地三水四世孫植從魏孝武西遷賜姓侯伏氏又賜姓賀吐氏其後復舊

植字仁幹周驃騎大將軍肥城節公　君集相太宗

侯氏宰相一人　君集

岑氏出自姬姓周文王異母弟耀子渠武王封爲岑子其地梁國北岑亭是也子孫因以爲氏世居南陽棘陽後漢有征南大將軍舞陽壯侯岑彭字君然生屯騎校尉細陽侯遵遵曾孫像南郡太守生晊字公孝黨錮難起逃于江夏山中徙居吳郡生亮伯亮伯生軻吳會稽鄱陽太守六子寵昏安頌廣晏後徙鹽官十世孫善方

善方梁起居舍人尚書長寧公
之象邯鄅令
文本字景仁相太宗
曼倩雍州長史司業襄公梁公
定進虞部
度判官
弘太子通事舍人
通太常寺太祝
羨祕書省校書郎
靖復州刺史
融忠州錄事參軍
玢晉州別駕
羲字伯華相中宗睿宗
敷
仲翔太子賓客字明中允峽州刺史博衛倉曹參軍
望公
仲林
著作郎
尹
灵業
贊司門郎中衡州刺史
質殿中侍御史
景倩麟臺少監衛州刺史昭文館學士
植仙晉
渭澄
州刺史
城丞
況湖州別駕
則右衛率府兵曹參軍
參庫部郎中嘉州都督
秉太子贊善大夫
垂長葛丞
卓兒
棟沛令
史眉州刺史
檀睿
冬卿郊州長史
椅監察御史
終吉州刺史
積戶曹參軍
穎長城縣
文叔長倩相武后
靈源
廣成

岑氏宰相三人文本長倩羲

唐書卷七十二中考證

宰相世系表二中王氏遵生二子昔音音四子誼獻典融融二子祥覽○沈炳震曰晉書王祥傳祥祖仁非音也

瓚○臣酉按瓚與璆當爲兄弟表以瓚爲璆弟昌禹子恐誤

璵相肅宗○臣酉按表璵爲方慶六世孫方慶于萬歲通天元年入相璵肅宗乾元元年入相相去僅六十三年恐別一王璵非方慶之六世孫也又按璵高祖光輔開元中官璐州刺史而璵開元末爲太常博士則是璵與高祖同時而仕亦無此理

岑氏羲○沈炳震曰舊書岑文本傳以羲作長倩子臣酉按傳韋嗣立薦羲曰恨其從兄長倩從逆爲累則羲固非長倩子亦非文本孫矣當是文本之子

唐書卷七十二下

宋翰林學士歐陽修撰

表第十二下

宰相世系表

張氏出自姬姓黃帝子少昊青陽氏第五子揮爲弓正始制弓矢子孫賜姓張氏周宣王時有卿士張仲其後裔事晉爲大夫張侯生老老生趯趯生骼至三卿分晉張氏仕韓韓相張開地生平凡相五君平生良字子房漢留文成侯良生不疑不疑生典典生默默生大司馬金金生陽陵公乘千秋字萬雅千秋生嵩嵩五子壯讚彭睦述壯生胄胄生皓字叔明後漢司空世居武陽犍爲皓生字北平范陽太守避地居方城宇孫肥如侯孟成孟成生平魏漁陽郡守平生華字茂先晉司空壯武公二子禕韙禕字彥仲散騎侍郎生輿字公安太子舍人襲壯武公生次惠宋濮陽太守二子穆之安之安之之族從居襄陽

穆之宋交州刺史
弘籍字真藝齊鎮西參軍
績字伯緒以弘籍第二子繼梁蘭州刺史簡憲公
安之宋青州主簿
弘策字真簡梁衛尉卿洮陽閔侯
纘字伯緒後周直納上士清巴州錄事參軍
則澧陽令
玄弼益府功曹參軍
德政鄆州都督范陽公
柬之字孟將相武后中宗
漪著作郎
愿吳郡太守兼江東採訪使
峋殿中侍御史
岦左補闕
調荊府倉曹參軍
翃河南參軍
某戶部郎中
昇大理評事
嶧
珙晉州刺史
纁

韙晉散騎常侍隨元帝南遷寓居江左六世孫隆太常卿復還河東後從洛陽生子犯子犯生俊河東從事生弋

弋字嵩之周通道館學士
洛
儁字成光國子祭酒
隱洪洞丞
璀戶部郎中懷州刺史
浣
說字道濟相睿宗玄宗
均字均刑部尚書大理卿襲燕公
㟧
密
濛中書舍人禮部侍郎
洛陽丞
岩
垍太常卿駙馬都尉
漁

岱
收給事中嶧瀛州刺史
河東張氏本出晉司空華裔孫吒子隋河東郡丞自范陽徙居河東猗氏生長度
長度銀青光祿大夫 俊興相國府檢校郎將 思義成紀丞 嘉貞相玄宗 延賞初名寶符相德宗 弘靖字元理初名調相憲宗 文規桂管觀察使 彥遠祠部員外郎
景初殿中侍御史 天保
嗣慶河南少尹 彥脩
次宗舒州刺史 曼容
彥回字褒之
茂樞字休府
諗主客員外郎 師質郴州刺史
嘉祐左金吾將軍相州刺史 宏
始興張氏亦出自晉司空華之後隨晉南遷至君政因官居于韶州曲江
守禮隋塗山丞 君政韶州別駕 子虔寶州司錄參軍 弘雅明經及第 處讓 餘悌 濟 祕
稔
附
處玄 意乂 行扶 景當
處璆
弘矩洪州都督府參軍 昱初名處欽 如珽 輔
友
如玘 顏
天湖水主簿 瓌
處泰
弘載端州錄事 處榮 績曲江令 存 匪躬
諸

護
處茂 繪
緬
緘 偲
處倫 纓
繼 坰
郁
處閑 隨
弘顗戎城令 處承
處龔 翊興寧令 察 克修
循 慈明
克戎
思齊
亮
瞻
子胄剡令 弘藏 允齡 鳳初容州司馬 液 貢
廉
賚
聰
永登州文學 元昌
鳳立 衆 透
淮 宥
鳳規 烈
鳳翔 歡然 瑾
琛
皓然 亞之
獻之
鳳匡 朋 愼
鳳雛 瑩

昇
鳳珽
鳳筠 潤 伯堯
敬叔
滿 鋒
深 伯川
弘毅 軫齡 駉
駿 諶
談
揞 仲宣
瓊齡番禺令 駢 浼 偁
仍
佶
騦 仲灣 玩
琪
喻
仲贊 可記
仲懿
澄昱 佸 仲彥
恕 仲文
仲儒
弘智 處總
處琁
處暹
弘愈索虜丞 九齡字子壽相玄宗 拯右贊善大夫 藏器長水丞 敦慶袁州司倉參軍 景新 洞嶺南觀察衙推 千壽
皓仁化令 巽生澄眞
諷
謠
詣

鄖湖南觀察判官　鈞　偉二子瑂珙珙二子文璉文智
道興　繼生綰
太玄
起端州司戶參軍　維四子贄璀嗣宗居賀
緒六子貴英再英仲英萬英韶英可英
景重洪州都督府參軍　倩歸善令　廷傑　涉二子璀璀延二子光敏光濟璀生文範
渥生琇琇
生元吉
淪三子琭瓊瓈琮二子乾用利用瓊二子克柔克己瓈生榮
沼二子珽瑪珽二子隆鉉瑪生亨
洪二子瑛珣瑛珣生克從瑛四子錫爵休鑄
耀巢昌令　瞻湞陽丞　文達
文曜三子威鸞和威生怡寡生士衡
文嵩監東太倉三子允恭允明化璘允恭生廉允明生士調
九皐殿中監南康縣伯　捷端州刺史　仲通湖陽令　季延平巢令　顒
喬
希範
仲連季質

瓘右金吾兵曹參軍　仲師
拱　仲尉巢昌令　勳
仲熊端州錄事參軍　季長
季重
仲寧　季康
仲傪
仲餘
仲友
鐵昭州刺史　仲建平巢令　齊晉康主簿　景思陽江主簿
璠
珂　九思
幼之
抗朔方行軍司馬檢校戶部郎中　仲端都昌令　雄
仲嶺嶺南節度判官殿中侍御史
仲宗義興尉　嘉穎遂昌令　遵業雷鄉主簿　嶰太子中舍　頡侍御史　璞端州錄事參軍
璡
可復潮陽主簿　欽
仲蕃江都令　師老永康令　紹儒明經及第
仲方字孟常初名靖之祕書監曲江成伯　景宣右清道率府胄曹參軍
茂宣太原節度掌書記　克儉戎城主簿　綺梧州刺史　崇紀宣州軍事推官　瑞仁化令二子文倚文蔚文倚二子操授文蔚二子換操
灃三子緘緒纘緘二子忠順忠璨緒生忠謂纘二子忠治忠晟

瀾四子珣珣瑗璣玓三子惟正惟吉惟聰珣二子惟稔惟辟瑗生惟德璣二子惟克惟哲
仲孚監察御史廣州節度判官　叔敖信安尉　鋌
隋　難老
晏韶州判官
纓文韶州司法參軍　智　桂
俊韶州司倉參軍
忠明經及第
温其絳州刺史
温士刑部郎中
德璘太原少尹御史中丞
仲本
哲　仲威
捍建陽令　仲寬　閏　勝
欽
貞
幼挺初名仲舉陳許節度副使　復魯字敦古度支郎中　演初名球
瑊
復珪字環中諫議大夫
仲道
掞　仲宇
仲楚漳浦尉　瀆韶州鹽場巡官
仲淸
仲丹
仲則

仲緈
仲僧
敬唐韶州錄事參軍
披
敬直
敬寬
九章鴻臚卿 招大理評事 諶 復
至
詡 和
據金華令 管
倚
揆揚州主簿 仲誼 琛
撰沂州司馬
擴
投
搆 易簡 諲
易從
採雷州刺史 克恭河源令 希虞湖州錄事參軍 齊彥
齊頫
希璧
克和戎城主簿 汝弼賀州軍事判官 師迎
用晦 桃存
克讓新州司馬 璡禾順令 思猷
瑤
仍裕
克給正議令 袞如和令 鍛 温卿 道昭
温裕
温彥

温業
括
九賓 捨江都丞 仲恭袁州錄事參軍 汝翼 珩
球
汝亮
撫懷州參軍 仲修
仲嗣永平令 講
諳
抃豐城令 仲雍郟城令
抱 士儉
仲綱
仲緯
衢恭城主簿
指 程 鄉令
侑 珏
番封川主簿
衡
子卿 欽璟 震 諷 曼
誼 琛
欽瑒
子沖 弘讓循州錄事參軍 庭訓 緒 琛
玲
庭貴
弘驥 庭秀 瓘
庭逸
子蕃 弘衍崖州錄事參軍 釗
子猷 弘胥 欽學 振 說

馮翊張氏本出後漢司空皓少子綱字文紀後漢廣陵太守曾孫翼字伯恭蜀冀州刺史子孫自犍爲徙下邽

德言龍州刺史 柬 仁愿相中宗 之輔金吾將軍 通儒事安祿山
知微初名通幽倉部郎中

吳郡張氏本出嵩第四子睦字選公後漢蜀郡太守始居吳郡裔孫顯裔廬江太守生紹

紹梁零陵郡太守 沖字叔玄隋漢王侍讀 後胄字嗣宗國子祭酒新野康公 齊賢左衛池府折衝都尉富陽縣公
濟
謙
巽
律師王府諮議參軍 鑾本泗州刺史
義方字方府上隋儀州刺史 鎰字季方節度使東京留守 權相德宗
承續博州刺史
承贊將作少監
珣吏部郎中 綸度支員外郎
淮師朱湯令 承休恆州刺史
成繪別駕王府長史 瑄
統師金部郎中
豐仁庫部郎中
彥師駕部職方二郎中
瑾武 清朝試丹安南大理寺都護武城縣男
德令 丞
道師

清河東武城張氏本出漢留侯良裔孫司徒歆歆弟協字

季期喬尉生魏太山太守岱自河內徙清河曾孫幸後魏青州刺史平陸侯生準東青州刺史襄侯生靈眞生彝隋末從魏州昌樂

彝字慶賓後魏侍中平陸孝侯　始均字孝衡光祿卿平陸孝侯　晏之字熙德北齊兗州刺史恭公　虔威字元敬隋江都贊務　詢古談考吏部功郎侍郎中

詢孝太僕少卿　徽遂州刺史

文舉刑部員外郎

虔雄隋陽城令　文信常熟主簿　萊昌樂令　某河西行軍司馬　雲字方慶桐城令　字揚州戶曹參軍

宋祕書省校書郎

文瓘字稚圭相高宗　漪

潛揚州長史　寬庫部郎中

价杭州刺史

沛同州刺史　成綸金吾將軍

洽魏州刺史　宥揚州長史　袞虢州刺史　藏華兼御史中丞　正則　知實字冠仁　保望字渭叟

褒

涉殿中監汴州刺史　鵬陸渾丞

士矩右司郎中

沖字孝源介休令

文琮吏部侍郎　戩泗州刺史

挹比部郎中

錫相武后溫王　歡　惟一華州刺史

寂司勳郎中

文收太子率更令　孝詢太常少卿

河間張氏漢常山景王耳之後世居鄚縣後周有司成中大夫虞鄉定公張羨賜姓叱羅氏生照照字士鴻隋冀州刺史復爲張氏三子惠寶惠瑤惠珍

惠寶隋絳丞

惠瑤瓜州司馬　祖政杭州刺史　晤懷遠令

祖令丞州刺史　處冲

處訥

處珣

惠珍　約

通曹州刺史　寂　游藝遂州別駕　昇　參國子司業

絢房州刺史

續京兆司錄參軍

兌　綢蘭溪令　君卿正字　禓字公表天平節度使　文蔚字在華相哀帝

齊美字舜輿

貽憲字去華戶部巡官集賢校理

豐侍御史

虔江西採訪使洪州刺史

孝開蒲州刺史　知久洪州都督　捐貞汝州刺史　感　應安南都護　仲素中書舍人　鐸字司振　濬字禹川相昭宗　格字承之太學博士直弘文館

播右拾遺

泳　偈字樂聖

沆　材字徵之

仲連

幼蘭

季貞

季遐　寶延洛陽尉　鳳力扶溝令　靳通州刺史

中山張氏出漢北平文侯倉之後世居中山義豐

長諧　行鈞　希藏雍州司戶參軍　昌期岐汝二州刺史

昌儀司府少卿

同休司禮少卿

易之麟臺監恒國公

昌宗司衞卿鄴國公

魯客長安令

行成相太宗高宗　洛客　翁喜陳州刺史

彥起司封郎中

梁客吏部郎中

魏郡張氏世居繁水

公謹字弘慎襄州總管鄒襄公　大象戶部侍郎　悱國子司業

大素給事中

翽汲郡長史

大安相高宗　洽左金吾將軍　之緒都官郎中　堅

墊

洸同州刺史　臻祕書少監

揆

汲侍御史　之績

汲郡張氏世居平原

善見越州司馬　武定荊州戶曹參軍　知古代州司功參軍　鎬字從周相肅宗

鄭州張氏

亮，相太宗。 愼微

張氏宰相十七人：東之、説、嘉貞、延賞、弘靖、九齡、行成、大安、仁愿、鎰、錫、文瓘、光輔、文蔚、濬、亮、鎬。

馬氏出自嬴姓，伯益之後。趙王子趙奢爲惠文王將，封馬服君，生牧，亦爲趙將，子孫因以爲氏，世居邯鄲。秦滅趙，牧子興徙咸陽。秦封武安侯。三子：珪、琛、嵩。嵩生述，字貞惠，漢太子大夫、平通侯。生權，爲寧東將軍。三子：何羅、通、倫。通字達，黃門郎、侍中、重合侯，坐何羅反，徙扶風茂陵成懽里。生賓，議郎、繡衣使者。三子：慶、昌、襄。昌生仲，玄武司馬。四子：況、余、員、援。余字聖卿，中壘校尉、揚州牧。二子：嚴、敦。嚴字聖卿，後漢將作大匠。七子：固、伉、歆、鱄、融、留、續。歆十一世孫默，十二世孫岫。

默，後魏雍州侍中。
思歡
祚
仲緒，隋荆府長史。
匡武，瀛州刺史。

匡儉
克忠，洺陽尉。
構，駕部員外郎。
曾

措

揮，兵部員外郎、河間太守。
昔

署
逢，兼監察御史。

岫，字子岳，後周荆州刺史、扶風肅公。
喬卿，梁褒州主簿。
君才，右武侯大將軍、南陽郡公。
珉，萬歲令。
季龍，嵐州刺史、大同軍使。
炬
當，右諭德。

炫，字弱翁，一字抱元，刑部侍郎。
陶，太子中舍。
寅

慶
巢

儉

燧，字洵美，相德宗。
彙，太僕少卿。
敉，左衛倉曹參軍。

敭，右清道率府倉曹參軍。

懿，均州刺史。
暢，少府監。
繼祖，殿中少監。

扶風馬氏

曛
植，字存之，相宣宗。
郁
儔，字後己。

茌平馬氏北齊有茌平令暹，因家焉。

暹
瑗，本郡戶曹從事。
周，字賓王，相太宗。
載，尚書左丞、吏部侍郎。
覿
覲，吏部郎中。
元振
元拯

恂，河南令、丹州刺史。

馬氏宰相三人：燧、植、周。

褚氏出自子姓。宋共公子段，字子石，食采於褚，其德可師，號曰褚師，生公孫肥，子孫因爲褚氏。漢梁相褚大，元、成間有褚先生少孫，裔孫重，始居河南陽翟，裔孫招，安東將軍、揚州都督、關內侯。孫䂮，字武良，晉安東將軍，始徙丹陽。五子：頠、説、洽、裕、祥。洽，武昌太守、征討大都督、都鄉元穆侯。裒，字季野。二子：歆、熙。歆字幼安，祕書監。生爽，字義弘，會稽王諮議參軍。爽五子：秀之、粹之、陟之、裕之、淡之。秀之字長倩，宋太常。四子：儁之、湛之、貞之、法顯。

法顯，宋鄱陽太守。
炫，字彥緒，齊安成王師，諡曰貞。
蒙，梁御史中丞、中書侍郎。
象，太子舍人。
玠，字溫琪，陳御史中丞、掌東宮管記。
亮，字希明，左散騎常侍、陽翟縣侯。
遂賢，鄶王友，襲侯。
兼藝，永州司功參軍。
璆，吏部郎中。

琇，給事中、常州刺史。

瑀，京兆士曹參軍。
元方，大理評事。

遂良，字登善，相高宗。
彥甫，祕書郎。
僑

休

五世孫虔
七世孫韜

彥沖，城門郎。
倫

儼

彥李
松，司農少卿。

遂功

逢年
鳴鶴

鳴謙

褚氏宰相一人：遂良。

崔氏出自姜姓。齊丁公伋嫡子季子讓國叔乙，食采於崔，遂爲崔氏。濟南東朝陽縣西北有崔氏城是也。季子生穆伯，穆伯生沃，沃生野，八世孫天生杼，爲齊正卿。生子成、子明、子彊，皆爲慶封所殺。子明奔魯，生良，十五世孫意如，爲秦大夫，封東萊侯。二子：業、仲牟。業字伯基，漢東萊侯，居淸河東武城。生太常信侯昱，昱生襄國太守穆侯紹，紹生光祿勳嗣侯雅，雅生揚州刺史忠，忠生散騎常侍泰，泰字世榮，始居歛縣。二子：恪、景。恪，丞相司直，生郡功曹殷。七子：雙、邯、寓、金、虎、蕃、固。雙爲東祖，邯爲西祖，寓爲南祖，亦號中祖。寓四世孫林，字德儒，魏司空、安陽孝侯。曾孫悅，前趙司徒、左長史、關內侯。三子：渾、潛、湛。湛生顗，後魏平東府諮議參軍。生蔚，自宋奔後魏，居滎陽，號鄭州崔氏。

蔚，後魏郢州刺史。
邏，字元欽，武川鎮都督、武津縣公。
賞，字紹珍，兼尚書左丞。
茂，字祖昂，襲武津縣公。

玄覽，吏部員外郎。

克讓，晉州刺史。

慶賓
神鼎，亳州刺史。
貞固
廣，眉州刺史。

劭，字季陽，後魏永昌郡守。
彥珍
何，瑚州刺史。
溫卿

景茂
士謙，益州行臺兵部尚書、壽安公。
叔瑜，吏部郎中。

元亦秋官郎中

彥璋　公禮酒州刺史

彥穆字彥穆後周少司徒東郡公　君濮丞相府賓曹參軍

君肅隋黃門侍郎　思默瓜州刺史

思約和州刺史　鶱

逢年

言道岳州刺史

哲巴令　均丹州刺史

志廉右庶子　傑

儒

佃右拾遺

廣

君宙　思敬　希喬監察御史

千里　元琮相武后

君曉隋秋官侍郎

彥昇　玄藉利州刺史　恪申州刺史　勝　郜字兼公

憬

恂杭州刺史清河男

許州鄢陵房蔚少子彧居鄢陵

彧　子令隋本州主簿　權利州刺史　義直峽州刺史　知悌戶部尚書　祐之博州刺史

知久　璀之鄂州刺史

齊之左司郎中

玄之度支郎中　肅

冽

知儉

知讓

知溫相高宗　泰之左丞黃門侍郎工部尚書初以職方郎中預平二張　備工部郎中

知遜　詡之少府監趙國公初以商州司馬預平韋后功第二　錡

南祖崔氏泰少子景字子成淮陽太守生挺字子建挺生破虜將軍權權生諫議大夫濟字元先亦稱南祖濟生湫字道初湫生安定侯融字子長融生中書令溫字道和溫生魏常山太守就字伯玄就生上谷太守公安公安生晉大司徒關內侯岳字元嵩岳生後趙尚書右僕射牧字伯蘭牧生後趙征東大將軍蔭字道崇蔭生聊城令怡字少業怡生宋樂陵太守曠隨慕容德度河居齊郡烏水號烏水房生清河太守二子靈延靈茂靈茂宋庫部郎中居全節生稚寶稚寶後魏祠部郎中生逵字景通北齊三公郎中生周司徒長史德仁德仁生君賓

君賓許州治中　懸解宜君丞　谷神　尚祠部郎中　侑

重下邳主簿　綱交城主簿

緯

偪潮州刺史

倏晉陽丞

融字文成清河文公　禹錫字洪範中書舍人清河貞子　引河東尉　約　集

絢監察裏行　師　謀

巨字爲式殿中侍御史

緄欽州錄事參軍　諲

繟

緝

綴

紹　蘊監察御史　綜

則

升稷山尉　繼　榮

翹禮部尚書清河成公　陵詹事府司直　庇　璙字潤中　昭符字子信

昭原字勛美

昭緯字蘊曜相昭宗

昭矩字表謀

燮於潛尉　權襄陵尉

悅林慮主簿　逑河南府士曹參軍

嚴倉部員外郎

忻河南法曹參軍

嶷光祿丞

同大理少卿　峯　應

厦襄城主簿

廞惠陵令　公弼

公度

弘本

延齡

允中

彥雍

平仲鳳翔少尹

巽渠州刺史　照將作監丞　稔鉅野令　郜　臨　克美

濤

喻澠池令　賁

德雍周易博士

岐江陰主簿　鄴

嶙

嶚　弦河東令

顗 達江陵少尹
彥恭
次輿 勵陝府司馬
能 字子才，嶺南節度使、清河郡公
師蒙
由道
彥曾 初名宣孝，徐州觀察使
虬 京兆府參軍
祎之 滎陽尉
從 字子乂，淮南節度使、清河縣伯
彥方 壽安尉
敬嗣 太子詹事
鑿 字文莊，廣州支使
慎由 字敬止，相宣宗
昌遐 字貽休，太子賓客
胤 字垂休，相昭宗
纁
綸
鐇
瀞
億
周 初名慎經，司封員外郎
有鄰 字朋善，祠部郎中
鈞
安潛 字進之，太子太傅、貞孝公
柷 字制之，太常卿
蟻 字濟之，右拾遺
伽
護
彥沖 太子賓客
勍 字思柔，太常博士
兢 字德成，戶部侍郎
讓 鄜興元少尹

伯基八世孫密，密二子：霸、琰。霸曾孫遵。
遵 後燕太常卿
撫 宋汝南太守
蔓 後魏冀州刺史，始居藍田
稜 隋藍田太守
君撰
文舉
咨 相武后
君操
文仲 吏部郎中
蘇州長史
安石 汝州長史
昂 銳大理少卿
韶
縮 字公綽
護 字成功，觀察節度使、武城縣子
承裕 涇原觀察推官
咸 字重易
翊 字圖南
縣黎 主爵員外郎
鼎
縣象
季恭 監察御史
郇 京兆府法曹參軍
系 伊陽丞
戒 太子少詹事
彥弘
寔 西主簿
彥崇
彥儒 盩厔尉
整
總 太子諭德
諒
涓 字虛己，司封員外郎
賚 字得輿，太常丞
琰字季珪，魏尚書，生諒，字士文，生遇，遇生瑜，瑜生逞，字叔祖，逞生禕，禕四世孫溉。
溉
義玄 御史大夫、清丘貞公
神基 相武后
神慶 刑部尚書、魏縣子
琳 太子少保
儼 諫議大夫
騰 綿州刺史

清河大房：逞少子諲，宋青、冀二州刺史，生靈和，宋員外散騎常侍，生後魏贈清河太守宗伯，生休，寅休號大房。
休 字惠盛，後魏殿中尚書、文貞侯
㥄 字長儒，北齊七兵尚書
瞻 字彥通，吏部郎中、武城文公
龍藏
子源 同州刺史
叔封
智藏
忱 千牛將軍
瑛 光祿少卿
墀 駙馬都尉
仲文 北齊光祿大夫
儦 隋內史舍人
世濟 太子洗馬
元譽 湖州刺史
元敬 和州刺史
希古 藍田令
迴 大理評事
瑝
綬
璐 字大圭
賞 字昌衡
元祚 大理司直
元德
元獎 吏部侍郎
庭玉 右驍衛將軍、冀州刺史
杭州刺史
孝童 監察御史、漢州刺史
嗣童 陵州刺史
惠童 駙馬都尉
元異
元彥 正平令
逸甫
端
敖 太常博士
操
換
搏
法言 相州別駕
隱甫 刑部尚書、忠公
澈
微 河南少公
溉 太常少卿
倬
泳 字君易，陸渾尉
神福 荊州長史
現 石州刺史
傪 鄂州刺史
瑤 光祿卿
儀 兼御史中丞
傑
球 鄆州刺史
珪 懷州刺史
侁 工部侍郎

潛虞州刺史 | 勝
豐
愻
渙
載 | 元紀 | 守默 | 從一
虔 | 益字元友 | 昕雅州別駕 | 審
容
邃
驊唐州別駕 | 誠 | 黃 | 龜從字玄告相宣宗 | 殷夢字濟川 | 晊字正封
聃字漢傑
慶復大理少卿
叔仁後魏潁川刺史 | 挺 | 略
沖少府少監 | 通 | 樞祕書監
彥武隋魏州刺史 | 正辯豐陽男 | 玄彭烏蘭令 | 述右
諭德
逸
玄默 | 思慶 | 延賓 | 嘉祥
思貞隰州刺史 | 庭曜
庭璥
庭暐國子博士 | 嵩
暠
思隱
子保後魏通直常侍
子聿後魏東莞太守 | 求言 | 同博州刺史
張蒼 | 少通
少容 | 豐洛陽丞
公輔雅州刺史

清河小房寅子敬禮後魏太子舍人樂安郡守生長謙給事中青州刺史生子令公華

子令高唐令 | 世瑛
奉節
奉孝 | 欽讓
欽古
欽善
公華 | 大質復州刺史 | 玄覽 | 湛字湛然鄭州長史 | 虔大理司直 | 稱戶部員外郎
種侍御史 | 晃
晛字公升 | 羲字尚逸
秩 | 千字藩之
玘 | 彥辭 | 膠字壽卿
彥回字端源
彥昭相僖宗 | 礪字殷詰
朝字懿忠鄭懷二州刺史 | 稹字實方檢校金部郎中 | 群字敦詩相憲宗 | 嚴同州參軍
充字茂用東都留中 | 鑄源字司均
申侍御史內供奉 | 漸 | 誼字宜之
稯
程
稅 | 準宣歙觀察使
粲
玄嗣延州刺史 | 弘默 | 沌
道默赤尉 | 寬赤尉 | 岳 | 師本
季長
道郁 | 綜醴泉令 | 佶太子中允 | 諲大理寺主簿 | 廓字士則楚州刺史淮南營田副使 | 錫當塗尉

行古
璉
瑊
陲御史中丞 | 瑀字處仁太常卿謚昱簡 | 璜吏部郎中 | 彥緯字有裕
鄲司農卿 | 瓘字汝器吏部尚書 | 彥融字應求萬年令 | 協字思化 | 頎
頌
壽
貞
鄖字廣略浙西觀察使謚曰德 | 瑀 | 義進字待舉
嵒字韞中鄂岳觀察使
瑾字休瑜湖南觀察使 | 廷表字漢臣
璆字致美相黃巢 | 延憲字舜舉
郇大理卿 | 瓚字錫動
邢
鄯右金吾將軍 | 琢字子文 | 仁穎字處之
瑄字右玉 | 仁遇字贊堯
琛字貞器
珮字聲諫
珙字庭秀
鄲相宣宗
鄭字德章
嶠字巖士
倜河陰尉 | 諷枝江令

道楨 子美 梟兵部郎中
濟 敦太常卿
敷
汶
敏永州刺史 貽哲
貽儉
敖 行先
叡温州刺史 微
敞
務
放檢校郎中
道獻左庶子清河公 瑩
秀岐州刺史 著 褒 丕
袞
襄
兗
冀
美
益
荐 庠 膺字長言
文 徽字趾澤
肇字德信
特
顒
收
志德京兆參軍
玄機陳州刺史 循禮 融右司郎中

玄泰行溫州刺史 紹鄭州刺史 顏 義虞部郎中 倹 隋字邵業
綿竹延州刺史
綺 鎮
鵬
絳 邯 謙太子詹事
鄂
鄘 坦 璘字垂裕
郟
路 信滁州刺史 元瑛字功令
禮
貢 祐
永
齊處州刺史
威
象
廣
暐
參 包 沭 珏字夢之
行堅金州司馬 綱 汪 師周
師曾
行集冀州刺史
清河青州房琰生欽欽生京京孫瑱慕容垂車騎屬生輯
宋泰山太守徙居青州號青州房輯生修之目連
修之 元孫宋尚書郎 亮字敬士泰征北中書侍郎後魏侍中僕射樂陵文貞烈公 鑒師北齊中書侍郎變城縣男 道淹 方驀萬年主簿 良固大理評事 景晊 臨洛主簿 圓相 肅宗 褒
敬默魏思節冀征虜長州司馬史 武城字 子布 成爽
成周
子治 弘道渭州刺史

博陵安平崔氏仲牟生融融生石石生廓字少通生寂寂
生欽欽生朝漢侍御史生舒漢四郡太守二子發纂纂郡
文學生毅毅生駰字亭伯長岑長二子盤實盤生烈後漢
太尉城門校尉生均字州平西河太守十世孫昂

子叶 經 濟庫部郎中
絢
繹 治成都少尹
繕
幼孫 光伯後魏太傅諮議參軍 滔後魏殷州別駕 信明冬日天富提臺 懷州刺史 侍郎
目連 僧淵後魏南青州刺史 惟悴海沂等州司馬 鏡邈
國輔禮部員外郎 度
懃字叔濟 法宋觀察巡官試大理評事
知道大理司直 玄同相州刺史 倚
華
國況
敬素侍御史
昂 仁師相太宗高宗 揣亳州刺史襲安平公
擢字搢鹿雍州司功參軍安平男 液吏部員外郎襲安平男 鯨奉天令 昇監察御史 審大理卿 鄒舒州團練判官試大理評事 鉅嶺南節度副使 又新
又初永泰令
鯢 暈 簡連州刺史 鐸 弘裕字道益
鐔字一用
策監察御史

大房崔氏騆少子寔字子眞後漢尚書生皓皓生質質生讚讚生洪字良夫晉大司農生廓廓生遇遇生懿字世茂五子連琨格遐殊又三子怡豹㣧爲一房號六房連字景遇鉅鹿令號大房生郡功曹綽二子標鑒標字洛祖行博陵太守生後魏鎮南長史廣字仲慶生元猷元猷生當

管

攝相州刺史

挹戶部尚書　渥相中宗　泌刑部員外郎　諷戶部郎中　論大理卿

滌秘書監安喜縣丞

溢吏部員外郎

表嶺南節度副使殿中侍御史　道雅壽州團練推官

仁術　晃郃陽令

道音壽陽令

道融右補闕　隋司勳郎中　筠蘇州司功參軍　溥　絢

晉秘書省正字

道獻度支江陵院巡官試大理評事

道紀字玄風處州刺史　涯　紀水令

陶青州平盧節度掌書記

道樞　昌範隋州軍事判官　昌遠曹州刺史　昌符　昌肩

寶桂州觀察推官祕書省校書郎

當字文業後魏中書侍郎　伯謙字士遜鴻臚卿謚曰　淵字孝源青冀二州司馬　綜字君雅長安令　愼字行謹胡蘇令　玄暐字相武后中宗　璩禮部侍郎襲博陵郡公　震

渙門下侍郎　縱御史大夫常山忠公　元方沔州刺史　碣字東標　善

提萬年尉　揚三原尉

賁侍御史

琰汴相常州刺史　括

益潁州刺史　復鳳翔少尹　觀大理評事

增主客郎中　璆　解光祿卿

頤兼侍御史　操檢校郎中

哲

昇字玄桀刑部侍郎　播湖鄂都奈兼採訪使　嬰鄂州刺史　貞固楡次尉　璲檢校司勳員外郎　東字韜荊南觀察支使

序字東玉

戒字充淄青節度使安喜縣公　雍和州刺史　黨兒

歸僧

福字昌遠員外郎

裕字寬中

晏字厚致之司勳郎中　道安

晟字景熙

戩　勛字內明長安令

璉　瞀殿中侍御史

旭　行簡刑部員外郎

旻　行功祕書監

槪　誠左金吾將軍

耿

挺　雅字秀

訓文州刺史

許華州刺史

太素

景　署

昱　嗣左神闕

損字至無相德宗

晷

晃　銑駙馬都尉太僕卿　王傳　鸞信

暈　行堅雍州錄事參軍　行堅雍州錄事參軍

晨　績和州刺史

吳眉州刺史　曇汝州刺史

量

行眞

仲讓西魏鴻臚少卿　鳳林刑部郎中　從俗　無詭　倚　汀汾州刺史

無畏　無放陽郡太守　守

鳳巢　從令　無諍

從遜太子家令安喜公

叔仁　元嗣熙州刺史

鑒子神具後魏東徐州刺史安平康侯三子含秉德習秉
德驃騎大將軍諡曰靖穆子忻君哲仲哲

仲哲後魏司徒行參軍安平縣男　長瑜字博隋元平府中兵參軍　泗州長史　侍御史　行範　安嚴主客員外郎　藏穎
藏隸　諸
鉼兼御史
行則　慎微復州刺史　光業
光緒婺州刺史　恁
子信　義超戶部侍郎
仲琰　君昭　播　玄亮　無縱　望之　倜沁州刺史
彝之屯田郎中
藏之膳部員外郎　依柳州刺史
渾之　倣尚書右丞　元略義成節度使　鉉字台碩相武宗宣宗　沆字內融相僖宗
汀　潭字德鑒
沂字德潤
濟字德澤
鎡
元受直史館高陵尉　鈞字秉一　澤字中極　構字高秀
泳字表聖
濯字昭美
瀞字幾化
錤
銖安濮二州刺史　涿刑部郎中　榆
梲
元式相宣宗　鐶字重威

第二房崔氏琨字景龍饒陽令行本郡太守二子經鬱經
叔業後魏南兗州別駕　仲立亳州刺史
玄祗刑部侍郎
書字貴禮後魏河東太守　仲業　仁睿　玄禕　寬比部郎中　其興
君昇　道洽膳部郎中　誠刑部郎中　明允禮部員外郎
無忌　河圖諫議大夫
無固汾州司馬
溫之鄭州刺史　璠
琨之
元儒　錯
鉅字挺業
琡字君
生辯字神通後魏武邑太守饒陽侯諡曰恭二子逸楷
楷字季則後魏殷州刺史後將軍　士元　青生北齊起部郎中　蔚字文豹本州大中正
勵德　頵
慎知濟州刺史　慎微汾西令　浙樂陵令　庶陳留尉　行儉字聖用池州刺史　惠文
士謙周江陵總管武康郡公　曠隋浙州刺史　丕
順湖州刺史　珍洋州刺史　縉龍州刺史　信漢州刺史
奕岗州刺史　大方海州刺史
大起
萬石中書舍人　權
揆

確隴州刺史　恭禮駙馬都尉博陵郡男　去惑　嵩　頻信州刺史
興宗饒州長史　雋臨渙丞　懿　顯同州刺史　琯字從律山南西道節度使
珣　汪字希度
璵刑部尚書　沼字深之
珙相武宗　涓字道源御史大夫　仁魯字化元
仁矩
仁寶字國華
潼字爲中
琪字朗士河中節度使　濬字如止吏部侍郎　遠字昌之相昭宗
勃字晏之
瑨常州刺史
球字叔休　瀆字遙源
澄字鑒之
顥宋州刺史
頵
碩賀州刺史
進思黄州刺史　佚長安令
潤之　昌容器御史大夫
固本　琦
彭字士彭隋左領軍大將軍領慈州事安陽肅侯　寶德主爵郎中　道斌　鎮倉部員外郎
鎔　延職方員外郎
知德絳丞安陽男　景運
寓吏部郎中　宜京兆少尹
宥工部郎中

知機洛州刺史
仲恭幽州功曹參軍
瞱
漢衡兵部尚書
駙太子左諭德
說後周大將軍安平壯公
弘度字摩訶隋檢校太府卿武都公
奉賢沔州刺史
弘昇隋左武衛大將軍黃臺縣公
處直
曷揚州司馬
處仁
璆刑部郎中
琬同州刺史
項璧州刺史
弘峻隋趙王府長史
儼雒令
瞻汝州長史
諲字若虛太子賓客
晧安平公
濆監察御史
沔字若沖太子賓客清河孝公
成甫
諸甫字貽孫相德宗
旺徐州司馬
壽大理少卿
儀甫大理丞
俊字德長戶部尚書安平肅公
嚴字摽曾襄州觀察掌書記
瞻字藏用
滂巴州刺史
嬰甫
修相穆宗
植字公
敬武連令
文憲右武衛將軍襄成安縣男
韡吏部員外郎
嵩駙馬都尉
弘壽左萬善閣監門將軍襄州刺史獲嘉成安縣男謚曰信
文宣
文操滑州刺史
潤醴泉令
立之
弘正鄭公
弘舟隋內府監安平郡公
璡隋左千牛

士順周同開府行參軍
文緒
伯陽御史中丞同州刺史
侑澧州刺史
鬱後魏濮陽太守生挺
挺字雙根後魏司徒泰昌景子
孝芬字恭梓太常卿太昌縣公
勉字宣祖定州大中正
寵字司州治中以宣度子繼
獻字宣伊左光祿大夫齊信都太守
汲將軍
郡胡公
安縣伯
曉
壽字大德鳳泉令石城縣男
安上字敦禮相高宗
修業太子通事舍人
處賓虞部郎中
守業刑部侍郎
貞簡坊州刺史
貞愼兵部侍郎
貞敏鄜州刺史
同業王爵郎中
崇業王客員外郎
元瑒
餘慶遵業兵部夔州司士參
佰河南
尚書司馬軍
紹業秋官侍郎
績
輔
承福越先意
令
廣二州都督
鄧州刺史
陽郡長史
濟同州刺史
嶸榮
宗字君
祐字
茂孝
杞駙馬都尉
杋殿中侍御史
清戶部郎中
湘
峒玄武令
峻左司員外郎
先志
眴
凝光祿少卿

宣度隋恒農太守
公業
元植
茂袁州刺史
藝
瑶合州刺史
欽起居舍人
厦舒州刺史
洌
叔重隋虞部侍郎固安縣公
幹字道貞黃門侍郎博陵元公
濬主客員外郎
先知
先事
杞
瑜
周禎字補闕
周衡字可權處州刺史
宣軌隋考功郎中
宣質
宣靜
宣略
長昇營山令
孝暐後魏趙郡太守謚曰簡
昂字儼遠北齊祠部尚書
君讚瀛州刺史
德厚
恂司農丞
淳稷州司戶參軍
行成戶部郎中
翰王祠部郎中安平公
懷從戶部員外郎
璿之
淼
令欽國子司業
眞
公餘檢校郎中
彼字君治隋中書侍郎
曇首
掖令
諡中書舍人
紹睿武邑令
頂白水尉
昇之汾西令
遴建昌令
景伯
仲孫
季孫

造字玄宰相德宗　懿伯
述字元明房州刺史　文伯
武伯
洽隋散騎常侍　治武彊令　預監察御史　育江陰令　季長城令　弘禮字從周刑部尚書　彥防
彥佐
彥佐
彥博
彥恭
彥光
彥金
彥載

第三房崔氏格二子蕃、頼。蕃生天護，頼八世孫不疑，左補闕。

天護　穆字子和後魏州主簿　謀開
遵字季倫北齊尚書左僕射儀同三司諡曰貞節　達拏後周御史大夫
纂字叔則後魏冀州刺史諡曰簡　猷北齊散騎常侍　誠　儀表　敬嗣房州刺史　悅洛州司戶參軍　光遠劍南節度使　千齡
構
據成都少尹
光迪　抗揚府司馬兼通事舍人將作少監　玄亮字晦叔虢州刺史　煜
勗言字詞之昭義節度判官　貽孫字伯垂
孚言
緩中牟尉

定言字安道
望孫字圭卿
純亮
寅亮
仁亮　聽以玄亮子繼
涬　悰主爵員外郎
行表　玄膺司農卿　貴成邛州刺史
世立隋大理少卿安平縣子　固儉
抗祁陽令　濳濟州刺史　承構鳳閣舍人　良佐湖城簿　元翰比部郎中　文輿
鵠
良弼恭汾州刺史
漪河　問丞　日用相睿宗玄宗　宗之右司郎中　儒戶部郎中
汲長安丞　日新　復興州刺史
日知字子駿潞州長史中山襄公　禹坊州刺史
東工部員外郎
益宣州衙推
日宣　綽
重明虞部員外郎
寄河東令
育兼殿中侍御史
琬祝阿令　載深州治中
仁　坦司勳員外郎
融字循業後魏定州別駕　鴻翻本郡功曹　祖仁　叔獻藤州刺史
祖俠　待詔殿中侍御史　玄範　密富州刺史

約
鳳舉
智辨豐洮等州都督
玄願虞部郎中
玄景　浩贊善大夫
涇
玄奘　有信　齊顏工部比部郎中祕書少監

崔氏定著十房：一曰鄭州，二曰鄢陵，三曰南祖，四曰清河大房，五曰清河小房，六曰清河青州房，七曰博陵安平房，八曰博陵大房，九曰博陵第二房，十曰博陵第三房。宰相三十二人。鄭州崔氏有元綜；鄢陵有知溫；南祖有昭緯、慎由、胤、昚、神基；清河大房有龜從；小房有彥昭、羣；鄭青州房有圓；安平房有仁師、混；博陵大房有玄暐、損、鉉、元式；第二房有珙、遠、祐甫、植；第三房有日用。

于氏出自姬姓。周武王第二子邘叔，子孫以國為氏，其後去邑為于氏。其後自東海郯縣隨拓拔鄰徙代，改為萬紐于氏，後魏孝文時復為于氏。外都大官新安公栗磾生侍中、尚書令洛拔，洛拔六子：烈、敦、果、勁、泊、天恩。天恩，內行長、遼西太守，生太中大夫仁生，高平郡都將。子安，子安生隴西郡守、建平郡公子提。子提生謹，字思敬，從西魏孝武帝入關，遂為京兆長安人，仕後周太師、燕文公。九子：寔、翼、義、智、紹、弼、簡、禮、廣。

寔字宮寶後周司空燕安公號蘭陵院　頴字元武隋黔州總管　世虔　儉左屯衛將軍
哲亳州刺史
仲文字次武隋右翊衛大將軍延壽公　欽明彭州刺史　敏同經野中書戶部舍人侍郎
敏直相州刺史　光運滁州刺史
敬之復州刺史
惲

象賢，隋驃騎大將軍、黔昌定公。
德基
素，倉部員外郎。
德成，鄆令。
玄範，武令。
顯，汪秘書監、公胄。
頲
頎
庭順
庭誨，顯天興令，安昳長尉。
庭謂，殿工部申屯田員外郎，尚書。
廣
暈，岳州錄事參軍。
頼
頲，太原府司錄參軍。
當，吉州刺史。
頤，監察御史。
覔，字叔頎，戶部侍郎，判度支。
遐，泗州司馬。
項，長安支。
明，盂令。
敬言，右龍武兵曹參軍。
與，宗河南少尹。
溫，河南丞。
頔，字允元，相憲宗。
正，方太原府少尹。
敏，太常丞。
晦，字友絳宋等州刺史、駙馬都尉。
季友
象，容揚州刺史。
錄事參軍。
恪，冀州刺史。
蘊，高郵令。
六，蕘合令。
彥珣，湖城令。

翼，字文若，隋太尉、任穆公，號永寧院。
璽，字伯符，江陵總管、黎陽靜公。
志本
德方，越州刺史、黔昌男。
德行，恒州刺史。
敬同
玄徹，滄州刺史。
思言，太府卿。
安仁，江州刺史。
可封，國子司業。
冀
貞
頤，淳州司戶參軍。
瓊，字子滄，泗州判官。
原，榮州刺史。
懷恩，璧州刺史。
懿，孫河西令。
俛，司農少卿，知太倉。
周，雲陽令，大理評事。
因
給納
況，靈武節度推官、虞部郎中。
思謙，歸雎軍營田判官、檢校右散騎常侍。
思讓
軺
超
銓，吏部下大夫、常山公。
筠，太僕卿。
元嗣，金吾將軍。
璀，鴻臚部郎中。
抱誠，成州刺史。
邵，字德門，禮部侍郎。
汝錫，字元福。
尹，躬中書舍人。
訢，字弘道。
誠，字薦之。
皐，虞戶部侍郎。

義，字慈恭，隋澧州總管、建平剛公。
宣道，字元明，隋上儀同、威安獻公。
宣敏，字仲達，隋奉車都尉。
永寧，商州刺史。
遂古，隰州刺史。
志寧，字仲謐，相太宗、高宗。
立政，字匡時，太僕少卿、虢州刺史。
遊藝，江州刺史、公。
都令，襲。
伯獻，涼州都督。
知微，字克勤，辯機，兗州別駕，州都督、東海郡公。
東海郡公。
克構，左監門率府長史。
克忠，華武陽縣男。
州司戶參軍。
光遠，陵二州刺史。
大猷，字徽本明，堂令。
安貞，兗令。
仙鼎，沁州刺史。
慎言
默成，沛令。
嘉祥
休徵
休烈，工部尚書、東海元公。
益，諫議大夫。
肅，給事中。
敖，字蹈中，戶部侍郎。
球
梲，字拱臣。
珪，字光德。
琥，字德源。
瓌，字匡德。
琄，平盧節度使。
鄖，衛尉少卿。
寮
師
雍
來
人文
德孫，字承休，吏部侍郎。
德林，涇原支使。
德晦，同州刺史。
折，京兆府司錄參軍。

保寧　承範，平州刺史
承慶
結，諫議大夫
琮，字禮用，相懿宗

于氏宰相三人：頔、志寧、琮。

唐書卷七十二下考證

宰相世系表二下張氏宰相十七人○臣酉按東之說、嘉貞、仁愿、文瓘、行成六人本傳俱不詳其祖父，不知表何所據。

崔氏昌遐字貽休，允字垂休○沈炳震曰：舊書崔慎由傳允字昌遐，則昌遐乃允之字，非別爲一人也。表誤。

于氏隨拓拔鄰徙代，改爲萬紐于氏，後魏孝文時復爲于氏○沈炳震曰：按拓拔鄰者，魏之獻皇帝也，爲始祖神元皇帝之祖。神元即位在庚子，當曹魏黃初元年，則其祖拓拔鄰當在東漢桓靈時，何自而至中國而于氏隨之徙代乎？且是時尚居漠北，並未居代也。表誤。

唐書卷七十三上

宋　翰林學士歐陽修撰

表第十三上

宰相世系表

柳氏出自姬姓。魯孝公子夷伯展孫無駭生禽，字季，爲魯士師，謚曰惠，食采於柳下，遂姓柳氏。楚滅魯，仕楚。秦并天下，柳氏遷於河東。秦末，柳下惠裔孫安，始居解縣。安孫隗，漢齊相。六世孫豐，後漢光祿勳。六世孫軌，晉吏部尚書。生景猷，晉侍中。二子：耆、純。耆，太守，號西眷。耆二子：恭、璩。恭後魏河東郡守，南徙汝、潁，遂仕江表。曾孫緝，宋州別駕、宋安郡守。生僧習，與豫州刺史裴叔業據州歸于後魏，爲揚州大中正、尚書右丞、方輿公。五子：鷟、慶、虬、檜、鸑。

鷟，後魏臨淮王記室。
帶韋，字孝孫，後周黃門侍郎、虔城愷公。
祚，隋司勳郎中。
震，鄆州刺史。範，尚書右丞。
俊，棣州刺史。齊物，睦州刺史。
喜。
賁。并，字伯存，殿中侍御史。淡，字中庸，洪府戶曹參軍。
道倫。
中行。
宷。翰，字周臣。涉，字堯卿。

慶，字更興，後魏侍中、左僕射、平齊景公。
機，字匡時，隋納言、建安簡公。
續，儀曹郎中。
幹，工部員外郎。
惲。儒，戶部郎中。
奕，昇州刺史。翊，膳部員外郎。
述，字業隆，隋兵部尚書、參知機務。
遜，職方郎中。
房，隴州刺史。
叔璘，瑜州刺史。應規，兼殿中侍御史。
光庭，祠部員外郎。充庭，薊州都督。
建，考功郎中。
遲，禮部郎中。
莽。
旦，字匡德，隋黃門侍郎、新城男。
燮，都官郎中。
子房，戶部侍郎。
子寶。
則，隋左衛騎曹參軍。
奭，字子燕，相高宗。
知人，水部郎中。
無忝，潭州刺史。
爽。
嘉泰，字元亨，右武衛將軍。
祜良。
綽，膳部員外郎。
產，膳部員外郎。

虬，字仲蟠，後周中書侍郎、美陽孝公。
楷，濟房蘭廓四州刺史。
融。
子敬。約，房州刺史。
少安，元宥主客員外郎、撫州刺史。
繹，夏令。遺愛，太子司議郎。開，侍御史。寬，字存諒，荊南永安軍判官。
子夏，徐州長史。
從心。回。因。固。
從裕，清池令。某臨，邛令。某旌，德令。
察躬，德清令。鎮，侍御史。宗元，字子厚，柳州刺史。告，字用益。
某，朔方營田副使、殿中侍御史。
縝，華陰主簿。
綜。
續。
亨，岐州刺史、太常卿、壽陵侯。
子陽。
誠言，冀州刺史。
渙，中書舍人。
澤，太子右庶子、華州刺史。
子貢。良器，冀州刺史。
肅，字匡仁，隋工部郎中。
大隱，台州刺史。
鴻漸。曄，寧州刺史。
蔡年，後周順州刺史。
謇之，字公正，隋黃門侍郎。
威明，吏部郎中。
慈明，職方郎中。郢，貝州刺史。
懿，辰州都督。
立。
然明，施州刺史。

諤之 保隆膳部郎中
穎之屯田員外郎 存業肅州刺史 栖嫣州刺史
挺之中書舍人
止戈後周洛州刺史 憬海州長史 璿伊陽丞
惇資陽令 初延州司馬 顒寧園丞 元方萬年丞 弘禮
傳禮
好禮
建金部郎中
待價 言思祠部郎中
虯裔孫彥昭太子文學 芳字仲敷右司郎中集賢學士 登字成伯大理少卿 璟字德輝郴州刺史 韜字藏用
晃字敬叔福建觀察使 瓌鄜州長史 玄字祺裕
鄭卿咸安太守
檜 雄亮贊都官郎中

晉太常卿平陽太守純六世孫懿後魏車騎大將軍汾州刺史生敏字白澤隋上大將軍武德郡公從祖弟道茂

道茂 孝斌 客尼 明偉儀川令 正己 甫
正禮邠州司戶參軍 子華檢校金部郎中 公度光祿少卿 蘊字匡言
器 希顏 珮字輝長
仲遵 璨字昭之相昭宗
瑀
瑊
子溫丹州刺史 公綽字寬兵部尚書諡曰元 仲郢字諭蒙天平節度使 璧著作郎
珪字郊玄一字鎮方衛尉少卿 璧字寶玉右諫議大夫 懷素字知白

玭御史大夫 瑗字虛中
公權字誠懸太子太保 仲憲
子金南鄭令 公諒南鄭令
子平 惟則檢校員外郎
明亮
五臣水部郎中 明謙和州刺史 元正大理評事
實積職方員外郎 明遐刑部員外郎
明肅度支郎中

平陽太守純生卓晉永嘉中自本郡遷於襄陽官至汝南太守四子輔恬傑奮號東眷

輔 平 敬起 昶 詵 果仁
崇禮房州刺史 固節
仲矩
粹 季華
括西涼太守 憑馮翊太守 叔宗字雙麟宋建威參軍 世隆字彥緒南齊尚書令貞陽忠武公 惔字文通梁左僕射曲江穆侯 昞 裘隋大將軍 偡右金吾將軍
暉梁吏部尚書 顧言隋秘書監漢南公 遜 尚真司門員外郎 思讓巴州刺史
儉兵部員外郎
映 奭 善才荊王侍讀 尚素江寧丞 慶休渤海丞 識字方明屯田郎中集賢殿學士
渾字德載相德宗
叔珍義陽內史 慶遠字文和梁侍中雲杜忠惠侯 津字元禮雍州刺史西魏侍中左民部尚書 玄 行滿給事中
或隋侍書御史 紹左庶子 晦文州刺史
如芝衛州刺史
季遠梁中書侍郎宜都太守 遐字子升後周霍州刺史 莊隋黃門侍郎 慶孫 楚賢光祿少卿杭州刺史 溫

洽 升長安令 元
輔
應
傑 雙虬 元章 景賢 沖太子賓客陽公 季誠揚州刺史
景鴻 儉
仲仁 崇貞太原令
季和贊冀州刺史 季貞貴長安令
奮 貞望江州刺史

柳氏宰相三人 奭 璨 渾

韓氏出自姬姓晉穆侯濆少子曲沃桓叔成師生武子萬食采韓原生定伯定伯生子輿子輿生獻子厥從封遂爲韓氏十五世孫襄王倉爲秦所滅少子蟣虱生信漢封韓王生弓高侯隤當隤當生孺孺生案道侯說說生長君長君生龍頟侯增增生河南尹騫避王莽亂居赭陽九世孫河東太守術生河東太守純純生魏司徒甫鄉恭侯暨六世孫延之字顯宗後魏魯陽侯孫瓌平涼太守安定公生恒州刺史演演生褒

褒字弘業後周少保三水貞伯 緒字繼伯
仲良戶部尚書栖川公
某鄆州刺史 某著作郎 某萬州刺史 慎溫主簿
豐字茂實 泰字丕亨祠部郎中
瑗字伯玉相高宗 純臣
珙
丞汲郡太守 炅 儉
祐 琦左監門大將軍 濟蜀州刺史 泰左補闕 保寧州刺史 幽駕部郎中
逊
滂 同慶司勳郎中

弓高侯頽當裔孫尋，後漢隴西太守，世居潁川，生司空稜，字伯師。其後徙安定武安。後魏有常山太守武安成侯耆，字黄耇，徙居九門，生茂，字元興，尚書令、征南大將軍、安定桓王。二子：備、均。均字天德，定州刺史、安定康公，生暾，雅州都督，生仁泰。

仁泰，曹州司馬。
叡素，桂州長史。
晉卿，同州司法參軍。
季卿，義王府胄曹參軍。
子卿，陝府功曹參軍。
仲卿，祕書郎。
曾，起居舍人。
介，率府參軍。
百川
老成
炯字北滔，大理丞。
滂，寶雞丞。
袒
綰字持之。
愈字退之，吏部侍郎，謚曰文。
衮字獻之。
州仇富平令
無黨，河南參軍。
愈開封令
雲卿，禮部郎中。
岑，濟州司功參軍。
州長唐興令
家
紳卿，京兆府司錄參軍。
岌，號州司戶參軍。
升卿，易州司法參軍。

河東太守純，四世孫安之，晉員外郎。二子：潛、恬。恬，玄菟太守。二子：都、偃。偃，臨江令，生後魏從事郎中頎。頎生播，字遠游，徙昌黎棘城。二子：勵、紹。紹字延宗，揚州別駕。二子：弈、胄。

胄字弘度，北齊膠州刺史。
蘐字靈祐，後周商州刺史，洪雅公。
賢字思齊，隋鄭州刺史，襲黄臺公。
符字節信，巫州刺史。
大壽，吏部郎中。
歸仁，上黨令。
曜
詢
延慶
湛，朝邑令。

鍊
欽宋城令
光期
偡，獲嘉主簿。
鋒，武功尉。
紓
朴
延範
華，衛尉少卿。
署
師魯
君祐，浩州刺史。
道紀
鎮，藍田令。
纁，三水令。
繇，大理評事。
偲祕
書郎
大賀，字太威，洛州司戶參軍。
滔輔
唐令
量丹
陽令
皋，長水丞。
搴，殿中侍御史。
寮，秋浦令。
郰
鄂
都
邢
邲
居厚
緯，殿中侍御史。
鄖
部
鄣
寓
捧
容
鄰
審
嚴
浩，高陵尉。
休字良士，相玄宗。
浩，監察御史。
洪，邢州長史。
章，兵部侍郎。
悱，太原少尹。
居實，南鄭丞。
鍘，磁州錄事參軍。
晟，左散騎常侍。
居業
授，潤州司倉參軍。
搵，揚子尉。
操，靈寶尉。

宰
平
牟
犨
莘
辭，郊社丞。
滋，諫議大夫。
卓，殿中丞。
準，洛陽令。
磁，咸陽令。
超
濡
錄
起
銖
越
鼎
渾字太冲，相德宗。
臯，禮部員外郎。
寮，明州刺史。
諫
師
宥，衛尉卿。
寛，右金吾兵曹參軍。
皐字仲闇，尚書左僕射。
充，舒王府錄事參軍。
紹，京兆文學。
衮
玫，成都少尹。
諷
洵，京兆府錄事參軍。
渾，太常少卿。
逵，都官郎中、閬州刺史。
復，洋州刺史。
約，左司員外郎。
鑄字台臣，檢校兵部尚書。
環，太子司議郎。
瓌，禳令。
彌
士通，源州司戶參軍。
琁
士約，大理評事。
解，太子中允。
益，金部員外郎。
穀，流溪令。
孚，興元少尹。
巘
杭，眞源尉。
武，右拾遺。
逵
枳
繕
佀
棿
坤

檜

巽 杞

友信

絢

揆河南丞

洞字幼來畢司封兵部侍書郎中

賓亳州刺史 造

鄘字正封遂州刺史 節

頵

郇

宁 據

常岳州刺史 寤

抗吳令

彝 謇

奔渾陽尉 最

丕與平令 蹇

中歸州刺史 操

倩殿中丞

演和州刺史

混率府錄事參軍

滌河南兵曹參軍 承訓洛陽令 又定遠令 庶 銂

鍔 嶠

承徽 宗簡

玄亮中牟尉

玄著

宗古蕭令

籌右諫議大夫邠蘇州刺史

範

翥

涗真源丞

肇宣城尉 藩

楷海陵尉

大敏 份著作郎

佺虞城尉

南鄉恭侯暨子孫其後徙陽夏

望 垂 弘相憲宗 肅元

公武字從偃右驍衛上將軍 繼之

繼宗

充檢校司徒宣武節度使諡曰肅

韓氏宰相四人 瑗休滉弘

來氏出自子姓商之支孫食采於郲因以爲氏其後避難去邑秦末徙新野漢有光祿大夫來漢從楊僕擊南越孫仲諫議大夫生歙字君叔中郎將生稜稜生歷爲執金吾生定中郎將孫豔司空生敏字敬達蜀執愼將軍七世孫剬始徙江都

剬 綸 護兒隋左翊衛大將軍榮國公 恒相高宗 景業虞部郎中

濟相高宗 敬業潤州刺史

慶遠中書舍人

來氏宰相二人 恒濟

許氏出自姜姓炎帝裔孫伯夷之後周武王封其裔孫文叔於許後以爲太嶽之嗣至元公結爲楚所滅遷于容城子孫分散以國爲氏自容城徙冀州高陽北新城都鄉樂善里秦末有許猗隱居不仕曾孫毗漢侍中太常生德字伯饒安定汝南太守因居平輿四子據政遡勁據大司農生允字士崇魏中領軍鎭北將軍三子殷動猛允孫式式二子販邁販字仲仁晉司徒掾四子茂詢凝雅詢字玄度四子元之仲之季之珪珪宋給事著作郎桂陽太守生勇慧齊太子家令冗從僕射晉陵縣侯二子懋肩懋梁天門太守中庶子生亨德次子政字義先別居邵陵

亨陳衛尉卿 善心隋黃門侍郎 敬宗字延族相高宗 昂虔化令 彥伯太子舍人 望右羽林將軍 遠侍御史睢陽太守 峴袁州刺史

詡伯右屯衛將軍平恩公

昱

昇明堂令

果恭陵令

景工部郎中判右羽林大將軍

安陸許氏出自詢五世孫君明梁楚州刺史生弘周

弘周楚州刺史 法光後周黃州刺史 紹峽州刺史 善懷宣誠縣主簿 力士洛州長史 欽寂夔州刺史 輔乾右金吾大將軍 諫河南丞

論監察御史

洮歸州刺史

諷監察御史

輔德宕州刺史

欽明梁州都督安西大都尉 誠惑 鴻臚少卿 子房

季常萬年丞

子端岳州刺史

誠言太僕卿右衛大將軍 子餘壽州刺史

欽淡深州刺史光祿卿 叔冀滑汴節度使 孝常亳州刺史

仲容鄧州刺史 志倫

志雍兼監察御史

伯裔

智仁右屯衛將軍許昌公

圉師相高宗 自牧

許氏宰相二人。敬宗、圉師。

辛氏出自姒姓。夏后啓封支子於莘，莘、辛聲相近，遂爲辛氏。周太史辛甲爲文王臣，封於長子。秦有將軍辛騰，家于中山苦陘。曾孫蒲，漢初以豪族徙隴西狄道。曾孫柔，字長汎，光祿大夫、右扶風都尉、馮翊太守。四子：臨衆、武賢、登、翁。武賢，破羌將軍，生慶忌，左將軍、光祿大夫、常樂公，生子產，豫章太守。曾孫茂，後漢成義將軍、酒泉太守、侍中。三子：緘、述、孟孫。孟孫生長水校尉伯真，伯真二子：孟興、叔興。孟興二子：恩、殷。恩生子焉，子焉三子：寅、裕、胥。

自遂　自正，源州刺史
寅　寅四世孫顏　猷　猷孫巨明，後魏侍中　顗宗，馮翊太守　元忠，晉州刺史、平陽伯　迪，隋隴州刺史　德本，貴州刺史、平桑公
慶之，字餘慶，西魏祕書監　加陵，後周上士　道源，監察御史　思禮，郴州刺史
珍之，後魏北海太守，諡曰恭　德，北齊都官尚書　文粲，鳳州刺史
豁，字仲略　昂，字進君，後周渭州總管、繁昌公
政　肇　茂將，相高宗　希業，駕部郎中
寬　謂，中書舍人
裕　裕五世孫晃　敬宗　樹寶　琛，字僧貴，後魏南梁太守　衡，字懷哲，北齊吏部尚書　衡嗣，太常丞　郁，禮部侍郎
靈寶　徽，後魏徐州刺史　季慶，齊州刺史　公義，隋司隸大夫　亮，侍御史
闞　寶剛　興　澄　玄慶　怡，濮壽州刺史
玄同，戶部員外郎
良，禮部侍郎　立道，比部侍郎　廣嗣，禮部侍郎　恒
晉
長儒，都官郎中　成

辛氏宰相一人。茂將

任姓出自黃帝少子禹陽，受封於任，因以爲姓。十二世孫奚仲爲夏車正，更封於薛。又十二世孫仲虺爲湯左相。太戊時有臣扈，武丁時有祖己，皆徙國於邳。祖己七世孫成侯又遷於摯，亦謂之摯國。漢有御史大夫廣阿侯任敖，世居于沛，其後徙居渭南。

昌　利涉，度支員外郎
雅相，相高宗　瓊，陵州刺史　憲字彥，司勳員外郎　德，道州刺史

任氏宰相一人。雅相

盧氏出自姜姓。齊文公子高，高孫傒爲齊正卿，謚曰敬仲，食采於盧，濟北盧縣是也。其後因以爲氏。田和篡齊，盧氏散居燕、秦之間。秦有博士敖，子孫家于涿水之上，遂爲范陽涿人。裔孫植，字子幹，漢北中郎將，生毓，字子家，魏司空、容城成侯。三子：欽、簡、班。欽，晉尚書僕射。班字子笏，晉侍中、尚書、廣燕穆子。三子：浮、皓、志。志字子道，晉中書監、衛尉卿。三子：諶、謐、詵。諶字子諒，晉侍中、中書監。五子：勗、凝、融、偃、徵。勗居巷南，號南祖；偃居北，號北祖。偃仕慕容氏，營丘太守。二子：邈、闡。邈，范陽太守，生玄。玄字子真，後魏中書侍郎、固安宣侯。二子：巡、度世。度世字子遷，青州刺史、固安惠侯。四子：陽烏、敏、昶、尚之，號四房盧氏。

陽烏，字伯源，後魏秘書監、固安懿侯，號大房　道將，字祖業，燕郡太守、固安獻侯　懷祖，太學博士　莊，後周都水使者　耀，滄州司功參軍　循，襄陽尉
懷仁，字子友，後魏弘農太守　彥卿，石門令、東宮學士　大道，荊州刺史　元福，秘書少監
元莊，當塗令　湛
濬
徽，豐安令　昕，上洛郡司馬　仲舒
昆，衛尉卿
昌榮，陽尉
從明，經太常

昌
璟，秘書少監、固安侯　震，兗州參軍
諫，右金吾將軍　隗
嶷，鄆州刺史
山甫
慎思，和州刺史　諭，黃州長史　長宗，大理評事　周諒
仲宗，揚州參軍
沆，武安尉
愔　昭　倚，懷州司兵參軍
安石，曹州司馬　師老，司門郎中
師丘，金部郎中　懷，州刺史　曉，泗州刺史　刺史
暉，魏州刺史　向　彧
端
泰
師莊，司議郎　畯　汪
大觀　師昉　宗謙
行嘉，青州錄事參軍　知遠　守賓
知順，大谷丞
方壽　思敬　令渭，沂州司馬
思順　瓊，涼王府司馬　元寓　震
迅，殿中侍御史
彥章，武彊令　莊道，刑部員外郎　玉昆，桐廬令　游，司勳郎中、河南少尹　鞏
單
敷，寬句令
頤，謙令　戡，開封尉
金友，水部員外郎、滁州刺史　勸
伯成，萬年丞　協，汾州司錄參軍

雅封丘令　旻
暈　吳大理主簿
詵揚州兵曹參軍
銳平陸尉
銖大理評事
鋼臨州刺史　玨字子美
鈞字子鄰字濟臣　和太子祕書省　太師　校書郎　肅字子莊
鍇左庶子
度檢校比部郎中
羣

彥高萬年令
佺壽太常丞
維惠許州司兵參軍
仙壽雍丘令
友沈黎陽令　秀清河令
霸封郎中將作少監
友僑黎陽令　融長水令　萬陽州刺史
友奉太原府士曹參軍
僑壽　法智
弘壽衛州司馬　友坦　渾
友裕信都主簿　相高郵令　甫
峴丹陽丞
橫濟州刺史　和
華　士贍大理少卿
衍
啓
播戶部郎中　居易　資實
用晦
藏密
將明

寬中
處厚
椿
將順
嶠
抗
子廓　光臣
遺福　舉　長慶
友挹　服晉陽令　論
詡　紹
渥
峯河內尉
敬沂州錄事參軍　某襄陽令　居簡金吾兵曹參軍
行簡大理主簿
可久
道亮字仲業　思演　朗潤壽等州刺史　廣微婺州刺史　幼觀亳州刺史
廣明
廣敬汝陽令　含光　鄭丞　立禮字子檢校左威衛上將軍薊國公　居貞左神武軍胄曹參軍
居簡
居易
居中
居道
廣濟和州刺史
思道字子行隋武陽太守　赤松太子率更令范陽郡公　承慶字子餘相高宗　諤吏部郎中　鄖滁州刺史
坦
幼臨刑部郎中
建常州刺史
日新商州刺史
承恩　休期
承悌　綱城門郎　侑太原尉
瑄　濡杭州刺史

幼平太子賓客　賁郴州刺史　弘宗　峻字子輸
承基主客郎中　元莊嘉州刺史　知遠資州刺史　巽
孚
明遠太原少尹
徽遠潤州刺史
承業雍揚二州長史魏縣簡子
承泰字齊卿太子詹事廣陽郡公
成務壽杭漢洛魏五州刺史
成軌　侶御史中丞
僅徐州刺史
侶戶部郎中
叙通州刺史
成麟
承禮湖壕魏州州司馬長史　徽明洋州刺史
藏用字子潛然州長史
若虛起居舍人
重玄司勳郎中
伯初太原少尹　卿　知退字昭儉
承福考功郎中　瑤
知晦字應化
玢員絳二州刺史　全操房州刺史
全義端汝太守
全誠饒陽太守　惲
全壽金吾將軍
全脊
絳
繪
締
維
正紀汝州司馬　佖閒喜令　嶠永州司馬
道虔字慶祖後魏幽州刺史諡日文恭　昌衡隋太子左庶子　賓泰隋澤州內部長督州別駕　安壽綿州長史

嘉猷
岳字周翰，陝虢觀察使／載
戣
戡
正勤／僊陽清令／汝監察御史／士珽／占
弘宣字子章，太子少傅、固安縣伯／告字明龜　友左字子　補闕益
含
更牢
同休
王遵鄂州刺史
安志萬年丞／游道／肅誠／傳禮均州刺史
約太子詹事／熾
鎮／鴻應／耕字子成
正義／緬／瀾
溥
景明陝州司馬／濊
澤兼殿中侍御史
正言左監門衛將軍，諡曰光／昕字日旦，深州司馬／浚西華主簿
吳大理主簿
浣汝陽主簿
瀛新鄉尉
涵祠部郎中／士瑱漢州刺史
士瓊字德卿，河南府司錄參軍／孺芳
嗣宗
嗣業

士瑛岳州刺史／處約／震字子威
士攻太子賓客
士璵／儔／絳字子華
清萍鄉主簿／士牟和州刺史
執頻戶部員外郎
踐微
先之／沐
湘
潘字子濬
洋
泚
沛
浚西華尉
汶／士珙／罕字子讓
正容潤州司戶參軍／光懿／湛
渚
光烈
光遠
光裕
光宗／澥兼殿中侍御史
寶胄博州刺史／元亮宋州司功參軍
元規／遜／固然
逸給事中、荊府長史／奧
元德義清令／庭光／廣全
元貞／怡中書舍人、御史中丞／膺大理評事／裔檢校工部郎中
道舒字幼安，後魏中書侍郎、固安縣侯／熙裕／士綸／同吉／元亨／庭言／晶
恒殿中侍御史
庭昌歙州刺史

邈客／謂遂州刺史
庭芳
利貞／子真／炅／肇字戴初，義成節度使
叔慈／請峽州刺史
元茂／甄價長安簿／祚偃師尉
抃
校衢州參軍
遠價／顏
士綽
士緝
士繹
士繪／嘉慶／重明亳州刺史／今童屯田員外郎／僅安陸丞
昱檢校工部郎中
見義魏郡太守
見素石州刺史
方慶／受彩／國淳
昭彩／襲乂給事中／國佐睦州刺史
國英
敏字仲通，後魏諫議郎，諡曰靖，號第二房／義傳字遠慶，都官尚書，諡曰孝簡／愻之，太尉記室參軍／文構／君肅
處實／守直興州刺史
昇福州刺史／峻／給
乾
旻／放
景同官尉／詵
君胄忠州刺史／幼孫常州刺史／獻鸞臺侍郎／翔／甚字去甚
湖鄂州刺史／昂澧州刺史／長
廣河南尉／商字爲臣，相宣宗／知遠
知微
知宗

二一九三

盧恒州刺史 令 輔國 敦禮 僧朗 冀字待問生熙字績 兵部員外郎
員 還
趙兵部郎中廣陵長史 進賢
進寶
曄
晙 殿中侍御史 進戶部郎中 聽 蘊字積中
嚳 著字弘中
懿 華字敦中生衰擺鼎 字調臣起居郎 居舍人與 起居郎蔡 摺羅衰請 改昭宗諡日襄
荷字秉中
艮 給事中國子祭酒
詷 復夔州刺史 還字子章 撿校司徒刑部侍郎 唐宣公禮
慶字昌舜
麻字垂禮
鉊字子美 太子少保 麟字垂禛
沼字明源
沆字德遠
操 寰 政檢校郎中 瑗 歙州刺史
珣
璉 河中少尹

璠 戎 蔚字剛中
頊 澤州刺史
玠
珙
文壽 君兖 句令
文挹 君胄 貞松 處汝右補闕 元裕 鼓祠部郎中
正已刑部尚書 翰相德宗
君靜 萬石司農卿 昌平公 昭峽州刺史
瑗 瑾 太原少尹 班宮州刺史
彪 彭之後 復散騎常侍 袁渤澄令 同德梁壽令 勤國渭南令
守悌 勤敏桃林令
勤禮 抱素
勤嘉青州別駕 克周
洽 克明高陽令
潤
沼 芮城令 適字子玄相德宗
洵
辨
清 湛 殿中侍御史
德衡
義惇 景開 仲俊 皇之後魏 開府參軍 彥傳雍州參軍 之道太子舍人
瑾 之信洛州司功參軍
環 全濟封丘丞 志毅潤州倉參軍
元哲 金州刺史
珙

叔粲 元幹 景柔簡陵太守南州刺史
胎河南府法曹參軍 於陵 義
渾 元中 嗣仁字子復
海相涇令 彥恭伊闕令 昭度監察御史 詢晉州司馬
昭禮渭州長史 伯超 端
彥倫黿屋令 昭亮任城簿 休宗兼監察御史
昭道比部員外郎 滔
則監察御史
演
楚玉 虛舟秘書少監 衰 秦卿秦州刺史 喬 俶校郎中 玄輝字子餘
義安 元隆 邑子杖建 將軍謚曰 武德諸衛 後魏持節 士熙北齊彭城太守 子令 君通 園公 仁祖相不器 州錄事參軍 刑部郎中 孫 翶
盆
式中
不勤 霍山丞 隨郡丞 景亮字長晦中書舍人
嘉績
遇叡 國史考功郎中
昇 撝謙合州刺史
茂伯 度支員外郎 子哲 霊昌 伏陸令 二令
挺渾 州司戶參軍 玄宗 慎機相 奭尚書 右丞 遹陽翟縣伯 主簿 振國 子監
鈞左武衛參軍 衛曹參軍
弈御史中丞 元輔 翊字衰相德宗 華州刺史 譔 順之 子 曉字 子昭
檔

懷莊駕部郎中｜淑魏令
會昌倉部郎中
元德｜士徽昌樂令徐州別駕｜勝之
仁師｜世表｜弘肅｜真商州刺史｜寧
宣河陰尉
宰饒陽令｜維太中大夫
弘澤汝州刺史｜脩中書舍人
倬｜洵
傑汝州長史
弘慎兵部侍郎｜庇侍御史
弘瞻陳留令｜密壽安令｜辭玉
和玉｜涉
宸兗州參軍
霽｜臨
世矩梓慎七州刺史北平元公｜弘執道王府參軍｜福會軍器監｜歆當陽令｜仲甫中牟尉
韶許昌尉｜仲雍郾城令
韺太子中允｜仲舉
仲連
正師真定主簿｜習信東陽令｜善觀貴鄉丞
善祚潁川司馬｜巨原涼州長史｜撝義興丞
彭壽太常寺奉禮郎｜尚卿｜敬一｜從原字子襄刑部尚書｜纘王屋令
諭比部員外郎｜晉
允給事中
敦直鄢陵主簿
懿卿少府丞｜敦實汾西令｜烜
師智駕共尉｜大辯

尚之字季儒後魏濟州刺史號第四房｜文甫字元祐司空行參軍｜敬通太常博士｜正觀龍丘令｜壽童當陽令｜茂道玄武尉｜信懷州長史｜暐監察御史｜沈鄆亳二州刺史｜鞏
單｜從範｜瞻生擬字敷
仙童｜茂實
羽客衛南丞｜皛｜惟穆｜汶
濟
安倉部郎中閬州刺史
釗永寧令｜祥玉濟州司馬｜之翰臨黃尉｜綸字允言檢校戶部郎中｜簡能字子樹檢校司封郎中鳳翔節度判官｜知猷字子謨檢校司空｜生文度字子澄
簡辭字子策山南東道節度使｜貽殷光祿少卿｜生文煥字子林
玄禧字子裕國子博士
弘正字子彊宣武節度使｜虔灌字子肅秘書監
裔脩字子脩
簡求字子臧河東節度使｜汝弼字子諧祠部郎中知制誥
嗣業字子通檢校禮部郎中美文紀字子持殿中侍御史
正倫
正命｜孝道
文翼字仲佐後魏右將軍范陽公｜士偉齊州司馬｜德基南安令｜萬金
萬石字萬石監察御史昌平縣侯｜文勵膳部郎中｜伯陽｜同宰明州刺史｜鋋國子博士
鎮｜徹｜蜀字子範
鏐
義幹永寧令｜貞惠｜玄範
崇道太常少卿｜鷗

鴇
真相諸城令｜子義邦主簿｜守節
伯玉｜沔
真行｜大機｜仲長
大藏｜無忌
仁杷｜佐元｜諷｜溥字子黯
近思｜探字勤之
士朗殿中郎｜仁爽｜審經瑕丘令｜河童豐令｜晶河中倉曹參軍
岳｜增
嵇
邕
巒｜坦字保衡劍南東川節度使｜玠霍丘尉
大琰｜大璟河南府參軍
瓚
常師光祿少卿
審忠｜彥｜鎬
仲臻｜鉐延州刺史｜卨
擇壽開府參軍｜買臣
輔臣館陶令
士嬰｜璹｜法德｜玄約｜昊｜肅石州刺史
序｜徵吉州刺史
彝倫上蔡令｜子輿泌陽令｜同望江令｜東美考功員外郎｜暢｜專字子專
立
申
易
珣同州參軍｜買德｜虔
壽王
醫王｜子慎

					玄明均州刺史	
				藥王		
			孝德	仁弘雍澤令	元備果州參軍	
					元休武德尉	
					元昉蓬城尉	
						鼎臣
		瑱				
文衍字叔偉後魏通直散騎侍郎	士遵字子淹中山太守	正方屯田郎中				

范陽盧氏又有盧損

損	求	攜字子升相僖宗	晏字望卿壽安尉直弘文館

又有盧質

質	晝	光濟字子垂
		光啓字子忠相昭宗

盧氏宰相八人大房有回承慶第二房有翰邁第三房有懷慎杞范陽有攜光啓

唐書卷七十三上考證

宰相世系表三上韓氏襄王倉為秦所滅○臣酉按史記韓安王九年為秦所滅安王為襄王之曾孫相去尚六十餘年襄王何嘗為秦滅也表誤

辛氏慶忌生子產○沈炳震曰按漢書辛慶忌長子通中子遵少子茂並無名子產者

盧氏晉侍中尚書廣燕穆子○臣酉按廣燕穆子四字疑有脫誤

唐書卷七十三下

宋　翰林學士歐陽修　撰

表第十三下

宰相世系表

上官氏出自芊姓楚王子蘭為上官大夫以族為氏漢徙大姓以實關中上官氏徙隴西上邽漢有右將軍安陽侯桀生安車騎將軍桑樂侯以反伏誅遺腹子期裔孫勝蜀大尉二子曰茂曰先先徙東郡後徙陝郡五世孫回至弘為江都總監又徙揚州

回後周襄城太守	弘隋比部郎中江都總監	儀字游韶相高宗	庭芝周王府屬天水郡公	
			庭璋太子僕	經野濟州刺史
				經國
				經緯	詔侍御史

上官氏宰相一人　儀

樂氏出自子姓宋戴公生公子衎字樂父生傾父澤澤生夷父須子孫以王父字為氏須生大司寇樂呂呂孫喜喜生司城子罕裔孫樂羊為魏文侯將封於靈壽其後子孫因家焉裔孫毅趙封望諸君毅孫臣叔漢封華成君子孫自趙徙長陵裔孫親後漢本縣吏生恢字伯奇尚書僕射生羽林監乾徙南陽淯陽孫仁為武陵太守生清河太守平平生散騎常侍方生廣字彥輔晉尚書令信陵公裔孫

恂

恂梁西揚州刺史	亮後周固道郡守	宗青城令	彥瑋字德珪相高宗	思順白水令
				思晦相武后

樂氏宰相二人　彥瑋　思晦

孫氏出自姬姓衞康叔八世孫武公和生公子惠孫惠孫生耳為衞上卿食采於戚生武仲乙以王父字為氏乙生昭子炎炎生莊子紇紇生宣子鰌鰌生桓子良夫良夫生文子林父林父生嘉世居汲郡晉有孫登即其裔也又有出自芊姓楚蚡冒生王子蔿章字無鉤生蔿叔伯呂臣孫蔿賈伯嬴生蔿艾獵即令尹叔敖亦為孫氏又有出自嬀姓齊田完字敬仲四世孫桓子無宇無宇二子恒書書字子占齊大夫伐莒有功景公賜姓孫氏食采於樂安生憑字起宗齊卿憑生武字長卿以田鮑四族謀為亂奔吳為將軍三子馳明敵明食采於富春自是世為富春人明生臏臏生勝字國輔秦將勝生蓋字光道漢中守生知字萬方封武信君知生念字甚然二子豐益益字玄器生卿字伯高漢侍中生憑字景純將軍二子屆詢詢字會定安定太守二子鸞騏鸞生爰居爰居生福為太原太守遇赤眉之難遂居太原中都太原之族有嵐州刺史昉生存進安定太守詢次子騏字士龍安邑令二子通夐通子孫世居清河後魏有清河太守靈懷武德中子孫因官徙汝州郟城靈懷曾孫茂道

茂道初名處約字歷道相高宗	侹延州刺史富春男
侑	俊荊府長史樂安子
	儆濟州刺史
	佺幽州都督會稽公

安邑令騏少子夐字子遠後漢天水太守徙居青州生厚字重般大將軍掾生瑤字良玉中郎將生邃字伯淵清河太守生儵字士彥洛陽令生國字明元尚書郎生航字玄志漢陽太守二子鍾旃鍾吳先主權即其裔也旃字子之太原太守二子炎歷炎字叔然魏祕書監生俊字仲瓴太官令生道恭字雅遜晉長秋卿二子顗芳顗字士若芳中書令子烈避趙王倫之難徙居昌黎生岳前燕侍中子孫稱昌黎孫氏歷幽州刺史右將軍生旂字伯旗平南將軍坐輿孫秀合謀夷三族顗避地河朔居武邑武遂生輝字光休後趙射聲校尉生緯字元文幽州都督生周字季治後燕高陽王文學生敬仁字士和北燕司隸功曹二子蒞蔚蔚字伯華一字叔炳後魏祕書監棗彊戴男二子伯禮

方嗣
伯禮後魏巴州刺史襲襄循男
元琥北齊文宣帝相國騎曹
靈暉北齊治中大將軍司馬
萬安隋徐兗發三州刺史
彥昉滑州長史
矩滑州長史
行成左翊衛
迪樂陵主簿
適
逷
承家
何
基貞九錢道門令
儆
休
藻偁林丞
昱烏江令
僎
會利
彥峻和州刺史
萬壽大理司直
孝敏脩晉陽令
仲將壽張丞
希莊韓王典籤
嘉之宋州司馬
洮刑部侍郎右庶子諡曰文
宿華州刺史
公器邕府經略兼御史中丞
華清太原尉
儒郎
小盛
正河中少尹
詢郃陽尉
簡東都留守太子太保
景□左贊善大夫
繹本名景章州刺史
讓蓬州刺史
景裕孟州司馬
紓工部員外郎
徽常州刺史
綵字子章河中支使
繼
浣
範監察御史
觀清河令
緯字仲隱歙州刺史吏部侍郎

蚪侍御史
鑄許州法曹參軍
玩蓬州刺史
小遠
縉字純化睦州軍事判官
小肯
緒平陽令
駮
晏初名節
獻可大理司直
絳右補闕
成字思遠桂州刺史中丞樂安孝男
惟肖監察御史
匡辟白水主簿
匡方
榮字文威中書舍人
保衡鄂州節度判官檢校司封郎中
徽仲汚州刺史
庶立熒澤尉
審象汝州司馬
履度南陵尉
方紹登州刺史
篔
諫
尚復德清令
贊
倜江都尉
禎太常寺太祝協律郎
皆否鼓城令
會常州刺史晉安縣男
遹左羽林兵曹參軍
公紹
嶠
璉
鐐宜城尉
公乂睦州刺史
頊右庶子京兆少尹
轂字子相河南尹
璵

碧汀州刺史
理字子澤鳳翔少尹
揆字聖圭刑部侍郎
拙字幾玄中書舍人
公胄海鹽尉
冕袁州錄事參軍
士傑長洲令
嗣宗於潛令
嗣初崑山令
彝字化甫度支職方郎中
方老
朝陽
堯夔州刺史
邁亳州刺史
公彥睦州刺史
瓊
璩於潛尉
客卿盱眙令
公輔陸澤丞
復禮貝州刺史
大名
由禮
元宗
守崇鳳翔少尹
起白馬令
非熊黃梅尉
景商天平節度使檢校禮部尚書諡曰康
備字禮用直弘文館藍田尉
儲字文府京兆尹樂安郡侯
滉檢校員外郎
洽字道玄秘書省校書郎
係惠元少尹
儉字德府昭義判官檢校工部員外郎
儼字龍光相昭宗
溥字熙化
伉春秋博士
佾字文節集賢院直學士司勳郎中
清太原少尹

造，事司直。膺。賈，右內率府騎曹參軍。蒍。

滔

嬰，藍田尉。圓。道師。

德師

廣烈，汧陽丞。嘉猷。

希叢，永陽令。微之。

翹

啓

方嗣，後魏建威將軍。仲瑜，隋吏部侍郎。敬文，石邑令。弘立，華州司戶參軍。

孝哲，會稽令。弘文，飛狐令。璧，上柱國。章，霍山尉。子盛，湹水令。

子榮

子韶，中郎將。諫，右武衛兵曹參軍。

晅

子鎌，鹿邑令。扆。

孫氏宰相二人。清河有茂道，武邑有偓。

姜姓本炎帝生於姜水因以爲姓其後子孫變易他姓堯遭洪水共工之從孫佐禹治水爲四嶽之官以其主四嶽之祭尊之故稱曰大嶽命爲侯伯復賜以祖姓曰姜以紹炎帝之後裔孫太公望封齊爲田和所滅子孫分散漢初姜氏以關東大族徙關中遂居天水蜀大將軍平襄侯維裔孫明世居上邽

明，後魏兗州刺史、天水郡公。遠，後周判秦二州刺史、朝邑縣公。寶誼，左武衛大將軍、永安剛公。

恪，相高宗。知友。

協，字壽，夏州都督、成紀威公。亭。

昇，司勳郎中。

遵，處州刺史、將作少監。臑，字昇之。薦，字用之。

九眞姜氏本出天水

神錫，鈞州刺史。挺。公輔，相德宗。復，比部郎中。

姜氏宰相二人。恪，公輔。

陸氏出自嬀姓田完裔孫齊宣王少子通字季達封於平原般縣陸鄉卽陸終故地因以氏焉通謚曰元侯生恭侯發爲齊上大夫發二子萬皐皐生邕邕生漢太中大夫賈賈子烈字伯元吳令豫章都尉既卒吳人思之迎其喪葬于胥屏亭子孫遂爲吳郡吳縣人二子衡玗玗字子光襄賁令生鴻字叔鸞本州從事鴻生建字公榮渤海太守建生暀字奉光本州從事生恭字彥祖御史中丞京兆尹恭生璜字公伯璜生文字孝平弘農都尉文生親字公道成都令親生衆字世業舉秀才除郎中生賜字思祖丞相府主簿生閎字子春潁川太守尚書令三子卭溫桓號潁川枝桓字叔文生績字知初揚州別駕三子稠逢褒號荆州枝稠荆州刺史二子肅謙肅丹徒令號丹徒枝十世孫鎭之

鎭之，梁給事中。增。雍，陳豫章王諮議。元朗，字德明，秦王府學士。敬義，蓬州刺史。宣悊。

敦信，相高宗。郢客。大鯢，慶州都督。

遵楷，祕書郎。

邠卿。大訓。

大盈。

大鈞，左金吾大將軍。湯。

越賓，陝州刺史。慶叶，屯田員外郎、雍州司馬。翰，大理司直。桂，工部員外郎。子野，荆門令。耽，涇原節度使、檢校工部尚書。威，字岐，兵部侍郎。

蚪，侍御史。

咸，雲陽令。

揚州別駕績中子逢漢尚書右僕射樂安侯五子涉表瓊昊招號樂安枝表生漢海鹽縣令穠字子仁生恢晉諫議大夫恢生永興縣令弘號諫議枝揚州別駕績少子褒字叔明褒第三子紆字叔盤吳城門校尉五子黨愔颯贇駿駿字季才九江都尉太學博士二子遜瑁瑁字子璋選曹尚書六子滂喜穎英偉顏穎第三子海隅縣令濯生漢公漢公生冽冽生晉本郡從事元之隱居魚圻號魚圻枝生英字季子長沙太守高平相員外散騎常侍六子術舉璀玩粹璀玩字士瑤侍中司空贈太尉興平康伯六子謐儒側納又始號太尉枝始字祖興五兵尚書侍中二子俶萬載萬載臨海太守祕書監侍中四子道玩叔元羣子眞子眞字同宗宋東陽太守四子惠曉惠恭惠徹惠遠惠徹字監齊司徒府左曹掾三子覯閑引閑字退業揚州別駕四子厥絳完襄

完，字進卿，梁琅邪太守。丘公，字子岳，黃門侍郎。琛，字潔玉，陳黃門侍郎。柬之，司議郎、崇文館學士。彥遠，贊善大夫。曾。

靜之

玄之，字又玄，豫章尉。元方，相武后。象先，本名景初，相玄宗。泛，祕書少監，襲兗公。冀，城門郎、橋陵令。

咸，湖城尉。暈，汝州參軍。

兼物，汜水令、吳縣男。愬，海鹽丞。

兼并，揚府戶曹參軍。高。

駉，揚州兵曹參軍。楚，永嘉令。

翹，婺州刺史。

演，汜水令。招。

權

涑，刑部郎中。

該，溧水令。鏘。

廣，沂州刺史。眺，夏陽令、大理司直。

偃，泉州刺史。謀，丹陽丞。

祕，奉天尉。

預

景倩右臺監察御史　溥少府少監平昌縣男　亭平　義舉　書監察御史

原　陸令

康澤州刺史　孝誠名輿河南司錄參軍　御史

正興　賓虞字寶節御史侍御史　龜蒙字魯望

文舉

緯殿中侍御史　應下邽令　縱鄭令

庶幽州建觀察使　綜河南府戶曹參軍

綸信州刺史

紹柳州刺史　翊校書郎

審倩工部侍郎　甚夷校書郎

嘉令　禋之永

景融工部尚書　沛屯田郎中　敏江夏令　峴潤州司戶參軍

志和　馴陳州司馬

惠和

泳泰州刺史　盛黃嶽令　素平

素長

素剛

清

滔陽翟令　孟紹蘇州司士參軍　澥字楚臣　希聲相昭宗　恕

崇

愻侍　寶郎

鳳左司郎中　德方

德輿義烏尉　恆都鄉中員外郎　德謙

德休越州法曹參軍　德昭

長沙太守英次子瓘晉中書侍郎號侍郎枝五世孫文盛齊散騎常侍生宣猛字觀明梁宣威將軍宣猛生陳吏部侍郎瀞瀞九世孫齊望

齊望秘書監　涉本散騎常侍　澧主客郎中　休符字昌期

師德瑾青州從事監察御史　庾字夢文相昭宗

潤左司員外郎

淮兵部郎中

灞兵部郎中　賓秋賜字紹宗　簡禮兵部郎中

希仲文　李雍太平令

漸　璋

景獻屯田郎中包工部　翊應山令　沅

易徐州刺史　巨賓州司士參軍

偁舒城令　繪

廉

琥明州長史　僗新鄭令　嚴

景裔字修上誤襄令　一元令　儉大理評事

季方　李恭杭州刺史　赧嘉輿令　向澧州刺史

瑾　恣之都官員外郎

令公梁宣城王記室參軍　珣陳右軍將軍　餘慶太子詹事　珙　璪字仲采汾州刺史　海湖州刺史史

察公字瓊字伯從龍梁中書王陳度支尚書黃門郎　支尚書主簿　嬰字由從典南陽

長源字汴宋州節度使　行儉　復

鑑

愬　鸞秘書省校書郎

溎戶部郎中　則杭州刺史左司郎中

濟戶部侍郎　賓監察御史

澧侍御史

陸氏宰相六人丹徒枝有敦信太尉枝有元方象先希聲侍郎枝有扆贄

趙氏出自嬴姓顓頊裔孫伯益帝舜賜以嬴姓十三世孫造父周穆王封於趙城因以爲氏其地河東永安縣是也六世孫奄父號公仲生叔帶去周仕晉文侯五世孫夙晉獻公賜采邑於耿河東皮氏縣有耿鄉是也夙生共孟共孟生衰字子餘謚曰成季成季十八世孫遷爲秦所滅趙人立遷兄嘉爲代王後降於秦秦使嘉子公輔主西戎西戎懷之號曰趙王世居隴西天水西縣公輔十二世孫融字長後漢右扶風大鴻臚融七世孫瑤

瑤後魏河北太守　乾讚隋幽州刺史陽武公　玄極忻州刺史　仁本相高宗　諶左司郎中　遵先字德宗洪州錄事參軍　退翁少卿　慄字宗　相德　宣亮

全亮

元亮

承亮

諫左羽林將軍

新安趙氏後徙京兆奉天

德胄　景旦　灌然　稹字德宗回樂令　普安令　城平令　藏相使檢校工部尚書　下邽令　公儀

遵約

仁約

存約　興元節度判官　隱字大隱相僖宗　光逢字延吉太常卿　光裔字煥業膳部郎中知制誥

損　承讓

承藹

益

光胄字垂裕駕部郎中
隋字玄錫華州刺史　光遠
從約
蒙字不欺　昌翰字德蕃
蘊字中美
滂字思齊
峻字儀山
崇字爲山御史大夫
嶠字德山

燉煌趙氏
子邃隋鷹揚郎將　武蓋監察御史　彥昭字奐然相中宗

南陽趙氏亦世居宛縣後徙平原
監後魏太常卿
榮隋庫部侍郎
德言主客員外郎
景好畤令
駮先殿中侍御史
驊祕書監
宗儒字秉文相德宗
仁泰南和令
愼己告城丞
頊京兆士曹參軍
涉侍御史
修監察御史
渾大理丞
伉昭應尉
璘字澤章
墉字幾類
璜字祥牙
佇初名價字德融
佶兼監察御史
愼庶殿中侍御史

趙氏宰相四人仁本憬彥昭宗儒

閻氏出自姬姓周武王封太伯曾孫仲奕於閻鄉因以爲氏又云康王少子生而手文曰閻康王封於閻城又云唐叔虞之後晉成公子懿食采於閻邑晉滅子孫散處河洛前漢末居滎陽尚書閻章生暢侍中北宜春侯三子顯景晏顯車騎將軍長社侯顯生穆避難徙于巴西之安漢顯孫甫魏武帝封爲平樂鄉侯復居河南新安生羘柯太守璞璞生晉殿中將軍漢中太守讚讚生遼西太守亨亨生北平太守安成亭侯鼎字玉鉉死劉聰之難子昌奔于代王猗盧遂居馬邑孫滿後魏諸曹大夫自馬邑又徙河南孫善龍驤將軍雲中鎮將因居雲州盛樂生車騎將軍燉煌鎮都大將提提生盛樂郡守進進少子慶字仁度後周小司空上柱國石保成公賜姓大野氏至隋復舊生毗

毗隋將作少監石保公
立德工部尚書大安公
玄邃司農少卿灃州刺史
知微左豹韜將軍
巨源射洪令
用之左金吾將軍
定
宲
宰
宣
立行少府監
玄秀坡州刺史
立本相高宗
克儉嘉賓司農卿
叔子同州刺史

閻氏宰相一人立本

郝氏出自郝省氏太昊之佐也商帝乙之世裔孫期封於太原之郝鄉因以爲氏裔孫晏秦上卿晏孫瑗太原守生蘷漢匈奴中郎將裔孫晉末因官徙潤州丹陽七世孫迴自丹陽徙安陸

迴梁江夏太守
破敵後周汚州太守
相貴滁州刺史
處俊相高宗
北叟司議郎
南容祕書郎
處傑鄜州刺史

郝氏宰相一人處俊

薛氏出自任姓黃帝孫顓頊少子陽封於任十二世孫奚仲爲夏車正禹封爲薛侯其地魯國薛縣是也奚仲遷于邳十二世孫仲虺復居薛爲湯左相臣扈祖己皆其胄裔也祖己七世孫曰成徙國於摯更號摯國女大任生周文王至武王克商復封爲薛侯齊桓霸諸侯獨薛侯不從黜爲伯歷三代凡六十四世其可記者昣生初初生厲侯陵陵生宣武侯房房生哀侯褭褭生莊侯元元生平侯貴貴生昭侯直直生襄侯夷夷生桓侯辨辨生康侯安安興生定公箱箱生恭侯尚尚生景侯魏魏生宣侯伯勤伯勤生簡侯文歡文歡生惠侯夷黃夷黃生靈侯英英生文侯俱俱生隱侯清清生愍侯洪爲楚所滅公子登仕楚懷王爲沛公不仕隱於博徒因以國爲氏所謂薛公也生雲雲生卬卬生倪爲楚令尹倪生翁翁生鑒漢初獻策滅黥布封千戶侯生瑑瑑生茂宣茂宣生懷則懷則生引孫引孫生廣德字廣德御史大夫廣德生饒長沙太守饒生愿爲洛陽太守因徙居焉生方丘字夫子方丘生漢字公子後漢千乘太守漢生彪字輔國司徒祭酒彪生侍御史安期安期生中山相脩脩生馬邑都尉山塗山塗生山陽太守固固生龍丘令文伯文伯生東海相衍衍生兗州別駕蘭爲曹操所殺子永字茂長從蜀先主入蜀爲蜀郡太守永生齊字夷甫巴蜀二郡太守蜀亡率戶五千降魏拜光祿大夫徙河東汾陰世號蜀薛二子懿始懿字元伯一名奉北地太守襄鄢陵侯三子恢雕興恢一名開河東太守號北祖雕號南祖興西祖雕生徒徒六子堂暉推渙渠黃堂生廣晉上黨太守生安都

安都字休達後魏鎮南將軍河東康王
眞龍
顯晉州刺史
世斌
伯琳靜州刺史
師
操
朏
南金著作佐郎
兼金蒲州刺史
世進
敏濟左金吾大將軍
道龍
後魏新武陽二郡太守都督濼城縣公
仲孫
衎後周御伯中大夫
軌隋襄城郡贊治
仁長名禮松漢道大總管
訥相玄宗
徹左金吾將軍
揖相州刺史
振
[illegible]州刺史

直，綏州刺史｜堅，邢州刺史
幹，洺州刺史
暢，左羽林將軍
慎惑，司禮主簿｜光｜雄，衛州刺史
洽
楚卿
楚珍
楚玉，字珞，左羽林將軍、汾陰縣伯｜鏈，濟河郡司戶參軍
岌，右金吾將軍
夢，相衛節度使、太子少師
嵩，字嵩，相衛節度使、平陽郡公｜平，字坦途，左龍武大將軍、韓國公｜廣
文範
文度，監察御史裏行
渊，初名倹，許州司士參軍
宜僚，家令丞
從，字順之，左領軍將軍、河東縣子
廉，號州司法參軍
勤
雲石，監門將軍｜文紹，蜀州司馬
文謙
季方，宋丘尉
文緯
敖，前鄉貢明法
實
昌朝，保信軍節度使｜文繼，監察御史
貽謀，兵部侍郎｜敬叔，涇陽尉

元士，號州參軍
朗
及
弘猷
弘禮
昌族，陳州刺史、侍御史｜珂，嘉興尉
存亮，下邽尉
昌期，儀州刺史兼侍御史｜建
文裳
播，齊州司兵參軍
宇，金州戶曹參軍
文略
昌宗，盧州長史｜元輔，下邑丞
文質，鄭王府參軍
行甫
昌運，監察御史｜存簡，潞府參軍
文規
存易
皋，貝州長史
婺，亳州司戶參軍｜文綱，益都令｜瓌生頵勍超戡 溥顏生約約生 阿卿勍生紹業 超安邑主簿戡 殿中侍御史生 彬彪岑彭岑兵 州都督溥一名 正生順顧生戡
文宙
文演
眞
文英
文衆
聿，金鄉令｜仲宣，寧陵令

西祖興，字季達，晉河東太守、安邑莊公。三子：紘、清、濤，字伯略，中書監、襄安邑忠惠公，與北祖、南祖分統部衆，世號三薛。都統三子：彌、遺、清。彌字公偉，秦大司徒、馮翊宣公。三子：辯、邕、寵。辯字元伯，後魏雍州刺史、汾陰武侯。生謹，字法慎，內都坐大官、涪陵元公。五子：洪祚、洪隆、瑚、昂、積善，號五房，亦爲濮上五門薛氏大房。

岸
仲達
仲遠

洪隆，字菩提，河東太守，謚曰簡｜驎，字愚游，中書侍郎，謚曰宣｜慶集，滄州刺史｜綱｜勤嘉｜元珪｜諝
英集，黃門侍郎｜端，吏部尚書｜胄，隋刑部尚書，獻工部侍郎、內湯公｜元嘏｜孝廉，工部郎中｜自昜，杭州別駕｜愉，徐州刺史
懌｜伯高，刑部郎中
自勵，河南府功曹參軍｜恬，殿中侍御史
自勉，餘杭太守｜誼，職方員外郎
自勸
融，清河太守｜退，著作佐郎
孝侑｜公兌，建州刺史｜延
近
彌敬，隋通州總管｜述，吏部侍郎｜務，案除州刺史
驥，字景逸，黃門侍郎，謚曰昭｜亮｜琰｜濬｜玄祚，駕部員外郎
謨｜文思，中書舍人｜希曾｜元暖，臨城丞｜彥輔，大理評事
彥國
彥偉，監察御史
彥生

1. 瑀字破胡，後魏河東太守，諡曰簡
2. 聰字延智，黃門侍郎，簡懿侯
3. 孝通字仲達，中書侍郎
4. 溫周，鄯州刺史　道衡字玄卿，隋益州總管，臨河貞公
5. 邁　迪　大年　收字伯褒，秦王府十八學士，汾陰獻公
6. 元敬，秦府學士，太子舍人　元穆，戶部員外郎　元簡，殿中侍御史　行成，易令　振字元超，相高宗
7. 象之，絳州刺史　希莊，撫州刺史　達　仲璿，監察御史　仁方，岳州刺史　仁偉　曜字昇華，給事中，襲汾陰男
8. 悆　元暉，什仿令　恆　稷相中睿　黃童，滑州司功參軍
9. 彥雲　播，水部郎中　總，監察御史　據，禮部侍郎　伯陵　伯陽，左千牛將軍，駙馬都尉　承規　承鼎　承輔　承裕　承翰，晉安府果毅都尉　承寵　崇，江陰尉　璠
10. 公達　公幹，比部郎中　公儀，殿中侍御史　談，衛尉卿，駙馬都尉　向　泳
11. 損字後己　蒙字中明　臨字知微
12. 標字垂範

13. 穀字仲雄，太子舍人　海童字深源，新鄉丞　江童字靈遠，陳留太守，河南採訪使
14. 鳳童字公翰，兗州司馬，襲汾陰男　雲童，潤州參軍　儒童字勝流，隨泉令　寧字孝本，著作郎
15. 環　瓌　璵　嵩　巖　岑　岸，肥鄉府果毅　畦　舒字仲和，黔中經略使，河東縣伯　嘗，錢塘令　裳，檢校尚書水部員外郎，知度支東川院　諫，吳尉　鐐，錢塘令　綱字幾中，大理評事
16. 安親，新鄉丞　安國，左金吾兵曹參軍　安都，永王參軍　遵誠，奉禮郎　遵誨，協律郎　遵訓，太常寺太祝　安邊，洛南尉　安爲，華亭令　延休，河清尉　莊　鴈　賁字抱素，司封員外郎　徽字德符，婺州刺史
17. 遐舉生正元　鵬舉，太寧令，生坦埴　殷圖，華陰尉

18. 邕字公和，宣歙觀察使　康，殿中監，駙馬都尉　俊字奕之，上黨隴西慈州刺史郡太守　獻童字替否，馮翊郡太守
19. 庚本名載，京兆府兵曹參軍　鉽，司農丞　鉅，洛陽令　斂，京兆府倉曹參軍　鉤，通州刺史　鈞，秘書監　晏，嶺南推官　垂　萬，富陽令　華　武，河南府士曹參軍
20. 弘範，豐陵令　弘達，宋州錄事參軍　眩，鳳翔府倉曹參軍　弘志，鳳翔府司錄參軍　弘宗，司農卿　弘宣，蘄州錄事參軍　弘休，膳部員外郎　夔，睦州刺史　弘紹，醴泉令　弘懿，商州刺史　弘裕，宋城尉　錡　正封　仲躬字端己，邢州參軍　仲約字易簡，南陵令
21. 曛，唐昌令　皓，光祿丞，太子舍人　蒙　彖　庾，趙城主簿　潘，聞喜令　巖，蘄州司馬　嶠　嶷　嵩老字仲南，膳部員外郎，號南薛生均　礭　蟾　潛　行周，信州長史　溫，吳尉　渾

仲誨字易簡，餘杭江西從事　漳
仲素河東節度判官　溧　坤符
鑄烏程判　廣　魯
浼
溪
涂
譜殿中侍御史　韜改名鄭埜江令生戡
郢
行實
行立
行方
復沁州別駕　叔達忻州司馬
襲大理評事　仲翔字鵬舉，河南府士曹參軍　休
砅
植字子正，侍御史　退翼嚴州刺史
洸許州支使　昭遠沁水丞
峑
貞童字文益，字公茂，幹岐州司法參軍　河南府戶曹參軍
正則長春宮判官
讜駕部員外郎　元朋儋州刺史生善懸
正倫殿中侍御史　彥遠南部令　生鍒導江令　侍御史
諶國子四門博士
誠字符，司農卿　茂濟太常博士生錯銳鋭　檢校工部員外郎
延樞武功尉左拾遺生鋼鏻鋼

茂昌檢校兵部員外郎
防字元遜，彭城令　正文陽武令
論芮城令　檢校戶部員外郎
鼎光祿主簿　彥明
庶
譚侍御史知浙西鹽鐵使　彥損河中　河東尉
護河東尉
謂字昌臣，京兆府功曹參軍　厚西城令
巘魏城令
贊高陵尉右拾遺
謁字匡臣，大理評事度支巡官　彥規曲沃令生導
彥矩
彥錫
讓大理評事　誕
昌遠鴻臚卿
通儒州錄事參軍
奇童字靈儒，慈州刺史　壽靈石尉
檢忠州錄事參軍
季童字仲孺，祕書正字
或字遵智，尚書　長喻洛州刺史征東大將軍　稜　伽　德義　景山
胥字孝襃　冲
源
淡
元嗣洛州刺史　溫膳部郎中　昭　蕩　芬　蓁

璜左武衛將軍
珣殿中侍御史
鄖賓漢州刺史
弘佛工部郎中
鏡一虞部郎中
元宗虢州刺史
和字道矩，後魏南州刺史，謚文　善周京兆尹博平公　粹　大鼎貝州刺史　克構麟臺監　敬元
克勤宗正卿
衮　臻德　善音
裕　敬仁閬州刺史
敬德果州刺史　崇本　待聘　璧杭州刺史
銑忠州刺史
鄘　冥史杞王傅　構
敬倫　懷丹州刺史
淹　廉吉州刺史
道旻禮部員外郎
慎
濟　文度曹州刺史
瑾左拾遺
逸字智都，殿中監　昶北地太守　綱高平公　昭澤州刺史　昉淮陰侯　李夏州都督　福安州刺史　衡　玉　俊
神生國同生紹紹生信信生閩
康鎮
芳字季令　膺字元禮，諫議大夫　處靜　揚名　反光
德晟
敬恭司宰卿
立左羽林將軍
蕃　處道　德祖　懷操祠部郎中
德元　懷昱　璀光祿卿駙馬都尉　頲黃門侍郎
饒州刺史
緒　崇允　回
晏先左金吾大將軍
紹左散騎常侍駙馬都尉　崇胄太常卿壽陽王　翹

崇衛太僕卿立節王
懷晏　琡　紹禮部郎中　崇一　顒殿中侍御史
紀　應汶南太守
悊主客郎中　題太子中舍
頊遂州刺史
瑩
徽鄧州刺史駙馬都尉　鏞光祿卿駙馬都尉
德備　懷嘉　玄嘉興州刺史　植膳部郎中　瀾
怈
德聞　懷智膳部員外郎　懷讓懷州刺史　倪尚書左丞　賁居成己
寧咸寧郡長史　勝左拾遺　存誠給事中　庭範字保雍字輔國昌之
昭譽
庭章保厚字　字介鎮章
庭望字昭矩字式瞻一字熙
遂之號州刺史用御史大夫　雎
庭老字保遜字昭緯字
商叟吏遜之司紀化御
部侍郎農卿史中丞
存規衛尉卿　庭傑右拾遺　珮　沖
懿胙城令
理判南節度書記　貞贊
正表字子昭左諫議大夫　殷藏生　知素
貞
祠
璘
正朋　貞齊

昂字破氐後魏河東太守　欽　魏後周荊州刺史陽城公　道實隋禮部侍郎臨汾公　德儒隋濟北司馬　實積潤州刺史　待詔代州司馬　瞻
侃陝州司馬　嗣先衛尉少卿　蒼光祿卿駙馬都尉
蔌
華
萊　順先奉先尉
莘
芳
萃
華浙西觀察使　鷹婺州刺史　調
褒字　訢字敦美生汾　曾志　字鼎川
璠字宗聖
麻字熹志
庠字蒙志
齊
常先大子詹事　冀江陵少尹
弼滑州刺史　昌　茂先
榮先
巨先　順連
喬　瑊　悌　伯連河東尹　延智
延光
仲連
幼連京兆府戶曹參軍　易知慈州刺史
延鳳翔少尹
貢左司員外郎
季連工部侍郎

緘
紹
縯　過庭
寶肩少府少監　續　恒　懋　鋭
鍰
鎬　諸
詣
鈞
純秦州都督　麟倉部郎中
絢好時令　如瑤　弁江州刺史　元方
仲方
縮濟源令　翼右補闕　丕
綸祠部郎中　承規
承矩　審泗州刺史
紘華州刺史　用
兢殿中侍御史
朋
羽新平太守
珏嶺南節度使　弘慶
存慶　耽字敬文東川節度使
縉盧和二州刺史　林
枝
絳
纖金部員外郎　同湖州刺史　乂溫州刺史
丹盧州刺史
戊字元夫浙東觀察使　泝
洽
放江西觀察使
朗　壽弘倉州刺史

慶字稚善後魏河東太守	隆宗	仲玉東夏州刺史	粲	深	世弘	仁軌虞部郎中	思貞鄆州刺史	怦	廣		
									岺		
								忻侍御史	漼		
									漸		
									備		
								愐	中孚		
									隨		
									蒙		
							記絳州刺史	和左僕射	經		
						仁惠	思誨	讓監察御史			
							思行左金吾將軍	昭晉州刺史		晃鄧州刺史	展御史大夫生逵逵生僅

薛氏定著二房一曰南祖一曰西祖宰相三人南祖有訥西祖有稷元超

唐書卷七十三下考證

宰相世系表三下樂氏喜生子罕〇臣酉按左傳樂喜即子罕安得析爲二人表誤

陸氏灞贊〇沈炳震曰按陸贊傳父侃溧陽令非灞也

閻氏讚生亨亨生鼎〇沈炳震曰晉書閻纘傳讚作纘不言有孫鼎閻鼎傳不言其祖即爲纘且纘傳子亨爲遼西太守不能之官依青州刺史苟晞後爲晞所害不言其子有鼎此段疑屬牽附

唐書卷七十四上

宋翰林學士歐陽修撰

表第十四上

宰相世系表

韋氏出自風姓顓頊孫大彭爲夏諸侯少康之世封其別孫元哲于豕韋其地滑州韋城是也豕韋大彭迭爲商伯周赧王時始失國徙居彭城以國爲氏韋伯遐二十四世孫孟爲漢楚王傅去位徙居魯國鄒縣孟四世孫賢漢丞相扶陽節侯又徙京兆杜陵生玄成丞相生寬寬生育育生浚後漢尚書令生豹梓潼太守生著東海相孫胄魏詹事安城侯三子潛穆愔潛號西眷穆號東眷潛曾孫惠度後魏中書侍郎生千雄略陽太守生鄭子字英代郡守兗州刺史生瑱字世珍後周侍中平齊惠公號平齊公房二子峻師

峻後周車騎大將軍儀同三司襄平縣公	貞字德正隋監遼東城西面軍事	懷敬左領軍將軍	知藝襄州刺史							
		長孺開府								
		[illegible]光祿卿		顗陰平太守						
			希緘江都令	濟臨汾主簿	衡陵州刺史	宗禮陝虢觀察支使				
						文格字敞之將作監充兩作使	從易			
					淡	審規壽州刺史	幾字知人工部員外郎	充字繼山右諫議大夫		
						象殿中侍御史	元貞	愨字端士武昌軍節度使	德鄰信州刺史	
									保衡字蘊用相懿宗	
									保殷長安令	
									愼思泰寧軍節度判官	瓌祕書郎
									保範邠寧節度副使	

								保乂翰林學士兵部侍郎	瀟字內莊洛州團練副使
								保合邠寧觀察支使	
						方憲台州刺史	鈞福建觀察判官	贊字致雍	
								允之襄州錄事參軍	仁濟陳州錄事參軍
									襄祕書丞
							從易國子太學博士		
							詢滁州刺史		
							從龜左庶子		
							鏵烏程令		
							鈴屯田郎中		
		匡素和州刺史		洽考功郎中	收殿中侍御史				
師字公穎隋汴州刺史井陘定侯		弘敏相武后							
		仁爽鳳州刺史	容成驍衛將軍						
				瑤果州刺州					
		秦立主爵員外郎							
					[illegible]宋州刺史				

東眷韋氏穆曾孫楷晉長樂清河二郡守生逵慕容垂大長秋卿生閬字友觀避地薊城後魏太武召爲咸陽太守時關中大亂所部獨安明元帝嘗曰我欲有臣皆如閬當時以爲美談子孫因自別爲閬公房二子範道珍

範後魏高平男	法儁都水使者高平貞男	子粲字曜茂北齊涼州刺史西[illegible]男	孝謇集州刺史

榮亮字綱字世 子昱北紀齊趙 齊左衛州長史 大將軍

文宗　德敏 太府少卿　璆衛州刺史曾 縣康公　元城范陽郡倉曹參軍　彤 州刺史　灃 史　訢字 勿喜

元濟

元賁

元曾字 穎叔吏 部郎中

元方 琪光祿少卿

元志

玢司農卿　元甫尚書右丞　悅長安令

元懌 愷巴州刺史

瑗

德基金 部郎中　琳廣州都督　裕

延安郡 州刺史

球 之晉湖南觀察使　祐

文傑 玠榮州刺史　敦金部員外郎

士讓 蘄隋蒲州刺史晉安郡公　羅州別駕

顥

世師博 州刺史　眞秦戶部侍郎　夏考功郎中

祖歡

修業水部員外郎

崇操 丹將以直諫死中宗朝

晶眉州刺史

忠普州刺史

道珍字秦寶，後魏威遠將軍、扶風馮翊二郡太守，生邕，著作郎、諫議大夫，生鴻冑。二子：澄、淹。淹生雲起，封彭城公，因號彭城公房。

澄字清 鴻胄後周儀同三司、本州大都督、新豐昭公　仁綿州刺史、彭城敬公　太子家令、襄公　慶嗣　太子舍人　正禮　承彥

正德 廣宗丹陽丞

守素絳州司功參軍　忻

協

正名東海令　元昭潤州司法參軍　善處都水丞

元暉衍王府諮議參軍　迥監察御史　鎮

遡校書郎　彭侯

成侯

遵雲陽尉　公舉

公安

公衡

正道太子通事舍人

正己工部員外郎　懷搗彭原尉　東箭

懷構申王府諮議參軍　紹邠陽令

昉郇陽令

正泉雍丘令　元震　嬰左衛中郎

玢

玠

正履順州司馬　齊物　伯鎭著作郎　彪唐州刺史

中立 愼樞宇欽訥

彤太常博士

千齡 嶷秦王府倉曹參軍

峴南陽主簿

正矩殿中監、駙馬都尉

慶植魏王府長史　瑤駕部員外郎　約字季和，漢州司馬　悅然晉州長史　達

遇

怡然贊善大夫　巡

忻然大理丞　迪

澤然鄂州別駕　溝

紘虞部郎中　鑒司門郎中

默神烏令

璡左武衛騎曹參軍

琳澈水令　珣清河令　鍵臨潁令　釴　千秋樂壽令　至誠吳尉　密信安丞

去泰

去奢

去甚

鋭魏州刺史、河北採訪使　藍祕書郎　徽河中府戶曹參軍

宜左千牛　宵宣州刺史

瑾

琇

延食部郎中　鎬興州司馬　萬春果毅

鑒著作郎

鑾潁王府司馬

詵荆府士曹參軍

銛徐州別駕　備密州錄事參軍

倚光祿少卿

倫茗令

鍔濮陽令　緇河池郡司馬

僑臨洺主簿

瑜三原令　渙

滔

清

濟

鐵太子少保、駙馬都尉　項工部尚書　友諒陳王府長史　尹　績天興令

繪餘城令

縱左金吾衛兵曹參軍

友信泉州刺史　吉發三　縝

緒
縝試金吾衛長史
緩屯田郎中
友諒右衛將軍
約
緯相州參軍
友柔太子舍人
總勝州刺史
經襄州司法參軍
友剛徐州刺史
繼檢校太子詹事
縉
紹一名鼎
友順山陰令
琰左千牛
寧絳州司兵參軍
寬通事舍人
玄眞校書郎一名慶餘初名慶基兵部郎中
元一
玄昱明經
履恬絳令
履淳婺州法曹參軍
履愔
履恪
履協
玄符
玄眞
元寂
元單
玄胄
黃冠
玄寶安州司法參軍
從一
彥談
仲良
季良

玄錫台州刺史
元寂楚丘令
元泚襄陽令
元淸商州司戶參軍
兢初名慶儼庫部員外郎
巨山
元旦中書舍人
元曄司勳員外郎
元晟殿中侍御史
涵
顥洋州刺史
力仁駙馬都尉
登
萬忠州刺史
順
俛
顗
慶祚潁宋州刺史
行詳
行誠著作郎
幹太子詹事
子文德明皇帝廟令
器字器富平尉
公右昭應令
及三原令
行詮尚書右丞
亘宰
利見嶺南節度使
明宸劍州刺史
慶休洪府長史
慶揀戶部員外郎
昇澤州刺史
明宗左贊善大夫
淹
實起司農卿益州行臺僕射
師實秦州都督
方質相武后
方直兵部郎中
雲表字之充祕書監襲晉陽公
師經齊王府司馬
友道
俠客
直客
楚客
師莊著作郎
助

瞪
晙
雲平度師貞支郎中
元晟綿州刺史
汪岷州刺史
元珪宗正卿
堅字子全刑部尚書韋城縣男
証果州刺史
諒河南府戶曹參軍
藺將作少監
冰鄭令
芝兵部員外郎

逍遙公房出自闓弟子眞嘉，後魏中侍，馮翊、扶風二郡守。二子：旭、祉。旭，南幽州刺史、文惠公。二子：夐、叔裕。夐字敬遠，後周逍遙公，號逍遙公房。八子：世康、洸、瓘、頤、仁基、藝、冲、約。

世康隋荊州總管漢安文公
福嗣隋內史舍人
悰御史中丞
懍尚書左丞
希元上黨尉
啓左補闕
彰
肇吏部侍郎
綬左散騎常侍
溫字弘有宣歙觀察使
確四門助教
璆
瓌
琛字信卿
貫之字正理相憲宗
澳字子裴河南尹
庾刑部侍郎判戶部事
庠字賓虞
華字表文
瓏字德華戶部侍郎翰林承旨學士
亭字休之
郊字延秀
潾
纁吏部郎中

班衡州刺史　汭
福暖隋通事舍人　寡尤洋州刺史　璋湖州刺史　黛金河南府參軍　黃裳昇州刺史　旻河南府參軍　博字大業昭義節度使　邵監門率府錄事參軍
晉涇州營田判官
承裕字天錫
承貽字貽之
珍
洗字世襲隋廣州總管襄陽敬公　協字欽仁泰州刺史　仲銳金部郎中
叔銳　文彥　貞嗣給事中　楨京兆少尹知府事　極
光遠字德禮
暐字世恭隋州刺史遂安公　萬頃　元整曹州刺史
頤　晤戶部郎中
仁基龍州刺史　元祚丹州刺史　穎吏部郎中汝州刺史
仁祚宋州刺史　旅給事中　晙許州司馬　憼渭南主簿　商伯金鄉尉　偉著作郎
價睦州刺史
曄
晢　元輔　原叔
藝字世文後周營州總管魏興懷公　彤　彥師撫州刺史　承徽忠州刺史　彥方　徽　衡原州都督　寂司農大府少卿　峴
嶼
岵
嵫
衍　萬監察御史　處厚字德載相文宗
京兆富平令
衛殿中監閑廄使
同洪州都督　行右驍衛將軍　少華太府卿
或　元方禮部郎中

晏字鼎將宜馬作監嶺令丞　希仲太常卿扶陽公　景先湖州刺史
欽先拾遺
曾先殿中侍御史
象先　珣將作少監通事舍人
希叔字季薛王友　襲先蜀州參軍
奉先岐山令
令先翼州參軍
宗先易州參軍
昭先
宣敏　喬秋官侍郎　友直司門郎中
鄉坊州刺史
冲字世義隋戶部尚書義豐公　挺象州刺史　待價相武后　令儀宗正少卿　鑒
鑾　應物蘇州刺史　慶復　退之
厚復　徽字中瑩　式　播　匡字化權　遜字退美
韞　莊字端己
錡
鎔　繁岳州刺史
鎰監察御史　武京兆尹御史中丞
烈　嗣立宣州司戶參軍　堯興　道令　弘景禮部尚書
履冰
興宗　令望　叔卿丹州刺史　辭昭應令
令悌　緣戶部員外郎　汎江州刺史　周方
令裕屯田員外郎
萬石大常少卿
德運　山南屯田郎中

約隋儀同觀城公　克己　遙光萬年令
後己　誠著殿中侍御史　庭兵部郎中　公輔
公素字復禮
侍字敬正嶺南節度使　藝字德輝
堡字仁曾
塾字德詳
公度
公璵
公肅太常博士

鄖公房文惠公旭次子叔裕字孝寬隋尚書令鄖襄公六子諶總壽齊津靜號鄖公房

總字善會後周京兆尹河南貞公　杜成龍鄖國公
匡伯隋尚衣奉御舒國懿公　思言　遲光
思齊尚書右丞司稼正卿　紀衛尉卿懷寧公　祿卿
思仁尚衣奉御　巨源相武后中宗　明駁華州刺史
圓照　觀　爽太僕少卿　潤　昭信滄州長史
液　寡悔
湜齊州刺史　昭訓太子僕　光宰太府少卿
光裔字叔陽少府監　虞太原府參軍
光弼大理卿　鳳
庠
庇
光冑太常少卿　慶

壽字世齡，隋毛州刺史、滑定公　津陵州刺史、諡光縣男

宣繼　右衛副率　義節　刑部侍郎、襄城公　全璧　琬　成州刺史

悅　給事中　忻　兵部郎中　季重　愔　定州長史　令則　叔夏　禮部侍郎　季良　才絢　鄧王府司馬

知遠　監察御史　慎行　慎名　彭州刺史　慎惑　右驍騎將軍　勉復　州刺史　幹　希先　比部郎中　奐　虞部郎中　希　騫　烈　都官員外郎　千里　名昂，以字行，白水丞　晟　棣州刺史　縚　太子少師　求　同

濟　澧州刺史　渙　嘉州刺史　適　迺　宏　弘　協義　正名

光輔字光輔，衛州刺史　光憲　太子少詹事

康　膺　允節

安石　相武后、中、睿　季弼

由　金吾將軍　韶　明州刺史　嬰　鄭令　陟　字殷卿，吏部尚書、鄅國公　斌　臨安太守　玢　司農卿　廉　考功員外郎

士英　監察御史　大冏　士南　萬州刺史　士文　秘書少監　士瞻　允　吏部員外郎、潁州刺史　袞　駕部員外郎　逢　曼　灑　洛陽令　襃　勇　凜　朗州刺史　況　諫議大夫　肅　端

同元　同訓　承素　昭義節度判官　同懿　同休　同憲　同翊　字啓之　縝　紓

瑝　國子祭酒　璉　字禮卿　琡　工部尚書、少府卿

紘　都水使者

理　字玄理，太子詹事、武陽貞侯　璡　倉部郎中　瑜　歙州刺史

暢　晏　少府監主簿　幼平　金部員外郎　調　翼　字從善，太府卿、武陽平公

抗　刑部尚書，諡曰貞　拯　戶部郎中　抱貞　梓州刺史　慎習　恂如　悟微

翹　同州刺史　演　齡　閬州刺史　鯁　政維　丞　崟　隴州刺史

清　丹　字文明，武陽郡公

璠　司封郎中、太原河東行軍司馬　潘　字游之　賓　宙　劍南節度使、檢校左僕射、同中書門下平章事　審　大理評事

汝旁　州錄事參軍　蒙　河南府司錄參軍　臨　京兆府司錄參軍　贊　胙城尉　政實　河中府士曹參軍

鐔　宛丘令

南皮公房安城侯胄次子愔，愔七代孫景略，後周驃騎將軍、右光祿大夫、青州刺史，生瓚，隋倉部侍郎、尚書右丞、司農卿、南皮縣伯。四子：叔諧、季武、叔謙、季貞，因號南皮公房。

瓚從子元遜、從祖弟子述。

叔諧庫部郎中　福字玄福綏州刺史　溱字彥宗彭城文公　見素相玄宗　倜給事中　頌庫部郎中　損初名諶
愕給事中
益工部員外郎　顗兵部員外郎　遼字鵬舉
晳光祿少卿
玄齊　僎江西觀察使　艮
放
儉太子少保　敦
徵
俛衛尉少卿　正已
季武主爵郎中
叔謙考功郎中　知人司戎大夫　繼字文紀右庶子南皮縣公　虛心工部尚書　有方左司員外郎
虛舟刑部侍郎　有象
縱　虛受通州刺史
昭理常州刺史
績　幼成山南採訪使
幼卿洛陽令　翊侍御史　詞字踐之湖南觀察使　憲字持之
幼奇楚丘令
幼章楚州刺史
綱字綱初名紹陳王傅　豫麟游尉　灣魏州參軍
巽三水主簿　沆緱氏尉
濬
咸沐州司戶參軍　武

觀洛陽尉
元遜　玄泰度支郎中陝州刺史　光賓州刺史
堅　佶舒州刺史
鑒考功郎中　少游吏部郎中復建州刺史
少華中書舍人
駙馬房東眷穆四代孫自璧自璧四代孫延賓延賓三子
璋福議至溫諸子尚主者數人因號駙馬房
璋　叏　玄都　湊職方郎中
玄謂　嬰左金吾將軍
頡太子僕
玄誕　瑗司勳郎中
瑝宗正少卿
福　昌左驍衛大將軍普安公
議　仁脩坊州刺史恒安縣公　弘慶　玄希　淮光祿少卿曹國公
翟太僕卿駙馬都尉　會太子贊善大夫　鸝
鵰
鶚
玄瑾　涉太僕少卿
弘度　淑衛尉少卿　藏鋒
弘表曹王府典軍　玄儼邠州刺史博城縣公　灌　構太僕少卿曾國公
播吏部郎中宋國公
溫相中宗殤帝
濬字潤甫左羽林將軍　捷秘書少監駙馬都尉

玄貞滁州刺史　洵
浩
洞
泚
弘素　玄昭　濬衛尉少卿
龍門公房安成侯冑次子愔愔生逵逵六世孫挺傑後周
撫軍將軍平州刺史二子遵通遵驃騎大將軍晉州大總
管府長史龍門縣公因號龍門公房通生善嗣
善嗣上谷郡太守　崇德太子諭德　會　仲昌京兆少尹　漸
逸一名蒔巴州刺史　執中泉州刺史
執誼相順憲　曙
曠字賓之鄭州刺史
袓字文明　布震字熙化
旭字就之
叔昂左司郎中　汎　萬　古　遐字思永
伯詳考功郎中
弼字國楨商州刺史　伯陽字春倉部郎中北都副留守　建字正封秘書監　宗卿侍御史戶部員外郎以季莊孫繼
退嶺南節度行軍司馬　夏卿字雲客太子少保　延範字承之
璋字宜之
周卿
正卿　珩
璀字茂弘
造大理評事

季莊扶風郡太守　仲長　叔祥豫州刺史

小逍遙公房出自東眷穆曾孫鍾，鍾生華，隨宋高祖渡江，居襄陽，生玄，以太尉掾召不赴。二子：祖征，光祿勳；祖歸，寧遠長史。祖歸三子：纂、闡、叡。纂，南齊司徒記室參軍。曾孫弘瑗，至嗣立更號小逍遙公房。

弘瑗隋武陽令　德倫任丘令　思謙相武后　承慶字延休相武后　晉常州刺史　長裕祠部員外郎　當富平令

嗣立字延構相武后中宗　孚左司員外郎

恒陳留太守　懿韶州刺史

濟馮翊太守　士模彭州刺史

逢虞部員外郎　貞伯給事中　尚敦字執勇

成季兵部郎中

士勛河南少尹

溫邵州刺史

史

淑安州都督

奉先金部郎中　濟梓州刺史

仁愼駕部郎中

中立庫部郎中　嗣業　希　朗

損　常

又有京兆韋氏

宗立　式　匡範字廷臣　昭範字憲之

又有京兆韋氏

昌範字馬彥司功郎中　貽範字垂憲相昭宗

用晦　彀字唐後

綬　逢　昭度字正紀相僖宗昭宗

韋氏定著九房：一曰西眷，二曰東眷，三曰逍遙公房，四曰鄖公房，五曰南皮公房，六曰駙馬房，七曰龍門公房，八曰小逍遙公房，九曰京兆韋氏。宰相十四人。平齊公房有保衡、弘敏；東眷有方質；逍遙公房有貫之、處厚、待價；鄖公房有巨源；南皮公房有見素；駙馬房有溫；龍門公房有執誼；襄陽有思謙、嗣立；京兆有貽範、昭度。

郭氏出自姬姓。周武王封文王弟虢叔於西虢，封虢仲於東虢。西虢地在虞、鄭之間。平王東遷，奪虢叔之地與鄭武公，楚莊王起陸渾之師伐周，責王滅虢，於是平王求虢叔裔孫序封於陽曲，號曰郭公。虢謂之郭，聲之轉也，因以爲氏。後漢末大司農郭全，代居陽曲。生蘊，蘊生準、配、鎮。鎮，謁者僕射、昌平侯，裔孫徙潁川。

育北齊黃門侍郎　處範諸城丞　待舉相高宗　泰方

泰初　潤起居舍人　緒陳留採訪使　賁

謨　翽

冏監察御史

華陰郭氏亦出自太原。漢有郭亭，亭曾孫光祿大夫廣智，廣智生馮翊太守孟儒，子孫自太原徙馮翊。後魏有同州司馬徽，徽弟進。

徽　榮隋大將軍蒲城公　福善兵部侍郎

弘道同州刺史郜國公　敬君　依仁沁州刺史

進　廣敬左威衛大將軍　履球金州司倉參軍

昶隋涼州法曹　通美原尉　敬之字敬之吉潤壽綏憲五州刺史　子琇　曄

子儀字子儀相肅代德三宗

曜字曜太子少保太原孝公

銳嘉王府長史　鋒光祿少卿　鏈

錡京兆倉曹參軍　疇子　庶

唐夫汜水令　軫檢校兵部尚書

蘋鳳翔少尹　韜太子率更令　魯虞鄉令

景初洪度支給納使戶部尚書　雙流令

漢夫鳳翔功曹參軍　磻成州刺史　堯夫直羅令

端夫太原令　琭漢州刺史　彥崇上津令

慶緒新繁令　董太原少尹

在徽衛尉少卿　在嚴三水令　在徽右千牛統軍

珮通州刺史

								旰鴻臚卿同正						朏試鴻臚卿	冊字膺兵部郎中			
璨檢校右僕射									琦工部尚書	鈞工部侍郎	鋼監察御史	鍊太常丞	鉷	錄	鏶	鑲	鏷陽尉	鋗咸陽尉	釬試奉禮郎
									承嘏字復卿刑部侍郎									
巢潁著作郎	封潁簡州刺史	栖潁太子司議郎	紳右贊善大夫	績天興令	緹右金吾將軍	總尚輦奉御	紘秘書丞	續太子家令										

							曖左散騎常侍駙馬都尉										曙右金吾將軍祁國公	
延京兆府功曹參軍	鐈京兆府戶曹參軍	鏈太僕寺主簿	鐙試殿中監	鐇萬年尉	鋑	鋂雲陽丞	鎮太子宮門丞	鑄左庶子	釗衛尉少卿								繼字利用檢校戶部尚書駙馬都尉	銛太子詹事
									仲文祕書少監	仲恭殿中監駙馬都尉	仲詞檢校殿中少監駙馬都尉襲太原郡公	仲諒衛尉少卿	仲詡通事舍人	仲宣河東令	仲武朗州刺史	仲元以外孫沈氏爲嗣		

暎右庶子壽陽尹																	
鍛度支荊襄水陸運判官	銑試太常主簿	銓武寧節度使	鋌太僕卿	鈇光祿卿													
					處巖龍門令	處殷易定節度副使	處弘方義令	言揚監察御史	宗識合肥令	江潮州刺史							
										讜丹陽錄事參軍	謙同州司法參軍	就河中府戶曹參軍	庠度支安邑院官檢校虞部郎中	嗣立富平令	弘業右金吾將軍	元鐵通事舍人	行貫著作郎	渦沔陽令

知微康州刺史
苗生昭文字子龍
仁寓常熟令
子雲左領軍將軍
子曜渭北節度使檢校右僕射
子瑛延州司法參軍
晛試協律郎晉陽男
子珪
幼賢副都護
昉試太子中舍
曉試左衞率府兵曹參軍
畋邠寧節度使
暢右庶子
幼儒字幼孺成都少尹
旼協律郎
暄河南丞
晊
暐
晠
曅
幼明少府監大原公
昫鴻臚少卿
暅
昕檢校左僕射嶺西節度使請云子雲子
晤殿中侍御史
晫
暐
幼中太子詹事
晦
幼謙

昌樂郭氏亦出自太原後漢郭泰字林宗世居介休司徒

黃瓊辟太常趙典舉有道皆不應世稱爲郭有道裔孫居
魏州昌樂唐有濟州刺史善愛

善愛
元振相睿宗
晟
鴻
鵬左驍騎將軍
仲翔代州司戶參軍

中山郭氏世居鼓城唐有正一相高宗生忠通事舍人

郭氏宰相四人元振正一待舉子儀

武氏出自姬姓周平王少子生而有文在手曰武遂以爲
氏漢有武臣爲趙王梁鄒孝侯臣生德德生東武亭侯最
最生敬襄侯嬰嬰生中涓濟陰侯山附後以酎金國除山
附生陳留太守內黃侯都都生汝南太守宣宣字文達宣二
子尚浮浮字元海司徒左長史生臨漳令靜字伯濟靜生
烈字文照烈生光祿勳篤字猗伯篤生太常中壘校尉悌
字周篤悌生九江太守臨潁侯端端生魏侍中南昌侯周
周三子陔韶茂陔字元夏晉左僕射薛定侯陔生太山太
守嗣薛侯越越生威遠將軍嗣薛侯鋪鋪生太子洗馬椴
椴生洛州長史歸義侯念念生平北將軍五兵尚書晉陽
公洽別封大陵縣賜田五十頃因居之生祭酒神龜龜生
本州大中正司徒越王長史龔壽陽公克己己生北齊鎮
遠將軍龔壽陽公居常常生後周永昌王諮議參軍儉生
華

華隋東都丞
士稜司農少卿宣城公
君雅
敬真太子洗馬
敬宗
中字士讓太廟令楚僖王
懷亮
守官字惟良始州刺史建安郡
攸宜冬官尚書
攸緒揚州長史
若訥

懷道右監門長史
攸暨相中宗宗敏字正卿
崇行
攸寧相武后
文瑛
荀瑛
弘度字懷運魏州刺史九江郡王
勝
克字典虛受
異
愿
攸歸九江王
良臣商州刺史
攸止恒安王司農卿
昕忠鴻臚卿
信忠祕書監同正
攸望少府監蔡公
瀫洋州刺史
溫昚
士逸始州刺史贊國節公
懿宗河間王
志元倉部郎中
震殿中監
益試太子中允
嗣宗蒲州刺史管公
璋
壞
仁範雲陽令河間王
尚賓河間王益王府長史
重規高平王禮部尚書
成卿
成藝
載德千牛大將軍潁川武烈王
甄字平一考功員外郎修文館直學士
集梓州刺史
備殿中侍御史

				就字廣成閬州司馬	譚金壇令	
					元衡字伯蒼相憲宗	翊黃字坤輿大理卿
				登江陰令	儒衡字庭碩中書舍人	籌詩
						佽字希玄
			敬			
	安業零陵令	求己太子僕少卿				
士彠工部尚書應國公	元慶宗正少卿	審思申王				
		再思宮門郎蔡王				
		三思相武后中宗	崇訓高陽王駙馬都尉	繼植左衛將軍		
			崇謙光祿卿梁公			
			崇烈新安王尚乘奉御			
			崇撝			
			崇操			
	元爽虞部郎中少府監	承嗣相武后	延基右羽林大將軍			
			延義嗣魏王			
			延安光祿卿邢公			
			延壽衛尉少卿燕公			
			延光			
			延秀駙馬都尉桓公			
		承業驍衛大將軍	延暉駙馬都尉陳公		惲	
					斌	

				延祚光祿少卿鄶公
				延嘉祕書少監莒公

武氏宰相五人　攸暨　攸寧　元衡　三思　承嗣

騫氏出自孔子弟子閔損字子騫，其孫以王父字爲氏。後漢質帝時有騫宏字道伯，避地允吾，爲金城別駕，封金城侯，子孫因家焉。裔孫彄，晉將軍、平陽郡太守，二子：白、昊。白四世孫敬，字宗之，後魏奉朝請、金城郡守、尚書庫部郎中、征南將軍、金城侯、散騎常侍、和州刺史，一子成。裔孫行本，唐靈州都督長史。彄五世孫威。

威後魏鄯州刺史臨成公			直華州長史	味道相武后	愼金
					辭玉
					公肖

騫氏宰相一人　味道

沈氏出自姬姓。周文王第十子聃叔季，字子揖，食采於沈，汝南平輿沈亭卽其地也。春秋魯成公八年，爲晉所滅。沈子生逞，字循之，奔楚，遂爲沈氏。生嘉，嘉字惟良，二子：尹丙、尹戌。尹戌字仲達，奔楚，隱於零山，爲楚左司馬，生諸梁。諸梁字子高，亦爲左司馬，食采於葉，號葉公，二子：尹射、尹文。尹射字修文，爲楚令尹，旬日亡去，隱于華山，二子：尹朱、尹赤。尹赤字明禋，生郢。郢字文明，召爲丞相，不就，生平。平字侯之，封竹邑侯，生遂。遂字佐時，秦博士，生倧，字文甫，左庶長、竹邑侯，生遵。遵字伯武，漢齊王太傅、敷德侯，徙居九江壽春，二子：盛、達。達字伯弘，驃騎將軍，生乾，字仲元，尚書令，生泓。泓字元良，南陽太守、彭城侯，生勗。勗字子衡，揚武校尉、鎭軍將軍，三子：嵩、奮。奮字仲異，御史中丞，生格。格字仲悌，將作大匠，生謙。謙字文恭，御史中丞，生靖。靖字文光，濟陰太守，避王莽之難，隱居桐栢山，三子：勳、戎、臺。戎字威卿，後漢光祿勳，以九江從事降劇賊尹良，封爲海昏侯，辭不就，徙居會稽之烏程。靈帝分烏程爲永安縣，孫皓分吳郡爲吳興郡，晉改永安爲武康，卽爲郡人。戎生四子：鄷、懿、齊、恭。鄷字聖通，零陵太守，四子：滸、仲高、景。景，河間相，生彥。彥裔孫君諒。

君諒相武后		超	崧字文甫

沈氏宰相一人　君諒

蘇氏出自己姓。顓頊裔孫吳回爲重黎，生陸終，生樊，封於昆吾。昆吾之子封於蘇，其地鄴西蘇城是也。蘇忿生爲周司寇，世居河內，後徙武功杜陵。至漢代郡太守建，徙扶風平陵，封平陵侯，三子：嘉、武、賢。嘉，奉車都尉，六世孫南陽太守、中陵鄉侯純，字桓公，生章，字孺文，并州刺史。五世孫魏東平相、都亭剛侯則，字文師，四子：怙、愉、遹、援。愉字休豫，晉太常、光祿大夫、尚書，七世孫彤，二子：雅、振。

振	世長諫議大夫	良嗣相高宗	踐言祕書監	務寂梓州刺史		
				務昇		
			踐峻		震駙馬都尉	
				彥伯駙馬都尉		
			踐義			
			踐節			懽太府卿

魏都亭剛侯則第三子遹，八世孫綽，周度支尚書、邳公，生威。

威隋左僕射房公	夔隋鴻臚少卿	勗吏部侍郎駙馬都尉	均虔州刺史	儁							
			幹工部尚書	獻駕部郎中							
			昱濟州刺史								
		亶台州刺史	瓌字庭碩相中宗睿宗	頲相玄宗	善	易黃州刺史	繇滁州刺史	贇字延卿	虔字執儀國子司業	震河南尹	敦
											發
											敎
											徹

璥

玫

儼

冰 益

詵給事中魏縣男 奕兗州刺史

又京兆少尹 復

妙泉州刺史

頲 盈嘉王傅

炎

頎淮安太守 寬

瑤廣州都督 烔

遵驍衛將軍

季子 遷沁州刺史 縉工部郎中

絰

趙郡蘇氏出自漢并州刺史章之後因官居趙州

味道相武后 佃膳部員外郎

份

偘兗州刺史

倪職方員外郎

味玄膳部員外郎 佺 洌

准

湯郴州刺史

又有武功蘇氏

迢 蒙 檢字聖用相昭宗

蘇氏宰相五人良嗣瓌頲味道檢

范氏出自祁姓帝堯裔孫劉累之後在周爲唐杜氏周宣王滅杜杜伯之子隰叔奔晉爲士師曾孫士會食采於范其地濮州范縣也子孫遂爲范氏至後漢博士滂世居河內唐有履冰

履冰相武后 冬芬宣州刺史

履冰裔孫隋水丞麗

范氏宰相一人履冰

邢氏出自姬姓周公第四子封於邢後爲衛所滅子孫以國爲氏世居滁州全椒唐有內史文偉相武后

邢氏宰相一人文偉

傅氏出自姬姓黃帝裔孫大由封於傅邑因以爲氏商時虞虢之界有傅氏居于巖旁號爲傅巖盤庚得說於此命以爲相裔孫漢義陽侯介子始居北地曾孫長復封義陽侯生章章生叡叡生後漢弘農太守允字固二子嘏松嘏字蘭石魏尚書僕射陽都元侯十一世孫奕唐中散大夫太史令涅陽縣男北齊有行臺僕射傅伏武孫文傑唐杞王府典軍

清河傅氏出自後漢漢陽太守壯節侯燮字南容生幹字彥林魏扶風太守生晉司隸校尉鶉觚剛侯玄字休奕生司隸校尉貞侯咸子孫自北地徙清河裔孫仕後魏爲南陽太守生交益

交益殿中侍御史 元淑地官侍郎冬官尚書 伯玉黃中司勳郎中

依仁延嗣侍御史

游藝相武后

傅氏宰相一人游藝

史氏出自周太史佚之後子孫以官爲氏漢有魯國史恭三子高曾玄高大司馬樂陵安侯二子術丹丹左將軍武陽頃侯孫均均子崇自杜陵受封溧陽侯遂爲郡人崇裔孫宋樂鄉令瓌

瓌 務滋相武后 惟肖清河令

翽御史大夫

史氏宰相一人務滋

宗氏出自子姓宋襄公母弟敖仕晉孫伯宗爲三卿所殺子州犂奔楚食采於鍾離州犂少子連家於南陽以王父字爲氏世居河東

明隋司隸刺史 岌魏王府記室巴西主簿 秦客相武后

楚客字叔敖相武后中宗

晉卿司農卿

鄭卿

宗氏宰相二人秦客楚客

格氏出自允格之後漢有御史班裔孫顯

顯後魏青州刺史 德仁隋剡丞

處仁

希玄洛州司法參軍

輔元相武后 遵殿中侍御史

逵

格氏宰相一人輔元

唐書卷七十四上考證

宰相世系表四上韋氏峻貞○臣酉按北史貞作瑱乃師子非峻子

閏弟子眞嘉○臣酉按魏書韋閏傳作兄子名眞喜周書韋孝寬傳作直喜北史韋孝寬傳名直善皆以字形相似而誤未知孰是

郭氏平王東遷奪虢叔之地與鄭武公楚莊王起陸渾之師伐周責王滅虢○臣酉按楚莊豈問罪之師如

表云云則曲在周矣且陸渾之師當周定王時上距平王東遷一百六十年安得以此責周耶此等皆謬妄不經

沈氏出自姬姓周文王第十子聃叔季字子揖食采于沈○沈炳震曰按宋書序傳金天氏有裔子曰昧生子允格臺駘顓頊封臺駘于汾州其後四國沈姒蓐黃則沈非姬姓明矣又按左傳成公八年晉侵沈獲沈子揖則揖並不與子運文乃春秋沈子之名非聃叔季之字又金氏前編聃叔封于郕郕與沈亦不相通

嘉字惟良二子尹丙尹戊○臣酉按戊當作戌見左氏傳卽葉公諸梁父也沈氏有二一爲沈子逞之後以國爲氏一爲楚公子貞之後以邑爲氏貞卽子囊其孫爲諸梁父豈得與平輿之沈合爲一耶

唐書卷七十四下

宋 翰林學士 歐陽修 撰

表第十四下

宰相世系表

歐陽氏出自姒姓夏少康庶子封于會稽至越王無彊爲楚所滅無彊子蹄更封於烏程歐餘山之陽爲歐陽亭侯遂以爲氏後有爲涿郡太守子孫或居渤海晉頓丘太守建爲趙王所殺兄子質字純之居長沙臨湘七世族孫景達字敬遠齊本州治中生荔浦令僧寶字士章僧寶生梁陽山穆公頠字靖世頠二子紇約

紇字奉聖廣州刺史	諭字少當宰吏令渤海縣男	長卿									
		肅	頲								
		倫									
		通字通師相武后	幼明字仲廉	昶字子愿渤海子	璟字崇文侯官令						
					琮吉州刺史	琮八世孫萬安福令		雅字正言	劭字德用韶陽簿	謨	鄴
										誧字達明	鄠
											郴
											邢
									遠	鉉	
								楚		鄂	
									成		
			幼讓								
	亮										
	德										
	器										
約	脩光州刺史南海郡公	譔肇令	頏		何						
					價						
			禨什邡令	稚字稚商州刺史	嵩						
					嵛						
					峯						

歐陽氏宰相一人通

狄氏出自姬姓周成王母弟孝伯封於狄城因以爲氏孔子弟子狄黑裔孫漢博士山世居天水後秦樂平侯伯支裔孫恭居太原生湛東魏帳內正都督臨邑子孫孝緒

孝緒尚書左丞臨潁男	知儉江陰令					
	知本營州司馬	仁琫				
		仁權				
	知遜越州刺史	仁傑字懷英相武后	光嗣戶部郎中		博通	玄範
			光遠州司馬			
			光昭字子亮職方員外郎			
		仁貞				
		仁節				
		仁恪				
		仁矩				

狄氏宰相一人仁傑

袁氏出自嬀姓陳胡公滿生申公犀侯犀侯生靖伯庚庚生季子惛惛生仲牛甫甫生聖伯順順生伯他父他父生戴伯戴伯生鄭叔鄭叔生仲爾金父金父生莊伯莊伯生諸字伯爰孫宣仲濤塗賜邑陽夏以王父字爲氏宣仲生選選生聲子突突生惠子雅雅生頗奔鄭秦末裔孫告辟難居于河洛之間少子政以袁爲氏九世孫袁生生玄孫幹封貴鄉侯復居陳郡陽夏八世孫良二子昌璋昌成武令生漢司徒安字邵公三子賞京敞京蜀郡太守二子彭湯湯字仲河太尉安國康侯三子成逢隗成左中郎生紹紹中子熙其後世居樂陵東光熙裔孫令喜

令喜同州侍中	異弘瀘州參軍	恕己相中宗	建康淮陽太守	高給事中
	異度太府少卿		倜工部員外郎	師儉
	異式戶部郎中			
			儞	

璋生司徒滂字公熙滂生渙字曜卿魏御史大夫四子侃寓奥準準字孝尼晉給事中生沖字景玄光祿勳生耽字彥道歷陽太守耽生質字道和東陽太守二子湛豹豹字士蔚丹陽尹二子洵湛洵宋吳郡太守謚曰貞二子顗覬顗字國章宋雍州都督二子戩昂

昂字千里梁司空穆正公	君正字世忠吳郡太守	憲字德章隋開府儀同三司謚曰簡	承序晉王友弘文館學士						
			承家隋給事中						
		稹後周驃騎大將軍	子溫字君恪隋左衛大將軍	士政南州刺史	倫當陽令	知玄石州司馬	暈咸寧令	滋字德深相憲宗	炯江陵戶曹參軍

三一一六

河東袁氏本出陳郡

袁氏宰相三人 恕己 滋 智弘

智弘相高宗 齡兼御史中丞

泌陳兼侍中謚曰質 方華

敬字子恭陳特進謚曰靖德 元友隋內史舍人 利貞祠部員外郎 斌太子典膳丞 導左補闕內供奉 光裔揚府別駕 弘休亳州司戶參軍

樞字要言陳僕射謚曰簡懿 朗給事中汝南男 誼蘇州刺史

光輔洺州刺史 昌復宋城主簿 國府台州刺史

象復秀石軍判官 蕃桂管觀察支使 讜鬻令 蔚淮南節度副使 薰

寔河中功曹參軍 均太子典膳郎 都字之美右拾遺 郃字之乾曜州刺史

姚姓虞舜生於姚墟因以爲姓陳胡公裔孫敬仲仕齊爲田氏其後居魯至田豐王莽封爲代睢侯以奉舜後子恢避莽亂過江居吳郡改姓爲嬀五世孫敷復改姓姚居吳興武康敷生信吳選曹尚書八世孫僧垣隋開府儀同三司北絳公二子察最

察隋太子內舍人襲公 思廉字簡之弘文館學士豐城男 處平豫州司戶參軍 璹字令璋相武后 昌演諫議大夫 昌沛

最蜀王友 思聰左庶子 慎盈壽州刺史

懽符寶郎襲豐城公 敬文 行表鄖王府司馬 崇桂太子司議郎 希齊湖州司功參軍 弘慶字引之蘇州刺史 玉斧

昌濟

昌溫 齊梧左金吾大將軍 喬樹將作少監

昌潤宣州刺史 循棣 殷覿

班戶部尚書 昌原 體權

孟瑜 乾泗州參軍 疇 疄

續曲沃令 立宋城令 發右領軍衛將軍 南仲右僕射 袞太僕寺主簿 亮

陝郡姚氏亦出自武康梁有征東將軍吳興郡公宣業生安仁隋汾州刺史生祥

祥隋懷州長史檢校函谷都尉 懿字善意嶲州都督文獻公

元景孝孫 潭州刺史 壺關令

元之名崇相武后中睿玄 彝鄧海二州刺史 闓越州長史 异門下典儀

侯太常寺太祝 闓郫令 倍須山令 倫揚州大都督府倉曹參軍 但

闓貴鄉令 侑黃梅令 承宗 珙霍山令

伾

閱太子司議郎 闢河南丞 僩涇主簿 易諫議大夫

偕監察御史 烈殿中侍御史 史 內供奉

昇大理卿 閱左拾遺 伻寶應令 丹陸渾令 增滎陽令

均金華令 蘊大理司直 題浙西館驛巡官 圭南昌主簿

進

兔楚丘令 溫尉氏令

悟襄王傅 憺淮寧節度押衙攝鄧州刺史 惇朝城令 惕華原令 恬 閈 憕

閱洛州參軍 弈字弈閱侍御史永陽郡太守 恒都水少監 愷 協松陽令 僩右監門率府兵曹參軍 忱恒王府主簿 惲左千牛衛兵曹參軍

元素宗弇楚州正少卿刺史 閬州司戶參軍
閬睢陽太守右金吾將軍
馮通事舍人 閬餘干丞
論豫州司戶參軍
算鄠陵令 閬臨河令 合秘書監

姚氏宰相二人 璹 元之

婁氏出自妘姓夏少康裔孫東樓公封於杞爲楚所滅子孫食邑於婁因以爲氏陽城諸縣有婁鄉是也

師德相武后 思穎介休令 志學子豪令
圖南

婁氏宰相一人 師德

豆盧氏本姓慕容氏燕王廆弟西平王運生尚書令臨澤敬侯制制生右衛將軍北地愍王精降後魏北人謂歸義爲豆盧因賜以爲氏居昌黎棘城二子醜勝

醜 萇 永恩通 寬禮承業 欽望靈昭 器 桑鶚 署字正名河南少尹中牟縣男生書修武主簿求虔州參軍
部尚領軍相武 宣州泉令
書芮將軍后中刺史
定公 宗
欽爽光祿少卿 參右衛將軍
回京兆少尹
友萬年令
籍左司郎中兼侍御史知雜事
欽肅
懷讓貞松宗正卿中山公 光祚 建駙馬都尉
方則 玄儼 至靜

勝 曾元俊魏太保襄城公 陸渾
達殿中監靈壽公 仁宗 祥
子騫監察御史 讓
順
靜
挹
鄭麟

豆盧氏宰相一人 欽望

周氏出自姬姓黃帝裔孫后稷后稷封於邰其地扶風斄鄉是也后稷子不窋失其官竄於西戎曾孫慶節立國於豳其地新平漆縣東北有豳亭是也七世孫古公亶父爲狄所逼徙居岐下之周原改國號曰周其地扶風美陽南是也武王克商十一世平王遷都王城河南縣是也平王少子烈食采汝墳烈生懋懋生文文生昇昇生興興生晏晏生安安生弘弘生明明生隱隱生壽壽生容容生休休生雄雄生暉暉生寬寬生員員生成成生邑秦滅周并其地遂爲汝南著姓生秀秀生仁字季房漢興續周之嗣復封爲汝墳侯賜號正公以汝墳下濕徙于安成十子長曰球執金吾生平陵令應應生郎中孝廉道道生五官中郎約約生決曹掾燕燕裔孫表

表梁義才隋懷義衛二州刺史襲蓬陵侯 德延二州刺史襲城敬侯 太子崇業永右宗衛率 常州長史 基字允元相武后

永安周氏亦出自決曹掾燕九世孫防防十三世孫靈超其先避西晉之亂南徙居永安黃岡

靈超梁桂州刺史襲城侯 法僧 孝節嘉州刺史 鳳
應 克構房州刺史 濤 灌字用玉 滌 儉
法尚隋起部尚書譙僖公 紹嗣 鴻 諡給事中

紹範左屯衛大將軍譙敬公 伯瑜楚州刺史 擇從宣州刺史 萬
道務左驍衛將軍駙馬都尉譙襄公 刺史
先義字仲玉少府少監汝南恭男 左金吾將軍
孝先左羽林軍長上
昱字法明黃州總管道國公 惲梁令 沛左拾遺 顗左驍衛兵曹參軍 墀字德升相宣宗 寬饒崇文館校書郎
咸京兆府參軍
承規字遵慶
承矩字後慶 泳字應祥

周氏宰相二人 允元 墀

吉氏出自姞姓黃帝裔孫伯儵封於南燕賜姓曰姞其地東郡燕縣是也後改爲吉

哲易州刺史 頊相武后 渾司勳郎中
琚鄠令 溫武禮二部侍郎

吉氏宰相一人 頊

顧氏出自己姓顧伯夏商侯國也子孫以國爲氏初居會稽吳丞相雍孫榮晉司空雍弟徽侍中又居鹽官徽十世孫越陳黃門侍郎孫胤

胤著作郎餘杭公 琮相武后 潤祕書郎 浚齊安太守

顧氏宰相一人 琮

朱氏出自曹姓顓頊之後有六終產六子其第五子曰安周武王克商封安苗裔俠於邾附庸於魯其地魯國鄒縣是也自安儀父十二世始見春秋齊桓行覇儀父附從進爵稱子桓公以下春秋後八世而爲楚所滅故子孫去邑

為朱氏世居沛國相縣前漢大司馬長史詡生浮字公叔
大司馬大司空新息侯生下邳太守丞丞九世孫吏部尚
書尚尚生質司徒質二子禹卓禹司隸校尉青州刺史坐
寔錮誅子孫避難丹陽丹陽朱氏之祖也卓生扶風太守
翻翻生上洛太守越越字元勝越八世孫丞相行參軍詢
二子濟濟生冲冲生威則散騎常侍給事中生騰字龍懷
陳郡太守三子憲斌綽綽字祖明西陽太守二子齡石超
石騰裔孫建後周太子洗馬生僧寧隋睢陽太守生操

操上開府　仁軌字德容孝友先生　景右衛率府兵曹參軍　太子洗馬　守乾衛尉丞　子羔

守懷金吾衛大將軍　子詵　子轉沂州參軍　重愔　仲元

播時　渙　會　堅　潛　言　訓　洌　澹　迴從　牢　修巳　彥時　亞　滲　綰　亶　阮　迎　光序　巖　常　餘　歸道　濬　鶴　從　黨　已治九門令　可芝右門主簿　貞　危　延寵

子欽　守信子華　守言海州文學　暈　守訥　東楚州錄事參軍　子路　守瓊國子監明經　子岳　守讓　徽洹水令　子典　守謙奉天尉　子昇崇陵尉　仁尉　郢　殷衡　穀衡　季　戡　討　液　部　受　胐　郅　才　琳　應

延詡　齊時　康時　佐時　厚時　倜　倆　立少　恒生　素文　珂　重寬　重邦　公弁　重誨　少伯　志宏　惠　瓊　幹　整　芝　琯　圖　玠　項　悛　正奇　瞻　晛　志方　志才

存　岸　頹　翔　奈　守璡　子恂陸州錄事參軍　元祥　道秀　子金　守質明州錄事參軍　昊大理司直　鄭州錄事參軍　玘瑒著作郎太子典膳郎　子琪　昭　演　烈　耀　隋　子貞　子璋

守泰　子艮　守瘠　晏恒王府參軍　守臣　子隱　子輿　守登　守瑕　邁奉禮郎　守顏　旦　敬則相武后　光迪靈州別駕　守溫洛陽令　守同堂陽令　泳靈州司馬　省　躬　播　滶高平令　渙　重熙　詠良鄉令　輔　積　賓　降　璉　確湖陽令　頌河南主簿　生晃　晁祐　生昌　碩　頊　勳　庭　敏　姚　萼　剋　駙　驎

驍上庸令
廷殷
庠
廓
翼 佐
償 令延
令希
仲 咸 皐
璟
迥 密工部郎中
鑾大理評事
岳工部尚書
存古穀
熟令生
潁華坤
潁蓮水
令生慶
徐州戸
曹參軍
慶生景
豊洛州
別駕景
豊生仁
濟仁祚
仁愿華
楚州掾
事參軍
生閔殿
中侍御
史閔生
廉秘書
監生洞
規 知用
知柔生
濟濟生
遐登
傳
僎
光啓戸部尚書 衍 仁誨
自新
仁範春秋博士 丕
瑋
嶠

奉新 恒春 少昌
少京 琮
表
均
恒觀
重肩
重隗
重制 緒
筠
紹
可南 實
諫
周 韜 輔
弼
重馴 思 得一 志 璨 少連
幼 知彥生絢
知虔生義溪
守和奉禮郎
守滔 滐殿中監

朱氏宰相一人 敬則

唐氏出自祁姓帝堯初封唐侯其地中山唐縣是也舜封堯子丹朱爲唐侯至夏時丹朱裔孫劉累遷于魯縣累孫猶守故地至商更號豕韋氏周復改爲唐公成王滅唐以封弟叔虞其後更封劉累裔孫在魯縣者爲唐侯以奉堯嗣其地唐州方城是也魯定公五年楚滅唐子孫以國爲氏分仕晉楚有唐雎爲魏大夫孫厲居沛國漢封斥丘懿侯生朝朝生賢賢生遵遵生蒙中郎將生臨邛令都都生倫倫生林林尚書令王莽封建德侯生蔚國除徙居潁川生武威長惠惠生侍御史賁賁生大司空珍珍生會稽太守琩琩生翔爲丹陽太守因家焉二子固滂固吳尚書僕射生別部司馬瓊瓊生宣宣生晉鎭西校尉上庸襄侯彬字儒宗二子熙極熙太常丞娶涼州刺史張軌女永嘉末遂居涼州生輝字子産仕前涼陵江將軍徙居晉昌七子伯廉威季賢幼賢孝逵季禮威爲永世令生弘三子瑤儁諮號三祖

弘字友明西涼武興太守
瑤字昌仁西涼晉昌太守永興侯
契字永福伊吾王
褒字玄達後魏華州刺史晉昌公
茂字典散騎常侍秦州刺史
文祖散騎常侍大夏郡守
廣貴 諫議大夫
懷義儀同三司禮部大夫
孝舉
翼字保相後魏涼州守
毅字仲郡後周驃騎將軍洪和公
世達光州守襄洪和公
秀實成州司馬襄洪和公
行敏相州別駕將陵縣公
伏郎襄將陵公
紹宗
紹圖
行表
行立
行基 尚演漢州司馬 萬頃
尚愔亳州司法參軍 萬鈞
文安
文舉隋右千牛 行端
行直
文豪
文度鄆州刺史尋陽縣男 處一 同泰
南浦 邛州刺史
令
文壽藝臣雲中兵曹參軍
雍令
仁儉左翊衛兵曹參軍
懷一
固儉
劍客
文表
文璿隋國子博士
文寂
文感 婆伽 思孝左翊衛兵曹參軍

潛 潁川郡守陽夏縣公　世徹 後周鄜州刺史五原郡公　世榮 後周武始郡將　世寵　世穉 隋右衛長史　世恭 隋左監門將

玄成　玄德 隋親衛　玄都　玄通 遂州司馬陽夏縣男　朝政 隋蔚府郎將　禮政　修政　弘政　文哲 隋右衛兵曹參軍　文律　文廓　文儼　文敏 臨城令　文協　文琮 東宮勳衛　文會 魏令　文獎 隋州別駕貴平縣男

元一 衛州司法參軍　思忠 左翊衛　義寔　孝約 瀛州參軍襲陽夏縣男　行蒲　孝讓　固本　守一　抱一　敬　善行 光州錄事　善言　善見

旭 字保光後周瓜州刺史

詮 字叔卿後魏大夏郡守　延澄 開府儀同三司　雄 字休彥和州郡守安陽公　具貴 後魏大都督車騎將軍　仲粲 秦州守安樂公

世懷 隋沁州別駕魏平縣男　世昊　仕遵 隋監門直長　紹伯 隋湖州總管　權 字子武左勳衛將軍　師 隋左勳衛將軍　世儁　世珍　遐顯 隋邠亳二州守安樂公　仕超 隋雍州司馬上庸公

乾蓋 博野令　乾肅　文褒　文襲　文才　文執 隋五泉府別將　文實　文智　萬壽 純德府果毅　白澤　太素　太力　禕　奉義 靈州總管　惲 雍州參軍　修文 清流令

希一 霍王府右曹參軍　孝贊　孝寔

保建 後周綏夏二州守姑臧公

伯裕 宜城郡守　伯華 北齊徐州長史　詢明 隋新州守　晟 字遵明隋普濟府鷹揚郎將

仕琰 隋車騎將軍贊道縣侯　紫 字懷遠隋宜陽令　德宗 隋領勳衛都督建節尉　德俊　君攀 秦王府虞候總管　世辯　世才　世進 懷[illegible]府別將龍支縣男　石師

奉禮 蒲州錄事參軍　崇德　行實　孝感　建節 尉　孝睦　儼　智節　智堯　智英　智寂　智深　智亮　振　寔　日輪　義和　玄靜　玄默　玄道 清水令

珽　珪　瓊 宕州錄事參軍　玠　瑨 淄川尉

國昌　淄川

和者 小師上騎都尉
無竭
文教
純字玄粹後魏太原太守 令世 盛芝北齊尚書右僕射溫國公 邕尚 書令 孜字君明隋應州刺史安富公 茂倫
茂言朝請大夫 嗣宗
鑒隋雍州太守晉昌公 思眘 憲字茂蘊雲麾將軍安富縣公 左千牛
思廉趙王府典軍
茂純右勳衛將軍 節廉邠州府左果毅
茂琅
儉字茂約禮部尚書特進莒國公 松齡 太常卿
蒙臨涇府折衝 循奉膳大夫
睦
同人司農少卿 踐貞揚州都督府參軍
元珍
嘉會洋州刺史 從心殿中監 昕鴻臚卿
晙太常少卿
晦
晞
衢心洛州司錄參軍 昭河南尹
曤寧王府別駕
啓心綿州刺史 暉
晤

瑄義王府戶曹參軍
善識駙馬都尉 見日
覲字薰若秘書監 建初
建亭
波若趙州司馬 諲
授衣汝州司馬 怨扶
溝丞
志
愿
懿
忲
攸字秀卿延濮青汴邠等州刺史 守臣 舒王府記室 玘
璡
琰 暖通事舍人
瑊鄧陵二州刺史
瑜
瑾
南金
爭臣 玄表左衛大將軍 思齊長汀丞
思悅澧州刺史
思貞集州刺史
玄逸魯王府參軍 思亶藍田丞
思鑒成都府兵曹參軍
思一
和後魏兗州刺史 欽字直孟陝州守魏酒泉公 歡龍驤將軍 二政後周安東太守 規雲州守酒泉公 世宗隋洛陽令 壽折衝都尉 休琰茂州都督 思莊鶉觚令 詒

誨
思哲
奉先
遊方
釋之
去俗南鄭丞 羸金
季鷹
儉盧王府友 表顗欒陵令 渙鳳州司馬
諧咸陽令 休璟相中宗 先晉陳州刺史 履潔
先澤右金吾將軍 昺
晏汾州刺史
昇亳州刺史
修忠福州別駕
修孝南鄭尉
履直太原府司錄參軍
昣太常博士 正心邵州刺史 穎 會大理評事 公羽
翕 公重
諦字守仁後魏晉昌太守 攜字子化北海太守晉昌公 儼字整之東海太守 輪字文轉青州太守 承後周儀同三司平壽忠武公 陵字子雲儀同三司襲平壽縣公 怡字君長內史大夫漢陽公 譽字承休濮州太守襲漢陽公 有道字立仁太僕卿 璿字溫忠安養令 成構
璲字溫禮左屯衛郎將 延構黃岡令
承構
克構
履構宗城尉
有方

鑒字承明
懿字君德贈相二州刺史
傑字志文安鄉令
貞亮字固言巴遂二州參軍
嗣本
嗣華嘉興令
嗣宗
同芳
嗣之武連令
昭華亳州司倉參軍
貞松字固本沂水令
震
漸
復
昭德洹水令
咸
賁
昭訓澧陽尉
豐
昭忠望都主簿
濟
昭明益都令
堯卿
喬卿
貞筠字固節博州參軍
貞質字固行上縣令
昭客遂州司馬
渙
昭獻犀浦尉
渥
昭望千乘尉
昭彥
爽字志明相州別駕
貞操字守直隆山令
踐正
胙令
履冰
貞泰祠部員外郎
越客滎澤尉
貞敏字守訥唐隆令
曉司勳郎中
求吉

令言
晦吏部常選
昭
暄
昕
貞節
貞觀字守禮霍邑令
壽嚴
道丞
瓘
英
師字志範
貞廉字守絜
暹字君遵太子中舍
昱上邽令
貞行字守信九門令
暠臨海令
旻魏州參軍
晃桂州參軍
防工部員外郎
君侯
貞儀
貞休鄜州刺史
翔唐州司倉參軍
誠
次字文編中書舍人
扶字雲翔福建團練使生晉字仲申
嵩字清休
持字德守容管經略朔方昭義節度使檢校戶部尚書生彥謙字茂業河中興元節度副使晉絳閩壁

四州刺史號鹿門先生生渙
歡
款字嘉言侍御史
技字巳有刑部郎中
欣
謹國子監丞
識部州刺史
邈字志順簡州刺史
瑾字子瑗後周開府儀同三司臨淄文獻公
銓車騎大將軍襄臨淄公
大智崇賢館學士臨淄襄公
敬輿
文徵
知止
諒字君直
則字君寔太常少卿項城伯
推賢字尚直殿中丞
讓德字後巳宋城令
思忠
思雅
思元
歆字無擇岐州參軍
寶藏
感行
弘字君裕職方侍郎
簡字本元河南令
抱一字玄珍
寡悔
抱璞字楚珍雍丘令
悟
抱素字儒珍靈丘尉
炎

一	二	三
敀字本明尚書左丞益州刺史	如珪字令問秘書郎	成宗
	如玉字令德河南府兵曹參軍	倩
		偉
		偲
	不占字思義金部員外郎	贏金
		南金
		緘金
		渾金臨州司戶參軍
	不佞字思直考城令	訓字辭國華全陽安尉
	之武字知言懷集令	惇
		悰
	之奇字知子給事中	系
		累
	遵孝字幼忠汴州倉曹參軍	
嚴字本親記室		
暉字本德雍州長史工刑兵禮戶吏六尚書	旦字曉明太子中舍	
	晃字正明晉州長史	黔
		默
		點

一	二	三	四	五
		景字廣明河南府士曹參軍	紹字遵業給事中	朝徹并府參軍
				宣慈右武衛將軍
		昇字高明邢州司功參軍		
	亨字本貞			
濟字君讀駕部郎中	雕題			
	季友			
	季札			
	長仁			
	叔慈			
	義謙字奉仁百泉令	眘微合州參軍		
	義友絳州長史	言思		
		進思樂蟠令	邕左勳衛府功曹參軍	
			璵字衷長通化令	重昌
				重潤
				重曜
				望見
			敬字衷皎將軍	
			悌	
			諱字衷潔	
			竦字衷朝坊州錄事	
			悕字衷和	重華
				入進
				重霸字同節湖府中郎

唐氏宰相一人休璟	
虔字衷夔	惛

唐書卷七十四下考證

宰相世系表四下袁氏恕己○本傳不詳其父祖

豆盧氏制生右衛將軍北地愍王精降後魏○沈炳震曰後燕錄慕容寶傳精爲慕容麟所殺未嘗降後魏南燕錄慕容鍾傳鍾封北地王降後秦封歸義侯是北地王之封歸義侯者乃南燕之北地王鍾非後燕之北地王精且降後秦非後魏也

唐書卷七十五上

宋 翰 林 學 士 歐 陽 修 撰

表第十五上

宰相世系表

敬氏出自嬀姓陳厲公子完適齊謚曰敬仲子孫以謚爲氏敬仲之後至秦有敬丕丕生教爲河東太守子孫因官家焉裔孫韶漢末爲揚州刺史生昌封猗氏侯昌生歸

一	二	三	四	五	六
歸南京抱罕太守	頹後魏北絳太守	顯儁字孝英北齊僕射永安侯	長瑜合州刺史	德亮隋尚書郎	
			法筵		仁綱
					彥琮愛州刺史

山松澄城令　暉字仲華相中宗　讓尚舍奉御
誠右衛大將軍
詢比部員外郎
謹主客員外郎
暉曾孫元膺河南丞
仙客蔚州刺史
君弘右衛將軍黔昌公
法明
昭道　羽道州刺史
播給事中　排虞部員外郎　挺三原尉生寔
虔字弘和許　儉隋潁州司　川郡丞馬　則臨汾令　德秘書郎　揖字伯謙太子家令　寰大理評事
寓河清尉
權
括字叔弓御史大夫謚曰獻　褰大理司直
密渠州刺史生昕字日休
寬太子詹事四子昕字日觀瞱
字日新拉右散騎常侍
晦字日彰太子賓客煦字日彊昕生蒙字子正潼浦尉
晦六子湘盧州刺史沆易定觀察支使濬宣城尉澥瀧州防禦判官澂鳳翔參

軍沉　水尉　騫連州刺史二子晤北都留守　判官旺江西觀察推官　晤生娖鴻臚丞　擬生館　館生沼
安大理評事
燕太子舍人

敬氏宰相一人　暉

桓氏出自姜姓齊桓公之後以謚爲氏又云出自子姓宋桓公之後向魋亦號桓氏後漢有太子少傅桓榮世居譙國龍亢榮八世孫彝晉宣城內史五子雲溫豁祕沖沖荊州刺史豐城公生嗣謙修修晉護軍將軍長社侯過江居丹陽生尹尹生崇之崇之七世孫法嗣

法嗣鄧王府諮議參軍　思敏少府丞　彥範相中宗　臣範京兆尹　廷昌刑部郎中

桓氏宰相一人　彥範

祝氏出自姬姓周武王克商封黃帝之後於祝後爲齊所并其封域至齊之間祝阿祝丘是也後漢有司徒祝恬孫羲生廣廣爲始平太守子孫留家焉生魏太中大夫仍仍生諶晉驃騎府司馬諶生偃散騎常侍以平關中兵寇封始平縣伯生瑜瑜生熙熙生寶三世襲封二子老歸老後魏輔國將軍中外都督二子猷侯

侯後魏中散大夫博平縣侯　昭　統字又宗後周武平令襲侯　臧字伯良　嘉字仲良　綝字汲良峽州司法參軍　玄廷字文命修武令

騆
欽明字文思相中宗

祝氏宰相一人　欽明

紀氏出自姜姓炎帝之後封於紀侯爵爲齊所滅因以國爲氏隋有司農少卿和整世居天水上邽生士騰

士騰隋冀州刺史　儼雍州司倉參軍　先知御史中丞　黃中
全經戶部郎中　謙
咸
及庶州刺史　處訥相中宗

紀氏宰相一人　處訥

鄭氏出自姬姓周厲王少子友封於鄭是爲桓公其地華州鄭縣是也生武公與晉文侯夾輔平王東遷于洛徙溱洧之間謂之新鄭其地河南新鄭是也十三世孫幽公爲韓所滅子孫播遷陳宋之間以國爲氏幽公生公子魯魯六世孫榮號鄭君生當時漢大司農居滎陽開封生韜韜生江都守仲仲生房房生趙相季季生議郎奇奇生稱漢末自陳居河南開封晉置滎陽郡遂爲郡人稱生御史中丞賓賓生興字贛蓮勺令興生衆字仲師大司農衆生城門校尉安世安世生騎都尉綝綝生上計掾熙熙二子泰渾渾魏少府大匠渾生崇晉荊州刺史崇生遹遹生隨扶風太守隨生曄侍中略略六子豁豁淵謐悅楚豁字君明燕太子少傅濟南公生溫溫四子濤曄簡恬濤居隴西曄後魏建威將軍南陽公爲北祖簡爲南祖恬爲中祖曄生中書博士茂一名小白七子白驎胤伯叔夜洞林歸藏連山幼驎因號七房鄭氏大房白驎後絕第三房叔夜後無

聞
偘伯後魏鴻臚少卿　希雋州主簿　道直　德政　玄瑾蒲圻令　楚璵青州司馬　文權括蒼丞　望

仙饒州長史 迪棘城尉
楚
仁瓘安平丞 仙居光祿寺丞 九皋徐王功曹參軍
幼奇 廣壽
廣名
知節渤海令 休文 泚封丘丞 萬石
黃通
黃裳
淳益都丞 彥甫
夷甫
潤甫
山甫
瑩甫
琇甫
滔
休鄰徐城令 岸魯山丞
岩
岌
崖
休徵封丘丞 微
玄挺興水令 大方一名廷颺攸丞 謇 荀鶴宙州司倉參軍 閱秦州司馬
閈
卓然新鄉令 闐
閑
闔
續比部郎中 展虢州長史 增
鷹
闓
選

玄珪 延州寧州司馬 春州功曹參軍 鄉沐朗湖州兵曹參軍
鸛 小寶海陵尉
叔卿 貽孫 小觀
子質
德吞固安令 元將武昌令 宣道維州司法參軍 愛同澤州參軍 元簡臺主簿 鴻
鸞
神力侍御史 觀喬方興令 駁明
藏明
含章滑州司士參軍 萱松陽令 鵬
鴞
鵙
日休曲沃令 調
諗
智藏 敬之
元器易州倉曹參軍 崇慶 琮 讓
克禮滑州后曹參軍 喜東彊令 鷗 坦
昪定州法曹參軍
峘內丘令
昱
峴
睿
崇業 令安
元弼 知運 琨 倚獻陵令
敦佺
修松一名元宗華令 進思句容尉 茂先安陸尉 陽名瀛州司馬 昌

暈滑州參軍
旻
光輔豐城令 宰
濤
抱劍海州司戶參軍 台
敬賓 環
茵
退思長葛令 茂實撫州錄事參軍 魴瞻餘干尉 換
據
總
抒湖城令
鄖郴城令 昆
援上元主簿 承
偘汲丞 勸 玉山
伾 揀
操
璘登州戶曹參軍 守廣昇州司倉參軍 早六合尉 子中
杲
免 建
羽宋州司戶參軍 巽扶溝尉
潤 頫子
言思泗州刺史 琇霍丘令 蕙 震
惲
荃潁王府胄曹參軍 亘屯留丞
嬰大理評事
豐正平令 小諷神童出身
益黃梅令 最新

- 橋通川令 / 賁 / 良寶
- 忠恕吳令
- 韶丹南官尉 / 有悌
- 植璧州刺史 / 惲蒲州參軍
- 怦湘潭令
- 若代州參軍
- 華南陵令 / 宥博州參軍
- 懷慶齊州刺史 / 縯 / 邈 宇
- 造
- 芬寬城令
- 斜魯山令 / 遵
- 珠歷城令 / 萬紘氏丞
- 藝
- 翙
- 行思臨汾主簿 / 沛原武令 / 友義一名堅
- 如玉撫州刺史 / 量荊州錄事參軍
- 士宗 / 閔子
- 術
- 文宗
- 濟華州司士參軍
- 叔新鄉丞 / 敦倫 / 懿
- 玘一名綺 / 弇 / 遂
- 連
- 長詢江都丞 / 從正

- 汝爲
- 汝良
- 汝弼
- 汝方
- 讚懷州倉曹參軍
- 準揚子丞 / 自敏
- 自寬
- 申榮澤尉
- 廷徽翼城令 / 澤 / 釗
- 銳
- 幼成
- 致昭義主簿 / 扎
- 說長洲尉
- 楚潭州參軍
- 元叶房州司馬 / 芝監察御史
- 萱
- 芷
- 著
- 孚 / 晉客清溪令
- 勵
- 蓁
- 琳文州錄事參軍 / 藺廣州參軍
- 勤思項城令 / 隨武西城尉 / 介歷城尉
- 令
- 如琨 / 翰
- 再思一名崇敞鄆州刺史 / 嵩汝州錄事參軍 / 子明

- 子猛
- 岌芮城丞 / 仲适涇尉 / 宰
- 犀
- 岑司門郎中
- 象初
- 子裕武康太守 / 弘諒州司法參軍 / 仁檢壽春令 / 思敏餘杭尉 / 令秀 / 光應
- 仁愷密州刺史 / 愛客貝州刺史 / 令洞沂州司馬 / 光訓 / 纘
- 光誼鞏丞 / 綸
- 絢
- 令賓澤州司士參軍
- 秦客澤州司馬 / 令一介休主簿 / 蕚
- 齊客齊州司馬 / 廷玉復州司馬 / 膺夢司農主簿 / 騐太原府參軍
- 騊 / 路 / 溆字頴文
- 周一名膺緜 / 驤
- 驥
- 膺石一名漢少府丞 / 駒
- 騏
- 知十永年令 / 延業宣州司戶參軍 / 光賓
- 延祚楚州司馬 / 光國 / 孟嘗
- 光振廬州錄事參軍 / 求道
- 光裔左驍衛倉曹參軍
- 令則金鄉令 / 光系蒲圻尉
- 令構遂州長史 / 光鄰河間丞
- 光昭餘姚尉

光宗泉州別駕
光贊
洪一名盧客臨汾令｜令從符離令
令源璧州團練判官
令球
令謹潁州司功參軍｜光襲汝州錄事參軍
參軍｜參軍
光紹滁州司戶參軍
光林
光儀
光被
令瑜汴州參軍｜成溢信王府參軍
越客一名固忠工部侍郎｜令理太僕寺主簿｜季良澧陽尉
惟清
令誂｜光進
光遂
慈明豪州刺史｜令璋由州兵曹參軍
令璡左司郎中國子祭酒｜受京兆府參軍｜權萬年令
萬｜載
甫舒州刺史｜適右衛率府倉曹參軍
奉
邠卿宋州刺史

信卿武城令｜令超頓丘令｜黃通青流令
溢合肥尉
成孫陽翟尉
有鄆城尉
申京兆府司兵參軍
令望滑州司馬｜豫太康尉
鼎
子桑合州別駕｜師萬盛山令｜依仁
依義湘鄉令｜允恭潞州錄事參軍｜東里陽翟尉｜之均匡城尉
之久臨邑尉
之俊安豐丞｜偲
傪
克濟
之咸豫州參軍
之秀豫州參軍
南郭陽翟尉｜之象陳州司兵參軍
之相
之尚鍾山尉
依禮
依智偃師尉｜允元來庭尉｜良伊陽尉｜之英武德尉
允貞登封令｜常鳳翔司士參軍
長｜之衆
稷先隋夷陵令｜弘幹鼓城尉｜思玄沁州司馬｜璿河南少尹｜溥左庶子｜華太常博士

韋陽翟尉
平吉州刺史｜壽孫
洌鞏丞｜杞江都尉｜暐華陰尉
暉
晫
申魯山令
里常州參軍｜勛字嘉魚
闕殿中侍御史
思靜｜玠
璥｜兢下邑令｜舉易州參軍
鞏｜黃中洪洞尉
德英｜嘉賓合肥令｜知微大理司直｜邃武康令
弘簡鄴丞｜崇由周令｜暠歷城丞｜遵悌
還長山主簿｜愛汝州司士參軍｜芳潞州司兵參軍｜鎮
昇穀熟令｜韶鉅鹿尉｜常
遵憲蓬萊令｜順
庭璘
扆廣州司法參軍
昂長河令｜發武城尉｜方回
揖脩武尉
利資陽尉
九辨安平令｜宏之定州刺史｜超奉先尉｜迪
庭休益州司士參軍
賁許州刺史｜汜浚儀尉

巽　興門
豈，鉅鞮尉　榮門
景　進　燕
宥
遵意，易州刺史　良輔，相州司馬
遵古，中郎將
回
清一　臨
丘　宅相
顏，太子舍人　大聰
澄一　子哲
幼儒，後魏侍中　敬道，豳州刺史　正則，復州刺史　孝讓　行信　拯　言
貞　如珪
如璋
孝徹　行瑜　元果　光復
光庭，海州倉曹參軍
行琳　處寂
德峯，通事舍人　行善，廬州司馬　思挹，和州別駕　緒　環
珙
緯，亳州法曹參軍　瑱
美秀　延惠
繹，巴州錄事參軍　琬　興嗣
璆
璵
琪
紀
綝，洛水尉
續

思恭，鄧州司法參軍　緘　楷，沂州司戶參軍
綜
行之，亳州刺史　思崇，潞州錄事參軍　紹金，鄉丞　銑，襄州參軍
思莊，孝義丞　績，義陽丞　擇，穎陽丞　遇
遵　天雄
憬，沛令
愉，長城令
思齊，秋官員外郎
德秀，江陵令　行邕，荊王府參軍　元祥　茂先
叔玉，雍州錄事參軍　彭祖
季立
元穎，衛州司馬　元祚　履貞　公幹
元裕，宿仁令　履信，鄗令　公器
公才
履讓，漢州長史　公舉，鄧州司戶參軍
履義
元愔，儀王文學　履順，代州參軍　公瑱，潞州參軍
方說　公瓊
公瑜
公璠
行欽，合州長史　遠，河內令　子良，信王府文學參軍　寬，洛陽令
恕，成武尉
子居，偃城令　咸，盛唐令
子產，汴州司士參軍　盛，遂安尉　從長

元祐，洹水令　子昂，建州司法參軍　棻
榮，河中倉曹參軍
案，郊社丞
子晏，相州司法參軍　稾
集
思訓，雷澤令　子罕
德挺　行純，滑州長史　守素，左清道細引　昌期　論
行頵　恭先，合州功曹參軍　恒，左清道率府率　幹
行倫，宿預令　宗先，河陽令
紹先，溫州司馬　曅
崇先，冀州功曹參軍　昱
晁
暈
景先，饒州戶曹參軍　僔
偃
俁
伋
德本，吉州長史　行表，鄧州司馬　炯，劒州長史　處巳　才子
庭玠，鹿邑令　灌，左清道錄事參軍
湜，浚儀丞
潤，汴州參軍
羽客　百宜
千宜
萬宜
佺期

	曜，密令	處受，太康令	濬	
		處丹，德州司戶參軍	漸，恒州參軍	
		處心，亳州倉曹參軍	淥，枝江丞	鳳池
			洽	
			泌	
		處白		
	熺，邵州倉曹參軍	昌庭		
	逢，滏陽令	庭芳		
		庭璥		
		庭玢		
		庭珪		
	炫，左司御率	過庭，肇洛府別將		
		光庭，貝州參軍	銑，洛陽尉	慈明
				秀方
		據		
	煒，邢州功曹參軍	敷，德州司士參軍		
行質，柏仁令				
行儼，汲令	守忠，鄆州功曹參軍	恒		
		彪		
	守毅，東陽主簿	遵庭，潁州司馬	演	琯
			游	士素
			沼	
			沉	
			誠庭	
	行均	煥，宋城尉	載	
			子方	

	德淹	行諶，薩寶果毅	琰，歷城主簿	嵩，長水令	湜	銳，餘杭尉
				嚴，京兆少尹	潤，太府寺主簿	鉷，太康丞
						準，本名鎰，昭應尉
						鋒，京兆府倉曹參軍
						鍊，萬年尉
						錞
						湘
					泌，長安尉	
				琴，倉部郎中	澣，洪州功曹參軍	越
					滂，監察御史	錩，贊善大夫
					渾，坊州刺史	
				建，滎陽丞	濼，蔡州倉曹參軍	
				鋆，宋州刺史	澄，河陽丞	
					滌，乘氏尉	
					漪	
					溶，江都尉	
					汶，密尉	
					淯，天長尉	
			瑾	岌，揚州參軍	淑	
					洌	
正義，隰州司馬	文沾，洋州司戶參軍	延祚				
		延業				
	文湛，洪州別駕	行顗	思慎			

敬道，後周青州刺史、新陽伯	振，紀王錄事參軍	元良	太壽，胡蘇令	崇憲，萊州長史	嚮，曹州司兵參軍	恕	郁
					歆，扶風令	悆	
					韶，新平令	子潤，海州倉曹參軍	彥輔
							彥倫
						子光，楚州功曹參軍	
						子倩，監察御史	
					廣	懿	
						慤	
				顯宗	羨門，臨海尉	昌意	
					師門，鉅野令	安期，魏丞	觀
					雍門，齊州倉曹參軍	衡	
					犀，修武尉	光期，白檀府果毅	
						倢期，須昌丞	
					昂，成武尉	多適，扶溝令	丙首，兗州司戶參軍
						容卿	
						宗，金鄉丞	犧
							竦
		元軌，緱氏令	玄昱，大谷令	知人，字行滿，周王府典籤	銑，武進主簿	修	
					鈇，義興尉	循，華陽尉	
					鈞，光州司馬	見	
				知賢，名行善，蜀州長史	洽	琁	
					汪，長林令	昭	

機義興令
世賢揚州錄事參軍
之鎮鄢尉以弟子繼
文著作佐郎
平太原寺主簿
遜襄城尉
儁
蕃
知道雅州司法參軍
濟信都尉
萱
晅
暐
昂
迴太廟令
復靈昌尉
厚池州司馬
運全柳丞
魯字子儒
賁
堯字堯臣
萬字茂華
蕭字虞風
昌新鄭主簿
肇壺關令
謙修武尉
達
述
原河中府倉曹參軍
迥梁主簿
廼
遵長主簿
遠
季良衢州錄事參軍
造
遐衡山令
日新榆次令
朏朝邑尉
倫
刀卩
奇童
撙
縱江陵府倉曹參軍
斌斕
詢謀長安主簿

選洛州倉曹參軍
梓林太廟齋郎
諫誨
仙壽
巉
世斌左司郎中
玄嘉長水令
延暉
世將
世方安次丞
玄一左千牛衛長史
丞比部郎中陽武男
伯邑金州刺史
係京兆府倉曹參軍
康老
仲和萬年尉
佐
佑
叔華職方郎中
侶萬年尉
惟直
惟恭
惟義
惟表
惟簡
叔清字貽慶夔州都督
仲字君舒鄂岳觀察使
休
傪馬翊尉
伾虢州文學
季榮京兆府士曹參軍
循修武尉
儀
玄縱千牛長史
勉紫微舍人
豐無錫尉
言蕭主簿
立則左驍衛兵曹參軍
盂
武竟陵令
解殿中侍御史
攜後周行臺左丞
弼諧東莞令
僜道隴州司戶參軍
奉忠
延禕
奉先

弼誠解令
九思流水令
曾慈州刺史
長裕許州刺史
迅監察御史
文通舊山尉
倣
受一
歡侍御史
球之
叔獻容城令
叔向
仲容
季達
仲堪
季熊
仲均
琟璋
韞玉
藏師
諒冠氏令
珣瑜相德宗
覃相文宗
裔綽祕書監
朗字有融相宣宗
勤親
暨字無悶
權
雖
泳
咸悅安邑尉
利用澤州刺史
渾檢校右僕射同中書門下平章事
紹素
宇昌
符
合敬
諫議大夫
延休山南西道節度使
生拱字公庭
詔荊南節度使
生鈞字化光

泐兗海節度使
弘業二子寬字蘊文稼字德豐
弘範字昌儀
亘弼
慈明太子舍人
餘慶相德宗
澣本名涵興元節度使
允謨宋州刺史
從讜相僖宗生
璘字華
聖
處誨字延美吏部侍郎五子義宇堯卿福字子貞新字爲霖祚祐字垂吉生受益字謙光
茂休初名茂諶
承慶
廣南楚璋太子少傅州刺史
弘河西丞
具瞻涇陽尉
涓字道昌圖字一太原光業戶部侍郎節度使
灣
魏睿通州刺史
溶
湑
濟
嘉賓兼殿中侍御史

渾
見利當陽令
遐
武騎衛州刺史
申金華尉
彥特字翊臣
荀撫州刺史
則之號衛兵曹參軍
允升
延昌相昭宗
延濟字正卿太常博士
弘宗
少微岐州刺史
朝金州刺史
弘毅
景融
景復殿中侍御史
紹
九臣山子晉新莊令鄉尉
子春監察御史
叔文河清尉
士深
士清
伯高
翁歸
翁喜
翁倩
季札
士林著作郎
士平
仲均
士良鳳翔少尹
士則
季隨
子長盱眙令
銓
九言徐州參軍
成宣
杏黎州刺史城尉
璇亳州司戶參軍
偶
傅
倕

傳
華
香
普
九同上黨丞
會
習
九徵
衛太子司議郎
琛太子司議郎
昱
昇
璆
說
淑
項
恕
愻

南祖鄭氏

簡後魏平南諮議參軍
靈虬滎陽太守
悅安遠司馬
鼎後周西豫州刺史
常隋郢州刺史
筠綿州刺史
孝仁臨洮郡司戶參軍
君嶷湘源令
興宗
君徵內直監
林宗
景宗
智積
孝德
君璉
孝仙南會州長史
君瑾
孝寬黃州刺史
神符隋殿內少監
文亮渠州刺史
思言
元瑜
文哲潞州參軍
思證
思誉
思謂
昌隋永熙郡太守
孝昂
知詳
知瑤
衡隋潞州長史
玄膺
保護

威隋涿郡掾 道果吉州參軍 君玫晉州司馬 居士壽丘主簿 恁 遮奎吾兵曹參軍
迪寧州兵曹參軍
邁長
子尉
朓
鈞
君業
君璋
孝儥 乾福壽春丞 震
胄儀隋祠部員外郎 曹郎 嘉賓州司士參軍 亨
素
道德安州刺史 希義兗州刺史 道蓋太常少卿 元長隋洛南令 天隱萬州參軍 志玄九門主簿
元偦 仁綜州司倉參軍 遺福
元恭隋義興丞 正衛綿竹令 從周 儼殿中侍御史 寄真源尉 季良
諒瀘州刺史
說陽主簿
佽
佚
元讓 師括州司馬
德猷司徒中兵參軍 元直隋新安令 爲範 文譽 休祥
休業
勞心 休光 推
爲善鄀州司兵參軍 虛受大獄丞
白虬 尚仁吉州刺史 滂 景山北齊儀同將軍 伯愛州司倉參軍 身正高苑令

次珍 寶隋和州刺史 道成紀王府司馬 履仁郫令 元故地官員外郎
正則鄧州刺史 審則明州刺史
季方汝陽太守 孟先後周光州刺史 鴻孟和州刺史 士則隋蘭州刺史 文表蓬州刺史
思忠桂州司法參軍 之諒 進
之信 逸
之皓 遏
士譽 才挺 大絢給事中 德琮鳳州司法參軍 令問
令望
鴻泉驃騎將軍 貴永城令 福常 思義達州參軍
思宰 攸縱
季鵬榮陽太守 禎苑陵令 子規後周溫州刺史 海陵州刺史 德仁藍田令 大雅陳州司戶參軍 嗣某聊城主簿 君嘉
構
俏
祚
挺
秀
履忠
嗣坤
大惠 嗣湛 神五
嗣黙
嗣倫安仁尉 如玉
叔獻
季常
嗣同
嗣喬
嗣丘 喜
成家左司郎中 宣
潡
渙

大威河陽令 文獻清河令 成相
懋
愿
懿
弘禮懷州刺史 景略
景福
德崇憲部郎中
德玄藍田令 言約陳州刺史 道爽鄭州司倉參軍
道明緜州司法參軍
道玘 謂 抱
道宏
乾嘉隋侍御史 大介休令 抱本金州參軍 利國
利涉
遵古
吉甫潁州司戶參軍 福安
福慶晉安令
福同
居貞澤州司兵參軍
青河間太守 伯欽綿州刺史 孝紀郡中正 過庭修令 玄崇江夏令 損之
景初
崇節 元輔
學本名學基州司馬 杳河陽丞 洞
幼成
岳鄂令
美池州刺史 沅西大理評事

緗字文明相德宗

祇德兵部尚書

正駙馬都尉二子韜光戶部尚書顥字冬暉

項字廣文館助教　八子丞休復　休復　潘表微　寡光嶠　嗣光嗣　宗承休　戶部尚書孺復　復州刺史　生曙龍興尉　潘字內華表微　江陵少尹寡光　鮮州權　隨巡官　嶠太子詹事三子蘊華　陰令萃　武功令　真泌陽令嗣光　奉先令　生譜

顥字又仁嶺南節度副使　碩真源令　頻眉州軍事判官　碩禮部侍郎　就字成美　晢字澤美

（中段）

昞

嘉範景谷令　撫俗徐城令　洪涼州司戶參軍　倫丹陽尉　閬萊州刺史　揆京兆司田參軍　習宋城尉　納諫議大夫

僖檢校工部尚書河東節度使　約尉氏令　縱　綱登州長史　緗　總寧國令　綽　繪　緄太子洗馬　繢　純　紓　緄職方郎中　綬洛陽令

仁載　仁約　仁本　憲字均持　處沖檢校禮部尚書　弘昭應尉　秉懿懷州刺史

頎字延美　攝字女規河中少尹　批字道弘都官郎中　損字康遠禮部尚書　揆長安令

（下段）

滎陽鄭氏又有鄭少鄰

少鄰鄭州司士參軍　穆河清令　弼字子佐循州刺史　畋字台文相僖宗　從續字紹餘　綮戶部侍郎　芳字垂　峻秘書監　眺字輔臣

滄州鄭氏

蔣　則　昇衛州刺史　恂右拾遺　愔相中宗

鄭氏定著二房一曰北祖二曰南祖宰相九人北祖有珣瑜覃朗餘慶從讜延昌南祖有絪滎陽鄭氏有畋滄州鄭氏有愔

鍾氏出自子姓與宋氏皆晉伯宗之後也伯宗子州犂仕楚食采於鍾離因以為姓楚漢時有鍾離眜為項羽將有二子長曰發居九江仍故姓次曰接居潁川長社為鍾氏漢有西曹掾晧字季明二子迪敷迪郡主簿生繇繇字元常魏太傅定陵侯生毓會毓字稚叔侍中廷尉生駿駿字伯道晉黃門侍郎生曅曅字叔光公府掾生雅雅字彥胄過江仕晉侍中生誕誕字世長中軍參軍生靖靖字道寂潁川太守生源源字循本後魏永安太守生挺挺字法秀襄城太守潁川郡公生蹈蹈字之義南齊中軍二子嶼嶸嶼字秀望梁永嘉縣丞生寵寵字元輔為臨海令避侯景之難徙居南康贛縣生寶慎

（左側表格）

寶慎字無感隋睦州參軍　子威字之武福令　法遵字從道　紹京字可大相睿宗　嘉璧晉州長史　嘉謨太子典膳郎山陰縣公　嘉偉左領軍衛長史　山操洛邑府統軍

鍾氏宰相一人 紹京

宋氏出自子姓，殷王帝乙長子啓，周武王封之於宋，三十六世至君偃，爲楚所滅，子孫以國爲氏。楚有上將軍義，義生昌，漢中尉，始居西河介休。十二世孫晃，晃三子：恭、羲、洽。徙廣平利人。

恭前燕河南太守
樂師
毓
良北齊東郡太守
乾
大辯卭州刺史
守恭遂安令
楚璧兵部郎中

守眘襄陽尉
庭瓌庫部員外郎

庭瑜司農少卿
勳常州刺史

庭瑋兵部郎中

守儉洛州司馬
鼎兵部郎中
悅鄧州刺史
稷

子皓
陽元洛陽尉

景
孝王北齊北平王文學
俠

羲後燕衛軍司馬
榮國
曾孫弁後魏吏部尚書襄利人子
紀字仲烈
欽道北齊黃門侍郎
元節定州田曹
弘峻大理丞
務本櫟陽令
玄撫衛州司戶參軍
璟相玄宗
復同州司功參軍

昇太僕少卿

尚漢東太守生
宣
渾太子左諭
恕都官郎中生
衮太常丞
延太原少尹
華尉氏令
先儀蘇州刺史
佶河南尉侍御史
鏡州長史

洽後魏七兵尚書
謨
欽
正文秘書郎

欽仁
岡

瓊
仲謨後燕渤海太守
延慶
長威
正言洛州司馬

季緒
本立
卓然資府長史

衡河西節度行軍司馬檢校左散騎常侍生伋
曾孫劭
曾孫堅
太樂令
七世孫處秀大理正

又有廣平宋氏

素
叔夜
申錫字慶臣相文宗
球
絢字韜文

慎微城固尉

宋氏宰相二人 璟 申錫

源氏出自後魏聖武帝詰汾長子疋孤七世孫禿髮傉檀據南涼，子賀降後魏，太武見之曰：「與卿同源，可改爲源氏。」位太尉、隴西宣王。生侍中、馮翊惠公懷，懷二子：子邕、子恭。子恭字靈順，中書監、臨汝文獻公。周、隋之際居鄴郡安陽。生彪，字文宗，隋莒州刺史、臨潁縣公，生師民。

師民字鷙，隋刑部侍郎
崑玉比部郎中
翁歸比部郎中
修業涇州刺史
光裕尚書左丞
洧給事中

光乘同州刺史

光譽戶部侍郎
休

光時濟陰太守

寔司刑太常丞
乾珍

乾曜相玄宗
復華州刺史

弼工部郎中

潔河南令

清黯都尉

匡度黃州刺史臨漳公
誠心洛州司馬
安都太原少尹

匡讚國子祭酒
伯良
敬愈廬州刺史

幼良

少良司勳員外郎

匡友

行莊戶部侍郎

源氏宰相一人 乾曜

牛氏出自子姓，宋微子之後司寇牛父，子孫以王父字爲氏。漢有牛邯，爲護羌校尉，因居隴西，後徙安定，再徙鶉觚。

通
會
意
仙客相玄宗

安定牛氏出自漢隴西主簿崇之後。

允後周工部尚書臨淮公
弘隋吏部尚書奇章公
方大內史舍人

方裕金部郎中

左庶子

方智

休克集州刺史
紹太常博士
幼聞鄭尉
僧孺字思黯相敬宗文宗
蔚字大章檢校兵部尚書興元尹
徽字深之

藩字晦之
[illegible]

徽字皎章太子賓客奇章男
叢字表齡吏部尚書　嶠字松卿
秦倩洛陽尉
鳳及春官侍郎

牛氏宰相二人 僧孺 仙客

苗氏出自芊姓楚若敖生鬬伯比伯比生子良子良生越椒字伯棼以罪誅其子賁皇奔晉晉侯與之苗邑因以爲氏其地河內軹縣南有苗亭即其地也上黨長子縣有苗

襲夔
襲夔　殆庶　如閣永王府諸曹參軍　立恪　武昭
晉卿字元輔相肅宗代宗　收太子通事舍人
發駕部員外郎
丕河南少尹
堅
粲給事中　耽字毅臣
稷　詹字浚源
垂
向
冒戶部員外郎　緘　澥字德廣
約
纘
茂林
澧清漳主簿

良瑨
昭理　含潤
延嗣中書舍人太原少尹　含澤
含液　頎　蕃　署　愔字宣之　台符字節嚴
惲字甚會　延乂字子章
恪字無悔

苗氏宰相一人 晉卿

呂氏出自姜姓炎帝裔孫爲諸侯號共工氏有地在弘農之間從孫伯夷佐堯掌禮使偏掌四岳爲諸侯伯號太岳又佐禹治水有功賜氏曰呂封爲呂侯呂者膂也謂能爲股肱心膂也其地蔡州新蔡是也歷夏商世有國土至周穆王呂侯入爲司寇宣王世改呂爲甫春秋時爲彊國所并其地後爲蔡平侯所居呂侯枝庶子孫當商周之際或爲庶人呂尚字子牙號太公望封於齊十九世孫康公貸爲田和所篡遷於海濱康公七世孫禮秦昭襄王十九年自齊奔秦爲柱國少宰北平侯二子伯昌仲景伯昌生青以令尹從漢高祖封陽信侯謚曰胡唐有隋州刺史仁宗即其後也康公未失國時呂氏子孫先已散居韓魏齊魯之間其後又從東平壽張魏有徐州刺史萬年亭侯虔字子路孫行鈞其後世居河東

行鈞後魏東平太守　雄左十四監　崇禮
崇粹兵部郎中　季重歙州刺史
季卿循州刺史
諲相肅宗　仁本磁州司馬　璜李通事舍人　原吉昌令
修左衛兵曹參軍

倍正平令　伯倉宣州司戶參軍
時中成武主簿
絳鄭令
琳淄王府參軍　伊試萬州長史　緄道州司功參軍
綱奉禮郎
紓左內率府兵曹參軍
綸試嘉王府參軍
紡
績奉禮郎
纓
綜
春卿尚舍奉御
夏卿
冬卿伊闕令
詁

呂氏宰相一人 諲

第五氏出自嬀姓齊諸田漢初多徙奉園陵者故以次第爲氏唐有第五華弟琦

琦相肅宗　峯台州刺史
平京兆兵曹參軍
申　卒兼御史中丞

第五氏宰相一人 琦

唐書卷七十五上考證

宰相世系表五上桓氏修晉護軍將軍長社侯過江居丹陽生尹○沈炳震曰晉書桓彝傳桓元篡位封彝爲爲安成王宋高祖斬之不言晉有長社封亦未嘗爲護軍將軍並不言過江居丹陽有子名尹都屬鑿空

臣酉按桓宣傳桓景爲護軍將軍丹陽尹封長社侯子伊此惟以伊作尹他皆脗合然景乃譙國銍人修則譙國龍亢人又合二桓爲一族矣

鄭氏宰相九人○沈炳震曰缺肅綮

安定牛氏出自漢隴西主簿崇之後遵允後周工部尚書○沈炳震曰按隋書牛弘傳弘本姓尞氏父允賜姓牛氏則允本姓尞非名遵允且非牛崇之後

唐書卷七十五下

宋　翰　林　學　士　歐　陽　修　撰

表第十五下

宰相世系表

常氏出自姬姓衛康叔支孫食采常邑因以爲氏唐有新豐常氏

緒成安令
毅杞王府司馬
楚珪雍王府文學
無名禮部員外郎
著侍御史
曾弘農令
晉戶部郎中

魯渭南尉
無爲三原丞
皆司農卿
仲儒諫議大夫
袞相代宗德宗
無欲
無求右補闕

常氏宰相一人袞

喬氏出自姬姓本橋氏也漢太尉玄六世孫勤後魏平原內史從孝武入關居同州生朗朗生達後周文帝命橋氏去木義取高遠也世居太原

琳相德宗
彝
琛

喬氏宰相一人琳

闞氏出自商大夫闞龍逢之後蜀前將軍漢壽亭侯羽生侍中興其後世居信都裔孫播相德宗

闞氏宰相一人播

渾氏出自匈奴渾邪王蹛拔氏徙河南因以爲氏自廻貴至瑊世襲皋蘭州都督府

潭隋左王鈐衛大將軍
廻貴豹韜衛大將軍靈丘縣伯
元慶鎮國大將軍檢校禮部尚書
大德左武衛大將軍
釋之左領軍衛大將軍檢校司徒
旻禾王府參軍
徽靈武節度判官
儉少府監
特司農卿
正元吏部員外郎
徽播州刺史
宰揚州司馬
正孫秦州司馬
裴檢校水部郎中
景之坊州刺史

大壽太僕丞
釋之字釋之左武衛大將軍寧朔郡王
瓊太子中允
瑊相德宗
鍊左羽林將軍
鎬義武軍節度使
鉅雅州刺史
鋼天德軍防禦使
鐵振武軍節度使
玘左領軍將軍武當郡王
大寧左衛率府率
大封內作使
大獻左羽林大將軍酒泉郡公
大鼎尚衣奉御
大義左金吾衛大將軍

渾氏宰相一人瑊

齊氏出自姜姓炎帝裔孫呂尚後封於齊因以爲氏漢有平敬侯齊受傳封四世居高陽晉有武邑侯齊琰

琰
健
澄
肅暕虞部郎中
說檢校員外郎
倚
暢
椊
虔光州刺史
知玄長山令
澣平陽太守
翻信州刺史

鈞左驍衛倉曹參軍　抗字遐舉，相德宗。　悚洛陽尉
翊吏部郎中　恣衢州刺史
翻

瀛州齊氏

玘　昭殿中侍御史　孝若大理正
汝澤州刺史
映相德宗
暐京兆府司錄參軍
驃池州刺史
煦字德混

齊氏宰相二人。抗、映。

董氏出自姬姓，黃帝裔孫有飂叔安生董父，舜賜姓董氏。裔孫辛有，辛有子孫分適晉，有董狐。裔孫翳，項羽封爲翟王，都高奴，子孫遂居隴西。漢江都相仲舒，少子之孫自廣川徙隴西，裔孫徙河東。

仁瑰梁州博士　大禮　伯眞新浦主簿　晉字混成，相德宗。　全道殿中少監　溪商州刺史　居中
全素太子中書舍人　從直
澥太常寺太祝　居敬

董氏宰相一人。晉。

賈氏出自姬姓。唐叔虞少子公明，康王封之於賈，爲賈伯，河東臨汾有賈鄉，卽其地也，爲晉所滅，以國爲氏。晉公族狐偃之子射姑爲晉太師，食邑於賈，字季他，亦號賈季。漢有長沙王太傅誼，生璠，尚書中兵郎，生二子：嘉、惲。嘉，宜春太守，生啟，游擊將軍。五子：洪、潤、洎、湘、注。洎，輕騎將軍，生暐，下邳太守。二子：冰、淵。淵，遼東太守。三子：納、邠、丕。丕生昕、祕書監。二子：廷玉、秀玉。秀玉，武威太守，生衍，兗州刺史，生龔，輕騎將軍，徙居武威。二子：綵、詡。詡，魏太尉、肅侯，生璣，駙馬都尉、關內侯，又徙長樂。二子：通、延。通，侍中、車騎大將軍。三子：仲安、仲謀、仲達。仲達，潁川太守，生疋，字彥度，輕車將軍、雍州刺史、酒泉郡公。二子：乂、康。康，祕書監。二子：鍇、鈞。鈞生弼，散騎侍郎。二子：躬之、匪之。躬之，宋太宰參軍。四子：希鏡、希遠、希逸、希叟。希鏡，南齊外兵郎，生稅，義興郡太守，生執，梁太府卿。二子：暹、肇。肇二子：寰、宏。宏，後梁中軍長史，生鄰，北齊青、兗等州刺史、河東公。二子：嶧、巘。巘，殿中監。三子：懿、憲、憲。避葛榮之難，避地浮陽。

憲字元處靜，隋稽後周成州長祕書監史
敬言刑部郎中、滑州刺史　令思禮部員外郎　晉衛尉卿
恆司門員外郎、池州刺史　元敏　澄城令
元通殿中丞
達則長河尉　知義沁源主簿　元球沁水丞
耽字敦詩，相德宗。　疇司農寺主簿
嶙少府監　襲魏國公　侁左武衛胄曹參軍　惟慶丹州刺史　河東縣男
洮西水令
翔檢校尚書水部員外郎
叔華原尉
翎
敬忠歸州刺史
栗楚州刺史

河南賈氏世居姑臧。

處湮涇陽令　玄楴
玄暐　季良奉天尉　戣檢校大理評事
季鄰長安主簿　岧
稹字嘉穎
嶷

曹　寧　竦著作郎　餗字子美，相文宗。

賈氏宰相二人。耽、餗。

權氏出自子姓。商武丁之裔孫封於權，其地南郡當陽縣權城是也。楚武王滅權，遷於那處，其孫因以爲氏。秦滅楚，遷大姓於隴西，因居天水。漢有左輔都尉忠，十四世孫翼，字子良，前秦右僕射、安丘敬公，生宣、吉、宣、襃、宣、襄。後秦黃門侍郎，六世孫榮。

榮隋文誕涪儀同，常二州刺史，平鄭城、涼公　崇嗣
崇基屯田員外郎　上仁良史澤州刺史
崇先水部員外郎
崇本匡城令　無侍成都尉　倕
皐字士繇，著作郎，德宗。　璩字大圭，鄭州刺史。　瑶字太玉
德輿字載之，相憲宗。
伋臨穎令
皐字子司士參軍　翬華州　少城　桐廬尉　項兩當令
瑄華州參軍
審字子詢
南仲
少清

倬
君訥桂敏梓三州刺史 皎紫 溪令 有方 鄘令 長孺字直卿
儼安平令 逵字達咸陽丞 塤
恩 絳
無已 偉 寅
儦
同光 僨
促

權氏宰相一人。德輿

皇甫氏出自子姓宋戴公白生公子充石字皇父皇父生季子來來生南雍䧿以王父字爲氏䧿六世孫孟之孟之生遇避地奔魯裔孫鸞漢興自魯徙茂陵改父爲甫裔孫晉廣魏太守固生柴徙襄陽後又徙壽春裔孫珍義

珍義資建二州刺史 文亮高陵令 鏡幾 恂 岳
嵒
晞幾太子洗馬 憬
悰
愔
愉 鏞字敏卿太子少保 璥
珧
鎛相憲宗 珪字德卿 蘊字待價
、
知常岑州揚州長史 懌
悟
文房黃門侍郎 希莊臺郎 翼字謀安青州刺史 准

皇甫氏宰相一人。鎛

程氏出自風姓顓頊生稱稱生老童老童二子重黎重爲火正司地其後世爲掌天地之官裔孫封於程是爲程伯雒陽有上程聚即其地也至周宣王時程伯休父失其官守以諸侯入爲王司馬又有司馬氏程氏世居長安

思奉利州刺史 子珪左贊善大夫 獻可太子左諭德 异字師舉相獻宗 巽

程氏宰相一人。异

令狐氏出自姬姓周文王子畢公高裔孫畢萬爲晉大夫生芒季芒季生武子魏犨犨生顆以獲秦將杜回功別封令狐生文子頡因以爲氏世居太原泰有太原守五馬亭侯稱十四世孫漢建威將軍邁與翟義起兵討王莽兵敗死之三子伯友文公稱皆奔敦煌伯友入龜茲文公入疏勒稱爲故吏所匿遂居効穀稱六子扶堅由美瑾猛由字仲平後漢伊吾都尉六子禹霸容明演淳禹字巨先博陵太守四子輝洽延溥溥字文悟蒼梧太守三子璜歆瑒溥五世孫晉諫議大夫馨馨孫亞字就胥前涼西海太守安人亭侯二子瑾綏亞孫敏字末昌前涼鳴沙令四子達忠襲越敏五世孫虬字惠獻後魏燉煌郡太守鶉陰縣子四子元保整慶保休整周御正中大夫彭陽襄公賜姓宇文氏生熙

熙隋吏部尚書武康公 元超撫寧令 濬上邽令 崇亮昌明令 承簡字居易太原府功曹參軍 楚字殼士相憲宗 緒河南少尹
綯字子直相宣宗 滈太常博士
澄
專
渙中書舍人
從檢校膳部郎中
定字履常桂管觀察使 緘字識之 渢字中化
湘
德棻國子祭酒 修己 伯陽

涓丹陽郡司馬 峴刑部員外郎 丕太
峘秘書少監 懷丞
嵋和州刺史

令狐氏宰相二人。楚、綯

段氏出自姬姓鄭武公子共叔段其孫以王父字爲氏漢有北地都尉卬世居武威十四世孫後魏晉興太守紛五世孫偃師從河南

偃師太子家令 志玄右驍衛大將軍褒國忠壯公 瓘右屯衛將軍 懷簡坊州刺史
瓘朝邑令 懷昶德州參軍 諤榮州刺史 文昌字墨卿相穆宗 成式字柯古
懷晏
懷皎
瑾宜州長史 懷本禮部郎中

段氏宰相一人。文昌

元氏出自拓拔氏黃帝生昌意昌意少子悃居北十一世爲鮮卑君長平文皇帝鬱律二子什翼犍烏孤什翼犍昭成皇帝也始號代王至道武皇帝改號魏至孝文帝更爲元氏

什翼犍七子一曰寔君二曰翰三曰閼婆四曰壽鳩五曰紇根六曰力真七曰窟咄寔君生道武皇帝珪珪生明元皇帝嗣嗣生太武皇帝燾燾生景穆皇帝晃景穆諸子唯濬新成子推天錫雲楨胡兒休八房子孫聞於唐濬文成皇帝也文成諸子唯弘長樂二房子孫聞於唐弘獻文皇帝也獻文諸子唯宏幹羽勰四房子孫聞於唐宏孝文帝也七子恂恪懷愉懌悅恪宣武皇帝也懷廣平文穆王生廣平文懿王悌悌生侍中驃騎大將軍廣平王贊贊生謙

謙後周韓國公 善提周襄州刺史襲公 寶琳襲公 昭 穎 庭珍 伯明陳王府諮議參軍襲公 紹俊襲公 文贊襲公 應襄城尉

遜汴州文學
應新井令
承裕汧陽主簿
節道明堂令

什翼犍第六子力眞力眞二子意烈意勁意勁彭城公五世孫敷州刺史禎禎二子巖成

巖字若山隋兵部尚書平昌公
琳
義恭
孝節工部員外郎
通理給事中
從右司員外郎
脩河南少尹
希聲吏部侍郎
弘隋北平刺史
義端魏州刺史
延壽睦州刺史
澄通州刺史
延福
怡
偕歸州刺史
伾
偉平原尉
延景岐州參軍
悱南頓丞
寬北部郎中舒王長史
沂汝陽尉
秬萬年尉
積司農少卿
積字微之相穆宗
道護
晉侍御史
延祚司議郎
平叔絳州長史
拯吏部員外郎
汪
洪饒州刺史
晦
錫字君貺淄王傅
錄
復禮
壽
琯
銑

元氏宰相一人稹大歷宰相元載本景氏故不著

擕太常博士
侍都官郎中

路氏出自姬姓帝摯子玄元堯封於中路歷虞夏稱侯子孫以國爲氏漢符離侯愽德始居平陽裔孫嘉字君賓晉安東太守孫藻藻二子纂建

纂
濟後魏青州刺史
寄奴
侍慶安州刺史
思令
君儒北齊員外郎
德淮相州刺史
勵業
勵言曹州刺史
欽正
欽古
勵節華州刺史
欽訓
勵行
肇令
神鼎恒州刺史
文逸申州司馬
敬淳太常博士
敬澄
敬滋雍州司馬
暢
敬潛中書舍人
廣心常兼大理司直監察御史

建
建曾孫後魏太常卿
彥周夏州刺史
後兗隋兵部侍郎閬鄉公
文昇字文昇平愛泰三州刺史宣城縣公
元叡吏部郎中廣州都督
幼玉監察御史
齊暉徐宋二州刺史
綸監察御史
長興
季登諫議大夫
羣字正大
嶽字周翰
招隱字希龍
巖字魯瞻相懿宗
德延字昌遠
延規字希聖
庠

又有越王府東閤祭酒節生惟恕

惟恕後之涉字安隋字
睦州太子期副元帥判官
南式
刺史通事舍人
檢校戶部郎中
宗
相文

元懋翰太一次令
太一原令
晚金果州刺史
粱客
嗣恭字懿範初名嗣客
公
應宣
廣州都督番禺縣公
州觀察使
恕太子詹事鄜坊節度使
異兗州刺史
楷司農卿
憑侍御史
仗
惎岳州刺史
黃中

路氏宰相二人巖隋

舒氏出自偃姓皐陶之後封於蓼安豐蓼縣卽其地也春秋魯文公五年爲楚所滅其後更復爲楚屬國亦名曰舒又曰羣舒又曰舒蓼又曰舒庸又曰舒鳩一國而有五名春秋魯襄二十五年楚又滅之子孫以國爲氏世居廬江

恒武昌軍將校
元輿相文宗
元肱字夏哉
元褒字子穎山南東道從事
元俊司封員外郎

舒氏宰相一人元輿

白氏出自姬姓周太王五世孫虞仲封於虞爲晉所滅虞之公族井伯奚媵伯姬于秦受邑於百里因號百里奚奚生視字孟明古人皆先字後名故稱爲孟明視孟明視二

子一曰西乞術二曰白乞丙其後以爲氏裔孫武安君起賜死杜郵始皇思其功封其子仲於太原故子孫世爲太原人二十三世孫後魏太原太守邕邕五世孫建

建字彥舉後周弘農郡守邵陵縣男

君恕倉部郎中

大威梓州刺史

君敏宰州別駕

知愼戶部郎中

知節

士通利州都督

志善尚衣奉御

溫檢校都官郎中

鍠鞏令

季庚襄州別駕

初文浮梁薄

居易字樂天刑部尚書

景受孟懷觀察支使以從子繼

邦翰司封郎中

思齊鄭州錄事參軍

行簡字退之膳部郎中

味道成都少尹

季彰許昌令

潾揚州錄事參軍

季康溧水令

敏中字用晦相宣宗

順求字幾聖

崇嗣字光祚

傅規字慶餘

季平河南主簿

白氏宰相一人 敏中

夏侯氏出自姒姓夏禹裔孫東樓公封爲杞侯至簡公爲楚所滅弟他奔魯魯悼公以其夏禹之後給以采地爲侯因以爲氏焉後去魯之沛分沛爲譙遂爲郡人唐有駕部郎中審封

審封

敏

敬

孜字好學相宣宗懿宗

潭字盧中禮部侍郎

坦

映字光文

澤字表中

斐

放

漢字司文

曜侍御史

知訓千牛備身

夏侯氏宰相一人 孜

蔣氏出自姬姓周公第三子伯齡封於蔣其地光州仙居縣是也宋改爲樂安蔣爲彊國所滅子孫因以爲氏漢有蔣詡十世孫休自樂安徙義興陽羨縣十一世孫元遜陳左衛將軍其族有太子洗馬弘文館學士瓌生將明

將明國子司業集賢殿學士副知院事

乂字德源秘書監義興懿公

係檢校左僕射淮陽公

兆

承初字昌遠

曙字耀之

延翰

庸字台臣

伸字大直相宣宗懿宗

汴字越之

偕右補闕

仙

佶

琛字獻之

蔣氏宰相一人 伸

畢氏出自姬姓周文王第十五子高封於畢以國爲氏後漢兗州別駕諶世居東平五世孫衆慶宋本州大中止五世孫憬

憬司衛少卿許州刺史

構戶部尚書魏景公

抗兵部員外郎吳郡太守江南採訪使

坰王屋尉

鎬

鉦

銶

銳

增

栩曹王府司馬

浚汾州長史

匀協律郎

諴字存之相懿宗

紹顏渭南尉直史館

畢氏宰相一人 諴

曹姓出自顓頊五世孫陸終第五子安爲曹姓至曹挾封之於邾爲楚所滅復爲曹姓唐有河南曹氏周

景伯

確字剛中相懿宗

希甫字嵩臣

汾字道謙戶部侍郎

希幹字荷臣

曹氏宰相一人 確

徐氏出自嬴姓皋陶生伯益伯益生若木夏后氏封之於徐其地下邳僮縣是也至偃王三十二世爲周所滅復封其子宗爲徐子宗十一世孫章禹爲吳所滅子孫以國爲氏章禹十三世孫洗爲秦莊襄王相生仲仲字景伯生延延字方遠延生由由字智卿由生該該字昌言該生光光字子暉漢下邳太守光生大司農靜靜字君安靜生益州刺史萬秋萬秋字蘭卿萬秋生左曹給事充充字彥通充生諫議大夫安仁安仁二子豐霸豐爲北祖霸爲南祖

北祖上房徐氏豐字仲都司空掾生明明字玄通侍中生邈邈字少卿侍中生宜宜字休璥二子琳瑞瑞字元珪下邳太守二子謨師儉師儉字世節京兆尹二子進超超字彥孫魏散騎常侍二子崇統統字耀卿晉江陽太守三子褒璣台台字叔衡丹陽令三子禕袂褚褚字萬秩太子洗馬二子寧恭寧字安期吏部侍郎五子豐之寶之仁之祚之育之祚之字興民祕書監三子尚之美之欽之欽之字貞宇宋丞相東莞公三子逵之佩之邁之逵之字幼道中書侍郎二子淳之湛之湛之字孝源丞相枝江忠烈侯二子恒之聿之恒之字景方工部郎中襲侯二子孝規孝嗣孝嗣字始昌齊太尉文忠公六子況緎碏會嘉緄

列	1	2	3	4	5	6	7	8	9	10	11	12
1	緄字仲文，齊侍中	君敷字懷眞，陳常侍	榮字子德，隋通事舍人	恕字克己，尚食直長	筠字南美，春宮尚書、枝江郡公	皎字景融，左驍衛兵曹參軍	謝字擇賢，許州司馬，襲枝江男	儀字行貢，祠部員外郎	雅			
2									槃字宣遠，檢校戶部郎中	寂 海陵令	鄧光遠，齊滑明泗六州刺史	
3											持	
4								向字安伯，衞江陳潁鄭宋六州刺史	嚴字景肅，麻城令	敦復	肇	
5									練字元白，校書郎	臣質	公閔	彙先景 調景調 生異興 生侁之
6										峻之		
7							謣					
8							訬					
9							譔					
10							訥					
11							謐		摯			
12						昭字德光，虞部郎中	孟詹字充，義安州都督					
13						昕字光烈，又字景顥，脩文洛州長史	琇，冀州刺史	績或，州別駕	縝			
14						聯			弘毅，大理評事	綜，江陵參軍	玭	
15						皓						
16		居賓字客卿，梁五兵尚書	澈字甘泉，一名澄，陳祕書監	文達字廣義，國子博士	士安字泰泉，王屋令	有功字弘敏，秋官侍郎	倫字堅，岐、慶二王司馬	毅字和玉，襲東莞男，安定太守	壽字浚源，侍御史	杜		
17										宰字舜鈞，大理評事	商字義聲，相懿宗	彥若字俞之，相昭宗。生綰，兵部郎中
18												仁嗣
19												仁矩字寶裕

列	5	6	7	8	9	10	11	12
1								仁範
2								仁勗字道海
3							宮字應，黃漢州刺史	仁規
4						罕		
5				殷				
6				毅				
7			恂字固行，越州司法參軍	龍字知方，臨洪丞	液字既濟，金華令	義立字道彰，襄州別駕	有慶字嗣榮，滁州從事	弘嗣字致君，宣武行營判官。生彥休
8				審字梁萬，義烏尉	汶字涵光，殿中侍御史	繼字周器，王府長史	審字道知，明州司戶參軍	曹字司之，越州司馬
9					灌字海康，金吾衛胄曹參軍			
10					豐字居方，武進丞			
11			懍字士元，揚州法曹參軍	毅字長儒，大長尉	湜，大理司直			
12			愃字德美，金華丞	殺，句容尉	瀚字瀛都，淮南從事			
13		有道字弘度，聳丞	渾字挂，河內採訪使					
14		有業	徹，少監	漢字淵會，水部員外郎	鸞，祠部員外郎	大彭字壽卿，洪州別駕	魯苗	
15							禹苗	
16					項，雲陽令	次䎘		
17					鷹，武陟令			
18	士會	弘禮						
19	士雅	有慶，鹽城令	忱					
20	士師	弘仁，揚州司馬						
21		弘信，太原府戶曹參軍						
22		弘度						

列	4	5	6	7	8	9	10	11
1	文達字幼迦，金山令	奉誠						
2		奉信						
3		昌時，長天令	有鄰字善之，金壇令	倪字泰之，盧陵令	收字藏之，鳳翔府司錄參軍	寶符字靈通，杭州錄事參軍	瑾字德玉，徐州司法參軍	摶

高平北祖上房徐氏誕次子矩，矩字弘深，生邕，邕字文和，生廉，廉字元平，生則，則字元度，生尚，尚字光漢，大司農，生費，費字子文，金威將軍、東莞侯，生升，升字玄明，司空掾，襲東莞侯，生珪，珪字少玉，姑孰令，生欽，欽字思祖，大中大夫，生長卿，長卿字德師，二子：萬、僉。萬字士諧，平原太守，生續，續字承先，城門校尉，二子：寵、惠。惠字士安，司空掾，生胄，胄字彥先，本郡主簿、功曹，二子：允、訓。允字仲和，生鄙，鄙字子頵，二子：訪、隆。訪字公謀，魏鎮北將軍，二子暢字彥春，晉隴西內史，四子：沇、胥、敷、蘭。蘭字石侯，侍御史，生澹，澹字洛川，長壽令，生乾，乾字文祚，給事中，生道娛，道娛字道福，員外郎，生道祖，道祖字弘業，宋車騎行將軍，生玄英，玄英字智仁，奉朝請，生景初，尚書正員外郎，二子：弘師、弘道。世居曹州離狐，隋末徙滑州衛南。至世勣預屬籍，為李氏，武后世復舊。

列	1	2	3	4	5	6	7	8	9	10
1	弘師字德令，南齊直閣舍人	琛，侍御史	懋，梁荊州刺史	元起字山立，隋濮陽太守	蓋字廣濟，陵州刺史、舒國公	世勣字茂功，相太宗、高宗	震，梓州刺史	敬業，柳州司馬		
2								敬猷，盩厔令		
3								思順字知道，鴻臚卿	湘字演津，壽州刺史	弘光字大明，岐王傅
4				虞字德榮，譙郡太守		弼，司衞正卿				
5	弘道字太玄，陳太常卿	珍字大器，隋閤下舍人	元慶字嚴客，彭澤令	唐字景明，沛令	纂字景方，鄭州長史					

徐氏宰相三人。商 世勣 彥若

孔氏出自子姓。商帝乙長子微子啟封於宋，弟微仲衍，曾孫湣公揵生弗父何，何生宋父周，周生世父勝，勝生正考父，父生嘉，字孔父，孔父生木金父，金父生睪夷父，以王父字爲氏，生防叔，避華父督之難奔魯，爲大夫，生伯夏，夏生鄹大夫叔梁紇，紇二子：孟皮、仲尼。仲尼爲魯司寇，攝相事，生鯉，字伯魚。伯魚生伋，字子思，爲魯穆公師，生白，字子上，齊威王相。白生求，字子家。求生箕，字子京，魏相。箕生穿，字子高。穿生斌，字子慎，一名鮒，魏文侯相，文信君。三子：鮒、騰、樹。騰字子襄，漢孝惠博士、長沙太傅，生忠，字子貞，博士。忠二子：武、安國。武生延年，大將軍、太傅。延年生霸，字次孺，給事中、高密相、褒成烈君。四子：福、振、喜、光。福，關內侯，生房，房生均，字長平，尚書郎，生大司馬、元成侯志，志生損。自均皆世襲褒成侯，及損，徙封褒亭侯，生曜，曜生完，無子，以弟子魏奉議郎羨爲嗣。羨生晉太常卿、黄門侍郎震，震生嶷，嶷生豫章太守撫，撫生從事中郎懿。自羨以下襲奉聖侯。生宋崇聖侯鮮，鮮生後魏崇聖大夫乘，乘生祕書郎靈珍，靈珍生文泰。自靈珍以下襲崇聖侯。文泰生渠。

渠後周鄒國公 | 長孫襲公 | 嗣哲隋晃郡主簿紹聖侯 | 德倫襃聖侯 | 崇基襲侯 | 遂之字藏暉都水使者襲文宣公 | 萱泗水令 | 齊卿青州司兵參軍 | 惟晊兗州參軍 | 策 | 振字國文刑部員外郎 | 昭儉祕書郎曲阜令

拯字弘濟 | 述字彰聖

郁

下博孔氏出自關內侯福七世孫郁，後漢冀州刺史，生揚，下博亭侯，子孫因居焉。七世孫靈龜，後魏國子博士，生碩。

碩後魏治書侍御史 | 安北齊青州法曹參軍 | 穎達字沖遠國子祭酒曲阜憲公 | 志玄國子司業 | 惠元國子司業 | 立言祠部郎中

昚言黃州刺史

志約禮部郎中 | 琮洪州都督

曲阜憲公穎達族孫務本，自孔子至是三十五世。

志亮中書舍人

務本惠光令 | 如珪海州司戶參軍 | 岑父著作佐郎 | 載

戣給事中 | 溫質 | 絢字延休

約字司言

纁字徽大

溫孺 | 緯字化文相僖宗昭宗 | 昌嗣字佐化

繹字受文

緘 | 昌庸

溫憲

溫裕 | 紓字特卿

續字脩脩

戡字君勝黔中節度判官

戢庫部員外郎 | 溫業字遜志 | 昉字文爲 | 昌序字昭舉

炅字齊美萊州刺史 | 昌庶字幾聖虞部郎中 | 莊字文愿 | 承恭

溫諒 | 纘 | 昌明字紹儀

戩

威

巢父給事中

孔氏宰相一人。緯。

獨孤氏出自劉氏。後漢世祖生沛獻王輔，輔生釐王定，定生節王丏，丏二子：廣、廙。廙，洛陽令，生穆，穆生度遼將軍進伯，擊匈奴，兵敗被執，囚之孤山下，生尸利，單于以爲谷蠡王，號獨孤部。尸利生烏利，二子：去卑、猛。猛生副倫，副倫生路孤，路孤生眷，眷生羅辰，從後魏孝文從洛陽，爲河南令，初以其部爲氏，位定州刺史、永安公，生廷尉貞公萬齡，萬齡生稽，字延平，鎭東將軍、文公。稽生鎭東將軍歸，歸生冀。

冀字脩卑定州刺史武安烈公 | 永業字世基周大司寇臨川郡王 | 子佳隋淮州刺史武安公 | 義恭

義盛 | 士約 | 謂戶部郎中

恩 | 華兵部郎中

叔德 | 文惠明威將軍 | 楷穎川郡長史 | 澄

丕字山南劍主簿

萬

峻越州都督左金吾大將軍

迥大理少卿

元頠字倚南虞杭簡三州刺史洛南郡公 | 元愷給事中 | 思莊左金吾大將軍

思行洋州刺史

元康 | 明駙馬都尉

元慶 | 思諫鄭令 | [illegible]延左補闕

含章左金吾兵曹參軍 | 問俗鄂州刺史 | 勉揚子令

勛

助太子舍人 | 申叔校書

遐叔

勸

易知

通理殿中侍御史潁川郡長史
汜睦州刺史
巨右驍衞兵曹參軍
及字至之常州刺史謚日文
朗協律郎
都字古風秘書少監
庠宇賢府
正眞定尉
道濟導江丞
叟
恆左司郎中
寔兼殿中侍御史
寂
寄壽州刺史
蒙
雲字公遠吏部侍郎
回
損字又損相昭宗
遲字後已
憲字正風
霖秘書監

獨孤氏宰相一人 損

柳城李氏世爲契丹酋長後徙京兆萬年

令節左威衞大將軍幽州經畧軍副使
重鴻臚卿兼檀州刺史
楷洛左羽林大將軍朔方節度副使薊郡公
遵宜將軍
遵行將軍
光弼太尉兼侍中臨淮武穆王
義忠太僕卿

象太僕卿
龔宿州刺史
光琰
光顏鴻臚卿
光進字大應刑部尚書武威郡王
元弈
元憑
璹景州刺史

武威李氏本安氏出自姬姓黃帝生昌意昌意次子安居于西方自號安息國後漢末遣子世高入朝因居洛陽晉魏間家于安定後徙遼左以避亂又徙武威後魏有難陀孫婆羅周隋間居涼州武威爲薩寶生興貴脩仁至抱玉賜姓李

興貴左武候大將軍歸國宣公
恒安
文成
忠敬松鄯會三州都督
抱玉初名重璋守司徒平章事涼國昭武公
自正字尚貞少府監襲公
緒京兆府參軍
纓寶鼎主簿
綜河中參軍
絳
元表
脩仁左驍衞大將軍鄯國公
秉壽右領軍將軍
永達
懷恪陳州司馬
齊管
抱眞檢校司空平章事義陽郡王
緘少府監
幼成
幼清

永昌
玄暉殿中侍御史貝州刺史
義仲開府果毅
義穆
季明

高麗李氏

正己本名懷玉平盧節度使守司空饒陽郡王
納平盧節度使檢校司空
承務
師古平盧節度使檢校司徒兼侍中
明安
蘭州司戶參軍
師道平盧節度使檢校尚書左僕射
弘方
師賢
師智
經
洧正己從父兄徐海觀察使檢校戶部尚書
澹徐州團練副使

柳城李氏本奚族不知何氏至寶臣爲張鎖高養子冒姓張氏後賜姓李氏

寶臣字爲輔成德節度使守司空清河郡王
秦左驍衞大將軍
越左金吾衞大將軍
佶左武衞大將軍
惟誠濮州刺史
惟岳成德軍司馬

惟簡，鳳翔節度使、檢校戶部尚書、武安郡王。元孫，三原尉。

元賓，溧陽尉。

元立，興平尉。

元本，河南府參軍。

銖。

寶正。

雞田李氏本河曲部落稽阿跌之族，至光進賜姓李。

良臣，襲雞田州刺史。光進，振武節度使。

光顏，河東節度使、守司徒兼侍中。

范陽李氏自云常山愍王之後。

凝，檢校太子賓客兼侍御史。庭弼，澶州刺史。休祥，薊州刺史。載義字方毅，守太保兼侍中、河東節度使、武威郡王。正源，右羽林將軍兼御史大夫。

弘源，太子左諭德。

代北李氏本沙陀部落，姓朱邪氏，至國昌賜姓李，附鄭王屬籍。

執宜，代北行營招撫使、蔚州刺史。國昌名赤心，代北節度使、檢校太尉。克恭。

克儉。

克用，河東節度使、守太師、中書令、晉王。存勗，嬀州刺史、檢校司空。

存霸。

存渥。

存紀。

存乂。

存美。

存確。

存禮。

克寧，代州刺史。

赤忠。

奉國。

李氏三公七人，三師二人。柳城李氏有光弼，武威李氏有抱玉，高麗李氏有正己，又柳城李氏有寶臣，雞田李氏有光顏，范陽李氏有載義，代北李氏有克用。

營州王氏本高麗之族。

虔威，朔方軍將。思禮，司空、霍國武烈公。

太原王氏世居祁縣，後徙平州。至縉，從侯希逸南遷，遂居河內溫縣。

湋，右武衛大將軍。瓌，左金吾衛大將軍。縉，太子詹事。智興字匡諫，寧武節度使、守太傅、鴈門郡王。晏平，永州司戶參軍。

晏宰，太原節度使。

晏忠，左威衛將軍。

晏實。

晏恭。

晏逸。

晏深。

晏裓。

晏翰。

安東王氏本阿布思之族，世隸安東都護府。曰五哥之，左武衛將軍，生末怛活。

末怛活，左金吾衛大將軍。升朝，檢校太子賓客、樂安郡王。庭湊，成德節度使。元逵，檢校司徒、同平章事、成德節度使。景胄，深州刺史。

紹鼎，檢校尚書左僕射、成德節度使。

紹懿，檢校司空、成德節度使。景崇，檢校太傅、中書令、成德節度使、常山郡王。鎔，太尉、中書令、成德節度使。昭祚。

景萼。

王氏三公二人，三師一人。營州王氏有思禮，河內王氏有智興，安東王氏有鎔。

田氏出自嬀姓。陳厲公子完，字敬仲，仕齊，初有采地，因號田氏。又云陳、田聲相近也。至田和，篡齊為諸侯。九世至王建，為秦所滅。漢興，諸田徙陽陵，後徙北平。魏議郎田疇，字子泰，二十二世孫璟。

璟，鄭州司馬。守義，安東副都護。承嗣，魏博節度使、太尉、鴈門郡王。維，魏州刺史。

朝，神武將軍。

華，太常少卿、駙馬都尉。

繹。

綸。

綰。

緒，魏博節度使、檢校左僕射、同平章事、駙馬都尉、常山郡王。季和，澶州刺史。

季安字夔魏博節度使檢校司徒　懷諫右監門衛將軍
懷禮
懷詢
懷讓
季直魏博牙將
綸
純
紳
緒字雲長右領軍將軍扶風郡公　季宗監察御史
季昌福王府參軍
季皐
季膺
季卿
季黃
季芳
庭琳
延惲安東都護府司馬　庭玠相州刺史　弘正字安道成德節度使檢校司徒兼中書令沂國忠愍公　早安南都護
牟天平節度使
布字執禮魏博節度使檢校工部尚書孝公　鐬天平節度使檢校尚書左僕射

在宥安南都護
章洛陽令　在賓　鶚盱眙令

田氏三公一人　承嗣

烏氏出自姬姓黃帝之後少昊氏以烏鳥名官以世功命氏齊有烏之餘裔孫世居北方號烏洛侯後徙張掖

察左武衛大將軍　令望左領軍大將軍　蒙左武衛中郎將　承恩
承玼右威衛將軍檢校殿中監昌化郡王　重胤字保君天平節度使守司徒邠國公
漢弘左羽林將軍
行惠洺州刺史
漢貞左金吾將軍
行方河南丞
漢封衛尉寺丞
漢章右驍衛倉曹參軍
行思左衛倉曹參軍
重元

烏氏宰相一人　重胤

唐宰相三百六十九人凡九十八族再入五十七人長孫無忌楊師道李勣褚遂良李義府劉仁軌騫味道狄仁傑姚璹李元素婁師德陸元方蘇味道楊再思杜景佺宗楚客魏元忠張錫唐休璟韋嗣立蘇瓌蕭至忠岑羲宋璟郭元振竇懷貞源乾曜苗晉卿李峴杜鴻漸李勉鄭餘慶武元衡李吉甫張弘靖李逢吉王涯王播牛僧孺李宗閔李德裕崔鉉杜悰白敏中劉瞻盧携鄭從讜裴澈蕭遘韋昭度孔緯徐彥若李谿王摶陸扆崔遠裴樞三入十二人武承嗣武攸寧豆盧欽望武三思李嶠李懷遠崔湜劉幽求張說張延賞王鐸鄭畋四入三人韋巨源姚元之韋安石五入三人蕭瑀裴度崔胤三公三師七十一人宗室親王二十八人秦王世民齊王元吉荊王元景吳王恪徐王元禮韓王元嘉霍王元軌舒王元名相王旦宋王憲申王撝邠王守禮忠王浚薛王業慶王琮廣平郡王俶福王綰撫王紘榮王憒建王震以宰相及前宰相遷者二十七人裴寂房玄齡長孫無忌李勣武三思楊國忠杜佑裴度王涯李德裕李讓夷杜悰白敏中令狐綯夏侯孜韋保衡王鐸鄭畋鄭從讜蕭遘韋昭度孔緯杜讓能徐彥若崔胤王摶柳璨以軍功進者二十八人李光弼郭子儀王思禮僕固懷恩李抱玉田承嗣李正已朱泚李寶臣侯希逸馬燧李晟李光顏烏重胤王智興李載義李克用王建韓建朱全忠以恩澤進者四人武攸暨李輔國于頔韓弘皆遍見宰相世系別著田氏烏氏二族希逸亡其世系輔國中官也懷恩叛臣也朱泚王建韓建朱全忠唐之盜也皆削而不著

唐書卷七十五下考證

宰相世系表五下渾氏迴貴元慶○臣酉按舊書渾瑊傳高祖阿貪支曾祖元慶新書回鶻傳則以元慶作迴貴而其高祖則同爲阿貪支表鈌阿貪支而以迴貴爲元慶之父疑誤

白氏孟明視二子一曰西乞術一曰白乙丙○臣酉按孟明西乞白乙並見左氏傳杜氏不言西乞白乙爲孟明子也史記則以西乞爲蹇叔子

孔氏滑公捷生弗父何○臣酉按孔子世家註宋襄公生弗父何

獨孤氏羅辰從後魏孝文徙洛陽○臣酉按魏書外戚傳太祖時羅辰歸國自太祖開國至孝文遷洛陽時相去百餘年矣羅辰安得從徙耶

唐書卷七十六

宋端明殿學士宋祁撰

列傳第一

后妃上

唐制皇后而下有貴妃淑妃德妃賢妃是爲夫人昭儀昭容昭媛脩儀脩容脩媛充儀充容充媛是爲九嬪婕妤美人才人各九合二十七是代世婦寶林御女采女各二十七合八十一是代御妻自餘六尚分典乘輿服御皆有員次後世改復不常開元時以后下復有四妃非是乃置惠麗華三妃六儀四美人七才人而尚宮尚

儀尚服各二，參合前號大抵踵周官相損益云然則尚矣禮本夫婦詩始后妃治亂因之興亡係焉盛德之君帷薄嚴輿裏謁不忤于朝外言不內諸闈關雎之風行彤史之化脩故淑範懿行更爲內助若夫艷嬖之興常在中主第禍既交則情與愛遷顏辭媚熟則事爲私奪乘易昏之明牽不斷之柔險言似忠故受而不詰醜行已效反狃而爲好左右附之憸壬惎之狡謀鉗其悟先哀誓楗於寵初天下之事已去而恬不自覺此武韋所以遂篡弒而喪王室也至於楊氏未死玄亂厥謀張后制中肅幾欲衽吁可嘆哉中葉以降時多故矣外有攻討之勤內寡嬿溺之私羣闇明進外戚勢分后妃無大善惡取充職位而已故列著于篇

高祖太穆順聖皇后竇氏京兆平陵人父毅在周爲上柱國尚武帝姊襄陽長公主入隋爲定州總管神武公后生髮垂過頸三歲與身等讀女誡列女等傳一過輒不忘武帝愛之養宮中異它甥時突厥女爲后無寵后密諫曰吾國未靖虜且强願抑情撫接以取合從則江南關東不吾梗武帝嘉納及崩哀毀同所生聞隋高祖受禪自投牀下曰恨我非男子不能救舅家禍毅遽掩其口曰毋妄言赤吾族常謂主曰此女有奇相且識不凡何可妄與人因畫二孔雀屏間請昏者使射二矢陰約中目則許之射者閱數十皆不合高祖最後射中各一目遂歸於帝始元貞太后羸老有疾而性素嚴諸姒娣皆畏莫敢侍后事之獨怡謹盡孝或淹月不釋衣履工爲篇章規誡文有雅體又善書與高祖書相雜人不辨也崩於涿郡年四十五帝在煬帝時多畜善馬后見曰上性樂此盍以獻徙留之速罪無益也不聽頃果坐譴帝後見隋政亂多妄誅殺乃爲自安計數奏鷹犬異駒煬帝果喜擢位將軍因泣謂諸子曰早用而母言得此久矣帝有天下詔即所葬園爲壽安陵謚曰穆及祔獻陵尊爲太穆皇后始太宗生有二龍之符后於諸子中愛視最篤後即位過慶善宮覽觀梗欷顧侍臣曰朕生於此今母后永違育我之德不可報因號慟左右皆流涕乃享后于正寢它日幸九成宮夢后若不生既悟潸然不自勝明日詔有司大發倉賑貧瘠以爲后報焉上元中益謚太穆神皇后

太宗文德順聖皇后長孫氏河南洛陽人其先魏拓拔氏後爲宗室長因號長孫高祖稚大丞相馮翊王曾祖裕平原公祖兕左將軍父晟字季涉書史趫鷙曉兵仕隋爲左驍衛將軍后喜圖傳視古善惡以自鑒矜尚禮法晟兄熾爲周通道館學士嘗聞太穆勸撫突厥女心誌之每語晟曰此明睿人必有奇子不可以不圖昏故晟以女太宗后歸寧舅高士廉妾見大馬二丈立后舍外懼占之遇坤之泰卜者曰坤順承天載物无疆馬地類也之泰是天地交而萬物通也又以輔相天地之宜繇協歸妹婦人事也女處尊位履中而居順后妃象也時隱太子釁開已構后內盡孝事高祖謹承諸妃消釋嫌猜及帝授甲宮中后親慰勉士皆感奮尋爲皇太子妃俄爲皇后性約素服御取給則止益觀書雖容櫛不少廢與帝言或及天下事辭曰牝雞司晨家之窮也可乎帝固要之訖不對後廷有被罪者必助帝怒請繩治俟意解徐爲開治終不令有寃卞嬪生豫章公主而死后視如所生媵侍疾病輟所御飲藥資之下懷其仁兄無忌於帝本布衣交以佐命爲元功出入臥內帝將引以輔政后固謂不可乘間曰妾託體紫宮尊貴已極不願私親更據權于朝漢之呂霍可以爲誡帝不聽自用無忌爲尚書僕射后密諭令牢讓帝不獲已乃聽后喜見顏閒異母兄安業無行父喪逐后無忌還外家后貴未嘗以爲言擢位將軍後與李孝常等謀反將誅后叩頭曰安業罪死無赦然向遇妾不以慈戶知之今論如法人必謂妾釋憾於兄無乃爲帝累乎遂得減流越巂太子承乾乳媼請增東宮什器后曰太子患無德與名器何請爲從幸九成宮方屬疾會柴紹等急變聞帝甲而起后輿疾以從宮司諫止后曰上震驚吾何自安疾稍亟太子欲請大赦汎度道人祓塞災會后曰死生有命非人力所支若脩福可延吾不爲惡使善無效我尚何求且赦令國大事佛老異方敎耳皆上所不爲豈宜以吾亂天下法太子不敢奏以告房玄齡玄齡以聞帝嗟美而羣臣請遂赦帝既許后固爭止及大漸與帝訣時玄齡小譴就第后曰玄齡久事陛下預奇計祕謀非大故願勿置也妾家以恩澤進無德而祿易以取禍無屬樞柄以外戚奉朝請足矣妾生無益於時死不可以厚葬願因山爲壠無起墳無用棺槨器以瓦木約費送終是妾不見忘也又請帝納忠容諫勿受讒省遊畋作役死無恨崩年三十六后嘗采古婦人事著女則十篇又爲論斥漢之馬后不能檢抑外家使與政事乃戒其車馬之侈此謂開本源恤末事常誡守者吾以自檢故書無條理勿令至尊見之及崩宮司以聞帝爲之慟示近臣曰后此書可用垂後我豈不通天命而割情乎顧內失吾良佐哀不可已已謚曰文德葬昭陵因九嵕山以成后志帝自著表序始末揭陵左上元中益謚文德聖皇后

太宗賢妃徐惠湖州長城人生五月能言四歲通論語詩八歲自曉屬文父孝德嘗試使擬離騷爲小山篇曰仰幽巖而流盼撫桂枝以凝想將千齡兮此遇荃何爲兮獨往孝德大驚知不可掩於是所論著遂盛傳太宗聞之召爲才人手未嘗廢卷而辭致贍蔚又無淹思帝益禮顧擢孝德水部員外郎惠再遷充容貞觀末數調兵討定四夷稍稍治宮室百姓勞怨惠上疏極諫且言東戍遼海西討崑丘士馬罷耗漕饟漂没捐有盡之農趨無窮之壑圖未獲之衆喪已成之軍故地廣者非常安之術也人勞者爲易亂之符也又言翠微玉華等宮雖因山藉水無築構之苦而工力和僦不謂無煩有道之君以逸逸人無道之君以樂樂身又言伎巧爲喪國斧斤珠玉爲蕩心酖毒侈麗纖美不可以不遏志驕於業泰體逸於時安其剴切精詣大略如此帝善其言優賜之帝崩哀慕成疾不肯進藥曰帝遇我厚得先狗馬侍園寢吾志也復爲詩連珠以見意永徽元年卒年二十四贈賢妃陪葬昭陵石室惠之弟齊聃齊聃子堅皆以學聞女弟爲高宗婕妤亦有文藻世以擬漢班氏

高宗廢后王氏并州祁人魏尚書左僕射思政之孫從祖母同安長公主以后婉淑白太宗以爲晉王妃王居東宮妃亦進冊擢父仁祐陳州刺史帝即位立爲皇后仁祐以特進封魏國公母柳本國夫人仁祐卒贈司空初蕭良娣有寵而武才人貞觀末以先帝宮人召爲昭儀俄與后良娣爭寵更相毀短而昭儀詭險即誣后與母挾媚道蠱上帝信之解魏國夫人門籍罷后舅柳奭中書令李義府等陰佐昭儀以偏言怒帝遂下詔廢后良娣皆爲庶人囚宮中后母兄良娣宗族悉流嶺南許敬宗又奏仁祐無它功以宮掖故超列三事今庶人謀亂宗社罪宜夷宗仁祐應斲棺陛下不窮其誅家止流竄仁祐不宜引庇廕宥逆子孫有詔盡奪仁祐官爵而后及良娣俄爲武后所殺改后姓爲蟒良娣爲梟初帝念后間行至囚所見門禁錮嚴進飲食竇中惻然傷之呼曰皇后良娣無恙乎今安在二人同辭曰妾等以罪棄爲婢安得尊稱耶流淚嗚咽又曰陛下幸念疇日使妾死更生復見日月乞署此爲回心院帝曰朕即有處置武后知之促詔杖二人百剔其手足反接投釀甕中曰令二嫗骨醉數日死殊其尸初詔旨到后再拜曰陛下萬年昭儀承恩死吾分也至良娣罵曰武氏狐媚飜覆至此我後爲猫使武氏爲鼠吾當扼其喉以報后聞詔六宮毋畜猫武后頻見二人被髮瀝血爲厲惡之以巫祝解謝即徙蓬萊宮厲復見故多駐東都中宗即位皆復其姓

高宗則天順聖皇后武氏并州文水人父士彠見外戚傳文德皇后崩久之太宗聞士彠女美召爲才人方十四母楊慟泣與訣后獨自如曰見天子庸知非福何兒女悲乎母韙其意止泣既見帝賜號武媚及帝崩與嬪御皆爲比丘尼高宗爲太子時入侍悅之王皇后久無子蕭淑妃方幸后陰不悅它日帝過佛廬才人見且泣帝感動后廉知狀引內後宮以撓妃寵才人有權數詭變不窮始下辭降體事后后喜數譽於帝故進爲昭儀一旦顧幸在蕭右寖與后不協后性簡重不曲事上下而母柳見內人尚宮無浮禮故昭儀伺后所薄必款結之得賜予盡以分遺由是后及妃所爲必得輒以聞然未有以中也昭儀生女后就顧弄去昭儀潛斃兒衾下伺帝至陽爲歡言發衾視兒死矣又驚問左右皆曰后適來昭儀即悲涕帝不能察怒曰后殺吾女往與妃讒娟今又爾耶由是昭儀得入其訾后無以自解而帝愈信愛始有廢后意久之欲進號宸妃侍中韓瑗中書令來濟言妃嬪有數今別立號不可昭儀乃誣后與母厭勝帝挾前憾實其言將遂廢之長孫無忌褚遂良韓瑗及濟瀕死固爭帝猶豫而中書舍人李義府衞尉卿許敬宗素險側狙勢即表請詔儀爲后帝意決下詔廢后詔李勣于志寧奉璽綬進昭儀爲皇后命羣臣及四夷酋長朝后肅義門內外命婦入謁朝皇后自此始后見宗廟再贈士彠至司徒爵周國公謚忠孝配食高祖廟母楊再封代國夫人家食魏千戶后乃製外戚誡獻諸朝解釋譏譟於是逐無忌遂良踵死徙寵煽赫然后城寓深痛柔屈不耻以就大事帝謂能奉已故拔公議立之已得志即盜威福施施無憚避帝亦懦昏舉能鉗勒使不得專久稍不平麟德初后召方士郭行眞入禁中爲蠱祝宦人王伏勝發之帝怒因是召西臺侍郎上官儀儀指言后專恣失海內望不可承宗廟與帝意合乃趣使草詔廢之左右馳告后遽從帝自訴帝羞縮待之如初猶意其恚且曰是皆上官儀教我后諷許敬宗構儀殺之初元舅大臣怫旨不閱歲屠覆道路目語及儀見誅則政歸房帷天子拱手矣羣臣朝四方奏章皆曰二聖每視朝殿中垂簾帝與后偶坐生殺賞罰惟所命當其忍斷雖甚愛不少隱也帝晚益病風不支天下

事一付后后乃更爲太平文治事大集諸儒內禁殿譔定列女傳臣軌百寮新誡樂書等大抵千餘篇因令學士密裁可奏議分宰相權始士彠娶相里氏生子元慶元爽又娶楊氏生三女伯嫁賀蘭越石蚤寡封韓國夫人仲即后季嫁郭孝慎前死楊以后故寵日盛徙封榮國始兄子惟良懷運與元慶等遇楊及后禮薄后銜不置及是元慶爲宗正少卿元爽少府少監惟良司衞少卿懷運淄州刺史它日夫人置酒酣謂惟良曰若等記疇日事乎今謂何對曰幸以功臣子位朝廷晚緣戚屬進憂而不榮也夫人怒諷后僞爲退讓請惟良等外遷無示天下私繇是惟良爲始州刺史元慶龍州元爽濠州俄坐事死振州元慶至州憂死韓國出入禁中一女國姝帝皆寵之韓國卒女封魏國夫人欲以備嬪職難於后未決后內忌甚會封泰山惟良懷運以岳牧來集從還京師后毒殺魏國歸罪惟良等盡殺之氏曰蝮以韓國子敏之奉士彠祀初魏國卒敏之入弔帝爲慟敏之哭不對后曰兒疑我惡之俄貶死楊氏徙鄘衞二國咸亨元年卒追封魯國謚忠烈詔文武九品以上及五等親與外命婦赴弔以王禮葬咸陽給班劍葆仗鼓吹時天下旱后僞表求避位不許俄又贈士彠太尉兼太子太師太原郡王魯國忠烈夫人爲妃上元元年進號天后建言十二事一勸農桑薄賦徭二給復三輔地三息兵以道德化天下四南北中尚禁浮巧五省功費力役六廣言路七杜讒口八王公以降皆習老子九父在爲母服齊衰三年十上元前勳官已給告身者無追覈十一京官八品以上益稟入十二百官任事久材高位下者得進階申滯帝皆下詔略施行之蕭妃女義陽宣城公主幽掖庭幾四十不嫁太子弘言于帝后怒酖殺弘帝將下詔遜位于后宰相郝處俊固諫乃止后欲外示寬裕劫人心使歸己即奏言今羣臣納半俸百姓計口錢以贍邊兵恐四方妄商虛實請一罷之詔可儀鳳三年羣臣蕃夷長朝后于光順門即并州建太原郡王廟帝頭眩不能視侍醫張文仲秦鳴鶴曰風上逆砭血頭可愈后內幸帝殆得自專怒曰是可斬帝體寧刺血處耶醫頓首請命帝曰醫議疾烏可罪且吾眩不可堪聽爲之醫一再刺帝曰吾目明矣言未畢后簾中再拜謝曰天賜我師身負繒寶以賜帝崩中宗即位天后稱皇太后遺詔軍國大務聽參決嗣聖元年太后廢帝爲廬陵王自臨朝以睿宗即帝位后坐武成殿帝率羣臣上號冊越三日太后臨軒命禮部尚書攝太尉武承嗣太常卿攝司空王德眞冊嗣皇帝自是太后常御紫宸殿施慘紫帳臨朝追贈五世祖後魏散騎常侍克己爲魯國公妣裴卽其國爲夫人高祖齊殷州司馬居常爲太尉北平郡王妣劉爲王妃曾祖永昌王諮議參軍贈齊州刺史儉爲太尉金城郡王妣宋爲王妃祖隋東郡丞贈并州刺史大都督華爲太尉太原郡王妣趙爲王妃皆置園邑戶五十考爲太師魏王加實戶滿五千妣爲王妃王園邑守戶百時睿宗雖立實囚之而諸武擅命又謚魯國公曰靖裴爲靖夫人北平郡王曰恭肅金城郡王曰義康太原郡王曰安成妃從夫謚太后遣冊武成殿使者告五世廟室於是柳州司馬李敬業括蒼令唐之奇臨海丞駱賓王疾太后脅逐天子不勝憤乃募兵殺揚州大都督府長史陳敬之據州欲迎廬陵王衆至十萬楚州司馬李崇福連和盱眙人劉行舉嬰城不肯從敬業攻之不克太后拜行舉游擊將軍擢其弟行實楚州刺史敬業南度江取潤州殺刺史李思文曲阿令尹元貞拒戰死太后詔左玉鈐衞大將軍李孝逸爲揚州道行軍大總管率兵三十萬討之戰于高郵前鋒左豹韜果毅成三朗爲唐之奇所殺又以左鷹揚衞大將軍黑齒常之爲江南道行軍大總管幷力敬業與三月敗傳首東都三州平始武承嗣請太后立七廟中書令裴炎沮止及敬業之興下炎獄殺之幷殺左威衞大將軍程務挺太后方怫恚一日召羣臣廷讓曰朕於天下無負若等知之乎羣臣唯唯太后曰朕輔先帝踰三十年憂勞天下爵位富貴朕所與也天下安佚朕所養也先帝棄羣臣以社稷爲託不敢愛身而知愛人今爲戎首者皆將相何見負之遽且受遺老臣伉扈難制有若裴炎乎世將種能合亡命若徐敬業乎宿將善戰若程務挺乎彼皆人豪不利於朕朕能戮之公等才有過彼蚤爲之不然謹以事朕無詒天下笑羣臣頓首不敢仰視曰惟陛下命久之下詔陽若復辟者睿宗揣非情固請臨朝制可乃冶銅匭爲一室署東曰延恩受干賞自言南曰招諫受時政失得西曰申寃受抑枉所欲言北曰通玄受讖步祕策詔中書門下一官典領太后不惜爵位以籠四方豪傑自爲助雖妄男子言有所合輒不次官之至不稱職尋亦廢誅不少縱務取實材眞賢又畏天下有謀反逆者詔許上變在所給輕傳供五品食送京師即日召見厚餌爵賞歆動之凡言變吏不得呵詰雖耘夫蕘子必親延見稟之客館敢稽若不送者以所告罪之故上變者徧天下人人屏息無敢議新豐有山因震突出太后以爲美祥赦其縣更名慶山荆人俞文俊上言人不和疣贅生地不和堆阜出今陛下以女主處陽位山變爲災非慶也太后怒投嶺外詔毀乾光殿爲明堂以浮屠薛懷義爲使督作懷義鄠人本馮氏名小寶偉岸淫毒佯狂洛陽市千金公主嬖之主上言小寶可入侍后詔與私悅之欲掩迹得通籍出入使祝髮爲浮屠拜白馬寺主詔與太平公主壻薛紹通昭穆紹父事之給廐馬中官爲騶侍雖承嗣三思皆尊事惟謹至是護作士數萬巨木率一章千人乃能引又度明堂後爲大堂鴻麗嚴奧次之堂成拜左威衞大將軍梁國公始作崇先廟于西京享武氏承嗣僞款洛水石導使爲帝遣雍人唐同泰獻之后號爲寶圖擢同泰游擊將軍於是氾人又上瑞石太后乃郊上帝謝昄自號聖母神皇作神皇璽改寶圖曰天授聖圖號洛水曰永昌水圖所曰聖圖泉勒石洛壇左曰天授聖圖之表改氾水曰廣武時柄去王室大臣重將皆撓不得逞宗室孤外無寄足地於是韓王元嘉等謀舉兵唱天下迎還中宗琅邪王沖越王貞先發諸王倉卒無應者遂敗元嘉與魯王靈夔等皆自殺餘悉坐誅諸王牽連死滅殆盡子孫雖嬰褓亦投嶺南太后身拜洛受圖天子率太子羣臣蠻夷以次列大陳珍禽奇獸貢物鹵簿壇下禮成去永昌元年享萬象神宮改服衮冕搢大圭執鎭圭睿宗亞獻太子終獻合祭天地五方帝百神從以高祖太宗高宗配引魏王士彠從配班九條訓百官遂大饗羣臣號士彠周忠孝太皇楊忠孝太后以文水墓爲章德陵咸陽墓爲明義陵太原安成王爲周安成王金城郡王爲魏義康王北平郡王爲趙肅恭王魯國公爲太原靖王載初中又享萬象神宮以太穆文德二皇后配皇地祇引周忠孝太后從配作曌𠀑埊𡆠𠥱〇𠁈𢘑𡕀𡔈𠡦𠙺十有二文太后自名曌改詔書爲制書以周漢爲二王後虞夏殷後爲三恪除唐屬籍拜薛懷義輔國大將軍封鄂國公令與羣浮屠作大雲經言神皇受命事春官尚書李思文詭言周書武成爲篇辭有垂拱天下治爲受命之符后喜皆班示天下稍圖革命然畏人心不肯附乃陰忍鷙害肆斬殺怖天下內縱酷吏周興來俊臣等數十人爲爪吻有不慊若素疑憚者必危法中之宗姓侯王及它骨鯁臣將相駢頸就鈇血丹狴戶家不能自保太后操奩具坐重幃而國命移矣御史傅游藝率關內父老請革命改帝氏爲武又脅羣臣固請妄言鳳集上陽宮赤雀見朝堂天子不自安亦請氏武示一尊太后知威柄在己因大赦天下改國號周自稱聖神皇帝旗幟尚赤以皇帝爲皇嗣立武氏七廟于神都尊周文王爲文皇帝號始祖妣姒曰文定皇后武王爲康皇帝號睿祖妣姜曰康惠皇后太原靖王爲成皇帝號嚴祖妣曰成莊皇后趙肅恭王爲章敬皇帝號肅祖妣曰章敬皇后魏義康王爲昭安皇帝號烈祖妣曰昭安皇后周安成王爲文穆皇帝號顯祖妣曰文穆皇后考忠孝太皇爲孝明高皇帝號太祖妣曰孝明高皇后罷唐廟爲享德廟四時祠高祖以下三室餘廢不享至日祀上帝萬象神宮以始祖及考妣配以百神從祀盡王諸武詔并州文水縣爲武興比漢豐沛百姓世給復以始祖冢爲德陵睿祖爲喬陵嚴祖爲節陵肅祖爲簡陵烈祖爲靖陵顯祖爲永陵章德陵爲昊陵明義陵爲順陵太后雖春秋高善自塗澤雖左右不悟其衰俄而二齒生下詔改元爲長壽明年享神宮自制大樂舞工用九百人以武承嗣爲亞獻三思爲終獻帝之爲皇嗣公卿往往見之會尚方監裴匪躬左衞大將軍阿史那元慶白潤府果毅薛大信監門衞大將軍范雲僊潛謁帝皆腰斬都市自是公卿不復上謁有上封事言嶺南流人謀反者太后遣攝右臺監察御史萬國俊就按得實即論決國俊至廣州盡召流人矯詔賜自盡皆號哭不服國俊驅之水曲使不得逃一日戮三百餘人乃誣奏流人怨望請悉除之於是太后遣右衞翊府兵曹參軍劉光業司刑評事王德壽苑南面監丞鮑思恭尚輦直長王大貞右武衞兵曹參軍屈貞筠皆攝監察御史分往劒南黔中安南等六道訊鞫而擢國俊左臺侍御史光業等亦希功于上惟恐殺人之少光業殺者九百人德壽殺七百人其餘亦不減五百人太后久乃知其寃詔六道使所殺者還其家國俊等亦相踵而死皆見有物爲厲云太后又自加號金輪聖神皇帝置七寶于廷曰金輪寶曰白象寶曰女寶曰馬寶曰珠寶曰主兵臣寶曰主藏臣寶率大朝會則陳之又尊其顯祖爲立極文穆皇帝太祖爲無上孝明皇帝延載二年武三思率蕃夷諸酋及耆老請作天樞紀太后功德以黜唐興周制可使納言姚璹護作乃大裒銅鐵合冶之署曰大周萬國頌德天樞置端門外其制若柱度高一百五尺八面面別五尺冶鐵象山爲之趾負以銅龍石鑱怪獸環之柱顚爲雲蓋出大珠高丈圍三之作四蛟度丈二尺以承珠其趾山周百七十尺度二丈無慮用銅鐵二百萬斤乃悉鏤羣臣蕃酋名氏其上薛懷義寵

稍衰而御醫沈南璆進懷義失寵因火明堂太后羞之掩不發懷義愈很恣怏怏乃密詔太平公主擇健婦縛之殿中命建昌王武攸寧將作大匠宗晉卿率壯士擊殺之以畚車載尸還白馬寺懷義負幸昵氣蓋一時出百官上其徒多犯法御史馮思勗劾其姦懷義怒遇諸道左右毆之幾死弗敢言默啜犯塞拜新平伐逆朔方道大總管提十八將軍兵擊胡宰相李昭德蘇味道至爲之長史司馬後厭入禁中陰募力少年千人爲浮屠有逆謀侍御史周矩劾狀請治驗太后曰第出朕將使詣獄矩坐臺少選懷義怒馬造廷直往坐大榻上矩召吏受辭懷義即乘馬去矩以聞太后曰是道人素狂不足治力少年聽窮劾矩悉投放醜裔懷義構矩俄免官太后祀天南郊以文王武王士彠與唐高祖並配太后加號天冊金輪聖神皇帝遂封嵩山禪少室冊山之神爲帝配爲后封壇南有大槲藏日置雞其杪賜號金雞樹自制升中述志刻石示後改明堂爲通天宮鑄九州鼎各位其方列廷中又欲天下黃金作大儀鍾不克久之以崇先廟爲崇尊廟禮視太廟旋復崇尊廟爲太廟自懷義死張易之昌宗得幸乃置控鶴府有監有丞及主簿錄事等監三品以易之爲之太后自見諸武王非天下意前此中宗自房州還復爲皇太子恐百歲後爲唐宗室躪藉無死所即引諸武及相王太平公主誓明堂告天地爲鐵券使藏史館改昊陵署爲攀龍臺久視初以控鶴監爲天驥府又改奉宸府罷監爲令以左右控鶴爲奉宸大夫易之復爲令神龍元年太后有疾久不平居迎仙院宰相張柬之與崔玄暐等建策請中宗以兵入誅易之昌宗於是羽林將軍李多祚等帥兵自玄武門入斬二張于院左太后聞變而起桓彥範進請傳位太后返臥不復語中宗於是復即位徙太后上陽宮帝率百官詣觀風殿問起居後率十日一詣宮俄朝朔望廢奉宸府宮還東都武氏廟于崇尊廟更號崇恩復唐宗廟諸武王者咸降爵是歲后崩年八十一遺制稱則天大聖皇太后去帝號謚曰則天大聖后祔乾陵會武三思烝韋庶人復用事於是大旱祈陵輒雨三思訴帝詔崇恩廟祠如太廟齋郎用五品子博士楊孚言太廟諸郎取七品子今崇恩取五品不可帝曰太廟如崇恩可乎孚曰崇恩太廟之私以臣準君則僭以君準臣則惑乃止及韋武黨誅詔則天大聖皇后復號太后廢崇恩廟及陵景雲元年號大聖天后太平公主奸政請復二陵官又尊后曰天后聖帝俄號聖后太平誅詔黜周孝明皇帝號復爲太原郡王后爲妃罷昊順等陵開元四年追號則天皇后太常卿姜晈建言則天皇后配高宗廟主題天后聖帝非是請易題爲則天皇后武氏制可

中宗和思順聖皇后趙氏京兆長安人祖綽武德中戰有功終右領軍將軍父瓌尚高祖常樂公主帝爲英王聘后爲妃高宗於公主恩尤隆武后不喜乃幽妃內侍省瓌自定州刺史駙馬都尉貶括州紀主朝謁隨瓌之官妃既囚扃鍵牢謹日給飼料衛者候其突煙數日不出披戶視之死腐矣瓌以壽州刺史與主預越王事死神龍元年追謚妃曰恭皇后贈瓌左衛大將軍中宗崩葴陵事韋庶人不臣不得祔有司加上尊謚以后祔定陵

中宗庶人韋氏京兆萬年人祖弘表貞觀中曹王府典軍帝在東宮后被選爲妃嗣聖初立爲皇后尋與帝處房陵每使至帝輒恐欲自殺后止曰禍福何常早晚等死耳無遽及帝復即位后居中宮是時上官昭容與政事方敬暉等欲盡誅諸武武三思懼乃因昭容入請得幸於后卒譖暉等誅之初帝幽廢與后約一朝見天日不相制至是與三思共御床博戲帝從旁典籌不爲忤三思諷羣臣上后號爲順天皇后乃親謁宗廟贈父玄貞上洛郡王左拾遺賈虛己建言非李氏王者盟書共棄之今復國未幾遽私后家且先朝禍鑒未遠甚可懼也如令皇后固辭使天下知後宮謙讓不亦善乎不聽神龍三年節愍太子舉兵敗宗楚客率羣臣請加號翊聖詔可禁中謬傳有五色雲起后衣笥帝圖以示諸朝因大赦天下賜百官母妻封號太史迦葉志忠表上桑條歌十二篇言后當受命曰昔高祖時天下歌桃李太宗時歌秦王破陣高宗歌堂堂天后世歌武媚娘皇帝受命歌英王石州后今受命歌桑條韋蓋后妃之德專蠶桑共宗廟事也乃賜志忠第一區綃七百段太常少卿鄭愔因之被樂府楚客又諷補闕趙延禧離釋桑條爲一十八代帝大喜擢延禧諫議大夫於是昭容以武氏事動后即表增出母服以二十三爲丁限五十九免五品而上母妻不繫夫子封者喪得用鼓吹數改制度陰儲人望稍寵樹親屬封拜之昭容與母及尚宮賀婁等多受金錢封巫趙隴西夫人出入禁中勢與上官埒餘是墨敕斜封出矣三年帝親郊引后亞獻明年正月望夜帝與后微服過市彷徉觀覽縱宮女出游皆淫奔不還國子祭酒葉靜能善禁架常侍馬秦客高醫光祿少卿楊均善烹調皆引入後廷均秦客烝於后嘗畏免不歷旬輒起帝遇弒議者謂咎秦客及安樂公主后大懼引所親議計乃以刑部尚書裴談工部尚書張錫輔政留守東都詔將軍趙承福薛崇簡以兵五百衛譙王重福與兒溫定策立溫王重茂爲皇太子列府兵五萬分二營屯京師然後發喪太子即位是爲殤帝皇太后臨朝溫總內外兵檢護宮省族弟濯播宗子捷璿璿甥高崇及武延秀分領左右屯營羽林飛騎萬騎京師大恐傳言且革命播璿入軍中鞭督萬騎欲立威士怨不爲用俄而臨淄王引兵夜披玄武門入羽林殺璿播崇於寢斧闕叩太極殿后遁入飛騎營爲亂兵所殺斬延秀安樂公主分捕韋諸武與其支黨悉誅之梟后及安樂首東市翌日追貶爲庶人葬以一品禮

上官昭容者名婉兒西臺侍郎儀之孫父廷芝與儀死武后時母鄭太常少卿休遠之姊婉兒始生與母配掖廷天性韶警善文章年十四武后召見有所制作若素搆自通天以來內掌詔命掞麗可觀嘗忤旨當誅后惜其才止黥而不殺也然羣臣奏議及天下事皆與之帝即位大被信任進拜昭容封鄭沛國夫人婉兒通武三思故詔書推右武氏抑唐家節愍太子不平及舉兵叩肅章門索婉兒婉兒曰我死當次索皇后大家矣以激怒帝與后挾婉兒登玄武門避之會太子敗乃免婉兒勸帝侈大書館增學士員引大臣名儒充選數賜宴賦詩君臣賡和婉兒常代帝及后長寧安樂二主衆篇並作而采麗益新又差第羣臣所賦賜金爵故朝廷靡然成風當時屬辭者大抵雖浮靡然所得皆有可觀婉兒力也鄭卒謚節義夫人婉兒請降秩行服詔起爲婕妤俄還昭容帝即婉兒居穿沼築巖窮飾勝趣即引侍臣宴其所是時左右內職皆聽出外不呵止婉兒與近嬖至皆營外宅邪人穢夫爭候門下肆狎昵因以求遷擢要官與崔湜亂遂引知政事湜開商山道未半因帝遺制虛列其功加甄賞韋后之敗斬闕下初鄭方妊夢巨人畀大稱曰持此稱量天下婉兒生踰月母戲曰稱量者豈爾邪輒啞然應後內秉機政符其夢云景雲中追復昭容謚惠文始從母子王昱爲拾遺昱戒曰上往囚房陵武氏得志矣卒而中興天命所在不可幸也三思雖乘釁天下知必敗今昭容上所信而附之且滅族鄭以責婉兒不從節愍誅三思果索之始憂懼及草遺制即引相王輔政臨淄王兵起被收婉兒以詔草示劉幽求幽求言之王王不許遂誅開元初裒次其文章詔張說題篇

睿宗肅明順聖皇后劉氏祖德威自有傳儀鳳中帝在藩納爲孺人俄爲妃生寧王壽昌代國二公主帝即位爲皇后會帝降號皇嗣復爲妃長壽二年爲戶婢誣與竇德妃挾蠱道祝詛武后並殺之宮中葬祕莫知景雲元年追謚肅明皇后

睿宗昭成順聖皇后竇氏曾祖抗父孝諶自有傳后婉淑尤循禮則帝爲相王納爲孺人即位進德妃生玄宗及金仙玉眞二公主與肅明同追謚並招魂葬東都之南肅明曰惠陵后曰靖陵立別廟曰儀坤以享云帝崩追稱皇太后與肅明祔橋陵后以子貴故先祔睿宗室肅明以開元二十年乃得祔廟初太常加謚后曰大昭成或言法宜引聖貞冠謚而曰大昭成非也以單言配之應曰聖昭若睿成以復言配之應曰大聖昭成聖眞昭成又引太穆皇后始謚穆及高祖崩合帝謚曰太穆追增太穆神皇后文德皇后始謚文德及太宗崩合謚文德聖皇后又援范曄著漢光烈等爲比太常謂曄以帝號標后謚是史家記事體婦人非必與夫同也入廟稱后繫夫在朝稱太繫子文母生號也文王既沒謚也周公豈以夫從婦乎漢法不可以爲據制曰可天寶八載制詔自太穆而下六皇后並增上順聖二謚云

玄宗皇后王氏同州下邽人梁冀州刺史神念之裔孫帝爲臨淄王聘爲妃將清內難預大計先天元年立爲皇后久無子而武妃稍有寵后不平顯詆之然撫下素有恩終無肯譖短者帝密欲廢后以語姜晈晈漏言即死后兄守一懼爲求厭勝浮屠明悟教祭北斗取霹靂木刻天地文及帝諱合佩之曰後有子與則天比開元十二年事覺帝自臨劾有狀乃制詔有司皇后天命不祐華而不實有無將之心不可以承宗廟母儀天下其廢爲庶人賜守一死始后以愛弛不自安承間泣曰陛下獨不念阿忠脫紫半臂易斗麪爲生日湯餅邪帝憫然動容阿忠后呼其父仁晈云繇是久乃廢當時王諲作翠羽帳賦諷帝未幾卒以一品禮葬後宮思慕之帝亦悔寶應元年追復后號

玄宗貞順皇后武氏恒安王攸止女幼入宮帝即位寖得幸時王皇后廢故進冊惠妃其禮秩比皇后初帝在潞趙麗妃以倡幸有容止善歌舞開元初父兄皆美官及妃進麗妃恩亦弛以十四年卒謚曰和生太子瑛而皇甫德儀生鄂王劉才人生光王皆藩邸之舊後愛薄而妃乃專寵封所生母楊鄭國夫人弟忠國子祭酒信

祕書監將遂立皇后御史潘好禮上疏曰禮父母讐不共天春秋子不復讐不子也陛下欲以武氏爲后何以見天下士妃再從叔三思也從父延秀也皆干紀亂常天下共疾夫惡木垂蔭志士不息盜泉飛溢廉夫不飲匹夫匹婦尚相擇況天子乎願愼選華族稱神祇之心春秋宋人夏父之會無以妾爲夫人齊桓公誓葵丘曰無以妾爲妻此聖人明嫡庶之分也分定則窺覦之心息矣今人間咸言右丞相張說欲取立后功圖復相今太子非惠妃所生而妃有子若一儷宸極則儲位將不安古人所以諫其漸者有以也遂不果立妃生子必秀嶷凡二王一主皆不育及生壽王帝命寧王養外邸又生盛王咸宜太華二公主後李林甫以壽王母愛希妃意陷太子鄂光二王皆廢死會妃薨年四十餘贈皇后及謚葬敬陵

玄宗元獻皇后楊氏華州華陰人曾祖士達爲隋納言天授中以武后母黨追封士達爲鄭王父知慶太尉帝在東宮后以景雲初入宮爲良媛時太平公主忌帝而宮中左右持兩端纖悉必聞媛方娠帝不自安密語侍讀張說曰用事者不欲吾多子柰何命說挾劑以入帝於曲室自煮之夢若有介而戈者環鼎三而三煮盡覆以告說說曰天命也乃止生男是爲肅宗帝卽位爲貴嬪其娣節愍太子妃也初肅宗生卜云不宜養乃命王皇后舉之后無子撫肅宗如所生後又生寧親公主乃薨說以舊恩故子垍得尚寧親肅宗卽位至德二載太上皇自蜀詔有司其議尊稱遂上冊謚寶應末祔泰陵

玄宗貴妃楊氏隋梁郡通守汪四世孫徙籍蒲州遂爲永樂人幼養叔父家始爲壽王妃開元二十四年武惠妃薨後廷無當帝意者或言妃姿質天挺宜充掖廷遂召內禁中異之卽爲自出妃意者丐籍女官號太眞更爲壽王聘韋昭訓女而太眞得幸善歌舞邃曉音律且智算警穎迎意輒悟帝大悅遂專房宴宮中號娘子儀體與皇后等天寶初進冊貴妃追贈父玄琰太尉齊國公擢叔玄珪光祿卿宗兄銛鴻臚卿錡侍御史尚太華公主主惠妃所生最見寵遇而釗亦寖顯釗國忠也三姊皆美劭帝呼爲姨封韓虢秦三國爲夫人出入宮掖恩寵聲焰震天下每命婦入班持盈公主等讓皆不敢就位臺省州縣奉請託奔走期會過詔敕四方獻餉結納門若市然建平信成二公主以與妃家忤至追內封物駙馬都尉獨孤明失官它日妃以譴還銛第比中仄帝尚不御食笞怒左右高力士欲驗帝意乃曰以殿中供帳司農酒餼百餘車送妃所帝卽以御膳分賜力士知帝旨是夕請召妃還下鑰安興坊門馳入妃見帝伏地謝帝釋然撫慰良渥明日諸姨上食樂作纍賜左右不可貲由是愈見寵賜諸姨錢歲百萬爲脂粉費銛以上柱國門列戟與錡國忠諸姨五家第舍聯亙擬憲宮禁率一堂費緡千萬見它第有勝者輒壞復造務以瓌侈相誇詡土木工食不息帝所得奇珍及貢獻分賜之使者相銜於道五家如一妃每從游幸乘馬則力士授轡策凡充錦繡官及治琢金玉者大抵千人奉須索奇服祕玩變化若神四方爭爲怪珍入貢動駭耳目於是嶺南節度使張九章廣陵長史王翼以所獻最進九章銀青階擢翼戶部侍郎天下風靡妃嗜荔支必欲生致之乃置騎傳送走數千里味未變已至京師天寶九載妃復得譴還外第國忠謀於吉溫溫因見帝曰婦人過忤當死然何惜宮中一席廣爲鈇鑕地更使外辱乎帝感動輟食詔中人張韜光賜之妃因韜光謝帝曰妾有罪當萬誅然膚髮外皆上所賜今且死無以報引刀斷一綠髮奏之曰以此留訣帝見駭惋遽召入禮遇如初因又幸秦國及國忠第賜兩家鉅萬國忠旣遙領劍南每十月帝幸華淸宮五宅車騎皆從家別爲隊隊一色俄五家隊合爛若萬花川谷成錦繡國忠導以劍南旗節遺鈿墮舄瑟瑟璣琲狼藉于道香聞數十里十載正月望夜妃家與廣寧主僮騎爭闔門鞭挺讙競主墮馬僅得去主見帝泣乃詔殺楊氏奴貶駙馬都尉程昌裔官國忠之輔政其息朏尚萬春公主暄尚延和郡主弟鑑尚承榮郡主又詔爲玄琰立家廟帝自書其碑銛秦國早死故韓虢與國忠貴最久而虢國素與國忠亂頗爲人知不耻也每入謁並驅道中從監侍姆百餘騎炬密如晝靚粧盈里不施幃障時人謂爲雄狐諸王子孫凡婚聘必先因韓虢以請輒皆遂至數百千金以謝初安祿山有邊功帝寵之詔與諸姨約爲兄弟而祿山母事妃來朝必宴餞結歡祿山反以誅國忠爲名且指言妃及諸姨罪帝欲以皇太子撫軍因禪位諸楊大懼哭于庭國忠入白妃妃銜塊請死帝意沮乃止及西幸至馬嵬陳玄禮等以天下計誅國忠已死軍不解帝遣力士問故曰禍本尚在帝不得已與妃訣引而去縊路祠下裹尸以紫茵瘞道側年三十八帝至自蜀道過其所使祭之且詔改葬禮部侍郎李揆曰龍武將士以國忠負上速亂爲天下殺之今葬妃恐反仄自疑帝乃止密遣中使者具棺槨它葬焉啓瘞故香囊猶在中人以獻帝視之悽感流涕命工貌妃於別殿朝夕往必爲梗欷馬嵬之難虢國與國忠妻裴柔等奔陳倉縣令率吏追之意以爲賊棄馬走林虢國先殺其二子柔曰句我死卽并其女刺殺之乃自剄不殊吏載置于獄問曰國家乎賊乎吏曰互有之乃死瘞陳倉東郭外

贊曰或稱武韋亂唐同一轍武持久韋亟滅何哉議者謂否武后自高宗時挾天子威福脅制四海雖逐嗣帝改國號然賞罰己出不假借羣臣僭於上而治於下故能終天年阽亂而不亡韋氏乘夫淫烝于朝斜封四出政放不一旣鴆殺帝引睿宗輔政權去手不自知戚地已疏人心相挻玄宗藉其事以撼豪英故取若掇遺不旋踵宗族夷丹勢奪而事淺也然二后遺後王戒顧不厚哉

唐書卷七十六考證

太宗文德順聖皇后長孫氏傳河南洛陽人○舊書作長安人

父晟仕隋爲左驍衛將軍○舊書右驍衛將軍晟之女

從幸九成宮方屬疾會柴紹等急變閤帝甲而起后輿疾以從○臣德潛按后從幸九成宮屬疾此貞觀八年事也本紀無急變事柴紹傳亦然此未詳何指應有誤

中宗庶人韋氏傳數改制度陰儲人望○臣德潛按上文乃神龍三年以後事也而綱目在神龍元年

唐書卷七十七

宋　端　明　殿　學　士　宋　祁　撰

列傳第二

后妃下

肅宗廢后庶人張氏鄧州向城人家徙新豐祖母竇昭成皇后女弟也玄宗幼失昭成母視姨鞠愛篤備帝卽位封鄧國夫人親寵無比五息子曰去惑去疑去奢去逸去盈皆顯官去盈尚常芬公主去逸生后肅宗爲忠王時納韋元珪女爲孺人旣建太子以孺人爲妃后爲良娣妃兄堅爲李林甫構死太子懼請與妃絕毀服幽禁中安祿山反陷于賊至德中薨始妃旣絕良娣得專侍太子慧中而辯能迎意傳合玄宗西幸娣與太子從度渭民鄣道乞留復長安太子不聽中人李輔國密啓娣又贊其謀遂定計北趣靈武時軍衞單寡夕次娣必寢前太子曰暮夜可虞且捍賊非婦人事宜少戒對曰方多事若倉卒妾自當之殿下可徐爲計駐靈武產子三日起縫戰士衣太子敕止對曰今豈自養時邪乾元初冊拜淑妃贈其父尚書左僕射娣妹皆封號弟淸潛尚大寧延和二郡主遂立爲皇后詔內外命婦悉朝光順門后能牢寵稍稍豫政事與李輔國相倚多以私謁撓權親蠶苑中羣命婦相禮儀物甚盛二年羣臣上帝尊號后亦諷羣臣尊己號翊聖帝問李揆揆爭不可會月蝕帝以咎在後宮乃止又與輔國謀徙上皇西內端午日帝召見山人李唐帝方擁幼女顧唐曰我念之無怪也唐曰太上皇今日亦當念陛下帝泫然涕下而內制於后卒不敢謁西宮帝不豫后自箴血寫佛書以示誠初建寧王倓數短后於帝上皇在蜀以七寶鞍賜后而李泌請分以賞戰士倓助泌請故后怨卒被譖死繇是太子深畏事后謹甚后猶欲危之然以子佋早世而侗幼故太子得無患寶應九年帝大漸后與內官朱輝光等謀立越王係而李輔國程元振以兵衞太子幽后別殿代宗已立羣臣白帝請廢爲庶人殺之淸潛與男寶履信皆流放支黨伏誅

肅宗章敬皇后吳氏濮州濮陽人父令珪以郫丞坐事死故后幼入掖廷肅宗在東宮宰相李林甫陰構不測太子內憂鬢髮班秃後入謁玄宗見不悅因幸其宮顧廷宇不汛埽樂器塵蠹左右無嬪侍帝愀然謂高力士曰兒居處乃爾將軍叵使我知乎詔選京兆良家子五人虞侍太子力士曰京兆料擇人得以藉口不如取掖廷衣冠子可乎詔可得三人而后在中因蒙幸忽寢厭不寤太子問之辭曰夢神降我介而劒決我脅以入殆不能堪燭至其文尚隱然生代宗爲嫡皇孫生之三日帝臨澡之孫體攣弱負姆嫌陋更取它宮兒以進帝視之不樂姆叩頭言非是帝曰非爾所知趣取兒來於是見嫡孫帝大喜向日視之曰福過其父帝還盡留內樂宴具顧力士曰可與太子飲一日見三天子樂哉后性謙柔太子禮之甚渥年十八薨代宗卽位羣臣請以后祔肅宗廟乃追尊爲皇后上謚合葬建陵啓故瘞貌澤若生衣皆赭色見者歎異謂有聖子之符云

代宗貞懿皇后獨孤氏失其何所人父穎左威衞錄事

叅軍天寶中帝爲廣平王時貴妃楊氏外家貴寵戚里祕書少監崔峋妻韓國夫人以其女女皇孫爲妃妃生子偲所謂召王者妃倚母家頗驕媢諸楊誅禮寖薄及薨后以姝豔進居常專夜王即位册貴妃生韓王迥華陽公主大曆十年薨追號爲皇后上謚帝悼思不已故殯内殿累年不外葬後三年始詔於都左治陵欲朝夕望見之補闕姚南仲諫而止乃葬莊陵詔宰相常衮爲哀册帝於后厚故送終華廣務稱其情衮極道悽婉以中帝意又詔羣臣爲挽辭帝擇其尤悲者令歌之初后愛遇第一官其宗叔卓少府監兄良佐太子中允

代宗睿眞皇后沈氏吳興人開元末以良家子入東宮太子以賜廣平王實生德宗天寶亂賊囚后東都掖廷王入洛復留宮中時方北討未及歸長安而河南爲史思明所沒遂失后所在代宗立以德宗爲皇太子詔訪后在亡不能得德宗即位乃先下詔贈后曾祖士衡太保祖介福太傅父易直太師弟易良司空易直子震太尉一日封拜百二十七人詔制皆錦翠地飾以廐馬負載賜其家易良妻崔入謁帝易服召王韋美人出拜詔崔勿答建中元年乃具册前上皇太后尊號帝供張含元殿具衮冕出自左序立東方羣臣在位帝再拜奉册欷歔感咽左右皆泣於是中書舍人高叅上議漢文帝即位遣薄昭迎太后于代今宜用漢故事令有司擇日分遣諸沈行州縣物色咨訪以述宣皇帝孝思意冀上天降休靈命允答須審知皇太后行在然後遣大臣備法駕奉迎帝乃以睦王述爲奉迎使工部尚書喬琳副之昇平公主侍起居使者分行天下故中官高力士女頗能言禁中事與女官李眞一嘗從后游李見高疑問之含糊不堅而年狀差似后又后嘗刲脯傷左指高亦嘗刲爪傷指是時宮中無識后者於是迎還上陽宮馳以聞帝喜羣臣皆賀力士子知非是具言其情詔貸之帝謂左右吾寧受百罔冀一得眞於是自謂太后者數矣及索驗左皆辭窮終帝世無聞焉貞元七年詔贈外高祖琳爲司徒封徐國公爲立五廟以琳爲始祖詔族子房爲金吾將軍奉其祀憲宗即位有司建言皇太后沈氏厯代二十有七年大行皇帝至孝哀思罔極建中時發明詔遣使者奉迎凡舟車所至罔不逮歲推月遷叅訪理絶請因大行皇帝啓殯詔羣臣爲皇太后發哀肅章内殿中人奉褘衣置幄坐宮中朝夕上食告天地宗廟上太皇太后謚册作神主祔代宗廟備法駕奉褘衣納于元陵祠室詔曰可

德宗昭德皇后王氏本仕家失其譜系帝爲魯王時納爲嬪生順宗尤見寵禮既即位册號淑妃贈其父遇揚州大都督子姓姻出悉得官貞元三年妃久疾帝念之遂立爲皇后册禮方訖而后崩羣臣大臨三日帝七日釋服將葬后母鄖國鄭夫人請設奠有詔祭物無用寓欲祭聽之於是宗室王大臣李晟渾瑊等皆祭自發塗日日奠終發引乃止葬靖陵置令丞如它陵臺立廟奏坤元之舞敕宰相張延賞柳渾等製樂曲帝嫌文不工李紓上謚册曰大行皇后帝又謂不典並詔翰林學士吳通玄改譔册曰咨后王氏然議者謂李文本所上文德皇后册言皇后長孫氏爲得禮永貞元年改祔崇陵

德宗賢妃韋氏戚里舊族也祖濯尚定安公主初爲良娣德宗貞元四年册拜賢妃宮壼事無不聽而性敏淑言動有繩矩帝重之後宮莫不師其行帝崩自表留奉崇陵園元和四年薨

順宗莊憲皇后王氏瑯邪人祖難得有功名於世代宗時后以良家選入宮爲才人順宗在藩帝以才人幼故賜之爲王孺人是生憲宗王在東宮册爲良娣后性仁順宮中化其德莫不柔雍順宗即位疾已緜頓后侍醫藥不少息將立后會病棘而止憲宗内禪尊爲太上皇后元和元年乃上尊號曰皇太后后謹畏深抑外家無豪絲假貸訓厲内職有古后妃風十年崩年五十四遺令曰皇太后敬問具位萬物之理必歸於有極未亡人嬰霜露疾日以衰頓幸終天年得奉陵寢志願獲矣其何所哀易月之典古今所共皇帝宜三日聽政服二十七日釋天下吏民令到臨三日止宮中非朝暮臨無輒哭無禁昏嫁祠祀飲食酒肉已釋服聽舉樂侍醫無加罪陪祔如舊制有司上謚葬豐陵

憲宗懿安皇后郭氏汾陽王子儀之孫父曖尚昇平公主實生后憲宗爲廣陵王聘以爲妃順宗以其家有大功烈而母素貴故禮之異諸婦是生穆宗元和元年進册貴妃八年羣臣三請立爲后帝以歲子午忌又是時後廷多嬖豔恐后得尊位鉗掣不得肆故章報聞罷穆宗嗣位上尊號皇太后贈曖太尉母齊國大長公主擢兄釗刑部尚書鏦金吾大將軍后移御興慶宮凡朔望三朝帝率百官詣宮門爲壽或歲時慶問燕饗後宮戚里内外婦車騎騈塞環珮之聲滿宮帝亦豪矜朝夕供御務華衍侈大稱后意后嘗幸驪山登覽裴回詔景王督禁甲從帝自到昭應奉迎留帳飲數日還帝崩中人有爲后謀稱制者后怒曰吾效武氏邪今太子雖幼尚可選重德爲輔吾何與外事哉敬宗立號太皇太后寶歷倉卒后召江王嗣皇帝位是爲文宗文宗性謹孝事后有禮凡羞果鮮珍及四方奇奉必先獻宗廟三宮而後御之武宗喜畋游角武抃擇五方小兒得出入禁中它日問后起居從容請曰如何可爲盛天子后曰諫臣章疏宜審覽度可用用之有不可以詢宰相毋拒直言勿納偏言以忠良爲腹心此盛天子也帝再拜還索諫章閱之往往道游獵事自是畋幸稀小兒武抃等不復横賜矣宣宗立於后諸子也而母鄭故侍兒有曩怨帝奉養禮稍薄后鬱鬱不聊與一二侍人登勤政樓將自隕左右共持之帝聞不喜是夕后暴崩有司上尊謚葬景陵外園太常官王皞請后合葬景陵以主祔憲宗室帝不悅令宰相白敏中讓之皞曰后乃憲宗東宮元妃事順宗爲婦歷五朝母天下不容有異論敏中亦怒周墀又責謂皞終不撓墀曰皞信孤直俄貶皞句容令懿宗咸通中皞還爲禮官申抗前論乃詔后主祔于廟

憲宗孝明皇后鄭氏丹陽人或言本爾朱氏元和初李錡反有相者言后當生天子錡聞納爲侍人錡誅沒入掖廷侍懿安后憲宗幸之生宣宗宣宗爲光王后爲王太妃及即位尊爲皇太后太后不肯別處故帝奉養大明宮朝夕躬省候焉懿宗立尊后爲太皇太后咸通三年帝奉后宴三殿命翰林學士侍立結綺樓下六年崩移仗西内上謚册葬景陵旁園

穆宗恭僖皇后王氏越州人本仕家子幼得侍帝東宮生敬宗長慶時册爲妃敬宗立上尊號爲皇太后贈后父紹卿司空母張追封趙國夫人文宗時稱寶歷太后太和五年宰相建白以太皇太后與寶歷太后稱號未辨前代詔令不敢斥言皆以宮爲稱今寶歷太后居義安殿宜曰義安太后詔可會昌五年崩有司上謚葬光陵東園

穆宗貞獻皇后蕭氏閩人也穆宗爲建安王后得侍生文宗文宗立上尊號曰皇太后初后去家入長安不復知家存亡惟記有弟帝爲訪之俄有男子蕭洪因后姊壻呂璋白見之太后謂得眞弟悲不自勝帝拜洪金吾將軍出爲河陽三城節度使稍徙鄜坊節度自神策出者舉軍爲辦裝因三倍取償洪所代未及償而死軍中併責償於洪洪不許左軍中尉仇士良憾之會閩有男子蕭本又稱太后弟士良以聞自鄜坊召洪下獄按治乃代人詔流驩州不半道賜死擢本贊善大夫寵贈三世帝以爲眞不淹旬賜累鉅萬然太后眞弟庸輭莫能自達本給得其家系士良主之遂聽不疑歷衞尉卿金吾將軍會福建觀察使唐扶上言泉州男子蕭弘自言太后弟御史臺叅治非是昭義劉從諫又爲言請與本辯有詔三司高元裕孫簡崔鄲雜問乃皆妄本流愛州弘儋州而太后終不獲弟初太和中懿安太后居興慶宮寶歷太后居義安殿后居大内號三宮太后帝每五日問安及歲時慶謁率繇夜道至南内羣臣及命婦詣宮門候起居有司獻四時新物送三宮亦稱賜帝曰上三宮何可言賜遽索筆滅賜爲奉開成中正月望夜帝御咸泰殿大然鐙作樂迎三宮太后奉觴進壽禮如家人諸王公主皆得侍武宗時徙積慶殿又號積慶太后大中元年崩上今謚

穆宗宣懿皇后韋氏失其先世穆宗爲太子后得侍生武宗長慶時册爲妃武宗立妃已亡追册爲皇太后上尊謚又封后二女弟爲夫人有司奏太后陵宜别制號帝乃名所葬園曰福陵既又問宰相葬從光陵與但祔廟孰安奏言神道安於靜光陵因山爲固且二十年不可更穿福陵崇築已有所當遂就臣等請奉主祔穆宗廟便帝乃下詔朕因誕日展禮于太皇太后謂朕曰天子之孝莫大於承續今穆宗皇帝虛合享之位而宣懿太后實生嗣君當以祔廟繇是奉后合食穆宗室

尚宮宋若昭貝州清陽人世以儒聞父廷芬能辭章生五女皆警慧善屬文長若莘次若昭若倫若憲若荀莘昭文尤高皆性素潔鄙薰澤靚妝不願歸人欲以學名家家亦不欲與寒鄉凡裔爲姻對聽其學若莘誨諸妹如嚴師著女論語十篇大抵準論語以韋宣文君代孔子曹大家等爲顏冉推明婦道所宜若昭又爲傳申釋之貞元中昭義節度使李抱眞表其才德宗召入禁中試文章并問經史大誼帝咨美悉留宮中帝能詩每與侍臣賡和五人者皆預凡進御未嘗不蒙賞又高其風操不以妾侍命之呼學士擢其父饒州司馬習藝館內敎賜第一區加穀帛元和末若莘卒贈河內郡君自貞元七年祕禁圖籍詔若莘總領穆宗以若昭尤通練拜尚宮嗣若莘所職歷憲穆敬三朝皆呼先生后妃與諸王主率以師禮見寶歷初卒贈梁國夫人以鹵簿葬若憲代司祕書文宗尚學以若憲善屬辭粹論議尤禮之太和中李訓鄭注用事惡宰相李宗閔譖言因駙馬都尉沈𥫗厚賂若憲求執政帝怒幽若憲外第賜死家屬徙嶺南訓注敗帝悟其讒追恨之若倫若荀早卒廷芬男獨愚不可敎爲民終身

敬宗貴妃郭氏右威衞將軍義之子失義何所人長慶時后以容選入太子宮太子卽位爲才人生晉王普帝以早得子又淑麗冠後廷故寵異之踰年爲貴妃贈義禮部尚書兄環少府少監賜大第文宗立愛晉王若己子待妃禮不衰亡其薨年

武宗賢妃王氏邯鄲人失其世年十三善歌舞得入宮中穆宗以賜潁王性機悟開成末王嗣帝位妃陰爲助畫故進號才人遂有寵狀纖頎頗類帝每畋苑中才人必從袍而騎校服光侈略同至尊相與馳出入觀者莫知孰爲帝也帝欲立爲后宰相李德裕曰才人無子且家不素顯恐詒天下議乃止帝稍惑方士說欲餌藥長年後寖不豫才人每謂親近曰陛下日燎丹言我取不死膚澤消槁吾獨憂之俄而疾侵才人侍左右帝熟視曰吾氣奄奄情慮耗盡顧與汝辭荅曰陛下大福未艾安語不祥帝曰脫如我言奈何對曰陛下萬歲後妾得以殉帝不復言及大漸才人悉取所常貯散遺宮中審帝已崩卽自經幄下當時嬪媛雖常妬才人專上者返皆義才人爲之感慟宣宗卽位嘉其節贈賢妃葬端陵之栢城

宣宗元昭皇后鼂氏不詳其世少入邸最見寵答及卽位以爲美人大中中薨贈昭容詔翰林學士蕭寘銘其窆具載生鄆王萬壽公主後夔昭等五王居內院而鄆獨出閤及卽位是爲懿宗外頗疑帝非長寘出銘辭以示外廷乃解帝追冊昭容爲皇太后上尊謚詔后二等以上親悉官之配主宣宗廟自建陵曰慶陵置宮寢

懿宗惠安皇后王氏亦失所來咸通中冊號貴妃生普王七年薨十四年王卽位是爲僖宗追尊皇太后冊上謚號祔主懿宗廟卽其園爲壽陵后屬緦以上帝悉官之

懿宗淑妃郭氏幼入鄆王邸宣宗在位春秋高惡人言立太子事王以嫡長居外宮心常憂惴妃護侍左右慰安起居終得無恙生女未能言忽曰得活王驚異之及卽位以妃爲美人進拜淑妃女爲同昌公主下嫁韋保衡保衡處內宅妃以主故出入娛飲不禁是時謗言與保衡亂莫得其端僖宗立保衡緣它罪爲人所發且汙舊謗卒貶死妃猶處禁中黃巢之難天子出蜀倉卒妃不及從遂流落閭里不知所終

懿宗恭憲皇后王氏其出至微咸通中列后庭得幸生壽王而卒王立是爲昭宗追號皇太后上謚祔主懿宗室卽故葬號安陵召后弟瓌官之景福初瓌位任濅重帝亦以外家倚之爲中尉楊復恭所媢表爲黔南節度使瓌之鎭道吉栢江復恭密喻楊守亮覆其家

昭宗皇后何氏梓州人系族不顯帝爲壽王后得侍婉麗多智恩荅厚甚既卽位號淑妃從狩華州詔冊爲皇后光化三年帝獵夜歸后遣德王還邸遇劉季述留王紫廷院明日季述等挾王陳兵召百官脅帝內禪后恐賊臣加害天子卽取璽授季述與帝同幽東宮賊平反正天復中從帝駐鳳翔李茂貞請帝勞軍不得已后從御南樓會朱全忠逼帝東遷后謂帝曰此後大家夫婦委身賊手矣涕數行下帝奔播旣屢威柄盡喪左右皆悍逆庸奴后侍膳服無須臾去側至洛帝憂忽忽與后相視無死所已而遇弒哀帝卽位尊爲皇太后宮中不敢哭徙居積善宮號積善太后帝將禪天下后亦遇害初蔣玄暉爲全忠邀九錫入喻后度不免見玄暉垂泣祈哀以母子託命宣徽使趙殷衡譖於全忠曰玄暉等銘石像瘞積善宮將復唐全忠怒遂遣縊后以醜名加之廢爲庶人

唐書卷七十七考證

肅宗章敬皇后吳氏傳生代宗爲嫡皇孫生之三日帝臨澡之孫體攣弱負姆嫌陋更取他宮兒以進帝視之曰非爾所知趣取兒來于是見嫡孫帝大喜向日視之曰福過其父帝還盡留內樂宴具顧力士曰可與太子飲一日見三天子樂哉〇臣德潛按玄宗紀開元二十五年廢皇太子瑛二十六年立忠王璵爲皇太子代宗紀開元十四年十二月十三日生于東都之上陽宮則代宗之生先于肅宗爲太子十有三年也烏得云一日見三天子預稱太子耶且其事亦不經其謬顯然

順宗莊憲皇后王氏傳十年崩年五十四〇舊書元和十一年三月崩于南內之咸寧殿綱目亦同舊書

憲宗懿安皇后郭氏傳宣宗立於后諸子也帝母鄭故侍兒有曩怨帝故奉養禮稍薄后鬱鬱不聊與一二侍人登勤政樓將自隕左右共持之帝聞不喜是夕暴崩〇沈炳震曰舊書云宣宗繼統卽后之諸子也恩禮愈異于前朝兩書互異

穆宗恭僖皇后王氏傳太和五年宰相建白以太皇太后與寶歷太后稱號未辨云云〇舊書在太和八年

唐書卷七十八

宋　端明殿學士宋祁撰

列傳第三

宗室

大祖八子長延伯次眞次世祖皇帝次璋次繪次禕次蔚次亮

南陽公延伯蚤薨無嗣高祖武德中與六王同追封

譙王眞從太祖戰歿無嗣

畢王璋仕周爲梁州刺史與趙王祐謀殺隋文帝不克死生二子曰韶曰孝基韶死隋世武德時追封東平王生子道宗

江夏郡王道宗字承範高祖卽位授左千牛備身略陽郡公裴寂與劉武周戰度索原寂敗賊逼河東道宗年十七從秦王討賊王登玉壁城以望謂道宗曰賊怙衆欲戰爾計謂何對曰武周席勝剽然鋒未可當正宜以計摧之且烏合之衆憚持久若堅壁以頓其銳須食盡氣老可不戰禽也王曰而意與我合既而賊糧匱夜引去追戰滅之出爲靈州總管時梁師都弟洛仁連突厥兵數萬傅于壘道宗閉城守伺隙出戰破之高祖謂裴寂曰昔魏任城王彰有卻敵功道宗似之因封任城王始突厥郁射設入居五原道宗逐出之震耀威武斥地贏千里貞觀元年召拜鴻臚卿遷大理太宗方經略突厥復授靈州都督三年爲大同道行軍總管助李靖破虜親執頡利可汗賜封六百戶還爲刑部尚書吐谷渾寇邊詔出崑丘道詔與侯君集爲靖副賊聞兵且至走嶂山數千里諸將欲止獨道宗請速追靖曰善君集未從道宗以單師進去大軍十日及之吐谷渾拒險殊死鬭道宗陰引千騎超山乘其後賊驚遂大潰徙封江夏王授鄂州刺史久之坐貪賕帝聞怒曰朕提四海之富士馬若林如使轍跡環天下游觀不度采絕域之玩海表之珍顧不得邪特以勞民自樂不爲也人心無藝當以誼制之今道宗已王稟賜多而貪不止顧不鄙哉乃免官削封戶以王就第明年召爲茂州都督未行拜晉州刺史還禮部尚書侯君集破高昌還頗怨望道宗嘗從容奏言君集智小言大且爲戎首帝問所以知必反者對曰見其忌而矜功恥爲房李下官尚書常鬱鬱不平帝曰君集誠有功材無不堪朕寧惜爵位邪第未及耳不宜輕億度使自猜危既君集反帝笑曰如公素揣帝將討高麗先遣營州都督張儉輕騎度遼窺形勢儉畏不敢深入道宗請以百騎往帝許之約其還曰臣請二十日行留十日覽觀山川得還見天子因秣馬束兵旁南山入賊地相易險度營陣便處將還會高麗兵斷其路更走間道謁帝如期帝曰賁育之勇何以過賜金五十斤絹千匹乃詔與李勣爲前鋒濟遼拔蓋牟城會賊救至道宗與總管張君乂領騎裁四千虜十倍皆欲浚溝保險須帝至道宗曰賊遠來其兵必疲我一鼓摧之固矣昔耿弇不以賊遺君父吾爲前軍當淸道迎乘輿尙何待勣善之選壯騎數十突進賊營左右出入勣合擊大破之帝至吝美賜奴婢四十口乃築距闉攻安市城闉毀傅城道宗失部分反爲賊據帝斬其果毅傅伏愛道宗既行請罪帝曰漢武帝殺王恢不如秦穆公赦孟明遂置不問在陣傷足帝親加砭治賜御膳還以疾辭劇就閑改太常卿高宗永徽初房遺愛以反誅長孫無忌褚遂良與道宗有宿怨誣與遺愛善流象州道病薨年五十四無忌等得罪詔復爵邑道宗晚好學接士大夫不倨于貴國初宗室唯道宗孝恭爲最賢子景恒封盧國公相州刺史道宗弟道興武德初爵廣寧郡王以屬疏降封縣公貞觀九年爲交州都督以南方瘴癘恐不得年頗忽忽憂悵卒于官贈交州都督

永安壯王孝基武德初得王歷陝州總管鴻臚卿以罪奪官二年劉武周寇太原夏人呂崇茂以縣應賊詔孝基爲行軍總管攻之工部尙書獨孤懷恩內史侍郎唐儉陝州總管于筠隷焉筠請急攻城絕外援且當有變將懷恩挾異計紿說孝基曰夏城堅攻之引日宋金剛在近內拒外彊一敗塗地不如頓兵待秦王破賊則夏自孤此謂不戰而屈人也孝基謂然會尉遲敬德至與崇茂夾度官師遂大敗孝基及筠等皆執於賊謀亡歸爲賊所害高祖爲發哀優賜其家晉陽平購尸不獲招魂以葬贈左衞大將軍及謚無子以兄子道立嗣封高平王後降封縣公終陳州刺史曾孫涵

涵簡素忠謹爲宗室儁累授贊善大夫郭子儀表爲關內鹽池判官肅宗至平涼未知所從朔方留後杜鴻漸等條士馬倉庫使涵奉牋馳謁肅宗涵既見敷奏明辯肅宗悅除左司員外郎再遷宗正少卿寶應初河朔平涵方母喪奪哀持節宣慰所至州縣非公事未嘗言疏飯水飲席地以瞑使還固請終制代宗見其癯毀許之服除擢給事中遷兵部侍郎朱希彩殺李懷仙復宣慰河北還爲浙西觀察使居五歲入朝拜御史大夫京畿觀察使德宗嗣位以涵和易無所繩舉除大子少傅山陵副使以父諱徙光祿卿未幾遷左散騎常侍以尙書

右僕射致仕累封襄武縣公卒贈太子太保子鷵貞元初爲饒州別駕妾高以善歌入宮鷵因御醫許泳通書坐誅

雍王繪爲隋夏州總管子贇追爵河南王生道玄

淮陽壯王道玄性謹厚習技擊然進止都雅武德初例王年十五從秦王擊宋金剛於介州先登王壯之賞予良厚討王世充戰多實建德屯虎牢王輕騎致賊遣道玄伏以待賊至走之轉戰氾水登南坂貫賊陣出其背復引還賊皆靡所發命中王喜以副騎給之每赴敵飛矢著身如蝟氣益厲東都平爲洛州總管府廢更授刺史俄爲山東道行軍總管討劉黑闥以多見褒黑闥再亂道玄率史萬寶戰下博越淖馳約萬寶繼進萬寶素少之不肯前曰吾被詔以王兒子名大將而軍進退實在我今其輕鬬若大軍竭馳必陷淖莫如以王啗賊我結陣待之雖不利王而利國也道玄遂戰歿年十九萬寶爲賊所乘舉軍潰身獨免太宗追悼曰自兵興兒常從我每見我深入輒克故慕之惜其少遠圖不究哀哉因流涕贈左驍衛大將軍及謚無子以弟道明嗣王還左驍衛大將軍貞觀十四年與武衛將軍慕容寶節送弘化公主於吐谷渾坐漏言主非帝女奪王終鄆州刺史六世孫漢

漢字南紀少事韓愈通古學屬辭雄蔚爲人剛略類愈愈愛重以子妻之擢進士第還累左拾遺敬宗侈宮室舶賈獻沈香亭材帝受之漢諫曰以沈香爲亭何異瑤臺瓊室乎是時王政謬僻漢言切多所救補坐婞訐出佐興元幕府文宗立召爲屯田員外郎史館修撰論次憲宗實錄書宰相李吉甫事不假借子德裕惡之會李宗閔當國擢知制誥稍進御史中丞吏部侍郎初德裕貶袁州漢助爲排擠後德裕復輔政漢坐宗閔黨出爲汾州刺史宗閔再逐改州司馬詔有司不二十年不得用然不數歲徙絳州長史遂不復振大中時召拜宗正少卿卒始漢爲中丞表孔温業爲御史及漢晚見召温業已爲中丞每燕集人以爲榮

鄖王褘爲隋上儀同三司生子叔良德良幼良長平肅王叔良武德初例王鎮涇州捍薛仁杲仁杲内史令翟長孫以衆降於是大饑米斗千錢叔良不恤士損糧以漁利下皆怨仁杲知之陽言食盡去遣高墌人詭降叔良遣驍騎劉感受之未至城三烽發仁杲兵自南原譟而還大戰百里細川感爲賊執叔良懼悉出金勞軍委事於長孫乃克安久之突厥入寇詔叔良率五將軍擊之中流矢道甍贈左翊衛大將軍靈州總管子孝協嗣

孝協始王范陽俄降爲鄅國公魏州刺史麟德中坐贓抵死司宗卿隴西王博乂等爲言於高宗求貸帝不許遂自殺弟孝斌爲原州都督府長史生子思訓爲江都令武后多殺宗室思訓棄官去中宗復位以書舊擢宗正卿封隴西郡公歷益州都督府長史開元初進彭國公加戶滿四百進右武衛大將軍卒贈秦州都督陪葬橋陵思訓善畫世所謂李將軍山水者弟思誨爲揚州參軍事子林甫自有傳

新興郡王德良少以疾不任職甍贈涼州都督孫晉先天中爲雍州長史治有名襲王坐豫太平公主謀被誅改氏厲晉就刑僚吏奔解唯司功參軍李撝從王如它日晉死哭其尸盡哀姚元崇歎曰欒向儔邪擢爲尚書郎

長樂郡王幼良資暴急高祖數曉勑不悛有盜其馬者輒殺之帝怒曰盜信有罪王而專殺可乎詔禮部尚書李綱召宗室即朝堂杖之百乃釋去爲涼州都督嘯不逞爲左右市里苦之太宗立或告王陰養士交境外謀中書令宇文士及往代并按狀士及繩之急左右恐欲劫王由間道趨長安自明不即北奔突厥士及露劾帝復遣侍御史孫伏伽鞫視無異辭遂賜死六世孫回別傳

蔡烈王蔚爲周朔州總管生子安哲

西平懷王安仕隋爲右領軍大將軍封趙公武德時例王生子琛孝恭瑊瓌

襄武郡王琛字仲寶木訥少文隋義寧初封襄武郡公與太常卿鄭元璹持女伎聘突厥始畢可汗約和親始畢禮之贈遺蕃渥遣骨吐祿特勒隨琛入獻授刑部侍郎武德初始王歷利蒲絳三州總管宋金剛陷澮州稽胡多叛詔琛鎮隰州政寬簡爲夷夏愛便甍子儉襲王例降爲公

河間元王孝恭少沈敏有識量高祖已定京師詔拜山南招慰大使徇巴蜀下三十餘州進擊朱粲破之俘其衆諸將曰粲徒食人賊也請阬之孝恭曰不然今列城皆吾寇若獲之則殺後渠有降者乎悉縱之繇是騰檄所至輒下明年拜信州總管承制得拜假當是時蕭銑據江陵孝恭數進策圖銑帝嘉納進王趙郡以信州爲夔州乃大治舟艦肄水戰會李靖使江南孝恭倚其謀遂圖江陵盡召巴蜀首領子弟收用之外示引擢而内實質也俄進荆湘道總管統水陸十二軍發夷陵破銑二鎮縱戰艦放江中諸將曰得舟當濟吾用棄之反資賊奈何孝恭曰銑之境南際嶺左薄洞庭地險士衆若城未拔而援至我且有内外憂舟雖多何所用之今銑瀕江鎮戍見艦舸蔽江下必謂銑已敗不即進兵覘候往返以引救期則吾既拔江陵矣已而救兵到巴陵見船疑不進銑内外阻絶遂降帝悅遷荆州大總管詔圖破銑狀以進孝恭治荆爲置屯田立銅冶百姓利之遷襄州道行臺左僕射時嶺表未平乃分遣使者綏輯安慰其欵附者四十有九州朝廷號令暢南海矣未幾輔公祏反寇壽陽詔孝恭爲行軍元帥討之引兵趨九江李靖李勣黃君漢張鎮州盧祖尚皆稟節度將發大饗士桮水變爲血坐皆失色孝恭自如徐曰禍福無基唯所召爾顧我不負於物無重諸君憂公祏禍惡貫盈今仗威靈以問罪桮中血乃賊臣授首之祥乎盡飲罷衆心爲安公祏將馮惠亮等拒險邀戰孝恭堅壁不出遣奇兵絶饟道賊饑夜薄營孝恭臥不動明日使羸兵扣賊壘挑之祖尚選精騎陣以待俄而兵卻賊追北且譟遇祖尚軍薄戰遂大敗惠亮退保梁山孝恭乘勝破其別鎮賊赴水死者數千計公祏窮棄丹陽走騎窮追生禽之江南平璽書褒美賜甲第一區女樂二部奴婢七百口寶玩不貲進授東南道行臺左僕射行臺廢更爲揚州大都督孝恭再破巨賊北自淮東包江度嶺而南盡統之欲以威重夸遠俗乃築第石頭城陳廬徼自衛或誣其反召還頗爲憲司鐫詰既無狀赦爲宗正卿賜實封千二百戶歷涼州都督晉州刺史貞觀初爲禮部尚書改王河間性奢豪後房歌舞伎百餘然寬恕退讓無矜伐色太宗用是親重之宗室莫比也嘗謂人曰吾所居頗壯麗非吾心也當別營一區令粗足充事而已吾歿後子也才易以守不才不爲它人所利十四年中飲暴甍年五十帝哭之慟贈司空揚州都督及謚陪葬獻陵始隋亡盜賊徧天下皆太宗身自討定謀臣騎帥並隸麾下無特將專勳者惟孝恭獨有方面功以自見云子崇義晦崇義嗣王降封譙國公歷蒲同二州刺史益州都督府長史有威名終宗正卿晦乾封中爲營州都督以治狀聞璽書勞賜遷右金吾將軍檢校雍州長史擢擿姦伏無留隱吏下畏之高宗將幸洛詔晦居守謂曰關中事一以屬公然法令牽制不可以成政法令外苟可以利人者行之毋須以聞故晦治有異績武后時遷秋官尚書卒贈幽州都督初晦第起觀閣下臨肆區其人候晦曰庶人不及以禮然室家之私不願外窺今將辭公晦驚遽毀徹之子榮奉吳王恪祀

濟北郡王瑊武德中爲尚書左丞例王終始州刺史

漢陽郡王瓌始爲郡公進王高祖使持幣遺突厥頡利可汗言和親事頡利始見瓌倨甚瓌開說示以厚幣乃大喜改容加禮因遣使隨入獻名馬後復聘頡利謂其下曰前瓌來悔不少屈之當使拜我瓌伺知之既見頡利即長揖頡利怒留不遣瓌意象自若不爲屈虜知不可劫卒以禮遣還左武侯將軍代孝恭爲荆州都督政務清靜嶺外酋豪數相攻瓌遣使諭威德皆如約不敢亂後例爲公長史馮長命者嘗爲御史大夫素貴事多專決瓌怒杖之坐免起爲宜州刺史散騎常侍甍

濟南郡王哲爲隋柱國備身將軍追王子瑗

廬江郡王瑗字德圭武德時例王累遷山南東道行臺右僕射與河間王孝恭合討蕭銑無功更爲幽州都督瑗素懦朝廷恐不任職乃以右領軍將軍王君廓輔行君廓故盜也其勇絶人瑗倚之許結婚寄心腹時隱太子有陰謀厚結瑗太子死太宗令通事舍人崔敦禮召瑗瑗懼有變君廓内險賊欲以計陷瑗而取己功即謂瑗曰事變未可知大王國懿親受命守邊擁兵十萬而從一使者召乎且趙郡王前已屬吏今太子齊王又復爾大王勢能自保邪因泣瑗信之曰以命累公乃囚敦禮勒兵召北燕州刺史王銑與計事兵曹參軍王利涉說瑗曰王今無詔擅發兵則反矣當須權結衆心若諸刺史召之不至將何以全瑗曰奈何對曰山東豪傑嘗爲竇建德所用今失職與編戶夷此其思亂若旱之望雨王能發使悉復舊職隨在所募兵有不從得輒誅之則河北之地可呼吸而有然後遣王銑外連突厥繇太原南趨蒲絳大王整駕西入關兩軍合勢不旬月天下定矣瑗從之以内外兵悉付君廓利涉以君廓多翻覆請以兵屬銑瑗猶豫君廓密知之馳斬銑首詢于軍曰李瑗與王銑反錮敕使擅追兵今銑已斬獨瑗在無能爲也諸君從之且族滅助我者富貴可得衆曰願討賊乃出敦禮于獄瑗聞之率左右數百被甲出君廓呼曰瑗誖亂諸君皆詿誤若何從之以取夷戮衆反走瑗罵君廓曰小人賣我行自及即禽瑗縊之傳首京師廢爲庶人絶屬籍

鄭孝王亮仕隋爲海州刺史追王生子神通神符

淮安靖王神通少輕俠隋大業末在長安會高祖兵興吏逮捕亡命入鄠南山與豪英史萬寶裴勣柳崇禮等舉兵應太原約司竹賊帥何潘仁連和進與平陽公主

兵合狗郭下之自署關中道行軍總管以萬寶爲副勣爲長史崇禮爲司馬令狐德棻爲記室從平京師爲宗正卿典兵宿衛王永康郡俄徙淮安武德初拜山東安撫大使黃門侍郎崔幹副之進擊宇文化及于魏化及敗走聊城神通追北賊糧盡願降神通不肯受幹請納之神通曰師久暴露今賊食盡克不旦暮正當破之以玉帛酬戰力若降吾何所藉手幹曰竇建德侻至而化及未平我轉側兩賊間勢必危王又貪其玉帛敗不日神通怒囚幹軍中會士及自濟北餽軍化及復振神通進兵薄其壘貝州刺史趙君德先登扳堞神通忌其功止軍不進君德怒詬而還城復堅神通遣兵走魏州取攻具爲莘人所乘引却後二日建德拔聊城勢遂張山東州縣靡然歸之神通麾下多亡乃退保黎陽依李世勣俄爲建德所虜後與同安公主自賊歸及建德滅復授河北行臺左僕射從平劉黑闥還左武衛大將軍薨贈司空神通十一子得王者七人道彥孝詧孝同孝慈孝友孝節孝義皆降王孝逸爵公孝銳不得封有子齊物顯

膠東郡王道彥幼孝謹初神通避吏于鄠被疾山谷間累旬食盡道彥羸服丐人間或採野實以進神通未食不敢先即有所分辭以飽乃藏弆以待高祖初封義興郡公俄得王貞觀初爲相州都督徙岷州以父喪解荷土就墳躬蒔松柏偃廬柴毀雖親友不復識太宗嗟歎敕侍中王珪臨諭服除復拜岷州都督間遣入党項諭譬帝厚以利啖党項使爲鄉導其酋拓拔赤辭詣靖自言隋擊吐谷渾我資其軍而隋無信反見仇剽今將軍若無它我願資糧將復如隋乎諸將與歃血遣之道彥至闊水見無備因掠其牛羊諸羌怨即引兵障野狐峽道彥不得進爲赤辭所乘軍大敗死者數萬退保松州詔減死謫戍邊久之召爲嬀州都督卒贈禮部尚書初武德五年同封者孝詧爲高密王孝同淄川王孝慈廣平王孝友河間王孝節清河王孝義膠西王於是唐始興務廣支蕃鎮天下故從昆弟子凡勝衣以上皆爵郡王太宗即位舉屬籍問大臣曰盡王宗子於天下可乎封德彝曰漢所封惟帝子若親昆弟其屬遠非大功不王如周郇滕漢賈澤尚不得茆土所以別親疏也先朝一切封之爵命崇而力役多以天下爲私奉非所以示至公帝曰朕君天下以安百姓不容勞百姓以養己之親於是疏屬王者皆降爲公唯嘗有功者不降故道彥等並降封公

孝逸少好學頗屬文始封梁郡公高宗時四遷益州大都督府長史武后擅國入爲左衛將軍親遇之徐敬業稱兵以孝逸爲左玉鈐衛大將軍揚州行軍大總管帥師南討至淮而敬業已攻潤州遣弟敬猷壁淮陰僞將韋超據都梁山以拒孝逸超衆憑險完屯孝逸會諸將議曰賊今負山攻則士無所用力騎不得騁窮寇救死傷夷必衆不如偏旅綴之全軍趨揚州勢不數日可破支度使薛克構曰超雖據險然兵少若置小敵不擊無以示威拔衆以守則戰有闕捨之則後憂不如擊之若克超淮陰自震淮陰破楚諸縣開門候官軍矣由是以趨江都逆首可取孝逸從之登山急擊超殺數百人薄暝解超夜走進擊敬猷淮陰破之敬業回軍下阿溪孝逸引兵直度敬業大敗遂拔揚州以功進鎮軍大將軍從封吳國公威名稜然武承嗣等忌之以讒下遷施州刺史又使人誣告語闕上武后信之以嘗有功貸死流儋州薨景雲初贈益州大都督孝同曾孫國貞

國貞父廣業爲劍州長史國貞剛鯁有利才乾元中由長安令遷河南尹史思明寇東都李光弼壁河陽國貞率官吏西走陝數月召爲京兆尹上元初拜劍南節度使召爲殿中監以戶部尚書持節朔方鎮西北庭興平陳鄭節度行營兵馬及河中節度都統處置使治于絳尋加晉絳慈隰沁等州觀察處置使既至糧乏而所儲陳腐民貧不忍遽斂上書以聞而軍中譁謗突將王振乘衆怨紿曰具畚鍤以待役事衆皆怒夜燒牙門左右奔告請避之國貞曰吾被命爲將其可棄城乎固請乃逃獄中振引衆劫取之置食其前曰食是而役其力可乎國貞曰與爾等方討賊何事役爲正緣食腐儉已請諸朝吾何所負衆服其言且引去振曰都統不死吾曹殆矣遂害之并殺其二子及三大將有詔以郭子儀代之國貞清白善用法世稱辦吏然峻於操下故其衆思得子儀而振因肆其惡及子儀至振自謂且見德子儀怒曰汝臨賊境而害主將賊若乘虛是無絳矣又欲爲功乎即斬以徇贈國貞揚州大都督子錡自有傳

孝節曾孫暠少孤事母孝始爲枝江丞荊州長史張柬之曰帝宗千里駒吾得其人累擢衞少卿居母喪柴瘠訖除家人未嘗見言笑與兄昇弟暈相友開元初爲汝州刺史政嚴簡有治稱昆弟繇東都候之輒羸服往州人無知者其清慎舉如此四遷至黃門侍郎檢校太原以北諸軍節度使太原俗爲浮屠法者死不葬以尸棄郊飼烏獸號其地曰黃阬有狗數百頭習食胔頗爲人患吏不敢禁暠至遣捕羣狗殺之申厲禁條約不再犯遂革其風二十一年以工部尚書持節使吐蕃既還金城公主請明疆場表石赤嶺上盟遂堅定還以奉使稱指再遷吏部暠美風儀以莊重稱當時有宰相望累爲太子少傅武都縣伯卒贈益州大都督暈至太僕少卿暈子進亦知名好從當世賢士游賙人之急累擢給事中至德初從廣平王東征以工部侍郎署雍王元帥府行軍司馬爲回紇鞭之幾死還兵部卒贈禮部尚書

孝節四世孫說字巖甫父遇及天寶時爲御史中丞東畿採訪使說以蔭補率府兵曹參軍馬燧節度太原辟署少尹遷汾州刺史李自良代燧復奏爲少尹大將張瑤得士心嘗請告未許而自良卒說與監軍王定遠祕其喪前給瑤告以毛朝陽代之然後告喪詔以通王爲節度大使授說行軍司馬節度留後定遠自以有勞於說頗橫恣請別賜印監軍有印自定遠始於是擅補吏易置諸將彭令茵者以久勞不服定遠怒殺之埋馬屎中其家請尸不許舉軍忷說上其事德宗以奉天扈從功恕死免官詔未至定遠謀刺說說走而免定遠召諸將出笥中詔書紿曰詔以李景略知留後召說還公等皆有除諸將欲拜大將馬良輔呼曰妄言也不可受定遠懼走乾陽樓召麾下皆不至自投下死說盡斬同謀者乃安擢說檢校禮部尚書節度使累封隴西縣男說精于職築天成軍邊備積完晚被疾不能事軍幾亂卒贈尚書右僕射

齊物字道用天寶初擢累陝州刺史開砥柱通漕路發重石下得古鐵戟若鏵然銘曰平陸上之詔因以名縣遷河南尹坐與李適之善貶竟陵太守還遷京兆尹太子太傅兼宗正卿卒贈太子太師性苛察少恩喜發人私然潔廉自喜吏無敢欺者忿陝尉裴冕械而折愧之及冕當國除齊物太子賓客世善冕能損怨云子復

復字初陽以蔭仕累爲江陵司錄參軍衞伯玉才之表江陵令遷少尹歷饒蘇二州刺史李希烈叛荊南節度使張伯儀數爲賊窘朝廷以復在江陵得士心即母喪奪爲少尹充行軍司馬佐伯儀會伯儀罷改容州刺史兼本管招討使先是西原亂吏獲反者沒爲奴婢長役之復至使訪親戚一皆原縱在容三年人賴以安轉嶺南節度使時安南經略使高正平張應繼卒其佐李元度胡懷義等因阻兵脅州縣肆爲姦贓復至誘懷義杖死流元度南裔肅然敎民作陶瓦鏵諭蠻獠收瓊州置都督府以綏定其人召拜宗正卿歷華州刺史貞元十年鄭滑節度使李融卒軍亂以復檢校兵部尚書代融節度復下令墾營田以稟其軍而賦不及民衆悅加檢校尚書右僕射卒年五十九贈司空謚曰昭復更方鎮所在稱治然頗嗜財爲世所譏從父若水爲左金吾大將軍兼通事舍人容貌瓌偉在朝三十年多識舊儀每宣勞揖贊進止閑華有可觀者

襄邑恭王神符字神符少孤事兄謹高祖興兵神符留長安爲衛文昇所囚京師平封安吉郡公帝受禪例王遷并州總管頡利可汗盜邊神符與戰汾東斬級五百獲馬二千又戰沙河獲乙利達官得可汗所乘馬及鎧召爲大府卿遷揚州大都督自丹陽度江治隋江都故郡揚人利之然少威嚴不爲下所畏累擢宗正卿以足不良改光祿大夫歸第月給羊酒太宗就第慰問又令乘小輿入紫微殿三衞挾輿以升遷開府儀同三司永徽二年薨年七十三贈司空荊州都督陪葬獻陵子七人並爵郡王例降公惟德懋文暕知名德懋官少府監臨川郡公五世孫從晦文暕幽州都督魏國公垂拱坐累貶藤州別駕誅子挺提襲封挺曾孫程提曾孫石別傳從晦祖模仕至德中爲狩氏令史思明陷洛陽賊帥掠諸縣模率衆拒平之稍遷黔中觀察使終太子賓客贈太子太保謚曰敬從晦寶歷初及進士第擢累昆弟貶朗州司戶參軍改澶王府諮議分司東都忌者重發前坐下遷亳州司馬久乃轉吏部郎中兼侍御史知雜事出爲常州刺史鎮海軍節度使李琢表其政賜金紫歷京兆尹工部侍郎山南西道節度使又以最就進銀青光祿大夫卒年六十三贈吏部尚書從晦姿質偉岸所至以風力聞少與崔龜從李景讓裴休善獎目後進名知人楊收方布衣進謁從晦一見如雅識即待以公輔後果宰相

世祖四子長曰澄次湛次洪次高祖神堯皇帝

梁王澄蚤薨無嗣武德初與二王同追封

蜀王湛生子博乂奉慈

隴西恭王博乂武德初與奉慈例王高宗時擢累禮部尚書特進驕侈不循法度伎妾數百曳羅紈甘粱肉放於聲樂以自娛其弟奉慈亦荒縱皆爲帝所鄙嘗曰吾仇人有善且用之況親戚乎王等昵小人專爲不軌先王墳典不聞學何以爲善哉各賜市書絹二百疋以愧切之然不自克也薨贈開府儀同三司荊州都督

渤海敬王奉慈顯慶時爲原州都督薨七世孫戡。

戡字定臣幼孤年十歲卽好學大寒掇薪自炙夜無然膏默念所記年二十明六經舉進士就禮部試吏唱名乃入戡恥之明日徑返江東隱陽羨里陽羨民有鬬爭不決不之官而詣戡以辨凡論著數百篇常惡元和有元白詩多纖艷不逞而世競重之乃集詩人之類夫古者斷爲唐詩以譏正其失云平盧節度使王彥威表爲巡官府遷還洛陽卒

贊曰景元子孫當草昧之初乘運而奮方高祖擁除四方所以宣力皆顯顯爲世豪英王河間之功江夏之略可謂宗室翹翹者也始唐興疏屬畢王至太宗稍稍降封時天下已定帝與名臣蕭瑀等喟然講封建事欲與三代比隆而魏徵李百藥皆謂不然復意以唐承大亂民人彫喪始復生業遽起而瓜分之故有五不可之說百藥稱帝王自有命曆祚之短長不緣封建又舉春秋二百四十二年之禍亟於哀平桓靈而訖曹元首陸士衡之言以爲繆悠而顏師古獨議建諸侯當少其力與州縣雜治以相維持然天子由是罷不復議至耆儒劉秩目武氏之禍則建論以爲郡爵無土署官不職非古之道故權移外家廟絕而更存存之之理在取順而難逆絕之之原在單弱而無所憚至謂郡縣可以小寧不可以久安大抵與曹陸相上下而杜佑柳宗元深探其本據古驗今而反復焉佑之言曰夫爲人置君欲其蕃息則在郡縣然而主祚常促爲君置人不病其寡則在建國然而主祚常永故曰建國利一宗列郡利百姓且立法未有不敝者聖人在度其患之長短而爲之建國之制初若磐石然敝則鼎峙力爭陵遲而後已故爲患也長列郡之制始天下一軌敝則世崩俱潰然而戢定者易爲功故其爲患也短又謂三王以來未見郡縣之利非不爲也後世諸儒因泥古彊爲之說非也宗元曰封建非聖人意然而歷堯舜三王莫能去之非不欲去之勢不可也秦破六國列都會置守宰據天下之圖攝制四海此其得也二世而亡有由矣暴威刑竭人力天下相合劫令殺守圜視而並起時則有叛民無叛吏漢矯秦枉剖海內立宗子功臣數十年間奔命扶傷不給時則有叛國無叛郡唐興制州縣而桀黠時起失不在州而在於兵時則有叛將無叛州以爲矯而革之垂二百年不在諸侯明矣又言湯之興諸侯歸者三千資以勝夏武王之興會者八百資以滅商徇之爲安故仍以爲俗是湯武之不得已也不得已非公之大也私其力於已也秦革之者其爲制公之大者也其情私也然而公天下之端自秦始云觀諸儒之言誠然然建侯置守如質文遞救亦不可一槩責也救土崩之難莫如建諸侯削尾大之勢莫如置守宰唐有鎭帥古諸侯比也故王者視所救爲之勿及於敝則善矣若乃百藥推天命佑言郡縣利百姓而主祚促乃臆論也

唐書卷七十八考證

長樂郡王幼良傳帝遣侍御史孫伏伽鞫視無異辭遂賜死○臣德潛按舊書帝令宇文士及代爲都督並按其事士及慮其爲變遂縊殺之

河間元王孝恭傳帝嘉納進王趙郡○沈炳震曰進王者由公爵而進王也今上文拜信州總管似闕中間公爵一層

孝逸傳以書有功貸死流儋州薨○臣德潛按則天紀天授元年五月殺梁郡公孝逸似紀傳互異

襄邑恭王神符傳文曉幽州都督魏國公○舊書作郡公

唐書卷七十九

宋端明殿學士宋祁撰

列傳第四

高祖諸子

高祖二十二子竇皇后生建成太宗皇帝玄霸元吉萬貴妃生智雲莫嬪生元景孫嬪生元昌尹德妃生元亨張氏生元方郭婕妤生元禮宇文昭儀生元嘉及第十九子靈夔王才人生元則張寶林生元懿張美人生元軌楊美人生鳳劉婕妤生元慶崔嬪生元裕小楊嬪生元名楊嬪生元祥魯才人生元曉柳寶林生元嬰

隱太子建成小字毗沙門資簡弛不治常檢荒色嗜酒畋獵無度所從皆博徒大俠隋末高祖被詔捕賊汾晉間留建成護家居河東高祖已起兵密召與元吉赴太原隋人購之急從間道至授左領軍大都督封隴西郡公引兵略定西河從平京師唐國建爲世子開府置官屬又遷撫軍大將軍爲東討元帥將萬人狗洛陽授尚書令高祖受禪立爲皇太子詔率將軍桑顯和擊司竹羣盜平之涼州人安興貴殺李軌以衆降詔趣原州應接建成素驕不恤士雖甚暑晝夜馳獵衆不堪其勞亡者過半帝欲其習事乃敕非軍國大務聽裁決之又以李綱鄭善果爲宮官參謀議稽胡劉仚成寇邊詔建成進討破之鄜州斬虜千計引渠長悉官之使還招羣胡仚成與它大帥降建成畏其衆給欲城州縣者使降胡操築陰勒兵殺六千人仚成奔梁師都嘗循行北邊遇賊四百出降悉馘其耳縱之中允王珪洗馬魏徵以帝初興建成不知謀而秦王數平劇寇功冠天下英豪歸之陰許立爲皇太子勢危甚會劉黑闥亂河北珪等進說曰殿下特以嫡長居東宮非有功德爲人所稱道今黑闥痍叛殘孽衆不盈萬利兵麏之唾手可決請往討因結山東英俊心自封殖建成遂請行黑闥敗洺水建成問徵曰山東其定乎對曰黑闥雖敗殺傷太甚其魁黨皆縣名處死妻子係虜欲降無繇雖有赦令獲者必戮不大蕩宥恐殘賊嘯結民未可安既而黑闥復振盧江王瑗棄洺州山東亂命齊王元吉討之有詔降者赦罪衆不信建成至獲俘皆撫遣之百姓欣悅賊懼夜奔兵追戰黑闥衆猶盛乃縱囚使相告曰襮而甲還鄉里若妻子獲者既已釋矣衆乃散或縛其渠長降遂禽黑闥帝晩多內寵張婕妤尹德妃最幸親戚分事宮府建成與元吉通謀內結妃御以自固當是時海內未定秦王數將兵在外諸妃希所見及洛陽平帝遣諸妃馳閱後宮見府庫服玩皆私有求索爲兄弟請官秦王已封帑簿及官爵非有功不得妃媛曹怨之會爲陝東道行臺有詔屬內得專處決王以美田給淮安王神通而張婕妤爲父丐之帝手詔賜田詔至神通已前得不肯與婕妤妄曰詔賜妾父田而王奪與人帝怒召秦王讓曰我詔令不如爾教邪佗日謂裴寂曰兒久典兵爲儒生所誤非復我昔日子秦府屬杜如晦騎過尹妃父門恚其傲率家童捽毆折一指父懼卽使妃前訴秦王左右暴其父帝不察大怒詰王曰兒左右乃陵我妃家況百姓乎王自辨曉訖不置錄是見疏帝召諸王燕秦王感母之不及有天下也偶獨泣帝顧不樂妃媛因得中傷之爲建成游說曰海內無事陛下春秋高當自娛秦王輒悲泣正爲憎忌妾屬耳使陛下萬歲後王得志妾屬無遺類東宮慈愛必能全養乃皆悲不自勝帝惻然遂無易太子意突厥入寇帝議遷都秦王苦諫止建成見帝曰秦王欲外禦寇沮遷都議以久典兵而謀篡奪帝寖不悅初帝令秦王居西宮承乾殿元吉居武德殿與上臺東宮晝夜往來皆攜弓刀相遇如家人禮由是皇太子令秦齊二王教與詔敕雜行內外懼莫知所從建成等私募四方驍勇及長安惡少年二千人爲宮甲屯左右長林門號長林兵又令左虞候率可達志募幽州突厥兵三百內宮中將攻西宮或告於帝帝召建成責之乃流達志巂州華陰楊文幹素凶詖建成昵之使爲慶州總管遣募兵送京師欲爲變時帝幸仁智宮秦王元吉從建成謂元吉曰秦王且徧見諸妃彼金寶多有以賂遺之也吾安得箕踞受禍安危之計決今日元吉曰善乃命郎將爾朱煥校尉橋公山齎甲遺文幹趣與兵煥等懼至豳鄉白反狀寧州人杜鳳亦上變帝遣司農卿宇文穎驛召文幹元吉陰結穎使告文幹文幹遂率兵反帝以建成首謀未忍治卽詔捕王珪魏徵及左衛率韋挺舍人徐師謩左衛車騎馮世立欲殺之以薄太子罪乃手詔召建成建成懼不敢往師謩勸遂舉兵詹事主簿趙弘智諫建成損車服輕往謝罪乃詣行在所未至屏官屬徑入謁叩頭請死投身於地不能起帝怒夜囚幕中使兵衛守會文幹陷寧州帝驚以宮近賊夜率衛士南趣山行十餘里明乃還宮召秦王問計對曰文幹豎子耳官司當卽禽之就使假刻漏之久正須遣一將可辦帝曰事連建成恐應者衆爾自行還吾以爾爲太子使建成王蜀蜀地狹不足爲變若不能事汝取之易也秦王率衆趣寧州文幹爲其下所殺以其首降執宇文穎送京師秦王之行元吉及內嬖更爲建成請封德彝亦陰說帝由是意解復詔建成居守但責兄弟不相容而譴王珪韋挺天策兵曹參軍杜淹於遠方然怨猜日結建成等召秦王夜宴毒酒而進之王暴疾咯血數升淮安王扶掖還宮帝問疾因敕建成秦王不能酒毋夜聚又謂秦王曰吾起晉陽平天下皆爾力將定東宮爾亟讓故成而美志又太子立多歷年吾重奪之觀而兄弟終不相下同在京師忿鬩且深爾還洛陽行臺自陝以東悉主之建天子旌旗如梁孝王故事王泣曰非所願也不可遠膝下帝曰陸賈漢臣也猶遞過諸子況我天下主東西兩宮思汝卽往何所悲邪王將行建成等謀曰秦王得土地甲兵必爲患留之京師一匹夫耳因密使人說帝言秦王左右皆山東人聞還洛皆洒然喜觀其意不復來矣事果寢俄而突厥寇邊太子薦元吉北討欲因其兵作亂長孫無忌房玄齡杜如晦尉遲敬德侯君集等勸秦王先圖之王乃密奏建成等與後宮亂因曰臣無負兄弟今乃欲殺臣是爲世充建德復仇使臣死雖地下愧見諸賊帝大驚報曰旦日當窮治而必早參張婕妤馳語建成乃召元吉謀曰請勒宮甲託疾不朝建成曰善然不其入朝事何繇知遲

明乘馬至玄武門秦王先至以勇士九人自衞時帝已召裴寂蕭瑀陳叔達封德彝宇文士及竇誕顏師古等入建成元吉至臨湖殿覺變遽反走秦王隨呼之元吉引弓欲射不能彀者三秦王射建成卽死元吉中矢走敬德追殺之俄而東宮齊府兵三千攻玄武門閉不得入接戰久之矢及殿屋王左右數百騎至合擊之衆遂潰帝謂裴寂等曰事今奈何蕭瑀陳叔達曰臣聞內外無限父子不親失而弗斷反蒙其亂建成元吉自草昧以來未始與謀既立又無功德疑貳相濟爲蕭牆憂秦王功蓋天下內外歸心立爲太子付軍國大務陛下釋重負矣帝曰此吾志也乃召秦王至慰撫之曰朕幾有投杼之惑秦王號泣不能止建成死年三十八長子承宗爲太原王早卒承道安陸王承德河東王承訓武安王承明汝南王承義鉅鹿王皆坐誅詔除建成元吉屬籍其黨疑懼更相合廬江王瑗遂反乃下詔建成元吉瑗支黨不得相告訐由是遂安太宗立追封建成爲息王謚曰隱以禮改葬詔東宮舊臣皆會帝於宜秋門哭之以子福爲後十六年追令贈宇文穎者代人自李密所來降爲農圃監封化政郡公性貪昏與元吉厚善故豫文幹謀事敗帝責曰朕以文幹叛故遣卿乃同逆邪穎無以對斬之

衞懷王玄霸字大德幼辯慧隋大業十年薨年十六無子武德元年追王及謚又贈秦州總管司空以太宗子泰爲宜都王奉其祀葬芷陽泰徙封越更以宗室西平王瓊子保定嗣薨無子國除

巢剌王元吉小字三胡高祖兵已西留守太原封姑臧郡公進齊國總十五郡諸軍事加鎭北將軍太原道行軍元帥帝授禪進王齊爲幷州總管初元吉生太穆皇后惡其貌不舉侍媼陳善意私乳之及長猜鷙好兵居邊久益驕侈常令奴客諸妾數百人被甲習戰相擊刺死傷甚衆後元吉中創善意止之元吉恚命壯士拉死私謚慈訓夫人劉武周略汾晉詔遣右衞將軍宇文歆助守元吉喜鷹狗出常載罝罔三十車曰我寧三日不食不可一日不獵夜潛出淫民家府門不閉歆驟諫不納乃顯表於帝曰王數出與竇誕縱獵蹂民田縱左右攘斂畜產爲盡每射於道觀人避矢以爲樂百姓怨毒不可與共守有詔召還元吉密諷民詣闕請乃得歸武周以五千騎屯黃蛇嶺元吉使將軍張達以步卒百人嘗寇達辭兵少彊之至則盡沒達怨導武周陷榆次元吉保祁賊急攻之遁還幷州賊張甚元吉紿司馬劉德威曰公以老弱守吾率銳士拒賊因齎寶物攜妻妾夜出委軍奔京師幷州陷帝怒自是嘗令從秦王征討不復顓軍矣尋授侍中襄州道行臺尚書令稷州刺史秦王圍東都竇建德來援王以精騎逆戰留元吉屈突通守而世充易之輒出兵元吉設伏劫之斬首八百級禽其將東都平拜司空賜袞冕服鼓吹二部班劒二十人黃金二千斤與太子秦王得三鑪鑄錢累進司徒兼侍中幷州大都督時秦王有功而太子不爲中外所屬元吉喜亂欲幷圖之乃構於太子曰秦王功業日隆爲上所愛殿下雖爲太子位不安不早計還踵受禍矣請爲殿下殺之太子不忍元吉數諷不已許之於是邀結宮掖厚賂中書令封德彝使爲游說帝遂疏秦王愛太子元吉乃多匿亡命壯士厚賜之使爲用元吉記室參軍榮九思爲詩刺之曰丹靑飾成慶玉帛禮專諸元吉見之弗悟也其典籤裴宣儼免官往事秦府元吉疑事泄鴆殺之自是人莫敢言秦王嘗從帝幸元吉第伏護軍宇文寶寢內將以刺王太子固止之元吉慍曰爲兄計於我何害突厥郁射設入圍烏城建成薦元吉北討乃多引秦王府驍將秦叔寶尉遲敬德程知節段志玄與行又籍秦府精兵益麾下帝知之不能禁元吉承間密請害秦王帝曰是有定四海功殺之無名元吉曰王昔平東都顧望不卽西散金帛樹私惠豈非反邪帝不應太子與元吉謀兵行吾與秦王至昆明池伏將士拉之以暴卒聞上無不信然後說帝付吾國吾以爾爲皇太弟而盡擊殺叔寶等率更令王晊密以謀告秦王王召僚屬謀皆曰元吉戾很使得志且不能事其兄往者護軍薛寶以元吉字合之其文成唐元吉喜曰但除秦王取東宮如反掌耳爲亂未克已復傾奪大王不蚤正之社稷非復唐有秦王由是定計死年二十四子承業爲梁郡王承鸞漁陽王承奬普安王承裕江夏王承度義陽王並伏誅貞觀初改葬追爵海陵郡王及謚後改封巢以曹王明嗣

楚哀王智雲初名稚詮善射工書奕隋大業末從建成寓河東高祖初建成走太原吏捕智雲送長安爲陰世師所害年十四武德元年追王及謚母萬貴妃性恭順爲帝所禮宮中事一一咨決三年以太宗子寬爲嗣又贈涼州總管司徒寬早薨國除貞觀二年復以濟南公世都子靈龜嗣歷魏州刺史爲政威嚴盜賊不發鑿永濟渠通新市百姓利之薨子福嗣降爲公卒子承況嗣神龍中爲右羽林將軍同節愍太子死于難

荆王元景武德三年始王趙與魯酆二王同封貞觀初累遷雍州牧十年徙封荆明年詔荆州都督荆王元景梁州都督漢王元昌徐州都督徐王元禮潞州都督韓王元嘉遂州都督彭王元則鄭州刺史鄭王元懿絳州刺史霍王元軌虢州刺史虢王鳳豫州刺史道王元慶鄧州刺史鄧王元裕壽州刺史舒王元名幽州都督燕王靈夔蘇州刺史許王元祥安州都督吳王恪相州都督魏王泰齊州都督齊王祐益州都督蜀王愔襄州刺史蔣王惲揚州都督越王貞幷州都督晉王治秦州都督紀王慎所任州刺史幷功臣令世世襲會長孫無忌等固讓遂廢不行徙鄜州永徽初進位司徒賜實封至千五百戶房遺愛謀反坐子則與往還繫獄時吳王亦抵罪高宗謂大臣曰朕欲從公丐叔及兄死兵部侍郎崔敦禮曰陛下雖申恩不可詘天下法遂賜死久之追封沈黎王以渤海王奉慈子長沙嗣降爲侯神龍初復王爵以孫元遜嗣薨無子國除

漢王元昌初王魯累遷梁州都督後徙封漢有勇力善騎射數觸軌憲太原手詔誨督乃怨望附太子承乾通饋謝來朝京師宿東宮嘗有醜語又見帝側有宮人善琵琶乃曰事成幸賜我承乾許之割臂血盟事敗帝弗忍誅欲免死高士廉李勣等固爭不奉詔乃賜死國除

酆悼王元亨貞觀二年授金州刺史之藩太宗憐其幼思之數遣使爲勞問賜金醆以娛樂之六年薨無子國除

周王元方武德四年始王與鄭宋荆滕四王同封貞觀三年薨無子國除

徐康王元禮性恭畏善騎射始王鄭卽授鄭州刺史後徙王徐遷徐州都督爲絳州刺史有治名璽書勞勉實封至千戶永徽中加司徒兼潞州刺史薨贈太尉冀州大都督陪葬獻陵三子茂爲淮南王餘爵公茂險薄無行初元禮疾姬趙有美色茂逼烝之元禮切責茂恚屏侍衞藥膳曰爲王五十年足矣何服藥爲以不食薨茂嗣上元中事洩流死振州神龍初以茂子璀嗣開元中爲宗正員外卿薨子延年嗣拔汗那王入朝延年將以女嫁之爲右相李林甫劾奏貶文安郡別駕終餘杭司馬國除永泰初延年壻黔中觀察使趙國珍言諸朝詔以其子諷嗣王

韓王元嘉字元嘉始王宋後改王徐爲潞州刺史母昭儀宇文述女也寵於高祖卽位欲立爲后固辭元嘉以母寵故特爲帝愛後出諸子無及者在潞時年十五聞太妃病涕泣不食居喪毀甚太宗數慰勉少好學藏書至萬卷皆以古文字參定同異與弟靈夔友愛燕見終日如布衣禮閨門修整當世稱之貞觀九年更封韓遷滑州都督高宗末爲澤州刺史武后得政進授太尉徙定州刺史以霍王元軌爲司徒舒王元名爲司空滕王元嬰開府儀同三司魯王靈夔太子太師越王貞太子太傅紀王愼太子太保外示尊寵而內將圖之垂拱中元嘉徙絳州刺史與子譔及越王子沖糾合宗室同舉兵未發會武后詔宗室朝明堂元嘉遣使告諸王曰大享後太后必盡誅諸王不如先事起不然李氏無種矣乃爲中宗詔督諸王發兵沖卽以兵五千攻濟州而諸王倉卒兵不至遂敗元嘉至京師謀泄后逼令自殺年七十詔改氏元嘉魯王越王爲虺元嘉六子訓潁川王誼武陵王譔上黨公蚤卒譔黃公工爲辭章孟利貞嘗稱其文曰劉隣之周思茂不過也出爲通州刺史辭疾歸且謀應越王也譔通音律歷杭州別駕與譔俱死時籍沒者衆惟沖譔家書爲多皆文句詳正祕府所不及神龍初追復元嘉爵土以第五子訥嗣薨子叔璩嗣歷國子司業薨子煒嗣建中中改王鄅後懿宗以鄅王卽位復改嗣韓王云

彭思王元則字彝初王荆出爲遂州刺史貞觀十年徙王彭遂州都督以冠服奢僭免久之爲澧州刺史更折節厲行薨贈司徒荆州大都督陪葬獻陵高宗登望春宮過其喪哭之慟無子以霍王子絢嗣龍朔中封南昌王薨子志暕嗣開元中爲宗正卿

鄭惠王元懿始王滕貞觀中出爲兗州刺史徙王歷鄭潞絳三州刺史實封千戶喜經術數斷大獄務寬平高宗嘉之璽詔褒錫薨贈司徒荆州大都督陪葬獻陵十子長子璥嗣王爲鄂州刺史薨子希言嗣開元中爲右金吾大將軍再爲太子詹事弟察言生二子曰自仙翽自仙爲楚州別駕生夷簡翽爲陳留公生宗閔璥弟琳安德郡公生擇言擇言生勉勉宗閔夷簡皆位宰相別有傳時稱小鄭王後亦曰惠鄭王後以別鄭王亮云

霍王元軌武德六年始王蜀與豳漢二王同封後徙吳多材藝高祖愛之太宗嘗問羣臣曰朕子弟孰賢魏徵曰臣愚不盡知其能唯吳王數與臣言未嘗不自失帝曰朕亦器之然卿以爲前代孰比對曰經學文雅漢河間東平也至孝行曾閔不能過帝由是遇益厚詔納徵女爲妃嘗從獵遇羣豕帝使射之箭不虛彀豕爲盡帝撫其背曰爾藝過人顧今無所施方天下未定得若豈

不用乎貞觀七年爲壽州刺史高祖崩去官毀瘠甚服除遂菜食布衣終身至忌日輒累晝不食十年徙王歷絳徐定三州刺史實封至千戶所至閉閤讀書以吏事委長史司馬謙愼未嘗與物忤數引見處士劉玄平爲布衣交或問王所長於玄平答曰無長問者不解玄平曰人有短所以見長若王無所不備吾何以稱之突厥寇定州元軌令開城門偃旗幟虜疑不敢入夜遁州人李嘉運潛結賊詔窮誅支黨元軌以寇近且强人心危但殺嘉運餘無所詰因自劾帝喜曰朕固悔之非王之明幾失定州矣王文操者與賊戰敗二子鳳賢更以身蔽父得全二子死縣抑不爲言元軌廉知之遣使弔祭上其事詔贈鳳賢朝散大夫旌禮其閭元軌每朝數上疏陳得失多所裨正帝尊重之有大事常密驛咨逮帝崩與侍中劉齊賢同知山陵事元軌淹練故事齊賢歎曰是非吾等及已嘗遣國令督封租令請貿易取贏答曰汝當正吾失反誘吾以利邪不納進司徒出爲襄青二州刺史越王敗坐嘗通謀徙黔州檻車載至陳倉薨六子緒爲江都王純安定王餘皆爵爲公緒有名譽爲金州刺史誅神龍初並復官爵以緒孫暉嗣王開元中爲左千牛員外將軍

虢莊王鳳字秀成始王豳爲鄧州刺史俄徙王歷虢豫青三州刺史實封千戶喜畋游遇官屬尤嫚使奴蒙虎皮怖其參軍陸英俊幾死因大笑爲樂薨贈司徒揚州大都督陪葬獻陵七子長子翼嗣爲平陽王薨子寓嗣寓無子爵不傳次子茂融以勇聞垂拱中爲申州刺史黃公譔與越王謀舉兵倚以爲助時詔諸王公赴東都茂融私問所親高子貢子貢報曰來必死乃稱疾不朝以俟兵期及得越王書倉卒不能應僚屬勸白其書擢太子右贊善大夫俄爲黨屬所引誅中宗更以鳳孫邕嗣王娶韋后妹累遷祕書監知隴右三使仗內諸廄徙王汴未幾韋氏敗邕殺其妻送首於朝議者鄙之削爵貶沁州刺史不事後復爵還戶二百累遷衞尉卿薨子巨嗣巨剛鋭果決略通書史好屬辭天寶五載出爲西河太守坐貸給柳勣支黨貶義陽司馬明年御史中丞楊愼矜得罪其附離史敬忠與巨善巨坐免官錮置南賓郡召拜夷陵太守安祿山陷東京玄宗方擇將帥張垍言巨有謀可屬大事召至京師楊國忠忌之謂人曰小兒詎可使對天子踰月不得見帝知之召入禁中對合旨帝大悅敕宰相與語久不得罷國忠怠謂巨曰比來人多口打賊君不爾乎巨曰誰爲相公手打賊者乎乃授陳留譙郡太守攝御史大夫河南節度使明日謝帝驚曰何攝爲即詔兼御史大夫巨奏方艱難時賊多詐有如陛下召臣何以取信乃析契授之俄兼統嶺南何履光黔中趙國珍南陽魯炅三節度使事時炅戰數屈詔貶爲果毅以來瑱代之巨奏炅若能存孤城功足補過則何以處之帝曰卿適所處置巨至內鄉賊將畢思琛解圍走遂趨南陽貶炅白衣從軍其募稱詔復職京師平拜留守兼御史大夫明年拜太子少師兼河南尹東畿採訪使征乘牛之出入市者斥所得佐用度然稍自盜沒其妃即張皇后從女弟內不睦巨選府縣官備使令妃亦引蒲博少年分黨招貨賄撓政事宗正卿李遵素私張巨贓事貶遂州刺史會段子璋反道遂州巨倉卒不知所出即迎謁爲子璋所殺子則之嗜學年五十餘尚執經太學嗣曹王皐薦之貞元二年繇睦王府長史遷左金吾衞大將軍坐與從甥竇申善貶昭州司馬

道孝王元慶始王漢後徙陳出爲趙州刺史貞觀十年徙王授豫州刺史累實封千戶時諸王奉給薄於帝子王數窶之大臣莫敢言十八年黃門侍郎褚遂良爲太宗從容言之不能行高宗時歷滑州刺史以治績聞數蒙褒賜遷徐沁衞三州刺史事母謹及喪請躬修墳墓詔不聽薨贈司徒益州都督陪葬獻陵九子誘爲嗣王臨淮爲澧州刺史坐贓削爵更以次子詢之子微嗣終宗正卿子鍊嗣廣德中亦至宗正卿

鄧康王元裕貞觀五年始王鄶十一年徙王始王及徙皆與譙魏許密四王同封累實封至千二百戶好學善談名理與典籤盧照鄰爲布衣交五爲州刺史遷兗州都督薨贈司徒益州大都督陪葬獻陵無子以江王子廣平公炅嗣薨子孝先嗣開元中爲冠軍大將軍

舒王元名始王譙後徙王高祖之在大安宮太宗晨夕使尚宮問起居元名纔十歲保媼言尚宮有品當拜元名曰此帝侍婢耳何拜爲太宗壯之曰眞吾弟也及長矜嚴疏財未嘗問家人生業歷五州刺史實封至千戶子豫章王亶治江州有美政高宗以元名善訓子手詔褒美又欲授元名大州辭曰臣忝屬籍豈以州郡爲仕進貲邪治石州二十年數游山林有高蹈意垂拱中徙鄭州境接東畿諸王貴戚爲刺史者縱家人暴百姓元名至一革之爲治廉威進加司空武后時亶爲丘神勣所構繫詔獄死元名坐遷利州尋被殺神龍初詔復官爵贈司徒時少子鄅國公昭已卒乃以亶子津嗣開元中爲左威衞將軍薨子萬嗣薨子藻嗣

魯王靈夔篤學善草隸通音律初王魏後王燕爲幽州都督已而徙王實封至千戶頻歷五州刺史遷太子太師垂拱元年徙相州坐與越王謀起兵流振州自殺子詵爲清河王早夭藹爲范陽王知越王必敗白發其謀得不誅歷右散騎常侍爲酷吏所害神龍初悉追復王爵以藹子道堅嗣道堅方嚴有禮法閨門肅如也七爲州刺史遷國子祭酒開元中遷授汴州刺史河南道採訪使州據水陸都會前後刺史多贓利唯道堅以清穀稱入爲宗正卿薨贈禮部尚書子宇嗣從玄宗至蜀爲右金吾將軍寶應初皇太子子封魯王更封宇爲嗣鄒王弟道邃封戴國公恭默自守以脩山東婚姻故事數任清職終尚書右丞

江安王元祥始王許後徙王四爲州刺史實封至千戶性庸遴所至營財產無厭時滕蔣虢三王皆貪暴得其府官者惡之不願行故時語曰寧向儋崖振白不事江滕蔣虢元祥魁大帶十圍食兼數人韓虢魏亦鴻偉然不逮也薨贈司徒幷州大都督陪葬獻陵二子晫爲永嘉王有禽獸行誅死晈爲武陽王餘皆爵公武后時多及誅晈子叢以幼流死嶺表葬南安人號其冢爲天孫墓中宗立以從子欽嗣王又以晈封絕更取弟子繼宗嗣既而以郡王不襲降澧國公

密貞王元曉貞觀中爲虢州刺史實封至千戶徙澤州薨贈司徒揚州都督陪葬獻陵子潁嗣爲南安王薨子昜嗣早薨神龍初以潁弟亮養子旻嗣開元五年更詔元曉再從孫東莞郡公徹嗣從封濮陽郡王歷宗正卿金紫光祿大夫

滕王元嬰貞觀十三年始王實封千戶爲金州刺史驕縱失度在太宗喪集官屬燕飲歌舞狎昵廝養巡省部內從民借狗求罝所過爲害以丸彈人觀其走避則樂城門夜開不復有節高宗以書切責曰朕以王至親不忍致于法今署下上考羞媿王心久之遷洪州都督官屬妻美者紿爲妃召逼私之嘗爲典籤崔簡妻鄭嫚罵以屨抵元嬰面血流乃免元嬰慙歷旬不視事後坐法削戶及親事帳內之半謫置滁州起授壽州刺史徙隆州復不循法錄事參軍裴聿諫正其失元嬰捽辱之聿入計具奏帝遷聿六品上階帝嘗賜諸王綵五百以元嬰及蔣王貪黷但下書曰滕叔蔣弟不須賜給麻二車助爲錢緡二王大慙武后時進拜開府儀同三司梁州都督薨贈司徒冀州都督陪葬獻陵子十八人長子脩琦嗣爲長樂王餘爵公垂拱中六人死詔獄神龍初更以少子脩信子涉嗣開元中授左饒衞將軍薨子湛然嗣從玄宗至蜀擢左金吾將軍

唐書卷七十九考證

霍王元軌傳檻車載至陳倉薨六子○舊書作有子七人

鄧康王元裕傳累實封至千二百戶○舊書通前一千五百戶

滕王元嬰傳神龍初更以修信子涉嗣○臣德潛按舊書以循琦弟循琣子涉嗣而新書表亦作琣

唐書卷八十

宋　端　明　殿　學　士　宋　祁　撰

列傳第五

太宗諸子

太宗十四子文德皇后生承乾又生第四子泰高宗皇帝後宮生寬楊妃生恪又生第六子愔陰妃生祐王氏生惲燕妃生貞又生第十一子囂韋妃生愼後宮生簡楊妃生福楊氏生明

常山愍王承乾字高明生承乾殿即以命之武德三年始王常山郡與長沙宜都二王同封俄徙中山太宗即位立爲皇太子甫八歲特敏惠帝愛之在諒闇使裁決庶政有大體後每行幸則令監國及長好聲色慢游然懼帝祕其迹臨朝言諄諄必忠孝退乃與羣不逞狎慢左右或進諫危坐斂容痛自咎飾非辯給諫者拜答不暇故人人以爲賢而莫之察後過惡寖聞宮臣若孔穎達令狐德棻于志寧張玄素趙弘智王仁表崔知機等皆天下選每規爭承乾帝必厚賜金帛欲以厲其心承乾慠不悛往往遣人陰圖害之時魏王泰有美名帝愛重而承乾病足不良行且懼廢與泰交惡泰亦謀奪長各樹黨東宮有俳兒善姿首承乾嬖愛帝聞震怒收兒

殺之，坐死者數人。承乾意爲泰告訐，甚內念兒不已，築室圖其像，贈官樹碑，爲起冢苑中，朝夕祭。承乾至其處裴回涕數行下，愈怨懟，稱疾不朝累數月。又使戶奴數十百人習音聲，學胡人椎髻，剪綵爲舞衣，尋橦跳劍，鼓鞞聲通晝夜不絕。造大銅鑪、六熟鼎，招亡奴盜取人牛馬，親視烹㷄，召所幸廝養共食之。又好突厥言及所服，選貌類胡者，被以羊裘，辮髮，五人建一落，張氈舍，造五狼頭纛，分戟爲陣，繫幡旗，設穹廬自居，使諸部斂羊以烹，抽佩刀割肉相啗。承乾身作可汗死，使衆號哭剺面，奔馬環臨之，忽復起曰：「使我有天下，將數萬騎到金城，然後解髮，委身思摩，當一設，顧不快邪！」左右私相語，以爲妖。又襞氈爲鎧，列丹幟，勒部陣，與漢王元昌分統，大呼擊刺爲樂。不用命者，披樹挟之，或至死，輕者輒腐之。嘗曰：「我作天子，當肆吾欲；有諫者，我殺之，殺五百人，豈不定？」又召壯士左衞副率封師進、刺客張師政、紇干承基等謀殺魏王泰，不克。遂與元昌、侯君集、李安儼、趙節、杜荷鑱臂血啼之，謀以兵入西宮。貞觀十七年，齊王祐反齊州，承乾謂承基等：「我宮西牆去大內正可二十步棘耳，豈與齊州等？」會承基連齊王事繫獄，當死，即上變。帝詔長孫無忌、房玄齡、蕭瑀、李勣、孫伏伽、岑文本、馬周、褚遂良雜治，廢爲庶人，徙黔州。十九年死，帝爲廢朝，葬以國公禮。子象爲懷州別駕，厥鄂州別駕。開元中，象子適之爲宰相，贈還承乾始王，象越州都督、郇國公。

楚王寬，武德三年出後楚哀王，蚤薨。貞觀初追封。

鬱林王恪，始王長沙，俄進封漢。貞觀二年徙蜀，與越、燕二王同封，不之國。久乃爲齊州都督，帝謂左右曰：「吾於恪豈不欲常見之，但令早有定分，使外作藩屏，吾百歲後，庶兄弟無危亡憂。」十年，改王吳，與魏、齊、蜀、蔣、越、紀六王同徙封，授安州都督。帝賜書曰：「汝惟茂親，勉思所以藩王室，以義制事，以禮制心，外之爲君臣，內之爲父子。今當去膝下，不遺汝珍，而遺汝以言，其念之哉！」坐與乳媼子博簺，罷都督，削封戶三百。高宗即位，拜司空、梁州都督。恪善騎射，有文武才，其母隋煬帝女，地親望高，中外所向。帝初以晉王爲太子，又欲立恪，長孫無忌固爭，帝曰：「公豈以非己甥邪？且兒英果類我，若保護舅氏，未可知。」無忌曰：「晉王仁厚，守文之良主，且舉棊不定則敗，況儲位乎？」帝乃止，故無忌常惡之。永徽中，房遺愛謀反，因遂誅恪，以絕天下望。臨刑呼曰：「社稷有靈，無忌且族滅！」四子仁、瑋、琨、璄並流嶺表。顯慶五年，追王鬱林，爲立廟，以河間王孝恭孫榮爲鬱林縣侯以嗣。神龍初，贈司空，備禮改葬。光宅中，仁遇赦還，適會榮以罪斥，故得襲鬱林縣男，歷岳州別駕，爵郡公。嘗使江左，州人遺以金，拒不內。武后遣使者勞曰：「兒吾家千里駒。」更名千里。自天授後，宗室賢者多株翦，唯千里詭躁不情，數進符瑞諸異物，得免。中宗反正，改王成紀，未幾，進王成節慇。太子誅武三思，千里與其子天水王禧率數十人斬右延明門以入，太子敗，誅死，籍其家，改氏蝮。睿宗立，詔還氏及官爵。瑋蚤卒，中宗追封朗陵王。子祗，出繼蜀王愔。開元中以傍繼國，改封廣漢郡王，遷太僕卿同正員，薨。

琨，武后時歷六州刺史，皆有名。聖歷中，爲嶺南招慰使，安輯反獠，甚得其宜。卒，贈司衛卿。神龍初，贈張掖郡王。開元中，以子禕貴，追封吳王。

禕少有志尚，事繼母謹，撫異母弟祗以友稱。當襲封，固讓祗，中宗嘉其意，特封嗣江王，以繼囂後。開元時，亦以傍繼徙信安郡王，累爲州刺史，治嚴辨。遷禮部尚書、朔方節度使。初，吐蕃據石堡城，數盜塞，詔禕與河西、隴右議攻取。既到屯，諷日進師，或謂：「城險，賊所愛，必固守。今兵深入，有如不捷，吾軍必衄，不如持重伺賊勢。」禕曰：「人臣之節，豈憚險不進乎？必衆寡不敵者，吾以死繼之。」於是分兵進賊路，督諸將倍道進，遂拔之。自是河隴諸軍游奕拓地至千里。玄宗喜，更號其城曰振武軍。契丹牙官可突干叛，詔拜忠王爲河北道行軍元帥討之，敕禕以副，王不行，故禕率裴耀卿諸將分道出范陽，北擊二蕃，破之，禽酋長以還，餘部竄伏。加開府儀同三司，領關內支度營田採訪處置使，授二子官。禕功多，執政害之，賞不讐，爲當時所恨。久之，擢兵部尚書，爲朔方節度大使。坐事下除衢州刺史，歷滑、懷二州。天寶初，以太子少師致仕，明年遷太師，未拜，薨。禕治家嚴，敎子有法度，故峘、嶧、峴皆顯。

峘性質厚，歷官有美名，以王孫封趙國公。楊國忠亂政，悉斥不附己者，峘由考功郎中拜睢陽太守，以清簡爲二千石最。方入計，而玄宗入蜀，即走行在，除武部侍郎，兼御史大夫，俄拜蜀郡大守、劍南節度採訪使。郭千仞反，與陳玄禮共討平之。上皇還京，遷戶部尚書，改越國。乾元元年，持節都統江淮節度宣慰觀察使，都統之號自峘始。明年，宋州刺史劉展有異志，詔拜展爲淮南節度使，密詔峘與揚州長史鄧景山圖之。時展強悍，既受詔，即悉兵度淮，峘、景山拒之，戰壽春，敗績，峘走丹陽。詔貶袁州司馬，卒于官，贈揚州大都督。弟峴，別傳。

祗封嗣吳王，出爲東平大守。安祿山反，河南陳留、滎陽、靈昌相繼陷，祗募兵拒賊，玄宗壯之，累遷陳留大守，持節河南道節度採訪使，歷太僕、宗正卿。代宗大歷時，祗旣宗室老，以太子賓客爲集賢院待制。是時勳望大臣無職事者，皆得待詔于院，給餐錢、署舍以厚其禮，自左僕射裴冕等十三人爲之。子巘，以蔭補五品官。祗薨，兄岵得罪，乃以巘嗣王，累至宗正卿，檢校刑部尚書。薨，贈太子少保。性介直，面刺人短。歷官淸白，居室不能庇風雨，收恤甥姪，慈愛過人，家無留儲，公卿合賻乃克葬。璄，神龍初封歸政郡王，歷宗正卿，坐千里事，貶南州司馬。

濮恭王泰字惠褒，始王宜都，徙封衞，繼懷王後。又徙封越，爲揚州大都督，再遷雍州牧、左武候大將軍，改王魏。帝以泰好士，善屬文，詔即府置文學館，得自引學士。又以泰大腰腹，聽乘小輿至朝。司馬蘇勗勸泰延賓客，著書如古賢王，泰乃奏撰括地志。於是引著作郎蕭德言、祕書郎顧胤、記室參軍蔣亞卿、功曹參軍謝偃等撰次，衞尉供帳，光祿給食。士有文學者多與，而貴游子弟更相因藉，門若市然。泰悟其過，欲速成，乃分道計州，編緝疏錄，凡五百五十篇，歷四朞成，詔藏祕閣，所賜萬段。後帝幸泰延康坊第，曲赦長安死罪，免坊人一年租，府僚以差賜帛。又泰月稟過皇太子遠甚，諫議大夫褚遂良諫曰：「聖人尊嫡卑庶，謂之儲君，故用物不會，與王共之，庶子不得爲比，所以塞嫌萌，杜禍源。先王法制，本諸人情，知有國家者必有嫡庶，庶子雖愛，不得過嫡子。如當親者疏，當尊者卑，則私恩害公，惑志亂國。今魏王稟料過東宮，議者以爲非是。昔漢竇太后愛梁王，封四十餘城，王築苑三百里，治宮室，爲複道，費財鉅萬，出警入蹕，一不得意，遂發病死。宣帝亦驕淮陽王，幾至於敗，輔以退讓之臣，乃克免。今魏王新出閤，且當示以節儉，自可在後月加歲增。又宜擇師傅，教以謙儉，勉以文學，就成德器，此所謂聖人之教不肅而成也。」帝又敕泰入居武德殿，侍中魏徵亦言：「王爲陛下愛子，欲安全之，則不當使居嫌疑之地。今武德殿在東宮之西，昔海陵居之矣，論者爲不可。雖時與事異，人之多言，尚或可畏。又王之心亦弗遑舍，願罷之，成王以寵爲懼之美。」帝悟，乃止。時皇太子承乾病蹇，泰以計傾之，乃引駙馬都尉柴令武、房遺愛等布腹心，而韋挺、杜楚客相繼攝府事，二人者爲泰要結中朝臣，津介賂遺，羣臣更附爲朋黨。承乾懼，陰遣人稱泰府典籤，詣玄武門上封，帝省之，書言泰罪，帝怒，即遣捕詰，不獲。既而太子敗，帝陰許立泰，岑文本、劉洎請遂立泰爲太子，長孫無忌固欲立晉王。帝以太原石文有治萬吉，復欲從無忌。泰微知之，因語晉王：「爾善元昌，得無及乎？」王憂甚，帝怪之，以故對，帝憮然悟。會召承乾譴勒，承乾曰：「臣貴爲太子，尚何求？但爲泰所圖，與朝臣謀自安爾。無狀之人遂教臣爲不軌事，若泰爲太子，正使其得計耳。」帝曰：「是也。有如立泰，則副君可詭求而得。使泰也立，承乾、治俱死；治也立，泰、承乾可無它。」即幽泰將作監，解雍州牧、相州都督、左武候大將軍，降王東萊。因詔：「自今太子不道，藩王窺望者，兩棄之。」著爲令。然帝猶謂無忌曰：「公勸我立雉奴，雉奴仁懦，得無爲宗社憂奈何？」雉奴，高宗小字。泰尋改王順陽，居均州之鄖鄉。帝常持泰表語左右曰：「泰文辭可喜，豈非才士？我心念泰無已時，但爲社稷計，遣居外，使兩相完也。」二十一年，進王濮。高宗即位，詔泰開府置僚屬，車服羞膳異等。薨鄖鄉，年三十五，贈太尉、雍州牧。二子欣、徽。欣嗣王，武后時爲酷吏所陷，貶昭州別駕，薨。子嶠，神龍初得嗣王，開元中爲國子祭酒，以罪貶鄧州別駕，薨。徽封新安郡王。

庶人祐字贊，武德八年王宜陽，進王楚，又王燕，已乃封齊，領齊州都督。貞觀十一年始歸國，以明年入朝，以疾留京師。其舅尚乘直長陰弘智，憸人也，說祐曰：「王兄弟多，即上萬歲後，何以自全？要須得士自助。」乃引客燕弘亮謁祐，祐悅，賜金帛，使募劍客。十五年還州。初，帝用王府長史、司馬，必取骨鯁敢言者，有過失輒聞。而祐溺羣小，好弋獵，長史薛大鼎屢諫不聽，帝以輔王無狀，免之，更用權萬紀。萬紀性剛急，以法繩祐。有昝君謩、梁猛虎者，騎射得幸，萬紀斥之，祐私引與狎昵。帝數以書讓祐，萬紀恐并獲罪，即說祐曰：「王，上愛子，上欲王改悔，故數敎責。王誠能飭躬引咎，萬紀請入朝言之，上意宜解。」祐因上書謝罪。萬紀見帝，言祐且自新，帝悅，厚賜萬紀，而仍譙戒祐。祐聞萬紀見勞而己蒙責，以爲賣己，益不平。會萬紀又以疑貳繫君謩等，制祐不出國門，悉暴祐罪于朝。祐不勝忿。有詔刑部尚書劉德威臨訊，頗實，帝召祐、萬紀還京師。祐與燕弘亮等謀，射殺萬紀，支解之。左右勸祐遂發兵，乃募城中男子年十五以上，悉發私署左右上柱國、光祿大夫、開府儀同三司、托東托西等王，斥庫貲行賞，驅人築堞浚隍，繕甲兵。人惡之，皆夜縋亡去。詔兵部尚書李勣與劉德威發便道兵討之。祐日夜引弘亮等五人對其妃宴樂，語官軍，則弘亮妄言：「王毋憂！右手持酒啗，左手刀拂之。」祐信愛弘亮，聞之喜。帝手敕祐曰：「吾常戒汝勿近小人，正爲此耳。往吾子，今國讐。

我上慙皇天下愧后土書畢涕而遣祐檄諸縣縣輒以聞祐窮蹙上表曰臣帝子也爲萬紀讒構上天降靈罪人斯得臣狂失心惝怳驚悸左右無兵卽欲顛走所以頗仗械以自衞護時勣未至而青淄等州兵已集或勸祐虜子女走豆子航爲盜計未決兵曹杜行敏夜勒兵鑿垣入祐與弘亮等閉門拒至日中行敏呼曰吾爲國討賊不速降且焚士積薪祐乃出執送京師賜死內侍省貶爲庶人葬以國公禮詔齊州給復一年擢行敏巴州刺史封南陽郡公祐喜養鬬鴨方未反貍齧鴨四十餘絕其頭去及敗牽連誅死者凡四十餘人祐之亂州人羅石頭數祐罪以刀直前刺祐不克殺之詔贈亳州刺史祐嘗引騎徇邑聚野人高君狀曰上親平寇難土地甲兵不勝計今王以數千人爲亂猶一手搖泰山又如君父何祐擊禽之愧其言不能殺詔擢榆社令

蜀悼王愔貞觀五年始王梁與鄭漢申江代五王同封徙王蜀實封八百戶出爲岐州刺史數畋游爲非法帝頻責敎不悛怒曰禽獸可擾於人鐵石可爲器愔曾不如之乃削封戶及國官半徙虢州久之還戶增至千復出馳弋敗民稼典軍楊道整叩馬諫愔捽擊之御史大夫李乾祐劾愔罪高宗怒貶黃州刺史擢道整匡道府折衝都尉吳王恪得罪愔以毋弟廢爲庶人徙巴州俄封涪陵王薨咸亨初復爵土贈益州大都督陪葬昭陵以子璠嗣王璠武后時謫死歸誠州神龍初以朗陵王禕子褕嗣

蔣王惲始王郯又徙王蔣拜安州都督賜實封千戶永徽三年徙梁州惲造器物服玩多至四百車所經州縣騷然護送爲有司劾奏詔貸不問上元中遷箕州刺史錄事參軍張君徹誣告惲反詔使者按驗惲惶懼自殺高宗知其枉斬君徹贈惲司空荊州大都督陪葬昭陵三子煒煌休道煒初王汝南郡惲薨遂嗣王爲武后所害神龍初以嫡孫紹宗爲嗣蔣王薨子欽福嗣爲率更令煌封蔡國公孫之芳有令譽安祿山奏爲范陽司馬祿山反自拔歸京師歷工部侍郎太子右庶子廣德初詔兼御史大夫使吐蕃被留二歲乃得歸拜禮部尙書改太子賓客休道子琨神龍初封嗣趙王開元中改王中山

越王貞始王漢後徙原已乃封越貞善騎射涉文史有吏幹爲宗室材王武后初遷累太子太傅豫州刺史中宗廢居房陵貞乃與韓王元嘉及王子黃公譔魯王靈夔王子范陽王藹霍王元軌王子江都王緒及子琅邪王沖計議反正垂拱四年明堂成悉追宗室行享禮共疑后遂大誅戮不遺種事且急譔乃矯帝璽書賜沖曰朕幽縶諸王宜卽起兵於是命長史蕭德琮募兵告諸王師期八月沖先發諸王莫有應者獨貞將兵攻上蔡破之而沖已敗貞稍徇屬縣得士七千列五營貞爲中營以裴守德爲大將軍領中營趙成美爲左中郎將領左營閭弘道爲右中郎將領右營安摩訶爲郎將領後軍王孝志爲右將軍領前軍以韋慶禮爲司馬署官五百然脅誘無關志家童皆佩符以辟兵九月后遣左豹韜衞大將軍麴崇裕夏官尙書岑長倩率兵十萬討之以鳳閣侍郎張光輔爲諸軍節度乃下詔削貞父子屬籍改氏虺崇裕等次豫州貞少子規及裴守德拒戰兵潰貞乃閉門守守德者驍勇士貞始起以女妻之委以腹心至是欲殺貞自贖會軍薄城家人白貞今事乃爾王豈受戮辱者邪卽仰藥死規自殺守德與主俱縊起凡二十日敗始貞臨水自鑒不見其首惡之未幾及禍沖貞長子也好學勇而才累遷博州刺史初發有士五千度河趣武水武水令告急魏州州遣莘令馬玄素領兵先乘城沖攻之因風積薪焚其門火作風反衆心沮解其屬董元寂誦言王與國家戰乃反爾沖斬以徇衆懼遂潰唯家僮數十從之乃走博州爲當關刺死后命丘神勣討之兵未至沖已死起七日敗二弟蒨溫蒨常山公坐死溫以前告流嶺南初貞騰檄壽州刺史趙瓌諭以興兵且假道瓌得檄許爲應瓌妻常樂長公主亦趣諸王發立功故瓌與主皆死濟州刺史薛顗與其弟紹謀應沖率所部庸調治兵募士沖敗下獄死顗駙馬都尉瓘之子母城陽長公主封河東縣侯紹尙太平公主擢累右玉鈐衞員外將軍以主婿不加戮餓死河南獄神龍初敬暉等奏沖父子死社稷請復爵土爲武三思等沮罷開元四年乃復爵土有司謚死不忘君曰敬五年又詔王嗣絕國除朕甚悼焉其以貞從孫故許王子蘷國公琳嗣王奉王祀琳薨爵不傳貞最幼息珍子謫嶺表數世不能歸開元中女孫持四世柩北還求祔王塋詔嘉憫敕宗正寺京兆府爲訪其兆非陪陵者聽葬女名元貞爲道士

紀王愼始王申後徙紀食戶八百貞觀中遷襄州刺史以治當最天子璽書勞勉人爲立石頌德二十三年進戶至千文明初累遷太子太師貝州刺史愼少好學善星步與越王齊名當世號紀越初貞連諸王起兵愼知時未可獨拒不與合將就誅而免改氏虺載以檻車謫巴州薨子道七子續琮叡秀獻欽證續與秀最知名續王東平歷和州刺史薨

琮義陽王叡楚國公秀襄陽郡公獻廣化郡公欽建平郡公五人並爲武后所殺神龍初以證嗣王擢左驍衞將軍薨子行同嗣琮三子行遠行芳行休始琮與二弟同死桂林開元四年行休請身迎柩旣至無封樹議者謂不可復得行休歸地布席以祈是夜夢王乘舟舟判爲二旣而適野見東洲中斷乃悟焉又靈堂覲一夕壟自屈管上有指迹一奇二並使卜人筮之曰屈於文爲尸出指者示也一奇二並三殯也先王告之矣乃趣其所發之如言而一節獨闕行休號而寢夢琮告曰在洛南州明日直殯南得之於是以三喪歸陪葬昭陵贈琮陳州刺史永昌時行遠行芳斥巂州六道使至行遠先就戮行芳幼當赦抱持請代遂與俱死西南人稱冤悌云愼女東光縣主始八歲聞愼有疾不食父哀之紿云已愈主察顏色未平終不肯御內外稱之長適太子司議郎裴仲將時妃主多恃貴以奢豫相矜主獨儉素姊弟誚曰人生富貴在得志獨勤苦欲何求答曰我幼好禮今行之不違非得志謂何且自古賢妃淑女以恭遜著名驕縱敗德況榮寵貴盛儻來物也可恃以凌人乎及王死號慟嘔血數升免喪絕膏沐者二十年始諸王妃主自垂拱後被害者皆槀掩之神龍初詔州縣普加求訪祭以牲牢復官爵諸王皆陪葬昭獻二陵主聞感慟卒敕其子曰爲我謝親戚酷憤已雪下見先王無恨矣中宗爲舉哀章善門下詔褒揚

江殤王囂封之明年薨無後

代王簡已封薨無後

趙王福貞觀十三年始王出後隱太子累遷梁州都督實封八百戶薨贈司空幷州都督陪葬昭陵無子神龍初以蔣王惲孫思順嗣王

曹王明母本巢王妃帝寵之欲立爲后魏徵諫曰陛下不可以辰嬴自累乃止貞觀二十一年始王曹累爲都督刺史高宗詔出後巢王永隆中坐太子賢事降王零陵徙黔州都督謝祐逼殺之帝聞悼甚黜官吏皆坐免景雲中陪葬昭陵三子俊傑備俊嗣王南州別駕傑爲黎國公垂拱時並及誅神龍初以傑子胄爲嗣曹王是時諸王子孫自嶺外還入見中宗皆號慟帝爲泣下初武后時壯者誅死幼皆沒爲官奴或匿人間庸保至是相繼出帝隨屬遠近封拜云後備自南還詔停胄封而封備歷衞尉少卿同正員薨開元十二年復封胄薨子戢嗣位左衞率府中郎將子皐嗣

皐字子蘭少補左司禦兵曹參軍天寶十一載嗣王事母太妃鄭以孝聞安祿山反奉母逃民間間走蜀謁玄宗由都水使者遷左領軍將軍上元初皐歎祿不足養請補外不許乃故抵輕法貶溫州長史俄攝州事州大饑發官稟數十萬石賑餓者僚史叩庭請先以聞皐曰人日不再食且死何俟命後發我苟殺我而活衆其利大矣旣貸乃自劾優詔開許就進少府監時殿中侍御史李鈞與其弟京兆法曹參軍鍔官旣遂不肯還鄉母窮不自給皐行縣見之歎曰入則孝出則悌有餘力則學若二子者可與事君乎哉舉劾之並錮死召還未得見卽上書言治道詔授衡州刺史爲觀察使讒劾貶潮州會楊炎起道州爲宰相知皐直復用爲衡州刺史初御史覆訊皐懼憂其母出則囚服入乃衣冠貌言如平常及爲潮以還入告至是復位乃言其實建中元年進拜湖南觀察使前帥辛京杲貪虐使部將王國良戍武岡賴其富卽劾以死國良恐據縣反歛荆黔洪桂兵討之再歲不能下皐至遺書曰觀將軍非敢大逆者特逃讒抗死爾將軍遇我可以降我固爲京杲誣者幸蒙雪何忍以兵加將軍哉以爲不然我以陣術破將軍陣以攻法屠將軍城非將軍所度也國良得書喜且畏因請降然內尙首鼠皐卽日單騎稱使者造國良壘賊延使者入皐大呼其軍曰有識曹王者乎乃我也來受良降良今安在一軍愕眙不敢動國良迎拜叩頭請罪皐執手約爲昆弟則盡焚攻守具散其兵有詔赦之賜名惟新明年持母喪至江陵會梁崇義反奪爲左衞大將軍復觀察湖南李希烈反遷江西節度使受命日不宿家至豫章大令將吏曰有功未申與懷器謀不發者皆自言得神校伊愼李伯潛劉昱悉補大將擢王鍔爲中軍以馬彝許孟容爲幕府治戰艦裒兵二萬以士二千五百委愼等敎之自將五百人敎以秦兵團力法聯其賞罰弛張如一乃約以五百人擊愼卒二千五百莫能當其鋒卽盡以敎之初愼嘗從希烈平襄州至是希烈懼爲皐用卽反間德宗信之將誅愼皐請赦之使自效會與賊夾江陣皐勉愼立功以所乘馬及其鎧賜之使將先鋒斬賊數百級乃免賊柵蔡山不可攻皐聲言西取蘄引兵艦循厓泝江上賊聞以贏師保柵悉軍行江北與皐直西去蔡山三百里皐遣步士悉登舟順流下攻蔡山拔之間一日賊救至遂大敗乃取蘄州降其將李良平黃州兵益振會舒王爲元帥授皐前軍兵馬使

俄而天子狩奉天鹽鐵使包佶爲陳少游所窘以運繒泝江次蘄口希烈使杜少誠將步騎三萬將絕江道皐遣伊愼兵七千禦于永安走之以功進工部尚書帝駐梁州皐之貢助相望以天子處外乃不敢居城府出屯西塞山大洲徙郡縣爲軍市改戶部尚書又遣伊愼王鍔攻安州未下希烈遣劉戒虛以步騎八千援之皐命李伯潛迎擊於應山俘之遂下安州斬僞刺史王嘉祥希烈別遣兵援隋州皐破之厲鄉因下平靜白鴈關賊遂不敢南略遷荊南節度使賜實封三百戶凡戰大小三十二取州五縣二十斬首三萬三千禽生萬六千未嘗敗師所過不敢伐桑棗踐禾稼朝廷仰食江淮而西道出九江至大別皆與賊接皐轉戰數千里餉路遂通江漢倚皐爲固淮西平乃請護喪歸東都帝走中人賵弔訖葬來朝還就鎭初江陵東北傍漢有古鄣不治歲輒溢皐修塞之得其下良田五千頃規江南廢洲爲廬舍構二橋跨江而流人自占者二千餘家緜荊抵樂鄉二百里其間墟聚凡數十不井飮皐始命鑿井以便人貞元初吳少誠擅蔡故徙皐鎭山南東道割隋汝以益軍練兵峙糧市回鶻馬以益戰騎歲時大畋以教士少誠畏之皐性勤儉能知人疾苦參聽微隱盡得吏下短長其賞罰必信所至常平物估豪舉不得擅其利教爲戰艦挾二輪蹈之鼓水疾進駛于陣馬有所造作皆用省而利長以物遺人必自視衡量庫帛皆印署以杜吏設扶風馬舜未知名皐識之卒以正直稱張柬之有園圃在襄陽皐嘗宴集將市取之舜曰漢陽有中興功今遺業當百世共保奈何使其子孫鬻乎皐謝曰主吏失詞以爲君羞微君安得聞此言卒年六十贈尚書右僕射謚曰成皐嘗自創意爲欹器以髹木上出五觚下銳圓爲盂形所容二豆少則水弱多則彊中則水器力均雖動搖乃不覆云子象古道古

象古元和中自衡州刺史擢安南都護貪縱不法驩州刺史楊清者蠻酋也象古忌其豪召爲牙門將常鬱鬱思亂會討黃賊象古發甲助之乃授清兵三千清與子志烈還襲安南殺象古并其家詔赦清爲瓊州刺史以桂仲武爲都護清拒命仲武分諭渠酋兵皆附破城斬淸夷其族

道古舉進士獻書闕下擢校書郎集賢院學士累遷司門員外郎歷利隋唐睦四州刺史柳公綽鎭鄂岳爲飛譖上聞憲宗欲代之裴度言嗣曹王皐嘗能以江漢兵制李希烈威惠在人今以其子將必有功會道古自黔中觀察使入朝乃代公綽倍道入其軍公綽惶遽出財貲皆被奪元和十二年攻申州破其郛進圍中城守卒夜驅女子登而譟發懸門以出道古衆亂多死於賊李愬守安州未嘗敗道古誣逐之自將出穆陵關士卒驕不能制又度支錢道古悉以饋權倖故賜不給其下怨怒戰不甚力賊亦易之故再入申不能下卒無功淮西平加撿校御史大夫召爲宗正卿左金吾將軍帝喜服餌道古欲自媚而所善柳泌自謂能化金爲不死藥乃因宰相皇甫鏄以聞俄會帝崩穆宗爲太子惡之既立誅泌貶鏄斥道古爲循州司馬終以服丹歐血死長慶初詔還其官道古巧于宦便佞傾下游公卿間常與奕博僞不勝厚進所償嗜利者多得其懽心故少盜美名及死賣宅以葬

唐書卷八十考證

曹王明子皐改戶部尚書○舊書加工部尚書

凡戰大小三十二取州五縣二十斬首三萬三千禽生萬六千○臣德潛按舊書凡下州四縣十七大小十餘陣而韓愈曹成王碑敘討李希烈云大小之戰三十有二取五州十九縣與二書又不皆合也

徙皐鎭山南東道割隋汝以益軍○臣德潛按方鎭表增領唐鄧安與此異

唐書卷八十一

宋　端　明　殿　學　士　宋　祁　撰

列傳第六

三宗諸子

高宗八子後宮劉生忠鄭生孝楊生上金蕭淑妃生素節武后生弘賢中宗皇帝睿宗皇帝

燕王忠字正本帝始爲太子而忠生宴宮中俄而太宗臨幸詔宮臣曰朕始有孫欲共爲樂酒酣帝起舞以屬羣臣在位皆舞賚賜有差貞觀二十年始王陳永徽初拜雍州牧王皇后無子后舅柳奭說后以忠母微立之必親己后然之請於帝又奭與褚遂良韓瑗長孫無忌于志寧等繼請遂立爲皇太子后廢武后子弘甫三歲許敬宗希后旨建言國有正嫡太子宜同漢劉彊故事帝召見敬宗曰立嫡若何對曰正本則萬事治太子國本也且東宮所出微今知有正嫡不自安竊位而不自安非社稷計帝曰忠固自讓敬宗曰能爲太伯不亦善乎於是降封梁王梁州都督賜甲第實封戶二千物二萬段俄徙房州刺史忠寖懼不聊生至衣婦人衣備刺客數有妖夢嘗自占事露廢爲庶人囚黔州承乾故宅麟德初宦者王伏勝得罪於武后敬宗乃誣忠及上官儀與伏勝謀反賜死年二十二無子明年太子弘表請收葬許之神龍初追封又贈太尉揚州大都督

原悼王孝永徽元年始王許與杞雍二王同封早薨神龍初追封及謚

澤王上金始王杞永徽三年遙領益州大都督歷鄜壽二州刺史武后疾其母故有司誣奏削封邑徙置澧州久之后陽若可喜者表杞王上金鄱陽王素節聽朝集義陽宣城二公主各增夫秩由是上金爲沔州刺史素節岳州刺史然卒不朝高宗崩詔上金素節二公主赴哀文明元年徙王畢又徙王澤歷五州刺史載初中武承嗣諷周興誣上金素節謀反召繫御史獄上金聞素節已被殺即雉經七子並流死顯州神龍初追還官爵以子義珣嗣王義珣始被譎匿身爲傭保而嗣許王瓘利其爵邑告義珣假冒復流嶺外開元初以素節子璆爲後而玉眞公主表義珣實上金子乃奪璆爵復使義珣嗣王拜率更令薨子漗嗣

許王素節始王雍授雍州牧方髫丱即誦書日千言師事徐齊聃淬勉自彊帝愛之轉岐州刺史更王郇母被譖死出素節爲申州刺史乾封初詔素節病無入朝而實不病乃著忠孝論自明倉曹參軍張柬之以聞欲帝省其誣武后滋不悅坐受賕降王鄱陽削封戶什七徙置袁州錮終身儀鳳三年爲岳州刺史更王葛又徙王歷三州刺史與上金同追逮赴都道聞遭喪哭者謂左右曰病死何可得而須哭哉至龍門驛被縊年四十三葬以庶人禮子瑛等九人並誅惟琳瓘璆欽古尚幼長四雷州中宗復位追故封又贈開府儀同三司許州刺史陪葬乾陵詔瓘嗣王實封戶四百開元初封琳爲嗣越王璆嗣澤王琳至右監門衞將軍子隨封夔國公瓘爲衞尉卿以抑上金子不得封貶鄂州別駕因詔外繼嗣王者皆歸宗乃以嗣江王禕爲信安王嗣蜀王褕爲廣漢王嗣密王徹爲濮陽王嗣曹王臻爲濟國公嗣趙王琚爲中山王武陽王繼宗爲澧國公瓘累遷太子詹事薨贈蜀郡大都督二子解需皆幼以璆子益嗣天寶十四載解始襲封王

璆初封嗣澤王降爲郢國公官宗正光祿卿進封嗣信王初張九齡撰龍池頌刊石興慶宮宗子以爲不稱盛德更命璆爲頌建花萼樓北天寶初復拜宗正卿性友弟聰敏宗子有一善無不薦延故宗室在省闥者多璆所啓薨贈江陵郡大都督三子謙爲郢國公梓州刺史巽汝南郡公欽古封巳國公子賁嗣

孝敬皇帝弘永徽六年始王代與潞王同封顯慶元年立爲皇太子受春秋左氏於率更令郭瑜至楚世子商臣弒其君喟而廢卷曰聖人垂訓何書此邪瑜曰孔子作春秋善惡必書褒善以勸貶惡以誡故商臣之罪雖千載猶不得滅弘曰然所不忍聞願讀它書瑜拜曰里名勝母曾子不入殿下睿孝天資黜凶悖之迹不存視聽臣聞安上治民莫善於禮故孔子稱不學禮無以立請改受禮太子曰善四年加元服又命賓客許敬宗右庶子許圉師中書侍郎上官儀中舍人楊思儉即文思殿摘采古今文章號瑤山玉彩凡五百篇書奏帝賜物三萬段餘臣賜有差又詔五日一赴光順門決事總章元年釋菜國學請贈顏回爲太子少師曾參太子少保制可會有司以征遼士亡命及亡命不即首者身殊死家屬沒官弘諫以爲士遇病不及期或被略若溺壓死而軍法不因戰亡則同隊悉坐法家曰亡命而家屬與眞亡者同沒傳曰與殺不辜寧失不經臣請條別其科無使濫冒詔可帝幸東都詔監國時關中饑弘視廡下兵食有榆皮蓬實者惻然命家令寺給米義陽宣城二公主以母故幽掖廷四十不嫁弘聞眙惻建請下降武后怒即以當上衞士配之由是失愛又請以同州沙苑分假貧民會納妃裴而有司奏贊用白鴈適苑中獲之帝喜曰漢獲朱鴈爲樂府歌今得白鴈爲婚贄乃人倫首我則無慙禮畢曲赦岐州帝嘗語侍臣弘仁孝賓禮大臣未嘗有過而后將騁志弘奏請數怫旨上元二年從幸合璧宮遇酖薨年二十四天下莫不痛之詔曰太子嬰沈瘵朕須其痊復將遜于位弘性仁厚既承命因感結疾日以加宜申往命謚爲孝敬皇帝葬緱氏墓號恭陵制度盡用天子禮百官從權制三十六日釋服帝自製睿德紀刻石陵側營陵費鉅億人厭苦之投石傷所部官司至相率亡去妃裴謚哀皇后無子永昌初

以楚王隆基嗣中宗立詔以主祔太廟號義宗開元中有司奏孝敬皇帝宜建廟東都以謚名廟詔可於是罷義宗號妃卽裴居道女有婦德而居道以妃故拜內史納言歷太子少保翼國公爲酷吏所陷下獄死

章懷太子賢字明允容止端重少爲帝愛甫數歲讀書一覽輒不忘至論語賢賢易色一再誦之帝問故對曰性實愛此帝語李世勣稱其夙敏始王潞歷幽州都督雍州牧徙王沛累進揚州大都督右衞大將軍更名德徙王雍仍領雍州牧涼州大都督實封千戶上元年復名賢是時皇太子薨其六月立賢爲皇太子俄詔監國賢於處決尤明審朝廷稱焉帝手勑褒賜賢又詔集諸儒左庶子張大安洗馬劉訥言洛州司戶參軍格希玄學士許叔牙成玄一史藏諸周寶寧等共注范曄後漢書書奏帝優賜段物數萬時正諫大夫明崇儼以左道爲武后所信崇儼言英王類太宗而相王貴賢聞惡之宮人或傳賢乃后姊韓國夫人所生賢益疑而后撰少陽政範孝子傳賜賢數以書讓勒愈不安調露中天子在東都崇儼爲盜所殺后疑出賢謀遣人發太子陰事詔薛元超裴炎高智周雜治之獲甲數百首於東宮帝素愛賢薄其罪后曰賢懷逆大義滅親不可赦乃廢爲庶人焚甲天津橋貶大安普州刺史流訥言於振州坐徙者十餘人開耀元年徙賢巴州武后得政詔左金吾將軍丘神勣檢衞賢第迫令自殺年三十四后舉哀顯福門貶神勣疊州刺史追復舊王神龍初贈司徒遣使迎喪陪葬乾陵睿宗立追贈皇太子及謚三子光順守禮守義光順爲樂安王徙義豐被誅守義爲犍爲王徙封桂陽薨先天中追封光順茁王守義畢王

守禮嗣王始名光仁授太子洗馬武后革命畏疾宗室而守禮以父得罪與睿宗諸子閉處宮中十餘年睿宗封相王許出外邸於是守禮等始居外改司議郎中宗卽位復故封拜光祿卿實封戶五百唐隆元年進封邠王睿宗立兼檢校左金吾衞大將軍出爲幽州刺史遂兼單于大都護遷司空開元初累爲州刺史時寧申岐薛王同爲刺史皆擇僚首持綱紀守禮惟弋獵酣樂不領事故源乾曜袁嘉祚潘好禮皆爲邠府長史州佐督撿之後還諸王京師守禮以外支爲王不甚才而多寵嬖子六十餘人無可稱者常負息錢數百萬或勸少治居產守禮曰豈天子兄無葬者邪諸王每白上以爲歡岐王嘗奏守禮知雨暘帝問故答曰臣無它當天后時太子被罪臣幽宮中歲被勑杖凡四三界創痕膚前雨則沈懣霽則佳以此知之因泣下帝爲惻然薨年七十贈太尉子承宏承寧承寀可記者

承宏爵廣武王坐交非其人貶房州別駕還爲宗正卿廣德元年吐蕃入京師天子如陝虜宰相馬重英立承宏爲帝以翰林學士于可封霍瓌爲宰相賊退詔放承宏于華州死承寧封嗣邠王

承寀燉煌王拜宗正卿與僕固懷恩使回紇和親卽納其女爲妃封毗伽公主薨贈司空唐制嗣郡王加四品階視王子服緋開元中張九齡奏寧薛及邠王三子爲王者賜紫餘皆服緋官不越六局郎王府掾屬仍員外置後從帝至蜀者皆服紫

中宗四子韋庶人生重潤後宮生重福重俊殤帝

懿德太子重潤本名重照避武后諱改焉帝爲皇太子時生東宮高宗喜甚乳月滿爲大赦天下改元永淳是歲立爲皇太孫開府置官屬帝問吏部侍郎裴敬彝郎中王方慶對曰禮有嫡子無嫡孫漢魏太子在子但封王晉立愍懷子爲皇太孫齊立文惠子爲皇太孫皆居東宮今有太子又立太孫於古無有帝曰自我作古若何對曰禮君子抱孫不抱子孫可以爲王父尸者昭穆同也陛下肇建皇孫本支千億之慶帝說詔議官屬敬彝等奏置師傅友文學祭酒左右長史東西曹掾主簿管記司錄六曹等官加王府一級然卒不補將封嵩山召太子赴東都以太孫留守京師中宗失位太孫府廢貶庶人別囚之帝復位封邵王大足中張易之兄弟得幸武后或譖重潤與其女弟永泰郡主及主壻竊議后怒杖殺之年十九重潤秀容儀以孝愛稱誅不緣罪人皆流涕神龍初追贈皇太子及謚陪葬乾陵號墓爲陵贈主爲公主

譙王重福高宗時王唐昌郡徙封平恩長安末乃進王神龍初韋庶人譖與張易之兄弟陷重潤貶濮州員外刺史徙合均二州不領事景龍三年中宗親郊赦天下十惡者咸宥流人得還重福不得歸自陳蒼生皆自新而一子擯棄皇天平分固若此乎不報韋后得政詔左屯衞大將軍趙承恩薛思簡以兵護守睿宗立徙集州未行洛陽男子張靈均說重福曰大王居嫡長當爲天子相王雖平大難安可越居大位昔漢誅諸呂乃東迎代王今百官士庶皆願王來王若陰幸東都殺留守擁兵西據陝徇河南河北天下可圖也重福又遣靈均與其黨鄭愔計愔亦密招重福爲天子預脅睿宗爲皇季叔重茂皇太弟制稱中元克復元年愔自署左丞相知內外文武事以靈均爲右丞相天柱大將軍知出征事其餘以次除署重福自均州與靈均乘驛趨東都舍駙馬裴巽家洛陽令候巽重福驚遽出欲劫左右屯營兵至天津橋願從者數百人侍御史李邕過之先馳至右屯營呼曰譙王得罪先帝擅入都爲亂公等勉立功取富貴稍稍閉皇城諸門以拒重福徇右營不能動趨左掖門已闔怒縱火燒之左營兵寖逼衆遂潰重福走山谷留守裴談總兵大索投漕渠死年三十一磔其屍帝詔以三品禮葬

節愍太子重俊聖歷三年王義興神龍初王衞拜洛州牧實封千戶俄領揚州大都督明年爲皇太子以太后喪殺冊禮詔在藩食封歲納東宮給事中盧粲上言太子與列國同入封不可爲法詔罷之重俊性明果然少法度旣楊璬武崇訓爲賓客二人馮貴寵無學術惟狗馬蹴鞠相戲昵左庶子姚珽數上疏諍導右庶子平貞愼又獻孝經議養德等傳太子納而不克用武三思挾韋后勢將圖逆內忌太子而崇訓又三思子尚安樂公主常敎主辱重俊以非韋出詈爲奴數請廢自爲皇太女三年七月重俊恚忿遂率李多祚泊左羽林將軍李思沖李承況獨孤禕之沙吒忠義矯發左羽林及千騎兵殺三思崇訓并其黨十餘人使左金吾大將軍成王千里守宮城自率兵趨肅章門斬關入索韋后安樂公主昭容上官所在后挾帝升玄武門宰相楊再思蘇瓌李嶠及宗楚客紀處訥統兵二千餘人守太極殿帝召右羽林將軍劉仁景等率留軍飛騎百人拒之多祚兵不得進帝據檻語千騎曰爾乃我爪牙忽爲亂能斬賊者有賞於是士倒戈斬多祚餘黨潰重俊亡入終南山欲奔突厥楚客遣果毅趙思愼追之重俊憩于野爲左右所殺詔殊首朝堂獻太廟并以告三思崇訓柩睿宗立加贈謚陪葬定陵初重俊被害官屬莫敢視惟永和丞甯嘉勗號哭解衣裹其首時人義之楚客怒收付獄貶平輿丞卒至是亦贈永和令重俊子宗暉景雲三年封湖陽郡王天寶中至太常員外卿薨

睿宗六子肅明皇后生憲宮人柳生撝昭成皇后生玄宗皇帝崔孺人生範王德妃生業後宮生隆悌

讓皇帝憲始王永平文明元年武后以睿宗爲皇帝故憲立爲皇太子睿宗降爲皇嗣更冊爲皇孫與諸王皆出閤開府置官屬長壽二年降王壽春與衡陽巴陵彭城三王同封復詔入閤中宗立改王蔡固辭不敢當唐隆元年進封宋睿宗將建東宮以憲嫡長又嘗爲太子而楚王有大功故久不定憲辭曰儲副天下公器時平則先嫡國難則先功重社稷也使付授非宜海內失望臣以死請因涕泣固讓時大臣亦言楚王有定社稷功且聖庶抗嫡不宜更議帝嘉憲讓遂許之立楚王爲皇太子以憲爲雍州牧揚州大都督太子太師實封至二千戶賜甲第物段五千良馬二十奴婢十房上田三十頃進尚書右僕射又兼司徒讓司徒更爲太子賓客時太平公主有醜圖姚元崇宋璟白帝請出憲及申王成義爲刺史以銷釋陰計乃以司徒兼蒲州刺史進司空玄宗旣討定蕭岑之難進憲位太尉增千戶固辭更授開府儀同三司解太尉揚州大都督徙王寧又兼太常卿開元十四年表解卿久之復爲太尉歷澤岐涇三州刺史累封至五千五百戶二十九年薨初帝五子列第東都積善坊號五王子宅及賜第上都隆慶坊亦號五王宅玄宗爲太子嘗製大衾長枕將與諸王共之睿宗知喜甚及先天後盡以隆慶舊邸爲興慶宮而賜憲及薛王第於勝業坊申岐二王居安興坊環列宮側天子於宮西南置樓其西署曰花萼相輝之樓南曰勤政務本之樓帝時時登之聞諸王作樂必亟召升樓與同榻坐或就幸第賦詩燕嬉賜金帛侑歡諸王日朝側門旣歸卽具樂縱飲擊毬鬬雞馳鷹犬爲樂如是歲月不絕所至輒中使勞賜相踵世謂天子友悌占無有者帝於敦睦蓋天性然雖讒邪亂其間而卒無以搖時以鶺鴒千數集麟德殿廷樹翔棲浹日左清道率府長史魏光乘作頌以爲天子友悌之祥帝喜亦爲作頌憲尤謹畏未嘗干政而與人交帝益信重嘗以書賜憲等曰魏文帝詩西山一何高高殊無極上有兩仙童不飲亦不食賜我一丸藥光耀有五色服之四五日身體生羽翼朕每言服藥而求羽翼寧如兄弟天生之羽翼乎陳思王之才足以經國絕其朝謁卒使憂死魏祚未終司馬氏奪之豈神丸效耶虞舜至聖捨象傲以親九族九族旣睦平章百姓今數千載天下歸善焉此朕廢寢忘食所慕歎也頃因餘暇選仙籙得神方云餌之必壽今持此藥願與兄弟共之偕至長齡永永無極也後申王等相繼薨惟憲在帝親待愈益厚每生日必幸其第爲壽往往留宿居常無日不賜遺尚食總監及四方所獻酒酪異饌皆分餉之憲嘗請歲盡錄賜目付史官必數百紙後有疾護醫將膳騎相望也僧崇一者療之少損帝喜甚賜緋袍銀魚已而疾寖劇薨年六十三帝失聲號慟左右皆泣下帝以憲實推天下有高世之行非大號

不稱乃追諡讓皇帝遣尙書左丞相裴耀卿太常卿韋縚持節奉冊其子璡表陳憲宿素退讓不敢當大號制不許及斂出天子服一稱詔右監門大將軍高力士以手書寘靈坐贈妃元爲恭皇后葬橋陵旁及葬勅中使諭璡等送終之具使衆見之示以儉薄所司請如諸陵設千味食內壙中監護使耀卿建言尙食料水陸千餘種及馬牛驢犢麞鹿雞鴨魚鴈體節之味丼藥酒三十名盛夏胎養不可多殺考求禮據無所憑依陛下每申讓帝之志務存約素請獨省折衷詔可既發引大雨有詔慶王潭等涉途泥步送十里號其墓曰惠陵憲常從帝按舞萬歲樓從複道上見衞士已食棄其餘竇中帝怒詔高力士杖殺之憲從容曰從複道上窺人之私恐士不自安且失大體豈以性命輕於餘殘乎帝遽止謂力士曰王於我可謂有急難也不然且誤殺士又涼州獻新曲帝御便坐召諸王觀之憲曰曲雖佳然宮離而不屬商亂而暴君卑逼下臣僭犯上發於忽微形於音聲播之詠歌見於人事臣恐一日有播遷之禍帝默然及安史亂世乃思憲審音云憲本名成器避昭成太后諡與申王成義俱改今名憲子十九人其聞者璡嗣莊琳瑀

璡眉宇秀整性謹潔善射帝愛之封汝陽王歷太僕卿與賀知章褚庭誨梁涉等善薨贈太子太師嗣莊劭有令名爲太子左諭德封濟陰王薨贈幽州大都督琳以祕書監爲嗣寧王從天子幸蜀薨

瑀早有材望偉儀觀始封隴西郡公從帝幸蜀至河池封漢中王山南西道防禦使乾元初寧國公主降回紇詔瑀以特進太常卿持節冊拜回紇爲威遠可汗瑀亦知音嘗早朝過永興里聞笛音顧左右曰是太常工乎曰然它日識之曰何故卧吹笛工驚謝又聞康崑崙奏琵琶曰琵聲多鄙聲少是未可彈五十四絲大絃也樂家以自下逆鼓曰琵自上順鼓曰琶云肅宗詔收羣臣馬助戰瑀與魏少游等持不可帝怒貶蓬州長史薨贈太子太師諡曰宣孫景儉

景儉字寬中及進士第彊記多聞善言古成敗王霸大略高自負於士大夫無所屈王叔文等更譽之以爲管仲諸葛亮比叔文敗景儉以母喪得不坐韋夏卿守東都辟幕府竇羣任中丞引爲監察御史羣貶景儉亦爲江陵戶曹參軍累擢忠州刺史元和末入朝不見用復爲澧州刺史素與元稹李紳善二人方在翰林言其才及延英奉辭景儉自陳見抑遠穆宗憐之追詔爲倉部員外郎不遣閱月拜諫議大夫性矜誕使酒縱氣語侵宰相蕭俛段文昌訴于帝貶建州刺史稹得君爲之助故還爲諫議大夫與馮宿楊嗣復溫造李肇等集史官獨孤朗所景儉醉至中書慢罵宰相王播崔植杜元穎更爲遜言厚謝乃去坐貶漳州刺史宿等皆逐矣未及漳稹輔政改楚州刺史議者謂景儉辱丞相貶未至卽遷非是稹懼改少府監悉還宿等景儉既湮阨不得志卒然其爲人輕財篤於義既沒士悵悼之

莊惠太子撝本名成義初生武后以母賤欲不齒以示浮屠萬回回詭曰此西土樹神宜兄弟后喜乃畜之垂拱三年始王恒與衞趙二王同封俄改王衞睿宗立進王申與岐薛二王同封累遷右衞金吾二大將軍實封至千戶進司徒兼益州大都督四爲州刺史開元八年停刺史復爲司徒薨冊書贈太子及諡陪葬橋陵撝性寬裕儀貌瓌重無嗣詔以讓帝子珣嗣爲嗣寧王從封同安薨天寶中復以讓帝子璹嗣

惠文太子範始名隆範玄宗立與薛王隆業避帝諱去二名初王鄭改封衞俄降封巴陵進王岐爲太常卿丼州大都督左羽林大將軍從玄宗誅太平公主以功賜封與薛王業並滿五千戶歷爲州刺史遷太子太傅開元十四年薨冊書贈太子及諡陪葬橋陵帝哭之慟徹常膳至累旬羣臣勉請乃復範好學工書愛儒士無貴賤爲盡禮與閻朝隱劉廷琦張諤鄭繇等善常飲酒賦詩相娛樂又聚書畫皆世所珍者初隋亡禁內圖書湮放唐興募訪稍稍復出藏祕府長安初張易之奏天下善工潢治乃密使摹肖殆不可辨竊其眞藏于家既誅悉爲薛稷取去稷又敗範得之後卒爲火所焚駙馬都尉裴虛已善讖緯坐私與範游從嶺南延琦貶雅州司戶諤爲山茌丞然帝於範無少間也謂左右曰兄弟情天至於我豈有異哉趨競者彊相附我終不以爲纖介特王毛仲等起賤徼暴貴諸王見必加禮獨範接之自如子瑾嗣落魄不飾名檢沈酒色歷太僕卿封河東王暴薨贈太子少師天寶中復以薛王子略陽公珍爲嗣岐王珍儀觀豐偉爲宗正員外卿與蔚州鎭將朱融善融嘗言珍似上皇因有陰謀往語金吾將軍邢濟曰闕外寇近京師草草奈何濟曰我金吾天子押衙以死生從安自脫融曰見嗣岐王無慮矣濟以聞肅宗詔廢珍爲庶人賜死融黨皆誅擢濟爲桂管防禦使

惠宣太子業始王趙降封中山授都水使者從彭城兼陳州別駕進王薛爲羽林大將軍荊州大都督以好學授祕書監開元初進太子少保卽拜太保累歷州刺史初母早終從母賢妃鞠之八年迎賢妃外邸事之甚謹其女弟淮陽涼國二公主亦早卒撫甥與已子均帝益愛之嘗被疾帝自祝禱既瘉幸其第置酒賦詩爲初生歡帝嘗不豫業妃弟內直郎韋賓與殿中監皇甫恂妄言休咎事賓坐死恂貶錦州刺史妃恐降服待罪業亦不敢入謁帝聞遽召之業伏殿下請罪帝趨就執其手曰吾所猜于兄弟者天地共咎之遂復燕歡仍諭妃復位俄進司徒二十二年業有疾帝憂之一昔容髮爲變因假寢夢獲方寤而業少間邠王守禮等請以事付史官及薨帝悲不能食冊書加贈及諡陪葬橋陵十一子其聞者瑗瑒琄帝後追思業引見瑗等傷之乃下詔共賜實封千戶瑗爲樂安王瑒榮陽王宗正卿琄爲嗣薛王歷鴻臚卿天寶中琄舅韋堅爲李林甫所搆坐貶夷陵別駕從置夜郎南浦及安祿山亂乃還京師

曾孫知柔嗣王再爲宗正卿久之擢京兆尹始鄭白渠梗壅民不得歲知柔調三輔治復舊道灌浸如約遂無旱虞民詣闕請立石紀功知柔固讓得止加累檢校司徒同中書門下平章事又詔營緝太廟判度支充諸道鹽鐵轉運使昭宗出莎城獨知柔從乘輿器用庖頓皆主之大細畢給性儉約雖位通顯無居第未幾出拜淸海軍節度使在鎭廉潔貢獻時入進檢校太傅兼侍中仕凡四紀常爲宗室冠卒于鎭

隋王隆悌始封汝南王早薨睿宗追王贈荊州大都督爵不傳

贊曰中宗失道身爲母所廢妻所弑而四子皆不得其死嗣亦不傳殆天殲其德而絕之何耶彼固自絕于天云爾睿宗有聖子一受命一追帝三贈太子天與之報福流無窮盛歟

唐書卷八十一考證

章懷太子孫承宏贓退詔放承宏于華州死承寧封嗣邠王○沈炳震曰舊書止放虢州尋死承寧天寶初授率更令同正員

譙王重福傳貶濮州員外刺史徙合均二州○沈炳震曰舊書貶濮州後轉均州無合州文

讓皇帝憲傳進尙書右僕射○舊書作拜尙書左僕射

憲子十九人○舊書作憲凡十子

唐書卷八十二

宋　端　明　殿　學　士　宋　祁　撰

列傳第七

十一宗諸子

玄宗三十子劉華妃生琮第六子琬第十二子璲趙麗妃生瑛元獻皇后生肅宗皇帝錢妃生琰皇甫德儀生瑶劉才人生琚武惠妃生一第十五子敏第十八子瑁第二十一子琦高婕妤生璬郭順儀生璘柳婕妤生玢鍾美人生環盧美人生瑝閻才人生玭王美人生珪陳才人生珙鄭才人生瑱武賢儀生璿第三十子璥餘七子夭母氏失傳

奉天皇帝琮景雲元年王許昌郡與眞定王同封先天元年進王郯與郢王同封開元四年領安西大都護安撫河東關內隴右諸蕃大使十三年徙王慶與忠棣榮光儀潁永壽延盛濟十一王同封十五年與十王並領節度不出閤琮以涼州都督兼河西諸軍節度大使天寶元年改節河東十載薨贈太子諡靖德肅宗立詔曰靖德太子琮親則朕兄睿哲聰明朕昔踐儲極顧誠非次君父有命不敢違承言懇讓不克如素宜進諡奉天皇帝妃竇爲恭應皇后詔尙書右僕射裴冕持節改葬羣臣素服臨送達禮門帝御門哭以過喪墓號齊陵無子以太子瑛子俅嗣王琮始名嗣直太子嗣謙棣王嗣眞鄂王嗣初靖恭太子嗣玄開元十三年更名曰潭曰鴻曰洽曰涓曰滉後十年改今名

太子瑛始王眞定進王郢開元三年立爲皇太子七年詔太子諸王入國學行齒胄禮太常擇日謁孔子太子獻詔右散騎常侍褚無量執經羣臣學官諸生以差賜帛明年瑛加元服見太廟十六年詔九品官息女可配太子者有司採閱待進止以太常少卿薛縚女爲妃帝種麥苑中瑛諸王侍登帝曰是將薦宗廟故親之亦欲若等知稼穡之難因分賜侍臣曰春秋書無麥禾古所甚重比詔使者閱田畝所對不以實故朕自蒔以觀其成云初瑛母以倡進善歌舞帝在潞得幸及卽位擢妃父元禮兄常奴皆至大官鄂光二王母亦帝爲臨淄王時以色選及武惠妃寵幸傾後宮生壽王愛與諸子絕等而太子二王以母失職頗怏怏惠妃女咸宜公主壻楊洄揣妃旨伺太子短譁爲醜語惠妃訴于帝且泣帝大怒召宰相議廢之中書令張九齡諫曰太子諸王日受聖訓天下共慶陛下享國久子孫蕃衍奈何一日棄三子昔晉獻公惑嬖姬之讒申生憂死國乃大亂漢武

帝信江充巫蠱禍及太子京師蹀血晉惠帝有賢子賈后譖之乃至喪亡隋文帝聽后言廢太子勇遂失天下今太子無過二王賢父子之道天性也雖有失尚當掩之惟陛下裁赦帝默然太子得不廢俄而九齡罷李林甫專國數稱壽王美以搖妃意妃果德之二十五年洄復搆瑛瑤琚與妃之兄薛鏽異謀惠妃使人詭召太子二王曰宮中有賊請介以入太子從之妃白帝曰太子二王謀反甲而來帝使中人視之如言遽召宰相林甫議答曰陛下家事非臣所宜豫帝意決乃詔太子瑛鄂王瑤光王琚同惡均罪並廢爲庶人鏽賜死瑛瑤琚尋遇害天下寃之號三庶人歲中惠妃數見庶人爲祟因大病夜召巫祈之請改葬且射行刑者瘞之訖不解妃死祟亡寶應元年詔贈瑛皇太子瑤等復王瑛子五人儼伸倩俅備瑛之廢帝使慶王畜儼等爲子儼封新平郡王伸平原郡王俅嗣慶王備太僕卿倩失傳

棣王琰開元二年始王鄫與鄂鄄二王同封後徙王棣領太原牧太原以北諸軍節度大使天寶初爲武威郡都督經略節度河西隴右會妃韋以過置別室而二孺人爭寵不平求巫者密置符琰履中以求媚讐人告琰厭魅上帝伺其朝使人取履視之信帝怒責琰琰頓首謝曰臣罪宜死然臣與婦不相見二年有二孺人爭長臣恐此三人爲之及推果驗然帝猶疑琰怒未置太子以下皆爲請乃囚於鷹狗坊以憂薨妃絹之女無子還本宗琰凡五十五子得王者四人僎王汝南郡僑宜都俊濟南倓順化僚太僕卿俠國子祭酒仁殿中監僾祕書監寶應元年詔復琰王爵

鄂王瑤既封遙領幽州都督河北節度大使開元二十三年與榮光儀潁永壽延盛濟信義十一王並授開府儀同三司實封二千戶詔詣東宮尚書省上日百官集送有司供張設樂是日悉拜王府官屬然未有府也而選任冒濫時不以爲榮

靖恭太子琬始王鄄徙王榮爲京兆牧領隴右節度大使又詔親巡按隴右選關內河東飛騎五萬防盛秋畢兼單于安北大都督安祿山反詔琬爲征討元帥募河隴兵屯陝以高仙芝副之會薨琬風格秀整有素望中外倚之及薨莫不爲國悵恨詔加贈謚琬男女五十八人得王者三人俛王濟陰郡倌北平倩陳留倞衞尉卿償祕書監佩鴻臚卿

光王琚開元十三年始王與儀潁永壽延盛濟七王同封俄領廣州都督勇力善騎射帝愛之與鄂王同居友睦甚皆篤學既廢無嗣初琚名据儀王潍潁王澐永王澤壽王清延王洄盛王沐濟王溢信王沔義王漼陳王沚豐王澄恒王漶涼王漎汴王滔至二十三年詔悉改今名

夏悼王一生韶秀以母寵故鍾愛命之曰一未免懷薨追爵及謚時帝在東都故葬龍門東岑欲宮中望見云

儀王璲既封授河南牧薨贈太傅子佖王鍾陵郡僙廣陵

潁王璬喜讀書好文辭開元十五年遙領安東都護安祿山反詔領劍南節度大使以楊國忠爲之副帝西出令御史大夫魏方進爲置頓使移書劍南屬郡託璬之藩大設儲偫璬先卽鎮更以蜀郡長史崔圓爲副璬濟江舟中以綵席藉步命徹之曰此可寢奈何踐之璬之出遽不及受節司馬史賁請建大槊蒙油囊先驅以威道路璬笑曰既爲眞王矣安用假節爲將至成都崔圓迎拜馬前璬不爲禮圓銜之璬視事再踰月人便其寬圓奏罷居內宅乃詔宣慰肅宗於彭原從還京師建中四年薨年六十六子伸爲榮陽王僙高邑王俔楚國公僔蔓國公

懷思王敏貌豐秀若圖畫帝愛之甫晬薨追爵及謚祔葬敬陵

永王璘少失母肅宗自養視之長聰敏好學貌陋甚不能正視既封領荊州大都督安祿山反帝至扶風詔璘卽日赴鎮俄又領山南江西嶺南黔中四道節度使以少府監竇昭爲副璘至江陵募士得數萬補署郎官御史時江淮租賦鉅億萬在所山委璘生宮中於事不通曉見富且彊遂有闚江左意以薛鏐李臺卿韋子春劉巨鱗蔡駉爲謀主肅宗聞之詔璘還覲上皇于蜀璘不從其子襄成王偒剛鷙乏謀亦樂亂勸璘取金陵卽引舟師東下甲士五千趨廣陵以渾惟明季廣琛高仙琦爲將然未敢顯言取江左也會吳郡採訪使李希言平牒璘璘因發怒曰寡人上皇子皇帝弟地尊禮絕今希言乃平牒抗威落筆署字何邪乃使惟明襲希言而令廣琛趨廣陵攻採訪使李成式璘至當塗希言已屯丹陽遣將元景曜等拒戰不勝降於璘江淮震動明年肅宗遣宦者啖廷瑤等與成式謀招諭之時河南招討判官李銑在廣陵有兵千餘廷瑤邀銑屯揚子成式又遣裴戎以廣陵卒三千戍伊婁埭張旗幟大閱士璘與偒登陴望之有懼色廣琛知事不集謂諸將曰與公等從王豈欲反邪上皇播遷道路不通而諸子無賢於王者如總江淮銳兵長驅雍洛大功可成今乃不然使吾等名絓叛逆如後世何衆許諾遂割臂盟於是惟明奔江寧馮季康奔白沙廣琛以兵六千奔廣陵璘使琦追躡之廣琛曰我德王故不忍決戰逃命歸國耳若逼我且決死追者止乃免是夜銑陣江北夜然束葦人執二炬景亂水中覘者以倍告璘軍亦舉火應之璘疑王師已濟攜兒女及麾下遁去遲明覺其紿復入城具舟楫使偒驅衆趨晉陵諜者告曰王走矣成式以兵進先鋒至新豐璘使偒仙琦逆擊之銑合勢張左右翼射偒中肩軍遂敗仙琦與璘奔鄱陽司馬閉城拒璘怒焚城門入之收庫兵掠餘干將南走嶺外皇甫侁兵追及之戰大庾嶺璘中矢被執侁殺之偒爲亂兵所害仙琦逃去璘未敗時上皇下誥降爲庶人徙置房陵及死侁送妻子至蜀上皇傷悼久之肅宗以少所自鞠不宜其罪謂左右曰皇甫侁執吾弟不送之蜀而擅殺之何邪由是不復用薛鏐等皆伏誅子僙爲餘姚王偵莒國公偃郕國公伶儀並國子祭酒

壽王瑁母惠妃頗娠不育及瑁生寧王請養邸中元妃自乳之名爲己子故封比諸王最後開元十五年遙領益州大都督初帝以永王等尚幼詔不入謁瑁七歲請與諸兄衆謝拜舞有儀矩帝異之寧王薨請制服以報私恩詔可大歷十年薨贈太傅子王者三人僾王德陽郡伓濟陽郡僙廣陽郡伉薛國公傑國子祭酒

延王玢母尚書左丞範之孫帝重其名家而玢亦仁愛有學既封遙領安西大都護帝入蜀玢凡三十六子不忍棄故徐進數日見行在所帝怒漢中王瑀申救得解聽歸靈武興元元年薨子倬王彭城郡侹平陽倧魯國公偎荊國公优太僕卿

盛王琦既封領揚州大都督帝之西詔爲廣陵大都督淮南江東河南節度大使以劉彙爲副李成式爲副大使琦不行廣德二年薨贈太傅子僙封眞定王佩武都王俗徐國公倸許國公

濟王環逸其薨年子倸王永嘉郡俛平樂郡

信王瑝開元二十一年始王與義陳豐恒涼汴六王同封子佟封新安王倜晉陵王

義王玼與信王並失薨年子儀爲舞陽王僇高密王

陳王珪二十一子得王者三人倫王安南郡佗臨淮佼安陽

豐王珙已封爲左衞大將軍帝至普安授珙武威都督河西隴右安西北庭節度大使以隴西太守鄧景山爲副珙不行廣德初吐蕃入京師代宗幸陝將軍王懷忠閉苑門以五百騎劫諸王西迎虜遇郭子儀懷忠曰上東遷宗社無主今僕奉諸王西奔以係天下望公爲元帥惟所廢置子儀未對珙輒曰公何如司馬王延昌質責珙曰上雖蒙塵未有失德王爲藩翰安得狂悖之言子儀亦讓之卽護送行在所帝赦不責珙語不遜羣臣恐其亂請除之乃賜死子佻爲齊安王

恒王瑱好方士常服道士服從帝幸蜀還代宗時薨

涼王璿母高平王重規之女宮中號小武妃者璿薨代宗時子仂爲瀘陽郡王

汴哀王璥於諸子爲最少初封纔數歲容貌秀澈有成人風帝愛之開元二十三年授右千牛衞大將軍明年薨唐制親王封戶八百增至千公主三百長公主止六百高宗時沛英豫三王太平公主武后所生戶始踰制垂拱中太平至千二百戶聖歷初相王太平皆三千壽春等五王各三百神龍初相王太平至五千衞王三千溫王二千壽春等王皆七百嗣雍衡陽臨淄巴陵中山王五百安樂公主二千長寧千五百宜城宜安各千相王女爲縣主各三百相王增至七千安樂三千長寧二千五百宜城以下二千相王太平長寧安樂以七丁爲限雖水旱不蠲以國租庸滿之中宗遺詔雍壽春王進爲親王戶千開元後天子敦睦兄弟故寧王戶至五千五百岐薛五千申王以外家微戶四千邠王千八百帝妹戶千中宗諸女如之通以三丁爲限及皇子封王戶二千公主五百咸宜公主以母惠妃故封至千自是諸公主例千戶止初文德皇后崩晉王最幼太宗憐之不使出閤豫王亦以武后少子不出閤嗣聖初帝位及降封相王乃出閤中宗時譙王失愛遷外藩溫王年十七猶居宮中遂立爲帝開元後皇子幼多居禁內既長詔附苑城爲大宮分院而處號十王宅所謂慶忠棣鄂榮光儀潁永延盛濟等王以十舉全數也中人押之就夾城參天子起居家令每進膳引詞學士入授書謂之侍讀壽信義陳豐恒涼七王就封亦居十宅鄂光廢死忠王立爲太子慶棣繼薨唯榮儀十四王居院而府幕列於外坊歲時通名起居既又諸孫多則於宅外更置百孫院天子歲幸華清宮又置十王百孫院于宮側宮人每院四百餘百孫院亦三四十人禁中置維城庫以給諸王月奉諸孫納妃嫁女就十王宅太子不居東宮處乘輿所幸別院太子親王公主婚嫁並供帳於崇仁之禮院此承平制云

肅宗十四子章敬皇后生代宗皇帝宮人孫生係張生俠王生佖陳婕妤生僙韋妃生僴張美人生侹後宮生榮裴昭儀生僓段婕妤生倕崔妃生偲張皇后生佋侗後宮生僖

越王係生開元時玄宗末年悉王太子子故係王南陽郡帝卽位至德二載十二月進王趙與彭兗涇鄆襄杞召興定九王同封乾元二年九節度兵潰河北朝廷震駭乃以李光弼代郭子儀總兵關東而光弼請賢王爲帥於是詔係充天下兵馬元帥而光弼以司空兼侍中薊國公副知節度行營事係留京師史思明陷洛陽係請行不聽明年徙王越帝寢疾皇太子監國張皇后與中人李輔國有隙因召太子入謂曰輔國典禁軍用事久四方詔令皆出其口擅天子制逼徙聖皇天下側目今上疾彌留輔國常怏怏忌吾與汝又程元振陰結黃門圖不軌若釋不誅禍不移頃太子泣曰此二人者陛下勳舊而上體不豫重以此事得無震驚乎願出外徐計之后曰是難與共事者乃召係曰汝能行此乎係許諾卽遣內謁者監段恒俊選材勇宦者二百人授甲長生殿以帝命召太子元振以告輔國乃相與勒兵凌霄門迎太子以難告太子曰上疾亟吾可懼死不赴乎元振曰赴則及禍乃以兵護太子止飛龍廐勒兵夜入三殿收係及恒俊等百餘人繫之幽后別殿后及係皆爲輔國所害係三子建王武威郡道興道逾齊國公

承天皇帝倓始王建寧英毅有才略善騎射祿山亂典親兵扈車駕度渭百姓遮道留太子太子使諭曰至尊播遷吾可以違左右乎倓進說曰逆胡亂常四海崩分不因人情圖興復雖欲從上入蜀而散關以東非國家有夫大孝莫若安社稷殿下當募豪傑趣河西收牧馬今防邊屯士不下十萬而光弼子儀全軍在河朔與謀興復策之上者廣平王亦贊之於是議定太子北過渭兵仗鹽惡士氣崩沮日數十戰倓以驍騎數百從每接戰常身先血殷袂不告也太子或過時未食倓輒涕泗不自勝三軍皆屬目至靈武太子卽帝位議以倓爲天下兵馬元帥左右固請廣平王帝曰廣平旣冢嗣安用元帥答曰太子從曰撫軍守曰監國元帥撫軍也莫宜於廣平王帝從之更詔倓典親軍以李輔國爲府司馬時張良娣有寵與輔國交構欲以動皇嗣者倓忠謇數爲帝言之由是爲良娣輔國所譖妄曰倓恨不總兵鬱鬱有異志帝惑偏語賜倓死俄悔悟明年廣平王收二京使李泌獻捷泌與帝雅素從容語倓事帝改容曰倓於艱難時實自有力爲細人間關欲害其兄我計社稷割愛而爲之所泌曰爾時臣在河西知其詳廣平於兄弟篤睦至今言建寧則嗚咽不自已陛下此言得之讒口耳帝泣下曰事已爾柰何泌曰陛下嘗聞黃臺瓜乎高宗有八子天后所生者四人自爲行而睿宗最幼長曰弘爲太子仁明孝友后方圖臨朝鴆殺之而立次子賢賢日憂惕每侍上不敢有言乃作樂章使工歌之欲以感悟上及后其曰種瓜黃臺下瓜熟子離離一摘使瓜好再摘令瓜稀三摘尚云可四摘抱蔓歸而賢終爲后所斥死黜中陛下今一摘矣愼無再帝愕然曰公安得是言是時廣平有大功亦爲后所構故泌因對及之廣平遂安及卽位追贈倓齊王大歷三年有詔以倓當艱難時首定大謀排衆議於中興有功乃進謚承天皇帝以興信公主季女張爲恭順皇后冥配焉葬順陵祔主奉天皇帝廟同殿異室云初李泌請加贈倓代宗曰倓性忠孝而困於讒追帝之若何答曰開元中上皇兄弟皆贈太子帝曰是特祖宗友愛耳豈若倓有功乎於是追帝號遣使迎喪彭原旣至城門喪輀不動帝謂泌曰豈有恨邪卿往祭之以白朕意且卿及知倓艱難定策者泌爲挽詞二解追述倓志命挽士唱泌因進爵輀乃行觀者皆爲垂泣

衞王佖始王西平蚤薨寶應元年五月與鄆王同追封

彭王僅始王新城進封彭史思明陷河洛人心震騷羣臣請以諸王臨統方鎭兵遞相維壓於是詔僅充河西節度兗王北庭涇王隴右杞王陝西興王鳳翔並爲大使是歲僅薨子鎭爲常山郡王

兗王僴始王潁川進王兗寶應元年薨

涇王侹始王東陽進王涇興元元年薨

鄆王榮始王靈昌蚤薨追封

襄王僙至德二載始王與杞召興定四王同封貞元七年薨子宣爲伊吾郡王宷樂安王宣裔孫熅

熅性謹柔材無過人者光啓二年田令孜逼僖宗幸興元邠寧節度使朱玫以五千騎追乘輿不及熅以疾不能從玫劫之駐鳳翔得臺省官百餘乃脅宰相蕭遘等率羣臣盟石鼻驛奉熅爲嗣襄王監軍國事因還京師卽封拜官屬初遘執不可於是罷遘而玫自爲侍中號令已出以裴澈爲門下侍郎鄭昌圖中書侍郎皆平章事遣柳陟等十餘人分論天下嗣襄王所以監國意皆得進官玫又脅太子太師裴璩等奉牋勸進熅五讓乃卽位改元建貞尊僖宗爲太上元皇聖帝河中節度使王重榮率諸藩貢奉歸者十八九而蔡州秦宗權自僭號惟太原李克用不從時帝遣使諭重榮克用故二人聽命樞密使楊復恭等傳檄三輔募能斬玫者以邠寧節度界之其僞將王行瑜自鳳州入京師殺玫而熅與澈昌圖幷官屬奔東渭橋重榮紿使迎之熅與官屬別且泣曰朕見重榮當令備所服逮公等至蒲執殺之因械澈等于獄誅殺僞官函熅首至行在所熅卽僞位凡九月敗始熅首至羣臣白帝御興元南門受之百官稱賀太常博士殷盈孫奏言禮公族有罪有司曰某之罪在大辟君曰赦之如是者三走出致刑焉君爲素服不舉者三日今熅皇族以不能固節迫脅至此宜廢爲庶人絕屬籍葬以庶人禮大捷之慶須朱玫首至乃賀詔可

杞王倕貞元十四年薨

召王偲元和元年薨

恭懿太子佋始封興王上元元年薨佋生后方專愛帝最憐之后數撼儲嫡欲以佋嗣會薨計塞是夕帝及后夢佋辭決流涕去帝惻悵故冊贈皇太子

定王侗寶應初薨

代宗二十子睿眞皇后生德宗皇帝崔妃生邈貞懿皇后生迥十七王史亡其母之氏位

昭靖太子邈好學以賢聞上元二年始王益昌帝卽位寶應元年進王鄭與韓王同封淄青牙將李懷玉逐其帥侯希逸詔邈爲平盧淄青節度大使以懷玉知留後大歷初代皇太子爲天下兵馬元帥八年薨遂罷元帥府

均王遐早薨貞元八年追封

睦王述大歷十年田承嗣不臣而昭靖夭無彊王帝乃悉王諸子領諸鎭軍威天下於是以述爲睦王領嶺南節度逾郴王渭北鄜坊節度迥韓王汴宋節度造忻王昭義節度皆爲大使連爲恩王遘鄜王暹韶王遇端王遹循王通恭王逵原王逸雅王並開府儀同三司然不出閤德宗建中初開天下訪太后所在遂於諸王最長故拜奉迎太后使以工部尚書喬琳副之貞元七年薨

丹王逾始王郴建中四年與簡王同徙封元和十五年薨

恩王連元和十二年薨

韓王迥始王延慶郡以母寵故與鄭王先徙封貞元十二年薨

簡王遘始王鄜徙封簡元和四年薨

益王迺大歷十四年始王亡薨年

隋王迅興元元年薨

荊王選蚤薨建中二年追王

蜀王遡本名遂大歷十四年始王建中二年改今名

忻王造元和六年薨

韶王暹貞元十二年薨

嘉王運貞元十七年薨

端王遇貞元七年薨

循王遹亡薨年

恭王通亡薨年

原王逵太和六年薨

雅王逸貞元十五年薨

德宗十一子昭德皇后生順宗皇帝取昭靖太子子誼爲第二子又取順宗子謜爲第六子餘八王史亡其母之氏位

舒王誼初名謨帝愛其幼取爲子大歷十四年始王舒與通虔肅資四王同封拜開府儀同三司詔有司給奉稍俄以軍興罷謨於諸王最長帝欲試以事故拜涇原節度大使時尚父郭子儀病篤帝臨軒遣謨持詔往視謨冠遠遊冠御絳袍乘象輅四馬飛龍士三百國府官皆褲褶以從子儀手叩頭謝恩謨宣詔已乃易服勞問還於是李希烈反招討使李勉戰不勝奔宋州朝廷大震乃拜謨揚州大都督荊襄江西沔鄂節度使諸軍行營兵馬都元帥改名誼軍中以哥舒翰由元帥敗而王所封同之帝乃使從王晉以兵部侍郎蕭復爲統軍長史湖南觀察使孔巢父爲行軍左司馬山南東道節度行軍司馬樊澤爲右刑部員外郎劉從一侍御史韋儹爲判官兵部員外郎高參掌書記右金吾大將軍渾瑊爲中軍虞候江西節度使嗣曹王皐爲前軍兵馬使鄂岳團練使李兼副之山南東道節度使賈耽爲中軍兵馬使荊南節度使張伯儀爲後軍兵馬使左神武軍使王价左衞將軍高承謙檢校太子詹事郭曙檢校右庶子常愿爲押衙未及行涇原兵士反誼從帝出奉天朱泚攻城誼晝夜傳勞諸軍不解帶帝還京師復故封揚州大都督如故永貞元年薨

通王諶始王拜開府儀同三司貞元九年領宣武節度大使以李萬榮爲留後二年徙河東以李說爲留後皆不出閤

虔王諒以王拜開府儀同三司貞元二年領蔡州節度大使以吳少誠爲留後十年徙節朔方靈鹽以李欒爲

留後明年領橫海又徙徐州以程懷信張愔爲留後不
出閤
肅王詳資秀異帝愛之建中二年薨甫四歲帝欲用浮
屠說塔而不墳禮儀判官李岩諫非禮乃止詔贈揚州
大都督
文敬太子謜見愛於帝命爲子貞元初先諸王王邕歷
義武昭義二軍節度大使以張茂昭王虔休爲留後不
出閤十五年薨年十八追贈及謚葬日羣臣以位而哭
通化門外陵及廟置令丞云
資王謙亡薨年
代王諲始王縉雲郡蚤薨建中二年追王
昭王誡貞元二十一年始王亡薨年
欽王諤順宗卽位與珍王同封亡薨年
珍王諴太和六年薨
順宗二十七子莊憲皇后生憲宗皇帝及綰張昭訓生
經趙昭儀生結王昭儀生緫約緄餘二十王史亡母之
氏位四王蚤薨亡官謚
郯王經本名湶貞元四年始王建康郡與廣陵洋州臨
淮弘農漢東晉陵高平雲安宣城德陽河東洛交十二
王同封二十一年又與均溆莒密郇邵宋集冀和衡欽
會珍福撫岳袁桂翼二十王皆進王王二十九年太和
八年薨
均王緯初名滂王洋川後進王王三十三年開成二年
薨
溆王縱初名洵王臨淮後進王王三十二年開成元年
薨
莒王紓初名涗爲祕書監王弘農後進王王二十九年
太和八年薨
密王綢初名泳王漢東後進王王三年元和二年薨
郇王緫初名湜授少府監王晉陵後進王王四年元和
三年薨
邵王約初名淑爲國子祭酒王高平進王王二年元和
元年薨
宋王結初名滋王雲安進王王十八年長慶二年薨
集王緗初名淮王宣城進王王十八年長慶二年薨
冀王絿初名滑爲太常卿王德陽進王王三十年太和
九年薨
和王綺初名浥王河東進王王二十八年太和七年薨
衡王絢王二十二年寶曆二年薨
會王纁王六年元和五年薨

福王綰歷魏博節度大使咸通元年進拜司空王五十
七年咸通二年薨
珍王繕初名況王洛交後進王亡薨年
撫王紘咸通初歷司空又進司徒太尉王七十三年乾
符三年薨
岳王緄王二十三年太和二年薨
袁王紳王五十六年咸通元年薨
桂王綸王十年元和九年薨
翼王綽王五十八年咸通三年薨
蘄王緝王六年咸通八年薨
欽王續亡薨年
憲宗二十子紀美人生寧懿安皇后生穆宗皇帝孝明
皇后生宣宗皇帝餘十七王皆後宮所生史逸其母之
號氏
惠昭太子寧貞元二十一年始王平原與同安彭城高
密文安四王同封帝卽位進王鄧與澧深洋絳四王同
封於是國嗣未立李絳等建言聖人以天下爲大器知
一人不可獨化四海不可無本故建太子以自副然後
人心定宗祏安有國不易之常道陛下受命四年而冢
子未建是開窺覦之端乖慎重之義非所以承列聖示
萬世帝曰善以寧爲皇太子更名宙前以制示絳等未
幾復初名冊禮用孟夏雨不克改用孟秋亦雨冬十月
克行禮明年薨年十九
澧王惲始王同安後進王惠昭之喪吐突承璀議復立
儲副意屬惲帝自以穆宗爲太子帝崩之夕承璀死王
被殺祕不發喪久之以告廢朝三日三子曰漢王東陽
郡曰源安陸曰演臨安初惲名寬深王察洋王寰絳王
寮建王審元和七年並改今名
深王悰始王彭城郡進王深子潭王河內淑吳與洋王
忻始王高密進王洋太和二年薨子沛王潁川郡
絳王悟始王文安進王敬宗崩蘇佐明等矯詔以王領
軍國事王守澄等立文宗王見殺二子洙王新安滂高
平
建王恪元和元年始封時淄青節度使李師古死其弟
師道匄符節故詔恪爲鄆州大都督平盧軍淄青等州
節度大使以師道爲留後然不出閤長慶元年薨無嗣
鄜王憬長慶元年始王與瓊沔婺茂淄衢澶七王同封
開成四年薨子溥平陽王郡
瓊王悅子津河間郡王
沔王恂子瀛晉陵郡王

燮王㸌子清新平郡王
茂王愔子憓武功郡王
淄王協開成元年薨子滋許昌郡王渙馮翊郡王
衢王憺子涉晉平郡王
澶王忱子滘鴈門郡王
棣王惴大中六年始王與彭信二王同封咸通三年薨
無嗣
彭王惕乾寧中韓建殺之石隄谷無嗣
信王憻咸通八年薨無嗣
榮王憒咸通三年始王廣明初拜司空子令平嗣王凡
八王史失其薨年
穆宗五子恭僖皇后生敬宗皇帝貞獻皇后生文宗皇
帝宣懿皇后生武宗皇帝餘二王亡其母之氏位
懷懿太子湊少雅裕有尋矩長慶元年始王漳與安王
同封文宗卽位疾王守澄顓很引支黨撓國謀盡誅之
密引宰相宋申錫使爲計守澄客鄭注伺知之以告乃
謀先事殺申錫又以王賢有中外望因欲株聯大臣族
夷之乃命神策虞候豆盧著上飛變且言宮史晏敬則
朱訓與申錫昵吏王師文圖不軌訓嘗言上多疾太子
幼若兄終弟及必漳王立申錫陰以金幣進王而王亦
以珍服厚答卽捕訓等繫神策獄榜掠定其辭諫官羣
伏閤極言出獄牒付外雜治注等懼事洩乃請下詔貶
王帝未之悟因黜湊爲巢縣公時大和五年也命中人
持詔卽賜且慰曰國法當爾無它憂八年薨贈齊王注
後以罪誅帝哀湊被讒死不自明開成三年追贈
安王溶初楊賢妃得寵於文宗晚稍多疾妃陰請以王
爲嗣密爲自安地帝與宰相李珏謀珏謂不可乃止及
帝崩仇士良立武宗欲重已功卽擿溶嘗欲以爲太子
事殺之
敬宗五子妃郭氏生普餘四王亡母之氏位
悼懷太子普姿性韶悟寶曆元年始王晉文宗愛之若
已子嘗欲爲嗣大和二年薨帝惻念不能已故贈鄎加
爲敬宗第二子休復文宗開成二年封梁王第三子執
中爲襄王第四子言揚爲紀王第五子成美爲陳王執
中子㝚爲樂平郡王
陳王成美初文宗以莊恪薨大臣數請建東宮開成四
年帝乃立成美爲皇太子典冊未具而帝崩仇士良立
武宗殺之於邸子儼王宣城郡
文宗二子王德妃生永後宮生宗儉
莊恪太子永大和四年始王魯帝以王幼宜得賢輔因

召見傳和元亮元亮以卒史進有所問不能荅帝責謂
宰相王可教官屬應任士大夫賢者寧元亮比邪於是
劇選戶部侍郎庾敬休兼王傳太常卿鄭肅兼長史戶
部郎中李踐方兼司馬六年遂立爲皇太子帝承寶歷
荒怠身勤儉率天下謂晉王生蓮敏欲引爲嗣會蚤夭
故久不議東宮事及太子立天下屬心焉開成三年詔
宮臣詣崇明門謁朔望侍讀偶日入對太子稍事燕豫
不能壹循法保傅戒告愁不納又母愛弛楊賢妃方幸
數譖之帝它日震怒御延英引見羣臣詔曰太子多過
失不可屬天下其議廢之羣臣頓首言太子春秋盛雖
有過尚可改且天下本不可輕動惟陛下幸赦御史中
丞狄兼謩流涕固爭帝未決罷羣臣又連章論救意稍
釋詔太子還少陽院以中人護視誅倖昵數十人勅侍
讀竇宗直周敬復詣院授經然太子終不能自白其讒
而行已亦不加修也是年暴薨帝悔之明年下詔以陳
王爲太子置酒殿中有俳兒緣橦父畏其顚環走橦下
帝感動謂左右曰朕有天下返不能全一兒乎因泣下
卽取坊工劉楚才等數人付京兆榜殺之及禁中女倡
十人斃永巷皆短毀太子者宰相楊嗣復等不及知因
言楚才等罪當誅京兆殺之不覆奏敢以請翌日詔京
兆後有決死勅不覆者亦許如故事以聞
蔣王宗儉開成二年始王亡薨年
武宗五子其母氏位皆不傳
杞王峻開成五年始王
益王峴會昌二年始王與兗德昌三王同封
兗王岐
德王嶧
昌王嵯並逸其薨年
宣宗十一子元昭太后生懿宗皇帝餘皆亡其母之氏
位
靖懷太子漢會昌六年始王雍與夔慶二王同封大中
六年薨有詔追冊
雍王涇大中元年始王亡薨年
通王滋會昌六年始王夔與慶王沂同封帝初詔鄆王
居十六宅餘五王處大明宮內院以諫議大夫鄭漳兵
部郎中李鄴爲侍讀五日一謁乾符門爲王授經鄆王
立爲懿宗乃罷滋徙王昭宗乾寧三年領侍衛諸軍是
時誅王行瑜而李茂貞怨以兵入覲詔滋與諸王分統
安聖奉宸保寧安化軍衛京師天子將狩太原韓建道
迎之留次華州建畏王等有兵遣人上急變告諸王欲

殺建脅帝幸河中帝驚召建諭之稱疾不肯入勑滋與
睦王濟王韶王彭王韓王沂王陳王謁建自解建留單
中奏言中外異體臣不可以私見又言晉八王擅權卒
敗天下請歸十六宅悉罷所領兵帝不許建以兵環行
在請誅大將李筠帝懼斬筠以謝建盡逐衞兵自是天
子孤弱矣初帝使嗣延王戒丕嗣丹王允往見李克用
二王還建惡之又嗣覃王嘗督軍伐茂貞於是劾奏比
歲兵纔近輔諸王階其禍使乘輿越在下藩不得安臣
已請解其兵今延覃丹三王尚陰計以危國請誅之帝
曰渠至是邪後三日與劉季述矯詔以兵攻十六宅諸
王被髮乘垣走或升屋極號曰帝救我建乃將十一王
幷其屬至石堤谷殺之徐以謀反聞天下冤之濟韶彭
韓沂陳延覃丹九王史逸其系胄云

慶王沂大中十四年薨

濮王澤大中二年始王亡薨年

鄂王潤大中五年始王乾符三年薨

懷王洽大中八年與昭康二王同封亡薨年

昭王汭乾符三年薨

康王汝乾符四年薨

廣王澭大中十一年始王與衞王同封乾符四年薨

衞王灌大中十四年薨

懿宗八子惠安皇后生僖宗皇帝恭憲皇后生昭宗皇
帝餘六王亡其母氏位

魏王佾咸通三年始王與涼蜀二王同封

涼王侹乾符六年薨

蜀王佶

威王偘咸通六年始王郢十年徙王

吉王保咸通十三年始王與睦王同封王於兄弟爲最
賢始僖宗崩王最長將立之楊復恭獨議以昭宗嗣乾
寧元年李茂貞等以兵入京師謀廢帝立王會李克用
以兵逐行瑜乃止

恭哀太子倚初封睦王爲劉季述所殺天復初追贈

僖宗二子史失其母氏位

建王震中和元年始王

益王陞光啓三年始王亡薨年

昭宗十七子積善皇后生裕及哀皇帝餘皆失母之氏
位

德王裕大順二年始王帝幸華州韓建已奪諸王兵不
自安乃請王皇子之未王者旣又殺諸王因請立裕爲
皇太子釋言於四方時乾寧四年也劉季述等幽帝東
內奉裕卽皇帝位季述誅裕匿右軍或讒殺之帝曰太
子冲孺賊逼立之且何罪詔還少陽院復爲王朱全忠
自鳳翔還見王春秋盛標宇軒秀忌之密語崔胤曰王
旣竊帝矣大義滅親渠可留公任宰相盍啓之胤從容
言如全忠意帝不許它日以語全忠全忠曰此國大事
臣安敢與此必胤賣臣也乃免帝遷洛它日謂蔣玄暉
曰德王朕愛子全忠奈何欲殺之言已泣下自齧指流
血玄暉卽摘語全忠全忠恚帝被弑玄暉置酒邀諸王
九曲池飲酣皆殺之投尸水中

棣王祤乾寧元年始王與虔沂遂三王同封

虔王禊

沂王禋

遂王禕

景王祕乾寧四年始王與祁王同封

祁王祺

雅王禛光化元年始王與瓊王同封

瓊王祥

端王禎天祐元年始王與豐和登嘉四王同封

豐王祁

和王福

登王禧

嘉王祜

穎王禔天祐二年始王與蔡王祐同封

蔡王祐

贊曰唐自中葉宗室子孫多在京師幼者或不出閤雖
以國王之實與匹夫不異故無赫赫過惡亦不能爲王
室軒輊運極不還與唐俱殫然則歷數短長自有底止
彼漢七國晉八王不其效愈速禍云

唐書卷八十二考證

靖恭太子琬傳男女五十八人得王者三人○舊書封
爲郡王者二

禾王璘傳以薛鏐李臺卿韋子春劉巨鱗蔡駉爲謀主
○蔡駉舊書作蔡坰

成式又遣裴戎以廣陵卒三千戍伊婁埭○裴戎舊書
作裴茙

舒王誼傳鄂岳團練使李兼副之○李兼舊書作李謙

荆南節度使張伯儀爲後軍兵馬使○張伯儀舊書作
張伯謙

肅王詳傳建中二年薨○舊書作三年十月薨

順宗二十七子○舊書作二十三子

張昭訓生經○舊書作王昭儀生郯王經

郇王總傳○舊書作郇王綜

冀王絿傳○絿本紀作緷

蘄王緝傳王六年咸通八年薨○舊書作咸通八年封

懷懿太子湊傳八年薨贈齊王○文宗紀薨在九年

陳王成美傳子儼王宣城郡○沈炳震曰新書宗室表
宣城王儼爲元宗子陳王珪子此作陳王成美子因
同爲陳王而誤也蓋元宗至敬宗凡七帝無元宗之
孫至是始封郡王之理則儼爲成美之子非珪之子
可知表應附會

昭宗十七子○舊書作十子

唐書卷八十三

宋　端　明　殿　學　士　宋　祁　撰

列傳第八

諸公主

世祖一女

同安公主高祖同母媦也下嫁隋州刺史王裕貞觀時
以屬尊進大長公主嘗有疾太宗躬省視賜縑五百姆
侍皆有賚子承徽初賜實戶三百薨年八十六裕隋司
徒東之子終開府儀同三司

高祖十九女

長沙公主下嫁馮少師

襄陽公主下嫁竇誕

平陽昭公主太穆皇后所生下嫁柴紹初高祖兵興主
居長安紹曰尊公將以兵淸京師我欲往恐不能偕奈
何主曰公行矣我自爲計紹詭道走幷州主奔鄠發家
貲招南山亡命得數百人以應帝於是名賊何潘仁壁
司竹園殺行人稱總管主遣家奴馬三寶喩降之共攻
鄠別部賊李仲文向善志丘師利等各持所領會戲下
因略地盩厔武功始平下之乃申法誓衆禁剽奪遠近
咸附勒兵七萬威振關中帝度河紹以數百騎並南山
來迎主引精兵萬人與秦王會渭北紹及主對置幕府
分定京師號娘子軍帝卽位以功給賚不涯武德六年
薨葬加前後部羽葆鼓吹大路麾幢虎賁甲卒班劍太
常議婦人葬古無鼓吹帝不從曰鼓吹軍樂也往者主
身執金鼓參佐命于古有邪宜用之

高密公主下嫁長孫孝政又嫁段綸綸隋兵部尚書文
振子爲工部尚書杞國公永徽六年主薨遺命吾葬必
令墓東向以望獻陵冀不忘孝也

長廣公主始封桂陽下嫁趙慈景慈景隴西人帝美其
姿制故妻之帝起兵或勸亡去對曰母以我爲命且安
往吏捕繫于獄帝平京師引拜開化郡公爲相國府文
學進兵部侍郎爲華州刺史討堯君素戰死贈秦州刺
史謚曰忠公主更嫁楊師道聰悟有思工爲詩豪侈自
肆晩稍折節以壽薨

長沙公主始封萬春下嫁豆盧寬子懷讓

房陵公主始封永嘉下嫁竇奉節又嫁賀蘭僧伽

九江公主下嫁執失思力

廬江公主下嫁喬師望爲同州刺史

南昌公主下嫁蘇勗

安平公主下嫁楊思敬

淮南公主下嫁封道言

眞定公主下嫁崔恭禮

衡陽公主下嫁阿史那社爾

丹陽公主下嫁薛萬徹萬徹蠢甚公主羞不與同席者
數月太宗聞笑焉爲置酒悉召它壻與萬徹從容語握
槊賭所佩刀陽不勝遂解賜之主喜命同載以歸

臨海公主下嫁裴律師

館陶公主下嫁崔宣慶

安定公主始封千金下嫁溫挺挺死又嫁鄭敬玄

常樂公主下嫁趙瓌生女爲周王妃武后殺之逐瓌括
州刺史徙壽州越王貞將舉兵遺瓌書假道瓌將應之
主進使者曰爲我謝王與其進不與其退若諸王皆丈
夫不應掩久至是我聞楊氏簒周尉遲迥乃周出猶能
連突厥使天下響震況諸王國懿親宗社所託不捨生
取義尚何須邪人臣同國患爲忠不同爲逆王等勉之
王敗周興劾瓌與主連謀皆被殺

太宗二十一女

襄城公主下嫁蕭銳性孝睦動循矩法帝勑諸公主視
爲師式有司告營別第辭曰婦事舅姑如父母異宮則
定省闕止葺故第門列雙戟而已銳卒更嫁姜簡永徽

二年薨高宗舉哀於命婦朝堂遣工部侍郎丘行淹馳驛弔祭陪葬昭陵喪次故城帝登樓望哭送柩

汝南公主蚤薨

南平公主下嫁王敬直以累斥嶺南更嫁劉玄意

遂安公主下嫁竇逵逵死又嫁王大禮

長樂公主下嫁長孫沖帝以長孫皇后所生故敕有司裝齎視長公主而倍之魏徵曰昔漢明帝封諸王曰朕子安得同先帝子乎然則長公主者尊公主矣制有等差渠可越也帝以語后后曰嘗聞陛下厚禮徵而未知也今聞其言乃納主於義社稷臣也妾於陛下夫婦之重有所言猶候顏色況臣下情隔禮殊而敢犯嚴顏陳忠言哉願許之與天下爲公帝大悅因請齎帛四十匹錢四十萬即徵家賜之

豫章公主下嫁唐義識

比景公主始封巴陵下嫁柴令武坐與房遺愛謀反同主賜死顯慶中追贈立廟於墓四時祭以少牢

普安公主下嫁史仁表

東陽公主下嫁高履行高宗即位進爲大長公主韋正矩之誅主坐婚家斥徙集州又坐章懷太子累奪邑封以長孫無忌舅族也故武后惡之垂拱中并二子徙置巫州

臨川公主韋貴妃所生下嫁周道務主工籀隸能屬文高宗立上孝德頌帝下詔褒答永徽初進長公主恩賞卓異永淳初薨道務殿中大監譙郡公範之子初道務孺褓時以功臣子養宮中範卒還第毀瘠如成人復內之年十四乃得出歷營州都督檢校右驍衛將軍謚曰襄

清河公主名敬字德賢下嫁程懷亮薨麟德時陪葬昭陵懷亮知節子也終寧遠將軍

蘭陵公主名淑字麗貞下嫁竇懷悊薨顯慶時懷悊官兗州都督太穆皇后之族子

晉安公主下嫁韋思安又嫁楊仁輅

安康公主下嫁獨孤諶

新興公主下嫁長孫曦

城陽公主下嫁杜荷坐太子承乾事誅又嫁薛瓘初主之婚帝使卜之繇曰二火皆食始同榮末同戚請晝昏則吉馬周諫曰朝謁以朝思相戒也講習以晝思相成也燕飲以昃思相歡也婚合以夜思相親也故上下有成內外有親動息有時吉凶有儀今先亂其始不可爲也夫卜所以決疑若黷禮慢先聖人所不用帝乃止麟德初瓘歷左奉宸衛將軍主坐巫蠱斥瓘房州刺史主從之官咸亨中主薨而瓘卒雙柩還京師子顗封河東縣侯濟州刺史琅邪王沖起兵顗與弟紹以所部庸調作兵募士且應之沖敗殺都吏以滅口事泄下獄俱死

合浦公主始封高陽下嫁房玄齡子遺愛主帝所愛故禮異它壻主負所愛而驕房遺直以嫡當拜銀青光祿大夫讓弟遺愛帝不許玄齡卒主導遺愛異貲既而反譖之遺直自言帝痛讓主乃免自是稍疏外主怏怏會御史劾盜得浮屠辯機金寶神枕自言主所賜初浮屠廬主之封地會主與遺愛獵見而悅之具帳其廬與之亂更以二女子從遺愛私餉億計至是浮屠殊死殺奴婢十餘主益望帝崩無哀容又浮屠智勗迎占禍福惠弘能視鬼道士李晃高醫皆私侍主主使掖廷令陳玄運伺宮省禨祥步星次永徽中與遺愛謀反賜死顯慶時追贈

金山公主蚤薨

晉陽公主字明達幼字兕子文德皇后所生未嘗見喜慍色帝有所怒責必伺顏徐徐辯解故省中多蒙其惠莫不譽愛后崩時主始孩不之識及五歲經后所游地哀不自勝帝諸子唯晉王及主最少故親畜之王每出閤主送至虔化門泣而別王勝衣班于朝主泣曰兄今與羣臣同列不得在內乎帝亦爲流涕主臨帝飛白書下不能辯薨年十二帝閱三旬不常膳日數十哀因以癯羸羣臣進勉帝曰朕渠不知悲愛無益而不能已我亦不知其所以然因詔有司簿主湯沐餘貲營佛祠墓側

常山公主未及下嫁薨顯慶時

新城公主晉陽母弟也下嫁長孫詮詮以罪徙巂州更嫁韋正矩爲奉冕大夫遇主不以禮俄而主暴薨高宗詔三司雜治正矩不能辯伏誅以皇后禮葬昭陵旁

高宗三女

義陽公主蕭淑妃所生下嫁權毅

高安公主義陽母弟也始封宣城下嫁潁州刺史王勗天授中勗爲武后所誅神龍初進册長公主實封千戶開府置官屬睿宗立增戶千薨開元時玄宗哭於暉政門遣大鴻臚持節赴弔京兆尹護喪事

太平公主則天皇后所生后愛之傾諸女榮國夫人死后丐主爲道士以幸冥福儀鳳中吐蕃請主下嫁后不欲棄之夷乃眞築宮如方士薰戒以拒和親事久之主衣紫袍玉帶折上巾具紛礪歌舞帝前帝及后大笑曰兒不爲武官何遽爾主曰以賜駙馬可乎帝識其意擇薛紹尚之假萬年縣爲婚館門隘不能容翟車有司毀垣以入自興安門設燎相屬道樾爲枯紹死更嫁武承嗣會承嗣小疾罷婚后殺武攸暨妻以配主主方額廣頤多陰謀后常謂類我而主內與謀外檢畏終后世無它訾永淳之前親王食實戶八百增至千輒止公主不過三百而主獨加戶五千及聖歷時進及三千戶預誅二張功增號鎮國與相王均封五千而薛武二家女皆食實封主與相王衛王成王長寧安樂二公主給衛士環第十步一區持兵呵衛僭肖宮省神龍時與長寧安樂宜城新都定安金城凡七公主皆開府置官屬視親王安樂戶至三千長寧二千五百府不置長史宜城定安非韋后所生戶止二千主三子崇簡崇敏崇行皆拜三品韋后上官昭容用事自以謀出主下遠甚憚之主亦自以軋而可勝故益橫於是推進天下士謂儒者多窶狹厚持金帛謝之以動大議遠近翕然響之玄宗將誅韋氏主與祕計遣子崇簡從事定將立相王未有以發其端者主顧溫王乃兒子可劫以爲功乃入見王曰天下事歸相王此非兒所坐乃掖王下取乘輿服進睿宗睿宗即位主權由此震天下加實封至萬戶三子封王餘皆祭酒九卿主每奏事漏數從乃得退所言皆從有所論薦或自寒穴躐進至侍從旋踵將相朝廷大政事非關決不下聞不朝則宰相就第咨判天子殆畫可而已主侍武后久善策人主微指先事逢合無不中田園徧近甸皆上腴吳蜀嶺嶠市作器用州縣護送道相望也天下珍滋譎怪充于家供帳聲伎與天子等侍兒曳紈縠者數百奴伯嫗監千人隴右牧馬至萬匹長安浮屠慧範畜貲千萬諸結權近本善張易之及易之誅或言其豫謀者於是封上庸郡公月給奉稍主乳媼與通奏擢三品御史大夫御史魏傳弓劾其姦臧四十萬請論死中宗欲赦之進曰刑賞國大事陛下賞已妄加矣又欲廢刑天下其謂何帝不得已削銀青階大夫薛謙光劾慧範不法不可貸主爲申理故謙光等反得罪玄宗以太子監國使宋王岐王總禁兵主恚權分乘輦至光範門召宰相白廢太子於是宋璟姚元之不悅請出主東都帝不許詔主居蒲州主大望太子懼奏斥璟元之以銷戢怨嫌監察御史慕容珣復劾慧範事帝疑珣離間骨肉貶密州司馬主居外四月太子表追還京師時宰相七人五出主門下又左羽林大將軍常元楷知羽林軍李慈皆私謁主主內忌太子明又宰相皆其黨乃有逆謀先天二年與尚書左僕射竇懷貞侍中岑羲中書令蕭至忠崔湜太子少保薛稷雍州長史李晉右散騎常侍昭文館學士賈膺福鴻臚卿唐晙及元楷慈慧範等謀廢太子使元楷慈舉羽林兵入武德殿殺太子懷貞羲至忠舉兵南衙爲應既有日矣太子得其姦召岐王薛王兵部尚書郭元振將軍王毛仲殿中少監姜皎中書侍郎王琚吏部侍郎崔日用定策前一日因毛仲取內閑馬三百率太僕少卿李令問王守一內侍高力士果毅李守德叩虔化門梟元楷慈於北闕下縛膺福內客省執羲至忠至朝堂斬之因大赦天下主聞變亡入南山三日不出賜死于第諸子及黨與死者數十人簿其田貲瑰瑞若山督子貸凡三年不能盡崇簡素知主謀苦諫主怒搒掠尤楚至是復官爵賜氏李始主作觀池樂游原以爲盛集既敗賜寧申岐薛四王都人歲祓禊其地

中宗八女

新都公主下嫁武延暉

宜城公主始封義安郡主下嫁裴巽巽有嬖姝主恚刵耳劓鼻且斷巽髮帝怒斥爲縣主巽左遷久之復故封神龍元年與長寧新寧義安安樂新平五郡主皆進封

定安公主始封新寧郡下嫁王同皎同皎得罪神龍時又嫁韋濯濯即韋皇后從祖弟以衛尉少卿誅更嫁太府卿崔銑主薨王同皎子請與父合葬給事中夏侯銛曰主義絕王廟恩成崔室逝者有知同皎將拒諸泉銑或訴於帝乃止銛坐是貶瀘州都督

長寧公主韋庶人所生下嫁楊慎交造第東都使楊務廉營總第成府財幾竭乃擢務廉將作大匠又取西京高士廉第左金吾衛故營合爲宅右屬都城左頫大道作三重樓以馮觀築山浚池帝及后數臨幸置酒賦詩又并坊西隙地廣鞠場東都廢永昌縣主丐其治爲府以地瀕洛築鄣之崇臺蜚觀相聯屬無慮費二十萬緡王泰故第東西盡一坊瀦沼三百畝泰薨以與民至是主丐得之亭閣華詭埒西京內倚母愛寵傾一朝與安樂宜城二主后媦郕國崇國夫人爭任事賕謁紛紜東都第成不及居韋氏敗斥慎交絳州別駕主偕往乃請以東都第爲景雲祠而西京鬻第評木石直爲錢二十億萬開元十六年慎交死主更嫁蘇彥伯務廉卒坐贓數十萬廢終身

永壽公主下嫁韋鐬蚤薨長安初追贈

永泰公主以郡主下嫁武延基大足中忤張易之爲武

后所殺，帝追贈以禮改葬，號墓爲陵。

安樂公主最幼女帝遷房陵而主生解衣以裓之名曰裹兒姝秀辯敏后尤愛之下嫁武崇訓帝復位光艷動天下侯王柄臣多出其門嘗作詔箝其前請帝署可帝笑從之又請爲皇太女左僕射魏元忠諫不可主曰元忠山東木彊烏足論國事阿武子尚爲天子天子女有不可乎與太平等七公主皆開府而主府官屬尤濫皆出屠販納訾售官降墨勑斜封授之故號斜封官主營第及安樂佛廬皆憲寫宮省而工緻過之嘗請昆明池爲私沼帝曰先帝未有以與人者主不悅自鑿定昆池延袤數里定言可抗訂之也司農卿趙履溫爲繕治累石肖華山磴彴橫邪回淵九折以石瀵水又爲寶鑪鏤怪獸神禽間以璖貝珊瑚不可涯計崇訓死主素與武延秀亂即嫁之是日假后車輅自宮送至第帝與后爲御安福門臨觀詔雍州長史竇懷貞爲禮會使弘文學士爲儐相王障車捐賜金帛不貲翌日大會羣臣太極殿主被翠服出鄉天子再拜南面拜公卿公卿皆伏地稽首武攸暨與太平公主偶舞爲帝壽賜羣臣帛數十萬帝御承天門大赦因賜民酺三日內外官賜勳緣禮官屬兼階爵奪臨川長公主宅以爲第旁徹民廬怨聲囂然第成禁藏空殫假萬騎仗內音樂送主還第天子親幸宴近臣崇訓子方數歲拜太常卿封鎬國公實封戶五百公主滿孺月帝后復幸第大赦天下時主與長寧定安三家厮臺掠民子女爲奴婢左臺侍御史袁從一縛送獄主入訴帝爲手詔喩免從一曰陛下納主訴縱奴驕掠平民何以治天下臣知放奴則免禍劾奴則得罪於主然不忍屈陛下法自偷生也不納臨淄王誅庶人主方覽鏡作眉聞亂走至右延明門兵及斬其首追貶爲悖逆庶人睿宗即位詔以二品禮葬之趙履溫諂事主嘗褫朝服以項挽車庶人死蹈舞承天門呼萬歲臨淄王斬之父子同刑百姓疾其輿役割取肉去

成安公主字季姜始封新平下嫁韋捷捷以韋后從子誅主後薨

睿宗十一女

壽昌公主下嫁崔眞

安興昭懷公主蚤薨

荊山公主下嫁薛伯陽

淮陽公主下嫁王承慶

代國公主名華字華婉劉皇后所生下嫁鄭萬鈞

涼國公主字華莊始封仙源下嫁薛伯陽

薛國公主始封清陽下嫁王守一守一誅更嫁裴巽

鄎國公主崔貴妃所生三歲而妃薨哭泣不食三日如成人始封荊山下嫁薛儆又嫁鄭孝義開元初封邑至千四百戶

金仙公主始封西城縣主景雲初進封太極元年與玉眞公主皆爲道士築觀京師以方士史崇玄爲師崇玄本寒人事太平公主得出入禁中拜鴻臚卿聲勢光重觀始興詔崇玄護作日萬人羣浮屠疾之以錢數十萬賂狂人段謙冒入承天門升太極殿自稱天子有司執之辭曰崇玄使我來詔流嶺南且勑浮屠方士無兩競太平敗崇玄伏誅

玉眞公主字持盈始封崇昌縣主俄進號上清玄都大洞三景師天寶三載上言曰先帝許妾捨家今仍叨主第食租賦誠願去公主號罷邑司歸之王府玄宗不許又言妾高宗之孫睿宗之女陛下之女弟於天下不爲賤何必名繫主號資湯沐然後爲貴請入數百家之產延十年之命帝知主意乃許之薨寶應時

霍國公主下嫁裴虛巳

玄宗二十九女

永穆公主下嫁王繇

常芬公主下嫁張去奢

孝昌公主蚤薨

唐昌公主下嫁薛鏽

靈昌公主蚤薨

常山公主下嫁薛譚又嫁竇澤

萬安公主天寶時爲道士開元新制長公主封戶二千帝妹戶千率以三丁爲限皇子王戶二千主半之左右以爲薄帝曰百姓租賦非我有士出萬死賞不過束帛女何功而享多戶邪使知儉嗇不亦可乎於是公主所稟始不給車服後咸宜以母愛益封至千戶諸主皆增自是著于令主不下嫁亦封千戶有司給奴婢如令

上仙公主蚤薨

懷思公主蚤薨葬築臺號登眞

晉國公主始封高都下嫁崔惠童貞元元年與衞楚宋齊宿蕭鄧紀郜國九公主同徙封

新昌公主下嫁蕭衡

臨晉公主皇甫淑妃所生下嫁郭潛曜薨大歷時

衞國公主始封建平下嫁豆盧建又嫁楊説薨貞元時

眞陽公主下嫁源清又嫁蘇震

信成公主下嫁獨孤明

楚國公主始封壽春下嫁吳澄江上皇居西宮獨主得入侍興元元年請爲道士詔可賜名上善

普康公主蚤薨咸通九年追封

昌樂公主高才人所生下嫁竇鍔薨大歷時

永寧公主下嫁裴齊丘

宋國公主始封平昌下嫁溫西華又嫁楊徽薨元和時

齊國公主始封興信徙封寧親下嫁張垍又嫁裴穎未嫁楊敷薨貞元時

咸宜公主貞順皇后所生下嫁楊洄又嫁崔嵩薨興元時

宜春公主蚤薨

廣寧公主董芳儀所生下嫁程昌胤又嫁蘇克貞薨大歷時

萬春公主杜美人所生下嫁楊朏又嫁楊錡薨大歷時

太華公主貞順皇后所生下嫁楊錡薨天寶時

壽光公主下嫁郭液

樂城公主下嫁薛履謙坐嗣岐王珍事誅

新平公主常才人所生幼智敏習知圖訓帝賢之下嫁裴玪又嫁姜慶初慶初得罪主幽禁中薨大曆時

壽安公主曹野那姬所生孕九月而育帝惡之詔衣羽人服代宗以廣平王入謁帝字呼主曰蟲娘汝後可與名王在靈州請封下嫁蘇發

肅宗七女

宿國公主始封長樂下嫁豆盧湛

蕭國公主始封寧國下嫁鄭巽又嫁薛康衡乾元元年降回紇英武威遠可汗乃置府二年還朝貞元中讓府屬更置邑司

和政公主章敬太后所生生三歲后崩養于韋妃性敏惠事妃有孝稱下嫁柳潭安祿山陷京師寧國公主方嫠居主棄三子奪潭馬以載寧國身與潭步日百里潭躬水薪主躬爨以奉寧國初潭兄澄之妻楊貴妃姊也勢幸傾朝公主未嘗干以私及死撫其子如所生從玄宗至蜀始封還潭駙馬都尉郭千仞反玄宗御玄英樓諭降之不聽潭率折衝張義童等殊死鬬主彀弓授潭潭手斬賊五十級平之肅宗有疾主侍左右勤勞詔賜田以女弟寶章主未有賜固讓不敢當阿布思之妻隸掖廷帝宴使衣綠衣爲倡主諫曰布思誠逆人妻不容近至尊無罪不可與羣倡處帝爲免出之自兵興財用耗主以貿易取奇贏千萬澹軍及帝山陵又進邑入千萬代宗初立屢陳人間利病國家盛衰事天子鄉納叶蕃犯京師主避地南奔次商於遇羣盜主諭以禍福皆稽顙願爲奴代宗以主貧詔諸節度餉億主一不取親紉綻裳衣諸子不服紈絺廣德時吐蕃再入寇主方娠入語備邊計譔固止主曰君獨無兄乎入見內殿翌日免乳而薨

郯國公主始封大寧下嫁張清薨貞元時

紀國公主始封宜寧下嫁鄭沛薨元和時

永和公主韋妃所生始封寶章下嫁王詮薨大歷時

郜國公主始封延光下嫁裴徽又嫁蕭升升卒主與彭州司馬李萬亂而蜀州別駕蕭鼎澧陽令韋惲太子詹事李昇皆私侍主家久之姦聞德宗怒幽主它第杖殺萬斥鼎惲昇嶺表貞元四年又以厭蠱廢六年薨子位坐以蠱祝囚端州佩儒偲囚房州前生子駙馬都尉裴液囚錦州主女爲皇太子妃帝畏妃怨望將殺之未發會主薨太子屬疾乃殺妃以厭災謚曰惠

代宗十八女

靈仙公主蚤薨追封

眞定公主蚤薨追封

永清公主下嫁裴倣

齊國昭懿公主崔貴妃所生始封升平下嫁郭曖大歷末寰內民訴涇水爲磑壅不得溉田京兆尹黎幹以請詔撤磑以水與民時主及曖家皆有磑卽留帝曰吾爲蒼生若可爲諸戚倡卽日毀由是廢者八十所憲宗卽位獻女伎帝曰太上皇不受獻朕何敢違還之薨元和時贈號國賜謚穆宗立復贈封

華陽公主貞懿皇后所生韶悟過人帝愛之視帝所喜必善遇所惡曲全之大歷七年以病丐爲道士號瓊華眞人病甚嚙帝指傷薨追封

玉清公主蚤薨追封

嘉豐公主下嫁高怡與普寧公主同降有司具冊禮光順門以雨不克罷薨建中時

長林公主下嫁衞尉少卿沈明貞元二年具冊禮德宗不御正殿不設樂遂爲故事薨元和時

太和公主蚤薨追封

趙國莊懿公主始封武清貞元元年徙封嘉誠下嫁魏博節度使田緒德宗幸望春亭臨餞厭翟敝不可乘以金根代之公主出降乘金根車自主始薨元和時贈封及謚

玉虛公主蚤薨

普寧公主下嫁吳士廣

晉陽公主下嫁太常少卿裴液薨太和時

義清公主下嫁祕書少監柳杲

壽昌公主下嫁光祿少卿竇克良薨貞元時

新都公主貞元十二年下嫁田華具禮光順門五禮由是廢

西平公主蚤薨

章寧公主蚤薨

德宗十一女

韓國貞穆公主昭德皇后所生劬謹孝帝愛之始封唐安將下嫁祕書少監韋宥未克而朱泚亂從至城固薨加封謚

魏國憲穆公主始封義陽下嫁王士平主恣橫不法帝幽之禁中錮士平于第久之拜安州刺史坐交中人貶賀州司戶參軍門下客蔡南史獨孤申叔為主作團雪散雪辭狀離曠意帝聞怒捕南史等逐之幾廢進士科薨追封及謚

鄭國莊穆公主始封義章下嫁張孝忠子茂宗薨加贈及謚

臨真公主下嫁祕書少監薛釗薨元和時

永陽公主下嫁殿中少監崔諲

普寧公主蚤薨

文安公主丐為道士薨太和時

燕國襄穆公主始封咸安下降回紇武義成功可汗置府薨元和時追封及謚

義川公主蚤薨

宜都公主下嫁殿中少監柳昱薨貞元時

晉平公主蚤薨

順宗十一女

漢陽公主名暢莊憲皇后所生始封德陽郡主下嫁郭鏦辭歸第涕泣不自勝德宗曰兒有不足邪對曰思相離無它恨也帝亦泣顧太子曰真而子也永貞元年與諸公主皆進封時戚近爭為奢詡事主獨以儉常用鐵簪畫壁記田租所入文宗尤惡世流侈因主入問曰姑所服何年法也今之弊何代而然對曰妾自貞元時辭宮所服皆當時賜未嘗敢變元和後數用兵悉出禁藏纖麗物賞戰士由是散於人間內外相矜忸以成風若陛下示所好于下誰敢不變帝悅詔宮人視主衣製廣狹徧諭諸主且敕京兆尹禁切浮靡主嘗誨諸女曰先姑有言吾與若皆帝子驕盈貴侈可戒不可恃開成五年薨

梁國恭靖公主與漢陽同生始封咸寧郡主徙普安下嫁鄭何薨追封及謚

東陽公主始封信安郡主下嫁崔杞

西河公主始封武陵郡主下嫁沈翬薨咸通時

雲安公主亦漢陽同生下嫁劉士涇

襄陽公主始封晉康縣主下嫁張孝忠子克禮主縱恣常微行市里有薛樞薛渾李元本皆得私侍而渾尤愛至謁渾母如姑有司欲致詰多與金使不得發克禮以聞穆宗幽主禁中元本乃功臣惟簡子故貸死流象州樞渾崖州

潯陽公主崔昭儀所生太和三年與平恩邵陽二公主並為道士歲賜封物七百疋

臨汝公主崔昭訓所生蚤薨

虢國公主始封清源郡主徙陽安下嫁王承系薨追封

平恩公主蚤薨

邵陽公主蚤薨

憲宗十八女

梁國惠康公主始封普寧帝特愛之下嫁于季友元和中徙永昌薨詔追封及謚將葬度支奏義陽義章公主葬用錢四千萬有詔減千萬

永嘉公主為道士

衡陽公主蚤薨

宣城公主下嫁沈巇

鄭國溫儀公主始封汾陽下嫁韋讓薨追封及謚

岐陽莊淑公主懿安皇后所生下嫁杜悰帝為御正殿臨遣繇西朝堂出復御延喜門止主車大賜賓從金錢開第昌化里疏龍首池為沼后家上尚父大通里亭為主別館貴震當世然主事舅姑以禮聞所賜奴婢偃蹇皆上還丐直自市悰為澧州刺史主與偕從者不二十婢乘驢不肉食州縣供具拒不受姑寢疾主不解衣藥不嘗不進開成中悰自忠武入朝主寢疾曰願朝興慶宮雖死於道不恨道薨

陳留公主下嫁裴損損為太子諭德

真寧公主下嫁薛翃

南康公主下嫁沈汾薨咸通時

臨真公主始封襄城下嫁衛洙薨咸通時

普康公主蚤薨

真源公主始封安陵下嫁杜中立

永順公主下嫁劉弘景

安平公主下嫁劉異宣宗即位宰相以異為平盧節度使帝曰朕唯一妹欲時見之乃止後隨異居外歲時輒乘驛入朝薨乾符時

永安公主長慶初許下嫁回鶻保義可汗會可汗死止不行太和中丐為道士詔賜邑印如壽陽公主故事且歸婚貲

義寧公主未及下嫁薨

定安公主始封太和下嫁回鶻崇德可汗會昌三年來歸詔宗正卿李仍叔祕書監李踐方等告景陵主次太原詔使勞問係塗以黠戛斯所獻白貂皮玉指環往賜至京師詔百官迎謁再拜故事邑司官承命答拜有司議邑司官卑不可當群臣請以主左右上媵戴鬢帛承拜兩襠持命又詔神策軍四百具鹵簿群臣班迓主乘輅謁憲穆二室欷歔流涕退詣光順門易服褫冠鈿待罪自言和親無狀帝使中人勞慰復冠鈿乃入群臣賀天子又詣興慶宮明日主謁太皇太后進封長公主遂廢太和府主始至宣城以下七主不出迎武宗怒差奪封絹贖罪宰相建言禮始中壹行天下王化之美也請載于史示後世詔可

貴鄉公主蚤薨

穆宗八女

義豐公主武貴妃所生下嫁韋處仁薨咸通時

淮陽公主張昭儀所生下嫁柳正元

延安公主下嫁竇澣

金堂公主始封晉陵下嫁郭仲恭薨乾符時

清源公主薨太和時

饒陽公主下嫁郭仲詞

義昌公主為道士薨咸通時

安康公主為道士乾符四年以主在外頗擾人詔與永興天長寧國興唐四主還南內

敬宗三女

永興公主

天長公主

寧國公主薨廣明時

文宗四女

興唐公主

西平公主

朗寧公主薨咸通時

光化公主薨廣明時

武宗七女

昌樂公主

壽春公主

長寧公主薨大中時

延慶公主

靜樂公主薨咸通時

樂溫公主

永清公主薨咸通時

宣宗十一女

萬壽公主下嫁鄭顥主帝所愛前此下詔先王制禮貴賤共之萬壽公主奉舅姑宜從士人法舊制車輿以鏤金釦飾帝曰我以儉率天下宜自近始易以銅主每進見帝必諄勉篤誨曰無鄙夫家無干時事又曰太平安樂之禍不可不戒故諸主祗畏爭為可喜事帝遂詔夫婦教化之端其公主縣主有子而寡不得復嫁

永福公主

齊國恭懷公主始封西華下嫁嚴祁祁為刑部侍郎主薨大中時追贈及謚

廣德公主下嫁于琮初琮尚永福公主主與帝食怒折七筯帝曰此可為士人妻乎更許琮尚主琮為黃巢所害主泣曰今日誼不獨存賊宜殺我巢不許乃縊室中主治家有禮法嘗從琮貶韶州侍者纔數人郤州縣饋遺凡內外冠婚喪祭主皆身答勞疏戚咸得其心為世聞婦

義和公主

饒安公主

盛唐公主

平原公主薨咸通時已而追封

唐陽公主

許昌莊肅公主下嫁柳涉薨中和時

豐陽公主

懿宗八女

衛國文懿公主郭淑妃所生始封同昌下嫁韋保衡咸通十年薨帝既素所愛自製挽歌群臣畢和又許百官祭以金貝寓車廞服火之民爭取煨以汰寶及葬帝與妃坐延興門哭以過柩仗衛彌數十里冶金為俑怪寶千計實墓中與乳保同葬追封及謚

安化公主

普康公主

昌元公主薨咸通時

昌寧公主

金華公主

仁壽公主

永壽公主

僖宗二女

唐興公主

永平公主

昭宗十一女

新安公主

平原公主積善皇后所生帝在鳳翔以主下嫁李茂貞子繼侃后謂不可帝曰不爾我無安所是日宴內殿茂貞坐帝東南主拜殿上繼侃族兄弟皆西向立主徧拜之及帝還朱全忠移茂貞書取主還京師

信都公主

益昌公主

唐興公主

德清公主

太康公主

永明公主蚤薨

新興公主

普安公主

樂平公主

贊曰婦人內夫家雖天姬之貴史官猶外而不詳又僖昭之亂典策埃滅故諸帝公主降日薨年粗得其槩亡者闕而不書

唐書卷八十三考證

廣寧公主傳下嫁程昌胤○后妃傳中作程昌裔

韓國貞穆公主傳○舊書德宗紀作莊穆

潯陽公主傳太和三年與平恩邵陽二公主並爲道士○太和疑作元和

唐書卷八十四

宋　端　明　殿　學　士　宋　祁　撰

列傳第九

李密

李密字玄邃一字法主其先遼東襄平人曾祖弼魏司徒賜姓徒何氏入周爲太師魏國公祖曜邢國公父寬隋上柱國蒲山郡公遂家長安密趣解雄遠多策略散家貲養客禮賢不愛藉以蔭爲左親衛府大都督東宮千牛備身額銳角方瞳子黑白明澈煬帝見之謂宇文述曰左仗下黑色小兒爲誰曰蒲山公李寬子密帝曰此兒顧眄不常無入衛它日述諭密曰君世素貴當以才學顯何事三衛間哉密大喜謝病去感厲讀書聞包愷在緱山往從之以蒲韉乘牛挂漢書一帙角上行且讀越國公楊素適見于道按轡躡其後曰何書生勤如此密識素下拜問所讀曰項羽傳因與語奇之歸謂子玄感曰吾觀密識度非若等輩玄感遂傾心結納嘗私自謂密曰上多忌隋曆且不長中原有一日警公與我孰後先密曰決兩陣之勝噫嗚咄嗟足以讋敵我不如公攬天下英雄馭之使遠近歸屬公不如我大業九年玄感舉兵黎陽遣人入關迎密密至謀曰今天子遠在遼左去幽州尚千里南限鉅海北阻彊胡號令所通惟榆林一道爾若鼓而入薊直扼其喉高麗抗其前我乘其後不旬月齎糧竭舉麾召之衆可盡取然後傳檄而南天下定矣上計也關中四塞之地彼留守衛文昇易人耳若徑行勿留直保長安據函崤東制諸夏是隋亡襟帶我勢萬全中計也若因近趣便先取東都頓兵堅城下不可以勝負決下計也玄感曰公之下計乃吾上策今百官家屬皆在洛當先取之以搖其心且經城不拔何以示武密計不行玄感至東都所戰必克自謂功在旦暮既獲內史舍人韋福嗣遂任之故謀不專密福嗣恥見執策議皆持兩端密揣其貳謂玄感曰福嗣窮爲我虜志在觀望公初舉大事姦人在側事必敗請斬以徇不從密謂所親曰玄感好反而不圖勝吾屬虜矣福嗣果遁去會左武侯大將軍李子雄得罪傳送行在道殺使者奔玄感勸舉大號玄感問密密曰昔張耳諫陳勝自王荀彧止魏武求九錫皆見疑外今密將無類之乎然阿諛順旨非義士也且公雖屢勝而郡縣未有應者東都尚彊救兵踵來公當率精甲身定關中奈何亟自帝玄感笑而止及隋軍至玄感曰策安決密曰元弘嗣方戍隴右可陽言其反使迎我因引軍西從之至陝欲圍弘農宮密曰今紿衆入關機在速而追兵踵我若前不得據險退無所守何以共完玄感不聽留攻三日不能拔引去至閿鄉追及而敗密羸行入關爲邏所獲與支黨護送帝所密謂衆曰吾等至行在且葅醢今尚可以計脫何爲安就鼎鑊衆然之乃令出所有金示監使曰即死幸報德使者顧金禁漸弛益市酒飲笑讙譁守者懈密等遂夜亡去抵平原賊郝孝德不見禮去之淮陽歲飢削木皮以食變姓名爲劉智遠教授諸生自給鬱鬱不得志哀吟泣下人有告太守趙佗者佗捕之遁免往依娟婿雍丘令丘君明轉匿大俠王季才家爲吏迹捕復亡去時東郡賊翟讓聚黨萬人密因介其徒王伯當以策干讓曰今主昏於上人怨於下銳兵盡之遼海和親絕於突厥南巡流連空棄關輔此實劉項挺興之會足下資豪傑士馬精勇指麾誅暴爲天下先則楊氏不足亡也讓由是加禮遣說諸賊至輒下因爲讓計曰今稟無見糧難以持久卒遇敵其亡無時不如取滎陽休兵館穀待士逸馬肥乃可與人爭利讓聽之遂破金隄關徇滎陽諸縣皆下滎陽太守楊慶河南討捕大使張須陁合兵討讓讓素憚須陁欲引去密曰須陁健而無謀且驟勝易驕吾爲公破之讓不得已陣而待密率驍勇常何等二十人爲游騎伏于丘莽間須陁素輕讓引兵搏之讓少却伏發與游軍乘之遂殺須陁十三年讓分兵與密別爲牙帳號蒲山公密持軍嚴雖盛夏號令士皆若負霜雪然戰得金寶盡散之繇是人爲用復說讓曰今羣豪競興公宜先天下據除羣凶寧常剽奪草間求活哉若直取興洛倉發粟以振窮乏百萬之衆一朝可附霸王之業成矣讓曰僕起畎隴志不及此須君得倉更議之二月密以千人出陽城北踰方山自羅口拔興洛倉據之獲縣長柴孝和開倉賑食衆繈屬至數十萬隋越王侗遣將劉長恭房崱討密又令裴仁基統兵出成皋西密乃爲十隊跨洛水抗東西二軍令單雄信徐世勣王伯當騎爲左右翼自引麾下急擊長恭等破之東都震恐衆保太微城臺寺俱滿讓等乃推密爲王建號魏公築南設壇場即位刑牲歃血改元永平大赦其文移稱行軍元帥魏公府以讓爲司徒邴元貞左長史房彥藻右長史楊德方左司馬鄭德韜右司馬單雄信左武侯大將軍徐世勣右武侯大將軍祖君彥記室城洛口周四十里居之命護軍將軍田茂廣造雲旝三百具以機發石爲攻城械號將軍礮進逼東都燒上春門四月隋虎牢將裴仁基淮陽太守趙佗降長白山賊孟讓以所部歸密以仁基爲上柱國與讓率兵二萬襲回洛倉守之入都城掠居人火天津橋隋出軍乘之仁基等敗還保羣司馬楊德方死密自督衆三萬破隋軍於故城復得回洛倉俄而德韜死乃以鄭頲爲左司馬鄭虔象右司馬諸賊帥黎陽李文相洹水張昇清河趙君德平原郝孝德皆歸密因襲取黎陽倉永安大族周法明舉江黃地附之齊郡賊徐圓朗任城大俠徐師仁來歸密令幕府移檄州縣列煬帝十罪天下震動護軍柴孝和說密曰秦地阻山帶河項背之亡漢得之王今公以仁基壁回洛翟讓保洛口公東鎧倍道趨長安百姓誰不郊迎是征而不戰也衆附兵彊然後東向指撝豪傑天下廓清無事矣今遲之恐爲人先密曰僕懷此久顧我部皆山東人今未下洛安肯與我偕西且諸將皆羣盜不相統一敗則掃地矣遂止是時隋軍益出密負銳急與之确中流矢卧營中隋軍乘之密衆潰棄倉守洛口高祖起師太原密自謂主盟遣將軍張仁則致書于帝呼爲兄請以步騎會河內帝覽書笑曰密陸梁不可折簡致之吾方定京師未能東略若不與是生一隋密適爲吾守成皋拒東都兵使不得西更遣剽將莫如密吾寧推順使驕其志我得留撫關中大事濟矣令記室溫大雅作報書厚禮尊讓密大喜示其下曰唐公見推顧天下無可慮者遂專事隋九月遣將李士才將兵十二萬攻隋鷹揚郎將張珣河陰舉之珣極罵不屈死齊方士徐鴻客上書勸密因士氣趨江都挾帝以令天下密異其言具幣邀之已亡去煬帝遣王世充選卒十萬擊密世充營洛西戰不利更陳洛北登山以望洛口密引度洛與世充戰密兵多騎與長槊而北薄山地隘騎迮不得騁世充多短兵盾櫓蹙之密軍卻世充乘勝進攻密月城密還洛南引而西突世充營世充奔還師徒多喪孝和溺死洛水密哭之慟自是大小六十餘戰翟讓部將王儒信憚密威望勸讓自爲大冢宰總秉衆務收密權讓兄寬亦曰天子當自取何乃授人密聞之與鄭頲陰圖讓會世充兵又至讓出拒少退密馳助之戰石子河世充走明日高會饗士讓至密所密令房彥藻引其左右就別帳飲密出名弓示讓讓挽滿遣劍士蔡建從後擊之并殺其兄寬及儒信密馳入讓壁慰諭士無敢動者以徐世勣單雄信王伯當分統其兵隋將楊慶守滎陽因說下之世充夜襲倉城密伏甲殪其衆義寧二年世充復營洛北爲浮梁絕水以戰密以千騎迎擊不勝世充進薄其壘密提敢死士數百邀之世充大潰士爭橋溺死者數萬洛水爲不流殺大將六人獨世充脫會夜大雨雪士卒僵死且盡密乘銳拔偃師修金墉城居之有衆三十萬又與東都留守韋津戰上春門執津於陣將作大匠宇文愷子儒童河南留守職方郎柳續河陽都尉獨孤武都河內郡丞柳燮皆降於是海岱江淮間爭響附竇建德朱粲楊士林孟海公徐圓朗盧祖尚周法明等悉上表勸進府官屬亦請之密曰東都未平且勿議五月越王侗稱帝六月宇文化及擁兵十餘萬至黎陽侗遣使授密太尉尚書令東南道大行臺行軍元帥魏國公令平化及而後

入補密受之乃引兵東追化及黎陽密知化及乏食利速戰乃持重以老其兵使徐世勣保黎陽倉化及攻不可下密與隔水陣遥謂化及曰公家本戎隸破野頭爾父子兄弟受隋恩至妻公主上有失德不能諫又虐弒之冒天下之惡今安往能卽降尚全後嗣化及默然良久乃瞋目爲鄙語辱密密顧左右曰此庸人圖爲帝吾當折箠驅之乃以輕騎五百焚其攻具火終夜不滅度化及糧盡乃僞與和化及喜使軍恣食既而密饋不至乃寤遂大戰童山下密中矢頓汲縣堅壁化及勢窮掠汲郡趣魏縣其將陳智略張童仁等率所部兵歸密前後相踵初化及留輜重東郡遣所署刑部尚書王軌守之至是軌舉郡降密由是引而西遣使朝東都執弒逆人于弘達獻於侗侗召密入朝至溫聞世充殺元文都乃止遂歸金墉拘侗使不遣初密既殺翟讓心稍驕不卹士素無府庫財軍戰勝無所賜與又厚撫新集人心始離民食與洛倉者給授無檢至負取不勝委於道踐輮狼扈密喜自謂足食司倉賈潤甫諫曰人國本食人天今百姓飢捐暴骨道路公雖受命然賴人之天以固國本而稟取不節敖庾之藏有時而偒粟竭人散胡仰而成功不聽徐世勣數規其違密內不憙使出就屯故下苟且無固志初世充乏食密少帛請交相易難之邴元眞好利陰勸密許焉後世充士飽降者益少密悔而止武德元年九月世充悉衆決戰先以驍數百度河密遣迎戰驍將十餘人皆被創返明日密留王伯當守金墉自引精兵出偃師北阻卬山待之密議所便裴仁基曰世充悉勁兵來東都必虛請選衆二萬向洛世充必自拔歸我整軍徐還兵法所謂彼歸我出彼出我歸以疲之也密眩於衆不能用仁基擊地嘆曰公後必悔遂出兵陣世充陰索貌類密者使縛之既兩軍接埃霧闇塞世充軍江淮士出入若飛密兵心動世充督衆疾戰使索類密者過陣譟曰獲密矣士皆呼萬歲密軍亂遂潰裴仁基祖君彥皆爲世充所禽偃師劫鄭頲叛歸世充密提衆萬餘馳洛口將入城邴元眞已輸款世充潛導其軍密知不發期世充度兵半洛水掩擊之候騎不時覺比出世充絕河矣卽引騎遁武牢元眞遂降衆稍散密將如黎陽或曰向殺翟讓世勣傷幾死瘡猶未平今可保乎時王伯當棄金墉屯河陽密輕騎歸之謂曰敗矣久苦諸君我今自刎以謝衆伯當抱密慟絕衆皆泣莫能仰視密復曰幸不相棄當共歸關中密雖無功諸君必富貴掾柳燮曰昔盆子歸漢尚食均輸公與唐同族雖不共起然過隋歸路使無西故唐不戰而據京師亦公功也密又謂伯當曰將軍族重豈復與孤俱行哉伯當曰昔蕭何舉宗從漢今不昆季盡行以爲媿豈公一失利輕去就哉雖隕首穴胷所甘已左右感動遂來歸初密建號登壇疾風鼓其衣幾仆及卽位狐鳴於旁惡之及將敗鞏數有回風發於地激砂礫上屬天白日爲晦屯營羣鼠相銜尾西北度洛經月不絕及入關兵尚二萬高祖使迎勞冠蓋相望密大喜謂其徒曰吾所舉雖不就而恩結百姓山東連城數百以吾故當盡歸國功不減竇融豈不以台司處我及至拜光祿卿封邢國公殊怨望帝嘗呼之弟妻以表妹獨孤氏後禮寖薄執政者又求賄滋不平因朝會進食謂王伯當曰往在洛口嘗欲以崔君賢爲光祿不意身自爲此未幾聞故所部將多不附世充者高祖詔密以本兵就黎陽招撫故部曲經略東都伯當以左武衛將軍爲密副馳驛東至稠桑驛有詔復召密密大懼謀叛伯當止之不從乃曰士立義不以存亡易慮公顧伯當厚願畢命以報今可同往死生以之然無益也乃簡驍勇數十人衣婦人服戴羃䍦藏刀裙下詐爲家婢妾者入桃林傳舍須臾變服出據其城掠畜產趣南山而東馳告張善相以兵應己熊州副將盛彥師率步騎伏陸渾縣南邢公峴之下密兵度橫出擊斬之年三十七伯當俱死傳首京師時徐世勣尚爲密保黎陽帝遣使持密首往招世勣世勣表請收葬詔歸其尸乃發喪具威儀三軍縞素以君禮葬黎陽山西南五里墳高七仞密素得士哭多歐血者邴元眞之降也世充以爲行臺僕射鎮滑州密故將杜才幹恨其背密僞以兵歸之斬取其首祭密冢已乃歸國

單雄信曹州濟陰人與翟讓友善能馬上用槍密軍中號飛將偃師敗降世充爲大將秦王圍東都雄信拒戰槍殺及王徐世勣呵之曰秦王也遂退後東都平斬洛渚上

祖君彥齊僕射孝徵子博學彊記屬辭瞻速薛道衡嘗薦之隋文帝帝曰是非殺斛律明月人兒邪朕無用之煬帝立尤忌知名士遂調東都書佐檢校宿城令世謂祖宿城負其才常鬱鬱思亂及爲密草檄乃深斥主闕密敗世充見之曰汝爲賊罵國足未君彥曰跖客可使刺由但愧不至耳世充令撲之既困臥樹下世充已自欲盜隋中悔命醫許惠照往視之欲其蘇郎將王拔柱曰弄筆生有餘罪乃椓其心卽死戮尸於偃師

贊曰或稱密似項羽非也羽興五年霸天下密連兵數十百戰不能取東都始玄感亂密首勸取關中及自立亦不能鼓而西宜其亡也然禮賢得士乃田橫徒歟賢陳涉遠矣噫使密不爲叛其才雄亦不可容於時云

唐書卷八十四考證

李密傳邴元貞左長史房彥藻右長史○舊書房彥藻爲左長史邴元貞爲右長史

密自謂主盟遣將軍張仁則致書于帝呼爲兄帝令記室溫大雅作報書云云○臣德潛按此密棄倉守洛口時事也時煬帝尚在江都舊書作義寧二年事互異

唐書卷八十五

宋端明殿學士宋祁撰

列傳第十

王竇

王世充字行滿祖西域胡號支頹耨後從新豐死其妻與霸城人王粲爲庶妻頹耨子收從之冒粲姓仕隋歷懷汴二州長史生世充豺聲卷髮忌刻深阻涉書傳喜兵法通龜策推步以蔭爲左翊衛遷御府直長兵部員外郎從楊素北伐爲幽州長史大業初爲民部侍郎善占對習法敢舞文上下人或辨駁世充以口舌緣飾衆知其非亦不能屈也出爲江都贊治遷郡丞煬帝數南幸世充善伺帝顏色阿意順旨性機巧飾臺沼陰奏遠方珍物以媚帝帝愛昵之拜江都通守兼知宮監事世充觀隋政方亂而江左浮剽易動乃陰結豪傑有繫獄者皆撓法貸減以樹私恩楊玄感反吳人朱燮晉陵人管崇起江南應之兵十餘萬隋將吐萬緒魚俱羅討之不克世充以偏將募江都萬人頻擊破之每捷必歸功於下虜獲盡推與士卒故人爭爲效由是功最多大業十年齊賊孟讓轉寇諸郡至盱眙世充拒之保都梁山列五壁不戰羸兵以示弱讓笑曰世充文法吏安知兵吾今生縛之鼓行下江都矣時百姓皆入保野無所掠讓衆餒又苦五壁閉道不得南卽分兵圍之世充數戰陽不利走壁讓益驕數日稍分其下南略裁留兵足圍壁世充知賊懈夜夷竈撤幕爲方陣外向毀垣而出奮擊大破之讓以數十騎去斬首萬級虜十餘萬人煬帝以世充有將帥略復委捕諸盜所向輒定會突厥圍帝鴈門世充悉發江都兵赴難詐爲可喜事以邀聲譽在軍蓬首垢面日夜悲泣不釋甲臥必席藁帝以爲忠愈屬信之厭次賊格謙兵十餘萬屯豆子䴚太僕卿楊義臣殺謙世充討其餘黨夷之進擊賊盧明月於南陽俘係數萬還帝自持酒爲勞世充啓帝江淮良家女願備後廷無繇進帝喜令閱端麗者以庫貲爲聘費不可校署計簿云勑别用有司不敢聞具舟送東都宮會道路剽奪使者苦之或沈舟亡去世充屏不奏李密逼東都詔世充爲將軍以兵屯洛口大小百餘戰無大勝負詔卽拜右翊衛將軍趣破賊十四年世充引軍與密戰洛南有氣若城壓其營世充大敗衆幾盡走保河陽自繫獄請罪於越王侗侗以書慰勉賜金帛安之召還洛裒亡散得萬人屯含嘉城畏縮不敢出會江都弒逆羣臣奉侗爲帝以世充爲吏部尚書封鄭國公宇文化及擁兵北還侗聽內史令元文都盧楚等謀以重官畀李密使討賊若化及破而密兵亦疲乘其弊可得志乃遣使以太尉尚書令卽軍中拜密趣兵北討密稱臣奉制引兵從化及黎陽戰勝來告衆大悅世充獨謂其下曰文都等刀筆才必爲密禽且我軍與賊戰多殺其父子兄弟一旦爲之下吾屬無類矣以此言激衆文都等聞大懼侗欲以文都爲御史大夫世充不許曰嘗與公等約左右僕射尚書令御史大夫留待動舊今各欲得則流競開矣何以共守文都慽焉潛與楚謀因世充入殿伏甲殺之納言段達庸怯畏不果馳告世充世充夜以兵襲含嘉門圍宮城右武衛大將軍皇甫無逸等遣將費曜田闍拒戰太陽門曜敗世充入之無逸以單騎遁收楚殺之時紫微宮尚閉世充扣門紿侗曰元文都等欲執陛下降李密臣不反誅反者耳段達執文都送世充殺之世充悉遣腹心代衛士然後入謝曰文都楚無狀規相屠戮臣急爲此非敢它侗與之盟進拜尚書左僕射總督內外諸軍事乃去含嘉城居尚書省專宰朝政以其兄世惲爲內史令居禁中子弟皆將兵分官吏爲十頭以主軍政未幾李密破化及還屯金墉勁兵良馬多死世充欲擊之恐士心未一乃謀以鬼動衆令德陽

門衛張永通言夢人謂巳曰我周公能以兵助討密世充白侗立祠洛旁使巫宣言周公令急擊密有大功不然兵且疫世充下皆楚人信妖遂請戰乃簡精卒二萬騎二千跨洛水爲三橋以度兵密軍偃師北山新破敵有輕世充心不設壘世充夜遣二百騎蔽山伏因秣馬蓐食遲明薄之密陣未成伏兵上北原乘高馳下壓其營縱焚廬落密衆大潰降其將張童仁陳智略進拔偃師初密得世充兄世偉及子玄應於化及軍囚之至是皆歸世充兵次洛口密長史邴元眞司馬鄭虔象以城降悉收美人寶貨而還密以數十騎跳奔於是世充自爲太尉尚書令加黃門印綠綟綬以尚書省爲府置官屬乃設三榜於府外其一求文學堪濟世務者其一武幹絕衆推鋒陷陣者其一能治冤抑不申者繇是上書陳事日數百皆慰勞省接雖吏卒必飾詞誘納而世充素詭妄不能讎其語士大夫遂貳初殺文都欲詭衆取信乃請事侗毋劉太后爲假子至是加號聖感太后散騎常侍崔德本曰此王莽文母何異乎後食侗前得嘔疾疑見毒遂不復朝以將張續董濬衛宮城武德二年矯侗詔假黃鉞相國總百揆封鄭王授九錫冕十有二旒建天子旌旗金根車駕六馬備五時副車旄頭雲罕舞八佾設宮縣出入警蹕衛士桓法嗣自言能決讖乃上孔子閉房記畫男子持一竿驅羊狀因說世充曰隋楊姓也於文干一爲王王處羊後大王代隋之符又陳莊周人間世德充符二篇曰上下篇與大王名協明受符命德被人間爲天子也世充喜曰天命也拜受之以法嗣爲諫議大夫又羅取飛鳥書符命於帛繫鳥頸縱之有彈捕得鳥而獻者亦拜官諷百官勸進時納言蘇威老就第世充以威隋大臣有素望每表必署威名使段達等脅侗曰天命不常今鄭王功德甚盛請揖讓用堯舜故事侗怒曰天下者高祖天下若隋德未究此言不可發必天命遂改尚何禪公非先帝舊臣乎朕何賴達等流涕世充又許曰天下未定須鎮以長君待天下安則復子明辟四月矯侗策禪位幽侗於含涼殿僭三讓遣諸將以兵淸宮世充襲戎服法駕導鼓吹入宮每歷一門從者必呼至東上閤更袞冕卽正殿僭位建元開明國號鄭乃封兄世衡爲秦王世偉楚王世惲齊王諸族屬以次封拜以子玄應爲皇太子玄恕爲漢王世充每聽朝決政誨諭言語諄複百緒以示勤篤百司奏事者聽受爲疲出輕騎無警蹕游歷衢肆行者但止立徐謂百姓曰故時天子居九重在下之情無繇察世充非貪位者本救時耳正若一州刺史事皆親覽當與士人共議之恐門衛有禁無以盡通令止順天門外置坐廳事又詔西朝堂聽冤訴東朝堂延諫者繇是章牘塡委覩省不暇後亦不能復出五月裴仁基與其子行儼及宇文儒童崔德本等謀劫世充復立侗不克夷三族六月鴆殺侗以絕衆望世充率衆東徇地至滑以兵臨黎陽時黎陽爲竇建德守故建德亦破世充殷州以報其役三年下書大赦築練兵臺於伊闕守將羅士信豆盧達稍稍歸國世充顧下多背巳乃峻誅暴禁以威之戶一人逃家無少長皆坐父子兄弟夫婦許相告免令伍伍相保一家叛舉伍誅撫收出入皆爲限公私不聊生遺臺省官督十二郡營田行者自謂仙去以宮城爲大獄意所猜惡必收繫其人內家屬宮中戍命將亦質其孥乃遣旣而因質且萬口食不足餓死者日數十七月高祖詔秦王率兵攻之至新安屯堡多下敗世充於慈澗城八月王陳兵青城宮世充悉精兵來拒隔澗言曰隋失其國天下分崩長安洛陽各有分地吾常自守不敢西顧熊穀二州在度內不取敦鄰好也今王遠涉吾地越三崤饋糧千里勤師遠出將何求王曰四海之人皆承唐正朔獨公迷不復東都士民來請師陛下重違我是以來公若降富貴可保必拒我勉之無多言世充約割地不許頴州總管田瓚請舉山南二十五郡歸九月王君廓進拔轘轅徇地至管城河南州縣以次降定始竇建德與世充隙至是建德遣使結好并陳赴援意世充遣兄子琬內史令長孫安世報且乞師四年二月青城宮守將以宮降王進保之世充張兵出方諸門臨穀水以戰王陣北邙令屈突通步士五千踰水擊之兵接王以騎決戰世充排矟兵殊死鬬自辰及午乃潰俘斬八千人王傅城塹而守之世充糧且盡人相食至以水汨泥去礫取浮土糅米屑爲餠民病腫股弱相藉倚道上其尙書郎盧君業郭子高等皆餓死御史大夫鄭頲丐爲浮屠世充惡其言殺之然氣竭但嬰城須建德之救五月王禽建德并獲王琬長孫安世俘示東都城下且遣安世入言敗狀世充惶惑將突圍出保襄漢謀於諸將皆不答遂率將吏降軍門王受之以屬吏嫚逆崔弘丹造弩多傷士前誅之又收段達楊汪孟孝義單雄信楊公卿郭士衡郭什柱董濬張童仁朱粲王德仁等斬洛渚上以世充歸長安高祖數其罪世充曰計臣罪不容誅但秦王許臣以不死乃赦爲庶人與其族徙于蜀將行爲羽林將軍獨孤修德所殺初修德父機嘗仕越王侗世充旣篡謀歸唐爲所屠者也高祖免修德官子玄應兄世偉在道謀反伏誅世充篡凡三年滅

竇建德貝州漳南人世爲農自言漢景帝太后父安成侯充之苗裔材力絕人少重然許喜俠節鄉人喪親貧無以葬建德方耕聞之太息遽解牛與給喪事鄉黨異之盜夜劫其家建德立戶下盜入擊三人死餘不敢進請其尸建德曰可投繩係取之盜投繩建德乃自縻使盜曳出躍起捉刀復殺數人繇是益知名爲里長犯法亡會赦歸久之父卒里中送葬千餘人所贈予皆讓不受隋大業七年募兵伐遼東建德補隊長方如軍會邑人孫安祖盜羊爲縣令捕劾笞辱安祖刺殺令亡抵建德建德匿舍之時山東饑羣盜起乃謀曰往文皇帝時天下盛彊發百萬衆伐遼東猶爲所敗今水潦爲災民力剡敝主上不是恤而親駕臨遼且往歲西征十不一返今創夷未平又重發兵人情危駭易以搖動丈夫不死當建功于世渠爲亡命虜乎我聞高雞泊廣袤數百里葭亂阻奧可以違難承間竊出推埋掠斂足以自資因得聚豪傑且觀時變以就大計安祖然之建德爲招亡兵及民無產者數百使安祖率之入高雞爲盜安祖號撓羊公時鄃人張金稱亦結衆萬餘依河渚間蓚人高士達兵千餘屯清河鄃上諸盜往來漳南者多剽殺人焚鄉聚獨不入建德閭郡縣意建德與賊通捕族其家建德至河間聞家屠滅卽率麾下二百人亡歸士達士達自稱東海公以建德爲司兵安祖爲金稱所殺其下數千人歸建德衆益盛至萬人猶保高雞泊然傾身接物其執苦與士卒均由是能致人死力十二年涿郡通守郭絢率兵萬人討士達士達自以智略不及建德乃推爲軍司馬以兵屬焉建德旣銳衆思用奇厭伏羣盜乃請士達守輜重自以精兵七千迎絢詐爲亡狀士達取所虜陽言建德妻子殺之建德遣絢書約降請前驅執賊自效絢信之引兵從建德至長河界欲與盟兵懈不設備建德襲殺其軍數千人獲馬千匹絢以數十騎去追斬於平原獻首士達威振山東隋遣太僕卿楊義臣討破張金稱於清河殘黨畏誅復屯嘯歸建德義臣乘勝欲遂入高雞泊窮剗根穴建德謂士達曰隋善將獨義臣耳新破金稱其鋒不可當宜引兵避之彼欲戰不得軍老食乏乘之可有功士達不納留建德守壁身將兵逆戰置酒享士建德聞曰東海公未捷遽自矜大禍至不日矣隋兵勝必長驅而來吾不能獨支乃留衆保壁帥銳士據險待後五日義臣斬士達於陣追北薄壘守兵潰建德不能軍以百餘騎走饒陽饒陽無備因取之義臣已殺士達謂餘黨不足憂引去故建德得還平原收士達士死者葬焉爲士達發喪軍皆縞素招潰卒得數千人軍復振自稱將軍初佗盜得隋官及士人必殺之唯建德恩遇甚備引故饒陽長宋正本爲客尊任之參決軍議隋郡縣吏多以地歸之勢益張兵至十餘萬上谷賊王須拔自號漫天王以兵略幽州戰死其下魏刀兒號歷山飛壁深澤衆十萬建德以計襲取之并有其地十三年正月築壇場於河間樂壽自立爲長樂王十四年五月更號夏王建元丁丑署官屬分治郡縣七月隋右翊衛將軍薛世雄督兵三萬討之屯河間七里井建德以勁兵伏旁澤中悉拔諸城僞遁世雄以爲畏稍弛備建德率敢死士千人襲之會大霧晝冥跬不可視隋軍驚遂潰相騰藉死者如丘世雄引數百騎亡去盡得其衆獲河間丞王琮勞遣之琮復嬰城建德進攻未下而河間食盡聞煬帝遇弒琮率吏發喪乘城大臨建德遣使入弔琮因請降建德爲退舍飭饌具琮率郡屬素服面縛軍門建德親釋縱纆與言隋之亡琮伏哭極哀建德亦爲泣麾下或言河間久拒守多殺士今力窮而下請烹之建德曰琮誼士也吾方旌擢以勵事君者且往爲盜可妄殺人今將安百姓定天下而害忠臣乎卽令其軍曰與琮隙者敢輒搖罪三族乃授琮瀛州刺史始都樂壽號金城宮備百官準開皇故事冬至大會僚吏有五大鳥集其宮羣鳥從之又宗城人獻玄圭一景城丞孔德紹曰昔天以是授禹今瑞與之侔國宜稱夏建德然之改元五鳳以德紹爲內史侍郎武德元年宇文化及至魏縣建德謂其納言宋正本及德紹曰吾隋民也隋吾君也今化及殺之大逆不道乃吾讎欲爲天下誅之何如正本等曰大王奮布衣起漳南隋之列城莫不爭附者以能仗順扶義安四方也化及爲隋姻里倚之不疑今戕君而移其國讎不共天請鼓行執其罪建德善之卽引兵討化及連戰破之化及保聊城乃縱撞車機石四面乘城拔之建德入先謁蕭皇后語稱臣執宇文智及楊士覽元武達許弘仁孟景等召隋文武官共臨斬之梟首轅門囚化及并其子載以檻車至大陸縣斬之建德性約素不喜食肉飯脫粟加蔬具妻曹未嘗衣紈綺及爲王妾侍裁十數每下城破敵貲寶並散賚將士至是得隋宮人尚千數悉放去

其文武驍果尚萬餘各聽所之乃以誅化及報越王侗侗封之夏王遂號大夏以隋黃門侍郎裴矩爲尚書右僕射兵部侍郎崔君肅爲侍中少府令何稠爲工部尚書餘隨才署職委以政事有願往關中及東都者亦聽不留仍給道里費以兵護出于境二年陷邢趙滄三州復陷冀州執刺史麴稜赦之復以爲刺史八月陷洺州虜刺史袁子幹遂遷都焉更號萬春宮使人如灌津祠先墓置守冢三十家又遣使朝侗亟與王世充結歡北聘突厥士馬益精雄俄而世充廢侗乃絕之始建天子旌旗出入警蹕書稱詔追謚隋煬帝爲閔帝以齊王暕子政道爲鄖公義成公主在突厥遣使迎蕭后建德自將千餘騎送之并獻化及首未幾遂突厥侵相州刺史呂珉死之進攻衞州執河北大使淮安王神通同安長公主黎陽守將李世勣釋之復使世勣守黎陽館王公主饋以客禮滑州刺史王軌爲奴所殺奴以首奔建德建德曰奴殺主大逆納之不可不賞賞逆則廢教將焉用爲命斬奴而返軌首滑人德之遂降齊濟二州亦降兗賊徐圓朗聞風送款三年世勣自拔歸國吏白建德誅其父建德曰世勣唐臣不忘其主忠也父何罪釋不問高祖遣使修好建德即以公主等歸京師嘗執趙州刺史張志昂邢州刺史陳君賓大使張道源等將殺之國子祭酒凌敬諫曰夫犬吠非其主彼悉力堅守以窮就禽仗節士也今殺之無以勸建德怒曰我傅其城猶不下勞費士旅何可赦敬曰王之大將高士興抗羅藝於易南兵未交士興即降王以爲可乎建德悟即釋之然其大將王伏寶數持兵功略在諸帥上或讒其反建德殺之伏寶臨死呼曰我無罪王何信讒自刈左右手乎後戰數不利九月建德自帥師圍幽州爲羅藝所敗藝乘勝襲其營建德陣營中塡塹而出敗藝衆進薄其城不能拔乃還濟陰賊孟海公兵三萬據周橋城以掠河南建德自擊之會秦王伐東都其中書舍人劉斌獻說曰唐據關內鄭王河南夏有冀方此鼎足相持勢也今唐悉兵臨鄭出入二年鄭人日蹙二國兵不解唐彊鄭弱勢必舉鄭鄭滅則大夏有齒寒之憂爲大王計莫若援鄭使鄭抗其內我攻其外唐之兵必卻唐卻而鄭完然後徐觀其變鄭若可圖因而取之并二國兵乘唐師老長驅而西關中可遂有也建德曰善乃遣使聘世充與連和會世充亦自乞師即令其臣李大師魏處繪來朝請解鄭圍秦王留之不答四年建德克周橋虜海公留其將范願戍之悉發海公徐圓朗之衆并兵號三十萬救世充至滑州世充行臺僕射韓弘開城納之建德進逼元梁管三州皆陷遂屯滎陽運糧泝河西上舟相屬不絕壁成臯東原築營板渚遣使與世充約期又遺秦王以書三月王進據虎牢翌日以騎五百覘建德營設伏道側獨以數騎去賊營三里覺賊出騎追之王漸卻誘至伏所卒起奮擊賊騎驚引去追斬三百級獲其將殷秋石瓚乃報建德以書建德失二將又聞唐兵精得書猶豫頓六十日不敢西時世充弟世辯爲徐州行臺亦遣將郭士衡兵數千人從建德王遣王君廓以輕騎抄其饟執賊大將張清特建德懼人情擕貳其諸將又新破海公掠獲盈給日夜思歸凌敬說建德曰今唐以重兵圍東都守虎牢我若悉兵濟河取懷州河陽以重將戍之然後鳴鼓建旗踰太行入上黨傳檄旁郡進壺口以駭蒲津收河東地此上策也且有三利乘虛擣境師有萬全一也拓土得衆二也鄭圍自解三也建德將從之而王琬長孫安世日請兵西每言必流涕又陰齎金玉啗諸將以撓其謀衆乃曰凌敬書生豈知戰建德乃謝曰今士心銳天贊我也師將大捷方用衆議不得如公言敬固爭建德怒命扶出其妻諫曰祭酒計甚善王盍用之夫自滏口道乘唐之虛連營漸進以取山北因招突厥西抄關中唐必還師自救鄭難紓矣今頓兵虎牢下徒自苦恐無功建德曰此非女子所知且鄭朝暮待吾來既許之豈可見難而退且示天下不信五月建德自板渚出爲陣西薄汜南屬鵲山亘二十里鼓而前郭士衡爲游兵秦王登虎牢城望其軍按甲不戰曰賊起山東未嘗見大敵今度險士囂令不肅也逼城而陣有輕我心待其饑破之果矣日中建德士皆坐列渴爭飲意益怠王麾軍先登騎怒塵大漲乃率史大奈秦叔寶纏麾幟驍出賊陣後建德軍顧而驚遂大潰建德被重創竄牛口谷車騎將軍白士讓楊武威獲之傳而西斬長安市年四十九初其軍有謠曰豆入牛口勢不得久至是果敗建德妻與其左僕射齊善行以騎數百遁還洺州餘黨欲立其養子爲主善行曰夏王奄定河朔號爲威彊今一出不復非天命有歸哉不如委心請命無爲塗炭生民也遂分府庫散給將士令各解去善行乃與右僕射裴矩行臺曹旦率官屬及建德妻奉山東地并傳國八璽來降建德起兵至滅凡六年

贊曰煬帝失德天醜其爲生人顧辜羣盜乘之如蝟毛而奮其劇者若李密因黎陽蕭銑始江陵竇建德連河北王世充舉東都皆磨牙搖毒以相噬螫其間亦假仁義禮賢才因之擅王僭帝所謂盜亦有道者本夫孽氣腥焰所以亡隋觸唐明德折北不支禍極凶殫乃就殲夷宜哉

唐書卷八十五考證

竇建德傳十四年七月隋右翊衞將軍薛世雄督兵三萬討之○沈炳震曰是年五月高祖受禪隋已亡矣安得七月中隋復命將討賊耶當從舊書作十三年

武德元年宇文化及至魏縣建德謂納言宋正本云云引兵討化及連戰破之○臣德潛按舊書武德二年宇文化及僭號于魏縣建德討之綱目書夏王建德破宇文化及于聊城誅之亦在二年新書應誤

嘗執趙州刺史張志昂○舊書作張昂

唐書卷八十六

宋 端 明 殿 學 士 宋 祁 撰

列傳第十一

薛李二劉高徐

薛舉蘭州金城人容貌魁岸武敢善射殖產鉅萬好結納邊豪爲長雄隋大業末任金城府校尉會歲凶隴西盜起金城令郝瑗將討賊募兵數千檄舉將始授甲大會置酒舉與子仁杲及其黨劫瑗于坐矯稱捕反者即起兵囚郡縣官發粟以賑貧乏自號西秦霸王建元秦興以仁杲爲齊公少子仁越爲晉公它賊宗羅睺帥衆下之以爲義興公更招附餘盜剽馬牧兵鋒銳甚所徇皆下隋將皇甫綰兵萬人屯枹罕舉以精卒二千襲之遇於赤岸大風且澍逆舉陣綰不擊俄反風綰屯氣色曀冥部伍錯亂舉介騎先衆乘之綰陣大潰進陷枹罕岷山羌鍾利俗以衆二萬降舉大振進仁杲爲齊王東道行軍元帥羅睺爲義興王副之仁越晉王河州刺史因徇下鄯廓二州不閱旬盡有隴西地衆十三萬十三年僭帝號于蘭州以妻鞠爲后仁杲爲太子即其先墓置陵邑立廟城南陳兵數萬展墓訖大饗使仁杲圍秦州仁越趨劍口掠河池太守蕭瑀拒卻之遣將常仲興度河擊李軌與軌將李贇戰昌松仲興敗軍沒於軌仁杲克秦州舉往都之仁杲寇扶風汧源賊唐弼拒不得進初弼立李弘芝爲天子有衆十萬舉遣使招弼弼殺弘芝從舉仁杲閒弼無備襲之盡奪其衆弼以數百騎走軍益張號二十萬將窺京師會高祖入關遂留攻扶風秦王擊破之斬首數千級遂北至隴還舉畏王遂踰隴走問其下曰古有降天子乎僞黃門侍郎褚亮曰昔趙佗以南粵歸漢蜀劉禪亦仕晉近世蕭琮其家今存轉禍爲福著有之衛尉卿郝瑗曰亮之言非也昔漢祖兵屢敗蜀先主嘗亡其妻子夫戰固有勝負豈可一不勝便爲亡國計乎舉亦悔其言乃曰聊試公等即厚賜瑗以爲謀主瑗請連梁師都厚賂突厥合從東向舉從之約突厥莫賀咄設犯京師會都水監宇文歆使突厥歆說止其兵故舉謀塞武德元年豐州總管張長遜擊羅睺舉悉兵援之屯析墌以游軍掠岐豳秦王禦之次高墌度舉糧少利速鬬堅壁老其兵會王疾臥屯不出而舉數挑戰行軍長史劉文靜殷開山觀兵於高墌恃衆不設備舉兵掩其後遂大敗死者十六大將慕容羅睺李安遠劉弘基皆沒王還京師舉拔高墌仁杲進逼寧州郝瑗謀曰今唐新破將卒禽俘人心搖矣可乘勝直趨長安舉然之方行而病召巫占視言唐兵爲祟舉惡之未幾死仁杲代立僞謚舉武皇帝未葬而仁杲滅

仁杲多力善騎射軍中號萬人敵性賊悍初舉每破陣軍獲俘仁杲必斷舌刈鼻或舂斵之其妻亦凶暴喜鞭楚人見不勝痛宛轉於地者則埋其足露腹背受捶人畏而不親仁杲多殺人淫略民人妻妾嘗得庾信子立怒其不降磔之火漸割以啖士拔秦州取富人倒縣以酢注鼻或杙其隱以求財雖舉殘猛亦惡之每戒曰汝材略足辦事而傷於虐終覆吾宗及繼立與諸將素有隙者咸猜懼郝瑗哭舉病不起繇是兵稍衰秦王率諸將復壁高墌諸將請戰王曰我軍新衄銳氣少賊驟勝而驕有輕我心我閉壁以折之伺衰而擊可一戰禽也因令軍中曰敢言戰者斬久之仁杲糧乏挑戰不許其將牟君才內史令翟長愻以衆降左僕射鍾俱仇以河州降王策賊可破遣將軍龐玉擊宗羅睺於淺水原戰酣王以勁兵擣其背羅睺敗王率騎追奔於是悉軍馳之曰勢破竹不可失也夜半至析墌遲明圍合仁杲率僞官屬降王受之以仁杲歸京師及酋黨數十人皆斬之舉父子盜隴西五年滅初仁杲降諸將賀且問曰羅睺雖破而賊城尚堅王能下之何也王曰羅睺健將非

急追之使得還城未可取也故吾使賊不及計是以克之諸將沓服仁杲已敗其將旁仚地降詔即統其兵未幾復叛仚地羌豪也舉父子信倚之至是入南山縣商洛出漢川衆數千所過剽害敗大將龐玉至始州掠王氏女醉寢于野王取仚地所佩刀斬之送首梁州詔封女爲崇義夫人

李軌字處則涼州姑臧人略知書有智辯家以財雄邊好賙人急鄉黨稱之隋大業中補鷹揚府司兵薛舉亂金城軌與同郡曹珍關謹梁碩李贇安修仁等計曰舉暴悍今其兵必來吏孱怯無足與計者欲相戮力據河右以觀天下變庸能束手以妻子餌人哉衆允其謀共舉兵然莫適敢主曹珍曰我聞讖書李氏當王今軌賢非天啓乎遂共降拜以聽命修仁夜率諸胡入內苑城建旗大呼軌集衆應之執虎賁郎將謝統師郡丞韋士政遂自稱河西大涼王署官屬準開皇故事初突厥曷娑那可汗弟達度闕設內屬保會寧川至是稱可汗降於軌謹等議盡殺隋官分其產軌曰諸公既見推當稟吾約今軍以義興意在救亂殺人取財是爲賊何以求濟乎迺以統師爲太僕卿士政太府卿會薛舉遣兵來侵軌遣將敗之昌松斬首二千級悉虜其衆軌縱還之李贇曰今力戰而俘又縱以資敵不如盡阬之軌曰不然若天命歸我當禽其主此皆我有也不者徒留何益遂遣之未幾拔張掖燉煌西平枹罕悉有河西武德元年高祖方事薛舉遣使涼州璽書慰結謂軌爲從弟軌喜乃遣弟懋入朝帝拜懋大將軍還之詔鴻臚少卿張侯德持節冊拜軌涼王涼州總管給羽葆鼓吹一部會軌僭帝號建元安樂以其子伯玉爲太子長史曹珍爲尚書左僕射攻陷河州侯德至軌召其下議曰李氏有天下歷運所屬已宅京邑一姓不可競王今欲去帝號東向受冊可乎曹珍曰隋亡英雄蠭起號帝王者瓜分鼎峙唐自保關雍大涼奄河右業已爲天子柰何受人官必欲以小事大請行蕭詧故事稱梁帝而臣於周軌從之乃遣僞尚書左丞鄧曉來朝奉書稱從弟大涼皇帝帝怒曰軌謂朕爲兄此不臣也囚曉不遣初軌以梁碩爲謀主授吏部尚書碩有算略衆憚之嘗見故西域胡種族盛勸軌備之因與戶部尚書安修仁交怨又軌子仲琰嘗候碩碩不爲起仲琰憾之乃相與譖碩軌不察齎鴆其家殺之繇是故人稍疑懼不爲用有胡巫妄曰上帝將遣玉女從天來遂召兵築臺以候女多所糜損屬薦饑人相食軌毀家貲賑之不能給議發倉粟曹珍亦勸之謝統師等故隋官心內不附每引結羣胡排其用事臣因是欲離沮其衆乃廷詰珍曰百姓餓死皆弱不足事者壯勇士終不肯困且儲廪以備不虞豈宜妄散惠孱小乎僕射苟附下非國計軌曰善乃閉粟下益怨多欲叛去會修仁兄興貴本在長安自表詣涼州招軌帝曰軌據河西連吐谷渾突厥今興兵討擊尚爲難單使弄頰可下邪興貴曰軌盛彊誠然若曉以逆順禍福宜聽如憑固不受臣世涼州豪望多識其士民而修仁爲軌信任典事樞者數十人若候隙圖之無不濟帝許之興貴至涼州軌授以左右衞大將軍因間訪興貴以自安策興貴對曰涼州僻遠財力凋耗雖勝兵十萬而地不過千里無險固自守又瀕接戎狄戎狄豺狼也非我族類今唐家據京師略定中原攻必下戰必勝蓋天啓也若舉河西地奉圖東歸雖漢竇融未足吾比軌默不答久之曰昔吳王濞以江左兵猶稱己爲東帝我今舉河右不得爲西帝乎雖唐彊大如我何君無爲唐誘致我興貴懼謝曰竊聞富貴不居故鄉如衣錦夜行今合宗蒙任敢有它志興貴知軌不可以說乃與修仁等潛引諸胡兵圍其城軌以步騎千餘出戰先是薛舉柱國奚道宜率羌兵奔軌軌許以刺史而不與道宜怨故共擊軌軌敗入城引兵登陴須外援興貴傳言曰唐使我來取軌不從者罪三族於是諸城不敢動軌嘆曰人心去矣天亡我乎攜妻子上玉女臺置酒爲別修仁執送之斬於長安自起至亡凡三年詔興貴爲右武候大將軍封涼國公賜帛萬段修仁左武候大將軍申國公並給田宅封六百戶時鄧曉聞軌敗入賀帝帝曰而委質李軌以使來聞其亡不少感乃蹈抃以悅我不盡心於軌能竭節於我乎遂廢不齒

劉武周瀛州景城人父匡徙馬邑母趙嘗夜坐廷中見若雄雞光燭地飛投其懷起振衣無有感而娠生武周武周爲人驍悍善騎射喜交豪傑兄山伯嘗詈辱之曰汝不擇所與必滅吾宗武周因去至洛爲太僕楊義臣帳下募征遼有功補建節校尉還馬邑爲鷹揚府校尉太守王仁恭以其州里雄頗愛遇之令總虞候直閤下久之盜仁恭侍兒懼覺誅又見天下已亂陰有異計因宣言于衆曰今歲饑死者骨相枕於野府君閉倉不恤豈憂百姓意乎以市怒其軍皆憤怨武周知人已搖因稱疾臥家豪傑往候謁遂椎牛縱酒大言曰盜賊方起衆又饑壯士守分死溝壑今官粟紅腐于倉誰能與我共取之諸惡少年皆願從隋大業十三年與其徒張萬歲等十餘人候仁恭視事武周上謁萬歲自後入斬仁恭持首出徇郡中無敢動者遂開倉賑窮絕馳檄屬城皆下得兵萬餘自稱太守遣使附突厥鴈門丞陳孝意虎賁郎將王智辯合兵圍其桑乾鎮會突厥至武周與共擊智辯破之孝意奔還鴈門鴈門人殺之以城歸武周武周因襲破樓煩進據汾陽宮取宮人賂突厥始畢可汗報以馬其衆遂大攻得定襄突厥以狼頭纛立武周爲定楊可汗僭稱皇帝以妻沮爲后建元天興衞士楊伏念爲左僕射妹婿苑君璋爲內史令初上谷賊宋金剛有衆萬餘與魏刀兒連和刀兒爲竇建德所攻金剛救之大敗率餘衆四千保西山建德招之金剛恚曰建德殺魏王吾義不往諸君可以吾首取富貴乃拔刀將自刎衆抱之泣遂與皆歸武周武周素聞金剛善兵得之喜封爲宋王屬以軍分家貲半遺之金剛亦自結出其妻而聘武周妹說武周取晉陽南向平天下武周授金剛西南道大行臺武德二年總兵二萬入寇次黃蛇鎮又連突厥鋒無前遂破榆次拔介州進圍太原詔遣太常少卿李仲文禦之爲賊所執舉軍沒仲文逃還賊因破平遙取石州殺刺史王儉略浩州詔右僕射裴寂爲晉州道行軍總管拒之寂戰敗績齊王元吉委并州遁武周入據之遣金剛攻陷晉州執右驍衞將軍劉弘基進破澮州夏縣人呂崇茂殺其令自號魏王以應賊隋河東守將王行本與武周合關中震動高祖詔秦王督兵進討屯柏壁又詔永安王孝基與于筠獨孤懷恩唐儉等攻夏縣不克軍城南崇茂與賊將尉遲敬德襲破孝基軍四將被執敬德還澮州王邀戰破之於美良川敬德復與別帥尋相援王行本於蒲王又破郤其軍蒲州降帝幸蒲津關王自柏壁輕騎謁行在金剛遂圍絳州王還屯金剛引退武周攻李仲文於浩州不勝遣將黃子英護儀道驃騎大將軍張德政襲斬之虜其衆武周部將稍離金剛以糧道乏卒饑引去王追至雀鼠谷日中八戰賊皆敗斬級數萬獲輜重千乘金剛走介州官軍迫之以餘衆二萬出西門背城陣亙七里王令李世勣程齩金秦叔寶爲北軍翟長愻秦武通爲南軍既戰小郤王以精騎突擊破之金剛將輕騎去賊將尉遲敬德尋相張萬歲降收其精兵遂復介州武周引騎五百棄并州北走突厥金剛收散卒將還拒衆不爲用亦以百騎奔突厥并州平河東地盡復未幾金剛背突厥欲還上谷爲其追騎斬之武周亦謀歸馬邑計露突厥殺之起兵六年而滅

高開道滄州陽信人世煎鹽爲生少趫勇走及奔馬隋大業末依河閒賊格謙未甚奇之會謙爲隋兵圍捕左右奔散無救者開道獨身決戰殺數十人捕兵解謙得免遂引爲將軍謙滅與其黨百餘人亡海曲後出剽滄州衆稍附因北掠戍保自臨渝至懷遠皆破有之復引兵圍北平未下隋守將李景自度不能支拔城去開道據其地武德元年陷漁陽郡有之有鎧馬數千衆萬人自號燕王先是懷戎浮屠高曇晟因縣令具供與其徒襲殺令僞號大乘皇帝以尼靜宣爲耶輸皇后建元法輪遣使約開道爲兄弟封齊王開道引衆從之居三月殺曇晟并其衆復稱燕王建元署置百官竇建德圍羅藝於幽州藝請救開道以騎二千赴之建德解去乃因藝使請降詔以爲蔚州總管上柱國北平郡王賜姓李開道以輕騎五百抵幽州欲圖藝自從數騎入都督府且覘藝藝與張飲盡歡知不可圖遂去五年幽州饑開道許輸以粟藝遣老弱湊食皆厚遇之藝悅不爲虞更發兵三千車數百馬驢千往請粟開道悉留不遣遂北連突厥告絕於藝復稱燕與劉黑闥聯兵入寇開道攻易州不克遣將謝稜詭降於藝請兵應接藝衆至稜縱擊破之因導突厥俱南恆定幽易等騷然罹患頡利以開道善攻具與俱攻馬邑拔之時羣盜相繼平開道欲降自疑反覆得罪猶恃突厥自安然將士多山東人思歸衆益厭亂初開道募壯士數百爲養子衞閤下及劉黑闥將張君立亡歸開道命與愛將張金樹分督之金樹潛令左右數人僞與諸養子戲至夕入閤絕其弓弦又取刀矟聚牀下既瞑金樹以其徒譟攻之數入者抱刀矟出閤諸義子將搏戰亡弓矟君立舉火外城應之帳下大擾養子窮爭歸金樹開道顧不免擐甲挺刃據堂坐與妻妾奏妓飲酒金樹畏不敢前天且明開道先縊其妻妾及諸子而後自殺金樹羅兵取養子皆斬之亦殺君立而歸開道起兵凡八年滅以其地爲嬀州詔以金樹爲北燕州都督

劉黑闥貝州漳南人嗜酒喜蒱博不治產亡賴父兄患苦之與竇建德少相友建德每資其費黑闥所得輒盡建德亦弗之計隋末亡命從郝孝德爲盜後事李密爲裨將密敗王世充虜之以其武健補馬軍總管鎮新鄉時李世勣陷於竇建德建德使攻新鄉虜黑闥獻之建德用爲將封漢東郡公黑闥與諸盜游素彊武多狙詐建德有所經略常委以斥候陰入敵中覘虛實每乘隙奮奇兵出不意多所摧克軍中號爲神勇武德四年建

德敗還匿漳南杜門不出會高祖召建德故將范願董康買曹湛高雅賢將用之願等疑畏謀曰王世克擧洛陽降驍將楊公卿單雄信之徒皆夷滅今召吾等若西入關必無全且夏王於唐固有德往禽淮安王同安公主皆厚遣還之今唐得夏王即加害我不以餘生爲王復讎無以見天下義士於是謀反卜所主劉氏吉共往見故將劉雅告之雅不從衆怒殺雅去范願曰漢東公黑闥果敢多奇略寬仁容衆恩結士卒吾嘗聞劉氏當王今欲收夏王亡衆集大事非其人莫可乃之漳南謁黑闥以告黑闥喜椎牛饗士得兵百餘人襲漳南縣破之貝州刺史戴元祥魏州刺史權威合勢討擊元祥等皆敗死收其器械有衆千人建德故時左右稍歸之兵寖盛乃設壇漳南祭建德告以擧兵意自稱大將攻陷歷亭殺守將王行敏饒陽賊崔元遜攻陷深州殺刺史裴晞應之兗州賊徐圓朗亦相連和遂取瀛州攻定州殘之乃移檄趙魏建德將吏往往殺令尉附賊北連高開道勢雄張進至宗城衆數萬黎州總管李世勣戰敗走洺州黑闥追之步卒五千皆覆世勣挺身免乃以王琮爲中書令劉斌爲中書侍郎遣使北結突厥頡利頡利遣俟斤宋邪那率騎從之軍大振不半年盡有建德故地高祖詔秦王及齊王元吉討之五年黑闥陷相州號漢東王建元天造以范願爲左僕射董康買兵部尚書高雅賢爲左領軍王小胡爲右領軍召建德僚屬悉復用之都洺州秦王率兵次汲數困賊進下相州棣州人復殺刺史叛歸黑闥二月秦王破之于列人取洺水使總管羅士信守之黑闥攻陷洺水士信死王阻水爲連營分奇兵絕其餽路黑闥數挑戰堅壁不爲動三月賊糧盡王度必決戰豫壅洺水上流勅吏曰須賊度亟決之黑闥果率騎二萬絕水陣與王師大戰衆潰水暴至賊衆不得還斬首萬餘級溺死數千黑闥與范願等以殘騎奔突厥山東平秦王還黑闥藉突厥兵復入寇攻定州舊將曹誸董康買先逃鮮虞聚兵應之帝以淮陽王道玄爲河北總管與原國公史萬寶討賊戰下博敗績道玄死于陣萬寶輕騎逸繇是河北復叛歸賊黑闥仍都洺州九月略瀛州殺刺史詔齊王元吉擊之不進又詔皇太子督兵并力頻戰皆捷十二月皇太子齊王悉兵戰館陶黑闥大敗引軍走踰北至毛州黑闥整衆背永濟渠陣縱騎搏之賊赴水死者數千黑闥遁去騎將劉弘基追躡賊不得休明年正月馳至饒陽騎能屬者纔百餘困且餒黑闥所署總管崔元遜迎拜延之入黑闥不許元遜固請且泣乃進城下元遜饋之方飯車騎諸葛德威勒兵前黑闥罵曰狗輩負我遂執詣皇太子所斬之德威擧郡降山東遂定餘黨及突厥兵間道亡定州總管雙士洛邀戰破之初秦王建天策府其弧矢制倍於常逐黑闥也爲突厥所窘自以大箭射郤之突厥得箭傳觀以爲神後餘大弓一長矢五藏之武庫世寶之每郊丘重禮必陳于儀物之首以識武功云

徐圓朗者兗州人隋末爲盜據本郡以兵徇琅邪以西北至東平盡有之勝兵二萬附李密密敗歸竇建德山東平授兗州總管魯郡公高祖遣葛國公盛彥師安輯河南抵任城會黑闥兵起圓朗執彥師應之自號魯王黑闥以爲大行臺元帥兗鄆陳杞伊洛曹戴等州豪傑皆殺吏應賊秦王已破黑闥遣兵屯濟陰經略之圓朗懼河間人劉復禮說圓朗曰彭城有劉世徹才略不常有異相士大夫許其必王將軍欲自用恐敗不如迎世徹立之功無不濟圓朗謂然乃迎之盛彥師以世徹若聯叛禍且不解即謬說曰闇公迎劉世徹信乎公亡無日矣獨不見翟讓用李密哉圓朗信之世徹至奪其兵以爲司馬遣徇地所至皆下忌而殺之會淮安王神通李世勣合兵攻圓朗圓朗數敗總管任瓌遂圍兗州降者爭踰城圓朗窮棄城與下數騎夜亡爲野人所殺

唐書卷八十六考證

薛舉傳蘭州金城人○舊書作河東汾陰人

李軌傳詔鴻臚少卿張俟德○舊書作張俟德

劉黑闥傳貝州刺史戴元祥○舊書作戴元詳

九月略瀛州殺刺史詔齊王元吉擊之○沈炳震曰舊書在十一月高祖紀亦在十一月當從舊書

黑闥所署總管崔元遜迎拜延之入○沈炳震曰舊書饒州刺史諸葛德威出門迎拜延之入進至城旁德威勒兵執之而新書則延之入者崔元遜勒兵前者諸葛德威非一人事也

唐書卷八十七

宋　端　明　殿　學　士　宋　祁　撰

列傳第十二

蕭輔沈李梁

蕭銑後梁宣帝曾孫也祖巖開皇初叛隋降陳陳亡文帝誅之銑少貧傭書事母孝煬帝以外戚擢爲羅川令大業十三年岳州校尉董景珍雷世猛旅帥鄭文秀許玄徹萬瓚徐德基郭華沔人張繡等謀反隋且推景珍爲王景珍曰吾素微難假名號衆不厭羅川令故梁裔也寬仁大度有武皇遺風且吾聞帝王之興必有符命隋冠帶悉號起梁蕭氏中興象也今推之以應天順人不亦可乎乃遣人告銑銑即報景珍書曰我先君昔事隋職貢無廢乃貪我土宇滅我宗祊我是以痛心疾首思刷厥恥今天誘乃衷公等降心將大復梁緒徼福于先帝吾敢不糾厲士衆以從公哉即募兵數千揚言跡盜將以應景珍會潁州賊沈柳生寇縣銑出戰不利謂其下曰岳陽豪傑將推我爲主今天下叛隋吾能守節獨完哉且吾先人國于此若徇其請復梁祚因以半紙檄召羣盜誰敢不從衆悅乃以十月稱梁公旂幟服色悉用其舊柳生以衆歸銑用爲車騎大將軍不五日遠近爭附衆數萬乃趨巴陵景珍遣徐德基郭華率彊姓數百迎謁而先見柳生柳生與其下謀曰梁公起我最先附勳第一今岳陽兵衆而位多誰肯爲我下不如殺德基質其人獨挾梁王以進則吾誰先因殺德基詣中軍白銑銑驚曰今欲撥亂遽自相屠我不能爲若主矣步出軍門柳生懼伏地請罪銑責宥之陳兵而進景珍曰德基倡義竭誠柳生擅殺之不誅無以爲政且凶賊與共處必爲亂銑因斬柳生於是築壇城南柴上帝自稱梁王有異鳥至建元爲鳳鳴義寧二年僭稱皇帝署百官一用梁故事追謚從父琮爲孝靖帝祖巖河間忠烈王父璿文憲王封景珍晉王雷世猛秦王鄭文秀楚王許玄徹燕王萬瓚魯王張繡齊王楊道生宋王隋將張鎭州王仁壽擊銑不能克及隋亡乃與甯長眞等率嶺南州縣降於銑時林士弘據江南銑遣將蘇胡兒拔豫章使楊道生取南郡張繡略定嶺表西至三峽南交趾北距漢水皆附屬勝兵四十萬武德元年徙都江陵復園廟引岑文本爲中書侍郎掌機密遣道生攻峽州刺史許紹擊破之士死過半三年高祖詔夔州總管趙郡王孝恭討之拔通開二州斬僞東平王闍提諸將擅兵橫恣銑恐寖不制乃陽議休兵營農以黜其權大司馬董景珍之弟爲將軍怨之謀作亂事泄被誅景珍方鎭長沙銑下書赦之召還江陵景珍懼遣使詣孝恭擧地降銑遣張繡攻景珍景珍曰前年醢彭越往年殺韓信獨不見乎奈何相攻繡不答圍之景珍潰而走麾下殺之銑進繡爲尚書令繡恃功亦驕蹇銑又誅之銑性外寬內忌疾勝己者於是大臣舊將皆疑間多叛去銑不能禁由此愈弱四年詔孝恭與李靖率巴蜀兵順流下廬江王瑗繇襄陽道黔州刺史田世康出辰州道會兵圖銑銑僞將周法明以四州降即詔爲黃州總管趨夏口道攻安州克之僞將雷長穎以魯山降銑乃遣將文士弘拒孝恭戰清江口孝恭大破之獲鬭艦千艘拔宜昌當陽枝江松滋僞江州將蓋彥擧以城降孝恭靖直逼其都初銑放兵止留宿衞數千人及倉卒追集江嶺回遠未及赴孝恭布長圍守之數日破其水城取樓船數千交州總管丘和長史高士廉司馬杜之松詣靖降銑度救不至謂其下曰天不祚梁乎待窮而下必害百姓今城未拔先出降可免亂諸人何患無君乃麾而令守陴者皆慟以太牢告于廟率官屬緦衰布幘詣軍門謝曰當死者銑爾百姓非罪也請無殺掠孝恭受之護送京師後數日救兵至且十餘萬知銑降乃送款銑至高祖讓之對曰隋失其鹿英雄競逐銑無天命故爲陛下禽猶田橫南面豈負漢哉帝怒其不屈詔斬都市年三十九自僭國至滅凡五年

贊曰銑故梁子孫挹文吏掩東南而有之荊楚好亂氣俗然也觀銑武雖不足文有餘矣大抵盜仁義詭世亂俗者聖人所必誅若銑力困計殫以好言自釋於下係虜在廷抗辭不屈僞辯易窮卒以殊死高祖聖矣哉

輔公祏齊州臨濟人隋季與鄉人杜伏威爲盜轉掠淮南伏威兵寖盛自號總管以公祏爲長史賊李子通據江都伏威使公祏以精卒數千度江擊之子通拒戰衆十倍銳甚公祏選甲士千人操長刀居前別以千人隨之令曰卻者斬公祏以衆殿俄而子通方陣而進長刀千人皆決死鬭公祏縱左右翼搏之子通大潰降其衆數千伏威旣遣使歸國武德二年詔授公祏淮南道行臺尚書左僕射封舒國公初伏威與公祏少相愛兄事之故軍中呼輔伯尊禮略等伏威稍忌之乃署養子闞稜爲左將軍王雄誕爲右將軍推公祏爲僕射陰解其柄公祏內怏怏不平乃與故人左游仙僞學辟穀以自晦六年伏威入朝留公祏居守復令雄誕握兵副之陰誡曰吾至京不失職無容公祏爲變後左游仙說公

祏反會雄誕以疾臥家公祏奪其兵紿言伏威移書令舉事八月遂僭位國稱宋即陳故宮都之殺王雄誕署百官以左游仙爲兵部尚書東南道大使越州總管增修器械轉糜食遣將徐紹宗侵海州陳正通寇壽陽詔趙郡王孝恭趨九江嶺南大使李靖下宣城懷州總管黃君漢出譙齊州總管李世勣繇淮泗討之孝恭取蕪湖下梁山三鎮河南安撫大使任瓌拔揚子城降僞將龍龕遂據揚州公祏復遣將馮惠亮陳當世屯博望山陳正通徐紹宗屯青州山以拒戰孝恭率諸將破之惠亮正通走李靖躡追百餘里衆悉潰正通等以五百騎奔丹陽公祏懼棄城奔左游仙於會稽兵尚數萬夜至毗陵能從者裁五百僞將吳騷孫安謀執之公祏棄妻子斬關遁與腹心士數十抵武康野人執送丹陽孝恭斬之傳首京師始公祏佐伏威起據江東距公祏死凡十三年

沈法興湖州武康人父恪陳廣州刺史法興隋大業末爲吳興郡守東陽賊樓世幹略其郡煬帝詔與太僕丞元祐討之義寧二年江都亂法興自以世南土屬姓數千家遠近嚮服乃與祐將孫士漢陳果仁執祐名誅宇文化及三月發東陽行收兵趨江都下餘杭比至烏程衆六萬毗陵通守路道德拒之法興約連和因襲殺之據其城遂定江表十餘州自署江南道總管聞越王侗立乃上書稱大司馬錄尚書事天門公承制置百官以陳果仁爲司徒孫士漢司空蔣元超尚書左僕射殷芊左丞徐令言右丞劉子翼選部侍郎李百藥爲掾後聞侗被廢高祖武德二年稱梁王建元爲延康易隋官儀頗用陳氏故事法興自意南方諸城可跂而平專事威戮下有細過即誅之繇是將士攜解俄遣子倫救陳稜擊李子通反爲所敗子通乘鋒度江破京口使將蔣元超戰庱亭大敗死之法興懼棄城與左右數百投吳郡賊聞人遂安遂安遣將葉孝辯迎之法興中悔將殺孝辯趨會稽爲所覺懼自沉於江起義寧至武德凡三年滅

李子通沂州丞人少貧以漁獵爲生居其鄉見斑白負戴必代之家有餘則以賙人而喜報仇隋大業末長白山賊左才相自號博山公子通依之以武力雄其間鄉人有陷賊者子通專經護之方是時羣盜纂恐獨子通仁愛歸者遂多不半歲有徒萬人才相畏忌子通乃引衆度淮與杜伏威合爲隋將來整所破奔海陵得衆二萬自稱將軍大業十一年僭號楚王宇文化及殺煬帝以右禦衛將軍陳稜爲江都太守已而稜降高祖授以總管即守其郡子通攻稜稜窮乞師於沈法興杜伏威伏威自將屯清流法興遣子綸屯揚子間數十里子通納言毛文深詐募吳人詐爲法興兵夜襲伏威二人遂交惡無敢先戰者子通得悉力取江都遂據之稜奔而免子通僭即皇帝位國號吳建元明政齊賊樂伯通先爲化及守丹陽即以衆萬餘降之子通用爲尚書左僕射又敗法興兵遂取晉陵以法興所署掾李百藥爲內史侍郎典文檄尚書左丞殷芊爲太常卿司禮樂繇是江南士人多歸之會伏威命輔公祏拔丹陽進屯溧水子通戰敗糧且盡棄江都保京口伏威盡得其地俄東走太湖哀散兵二萬人復張襲法興吳郡破之據餘杭東舉會稽南距嶺西抵宣城北太湖悉有之武德四年伏威遣將王雄誕討子通戰蘇州敗績退保餘杭雄誕進傅城子通窮乃降伏威受之并樂伯通送京師高祖薄其罪賜宅一區田五頃賚予頗厚及伏威來朝子通語伯通曰東南未靖而伏威來我故兵多在江外若收之可建大功遂皆亡及藍田爲關吏所獲並伏誅方子通等僭盛時復有朱粲林士弘張善安亦竊名號於淮楚間

朱粲亳州城父人初爲縣史大業中從軍伐賊長白山亡命去爲盜號可達寒賊自稱迦樓羅王衆十萬度淮屠景陵沔陽剽山南所至殘戮無遺噍僭號楚帝建元爲昌達攻拔南陽義寧末與山南撫慰使馬元規戰冠軍大敗收餘衆復振至二十萬粲所克州縣皆發藏粟以食遷徙無常去輒燔庸聚毀城郭不務稼穡專以劫爲資於是人大餓死者係路其軍亦匱乃掠小兒烝食之戒其徒曰味之珍寧有加人者第使佗國有人我郵無儲哉勒所部略婦人孺兒分烹之又稅諸城細弱以益糧隋著作佐郎陸從典通事舍人顏愍楚讁南陽粲初引爲賓後盡食兩家俄而諸城懼皆逃散顯州首領楊士林田瓚起兵攻粲旁郡響赴戰淮源粲大敗挐殘士奔菊潭遣使乞降高祖以前御史大夫段確假散騎常侍勞之確醉戲粲曰君噉人多矣若爲味粲曰噉嗜酒人正似糟豚確恚罵曰狂賊歸朝乃一奴耳復得噉人乎粲懼收確于坐幷從者數十悉烹之以饗左右遂屠菊潭奔王世充署龍驤大將軍東都平斬洛水上士庶競擲瓦礫擊其尸須臾若冢

林士弘饒州鄱陽人隋季與鄉人操師乞起爲盜師乞自號元興王建元天成大業十二年據豫章以士弘爲大將軍隋遣治書侍御史劉子翊討賊射殺師乞而士弘收其衆復戰彭蠡子翊敗死之遂大振衆十餘萬據虔州自號南越王俄僭號楚稱皇帝建元爲太平侍御史鄭大節以九江郡下之士弘任其黨王戎爲司空臨川廬陵南康宜春豪傑皆殺隋守令以附北盡九江南番禺悉有之後蕭銑以舟師破豫章士弘獨有南昌虔循潮之地銑敗其亡卒稍歸之復振趙郡王孝恭招慰降循潮二州武德五年士弘弟鄱陽王藥師以兵二萬圍循州總管楊世略破斬之士弘請降王戎亦獻南昌地詔戎爲南昌州總管士弘復遁保安城山誘潰亡謀復亂袁人相聚應之爲張善安所察以兵赴討會士弘死其黨乃解

張善安兗州方與人年十七亡命爲盜轉掠淮南會孟讓敗得其散卒八百襲破廬江郡依林士弘不見信憾之反襲士弘焚其郛去保南康蕭銑取豫章遣將蘇胡兒守之善安奪其地據以歸國授洪州總管武德六年反輔公祏以爲西南道大行臺善安掠孫州執總管王戎襲殺黃州總管周法明會李大亮兵至爲開曉禍福答曰善安初不反爲部下詿誤降今易耳恐不免奈何大亮曰總管定降吾固不疑因獨入其陣與善安握手語乃大喜將數十騎詣大亮營大亮引入命壯士執之騎皆驚引去悉兵來戰大亮諭以善安自歸無庸鬭其黨罵曰總管賣我遂潰送善安京師稱不與公祏謀高祖赦之公祏破得其書遂伏誅

梁師都夏州朔方人爲郡豪姓仕隋鷹揚府郎將大業末罷歸結徒起爲盜殺郡丞唐世宗據郡稱大丞相聯兵突厥與隋將張世隆戰敗之因略定雕陰弘化延安自爲梁國僭皇帝位祭天於城南坎地瘞玉得印以爲瑞建元永隆始畢可汗遺以狼頭纛號大度毗伽可汗解事天子遂導突厥居河南地拔鹽川郡武德二年寇靈州長史楊則擊走之又與突厥千騎營野猪嶺延州總管段德操兵不戰師都氣懈直兵進擊戰酣德操自以輕騎出其旁乘之師都大潰逐北二百里俘馘甚衆未幾以步騎五千入寇德操又盡虜其軍降堡將張舉劉旻師都懼遣尚書陸季覽說處羅可汗曰隋亡中國裂爲四五勢均力弱皆爭附突厥今唐滅劉武周國益大兵方四出師都將朝夕亡然次亦及突厥願可汗如魏孝文兵引而南師都請爲鄉道處羅納之令莫賀咄設入五原泥步設與師都趨延州處羅自攻太原突利可汗與奚霫契丹靺鞨繇幽州道合竇建德自滏口會晉絳已而處羅死兵不出又爲德操所破六年其將賀遂索周以所部十二州降德操悉兵攻之拔東城師都保西城不敢出求救於突厥頡利頡利以勁兵萬騎赴之先是稽胡大帥劉仚成以衆赴師都因讒見殺其下疑懼乃多叛師都日益蹙遂往朝頡利敎使南略故突厥盜邊無寧歲遂窺渭橋後突厥政亂太宗以師都寖危乃諭以書使歸不從詔夏州長史劉旻司馬劉蘭經略之獲生口縱以爲間君臣離撓出輕騎蹂其稼城中飢虛又天狗墮其城辛獠兒李正寶馮端皆其健將謀執師都降不果正寶挺身歸貞觀二年旻蘭表可取狀詔柴紹薛萬均併力令旻以勁卒直據朔方東城頡利來援會大雪羊馬死紹逆戰破之進屯城下其從父弟洛仁斬師都降擢洛仁爲右驍衛將軍朔方郡公自起至滅十二年以其地爲夏州始師都據郡時劉季眞郭子和者亦俱起子和自有傳

劉季眞離石胡人父龍兒大業十年舉兵自稱王以季眞爲太子第六兒爲永安王鋒甚銳將軍潘長文連年擊不能下後虎賁郎將梁德破殺龍兒衆乃散唐兵起六兒復聚爲盜附劉武周季眞從之自號太子王六兒爲拓定王迭爲邊害西河公張綸眞鄉公李仲文合兵討之季眞降詔以爲石州總管賜姓李封彭山郡王宋金剛戰澮州勢未決遂復連武周及敗秦王執六兒斬之季眞奔高滿政俄被殺

唐書卷八十七考證

輔公祏傳六年伏威入朝留公祏居守○臣德潛按舊書武德五年伏威入朝而綱目書杜伏威入朝于唐在五年秋七月當從舊書

公祏復遣將馮惠亮陳當世屯博望山陳正通徐紹宗屯青州山○博望山李靖傳作當塗青州山舊書作青林山

唐書卷八十八

宋　端　明　殿　學　士　宋　祁　撰

列傳第十三

劉裴

劉文靜字肇仁自言系出彭城世居京兆武功父韶仕隋戰死贈上儀同三司文靜以死難子襲儀同倜儻有器略大業末爲晉陽令與晉陽宮監裴寂善寂夜見邏堞傳烽吒曰天下方亂吾將安舍文靜笑曰如君言豪英所資也吾二人者可終羈賤乎高祖爲唐公鎭太原文靜察有大志深自結旣又見秦王謂寂曰唐公子非常人也豁達神武漢高祖魏大祖之徒歟殆天啓之也寂未謂然文靜俄坐李密姻屬繫獄秦王顧它無可與計者私入視之文靜喜挑言曰喪亂方剡非湯武高光不能定王曰安知無其人哉今過此非兒女子姁姁相憂者世道將革直欲共大計試爲我言之文靜曰上南幸兵塡河洛盜賊蜉結大連州縣小阻山澤以萬數須眞主取而用之誠能投天會機奮臂大呼則四海不足定也今汾晉避盜者皆在文靜素知其豪傑一朝號召十萬衆可得也加公府兵數萬一下令誰不願從鼓而入關以震天下王業成矣王笑曰君言正與我意合乃陰部署賓客將發恐唐公不從文靜謀因裴寂開說於是介寂以交王遂得進議及突厥敗高君雅兵唐公被劾王遣文靜寂共說曰公據嫌疑之地勢不圖全今部將敗方以罪見收事急矣尚不爲計乎晉陽兵精馬彊宮庫饒豐大事可舉也今關中空虛代王弱賢豪並興未有適歸願公引兵西誅暴除亂乃受單使囚乎唐公私可會得釋而止王教文靜僞爲詔發太原西河鴈門馬邑男子年二十至五十悉爲兵期歲盡集涿郡以伐遼繇是人心愁擾益思亂文靜謂寂曰公聞先發制人後發制於人乎唐公名載圖讖聞天下尚可怗怗以待禍哉又脅寂曰公爲監以宮人侍客公死何憾奈何累唐公寂懼乃勸起兵秦王卽委文靜長孫順德等募士聲討劉武周文靜與寂作符敕發宮監庫物佐軍興會王威高君雅猜貳文靜與劉政會爲急變書詣留守告二人反候唐公與威君雅視事文靜進曰有密牒言反者公目威等省牒政會不肯曰所告乃副留守雅唐公得觀公驚曰詎有是乎讀已語威曰人告公等信乎君雅訽曰反人欲殺我耳文靜叱左右執之由是舉兵唐公乃開大將軍府以文靜爲司馬文靜勸改旗幟彰特興又請與突厥連和唐公從之遣文靜使始畢可汗始畢曰唐公兵何事而起文靜曰先帝廢冢嗣以授後主故大亂唐公國近戚懼毀王室起兵黜不當立者願與突厥共定京師金幣子女盡以歸可汗始畢大喜卽遣二千騎隨文靜至又獻馬千匹公喜曰非君何以致之尋拒屈突通於潼關與其將桑顯和苦鬭死者數千文靜度顯和軍怠以奇兵從後掩之顯和敗績通兵尚數萬欲引而東文靜命將追執之徇新安以西皆下轉大丞相府司馬進光祿大夫魯國公唐公踐天子位擢納言時多引貴臣共榻文靜諫曰今率土莫不臣而延見羣下言尚稱名帝坐嚴尊居與臣子均席此王導所謂太陽俯同萬物者也帝曰我雖應天受命宿昔之好何可忘公其無嫌薛舉寇涇州以元帥府長史與司馬殷開山出戰大敗奔還京師坐除名與討仁杲平之復爵邑授民部尚書陝東道行臺左僕射從秦王鎭長春宮文靜自以材能過裴寂遠甚又屢有軍功而寂獨用故舊恩居其上意不平每論政多戾駮遂有隙嘗與弟散騎常侍文起飮酣有怨言拔刀擊柱曰當斬寂會家數有怪文起憂召巫夜被髮銜刀爲禳厭文靜妾失愛告其兄上變遂下吏帝遣裴寂蕭瑀訊狀對曰昔在大將軍府司馬與長史略等今寂已僕射居甲第寵賚不貲臣官賞等衆人家無贏誠不能無少望帝曰文靜此言反明甚李綱蕭瑀明其不反秦王亦以文靜首決非常計事成乃告寂今任遇弗等故怨望非敢反宜賜全宥帝素疏忌之寂又言文靜多權詭而性猜險忿不顧難醜言怪節已暴驗今天下未靖恐爲後憂帝遂殺之年五十二文起亦死籍其家文靜臨刑撫膺曰高鳥盡良弓藏果不妄貞觀二年追復官爵以子樹義襲魯國公詔尚主然怨父不得死謀反誅

裴寂字玄眞蒲州桑泉人幼孤兄鞠之年十四補郡主簿及長偉容貌涉知書傳隋開皇中調左親衛家貧徒步走京師過華山祠祈神自卜夜夢老人謂曰君年踰四十當貴大業中爲齊州司戶參軍歷侍御史晉陽宮副監唐公雅與厚及留守太原契分愈密至蒱酒通晝夜秦王與劉文靜方建大計未敢白公以寂最厚善乃出私錢數百萬餉龍山令高斌廉俾與寂博陽不勝寂得進多大喜日滋昵太宗以情告之許諾寂嘗以宮人侍唐公恐事發誅間飮酣乃白秦王將舉兵狀因言今盜徧天下城闉外卽戰場雖徇小節猶不脫死若舉義師不特免禍且就大功唐公然所計兵起寂進宮女五百米九百萬斛雜綵五百段鎧四十萬首大將軍府建爲長史下臨汾封聞喜縣公至河東屈突通未下而三輔豪傑多歸者唐公欲先取京師恐通掎其後猶豫未決寂說曰今通據蒲關未下而西我腹背支敵敗之符也不若破通而後趨京師秦王曰不然兵尚權權利於速今乘機度河以奪其心且關中羣盜處處屯結疑力相杖易以招懷撫而有之衆附兵彊何向不克通自守賊耳庸能患我一失其機勝負未可計也唐公兩從之留兵圍蒲而遣秦王入關長安平賜寂田千頃甲第一區物四萬段遷大丞相府長史進魏國公邑三千戶隋帝禪位公固讓寂開陳符命以勸又督太常具儀撰日唐公卽位曰使我至此者公也拜尚書右僕射賜服玩不貲詔尚食日給御膳視朝必引與同坐入閤則延臥內言無不從呼爲裴監不名也貴震當世武德二年劉武周寇太原守將數困寂請行授晉州道行軍總管討賊以便宜決事賊將宋金剛據介州寂屯度索原賊壕水上流寂徙屯爲賊所搏兵大潰死亡略盡寂晝夜馳抵平陽鎭戍皆沒上書謝罪高祖薄其過下詔慰諭俾留撫河東寂無它材惟飛檄郡縣促入屯壘相保贅焚積聚人益惴駭思亂夏人呂崇茂殺其令反爲賊守寂攻之復爲所敗召還帝責讓良久以屬吏俄釋之遇待如初帝每巡幸必委以居守麟州刺史韋雲起告寂反按訊無狀帝謂曰朕有天下公推轂成之也容有貳哉所以訊吏欲天下人信公不反耳詔三貴妃齎玉食寶器宴其家經宿去帝嘗從容夸語曰前王多興細微閭閻行陣而後成功我家隴西舊族世姻帝室一呼倡義不三月有天下公復華冑職官光顯非劉季亭長蕭曹刀筆吏比也我與公無媿焉四年改鑄錢賜一鑪得自鑄又聘其女爲趙王元景妃遷左僕射帝置酒含章殿歡甚寂頓首曰始陛下發太原約天下已定許上印綬今四海乂安願賜骸骨歸田里帝泣下曰未也要當相與老爾公爲宗臣我爲太上皇逍遙晚歲不亦善乎九年冊拜司空遣尚書員外郎日一人直第貞觀初太宗親郊命寂與長孫无忌升金輅寂辭帝曰公有佐命勳无忌宣力王室非二人誰可參乘者遂同載歸浮屠法雅坐妖言辭連寂坐免官削封邑半歸故郡寂請留京師帝讓曰公勳不稱位徒以恩澤居第一武德之政間或弛紊職公爲之今歸掃墳墓尚何辭寂遂歸未幾汾陰狂男子謂寂奴曰公有天分監奴白寂寂惶懼不敢聞遣監奴殺所言者奴盜寂封邑錢百萬寂捕急遂上變帝怒曰寂有死罪四爲三公與妖人游一也旣免官乃恚望國家之興皆其所謀二也匿妖人言不奏三也專殺以滅口四也我戮之非無辭議者多請貸乃放靜州會山羌反或言劫寂爲主帝曰國家於寂有恩必不爾旣而寂率家僮破賊帝念寂功詔入朝會卒年六十贈相州刺史工部尚書河東郡公子律師嗣尚臨海長公主終汴州刺史律師子承先武后時爲殿中監酷吏殺之始高祖論太原首功詔尚書令秦王尚書左僕射裴寂納言劉文靜恕二死左驍衞大將軍長孫順德右驍衞大將軍劉弘基右屯衞大將軍竇琮左翊衞大將軍柴紹內史侍郎唐儉吏部侍郎殷開山鴻臚卿劉世龍衞尉少卿劉政會都水監趙文恪庫部郎中武士彠驃騎將軍張平高李思行李高遷左屯衞長史許世緒等十四人恕一死武德九年十月太宗又定功臣封戶時文靜已死乃自寂而下差功大小第之總四十三人寂戶千五百長孫无忌王君廓尉遲敬德房玄齡杜如晦戶千三百長孫順德柴紹羅藝趙郡王孝恭戶千二百侯君集張公謹劉師立戶千李勣劉弘基戶九百高士廉宇文士及秦叔寶程知節戶七百安興貴安修仁唐儉竇軌屈突通蕭瑀封德彝劉義節戶六百錢九隴樊興公孫武達李孟嘗段志玄龐卿惲張亮李藥師杜淹元仲文戶四百張長遜張平高李安遠李子和秦行師馬三寶戶三百寂等三十八人已見於傳自趙文恪等十八人功不甚顯然參附義始事班班見當世今次第其名總出左方云

趙文恪幷州人爲隋鷹揚府司馬義兵起授右三統軍武德二年擢都水監封新興郡公時中國經大亂馬耗會突厥講和詔文恪至幷州與齊王誘市邊馬以備軍劉武周寇太原屬城盡沒李仲文守浩州兵力孤絕齊王使文恪率步騎千餘助守會太原陷遂棄城遁詔下獄死

李思行趙州人避仇太原唐公將起使覘詗長安還具論機策以贊大議授左三統軍從破霍邑平京師擢累嘉州刺史樂安郡公卒贈洪州都督謚曰襄

李高遷岐州人客太原唐公引致左右執高君雅等有功以右三統軍從下霍邑圍長安力戰遷左武衞大將軍江夏郡公檢校西麟州刺史突厥寇馬邑高滿政請救詔高遷督兵助守賊盛乃夜斬關走所將皆沒坐除名徙邊後歷賁州刺史卒贈涼州都督

姜寶誼秦州上邽人父遠仕周爲秦州刺史朝邑縣公寶誼游太學受書業不進去爲左翊衞以積勞遷鷹揚

郎將領府兵從高祖督盜太原及起兵授左統軍下西河霍邑以多爵累永安縣公歷右武衞大將軍劉武周使黃子英數盜雀鼠谷帝遣寶誼擊之賊輕甲挑師戰接而三通逐之伏發寶誼爲賊執俄亡歸與裴寂拒宋金剛戰汾州兵合寂棄軍走寶誼復爲所禽帝聞爲泣下曰彼烈士必不下賊死矣賜其家物千段米三百斛果謀還被害且死西向大呼曰臣無狀負陛下賊平詔迎其柩贈左衞大將軍幽州總管謚曰剛子協字壽善篆籀歷燕然都護夏州都督封成紀縣侯謚曰威

許世緒幷州人隋鷹揚府司馬知隋將亡請唐公曰天輔德人與能乘機不發後必蹈悔隋政不綱天下搖亂公姓名已著謠錄今擘五郡之兵據四戰之衝苟無奇計禍不反踵若收取英俊爲天下倡帝王業也公奇之顧倚親密兵起授右一府司馬累除蔡州刺史眞定郡公卒弟洛仁亦從起晉陽錄功至冠軍大將軍卒贈代州都督謚曰勇陪葬昭陵

劉師立宋州虞城人始事王世充爲親將洛陽平當誅秦王壯其才釋不死引爲左親衞建成之釁師立參秦密議後與尉遲敬德龐卿惲李孟嘗等九人錄功拜左衞率遷左驍衞將軍襄武郡公賜絹五千匹有告師立姓在符讖欲反者太宗謂曰人言卿將反果乎師立對曰臣爲隋官不過六品材駑下不敢希富貴今遭非常之會位將軍顧已極矣何敢反帝笑曰朕知妄耳賜束帛召入臥內慰勉羅藝反京師震駭詔師立檢校右武候大將軍勒兵備非常藝平有司劾黨與師立坐與善除名尋以藩邸舊檢校岐州都督上書請討吐谷渾未報即遣使間諭部落多降附者列其地爲開橋二州又党項酋拓拔赤辭先附吐谷渾倚險自守亦遣說下之詔赤辭爲西戎州都督師立以母喪解岐人表留遂不得赴哀時河西党項破丑氏嘗苦邊又阻新附師立討之軍未至破丑懼遁去師立窮追之抵郇于眞山而還又戰吐谷渾於小莫門川破之轉始州刺史卒謚曰肅

劉義節幷州人隋大業末補晉陽鄉長富於財裴寂薦之唐公又與王威高君雅游然於唐公爲最厚兵將起威君雅疑之義節刺知其情得先事禽威等從平京師爲鴻臚卿時傾府庫爲軍賞帑財大乏義節曰今京師屯兵多樵貴帛賤若伐街苑樹爲薪以易布帛歲數十萬可致又請軸舒藏內見緡取羨尺補雜費得十餘萬段調度遂給遷大府封葛國公義節本名世龍或言世龍子名鳳昌父子非人臣兆高祖不聽更賜今名貞觀初轉少府監坐貴入賈人珠及故出署丞罪廢爲民徙嶺南終欽州別駕從子思禮武后時爲箕州刺史少學相人於張憬藏憬藏謂思禮歷刺史位至太師萬歲通天二年授箕州益喜以爲太師位尊非佐命不可得乃結洛州錄事參軍綦連耀謀反謂耀曰君體有龍氣如大帝耀亦曰公金刀當輔我陰約君臣思禮因以術眩衆見者必曰當三品使嚮進者充望然後云綦連耀且受命公等皆因之事敗武懿宗按之陰弛思禮禁使多逮引思禮冀自脫悉引素相忤者將刑猶不寤與衆人斬於市其知名者如李元素孫元亨石抱忠王勮勮兄勔路敬淳等三十餘族竄逐千餘人

錢九隴字永業湖州長城人父文彊爲吳明徹裨將與明徹俱敗彭城入隋以罪沒爲奴故九隴事唐公善騎射常備左右兵起以功授金紫光祿大夫從戰薛仁杲劉武周擢累爲右武衞將軍從平洛陽佐皇太子建成討劉黑闥魏州力戰破賊以功最封郇國公以本官爲苑游將軍貞觀初爲眉州刺史改巢國卒贈左武衞大將軍潭州都督謚曰勇陪葬獻陵

樊興安州人以罪爲奴從唐公平長安授左監門將軍從秦王積戰多封營國公數賜黃金雜物後坐事削爵貞觀六年陵州獠反命討之爲左驍衞將軍又從李靖擊吐谷渾爲赤水道行軍總管後軍期士多死亡失器仗以勳減死後爲左監門大將軍襄城郡公太宗征遼以興忠謹副房玄齡留守京師檢校右武候將軍卒贈左武候大將軍洪州都督陪葬獻陵

公孫武達京兆櫟陽人以豪俠稱爲隋驍果兵興武達至長春宮上謁從秦王討劉武周苦戰功多累遷秦府右三軍驃騎封清水縣公貞觀初爲肅州刺史突厥騎數千輜重萬餘入寇謀南趨吐谷渾武達以精兵二千人與戰虜稍却復殊死鬬薄之張掖河潛命上流度兵虜已半濟乃兩岸夾擊斬溺略盡璽書勞之遷左監門將軍鹽州突厥叛詔武達趨靈州追及賊方度河乃據南涯陣武達擊之斬其帥可邏拔扈進封東萊郡公終右武衞大將軍贈荊州都督陪葬昭陵謚曰壯

龐卿惲并州人從討隱太子有功拜右驍衞將軍郁國公卒追改濮國子同善右金吾大將軍同善子承宗開元初仕至太子賓客

張長遜京兆櫟陽人精馳射在隋爲里長以平陳功擢上開府累遷五原郡通守遭亂附突厥突厥號爲割利特勒義兵起以郡降即拜五原太守安化郡公徙封范陽時梁師都薛舉請突厥兵南度河長遜矯作詔與莫賀咄設以伐其謀會唐使亦至突厥兵不出武德元年詔右武候驃騎將軍高世靜聘始畢可汗至豐州而始畢死詔留金幣不遣突厥怒引兵南至河長遜遣世靜出塞勞之且若專致賻賜者虜引還授總管改楊國公及討薛舉不待命輒引兵會賜錦袍金甲或譖長遜居豐久恐與突厥爲昏黨乃請入朝授右武候將軍徙息國公加賜宮人綵千段屬有疾高祖親問之後實轅率巴蜀兵擊王世充以長遜檢校益州行臺左僕射歷遂夔二總管政以惠稱貞觀十一年卒

張平高綏州人爲隋鷹揚府校尉戍太原遂預謀議從唐公平京城累授左領軍將軍封蕭國公貞觀初爲丹州刺史坐事以右光祿大夫還第卒追封羅國贈潭州都督

李安遠夏州人父徹隋上柱國雲州刺史世爲將家以財雄安遠少無檢與博徒游至破產晚乃折節嚮書從士大夫苟勝已必傾心交之襲爵城陽公與王珪最善珪坐王頍得罪當流安遠爲營護免後補正平令兵起攻絳州安遠與通守陳叔達嬰城拒唐公素與安遠善及拔絳撫慰其家引與同食授右翊衞統軍正平縣公後從破突厥通進上柱國右武衞大將軍數從秦王征討積功累封至廣德郡公奉使吐谷渾安遠與約和吐谷渾乃請爲互市邊場利之隱太子將亂陰使誘動安遠介無貳志秦王益親重貞觀初嘗命統邏騎都下督盜賊歷潞州都督懷州刺史皆以幹用顯然急刻少恩由是損名卒贈涼州都督謚曰安追封遂安郡公

馬三寶性敏獪事柴紹爲家僮紹尚平陽公主高祖兵起紹間道走太原三寶奉公主遁司竹園說賊何潘仁與連和潘仁入謁以百兵爲主衞三寶自稱總管撫接羣盜兵至數萬唐公濟河授三寶左光祿大夫秦王至竹林宮三寶以兵詣軍門謁遂從平京師拜太子監門率別擊叛胡劉拔眞於北山破之從平薛仁杲與柴紹擊吐谷渾於岷州先鋒陷陣斬名王俘執數千以功封新興縣男後高祖幸司竹園顧謂曰汝與兵處邪衞青大不惡貞觀初拜左驍衞大將軍進爵爲公卒謚曰忠

李孟嘗趙州人終右威衞大將軍漢東郡公

元仲文洛州人終右監門將軍河南縣公

秦行師幷州人終右監門將軍清水郡公

贊曰應龍之翔雲雺滃然而從震風薄怒萬竅不約而號物有自然相動耳觀二子非有踔越之姿當高祖受命赫然利見於世故能或翼或從尸天之功云文靜數履軍陷陣以才自進而寂專用串昵顯外者易乘邇者難疏故文靜先被躁望誅寂後坐妖言斥誠異夫蕭何曹參云

唐書卷八十八考證

李高遷傳後歷賚州刺史卒贈涼州都督○舊書賚州作陵州涼州作梁州

錢九隴傳湖州長城人○舊書作晉陵人

唐書卷八十九

宋　端　明　殿　學　士　宋　祁　撰

列傳第十四

屈突尉遲張秦唐段

屈突通其先蓋昌黎徒何人後家長安仕隋爲虎賁郎將文帝命覆隴西牧簿得隱馬二萬匹帝怒收太僕卿慕容悉達監牧官吏千五百人將悉殊死通曰人命至重死不復生陛下以至仁有四海豈容以畜產一日而戮千五百士帝叱之通進頓首曰臣願身就戮以延衆死帝寤曰朕不明乃至是今當免悉達等旌爾善言遂皆以減論擢左武衞將軍蒞官勁正有犯法者雖親無所回縱其弟蓋爲長安令亦以方嚴顯時爲語曰寧食三斗艾不見屈突蓋寧食三斗葱不逢屈突通煬帝即位遣持詔召漢王諒先是文帝與諒約若璽書召驗視敕字加點又與玉麟符合則就道及是書無驗諒覺變詰通通占對無屈竟得歸長安大業中與宇文述共破楊玄感以功遷左驍衞大將軍秦隴盜起授關內討捕大使安定人劉迦論反衆十餘萬據雕陰通發關中兵擊之次安定初不與戰軍中意其怯通陽言旋師而潛入上郡賊未之覺引而南去通七十里舍分兵徇地通候其無備夜簡精甲襲破之斬迦論并首級萬餘築京觀於上郡南山虜老弱數萬口後隋政益亂盜賊多士無鬬志諸將多覆通每向必持重雖不大克亦不敢負帝南幸使鎮長安高祖起代王遣通守河東戰久不下高祖留兵圍之遂濟河破其將桑顯和於飲馬泉通大懼乃留鷹揚郎將堯君素守蒲將自武關趨藍田以援長安至潼關阻劉文靜兵不得進相持月餘通令顯和夜襲文靜詰朝大戰顯和縱兵破二壁唯文靜一壁獨完然數入壁短兵接文靜中流矢軍垂敗顯和以士疲乃傳餐食文靜因得分兵實二壁會游軍數百騎自南

山還擊其背三壁兵大呼奮而出顯和遂潰盡得其衆通勢蹙或說之降曰吾蒙國厚恩事二主安可逃難獨有死報爾每自摩其頸曰要當爲國家受人一刀其訓勉士卒必流涕故力雖窮而人尚爲之感奮帝遣其家僮往召通趣斬之俄聞京師平家盡没乃留顯和保潼關率兵將如洛既行而顯和來降文静遣竇琮段志玄精騎追及於稠桑通結陣拒之琮縱其子壽往諭使降通大呼曰昔與汝父子今則讎也命左右射之顯和呼其衆曰京師陷諸君皆家關西何爲復東衆皆捨兵通知不免遂下馬東南向再拜號哭曰臣力屈兵敗不負陛下遂被禽送長安帝勞曰何相見晚邪泣曰通不能盡人臣之節故至此爲本朝羞帝曰忠臣也釋之授兵部尚書蔣國公爲秦王行軍元帥長史從平薛仁杲時賊珍用山積諸將爭得之通獨無所取帝聞曰清以奉國名定不虛特賚金銀六百兩綵千段判陝東道行臺左僕射從討王世充時通二子在洛帝曰今以東略屬公如二子何通曰臣老矣不足當重任然疇昔陛下釋俘纍加恩禮以蒙更生是時口與心誓以死許國今日之行正當先驅二兒死自其分終不以私害義帝太息曰烈士徇節吾今見之及竇建德來援賊秦王分麾下半以屬通俾與齊王圍洛世充平論功第一拜陝東道大行臺右僕射鎮東都數歲召爲刑部尚書自以不習文固辭改工部建成之變復檢校行臺僕射馳鎮洛貞觀初行臺廢爲洛州都督進左光祿大夫卒年七十二贈尚書左僕射謚曰忠後詔配饗太宗廟廷永徽中贈司空二子壽詮壽襲爵太宗幸洛思通忠節故詮以少子拜果毅都尉賜粟帛卹其家終瀛州刺史詮子仲翔神龍中復守瀛州初桂州都督李弘節亦以清慎顯既殁其家賣珠太宗疑弘節實貪欲追坐舉者魏徵曰陛下過矣且今號清白死不變者屈突通張道源通二子來調共一馬道源子不能自存審其清者不加卹疑其濁者罪所舉亦好善不篤矣帝曰朕未之思置不問故通之清益顯云

尉遲敬德名恭以字行朔州善陽人隋大業末從軍高陽積閱爲朝散大夫劉武周亂以爲偏將與宋金剛南侵得晉澮等州襲破永安王孝基執獨孤懷恩等武德二年秦王戰柏壁金剛敗奔突厥敬德合餘衆守介休王遣任城王道宗宇文士及諭之乃與尋相舉地降引爲右一府統軍從擊王世充會尋相叛諸將疑敬德且亂囚之行臺左僕射屈突通尚書殷開山曰敬德慓敢今執之猜貳已結不即殺後悔無及也王曰不然敬德必叛寧肯後尋相者邪釋之引見臥内曰丈夫以氣相許小嫌不足置胷中我終不以讒害良士因賜之金曰必欲去以爲汝資是日獵榆窠會世充自將兵數萬來戰單雄信者賊驍將也騎直趨王敬德躍馬大呼橫刺雄信墜乃翼王出率兵還戰大敗之禽其將陳智略獲排矟兵六千王顧曰比衆人意公必叛我獨保無它何相報速邪賜金銀一篋竇建德營板渚王命李勣等爲伏親挾弓令敬德執矟略其壘大呼致師建德兵出乃稍引卻殺數十人衆益進伏發大破之時世充兄子琬使於建德乘隋帝廄馬鎧甲華整出入軍中以夸衆王望見問誰可取者敬德請與高甑生梁建方三騎馳往禽琬引其馬以歸賊不敢動從討劉黑闥賊以奇兵襲李勣王勒兵掩其後俄而賊衆四面合敬德率壯士馳入賊王乘陣亂乃得出又破徐圓朗以功授王府左二副護軍隱太子嘗以書招之贈金皿一車辭曰敬德起幽賤會天下喪亂久陷逆地秦王實生之方以身徇恩今於殿下無功其敢當賜若私許則懷二心徇利棄忠殿下亦焉用之哉太子怒而止敬德以聞王曰公之心如山岳然雖積金至斗豈能移之然恐非自安計巢王果遣壯士刺之敬德開門安臥賊至不敢入因譖於高祖將殺之王固爭得免其後隱巢計曰急敬德與長孫无忌入白曰大王不先決社稷危矣王曰我惟同氣所未忍伺其發而後以義討之如何敬德曰人情畏死衆以死奉王此天授也天與不取反得其咎大王即不聽請從此亡不能交手蒙戮无忌曰王不從敬德言敬德亦非王有今敗矣王曰寡人之謀未可全棄公更圖之敬德曰處事有疑非智臨難不決非勇王今自計如何勇士八百人悉入宮控弦被甲矣尚何辭後又與侯君集等懇款勸進計乃定時房玄齡杜如晦被斥在外召不至王怒曰是背我邪因解所佩刀授之謂曰即不從可斬其首以來敬德遂往諭玄齡等與入計議隱太子死敬德領騎七十入趨玄武門王馬逸墜林下元吉將奪弓窘王敬德馳叱之元吉走遂射殺之宮府兵屯玄武門戰不解敬德持二首示之乃去時帝泛舟海池王命敬德往侍不解甲趨行在帝驚曰今日之亂爲誰爾來何邪對曰秦王以太子齊王作亂舉兵誅之恐陛下不安遣臣宿衛帝意悅於是南衙北門兵與府兵尚雜鬭敬德請帝手詔諸軍聽秦王節度内外始定王爲皇太子授左衛率時坐隱巢者百餘家將盡没入之敬德曰爲惡者二人今已誅若又窮支黨非取安之道由是普原論功爲第一賜絹萬疋舉齊府金幣什器賜焉除右武候大將軍封吳國公實封千三百戶突厥入寇授涇州道行軍總管虜至涇陽輕騎與戰敗之敬德所得財必散之士卒然婞直頗以功自負又廷質大臣得失與宰相不平出爲襄州都督累遷同州刺史嘗侍宴慶善宮有班其上者敬德曰爾何功坐我上任城王道宗解喻之敬德勃然擊道宗目幾眇太宗不懌罷召讓曰朕觀漢史嘗怪高祖時功臣少全者今視卿所爲乃知韓彭夷戮非高祖過國之大事惟賞與罰横恩不可數得勉自脩飭悔可及乎敬德頓首謝後改封鄂國歷鄜夏二州都督老就第授開府儀同三司朝朔望帝將討高麗敬德上言乘輿至遼太子次定州兩京空虛恐有玄感之變夷貊小國不足枉萬乘願委之將臣以時摧滅帝不納詔以本官行太常卿爲左一馬軍總管師還復致仕顯慶三年卒年七十四高宗詔京官五品以上及朝集使赴第臨弔冊贈司徒并州都督謚曰忠武給班劍羽葆鼓吹陪葬昭陵敬德晚節謝賓客不與通飭觀沼奏清商樂自奉養甚厚又餌雲母粉爲方士術延年其戰善避矟每單騎入賊雖羣刺之不能傷又能奪取賊矟還刺之齊王元吉使去刃與之校敬德請王加刃而獨去之卒不能中帝嘗問奪矟與避矟孰難對曰奪矟難試使與齊王戲少選王三失矟遂大愧服

張公謹字弘慎魏州繁水人爲王世充洧州長史與刺史崔樞挈城歸天子授檢校鄒州別駕累遷右武候長史未知名李勣尉遲敬德數啓秦王乃引入府王將討隱巢亂使卜人占之公謹自外至投龜於地曰凡卜以定猶豫決嫌疑今事無疑何卜之爲卜而不吉其可已乎王曰善隱太子死其徒攻玄武門鋭甚公謹獨閉關拒之以功授左武候將軍封定遠郡公實封一千戶貞觀初爲代州都督置屯田以省餽運數言時政得失太宗多所采納後副李靖經略突厥條可取狀於帝曰頡利縱欲肆凶誅害善良昵近小人此主昏於上可取一也別部同羅僕骨回紇延陀之屬皆自立君長圖爲反噬此衆叛於下可取二也突利被疑以輕騎免拓設出討衆敗無餘欲谷喪師無託足之地此兵挫將敗可取三也北方霜旱廩糧乏絶可取四也頡利疏突厥親諸胡胡性翻覆大軍臨之内必生變可取五也華人在北者甚衆比聞屯聚保據山險王師之出當有應者可取六也帝然所謀及破定襄敗頡利璽詔慰勞進封鄒國公改襄州都督以惠政聞卒官下年四十九帝將出次哭之有司奏日在辰不可帝曰君臣猶父子也情感於内安有所避遂哭之詔贈左驍衛大將軍謚曰襄十三年追改郯國公永徽中加贈荆州都督子大素龍朔中歷東臺舍人兼脩國史著書百餘篇終懷州長史次子大安上元中同中書門下三品章懷太子令與劉訥言等共註范曄漢書太子廢故貶爲普州刺史終橫州司馬子倂仕玄宗時爲集賢院判官詔以其家所著魏書說林入院綴脩所闕累擢知圖書括訪異書使進國子司業以累免官

秦瓊字叔寶以字顯齊州歷城人始爲隋將來護兒帳内母喪護兒遣使禭弔之吏怪曰士卒死喪將軍未有所問今獨弔叔寶何也護兒曰是子才而武志節完整豈久處甲賤邪俄從通守張須陀擊賊盧明月下邳賊衆十餘萬須陀所統纔十之一堅壁未敢進糧盡欲引去須陀曰賊見兵卻必悉衆追我得鋭士襲其營且有利誰爲吾行者衆莫對惟叔寶與羅士信奮行乃分勁兵千人伏莽間須陀委營遁明月悉兵追躡叔寶等馳叩賊營門閉不得入乃升樓拔賊旗幟殺數十人營中亂卽斬關納外兵縱火焚三十餘屯明月奔還須陀回擊大破之又與孫宣雅戰海曲先登以前後功擢建節尉從須陀擊李密滎陽須陀死率殘兵附裴仁基仁基降密密得叔寶大喜以爲帳内驃騎待之甚厚密與宇文化及戰黎陽中矢墮馬濱死追兵至獨叔寶捍衛得免後歸王世充署龍驤大將軍與程齧金計曰世充多詐數與下呪誓乃巫嫗非撥亂主也因約俱西走策其馬謝世充曰自顧不能奉事請從此辭賊不敢逼於是來降高祖俾事秦王府王尤獎禮從鎮長春宮拜馬軍總管戰美良川破尉遲敬德功多帝賜以黃金瓶勞曰卿不卹妻子而來歸我且又立功使朕肉可食當割以啖爾况子女玉帛乎尋授秦王右三統軍走宋金剛於介休拜上柱國從討世充建德黑闥三盜未嘗不身先鋒鏖陣前無堅對積賜金帛以千萬計進封翼國公每敵有驍將鋭士震燿出入以夸衆者秦王輒命叔寶往取之躍馬挺槍刺於萬衆中莫不如志以是頗自負及平隱巢功拜左武衛大將軍實封七百戶後稍移疾嘗曰吾少長戎馬間歷二百餘戰數重創出血且數斛安得不病乎卒贈徐州都督陪葬昭陵太宗詔有司琢石爲人馬立墓前以旌戰功貞觀十三年改封胡國公後四年詔司徒趙國公无忌司空河間王孝恭司空萊國

公如晦司空太子太師鄭國公徵司空梁國公玄齡開府儀同三司鄂國公敬德特進衞國公靖特進宋國公瑀輔國大將軍褒國公志玄輔國大將軍夔國公弘基尚書左僕射蔣國公通陝東道行臺右僕射鄖國公開山荆州都督譙國公紹荆州都督邳國公順德洛州都督鄖國公亮吏部尚書陳國公君集左驍衞大將軍郯國公公謹左領軍大將軍盧國公知節禮部尚書永興郡公世南戶部尚書渝國公政會戶部尚書莒國公儉兵部尚書英國公勣并叔寶並圖形凌煙閣高宗永徽六年遣使致祭名臣圖畫凌煙閣者凡七人徵士廉瑀志玄弘基世南叔寶皆始終著名者也

唐儉字茂約并州晉陽人祖邕北齊尚書左僕射父鑒隋戎州刺史與高祖善嘗偕典軍衞故儉雅與秦王游同在太原儉爽邁少繩檢然事親以孝聞見隋政寖亂陰說秦王建大計高祖嘗召訪之儉曰公日角龍庭姓協圖讖係天下望久矣若外嘯豪傑北招戎狄右收燕趙濟河而南以據秦雍湯武之業也高祖曰湯武之事豈可幾然喪亂方剡私當圖存公欲拯溺者吾方爲公思之及大將軍府開授記室參軍渭北道元帥司馬從定京師爲相國府記室晉昌郡公武德初進內史舍人遷中書侍郎散騎常侍呂崇茂以夏縣反與劉武周連和詔永安王孝基獨孤懷恩于筠率兵致討儉以使適至軍會孝基等爲武周所虜儉亦見禽始懷恩屯蒲州陰與部將元君實謀反會俱在賊中君實私語儉曰獨孤尚書將舉兵圖大事猶豫不發故及此所謂當斷不斷而受亂者俄而懷恩脫歸詔復守蒲君實曰獨孤拔難歸再戍河上寧其王者不死乎儉恐必亂密遣劉世讓歸白發其謀會高祖幸蒲津舟及中流而世讓至帝驚曰豈非天也命趣還舟捕反者懷恩自殺餘黨皆誅俄而武周敗亡入突厥儉封府庫籍兵甲以待秦王帝嘉儉身幽辱而不忘朝廷詔復舊官仍爲并州道安撫大使許以便宜盡簿懷恩貲產賜儉還爲禮部尚書天策府長史檢校黃門侍郎莒國公仍爲遂州都督食綿州六百戶貞觀初使突厥還太宗謂儉曰卿觀頡利可取乎對曰銜國威靈庶有成功四年馳傳往誘使歸款頡利許之兵懈弛李靖因襲破之儉脫身還歲餘爲民部尚書從獵洛陽苑羣豕突出于林帝射四發輒殪四豕一豕躍及鐙儉投馬搏之帝拔劒斷豕顧笑曰天策長史不見上將擊賊邪何懼之甚對曰漢祖以馬上得之不以馬上治之陛下神武定四方豈復快心于一獸帝爲罷獵詔其子善識尚豫章公主儉居官不事事與賓客縱酒爲樂坐小法貶光祿大夫永徽初致仕加特進顯慶初卒年七十八贈開府儀同三司并州都督陪葬昭陵謚曰襄少子觀爲河西令知名孫從心神龍中以其子晙娶太平公主女擢累殿中監晙太常少卿坐太平黨誅

儉弟憲憲字茂㜁仕隋爲東宮左勳衞太子廢罷歸不治細行好馳獵藏亡命所交皆博徒輕俠高祖領太原頗親遇之參與大議義師起授正議大夫置左右尤所信倚封安富縣公武德中進累雲麾將軍加郡公貞觀中終金紫光祿大夫

裔孫次字文編建中初及進士第歷侍御史竇參數薦之改禮部員外郎參貶出爲開州刺史積十年不遷韋皐鎭蜀表爲副使德宗論皐罷之次身在遠久抑不得申以爲古忠臣賢士罹讒毀被放至殺身君且不悟者因采獲其事爲辨謗略三篇上之帝益怒曰是乃以古昏主方我改夔州刺史憲宗立召還授禮部郎中知制誥終中書舍人憲宗雅惡朋比傾陷者嘗覽辨謗略善之謂學士沈傳師曰凡君人者宜所觀省然次編錄未盡卿可廣其書傳師乃與令狐楚杜元穎論次起周訖隋增爲十篇更號元和辨謗略

子扶字雲翔仕歷屯田郎中大和五年爲山南宣撫使內鄉倉督鄧琬負度支漕米七千斛吏責償之繫其父子至孫凡二十八年九人死於獄扶奏申釋之詔切責鹽鐵度支二使天下監院償逋繫三年以上者皆原進中書舍人出爲福州觀察使濫殺人風績不立會卒奴婢爭財有司按其貲至十餘萬時議蚩薄之

扶弟持字德守中進士第大和中爲渭南尉試京兆府進士時尹杜悰欲以親故託之持輒趨降階伏悰語塞乃止累遷工部郎中出爲容州刺史遷給事中歷朔方昭義節度使卒

子彥謙字茂業多通技藝尤工爲詩負才無所屈乾符末避亂漢南王重榮鎭河中辟幕府累表爲副歷晉絳二州刺史重榮軍亂彥謙貶興元參軍事節度使楊守亮表爲判官遷副使終閬壁二州刺史

段志玄齊州臨淄人父偃師仕隋爲太原司法書佐從義師官至郢州刺史志玄姿質偉岸少無賴數犯法大業末從父客太原以票果諸惡少年畏之爲秦王所識高祖興以千人從授右領大都督府軍頭下霍邑絳郡攻永豐倉摧鋒最歷左光祿大夫從文靜拒屈突通於潼關文靜爲桑顯和所襲軍且潰志玄率壯騎馳賊殺十餘人中流矢忍不言突擊自如賊衆亂軍乘之唐兵復振通敗走與諸將躡獲於稠桑以多授樂游府車騎將軍從討王世充深入馬跌爲賊禽兩騎夾持其髻將度洛志玄忽騰而上二人者俱墮於是奪其馬馳歸尾騎數百不敢近破竇建德平東都遷秦王府右二護軍隱太子嘗以金帛誘之拒不納秦王卽位累遷左驍衞大將軍封樊國公實封九百戶詔率兵至青海奪吐谷渾牧馬逗遛免未幾復職文德皇后之葬與宇文士及勒兵衞章武門太宗夜遣使至二將軍所士及披戶內使志玄拒曰軍門不夜開使者示手詔志玄曰夜不能辨不納比曙帝歎曰眞將軍周亞夫何以加改封褒國公歷鎭軍大將軍貞觀十六年疾帝臨視泣顧曰當與卿子五品官頓首謝請與母弟乃拜志感左衞郎將及卒帝哭之慟贈輔國大將軍楊州都督陪葬昭陵謚曰壯肅三世孫文昌

文昌字墨卿一字景初世客荆州疏爽任義節不爲齪齪小行節度使裴冑禮之冑採古今禮要爲書數從文昌質判所疑後依劒南節度韋皐皐表爲校書郎宰相李吉甫才之擢登封尉集賢校理再遷左補闕憲宗數欲親用頗爲韋貫之奇詆偃蹇不得進貫之罷引爲翰林學士遷中書舍人遂爲承旨穆宗卽位屢召入思政殿顧問率至夕乃出俄拜中書侍郎同中書門下平章事未踰年自表還政授劒南西川節度使同平章事文昌素諳蜀利病大抵治寬靜間以威斷不常任也羣蠻震服長慶二年黔中蠻叛觀察使崔元略以聞文昌使一介開曉蠻卽引還彭濮蠻大酋蹉祿來請立石刊誓脩貢獻入遷兵部尚書文宗立拜御史大夫進封鄒平郡公俄檢校尚書右僕射平章事節度淮南太和四年檢校左僕射徙帥荆南州或旱禱解必雨或久雨遇出游必霽民爲語曰旱不苦禱而雨雨不愁公出游南詔襲南安帝以文昌得蠻夷心詔使下檄慰讓卽日解而去復節度西川九年卒贈太尉文昌先墓在荆州歲時享祠必薦以音樂歌舞習禮者譏其非少爵竇所向少諧及居將相享用奢侈士議尤替

子成式字柯古推蔭爲校書郎博學彊記多奇篇秘籍侍父于蜀以畋獵自放文昌遣吏自其意諫止明日以雉兎徧遺幕府人爲書因所獲儷前世事無復用者衆大驚擢累尚書郎爲吉州刺史終太常少卿著酉陽書數十篇子安節乾寧中爲國子司業善樂律能自度曲云

贊曰屈突通盡節於隋而爲唐忠臣何哉惟其一心故事兩君而無嫌也敬德之來太宗以赤心付之桑蔭不徙而大功立君臣相遇古人謂之千載顧不諒哉投幾之會間不容穟公謹所以抵龜而決也

唐書卷八十九考證

張公謹傳卒官下年四十九○舊書卒官年三十九

唐儉傳字茂約○監本譌作茂系今從舊書及昭陵從臣碑改正

段志玄傳三世孫文昌○臣德潛按文昌憲宗時人命改作平淮西碑者必非三世

文昌子成式爲吉州刺史○舊書作江州刺史

唐書卷九十

宋　端明殿學士　宋祁　撰

列傳第十五

二劉殷許程柴任丘

劉弘基雍州池陽人少以蔭補隋右勳侍大業末從征遼貲乏行反汾陰度後期且誅遂與其屬椎牛犯法諷吏捕繫歲餘以贖論因亡命盜馬自給至太原陰事高祖又察太宗資度非常益自託由是蒙親禮出入連騎間至臥內兵將舉弘基募士得二千人王威等謀大事弘基與長孫順德伏閤後麾左右執之從攻下西河宋老生敗棄馬投塹弘基斬其首拜右光祿大夫師至蒲引兵先濟河下馮翊爲渭北道大使命殷開山副之西徇扶風衆至六萬南度渭次長安故城振隊金光門隋將衞文昇來拒弘基逆擊擒甲士千餘馬數百時諸軍尚未至弘基最先勝高祖悅賜馬二十匹京師平功第一授右驍衞大將軍討薛舉戰淺水原八總管軍皆沒唯弘基一軍戰力矢盡爲賊拘帝以臨難不屈優護其家仁杲平乃克歸官之如初劉武周犯太原弘基屯平陽復陷賊俄自拔歸授左一總管從秦王屯栢壁以勁卒二千繇隰州趨西河躡賊歸路賊銳甚弘基堅壁儲

勇及宋金剛遁走，率騎尾之介休，與王合擊大破之。累封任國公。從擊劉黑闥，還，除秉鉞將軍。會突厥患邊，督步騎萬人備塞，自幽北東拒子午嶺，西抵臨涇，築障遮虜。貞觀初，李孝常等謀反，坐與交，除名爲民。歲餘，起爲易州刺史，復封爵，召授衞尉卿，改封夔國。以老乞骸，爲輔國大將軍，朝朔望，祿賜同職事。太宗征遼，召爲前軍大總管，戰駐蹕山有功，累加封戶至千一百。卒，贈開府儀同三司、并州都督，陪葬昭陵，謚曰襄。始，弘基病，給諸子奴婢各十五人、田五頃，謂所親曰：「使賢，固不藉多財；卽不賢，守此可以脫飢凍。」餘悉散之親黨。子仁實襲封。

殷開山名嶠，以字行，世居江南。祖不害，仕陳爲司農卿。陳亡，徙京兆，爲鄠人。開山涉書，工爲尺牘，爲隋大谷長。高祖兵起，召補大將軍掾，從攻西河，爲渭北道元帥長史。時關輔羣盜鶩力自張，不相君命，開山招慰，皆下。與劉弘基屯故城，破衞文昇之兵，賜爵陳郡公，遷丞相府掾。以吏部侍郎從秦王討薛舉，會王疾甚，臥營，委軍於劉文靜，誡曰：「賊方熾，邀速戰利，公等毋與爭，糧盡衆携，乃可圖。」開山銳立事，說文靜曰：「王屬疾，憂公弗克濟，故不欲戰。今宜逗機制敵，無專以賊遺王也。」請勒兵以怖之，遂戰折墌，爲舉所乘，遂大敗，下吏當死，詔貸之，除名爲民。頃之，從平仁杲，復爵位，兼陝東道行臺兵部尚書，遷吏部。從討王世充，以功進爵鄖國公。征劉黑闥，道病卒。王哭之慟。詔贈陝東道大行臺右僕射，謚曰節。貞觀十四年，與淮安王神通、河間王孝恭、民部尚書劉政會俱配饗高祖廟廷。永徽中，加贈司空。

劉政會，滑州胙人。隋大業中，爲太原鷹揚府司馬，以兵隸高祖麾下。王威等既貳，秦王欲先事除之，遣政會爲急變書告其反。時募士已集，乃執威等囚之，然後舉兵，政會功也。大將軍府建，爲戶曹參軍，遷丞相府掾。武德初，授衞尉少卿，留守太原，調輯戎政，遠近懽服。會劉武周寇并州，晉陽豪傑舉應之，政會爲武周所擒，每密表賊形勢。既平，復官爵，歷光祿卿，封邢國公。貞觀初，轉洪州都督。卒，太宗手詔：「政會昔預義舉，有殊功，葬宜異等。」於是贈民部尚書，謚曰襄，從追徙渝國。子玄意襲爵，尚南平公主，高宗時爲汝州刺史。次子奇，長壽中爲天官侍郎，薦張鷟、司馬鍠爲監察御史，二人因申屠瑒以謝，奇正色曰：「舉賢本無私，何見謝？」聞者皆竦。後爲酷吏陷，被誅。

七世孫崇望，字希徒，及進士第。宣歙王凝辟轉運巡官。崔安潛帥許及劍南，崇望兄弟四人同幕府，世以爲才。安潛入爲吏部尚書，崇望又以員外郎主南曹選事，清辦。僖宗幸山南，王重榮恐宦豎不肯率職，時高選使者卽河中鐫諭，使自新。崇望以諫議大夫持節往。既至，陳君臣大義動之，重榮順服，請誅朱玫自效。使還稱旨，擢翰林學士。昭宗卽位，進中書侍郎、同中書門下平章事。張濬代太原，崇望固執不可，濬果敗。代爲門下侍郎，判度支。玉山都將楊守信反，夜陳兵闕下，帝列兵延喜門，命崇望守度支庫。遲旦，含光門未開，禁卒左右植立，將大掠長安中。俄聞傳呼宰相來者，門闢，崇望駐馬勞曰：「上自將在中營，公等禁軍也，不帝前殺賊取功，而苟欲剽掠成惡名乎？」士皆唯唯。至長樂門，賊望兵至，乃遁去，軍中咸呼萬歲。是日京師不亂，繄其力。進尚書左僕射。朱全忠謀取徐泗，表請以大臣代時溥，乃授崇望武寧軍節度使，溥拒命，崇望還爲太常卿。會王珙、王珂爭河中，詔以崔胤爲節度使。珂，李克用壻也，太原邸吏薛志勤曰：「崔公鎭河中，不若光德劉公於我公最善。」光德，崇望所居坊也。後李茂貞、王行瑜入誅執政，坐是貶昭州司馬。行瑜誅，克用直其冤，召爲吏部尚書。會王摶以吏部輔政，徙兵部。王建欲并東川，詔崇望爲劍南東川節度使、同中書門下平章事。未至，建已使王宗滌知留後，崇望乃還爲兵部尚書。卒，贈司空。

兄崇龜，字子長，擢進士，仕累華要，終清海軍節度使。廣有大賈約倡女夜集，而它盜殺女，遺刀去。賈入倡家，踐其血而覺，乘牖亡。吏跡賈捕劾，得約女狀，而不殺也。崇龜方大饗軍中，悉集宰人，至日入，乃遣，陰以遺刀易一雜置之。詰朝，舉宰卽庖取刀，一人不去，曰：「是非我刀。」問之，得其主名，往視，則亡矣。崇龜取它囚殺之，聲言賈也，陳諸市。亡宰歸，捕詰具伏。其精明類此。姻舊或干以財，率不答，但寫荔支圖與之，然不能防檢其家，既沒，有鬻珠翠羽者，由是名損。

弟崇魯，字郊文，亦第進士，擢左補闕、翰林學士。僖宗避難山南，爲嗣襄王熅史館脩撰，得不誅。景福中，以水部郎中知制誥，雅與崔昭緯善。帝以韋昭度、李磎輔政，而昭緯外倚邠、岐兵爲援，以久其權。於是天子厚禮磎，昭緯懼見奪，共謀沮之。及磎墨麻出，崇魯輒掠麻大哭。帝問焉，崇魯曰：「今難乏人，豈宜取憸人爲宰相？磎以楊復恭、西門重遂得近職，奈何用之？前日杜讓能羞戮未刷，尚忍蹈覆轍乎？」磎由是不得相。磎亦劾奏其姦，因自陳爲山南楊守亮詆毀不容，與復恭交私，又言：「崇望爲宰相，使親吏日夕謁左軍，與復恭相親厚，絁巾慘帶不入禁門。崇魯向殿哭，厭詛天祚，殆人之妖。且其父坐晌飲藥死，崇魯身爲朱玫史官，作勸進表，在太原府使西川，見田令孜沒階趨，廢制度自崇魯始。其相詈訾僄淺，稽校讎市人。」然崇龜始聞哭麻，恚不食，曰：「吾兄弟未始以聲利敗名，今不幸乃生是兒。」後王行瑜、崔昭緯相繼誅，崇魯貶崖州司戶參軍，終水部員外郎。

許紹字嗣宗，安州安陸人。父法光，在隋爲楚州刺史。元皇帝爲安州總管，紹時爲兒，與高祖同學，相愛也。大業末，任夷陵通守，會盜起，州境獨完，流人自占數十萬，開倉賑給。煬帝崩問至，紹率人吏三日臨，以所部遙屬越王侗。後王世充篡立，遂遣使以黔安、武陵、澧陽歸國，授陝州刺史，封安陸郡公。高祖賜書道平生舊，以加慰納。蕭銑將董景珍降，命紹率兵應接。以破銑功，擢其子智仁爲溫州刺史。銑遣楊道生圍峽州，紹擊走之。銑將陳普環具大艦遡江，與開州賊蕭闍提略巴蜀，紹遣智仁及壻張玄靖、掾李弘節追戰西陵，覆其兵，禽普環，悉獲戰艦。江之南有安蜀城，地直夷陵，荊門城峙其東，皆峭險處，銑以兵戍守，紹遣智仁等攻荊門，取之。制書褒美，許以便宜。紹境連王世充及銑，其下爲賊剽者皆見殺，紹得敵人，獨貲遺之，二邦感義，殺掠爲止。進譙國公，賜帛千段。趙郡王孝恭等伐銑，復詔督兵圖荊州，會病卒于軍，帝爲流涕。貞觀中，贈荊州都督。智仁初以勳授封孝昌縣公，紹卒，繼守夷陵，終涼州都督。次子圉師。

圉師有器幹，研涉藝文，擢進士第，累遷給事中、黃門侍郎、同中書門下三品。龍朔中，爲左丞。高宗自書詔賜遼東諸將，謂許敬宗曰：「圉師愛書，可示之。」俄坐其子獵犯人田，有辭，怒而射之，圉師掩不奏，爲人所擿。帝讓曰：「宰相而暴百姓，非作威福乎？」圉師謝，且言：「作威福者彊兵重鎭，嫂天子法，臣文吏，何敢然？」帝曰：「慊無兵邪？」敬宗因是劾抵，遂免官。久之，爲虔州刺史，稍遷相州，專以寬治，州人刻石頌美。部有受賕者，圉師不忍按，但賜清白箴，其人自愧，後脩飭，更爲廉士。進戶部尚書。卒，贈幽州都督，謚曰簡，陪葬恭陵。紹初爵譙國公，以子智仁自有封，故詔孫力士襲之，終洛州長史。

子欽寂，嗣封。萬歲通天元年，契丹入寇，詔爲隴山軍討擊副使，戰崇州，敗，爲虜所禽。方圍安東，脅令說屬城未下者，欽寂呼安東都護裴玄珪曰：「賊朝夕當滅，幸謹守。」賊怒，害之。武后下制褒美，贈蘄州刺史，謚曰忠。子輔乾以父死難，授左監門衞中侯，爲海東慰勞使，使迎柩還葬。

欽寂弟欽明，以軍功擢左玉鈐衞將軍、安西大都護，鹽山郡公，出爲涼州都督。嘗輕騎按部，會突厥默啜兵奄至，被執。賊與皆至靈州，使說之降。欽明至城下，呼曰：「我乏食，有美醬乎？有粱米乎？并乞墨一枚。」時賊營四面阻水，惟一路得入，欽明欲選將簡兵乘夜襲賊也，而城中無寤其廋者，遂見害。兄弟死王事，世名其忠。

程知節本名齩金，濟州東阿人。善馬矟。隋末所在盜起，知節聚衆數百，保鄉里。後事李密，而密料士八千，隸四驃騎，分左右以自衞，號內軍，常曰：「此可當百萬。」知節領驃騎之一，恩遇隆特。王世充與密戰，知節以內騎營北邙，單雄信以外騎營偃師。世充襲雄信，密遣知節及裴行儼助之，行儼中流矢墜馬，知節馳救之，殺數人，軍辟易，乃抱行儼重騎馳，追兵以槊撞之，知節折其槊，斬追者，乃免。後密敗，爲世充所獲，惡其爲人，與秦叔寶來奔，授秦王府左三統軍。從破宋金剛、竇建德、王世充，並領左一馬軍總管，搴旗先登者不一，以功封宿國公。七年，隱太子譖之，出爲康州刺史，白秦王曰：「大王去左右手矣，身欲久全，得乎？知節有死，不敢去。」事平，拜太子右衞率，尋遷右武衞大將軍，實封七百戶。貞觀中，歷瀘州都督、左領軍大將軍，改封盧國。顯慶二年，授葱山道行軍大總管，以討賀魯。師次怛篤城，胡人數千出降，知節屠其城去，賀魯因遠遁。軍還，坐免。未幾，起爲岐州刺史。致仕，卒，贈驃騎大將軍、益州大都督，陪葬昭陵。子處亮，尚清河公主。

柴紹字嗣昌，晉州臨汾人。幼趫悍，有武力，以任俠聞。補隋太子千牛備身。高祖妻以平陽公主。將起兵，紹走間道迎謁。時太子建成、齊王元吉亦自河東往，遇諸塗，建成曰：「追書急，恐吏逮捕，請依劇賊冀自全。」紹曰：「不可。賊知君唐公子，必執以爲功，徒死爾。不如疾走太原。」既入雀鼠谷，聞義兵起，謂紹有謀，乃相賀。授右領軍大都督府長史，領毅騎發晉陽，先抵霍邑城下，覘形勢，還白：「宋老生一夫敵，我兵到，必出戰，可虜也。」大師至，老生果出，紹力戰有功。從下臨汾、絳郡。隋將桑顯和來戰，紹引軍繚其背，與史大奈合攻之，顯和敗，遂平京師。進右光祿大夫，封臨汾郡公。高祖卽位，拜左翊衞大將軍，累從征討，以多進封霍國公，遷右驍衞大將軍。吐谷渾、党項寇邊，敕紹討之。虜據高射紹軍，雨矢，士失色，紹安坐，遣人彈胡琵琶，使一女子舞，虜疑之，休射觀，紹伺其懈，以精騎從後掩擊，虜大潰，斬首五百級。貞觀二年，平梁師都，轉左衞大將軍，出爲華州刺史，加鎭軍大將軍，徙譙國旣病太宗親問之卒贈荆州都督謚曰襄二子哲威令武哲威爲左屯衞將軍襲封坐弟謀反免死流邵州起爲交州都督卒令武尚巴陵公主遷大僕少卿衞州刺史襄陽郡公與房遺愛謀反貶嵐州刺史自殺公主亦賜死

任瓌字瑋廬州合淝人父七寶陳將忠之弟爲陳定遠太守瓌早孤忠撫愛甚每曰吾子雖多肅保耳所以寄門戶者瓌也年十九試守靈溪令遷衡州司馬都督王勇盡以州務屬瓌陳亡瓌勸勇據嶺外立陳後輔之勇不從以地降隋瓌棄官去仁壽中調韓城尉未幾罷高祖討捕於汾晉瓌上謁轅門承制署河東縣戶曹高祖之晉陽留隱太子託之義師起瓌至龍門請見高祖曰隋失其政四海羣沸吾以外戚據重任不忍坐觀其亡晉陽天下用武處兵精馬彊今率之將猷國難公將家子智算練達論吾此舉其濟乎瓌曰今主政殘酷兵役不止天下之人思見拯亂與之息肩公天付神武仗順而起軍令嚴明所下城邑無秋毫之犯關中起兵者跂踵而待擁義師迎衆欲何不濟哉瓌在馮翊久悉其人情願爲一介使入關宣布威靈以收左輔縣梁山濟河直趣韓城逼郃陽徇朝邑蕭造文吏勢當自下次招諸賊然後鼓行而前據永豐積粟雖未得京師關中固已定矣高祖曰是吾心也乃授銀青光祿大夫遣陳演壽史大奈步騎六千趣梁山以瓌及薛獻爲招慰大使高祖謂演壽曰閫外事與任瓌籌之旣而賊孫華白玄度等果降且具舟于河以濟師瓌行說下韓城與諸將進擊飲馬泉破之拜左光祿大夫留戍永豐倉高祖卽位授穀州刺史王世充數攻新安瓌拒破之以功封管國公秦王東討瓌從至邙山主水運餉軍關東平爲河南安撫大使王世辯以徐州降瓌至宋州會徐圓朗反副使柳濬勸退保汴瓌笑曰公何怯老將居邊久自當有計俄而賊陷楚丘將圍虞城瓌遣崔樞張公謹自鄢陵領諸州豪質子百餘守之濬曰樞等故世充將且諸州質子父兄皆反奈何令保城瓌不答樞至則分質子與土人合隊賊近質子稍叛樞卽斬其隊帥城中人懼曰是皆賊子弟安可與守乎樞因聽諸隊殺質子梟首門外瓌陽怒曰去者遣招慰何乃殺之退謂濬曰固知崔樞辦之縣殺賊子爲怨已大人今自爲戰矣圓朗攻虞城不能拔賊平遷徐州總管仍爲大使輔公祏反詔以兵自楊子津濟江討之公祏平拜邢州都督遷陝州瓌弟璨爲隱太子典膳監太子廢璨得罪瓌亦左授通州都督貞觀四年卒瓌歷職有功然補吏多爲親故人私至負勢賕請瓌知不甚禁遏世以此譏之瓌卒時有司以在外對仗白奏太宗怒曰昔杜如晦亡朕不能事者數日今瓌喪所司不以狀言豈朕意乎有如朕子弟不幸死當此奏邪自是大臣喪遂不對仗奏云

丘和河南洛陽人後徙家郿少重氣俠閑弓馬長乃折節自將仕周開府儀同三司入隋爲右武衞將軍封平城郡公歷資梁蒲三州刺史以寬惠著名漢王諒反使卒衣婦人衣襲取蒲州和挺身免坐廢爲民宇文述有寵和傾心附納俄以發武陵公元冑罪復拜代州刺史煬帝北巡和饋獻精腆至朔州而刺史楊廓無所進帝不悅述盛稱和美帝用爲博陵太守詔廓就觀和爲式後帝過博陵和上食加豐愈喜由是所過競爲珍侈獻自和發也然和善撫吏士得其心遷天水郡守入爲左禦衞將軍大業末海南苦吏侵數怨畔帝以和所莅稱淳良而黃門侍郎裴矩亦薦之遂拜交阯太守撫接盡情荒憬安之煬帝崩而和未知於是鴻臚卿甯長眞舉鬱林附蕭銑馮盎舉珠崖番禺附林士弘各遣使招和不從林邑西諸國數遺和明珠文犀金寶故和富埒王者銑聞利之命長眞以南粵蠻俚攻交阯和遣長史高士廉率兵擊走之郡爲樹石勒其功會隋驍果自江都來乃審隋亡和卽陳款歸國而嶺嶠閉阻乃權附銑銑平遂得歸詔李道裕卽授和交州大總管爵譚國公和遣士廉奉表請入朝詔其子師利迎之及謁見高祖爲興引入臥內語平生歡甚奏九部樂饗之除左武候大將軍和時已老以稷州其故鄉也令爲刺史以自養尋除特進貞觀十二年卒年八十六贈荆州總管謚曰襄陪葬獻陵有子十五人多至大官而行恭爲知名

行恭有勇善騎射大業末與兄師利聚兵萬人保郿城人多依之羣盜不敢窺境後原州奴賊圍扶風太守竇璡堅守賊食盡無所掠衆稍散歸行恭行恭遣其酋說賊共迎高祖乃自率五百人負糧持牛酒詣賊營奴帥長揖行恭手斬之謂衆曰若皆豪傑也何謂事奴乎使天下號曰奴賊衆皆伏曰願改事公行恭乃率其衆與師利迎謁秦王於渭北拜光祿大夫累從戰伐功多遷左一府驃騎錫勞甚厚隱太子誅以功擢左衞將軍貞觀中坐與兄爭葬所生母廢爲民從侯君集平高昌封天水郡公進右武候將軍高宗立遷大將軍冀陝二州刺史致仕卒年八十贈荆州刺史謚曰襄陪葬昭陵行恭所守嚴烈僚吏畏之數坐事免太宗思其功不踰時輒復官初從討王世充戰邙山太宗欲嘗賊虛實與數十騎衝出陣後多所殺傷而限長隄與諸騎相失唯行恭從賊騎追及流矢著太宗馬行恭回射之發無虛鏃賊不敢前遂下拔箭以己馬進太宗步執長刀大呼導之斬數人突陣而還貞觀中詔斲石爲人馬象拔箭狀立昭陵闕前以旌武功云子神勣見酷吏傳

贊曰帝王之將興其威靈氣焰有以動物悟人者故士有一槩皆塡然躍而附之若榱椽梁柱以成大室又顧偃植各安所施而無遺材諸將之謂邪然皆能禮法自完賢矣哉

唐書卷九十考證

邱和傳貞觀十二年卒○舊書作十一年

唐書卷九十一

宋　端　明　殿　學　士　宋　祁　撰

列傳第十六

溫皇甫二李姜崔

溫大雅字彥弘并州祁人父君攸北齊文林館學士入隋爲泗州司馬見朝政不綱謝病歸大雅性至孝與弟彥博大有皆知名薛道衡見之嘆曰三人者皆卿相才也初爲東宮學士長安尉以父喪解會天下亂不復仕高祖鎭太原厚禮之兵興引爲大將軍府記室參軍主文檄帝受禪與竇威陳叔達討定儀典遷黃門侍郎而彥博亦爲中書侍郎對管華近帝嘗從容謂曰我起晉陽爲卿一門耳進工部侍郎陝東道大行臺尚書隱太子圖亂秦王表大雅鎭洛陽須變數陳祕畫多所嘉納王卽位轉禮部封黎國公改葬其祖卜人占其地曰弟則吉不利於君若何大雅曰如子言我含笑入地矣歲餘卒謚曰孝永徽五年贈尚書右僕射

彥博字大臨通書記警悟而辯開皇末對策高第授文林郎直內史省隋亂幽州總管羅藝引爲司馬藝以州降彥博與有謀授總管府長史封西河郡公召入爲中書舍人遷侍郎高麗貢方物高祖欲讓而不臣彥博執不可曰遼東本周箕子國漢玄菟郡不使北面則四夷何所瞻仰帝納而止突厥入寇彥博以并州道行軍長史戰大谷王師敗績被執突厥知近臣數問唐兵多少及國虛實彥博不肯對囚陰山苦寒地太宗立突厥歸款得還授雍州治中尋檢校吏部侍郎彥博欲汰擇士類寡術不能厭衆訟牒滿廷時譏其煩碎復爲中書侍郎遷御史大夫檢校中書侍郎事貞觀四年遷中書令封虞國公突厥降詔議所以安邊者彥博請如漢置降匈奴五原塞以爲扞蔽與魏徵廷爭徵不勝其辯天子卒從之其後突利可汗弟結社謀反帝始悔云彥博善辭令每問四方風俗臚布詔命若成誦然進止詳華人皆拭目觀高祖嘗宴近臣遣秦王諭旨旣而顧左右曰何如溫彥博十年遷尚書右僕射明年卒年六十三彥博性周愼旣掌機務謝賓客不通進見必陳政事利害卒後帝歎曰彥博以憂國故耗思殫神我見其不逮再朞矣恨不許少閑以究其壽家貧無正寢殯別室帝命有司爲構寢贈特進謚曰恭陪葬昭陵子振挺振歷太子舍人居喪以毀卒挺尚千金公主官延州刺史彥博曾孫曦尚涼國長公主

大有字彥將隋仁壽中李綱薦之授羽林騎尉高祖擧兵引爲太原令從秦王徇西河將行高祖曰士馬單少要須經略以君參軍事事之濟否卜是行也西河下擢大將軍府記室與兄大雅同掌機近不自安請徙它職帝曰我虛心待卿何所自疑武德初累遷中書侍郎封淸河郡公卒贈鴻臚卿謚曰敬初顏氏溫氏在隋最盛思魯與大雅俱事東宮愍楚彥博同直內史省游秦大有典校祕閣顏以學業優而溫以職位顯於唐云

大雅四世孫佶字輔國以字行安祿山亂往見平原太守顏眞卿助爲守計李光弼厚遇之後居鄴薛嵩薦之朝授太常丞一謝嵩卽去屏處郊野世雅其高節子造

造字簡輿姿表瑰傑性嗜書然盛氣少所降屈不喜爲吏隱王屋山人號其居曰處士墅壽州刺史張建封聞其名書幣招禮造欣然曰可人也往從之建封雖咨謀而不敢縻以職事及節度徐州造謝歸下邳慨然有高世心建封恐失造因妻以兄子時李希烈反攻陷城邑天下兵鎭陰相撼逐主帥自立德宗患之以劉濟方納忠于朝密詔建封擇縱橫士往說濟佐其必建封彊署造節度參謀使幽州造與濟語未訖濟俯伏流涕曰僻陋不知天子神聖大臣盡忠願率先諸侯效死節造還建封以聞詔馳驛入奏天子愛其才問造家世及年對

曰臣五世祖大雅外五世祖李勣臣犬馬之齒三十有二帝奇之將用爲諫官以語泄乃止復去隱東都烏重胤奏置幕府長慶初以京兆司祿爲太原幽鎮宣諭使召見辭曰臣府縣吏也不宜行恐四方易朝廷穆宗曰朕東宮時聞劉總比年上書請覲使問行期乃不報卿爲我行喻意毋多讓因賜緋衣至范陽總櫜鞬郊迎造爲開示禍福總懼矍然若兵在頸繇是籍所部九州入朝還遷殿中侍御史田弘正遇害以起居舍人復宣慰鎮州行營頃之李景儉以酒得過宰相造坐與飲出爲朗州刺史開後鄉渠百里溉田二千頃民獲其利號右史渠召授侍御史知彈奏請復朱衣豸冠示外廡不聽夏州節度使李祐拜大金吾違詔進馬造正衙抨劾祐曰吾夜入蔡州擒吳元濟未嘗心動今日膽落於溫御史遷左司郎中知御史雜事進中丞大和三年內昭德寺火延禁中野狐落野狐落者宮人所居也死者數百人是日宰相兩省官京兆尹中尉樞密皆集日華門督神策兵救火所及獨御史府不至造自劾曰臺繫賊恐人緣以構姦申警備乃得入臣請入三十直崔蠡姚合二十直自贖宰相劾造不待罪於朝而自許輕比不可聽有詔皆奪一月俸造性剛急人或忤已雖貴勢亦以氣出其上道遇左補闕李虞恚不避捕從者笞辱左拾遺舒元褒等建言故事供奉官惟宰相外無屈避造棄蔑典禮無所畏辱天子侍臣凡事小而關分理者不可失失之則亂所由生遺補雖卑侍臣也中丞雖高法吏也侍臣見陵則恭不廣法吏自恣則法壞聞元和長慶時中丞呵止不半坊今乃至兩坊謂之籠街造擅自尊大忽僭擬之嫌請得論罪帝乃詔臺官供奉官共道路聽先後行相值則揖中丞傳呼不得過三百步造彈擊無所回畏威望隱然發南曹僞官九十八人主史皆論死遷尚書右丞封祁縣子興元軍亂殺李絳衆謂造可夷其亂文宗亦以爲能乃授檢校右散騎常侍山南西道節度使許以便宜從事帝慮其勞費造曰臣計諸道戍蠻之兵方還願得密詔受約束用此足矣許之命神策將董仲質河中將溫德彝郃陽將劉士和從造而興元將衛志忠張丕李少直自蜀還造喻以意皆曰不敢二乃用八百人自從五百人爲前軍既入前軍呵護諸門造至欲大宴視聽事曰此隘陝不足饗士更徙牙門坐定將卒羅拜徐曰吾欲聞新軍去主意可悉前舊軍無得進勞問畢就坐酒行從兵合卒有覺者欲引去造傳言叱之乃不敢動即問軍中殺絳狀志忠丕夾階立拔劍傳呼曰悉殺之圍兵爭奮皆斬首凡八百餘人親殺絳者醢之號令者殊死取百級祭絳三十級祭死事官王景延等餘悉投之漢江監軍楊叔元擁造靴祈哀造以兵衞出之詔流康州叔元始激兵亂者也人以造不戮爲恨以功加檢校禮部尚書賜萬縑賞其兵入爲兵部侍郎以病自言出東都留守俄節度河陽奏復懷州古秦渠枋口堰以溉濟源河內溫武陟四縣田五千頃召爲御史大夫方倚以相會疾不能朝改禮部尚書卒年七十贈尚書右僕射兄邈弟遜邈長慶大和中累以拾遺補闕召不應遜嘗爲邑宰解印綬去造子璋

璋以父蔭累官大理丞陰平吏盜官物而焚其帑璋刺得其情擢侍御史賜緋衣遷婺州刺史以政有績賜金紫徙廬宋二州刺史宣州逐鄭薰也崔鉉調淮南兵討之以璋爲宣州刺史事平就拜觀察使擢武寧節度使銀刀軍驕橫累將姑息而璋政嚴明懼之相率逐璋詔徙邠寧節度歷京兆尹璋素彊幹鉏宿弊豪右帖服加檢校吏部尚書同昌公主薨懿宗誅醫無狀者繫親屬三百餘人璋與劉瞻極諫貶振州司馬歎曰生不逢時死烏足惜仰藥死

彥博裔孫廷筠少敏悟工爲辭章與李商隱皆有名號溫李然薄於行無檢幅又多作側辭豔曲與貴胄裴誠令狐滈等蒲飲狎昵數舉進士不中第思神速多爲人作文大中末試有司廉視尤謹廷筠不樂上書千餘言然私占授者已八人執政鄙其爲授方山尉徐商鎮襄陽署巡官不得志去歸江東令狐綯方鎮淮南廷筠怨居中時不爲助力過府不肯謁丐錢揚子院夜醉爲邏卒擊折其齒訴於綯綯爲劾吏吏具道其汙行綯兩置之事聞京師廷筠徧見公卿言爲吏誣染俄而徐商執政頗右之欲白用會商罷楊收疾之遂廢卒本名岐字飛卿

弟廷皓咸通中署徐州觀察使崔彥曾幕府龐勛反以刃脅廷皓使爲表求節度使廷皓紿曰表聞天子當爲公信宿思之勛喜歸與妻子決明日復見勛索表倨答曰我豈以筆硯事汝邪其速殺我勛熟視笑曰儒生有膽邪吾動衆百萬無一人操檄乎囚之更使周重草表彥曾遇害廷皓亦死詔贈兵部郎中

皇甫無逸字仁儉京兆萬年人父誕隋并州總管府司馬漢王諒反逼之不從見殺無逸在長安聞變即號慟人問故對曰吾父生平重節義必無苟免者頃訃至果然時五等廢煬帝嘉誕忠特封無逸平輿侯而贈誕柱國弘義郡公無逸歷淯陽太守治爲天下最再遷右武衞將軍帝幸江都詔居守洛陽帝被殺乃與段達元文都立越王侗及王世充簒秉母妻斬關自歸追騎及無逸顧曰吾有死終不能同爾爲逆解金帶投之地曰以與爾無相困騎爭下取由是獲免高祖以無逸本隋勳舊尊遇之拜刑部尚書封滑國公歷陝東道行臺民部尚書遷御史大夫時蜀新定吏多橫恣人不聊詔無逸持節巡撫得承制除吏既至黜貪暴用廉善法令嚴明蜀人以安皇甫希仁憸人也誣告無逸爲母故陰交世充帝判其詐斬希仁遣給事中李公昌馳諭又有告無逸交通蕭銑者時無逸與行臺僕射竇璡不協因表自陳并上璡罪有詔劉世龍溫彥博按之無狀遂斬告者而黜璡及還帝勞曰比多譖毀但以正直爲佞人憎爾無逸頓首謝帝曰卿無負何所謝拜民部尚書出爲同州刺史徙益州大都督府長史所至輒閉閤不通賓客左右無敢出入者所須皆市易它境常按部宿民家鐙炷盡主人將續進無逸抽佩刀斷帶爲炷其廉介類如此然過自畏愼每上表疏讀數十猶懼未審使者上道追省再三乃得遣母在長安疾篤太宗命馳驛召還承問憂悸不能食道病卒贈禮部尚書謚曰孝王珪駁曰無逸入蜀不能與母俱留卒京師子道未足稱不可謂孝乃更謚良

李襲志字重光其先本隴西狄道人五世祖避地更爲金州安康人仕隋始安郡丞大業末盜賊起襲志傾私產募士得三千人乘城拒盜蕭銑林士弘屢攻之不下聞煬帝喪乃與士民縞素三日臨或說曰公臨郡久士大夫悅向蠻夷畏威雖曰隋臣實君長也今四海分裂自王者非一姓宜遂據嶺表取百粵豈遽不若尉佗乎襲志曰吾世隋臣今江都雖淪宗社尚有奉諸君當相與戮力剸讐恥豈怙亂圖不義哉吾寧路忠死不逆節以生尉佗不足爲吾法也欲斬說者衆諫乃止遂固守凡二年力窮援絕爲銑所陷僞署工部尚書桂州總管武德初高祖賜書命其子玄嗣召之襲志約嶺南酋永平郡守李光度潛圖歸國帝復以書諭曰公朕之宗不可與異姓比宜及子弟並豫宗正屬籍及銑平嶺南六十餘州皆送款襲志誘而致云趙郡王孝恭承制授桂州總管五年來朝進柱國封始安郡公江州都督後討輔公祏爲水軍總管轉桂州都督襲志守桂二十八年政尚清省南荒便之表請入朝以光祿大夫汾州刺史致仕卒

弟襲譽字茂實通敏有識度仕隋爲冠軍府司兵陰世師輔代王守京師也三輔盜蝗聚襲譽請以兵據永豐倉發粟賑窮乏出庫物賞戰士馳檄郡縣共逐捕賊世師不從乃求出募山南兵至漢中高祖已定長安召授太府少卿安康郡公伐王世充也拜潞州總管時突厥已和親又通使世充襲譽捕斬之詔委典運以饋東軍擢累揚州大都督府長史江南巡察大使多所黜陟揚州江吳大都會俗喜商賈不事農襲譽爲引雷陂水築句城塘溉田八百頃以盡地利民多歸本召爲太府卿爲人嚴慤以威肅聞居家儉厚于宗親祿稟隨多少散之以餘貲寫書罷揚州書遂數車載嘗謂子孫曰吾性不喜財遂至窶乏然負京有賜田十頃能耕之足以食河內千樹桑事之可以衣江都書力讀可進求宦吾歿後能勤此無資於人矣遷涼州都督改同州刺史坐在涼州以私憾杖殺番禾丞劉武當死廢爲民流泉州卒

姜謩秦州上邽人隋大業末爲晉陽長高祖在太原謩前識之謂所親曰隋政亂將亡必有聖人受之唐公負王霸資度其必撥亂得天下乃深自結及大將軍府建引爲司功參軍從平霍邑絳郡兵遂度河謩部勒一夕濟高祖歎其畧進平長安除相國曹參軍長道縣公薛舉寇秦州以謩山西豪望詔安撫隴外委以便宜將行請曰公天人之望已屬宜膺圖緯光有神器謩老矣恐先朝露幸一見踐阼死不恨高祖嘉納乃與竇軌出散關下河池漢陽遇薛舉與戰軌敗召謩還朝爲員外散騎常侍後仁杲平擢秦州刺史帝曰昔人稱衣錦故鄉今以本州相授所以償功涼州荒梗宜有以靖之謩至撫邊俗以恩信盜賊衰止人喜曰不意復見太平官府改守隴州以老去職貞觀元年卒贈岷州都督謚曰安子確

確字行本以字顯貞觀中爲將作少匠護作九成洛陽宮及諸苑籞以幹力稱多所賚賞游幸無不從遷宣威將軍太宗選趫才衣五色袍乘六閑馬直屯營宿衛仗內號曰飛騎每出幸即以從拜行本左屯衛將軍分典之高昌之役爲行軍副總管出伊州距柳谷百里依山造攻械增損舊法械益精其處有漢班超紀功碑行本磨去古刻更刊頌陳國威靈遂與侯君集進平高昌戰有功璽書慰勞還爲金城郡公賜奴婢七十人帛百五十段帝將征高麗行本諫未宜輕用師不從至蓋牟城中流矢卒帝賦詩悼之贈左衛大將軍郕國公謚曰襄陪葬昭陵子簡嗣行本性恪敏所居官雖祈寒烈暑無

儆容加有巧思凡朝之營繕所司必諮而後行魏徵見其倚昵恐變啓侈端勸帝斥之帝頓其彊濟不斥也子桑遠美姿容敏奏詳辯武后時至左鷹揚衛將軍攝地官尚書通事舍人內供奉子皎晦

皎長安中爲尚衣奉御玄宗在藩邸皎識其有非常度委心焉及卽位自潤州長史召授殿中少監出入卧內陪燕私詔許捨敬坐與妃嬪連榻間擊毬鬬雞呼之不名也賜宮女廐馬及宅珍物前後不勝計帝在殿廷翫一嘉樹皎盛贊之帝遽令徙植其家後將誅竇懷貞等皎與密議以功進殿中監楚國公食封四百戸議者譏短皎任遇太過帝以其藩邸舊思有以宣布之乃下詔曰殿中監楚國公皎往事朕於藩國雖彭祖同書子陵共學不過也朕嘗游長楊鄠杜間皎于時奉侍數謂朕曰相王必登天位王且儲副朕叱而後止復言於朕兄弟近戚語聞太上皇太上皇奏之中宗遣嗣虢王邕等鞫問皎一意保護罔或貳言宗楚客紀處納等請投皎炎荒中宗特詔貶潤州長史專以忠力戴朕謂天且有命故履危蹈艱而無變焉朕既卽位又參誅姦臣將厚以光寵每所撝遜造膝匪躬舉多規益而悠悠之談醜正惡直天下之人皆未及識皎之功何見之異也昔漢昭之任霍光魏祖之明程昱朕之不德庶幾於此且否當其悔則必滅乃宗泰至于亨則所酬未補豈流言之驟而厚德之忘哉乃謀始有之圖終可也尋遷太常卿監脩國史弟晦又爲吏部侍郎有權寵宋璟以爲非久安策請抑損之開元五年下詔放歸田里使自娛久之復爲祕書監十年坐洩禁中語爲嗣濮王嶠所劾敕中書門下究狀嶠亦王守一姻家中書令張嘉貞陰希其意傅致皎獄詔免殊死杖之流欽州道病死年五十親厚坐謫死者數人世以爲冤時源乾曜方侍中不能正爲人所譏詆帝後思皎舊勳令遞柩還以禮葬之存問其家追贈澤州刺史後以子尚主更贈吏部尚書仍賜封二百戸爲祠享費子慶初

慶初生方晬帝許尚主後淪謫二十餘年天寶初皎甥李林甫爲宰相爲帝言之始命以官襲楚國公十載尚新平公主新平故嘗歸裴玲玲卒乃降慶初主慧淑閑文墨帝賢之歷肅代朝恩禮加重慶初亦得幸舊制駙馬都尉多不拜正官特拜慶初太常卿會脩植建陵詔爲之使誤毀連岡代宗怒下吏論不恭賜死建陵使史忠烈等皆誅裴玲子倣亦尚官主幽禁中大歷十年薨故事太常職奉陵廟開元末濮陽王徹爲宗正卿有寵始請宗正奉陵天寶中張垍以主壻任太常故復舊及慶初敗又以陵廟歸宗正云

晦起家蒲州參軍累爲高陵令治有聲遷長安令人畏愛之開元初擢御史中丞先是永徽顯慶時御史不拜宰相銜命使四方者廷中揖見後稍屈下至晦獨循舊體謂御史曰不如故事且奏譴公等由是臺儀復振轉太常少卿時國馬乏晦請以詔書市馬六胡州率得馬三千署游擊將軍詔可閑廐乃稍備除黃門侍郎辭不拜改兵部滿歲爲吏部侍郎主選曹史嘗請託爲姦前領選者周棘扈藩檢窒內外猶不禁至晦悉除之示無防限然處事精明私相屬請罪輒得皆以爲神始晦革舊示簡廷議恐必敗既而賕賂塞而流品有敘衆乃伏皎被放晦亦左除中正卿貶春州司馬徙海州刺史卒

崔善爲貝州武城人祖顥爲魏散騎侍郎善爲巧于曆數仕隋調文林郎督工徒五百營仁壽宮總監楊素索簿閱實善爲執板暗唱無一差謬素大驚自是四方有疑獄悉令按訊皆究其情仁壽中遷樓煩司戸書佐高祖爲太守尤禮接善爲見隋政日紊密勸高祖圖天下及兵起署大將軍府司戸參軍封清河縣公擢累尚書左丞用清察稱諸曹史惡之以其短而傴嘲曰曲如鉤例封侯欲沮罷所任帝聞勉之曰昔齊末姦吏歌斛律明月而高緯闇不察至滅其家朕雖不德幸免是因下令購謗者謗乃止傅仁均撰戊寅歷李淳風詆其疏帝令善爲考二家得失多所裁正貞觀初爲陝州刺史時議戸猥地狹者徙寬鄉善爲奏畿內戸衆而丁壯悉籍府兵若聽徙皆在關東虛近實遠非經通計詔可歷大理司農二卿坐與少卿不平出爲秦州刺史卒贈刑部尚書謚曰忠初天下既定羣臣居喪者皆奪服善爲建言其敝武德二年始許終喪然猶時以權迫不能免如房玄齡禇遂良者衆矣

李嗣眞字承冑趙州柏人人多藝數舉明經中之累調許州司功參軍賀蘭敏之脩譔東臺表嗣眞直弘文館與學士劉獻臣徐昭皆少有名號三少高宗東封還詔贈孔子太師命有司爲祝司文郎中雷少穎文不稱旨更命嗣眞與成不淹頃帝覽稱善詔加兩階敏之等倚恩自如嗣眞不喜求補義烏令敏之敗學士多連坐嗣眞獨免調露中爲始平令風化大行時章懷太子作寶慶曲閱於太清觀嗣眞謂道人劉槩輔儼曰宮不召商君臣乖也角與徵戾父子疑也死聲多且哀若國家無事太子任其咎俄而太子廢槩等奏其言擢太常丞知五禮儀封常山縣子嗣眞常曰隋樂府有堂堂曲明堂再受命比日有側堂堂橈堂堂之謠側不正也橈危也皇帝病日侵事皆決中宮持權與人收之不易宗室雖衆居中制外勢且不敵諸王殆爲后所蹂踐吾見難作不久矣太常缺黃鐘鑄不能成嗣眞居崇業里疑土中有之弗得其所道上逢一車有鐸聲甚厲嗣眞曰宮聲也市以歸振於空地若有應者掘之得鐘衆樂遂和嘗引工展器於廷后奇其風度應對召相王府參軍闕玄靜圖之吏部郎中楊志誠爲贊祕書郎殷仲容書時以爲寵永昌初以右御史中丞知大夫事請周漢爲二王後詔可命巡撫河東薦宋温瑾袁嘉祚李日知拔州縣職皆至顯官來俊臣獄方熾嗣眞上書諫以爲昔陳平事漢祖謀疏楚君臣行反間項羽遂亡今殆有如平者謀陛下君臣恐爲社稷禍不納出爲潞州刺史俊臣誣以反流藤州久得還自筮死日豫具棺斂如言卒桂陽有詔州縣護喪還鄉里贈濟州刺史謚曰昭武后嘗問嗣眞儲貳事對曰程嬰杵臼存趙氏孤古人嘉之后悟中宗乃安神龍初贈御史大夫所撰述尤多時雍州人裴知古亦善樂律長安中爲太樂令神龍元年正月享太廟樂作知古密語萬年令元行沖曰金石諧婉將有大慶在唐室子孫乎是月中宗復位人有乘馬者知古聞其嘶乃曰馬鳴哀主必墜死見新婚者聞佩聲曰終必離訪之皆然

唐書卷九十一考證

皇甫無逸傳京兆萬年人○舊書作安定烏氏人

唐書卷九十二

宋　端明殿學士宋祁　撰

列傳第十七

杜闞王李苑羅王

杜伏威齊州章丘人少豪蕩不治生貲與里人輔公祏約刎頸交公祏數盜姑家牧羊以餽伏威縣迹捕急乃相與亡命爲盜時年十六伏威狡譎多算每剽劫衆用其策皆效嘗營護諸盜出爲導入爲殿故其黨愛服共推爲主隋大業九年入長白山依賊左君行不得意舍去轉剽淮南稱將軍下邳賊苗海潮擁衆鈔暴伏威遣公祏脅諭曰天下共苦隋豪傑相與輿義然力弱勢分不相統若合以爲彊則無事隋矣公能爲主吾且從不然一戰以決海潮懼卽以衆下之江都留守遣校尉宋顥將兵捕擊伏威與戰僞北誘顥墮葭葦澤中順風縱火迫之步騎燒死幾盡海陵賊趙破陣聞伏威兵少輕之召使并力伏威引親將十人操牛酒謁勒公祏嚴兵待變破陣引伏威入幕置酒悉召酋首高會伏威突斬破陣衆駘駭不及救復殺數十人下皆畏服公祏兵亦至遂并其衆至數萬攻安宜屠之隋遣虎牙郎將來整戰于黃花輪伏威大敗身重創與公祏財有衆數百亡去行收卒得八千與虎牙郎將公孫上哲戰鹽城覆其軍煬帝遣右禦衛將軍陳稜以精兵討之稜不敢戰伏威遺以婦人服書稱陳姥怒其軍稜果悉兵至伏威迎出挑戰稜軍射中其額伏威怒曰不殺汝矢不拔遂馳入稜陣大呼衝擊衆披靡獲所射將使拔箭巳斬之擕其首入稜軍示之又殺數十人遂大潰稜走而免進破高郵引兵渡淮攻歷陽據之稱總管分兵徇屬縣皆下江淮羣盜爭附伏威選敢死士五千號上募寵厚之與均甘苦每攻取必先登戰罷閱創在背者殺之所虜獲必分與麾下士有戰死以其妻殉故人自奮戰無完敵宇文化及以爲歷陽太守不受徙丹陽自稱大行臺始進用士人繕利兵械薄賦斂除殉葬法民姦若盜及吏受賕雖輕皆殺無赦上表越王侗侗以爲東南道大總管封楚王是時秦王方討王世充遣使招懷伏威乃獻款高祖授以東南道行臺尚書令江淮安撫大使上柱國吳王賜姓豫屬籍以其子德俊爲山陽公賜帛五千段馬三百匹伏威遣其將陳正通徐紹宗以兵會取世充之梁郡又遣將王雄誕討李子通於杭州禽以獻破汪華於歙州盡有江東淮南地南屬嶺東至於海秦王巳平劉黑闥師次曹兗伏威懼乃入朝詔拜太子太保兼行臺尚書令留京師位在齊王元吉上以寵之伏威好神仙長年術餌雲母被毒武德七年二月暴卒初公祏反矯伏威令以給衆趙郡王孝恭既平公祏得反書以聞高祖追其官削屬籍沒入家產貞觀元年太宗知其冤詔復官爵以公禮葬仍還其子封伏威有養子三十人皆壯士屬以兵與同衣食唯闞稜王雄誕知名

闞稜伏威邑人也貌魁雄善用兩刃刀其長丈名曰陌刀一揮殺數人前無堅對伏威據江淮以戰功顯署左將軍部兵皆羣盜橫相侵牟稜案罪殺之雖親故無脫者至道不舉遺從伏威入朝拜左領軍將軍越州都督

公祏反稜與南討青山之戰與陳正通遇陣方接稜脫兜鍪謂衆曰不識我耶何敢戰其徒多稜舊部氣遂索至有拜者公祏破稜功多然頗自伐公祏破禽乃誣與巳謀又伏威王雄誕及稜貲産在丹陽者當原而趙郡王孝恭悉籍入之稜自訴忤孝恭遂以謀反誅

王雄誕曹州濟陰人少彊果膂力絶人伏威之起用其計戰多克署驃騎將軍初伏威渡淮與李子通合後子通憚其才襲之伏威被創墮馬雄誕負逃葭澤中裒爛散亡又爲隋將來整所窘衆復潰別將西門君儀妻王勇決而力負伏威走雄誕總麾下壯士十餘人從之追兵至雄誕還拒數被創氣彌厲伏威遂脫闞稜年長於雄誕故軍中號稜大將軍雄誕小將軍後伏威令輔公祏擊子通以雄誕稜爲副戰溧水子通敗公祏乘勝追之反爲所掎士皆走壁雄誕曰子通狃于勝無營壘今急擊之必克公祏不從雄誕獨提私卒數百銜枚夜往乘風火之子通大敗走度太湖武德四年與子通戰蘇州郤之子通以精兵保獨松嶺雄誕遣將陳當率千兵出不意乘高蔽嶂張疑幟夜縛炬于樹徧山澤子通懼燒營遁保餘杭雄誕追禽之歙守汪華在郡稱王且十年雄誕還師攻之華以勁甲出新安洞拒戰雄誕伏兵山谷以弱卒數千鬬輒走壁華來攻壁中奮殊死不可下會暮還雄誕伏兵已據洞口不得歸遂面縛降蘇賊聞人遂安據崑山無所屬伏威使討之雄誕以邑險而完攻之引日遂單騎造壘門陳國威靈因開曉禍福遂安卽降以前後功授歙州總管封宜春郡公伏威入朝以兵屬雄誕輔公祏將反患其異巳縱反間陽言得伏威敎責雄誕貳雄誕素質直信之乃歸臥疾公祏奪其兵遣西門君儀諭計雄誕始悔寤曰天下方靖王在京師當謹守藩奈何爲族夷事雄誕雖死誼不從公祏遂縊之雄誕愛人善撫士能致下死力每破城邑整衆山立無絲毫犯死之日江南士庶爲流涕高祖嘉其節以子世果襲宜春郡封太宗立優詔贈左驍衛大將軍越州都督謚曰忠世果垂拱初至廣州都督安西大都護

張士貴虢州盧氏人本名忽峍彎弓百五十斤左右射無空發隋大業末起爲盜攻剽城邑當時患之號忽峍賊高祖移檄招之士貴卽降拜右光祿大夫從征伐有功賜爵新野縣公又從平洛授虢州刺史帝曰顧令卿衣錦晝游耳進封虢國公右屯衛大將軍貞觀七年爲龔州道行軍總管破反獠還太宗聞其冒矢石先登勞之曰嘗聞以忠報國者不顧身於公見之累遷左領軍大將軍顯慶初卒贈荆州都督陪葬昭陵

李子和同州蒲城人本郭氏爲隋左翊衛以罪徙榆林大業末郡饑子和與死士十八人執丞王才數以不恤下斬之開倉賑窮乏自號永樂王建元丑平號其父爲太公以弟子政爲尚書令子端子升爲左右僕射有騎兵二千南連梁師都北事突厥納弟爲質始畢可汗冊子和爲平楊天子不敢當乃更署爲屋利設武德元年獻款授靈州總管金河郡公徙郇國公襲師都寧朔城克之又伺突厥虛實陰以章聞爲虜邏騎所獲處羅可汗怒囚子升於是子和危畏舉部南徙詔內延州故城五年從平劉黑闥有功賜姓拜右武衛將軍十一年爲婺州刺史徙夷國公顯慶初轉黔州都督乞骸骨許之進金紫光祿大夫卒

苑君璋馬邑豪也以驍雄自奮劉武周以兵入寇君璋曰唐以一州兵援取三輔所向風靡此殆天命非人謀不可爭也太原而南多巖阻今東甲深入無踵軍有失不可償不如連突厥與唐合從南面稱孤上策也武周不聽使君璋守朔州引衆內侵未幾敗泣曰廢君言乃至此卽與共趨突厥武周死突厥以君璋爲大行臺統武周部曲使郁射設監兵與舊將高滿政夜襲代州不克高祖遣使招之賜鐵券約不死君璋拒命進寇代州刺史王孝德拒郤之滿政勸君璋曰夷狄無禮豈可北面臣之請盡殺其衆以歸唐君璋不從而馬邑困於兵人厭亂滿政因衆不忍夜脅君璋君璋奔突厥滿政以城歸詔拜朔州總管封榮國公君璋引突厥攻陷馬邑殺滿政夷其黨乃去退保恒安其部皆中國人多叛去君璋窮乃降自請郭虜贖罪高祖遣鴈門人元普賜金券會頡利亦召之意猶豫子孝政諫曰大人許唐降又貳頡利自取亡也今權盡衆攜不卽決恐衿肘變生孝政不忍見禍之酷也卽單騎南奔君璋喻返之召衆與議恒安人郭子威曰恒安故王者都山川足以自固突厥方彊我援之可觀天下變何遽降君璋然之執元普送突厥頡利德之遺以錦裘羊馬其下怨投書于門曰不早附唐父子誅孝政懼欲自歸爲君璋所拘與突厥寇馬邑犯太原邊人苦之見頡利政亂知將亡遂率所部降頡利追擊走其兵入朝拜安州都督封芮國公食五百戶賜帛四千匹君璋不曉書然天資習事歷職有惠稱貞觀中卒

羅藝字子延襄州襄陽人家京兆之雲陽父榮隋監門將軍藝剛愎不仁勇攻戰善用槊大業中以戰力補虎賁郎將遼東之役李景以武衛大將軍督饟北平詔藝以兵屬分部嚴一然任氣嘗慢侮景頓爲景辱天下盜起涿郡號富饒伐遼兵仗多在而倉庤盈美又臨朔宮多珍寶屯師且數萬苦盜賊侵掠留守將趙什住賀蘭誼晉文衍等不能支藝捍寇數破卻之勇常冠軍爲諸將忌畏藝陰自計因出師詭說衆曰吾軍討賊數有功而食乏官粟若山而留守不賑卹豈安人彊衆意邪士皆怨既還郡丞出郊謁藝執之陳兵入什住等懼爭聽命藝卽發庫貲賜戰士倉粟給窮人境內大悅殺異巳者渤海太守唐禕等威動北邊柳城懷遠並歸附黜柳城太守楊林甫改郡曰營州以襄平太守鄧暠爲總管藝自稱幽州總管宇文化及至山東遣使招藝藝曰我隋舊臣今大行顛覆義不辱于賊斬使者爲煬帝發喪三日時竇建德高開道亦遣使於藝藝謂官屬曰建德等皆劇賊不足共功名唐公起兵據關中民望所繫王業必成吾決歸之敢異議者戮會張道源撫輯山東亦諭藝降武德二年乃奉表以地歸詔封燕王賜姓隸屬籍數與建德戰多所禽馘秦王擊劉黑闥高祖詔藝弟監門將軍壽以兵從藝自率衆數萬破劉什善張君立於徐河黑闥引突厥入寇藝復以兵與皇太子建成會洺州遂請入朝帝厚禮之拜左翊衛大將軍藝負其功且貴重不少屈秦王左右嘗至其營藝疻辱之高祖怒以屬吏久乃釋時突厥放橫藉藝威名欲憚虜詔以本官領天節軍將鎮涇州太宗卽位進開府儀同三司藝內懼乃圖反詭言閱武兵既集稱被密詔入朝軍至豳治中趙慈皓出謁遂據州帝命長孫无忌尉遲敬德擊之未至慈皓與統軍楊岌謀誅藝藝覺執慈皓岌居外卽攻之藝敗棄妻子從數百騎奔突厥抵寧州騎稍亡左右斬之傳首梟于都市壽時爲利州都督亦及誅先是濟陰女子李自言通鬼道能愈疾四方惑之詔取致京師嘗往來藝家謂藝妻孟曰妃相貴當母天下孟令視藝又曰妃之貴由於王貴色且發藝妻信之亦贊以反既敗與李皆斬

王君廓并州石艾人少孤貧爲駔儈無行善盜嘗負竹笱如魚具內置逆刺見鬻繒者以笱囊其頭不可脫乃奪繒去而主不辨也鄉里患之大業末欲聚兵爲盜請與叔俱不從乃誣鄉人通叔母者與叔共殺之遂皆亡命衆稍集掠夏長平河東丞丁榮拒之且遣使慰召君廓見使爲謬欲歸首者榮輕之因陳兵登山君廓悉仗甲山谷中榮軍還掩擊破之又與賊韋寶鄧豹等掠虞鄉宋老生與戰君廓不利保方山老生列營迫之君廓糧盡詐請降與老生隔澗語斬請哀到老生爲感動稍緩之君廓一昔遁去高祖兵起召之不從歸李密密不甚禮乃歸國授上柱國假河內太守常山郡公遷遼州刺史徙封上谷從戰東都有功爲右武衛將軍詔勞之曰爾以十三人破賊萬自古以少制衆無有也賜雜綵百段別下轘轅羅川二縣破世充將魏隱擊糧道綏氏沈米艘三十柁進爵彭國公鎮幽州擊突厥俘斬二千獲馬五千匹入朝帝賜所乘馬令自廷中乘以出謂侍臣曰昔藺相如叱秦王目眥皆裂君廓往擊建德李勣遇之至發憤大呼鼻耳皆流血其勇何特古人哉朕當不以例賞乃賜錦袍金帶還幽州會大都督廬江王瑗反欲奪君廓兵以委王詵君廓本給瑗使亂爲巳功乃從數騎候詵留騎于外曰聞呼聲則入乃獨款詵詐曰有急變當白詵方沐握髮出卽斬之因執瑗以功授幽州都督瑗家口悉賜之進左光祿大夫賜帛千段居職不守法度長史李玄道數以法繩督猜惑不自安會被召至渭南殺驛吏亡奔突厥野人斬之太宗顧前功爲收葬待其家如初御史大夫溫彥博奏君廓叛臣不宜食封邑有司失所宜言乃貶爲庶人

唐書卷九十二考證

杜伏威傳○臣德潛按舊書伏威與輔公祏並列均入竊據例也然伏威既歸順則爲唐臣矣故新書於寇畔中祗列公祏而杜伏威闞稜王雄誕三人另叙入唐臣中

李子和傳自號永樂王建元丑平○舊書作建元正平

唐書卷九十三

宋　端　明　殿　學　士　宋　祁　撰

列傳第十八

二李

李靖字藥師京兆三原人姿貌魁秀通書史嘗謂所親曰丈夫遭遇要當以功名取富貴何至作章句儒其舅韓擒虎每與論兵輒歎曰可與語孫吳者非斯人尚誰哉仕隋爲殿內直長吏部尚書牛弘見之曰王佐才也左僕射楊素拊其牀謂曰卿終當坐此大業末爲馬邑丞高祖擊突厥靖察有非常志自囚上急變傳送江都

至長安道梗高祖已定京師將斬之靖呼曰公起兵爲天下除暴亂欲就大事以私怨殺誼士乎秦王亦爲請得釋引爲三衞從平王世充以功授開府蕭銑據江陵詔靖安輯從數輕騎道金州會蠻賊鄧世洛兵數萬屯山谷間廬江王瑗討不勝靖爲瑗謀擊卻之進至峽州阻銑兵不得前帝謂逗遛詔都督許紹斬靖紹爲請而免開州蠻冉肇則寇夔州趙郡王孝恭戰未利靖率兵八百破其屯要險設伏斬肇則俘禽五千帝謂左右曰使功不如使過靖果然因手敕勞曰既往不咎向事吾久已忘之靖遂陳圖銑十策有詔拜靖行軍總管兼攝孝恭行軍長史軍政一委焉武德四年八月大閱兵夔州時秋潦濤瀨漲惡銑以靖未能下不設備諸將亦請江平乃進靖曰兵機事以速爲神今士始集銑不及知若乘水傅壘是震霆不及塞耳有能倉卒召兵無以禦我此必禽也孝恭從之九月舟師叩夷陵銑將文士弘以卒數萬屯清江孝恭欲擊之靖曰不可士弘健將下皆勇士今新失荆門悉銳拒我此救敗之師不可當宜駐南岸待其氣衰乃取之孝恭不聽留靖守屯自往與戰大敗還賊委舟散掠靖視其亂縱兵擊破之取四百餘艘溺死者萬人卽率輕兵五千爲先鋒趨江陵薄城而營破其將楊君茂鄭文秀俘甲士四千孝恭軍繼進銑大懼檄召江南兵不及到明日降靖入其都號令靜嚴軍無私焉或請靖籍銑將拒戰者家貲以賞軍靖曰王者之兵弔人而取有罪彼其脅驅以來籍以拒師本非所情不容以叛逆比之今新定荆郢宜示寬大以慰其心若降而籍之恐自荆而南堅城劇屯驅之死守非計之善也止不籍由是江漢列城爭下以功封永康縣公檢校荆州刺史乃度嶺至桂州分道招慰酋領馮盎等皆以子弟來謁南方悉定裁量款效承制補官得郡凡九十六戶六十餘萬詔書勞勉授嶺南撫慰大使檢校桂州總管以嶺海陋遠久不見德非震威武示禮義則無以變風卽率兵南巡所過問疾苦延見長老宣布天子恩意遠近懽服輔公祏據丹陽反詔孝恭爲帥召靖入朝受方略副孝恭東討李世勣等七總管皆受節度公祏遣馮惠亮以舟師三萬屯當塗陳正通步騎二萬屯青林自梁山連鎖以斷江道築却月城延袤十餘里爲犄角諸將議曰彼勁兵連柵將不戰疲老我師若直取丹陽空其巢窟惠亮等自降靖曰不然二軍雖精而公祏所自將亦銳卒也既保石頭則牢未可拔我留不得志退有所忌腹背蒙患非百全計且惠亮正通百戰餘賊非怯野鬬今方持重特公祏立計爾若出不意挑攻其城必破之惠亮拔公祏禽矣孝恭聽之靖率黃君漢等水陸皆進苦戰殺傷萬餘人惠亮等亡去靖將輕兵至丹陽公祏懼衆尚多不能戰乃出走禽之江南平置東南道行臺以爲行臺兵部尚書賜物千段奴婢百口馬百匹行臺廢檢校揚州大都督府長史帝歎曰靖迺銑公祏之膏肓也古韓白衞霍何以加八年突厥寇太原爲行軍總管以江淮兵萬人屯大谷時諸將多敗獨靖以完軍歸俄權檢校安州大都督太宗踐阼授刑部尚書錄功賜實封四百戶兼檢校中書令突厥部種離畔帝方圖進取以兵部尚書爲定襄道行軍總管率勁騎三千繇馬邑趨惡陽嶺頡利可汗大驚曰兵不傾國來靖敢提孤軍至此於是帳部數恐靖縱諜者離其腹心夜襲定襄破之可汗脫身遁磧口進封代國公帝曰李陵以步卒五千出絕漠然卒降匈奴其功尚得書竹帛靖以騎三千蹀血虜庭遂取定襄古未有輩足澡吾渭水之恥矣頡利走保鐵山遣使者謝罪請舉國內附以靖爲定襄道總管往迎之又遣鴻臚卿唐儉將軍安修仁慰撫靖謂副將張公謹曰詔使到虜必自安若萬騎齎二十日糧自白道襲之必得所欲公謹曰上已與約降行人在彼奈何靖曰機不可失韓信所以破齊也如唐儉輩何足惜哉督兵疾進行遇候邏皆俘以從去其牙七里乃覺部衆震潰斬萬餘級俘男女十萬禽其子疊羅施殺義成公主頡利亡去爲大同道行軍總管張寶相禽以獻於是斥地自陰山北至大漠矣帝因大赦天下賜民五日酺御史大夫蕭瑀劾靖持軍無律縱士大掠散失奇寶帝召讓之靖無所辯頓首謝帝徐曰隋史萬歲破達頭可汗不賞而誅朕不然赦公之罪錄公之功乃進左光祿大夫賜絹千匹增戶至五百既而曰向人譖短公朕今悟矣加賜帛二千匹遷尚書右僕射靖每參議恂恂似不能言以沈厚稱時遣使十六道巡察風俗以靖爲畿內道大使會足疾懇乞骸骨帝遣中書侍郎岑文本諭旨曰自古富貴而知止者蓋少雖疾頓憊猶力于進公今引大體朕深嘉之欲成公美爲一代法不可不聽乃授檢校特進就第賜物段千尚乘馬二祿賜國官府佐皆勿廢若疾少間三日一至門下中書平章政事加賜靈壽杖頃之吐谷渾寇邊帝謂侍臣曰靖能復起爲帥乎靖往見房玄齡曰吾雖老尚堪一行帝喜以爲西海道行軍大總管任城王道宗侯君集李大亮李道彥高甑生五總管兵皆屬軍次伏侯城吐谷渾盡火其莽退保大非川諸將議春草未芽馬弱不可戰靖決策深入遂踰積石山大戰數十多所殺獲殘其國國人多降吐谷渾伏允愁蹙自經死靖更立大寧王慕容順而還甑生軍繇鹽澤道後期靖簿責之既歸而憾與廣州長史唐奉義告靖謀反有司按驗無狀甑生等以誣罔論靖乃闔門自守賓客親戚一謝遣改衞國公其妻卒詔墳制如衞霍故事築闕象鐵山積石山以旌其功進開府儀同三司帝將伐遼召靖入謂曰公南平吳北破突厥西定吐谷渾惟高麗未服亦有意乎對曰往憑天威得效尺寸功今疾雖衰陛下誠不棄病且瘳矣帝憫其老不許二十三年病甚帝幸其第流涕曰公乃朕生平故人於國有勞今疾若此爲公憂之薨年七十九贈司徒并州都督給班劒羽葆鼓吹陪葬昭陵謚曰景武子德謇嗣官至將作少匠坐善太子承乾流嶺南以靖故徙吳郡靖兄端字藥王以靖功襲永康公梓州刺史

弟客師右武衞將軍累戰功封丹陽郡公致仕居昆明池南善騎射喜馳獵雖老猶未衰自京南屬山西際灃水鳥鵲皆識之每出從之翔噪人謂之鳥賊卒年九十贈幽州都督

孫令問玄宗爲臨淄王時與雅舊及卽位以協贊功遷殿中少監預誅竇懷貞封宋國公實封五百戶進散騎常侍知尚食事恩待甚渥然未嘗輒干政率游畋自娛厚奉養侈飲食至躬視刲宰有譏之者答曰此畜豢天所以養人與蔬果何異安用安分別邪從坐其子與回紇部酋承宗連婚貶撫州別駕卒

靖五代孫彥芳大和中爲鳳翔司錄參軍家故藏高祖太宗賜靖詔書數函上之一曰兵事節度皆付公吾不從中治也一曰有晝夜視公疾大老嫗遣來吾欲熟知公起居狀皆太宗手墨也大略如此文宗愛之不廢手其舊物有佩筆以木爲管弢刻金其上別爲環以限其間筆尚可用也靖破蕭銑時所賜于闐玉帶十三胯七方六刓胯各附環以金固之所以佩物者又有火鑑大觹算囊等物常佩于帶者天子悉留禁中又敕摹詔本還賜彥芳并束帛衣服權德輿嘗讀太宗手詔至流涕曰君臣之際乃爾邪

李勣字懋功曹州離狐人本姓徐氏客衞南家富多僮僕積粟常數千鍾與其父蓋皆喜施貸所周給無親疏之間隋大業末韋城翟讓爲盜勣年十七往從之說曰公鄉壤不宜自剽殘宋鄭商旅之會御河在中舟艦相屬往邀取之可以自資讓然之劫公私船取財繇是兵大振李密亡命雍丘勣與浚儀王伯當共說讓推密爲主以奇計破王世充密署勣右武候大將軍東海郡公當是時河南山東大水隋帝令飢人就食黎陽倉吏不時發死者日數萬勣說密曰天下之亂本于飢今若取黎陽粟以募兵大事濟矣密以麾下兵五千付勣與郝孝德等濟河襲黎陽守之開倉縱食旬日勝兵至二十萬宇文化及擁兵北上密使勣守倉周掘塹以自環化及攻之勣爲地道出鬬化及敗引去武德二年密歸朝廷其地東屬海南至江西直汝北抵魏郡勣統之未有所屬謂長史郭孝恪曰人衆土宇皆魏公有也吾欲獻之是利主之敗爲已功吾所羞也乃錄郡縣戶口以啓密請自上之使至高祖訝無表使者以意聞帝喜曰純臣也詔授黎州總管封萊國公賜姓附宗正屬籍徙封曹給田五十頃甲第一區封蓋濟陰王固辭改舒國公詔勣總河南山東兵以拒王世充及密以謀反誅帝遣使示密反狀勣請收葬詔從之勣爲密服衰絰葬訖乃釋俄爲竇建德所陷質其父使復守黎陽三年自拔來歸從秦王伐東都戰有功東略地至虎牢降鄭州司兵沈悅平建德俘世充乃振旅還秦王爲上將勣爲下將皆服金甲乘戎輅告捷于廟蓋亦自洛州與裴矩入朝詔復其官又從破劉黑闥徐圓朗累遷左監門大將軍圓朗復反詔勣爲河南大總管討平之趙郡王孝恭討輔公祏也遣勣以步卒一萬度淮拔壽陽攻江西賊壁馮惠亮陳正通相次潰公祏平太宗卽位拜并州都督賜實封九百戶貞觀三年爲通漠道行軍總管出雲中與突厥戰走之引兵與李靖合因曰頡利若度磧保於九姓果不可得我若約齎薄之不戰縛虜矣靖大喜以與已合於是意決靖率衆夜發勣勒兵從之頡利欲走磧勣前屯磧口不得度由是酋長率部落五萬降于勣詔拜光祿大夫行并州大都督府長史父喪解奪哀還官徙封英治并州十六年以威肅聞帝嘗曰煬帝不擇人守邊勞中國築長城以備虜今我用勣守并突厥不敢南顧長城遠矣召爲兵部尚書未至會薛延陀子大度設以八萬騎侵李思摩詔勣爲朔方道行軍總管將輕騎六千擊度設青山斬名王一俘口五萬以功封一子爲縣公晉王爲皇太子授詹事兼左衞率俄同中書門下三品帝曰吾兒方位東宮公舊長史以宮事相委勿以資屈爲嫌也後帝自將征高麗以勣爲遼東道行軍大總管破蓋牟遼東白崖等城從戰駐蹕山功多封

一子爲郡公延陀部落亂詔將二萬騎發突厥兵討之大戰烏德鞬山破之降其首領梯眞達干而可汗咄摩支遁入荒谷積北遂定改太常卿仍同中書門下三品復爲督事勣既忠力帝謂可託大事嘗暴疾醫曰用須灰可治帝乃自翦須以和藥及愈入謝頓首流血帝曰吾爲社稷計何謝爲後留宴顧曰朕思屬幼孤無易公者公昔不遺李密豈負朕哉勣感涕因嚙指流血俄大醉帝親解衣覆之帝疾謂太子曰爾於勣無恩今以事出之我死宜即授以僕射彼必致死力矣乃授疊州都督高宗立召授檢校洛州刺史洛陽宮留守進開府儀同三司同中書門下參掌機密遂爲尚書左僕射永徽元年求解僕射聽之仍以開府儀同三司知政事四年冊進司空始太宗時勣已畫象凌煙閣至是帝復命圖其形自序之又詔得乘小馬出入東西臺卑官日一人迎送帝欲立武昭儀爲皇后畏大臣異議未決李義府許敬宗又請廢王皇后帝召勣與長孫无忌于志寧褚遂良計之勣稱疾不至帝曰皇后無子罪莫大于絶嗣將廢之遂良等持不可志寧顧望不對帝後密訪勣曰將立昭儀而顧命之臣皆以爲不可今止矣答曰此陛下家事無須問外人帝意遂定而王后廢詔勣志寧奉冊立武氏帝東封泰山爲封禪大使嘗墜馬傷足帝以所乘馬賜之高麗莫離支男生爲其弟所逐遣子乞師詔勣爲遼東道行軍大總管率兵二萬討之破其國執高藏男建等裂其地州縣之詔勣獻俘昭陵明先帝意具軍容告于廟進位太子太師增食千一百戶總章二年卒年八十六帝曰勣奉上忠事親孝歷三朝未嘗有過性廉愼不立產業今亡當無贏貲有司其厚賻卹之因泣下舉哀光順門七日不視朝贈太尉揚州大都督謚貞武給祕器陪葬昭陵起冢象陰鐵烏德鞬山以旌功烈葬日帝與皇太子幸未央古城哭送百官送古城西北初勣拔黎陽倉就食者衆高季輔杜正倫往客焉及平虎牢獲戴胄咸引見臥內推禮之後皆爲名臣世以勣知人平洛陽得單雄信故人也表其材武且言若貸死必有以報請納官爵以贖不許乃號慟割股肉啗之曰生死永訣此肉同歸于土爲收養其子爲性友愛其姊病嘗自爲粥而燎其須姊戒止答曰姊多疾而勣且老雖欲數進粥尚幾何其用兵多籌算料敵應變皆契事機聞人善抵掌嗟嘆及戰勝必推功于下得金帛盡散之士卒無私貯然持法嚴故人爲之用臨事選將必訾相其奇龎福艾者遣之或問故答曰薄命之人不足與成功名既沒士皆爲流涕自屬疾帝及皇太子賜藥即服家欲呼醫巫不許諸子固以藥進輒曰我山東田夫耳位三公年踰八十非命乎生死繫天寧就醫求活耶弟弼始爲晉州刺史以勣疾召爲司衛卿使省親忽語曰我似少愈可置酒相樂於是奏宴飲列子孫于下將罷謂弼曰我即死欲有言恐悲哭不得盡故一訣耳我見房玄齡杜如晦高季輔皆辛苦立門戶亦望詒後悉爲不肖子敗之我子孫今以付汝汝可慎察有不厲言行交非類者急榜殺以聞毋令後人笑吾猶吾笑房杜也我死布裝露車載柩斂以常服加朝服其中儻死有知庶著此奉見先帝明器惟作五六寓馬下帳施幔爲皁頂白紗裙中列十偶人它不得以從衆妾願留養子者聽餘出之葬已從居我堂善視小弱苟違我言同戮尸矣乃不復語弼等遵焉勣本二名至高宗時避太宗偏諱故但名勣後配享高宗廟廷季弟感年十五有奇操李密敗陷于世充世充令作書召勣對曰兄尚節義今已事主足弟不能移也固不從殺之勣子震嗣終桂州刺史震子敬業敬猷

敬業少從勣征伐有勇名歷太僕少卿襲英國公爲眉州刺史嗣聖元年坐贓貶柳州司馬會給事中唐之奇貶括蒼令詹事府司直杜求仁貶黟令長安主簿駱賓王貶臨海丞敬猷自盩厔令坐事免俱客揚州失職怏怏時武后既廢中宗又立睿宗實亦囚之諸武擅命唐子孫誅戮天下憤之敬業等乘人怨謀起兵先諭其黨監察御史薛璋求使江都及至令雍人韋超告州長史陳敬之反璋乃收繫之敬業即矯制殺敬之自稱州司馬且言奉密詔募兵討高州叛酋即開府庫令參軍李宗臣釋繫囚役工數百人授甲斬錄事參軍孫處行以徇乃開三府一曰匡復府二曰英公府三曰揚州大都督府自稱匡復府上將領揚州大都督以之奇爲左長史求仁右長史宗臣左司馬璋右司馬江都令韋知止爲英公府長史賓王藝文令前盩厔尉魏思溫爲軍師旬日兵十餘萬傳檄州縣疏武氏過惡復廬陵王天子位又索狀類太子賢者奉之詭衆曰賢實不死楚州司馬李崇福率所部三縣應之武后遣左玉鈐衛大將軍李孝逸兵三十萬往擊之削其祖父官爵毀冢藏除屬籍赦揚楚民脅從者購得敬業首授官三品賞帛五千得之奇等首官五品帛三千敬業問計於思溫對曰公既以太后幽縶天子宜身自將兵直趨洛陽山東韓魏知公勤王附者必衆天下指日定矣璋曰不然金陵負江其地足以爲固且王氣尚在宜先幷常潤爲霸基然後鼓行而北思溫曰鄭汴徐亳士皆豪桀不願武后居上蒸麥爲飯以待我師奈何欲守金陵投死地乎敬業不從使敬猷屯淮陰韋超屯都梁山自引兵擊潤州下之署宗臣爲刺史始回兵屯高郵下阿谿思溫歎曰兵忌分今敬業不知掃地度淮率山東士先襲東都吾知無能爲也武后又使黑齒常之將江南兵爲孝逸援進擊淮陰都梁兵皆敗後軍總管蘇孝祥率奇兵五千夜度擊敬業孝祥死兵溺者過半孝逸軍退守石梁有烏集噪敬業營上監軍御史魏眞宰曰賊其敗乎風順荻乾火攻之利也固請戰遂度谿擊之敬業置陣久士疲皆顧望不正列孝逸乘風縱火逼其軍軍稍却敬業麾精兵居前弱者在後陣亂不能制乃敗斬七千餘級敬業與敬猷之奇求仁賓王輕騎遁江都悉焚其圖籍攜妻子奔潤州潛蒜山下將入海逃高麗抵海陵阻風遺山江中其將王那相斬之凡二十五首傳東都皆夷其家中宗反正詔還勣官封屬籍葺完塋冢焉初敬業之叔思文爲潤州刺史敬業兵起以使間道聞固守踰月城陷敬業責曰盧陵王繼天下無罪見廢今兵以義動何過拒邪若太后是助宜即姓武思溫等欲殺之敬業不許及揚楚平乃獨免后遂賜武姓歷春官尚書或言本與敬業謀者乃復徐氏卒子欽憲開元中仕至國子祭酒

贊曰唐興其名將曰英衛皆擢罪亡之餘遂能依乘風雲勤功帝籍蓋君臣之際固有以感之獨推期運非也若靖閫門稱疾畏遠權逼功大而主不疑雖古哲人何以尚茲勣之節見於黎陽故太宗勤勤於託孤誠有爲也至以老臣輔少主會房帷易奪天子畏大臣依違不專委誠取決惟議是聽勣乃私已畏禍從而導之武氏奮而唐之宗屬幾殲焉及其孫因民不忍舉兵覆宗至掘冢而暴其骨嗚呼不幾一言而喪邦乎惜其不通學術昧夫臨大節不可奪之誼反與許李同科可不戒哉世言靖精風角鳥占雲祲孤虛之術爲善用兵是不然特以臨機果料敵明根于忠智而已俗人傳著怪詭禨祥皆不足信故列靖所設施如此

唐書卷九十三考證

李靖傳御史大夫蕭瑀劾靖持軍無律〇舊書劾靖者爲溫彥博

靖五代孫彥芳〇舊書令問孫芳

李勣傳將輕騎兵六千擊度設青山〇舊書作帥輕騎三千

總章二年卒年八十六〇沈炳震曰按本傳翟讓起兵勣年十七往從之讓之起兵在煬帝大業十二年丙子從丙子逆推之勣生于文帝開皇二十年從開皇二十年至高宗總章二年恰七十年則非八十六可知舊書年七十六亦不合也

唐書卷九十四

宋　端　明　殿　學　士　宋　祁　撰

列傳第十九

侯張薛

侯君集幽州三水人以材雄稱少事秦王幕府從征討有功擢累左虞候車騎將軍封全椒縣子預誅隱太子尤力王即位拜左衞將軍進封潞國公邑千戶貞觀四年遷兵部尚書俄檢校吏部尚書參議朝政李靖討吐谷渾以君集爲積石道行軍總管師次鄯州議所向君集曰王師已至而賊不走險天贊我也若以精兵掩不備彼不我虞必有大利若遁岨山谷克之實難靖然其計簡銳士約齎深入追及其衆於庫山大戰破之進會大非川平其國會詔世封功臣授陳州刺史更封陳羣臣不願封進吏部尚書君集本以行伍奮不知學及貴益自喜好書及典選分明課最有譽於時吐蕃闘松州授當彌道行軍大總管以擊之高昌不臣拜交河道行軍大總管出討王麴文泰笑曰唐去我七千里磧鹵二千里無水草冬風裂肌夏風如焚行賈至者百之一安能致大兵乎使能頓吾城下一再旬食盡當潰吾且係而虜之君集次磧口而文泰死子智盛襲位進營柳谷候騎言國方葬死君諸將請襲之君集曰不可天子以高昌驕慢使吾龔行天罰今襲人於墟墓間非問罪也於是鼓而前賊嬰城自守遣諭之不下乃刊木塞塹引撞車毀其堞飛石如雨所向無敢當因拔其城俘男女七千進圍都城初文泰與西突厥欲谷設約有急相援及是欲谷設懼西走智盛失援乃降高昌平君集刻石紀功還初君集配沒罪人不以聞又私取珍寶婦女將士因亦盜人不能制及還京師有司劾之詔君集詣獄簿對中書侍郎岑文本諫曰高昌之罪議者以其遐遠欲置度外唯陛下奮獨見之明授決勝之略君集得

指期平殄今推勞將帥從征之人悉蒙重賞未踰數日更以屬吏天下聞之謂陛下錄過遺功無以勸後且古之出師克敵有重賞不勝蒙顯戮當其有功也雖貪財縱欲尚蒙爵邑其無功也雖勤劬潔已不免鈇鉞故曰記人之功忘人之過宜爲君者也昔李廣利貪不愛卒陳湯盜所收康居財物二主皆赦其罪封侯賜金夫將帥之臣廉愼少而貪沒多軍法曰使智使勇使貪使愚故智者樂立其功勇者好行其志貪者邀趨其利愚者不計其死是以前聖使人必收所長而棄所短陛下宜申宥君集俾復朝列以勸有功帝竊釋不問君集自恃有功以它罪被繫居怏怏不平會張亮出洛州都督君集謬激亮曰何爲見排亮曰公排我尚誰咎君集曰我平一國還觸天子嗔何能排君因攘袂曰鬱鬱不可活能反乎當與公反亮密以聞帝曰卿與君集皆功臣今獨相語而無左驗奈何秘不發待君集如初皇太子承乾數有過慮廢知君集怨望因其壻賀蘭楚石爲千牛私引君集入問自安計君集擧手謂曰此手當爲殿下用之又遣楚石語承乾曰魏王得愛陛下若有詔召顧毋輒入承乾納之然君集常畏謀洩忽忽不自安或中夕驚吒妻怪之曰公國大臣何爲爾若有所負宜自歸首領尚可全不從承乾事覺捕君集下獄楚石告狀帝自臨問曰我不欲令刀筆吏辱公君集辭窮不能對帝語羣臣曰君集於國有功朕不忍寘諸法將丐其命公卿其許我乎羣臣皆曰君集罪大逆不道請論如法帝乃謂曰與公訣矣今而後徒見公遺像已因泣下遂斬之籍其家君集臨刑色不變謂監吏曰我豈反者乎蹉跌至此然嘗爲將破二國若言之陛下丐一子以守祭祀帝聞原其妻及一子徙嶺表始帝命李靖敎君集兵法既而奏靖且反兵之隱微不以示臣帝以讓靖靖曰方中原無事臣之所敎足以制四夷而求盡臣術此君集欲反耳靖爲右僕射君集爲兵部尚書同還省君集馬過門數步乃覺靖語人曰君集其有異慮乎後果如言

張亮鄭州滎陽人起畎畝志趣奇譎雖外敦厚而內不情隋大業末李密略地滎汴亮從之未甚甄識時軍中有謀叛去者亮輒以告密愛其誠乃署驃騎將軍隸李勣勣以黎陽歸亮頗佐佑之擢鄭州刺史會王世充取鄭亮提孤軍不敢入亡命共城山俄檢校定州別駕勣討劉黑闥使亮守相州賊方盛棄城遁房玄齡以亮沈果有謀白秦王引爲車騎將軍隱太子將作難命亮統左右千人之洛陽陰結山東豪桀以備變齊王告亮反高祖以屬吏詰訊終無所言乃得釋王卽位除右衞將軍封長平郡公累遷御史大夫進封鄅國公食益州戶五百歷幽夏鄜三州都督相州長史徙鄖國召拜工部尚書亮爲政多伺察發擿隱微示神明抑彊恤弱所至有績拜太子詹事出爲洛州都督侯君集巳誅以刑部尚書參預朝政時茂州俚童張仲文自稱天子有司論斥乘輿有罪當死擿刑部尚書韋挺奏童乃妖言無死坐帝怒曰爾作威福于下而歸虐朕耶挺失據趨出亮爲挺直之帝曰公欲取剛正名乎亮不謝帝窘曰寧屈我以申公之請童免死帝將伐高麗亮頻諫不納因自請行詔爲平壤道行軍大總管引兵自東萊浮海襲破沙卑城進至建安營壁未立賊奄至亮不知所爲踞胡牀直視無所言衆謂其勇得自安於是副將張金樹鼓于軍士奮擊因破賊及從帝還至幷州乃得罪初亮棄故妻更娶李氏李妬悍私通歌兒養爲子名愼幾亮子顗數諫止亮不納李好左道交通巫覡撓政事亮爲相州假子公孫節以讖有弓長之主當別都亮自以相舊都弓長其姓陰有怪謀術家程公穎者亮素與厚陰謂曰君前言陛下眞天下主何其神邪公穎內曉卽稱亮臥若龍當大貴亮曰國家殆必亂吾臂龍鱗奮矣愼幾且大貴公孫常者節兄也亮謂曰吾有妾相者云必爲諸王姬常曰我兄子大品言有神告公名在讖書亮悅會陝人常德發其謀幷言亮養假子五百帝使馬周案之亮讕辭曰四等畏死見誣耳因自陳佐命舊臣帝曰亮養子五百將何爲正欲反耳詔百官議皆言亮當誅帝遣長孫無忌房玄齡就獄謂曰法者天下平與公共爲之公不自修乃至此將奈何於是斬西市籍其家

薛萬均本燉煌人後從京兆咸陽父世雄大業末爲涿郡太守萬均與弟萬徹因客幽州以材武爲羅藝所厚善與藝歸款高祖授萬均上柱國永安郡公竇建德帥衆十萬寇范陽藝迎拒之萬均曰衆寡不敵宜以計勝卽敎藝羸兵阻水以誘之萬均自以精騎百匿城左建德師度水邀半度擊之大敗其衆明年建德以二十萬騎來攻兵已緣堞萬均與萬徹率死士百人出地道掩擊其背衆驚潰去秦王平劉黑闥引萬均爲右二護軍北門長上柴紹之討梁師都也以萬均爲副萬徹亦從距朔方數十里突厥兵驟至王師却萬均兄弟橫擊之斬其驍將虜陣譟乘之俘殺相藉突厥走遂圍師都諸將以城險未可下萬均曰城中氣死鼓不能聲破亡兆也旣而賊果斬師都降拜左屯衞將軍俄爲沃沮道行軍副總管從李靖討吐谷渾軍次青海萬均萬徹各以百騎行前卒與虜遇萬均單騎馳突無敢當者還語諸將曰賊易與復馳進擊斬數千級勇蓋三軍追奔至積石山大風折旗萬均曰虜且來乃勒兵俄而虜至萬均直前斬其將衆遂潰追至圖倫磧乃還與靖會青海璽書勉勞遷本衞大將軍又副侯君集擊高昌麴智盛堅守未下萬均麾軍進智盛懼乃降進潞國公會有訴萬均與高昌女子亂太宗欲窮治魏徵曰君使臣以禮若所訴實罪且輕虛則所失重矣詔勿治後帝幸芙蓉園坐淸宮不謹下獄憂憤卒帝驚悼爲擧哀詔陪葬昭陵後嘗賜羣臣膜皮及萬徹而誤呼萬均愴然曰萬均朕勳舊忽卩其名豈死者有知冀此賜乎因命取焚之擧坐感歎弟萬徹萬淑萬備

萬徹與萬均歸高祖授車騎將軍武安縣公事隱太子太子誅萬徹督宮兵戰玄武門譟而趨秦府衆失色乃示以太子首然後去與數十騎亡之南山秦王數使貸諭乃出謝王以其忠於所事不之罪也從李靖討突厥頡利可汗以功授統軍進爵郡公歷右衞將軍蒲州刺史副李勣擊薛延陀與虜戰磧南率數百騎爲先鋒繞擊陣後虜顧見遂潰斬首三千級獲馬萬五千封一子爲縣侯改左衞將軍尚丹陽公主加駙馬都尉遷代州都督右武衞大將軍太宗嘗曰當今名將唯李勣江夏王道宗萬徹而已勣道宗雖不能大勝亦未嘗大敗至萬徹非大勝卽大敗矣貞觀二十二年以靑丘道行軍總管帥師三萬伐高麗次鴨淥水以奇兵襲大行城與高麗步騎萬餘戰斬虜將所夫孫虜皆震恐遂傅泊汋城虜衆三萬來援擊走之拔其城萬徹在軍中任氣不能下人或有上書言狀者帝愛其功直加讓勗而已卽爲焚書副將裴行方亦言其怨望李勣曰萬徹位大將軍親主壻而內懷不平罪當誅因詔除籍徙邊會赦還高宗永徽二年授寧州刺史入朝與房遺愛昵甚因曰我雖病足坐置京師諸輩猶不敢動遺愛曰若國有變當與公共輔荊王謀洩下獄誅臨刑曰萬徹大健兒留爲國効死安得坐遺愛殺之遂解衣顧監刑者曰亟斬我斬之不殊叱曰胡不力三斬乃絕萬淑亦以戰功顯歷右領軍將軍梁郡公暘武道行軍總管

萬備有至行居母喪廬墓前太宗詔表異其門以尚輦奉御從伐高麗李勣圍白巖虜遣兵萬餘來援將軍契苾何力以八百騎苦戰中槊創甚爲賊所窘萬備單馬進救何力獲免仕至左衞將軍在武德貞觀時又有盛彥師盧祖尚劉世讓劉蘭李君羨等頗以功力顯而皆不終附于左

盛彥師者宋州虞城人少任俠隋大業末爲澄城長高祖兵至汾陰彥師率賓客上謁授行軍總管從平京師與史萬寶鎭宜陽李密叛謀出山南萬寶懼謂彥師曰密驍賊也以王伯當輔之挾思東歸之士非計出萬全不爲也殆不可當彥師笑曰請以數千兵爲公梟其首萬寶問計荅曰兵詭道也難豫言卽引衆踰洛水入熊耳山命士持滿夾道伏短兵溪谷間令曰賊半度乃擊所部皆笑曰賊趨洛州何爲備此彥師曰密聲言入洛其實走襄城就張善相我據其要必禽之密果至彥師橫擊首尾不相救遂斬密及伯當以功封葛國公授武衞將軍鎭熊州討王世充也彥師與萬寶軍伊闕絕山南路世充平爲宋州總管始彥師入關世充以陳寶遇爲宋州刺史待其家不以禮及是彥師因事殺之又殺平生所惡數十家州人震駭皆重足立徐圓朗反詔爲安撫大使戰敗爲賊所執圓朗待之厚令作書招其弟使擧虞城叛彥師爲書曰吾奉使無狀爲賊禽誓死報國若宜善侍母勿以我爲念圓朗笑曰將軍壯士也置之武德六年圓朗平彥師得還高祖以罪誅之

盧祖尚字季良光州樂安人家饒財好施以俠聞隋大業末募壯士捕盜時年十九善御衆所向有功盜畏不入境宇文化及之亂據州稱刺史歃血誓衆士皆感泣越王侗立遣使歸地因署本州總管封沈國公王世充僭位以州歸高祖授刺史封弋陽郡公從趙郡王孝恭討輔公祏爲前軍總管下宣歙進擊賊帥馮惠亮陳正通破之歷蔣州刺史壽州都督瀛州刺史有能名貞觀二年交州都督以賄敗太宗方擇人任之咸以祖尚才備文武可用也召見內殿謂曰交州去朝廷遠前都督不稱職公爲我行無以道遠辭也祖尚頓首奉詔旣而託疾自解帝遣杜如晦等諭意曰匹夫不負然諾公旣許朕矣豈得悔三年當召不食吾言對曰嶺南瘴癘而臣不能飮當無還理遂固辭帝怒曰我使人不從何以爲天下命斬朝堂旣而悔之詔復其官

劉世讓字元欽京兆醴泉人仕隋爲徵仕郎高祖入長安以漳川歸授通議大夫時唐弼餘黨寇扶風世讓自請安輯許之得其衆數千因授安定道行軍總管率兵二萬拒薛舉戰不勝與弟寶皆沒於賊舉令至城下紿說使降世讓陽許之至則告守者曰賊兵極於此矣善

自固舉重其節不加害秦王方屯高墌世讓密遣寶閒走王言賊虛實高祖悅賜其家帛千匹舉平授彭州刺史俄領陝東道行軍總管從永安王孝基討呂崇茂於夏縣軍敗爲賊所囚聞獨孤懷恩有逆謀唐儉語世讓曰懷恩謀行則國難未息可亡歸白發之世讓逃還高祖方濟河幸懷恩營驚曰世讓之來天也因封爲弘農郡公賜田百畝錢百萬母喪免起爲檢校并州總管竇建德之援王世充也世讓率萬騎出黃沙嶺襲洛州會突厥入寇又詔以兵屯鴈門世讓馳騎八百赴之而可汗軍大至乃保武州可汗與高開道苑君璋合衆攻之城數壞輒立柵完拒鄭元璹先使可汗可汗使來說世讓叱曰丈夫奈何爲夷狄作說客邪久之虜引去元璹還具道其忠賜良馬金帶襄邑王神符鎮并州世讓數以氣淩之坐是削籍徙康州未幾召授廣州總管帝問以備邊策答曰突厥數南寇者恃有馬邑爲地耳如使勇將屯崞城厚儲金帛以招降者數出奇兵略城下踐禾稼不踰歲馬邑可圖也帝曰非公無可使者乃使馳驛經略於是世讓至馬邑高滿政以地來降突厥患之從反間云世讓與可汗爲亂帝不之察因誅之籍其家貞觀初突厥降者言世讓無逆謀乃原其妻子

劉蘭字文郁青州北海人仕隋鄱陽郡書佐涉圖史能言成敗事性陰狡以天下將亂見北海完富潛介賊破其鄉取子女玉帛淮安王神通安撫山東率宗黨歸順貞觀初梁師都未平蘭上書陳方略太宗以爲夏州都督府司馬師都以突厥兵頓城下蘭仆旗息鼓賊疑不敢迫夜引去蘭追擊破之遂進軍夏州師都平遷豐州刺史召爲右領軍衛將軍十一年爲夏州都督長史時突厥攜貳郁射設阿史那摸末率屬帳居河南蘭縱反間離之頡利果疑摸末懼來降頡利急追蘭逆拒卻其衆封平原郡公俄檢校代州都督初長社許絢解讖記謂蘭曰天下有長年者咸言劉將軍當爲天下主蘭子昭又曰讖言海北出天子吾家北海也會鄠縣尉游文芝以罪繫獄當死因發其謀蘭及黨與皆伏誅

李君羨洛州武安人初事李密後爲王世充驃騎惡世充爲人率其屬歸高祖授上輕車都尉秦王引置左右從破宋金剛於介休加驃騎將軍賜以宮人綵帛從討王世充爲馬軍副總管世充子玄應自武牢轉糧入洛君羨俘其軍玄應走從破竇建德劉黑闥所向必先登推其鋒累授左衛府中郎將突厥至渭橋君羨與尉遲敬德擊破之太宗曰使皆如君羨者虜何足憂改左武候中郎將封武連縣公北門長上在仗讀書不休帝嘉勞歷蘭州都督左監門衛將軍先是貞觀初太白數晝見太史占曰女主昌又謠言當有女武王者會內宴爲酒令各言小字君羨自陳曰五娘子帝愕然因笑曰何物女子乃此健邪又君羨官邑屬縣皆武也忌之未幾出爲華州刺史會御史劾奏君羨與狂人爲妖言謀不軌下詔誅之天授中家屬詣闕訴寃武后亦欲自詫詔復其官爵以禮改葬

贊曰侯君集位將相私謁太子張亮養子五百人薛萬徹與狂豎謀皆死有餘責又何咎哉以太宗之明德蔽于謠讖濫君羨之誅徒使孽后引以自神顧不哀哉

唐書卷九十四考證

張亮傳會陝人常德發其謀○舊書發其事者爲常德元

唐書卷九十五

宋　端　明　殿　學　士　宋　祁　撰

列傳第二十

高竇

高儉字士廉以字顯齊清河王岳之孫父勵樂安王入隋爲洮州刺史士廉敏惠有度量狀貌若畫觀書一見輒誦敏於占對隋司隸大夫薛道衡起居舍人崔祖濬皆宿臣顯重與爲忘年交繇是有名自以齊宗室不欲廣交屏居終南山下吏部侍郎高孝基勸之仕仁壽中舉文才甲科補治禮郎斛斯政奔高麗坐與善貶爲朱鳶主簿以母老不可居瘴癘地乃留妻鮮于奉養而行會世大亂京師阻絕交趾太守丘和署司法書佐時欽州俚帥甯長眞以兵侵交趾和懼欲出迎士廉曰長眞兵雖多縣軍遠客勢不得久城中勝兵尚可戰奈何受制於人和因命爲行軍司馬逆擊破之高祖遣使徇嶺南武德五年與和來降於是秦王領雍州牧薦士廉爲治中親重之隱太子與王隙已熾乃與長孫無忌密計討定是日率吏卒釋囚授甲趨芳林門助戰王爲皇太子授右庶子進侍中封義興郡公坐匿王珪奏不時上左授安州都督進益州大都督府長史蜀人畏鬼而惡疾雖父母病皆委去望舍投餌哺之昆弟不相假財士廉爲設條教辯告督勵風俗翕然爲變又引諸生講授經藝學校復興秦時李冰導汶江水灌田瀕水者頃千金民相侵冒士廉附故渠廝引旁出以廣溉道人以富饒入爲吏部尚書進封許國公雅負裁鑒又詳氏譜所署州人地無不當者高祖崩攝司空營山陵加特進遷尚書右僕射士廉三世居此官世榮其貴太宗幸洛陽太子監國命攝少師手詔曰端拱三川不憂關中者以屬卿也久之請致仕聽解僕射加開府儀同三司同中書門下三品知政事帝伐高麗皆同太子監國駐定州又攝太傅同掌機務太子令曰寡人資公訓道而比聽政據按對公情所未安所司宜別設按奉太傅士廉固辭還至并州有疾帝卽所舍問之貞觀二十一年疾甚帝幸其第爲流涕卒年七十一又欲臨弔房玄齡以帝餌金石諫不宜近喪帝曰朕有舊故姻戚之重君臣之分卿置勿言卽從數百騎出長孫無忌伏馬前陳士廉遺言乞不臨喪帝猶不許無忌至流涕乃還入東苑南向哭詔贈司徒并州都督諡曰文獻陪葬昭陵方寒食勑尚宮以食四轝往祭帝自爲文喪出橫橋又登城西北樓望哭以過喪高宗卽位加贈太尉配享太宗廟廷士廉進止詳華凡有獻納搢紳皆屬以目奏議未嘗不焚稾家人無見者士廉少識太宗非常人以所出女歸之是爲文德皇后及遺令墓不得宅藏惟置衣一襲與平生所好書示先王典訓可用終始者初太宗嘗以山東士人尚閥閱後雖衰子孫猶負世望嫁娶必多取貲故人謂之賣昏由是詔士廉與韋挺岑文本令狐德棻責天下譜諜參考史傳檢正眞僞進忠賢退悖惡先宗室後外戚退新門進舊望右膏粱左寒畯合二百九十三姓千六百五十一家爲九等號曰氏族志而崔幹仍居第一帝曰我於崔盧李鄭無嫌顧其世衰不復冠冕猶恃舊地以取貲不肖子偃然自高販鬻松檟不解人間何爲貴之齊據河北梁陳在江南雖有人物偏方下國無可貴者故以崔盧王謝爲重今謀士勞臣以忠孝學藝從我定天下者何容納貨舊門向聲背實買昏爲榮耶太上有立德其次有立功其次有立言其次有爵爲公卿大夫世世不絕此謂之門戶今皆反是豈不惑邪朕以今日冠冕爲等級高下遂以崔幹爲第三姓班其書天下高宗時許敬宗以不敍武后世又李義府耻其家無名更以孔志約楊仁卿史玄道呂才等十二人刊定之裁廣類例合二百三十五姓二千二百八十七家帝自敍所以然以四后姓酅公介公及三公太子三師開府儀同三司尚書僕射爲第一姓文武二品及知政事三品爲第二姓各以品位高下敍之凡九等取身及昆弟子孫餘屬不入改爲姓氏錄當時軍功入五品者皆昇譜限搢紳耻焉目爲勳格義府奏悉索氏族志燒之又詔後魏隴西李寶太原王瓊滎陽鄭溫范陽盧子遷盧渾盧輔清河崔宗伯崔元孫前燕博陵崔懿晉趙郡李楷凡七姓十家不得自爲昏三品以上納幣不得過三百匹四品五品二百六品七品百悉爲歸裝夫氏禁受陪門財先是後魏太和中定四海望族以竇等爲冠其後矜尚門地故氏族志一切降之王妃主壻皆取當世勳貴名臣家未嘗尚山東舊族後房玄齡魏徵李勣復與昏故望不減然每姓第其房望雖一姓中高下縣隔李義府爲子求昏不得始奏禁焉其後天下衰宗落譜昭穆所不齒者皆稱禁昏家益自貴凡男女皆潛相聘娶天子不能禁世以爲敝云士廉六子履行審行眞行有名

履行居母喪毀甚太宗諭使彊食尚東陽公主襲爵繇戶部尚書爲益州大都督府長史政有名坐長孫無忌左授洪州都督改永州刺史

眞行至左衛將軍其子岐連章懷太子事詔令自誡切眞行以佩刀刺殺之斷首棄道上高宗鄙其爲貶睦州刺史

審行自戶部侍郎貶渝州刺史

士廉五世孫重字文明以明經中第李巽表鹽鐵轉運巡官善職凡十年進累司門郎中敬宗愼置侍講學士重以簡厚惇正與崔郾偕選再擢國子祭酒文宗好左氏春秋命分列國各爲書成四十篇與鄭覃刊定九經于石出爲鄂岳觀察使以美政被褒久之拜太子賓客分司東都卒贈太子少保

贊曰古者受姓受氏以旌有功是時人皆土著故名宗望姓舉郡國自表而譜系興焉所以推敍昭穆使百代不得相亂也遭晉播遷胡醜亂華百宗蕩析士去墳墓子孫猶挾系錄以示所承而閥閱顯者至賣昏求財汩喪廉耻唐初流弊仍甚天子屢抑不爲衰至中葉風敎又薄譜錄都廢公靡常產之拘士亡舊德之傳言李悉出隴西言劉悉出彭城悠悠世祚訖無考按冠冕皁隸混爲一區可太息哉

竇威字文蔚岐州平陸人父熾在周爲上柱國入隋爲太傅太穆皇后其從兄弟女也威沈邃有器局貫覽羣

言家世貴子弟皆喜武力獨威尚文諸兄詆爲書癡內史令李德林舉秀異授祕書郎當遷不肯調者十年故其學益博而諸兄以軍功位通顯矣薄威職閑冗更謂曰昔仲尼積學成聖猶棲遲不偶汝尚何求耶威笑不答蜀王秀辟爲記室威以秀多不法謝疾去秀廢府屬皆得罪威獨免大業中累遷內史舍人數諫忤旨轉考功郎中後坐事免高祖入關召補大丞相府司錄參軍方天下亂禮典湮缺威多識朝廷故事乃裁定制度帝語裴寂曰威今之叔孫通也武德元年授內史令每論政事得失必陳古爲諭帝益親賜嘗引入臥內謂曰昔周有八柱國吾與公家是也今我爲天子而公爲內史令事固有不等耶威懼頓首謝曰臣家在漢再爲外戚至元魏有三皇后今陛下龍興臣復以姻戚進夙夜懼不克任帝笑曰公以三后族夸我邪關東人與崔盧婚者猶自矜大公世爲帝戚不亦貴乎後寢疾帝臨問及卒哭之慟贈同州刺史追封延安郡公謚曰靖威性儉素家不樹產比喪無餘貲遺令薄葬詔皇太子百官臨送

兄子軌字士則父恭仕周爲雍州牧鄭國公軌性剛果有威大業中爲資陽郡東曹掾去官歸高祖起兵軌募衆千餘人迎謁長春宮帝大悅賜良馬十匹使略地渭南下永豐倉收兵五千從平京師封贊皇縣公爲大丞相諮議參軍稽胡賊五萬掠宜春詔軌討之次黃欽山遇賊乘高叢射衆爲却軌斬部將十四人更拔其次代之身擁數百騎殿令曰鬭鼓不進者斬既鼓士爭赴賊賊射不勝大破之斬首千級獲男女二萬擢太子詹事赤排羌與薛舉叛將鍾俱仇寇漢中拜秦州總管討賊連戰有功餘黨悉降復鄭國舊封遷益州道行臺左僕射党項引吐谷渾寇松州詔軌與扶州刺史蔣善合援之善合先期至敗之鉗州軌進軍臨洮擊左封走其衆度羌必爲患始屯田松州詔率所部兵從秦王討王世充明年還蜀軌既貴益嚴酷然能自勤苦每出師臨敵身未嘗解甲其下有不用命即誅至小過亦鞭箠流血人見者皆重足股慄由是蜀盜悉平初以其甥爲腹心嘗夜出呼不時至斬之又戒家奴毋出外忽遣奴取槳公廚既而悔焉曰要當借汝頭以明法命斬奴奴稱寃監刑者疑不時決軌幷斬之後入朝賜坐御榻容不肅又坐對詔帝怒曰公入蜀車騎驃騎從者二十八人公斬誅略盡我隴種車騎尚不足給公因繫詔獄俄釋之還鎮益州軌與行臺尚書韋雲起郭行方素不協及隱太子誅詔至軌內詔懷中雲起問詔安在軌不肯示因執殺之行方懼奔京師得免是歲行臺廢授益州都督加食邑戶六百貞觀元年召授右衞大將軍出爲洛州都督周洛間因隋亂人不土著軌下令諸縣有游手末作者按之由是威信大行民皆趨本卒贈幷州都督子奉節尚永嘉公主歷左衞將軍秦州都督

軌弟琮有武幹大業末犯法亡命太原依高祖與秦王有憾不自安王方收天下豪英降禮接之與出入卧內琮意乃釋大將軍府建引爲統軍從平西河破霍邑授金紫光祿大夫封扶風郡公從劉文靜擊屈突通於潼關敗其將桑顯和通遁去琮以輕騎追獲於稠桑進兵下陝縣抵太原倉遷左領軍大將軍賜物五百段隋河陽都尉獨孤武濟謀歸款命琮總萬騎自柏崖迎之逗留不進武見殺坐除名武德初爲右屯衞大將軍時將圖洛陽詔琮留守陝護饟道王世充將羅士信數以兵鈔絕琮使人說降之東都平檢校晉州總管從隱太子平劉黑闥以功封譙國公賜黃金五十斤卒贈左衞大將軍謚曰敬永徽五年加贈特進

威從兄子抗字道生父榮定爲隋洛州總管陳國公謚曰懿母隋文帝姊安成公主也抗美容儀性通率涉見圖史以帝甥蚤貴入太學釋褐千牛備身儀同三司侍父疾束帶五旬不弛居喪哀癯過常襲爵累轉梁州刺史將之官文帝幸其第酣宴如家人禮母卒數號絕詔宮人節哭歲餘爲岐州刺史轉幽州總管所至以寬惠聞漢王諒反煬帝疑抗爲應遣李子雄馳往代之子雄因誣抗得諒書不奏按鞫無狀然坐是遂廢抗與高祖少相狎及煬玄感反抗謂高祖曰玄感爲我先耳李氏名在圖籙天所啓也高祖曰爲禍始不祥公無妄言煬帝遣抗出靈武逆護長城聞高祖已定京師喜曰此吾家壻豁達有大度眞撥亂主也因歸長安高祖見之喜握手曰李氏果王何如因置酒爲樂授將作大匠兼納言尊寵爲左武候大將軍帝聽朝或引升坐既退入卧內從容談笑極平生歡以兄呼之宮中稱爲舅或留宿禁省侍燕豫然未嘗干朝廷事後從秦王平薛舉功第一又從征王世充東都平冊勳於廟者九人抗與從弟軌與焉賜女樂一部珍幣不貲卒贈司徒謚曰密子衍靜誕衍襲爵

靜字元休在隋佐觀衞以父得罪煬帝久不之進高祖入京師擢幷州大總管府長史時突厥數爲邊患糧道不屬靜表請屯田太原以省餽運議者以流亡未復不宜重困於是召入與裴寂蕭瑀封倫廷議寂等不能屈帝從之歲收粟十萬斛詔檢校幷州大總管又請斷石嶺以爲鄣塞制突厥之入太宗即位授司農卿封信都縣男趙元楷爲少卿靜鄙其聚斂因會官屬大言曰如煬帝奢侈竭四海自奉司農須公矣今天子躬節儉屈一人安兆庶惡用公哉元楷大慙改夏州都督突厥攜貳諸將出征者過靜靜爲陳虜中虛實諸將由是大克獲又間其部落郁射所部鬱孤尼等九俟斤皆內附帝嘉之賜馬百匹羊千口及禽頡利詔處其衆河南靜上書曰夷狄窮則搏噬飽則羣聚不可以刑法繩仁義教也衣食仰給不恃耕桑今損有爲之民資無知之虜得之無益於治失之不害於化況首丘未忘則一旦變生犯我王略矣不如因其破亡假以賢王一號妻之宗女披其土地部落使權弱勢分易爲羈制則世爲藩臣矣帝雖不從然嘉其忠優詔答曰北方之務悉以相委以卿爲寧朔大使朕無北顧憂矣再遷民部尚書卒謚曰肅子逵尚遂安公主襲爵

誕隋末起家朝請郎義寧初辟丞相府祭酒封安豐郡公尚襄陽公主從秦王征薛舉爲元帥府司馬累遷太常卿高祖諸子幼未出宮者十餘王國司家事皆誕王之出爲梁州都督貞觀初召授右領軍大將軍進莘國公爲宗正卿太宗與語昏謬失對乃下詔曰誕比衰耗不能事朕知而任之是謂不明且爲官擇人者治爲人擇官者亂其以光祿大夫罷就第卒贈工部尚書荆州刺史謚曰安

抗弟璡字之推性沈厚隋大業末爲扶風太守唐兵起以郡歸歷民部尚書從秦王平薛仁杲賜錦袍尋鎮益州時蜀盜賊多皆討平之與皇甫無逸不協數相訴毀因請入朝至半道詔還之璡內憂恐會使者至璡引宴卧內厚餉遺無逸以聞坐免官未幾授祕書監封鄧國公貞觀初遷將作大匠詔修洛陽宮鑿池起山務極侈浮費不勝算太宗怒詔毀之免其官以鄧王納璡女爲妃復位卒贈禮部尚書謚曰安璡有巧思工書武德中與太常少卿祖孝孫受詔定雅樂是正鍾律云

威從孫德玄隋大業中起家國學生祖照尚周文帝義陽公主封鉅鹿郡公父彥襲爵終隋西平太守兄德明師事陳留王孝遜知文史漢王諒反遣將綦良攻黎州德明年十八募士五千號令嚴整倍道擊賊破之以功擢累齊王府屬坐事免高祖兵叩長安而宗室孝基神符道宗及竇誕趙慈景等並繫獄將衞文昇陰世師欲殺之德明諫曰罪不在此殺之無傷於彼祇取怨爲不如縱之乃止長安平謁高祖終不自言時稱長者拜考功郎中從秦王擊王世充封顯武男歷常愛二州刺史卒德玄始爲高祖丞相府千牛歷太宗時不甚顯高宗以舊臣自殿中少監爲御史大夫歲中遷司元太常伯時帝又以源直心爲奉常正卿劉詳道爲司刑太常伯上官儀爲西臺侍極郝處俊爲太子左中護凡十餘人皆帝自擇以示宰相李勣等皆頓首謝麟德初進檢校左丞勤職約己天子嘗臨朝咨其清素加以賜賚居位數年贊圖封禪事與李勣皆爲使帝次濮陽問古謂帝丘德玄不能對許敬宗具道其然帝稱善敬宗自矜于人德玄知不爲忤衆服其量禮成進爵二級以弟德遠未及爵願分封詔可故德玄封鉅鹿男德遠樂安男德玄迎時取合未嘗有過然無它補益卒年六十九贈光祿大夫幽州都督謚曰恭

贊曰高竇雖緣外戚姻家然自以才猷結天子剛跡名臣垂榮無窮時有遇合故見諸事業古來賢豪不遭與運埋光鏟采與草木俱腐者可勝咤哉竇宗自魏訖唐支胄扶疏數百年所馮厚矣

唐書卷九十五考證

高儉傳父勵樂安王○舊書作北齊安樂王

卒年七十一○舊書作時年七十二

竇威從兄子抗卒贈司徒謚曰密○舊書作卒贈司空

唐書卷九十六

宋　端　明　殿　學　士　宋　祁　撰

列傳第二十一

房杜

房玄齡字喬齊州臨淄人父彥謙仕隋歷司隸刺史玄齡幼警敏貫綜墳籍善屬文書兼草隸開皇中天下混一皆謂隋祚方永玄齡密白父曰上無功德徒以周近親妄誅殺攘神器有之不爲子孫立長久計淆置嫡庶競侈僭相傾閱終當內相誅夷視今雖平其亡跬可須也彥謙驚曰無妄言年十八舉進士授羽騎尉校讎祕

書省吏部侍郎高孝基名知人謂裴矩曰僕觀人多矣未有如此郎者當爲國器但恨不見其聳壑昂霄云補隰城尉漢王諒反坐累徙上郡顧中原方亂慨然有憂天下志會父疾綿十旬不解衣及喪勺飲不入口五月太宗以燉煌公徇渭北杖策上謁軍門一見如舊署渭北道行軍記室參軍公爲秦王即授府記室封臨淄侯征伐未嘗不從衆爭取怪珍玄齡獨收人物致幕府與諸將密相申結人人願盡死力王嘗曰漢光武得鄧禹門人益親今我有玄齡猶禹也居府出入十年軍符府檄或駐馬即辦文約理盡初不著稾高祖曰若人機識是宜委任每爲吾兒陳事千里外猶對面語隱太子與王有隙王召玄齡與計對曰國難世有惟聖人克之大王功蓋天下非特人謀神且相之乃引杜如晦協判大計累進陝東道大行臺考功郎中文學館學士故太子忌二人者奇譖于帝皆斥逐還第太子將有變王召二人以方士服入夜計事事平王爲皇太子擢右庶子太子即位爲中書令第功班賞與如晦長孫無忌尉遲敬德侯君集功第一進爵邗國公食邑千三百戶餘皆次敘封拜帝顧羣臣曰朕論公等功定封邑恐不能盡當無有諱各爲朕言之淮安王神通曰義師起臣兵最先至今玄齡等以刀筆吏居第一臣所未喻帝曰叔父兵誠先至然未嘗躬行陣勞故建德之南軍敗不振討黑闥反動望風輒奔今玄齡等有決勝帷幄定社稷功此蕭何所以先諸將也叔父以親宜無愛者顧不可緣私與功臣競先後爾初將軍丘師利等皆怙跋攘袂或指畫自陳說見神通愧屈乃曰陛下至不私其親吾屬可妄訴邪進尚書左僕射監修國史更封魏帝曰公爲僕射當助朕廣耳目訪賢材比聞聽訟日數百豈暇求人哉乃敕細務屬左右丞大事關僕射帝嘗問創業守文孰難玄齡曰方時草昧羣雄競逐攻破乃降戰勝乃剋創業則難魏徵曰王者之興必乘衰亂覆昏暴殆天授人與者既得天下則安于驕逸人欲靜徭役毒之世方敝衰刻窮之國由此衰則守文爲難帝曰玄齡從我定天下冒百死遇一生見創業之難徵與我安天下畏富貴則驕驕則怠怠則亡見守文之不爲易然創業之不易既往矣守文之難方與公等慎之會詔大臣世襲授宋州刺史徙國梁而羣臣讓世襲事故罷刺史遂爲梁國公未幾加太子少師始詣東宮皇太子欲拜之玄齡讓不敢謁乃止居宰相積十五年女爲王妃男尚主自以權寵隆極累表辭位詔不聽頃之進司空仍總朝政玄齡固辭帝遣使謂曰讓誠美德也然國家相眷頓久一日去良若亡左右手顧公筋力未衰毋多讓晉王爲皇太子改太子太傅知門下省事以母喪賜塋昭陵園起復其官會伐遼留守京師詔曰公當蕭何之任朕無西顧憂矣凡糧械飛輸軍伍行留悉裁總之玄齡數上書勸帝顧母輕敵久事外夷固辭太子太傅見聽晚節多病時帝幸玉華宮詔玄齡居守聽臥治事稍棘召許肩輿入殿帝視流涕玄齡亦感咽不自勝命尚醫臨候尚食供膳日奏起居狀少損即喜見于色玄齡顧諸子曰今天下事無不得惟討高麗未止上含怒意決羣臣莫敢諫吾而不言抱愧沒地矣遂上疏曰上古所不臣者陛下皆臣之所不制者陛下皆制之矣爲中國患無如突厥而大小可汗相次束手弛辮握刀分典禁衞延陀鐵勒按置州縣高昌吐渾偏師掃除惟高麗歷代逋命莫克窮討陛下責其弑逆身自將六軍征荒裔不旬日拔遼東虜獲數十萬殘衆孽君縮氣不敢息可謂功倍前世矣易曰知進退存亡不失其正者其惟聖人乎蓋進有退之義存有亡之機得有喪之理爲陛下惜者此也傳曰知足不辱知止不殆陛下威名功烈既云足矣拓地開疆亦可止矣邊夷醜種不足待以仁義責以常禮古者以禽魚畜之必絕其類恐獸窮則搏苟救其死且陛下每決死罪必三覆五奏進疏食停音樂以人命之重爲感動也今士無一罪驅之行陣之間委之鋒鏑之下使肝腦塗地老父孤子寡妻慈母望轊車抱枯骨推心掩泣其所以變動陰陽傷害和氣實天下之痛也使高麗違失臣節誅之可也侵擾百姓滅之可也能爲後世患夷之可也今無是三者而坐敝中國爲舊王雪恥新羅報仇非所存小所損大乎臣願下沛然之詔許高麗自新焚陵波之船罷應募之衆即臣死骨不朽帝得疏謂高陽公主曰是已危惙尚能憂吾國事乎疾甚帝命鑿苑垣以便候問親握手與決詔皇太子就省擢子遺愛右衞中郎將遺則朝散大夫令及見之薨年七十一贈太尉并州都督謚曰文昭給班劍羽葆鼓吹絹布二千段粟二千斛陪葬昭陵高宗詔配享太宗廟廷玄齡當國夙夜勤彊任公竭節不欲一物失所無媢忌聞人善若己有之明達吏治而緣飾以文雅議法處令務爲寬平不以己長望人取人不求備雖卑賤皆得盡所能或以事被讓必稽顙請罪畏惕視若無所容貞觀末年以譴還第黃門侍郎褚遂良言於帝曰玄齡事君自無所負不可以一眚便示斥外非天子任大臣意帝悟遽召于家後避位不出久之會帝幸芙蓉園觀風俗玄齡敕子弟汛埽廷堂曰乘輿且臨幸有頃帝果幸其第因載玄齡還宮帝在翠微宮以司農卿李緯爲民部尚書會有自京師來者帝曰玄齡聞緯爲尚書謂何曰惟稱緯好鬚無他語帝遽改太子詹事帝討遼玄齡守京師有男子上急變玄齡詰狀曰我乃告公玄齡驛遣追帝帝視奏已斬男子下詔責曰公何不自信其委任類如此治家有法度常恐諸子驕侈席勢凌人乃集古今家誡書爲屏風令各取一具曰留意於此足以保躬矣漢袁氏累葉忠節吾心所尚爾宜師之子遺直嗣

次子遺愛誕率無學有武力尚高陽公主爲右衞將軍公主帝所愛故禮與它婿絕主驕蹇疾遺直任嫡遺直懼讓爵帝不許主稍失愛意怏怏與浮屠辯機亂帝怒斬浮屠殺奴婢數十人主怨望帝崩哭不哀高宗時出遺直汴州刺史遺愛房州刺史主又誣遺直罪帝敕長孫無忌鞫治乃得主與遺愛反狀遺愛伏誅主賜死遺直以先勳免貶銅陵尉詔停配享

杜如晦字克明京兆杜陵人祖杲有名周隋間如晦少英爽喜書以風流自命內負大節臨機輒斷隋大業中預吏部選侍郎高孝基異之曰君當爲棟梁用願保令德因補滏陽尉棄官去高祖平京師秦王引爲府兵曹參軍徙陝州總管府長史時府屬多外遷王患之房玄齡曰去者雖多不足吝如晦王佐才也大王若終守藩無所事必欲經營四方捨如晦無共功者王驚曰非公言我幾失之因表留幕府從征伐常參帷幄機祕方多事裁處無留僚屬共才之莫見所涯進陝東道大行臺司勳郎中封建平縣男兼文學館學士天策府建爲中郎王爲皇太子授左庶子遷兵部尚書進封蔡國公食三千戶別食益州千三百戶俄檢校侍中攝吏部尚書總監東宮兵進位尚書右僕射仍領選與玄齡共筦朝政引士賢者下不肖咸得職當時浩然歸重監察御史陳師合上拔士論謂一人不可總數職陰剴諷如晦等帝曰玄齡如晦不以勳舊進特其才可與治天下者師合欲以此離間吾君臣邪斥嶺表久之以疾辭職詔給常俸就第醫候之使道相屬會病力詔皇太子就問帝親至其家撫之梗塞及未亂擢其子左千牛構兼尚舍奉御薨年四十六帝哭爲慟贈開府儀同三司及葬加司空謚曰成手詔虞世南勒文于碑使言君臣痛悼意它日食瓜美輟其半奠焉嘗賜玄齡黃銀帶曰如晦與公同輔朕今獨見公泫然流涕曰世傳黃銀鬼神畏之更取金帶遣玄齡送其家後忽夢如晦若平生明日爲玄齡言之敕所御饌往祭明年之祥遣尚宮勞問妻子國府官佐亦不之罷恩禮無少衰後詔功臣世襲追贈密州刺史徙國萊方爲相時天下新定臺閣制度憲物容典率二人討裁每議事帝所玄齡必曰非如晦莫籌之及如晦至率用玄齡策也蓋如晦長於斷而玄齡善謀兩人深相知故能同心濟謀以佐佑帝當世語良相必曰房杜云構位慈州刺史次子荷性暴詭不循法尚城陽公主官至尚乘奉御封襄陽郡公承乾謀反荷曰琅邪顏利仁善星數言天有變宜建大事陛下當爲太上皇請稱疾上必臨問可以得志及敗坐誅臨刑意象軒驁構以累貶死嶺表

如晦弟楚客少尚奇節與叔父淹皆沒於王世充淹與如晦有隙譖其兄殺之幷囚楚客瀕死世充平淹當誅楚客請于如晦不許楚客曰叔殘兄今兄又棄叔門內幾盡豈不痛哉如晦感悟請之高祖得釋方建成難作楚客遁舍嵩山貞觀四年召爲給事中太宗曰君居山似之矣謂非宰相不起渠然邪夫走遠者自近人不鄙無官患才不副而兄與我異支一心者爾當如兄事吾而輔我楚客頓首謝因擢爲中郎將每入直盡夕不釋仗帝知而勞之進蒲州刺史政有能名徙瀛州後爲魏王府長史遷工部尚書攝府事以威肅聞揣帝意薄承乾乃爲王諧媚用事臣數言王聰睿可爲嗣人或以聞帝隱恚及王貶爵暴其罪以如晦功免死廢于家終虔化令

淹字執禮材辯多聞有美名隋開皇中與其友韋福嗣謀曰上好用隱民蘇威以隱者召得美官乃共入太白山爲不仕者文帝惡之謫戍江表赦還高孝基爲雍州司馬薦授承奉郎擢累御史中丞王世充僭號署少吏部頗親近用事洛陽平不得調欲往事隱太子時封倫領選以諗房玄齡恐失之白秦王引爲天策府兵曹參軍文學館學士嘗侍宴賦詩尤工賜銀鍾慶州總管楊文幹反辭連太子歸罪淹及王珪韋挺並流越巂王知其誣餉黃金三百兩及踐阼召爲御史大夫封安吉郡公食四百戶淹建言諸司文按稽期請以御史檢促太宗以問僕射封倫倫曰諸官各以其事治御史劾不法而索按求疵是太苛且侵官淹嘿然帝曰何不申執對曰倫所引國大體臣伏其議又何言帝悅以資博練帝敕東宮儀典簿最悉聽淹裁訂俄檢校吏部尚書參預

朝政所薦贏四十八後皆知名嘗曰邳懷道可用帝問狀淹曰懷道及隋時位吏部主事方煬帝幸江都羣臣迎阿獨懷道執不可帝曰卿時何云曰臣與衆帝折曰事君有犯無隱卿直懷道者何不讜言謝曰臣位下又顧諫不從徒死無益帝曰卿以君不足諫尚何仕食隋粟忘隋事忠乎因顧羣臣公等謂何王珪曰比干諫而死孔子稱仁泄治諫亦死則曰民之多僻無自立辟祿重責深從古則然帝笑曰卿在隋不諫宜置世充親任胡不言對曰固嘗言不見用曰世充悔諫飾非卿若何而免淹辭窮不得對帝勉曰今任卿已可有諫未答曰願死無隱貞觀二年疾帝爲臨問卒贈尚書右僕射謚曰襄始淹典二職貴重於朝矣而亡清白名獲譏當世子敬同襲爵官至鴻臚卿

如晦五世孫元穎貞元末及進士第又擢宏詞數從使府辟署稍以右補闕爲翰林學士敏文辭憲宗特所賞歎吳元濟平論書詔勤遷司勳員外郎知制誥穆宗以元穎多識朝章尤被寵拜中書舍人戶部侍郎爲學士承旨以本官同中書門下平章事建安縣男自帝卽位不閱歲至宰相搢紳駭異甫再朞出爲劍南西川節度使同平章事帝爲御安福門臨餞敬宗驕僻不君元穎每欲中帝意以固幸乃巧索珍異獻之踵相躡於道百工造作無程斂取苛重至削軍食以助裒畜又給與不時戎人寒饑乃仰足蠻徼於是人人咨苦反爲蠻內覘戎備不修大和三年南詔乘虛襲戎巂等州諸屯闘賊至輒潰戎者爲鄉導遂入成都已傳城元穎尚不知乃率左右嬰牙城以守賊大掠焚郛郭殘之留數日去蜀之寶貨工巧子女盡矣初元穎計迫將挺身走會救至乃止文宗遣使者臨撫南詔南詔上言蜀人祈我誅虐帥不能克請陛下誅之以謝蜀人由是貶邵州刺史議者不厭斥爲循州司馬官屬崔璜紀干裴盧并悉奪秩分逐之元穎死於貶所年六十四將終表丐贈官乞歸葬詔贈湖州刺史元穎與李德裕善會昌初德裕當國因赦令復其官弟元絳終太子賓客元絳子審權

審權字殷衡第進士辟浙西幕府舉拔萃中爲右拾遺宣宗時入翰林爲學士累遷兵部侍郎學士承旨懿宗立進同中書門下平章事再遷門下侍郎出爲鎮海軍節度使同平章事龐勛亂徐州審權與令狐綯崔鉉連師掎角饋粟相銜王師賴濟勛破進檢校司空入爲尚書左僕射襄陽郡公繼領河中忠武節度使卒贈太子太師謚曰德審權清重寡言性長厚居翰林最久終不漏禁近語在方鎭視事有常處要非日入未始就內寢坐必斂衽常若對大賓客或晝日少息則顧直將解簾卽旁無人自起徹鉤手擁簾徐下乃退與杜悰俱位將相悰先進故世謂審權爲小杜公

子讓能字羣懿擢進士第從宣武王鐸府爲推官以長安尉爲集賢校理喪母以孝聞又辟劉鄴牛蔚二府稍進兵部員外郎蕭遘領度支引判度支按僖宗狩蜀奔謁行在三遷中書舍人召爲翰林學士方關東兵興調發綏徠書詔叢浩讓能思精敏凡號令行下處事值機無所遺算帝倚重之從還京師再遷兵部尚書封建平縣子李克用兵至帝夜出鳳翔蒼黃無知者讓能方直徒步從十餘里得遺馬褫紲爲靮乘之朱玫兵迺乘輿帝走寶雞獨讓能從翌日孔緯等乃至俄而進狩梁是時棧道爲山南石君涉所毀天子間關險澁讓能未嘗暫去側帝勞曰朕失道再遺宗廟方艱難時卿不少捨朕蓋古所謂忠於所事邪讓能頓首曰臣世蒙國厚恩陛下不以臣不肖使扞牧圉臨難苟免臣之耻也帝次褒中擢兵部侍郎同中書門下平章事於時嗣襄王熅卽僞位彊藩大鎭附者已十八貢賦不輸行在無以備賞勞衞兵往往乏食君臣搏手無它策讓能建遣大使入河中以諭王重榮重榮果奉詔已而京師平進中書侍郎從封襄陽郡公官吏多汙僞署有司皆欲論死讓能以脅從不足深治固爭之多所全貸昭宗立進尚書左僕射晉國公賜鐵券累進太尉李茂貞守鳳翔自大順後兵寖彊恃有功不奉法朝廷弱弗能制會楊復恭走山南茂貞欲兼有梁漢請以師問罪未報而兵出帝忿其專然不得已從之山南平詔茂貞領興元武定而以徐彥若爲鳳翔節度使分果閬州隸武定軍茂貞怨不赴鎭上章語悖慢又詒書讓能詆責以爲助守亮爲亂抑忠臣奪己功其言醜肆京師訇讙日數千人守闕下候中尉西門重遂出請與茂貞鳳翔地爲百姓計答曰事出宰相我無預茂貞益怨帝怒詔讓能計議且趣調發經月不就第時宰相崔昭緯陰結茂貞及王行瑜讓能所言悉漏之茂貞乃以健兒數百雜市人候昭緯與鄭延昌歸第擁肩輿譟曰鳳翔無罪幸公不加討以震驚都輦昭緯曰上委杜太尉吾等何知市人不識執爲太尉卽投瓦石妄擊昭緯等走而免遂喪其印帝愈怒捕首惡誅之京師爭避亂逃山谷間讓能諫帝曰茂貞固宜誅然大盜適去鳳翔國西門又陛下新卽位顧少寬假以貞元故事姑息之不可使怨望帝曰今詔令不出城門國制撓弱賈生慟哭時也朕顧奄奄度日坐觀此邪卿爲我圖之朕自以兵屬諸王讓能曰陛下欲削滌僭嫚剛主威隆王室此中外大臣所宜共成之不宜專任臣帝曰卿元輔休戚與我均何所避泣曰臣位宰相所以未乞骸骨者思有以報陛下敢計身乎且陛下之心憲祖心也但時有所未便它日臣蒙晁錯之誅顧不足弭七國患然敢不奉詔景福二年以嗣覃王爲招討使神策將李鐬副之率師三萬送彥若赴鎭昭緯內畏有功密語茂貞曰上不喜兵一出太尉茂貞乃悉兵迎戰盩厔覃王敗乘勝至三橋讓能曰臣固豫言之臣請歸死以紓難帝涕下不能已曰與卿決矣再貶雷州司戶參軍茂貞尚駐兵請必殺之乃賜死年五十三弟彥林官御史中丞弘徽戶部侍郎皆及誅帝痛之後贈太師子光乂次子曉不復仕曉入梁貴顯于世

贊曰太宗以上聖之才取孤隋攘羣盜天下已平用玄齡如晦輔政興大亂之餘紀綱彫弛而能興仆植僵使號令典刑粲然罔不完雖數百年猶蒙其功可謂名宰相然求所以致之之蹟逮不可見何哉唐柳芳有言帝定禍亂而房杜不言功王魏善諫而房杜讓其直英衞善兵而房杜濟以文持衆美效之君是後新進更用事玄齡身處要地不吝權善始以終此其成令名者諒其然乎如晦雖任事日淺觀玄齡許與及帝所親款則謨謀果有大過人者方君臣明良志叶議從相資以成固千載之遇蕭曹之勛不足進焉雖然宰相所以代天者也輔贊彌縫而藏諸用使斯人由而不知非明哲曷臻是哉揚己取名瞭然使戶曉者蓋房杜之細邪

唐書卷九十六考證

房元齡傳帝曰元齡聞緯爲尚書謂何曰惟稱緯好鬚無他語帝遽改太子詹事○舊書遽授緯綿州刺史

元齡次子遺直以先勳免貶銅陵尉○舊書作除名爲庶人

唐書卷九十七

宋　端　明　殿　學　士　宋　祁　撰

列傳第二十二

魏徵

魏徵字玄成魏州曲城人少孤落魄棄貲產不營有大志通貫書術隋亂詭爲道士武陽郡丞元寶藏舉兵應李密以徵典書檄密得寶藏書輒稱善旣聞徵所爲促召之徵進十策說密不能用王世充攻洛口徵見長史鄭頲曰魏公雖驟勝而驍將銳士死傷略盡又府無見財戰勝不賞此二者不可以戰若浚池峭壘曠日持久賊糧盡且去我追擊之取勝之道也頲曰老儒常語耳徵不謝去後從密來京師久之未知名自請安輯山東乃擢祕書丞馳驛至黎陽時李勣尚爲密守徵與書曰始魏公起叛徒振臂大呼衆數十萬威之所被半天下然而一敗不振卒歸唐者固知天命有所歸也今君處必爭之地不早自圖則大事去矣勣得書遂定計歸而大發粟饋淮安王之軍會竇建德陷黎陽獲徵僞拜起居舍人建德敗與裴矩走入關隱太子引爲洗馬徵見秦王功高陰勸太子早爲計太子敗王責謂曰爾閒吾兄弟奈何答曰太子蚤從徵言不死今日之禍王器其直無恨意卽位拜諫議大夫封鉅鹿縣男當是時河北州縣素事隱巢者不自安往往曹伏思亂徵白太宗曰不示至公禍不可解帝曰爾行安喻河北道遇太子千牛李志安齊王護軍李思行傳送京師徵與其副謀曰屬有詔宮府舊人普原之今復執送志安等誰不自疑者吾屬雖往人不信卽貸而後聞使還帝悅日益親或引至臥內訪天下事徵亦自以不世遇乃展盡底蘊無所隱凡二百餘奏無不剴切當帝心者由是拜尚書右丞兼諫議大夫左右有毀徵阿黨親戚者帝使溫彥博按訊非是彥博曰徵爲人臣不能著形迹遠嫌疑而被飛謗是宜責也帝謂彥博行讓徵徵見帝謝曰臣聞君臣同心是謂一體豈有置至公事形迹若上下共由茲路邦之興喪未可知也帝瞿然曰吾悟之矣徵頓首曰願陛下俾臣爲良臣毋俾臣爲忠臣帝曰忠良異乎曰良臣稷契咎陶也忠臣龍逢比干也良臣身荷美名君都顯號子孫傳承流祚無疆忠臣已嬰禍誅君陷昏惡喪國夷家祇取空名此其異也帝曰善因問爲君者何道而明何失而暗徵曰君所以明兼聽也所以暗偏信也堯舜氏闢四門明四目達四聰雖有共鯀不能塞也靖言庸違不能惑也秦二世隱藏其身以信趙高天下

潰叛而不得聞梁武帝信朱异侯景向闕而不得聞隋煬帝信虞世基賊徧天下而不得聞故曰君能兼聽則姦人不得壅蔽而下情通矣鄭仁基息女美而才皇后建請爲充華典冊具或言許聘矣徵諫曰陛下處臺榭則欲民有棟宇食膏粱則欲民有飽適顧嬪御則欲民有室家今鄭已約昏陛下取之豈爲人父母意帝痛自咎即詔停冊貞觀三年以祕書監參豫朝政高昌王麴文泰將入朝西域諸國欲因文泰悉遣使者奉獻帝詔文泰使人厭怛紇干迎之徵曰異時文泰入朝所過供擬不能具今又加諸國焉則瀕塞州縣以乏致罪者衆彼以商賈來則邊人爲之利若賓客之中國蕭然耗矣漢建武時西域請置都護送侍子光武不許不以蠻夷敝中國也帝曰善追止其詔於是帝即位四年歲斷死二十九幾至刑措米斗三錢先是帝嘗歎曰今大亂之後其難治乎徵曰大亂之易治譬饑人之易食也帝曰古不云善人爲邦百年然後勝殘去殺邪答曰此不爲聖哲論也聖哲之治其應如響朞月而可蓋不其難封德彝曰不然三代之後澆詭日滋秦任法律漢雜霸道皆欲治不能非能治不欲徵書生好虛論徒亂國家不可聽徵曰五帝三王不易民以教行帝道而帝行王道而王顧所行何如爾黃帝逐蚩尤七十戰而勝其亂因致無爲九黎害德顓頊征之已克而治桀爲亂湯放之紂無道武王伐之湯武身及太平若人漸澆詭不復返朴今當爲鬼爲魅尚安得而化哉德彝不能對然心以爲不可帝納之不疑至是天下大治蠻夷君長襲衣冠帶刀宿衛東薄海南踰嶺戶闔不閉行旅不齎糧取給於道帝謂羣臣曰此徵勸我行仁義既效矣惜不令封德彝見之俄檢校侍中進爵郡公帝幸九成宮宮御舍湋川宮下僕射李靖侍中王珪繼至吏改館宮御以舍靖珪帝聞怒曰威福由是等邪何輕我宮人詔并按之徵曰靖珪皆陛下腹心大臣宮人止後宮掃除隷耳方大臣出官吏諮朝廷法式歸來陛下問人間疾苦夫官舍固靖等見官吏之所吏不可不謁也至宮人則不然供饋之餘無所參承以此按吏且駭天下耳目帝悟寢不問後宴丹霄樓酒中謂長孫無忌曰魏徵王珪事隱太子巢剌王時誠可惡我能棄怨用才無羞古人然徵每諫我不從我發言輒不即應何哉徵曰臣以事有不可故諫若不從輒應恐遂行之帝曰第即應須別陳論顧不得徵曰昔舜戒羣臣爾無面從退有後言若面從可方別陳論此乃後言非稷卨所以事堯舜也帝大笑曰人言徵舉動疏慢我但見其嫵媚耳徵再拜曰陛下導臣使言所以敢然若不受臣敢數批逆鱗哉十年爲侍中尚書省滯訟不決者詔徵平治徵不素習法但存大體處事以情人人悅服進左光祿大夫鄭國公多病辭職帝曰公獨不見金在鑛何足貴耶善冶鍛而爲器人皆寶之朕方自比於金以卿爲良匠而加礪焉卿雖疾未及衰庸得便爾徵懇請數却愈牢乃拜特進知門下省事詔朝章國典參議得失祿賜國官防閤並同職事文德皇后既葬帝即苑中作層觀以望昭陵引徵同升徵熟視曰臣眊昏不能見帝指示之徵曰此昭陵邪帝曰然徵曰臣以爲陛下望獻陵若昭陵臣固見之帝泣爲毀觀尋以定五禮當封一子縣男徵請封孤兄子叔慈帝愴然曰此可以厲俗即許之後幸洛陽次昭仁宮多所譴責徵曰隋惟責不獻食或供奉不精爲此無限而至於亡故天命陛下代之正當兢懼戒約奈何令人悔爲不奢若以爲足今不啻足矣以爲不足萬此寧有足邪帝驚曰非公不聞此言退又上疏曰書稱明德慎罰惟刑之卹禮曰爲上易事爲下易知則刑不煩上多疑則百姓惑下難知則君長勞夫上易事下易知君長不勞百姓不惑故君有一德臣無二心夫刑賞之本在乎勸善而懲惡帝王所與天下畫一不以親疏貴賤而輕重者也今之刑賞或由喜怒或出好惡喜則矜刑於法中怒則求罪於律外好則鑽皮出羽惡則洗垢索瘢蓋刑濫則小人道長賞謬則君子道消小人之惡不懲君子之善不勸而望治安刑措非所聞也且暇豫而言皆敦尚孔老至於威怒則專法申韓故道德之旨未弘而鍥薄之風先搖昔州犁上下其手而楚法以敝張湯輕重其心而漢刑以謬況人主而自高下手頊者罰人或以供張不贍或不能從欲皆非致治之急也夫貴不與驕期而驕自至富不與奢期而奢自至非徒語也且我之所代實在有隋以隋府藏況今之資儲以隋甲兵況今之士馬以隋戶口況今之百姓絜長度大曾何等級焉然隋以富彊而喪動之也我以貧寡而安靜之也靜之則安動之則亂人皆知之非隱而難見微而難察也不蹈平易之塗而遵覆車之轍何哉安不思危治不念亂存不慮亡也方隋未亂自謂必無亂未亡自謂必不亡所以甲兵亟動徭役不息以至戮辱而不悟滅亡之所由也豈不哀哉夫監形之美惡必就止水監政之安危必取亡國詩曰殷鑒不遠在夏后之世臣願當今之動靜以隋爲鑒則存亡治亂可得而知思所以危則安矣思所以亂則治矣思所以亡則存矣存亡之所在在節嗜欲省游畋息靡麗罷不急慎偏聽近忠厚遠便佞而已夫守之則易得之實難今既得其所難豈不能保其所易保之不固驕奢淫泆有以動之也帝宴羣臣積翠池酣樂賦詩徵賦西漢其卒章曰終藉叔孫禮方知皇帝尊帝曰徵言未嘗不約我以禮它日從容問曰比政治若何徵見久承平帝意有所忽因對曰陛下貞觀之初導人使諫三年以後見諫者悅而從之比一二年勉彊受諫而終不平也帝驚曰公何物驗之對曰陛下初即位論元律師死孫伏伽諫以爲法不當死陛下賜以蘭陵公主園直百萬或曰賞太厚答曰朕即位未有諫者所以賞之此導人使諫也後柳雄妄訴隋資有司得劾其僞將論死戴胄奏罪當從執之四五然後赦謂胄曰第守法如此不畏濫罰此悅而從諫也近皇甫德參上書言修洛陽宮勞人也收地租厚斂也俗尚高髻宮中所化也陛下恚曰是子使國家不役一人不收一租宮人無髮乃稱其意臣奏人臣上書不激切不能起人主意激切即近訕謗于時陛下雖從臣言賞帛罷之意終不平此難於受諫也帝悟曰非公無能道此者人苦不自覺耳先是帝作飛仙宮徵上疏曰隋有天下三十餘年風行萬里威讋殊俗一旦舉而棄之彼煬帝者豈惡治安喜滅亡哉恃其富彊不虞後患也驅天下役萬物以自奉養子女玉帛是求宮宇臺榭是飾徭役無時干戈不休外示威重內行險忌讒邪者進忠正者退上下相蒙人不堪命以致殞匹夫之手爲天下笑聖哲乘機拯其危溺今宮觀臺榭盡居之矣奇珍異物盡收之矣姬姜淑媛盡侍於側矣四海九州盡爲臣妾矣若能鑒彼所以亡念我所以得焚寶衣毀廣殿安處卑宮德之上也若成不廢即仍其舊除其不急德之次也不惟王業之艱難謂天命可恃因基增舊甘心侈靡使人不見德而勞役是聞斯爲下矣以暴易暴與亂同道夫作事不法後無以觀人怨神怒則災害生災害生則禍亂作禍亂作而能以身名令終者鮮矣是歲大雨穀洛溢毀宮寺十九漂居人六百家徵陳事曰臣聞爲國基於德禮保於誠信誠信立則下無二情德禮形則遠者來格故德禮誠信國之大綱不可斯須廢也傳曰君使臣以禮臣事君以忠自古皆有死人無信不立又曰同言而信信在言前同令而行誠在令外然則言而不行言不信也令而不從令無誠也不信之言不誠之令君子弗爲也自王道休明綿十餘載倉廩愈積土地益廣然而道德不日博仁義不日厚何哉由待下之情未盡誠信雖有善始之勤而無克終之美故便佞之徒得肆其巧謂同心爲朋黨告訐爲至公彊直爲擅權忠讜爲誹謗謂之朋黨雖忠信可疑謂之至公雖矯僞無咎彊直者畏擅權而不得盡忠讜者慮誹謗而不敢與之爭熒惑視聽鬱於大道妨化損德無斯甚者今將致治則委之君子得失或訪諸小人是譽毀常在小人而督責常加君子也夫中智之人豈無小惠然慮不及遠雖使竭力盡誠猶未免傾敗況內懷姦利承顏順旨乎故孔子曰君子而不仁者有矣未有小人而仁者然則君子不能無小惡惡不積無害於正小人時有小善善不積不足以忠今謂之善人矣復慮其不信何異立直木而疑其景之曲乎故上不信則無以使下下不信則無以事上信之爲義大矣昔齊桓公問管仲曰吾欲使酒腐於爵肉腐於俎得無害霸乎管仲曰此固非其善者然無害霸也公曰何如而害霸曰不能知人害霸也知而不能用害霸也用而不能任害霸也任而不能信害霸也既信而又使小人參之害霸也晉中行穆伯攻鼓經年而不能下餽間倫曰鼓之嗇夫間倫知之請無疲士大夫而鼓可得穆伯不應左右曰不折一戟不傷一卒而鼓可得君奚不爲穆伯曰間倫之爲人也佞而不仁若使間倫下之吾不可以不賞若賞之是賞佞人也佞人得志是使晉國捨仁而爲佞雖得鼓安用之夫穆伯列國大夫管仲霸者之佐猶能愼於信任遠避佞人況陛下之上聖乎若欲令君子小人是非不雜必懷之以德待之以信厲之以義節之以禮然後善善而惡惡審罰而明賞無爲之化何遠之有善善而不能進惡惡而不能去罰不及有罪賞不加有功則危亡之期或未可保帝手詔嘉答於是廢明德宮玄圃院賜遺水者它日宴羣臣帝曰貞觀以前從我定天下間關草昧玄齡功也貞觀之後納忠諫正朕違爲國家長利徵而已雖古名臣亦何以加親解佩刀以賜二人帝嘗問羣臣徵與諸葛亮孰賢岑文本曰亮才兼將相非徵可比帝曰徵蹈履仁義以弼朕躬欲致之堯舜雖亮無以抗特上封者衆或不切事帝厭之欲加譙黜徵曰古者立謗木欲聞己過封事其謗木之遺乎陛下思聞得失當恣其所陳言而是乎爲朝廷之益非乎無損於政帝悅皆勞遣之十三年阿史那結社率作亂雲陽石然自冬至五月不雨徵上疏極言曰臣奉侍幃幄十餘年陛下許臣以仁義之道守而不失儉約朴素終始弗渝德音在

耳不敢忘也頃年以來寖不克終謹用條陳裨萬分一陛下在貞觀初清淨寡欲化被荒外今萬里遣使市索駿馬并訪怪珍昔漢文帝却千里馬晉武帝焚雉頭裘陛下居常論議遠希堯舜今所爲更欲處漢文晉武下乎此不克終一漸也子貢問治人孔子曰懍乎若朽索之馭六馬子貢曰何畏哉對曰不以道導之則吾讎也若何不畏陛下在貞觀初護民之勞煦之如子不輕營爲頃既奢肆思用人力乃曰百姓無事則易驕勞役則易使自古未有百姓逸樂而致傾敗者何有逆畏其驕而爲勞役哉此不克終二漸也陛下在貞觀初役己以利物比來縱欲以勞人雖憂人之言不絕於口而樂身之事實切諸心無慮營構輒曰弗爲此不便我身推之人情誰敢復爭此不克終三漸也在貞觀初親君子斥小人比來輕褻小人禮重君子重君子也恭而遠之輕小人也狎而近之近之莫見其非遠之莫見其是莫見其是則不待間而疏莫見其非則有時而暱暱小人疏君子而欲致治非所聞也此不克終四漸也在貞觀初不貴異物不作無益而今難得之貨雜然並進玩好之作無時而息上奢靡而望下朴素力役廣而冀農業興不可得已此不克終五漸也貞觀之初求士如渴賢者所舉卽信而任之取其所長常恐不及比來由心好惡以衆賢舉而用以一人毀而棄雖積年任而信或一朝疑而斥夫行有素履事有成迹一人之毀未可必信積年之行不應頓虧陛下不察其原以爲臧否使讒佞得行守道疏間此不克終六漸也在貞觀初高居深拱無田獵畢弋之好數年之後志不克固鷹犬之貢遠及四夷晨出夕返馳騁爲樂變起不測其及救乎此不克終七漸也在貞觀初遇下有禮羣情上達今外官奏事顏色不接間因所短詰其細過雖有忠款而不得申此不克終八漸也在貞觀初孜孜治道常若不足比恃功業之大負聖智之明長傲縱欲無事興兵問罪遠裔親狎者阿旨不肯諫疏遠者畏威不敢言積而不已所損非細此不克終九漸也貞觀初頻年霜旱畿內戶口並就關外攜老扶幼來往數年卒無一戶亡去此由陛下矜育撫寧故死不攜貳也比者疲於徭役關中之人勞敝尤甚雜匠當下顧而不遣正兵番上復別驅任市物繈屬於廛遞子背望於道脫有一穀不收百姓之心恐不能如前日之帖泰此不克終十漸也夫禍福無門惟人之召人無釁焉妖不妄作今旱熯之災遠被郡國凶醜之孽起於轂下此上天示戒乃陛下恐懼憂勤之日也千載休期時難再得明主可爲而不爲臣所以鬱結長歎者也疏奏帝曰朕今聞過矣願改之以終善道有違此言當何施顏面與公相見哉方以所上疏列爲屏障庶朝夕見之兼錄付史官使萬世知君臣之義因賜黃金十斤馬二匹高昌平帝宴兩儀殿歎曰高昌若不失德豈至於亡然朕亦當自戒不以小人之言而議君子庶幾獲安也徵曰昔齊桓公與管仲鮑叔牙甯戚四人者飲桓公請叔牙曰盍起爲寡人壽叔牙奉觴而起曰願公無忘在莒時使管仲無忘束縛於魯時使甯戚無忘飯牛車下時桓公避席而謝曰寡人與二大夫能無忘夫子之言則社稷不危矣帝曰朕不敢忘布衣時公不得忘叔牙之爲人也帝遣使者至西域立葉護可汗未還又遣使齎金帛諸國市馬徵曰今立可汗未定卽詣諸國市馬彼必以爲意在馬不在立可汗可汗得立必不懷恩諸蕃聞之以中國薄義重利未必得馬而先失義矣魏文帝欲求市西域大珠蘇則以爲惠及四海則不求自至求而得之不足貴也陛下可不畏蘇則言乎帝遂止是後右僕射缺欲用徵徵讓得不拜皇太子承乾與魏王泰交惡帝曰當今忠謇貴重無踰徵我遣傅皇太子一天下之望羽翼固矣卽拜太子太師徵以疾辭詔答曰漢太子以四皓爲助我賴公其義也公雖臥可擁全之十七年疾甚徵家初無正寢帝令輟小殿材爲營構五日畢并賜素褥布被以從其尚令中郎將宿其第動靜輒以聞藥膳賜遺無算中使者綴道帝親問疾屏左右語終日乃還後復與太子至徵第徵加朝服拖帶悲懣拊之流涕問所欲對曰嫠不恤緯而憂宗周之亡帝將以衡山公主降其子叔玉時主亦從帝曰公彊視新婦徵不能謝是夕帝夢徵若平生及旦薨帝臨哭爲之慟罷朝五日太子舉哀西華堂詔內外百官朝集使皆赴喪贈司空相州都督謚曰文貞給羽葆鼓吹班劍四十人陪葬昭陵將葬其妻裴辭曰徵素儉約今假一品禮儀物褒大非徵志見許乃用素車白布幨帷無塗車芻靈帝登苑西樓望哭盡哀晉王奉詔致祭帝作文于碑遂書之又賜家封戶九百帝後臨朝歎曰以銅爲鑑可正衣冠以古爲鑑可知興替以人爲鑑可明得失朕嘗保此三鑑內防己過今魏徵逝一鑑亡矣朕比使人至其家得書一紙始半稾其可識者曰天下之事有善有惡任善人則國安用惡人則國弊公卿之內情有愛憎憎者惟見其惡愛者止見其善愛憎之間所宜詳慎若愛而知其惡憎而知其善去邪勿疑任賢勿猜可以興矣其大略如此朕顧思之恐不免斯過公卿侍臣可書之於笏知而必諫也徵狀貌不逾中人有志膽每犯顏進諫雖逢帝甚怒神色不徙而天子亦爲霽威議者謂賁育不能過嘗上冢還奏曰向聞陛下有關南之行既辦而止何也帝曰畏卿遂停耳始喪亂後典章湮散徵奏引諸儒校集祕書國家圖籍粲然完整嘗以小戴禮綜彙不倫更作類禮二十篇數年而成帝美其書錄寘內府帝本以兵定天下雖已治不忘經略四夷也故徵侍宴奏破陣武德舞則俛首不顧至慶善樂則諦玩無斁舉有所諷切如此徵亡帝思不已登凌煙閣觀畫像賦詩悼痛聞者媢之毀短百爲徵嘗薦杜正倫侯君集才任宰相及正倫以罪黜君集坐逆誅纖人遂指爲阿黨又言徵嘗錄前後諫爭語示史官褚遂良帝滋不悅乃停叔玉昏而仆所爲碑顧其家衰矣遼東之役高麗靺鞨犯陣李勣等力戰破之軍還悵然曰魏徵若在吾有此行邪卽召其家到行在賜勞妻子以少牢祠其墓復立碑恩禮加焉四子叔玉叔琬叔璘叔瑜叔玉襲爵爲光祿少卿神龍初以其子膺紹封叔璘禮部侍郎武后時爲酷吏所殺叔瑜豫州刺史善草隸以筆意傳其子華及甥薛稷世稱善書者前有虞褚後有薛魏華爲檢校太子左庶子武陽縣男開元中寢堂火子孫哭三日詔百官赴弔徵五世孫謩

謩字申之擢進士第同州刺史楊汝士辟爲長春宮巡官文宗讀貞觀政要思徵賢詔訪其後汝士薦爲右拾遺謩姿宇魁秀帝異之邕管經略使董昌齡誣殺參軍衡方厚貶溆州司戶俄徙峽州刺史謩諫曰王者赦有罪唯故無赦比昌齡專殺不辜事跡暴章家人銜冤萬里投訴窮罪得特被矜貸中外以爲屈法今又授刺史復使治人紊憲章乖至治不見其可有詔改洪州別駕御史中丞李孝本宗室子坐李訓事誅死其二女沒入宮謩上言陛下卽位不悅聲色于今十年未始採擇數月以來稍意聲伎教坊閱選百十未已莊宅收市亹亹有聞今又取孝本女內之後宮宗姓不育寵幸爲累傷治道之本速塵穢之嫌諺曰止寒莫若重裘止謗莫若自修惟陛下崇千載之盛德去一旦之玩好帝卽出孝本女詔曰乃祖在貞觀時指事直言無所避每覽國史朕與嘉之擢爲拾遺屢有獻納夫備灑埽於內非曰聲妓恤宗女之幼不爲漁取然疑似之間不可戶曉謩辭深切其惜我之失不亦至乎謩雖居位日淺朕何愛一官增直臣之氣其以謩爲右補闕先是帝謂宰相曰太宗得徵參裨闕失朕今得謩又能極諫朕不敢仰希貞觀庶幾處無過之地教坊有工善爲新聲者詔授揚州司馬議者頗言司馬品高郎官刺史迭處不可以授賤工帝意右之宰相諭諫官勿復言謩獨固諫不可工降潤州司馬荊南監軍呂令琛縱傔辱江陵令觀察使韋長避不發移內樞密使言狀謩劾長任察廉知監軍侵屈官司不以上聞私白近臣亂法度請明其罰不報俄爲起居舍人帝問卿家書詔頗有存者乎謩對惟故笏在詔令上送鄭覃曰在人不在笏帝曰覃不識朕意此笏乃今甘棠帝因敕謩曰事有不當毋嫌論奏謩對臣頃爲諫臣故得有所陳今則記言動不敢侵官帝曰兩省屬皆可議朝廷事而毋辭也帝索起居注謩奏古置左右史書得失以存鑒戒陛下所爲善無畏不書不善天下之人亦有以記之帝曰不然我既嘗觀之謩曰向者取觀史氏爲失職陛下一見則後來所書必有諱屈善惡不實不可以爲史且後代何信哉乃止中尉仇士良捕妖民賀蘭進與及黨與治軍中反狀且帝自臨問詔命斬囚以徇御史中丞高元裕建言獄當與衆共之刑部大理法官也決大獄不與知律令謂何請歸有司未報謩上言事繫軍卽推軍中如齊民宜付府縣今獄不在有司法有輕重何從而知帝停決詔神策軍以官兵留仗內餘付御史臺臺憚士良不敢異卒皆誅死擢諫議大夫兼起居舍人弘文館直學士謩固讓不見可乃拜始謩之進李珏楊嗣復實推引之武宗立謩坐二人黨出爲汾州刺史俄貶信州長史宣宗嗣位移郢商二州刺史召授給事中遷御史中丞發駙馬都尉杜中立姦贓權戚縮氣俄兼戶部侍郎事謩奏中丞紀綱所寄不宜雜領錢穀乞專治戶部詔可頃之進同中書門下平章事建言今天下麤治惟東宮未立不早以正人傳導之非所以存副貳之重且泣下帝爲感動白敬宗後惡言儲嫡事故公卿無敢開陳者時帝春秋高嫡嗣未便謩輔政白發其端朝議歸重會詹叱國獻象謩以爲非土性不可畜請還其獻詔可河東節度使李業殺降虜邊部震擾業內恃憑藉人無敢言者謩奏徙滑州遷中書侍郎大理卿馬曙有犀鎧數十首懼而瘞之奴王慶以怨告曙藏甲有異謀按之無它狀投曙嶺外慶免議者謂奴訴主法不聽謩引律固爭卒論慶死累遷門下侍郎兼戶部尚書大中十年以平章事領劍南西川節度使上疾求代召拜吏部尚書因久疾檢校尚書右僕射太子少保卒年六十六贈司徒謩爲宰相

議事天子前乜相或委抑規諷惟謩讜切無所回畏宣宗嘗曰謩名臣孫有祖風朕心憚之然卒以剛正爲令狐綯所忌譏罷之

贊曰君臣之際顧不難哉以徵之忠而太宗之睿身歿未幾猜譖遽行始徵之諫累數十餘萬言至君子小人未嘗不反復爲帝言之以佞邪之亂忠也久猶不免故曰皓皓者易汙嶢嶢者難全自古所嘆云唐柳芳稱徵死知不知莫不恨惜以爲三代遺直諒哉謩之論議挺挺有祖風烈詩所謂是以似之者歟

唐書卷九十七考證

魏徵傳叔瑜豫州刺史○舊書至潞州刺史

徵五世孫謩大中十年以平章事領劍南西川節度使○臣德潛按舊書本紀在十一年綱目十一年十二月魏謩罷爲西川節度使傳中十年誤

唐書卷九十八

宋　端　明　殿　學　士　宋　祁　撰

列傳第二十三

王薛馬韋

王珪字叔玠祖僧辯梁太尉尚書令父顗北齊樂陵郡太守世居郿性沈澹志量隱正恬於所遇交不苟合隋開皇十三年召入秘書內省讎定羣書爲太常治禮郎季父頍通儒有鑒裁尤所器許頍坐漢王諒反誅珪亡命南山十餘年高祖入關李綱薦署世子府諮議參軍事建成爲皇太子授中舍人遷中允禮遇良厚太子與秦王有隙帝責珪不能輔導流巂州太子已誅太宗召爲諫議大夫帝嘗曰正主御邪臣不可以致治正臣事邪主亦不可以致治唯君臣同德則海內安朕雖不明幸諸公數相諫正庶致天下於平珪進曰古者天子有爭臣七人諫不用則相繼以死今陛下開聖德收采芻言臣願竭狂瞽佐萬分一帝可乃詔諫官隨中書門下及三品官入閤珪推誠納善每存規益帝益任之封永寧縣男黃門侍郎遷侍中乜日進見有美人侍帝側本廬江王瑗姬也帝指之曰廬江不道賊其夫而納其室何有不亡乎珪避席曰陛下以廬江爲是邪非邪帝曰殺人而取妻乃問朕是非何也對曰臣聞齊桓公之郭問父老曰郭何故亡曰以其善善而惡惡也公曰若子之言乃賢君也何至於亡父老曰不然郭君善善不能用惡惡不能去所以亡今陛下知廬江之亡其姬尚在竊謂陛下以爲是審知其非所謂知惡而不去也帝嗟美其言帝使太常少卿祖孝孫以樂律授宮中音家伎不進數被讓珪與溫彥博同進曰孝孫修謹士陛下使教女樂又責譙之天下其以士爲輕乎帝怒曰卿皆我腹心乃附下罔上爲人游說邪彥博懼謝罪珪不謝曰臣本事前宮罪當死陛下矜其性命引置樞密責以忠效今疑臣以私是陛下負臣臣不負陛下帝默然慙遂罷明日語房玄齡曰昔武王不用夷齊宣王殺杜伯自古帝王納諫固難矣朕夙夜庶幾于前聖昨責珪等痛自悔公等勿懲是不進諫也時珪與玄齡李靖溫彥博戴胄魏徵同輔政帝以珪善人物且知言因謂曰卿標鑒通晤爲朕言玄齡等材且自謂孰與諸子賢對曰孜孜奉國知無不爲臣不如玄齡兼資文武出將入相臣不如靖敷奏詳明出納惟允臣不如彥博濟繁治劇衆務必舉臣不如胄以諫諍爲心恥君不及堯舜臣不如徵至激濁揚清疾惡好善臣於數子有一日之長帝稱善而玄齡等亦以爲盡己所長謂之確論進封郡公坐漏禁近語左除同州刺史帝念名臣俄召拜禮部尚書兼魏王泰師王見之爲先拜珪亦以師自居王問珪何以爲忠孝珪曰陛下王之君事思盡忠陛下王之父事思盡孝忠孝可以立身可以成名王曰忠孝旣聞命矣願聞所習珪曰漢東平王蒼稱爲善最樂願王志之帝聞喜曰兒可以無過矣子敬直尚南平公主是時諸主下嫁以帝女貴未嘗行見舅姑禮珪曰主上循法度吾當受公主謁見豈爲身榮將以成國家之美於是與夫人坐堂上主執笲盥饋乃退其後公主降有舅姑者備婦禮本於珪十三年病帝遣公主就第省視復遣民部尚書唐儉增損藥膳卒年六十九帝素服哭別次詔魏王率百官臨哭贈吏部尚書謚曰懿珪少孤且貧乏或饋遺初無讓及貴厚報之雖已亡必酬贈其家性不苟察臨官務舉綱維去甚不可者至僕妾亦不見喜慍奉寡嫂家事咨而後行敎撫孤姪雖其子不過也宗族匱乏周鄉之薄於自奉獨不作家廟四時祭于寢爲有司所劾帝爲立廟媿之不罪也世以珪儉不中禮少之始隱居時與房玄齡杜如晦善母李嘗曰而必貴然未知所與游者何如人而試與偕來會玄齡等過其家李闚大驚敕具酒食歡盡日喜曰二客公輔才汝貴不疑敬直封南城縣男後坐交皇太子承乾徙嶺外珪孫燾旭燾性至孝爲徐州司馬母有疾彌年不廢帶視絮湯劑數從高醫游遂窮其術因以所學作書號外臺秘要討繹精明世寶焉歷給事中鄴郡太守治聞於時旭見酷吏傳

薛收字伯褒蒲州汾陰人隋內史侍郎道衡子也出繼從父孺年十二能屬文以父不得死於隋不肯仕郡舉秀才不應聞高祖興遁入首陽山將應義舉通守堯君素覺之迎置其母城中收不得去及君素東連王世充遂挺身歸國房玄齡亟言之秦王王召見問方略所對合旨授府主簿判陝東大行臺金部郎中是時方討世充軍事繁綜收爲書檄露布或馬上占辭該敏如素構初不竄定竇建德來援諸將爭言斂軍以觀賊形勢收獨曰不然世充據東都府庫盈衍其兵皆江淮選卒正苦乏食爾是以求戰不得爲我所持今建德身總衆以來必飛轂轉糧更相資哺兩賊連固則伊洛間勝負未可歲月定也不若勒諸將嚴兵縮壘浚其溝防戒毋出兵大王親督精銳據成皐厲兵按甲邀建德路彼以疲老當吾堂堂之鋒一戰必舉不旬日二賊可縛致麾下矣王曰善遂禽建德俘世充王入觀隋宮室且嘆煬帝無道殫人力以事夸侈收進曰峻宇彫牆殷辛以亡土階茅茨唐堯以昌秦皇奧阿房而秦禍速文帝罷露臺而漢祚永後主曾不是察奢虐是矜死一夫之手爲後世笑何此之能保哉王重其言俄受天策府記室參軍從平劉黑闥封汾陰縣男嘗上書諫王止畋獵王答曰覽所陳知成我者卿也明珠兼乘未若一言今賜黃金四十鋌武德七年寢疾王遣使臨問相望於道命輿疾至府親舉袂撫之論敘生平感激涕泗卒年三十三王哭之慟與其從兄子元敬書曰吾與伯褒共事旅間何嘗不驅馳經略款曲襟抱豈期一朝成千古也且家素貧而子幼善撫安之以慰吾懷因遣使弔祭贈帛三百段其後圖學士像歎其早死不得與此即位語房玄齡曰收若在朕當以中書令處之又嘗夢收如平生賜其家粟帛貞觀七年贈定州刺史永徽中又贈太常卿陪葬昭陵子元超九歲襲爵及長好學善屬文尚巢王女和靜縣主累授太子舍人高宗卽位遷給事中數上書陳當世得失帝嘉納轉中書舍人弘文館學士省中有盤石道衡爲侍郎時常據以草制元超每見輒泫然流涕以母喪解奪服授黃門侍郎檢校太子左庶子所薦豪俊士若任希古高智周郭正一王義方孟利貞鄭祖玄鄧玄挺崔融等皆以才自名於時累拜東臺侍郎李義府流巂州舊制流人不得乘馬元超爲請坐貶簡州刺史歲餘又坐與上官儀文章款密流巂州上元初赦還拜正諫大夫三年遷中書侍郎同中書門下三品帝校獵溫泉諸蕃酋長得持弓矢從元超奏夷狄野心而使挾兵在側中非所宜帝納可嘗宴諸王召元超與從容謂曰任卿中書寧藉多人哉俄拜中書令兼左庶子帝幸東都留輔太子監國手敕曰朕留卿若失一臂顧太子未習庶務關中事卿悉專之時太子射獵詔得入禁禦故太子稍怠政事元超諫曰內苑之地叢薄昌翳薈絶磴險塗殿下載輕禽逐狡兎從銜橛之變詎無可虞又戶奴多反逆餘族或夷狄遺醜使兇謀竊發將何以禦哉夫爲人子者不登高不臨深謂其近危辱也天皇所賜書戒丁寧惟殿下罷馳射之勞留情墳典豈不美歟帝知之遣使厚賜慰其意召太子還東都帝疾劇政出武后因陽喑乞骸骨加金紫光祿大夫卒年六十二贈光祿大夫秦州都督陪葬乾陵子曜聖曆中附會張易之官正諫大夫元敬隋選部郎邁之子與收及族兄德音齊名世稱河東三鳳收爲長雛德音爲鸑鷟元敬年最少爲鵷雛武德中爲祕書郎天策府參軍直記室文學館學士是時收與房杜處心腹之寄更相結附元敬謹畏未嘗中款曲如晦嘆曰小記室不可得而親不可得而疏秦王爲皇太子除舍人於是軍國之務總於東宮而元敬掌文翰號稱職卒官

稷字嗣通道衡曾孫擢進士第累遷禮部郎中中書舍人與從祖兄曜更踐兩省俱以辭章自名景龍末爲諫議大夫昭文館學士初貞觀永徽間虞世南褚遂良以書顓家後莫能繼稷外祖魏徵家多藏虞褚書故銳精臨倣結體遒麗遂以書名天下畫又絶品睿宗在藩喜之以其子伯陽尚仙源公主及踐阼遷太常少卿封晉國公實封三百戶會鍾紹京爲中書令稷諷使讓因入言於帝曰紹京本胥史無素才望今特以勳進師長百僚恐非朝廷具瞻之美帝然之遂許紹京讓改戶部尚書翌日遷稷黃門侍郎參知機務與崔日用數爭事帝前罷爲左散騎常侍歷太子少保禮部尚書帝以翊贊功每召入宮中與決事恩絶羣臣竇懷貞誅稷以知本謀賜死萬年獄年六十五伯陽爲駙馬都尉安邑郡公別食實封四百戶稷死坐貶晉州員外別駕又流嶺表自殺伯陽子談尚玄宗恒山公主拜駙馬都尉光祿員

外卿

馬周字賓王博州茌平人少孤家窶狹嗜學善詩春秋資曠邁鄉人以無細謹薄之武德中補州助教不治事刺史達奚恕數咎讓周乃去客密州趙仁本高其才厚以裝使入關留客汴爲浚儀令崔賢所辱遂感激而西舍新豐逆旅主人不之顧周命酒一斗八升悠然獨酌衆異之至長安舍中郎將常何家貞觀五年詔百官言得失何武人不涉學周爲條二十餘事皆當世所切太宗怪問何何曰此非臣所能家客馬周教臣言之客忠孝人也帝卽召之間未至道使者四輩敦趣及謁見與語帝大悅詔直門下省明年拜監察御史奉使稱職帝以何得人賜帛三百匹周上疏曰臣每讀前史見賢者忠孝事未嘗不廢卷長想思履其迹臣不幸早失父母犬馬之養已無所施顧來事可爲者惟忠義而已是以徒步二千里歸于陛下陛下不以臣愚擢臣不次竊自惟念無以論報輒竭區區惟陛下所擇臣伏見大安宮在宮城右牆宇門闕方紫極爲卑小東宮皇太子居之而在內大安至尊居之反在外太上皇雖志清儉愛惜人力陛下不敢違而蕃夷朝見四方觀聽有不足焉臣願營雉堞門觀務從高顯以稱萬方之望則大孝昭矣臣伏讀明詔以二月幸九成宮竊惟太上皇春秋高陛下宜朝夕視膳今所幸宮去京三百里而遠非能旦發暮至也萬一有太上皇思感欲卽見陛下何以逮之今茲本爲避暑行也太上皇留熱處而陛下走涼處溫凊之道臣所未安然詔書旣下業不中止願示還期以開衆惑臣伏見詔宗室功臣悉就藩國遂貽子孫世守其政竊惟陛下之意誠愛之重之欲其裔緒承守與國無疆也臣謂必如詔書者陛下宜思所以安存之富貴之何必使世官也且堯舜之父有朱均之子若令有不肖子襲封嗣職兆庶被殃國家蒙患正欲絕之則子文之治猶在也正欲存之則欒黶之惡已暴也必曰與其毒害於見存之人寧割恩於已亡之臣則向所謂愛之重之者適所以傷之也臣謂宜賦以茅土疇以戶邑必有材行隨器而授雖幹翮非彊亦可以免累漢光武不任功臣以吏事所以終全其世者良得其術也願陛下深思其事使得奉大恩而子孫終其福祿也臣聞聖人之化天下莫不以孝爲本故曰孝莫大於嚴父嚴父莫大於配天國之大事在祀與戎孔子亦言吾不與祭如不祭是聖人之重祭祀也自陛下踐祚宗廟之享未嘗親事竊惟聖情以乘輿一出所費無藝故忍孝思以便百姓而一代史官不書皇帝入廟將何以貽厥孫謀示來葉邪臣知大孝誠不在俎豆之間然聖人訓人必以己先之示不忘本也臣聞致化之道在求賢審官孔子曰惟名與器不可以假人是言愼舉之爲重也臣伏見王長通白明達本樂工輿皁雜類韋槃提斛斯正無他材獨解調馬雖術踰等夷可厚賜金帛以富其家今超授高爵與外廷朝會騶暨倡子鳴玉曳履臣竊恥之若朝命不可追改尚宜不使在列與士大夫爲伍帝善其言除侍御史又言臣歷觀夏商周漢之有天下傳祚相繼多者八百餘年少者猶四五百年皆積德累業恩結於人豈無僻王賴先哲以免自魏晉逮周隋多者五六十年少者三二十年而亡良由創業之君不務仁化當時僅能自守後無遺德可思故傳嗣之主其政少衰一夫大呼天下土崩矣今陛下雖以大功定天下而積德日淺固當隆禹湯文武之道使恩有餘地爲子孫立萬世之基豈特持當年而已然自古明王聖主雖因人設教而大要節儉於身恩加於人故其下愛之如父母仰之如日月畏之如雷霆卜祚遐長而禍亂不作也今百姓承喪亂之後比於隋時纔十分一而徭役相望兄去弟還往來遠者五六千里春秋冬夏略無休時陛下雖詔減省而有司不得廢作徒行文役之如故四五年來百姓頗嗟怨以爲陛下不存養之堯之茅茨土階禹之惡衣菲食臣知不可復行於今漢文帝惜百金之費而罷露臺集上書囊以爲殿帷所幸愼夫人衣不曳地景帝亦以錦繡纂組妨害女工特詔除之所以百姓安樂至孝武帝雖窮奢極侈承文景遺德故人心不搖向使高祖之後卽值武帝天下必不能全此時代差近事迹可見今京師及益州諸處營造供奉器物并諸王妃主服飾皆過靡麗臣聞昧旦丕顯後世猶怠作法於治其弊猶亂陛下少處人間知百姓辛苦前代成敗目所親見尚猶如此而皇太子生長深宮不更外事卽萬歲後聖慮之所當憂也臣竊尋自古黎庶怨叛聚爲盜賊其國無不卽滅人主雖悔未有重能安全者凡修政教當修之於可修之時若事變一起而後悔之無益也故人主每見前代之亡則知其政教之所由喪而不知其身之失故紂笑桀之亡而幽厲笑紂之亡隋煬帝又笑齊魏之失國也今之視煬帝猶煬帝之視齊魏也往貞觀初率土荒儉一匹絹纔易斗米而天下帖然者百姓知陛下憂憐之故人人自安無謗讟也五六年來頻歲豐稔一匹絹易粟十餘斛而百姓咸怨以爲陛下不憂憐之何則今營爲者多不急之務故也自古以來國之興亡不由積畜多少在百姓苦樂也且以近事驗之隋貯洛口倉而李密因之積布帛東都而王世充據之西京府庫亦爲國家之用向使洛口東都無粟帛王世充李密未能必聚大衆但貯積者固有國之常要當人有餘力而後收之豈人勞而彊斂之以資寇邪夫儉以息人貞觀初陛下已躬爲之今行之不難也爲之一日則天下知之式歌且舞矣若人旣勞而用之不息萬一中國水旱而邊方有風塵之警狂狡竊發非徒旰食晏寢而已古語云動人以行不以言應天以實不以文以陛下之明誠欲厲精爲政不煩遠采上古但及貞觀初則天下幸甚昔賈誼謂漢文帝云可痛哭及長歎息者言當韓信王楚彭越王梁英布王淮南之時使文帝卽天子位必不能安又言賴諸王年少傅相制之長大之後必生禍亂後世皆以誼言爲是臣竊觀今諸將功臣陛下所與定天下無威略振主如韓彭者而諸王年竝幼少縱其長大陛下之日必無他心然則萬代之後不可不慮漢晉以來亂天下者何嘗不在諸王皆由樹置失宜不豫爲節制以至滅亡人主豈不知其然溺於私愛爾故前車旣覆而後車不改轍也今天下百姓尚少而諸王已多其寵遇過厚者臣愚慮之非特恃恩驕矜也昔魏武帝寵陳思王文帝卽位防守禁閉同獄囚焉何則先帝加恩太多故嗣主疑而畏之也此武帝寵陳思王適所以苦之也且帝子身食大國何患不富而歲別優賜曾無限極里語曰貧不學儉富不學奢言自然也今大聖創業豈唯處置見子弟而已當制長久之法使萬代奉行臣聞天下者以人爲本必也使百姓安樂在刺史縣令爾縣令旣衆不能皆賢但州得良刺史可矣天下刺史得人陛下端拱巖廊之上夫復何爲古者郡守縣令皆選賢德欲有所用必先試以臨人或由二千石高第入爲宰相今獨重內官縣令刺史頗輕其選又刺史多武夫勳人或京官不稱職始出補外折衝果毅身力彊者入爲中郎將其次乃補邊州而以德行才術擢者十不能一所以百姓未安殆在于此疏奏帝稱善擢拜給事中轉中書舍人周善敷奏機辯明銳動中事會裁處周密時譽歸之帝每曰我蹔不見周卽思之岑文本謂所親曰馬君論事會文切理無一言可損益聽之纚纚令人忘倦蘇張終賈正應此耳然鳶肩火色騰上必速恐不能久俄遷治書侍御史兼知諫議大夫檢校晉王府長史王爲皇太子拜中書侍郎兼太子右庶子十八年遷中書令猶兼庶子時置太子司議郎帝高其除周嘆曰恨吾資品妄高不得歷此官帝征遼留輔太子定州及還攝吏部尚書進銀青光祿大夫帝嘗以飛帛書賜周曰鸞鳳冲霄必假羽翼股肱之寄要在忠力周病消渴連年帝幸翠微宮求勝地爲構第每詔尚書食具膳上醫使者視護躬爲調藥太子問疾疾甚周取所上章奏悉焚之曰管晏暴君之過取身後名吾不爲也二十二年卒年四十八贈幽州都督陪葬昭陵初帝遇周厚周頗自負爲御史時遣人以圖購宅衆以其興書生素無貲皆竊笑它日白有佳宅直二百萬周遽以聞詔有司給直并賜奴婢什物由是人乃悟周每行郡縣食必進雞小吏訟之帝曰我禁御史食肉恐州縣廣費食雞尚何與榜吏斥之及領選猶廢浚儀令先是京師晨暮傳呼以警衆後置鼓代之俗曰鼕鼕鼓品官舊服止黃紫於是三品服紫四品五品朱六品七品綠八品九品青城門入由左出由右飛驛以達警急納居人地租宿衞大小番直截驛馬尾城門衞舍守捉士月散配諸縣各取一以防其過皆周建白自周亡帝思之甚將假方士術求見其儀形高宗卽位追贈尚書右僕射高唐縣公垂拱中配享高宗廟廷子載咸亨中爲司列少常伯與裴行儉分掌選事言吏部者稱裴馬焉終雍州長史

贊曰周之遇太宗顧不異哉由一介草茅言天下事若素宦于朝明習憲章者非王佐才疇以及茲其自視與築巖釣渭亦何以異迹夫帝銳于立事而周所建皆切一時以明佐聖故君宰間不膠漆而固恨相得晚宜矣然周才不逮傅說呂望使後世未有述焉惜乎

韋挺京兆萬年人父冲仕隋爲民部尚書挺少與隱太子善高祖平京師署隴西公府祭酒累遷太子左衞驃騎檢校左衞率太子遇之厚宮臣無與比武德七年帝避暑仁智宮或言太子與宮臣謀逆又慶州刺史楊文幹坐大逆誅辭連東宮帝專責宮臣由是挺與杜淹王珪等皆流越巂未幾召拜主爵郎中貞觀初王珪數薦之遷尚書右丞歷吏部黃門侍郎拜御史大夫扶陽縣男太宗謂挺曰卿之任大夫獨朕意左右無爲卿地者挺曰臣駑下不足以辱高位且非勳非舊而在藩邸故僚上顧後臣以勸立功者不聽是時承隋大亂風俗薄惡人不知教挺上疏曰父母之恩昊天罔極創巨之痛終身何已今衣冠上族辰日不哭謂爲重喪親賓來弔輒不臨舉又閭里細人每有重喪不卽發問先造邑社

待營辦具乃始發哀至假車乘雇棺槨以榮送葬旣葬隣伍會集相與酣醉名曰出孝夫婦之道王化所基故有三日不息燭不舉樂之慼今昏嫁之初雜奏絲竹以窮宴歡官司習俗弗爲條禁望一切懲革申明禮憲俄復爲黄門侍郎兼魏王泰府事時泰有寵太子多過失帝密欲廢立語杜正倫正倫以漏言貶帝謂挺曰不忍復置卿于法改太常卿初挺爲大夫時馬周爲監察御史挺不甚禮及周爲中書令帝欲湔拭用之周言挺很于自用非宰相器遂止帝將討遼東擇主餉運者周言挺才任繁使帝謂然挺父故爲營州總管嘗經略高麗故札藏家挺上之帝悅曰自幽距遼二千里無州縣吾軍靡所仰食卿爲朕圖之苟吾軍用不乏是公之功其自擇文武官四品十人爲子使取幽易平三州銳士若馬各二百以從卽詔河北列州皆取挺節度許以便宜帝親解貂裘及中廐馬賜之挺遣燕州司馬王安德行渠作漕艫轉糧自桑乾水抵盧思臺行八百里渠塞不可通挺以方苦寒未可進遂下米臺側廥之待凍泮乃運以爲解卽上言度王師至食且足帝不悅曰兵寧拙速無工遲我明年師出挺乃度它歲運何哉卽詔繁畤令韋懷質馳按懷質還劾挺在幽州日置酒弗憂職不前視渠長利卽造船行粟綿八百里乃悟非是欲進則不得還且水涸六師所須恐不如陛下之素帝怒遣將作少監李道裕代之敕治書侍御史唐臨馳傳械挺赴洛陽廢爲民使白衣從帝破蓋牟城詔挺將兵鎭守示復用城與賊新城接日夜轉鬬無休時挺以失職內不平作書謝所善公孫常常善數者也以他事繫投繯死索槖中得挺書言所屯危蹙意怨望貶象州刺史歲餘卒年五十八子待價萬石

待價初爲左千牛備身永徽中江夏王道宗得罪待價以壻貶盧龍府果毅時將軍辛文陵招慰高麗次吐護眞水爲虜所襲待價與中郎將薛仁貴率所部兵殺之文陵亦苦戰遂免待價重創矢著左足隱不言卒以疾免起爲蘭州刺史吐蕃盜邊高宗以沛王賢爲涼州大都督而待價爲司馬俄遷肅州刺史以功召拜右武衛將軍儀鳳三年吐蕃復入寇以待價檢校涼州都督兼知鎭守兵馬事召還封扶陽侯武后臨朝攝司空護營乾陵改天官尚書同鳳閣鸞臺三品待價起武力典選無銓總才故朝野共蚩薄之俄爲燕然道行軍大總管禦突厥踰年還拜文昌右相同鳳閣鸞臺三品不自安累表辭職不聽且請盡力行陣許之於是拜安息道行軍大總管督三十六總管以討吐蕃進爵公軍至寅識迦河與吐蕃合戰勝負略相當會其副閻溫古逗留又天大寒待價不善撫御師人多死餉道乏乃旋師頓高昌后大怒斬溫古流待價繡州卒曾孫武

武少孤年十一廕補右千牛累遷長安丞德宗幸梁州委妻子奔行在除殿中侍御史戶部侍郎元琇爲水陸轉運使表武以倉部員外郎克判官謀不用杜門數月而琇敗轉刑部員外郎是時帝以反正告郊廟大兵後典章苟完執事者時時咨武武酌宜約用得禮之衷羣司奉焉後爲絳州刺史鑿汾水灌田萬三千餘頃璽書勞勉憲宗時入爲京兆尹護治豐陵未成卒贈吏部尚書

萬石頗涉學善音律上元中遷累太常少卿當時郊廟燕會樂曲皆萬石與太史令姚元辯增損之號任職始萬石奏太樂博士弟子遭喪者先無它業請以卒哭追集侍御史劉思立劾奏萬石曰移風易俗莫善於樂睦親化人莫善於孝所以三年之禮天下通喪今遣音聲人釋服爲樂帶經治音豈以小人不能執禮遂欲約爲非法萬石官太常首紊風化請付吏論罪高宗方委任萬石罷其奏後知吏部選事卒于官

贊曰王者用人非難盡其才之爲難觀太宗之責任也謀斯從言斯聽才斯奮洞然不疑故人臣未始遺力天子高拱操成功致太平矣始皆奮亡命布衣嬪然刻畫上衮薛收雖蚤夭帝本以中書令待之御臣之方顧不善哉挺晚節流落蓋有致而然

唐書卷九十九

宋　端明殿學士　宋祁　撰

列傳第二十四

二李戴劉崔

李綱字文紀觀州蓨人少慷慨尚風節始名瑗慕張綱爲人改焉仕周爲齊王憲參軍事宣帝將殺憲召僚屬誣左其罪綱矢死無撓辭及憲誅露車載尸故吏犇匿綱撫棺號慟爲瘞訖乃去事隋爲太子洗馬太子勇宴宮臣左庶子唐令則奏琵琶又歌武媚娘曲綱曰令則官調護乃自比倡優進淫聲惑視聽誠使上聞之豈不爲殿下累乎臣請正其罪勇曰置之我欲爲樂耳後勇廢文帝切讓宮屬無敢對綱獨曰陛下不素教故太子至此太子資中人得賢者輔而善得不肖導而惡奈何歌舞鷹犬纖兒使日侍側何特太子罪邪帝曰以汝爲洗馬何不擇人綱曰臣非東宮得言者帝曰朕過矣擢尚書右丞時楊素蘇威用事綱据正不詭迎隨素等多憾會大將軍劉方討林邑素[illegible]仕遂署行軍司馬方揣素指數危辱之幾殆軍還不得調稍除齊王府司馬復詔出南海應接林邑久不召乃身入奏威劾綱擅去所部以屬吏會赦免屏居鄠大業末賊帥何潘仁劫爲長史高祖平京師綱上謁授丞相府司錄參軍封新昌縣公頒選舉受禪拜禮部尚書兼太子詹事齊王元吉爲并州總管縱左右攘奪民愁苦宇文歆諫不聽騰狀覈言王坐免俄而復留下危惴劉武周入太原元吉懼棄軍奔京師并州陷帝怒謂綱曰王年少不習事故以歆竇誕佐之太原與王地兵十萬粟支十年奈何一旦棄去歆建此計我當斬于軍綱曰王過惡誕養成之歆事王淺有闕必諍今賴歆計使陛下不失愛子且有功又可加罪乎翼日帝悟引綱升御榻勞曰卿不言我幾濫罰於是釋歆然猶貸誕也帝以舞工安叱奴爲散騎常侍綱諫曰周家均工樂胥不得預士伍雖復妙如師襄才如子野皆繼世不易業故魏武使禰衡擊鼓衡先解朝衣曰不敢以先王法服爲伶人衣齊高緯封曹妙達爲王以安馬駒開府有國家者可爲鑒戒今新造天下開太平之基功臣賞未及徧高才猶伏草茅而先令舞胡鳴玉曳組位五品趨丹地殆非創業垂統貽子孫之道也帝不納綱在東宮太子建成尤加禮嘗幸溫湯綱疾不從有進魚者太子使膾之唐儉趙元楷自言其能太子曰操刀膾鯉和鼎味公等善之若弼諧啓沃固屬綱矣遣使賜絹二百匹後太子寖狎亡賴猜閒朝廷綱頻諫不見聽遂乞骸骨帝罵曰卿爲潘仁長史而羞朕尚書邪綱頓首曰潘仁賊也志殘殺然每諫輒止爲其長史故無愧陛下功成厚自伐臣言如持木內石敢久爲尚書乎且臣事東宮東宮又與臣忤是以上印綬帝謝曰知公直士幸卒輔吾兒乃拜太子少保尚書詹事如故綱上書太子曰綱老矣幸未就木備位保傅冀得効鄙日殿下飲酒過量非養生之道凡爲人子務孝謹以慰上心不宜聽受邪說與朝廷生恚間太子覽書不懌所爲益縱綱悒悒不自賴固請老優詔解尚書帝以綱隋名臣手敕未嘗名貞觀四年復爲少師以足疾賜步輿聽乘至閤問以政事詔東宮太子承乾爲拜每聽政必詔綱與房玄齡王珪侍坐嘗言曰託六尺之孤寄百里之命古人爲難綱以爲易故發言陳事毅然不可奪及疾帝遣玄齡至家存問明年卒年八十五贈開府儀同三司謚曰貞太子爲立碑初齊王憲女孀居綱厚卹之及卒女被髮號哭如喪其親然綱在隋官不進筮之得鼎筮人曰君當爲卿輔然待易姓乃如志仕不知退折足爲敗故綱雖顯於唐數稱疾辭位云孫安仁安靜安仁永徽中爲太子左庶子太子忠廢還邸寮屬奔散獨安仁泣拜而去終桓州刺史安靜天授中爲右衛將軍武氏革命羣臣皆勸進安靜獨無所請及收繫獄來俊臣問狀安靜曰正以我唐舊臣殺之可也若詰其狀吾誰欺俊臣誣殺之會昌中錄忠臣後訪子孫已絕乃贈安靜太子少師自綱五世同居安仁安靜復以義烈聞世稱李氏不衰

李大亮京兆涇陽人祖琰爲魏度支尚書大亮有文武才略隋末署龐玉行軍兵曹李密寇東都玉戰敗大亮被擒賊將張弼異之就執百餘餘皆死獨釋大亮引與語遂定交高祖入關大亮自歸授土門令方歲饑境多盜賊大亮招亡散撫貧瘠責所乘馬稍稍資業之勸墾田歲大熟間出擊盜所至輒平秦王行北境下書獎勞賜馬五乘帛五十段頃之胡賊大至大亮度不能拒乃單馬詣營說豪帥爲分別禍福賊衆感服遂相率降大亮殺所乘馬與之食至步而返帝聞之悅擢金州總管府司馬王弘烈據襄陽詔大亮安撫樊鄧因圖之進擊下十餘城遷安州刺史復使徇廣州至九江會輔公祏反以計禽其將張善安公祏方圍猷州刺史左難當固守大亮率兵擊走之遷越州都督貞觀初徙交州封武陽縣男召授太府卿復出涼州都督嘗有臺使見名鷹諷大亮獻之大亮密表曰陛下絕畋獵久矣而使者求鷹信陛下意邪乃乖昔旨如其擅求是使非其才太宗報書曰有臣如此朕何憂古人以一言之重訂千金今賜胡瓶一雖亡千鎰乃朕所自御又賜荀悅漢紀曰悅論議深博極爲政之體公宜繹味之時突厥亡帝遂欲懷四夷諸部降者入賜袍一領帛五匹首領拜將軍中郎將列五品者贏百員又置降胡河南詔大亮爲西北道安撫大使使以綏大度設拓設泥熟特勤及七姓種落之未附者峙糧磧口賑其饑大亮上言臣聞欲綏遠者必自近中國天下本根四夷猶枝葉也殘本根厚枝葉而曰求安未之有也屬者突厥傾國入朝陛下不卽

俘江淮變其俗而加賜物帛悉官之引處內地豈久安計哉今伊吾雖臣遠在荒鹵臣以爲諸稱藩請附者宜羈縻受之使吾塞外畏威懷德永爲藩臣謂之荒服者故臣而不內所謂行虛惠收實福河西積困夷狄州縣蕭條加因隋亂殘耗已甚臣愚願停招慰省勞役使邊人得就農畮此中國利也帝納其計八年爲劍南道巡省大使會討吐谷渾爲河東道行軍總管與李靖俱出北道涉青海觀河源與虜遇蜀渾山大戰破之俘其名王獲雜畜數萬進爵爲公拜右衛大將軍晉王爲皇太子詔大亮兼右衛率又兼工部尚書身三職宿衛兩宮每番直常假寐帝勞曰公在我得酣臥十八年幸洛陽詔副房玄齡居守玄齡稱有王陵周勃節可倚大事俄寢疾帝親和藥驛賜之臨終表請罷遼東役又言京師宗廟所在願以關中爲意就橐歎曰吾聞男子不死婦人手命屛左右言終卒年五十九將斂家無珠玉爲含惟貯米五斛布三十端帝哭爲慟贈兵部尚書秦州都督謚曰懿陪葬昭陵大亮性忠謹外若不能言而內剛烈不可干非其義對天子爭是非無回撓至妻子未始見惰容事兄嫂以禮閫位通顯居陋狹甚在越州寫書數百卷及去留都督署初破公祏以功賜奴婢百口謂曰而曹皆衣冠子女不幸破亡吾何忍錄而爲隸乎縱遣之高祖聞咨美更賜俚婢二十後破吐谷渾復賜奴婢百五十口悉以遺親戚葬宗族無後者三十餘柩貲賵加焉嘗以張弼脫其死及貴念有以報之時弼爲將作丞匿不見大亮求之不能得一日識諸涂持弼泣悉推家財與之弼拒不受乃言於帝曰臣及事陛下張弼力也願悉臣官爵授之帝爲遷弼中郎將代州都督世皆賢大亮能報而多弼不自伐也殁後所育孤姓爲大亮行服如所親者十餘人兄子道裕貞觀末爲將作匠有告張亮反者詔百官議皆言亮當誅獨道裕謂反形未具帝怒不暇省斬之歲餘刑部侍郎缺宰相屢進名不可帝曰朕得之矣是嘗議張亮者朕時雖不從今尚悔之遂命道裕終大理卿大亮族孫迥秀

迥秀字茂之及進士第又中英才傑出科調相州參軍事累轉考功員外郎武后愛其材遷鳳閣舍人大足初檢校夏官侍郎仍領選銓汰文武號稱職進同鳳閣鸞臺平章事張易之兄弟貴驕因撓意諂媚士論頓減俄坐贓貶廬州刺史易之誅貶衡州長史中宗即位召授將作少監累遷鴻臚卿修文館學士出朔方道行軍大總管還拜兵部尚書卒年五十贈侍中迥秀少聰悟多通賓客喜飲酒雖多不亂當時稱其風流母少賤妻嘗詈媵婢母聞不樂迥秀即出其妻或問之答曰娶婦要欲事姑苟違顏色何可留武后嘗遣內人候其母或迎置宮中後所居堂產芝草犬乳鄰猫中宗以爲孝感旌大門閭子齊損開元中以謀逆誅

戴胄字玄胤相州安陽人性堅正幹局明彊善簿最隋末爲門下錄事納言蘇威黃門侍郎裴矩厚禮之爲越王侗給事郎王世充謀簒胄說曰君臣大分均父子休戚同之公當社稷之任與存與亡正在今日願尊輔王室擬伊周以幸天下世充詭曰善俄脅九錫胄又切諫不納出爲鄭州長史使與王行本守武牢秦王攻拔之引爲府士曹參軍封武昌縣男大理少卿缺太宗曰大理人命所繫胄清直其人哉即日命胄長孫無忌被召不解佩刀入東上閤尚書右僕射封德彝論監門校尉不覺罪當死無忌贖胄曰校尉與無忌罪均臣子於尊極不稱誤法著御湯劑飲食舟船雖誤皆死陛下錄無忌功原之可也若罰無忌殺校尉不可謂刑帝曰法爲天下公朕安可阿親戚詔復議德彝固執帝將可胄曰不然校尉緣無忌以致罪法當輕若皆誤不得獨死繇是與校尉皆免時選者盛集有詭資蔭冒牒取調者詔許自首不首罪當死俄有詐得者獄具胄以法當流帝曰朕詔不首者死而今當流是示天下不以信卿賣獄邪胄曰陛下登殺之非臣所及既屬臣敢虧法乎帝曰卿自守法而使我失信奈何胄曰法者布大信於人言乃一時喜怒所發陛下以一朝忿將殺之既知不可而寘於法此忍小忿存大信也若阿忿違信臣爲陛下惜之帝大感寤從其言胄犯顏據正數奏參處法意至析秋豪隨類指擿言若泉涌帝益重之遷尚書左丞矜其貧特詔賜錢十萬會僕射蕭瑀免封德彝卒帝謂胄曰尚書總國綱維失一事天下有受其弊者今以令僕委卿宜副朕舉胄明敏長于操決無宿疑議者美其振職謂武德以來殆無其輩復拜諫議大夫與魏徵更日供奉進民部尚書杜如晦遺言請以選舉委胄由是檢校吏部尚書然好抑文雅獎法吏時以寡學爲訾貞觀四年以本官參豫朝政進爵郡公帝將修復洛陽宮胄上疏諫曰比關中河外置軍團彊夫富室悉爲兵九成之役又興司農將作見丁無幾大亂之後戶口單破一人就役舉室損業籍軍者督戎仗課役者責糧齎竭貲經紀猶不能濟七月以來霖潦未止濱河南北田正洿下年之有亡未可知壯者盡行賦調不給則帑藏虛矣今宮殿足庇風雨容羽衛數年後成猶不謂晚何憚而遽自生勞擾邪帝覽奏罷役胄所敷內緣政得失咸有可觀奏已即削槀秘外莫知帝嘗謂左右曰胄於我非肺腑親然事之機切無不聞惟其忠槩所激耳七年卒帝爲舉哀贈尚書右僕射追封道國公謚曰忠以第舍陋不容祭詔有司爲立廟聘其女爲道王妃房玄齡魏徵與胄善每至生平故處輒流涕胄無子以兄子至德爲後

至德乾封中累遷西臺侍郎同東西臺三品閱十數年父子繼爲宰相世詫其榮高宗嘗爲飛白書賜侍臣賜至德曰泛洪源俟舟楫郝處俊曰飛九霄假六翮李敬玄曰資啓沃罄丹誠崔知悌曰仗忠節贊皇猷皆見意於辭云遷尚書右僕射時劉仁軌爲左人有所訴率優容之至德乃詰究本末理直者密爲奏終不顯私恩由是當時多稱仁軌者號仁軌爲解事僕射嘗更日聽訟有嫗詣省至德已收牒嫗乃復取曰初以爲解事僕射今乃非至德笑還之人伏其長者或以問至德答曰慶賞刑罰人主之柄爲臣豈得與人主爭也帝知歎美之儀鳳四年卒詔百官哭其第贈開府儀同三司并州大都督謚曰恭

劉洎字思道荊州江陵人初爲蕭銑黃門侍郎南略地嶺表下五十城未還而銑敗遂以城自歸授南康州都督府長史貞觀七年擢給事中封清苑縣男轉治書侍御史於時尚書省詔敕稽壅按成復下彌年不能決洎言尚書萬機本貞觀初未有令僕職併務繁左丞戴胄右丞魏徵應事彈舉無所回橈百司震肅不敢懈比者動親在位品非其任功勢相傾雖欲自彊先懼囂謗故郎中嘿奪惟事咨稟尚書依違不得專裁莞轄玩弛綱紀不振今宜精選左右丞兩司郎中使皆得人非惟救曠滯之弊固當嬌拂趨競也未幾拜尚書右丞洎健于職於是尚書復治如徵時累加銀青光祿大夫散騎常侍攝黃門侍郎太宗好持論與公卿言古今事必往復難詰究臧否洎諫曰帝王之與臣庶聖哲之與庸愚等級遼絕勢不倫擬故課愚對聖持卑抗尊雖思自彊不可得已陛下降慈旨假柔顏虛心聽納猶恐羣臣惴縮不敢進況以神機天辯飾辭援古而迮其議哉夫天以無言爲尊聖以不言爲德皆弗欲煩也且多記損心多語耗氣心氣內損形神外勞初雖無覺久且爲弊且今之雍平陛下力行所至耳欲求長久匪由辯博但當忘愛憎愼取捨若貞觀初可矣手詔答曰非慮無以臨下非言無以述慮雖然騁人輕物恐由權論致之若形神心氣不爲勞也皇太子初立洎謂宜尊賢重道上書曰太子宗祧是繫善惡之習興亡在焉弗勤于始將悔于末故鼂錯上書令通政術賈誼奏計務知禮教今太子孝友仁愛挺自天姿然春秋鼎盛學當有漸以陛下多才多藝尚垂精厲志以博異聞而太子優游坐棄白日陛下每退朝引見羣臣訪以今古咨以得失而太子處內不接正人不聞正論臣所未諭古者問安而退以廣敬也異宮而處以遠嫌也間者太子一入侍逾旬不出師傅寮寀具員而已非所謂愛之也臣愚以爲授以良書娛以佳賓使耳所未聞睹所未見儲德愈光羣生之福也帝於是敕洎與岑文本馬周遞日直東宮帝嘗怒苑西監穆裕有詔斬朝堂皇太子驟諫帝喜曰朕始得魏徵朝夕進諫徵亡劉洎岑文本馬周褚遂良繼之兒在吾膝前見朕悅諫熟矣故有今日言也誠習以性成哉稍遷侍中帝忽謂羣臣曰朕今欲聞已過卿等爲朕言之長孫無忌李勣楊師道同辭對曰陛下以盛德致太平臣等愚不見其過洎曰然頃上書有不稱旨或面窮詰無不羞汗恐非所以進言者路帝曰卿言善朕能改之及征遼東詔兼太子左庶子檢校民部尚書輔皇太子監國帝曰以卿輔太子社稷安危在焉宜識朕意洎曰願無憂即大臣有罪臣謹按法誅之帝怪其語謬戒曰君不密則失臣臣不密則失身卿性疏而果恐以此敗洎與褚遂良不相中帝還不豫洎與馬周入候出見遂良泣曰上體患癰殊可懼遂良即誣奏洎曰國家不足慮正當輔少主行伊霍事大臣有異者誅之帝愈召洎問狀洎引馬周爲左遂良執不已帝或之乃賜死方死時索筆牘欲自言有司不敢與帝後知之有司皆得罪顯慶中其子弘業詣闕訴遂良譖死狀李義府右之高宗問近臣給事中樂彥瑋曰辨之是暴先帝過刑事寢文明初詔復官爵彥瑋字德珪長安人麟德元年以西臺侍郎同東西臺三品數月罷爲大司憲卒贈齊州都督

贊曰劉洎之才之烈易所謂王臣蹇蹇者然性剛疏輔太子欲身任安危以言掩其衆爲媢忌所乘卒陷罪誅嗚呼以太宗之明蔽於所忿洎之忠不能自申於上況其下哉古人以言爲戒可不慎歟

崔仁師定州安喜人武德初擢制舉調管州錄事參軍陳叔達薦仁師才任史官遷右武衛錄事參軍與修梁魏史貞觀初改殿中侍御史時青州有男子謀逆有司

捕支黨槃係填獄詔仁師按覆始至悉去囚械爲具食飲湯潘以情訊之坐止魁惡十餘人它悉原縱大理少卿孫伏伽謂曰原雪者衆誰肯讓死就決而事變奈何仁師曰治獄主仁恕故諺稱殺人刖足亦皆有禮豈有知枉不申爲身謀哉使吾以一介易十四命固吾願也及敕使覆訊諸囚咸叩頭曰崔公仁恕必無枉者舉無異辭由是知名遷度支郎中嘗口陳移用費數千名太宗怪之詔黃門侍郎杜正倫持簿使仁師對唱無一謬帝奇之時校書郎王玄度注尚書毛詩抵孔鄭舊學請遂廢詔諸儒大議博士以下不能詰河間王孝恭請與孔鄭竝行仁師以玄度不經條不合大義者奏之玄度報罷遷給事中時有司以律反逆者緣坐兄弟沒官爲輕詔八坐議咸言漢魏晉謀反夷三族請改從死仁師曰父子天屬足累其心此而不卹何愛兄弟房玄齡曰祖有蔭孫義則孫祖親重而兄弟屬輕令應重者流而輕者死非用刑意遂不改後密請魏王爲太子失帝旨左遷鴻臚少卿稍進民部侍郎又征遼東副韋挺知海運又別知河南漕事仁師以漕路回遠恐所輸不時至以便宜發近海租賦餉軍坐運卒亡命不以聞除名帝還至中山起爲中書舍人檢校刑部侍郎幸翠微宮上清暑賦以諷帝稱善賜帛五十段二十二年遷中書侍郎參知機務被遇尤渥中書令褚遂良忌之會有伏閤訴者仁師不時上帝大怒流連州永徽初授簡州刺史卒子挹挹子湜

湜字澄瀾少以文詞稱第進士擢累左補闕稍遷考功員外郎時桓彥範等當國畏武三思甚構引湜使陰汋其姦中宗稍疏功臣三思日益寵湜反以彥範等計告三思驟遷中書舍人彥範等被徙又說三思速殺之以絕人望三思問誰可使者乃進其外兄周利貞利貞往彥範等皆死擢利貞御史中丞湜附託昭容上官氏數與宣淫於外景龍二年遷兵部侍郎而挹爲禮部侍郎武德以來父子同爲侍郎惟挹湜云俄拜中書侍郎檢校吏部侍郎同中書門下平章事與鄭愔周典選納賂遺銓品無序爲御史李尚隱劾奏貶江州司馬上官與安樂公主從中申護之改襄州刺史未幾入爲尚書左丞韋氏稱制復以吏部侍郎同中書門下三品睿宗立出爲華州刺史俄除太子詹事初湜建言山南可引丹水通漕至商州自商鑱山出石門抵北藍田可通輓道中宗以湜充使開大昌關役徒數萬死者十五禁舊道不得行而新道爲夏潦奔壓數推墜不通至是論功加銀青光祿大夫景雲中太平公主引爲同中書門下三品進拜中書令時挹以戶部尚書得謝而性貪數爲人請託以干湜湜多不從由是父子相失玄宗在東宮數至其第申款密湜陰附主時人危之爲寒毛門下客獻海鷗賦以諷湜稱善而不自悛帝將誅蕭至忠等召湜示腹心弟澄諫曰上有所問愼無隱湜不從及見對問失旨至忠等誅湜徙嶺外時雍州長史李晉亦坐誅歎曰此本湜謀今我死而湜生何也又宮人元稱嘗與湜謀進酖於帝追及荊州賜死年四十三初在襄州與譙王數相問遺王敗湜當死賴劉幽求張說護免及爲宰相陷幽求嶺表密諷廣州都督周利貞殺之不克又與太平公主逐張說其猜毒詭險殆天性雖蠆虺不若也與弟液澄從兄涖竝以文翰居要官每宴私自比東晉王謝嘗曰吾一門入仕歷官未嘗不爲第一丈夫當先據要路以制人豈能默默受制於人哉故進趣不已至於敗湜執政時年三十八嘗暮出端門緩轡諷詩張說見之歎曰文與位固可致其年不可及也

液字潤甫尤工五言詩湜歎因字呼曰海子我家龜龍也官至殿中侍御史坐湜當流亡命郢州作幽征賦以見意詞甚典麗遇赦還卒子論有吏幹乾元中爲州刺史以治行稱大曆末遷同州刺史爲黜陟使庾何所按議者不直何故復用爲衢州刺史德宗以舊族耆年擢大理卿卒

澄本名滌玄宗改焉帝在藩與同里居出潞州賓友餞者止國門而澄獨從至華及即位寵昵甚湜既誅帝仍念之用爲祕書監開元二年欲贈其父挹吏部尚書宰相持不可遂用四品禮葬贈和州刺史澄侍左右與諸王不讓席坐性滑稽善辯帝恐漏禁中語以愼密字親署笏端累遷金紫光祿大夫封安喜縣子卒贈兗州刺史

唐書卷九十九考證

李大亮傳賜馬五乘○舊書作賜馬一匹

唐書卷一百

宋 端明殿學士宋祁撰

列傳第二十五

陳楊封裴宇文鄭權閻蔣韋姜張

陳叔達字子聰陳宣帝子也少封義陽王歷丹陽尹都官尚書入隋久不試大業中授內史舍人出爲絳郡通守高祖西師以郡聽命授丞相府主簿封漢東郡公與温大雅同管機祕方禪代時書冊誥詔皆其筆也武德初授黃門侍郎判納言封江國公叔達明辯善爲容每占奏搢紳屬目江左士客長安或汨滯多薦諸朝嘗賜食得蒲萄不舉帝問之對曰臣母病渴求不能致願歸奉之帝流涕曰卿有母遺乎因賜之又賚物百段貞觀初與蕭瑀爭殿中坐忿辭不恭免官未幾居母喪又有疾太宗憂之遣使禁卻弔者喪除爲遂州都督病不拜頃之擢禮部尚書始太子建成等間閱太宗帝惑之叔達極意救辯至是謂曰武德內難卿有讜言故以此報叔達謝曰豈獨爲陛下乃社稷計耳後闇薄汙慢爲有司露劾帝以名臣爲護掩授散秩歸第卒謚曰繆久之贈戶部尚書更謚曰忠

楊恭仁隋觀王雄子也仁壽中累遷甘州刺史臨事不苛細徼人安之文帝謂雄曰匪特朕得人乃卿善教子矣大業初轉吏部侍郎楊玄感叛詔率兵經略與玄感戰破陵敗之遂與屈突通追獲賊煬帝召見曰比聞與賊戰尤力向但知卿奉法而乃勇決如此朕用自愧蘇威曰仁者必有勇殆謂此邪時威及宇文述裴蘊裴矩參掌選事皆受賕不法恭仁素廉正故惡之出爲河南道大使捕寇賊至譙郡爲朱粲所敗奔江都宇文化及弒逆署吏部尚書爲化及守魏縣元寶藏執送京師高祖素知之授黃門侍郎封觀國公尋爲涼州總管恭仁久乘邊習種落情僞悉心綏慰由葱嶺以東皆奉貢贄就加納言突厥頡利率衆數萬獵其境恭仁應機設拒張疑屯虛幟示之頡利懼而走瓜州刺史賀拔行威叛朝廷未即討恭仁募驍騎倍道進賊不虞其來遂克二城縱所俘還之衆咸悅遂相與縛行威降召拜吏部尚書兼中書令檢校涼州諸軍事遷左衛大將軍武德末拜雍州牧揚州大都督府長史還洛州都督太宗勞謂曰洛陽要重朕子弟不爲少恐非所任故以委公恭仁性冲厚以禮自閑衛未嘗與物忤時人方漢石慶既貴不以勢倚人故譽望益重病乞骸骨詔以特進歸第卒贈潭州都督陪葬昭陵謚曰孝子思訓襲爵顯慶中歷右屯衛將軍從高宗幸并州右衛大將軍慕容寶節夜邀思訓與謀亂思訓不敢對寶節懼毒酒以進思訓死妻訴之流寶節嶺表至龍門追斬之乃詔以寘毒人者重其法思訓孫睿交尚長寧公主豫誅張易之賜實封五百戶神龍中爲祕書監貶絳州別駕

師道字景猷恭仁弟清警有才思客洛陽爲王世充所拘間歸高祖授上儀同爲備身左右尙桂陽公主除吏部侍郎改太常卿封安德郡公貞觀十年拜侍中參預朝政親遇隆渥性周謹未嘗語禁省事嘗曰吾讀孔光傳想其餘風或庶幾云太宗數訪羣臣才行師道雖有所推進而乏甄品久之遷中書令太子承乾得罪詔與長孫無忌等雜治其獄師道妻異姓子趙節與承乾通謀乃微諷帝欲活之帝怒罷爲吏部尚書師道起貴冑四海人物非所練悉至銓署專抑勢貴親黨以遠嫌用人多違其才不爲時所稱帝亦曰師道資性純淑自應無過而實怯懦罕更事緩急不得其力從征高麗攝中書令軍還頗不職改工部尚書復爲太常卿師道善草隸工詩每與有名士燕集歌詠自適帝見其詩爲擿諷嗟賞後賜宴帝曰聞公每酬賞捉筆賦詩如宿構者試爲朕爲之師道再拜少選輒成無所竄定一坐嗟伏卒贈吏部尚書并州都督謚曰懿陪葬昭陵詔爲立碑子豫之尚巢王元吉女壽春縣主居母喪與永嘉公主亂爲主壻竇奉節所殺

執柔恭仁從孫歷地官尚書武后母卽恭仁叔父達之女及臨朝武承嗣攸寧相繼用事后曰要欲我家及外氏常一人爲宰相乃以執柔同中書門下三品未幾卒弟執一亦以誅張易之功封河東郡公累官右金吾衛大將軍始雄在隋以同姓貴自武德後恭仁兄弟名位益盛又以武后外家尊寵凡尙主者三人女爲王妃五人贈皇后一人三品以上者二十餘人

封倫字德彝以字顯觀州蓨人祖隆北齊太子太保倫年方少舅盧思道曰是兒識略過人當自致卿相隋開皇末江南亂內史令楊素討之署倫行軍記室泊海上素召計事倫墜水免易衣以見訖不言久乃素知問故謝曰私事也所不敢白素異其爲以從妹妻之素營仁壽宮表爲土工監規構鴻侈宮成文帝怒曰素殫百姓力爲吾捨怨天下素大懼倫曰毋恐皇后至自當免明日帝果勞素曰公知吾夫婦老無以自娛樂而盛飾此宮邪因大悅素退問何料而知倫曰上節儉故始見必怒然雅聽后言后婦人惟侈麗是好后悅則帝安矣素

日吾不及也素負才勢多所凌藉惟於倫降禮賞接或與論天下事袞袞不勌每撫其牀曰封郞終當據此薦之帝擢內史舍人虞世基得幸煬帝然不悉吏事處可失宜倫陰爲裁畫內以諂承主意百官章奏若忤旨則寢不聞外以峻文繩天下有功當賞輒抑不行由是世基之寵日隆而隋政日壞矣宇文化及亂持帝出宮使倫數帝罪帝曰卿士人何至是倫羞縮去化及署爲內史令從至聊城知化及敗乃結士及得出護餉道化及死遂與士及來降高祖知其諸附逆黨方切讓使就舍倫以祕策干帝帝悅更拜內史舍人遷侍郞兼內史令秦王討王世充命倫參謀軍事時兵久不決帝欲班師王遣倫西見帝曰賊地雖多羈縻不相使所用命者洛陽爾計窮力屈死在旦暮今解而西則賊勢磐結後難以圖帝納之賊平帝謂侍臣曰始議東討時多沮解者唯秦王謂必克倫贊其行雖張華叶策晉武亦何以加於是封平原縣公判天策府司馬初竇建德援洛陽將趣虎牢倫與蕭瑀諫不可至是入賀王笑曰不用公言今日幸而捷豈智者千慮或有失乎倫謝素不及頃之突厥寇太原且遣使和親帝問計羣臣咸請許之可紓戰倫曰不然彼有輕中國心謂我不能戰若乘其怠擊之勢必勝勝而後和威德兩全今雖不戰後必復來臣以爲擊之便詔可尋檢校吏部尚書進封趙國公從密國太宗立拜尚書右僕射實封六百戶始倫之歸蕭瑀數薦之及是瑀爲左僕射每議事倫初堅定至帝前輒變易由是有隙貞觀元年遘疾臥尚書省帝親臨視命尙輦送還第卒年六十贈司空謚曰明倫貪險佞內狹數刺人主意陰導而陽合之外謹順居處衣服陋素而交宮府賄贈狼籍然善矯飾居之自如人莫能探其膺肺隱剌之亂數進忠策太宗以爲誠橫賜累萬又密言於高祖曰秦王恃功頡頏太子下若不蚤立則亟圖之請白太子曰爲四海不顧其親乞羹者謂何及高祖議廢立倫固諫止當時語祕無知者卒後事寖聞十七年治書侍御史唐臨追劾姦狀帝下其議百官民部尚書唐儉等議倫寵極生前而罪暴身後所歷官不可盡奪請還贈改謚以懲憸壬有詔奪司空削食封改謚爲繆子言道尙淮南長公主官至宋州刺史

裴矩字弘大絳州聞喜人父訥之爲齊太子舍人矩在乳而孤及長好學有文藻智數再補高平王文學齊亡不得調隋高祖爲定州總管召補記室以母憂去職高祖已受禪遷給事郞奏舍人事帝伐陳爲元帥記室江左平詔矩巡撫嶺南未行而高智慧等亂道不通帝難其遣矩請速進許之次南康得兵數千人是時俚帥王仲宣逼廣州遣別將圍東衡州矩與將軍鹿愿赴之賊立九壁屯大庾嶺矩進擊破之賊懼釋東衡州之圍據原長嶺又擊破之斬其帥自南海趣廣州仲宣懼潰去綏集二十餘州承制署渠帥爲刺史縣令還報帝大悅詔升殿勞苦之拜開府爵聞喜縣公賜賚異等遷累內史侍郞時突厥彊盛都藍與突利構難屢犯塞詔太平公史萬歲爲行軍總管出定襄道以矩爲長史破達頭可汗而萬歲誅矩功不見錄還爲尚書左丞遷吏部侍郞名稱職煬帝時西域諸國悉至張掖交市帝令矩護視矩知帝勤遠略乃訪諸商胡國俗山川險易撰西域圖記三篇合四十四國凡裂三道北道起伊吾徑蒲類鐵勒突厥可汗廷亂北流河至拂菻中道起高昌焉耆龜茲疏勒踰葱嶺鏺汗蘇對沙那康曹何大小安穆諸國至波斯南道起鄯善于闐朱俱波喝槃陁亦度葱嶺涉護密吐火羅挹怛帆延漕國至北婆羅門皆竟西海諸國亦自有空道交通旣還奏之帝引內矩問西方事矩盛言胡多瓌怪名寶俗土著易并吞帝由是甘心四夷委矩經略再遷黃門侍郞參豫朝政大業三年帝有事恒山西方來助祭者十餘國矩遣人說高昌伊吾等啗以厚利使入朝帝西巡燕支山高昌等二十七國謁道左皆使佩金玉服錦罽奏樂歌儛令士女盛飾縱觀亘數十里示中國彊富後遂破吐谷渾拓地數千里遣兵出戍歲委輸巨億萬計帝謂矩有綏懷略擢銀青光祿大夫帝在東都以蠻夷朝貢踵至諷帝悉召天下奇倡怪伎大陳端門前曳錦縠珥金琲者十餘萬百官都人列綃樓幔閣夾道被服光麗廛邸皆供帳池酒林胾譁長縱蠻夷與民貿易所在令邀飲食相娛樂蠻夷嗟咨謂中國爲仙晨帝所天子以爲誠謂宇文述牛弘曰矩所建白皆朕之志要未發矩輒先聞非悉心奉國疇能是邪又助城伊吾臨處羅入朝帝益喜賜貂裘西胡珍器從帝巡塞北幸啓民帳時高麗遣使先在突厥啓民引見帝矩因奏言高麗本孤竹國周以封箕子漢分三郡今乃不臣先帝疾之欲討久矣方陛下時安得不事今其使朝突厥及見啓民舉國臣服脅令入朝可致也請面詔其使令歸語王有如旅拒方率突厥誅之帝納焉高麗不聽命征遼自此始王師再臨遼皆從以勞加右光祿大夫時綱紀沮振宇文述虞世基用事官以賄遷雖矩挺節無穢聲世頗稱之矩以始畢可汗衆漸盛建請以宗女嫁叱吉設建爲南面可汗分其勢叱吉不敢受始畢聞之稍怨望矩又言突厥淳陋易離間但內多羣胡教導之臣聞史蜀胡悉尤有謀幸於始畢請殺之帝曰善矩因詭計召胡受賜斬馬邑下報始畢曰史蜀胡悉背可汗我所共惡今旣誅之始畢知狀由是不朝後帝北巡始畢率騎十萬圍帝鴈門詔矩與虞世基宿朝堂待顧問圍解從幸江都宮時盜賊蜂結郡縣上奏不可計矩言于帝帝怒遣詣京師以疾解俄而高祖入關帝令虞世基問方略矩曰唯願陛下亟西天下定矣矩性勤謹未嘗忤物見天下方亂其待遇士尤厚雖廝役皆得其歡是時衞兵數逃去帝憂之以問矩矩曰今乘輿淹狩已二年諸驍果皆無家人無匹合則不久安臣請皆聽納室帝笑曰公定多智因詔矩盡召江都女子嫺家恣將士所欲卽配之人情翕然相悅曰裴公惠也宇文化及亂衆劫矩賊皆曰裴黃門無豫也旣而衆以秦王子浩爲帝詔矩爲侍內隨而北化及僭位署矩尚書右僕射爲河北道安撫大使又爲竇建德所獲建德以矩隋舊臣遇之厚建德起羣盜非有君臣制度矩爲略制朝儀不閱月憲章擬王者建德尊禮之建德敗來朝擢殿中侍御史爵安邑縣公累遷太子詹事檢校侍中時突厥數盜邊高祖遣使約西突厥連和突厥因請婚帝曰彼勢與我絕緩急不爲用奈何矩曰然北虜方熾歲苦邊若權順許以示外援須我完實更議之帝然其計隱太子敗餘黨保宮城不解秦王遣矩論之乃聽命遷民部尚書太宗卽位疾貪吏欲痛懲乂之乃間遣人遺諸曹一史受饋縑帝怒詔殺之矩曰吏受賕死固宜然陛下以計紿之因卽行法所謂罔人以罪非道之以德之誼帝悅爲羣臣言之曰矩遂能廷爭不面從物物若此天下有不治哉年八十精明不忘多識故事見重于時貞觀元年卒贈絳州刺史謚曰敬

宇文士及字仁人京兆長安人父述爲隋右衞大將軍開皇末以述勳封新城縣公文帝引入臥內與語奇之詔尚煬帝女南陽公主爲尚輦奉御從幸江都以父喪免起爲鴻臚少卿其兄化及謀弒逆以主壻忌之弗告已弒帝乃封蜀王初士及爲奉御而高祖任殿中少監雅自款結及從化及至黎陽帝手書召之士及亦遣家童間道走長安通諄勤且獻金鐶帝悅曰我嘗與士及共事今以此獻是將來矣化及兵日蹙士及勸歸命不從乃與封倫詭求督饟俄而化及敗於是濟北豪傑謀起齊兵擊竇建德以收河北觀形勢士及不納與倫等自歸帝讓之曰汝兄弟率思歸之人爲入關計爾得時我父子尙肯相假乎今欲何地自處士及謝曰臣罪當死但臣往在涿郡嘗與陛下夜論世事頃又奉所獻奐以此贖罪帝笑謂裴寂曰彼與我論天下事逮今六七年公等皆在其後時士及女弟爲昭儀有寵由是見親禮授上儀同從秦王平宋金剛錄功復隋舊封以宗室女妻之遷王府驃騎將軍從討王世充等進爵郢國公武德八年權檢校侍中兼太子詹事王卽位拜中書令眞食益州七百戶以本官檢校涼州都督時突厥數入寇士及欲立威以鎭耀邊鄙每出入盛陳兵衞又痛折節下士或告其反訊無狀召爲殿中監以疾改蒲州刺史政尙寬簡人皆宜之擢右衞大將軍太宗延入閤語或至夜分出遇休沐往往馳召士及益自謹其妻嘗問向遽召何所事士及卒不對帝嘗玩禁中樹曰此嘉木也士及從旁美歎帝正色曰魏徵常勸我遠佞人不識佞人爲誰乃今信然謝曰南衙羣臣面折廷爭陛下不得舉手今臣幸在左右不少有將順雖貴爲天子亦何聊帝意解又嘗割肉以餅拭手帝屢目陽若不省徐啗之其機悟率類此後以雅舊別封一子新城縣公久之復爲殿中監卒贈左衞大將軍涼州都督陪葬昭陵士及撫幼弟孤兄子以友睦稱好周郵親戚故人然過自奉養服玩食飮必極豐侈有司謚曰恭黃門侍郞劉洎曰士及居家侈肆不可謂恭乃改曰縱

贊曰封倫裴矩其姦足以亡隋其知反以佐唐何哉惟姦人多才能與時而成敗也妖禽孽狐當晝則伏自如得夜乃爲之祥若倫僞行匿情死乃暴聞免兩觀之誅幸矣太宗知士及之佞爲游言自解亦不能斥彼中材之主求不惑於佞難哉

鄭善果鄭州滎澤人祖在魏爲顯家父誠周大將軍開封縣公討尉遲迥戰死善果方九歲以死事子襲爵家人爲其幼弗告也及受詔號哭不自勝隋開皇初進封武德郡公年十四爲沂州刺史累轉魯郡太守善果母崔賢明曉政治嘗坐閤內聽善果處決或當理則悅有不可則引至牀下責媿之故善果所至有績號清吏嘗與武威太守樊子蓋考爲天下第一煬帝賜物千段黃金百兩再遷大理卿突厥圍帝鴈門以守禦功拜右光祿大夫從幸江都宇文化及弒逆署民部尚書從至遼城淮安王神通攻之善果督戰中流矢神通解俄爲竇建德所獲王琮讓之曰公隋大臣自尊夫人亡名稱衰今以忠臣子爲逆賊徇命至傷夷謂何善果慙欲自殺

或止之得不死建德不之禮乃歸神通送京師擢太子左庶子更封滎陽郡公數爲太子陳得失未幾檢校大理卿兼民部尚書奉法持正風績顯公卿間詔與裴寂等十人每奏事若侍得升殿而從父兄元璹亦與時以爲榮坐事免會山東平持節爲招撫大使以選舉失實除名後歷刑部尚書貞觀初出爲岐州刺史以累去復拜江州刺史卒

元璹字德芳隋沛國公譯之子性察慧愛尚文藝以父功拜儀同襲爵累還右衛將軍更封莘國公大業末出爲文城郡守高祖兵興遣將張綸西略地攻拔其城係致軍門釋之授太常卿與襄武王琛使突厥還爲參旗將軍元璹習軍旅事帝令教諸屯軍法劉武周將宋金剛與突厥處羅可汗犄角寇汾晉詔元璹諭罷可汗兵不聽乃進爲武周援會暴疾其下意元璹寘毒因之處羅死頡利立留帳中數年帝既許可汗婚元璹始得還帝勞曰卿不辱於虜可輩蘇武張騫矣拜鴻臚卿母喪免會突厥提精騎數十萬身自將攻太原詔即苫次起元璹持節往勞既至虜以不信咎中國元璹隨語折讓無所屈徐乃數其背約突厥愧服因好謂頡利曰突厥得唐地無所用唐得突厥不可臣而使兩不爲用而相攻伐何哉今掠財資劫人口皆入所部可汗一不得豈若仆旗接好則金玉重幣一歸可汗且唐有天下約可汗爲兄弟使驛銜轡於道今坐受其利不肯乃蔑德貽怨自取勞苦若何頡利當其言引還太宗賜書曰知公口伐可汗如約遂使邊火息燧朕何惜金石賜於公哉貞觀三年復使突厥還言夷狄以馬羊準盛衰今突厥六畜不蕃人色若菜牙內飯粟化爲血不三年必亡無幾突厥果敗後轉左武候大將軍坐事免起爲宜州刺史以老致仕卒贈幽州刺史謚曰簡元璹幹敏所至常有譽五聘絕域危不脫終不自爲解然譯事後母不謹隋文帝嘗賜孝經愧恧之至元璹亦不以孝聞士醜其行從孫杲知名武后世終天官侍郎

權萬紀其先出天水後徙京兆爲萬年人父琢玠隋匡州刺史以慤愿聞萬紀悻直廉約自潮州刺史擢治書侍御史尚書右僕射房玄齡侍中王珪掌內外官考萬紀劾其不平太宗按狀珪不伏魏徵奏言房玄齡等皆大臣所考有私萬紀在考堂無訂正今而彈發非誠心爲國者帝乃置之然以爲不阿貴近繇是獎禮萬紀又建言宇文智及受隋恩賊殺其君萬世共棄今其子乃任千牛請斥屏以懲不軌帝從之萬紀與侍御史李仁發既以言得進頗掉磬自肆衆情懍懍徵奏萬紀等闇大體誑訐彈射皆不實陛下收其一切遂敢附下罔上釣彊直名迷奪聖明以小謀大羣下離心如玄齡等且不得申況疎賤之臣哉帝寤從萬紀散騎常侍而免仁發數年復召萬紀爲侍書御史即奏宣饒部中可鑿山冶銀歲取數百萬帝讓曰天子所乏嘉謀善政有益於下者公不推賢進善乃以利規我欲方我漢桓靈邪斥使還第久之由御史中丞進尚書左丞出爲西韓州刺史徙吳王長史王畏其直善遇之齊王祐不奉法帝素奇萬紀能左右吳王者乃徙爲祐長史祐暱比羣小萬紀驟諫不入即條過失以聞帝遣劉德威按問因召祐入朝祐恐與所嬖燕弘亮謀殺之而萬紀先引道祐遣弘亮馳彀騎追擊斬首殊支體投圂中又殺典軍韋文振文振本以校尉從帝征伐以質謹自將帝使事祐典廄馬切諫不納輒見萬紀道之故祐內嘗忿疾萬紀死文振懼馳去追騎獲之祐平贈萬紀齊州都督武都郡公食二千戶謚曰敢文振左武衛將軍襄陽縣公食千戶萬紀子玄初高宗時兵部侍郎

懷恩萬紀族孫祖弘壽爲隋臨汾司倉書佐高祖平京師擢太僕卿盧國公卒謚曰恭故懷恩以蔭累遷尚乘奉御襲爵馭人安畢羅爲高宗所寵見帝戲慢不恭懷恩奏事適見之退杖四十帝嗟賞曰真吏也擢萬年令賞罰明見惡輒取時語曰寧飮三斗塵無逢權懷恩其姿狀沈毅每盛服妻子不敢仰視更慶萊衛邢宋五州刺史洛州長史所居威名赫然吏重足立嘗過汴州時刺史楊德幹亦以嚴稱與懷恩名相埒汴橋新成立木中途止過車者懷恩適過之示德幹曰民不可止邪焉用此德幹慙服遷益州大都督府長史卒從子楚璧爲左領軍衛兵曹參軍玄宗在東郡楚璧乃與李迥秀子齊損陳倉尉盧玢左屯營長上折衝周履濟等謀反以兄子梁山詐爲襄王子號光帝擁營兵百餘夜入宮城欲劫留守王志愔不克遲明兵斬楚璧等傳首東都籍其家

閻讓字立德以字行京兆萬年人父毗爲隋殿內少監本以工藝進故立德與弟立本皆機巧有思武德初爲秦王府士曹參軍從平東都遷尚衣奉御制衮冕六服腰輿傘扇咸有典法貞觀初歷將作少匠大安縣男護治獻陵拜大匠文德皇后崩攝司空營昭陵坐弛職免起爲博州刺史太宗幸洛陽詔立德按爽塏建離宮清署乃度地汝州西山控汝水眡廣成澤號襄城宮役凡百餘萬宮成煩燠不可居帝廢之以賜百姓坐免官未幾復爲大匠即洪州造浮海大航五百艘遂從征遼攝殿中監規築土山破安市城師還至遼澤亘二百里淖不可通立德築道爲橋梁無留行帝悅賜予良厚又營翠微玉華二宮擢工部尚書帝崩復攝司空典陵事以勞進爵大安縣公永徽五年高宗幸萬年宮留守京師領徒四萬治京城卒贈吏部尚書并州都督陪葬昭陵謚曰康

立本顯慶中以將作大匠代立德爲工部尚書總章元年以司平太常伯拜右相博陵縣男初太宗與侍臣泛舟春苑池見異鳥容與波上悅之詔坐者賦詩而召立本侔狀閤外傳呼畫師閻立本是時已爲主爵郎中俯伏池左研吮丹粉望坐者羞悵流汗歸戒其子曰吾少讀書文辭不減儕輩今獨以畫見名與廝役等若曹愼毋習然性所好雖被訾屈亦不能罷也既輔政但以應務俗材無宰相器時姜恪以戰功擢左相故時人有左相宣威沙漠右相馳譽丹青之嘲咸亨元年官復舊名改中書令卒謚曰文貞立德孫知微曾孫用之知微聖歷初爲豹韜衛將軍武后時突厥默啜請和親后遣知微攝春官尚書持金帛護送武延秀聘其女默啜怒非天子子因延秀挾知微入寇趙定尊之如可汗以示華人自河以北蕭然朝廷以知微賣國夷其族知微不知逃還武后業已然乃曰惡臣疾子賜百官甘心焉於是骨斷臠分非要職者不能得子則先以武三思壻免死玄宗在藩時以善割裳寵開元中有司奏擬供奉姚元崇以爲則先刑戮家又逆人姻屬不可留京師詔曰朕在外日嘗驅使宜令供奉用之初爲彭州參軍嘗攝錄事一日糾愆謬不法數十事太守以爲材後舉通事舍人累遷右衛郎將知引駕仗金吾將軍李質升殿不解刀呵郤之請按以法左右震悚始有司以三衛執扇登殿用之奏三衛皆趫悍不宜升陛邇御坐請以宦者代遂爲故事天寶中女爲義王玼妃終左金吾將軍

蔣儼常州義興人擢明經第爲左屯衛兵曹參軍太宗將伐高麗募爲使者人皆憚行儼奮曰以天子雄武四夷畏威蕞爾國敢圖王人有如不幸固吾死所也遂請行爲莫離支所囚以兵脅之不屈內窟室中高麗平乃得歸帝奇其節授朝散大夫爲幽州司馬劉祥道以巡察使到部表最狀擢會州刺史再遷殿中少監數陳時政病利高宗輒優納進蒲州刺史戸産充夥訴犴積年不平前刺史踵以罪去儼至發隱禁姦號良二千石永隆二年以老致仕未幾復召爲太僕卿以父諱辭官徙太子右衛副率中宗在東宮儼數爭過失不見用自以總調護不應諫於是田游巖與處士爲洗馬太子所尊禮儼爲書責之曰太子年鼎盛聖道有所未盡足下受調護之寄居責言之地唯唯悠悠不出一談向使不貪王粟僕何敢議今祿及親矣尚何酬塞游巖愧不能答儼尋徙右衛大將軍封義興縣子以太子詹事致仕卒年七十八中宗立以舊恩贈禮部尚書

韋弘機京兆萬年人祖元禮隋浙州刺史弘機仕貞觀時爲左千牛胄曹參軍使西突厥册拜同俄設爲可汗會石國叛道梗三年不得歸裂裳錄所過諸國風俗物產爲西征記北還太宗問外國事即上其書帝大悅擢朝散大夫累遷殿中監顯慶中爲檀州刺史以邊人陋僻不知文儒貴乃修學宮畫孔子七十二子漢晉名儒像自爲贊敦勸生徒繇是大化契苾何力討高麗次濼水會暴漲師留三日弘機輸結資糧軍無饑高宗善之擢司農少卿主東都營田苑宦者犯法杖乃奏帝嗟賞賜絹五十匹曰後有犯治之毋奏遷司農卿太子弘薨詔蒲州刺史李冲寂治陵成而玄堂阸不容終具將更爲之役者過期不遣衆怨夜燒營去帝詔弘機嗣作弘機令開隧左右爲四便房撙制禮物裁工程不多改作如期而辦帝嘗言兩都我東西宅然因隋宮室日仆不完朕將更作奈財用何弘機即言臣任司農十年省惜常費積二十萬緍以治宮室可不勞而成帝大悅詔兼將作少府二官督營繕初作宿羽高山等宮徙洛中橋於長夏門廢利涉橋人便之天子乃登洛北絕岸延眺良久嘆其美詔即其地營宮所謂上陽者尚書左僕射劉仁軌謂侍御史狄仁傑曰古天子陂池臺榭皆深宮複禁不欲百姓見之恐傷其心而今列岸謻廊亘王城外豈愛君哉弘機猥曰天下有道百官奉職任輔弼者則思獻替事我乃府藏臣守官而已仁傑非之俄坐家人犯盜劾免官初東都方士朱欽遂爲武后所寵姦贓狠籍弘機白欽遂假中宮騶策依倚形勢虧紊皇明爲禍亂之漸帝遣中使慰諭敕毋漏言欽遂于邊后恨之永淳中帝幸東都至芳桂宮召弘機使白衣檢校園苑將復任之爲后掎而止終檢校司農少卿事孫岳子景駿景駿別傳岳子武后時爲汝州司馬以辨治稱召授尚舍奉御入見后賞其能曰卿家事朕悉知之因問舊故至家人皆不忘出爲太原令以不習武固辭忤旨下遷宋州長史歷盧海等州刺史皆著風迹恩嚴兩施

睿宗立召爲殿中少監恩遇尤異竇懷貞等誅而岳子晉與經過爲姜晈所劾貶渠州別駕起授陝州刺史卒孫皐別有傳

姜師度魏州魏人擢明經調丹陵尉龍崗令有清白稱神龍初試爲易州刺史河北道巡察兼支度營田使好興作始厮溝於薊門以限奚契丹循魏武帝故迹竝海鑿平虜渠以通餉路罷海運省功多遷司農卿出爲陜州刺史太原倉水陸運所湊轉屬諸河師度使依高爲廥而注米于舟以故人不勞拜太子詹事玄宗從營州治柳城拜營田支度修築使進爲河中尹安邑鹽池涸廢師度大發卒洫引其流置鹽屯公私收利不貲徙同州刺史又派洛灌朝邑河西二縣闕河以灌通靈陂收棄地二千頃爲上田置十餘屯帝幸長春宮嘉其功下詔褒美加金紫光祿大夫賜帛三百匹進將作大匠左拾遺劉彤建榷天下鹽鐵利内之官免貧民賦詔戶部侍郎強循與師度竝假御史中丞會諸道按察使議所以榷之之法俄爲議者沮閣不行卒年七十餘師度喜渠漕所至繇役紛紜不能皆便然所就必爲後世利是時太史令傅孝忠以知星顯時爲語曰孝忠知仰天師度知相地嘲所嗜也

強循字季先鳳州人仕累雍州司士參軍華原無泉人畜多暍死循教人渠水以浸田一方利之號強公渠詔書褒予甚厚歷大理少卿太子右庶子爲政辦給不爲威嚴遇人盡信不疑然當時恨其少文云

張知謇字匪躬幽州方城人徙家岐兄弟五人知玄知晦知泰知默皆明經高第曉吏治清介有守公卿爭爲引重調露時知謇監察御史裏行知默左臺侍御史知謇歷十一州刺史所涖有威嚴武后降璽書存問萬歲通天中自德州刺史入計后奇其貌詔工圖之稱其兄弟容而才謂之兩絕又門皆列戟白雀巢其廷后數寵賜知泰歷益州長史中臺左丞兵部侍郎封陳留縣公中宗在房州禁察苛嚴知謇與董玄質崔敬嗣繼爲刺史供儗保載不少弛帝復位拜知謇左衛將軍加雲麾將軍封范陽郡公知泰御史臺大夫加銀青光祿大夫封漁陽郡公伯仲華首同貴時以爲榮知泰忤武三思故出爲并州刺史天兵軍使終魏州刺史謚曰定知謇歷東都副留守左右羽林大將軍同華州刺史大理卿致仕年八十開元時卒知謇敏且亮惡請謁求進士或不才冒位視之若讐每敕子孫經不明不得舉家法可稱云武后革命知泰奏置東都諸關十七所譏斂出入百姓驚駭糴米踊貴卒罷不用議者羞薄之知默與監察御史王守愼來俊臣周興掌詔獄數陷大臣守愼雖其甥惡鞫引之暴不得去請度爲浮屠后許之而知默卒陷酷吏子孫禁錮爲張氏羞知玄子景昇知泰子景佚開元中皆顯官

唐書卷一百考證

韋弘機傳孫岳子○舊書機子餘慶餘慶子岳少一子字

張知謇傳幽州方城人○舊書蒲州河東人

知泰歷益州長史中臺左丞○舊書作右丞

唐書卷一百一

宋　端　明　殿　學　士　宋　祁　撰

列傳第二十六

蕭瑀

蕭瑀字時文後梁明帝子也九歲封新安王國除以女兄爲隋晉王妃故入長安瑀愛經術善屬文性鯁急鄙遠浮華嘗以劉孝標辯命論詭悖不經乃著論非之以爲人稟天地而生而謂之命至吉凶禍福則繫諸人今一於命非先王所以教人者通儒柳顧言諸葛頴歎曰是足鍼孝標膏肓矣晉王爲太子授右千牛即帝位妃爲后而瑀寖親寵頻遷尚衣奉御檢校左翊衛鷹揚郎將感末疾不呼醫曰天若假吾餘年因得爲遁階矣后聞責謂曰爾亡國後不安小官而高爲怪語罪不測瑀復治疾良已拜內史侍郎數言事忤旨稍見忌帝至鴈門爲突厥所圍瑀謀曰夷俗可賀敦與兵馬事況義成公主以帝女爲之若走一介使鐫諭宜不戰而解又衆商陛下已平突厥方復事遼東故急不肯戰願下詔赦高麗專討突厥則人自奮矣帝從之旣而主詭辭謂突厥果解圍去然帝素意伐遼又銜瑀以謀撓其機謂羣臣曰突厥何能爲瑀乘未解時乃紿恐我遂出瑀爲河池郡守部有鈔賊萬人吏不制瑀募勇敢士擊降之悉捐貲畜賜有功又擊走薛舉衆數萬高祖入京師招之挈郡自歸授光祿大夫封宋國公拜民部尚書秦王領右元帥攻洛陽署瑀府司馬武德元年遷內史令帝委以樞筦內外百務悉關決或引升御榻呼曰蕭郎瑀自力孜孜抑過繩違無所憚上便宜每見納用手詔曰得公言社稷所賴朕旣寶之故賜黃金一函公其勿辭是歲州置七職秦王爲雍州牧以瑀爲州都督詔書下中書未即行帝讓其稽瑀曰隋季內史詔敕多違舛百司不知所承今朝廷初基所以安危者繫號令比承一詔必覆審使先後不謬始得下此所以稽留也帝曰若爾朕何憂乎初瑀關內田宅悉賜勳家至是還給之瑀盡以分宗族獨留廟室奉祠王世充平進尚書右僕射七年以熒惑犯右執法避位不許久之遷左僕射貞觀初房玄齡杜如晦新得君事任稍分瑀不能無少望乘間切詆辭旨疏躁太宗怒廢于家俄拜特進太子少師復爲左僕射實封六百戶帝問瑀朕欲長保社稷奈何瑀曰三代有天下所以能長久者類封建諸侯以爲藩屏秦置守令二世而絕漢分王子弟享國四百年魏晉廢之亡不旋跬此封建之有明效也帝納之始議封建坐與陳叔達忿爭御前不恭免歲餘起爲晉州都督入拜太常卿遷御史大夫參預朝政瑀論議明辯然不能容人短意或偏駁不通而向法深房玄齡魏徵溫彥博頗裁正之其言多黜瑀益不平會玄齡等小過失瑀即痛劾不報由是自失罷爲太子少傅加特進復爲太常卿拜河南道巡省大使九年復參預政事帝常曰武德季太上皇有廢立議顧朕挾不賞之功於昆弟弗見容瑀於爾時不可以利怵死懼社稷臣也因賜詩曰疾風知勁草版蕩識誠臣又曰公守道耿介古無以過然善惡太明或有時而失瑀頓首謝曰旣蒙教又許以忠亮雖死日猶生年也魏徵曰臣有逆衆持法主恕之以公孤特守節主恕之以介昔聞其言乃今見之使瑀不遇聖下庸能自保邪晉王爲皇太子拜太子太保同中書門下三品帝曰三師以德導太子者也禮不尊則無所取法乃詔師入謁太子出門迎拜師荅拜每門讓乃入師坐然後坐書前後著名稱惶恐瑀素貴但中狹每燕見輒言玄齡輩朋黨盜權若膠固然特未反耳帝曰知臣莫若君朕雖不明寧頓懵臧否因爲瑀曉解瑀以帝有所偏信帝積久亦不平瑀好浮屠法間請捨家爲桑門帝許之矣復奏自度不能爲又足疾不入謁帝曰瑀豈不得其所邪乃詔奪爵下除商州刺史未幾復其封加特進卒年七十四遺命斂以單衣無卜日詔贈司空荆州都督陪葬昭陵太常謚曰肅帝以其性忌改謚貞褊子銳尚襄城公主爲太常少卿

鈞瑀從子有才譽永徽中累遷諫議大夫弘文館學士左武候屬盧文操踰堞盜庫財高宗以其職主幹當自盜罪死鈞曰囚罪誠死然恐天下聞謂陛下重貨輕法任喜怒殺人帝曰眞諫議也詔原死太常工爲宮人通訊遺詔殺之且附律鈞言禁當有漸雖叶律工不應死帝曰如姬竊符朕以爲戒今不濫工死然喜得忠言即宥工徙遠裔終太子率更令子瓘爲渝州長史居母喪以毀卒鈞兄子嗣業少從煬帝后入突厥貞觀九年歸以其知虜曲折詔領突厥衆擢累鴻臚卿兼單于都護府長史調露中突厥叛嗣業與戰敗績高宗責曰我不殺薛仁貴郭待封故使爾至此然爾門與我家有雅舊故貸死乃流桂州

嵩瓘子貌偉秀美鬚髯始娶會稽賀晦女僚婿陸象先宰相子時爲洛陽尉已有名士爭往交而嵩汩汩未仕人不之異夏榮者善相謂象先曰君後十年貴冠人臣然不若蕭郎位高年艾舉門蓄熾時人不許神龍元年始調洛州參軍事桓彥範爲刺史待以異禮河北黜陟使姜師度表爲判官開元初擢中書舍人時崔琳王丘齊澣皆有名以嵩少術學不以輩行許也獨姚崇稱其遠到歷宋州刺史遷尚書左丞十四年以兵部尚書領朔方節度使旣赴軍有詔供帳餞定鼎門外玄宗賦詩勞行會吐蕃大將悉諾邏恭祿及燭龍莽布支陷瓜州執刺史田元獻回紇又殺涼州守將王君㚟河隴大震帝擇堪任邊者徙嵩河西節度使判涼州事封蘭陵縣子嵩表裴寬郭虛己牛仙客置幕府以建康軍使張守珪爲瓜州刺史完樹陴塢懷保邊人於時悉諾邏恭祿威懾諸部吐蕃倚其健嵩乃縱反間示疑端贊普果誅之使悉末明攻瓜州守珪拒甚力虜引卻會鄯州都督張志亮破賊青海西嵩又遣副將杜賓客率彊弩四千與吐蕃戰祁連城下自晨鬭迄晡乃大潰斬一將虜哭震山谷露布至帝大悅授嵩同中書門下三品又官一子恩顧第一十七年進兼中書令自張說罷宰相令缺四年嵩得之然常遙領河西節度在公愼密人莫見其際子衡尚新昌公主嵩妻入謁帝呼爲親家儀物貴甚俄封徐國公初裴光廷與嵩數不協光廷卒帝委嵩擇相嵩推韓休及休同位峭正不相假至校曲直帝

前嵩慙乞骸骨帝慰之曰朕未猒卿何庸去乎嵩伏曰臣待罪宰相爵位既極幸陛下未猒得以乞身有如猒臣首領且不保又安得自遂因流涕帝爲改容曰卿言切矣朕未能決第歸夕當有詔俄遣高力士詔嵩曰朕將爾留而君臣誼當有始有卒者乃授尚書右丞相與休皆罷是日荆州進黃甘帝以紫帕包賜之擢子華給事中久之進太子太師而幽州節度使張守珪坐賂中人牛仙童得罪李林甫素忌嵩因言嵩嘗以城南墅遺仙童貶青州刺史尋復拜太子太師固請老見許嵩退修葺園區優游自怡家饒財而華爲工部侍郎衡以尚主位三品就養年踰八十士豔其榮天寶八載卒贈開府儀同三司

華謹重方雅有家法嗣爵天寶末爲兵部侍郎祿山亂陷賊逼守魏州郭子儀攻安慶緒於相州華間道奉表欲舉魏以應爲賊所執會崔光遠得魏州破械出之魏人德華庇免爭來詣光遠乞留有詔即授刺史史思明反子儀懼復失華乃表崔光遠代之而召置軍中相州兵潰華還朝猶以汙賊降試祕書少監稍遷尚書右丞擢河中晉絳節度使上元初以中書侍郎同中書門下平章事李輔國用事求宰相華拒之輔國怨會肅宗大漸詔罷華爲禮部尚書引元載以代方代宗諒闇載助輔國貶華爲峽州司馬卒二子恒悟

復字履初衡子生戚里婣從豪汰以服御輿馬相夸復常衣垢弊居一室學自力非名士夙儒不與游以清操顯華每歎曰此子當興吾宗推主蔭爲宮門郎廣德中歲大饑家百口不自振議鬻昭應墅宰相王縉欲得之使弟紘說曰以君才宜在左右胡不以墅奉丞相取右職復曰鬻先人墅以濟孀單吾何用美官使門內餒且寒乎縉憾之由是廢數歲乃歷歙池二州刺史治狀應條遷湖南觀察使改同州刺史歲歉州有京畿觀察使儲粟復輒發以貸人有司劾治詔削階停刺史或弔之復曰苟利於人胡責之辭久乃拜兵部侍郎晉王爲襄漢元帥進復戶部尚書統軍長史舊制謂行軍長史德宗以復父諱更之未行扈狩奉天帝惡庫隘欲西如鳳翔依張鎰復曰鳳翔乃泚舊兵今泚悖亂當有同惡者雖鎰臣畏不免帝曰朕業行留一日以驗爾言俄而鎰爲李楚琳所害以是拜吏部尚書同中書門下平章事復嘗言艱難以求始用宦者監軍權望太重是曹正可委宮掖事兵要政機叵使參領帝不聽又言陛下厭初清明自楊炎盧杞妨命穢盛德播越及茲今阽于危當懲乂前敗因述君臣大端卽自言若使臣依阿偷免不敢當宰相杞對上或諂諛阿匼復厲言杞詞不正帝色眙謂左右曰復慢我因詔復充山南江淮湖南嶺南等道宣撫安慰使興元初進門下侍郎初淮南陳少游左附李希烈而張鎰判官韋皐殺邠隴叛卒不應楚琳復還執政建言陛下反正功臣已貴矣唯甄善汰惡爲未明少游位將相首臣賊皐名淺官下獨挺挺抗忠如以皐代少游則天下瞭然知逆順之理帝許之復出中官馬欽緒揖宰相劉從一附耳語既而從一密諭復曰有詔與公議向所奏不欲李勉盧翰聞知復曰堯舜有僉曰之言朝廷大事尚當謀及公卿如勉等非其人當罷去既曰宰相而謀議可獨避之乎今與公行此或可第恐寖以生常政由是敝從一以聞帝不悅復辭疾上政事許之弟升尚郜國大長公主肅宗女也升早卒主以姦蠱事再得罪廢諸子悉逐覊地女爲皇太子妃太子請離婚帝銜曩忮故復坐是檢校太子左庶子廢居饒州貞元四年卒年五十七復望閥高華厲名節不通狎流俗及爲相臨事嚴方數咈帝意故居位亟解然性孝友既貶晏然口未嘗言所累復子湛湛子寘咸通中位宰相無顯功史逸其傳

俛字思謙恒子貞元中及進士第又以賢良方正對策異等拜右拾遺元和六年召爲翰林學士凡三年進知制誥會張仲方以李吉甫數調發疲天下訾其謚憲宗怒逐仲方而俛坐與善奪學士下除太僕少卿皇甫鎛薦爲御史中丞鎛與令狐楚皆善俛兩人同輔政數稱其善故帝待俛厚襲徐國公穆宗立逐鎛議所以代者楚薦之授中書侍郎同中書門下平章事進門下侍郎吐蕃寇涇州調兵護邊帝因問兵法有必勝乎俛曰兵凶器聖人不得已用之故武不可玩玩則無震夫以仁討不仁以義討不義先招懷後掩襲故有不殺厲不禽二毛不犯田稼其救人如免水火此必勝術也若乃以小不忍輕任干戈師曲而敵怨非徒不勝又將自危是以聖王愼於兵帝重其言嘗詔俛撰王承宗先銘俛奏承宗比不臣迷而後復臣不忍稱道其先又辭成當有餉謝拒之則非朝廷撫納意受之臣誼不當取帝善而止令狐楚罷執政西川節度使王播賂權幸求宰相俛劾播纖佞不可汙台宰帝不許自請罷冀有感寤帝亦不省俄罷爲尚書左僕射用播爲鹽鐵使後卒相俛自謂輔政淺固辭僕射換吏部尚書又避選事徙兵部移病求分司不許授太子少保爲同州刺史復以少保分司東都性簡潔以聲利爲汙疾邪大甚孤特一槩故輕去位無所籍文宗卽位召授少師稱疾力不拜乃還左僕射許致仕莊恪太子時議選舊德保輔東宮復以少師召輒上還制書堅辭卽遷太子太傅優詔褒尚開成初弟俶爲楚州刺史召見帝曰俛先帝賢宰相筋力未衰可一來爾善道朕意乃以詔書并絹三百因俶致之俛終不起以壽卒母韋賢明治家嚴俛雖宰相侍左右如褐衣時居喪哀毀既老家於洛歲時賓客請謝以爲煩乃舍濟源墅自放山野優游窮年然其居位頗介謹持法重名器狹於用人每除吏常憂不稱鮮有簡拔穆宗初兩河底定俛與段文昌當國謂四方無虞遂議太平事以爲武不可黷勸帝偃革尚文乃密詔天下鎭兵十之歲限一爲逃死不補謂之銷兵既而籍卒逋亡無生業曹聚山林間爲盜賊會朱克融王廷湊亂燕趙一日悉收用之朝廷調兵不克乃召募市人烏合戰輒北遂復失河朔矣

贊曰俛議銷兵寧不野哉當此時河朔雖挈地還天子而悍卒頑夫開口仰食者故在彼皆不能自返於本業者也又朱克融等客長安餓且死不得一官而俛未有以措置便欲去兵使羣臣失職一日叫呼其從如市幽魏相挺復爲賊淵可謂見豪末而不見輿薪矣宰相非其人禍可既乎

倣字思道悟子大和中擢進士第除累給事中宣宗力治喜直言嘗以李璲爲嶺南節度使使者已賜節而倣封還詔書帝方作樂不暇命使遣優工趨出追之未及璲所而還後以封敕脫誤法當罰侍講學士孔溫裕曰給事中駮奏爲朝廷論得失與有司奏事不類不應罰詔可令狐綯用李琢經略安南琢以暴沓免俄起爲壽州團練使倣劾奏琢無所回時推其直自集賢學士拜嶺南節度使南方珍賄叢夥不以入門家人病取槁梅於廚以和劑倣知趣市還之咸通初爲左散騎常侍懿宗怠政事喜佛道引桑門入禁中爲禱祠事數幸佛廬廣施予倣諫以爲天竺法割愛取滅非帝王所尚慕今筆梵言口佛音不若懲謬賞濫罰振殃祈福況佛者可以悟取不可以相求帝雖昏縱猶嘉歎其言後官數遷拜義成軍節度使滑州瀕河累歲水壞西北防倣徙其流遠去樹堤自固人得以安以兵部尚書再判度支進中書侍郎同中書門下平章事再遷司空蘭陵縣侯時天下盜起宦人持兵柄倣以鯁直爲權近所忌卒年八十子廩字富侯第進士遷尚書郎倣領南海解官往侍爲人退約少合南海多穀紙倣敕諸子繕補殘書廩諫曰州距京師且萬里書成不可露齎必貯以囊笥貪者伺望得無薏苡嫌乎倣曰善吾思不及此乃止廣明初以諫議大夫知制誥請厲止夜行以備賊諜出太倉粟賤估以濟貧民俄遷京兆尹田令孜養子有罪亡擊捕吏繫獄請救踵門廩不納杖殺之內外畏讋令孜拒黃巢以廩爲糧料使辭疾貶賀州司戶參軍事會襄王煴據挈族逃河朔鎭冀節度使王鎔厚禮之光化中以給事中召不至卒

遘字得聖寘子咸通中擢進士第辟節度府入朝拜右拾遺與韋保衡聯第而遘姿寓秀偉氣孤峻嘗慕李德裕爲人保衡才下諸儒靳薄之不甚齒獨呼遘太尉保衡憾焉於是保衡已爲相摭遘罪繇起居舍人斥播州司馬道三峽方迫畏不瞑若有人謂曰公無恐予爲公呵禦遘悅悟俄謁白帝祠見帝貌類向所睹異之未幾保衡死召爲禮部員外郎乾符中累擢戶部侍郎翰林學士承旨僖宗入蜀以兵部判度支次綿州拜同中書門下平章事始王鐸主貢舉而得遘及是與鐸竝位鐸年老嘗入對踣殿中遘掖起之帝喜曰遘善事長大臣和予之幸也遘曰不止以長乃鐸門生帝笑曰鐸選士朕選宰相卿無負我遘頓首謝從還京師累拜司空封楚國公遘負大節以王佐自任既當國風采峭整天子器之時藩鎭多與於盜賊橫放莫能制權綱漼弛支詳在徐州引散騎常侍李損子凝吉爲佐會牙將時溥逐詳而取節度溥爲饔幹所毒不死或讒凝吉爲詳報仇者溥怒殺之損時在朝溥卽上言損連謀請并誅田令孜受溥金劾損付御史獄中丞盧渥傅成其罪御史王華嫉惡甚表損不知狀令孜請移神策獄華不奉詔奏言損近臣法當死卽死獨不宜取辱於宦人手遘卽時叩延英爭曰凝吉以寃就屠已不可言損與子音問不接且數朞安得謂同謀哉溥恃功壞天子法請案近臣甲侮王室有無將之萌今損可無罪誅禍且及臣輩帝寤止免官當此時令孜持禁軍權寵可炙公卿無不附順唯遘未嘗少下後令孜取安邑池鹽給衞軍王重榮固爭乃徙重榮宅鎭不受詔令孜以兵討之重榮引沙陀拒王師王師敗逐而西帝驚幸鳳翔諸節度共劾令孜生事離間大臣遘素惡之與裴澈計共召朱玫於邠玫起邠兵五千奉迎與沙陀等連和令孜迫帝幸陳倉夜出百官不及從玫怒令孜并望帝不諒其心謂遘曰上奔播六年中原之人與賊肝髓流野得復宗廟遺老

殘民鬭輿馬音流涕相歡上曾不念以諸侯勤王功爲赦使之寵今姦臣爲國産怨我奉命而來返以爲脅君羣臣報國極矣戮力殫矣尚能垂頭塌翅求生於黃門哉喪君有君公其圖之遘曰上無負天下顧爲令孜挈制每言必涕數行下陳倉之行又劫於兵公誠有憂王室意宜還藩奉表請天子復國策無宜此玫曰諸王才可任天下者不乏遘曰人非伊霍欲爲禍首未或利也玫退曰我擇一王爲帝違者斬尚何事乃立嗣襄王熅而召遘作冊遘苦辭玫更委鄭昌圖滋恨遘及還長安使昌圖相熅罷遘爲太子太保移疾不出方其弟蓬爲永樂令往從之帝還宮宰相孔緯與遘雅隙乃劾嘗爲僞臣即賜死其所實光啓三年遘見柄任凡五朞行完而材逢世多故召恆臣以濟亂身汙僞署不得其死人爲哀之

定字梅臣瑀曾孫以蔭起家陝州參軍事金城丞蒞事淸挺選補黜陟使裴遵慶表爲判官還調萬年主簿歷左右司郎中爲元載所惡外遷袁潤等六州刺史大歷中有司差天下刺史治最定與常州蕭復豪州張鎰爲第一而劭桑稼均賦稅業徠游戶在鎰復右遷戶部侍郎太常卿朱泚反詭姓名爲張誕匿里中與蔣沇不涴于賊事平擢太子少師卒年七十七贈太子太師

贊曰梁蕭氏與江左實有功在民厥終無大惡以寖微而亡故餘祉及其後裔自瑀逮遘凡八葉宰相名德相望與唐盛衰世家之盛古未有也

唐書卷一百一考證

蕭瑀傳○臣德潛按貞觀十七年瑀與長孫無忌等二十四人並圖形於凌烟閣凡圖凌烟閣者傳中皆載此獨不載似踈

子鈗尚襄城公主爲太常少卿○舊書歷太常卿

倣進中書侍郎同中書門下平章事再遷司空蘭陵縣侯卒年八十○臣德潛按舊書罷知政事出爲廣州刺史嶺南節度使遇亂不至京師而卒是新書襲于位舊書卒于嶺也玩子稟傳中乾符中以父出鎮南海免官侍行則新書明缺罷相文矣當從舊書

遘支詳在徐州引散騎常侍李損子凝吉爲佐○舊書作李凝古

唐書卷一百二

宋　端　明　殿　學　士　宋　祁　撰

列傳第二十七

岑虞李褚姚令狐

岑文本字景仁鄧州棘陽人祖善方後梁吏部尚書更家江陵父之象仕隋爲邯鄲令坐爲人訟不得申文本年十四詣司隸理冤辨對哀暢無所詘衆屬目命作蓮華賦文成合臺嗟賞遂得直性沈敏有姿儀善文辭多所貫綜郡舉秀才不應蕭銑僭號召爲中書侍郎主文記河間王孝恭平荊州其下欲掠殺文本說孝恭曰自隋無道四海救死延頸以望眞主蕭氏君臣決策歸命者意欲去危就安大王誠縱兵剽係恐江嶺以南向化心沮狠顧麏驚不如厚撫荊州勸未附陳天子厚惠誰非王人孝恭善之遽下令止侵略署文本別駕從擊輔公祏典檄符進署行臺考功郎中貞觀元年除祕書郎兼直中書省太宗既藉田又元日朝羣臣文本奏藉田三元頌二篇文致華贍李靖復薦于帝擢中書舍人時顏師古爲侍郎自武德以來詔誥或大事皆所草定及得文本號善職而敏速過之或策令叢遽敕吏六七人泚筆待分口占授成無遺意師古以譴罷溫彥博爲請帝曰師古練時事長於文誥人少逮者幸得復用帝曰朕自舉一人公毋憂乃授文本侍郎專典機要封江陵縣子是時魏王泰有寵侈第舍冠諸王文本上疏勸崇節儉陳嫡庶分宜有抑損帝善之賜帛三百段踰年爲令從伐遼東事一委倚至糧漕最目甲兵凡要料配差序籌不廢手由是神用頓耗容止不常帝憂曰文本今與我同行恐不與同返矣至幽州暴病帝臨視流涕卒年五十一是夕帝聞夜嚴曰文本死所不忍聞命罷之贈侍中廣州都督謚曰憲陪葬昭陵始文本貴常自以興孤生居處卑室無茵褥幃帟事母以孝顯撫弟姪篤恩義生平故人雖羈賤必鈞禮帝每稱其忠謹吾親之信之晉王爲皇太子大臣多兼宮官帝欲文本兼攝辭曰臣守一職猶懼其盈不願希恩東宮請一心以事陛下帝乃止但詔五日一參東宮每進見太子答拜始爲中書令有憂色母問之荅曰非勳非舊責重位高所以憂也有來慶者輒曰今日受弔不受賀或勸其營產業文本歎曰吾漢南一布衣徒步入關所望不過祕書郎縣令耳今無汗馬勞以文墨位宰相奉稍已重尚何殖產業邪故口未嘗言家事既任職久賚錫豐饒皆令弟文昭主之文昭任校書郎多交輕薄帝不悅謂文本曰卿弟多過朕將出之文本曰臣少孤母所鍾念者弟也不欲離左右今若外出母必憂無此弟是無老母也泣下嗚咽帝愍其意召文昭讓敕卒無過孫羲從子長倩

羲字伯華第進士累遷太常博士坐伯父長倩貶郴州司法參軍遷金壇令時弟仲翔爲長洲令仲休爲溧水令皆有治績宰相宗楚客語本道巡察御史毋遺江東三岑乃薦羲爲汜水令武后令宰相舉爲員外郎者韋嗣立薦羲且言惟長倩爲累久不進后曰羲誠材何諉之拘即拜天官員外郎於是坐親廢者皆得援而進矣俄爲中書舍人中宗時武三思用事敬暉欲上表削諸武封王者衆畏三思不敢爲草獨羲爲之詞誼勁切由是下遷祕書少監進吏部侍郎時崔湜鄭愔及大理少卿李元恭分掌選皆以賄聞獨羲勁廉爲時議嘉仰帝崩詔擢右散騎常侍同中書門下三品睿宗立罷爲陝州刺史再遷戶部尚書景雲初復召同三品進侍中封南陽郡公初節愍太子之難冉祖雍誣帝及太平公主連謀賴羲與蕭至忠保護得免羲監修中宗實錄自著其事帝見之賞歎賜物三百段良馬一匹下詔褒美時羲兄獻爲國子司業仲翔陝州刺史仲休商州刺史兄弟子姓在清要者數十人羲歎曰物極則反可以懼矣然不能抑退坐豫太平公主謀誅籍其家

長倩少孤爲文本鞠愛永淳中累官至兵部侍郎同中書門下平章事垂拱初自夏官尚書遷內史知夏官事俄拜文昌右相封鄧國公武后擅位喜符瑞羣臣爭言之長倩懼間亦開陳請改皇嗣爲武氏且爲周家儲貳后順許賜實封戶五百加特進輔國大將軍鳳閣舍人張嘉福洛州民王慶之建請以武承嗣爲皇太子長倩謂皇嗣在東宮不宜更立與格輔元不署奏請切責嘉福等和州浮屠上大雲經著革命事后喜始詔天下立大雲寺長倩爭不可繇是與諸武忤罷爲武威道行軍大總管征吐蕃未至召還下獄來俊臣脅誣長倩與輔元歐陽通數十族謀反斬于市五子同賜死發暴先墓睿宗立追復官爵備禮改葬輔元者汴州俊儀人父處仁仕隋爲剡丞與同郡王孝逸繁師玄靖君亮鄭祖咸鄭師善李行簡盧協皆有名號陳留八俊輔元擢明經累遷殿中侍御史歷御史中丞同鳳閣鸞臺平章事既持承嗣不可遂及誅子遵亦舉明經第爲太常寺太祝亡命匿中牟十餘年神龍初訴父冤擢累贊善大夫輔元兄希元洛州司法參軍同章懷太子注范曄後漢書者

虞世南越州餘姚人出繼叔陳中書侍郎寄之後故字伯施性沈靜寡欲與兄世基同受學于吳顧野王餘十年精思不懈至累旬不盥櫛文章婉縟慕僕射徐陵陵自以類己由是有名陳天嘉中父荔卒世南毀不勝喪文帝高荔行知二子皆博學遣使至其家護視召爲建安王法曹參軍時寄陷於陳寶應世南雖服除仍衣布飯蔬寄還乃釋布啖肉至德初除西陽王友陳滅與世基入隋世基辭章淸勁過世南而贍博不及也俱名重當時故議者方晉二陸煬帝爲晉王與秦王俊交辟之大業中累至祕書郎煬帝雖愛其才然疾峭正弗甚用爲七品十年不徙世基佞敏得君日貴盛妻妾被服擬王者而世南躬貧約一不改宇文化及已弑帝間殺世基而世南抱持號訴請代不能得自是哀毀骨立從至聊城爲竇建德所獲署黃門侍郎秦王滅建德引爲府參軍轉記室遷太子中舍人王踐祚拜員外散騎侍郎弘文館學士時世南已衰老屢乞骸骨不聽遷太子右庶子固辭改祕書監封永興縣子世南貌儒謹外若不勝衣而中抗烈論議持正太宗嘗曰朕與世南商略古今有一言失未嘗不悵恨其懇誠乃如此貞觀八年進封縣公會隴右山崩大蛇屢見山東及江淮大水帝憂之以問世南對曰春秋時梁山崩晉侯召伯宗問焉伯宗曰國主山川故山崩川竭君爲之不舉降服乘縵徹樂出次祝幣以禮焉梁山晉所主也晉侯從之故得無害漢文帝元年齊楚地二十九山同日崩水大出詔郡國無來貢施惠天下遠近洽穆亦不爲災後漢靈帝時靑蛇見御坐晉惠帝時大蛇長三百步見齊地經市入廟蛇宜在草野而入市此所以爲災耳今蛇見山澤適其所居又山東淫雨江淮大水恐有冤獄枉繫宜省錄纍囚庶幾或當天意帝然之於是遣使賑飢民申挻獄訟多所原赦後星孛虛危歷氐餘百日帝訪羣臣世南曰昔齊景公時彗見公問晏嬰嬰曰公穿池沼畏不深起臺榭畏不高行刑罰畏不重是以天見彗爲戒耳景公懼而修德後十六日而滅臣願陛下勿以功高而自矜勿以太平久而自驕愼終于初彗雖見猶未足憂帝曰誠然吾良無景公之過但年十八舉義兵二十四平天下未三十卽大位自謂三王以來撥亂之主莫吾若故負而矜之輕天下士上天見變其爲是乎秦始皇剗除六國隋煬帝有四海之富卒以驕敗吾何得不戒邪高祖崩詔山陵一準漢長陵故事厚送終禮於是程役峻暴人力告弊世南諫曰古帝王所以薄葬者非不欲

崇大光顯以榮其親然高墳厚壟寶貝珍物適所以累之也聖人深思遠慮安於菲薄為長久計昔漢成帝造延昌二陵劉向上書曰孝文居霸陵悽愴悲懷顧謂羣臣曰嗟乎以北山石為椁用紵絮斮陳漆其間豈可動哉張釋之曰使其中有可欲雖錮南山猶有隙使無可欲雖無石椁又何戚焉夫死者無終極而國家有廢興孝文寤焉遂以薄葬又漢法人君在位三分天下貢賦之一以入山陵武帝歷年長久比葬方中不復容物霍光暗於大體奢侈過度其後赤眉入長安破茂陵取物猶不能盡無故聚斂為盜之用甚無謂也魏文帝為壽陵作終制曰堯葬壽陵因山為體無封樹寢殿園邑棺槨足以藏骨衣衾足以朽肉吾營此不食之地欲使易代之後不知其處無藏金銀銅鐵一以瓦器喪亂以來漢氏諸陵無不發者至乃燒取玉匣金縷骸骨並盡乃不重痛哉若違詔妄有變改吾為戮屍地下死而重死不忠不孝使魂而有知將不福汝以為永制藏之宗廟魏文此制可謂達於事矣陛下之德堯舜所不逮而俯與秦漢君同為奢泰此臣所以尤戚也今為丘壟如此其中雖不藏珍寶後世豈及信乎臣愚以為霸陵因山不起墳自然高顯今所卜地勢即平宜依周制為三仞之墳明器一不得用金銀銅鐵事訖刻石陵左以明示大小高下之式一藏宗廟為子孫萬世法豈不美乎書奏未報又上疏曰漢家即位之初便營陵墓近者十餘歲遠者五十年今以數月之程課數十年之事其於人力不亦勞矣漢家大郡戶至五十萬今人衆不逮往時而功役一之此臣所以致疑也時議者頗言宜奉遺詔於是稍稍裁抑帝常作宮體詩使賡和世南曰聖作誠工然體非雅正上之所好下必有甚者臣恐此詩一傳天下風靡不敢奉詔帝曰朕試卿耳賜帛五十匹帝數出畋獵世南以為言皆蒙嘉納嘗命寫列女傳於屏風於時無本世南暗疏之無一字謬帝每稱其五絕一曰德行二曰忠直三曰博學四曰文詞五曰書翰世南始學書於浮屠智永究其法為世祕愛十二年致仕授銀青光祿大夫弘文館學士如故祿賜防閤視京官職事者卒年八十一詔陪葬昭陵贈禮部尚書謚曰文懿帝手詔魏王泰曰世南於我猶一體拾遺補闕無日忘之蓋當代名臣人倫準的今其云亡石渠東觀中無復人矣後帝為詩一篇述古興亡既而歎曰鍾子期死伯牙不復鼓琴朕此詩將何所示邪敕起居郎褚遂良即其靈坐焚之後數歲夢進讜言若平生翌日下制厚卹其家子昶終工部侍郎

李百藥字重規定州安平人隋內史令德林子也幼多病祖母趙以百藥名之七歲能屬文父友陸乂等共讀徐陵文有刈琅邪之稻之語歎不得其事百藥進曰春秋鄅子藉稻杜預謂在琅邪客大驚號奇童引蔭補三衛長乃性疏倪喜劇飲開皇初授太子通事舍人兼學士被讒輒謝病去十九年召見仁壽宮襲父爵安平公僕射楊素吏部尚書牛弘愛其才署禮部員外郎奉詔定五禮律令陰陽書初以疾去舍人也煬帝在揚州召不赴銜之及即位奪爵為桂州司馬官廢還鄉里大業九年戍會稽管崇亂城守有功帝顧其名謂虞世基曰是子故在宜斥醜處乃授建安郡丞至烏程江都難作沈法興李子通杜伏威更相滅百藥轉側寇亂中數被僞署危得不死會高祖遣使招伏威百藥勸朝京師既至歷陽中悔欲殺之飲以石灰酒因大利瀕死既而宿病皆愈伏威詒書輔公祏使殺之為王雄誕保護得免公祏反授吏部侍郎或譖帝百藥與同反帝大怒及平得伏威所與公祏書乃解猶貶涇州司戶太宗至涇州召與語悅之貞觀元年拜中書舍人封安平縣男明年除禮部侍郎時議裂土與子弟功臣百藥上封建論理據詳切帝納其言而止四年授太子右庶子太子數戲媟無度乃作贊道賦以諷它日帝曰朕見卿賦述古儲貳事勸勵甚詳向任卿固所望耳賜綵三百段遷散騎常侍進左庶子宗正卿爵為子久之固乞致仕帝嘗與借賦帝京篇歎其工手詔曰卿何身老而才之壯齒宿而意之新乎卒年八十四謚曰康百藥名臣子才行世顯為天下推重侍父母喪還鄉徒跣數千里服雖除容貌癯瘠者累年好獎薦後進得俸祿與親黨共之翰藻沈鬱詩尤其所長樵廝皆能諷之所撰齊史行於時子安期

安期亦七歲屬文父貶桂州遇盜將加以刃安期跪泣請代盜哀釋之貞觀初為符璽郎累除主客員外郎高宗即位遷中書舍人司列少常伯數預決國事帝屢責侍臣以不能進賢衆不敢對安期進曰邑十室且有忠信天下至廣不為無賢比見公卿有所薦進皆劾為朋黨滯抑者未申而主薦者已訾所以人人爭噤默以避罪謗若陛下忘其親讐曠然受之惟才是用塞讒毀路其誰敢不竭忠以聞上乎帝納之尋檢校東臺侍郎同東西臺三品出為荊州大都督府長史卒謚曰烈自德林至安期三世掌制誥孫羲仲又為中書舍人

褚亮字希明杭州錢塘人曾祖湮父玠皆有名梁陳間亮少警敏博見圖史一經目輒誌于心年十八詣陳僕射徐陵陵與語異之後主召見使賦詩江摠諸詞人在席皆服其工累遷為尚書殿中侍郎入隋為東宮學士遷太常博士煬帝議改宗廟之制亮請依古七廟而太祖高祖各一殿法周文武二祧與始祖而三餘則分室而祭始祖二祧不從迭毀未及行坐與楊玄感善煬帝矜己嫉才因是亦貶西海司戶時博士潘徽貶威定主簿亮與俱至隴山徽死為斂瘞人皆義之後為薛舉黃門侍郎舉滅秦王謂曰寡人受命而來嘉於得賢公久事無道君得無勞乎亮頓首曰舉不知天命抗王師今十萬衆兵加其頸大王釋不誅豈獨亮蒙更生邪王悅賜乘馬帛二百段即授王府文學高祖獵親格虎亮懇悃致諫帝禮納其言王每征伐亮在軍中嘗預祕謀有裨輔之益貞觀中累遷散騎常侍封陽翟縣侯老于家太宗征遼子遂良從詔亮曰疇日師旅卿未嘗不在中今朕薄伐君已老俛仰歲月且三十載眷言及此我勞如何今以遂良行想君不惜一子於朕耳善居加食亮頓首謝及寢疾帝遣醫中使候問踵相逮卒年八十八贈太常卿陪葬昭陵謚曰康遂良自有傳初武德四年太宗為天策上將軍寇亂稍平乃鄉儒宮城西作文學館收聘賢才於是下教以大行臺司勳郎中杜如晦記室考功郎中房玄齡及于志寧軍諮祭酒蘇世長天策府記室薛收文學褚亮姚思廉太學博士陸德明孔穎達主簿李玄道天策倉曹參軍事李守素王府記室參軍事虞世南參軍事蔡允恭顏相時著作郎攝記室許敬宗薛元敬太學助教蓋文達軍諮典簽蘇勗並以本官為學士七年收卒復召東虞州錄事參軍劉孝孫補之凡分三番遞宿于閤下悉給珍膳每暇日訪以政事討論墳籍榷略前載無常禮之間命閻立本圖象使亮為之贊題名字爵里號十八學士藏之書府以章禮賢之重方是時在選中者天下所慕向謂之登瀛洲

劉孝孫者荊州人祖貞周石臺太守孝孫少知名大業末為王世充弟杞王辯行臺郎中辯降衆引去獨孝孫攀援號慟送于郊貞觀六年遷著作佐郎吳王友歷諮議參軍遷太子洗馬未拜卒

李玄道者本隴西人世居鄭州仕隋為齊王府屬李密據洛口署記室密敗為王世充所執衆懼不能寐獨玄道曰死生有命憂能了乎寢甚安及見世充辭色不撓釋縛為著作佐郎東都平為秦王府主簿貞觀初累遷給事中姑臧縣男出為幽州長史佐都督王君廓事持府事君廓不法每以義裁糾之嘗遺玄道婢乃良家子為所掠遣去不納由是始隙君廓入朝玄道寓書房玄齡玄齡本甥也君廓發其書不識草字疑以謀己遂反坐是流巂州未幾擢常州刺史風績清簡下詔褒美賜縑帛久之致仕加銀青光祿大夫以祿歸第卒

李守素者趙州人王世充平召署天策府倉曹參軍通氏姓學世號肉譜虞世南與論人物始言江左山東尚相酬對至北地則笑而不答歎曰肉譜定可畏許敬宗曰倉曹此名豈雅目邪宜有以更之世南曰昔任彥昇通經時稱五經笥今以倉曹為人物志可乎時渭州刺史李淹亦明譜學守素所論惟淹能抗之

姚思廉本名簡以字行陳吏部尚書察之子陳亡察自吳興遷京兆遂為萬年人思廉少受漢書於察盡傳其業寡嗜欲惟一於學未嘗問家人生貲仕陳會稽王主簿入隋為漢王府參軍事以父喪免服除補河間郡司法書佐初察在陳嘗修梁陳二史未就死以屬思廉故思廉表父遺言有詔聽續煬帝又詔與起居舍人崔祖濬修區宇圖志遷代王侍讀高祖定京師府僚皆奔亡獨思廉侍王兵將升殿思廉厲聲曰唐公起義本安王室若等不宜無禮於王衆眙却布列階下帝義之聽扶王至順陽閤泣辭去觀者歎曰仁者有勇謂此人乎俄授秦王府文學王討徐圓朗嘗語隋事慨然嘆曰姚思廉蒙素刃以明大節古所難者時思廉在洛陽遣使遺物三百段致書曰景想節義故有是贈王為皇太子遷洗馬即位改著作郎弘文館學士詔與魏徵共撰梁陳書思廉采謝炅顧野王等諸家言推究綜括為梁陳二家史以卒父業賜雜綵五百段加通直散騎常侍以藩邸恩凡政事得失許密以聞思廉亦展盡無所諱帝幸九成宮思廉以為離宮游幸是秦皇漢武事非堯舜禹湯所為帝諭曰朕嘗苦氣疾熱即頓劇豈為游賞者乎賜帛五十匹拜散騎常侍豐城縣男卒贈太常卿謚曰康陪葬昭陵孫璹

贊曰隋煬帝失德高祖總豪英與北方鼓行入關舉京師轟若震霆思廉以諸生侍孱王奮然陳大義挫虓虎而奪之氣勇夫悍心褫駭自卻不敢加無禮於其君誠使有國家者舉不失義天下其何以抗之哉宜太宗之尊表云

璹字令璋少孤撫昆媦友愛力學才辯拔邁永徽中舉明經第補太子宮門郎以論撰勞進祕書郎稍遷中書

舍人封吳興縣男武后時擢夏官侍郎坐從弟敬節叛貶桂州長史后方以符瑞自神璹取山川草樹名有武字者以爲上應國姓衰類以聞后大悅拜檢校天官侍郎擢文昌左丞同鳳閣鸞臺平章事永徽後左右史唯對仗承旨仗下謀議不得聞璹以帝王謨訓不可闕紀請仗下所言軍國政要責宰相自撰號時政記以授史官從之時政有記自璹始坐事降司賓少卿延載初拜納言有司以璹族犯法不可爲侍臣者璹曰王敦犯順導典樞機嵇康被戮紹以忠死是能爲累乎后曰此朕意卿無恤浮言證聖初加秋官尚書明堂火后欲避正殿應天變璹奏此人火非天災也昔宣榭火周世延建章焚漢業昌且彌勒成佛七寶臺須臾散壞聖人之道隨物示化況明堂布政之宮非宗廟不宜避正殿貶常禮左拾遺劉承慶曰明堂所以宗祀爲天所焚當側身思過振除前犯璹挾前語以傾后意后乃更御端門大酺燕羣臣與相娛樂遂造天樞著已功德命璹爲使董督之功費浩廣見金不足乃歛天下農器并鑄以功賜爵一級后封嵩山詔璹摠知儀注爲封禪副使更造明堂又以使護作加銀青光祿大夫大食使者獻師子璹曰是獸非肉不食自碎葉至都所費廣矣陛下鷹犬且不蓄而厚資養猛獸哉有詔大食停獻時九鼎成后欲用黃金塗之璹奏鼎者神器貴質朴不待外飾臣觀其上先有五采雜昫豈待塗金爲符曜耶后乃止契丹李盡忠盜塞副梁王武三思爲榆關道安撫使坐累下遷益州長史始蜀吏貪暴璹遣發之無所容貸后聞降璽詔慰勞因謂左右曰爲二千石清其身者易使吏盡清者難唯璹爲兼之新都丞朱待辟坐贓應死待辟所厚浮屠理中謀殺璹據劍南有密告后者詔璹窮按璹深探其獄跡疑似皆捕逮株黨牽聯數千人獄具后遣洛州長史宋玄爽御史中丞霍獻可覆視無所翻坐沒入五十餘族知反流徙者什八以上道路寃譟監察御史袁恕己劾奏璹獄不平有詔勿治召拜地官冬官二尚書久之致仕卒年七十四遺令薄葬贈越州都督謚曰成弟班

班篤學有立志擢明經歷六州刺史政皆有績數被褒賜累封宣城郡公遷太子詹事兼左庶子時節愍太子稍失道班凡四上書諫其一曰臣聞賈誼稱選天下端士使與太子居處出入故太子見正事聞正言行正道左右前後皆正人也夫習與正人居不能無正習與不正人居不能無不正教得而左右正則太子正太子正天下定矣伏見內置作坊諸工伎得入宮闈之內禁衛之所或言語內出或事狀外通小人無知因爲詐僞有黷盛德臣望悉出宮內造作付所司其二曰漢文帝身弋綈足革舄齊高帝鬬檻用銅者皆易以鐵經侯帶玉具劍環佩以過魏太子太子不視經侯曰魏國亦有寶乎太子曰主信臣忠魏之寶也經侯委劍佩去杜門不出夫聖賢以簡素爲貴皇王以菲薄爲德惟殿下留心恭儉損省玩好以訓天下其三曰前世東宮門閤往來皆有簿籍殿下時有所須唯門司宣令姦僞乘之因緣增損近呂昇之乃代署宣敕賴殿下糾發其姦以後墨令及覆事並請內印畫署冀免詐繆其四曰聖人不專其德賢智必有所師今司經無學士供奉無侍讀宜視膳時奏請其人俾奉講勸夫經所以立行修身史所以諳識成敗斯急務也太子雖稱善不能用其言及敗索宮中得班諫書中宗嘉歎時宮臣皆得罪獨班擢右散騎常侍遷祕書監睿宗立拜戶部尚書所歷定州刺史尚書官皆與璹相繼云卒年七十四始曾祖察嘗撰漢書訓纂而後之注漢書者多竊取其義爲己說班著紹訓以發明舊義云

令狐德棻宜州華原人父熙隋鴻臚卿其先乃燉煌右姓德棻博貫文史大業末爲藥城長屬亂不就官淮安王神通據太平宮起兵立揔管府署德棻府記室高祖入關引直大丞相府記室武德初爲起居舍人遷祕書丞帝嘗問丈夫冠婦人髻比高大何邪德棻對曰冠髻在首君之象也晉之將亡君弱臣彊故江左士女衣小而裳大宋武帝受命君德尊嚴衣裳隨亦變改此近事驗也帝然之方是時大亂後經籍亡散祕書湮缺德棻始請帝重購求天下遺書置吏稱錄不數年圖典略備又建言近代無正史梁陳齊文籍猶可據至周隋事多脫損今耳目尚相及史有所憑一易世事皆汩暗無所掇拾陛下受禪于隋隋承周二祖功業多在周今不論次各爲一王史則先烈世庸不光明後無傳焉帝謂然於是詔中書令蕭瑀給事中王敬業著作郎殷聞禮主魏中書令封德彝舍人顏師古主隋大理卿崔善爲中書舍人孔紹安太子洗馬蕭德言主梁太子詹事裴矩吏部郎中祖孝孫祕書丞魏徵主齊祕書監竇璡給事中歐陽詢文學姚思廉主陳侍中陳叔達太史令庾儉及德棻主周整振論譔多歷年不能就罷之貞觀三年復詔撰定議者以魏有魏收魏澹二家書爲已詳惟五家史當立德棻更與祕書郎岑文本殿中侍御史崔仁師次周史中書舍人李百藥次齊史著作郎姚思廉次梁陳二史祕書監魏徵次隋史左僕射房玄齡摠監修撰之原自德棻發之書成賜絹四百匹遷禮部侍郎兼修國史累進爵彭城縣子轉太子右庶子太子承乾廢坐除名爲民召拜雅州刺史又坐事免會修晉家史房玄齡奏起之預柬凡十有八人德棻爲先進故類例多所諏定除祕書少監永徽初復爲禮部侍郎弘文館學士監修國史遷太常卿高宗嘗召宰相及弘文學士坐中華殿問何修而王若而霸又當孰先德棻曰王任德霸任刑夏殷周純用德而王秦專刑而霸至漢雜用之魏晉以降王霸兩失若用之王爲先而莫難焉帝曰今茲何爲而要對曰古者爲政清心簡事爲本今天下無虞年穀豐衍惟薄賦歛省征役爲要又問禹湯桀紂所以興亡對曰傳稱禹湯罪己其興也勃焉桀紂罪人其亡也忽焉然二主惑嬖色戮諫者造炮烙之刑此所以亡也帝悅厚賜以荅其言遷國子祭酒崇賢館學士爵爲公以金紫光祿大夫致仕卒年八十四謚曰憲時又有鄧世隆顧胤李延壽李仁實皆以史學稱當世

鄧世隆者相州人隋大業末王世充兄子太戍河陽引爲賓客秦王攻洛陽遺書諭太世隆報書夸慢洛陽平亡命變姓名號隱玄先生棲白鹿山貞觀初召授國子主簿與崔仁師慕容善行劉顗庾安禮敬播俱爲修史學士世隆內負罪居不聊太宗遺房玄齡諭曰爾爲人作書各忠其主耳我爲天子尚甘心疋夫邪毋有後疑改著作佐郎歷衛尉丞初帝以武功定天下晚始嚮學多屬文賦詩天格贍麗意悟冲邃十三年世隆上疏請加集錄帝謙不許終著作郎

顧胤蘇州吳人父覽仕隋祕書學士胤永徽中累遷起居郎兼修國史以撰太宗實錄勞加朝散大夫弘文館學士論次國史加朝請大夫封餘杭縣男終司文郎中子琮武后時爲天官侍郎同鳳閣鸞臺平章事卒后曰琮不幸令雖不舉哀然朕以股肱特廢視事一日

李延壽者世居相州貞觀中累補太子典膳丞崇賢館學士以修撰勞轉御史臺主簿兼直國史初延壽父太師多識前世舊事常以宋齊梁陳齊周隋天下參隔南方謂北爲索虜北方指南爲島夷其史於本國詳佗國略往往訾美失傳思所以改正擬春秋編年刊究南北事未成而歿延壽既數與論譔所見益廣乃追終先志本魏登國元年盡隋義寧二年作本紀十二列傳八十八謂之北史本宋永初元年盡陳禎明三年作本紀十列傳七十謂之南史凡八代合二書百八十篇上之其書頗有條理刪落釀辭過本書遠甚時人見年少位下不甚稱其書遷符璽郎兼修國史卒嘗撰太宗政典調露中高宗觀之咨美直筆賜其家帛五十段藏副祕閣仍別錄以賜皇太子云

李仁實魏州頓丘人官至左史著格論通歷等書行于時

峘德棻五世孫天寶末及進士第遇祿山亂去隱南山豹林谷楊綰微時數從之游而峘博學有口辯綰爲禮部侍郎修國史薦峘自華原尉拜右拾遺兼史職累遷起居舍人撰玄宗實錄屬起居注亡散峘裒掇詔策僃一朝之遺自開元天寶間名臣事多漏略捃于取弃不稱良史大歷中以刑部員外郎判南曹遷司封郎中知制誥兼史館修撰德宗立詔元陵制度務極優厚當竭帑藏奉用度峘諫曰臣伏讀漢劉向論山陵之誡良史咨歎何者聖賢勤儉不作無益昔舜葬蒼梧弗變其肆禹葬會稽不改其列周武葬畢陌無丘壠處漢文葬霸陵不起山墳禹非不忠啓非不順周公非不悌景帝非不孝其奉君親皆以儉穀爲無窮計宋文公厚葬春秋書華元爲不臣桓魋爲石槨夫子以爲不如速朽由是觀之有德者葬薄無德者葬厚章章可見陛下仁孝切於聖心然尊親之義貴合于禮先帝遺詔送終之制一用儉約不得以金銀緣飾陛下奉先志無違物若務優厚是咈顧命盩經誼臣竊懼之今赦令甫下諸條未出望速詔有司從遺制便詔荅曰朕頃議山陵荒哀迷謬以違先旨卿引據典禮非唯中朕之失亦使朕不遺君親于患敢不聞義而從奉以終始雖古遺直何以加焉峘在吏部因尚書劉晏力時楊炎爲侍郎故峘內德晏至分闕以善闕奉晏惡闕與炎炎心不平建中初峘爲禮部侍郎炎執政不爲憾炎出故宰相杜鴻漸門下其子封求弘文生以託峘峘謝使者曰得公手署峘得以識炎不疑署送之峘卽日奏言宰相迫臣以私從之負陛下不從則害臣帝以詰炎炎具道所以然帝怒曰此姦人無可柰何欲殺之炎苦救解乃貶衡州別駕遷刺史李泌執政召拜太子右庶子復爲修撰性愎且介人人與爲怨孔述睿同修史峘忿細故數侵之述睿長者無所校貞元五年坐守衛州冒前刺史戶口爲己最竇參素惡之貶吉州別駕稍遷刺史齊映爲江西觀察使按部及州峘輕映後世先至宰相今雖屬刺史自挾所以過映者至迎謁頗怏怏以語其妻妻曰君自視何如

人以白頭走小生前君不以此見映雖黜死我無憾映至峘入謁從容步進不秫首蜀戎器映以爲恨去至府擿峘舉奏前刺史過失無狀不宜按部貶衢州別駕刺史田敦峘門生也與峘昧生平至是迎拜分俸半以賙給之在衢十年順宗立以祕書少監召未至卒初受詔撰代宗實錄未就會貶詔聽在外成書元和中其子太僕丞丕獻之以勞贈工部尚書

贊曰文本才猷世南鯁諤百藥之持論亮思廉之邃雅德棻之辭章皆治世華采而湮汨於隋光明於唐何哉蓋天下未嘗無賢以不用亡不必多賢以見用興夫典章圖史有國者尤急所以考存亡成敗陳諸前而爲之戒方天下初定德棻首發其議而後唐之文物粲然誠知治之本歟

唐書卷一百二考證

岑文本孫羲乃薦羲爲汜水令○沈炳震曰舊書書長安中爲廣武令考地理志汜水垂拱四年改曰廣武至神龍元年復故名則長安時有廣武無汜水也當從舊書

褚亮傳曾祖湮父玠皆有名梁陳間○臣德潛按陳書褚玠傳祖澐此作湮而宰相世系表又作漢應誤

李守素傳通氏姓學世號肉譜○舊書當時號爲行譜

唐書卷一百三

宋　端　明　殿　學　士　宋　祁　撰

列傳第二十八

蘇韋孫張

蘇世長京兆武功人祖彤仕後魏通直散騎常侍父振周宕州刺史建威縣侯世長十餘歲上書周武帝帝異其幼問讀何書對治孝經論語帝曰何言可道答曰爲國者不敢侮於鰥寡爲政以德帝曰善使卒學虎門館父死王事有詔襲爵世長號踊不自勝帝夷然改容入隋爲長安令數條上便宜大業末爲都水少監督漕上江會煬帝被弑發喪慟聞行路更爲王世充太子太保行臺右僕射與世充兄子弘烈及其將豆盧行褒戍襄陽高祖與之舊數遣使者諭降輒殺之洛陽平始與弘烈歸帝誅褒而誚世長頓首謝曰古帝王受命以比逐鹿一人得禽萬夫斂手豈有獲鹿後忿同獵者問爭肉罪邪今陛下應天順民安可忘管仲雍齒事且武功舊人亂離以來死亡略盡唯臣得見太平若殺之是絕其類帝笑釋之授玉山屯監引見玄武門與語平生調之曰卿自謂佞邪直邪對曰愚且直帝曰若直者何爲背賊歸我對曰洛陽平天下爲一臣智窮力屈乃歸陛下使世充不死臣據漢南尚爲勍敵帝大笑嘲曰何名長而意之短口正而心之邪世長曰名長意短誠如聖旨口正心邪不敢奉詔昔竇融以河西降漢十世侯之臣舉山南以歸雖蒙屯監帝悅拜諫議大夫從獵涇陽大獲帝入旌門詫左右曰今日畋樂乎世長曰陛下廢萬機事游獵不滿十旬未爲樂也帝色變既而笑曰狂態發邪曰爲臣計則狂爲陛下計忠矣時武功鄠新經突厥寇掠鄉聚凋盡帝將遂獵武功世長諫曰突厥向盜劫人陛下救卹之言未出口又獵其地殆百姓不堪所求帝不聽侍宴披香殿酒酣進曰此煬帝作邪何雕麗底此帝曰卿好諫似直然詐也豈不知此殿我所營乃詭云煬帝邪對曰臣但見傾宮鹿臺非受命聖人所爲者陛下武功舊第纔蔽風雨時以爲足今天下敝隋之侈以歸有道陛下宜刈奢淫復朴素今乃卽其宮加雕飾焉欲易其亂得乎帝谷重其言歷陝州長史天策府軍諮祭酒引爲學士貞觀初使突厥與頡利爭禮不屈拒卻賂遺朝廷壯之出爲巴州刺史舟敗溺死世長有機辯淺于學嗜酒簡率無威儀初在陝邑里犯法不能禁乃引咎自撻于廛伍伯疾其詭鞭之流血世長不勝痛呼而走人笑其不情

子良嗣高宗時爲周王府司馬王年少不法良嗣數諫王以法繩府官不職者甚見尊憚帝異之遷荆州長史帝遣宦者采怪竹江南將蒔上苑宦者所過縱暴至荆良嗣囚之上書言狀帝下詔慰獎取竹弃之徙雍州時關內饑人相食良嗣政上嚴每盜發三日內必禽號稱神明垂拱初遷冬官尚書拜納言封溫國公留守西京賞遇尤渥尚方監裴匪躬案諸苑建言鬻果蔬儲利佐公上良嗣曰公儀休一諸侯相拔葵去織未聞天子賣果蔬與人爭利遂止遷文昌左相同鳳閣鸞臺三品遇薛懷義于朝懷義偃蹇良嗣怒叱左右批其頰曳去武后聞之戒曰第出入北門彼南衙宰相往來毋犯之載初元年罷左相加特進仍知政事與韋方質素不平方質坐事誅引逮之后辨其非良嗣俘謝不能興輿還第卒年八十五詔百官往弔贈開府儀同三司益州都督始良嗣爲洛州長史坐僚婿累下徙冀州刺史其人往謝良嗣色泰定曰初不聞有累在荆州時州有河東寺本蕭詧爲兄河東王所建良嗣曰江漢間何與河東乎奏易之而當世恨其少學云子踐言官太常丞爲酷吏所陷死嶺南削父爵没其家神龍元年復贈司空以踐言子務元襲爵終邠王府長史

從孫弁字元容擢進士調奉天主簿德宗出狩而縣令計事在府官屬皆惶恐欲道走弁曰昔肅宗幸靈武至新平安定二太守坐伏匿斬以徇諸君知之乎衆乃定車駕至儲偫畢給帝嘉之試大理司直朱泚平進監察御史擢累倉部郎中判度支案裴延齡死帝召弁見延英賜紫衣金魚以度支郎中副知度支事位郎中上知度支有副自弁始弁通學術吏事精明承延齡後平賦緩役略煩苛人賴其寬久之遷戶部侍郎判度支改太子詹事舊制詹事位在太常宗正卿下御史中丞竇參卑之徙班河南太原尹下弁造朝輒就舊著有司疑詰給曰我已白宰相復舊班殿中侍御史鄒儒立劾奏待罪金吾有詔原罪坐前以腐粟給邊貶汀州司戶參軍是時兄袞爲贊善大夫晃京兆士曹參軍以弁故貶袞永州晃信州司戶參軍袞年老瞑不能視帝閔之聽還又有稱晃才者帝悔不用而袞以老先還重追晃更問大臣昆弟可任者左右以王紹之兄紓韓皐之兄羣對帝乃擢紓右補闕羣考功員外郎晃遂不復用數年起弁爲滁州刺史卒弁聚書至二萬卷手自讐定當時稱與祕府埒弁之判度支方大旱州縣有逋米斷貞元八年以前凡三百八十萬斛人亡數在弁奏請出以貸貧民至秋而償詔可當時譏其罔君云

韋雲起京兆萬年人隋開皇中以明經補符璽直長嘗奏事文帝前帝曰外事不便可言之時兵部侍郎柳述侍雲起卽奏述性豪侈未嘗更事特緣主壻私握兵要議者謂陛下官不擇賢此不便者帝顧述曰雲起言而藥石也可師之仁壽初詔百官舉所知述舉雲起通事舍人大業初改謁者建言今朝廷多山東人自作門戶附下罔上爲朋黨不抑其端必亂政因條陳姦狀煬帝屬大理推究於是左丞郎蔚之司隸別駕郎楚之等皆坐免會契丹寇營州詔雲起護突厥兵討之啓民可汗以二萬騎受節度雲起使離爲二十屯屯相聯絡四道並引令曰鼓而行角而止非公使毋走馬三喻五復之旣而紇斤一人犯令卽斬以徇於是突厥酋長入謁者皆膝而進莫敢仰視始契丹事突厥無間且不虞雲起至旣入境使突厥紿云詣柳城與高麗市易敢言有隋使在者斬契丹不疑因引而南過賊營百里夜還陣以遲明掩擊之獲契丹男女四萬以女子及畜產半賜突厥男子悉殺之以餘衆還帝大喜會百官於廷曰雲起將突厥兵平契丹以奇用師有文武才朕自舉之拜治書御史因劾奏內史侍郎虞世基御史大夫裴蘊怙寵妨命四方有變不以聞聞不以實朝議少賊不多發兵官兵少賊衆數見敗北賊氣日張請付有司案罪大理卿鄭善果奏雲起訾大臣毀朝政所言不情貶大理司直帝幸江都請告歸高祖入關上謁長樂宮授司農卿陽城縣公武德初進上開府儀同三司判農圃監時議討王世充雲起上言京師初平人未堅附百姓流離仍歲無年盩厔司竹藍田谷口盜賊羣屯京都椎剽乘夜竊發重以梁師都嫁情北胡陰計內鈔爲腹心患釋此不圖而窺兵函洛姦人乘虛一旦有變禍且不細臣愚以爲不若戢兵務農須關中妥安士氣餘飽然後議討伐一舉可定從之會突厥入寇詔總幽寧以北九州兵禦之得一切便宜改遂州都督益州行臺兵部尚書時僕射竇軌數奏生獠反冀得集兵以威衆雲起數持其短軌宣言雲起通賊營私由是始隙雲起弟慶儉慶嗣事隱太子太子死詔軌息驛報軌疑雲起有變陰設備乃告之雲起不信曰詔安在軌曰公建成黨今不奉詔反明矣遂殺之初雲起師太學博士王頗每歎曰韋生識悟富貴可自致然疾惡甚恐不得死訖如言孫方質光宅初爲鳳閣侍郎同鳳閣鸞臺平章事遷地官尚書嘗屬疾武承嗣兄弟往候方質據牀自若或曰倨見權貴且速禍答曰吉凶命也丈夫豈能折節近戚以苟免邪俄爲酷吏所陷流死儋州沒其家神龍初復官爵

孫伏伽貝州武城人仕隋以小史累勞補萬年縣法曹高祖武德初上言三事其一臣聞天子有爭臣雖無道不失其天下隋失天下者何不聞其過也方自謂功德盛五帝邁三王窮侈極欲使天下士肝腦塗地戶口殫耗盜賊日滋當時非無直言之臣卒不聞悟者君不受諫而臣不敢告之也向使開不諱之路官賢授能賞罰時當人人樂業誰能搖亂者乎陛下舉晉陽天下響應計不旋跬大業以成勿以得天下之易而忘隋失之不

難也天子動則左史書之言則右史書之凡蒐狩當順四時不可妄動且陛下即位之明日有獻鷂者不卻而受此前世弊事柰何行之相國叅軍事盧牟子獻琵琶長安丞張安道獻弓矢竝被賚賞以率土之富何索不致豈少此物哉其二百戲散樂本非正聲隋末始見崇用此謂淫風不得不變近太常假民裙襦五百稱以衣妓工待玄武門游戲臣以爲非詒子孫之謀傳曰放鄭聲遠佞人今散妓者匪韶匪夏請竝廢之以復雅正其三臣聞性相近習相遠今皇太子諸王左右執事不可不擇大抵不義無賴及馳騁射獵歌舞聲色慢游之人止可悅耳目備驅馳至拾遺補闕決不能也況觀前世子姓不克孝兄弟不克友莫不由左右亂之願選賢才澄僚友之選帝大悅即詔周隋之曉忠臣結舌是謂一言喪邦者朕惟寡德不能性與天道然冀弼諧以輔不逮而羣公卿士罕進直言伏伽至誠慷慨據義懇切指朕失無所諱其以伏伽爲治書侍御史賜帛三百匹初帝授禪伏伽最先諫帝欲盡下情故不次見拔以示羣臣是時軍興賦斂重伏伽數請蠲損帝語裴寂曰隋爲無道主驕於上臣諂於下下上蔽蒙至身死匹夫手寧不痛哉我今不然平亂責武臣守成責儒臣程能付事以佐不逮虛心盡下冀聞嘉言若李綱孫伏伽可謂誼臣矣俛首禁默豈朕所望哉東都平大赦天下又欲責賊支黨悉流徙惡地伏伽諫曰臣聞王者無戲言書稱爾無不信朕不食言言之不可不慎也陛下制詔曰常赦不免皆原之此非直赦有罪是亦與天下更新辭也世充建德所部赦後乃欲流徙書曰殲厥渠魁脅從罔治渠魁尚免脅從何辜且蹠狗吠堯吠非其主今與陛下結髮雅故往爲賊臣彼豈忘陛下哉壅隔故也至疏者安得而罪之由古以來何代無君然止稱堯舜者何也直由善名難得也昔天下未平容應機制變今四方已定設法須與人共之法者陛下自作須自守之使天下百姓信而畏也自爲無信欲人之信豈可得哉賞罰之行無貴賤親疏惟義所在臣愚以爲賊黨於赦當免者雖甚無狀宜一切加原則天下幸甚又表置諫官帝皆欽納太宗即位封樂安縣男遷大理少卿帝數出馳射伏伽諫曰臣聞天子之居禁衞九重出也警入也蹕非直尊其居處爲社稷生人計也比聞陛下走馬射帖娛悅羣臣殆非所以導養聖躬垂憲後代此直少年諸王務耳安得既爲天子尚行之乎竊爲陛下不取帝悅曰卿能言朕非朕能改之天下庶有瘳乎後坐奏四失免官起爲刑部郎中累遷大理卿時司農市木橦倍直與民右丞韋悰劾吏隱沒事下大理訊鞫伏伽曰緣官市貴故民直賤臣見司農識大體不見其罪帝悟顧悰曰卿不逮伏伽遠矣久之出爲陝州刺史致仕顯慶三年卒始伏伽拜御史時先被內旨而制未出歸臥于家無喜色頃之御史造門子弟驚白伏伽徐起見之時人稱其有量以比顧雍云

張玄素蒲州虞鄉人仕隋爲景城縣戶曹竇建德陷景城執將殺之邑人千餘號泣請代曰此清吏殺之是無天也大王即定天下無使善人解體建德命釋縛署治書侍御史不拜聞江都已弑始爲建德黃門侍郎賊平授景州錄事叅軍太宗即位問以政對曰自古未有如隋亂者得非君自專法日亂乎且萬乘之尊身決庶務日斷十事五不中中者信善有如不中者何一日萬機積其失不亡何待若上賢右能使百司善職則高居深拱疇敢犯之隋末盜起爭天下者不十數餘皆保城邑以須有道聽命是欲背上怙亂者果鮮特人君不能安之而挺之亂也以陛下聖神跡所以危鑒所以亡日愼一日雖堯舜何以加帝曰善拜侍御史遷給事中貞觀四年詔發卒治洛陽宮乾陽殿且東幸玄素上書曰臣惟秦始皇帝藉周之餘夷六國統壹尊將貽之萬世及子而亡者殫嗜奔欲以逆天害人也天下不可以力勝唯當務儉約薄賦斂以身先之乃能大安今東都未有幸期前事土木戚王出藩又當營構科調繁仍失疲人望一不可也陛下向平東都會觀廣殿皆撤毀之天下翕然一口頌歌豈有初惡侈靡而後好雕麗哉二不可也陛下每言巡幸者不急之務徒爲虛費今國儲無兼年又興別都之役以產怨讟三不可也百姓承亂離之後財賦殫空雖蒙更生意未完定柰何營未幸之都重耗其力四不可也漢祖將都洛陽婁敬一言即日西駕非不知地土中道里所均但形勝不及關內弗敢康也伏惟陛下化凋弊之俗爲日尚淺詎可東巡以搖人心五不可也臣嘗見隋家造殿伐木於豫章二千人挽一材以鐵爲轂行不數里轂輒壞別數百人齎轂自隨終日行不三十里一材之費已數十萬工推其餘可知已昔阿房成秦人散章華就楚衆離乾陽畢功隋人解體今民力未及隋日而役殘創之人襲亡國弊臣恐陛下之過甚於煬帝帝曰卿謂我不如煬帝何如桀紂對曰若此殿卒興同歸於亂臣聞東都始平太上皇詔宮室過度者焚之陛下謂瓦木可用請賜貧人事雖不從天下稱爲盛德今復度而宮之是隋役又興不五六年間一捨一取天下謂何帝顧房玄齡曰洛陽朝貢天下中朕營之意欲便四方百姓今玄素言如此使後必往雖露坐庸何苦即詔罷役賜綵二百匹魏徵名梗挺聞玄素言歎曰張公論事有回天之力可謂仁人之言哉歷太子少詹事遷右庶子時太子承乾事游畋不悅學玄素上書曰天道無親惟德是輔苟違天道人神棄之古者田三驅非以教殺除民害也今反以獵爲娛行之無常不損盛德哉傳曰事不師古匪說攸聞然則探道在學古學古在師訓孔穎達奉詔講勸宜數逮問裨萬分博選賢傑朝夕侍左右與相規摩日知所亡月無忘所能此則善美矣夫在人上者常求爲善也然性不勝情耽惑成亂下有諫言君道乃虧古人有云勿以惡小不去善小不爲禍福之來皆根於初護終若始猶懼其替始不護焉終將安歸太子不納又上書曰周公賁聖人而握沐吐飧下白屋況下周公之人哉殿下睿質天就尚須學以表飾之孔穎達趙弘智皆宿德鉅髦兼識政機望數召見進古今增懿明德雕蟲小技正可間召代博奕不宜屢也騎射畋游褻戲酣歌悅耳目移情靈不可以御夫心爲萬事主動而無節則亂敗德之原實在於此帝知數財正太子頻擢至銀青光祿大夫行左庶子太子久不見賓友玄素曰宮中所見止婦人不知如樊姬等可與益聖德者幾何若無之即便詖豔變何足顧哉上惟東宮之重高署賢才爲寮佐今乃不得進見將何以朝納誨夕補遺哉太子諱其切夜遣戶奴以騎檛狙擊危脫死嘗閻宮中擊鼓叩閤正言太子出鼓對玄素破之既不悛醜德日聞玄素不能已上書曰孔子曰能近取譬可謂仁之方也書傳所載或遠臣請以近事喻之周武帝平山東庫官陋食以安海內而太子贇有穢德烏丸軌以聞帝慈仁不忍廢及踐祚狂暴日熾宗祀以亡隋文帝所代是也文帝因周衰藉女資雖無大功於人然布德行惠上下安賴勇爲太子驕肆敗度今宮中山池殿下所親見者也當是時自謂有太山之安詎知壬臣敢進其說哉向使動靜有常進止有度親君子疏小人黜浮華守恭儉雖有離間烏能致慈父之隙哉蓋積德弗純令問不著一遭讒遂成其禍今上以殿下父子親故所資用不爲限節然詔未六旬而用踰七萬驕奢亡藝孰有過此龍樓望苑爲工匠之肆旣闕視膳問安之宜又無悅學好道之實上違君父慈訓之方下有因緣戮辱之罪所施與者不游手雜色則圖畫雕鏤之人外所瞻仰此失已暴內隱密者尚可勝計哉右庶子趙弘智經明行修臣謂宜數進召以廣徽美今反猜嫌謂妄相推引從善若流向恐不逮飾非拒諫禍可旣乎書入太子怒遣刺客伺之會宮廢玄素坐除名爲民頃之召授潮州刺史徙鄧州訖不復親近高宗時以老致仕麟德初卒始玄素與孫伏伽在隋皆爲令史太宗嘗問玄素官立所來深自羞汗褚遂良見帝曰君子不失言於人明主不失言於戲故言則史書之禮成之樂歌之居上能禮其臣乃盡力以奉其上近世宋武帝侮新朝臣攻其門戶至恥懼狼狽前史以爲非陛下昨問玄素在隋任何官對曰縣尉又問未爲尉時曰流外又問何曹司玄素出不能徙步顏若死灰精爽頓盡見者咸共驚怪唐家創業任官以才卜祝庸保量能竝用陛下以玄素擢任三品佐皇儲豈宜復對羣臣使辭窮負恥欲責其伏節死義安可得乎帝曰朕亦悔之伏伽雖廣坐陳說往事無少隱焉

贊曰始唐有天下懲刈隋敝敷內讜言而世長等仇然獻忠時主方褎聽藉以勸天下雖觸禁忌而無忤情及禍亂已平君位尊安後者視前人之爲猶以諛諭期榮故時時遣斥讓爲所厭苦非言有巧拙所遭之時異也夫性有不可移雖堯舜弗能訓承乾之惡根著寸心而歸責玄素其何救哉此士亹辭不能傳太子諒矣

唐書卷一百四

宋　端　明　殿　學　士　宋　祁　撰

列傳第二十九

于高張

于志寧字仲謐京兆高陵人曾祖謹有功於周爲太師燕國公父宣道仕隋至內史舍人大業末志寧調冠氏縣長山東盜起棄官歸高祖入關率羣從迎謁長春宮詔授渭北道行軍元帥府記室與殷開山叅謀議薛仁杲平議褚亮於囚虜中遷天策府中郎文學館學士引亮與同列貞觀三年爲中書侍郎太宗嘗宴近臣問志

寧安在有司奏敎召三品志寧品第四帝悟特詔預宴因加散騎常侍太子左庶子黎陽縣公是時議立七廟羣臣請以涼武昭王爲始祖志寧以涼非王業所因獨建議違之帝詔功臣世襲刺史志寧奏古今異時慕虛名遺實患非久安計帝皆從之嘗謂志寧曰古者太子旣生士負之卽置輔弼昔成王以周召爲師傅日聞正道習以成性今太子幼卿當輔以正道無使邪僻啟其心勉之官賞可不次得也太子承乾數有過惡志寧欲救止之上諫苑以諷帝見大悅賜黃金十斤絹三百匹俄兼詹事以母喪免有詔起復本官固請終喪帝遣中書侍郎岑文本敦譬曰忠孝不兩立今太子須人教約卿彊起爲我卒輔道之志寧乃就職時太子以農時造曲室累月不止又好音樂過度志寧諫以爲今東宮乃隋所營當時號爲侈麗豈容復事磨礱彩飾於其間丁匠官奴皆犯法亡命鉗鑿槌杵往來出入監門宿衞直長千牛不得苛問爪牙在外廝役在內其可無憂乎又宮中數聞鼓聲太樂伎兒輒留不出往年口敕丁寧殿下可不思之太子不納而左右多任宦官志寧復諫曰奄官者體非全氣專柔便佞託親近爲威權假出納爲禍福故伊戾敗宋易牙亂齊趙高亡秦張讓傾漢近高齊任鄧長顒爲侍中陳德信爲開府內預宴私外干朝政齊卒顚覆今殿下左右前後皆用寺人輕忽高班陵轢貴仕品命失序經紀不立行路之人咸以爲怪太子益不悅東宮僕御舊得番休而太子不聽又私引突厥與相狎比志寧懷不能言上疏極言曰竊見僕寺司馭爰及獸醫自春迄夏不得番息或家有慈親以闕溫凊或室有幼弱以虧撫養殆非恕愛之意又突厥達哥支等人狀野心不可以禮教期不可以仁信待狎而近之無益令望有損盛德況引內閤中使常親近人皆震駭而殿下獨安此乎太子大怒遣張師政紇干承基往刺之二人者入其第見志寧憔然在苫塊中不忍殺乃去太子敗帝知狀謂曰聞公數諫承乾不聽公故至此是時宮臣皆罪廢獨志寧蒙勞勉晉王爲皇太子復拜左庶子遷侍中加光祿大夫進封燕國公監修國史永徽二年洛陽人李弘泰誣告太尉長孫无忌反有詔不待時斬之志寧以爲方春少陽用事不宜行刑且誣謀非本惡逆請依律待秋分乃決從之衡山公主旣公除將下嫁長孫氏志寧以爲禮女十五而笄二十而嫁有故二十三而嫁固知遇喪須終三年春秋魯莊公如齊納幣母喪未再朞而圖婚二家不譏以其失禮明也今議者云公除從吉此漢文創制爲天下百姓耳公主身服斬衰服可以例除情不可以例改心喪成婚非人情所忍於是詔公主待服除乃婚拜尚書左僕射同中書門下三品頃之兼太子少師四年隕石十八于馮翊高宗問曰此何祥也朕欲悔往修來以自戒若何志寧對春秋隕石于宋五內史過曰是陰陽之事非吉凶所生物固有自然非一繫人事雖然陛下無災而戒不害爲福也俄遷太傅嘗與右僕射張行成中書令高季輔俱賜田志寧奏臣家自周魏來世居關中貲業不墜今行成季輔始營產土願以臣有餘賜不足者帝嘉之分其田以與二人顯慶四年以老乞骸骨詔解僕射更拜太子太師仍同中書門下三品王皇后之廢長孫无忌褚遂良固爭不見從志寧不敢言武后以其不右己銜之後因殺无忌坐免官出爲榮州刺史改華州聽致仕卒年七十八贈幽州都督謚曰定後追復左光祿大夫太子太師志寧愛賓客樂引後進然多嫌畏不能有所薦達也爲士議所少凡格式律令禮典皆與論譔賞賜以巨萬初志寧與司空李勣修定本草并圖合五十四篇帝曰本草尚矣今復修之何所異邪對曰昔陶弘景以神農經合雜家別錄註詺之江南偏方不周曉藥石往往紕繆四百餘物今考正之又增後世所用百餘物此以爲異帝曰本草別錄何爲而二對曰班固唯記黃帝內外經不載本草至齊七錄乃稱之世謂神農氏嘗藥以拯含氣而黃帝以前文字不傳以識相付至桐雷乃載篇冊然所載郡縣多在漢時疑張仲景華佗竄記其語別錄者魏晉以來吳普李當之所記其言華葉形色佐使相須附經爲說故弘景合而錄之帝曰善其書遂大行曾孫休烈

休烈機鑒敏悟善文章與會稽賀朝萬齊融延陵包融齊名開元初第進士又擢制科歷祕書省正字吐蕃金城公主請文籍四種玄宗詔祕書寫賜休烈上疏曰戎狄國之寇經籍國之典也戎之生心不可以無備昔東平王求史記諸子漢不與之以史記多兵謀諸子雜詭術也東平漢之懿戚尚不示征戰之書今西戎國之寇讎安可貽以經典且吐蕃之性慓悍果決善學不回若達於書則知戰深於詩則知武夫有師干之試深於禮則知月令有廢興之兵深於春秋則知用師詭詐之計深於文則知往來書檄之制此何異假寇兵資盜糧也臣聞魯秉周禮齊不加兵吳獲乘車楚屢奔命喪法危邦可取鑒也公主下嫁異國當用夷禮而反求良書恐非本意殆有姦人勸導其中若陛下慮失其情示不得已請去春秋夫春秋當周德既衰諸侯盛彊征伐競興情僞於是乎生變詐於是乎起有以臣召君取威定霸之事誠與之國之患也狄固貪婪貴貨易土正可錫以錦綵厚以金玉無足所求以資其智疏入詔中書門下議侍中裴光庭曰吐蕃不識禮經孤背國恩今求哀稽顙許其降附漸以詩書陶以聲教斯可致也休烈但見情僞變詐於是乎生不知忠信節義亦於是乎在帝曰善遂與之累遷起居郎直集賢殿學士比部郎中楊國忠爲宰相斥不附己者出爲中部郡太守肅宗立休烈奔行在擢給事中遷太常少卿知禮儀事兼修國史帝嘗謂曰良史者君舉必書朕有過失顧卿何如對曰禹湯罪己其興也勃焉有德之君不忘規過於時經大盜後史籍燔軼休烈奏國史開元實錄起居注及餘書三千八百餘篇藏興慶宮兵興焚煬皆盡請下御史覈史館所由購府縣有得者許上送官一書進官一資一篇絹十匹凡數月止獲一二篇唯韋述以其家藏國史百三十篇上獻中興文物未完休烈獻五代論討著舊章天子嘉之轉工部侍郎仍修史宰相李揆矜己護前羞與同史任爲等列奏徙休烈爲國子祭酒權留史館修撰以卑下之休烈安然無屑意乾元初始詔百官元日冬至於光順門賀皇后休烈奏周禮有命夫朝人君命婦朝女君自顯慶以來則天皇后甫行此禮而命婦與百官雜處在禮不經帝罷之代宗嗣位甄別名品元載稱其清諒拜右散騎常侍兼修國史加禮儀使遷太常卿累進工部尚書封東海郡公雖歷清要不治產性恭儉仁愛無喜慍之容樂賢下善推轂士甚衆年老篤意經書嗜學不厭妻韋卒天子嘉休烈父子著儒行詔贈韋國夫人葬給鹵簿鼓吹歲中休烈亦卒年八十一帝爲歎息贈尚書左僕射謚曰元遣謁者就第宣慰爲儒者榮二子益肅及休烈時相繼爲翰林學士益天寶初及進士第肅終給事中贈吏部侍郎肅子敖字蹈中擢進士爲祕書省校書郎楊憑李鄘呂元膺相繼辟幕府元和初拜監察御史五遷至右司郎中進給事中左拾遺龐嚴爲元稹李紳所厚與蔣防俱薦爲翰林學士李逢吉誣紳罪逐之而出嚴爲信州刺史防汀州刺史敖封還詔書稱紳意申嚴枉及駁奏下乃論貶嚴太輕衆皆嗤誚逢吉乃厚敖三遷至戶部侍郎出爲宣歙觀察使敖修謹家世用文學進初爲時所稱及居官無所建明不遷物以自容名益減卒贈禮部尚書四子球珪瓌琮皆清顯琮知名龐嚴者字子肅壽州壽春人第進士舉賢良方正策第一拜拾遺辭章峭麗累遷駕部郎中知制誥坐累出復入稍遷太常少卿大和五年權京兆尹彊幹不阿貴勢然貪利溺聲色卒于官

琮字禮用落魄不事事以門資爲吏久不調駙馬都尉鄭顥獨器之宣宗詔選士人尚公主者顥語琮曰子有美才不飾細行爲衆毀所抑能爲之乎琮許諾中書舍人李潘知貢舉顥以琮託之擢第授左拾遺初尚永福公主主未降食帝前以事折匕箸帝知其不可妻士大夫更詔尚廣德公主咸通中以水部郎中爲翰林學士遷中書舍人閱五月轉兵部侍郎判戶部八年同中書門下平章事進中書侍郎兼戶部尚書爲韋保衡所構檢校司空山南東道節度使三貶韶州刺史保衡敗僖宗以太子少傅召未幾復爲山南節度使入拜尚書右僕射黃巢陷京師以病臥家巢欲起爲相琮辭疾賊迫脅不止乃曰吾死在旦夕位宰相義不受汚賊遂害之

高馮字季輔以字行德州蓨人居母喪以孝聞兄元道仕隋爲汲令縣人反城應賊殺元道季輔率其黨與縣人戰禽之斬首以祭賊衆畏伏更歸附之至數千人俄與武陟李厚德將其衆降授陟州總管府戶曹參軍貞觀初拜監察御史彈治不避權要累轉中書舍人列上五事以爲今天下大定而刑未措何哉蓋謀猷之臣臺閣之吏不崇簡易而昧經遠故執憲者以深刻爲奉公當官者以侵下爲益國如尚書八坐人主所責成者也宜擇溫厚修絜者任之敦樸素革浮僞使家識慈孝人知廉恥過行者被嗤於鄉不服者蒙擯於親自然禮節興矣陛下身帥節儉而營繕未息丁匠不能給驅使又和雇以重勞貴人主所欲何求而不得願愛其財毋使殫惜其力毋使弊畿內數州京師之本土狹人庶儲畜少而科役多宜蒙優貸令得休息彊本弱支之義也至江南河北人頗紓閑宜爲差等均量勞逸公侯勳戚之家邑入俸稍足以奉養而貸息出舉爭求什一下民化之競爲錐刀宜加懲革今外官卑品皆未得祿故饑寒之切夷惠不能全其行爲政之道期於易從不恤其匱而須其廉正恐巡察歲出輶軒繼軌而侵漁不息也宜及戶口之繁倉庾且實稍加稟賜使得事父母養妻子然後督責其効則官人畢力矣密王元曉等俱陛下懿親當正其禮比見帝子拜諸叔諸叔答拜爵封既同當明昭穆願垂訓正以爲彝法書奏太宗稱善進授太子右庶子數上書言得失辭誠切至帝賜鍾乳一劑曰而

進藥石之言朕以藥石相報後爲吏部侍郎善銓敘人物帝賜金背鏡一況其清鑒焉久之遷中書令兼檢校吏部尚書監修國史進爵蓚縣公永徽初加光祿大夫侍中兼太子少保感疾歸第有詔以其兄虢州刺史季通爲宗正少卿視疾遣中使日候增損卒年五十八贈開府儀同三司荊州都督謚曰憲官給輀車歸葬於鄉子正業仕至中書舍人坐善上官儀貶嶺表

張行成字德立定州義豐人少師事劉炫炫謂門人曰行成體局方正廊廟才也隋大業末察孝廉爲謁者臺散從員外郎後爲王世充度支尚書世充平以隋資補穀熟尉家貧代計吏集京師擢制舉乙科改陳倉尉高祖謂吏部侍郎張銳曰今選吏豈無才用特達者朕將用之銳言行成調富平主簿有能名召補殿中侍御史糾劾嚴正太宗以爲能謂房玄齡曰古今用人未嘗不因介紹若行成者朕自舉之無先容也嘗侍宴帝語山東及關中人意有同異行成曰天子四海爲家不容以東西爲限是示人以隘矣帝稱善賜名馬一錢十萬衣一稱自是有大政事令與議焉累遷給事中帝嘗謂羣臣朕爲人主兼行將相事豈不是奪公等名舜禹湯武得稷卨伊呂而四海安漢高祖有蕭曹韓彭而天下寧茲事朕皆兼之行成退上疏曰有隋失道天下沸騰陛下撥亂反正拯人塗炭何周漢君臣所能比數雖然盛德含光規模宏遠左右文武誠無將相材奚用大庭廣衆與之量校損萬乘之尊與臣下爭功哉帝嘉納之轉刑部侍郎太子少詹事太子駐定州監國謂曰吾乃送公衣錦過鄉邪令有司祠其先墓行成薦里人魏唐卿崔寶權馬龍駒張君劼等皆以學行聞太子召見以其老不可任以事厚賜遣之太子使行成詣行在帝見悅甚賜勞尤渥還爲河南巡察大使稱旨檢校尚書左丞是歲帝幸靈州詔皇太子從行成諫曰皇太子宜留監國對百寮日決庶務既爲京師重且示四方盛德帝以爲忠遷侍中兼刑部尚書高宗即位封北平縣公監修國史時晉州地震不息帝問之對曰天陽也君象地陰也臣象君宜動臣宜靜今靜者顧動恐女謁用事人臣陰謀又諸王公主參承起居或伺間隙宜明設防閑且晉陛下本封應不虛發伏願深思以杜未萌帝然之詔五品以上極言得失俄拜尚書左僕射太子少傅永徽四年自三月不雨至五月行成懼以老乞身制答曰古者策免乖罪己之義此在朕寡德非宰相咎乃賜宮女黃金器敕勿復辭行成固請帝曰公朕之舊奈何舍朕去邪泫然流涕行成惶恐不得已復視事未幾卒於尚書省舍年六十七詔九品以上就第哭比斂三遣使賜內衣服尚宮宿其家護視贈開府儀同三司并州都督祭以少牢謚曰定弘道元年詔配享高宗廟廷族子易之昌宗

易之幼以門蔭仕累遷尚乘奉御既冠頎皙美姿製音技多所曉通武后時太平公主薦其弟昌宗得侍昌宗白進易之材用過臣善治鍊藥石即召見悅之兄弟皆幸出入禁中傅朱粉衣紈錦盛飾自喜即日拜昌宗雲麾將軍行左千牛中郎將易之司衛少卿賜甲第帛五百段給奴婢橐它馬牛充入之不數日進拜昌宗銀青光祿大夫賜防閤同京官朝朔望追贈父希臧爲襄州刺史母韋母臧並封太夫人尚宮問省起居詔尚書李迥秀私侍臧昌宗與不旬日貴震天下諸武兄弟及宗楚客等爭造門伺望顏色親執轡箠號易之爲五郎昌宗六郎又加昌宗右散騎常侍聖歷二年始置控鶴府拜易之爲監久之更號奉宸府以易之爲令乃引知名士閻朝隱薛稷員半千爲供奉后每燕集則二張諸武雜侍摴博爭道爲笑樂或嘲詆公卿淫蠱顯行無復羞畏時無檢輕薄者又諂言昌宗乃王子晉後身后使被羽裳吹簫乘寓鶴裴回庭中如仙去狀詞臣爭爲賦詩以媚后后知醜聲甚思有以掩覆之乃詔昌宗即禁中論著引李嶠張說宋之問富嘉謨徐彥伯等二十有六人譔三教珠英加昌宗司僕卿易之麟臺監權勢震赫皇太子相王請封昌宗爲王后不聽遷春官侍郎封鄴國公易之恒國公實封各三百戶后既春秋高易之兄弟顧政邪王重潤與永泰郡主竊議皆得罪縊死御史大夫魏元忠嘗劾奏易之等辠易之訴於后反誣元忠與司禮丞高戩約曰天子老當挾太子爲耐久朋后問孰爲證左易之曰鳳閣舍人張說翌日庭辯皆不讎然元忠說猶皆被逐其後易之等益自肆姦贓狼藉御史臺劾奏之乃詔宗晉卿李承嘉桓彥範袁恕己參鞫而司刑正賈敬言竊望后旨奏昌宗彊市罪當贖詔曰可承嘉彥範進曰昌宗贓四百萬當免官昌宗大言曰臣有功於國不應免官后問宰相內史令楊再思曰昌宗主鍊丹劑陛下餌之而驗功最大者也即詔釋之歸罪其兄昌儀同休皆貶官已而后久疾居長生院宰相不得進見惟昌宗等侍側昌宗恐后不諱禍且及乃引支黨日夜與謀爲不軌事然小人疏險道路皆知之至有榜其事於衢左者左臺御史中丞宋璟亟請按攝后陽許璟俄詔璟外按幽州都督屈突仲翔更敕司刑卿崔神慶問狀神慶妄奏云昌宗應原璟執奏昌宗法當斬后不答左拾遺李邕進曰璟之言社稷計也願可之后終不許神龍元年張柬之崔玄暐等率羽林兵迎皇太子入誅易之昌宗於迎仙院及其兄昌期同休從弟景雄皆梟首天津橋士庶歡踊臠取之一夕盡坐流貶者數十人天寶九載昌期女上表自言揚國忠助之詔復易之兄弟官爵賜同休一子官

贊曰于志寧諫太子承乾幾遭賊殺然未嘗懼知太宗之明雖匕首揕胷不愧也及武后立不敢出一言知高宗之昧雖死無益也季輔行成數進諫然雍容有禮皆長厚君子哉

唐書卷一百四考證

于志寧傳曾孫休烈○舊書元孫休烈

張行成子易之又加昌宗右散騎常侍○舊書作左散騎常侍

唐書卷一百五

宋　端明殿學士宋祁撰

列傳第三十

長孫褚韓來李上官

長孫無忌字輔機性通悟博涉書史始高祖兵度河進謁長春宮授渭北道行軍典籤從秦王征討有功累擢比部郎中上黨縣公皇太子建成毒王王病舉府危駭房玄齡謂無忌曰禍隙已芽敗不旋踵矣夫就大計者遺細行周公所以絀管蔡也遂俱入白王請先事誅之王未許無忌曰大王以舜何如人王曰濬哲文明爲子孝爲君仁又何議哉對曰向使濬井弗出得爲孝乎塗廩弗下得爲仁乎大杖避小杖受良有以也王未決事益急乃遣無忌陰召房玄齡杜如晦定計無忌與尉遲敬德侯君集張公謹劉師立公孫武達獨孤彥雲杜君綽鄭仁恭李孟嘗討難平之王爲皇太子授左庶子即位遷吏部尚書以功第一進封齊國公帝以無忌皇后兄又少相友眷倚日厚常出入臥內進尚書右僕射突厥頡利可汗已盟而政亂諸將請遂討之帝顧新歃血不取爲失機取之失信計猶豫以問大臣蕭瑀曰兼弱攻昧討之便無忌曰今我務戢兵待夷狄至乃可擊使遂弱且不能來我又何求臣謂按甲存信便帝曰善然卒取突厥或有言無忌權太盛者帝持表示無忌曰我與公君臣間無少疑使各懷所聞不言斯則蔽矣因普示羣臣曰朕子幼無忌於我有大功視之猶子也疏間親新間舊之謂不順朕無取焉無忌亦自懼貴且亢后又數言之遂解僕射授開府儀同三司與房玄齡杜如晦尉遲敬德皆以元勳封一子郡公進冊司空知門下尚書省事無忌辭又因高士廉口陳以外戚位三公嫌議者謂天子以私后家帝曰朕任官必以才不者雖親若襄邑王神符不妄授若才雖仇如魏徵不棄也夫緣后兄愛昵厚以子女玉帛豈不得以其兼文武兩器朕故相之公等孰不曰然無忌固讓詔答曰黃帝得力牧爲五帝先夏禹得咎繇爲三王祖齊桓得管仲爲五伯長朕得公遂定天下公其無讓帝又思所與共艱難頼無忌以免作威鳳賦以賜且況其功帝欲功臣並世襲刺史貞觀十一年乃詔有司朕憑明靈之祐賢佐之力克翦多難淸寓內蓋時屯共資其力世安專享其利朕所不取刺史古諸侯雖名不同而監統一也無忌等義貫休戚効挺夷險嘉庸懿績簡在朕心其改錫土宇用世及之制乃以無忌爲趙州刺史以趙爲公國房玄齡宋州刺史國於梁杜如晦密州刺史國於萊李靖濮州刺史國於衞高士廉申州刺史國於申侯君集陳州刺史國於陳道宗鄂州刺史王江夏孝恭觀州刺史王河間尉遲敬德宣州刺史國於鄂李勣蘄州刺史國於英段志玄金州刺史國於褒程知節普州刺史國於盧劉弘基朗州刺史國於夔張亮澧州刺史國於鄖凡十有四人餘官食邑尚不在無忌等辭曰羣臣披荊棘事陛下今四海混一誠不願違遠左右而使世牧外州與遷徙等帝曰割地封功臣欲公等後嗣長爲藩翰而薄山河之誓反爲怨望朕亦安可彊公土宇邪遂止後帝幸其第自家人姻婭勞賜皆有差久之進位司徒太子承乾廢帝欲立晉王未決坐兩儀殿羣臣已罷獨留無忌玄齡勣言東宮事因曰我三子一弟未知所立吾心亡聊即投牀取佩刀自向無忌等驚爭抱持奪刀授晉王而請帝所欲立帝曰我欲立晉王無忌曰謹奉詔異議者斬帝顧王曰舅許汝矣宜即謝王乃拜帝復曰公等與我意合天下其謂何答曰王以仁孝聞天下久矣固無異辭有如不同臣負陛下百死於是遂定以無忌爲太子太師同中書門下三品同五品自此始帝又欲立吳王恪無忌密爭止之帝征高麗詔攝侍中還辭師

傳官，聽罷太子太師，遙領揚州都督。帝嘗從容問曰：「朕聞君聖臣直，人常苦不自知，公宜面攻朕得失。」無忌曰：「陛下神武聖文，冠卓千古，性與天道，非臣等愚所及，誠不見有所失。」帝曰：「朕冀聞過，公等乃相諛悅。朕當評公等可否以相規。」謂：「高士廉心術警悟，臨難不易節，所乏者骨鯁耳。唐儉有辭，善和解人，酒杯流行，發言可意，事朕二十年，未嘗一言國家事。楊師道性謹審，自能無過，而懦不更事，緩急非可倚。岑文本敦厚，文章論議其所長也，謀常經遠，自當不負於物。劉洎堅正，其言有益，不輕然諾於人，能自補闕。馬周敏銳而正，評裁人物，直道而行，所任皆稱朕意。褚遂良鯁亮有學術，竭誠親於朕，若飛鳥依人，自加憐愛。無忌應對機敏，善避嫌，求於古人，未有其比；總兵攻戰，非所善也。」二十三年，帝疾甚，召入臥內，帝引手捫無忌頤，無忌哭，帝感塞，不得有所言。翌日，與遂良入受詔，顧遂良曰：「我有天下，無忌力也。爾輔政，勿令讒毀者害之。」有頃崩。方在離宮，皇太子悲慟，無忌曰：「大行以宗廟社稷屬殿下，宜速即位。」因祕不發喪，請還宮。太子即位，是爲高宗。進無忌太尉，檢校中書令，猶知門下、尚書二省，固辭尚書省，許之。帝欲立武昭儀爲后，無忌固言不可。帝密以寶器錦帛十餘車賜之，又幸其第，擢三子皆朝散大夫。昭儀母復詣其家申請，許敬宗數勸之，無忌厲色折拒。帝後召無忌、遂良及于志寧，言后無息，昭儀有子，必欲立之者。無忌已數諫，即曰：「先帝付託遂良，願陛下訪之。」遂良極道不可，帝不聽。后既立，以無忌受賜而不助己，銜之。敬宗揣后指，陰使洛陽人李奉節上無忌變事，與侍中辛茂將臨按，傅致反狀。帝驚曰：「將妄人構間，殆不其然。」敬宗具言反跡已露，「陛下不忍，非社稷之福」。帝泣曰：「我家不幸，高陽公主與我同氣，往謀反，今舅復爾，使我重愧天下，奈何？」對曰：「房遺愛乳臭，與女子反，安能就事？無忌姦雄，天下所畏伏，一旦竊發，陛下誰使禦之？今即急，恐攘袂一呼，以嘯同惡，且爲宗廟憂。陛下不見隋室乎？宇文化及父宰相，弟尚主，而身掌禁兵，煬帝處之不疑，然而起爲戎首，遂亡隋。願陛下決之。」帝猶疑，更詔審覈。明日，敬宗言：「無忌反明甚，請逮捕。」帝泣曰：「舅果爾，我決不忍殺，後世其謂我何？」敬宗曰：「漢文帝舅薄昭，從代來有功，後坐殺人，帝惜撓法，令朝臣喪服就哭之，昭自殺，良史不以爲失。今無忌忘先帝之德，捨陛下至親，乃欲移社稷，敗宗廟，豈特昭比邪？在法夷五族。臣聞當斷不斷，反受其亂。乘機亟行，緩必生變。無忌與先帝謀取天下，天下伏其智；王莽、司馬懿之流。今逆徒自承，何疑而不決？」帝終不質問，遂下詔削官爵封戶，以揚州都督一品俸置于黔州，所在發兵護送；流其子祕書監沖等於嶺外；從弟渝州刺史知仁貶翼州司馬。後數月，又詔司空勣、中書令敬宗、侍中茂將等覆按反獄。敬宗令大理正袁公瑜、御史宋之順等即黔州暴訊，無忌投繯卒。沖免死，殺族子祥，流族弟思、子檀口，大抵親皆謫徙。初，無忌與遂良悉心奉國，以天下安危自任，故永徽之政有貞觀風。帝亦賓禮老臣，拱己以聽，綱紀設張，此兩人維持之也。既二后廢立，計不合，姦臣陰圖，帝暗於聽受，卒以屠覆，自是政歸武氏，幾至亡國。上元元年，追復官爵，以孫元翼襲封。初，無忌自作墓昭陵塋中，至是許還葬。文宗開成三年，詔曰：「每覽國史，至太尉無忌事，未嘗不廢卷而歎。」其以裔孫均爲綺氏令。

無忌從父敞，字休明。隋煬帝爲晉王，敞以庫直從，敗驪山，王凌危逐鹿，諫曰：「大王冒垂堂，涇原默可乎？」王遂止。即位，頗見識擢。及幸江都，留守禁籞。高祖入關，率子弟謁新豐，授將作少監，出爲杞州刺史。貞觀初，坐受賕免，太宗以后屬，歲私給稟，償其費。累封平原郡公。卒，贈幽州都督，謚曰良，陪葬昭陵。

從父弟操，字元節。父覽，爲周大司徒、薛國公。操有學術，初，高祖辟署相國府金曹參軍，未幾，檢校虞州刺史。從秦王征討，嘗侍旁與聞祕謀。徙陝州，城中無井，人勤于汲，操爲釃河溜入城，百姓利安。以母喪解，長老守闕頌遺愛。服除，封樂壽縣男，爲齊、揚、益三州刺史，課皆最，下詔褒揚。永徽初，以陝州刺史卒，贈吏部尚書，謚曰安，葬給鼓吹，至虞罷。

子詮，尚新城公主。詮女兄爲韓瑗妻。無忌得罪，詮流巂州，有司希旨殺之。詮有甥趙持滿者，工書，善騎射，力搏虎，走逐馬，而仁厚下士，京師無貴賤愛慕之。爲涼州長史，嘗逐野馬，射之矢洞于前，邊人畏伏。詮之貶，許敬宗懼持滿才能仇己，追至京，屬吏訊掠，色不變，曰：「身可殺，辭不可枉。」吏代爲占，死獄中。無忌族叔順德。

順德仕隋爲右勳衛，征遼，當行，亡命太原，素爲高祖親厚。太宗將起兵，令與劉弘基募士於外，聲備賊，至數萬人，乃結隊按屯。大將軍府建，授統軍，從平霍邑、臨汾、絳郡有功。與劉文靜擊屈突通於潼關，通將奔洛陽，順德躡追桃林，執通以獻，遂定陝縣。以多進左驍衛大將軍，封薛國公。討建成餘黨，食千二百戶，賜宮女，詔宿內省。俄以受賕爲有司劾發，帝曰：「順德元勳外戚，爵隆位厚至矣，若令觀古今自鑒，有以益國家者，朕當與共府庫，何至以貪冒聞乎？」因賜帛數十匹切之。大理少卿胡演曰：「順德以賂破法，不可赦，奈何又賜之？」帝曰：「使有恥者得賜，甚於戮；如不能，乃禽獸也，殺之何益？」李孝常謀反，坐與交，削籍爲民。歲餘，帝閱功臣圖，見其像，憐之，遣宇文士及視順德，順德方頹然醉，遂召爲澤州刺史，復爵邑。順德素少檢，後放自如，至是折節爲政，以嚴明稱。先時，守長多通餉問，順德繩擿無所容，遂爲良吏。前刺史張長貴、趙士達占部中腴田數十頃，奪之以給貧單。尋坐累還第。喪息女，感疾甚，帝薄之，謂房玄齡曰：「順德無剛氣，以兒女牽愛至大病，胡足卹！」未幾卒，遣使弔之，贈荊州都督，謚曰襄。貞觀十三年，封邳國公。永徽中，加贈開府儀同三司。

褚遂良字登善，通直散騎常侍亮子。隋大業末，爲薛舉通事舍人。仁杲平，授秦王府鎧曹參軍。貞觀中，累遷起居郎。博涉文史，工隸楷。太宗嘗歎曰：「虞世南死，無與論書者。」魏徵白見遂良，帝令侍書。帝方博購王羲之故帖，天下爭獻，然莫能質眞僞，遂良獨論所出，無舛冒者。十五年，帝將有事太山，至洛陽，星孛大微，犯郎位。遂良諫曰：「陛下撥亂反正，功超古初，方告成岱宗，而彗輒見，此天意有所未合。昔漢武帝行岱禮，優柔者數年，臣愚願加詳慮。」帝寤，詔罷封禪。遷諫議大夫，兼知起居事。帝曰：「卿記起居，大抵人君得觀之否？」對曰：「今之起居，古左右史也，善惡必記，戒人主不爲非法，未聞天子自觀史也。」帝曰：「朕有不善，卿必記邪？」對曰：「守道不如守官，臣職載筆，君舉必書。」劉洎曰：「使遂良不記，天下之人亦記之矣。」帝曰：「朕行有三：一，監前代成敗，以爲元龜；二，進善人，共成政道；三，斥遠羣小，不受讒言。朕能守而勿失，亦欲史氏不能書吾惡也。」是時，魏王泰禮秩如嫡，羣臣未敢諫。帝從容訪左右曰：「方今何事尤急？」岑文本洪言禮義爲急。帝以不切，未領可。遂良曰：「今四方仰德，誰弗率者？唯太子、諸王宜有定分。」帝曰：「有是哉！朕年五十，日以衰怠，雖長子守器，而弟支子尚五十人，心常念焉。自古宗姓無良，則傾敗相仍。公等爲我簡賢者保傅之。夫事人久，情媚熟，則非意自生，其令王府官不得過四考。」著爲令。帝嘗怪舜造漆器，禹雕其俎，諫者十餘不止，小物何必爾邪？遂良曰：「雕琢害力農，纂繡傷女工，奢靡之始，危亡之漸也。漆器不止，必金爲之；金又不止，必玉爲之。故諫者救其源，不使得開；及夫橫流，則無復事矣。」帝咨美之。于時皇子雖幼，皆外任都督、刺史，遂良諫曰：「昔二漢以郡國參治，雜用周制。今州縣率倣秦法，而皇子孺年並任刺史，陛下誠以至親扞四方。雖然，刺史，民之師帥也，得人則下安措，失人則家勞劬。故漢宣帝曰：『與我共治惟良二千石乎！』臣謂皇子未冠者，可且留京師，教以經學，畏仰天威，不敢犯禁，養成德器，審堪臨州，然後敦遣。昔東漢明、章諸帝，友愛子弟，雖各有國，幼者率留京師，訓飭以禮，訖其世，諸王數十百，惟二人以惡敗，自餘淪和染教，皆爲善良。此前事已驗，惟陛下省察。」帝嘉納。太子承乾廢，魏王泰間侍，帝許立爲嗣，因謂大臣曰：「泰昨自投我懷中，云：『臣今日始得爲陛下子，更生之日也。臣惟有一子，百年後當殺之，傳國晉王。』朕甚憐之。」遂良曰：「陛下失言。安有爲天下主而殺其愛子，授國晉王乎？陛下昔以承乾爲嗣，復寵愛泰，嫡庶不明，紛紛至今。若必立泰，非別置晉王不可。」帝泣曰：「我不能。」即詔長孫无忌、房玄齡、李勣與遂良等定策，立晉王爲皇太子。時飛雉數集宮中，帝問：「是何祥也？」遂良曰：「昔秦文公時，有侲子化爲雉，雌鳴陳倉，雄鳴南陽。侲子曰：『得雄者王，得雌者霸。』文公遂雄諸侯，始爲寶雞祠。漢光武得其雄，起南陽，有四海。陛下本封秦，故雄雌並見，以告明德。」帝悅曰：「人之立身，不可以無學，遂良所謂多識君子哉！」俄授太子賓客。薛延陀請婚，帝已納其聘，復絕之。遂良曰：「信爲萬事本，百姓所歸，故文王許枯骨而不遑，仲尼去食存信，貴之也。延陀曩一俟斤耳，因天兵北討，蕩平沙塞，威加諸外，而恩結於內，以爲餘寇不可無酋長，故璽書鼓纛立爲可汗，負抱之恩，與天無極。數遣使請婚，於朝陛下既開許，爲御北門受獻食，今一朝自爲進退，所惜少，所失多，虧信夷狄，方生嫌恨，殆不可以訓戎兵、勵軍事也。且龍沙以北，部落牛毛，中國擊之不能盡，亦猶可北敗芮芮與突厥，亡延陀盛。是以古人虛外實內，懷之以德，使爲惡在夷不在華，失信在彼不在此也。惟陛下裁幸。」不納。帝欲自討遼東，遂良固勸無行，「一不勝，師必再興；再興，爲忿兵，兵忿者勝負不可必」。帝然可。會李勣詆其計，帝意遂決東。遂良懼，上言：「臣請譬諸身，兩京，腹心也；四境，手足也；殊裔絕域，殆非支體所屬。高麗王，陛下所立，莫離支殺之，討其逆，夷其地，固不可失。但遣一二慎將，付銳兵十萬，翔槍雲輣，唾手可取。昔侯君集、李靖皆庸人爾，猶能擒高昌，纓突厥，陛下止發蹤指示，得歸功聖明。前日從陛下平天下，虓士爪臣，氣力未衰，可驅策，惟陛下所使。臣聞涉遼而左，或水潦，平地淖三尺，帶方、玄菟，海壤荒漫，決非萬乘六師所宜行。」是時帝銳意蕩平不見省進黃門侍郎參綜朝政莫離支遣使貢金遂良曰古者討殺君之罪不受其賂魯納郜鼎太廟春秋譏之今莫離支所貢不臣之篚不容受詔可以其使屬吏帝既平高昌歲調兵千人往屯遂良諫不可帝志取西域寘其言不用西突厥寇西州帝曰往魏徵褚遂良勸我立麴文泰子弟不用其計乃今悔之帝於寢宮側別置院居太子遂良諫以爲朋友深交者易怨父子滯愛者多忿宜許太子間還東宮近師傅事學藝以廣懿德帝從其言會父喪免起復拜中書令帝寢疾召遂良長孫無忌曰漢武帝寄霍光劉備託諸葛亮朕今委卿矣太子仁孝其盡誠輔之謂太子曰无忌遂良在而毋憂因命遂良草詔高宗即位封河南縣公進郡公坐事出爲同州刺史再歲召拜吏部尚書同中書門下三品監修國史兼太子賓客進拜尚書右僕射帝將立武昭儀召長孫無忌李勣于志寧及遂良入或謂無忌當先諫遂良曰太尉國元舅有不如意使上有棄親之譏又謂勣上所重當進曰不可司空國元勳有不如意使上有斥功臣之嫌曰吾奉遺詔若不盡愚無以下見先帝既入帝曰罪莫大於絶嗣皇后無子今欲立昭儀謂何遂良曰皇后本名家奉事先帝先帝疾執陛下手語臣曰我兒與婦今付卿且德音在陛下耳可遽忘之皇后無他過不可廢帝不悦翌日復言對曰陛下必欲改立后者請更擇貴姓昭儀昔事先帝身接帷第今立之奈天下耳目何帝羞默遂良因致笏殿階叩頭流血曰還陛下此笏丐歸田里帝大怒命引出武氏從幄後呼曰何不撲殺此獠無忌曰遂良受顧命有罪不加刑會李勣議異武氏立乃左遷遂良潭州都督顯慶二年徙桂州未幾貶愛州刺史遂良內憂禍恐死不能自明乃上表曰往者承乾廢岑文本劉洎奏東宮不可少曠宜遣濮王居之臣引義固爭明日仗入先帝留無忌玄齡勣及臣定策立陛下當受遺詔獨臣與無忌二人在陛下方草土號慟臣即奏請即位大行柩前當時陛下手抱臣頸臣及無忌請即還京發哀大告內外寧謐臣力小任重動貽伊戚螻蟻餘齒乞陛下哀憐帝昏懦牽於武后訖不省歲餘卒年六十三後二歲許敬宗李義府奏長孫無忌逆謀告遂良驪煽乃削官爵二子彥甫彥冲流愛州殺之帝遺詔聽其家北還神龍中復官爵德宗追贈太尉文宗時詔以遂良五世孫虔爲臨汝尉安南觀察使高駢表遂良客窆愛州二男一孫祔感通九年詔訪其後護喪歸葬陽翟云

遂良曾孫璆字伯玉擢進士第累拜監察御史裏行先天中突厥圍北廷詔璆持節監總督諸將破之遷侍御史拜禮部員外郎而氣象凝挺不減在臺時

韓瑗字伯玉京兆三原人父仲良武德初與定律令建言周律其屬三千秦漢後約爲五百依古則繁請崇寬簡以示惟新於是採開皇律宜於時者定之終刑部尚書秦州都督府長史潁川縣公瑗少負節行博學曉吏事貞觀中以兵部侍郎襲爵永徽三年遷黃門侍郎俄同中書門下三品監修國史進侍中兼太子賓客王后之廢瑗雪泣言曰皇后乃陛下在藩時先帝所娶今無罪輒廢非社稷計不納明日復諫曰王者立后配天帝象日月匹夫匹婦尚知相擇況天子乎詩云赫赫宗周褒姒烕之臣讀至此常輟卷太息不圖本朝親見此禍宗廟其不血食乎帝大怒詔引出褚遂良貶潭州都督明年瑗上言遂良受先帝顧託一德無二向日論事至誠懇切詎肯令陛下後堯舜而塵史冊哉遭厚謗醜言損陛下之明折志士之銳況被遷以來再離寒暑其責塞矣願寬無辜以順衆心帝曰遂良之情朕知之矣其孛戾好犯上朕責之詎有過邪瑗曰遂良社稷臣蒼蠅點白傳致有罪昔微子既去殷以亡張華不死晉不及亂陛下富有四海安於清泰忽驅逐舊臣遂不省察乎帝愈不聽瑗憂憤自表歸田里不報顯慶二年許敬宗李義府奏瑗以桂州授遂良桂用武地倚之謀不軌於是貶振州刺史踰年卒年五十四長孫無忌死義府等復奏瑗與通謀遣使即殺之既至瑗已死發棺驗視及還追削官爵籍其家子孫謫廣州官奴神龍初武后遺詔復官爵自瑗與遂良相繼死內外以言爲諱將二十年帝造奉天宮御史李善感始上疏極言時人喜之謂爲鳳鳴朝陽

來濟揚州江都人父護兒隋左翊衛大將軍宇文化及難闔門死之濟幼得免轉側流離而篤志爲文章善議論曉暢時務擢進士貞觀中累遷通事舍人太子承乾敗太宗問侍臣何以處之莫敢對濟曰陛下上不失爲慈父太子得盡天年則善帝納之除考功員外郎十八年初置太子司議郎高其選而以濟爲之兼崇賢館直學士遷中書舍人永徽二年拜中書侍郎兼弘文館學士監修國史俄同中書門下三品封南陽縣男遷中書令檢校吏部尚書帝將以武氏爲后濟諫曰王者立后以承宗廟母天下宜擇禮義名家幽閑令淑者副四海之望稱神祇之意故文王興姒關雎之化蒙被百姓其福如彼成帝縱欲以婢爲后皇統中微其禍如此惟陛下詳察初武氏被寵帝特號宸妃濟與韓瑗諫妃有常員今別立號不可武氏已立不自安后更譖言濟等忠鯁恐前經執奏輒懷反仄請加賞慰而實銜之帝示濟及瑗濟等益懼顯慶初兼太子賓客進爵爲侯帝嘗從容問馭下所宜濟曰昔齊桓公出遊見老人命之食曰請遺天下食遺之衣曰請遺天下衣公曰吾府庫有限安得而給老人曰春不奪農時即有食夏不奪蠶工即有衣由是言之省傜役馭下之宜也於時山東役丁歲別數萬人又議取庸以賞雇紛然煩擾故濟對及之二年兼詹事坐褚遂良事貶台州刺史久之徙庭州龍朔二年突厥入寇濟總兵拒之謂其衆曰吾嘗絓刑罔蒙赦死今當以身塞責遂不介胄而馳賊沒焉年五十三贈楚州刺史給靈轝還鄉初濟與高智周郝處俊孫處約客宣城石仲覽家仲覽衍於財有器識待四人甚厚私相與言志處俊曰願宰天下濟及智周亦然處約曰宰相或不可冀願爲通事舍人足矣後濟領吏部處約始以瀛州書佐入調濟遽注曰如志遂以處約爲通事舍人後皆至公輔云濟異母兄恒上元中爲黃門侍郎同中書門下三品父本驍將而恒濟俱以學行稱相次知政事時虞世南子昶無才術歷將作少匠工部侍郎主工作許敬宗曰護兒兒作相世南男作匠文武豈有種耶

李義琰魏州昌樂人其先出隴西望姓及進士第補太原尉李勣爲都督僚吏憚其威義琰獨敢廷辨曲直勣甚禮之徙白水令有能名擢司刑員外郎義琰姿體魁秀博學有智識累遷中書侍郎上元中進同中書門下三品兼太子右庶子高宗欲使武后攝國政義琰與郝處俊固爭事得寢章懷太子之廢盡赦宮臣罪庶子薛元超等皆蹈舞義琰獨引咎涕泣搢紳義之帝每顧問必鯁切不回宅無正寢弟義琎爲市堂材送之義琰曰以吾爲國相且自愧尚營美宅是速吾禍豈愛我者邪義琎曰凡仕爲丞尉且崇第舍兄位高安可偪下哉答曰不然事難全遂物不兩興旣處貴仕又廣居宇非有令德必受其殃卒不許後其木久腐乃棄之義琰改葬其先使舅家移塋而兆其所帝聞怒曰是人不可使秉政義琰懼以疾乞骸骨遷銀青光祿大夫聽致仕乃歸田里公卿以下悉祖餞通化門外時人比漢疏廣垂拱初起爲懷州刺史自以失武后意辭不拜卒子巢幼豪俊善騎射而不治細行義琰嘗拘之絕其交游後亡走闕下獻書陳利害拜監察御史與李義府同按柳奭韓瑗獄遷殿中上書忤旨貶龍編主簿義琰從祖弟義琛

義琛擢進士第歷監察御史貞觀中文成公主貢金遇盜於岐州主名不立太宗召羣御史至曰義琛曰是人神情爽拔可使推捕義琛往數日獲賊帝喜爲加七階初義琰使高麗其王據榻召見義琰不拜曰吾天子使可當小國之君奈何倨見我王詞屈爲加禮及義琛再使亦坐召之義琛匍匐拜伏時人由是見兄弟優劣累遷刑部侍郎爲雍州長史時關輔大饑詔貧人就食商鄧義琛恐流徙不還上疏固爭左遷黎州都督終岐州刺史子綰爲柏人令有仁政縣爲立祠

上官儀字游韶陝州陝人父弘爲隋江都宮副監大業末爲陳稜所殺時儀幼左右匿免冒爲沙門服寖工文詞涉貫墳典貞觀初擢進士第召授弘文館直學士遷祕書郎太宗每屬文遣儀視稾宴私未嘗不預轉起居郎高宗即位爲祕書少監進西臺侍郎同東西臺三品時以雍州司士參軍韋絢爲殿中侍御史或疑非遷儀曰此野人語耳御史供奉赤墀下接武夔龍簉羽鵷鷺豈雍州判佐比乎時以爲清言儀工詩其詞綺錯婉媚及貴顯人多效之謂爲上官體麟德元年坐梁王忠事下獄死籍其家初武后得志遂牽制帝專威福帝不能堪又引道士行厭勝中人王伏勝發之帝因大怒將廢爲庶人召儀與議儀曰皇后專恣海內失望宜廢之以順人心帝使草詔左右奔告后后自申訴帝乃悔又恐后怨恚乃曰上官儀教我后由是深惡儀始忠爲陳王時儀爲諮議與王伏勝同府至是許敬宗構儀與忠謀大逆后志也自褚遂良等元老大臣相次屠覆公卿莫敢正議獨儀納忠禍又不旋踵由是天下之政歸於后而帝拱手矣子庭芝歷周王府屬亦被殺庭芝女中宗時爲昭容追贈儀爲中書令秦州都督楚國公庭芝黃門侍郎岐州刺史天水郡公以禮改葬

贊曰高宗之不君可與爲治邪內牽嬖陰外劫讒言以无忌之親遂良之忠皆顧命大臣一日誅斥忍而不省反天之剛撓陽之明卒使牝咮鳴晨胙移后家可不哀哉天以女戎間唐而興雖義士仁人抗之以死法不可支然瑗濟義琰儀四子可謂知所守矣噫使長孫不逐江夏害吳王褚不譖死劉洎其盛德可少訾乎

唐書卷一百五考證

長孫無忌傳鄭仁恭〇舊書作鄭仁泰

唐書卷一百六

宋 端 明 殿 學 士 宋 祁 撰

列傳第三十一

杜二崔高郭趙楊盧二劉李孫邢

杜正倫相州洹水人隋世重舉秀才天下不十人而正倫一門三秀才皆高第為世歆美調武騎尉太宗素知名表直秦王府文學館貞觀元年魏徵薦其才擢兵部員外郎帝勞曰朕舉賢者非朕獨私以能益百姓也我於宗姻故人苟無能終不得任卿宜思有以稱吾舉者俄遷給事中知起居注帝嘗曰朕坐朝不敢多言必待有利于民乃出諸口正倫曰臣職左史陛下一言失非止損百姓且筆之書千載累德帝悅賜綵縀二百進累中書侍郎與韋挺虞世南姚思廉論事稱旨帝為設宴具召四人者謂曰我聞神龍可擾以馴然頷有逆鱗嬰者死人君亦有之卿屬遂犯吾鱗禆闕失朕其慮危亡哉思卿至意故舉酒以相樂也各賜帛有差太子監國詔正倫行左庶子兼崇賢館學士帝謂正倫吾兒幼未有就德我常物物戒之今當監國不得朝夕見故輟卿於朝以佐太子慎之勗之它日又言朕年十八猶在人間情偽無不嘗及即位處置有失必待諫乃釋然悟況太子生深宮不及知邪且人主不可自驕今若詔天下敢諫者死將無復發言矣故朕孜孜延進直言卿其以是曉太子冀禆益之擢中書侍郎封南陽縣侯仍兼太子左庶子出入兩宮典機密以辦治稱後太子稍失道帝語正倫太子數私小人卿可審喻之教而不從其語我來故正倫顯諫無所避太子不從輒道帝語督切太子即表聞帝責曰何漏洩我語對曰開示不入故以陛下語怖之冀當反善帝怒出為穀州刺史再貶交州都督太子廢坐受金帶流驩州久之授郢石二州刺史顯慶元年擢黃門侍郎兼崇賢館學士進同中書門下三品又兼度支尚書仍知政事遷中書令封襄陽縣公初正倫已通貴李義府官尚微及同執政不能下中書侍郎李友益義府族也曉附正倫同擿義府釁缺義府使人告正倫友益交通罔上有異計高宗惡之出正倫為橫州刺史流友益峯州正倫卒于貶正倫與城南諸杜昭穆素遠求同譜不許銜之諸杜所居號杜固世傳其地有壯氣故世衣冠正倫既執政建言鑿杜固通水以利人既鑿川流如血閱十日止自是南杜稍不振正倫工屬文嘗與中書舍人董思恭夜直論文章思恭歸謂人曰與杜公評文今日覺吾文頓進無子以兄子志靜為嗣從子求仁從孫咸皆顯名

求仁有雅才永淳中授監察御史坐事為黜令與徐敬業舉兵為興復府左長史死于難

咸擢進士第累遷右臺監察御史牂柯反咸監軍出討賊保壘自固道荒漫師不能進咸乃息士示不欲戰陰伺之時旱暑風熾咸縱火譟而前賊眩怖相失自騰踐死擒其酋遂平之遷侍御史出為汾州長史開元中為河北按察使坐用法深貶睦州司馬

崔知溫字禮仁許州鄢陵人仕為左千牛稍遷靈州司馬境有渾斛薩萬帳數擾齊民農皆釋耒習騎射以扞賊知溫表徙河北虜不樂遷將軍契苾何力為言乃止知溫固請疏十五報卒徙河北自是人得就耕渾斛薩至徙地顧善水草亦忘遷後入朝過州謝曰初徙且怨公今地膏腴眾孳夥更荷公恩皆再拜四遷蘭州刺史党項羌三萬入寇州兵寡眾懼莫知所出知溫披闔不設備羌怪之不敢進俄會將軍權善才率兵至大破其眾善才欲遂窮追取之知溫曰古善戰弗逆奔且谿谷復深草木荒延萬分一有變不可悔善才曰善分降口五百贈知溫辭曰我議公事圖私利邪累遷尚書左丞轉黃門侍郎脩國史永隆初以秩卑特詔同門下三品兼脩國史遷中書令卒年五十七贈幽州大都督諡曰忠子泰之開元時為工部尚書謫之為將作少匠與誅二張功封博陵縣侯實封戶二百終少府監兄知悌亦至中書侍郎與戴至德郝處俊李敬玄等同賜飛白書贊而知悌敬玄以忠勤見表遷尚書左丞裴行儉之破突厥斬泥孰匐殘落保狼山詔知悌馳往定襄慰將士佐行儉平夷寇有功終戶部尚書

高智周常州晉陵人第進士補越王府參軍遷費令與丞尉均取俸民安其化刻石頌美入擢秘書郎弘文館直學士嘗覆奕誦碑無謬者三遷蘭臺大夫孝敬在東宮與司文郎中賀敳司經大夫王真儒並為侍讀得告還鄉里嘆曰進不知退取禍之道也即移病去俄拜壽州刺史其治尚文雅行部先見諸生質經義及政得失既乃錄獄訟考耕餉勤墮以為常遷正諫大夫黃門侍郎儀鳳初進同中書門下三品遷太子左庶子是時崔知溫劉景先修國史故智周與郝處俊監蒞久之罷為御史大夫與薛元超裴炎同治章懷太子獄無所同異因表去位高宗美其槩授右散騎常侍請致仕聽之卒年八十二贈越州都督諡曰定智周始與郝處俊來濟孫處約共依江都石仲覽仲覽傾產結四人驩因請各語所期處俊曰丈夫惟無仕仕至宰相乃可智周濟如之處約曰得為舍人在殿中周旋吐納可也仲覽使相工視之工語仲覽曰高之貴君不及見之來早顯而末躓高晚顯而壽吾聞速登者易顛徐進者少患天道也後濟居吏部處約以瀛州參軍入調濟曰如志擬通事舍人畢降階勞問平生既仲覽卒而濟等益顯智周所善義興蔣子慎有客嘗視兩人曰高公位極人臣而嗣少弱蔣侯官不達後且興子慎終建安尉其子繪往見智周智周方貴以女妻之生子挺歷湖延二州刺史生子洌渙皆擢進士洌為尚書左丞渙永泰初歷鴻臚卿日本使嘗遺金帛不納唯取牋一番為書以貽其副云挺之卒洌兄弟廬墓側植松栢千餘渙終禮部尚書封汝南公洌子鍊渙子銖又有清白名而高氏後無聞

郭正一定州鼓城人貞觀時由進士署第歷中書舍人弘文館學士永隆中遷秘書少監檢校中書侍郎詔與郭待舉岑長倩魏玄同並同中書門下承受進止平章事平章事自正一等始永淳中眞遷中書侍郎執政久明習故事文辭詔敕多出其手劉審禮與吐蕃戰青海大敗高宗召羣臣問所以制戎正一曰吐蕃盬年梗寇師數出坐費糧貲近討則喪威深入則不能得其巢穴今上策莫如少募兵且明烽候勿事侵擾須數年之還力有餘人思戰一舉可破矣劉齊賢皇甫文亮等議亦與正一合帝納之武后專國罷為國子祭酒出檢校陝州刺史與張楚金元萬頃皆為周興所誣構殺之籍入其家妻息流放文章無存者

趙弘智河南新安人元魏車騎大將軍肅之孫蚤喪母事父篤孝通書傳仕隋為司隸從事武德初大理卿郎楚之白為詹事府主簿太宗時預論譔錄勤縣太子舍人進黃門侍郎兼弘文館學士移病出為萊州刺史稍遷太子右庶子父事兄弘安俸祿歸之不敢私弘安卒哀慟過期奉嫂謹甚撫兄子慈均所生會太子廢免官俄拜光州刺史永徽初入為陳王師講孝經百福殿於是宰相弘文館學士太學生皆在弘智舉五孝諸儒更詰辨隨問酬悉舌無留語高宗喜曰試為我陳經之要以輔不逮對曰天子有爭臣七人雖無道不失天下願以此獻帝悅賜絹二百名馬一四年進國子祭酒仍為學士卒年八十二謚曰宣弘安亦終國子祭酒曾孫矜舉明經調舞陽主簿吳少誠反以縣歸從襄城主簿賜牙緋歷襄陽丞客死柳州官為斂葬後十七年子來章始壯自襄陽往求其喪不得野哭再閱旬卜人秦誗為筮曰金食其墨而火以貴其墓直丑在道之右南有貴神冢土是守宜遇西人深目而髯乃得其實明日有老人過其所問之得矜墓直社北遂歸葬弘安墓次時人哀來章孝皆為出涕云

崔敦禮字安上祖仲方在隋為禮部尚書其先博陵著姓魏末徙為雍州咸陽人敦禮涉書傳以節義自將武德中官通事舍人善辭令進止觀者皆竦嘗持節幽州召廬江王瑗瑗已舉兵執之脅問朝廷事敦禮不為言太宗壯之還除左衛郎將賜金幣良馬擢中書舍人四遷兵部侍郎出為靈州都督召還拜兵部尚書詔撫輯回紇鐵勒部姓會薛延陀寇邊與李勣合兵破之置祁連州處其餘眾瀚海都督回紇吐迷度為下所殺詔往綏定立其嗣而還敦禮通知四夷情偽其少慕蘇武為人故屢使突厥前後建明允會事機永徽四年拜侍中監脩國史累封固安縣公進中書令兼檢校太子詹事以久疾自言不任事奉兩宮更拜太子少師同中書門下三品弟餘慶時為定襄都督府司馬召使侍疾卒年六十一高宗為舉哀東雲龍門賻布祕器尤厚贈開府儀同三司幷州大都督諡曰昭陪葬昭陵餘慶位亦至兵部尚書

楊弘禮字履莊隋尚書令素弟之子雅與玄感不協嘗表其必亂玄感誅父岳繫長安獄煬帝使赦之比至岳已死高祖即位以素有功于隋詔弘禮襲清河郡公除太子通事舍人貞觀中累遷中書舍人太宗征遼東拜兵部侍郎駐蹕之役領步騎二十四軍跳出賊背所向摧靡帝自山下望其衆袍仗精整人人盡力壯之謂許敬宗曰越公兒郎故有家風時宰相悉留定州輔皇太子唯褚遂良敬宗弘禮掌行在機務還拜中書侍郎還司農卿為崑丘道副大總管破處密殺焉耆王降馭支部獲龜玆于闐王凱旋會帝崩大臣疾之下遷涇州刺史永徽初追論其功遷勝州都督改太府卿卒贈蘭州都督諡曰質弟弘武

弘武少脩謹永徽中累為吏部郎中太子中舍人高宗東封泰山自荊州司馬擢司戎少常伯從帝還詔補授吏部五品官遷西臺侍郎帝嘗讓曰尒在戎司授官多非其才何邪弘武曰臣妻剛悍此其所屬不敢違以諷帝用后言也帝笑不罪乾封二年同東西臺三品弘武無他才特謙慎自守然居職以清簡稱卒贈汴州刺史諡曰恭三子元亨元禧元禕

元禧為尚舍奉御善醫武后所信愛嘗忤張易之易之

奏素在隋有逆節，子孫不可供奉。后乃詔素及兄弟有子若孫不得任京官及侍衞，貶元亨睦州刺史、元禧資州刺史、元禕梓州司馬。易之誅，復任京官，並至刺史。

纂字續卿，弘禮族父。大業時，第進士，爲朔方郡司法書佐，坐玄感近屬，廢居蒲城。高祖度河，上謁長春宮，遷累侍御史，數上書言事稱旨，除考功郎中。貞觀初，爲長安令，賜爵長安縣男。有告女子袁妖逆者，纂按之，情不得。袁敗，太宗惡其不忠，將殺之，中書令溫彥博以過誤當宥，乃免。後爲吏部侍郎，有俗才，抑文雅，進黠吏，度時舞數以自進。終戶部尚書，贈幽州都督，謚曰恭。纂從子昉，武后時爲肅機，宇文化及子訴治先廕，昉方食，未即判，遽曰：「肅機而未食，庸知天下有寃而求食乎？」昉怒，取牒署曰：「父弒隋主，子訴隋資，可乎？」人服其敏。終工部尚書。

盧承慶字子餘，幽州涿人，隋散騎侍郎思道之孫。父赤松，爲河東令，與高祖雅故，聞兵興，迎見霍邑，拜行臺兵部郎中，終率更令、范陽郡公。承慶美儀矩，博學而才，少襲爵。貞觀初，爲秦州參軍，入奏軍事，太宗偉其辯，擢考功員外郎，累遷民部侍郎。帝問歷代戶版，承慶敘夏、商至周、隋增損曲折，引據該詳，帝嗟賞，俄兼檢校兵部侍郎，知五品選。辭曰：「選事在尚書，臣掌之爲出位。」帝不許，曰：「朕信卿，卿何不自信？」歷雍州別駕、尚書左丞。高宗永徽時，坐事貶簡州司馬，閱歲，改洪州長史。帝將幸汝湯泉，故拜汝州刺史。顯慶四年，以度支尚書同中書門下三品，坐調非法，免。俄拜潤州刺史，拜刑部尚書，以金紫光祿大夫致仕。卒，臨終誡其子曰：「死生至理，猶朝有暮。吾死，斂以常服，晦朔無薦牲，葬勿卜日，器用陶漆，棺而木槨，墳高可識，碑志著官號年月，無用虛文。」贈幽州都督，謚曰定。初，承慶典選校百官考，有坐漕舟溺者，承慶以失所載，考中下，以示其人，無慍也。更曰：「非力所及。」考中中，亦不喜。承慶嘉之曰：「寵辱不驚。」考中上。其能著人善類此。弟承業、承泰。承業繼爲雍州長史、尚書左丞，有能名。

承泰字齊卿。長安初，爲雍州參軍。武后詔長史薛季昶擇僚吏堪御史者，季昶訪於齊卿，齊卿曰：「長安尉盧懷愼、李休光，萬年尉李乂、崔湜，咸陽丞倪若水，盩厔尉田崇璧，新豐尉崔日用。」季昶用其言，後皆爲通顯巨人。及拜幽州刺史，而張守珪隸果毅，齊卿厚遇，曰：「君十年至節度使。」已而果然。喜飲酒，踰斗不亂，寬厚樂易，士友以此親之。終太子詹事、廣陽縣公。承慶從孫藏用，別有傳。

劉祥道字同壽，魏州觀城人。父林甫，武德時爲內史舍人，典機密，以才稱，與蕭瑀等撰定律令，著律議萬餘言。歷中書、吏部二侍郎，賜爵樂平縣男。唐沿隋制，十一月選集，至春停，日薄事叢，有司不及研諦。林甫建請四時聽選，隨到輒擬，於是官無滯人。始，天下初定，州府及詔使以赤牒授官，至是罷，悉集吏部調，至萬員。林甫隨才銓錄，咸以爲宜，論者方隋高孝基。祥道少襲爵，歷御史中丞。顯慶中，遷吏部黃門侍郎，知選事。旣世職，乃釐補敝闕，上疏陳六事：一曰今取士多且濫，入流歲千四百，多也；雜色入流，未始銓汰，濫也。故共務者善人少，惡人多。臣謂應雜色進者，切責有司試判爲四等：第一付吏部，二付兵部，三付主爵，四付司勳。若坐負當責，雖經赦仍配三司；不者，還本貫，則官不雜矣。二曰內外官一品至九品，萬三千四百六十五員，大抵三十而仕，六十而退，取其中數，不三十年存者略盡。若歲入流五百人，則三十年自相充補，況三十年外在官猶多，不慮其少。今入流歲千四百，其倍兩之，又停選六七千人，復年別新加，其類寖廣，殆非經久之制。古者爲官擇人，不聞取人多而官少也。三曰永徽以來，在官者或以善政擢，論事者或以單言進，而庠序諸生未聞甄異，是獎勸之道未周也。四曰唐有天下四十年，未有舉秀才者，請自六品以下至草野，審加採訪，無令赫赫之辰，斯學遂絶。五曰唐、虞三載考績，黜陟幽明；二漢用人，亦久其職。今任官率四考罷，官知秩滿則懷去就，民知遷徙則苟且。以去就之官，臨苟且之民，欲移風振俗，烏可得乎？請四考進階，八考聽選，以息迎新送故之弊。六曰三省都事、主事、主書，比選補皆取流外有刀筆者，雖欲參用士流，率以儔類爲恥，前後相沿，遂成故事。且掖省崇峻，王言祕密，尚書政本，人物所歸，專責曹史，理有未盡，宜稍革之，以清其選。會中書令杜正倫亦言入流者衆，爲官人敝，乃詔與祥道參議，而執政憚改作，又以勳戚子進取無他門途，格稍。遷司刑太常伯，每覆大獄，必歔欷累嘆，奏決日，爲再不食。詔巡察關內道，多振寃滯。兼沛王府長史。麟德元年，拜右相。祥道性審謹，居宰相，憂畏不自堪，數陳老病丐解，坐與上官儀善，罷爲司禮太常伯。高宗封泰山，有司請太常卿亞獻，光祿卿終獻。祥道建言：「三代六卿重，故得佐祠。漢、魏以來，權歸臺省，九卿爲常伯屬官。今封岱大禮，不以八坐，用九卿，無乃徇古名忘實事乎？」帝可其議，以司徒徐王元禮亞獻，祥道終獻。禮成，進爵廣平郡公。乾封元年，以金紫光祿大夫致仕。卒，年七十一，贈幽州都督，謚曰宣。

子齊賢，襲爵，終侍御史，出爲晉州司馬。帝以其方直，尊憚之。時將軍史興宗從獵苑中，言晉州出佳鷂，可捕取。帝曰：「齊賢豈捕鷂人邪？卿安得以此待之！」累遷黃門侍郎，脩國史。永淳元年，進同中書門下平章事。武后時，代裴炎爲侍中，辨炎不反，后怒，左遷晉州刺史，道貶吉州長史。永昌中，爲酷吏所陷，繫州獄，自經死，沒其家。建中三年，贈太子太保。齊賢三世至兩省侍郎典選，從父應道吏部郎中，從父弟令植禮部侍郎，凡八人前後歷吏部郎中、員外，世以爲罕。

令植孫從一，擢進士、宏詞第，調渭南尉，雅爲常袞、盧杞所厚，薦授監察御史。普王討李希烈，表爲元帥判官。德宗居奉天，超拜刑部侍郎、同中書門下平章事。從幸梁州，改中書侍郎。帝遇之善，然無它才能，容身遠罪而已。貞元初，以疾自乞罷，爲戶部尚書。卒，贈太子太傅。

李敬玄，亳州譙人。該覽羣籍，尤善於禮。高宗在東宮，馬周薦其材，召入崇賢館侍讀，假中祕書讀之。爲人峻整，然造請不憚寒暑，許敬宗頗薦延之。歷西臺舍人、弘文館學士，遷右肅機，檢校太子右中護，拜西臺侍郎、同東西臺三品，兼檢校司列少常伯。時員外郎張仁禕有敏才，敬玄委以曹事。仁禕爲造姓歷、狀式、銓簿、鉗鍵周密，病心，太勞死。敬玄因其法，衡綜有序。自永徽後，選員寖多，惟敬玄居職有能稱。性彊記，雖官萬員，遇諸道未嘗忘姓氏。有來訴者，口論書判參舛及殿累本末，無少繆，天下伏其明。杭州參軍徐太玄哀其僚張惠以贓抵罪，而惠母老，乃詣獄自言與惠偕受，薄其罪，惠得不死，太玄坐免官十年。敬玄廉知之，擢爲鄭州司功參軍，後至祕書少監、申王師，以德行聞。其鑒拔率若此。咸亨二年，轉中書侍郎，又改吏部，兼太子右庶子、同中書門下三品，監脩國史。進吏部尚書。居選部久，人多附嚮。凡三娶，皆山東舊族，又與趙李氏合譜，故臺省要職多族屬姻家。高宗知之，不能善也。儀鳳元年，拜中書令，封趙國公。劉仁軌西討吐蕃，有所建請，敬玄數持異，由是有隙。因奏河西鎮守非敬玄不可。敬玄辭以非將帥才，且仁軌逞憾，故彊臣以不能。帝厭之，因曰：「仁軌若須朕，朕且行，卿安得辭？」乃拜洮河道大總管兼鎮撫大使，檢校鄯州都督，統兵十八萬，代仁軌，與吐蕃將論欽陵戰靑海。使劉審禮爲先鋒，鏖虜，敬玄按軍自如，審禮戰歿，尚首鼠不進，乃頓承風嶺，又阻溝淖，莫能前。賊屯高壓其營，偏將黑齒常之率死士夜擊賊，敬玄始得至鄯州。又戰湟川，遂大敗。數稱疾求罷歸，許之。旣入見，不引謝，即還府視事。帝察實不病，貶衡州刺史。久之，遷揚州長史，卒官，贈兗州都督，謚曰文憲。撰次禮論及宅書數十百篇。二子：思沖、守一。思沖，神龍初歷工部侍郎、左羽林軍將軍，從節愍太子誅武三思，見殺，籍其家。守一，鄭令。孫紳，別傳。

敬玄弟元素，爲武德令。刺史李文暕橫調民黃金造常滿尊以獻，官屬無敢諫，元素固爭，文暕爲少損，更以私財助之。延載初，繇文昌左丞遷鳳閣侍郎、同鳳閣鸞臺平章事。爲武懿宗所構，與綦連耀等同誅。神龍中，追洗其辜。

劉德威，徐州彭城人。姿貌魁秀，有幹畧。隋大業末，從裴仁基討淮賊，手劔賊酋，傳行在。後歸李密，密分麾下兵使守懷州。密降，俱入朝，授左武候將軍，封滕縣公。詔將兵擊劉武周，因判并州總管府司馬。裴寂失律，齊王元吉棄州遁，德威總留府事。賊薄城，民皆叛附賊，遂爲武周所獲，使率本部徇地浩州，得自拔歸，盡上賊中虛實，高祖嘉納，改彭城縣公。未幾，檢校大理少卿，從平洛陽，有功，轉刑部侍郎，加散騎常侍，妻以平壽縣主。貞觀初，歷大理卿、綿州刺史，政號廉平，百姓立石頌德。尋檢校益州大都督府長史，入爲大理卿。太宗問曰：「比刑網寖密，咎安在？」德威曰：「在君不在臣。下之寬猛，視主之好。律，失入者減三，失出者減五。今坐入者無辜，坐出者有罪，所以吏務深文，爲自營計，非有教使然也。」帝然其言。後遷刑部尚書，檢校雍州別駕。詔至齊州按齊王祐獄，還，半道聞祐反，入據濟州，詔德威就發河南兵經畧之。會母喪免。旣除，爲同州刺史。永徽三年，卒官，年七十一，贈禮部尚書、幽州都督，謚曰襄，陪葬獻陵。德威於閨門友睦，爲人寬平，生平所得奉祿，以分宗親，無留藏。

子審禮。審禮少喪母，爲祖母元所養。隋末大亂，道不通，審禮尚少，自鄉里負祖母度江，轉側避地。及天下平，西入長安。元每疾病，必親煑藥，嘗而進。元曰：「兒孝通幽顯，吾一顧念，疾輒間。」貞觀中，歷左驍衞郎將。父喪免，比葬，徒跣血流，行路咨嘆。服除，當襲爵，讓其弟，不聽。見父執，必感泗滂沱。事繼母尤謹，與弟延景爲閨友，得祿多資之，而妻子執寒苦，晏如也。再從皆同居，合二百口，內外無間言。遷工部尚書，檢校左衞大將軍。儀鳳三年，吐蕃寇凉州，副中書令李敬玄討之，遇虜青海上，與戰，敬玄逗撓不前，審禮敗，爲虜執。其子尚乘直長殆庶及延景詣闕待罪，請入賊以贖。有詔審禮徇忠以沒，非有罪，宜各還職。特詔殆庶弟易從省之，旣至而審禮卒。易從書夜哭不止吐蕃哀其志乃還父尸徒跣萬里扶護以歸見者流涕審禮贈工部尚書謚曰僖延景字冬日終陝州刺史睿宗初以后父追贈尚書右僕射陪葬乾陵易從累遷彭城長史任城縣男永昌中爲酷吏周興誣構坐死將刑百姓奔走爭解衣投地曰爲長史祈福有司平直乃十餘萬當時號孝義劉家及易從以非罪死天下冤之

子昇年十餘歲流嶺表六道使誅流人昇以信愛爲首領所庇免後易姓溫北歸洛景雲中特授右武衛騎曹參軍開元中累遷中書舍人太子右庶子昇能文善草隸

審禮從弟延嗣爲潤州司馬徐敬業攻潤州延嗣與刺史固守俄而城陷敬業邀以降延嗣曰吾世蒙恩今城不守所負多矣詎能苟生爲宗族羞敬業怒將斬之其黨魏思溫救止繫江都獄敬業敗錄忠當敘以裴炎近親裁遷梓州長史轉汾州刺史宗族至刺史者二十餘人

孫處約始名道茂汝州郟城人貞觀中爲齊王祐記室祐多過失數上書切諫王誅帝得其書咨嘆之擢中書舍人高宗即位中書令杜正倫請增舍人員帝曰處約一人足辦我事止不除以論譔勞數賜段物再遷司禮少常伯麟德元年以西臺侍郎同東西臺三品爲少司成以老致仕卒子佺延和初爲羽林將軍幽州都督率兵十二萬討奚李大酺分三屯以副將李楷洛周以悌領之次冷陘楷洛與大酺戰不勝壯校多沒佺氣褫乃紿言天子詔我招慰奚楷洛違詔妄戰當斬遣人謝大酺大酺曰審爾願出天子賜明不欺佺斂聚軍中幣萬餘疋悉袍帶幷與之大酺知佺詐好語勸引還而佺部伍離沮奚逼之大敗死者數萬佺以悌同見獲送默啜所殺之

邢文偉滁州全椒人與歷陽高子貢壽春裴懷貴俱以博學聞咸亨中歷太子典膳丞時孝敬罕見宮臣文偉即減膳上書曰古者太子既冠則有司過之史虧膳之宰史不書過死之宰不徹膳死之皇帝簡料英俊自庶子至司議舍人學士侍讀使佐殿下成就聖德比者不甚延議謁對稀簡三朝之後與內人獨居何繇發揮天資使濬哲文明哉今史既闕官宰得奉職謹守禮經以聞太子答曰幼嗜墳典欲研精極意而未閑將衛耽誦致勞比苦風虛奉旨下恩旨不許彊勉加以趨侍朝夕無自專之道屢闕坐朝乖廢學緒覩尋求請良符宿志自非義均弼諧渠能進此藥石文偉由是益知名後右史缺高宗謂侍臣曰文偉切諫吾兒此直臣也遂授之武后時累遷鳳閣侍郎兼弘文館學士載初元年爲內史后御明堂詔文偉發孝經后問天與帝異稱云何文偉曰天帝一也制曰郊后稷以配天祀文王于明堂以配上帝柰何而一對曰先儒說論不同昊天及五方總六天帝后曰帝有六則天不同稱固矣文偉不得對后曰移風易俗莫善於樂伯牙鼓琴鍾期聽之知意在山水是人能移風易俗矣何取樂邪文偉曰聖人作樂平人心變風俗末世樂壞則爲人所移后喜賜帛宗秦客以姦贓抵罪文偉坐所善貶珍州刺史會它使者至文偉內悸自經死

高子貢善太史書與朱敬則善擢明經歷秘書省正字弘文館直學士不得志因棄官去徐敬業起兵弟敬猷統兵五千逼和州子貢率鄉人數百拒之賊引去以功擢朝散大夫爲成均助教東莞公融嘗爲和州刺史從子貢受業及融謀舉兵令黃公譔見子貢推爲謀主書疏往返因結諸王內應謀泄坐死

唐書卷一百六考證

崔知溫傳贈幽州大都督○舊書贈荊州大都督

高智周傳子綸徃見智周智周方貴以女妻之生子挺○舊書綸子挺

唐書卷一百七

宋 端 明 殿 學 士 宋 祁 撰

列傳第三十二

傅呂陳

傅奕相州鄴人隋開皇中以儀曹事漢王諒諒反問奕今茲熒惑入井果若何對曰東井黃道所由熒惑之舍烏足怪邪若入地上井乃爲災諒怒俄及敗奕以對免徙扶風高祖爲扶風太守禮之及即位拜太史丞會令庾儉以父質占候忤煬帝死懲其事恥以術宦薦奕自代奕遷令與儉同列數排毀之儉不爲恨於是人多儉仁罪奕遽且忿時國制草具多仍隋舊奕謂承亂世之後當有變更乃上言龍紀火官皇帝廢之咸池六英堯不相沿禹弗行舜政周弗襲湯禮易稱已日乃孚革而信也故曰革之時大矣哉有隋之季違天害民事峻刑法殺戮賢俊天下兆庶同心叛之陛下撥亂反正而官名律令一用隋舊且懲沸羹者吹冷齏傷弓之鳥驚曲木況天下久苦隋暴安得不新其耳目哉改正朔易服色變律令革官名功極作樂治終制禮使民知盛德之隆此其時也然官貴簡約夏后官百不如虞氏五十周三百不如商之百又曰夏有亂政而作禹刑商有亂政而作湯刑周有亂政而作九刑衛鞅爲秦制法增鑿顚抽脅鑊烹等六篇始皇爲挾書律此失於煩不可不監是時太僕卿張道源建言官曹文簿繁總易欺請減之以鈐吏姦公卿畢不爲然奕獨是之爲衆沮詘不得行武德七年上疏極詆浮圖法曰西域之法無君臣父子以三塗六道嚇愚欺庸追既往之罪窺將來之福至有身陷惡逆獄中禮佛口誦梵言以圖偷免且生死壽夭本諸自然刑德威福繫之人主今其徒矯託皆云由佛攘天理竊主權書曰惟辟作福惟辟作威惟辟玉食臣有作福作威玉食害于而家凶于而國五帝三王未有佛法君明臣忠年祚長久至漢明帝始立胡祠然惟西域桑門自傳其教西晉以上不許中國髡髮事胡至石苻亂華乃弛厥禁主庸臣佞政虐祚短事佛致然梁武齊襄尤足爲戒昔褒姒一女營惑幽王能亡其國況今僧尼十萬刻繪泥像以惑天下有不亡乎陛下以十萬之衆自相夫婦十年滋產十年教訓兵農兩足利可勝既邪昔高齊章仇子他言僧尼塔廟外見毀宰臣內見疾妃嬪陽譏陰謗卒死都市周武帝入齊封寵其墓臣竊賢之又上十二論言益痛切帝下奕議有司唯道源佐其請中書令蕭瑀曰佛聖人也非聖人者無法請誅之奕曰禮始事親終事君而佛逃父出家以匹夫抗天子以繼體悖所親瑀非出空桑乃尊其言蓋所謂非孝者無親瑀不答但合爪曰地獄正爲是人設矣帝善奕對未及行會傳位止初九年太白躔秦分奕奏秦王當有天下帝以奏付王及太宗即位召賜食謂曰向所奏幾敗我雖然自今毋有所諱而不盡言又嘗問卿拒佛法奈何奕曰佛西胡黠人爾欺訹夷狄以自神至入中國而孅兒幻夫摸象莊老以文飾之有害國家而無補百姓也帝異之貞觀十三年卒年八十五奕病未嘗問醫忽酣臥蹶然悟曰吾死矣乎即自誌曰傅奕青山白雲人也以醉死嗚呼遺言戒子六經名教言若可習也妖胡之法慎勿爲吾死當倮葬奕雖善數然嘗自言其學不可以傳又注老子幷集晉魏以來與佛議駁者爲高識篇武德時所改漏刻定十二軍號皆詔奕云

呂才博州清平人貞觀時祖孝孫增損樂律與音家王長通白明達更質難不能決太宗詔侍臣舉善音者中書令溫彥博白才天悟絕人聞見一接輒究其妙侍中王珪魏徵盛稱才製尺八凡十二枚長短不同與律諧契即召才直弘文館參論樂事帝嘗覽周武帝三局象經不能通或言太子洗馬蔡允恭能之召問允恭少通其略老乃忘試問才退一昔即解具圖以聞允恭記其舊與才正同由是知名擢累太常博士帝病陰陽家所傳書多謬僞淺惡世益拘畏命才與宿學老師刪落煩訛掇可用者爲五十三篇合舊書四十七凡百篇詔頒天下才於持議儒而不俚以經誼推處其驗術諸家共訶短之又舉世相惑以禍福終莫悟云才之言不甚文要欲救俗失切時事俾易曉也故剟其三篇卜宅篇曰易稱上古穴居而野處後世聖人易之以宮室蓋取諸大壯殷周時有卜擇之文詩稱相其陰陽書卜洛食近世乃有五姓謂宮也商也角也徵也羽也以爲天下萬物悉配屬之以處吉凶然言皆不類如張王爲商武庾爲羽是以音相諧附至柳爲宮趙爲角則又不然其間一姓而兩屬復姓數字不得所歸是直野人巫師說爾按堪輿經黃帝對天老始言五姓且黃帝時獨姬姜數姓耳後世賜族者寖多然管蔡郕霍魯衛毛聃郜雍曹滕畢原酆郇本之姬姓孔殷宋華向蕭亳皇甫本之子姓至因官命氏因邑賜族本同末異叵爲配宮商哉春秋以陳衛秦爲水姓齊鄭宋爲火姓或所出之祖所分之星所居之地以著由來非宮商角徵羽相管攝也祿命篇曰漢宋忠賈誼譏司馬季主曰卜筮者高人祿命以悅人心矯言禍福以規人財王充曰見骨體知命祿見命祿知骨體此則言祿命尚矣推索本原固不其然積善之家必有餘慶豈建祿而後吉乎積惡之家必有餘殃豈劫殺而後災乎皇天無親嘗與善人天人之交如影響有夏多罪天命勦絕宋景修德妖星退舍學也祿在其中不生當建學文王憂勤損壽弗初值空亡長平坑降卒非俱犯三刑南陽多近親非俱當六合歷陽成湖不共河魁蜀郡炎火不盡災危世有同建與祿而貴賤殊域共命若胎而夭壽異科魯桓公六年七月子同生是爲莊公按歷歲在乙亥月建申然則値祿空亡

據法應窮賤又觸句紋六害背驛馬身剋驛馬三刑法無官命火也生當病鄉法曰爲人尫弱矬陋而詩言莊公曰猗嗟昌兮頎而長兮美目揚兮巧趨蹌兮唯向命一物法當壽而公薨止四十五一不驗秦莊襄王四十八年始皇帝生以正月故名政是歲壬寅正月命偕祿於法無官假得祿奴婢應少又破驛馬三刑身剋驛馬法望官不到命金也正月爲絕無始有終老而吉又建命生法當壽帝崩時不過五十二不驗漢武帝以乙酉歲七月七日平旦生當祿空亡於法無官雖向驛馬乃隔四辰法少無官老而吉武帝卽位年十六末年戶口減耗三不驗後魏高祖孝文皇帝生皇興元年八月是歲丁未爲偕祿命與驛馬三刑身剋驛馬於法無官又生父死中法不見父而孝文受其父顯祖之禪禮君未踰年不得正位故天子無父事三老也孝文率天下以事其親而法不合識父四不驗宋高祖癸亥三月生祿與命皆空亡於法無官又生子墓中法宜嫡子雖有次子當早卒而高祖長子先被弒次子義隆享國又生祖祿下法得嫡孫財若祿其孫劭濬皆篡逆幾失宗祧五不驗葬篇曰易稱古之葬者衣之以薪不封不樹喪期無數後世聖人易之以棺槨蓋取諸大過經曰葬者藏也欲人之弗得見也又曰卜其宅兆而安厝之以是爲感慕之所也魂神之宅也朝市貿遷不可知石泉頹齧不可常是以謀及卜筮庶無後艱斯則備於慎終之禮也後代葬說出于巫史一物有失便謂災及死生多爲妨禁以售其術附妄憑妖至其書乃有百二十家春秋王者七日而殯七月而葬諸侯五日而殯五月而葬大夫三月士庶人逾月而已貴賤不同禮亦異數此直爲赴弔遠近之期量事制法故先期而葬謂之不懷也後期不葬謂之殆禮也此則葬有定期不擇年與月一也又曰丁巳葬定公雨不克葬至于戊午襄事君子善之禮卜先遠日者自末而進避不懷也今法己亥日用葬最凶春秋是日葬者二十餘族此葬不擇日二也禮周尚赤大事用旦殷尚白大事用日中夏尚黑大事用昏大事者何喪禮也此直取當代所尚而不擇時早晚也鄭卿子產及子太叔葬簡公於是司墓大夫室當柩路若壞其室卽平旦而堋不壞其室卽日中而堋子產不欲壞室欲待日中子太叔曰若日中而堋恐久勞諸侯大夫來會葬者然子產太叔不問時之得失惟論人事可否而已曾子曰葬逢日蝕舍於路左待明而行所以備非常也按法葬家多取乾艮二時乃近夜半文與禮乖此葬不擇時三也經曰立身行道揚名於後世以顯父母易謂聖人之大寶曰位何以守位曰仁而法曰官爵富貴葬可致也年壽修促子姓蕃衍葬可招也夫日慎一日澤及無彊德則不建而祚乃無永臧孫有後于魯不聞葬得吉也若敖絕嗣於荊不聞葬得凶也此葬有吉凶不可信四也今法皆據五姓爲之古之葬並在國都之北趙氏之葬在九原漢家山陵或散處諸域又何上利下利大墓小墓爲哉然劉之子孫本支不絕趙後與六國等王此則葬用五姓不可信五也且人有初賤而後貴始泰而終否者子文爲令尹三仕三已展禽三黜於士師彼冢墓已定而不改此名位不常何也故知榮辱升降事關諸人而不由於葬六也世之人爲葬巫所欺忘擗踊荼毒以期徼幸於是相塋隴希官爵擇日時規財利謂辰日不哭欣然而受弔謂同屬不得臨壙吉服避送其親詭斁禮俗不可以法七也帝又詔造方域圖及教飛騎戰陳圖屢稱旨擢太常丞麟德中以太子司更大夫卒生平預修書及著述甚多子方毅七歲能誦經太宗聞其敏召見奇之賜束帛長爲右衛鎧曹參軍母喪以毀卒布車從母葬通人郎餘令以白粥玄酒生芻祭路隅世共哀之

陳子昂字伯玉梓州射洪人其先居新城六世祖太樂當齊時兄弟競豪傑梁武帝命爲郡司馬父元敬世高貲歲飢出粟萬石賑鄉里舉明經調文林郎子昂十八未知書以富家子尚氣決弋博自如他日入鄉校感悔卽痛修飭文明初舉進士時高宗崩將遷梓宮長安於是關中無歲子昂盛言東都勝塏可營山陵上書曰臣聞秦據咸陽漢都長安山河爲固而天下服者以北假胡宛之利南資巴蜀之饒轉關東之粟而收山西之寶長轡利策橫制宇宙今則不然燕代迫匈奴巴隴嬰吐蕃西老千里贏糧北丁十五乘塞歲月奔命秦之首尾不完所餘獨三輔間耳頃遭荒饉百姓荐飢薄河而右惟有赤地循隴以北不逢青草父兄轉徙妻子流離頼天悔禍去年薄稔羸耗之餘幾不沈命然流亡未還白骨縱橫阡陌無主至於蓄積尤可哀傷陛下以先帝遺意方大駕長驅按節西京千乘萬騎何從仰給山陵穿復必資徒役率癯弊之衆興數萬之軍調發近畿督扶稚老鏟山輦石驅以就功春作無時何望有秋彫耗遺噍再罹艱苦有不堪其困則逸爲盜賊揭挺叫嘑可不深圖哉且天子以四海爲家舜葬蒼梧禹葬會稽豈愛夷裔而鄙中國耶示無外也周平王漢光武都洛而山陵寢廟並在西土者實以時有不可故遺小存大去禍取福也今景山崇秀北對嵩邙右眄汝海祝融太昊之故墟在焉園陵之美復何以加且太原蓄鉅萬之倉洛口儲天下之粟乃欲捨而不顧儻鼠竊狗盜西入陝郊東犯虎牢取敖倉一抔粟陛下何與遏之武后奇其才召見金華殿子昂貌柔野少威儀而占對慷慨擢麟臺正字垂拱初詔問羣臣調元氣當以何道子昂因是勸后興明堂太學卽上言臣聞之於師曰元氣天地之始萬物之祖王政之大端也天地莫大於陰陽萬物莫靈於人王政莫先於安人故人安則陰陽和陰陽和則天地平天地平則元氣正先王以人之通於天也於是養成羣生順天德使人樂遂業甘其食美其服然後天瑞降地符升風雨時草木茂遂故顓頊唐虞不敢荒寧其書曰百姓昭明協和萬邦黎人於變時雍迺命羲和欽若昊天歷象日月星辰敬授人時和之得也夏商之衰桀紂昏暴陰陽乖行天地震怒山川鬼神發妖見災疾疫大興終以滅亡和之失也迨周文武創業誠信忠厚加于百姓故成康刑措四十餘年天人方和而幽厲亂常苛慝暴虐詬黷天地川冢沸崩人用愁怨其詩曰昊天不惠降此大戾不先不後爲虐爲瘵顧不哀哉近隋煬帝恃四海之富鑿渠決河自伊洛屬之揚州疲生人之力洩天地之藏中國之難起故身死人手宗廟爲墟逆元氣之理也臣觀禍亂之動天人之際先師之說昭然著明不可欺也陛下含天地之德日月之明𤕌然遠思欲求太和此伏羲氏所以爲三皇首也昔者天皇大帝攬元符東封太山然未建明堂享上帝使萬世鴻業闕而不昭殆留此盛德以發揮陛下哉臣謂和元氣睦人倫捨此則無以爲也昔黃帝合宮有虞總期堯衢室夏世室皆所以調元氣治陰陽也臣聞明堂有天地之制陰陽之統二十四氣八風十二月四時五行二十八宿莫不率備王者政失則災政順則祥臣願陛下爲唐恢萬世之業相國南郊建明堂與天下更始按周禮月令而成之適月孟春乘鸞輅駕蒼龍朝三公九卿大夫于青陽左个負斧扆馮玉几聽天下之政躬藉田親蠶以勸農桑養三老五更以教孝悌明訟恤獄以息淫刑修文德以止干戈察孝廉以除貪吏後宮非妃嬪御女者出之珠玉錦繡雕琢伎巧無益者棄之巫鬼淫祀營惑於人者禁之臣謂不數期且見太平云又言陛下方興大化而太學久廢堂皇埃蕪詩書不聞明詔尚未及之愚臣所以私恨也太學者政教之地也君臣上下之取則也俎豆揖讓之所興也天子於此得賢臣焉今委而不論雖欲睦人倫興治綱失之本而求之末不可得也君子三年不爲禮禮必壞三年不爲樂樂必崩柰何爲天下而輕禮樂哉願引胄子使歸太學國家之大務不可廢已后召見賜筆札中書省令條上利害子昂對三事其一言九道出大使巡按天下申黜陟求人瘼臣謂計有未盡也且陛下發使必欲使百姓知天子夙夜憂勤之也羣臣知考績而任之也姦暴不逞知將除之也則莫如擇仁可以恤孤明可以振滯剛不避彊禦智足以照姦者然後以爲使故輶軒未動而天下翹然待之矣今使且未出道路之人皆已指笑欲望進賢下不肖豈可得邪宰相奉詔書有遣使之名無任使之實使愈出天下愈敝徒令百姓治道路送往迎來不見其益也臣願陛下更選有威重風槩爲衆推者因御前殿以使者之禮禮之諄諄戒敕所以出使之意乃授以節自京師及州縣登拔才良求人瘼宣布上意令若家見而戶曉昔堯舜不下席而化天下蓋黜陟幽明能折衷者陛下知難得人則不如少出使彼煩數而無益於化是烹小鮮而數撓之矣其二言刺史縣令政教之首陛下布德澤下詔書必待刺史縣令謹宣而奉行之不得其人則委棄有司掛牆屋耳百姓安得知之一州得才刺史十萬戶賴其福得不才刺史十萬戶受其困國家興衰在此職也今吏部調縣令如補一尉但計資考不求賢良有如不次用人則天下翕然相誘矣狃于常而不變也故庸人皆任縣令教化之陵遲顧不甚哉其三言天下有危機禍福因之而生機靜則有福動則有禍百姓安則樂生不安則輕生者是也今軍旅之弊夫妻不得安父子不相養五六年矣自劍南盡河隴山東由青徐曹汴河北舉滄瀛趙鄚或困水旱或頓兵疫死亡流離畧盡尚賴陛下憫其失職凡兵戍調發一切罷之使人得妻子相見父兄相保可謂能靜其機也然臣恐將相有貪夷狄利以廣地彊武說陛下者欲動其機機動則禍構宜修文德去刑罰勸農桑以息疲民蠻夷知中國有聖王必累譯至矣于時吐蕃九姓叛詔田揚名發金山道十姓兵討之十姓君長以三萬騎戰有功遂請入朝后責其嘗不奉命擅破回紇不聽子昂上疏曰國家能制十姓者繇九姓彊大臣伏中國故勢微弱委命下吏今九姓叛亡北蕃喪亂君長無主回紇殘破磧北諸姓已非國有欲倚角亡叛唯金山諸蕃共爲形勢有司乃以揚名擅破回紇歸十姓之罪拒而遣還不使入

朝恐非羈戎之長策也夫戎有鳥獸心親之則順疑之則亂今阻其善意則十姓內無國家親信之恩外有回紇報讐之患懷不自安鳥駭狼顧則河西諸蕃自此拒命矣且夷狄相攻中國之福今回紇已破既無可言十姓非罪又不當絕罪止揚名足以慰其會領矣近詔同城權置安北府其地當磧南口制匈奴之衝常爲劇鎮臣頃聞磧北突厥之歸者已千餘帳來者未止甘州降戶四千帳亦置同城今磧北喪亂荒饉之餘無所存仰陛下開府招納誠覆全戎狄之仁也然同城本無儲峙而降附蕃落不免寒飢更相劫掠今安北有官牛羊六千衆麥萬斛城孤兵少降者日衆不加救卹盜劫日多夫人情以求生爲急今有粟麥牛羊爲之餌而不救其死安得不爲盜乎盜興則安北不全甘涼以往蹄以待陷後爲邊患禍未可量是則誘使亂誨之盜也且夷狄代有雄傑與中國抗有如勃起招合遺散衆將係與此國家大機不可失也又謂河西諸州軍興以來公私儲蓄尤可嗟痛涼州歲食六萬斛屯田所收不能償墾陛下欲制河西定亂戎此州空虛未可動也甘州所積四十萬斛觀其山川誠河西喉咽地北當九姓南逼吐蕃姦回不測伺我邊隙故甘州地廣粟多左右受敵但戶止三千勝兵者少屯田廣夷倉庾豐衍瓜肅以西皆仰其餫一旬不往士已枵飢是河西之命係于甘州矣且其四十餘屯水泉良沃不待天時歲取二十萬斛但人力寡乏未盡墾發異時吐蕃不敢東侵者繇甘涼士馬彊盛以抗其入今甘州積粟萬計兵少不足以制賊致吐蕃敢大入燔蓄殺蹂諸屯則河西諸州我何以守宜益屯兵外得以防盜內得以營農取數年之收可飽士百萬則天兵所臨何求不得哉其後吐蕃果入寇終后世爲邊患最甚后方謀開蜀山由雅州道翦生羌因以襲吐蕃子昂上書以七驗諫止之曰臣聞亂生必由於怨雅州羌未嘗一日爲盜今無罪蒙戮怨必甚怨甚則蜂駭且亡而邊邑連兵守備不解蜀之禍構矣東漢喪敗亂始諸羌一驗也吐蕃黠猾抗天誅者二十餘年前日薛仁貴郭待封以十萬衆敗大非川一甲不返李敬玄劉審禮舉十八萬衆困青海身執賊廷關隴爲空今迺欲建李處一爲上將驅疲兵襲不可幸之吐蕃舉爲賊笑二驗也夫事有求利而得害者昔蜀與中國不通秦以金牛美女啖蜀侯侯使五丁力士棧褒斜鑿通谷迎秦之饋秦隨以兵而地入中州三驗也吐蕃愛蜀富思盜之矣徒以障隧隘絕頓餓喙不得噬今撤山羌開阪險使賊得收奔亡以攻邊是除道待賊舉蜀以遺之四驗也蜀爲西南一都會國之寶府又人富粟多浮江而下可濟中國今圖僥倖之利以事西羌得羌地不足耕得羌財不足富是過殺無辜之衆以傷陛下之仁五驗也蜀所恃有險也蜀所安無役也今開蜀險役蜀人險開則便寇人役則傷財臣恐未及見羌而姦盜在其中矣異時益州長史李崇眞託言吐蕃寇松州天子爲盛軍師趣轉餉以備之不三年巴蜀大困不見一賊而崇眞姦贓巳鉅萬今得非有姦臣圖利復以生羌爲資六驗也蜀士尫孱不知兵一虜持矛百人不敢當若西戎不即破滅臣見蜀之邊垂且不守而爲羌夷所暴七驗也國家近廢安北拔單于棄龜茲疏勒天下以爲務仁不務廣務養不務殺行太古三皇事今徇貪夫之議誅無罪之羌遺全蜀患此臣所未諭方山東飢關隴弊生人流亡誠陛下寧靜思和天人之時安可動甲兵興大役以自生亂又西軍失守北屯不利邊人駭情今復舉興師投不測小人徒知議夷狄之利非帝王至德也善爲天下者計大而不計小務德而不務刑據安念危值利思害願陛下審計之后復召見使論爲政之要適時不便者毋援上古空言子昂乃奏八科一措刑二官人三知賢四去疑五招諫六勸賞七息兵八安宗子其大旨謂今百度已備但刑急罔密非爲政之要凡大人初制天下必有凶亂叛逆之人爲我驅除以明天誅凶叛已滅則順人情赦過宥罪蓋刑以禁亂亂靜而刑息不爲承平設也太平之人樂德而惡刑刑之所加人必慘怛故聖人貴措刑也比大赦滌蕩羣罪天下蒙慶咸得自新近日詔獄稍滋鉤捕支黨株蔓推窮蓋獄吏不識天意以抵慘刻誠宜廣愷悌之道赦法愼罰省白誣冤此太平安人之務也官人惟賢政所以治也然君子小人各尚其類若陛下好賢而不任任而不能信信而不能終終而不賞雖有賢人終不肯至又不肯勸反是則天下之賢集矣議者乃云賢不可知人不易識臣以爲固易知固易識夫尚德行者無凶險務公正者無邪朋廉者憎貪信者疾僞智不爲愚者謀勇不爲怯者死猶鸞隼不接翼薰蕕不共氣其理自然何者以德並凶勢不相入以正攻佞勢不相利以廉勸貪勢不相售以信質僞勢不相和智者尚謀愚者所不聽勇者徇死怯者所不從此趣向之反也賢人未嘗不思効用顧無其類則難進是以湮汨于時誠能信任俊良知左右有灼然賢行者賜之尊爵厚祿使以類相舉則天下之理得矣陛下知得賢須任今未能者蓋以常信任者不效如裴炎劉禕之周思茂騫味道固蒙用矣皆孤恩前死以是陛下疑於信賢臣固不然昔人有以噎得病乃欲絕食不知食絕而身殞賢人於國猶食在人人不可以一噎而止餐國不可以謬一賢而遠正士此神鑒所知也聖人大德在能納諫太宗德參三王而能容魏徵之直今誠有敢諫骨鯁之臣陛下廣延順納以新盛德則萬世有述臣聞勞臣不賞不可勸功死士不賞不可勸勇今或勤勞死難名爵不及偷榮尸祿寵秩妄加非所以表庸勵行者也願表顯徇節勵翹百僚古之賞一人千萬人悅者蓋云當也今事之最大者患兵甲歲興賦役不省興師十萬則百萬之家不得安業自有事北狄于今十年不聞中國之勝以庸將御冗兵徭役日廣兵甲日敝願審量損益計利害勢有不可毋虛出兵則人安矣廼賊干紀自取屠滅罪止魁逆無復緣坐宗室子弟皆得更生然臣願陛下重曉慰之使明知天子慈仁下得自安臣聞人情不能自明則疑疑則懼懼則罪生惟賜愷悌之德使居無過之地俄遷右衛胄曹參軍后旣稱皇帝改號周子昂上周受命頌以媚悅后雖數召見問政事論亦詳切故奏聞輒罷以母喪去官服終擢右拾遺子昂多病居職不樂會武攸宜討契丹高置幕府表子昂參謀次漁陽前軍敗舉軍震恐攸宜輕易無將畧子昂諫曰陛下發天下兵以屬大王安危成敗在此舉安可忽哉今大王法制不立如小兒戲願審智愚量勇怯度衆寡以長攻短此刷恥之道也夫按軍尚威嚴擇親信以虞不測大王提重兵精甲頓之境上朱亥竊發之變良可懼也王能聽愚計分麾下萬人爲前驅契丹小醜指日可禽攸宜以其儒者謝不納居數日復進計攸宜怒徙署軍曹子昂知不合不復言聖歷初以父老表解官歸侍詔以官供養會父喪廬冢次每哀慟聞者爲涕縣令段簡貪暴聞其富欲害子昂家人納錢二十萬緡簡薄其賂捕送獄中子昂之見捕自筮卦成驚曰天命不祐吾殆死乎果死獄中年四十三子昂資褊躁然輕財好施篤朋友與陸餘慶王無競房融崔泰之盧藏用趙元最厚唐興文章承徐庾餘風天下祖尚子昂始變雅正初爲感遇詩三十八章王適曰是必爲海內文宗乃請交子昂所論著當世以爲法大歷中東川節度使李叔明爲立旌德碑於梓州而學堂至今猶存子光復與趙元子少微相善俱以文稱光終商州刺史子易甫簡甫皆位御史

王無競者字仲列世徙東萊宋太尉弘之遠裔家足于財頗負氣豪縱擢下筆成章科調欒城尉三遷監察御史改殿中會朝宰相宗楚客楊再思離立偶語無競揚笏曰朝禮尚敬公等大臣不宜慢常典楚客怒徙無競太子舍人神龍初訴權幸出爲蘇州司馬張易之等誅坐常交往貶廣州仇家矯制搒殺之

趙元者字貞固河間人祖掞號通儒在隋與同郡劉焯俱召至京師補黎陽長徙居汲元少負志畧好論辨來游雒陽士爭慕嚮所以造謁皆縉紳選武后方稱制懼不容其高調宜祿尉到職非公事不言彈琴蒔藥如隱者之操自傷位不配才卒年四十九其友魏元忠孟詵宋之問崔璩等共諡昭夷先生

贊曰子昂說武后興明堂太學其言甚高殊可怪笑后竊威柄誅大臣宗室脅逼長君而奪之權子昂乃以王者之術勉之卒爲婦人訕侮不用可謂薦圭璧於房闥以脂澤汙漫之也瞽者不見泰山聾者不聞震霆子昂之于言其聾瞽歟

唐書卷一百七考證

陳子昂傳會父喪廬冢次每哀慟聞者爲涕縣令段簡貪暴聞其富欲害子昂家人納錢二十萬緡簡薄其賂捕送獄中死○臣德潛按舊書子昂父在鄉爲縣令段簡所辱子昂聞之遽還鄉里因事收繫獄中憂憤而卒據舊書是子昂之歸父未死也且無廬冢事兩書情事不一

唐書卷一百八

宋端明殿學士宋祁撰

列傳第三十三

劉裴婁

劉仁軌字正則汴州尉氏人少貧賤好學值亂不能安業每動止畫地書空寓所習卒以通博聞武德初河南道安撫大使任瓌上疏有所論奏仁軌見其槀爲竄定數言瓌驚異赤牒補息州參軍轉陳倉尉部人折衝都尉魯寧者豪縱犯法縣莫敢屈仁軌約不再犯而寧暴橫自如仁軌搒殺之州以聞太宗曰尉而殺吾折衝可

乎召詰讓仁軌對曰寧辱臣臣故殺之帝以爲剛正更擢咸陽丞貞觀十四年校獵同州時秋斂未訖仁軌諫曰今茲澍澤霑足百穀熾茂收穫十二常日賛調已有所妨又供獵事繕橋治道役雖簡省猶不損數萬少延一旬使場圃畢勞陛下六飛徐驅公私交泰璽書褒納拜新安令累遷給事中爲李義府所惡出爲青州刺史顯慶五年伐遼義府欲斥以罪使督漕而船果覆沒坐免官白衣隨軍初蘇定方既平百濟留郎將劉仁願守其城左衞中郎將王文度爲熊津都督撫納殘黨文度死百濟故將福信及浮屠道琛迎故王子扶餘豐立之引兵圍仁願詔仁軌檢校帶方州刺史統文度之衆幷發新羅兵爲援仁軌將兵嚴整轉鬬陷陣所向無前信等釋仁願圍退保任存城旣而福信殺道琛幷其衆招還叛亡勢張甚仁軌與仁願合則解甲休士時定方伐高麗圍平壤不克高宗詔仁軌拔軍就新羅與金法敏議去留計將士咸欲還仁軌曰春秋之義大夫出疆有可以安社稷便國家者得專之今天子欲滅高麗先誅百濟留兵鎮守制其心腹雖孽豎跳梁士力未完宜厲兵粟馬乘無備擊不意百下百全戰勝之日開張形勢鷹檄濟師聲援接虜亡矣今平壤不勝熊津又拔則百濟之燼復炎高麗之滅無期吾等雖入新羅正似坐客有不如志悔可得邪扶餘豐猜貳表合內攜勢不支久宜堅守伺變以圖之不可輕動衆從其議乃請益兵時賊守眞峴城仁軌夜督新羅兵薄城扳堞比明入之遂通新羅饟道而豐果襲殺福信遣使至高麗倭丐援會詔遣右威衞將軍孫仁師率軍浮海而至士氣振於是諸將議所向或曰加林城水陸之衝盍先擊之仁軌曰兵法避實擊虛加林險而固攻則傷士守則曠日周留城賊巢穴羣凶聚焉若克之諸城自下於是仁師仁願及法敏帥陸軍以進仁軌與杜爽扶餘隆繇熊津白江會之遇倭人白江口四戰皆克焚四百艘海水爲丹扶餘豐脫身走獲其寶劒僞王子扶餘忠勝忠志等率其衆與倭人降獨酋帥遲受信據任存城未下始定方破百濟酋領沙吒相如黑齒常之嘯亡散據險以應福信至是皆降仁軌以赤心示之俾取任存自効卽給鎧仗糧糒仁師曰夷狄野心難信若受甲濟粟資寇便也仁軌曰吾觀相如常之忠而謀因機立功尚何疑二人訖拔其城遲受信委妻子奔高麗百濟餘黨悉平仁師等振旅還詔留仁軌統兵鎮守百濟再破亂殭屍如莽仁軌始命瘞埋弔祭焉葺復戶版署官吏開道路營聚落復防堰賑貧乏勸課耕種爲立官社民皆安其所遂營屯田以經略高麗仁願至京師帝勞曰若本武將軍中奏請皆有文理何道而然對曰仁軌之辭非臣所能帝歎賞之超進仁軌六階眞拜帶方州刺史賜第一區厚賚妻子璽書褒勉先是貞觀永徽中士戰歿者皆詔使弔祭或以贈官推授子弟顯慶後討伐恩賞殆絕及破百濟平壤有功者皆不甄叙州縣購募不願行身壯家富者以財參逐率得避免所募皆傭劣寒憊無鬬志仁軌具論其弊請加慰賚以鼓士心又表用扶餘隆使綏定餘衆帝乃以隆爲熊津都督時劉仁願爲卑列道摠管詔率兵度海使代舊屯與仁軌俱還仁軌曰上巡狩方岳又經略高麗方農時而吏與兵悉被代新至者未習萬一蠻夷生變誰與捍之不如留舊兵畢獲等級遣還仁軌當留未可去仁願不可曰吾但知準詔耳仁軌曰不然苟利國家知無不爲臣之節也因陳便宜願留屯詔可由是以仁願爲不忠始仁軌任帶方州謂人曰天將富貴此翁邪乃請所頒歷及宗廟諱或問其故答曰當削平遼海頒示本朝正朔卒皆如言及封太山仁軌乃率新羅百濟儋羅倭四國酋長赴會天子大悅擢爲大司憲遷右相兼檢校太子左中護累功封樂城縣男總章元年爲熊津道安撫大使兼浿江道總管副李勣討高麗平之以疾辭位進金紫光祿大夫聽致仕俄召爲隴州刺史拜太子左庶子同中書門下三品監脩國史咸亨五年爲雞林道大總管東伐新羅仁軌率兵絕瓠蘆河攻大鎮七重城破之進爵爲公子及兄子授上柱國者三人州黨榮之號所居爲樂城鄉三柱里俄拜尚書左僕射兼太子賓客仍知政事吐蕃入寇命爲洮河道行軍鎮守大使永隆二年加太子少傅數乞骸骨聽解左僕射帝幸東都太子監國詔仁軌與裴炎薛元超留輔及太子赴東都又詔太孫重照留守仁軌副之武后臨朝復拜左僕射太孫廢仁軌專知留守事上疏辭疾因陳呂后祿產禍敗事以規后后遣武承嗣齎璽書慰勉改文昌左相同鳳閣鸞臺三品卒年八十五詔百官赴哭冊贈開府儀同三司幷州大都督陪葬乾陵賜其家實封三百戶仁軌雖貴顯不自矜踞接舊故如布衣時嘗爲御史袁異式所劾慢辱之脅使引決及拜大司憲異式尚在臺不自安因醉以情自解仁軌持觴曰所不與公者有如此觴後旣執政薦爲司元大夫然官由州縣至宰輔善致聲譽得吏下歡心及鎮洮河奏請機急多爲中書令李敬玄抑卻仁軌乃表敬玄爲帥以代已果覆其衆裴炎下獄仁軌方留守京師郎將姜嗣宗以使來因語炎事且曰炎異於常久矣仁軌曰使人知邪曰知及還表嗣宗知炎反狀不告武后怒拉殺之子濬官太子舍人垂拱中爲酷吏所殺中宗卽位以仁軌有東宮舊再贈司空濬子晃開元中爲給事中表請立碑追謚曰文獻

裴行儉字守約絳州聞喜人父仁基隋光祿大夫自王世充所謀歸國被害贈原州都督謚曰忠行儉幼引蔭補弘文生貞觀中舉明經調左屯衞倉曹參軍時蘇定方爲大將軍謂曰吾用兵世無可教者今子也賢乃盡畀以術遷長安令高宗將立武昭儀行儉以爲國家憂從此始與長孫無忌褚遂良祕議大理袁公瑜擿語昭儀母左除西州都督府長史麟德二年擢累安西都護西域諸國多慕義歸附召爲司文少卿遷吏部侍郎與李敬玄馬載同典選有能名時號裴馬行儉始設長名榜銓注等法又定州縣升降資擬高下爲故事上元三年吐蕃叛出爲洮州道左二軍總管改秦州右軍並受周王節度儀鳳二年十姓可汗阿史那都支及李遮匐誘蕃落以動安西與吐蕃連和朝廷欲討之行儉議曰吐蕃叛渙方熾敬玄失律審禮喪元安可更爲西方生事今波斯王死其子泥涅師質京師有如遣使立之卽路出二蕃若權以制事可不勞而功也帝因詔行儉冊送波斯王且爲安撫大食使徑莫賀延磧風礫晝冥導者迷將士饑乏行儉止營致祭令曰水泉非遠衆少安俄而雲徹風恬行數百步水草豐美後來者莫識其處衆皆驚以方漢貳師將軍至西州諸蕃郊迎行儉召豪傑千餘人自隨揚言大熱未可以進宜駐軍須秋都支覘知之不設備行儉徐召四鎮酋長僞約畋謂曰吾念此樂未始忘孰能從吾獵者於是子弟願從者萬人乃陰勒部伍數日倍道而進去都支帳十餘里先遣其所親問安否外若閑暇非討襲者又使人趣召都支都支本與遮匐計及秋拒使者已而聞軍至倉卒不知所出率子弟五百餘人詣營謁遂禽之是日傳契箭召諸部酋長悉來請命並執送碎葉城簡精騎約齎襲遮匐道獲遮匐使者釋之俾前往諭其主幷言都支已禽狀遮匐乃降悉俘至京師將吏爲刻石碎葉城以紀功帝遣勞宴曰行儉提孤軍深入萬里兵不血刃而叛黨禽夷可謂文武兼備矣其兼授二職卽拜禮部尚書兼檢校右衞大將軍調露元年突厥阿史德溫傅反單于管二十四州叛應之衆數十萬都護蕭嗣業討賊不克死敗係蹕詔行儉爲定襄道行軍大總管討之率太僕少卿李思文營州都督周道務部兵十八萬合西軍程務挺東軍李文暕等總三十餘萬旗幟亘千里行儉咸節制之先是嗣業饋糧數爲虜鈔軍餒死行儉曰以謀制敵可也因詐爲糧車三百乘車伏壯士五輩齎陌刀勁弩以羸兵挽進又伏精兵踵其後虜果掠車羸兵走險賊驅就水草解鞍牧馬方取糧車中而壯士突出伏兵至殺獲幾盡自是糧車無敢近者大軍次單于北暮已立營塹壕旣周行儉更命徙營高岡吏白士安堵不可擾不聽促徙之比夜風雨暴至前占營所水深丈餘衆莫不駭嘆問何以知之行儉曰自今第如我節制毋問我所以知也賊拒黑山數戰皆敗行儉縱兵前後殺虜不勝計僞可汗泥熟匐爲其下所殺持首來降又禽大首領奉職而還餘黨走狼山行儉旣還阿史那伏念僞稱可汗復與溫傅合明年行儉還總諸軍頓代州之陘口縱反間說伏念令與溫傅相貳伏念懼密送欵且請縛傳自效行儉祕不布密以聞後數日煙塵漲天而南斥候惶駭行儉曰此伏念執溫傳來降非他也且受降如受敵乃救嚴備遣單使往勞旣而果然於是突厥餘黨悉平帝悅遣戶部尚書崔知悌勞軍初行儉許伏念以不死侍中裴炎害其功建言伏念爲程務挺張虔勗脅逐又磧北回紇逼之計窮而降卒斬伏念及溫傅於都市行儉之功不錄封聞喜縣公行儉嘆曰渾濬之事古今恥之但恐殺降則後無復來矣遂稱疾不出永淳元年十姓突厥車薄叛復爲金牙道大總管未行卒年六十四贈幽州都督謚曰獻詔皇太子遣官護視家事子孫能自立乃停中宗卽位再贈揚州大都督行儉工草隷名家帝嘗以絹素詔寫文選覽之祕愛其法賚物良厚行儉每曰褚遂良非精筆佳墨未嘗輒書不擇筆墨而妍捷者余與虞世南耳所譔選譜草字雜體數萬言又爲營陣部伍料勝負別器能等四十六訣武后詔武承嗣就第取去不復傳行儉通陰陽歷術每戰豫道勝日善知人在吏部時見蘇味道王勮謂曰二君後皆掌銓衡李敬玄盛稱王勃楊炯盧照鄰駱賓王之才引示行儉行儉曰士之致遠先器識後文藝如勃等雖有才而浮躁衒露豈享爵祿者哉炯頗沈嘿可至令長餘皆不得其死所引偏裨若程務挺張虔勗崔智䛒王方翼党金毗劉敬同郭待封李多祚黑齒常之類爲世名將儴奏至刺史將軍者數十人嘗賜馬及珍鞍令史私馳馬馬蹶鞍壞懼而逃行儉招還之不加罪初平都支遮

匐獲瓌寶不貲蕃酋將士願覩焉行儉因宴徧出示坐者有碼碯盤廣二尺文彩粲然軍吏趨跌盤碎惶怖叩頭流血行儉笑曰爾非故也何至是色不少吝帝賜都支資產皿金三千餘物橐駝馬牛稱是行儉分給親故洎麾下數日輒盡子光廷

光廷字連城早孤母庫狄氏有婦德武后召入宮爲御正甚見親寵光廷由是累遷太常丞以武三思壻坐貶郢州司馬開元中擢兵部郎中鴻臚少卿性靜默寡交游雖驟歷臺省人未之許既而以職業稱議者更推之玄宗有事岱宗中書令張說以天子東巡京師空虛恐夷狄乘間竊發議欲加兵守邊召光廷與謀對曰封禪者所以告成功也夫成功者德無不被人無不安萬國無不懷今將告成而懼夷狄非昭德也大興力役用備不虞非安人也方謀會同而阻戎心非懷遠也此三者名實乖矣且諸蕃突厥爲大贄幣往來願修和好有年矣若遣一使召其大臣使赴行在必欣然應命突厥受詔則諸蕃君長必相率而來我偃旗息鼓不復事矣說曰善吾所不及因奏用其策突厥果遣使來朝東封還遷兵部侍郎久之拜中書侍郎同中書門下平章事兼御史大夫遷黃門侍郎拜侍中兼吏部尚書弘文館學士撰摇山往則維城前軌二篇獻之手制褒美詔皇太子諸王於光順門見光廷謝所以規諷意光廷又引壽安丞李融拾遺張琪著作佐郎司馬利賓直弘文館撰續春秋經傳自戰國訖隋表請天子脩經光廷等作傳書久不就時有建言唐應爲金德者中書令蕭嵩請百官普議光廷以唐符命表著天下久矣不可改亟奏罷之二十年封正平縣男初知星者言上象變不利大臣請禳之光廷曰使禍可禳而去則福可祝而來也論者以爲知命卒年五十八贈太師初吏部求人不以資考爲限所奬拔惟其才往往得俊乂任之士亦自奮其後士人猥衆專務趨競銓品枉橈光廷懲之因行儉長名榜乃爲循資格無賢不肖一據資考配擬又促選限盡正月任門下省主事閻麟之專主過官凡麟之裁定光廷輒然可時語曰麟之口光廷手素與蕭嵩輕重不平及卒嵩奏一切罷之光廷所引盡斥外官博士孫琬以其用循資格非奬勸之誼謚曰克平時以爲希嵩意帝聞特賜謚曰忠憲詔中書令張九齡文其碑

子稹以蔭仕累遷起居郎開元末壽王瑁以母寵欲立爲太子稹陳申生戾園禍以諫玄宗改容謝之詔授給事中稹曰陛下絶招諫之路爲日滋久今臣一言而荷殊寵則言者將衆何以錫之帝善其讓止不拜俄授祠部員外郎卒

子倩字容卿歷信州刺史勸民墾田二萬畝以治行賜金紫服代第五琦爲度支郎中卒謚曰節子均

均字君齊以明經爲諸暨尉數從使府辟硜硜以才顯張建封鎮濠壽表團練判官時李希烈以淮蔡叛建封扞賊均參贊之以勞加上柱國襲正平縣男遷累膳部郎中擢荆南節度行軍司馬就拜荆南節度使劉闢叛先騷黔巫脅荆楚以固首尾均發精甲三千逆擊之賊望風奔却加檢校吏部尚書初均與崔太素俱事中人竇文場太素嘗晨省文場入卧內自謂待已至厚俟觀後榻有頻伸者乃均也德宗以均任方鎮欲遂相之諫官李約上疏斥均爲文場養子不可汙台輔乃止元和三年入爲尚書右僕射判度支旨唱按送印皆尚書郎爲之文武四品五品郎官御史拜廷下御史中丞左右丞升階答拜時以爲禮太重俄檢校左僕射同中書門下平章事爲山南東道節度使累封郇國公以財交權倖任將相凡十餘年荒縱無法度卒年六十二贈司空

婁師德字宗仁鄭州原武人第進士調江都尉揚州長史盧承業異之曰子台輔器也當以子孫相諉詎論僚吏哉上元初爲監察御史會吐蕃盜邊劉審禮戰沒師德奉使收敗亡於洮河因使吐蕃其首領論贊婆等自赤嶺操牛酒迎勞師德喻國威信開陳利害虜爲畏悅後募猛士討吐蕃乃自奮戴紅抹額來應詔高宗假朝散大夫使從軍有功遷殿中侍御史兼河源軍司馬并知營田事與虜戰白水澗八遇八克天授初爲左金吾將軍檢校豐州都督衣皮袴率士屯田積穀數百萬兵以饒給無轉饟和糴之費武后降書勞之長壽元年召授夏官侍郎判尚書事進同鳳閣鸞臺平章事后嘗謂師德師在邊必待營田公不可以劬勞憚也乃復以爲河源積石懷遠軍及河蘭鄯廓州檢校營田大使入遷秋官尚書原武縣男改左肅政御史大夫並知政事證聖中與王孝傑拒吐蕃於洮州戰素羅汗山敗績貶原州員外司馬萬歲通天二年入爲鳳閣侍郎同鳳閣鸞臺平章事後與武懿宗狄仁傑分道撫定河北進納言更封譙縣子隴右諸軍大使復領營田聖歷三年突厥入寇詔檢校并州長史天兵軍大總管九月卒于會州年七十贈幽州都督謚曰貞葬給往還儀仗師德長八尺方口博脣深沈有度量人有忤已輒遜以自免不見容色嘗與李昭德偕行師德素豐碩不能遽步昭德遲之恚曰爲田舍子所留師德笑曰吾不田舍復在何人其弟守代州辭之官教之耐事弟曰人有唾面絜之乃已師德曰未也絜之是違其怒正使自乾耳在夏官注選選者就按閱簿師德曰容我擇之可乎選者不去乃灑筆曰墨汗爾狄仁傑未輔政師德薦之及同列數擠令外使武后覺問仁傑曰師德賢乎對曰爲將謹守賢則不知也又問知人乎對曰臣嘗同僚未聞其知人也后曰朕用卿師德薦也誠知人矣出其奏仁傑慙已而歎曰婁公盛德我爲所容乃不知吾不逮遠矣總邊要爲將相者三十年恭勤樸忠心無適莫方酷吏殘鷙人多不免獨能以功名始終與郝處俊相亞世之言長者稱婁郝

贊曰仁軌等以兵開定四夷其勇無前至奉上則瞿瞿若不及行儉臨下以恕師德寬厚其能以功名始終者蓋近乎勇于敢則殺勇于不敢則活者邪

唐書卷一百八考證

劉仁軌傳卒年八十五〇舊書作八十四

濬子晃開元中爲給事中〇舊書開元中爲秘書省少監

裴行儉傳贈幽州都督謚曰獻〇宰相世系表作憲

唐書卷一百九

宋　端　明　殿　學　士　宋　祁　撰

列傳第三十四

崔楊竇宗紀祝郭王

崔義玄貝州武城人隋大業亂往見李密密不用河內賊黃君漢爲密守栢崖義玄見葦鼠度河稍刃有華文曰此王敦亡兆也因說君漢以城歸乃拜君漢懷州刺史行軍總管以義玄爲司馬王世充將高毗寇河內義玄擊走之多下屯堡君漢以所掠子女金帛分之拒不受以功封清丘縣公太宗討世充數用其謀東都平轉隰州都督府長史貞觀初歷左司郎中兼韓王府長史與王友孟神慶志趣不同而俱以介直任永徽中累遷婺州刺史時睦州女子陳碩眞舉兵反始碩眞自言仙去與鄉鄰辭訣或告其詐已而捕得詔釋不問於是姻家章叔胤妄言碩眞自天還化爲男子能役使鬼物轉相熒惑用是能幻衆自稱文佳皇帝以叔胤爲僕射破睦州攻歙殘之分遣其黨圍婺州義玄發兵拒之其徒爭言碩眞有神靈犯其兵輒滅宗衆兇懼不肯用司功參軍崔玄籍曰仗順起兵猶無成此乃妖人勢不持久義玄乃署玄籍先鋒而自統衆繼之至下淮戍禽其諜數十人有星墜賊營義玄曰賊必亡詰朝奮擊左右有以盾鄣者義玄曰刺史而有避邪誰肯死敢去之由是衆爲用斬首數百級降其衆萬餘賊平拜御史大夫義玄有章句學先儒疑謬或音故不通者輒采諸家條分節解能是正之高宗詔與博士討論五經義武氏爲皇后義玄贊帝決又以后旨按長孫无忌等誅之終蒲州刺史年七十一贈幽州都督謚曰貞后持政贈揚州大都督賜其家實封戶二百子神基襲爵

神基長壽中爲司賓卿同鳳閣鸞臺平章事爲酷吏所搆流嶺南中宗初稍用爲大理卿弟神慶舉明經武后時累遷萊州刺史入朝待制億歲殿奏事稱旨后以歷官有佳政且其父於己有功擢拜并州長史謂曰并州朕鄉里宿兵多前長史皆尚書爲之今授卿宜知所以委重者乃親爲按行圖謀日而遣神慶始至有詔改錢幣法州縣布下俄而物價踊昂百賈驚擾神慶質其非于朝果豪猾妄爲之后喜下制褒美初州隔汾爲東西二城神慶跨水聯堞合而一之省防禦兵歲數千神基既下獄馳赴都告變得召見后出具獄示之神慶爲申理得減死然用是貶歙州司馬長安中累轉禮部侍郎數上疏陳時政轉太子右庶子封魏縣子是時突厥使者入見皇太子應朝有司移文東宮召太子神慶諫曰五品以上佩龜者蓋防徵召之詐內出龜以合之況太子乎古者召太子用玉契此誠重慎防萌之意不可不察凡慮事於未萌之前故長無悔吝之咎今太子與陛下異宮非朝朔望而別喚者請降墨敕玉契詔可尋詔與詹事祝欽明更日侍讀東宮歷司刑卿劾張昌宗獄頗闕略不盡神龍初昌宗伏誅坐流欽州卒五王得罪緣昌宗被流者皆詔原雪贈神慶幽州都督

神慶子琳明政事開元中與高仲舒同爲中書舍人侍中宋璟親禮之每所訪逮嘗曰古事問仲舒今事問琳

尚何疑累遷太子少保天寶二年卒祕書監潘肅聞之泫然曰古遺愛也琳長子儼諫議大夫其羣從數十人自興寧里謁大明宮冠蓋騶哄相望每歲時宴于家以一榻置笏猶重積其上琳與弟太子詹事珪光祿卿瑤俱列棨戟世號三戟崔家開元天寶間中外宗屬無緦麻喪初玄宗每命相皆先書其名一日書琳等名覆以金甌會太子入帝謂曰此宰相名若自意之誰乎即中且賜酒太子曰非崔琳盧從愿乎帝曰然賜太子酒時兩人有宰相望帝欲相之數矣以族大恐附離者衆卒不用

楊再思鄭州原武人第明經爲人佞而智初調玄武尉使至京師舍逆旅有盜竊其衣囊再思遇之盜窘謝再思曰而若貧故至此囊中檄無所事幸留它物可持去初不爲人言但假貸以還累遷天官員外郎歷左肅政御史中丞延載初擢鸞臺侍郎同鳳閣鸞臺平章事加兼左肅政御史大夫封鄭縣侯遷內史居宰相十餘年阿匼取容無所薦達人主所不喜毀之所善譽之畏愼足恭未嘗忤物或曰公位尊何自屈折答曰世路孔艱直者先禍不爾豈全吾軀於時水沴閉坊門以禳再思入朝有車陷于濘叱牛不前恚曰癡宰相不能和陰陽而閉坊門遣我艱于行再思遣吏謂曰汝牛自弱不得獨責宰相張昌宗坐事司刑少卿桓彥範劾免其官昌宗訴諸朝武后意申釋之問宰相昌宗於國有功乎再思曰昌宗爲陛下治丹餌而愈此爲有功后悅昌宗還官自是天下貴彥範賤再思左補闕戴令言賦兩腳狐以譏之再思怒讁令言爲長社令士愈蚩謗易之兄司禮少卿同休請公卿宴其寺酒酣戲曰公面似高麗再思欣然翦縠綴巾上反披紫袍爲高麗舞舉動合節滿坐鄙笑昌宗以姿貌倖再思每曰人言六郎似蓮花非也正謂蓮華似六郎耳其巧諛無恥類如此俄檢校右庶子中宗立拜戶部尚書同中書門下三品京師留守封弘農郡公加兼揚州長史檢校中書令改侍中鄭國公賜實封戶三百爲順天皇后奉冊使武三思誣陷王同皎再思與李嶠韋巨源按獄希意抵同皎死衆以爲冤復拜中書令監修國史遷尚書右僕射仍同三品卒贈特進并州大都督陪葬乾陵謚曰恭

弟季昭中茂才第爲殿中侍御史武后誅駙馬都尉薛紹紹兄顗爲齊州刺史命季昭按之不得反狀后怒放于沙州赦還爲懷州司馬

竇懷貞字從一左相德玄子少詭激衣服贏儉不爲輿馬豪佞事仕累清河令有治狀後遷越州都督揚州長史神龍中進左御史大夫兼檢校雍州長史會歲除中宗夜宴近臣謂曰聞卿喪妻今欲繼室可乎懷貞唯唯俄而禁中寶扇鄣衛有衣翟衣出者已乃韋后乳媼王所謂莒國夫人者故蠻婢也懷貞納之不辭又避后先諱而以字稱世謂媼婿爲阿奢懷貞每謁見奏請輒自署皇后阿奢而人或謂爲國奢軒然不慙以自媚於后時政令多門赤尉由墨制授御史者衆或戲曰尉入臺多而縣辦否對曰辦於異日問其故答曰佳吏在僥倖去故辦聞者皆笑又附宗楚客安樂公主等以取貴位爲素議所斥名稱盡矣韋后敗斬妻獻其首貶濠州司馬再徙益州長史乃復故名景雲初以殿中監召閱月遷左御史大夫同中書門下平章事封中山縣公再遷侍中方太平公主干政懷貞傾己附離日視事退輒詣主第刺取所欲睿宗爲金仙玉真二公主營觀費鉅萬諫者交疏不止唯懷貞勸成之躬護役作族弟維鎣諫曰公位上袞當思獻可替否輔天子而討校瓦木雜廁工匠間使海內何所瞻仰乎不答督繕益急時諺曰前作后國奢後爲主邑丞言事公主如邑官屬也在位半歲無所事帝引見承天門切責之俄與李日知郭元振張說皆罷爲左御史大夫于時歲犯左執法術家又言懷貞且有禍大懼表請爲安國寺奴不許踰年復同中書門下三品兼太子詹事監修國史又以尚書右僕射兼御史大夫軍國重事宜共平章玄宗受內禪進左僕射封魏國公與太平公主謀逆既敗投水死追戮其尸改姓毒氏然生平所得俸祿悉散親族無留畜敗時家惟粗米數石而已性諂詐善諾結權貴宦者用事尤所畏奉或見無須者誤爲之禮監察御史魏傳弓嫉中人輔信義欲劾奏其姦懷貞曰是安樂所信任者奈何繩之傳弓曰王綱壞矣正坐此屬今日殺之明日誅無所悔懷貞猶固止之傳弓者鉅鹿人忠謇士也終司農丞

懷貞從子兢字思愼舉明經爲英王府參軍尚乘直長調鄭令修鄭舍道路設冠婚喪紀法百姓德之

宗楚客字叔敖其先南陽人曾祖丕後梁南弘農太守梁亡入隋居河東之汾陰故爲蒲州人父岌仕魏王泰府與謝偃等撰括地志楚客武后從姊子長六尺八寸明皙美須髯及進士第累遷戶部侍郎兄秦客垂拱中勸武后革命進爲內史而弟晉卿典羽林兵後兄弟並坐姦贓流嶺外歲餘秦客死而楚客等還俄檢校夏官侍郎同鳳閣鸞臺平章事與武懿宗不協會賜將作材營第僭侈過度爲懿宗所劾自文昌左丞貶播州司馬晉卿流峯州稍爲豫州長史遷少府少監岐陜二州刺史久之復以夏官侍郎同鳳閣鸞臺平章事坐聘邵王妓貶原州都督神龍初爲太僕卿郢國公武三思引爲兵部尚書以晉卿爲將作大匠節愍太子敗逃于鄠破殺殊其首祭三思等柩楚客請之也俄同中書門下三品韋后安樂公主親賴之與紀處訥爲黨世號宗紀景龍二年詔突厥娑葛爲金河郡王而其部闕啜忠節賂楚客等罷之娑葛怨將兵患邊監察御史崔琬廷奏楚客處訥專威福有無君心納境外交爲國取怨晉卿專徇贓私驕恣跋扈並請收付獄三司推鞫故事大臣爲御史對仗彈劾必趨出立朝堂待罪楚客乃厲色大言性忠鯁爲琬誣詆中宗不能窮也詔琬與楚客處訥約兄弟兩解之故世謂帝爲和事天子尋遷中書令韋氏敗與晉卿同誅楚客性明達武后時降突厥沓實力吐敦者部落在平夏會邊書至言吐敦反楚客爲兵部員外郎后召問方略對曰吐敦者臣昔與之言其爲人忠義和厚且國家與有恩必不反其兄之子黙子者狡悍與吐敦不和今言叛疑黙子爲之然無能爲俄而夏州表黙子劫部落北奔爲州兵及吐敦所禽後張仁亶請築三城議者或不同獨楚客言萬世利也然昌于權利嘗諷右補闕趙延禧陳符命以媚帝曰唐有天下當百世繼周陛下承母禪周唐一統其符兆有八天皇再以陛下爲周王是在唐與周則天立陛下爲皇太子是在周與唐一也天后立文王廟二也唐同泰洛水圖云永昌帝業三也讖曰代不移宗四也孔子曰百世繼周五也桑條韋歌應二聖在位九十八年而子孫相承九十八世六也乃二月慶雲五色天應以和七也去六月九日內出瑞蒜八也起則天爲一世聖朝爲二世後子孫相承九十八其數正滿百世唐之曆乃三千餘年帝大喜擢延禧諫議大夫識者以楚客等欺神誣君且有大咎又嘗密語其黨曰始吾在卑位尤愛宰相及居之又思天子南面一日足矣雖外附韋氏而內畜逆謀故卒以敗晉卿魁貌雄偉聲如鐘雖不學然性倜儻垂拱後武后任之宮苑閑廄內外衆作無不總開中嶽造明堂鑄九鼎有力焉

紀處訥者秦州上邽人爲人魁岸鬚長數尺其妻武三思婦之姊縱使通三思繇是欵昵進爲太府卿神龍元年夏大旱穀價騰踊中宗召問所以救人者三思知之陰諷太史迦葉志忠奏是夜攝提入太微近帝坐此天子與大臣接有納忠之符帝信之下詔褒美賜處訥衣一副綵六十段與楚客並同三品進侍中後伏誅

祝欽明字文思京兆始平人父綝字叔良少通經頗著書質諸家疑異門人張後胄旣顯宦薦于朝詔對策高第終無極尉欽明擢明經爲東臺典儀永淳天授間又中英才傑出業奥六經等科拜著作郎爲太子率更令中宗在東宮欽明兼侍讀授太子經兼弘文館學士中宗復位擢國子祭酒同中書門下三品進禮部尚書封魯國公食實封戶三百桓彥範崔玄暐袁恕已敬暉等皆從受周官大義朝廷尊之以匿親忌日爲御史中丞蕭至忠所劾貶申州刺史入爲國子祭酒景龍三年天子將郊欽明與國子司業郭山惲陰迎韋后意謬立議曰周官天神曰祀地祇曰祭宗廟曰享大宗伯曰祀大神祭大祇享大鬼王有故不預則攝而薦追師掌后首服以待祭祀內司服掌后六服祭祀則供又九嬪凡大祭祀后祼獻則贊瑤爵然則后當助天子祀天神祭地祇鄭玄稱闕狄后助王祭羣小祀服小祀尙助況天地哉闕狄之上褘褕狄三服皆以助祭知褘衣助天祀也王之祭服二曰先王袞冕先公鷩冕故后助祭亦以褘衣祭先王褕狄祭先公不言助祭天地舉此以明彼反三隅也春秋外傳禘郊天子親射其牛王后親舂其粢世婦詔后之禮事不專主宗廟祭統曰祭也者必夫婦親之所以備內外之官哀公問孔子曰冕而親迎不已重乎答曰合二姓之好以繼先聖之後以爲天地宗廟社稷主君何謂已重焉則知后宜助祭臣請因經誼制儀典帝雖不睿猶疑之召禮官質問於是太常博士唐紹蔣欽緒對欽明所引皆宗廟禮非祭天地者周隋而上無皇后助祭事帝令宰相參訂紹欽緒又引博士彭景直共議曰周官所云祀祭享皆互言典瑞兩圭以祀地司几筵設祀先王昨席內宗掌宗廟祭祀傳曰聖人爲能饗帝春秋祭祀以時思之此祀天稱享享廟稱祭也禮家凡稱大祭祀不獨主天爵人大祭祀與量人受舉斝之卒爵祭天不祼則九嬪贊瑤爵容廟稱大祭祀也欽明據大宗伯之職以謂后有祭天地之禮按經凡祀大神祭大祇享大鬼帥執事而卜宿視滌濯涖玉鬯省牲鑊奉玉齍制大號若王不與祭祀則攝位自凡而推兼言王祭天地宗廟也下言凡大祭祀王后不與則攝而薦直王后祭廟一凡耳若當助祭天地應不列重凡且內宗外宗所掌皆佐王后廟薦無佐祭天地語有如助祭天地誰當贊佐者是則攝薦爲宗廟明甚內司

服掌后祭服無祭天服禮家說曰后不助祭天地五岳故無其服又言后有五輅以重翟從祭先王先公以厭翟從饗諸侯以安車朝夕見王以翟車宋桑以輦車游宴按此后無祭天車明甚然后助王祭天地古無聞焉時左僕射韋巨源助后掎摯帝奪政事即傅欽明議帝果用其言以皇后爲亞獻取大臣李嶠等女爲齋娘奉豆籩禮成詔齋娘有夫者悉進官初后屬婚上食禁中帝與羣臣宴欽明自言能八風舞帝許之欽明體肥醜據地搖頭睆目左右顧眄帝大笑吏部侍郎盧藏用嘆曰是舉五經掃地矣景雲初侍御史倪若水劾奏欽明山惲等腐儒無行以諂佞亂常改作百王所傳一朝隳放今聖德中興不宜使小人在朝請斥遠之以肅具臣乃貶欽明饒州刺史山惲括州刺史欽明於五經爲該淹自見坐不孝免無以湔祓乃阿附韋氏圖再用又坐是見逐諸儒共羞之後徙洪州都督入爲崇文館學士卒

贊曰欽明以經授中宗爲朝大儒乃詭聖僻說引豔妻郊見上帝腥德播聞享胙不終蓋與少正卯順非而澤莊周以詩書破冢者同科獨保腰領死家簀寧不幸邪後之託儒爲姦者可少戒云

山惲者河東人善治禮景龍中累遷國子司業帝昵宴近臣及脩文學士詔徧爲伎工部尚書張錫爲淡容娘舞將作大匠宗晉卿爲渾脫舞左衛將軍張洽爲黃麞舞給事中李行言歌駕車西河曲餘臣各有所陳皆鄙黷而山惲奏無所習惟知誦詩乃誦鹿鳴蟋蟀二篇未畢中書令李嶠以其近規諷止之帝嘉其直下詔褒答賜服一稱其後與欽明俛論阿世不能終其守久之復拜國子司業

王璵者方慶六世孫少爲禮家學玄宗在位久推崇老子道好神仙事廣脩祠祭靡神不祈璵上言請築壇東郊祀青帝天子入其言擢太常博士侍御史爲祠祭使璵專以祠解中帝意有所禳祓大抵類巫覡漢以來葬喪皆有瘞錢後世里俗稍以紙寓錢爲鬼事至是璵乃用之肅宗立累遷太常卿又以祠禱見寵乾元三年拜蒲同絳等州節度使俄以中書侍郎同中書門下平章事時大兵後天下願治璵望輕無它才不爲士議諧可旣驟得政中外悵駭乃奏置太一壇勸帝身見九宮祠帝由是專意它議不能奪帝嘗不豫太卜建言祟在山川璵遣女巫乘傳分禱天下名山大川巫皆盛服中人護領所至干託州縣賂遺狼藉時有一巫美而蠱以惡少年數十自隨尤憸狡不法馳入黃州刺史左震晨至館請事門鐍不啓震怒破鐍入取巫斬廷下悉誅所從少年藉其贓得十餘萬因遣還中人旣以聞璵不能詰帝亦不加罪明年罷璵爲刑部尚書又出爲淮南節度使猶兼祠祭使從浙東召入再遷太子少師卒贈開府儀同三司謚曰簡懷始璵託鬼神致位將相當時以左道進者紛紛出焉李國禎者以術士顯廣德初建言唐家仙系宜崇表福區招致神靈請度昭應南山作天華上宮露臺大地婆父祠并三皇道君太古天皇中古伏義女媧等各爲堂皇給百戶掃除又即義扶谷故湫祠龍置房宇有詔從之乃除地課工方歲饑人不堪命昭應令梁鎮上疏切諫以爲有七不可天地之神推之尊極者掃地可祭精意可享今廢先王之典爲人祈福福未至而人已困又違神虐人何從而致福邪宗廟月無三祭此不宜然婆父之鄙語不經見若爲地建祖廟上天必貽向背之責大湫者龍所託耳今湫竭已久龍安所存不宜崇去龍之穴破生人之産若三皇五帝道君等兩京及所都各有宮廟春秋饗此復營造是謂瀆神夫休咎豐凶本於五事不在山川百神明矣即劾國禎等動衆則得人興工則獲利祭祀則受胙主執則市權營罔天聽貿抱粢糈道路相望無時而息人神胥怨災孽並至臣昨受命有所安輯陛下許以權宜今所興造臣謹以便宜悉停帝從之鎮伉概有名士也仕至司門郎中璵曾孫搏別傳

唐書卷一百九考證

王璵傳方慶六世孫○沈炳震曰按方慶武后萬歲通天元年入相璵肅宗乾元元年入相相去六十三年耳且璵開元末已爲博士則又止四十餘年不應爲六世孫也而宰相世系表方慶生光輔光輔生寵寵生仲連仲連生紹紹生璵抑何世次歷歷耶恐別是一王璵而作史者混牽爲一也

乾元三年拜蒲同絳等州節度使俄以中書侍郎同中書門下平章事○臣德潛按璵之入相紀在元年五月二年三月罷爲刑部尚書七月出爲蒲同絳等州節度使非自蒲州入相也傳中顚誤

璵曾孫搏別傳○沈炳震曰別傳者專立一傳查新舊二書搏皆附傳未嘗專立傳也

唐書卷一百十

宋　端明殿學士宋祁撰

列傳第三十五

諸夷蕃將

史大奈本西突厥特勒也與處羅可汗入隋事煬帝從伐遼積勞爲金紫光祿大夫後分其部於樓煩高祖興太原大奈提其衆隸麾下桑顯和戰飲馬泉諸軍却大奈以勁騎數百背擊顯和破之軍遂振授光祿大夫從平長安以多賞帛五千匹賜姓史從秦王平薛舉王世充竇建德劉黑闥功殊等積前後賜侍女三雜綵萬段貞觀初擢累右武衛大將軍檢校豐州都督封竇國公食封戶三百卒贈輔國大將軍

馮盎字明達高州良德人本北燕馮弘裔孫弘不能以國下魏亡奔高麗遣子業以三百人浮海歸晉弘已滅業留番禺至孫融事梁爲羅州刺史子寶聘越大姓洗氏女爲妻遂爲首領授本郡太守至盎三世矣隋仁壽初盎爲宋康令瀧成等五州獠叛盎馳至京師請討之文帝詔左僕射楊素與論賊形勢素奇之曰不意蠻夷中乃生是人即詔盎發江嶺兵擊賊平之拜漢陽太守從煬帝伐遼東遷左武衛大將軍隋亡奔還嶺表嘯署酋領有衆五萬番禺新興名賊高法澄洗寶徹等受林士弘節度殺官吏盎率兵破之寶徹兄子智臣復聚兵拒戰盎進討兵始合輒釋冑大呼曰若等識我耶衆委戈袒而拜賊遂潰禽寶徹智臣等遂有番禺蒼梧朱崖地自號總管或說盎曰隋季崩蕩海內震騷唐雖應運而風教未孚嶺越無所係屬公克平二十州地數千里名位未正請上南越王號盎曰吾居越五世矣牧伯惟我一姓子女玉帛吾有也人生富貴如我希矣常恐忝先業尚自王哉武德五年始以地降高祖析爲高羅春白崖儋林振八州授盎上柱國高州總管封越國公拜其子智戴爲春州刺史智彧爲東合州刺史盎徙封耿貞觀初或告盎叛盎舉兵拒境太宗召右武衛將軍藺謩發江淮甲卒將討之魏徵諫曰天下初定創痍未復大兵之餘疫癘方作且王者兵不宜爲蠻夷動勝之不武不勝爲辱且盎不及未定時略州縣搖遠夷今四海已平尚何事反未狀當懷之以德盎懼必自來帝乃遣散騎常侍韋叔諧喻盎盎遣智戴入侍帝曰徵一言賢於十萬衆時蠻兵已出欲遂有功遣副將上盎可擊狀帝不許罷之五年盎來朝宴賜甚厚俄而羅竇諸洞獠叛詔盎率衆二萬爲諸軍先鋒賊據險不可攻盎持弩語左右曰矢盡勝負可知矣發七矢斃七人賊退走盎縱兵乘之斬首千餘級帝詔智戴還慰省賞予不可計奴婢至萬人盎善爲治閱簿最擿姦伏得民懽心卒贈左驍衛大將軍荊州都督子三十人

智戴知名勇而有謀能撫衆得士死力酋帥皆樂屬之嘗隨父至洛陽統本部銳兵宿衛煬帝弑引其下逃歸時盜賊多嶺嶠路絕智戴轉戰而前至高源俚帥脅爲謀主會盎至智戴得與盎俱去後入朝帝勞賜加等授衛尉少卿聞其善兵指雲問曰下有賊今可擊乎對曰雲狀如樹方辰在金金利木柔擊之勝帝奇其對累遷左武衛將軍卒贈洪州都督

盎族人子猷以豪俠聞貞觀中入朝載金一舸自隨高宗時遣御史許瓘視其貲瓘至洞子猷不出迎後率子弟數十人擊銅鼓蒙排執瓘而奏其罪帝馳遣御史楊璟驗訊璟至卑辭以結之委罪於瓘子猷喜遺金二百兩銀五百兩璟不受子猷曰君不取此且留不得歸璟受之還奏其狀帝命納焉

阿史那社尒突厥處羅可汗之次子年十一以智勇聞拜拓設建牙磧北與頡利子欲谷設分統鐵勒回紇僕骨同羅諸部處羅卒哀毀如禮治衆十年無課斂或勸厚賦以自奉荅曰部落豐餘於我足矣故首領咸愛之頡利數用兵社尒諫弗納貞觀元年鐵勒回紇薛延陀等叛敗欲谷設於馬獵山社尒助擊之弗勝明年將餘衆西保可汗浮圖城會頡利滅西突厥統葉護又死奚利必咄陸可汗與泥孰爭國社尒引兵襲之得其半國有衆十餘萬乃自號都布可汗謂諸部曰始爲亂破吾國者延陀也今我據西方而不平延陀是忘先可汗非孝也事脫不勝死無恨酋長皆曰我新得西方須留撫定今直棄之遠擊延陀延陀未禽葉護子孫將復吾國社尒不從選騎五萬討延陀磧北連兵十旬士苦其久稍潰去延陀縱擊大敗之乃走保高昌衆纔萬人又與西突厥不平由是率衆內屬十年入朝授左驍衛大將軍處其部于靈州詔尚衡陽長公主爲駙馬都尉典衛屯兵十四年以交河道行軍總管平高昌諸將咸受賞社尒以未奉詔秋毫不敢取見別詔然後受又所取皆老弱陳弊太宗美其廉賜高昌寶鈿刀雜綵千段詔檢校北門左屯營封畢國公從征遼東中流矢揠去復戰所部奮厲皆有功還擢兼鴻臚卿二十一年以崑丘道行軍大總管與契苾何力郭孝恪楊弘禮李海岸等五將軍發鐵勒十三部及突厥騎十萬討龜茲師次西突

厥擊處密處眞敗之入白焉者西兵出不意龜茲震恐進屯磧石伊州刺史韓威以千騎先進右驍衞將軍曹繼叔次之至多得城其王率衆五萬拒戰威陽卻王悉兵逐北威與繼叔合殊死戰大破之社尒因拔都城王輕騎遁社尒劉孝恪守自率精騎追躡行六百里王據大撥換城嬰險自固社尒攻凡四十日入之禽其王并下五大城遣左衞郎將權祇甫徇諸酋長示禍福降者七十餘城宣諭威信莫不歡服刻石紀功而還因說于闐王入朝王獻馬畜三百餉軍西突厥焉耆安國皆爭犒師孝恪之在軍牀帷器用多飾金玉以遺社尒社尒不受帝聞曰二將優劣不復問人矣帝崩請以身殉衞陵寢高宗不許遷右衞大將軍永徽六年卒贈輔國大將軍并州都督陪葬昭陵治冢象葱山諡曰元子道真歷左屯衞大將軍咸亨初爲邏娑道副大總管與薛仁貴討吐蕃以援吐谷渾爲論欽陵所敗盡失其兵詔有司問狀免死爲民

阿史那忠者字義節蘇尼失子也資淸謹以功擢左屯衞將軍尚宗室女定襄縣主始詔姓獨著史居父喪哀慕過人會立阿史那思摩爲突厥可汗以忠爲左賢王及出塞不樂見使者必泣請入侍許焉封薛國公擢右驍衞大將軍宿衞四十八年無纖隙人比之金日磾卒贈鎮軍大將軍諡曰貞陪葬昭陵

執失思力突厥酋長也貞觀中護送隋蕭后入朝授左領軍將軍會頡利敗太宗令思力諭降渾斛薩部落稍親近帝逐兎苑中思力諫曰陛下爲四海父母乃自輕臣竊殆之帝異其言後復逐鹿思力脫巾帶固諫帝爲止及討遼東詔思力屯金山道領突厥扞薛延陀延陀兵十萬寇河南思力示羸不與确賊深入至夏州乃整陣擊敗之追躡六百里會毗伽可汗死耀兵磧北而歸復從江夏王道宗破延陀餘衆與平吐谷渾詔尚九江公主拜駙馬都尉封安國公坐交房遺愛高宗以其戰多赦不誅流巂州主請削封邑偕往主前卒龍朔中以思力爲歸州刺史卒麟德元年復公主封邑贈思力勝州都督諡曰景

契苾何力鐵勒哥論易勿施莫賀可汗之孫父葛隋末爲莫賀咄特勒以地近吐谷渾險陿多厲暍徙去熱海上何力九歲而孤號大俟利發貞觀六年與母率衆千餘詣沙州內屬太宗處其部於甘涼二州擢何力左領軍將軍九年與李大亮薛萬徹萬均討吐谷渾於赦水川萬均率騎先進爲賊所包兄弟皆中創墮馬步鬬士死十七八何力馳壯騎冒圍奮擊虜披靡去是時吐谷渾王伏允在突淪川何力欲襲之萬均懲前敗以爲不可何力曰賊無城郭逐薦草美水以爲生不乘其不虞正恐鳥驚魚駭後無以窺其巢穴乃閱精騎千餘直擣其牙斬首數千級獲橐駝馬牛羊二十餘萬俘其妻子伏允挺身免有詔勞軍於大斗拔谷萬均恥名出其下乃排何力引功自名何力不勝憤挺刀起將殺之諸將勸止及還帝責謂其故何力具言萬均敗狀帝怒將解其官授何力何力頓首曰以臣而解萬均官恐四夷聞者謂陛下重夷輕漢則誣告益多又夷狄無知謂漢將皆然非示遠之義帝重其言乃止有詔宿衞北門檢校屯營事尚臨洮縣主十四年爲葱山道副大總管與討高昌平之始何力母姑臧夫人與弟沙門在涼州沙門爲賀蘭都督十六年詔何力往覲母於是薛延陀毗伽可汗方彊契苾諸酋爭附之乃脅其母弟使從何力驚謂其下曰上於爾有大恩且遇我厚何遽反皆曰可敦都督去矣尚何顧何力曰弟往侍足矣我義許國不可行衆執之至毗伽牙下何力箕踞拔佩刀東向呼曰有唐烈士受辱賊廷邪天地日月臨鑒吾志即割左耳誓不屈毗伽怒欲殺之其妻諫而止何力被執也或讒之帝曰何力入延陀如涸魚得水其脫必遽帝曰不然若人心如鐵石殆不背我會使至言狀帝泣下即詔兵部侍郎崔敦禮持節許延陀尚主因求何力乃得還授右驍衞大將軍公主行有日何力陳不可帝曰天子無戲言既許之叵奈何何力曰禮有親迎宜詔毗伽身到京師或詣靈武彼畏我必不來則姻不成而憂憤不知所出下必攜貳不及一年交相疑沮毗伽素狠戾必死死則二子爭國內判外攜不戰而禽矣帝然之毗伽果不敢迎鬱邑不得志恚而死少子拔酌殺其庶兄突利失自立國中亂如其策云帝征高麗詔何力爲前軍總管次白崖城中賊矟創甚帝自爲傅藥城拔得刺何力者高突勃驍使自殺之辭曰彼爲其主冒白刃以刺臣此義士也犬馬猶報其養況於人乎卒捨之俄以崑丘道總管平龜茲帝崩欲以身殉高宗諭止永徽中西突厥阿史那賀魯以處月處蜜姑蘇歌邏祿卑失五姓叛寇延州陷金嶺略蒲類詔何力爲弓月道大總管率左武衞大將軍梁建方統秦成岐雍及燕然都護回紇兵八萬討之處月酋朱邪孤注遂殺招慰使果毅都尉單道惠據牢山以守何力等分兵數道攀藟而上急攻之賊大潰孤注夜遁輕騎窮躡行五百里孤注戰死虜渠帥六十俘斬萬餘牛馬雜畜七萬取處蜜時健俟斤合支賀等以歸遷左驍衞大將軍封郕國公顯慶中爲浿江軍行軍大總管與蘇定方及右驍衞大將軍劉伯英伐高麗不克龍朔初復拜遼東道行軍大總管率諸蕃三十五軍進討帝欲自率師繼之次鴨綠水蓋蘇文遣男生以精兵數萬拒險衆莫敢濟會氷合何力引兵譟而濟賊驚遂潰追奔斬首三萬級餘衆降男生脫身走有詔班師時鐵勒九姓叛詔何力爲安撫大使何力以輕騎五百馳入其部虜大驚何力諭曰朝家知而誑誤遂及翻動使我貰爾過得自新罪在凶渠取之則已九姓大喜共擒僞葉護及特勒等二百人以歸何力數其罪誅之餘衆遂安士卒道死者令所在收瘞賙護其家未幾蓋蘇文死男生爲弟所逐使子詣闕請降乃拜何力爲遼東道行軍大總管安撫大使經略之副李勣同趣高麗勣已拔新城留何力守時高麗兵十五萬屯遼水引靺鞨數萬衆據南蘇城何力奮擊破之斬首萬級乘勝進拔八城引兵還與勣會合攻辱夷大行三城克之進拔扶餘勣勒兵未進何力率兵五十萬先趨平壤勣繼進攻凡七月拔之虜其王以獻進鎭軍大將軍行左衞大將軍徙封涼總章儀鳳間吐蕃滅吐谷渾勢益張入寇鄯廓河坊等州詔周王爲洮州道相王爲涼州道行軍元帥率何力等討之二王不行亦會何力卒贈輔國大將軍并州大都督陪葬昭陵諡曰毅始龍朔中司稼少卿梁脩仁新作大明宮植白楊于庭示何力曰此木易成不數年可庇何力不答但誦白楊多悲風蕭蕭愁殺人之句脩仁驚悟更植以桐

子明字若水襁褓授上柱國封漁陽縣公年十三遷奉輦大夫李敬玄征吐蕃明爲柏海道經略使以戰多進左威衞大將軍襲封賜錦袍寶帶它物甚夥擢嫡子三品官再遷雞田道大總管至烏德鞬山誘附二萬帳武后時明妻及母臨洮縣主皆賜姓武以左鷹揚衞大將軍卒年四十六贈涼州刺史諡曰靖明性淹厚喜學長辯論子聳襲爵

黑齒常之百濟西部人長七尺餘驍毅有謀略爲百濟達率兼風達郡將猶唐刺史云蘇定方平百濟常之以所部降而定方囚老王縱兵大掠常之懼與左右酋長十餘人遁去嘯合逋亡依任存山自固不旬日歸者三萬定方勒兵攻之不克常之遂復二百餘城龍朔中高宗遣使招諭乃詣劉仁軌降累遷左領軍員外將軍洋州刺史儀鳳三年從李敬玄劉審禮擊吐蕃審禮敗敬玄欲引還阻泥溝兵不得出賊屯高壓官軍常之夜率敢死士五百人掩其營殺掠數百人賊酋跋地設棄軍走帝歎其才擢左武衞將軍檢校左羽林軍賜金帛殊等進爲河源軍副使調露中吐蕃使贊婆等入寇屯良非川李敬玄之敗常之引精騎三千夜襲其軍斬首二千級獲羊馬數萬贊婆等單騎去即拜河源道經略大使因建言河源當賊衝宜增兵鎭守而運饟須廣乃斥地置烽七十所墾田五千頃歲收粟斛百餘萬由是食衍士精戍邏有備永隆二年贊婆營青海常之馳掩其屯破之悉燒糧儲獲羊馬甲首不貲詔書勞賜凡涖軍七年吐蕃憚畏不敢盜邊封燕國公垂拱中突厥復犯塞常之率兵追擊至兩井忽與賊遇賊騎三千方擐甲常之見其囂以二百騎突之賊皆棄甲去其暮賊大至常之潛使人伐木列炬營中若烽燧然會風起賊疑救至遂夜遁久之爲燕然道大總管與李多祚王元言等擊突厥骨咄祿元珍於黃花堆破之追奔四十里賊潰歸磧北會左監門衞中郎將爨寶璧欲窮追要功詔與常之共計寶璧獨進爲虜所覆舉軍沒寶璧下吏誅常之坐無功會周興等誣其與右鷹揚將軍趙懷節反捕繫詔獄投繯死常之御下有恩所乘馬爲士所箠或請罪之答曰何遽以私馬鞭官兵乎前後賞賜分麾下無留貲及死人皆哀其枉

李謹行靺鞨人父突地稽部酋長也隋末率其屬千餘內附居營州授金紫光祿大夫遼西太守武德初奉朝貢以其部爲燕州授總管劉黑闥叛突地稽身到定州上書秦王請節度以戰功封耆國公徙部居昌平高開道以突厥兵攻幽州突地稽邀擊敗之貞觀初進右衞將軍賜氏李卒謹行偉容貌勇蓋軍中累遷營州都督家童至數千以貲自雄夷人畏之爲積石道經略大使論欽陵衆十萬寇湟中候邏不知士樵采半散謹行聞虜至即植旗伐鼓開門以伺欽陵疑有伏不敢進上元三年破吐蕃于青海璽書勞勉封燕國公卒贈幽州都督陪葬乾陵

泉男生字元德高麗蓋蘇文子也九歲以父任爲先人遷中裏小兄猶唐謁者也又爲中裏大兄知國政凡辭令皆男生主之進中裏位頭大兄久之爲莫離支兼三軍大將軍加大莫離支出按諸部而弟男建男產知國事或曰男生惡君等逼己將除之建產未之信又有謂男生將不納君男生遣諜往男建捕得即矯高藏命召男生懼不敢入男建殺其子獻忠男生走保國內城率

其衆與契丹靺鞨兵內附遣子獻誠訴諸朝高宗拜獻誠右武衞將軍賜乘輿馬瑞錦寶刀使還報詔契苾何力率兵援之男生乃免授平壤道行軍大總管兼持節安撫大使舉哥勿南蘇倉巖等城以降帝又命西臺舍人李虔繹就軍慰勞賜袍帶金釦七事明年召入朝詔所過州縣傳舍作鼓吹右羽林將軍李同以飛騎仗廷寵還遼東大都督玄菟郡公賜第京師因詔還軍與李勣攻平壤使浮屠信城內間引高麗銳兵潛入禽高藏詔遣子齊手制金皿即遼水勞賜還進右衞大將軍卞國公賜寶器宮侍女二馬八十儀鳳二年詔安撫遼東并置州縣招流冗平斂賦罷力役民悅其寬卒年四十六帝爲舉哀贈并州大都督喪至都詔五品以上官哭之謚曰襄勒碑著功男生純厚有禮奏對敏辯善射藝其初至伏斧鑕待罪帝宥之世以此稱焉

獻誠天授中以右衞大將軍兼羽林衞武后嘗出金幣命宰相南北牙羣臣舉善射五輩中者以賜內史張光輔舉獻誠獻誠讓右玉鈐衞大將軍薛吐摩支摩支固辭獻誠曰陛下擇善射者然皆非華人臣恐唐官以射爲恥不如罷之后嘉納來俊臣嘗求貨獻誠不答乃誣其謀反縊殺之后後知其冤贈右羽林衞大將軍以禮改葬

李多祚其先靺鞨酋長號黃頭都督後入中國世系湮遠至多祚驍勇善射以軍功累遷右鷹揚大將軍討黑水靺鞨誘其渠長置酒高會因醉斬之擊破其衆室韋及孫萬榮之叛多祚與諸將進討以勞改右羽林大將軍遂領北門衞兵張柬之將誅二張以多祚素感槩可動以義乃從容謂曰將軍居北門幾何曰三十年矣將軍擊鍾鼎食貴重當世非大帝恩乎多祚泣數行下曰死且不忘柬之曰將軍知感恩則知所以報今在東宮乃大帝子而嬖豎擅朝危逼宗社國家廢興在將軍將軍誠有意乎捨今日尚何在答曰苟緣王室惟公所使乃引天地以自誓辭氣毅然柬之遂定謀以敬暉李湛爲右羽林將軍命總禁兵與多祚王同皎請太子至玄武門斬關入及長生殿白武后曰諸將誅逆臣易之昌宗恐漏大謀不敢豫奏頓首請歸死后病卧顧湛曰我於而父子不薄亦豫是邪中宗復位封多祚遼陽郡王食實戶八百子承訓爲衞尉少卿湛遷大將軍封趙國公食實戶五百帝祠太廟特詔多祚與相王登輿夾侍監察御史王覿謂多祚夷人雖有功不宜共輿輦帝曰朕推以心腹卿勿復言崔玄暐等得罪多祚畏禍及故陽厚草氏節愍太子誅武三思多祚與成王千里率兵先至玄武樓下具言所以誅三思狀按兵不戰宮闈令楊思勗方侍帝即挺刀斬其壻羽林中郎將野呼利兵因沮潰多祚爲其下所殺二子亦見害籍沒其家景雲初追復官爵并宥家屬

湛者義府最幼子字興宗沈厚有度六歲授周王府文學累遷右散騎常侍襲河間郡公武后徙上陽宮留湛宿衞頊之復爲右散騎常侍賜鐵券三思惡之貶果州刺史歷洺絳二州累遷右領軍大將軍開元十年卒贈幽州都督初義府以立武后故得宰相而湛爲中興功臣世不以其父惡爲貶云

論弓仁本吐蕃族也父欽陵世相其國聖曆二年弓仁以所統吐渾七千帳自歸授左玉鈐衞將軍封酒泉郡公神龍三年爲朔方軍前鋒游弈使時張仁愿築三受降城弓仁以兵出諾眞水草心山爲邏衞開元初突厥九姓亂弓仁引軍渡漠踰白檉林收火拔部喻多眞種落降之跌跌思太叛戰赤柳澗弓仁騎才五百自新堡進時賊四環之衆不敵弓仁椎牛誓士自若再宿潰圍出人服其壯凡閱大小戰數百未嘗負賜寶玉甲第良田等列莫與比累遷左驍衞大將軍朔方副大使會病玄宗遣上醫馳視卒年六十六贈撥川郡王謚曰忠孫惟貞

惟貞名瑀以字行志向恢大開元末爲左武衞將軍肅宗在靈武以衞尉少卿募兵綏銀閱句衆數萬從還鳳翔遷光祿卿爲元帥前鋒討擊使戰陝州以功進殿中監史思明攻李光弼於河陽周摯以兵二十萬陣城下惟貞請銳卒數千鑿數門出自旦及午苦戰破之光弼表爲開府儀同三司光弼討史朝義以爲貞守徐州賊將謝欽讓據陳乃假惟貞潁州刺史斬賊將降者萬人封蕭國公實封百戶光弼病表以自代擢左領軍衞大將軍爲英武軍使卒

尉遲勝本王于闐國天寶中入朝獻名玉良馬玄宗以宗室女妻之授右威衞將軍毗沙府都督歸國與安西節度使高仙芝擊破薩毗播仙累進光祿卿安祿山反勝使弟曜攝國事身率兵五千赴難國人固留勝勝以少女爲質而行肅宗嘉之拜特進兼殿中監廣德中進驃騎大將軍遣還固請留宿衞加開府儀同三司封武都郡王實封百戶勝請授國於曜詔可勝既留乃穿築池觀厚賓客士大夫多從之游從德宗至興元爲右領軍將軍歷睦王傅貞元初曜上言國中以嫡承嗣今勝讓國請立其子銳帝欲遣銳襲王勝固辭以曜久行國事人安之銳生京華不習其俗不可遣當是時兄弟讓國人莫不賢之睦府除徙原王傅卒贈涼州都督

尚可孤字可孤東部鮮卑宇文之別種世處松漠間天寶末隸范陽節度使安祿山復事史思明上元中自賊所歸累授左右威衞大將軍封白水縣伯爲神策大將以功試太常卿徙封馮翊郡王食實戶一百五十魚朝恩主衞兵器其勇養爲子名智德使將兵三千屯扶風武功歷十餘年隊伍閑整朝恩死詔賜氏李名嘉勳李希烈叛擢爲招討應援荆襄使復本姓名累戰有功朱泚之難召可孤可孤率兵三千道襄鄧而西屬賊兵銳乃壁七盤僞將仇敬忠等來寇可孤擊卻之遂收藍田德宗將還梁州命引兵守灞上拜神策京畿渭南商州節度招討使敬忠拒戰可孤急擊斬之進軍與李晟收實戶二百又會諸軍進討李懷光次沙苑卒于軍贈司空可孤性謹審沈壯既有勳勞未嘗自論功御衆公嚴晟數稱之

裴玢五世祖糾本王疏勒武德中來朝拜鷹揚大將軍封天山郡公留不去遂籍京兆玢初事金吾將軍論惟明爲傔力德宗在奉天以功封忠義郡王從惟明鎮鄜坊署牙將後節度使王栖曜卒中軍將何朝宗夜縱火作亂玢獨匿不出遲明禽朝宗以待命有詔并軍司馬崔略斬之以同州刺史劉公濟領節度擢玢爲司馬踰年公濟卒乃授玢節度使元和三年徙山南西道玢爲治嚴稜畏遠權勢不務貢奉蔬食敝衣居處取避風雨而已倉庫完實百姓安之當世將帥未有及者以疾辭位入朝不事騶仗妻乘竹輿二侍婢黃碧縑服七年卒贈尚書左僕射謚曰節

贊曰夷狄性悍固其能知義所在者鷙挺不可還蓋巧不足而諒常有餘觀大奈等事君皆一其志無有顧望用能功績光明爲天子倚信至渾瑊跌跌光顏輩烈垂無窮惟其諒有餘故也瑊光顏自有傳今類其人著之篇

唐書卷一百十考證

阿史那社尒傳十年入朝授左驍衞大將軍○舊書九年率衆內屬拜左騎衞大將軍

契苾何力傳進拔八城引兵還○舊書凡拔七城乃廻軍

唐書卷一百十一

宋 端明殿學士 宋祁 撰

列傳第三十六

郭二張三王蘇薛程唐

郭孝恪許州陽翟人少有奇節不治貲產父兄以爲無賴隋亂率少年數百附李密密喜謂曰世言汝穎多奇士不謬也使與李勣守黎陽密敗勣遣孝恪送款封陽翟郡公拜宋州刺史詔與勣經畧武牢以東所定州縣委以選補竇建德之援洛也孝恪上謁秦王進計曰王世充力竭計窮其面縛可跂足待建德悉衆遠來糧餉阻絕殆天亡時也若固守武牢以軍氾水逐機應變禽殄必矣王然之賊平置酒大會洛陽宮語諸將曰孝恪策禽賊王長先下漕功固在諸君右遷上柱國歷貝趙江涇四州刺史所至有能名改左驍衞將軍累加金紫光祿大夫貞觀十六年拜涼州都督改安西都護西州刺史其地高昌舊都流徙罪人與鎮兵雜限以沙磧隔絕中國孝恪推誠撫御盡得其歡心初王師滅高昌詔以所虜焉耆生口七百還焉耆王王叛歸欲谷設可汗孝恪請擊之即拜西州道行軍總管率步騎三千出銀山道夜襲其王龍突騎支虜之帝悅降璽書褒勞俄拜崑丘道副大總管進討龜茲破其國城乃自留守遣餘軍分道進龜茲國相那利遁去孝恪以餘部未平出營於外國人有謂孝恪曰那利素得志今亡在外勢必爲變城中頗有異志願公備之孝恪忽其言不設備那利果率衆陰與城內胡爲應薄城鼓譟始覺之乃率千餘人合戰城中舉應那利孝恪殊死鬭中流矢卒子待詔亦殁將軍曹繼叔進兵復拔其城太宗責孝恪斥候不明至顚覆奪其官後愍死戰更爲舉哀高宗即位追還官爵贈待詔游擊將軍賻物三百段次子待封官左豹韜衞將軍咸亨初副薛仁貴討吐蕃戰大非川敗績貸死爲民

張儉字師約京兆新豐人隋相州刺史皖城郡公威孫父植車騎將軍連城縣公儉高祖從外孫也高祖起儉以功除右衞郎將遷朔州刺史時頡利可汗方彊每有求取所遺書輒稱詔敕邊吏奉承不敢郤及儉獨拒不受大教民營田歲收穀數十萬斛雖霜旱勸百姓相賑贍免飢殍州以完安李靖既平突厥有思結部者窮歸于儉儉受而安輯之其在磧北者親戚私相過省儉不禁示羈縻而已儉徙勝州後將不察其然遽奏思結叛朝廷議進討時儉以母喪奪服爲使者撫納之儉單騎

入其部，召酋帥慰諭，推腹心，咸匍匐歸命，因舉徙代州。遂檢校代州都督。儉勸墾田力耕，歲數稔，私蓄富實。儉恐虜易驕，乃建平羅法，入之官，虜悅喜，由是儲廥流羸。遷營州都督，兼護東夷校尉，坐事免，詔白衣領職。營州部與契丹、奚、霫、靺鞨諸蕃切畛，高麗引衆入寇，儉率兵破之，俘斬畧盡。復拜營州都督。太宗將征遼東，遣儉率蕃兵先進畧地，至遼西，川漲久未度，帝以爲畏懦，召還。見洛陽宮，陳水草美惡、山川險易并久不進狀，帝悅，拜行軍總管，使領諸蕃騎爲六軍前鋒。時高麗候者言莫離支且至，帝詔儉自新城路邀擊，虜不敢出。儉進度遼，趨建安城，破賊，斬數千級，累封䖍城郡公。後改東夷校尉官爲都護府，即以儉爲都護。永徽初，加金紫光祿大夫。卒，年六十，謚曰密。儉兄大師，太僕卿、華州刺史、武功縣男；弟延師，左衞大將軍、范陽郡公，性謹畏，典羽林兵三十年，未嘗有過，卒，贈荆州都督，謚曰敬，陪葬昭陵。儉兄弟三人，門皆立戟，時號「三戟張家」。

王方翼字仲翔，并州祁人。祖裕，隋州刺史，尚同安大長公主，官開府儀同三司，卒，謚曰文。方翼早孤，哀毀如成人，時號孝童。母李爲主所斥，居鳳泉墅，方翼尚幼，雜庸保，執苦不棄日，墾田植樹，治林垠壂，完牆屋，鬻松丸墨，爲富家。主薨，還京師，晝夜行，見長人丈餘，引弓射仆之，乃朽木也。太宗聞，擢右千牛。高宗立，而從祖女弟爲皇后，調安定令，誅滅大姓姦豪，務息。徙瀚海都護司馬，坐事下遷朔州尚德府果毅。歲餘代還，居母喪，哀瘠甚，帝遣侍醫療視。其友趙持滿誅死，尸諸道，親戚莫敢視，方翼曰：「欒布哭彭越，義也；周文王掩骼，仁也。絕友義，蔽生仁，何以事君？」遂往哭其尸，具禮收葬。金吾劾繫，帝嘉之，不罪。再遷肅州刺史。州無隍壍，寇易以攻，方翼乃發卒建樓堞，浚多樂水自環，烽邏精明。儀鳳間，河西蝗，獨不至方翼境，而它郡民或餒死，皆重繭走方翼治下。乃出私錢作水磑，簿其贏以濟飢瘵，構舍數十百楹居之，全活甚衆，芝産其地。裴行儉討遮匐，奏爲副，兼檢校安西都護，徙故都護杜懷寶爲庭州刺史。方翼築碎葉城，面三門，紆還多趣，以詭出入，五旬畢。西域胡縱觀，莫測其方畧，悉獻珍貨。未幾，徙方翼庭州刺史，而懷寶自金山都護更鎭安西，遂失蕃戎之和。永淳初，十姓阿史那車簿啜叛，圍弓月城，方翼引軍戰伊麗河，敗之，斬首千級。俄而三姓咽麪兵十萬踵至，方翼次熱海，進戰，矢著臂，引佩刀斷去，左右莫知。所部雜虜謀執方翼爲內應，方翼悉召會軍中，厚賜，以次出壁外縛之。會大風，雜金鼓而號譟，無鬭者，殺七千人。卽遣騎分道襲咽麪等，皆驚潰，烏鶻引兵遁去，禽首領突騎施等三百人，西戎震服。初，方翼次葛水，暴漲，師不可度，沈祭以禱，師涉而濟。又七月次葉河，無舟而冰一昔合，時以爲祥。西域平，以功遷夏州都督。屬牛疫，民廢田作，方翼爲耦耕法，張機鍵，力省而見功多，百姓順賴。明年，召方翼議西域事，引見奉天宮，賜食帝前。帝見衣有汗濯處，問其故，具對熱海苦戰狀，視其創，帝咨嗟久之，賜賚良厚。俄而妖賊白鐵余以綏州反，詔方翼與程務挺討之，飛旛擊賊，火其柵，平之，封太原郡公。阿史那元珍入寇，被詔進擊，時庫無完鎧，方翼斸六板，畫虎文，鉤聯解合，賊馬怱見，奔駭，遂敗，獲大將二，因降桑乾、舍利二部。武后時，王后屬無在者，方翼自視功多，冀不坐，而后內欲因罪除之，未得也。及務挺被殺，卽并坐方翼，追入朝，捕送獄，流崖州，卒于道，年六十三。神龍初，復官爵。方翼善書，與魏叔琬齊名。子珣字伯玉，與兄璵、弟瑨以文學稱，時號「三王」。天授初，珣及進士第，應制科，遷藍田尉，以拔萃擢長安尉。因進見，武后召問刑政，嘉之，詢其族氏，對曰：「廢后，臣之姑也。」后不悅，左遷亳州司法參軍。神龍初，爲河南丞。武三思矯制貶臨川令。宋璟輔政，召授侍御史，出許州長史。歲旱，珣時假刺史事，開廩振民，卽自劾，玄宗赦之。累遷工部侍郎，而瑨至中書舍人。珣譽爲祕書少監，數年而瑨繼職，終右散騎常侍，卒，贈戶部尚書，謚曰孝。子鉷，天寶中歷右補闕、殿中侍御。瑨子鉷，自有傳。

蘇烈字定方，以字行，冀州武邑人，後徙始平。父邕，當隋季，率里中數千人爲本郡討賊。定方驍悍有氣決，年十五，從父戰，數先登陷陣。邕卒，代領其衆，破劇賊張金稱、楊公卿，追北數十里，自是賊不舍境，鄉黨賴之。貞觀初，爲匡道府折衝，從李靖襲突厥頡利於磧石，率彀馬一百爲前鋒，乘霧行，去賊一里許，霧霽，見牙帳，馳殺數十百人。頡利及隋公主惶窘各遁去，靖亦尋至，餘黨悉降。再遷左衞中郎將，與程名振討高麗，破之，拜右屯衞將軍、臨清縣公。從葱山道大總管程知節征賀魯，至鷹娑川，賀魯率二萬騎來拒，總管蘇海政連戰未決，鼠尼施等復引二萬騎爲援。定方始休士，見塵起，率精騎五百蹈嶺馳擣賊營，賊衆大潰，殺千餘人，所棄鎧仗牛馬藉藉山野不可計。副總管王文度疾其功，謬謂知節曰：「賊雖走，軍死傷者衆，今當結輜重陣間，被甲而趨，賊來卽戰，是謂萬全。」又矯制收軍不深入。於是馬癯卒勞，無鬭志。定方說知節曰：「天子詔討賊，今反自守，何功之立哉？且公爲大將，而閫外之事不得專，顧副將乃得事之，理不其然。胡不囚文度，待天子命？」不從。至怛篤城，有胡人降，文度猥曰：「師還而降，且爲賊，不如殺之，取其貲。」定方曰：「此乃自作賊耳，寧曰伐叛？」及分財，定方一不取。太宗知之。比知節等還，悉下吏，當死，貸爲民。擢定方伊麗道行軍大總管，復征賀魯，以任雅相、回紇婆潤爲副。出金山北，先擊處木昆部，破之，俟斤嬾獨祿擁衆萬帳降，定方撫之，發其千騎，并回紇萬人進至曳咥河。賀魯率十姓兵十萬拒戰，輕定方兵少，舒左右翼包之。定方令步卒據高，攢矟外向，親引勁騎陣北原。賊三突步陣不能入，定方因其亂擊之，塵戰三十里，斬首數萬級，賊大奔。明日，振兵復進，五弩失畢舉衆降，賀魯獨與處木昆屈律啜數百騎西走。定方令副將蕭嗣業、回紇婆潤率雜虜兵趨邪羅斯川追北，定方與雅相領新附兵絕其後。會大雪，吏請少休，定方曰：「虜恃雪方止舍，謂我不能進，若縱使遠遁，則莫能禽。」遂勒兵進至雙河，與彌射、步眞合，距賀魯所百里，下令陣而行，薄金牙山。方賀魯將畋，定方縱擊，破其牙下數萬人，悉歸所部。賀魯走石國，彌射子元爽以兵與嗣業會，縛賀魯以還。由是修亭障，列蹊隧，定疆畛，問疾收胔，唐之州縣極西海矣。高宗臨軒，定方戎服奉賀魯以獻，策功拜左驍衞大將軍、邢國公，別封子慶節爲武邑縣公。會思結闕俟斤都曼先鎭諸胡，劫所部及疏勒、朱俱波、喝槃陀三國復叛，詔定方還爲安撫大使，率兵至業葉水，而賊保馬頭川。定方選精卒騎萬三千襲之，晝夜馳三百里，至其所，都曼驚，戰無素，遂大敗，走馬保城。師進攻之，都曼計窮，遂面縛降，俘獻於乾陽殿。有司請論如法，定方頓首請曰：「臣向諭陛下意，許以不死，願丐其命。」帝曰：「朕爲卿全信。」乃宥之。葱嶺以西遂定，加食邢州鉅鹿三百戶，遷左武衞大將軍。出爲神丘道大總管，率師討百濟，自城山濟海至熊津口。賊瀕江屯兵，定方出左涯，乘山而陣，與之戰，賊敗，死者數千。王師乘潮而上，舳艫銜尾進，鼓而譟。定方將步騎夾引，直趨眞都城。賊傾國來，酣戰，破之，殺虜萬人，乘勝入其郛。王義慈及太子隆北走，定方進圍其城。義慈子泰自立爲王，率衆固守。義慈之孫文思曰：「王與太子出，而叔豈得擅爲王？若王師還，我父子安得全？」遂率左右縋城下，人多從之，泰不能止。定方使士登城建唐旗幟，於是泰開門請命，其將禰植與義慈降，隆及諸城遂欵，百濟平。俘義慈、隆、泰等獻東都。定方所滅三國，皆生執其王。賞賚珍寶不勝計，加慶節尚輦奉御。未幾，定方爲遼東道行軍大總管，俄徙平壤道，破高麗之衆於浿江，奪馬邑山爲營，遂圍平壤，會大雪，解圍還。拜涼州安集大使，以定吐蕃、吐谷渾。乾封二年卒，年七十六。帝悼之，責謂侍臣曰：「定方於國有功，當褒贈，若等不言，何邪？」乃贈左驍衞大將軍、幽州都督，謚曰莊。

薛仁貴，絳州龍門人。少貧賤，以田爲業。將改葬其先，妻柳曰：「夫有高世之材，要須遇時乃發。今天子自征遼東，求猛將，此難得之時，君盍圖功名以自顯？富貴還鄉，葬未晚。」仁貴乃往見將軍張士貴應募。至安地，會郎將劉君卭爲賊所圍，仁貴馳救之，斬賊將，係首馬鞍，賊皆懾伏，由是知名。王師攻安市城，高麗莫離支遣將高延壽等率兵二十萬拒戰，倚山結屯。太宗命諸將分擊之。仁貴恃驍悍，欲立奇功，乃著白衣自標顯，持戟，腰鞬兩弓，呼而馳，所向披靡，軍乘之，賊遂奔潰。帝望見，遣使馳問先鋒白衣者誰，曰薛仁貴。帝召見嗟異，賜金帛、口馬甚衆，授游擊將軍、雲泉府果毅，令北門長上。師還，帝謂曰：「朕舊將皆老，欲擢驍勇付閫外事，莫如卿者。朕不喜得遼東，喜得卿。」遷右領軍中郎將。高宗幸萬年宮，山水暴至，夜突玄武門，宿衞皆散走。仁貴曰：「當天子緩急，安可懼死？」遂登門大呼，以警宮內。帝遽出乘高，俄而水入帝寢。帝曰：「賴卿以免，始知有忠臣也。」賜以御馬。蘇定方討賀魯，仁貴上疏曰：「臣聞兵出無名，事故不成。明其爲賊，敵乃可服。今泥熟不事賀魯，爲其所破，虜係妻子。王師有於賀魯部落轉得其家口者，宜悉取以還，厚加賚遣，使百姓知賀魯爲暴，而陛下至德也。」帝納之，遂還其家屬，泥熟請隨軍効死。顯慶三年，詔副程名振經畧遼東，破高麗於貴端城，斬首三千級。明年，與梁建方、契苾何力遇高麗大將溫沙多門，戰橫山，仁貴獨馳入，所射皆應弦仆。又戰石城，有善射者殺官軍十餘人，仁貴怒，單騎突擊，賊弓矢俱廢，遂生禽之。俄與辛文陵破契丹於黑山，執其王阿卜固獻東都，拜左武衞將軍，封河東縣男。詔副鄭仁泰爲鐵勒道行軍總管。將行，宴內殿，帝曰：「古善射有穿七札者，卿試以五甲射焉。」仁貴一發洞貫，帝大驚，更取堅甲賜之。時九姓衆十餘萬，令驍騎數十來挑戰，仁貴發三矢，輒殺三人，於是虜氣懾，皆降。仁貴慮爲後患，悉坑之。轉討磧北餘衆，禽僞葉護兄弟三人以歸。軍中歌曰：「將軍三箭定天山，壯士長歌入漢關。」九姓遂衰。鐵勒有思結、多覽葛等部，先保天山，及仁泰至，懼而降，仁泰不納，虜其家以賞軍，賊相率遁去。有候騎言虜輜重畜牧被野，可往取，仁泰選騎萬四千，卷甲馳絕大漠至仙蕚河不見虜檣盡還人飢相食比入塞餘兵纔二十之一仁貴亦取所部爲妾多納賕遺爲有司劾奏以功見原乾封初高麗泉男生內附遣將軍龐同善高偘往慰納弟男建率國人拒弗納乃詔仁貴率師援送同善至新城夜爲虜襲仁貴擊之斬數百級同善進次金山衄虜不敢前高麗乘勝進仁貴擊虜斷爲二衆即潰斬馘五千援南蘇木底蒼巖三城遂會男生軍手詔勞勉仁貴負銳提卒二千進攻扶餘城諸將以兵寡勸止仁貴曰在善用不在衆身帥士遇賊輒破殺萬餘人拔其城因旁海略地與李勣軍合扶餘既降它四十城相率送款威震遼海有詔仁貴率兵二萬與劉仁軌鎮平壤拜本衞大將軍封平陽郡公檢校安東都護移治新城撫孤存老檢制盜賊隨材任職褒崇節義高麗士衆皆欣然忘亡咸亨元年吐蕃入寇命爲邏娑道行軍大總管率將軍阿史那道眞郭待封擊之以援吐谷渾待封嘗爲鄯城鎮守與仁貴等夷及是恥居其下頗違節度初軍次大非川將趨烏海仁貴曰烏海地險而瘴吾入死地可謂危道然速則有功遲則敗今大非嶺寬平可置二柵悉內輜重留萬人守之吾倍道掩賊不整滅之矣乃約齎至河口遇賊破之多所殺掠獲牛羊萬計進至烏海城以待後援待封初不從領輜重躡進吐蕃率衆二十萬邀擊取之糧仗盡沒待封保險仁貴退軍大非川吐蕃益兵四十萬來戰王師大敗仁貴與吐蕃將論欽陵約和乃得還吐谷渾遂沒仁貴歎曰今歲在庚午星在降婁不應有事西方鄧艾所以死於蜀吾固知必敗有詔原死除名爲庶人未幾高麗餘衆叛起爲鷄林道總管復坐事貶象州會赦還帝思其功乃召見曰疇歲萬年宮微卿我且爲魚前日殄九姓破高麗爾功居多人有言向在烏海城下縱虜不擊以至失利此朕所恨而疑也今遼西不寧瓜州路絕卿安得高枕不爲朕指麾邪於是拜瓜州長史右領軍衞將軍檢校代州都督率兵擊突厥元珍於雲州突厥問曰唐將爲誰曰薛仁貴突厥曰吾聞薛將軍流象州死矣安得復生仁貴脫兜鍪見之突厥相視失色下馬羅拜稍稍遁去仁貴因進擊大破之斬首萬級獲生口三萬牛馬稱是永淳二年卒年七十贈左驍衞大將軍幽州都督官給轝護喪還鄉里

子訥字愼言起家城門郎遷藍田令富人倪氏訟息錢於肅政臺中丞來俊臣受賕發義倉粟數千斛償之訥曰義倉本備水旱安可絕衆人之仰私一家報上不與會俊臣得罪亦止後突厥擾河北武后以訥世將詔攝左威衞將軍安東道經略使對同明殿具言醜虜馮暴以廬陵王藉言今雖還東宮議不堅信若太子無動賊不討而解后納其言俄遷幽州都督安東都護改并州長史檢校左衞大將軍訥久處邊有戰功開元初玄宗講武新豐詔訥爲左軍節度時諸部頗失序唯訥與解琬軍不動帝令輕騎召之至軍門不得入禮成尤見慰勞明年契丹奚突厥連和數入邊訥建議請討詔監門將軍杜賓客定州刺史崔宣道與訥帥衆二萬出檀州賓客議方暑士負戈贏糧深討應恐無功姚元崇亦持不可訥獨曰夏草薦茂羔犢方息不費饋饟因盜資振國威靈不可失也天子方欲夸威四夷喜奇功乃聽訥言而授紫微黃門三品以重之師至灤河與賊遇諸將不如約爲虜覆盡亡其軍訥脫身走而罪宣道及大將李思敬等八人有詔斬以狥獨賓客免盡奪訥官爵俄而吐蕃大酋坌達延乞力徐等衆十萬寇臨洮入蘭州剽牧馬詔訥白衣攝羽林將軍爲隴右防禦使與王晙擊之追及賊戰武階驛犄角劫之破其衆尾北至洮水又戰長城堡殺鹵數萬禽其酋六指郯彌洪悉收所掠及仗械不貲時帝欲自將北伐及訥大克乃止行命紫微舍人倪若水即軍陟功狀拜訥左羽林大將軍復封平陽郡公以子暢爲朝散大夫又授涼州鎮軍大總管赤水建康河源邊州皆隸節度俄爲朔方行軍大總管久之以老致仕卒年七十二贈太常卿謚曰昭定訥性沈勇寡言其用兵臨大敵益壯弟楚玉開元中爲范陽節度使以不職廢生子嵩

嵩生燕薊間氣豪邁不肯事產利以膂力騎射自將豫安祿山亂晩爲史朝義守相州僕固懷恩破朝義長驅河朔嵩震懼迎拜軍門懷恩釋之奏爲檢校刑部尚書相衞洺邢等州節度使方大亂後人亦厭禍嵩謹奉職頗有治名大歷初封高平郡王實封二百戶號其軍爲昭義遷檢校尚書右僕射更封平陽七年卒贈太保詔其弟崿知留後事累加檢校太子少師十年爲其將裴志淸所逐以兵歸田承嗣崿奔洺州請入朝降服待罪銀臺門赦之乃分其地以嵩族子擇爲相州刺史雄衞州刺史堅洺州刺史承嗣誘雄亂不從遣客刺殺之初嵩好蹴蹹隱士劉鋼勸止曰爲樂甚衆何必乘危邀晷刻歡嵩悅圖其形坐右嵩子平

平字坦塗年十二爲磁州刺史父喪軍吏以故事脅知留務僞許之已而讓崿夕以喪歸累授右衞將軍宿衞三十年宰相杜黃裳擢爲汝州刺史治有風績王師討蔡繇左龍武大將軍授鄭滑節度使數戰有功始河溢瓠子東泛滑距城纔二里所平按求故道出黎陽西南因命其左裴弘泰往請魏博節度使田弘正弘正許之乃籍民田所當者易以它地疏道二十里以釃水悍還壖田七百頃於河南自是滑人無患入爲左金吾衞大將軍未幾復帥鄭滑李師道平詔分淄青齊登萊五州爲平盧軍徙平爲節度使王庭湊圍牛元翼棣州危詔平出援平遣將李叔佐率兵二千往刺史王稷餽餉陋俠衆潰而歸推突將馬士端爲帥劫屯士萬人薄州堞城中兵寡平悉公帑家貲募銳卒二千迎戰以奇兵掩賊輜重賊很顧遂大敗降餘黨平引誅亂者二千人斬堂皇下脅從皆縱還田里威震一方詔還檢校尚書右僕射封魏國公在鎮六年兵鎧完礪徭賦均一寶歷初入朝民郛路願留數日得出拜檢校司空河中絳隰節度使復得隷晉慈二州益兵三千進檢校司徒更封韓召拜太子太保以司徒致仕卒年八十贈太傅

子從字順之以蔭授左淸道率府兵曹參軍累遷汾州刺史隄文谷澮河二水引溉公私田汾人利之徙濮州儲粟二萬斛以備凶災於是山東大水詔右司郎中趙㮚爲賑䘏使㮚表其才擢將作監終左領軍衞上將軍贈工部尚書

程務挺洺州平恩人父名振隋大業末仕竇建德爲普樂令盜不跡境俄棄賊自歸高祖詔授永寧令使率兵經略河北即夜襲鄴縣俘男女千餘人以歸去數舍閱婦人方乳者九十餘人還之鄴人感其仁劉黑闥陷洺州名振與刺史陳君賓自拔歸母妻爲賊所得名振率衆千餘掠冀貝滄瀛等州邀擊糧道悉毀賊水陸餉具黑闥怒殺其母妻賊平請手斬黑闥以其首祭母拜營州長史封東平郡公賜物二千段黃金三百兩轉洺州刺史太宗征遼東召問方略不合旨帝勃然詰之名振辯對益詳帝意解謂左右曰房玄齡常在朕前見朕嗔餘人色不能主名振生平未識我一旦詭讓而辭吐不屈奇士哉拜右驍衞將軍平壤道行軍總管攻沙卑城破獨山陣皆以少擊衆號爲名將遷營州都督兼東夷都護擊高麗於貴端水焚其新城歷晉蒲二州刺史鏤方道總管卒贈右衞大將軍謚曰烈務挺少從父征討以勇力聞拜右領軍衞中郎將破突厥六萬騎於雲州會僞可汗阿史那伏念叛總管李文暕等三將以次奔敗詔裴行儉討之以務挺副檢校豐州都督時伏念屯金牙山務挺與副總管唐玄表引兵赴之伏念懼乃間道降於行儉故裴炎以爲非行儉功遷務挺右武衞將軍封平原郡公綏州部落稽白鐵余據城平叛建僞號署置百官進攻綏德大斌殺官吏火區舍詔務挺與夏州都督王方翼討之務挺生禽白鐵余進左驍衞大將軍檢校左羽林軍嗣聖初與右領軍大將軍張虔勗等預廢中宗立豫王爲皇帝累被褒賚以左武衞大將軍爲單于道安撫大使禦突厥務挺善綏禦士服其威愛突厥憚之不敢盜邊裴炎下獄務挺密表申治又素與唐之奇杜求仁善或言務挺與炎及徐敬業潛相援結后遣左鷹揚將軍裴紹業即軍中斬之籍其家突厥聞務挺死率相慶爲立祠每出師輒禱焉

王孝傑京兆新豐人少以軍功進儀鳳中劉審禮討吐蕃孝傑以副總管戰大非川爲虜執贊普見之曰貌類吾父故不死歸之武后時爲右鷹揚衞將軍孝傑居虜中久悉其虛實長壽元年爲武威道總管與阿史那忠節討吐蕃克龜茲于闐疏勒碎葉等城武后曰貞觀中西境在四鎮其後不善守棄之吐蕃今故土盡復孝傑功也乃遷左衞大將軍進夏官尚書同鳳閣鸞臺三品淸源縣男證聖初復爲朔方道總管與吐蕃戰不利免會契丹李盡忠等叛有詔起白衣爲清邊道總管將兵十八萬討之軍至東硤石谷與賊接道隘虜衆孝傑率銳兵先驅出谷整陣與賊戰而後軍總管蘇宏暉以其軍退援不至爲虜所乘軍潰孝傑墮谷死士相蹂且盡初進軍平州白鼠晝入營頓伏皆謂鼠坎精胡象也白質歸命天亡之兆及戰乃孝傑覆焉時張說以管記還白狀后問之說具陳孝傑乃心國家敢深入以少當衆雖敗功可錄也乃贈夏官尚書耿國公以其子無擇爲朝散大夫遣使者斬宏暉使未至而宏暉已立功遂贖罪

唐璿字休璟以字行京兆始平人曾祖規爲後周驃騎大將軍休璟少孤授易於馬嘉運傳禮於賈公彥舉明經高第爲吳王府典籤改營州戶曹參軍會突厥誘奚契丹叛都督周道務以兵授休璟破之於獨護山斬馘多遷朔州長史永淳中突厥圍豐州都督崔智辯戰死朝廷議棄豐保靈夏休璟以爲不可上疏曰豐州控河遏寇號爲襟帶自秦漢以來常郡縣之土田良美宜耕牧隋季喪亂不能堅守乃遷就寧慶戎羯得以乘利而交侵始以靈夏爲邊唐初募人以實之西北一隅得以完固今而廢之則河傍地復爲賊有而靈夏亦不足自

安非國家利也高宗從其言垂拱中遷安西副都護會吐蕃破焉耆安息道大總管韋待價等敗休璟收其潰亡以定西土授靈州都督乃陳方畧請復四鎭武后遣王孝傑拔龜茲等城自休璟倡之聖歷中授涼州都督右肅政御史大夫持節隴右諸軍副大使吐蕃大將麴莽布支率騎數萬寇涼州入洪源谷休璟以兵數千臨高望之見賊旗鎧鮮明謂麾下曰吐蕃自欽陵死贊婆降莽布支新將兵欲以示武且其下皆貴臣酋豪子弟騎雖精不習戰吾爲諸君取之乃被甲先登六戰皆克斬二將獲首二千五百築京觀而還吐蕃來請和旣宴使者屢覘休璟后問焉對曰洪源之戰是將軍多殺臣士卒其勇無比今願識之后嗟異擢爲右武威金吾二衞大將軍西突厥烏質勒失諸蕃和舉兵相攻安西道閉武后詔休璟與宰相計議不少選畫所當施行者旣而邊州建請屯置盡如休璟策后曰恨用卿晚進拜夏官尚書同鳳閣鸞臺三品后詔楊再思李嶠姚元崇等曰休璟練知邊事卿輩十不當一改太子右庶子仍知政事會契丹入塞復以夏官尚書檢校幽營等州都督安東都護時中宗爲皇太子休璟將行進啓曰易之兄弟恩寵過幸數入禁闥非人臣所宜願加防察帝復位召授輔國大將軍同中書門下三品酒泉郡公謂曰初欲召公計事以有北狄憂前日直言今未忘也加特進尚書右僕射賜邑戸三百封宋國公是歲大水上疏自劾免不許累遷檢校吏部尚書景龍二年致仕未幾復起爲太子少師同中書門下三品監修國史景雲初以特進爲朔方行軍大總管備突厥停舊封別賜百戸明年復請老給一品全祿延和元年卒年八十六贈荊州大都督謚曰忠休璟以儒者號知兵自碣石踰四鎭其間緜地幾萬里山川夷岨障塞之要皆能言之故行師料敵未嘗敗初得封以賦絹數千散瞻其族又出財數十萬大爲塋墓盡葬其五服親當時稱重惟張仁愿議築受降城而休璟獨謂不可卒就之而漠南無虜患始老已踰八十猶託倚權近求復用於是賀婁尚宮方用事附者輒榮赫休璟乃爲子娶其義女故復起宰相頗爲時譏訾其當國亦無它毗益云子先愼至陳州刺史先擇爲右金吾衞將軍

張仁愿華州下邽人本名仁亶以睿宗諱音近避之有文武材武后時累遷殿中侍御史郭弘霸者稱后乃彌勒佛身又鳳閣舍人張嘉福王慶之請以武承嗣爲皇太子邀仁愿聯章仁愿正色拒之後王孝傑爲吐刺軍總管與吐蕃戰不利仁愿監其軍因入言狀孝傑坐免擢仁愿侍御史萬歲通天中監察御史孫承景監清邊軍戰還自圖先鋒當矢石狀武后歎曰御史乃能如是乎擢爲右肅政臺中丞詔仁愿即叙其麾下功仁愿先問承景破敵曲折承景實不行所問皆窮仁愿劾奏承景罔上虛列虜級貶爲崇仁令以仁愿代爲中丞檢校幽州都督默啜寇趙定還出塞仁愿以兵邀之賊引去矢著其手武后遣使勞問賜藥注傳遷并州都督長史神龍中進左屯衞大將軍兼檢校洛州長史會穀貴多盜仁愿一切捕殺齒積府門畿甸震慴無敢犯先是賈敦頤嘗爲長史有政績時人爲之語曰洛有前賈後張敵京兆三王三年朔方軍總管沙吒忠義爲突厥所敗詔仁愿攝御史大夫代之旣至賊已去引兵躡擊夜掩其營破之始朔方軍與突厥以河爲界北厓有拂雲祠突厥每犯邊必先謁祠禱解然後料兵度而南時默啜悉兵西擊突騎施娑葛仁愿請乘虛取漠南地於河北築三受降城絶虜南寇路唐休璟以爲兩漢以來皆北守河今築城虜腹中終爲所有仁愿固請中宗從之表留歲滿兵以助功咸陽兵二百人逃歸仁愿禽之盡斬城下軍股慄役者盡力中六旬而三城就以拂雲爲中城南直朔方西城南直靈武東城南直榆林三壘相距各四百餘里其北皆大磧也斥地三百里而遠又於牛頭朝那山北置烽候千三百所自是突厥不敢踰山牧馬朔方益無寇歲損費億計減鎭兵數萬初建三城也不置壅門曲敵戰格或曰邊城無守備可乎仁愿曰兵貴攻取虜退守寇至當併力出拒敢回望城者斬何事守備退忸其心哉後常元楷代爲總管始築壅門議者益重仁愿而輕元楷景龍二年拜左衞大將軍同中書門下三品封韓國公春還朝秋復督軍備邊帝爲賦詩祖道賞賚不貲遷鎭軍大將軍睿宗立乃致仕加兵部尚書稟祿全給開元二年卒贈太子少保仁愿爲將號令嚴將吏信伏按邊撫師賞罰必直功罪後人思之爲立祠受降城出師輒享焉宰相文武兼者當時稱李靖郭元振唐休璟仁愿云在朔方奏用御史張敬忠何鸞長安尉寇泚鄠尉王易從始平主簿劉體微分總軍事太子文學劉彥昭爲管記義烏尉晁良貞爲隨機皆著稱後至大官世名仁愿知人子之輔至趙州刺史張敬忠自監察御史累遷吏部郎中開元七年拜平盧節度使

王晙滄州景城人後徙洛陽父行果爲長安尉知名晙少孤好學祖有方奇之曰是子當興吾宗長豪曠不樂爲衡檢事擢明經第始調淸苑尉歷殿中侍御史會朔方元帥魏元忠討賊不利劾奏副將韓思忠敗律當誅晙以思忠偏裨權不已制且其人勇智可惜不宜獨誅固爭得釋晙亦出爲渭南令景龍末授桂州都督州有兵舊常仰餉衡永晙始築羅郛罷戍卒埭江開屯田數千頃以息轉漕百姓賴之後求歸上冢州人詣闕留有詔桂往罹寇暴戸口彫瘠宜卽留以須政成在桂踰期年人丐刻石頌德初劉幽求放封州廣州都督周利貞必欲殺之道出晙所晙知其故留不遣利貞移書督趣幽求懼曰勢且難全正恐累君奈何晙曰公之坐非朋友所絶晙在終不忍公無罪就死俄崔湜等誅幽求復執政故詔幽求爲刻石辭遷鴻臚少卿充朔方軍副大總管安北大都護豐安定遠等城並授節度進太僕少卿隴右羣牧使開元二年吐蕃以精甲十萬寇臨洮次大來谷其酋坌達延以兵踵而前晙率所部二千與臨洮軍合料奇兵七百易胡服夜襲去賊五里令曰前遇寇士大呼鼓角應之賊驚疑伏在旁自相鬬死者萬計俄而薛訥至武階距大來二十里賊陣兩軍間亘一舍而近晙往迎訥夜使壯士銜枚壓突虜駭引去追至洮水敗之俘獲如積以功加銀青光祿大夫淸源縣男兼原州都督以子班爲朝散大夫又進并州都督長史明年突厥默啜爲拔曳固所殺其下多降分置河曲旣而小殺繼降者稍稍叛去晙上言突厥向以國亂故欸塞與部落無間也延傒北風何嘗忘之今徙處河曲使內伺邊罅久必爲患比者不受要約兵已屢動擅作烽區閉障行李虜脫南牧降帳必與連衡以相應接表裏有敵雖韓彭孫吳無所就功請至農隙令朔方軍大陳兵召酋豪告以禍福啗以金繒且言南方麋鹿魚米之饒並遷置淮右河南寬鄉給之程糧雖一時之勞然不二十年漸服諸華料以充兵則皆勁卒議者若謂降狄不可以南處則高麗舊俘置沙漠之西城傍編夷居胥徐之右何獨降胡不可徙歟臣復料議者必曰故事置于河曲前日已寧今無獨異且往者頡利破亡邊鄙安定故降戸得以久安今虜未殄滅此降人皆戚屬固不與往年同已臣請以三策料之悉其部落置內地獲精兵之實閉黠虜之患此上策也亭障之下蕃華參處廣屯戍爲備擬費甚人勞下策也置之胡塞滋成禍萌此無策也不然前至河冰且必有變書未報而虜已叛乃敕晙將并州兵濟河以討晙間行卷甲捨幕趨山谷夜遇雪恐失期誓於神明曰晙事君不以忠不討有罪天所殛者當自蒙罰士衆無罪心誠忠而天監之則止雪反風以獎成功俄而和霽時叛胡分二道走晙自東道追及之獲級三千以功遷左散騎常侍朔方行軍大總管改御史大夫跌跌部及僕固都督勺磨等散保受降城之鄙潛引突厥內擾晙密言上盡誘而誅之拜兵部尚書復爲朔方軍大總管九年蘭池胡康待賓據長泉反陷六州詔郭知運與晙討平之封淸源公官一子玄宗以宮人賜知運等晙獨不敢取曰臣之事君猶子事父詎有常近闈掖而臣子敢當乎誓死以免見聽初晙奏朔方兵力有餘願罷知運獨當戍未報而知運至故不協晙所降附知運輒縱擊賊意晙賣已乃復叛晙坐貶梓州刺史改太子詹事中山郡公進吏部尚書太原尹代張說爲兵部尚書同中書門下三品充朔方軍節度大使河北河西隴右河東之軍盡屬是冬帝親郊追會大禮晙以冰壯請留將兵待邊手勑慰勉會有人告許州刺史王喬謀反辭逮晙詔源乾耀張說雜訊無狀以黨與貶蘄州刺史還定州復以戸部尚書爲朔方軍節度使卒贈尚書左丞相謚曰忠烈晙氣貌偉特時謂爲熊虎相感慕節義有古人風其操下肅壹吏人畏愛始二張之誣魏元忠晙獨上疏申治宋璟曰魏公全矣子再觸逆鱗其殆乎晙曰魏公以忠獲罪苟得辨雖死弗悔晙卒後信安王禕討奚於幽州告捷且言戰時士咸見晙與部將高昭麾兵赴敵天子嗟異戸部郎中陽伯成上疏請封晙墓表異之優其子孫帝乃遣使祭晙廟進諸子官

贊曰唐所以能威振夷荒斥大封域者亦有虎臣爲之牙距也至師行數千萬里窮討殊鬬獵取其國由鹿豕然可謂選値其材歟夫宰相代天秩物變化人神惟有德者宜之若休璟仁愿用以丞弼非彊所不能邪据功名之地則綽綽矣

唐書卷一百十一考證

蘇烈傳出爲神丘道大總管率師討百濟○臣德潛按舊書制授熊津道大總管帥師討百濟當從舊書熊津在朝鮮國城南百濟海口也唐置熊津都督府于此

薛仁貴傳遇高麗大將溫沙多門戰橫山○舊書作溫沙門

仁貴孫嵩七年卒贈太保○舊書傳與新書紀皆作大

歷八年

張仁愿傳又於牛頭朝那山北置烽候千三百所○舊書作千八百所

唐書卷一百十二

宋 端 明 殿 學 士 宋 祁 撰

列傳第三十七

王員韓蘇薛柳馮蔣

王義方泗州漣水人客于魏孤且窶事母謹甚淹究經術性謇特高自標樹舉明經詣京師客有徒步疲于道者自言父宦遠方病且革欲往省困不能前義方哀之解所乘馬以遺不告姓名去由是譽振一時不肯造請貴勢太宗使宰相聽其論於是尚書外郎獨孤悊以儒顯給事中許敬宗推悊確論義方引逮百家異同連拄悊直出其上左右爲悊不平輒罷會補晉王府參軍直弘文館魏徵異之欲妻以夫人之姪辭不取俄而徵薨乃娶人問其然曰初不附宰相今感知己故也素善張亮亮抵罪故貶吉安丞道南海舟師持酒脯請福義方酌水誓曰有如忠獲戾孝見尤四維廓氛千里安流神之聽之無作神羞是時盛夏濤霧蒸湧既祭天雲開露人壯其誠吉安介蠻夷梗悍不馴義方召首領稍選生徒爲開陳經書行釋奠禮清歌吹籥登降跽立人人悅順久之徙洹水丞而亮兄子皎自朱崖還依義方將死誘妻子願以尸歸葬義方許之以皎妻少故與之誓於神使奴負柩輟馬載皎妻身步從之既葬皎原武歸妻其家而告亮墓乃去遷雲陽丞顯慶元年擢侍御史不再旬會李義府縱大理囚婦淳于迫其丞畢正義縊死無敢白其姦義方自以興縣屬不三時拜御史且疾當世附離匪人以欺朝廷內決劾奏意必得罪即問計於母母曰昔王母伏劍成陵之誼汝能盡忠吾願之死不恨義方即上言天子置公卿大夫士欲水火相濟鹽梅相成不得獨是獨非也昔堯失之四凶漢高祖失之陳豨光武失之逢萌魏武失之張邈彼聖傑之主然皆失於前而得於後今陛下撫萬邦而有之蠻區夷落罪無逃罰況輦轂下姦臣肆虐乎殺人滅口此生殺之柄不自主出而下移佞臣履霜堅冰彌不可長請下有司雜治正義死狀即具法冠對仗叱義府下跪讀所言帝方安義府狡佞恨義方以孤士觸宰相貶萊州司戶參軍歲終不復調往客昌樂聚徒教授母喪隱居不出卒年五十五義方爲御史時買第後數日愛庭中樹復召主人曰此佳樹得無欠債乎又予之錢其廉不貪類此始魏徵愛其材也每恨太直後卒以疾惡不容于時既死門人員半千何彥先行喪蒔松柏冢側三年乃去彥先齊州全節人武后時位天官侍郎

員半千字榮期齊州全節人其先本彭城劉氏十世祖凝之事宋起部郎及齊受禪奔元魏以忠烈自比伍員因自姓員終鎮西將軍平涼郡公半千始名餘慶生而孤爲從父鞠愛羈丱通書史客晉州州舉童子房玄齡異之對詔高第已能講易老子長與何彥先同事王義方以邁秀見賞義方常曰五百歲一賢者生子宜當之因改今名凡舉八科皆中咸亨中上書自陳臣家貲不滿千錢有田三十畝粟五十石聞陛下封神岳舉豪英故鬻錢走京師朝廷九品無葭莩親行年三十懷志潔操未蒙一官不能陳力歸報天子陛下何惜玉陛方寸地不使臣披露肝膽乎得天下英才五千與摧所長有一居先臣當伏死都市書奏不報調武陟尉歲旱勸令殷子良發粟賑民不從及子良謁州半千悉發之下賴以濟刺史大怒囚半千于獄會薛元超持節度河讓太守曰君有民不能恤使惠出一尉尚可罪邪釋之俄舉岳牧高宗御武成殿問兵家有三陣何謂邪衆未對半千進曰臣聞古者星宿孤虛天陣也山川向背地陣也偏伍彌縫人陣也臣謂不然夫師以義出沛若時雨得天之時爲天陣足食約費且耕且戰得地之利爲地陣舉三軍士如子弟從父兄得人之和爲人陣捨是則何以戰帝曰善既對策擢高第歷華原武功尉厭卑劇求爲左衛胄曹參軍使吐蕃將行武后曰久聞爾名謂爲古人乃在朝邪境外事不足行宜留待制即詔入閣供奉遷司賓寺主簿稍與丘悅王劇石抱忠同爲弘文館直學士又與路敬淳分日待制顯福門下擢累正諫大夫兼右控鶴內供奉半千以控鶴在古無有而授任者皆浮狹少年非朝廷德選請罷之忤旨下遷水部郎中會詔擇牧守除棣州刺史復入弘文館爲學士武三思用事以賢見忌出豪蘄二州刺史半千不顯任吏常以文雅粉澤故所至禮化大行睿宗初召爲太子右諭德仍學士職累封平原郡公表丐骸骨有詔聽朔望半千事五君有清白節年老不衰樂山水自放開元九年遊堯山沮水間愛其地遂定居卒年九十四即葬焉吏民哭野中抱忠長安人名屬文初置右臺自清道率府長史爲殿中侍御史進檢校天官郎中與侍郎劉奇張詢古共領選慕廉潔而奇號清平二人坐綦連耀伏誅

悅河南人亦善論譔仕至岐王傅

韓思彥字英遠鄧州南陽人游太學事博士谷那律律爲匪人所辱思彥欲殺之律不可萬年令李乾佑異其才舉下筆成章志烈秋霜科擢第授監察御史昌言當世得失高宗夜召加二階待詔弘文館仗內供奉巡察劍南益州高貲兄弟相訟累年不決思彥敕廚宰飲以乳二人寤齧肩相泣曰吾乃夷獠不識孝義公將以兄弟共乳而生邪乃請輟訟至西洱河誘叛蠻降之會蜀大饑開倉振民然後以聞璽書褒美使并州方賊殺人主名不立醉胡懷刀而汙訊掠已服思彥疑之晨集童兒數百暮出之如是者三因問兒出亦有問者乎皆曰有之乃物色推訊遂禽眞盜後太白晝見勸帝修德答天譴帝讓中書令李義府曰八品官能言得失而卿冒沒富貴主何事邪義府謝罪司農武惟良擅用并州賦二百萬緡思彥劾處死武后爲請而免義府與諸武共譖思彥出爲山陽丞初尉遲敬德子姓陷大逆思彥按釋其寃至是贈黃金良馬思彥不受至官閱月自免去放蹟江淮間久之補建州司戶參軍帝召問不見卿久今何官邪思彥泣道所以然帝謂宰相此亦太屈復召爲御史俄出爲江都主簿又徙蘇州錄事參軍罷客汴州張僧徹者廬墓三十年詔表其閭請思彥爲頌餉縑二百不受時歲凶家窶甚僧徹固請爲受一匹命其家曰此孝子縑不可輕用上元中復召見思彥久去朝儀矩倰野拜忘蹈舞又詆外戚擅權后惡之中書令李敬玄劾奏思彥見天子不蹈舞負氣鞅鞅不可用時已拜乾封丞故徙朱鳶丞遷賀州司馬卒始思彥在蜀引什邡令鄧惲右坐曰公且貴願以子孫託公比其斥而惲已爲文昌左丞子琬

琬字茂貞喜交酒徒落魄少崖檢有姻勸舉茂才名動里中刺史行鄉飲餞之主人揚觶曰孝于家忠于國今始充賦請行無算爵儒林榮之擢第又舉文藝優長賢良方正連中拜監察御史景雲初上言國安危在於政政以法暫安焉必危以德始不便焉終治夫法者智也德者道也智權宜也道可以久大也故以智治國國之賊不以智治國國之福貞觀永徽之間農不勸而耕者衆法施而犯者寡俗不偷薄器不汙窳吏貪者士恥同列忠正清白者比肩而立罰雖輕而不犯賞雖薄而勸位尊不倨家富不奢學校不厲而勤道佛不懲而戒土木質厚裨販弗蚩其故奈何雜以皇道也自茲以來任巧智斥謇諤趨勢者進守道者退諧附者無黜剝之憂正直者有後時之歎人趨家競風俗淪替其故奈何行以霸道也貞觀永徽之天下亦今日天下淳薄相反由治則然夫巧者知忠孝爲立身之階仁義爲百行之本託以求進口是而心非言同而意乖陛下安能盡察哉貪冒者謂能清貞者謂孤浮沈者爲黠剛正者爲愚位下而驕家貧而奢歲月漸漬不救其弊何由變浮之淳哉不務省事而務捉搦夫捉搦者法也法設而滋章滋章則盜賊多矣法而益國設之可也比法令數改或行未見益止未知損譬弈者一棊爲善而復之者愈善故曰設法不如息事事息則巧不生聖人防亂未然天下何由不治哉永淳時雍丘令尹元貞坐婦女治道免官今婦夫女役常不知怪調露時河內尉劉憲父喪人有請其員者有司以爲名教不取今謂爲見機太宗朝司農以市木橦倍價抵罪大理孫伏伽言官木橦貴故百姓者賤臣見司農識大體未聞其過太宗曰善今和市顙刻剝名爲和而實奪之往者學生佐史里正每一員闕擬者十人今當選者亡匿以免往選司從容有禮今如仇敵賈販往官將代儲什物俟其至今交罷執符紛競校在亡往商賈出入萬里今市井至失業往家藏鏹積粟相夸今匿貲示羸以相尚往夷狄款關今軍屯積年往召募人賈其勇今差勒闔宗逃亡往倉儲盈衍今所在空虛夫流亡之人非愛羈旅忘桑梓也斂重役亟家產已空鄰伍牽連遂爲游人窮詐而犯禁救死而抵刑夫亂繩已結急引之則不可解今刻薄吏能結者也舉劾吏能引者也則解者不見其人願取奇材卓行者量能授官又言仕路太廣故棄農商而趨之一夫耕一婦蠶衣食百人欲儲蓄有餘安可得乎書入不報出監河北軍兼按察使先天中賦絹非時於是穀賤縑益貴丁別二縑人多徙亡琬曰御史乃耳目官知而不言尚何賴又上言須報則弊已甚移檄罷督乃聞詔可開元中遷殿中侍御史坐事貶官卒

蘇安恆冀州武邑人博學尤明周官春秋左氏學武后末年太子雖還東宮政事一不與大臣畏禍無敢言安恒投匭上書曰陛下膺先聖顧託受嗣子揖讓應天順

人二十餘年，豈不聞虞舜褰裳周公復辟事乎今太子孝謹春秋盛壯使統臨宸極何異陛下身撫天下哉胡不傳位東宮休養聖躬自昔天下無二姓竝興且梁河內建昌諸王以親得封恐萬歲後不能良計宜退就公侯任以閑簡又陛下二十餘孫無尺土封非長久計也請以都督府夒州分而王之縱今尚幼且擇立師傅養成德器藩屏皇家書奏后雖猜克不能無感乃召見賜食厚慰遣之明年復諫曰臣聞天下者高祖太宗之天下有隋失馭羣雄鏖駭唐家親事戎旅以平寓縣指河爲誓非李氏不王非功臣不封陛下雖居正統實唐舊基日前太子在諒闇相王非長嗣唐祚中弱故陛下因以即位今太子年德已盛尚貪有大寶忘母子之恩蔽其元良以據神器何施顏面見唐家宗廟大帝陵寢哉臣謂天意人事還歸李氏物極則復器滿則覆當斷不斷將受其亂誠能高揖萬機自怡聖心史臣書之樂府歌之斯盛事也臣聞見過不諫非忠畏死不言非勇陛下以臣爲忠則擇是而用以爲不忠則斬臣頭以令天下書聞不報於是魏元忠爲張易之兄弟所搆獄方急安恒獨申救曰王者有容天下之量故濟其心能進天下之善故除其惡不然則神鬼馮怒陰陽紛舛陛下始革命勤秉政樞博逮謀猷天下以爲明主暮年厭怠讒佞熾結水火相災百姓不親五品不遜天下以爲暗君邪正糅進獄訟寃劇何昔是而今非邪居安忘危之失也竊見元忠廉直有名位宰相履忠正邪佞之徒嫉之若讎易之兄弟無功無德但以憑附不閱數朞位勢隆極指馬獻蒲先害善良自元忠下獄人人偶語謂易之交亂且及四國烈士撫髀忠臣鉗口懼易之之權恐先誅受戮虛死無名況賊虜方彊賦斂重困而自縱讒慝搖變退邇臣恐四夷抵目窺覘爲邊鄙患百姓託義以清君側逐鹿之人叩關而至陛衞左右從中以應爭鋒朱雀之門問鼎大明之宮陛下何以謝之臣今計者莫若收雷電之威解恢恢之網復爵還位君臣如初則天下幸甚陛下縱不能斬佞臣塞人望且當抑奪榮寵翦其羽翅無使驕橫爲社稷之憂疏奏易之等大怒遣刺客邀殺之賴鳳閣舍人桓彥範等悉力營解乃免神龍初爲習藝館內教節愍太子難或譖安恒豫謀死獄中睿宗立知其枉詔贈諫議大夫

薛登常州義興人父士通爲隋鷹揚郎將江都亂與州民聞人遂安據城拒賊武德初持地自歸授東武州刺史輔公祏反士通與賊將西門君儀戰破之及平封臨汾侯終泉州刺史登通貫文史善議論根證該審與徐堅劉子玄齊名調閿中主簿天授中累遷左補闕時選舉濫甚乃上疏曰比觀舉薦類不以才馳聲假譽互相推引非所謂報國求賢者也古之取士考素行之原詢郷邑之譽崇禮讓明節義以敦樸爲先雕文爲後故人崇勸讓士去輕浮以計貢賢愚爲州之榮辱昔李陵降而隴西慙干木隱而西河美名勝於利則偷競日銷利勝於名則貪暴滋煽蓋冀缺以禮讓升而晉人知禮文翁以經術教而蜀士多儒未有上好而下不從者也漢世求士必觀其行故士有自脩爲閭里推舉然後府寺交辟魏取放達晉先門閥梁陳薦士特尚詞賦隋文帝納李諤之言詔禁文章浮詞時泗州刺史司馬幼之表不典實得罪由是風俗稍改煬帝始置進士等科後生復相馳競赴速趨時緝綴小文名曰策學不指實爲本而以浮虛爲貴方今舉士尤乖其本明詔方下固已驅馳府寺之廷出入王公之第陳篇希恩奏記誓報故俗號舉人皆稱覔舉覔者自求也非彼知之義是以耿介之士羞於自拔循常小人弃疏取附願陛下降明制頒峻科斷無當之游言收實用之良策文試効官武閱守禦昔吳起將戰左右進劍吳子辭之諸葛亮臨陣不親戎服蓋不取弓劍之用也漢武帝聞司馬相如之文恨不與同時及其至也終不處以公卿之位非所任故也漢法所舉之主終身保任楊雄之坐田儀成子之得魏相賞罰之令行則請謁之心絕退讓之義著則貪競之路銷請寬年限以容簡汰不實免官得人加賞自然見賢不隱貪祿不專矣時四夷質子多在京師如論欽陵阿史德元珍孫萬榮皆因入侍見中國法度及還竝爲邊害登諫曰臣聞戎夏不雜古所戒也故斥居塞外有時朝謁已事則歸三王之法也漢魏以來革襲衣冠築室京師不令歸國較其利害三王是而漢魏非拒邊長而質子短昔晉郭欽江統以夷狄處中夏必爲變武帝不納卒有永嘉之亂伏見突厥吐蕃契丹往因入侍竝被奬遇官戎秩步黌門服改氊罽語習楚夏窺圖史成敗熟山川險易國家雖有冠帶之名而狼子孤恩患必在後昔申公奔晉使子狐庸爲吳行人敎吳戰陣使之叛楚漢遷五部匈奴於汾晉卒以劉石作難竊計秦并天下及劉項用兵人士凋散以冒頓之盛乘中國之虛而高祖困厄平城匈奴卒不入中國者以其生長磧漠謂穹廬賢於城郭氊罽美於章紱既安所習是以無窺中國心不樂漢故也元海五部散亡之餘而能自振者少居內地明習漢法鄙單于之陋竊帝王之稱使其未嘗內徙不過劫邊人緡紼麴蘗歸陰山而已今皇風所覃含識革面方由余効忠日磾盡節然臣慮備豫不謹則夷狄稱兵不在方外非貽謀之道臣謂願充侍子可一切禁絕先在國者不使歸蕃則夷人保疆邊邑無爭武后不納久之出爲常州刺史屬宣州賊鍾大眼亂百姓潰震登嚴勒守備闔境賴安再遷尚書左丞景雲中爲御史大夫僧慧範恃太平公主勢奪民邸肆官不能直登將治之或勸以自安答曰憲府直枉朝奏暮黜可矣遂劾奏反爲主所構出岐州刺史還太子賓客開元初爲東都留守再爲太子賓客登本名謙光以與皇太子名同詔賜今名坐子累歸田里家苦貧詔給致仕祿卒年七十三贈晉州刺史

王求禮許州長社人武后時爲左拾遺監察御史后方營明堂琱飾譎怪侈而不法求禮以爲鐵鷟金龍丹雘珠玉乃商瓊臺夏瑤室之比非古所謂茅茨采椽者自軒轅以來服牛乘馬今輦以人負則人代畜上書譏切久不報契丹叛使孫萬榮寇河北詔河內王武懿宗禦之懦撓不進賊敗數州去懿宗乃條華人爲賊詿誤者數百族請誅之求禮劾奏曰詿誤之人無良邊吏敎習城不完固爲虜脅制寧素持叛心哉懿宗擁兵數十萬聞敵至走保城邑今乃移禍無辜之人不亦過乎請斬懿宗首以謝河北懿宗大懼后盡赦其人當是時契丹陷幽州饋輓屈竭左相豆盧欽望請停京官九品以上兩月俸助軍輿求禮曰公祿萬鍾正可輟仰祿之人可奈何欽望拒不應既奏求禮歷階進曰天子富有四海何待九品俸使宰相奪之以濟軍國用乎姚璹曰秦漢皆有稅算以佐軍求禮不識大體對曰秦漢虛天下事邊奈何使陛下効之后曰止久視二年三月大雨雪鳳閣侍郎蘇味道等以爲瑞率羣臣入賀求禮讓曰宰相燮和陰陽而季春雨雪乃災也果以爲瑞則冬月雷渠爲瑞雷邪味道不從既賀者入求禮即厲言今陽氣僨升而陰水激射此大災也主荒臣佞寒暑失序戎狄亂華盜賊繁興正官少僞官多百司非賄不入使天有瑞何感而來哉羣臣震恐后爲罷朝然以剛正故官齟齬神龍初終衞王府參軍

柳澤蒲州解人曾祖亨字嘉禮隋大業末爲王屋長陷李密已而歸京師姿貌魁異高祖奇之以外孫竇妻之三遷左衞中郎將壽陵縣男以罪貶邛州刺史進散騎常侍代還數年不得調持兄喪方葬會太宗幸南山因得召見哀之數日入對北門拜光祿少卿亨射獵無檢帝謂曰卿於朕舊且親然多交游自今宜少戒亨由是痛飭厲謝賓客身安靜素力吏事終檢校岐州刺史贈禮部尚書幽州都督謚曰恭澤耿介少言笑風度方嚴景雲中爲右率府鎧曹參軍四歲不遷先是中宗時長寧宜城安定諸公主及后女弟昭容上官與其母鄭尚宮柴隴西夫人趙及姻聯數十族皆能降墨敕授官號斜封及姚元崇宋璟輔政白罷斜封官數千員元崇等罷去太平公主盡奏復之澤詣闕上疏曰臣聞藥不毒不可以蠲疾詞不切不可以補過故習甘旨者非攝養之方邇諛佞者非治安之宜臣竊見神龍以來紀綱大壞內寵專命外嬖制權因貴憑勢賣官鬻爵妃主之門同商賈然舉選之署若闤闠然屠販者由邪忝官廢黜者因姦冒進天下溷亂幾危社稷賴陛下聰明神武拯溺舉墜耳目所親豈可忘鑒誡哉且斜封官者皆僕妾私謁迷謬先帝豈盡先帝意邪陛下即位之初用元崇等計悉以停廢今又收用之若斜封之人不可棄邪韋月將燕欽融不應褒贈李多祚鄭克義不容盪雪也陛下何不能忍於此而能忍於彼使善惡混幷反覆相攻道人以非勸人以僻今天下咸稱太平公主與胡僧慧範以此誤陛下故語曰姚宋爲相邪不如正太平用事正不如邪臣恐流近致遠積小爲大累微成高勿謂何傷其禍將長勿謂何害其禍將大又言尚醫奉御彭君慶以巫覡小伎超授三品奈何輕用名器加非其人臣聞賞一人而千萬人悅者賞之罰一人而千萬人勸者罰之惟陛下裁察疏入不報澤入調會有詔選者得言事乃上書曰頃者韋氏蠱亂姦臣同惡政以賄成官以寵進言正者獲戾行殊者見疑海內寒心人用不保陛下神聖勇智安宗社於已危振黎苗之將溺乃今蠲煩省猺法明德舉萬邦愷樂室家胥歡詩曰靡不有初鮮克有終惟陛下愼厥初修其終書曰惟德罔小萬邦惟慶惟不德罔大墜厥宗甚可懼也夫驕奢起於親貴綱紀亂於寵倖禁之於親貴則天下從制之於寵倖則天下畏親貴爲而不禁寵倖撓而不制故政不常令不一則姦詐起而暴亂生焉雖朝施暮戮而法不行矣陛下欲親與愛莫若安之福之夫寵祿之過罪之階也謂安之邪驕奢之淫危之梯也謂福之邪前事不忘後之師也陛下數求俊哲使朝夕納誨其有逆于耳謬于心者無速罰姑求之道順于耳便于身者無急賞姑求之非道羞淫巧者拒之則淫巧息進忠讜者賞之則忠讜進

臣聞生於富者驕生於貴者傲書曰罔淫於逸罔遊於樂今儲宮肇建王府復啓願采溫良博聞恭儉忠鯁者爲之僚友仍請東宮置拾遺補闕使朝夕講論出入侍從授以訓詁交修不逮臣又聞馳騁畋獵令人發狂今貴戚打毬擊鼓飛鷹奔犬狎比宵人盤游藪澤書曰內作色荒外作禽荒惟陛下誕降謀訓勸以學業示之以好惡陳之以成敗則長享福祿矣臣聞富不與驕期而驕自至驕不與罪期而罪自至罪不與死期而死自至頃韋庶人安樂公主武延秀等可謂貴且寵矣權侔人主威震天下然恬侈滅德神怒人棄豈不謂愛之太極富之太多乎殷鑒不遠在夏后之世今陛下何勸其皇祖謀訓之則乎陛下何懲其孝和寵任之失乎故愛而知其惡憎而知其善夫寵愛之心未有能免要去其太甚閑之以禮則可矣諸王公主駙馬陛下之所親愛也矯枉鑒戒宜在厥初使居寵思危觀過務善書曰三風十愆卿士有一于身家必喪邦君有一于身國必亡惟陛下黜奢僭驕怠進樸素行業以勗其非心臣聞常厥德保厥位厥德匪常九有以亡願陛下不作無益不啓私門不差刑不濫賞則惟德是輔惟人之懷天祿永終矣睿宗善之拜監察御史開元中轉殿中侍御史監嶺南選時市舶使右威衛中郎將周慶立造奇器以進澤上書曰不見可欲使心不亂是知見可欲而心必亂矣慶立雕製詭物造作奇器用浮巧爲珍玩以譎怪爲異寶乃治國之巨蠹明王所宜嚴罰者也昔露臺靡費明君不忍象箸非大忠臣憤歎慶立求媚聖意搖蕩上心陛下信而使之乎是宣淫於天下慶立矯而爲之乎是禁典之所無赦陛下新即位固宜昭宣菲薄廣示節儉豈可以怪好示四方哉書奏玄宗稱善歷遷太子右庶子爲鄭州刺史未行卒贈兵部侍郎澤從祖範奭

範貞觀中爲侍御史時吳王恪好田獵範彈治之太宗曰權萬紀不能輔道恪罪當死範進曰房玄齡事陛下猶不能諫止畋獵豈宜獨罪萬紀帝怒拂衣起頃之召謂曰何廷折我範謝曰主聖則臣直陛下仁聖敢不盡愚帝乃解高宗時歷尚書右丞揚州大都督府長史

奭字子邵以父隋時使高麗卒焉故往迎喪號踊盡哀爲夷人所慕貞觀中累遷中書舍人外孫爲皇后遷中書侍郎進中書令皇后挾媚道覺罷爲吏部尚書后廢貶愛州刺史許敬宗等搆奭通宮掖謀行鴆毒與褚遂良朋黨罪大逆遣使殺之沒其家募以上親竝流嶺表奭房隸桂州爲奴婢神龍初乃復官爵子孫親屬緣坐者悉免開元初澤兄渙爲中書舍人上言臣從伯祖奭去顯慶三年與褚遂良等五門同被譴戮雖被原雪而子孫殆盡唯曾孫無忝客籍龔州陛下先天後詔書嘗任宰相竝錄其後況臣之伯祖無辜被誅今槀窆未還後嗣僑處願許伯祖歸葬孤孫北遷於是詔無忝護奭柩歸鄉里官給喪事無忝後歷潭州都督

張元常相州安陽人其先蓋長樂信都著姓曾祖子琮北齊右僕射叔祖慈明有文辭仕隋爲內史舍人奉詔討李密爲密將所縛身數創密厚禮之情謂曰東都危蹙我欲率四方賢豪建功業幸公同之慈明曰公家事先帝名在王室乃挾玄感舉兵亡命至今復圖反噬何邪密囚之餓爲翟讓所殺武德初贈吏部尚書謚壯武

元常舉明經及第調浚儀尉高宗時擢累監察御史劍南道巡察使興利除害蜀人甚賴歷尚書左丞嘗密諫帝中宮權重宜少抑帝雖置其計而內然之由是爲武后所惡元常在職修舉識鑒澄遠帝委遇特厚帝不豫詔平章百司奏事武后擅朝嵩陽令樊文進瑞石后暴石朝堂示百官元常奏石妄僞不可以示羣臣后怒出爲隴州刺史會天下岳牧集乾陵后不欲元常得會故道徙眉州刺史劍南有光火盜夜掠人晝伏山谷元常喻以恩信約悔過自新賊相率脫甲面縛賊平轉廣州都督詔便驛赴官安南酋領李嗣仙殺都護劉延祐劫州縣詔元常討之率士卒航海馳檄先示禍福賊黨多降元常縱兵斬首惡而還雖有功猶以拂旨見怨不錄功凡三徙終不得至京師卒爲酷吏周興所陷追赴都下獄死元常閨門雍睦有禮法雖小功喪不御私室神龍中旌其家大署曰忠臣之門天下高其節凡名族皆願通婚

從弟元淑及后時歷清漳浚儀始平三縣令右善去惡人稱爲神明與奴僕日一食馬日一秣所至不挈妻子斥俸餘以給貧窮咸議其近名元淑曰吾性也不爲苦中宗降璽書勞勉付狀史官元淑約潔過於元常然剛直不及也終祠部郎中

蔣欽緒萊州膠水人頗工文辭擢進士第累遷太常博士中宗始親郊國子祭酒祝欽明建言皇后應亞獻欲以媚韋氏天子疑之詔禮官議衆曲意阿循欽緒獨抗言不可諸儒壯其節歷吏部員外郎始韓琬爲高郵主簿使京師自負其才有不遇之言題客舍它日欽緒見之笑曰是子數後時邪久之琬舉賢良方正欽緒擢其文異等因謂曰朋友之過免未琬曰今日乃見君子之心其務薦引士類此欽緒精治道馭吏整嚴雖銖秒罪不貸出爲華州長史蕭至忠自晉州被召過欽緒欽緒本姻家因戒曰以君才不患不見用患非分而求耳至忠竟及禍開元十三年以御史中丞錄河南囚宣慰百姓振窮乏徙吏部侍郎歷汴魏二州刺史卒性孤潔自守唯與賈曾郭利貞相友云

子沇亦專潔博學少有名以孝廉授洛陽尉遷監察御史與兄演浴弟清俱爲才吏有名天寶間始河南尹韓朝宗裴迥嘗委訊覆檢句而處事平剖斷精允羣僚莫能望也乾元中歷陸渾盩厔咸陽高陵四縣令美政流行長老紀焉郭子儀軍出其縣敕麾下曰蔣沇賢令供億當有素得蔬飯足矣毋撓其清也遷長安令以刑部郎中兼侍御史領渭橋運出納使元載持政守道士類不遷沇以故滯郎位不得調常袞代相闢士議恨沇屈故擢御史中丞東都副留守再遷大理卿持法明審號稱職德宗出奉天沇奔行在爲賊所拘欲誘署僞職沇絕食不應命竄伏里中不復見京師平乃出擢右散騎常侍卒年七十四贈工部尚書

清舉明經中第調鞏丞東京留守李憕賢之表爲判官與憕同死安祿山亂贈禮部侍郎敬宗時錄其孫鄘爲伊闕令初清蒙難以秩卑不及謚大和初吏部郎中王高言之朝追謚曰忠

唐書卷一百十三

宋　端　明　殿　學　士　宋　祁　撰

列傳第三十八

唐張徐

唐臨字本德京兆長安人周內史瑾之孫其先自北海內徙武德初隱太子討王世充臨以策進說太子引直典書坊授右衞率府鎧曹參軍太子廢出爲萬泉丞有輕囚久繫方春農事興臨說令可且出囚使就畎畝不許臨曰有所疑丞執其罪令移疾臨悉縱歸與之約四如期還再遷侍御史大夫韋挺責著位不肅明日挺越次與江夏王道宗語臨進曰王亂班道宗曰與大夫語何至爾臨曰大夫亦亂班挺失色衆皆悚伏俄持節按獄交州出寃繫三千人累遷大理卿高宗嘗錄囚臨占對無不盡帝喜曰爲國之要在用法刻則人殘寬則失有罪惟是折中以稱朕意他日復訊餘司斷者輒紛訴不已獨臨所訊無一言帝問故答曰唐卿斷囚不寃所以絕意帝歎曰爲獄者固當若是乃自述其考曰形如死灰心若鐵石云永徽元年拜御史大夫蕭齡之嘗任廣州都督受賕當死詔羣臣議請論如法詔戮于朝堂臨建言羣臣不知天子所以議之之意在律有八王族戮于隱議親也刑不上大夫議貴也今齡之貪贓狼扈死有餘咎陛下以異於他囚故議之有司又令入死非堯舜所以用刑者不可爲後世法帝然之齡之齊高帝五世孫由是免死臨累遷吏部尚書初來濟謫台州李義府謫普州臨奏許禕爲江南巡察使張倫劍南巡察使禕與濟善而倫與義府有隙武后常右義府察知之謂臨遣所私督其過坐免官起爲潮州刺史卒年六十臨儉薄寡欲不好治第宅性旁通專務掩人過見妻子必正衣冠

兄皎武德初爲秦王府記室從王征討掌書檄貞觀中官吏部侍郎先是選集四時補擬不爲限皎請以冬初集盡季春止後遂爲法終益州長史贈太常卿子之奇給事中坐章懷太子屬徙邊後除括蒼令與徐敬業起兵誅臨孫紹

紹神龍時爲太常博士遷左臺侍御史度支員外郎常兼博士韋庶人請妃公主命婦以上葬給鼓吹詔可紹言鼓吹本軍容黃帝戰涿鹿以爲警衞故曲有靈夔吼鵰鶚爭石墜崖壯士怒之類惟功臣詔葬得兼用之男子有四方功所以加寵雖郊祀天地不參設容得接閨閫哉在令五品官昏葬無給鼓吹者唯京官五品則假四品蓋班秩在夫若子請置前詔用舊典不省中宗始郊國子祭酒祝欽明等抑韋后能制天子欲迎諂之郎奏以皇后亞獻安樂公主終獻又四時及列帝誕日遣使者詣陵如事生紹以爲非禮引正誼固爭帝又詔武氏陵及諸武墓皆置守戶紹謂昊順二陵守戶五百與昭陵同在令先世帝王陵戶二十今雖崇奉外家宜準附常典又親王墓戶十梁魯乃追贈不可踰眞王褒德衞卒至踰宗廟不可明甚請罷之又言比羣臣務厚葬以偪人象駿眩耀相矜下逮衆庶流宕成俗願按令切敕裁損凡明器不許列衢路惟陳墓所昏家盛設障車

擁道爲戲樂邀貨損貲動萬計甚傷化紊禮不可示天下事雖不從議者美歎睿宗即位數言政損益再遷給事中兼太常少卿先天二年玄宗講武驪山紹以典儀坐失軍容當斬帝怒甚執纛下左右猶冀少貸金吾將軍李邈遽傳詔斬之時深咎邈帝亦悔俄詔罷邈官擯死于家

張文瓘字稚圭貝州武城人隋大業末徙家魏州之昌樂幼孤事母兄以孝友聞貞觀初第明經補并州參軍時李勣爲長史嘗歎曰稚圭今之管蕭吾所不及勣入朝文瓘與屬僚二人皆餞勣贈二人以佩刀玉帶而不及文瓘文瓘以疑請勣曰子無爲嫌若某尤豫少決故贈以刀欲其果於斷某放誕少檢故贈以帶俾其守約束若子才無施不可焉用贈因極推引再遷水部員外郎時兄文琮爲戶部侍郎於制兄弟不竝臺閣出爲雲陽令累授東西臺舍人參知政事乾封二年遷東臺侍郎同東西臺三品遂與勣同爲宰相俄知左史事時高宗造蓬萊上陽合璧等宮復征討四夷京師養廐馬萬匹帑廥寖虛文瓘諫曰王者養民逸則富以康勞則怨以叛秦漢廣事四夷造宮室至二世土崩武帝末年戶口減半夫制治於未亂保邦於未危人罔常懷懷于有仁臣願撫之無使勞而生怨隋監未遠不可不察帝善其言賜繒錦百段爲減廐馬數千改黃門侍郎兼太子右庶子又兼大理卿不旬日斷疑獄四百抵罪者無怨言嘗有小疾囚相與齋禱願亟視事時以執法平恕方戴胄後拜侍中兼太子賓客諸囚聞其還皆垂泣其得人心如此性嚴正未嘗回容諸司奏議悉心糺駮故帝委之或時移疾他宰相奏事帝必問與文瓘議未若不者曰往共籌之或曰已議即皆報可新羅叛帝將出兵討之時文瓘病臥家自力請見曰吐蕃盜邊兵屯境未解新羅復叛議者欲出師二虜俱事臣恐人不堪弊請息兵修德以懷異俗詔可初同列以堂饌豐餘欲少損文瓘曰此天子所以重樞務待賢才也吾等若不任職當自引避不宜節減以自取名衆乃止卒年七十三贈幽州都督謚曰懿以嘗事孝敬皇帝詔陪葬恭陵四子潛爲魏州刺史沛同州刺史洽衛尉卿涉殿中監父子皆至三品時謂萬石張家韋溫誅涉爲亂兵所殺

文琮好自寫書筆不釋手子弟諫止曰吾好此不爲倦貞觀中爲治書侍御史遷亳州刺史永徽初獻文皇帝頌優制褒美拜戶部侍郎坐房遺愛從母弟出爲建州刺史州尚淫祀不立社稷文琮下敎曰春秋二社本于農今此州廢不立尚何觀比歲田畝卒荒或未之思乎神在于敬可以致福於是始建祀場民悅從之卒于官子錫久視初爲鳳閣侍郎同鳳閣鸞臺平章事代其甥李嶠爲宰相請還廬陵王不爲張易之所右與鄭杲俱知選坐洩禁中語又賕謝鉅萬時蘇味道亦坐事同被訊繫鳳閣俄從司刑三品院錫按轡專道神氣不慴日膳豐鮮無損貶味道徒步赴逮席地菜食武后聞之釋味道將斬錫既而流循州神龍中累遷工部尚書兼修國史東都留守韋后臨朝詔同中書門下三品旬日出爲絳州刺史累封平原郡公卒文琮從父弟文收終大子率更令善音律著新樂書十餘篇

徐有功名弘敏避孝敬皇帝諱以字行國子博士文遠孫也舉明經累補蒲州司法參軍襲封東莞縣男爲政仁不忍杖罰民服其恩更相約曰犯徐參軍杖者必斥之訖代不辱一人累遷司刑丞時武后僭位畏唐大臣謀己於是周興來俊臣丘神勣王弘義等揣識后指置總監牧院諸獄捕將相俾相鉤逮掩擸護送楚掠凝慘又汙引天下豪傑馳使者即按一切以反論吏爭以周內窮詆相高后輒勸以官賞於是以急變相告言者無虛日朝野震恐莫敢正言獨有功數犯顏爭枉直后厲語折抑有功爭益牢時博州刺史琅邪王冲責息錢于貴鄉遣家奴督斂與尉顏餘慶相聞知奴自市弓矢還會冲坐逆誅魏州人告餘慶豫冲謀后令俊臣鞫治以反狀聞有司議餘慶更永昌赦法當流侍御史魏元忠謂餘慶爲冲督償通書合謀明甚非曰支黨請殊死籍其家詔可有功曰永昌赦令與虺貞同惡魁首已伏誅支黨未發者原之書曰殲厥渠魁律以造意爲首尋赦已伏誅則魁首無遺餘慶赦後被言是謂支黨今以支爲首是以生入死赦而復罪不如勿赦生而復殺不如勿生竊謂朝廷不當爾后怒曰何謂魁首荅曰魁者大帥首者元謀后曰餘慶安得不爲魁首荅曰若魁首者虺貞是已既已伏誅餘慶今方論罪非支黨何后意解乃曰公更思之遂免死當此時左右及衞仗在廷陛者數百人皆縮項不敢息而有功氣定言詳欵然不撓有韓紀孝者受徐敬業僞官前已物故推事使顧仲琰籍其家詔已報可有功追議曰律謀反者斬身亡即無斷法無斷法則不得相緣所緣之人亡則所因之罪滅詔從之皆以更赦免如此護宥者數十百姓累轉秋官郎中鳳閣侍郎任知古冬官尚書裴行本等七人被誣當死后謂宰相曰古人以殺止殺我今以恩止殺就羣公丐知古等賜以再生可乎俊臣張知默固請如法后不許俊臣獨引行本更驗前罪有功奏曰俊臣違陛下再生之賜不可以示信於是悉免死道州刺史李仁褒兄弟爲人誣構有功爭不能得秋官侍郎周興劾之曰漢法附下罔上者斬面欺者亦斬在古析言破律者殺有功故出反囚罪當誅請按之后不許猶坐免官俄起爲左肅政臺侍御史辭曰臣聞鹿走山林而命繫庖廚者勢固自然陛下以法官用臣臣守正行法必坐此死矣后固授之天下聞有功復進洒然相賀時有詔公坐流私坐徒以上會赦免踰百日不首者復論有功奏曰陛下寬殊死罪已發者原之是通改過之心自新之路故律告赦前事以其罪坐之若無告言所犯終不自發如告言赦前事則與律乖今赦前之罪不自言者還以法論恩雖布天下而一罪不能貸臣竊爲陛下不取后更詔五品以上議可又上疏曰天下員有定比選者日多選曹誘囑公行罵謗滿路唐季人多逆節鞫訊結斷刑慘獄嚴革命歲久其流弗改事表生情法外構理而刻薄吏驅扇成姦雖朝堂進表列匭內牒叫閽弗聽叩鼓弗聞使申其冤正增其枉誠令天官銓注有所不平法司推斷舞法深詆三司理匭受所上章擁塞不白者皆許臣按驗劾發奪祿貶勞不越月踰時可致刑措后納之竇孝諶妻龐爲其奴怖以妖祟敎爲夜解因告以厭詛給事中薛季昶鞫之龐當死子希瑊訟冤有功明其枉季昶劾有功黨惡逆當棄市有功方視事令史泣以告有功曰豈獨吾死而諸人長不死耶安步去后召詰曰公比斷獄多失出何耶對曰失出臣小過好生陛下大德后默然龐得減死有功免爲民起拜右司郎中轉司刑少卿與皇甫文備同按獄誣有功縱逆黨久之文備坐事下獄有功出之或曰彼嘗陷君於死今生之何也對曰爾所言者私忿我所守者公法不可以私害公嘗謂所親曰大理人命所繫不可阿旨詭辭以求苟免故有功爲獄常持平守正以執據冤罔凡三坐大辟將死泰然不憂赦之亦不喜后以此重之所全活甚衆酷吏爲少衰然疾之如讎矣改司僕少卿卒年六十八贈司刑卿中宗即位加贈越州都督遣使就第弔祭賜物百段授一子官開元初竇希瑊等請以己官讓有功子倫以報舊德由是自大理司直遷恭陵令會昌中追謚忠正初鹿城主簿潘好禮慕有功爲人論之曰昔稱張釋之爲廷尉天下無冤人今有功斷獄亦天下無冤人然釋之當漢文帝時中外無事守法而已有功居革命之際周興來俊臣等掩義隱賊崇飾惡言以誣盛德有功守死明道身瀕殆者數矣此其賢於釋之明甚或稱有功仁恕過漢于張起居舍人盧若虛曰徐公當雷霆之震而能全仁恕雖千載未見其比五世孫商

贊曰徐有功不以唐周貳其心惟一於法身蹈死以救人之死故能處猜后酷吏之間以恕自將內挫虐焰不使天下殘於燎可謂仁人也哉議者謂過漢于張渠不信夫

商字義聲或字秋卿客新鄭再世因爲新鄭人幼隱中條山擢進士第大中時擢累尚書左丞宣宗詔爲巡邊使使有指拜河中節度使突厥殘種保特峨山以千帳度河自歸詔商綏定商表處山東寬鄉置備征軍凡千人襞紙爲鎧勁矢不能洞徙節山南東道襄多山瀕爲稟賊商取材卒爲捕盜將別爲屯營寇所發輒迹捕捕必得遂爲精兵江西都將反韋宙乘傳抵山南發兵商命部將韓季友以捕盜營士往賊平宙表留季友所部爲綱紀咸通初以刑部尚書爲諸道鹽鐵轉運使封東莞縣子四年進同中書門下平章事出爲荊南節度使累進太子太保卒子彥若事僖宗爲中書舍人昭宗立再用爲御史中丞張濬師敗太原以彥若爲戶部侍郎同中書門下平章事俄代李茂貞爲鳳翔節度使不得入還爲御史大夫乾寧初復當國進位太保齊國公崔胤專政以彥若位己右不悅以平章事爲清海軍節度使卒於鎭而行軍司馬劉隱因主留務方時多難彥若最見信于帝有以事自陳者帝曰汝當問彥若其所倚任如此

唐書卷一百十三考證

徐有功傳起拜右司郎中○舊書作左司

卒年六十八○舊書作六十二

加贈越州都督○舊書作越州刺史

唐書卷一百十四

宋 端 明 殿 學 士 宋 祁 撰

列傳第三十九

崔徐蘇豆盧

崔融字安成齊州全節人擢八科高第累補宮門丞崇文館學士中宗爲太子時選侍讀典東朝章疏武后幸嵩高見融銘啓母碣歎美之及已封即命銘朝覲碑授著作佐郎遷右史進鳳閣舍人時有司議關市行人盡征之融上疏謂周官九賦其七曰關市以市多淫巧而關通末游欲止抑之故加稅耳然唯斂工商而不及往來今一切通取則事不師古且四人異業舊矣復動而搖之市者兼受善惡也若甚則細人無所容細人無所容久必爲亂天下之關必險道市必要津豪宗惡少在爲閒一旦變法或致騷動恐南走蠻北走狄今江津河滸列鋪率稅檢覆稽留加主司僦畧邀丐則商人廢業魏晉齊隋所不行況陛下乎如有師興費廣雖倍算商旅加斂齊人可也后納之張易之兄弟頗延文學士融與李嶠蘇味道麟臺少監王紹宗降節佞附易之誅貶袁州刺史召授國子司業與修武后實錄勞封清河縣子融爲文華婉當時未有輩者朝廷大筆多手敕委之其洛出寶圖頌九工撰武后哀冊最高麗絕筆而死時謂思苦神竭云年五十四贈衛州刺史謚曰文膳部員外郎杜審言爲融所獎引爲服緦麻六子其聞者禹錫翹禹錫開元中中書舍人贈定州刺史謚曰貞翹禮部尚書贈荊州大都督謚曰成孫巨右補闕亦有文曾孫從

從字子乂少孤貧與兄能偕隱太原山中會歲饑拾橡實以飯講學不廢擢進士第從山南嚴震府爲推官以母喪免兄弟廬墓手藝松柏喪闋不應辟命久之韋皋引爲西山運務使奏遷判官攝守邛州前刺史有以盜繫獄辭已具從疑其冤縱不治俄得眞盜皋卒劉闢反欲幷東川從以書諭止闢怒從乃募兵嬰城守闢方悉兵拒高崇文戰而敗從完州自如盧坦表宣州副使入爲殿中侍御史遷吏部員外郎異時吏給選者成牒以先後丏賕從一限出之後遂爲法裴度爲御史中丞奏以右司郎中知雜事度已相代爲中丞所彈治不屈權幸事繫臺閣而付仗內者必請還有司薦引御史務取質重廉退者李脩以寵得京兆尹爲莊憲太后山陵橋道使務以減末僑費爲功至不治道輴車留渭橋久不得進從三劾之無少貸俄授陝虢觀察使遷尚書右丞王承宗請割德棣而遣子入侍也憲宗選堪使者以命從議者謂承宗狠譎非單使可屈欤魏田弘正請以五百騎從辭之惟童騎十數疾趨鎮集軍士毬場宣詔爲陳逆順大節禍福之効音辭暢厲士感動承宗自失貌愈恭至泣下即按二州戶口符印上之還爲山南西道節度使帝欲遂相監軍使揣知爲用事者求金從不肯答用是不得相長慶初爲尚書左丞領鄜坊節度鄜部多神策屯軍數亂法驕橫吏不能制從一繩以法下皆重足畏之党項互市羊馬類先遺帥守從獨不取而厚慰待之羌不敢盜境寶歷初爲東都留守故事留司官入宮城門列晨衞見留守吏誕傲久廢至是復行名拜戶部尚書宰相李宗閔以從裴度李德裕所善內不喜從求致仕除太子賓客分司東都告滿百日去於是衆譁語不平宗閔懼復授檢校尚書左僕射淮南節度副大使知節度事揚州凡交易貲產奴婢有貫率錢畜羊有口算又貿麴牟其贏以佐用度從皆蠲除之官吏俸帛常加倍以給獨節度使則否從皆與之同大和六年卒年七十二下有封股肉以祭者贈司空謚曰貞從爲人嚴偉立朝稜稜有風望不喜交權利忠厚而讓階品當立門戟終不請位方鎮內無聲妓娛玩士大夫賢之

能字子才朱泚之亂渾瑊以朔方軍戰武功引佐幕府進累侍御史河東鄭儋表爲判官累遷黔中觀察使以譴坐貶從爲中丞奏以自代錄將作監授嶺南節度使與從皆秉節居鎮世傳爲榮卒年六十八贈禮部尚書

從子慎由安潛能子彥曾

慎由字敬止聰警彊記資端厚有父風采錄進士第擢賢良方正異等鄭滑高銖辟府判官入爲右拾遺進翰林學士授湖南觀察使召還由刑部侍郎領浙西入還戶部侍郎判戶部始慎由苦目疾不得視醫爲治刮適愈而召俄進工部尚書同中書門下平章事與蕭鄴有隙鄴輔政引劉瑑而出慎由爲東川節度使初宣宗餌長年藥病渴且中躁而國嗣未立帝對宰相欲肆赦患無其端慎由曰太子天下本若立之赦爲有名帝惡之不荅鄴等乘是譖去之時大中十二年也咸通初從華州刺史改河中節度使以吏部尚書請老授太子太保分司東都卒贈司空謚曰貞子胤別傳

安潛字進之進士擢第咸通中歷江西觀察忠武節度使乾符初王仙芝寇河南安潛募人增陴繕械不以力費仰朝廷首請會兵討捕號令精明賊畏之不犯陳許境使大將張自勉將兵七千援宋州時宋威屯曹州而官軍數却賊圍宋益急自勉收南月城斬賊二千級仙芝夜解去宰相鄭畋建言請以陳許兵三千隸宋威而威忌自勉乞盡得安潛軍使自勉隸麾下畋謂威有疑忿必殺自勉奏言今以兵悉畀威是自勉以功受辱安潛抗賊有功乃取銳兵付威後有緩急何以戰是勞不蒙賞無以示天下詔止以四千付威餘還自勉俄代高駢領西川節度吏倚駢爲姦利者安潛皆誅之數更除繆政於是盜賊衰蜀民以安宰相盧攜素厚駢乃誣以罪罷爲太子賓客分司東都僖宗避賊劒南名爲太子少師王鐸任都統表以自副鐸解兵安潛復爲少師東都留守青州王敬武卒詔拜平盧節度使檢校太師兼侍中會敬武子師範專地不得入而還後遷太子太傅卒贈太子太師謚貞孝安潛於吏事尤長雖位將相閱具獄未嘗不身聽之

彥曾咸通初繇太僕卿爲徐州觀察使曉律令然卞急爲政剛猛徐軍素驕而彥曾長于撫民短治軍士多怨之初蠻寇五管陷交阯詔節度使孟球募兵三千往屯以八百人戍桂林舊制三年一更至期請代而彥曾親吏尹戡徐行儉貪不恤士乃議粟賜之請無發兵復留屯一年戍者怒殺都將王仲甫脅糧料判官龐勛爲將取庫兵剽湘衡虜丁壯合衆千餘北還自浙西趨淮南達泗口所過先遣倡兒弄木偶伺人情以防邀遏彥曾命牙將田厚簡慰勞而用都虞候元密伏甲任山館擊賊勛遣吏紿言士思歸不敢遏請至府解甲自歸彥曾斬其吏勛陷宿州發廥錢募兵亡命者從亂如歸船千艘與騎夾岸譟而進彥曾料丁男乘城或勸率衆奔兗州彥曾曰我方帥也奉命守此惟有死爾斬議者一人號于衆俄而勛傳城城中大霧如晦彥曾悉誅賊家屬勛衆四面超墉入囚彥曾大彭館有曹君長者說勛曰貴者不並處今朝廷未以留後命公蓋觀察使存爾勛乃殺彥曾於寢自監軍使逮官屬皆死始彥曾治第鄭州引水灌沼水十步忽化爲血署張佛筵液蜜爲人一昔鼠齧皆斷首徐有子亭下潴水爲沱彥曾導清河灌之鐫石龍首注溜蔽以屋徐人謂屋覆龍於文爲龐清河崔望也爲吞噬云贈刑部尚書乾符中錄其子祐之爲滎陽尉徐吏有路審中者彥曾知其能頗任之既遇害賂守卒斂藏其尸張玄稔攻徐州審中率死士應官軍開南白門官兵入因得破勛後位嵐州刺史鄭畋謂審中節貫神明請擢爲右羽林將軍詔可有許鐸者罷武城令客於徐勛脅以官不從彥曾官屬被囚鐸潛饋資糧及死爲之瘞匿免其子弟賊平乃皆歸其喪詔拜石首令賜銀緋僚官焦璐溫廷皓李棁崔蘊柳泰盧崇嗣韋廷範贈官有差錄其子官之

徐彥伯兗州瑕丘人名洪以字顯七歲能爲文結廬太行山下薛元超安撫河北表其賢對策高第調永壽尉蒲州司兵參軍時司戶韋暠善判司士李亘工書而彥伯屬辭時稱河東三絕遷職方員外郎奉迎中宗房州進給事中武后選三教珠英取文辭士皆天下選而彥伯李嶠居首遷宗正卿出爲齊州刺史帝復位改太常少卿以修武后實錄勞封高平縣子爲衛州刺史政善狀璽書嘉勞移蒲州以近畿會郊祭上南郊賦一篇辭致典縟擢修文館學士工部侍郎歷太子賓客以疾乞骸骨許之開元二年卒彥伯事寡嫂謹撫諸侄同己子秉筆累朝後來翕然慕傚晚爲文稍彊澀然當時不及也始武后時大獄興王公卿士以語言爲酷吏所引死徙不可計彥伯著樞機論以謂言者德之柄行之主志之端身之文也君子之樞機動則物應得失之見也可以濟身亦以覆身否泰榮辱一繫之能審思而應精慮而動擇其交以後談則悔吝何由而生怨惡何由而至如此乃可以言也以爲戒世云

蘇味道趙州欒城人九歲能屬辭與里人李嶠俱以文翰顯時號蘇李逮冠州舉進士中第累調咸陽尉吏部侍郎裴行儉才之會征突厥引管書記裴居道爲左金吾衛將軍倩味道作章攬筆而具閑徹清密當時盛傳延載中以鳳閣舍人檢校侍郎同鳳閣鸞臺平章事歲餘爲眞證聖元年與張錫俱坐法繫司刑獄錫雖下吏氣象自如味道獨席地飯蔬爲危惴可憐者武后聞放錫嶺南纔降味道集州刺史召爲天官侍郎聖歷初復以鳳閣侍郎同鳳閣鸞臺三品更葬其親有詔州縣治喪事味道因役庸過程遂侵毀鄉人墓田蕭至忠劾之貶坊州刺史遷益州大都督府長史張易之敗坐黨附貶眉州刺史復還益州長史未就道卒年五十八贈冀州刺史味道練臺閣故事善占奏然其爲相特具位未嘗有所發明脂韋自營而已常謂人曰決事不欲明白誤則有悔摸稜持兩端可也故世號摸稜手性友愛其弟味元味元嘗請託不遂因慢折之味道怡然不屑所論著行于時

豆盧欽望雍州萬年人祖寬隋文帝外孫爲梁泉令高祖定關中與郡守蕭瑀率豪姓進欵擢累殿中監子懷

讓尚萬春公主詔寬用魏太和詔去豆姓著盧貞觀中遷禮部尚書左衛大將軍芮國公卒贈特進幷州都督陪葬昭陵謚曰定復其舊姓欽望累官越州都督司賓卿長壽二年拜內史封芮國公李昭德被罪有司劾奏欽望阿順昭德不執正附臣罔君貶趙州刺史入爲司府卿遷秋官尚書中宗還東宮拜太子宮尹進文昌右相同鳳閣鸞臺三品罷爲太子賓客帝復位擢尚書左僕射平章軍國重事欽望居宰相積十餘年方易之三思等怙勢宣烝窺間王室戮忠戚觖冀非常不能有所裁抑獨謹身諄諄自全進開府儀同三司檢校安國相王府長史卒年八十贈司空幷州大都督陪葬乾陵謚曰元武后時宰相又有史務滋崔元綜周允元畧可述者附左方

史務滋宣州溧陽人累吏勞遷司賓卿進拜納言后革命詔務滋等十八人分行天下雅州刺史劉行實兄弟爲侍御史來子詢誣其反詔務滋與來俊臣雜治俊臣言務滋與四善掩其反狀后命俊臣幷治遂自殺

崔元綜鄭州新鄭人祖君肅武德中爲黃門侍郎鴻臚卿元綜天授初以鸞臺侍郎同鳳閣鸞臺平章事性恪愼坐政事堂束帶終日不休偃乞護細槩外若謹厚而中刻薄每受制鞫獄必澡垢索疵不入死不肯止人畏鄙之未幾坐事流振州搢紳爲慶會赦還除監察御史遷蒲州刺史致仕善攝生年九十餘卒

周允元字汝良豫州安城人自右肅政御史中丞拜檢校鳳閣侍郎同鳳閣鸞臺平章事武后宴宰相詔陳書傳善言允元曰耻其君不如堯舜武三思劾奏語指斥后日聞其言足以誡安得爲過卒贈貝州刺史

唐書卷一百十四考證

崔融傳六子其顯者禹錫翹○舊書融二子

融曾孫從以母喪免兄弟廬墓○舊書以父憂免兄弟廬于父墓

周允元傳自右肅政御史中丞拜檢校鳳閣侍郎○舊書累轉左肅政臺御史中丞

唐書卷一百十五

宋 端 明 殿 學 士 宋 祁 撰

列傳第四十

狄郝朱

狄仁傑字懷英幷州太原人爲兒時門人有被害者吏就詰衆爭辨對仁傑誦書不置吏讓之答曰黃卷中方與聖賢對何暇偶俗吏語耶舉明經調汴州參軍爲吏誣訴黜陟使閻立本召訊異其才謝曰仲尼稱觀過知仁君可謂滄海遺珠矣薦授幷州法曹參軍親在河陽仁傑登太行山反顧見白雲孤飛謂左右曰吾親舍其下瞻悵久之雲移乃得去同府參軍鄭崇質母老且疾當使絕域仁傑謂曰君可貽親萬里憂乎詣長史蔺仁基請代行仁基咨美其誼時方與司馬李孝廉不平相語曰吾等可少愧矣則相待如初每曰狄公之賢北斗以南一人而已稍遷大理丞歲中斷久獄萬七千人時稱平恕左威衞大將軍權善才右監門中郞將范懷義坐誤斧昭陵栢罪當免高宗詔誅之仁傑奏不應死帝怒曰是使我爲不孝子必殺之仁傑曰漢有盜高廟玉環文帝欲當之族張釋之廷諍曰假令取長陵一抔土何以加其法於是罪止棄市陛下之法在象魏固有差等犯不至死而致之死何哉今誤伐一栢殺二臣後世謂陛下爲何如主帝意解遂免死數日授侍御史左司郞中王本立怙寵自肆仁傑劾奏其惡有詔原之仁傑曰朝廷借乏賢如本立者不尠陛下惜有罪虧成法奈何臣願先斥爲羣臣戒本立抵罪繇是朝廷肅然使岐州亡卒數百剽行人道不通官捕繫盜黨窮訊而餘曹紛紛不能制仁傑曰是其計窮且爲患乃明開首原格出繫者稟而縱之使相曉皆自縛歸帝嘆其達權宜遷度支郞中帝幸汾陽宮爲知頓使幷州長史李沖玄以道出妬女祠俗言盛服過者致風雷之變更發卒數萬改馳道仁傑曰天子之行風伯淸塵雨師灑道何妬女避邪止其役帝壯之曰眞丈夫哉出爲寧州刺史撫和戎落得其歡心郡人勒碑以頌入拜冬官侍郞持節江南巡撫使吳楚俗多淫祠仁傑一禁止凡毀千七百房止留夏禹吳太伯季札伍員四祠而已轉文昌右丞出豫州刺史時越王兵敗支黨餘二千人論死仁傑釋其械密疏曰臣欲有所陳似爲逆人申理不言且累陛下欽恤意表成復毀自不能定然此皆非本惡詿誤至此有詔悉謫戍邊囚出寧州父老迎勞曰狄使君活汝邪出相與哭碑下四齋三日乃去至流所亦爲立碑初宰相張光輔討越王軍中恃功多暴索仁傑拒之光輔怒曰州將輕元帥邪仁傑曰亂河南者一越王公董士三十萬以平亂縱使暴橫使無辜之人咸墜塗炭是一越王死百越王生也且王師之至民歸順以萬計自縋而下四面成蹊柰何縱邀賞之人殺降以爲功冤痛徹天如得上方斬馬劒加君頸雖死不恨光輔還奏仁傑不遜左授復州刺史徙洛州司馬天授二年以地官侍郞同鳳閣鸞臺平章事武后謂曰卿在汝南有善政然有譖卿者欲知之乎謝曰陛下以爲過臣當改之以爲無過臣之幸也譖者乃不願知后嘆其長者時太學生謁急后亦報可仁傑曰人君惟生殺柄不以假人至簿書期會宜責有司尚書省決事左右丞不句杖左右丞相不判徒況天子乎學徒取告丞簿職耳若爲報可則胄子數千凡幾詔耶爲定令示之而已后納其言會爲來俊臣所構捕送制獄于時訊反者一問即承聽減死俊臣引仁傑置對答曰有周革命我乃唐臣反固實俊臣乃挺繫其屬王德壽以情謂曰我意求少遷公爲我引楊執柔爲黨公且免死仁傑歎曰皇天后土使仁傑爲此乎即以首觸柱血流沫面德壽懼而謝守者寖弛即丏筆書帛置褚衣中紿謂吏曰方暑請付家徹絮仁傑子光遠得書上變后遣使案視俊臣命仁傑冠帶見使者私令德壽作謝死表附使以聞后乃召見仁傑謂曰承反何邪對曰不承反死笞掠矣示其表曰無之后知代署因免死武承嗣屢請誅之后曰命已行不可返時同被誣者鳳閣侍郞任知古等七族悉得貸御史霍獻可以首叩殿陛苦爭欲必殺仁傑等乃貶仁傑彭澤令邑人爲置生祠萬歲通天中契丹陷冀州河北震動擢仁傑爲魏州刺史前刺史懼賊至驅民保城修守具仁傑至曰賊在遠何自疲民萬一虜來吾自辦之何預若輩悉縱就田虜聞亦引去民愛仰之復爲立祠俄轉幽州都督賜紫袍龜帶后自製金字十二於袍以旌其忠召拜鸞臺侍郞復同鳳閣鸞臺平章事時發兵戍疏勒四鎭百姓怨苦仁傑諫曰天生四夷皆在先王封域之外東距滄海西隔流沙北橫大漠南阻五嶺天所以限中外也自典籍所紀聲敎所暨三代不能至者國家既已兼之詩人矜薄伐於太原化行於江漢前代之遐裔而我之域中過夏商遠矣今乃用武荒外邀功絕域竭府庫之實以爭磽确不毛之地得其人不足以增賦獲其土不可以耕織苟求冠帶遠夷不務固本安人此秦皇漢武之所行也傳曰與覆車同軌者未嘗安此言雖小可以諭大臣伏見國家師旅歲出調度之費狃以寖廣右戍四鎭左屯安東杼軸空匱轉輸不絕行役既久怨曠者多上不是恤則政不行政不行則害氣作害氣作則蟲螟生水旱起矣方今關東荐饑蜀漢流亡江淮而南賦斂不息人不復本則相率爲盜本根一搖憂患非淺所以然者皆貪功方外耗竭中國也昔漢元帝納賈捐之之謀而罷珠崖宣帝用魏相之策而棄車師田貞觀中克平九姓冊拜李思摩爲可汗使統諸部夷狄叛則伐降則撫得推亡固存之義無遠戍勞人之役今阿史那斛瑟羅皆陰山貴種代雄沙漠若委之四鎭以統諸蕃建爲可汗遣禦寇患則國家有繼絕之美無轉輸之苦損四鎭肥中國罷安東實遼西省軍費於遠方幷甲兵於要塞恒代之鎭重而邊州之備豐矣且王者外寧容有內危陛下姑敕邊兵謹守備以逸待勞則戰士力陪以主禦客則我得其便堅壁淸野寇無所得自然深入有顚躓之慮淺入無虜獲之益不數年二虜不討而服矣又請廢安東復高姓爲君長省江南轉饟以息民不見納張易之嘗從容問自安計仁傑曰惟勸迎廬陵王可以免禍會后欲以武三思爲太子以問宰相衆莫敢對仁傑曰臣觀天人未厭唐德比匈奴犯邊陛下使梁王三思募勇士於市踰月不及千人廬陵王代之不浹日輒五萬今欲繼統非廬陵王莫可后怒罷議久之召謂曰朕數夢雙陸不勝何也於是仁傑與王方慶俱在二人同辭對曰雙陸不勝無子也天其意者以儆陛下乎且太子天下本本一搖天下危矣文皇帝身蹈鋒鏑勤勞而有天下傳之子孫先帝寢疾詔陛下監國陛下掩神器而取之十有餘年又欲以三思爲後且姑姪與子母孰親陛下立廬陵王則千秋萬歲後常享宗廟三思立廟不祔姑后感悟即日遣徐彥伯迎廬陵王於房州王至后匿王帳中召見仁傑語廬陵事仁傑敷請切至涕下不能止后乃使王出曰還爾太子仁傑降拜頓首曰太子歸未有知者人言紛紛何所信后然之更令太子舍龍門具禮迎還中外大悅初吉頊李昭德數請還太子而后意不回唯仁傑每以母子天性爲言后雖忮忍不能無感故卒復唐嗣尋拜納言兼右肅政御史大夫突厥入趙定殺掠甚衆詔仁傑爲河北道行軍元帥假以便宜突厥盡殺所得男女萬計由五回道去仁傑追不能逮更拜河北安撫大使時民多脅從於賊賊已去懼誅逃匿仁傑上疏曰議者以爲虜入寇始明人之逆順或迫脅或顧從或受僞官或爲招慰誠

以山東之人重氣一往死不爲悔比緣軍興調發煩重傷破家產剔屋賣田人不爲售又官吏侵漁州縣科役督趣鞭笞情危事迫不循禮義投跡犬羊以圖賖死此君子所愧而小人之常民猶水也壅則爲淵疏則爲川通塞隨流豈有常性昔董卓之亂神器播越卓已誅禽部曲無赦故事窮變生流毒京室比由恩不溥洽失在機先今負罪之伍潛竄山澤赦之則出不赦則狂山東羣盜緣茲聚結故臣以爲邊鄙暫警不足憂中土不寧可爲憂也夫持大國者不可以小治事廣者不可以細分人主所務弗檢常法願曲赦河北一不問罪詔可還除內史后幸三陽宮王公皆從獨賜仁傑第一區眷禮卓異時無輩者是時李楷固駱務整討契丹克之獻俘含樞殿后大悅二人者本契丹李盡忠部將盡忠入寇楷固等數挫王師後降有司請論如法仁傑稱其驍勇可任若貸死必感恩納節可以責功至是凱旋后舉酒屬仁傑賞其知人授楷固左玉鈐衛將軍燕國公賜姓武務整右武威衛將軍后將造浮屠大像度費數百萬官不能足更詔天下僧日施一錢助之仁傑諫曰工不役鬼必在役人物不天降終由地出不損百姓且將何求今邊垂未寧宜寬征鎭之徭省不急之務就令顧作以濟窮人既失農時是爲棄本且無官助理不得成既費官財又竭人力一方有難何以救之后由是罷役聖曆三年卒年七十一贈文昌右相謚曰文惠仁傑所薦進若張柬之桓彥範敬暉姚崇等皆爲中興名臣始居母喪有白鵲馴擾之祥中宗即位追贈司空睿宗又封梁國公子光嗣景暉

光嗣聖曆初爲司府丞武后召宰相各舉尚書郎一人仁傑薦光嗣由是拜地官員外郎以稱職聞后曰祁奚內舉果得人歷淄許貝三州刺史母喪奪爲太府少卿固讓睿宗嘉其誠許之累遷揚州長史以罪貶歙州別駕卒景暉官魏州司功參軍貪暴爲虐民苦之因共毀其父生祠不復奉至元和中田弘正鎭魏博始奏葺之血食不絕族孫兼謨

兼謨字汝諧及進士第辟襄陽府使剛正有祖風令狐楚執政薦授左拾遺數上書言事歷刑部郎中蘄鄧鄭三州刺史歲旱饑發粟賑濟民人不流徙改蘇州以治最擢給事中左藏史盜度支縑帛文宗以經赦詔勿治兼謨封還詔書帝問之對曰典史犯贓不可免帝曰朕已赦其長官吏亦宜宥與其失信寧失罪人既而曰後或事有不可勿以還詔爲憚遷御史中丞帝曰御史臺朝廷綱紀一臺正則朝廷治朝廷正則天下治畏忌顧望則職業廢矣卿梁公後當嗣家聲不可不愼兼謨頓首謝江西觀察使吳士矩加給其軍擅用上供錢數十萬兼謨劾奏觀察使爲陛下守土宣國詔條知臨戎賞士州有定數而與奪由己貽弊一方爲諸道觖望請付有司治罪士矩繇是貶蔡州別駕歷兵部侍郎河東節度使還爲尚書左丞武宗子峴封益王命兼謨爲傅俄領天平節度使辭疾以祕書監歸洛陽還東都留守卒

郝處俊安州安陸人父相貴因隋亂與婦翁許紹據峽州歸國拜滁州刺史封甑山縣公處俊甫十歲而孤故吏歸千縑賵之已能讓不受及長好學嗜漢書崖略暗誦貞觀中第進士解褐著作佐郎襲父爵兄弟友睦事諸舅謹甚再轉滕王友恥爲王府屬棄官去久之召拜太子司議郎累遷吏部侍郎高麗叛詔李勣爲浿江道大總管處俊副之師入虜境未陣賊遽至舉軍危駭處俊方據胡牀體胖安餐乾糒不顧密畀料精銳擊之虜卻衆壯其謀入拜東臺侍郎時浮屠盧伽逸多治丹曰可以續年高宗欲遂餌之處俊諫曰修短固有命異方之劑安得輕服哉昔先帝詔浮屠那羅邇娑寐案其方書爲祕劑取靈藥怪石歷歲乃能就先帝餌之饑而大漸上醫不知所爲羣臣請顯戮其人議者以爲取笑夷狄故法不得行前鑑不遠惟陛下深察帝納其言第拜盧伽逸多爲懷化大將軍進處俊同東西臺三品咸亨初幸東都皇太子監國諸宰相皆留而處俊獨從帝嘗曰王者無外何爲守禦而重門擊柝備待不虞耶我嘗疑秦法爲寬荆軻匹夫耳匕首竊發羣臣皆荷戟侍莫敢拒豈非習慢使然處俊對曰此乃法急耳秦法輒升殿者夷三族人皆懼族安有敢拒邪魏曹操著令曰京城有變九卿各守其府後嚴才亂與徒數十人攻左掖門操登銅爵臺望之無敢救者時王脩爲奉常聞變召車騎未至領官屬步至宮門操曰彼來者必王脩乎此由脩察變識機故冒法赴難向若拘常則遂成禍矣故王者設法不可急亦不可慢詩曰不懈於位人之攸塈仁也式遏寇虐無俾作慝刑也書曰高明柔克沈潛剛克中道也帝曰善轉中書侍郎監修國史初顯慶中令狐德棻劉胤之撰國史其後許敬宗復加緒次帝恨敬宗所紀失實更命宰相刊正且曰朕昔從幸未央宮辟仗既過有橫刀伏草中者先帝斂轡却謂朕曰事發當死者數十人汝可命出之史臣惟敘此爲實處俊曰先帝仁恩溥博類非一臣之弟處傑被擇供奉時有三衛誤拂御衣者懼甚先帝曰左右無御史我不汝罪帝曰此史臣應載處俊乃表左史李仁實欲刪整僞辭會仁實死而止上元初帝觀酺翔鸞閣時赤縣與太常音技分東西朋帝詔雍王賢主東周王顯王西因以角勝處俊曰禮所以示童子無誑者恐其欺詐之心生也二王春秋少意操未定乃分朋造黨使相誇俳兒優子言辭無度爭負勝相譏誚非所以導仁義示雍和也帝遽止歎曰處俊遠識非衆臣所逮遷中書令兼太子賓客檢校兵部尚書帝多疾欲遜位武后處俊諫曰天子治陽道后治陰德然則帝與后猶日之與月陽之與陰各有所主不相奪也若失其序上謫見于天下降災諸人昔魏文帝著令帝崩不許皇后臨朝今陛下奈何欲身傳位天后乎天下者高祖太宗之天下非陛下之天下正應謹守宗廟傳之子孫不宜持國與人以喪厥家中書侍郎李義琰曰處俊言可從惟陛下不疑事遂沮又兼太子左庶子拜侍中罷爲太子少保開耀元年卒年七十五贈開府儀同三司荆州大都督帝哀歎其忠舉哀光順門祭以少牢賻絹布八百段米粟八百石詔百官赴哭官庀葬事子北叟固辭未聽裴炎爲白帝曰處俊阽死誨臣曰生無益于國死無煩費凡詔賜願一罷之帝聞惻然答其意止賻物而已處俊資約素土木形骸然臨事敢言自秉政在帝前議論諄諄必傳經義凡所規獻得大臣體武后雖忌之以其操履無玷不能害與舅許圉師同里俱宦達鄉人田氏彭氏以高貲顯故江淮間爲語曰貴如郝許富如田彭

孫象賢垂拱中爲太子通事舍人后素銜處俊故因事誅之臨刑極罵乃死后怒令離磔其尸斲夷祖父棺冢自是訖後世將刑人必先以木丸窒口云

朱敬則字少連亳州永城人以孝義世被旌顯一門六闕相望敬則志尚恢博好學重節義然諾善與人交振其急難不責報於人與左史江融左僕射魏元忠善咸亨中高宗聞其名召見異之爲中書令李敬玄所毀故授洹水尉久之除右門闕初武后稱制天下頗流言遂開告密羅織之路興大獄誅將相大臣至是已革命事漸寧敬則諫曰臣聞李斯之相秦也行申商之法重刑名之家杜私門張公室棄無用之費損不急之官惜日愛功亟戰疾耕既庶而富遂屠諸侯此救弊之術也故曰刻薄可施於進趨變詐可陳於攻戰天下已平故可易之以寬簡潤之以淳和秦乃不然淫虐滋甚往而不反卒至土崩此不知變之禍也陸賈叔孫通事漢祖當滎陽成皐間糧餉窮智勇困未嘗敢開一說效一奇惟進豪猾貪暴之人及區宇適定乃陳詩書說禮樂開王道高帝忿然曰吾以馬上得之安事詩書對曰馬上得之可馬上治之乎帝默然於是賈著新語通定禮儀此知變之善也向若高帝斥二子置詩書重攻戰尊首級則複道爭功拔劍擊柱晷漏不保何十二帝二百年乎故曰仁義者聖人之蘧廬禮者先王之陳迹祠祝畢芻狗捐淳精流糟粕棄仁義尚爾況其輕乎國家自文明以來天地草昧內則流言外則構難故不設鉤距無以順人不切刑罰無以息暴於是置神器開告端故能不出房闥而天下晏然易主矣臣聞急趨者無善迹促柱者無和聲拯溺不規行療饑不鼎食即向時祕策今之芻狗也願鑒秦漢之失考時事之宜毀蘧廬遺糟粕下寬大之令流曠蕩之澤去萋斐之角牙頓姦險之芒刃塞羅織之妄源掃朋黨之險迹曠然使天下更始豈不樂哉后善其言遷正諫大夫兼修國史乃請高史官選以求名才侍中韋安石嘗閱其史稾歎曰董狐何以加世人不知史官權重宰相宰相但能制生人史官兼制生死古之聖君賢臣所以畏懼者也時賦斂繁重民多蕩析后數召入禁中訪失得進同鳳閣鸞臺平章事張易之構魏元忠張說欲誅之無敢言者敬則獨奏曰元忠說秉心忠一而所坐無名殺之失天下望乃得不死以老疾還政事俄改成均祭酒冬官侍郎易之等集名儒譔三教珠英又繪武三思李嶠蘇味道李迥秀王紹宗等十八人像以爲圖欲引敬則固辭不與世潔其爲人出爲鄭州刺史遂致仕侍御史冉祖雍誣奏與王同皎善貶涪州刺史既明非其罪改廬州代還無淮南一物所乘止一馬子曹步從以歸卒年七十五敬則與三從昆弟居四十年貲產無異及執政每以用人爲先細務不省也嶺表蠻叛以裴懷古有文武才用爲桂州都督蠻服其威惠相率降薦魏知古爲鳳閣舍人張思敬爲右史皆稱職初二張權寵盛敬則密謂敬暉曰公若假太子令舉北軍誅易之兄弟兩飛騎力耳暉卒用其策始崔寔仲長統王郎曹冏論封建指秦爲失敬則以爲秦漢世禮義陵遲不可復用周制封諸侯著論明之儒者以爲知言睿宗嗣位嘗曰神龍以來忠於本朝者李多祚王同皎韋月將燕欽融韋襄復矣尚有遺者耶劉幽求曰朱敬則忠正義烈天下所推往爲宗楚客冉祖雍等所誣謫守刺史長安中嘗語臣曰相王必受命當悉心事之及韋氏干紀臣遂見危赴難雖天誘其衷

亦敬則啓之於是追贈祕書監謚曰元敬則兄仁軌字德容隱居養親嘗誨子弟曰終身讓路不枉百步終身讓畔不失一段有赤烏白鵲棲所居樹按察使趙承恩表其異及卒郭山惲員半千魏知古共謚爲孝友先生

贊曰武后乘唐中衰操殺生柄劫制天下而攘神器仁傑蒙耻奮忠以權大謀引張柬之等卒復唐室功蓋一時人不及知故唐呂溫頌之曰取日虞淵洗光咸池潛授五龍夾之以飛世以爲名言方高宗舉天下將以禪后處俊固爭不使妻乘夫陰反陽至姦人銜怨仇嚮以逞蓋所謂萌形於主耶敬則一諫而羅織之獄衰時而後言者歟

唐書卷一百十六

宋　端　明　殿　學　士　宋　祁　撰

列傳第四十一

二王韋陸二李杜

王綝字方慶以字顯其先自丹楊徙雍咸陽父弘直爲漢王元昌友王好畋游上書切諫王稍止然益疏斥終荊王友方慶起家越王府參軍受司馬遷班固二史於記室任希古希古他遷就卒其業武后時累遷廣州都督南海歲有崑崙舶市外區琛琲前都督路元叡冒取其貨舶酋不勝忿殺之方慶至秋毫無所索始部中首領沓墨民詣府訴府曹素相餉謝未嘗治方慶約官屬不得與交通犯者痛論以法境內清畏議者謂治廣未有如方慶者號第一下詔賜瑞錦雜綵以著善政轉洛州長史封石泉縣子遷鸞臺侍郎同鳳閣鸞臺平章事進鳳閣侍郎神功初清邊道大總管武攸宜破契丹凱還且獻俘內史王及善以孝明帝忌月請鼓吹備而不作方慶曰晉穆帝納后當康帝忌月時以爲疑荀訥謂禮有忌日無忌月自月而推則忌時忌年愈無理據世用其言臣謂軍方大凱作樂無嫌詔可武后幸玉泉祠以山道險欲御腰輿方慶奏昔張猛諫漢元帝乘船危就橋安帝乃從橋今山阿危峭隥道曲狹比於樓船又復甚危陛下奈何輕蹊畏塗哉后爲罷行方慶嘗以令朞及大功喪未葬不聽朝賀未除弗豫享宴比羣臣不遵用頹紊敘誼不可長有詔申責內外畏之后嘗就求羲之書方慶奏十世從祖羲之書四十餘番太宗求之先臣悉上送今所存惟一軸幷上十一世祖導十世祖洽九世祖珣八世祖曇首七世祖僧綽六世祖仲寶五世祖騫高祖規曾祖褒幷九世從祖獻之等凡二十八人書共十篇后御武成殿徧示羣臣詔中書舍人崔融序其代閥號寶章集復以賜方慶士人歆其寵以老乞身收麟臺監脩國史中宗復爲皇太子拜方慶檢校左庶子后欲季冬講武有司不時辦遂用明年孟春方慶曰按月令孟冬天子命將帥講武習射御角力此乃三時務農一時講武安不忘危之道孟春不可以稱兵兵金也金勝木方春木王而舉金以害盛德逆生氣孟春行冬令則水潦爲敗雪霜大摯首種不入今孟春講武以陰政犯陽氣害發生之德臣恐水潦敗物霜雪損稼夏麥不登願陛下不違時令前及孟冬以順天道手制褒允是歲眞拜左庶子進封公奉入同職事三品兼侍太子讀書方慶奏人臣於天子未有斥太子名者晉山濤啓事稱皇太子不名孝敬爲太子更弘爲崇沛王爲太子更賢爲文今東宮門殿名多嫌觸請一改之以協舊典制可長安二年卒贈兗州都督謚曰貞中宗復位以東宮舊臣贈吏部尚書方慶博學練朝章著書二百餘篇尤精三禮學者有所咨質酬復淵詣故門人次爲雜禮答問家聚書多不減祕府圖畫皆異本方慶殁後諸子不能業隨皆散亡孫傭六世孫璵別傳璵曾孫搏

贊曰李德裕著書稱方慶爲相時子爲眉州司士參軍武后曰君在相位何子之遠對曰廬陵是陛下愛子今尚在遠臣之子庸敢相近以比倉唐悟文侯事嗟乎君子哉雖造次不忘悟君於善及建言不斥太子名以動羣臣示中興之漸所謂人難言者於方慶難乎哉德裕之稱謂不誣矣

儁字靈龜明經調莫州參軍辟范陽節度使張守珪募府時契丹屈烈部將謀入寇河北騷然儁至虜中喻說禍福虜乃不入安祿山叛拜博陵常山二太守副河北招討卒贈太常卿自褒至儁六世封石泉云儁孫遂

遂好興利操下以嚴累遷鄧州刺史太府卿西北供軍使與度支潘孟陽爭營田事憲宗怒出遂爲柳州刺史親吏韋行素柳季常當受課料兩池吏見遂斥卽抵以罪始詔書出左丞呂元膺劾遂補吏犯贓法當坐而詔稱清能業官按遂犯有狀不宜謂淸且柳大州不可使治帝喻之乃下會兵伐淮西亟財賦藉遂幹彊拜宣歙觀察使蔡已平師東討李師道召爲光祿卿淄青行營糧料使辭卿職換檢校左散騎常侍兼御史大夫始調兵食歲三百萬餘而賊誅遂簿羨貲百萬以獻帝高其能于時析齊爲三鎭卽拜遂沂兗海觀察使遂貪褊刻杖扑皆踰制盛夏治署舍牆垣程督慘峭將吏素悍戾遂輒罵曰反虜賊人羞忿裨校王弁與役人浴于川語曰天方雨牆且毀等罪耳乃謀亂明日遂方燕弁率其黨挾兵進遂驚匿廁下執而數其罪殺之其副張敦實官屬李甗甫皆死弁自知留事帝以沂海新定畏靑鄆亦搖乃拜弁開州刺史至徐州械送京州斬東市監軍上遂所製杖出示於朝爲戒云

搏字昭逸擢進士第辟佐王鐸滑州節度府累遷蘇州刺史久之以戶部侍郎判戶部乾寧初進同中書門下平章事董昌誅出爲威勝節度使未行加檢校尚書右僕射浙東西宣撫使會錢鏐兼領二浙故留拜門下侍郎同中書門下平章事判度支昭宗建嫡后搏請因赦天下以尊大其禮正拜左僕射進司空封魯國公初中官權盛帝欲剪抑之自石門還政一決宰相羣宦不平搆藩鎭內脅天子搏曰人君務平心大體御萬物偏聽產亂古所戒也今奄人盜威福僭制君上道路人皆知之方朝廷多難未可卒除當徐以計去之事急且有變崔胤與搏並位素忌搏明達有謀卽劾搏爲中官外應會胤罷宰相疑搏擠斥乃厚結朱全忠薦已復輔政卽譖搏與樞密使宋道弼景務脩交私將危社稷全忠因顯疏其尤光化三年罷爲工部侍郎貶溪州刺史又貶崖州司戶參軍事賜死藍田驛

韋思謙名仁約以近武后父諱爲嫌遂以字行其先出雍州杜陵後客襄陽更徙爲鄭州陽武人八歲喪母以孝聞及進士第累調應城令負殿不得進官吏部尚書高季輔曰子始得此一人豈以小疵棄大德邪擢監察御史常曰御史出使不能動搖山岳震懾州縣爲不任職中書令褚遂良市地不如直思謙劾之罷爲同州刺史及復相出思謙清水令或弔之答曰吾狷直觸機輒發豈郵身乎丈夫當敢言地要須明目張膽以報天子焉能錄錄保妻子耶沛王府長史皇甫公義引爲倉曹參軍謂曰公非池中物屈公爲數旬客以重吾府改侍御史高宗賢之每召與語雖甚倦徙倚軒檻猶數刻罷疑獄劇事多與參裁武候將軍田仁會誣奏御史張仁禕帝廷詰仁禕懦不得對思謙爲辯其枉因言仁會營罔陷人不測者詞旨詳暢帝善之仁禕得不坐累遷右司郎中尚書左丞振明綱轄朝廷肅然進御史大夫性謇諤顏色莊重不可犯見王公未嘗屈禮或以爲譏答曰耳目官固當特立鵰鶚鷹鸇豈衆禽之偶奈何屈以狎之帝崩思謙扶疾入臨涕泗氷須俯伏號絕詔給扶侍轉司屬卿復爲右肅政大夫故事大夫與御史鈞禮思謙獨不答或以爲疑思謙曰班列固有差奈何尚姑息邪垂拱初封博昌縣男同鳳閣鸞臺三品轉納言辭疾不許詔肩輿以朝聽子孫侍以太中大夫致仕卒贈幽州都督子承慶嗣立

承慶字延休性謹畏事繼母爲篤孝擢進士第補雍王府參軍府中文翰悉委之王爲太子遷司議郎儀鳳中詔太子監國太子稍嗜聲色與土功承慶見造作玩好浮廣倡優鼓吹讙譁戶奴小人皆得親左右承顏色恐因是作威福宜加繩察乃上疏極陳其端又進諭善箴太子頗嘉納承慶嘗謂人所以擾濁浮躁本之於心乃著靈臺賦譏揣當世亦自廣其志太子廢出爲烏程令累遷鳳閣舍人掌天官選屬文敏無留思雖大詔令未嘗著槀失大臣意出爲沂州刺史明堂災上疏諫以文明垂拱後執政者未滿歲率以罪去大抵皆惡逆不道夫構大廈濟巨川必擇文梓艅艎若亟毀而敗則是用朽木乘膠船也臣謂陛下求賢之意切而取人之路寬故一言有合而付大任夫以堯舉舜猶歷試諸難況庸庸者可超處輔相以百揆萬幾畀小人哉書不報未幾復爲舍人掌選病免改太子諭德歷豫虢二州刺史有善政轉天官侍郎修國史凡三掌選銓授平允議者公之長安中拜鳳閣侍郎同鳳閣鸞臺平章事張易之誅承慶以素附離免冠待罪時議草赦令咸推承慶召使爲之無撓色誤辭援筆而就衆嘆其壯然以累貶流嶺表歲餘拜辰州刺史未行以祕書員外少監召兼修國史封扶陽縣子詔撰武后紀聖文中宗善之遷黃門侍郎未拜卒帝悼之召其弟相州刺史嗣立會葬因拜黃門侍郎繼其位贈禮部尚書謚曰溫

嗣立字延構與承慶異母少友悌母遇承慶嚴每笞輒解衣求代母不聽卽遣奴自捶母感寤爲均愛世比晉王覽第進士累調雙流令政爲二川最承慶解鳳閣舍人武后召嗣立謂曰爾父嘗稱二子忠且孝堪事朕比兄弟稱職如而父言今使卿兄弟自相代卽拜鳳閣舍

人時學校廢刑濫及善人乃上書極陳永淳後庠序㴱散胄子衰缺儒學之官輕章句之選弛貴閥後生以徼倖升爽族平流以替業去乖拱間仕入彌多公行私謁選補逾濫經術不聞猛暴相夸陛下誠下明詔追三館生徒敕王公以下子弟一入大學尊尚師儒發揚勸獎海內知嚮然後審畀銓總各程所能以之臨人則官無曠民樂業矣又曰揚豫以來大獄屢興窮治連捕數年不絕大猾伺間陰相影會構似是之言正不赦之辜恣行楚慘類自誣服王公士人至連頸就戮道路藉藉咸知其非而鍛鍊已成不可翻動小則身誅大則族夷相緣共坐者庸可勝道彼皆報讐復嫌苟圖功求官賞耳臣願陛下廓天地之施雷雨之仁取垂拱以來罪無重輕所不赦者普皆原洗死者還官生者霑恩則天下瞭然知向所陷罪非陛下意也長安中拜鳳閣侍郎同鳳閣鸞臺平章事時州縣非其人后以爲憂李嶠唐休璟曰今朝廷重內官輕外職每除牧守皆訴不行非過累不得遣請選臺閣賢者分典大州自近臣始后曰誰爲朕行嗣立曰內典機要非臣所堪請先行以示羣臣后悅以本官檢校汴州刺史由是左肅政大夫楊再思等十八人悉補外未幾承慶知政事嗣立以成均祭酒徙魏洛二州政無它異坐善二張貶饒州刺史繇相州刺史入爲黃門侍郎轉太府卿修文館大學士中宗景龍中拜兵部尚書同中書門下三品時崇飾觀寺用度百出又恩倖食邑者衆封戶凡五十四州皆據天下上腴一封分食數州隨土所宜牟取利入至安樂太平公主率取高貲多下家無復如平民有所損免爲封戶者亟於軍興監察御史宋務光建言願停徵封一切附租庸輸送不納嗣立建言今廩稍耗竭無一歲之儲假遇水旱人須賑給不時軍興士待資裝陛下何以具之伏見營立寺觀累年不絕鴻侈繁麗務相矜勝大抵費常千萬以上轉徙木石廢功害農地藏開發蟄蟲傷露上聖至慈理必不然準之道法則乖質之生人則損陛下豈不是思又食封之家日月猥衆凡用戶部丁六十萬人課二絹則固一百二十萬臣見太府歲調絹纔百萬匹少則十之二有所貸免曾不半在比諸封家所入已寡國初功臣共定天下食封不二十家今橫恩特賜家至百四十以上天下租賦在公不足而私有餘又封家徵求各遣奴皁凌突侵漁百姓怨嘆或貿易斷盜誅責紛紜曾無少息下民窶乏何以堪命臣願以丁課一送太府封家詣左藏仰給禁止自徵以息重困臣聞設官建吏本於治人而務安之也明官得其人則天下治古者取士先鄉曲之譽然後辟於州州已試然後辟五府五府著聞乃升諸朝得不謂所擇悉而所歷深乎今之取人未試而遽遷務進徼幸比肩係踵故文者治官則冏邪贓汙武者治軍則庸懦怯弱補授亡限員外置官吏困供承官竭資奉國家大事豈甚於此古者設爵待士才者有之不才者進則有才之路塞賢人據正遠僥倖之門僥倖開則賢者隱矣賢者隱則人不安人不安國將危矣刺史縣令治人之首比年不加簡擇京官坐負及聲稱下者乃典州吏部年高不善刀筆者乃擬縣朝輕用人何以治國願下有司精加汰擇凡諸曹侍郎兩省二臺及五品以上清望官當先選用刺史縣令所冀守宰稱職以興太平帝不聽嗣立與韋后屬疏帝特詔附屬籍顧待甚渥營別第驪山鸚鵡谷帝臨幸命從官賦詩制序冠篇賜況優備因封嗣立逍遙公名所居曰清虛原幽棲谷嗣立獻木栝膝盤數十物唐隆初拜中書令韋后敗幾死于亂寧王爲救免出爲許州刺史以定策立睿宗賜封百戶徙汝州入爲國子祭酒太子賓客坐宗楚客等削遺制事不執正貶岳州別駕再徙爲陳州刺史開元中河南道巡察使表其廉欲復用會卒年六十六贈兵部尚書諡曰孝初嗣立代承慶爲鳳閣舍人黃門侍郎承慶亦代爲天官侍郎及知政事父子並爲宰相世罕其比有二子恒濟知名

恒開元初爲碭山令政寬惠吏民愛之天子東巡州縣供張皆鞭扑趣辦恒不立威而事給姑子御史中丞宇文融薦恒有經濟才讓以其位擢殿中侍御史累轉給事中爲隴右河西黜陟使時河西節度使蓋嘉運恃左右援橫恣不法妄列功狀恒劾奏之人代其恐出爲陳留太守卒

濟開元初調鄄城令或言吏部選縣令非其人既衆謝有詔問所以安人者對凡二百人惟濟居第一不能對者悉免官於是擢濟醴泉令侍郎盧從愿李朝隱並貶爲刺史濟四遷戶部侍郎爲太原尹著先德詩四章世服其典懿天寶中授尚書左丞凡三世居之濟文雅頗能修飾政事所至有治稱終馮翊太守子奧夏令亦以能政聞

嗣立孫弘景擢進士第數佐節度府以左補闕召爲翰林學士蘇光榮爲涇原節度使弘景當草詔書辭不如旨罷學士累遷度支郎中張仲方黜李吉甫謚得罪憲宗意弘景擿助出爲綿州刺史李夷簡鎮淮南奏以自副召入再遷給事中駙馬都尉劉士涇賂權近擢太僕卿弘景上還詔書穆宗使諭其先人昌有功朕所以念功睦親者弘景固執帝怒使宣慰安南由是有名時蕭俛輔政弘景議論常佐佑之遷再遷吏部侍郎銓綜平序貴幸憚其嚴不敢恩以私歷陝虢觀察使召拜尚書左丞駮正吏銓所除六十餘官不當進資於是鄭絪丁公著楊嗣復皆奪俸郎吏肅然望風脩整吏部員外郎楊虞卿以累下吏詔弘景與御史詳讞虞卿私造門弘景厲言曰有詔按公尚私謁邪虞卿多朋助自謂必見納及是惶恐去遷禮部尚書東都留守卒年六十六贈尚書左僕射弘景以直道進議論持正有守當時風教所倚賴爲長慶名卿

陸元方字希仲蘇州吳人陳給事黃門侍郎琛之曾孫伯父東之善書名家官太子司議郎元方初明經後舉八科皆中累轉監察御史武后時使嶺外方涉海風濤驚壯舟人懼元方曰吾受命不私神豈害我趣使濟而風訖息使還除殿中侍御史擢鳳閣舍人秋官侍郎爲來俊臣所陷后置不罪遷鸞臺侍郎同鳳閣鸞臺平章事坐附會李昭德貶綏州刺史擢天官侍郎兼司衞卿或言其薦引皆親黨后怒免官令白衣領職元方薦人如初后召讓之對曰舉臣所知不暇問讐黨又薦其友崔玄暐有宰相才后知無他復拜鸞臺侍郎同鳳閣鸞臺平章事后嘗問外事對曰臣備位宰相大事當白奏民間碎務不敢以聞忤旨下除太子右庶子進文昌左丞卒元方素清愼再執政每進退羣臣后必先訪問外祕莫知臨終取奏稾焚之曰吾陰德在人後當有興者又曰吾當壽但領選久耗傷吾神有一柙生平所緘鑰者歿後家人發之乃前後詔敕贈越州都督諸子皆美才而象先景倩景融尤知名

象先器識沈邃舉制科高第爲揚州參軍事時吉頊與元方同爲吏部侍郎頊擢象先爲洛陽尉元方不肯當頊曰爲官擇人豈以吏部子廢至公邪卒以授俄遷監察御史累授中書侍郎景雲中進同中書門下平章事監脩國史初太平公主謀引崔湜爲宰相湜曰象先人望宜幹樞近君不者湜敢辭主不得已爲言之遂並知政事然其性恬靜寡欲議論高簡爲時推向湜嘗曰陸公加於人一等公主既擅權宰相爭附之象先未嘗往謁及謀逆召宰相議曰寧王長不當廢嫡立庶象先曰帝得立何也主曰帝有一時功今失德安可不廢對曰立以功者廢必以罪今不聞天子過失安得廢主怒更與竇懷貞等謀卒誅死時象先與蕭至忠岑羲等坐爲主所進將同誅玄宗遽召免之曰歲寒然後知松栢之後凋也以保護功封兗國公賜封戶二百初難作睿宗御承天樓羣臣稍集帝麾曰助朕者留不者去於是有投名自驗者事平玄宗得所投名詔象先收按象先悉焚之帝大怒欲并加罪頓首謝曰赴君之難忠也陛下方以德化天下奈何殺行義之人故臣違命安反側者其敢逃死帝寤善之時窮治忠義等黨與象先密爲申救保全甚衆當時無知者罷爲益州大都督府長史劍南按察使爲政尚仁恕司馬韋抱眞諫曰公當峻扑罰以示威不然民慢且無畏答曰政在治之而已必刑法以樹威乎卒不從而蜀化累徙蒲州刺史兼河東按察使小吏有罪誡遣之大吏白爭以爲可杖象先曰人情大抵不相遠謂彼不曉吾言邪必責者當以汝爲始大吏慙而退嘗曰天下本無事庸人擾之爲煩耳第澄其源何憂不簡邪故所至民吏懷之入爲太子詹事歷戶部尚書知吏部選事母喪免起爲揚州大都督府長史遷太子少保卒年七十二贈尚書左丞相謚曰文貞始象先名景初睿宗曰子能紹先構是爲象賢者乃賜名焉

弟景倩爲扶溝丞河南按察使畢構覆州縣殿最欲必得實有吏言狀曰某彊清某詐清惟景倩曰眞清終監察御史

景融長七尺美姿質寬中而厚外博學工筆札以蘊藉補千牛轉新鄭令政有風績累遷工部尚書東京留守卒贈廣陵郡都督景融於象先後母弟也象先被笞景融諫不入則自楚毋爲損威人多其友四世孫希聲

希聲博學善屬文通易春秋老子論著甚多商州刺史鄭愚表爲屬後去隱義興久之召爲右拾遺時愉腐秉權歲數歉梁宋尤甚希聲見州縣刓敝上言當謹視盜賊明年王仙芝反株蔓數十州遂不制擢累歙州刺史昭宗聞其名召爲給事中拜戶部侍郎同中書門下平章事在位無所輕重以太子少師罷李茂貞等兵犯京師輿疾避難卒贈尚書左僕射謚曰文

元方從父餘慶陳右衞將軍珣孫方雅有祖風已冠名未顯兄玄表啃曰爾名宦不立奈何餘慶感激閉戶誦書三年以博學稱舉制策甲科補蕭尉累遷陽城尉武后封嵩山以辦具勞擢監察御史聖曆初靈勝二州党項誘北胡寇邊詔餘慶招慰喻以恩信蕃酋率衆內附遷殿中侍御史鳳閣舍人嘗命草詔殿上恐懼不能得

一詞降左司郎中久之封廣平郡公太子右庶子餘慶於寒品晩進必悉力薦藉人有過輒面折退無一言開元初爲河南河北宣撫使薦富春孫逖京兆韋述吳興蔣洌河南達奚珣後皆爲知名士遷大理卿終太子詹府事謚曰莊雅善趙貞固盧藏用陳子昂杜審言宋之問畢構郭襲微司馬承禎釋懷一時號方外十友餘慶才不逮子昂等而風流敏辯過之初武后時酷吏用事中宗朝倖臣貴主斜封大行啗利嗜禍之人與相乾沒雖丞貴驟用而戮不反踵餘慶以道自將雖仕不赫赫訖無悔尤

子璪字仲釆舉明經補長安尉以清幹稱開元初中朝臣子弟不任京畿改新鄭令人爲立祠用按察使宇文融薦遷澠池令累遷兵部郎中東彍騎使還除洛陽令時車駕在洛推劾姦豪人不敢犯爲中書令蕭嵩所器嵩罷佗宰相俾陰廉嵩短璪曰與人交過且不可言況無有邪以是忤貴近出爲太原少尹累徙西河太守封平恩縣男屬邑多虎前守設檻穽璪至徹之而虎不爲暴

王及善洺州邯鄲人父君愕有沈謀隋亂并州人王君廓掠邯鄲君愕往說曰隋氏失御豪傑共救其亂宜撫納遺甿而保全之觀時變待眞主足下無尺寸之地兼旬之糧剽衆而興但恣殘剽所過失望竊爲足下羞之君廓謝曰計安出答曰井陘之險可先取君廓從其言遂屯井陘山高祖入關與君廓偕來拜君愕大將軍封新興縣公累遷左武衞將軍從太宗征遼領左屯營兵與高麗戰駐蹕山死于陣贈左衞大將軍幽州都督邢國公陪葬昭陵及善以父死事授朝散大夫襲邢國公爵皇太子弘立擢及善左奉裕率太子宴于宮命宮臣擲倒及善辭曰殿下自有優人臣苟奉令非羽翼之美太子謝之高宗聞賜絹百匹除右千牛衞將軍帝曰以爾忠謹故擢三品要職羣臣非搜辟不得至朕所爾佩大橫刀在朕側亦知此官貴乎病免召爲衞尉卿垂拱中歷司屬卿山東飢詔爲巡撫賑給使拜春官尚書出爲秦州都督益州長史加光祿大夫以老病致仕神功元年契丹擾山東擢魏州刺史武后勞曰逆虜盜邊公雖病可與妻子行日三十里爲朕臥治爲屏蔽也因延問朝政得失及善陳治亂所宜后悅曰禦寇末也輔政本也公不可行留拜內史來俊臣繫獄當死后欲釋不誅及善曰俊臣凶狡不道引亡命汙戮善良天下疾之不勦絕元惡且搖亂胎禍憂未旣也后納之廬陵王之還密贊其謀旣爲皇太子又請出外朝以安羣臣及善不甚文而清正自將臨事不可奪有大臣節時二張怙寵每侍宴無人臣禮及善數裁抑之后不悅曰卿年高不宜侍游燕但檢校閣中及善卽移病餘月后不復問歎曰中書令可一日不見天子乎遂乞骸骨猶不許改文昌左相同鳳閣鸞臺三品卒年八十二贈益州大都督謚曰貞陪葬乾陵

李日知鄭州滎陽人及進士第天授中歷司刑丞時法令嚴吏爭爲酷日知獨平寬無文致嘗免一囚死少卿胡元禮執不可曰吾不去曹囚無生理日知曰僕不去曹囚無死法皆以狀讞而武后用日知議神龍初爲給事中母老病取急調侍數日須鬢輒白母未及封而卒方葬吏乃齎贈制日知殯絕于道左右爲泣莫能視巡察使路敬潛欲表其孝使求狀辭不報服除累遷黃門侍郎景龍初同中書門下平章事轉御史大夫仍知政事初安樂公主館第成中宗臨幸燕從官賦詩日知卒章獨以規誡睿宗佗日謂曰嚮日雖朕亦不敢諫非公挺直何能爾卽拜侍中先天元年罷爲刑部尚書屢乞骸骨許之日知將有請不謀于家歸乃治行妻驚曰產利空空何辭之遽日知曰仕至此已過吾分人亦何厭之有若厭于心無日而足也旣罷不治田園唯飾臺池引賓客與娛樂開元三年卒日知貴諸子方總角皆通婚名族時人譏之後少子伊衡以妾爲妻鬻田宅至兄弟訟鬩家法遂替云

杜景佺冀州武邑人性嚴正舉明經中第累遷殿中侍御史出爲益州錄事參軍時隆州司馬房嗣業徙州司馬詔未下欲卽視事先笞責吏以示威景佺謂曰公雖受命爲司馬州未受命何急數日祿邪嗣業怒不聽景佺曰公持咫尺制眞僞莫辨卽欲攬亂一府敬業揚州之禍非此類邪叱左右罷去旣乃除荊州司馬吏歌之曰錄事意與天通州司馬折威風由是寖知名入爲司刑丞與徐有功來俊臣侯思止專治詔獄時稱遇徐杜者生來侯者死改秋官員外郎與侍郎陸元方按員外郎侯味虛罪已推輒釋之武后怒其不待報元方大懼景佺獨曰陛下明詔六品七品官文辯已定待命于外今雖欲罪臣奈明詔何宰相曰詔爲司刑設何預秋官邪景佺曰詔令一布無臺寺之異后以爲守法擢鳳閣舍人遷洛州司馬延載元年檢校鳳閣侍郎同鳳閣鸞臺平章事后嘗季秋出梨華示宰相以爲祥衆賀曰陛下德被草木故秋再華周家仁及行葦之比景佺獨曰陰陽不相奪倫瀆卽爲災故曰冬無愆陽夏無伏陰春無淒風秋無苦雨今花木黃落而木復華瀆陰陽也竊恐陛下布德施令有所虧紊臣位宰相助天治物治而不和臣之咎也頓首謝罪后曰眞宰相會李昭德下獄景佺苦申救后以爲面欺左遷秦州刺史入拜司刑卿聖歷元年復以鳳閣侍郎同鳳閣鸞臺平章事契丹入寇陷河北數州虜已去武懿宗欲盡論其罪景佺以爲脅從可原后如其議罷爲秋官尚書坐漏省內語降司刑少卿出爲并州長史道病卒贈相州刺史初名元方垂拱中改今名

李懷遠字廣德邢州柏仁人少孤嗜學宗人欲藉以高蔭懷遠辭退而曰因人之勢高士恥之假蔭而官吾志邪擢四科第累轉司禮少卿出爲本州刺史改冀州遷揚益二都督府長史徙同州刺史治尚清簡累遷鸞臺侍郎進同鳳閣鸞臺平章事封平鄉縣男以左散騎常侍同中書門下三品爵趙郡公賜實封戶三百以老聽致仕中宗還京師召知東都留守復加同中書門下三品懷遠久貴益素約不治居室嘗乘款段馬僕射豆盧欽望謂曰公貴顯顧當然邪答曰吾幸其馴不願它駿神龍二年卒帝賜錦衾斂自爲文祭之贈侍中謚曰成

子景伯景龍中爲諫議大夫中宗宴侍臣及朝集使酒酣各命爲回波詞或以諂言媚上或要丐謬寵至景伯獨爲箴規語以諷帝帝不悅中書令蕭至忠曰眞諫官也景雲中進太子右庶子時有建言置都督府非是詔羣臣普議景伯與太子舍人盧俌議今天下諸州分隸都督專生殺刑賞使授非其人則權重釁生非彊幹弱枝經邦軌物之誼願罷都督留御史以時按察秩卑任重以制姦宄便繇是停都督終右散騎常侍

子彭年有才剖析明悟歷遷中書舍人吏部侍郎與李林甫善常慕山東著姓爲婚姻引就清列典選七年卒以贓敗長流臨賀郡天寶十二載擢爲濟陰太守徙馮翊天子幸蜀陷於賊脅以僞官憂憤死贈禮部尚書

唐書卷一百十六考證

韋思謙子承慶贈禮部尚書○舊書贈秘書監

陸元方子象先入爲太子詹事歷戶部尚書○舊書歷工部尚書

起爲揚州大都督府長史○舊書起復同州刺史

杜景佺傳○舊書及通鑑綱目俱作景儉

聖歷元年復以鳳閣侍郎同鳳閣鸞臺平章事○沈炳震曰按舊書聖歷二年則天紀神功元年皆不合

唐書卷一百十七

宋端明殿學士宋祁撰

列傳第四十二

裴劉魏李吉

裴炎字子隆絳州聞喜人寬厚寡言笑有奇節補弘文生休澣它生或出游炎讀書不廢有司欲薦狀以業未就辭不舉服勤十年尤通左氏春秋舉明經及第補濮州司倉參軍歷御史起居舍人寖遷黃門侍郎調露二年同中書門下三品進拜侍中高宗幸東都留皇太子京師以炎調護帝不豫太子監國詔炎與劉齊賢郭正一於東宮平章政事及大漸受遺輔太子是爲中宗改中書令舊宰相議事門下省號政事堂長孫無忌以司空房玄齡以僕射魏徵以太子太師皆知門下省事至炎以中書令執政事筆故徙政事堂於中書省中宗欲以后父韋玄貞爲侍中及授乳媪子五品官炎固執不從帝怒曰我意讓國與玄貞豈不可何惜侍中邪炎懼因與武后謀廢帝后命炎洎劉禕之率羽林將軍程務挺張虔勗勒兵入宮宣太后令扶帝下殿帝曰我何罪后曰以天下與玄貞安得無罪乃廢帝爲廬陵王更立豫王爲皇帝以定策功封永清縣男后已持政稍自肆於是武承嗣請立七廟追王其先炎諫曰太后天下母以盛德臨朝宜存至公不容追王祖考示自私且獨不見呂氏事乎后曰呂氏之王權屬生人今追崇先世在亡迹異安得同哉炎曰蔓草難圖漸不可長后不悅而罷承嗣又諷太后誅韓王元嘉魯王靈夔以絕宗室望劉禕之韋仁約畏默不敢言炎獨固爭后愈銜怒未幾賜爵河東縣侯豫王雖爲帝未嘗省天下事炎謀乘太后出游龍門以兵執之還政天子會久雨太后不出而止徐敬業兵興后議討之炎曰天子年長矣不豫政故豎子有辭今若復子明辟賊不討而解御史崔詧曰炎

受顧託身總大權䦧亂不討乃請太后歸政此必有異圖后乃捕炎送詔獄遣御史大夫騫味道御史魚承曄參鞫之鳳閣侍郎胡元範曰炎社稷臣有功於國悉心事上天下所知臣明其不反納言劉齊賢左衞率蔣儼繼辨之后曰炎反有端顧卿未知耳元範齊賢曰若炎反臣輩亦反矣后曰朕知炎反卿輩不反遂斬于都亭驛炎被劾或勉其遜辭炎曰宰相下獄理不可全卒不折節籍其家無儋石之贏初炎見裴行儉破突厥有功沮薄之乃斬降虜阿史那伏念等五十餘人議者恨其媢克且使國家失信四夷以爲陰禍有知云睿宗立贈大尉益州大都督謚曰忠元範申州義陽人介廉有才以炎故流死巂州炎從子伷先

伷先未冠推蔭爲太僕丞炎死坐流嶺南上變求面陳得失后召見盛氣待之曰炎謀反法當誅尚何道伷先對曰陛下唐家婦身荷先帝顧命今雖臨朝當責任大臣須東宮年就德成復子明辟奈何遽王諸武斥宗室炎爲唐忠臣而戮逮子孫海內憤怨臣愚謂陛下宜還太子東宮罷諸武權不然豪桀乘時而動不可不懼后怒命曳出杖之朝堂長流瀼州歲餘逃歸爲吏蹟捕流北廷無復名檢專居賄五年至數千萬娶降胡女爲妻妻有黃金駿馬牛羊以財自雄養客數百人自北廷屬京師多其客詗候朝廷事聞知十常七八時補闕李秦授爲武后謀曰讖言代武者劉劉無彊姓殆流人乎今大臣流放者數萬族使之叶亂社稷憂也后謂然夜拜秦授考功員外郎分走使者賜墨詔慰安流人實命殺之伷先前知以橐駝載金幣賓客奔突厥行未遠都護遣兵追之與格鬬爲所執械繫獄以狀聞會武后度流人已誅畏天下姍請更遣使者安撫十道以好言自解釋曰前使使慰安有非而不曉朕意擅誅殺殘忍不道朕甚自咎今流人存者一切縱還繇是伷先得不死中宗復位求炎後授伷先太子詹事丞遷秦桂廣三州都督坐累且誅賴宰相張說右之免官久乃擢范陽節度使太原京兆尹以京師官冗奏罷叢縣員外及試官進工部尚書年八十六以東京留守累封翼城縣公卒官下

劉禕之字希美常州晉陵人父子翼字小心在隋爲著作郎峭直有行嘗面折僚友短退無餘訾李伯藥曰子翼詈人人都不憾貞觀初召之辭以母老詔許終養江南道巡察使李襲譽嘉其孝表所居爲孝慈里母已喪召拜吳王府功曹參軍終著作郎弘文館直學士禕之少與孟利貞高智周郭正一俱以文辭稱號劉孟高郭並直昭文館俄遷右史弘文館直學士上元中與元萬頃等偕召入禁中論次新書凡千餘篇高宗又密與參決時政以分宰相權時謂北門學士兄懿之亦給事中同兩省先是姉爲內官武后遣至外家問疾禕之因賀蘭敏之私省之坐流巂州后爲丐還除中書舍人儀鳳中吐蕃寇邊帝訪侍臣所以置之討之之宜人人異謀禕之獨勸帝夷狄猶禽獸雖被馮陵不足校願戢威紓百姓之急帝內其言俄拜相王府司馬檢校中書侍郎帝謂曰卿家忠孝朕子賴卿以師矩冀蓬在麻不扶而挺也后既立王爲帝以其參奉大議愈親之擢中書侍郎同中書門下三品賜爵臨淮縣男方是時詔令叢繁禕之思致華敏裁可占授少選可待也司門員外郎房先敏坐累貶衞州司馬訴于相府內史騫味道謂曰太后旨禕之曰乃上從有司所奏云后聞以味道歸非於上貶青州刺史加禕之太中大夫賜物百段后因曰君爲元首臣爲股肱以手足疾移於腹背尚爲一體乎禕之引咎於己忠臣也納言王德真推順曰戴至德無異才惟能歸善於君爲時所服后曰善後私語鳳閣舍人賈大隱曰后能廢昏立明盍反政以安天下大隱表其言后怒曰禕之乃負我垂拱中或告禕之受歸誠州都督孫萬榮金與許敬宗妾私通太后遣肅州刺史王本立鞫治以敕示禕之禕之曰不經鳳閣鸞臺何謂之敕后以爲拒制使賜死于家年五十七初禕之得罪睿宗以舊屬申理之姻友冀得釋禕之曰吾死矣太后威福由己而帝營救速吾禍也在獄上疏自陳臨誅洗沐神色自若命其子執筆占爲表子號塞不通書禕之乃自捉筆得數紙詞懇哀到人皆傷之麟臺郎郭翰太子文學周思鈞悵歎其文后惡之貶翰巫州司法參軍思鈞播州司倉參軍睿宗嗣位贈禕之中書令翰嘗爲御史巡察隴右多所按劾次寧州時狄仁傑爲刺史民爭言有異政翰就館以筆紙置于桉謂僚屬曰入其境其政可知願薦使君美於朝毋久留即命駕去性寬簡讀老子至和其光同其塵慨然曰大雅君子以保其身乃辭憲官改麟臺郎云

魏玄同字和初定州鼓城人祖士廓仕齊爲輕車將軍玄同進士擢第調長安令累官司列大夫坐與上官儀善流嶺外既廢不自護藉乃馳逐爲生事上元初會赦還工部尚書劉審禮表其材拜岐州長史再遷吏部侍郎永淳元年詔與中書門下同承受進止平章事封鉅鹿男上疏言選舉法弊曰方今人不加富盜賊未衰禮誼寖薄者下吏不稱職庶官非其才取人之道有所未盡也武德貞觀庶事草創人物固乏天祚大聖享國永年異人間出諸色入流歲以千計官有常員人無定限選集猥至十不收一取舍淆紊夏商以前制度多闕至周煥然可觀諸侯之臣不皆命天子王朝庶官不專一職穆王以伯冏爲太僕正命曰愼簡乃僚此乃自擇下吏之言也太僕正特中大夫耳尚以僚屬委之則三公九卿亦當然也故太宰內史並掌爵祿廢置司徒司馬別掌興賢詔事是分任羣司而統以數職王命其大者而自擇其小者漢制諸侯自置吏四百石以下其傅相大臣則漢爲置之州郡掾吏督郵從事悉任之牧守自魏晉以後始歸吏部而迄于今以刀筆量才簿書察行法與世敝其來久矣尺丈之量鍾庾之器非所及則不能度非所受則無以容況天下之大士類之衆可委數人手乎又尸厥任者間非其選至爲人擇官爲身擇利下筆繫親疏措情觀勢要悠悠風塵此焉奔競使百行折之一面九能斷之數言不亦難乎且臣聞莅官者不可以無學傳曰學以從政不聞以政入學今貴戚子弟一皆早仕弘文崇賢羊牛輦腳之類程較既淺技能亦薄而門閥有素資望自高夫所謂胄子者必裁諸學少則受業長而入官然後移家事國謂之德進夫少仕則不務學輕試則無才又勳官三衞流外之屬不待州縣之舉直取書判非先德後言之誼臣聞國之用人如人用財貧者止糟糠富者餘粱肉故當衰敝乏賢則磨策朽鈍以馭之太平多士則遴柬髦俊而使之今選者猥多宜以簡練爲急竊見制書三品至九品並得薦士此誠仄席旁求意也但褒貶不明故上不憂黜責下不盡搜揚莫慎所舉而苟以應命且惟賢知賢聖人篤論皋陶既舉不仁者遠身苟濫進庸及知人不擇舉者之資而擇所舉之濫不可得已以陛下聖明國家德業而不建經久之策但顧望魏晉遺風臣竊惑之願少遵周漢之規以分吏部選卽所用詳所失鮮矣不納進拜文昌左丞鸞臺侍郎同鳳閣鸞臺三品遷地官尚書檢校納言玄同與裴炎締交能保終始故號耐久朋先是狄仁傑督太原運失米萬斛將坐誅玄同救免而河陽令周興未知也數於朝堂聽命玄同曰明府可去矣毋久留興以爲沮已銜之至是誣玄同言太后老矣當復皇嗣后不察賜死于家年七十三初監察御史房濟監刑謂曰丈人盍上變冀召見得自陳玄同曰人殺與鬼殺等耳不能爲告事人玄同子恬字安禮事親以孝聞第進士爲御史主簿開元中至潁王傅

李昭德雍州長安人父乾祐貞觀初爲殿中侍御史鄃令裴仁軌私役門卒太宗欲斬之乾祐曰法令與天下共之非陛下獨有也仁軌以輕罪致極刑非畫一之制刑罰不中則民無所措手足帝意解繇是免死遷侍御史母卒廬墓側負土成墳帝遣使就弔表異其閭歷治書侍御史有能名永徽初擢御史大夫爲褚遂良所惡出爲邢魏二州刺史乾祐雖彊直而昵小人嘗爲書與所善吏刺取朝廷事迷隱其辭爲吏所賣遂良白發於朝坐流驩州召拜滄州刺史入爲司刑太常伯舉雍州司功參軍崔擢爲尚書郎不得報私語擢所以然後擢犯罪告乾祐漏禁中語以自贖詔免官卒昭德彊幹有父風擢明經累官御史中丞永昌初坐事貶振州陵水尉還爲夏官侍郎如意元年拜鳳閣侍郎同鳳閣鸞臺平章事武后營神都昭德規創文昌臺及定鼎上東諸門標置華壯洛有二橋司農卿韋機徙其一直長夏門民利之其一橋廢省巨萬計然洛水歲淙齧之繕者告勞昭德始累石代柱鋭其前厮殺暴濤水不能怒自是無患俄檢校內史薛懷義討突厥以昭德爲行軍長史不見虜還武承嗣任文昌左相昭德諫曰承嗣已王不宜典機衡以惑衆庶且父子猶相篡奪況姑姪乎后矍然曰我未之思也乃罷承嗣爲太子少保洛陽人王慶之率險佞數百人請以承嗣爲皇太子后不許固請后遣昭德詰其故昭德笞殺慶之餘黨散走因奏曰自古有姪爲天子而爲姑立廟乎以親親言之天皇陛下夫也皇嗣陛下子也當傳之子孫爲萬世計陛下承天皇顧託而有天下又立承嗣臣見天皇不來食矣后乃止承嗣恨譖短之后曰吾任昭德而獲安枕是代我勞非而所知也有人獲洛水白石而赤文者獻闕下曰此石赤心故以獻昭德叱曰洛水餘石豈盡能反邪時來俊臣侯思止舞文法數誅陷大臣人皆懾懼昭德每奏其誣罔不道狀卒搒殺思止其黨稍摧沮然昭德頗怙權爲衆指目魯王府功曹參軍丘愔上疏曰臣聞魏冉誅庶族以安秦忠也弱諸侯以彊國功也然出入自專擊斷無忌威震人主不聞有王張祿一言而卒用憂死向使昭王不卽覺悟則秦之霸業或不傳子孫陛下天授以前萬機獨斷公卿百執具職而已自長壽以來厭怠細政權委昭德秉總權綱而才小任重負氣彊愎聾盲下民窮狥同列刻薄慶賞多所矯虔聲威翕習天下杜

曰臣伏見南臺敕目羣臣奏請陛下制已曰可而昭德建言不可制又從之且人臣參奉機密獻可替否事或便利不豫咨謀而畫可已行方興駮異是暘露擅命以示於人歸美引咎詎不類此一切奏獻皆承風指陰相傳會臣觀其膽乃大於身鼻息所衝上拂雲漢夫小家治生千百之貲將以託人尚憂失授況天下之重可輕委寄乎履霜堅冰須防其漸大權一去收之良難願陛下察臣之言又果毅鄧注著石論數千言述其專恣鳳閣舍人逄弘敏以聞后由是惡之謂姚璹曰誠如所言昭德固負國矣乃貶欽州南賓尉俄召授監察御史萬歲通天二年來俊臣誣以逆謀既而俊臣亦下獄同日誅時甚雨衆庶莫不冤昭德而快俊臣神龍二年贈左御史大夫建中三年加贈司空

吉頊洛州河南人長七尺性陰克敢言事擧進士及第調明堂尉父哲爲易州刺史坐贓當死頊往見武承嗣自陳有二女弟請侍王巾盥者承嗣喜以犢車迎之三日未言問其故答曰父犯法且死故憂之承嗣爲表貸哲死遷頊龍馬監劉思禮謀反頊上變事后命武懿宗雜訊因諷囚引近臣高閣生平所牾者凡三十六姓捕繫詔獄搒楚百慘以成其獄同日論死天下冤之擢右肅政臺中丞來俊臣下獄司刑當以死狀三日不下頊從武后游苑中因間言臣爲陛下耳目知俊臣狀入不出人以爲疑后曰朕以俊臣有功徐思之頊曰于安遠告虺貞反今爲成州司馬俊臣誣殺忠良罪惡如山國蠹賊也尚何惜於是后斬俊臣而召安遠爲尚食奉御突厥陷趙定授檢校相州刺史且募兵制虜南向頊辭不知武后曰賊方走藉卿坐鎭耳初太原溫彬茂死高宗時封一箭書誘妻曰吾死後須年及垂拱獻之垂拱初妻上其書言后革命事及突厥至趙去故后知虜且還頊至募士無應者俄詔以皇太子爲元帥應募日數千頊還言狀后曰人心若是邪卿可爲羣臣道之頊誦語于朝諸武惡之始頊善張易之殿中少監田歸道鳳閣舍人薛稷正諫大夫員半千夏官侍郎李迥秀皆爲控鶴內供奉頊又彊敏故后倚爲腹心聖曆二年進天官侍郎同鳳閣鸞臺平章事爲刺史時武懿宗討契丹退保相州後爭功殿中懿宗陋短俯僂頊嚴語侵之無所容假后怒曰我在乃藉諸武它日安可保銜之張易之兄弟以寵盛思自全問頊計安出頊曰公家以倖進非有大功於天下勢必危吾有不朽策顧劾之非止保身且世世不絕胙易之流涕請頊曰天下思唐久矣廬陵斥外相王幽閉上春秋高武諸王非海內屬意公盍從容請相王廬陵以副人望易弔爲賀之資也易之昌宗乘間如頊教后意乃定既而知頊與謀召見問狀頊對廬陵相王皆陛下子先帝顧託於陛下當速有所付乃還中宗明年頊坐弟冒僞官貶琰川尉及辭召見泣曰臣去國無復再謁願有所言然疾棘請須臾問后命坐頊曰水土皆一盎有爭乎曰無曰以爲塗有爭乎曰無曰以塗爲佛與道有爭乎曰有之頊首謝曰雖臣亦以爲有夫皇子外戚有分則兩安今太子再立而外家諸王並封陛下何以和之貴賤親疏之不明是驅使必爭臣知兩不安矣后曰朕知之業已然且奈何頊尋徙始豐尉客江都卒中宗之立頊實倡之會得罪無知者睿宗初有發明其忠乃下詔贈御史大夫

贊曰異乎炎之暗于幾也知中宗之不君不知武后之盜廟假虎翼而責其搏人死固宜哉昭德頊進不以道君子恥之雖然一情區區抑武興唐其功有端則賢炎遠矣褘之玄同漏言及誅不失所以事君者云

唐書卷一百十七考證

裴炎傳元範申州義陽人以炎故流死巂州○舊書坐救炎流死瓊州

李昭德傳坐流驩州召拜滄州刺史○舊書坐流愛州乾封中起爲桂州都督

吉頊傳頊尋徙始豐尉卒○舊書改安固尉尋卒

唐書卷一百十八

宋　端　明　殿　學　士　宋　祁　撰

列傳第四十三

張韋韓宋辛二李裴

張廷珪河南濟源人慷慨有志尚第進士補白水尉擧制科異等累遷監察御史按劾平直武后稅天下浮屠錢營佛祠於白司馬坂作大象廷珪諫以爲傾四海之財殫萬民之力窮山之木爲塔極冶之金爲象然猶有爲之法不足高也塡塞澗穴覆墜蟲蟻且巨億計工員窮窶驅役爲勞饑渴所致疾疹方作又僧尼乞丐自贍而州縣督輸星火迫切鬻賣以充非浮屠所謂隨喜者今天下虛竭蒼生彫弊謂宜先邊境實府庫養人力后善之召見長生殿賞慰良厚因是罷役會詔市河南河北牛羊荊益奴婢置監登萊以廣軍資廷珪上書曰今河南牛疫十不一在詔雖相市甚於抑奪併市則價難準簡擇則吏求賄是牛再疫農重傷也高原耕地奪爲牧所兩州無復丁田牛羊踐暴擧境何賴荊益奴婢多國家戶口姦豪掠買一入於官永無免期南北異宜至必生疾此有損無益也抑聞之君所恃在民民所恃在食食所資在耕耕所資在牛牛廢則耕廢耕廢則食去食去則民亡民亡則何恃爲君羊非軍國切要假令蕃滋不可射利后乃止張易之誅議窮治黨與廷珪建言自古革命務歸人心則以刑勝治今唐歷不移天地復主宜以仁化蕩宥且易之盛時趨附奔走半天下盡誅則已暴罰一二則法不平宜一切洗貸中宗納之神龍初詔白司馬坂復營佛祠廷珪方奉詔抵河北道出其所見營築勞亟懷不能已上書切爭且言自中興之初下詔書弛不急斥少監楊務廉以示中外今土木復興不稱前詔掘壞伐木蔓害生氣願罷之以紓窮乏帝不省尋爲中書舍人再遷禮部侍郎玄宗開元初大旱關中飢詔求直言廷珪上疏曰古有多難興國殷憂啓聖蓋事危則志銳情苦則慮深故能轉禍爲福也景龍先天間凶黨構亂陛下神武汛掃氛垢日月所燭無不濡澤明明上帝宜錫介福而頃陰陽愆候九穀失稔關輔尤劇臣思天意殆以陛下春秋鼎盛不崇朝有大功輕堯舜而不法思秦漢以自高故昭見咎異欲日愼一日永保太和是皇天於陛下睠顧深矣陛下得不奉若休旨而寅畏哉誠願約心削志考前王之書敦素樸之道登端士放佞人屏後宮減外廐場無蹴鞠之玩野絕從禽之樂促遠境罷縣戍矜惠孱獨蠲薄傜賦去淫巧捐珠璧不見可欲使心不亂或謂天戒不足畏而上帝焉怒風雨迷錯荒饉日甚則無以濟下矣或謂人窮不足恤而億兆攜離愁苦昏墊則無以奉上矣斯安危所繫禍福之原奈何不察今受命伊始華夷百姓淸耳以聽刮目以視冀有聞見何遽孤其望哉再遷黃門侍郎監察御史蔣挺坐法詔決杖朝堂廷珪執奏御史有譴當殺殺之不可辱也士大夫服其知體王琚持節巡天兵諸軍方還復詔行塞下議者皆謂將襲回紇廷珪陳五不可且言中國步多騎少人齎一石糧負甲百斤盛夏長驅晝夜不休勞逸相絕其勢不敢一也出軍掩敵兵不數萬不可以行廢農廣饋飢歲不支二也千里遠襲其誰不知賊有斥候必能預防三也狄人獸居磧漠譬之石田克而無補四也天下無年當養人息兵五也又請復十道按察使巡視州縣帝然納之因詔陸象先等分使十道時遣使齎繒綿至石國市犬馬廷珪曰犬馬非土性弗畜珍禽異獸不育于國不宜勞遠人致異物願省無益之故救必然之急天下之幸坐漏禁內語出爲沔州刺史頻徙蘇宋魏三州初景龍中宗楚客紀處訥武延秀韋溫等封戶多在河南河北諷朝廷詔兩道蠶產所宜雖水旱得以蠶折租廷珪謂兩道倚大河地雄奧股肱走集宜得其歡心安可不恤其患而殫其力若以桑蠶所宜而加別稅則隴右羊馬山南椒漆山之銅錫鉛錯海之蜃蛤魚鹽水旱皆免寧獨河南北外於王度哉願依貞觀永徽故事準令折免詔可在官有威化入爲少府監封范陽縣男以太子詹事致仕卒贈工部尚書謚貞穆廷珪偉姿儀善八分書與李邕友善及邕躓於仕屢表薦之人尚其方介云

韋湊字彥宗京兆萬年人祖叔諧貞觀中爲庫部郎中與弟吏部郎中叔謙兄主爵郎中季武同省時號三列宿湊永淳初解褐婺州叅軍事徙貧州司兵觀察使房昶才之表于朝遷揚州法曹州人孟神爽罷仁壽令豪縱數犯法交通貴戚吏莫敢繩湊按治杖殺之遠近稱伏入爲相王府屬時姚崇兼府長史嘗曰韋子識遠文詳吾恨晚得之六遷司農少卿忤宗楚客出爲貝州刺史睿宗立授鴻臚少卿徙太府兼通事舍人時收葬故太子重俊有詔加謚又詔雪李多祚等罪議贈官湊上言王者發號出令必法天道善善著惡惡明也賞罰所不加則考行立謚以褒貶之臣議其君子議其父曰靈曰厲者不敢以私亂公也臣伏見故太子與多祚等擁北軍犯宸居破扉斬關兵指黃屋騎騰紫微和帝御玄武門親諭逆順太子據鞍自若督衆不止逆黨悔非回兵執賊多祚伏誅太子乃遁去明日帝見羣臣涕數行下曰幾不與公等相見其爲危甚矣臣子之禮過位必趨蹙路馬芻有誅昔漢成帝爲太子行不敢絕馳道秦師免胄過周北門王孫滿策其必敗推此則太子稱兵宮中爲悖已甚以斬三思父子而嘉之乎則弄兵討逆以安君父可也因欲自立則是爲逆又奚可褒此時韋氏逆未明義未絕於太子母也子無廢母之理非中宗命廢之則又劫父廢母且君或不君臣安可不臣父或不父子安可不子晉太子申生謚曰恭漢太子據謚曰

戾今太子乃諡節閔臣所未諭願與議諡者質於御前使臣言非耶甘鼎鑊之誅申大義示天下臣言是耶咸業冰釋不復異議如曰未然奈何使後世亂臣賊子資以爲辭宜易諡以合經禮多祚等罪云免而不云雪帝瞿然引內閤中勞曰誠如卿言業已爾奈何對曰太子實逆不可以褒請質行以示時大臣亦重改唯罷多祚等贈官景雲初作金仙等觀湊諫以爲方農月興功雖貲出公主然高直售庸則農人捨耕取傭趨末棄本恐天下有受其飢者不聽湊執爭以萬物生育草木昆蚑傷伐甚多非仁聖本意帝詔外詳議中書令崔湜侍中岑羲曰公敢是耶湊曰食厚祿死不敢顧況聖世必無死乎朝廷爲減費萬計出爲陝汝岐三州刺史開元初欲建碑靖陵湊以古園陵不立碑又方旱不可興工諫而止遷將作大匠詔復孝敬皇帝廟號義宗湊諫曰傳云必也正名禮祖有功宗有德其廟百世不毀商有三宗周宗武王漢文帝爲太宗武帝爲世宗歷代稱宗者皆方制海內德澤可尊列於昭穆是謂不毀孝敬皇帝未嘗南面且別立寢廟無稱宗之義遂罷遷右衞大將軍玄宗謂曰故事諸衞大將軍與尚書更爲之近時職輕故用卿以重此官其母辭尋徙河南尹封彭城郡公會洛陽主簿王鈞以賕抵死詔曰兩臺御史河南尹縱吏侵漁春秋重責帥其出湊曹州刺史侍御史張洽通州司馬久之遷太原尹兼北都軍器監邊備修舉詔賜時服勞勉之及病遣上醫臨治卒年六十五贈幽州都督諡曰文子見素

見素字會微質性仁厚及進士第授相王府參軍襲父爵擢累諫議大夫天寶五載爲江西山南黔中嶺南道黜陟使繩糾吏治所至震畏遷文部侍郎平判皆誦於口銓敘平允官有匄求輒下意聽納人多德之十三載玄宗苦雨潦閱六旬謂宰相非其人罷左相陳希烈詔楊國忠審擇大臣時吉溫得幸帝欲用之溫爲安祿山所厚國忠懼其進沮止之謀於中書舍人竇華宋昱皆以見素安雅易制國忠入白帝帝亦以相王府屬有舊恩遂拜武部尚書同中書門下平章事集賢院学士知門下省事明年祿山表請蕃將三十二人代漢將帝許之見素不悅謂國忠曰祿山反狀暴天下今又以蕃代漢難將作矣國忠不應見素曰知禍之芽不能防見禍之形不能制焉用彼相明日當懇論之既入帝迎諭曰卿等有疑祿山意耶國忠見素趨下流涕且陳祿山反明甚詔復位因以祿山表置帝前乃出帝令中官袁思蕤傳詔曰此姑忍朕徐圖之由是奉詔然每進見未嘗不爲帝言之帝不入其語未幾祿山反從帝入蜀陳玄禮之殺國忠也兵傷其首衆傳聲曰毋害韋公父子獲免帝令壽王賜藥傳創次巴西詔兼左相封豳國公肅宗立與房琯崔渙持節奉傳國璽乃冊宣揚制命帝曰太子仁孝去十三載已有傳位意屬方水旱左右勸我且須豐年今帝受命朕如釋負矣煩卿等遠去善輔導之見素涕泣拜辭又命見素子諤及中書舍人賈至爲冊使判官謁見肅宗於順化郡肅宗聞琯名且舊虛懷待之以見素嘗附國忠禮遇獨減是歲十月丙申有星犯昴見素言於帝曰昴者胡也天道譴見所應在人祿山將死矣帝曰日月可知乎見素曰福應在德禍應在刑昴金忌火行當火位昴之昏中乃其時也既死其月亦死其日明年正月甲寅祿山其殪乎帝曰賊何等死答曰五行之說子者視妻所生昴犯以丙申金木之妃也木火之母也丙火爲金子申亦金也二金本同末異還以相尅賊殆爲子與首亂者更相屠戮乎及祿山死日月皆驗明年三月至鳳翔拜尚書左僕射罷知政事初行在所承喪亂後兵吏三銓簿領殽散選部文符僞濫帝欲廣懷士心至者一切補官不加檢復見素奏宜明條綱以爲持久帝未及從既還都選者猥集補署無所日訴于朝乃追行其言會郭子儀亦爲僕射從見素太子太師詔至蜀郡奉迎太上皇以功食實封三百戶上元初以疾求致仕許之詔朝朔望實應元年卒年七十六贈司徒諡忠貞子諤

贊曰楊國忠本與安祿山爭寵故捕吉溫以激其亂陰儲蜀貲待天子之出則已與韋見素流涕爭祿山反狀將信所言以久其權見素能言祿山反不能言所以反是佐國忠敗王室也玄宗不悟仍相之卒爲後帝所薄然猶完其要領幸矣謂見素爲前知果非也

諤歷京兆府司錄參軍國忠之死軍聚不解陳玄禮請殺貴妃以安衆帝意猶豫諤諫曰臣聞以計勝色者昌以色勝計者亡今宗廟震驚陛下棄神器奔草莽惟割恩以安社稷因叩頭流血帝寤賜妃死軍乃大說擢諤御史中丞爲置頓使乘輿將行或曰國忠死不可往蜀請之河隴或請幸太原朔方涼州或曰如京師雜然不一帝心向蜀未能言諤曰今兵少不能捍賊還京非萬全計不如至扶風徐圖去就帝問於衆衆然之遂至扶風乃決西幸後終給事中

顗字周仁諤弟益之子蚤孤事姊恭順及長身不衣帛通陰陽象緯博知山川風俗論議典據以門調補千牛備身自郡尉判入等授萬年尉歷御史補闕與李約李正辭更進諷諫數移大事裴垍韋貫之李絳崔羣蕭俛皆布衣舊繼爲宰相朝廷典章多所咨逮嘗曰吾儕五人智不及一韋公長慶初爲大理少卿累遷給事中敬宗立授御史中丞爲戶部侍郎從吏部卒贈禮部尚書所著易緼解推演終始有深誼既喜接士後出莫不造門而李逢吉方結黨與擅國政頗傳會之素議遂衰然節儉自居天下推其尚云

知人字行哲叔諫子弱而好古以國子舉授校書郎高宗時擢州參軍八人爲中臺郎知人自荊府兵曹遷司庫員外郎兼判司戎大夫事未幾卒子維繩

維字文紀進士對策高第擢武功主簿督役乾陵會歲飢均力勸功人不知勞坐徐敬業親貶五泉主簿徙內江令敎民耕桑縣爲刻頌還戶部郎中善裁剖時員外宋之問善詩故時稱戶部二妙終太子右庶子

繩長文辭撫養宗屬孤幼無異情舉孝廉以母老不肯仕踰二十年乃歷長安尉武后京師擢監察御史更泗涇鄜三州刺史天寶初入爲祕書少監玄宗尚文親其職如尚書丞郎繩刊正圖籍以善職稱終陳王傅

虛心字無逸維子舉孝廉遷大理丞侍御史神龍中按大獄僕射竇懷貞侍中劉幽求有所輕重虛心据正不撓景龍中周光叛旣禽捕有詔悉誅虛心惟論酋長死原活其餘遷御史中丞歷荊潞揚三大都督府長史荊州有豪鄉負勢干法虛心籍其貲入之官以廬江多盜遂縣舒城盜賊爲衰入爲工部尚書東京留守累封南皮郡子卒贈揚州大都督諡曰正弟虛舟歷洪魏二州刺史有治名入爲刑部侍郎初維爲郎蒔柳于廷及虛心兄弟居郎省對之輒斂容自叔謙後至郎中者數人世號郎官家

韓思復字紹出京兆長安人祖倫貞觀中歷左衞率封長山縣男思復少孤年十歲母爲語父亡狀感咽幾絕故倫特愛之嘗曰此兒必大吾宗然家富有金玉車馬玩好未嘗省篤學舉秀才高第襲祖封永淳中家益窶歲飢京兆杜瑾者以百綾餉思復思復方併日食而綾完封不發調梁府倉曹參軍會大旱輒開倉賑民州劾責對曰人窮則濫不如因而活之無趣爲盜賊州不能詰轉汴州司戶仁恕不行鞭罰以親喪去官鬻薪自給姚崇爲夏官侍郎識之擢司禮博士五遷禮部郎中建昌王武攸寧母亡請鼓吹思復持不可而止坐爲王同畋所薦貶始州長史遷滁州刺史州有銅官人鏈鑿尤苦思復爲買他郡費省獲多有黃芝五生州署民爲刻頌其祥徙襄州入拜給事中帝作景龍觀思復諫曰禍難初弭土木遽興非憂物恤人所急不見省嚴善思坐譙王重福事捕送詔獄有司劾善思任汝州刺史與王游至京師不暴王謀但奏東都有兵氣匿反罔上宜伏誅思復曰往韋氏擅內謀危社稷善思詣相府白陛下必即位今詔追善思書發即至使有逆節者肯遽奔命哉請集百官議議多同善思得免死流靜州遷中書舍人數指言得失頗見納用開元初爲諫議大夫山東大蝗宰相姚崇遣使分道捕瘞思復上言夾河州縣飛蝗所至苗輒盡今游食至洛使者往來不敢顯言且天災流行庸可盡瘞望陛下悔過責躬損不急之務任至公之人持此誠實以答譴咎其驅蝗使一切宜罷玄宗然之出其疏付崇崇建遣思復使山東按所損還以實言崇又遣監察御史劉沼覆視沼希宰相意悉易故牒以聞故河南數州賦不得蠲崇惡之出爲德州刺史拜黃門侍郎帝北巡爲行在巡問賑給大使遷御史大夫性恬澹不喜爲繩察徙太子賓客進爵伯累遷吏部侍郎復爲襄州刺史治行名天下代還仍拜太子賓客卒年七十四諡曰文天子親題其碑曰有唐忠孝韓長山之墓故吏盧僎邑人孟浩然立石峴山初鄭仁傑李無爲者隱居大白山思復少從二人游嘗曰子識清貌古恨仕不及宰相也子朝宗

朝宗初歷左拾遺睿宗詔作乞寒胡戲諫曰昔辛有過伊川見被髮而祭知其必戎今乞寒胡非古不法無乃爲狄又道路籍籍咸言皇太子微服觀之且匈奴在邸刺客卒發大憂不測白龍魚服可深畏也況天象變見疫癘相仍厭兵助陰是謂無益帝稱善特賜中上考帝傳位太子朝宗與將軍麗承宗諫曰太子雖睿聖宜且養成盛德帝不聽累遷荊州長史開元二十二年初置十道採訪使朝宗以襄州刺史兼山南東道襄州南楚故城有昭王井傳言汲者死行人雖暍困不敢視朝宗移書諭神自是飲者亡恙人更號韓公井坐所任吏擅賦役貶洪州刺史天寶初召爲京兆尹分渭水入金光門匯爲潭以通西市材木出爲高平太守始開元末海內無事訛言兵當興衣冠潛爲避世計朝宗廬終南山爲長安尉霍仙奇所發玄宗怒使侍御史王鉷訊之貶吳興別駕卒朝宗喜識拔後進嘗薦崔宗之嚴武於朝當時士咸歸重之

朝宗孫伏字相之性清簡元和初第進士自山南東道使府入爲殿中侍御史累遷桂管觀察使部二十餘州自參軍至縣令無慮三百員吏部所補纔十一餘皆觀察使商才補職伏下車悉來謁一吏持籍請補缺員伏下教曰居官治吾不奪其不奉法無望縱舍缺者須按籍取可任任之會春服使至鄉有豪猾厚進賄使者求爲縣令使者請伏伏許之旣去召鄉豪責以撓法笞其背以令部中自是豪右畏戢時詔置五管監兵盡境賦不足充其費伏處以儉約遂爲定制衆以爲難卒贈工部侍郎

宋務光字子昂一名烈汾州西河人舉進士及第調洛陽尉遷右衛騎曹參軍神龍元年大水詔文武九品以上官直言極諫務光上書曰后王樂聞過罔不興拒諫罔不亂樂聞過則下情通下情通則政無缺此所以興也拒諫則羣議壅羣議壅則上孤立此所以亂也臣嘗觀天人相與之際有感必應其間甚密是以教失於此變生於彼易曰天垂象見吉凶聖人象之竊見自夏以來水氣勃戾天下多罹其災洛水暴漲漂損百姓傳曰簡宗廟廢祠祀則水不潤下夫王者卽位必郊祀天地嚴配祖宗自陛下御極郊廟山川不時薦見又水者陰類臣妾之道氣盛則水泉溢項虹蜺紛錯暑雨滯霧陰勝之沴也後廷近習或有離中饋之職以干外政願深思天變杜絕其萌又自春及夏牛多病死疫氣浸淫傳曰思之不睿時則有牛禍意者萬幾之事陛下未躬親乎晁錯曰五帝其臣不及則自親之今朝廷賢佐雖多然莫能仰陛下淸光願勤思法宮凝就大化以萬方爲念不以聲色爲娛以百姓爲憂不以犬馬爲樂臣聞三五之君不能免淫亢顧備禦存乎人耳災典細微安之不怪及禍變已成駭而圖之猶水決治防病困求藥雖復傴僂尚何救哉夫塞變應天實繫人事今霖雨卽閉坊門豈一坊一市能感發天道哉必不然矣故里人呼坊門爲宰相謂能節宣風雨天工人代乃爲虛設又數年以來公私罄竭戶口減耗家無接新之儲國乏俟荒之蓄陛下近觀朝市則以爲旣庶且富試踐閭陌則百姓衣馬牛之衣食犬彘之食十室而九丁壯盡於邊塞孀孤轉於溝壑猛吏奮毒急政破資馬困斯佚人窮斯詐起爲姦盜從而刑之良可歎也今人貧而奢不息法設而僞不止長吏貪冒選舉以私稼穡之人少商旅之人衆願坦然更化以身先之凋殘之後緩其力役久弊之極訓以敦龐十年之外生聚方足臣聞太子者君之貳國之本所以守器承祧養民贊業願擇賢能早建儲副安社稷慰黎元姻戚之間謗議所集積疑成患憑寵生災愛之適以害之也如武三思等誠不宜任以機要國家利器庸可久假於人祕書監鄭普思國子祭酒葉靜能挾小道淺術列朱紫取銀黃虧國經悖天道書曰制治于未亂保邦于未危此誠治亂安危之秋也願陛下遠佞人親有德乳保之母妃主之家以時接見無令媟黷疏奏不省俄以監察御史巡察河南道時滑州輸丁少而封戶多每配封人皆亡命失業務光建言通邑大都不以封今命侯之家專擇雄奧滑州七縣而分封者五王賦少於侯租入家倍於輸國請以封戶均餘州又請食賦附租庸歲送停封使息傳驛之勞不見納以考最進殿中侍御史遷右臺嘗薦汝州參軍事李欽憲後爲名臣卒年四十二時又有淸源尉呂元泰亦上書言時政曰國家者至公之神器一正則難傾一傾則難正今中興政化之始幾微之際可不愼哉自頃營寺塔度僧尼施與不絕非所謂急務也林胡數叛獯虜內侵帑藏虛竭戶口亡散天下人失業不謂太平邊兵未解不謂無事水旱爲災不謂年登倉廩未實不謂國富而乃驅役飢凍彫鐫木石營搆不急勞費日深恐非陛下中興之要也比見坊邑相率爲渾脫隊駿馬胡服名曰蘇莫遮旗鼓相當軍陣勢也騰逐喧譟戰爭象也錦繡夸競害女工也督斂貧弱傷政體也胡服相歡非雅樂也渾脫爲號非美名也安可以禮義之朝法胡虜之俗詩云京邑翼翼四方是則非先王之禮樂而示則於四方臣所未諭書曰謀時寒若何必贏形體灌衢路鼓舞跳躍而索寒焉書聞不報

辛替否字協時京兆萬年人景龍中爲左拾遺時置公主府官屬而安樂府補授尤濫武崇訓死主弃故宅別築第侈費過度又盛興佛寺公私疲匱替否上疏曰古之建官不必備九卿有位而闕其選故賞不僭官不濫士有完行家有廉節朝廷餘奉百姓餘食下忠於上上禮於下委積無倉卒之危垂拱無顛沛之患夫事有惕耳目動心慮事不師古以行於今臣得言之陛下倍百行賞倍十增官金銀不供於印束帛不克於錫何所媿於無用之臣無力之士哉古語曰福生有基禍生有胎且公主陛下愛子也選賢嫁之設官輔之傾府庫以賜之壯第觀以居之廣池籞以嬉之可謂至重至憐也然用不合古義行不根人心將變愛成憎轉福爲禍何者竭人之力費人之財奪人之家怨也愛一女取三怨於天下使邊疆士不盡力朝廷士不盡忠人心散矣獨持所愛何所恃乎向使嗇王賞同諸壻則有今日之福無曩日之禍人徒見其禍不知禍所來所以禍者寵過也今弃一宅造一宅忘前悔忽後禍臣竊謂陛下乃憎之非愛之也臣聞君以人爲本本固則邦寧邦寧則陛下夫婦母子長相保也願外謀宰臣爲久安計不使姦臣賊子有以伺之今疆場危駭倉廩空虛卒輸不充士賞不及而大建寺宇廣造第宅伐木空山不給棟梁運土塞路不充牆壁所謂佛者淸淨慈悲體道以濟物不欲利以損人不榮身以害教今三時之月掘山穿地損命也殫府虛帑損人也廣殿長廊榮身也損命則不慈悲損人則不愛物榮身則不淸淨寧佛者之心乎昔夏爲天子二十餘世而商受之商二十餘世而周受之周三十餘世而漢受之由漢而後歷代可知已咸有道之長無道之短豈窮金玉修塔廟享久長之祚乎臣以爲減彫琢之費以賙不足是有佛之德息穿掘之苦以全昆蟲是有佛之仁罷營構之直以給邊垂是有湯武之功回不急之祿以購廉淸是有唐虞之治陛下緩其所急急其所緩親未來疏見在失眞實冀虛無重俗人之所爲而輕天子之業臣竊痛之今出財依勢避役亡命類度爲沙門其未度者窮民善人耳拔親樹知豈離朋黨畜妻養孥非無私愛是致人毀道非廣道求人也陛下常欲塡池塹捐苑囿以賑貧人今天下之寺無數一寺當陛下一宮壯麗用度尚或過之十分天下之財而佛有七八陛下何有之矣雖役不食之人不衣之士猶尚不給況必待天生地養風動雨潤而後得之乎臣聞國無九年之儲曰非其國今計倉廩度府庫百僚共給萬事用度臣恐不能卒歲假如兵旱相乘則沙門不能擐甲胄寺塔不足穰飢饉矣帝不省睿宗立罷斜封官千餘人俄詔復之方營金仙玉眞觀替否以左補闕上疏曰臣謂古之用度不時爵賞不當國破家亡者口說不若身逢耳聞不若目見臣請以有唐治道得失陛下所及見者言之太祖陛下之祖撥亂立極得至治之體省官淸吏舉天下職司無虛授用天下財帛無枉費賞必待功官必得才爲無不成征無不服不多寺觀而福祿至不度僧尼而咎殃滅陰陽不愆五穀遂成粟腐帛爛萬里貢賦百蠻歸款享國久長多歷年所陛下何憚而不法之中宗陛下之兄居先帝之業忽先帝之化不聽賢臣之言而悅子女之意虛食祿者數千人妄食土者百餘戶造寺蠹財數百億度人免租庸數十萬是故國家所出日加所入日減倉乏半歲之儲庫無一時之帛所惡者逐逐必忠良所愛者賞賞皆讒慝朋佞喋喋交相傾動奪百姓之食以養殘凶剝萬人之衣以塗土木人怨神怒親忿衆離水旱疾疫六年之間三禍爲變享國不永受終於凶婦取譏萬代詒笑四夷陛下所見也若法太宗治國太山之安可致也法中宗治國累卵之危亦可致也頃淫雨不解穀荒于壟麥爛于場入秋亢旱霜損蟲暴草木枯黃下人咨嗟未知所濟而營寺造觀日繼于時道路流言計用緡錢百餘萬陛下知倉有幾歲儲庫有幾歲帛百姓何所活三邊何所輸民散兵亂職此由也而以百萬構無用之觀受天下之怨陛下忍棄太宗之治本不忍棄中宗之亂階忍棄太宗長久之謀不忍棄中宗短促之計何以繼祖宗觀萬國耶陛下在韋氏時切齒羣凶今貴爲天子不改其事恐復有切齒於陛下者往見明敕一用貞觀故事且貞觀有營寺觀加浮屠黃老益無用之官行不急之務者乎往者和帝之憐悖逆也宗晉卿勸爲第宅趙履溫勸爲園亭工徒未息義兵交馳亭不得游宅不得息信邪僻之說成骨肉之刑陛下所見也今茲二觀得無晉卿之徒陰勸爲之冀娛骨肉不可不察也惟陛下停二觀以須豐年以所費之財給貧窮塡府庫則公主福無窮矣疏奏帝不能用然嘉切直稍遷右臺殿中侍御史雍令劉少微恃權貪贓替否按之岑羲屬以爲請替否曰我爲憲司懼勢以縱罪謂王法何少微坐死遷累潁王府長史卒年八十

李渤字濬之魏橫野將軍申國公發之裔父鈞殿中侍御史以不能養母廢于世渤恥之不肯仕刻志於學與仲兄涉偕隱廬山嘗以列禦寇拒粟其妻怒是無婦也樂羊子拾金妻讓之是無夫也乃摭古聯德高蹈者以楚接輿老萊子黔婁先生於陵子王仲孺梁鴻六人圖象讚其行因以自儆久之更從少室元和初戶部侍郎李巽諫議大夫韋況交章薦之詔以右拾遺召於是河南少尹杜兼遣吏持詔幣卽山敦促渤上書謝昔屠羊說有言位三旌祿萬鍾知貴於屠羊然不可使吾君妄施彼賤賈也猶能忘己愛君臣雖欲盜榮以濟所欲得無愧屠羊乎不拜洛陽令韓愈遺書曰有詔河南敦諭拾遺公朝廷士引頸東望若景星鳳鳥始見爭先覩之爲快方今天子仁聖小大之事皆出宰相樂善言如不得聞自卽大位凡所出而施者無不得宜勤儉之聲寬大之政幽閨婦女草野小子飽聞而厭道之愈不通於

古請問先生茲非太平世歟加又有非人力而至者年穀屢熟符貺委至干紀之姦不戢而狗梟彊梁之凶銷鑠縮栗迎風而委伏其有一事未就正覦若不咸人四海所環無一夫甲而兵者若此時也拾遺公不疾起與天下士樂而享之斯無時矣昔孔子知不可爲而爲之不已跡接於諸侯之國今可爲之時自藏深山牢關而固拒卽與仁義者異守矣想拾遺公冠帶就車惠然肯來舒所畜積以補綴盛德之闕利加于時名垂將來踴躍懷企頃刻以冀又切聞朝廷議必起拾遺公使者往若不許卽河南必繼以行拾遺徵若不至更加高秩如是辭少就多傷於廉而害於義拾遺公必不爲也善人進其類皆有望於公公不爲起是使天子不盡得良臣君子不盡得顯位人庶不盡被惠利其害不爲細必審察而諦思之務使合於孔子之道乃善渤心善其言始出家東都每朝廷有闕政輒附章列上元和九年討淮西上平賊三術一日感二日守三日戰感不成不失爲守守不成不失爲戰又上禦戎新錄乃以著作郎召渤遂起歲餘遷右補闕以直忤旨下遷丹王府諮議參軍分司東都十三年上言至德以來天下思致治平訖今不稱者人倦而不知變天以變通之運遺陛下順而革之則悠久宜乘平蔡之勢以德羈服恒兖無不濟則恩威暢矣昔舜禹以匹夫宅四海其烈如彼今以五聖營太平其難如此臣恐宰相羣臣蘊晦銜略啓沃有所未盡使陛下翹然思文武禹湯而不獲也宜正六官敘九疇修王制月令崇孝悌敦九族廣諫路黜選舉復俊造定四民省抑佛老明刑行令治兵禦戎願下宰相公卿大夫議博引海內名儒大開學館與羣臣參講據經稽古應時便俗者使切磋周復作制度合宣父繼周之言謹上五事一禮樂二食貨三刑政四議都五辨雠渤雖處外然志存朝廷表疏凡四十五獻擢爲庫部員外郎會皇甫鎛輔政務剝下佐用度而渤奉詔弔鄜士美喪在道上言渭南長源鄉戶四百今纔四十閿鄉戶三千而今千它州縣大抵類此推其敝始於攤逃人之賦假令十室五逃則均責未逃者若抵石于井非極泉不止誠繇聚斂之臣剗下媚上願下詔一賜禁止計不三年人必歸于農夫農國之本本立而太平可議矣又言道路茀不治驛馬多死憲宗得奏矜駭卽詔出飛龍馬數百給畿驛渤旣以峭直觸要臣意乃謝病歸穆宗立召拜考功員外郎歲終當校考渤自宰相而下升黜之上奏曰宰相俛文昌植陛下卽位倚以責功安危治亂繫也方陛下敬大臣未有昵比左右自驕之心而天下事一以付之俛等不推至公陳先王道德又不振拔舊典復百司之本政之興廢在賞罰俛等未聞慰一首公使天下吏有所勸黜一不職使尸祿有所懼士之邪正混然無章陛下比幸驪山宰相學士皆股肱心膂宜皆知之不先事以諫陷君於過俛與學士杜元穎等請考中下御史大夫李絳左散騎常侍張惟素右散騎常侍李益諫幸驪山鄭覃等諫畋游得事君之禮請考上下崔元略當考上下前考于翬不實翬以賄死請降中中大理卿許季同任翬者應考中下然頊陷劉闢棄家以歸宜補厥過考中中少府監裴通職修舉考應中上以封母捨嫡而追所生請考中下奏入不報會渤請急馮宿領考功以考課令取歲中善惡爲上下郎中校京官四品以下黜陟之由三品上爲淸望官歲進名聽內考非有司所得專渤舉舊事爲褒貶違朝廷制請如故事渤議遂廢會魏博節度使田弘正表渤爲副元穎劾奏渤賣直售名資狂躁干進不已外交方鎭求尉薦不宜在朝出爲虔州刺史渤奏還信州移稅錢二百萬免賦米二萬石廢冗役千六百人觀察使上狀不閱歲遷江州刺史度支使張平叔斂天下逋租渤上言度支所收貞元二年流戶賦錢四百四十萬臣州治田二千項今旱死者千九百項若徇度支所斂臣懼天下謂陛下當大旱責民三十年逋賦臣刺史上不能奉詔下不忍民窮無所逃死請放歸田里有詔蠲責渤又治湖水築隄七百步使人不病涉入爲職方郎中遷諫議大夫時敬宗晏朝紫宸入閤帝久不出羣臣立屏外至頓仆渤見宰相曰昨論晏朝事今益晚是諫官不能移人主意渤請出閤待罪會喚仗乃止退上疏曰今日入閤陛下不時見羣臣羣臣皆布路跛倚夫跛倚形諸外則憂思結諸內憂倦旣積災釁必生小則爲旱爲孽大則爲兵爲亂禮三諫不聽則逃之陛下新卽位臣至三諫恐危及社稷又言左右常侍職規諷循默不事若設官不責實不如罷之俄克理匭使建言事大者以聞次白宰相下以移有司有司不當許再納匭妄訴者加所坐一等以絕冒越詔可時政移近倖紀律蕩然渤勁正不顧患通章封無闕日天子雖幼昏亦感寤擢給事中賜金紫服五坊卒夜鬬傷縣人鄠令崔發怒敕吏捕捽其一中人也釋之帝大怒收發送御史獄會大赦改元發以囚坐雞竿下俄而中人數十持挺亂擊發敗面折齒幾死吏哀請乃去旣而囚皆釋而發不得原渤上疏曰縣令曳辱中人中人毆御囚其罪一也然令罪在赦前而中人在赦後不寘于法臣恐四夷聞之慢倍之心生矣渤又誦言前神策軍在慢城纂京兆進食牙盤不時治致官人益債帝以問左右皆曰無之帝謂渤有黨出爲桂管觀察使它日宰相李逢吉等見帝曰發暴中人誠不敬然其母故宰相韋貫之姊年八十憂發成疾陛下方孝治宜少延之帝惻然曰比諫官但言發枉未嘗道此卽遣使送發於家且撫慰其母韋拜詔泣對使者杖發四十猶奪其官至文宗乃用發爲懷州長史桂有灕水出海陽山世言秦命史祿代粵鑿爲漕馬援討徵側復治以通餽後爲江水潰毀渠遂廢淺每轉餉役數十戶濟一艘渤釃浚舊道鄣泄有宜舟楫利焉踰年以病歸洛太和中召拜太子賓客卒年五十九贈禮部尚書渤孤操自將不苟合於世人咸謂之沽激屢以言斥而悻直不少衰守節者尚之

裴潾本河東聞喜人篤學善隸書以蔭仕元和初累遷左補闕於是兩河用兵憲宗任宦人爲館驛使檢稽出納有曹進玉者尤恃恩倨甚使者過至加捽辱宰相李吉甫奏罷之會伐蔡復以中人領使潾諫曰凡驛有官專尸之畿內以京兆尹道有觀察使刺史相監臨臺又御史爲之使以察過闕猶有不職則宜明科條督責之誰不惕懼若復以宮闈臣領之則內人而及外事職分亂矣夫事不善誠於初體有非不必大方開太平澄本正末宜塞侵官之原出位之漸帝雖不用而嘉其忠擢起居舍人帝喜方士而柳泌爲帝治丹劑求長年帝御劑中躁病渴潾諫曰夫除天下之害者常受天下之利共天下之樂者常饗天下之福故上自黃帝顓頊堯舜禹湯文武咸以功濟生人天皆報以耆壽垂榮無疆陛下以孝安宗廟以仁牧黎庶攘剗祆凶復張太平賓禮賢俊待以終始神功聖德前古所不及陛下躬行之天地宗廟必相陛下以億萬之永今乃方士韋山甫柳泌等以丹術自神更相稱引詭爲陛下延年臣謂士有道者皆匿名滅景無求於世豈肯干謁貴近自鬻其伎哉今所至者非曰知道咸求利而來自言飛鍊爲神以訹權賄僞窮情得不恥遁亡豈可信厥術御其藥哉臣聞人食味別聲被色而生者也味以行氣氣以實志水火鹽梅以烹魚肉宰夫和之齊之以味君子食之以平其心夫三牲五穀稟五行以生也發爲五味天地生之所以奉人聖人節調以致康彊若乃藥劑者所以禦疾豈常進之餌哉況又金石性託酷烈而燒治積年包炎產毒未易可制夫秦漢之君亦信方士矣如盧生徐福欒大李少君後皆詐譎無成功事暴前策皆可驗禮君之藥臣先嘗之父之藥子先嘗之臣子一也願以所治劑俾其人服之竟一歲以考眞僞則無不驗矣帝怒貶江陵令穆宗立泌等誅召潾再遷刑部郎中前率府倉曹參軍曲元衡杖民柏公成母死有司以死在辜外推元衡父蔭贖金公成受賕不訴以赦免潾議曰杖權者官得施所部非所部雖有罪必請有司明不可擅也元衡非在官公成母非所部不可以蔭免公成取賄仇家利母之死逆天性當伏誅有詔元衡流公成論死久之繇給事中爲汝州刺史越法杖人甎死以太子左庶子分司東都遷左散騎常侍集賢殿學士改刑部侍郎爲華州刺史召拜兵部侍郎出爲河南尹復還舊官卒贈戶部尚書謚曰敬潾以道自任悉心事上疾黨附不爲權近所持嘗裒古今辭章續梁昭明太子文選自號大和通選上之當時文士非與遊者皆不取世恨其臨憲宗竟以藥棄天下世益謂潾知言穆宗雖誅泌而後稍稍復惑方士有布衣張皐者上疏曰神慮澹則血氣和嗜欲勝則疾疹作古之聖賢務自頤養不以外物撓耳目聲色敗情性繇是和平自臻福慶用昌在易无妄之疾勿藥有喜在詩自天降康降福穰穰此天人符也然則藥以攻疾無疾不用藥也高宗時處士孫思邈達於養生其言曰人無故不用餌藥藥有所偏助則藏氣爲不平推此論之可謂達見至理夫寒暑爲賊節宣乖度有資於醫尚當重愼故禮稱醫不三世不服其藥庶士猶爾況天子乎先帝晚節喜方士累致危疾陛下所自知不可蹈前覆迎後悔也今人人竊議直畏忤旨莫敢言臣蓬蔽之生非以邀寵顧忠義可爲者闒而默則不安願陛下無忽帝善其言詔訪皐不獲

李中敏字藏之系出隴西元和中擢進士第性剛峭與杜牧李甘善其文辭氣節大抵相上下沈傳師觀察江西辟爲判官入拜侍御史鄭注誣逐宰相宋申錫天下以目太和六年大旱文宗內憂詔詢所以致雨者中敏時以司門員外郎上言雨不時降夏陽驕愆苗欲槁枯陛下憂勤降德音俾下得盡言臣聞昔東海誅殺一孝婦大旱三年臣頃爲御史臺推囚華封儒殺良家子三人陛下赦封儒死然三人者亦陛下赤子也神策士李秀殺平民法當死以禁衛刑止流宋申錫位宰相生平饋致一不受其道勁正姦人忌之陷不測之辜獄不參驗銜恨而沒天下士皆指目鄭注臣知數冤必列訴上

帝天之降災殆有由然漢武帝國用空竭桑弘羊興筦權之利然卜式請烹以致雨況申錫之枉天下知之何惜斬一注以快忠臣之寃則天且雨矣帝不省中敏以病告滿歸潁陽注誅以司勳員外郎召累遷諫議大夫爲理匭使建言上書者將納於匭有司允審其副有不可輒郤之臣請匭出禁中暮而入爲下開必達之路廣聰明直枉結若有司先裁可否恐事不重密非窮塞得自申意請一裁諸上詔可遷給事中仇士良以開府階蔭其子中敏曰內謁者監安得有子士良慙恚繇是復棄官去開成末爲婺杭二州刺史卒于官

中敏所善李款字言源長慶初第進士爲侍御史注自邠寧入朝款伏閤劾奏注內通敕使外結朝臣往來兩地卜射賕謝帝不省後寖用事款被斥去注死繇倉部員外郎累遷江西觀察使終濱王傳

李甘字和鼎長慶末第進士舉賢良方正異等累擢侍御史鄭注侍講禁中求宰相朝廷譁言將用之甘顯倡曰宰相代天治物者當先德望後文藝注何人欲得宰相白麻出我必壞之既而麻出乃以趙儋爲鄜坊節度使甘坐輕肆貶封州司馬而李訓內亦惡注繇是注卒不相甘終于貶始河南人楊牢字松年有至行甘方未顯以書薦於尹曰執事之部孝童楊牢父茂卿從田氏府趙軍反殺田氏茂卿死牢之兄蜀三往索父喪慮死不果至牢自洛陽走常山二千里號伏叛壘委髮羸骸有可憐狀讎意感解以尸還之單縗冬月往來太行間凍膚皸瘃銜哀雨血行路稠人爲牢泣歸責其子以牢勉之牢爲兒踐操如此未聞執事門唁而書顯之豈樹風扶教意耶且鄉人能醫疽刜腓急親之病皆一時決耳猶蒙表其閭脫之徭上有大禮則差問以粟帛今河北驕叛萬師不能攘而牢徒步請尸仇手與夫含腐忍瘡者孰多牢絶乳即能詩洛陽兒曹壯於牢者皆出其下聞牢之賾喪踣帥憤其葬也滑帥賻之財斯執事之事他人旣纂之矣即有稱牢於上者執事能無恨其後乎其激卬自任類此牢後亦擢進士第

贊曰夫以下摩上士所甚患然取名最多故上失德則與下爭名而後有誅夷斥竄事然或依古肆言高而難從以邀主賈直者逆之似傷道行之不切時此言事常弊也若廷珪數子優游彌縫皆中時病非所謂賈直自榮者也至湭爭晏朝濟諫方士甘斥鄭注不可作宰相排寵救危不得不爾賢哉

唐書卷一百十八考證

韋湊傳春秋重責帥其出湊曹州刺史○舊書以公事左授杭州刺史

虛心入爲工部尚書○舊書歷戶部尚書

李中敏傳以病告滿歸潁陽○舊書中敏謝病歸洛陽

唐書卷一百十九

宋　端　明　殿　學　士　宋　祁　撰

列傳第四十四

武李賈白

武平一名甄以字行潁川郡王載德子也博學通春秋工文辭武后時畏禍不敢與事隱嵩山修浮圖法屢詔不應中宗復位平一居母喪迫召爲起居舍人丐終制不見聽景龍二年兼修文館直學士時天子暗柔不君韋后烝亂外戚盛平一重斥語卽自請抑母黨上言去歲熒惑入羽林太白再經天太陽虧月犯大角臣聞災不妄生上見下應信如景響詩曰唯此文王小心翼翼昭事上帝聿懷多福陛下天性孝愛戚屬外家恩洽澤濡臣一宗階三等家數侯朱輪華轂過許史梁鄧遠甚恩崇者議積位厚者釁速故月滿必虧日中則移時不再來榮難久藉昔永淳之後王室多難先聖從權故臣家以宗子竊祿疏封今上聖復辟宜退守園廬乃再假光寵爵封加初高班厚位遂超涯極故陰氣僭陽河洛汎溢昔王族驕盈梅福上書竇氏專縱丁鴻進諫且后妃之家恩過寵深一朝覆没遂無噍類願思抑損之宜長遠之策推遠時權以全親親帝慰勉不許遷考功員外郎于時太平安樂公主各立黨相根毀親貴離間帝患之欲令敦和以訪平一因上書曰病之在四體者跡分而易逐居心腹者候遽而難治刑政乖舛四支疾也親權猜間心腹患也書曰克明俊德以親九族九族旣睦平章百姓詩曰協比其鄰婚姻孔云是知親族以輯睦爲義也自頃權貴猜防外和內離怨結婣婭疑生骨肉邀榮之徒詭獻忠欵膏脣之伍苟輸讒計脅肩邸第之中嚛頤媼宦之側故過從絶猜嫌構親愛乖黨與生積霜成冰禍不可旣願悉召近親貴人會宴內殿告以輯睦申以恩勤斥姦人塞讒路若猶未已則捨近圖遠抑慈示嚴惟陛下之命帝美其忠切卒不用初崔日用自言明左氏春秋諸侯官族亡日學士大集日用折平一曰君文章固耐久若言經則敗績矣時崔湜張說素知平一該習勸令酬詰平一乃請所疑日用曰魯三桓鄭七穆奈何答曰慶父叔牙季友桓三子也孟孫至彘凡九世叔孫舒季孫肥凡八世鄭穆公十一子子然及二子子孔三族亡子羽不爲卿故稱七穆子罕子駟子良子國子游子印子豐也一坐驚服平一問日用曰公言齊桓公楚莊王時諸侯屬齊若楚凡幾平公靈王時諸侯屬晉楚凡幾晉六卿齊楚執政幾何人日用謝曰吾不知君能知乎平一條舉始末無留語日用曰吾請北面閣坐大笑後宴兩儀殿帝命后兄光祿少卿嬰監酒嬰滑稽敏給詔學士嘲之嬰能抗數人酒酣胡人襪子何懿等唱合生歌言淺穢因倨肆欲奪司農少卿宋廷瑜賜魚平一上書諫曰樂天之和禮地之序禮配地樂應天故音動於心聲形于物因心哀樂感物應變樂正則風化正樂邪則政敎邪先王所以達廢興也伏見胡樂施于聲律本備四夷之數比來日益流宕異曲新聲哀思淫溺始自王公稍及閭巷妖伎胡人街童市子或言妃主情貌或列王公名質詠歌蹈舞號曰合生昔齊衰有行伴侶陳滅有玉樹後庭花趨數驁僻皆亡國之音夫禮慊而不進卽銷樂流而不反則放臣願屏流僻崇肅雍凡胡樂備四夷外一皆罷遣況兩儀承慶殿者陛下受朝聽訟之所比大饗羣臣不容以倡優媟狎虧汙邦典若聽政之暇苟玩耳目自當奏之後廷可也不納玄宗立貶蘇州參軍徙金壇令平一見寵中宗時雖宴豫嘗因詩頌規誡然不能卓然自引去故被謫旣謫而名不衰開元末卒孫元衡儒衡別傳

李乂字尙眞趙州房子人少孤年十二工屬文中書令薛元超曰是子且有海內名第進士茂才異等累調萬年尉長安三年詔雍州長史薛季昶選部吏才中御史者季昶以乂聞擢監察御史劾奏無避景龍初業靜能怙勢乂條其姦中宗不納遷中書舍人修文館學士帝遣使江南發在所庫貲以贖生乂上疏以爲江南魚鼈之利衣食所資江湖之生無旣而府庫之財有限與其拯物不如憂民且鬻生之徒惟利所視錢刀日至網罟歲廣施之一朝營之百倍若回所贖之貲減方困之徭其澤多矣韋氏之變詔令嚴促多乂草定進吏部侍郎仍知制誥與宋璟等同典選事請謁不行時人語曰李下無蹊徑改黃門侍郎封中山郡公制敕不便輒駁正貴幸有求官者睿宗曰朕非有靳顧李乂不可耳諫罷金仙玉眞二觀帝雖不從優容之太平公主干政欲引乂自附乂深自拒絶開元初姚崇爲紫微令薦爲侍郎外託引重實去其糾駁權異乂明切也未幾除刑部尙書卒年六十八贈黃門監謚曰貞遺令薄葬母還鄉里乂沈正方雅識治體時稱有宰相器葬日蘇頲畢構馬懷素往弔之哭曰非公爲慟而誰慟歟乂事兄尙一尙貞孝謹甚乂俱以文章自名弟兄同爲一集號李氏花萼集乂所著甚多尙一終清源尉尙貞博州刺史

賈曾河南洛陽人父言忠貌魁梧事母以孝聞補萬年主薄護役蓬萊宮或短其苛高宗廷詰辯列詳諦帝異之擢監察御史方事遼東奉使稟軍餉還奏上山川道里幷陳高麗可破狀帝問諸將材否對曰李勣舊臣陛下所自悉龐同善雖非鬬將而持軍嚴薛仁貴票勇冠軍高偘忠果而謀契苾何力性沈毅雖忌前有統御才然夙夜小心亡身憂國莫逮於勣者帝然所許衆亦以爲知言累轉吏部員外郎李敬玄兼尙書言忠尙氣及主選不能下貶邵州司馬失武懿宗意下獄幾死左除建州司戶參軍卒曾少有名景雲中爲吏部員外郎玄宗爲太子遴選宮僚以曾爲舍人太子數遣使采女樂就率更寺肄習曾諫曰作樂崇德以和人神韶夏有容咸英有節而女樂不與其間昔魯用孔子幾霸戎有由余而彊齊秦遺以女樂故孔子行由余出奔良以冶容哇咬蠱心喪志聖賢疾之最甚殿下渴賢之美未彰好伎之聲先聞非所以追啓誦嗣堯舜之烈也餘閑宴私後廷伎樂古亦有之猶當祕隱不以示人況閱之所司明示羣臣哉願下令屛倡優女子諸使者採召一切罷止太子手令嘉答俄擢中書舍人以父嫌名不拜從諫議大夫知制誥天子親郊有司議不設皇地祇位曾請合享天地如古制幷從祀等坐睿宗詔宰相禮官議皆如曾請開元初復拜中書舍人曾固辭議者謂中書乃曹司非官稱嫌名在禮不諱乃就職與蘇晉同掌制誥皆以文辭稱時號蘇賈後坐事貶洋州刺史歷虔鄭等州刺史遷禮部侍郎卒子至

至字幼鄰擢明經第解褐單父尉從玄宗幸蜀拜起居舍人知制誥帝傳位至當譔册旣進藳帝曰昔先天誥命乃父爲之辭今茲命册又爾爲之兩朝盛典出卿家父子手可謂繼美矣至頓首嗚咽流涕歷中書舍人至德中將軍王去榮殺富平令杜徽肅宗新得陝且惜去榮材詔貸死以流人使自效至諫曰聖人誅亂必先示

法令崇禮義漢始入關約法三章殺人者死不易之法也按將軍去榮以朔方偏裨提數千士不能整行列挾私怨殺縣令有犯上之逆或曰去榮善守陝新下非去榮不可守臣謂不然李光弼守太原程千里守上黨許叔冀守靈昌魯炅守南陽賈賁守雍丘張巡守睢陽初無去榮未聞賊能下也以一能而免死彼弧矢絕倫劒術無前者恃能犯上何以止之若捨去榮誅將來是法不一而招罪人也惜一去榮殺十去榮之材其傷蓋多後逆亂之人有逆於此而順於彼乎亂富平而治於陝乎悖縣令能不悖於君乎律令者太宗之律令陛下不可以一士小材廢祖宗大法帝詔羣臣議太子太師韋見素文部郎中崔器等皆以爲法者天地大典王者不敢專也帝王不擅殺而小人得擅殺者是權過人主開元以前無敢專殺尊朝廷也今有之是弱國家也太宗定天下陛下復鴻業則去榮非至德罪人乃貞觀罪人也其罪祖宗所不赦陛下可易之耶詔可蒲州刺史以河東瀕賊徹傳城廬舍五千室不使賊得保聚民大擾詔遣至慰安官助營完葺人乃安坐小法貶岳州司馬寶應初召復故官遷尚書左丞楊綰建請依古制縣令舉孝廉于刺史刺史升天子禮部詔有司參議多是綰言至議以爲自晉後衣冠遷徙人多僑處因緣官族所在占籍今鄉舉取人未盡請廣學校增國子博士員十道大州得置大學館詔博士領之召置生徒使保桑梓者鄉里舉焉在流寓者庠序推焉議者更附至議轉禮部侍郎待制集賢院大歷初徙兵部累封信都縣伯進京兆尹七年以右散騎常侍卒年五十五贈禮部尚書謚曰文

白居易字樂天其先蓋太原人北齊五兵尚書建有功于時賜田韓城子孫家焉又徙下邽父季庚爲彭城令李正己之叛說刺史李洧自歸累擢襄州別駕居易敏悟絕人工文章未冠謁顧況況吳人恃才少所推可見其文自失曰吾謂斯文遂絕今復得子矣貞元中擢進士拔萃皆中補校書郎元和元年對制策乙等調盩厔尉爲集賢校理月中召入翰林爲學士遷左拾遺四年天子以旱甚下詔有所蠲貸振除災沴居易見詔節未詳即建言乞盡免江淮兩賦以救流瘠且多出宮人憲宗頗采納是時于頔入朝悉以歌舞人內禁中或言普寧公主取以獻皆頔嬖愛居易以爲不如歸之無令頔得歸曲天子李師道上私錢六百萬爲魏徵孫贖故第居易言徵任宰相太宗用殿材成其正寢後嗣不能守陛下猶宜以賢者子孫贖而賜之師道人臣不宜掠美帝從之河東王鍔將加平章事居易以爲宰相天下具瞻非有重望顯功不可任按鍔誅求百計不卹彫瘵所得財號爲羨餘以獻今若假以名器四方聞之皆謂陛下得所獻與宰相諸節度私計曰誰不如鍔爭裒割生人以求所欲與之則綱紀大壞不與則有厚薄事一失不可復追是時孫璹以禁衞勞擢鳳翔節度使張奉國定徐州平李錡有功遷金吾將軍居易爲帝言宜罷璹進奉國以諫天下忠臣心度支有囚繫閿鄉獄更三赦不得原又奏言父死繫其子夫久繫妻嫁債無償期禁無休日請一切免之奏凡十餘上益知名會王承宗叛帝詔吐突承璀率師出討居易諫唐家制度每征伐專委將帥責成功比年始以中人爲都監韓全義討淮西賈良國監之高崇文討蜀劉貞亮監之且興天下兵未有以中人專統領者神策既不置行營節度即承璀爲制將又充諸軍招討處置使是實都統恐四方聞之必輕朝廷後世且傳中人爲制將自陛下始陛下忍受此名哉且劉濟等洎諸將必恥受承璀節制心有不樂無以立功此乃資承宗之姦挫諸將之銳帝不聽既而兵老不決居易上言陛下討伐本委承璀外則盧從史范希朝張茂昭今承璀進不決戰已喪大將希朝茂昭數月乃入賊境觀其勢似陰相爲計空得一縣即辟不進理無成功不亟罷之且有四害以府帑金帛齊民膏血助河北諸侯使益富彊一也河北諸將聞吳少陽受命將請洗滌承宗章一再上無不許則河北合從其勢益固與奪恩信不出朝廷二也今暑濕暴露兵氣重烝誰不顧死孰堪其苦又神策雜募市人不忸于役脫奔逃相動諸軍必搖三也回鶻吐蕃常有游偵聞討承宗歷三時無功則兵之強弱費之多少彼一知之乘虛入寇渠能救首尾哉兵連事生何故蔑有四也事至而罷則損威失柄祇可逆防不可追悔亦會承宗請罪兵遂罷後對殿中論執彊鯁帝未諭輒進曰陛下誤矣帝變色罷謂李絳曰是子我自拔擢乃敢爾我叵堪此必斥之絳曰陛下啓言者路故羣臣敢論得失若黜之是箝其口使自爲謀非所以發揚盛德也帝悟待之如初歲滿當遷帝以資淺且家素貧聽自擇官居易請如姜公輔以學士兼京兆戶曹參軍以便養詔可明年以母喪解還拜左贊善大夫是時盜殺武元衡京都震擾居易首上疏請亟捕賊刷朝廷恥以必得爲期宰相嫌其出位不悅俄有言居易母墮井死而居易賦新井篇言浮華無實行不可用出爲州刺史中書舍人王涯上言不宜治郡追貶江州司馬既失志能順適所遇託浮屠生死說若忘形骸者久之徙忠州刺史入爲司門員外郎以主客郎中知制誥穆宗好畋游獻續虞人箴以諷曰唐受天命十有二聖兢兢業業咸勤厥政鳥生深林獸在豐草春蒐冬狩取之以道鳥獸蟲魚各遂其生民野君朝亦克用寧在昔玄祖厥訓孔彰馳騁畋獵俾心發狂何以效之曰羿與康曾不是誡終然覆亡高祖方獵蘇長進言不滿十旬未足爲權上心既悟爲之輟畋降及宋璟亦諫玄宗溫顏聽納獻替從容璟趨以出鷂死握中噫逐獸于野走馬于路豈不快哉銜橛可懼審其安危惟聖之慮俄轉中書舍人田布拜魏博節度使命持節宣諭布遺五百縑詔使受之辭曰布父讎國恥未雪人當以物助之乃取其財誼不忍方諭問旁午若悉有所贈則賊未殄布貲竭矣詔聽辭餉是時河朔復亂合諸道兵出討遷延無功賊取弓高絕糧道深州圍益急居易上言兵多則難用將衆則不一宜詔魏博澤潞定滄四節度令各守境以省度支貲餉每道各出銳兵三千使李光顏將光顏故有鳳翔徐滑河陽陳許軍無慮四萬可徑薄賊開弓高糧路合下博解深州之圍與牛元翼合還裴度招討使使悉太原兵西壓境見利乘隙夾攻之間令招諭以動其心未及誅夷必自生變且光顏久將有威名度爲人忠勇可當一面無若二人者於是天子荒縱宰相才下賞罰失所宜坐視賊無能爲居易雖進忠不見聽乃丐外遷爲杭州刺史始築堤捍錢塘湖鍾洩其水溉田千頃復浚李泌六井民賴其汲久之以太子左庶子分司東都復拜蘇州刺史病免文宗立以祕書監召遷刑部侍郎封晉陽縣男大和初二李黨事興險利乘之更相奪移進退毀譽若旦暮然楊虞卿與居易姻家而善李宗閔居易惡緣黨人斥乃移病還東都除太子賓客分司踰年即拜河南尹復以賓客分司開成初起爲同州刺史不拜以太子少傅進馮翊縣侯會昌初以刑部尚書致仕六年卒年七十五贈尚書右僕射宣宗以詩弔之遺命薄葬毋請謚居易被遇憲宗時事無不言湔剔抉摩多見聽可然爲當路所忌遂擯斥所蘊不能施乃放意文酒既復用又皆幼君偃蹇益不合居官輒病去遂無立功名意與弟行簡從祖弟敏中友愛東都所居履道里疏沼種樹構石樓香山鑿八節灘自號醉吟先生爲之傳暮節惑浮屠道尤甚至經月不食葷稱香山居士嘗與胡杲吉旼鄭據劉眞盧眞張渾狄兼謨盧貞燕集皆高年不事者人慕之繪爲九老圖居易於文章精切然最工詩初頗以規諷得失及其多更下偶俗好至數千篇當時士人爭傳雞林行賈售其國相率篇易一金甚僞者相輒能辯之初與元稹酬詠故號元白稹卒又與劉禹錫齊名號劉白其始生七月能展書姆指之無兩字雖試百數不差九歲暗識聲律其篤於才章蓋天稟然敏中爲相請謚有司曰文後履道第卒爲佛寺東都江州人爲立祠焉

贊曰居易在元和長慶時與元稹俱有名最長於詩它文未能稱是也多至數千篇唐以來所未有其自敘言關美刺者謂之諷諭詠性情者謂之閑適觸事而發謂之感傷其它爲雜律又譏世人所愛惟雜律詩彼所重我所輕至諷諭意激而言質閑適思澹而辭迂以質合迂宜人之不愛也今視其文信然而杜牧謂纖豔不逞非莊士雅人所爲流傳人間子父女母交口教授淫言媟語入人肌骨不可去蓋救所失不得不云觀居易始以直道奮在天子前爭安危冀以立功雖中被斥晚益不衰當宗閔時權勢震赫終不附離爲進取計完節自高而稹中道徼險得宰相名望漼然嗚呼居易其賢哉

行簡字知退擢進士辟盧坦劍南東川府罷與居易自忠州入朝授左拾遺累遷主客員外郎代韋詞判度支按進郎中長慶時振武營田使賀拔志歲終結課最詔行簡閱實發其妄志懼自刺不殊行簡敏而有辭後學所慕尚寶曆二年卒

敏中字用晦少孤承學諸兄長慶初第進士辟義成節度使李聽府聽一見許其遠到遷右拾遺改殿中侍御史爲符澈邠寧副使澈卒以能政聞御史中丞高元裕薦爲侍御史再轉左司員外郎武宗雅聞居易名欲召用之是時居易足病廢宰相李德裕言其衰苶不任事即薦敏中文詞類其兄而有器識即日知制誥召入翰林爲學士進承旨宣宗立以兵部侍郎同中書門下平章事遷中書侍郎兼刑部尚書德裕貶敏中抵之甚力議者訾惡德裕著書亦言惟以怨報德爲不可測蓋斥敏中云歷尚書右僕射門下侍郎封太原郡公自員外凡五年十三遷崔鉉輔政欲專任患敏中居右會党項數寇邊鉉言宜得大臣鎮撫天子嚮其言故敏中以司空平章事兼邠寧節度招撫制置使初帝愛萬壽公主欲下嫁士人時鄭顥擢進士第有閥閱敏中以克選顥與盧氏婚將授室而罷銜之敏中自以居外畏顥讒自訴于帝帝曰朕知久矣若用顥言庸相任耶顧左右取

書一函發視悉顯所上敏中乃安及行帝御安福樓以錢頒壓書諭尉賜通天帶衞以神策兵開府辟士禮如裴度討淮西時大寧州諸將已破羌賊敏中即說諭其衆皆願棄兵爲業乃自南山並河按屯堡回繞千里又規蕭關通靈威路使爲耕戰具踰年檢校司徒徙劍南西川增繫軍完創關壁治蜀五年有勞加兼太子太師徙荆南懿宗立召拜司徒門下侍郎還平章事數月足病不任謁固求避位不許中使者勞問俾對別殿毋拜右補闕王譜奏言敏中病四月陛下坐朝與他宰相語不三刻安暇論天下事願聽其請無使有持寵曠貴之譏書聞帝怒斥譜陽翟令給事中鄭公輿中救不聽諸者侍中瑋之遠裔未幾加敏中中書令自裴度以勳德居而敏中以恩澤進咸通二年南蠻擾邊召敏中入議許挾扶升殿固求免乃出爲鳳翔節度使三奏願歸守墳墓除東都留守不敢拜許以太傅致仕詔書未至卒冊贈太尉博士曹鄴責其病不堅退且逐諫臣舉怙威肆行諡曰醜

唐書卷一百十九考證

白居易傳會昌初以刑部尚書致仕六年卒年七十五○舊書大中元年卒年七十六

居易從祖弟敏中乃出爲鳳翔節度使○舊書河中晉絳節度使

唐書卷一百二十

宋　端　明　殿　學　士　宋　祁　撰

列傳第四十五

五王

桓彥範字士則潤州丹陽人以門蔭調右翊衞遷司衞主簿狄仁傑曰君之才當自光大毋鄙于初厚爲禮尋擢監察御史遷累中丞長安中爲司刑少卿張昌宗引妖人迎占言計不執宋璟請窮治其姦武后以昌宗嘗自歸不許彥範諫曰昌宗謬橫恩苞禍心億測天命皇神降怒自擿其咎推原厥情蓋防事暴之日得引首以免未敗則僥倖爲逆此凶詭之臣營惑聖心既自歸露而尚與妖人祈禳解則果於必成初無悔意今而宥之誠恐昌宗自謂應運天下浩然從之父在子稱尊爲逆子君在臣圖位爲逆臣逆而不誅社稷僵亡請付三司考治不納時內史李嶠等屢奏往爲酷吏破家者請皆宥雪依違未從彥範復上言自文明後得罪惟揚豫博三州不免它可悉赦疏十上卒見聽嘗曰大理人命所縣不可便辭詭合以自免張柬之將誅易之等引與定策於是以彥範敬暉爲左右羽林將軍屬以禁兵時中宗每北門起居因得謁陳祕計神龍元年正月彥範暉率羽林兵與將軍李湛李多祚楊元琰薛思行等千騎五百人討賊令湛多祚就東宮迎中宗至玄武門彥範等斬關入士皆鼓譟時武后處迎仙宮之集仙殿斬易之等廡下后聞變而起見中宗曰乃汝耶豎子誅可還宮彥範進曰太子今不可以歸往天皇棄羣臣以愛子託陛下今久居東宮羣臣思天皇之德不血刃清內難此天意人事歸李氏臣等謹奉天意惟陛下傳位萬世不絕天下之幸后乃臥不復言明日中宗復位以彥範爲侍中封譙郡公賜實封五百戶上書戒帝曰詩以關雎爲始言后妃者人倫之本治亂之端也故舜之興以皇英而周之興以任姒桀奔南巢禍階末嬉魯桓滅國咸始齊姜伏見陛下臨朝視政皇后必施帷殿上預聞政事臣愚謂古王者謀及婦人皆破國亡身傾輈繼路且以陰乘陽違天也以婦凌夫違人也違天不祥違人不義故書曰牝雞之晨惟家之索易曰無攸遂在中饋言婦人不得預外政也伏願上以社稷爲重令皇后無居正殿干外朝深居宮掖脩陰教以輔佐天子又道路籍籍皆云胡僧慧範託浮屠法詭惑后妃出入禁奥瀆撓朝政陛下嘗輕騎微服數幸其居上下汙慢君臣虧替臣謂興化致治以康乂國家者繇進善而棄惡孔子曰執左道以亂政者殺假鬼神以危人者殺今慧範亂政危人者也不急誅且有變除惡務本願早裁之帝孱昏狃左右不能有所省納俄墨敕以方士鄭普思爲祕書監葉靜能爲國子祭酒彥範執不可帝曰要已用之不可止彥範曰陛下始復位制詔軍國皆用貞觀故事貞觀時以魏徵虞世南顏師古爲監以孔穎達爲祭酒如普思等方伎猥下安足繼蹤前烈臣恐物議謂陛下官不擇才以天秩加私愛不從時武三思以遷太后衞恚慮不利諸武而韋后雅爲帝寵畏且三思與烝亂由是朋譖奇中未幾罷彥範等政事五月加特進封扶陽郡王賜姓韋同后屬籍錫金銀錦繡皆以鐵券恕十死令朔望朝尋出爲洺州刺史改濠州王同晈謀誅三思事洩三思誣彥範等同逆陰令許州司功參軍鄭愔上變乃貶彥範瀧州司馬敬暉崖州司馬袁恕己竇州司馬崔玄暐白州司馬張柬之新州司馬悉奪勳封三思又疏韋后隱穢榜於道請廢之帝震怒三思猥曰此殆彥範輩爲之命御史大夫李承嘉鞫狀物色其人承嘉卽奏彥範暉柬之恕己玄暐暴訕搖變內託廢后而實危君人臣無將當伏誅詔有司議罪大理丞李朝隱執奏彥範等未訊卽誅恐爲讎家誣蔑請遣御史按實卿裴談請卽誅斬家籍沒帝業嘗許以不死遂流瀼州禁錮終身子弟年十六以上謫徙嶺外擢承嘉金紫光祿大夫襄武郡公后又賜綵五百段錦被一進談刑部尚書而貶朝隱三思又諷節愍太子請夷彥範等三族帝不從三思慮五人者且復用乃納崔湜計遣周利貞矯制殺之利貞至貴州逢彥範卽縛曳竹槎上肉盡杖殺之年五十四睿宗卽位彥範等並追復官爵賜實封二百戶還其子孫諡曰忠烈開元六年詔與暉玄暐柬之恕己勤勞王家皆配享中宗廟庭建中三年復贈彥範爲司徒暉太尉玄暐太子太師柬之司徒恕己太子太傅彥範工屬文然不甚喜觀書所志惟忠孝大略居若不能言及議論帝前雖被詰讓而安辭定色辨爭愈切誅二張也柬之勒兵景運門將遂夷諸武洛州長史薛季昶勸曰二凶雖誅產祿猶在請除之會日暮事遽彥範不欲廣殺因曰三思机上肉爾留爲天子藉手季昶歎曰吾無死所矣俄而三思竊入宮因韋后反盜朝權同功者歎曰死我者桓君也彥範亦曰主上昔爲英王故吾留武氏使自誅定今大事已去得非天乎初將起事告其母母曰忠孝不並立義先國家可也御史李福業者嘗與彥範謀及被殺福業亦流番禺後亡匿吉州參軍敬元禮家吏捕得元禮俱坐死福業將刑謝元禮曰子有親吾甚愧恨元禮曰公窮而歸我我得已乎見者傷之時監察御史盧襲秀亦坐與桓敬善爲冉祖雍所按不屈或報曰南使至桓敬已死襲秀泫然祖雍怒曰彥範等負國君乃流涕且君下獄諸弟皆縱酒無憂色何邪對曰我何負哉正坐與彥範善耳今盡殺諸弟則已如獨殺襲秀恐公不得高枕而瞑祖雍色動握其手曰當活公遂得不坐襲秀者其祖方慶武德中爲察非掾秦王器之嘗引與議建成事方慶辭曰母老矣匄身歸養王不逼也貞觀中爲槀城令彥範弟玄範官至常州刺史臣範工部侍郎

薛季昶者絳州龍門人武后時上書自布衣擢監察御史以累左遷平遙尉復拜御史屢按獄如旨擢給事中夏官郎中侯味虛將兵討契丹不利妄言賊行有蛇虎導軍后惡其詭拜季昶爲河北道按察使季昶馳至軍斬味虛以聞威震北方稾城尉吳澤射殺驛使髡民女髮爲髢州不能劾季昶杖殺之然後布恩信甄表善良或傳季昶曩爲味虛笞辱故深文報怨自給事中數月爲御史中丞坐事左遷久乃入爲雍州長史遷文昌左丞爲洛州長史預誅易之等功進戶部侍郎五王失柄出季昶荆州長史貶儋州司馬初季昶與昭州首領周慶立廣州司馬光楚客不叶懼二怨不敢往歎曰吾至是邪卽具棺沐浴仰藥死葬昭州睿宗立詔贈左御史大夫同彥範等賜一子官季昶剛烈然喜入先語以爲實後雖有辨理不能得也而敦愛故舊禮有名士其長可蓋所缺云

楊元琰者字溫號州閿鄉人漢太尉震十八代孫生數歲未言相者視曰語遲者神定必爲重器及長秀眉美鬚髯崇簡博願居父喪七日不食服除補梓州參軍平棘令課第一御史府表其政璽書褒厲再擢承寧軍副使忤用事者免載初中爲安南副都護三徙爲荆府長史五遷州刺史咸有風績初張柬之代爲荆州共乘艫江中私語外家革命元琰悲涕慷慨志在王室柬之執政故引爲右羽林將軍謂曰江上之言君豈忘之今可以勉乃與李多祚等定計斬二張進雲麾將軍封弘農郡公實封戶五百賜鐵券恕十死敬暉等爲武三思所構元琰知禍未已乃詭計請祝髮事浮屠悉還官封中宗不許暉聞尚戲曰胡頭應祝以多鬚似胡云元琰曰功成不退懼亡我不空言暉感之然已不及計暉等死獨元琰全再遷衞尉卿又上官封願追寵其親帝哀憐贈越州都督長史李多祚死太子難元琰坐厚善繫獄蕭至忠救之免睿宗立數上書乞骸骨不聽四遷刑部尚書封魏國公徙太子賓客詔設位東宮太子爲拜俄致仕開元六年卒年七十九諡曰忠生平無留蓄中外食其家常數十人臨終敕諸子薄葬

子仲昌字蔓以通經爲脩文生累調不甚顯以河陽尉對策玄宗擢第一授蒲州法曹參軍判入異等遷監察御史坐累爲孝義令驚降庭樹太守蕭恕表其政徙下邽終吏部郎中仲昌貧長于吏常分父邑租振宗黨御身以約善與人交士樂從之游云

敬暉字仲曄，絳州平陽人。弱冠舉明經。聖歷初為衞州刺史是時河北經突厥所騷方秋而城暉曰金湯非粟不守豈有棄農畝事池隍哉縱民歸斂闔部賴安遷夏官侍郎出為太州刺史改洛州長史武后幸長安為副留守以治幹聞璽書勞之多賜物段長安二年授中臺右丞以誅二張功加金紫光祿大夫為侍中平陽郡公實封五百戶進封齊國暉表請諸武王者宜悉降爵繇是皆為公三思憤俄封平陽郡王加特進罷政事初易之已誅薛季昶請收諸武暉亦苦諫不從三思濁亂暉每椎坐悵恨彈指流血尋及貶又放瓊州為周利貞所害睿宗時追復官爵又贈秦州都督謚曰肅愍

崔玄暐博陵安平人本名曅武后時有所避改焉少以學行稱叔父祕書少監行功器之舉明經為高陵主簿居父喪盡禮廬有燕更巢共乳母盧有賢操常戒玄暐曰吾聞姨兄辛玄馭云子姓仕宦有言其貧窶不自存此善也若貲貨盈衍惡也吾嘗以為確論比見親表仕者務多財以奉親而親不究所從來必出于祿稟則善如其不然何異盜乎若今為吏不能忠清無以戴天履地宜識吾意故玄暐所守以清白名母亡哀毀甘露降庭樹後以庫部員外郎累遷鳳閣舍人長安元年為天官侍郎當公介然不受私謁執政忌之改文昌左丞不踰月武后曰卿向改職乃聞令史設齋相慶此欲肆其貪耳卿為朕還舊官乃復拜天官侍郎厚賜綵物三年授鸞臺侍郎同鳳閣鸞臺平章事兼太子左庶子四年遷鳳閣侍郎先是酷吏誣籍數百家玄暐開陳其枉后感悟皆為原洗宋璟劾張昌宗不軌事玄暐頗助璟及有司正昌宗罪而玄暐弟昪為司刑少卿執論大辟兄弟守正如此后久疾宰相不召見者累月及少間玄暐奏言皇太子相王皆仁明孝友宜侍醫藥不宜引異姓出入禁闥后慰納以誅二張功為中書令博陵郡公后遷上陽宮顧玄暐曰諸臣進皆因人而玄暐我所擢何至是對曰此正所以報陛下也俄拜博陵郡王罷政事冊其妻為妃賜實封五百戶檢校益州大都督府長史知都督事會貶又流古州道病卒年六十九謚曰文獻玄暐三世不異居家人怡怡如也貧寓郊墅羣從皆自遠會食無它爨與昪尤友愛族人貧孤者撫養教勵後雖秉權而子弟仕進不使踰常資當時稱重少頗屬辭晚以非已長不復構思專意經術子璩亦有文開元二年詔玄暐柬之神龍之初保乂王室姦臣忌焉謫歿荒海流落變遷感激忠義宜以玄暐子璩柬之孫趌並為朝散大夫璩終禮部侍郎璩子渙

渙博綜經術長論議十歲居父喪毀辟加人陸元方異之起家亳州司功參軍還調於是入判者千餘吏部侍郎嚴挺之施特楊試彝尊銘謂曰子清廟器故以題相命累遷司門員外郎楊國忠惡不附已出為巴西太守玄宗西狩迎謁于道帝見占奏以為明治體恨得之晚房琯亦薦之即日拜門下侍郎同中書門下平章事肅宗立與韋見素等同赴行在時京師未復舉選不至詔渙為江淮宣諭選補使收采遺逸不以親故自嫌常曰抑才虞謗吾不忍為然聽受不甚精以不職罷為左散騎常侍兼餘杭太守江東採訪防禦使入遷吏部侍郎集賢院待制簡淡自處時望尤重遷御史大夫元載輔政與中官董秀槃結固寵渙疾之因進見慨然論載姦代宗曰載雖非重慎然協和中外無間然能臣也對曰和之為貴者由禮節也不節之以禮焉得和今干戈甫定品物思乂載為宰相宜明制度易海內耳目而怙權樹黨毀法為通覆恩為恕附下苟容乃幽國卑主衞臣所未喻帝默然會渙兼稅地青苗錢物使以錢給百官而吏用下直為使料上直為百司料載諷皇城副留守張清擿其非詔尚書左丞蔣渙按實且載所惡由是貶道州刺史卒贈太子太傅謚曰元子縱

縱繇協律郎三遷監察御史會詔擇令長授藍田令德化大行縣人立碑頌德渙之貶縱棄金部員外郎就養後為汴西水陸運兩稅鹽鐵等使王師圍田悅乏食詔縱餉四節度糧軍無乏德宗出奉天方鎮兵未至縱勸李懷光奔命悉軍財稱所須懷光兵疲久戰次河中遷延不進縱以金帛先度曰濟者即賜衆趨利爭西遂及奉天還京兆尹上言懷光反覆不情宜備之及帝徙梁州追扈不及左右短縱素善懷光殆不來帝曰知縱者朕也非爾輩所及後數日至授御史大夫處大體不急細事獄訴付成僚屬而已自兵興內外官冗濫時議併省縱奏兵未息仕進者多緒在官則累遷有功而褒賞不可廢也比選集乃據闕留人怨望滋結朝廷頻詔錄勞而諸道敘優日廣若停減吏員非但承優者無官可敘亦恐序進者無路勝置矣詔可貞元元年天子郊見為大禮使歲旱用屈縱撙裁文物儉而不陋除吏部侍郎尋為河南尹時兵雖定民彫耗縱治簡易蠲略細苛先是戍邊者道由洛儲餼取於民縱始令官辦使五家相保自占發斂以絕胥吏之私又引伊洛溉高仰通利里閈人甚宜之入為太常卿封常山縣公卒年六十二贈吏部尚書謚曰忠初渙為元載所抑縱訖載世不求聞達渙有嬖妾縱以母事之妾剛酷雖縱顯官而數笞詬然率妻子候顏色承養不懈時以為難孫碣

碣字東標及進士第遷右拾遺武宗方討澤潞碣建請納劉稹降忤旨貶鄧城令稍轉商州刺史擢河南尹右散騎常侍再為河南尹邑有大賈王可久轉貨江湖間值龐勛亂盡亡其貲不得歸妻詣卜者楊乾夫咨在亡乾夫名善數而內悅妻色且利其富既占陽驚曰乃夫殆不還矣即陰以百金謝媒者誘聘之妻乃嫁乾夫遂為富人它年徐州平可久困甚丐衣食歸閭里往見妻乾夫大怒詬逐之妻詣吏自言乾夫厚納賄可久反得罪再訴復坐誣可久恨歎遂失明碣之來可久陳寃碣得其情即敕吏掩乾夫并前獄史下獄悉發賕姦一日殺之以妻還可久時淫潦獄決而霽都民相語歌舞于道徙陝虢觀察使軍亂貶懷州司馬卒

張柬之字孟將襄州襄陽人少涉經史補太學生祭酒令狐德棻異其才便以王佐期之中進士第始調清源丞永昌元年以賢良召時年七十餘矣對策者千餘柬之為第一授監察御史遷鳳閣舍人時突厥默啜有女請和親武后欲令武延秀娶之柬之奏古無天子取夷狄女者忤旨出為合蜀二州刺史故事歲以兵五百戍姚州地險瘴到屯輒死柬之論其弊曰臣按姚州古哀牢國域土荒外山岨水深漢世未與中國通唐蒙開夜郎滇笮而哀牢不附東漢光武末始請內屬置永昌郡統之賦其鹽布氈罽以利中土其國西大秦南交趾奇珍之貢不闕劉備據蜀甲兵不充諸葛亮五月度瀘收其豪人以益軍使張伯岐選取勁兵以增武備故蜀志稱亮南征後國以富饒此前世置郡以其利之也今鹽布之稅不供珍奇之貢不入戈戟之用不實於戎行寶貨之資不輸於大國而空竭府庫驅率平人受役蠻夷肝腦塗地臣竊為陛下惜之昔漢歷博南山涉蘭倉水更置博南哀牢二縣蜀人愁苦行者作歌曰歷博南越蘭津度蘭倉為他人蓋譏其貪珍奇之利而為蠻夷所驅役也漢獲其利人且怨歌今減耗國儲費調日引使陛下赤子身膏野草骸骨不歸老母幼子哀號望祭於千里之外朝廷無絲髮利而百姓蒙終身之酷臣竊為國家痛之往諸葛亮破南中即用渠率統之不置漢官不留戍兵言置官留兵有三不易置官必夷漢雜居猜嫌將起留兵轉糧為患滋重後忽反叛勞費必甚故粗設綱紀自然久定臣謂亮之策誠盡羈縻蠻夷之要今姚州官屬既無固邊厭寇之心又無亮且縱且擒之伎唯詭謀狡算恣情割剝扇動酋渠遣成朋黨折支諂笑取媚蠻夷拜跪趨伏無復為恥提挈子弟嘯引凶愚聚會蒱博一擲累萬凡逋逃亡命在彼州者戶贏二千專事剽奪且姚州本龍朔中武陵主簿石子仁奏置其後長史李孝讓辛文協死於羣蠻詔遣郎將趙武貴討擊兵無噍類又以將軍李義總繼往而郎將劉惠基戰死其州遂廢臣竊以亮有三不易其言卒驗垂拱中蠻郎將王善寶昆州刺史爨乾福復請置州言課稅自支不旁取於蜀及置州掾李稜為蠻所殺延載中司馬成琛更置瀘南七鎮戍以蜀兵蜀始擾矣且姚府總管五十七州悉巨猾游客國家設官所以正俗防姦而無恥之吏敗謬至此今劫害未止恐驚擾之禍日滋宜罷姚州隸嶲府歲時朝覲同蕃國廢瀘南諸鎮而設關瀘北非命使不許交通增嶲屯兵擇清良吏以統之臣愚以為便疏奏不納俄為荊州大都督府長史長安中武后謂狄仁傑曰安得一奇士用之仁傑曰陛下求文章資歷今宰相李嶠蘇味道足矣豈文士齷齪不足與成天下務哉后曰然仁傑曰荊州長史張柬之雖老宰相材也用之必盡節於國即召為洛州司馬它日又求人仁傑曰臣嘗薦張柬之未用也后曰遷之矣曰臣薦宰相而為司馬非用也乃授司刑少卿遷秋官侍郎後姚崇為靈武軍使將行后詔舉外司可為相者崇曰張柬之沈厚有謀能斷大事其人老惟亟用之即日召見拜同鳳閣鸞臺平章事進鳳閣侍郎誅二張也柬之首發其謀以功擢天官尚書同鳳閣鸞臺三品漢陽郡公實封五百戶不半歲以漢陽郡王加特進罷政事柬之既失權願還襄州養疾乃授襄州刺史中宗為賦詩祖道又詔羣臣餞定鼎門外至州持下以法雖親舊無所縱貸會漢水漲齧城郭柬之因壘為隄以遏湍怒闔境賴之又懇辭王爵不許俄及貶又流瀧州憂憤卒年八十二景雲元年贈中書令謚曰文貞授一子官柬之剛直不傅會然邃於學論次書數十篇子愿漪愿仕至襄州刺史漪以著作佐郎侍父襄陽特其家立功簡接鄉人鄉人怨之初易之等誅後中宗猶監國告武氏廟而天久陰不霽侍御史崔渾奏陛下復國當正唐家位號稱天下心奈何尚告武氏廟請毀之復唐宗廟帝嘉納是日詔書下霧霽澄駮咸以為天人之應

袁恕己滄州東光人仕累司刑少卿知相王府司馬與誅二張又從相王統南衙兵備非常以功加銀青光祿

大夫中書侍郎同中書門下三品封南陽郡公實封五百戶將作少匠楊務廉者以工巧進恕己恐其復啓游娛侈麗之漸言於中宗曰務廉位九卿忠言嘉謨不聞而專事營構以媚上不斥之亡以昭德乃授陵州刺史未幾拜中書令特進南陽郡王罷政事例及貶又流瓌州爲周利貞所逼恕己素餌黃金至是飲野葛數升不死憤懣抔土以食爪甲盡不能絕乃擊殺之謚曰貞烈孫高

高字公願少慷慨有節尙擢進士第代宗時累遷給事中建中中拜京畿觀察使坐累貶韶州刺史復拜給事中德宗將起盧杞爲饒州刺史高當草詔見宰相盧翰劉從一曰杞當國矯誣陰賊斥忠誼傲明德反易天常使宗祏失守天下疕痏朝廷不寘以法才示貶黜今還授大州天下其謂何翰等不悅命舍人作詔詔出高執不下奏曰陛下用杞爲相出入三年附下罔上使陛下越在草莽羣臣願食其肉且不厭漢法三光不明雨旱不時皆宰相請罪小者免大者戮杞罪萬誅陛下赦不誅止貶新州俄又內移今復拜刺史誠失天下望帝曰杞不逮是朕之過朕已再赦答曰杞天貲詭險非不逮彼固所餘赦者止赦其罪不宜授刺史願問外廷并敕中人聽於民若億兆異臣之言臣請前死諫官亦力爭帝前帝曰與上佐可乎羣臣奉詔翌日遣使慰高曰朕惟卿言切至已如奏太子少保韋倫曰高言勁挺自是陛下一良臣宜加優禮貞元二年帝以大盜後關輔百姓貧田多荒茀詔諸道上耕牛委京兆府勸課量地給牛不滿五十畝不給高以爲聖心所憂乃在窮乏今田不及五十畝卽是窮人請兩戶共給一牛從之卒年六十中外悵惜憲宗時李吉甫言其忠謇特贈禮部尙書文宗開成三年又詔玄暐曾孫郢爲監察御史暐曾孫元膺河南丞柬之四世孫憬壽安尉恕己曾孫德文校書郎始帝訪御史中丞狄兼謩以仁傑功且言五王遺烈乃求其後秩以官唯彥範後無聞云

贊曰五王提衞兵誅變臣中興唐室不淹辰天下晏然其謀深矣至謂中宗爲英王不盡誅諸武使天子籍以爲威何其淺耶螙牙一啓爲豔后豎兒所乘劫持戮辱若放豚然何哉無亦神奪其明厚韋氏毒以興先天之業乎不然安李之功賢於漢平勃遠矣

唐書卷一百二十考證

敬暉傳絳州平陽人○舊書絳州太平人考地理志絳州領縣有太平無平陽當從舊書

長安二年授中臺右丞○舊書作長安三年

崔玄暐傳賜實封五百戶○舊書作四百戶

袁恕己孫高坐累貶韶州刺史○舊書失旨貶韶州長史

唐書卷一百二十一

宋　端　明　殿　學　士　宋　祁　撰

列傳第四十六

劉鍾崔二王

劉幽求冀州武強人聖歷中舉制科中第調閬中尉刺史不禮棄官去久之授朝邑尉桓彥範等誅張易之昌宗而不殺武三思幽求謂彥範曰公等無葬地矣不早計後且噬臍不從既五王皆爲三思構死臨淄王入誅韋庶人預參大策是夜號令詔敕一出其手以功授中書舍人參知機務爵中山縣男實封二百戶授二子五品官二代俱贈刺史睿宗立進尚書右丞徐國公增封戶至五百賜物千段奴婢二十人第一區良田千畝金銀雜物稱是景雲二年以戶部尙書罷政事不旬月還吏部拜侍中璽詔曰頃王室不造中宗厭代戚孽專亂將隕社稷朕與王公皆幾于難幽求處危思奮翊贊聖儲協和義士震殄元惡國家之復存繄幽求是賴厥庸茂焉朕用嘉之雖胙以土宇而賦入未廣昔西漢行封更擇多戶東京定賞復增大邑宜加賜實封二百戶子子孫孫傳國無絕特免十死銘諸鐵券以傳其功先天元年爲尙書右僕射同中書門下三品監脩國史幽求自謂有勞于國在諸臣右意望未滿而竇懷貞爲左僕射崔湜爲中書令殊不平見於言面已而湜等附太平公主有逆計幽求與右羽林將軍張暐定計使暐說玄宗曰湜等皆太平黨與日夜陰計若不早圖且產大害太上不得高枕矣臣請督羽林兵除之帝許之未發也而暐漏言於侍御史鄧光賓帝懼卽列其狀睿宗以幽求等屬吏劾奏以疏間親罪應死帝密申右之乃流幽求於封州暐於峰州光賓於繡州明年太平公主誅卽日召復舊官知軍國事還封戶賜錦衣一襲開元初進尙書左丞相兼黃門監俄以太子少保罷姚崇素忌之奏幽求鬱怏散職有怨言詔有司鞫治宰相盧懷愼等奏言幽求輕肆不恭失大臣體乖崖分之節翌日貶睦州刺史削實封戶六百遷杭郴二州恚憤卒于道年六十一贈禮部尙書謚曰文獻六年詔與蘇瓌配享睿宗廟廷建中中追贈司徒

鍾紹京虔州贛人初爲司農錄事以善書直鳳閣武后時署諸宮殿明堂及銘九鼎皆其筆也景龍中爲苑總監會討韋氏難紹京帥戶奴丁夫從事平夜拜中書侍郎參知機務明日進中書令越國公實封五百戶賚賜與劉幽求等既當路以賞罰自肆當時惡之因上疏讓官睿宗用薛稷謀進戶部尙書出爲彭州刺史玄宗卽位復拜戶部尙書增實封改太子詹事不爲姚崇所喜與幽求並以怨望得罪貶果州刺史賜封邑百戶後坐宅事貶懷恩尉悉奪階封再遷溫州別駕十五年入朝見帝泣曰陛下忘疇日事邪忍使棄死草莽且同時立功者今骨已朽而獨臣在陛下不垂愍乎帝惻然卽日授太子右諭德久之還少詹事年踰八十以官壽卒紹京嗜書畫如王羲之獻之褚遂良眞跡藏家者至數十百卷建中中追贈太子太傅

崔日用滑州靈昌人擢進士第爲芮城尉大足元年武后幸長安陝州刺史宗楚客委以頓峙饋獻豐甘稱過賓使者楚客歎其能亟薦之擢爲新豐尉遷監察御史陰附安樂公主得稍遷神龍中鄭普思納女後宮日用劾奏中宗初不省廷爭切至普思由是得罪時諸武若三思延秀及楚客等權寵交煽日用多所結納驟拜兵部侍郎宴內殿酒酣起爲回波舞求學士卽詔兼脩文館學士帝崩韋后專制畏禍及更因僧普潤道士王曄私謁臨淄王以自託且密贊大計王曰謀非計身直紓親難爾日用曰至孝動天舉無不克然利先發不則有後憂及韋氏平夜詔權雍州長史以功授黃門侍郎參知機務封齊國公賜實戶二百坐與薛稷相忿競罷政事爲婺州長史歷揚汴兗三州刺史由荆州長史入奏計因言太平公主逆節有萌陛下往以宮府討有罪臣子勢須謀與力今據大位一下制書定矣帝曰畏驚太上皇奈何日用曰庶人之孝承順顏色天子之孝惟安國家定社稷若令姦宄竊發以亡大業可謂孝乎請先安北軍而後捕逆黨於太上皇固無所驚帝納之及討逆詔權檢校雍州長史以功益封二百戶進吏部尙書會帝誕日日用采詩大小雅二十篇及司馬相如封禪書獻之借以諷諭且勸告成事有詔賜衣一副物五十段以示無言不酬之義久之坐兄累出爲常州刺史後以例減封戶三百徙汝州開元七年詔曰唐元之際日用實贊大謀功多不宜減封復食二百戶徙并州長史卒年五十并人懷其惠吏民數百皆縞服送喪贈吏部尙書謚曰昭再贈荆州大都督日用才辯絕人而敏于事能乘機反禍取富貴先天後求復相然亦不獲也嘗謂人曰吾平生所事皆適時制變不專始謀然每一反思若芒刺在背云子宗之襲封亦好學寬博有風檢與李白杜甫以文相知者日用從父兄日知字子駿少孤貧力學以明經進至兵部員外郎與張說同爲魏元忠朔方判官以健吏稱遷洛州司馬會譙王重福之變官司逃日知獨率吏卒助屯營擊賊以功加銀靑光祿大夫遷殿中少監建言廄馬多請分牧隴右省關畿芻調授荆州長史四遷京兆尹封安平縣侯坐贓爲御史李如璧所劾貶歙縣丞後歷殿中監進中山郡公說執政薦爲御史大夫帝不許遂爲左羽林大將軍而自用崔隱甫隱甫繇是怨說日知俄授太常卿自以處朝廷久每入謁必與尙書齒時謂尙書裏行終潞州長史謚曰襄

王琚懷州河內人少孤敏悟有才略明天文象緯以從父隱客嘗爲鳳閣侍郎故數與貴近交時年甫冠見駙馬都尉王同皎同皎器之會謀刺武三思琚義其爲卽與周璟張仲之等共計事洩亡命自傭於揚州富商家識非庸人以女嫁之厚給以貲琚亦賴以濟睿宗立琚自言本末主人厚齎使還長安玄宗爲太子閒游獵韋杜間息休樹下琚以儒服見且請過家太子許之至所廬乃蕭然寠陋坐久殺牛進酒殊豐厚太子駭異自是每到韋杜輒止其廬初太子在潞州襄城張暐爲銅鞮令性豪殖喜賓客弋獵事厚奉太子數集其家山東倡人趙元禮有女善歌舞得幸太子止暐第其後生子瑛者也太子已平內難召暐拜宮門郎與姜皎崔滌李令問王守一薛伯陽等並侍左右令問累擢殿中少監守一太僕少卿此數人以東宮皆勢重天下琚是時方補諸暨縣主簿過謝東宮至廷中徐行高視侍衞呵止曰太子在琚怒曰在外惟聞太平公主不聞有太子太子本有功於社稷孝於君親安得此聲太子遽召見琚曰韋氏躬行殺逆天下動搖人思李氏故殿下取之易也今天下已定太平專思立功左右大臣多爲其用天子以元妹能忍其過臣竊爲殿下寒心太子命坐且泣曰計將安便琚曰昔漢蓋主供養昭帝其後與上官桀謀

殺霍光不及天子而帝猶以大義去之今太子功定天下公主乃敢妄圖大臣樹黨有廢立意太子誠召張說劉幽求郭元振等計之憂可紓也太子曰先生何以自隱而日與寡人游琚曰臣善丹沙且工諧隱願比優人太子喜恨相知晚翌日授詹事府司直內供奉兼崇文學士日以諸王及姜皎等入侍獨琚常豫祕謀不踰月遷太子舍人兼諫議大夫太子受內禪擢中書侍郎公主謀益甚幽求暐謀先事誅之侍御史鄧光賓漏謀不克皆得罪久之琚見事迫請帝決策先天二年七月乃與岐王薛王姜皎李令問王毛仲王守一以鐵騎至承天門太上皇聞外譁譟召郭元振升承天樓閉關以拒俄而侍御史任知古召募數百人於朝堂不得入少選琚從帝至樓下誅蕭至忠岑義竇懷貞斬常元楷李慈北闕下賈膺福李猷於內客省事平琚進戶部尚書封趙國公皎工部尚書楚國公毛仲輔國大將軍霍國公守一太常卿晉國公各食實戶五百令問殿中監宋國公實戶三百琚皎令問辭不就以舊官增戶二百於是帝召燕內殿賜金銀雜皿皆一牀帛二千第一區帝於琚眷委特異豫大政事時號內宰相每見閤中視日薄乃得出遇休日使者至第召之而皇后亦使尚宮勞琚母賜賚接足羣臣不能無望或說帝曰王琚麻嗣宗皆譎詭縱橫可與履危不可與共安方天下已定宜益求純樸經術士以自輔帝悟稍疏之俄拜御史大夫持節巡天兵以北諸軍改紫微侍郎道未至拜澤州刺史削封戶百歷九刺史復封戶又改六州二郡琚自以立動至天寶時爲舊臣性豪侈其處方面去故就新受饋遺至數百萬侍兒數十寶帳備具閽門三百口既失志稍自放不能遵法度在州與官屬小史酣豪飲謔樗博藏鉤爲樂每從官車馬數里不絕從賓客女伎馳弋凡四十年李邕故與琚善皆華省外遷書疏往復以譴謫留落爲慊右相李林甫恨琚恃功使氣欲除之使人劾發琚宿贓削封階貶江華員外司馬又使羅希奭深按其罪琚懼仰藥未及死希奭縊之時人哀其無罪始琚爲中書侍郎母居洛陽來京師讓琚曰爾家上世皆州縣職今汝無攻城野戰勞以諂佞取容海內切齒吾恐汝家墳墓無人復掃除也琚卒不免寶應元年贈太子少保太平之誅張暐召還爲大理卿封鄧國公實封戶三百進京兆尹入侍宴樂出主京邑時人以爲寵然自以幹治稱累遷太子詹事判尚書左右丞再爲羽林大將軍三至左金吾大將軍以年高加特進子履冰季良弟晤仕皆清近暐嘗還鄉上冢帝賜詩及錦袍縵綵乘驛就道子弟車馬聯咽使者賜賚敕州縣供儗居處尊顯天保五載卒年九十贈開府儀同三司履冰歷金吾將軍季良殿中監俱列棨戟

王毛仲高麗人父坐事沒爲官奴生毛仲故長事臨淄王王出潞州有李守德者爲人奴善騎射王市得之並侍左右而毛仲爲明悟景龍中王還長安二人常負房箙以從王數引萬騎帥長及豪俊賜飲食金帛得其驩心毛仲曉旨亦布誠結納王嘉之韋后稱制令韋播高嵩爲羽林將軍押萬騎以苛峭樹威果毅葛福順陳玄禮訴於王王方與劉幽求薛崇簡及利仁府折衝麻嗣宗謀舉大計幽求諷之皆願效死遂入討韋氏守德從帝止苑中而毛仲匿不出事定數日乃還不之責例擢將軍王爲皇太子以毛仲知東宮馬駝鷹狗等坊不旬歲至大將軍階三品與誅蕭至忠等以功進輔國大將軍檢校內外閑廐知監牧使進封霍國公實封戶五百與諸王及姜皎等侍禁中至連榻而坐帝暫不見惘惘若有失見則釋然開元九年詔持節爲朔方道防禦討擊大使與左領軍大總管王晙天兵軍節度使張說幽州節度使裴伷先等數計事毛仲始見飾擢頗持法不避權貴爲可喜事兩營萬騎及閑廐官吏憚之無敢犯雖官田草萊樵斂不敢欺於牧事尤力娩息不訾初監馬二十四萬後乃至四十三萬牛羊皆數倍蒔苘麥苜蓿千九百頃以禦冬市死畜售絹八萬募嚴道僰僮千口爲牧圉檢勒芻菽無漏隱歲贏數萬石從帝東封取牧馬數萬匹每色一隊相間如錦繡天子才之還加開府儀同三司自開元後惟王仁皎姚崇宋璟及毛仲得之然資小人志既滿不能無驕遂求爲兵部尚書帝不悅毛仲鞅鞅又與葛福順爲姻家而守德及左監門將軍盧龍子唐地文左右威衛將軍王景耀高廣濟數十人與毛仲相倚杖爲姦毛仲恃舊最不法中使至其家稱詔毛仲不甚恭位卑者或踞見迕意即侮詬以氣凌之直出其上高力士楊思勗等銜之毛仲有兩妻其一上所賜皆有國色嘗生子帝命力士就賜仍授子五品官還問曰毛仲喜乎力士奏毛仲熟視臣曰是子亦何辱三品官帝怒曰前毛仲負我未嘗爲意今以嬰兒顧云云力士等知帝怒它日從容曰北門奴官皆毛仲所與不除之必起大患後毛仲移書太原索甲仗少尹嚴挺之以聞帝恐毛仲遂亂匿其狀十九年有詔貶瀼州福順壁州守德嚴州盧龍子唐地文振州王景耀黨州高廣濟道州並爲別駕員外置毛仲四子悉奪官貶惡地綠坐數十人有詔縊毛仲於零陵守德本名宜得立功乃改今名位武衛將軍嘗過故主於道主走避守德命左右迎之至第親上食奉酒主流汗不敢當數日入奏曰臣蒙國恩過分而故主無寸祿請解官授之帝嘉其志擢爲郎將陳玄禮宿衛宮禁以淳篤自檢帝嘗欲幸虢國夫人第諫曰未宣敕不可輕去就帝爲止後在華清宮正月望夜帝將出遊復諫曰宮外曠野無備豫陛下必出遊願歸城闕帝不能奪安祿山反謀誅楊國忠闕下不克至馬嵬卒誅之從入蜀還封蔡國公及李輔國遷帝西內玄禮以老卒

贊曰幽求之謀紹京之果日用之智琚之辯皆足濟危紓難方多故時必資以成功者也雄邁之才不用其奇則厭然不滿誠不可與共治乎哉姚崇勸不用功臣宜矣然待幽求等恨太薄云毛仲小人志得而驕不足論已

唐書卷一百二十二

宋　端　明　殿　學　士　宋　祁　撰

列傳第四十七

魏韋郭

魏元忠宋州宋城人爲太學生跌蕩少檢久不調盩厔人江融曉兵術元忠從之游盡傳所學儀鳳中吐蕃數盜邊元忠上封事洛陽宮言命將用兵之要曰天下之柄有二文武而已至制勝御人其道一也今言武者先騎射不稽之權略言文者首篇章不取之經綸臣觀魏晉齊梁才固不乏然何益治亂哉養由基射能穿札不止鄢陵之奔陸機議能辨亡無救河橋之敗斷可見已夫才生於世世實須才何世而不生才何才而不資世故物有不求未有無物之歲士有不用未有無士之時也志士在富貴與賤貧皆思立功名以傳于後然知已難而所遇罕士之懷琬琰就熲塵抱棟幹困溝壑者悠悠之人直視此士之貧賤安知其方略哉故漢拜韓信舉軍驚笑蜀用魏延羣臣觖望此富貴者易爲善貧賤者難爲功也昔漢文帝不知魏尚賢而囚之知李廣才而不用乃歎其生不逢時夫以廣之才天下無雙時方歲事匈奴而卒不任故近不知尚廣之賢而遠想廉頗李牧馮唐是以知其有而不能用也此身爲時主所知不得盡其才也晉羊祜謀舉吳賈充荀勗沮之祜歎曰天下事不如意十常七八以二人不同終不大舉此據立功之地而不獲展其志也布衣之人懷奇抱策而望朝奏夕召豈易得哉臣願歷訪文武五品以上得無有智如羊祜武如李廣而不得騁其才者乎使各言其志毋令久失職又言人無常俗政有治亂軍無常勝將有能否兵爲王者大事存亡繫焉將非其任則殄人敗國齊段孝玄有言持大兵如擎盤水一致蹉跌求止可得哉周亞夫堅壁以挫吳楚司馬懿閉營而困諸葛亮此皆全軍制勝不戰而卻敵是知大將臨戎以智爲本今之用人類將家子或死事孤兒進非幹略雖竭力盡誠不免於傾敗若之何用之且建功者言其所濟不言所來言其所能不言所藉若陳湯呂蒙馬隆孟觀悉出貧賤而勳伐甚高不聞其家世將帥也故陰陽不和擢士爲相蠻貊不廷擢校爲將今以四海之廣億兆之衆豈無卓越之士臣恐未之思乎又賞者禮之基罰者刑之本禮崇則謀夫竭其能賞厚則義士輕其死刑正故君子勗其心罰重則小人懲其過賞罰者軍國之綱紀政敎之藥石吐蕃本非彊敵而薛仁貴郭待封至棄甲喪師脫身以免國家寬政罪止削除網漏吞舟何以過此雖陛下顧收後効然朝廷所少豈此一二人乎夫賞不勸謂之止善罰不懲謂之縱惡臣誠疏賤干非其事豈欲間陛下君臣生薄厚哉正以刑賞一虧百年不復故國無賞罰雖堯舜不能爲今罰既不行賞復難信故議者皆謂比日征行虛立賞格而無其實蓋忘大體之臣恐賚勳庸竭府庫留意錐刀以爲益國所謂惜毫釐失千里者也且黔首雖微不可以欺安有寓不信之令設虛賞之格乎自蘇定方平遼東李勣破平壤賞既不行勳亦淹廢歲月紛淆眞僞相錯臣以吏不奉法慢自京師僞勳所由主司過也其則不遠近在尚書省中然未聞斬一臺郎戮一令史使天下知之陛下何照遠而不照近哉神州化首文昌政本治亂攸在臣故冒死而言夫明鑑所以照形往事所以知今臣請借近以爲諭貞觀中萬年尉司馬玄景舞文飾智以邀乾沒太宗棄之都市後征高麗總管張君乂不進擊賊斬之旗下臣以爲僞勳之罪多於玄景仁貴等敗重於君乂使早誅之則諸將豈復有負哉慈父多敗子嚴家無格虜且人主病不廣大人臣病不節儉臣恐陛下病之於不廣大過在於慈父斯日月一蝕也又今將吏貪暴所務口馬財

利臣恐戎狄之平未可旦夕望也凡人議不經遠皆言吐蕃戰前隊盡後隊方進甲堅騎多而山有氛瘴官軍遠入前無所獲不積穀數百萬無大舉之資臣以爲吐蕃之望中國猶孤星之對太陽有自然之大小不疑之明暗夷狄雖禽獸亦知愛其性命豈肯前盡死而後進哉由殘迫其人非下所願也必其戰不顧死則兵法許敵能鬬當以知算取之何憂不克哉向使將能殺敵橫尸蔽野斂其頭顱以爲京觀則此虜聞官軍鐘鼓望塵郤走何暇前隊皆死哉自仁貴等覆師喪氣故虜得跳梁山谷又師行必藉馬力不數十萬不足與虜爭臣請天下自王公及齊人挂藉之口人稅百錢又弛天下馬禁使民得乘大馬不爲數限官籍其凡勿使得隱不三年人間畜馬可五十萬卽詔州縣以所稅口錢市之若王師大舉一朝可用且虜以騎爲彊若一切使人乘之則市取其良以益中國使得漸耗虜兵之盛國家之利也高宗善之授祕書省正字直中書省仗內供奉遷監察御史帝嘗從容曰外以朕爲何如主對曰周成康漢文景也然則有遺恨乎曰有之王義方一世豪英而死草萊議者謂陛下不能用賢帝曰我適用之聞其死顧已無及元忠曰劉藏器行副於才陛下所知今七十爲尚書郎徒歎彼而又棄此帝默然慙遷殿中侍御史徐敬業舉兵詔元忠監李孝逸軍至臨淮而偏將雷仁智爲賊敗孝逸懼其鋒按兵未敢前元忠曰公以宗室將天下安危繫焉海內承平久聞狂狡竊發皆傾耳翹心以待其誅今軍不進使遠近解惰萬有一朝廷以他將代公且何辭孝逸然之乃部分進討時敬業保下阿谿弟敬猷屯淮陰咸請先擊下阿下阿敗淮陰自破今淮陰急敬業必救是敵在腹背也元忠曰不然賊勁兵盡守下阿利在一決苟有負則大事去矣敬猷博徒不知戰且其兵寡易搖大軍臨之勢宜克敬業畏直擣江都必將邀我中路吾今乘勝進又以逸擊勞破之必矣譬之逐獸弱者先禽今捨必禽之弱而趨難敵之彊非計也孝逸乃引兵擊淮陰敬猷脫身遁遂進擊敬業平之還授司刑正遷洛陽令陷周興獄當死以平揚楚功得流歲餘爲御史中丞復爲來俊臣所構將就刑神色不動前死者宗室子三十餘尸相枕藉於前元忠顧曰大丈夫行居此矣俄敕鳳閣舍人王隱客馳騎免死傳聲及于市諸囚歡叫元忠獨堅坐左右命起元忠曰未知實否既而隱客至宣詔已乃徐謝亦不改容流費州復爲中丞歲餘陷侯思止獄仍放嶺南酷吏誅人多訟元忠者乃召復舊官因侍宴武后曰卿累負謗鑠何耶對曰臣猶鹿也羅織之吏如獵者苟須臣肉爲之羹耳彼將殺臣以求進臣顧何辜聖歷二年爲鳳閣侍郎同鳳閣鸞臺平章事俄檢校并州長史天兵軍大總管以備突厥遷左肅政臺御史大夫兼檢校洛州長史治號威明張易之家奴暴百姓橫甚元忠笞殺之權豪憚服俄爲隴右諸軍大使以討吐蕃又爲靈武道行軍大總管禦突厥元忠馭軍持重雖無赫然功而亦未嘗敗中宗在東宮爲檢校左庶子時二張勢傾朝廷元忠嘗奏曰臣承先帝之顧且受陛下厚恩不能徇忠使小人在君側臣之罪也易之等恨怒因武后不豫卽共譖元忠與司禮丞高戩謀挾太子爲耐久朋遂下制獄詔皇太子相王及宰相引元忠等辨於廷不能決昌宗乃引張說爲證說初僞許之至是迫使言狀不應后又促之說曰臣不聞也易之等遽曰說與同逆說曩嘗謂元忠爲伊周夫伊尹放太甲周公攝王位此反狀明甚說曰易之昌宗安知伊周臣乃能知之伊尹周公歷古以爲忠臣陛下不遣學伊周將何効焉說又曰臣知附易之朝夕可宰相從元忠則族滅今不敢面欺懼元忠之寃后寤其讒然重違易之故貶元忠高要尉中宗復位召爲衞尉卿同中書門下三品不閱旬遷兵部尚書進侍中武后崩帝居喪軍國事委元忠裁可拜中書令封齊國公神龍二年爲尚書右僕射知兵部尚書當朝用事羣臣莫敢望謁告上冢詔宰相諸司長官祖道上東門賜錦袍給千騎四人侍賜銀千兩元忠到家於親戚無所賑施及還帝爲幸白馬寺迎勞之安樂公主私請廢太子求爲皇太女帝以問元忠元忠曰公主而爲皇太女駙馬都尉當何名主恚曰山東木彊安知禮阿母子尚爲天子我何嫌宮中謂武后爲阿母子故主稱之元忠固稱不可自是語塞武三思用事京兆韋月將渤海高軫上書言其惡帝搒殺之後莫敢言王同皎謀誅三思不克反被族元忠居其間依違無所建明初元忠相武后有清正名至是輔政天下傾望冀幹正王室而稍憚權幸不能賞善罰惡譽望大減陳郡男子袁楚客者以書規之曰今皇帝新服厥德任官惟賢才左右惟其人因以布大化充古誼以正天下君侯安得事循默哉苟利社稷專之可也夫安天下者先正其本本正則天下固國之興亡繫焉太子天下本譬之大樹無本則枝葉零悴國無太子朝野不安儲君有次及之勢故師保教以君人之道用蘊崇其德所以重天下也今皇子既長未定嫡嗣是天下無本天下無本猶樹而亡根枝葉何以存乎願君侯以清宴之間言於上擇賢而立之此安天下之道曠而不置此朝廷一失也女有內則男有外傅豈相濫哉幕府者丈夫之職今公主並開府置吏以女處男職所謂長陰抑陽也而望陰陽不愆風雨時若得乎此朝廷二失也今度人旣多緇衣半道不本行業專以重寶附權門皆有定直昔之賣官錢入公府今之賣度錢入私家以茲入道徒爲游食此朝廷三失也唯名與器不可以假人故曰天工人其代之夫代天非材不可也代非其人必失天意失天意而無患禍未之有也今倡優之輩因耳目之好遂授以官非輕朝廷亂正法邪人君無私私怒害物私賞費財況私人以官乎此朝廷四失也賢者邦家之光任之致治棄之生亂近詔博求多士雖有好賢之名無得賢之實蓋有司選士非賄卽勢上失天心下違人望非爲官擇吏乃爲人擇官葛洪有言舉秀才不知書察孝廉濁如泥高第賢良怯如黽此朝廷五失也閹豎者給宮掖掃除事古以奴隸畜之中古以來大道乖喪疏賢哲親近習乃委之以事授之以權故豎刁亂齊伊戾敗宋君側之人衆所畏懼所謂鷹頭之蠅廟垣之鼠者也後漢時用事尤甚曹節卒亂天下今大君中興獨有閹豎坐升班秩旣無正闕率授員外乃盈千人綰青紫耗府藏前事之驗後事之師此朝廷六失也古者茅茨採椽以儉約遺子孫所以愛力也今公主所賞傾庫府所造皆官供其疏築臺沼崇峙觀廡山無木石木無近產造之終歲功用不絕夫爲君所以養人非以害人今外戚不助養而反害之是使人主受謗天下此朝廷七失也官以安人非以害於人也先王欲人治必選材欲人安必省事此誠同天下憂也人有樂君共之君有樂人慶之可謂同樂矣如此則上下無間而均一體也今天下困窮州牧縣宰非以選進割剝自私人不聊生是下有憂而上不卹也而更員外置官非助桀歟夫人情自以員外吏恐下不已畏也必峻法懼之恐財不已奉也必枉道奪之欲不亂可得哉古語有之十羊九牧羊旣不得食人亦不得息書曰官不必備惟其人此言正員猶難其備況員之外乎此朝廷八失也戎出多門大亂之漸近封數夫人皆先帝宮嬪以爲備內職則不當知外不備內職則自可處外而令出入禁掖使內言必出外言必入固將弄君之法縱而不禁非所以重宗廟固國家孔子曰彼婦之口可以出走彼婦之謁可以死敗此朝廷九失也不以道事其君者所以危天下也危天下之臣不可不逐安天下之臣不可不任今有引鬼神執左道以惑主者託鬼神爲難知故致其詐而擢非才之地食非德之祿此國盜也傳曰國將興聽於人將亡聽於神今幾聽於神乎此朝廷十失也君侯不正誰與正之元忠得書愧謝以三思權專思有以誅之會節愍太子起兵與謀其謀太子已誅三思引兵走闕下元忠子太僕少卿昇遇於永安門太子脅使從戰已而被殺議者未辨逆順元忠誦言曰旣誅賊謝天下雖死鼎鑊所甘心惟皇太子沒爲恨耳帝以其嘗有功且爲高宗武后素所禮置不問宗楚客紀處訥大怒固請夷其族不聽元忠不自安上政事及國封詔以特進齊國公致仕朝朔望楚客等引右衞郎將姚廷筠爲御史中丞暴奏反狀貶渠州司馬楊再思李嶠皆希順楚客傅致元忠罪唯蕭至忠議當申宥之楚客復遣再思與冉祖雍奏元忠緣逆不宜處內地監察御史袁守一固請行誅遂貶務川尉守一又劾天后嘗不豫狄仁傑請陛下監國元忠止之此其逆久萌帝謂楊再思曰守一非是事君者一其心豈有上少疾遽異論哉朕未見元忠過也元忠至涪陵卒年七十餘景龍四年贈尚書左僕射齊國公本州刺史睿宗詔陪葬定陵以實封一百五十戶賜其子晃開元六年謚曰貞元忠始名眞宰以諸生見高宗高宗慰遣不知謝卽出儀舉自安帝目送謂薛元超曰是子未習朝廷儀然名不虛謂眞宰相也避武后母諱改今名

韋安石京兆萬年人曾祖孝寬爲周大司空鄖國公祖津隋大業末爲民部侍郎與元文都等留守洛拒李密戰上東門爲密禽後王世充殺文都而津獨免密敗復歸洛世充平高祖素與津善授諫議大夫檢校黃門侍郎陵州刺史卒父琬仕爲成州刺史安石舉明經調乾封尉雍州長史蘇良嗣器之永昌元年遷雍州司兵參軍良嗣當國謂安石曰大才當大用徒勞州縣可乎薦于武后擢膳部員外郞遷并州司馬有善政后手制勞問陟拜德鄭二州刺史安石性方重不苟言笑其政尚清嚴吏民尊畏久視中遷文昌右丞以鸞臺侍郞同鳳閣鸞臺平章事兼太子左庶子仍侍讀尋知納言事時二張及武三思寵橫安石數折辱之嘗侍宴殿中易之引蜀商宋霸子等博塞后前安石跪奏商等賤類不當戲殿上顧左右引出坐皆失色后以安石辭正改容慰勉鳳閣侍郎陸元方自以爲不及退告人曰韋公眞宰相后嘗幸興泰宮議趨疾道安石曰此道板築所成非

自然之固千金子且誠垂堂況萬乘可輕乘危哉后爲回輦長安二年同鳳閣鸞臺三品俄又知納言檢校揚州大都督府長史神龍元年罷政事俄復同三品遷中書令兼相王府長史封鄖國公賜封三百戶加特進爲侍中中宗與韋后以正月望夜幸其第賚賜不貲帝嘗幸安樂公主池主請御船安石曰御輕舟乘不測非帝王事乃止睿宗立授太子少保改封郇國復爲侍中中書令進開府儀同三司太平公主有異謀欲引安石數因其壻唐晙邀之拒不往帝一日召安石曰朝廷傾心東宮卿胡不察對曰太子仁孝天下所稱且有大功陛下今安得亡國語此必太平公主計也帝矍然曰卿勿言朕知之主竊聞乃構飛變欲訊之賴郭元振保護免遷尚書右僕射兼太子賓客同三品俄罷政事留守東都會妻薛怨婿婢笞殺之爲御史中丞楊茂謙所劾下遷蒲州刺史徙青州安石在蒲太常卿姜皎有所請拒之皎弟晦爲中丞以安石昔相中宗受遺制而宗楚客韋溫擅削相王輔政語安石無所建正諷侍御史洪子輿劾舉子輿以更赦不從監察御史郭震奏之有詔與韋嗣立趙彥昭等皆貶安石爲沔州別駕皎又奏安石護作定陵有所盜沒詔籍其贓安石歎曰祇須我死乃已發憤卒年六十四開元十七年贈蒲州刺史天寶初加贈左僕射郇國公謚文貞二子陟斌

陟字殷卿與弟斌俱秀敏異常童安石晚有子愛之神龍二年安石爲中書令陟甫十歲授溫王府東閤祭酒朝散大夫風格方整善文辭書有楷法一時知名士皆與游開元中居喪以父不得志歿乃與斌杜門不出八年親友更往敦曉乃彊調爲洛陽令宋璟見陟歎曰盛德遺範盡在是矣累除吏部郎中中書令張九齡引爲舍人與孫逖梁涉並司書命時號得才遷禮部侍郎陟於鑒裁尤長故事取人以一日試爲高下陟許自通所工先就其能試之已乃程考由是無遺材遷吏部侍郎選人多僞集與正調相冒陟有風采擿辨無不伏者黜正數百員銓綜號爲公平然任威嚴或至詈詰議者訾其峻又自以門品可坐階三公居常簡貴視僚黨謷然其以道誼合雖後進布衣與均禮李林甫惡其名高恐逼已出爲襄陽太守從河南採訪使以判官員錫善訊覆支使韋元甫工書奏時號員推韋狀陟皆倚任之俄襲郇國公坐事貶守鍾離義陽後爲河東太守以失職內怏怏乃毀廉隅頗餉謝權倖欲自結天寶十二載入考華清宮楊國忠忌其才謂拾遺吳豸之曰子能發陟罪乎吾以御史相處豸之乃劾陟饋遺事國忠又使甥壻韋元忠左驗陟惶悸賂吉溫求抹由是俱得罪陟貶桂嶺尉坐不行徙平樂會安祿山陷洛陽弟斌沒賊國忠欲構陟與賊通密諭守吏令脅陟使憂死州豪傑共說曰昔張說被竄匿陳氏以免今若詔書下誰敢庇公願公乘扁舟遁去事寧乃出不亦美乎陟慨然曰命當爾其敢逃刑因謝遣堅臥不出歲餘肅宗即位起爲吳郡太守使者趣追未至會永王兵起委陟招諭乃授御史大夫江東節度使與高適來瑱會安州陟曰今中原未平江淮騷離若不齊盟質信以示四方知吾等協心戮力則無以成功乃推瑱爲地主爲載書登壇曰淮西節度使瑱江東節度使陟淮南節度使適銜國威命糾合三垂翦除兇慝好惡同之毋有異志有渝此盟墜命亡族罔克生育皇天后土祖宗明神實鑒斯言辭旨慷慨士皆隕泣永王敗帝趣陟赴鳳翔初季廣琛從永王亂非其本謀陟表廣琛爲歷陽太守慰安之至是恐廣琛有後變乃馳往諭詔恩釋其疑而後趣召帝雅聞陟名欲倚以相及是遷延疑有顧望意止除御史大夫會杜甫論房琯詞意迂慢帝令陟與崔光遠顏真卿按之陟奏甫言雖狂不失諫臣體帝繇是疏之富平人將軍王去榮殺其縣令帝將宥之陟曰昔漢高帝約法殺人者死今陛下殺人者生恐非所宜時朝廷尚新羣臣班殿中有相弔哭者帝以陟不任職用顏真卿代之更拜吏部尚書久之宗人伐墓柏坐不相教貶絳州刺史還授太常卿呂諲入輔薦爲禮部尚書東宮留守史思明逼伊洛李光弼議守河陽陟率東京官屬入關避之詔授吏部尚書令就保永樂以圖收復卒年六十五贈荊州大都督陟早有名而爲林甫國忠擯廢及肅宗擇相自謂必得以後至不用任事者皆新進望風憚之多言其驕倨及入關又不許至京師鬱鬱不得志成疾且卒歎曰吾道窮於此乎性侈縱喜飾服馬侍兒閹童列左右常數十倖於王宮主第窮治饌羞擇膏腴地藝穀麥以鳥羽擇米每食視庖中所棄其直猶不減萬錢宴公侯家雖極水陸曾不下筯常以五采牋爲書記使侍妾主之以裁答受意而已皆有楷法陟唯署名自謂所書陟字若五朵雲時人慕之號郇公五雲體然家法脩整敕子允就學夜分視之見其勤旦日問安色必怡稍怠則立堂下不與語雖家僮數十然應門賓客必允主之永泰元年贈尚書左僕射太常博士程皓議謚忠孝顏真卿以爲許國養親不兩立不當合二行爲謚主客員外郎歸崇敬亦駮正之右僕射郭英乂無學術卒用太常議云

斌父爲相時授太常通事舍人少脩整好文藝容止嚴峭有大臣體與陟齊名開元中薛王業以女妻之遷祕書丞天寶中爲中書舍人兼集賢院學士改太常少卿李林甫構韋堅獄斌以宗累貶巴陵太守移臨汝久之拜銀青光祿大夫列五品時陟守河東而從兄由爲右金吾衞將軍縉爲太子少師四第同時列戟衣冠罕比者祿山陷洛陽斌爲賊得署以黃門侍郎憂憤卒乾元元年贈祕書監斌天性質厚每朝會不敢離立笑言嘗大雪在廷者皆振裾更立斌不徙足雪甚幾至鞾亦不失恭子況少隱王屋山孔述睿稱之及述睿以諫議大夫召薦況爲右拾遺不拜未幾以起居郎召半歲輒棄官去從家龍門除司封員外郎稱疾固辭元和初授諫議大夫勉諭到職數月乞骸骨以太子左庶子致仕卒況雖世貴而志沖遠不爲聲利所遷當時重其風操

叔夏安石兄通禮家學叔父太子詹事琨嘗曰而能繼漢丞相業矣擢明經第歷太常博士高宗崩郵禮亡缺叔夏與中書舍人賈大隱博士裴守真譔定其制擢春官員外郎武后拜洛享明堂凡所沿改皆叔夏祝欽明郭山惲等所裁討每立一議衆咨服之累遷成均司業后又詔五禮儀物司禮博士有所脩革須叔夏欽明等評處然後以聞進位春官侍郎中宗復位轉太常少卿爲建立廟社使進銀青光祿大夫累封沛郡公國子祭酒卒贈兗州都督脩文館學士謚曰文子縚

縚開元時歷集賢脩譔光祿卿遷太常唐典禮文雖具然制度時時繆缺不倫至顯慶中許敬宗建言籩豆以多爲貴宗廟乃踰于天請大祀十二中祀十小祀八大祀中祀簠簋甑俎皆一小祀無甑詔可二十三年赦令以籩豆之薦未能備物宜詔禮官學士共議以聞縚請宗廟籩豆皆加十二又言郊奠爵容止一合容小則陋宜增大之兵部侍郎張均職方郎中韋述議曰禮天之所生地之所長苟可薦者莫不咸在聖人知孝子之情深而物類無限故爲之節使物有品器有數貴賤差降不得相越周制王食用六穀膳用六牲飲用六清羞用百有二十品珍用八物醬用百有二十甕而以四籩四豆供祭祀此祀與賓客豐省不得同舊矣且嗜好燕私之饌與時而遷故聖人一約以禮雖平生所嗜非禮則不薦所惡是禮則不去屈建命去祭之芰曰祭典有之不羞珍異不陳庶侈此則禮外之食前古不薦今欲以甘旨肥濃皆充於祭苟踰舊制其何極焉雖籩豆有加不能備也若以今之珍生所嗜愛求神無方是簠簋可去而盤盂桮案當御矣韶濩可抵而箜篌箏笛應奏矣且自漢以來陵有寢宮歲時朔望薦以常饌固可盡孝子之心至宗廟法享不可變古從俗有司所承一升爵五升散禮凡宗廟貴者以爵賤者以散此貴小賤大以示節儉請如故太子賓客崔沔曰古者有所飲食必先嚴獻未化火則有毛血之薦未麴蘗則有玄酒之奠至後王作酒醴用犧牲故有三牲八簋五齊九獻然神尚玄可存而不可測也祭主敬可備而不可廢也葢薦貴新味不尚褻雖曰備物猶有節制存焉鉶俎籩豆簠簋尊罍周人時饌也其用通於燕享賓客周公乃與毛血玄酒共薦晉中郎盧諶家祭皆晉日食則當時之食不可闕於祀已唐家清廟時享禮饌備進周法也園寢上食時膳具陳漢法也職貢助祭致遠物也有新必薦順時令也苑囿躬稼所入蒐田親發所中皆因宜以薦薦而後食則濃腴鮮美盡在矣又敕有司著于令不必加籩豆之數也大凡祭器視物所宜故大羹古鉶也盛以甑甑古器也和羹時饌也盛以鉶鉶時器也有古器而用時器者則毛血于盤玄酒于尊未有進時饌用古器者古質而今文有所不稱也雖加籩豆十二未足盡天下之美而措諸廟徒以近侈而見譏抵臣聞墨家者流出於清廟是廟貴儉不尚奢也禮部員外郎楊仲昌戶部郎中楊伯成左衞兵曹參軍劉秩等請如舊便宰相白奏玄宗曰朕承祖宗休德享祀粢盛實貴豐潔有如不應於法亦不敢用乃詔太常擇品味可增者稍加焉縚又請室加籩豆各六每四時以新果珍羞實之制可又詔獻爵視藥升所容以合古二十三年詔書服紀所未通者令禮官學士詳議縚上言禮喪服舅緦麻三月從母小功五月傳曰何以小功以名加也而堂姨舅母恩所不及焉外祖父母小功五月傳曰何以小功以尊加也舅緦麻三月皆情親而屬疏也外祖正尊服同從母姨舅一等而有輕重堂姨舅親未疏不相爲服親舅母不如同爨其亦古意有所未暢且外祖小功此爲正尊請進至大功姨舅儕親服宜等請進舅至小功堂姨舅以疏降親舅從母一等親舅母古未有服請從袒免於是韋述議曰自高祖至玄孫并身謂之九族由近及遠差其輕重遂爲五服傳曰外親服皆緦鄭玄曰外親之服異姓正服不過緦外祖父母小功以尊加從母小功以名加舅甥外孫中外昆弟皆緦以匹言之外

祖則祖也舅則伯叔也父母之恩不殊而獨殺於外者有以也禽獸知母而不知父野人則父母等都邑之士則知尊禰大夫則知尊祖諸侯及太祖天子及始祖聖人究天道厚祖禰繫姓族親子孫則母黨之於本族不同明甚家無二尊喪無二斬人之所奉不可二也爲人後降其父母喪女子嫁殺其家之喪所存者遠抑者私也若外祖及舅加一等而堂舅及姨著服則中外其別幾何且五服有上殺之義伯叔父母服大功從父昆弟亦大功以其出於祖服不得過於祖也從祖祖父母從祖父母從祖昆弟皆小功以其出於曾祖服不得過曾祖也族祖祖父母族祖父母族昆弟皆緦以其出於高祖服不得過高祖也堂姨舅出外曾祖若爲之服則外曾祖父母外伯叔祖父母亦可制服矣外祖至大功則外曾祖小功外高祖緦推而廣之與本族無異棄親録疏不可謂順且服皆有報則堂甥外曾孫姪女之子皆當服聖人豈薄其骨肉恩愛哉蓋本於公者末於私議有所斷不得不然苟可加也則可減也如是禮可隳矣請如古便楊仲昌又言舅服小功魏徵嘗進之矣今之所請正同徵論堂舅堂姨舅母皆升袒免則外祖父母進至大功不加報於外孫乎外孫而報以大功則本宗之庶孫用何等邪帝手敕曰議旣爲姨舅服小功則舅母於舅有三年之喪不得全降於舅宜服緦堂姨舅古未有服朕思睦厚九族宜袒免古有同爨緦若比堂姨舅於同爨不已厚乎傳曰外親服皆緦是亦不隔堂姨舅也若謂所服不得過本而復爲外曾祖父母外伯叔父母制服亦何傷皆親親敦本意也侍中裴耀卿中書令張九齡禮部尚書李林甫奏言外服無降甥爲舅母服舅母亦報之夫之甥旣報則夫之姨舅又當服恐所引益疏臣等愚皆所不及詔曰從服六此其一也降殺於禮無文皆自身率親爲之數姨舅屬近以親言之亦姑伯之匹可曰所引疏耶婦人從夫者也夫於姨舅旣服矣從夫而服是謂睦親卿等宜熟計耀卿等奏言舅母緦堂姨舅袒免請準制旨自我爲古罷諸儒議制曰可初帝詔歲率公卿迎氣東郊至三時常以孟月讀時令於正寢二十六年詔緒奏月令一篇朔日於宣政側設榻東向置案緒坐讀之諸司官長悉升殿坐聽歲餘罷高宗上元三年將祫享議者以禮緯三年祫五年禘公羊家五年再殷祭二家舛互諸儒莫能決太學博士史玄議曰春秋僖公三十三年十二月薨文公之二年八月丁卯大享公羊曰祫也則三年喪畢新君之二年當祫明年當禘羣廟又宣公八年禘僖公宣公八年皆有禘則後禘距前禘五年此則新君之二年祫三年禘爾後五年再殷祭則六年當祫八年祫昭公十年齊歸薨十三年喪畢當祫爲平丘之會冬公如晉至十四年祫十五年禘傳曰有事於武宮是也至十八年祫二十年禘二十三年祫二十五年禘昭公二十五年有事於襄宮是也則禘後三年而祫又二年而禘合於禮議遂定後睿宗喪畢祫於廟至開元二十七年禘祭五祫祭七是歲緒奏四月嘗已禘孟冬又祫祀禮叢數請以夏禘爲大祭之源自是相循五年再祭矣緒終太子少師

抗者安石從父兄子弱冠舉明經累官吏部郎中景雲初爲永昌令輦轂繁要抗不事威刑而治前令無及者遷右御史臺中丞邑民詣闕留不聽乃立碑著其惠開元三年自太子左庶子爲益州大都督府長史授黃門侍郎河曲胡康待賓叛詔持節慰撫抗於武畧非所長稱疾逗留不及賊而返俄代王晙爲御史大夫兼按察京畿弟拯方爲萬年令兄弟領本部時以爲榮坐薦御史非其人授安州都督改蒲州刺史入爲大理卿進刑部尚書分掌吏部選卒抗歷職以清儉不治產及終無以葬玄宗聞之特給傳車贈太子少傅謚曰貞所表奏天尉梁昇卿新豐尉王倕華原尉王燾爲僚屬後皆爲顯人昇卿涉學工書於八分尤工歷廣州都督書東封朝覲碑爲時絶筆倕累遷河西節度使天寶中功聞于邊它所辟舉如王縉崔殷等皆一時選云

郭震字元振魏州貴鄉人以字顯長七尺美鬚髯少有大志十六與薛稷趙彦昭同爲太學生家嘗送資錢四十萬會有縗服者叩門自言五世未葬願假以治喪元振舉與之無少吝一不質名氏稷等嘆駭十八舉進士爲通泉尉任俠使氣撥去小節嘗盜鑄及掠賣部中口千餘以餉遺賓客百姓厭苦武后知所爲召欲詰旣與語奇之索所爲文章上寶劒篇后覽嘉歎詔示學士李嶠等卽授右武衞鎧曹參軍進奉宸監丞會吐蕃乞和其大將論欽陵請罷四鎭兵披十姓之地乃以元振充使因覘虜情還上疏曰利或生害害亦生利國家所患唯吐蕃與默啜耳今皆和附是將大利於中國也若圖之不審害且隨之欽陵欲裂十姓地解四鎭兵此動靜之機不可輕也若直遏其意恐邊患必甚於前宜以策緩之使其和望勿絶而惡不得萌固當取捨審也夫患在外者十姓四鎭是也患在內者甘涼瓜肅是也關隴屯戍向三十年力用困竭脫甘涼有一日警豈堪廣調發耶善爲國者先料內以敵外不貪外以害內然後安平可保欽陵以四鎭近已畏我侵掠此吐蕃之要然青海吐渾密邇蘭鄯易爲我患亦國家之要今宜報欽陵曰四鎭本扼諸蕃走集以分其力使不得併兵東侵今委之則蕃力益彊易以擾動保後無東意當以吐渾諸部青海故地歸於我則俟斤部落還吐蕃矣此足杜欽陵口而和議未絶且四鎭久附其倚國之心豈與吐蕃等今未知利害情實而分裂之恐傷諸國意非制御之算后從之又言吐蕃倦徭戍久矣咸願解和以欽陵欲裂四鎭專制其國故未歸款陛下誠能歲發和親使而欽陵常不從則其下必怨設欲大舉固不能斯離間之漸也后然其計後數年吐蕃君臣相猜攜卒誅欽陵而其弟贊婆等來降因詔元振與河源軍大使夫蒙令卿率騎往迎授主客郎中久之突厥吐蕃聯兵寇涼州后方御洛城門宴邊遽至因輟樂拜元振爲涼州都督卽遣之初州境輪廣纔四百里虜來必傅城下元振始於南硤口置和戎城北磧置白亭軍制束要路遂拓境千五百里自是州無虜憂又遣甘州刺史李漢通闢屯田盡水陸之利稻收豐衍舊涼州粟斛售數千至是歲數登至匹縑易數十斛支廥十年牛羊被野治涼五歲善撫御夷夏畏慕令行禁止道不舉遺河西諸郡置生祠揭碑頌德神龍中遷左驍衞將軍安西大都護西突厥酋烏質勒部落盛彊款塞願和元振卽牙帳與計事會大雨雪元振立不動至夕凍冽烏質勒已老數拜伏不勝寒會罷卽死其子娑葛以元振計殺其父謀勒兵襲擊副使解琬知之勸元振夜遁元振不聽堅臥營爲不疑者明日素服往弔道逢娑葛兵虜不意元振來遂不敢逼揚言迎衞進至其帳修弔贈禮哭甚哀爲留數十日助喪事娑葛感義更遣使獻馬五千駝二百牛羊十餘萬制詔元振爲金山道行軍大總管烏質勒之將闕啜忠節與娑葛交怨屢相侵而闕啜兵弱不支元振奏請追闕啜入宿衞徙部落置瓜沙間詔許之闕啜遂行至播仙城遇經略使周以悌以悌說之曰國家厚秩待君以部落有兵故也今獨行入朝一羇旅胡人耳何以自全乃教以重寶賂宰相無入朝請發安西兵導吐蕃以擊娑葛求阿史那獻爲可汗以招十姓請郭虔瓘使拔汗那蒐其鎧馬以助軍旣得復讐部落更存闕啜然之卽勒兵擊于闐坎城下之因所獲遣人間道齎黃金分遺宗楚客紀處訥使就其謀元振知之上疏曰國家往不與吐蕃十姓四鎭而不擾邊者蓋其諸豪泥婆羅等屬國自有攜貳故贊普南征身殞寇庭國中大亂嫡庶競立將相爭權自相翦屠士畜疲癘財力困窮人事天時兩不諧契所以屈志於漢非實忘十姓四鎭也如其有力後且必爭今忠節忽國家大計欲爲吐蕃鄉導主人四鎭危機恐從此啓吐蕃得志忠節亦當在賊掌股若爲復得事我往吐蕃於國無有恩力猶欲爭十姓四鎭今若効力樹恩則請分于闐疏勒者欲何理抑之且其國諸蠻及婆羅門方自嫌阻藉令求我助討者亦何以拒之是以古之賢人不願夷狄妄惠非不欲其力懼後求無厭益生中國事也臣愚以爲用吐蕃之力不見其使又請阿史那獻者豈非以可汗子孫能招綏十姓乎且斛瑟羅及懷道與獻父元慶叔僕羅兄俀子俱可汗子孫也往四鎭以他匐十姓之亂請元慶爲可汗卒亦不能招來而元慶沒賊四鎭淪陷忠節亦嘗請以斛瑟羅及懷道爲可汗矣十姓未附而碎葉幾危又吐蕃亦嘗以俀子僕羅并拔布爲可汗矣亦不能得十姓而皆自亡滅此非它其子孫無惠下之才恩義素絶故也豈止不能招懷且復爲四鎭患則冊可汗子孫其効固試矣獻又遠於其父兄人心何繇卽附若兵力足取十姓不必要須可汗子孫也又請以郭虔瓘蒐兵稅馬於拔汗那往虔瓘已嘗與忠節擅入其國臣時在疏勒不聞得一甲一馬而拔汗那挾忿侵擾南導吐蕃將俀子以擾四鎭且虔瓘往至拔汗那國四面無助若屬虛邑猶引俀子爲蔽況今北有娑葛知虔瓘之西必引以相援拔汗那倚堅城而抗于內突厥邀伺于外虔瓘等豈能復如往年得安易之幸哉疏奏不省楚客等因建遣攝御史中丞馮嘉賓持節安撫闕啜以御史呂守素處置四鎭以牛師獎爲安西副都護代元振領甘涼兵召吐蕃併力擊娑葛娑葛之使娑臘知楚客謀馳報之娑葛怒卽發兵出安西撥換焉耆疏勒各五千騎於是闕啜在計舒河與嘉賓會娑葛兵奄至禽闕啜殺嘉賓又殺呂守素於僻城牛師獎於火燒城遂陷安西四鎭路絶元振屯疏勒水上未敢動楚客復表周以悌代元振且以阿史那獻爲十姓可汗置軍焉耆以取娑葛娑葛遺元振書且言無仇于唐而楚客等受闕啜金欲加兵擊滅我故懼死而鬭且請斬楚客元振奏其狀楚客大怒誣元振有異圖召將罪之元振使子鴻間道奏乞留定西土不敢歸京師以悌乃得罪流白州而赦娑葛睿宗立召爲太僕卿將行安西酋長有剺面哭送者旌節下玉門關去涼州猶八百里城中爭具壺漿歡迎

都督嗟歎以聞景雲二年進同中書門下三品遷吏部尚書封館陶縣男先天元年爲朔方軍大總管築豐安定遠城兵得保頓明年以兵部尚書復同中書門下三品玄宗誅太平公主也睿宗御承天門諸宰相走伏外省獨元振總兵扈帝事定宿中書者十四昔乃休進封代國公實封四百戶賜一子官物千段俄又兼御史大夫復爲朔方大總管以備突厥未行會玄宗講武驪山旣三令帝親鼓之元振遽奏禮止帝怒軍容不整引坐纛下將斬之劉幽求張說扣馬諫曰元振有大功雖得罪當宥乃赦死流新州開元元年帝思舊功起爲饒州司馬怏怏不得志道病卒年五十八十年贈太子少保元振雖少雄邁及貴居處乃儉約手不置書人莫見其喜慍建宅宣陽里未嘗一至諸院廄自朝還對親欣欣退就室儼如也距國初仕至宰相而親具者唯元振云

贊曰魏韋皆感槩而奮似矣及在昏上側臣間臨機會不一引手撻姦邪之謀誠可鄙哉至韋后藍王以忝譖撼宗社亦不肯從也古所謂具臣者諒乎元振功顯節完一跌未復世恨其蚤殁云

唐書卷一百二十二考證

魏元忠傳睿宗詔陪葬定陵以實封一百五十戶賜其子晃○舊書作實封一百戶

唐書卷一百二十三

宋　端　明　殿　學　士　宋　祁　撰

列傳第四十八

李蕭盧韋趙和

李嶠字巨山趙州贊皇人早孤事母孝爲兒時夢人遺雙筆自是有文辭十五通五經薛元超稱之二十擢進士第始調安定尉舉制策甲科遷長安時畿尉名文章者駱賓王劉光業嶠最少與等夷授監察御史高宗擊邕巖二州叛獠詔監其軍嶠入洞喻降之由是罷兵稍遷給事中會來俊臣構狄仁傑李嗣眞裴宣禮等獄將抵死救嶠與大理少卿張德裕侍御史劉憲覆驗德裕等內知其寃不敢異嶠曰知其枉不申是謂見義不爲者卒與二人列其枉忤武后旨出爲潤州司馬久乃召爲鳳閣舍人文冊大號令多主爲之初置右御史臺察州縣吏善惡風俗得失嶠上疏曰禁網上疏法象宜簡簡則法易行而不煩雜疏則所羅廣而不苛碎伏見垂拱時諸道巡察使科條四十有四至別敕令又三十而使以三月出盡十一月奏事每道所察吏多者二千少亦千計要在品覈才行而褒貶之今期會迫促奔逐不暇欲望詳究所能不亦艱哉此非隳於職才有限力不逮耳臣願量其功程以爲節制使器周於用力濟於時然後得失可以精覈矣又言今所察按準漢六條而推廣之則無不包矣烏在多張事目也且朝廷萬幾非無事而幾事之動常在四方故出使者冠蓋相望今已置使則外州之事悉得專之傳驛減矣請率十州置一御史以朞歲爲之限容其身到屬縣過閭里督察姦訛采訪風俗然後可課其成功且御史出入天禁驟已自修比他吏相百也按劾回庸糾擿隱欺比他吏相十也陛下誠用臣言妙擇能者委之莫不盡力效死矣武后善之下制析天下爲二十道擇堪使者爲衆議沮止俄知天官侍郎事進麟臺少監同鳳閣鸞臺平章事遷鸞臺侍郎會張錫輔政嶠其出也罷爲成均祭酒俄檢校文昌左丞留守東都長安三年以本官復爲平章事知納言遷內史嶠辭劇復爲成均祭酒平章事武后將建大像於白司馬坂嶠諫造像雖俾浮屠輸錢然非州縣承辦不能濟是名雖不稅而實稅之臣計天下編戶貧弱者衆有賣舍帖田供王役者今造像錢積十七萬緡若頒之窮人家給千錢則紓十七萬戶飢寒之苦德無窮矣不納張易之敗坐附會貶豫州刺史未行改通州數月以吏部侍郎召俄遷尚書神龍二年代韋安石爲中書令嶠在吏部時陰欲藉時望復宰相乃奏置員外官數千旣吏衆倍府庫虛耗乃上書歸咎于時因蓋向非曰元首之尊居有重門擊柝之衛出有淸警戒道之禁所以備非常息異望誠不可易舉動慢防閑也陛下厭崇邃輕尊嚴微服潛遊閱廛過市行路私議朝廷驚懼如禍產意外縱不自惜奈宗廟蒼生何又分職建官不可以濫傳曰官不必備惟其人自帝室中興以不愼爵賞爲惠冒級躐階朝陞夕改正闕不給加以員外內則府庫爲殫外則黎庶蒙害非求賢助治之道也願愛忝班榮息匪服之議今文武六十以上而天造含容皆矜恤之老病者已解還授員外者旣遣復留恐非所以消敝救時也請敕有司料其可用進不可用退又遠方夷人不堪治事國家向務撫納而官之非立功酋長類糜俸祿願商度非要者一切放還又易稱何以守位曰仁何以聚人曰財今百姓乏窶不安居處不可以守位倉儲蕩耗財力傾殫不足以聚人山東病水潦江左困輸轉國匱於上人窮於下如令邊埸少警恐逋亡遂多盜賊萃行何財召募何衆閑還乎又崇作寺觀功費浩廣今山東歲饑糟糠不厭而投艱厄之會收庸調之半用吁嗟之物以榮土木恐怨結三靈謗蒙四海又比緣征戍巧詐百情破役隱身規脫租賦今道人私度者幾數十萬其中高戶多丁黠商大賈詭作臺符羼名僞度且國計軍防並仰丁戶今丁皆出家兵悉入道征行租賦何以備之又重賂貴近補府若史移沒籍產以州縣甲等更爲下戶當道城鎭至無捉驛者役逮小弱卽破其家願許十道使訪察括舉使姦猾不得而隱又太常樂戶已多復求訪散樂獨持鞉鼓者已二萬員願量留之餘勒還籍以杜妄費中宗以其身宰相乃自陳失政匄罷官無所嫁非手詔詰讓嶠惶恐復視事三年加修文館大學士封趙國公以特進同中書門下三品睿宗立罷政事下除懷州刺史致仕初中宗崩嶠嘗密請相王諸子不宜留京師及玄宗嗣位獲其表宮中或請誅之張說曰嶠誠惛逆順然爲當時謀吠非其主不可追罪天子亦顧數更赦遂免貶滁州別駕聽隨子虔州刺史暢之官改廬州別駕卒年七十嶠富才思有所屬綴人多傳諷武后時汜水獲瑞石嶠爲御史上皇符一篇爲世譏薄然其仕前與王勃楊盈川接中與崔融蘇味道齊名晚諸人沒而爲文章宿老一時學者取法焉

蕭至忠沂州丞人祖德言爲祕書少監至忠少與友期諸路會雨雪人引避至忠曰寧有與人期可以失信卒友至乃去衆歎服仕爲伊闕洛陽尉遷監察御史劾奏鳳閣侍郎蘇味道贓貪超拜吏部員外郎至忠長擊斷譽聞當時中宗神龍初爲御史中丞始至忠爲御史而李承嘉爲大夫嘗讓諸御史曰彈事有不咨大夫可乎衆不敢對至忠獨曰故事臺無長官御史天子耳目也其所請奏當專達若大夫許而後論卽劾大夫者又誰白哉承嘉慙至是承嘉爲戶部尚書至忠劾祝欽明竇希玠與承嘉等罪百寮震悚遷吏部侍郎猶兼中丞節愍太子以兵誅武三思而敗宗楚客等誣侍御史冉祖雍上變言相王與太子謀帝欲按之至忠泣曰往者天后欲以相王爲太子而王不食累日獨請迎陛下其謙德天下莫不聞陛下貴爲天子不能容一弟受人羅織耶竊爲陛下不取帝納其言止尋授中書侍郎同中書門下平章事上疏陳時政曰求治之道首于用賢苟非其才則官曠官曠則事廢事廢則人殘歷代所以陵遲者此也今授職用人多因貴要爲粉飾上下相蒙苟得爲是夫官爵公器也恩倖私惠也王者正可金帛富之梁肉食之以存私澤也若公器而私用之則公義不行而勞人解體私謁開而正言塞日朘月侵卒見凋弊今列位已廣冗員復倍陛下降不貲之澤近戚有無涯之請臺閣之內朱紫充滿官秩輕恩賞彌數才者不用用者不才故人不効力官匪其人欲求治固難矣又宰相要官子弟多居美爵並罕才藝而更相誇託詩云私人之子百寮是試或以其酒不以其漿鞙鞙佩璲不以其長此言王政不平而衆官廢職私家子試榮班徒長其佩爾臣願陛下愛惜爵賞官無虛授進大雅以植近退小人於閑左使政令惟一私不害公則天下幸甚且貞觀故事宰相子弟多居外職非直抑强宗亦以擇賢自試請自宰相及諸司長官子弟並授外官共寧百姓表裏相統帝不納俄爲侍中中書令時是客悅姦植黨而韋巨源楊再思李嶠務自安無所弼正至忠介其間獨不詭隨時望翕然歸重帝亦曰宰相中至忠最憐我韋后嘗爲其弟洵與至忠殤女冥婚至忠又以女妻后舅崔從禮子無波兩家合禮帝主蕭后主崔時謂天子嫁女皇后娶婦唐隆元年以后黨應坐而太平公主爲言出爲晉州刺史治有名然暱遺大臣來朝見至忠風采逡巡畏附謂人曰是宰相天子何乃居外乎太平寖用事至忠乃自附納且還主以至忠子任千牛死韋氏難意怨望易動能助己請于帝拜刑部尚書復爲中書令封鄫國公乃參主逆謀先天二年主敗至忠遁入南山數日捕誅之籍其家至忠始在朝有風望容止閑敏見推爲名臣外方直糾擿不法而內無守觀時輕重而去就之始爲御史桓彥範等薦引重五王失政更因武三思得中丞附安樂公主爲宰相及韋氏敗遽發韋洵墓持其女柩歸後依太平復當國嘗出主第遇宋璟璟戲曰非所望於蕭傅至忠曰善乎宋生之言然不能自返也弟嫁蔣欽緒欽緒每戒之至忠不聽歎曰九世卿族一舉而滅之可哀也已不喜接賓客以簡儉自高故生平奉賜無所遺施及籍沒珍寶不可計然玄宗賢其爲人後得源乾曜亟用之謂高力士曰若知吾進

乾曜遽乎吾以其貌言似蕭至忠力士曰彼不嘗負陛下乎帝曰至忠誠國器但晚謬爾其始不謂之賢哉弟元嘉工部侍郎廣徵工部員外郎

贊曰異哉玄宗之器蕭至忠也不亦惑乎至忠本非賢而寄賢以奸利失之則邀利以喪賢姻艷后挾寵主取宰相謀問王室身誅家破遺臭無窮而帝以乾曜似之遽使當國是帝舉不知至忠之不可用又不知乾曜之所可用也或稱帝不以罪掩才益可惜嘆嗚呼力士誠腐夫庸人不能發擿天子之迷若曰至忠賢於初固不繆於末既繆於末果不賢於初惟陛下圖之如是帝且悟往失而精來鑒已其後相李林甫將安祿山皆基于不明身播岷甿信自取之歟

盧藏用字子潛幽州范陽人父璥魏州長史號才吏藏用能屬文舉進士不得調與兄徵明偕隱終南少室二山學練氣爲辟穀登衡廬彷洋岷峨與陳子昂趙貞固友善長安中召授左拾遺武后作興泰宮於萬安山上疏諫曰陛下離宮別觀固多矣又窮人力以事土木臣恐議者以陛下爲不愛人而奉己也且頃歲穀雖頗登而百姓未有儲陛下巡幸訖靡休息斤斧之役歲月不空不因此時施德布化而又廣宮苑臣恐下未易堪今左右近臣以諛意爲忠犯忤爲患至令陛下不知百姓失業百姓亦不知左右傷陛下之仁也忠臣不避誅震以納君於仁明主不惡切詆以趨名于後陛下誠能發明制以勞人爲辭則天下必以爲愛力而苦已也不然下臣此章得與執事者共議不從姚元崇持節靈武道奏爲管記還應縣令舉甲科爲濟陽令神龍中累擢中書舍人數糾駁僞官歷吏部黃門侍郎修文館學士坐親累降工部侍郎進尚書右丞附太平公主主誅玄宗欲捕斬藏用顧未執政意解乃流新州或告謀反推無狀流驩州會交趾叛藏用有捍禦勞改昭州司戶參軍遷黔州長史判都督事卒于始興藏用善蓍龜九宮術工草隸大小篆八分善琴奕思精遠士貴其多能嘗以俗拘陰陽拘畏乖至理泥變通有國者所不宜專謂天道從人者也古爲政者刑獄不濫則人壽賦斂省則人富法令有常則邦寧賞罰中則兵彊禮者士所歸賞者士所死禮賞不倦則士爭先否者雖揆時行罰涓日出號無成功矣故任賢使能不時日而利明法審令不卜筮而吉養勞貴功不禱祠而福乃爲折滯論以暢其方世謂知言子昂貞固前死藏用撫其孤有恩人稱能終始交始隱山中時有意當世人目爲隨駕隱士晚乃狥權利務爲驕縱素節盡矣司馬承禎嘗召至闕下將還山藏用指終南曰此中大有嘉處承禎徐曰以僕視之仕宦之捷徑耳藏用慙無子弟若虛多才博物隴西辛怡諫爲職方有獲異鼠者豹首虎臆大如拳怡諫謂之鼮鼠而賦之若虛曰非也此許慎所謂鼨鼠豹文而形小一坐驚服終起居郎集賢院學士

韋巨源與安石同系後周京兆尹總曾孫祖貞伯襲鄖國公入隋改舒國巨源有吏幹武后時累遷夏官侍郎同鳳閣鸞臺平章事其治委碎無大體句校省中遺隱下符斂克不少蠲雖收其利然下所怨苦坐李昭德累貶麟州刺史累拜地官尚書神龍初以吏部尚書同中書門下三品時要官缺執政以次用其親巨源秉筆當除十人楊再思得其一試問餘授皆諸宰相近屬再思喟然曰吾等誠負天下巨源曰時當爾耳是時雖賢有德終莫得進士大夫莫不解體會安石爲中書令避親罷政事尋遷侍中舒國公韋后與敘昆弟附屬籍三思封戶在貝州屬大水刺史宋璟議免其租巨源以爲蠶桑可輸繇是河朔人多流從者景龍二年韋后自言衣笥有五色雲巨源倡其僞勸中宗宣布天下帝從其言因是大赦巨源見帝昏惑乃與宗楚客鄭愔趙延禧等推處祥妖陰導韋氏行武后故事俄遷尚書左僕射仍知政事帝方南郊巨源請后爲亞獻而自爲終獻及臨淄王平諸韋家人請避之巨源曰吾大臣無容見難不赴出都街亂兵殺之年八十睿宗立贈特進荊州大都督博士李處直請謚爲昭戶部員外郎李邕以巨源附武三思爲相託韋后親屬謚昭爲非處直執不改邕列陳其惡不見用然世皆直邕韋氏自安石及武后時宰相待價巨源皆近親其族至大官者又數十人

趙彥昭字奐然甘州張掖人父武孟少游獵以所獲饋其母母泣曰汝不好書而敖蕩吾安望哉不爲食武孟感激遂力學淹該書記自長安丞爲右臺侍御史著河西人物志十篇彥昭少豪邁風骨秀爽及進士第調爲南部尉與郭元振薛稷蕭至忠善自新豐丞爲左臺監察御史景龍中累遷中書侍郎同中書門下平章事金城公主嫁吐蕃始以紀處訥爲使處訥辭乃授彥昭彥昭顧己處外恐權寵奪移不悅司農卿趙履溫曰公天宰而爲一介使不亦鄙乎彥昭問計安出履溫乃爲請安樂公主留之遂以將軍楊矩代睿宗立出爲宋州刺史坐累貶歸州俄授涼州都督爲政嚴下皆股慄入爲吏部侍郎持節按邊還御史大夫蕭至忠等誅郭元振張說言彥昭與祕謀改刑部尚書封耿國公實封百戶彥昭本以權幸進中宗時有巫趙挾鬼道出入禁掖彥昭以姑事之嘗衣婦服乘車與妻偕謁其得宰相巫力也於是殿中侍御史郭震劾暴舊惡會姚宗執政惡其人貶江州別駕卒

和逢堯岐州岐山人武后時負鼎詣闕下上書自言願助天子和飪百度有司讓曰昔桀不道伊尹負鼎于湯今天子聖明百司以和尚何所調逢堯不能答流莊州十餘年乃舉進士高第累擢監察御史突厥默啜請尚公主逢堯以御史中丞攝鴻臚卿報可默啜遣貴近頡利來曰詔送金鏤具鞍乃塗金非天子意使者不可信雖得公主猶非實請罷和親欲馳去左右色動逢堯呼曰我大國使不受我辭可輒去乃牽持其人謂曰漢法重女婿而送鞍具欲安且久不以金爲貴可汗乃貪金而不貴信邪默啜聞曰漢使至吾國衆矣斯食鐵石人不可易因備禮以見逢堯說之曰天子昔爲單于都護思與可汗通舊好可汗尚嚮風慕義襲冠冕取重諸蕃默啜信之爲斂髮紫衣南面再拜稱臣遣子入朝逢堯以使有指擢戶部侍郎坐善太平公主斥朗州司馬終柘州刺史逢堯詼詭當大事敢徼福故卒以附麗廢然唐與奉使者稱逢堯

唐書卷一百二十三考證

蕭至忠傳祖德言○舊書作德言曾孫

尋授中書侍郎○舊書作轉黃門侍郎

盧藏用傳父璥魏州長史○舊書官至魏州司馬

韋巨源傳祖貞伯○舊書祖名匡伯

趙彥昭傳睿宗立出爲宋州刺史坐累貶歸州俄授涼州都督○舊書先爲涼州都督後爲宋州刺史

唐書卷一百二十四

宋 端明殿學士宋祁 撰

列傳第四十九

姚宋

姚崇字元之陝州硤石人父懿字善懿貞觀中爲嶲州都督贈幽州大都督謚文獻崇少倜儻尚氣節長乃好學仕爲孝敬挽郎舉下筆成章授濮州司倉參軍五遷夏官郎中契丹擾河北兵檄叢進崇奏決若流武后賢之卽拜侍郎后嘗語左右周興來俊臣等數治詔獄朝臣相逮引一切承反朕意其枉更畀近臣臨問皆得其手牒不冤朕無所疑卽可其奏自俊臣等誅遂無反者然則向論死得無冤邪崇曰自垂拱後被告者類自誣當是時以告言爲功故天下號曰羅織甚於漢之鉤黨雖陛下使近臣覆訊彼尚不自保敢一搖手以悖酷吏意哉且被問不承則重罹其慘如張虔勗李安靜等皆是也今賴天之靈發寤陛下凶豎殲夷朝廷乂安臣以一門百口保內外官無復反者陛下以告牒置弗推後若反有端臣請坐知而不告后悅曰前宰相務順可昭我爲淫刑主聞公之言乃得朕心賜銀千兩聖歷三年進同鳳閣鸞臺平章事遷鳳閣侍郎俄兼相王府長史以母老納政歸侍乃詔以相王府長史侍疾月餘復兼夏官尚書同鳳閣鸞臺三品崇建言臣事相王而夏官本兵臣非惜死恐不益王乃詔改春官張易之私有請於崇崇不納易之譖於后降司僕卿猶同鳳閣鸞臺三品出爲靈武道大總管張柬之等謀誅二張崇適自屯所還遂參計議以功封梁縣侯實封二百戶后遷上陽宮中宗率百官起居王公更相慶崇獨流涕柬之等曰今豈涕泣時邪恐公禍由此始崇曰比與討逆不足以語功然事天后久違舊主而泣人臣終節也由此獲罪甘心焉俄爲亳州刺史後五王被害而崇獨免歷宋常越許四州睿宗立拜兵部尚書同中書門下三品進中書令玄宗在東宮太平公主干政宋王成器等分典閑廄禁兵崇與宋璟建請主就東都出諸王爲刺史以壹人心帝以謂主主怒太子懼上疏以崇等甚間王室請加罪貶爲申州刺史移徐潞二州遷揚州長史政條簡肅人爲紀德于碑徙同州刺史先天二年玄宗講武新豐故事天子行幸牧守在三百里者得詣行在時帝亦密召崇崇至帝方獵渭濱卽召見帝曰公知獵乎對曰少所習也臣年二十居廣成澤以呼鷹逐獸爲樂張憬藏謂臣當位王佐無自棄故折節讀書遂待罪將相然少爲獵師老而猶能帝悅與俱馳逐緩速如旨帝歡甚旣罷乃咨天下事袞袞不知倦帝曰卿宜遂相朕崇知帝大度銳于治乃先設事以堅帝意卽陽不謝帝怪之崇因跪奏臣願以十事聞陛下度不可行臣敢辭帝曰試爲朕言之崇曰垂拱以來以峻法繩下臣願政先仁恕可乎朝廷覆師靑海未有牽復之悔臣願不倖邊功可乎比來壬佞冒觸憲網皆得以寵自解臣願法行自近可乎后氏臨朝喉舌之任出閹人之口臣願宮豎不與政可乎戚里貢獻以自媚于上公卿方鎮寖亦爲之臣願租賦外一絕之可乎外戚貴主更相用事班序

荒雜臣請戚屬不任臺省可乎先朝褻狎大臣虧君臣之嚴臣願陛下接之以禮可乎燕欽融韋月將以忠被罪自是諍臣沮折臣願羣臣皆得批逆鱗犯忌諱可乎武后造福先寺上皇造金仙玉眞二觀費鉅百萬臣請絕道佛營造可乎漢以祿莽閻梁亂天下國家爲甚臣願推此鑒戒爲萬代法可乎帝曰朕能行之崇乃頓首謝翌日拜兵部尚書同中書門下三品封梁國公遷紫微令固辭實封乃停舊食賜新封百戶中宗時近戚奏度僧尼溫戶彊丁因避賦役至是崇建言佛不在外悟之于心行事利益使蒼生安穩是謂佛理烏用姦人以汨眞教帝善之詔天下汰僧僞濫髮而農者餘萬二千人崇嘗於帝前序次郎吏帝左右顧不主其語崇懼再三言之卒不答崇趨出內侍高力士曰陛下新即位宜與大臣裁可否今崇亟言陛下不應非虛懷納誨者帝曰我任崇以政大事吾當與決至用郎吏崇顧不能而重煩我邪崇聞乃安由是進賢退不肖而天下治開元四年山東大蝗民祭且拜坐視食苗不敢捕崇奏詩云秉彼蟊賊付畀炎火漢光武詔曰勉順時政勸督農桑去彼螟蜮以及蟊賊此除蝗誼也且蝗畏人易驅又田皆有主使自救其地必不憚勤請夜設火坎其旁且焚且瘞乃可盡古有討除不勝者特人不用命耳乃出御史爲捕蝗使分道殺蝗汴州刺史倪若水上言除天災者當以德昔劉聰除蝗不克而害愈甚拒御史不應命崇移書誚之曰聰僞主德不勝祆今祆不勝德古者良守蝗避其境謂修德可免彼將無德致然乎今坐視食苗忍而不救因以無年刺史其謂何若水懼乃縱捕得蝗十四萬石時議者諠譁帝疑復以問崇對曰庸儒泥文不知變事固有違經而合道反道而適權者昔魏世山東蝗小忍不除至人相食後秦有蝗草木皆盡牛馬至相噉毛今飛蝗所在充滿加復蕃息且河南河北家無宿藏一不穫則流離安危繫之且討蝗縱不能盡不愈於養以遺患乎帝然之黃門監盧懷愼曰凡天災安可以人力制也且殺蟲多必戾和氣願公思之崇曰昔楚王吞蛭而厥疾瘳叔敖斷蛇福乃降今蝗幸可驅若縱之穀且盡如百姓何殺蟲救人禍歸於崇不以諉公也蝗害訖息於是帝方躬萬幾朝夕詢逮它宰相畏帝威決皆謙憚唯獨崇佐裁決故得專任崇第賒僻因近舍客廬會懷愼卒崇病痁移告凡大政事帝必令源乾曜就咨焉乾曜所奏善帝則曰是必崇畫之有不合則曰胡不問崇乾曜謝其未也乃已帝欲崇自近詔徙寓四方館日遣問食飲起居高醫尚食踵道崇以館局華大不敢居帝使語崇曰恨不處禁中此何避乃之紫微史趙誨受夷人賕當死崇素親倚署奏營減帝不悅時曲赦京師惟誨不原崇惶懼上還宰政引宋璟自代乃以開府儀同三司罷政事帝將幸東都而太廟屋自壞帝問宰相宋璟蘇頲同對曰三年之喪未終不可以行幸壞壓之變天所以示敎戒陛下宜停東巡修德以答至譴帝以問崇對曰臣聞隋取符堅故殿以營廟而唐因之且山有朽壞乃崩況木積年而木自當蠧乎但壞與行會不緣行而壞且陛下以關中無年輸餉告勞因以幸東都所以爲人不爲己也百司已戒供擬既具請車駕如行期舊廟難復完盍奉神主舍太極殿更作新廟申誠奉大孝之德也帝曰卿言正契朕意賜絹二百匹詔所司如崇言天子遂東因詔五日一參入閤供奉八年授太子少保以疾不拜明年卒年七十二贈揚州大都督謚曰文獻十七年追贈太子太保崇析貲產令諸子各有定分治令曰比見達官之裔多貧困至銖尺是競無論曲直均受嗤詆田宅水磑既共有之至相推倚以頓廢陸賈石苞古達者也亦先有定分以絕後爭昔楊震趙咨盧植張奐咸以薄葬知眞識去身貴速朽耳夫厚葬之家流于俗以奢靡爲孝令死者戮尸暴骸可不痛哉死者無知自同糞土豈煩奢葬使其有知神不在柩何用破貲徇侈乎吾亡歛以常服四時衣各一稱性不喜冠衣毋以入墓紫衣玉帶足便於體今之佛經羅什所譯姚興與之對翻而興命不延國亦隨滅梁武帝身爲寺奴齊胡太后以六宮入道皆亡國殄家近孝和皇帝發使贖生太平公主武三思等度人造寺身嬰夷戮爲天下笑五帝之時父不喪子兄不哭弟致仁壽無凶短也下逮三王國祚延久其臣則彭祖老聃皆得長齡此時無佛豈抄經鑄像力邪緣死喪造經像以爲追福夫死者生之常古所不免彼經與像何所施然兒曹愼不得爲此崇尤長吏道處決無淹思三爲宰相常兼兵部故屯戍斥候士馬儲械無不諳記玄宗初立賓禮大臣故老雅尊遇崇每見便殿必爲之興去輒臨軒以送它相莫如也時承權戚干政之後綱紀大壞先天末宰相至十七人臺省要職不可數崇常先有司罷冗職修制度擇百官各當其材請無廣釋道無數移吏繇是天子責成于下而權歸于上矣然資權譎始爲同州張說以素憾諷趙彥昭劾崇及當國說懼潛詣岐王申款崇它日朝衆趨出崇曳踵爲有疾狀帝召問之對曰臣損足曰無甚痛乎曰臣心有憂痛不在足問以故曰岐王陛下愛弟張說輔臣而密乘車出入王家恐爲所誤故憂之於是出說相州魏知古崇所引及同列稍輕之出攝吏部尚書知東都選知古憾焉時崇二子在洛通賓客饋遺憑舊請託知古歸悉以聞他日帝召崇曰卿子才乎皆安在崇揣知帝意曰臣二子分司東都其爲人多欲而寡愼是必嘗以事干魏知古帝始以崇私其子或爲隱微以言動之及聞乃大喜問安從得之對曰知古臣所薦也臣子必謂其見德而請之帝於是愛崇不私而薄知古欲斥之崇曰臣子無狀撓陛下法而逐知古外必謂陛下私臣乃止然卒罷爲工部尚書崇始名元崇以與突厥叱刺同名武后時以字行至開元世避帝號更以今名三子彝异弈皆至卿刺史

弈少修謹始崇欲使不越官次而習知吏道故自右千牛進至太子舍人皆平遷開元中有事五陵有司以鷹犬從弈曰非禮也奏罷之請治劇爲睢陽太守召授太僕卿後爲尚書右丞子閎居右相牛仙客幕府仙客病甚閎彊使薦弈及盧奐爲宰相仙客妻以聞閎坐死弈貶永陽太守卒曾孫合勖

合元和中進士及第調武功尉善詩世號姚武功者遷監察御史累轉給事中奉先馮翊二縣民訴牛羊使奪其田詔美原主簿朱儔覆按猥以田歸使合劾發其私以地還民歷陝虢觀察使終祕書監

勖字斯勤長慶初擢進士第數爲使府表辟進監察御史佐鹽鐵使務累遷諫議大夫更湖常二州刺史爲宰相李德裕厚善及德裕爲令狐綯等譖逐擿索支黨無敢通勞問既居海上家無資病無湯劑勖數饋餉候問不傳時爲厚薄終夔王傳自作壽藏於萬安山南原崇塋之旁署兆曰寂居穴墳曰復眞堂中剡土爲牀曰化臺而刻石告後世

宋璟邢州南和人七世祖弁爲元魏吏部尚書璟耿介有大節好學工文辭舉進士中第調上黨尉爲監察御史遷鳳閣舍人居官鯁正武后高其才張易之誣御史大夫魏元忠有不臣語引張說爲驗將廷辯說惶遽璟謂說曰名義至重不可陷正人以求苟免緣此受謫芬香多矣若不測者吾且叩閤救將與子偕死說感其言以實對元忠免死璟後遷左臺御史中丞會飛書告張昌宗引相工觀吉凶者璟請窮治后曰易之等已自言於朕璟曰謀反無容以首原請下吏明國法易之等貴寵臣言之且有禍然激於義雖死不悔后不懌姚璹遽傳詔令出璟曰今親奉德音不煩宰相擅宣王命后意解許收易之等就獄俄詔原之勑二張詣璟謝璟不見曰公事公言之若私見法無私也顧左右歎曰吾悔不先碎豎子首而令亂國經嘗宴朝堂二張列卿三品璟階六品居下坐易之諂事璟虛位揖曰公第一人何下坐璟曰才劣品卑卿謂第一何邪是時朝廷以易之等內寵不名其官呼易之五郎昌宗六郎鄭善果謂璟曰公奈何謂五郎爲卿璟曰以官正當爲卿君非其家奴何郎之云會有喪告滿入朝公卿以次謁通禮意易之等後至促步前璟舉笏卻揖唯唯故積怨常欲中傷后知之得免然以數忤旨詔按獄揚州璟奏按州縣繞監察御史職耳又詔按幽州都督屈突仲翔辭曰御史中丞非大事不出使仲翔罪止贓今使臣往此必有危臣者既而詔副李嶠使隴蜀璟復言隴右無變臣以中丞副李嶠非朝廷故事終辭易之初冀璟出則劾奏誅之計不行乃伺璟家婚禮將遣客刺殺之有告璟者璟乘庳車舍他所刺不得發俄二張死乃免神龍初爲吏部侍郎中宗嘉其直令兼諫議大夫內供奉仗下與言得失遷黃門侍郎武三思恃烝寵數有請于璟璟厲答曰今復子明辟王宜以侯就第安得尚干朝政獨不見產祿事乎後韋月將告三思亂宮掖三思諷有司論大逆不道帝詔殊死璟請付獄按罪帝怒岸巾出側門謂璟曰朕謂已誅矣尚何請璟曰人言后私三思陛下不問即斬之臣恐有竊議者請按而後刑帝愈怒璟曰請先誅臣不然終不奉詔帝乃流月將嶺南會還京師詔璟權檢校并州長史未行又檢校貝州刺史時河北水歲大饑三思使歛封租璟拒不與故爲所擠歷杭相二州政清毅吏下無敢犯者遷洛州長史睿宗立以吏部尚書同中書門下三品玄宗在東宮兼右庶子先是崔湜鄭愔典選爲戚近干奪至逆用二歲闕猶不能給更置比冬選流品淆并璟與侍郎李乂盧從愿澄革之銓總平允太平公主不利東宮嘗駐輦光範門何執政以諷璟曰太子有大功宗廟社稷主也安得異議乃與姚崇白奏出公主諸王於外帝不能用貶楚州刺史歷兗冀魏三州河北按察使進幽州都督以國子祭酒留守東都遷雍州長史玄宗開元初以雍州爲京兆府復爲尹進御史大夫坐小累爲睦州刺史徙廣州都督廣人以竹茅茨屋多火璟教之陶瓦築堵列邸肆越俗始知棟梁利而無患災召拜刑部尚書四年遷吏部兼侍中帝幸東都次崤谷馳道隘橋擁車騎帝命黜河南尹李朝

歷知頓使王怡等官璟曰陛下富春秋今始巡守以道不治而罪二臣慮此相倣後有受其敝者帝遽命捨之璟謝曰陛下向以怒責之以臣言免之是過歸於上而恩在下姑聽待罪於朝然後詔還其職進退得矣帝善之累封廣平郡公廣人爲璟立遺愛頌璟上言頌所以傳德載功也臣之治不足紀廣人以臣當國故爲溢辭徒成諂諛者欲釐正之請自臣始有詔許停帝嘗命璟與蘇頲制皇子名與公主號遂差次所封且詔別擇一美稱及佳邑封上璟奏言七子均養詩人所稱今若同等別封或母寵子愛恐傷鳲鳩之平昔袁盎引郤愼夫人席文帝納之夫人亦不爲嫌以其得長久計也臣不敢別封帝歎重其賢皇后父王仁皎卒將葬用昭成皇后家竇孝諶故事墳高五丈一尺璟等請如著令帝已然可明日復詔如孝諶者璟還詔曰儉德之恭侈惡之大也僭禮厚葬前世所誡故古墓而不墳人子於哀迷則未遑以禮自制故聖人制齊斬緦免衣衾棺槨各有度數雖有賢者斷其私懷衆皆務奢獨能以儉所謂至德要道者中宮若謂孝諶踰制初無非者一切之令固不足以法貞觀時嫁長樂公主魏徵謂不可加長公主太宗欣納而文德皇后降使厚謝韋庶人追王其父擅作酆陵而禍不旋踵國家知人情無窮故爲制度不因人以搖動不變法以愛憎比來人間競務靡葬今以后父重戚不憂乏用高冢大寢不畏無人百事官給一朝可就而區區屢聞者欲成朝廷之政中宮之美爾儻中宮情不可奪請準令一品陪陵墳四丈差合所宜帝曰朕常欲正身紀綱天下於后容有私邪然人所難言公等乃能之卽可其奏又遣使賚綵絹四百匹會日食帝素服俟變錄囚多所貸遣賑卹災患罷不急之務璟曰陛下降德音卹人隱未有輕繫惟流死不免此古所以愼赦也恐議者直以月蝕修刑日蝕修德或言分野之變冀有搆合臣以謂君子道長小人道銷止女謁放讒夫此所謂修德也囹圄不擾兵甲不黷官不苛治軍不輕進此所謂修刑也陛下常以爲念雖有虧食將轉而爲福又何患乎且君子恥言浮於行願動天以誠無事空文帝嘉納後以開府儀同三司罷政事京兆人權梁山謀逆勑河南尹王怡馳傳往按牢城克滿久未決乃命璟爲京留守復其獄初梁山詭稱婚集多假貸吏欲并坐貸人璟曰婚禮借索大同而狂謀率然非所防億使知而不假是與爲反貸者弗知何罪之云平縱數百人十二年東巡泰山璟復爲留守帝將發謂曰卿國元老別方歷時宜有嘉謀以遺朕璟因一二極言手制答曰所進當書之坐右出入觀省以誡終身賜賚優渥進兼吏部尚書十七年爲尚書右丞相而張說爲左丞相源乾曜爲太子少傅同日拜有詔太官設饌太常奏樂會百官尚書省東堂帝賦三傑詩自寫以賜二十年請致仕許之仍賜全祿退居洛乘輿東幸璟謁道左詔榮王勞問別遣使賜藥餌二十五年卒年七十五贈太尉謚文貞璟風度凝遠人莫涯其量始自廣州入朝帝遣內侍楊思勗驛迓之未嘗交一言思勗自以將軍貴幸訴之帝帝益嗟重璟爲宰相務清政刑使官人皆任職聖歷後突厥默啜負其彊數窺邊侵九姓拔曳固負勝輕出爲其狙擊斬之入蕃使郝靈佺傳其首京師靈佺自謂還必厚見賞璟顧天子方少恐後干寵路利者夸威武爲國生事故抑之踰年纔授右武衞郎將靈佺恚憤不食死張嘉貞後爲相閱堂按見其危言切議未嘗不失聲歎息六子昇尚渾恕華衡昇太僕少卿尚漢東太守

渾與李林甫善歷諫議大夫平原太守御史中丞東京採訪使在平原暴斂求進至重取民一年庸租使東畿薛稷甥女鄭寡而美渾使河南尉楊朝宗聘而己納之薦朝宗爲赤尉恕以都官郎中爲劍南採訪判官數貪縱不法陰養刺客天寶中渾恕尚並以贓敗渾流高要恕流海康尚貶臨海長史華衡亦皆坐貪得罪廣德中渾起爲太子諭德物議穢薄之流死江嶺昆弟皆荒飲俳嬉而衡最險悖廣平之風衰焉

贊曰姚崇以十事要說天子而後輔政顧不偉哉而舊史不傳觀開元初皆已施行信不誣已宋璟剛正又過於崇玄宗素所尊憚常屈意聽納故唐史臣稱崇善應變以成天下之務璟善守文以持天下之正二人道不同同歸于治此天所以佐唐使中興也嗚呼崇勸天子不求邊功璟不肯賞邊臣而天寶之亂卒蹈其害可謂先見矣然唐三百年輔弼者不爲少獨前稱房杜後稱姚宋何哉君臣之遇合蓋難矣夫

唐書卷一百二十五

宋 端 明 殿 學 士 宋 祁 撰

列傳五十

蘇張

蘇瓌字昌容雍州武功人隋尚書僕射威之曾孫擢進士第補恒州參軍居母喪哀毀加人左庶子張大安表舉孝悌擢豫王府錄事參軍歷朗歙二州刺史時來俊臣貶州參軍人懼復用多致書請瓌瓌叱其使曰吾忝州牧高下自有體能過待小人乎遂不發書俊臣未至追還恨之由是連外徙不得入久之轉揚州大都督府長史州據都會多名珍怪產前長史張潛于辯機貲取鉅萬瓌單身襆被自將徙同州刺史歲旱兵當番上者不能赴瓌奏宿衞不可闕宜月賜增半糧俾相給足則不闕番又宜却進獻罷營造不急者不見省時十道使括天下亡戶勅不立籍人畏搜括卽流入比縣旁州更相廋蔽瓌請罷十道使專責州縣豫立簿注天下同日閱正盡一月止使柅姦匿歲一括實檢制租調以免勞弊武后鑄浮屠立廟塔役無虛歲瓌以爲縻損浩廣雖不出國用要自民產日殫百姓不足君孰與足天下僧尼濫僞相半請并寺著僧常員數缺則補后善其言神龍初入爲尚書右丞封懷縣男瓌明曉法令多識臺省舊章一朝格式皆所刪正再遷戶部尚書拜侍中留守京師中宗復政鄭普思以妖幻位祕書員外監支黨徧岐隴間相煽訹爲亂瓌捕繫普思窮訊普思妻以左道得幸韋后出入禁中有詔勿治瓌廷爭不可帝猶依違司直范獻忠瓌使按普思者進曰瓌爲大臣不能前誅逆豎而報天子罪大矣臣請先斬瓌於是僕射魏元忠頓首曰瓌長者用刑不枉普思法當死帝不得已流普思於儋州餘黨論死累拜尚書右僕射同中書門下三品進封許國公帝南郊國子祭酒祝欽明建白皇后爲亞獻安樂公主爲終獻瓌以爲非禮帝前折愧之帝昏懦不能從時大臣初拜官獻食天子名曰燒尾瓌獨不進及侍宴宗晉卿嘲之帝默然瓌自解於帝曰宰相燮和陰陽代天治物今粒食踴貴百姓不足衞兵至三日不食臣誠不稱職不敢燒尾帝崩遺詔皇太后臨朝相王以大尉輔政后詔宰相韋安石韋巨源蕭至忠宗楚客紀處之韋溫李嶠韋嗣立唐休璟趙彥昭洎瓌議禁中楚客猥曰太后臨朝相王有不通問之嫌不宜輔政瓌正色曰遺制乃先帝意安得輒改楚客等怒卒削相王輔政事瓌稱疾不朝是月韋氏敗睿宗卽位進左僕射景雲元年老病罷爲太子少傅卒年七十二贈司空荆州太都督謚曰文貞皇太子別次發哀遺令薄葬布車一乘瓌治州考課常最爲宰相陳當世病利甚多韋溫始爲汴州司倉參軍以賕被杖及用事憚瓌正卒不敢傷開元二年賜其家實封百戶長子頲固辭乃擢中子乂左補闕六年詔與劉幽求配享睿宗廟廷文宗太和中錄舊德官其四代孫翔瓌諸子頲詵顒

頲字廷碩弱敏悟一覽至千言輒覆誦第進士調烏程尉武后封嵩高舉賢良方正異等除左司禦率府胄曹參軍吏部侍郎馬載曰古稱一日千里蘇生是已再遷監察御史長安中詔覆來俊臣等冤獄頲驗發其誣多從洗宥遷給事中修文館學士拜中書舍人時瓌同中書門下三品父子同在禁筦朝廷榮之玄宗平內難書詔塡委獨頲在太極後閤口所占授功狀百緒輕重無所差書史白曰丐公徐之不然手腕脫矣中書令李嶠曰舍人思若涌泉吾所不及遷太常少卿仍知制誥遭父喪起爲工部侍郎辭不拜終制乃就職帝問宰相有自工部侍郎得中書侍郎乎對曰陛下任賢惟所命何資之計乃詔以頲爲中書侍郎帝勞曰方美官缺每欲用卿然宰相議遂無及者朕爲卿恨陸象先歿紫微侍郎未嘗補朕思其人無易卿者頲頓首謝明日加知制誥給政事食給食自頲始時李乂對掌書命帝曰前世李嶠蘇味道文擅當時號蘇李今朕得頲及乂何愧前人哉俄襲封許國公吐蕃盜邊諸將數敗虜益張秣騎內侵帝怒欲自將兵討之頲諫曰古稱荒服取荒忽之義非常奉職貢也故來則拒去則勿逐以禽獸畜之羈縻御之譬若獷然羽毛不入服用體肉不登郊廟則王者不射也況萬乘之重與犬羊蚉虻語負勝哉遠夷左袵不足以辱天子亦可見矣雖然兵法先聲後實陛下如班親征之詔而勑猛將謀夫投會濟師則吐蕃不日崩破亦無待躬致天討也臣謂岐隴凋弊積年若千乘萬騎供億不涯誠恐徭役內興寇掠外虞斯人不堪一也戎虜之性驟往倏來敗不恥奔勝不讓成若大軍一臨邊怖震烏散彼出多方我受其誤二也太上皇聞陛下身對寇場不能無憂烝烝之思何以自安三也漢劘成侯諫高帝曰上嘗自勞豈謂無人使哉高帝以爲愛我今將相大臣豈無爲陛下宣力者何親行之遽邪不省復上言王者之師有征無戰藩貢或闕王命征之於是乎治兵其郊獲辭而止非謂按甲自臨敵人畏之莫敢戰也古天子無親將惟黃帝五十二戰當未平之時

自阪泉功成則修身閒居無爲無事陛下撥定禍亂方當深視高居制禮作樂禪梁父登空同何至猒天居狃金革爲一日之敵今吐蕃遣渠領干犯國令軍吏一不勝而陛下屈至尊爲之敵雖朝鼎夕砧猶未可以夸四夷安足勞聖躬哉虜之入唯盜牛馬發窖廩衣未嘗殺略邊人其罪易原也臣恐虜情很頑牽連北狄間六師之行入幽幷犯靈夏南動京師太上皇一致憂勞是陛下以天下之安不能寧其親也臣固曰居中制勝策之上者若夫擇良將募重而約嚴違律必誅殺敵必賞多出金以購酋長虜亡無日矣願稍遷延以須西音亦會薛訥大破吐蕃俘獲不貲由是帝止不行時詔立靖陵碑命頲爲之詞辭曰前世帝后不志碑事弗稽古謂之不法審當可者祖宗諸陵一須營立後嗣謂何帝不納其言開元四年進同紫微黃門平章事修國史與宋璟同當國璟剛正多所裁決頲能推其長在帝前敷奏璟有未及或少屈頲輒助成之有不會意頲更申璟所執故帝未嘗不從二人相得歡甚璟嘗曰吾與蘇氏父子同爲宰相僕射長厚自是國器若獻可替否事至即斷盡公不顧私則今丞相爲過之八年罷爲禮部尚書俄檢校益州大都督長史按察節度劒南諸州時蜀彫敝人流亡詔頲收劒南山澤鹽鐵自贍頲尚簡靜重興力役即募戍人輸雇直開井置鑪量入計出分所贏市穀以廣兒糴時前司馬皇甫恂使蜀檄取庫錢市錦半臂琵琶捍撥玲瓏鞭頲不肯予因上言遣使銜命先取不急非陛下以山澤贍軍費意或謂明公在遠可得忤上意頲曰不然明主不以私愛奪至公我可以遠近廢忠臣節邪儁州蠻苴院與吐蕃連謀入寇獲諜者吏請討之頲不聽移書還其諜曰毋得爾苴院羞悔不敢侵邊從封泰山詔頌朝覲壇世谷其文還分主十銓事卒年五十八帝猶視朝起居舍人韋述上疏曰貞觀永徽時大臣薨輒罷朝舉哀成終始恩上有旌賢錄舊之德下有生榮死哀之美昔晉知悼子卒平公宴樂杜蕢一言而悟春秋載之故禮部尚書頲累葉輔弼奉事軒陛二十餘年今奄忽不還邦人痛嗟惟帷蓋之舊股肱之戚宜節廢朝明君臣之誼帝曰固朕意也即日帳次哭洛城南門不朝詔贈右丞相謚曰文憲葬日帝游咸宜宮將獵聞之曰頲且葬我忍自娛哉中道而還頲性廉儉奉稟悉推散諸弟親族儲無長貲自景龍後與張說以文章顯稱望略等故時號燕許大手筆帝愛其文曰卿所爲詔令別錄副本署臣某撰朕當留中後遂爲故事其後李德裕著論曰近世詔誥惟頲敘事外自爲文章云

詵字延言舉賢良方正高第補汾陰尉遷祕書詳正學士累轉給事中時頲爲紫微侍郎固辭帝曰古有內舉不避親者乎對曰晉祁奚是也帝曰若然朕自用詵卿言非公也頃之出徐州刺史治有迹卒贈吏部侍郎詵子震以蔭補千牛十餘歲彊學有成人風頲曰吾家有子累遷殿中侍御史長安令安祿山陷京師震與尹崔九遠毀開遠門吏棄家出奔會肅宗興師靈武震晝夜馳及行在帝嘉之拜御史中丞遷文部侍郎廣平王爲元帥崇擇賓佐以震爲糧料使二京平封岐陽縣公改河南尹九節度兵敗相州震與留守崔圓奔襄鄧貶濟王府長史起爲絳州刺史進戶部侍郎判度支爲泰陵建陵鹵簿使以勞封岐國公拜太常卿代宗將幸東都復以震爲河南尹未行卒贈禮部尚書

幹瓌從父兄也父勗字愼行武德中爲秦王諮議典籤文學館學士尚南康公主拜駙馬都尉遷魏王泰府司馬博學有美名泰重之勸開館引文學士著書名家歷吏部侍郎太子左庶子卒幹擢明經授徐王府記室參軍王好畋每諫止之垂拱中遷魏州刺史河朔饑前刺史苛暴百姓流徙幹檢吏督姦勸課農桑由是流冗盡復以治稱拜右羽林軍將軍遷冬官尚書來俊臣素忌之誣幹與琅邪王沖通書繫獄發憤卒

張說字道濟或字說之其先自范陽徙河南更爲洛陽人永昌中武后策賢良方正詔吏部尚書李景諶糊名較覆說所對第一后署乙等授太子校書郎遷左補闕后嘗問諸儒言氏族皆本炎黃之裔則上古乃無百姓乎若爲朕言之說曰古未有姓若夷狄然自炎帝之姜黃帝之姬始因所生地而爲之姓其後天子建德因生以賜姓黃帝二十五子而得姓者十四德同者姓同德異者姓殊其後或以官或以國或以王父之字始爲賜族久乃爲姓降唐虞抵戰國姓族漸廣周衰列國既滅其民各以舊國爲之氏下及兩漢人皆有姓故姓之以國者韓陳許鄭魯衛趙魏爲多后曰善久視中后避暑三陽宮汔秋未還說上疏曰宮距洛城百六十里有伊水之隔崿坂之峻過夏涉秋水潦方積道壞山險不通轉運河廣無梁咫尺千里扈從兵馬日費資饟太倉武庫並在都邑紅粟利器蘊若山丘奈何去宗廟之上都安山谷之僻處是猶倒持劍戟示人鐏柄臣竊爲陛下不取夫禍變之生在人所忽故曰安樂必戒無行所悔不可一也宮城褊小萬方輻湊塡郛溢郭併錮無所排斥居人蓬宿草次風雨暴至不知庇託孤惸老病流轉衢巷陛下作人父母將若之何不可二也池亭奇巧誘上心削巒起觀堨流漲海俯貫地脉仰出雲路易山川之氣奪農桑之土延木石運斧斤山谷連聲春夏不輟勸陛下作此者豈正人耶詩云人亦勞止迄可小康不可三也御苑東西二十里外無牆垣扃禁內有榛叢鷙谷猛毅所伏暴慝所憑陛下往往輕行警蹕不肅歷蒙密乘險巇卒有逸獸狂夫驚犯左右豈不殆哉易曰思患豫防願爲萬姓持重不可四也今北有胡寇覷邊南有夷獠騷徼關西小旱耕稼是憂安東近平輸漕方始臣願及時旋軫深居上京息人以展農修德以來遠罷不急之役省無用之費澄心澹懷惟億萬年蒼蒼羣生莫不幸甚臣度芻議十不從一何者沮盤游之娛間林沚之玩規遠圖替近適要後利棄前歡未沃明主之心已拂貴臣之意然不愛死者懼言責不職耳后不省擢鳳閣舍人張易之誣陷魏元忠也援說爲助說廷對元忠無不順言忤后旨流欽州中宗立召爲兵部員外郎累遷工部兵部二侍郎以母喪免既朞詔起爲黃門侍郎固請終制祈陳哀到時禮俗哀薄士以奪服爲榮而說獨以禮終天下高之除喪復爲兵部兼修文館學士睿宗即位擢中書侍郎兼雍州長史譙王重福死東都支黨數百人獄久不決詔說往按一昔而罪人得乃誅張靈均鄭愔餘詿誤悉原帝嘉其不枉直不漏惡慰勞之玄宗爲太子說與褚元量侍讀尤見親禮踰年進同中書門下平章事監修國史景雲二年帝謂侍臣曰術家言五日內有急兵入宮爲我備之左右莫對說進曰此讒人謀動東宮耳陛下若以太子監國則名分定姦牖破讒禍塞矣帝悟下制如說言明年皇太子即皇帝位太平公主引蕭至忠崔湜等爲宰相以說不附己授尚書左丞罷政事爲東都留守說知太平等懷逆乃因使以佩刀獻玄宗請先決策帝納之至忠等已誅召爲中書令封燕國公實封二百戶始武后末年爲潑寒胡戲中宗嘗乘樓縱觀至是因四夷來朝復爲之說上疏曰韓宣適魯見周禮而歎孔子會齊數倡優之罪列國如此況天朝乎今四夷請和使者入謁當接以禮樂示以兵威雖曰戎夷不可輕也焉知無駒支之辯由余之賢哉且乞寒潑胡未聞典故裸體跳足汨泥揮水盛德何觀焉恐非干羽柔遠樽俎折衝之道納之自是遂絕素與姚元崇不平罷爲相州刺史河北道按察使坐累徙岳州停實封說既失執政意內自懼雅與蘇瓌善時瓌子頲爲相因作五君詠獻頲其一紀瓌也候瓌忌日致之頲覽詩嗚咽未幾見帝陳說忠謇有勳不宜棄外遂遷荊州長史俄以右羽林將軍檢校幽州都督入朝以戎服見帝大喜授檢校幷州長史兼天兵軍大使修國史敕齎稾即軍中論譔朔方軍大使王晙誅河曲降虜阿布思也九姓同羅拔野固等皆疑懼說持節從輕騎二十直詣其部宿帳下召見酋豪慰安之副使李憲以虜難信不宜涉不測說報曰吾肉非黃羊不畏其食血非野馬不畏其刺士當見危致命亦吾効死秋也由是九姓遂安晙後討蘭池叛胡康待賓詔說相聞經略時党項羌亦連兵攻銀城說將步騎萬人出合河關掩擊破之追北駱駝堰羌胡自相猜夜鬬待賓遁入鐵建山餘衆奔潰說招納党項使復故處副使史獻請盡誅之說不從奏置麟州以安羌衆召拜兵部尚書同中書門下三品讓宋璟陸象先不許明年詔爲朔方節度大使親行五城督士馬時慶州方渠降胡康願子反自爲可汗掠牧馬西涉河出塞說進討至木槃山禽之俘獲三千乃議徙河曲六州殘胡五萬於唐鄧仙豫間空河南朔方地以功賜實封三百戶故時邊鎮兵贏六十萬說以時平無所事請罷二十萬還農天子以爲疑說曰邊兵雖廣諸將自衞營私爾所以制敵不在衆也以陛下之明四夷畏威不慮減兵而招寇臣請以闔門百口爲保帝乃可時衞兵貧弱番休者亡命略盡說建請一切募勇彊士優其科條簡色役不旬日得勝兵十三萬分補諸衞以彊京師後所謂彍騎者也帝自東都將還京因幸幷州說見帝曰太原王業所基陛下巡幸振耀威武以申示思縣河東人京師有漢武脽上祠此禮廢闕歷代莫舉願爲三農祈穀誠四海之福帝納其言過祠后土乃還進中書令說又倡封禪議受詔與諸儒草儀多所裁正帝召說與禮官學士置酒集仙殿曰朕今與賢者樂于此當遂爲集賢殿乃下制改麗正書院爲集賢殿書院而授說院學士知院事東封還爲尚書右丞相兼中書令詔說撰封禪壇頌刻之泰山以夸成功初源乾曜不欲封禪說固請乃不相平及升山執事官當從者說皆引所厚超階入五品從兵唯加勳而不賜衆怨其專宇文融先獻策括天下游戶及籍外田署十道勸農使分行郡縣說畏其擾數沮格之至是融請吏部置十銓與蘇頲等分治選事有所論請說頗抑之於是銓綜失敘融恨之乃與崔隱甫李林甫共劾奏說

引衛士王慶則夜祠禱解而奏表其闕引僧道岸窺詗時事冒署右職所親吏張觀范堯臣依據說勢市權招賂擅給太原九姓羊錢千萬其言醜慘帝怒詔乾曜隱甫刑部尚書韋抗即尚書省鞫之發金吾兵圍其第說兄左庶子光詣朝堂刑耳列冤帝遣高力士往視見說蓬首垢面席稾家人以瓦器饋脫粟鹽疏爲自罰憂懼者力士還奏且言說往納忠於國有功帝憮然乃停說中書令誅慶則等坐者猶十餘人說既罷政事在集賢院專修國史又乞停右丞相不許然每軍國大務帝輒訪焉隱甫等恐說復用巧文詆毀奏忿說者又著疾邪篇帝聞因令致仕始爲相時帝欲事吐蕃說密請講和以休息邊塞帝曰朕待王君㚟計之說出告源乾曜曰君㚟好兵以求利彼入吾言不用矣後君㚟破吐蕃於青海西說策其且敗因上巂州鬭羊於帝以申諷諭曰使羊能言必將曰鬬而不解立有死者所賴至仁無殘量力取勸焉帝識其意納之賜縑千匹後瓜州失守君㚟死十七年復爲右丞相遷左丞相上日勑所司供帳設樂內出珍饌帝爲賦詩俄授開府儀同三司十八年卒年六十四爲停正會贈太師謚曰文貞羣臣駁異未決帝爲製碑謚如太常緣是定說敦氣節立然許喜推藉後進於君臣朋友大義甚篤帝在東宮所與祕謀密計甚衆後卒爲宗臣朝廷大述作多出其手帝好文辭有所爲必使視草善用人之長多引天下知名士以佐佑王化粉澤典章成一王法天子尊尚經術開館置學士修大宗之政皆說倡之爲文屬思精壯長於碑誌世所不逮既謫岳州而詩益悽婉人謂得江山助云常典集賢圖書之任間雖致仕一歲亦修史於家始帝欲授說大學士辭曰學士本無大稱中宗崇寵大臣乃有之臣不敢以爲稱固辭乃免後宴集賢院故事官重者先飲說曰吾聞儒以道相高不以官閥爲先後太宗時修史十九人長孫无忌以元舅每宴不肯先舉爵長安中與修珠英當時學士亦不以品秩爲限於是引觴同飲時伏其有體中書舍人陸堅以學士或非其人而供擬太厚無益國家者議白罷之說聞曰古帝王功成則有奢滿之失或興池觀或尚聲色今陛下崇儒向道躬自講論詳延豪俊則麗正乃天子禮樂之司所費細而所益者大陸生之言蓋未達邪帝知遂薄堅說嘗自爲其父碑帝爲書其額曰嗚呼積善之墓說殁後帝使就家錄其文行於世開元後宰相不以姓著者曰燕公云大歷中詔配享玄宗廟廷子均垍埱

均亦能文自太子通事舍人累遷主爵郎中中書舍人開元十七年說授左丞相校京官考注均考曰父教子忠古之善訓王言帝載尤難以任庸以嫌疑而撓紀綱考上下當時亦不以爲私後襲燕國公累遷兵部侍郎以累貶饒蘇二州刺史久之復爲兵部侍郎自以己才當輔相爲李林甫所抑林甫卒倚陳希烈冀得其處既而楊國忠用事希烈罷而均爲刑部尚書坐垍貶建安太守還授大理卿居常觖望不平祿山盜國爲僞中書令肅宗反正兄弟皆論死房琯聞之驚曰張氏滅矣乃見苗晉卿營解之帝亦顧說有舊詔免死流合浦建中初贈太子少傅子濛事德宗爲中書舍人

垍尚寧親公主時說居中秉政均爲舍人諸父光爲銀青光祿大夫榮盛冠時玄宗眷垍厚即禁中置內宅侍爲文章珍賜不可數均供奉翰林而垍以所賜夸均曰此婦翁遺婿非天子賜學士也垍嘗爲帝贊禮舉止都雅帝悅之因幸內宅顧垍曰希烈辭宰相孰可代者垍錯愕未得對帝曰無易吾壻垍頓首謝會貴妃聞以語國忠國忠惡之及希烈罷薦韋見素代之垍始怨上天寶十三載祿山入朝以破奚契丹功求平章事國忠曰祿山有軍功然不識字與之恐四夷輕漢乃止及還范陽詔高力士餞滻坡力士歸曰祿山內鬱鬱若知欲相而不行者帝以語國忠國忠曰所告者必張垍帝怒盡逐其兄弟以均守建安而垍爲盧溪郡司馬埱自給事中爲宜春郡司馬歲中還垍爲太常卿帝西狩至咸陽唯韋見素楊國忠魏方進從帝謂力士曰若計朝臣當孰至者力士曰張垍兄弟世以恩戚貴其當即來房琯有宰相望而陛下久不用又爲祿山所器此不來矣帝曰未可知也後琯至召見流涕帝撫勞且問均垍安在琯曰臣之西亦嘗過其家將與偕來均曰馬不善馳後當繼行然臣觀之恐不能從陛下矣帝嗟悵顧力士曰吾豈欲誣人哉均等自謂才器亡雙恨不大用吾向欲始終全之今非若所料也垍遂與希烈皆相祿山垍死賊中

贊曰說於玄宗最有德及太平用事納忠惓惓又圖封禪發明典章開元文物彬彬說力居多中爲姦人排擯幾不免自古功名始終亦幾希何獨說哉至子以利遂敗其家若瓌頲再世稱賢宰相盛矣

唐書卷一百二十五考證

蘇瓌子頲帝不納其言○臣德潛按不納其言謂玄宗不納頲諫立靖陵碑之言也舊書玄宗從其言而止較合

張說傳封燕國公實封二百戶○舊書三百戶

中書舍人陸堅以學士或非其人而供擬太厚云云○舊書作徐堅語

說子均久之復爲兵部侍郎○舊書作戶部侍郎

唐書卷一百二十六

宋端明殿學士宋祁撰

列傳第五十一

魏盧李杜張韓

魏知古深州陸澤人方直有雅才擢進士第以著作郎修國史累遷衞尉少卿檢校相王府司馬神龍初爲吏部侍郎以母喪解服除爲晉州刺史睿宗立以故屬拜黃門侍郎兼修國史會造金仙玉真觀雖盛夏工程嚴促知古諫曰臣聞古之君人必時視人之所勤人勤於力則功築罕人勤於財則貢賦少人勤於食則百事廢故曰不作無益害有益又曰罔咈百姓以從己之欲禮季夏之月樹木方盛無有斬伐不可以興土功此皆典化立治爲政養人之本也今爲公主造觀將以樹功祈福而此皆百姓所宅卒然迫逼令其轉徙扶老攜幼剔椽發瓦呼嗟道路乖人事違天時起無用之作崇不急之務羣心震搖衆口藉藉陛下爲人父母欲何以安之且國有簡冊君舉必記言動之微可不慎歟願下明詔順人欲除功役收之桑榆其失不遠不納復諫曰自陛下散巢凶逆保定大器蒼生顒顒以謂朝有新政今風教頹替日益甚府藏空屈人力勞敝營作無涯吏員寖增諸司試補員外檢校官已贏二千太府之帛爲殫太倉之米不支臣前請停金仙玉真諸亦未止今前水後旱五穀不立蘇茲向春必甚饑饉陛下欲何方以賑之又突厥於中國爲患日久其人非可以禮義誠信約也雖遣使請婚恐豺狼之心弱則順伏彊則驕逆月滿騎肥乘中國饑虛講親際會窺犯亭鄣復何以防之帝嘉其直以左散騎常侍同中書門下三品玄宗在春宮又兼左庶子先天元年爲侍中從獵渭川獻詩以諷手制襃答并賜物五十段明年封梁國公會懷貞等詭謀亂國知古密發其姦懷貞誅賜封二百戶物五百段玄宗恨前賞薄手勑更加百戶旌其著節是冬詔知東都吏部選事以稱職聞優詔賜衣一副自是恩意尤渥由黃門監改紫微令與姚元崇不協除工部尚書罷政事開元三年卒年六十九宋璟聞而嘆曰叔向古遺直子產古遺愛兼之者其魏公乎贈幽州都督謚曰忠所薦洹水令呂太一蒲州司功參軍齊澣右內率騎曹參軍柳澤密尉宋遙左補闕袁暉右補闕封希顏伊闕尉陳希烈後皆有聞於時文宗太和二年求其曾孫處訥授湘陽尉與魏徵裴冕後擢任之

盧懷慎滑州人蓋范陽著姓祖悊仕爲靈昌令遂爲縣人懷慎在童丱已不凡父友監察御史韓思彥歎曰此兒器不可量及長第進士歷監察御史神龍中遷侍御史中宗謁武后上陽宮后詔帝十日一朝懷慎諫曰昔漢高帝受命五日一朝太公於櫟陽宮以起布衣登皇極子有天下尊歸於父故行此耳今陛下守文繼統何所取法況應天去提象纔二里所騎不得成列車不得方軌於此屢出愚人萬有一犯屬車之塵雖罪之何及臣愚謂宜遵內朝以奉溫凊無煩出入不省還右御史臺中丞上疏陳時政曰臣聞善人爲邦百年可以勝殘去殺孔子稱苟用我者朞月而已三年有成故書三載考績三考黜陟幽明昔子產相鄭更法令布刑書一年人怨思殺之三年人德而歌之子產賢者也其爲政尚累年而後成況常材乎比州牧上佐兩畿令或一二歲或三五月即遷曾不論以課最使未遷者傾耳以聽企踵以望冒進亡廉亦何暇爲陛下宣風恤人哉禮義不能興戶口益以流倉庫愈匱百姓日敝職爲此耳人知吏之不久不率其教吏知遷之不遙不究其力輸處爵位以養資望雖明主有勤勞天下之志然僥幸路啓上下相蒙寧盡至公乎此國病也賈誼所謂蹠盭乃小小者耳此而不革雖和緩將不能爲漢宣帝綜覈名實與治致化黃霸良二千石也加秩賜金就旌其能終不肯遷故古之爲吏至長子孫臣請都督刺史上佐畿令任未四考不得遷若治有尤異或加賜車裘祿秩降使臨問璽書慰勉須公卿闕則擢之以勵能者其不職或貪暴免歸田里以明賞罰之信昔唐虞稽古建官惟百夏商官倍亦克用乂此省官也故曰官不必備惟其才無曠庶官天工人其代之此擇人也今京諸司員外官數十倍近古未有謂不必備則爲有餘求其代工乃多不釐務而奉稟之費歲巨億萬徒竭府藏豈致治意哉今民力敝極河渭廣漕不給京師公私耗損邊隅未靜儻

炎暵成沴租稅減入疆埸有警賑救無年何以濟之毋輕人事惟艱毋安厥位惟危此愼微也原員外之官皆一時良幹擢以才不申其用尊以名不任其力自昔用人豈其然歟臣請才堪牧宰上佐並以遷授使宣力四方責以治狀有老病若不任職者一廢省之使賢不肖確然殊貫此切務也夫冒于寵賂侮于鰥寡爲政之蠹也竊見內外官有賕餉狼籍劓剝蒸人雖坐流黜俄而遷復還爲牧宰任以江淮嶺磧粗示懲貶內懷自棄徇貨掊貲訖無悛心明主之於萬物平分而無偏施以罪吏牧遐方是謂惠姦而遺遠州甿邑何負聖化而獨受其惡政乎邊徼之地夷夏雜處憑險恃遠易擾而難安官非其才則黎庶流亡起爲盜賊由此言之不可用凡才況猾吏乎臣請以贓論廢者削迹不數十年不賜收齒書曰旌別淑慝卽其誼也疏奏不報遷黃門侍郞漁陽縣伯與魏知古分領東都選開元元年進同紫微黃門平章事三年改黃門監薛王舅王仙童暴百姓憲司按得其罪業爲申列有詔紫微黃門覆實懷愼與姚崇執奏仙童罪狀明甚若御史可疑則它人何可信由是獄決懷愼自以才不及崇故事皆推而不專時譏爲伴食宰相又兼吏部尚書以疾乞骸骨許之卒贈荊州大都督謚曰文成遺言薦宋璟李傑李朝隱盧從愿帝悼歎之懷愼清儉不營產服器無金玉文綺之飾雖貴而妻子猶寒飢所得祿賜於故人親戚無所計惜隨散輒盡赴東都掌選奉身之具止一布囊旣屬疾宋璟盧從愿候之見敝簀單藉門不施箔會風雨至舉席自障日晏設食蒸豆兩器菜數桮而已臨別執二人手曰上求治切然享國久稍倦於勤將有憸人乘間而進矣公第志之及治喪家無留儲帝時將幸東都四門博士張晏上言懷愼忠清以直道始終不加優錫無以勸善乃下制賜其家物百段米粟二百斛帝後還京因校獵鄠杜間望懷愼家環堵庳陋家人若有所營者馳使問焉還白懷愼大祥帝卽以縑帛賜之爲罷獵經其墓碑表未立停蹕臨視泫然流涕詔官爲立碑令中書侍郞蘇頲爲之文帝自書子奐奕

奐早修整爲吏有清白稱歷御史中丞出爲陝州刺史開元二十四年帝西還次陝嘉其美政題贊於聽事曰專城之重分陝之雄亦旣利物內存匪躬斯爲國寶不墜家風尋召爲兵部侍郞天寶初爲南海太守南海兼水陸都會物產瓌怪前守劉巨鱗彭杲皆以贓敗故以奐代之汙吏歛手中人之市舶者亦不敢干其法遠俗爲安時謂自開元後四十年治廣有清節者宋璟李朝隱奐三人而已終尚書右丞奕見忠義傳

李元紘字大綱其先滑州人後世占京兆萬年本姓丙氏曾祖粲仕隋爲屯衞大將軍煬帝使督京師之西二十四郡盜賊善撫循能得士心高祖與之厚及兵入關以衆歸授宗正卿應國公賜姓李後爲左監門大將軍以其老聽乘馬按視宮禁年八十餘卒謚曰明祖寬高宗時爲太常卿隴西公父道廣武后時爲汴州刺史有善政突厥契丹寇河北議發河南兵擊之百姓震擾道廣悉心撫定人無離散遷殿中監同鳳閣鸞臺平章事封金城侯卒贈秦州都督謚曰成元紘早修謹仕爲雍州司戶參軍時太平公主勢震天下百司順望風指嘗與民競碾磑元紘還之民長史竇懷貞大驚趣改之元紘大署判後曰南山可移判不可搖也改好畤令遷潤州司馬以辦治得名開元初爲萬年令賦役稱平擢京兆少尹詔決三輔渠時王主權家皆旁渠立磑瀦堨爭利元紘敕吏盡毀之分溉渠下田民賴其恩三遷吏部侍郞會戶部楊瑒白知愼坐支調失宜貶刺史帝求可代者公卿多薦元紘帝欲擢爲尚書宰相以資薄乃爲戶部侍郞條陳利害及政得失帝才之謂可丞輔賜衣一稱絹二百疋明年遂拜中書侍郞同中書門下平章事封清水縣男元紘當國務峻涯檢抑奔競夸進者憚之五月五日宴武成殿賜羣臣襲衣特以紫服金魚錫元紘及蕭嵩羣臣無與比是時廢京司職田議者欲置屯田元紘曰軍國不同中外異制若人閑無役地棄不墾以閑手耕棄地省饋運實軍糧於是有屯田其爲益尚矣今百官所廢職田不一縣弗可聚也百姓私田皆力自耕不可取也若置屯卽當公私相易調發丁夫調役則業廢於家免庸則賦闕於國內地爲屯古未有也恐得不補失徒爲煩費遂止初左庶子吳兢爲史官譔唐書及春秋未成以喪解後上書請畢其功詔許就集賢院成書張說致仕詔在家修史元紘因言國史記人君善惡王政損益褒貶所繫前聖尤重今國大典分散不一且太宗別置史館禁中所以祕嚴之也請勒說以書就館參會譔錄詔可後與杜暹不協數辨爭帝前帝不懌皆罷之以元紘爲曹州刺史徙蒲州引疾去後以戶部尚書致仕復起爲太子詹事卒贈太子少傅謚曰文忠元紘再世宰相有清節其當國累年未嘗改治第宅僮馬敝弱得封物賙給親族宋璟嘗歎曰李公引宋遙之美黜劉晃之貪爲國相家無留儲雖季文子之德何以加之

杜暹濮州濮陽人父承志武后時爲監察御史懷州刺史李文暕爲人所告詔承志推驗無實文暕宗室近屬也卒得罪承志貶爲方義令遷天官員外郞見羅織獄興移疾去卒于家自高祖至暹五世同居暹尤恭謹事繼母孝擢明經第補婺州參軍秩滿歸吏以紙萬番贐之暹爲受百番衆歎曰昔清吏受一大錢何異哉爲鄭尉復以清節顯華州司馬楊孚公挺人也每咨重暹會孚遷大理正暹適以累當坐孚曰使若人得罪衆安勸乎以狀言執政繇是擢爲大理評事開元四年以監察御史覆屯磧西會安西副都護郭虔瓘與西突厥可汗阿史那獻鎭守使劉遐慶更相訟詔暹卽按入突騎施帳究索左驗虜以金遺暹固辭左右曰公使絕域不可失戎心乃受爲陰埋幕下已出境乃移文畀取之突厥大驚度磧追不及去遷給事中以母喪解會安西都護張孝嵩遷太原尹或言暹往使安西虜伏其清今猶慕思乃奪服拜黃門侍郞兼安西副大都護明年于闐王尉遲眺約突厥諸國叛暹覺其謀發兵討斬之支黨悉誅更立君長于闐遂安以功加光祿大夫守邊四年撫戎練士能自勤勵爲夷夏所樂十四年召同中書門下平章事遣中使往迎謁見賜絹二百馬一匹第一區與李元紘輕重不得罷爲荊州都督長史歷魏州刺史太原尹帝幸北都進戶部尚書許扈蹕還復東幸以暹爲京留守暹率當番衞士繕三宮城浚池督役不少懈帝聞嘉之數賜書褒勞進禮部尚書封魏縣侯二十八年卒贈尚書右丞相遣使護喪禁中出絹三百匹賜之太常謚曰貞肅右司員外郞劉同昇等以暹行忠孝謚有未盡博士裴總謂暹往以墨衰受命安西雖勤勞于國不得盡孝其子列訴帝更敕有司考定卒謚貞孝暹友愛撫異母弟昱甚厚其爲人少學術故當朝議論時失淺薄然能以公清勤約自將譽爲之自弱冠誓不通親友獻遺以終身旣卒尚書省及故吏致賻其子孝友一不受以行暹素志云暹族子鴻漸

鴻漸字之巽父鵬舉與盧藏用隱白鹿山以母疾與崔沔同授醫蘭陵蕭亮遂窮其術歷右拾遺玄宗東行河因游畋上賦以風終安州刺史鴻漸第進士解褐延王府參軍安思順表爲朔方判官祿山亂皇太子按軍平涼未知所適議出蕭關趣豐安鴻漸與六城水運使魏少游節度判官崔漪支度判官盧簡金關內鹽池判官李涵謀曰胡羯亂常二京覆沒太子治兵平涼然散地難恃也今朔方制勝之會若奉迎太子西詔河隴北結回紇回紇與國收其勁騎與大兵合鼓而南雪社稷之耻不亦易乎卽具上兵馬招輯之勢且錄軍資器械儲廥凡最使涵詣平涼見太子太子大悅會裴冕至自河西亦勸之朔方而鴻漸與漪至白草頓迎謁說曰朔方天下勁兵靈州用武地今回紇請和吐蕃結附天下列城堅守以待王命縱爲賊據日夜望官軍以圖收復殿下治兵長驅逆胡不足滅也太子喜曰靈武我之關中卿乃吾蕭何也旣至靈武鴻漸與冕等勸卽皇帝位以係中外望六請見聽鴻漸明習朝章採舊儀設壇場城南先一日草其儀上之太子曰聖皇在遠寇逆方結宜罷壇場它如奏太子卽位是爲肅宗授鴻漸兵部郞中知中書舍人事俄爲武部侍郞遷河西節度使兩京平又節度荊南乾元二年襄州大將康楚元等反刺史王政脫身走楚元僞稱南楚霸王因襲荊州鴻漸棄城遁人皆南奔爭舟溺死者甚衆澧朗復郢等州聞鴻漸出皆竄伏山谷俄而商州刺史韋倫平其亂久之乃召鴻漸爲尚書右丞太常卿充禮儀使泰建二陵制度皆鴻漸綜正以優封衞國公又建言周官凶荒殺禮今承大亂民人夷殘其婚葬鹵簿非於國有大功及二等以上親皆不許給詔可代宗廣德二年以兵部侍郞同中書門下平章事尋進中書侍郞崔旰殺郭英乂據成都邛州牙將柏貞節瀘州牙將楊子琳劒州牙將李昌㠓以兵討旰蜀劒大亂命鴻漸以宰相兼成都尹山南西道劒南東川副元帥劒南西川節度副大使往鎭撫之鴻漸性畏怯無它遠略而晚節溺浮圖道畏殺戮及逾劒門懲艾張獻誠敗且憚旰雄武先許以不死旣見禮遇之不敢加譙責反委以政日與從事杜亞楊炎縱酒高會因薦旰爲成都尹而授貞節邛州刺史子琳瀘州刺史各罷兵乃請入朝許之及見帝盛言旰威略可任宜爲留後獻寶器五牀羅錦十五牀麝臍五石復輔政議者疾其長亂進門下侍郞大歷三年兼東都留守河南淮西山南東道副元帥辭疾不行又讓山南劒南副元帥聽之四年疾甚辭宰相罷三日卒年六十一贈太尉謚曰文憲鴻漸自蜀還食千僧以爲有報搢紳效之病甚令僧剔頂髮遺命依浮圖葬不爲封樹

張九齡字子壽韶州曲江人七歲知屬文十三以書干廣州刺史王方慶方慶歎曰是必致遠會張說謫嶺南一見厚遇之居父喪哀毀廷中木連理擢進士始調校書郞以道侔伊呂科策高第爲左拾遺時玄宗卽位未

郊見九齡建言天百神之君王者所由受命也自古繼統之主必有郊配蓋敬天命報所受也不以德澤未洽年穀未登而闕其禮昔者周公郊祀后稷以配天謂成王幼沖周公居攝猶用其禮明不可廢也漢丞相匡衡曰帝王之事莫重乎郊祀董仲舒亦言不郊而祭山川失祭之序逆於禮故春秋非之臣謂衡仲舒古之知禮皆以郊之祭所宜先也陛下紹休聖緒于今五載而未行大報考之于經義或未通今百穀嘉生鳥獸咸若夷狄內附兵革用弭乃怠於事天恐不可以訓願以迎日之至升紫壇陳采席定天位則聖典無遺矣又言乖政之氣發爲水旱天道雖遠其應甚邇昔東海枉殺孝婦天旱久之一吏不明匹婦非命則天昭其冤況六合元元之衆縣命於縣令宅生於刺史陛下所與共治尤親於人者乎若非其任水旱之繇豈唯一婦而已今刺史京輔雄望之郡猶少擇之江淮隴蜀三河大府之外稍非其人繇京官出者或身有累或政無狀用牧守之任爲斥逐之地或因附會以忝高位及勢衰謂之不稱京職出以爲州武夫流外積貲而得不計於才刺史乃爾縣令尚可言哉甿庶國家之本務本之職乃爲好進者所輕承弊之民遭不肖所擾聖化從此銷鬱繇不選親人以成其敝也古者刺史入爲三公郎官出宰百里今朝廷士入而不出其於計私甚自得也京師衣冠所聚身名所出從容附會不勤而成是大利在於內而不在於外也智能之士欲利之心安肯復出爲刺史縣令哉國家賴智能以治而常無親人者陛下不革以法故也臣愚謂欲治之本莫若重守令守令既重則能者可行宜遂科定其資凡不歷都督刺史雖有高第不得任侍郎列卿不歷縣令雖有善政不得任臺郎給舍都督守令雖遠者使無十年任外如不爲此而救其失恐天下猶未治也又古之選士惟取稱職是以士修素行而不爲僥幸姦僞自止流品不雜今天下不必治於上古而事務日倍於前誠以不正其本而設巧於末也所謂末者吏部條章舉贏千百刀筆之人溺於文墨巧史猾徒緣姦而奮臣以謂始造簿書備遺忘耳今反求精於案牘而忽於人才是所謂遺劍中流契舟以記者也凡稱吏部能者則曰自尉與主簿繇主簿與丞此執文而知官大者也乃不論其賢不肖豈不謬哉夫吏部尚書侍郎以賢而授者也豈不能知人如知之難拔十得五斯可矣今膠以格條據資配職爲官擇人初無此意故時人有平配之誚官曹無得賢之實臣謂選部之法敝於不變今若刺史縣令精覈其人則管內歲當選者使考才行可入流品然後送臺又加擇焉以所用衆寡爲州縣殿最則州縣慎所舉可官之才多吏部因其成無庸人之繁矣今歲選乃萬計京師米物爲耗豈多士哉蓋冒濫抵此爾方以一詩一判定其是非適使賢人遺逸此明代之闕政也天下雖廣朝廷雖衆必使毀譽相亂聽受不明事則已矣如知其賢能各有品第每一官缺不以次用之豈不可乎如諸司要官以下等叨進是議無高卑唯得與不爾故清議不立而名節不修善士守志而後時中人進求而易操也朝廷能以令名進人士亦有修名獲利利之出衆之趨也不如此則小者得於苟求一變而至阿私大者許以分義再變而成朋黨矣故用人不可不第其高下高下有次則不可以妄干天下之士必刻意修飾而刑政自清此興衰之大端也俄遷左補闕九齡有才鑒吏部試拔萃與舉者常與右拾遺趙冬曦考次號稱詳平改司勳員外郎時張說爲宰相親重之與通譜系常曰後出詞人之冠也遷中書舍人內供奉封曲江男進中書舍人會帝封泰山說多引兩省錄事主書及所親攝官升山超階至五品九齡當草詔謂說曰官爵者天下公器先德望後勞舊今登封告成千載之絕典而清流隔於殊恩胥史乃濫章韍恐制出四方失望方進草尚可以改公宜審計說曰事已決矣悠悠之言不足慮既而果得謗御史中丞宇文融方事田法有所關奏說輒建議違之融積不平九齡爲言說不聽俄爲融等痛詆幾不免九齡亦改太常少卿出爲冀州刺史以母不肯去鄉里故表換洪州都督徙桂州兼嶺南按察選補使始說知集賢院嘗薦九齡可備顧問說卒天子思其言召爲祕書少監集賢院學士知院事會賜渤海詔而書命無足爲者乃召九齡爲之被詔趣成遷工部侍郎知制誥數乞歸養詔不許以其弟九皐九章爲嶺南刺史歲時聽給驛省家遷中書侍郎以母喪解毀不勝哀有紫芝產坐側白鳩白雀巢家樹是歲奪哀拜中書侍郎同中書門下平章事固辭不許明年遷中書令始議河南開水屯兼河南稻田使上言廢循資格復置十道採訪使李林甫無學術見九齡文雅爲帝知內忌之會范陽節度使張守珪以斬可突干功帝欲以爲侍中九齡曰宰相代天治物有其人然後授不可以賞功國家之敗由官邪也帝曰假其名若何對曰名器不可假也有如平東北二虜陛下何以加之遂止又將以涼州都督牛仙客爲尚書九齡執曰不可尚書古納言唐家多用舊相不然歷內外貴任妙有德望者爲之仙客河湟一使典耳使班常伯天下其謂何又欲賜實封九齡曰漢法非有功不封唐遵漢法太宗之制也邊將積穀帛繕器械適所職耳陛下必賞之金帛可也獨不宜裂地以封帝怒曰豈以仙客寒士嫌之邪卿固素有門閥哉九齡頓首曰臣荒陬孤生陛下過聽以文學用臣仙客擢胥史目不知書韓信淮陰一壯夫羞絳灌等列陛下必用仙客臣實耻之帝不悅翌日林甫進曰仙客宰相材也乃不堪尚書邪九齡文吏拘古義失大體帝由是決用仙客不疑九齡既戾帝旨固內懼恐遂爲林甫所危因帝賜白羽扇乃獻賦自況其末曰苟効用之得所雖殺身而何忌又曰縱秋氣之移奪終感恩於篋中帝雖優答然卒以尚書右丞相罷政事而用仙客自是朝廷士大夫持祿養恩矣嘗薦長安尉周子諒爲監察御史子諒劾奏仙客其語援讖書帝怒杖子諒于朝堂流瀼州死於道九齡坐舉非其人貶荆州長史雖以直道黜不戚戚嬰望惟文史自娛朝廷許其勝流久之封始興縣伯請還展墓病卒年六十八贈荆州大都督謚曰文獻九齡體弱有醞藉故事公卿皆搢笏于帶而後乘馬九齡獨常使人持之因設笏囊自九齡始後帝每用人必曰風度能若九齡乎初千秋節王公並獻寶鑑九齡上事鑒十章號千秋金鑑錄以伸諷諭與嚴挺之袁仁敬梁昇卿盧怡善世稱其交能終始者及爲相諤諤有大臣節當是時帝在位久稍怠於政故九齡議論必極言得失所推引皆正人武惠妃謀陷太子瑛九齡執不可妃密遣宦奴牛貴兒告之曰廢必有興公爲援宰相可長處九齡叱曰房幄安有外言哉遽奏之帝爲動色故卒九齡相而太子無患安祿山初以范陽偏校入奏氣驕蹇九齡謂裴光庭曰亂幽州者此胡雛也及討奚契丹敗張守珪執如京師九齡署其狀曰穰苴出師而誅莊賈孫武習戰猶戮宮嬪守珪法行于軍祿山不容免死帝不許赦之九齡曰祿山狼子野心有逆相宜卽事誅之以絕後患帝曰卿無以王衍知石勒而害忠良卒不用帝後在蜀思其忠爲泣下且遣使祭於韶州厚幣卹其家開元後天下稱曰曲江公而不名云建中元年德宗賢其風烈復贈司徒子拯居父喪有節行後爲伊闕令會祿山盜河洛陷焉而終不受僞官賊平擢太子贊善大夫九齡弟九皐亦有名終嶺南節度使其曾孫仲方

仲方生岐秀父友高郢見異之曰是兒必爲國器使吾得位將振起之貞元中擢進士宏辭爲集賢校理以母喪免會郢拜御史大夫表爲御史進累倉部員外郎會呂溫等以劾奏宰相李吉甫不實坐斥去仲方以溫黨補金州刺史宦人奪民田仲方三疏申理卒與民直入爲度支郎中吉甫卒太常謚恭懿博士尉遲汾請謚敬憲仲方挾前怨未已因上議曰古之謚考大節略細行善善惡惡一言而足按吉甫雖多才多藝而側媚取容疊致台衮寡信易謀事無成功且兵凶器不可從我始至以伐罪則邀必成功今內有賊輔臣之盜外有懷毒蠆之臣師徒暴野農不得在畮婦不得在桑耗賦殫畜尸僵血流胔骼成岳毒痛之痛訴天無辜階禍之發寔始吉甫又言吉甫平易柔寬名不配行請俟蔡平然後議之憲宗方用兵疾其言醜詆貶爲遂州司馬稍進河南少尹鄭州刺史敬宗立李程輔政引爲諫議大夫帝時詔王播造競渡舟三十艘度用半歲運費仲方見延英論諍堅苦帝爲減三之二又詔幸華清宮仲方曰萬乘之行必具葆衛易則失威重不從猶見慰勞鄠令崔發以辱黃門繫獄逢赦不見宥仲方曰恩被天下流昆蟲而不行御前乎發繇是不死大和初出爲福建觀察使召還進至左散騎常侍李德裕秉政以太子賓客分司東都德裕罷復拜常侍李訓之變大臣或誅或繫翌日羣臣謁宣政牙闔不啓羣臣錯立朝堂無史卒贊候久乃半扉啓使者傳召仲方曰有詔可京兆尹然後門闢喚仗于時族夷將相髗足旁午仲方皆密使識其尸俄許收葬故胔骸不相亂已而禁軍橫多撓政仲方勢笮不能有所繩劾宰相鄭覃更以薛元賞代之出爲華州刺史召入授祕書監人頗言覃助德裕擯仲方不用覃乃擬丞郎以聞文宗曰侍郎朝廷華選彼牧守無狀不可得但封曲江縣伯卒七十二贈禮部尚書謚曰成仲方確正有風節既駁吉甫謚世不直其言卒不至顯既歿人多傷之始高祖仕隋時太宗方幼而病爲刻玉像於滎陽佛祠以祈年久而刓晦仲方在鄭敕吏治護鏤石以聞傳于時

韓休京兆長安人父大智洛州司功參軍其兄大敏仕武后爲鳳閣舍人梁州都督李行褒爲部人告變詔大敏鞫治或曰行褒諸李近屬后意欲去之無列其冤恐累公大敏曰豈顧身枉人以死乎至則驗出之后怒遣御史覆按卒殺行褒而大敏賜死于家休工文辭舉賢良玄宗在東宮令條對國政與校書郎趙冬曦並中乙科擢左補闕判主爵員外郎進至禮部侍郎知制誥出

爲虢州刺史虢於東西京爲近州乘輿所至常稅廐芻休請均賦它郡中書令張說曰免虢而與它州此守臣爲私惠耳休復執論吏白恐忤宰相意休曰刺史幸知民之敝而不救豈爲政哉雖得罪所甘心焉訖如休請以母喪解服除爲工部侍郎知制誥遷尚書右丞侍中裴光庭卒帝敕蕭嵩舉所以代者嵩稱休志行遂拜黃門侍郎同中書門下平章事休直方不務進趨既爲相天下翕然宜之萬年尉李美玉有罪帝將放嶺南休曰尉小官犯非大惡今朝廷有大姦請得先治金吾大將軍程伯獻恃恩而貪室宅輿馬僭法度臣請先伯獻後美玉帝不許休固爭曰罪細且不容巨猾乃置不問陛下不出伯獻臣不敢奉詔帝不能奪大率堅正類此初嵩以休柔易故薦之休臨事或折正嵩嵩不能平宋璟聞之曰不意休能爾仁者之勇也嵩寬博多可休峭鯁時政所得失言之未嘗不盡帝嘗獵苑中或大張樂稍過差必視左右曰韓休知否已而疏輒至嘗引鑑默不樂左右曰自韓休入朝陛下無一日歡何自戚戚不逐去之帝曰吾雖瘠天下肥矣且蕭嵩每啓事必順旨我退而思天下不安寢韓休敷陳治道多訐直我退而思天下寢必安吾用休社稷計耳後以工部尚書罷遷太子少師封宜陽縣子卒年六十八贈揚州大都督謚曰文忠寶應元年贈太子太師子浩洽洪汯滉渾洄皆有學尚浩萬年主簿坐籍王鉷家貲有隱入爲尹鮮于仲通所劾流循州洪爲司庫員外郎與汯皆以累貶洪後爲華州長史渾大理司直安祿山盜京師皆陷賊賊逼以官浩與洪汯滉渾出奔將走行在浩洪渾及洪四子復爲賊禽殺之洪善與人交有節義藉甚於時見者爲流涕肅宗以大臣子能死難詔贈浩吏部郎中洪太常卿渾太常少卿汯上元中終諫議大夫洽終殿中侍御史

滉字太沖以蔭補左威衞騎曹參軍至德初避地山南採訪使李承昭表爲通川郡長史改彭王府諮議參軍初汯知制誥當草王璵詔無借言銜之及當國滉兄弟皆斥冗官璵罷乃擢殿中侍御史三遷吏部員外郎性彊直明吏事莅南曹五年簿最詳緻再遷給事中知兵部選時盜殺富平令韋當賊隸北軍魚朝恩私其凶奏原死滉執處卒伏辜遷右丞知吏部選以戶部侍郎判度支自至德軍興所在賦稅無藝帑司給輸乾隱滉檢制吏下及四方輸將犯者痛抵以法會歲數稔兵革少息故儲積穀帛稍豐實然覆治案牘深文鉤剝人亦咨怨大歷十二年秋大雨害稼什八京兆尹黎幹言狀滉恐有所蠲貸固表不實代宗命御史行視實損田三萬餘頃始渭南令劉藻附滉言部田無害御史趙計按驗如藻言帝又遣御史朱敖覆實害田三千頃帝怒曰縣令所以養民而田損不問豈卹隱意邪貶南浦員外尉計亦斥爲豐州司戶員外參軍方是時潦敗河中鹽池滉奏池產瑞鹽帝疑遣諫議大夫蔣鎮廉狀鎮畏滉還乃賀帝且請置祠詔號寶應靈慶池德宗立惡滉掊刻徙太常卿議者不厭乃出爲晉州刺史未幾遷浙江東西觀察使尋檢校禮部尚書爲鎮海軍節度使綏輯百姓均租調不踰年境內稱治帝在奉天淮汴震騷滉訓士卒分兵戍河南既狩梁州又獻縑十萬匹請以鎮兵三萬助討賊有詔嘉勞進檢校尚書右僕射封南陽郡公李希烈陷汴州滉遣裨將王棲耀李長榮栢良器以勁卒萬人進討大雎陽而賊已攻寧陵棲耀等破走之漕路無梗完靖東南滉功多時里胥有罪輒殺無貸人怪之滉曰袁晁本一鞭背史禽賊有負聚其類以反此輩皆鄉縣豪黠不如殺之用年少者惜身保家不爲惡又以賊非牛酒不嘯結乃禁屠牛以絕其謀婺州屬縣有犯令者誅及鄰伍坐死數十百人又遣官分察境內罪涉疑似必誅一判輒數十人下皆愁怖聞京都未平乃閉關梁禁牛馬出境築石頭五城自京口至玉山毀上元道佛祠四十區修塢壁起建業抵京峴樓雉相望以爲朝廷有永嘉南走事置館第數十於石頭城穿井皆百尺命偏將丘涔督役日數千人涔虐用其衆朝合夕辦先世丘壟皆發夷造樓艦三千柁以舟師由海門大閱至申浦乃還追李長榮等歸以親吏盧復爲宣州刺史增營壘教習長兵毀樓鑄軍器陳少游在揚州以甲士三千臨江大閱滉亦總兵臨金山與少游會以金繒相餉酬然滉握彊兵遷延不赴難而調發糧帛以濟朝廷者繼屬當時實賴之李晟方屯渭北滉運米饋之船置十弩以相警捍賊不能剽始漕船臨江滉顧僚吏曰天子蒙塵臣下之恥也乃自舉一囊將佐爭負之貞元元年加檢校左僕射同中書門下平章事江淮轉運使封鄭國公以繕治石頭城人頗言有窺望意雖帝亦惑之會李泌間關辨數帝意乃解二年更封晉是歲入朝滉既宿齒先達頗簡倨接新進用事不能滿其意衆怨之獻羨錢五百餘萬緡詔加度支諸道轉運鹽鐵等使右丞元琇判度支也以關輔旱請運江南租米西給京師帝委滉專督之而琇畏其剛愎難共事請自江至揚子滉主之揚子以北自主之滉由是銜琇會琇以京師錢重貨輕發江東鹽監院錢四十萬緡入關滉紿奏運錢至京師率費萬致千不可從帝責誚琇琇曰千錢其重與斗米均費三百可致帝以諭滉滉執不可至是誣劾琇饋米與淄青李納河中懷光帝怒不復究驗貶琇雷州司戶參軍左丞董晉白宰相劉滋齊映曰昨關輔用兵方蝗旱琇不增一賦而軍興皆濟可謂勞臣今被誣無名刑濫人懼假令權臣逞志公胡不請三司鞫之滋映不能用給事中袁高抗疏申執滉指爲黨與寢不報劉玄佐不朝帝密詔滉諷之及過汴玄佐素憚滉修屬吏禮滉辭不敢當因結爲兄弟入拜其母置酒設女樂酒行滉曰宜早見天子不可使夫人白首與新婦子孫填宮掖也玄佐泣悟滉以錢二十萬緡爲玄佐辦裝又以綾二十萬犒軍玄佐入朝滉薦可任邊事時兩河罷兵滉上言吐蕃盜河湟久近歲浸弱而西迫大食北抗回鶻東抗南詔分軍外戰兵在河隴者不過五六萬若朝廷命將以十萬衆城涼鄯洮渭各置兵二萬爲守禦臣請以本道財賦饋軍給三年費然後營田積粟且耕且戰則河隴之地可翹足而復帝善其言因訪玄佐玄佐請行會滉病甚張延賞奏減州縣冗官收祿俸募戰士西討玄佐慮延賞斬削資儲辭犬戎未孱不可輕進因稱疾帝遣中人勞問臥受命延賞知不可用乃止滉尋卒年六十五贈太傅謚曰忠肅滉雖宰相子性節儉衣裘茵袵十年一易甚弊不執扇居處陋薄取庇風雨當門列戟以父時第門不忍壞乃不請堂先無挾廡弟洄稍增補之滉見即徹去曰先君容焉吾等奉之常恐失墜若摧圮繕之則已安敢改作以傷儉德居重位清潔疾惡不爲家人資產自始仕至將相乘五馬無不終歷下好鼓琴書得張旭筆法畫與宗人幹相埒嘗自言不能定筆不可論書畫以非急務故自晦不傳於人善治易春秋著通例及天文序議各一篇初判度支李晟以裨將白軍事滉待之加禮使其子拜之厚遺器幣鞍馬後晟終立大功滉幼時已有美名所與游皆天下豪俊晚節益苛慘故論者疑其飾情希進既得志則彊肆蓋自其性云子羣皋羣終國子司業

皋字仲聞資質重厚有大臣器由雲陽尉策賢良方正異等拜右拾遺累遷考功員外郎父喪德宗遣使弔問俾論譔滉行事皋泣承命立草數千言以進帝嘉之服除宰相擬考功郎中帝爲加知制誥遷中書舍人御史中丞兵部侍郎號稱職俄拜京兆尹奏署鄭鋒爲倉曹參軍鋒苛斂吏乃說皋悉索府中雜錢折糴粟麥三十萬石獻於帝皋悅之奏爲興平令貞元十四年大旱民請蠲租賦皋府帑已空內憂恐奏不敢實會中人出入百姓遮道訴之事聞貶撫州員外司馬未幾改杭州刺史入拜尚書右丞王叔文用事皋嫉之謂人曰吾不能事新貴從弟曄以告叔文叔文怒出爲鄂岳蘄沔觀察使叔文敗即拜節度徙鎮海入爲戶部尚書歷東都留守忠武軍節度使大抵以簡儉治所至有績召拜吏部尚書兼太子少傅莊憲太后崩充大明宮留守穆宗以舊傅恩加檢校尚書右僕射俄爲眞又進左僕射長慶四年復爲東都留守卒於道年七十九贈太子太保謚曰貞皋貌類父既孤不復視鑑生知音律常曰長年後不願聽樂以門內事多逆知之嘗鼓琴至止息歎曰美哉嵇康之爲是曲其當晉魏之際乎其音主商商爲秋秋者天將搖落肅殺其歲之晏乎晉乘金運商又金聲此所以知魏方季而晉將代也緩其商絃與宮同音臣奪君之義知司馬氏之將篡也王陵毋丘儉文欽諸葛誕繼爲揚州都督咸有興復之謀皆爲司馬懿父子所殺康以揚州故廣陵地陵等皆魏大臣故名其曲曰廣陵散言魏散亡自廣陵始止息者晉雖暴興終止息於此其哀憤躁蹙憯痛迫脅之音盡於是矣永嘉之亂其兆乎康避晉魏之禍託以鬼神以俟後世知音云

洄字幼深蔭補弘文生滿歲參調吏部侍郎達奚珣以地望抑之除章懷太子陵令無慍容安祿山亂家七人遇害洄避難江南蔬食不聽樂乾元中授睦州別駕劉晏表爲屯田員外郎知揚子留後召拜諫議大夫與補闕李翰數上章言得失擢知制誥坐與元載善貶邵州司戶參軍德宗即位起爲淮南黜陟使復爲諫議大夫晏被罪天下錢穀歸尚書省而省司廢久無綱紀莫總其任乃擢洄戶部侍郎判度支洄上言江淮七監歲鑄錢四萬五千緡輸京師工用運轉每緡度二千是本倍於子今商州紅崖冶產銅而洛源監久廢請鑿山取銅即冶舊監置十鑪鑄之歲得錢七萬二千緡度費每緡九百則得可浮本矣江淮七監請皆罷又言天下銅鐵冶乃山澤利當歸王者請悉隸鹽鐵使從之復罷省胥史冗食二千人積米長安萬年二縣各數十萬石視年豐耗而發斂焉故人不艱食洄與楊炎善炎得罪不自安無何皋上疏理炎罪帝意洄教之貶蜀州刺史興元元年入爲兵部侍郎轉京兆尹貞元十年終國子祭酒贈戶部尚書

贊曰人之立事無不銳始而工於初至其半則稍怠卒而漫澶不振也觀玄宗開元時厲精求治元老魁舊動所尊憚故姚元崇宋璟言聽計行力不難而功已成及太平久左右大臣皆帝自識擢狎而易之志滿意驕而張九齡爭愈切言益不聽夫志滿則忽其所謀意驕則樂軟熟惰鯁切較力雖多課所効不及姚宋遠矣終之胡雛亂華身播邊陬非曰天運亦人事有致而然若知古等皆宰相選使當天寶時庸能有救哉

唐書卷一百二十六考證

盧懷慎子奐前守劉巨鱗彭杲皆以贓敗○舊書作劉巨鱗彭果

杜暹子鴻漸鴻漸卽與晃等勸卽皇帝位以係中外望六請見聽○舊書五上表乃從綱目亦作幾五上太子乃許之

張九齡傳以道侔伊呂科策高第爲左拾遺○舊書作右拾遺

子拯居父喪有節行○舊書子名極

韓休傳遷太子少師○本紀作太子少保

休子滉造樓艦三千舵○舊書造樓船戰艦三十餘艘

休孫臯長慶四年復爲東都留守卒于道○舊書作二年卒

唐書卷一百二十七

宋 端 明 殿 學 士 宋 祁 撰

列傳第五十二

張源裴

張嘉貞字嘉貞本范陽舊姓高祖子吒仕隋終河東郡丞遂家蒲州爲猗氏人以五經舉補平鄉尉坐事免長安中御史張循憲使河東事有未決病之問吏曰若頗知有佳客乎吏以嘉貞對循憲召見咨以事嘉貞條析理分莫不洗然循憲大驚試命草奏皆意所未及它日武后以爲能循憲對皆嘉貞所爲因請以官讓后曰朕寧無一官自進賢邪召嘉貞見內殿以簾自鄣嘉貞儀止秀偉奏對偘偘后異之因請曰臣草茅之人未覩朝廷儀陛下過聽引對禁近今天威咫尺若隔雲霧恐君臣之道有未盡也后曰善詔上簾引拜監察御史擢循憲司勳郎中酬其得人累遷兵部員外郎時功狀盈几郎吏不能決嘉貞爲詳處不閱旬廷無稽牒進中書舍人歷梁秦二州都督并州長史政以嚴辦吏下畏之奏事京師玄宗善其政數慰勞嘉貞自陳少孤與弟嘉祐相恃以長今爲鄯州別駕願內徙使少相近冀盡力報死無恨帝爲徙嘉祐忻州刺史突厥九姓新內屬雜處大原北嘉貞請置天兵軍綏護其衆卽以爲天兵使明年入朝或告其反按無狀帝令坐告者嘉貞辭曰國之重兵利器皆在邊今告者一不當卽罪之臣恐塞言路且爲未來之患昔天子聽政於上瞍賦矇誦百工諫庶人謗今將坐之則後無繇聞天下事遂得減死天子以爲忠且許以相嘉貞因言昔馬周起徒步謁人主血氣方壯太宗用之能盡其才甫五十而沒向使用少晩則無及已陛下不以臣不肖必用之要及其時後衰無能爲也且百年壽孰爲至者臣常恐先朝露死溝壑誠得効萬一無負陛下足矣帝曰第往行召卿及宋璟等罷帝欲果用嘉貞而忘其名夜詔中書侍郎韋抗曰朕嘗記其風操而今爲北方大將張姓而複名卿爲我思之抗曰非張齊丘乎今爲朔方節度使帝卽使作詔以爲相夜且半因閱大臣表疏擧一則嘉貞所獻遂得其名卽以爲中書侍郎同中書門下平章事遷中書令居位二年善傳奏敏於裁遣然彊躁論者恨其不裕帝數幸東都洛陽主簿王鈞者爲嘉貞繕第會以贓聞有詔杖之朝堂嘉貞畏巇染促有司速斃以滅言祕書監姜皎得罪嘉貞希權幸意請加詔杖已而皎死會廣州都督裴伷先抵罪帝問法如何嘉貞復援皎比張說曰不然刑不上大夫以近君也士可殺不可辱向皎得罪官三品且有功若罪應死卽殺獨不宜廷辱以卒伍待也況勳貴在八議乎事往不可咎伷先豈容復濫哉帝然之嘉貞退不悅曰言太切說曰宰相者來則爲非可長保若貴臣盡杖正恐吾輩及之渠不爲天下士君子地乎初嘉貞在兵部而說已爲侍郎及爲相說位其下議論無所讓故說不平未幾嘉祐拜金吾將軍兄弟要近人頗憚媢帝幸太原嘉祐以贓聞說誅嘉貞素服待罪不謁遂出爲豳州刺史說代其處嘉貞銜悔謂人曰中書令幸二員何相迫邪踰年爲戶部尚書益州長史判都督事詔宴中書省與宰相會嘉貞銜說不已於坐慢罵說源乾曜王晙共平解乃得去明年王守一死坐與厚善貶台州刺史俄拜工部尚書爲定州刺史知北平軍事封河東侯及行帝賦詩詔百官祖道上東門久之以疾丐還東都詔醫馳驛護視卒年六十四贈益州大都督謚曰恭肅嘉貞性簡疏與人不疑內曠如也或時以此失有嗜進者汲引之能以恩終始所薦中書舍人苗延嗣呂太一考功員外郎員嘉靜殿中侍御史崔訓皆位清要日與議政事故當時語曰令君四俊苗呂崔員其始爲中書舍人崔湜輕之後與議事正出其上湜驚曰此終其坐後十年而爲中書令嘉貞雖貴不立田園有勸之者答曰吾嘗相國矣未死豈有飢寒憂若以譴去雖富田產猶不能有也近世士大夫務廣田宅爲不肖子酒色費我無是也引萬年主簿韓朝宗爲御史卒後十餘歲朝宗以京兆尹見帝曰陛下待宰相進退皆以禮身雖沒子孫在廷張嘉貞晩一息寶符獨未官帝惘然召拜左司禦率府兵曹參軍賜名曰延賞

延賞雖蚤孤而博涉經史通吏治苗晉卿尤器許以女妻之肅宗在鳳翔擢監察御史辟署關內節度使王思禮府思禮守北都表爲副入遷刑部郎中始元載被用以晉卿力故厚遇延賞爲給事中御史中丞大曆初除河南尹諸道營田副使河洛當兵衝邑里墟榛延賞政簡約輕徭賦疏河渠築宮廟數年流庸歸附都闕完雄有詔褒美時罷河南山南等副元帥兵屯東都詔延賞知留守以兵屬居五年治行第一召還會李少良劾元載陰罪載斥其枉下御史臺治訊而延賞適拜大夫不滿所私出爲淮南節度使歲旱民亡遷吏禁之延賞曰食者人恃以活拘此而斃不如適彼而生苟存吾人何限爲乃具舟遣之敕吏爲修室廬已逋債而歸者更增於舊瓜步舟艦津湊而遂繫江南延賞請度屬揚州自是行無稽壅會母喪免服除拜荊南劍南西川節度使建中西山兵馬使張朏襲成都爲亂延賞奔鹿頭戍朏酣亂不設備延賞知之遣將叱干遂捕斬朏復成都自楊國忠討南蠻三蜀疲罄及乘輿臨狩糜用百出後更郭英乂崔寧楊琳亂益矜僭公私蕭然延賞事爲之制薄入謹出府庫遂實德宗在奉天貢獻踵道及大梁倚劍蜀爲根本卽拜中書侍郎同中書門下平章事帝還詔入秉政初吐蕃寇劍南李晟總神策軍戍之及還以成都倡自隨延賞遣吏奪取故晟銜之至是鎮鳳翔帝所倚重表陳宿憾帝不得已罷延賞爲尚書左僕射然雅意決用之以晟嘗爲韓滉譏擢命滉移書道意及俱入朝滉從容邀晟平憾且使薦延賞於帝於是復拜平章事既而宴禁中帝出瑞錦一端分繫之以示和解晟因爲子請婚延賞不許晟曰吾武夫雖有舊惡盃酒間可解儒者難犯外睦而內含怒今不許婚釁未忘也先時吐蕃尚結贊請和晟奏戎狄無信不可許滉亦請調軍食峙邊無聽和帝疑將帥邀功生事議未決會滉卒延賞揣帝意遂罷晟兵奏以給事中鄭雲逵代之帝曰晟有社稷功俾自擇代者乃用邢君牙而拜晟太尉兼中書令奉朝請是夏吐蕃背約劫渾瑊將校多沒如晟等策故事臨軒冊拜三公中書令讀冊侍中贊禮或闕則宰相攝事晟當拜而延賞薄其禮用尚書崔漢衡劉滋代攝時議遣劉玄佐復河湟延賞因建言今官繁費廣州縣殘困宜并省其員悉收稟料權課輸京師賞戰士帝許之卽詔上州留上佐錄事參軍司戶司兵司士各一員餘參軍留半中州減司士上縣令尉具中縣省尉京兆河南府司錄判官赤縣丞簿尉各省半餘府準上州詔下內外始怨玄佐辭西討延賞吏用李抱真抱真怨延賞奪晟兵不肯行由是功臣解體是年除吏千五百員當省者千餘道路謷謗浸淫聞於上延賞懼請詔州縣或考先滿或攝掌過停限而官見乏者聽在所擇省員有幹譽者權補以才不以資而大臣馬燧白志貞韋倫表言省官太甚不可行會延賞疾困不能事宰相李泌一切奏復卒年六十一贈太保謚曰成肅延賞更四鎭所至民頌其愛及當國飾情復怨不稱所望亦早不幸未及有所建明然帝待遇厚稱其奏議有宰相體專屬以吏事而以軍食委李泌刑法委柳渾時以爲任職子弘靖

弘靖字元理雅厚信直以蔭爲河南參軍杜亞辟佐其府亞疑牙將令狐運劫偷絹弘靖直其枉亞怒斥出府裴延齡爲德陽公主治第欲徙弘靖先廟上疏自言德宗異之擢監察御史累遷戶部侍郎陝州觀察使徙河中節度使元和中拜刑部尚書同中書門下平章事吳少陽死其子元濟擅總留務憲宗欲誅之弘靖請先遣使者弔贈待不恭乃加兵詔可進中書侍郎封高平縣侯武元衡遇害賊未得王承宗邸廝卒張宴被告詔付御史臺劾驗有狀弘靖疑御史傅致宴罪言之帝不聽遂誅宴并討承宗弘靖曰戎事並興鮮有濟不如悉力淮西已平乃治河朔議再迕乃歸政以檢校吏部尚書同平章事爲河東節度使未及鎭詔伐承宗弘靖自以

諫不聽思自劾乃大閱兵請身討賊詔許出軍無親往
旣王師無功帝憶曩言下詔褒美弘靖亦遣使間道喻
承宗承宗款附召拜吏部尚書徙節宣武宣武承韓弘
虐政代以寬簡民便安之長慶初劉總擧所部內屬請
弘靖爲代進檢校司空仍同中書門下平章事充盧龍
節度使始入幽州老幼夾道觀河朔舊將與士卒均寒
暑無障蓋安輿弘靖素貴肩輿而行人駭異俗謂祿山
思明爲二聖弘靖懲始亂欲變其俗乃發墓毀棺衆滋
不悅旬一決事賓客將吏罕聞其言委成於參佐韋雍
張宗厚又不通大體朘刻軍賜專以法根治之官屬輕
侻酣肆夜歸燭火滿街前後呵止其詬責士皆曰反虜
嘗曰天下無事而輩挽兩石弓不如識一丁字軍中以
氣自任銜之總之朝詔以錢百萬緡賚將士弘靖取二
十萬市府雜費有怨言會雍欲鞭小將薊人未嘗更笞
辱不伏弘靖繫之是夕軍亂囚弘靖薊門館掠其家貲
婢妾執雍等殺之判官張徹始就職得不殺與弘靖同
被囚會詔使至徹謂弘靖曰公無負此土人今天子使
至可因見衆辯幸得脫歸卽推門求出衆畏其謀欲遷
別館徹大罵曰汝何敢反前日吳元濟斬東市李師道
斬軍中同惡者父母妻子肉飽狗鼠鴟鴉衆怒擊殺之
數日吏卒稍自悔詣館謝弘靖願革心事之三請不對
衆曰公不赦我矣軍中可一日無帥乎遂取朱克融主
留後詔貶弘靖太子賓客分司東都再貶吉州刺史明
年出幽州改撫州刺史稍遷太子少師卒年六十五贈
太子太保弘靖少有令問杜鴻漸杜佑皆器許歷臺閣
顯級人以爲有輔相才及居位簡默自處無所規拂幽
薊初效順不能因俗制變故范陽復亂家聚書畫侔祕
府先第在東都思順里盛麗甲當時歷五世無所增葺
時號三相張家云子文規次宗裴度秉政引文規爲右
補闕度出襄陽貶溫令度奏置幕府累轉吏部員外郎
右丞韋溫劾文規父昔被囚退留不赴難不宜任省署
出爲安州刺史終桂管觀察使子彥遠博學有文辭乾
符中至大理卿次宗開成初爲起居舍人文宗始詔左
右史立螭頭下記宰相奏對旣退帝召見審正是非故
開成時事爲最詳以稱職兼集賢院直學士文規左遷
改國子博士史館脩撰李德裕再當國引爲考功員外
郎知制誥出澧明二州刺史卒孫茂樞字休府及進士
第天祐中累遷祠部郎中知制誥坐柳璨事貶博昌尉
嘉祐嘉貞弟有幹略方嘉貞爲相時任右金吾衞將軍
昆弟每上朝軒蓋騶導盈閭巷時號所居坊曰鳴珂里
後貶浦陽府折衝開元末爲相州刺史舊刺史多死官
衆疑畏嘉祐以周總管尉遲迥死國難忠臣也立祠房
解祓衆心三歲入爲左金吾將軍後吳兢爲刺史又加
神冕服遂無患

源乾曜相州臨漳人祖師民隋刑部侍郎父直心高宗
時太常伯流死嶺南乾曜第進士神龍中以殿中侍御
史黜陟江東奏課最頻遷諫議大夫景雲後公卿百官
上巳九日廢射禮乾曜以爲聖王敎天下必制禮以正
人情君子三年不爲禮禮必壞三年不爲樂樂必崩古
之擇士先觀射禮非取一時樂也夫射者別邪正觀德
行中祭祀辟寇戎古先哲王莫不遵襲比年以來射禮
不講所司惜費而舊典爲虧臣愚謂所計者財所虧者
禮故孔子不愛羊而存禮也大射謂春秋不可廢開元
初邠王府吏犯法玄宗敕左右爲王求才長史太常卿
姜晈薦乾曜自梁州都督召見神氣爽澈占對有序帝
悅之擢少府少監兼邠王府長史累進尚書左丞四年
拜黃門侍郎同紫微黃門平章事踰月與姚崇俱罷會
帝東幸以京兆尹留守京師治尚寬簡人安之居三年
政如始至仗內白鷹因縱失之詔京兆督捕獲於野絓
榛死吏懼得罪乾曜曰上仁明不以畜玩寘罪苟其獲
戾尹專之遂入自劾失旨帝一不問衆伏其知體而善
引咎八年復爲黃門侍郎同中書門下三品進位侍中
建言大臣子倂求京職俊乂率任外官非平施之道臣
三息俱任京師請出二息補外以示自近始詔可乃以
子河南參軍弼爲絳州司功太祝絜爲鄭尉詔曰乾曜
身率庶寮以讓旣請外其子又復下遷傳不云乎范宣
子讓其下皆讓晉國之人於是大和道之或行仁豈遠
哉其令文武官父子昆弟三人在京師者分任于外繇
是公卿子弟皆出補帝嘗自較其考與張說借賜時議
者言國執政所以同休戚不崇異無以責功帝乃詔中
書門下共食實戶三百堂封自此始東封還爲尚書左
丞相兼侍中久之罷侍中遷太子少師避祖名更授少
傅安陽郡公帝幸東都以老疾不任陪扈卒贈幽州大
都督乾曜性謹重其始仕已四十餘歷官皆以清愼恪
敏得名爲相十年與張嘉貞張說李元紘杜暹同秉政
居中未嘗廷議可否事晩節唯唯聯署務爲寛平惇大
故鮮咎悔姜晈爲嘉貞所排雖得罪訖不申救君子譏
焉族孫光裕亦有名居官號清愿撫諸弟友義爲中書
舍人與楊滔劉令植同刪著開元新格歷尚書左丞會
選諸司長官爲刺史光裕任鄭州爲世良吏卒官子洧
以雍睦保家士友推之天寶中爲給事中襄州刺史安
祿山犯河洛爲江陵大都督長史以禦賊卒贈禮部尚
書謚曰懿

裴耀卿字煥之寧州刺史守眞次子也數歲能屬文擢
童子擧稍遷祕書省正字相王府典籤與掾丘悅文學
韋利器更直備顧問府中號學直王卽帝位授國子主
簿累遷長安令舊有配戶和市法人厭苦耀卿一切責
豪門坐賈預給以直絕僥欺之弊及去人思之爲濟州
刺史濟當走集地廣而戶寡會天子東巡耀卿置三梁
十驛科斂均省爲東州知頓最封禪還次宋州宴從官
帝歡甚謂張說曰前日出使巡天下觀風俗察吏善惡
不得實今朕有事岱宗而懷州刺史王丘餼牽外無它
獻我知其不市恩也魏州刺史崔沔遣使供帳不施錦
繡示我以儉此可以觀政也濟州刺史裴耀卿上書數
百言至曰人或重擾卽不足以告成朕置書座右以自
戒此其愛人也俄徙宣州前此大水河防壞諸州不敢
擅興役耀卿曰非至公也乃躬護作役未訖有詔徙官
耀卿懼功不成弗卽宣而撫巡飭厲愈急隄成發詔而
去濟人爲立碑頌德歷冀州入拜戶部侍郎開元二十
年副信安王禕討契丹又持帛二十萬賜立功奚官耀
卿曰幣涉寇境不可以不備乃令先與期而分道賜之
一日畢突厥室韋果邀險來襲耀卿已還遷京兆尹明
年秋雨害稼京師飢帝將幸東都召問所以救人者耀
卿曰陛下旣東巡百司畢從則太倉三輔可遺重臣分
道賑給自東都益廣漕運以實關輔關輔旣實則乘輿
西還事蔑不濟且國家大本在京師但秦地狹水旱易
匱往貞觀永徽時祿稟者少歲漕粟二十萬略足今用
度寖廣運數倍且不支故數東幸以就敖粟爲國大計
臣願廣陜運道使京師常有三年食雖水旱不足憂今
天下輸丁約四百萬使丁出百錢爲陜洛運費又益半
爲營窖用分納司農河南陜州又令租米悉輸東都從
都至陜河益湍沮若廣漕路變陸爲水所支尚贏萬計
且河南租船候水始進吳工不便河漕處處停留易生
隱盜請置倉河口以納東租然後官自顧載分入河洛
度三門東西各築敖倉自東至者東倉受之三門迫險
則旁河鑿山以開車道運數十里西倉受之度宜徐運
抵太原倉趨河入渭更無留阻可減費鉅萬天子然其
計拜黃門侍郎同中書門下平章事充轉運使於是置
河陰集津三門倉引天下租繇盟津泝河而西三年積
七百萬石省運費三十萬緡或曰以此緡納於上足以
明功答曰是謂以國財求寵其可乎敕吏爲和市費還
侍中二十四年以尚書左丞相罷封趙城侯夷州刺史
楊濬以贓抵死有詔杖六十流古州耀卿上言刺史縣
令異諸吏爲人父母風化所瞻今使裸躬受笞事大逼
辱法至死則天下共之然一朝下吏屈挫牽頓民且哀
憐是忘免死之恩而有傷心之痛恐非崇守長勸風俗
意又雜犯抵死無杖刑必三覆後決今非時不覆或夭
其命非所以寬宥之也凡大暑決囚多死秋冬乃有全
者請今貸死決杖會盛夏生長時並停則有再生之實
是時特進蓋嘉運破突騎施還詔爲河西隴右節度使
因令經略吐蕃嘉運以新立功日酣遨未赴屯耀卿言
於帝曰嘉運精勁勇烈誠有餘然臣見其夸言驕色竊
憂之恐不足與立事今盛秋防邊日月已薄當與軍中
士卒相見若不素講雖決在一時恐非制勝萬全之義
且兵未及訓不能知法士未懷惠不可共心使幸而有
功非師出以律之善又萬人之命倚於將示不得已故
鑿凶門而出今酣呶朝夕肆自安非愛人憂國者不
可不察苟不易帥宜嚴詔申約以督其行帝乃促嘉運
詣部卒無功還天寶初進尚書左僕射俄改右僕射而
李林甫代之上日林甫至本省具朝服劍佩博士導郞
官唱按禮畢就耀卿聽事乃常服以贊者主事導唱林
甫驚曰班爵與公同而禮數異何也耀卿曰比苦眩不
堪重衣又郞博士紛泊非病士所宜林甫默然慙詘一
歲卒年六十三贈太子太傅謚曰文獻子綜吏部郞中
綜子佶

佶字弘正幼能文第進士補校書郞判等高授藍田尉
德宗詔發畿縣民城奉天嚴郢爲京兆政刻急本曹尉
韋重規妻乳且疾不敢免佶請代役要如程當時稱其
義帝幸梁佶奔見行在授補闕李懷光以河中叛佶建
議請討帝深器之詔用盧杞爲饒州刺史與諫官執不
可歷遷諫議大夫黔中觀察使韋士文爲夷獠所逐詔
佶代之部夷安服歷同州刺史中書舍人遷尚書右丞
時李巽以兵部尚書領鹽鐵將遷使局就本曹經構已
半會佶至以爲不可巽雖怙恩而遽猶撤之時重其有
守改吏部侍郎以疾爲國子祭酒工部尚書卒贈吏部
尚書謚曰貞佶淸勁明銳所與友皆第一流鄭餘慶尤
厚善旣歿餘慶爲行服士林美之

贊曰開元之盛所置輔佐皆得賢才不者若張源等猶
惓惓事職其建明有足稱道朝多君子信大平基歟張
氏三世宰相然器有所窮嘉貞窮於俗延賞窮於伎弘

靖窮於權惜哉

唐書卷一百二十七考證

張嘉貞傳遂出爲幽州刺史○舊書因出爲幽州刺史

唐書卷一百二十八

宋端明殿學士宋祁撰

列傳第五十三

蘇尹畢李鄭王許潘倪席齊

蘇珦雍州藍田人中明經第調鄠尉時李義琰爲雍州長史鄠多訟日至長史府珦裁決明辨自是無訴者義琰異之顧聽事曰此公坐也恨吾齒晚不及見垂拱初爲監察御史武后殺韓魯諸王付珦密牒按訊珦推之無狀或言珦助韓魯者后詰之挺議無所撓后不悅曰卿大雅士此獄不足諉卿卽詔監軍河西五遷右司郎中御史王弘義附來俊臣爲酷世畏疾莫敢觸其鋒會督伐材於虢笞督過程人多死珦按奏弘義坐免遷給事中進左肅政臺御史大夫后營大像白司馬坂糜用億計珦上疏切諫見納中宗將斬韋月將珦執據時令不可以大戮忤三思意改右臺出爲岐州刺史復爲右臺大夫會節愍太子敗詔株索支黨時睿宗居藩爲獄辭牽逮珦密啓保辯亦會宰相開陳帝感悟多所含貸擢戶部尚書封河內郡公以檢校太子詹事致仕卒年八十一贈兗州都督謚曰文

子晉數歲知爲文作八卦論吏部侍郎房穎叔秘書少監王紹宗歎曰後來之王粲也擧進士及大禮科皆上第先天中爲中書舍人玄宗監國所下制命多晉及賈曾稾屢獻讜言天子嘉允出爲泗州刺史以珦老請解職奉養珦卒歷戶部侍郎襲爵遷吏部時宋璟兼尚書事晉與齊澣更典二都選旣糊名校判而晉獨事賞拔當時譽之及裴光廷知尚書有過官被封者就籍以朱點頭而已晉因榜選院曰門下點頭者更擬光廷以爲侮己出晉汝州刺史遷魏州終太子左庶子始晉與洛人張循之仲之兄弟善而二人以學顯循之上書忤武后見殺仲之神龍中謀去武三思爲宋之遜等所發死晉厚撫其子漸爲營婚宦晉卒漸喪之若諸父云

尹思貞京兆長安人弱冠以明經第調隆州參軍事屬邑豪蒲氏驁肆不法州檄思貞按之擿其姦贓萬計卒論死部人稱慶刻石歎頌遷明堂令以善政聞擢殿中少監檢校洛州刺史會契丹孫萬榮亂朔方震驚思貞循撫境內獨無擾武后璽書褒慰長安中遷秋官侍郎忤張昌宗意出爲定州刺史召授司府少卿時卿侯知一亦厲威嚴吏爲語曰不畏侯卿杖祇畏尹卿筆加銀青光祿大夫其家坎地獲古戟十二俄而門樹戟時人異焉神龍初擢大理卿雍人韋月將告武三思大逆中宗命斬之思貞以方發生月固奏不可乃決杖流嶺南三思諷所司加法殺之復固爭御史大夫李承嘉助三思而以他事劾思貞不得謁思貞謂承嘉曰公爲天子執法乃擅威福慢憲度諂附姦臣圖不軌今將除忠良以自恣邪承嘉慙怒劾思貞爲青州刺史或問曰公敏行何與承嘉辯答曰石非能言者而或有言承嘉恃權而侮吾義不辱亦不知言何從而至治州有績蠶至歲四熟黜陟使路敬潛至部歎曰是非善政致祥乎表言之睿宗立召授將作大匠封天水郡公僕射竇懷貞護作金仙玉貞觀廣調夫匠思貞數有損節懷貞讓之答曰公輔臣也不能宣贊王化而土木是興以媚上害下又聽小人譖以廷辱士今不可事公矣乃拂衣去閤門待罪帝知之特詔令視事懷貞誅拜御史大夫累遷工部尚書請致仕許之開元四年卒年七十七贈黃門監謚曰簡思貞前後爲刺史十三郡其政皆以清最聞

畢構字隆擇河南偃師人六歲能爲文及冠擢進士第補金水尉遷九隴主簿居親喪毀棘甚已除猶屛處丘園武后召爲左拾遺神龍初遷中書舍人敬暉等表諸武不宜爲王構當讀表抗聲析句左右皆曉知三思疾之出爲潤州刺史政有惠愛徙衛同陝三州遷益州府長史景龍末召爲左御史大夫會平諸韋治其黨衣冠多坐構詳比重輕皆得其情時李傑爲河南尹與構皆一時選世謂畢李封魏縣男復爲益州長史按察劒南振弊梲私號爲淸嚴睿宗嘉構修絜獨行有古人風其治術又爲諸使最乃賜璽書袍帶再遷吏部尚書逾遙宗立授河南尹進戶部尚書久之移疾帝手疏醫方賜之當時以戶部爲凶官遽改太子詹事冀其愈會卒贈黃門監謚曰景始構喪繼母而二妹褓繈身鞠養至成人妹爲構服三年弟栩以太府主簿留司東都聞疾馳歸哀毀如大喪雖變服未嘗笑天下稱其友悌終荆州司馬構子炕天寶末爲廣平大守拒安祿山城陷覆其家贈戶部尚書炕生坰始四歲與弟增以細弱得不殺爲賞口河北平宗人宏以財贖出之後擧明經爲臨渙尉徐州節度使張建封高炕節聞坰篤行表署幕府攝符離令後調王屋尉以謹廉聞喜賓客家未嘗以有無計及歿無貲以治喪云

李傑本名務光相州滏陽人後魏幷州刺史寶之裔孫少以孝友著擢明經第解褐齊州參軍事遷累天官員外郎爲吏詳敏有治譽以採訪使行山南時戶口逋蕩細弱下戶爲豪力所兼傑爲設科條區處檢防亡匿復業者十七八神龍中爲河東巡察黜陟使課最諸道先天中進陝州刺史水陸發運使置使自傑始改河南尹傑旣精聽斷雖行坐食飲省治不少廢繇是府無淹事人吏愛之寡婦有告其子不孝者傑物色非是謂婦曰子法當死無悔乎答曰子無狀寧其悔乃命市棺還斂之使人迹婦出與一道士語頃持棺至傑命逋道士按問乃與婦私不得逞傑殺道士內于棺河汴之交舊有梁公堰廢不治南方漕弗通傑調汴鄭丁男復作之不費而利入代宋璟爲御史大夫尚衣奉御長孫昕素惡傑遇于道內恃玄宗婭婿與所親楊仙玉共毆辱之傑訴曰敗髮膚痛在身辱衣冠恥在國帝怒詔斬昕等朝堂左散騎常侍馬懷素建言陽和月不可以殊死乃敕杖殺之謝百官降書慰傑以護作橋陵封武威縣子初傑引侍御史王旭爲護陵判官旭貪贓傑將繩之未及發反爲所構出衢州刺史遷揚州大都督府長史復爲御史劾免開元六年卒帝悼之特贈戶部尚書

鄭惟忠宋州宋城人第進士補井陘尉天授中以制擧召見廷中武后問擧者何所事爲忠對皆不合旨惟忠曰外揚君之美內正君之惡后曰善擢左司禦胄曹參軍事遷水部員外郎后還長安復以待制召后曰非嘗於東都對忠臣者乎朕今不忘遷鳳閣舍人中宗立擢黃門侍郎時議禁嶺南酋戶不得畜兵惟忠曰善爲政者因其俗且吳人所謂家鶴膝戶犀渠此民風也禁之得無擾乎遂止進大理卿節愍太子敗守衞詿誤皆流已決諸韋黨請悉誅之帝欲改推惟忠奏大獄始判復改訊恐反側者不自安且失信天下有詔百司參議卒論如前所全貸爲多俄授御史大夫持節賑給河北道且許黜陟守宰還奏稱旨封滎陽縣男遷太子賓客卒贈太子少保

王志愔博州聊城人擢進士第中宗神龍中爲左臺侍御史以剛鷙爲治所居人吏畏讋呼爲皁鵰遷大理正嘗奏言法令者人之隄防不立則無所制今大理多不奉法以縱罪爲仁持文爲苛臣執刑典恐且得謗遂上所著應正論以見志因規帝失大抵以易萃之六二曰引吉无咎謂處萃之時已獨居正異操而聚獨正者危未能以遠害惟九五應之乃履正迎吉由已居下位而中正是託期於上應之不括囊以守祿也又言刑賞二柄惟人主操之故曰以力役法者百姓也以死守法者有司也以道變法者君上也魏游肇爲廷尉帝私敕肇有所降恕肇執不從曰陛下自能恕之豈可令臣曲筆也又言爲國當以嚴致平非以寬致平嚴者非疑網重罰在人不易犯而防難越也故捨銜策以奔踶則王良不能御輟停藥石於膚腠則俞跗不能攻疾又言漢武帝甥昭平君殺人以公主子廷尉上請帝垂涕曰法令者先帝之所造也用親故誣先帝法吾何面目入高廟乎卒可其奏隋文帝子秦王俊爲幷州總管以奢縱免官楊素曰王陛下愛子請赦之帝曰法不可違若如公意我乃五兒之父非兆人之父何不別制天子子律乎故天子操法有不變之義凡數千言帝嘉之景雲初以左御史中丞遷大理少卿時詔用漢故事設刺史監郡於天下劇州置都督選素威重者授之遂拜志愔齊州都督事中格復授齊州刺史河南道按察使徙汴州封北海縣男太極元年兼御史中丞內供奉實封百戶出爲魏州刺史改揚州長史所至破碎姦猾令行禁信境內肅然開元九年帝幸東都詔留守京師京兆人權梁山妄稱襄王子與左右屯營官謀反自稱先帝夜犯長樂門入宮城將殺志愔志愔踰垣走而屯營兵悔更斬梁山等自歸志愔慙悸卒

許景先常州義興人曾祖緒武德時以佐命功歷左散騎常侍封眞定公遂家洛陽景先由進士第釋褐夏陽尉神龍初東都造服慈閣景先獻賦李迥秀見其文畏歎曰是宜付太史擢左拾遺以論事切直外補滑州司士參軍擧手筆俊拔茂才異等連中進揚州兵曹參軍還爲左補闕宋璟蘇頲擇殿中侍御史久不補以授景先時議僉惬抨按不避近彊與齊澣王丘韓休張九齡更知制誥以雅厚稱張說曰許舍人之文雖乏峻峯激流然詞旨豐美得中和之氣開元十年伊汝溢壞廬舍甚衆景先見侍中源乾曜曰災眚所降王者宜修德應之因遣大臣存問失職罪己引咎以答天譴公在元弼庸可默乎乾曜悟遽白玄宗遣陸象先持節賑贍十三

年帝自擇刺史景先由吏部侍郎爲刺史治虢州大理卿源光裕鄭州兵部侍郎寇泚宋州禮部侍郎鄭溫琦邠州大理少卿袁仁敬杭州鴻臚少卿崔志廉襄州衛尉少卿李昇期邢州太僕少卿鄭放定州國子司業蔣挺湖州左衛將軍裴觀滄州衛率崔誠遂州凡十一人治行詔宰相諸王御史以上祖道洛濱盛具奏太常樂帛舫水嬉命高力士賜詩帝親書且給紙筆令自賦賚絹三千遣之後徙岐州入爲吏部侍郎卒

潘好禮貝州宗城人第明經累遷上蔡令治在最擢監察御史坐小累下除芮城令拜侍御史徙岐王府司馬居後母喪詔奪服固辭不出開元初爲邠州府長史王爲滑州刺史好禮兼府司馬知州事王御下不能肅有詔好禮檢督王家至過失皆上聞王每游觀好禮必諫諭禁切農月王出獵家奴羅迾好禮遮道諫王初不許乃臥馬下譁曰今農在田王何得非時暴禾稼以損下人要先踐殺司馬然後聽所爲王慙爲還遷豫州刺史勤力于治清廉無所私然喜察細事下厭其苛子請舉明經好禮曰經不明不可妄進乃自試之不能通怒笞之械而徇於門復以公累徙溫州別駕卒好禮博學能論議節行修整一意無所傾附未嘗自列階勳居室服用麤茍至終身世謂近名

倪若水字子泉恒州藁城人擢進士第累遷右臺監察御史黜陟劍南道繩舉嚴允課第一開元初爲中書舍人尚書右丞出爲汴州刺史政清淨增修孔子廟興州縣學廬勸生徒身爲教誨風化興行玄宗遣中人捕鵁鶄鸂鶒南方若水上言農方田婦方蠶以此時捕奇禽怪羽爲園籞之玩自江嶺而南達京師水舟陸齎所飼魚蟲稻粱道路之言不以賤人貴鳥望陛下邪帝手詔褒答悉放所玩謫使人過取罪而賜若水帛四十段時天下久平朝廷尊榮人皆重內任雖自冗官擢方面皆自謂下遷班景倩自揚州採訪使入爲大理少卿過州若水餞于郊顧左右曰班公是行若登仙吾恨不得爲騶僕未幾入爲戶部侍郎復拜右丞卒

席豫字建侯襄州襄陽人後周昌州刺史固七世孫後徙河南長安中舉學兼流略詞擅文場科擢上第時年十六以父喪罷復舉手筆俊拔科中之補襄邑尉奏事闕下會節愍太子難安樂公主請爲皇太女豫曰昔梅福上書譏后族彼何人哉乃上疏請立皇太子語深切人爲寒懼太平公主聞其名將表爲諫官豫耻汙詭謁遁去俄舉賢良方正異等爲陽翟尉開元初觀察使薦豫賢遷監察御史出爲樂壽令前令以親喪解而豫母病訴諸朝改懷州司倉參軍復舉超拔羣類科會母喪去服除授大理丞遷考功員外郎進紬清明爲中書舍人與韓休許景先徐安貞孫逖名相甲乙出鄭州刺史韓休輔政舉代己入拜吏部侍郎玄宗曰卿前日考功職詳事允故有今授豫典選六年拔寒遠士多至臺閣當時推知人號席公云天寶六載進禮部尚書累封襄陽縣子凡四以使者按行江南江東淮南河北南方俗死不葬暴骨中野豫敎以埋歛明列科防俗爲之改豫清直亡欲當官不爲勢權所撓性謹畏與子弟屬吏書不作草字或曰此細事耳何留慮答曰細不謹況大事邪及疾篤遺令三日斂斂已卽葬勿久留以黷公私贈不足可賣居宅以終事卒年六十九贈江陵大都督謚曰文帝嘗登朝元閣賦詩羣臣屬和帝以豫詩最工詔曰詩人之冠冕也弟晉亦以文名當時

齊澣字洗心定州義豐人少開敏年十四見特進李嶠嶠稱有王佐才中宗在廬陵澣上言請抑諸武迎太子東宮不報及太子還武后召澣宴同明殿諭曰朕母子如初卿豫有力焉方不次待爾澣辭母老不忍遠離賞而罷聖曆初及進士第以拔萃調蒲州司法參軍有父子連坐論死者澣曰條落則本枯柰何俱死議貸其父太守不聽固爭卒原景雲初姚崇取爲監察御史凡劾奏常先風教號善職睿宗將祠太廟刑部尚書裴談攝太尉先告澣奏孝享攝事稽首而拜恭明神也而談慢媟不恭幷劾談神昏形滓挾邪以罔上神龍時事武三思陷敬暉沒其家以獲進妻外淫男女不得姓氏夫告神慢事主不忠家不治有是三罪不可不寘之法談由是下除汾州刺史開元初姚崇復相用爲給事中中書舍人論駮及誥詔皆援準古誼朝廷大政必咨之時號解事舍人數諷崇年老宜避位時宋璟在廣州因勸崇舉自代崇用其謀璟爲相它日問曰吾不敢冀房杜比爾日諸公云何澣曰不如璟請故答曰前時近郊戶三百以爲困今不百戶是以知之馬懷素等緒次四庫書表澣爲副改祕書少監出爲汴州刺史地當舟車湊集事浩繁前刺史數不稱職唯倪若水與澣以清毅聞吏民頌美玄宗封太山歷汴宋許車騎數萬王公妃主四夷君長馬槖駝亦數萬所頓彌數十里澣列長棚帟幕聯亘上食凡千轝納筦鑰身進膳帝以爲知禮喜甚爲留三日賜帛二千匹澣以淮至徐城險急鑿渠十八里入青水人便其漕中書令張說擇丞轄以王丘爲左澣爲右李元紘杜暹當國表宋璟爲吏部尚書澣及蘇晉爲侍郎世謂臺選嘗奏事帝指政事堂曰非卿尚誰居者是時開府王毛仲寵甚與龍武將軍葛福順相婚嫁毛仲奏請無不從澣乘間曰福順典兵馬與毛仲爲婚家小人寵極則姦生不預圖且有後患高力士小心謹畏加宦人可備禁中驅使腹心所委何必毛仲哉又言君不密失臣臣不密失身惟陛下密此言帝嘉納且勞曰卿第出我徐計其宜會大理丞麻察坐事出爲興州別駕澣往餞因道諫語察素姦佻遽言狀帝怒召澣入殿中曰卿尚疑朕不密而反告察謂何且察輕躁無行常游太平門者詎不知邪澣免冠頓首謝貶高州良德丞察再貶皇化尉其黨齊敷郭稟皆流放久之澣徙索盧丞郴州長史滌常二州刺史遷潤州州北距瓜步沙尾紆匯六十里舟多敗溺澣徙漕路繇京口埭治伊婁渠以達揚子歲無覆舟減運錢數十萬又立伊婁埭官征其入招還流人五百戶置明州以安輯之復徙汴州澣中失勢益恨素操浸衰更倚力士助得爲兩道採訪使興利以中天子意哀貨財遺謝貴幸納劉戒女爲妾不答其妻李林甫惡其行欲擠而廢之會其幕府坐賦事連澣詔矜澣老放歸田里天寶初召爲太子少詹事留司東都嚴挺之亦爲林甫所廢與澣家居杖屨經過不缺日林甫畏之乃用澣爲平陽太守離其謀更以黃老清靜爲治卒年七十二肅宗時錄林甫所陷者皆襃洗故澣贈禮部尚書澣嘗稱陳希烈宋遙苗晉卿韋述之才後皆大顯麻察者河東人由明經第五遷殿中侍御史魏元忠子昇死節愍太子難而元忠繫大理昇妻鄭父遠嘗納錢五百萬以女易官武后重元忠舊臣欲榮其姻對授遠河內令子洺州參軍元忠下獄遣入絕婚許之明日嫁其女察劾遠敗風敎請錮終身遠遂廢當時謂察爲公而終以憸險斥云澣孫抗

抗字遐舉少値天寶亂奉母夫人隱會稽壽州刺史張鎰辟署幕府抗吏事閑敏有文雅從鎰鎮江西及以宰相領鳳翔奏署監察御史李楚琳亂奔奉天授侍御史還戶部員外郎蕭復引爲江淮宣慰判官德宗自梁洋還財用大屈鹽鐵使元琇薦抗材改倉部郎中幹鹽利俄爲水陸運副使護漕江淮給京師歷諫議大夫坐小累爲處州刺史歷蘇州徙潭州觀察使召爲給事中遷河南尹進太常卿以中書侍郎同中書門下平章事抗無遠謀大略雖用心至精末乃滋彰苛刻以病乞身罷爲太子賓客卒年六十五贈戶部尚書謚曰成初吏部歲考書言以它官第上下中書門下遣官覆實以爲常抗以尚書侍郎皆大臣選今吏覆覈非任人勿疑之道禮部侍郎試貢士其姻舊悉試考功謂之別頭皆奏罷之又省州別駕田曹司田官判司雙曹者減中書吏員此其稍近治者云

唐書卷一百二十九

宋 端 明 殿 學 士 宋 祁 撰

列傳第五十四

裴崔盧李王嚴

裴守眞絳州稷山人後魏冀州刺史叔業六世孫父眘隋大業中爲淮安司戶參軍郡人楊琳田瓚等亂劫吏多死唯眘以仁愛故賊約其屬無敢害護送還鄉守眞早孤母喪哀毀癯盡舉進士六科連中累調乾封尉養寡姊謹甚士推其禮法永淳初關中旱悉稟祿奉姊及諸甥與妻息惡食不贍也授太常博士守眞善容典時謂才稱其官高宗將封嵩山詔諸儒議射牲事守眞奏古者郊祀天地天子自射牲漢武帝封太山令侍中儒者射之帝不親也今按禮前明十五刻宰人鸞刀割牲質明行事毛血已具天子至奠玉酌獻而已今若前祀一日射牲則早於事及日則晚不逮事漢又天子不親古今異宜恐不可行是時破陣慶善二樂舞入帝常立以視須樂闋乃坐守眞幷言二舞誠祖宗盛德然古無天子立觀者化育詒厎孰非厥功不應鼓舞別申嚴奉詔可未及行會帝崩大行舊禮無在者守眞與博士韋叔夏輔抱素等討按故事稱情爲文咸適爲宜時人服其得禮天授中爲司府丞推覈詔獄多裁恕全免數十姓不合武后旨出爲汴州司馬遷累成州刺史政不務威嚴吏民兩懷之徙寧州送者千數出境尚不止長安中卒贈戶部尚書子子餘耀卿巨卿曾孫行立耀卿巨卿別有傳

子餘事繼母以孝聞中明經補鄠尉時同舍李朝隱程行諶以文法稱而子餘以儒顯或問優劣於長史陳業業答曰蘭菊異芬胡有廢者景龍中爲左臺監察御史涇岐有隋世番戶子孫數千家司農卿趙履溫奏籍爲奴婢充賜口子餘曰官戶以恩原爲番戶且今又子孫

可抑爲賤乎履溫倚宗楚客執辯于廷子餘執對不撓遂詘其議開元初累遷冀州刺史爲政惠裕人稱有恩入爲岐王府長史卒謚曰孝時程行諶謚貞中書令張說歎曰二謚可無媿矣子餘居官清家閨友愛兄弟六人皆有志行云

行立重然諾學兵有法母亡泣血幾毀以軍勞累授沁州刺史遷衞尉少卿口陳顧治民試一縣自效除河東令寬猛時當繇蘄州刺史遷安南經略使環王國叛人李樂山謀廢其君來乞兵行立不受命部將杜英策討斬之歸其孥蠻人悅服英策及范廷芝者皆綠洞豪也隸于軍宅經略使多假借暴恣于治行立陰把其罪貸之許自效故能得英策死力廷芝嘗休沐久不還行立召之約日軍法踰日者斬異時復然爾且死後廷芝踰期行立笞殺之以尸還范氏更爲擇良子弟以代於是威聲風行徙桂管觀察使黃家洞賊叛行立討平之俄代桂仲武爲安南都護銳於立功爲時所訾召還道卒年四十七贈右散騎常侍

崔沔字善冲京兆長安人後周隴州刺史士約四世孫自博陵徙焉純謹無二言事親篤孝有才章擢進士舉賢良方正高第不中者誦訾之武后敕有司覆試對益工遂爲第一再補陸渾主簿入調吏部郎岑羲歎曰君今郤詵也薦爲左補闕性舒遲進止雍如也當官則正言不可得而詘睿宗召授中書舍人以母病東都不忍去固辭求侍更表陸渾尉郭隣太樂丞封希顏處士李喜以代已處詔改虞部郎中俄檢校御史中丞請發太倉粟及減苑囿鳥獸所給以賑貧乏人賴其利監察御史宋宣遠與盧懷愼姻家侍以弄法姚崇子彝留司東都通賓客招賄賂沔將按劾崇懷愼方執政共薦沔有史才轉著作郎去其權蓋憚之也久之爲太子左庶子母亡受弔廬前賓客未嘗至柩室語人曰平生非至親不升堂入謁豈以存亡變禮邪中書令張說數稱之服除遷中書侍郎玄宗以仙州數喪刺史欲廢之沔請治舞陽舞陽故樊噲國也更爲樊州帝不納州卒廢沔旣喜論得失或曰今中書宰相承制雖侍郎貳之取充位而已沔曰百官分職上下相維以成至治豈可俛首懷祿邪凡詔敕曹事多所異同說不悅出爲魏州刺史雨潦敗稼沔弛禁使人召還分掌吏部十銓以左散騎常侍爲集賢修撰歷祕書監太子賓客是時太常議加宗廟籩豆又欲增喪服於是卿韋縚請坐增籩豆至十二外祖服大功舅小功堂姨若舅舅母袒免沔曰祭祀上矣古者飮食必先嚴獻未有火化故有毛血之薦未有麴糵故有玄酒之奠後王作爲酒醴犧牲以致馨香故有三牲八簋五齊九獻神道主敬可備而不敢廢也雖曰備物而節制存焉鉶俎籩豆簠簋尊罍之實皆周時饌其用通宴饗賓客而周公與毛血玄酒同薦於先祖晉盧諶家祭禮所薦皆晉時常食不純用古此聖賢變文而通其情也然當時飮食不可闕於祭明矣國家清廟時享禮饌具設周制也古物存焉園寢上食時膳備列漢法也它珍極爲職貢來祭致遠物也有新必薦順時令也苑囿躬稼所收蒐狩親中莫不薦而後食盡誠敬也若此至矣無以加矣諸珍羞鮮物第敕有司悉使著于令因宜而薦不必加籩豆以爲嗛也太羹古食也盛於古器和羹常饌也盛於時器毛血盛於盤玄酒盛於尊未有薦時饌而用古器者繇古質而今文便事也故加籩豆未足盡天下美物而措諸廟徒近侈耳魯丹桓宮之楹刻其桷春秋非之班固稱墨家出於淸廟是以貴儉然淸廟不奢舊矣太常所謂臣所未安又太常言爵小不及合執持至難沔曰禮有以小爲貴者獻以爵是也然今不及制則非禮自有司之陋也隨失制宜不待議而革云又言禮本於家正家正而天下定家不可以貳故父以尊崇母以厭降是以內服齊斬外服緦尊名所加不過一等今古不易之道也昔辛有適伊川見被髮而祭知其將戎禮先亡也比制唐禮推廣舅恩故弘道以來國命再移於外姓本禮驗亡可不戒哉時職方郎中韋述戶部郎中楊伯成禮部員外郎楊仲昌監門兵曹參軍劉秩等議與沔合又詔中書門下參裁於是宗廟籩豆坐各六姨若舅小功舅母緦麻堂姨袒免餘仍舊制每朝廷有疑議皆咨逮取衷卒年六十七贈禮部尚書謚曰孝沔儉約自持祿稟隨散宗族不治居宅嘗作陋室銘以見志子祐甫至宰相別傳

盧從愿字子龔六世祖昶仕後魏爲度支尚書自范陽徙臨漳故從愿爲臨漳人擢明經爲夏尉又舉制科高第拜右拾遺遷監察御史爲山南黜陟巡撫使還奏稱旨進累中書舍人睿宗立拜吏部侍郎吏選自中宗後綱紀耗蕩從愿精力于官僞牒詭功擿檢無所遺銓總六年以平允聞帝異之特官其一子從愿請贈其父敬一爲鄭州刺史制可初高宗時吏部號稱職者裴行儉馬載及是從愿與李朝隱爲有名故號前有裴馬後有盧李開元四年玄宗悉召縣令策於廷考下第者罷之從愿坐擬選失實下遷豫州刺史政嚴簡奏課爲天下第一寶書勞問賜絹百匹召爲工部侍郎遷尚書左丞中書侍郎以工部尚書留守東都代韋抗爲刑部尚書數充校考使升退詳確御史中丞宇文融方用事將以括田戶功爲上下考從愿不許融恨之乃密白從愿盛殖產占良田數百頃帝自此薄之目爲多田翁後欲用爲相屢矣卒以是止十八年復爲東都留守坐子起居郎論輸羅于官取利多貶絳州刺史遷太子賓客二十年河北飢詔爲宣撫處置使發倉廥賑飢民使還乞骸骨授吏部尚書致仕給全祿終身卒贈益州大都督謚曰文

李朝隱字光國京兆三原人明法中第調臨汾尉擢至大理丞武三思構五王而侍御史鄭愔請誅之朝隱獨以不經鞫實不宜輕用法忤旨貶嶺南醜地宰相韋巨源李嶠言於中宗曰朝隱素淸正一日遠逐恐駭天下帝更以爲聞喜令遷侍御史吏部員外郎時政出權幸不關兩省而內授官但斜封其狀付中書卽宣所司朝隱執罷千四百員怨誹讙騰朝隱胖然無避屈還長安令宦官閭興貴有所干請曳去之睿宗嘉歎後御承天門對百官及朝集使褒諭其能使徧聞之進太中大夫一階賜中上考絹百匹以旌剛烈成安公主奪民園不酬直朝隱取主奴杖之由是權豪歛伏爲執政所擠出通州都督徙絳州刺史開元初遷吏部侍郎銓敘明審與盧從愿並授一子官久之以策縣令有下第降滑州刺史徙同州玄宗東幸召見慰勞賜以衣帛擢河南尹政嚴淸姦人不容息太子舅趙常奴怙勢橫閭里朝隱曰此不繩不可爲政執而搒辱之帝賜書慰勉入爲大理卿武彊令裴景仙丐贓五千匹亡命帝怒詔殺之朝隱曰景仙其先寂有國功載初時家爲酷吏所破誅夷略盡而景仙獨存且承嫡於法當請又丐乞贓無死比籍當死坐猶將宥之使私廟之祀無餒魂可也帝不許固請曰生殺之柄人主專之條別輕重有司當守且贓惟枉法抵死今丐贓卽斬後有枉法抑又何加且近發德音杖者聽減流者給程豈一景仙獨過常法有詔決杖百流嶺南朝隱更授岐州刺史母喪解召爲揚州大都督府長史固辭見聽時年已衰而篤于孝自致毀瘠士人以爲難明年詔書敦遣揚州就職還爲大理卿封金城伯代崔隱甫爲御史大夫天下以其有素望每大夫闕冀朝隱得之及居職不爭引大體惟先細務由是名少衰進太常卿出爲嶺南採訪處置使兼判廣州卒於官贈吏部尚書官給車轝北還謚曰貞

王丘字仲山同皎從子也父同晊終太子左庶子丘十一擢童子科它童皆專經而獨屬文繇是知名及冠舉制科中第授奉禮郎氣象淸古行修潔於詞賦尤高族人方慶及魏元忠更薦之自偃師主簿擢監察御史開元初遷考功員外郎考功異時多請託進者濫冒歲數百人丘務覈實材登科纔滿百議者謂自武后至是數十年采錄精明無丘比其後席豫嚴挺之亦有稱然出丘下遷紫微舍人吏部侍郎典選復號平允其獎用如山陰尉孫逖桃林尉張鏡微湖城尉張晉明進士王泠然皆一時茂秀久之爲黃門侍郎會山東旱飢議以中朝臣爲刺史制詔皐陶稱在知人在安民皆念存邦本朝乾夕惕無忘一日今長吏或未稱蒼生謂何深思循良以革頹敝宜重刺史之選自朝廷始乃以丘與中書侍郎崔沔等並爲山東刺史而丘守懷州尤淸嚴爲下畏慕入知吏部選改尚書左丞以父喪解服除爲右散騎常侍仍知制誥裴光廷卒蕭嵩與丘善將引與當國丘固辭盛推韓休行能及休秉政薦爲御史大夫丘訥於言所白奏帝多不喜改太子賓客襲父封以疾從禮部尚書致仕丘更履華劇而所守淸約未嘗通饋遺室宅童騎敝陋旣老藥餌不自給帝歎之以謂有古人節下制給全祿以旌潔吏天寶二載卒贈荊州大都督謚曰文

嚴挺之名浚以字行華州華陰人少好學姿質軒秀舉進士幷擢制科調義興尉號材吏姚崇爲州刺史異之崇執政引爲右拾遺睿宗好音律每聽忘倦先天二年正月望夜胡人婆陁請然百千燈因弛門禁又追賜元年酺帝御延喜安福門縱觀晝夜不息閱月未止挺之上疏諫以爲酺者因人所利合醵爲歡也不使靡敝今暴衣冠羅伎樂雜鄭衞之音縱倡優之玩不深戒愼使有司跛倚下人罷劇府縣里閭課賦苛嚴呼嗟道路貿壞家產營百戲擾方春之業欲同其樂而反遺之患乃陳五不可誠意忠到帝納焉侍御史任正名恃風憲至廷中責詈衣冠挺之讓其不敬反爲所劾貶萬州員外參軍事開元中爲考功員外郎累進給事中典貢舉時號平允會杜暹李元紘爲相不相中暹善挺之而元紘善宋遙用爲中書舍人遙校吏部判取捨與挺之異言於元紘元紘屢詰譙挺之厲言曰公位相國而愛憎反任小人乎元紘曰小人爲誰曰宋遙也繇是出爲登州刺史改太原少尹初殿中監王毛仲持節抵太原朔方籍兵馬後累年仍移太原取兵仗挺之不肯應且以毛

仲寵幸久恐有變密啓於帝俄改濮汴二州刺史所治皆嚴威吏至重足脅息會毛仲敗死帝以挺之言忠召爲刑部侍郎遷太府卿宰相張九齡雅知之用爲尚書左丞知吏部選李林甫與九齡同輔政以九齡方得君諂事之內實不善也戶部侍郎蕭炅林甫所引不知書嘗與挺之言稱蒸嘗伏臘乃爲伏獵挺之白九齡省中而有伏獵侍郎乎乃出炅岐州刺史林甫恨之九齡欲引以輔政使往謁林甫挺之負正陋其爲人凡三年非公事不造也林甫益怨會挺之有所誘於蔚州刺史王元琰林甫使人暴其語禁中下除洛州刺史徙絳州天寶初帝顧林甫曰嚴挺之安在此其材可用林甫退召其弟損之與道舊諄諄欸曲且許美官因曰天子視絳州厚要當以事自解歸得見上且大用因紿挺之使稱疾願就醫京師林甫已得奏即言挺之春秋高有疾幸閑官得自養帝恨吒久之乃以爲員外詹事詔歸東都挺之鬱鬱成疾乃自爲文誌墓遺令薄葬斂以時服挺之重交游許與生死不易嫁故人孤女數十人當時重之然溺志于佛與浮屠惠義善義卒衰服送其喪已乃自葬於其塔左君子以爲偏子武

武字季鷹幼豪爽母裴不爲挺之所荅獨厚其妾英英武始八歲怪問其母母語之故武奮然以鐵鎚就英寢碎其首左右驚白挺之曰郎戲殺英武辭曰安有大臣厚妾而薄妻者兒故殺之非戲也父奇之曰眞嚴挺之子然數禁敕武讀書不甚究其義以蔭調太原府參軍事累遷殿中侍御史從玄宗入蜀擢諫議大夫至德初赴肅宗行在房琯以其名臣子薦爲給事中已收長安拜京兆少尹坐琯事貶巴州刺史久之遷東川節度使上皇合劍南爲一道擢武成都尹劍南節度使還拜京兆尹爲二聖山陵橋道使封鄭國公遷黃門侍郎與元載厚相結求宰相不遂復節度劍南破吐蕃七萬衆于當狗城遂收鹽川加檢校吏部尚書武在蜀頗放肆用度無藝或一言之悅賞至百萬蜀雖號富饒而峻掊亟斂閭里爲空然虜亦不敢近境梓州刺史章彝始爲武判官因小忿殺之琯以故宰相爲巡內刺史武慢倨不爲禮最厚杜甫然欲殺甫數矣李白爲蜀道難者乃爲房與杜危之也永泰初卒母哭且曰而今而後吾知免爲官婢矣年四十贈尚書左僕射

挺之從孫綬綬父丹嘗爲劍南鹽鐵青苗租庸使以武在蜀辭不拜綬擢進士第以侍御史副劉贊爲宣歙團練使贊卒綬總留事悉庫物以獻召爲刑部員外郎寘佐進奉由綬始河東節度使李說病軍司馬鄭儋總其政說卒代爲節度時德宗務姑息方鎮若帥死不它命卽用軍司馬代之以和厭衆情至是帝頗憶綬所獻故擢爲河東司馬明年儋卒卽檢校工部尚書代其使憲宗立楊惠琳反夏州劉闢反蜀綬建言天子始卽位不可失威請必誅選銳兵遣大將李光顏助討賊二賊平檢校尚書左僕射封扶風郡公進司空在鎮九年尚寬惠治稱流聞士馬孳息嘗大閱旗幟周七十里回鶻梅錄將軍在會聞金鼓震伏入爲尚書右僕射綬既名冑於吏事有方略然銳進趣素議薄之始就廊下食在百官上帝使中人賜含桃綬見拜之爲御史劾奏綬慙懼待罪詔釋綬而貶中人出爲荆南節度使封鄭國公溆州蠻張伯靖殺吏據辰錦州連九洞自固詔綬進討綬勒兵出次遣將齎檄開曉羣蠻悉降吳元濟反僉以綬明恕可大事乃徙山南東道節度使加淮西招撫使綬引師壓賊境多出金帛賞士以厚賂謝中人招聲援旣未有以制賊閉屯彌年不戰宰相裴度謂綬非將才以太子少保召還檢校司徒判光祿卿事進少傅卒年七十七贈太保綬才不踰中人然歷三鎮所奏辟及綬時位將相者九人初綬未顯過于閿鄉尉李逵逵不禮方飯它客不召綬後逵罷彭城令過幷州晨入謁不知綬也綬方大宴賓客召逵至戒客勿起讓曰吾昔羈旅閿鄉君方召客食而不顧我今我召客亦不敢留君逵慙不得去左右引出悸而瘖臥館數月其佐令狐楚爲請乃免河東李進賢者善畜牧家高貲得幸於綬署牙門將元和中進賢累爲振武節度使辟綬子澈爲判官澈年少治苛刻軍中苦之回鶻入辟鵜泉進賢發兵討之吏稟糧不實次鳴砂焚殺其將楊遵憲而還進賢大怒衆懼因燔城門攻進賢左右拒戰不勝縋而去奔靖邊軍乃殺澈而屠進賢家詔以夏綏銀節度張煦代之誅亂首數百人乃定

唐書卷一百二十九考證

裴守眞傳不合武后旨出爲汴州司馬○舊書作汴州司錄

崔沔傳戶部郎中楊伯成○舊書作陽伯城

李朝隱傳謚曰貞○舊書作謚曰哀

嚴挺之從孫綬檢校司徒判光祿卿事○舊書作尋檢校司空

唐書卷一百三十

宋端明殿學士宋祁撰

列傳第五十五

裴陽宋楊崔李解

裴漼絳州聞喜著姓父琰之永徽中爲同州司戶參軍年甚少不主曹務刺史李崇義內輕之鐫諭曰同三輔吏事繁子盍求便官毋留此琰之唯唯吏白積案數百崇義讓使趣斷琰之曰何至逼人乃命吏連紙進筆爲省決一日畢旣與奪當理而筆詞勁妙崇義驚曰子何自晦成吾過耶由是名動一州號霹靂手後爲永年令有惠政吏刻石頌美以倉部郎中病廢漼侍疾十餘年不肯仕琰之沒始擢明經調陳留主簿遷監察御史時崔湜鄭愔典吏部坐姦贓爲李尚隱所劾詔漼按訊而安樂公主上官昭容爲阿右漼執正其罪天下稱之累進中書舍人睿宗造金仙玉眞二觀時旱甚役不止漼上言春夏毋聚大衆起大役不可興土功妨農事若役使乖度則有疾疫水旱之菑此天人常應也今自冬徂春雨不時降人心憔然莫知所出而土木方興時暵之孽職爲此發且東作云始丁壯就功妨多益少飢寒有漸春秋莊公三十一年冬不雨是時歲三築臺僖公二十一年夏大旱是時作南門陛下以四方爲念宜下明制令二京營作和市木石一切停止有如農桑失時戶口流散雖寺觀營立能救飢寒敝哉不報遷兵部侍郎以銓總勞特授一子官開元五年爲吏部侍郎甄拔士爲多拜御史大夫漼與張說善說方宰相數薦之漼長於敷奏天子亦自重焉擢吏部尚書世儉素而晚節稍畜伎妾爲奢侈事議者以爲闕改太子賓客卒贈禮部尚書謚曰懿從祖弟寬

寬性通敏工騎射彈棊投壺略通書記景雲中爲潤州參軍事刺史韋詵有女擇所宜歸會休日登樓見人於後圃有所瘞藏者訪諸吏曰參軍裴寬居也與偕來詵問狀荅曰寬義不以包苴汙家適有人以鹿爲餉致而去不敢自欺故瘞之詵嗟異乃引爲按察判官許妻以女歸語妻曰常求佳壻今得矣明日幃其族使觀之寬時衣碧瘠而長旣入族人皆笑呼爲碧鸛雀詵曰愛其女必以爲賢公侯妻也何可以貌求人卒妻寬舉拔萃爲河南丞遷長安尉宇文融爲侍御史括天下田奏爲江東覆田判官改太常博士禮部建言忌日享廟應用樂寬自以犆立議曰廟尊忌卑則作樂卑忌尊則備而不奏中書令張說是之請如寬議遷刑部員外郎萬騎將軍馬崇白日殺人而王毛仲方以貴倖將譖其獄寬固執不肯從河西節度使蕭嵩表爲判官歷兵部侍郎宰相裴耀卿領江淮運列倉河陰奏寬爲戶部侍郎自副遷吏部出爲蒲州刺史州久旱寬入境輒雨徙河南尹不屈附權貴河南大治繇金吾大將軍授太原尹玄宗賦詩褒餞天寶初由陳留太守拜范陽節度使時北平軍使烏承恩虜酋也與中人通數冒賄寬以法繩治檀州刺史何僧獻生口數十寬悉歸之故夷夏感附三載用安祿山守范陽召寬爲戶部尚書兼御史大夫裴敦復平海賊還廣張功簿寬密白其妄會河北部將入朝盛譽寬政且言華虜翕思之帝嗟賞驟倚加厚李林甫恐其遂相又惡寬善李適之乃漏寬語以激敦復敦復任氣而躁以林甫爲誠先是寬以所善請於敦復卽欲白發其言林甫趣之敦復未及聞扈幸溫泉宮而其下裨將程藏曜曹鑒自以他事繫臺寬捕按之敦復謂寬求致其罪遽以金五百兩賂貴妃姊因得事聞於帝由是貶寬睢陽太守及韋堅獄起寬復坐貶安陸別駕林甫任羅希奭殺李適之也亦使過安陸將怖殺寬寬叩頭祈哀希奭乃去寬懼終見殺丐爲浮屠不許稍遷東海太守徙馮翊入爲禮部尚書卒年七十五贈太子太傅寬兄弟八人皆擢明經任臺省州刺史雅性友愛於東都治第八院相對甥姪亦有名稱常擊鼓會飯其爲政務淸簡所莅人愛之世皆冀其得宰相天寶間稱舊德以寬爲首然惑于佛喜與桑門游習誦其書老彌篤云子諝

諝字士明擢明經調河南參軍事性通綽舉止不順累遷京兆倉曹參軍虢王巨表署襄鄧營田判官母喪居東都會史思明亂逃山谷間思明故爲寬將德寬舊恩且聞諝名遣捕騎跡獲之喜甚呼爲郎君僞授御史中丞賊殘殺宗室諝陰緩之全活者數百人又嘗疏賊虛實於朝事泄思明恨罵危死而免賊平除太子中允遷考功郎中數燕見奏事代宗幸陝諝徒步挾考功南曹印赴行在帝曰疾風知勁草果可信將用爲御史中丞爲元載沮却故拜河東租庸鹽鐵使時關輔旱諝入計帝召至便殿問榷酤利歲出內幾何諝久不對帝復問曰臣有所思帝曰何邪諝曰臣自河東來涉三百里而農人愁嘆穀菽未種誠謂陛下軫念元元先訪疾苦而乃責臣以利孟子曰治國者仁義而已何以利爲故未敢卽對帝曰微公言朕不聞此拜左司郎中數訪政事載忌之出爲虔州刺史歷饒盧亳三州除右金吾將軍

德宗新卽位，以刑名治天下百吏震服時大行將葳陵事禁屠殺尙父郭子儀家奴宰羊諤列奏帝謂不畏彊禦善之或曰尙父有社稷功豈不爲庇之諤笑曰非君所知尙父方貴盛上新卽位必謂黨附者衆今發其細過以明不恃權耳吾上以盡事君之道下以安大臣不亦可乎時朝堂別置三司決庶獄辯爭者輒擊登聞鼓諤上疏曰諫鼓謗木之設所以達幽枉延直言今詭猾之人輕動天聽爭纖微若然者安用吏治乎帝然之於是悉歸有司譎惡法吏舞文或挾宿怨爲重輕因獻獄官箴以諷坐所善誅貶閬州司馬俄召爲太子右庶子進兵部侍郎至河南尹東都副留守凡五世爲河南諤視事未嘗敢當正處以寬厚和易爲治不鞫人以贓卒年七十五贈禮部尙書

寬弟子冑字胄叔擢明經佐李抱玉鳳翔幕府不得意謝歸更從宣歙觀察使陳少游抱玉怒劾貶桐廬尉時李栖筠觀察浙西幕府皆一時高選判官許鳴謙名知人見崔造及冑器之白栖筠取冑爲支使代宗惡宰相元載怙權召栖筠爲御史大夫欲以相栖筠引冑殿中侍御史尤爲載所惡會栖筠卒冑護喪歸洛陽人爲危之冑屹然不沮憚少游復表爲淮南觀察判官載誅始拜刑部員外郎遷宣州刺史楊炎當國爲載復讐窮摭所惡會冑部人積冑雜奉爲贓炎遣員寓蔓劾削詆貶汀州司馬稍遷京兆少尹以父名不拜換國子司業遷江西觀察使初李兼嘗罷南昌卒千餘人收資稟爲月進冑白罷之樊澤徙襄州宰相議所代德宗推記冑才名頁奉有中使者卽悉公帑市歡冑待之有節獻餉直不數金宴勞止三爵是時武臣多粗暴庸人待賓介不以禮少失意則以罪中傷之冑亦劾斥其管記世恨冑之流于俗卒年七十五贈尙書右僕射謚曰成

遂拜荊南節度使是時方鎭爭剝下希恩製重錦異綾

陽嶠其先北平人世徙洛陽北齊尙書右僕射休之四世孫舉八科皆中調將陵尉累遷詹事司直長安中左右御史中丞桓彥範袁恕己爭取爲御史楊再思素與嶠善知其意不樂彈抨事爲語彥範曰爲官擇人豈待情樂乎唯不樂者固與之以伸難進抑躁求也遂爲右臺侍御史久乃遷國子司業嶠資謹飭好學喜誘勸後生修講舍人以爲善職睿宗立進尙書右丞時議建都督府擇最吏故嶠爲涇州都督議罷歷魏州刺史荊州長史本道按察使舉以淸白聞魏州人詣闕下請嶠爲刺史故再治魏入爲國子祭酒封北平縣伯引尹知章范行恭趙玄默爲學官皆名儒冠云生徒游惰者至督以鞭楚人怨之乘夜毆嶠道中事聞詔捕毆者殺之嶠撫孤姪與子均常語人曰吾備位方伯而心亦昔時一尉耳以老致仕卒謚曰敬

宋慶禮洺州永平人擢明經補衞尉武后詔侍御史桓彥範行河北郡斷居庸五回等路以支突厥召慶禮與議見其方畧器之俄遷大理評事爲嶺南採訪使時崖振五州首領更相掠民苦于兵使者至輒苦瘴癘莫敢往慶禮身到其境諭首領大誼皆釋仇相親州土以安罷戍卒五千歷監察殿中侍御史以習識邊事拜河東河北營田使善騎日能馳數百里性甘於勞苦然好興作濱塞掘穽植兵以邀虜徑議者蚩其不切事稍遷貝州刺史復爲河北支度營田使初營州都督府治柳城扼制奚契丹武后時趙文翽失兩蕃情攻殘其府更治東漁陽城玄宗時奚契丹欵附帝欲復治故城宋璟固爭不可獨慶禮執處其利乃詔與太子詹事姜師度左驍衞將軍邵宏等爲使築裁三旬畢俄兼營州都督開屯田八十餘所追拔漁陽淄青沒戶還舊田宅又集商胡立邸肆不數年倉廥充居人蕃輯卒贈工部尙書慶禮爲政嚴少私吏畏威不敢犯太常博士張星以好巧自是謚曰專禮部員外郎張九齡申駁曰慶禮國勞臣在邊垂三十年往城營州士纔數千無甲兵彊衞指期而往不失所慮遂罷海運收歲儲邊亭晏然其功可推不當醜謚慶禮兄子辭玉亦自詣闕訴改謚曰敬

楊瑒字瑤光華州華陰人五世祖縉爲陳中書舍人名屬文終交愛九州都督武康郡公子林甫代領都督隋滅陳踰三年乃降徙長安林甫字衞卿爲柳城太守高祖軍興遣其子琮招之挈郡以來授檢校總管足疾不能造朝帝以絳州寒涼拜刺史累封宜春郡公琮字孝璋爲上津令會天下亂去官與秦王同里居武德初爲王府參軍兼庫直隱太子事平詔親王宰相一人入宴而琮獨預太宗賜懷昔賦申以恩意歷沔綏二州刺史姆饋孺子以餠妻僞受而棄之垣外人吝其廉瑒始爲麟游令時竇懷貞大營金仙玉眞二觀撤取畿內嘗負逆人貲者暴歛之以佐費瑒拒不應懷貞怒曰縣令而拒大夫命乎瑒曰所論者民冤抑也位高下乎何取懷貞壯其對爲止初韋后表民二十二爲丁限及敗有司追趣其課瑒執不可曰韋氏當國擅擢士大夫赦罪人皆不改奚獨取已寬之人重斂其租非所以保下之宜遂止不課由是名顯當世擢累侍御史京兆尹崔日知貪沓不法瑒與大夫李傑謀劾舉之反爲日知先構瑒廷奏曰肅繩之司一爲恐脅所屈開姦人謀則御史府可廢玄宗直之令傑還視事而逐日知瑒進歷御史中丞戶部侍郞帝常召宰相大臣議天下戶版延英殿瑒言利病尤詳帝賚賞於是宇文融建檢脫戶餘口瑒執不便融方貴公卿噤默唯唯獨瑒抗議故出爲華州刺史帝封太山集樂工山下居喪者亦在行瑒謂起苴絰使和鍾律非人情所堪帝許乃免入爲國子祭酒表大儒王迴質尹子路白履忠等三人教授國子有詔迴質諫議大夫皇太子侍讀履忠老不任職拜朝散大夫罷歸子路直弘文館皆有名瑒奏有司帖試明經不質大義乃取年頭月尾孤經絕句且今習春秋三家儀禮者纔十二恐諸家廢無日請帖平文以存學家其能通者稍加優官獎孤學從之因詔以三家傳儀禮出身者不任散官遂著令生徒爲瑒立頌太學門又言古者卿大夫子弟及諸侯歲貢小學之異者入太學漸漬禮樂知朝廷君臣之序班以品類分以師長三德四教學成然後爵之唐興二監舉者千百數當選者十之二考功覆校以第謂經明行修故無多少之限今考功限天下明經進士歲百人二監之得無幾然則學徒費官稟而博士濫天祿者也且以流外及諸色仕者歲二千過明經進士十倍胥史浮虛之徒眊先王禮義非得與服勤道業者挈長短絕輕重也國家啓庠序廣化導將有以用而勸進之有司爲限約以黜退之欲望俊乂在朝難矣帝然其言再遷大理卿以疾辭改左散騎常侍卒年六十八贈戶部尙書謚曰貞瑒常歎士大夫不能用古禮因其家冠婚喪祭乃據舊典爲之節文揖讓威儀哭踊衰殺無有違者在官清白吏請立石紀德瑒曰事益於人書名史氏足矣若碑頌者徒遺後人作礎石耳瑒伯父志操頗剛簡未遇時著閑居賦自託常曰得田十頃僮婢十人下有兄弟布粟之資上可供先公伏臘足矣位終司屬卿安平縣男瑒從父兄晏精孝經學常手寫數十篇可教者輒遺之

崔隱甫貝州武城人隋散騎侍郞儦曾孫解褐左玉鈐衞兵曹參軍遷殿中侍御史內供奉浮屠惠範倚太平公主脅人子女隱甫劾狀反爲所擠貶邛州司馬玄宗立擢汾州長史兼河東道支度營田使遷洛陽令梨園弟子胡鶵善笛有寵嘗負罪匿禁中帝以他事召隱甫從容指曰就卿丐此人對曰陛下輕臣而重樂工請解官再拜出帝遽謝與胡雛隱甫殺之有詔貰死不及矣賜隱甫百縑孫佺敗積于奚擢隱甫并州司馬蘷邊會兄逸甫疾甚未及行詔責逗留下除河南令累拜華州刺史太原尹入爲河南尹居三歲進拜御史大夫初臺無獄凡有囚則繫大理貞觀時李乾祐爲大夫始置獄由是中丞侍御史皆得繫人隱甫執故事廢掘諸獄其後患囚往來或漏泄復繫之廚院云臺中自監察御史而下舊皆得顓事無所承諮隱甫始一切令歸稟乃得行有忤意輒劾正多貶絀者臺吏側目威名赫然帝嘗詔校外官歲考異時必委曲參審竟春未定隱甫一日會朝集使詢逮檢實其暮皆訖議者服其敏帝嘗謂曰卿爲大夫天下以爲稱職張說當國隱甫素惡之乃與中丞宇文融李林甫暴其過不宜處位說賜罷然帝嫉朋黨免其官使侍母歲餘復爲大夫遷刑部尙書兼河南尹帝還京師卽拜東都留守累封淸河郡公卒贈益州大都督謚曰忠始帝欲相隱甫也謂曰牛仙客可與語卿常見否對曰未也帝曰可見之隱甫終不詣他日又問對如初帝乃不用子弟或問故荅曰吾不以其人微易之也其材不逮中人可與之對耶隱甫所至潔介自守明吏治在職以彊正稱云

贊曰嚴挺之拒宰相不肯見李林甫崔隱甫違詔不屈牛仙客信剛者乎二人坐是皆不得相彼亦各申其志也管夷吾以編棧論之信曲與直不相函哉

李尙隱其先出趙郡徙貫萬年年二十舉明經再調下邽主簿州刺史姚班說其能器之神龍中左臺中丞侯令德爲關內黜陟使倚尙隱佐之以最擢左臺監察御史於是崔湜鄭愔典吏部選附勢倖銓擬不平至逆用三年員闕材廉者輒不進俄而相踵知政事尙隱與御史李懷讓顯劾其罪湜等皆斥去睦州刺史馮昭泰性鷙刻人憚其彊嘗誣繫桐廬令李師旦二百餘家爲妖蠱有詔御史覆驗皆稱病不肯往尙隱曰善良方蒙枉不爲申明可乎因請行果推雪其冤湜惜復當路乃出尙隱爲伊闕令懷讓魏令湜等伏誅玄宗知尙隱方嚴繇定州司馬擢吏部員外郎懷讓自河陽令拜兵部員外郎懷讓蓚人後歷給事中尙隱以將作少監營橋陵封高邑縣男未幾進御史中丞御史王旭招權稍不制仇家告其罪尙隱窮治具得姦贓無假借遂抵罪進兵部侍郞俄出爲蒲州刺史浮屠懷照者自言母夢日入懷生已鏤石著驗聞人馮待徵等助實其言尙隱劾處妖妄詔流懷照播州再遷河南尹尙隱性剛亮論議皆披心示誠處事分明御下不苛密尤詳練故實前後制令

誦記略無遺妖賊劉定高夜犯通洛門尙隱坐不素覺左遷桂州都督帝遣使勞曰知卿忠公然國法須爾因賜雜綵百匹遣之遷廣州都督五府經略使及還人或褒金以贈尙隱曰吾自性分不可易非畏人知也代王丘爲御史大夫時司農卿陳思問引屬吏多小人乾隱錢穀尙隱按其違贓累鉅萬思問流死嶺南改尙隱太子詹事不閱旬進戶部尙書前後更揚益二州長史東都留守爵高邑伯開元二十八年以太子賓客卒年七十五謚曰貞尙隱三入御史府輒繩惡吏不以殘摯失名所發當也素議歸重仕官未嘗以過謫惟劾詆幸臣及坐小法左遷復見用以循吏終始云自開元二十二年置京畿採訪處置等使用中丞盧奐爲之尙隱以大夫不克使丞泰以後大夫王翊崔渙李涵崔寧盧杞乃爲之

解琬魏州元城人舉幽素科中之調新政尉後自成都丞奏事稱旨擢除監察御史以喪免武后顧琬習邊事迫追西撫羌夷琬因乞終喪后嘉許之詔服除赴屯遷侍御史安撫烏質勒及十姓部落以功擢御史中丞兼北廷都護西域安撫使琬與郭元振善宗楚客惡之左授滄州刺史爲政引大體部人順附景龍中遷御史大夫兼朔方行軍大總管前後乘邊積二十年大抵務農習戰多爲長利華虜安之景雲二年復爲朔方軍大總管分遣隨軍要籍官河陽丞張冠宗肥鄉令韋景駿普安令于處忠料三城兵省其戍十萬人改右武衛大將軍兼檢校晉州刺史濟南縣男以老丐骸骨不待報輒去優詔以金紫光祿大夫致仕準品給全祿璽書勞問會吐蕃騷邊復召授左散騎常侍詔與虜定經界因請輯十姓降戶琬建言吐蕃不可以信約請調兵十萬屯秦渭間防遏其姦是冬吐蕃果入寇爲秦渭兵擊走之俄復請老不許還太子賓客年八十餘開元五年終同州刺史

唐書卷一百三十考證

裴漼弟寬刺史韋詵有女擇所宜歸○沈炳震曰舊書刺史韋銑爲按察使引爲判官以女妻之官與名俱不合

贈太子太傅○舊書作贈太子少傅

李尙隱傳刺史姚班說其能器之○臣德潛按舊書時姚珽爲同州刺史甚禮之

神龍中左臺中丞侯令德爲關內黜陟使尙隱佐之○沈炳震曰舊書景龍中爲左臺監御史

代王邱爲御史大夫○舊書作代王鉷爲御史大夫

東都留守爵高邑伯○臣德潛按新書在代王邱爲御史大夫後舊書在代王鉷前

唐書卷一百三十一

宋　端　明　殿　學　士　宋　祁　撰

列傳第五十六

宗室宰相

李適之恒山愍王孫也始名昌神龍初擢左衛郎將開元中遷累通州刺史以辦治聞按察使韓朝宗言諸朝擢秦州都督徙陝州刺史河南尹其政不苛細爲下所便玄宗患穀洛歲暴耗徭力詔適之以禁錢作三大防曰上陽積翠月陂自是水不能患刻石著功詔丞王璘書皇太子瑛署額進御史大夫二十七年兼幽州長史知節度事適之以祖被廢而父象見逐武后時葬有闕至是丐陪葬昭陵闕中詔可褒冊典物焜照都邑行道爲咨歎遷刑部尙書適之喜賓客飲酒至斗餘不亂夜宴娛晝決事案無留辭天寶元年代牛仙客爲左相累封清和縣公嘗與李林甫爭權不協林甫陰賊卽好謂適之曰華山生金采之可以富國顧上未之知適之性疏信其言他日從容爲帝道之帝喜以問林甫對曰臣知之舊矣顧華山陛下本命王氣之舍不可以穿治故不敢聞帝以林甫爲愛己而薄適之不親於是皇甫惟明韋堅裴寬韓朝宗皆適之厚善悉爲林甫所構得罪適之懼不自安乃上宰政求散職以太子少保罷欣然自以爲免禍俄坐韋堅累貶宜春太守會御史羅希奭陰被詔殺堅等貶所州縣震恐及過宜春適之懼仰藥自殺

李峴吳王恪孫也折節下士長吏治天寶時累遷京兆尹玄宗歲幸溫湯旬內巧供億以媚上峴獨無所獻帝異之楊國忠使客騫昂何盈擿安祿山陰事諷京兆捕其第得安岱李方來等與祿山反狀縊殺之祿山怒上書自言帝懼變出峴爲零陵太守峴爲政得人心時京師米翔貴百姓乃相與謠曰欲粟賤追李峴尋徙長沙丞王爲江陵大都督假峴爲長史至德初肅宗召之拜扶風太守兼御史大夫明年擢京兆尹封梁國公乾元二年以中書侍郎同中書門下平章事於是呂諲李揆第五琦同輔政而峴位望最舊事多獨決諲等不平李輔國用權制詔或不出中書百司莫敢覆峴頓首帝前極言其惡帝悟稍加檢制輔國由是讓行軍司馬然深銜峴鳳翔七馬坊押官盜掠人天興令謝夷甫殺之輔國諷其妻使訴枉詔監察御史孫鎣鞫之直夷甫其妻又訴詔御史中丞崔伯陽刑部侍郎李曄大理卿權獻爲三司訊之無異辭妻不承輔國助之乃令侍御史毛若虛覆按若虛委罪夷甫言御史用法不端伯陽怒欲質讓若虛馳入自歸帝帝留若虛簾中頃伯陽等至劾若虛傅中人失有罪帝怒叱之貶伯陽高要尉權獻杜陽尉逐李曄嶺南流鎣播州峴謂責太重入言於帝曰若虛希旨用刑亂國法陛下信爲重輕示無御史臺帝怒李揆不敢爭乃出峴爲蜀州刺史時右散騎常侍韓擇木入對帝曰峴欲專權耶乃云任毛若虛示無御史臺朕今出之尙恨法太寬擇木曰峴言直不敢專權陛下寬之秖益盛德耳代宗立改荊南節度知江淮選補使入爲禮部尙書兼宗正卿乘輿在陝由商山走帝所還京拜門下侍郎同中書門下平章事故事政事堂不接客自元載爲相中人傳詔者引升堂置榻待之峴至卽敕吏撤榻又奏常參官舉才任諫官憲官者無限員不踰月爲要近譖短遂失恩罷爲太子詹事遷吏部尙書復知江淮選改檢校兵部尙書兼衢州刺史卒年五十八初東京平陳希烈等數百人待罪議者將悉抵死帝意亦欲懲天下故崔器等附致深文峴時爲三司獨曰法有首有從情有重有輕若一切論死非陛下與天下惟新意且羯胡亂常誰不凌汙衣冠奔亡各顧其生可盡責邪陛下之親戚勳舊子若孫一日皆血鈇碪尙爲仁恕哉書稱殲厥渠魁脅從罔治況河北殘孽劫服官吏其人尙多今不開自新之路而盡誅之是堅叛者心使爲賊致死困獸猶鬬況數萬人乎於是器與呂諲皆擬擬文吏操常議不及大體尙騰賴固爭數日乃見聽衣冠蒙更生賊亦不能使人歸怨天子峴力也峴兄峘嶧峘從上皇峴翊戴肅宗以勳力相高同時爲御史大夫俱判臺事又合制封公而嶧爲戶部侍郎銀青光祿大夫同居長興里第門列三戟

李勉字玄卿鄭惠王元懿曾孫父擇言累爲州刺史封安德郡公以吏治稱張嘉貞爲益州都督性簡貴接部刺史倨甚擇言守漢州獨引同榻坐講繹政事名重當時勉少喜學內沈雅外淸整始調開封尉汴州水陸一都會俗厖錯號難治勉摧姦決隱爲有名從肅宗於靈武擢監察御史時武臣崛興無法度大將管崇嗣背闕坐笑語譁縱勉劾不恭帝歎曰吾有勉乃知朝廷之尊遷司膳員外郎關東獻俘百將卽死有歎者勉過問曰被脅而官非敢反勉入見帝曰寇亂之汙半天下其欲澡心自歸無繇如盡殺之是驅以助賊也帝馳騎完宥後歸者日至累爲河東王思禮朔方河東都統李國貞行軍司馬進梁州刺史勉假王晬南鄭令晬爲權幸所誣詔誅之勉曰方藉牧宰爲人父母豈以讒殺良吏乎卽拘晬爲請得免晬後以推擇爲龍門令果有名羌渾奴剌寇州勉不能守召爲大理少卿然天子素重其正擢太常少卿欲遂柄用而李輔國諷使下己勉不肯乃出爲汾州刺史歷河南尹徙江西觀察使屬兵睦鄰平賊屯部人父病爲蠱求厭者以木偶署勉名埋之掘治驗服勉曰是爲其父則孝也縱不誅入爲京兆尹兼御史大夫魚朝恩領國子監威寵震赫前尹黎幹諂事之須其入敕吏治數百人具以餉至是吏請勉不從曰吾候太學彼當見享軍容幸過府則修具朝恩銜之亦不復至太學尋拜嶺南節度使番禺賊馮崇道桂叛將朱濟時等負險爲亂殘十餘州勉遣將李觀率容州刺史王翃討斬之五嶺平西南夷舶歲至纔四五譏視苛謹勉旣廉潔又不暴征明年至者乃四千餘柁居官久未嘗抆飾器用車服後召歸至石門盡搜家人所蓄犀珍投江中時人謂可繼宋璟盧奐李朝隱部人叩闕請立碑頌德代宗許之進工部尙書封汧國公滑亳節度使令狐彰且死表勉爲代從之勉居鎭且八年以舊德方重不威而治東諸帥暴桀者皆尊憚之田神玉死詔勉節度汴宋未行汴將李靈耀反魏將田悅以兵來叩汴而屯勉與李忠臣馬燧合討之淮西軍據汴北河陽軍壁其東大將杜如江尹伯良與悅戰匡城不勝徙壘與靈耀合忠臣將軍李重倩夜攻其營與河陽軍合擊賊不陣潰悅走河北靈耀奔韋城爲如江所禽勉縛以獻斬闕下旣而忠臣專汴故勉還滑臺明年忠臣爲麾下所逐復詔勉移治汴德宗立就加同中書門下平章事俄爲汴宋滑亳河陽等道都統建中四年李希烈圍襄城詔勉出兵救之帝又遣神策將劉德信以兵三千援接勉奏言賊以精兵攻襄城而許必虛令兵直擣許則襄圍解不待報使其將唐漢臣與德信襲許未至數十

里有詔詰讓二將懼而還次扈澗不設備爲賊所乘殺傷什五輜械盡亡漢臣走汴德信走汝勉懼東都危復遣兵四千往戍賊斷其後不得歸於是希烈自將攻勉勉氣索嬰守累月援莫至哀兵萬人潰圍出東保睢陽興元元年勉固讓都統以檢校司徒平章事召既見帝素服待罪詔不許勉內愧取充位而已不敢有所與貞元初帝起盧杞爲刺史袁高還詔不得下帝問勉曰衆謂盧杞姦邪朕顧不知謂何勉曰天下皆知而陛下獨不知此所以爲姦邪也時韙其對然自是益見疏居相二歲辭位以太子太師罷卒年七十二贈太傅謚曰貞簡勉少貧狹客梁宋與諸生共逆旅諸生疾且死出白金曰左右無知者幸君以此爲我葬餘則君自取之勉許諾既葬密置餘金棺下後其家謁勉共啓墓出金付之位將相所得奉賜悉遺親黨身沒無贏藏其在朝廷鯁亮廉介爲宗臣表禮賢下士有終始嘗引李巡張參在幕府後二人卒至宴飲仍設虛位沃饋之遣戍兵常視其資糧春秋存問家室故能得人死力善鼓琴有所自製天下寶之樂家傳響泉韻磬勉所愛者

李夷簡字易之鄭惠王元懿四世孫以宗室子始補鄭丞德宗幸奉天朱泚外示迎天子遣使東出關至華侯吏李翼不敢問夷簡謂曰泚必反向發幽隴兵五千救襄城乃賊舊部是將追還耳上越在外召天下兵未至若凶狡還西助泚送死危禍也請驗之翼馳及潼關果得召符白于關大將駱元光乃斬賊使狀僞符獻行在詔即拜元光華州刺史元光掠功故無知者夷簡棄官去擢進士第中拔萃科調藍田尉遷監察御史坐小累下遷虔州司戶參軍九歲復爲殿中侍御史元和時至御史中丞京兆尹楊憑性驁倪始爲江南觀察使冒沒于財夷簡爲屬刺史不爲憑所禮至是發其貪憑貶臨賀尉夷簡賜金紫以戶部侍郎判度支俄檢校禮部尚書山南東道節度使初貞元時取江西兵五百戍襄陽制蔡右脅仰給度支後亡死略盡而歲取貲不置夷簡曰迹空文苟軍興可乎奏罷之閱三歲徙帥劍南西川巂州刺史王顒積姦贓屬蠻怒畔去夷簡逐顒占檄諭禍福蠻落復平始韋皐作奉聖樂于頔作順聖樂常奏之軍中夷簡輒廢去謂禮樂非諸侯可擅制語其屬曰我欲蓋前人非以詒戒後來十二年召爲御史大夫進門下侍郎同中書門下平章事李師道方叛裴度當國帝倚以平賊夷簡自謂才不能有以過度乃求外遷以檢校尚書左僕射平章事爲淮南節度使穆宗立有司方議廟號夷簡建言王者祖有功宗有德大行皇帝有武功廟宜稱祖詔公卿禮官議不合止久之請老朝廷謂夷簡齒力可任不聽以右僕射召辭不拜復以檢校左僕射兼太子少師分司東都明年卒年六十七贈太子太保夷簡致位顯處以直自閑未嘗苟辭氣悅人歷三鎮家無產貲病不迎醫將終戒毋厚葬毋事浮屠毋碑神道惟識墓則已世謂行己能有終始者

李程字表臣襄邑恭王神符五世孫也擢進士宏辭賦日五色造語警拔士流推之調藍田尉縣有滯獄十年程單言輒判京兆狀最遷監察御史召爲翰林學士再遷司勳員外郎爵渭源縣男德宗季秋出畋有寒色顧左右曰九月猶衫二月而袍不爲順時朕欲改月謂何左右稱善程獨曰玄宗著月令十月始裘不可改帝矍然止學士入署常視日影爲候程性嬾日過八塼乃至時號八塼學士元和三年出爲隨州刺史以能政賜金紫服李夷簡鎮西川辟成都少尹以兵部郎中入知制誥韓弘爲都統命程宣慰汴州歷御史中丞鄂岳觀察使還爲吏部侍郎敬宗初以本官同中書門下平章事帝沖逸好宮室畋獵功用奢廣程諫曰先王以儉德化天下陛下方諒陰未宜興作願回所費奉園陵帝嘉納又請置侍講學士選名臣備訪問加中書侍郎進彭原郡公寶曆二年檢校吏部尚書同平章事爲河東節度使徙河中召拜尚書左僕射俄檢校司空領宣武山南東道節度再爲僕射先是元和長慶時僕射視事百官皆賀四品以下官荅拜太和四年詔不荅拜王涯竇易直行之自如程循其故不自安言諸朝御史中丞李漢謂不荅拜於禮太重文宗不許聽用太和詔書議者不善也程爲人辯給多智然簡倪無儀檢雖在華密而無重望最爲帝所遇嘗曰高飛之翮長者在前卿朝廷羽翮也武宗立爲東都留守卒年七十七贈太保謚曰繆子廓第進士累遷刑部侍郎大中中拜武寧節度使不能治軍補闕鄭魯奏言新麥未登徐必亂既而果逐廓乃擢魯起居舍人

李石字中玉襄邑恭王神符五世孫元和中擢進士第辟李聽幕府從歷四鎮有材略爲吏精明聽每征伐必留石主後務大和中爲行軍司馬聽以兵北渡河令石入奏占對華敏文宗異之府罷擢工部郎中判鹽鐵案令狐楚節度河東引爲副使入遷給事中累進戶部侍郎判度支帝惡李宗閔等以黨相排背公害政凡舊臣皆疑不用取後出孤立者欲懲刈之故李訓等至宰相訓誅死乃擢石以本官同中書門下平章事仍領度支石器雄遠當軸秉權亡所撓方是時宦寺氣盛陵暴朝廷每對延英而仇士良等往往斥訓以折大臣石徐謂曰亂京師者訓注也然其進孰爲之先士良等恧縮不得對氣益奪搢紳賴以爲彊它日紫宸殿宰相進及陛帝喟而歎石進曰陛下之歎臣固未諭敢問所從帝曰朕歎治之難也且朕即位十年不能得治本故前歲有疾今茲震擾皆自取之夫託億兆之上不能以美利及百姓焉得久無事乎石曰陛下罪己當然然責治太早雖十年孜孜養德適成爾天下治不治要自今觀之且人之氣志雖賢聖猶有優劣故仲尼稱三十而立四十不惑陛下春秋少非起人間也而知人情僞今自視何如即位時帝曰有間矣石曰古之聖賢必觀書以考察往行然後成治功陛下積十年盛德日新然向所以疾戾震驚者天其固陛下之志乎誠務修將來之政視太宗致昇平之期猶不爲晚帝曰行之得至乎石曰今四海夷一唯登拔才良使小大各任其職愛人節用國有餘力下不加賦太平之術也于時大臣新族死歲苦寒外情不安帝曰人心未舒何也石曰刑殺太甚則致陰沴比鄭注多募鳳翔兵至今誅索不已臣恐緣以生變請下詔慰安之帝曰善又問柰何致太平之難鄭覃曰欲天下治莫若恤人石即贊曰恤之得術尚何太平之難陛下節用度去冗食簿最不得揹其姦則百司治百司治天下安矣帝戚然曰我思貞觀開元時以視今日即氣拂吾膺石曰治道本於上而下罔敢不率帝曰不然張元昌爲左街副使而用金唾壺比坐事誅之吾聞禁中有金烏錦袍二昔玄宗幸溫泉與楊貴妃衣之今富人時時有之石曰毛玠以清德爲魏尚書而人不敢鮮衣美食況天子獨不可爲法乎是時宰相吏卒因內變多死詔江西湖南索募直助召士力石建言宰相左右天子教化若銜正忘私宗廟神靈猶當祐之雖有盜無害也有如挾姦自欺植權黨害正直雖加之防鬼得以誅無所事於召募請直以金吾爲衛帝嘗顧鄭覃曰覃老矣當無妄試論我猶漢何等主覃曰陛下文宣主也帝曰渠敢望是石欲彊帝志使不怠因曰陛下之問而覃之對臣皆以爲非顏回匹夫耳自比於舜陛下有四海春秋富當觀得失於前日引月長以齊堯舜奈何比文宣而又自以爲不及惟陛下開肆厥志不以文宣自安則大業濟矣中人自邊還走馬入金光門道路妄言兵且至京師譁走塵起百官或韈而騎臺省吏稍稍遁去鄭覃將出石曰事未可知宜坐須其定宰相走則亂矣若變出不虞逃將安適人之所瞻不可忽也益治簿書沛然如平時里閭羣無賴望南闕陰持兵俟變金吾大將軍陳君賞率衆立望仙門內使趣閉門君賞不從日入乃止當是時非石鎮靜君賞有謀幾亂開成赦令賜京畿一歲租停方鎮正至端午三歲獻以其直代百姓配緡天下非藥物茗果它貢悉禁又罷宣索營造帝曰朕務其實不欲事空文石以異時詔令天子多自諭之因請內置赦令一通以時省覽臨遣十道黜陟使敕以政治根本使與長吏奉行之乃盡病利俄進中書侍郎帝嘗曰朕觀晉君臣以夷曠致傾覆當時卿大夫過邪石曰然古詩有之人生不滿百常懷千歲憂畏不逢也晝短苦夜長闇時多也何不秉燭游勸之照也臣願損軀命濟國家惟陛下鑒照不惑則安人彊國其庶乎又言致治之道在得人德宗多猜貳仕進之塗塞奏請輙報罷東省閉闔累月南臺惟一御史故兩河諸侯競引豪英士之喜利者多趨之用爲謀主故藩鎮日橫天子爲旰食元和間進用日廣陛下嗣位惟賢是否士皆在朝廷彼彊宇甲兵如故而低摧順屈者士不之助也帝曰天下之勢猶持衡然此首重則彼尾輕矣其爲我博選士朕且用之石奏咸陽令韓遼治興成渠渠當咸陽右十八里左直永豐倉秦漢故漕渠成起咸陽抵潼關三百里無車輓勞則轅下牛盡可耕永利秦中矣李固言曰然恐役非其時奈何帝曰以陰陽拘畏乎苟利於人朕奚慮哉石用韓益判度支案以贓敗石曰臣本以益知財利不保其貪帝曰宰相任人知則用過則棄謂之至公它宰相所用彊蔽其過此其私也三年正月將朝騎至親仁里狙盜發射石傷馬逸盜邀斫之坊門絕馬尾乃得脫天子駭愕遣使者慰撫賜良藥始命六軍衛士二十人從宰相是日京師震恐百官造朝纔十一石因臥家固辭位有詔以中書侍郎平章事爲荊南節度使始訓注亂權歸閹豎天子畏偪幾不立石起爲相以身徇國不卹近倖張權綱欲彊王室收威柄而仇士良疾之將加害帝知其然而未爲之遂罷去遣曰饗賚都關士人恨憤石讓中書侍郎換檢校兵部尚書它不聽會昌三年檢校司空徙節河東會伐潞詔以大原兵助王逢軍榆社石起橫水戍千五百人令別將楊弁領之常日軍與人賜二縑治裝會財匱而給以半士怨又促其行弁乘隙激衆以亂還兵逐石出之詔以太子少傅分司東都俄檢校吏部尚書即拜留守卒年六

十二贈尙書右僕射

弟福字能之大和中第進士楊嗣復領劒南辟幕府崔鄲輔政兼集賢殿大學士引爲校理調藍田尉後石當國薦福可任治人繇監察御史至戶部郎中累歷州刺史進諫議大夫大中時党項羌擾議者以將臣貪牟產虜怨議擇儒臣治邊乃授福夏綏銀節度使宣宗臨軒諭遣福以善政聞徙鎭鄭滑再遷兵部侍郎判度支出爲宣武節度使入遷戶部尙書會蠻攻蜀詔福持節宣撫即拜劒南西川節度使同中書門下平章事與蠻戰敗績貶蘄王傅分司東都僖宗初以檢校尙書左僕射就拜留守改山南東道節度使王仙芝寇山南福團訓鄕兵邀險須之賊不敢入轉略岳鄂以逼江陵節度使楊知溫求援於福乃自將州兵率沙陀壯騎五百赴之賊已殘江陵郛而聞福至乃走以勞檢校司空同中書門下平章事還朝以太子太傅卒

李回字昭度新興王德良六世孫本名纏字昭回避武宗諱改焉長慶中擢進士第又策賢良方正異等辟義成淮南幕府稍遷監察御史累進起居郎李德裕雅知之爲人彊幹所涖無不辦繇職方員外郎判戶部案四遷中書舍人會昌中以刑部侍郎兼御史中丞時方伐劉稹武宗慮河朔列鎭陰相締以撓兵事德裕薦回持節往諭何弘敬王元逵以澤潞邇京洛非若河北三鎭國家許世以壤地傳子孫者且稹父子無功悖誼理上以邢洺磁三州與河北比境用軍莫便魏鎭且王師不欲輕出山東請公等取三州報天子二將聽命又張仲武以幽州兵攻回鶻而與劉沔不協回至諭以大義仲武釋然即合太原軍攻潞復以回爲使督戰至蒲東王宰石雄櫜鞬謁道左回不弛行顧左右呼直史責破賊限牒宰等震恐期六旬取潞否則死之未及期三日賊平以戶部侍郎判戶部事俄進中書侍郎同中書門下平章事武宗崩爲山陵使還門下侍郎兼戶部尙書出爲劒南西川節度使以與德裕善決吳湘獄時回爲中丞坐不糾擿貶湖南觀察使俄以太子賓客分司東都給事中還制謂責回薄遂貶賀州刺史徙撫州長史卒大中九年詔復湖南觀察使贈刑部尙書

贊曰周之卿士周召毛原皆同姓國也唐宰相以宗室進者九人林甫姦諛幾亡天下李程和柔在位無所發明其餘以材稱職號賢宰相秦隋棄親侮賢皆二世而滅周唐任人不疑得親親用賢之道饗國長久嗚呼盛歟

唐書卷一百三十一考證

李勉傳明年至者乃四千餘柁○臣德潛按舊書末年至者四十餘夷舶至者四十餘未見不暴征之效也新書爲允

以太子太師罷卒○舊書作罷知政事加太子太保

李程傳寶歷二年檢校吏部尙書同平章事○沈炳震曰舊書寶歷二年罷相檢校兵部尙書同平章事

李石傳襄邑恭王神符五世孫○沈炳震曰新書不載父名舊書父朋新書宗室表名鷫

李回傳徙撫州長史卒○沈炳震曰舊書再貶撫州刺史白敏中令狐綯罷相入朝爲兵部尙書復出爲成都尹劒南西川節度卒據此非卒於撫州長史也

俄檢校吏部尙書○舊書作檢校司徒

唐書卷一百三十二

宋　端明殿學士宋祁撰

列傳第五十七

劉吳韋蔣柳沈

劉子玄名知幾以玄宗諱嫌故以字行年十二父藏器爲授古文尙書業不進父怒楚督之及聞爲諸兄講春秋左氏冒往聽退輒辨析所疑歎曰書如是兒何怠父奇其意許授左氏踰年遂通覽羣史與兄知柔俱以善文詞知名擢進士第調獲嘉主簿武后證聖初詔九品以上陳得失子玄上書議每歲一赦或一歲再赦小人之幸君子之不幸又言君不虛授臣不虛受妄受不爲忠妄施不爲惠今羣臣無功遭遇輒遷至都下有車載斗量杷推椀脫之諺又謂刺史非三載以上不可徙宜課功殿明賞罰后嘉其直不能用也時吏橫酷淫及善人公卿被誅死者踵相及子玄悼士無良而耳於禍作思愼賦以刺時蘇味道李嶠見而歎曰陸機豪士之流乎周身之道盡矣子玄與徐堅元行沖吳兢等善嘗曰海內知我者數子耳累遷鳳閣舍人兼脩國史中宗時擢太子率更令介直自守累歲不遷會天子西還子玄自乞留東都三年或言子玄身史臣而私著述驛召至京領史事遷祕書少監時宰相韋巨源紀處訥楊再思宗楚客蕭至忠皆領監修子玄病長官多意尙不一而至忠數責論次無功又仕偃蹇乃奏記求罷去因爲至忠言五不可曰古之國史皆出一家未聞藉功于衆唯漢東觀集羣儒纂述無主條章不建今史司取士滋多人自爲荀袁家自爲政駿每記一事載一言閣筆相視含毫不斷頭白可期汗靑無日一不可漢郡國計書上太史副上丞相後漢公卿所撰先集公府乃上蘭臺故史官載事爲廣今史臣唯自詢采二史不注起居百家弗通行狀二不可史局深籍禁門所以杜顏面防請謁也今作者如林傳示褒貶奏未絕口而朝野咸知孫盛取嫉權門王劭見讐貴族常人之情不能無畏三不可古者史氏各有指歸故司馬遷退處士進姦雄班固抑忠臣飾主闕今史官注記類禀監修或須直辭或當隱惡十羊九牧其令難行四不可今監者不肯指授修者又不遵奉務相推避以延歲月五不可又言朝廷厚用其才而薄其禮至忠得書悵惜不許楚客等惡其言訐切謂諸史官曰是子作書欲致吾何地始子玄修武后實錄有所改正而武三思等不聽自以爲見用於時而志不遂乃著史通內外四十九篇譏評今古徐堅讀之歎曰爲史氏者宜置此坐右也又嘗自比楊雄者四雄好雕蟲小伎老而爲悔吾幼詩賦而壯不爲期以述者自名雄準易作經當時笑之吾作史通俗以爲愚雄著書見尤於人作解嘲吾亦作釋蒙雄少爲范逡劉歆所器及聞作經以爲必覆醬瓿吾始以文章得譽晚談史傳由是減價其自感槩如此子玄內負有所未盡乃委國史於吳兢別撰劉氏家史及譜考上推漢爲陸終苗裔非堯後彭城叢亭里諸劉出楚孝王囂曾孫居巢侯般不承元王按據明審議者高其博嘗曰若得封必以居巢紹司徒舊邑後果封居巢縣子鄉人以其兄第六人俱有名號其鄉曰高陽里曰居巢里還太子左庶子兼崇文館學士皇太子將釋奠國學有司具儀從臣著衣冠乘馬子玄議古大夫以上皆乘車以馬爲騑服魏晉後以牛駕車江左尙書郎輒輕乘馬則御史劾治頗延年罷官乘馬出入閭里世稱放誕此則乘馬宜從褻服之明驗今陵廟巡謁王公冊命士庶親迎則盛服冠履乘輅車他事無車故貴賤通乘馬比法駕所幸侍臣皆馬上朝服且冠履惟可配車故博帶褒衣革履高冠是車中服襪而鐙跣而鞍非唯不師於古亦自取驚流俗馬逸人顚受嗤行路太子從之因著爲定令開元初遷左散騎常侍嘗議孝經鄭氏學非康成注舉十二條左證其謬當以古文爲正易無子夏傳老子書無河上公注請存王弼學宰相宋璟等不然其論奏與諸儒質辯博士司馬貞等阿意共黜其言請二家兼行惟子夏易傳請罷詔可會子貺爲太樂令抵罪子玄請於執政玄宗怒貶安州別駕卒年六十一子玄領國史且三十年官雖徙職常如舊禮部尙書鄭惟忠嘗問自古文士多史才少何耶對曰史有三長才學識世罕兼之故史者少夫有學無才猶愚賈操金不能殖貨有才無學猶巧匠無楩柟斧斤弗能成室善惡必書使驕君賊臣知懼此爲無可加者時以爲篤論子玄善持論辯據明銳視諸儒皆出其下朝有論著輒豫歿後帝詔河南就家寫史通讀之稱善追贈工部尙書謚曰文六子貺餗彙秩迅迥

貺字惠卿好學多所通解子玄卒有詔訪其後擢起居郎歷右拾遺內供奉獻續說苑十篇以廣漢劉向所遺而刊落怪妄貺嘗以竹書紀年序諸侯列會皆舉謚後人追修非當時正史如齊人殲于遂鄭棄其師皆孔子新意師春一篇錄卜筮事與左氏合知按春秋經傳而爲也因著外傳云子滋浹

滋字公茂通經術喜持論以蔭歷漣水令楊綰薦材堪諫官累授左補闕久之去養親東都河南尹李廙奏補功曹母喪解服除以司勳員外郎判南曹勤職奉法進至給事中興元元年以吏部侍郎知南選時大盜後旱蝗相仍吏不能詣京師故命滋至洪州調補以振職聞貞元二年擢左散騎常侍同中書門下平章事爲相無所設施廉抑畏愼而已明年罷又明年復爲吏部侍郎遷尙書會御史中丞韋貞伯劾奏吏選不實滋覆疏姓吏因得爲姦詔與侍郎杜黃裳奪階卒贈陝州大都督謚曰貞浹亦有學稱生子敦儒家東都母病狂易非笞掠人不能安左右皆亡去敦儒日侍疾體常流血母乃能下食敦儒怡然不爲痛隱留守韋夏卿表其行詔標闕于閭元和中權德輿復薦之乃授左龍武軍兵曹參軍分司東都在母喪毀瘠幾死時謂劉孝子後爲起居郎達禮好古有祖風云

餗字鼎卿天寶初歷集賢院學士兼知史官終右補闕父子三人更涖史官著史例頗有法彙左散騎常侍終荆南節度使子贊以廕仕爲鄂丞杜鴻漸自劒南還過鄂廚驛豐給楊炎薦彙名儒子擢浙西觀察判官炎入相進歙州刺史政幹彊濟野媼將爲虎噬幼女呼號搏

虎俱免觀察使韓滉表贇治有異行加金紫徙常州滉輔政分所統爲三道以贇爲宣州刺史都團練觀察使治宣十年贇本無學第以剛猛立威官吏重足一迹宣旣富饒卽厚斂廣貢奉以結恩又不能訓子皆驕傲不度素業衰矣卒贈吏部尚書謚曰敬迥以剛直稱第進士歷殿中侍御史佐江淮轉運使時新更安史亂迥僶運財賦力于職大歷初爲吉州刺史治行尤異累遷給事中

秩字祚卿開元末歷左監門衞錄事參軍事稍遷憲部員外郎坐小累下除隴西司馬安祿山反哥舒翰守潼關楊國忠欲奪其兵秩上言翰兵天下成敗所繫不可忽房琯見其書以比劉更生至德初遷給事中久之出爲閬州刺史貶撫州長史卒所著政典止戈記至德新議等凡數十篇

迅字捷卿歷京兆功曹參軍事常寢疾房琯聞憂不寐曰捷卿有不諱天理欺矣陳郡殷寅名知人見迅歎曰今黃叔度也劉晏每聞其論曰皇王之道盡矣上元中避地安康卒迅續詩書春秋禮樂五說書成語人曰天下滔滔知我者希終不以示人云

吳兢汴州浚儀人少厲志貫知經史方直寡諧比惟與魏元忠朱敬則游二人者當路薦兢才堪論譔詔直史館修國史遷右拾遺內供奉神龍中改右補闕節閔太子難姦臣誣構安國相王與謀朝廷大恐兢上言文明後皇運不殊如帶陛下龍興恩被骨肉相王與陛下同氣親莫加焉今賊臣日夜陰謀必欲寘之極法相王仁孝遭荼苦哀毀以陛下爲命而自託於手足若信邪佞委之於法傷陛下之恩失天下望芟刈股肱獨任胷臆可爲寒心自昔翦伐宗支委任異姓未有不亡者秦任趙高漢任王莽晉家自相魚肉隋室猜忌子弟海內麋沸驗之覆車安可重跡且根朽者葉枯源涸者流竭子弟國之根源可使枯竭哉皇家枝榦夷芟略盡陛下卽位四年一子弄兵被誅一子以罪謫去惟相王朝夕左右斗粟之刺蒼蠅之詩不可不察伏願陛下全常棣之恩慰罔極之心天下幸甚累遷起居郎與劉子玄徐堅等並職玄宗初立收還權綱銳於決事羣臣畏伏兢慮帝果而不及精乃上疏曰自古人臣不諫則國危諫則身危臣愚食陛下祿不敢避身危之禍比見上封事者言有可采但賜束帛而已未嘗蒙召見被拔擢其忤旨則朝堂決杖傳送本州或死於流貶由是臣下不敢進諫古者設誹謗木欲聞己過今封事謗木比也使所言是有益於國使所言非無累於朝陛下何遽加斥逐以杜塞直言道路流傳相視怪愕夫漢高帝赦周昌桀紂之對晉武帝受劉毅桓靈之譏況陛下豁達大度不能容此狂直耶夫人主居尊極之位顓生殺之權其爲威嚴峻矣開情抱納諫諍下猶懼不敢盡柰何以爲罪且上有所失下必知之故鄭人欲毀鄉校而子產不聽也陛下初卽位猶有褚无量張廷珪韓思復辛替否柳澤袁楚客等數上疏爭時政得失自頃上封事往往得罪諫者頓少是鵲巢覆而鳳不至理之然也臣誠恐天下骨鯁士以讜言爲戒撓直就曲斲方爲刓偷合苟容不復能盡節忘身納君於道矣夫帝王之德莫盛於納諫故曰木從繩則正后從諫則聖又曰朝有諷諫猶髮之有梳猛虎在山林藜藿爲之不采忠諫之有益如此自古上聖之君恐不聞己過故堯設諫鼓禹拜昌言不肖之主自謂聖智拒諫害忠桀殺關龍逢而滅於湯紂殺王子比干而滅於周此其驗也夫與治同道罔不興與亂同道罔不亡人將疾必先不甘魚肉之味國將亡必先不甘忠諫之說嗚呼惟陛下深監于茲哉隋煬帝驕矜自負以爲堯舜莫己若而諱亡憎諫乃曰有諫我者當時不殺後必殺之大臣蘇威欲開一言不敢發因五月五日獻古文尚書帝以爲訕己卽除名蕭瑀諫無伐遼出爲河西郡守董純諫無幸江都就獄賜死自是蹇諤之士去而不顧外雖有變朝臣鉗口帝不知也身死人手子孫勦絕爲天下笑太宗皇帝好悅至言時有魏徵王珪虞世南李大亮岑文本劉洎馬周褚遂良杜正倫高季輔咸以切諫引居要職嘗謂宰相曰自知者爲難如文人巧工自謂己長若使達者大匠詆訶商略則蕪辭拙跡見矣天下萬機一人聽斷雖甚憂勞不能盡善今魏徵隨事諫正多中朕失如明鑑照形美惡畢見當是時有上書益於政者皆黏寢殿之壁坐望臥觀雖狂瞽逆意終不以爲忤故外事必聞刑戮幾措禮義大行陛下何不遵此道與聖祖繼美乎夫以一人之意綜萬方之政明有所不燭智有所不周上心未諭於下下情未達於上伏惟以虛受人博覽兼聽使深者不隱遠者不塞所謂闢四門明四目也其能直言正諫不避死亡之誅者特加寵榮待以不次則失之東隅冀得之桑榆矣尋以母喪去官服除自陳修史有緒家貧不能具紙筆願得少祿以終餘功有詔拜諫議大夫復修史睿宗崩實錄留東都詔兢馳驛取進梓宮以父喪解宰相張說用趙冬曦代之終喪爲太子左庶子開元十三年帝東封太山道中數馳射爲樂兢諫曰方登岱告成不當逐狡獸使有垂堂之危朽株之殆帝納之明年六月大風詔羣臣陳得失兢上疏曰自春以來亢陽不雨乃六月戊午大風拔樹壞居人廬舍傳曰敬德不用厥災旱上下蔽隔庶位踰節陰侵於陽則旱災應又曰政悖德隱厥風發屋壞木風陰類大臣之象恐陛下左右有姦臣擅權懷謀上之心臣聞百王之失皆由權移於下故曰人主與人權猶倒持太阿授之以柄夫天降災異欲人主感悟願深察天變杜絕其萌且陛下承天后和帝之亂府庫未充冗員尚繁戶口流散法出多門賕謁大行趨競彌廣此弊未革寔陛下庶政之闕也臣不勝惓惓願斥屏羣小不爲慢游出不御之女減不急之馬明選舉愼刑罰杜僥倖存至公雖有旱風之變不足累聖德矣始兢在長安景龍間任史事時武三思張易之等監領阿貴朋佞釀澤浮辭事多不實兢不得志私撰唐書唐春秋未就至是丐官筆札冀得成書詔兢就集賢院論次時張說罷宰相在家修史大臣奏國史不容在外詔兢等赴館撰錄進封長垣縣男久之坐書事不當貶荆州司馬以史草自隨蕭嵩領國史奏遣使者就兢取書得六十餘篇累遷洪州刺史坐累下除舒州天寶初入爲恒王傅雖年老衰僂甚意猶願還史職李林甫嫌其衰不用卒年八十兢敘事簡核號良史晚節稍疎牾時人病其太簡初與劉子玄撰定武后實錄敘張昌宗誘張說誣證魏元忠事頗言說已然可賴宋璟等邀勵苦切故轉禍爲忠不然皇嗣且殆後說爲相讀之心不善知兢所爲卽從容謬謂曰劉生書魏齊公事不少假借柰何兢曰子玄已亡不可受誣地下兢實書之其草故在聞者歎其直說屢以情蘄改辭曰徇公之情何名實錄卒不改世謂今董狐云

韋述弘機曾孫家廚書二千卷述爲兒時誦憶略徧父景駿景龍中爲肥鄉令述從到官元行沖景駿姑子也爲時儒宗常載書數車自隨述入其室觀書不知寢食行沖異之試與語前世事孰復詳諦如指掌然使屬文受紙輒就行沖曰外家之寶也擧進士時述方少儀質陋倪考功員外郎宋之問曰童子何業述曰性嗜書所撰唐春秋三十篇恨未畢它唯命之問曰本求茂才乃得遷固邃上第開元初爲櫟陽尉祕書監馬懷素奏述與諸儒卽祕書續七志五年而成述好譜學見柳沖所撰姓族系錄每私寫懷之還舍則又繕錄故於百氏源泒爲詳乃更撰開元譜二十篇累除右補闕張說旣領集賢院薦述爲直學士遷起居舍人從封太山奏東封記有詔褒美先是詔修六典徐堅構意歲餘歎曰吾更修七書而六典歷年未有所適及蕭嵩引述撰定述始摹周六官領其屬事歸於職規制遂定初令狐德棻吳兢等譔武德以來國史皆不能成述因二家參以後事遂分紀傳又爲例一篇嵩欲蚤就復奏起居舍人賈登著作佐郎李銳助述綿績逮成文約事詳蕭穎士以爲譙周陳壽之流改國子司業集賢學士累遷工部侍郎封方城縣侯述典掌圖書餘四十年任史官二十年澹榮利爲人純厚長者當世宗之接士無貴賤與均蓄書二萬卷皆手校定黃墨精謹內祕書不逮也古草隸帖祕書古器圖譜無不備安祿山亂剽失皆盡述獨抱國史藏南山身陷賊汚僞官賊平流渝州爲刺史薛舒所困不食死廣德初甥蕭直爲李光弼判官詣闕奏事稱旨因理述倉卒奔逼能存國史賊平盡送史官于休烈以功補過宜蒙恩宥有詔贈右散騎常侍韋氏之顯者孝友詞學則承慶嗣立遂音樂有萬石逵禮儀則叔夏史才博識有述所著書二百餘篇行於時弟逌迪學業亦亞述與逌並禮官搢紳高之時趙冬曦兄弟亦各有名張說嘗曰韋趙兄弟人之杞梓云

蔣乂字德源常州義興人徙家河南祖瓌開元中弘文館學士父將明天寶末辟河中使府安祿山反以計佐其帥全幷潞等州兩京陷被拘乃陽狂以免號王巨引致幕府歷侍御史擢左司郎中國子司業集賢殿學士乂性銳敏七歲時見庾信哀江南賦再讀輒誦外祖吳兢位史官乂幼從外家學得其書博覽彊記逮冠該綜羣籍有史才司徒楊綰尤稱之將明在集賢值兵興圖籍殽舛白宰相請引乂入院助力整比宰相張鎰亦奇之署集賢小職乂料次踰年各以部分得善書二萬卷再遷王屋尉克太常禮院修撰貞元九年擢右拾遺史館修撰德宗重其職先召見延英乃命之張孝忠子茂宗尚義章公主母亡遺言丐成禮帝念孝忠功卽日召爲左衞將軍許主下降乂上疏以爲墨縗禮本緣金革未有奪喪尚主者繆盭典禮違人情不可爲法帝令中使者諭茂宗之母之請乂意殊堅帝曰卿所言古禮也今俗借吉而婚不爲少對曰俚室窮人子旁無至親乃有借吉以嫁不聞男冒凶而娶陛下建中詔書郡縣主當婚皆使有司循典故毋用俗儀公主春秋少待年不爲晚請茂宗如禮便帝曰更思之會太常博士韋彤裴堪諫曰婚禮主人几筵聽命稱事立文謂之嘉所以承

宗廟繼後嗣也喪禮創巨者日久痛甚者愈遲二十五月而畢謂之凶所以送死報終示有節也故夫義婦聽父慈子孝昔魯侯改服晉襄墨縗金革事則有權變安有釋縗服衣冕裳去至室行親迎以凶瀆嘉爲朝廷爽法疏入帝迂其言促行前詔然心嘉乂有守十八年遷起居舍人轉司勳員外皆兼史任帝嘗登凌煙閣視左壁頹剝題文漫缺行纔數字命錄以問宰相無能知者遽召乂至答曰此聖歷中侍臣圖贊帝前口以誦補不失一字帝歎曰雖虞世南默寫列女傳不是過會詔問神策軍建置本末中書討求不獲時集賢學士甚衆悉亡以對乃訪乂乂條據甚詳宰相高郢鄭珣瑜歎曰集賢有人哉明日詔兼判集賢院事父子爲學士儒者榮之順宗既葬議祧廟有司以中宗中興之君當百代不遷宰相問乂乂曰中宗卽位春秋已壯而母后篡奪以移神器賴張柬之等國祚再復蓋曰反正不得爲中興凡非我失之自我復之爲中興漢光武晉元是也自我失之因人復之晉孝惠孝安是也今中宗與惠安二帝同不可爲不遷主有司疑曰五王有安社稷功若遷中宗則配饗永絕乂曰禘祫功臣乃合食太廟中宗廟雖毀而禘祫並陳太廟此則五王配食與初一也由是遷廟遂定遷兵部郎中與許孟容韋貫之刪正制敕三十篇爲開元格後敕李錡誅詔宗正削一房屬籍宰相召乂問一房自大功可乎答曰大功錡之從父昆弟其祖神通有功配饗於廟雖裔孫之惡而忘其勳不可自朞可乎曰朞者錡昆弟其父若幽死社稷今以錡連坐不可執政然之故罪止錡及子息無旁坐者未幾改祕書少監復兼史館修撰與獨孤郁韋處厚修德宗實錄以勞遷右諫議大夫裴垍罷宰相而李吉甫惡垍以嘗監修故授乂太常少卿久之遷祕書監累封義興縣公卒年七十五贈禮部尚書諡曰懿乂在朝廷久居史職二十年每有大政事議論宰相未能決必咨訪之乂據經義或舊章以參時事其對允切該詳初以是被遇終亦忤貴近介介不至顯官然資質樸直遇權臣秉政輒數歲不遷嘗疏裴延齡罪惡及拒王叔文當世高之結髮志學老而不厭雖甚寒暑卷不釋于前故能通百家學尤明前世沿革家藏書至萬五千卷初名武憲宗時因進見請曰陛下今日偃武修文羣臣當順承上意請改名乂帝悅時討王承宗兵方罷乂恐天子銳於武亦因以諷它日帝見侍御史唐武曰命名固多何必曰武乂既改之矣更曰慶羣臣乃知帝且猒兵云乂論譔百餘篇五子係伸偕知名仙佶皆位刺史

係善屬文得父典實大和初授昭應尉直史館明年拜右拾遺史館修撰與沈傳師鄭澣陳夷行李漢參撰憲宗實錄轉右補闕宋申錫被誣文宗怒甚係與左常侍崔玄亮涕泣苦諍申錫得不死歷膳部員外工禮兵三部郎中皆兼史職開成末轉諫議大夫宰相李德裕惡李漢以係友婿出爲桂管觀察使人安其治復坐漢貶唐州刺史宣宗立召爲給事中集賢殿學士判院事轉吏部侍郎歷興元鳳翔節度使懿宗初拜兵部尚書以弟伸位丞相懇辭乃檢校尚書右僕射節度山南東道封淮陽郡公徙東都留守卒子曙字耀之咸通末由進士第署鄂岳團練判官除虞工二部員外郎改起居郎黃巢之難曙闔門無噍類以是絕意仕進隱居沈痛中和二年表請爲道士許之

伸字大直第進士大中二年以右補闕爲史館修撰轉駕部郎中知制誥白敏中領邠寧節度表伸自副加右庶子入知戶部侍郎九年爲翰林學士進承旨十年改兵部侍郎判戶部宣宗雅信愛伸每見必咨天下得失伸言比爵賞稍易人且偷帝愕然曰偷則亂矣伸曰否非遽亂但人有覬心亂由是生帝嗟嘆伸三起三留曰它日不復獨對卿矣伸不諭未幾以本官同中書門下平章事踰四月解戶部加中書侍郎懿宗卽位兼刑部尚書監修國史咸通二年出爲河中節度使同中書門下平章事徙宣武俄以太子少保分司東都七年用爲華州刺史再遷太子太傅表乞骸骨以本官致仕卒贈太尉

偕以父任歷右拾遺史館修撰轉補闕主客郎中初柳芳作唐歷大歷以後闕而不錄宣宗詔崔龜從韋澳李荀張彥遠及偕等分年撰次盡元和以續云累遷太常少卿大中八年與盧耽牛叢王渢盧告撰次文宗實錄蔣氏世禪儒唯伸及係子兆能以辭章取進士第然不爲文士所多三世踵修國史世稱良筆咸云蔣氏日歷天下多藏焉

柳芳字仲敷蒲州河東人開元末擢進士第由永寧尉直史館肅宗詔芳與韋述綴輯吳兢所次國史會述死芳緒成之興高祖訖乾元凡百三十篇敘天寶後事棄取不倫史官病之上元中坐事徙黔中後歷左金吾衛騎曹參軍史館修撰然芳篤志論著不少選忘厭承寇亂史籍淪缺芳始謫時高力士亦貶巫州因從力士質開元天寶及禁中事具識本末時國史已送官不可追刋乃推衍義類倣編年法爲唐歷四十篇頗有異聞然不立褒貶義例爲諸儒譏訕改右司郎中集賢殿學士卒子登冕

登字成伯淹貫羣書年六十餘始仕官元和初爲大理少卿與許孟容等刋正敕格以病改右散騎常侍致仕卒年九十餘贈工部尚書

子璟字德輝寶歷初第進士宏詞三遷監察御史時郊廟告祭吏部以雜品攝上公璟據開元元和詔書太尉以宰相攝事司空司徒以僕射尚書師傅攝餘司不及差限請如舊制從之累遷吏部員外郎文宗開成初爲翰林學士初芳永泰中按宗正諜斷自武德以昭穆系承撰永泰新譜二十篇璟因召對帝歎新譜詳悉詔璟攟摭永泰後事綴成之復爲十篇戶部供筆札稟料遷中書舍人武宗立轉禮部侍郎璟爲人寬信好接士稱人之長游其門者它日皆顯於世會昌二年再主貢部坐其子招賄貶信州司馬終郴州刺史

冕字敬叔博學富文辭且世史官父子並居集賢院歷右補闕史館修撰坐善劉晏貶巴州司戶參軍還爲太常博士昭德王皇后崩冕與張薦議皇太子宜依晉魏卒哭除服左補闕穆質請依禮朞而除冕議見用德宗旣親郊廟愼祠事動稽典禮冕以吏部郎中攝太常博士與薦及司封郎中徐岱倉部郎中陸質修飭儀矩帝疑郊廟每升輒去劒履及象劒尺寸祝語輕重冕據禮以對本末詳明天子嘉異久之以論議勁切執政不善出爲婺州刺史十三年兼御史中丞福建觀察使自以久疏斥又性躁狷不能無恨乃上表乞代且推明朝覲之意曰臣竊感江漢朝宗之誼鹿鳴君臣之讌頌聲之作王道本始國家自兵興不遑議禮方牧未朝讌樂久缺臣限一切之制例無朝集目不覩朝廷之禮耳不聞宗廟之樂足不踐軒墀之地十有二年于茲矣夫朝會禮之本也唐虞之制羣后四朝以明黜陟商周之盛五歲一見以考制度漢法三載上計以會課最聖唐稽古天下朝集三考一見皆以十月上計京師十一月禮見會尚書省應考績事元日陳貢篚集於考堂唱其考第進賢以興善簡不肖以黜惡自安史亂常始有專地四方多故始有不朝之臣恃險或不悔過臣忝牧圉之寄憤不朝之臣思一入覲率先天下使君臣之義親而不疏朝覲之禮廢而復舉誠恐負薪溘先朝露覲禮不展臣之憂也比聞諸將帥亡殁者衆臣自憚何德以堪久長鄉國人情之不忘也闕庭臣子所戀也朝覲國家大禮也三者臣之大願表累上其辭哀切德宗許還會冕奏閩中本南朝畜牧地可息羊馬置牧區於東越名萬安監又置五區於泉州悉索部內馬驢牛羊合萬餘游畜之不經時死耗略盡復調充之民間怨苦坐政無狀代還卒贈工部尚書

沈既濟蘇州吳人經學該明吏部侍郎楊炎雅善之既執政薦既濟有良史才召拜左拾遺史館修撰初吳兢撰國史爲則天本紀次高宗下既濟奏議以爲則天皇后進以彊有退非德讓史臣追書當稱爲太后不宜曰上中宗雖降居藩邸而體元繼代本吾君也宜稱皇帝不宜曰廬陵王睿宗在景龍前天命未集假臨大寶於誼無名宜曰相王未容曰帝且則天改周正朔立七廟天命革矣今以周厠唐列爲帝紀考于禮經是謂亂名中宗嗣位在太后前而敘年製紀反居其下方之躋僖公是謂不智昔漢高后稱制獨有王諸呂爲負漢約無遷鼎革命事時孝惠已殁子非劉氏不紀呂后尚誰與哉議者猶謂不可況中宗以始年卽位季年復祚雖尊名中奪而天命未改足以首事表年何所拘閡而列爲二紀魯昭公之出春秋歲書其居曰公在乾侯君在雖失位不敢廢也請省天后紀合中宗紀每歲首必書孝和在所以統之曰皇帝在房陵太后行某事改某制紀稱中宗而事述太后名不失正禮不違常矣夫正名所以尊王室書法所以觀後嗣且太后遺制自去帝號及孝和上謚開元冊命而后之名不易今祔陵配廟皆以后禮而獨承統于帝是有司不時正失先旨若后姓氏名諱才藝智略崩葬日月宜入皇后傳題其篇曰則天順聖武皇后云議不行德宗立銳于治建中二年詔中書門下兩省分置待詔官三十以見官故官若同正試攝九品以上者視品給俸至稟餼幹力什器館宇悉有差權公錢收子贍用度既濟諫曰今日之治患在官煩不患員少患不問不患無人兩省官自常侍諫議補闕拾遺四十員日止兩人待對缺員二十一員未補若謂見官不足與議則當更選其人若廣聰明以收淹滯先補其闕何事官外置官夫置錢取息有司之權制非經治法今置員三十大抵費月不減百萬以息準本須二千萬得息百萬配戶二百又當復除其家且得入流所損尤甚今關輔大病皆言百司息錢毀室破產積府縣未有以革臣計天下財賦耗斁大者唯二事一兵資二官俸自它費十不當二者一所以黎人重困杼軸空虛何則四方形勢兵未可去資費雖廣不獲已爲之又益

以閑官冗食其弊奈何藉舊而置猶可若之何加焉事遂寢炎得罪既濟坐貶處州司戶參軍後入朝位禮部員外郎卒撰建中實錄時稱其能子傳師

傳師字子言材行有餘能治春秋工書有楷法少爲杜佑所器貞元末舉進士時給事中許孟容禮部侍郎權德輿樂挽轂士號權許德輿稱之於孟容孟容曰我故人子盍不過我傳師往見謝曰聞之丈人脫中第則累公舉矣故不敢進孟容曰如子可使我急賢詣子不可使子因舊見我遂擢第德輿門生七十人推爲顏子復登制科授太子校書郎以鄠尉直史館轉右拾遺左補闕史館修撰遷司門員外郎知制誥召入翰林爲學士改中書舍人翰林缺承旨次當傳師穆宗欲面命辭曰學士院長參天子密議次爲宰相臣自知必不能願治人一方爲陛下長養之因稱疾出帝遣中使敦召李德裕素與善開曉譬切終不出遂以本官兼史職俄出爲湖南觀察使方傳師與修憲宗實錄未成監修杜元潁因建言張說令狐峘在外官論次國書今褒史殘課請付傳師卽官下成之詔可寶曆二年入拜尚書右丞復出江西觀察使徙宣州傳師於吏治明吏不敢罔愼重刑法每斷獄召幕府平處輕重盡合乃論決嘗擇邸吏尹倫遲魯不及事官屬屢白易之傳師曰始吾出長安誡倫曰可闕事不可多事倫如是足矣故所莅以廉靖聞入爲吏部侍郎卒年五十九贈尚書傳師性夷粹無競更二鎭十年無書賄入權家初拜官宰相欲以姻私託幕府者傳師固拒曰誠爾願罷所授故其僚佐如李景讓蕭寘杜牧極當時選云治家不威嚴閨門自化兄弟子姓屬無親疏衣服飲食如一問餉姻家故人帑無儲錢鬻宅以葬子詢字誠之亦能文辭會昌初第進士補渭南尉累遷中書舍人出爲浙東觀察使除戶部侍郎判度支咸通四年爲昭義節度使治尚簡易人皆便安奴私侍兒詢將戮之奴懼結牙將爲亂夜攻詢滅其家贈兵部尚書左散騎常侍劉潼代爲節度馳至剄奴心祭其靈坐

贊曰唐興史官秉筆衆矣然垂三百年業鉅事叢簡策挐繁其間巨盜再興圖典焚逸大中以後史錄不存雖論著之人隨世裒掇而疏舛殘餘本末顚倒故聖主賢臣叛人佞子善惡汨汨有所未盡可爲永愾者矣又舊史之文猥釀不綱淺則入俚簡則及漏寧當時儒者有所諱而不得騁耶或因淺仍俗不足於文也亦有待于後取當而行遠耶何知幾以來工訶古人而拙於用已歟自韓愈爲順宗實錄議者鬨然不息卒竄定無完篇乃知爲史者亦難言之游夏不能措辭於春秋果可信已

唐書卷一百三十二考證

柳登子璟○舊書作晃子

柳芳子冕坐政無狀代還卒贈工部尚書○沈炳震曰舊書以政無狀詔以閻濟美代歸而卒無贈工部尚書之文譌尚書者係冕之兄登

沈既濟子傳師轉右拾遺左補闕史館修撰○舊書作左拾遺

寶歷二年入拜尚書右丞○舊書作尚書左丞

唐書卷一百三十三

宋 端 明 殿 學 士 宋 祁 撰

列傳第五十八

二郭兩王張牛

郭虔瓘齊州歷城人開元初錄軍閥遷累右驍衞將軍兼北廷都護金山道副大總管明年突厥默啜子同俄特勤圍北廷虔瓘飭壘自守同俄單騎馳城下勇士狙道左突斬之虜亡酋長相率丐降請悉軍中所資贖同俄死聞已斬舉軍慟哭去虔瓘以功授冠軍大將軍安西副大都護封潞國公建募關中兵萬人擊餘寇遂前功有詔募士給公乘在所續食將作大匠韋湊上言漢徙豪族以實關中今畿輔戶口逋耗異時戎虜入盜丁壯悉行不宜更募驍勇以空京甸資荒服萬人所過遞馱熟饔亘六千里州縣安所供億秦隴以西多沙磧少居人若河而濟縱有克獲其補幾何儻稽天誅則談大事不省既而虔瓘果不見虜還遷涼州刺史河西節度大使進右威衞大將軍四年奏家奴八人有戰功求爲游擊將軍宰相劾其恃功亂綱紀不可聽罷之陝王爲安西都護詔虔瓘爲副虔瓘與安撫招慰十姓可汗使阿史那獻數持異交訴諸朝玄宗遣左衞中郎將王惠齎詔書諭解曰朕聞師克在和不在衆以虔瓘獻宿將當捨嫌窒隙戮力國家自開西鎭列諸軍戍有定區軍有常額卿等所統蕃漢雜之在乎善用何必加募或云突騎施圍石城獻所致也葛邏祿稱兵虔瓘所沮也大將不協小人以逞何功可圖昔相如能詘廉頗寇恂不吝賈復宜各曠然終承朕命令賜帛二千段及佗珍器俾諒朕意虔瓘奉詔人之卒軍中以張孝嵩爲安西副都護孝嵩偉姿貌及進士第而慷慨好兵在安西勸田訓士府庫盈饒徙太原尹卒以黃門侍郎杜暹代

郭知運字逢時瓜州晉昌人長七尺猿臂虎口以格鬬功累補秦州三度府果毅從郭虔瓘破突厥有功加右驍衞將軍封介休縣公吐蕃將坌達延乞力徐寇渭源盜牧馬詔知運與薛訥王晙等相掎角敗之進階冠軍大將軍兼臨洮軍使封太原郡公賜賚萬計徙隴右諸軍節度大使鄯州都督突厥降戶阿悉爛跌跌思泰率衆叛執單于都護張知運詔以朔方兵追擊至黑山呼延谷敗之虜棄仗走取副都護還詔知運兼隴右經略使營柳城開元五年大破吐蕃獻俘京師明年復出將輕兵丙夜至九曲獲精甲名馬犂牛甚衆既獻獲詔分賜文武五品以上淸官及朝集使三品者進兼鴻臚卿攝御史中丞六州胡康待賓反率王晙討平之拜左武衞大將軍授一子官賜金帛九年卒于軍年五十五贈涼州都督知運屯西方戎夷畏憚與王君㚟功名略等時號王郭帝詔中書令張說紀其功於墓碑上元中配饗太公廟永泰初謚曰威子英傑英乂

英傑字孟武爲左衞將軍幽州副總管開元二十三年長史薛楚玉遣英傑與裨將吳克勤烏知義羅守忠帥萬騎及奚衆討契丹屯榆關契丹酋長可突于拒戰都山下奚衆貳官軍不利知義守忠引麾下遁去英傑克勤力戰死其下尚六千人殊死戰虜示以英傑首終不屈師遂殲

英乂字元武以武勇有名河隴間累遷諸衞員外將軍哥舒翰見之曰是當代吾節制者祿山亂拜秦州都督隴右採訪使賊將高嵩擁兵入汧隴英乂僞勞之且具饗既而伏兵發盡虜其衆至德二載加隴右節度使召還改羽林軍大將軍掌衞兵以喪去職史思明陷洛陽謀掠陳蔡詔英乂統淮南節度兵賊叩陝虢又改陝西節度潼關防禦使進御史大夫兼神策軍節度使代宗卽位以檢校戶部尚書兼大夫雍王率諸將討賊洛陽留英乂殿于陝東都平權知留守無檢御才其麾下與朔方回紇遂大掠都城及鄭汝環千里無居人以功實封三百戶召拜尚書右僕射封定襄郡王日驕蹇爲侈汰陰事宰相元載以久其權未幾嚴武死成都乃拜劍南節度使自以有內主故肆志無所憚初玄宗在蜀時舊宮爲道士祠冶金作帝象盡繪乘輿侍衞每尹至先拜祠後視事英乂愛其地勝選輒壞繪像自居之衆始不平又敎女伎乘驢擊毬鈿鞍寶勒及宅服用日無慮數萬費以資倡樂未嘗問民間事爲政苛暴人以目相謂怨崔寧不已同也出兵襲寧不克寧因人之怨率麾下五千直擣成都英乂拒戰衆皆反戈內攻乃奔簡州次靈池普州刺史韓澄斬首送寧遂屠其家

王君㚟字威明瓜州常樂人初事郭知運爲別奏累功至右衞副率知運卒代爲河西隴右節度使右羽林軍將軍判涼州都督事開元十四年吐蕃酋悉諾邏寇大斗拔谷君㚟間其怠率秦州都督張景順乘冰度青海襲破之以功遷大將軍封晉昌縣伯拜其父壽爲少府監聽不事君㚟凱旋玄宗宴君㚟及妻夏於廣達樓賜金帛夏亦自以戰功封武威郡夫人俄而吐蕃陷瓜州執刺史田元獻及壽殺居人取資糧進攻玉門軍使人謂君㚟曰將軍常自以忠勇今不一進戰奈何君㚟登陴西向哭兵不敢出初涼州有回紇契苾思結渾四部世爲酋長君㚟微時數往來爲所輕及節度河西回紇等頗鞅鞅恥爲下君㚟怒數督過之既怨望潛遣人至東都言狀君㚟間驛奏四部有叛謀帝使中人卽訊回紇不能自直於是瀚海大都督回紇承宗流瀼州渾大得流吉州賀蘭都督契苾承明流藤州盧山都督思結歸國流瓊州而承宗黨瀚海州司馬護輸等益不平思有以復怨會吐蕃使間道走突厥君㚟率騎到肅州掩取之還至甘州護輸狙兵發奪君㚟節殺左右親吏剖其心曰是始謀者君㚟引帳下力戰兵盡乃死輸欲以尸奔吐蕃追兵至乃棄尸去帝痛惜之贈特進荆州大都督以喪還京師官護其葬詔張說刻文墓碑帝自書以寵之始吐蕃寇瓜州分遣莽布支攻常樂令賈師順乘城守俄而瓜州陷悉諾邏并兵攻之數日虜衆有姻家在城中使夜見師順曰州已失守虜悉衆來孤城渠可久不早降以全噍類乎師順曰吾受天子命守此義不可下賊數日又說師順曰明府不降吾衆且還宜有以贈我師順請脫士卒衣襦悉諾邏知無有乃夜徹營去毀瓜州城師順開門收器械復完守備吐蕃果使精騎還襲見有備乃去以功遷鄯州都督隴右節度使師

順，岐州人，終左領軍將軍。

張守珪陝州河北人姿幹瓌壯慷慨尚節義善騎射以平樂府別駕從郭虔瓘守北庭突厥侵輪臺遣守珪往援中道逢賊苦戰斬首千餘級禽頡斤一人開元初虜復攻北庭守珪從儳道奏事京師因上書言利害請引兵出蒲昌輪臺夾擊賊再遷幽州良杜府果毅時盧齊卿爲刺史器之引與共榻坐謂曰不十年子當節度是州爲國重將願以子孫託可僚屬相期邪稍遷建康軍使王君㚟死河西震懼詔以守珪爲瓜州刺史墨離軍使督餘衆完故城版築方立虜奄至衆失色守珪曰創夷之餘詎可矢石相确須權以勝之遂置酒城上會諸將作樂虜疑有備不敢攻引去守珪縱兵擊敗之於是脩復位署招流亡使復業有詔以瓜州爲都督府即詔守珪爲都督州地沙瘠不可藝常潴雪水溉田是時渠堨爲虜毀材木無所出守珪密禱于神一昔水暴至大木數千章塞流下因取之脩復堰坊耕者如舊州人神之刻石紀事遷鄯州刺史隴右節度使徙幽州長史河北節度副大使俄加採訪處置等使契丹奚連年梗邊牙官可突于胡有謀者前長史趙含章薛楚玉等不能制守珪至每戰輒勝虜遂大敗帝喜詔有司告九廟契丹會屈刺及突于恐懼乃遣使詐降守珪得其情遣右衞騎曹王悔詣部計事屈刺無降意徙帳稍西北密引突厥衆將殺悔以叛契丹別帥李過折與突于爭權不叶悔因誘之夜斬屈刺及突于盡滅其黨以衆降守珪次紫蒙州大閱軍實賞將士傳屈刺突于首於東都二十三年入見天子會藉田畢即酺燕爲守珪飲至帝賦詩寵之加拜輔國大將軍右羽林大將軍賜金綵授二子官詔立碑紀功久之復討契丹餘黨于捺祿山因獲不訾會裨將趙堪白眞陀羅等矯使平盧軍使烏知義度湟水邀叛奚且蹂其稼知義辭不往眞陀羅矯詔脅之知義與虜鬬不勝還守珪匿其敗但上克獲狀事頗泄帝遣謁者牛仙童按實守珪逼眞陀羅自殺厚賂使者還奏如狀後仙童以贓敗事逮守珪以功貶括州刺史疽發背死子獻誠

獻誠天寶末陷安祿山授僞署後事史思明將兵數萬守汴州東都平史朝義走還汴獻誠不內藉所統兵以州降詔即拜汴州刺史封南鄧郡公改寶應軍左廂兵馬使更封鄧國公旣來朝代宗禮賜尤渥擢山南西道節度使討南山劇賊高玉禽之俄兼劍南東川節度時崔旰殺郭英乂獻誠率衆戰梓州大敗大曆三年以疾歸京師舉其弟獻恭自代以檢校戶部尚書知省事病甚固乞辭位卒始獻誠喜功名爲政寬裕有機略隨方制變而簡廉不逮於父從弟獻恭數有軍功以右羽林軍代爲節度使大歷末破吐蕃於岷州久之拜東都留守累遷檢校吏部尚書德宗欲從盧杞爲饒州刺史給事中袁高上還詔書苦爭獻恭見帝曰高所奏宜聽帝不答復前曰高乃陛下良臣當優異之上遂不徙杞世服其不撓子煦積閥亦至夏州節度使元和八年振武軍逐節度使李進賢屠其家及判官嚴澈憲宗怒詔煦以本軍進討許以便宜賜縑三萬爲資河東王鍔遣兵五千爲援煦入捕亂卒蘇國珍等數百人誅之卒贈太子太保

獻誠從弟獻甫以軍功試光祿卿殿中監從河中節度使賈耽討梁崇義有勞德宗西幸又從渾瑊討朱泚戰多累遷至金吾將軍檢校工部尚書李懷光叛吐蕃盜邊獻甫領禁兵戍咸陽累年兵農悅安貞元四年代韓游瓌領邠寧節度使邠寧軍素驕憚獻甫嚴因游瓌去遂縱掠邀范希朝爲帥都將楊朝晟誅首亂者獻甫乃得入於是斷山浚塹選嚴要地築烽堡請復鹽州及洪門洛原鎭屯兵詔可獻甫遣兵馬使魏茪逐吐蕃築鹽夏二城虜衆畏不敢入寇十二年加檢校尚書左僕射卒贈司空

王忠嗣華州鄭人父海賓太子右衞率豐安軍使開元二年吐蕃寇隴右詔隴右防禦使薛訥率杜賓客郭知運王晙安思順禦之以海賓爲先鋒戰武階追北至壕口殺其衆進戰長城堡諸將娼其功按兵顧望海賓戰死大軍乘之斬賊萬七千級獲馬七萬牛羊四十萬玄宗憐其忠贈左金吾大將軍忠嗣時年九歲始名訓授尚輦奉御入見帝伏地號泣帝撫之曰此去病孤也須壯而將之更賜今名養禁中肅宗爲忠王帝使與游及長雄毅寡言有武略上與論兵應對蠭起帝器之曰後日爾爲良將試代州別駕大猾閉門自斂不敢干法數以輕騎出塞忠王言於帝曰忠嗣敢鬬恐亡之由是召還信安王禕在河東蕭嵩出河西數引爲麾下帝以其年少有復讎志詔不得特將嵩入朝忠嗣曰從公三年無以歸報天子乃請精銳數百襲虜會贊普大會閱武鬱標川其下欲還忠嗣不從挺刃略陣斬數千人獲羊馬萬計嵩上其功帝大悅累遷左威衞將軍代北都督封淸源縣男與皇甫惟明輕重不得構忠嗣罪貶東陽府左果毅河西節度使杜希望欲取吐蕃新羅城有言忠嗣才者希望以聞詔追赴河西進拔其城忠嗣錄多授左威衞郎將專知兵馬俄吐蕃大出欲取當新城晨壓官軍陣衆不敵舉軍皆恐忠嗣單馬進左右馳突獨殺數百人賊衆囂相蹂軍𡖖翼掩之虜大敗拜左金吾衞將軍領河東節度副使大同軍使壽爲節度使二十九年節度朔方兼靈州都督天寶元年北討奚怒皆戰桑乾河三遇三克耀武漠北高會而還時突厥新有難忠嗣進軍磧口經略之烏蘇米施可汗請降忠嗣以其方彊特文降耳乃營木剌蘭山諜虛實因上平戎十八策縱反間於拔悉密與葛邏祿回紇三部攻多羅斯城涉昆水斬米施可汗築大同靜邊二城徙淸塞橫野軍實之併受降振武爲一城自是虜不敢盜塞徙河東節度使進封縣公忠嗣本負勇敢及爲將乃能持重安邊不生事嘗曰平世爲將撫衆而已吾不欲竭中國力以幸功名故訓練士馬闕繕補有漆弓百五十斤每弢之示無所用軍中士氣盛日夜思戰忠嗣縱諜間伺虜隙時時出奇兵襲敵所向無不克故士亦樂爲用軍每出召屬長付以兵使授士卒雖弓矢亦誌姓名其上軍還遺弦亡鏃皆按名第罪以是部下人自勸器甲充牣自朔方至雲中袤數千里據要險築城堡斥地甚遠自張仁亶後四十餘年忠嗣繼其功俄爲河西隴右節度使權朔方河東節度佩四將印勁兵重地控制萬里近世未有也又授一子五品官後數出戰靑海積石虜輒奔破又討吐谷渾於墨離平其國乃固讓朔方河東二節度許之帝方事石堡城詔問攻取計忠嗣奏言吐蕃舉國守之若頓兵堅城下費士數萬然後可圖恐所得不讐所失請厲兵馬待釁取之帝意不快而李林甫尤忌其功日鉤摭過咎會董延光建言請下石堡詔忠嗣分兵應接忠嗣不得已爲出軍而士無賞格延光不悅河西兵馬使李光弼入說曰大夫愛惜士卒有拒延光心雖名受詔實奪其謀然大夫已付萬衆而不立重賞何以賈士勇且大夫惜數萬段賜以啓讒口有如不捷歸罪大夫大夫先受禍矣忠嗣曰吾固審得一城不足制敵失之未害於國吾恐以數萬人命易一官哉明日見責不失一金吾羽林將軍歸宿衞不者黜中上佐耳光弼謝曰大夫乃行古人事光弼又何言趨而出延光過期不克果訴忠嗣沮兵又安祿山城雄武扼飛狐塞謀亂請忠嗣助役因欲留其兵忠嗣先期至不見祿山而還數上言祿山且亂林甫益惡之陰使人誣告忠嗣嘗養宮中云吾欲奉太子帝怒召入付三司訊驗罪應死哥舒翰方有寵白上請以官爵贖忠嗣罪帝意解貶漢陽太守久之徙漢東郡卒年四十五後翰引兵攻石堡拔之死亡略盡如忠嗣言故當世號爲名將初在朔方至互市輒高償馬直諸蕃爭來市故蕃馬寖少唐軍精及鎭河隴又請徙朔方河東九千騎以實軍迄天寶末益滋息寶應元年追贈兵部尚書

贊曰以忠嗣之才戰必破攻必克策石堡之得不當所亡高馬直以空虜資論祿山亂有萌可謂深謀矣然不能自免於讒卒死放地自古忠賢工謀於國則拙於身多矣可勝吒哉

牛仙客涇州鶉觚人初爲縣小史令傅文靜器之會爲隴右營田使引與計事積功遷洮州司馬河西節度使王君㚟召爲判官君㚟死仙客獨得免蕭嵩代節度復委以軍政仙客淸勤不懈接士大夫以信及嵩還執政因薦之稍遷太僕少卿判涼州別駕知節度留後事俄爲節度使開元二十四年代信安王禕爲朔方行軍大總管始在河西省事省用倉庫積鉅萬器械犀銳崔希逸代之卽以聞帝令刑部員外郎張利馳傳覆視如狀帝悅將用爲尚書宰相張九齡持不可乃封隴西郡公實封戶二百李林甫探知帝旨稱其材會九齡罷故以工部尚書同中書門下三品知門下事遙領河東節度副大使爲相謹身無它與時沈浮唯唯恭愿前後錫與緘皮不敢用百司諮決無所處可輒曰如令式帝旣用仙客知時議不歸乘間以問高力士力士曰仙客本胥史非宰相器帝忿然曰朕且用康謽蓋恚言也有爲謽言者謽以爲實喜甚久之封豳國公加左相卒贈尚書右丞相謚曰貞簡

唐書卷一百三十三考證

郭知運子英傑開元二十三年長史薛楚玉遣英傑與裨將吳克勤烏知義羅守忠帥萬騎及奚衆討契丹○臣德潛按綱目於開元二十一年書幽州副總管郭英傑與契丹戰敗死舊書亦作二十一年新書誤

郭知運子英乂以功實封三百戶○舊書作二百戶

張守珪子獻誠擢山南西道節度使○舊書作充山南西道觀察使

王忠嗣傳攻多羅斯城涉昆水斬米施可汗○沈炳震曰舊書攻米施可汗走之兩書皆天寶元年事也元宗本紀斬米施在天寶三年以走之爲合

牛仙客傳卒贈尚書右丞相○舊書作贈左丞相

唐書卷一百三十四

宋　端　明　殿　學　士　宋　祁　撰

列傳第五十九

宇文韋楊王

宇文融京兆萬年人隋平昌公㢸裔孫祖節明法令貞觀中爲尚書右丞謹幹自將江夏王道宗以事請節節以聞太宗喜賚絹二百勞之曰朕比不置左右僕射正以公在省耳永徽初遷黃門侍郎同中書門下三品代于志寧爲侍中坐房遺愛友善貶桂州卒融明辯長於吏治開元初調富平主簿源乾曜孟溫繼爲京兆賢其人厚爲禮時天下戶版刓隱人多去本籍浮食閭里詭脫繇賦豪弱相并州縣莫能制融由監察御史陳便宜請校天下籍收匿戶羨田佐用度玄宗以融爲覆田勸農使鉤檢帳符得僞勳亡丁甚衆擢兵部員外郎兼侍御史融乃奏慕容琦韋洽裴寬班景倩庫狄履溫賈晉等二十九人爲勸農判官假御史分按州縣括正丘畝招徠戶口而分業之又兼租地安輯戶口使於是諸道收沒戶八十萬田亦稱是歲終羨錢數百萬緡帝悅引拜御史中丞然吏下希望融旨不能無擾張空最務多其獲而流客頗脫不止初議者以生事沮詰百端而帝意向之宰相源乾曜等佐其舉又集羣臣大議公卿雷同不敢異唯戶部侍郎楊瑒以爲籍外取稅百姓困弊得不酬失瑒坐左遷融乃自請馳傳行天下事無巨細先上勸農使而後上臺省臺省須其意乃行下融所過見高年宣天子恩旨百姓至有感涕者使還言狀帝乃下詔以客賦所在並建常平倉益貯九穀權發斂官司勸作農社使貧富相恤凡農月州縣常務一切罷省使趣刈穫流亡新歸十道各分官屬存撫使遂厥功復業已定州縣季一申牒不須挾名中書令張說素惡融融每建白說輒引大體廷爭融揣說不善欲先事中傷之張九齡謂說曰融新用事辯給多詐公不可以忽說曰狗鼠何能爲會帝封太山還融以選限薄冬請分吏部爲十銓有詔融與禮部尚書蘇頲刑部尚書韋抗工部尚書盧從愿右散騎常侍徐堅蒲州刺史崔琳魏州刺史崔沔荆州長史韋虛心鄭州刺史賈曾懷州刺史王丘分總而不得豫事一決於上融奏選事說屢卻之融怒乃與御史大夫崔隱甫等廷劾說引術士解禱又受賕說由是罷宰相融畏說且復用訾詆不已帝疾其黨詔說致仕放隱甫于家出融爲魏州刺史方河北大水卽詔領宣撫使俄兼檢校汴州刺史河南北溝渠隄堰決九河使又建請墾九河故地爲稻田權陸運本錢收其子入官輿役紛然而卒無成功入爲鴻臚卿兼戶部侍郎明年進黃門侍郎同中書門下平章事融曰使吾執政得數月久天下定矣乃薦宋璟爲右丞相裴耀卿爲戶部侍郎許景先爲工部侍郎當時長其知人而性卞急少所推下旣居位日引賓客故人與酣飲然而神用警敏應對如響雖天子不能屈信安王禕節度朔方融畏其權諷侍御史李宙劾奏之禕密知因玉眞公主高力士自歸翌日宙通奏帝怒罷融爲汝州刺史居宰相凡百日去而錢穀亦自此不治帝思之讓宰相曰公等暴融惡朕既罪之矣國用不足將柰何裴光庭等不能對卽使有司劾融交不逞作威福其息受賕饋狼藉乃貶融平樂尉歲餘司農發融在汴州給隱官息錢巨萬給事中馮紹烈深文推證詔流于巖州道廣州遷延不行爲都督耿仁忠所讓惶恐上道卒初融廣置使額以侈上心百姓愁恐有司寖失職自融始帝猶思其舊功贈台州刺史其後言利得幸者踵相躡皆本於融云

子審字審融之貶也審與兄弟侍母京師及聞融再貶不告其家徒步號泣省父使者憐之以車共載達于巖州後擢進士第累遷大理評事以夏楚大小無制始創杖架以高庳度杖長短又鑄銅爲規齊其巨細楊國忠顓政殺嶺南流人以中使傳口敕行刑畏議者嫉其酷乃以審爲嶺南監決處置等使活者甚衆後終和永二州刺史

韋堅字子全京兆萬年人姊爲惠宣太子妃妹爲皇太子妃中表貴盛故仕最蚤繇祕書丞歷奉先長安令有幹名見宇文融楊愼矜父子以聚斂進乃運江淮租賦所在置吏督察以佐國稟歲終增鉅萬玄宗咨其才擢爲陝郡太守水陸運使漢有運渠起關門西抵長安引山東租賦汔隋常治之堅爲使乃占咸陽壅渭爲堰絕灞滻而東注永豐倉下復與渭合初滻水銜苑左有望春樓堅于下鑿爲潭以通漕二年而成帝爲升樓詔羣臣臨觀堅豫取洛汴宋山東小斛舟三百並貯之潭篙工柂師皆大笠侈袖芒屨爲吳楚服每舟署某郡以所產暴陳其上若廣陵則錦銅器官端綾繡會稽則羅吳綾絳紗南海瑇瑁象齒珠琲沉香豫章力士甆飲器茗鐺釜宣城空青石綠始安蕉葛蚺膽翠羽吳郡方文綾船皆尾相銜進數十里不絕關中不識連檣挾櫓觀者駭異先是人間唱得体紇那歌有楊州銅器語開元末得寶符於桃林而陝尉崔成甫以堅大輸南方物與歌語叶更變爲得寶歌自造曲十餘解召吏唱習至是衣缺胯衫錦半臂絳冒額立艫前倡人數百皆巾幗鮮冶齊聲應和鼓吹合作船次樓下堅跪取諸郡輕貨上於帝以給貴戚近臣上百牙盤食府縣教坊音樂迭進惠宣妃亦出實物供具帝大悅擢堅左散騎常侍官屬賞有差蠲役人一年賦舟工賜錢二百萬名潭曰廣運堅進兼江淮南租庸轉運處置等使又兼御史中丞封韋城縣男堅妻姜皎女李林甫舅子也初甚昵比既見其寵惡之堅亦自以得天子意銳於進又與左相李適之善故林甫擢堅刑部尚書奪諸使以楊愼矜代之堅失職稍怨望河西隴右節度使皇甫惟明數於帝前短林甫稱堅才林甫知之惟明故爲忠王友王時爲皇太子矣正月望夜惟明與堅宴集林甫奏堅外戚與邊將私且謀立太子有詔訊鞫林甫使楊愼矜楊國忠王鉷吉溫等文致其獄帝惑之貶堅縉雲太守惟明播川太守籍其家堅諸弟訴枉帝大怒太子懼表與妃絕復貶堅江夏別駕未幾長流臨封郡弟蘭爲將作少匠冰鄠令芝兵部員外郎子諒河南府戶曹皆謫去歲中遣監察御史羅希奭就殺之殺惟明於黔中惟堅妻得原從坐十餘人倉部員外郎鄭章右補闕內供奉鄭欽說監察御史豆盧友楊惠嗣薛王琄皆免官被竄堅始鑿潭多壞民冢墓起江淮至長安公私騷然及得罪林甫遣使江淮鉤索堅罪捕治舟夫漕史所在獄皆滿郡縣剝斂償輸責及鄰伍多裸死牢戶林甫死乃止

楊愼矜隋齊王暕曾孫祖正道從蕭后入突厥及頡利可汗乃得歸爲尚衣奉御父隆禮歷州刺史善檢督吏以嚴辯自名開元初爲太府卿封弘農郡公時御府財物羨積如丘山隆禮性詳密出納雖尋尺皆自按省凡物經楊卿者號無不精麗歲常愛省數百萬任職二十年年九十餘以戶部尚書致仕卒愼矜沈毅任氣健而才初爲汝陽令有治稱隆禮罷太府玄宗訪其子可代父任者宰相以愼矜愼餘愼名皆得父清白帝喜擢愼矜監察御史知太府出納愼餘太子舍人主長安倉愼名大理評事爲含嘉倉出納使被眷尤渥愼矜遷侍御史知雜事高置風格始議輸物有汙傷責州縣償所直轉輕齎入京師自是天下調發始煩天寶二年權判御史中丞京畿採訪使太府出納如故於時李林甫用事愼矜進非其意固讓不敢拜乃授諫議大夫兼侍御史更以蕭諒爲中丞諒爭輕重不平罷爲陝郡太守林甫知愼矜爲己屈卒授御史中丞兼諸道鑄錢使韋堅之獄王鉷等方文致而愼矜依違不甚力鉷恨之雖林甫亦不悅鉷父與愼矜外兄弟也故與鉷狎及爲侍御史繇愼矜所引後遷中丞同列愼矜猶以子姓畜之鉷負林甫勢滋不平會愼矜擢戶部侍郎仍兼中丞林甫疾其得君且逼己乃與鉷謀陷之明年愼矜父冢草木皆流血懼以問所善胡人史敬忠敬忠使身桎梏裸而坐林中厭之又言天下且亂勸愼矜居臨汝置田爲後計會婢春草有罪將殺之敬忠曰勿殺賣之可市十牛歲耕田十頃愼矜從之婢入貴妃姊家因得見帝帝愛其辯惠留宮中寖侍左右帝嘗問所從來婢奏爲愼矜家所賣帝曰彼乏錢邪對曰固將死賴史敬忠以免帝素聞敬忠挾術間質其然婢具言敬忠夜過愼矜坐廷中步星變夜分乃去又白猒勝事帝怒而婢漏言於楊國忠國忠鉷方暱陰相語始愼矜奪鉷職田辱詬其母又嘗私語讖書鉷銜之未有發也至聞國忠語乃喜且欲嘗帝以取驗異時奏事數稱引愼矜帝悖然曰爾親邪毋相往來鉷知帝惡甚後見愼矜輒侵侮不爲禮愼矜怒鉷乃與林甫作飛牒告愼矜本隋後蓄讖緯妖言與妄人交規復隋室帝方在華淸宮聞之震怒收愼矜尚書省詔刑部尚書蕭炅大理卿李道邃殿中侍御史盧鉉楊國忠雜訊馳遣京兆士曹參軍吉溫縶愼餘愼名於洛陽獄考治捕太府少卿張瑄致會昌傳舍劾瑄與愼矜共解圖讖搒掠不服鉉遣御史崔器索讖書於愼矜小妻臥內得之詬曰逆賊所寘固密今得矣以示愼矜愼矜曰它日無是今得之吾死命矣夫溫又誘敬忠首服詰言愼矜不能對有詔杖敬忠賜愼矜瑄死籍其家子女悉置嶺南姻黨通事舍人辛景湊天馬副監万俟承暉閑廐使殿中監韋衢等坐竄徙者十餘族所在部送近親不得仕京師遣御史顏眞卿馳洛陽決獄愼餘愼名聞兄死皆哭旣讀詔輟哭愼名曰奉詔不敢稽死但寡姊垂白作數行書與別眞卿許之索筆曰拙於謀己兄弟併命姊老孤煢何以堪此遂縊手指天而絕愼矜兄弟友愛事姊如母儀幹皆秀偉愛賓客標置不凡著稱於時愼名嘗視鑑歎曰兄弟皆六尺餘此貌此才欲見容當世難矣胡不使我少體弱邪世哀其言寶應初愼矜王琚韋堅皆復官爵

王鉷中書舍人瑨側出子也初爲鄠尉遷監察御史擢累戶部郎中數按獄深文玄宗以爲才進兼和市和糴長春宮戶口色役使拜御史中丞京畿關內採訪黜陟使林甫方興大獄撼東宮誅不附己者以鉷險刻可動

以利故倚之使鷙擊狠噬鉷所摧陷多抵不道又厚誅斂鬻天子意人雖被譴貸鉷更奏取腳直轉異貨百姓間關輸送乃倍所賦又取諸郡高戶爲租庸腳士大抵貲業皆破督責連年人不顧生帝在位久妃御服玩脂澤之費日侈而橫與別賜不絕于時重取於左右藏故鉷迎帝旨歲進錢鉅億萬儲禁中以爲歲租外物供天子私帑帝以鉷有富國術寵遇益厚以戶部侍郎仍御史中丞加檢察內作閑廄使苑內營田五坊宮苑等使隴右羣牧度支營田使天寶八載方士李渾上言見太白老人告玉版祕記事帝詔鉷按其地求得之因是羣臣奉上帝號明年鉷爲御史大夫兼京兆尹加知總監栽接使於是領二十餘使中外畏其權鉷於第左建大院文書叢委吏爭入求署一字累數日不得者天子使者賜遺相望聲焰薰灼帝寵任鉷亞林甫而楊國忠不如也然鉷畏林甫謹事之安祿山怙寵見林甫白事稍自怠林甫欲示之威託以事召王大夫俄而鉷至趨進俯伏祿山不覺自失鉷語久祿山益恭故林甫雖忌其盛亦以附已親之子準爲衞尉少卿以鬬雞供奉禁中林甫子岫亦親近準驕甚凌岫出其上過駙馬都尉王繇以彈彈其巾折玉簪爲樂既置酒永穆公主親視供具萬年尉韋黃裳長安尉賈季鄰等候準經過饌具倡樂必素辦無敢逆意鉷事嫡母孝而與弟銲友愛銲疾鉷宦達常忿慢不弟鉷終不異情銲歷戶部郎中鉷與銲召術士語不軌術士驚引去鉷畏事泄託它事捕殺之以絕口王府司馬安定公主子韋會竊語於家左右往白鉷鉷遣季鄰收會長安獄夜縊死以尸還家會姻屬權近而惕息不敢言鉷封太原縣公兼殿中監爲中丞也與楊國忠同列用林甫薦爲大夫故國忠不悅銲與邢縡善縡鴻臚少卿璹子也以功名相期鉷因銲亦交縡十一載四月縡與銲謀引右龍武軍萬騎燒都門誅執政作難先二日事覺帝召鉷付告牒鉷意銲與縡連故緩其事但督兩縣尉捕賊賈季鄰逢銲於路銲謂曰我與縡有舊今反恐妄相引君勿受既至縡與其黨持弓刃突出格鬬鉷與國忠繼至縡黨相語曰勿鬬大夫或白國忠曰賊語陰相謂不可戰會高力士以飛龍小兒甲騎四百至斬縡盡禽其黨國忠奏鉷與謀帝不信林甫亦爲鉷言故帝原銲不問然欲鉷請銲罪使國忠諷之鉷良久曰弟爲先人所愛義不欲捨而謀存帝聞頗怒而陳希烈固爭當以大逆鉷未知方上表自解有詔希烈訊鉷矣有司不肯通奏鉷見林甫林甫曰事後矣俄而銲至國忠問曰大夫與否未及應侍御史裴冕叱銲曰上以大夫故官君五品君爲臣不忠爲弟不誼大夫豈與反事乎國忠愕然曰與固不可隱不與不可妄銲乃曰兄不與獄具詔銲杖死鉷賜死三衞廝冕請國忠以其尸歸斂葬之諸子悉誅家屬徙遠方有司籍第舍數日不能徧至以寶鈿爲井幹引泉激霤號自雨亭其奢侈類如此鉷兄錫見諸弟貴盛不肯仕鉷彊之爲太子僕至是貶東區尉死於道時人傷焉初鉷附楊慎矜以貴已而佐林甫陷慎矜覆其家凡五年而鉷亦族矣盧鉉者本以御史事韋堅爲判官堅被劾鉉發其私以結林甫又善張瑄及按慎矜則誣瑄死至鉷得罪方爲閑廄判官妄曰大夫以牒索馬五百我不與衆疾其反覆貶廬江長史它日見瑄如平生乃曰公何得來此願假須臾卒死

贊曰開元中宇文融始以言利得幸於時天子見海內完治偃然有攘卻四夷之心融度帝方調兵食故議取隱戶剩田以中主欲利說一開天子恨得之晚不十年而取宰相雖後得罪而追恨融才有所未盡也孟子所謂上下征利而國危者可不信哉天寶以來外奉軍興內蠱豔妃所費愈不貲計於是韋堅楊慎矜王鉷楊國忠各以裒刻進剝下益上歲進羨緡百億萬爲天子私藏以濟橫賜而天下經費自如帝以爲能故重官累使尊顯烜赫然天下流亡日多於前有司備員不復事而堅等所欲既克還用權媢以相屠脅四族皆覆爲天下笑夫民可安而不可擾利可通而不可竭觀數子乃欲擾而竭之斂怨基亡則向所謂利者顧不反哉鉷國忠後出橫虐最甚當方壽天下復思融云

唐書卷一百三十四考證

宇文融傳融乃奏慕容琦等二十九人爲勸農判官〇臣德潛按舊書置勸農判官十人通鑑綱目俱作十人

楊慎矜傳詔刑部尚書蕭炅〇舊書作蕭隱之

王鉷傳然鉷畏林甫謹事之〇舊書作雖晉公林甫亦畏避之

唐書卷一百三十五

宋 端明殿學士 宋祁 撰

列傳第六十

哥舒高封

哥舒翰其先蓋突騎施酋長哥舒部之裔父道元爲安西都護將軍赤水軍使故仍世居安西翰少補效轂府果毅家富于財任俠重然諾縱蒱酒長安市年四十餘遭父喪不歸不爲長安尉所禮慨然發憤游河西事節度使王倕倕攻新城使翰經略稍知名又事王忠嗣署衙將翰能讀左氏春秋漢書通大義疏財多施予故士歸心爲大斗軍副使佐安思順不相下忠嗣更使討吐蕃副將倨見翰怒立殺之麾下爲股弁還左衞郎將吐蕃盜邊與翰遇苦拔海吐蕃枝其軍爲三行從山差池下翰持半段槍迎擊所鄉輒披靡名蓋軍中擢授右武衞將軍副隴右節度爲河源軍使先是吐蕃候積石軍麥熟歲來取莫能禁翰乃使王難得楊景暉設伏東南谷吐蕃以五千騎入塞放馬褫甲將就田翰自城中馳至鏖鬬虜駭走追北伏起悉殺之隻馬無還者翰嘗逐虜馬驚陷于河吐蕃三將欲刺翰翰大呼皆擁矛不敢動救兵至追殺之翰有奴曰左車年十六以膂力聞翰工用槍追及賊擬槍於肩叱之賊反顧翰刺其喉剔而騰之高五尺許乃墮左車即下馬斬其首以爲常會忠嗣被罪帝召翰入朝部將請齎金帛以救忠嗣翰但齎襆裝曰使吾言從奚取於是不行用此足矣翰至帝虛心待與語異之拜鴻臚卿爲隴右節度副大使翰已謝即極言忠嗣之枉帝起入禁中翰叩頭從帝且泣帝寤爲末貸其罪忠嗣不及誅朝廷稱其義踰年築神威軍青海上吐蕃攻破之更築於龍駒島有白龍見因號應龍城翰相其川原宜畜牧謫罪人二千戍之由是吐蕃不敢近青海天寶八載詔翰以朔方河東羣牧兵十萬攻吐蕃石堡城數日未克翰怒捽其將高秀巖張守瑜將斬之秀巖請三日期如期而下遂以赤嶺爲西塞開屯田備軍實加特進賜賚彌渥十一載加開府儀同三司翰素與安祿山安思順不平帝每欲和解之會三人俱來朝帝使驃騎大將軍高力士宴城東翰等皆集詔尚食生擊鹿取血瀹腸爲熱洛河以賜之翰母于闐王女也祿山謂翰曰我父胡母突厥公父突厥母胡族類本同安得不親愛翰曰諺言狐向窟嗥不祥以忘本也兄既見愛敢不盡心祿山以翰譏其胡怒罵曰突厥敢爾翰欲應之力士目翰翰託醉去久之進封涼國公兼河西節度使攻破吐蕃洪濟大莫門等城收黃河九曲以其地置洮陽郡築神策宛秀二軍進封西平郡王賜音樂田園又賜一子五品官裨將賞拜有差宰相楊國忠惡祿山白發其反狀故厚結翰俄進太子少保翰耆酒極聲色因風痺體不仁旣疾廢遂還京師闔門不朝請十四載祿山反封常清以王師敗帝乃召見翰拜太子先鋒兵馬元帥以田良丘爲軍司馬蕭昕爲判官王思禮鉗耳大福李承光高元蕩蘇法鼎管崇嗣爲屬將火拔歸仁李武定渾蕚契苾寧以本部隸麾下凡河隴朔方奴剌等十二部兵二十萬守潼關師始東先驅牙旗觸門墮注旄干折衆惡之天子御勤政樓臨送詔翰以軍行過門毋下百官郊餞旌旗亙二百里翰惶恐數以疾自言帝不聽然病痼不能事以軍政委良丘使王思禮主騎李承光主步三人爭長政令無所統一衆攜弛無鬬意明年進拜尚書左僕射同中書門下平章事祿山遣子慶緒攻關翰擊走之始安思順度祿山必反嘗爲帝言得不坐翰旣惡祿山又怨思順及是知重兵在已有所論請天子重違因僞爲賊書遺思順者使關邏禽以獻翰因疏七罪請誅之有詔思順及弟元貞皆賜死徙放其家國忠始懼或說翰曰祿山本以誅國忠故稱兵今若留卒三萬守關悉精銳度滻水誅君側此漢挫七國計也思禮亦勸翰翰猶豫未發謀頗露國忠大駭入見帝曰兵法安不忘危大兵在潼關而無後殿萬有一不利京師危矣既募牧兒三千人日夜訓練以劍南列將分統之又募萬人屯灞上使腹心杜乾運爲帥翰疑圖已表請乾運兵隸節下因詭召乾運計事者至軍即斬首梟牙門并其軍國忠愈恐謂其子曰吾無死所矣然翰亦不自安又謀久不決數奏言祿山雖竊據河朔不得人心請持重以敝之待其離隙可不血刃而禽賊將崔乾祐守陝郡仆旗鼓羸師以誘戰覘者曰賊無備可圖也帝信之詔翰進討翰報曰祿山習用兵今始爲逆不能無備是陰計誘我賊遠來利在速戰王師堅守毋輕出關計之上也且四方兵未集宜觀事勢不必速當是時祿山雖盜河洛所過殘殺人人怨之淹時月不能進尺寸地又郭子儀李光弼兵益進取常山十數郡祿山始悔反矣將還幽州以自固而國忠計迫謬說帝趣翰出潼關復陝洛時子儀光弼遺計曰翰病且耄賊素知之諸軍烏合不足戰今賊悉銳兵南破宛洛而以餘衆守幽州吾直擣之覆其巢窟質叛族以招逆徒祿山之首可致若師出潼關變生京師天下殆矣

乃極言請翰固關無出軍而帝入國忠之言使使者趣戰項背相望也翰窘不知所出六月引而東慟哭出關次靈寶西原與乾祐戰由關門七十里道險隘其南薄山北阻河賊以數千人先伏險翰浮舟中流以觀軍謂乾祐兵寡易之促士卒進道岨無行列賊乘高頹石下擊殺士甚衆翰與良丘登北阜以軍三萬夾河鳴鼓思禮等以精卒居前餘軍十萬次之乾祐爲陣十十五五或卻或進而陌刀五千列陣後王師視其陣無法指觀嗤笑曰禽賊乃會食及戰乾祐旗少偃如欲遁者王師懈不爲備伏忽起薄戰皆奮死鬬翰以氈蒙馬車畫龍虎飾金銀爪目將駭賊犄戈矢逐北賊負薪塞路順風火其車熛焱熾突騰煙如夜士不復相辨自相鬬殺尸血狼籍久乃悟又棄甲奔山谷及陷河死者十一二有糧艘百餘軍爭濟艘輒沈至縛矛盾乘以度喧叫振天地賊乘之奔潰略盡始關門有三壍廣二丈深一丈士馬奔䠞相壓迮少選壍平後至者踐之以入既敗翰引數百騎絕河還營贏兵裁八千至潼津收散卒復守關乾祐進攻於是火拔歸仁等紿翰出關翰曰何邪曰公以二十萬衆一日覆沒持是安歸公不見高仙芝等事乎翰曰吾寧效仙芝死汝舍我歸仁不從執以降賊械送洛陽京師震動由是天子西幸祿山見翰責曰汝常易我今何如翰俯伏謝罪曰陛下撥亂主今天下未平李光弼在土門來瑱在河南魯炅在南陽臣爲陛下以尺書招之三面可平祿山悅即署司空同中書門下平章事執火拔歸仁曰背主忘義吾不爾容斬之翰以書招諸將諸將皆讓翰不死節祿山知事不可就囚之東京平安慶緒以翰度河及敗乃殺之翰爲人嚴少恩軍行未嘗卹士飢寒有陷民椹者痛笞辱之監軍李大宜在軍中不治事與將士樗蒱飲酒彈箜篌琵琶爲樂而士米粃不饜帝令中人袁思藝勞師士皆訴衣服穿空帝即斥御服餘者製袍十萬以賜其軍翰藏庫中及敗封鐍如故先是有客梁愼初遺翰書請堅壁勿戰以屈賊翰善之奏爲左武衛胄曹參軍留幕府及翰與國忠貳愼初曰難將作矣乃遁去翰失守華陰馮翊上洛郡官吏皆潰帝遣劍南將劉光庭等將新募兵萬餘人往助翰未至而翰被縛云其後贈太尉謚曰武愍

子曜字子明八歲玄宗召見華淸宮擢尚輦奉御累遷光祿卿以翰陷賊哀憤號慟故吏裴冕杜鴻漸等見之歎息李光弼討河北曜請行拜鴻臚卿爲光弼副降安太淸救宋州有功改殿中監襲封爲東都鎮守兵馬使德宗立召爲左龍武大將軍李希烈陷汝州以周晃爲僞刺史詔拜曜東都汝州行營節度使將鳳翔邠寧涇原奉天好畤兵萬人討希烈帝召見問曰卿治兵孰與父賢對曰先臣臣安敢比但斬長蛇殪封豕然後待罪私室臣之願也帝曰爾父在開元時朝廷無西憂今朕得卿亦不東慮及行帝祖通化門是日牙干折時以翰出師已如此而斬持旗者卒以敗今曜復爾人憂之曜擊賊收汝州禽晃以獻斬其將二人希烈退保許州詔城襄城曜以疲人版築不如按甲持重以挫之帝不許有詔督戰曜進次潁橋雷震軍中七馬斃曜懼還屯襄城希烈遣衆萬人縱火攻柵殪人于塹以薄壘曜苦戰破之居數月希烈自率兵三萬圍曜築甬道屬城矢集如雨帝遣神策將劉德信以兵三千援之又詔河南都統李勉出兵相犄角勉以希烈在外許守兵少乘虛襲之希烈自解乃遣部將與德信趨許未至有詔切讓使班師德信等惶惑還軍無斥候至扈澗爲賊設伏詭擊死者殆半器械輜重皆亡德信走汝州勉恐東都危使將李堅華以兵四千往守賊梗道不得入汴兵沮襄城圍益急帝乃詔普王以荊襄江西鄂沔之師討蔡州詔涇原節度使姚令言捄襄城未行京師亂帝幸奉天襄城陷曜走洛陽會母喪奪爲東都畿汝節度使遷河南尹曜拙於統御而銳殺戮士畏而不懷貞元元年部將叛夜焚河南門曜挺身免帝以汴州刺史薛珏代之召入爲鴻臚卿終右驍衞上將軍贈幽州大都督子七人俱以儒聞峘茂才高第有節槩崿嵫屺皆明經擢第

高仙芝高麗人父舍雞初以將軍隸河西軍爲四鎮校將仙芝年二十餘從至安西以父功補游擊將軍數年父子並班仙芝美姿質善騎射父猶以其儒緩憂之初事節度使田仁琬蓋嘉運等不甚知名後事夫蒙靈詧乃善遇之開元末表爲安西副都護四鎮都知兵馬使小勃律其王爲吐蕃所誘妻以女故西北二十餘國皆羈屬吐蕃自仁琬以來三討之皆無功天寶六載詔仙芝以步騎一萬出討是時步兵皆有私馬自隨仙芝乃自安西過撥換城入握瑟德經疏勒登蔥嶺涉播密川遂頓特勒滿川行凡百日特勒滿川即五識匿國也仙芝乃分軍爲三使疏勒趙崇玼自北谷道撥換賈崇瓘自赤佛道仙芝與監軍邊令誠自護密俱入約會連雲堡堡有兵千餘城南因山爲柵兵九千守之城下據娑勒川會川漲不得渡仙芝殺牲祭川命士人齎三日糒集水涯士不甚信既涉旗不霑韉不濡兵已成列仙芝喜告令誠曰儻吾方涉賊擊我我無類矣今既濟而陣天以賊賜我也遂登山挑戰日未中破之拔其城斬五千級生擒千人馬千餘匹衣資器甲數萬計仙芝欲遂深入令誠懼不肯行仙芝留羸弱三千使守遂引師行三日過坦駒嶺嶺峻絕下四十里仙芝恐士憚險不敢進乃潛遣二十騎衣阿弩越胡服來迎先語部校曰阿弩越胡來迎我無慮矣既至士不肯下曰公驅我何去會二十人至曰阿弩越胡來迎已斷娑夷橋矣仙芝卽陽喜令士盡下娑夷河弱水也既行三日越胡來迎明日至阿弩越城遣將軍席元慶以精騎一千先往謂小勃律王曰不闕若城吾假道趨大勃律耳城中大酋領皆吐蕃腹心仙芝密令元慶曰若酋領逃者第出詔書呼之賜以繒綵至皆縛以待我元慶如言仙芝至悉斬之王及妻逃山穴不可得仙芝招諭乃出降因平其國急遣元慶斷娑夷橋其暮吐蕃至不克度橋長度一箭所及者功一歲乃成八月仙芝以小勃律王及妻自赤佛道還連雲堡與令誠俱班師於是拂菻大食諸胡七十二國皆震攝降附仙芝遣判官王庭芬奏捷京師軍至河西靈詧怒不迎勞既見罵曰高麗奴于闐使爾何從得之仙芝懼且謝曰中丞力也又曰焉耆鎮守使安西副都護都知兵馬使皆何從得之荅曰亦中丞力也靈詧曰審若此捷書不待我而敢即奏何邪奴當斬顧新立功故貸爾仙芝不知所爲令誠密言狀於朝且曰仙芝立功而以憂死後孰爲朝廷用者帝乃擢仙芝鴻臚卿假御史中丞代靈詧爲四鎮節度使而詔靈詧還靈詧懼仙芝朝夕見輒趨走靈詧益慙副都護程千里衙將畢思琛行官王滔康懷順陳奉忠等皆嘗譖仙芝於靈詧者既視事呼千里嫚罵曰公面雖男兒而心似婦女何邪謂琛曰爾奪吾城東千石種田憶之乎對曰公見賜者仙芝曰爾時吾畏汝威豈憐汝而賜邪又召滔欲捽辱良久皆釋曰吾不恨矣由是舉軍安之俄加左金吾衞大將軍與一子五品官九載討石國其王車鼻施約降仙芝爲俘獻闕下斬之由是西域不服其王子走大食乞兵攻仙芝於怛邏斯城以直其冤仙芝爲人貪破石獲瑟瑟十餘斛黃金五六槖駝良馬寶玉甚衆家貲累鉅萬然亦不甚愛惜人有求輒與不問幾何尋除武威太守代安思順爲河西節度使羣胡固留思順更拜右羽林軍大將軍封密雲郡公祿山反榮王爲元帥仙芝副之領飛騎彍騎及朔方等兵出禁財募關輔士五萬繼封常清東討帝御勤政樓引榮王受命宴仙芝以下帝又幸望春亭勞遣詔監門將軍邊令誠監軍次陝郡而常清敗還仙芝急乃開太原倉悉以所有賜士卒焚其餘引兵趨潼關會賊至甲仗資糧委於道彌數百里既至關勒兵繕守具士氣稍稍復振賊攻關不得入乃引還初令誠數私於仙芝仙芝不應因言其逗撓狀以激帝且云常清以賊搖衆而仙芝棄陝地數百里朘盜稟賜帝大怒使令誠即軍中斬之令誠已斬常清陳尸於蘧蒢仙芝自外至令誠以陌刀百人自從曰大夫亦有命仙芝遽下曰我退罪也死不敢辭然以我爲盜頡資糧誣也謂令誠曰上天下地三軍皆在君豈不知又顧麾下曰我募若輩本欲破賊取重賞而賊勢方銳故遷延至此亦以固關也我有罪若輩可言不爾當呼枉軍中咸呼曰枉其聲殷地仙芝視常淸尸曰公我所引拔又代吾爲節度今與公同死豈命歟遂就死

封常清蒲州猗氏人外祖教之讀書多所該究然孤貧年過三十未有名夫蒙靈詧爲四鎮節度使以高仙芝爲都知兵馬使嘗出軍奏傔從三十餘人衣糚鮮明常清慨然投牒請豫常淸素瘠又腳跛仙芝陋其貌不納明日復至仙芝謝曰傔已足何庸復來常清怒曰我慕公義願事鞭靮故無媒自前公何見拒深乎以貌取士恐失之子羽公其念之仙芝猶未納乃日候門下仙芝不得已竄名傔中會達奚諸部叛自黑山西趣碎葉有詔邀擊靈詧使仙芝以二千騎追躡達奚行遠人馬疲禽馘略盡常清於幕下潛作捷布具記井泉次舍克賊形勢謀略條最明審仙芝取讀之皆意所欲出乃大駭卽用之軍還靈詧迎勞仙芝已去奴祿帶刀而判官劉眺獨孤峻爭問向捷布誰作者公幕下安得此人荅曰吾傔封常清也眺等驚進揖常清坐與語異之遂知名以功授疊州戍主仍爲判官仙芝破小勃律代靈詧爲安西節度使常清以從戰有勞擢慶王府錄事參軍事爲節度判官仙芝征討常知戎務常淸才而果胃無疑事仙芝委家事於郎將鄭德詮其乳母子也威動軍中常淸嘗自外還諸將前謁德詮見常淸始貴易之走馬突常淸驟士去常淸命左右引德詮至廷中門輒閉因離席曰吾起細微中丞公過聽以主留事郎將安得無禮因叱曰須暫假郎將死以肅吾軍因杖死以面仆地曳出之仙芝妻及乳母哭門外救請不能得遽以狀白仙芝仙芝驚及見常淸偉其公不敢讓常淸亦不謝會大將有罪又殺二人軍中莫不股慄仙芝節度河西復

請爲判官久之擢安西副大都護安西四鎮節度副大使知節度事未幾改北庭都護持節伊西節度使常清性勤儉耐勞苦出軍乘騾私廄裁二馬賞罰分明天寶末入朝而安祿山反帝引見問何策以討賊常清見帝憂因大言曰天下太平久人不知戰然事有逆順勢有奇變臣請馳至東京悉府庫募驍勇挑馬箠度河計日取逆胡首以獻闕下天子壯之明日以常清爲范陽節度副大使乘驛赴東京常清募兵得六萬人然皆市井庸保乃部分旗幟斷河陽橋以守賊移書平原令太守顏眞卿以兵七千防河眞卿馳使司兵參軍事李平入奏常清取平表發視卽倚帳作書遺眞卿勸堅守且傳購祿山檄數十函與之眞卿得以分曉諸郡祿山度河陷滎陽入甖子谷先驅至葵園常清使驍騎拒之殺拓羯數十百人賊大軍至常清不能禦退入上東門戰不利賊鼓而進劫官吏再戰於都亭驛又不勝引兵守宣仁門復敗乃自提象門出伐大木塞道以殿至穀水西奔陝語高仙芝曰賊銳甚難與爭鋒潼關無兵一夫奔突則京師危不如急守潼關仙芝從之敗書聞帝削常清官使白衣隸仙芝軍効力仙芝使衣黑衣監左右部軍及邊令誠以詔書至示之常清曰吾所以不死者恐汙國家節度數賊手今死乃甘心始常清敗徑入關欲見上陳討賊事至渭南有詔赴潼關常清憂懼爲表以謝且言自東京陷三遣使表論成敗不得對又言臣死後望陛下無輕此賊則社稷安至是臨刑以表授令誠而死人多哀之

贊曰祿山裒百關驍虜乘天下忘戰主德耄勤故提戈內譟人情崩潰常清乃驅市人數萬以嬰賊鋒一戰不勝卽奪爵土欲入關見天子論成敗事使者三輩上書皆不報回斬于軍仙芝棄陝守關遏賊西勢以喪地被誅玄宗雖爲左右蒙蔽然荒奪其明亦甚矣卒使叛將得藉口執翰以降賊嗚呼非天孰其惡使亂四海舉黔首而殘之邪彼二將奚誅焉

唐書卷一百三十五考證

高仙芝傳仙芝遣判官王庭芬奏捷京師○舊書作王庭芳

唐書卷一百三十六

宋　端　明　殿　學　士　宋　祁　撰

列傳第六十一

李光弼

李光弼營州柳城人父楷洛本契丹酋長武后時入朝累官左羽林大將軍封薊郡公吐蕃寇河源楷洛率精兵擊走之初行謂人曰賊平吾不歸矣師還卒于道贈營州都督謚曰忠烈光弼嚴毅沈果有大略幼不嬉弄善騎射起家左衞親府左郎將累遷左清道率兼安北都護補河西王忠嗣府兵馬使充赤水軍使忠嗣遇之厚雖宿將莫能比嘗曰它日得我兵者光弼也俄襲父封以破吐蕃吐谷渾功進雲麾將軍朔方節度使安思順表爲副知留後事愛其材欲以子妻之光弼引疾去隴右節度使哥舒翰異其操表還長安安祿山反郭子儀薦其能詔攝御史大夫持節河東節度副大使知節度事兼雲中太守尋加魏郡太守河北採訪使光弼以朔方兵五千出土門東救常山次眞定常山團結子弟執賊將安思義降自顏杲卿死郡爲戰區露胔蔽野光弼酹而哭之出爲賊幽閉者厚恤其家時賊將史思明李立節蔡希德攻饒陽光弼得思義不殺問其計答曰今軍行疲勞逢敵不可支不如按軍入守料勝而出虜兵猋銳弗能持重圖之萬全光弼曰善據城待明日思明兵二萬傅堞光弼兵不得出乃以勁弩五百射之賊退徙陣稍北光弼出其南夾滹沱而軍思明雖數困然恃近救解鞍休士是日饒陽賊五千至九門光弼諜知之提輕兵斂旗鼓伺賊方飯襲殺之且盡思明懼引去以奇兵斷饟道馬食薦藉光弼命將取芻行唐賊鈔擊之兵負戶戰賊不能奪會郭子儀收雲中詔悉衆出井陘與光弼合擊賊九門西思明大敗挺身走趙郡立節中流矢死希德走鉅鹿收槀城等十縣遂攻趙詔加光弼范陽大都督府長史范陽節度使思明緜鼓城入博陵殺官吏景城河間信都清河平原博平六郡結營自守以附光弼光弼急攻趙一日拔之士多鹵掠光弼坐譙門收所獲悉歸之民城中大悅進圍博陵未下與子儀合擊思明於嘉山大破之光弼以范陽本賊巢窟當先取之搖賊根本會潼關失守乃拔軍入井陘肅宗卽位詔以兵赴靈武更授戶部尚書同中書門下平章事節度如故光弼以景城河間兵五千入太原前此節度使王承業政弛謬侍御史崔衆主兵太原每侮狎承業光弼素不平及是詔衆以兵付光弼衆素狂易見光弼長揖不卽付兵光弼怒收繫之會使者至拜衆御史中丞光弼曰衆有罪已前繫今但斬侍御史若使者宣詔亦斬中丞使者內詔不敢出乃斬衆以狥威震三軍至德二載思明希德率高秀巖牛廷玠將兵十萬攻光弼時銳兵悉赴朔方而麾下卒不滿萬衆議培城以守光弼曰城環四十里賊至治之徒疲吾人乃徹民屋爲擂石車車二百人挽之石所及輒數十人死賊傷十二思明爲飛樓障以木幔築土山臨城光弼遣穴地頹之思明宴城下倡優居臺上斬指天子光弼遣人隧地禽取之思明大駭徙牙帳遠去軍中皆視地後行又濬溝營地將沈其軍乃陽約降至期以甲士守陴遣裨校出若送款者思明大悅俄而賊數千沒于塹城上鼓譟突騎出乘之俘斬萬計思明畏敗乃去留希德攻太原光弼出敢死士搏賊斬首七萬級希德委資糧遁走初賊至光弼設公幄城隅以止息經府門不顧圍解閱三昔乃歸私寢收清夷橫野等軍賊別將攻好時破大橫關光弼追敗之加檢校司徒尋遷司空封鄭國公食實戶八百乾元元年入朝詔朝官四品以上郊謁進兼侍中與九節度圍安慶緒於相州大戰鄴西敗之光弼與諸將議思明勒兵魏州欲以怠我不如起軍逼之彼懲嘉山之敗不敢輕出則慶緒可禽觀軍容使魚朝恩固謂不可旣而思明來援光弼拒賊戰尤力殺略大當會諸將驚潰各引歸所在剽掠獨光弼整衆還太原帝貸諸將罪以光弼兼幽州大都督府長史知諸道節度行營事又代子儀爲朔方節度使未幾爲天下兵馬副元帥光弼以河東騎五百馳東都夜入其軍且謂賊方闚洛當扼虎牢帥師東出河上檄召兵馬使張用濟用濟憚光弼嚴敎諸將逼留其兵用濟單騎入謁光弼斬之以辛京杲代復追都將僕固懷恩懷恩懼先期至會滑汴節度使許叔冀戰不利降賊思明乘勝西嚮光弼敕陣徐行趨東京謂留守韋陟曰賊新勝難與爭鋒欲詘之以計然洛無見糧危偪難守公計安出陟曰益陝兵公保潼關可以持久光弼曰兩軍相敵尺寸地必爭今委五百里而守關賊得地勢益張不如移軍河陽北阻澤潞勝則出敗則守表裏相應賊不得西此猨臂勢也夫辨朝廷之禮我不如公論軍旅勝負公不如我陟不能荅判官韋損曰東都乃帝宅公當守之光弼曰氾水崿嶺盡爲賊蹊子能盡守乎遂檄河南縱官吏避賊閈無留人督軍取戰守備思明至偃師光弼悉軍趨河陽身以五百騎殿賊游騎至石橋諸將曰竝城而北乎當石橋進乎光弼曰當石橋進夜甲士持炬徐引部曲重堅賊不敢逼已入三城衆二萬軍纔十日糧與卒伍均少棄甘賊憚光弼未敢犯宮闕頓白馬祠治壍溝築月城以守賊攻光弼與戰中潬西破逆黨斬千級溺死者甚衆生執五千人初光弼謂李抱玉曰將軍能爲我守南城二日乎抱玉曰過期何若曰棄之抱玉許諾卽給賊曰吾糧盡明日當降賊喜斂兵待期抱玉已繕完卽請戰賊忿欺急攻之抱玉出奇兵夾擊俘獲過當賊帥周摯引却光弼自將治中潬樹壁掘壍摯捨南城攻中潬光弼遣荔非元禮戰羊馬賊大潰摯收兵復振與安太清合衆三萬攻北城光弼斂軍入登陴望曰彼軍雖銳然方陣而囂不足虞也日中當破乃出戰及期未決召諸將曰彼彊而可破者亂也今以亂擊亂宜無功因問賊陣何所最堅曰西北隅召郝廷玉曰爲我以麾下破之曰廷玉所將步卒請騎五百與之三百復問其次曰東南隅召論惟貞辭曰蕃將也不知步戰請鐵騎三百與之二百乃出賜馬四十分給廷玉等光弼執大旗曰望吾旗麾若緩可觀便宜若三麾至地諸軍畢入生死以之退者斬旣而馮堞望廷玉軍不能前趨左右取其首來廷玉曰馬中矢非卻也乃命易佗馬有裨將援矛刺賊洞馬腹中數人又有迎賊不戰而卻者光弼召援矛者賜絹五百匹不戰者斬光弼麾旗三諸軍爭奮賊衆奔敗斬首萬餘級俘八千餘人馬二千軍資器械以億計禽周摯徐璜玉李秦授惟太清挺身走思明未知摯攻南城光弼驅所俘示之思明大懼築壘以拒官軍始光弼將戰內刀于鞾曰戰危事吾位三公不可辱于賊萬有一不捷當自刎以謝天子及是西向拜舞三軍感動太清襲懷州守之上元元年加太尉中書令進圍懷州思明來救光弼再逐北思明見兵河清聲度河絕餉路光弼壁野水度旣夕還軍留牙將雍希顥守曰賊將高暉李日越萬人敵也賊必使劫我爾留此賊至勿與戰若降與偕來左右竊怪語無倫是日思明果召日越曰光弼野次爾以鐵騎五百夜取之不然無歸日越至壘使人問曰太尉在乎曰去矣兵幾何曰千人將爲誰曰雍希顥日越謂其下曰我受命云何今顧獲希顥歸不免死遂請降希顥與俱至光弼厚待之表授特進兼右金吾大將軍高暉聞亦降或問公降二將何易也光弼曰思明再敗恨不得野戰聞我野次彼固易之命將來襲必許以死希顥無名不足以爲功日越懼死不降何待高暉材出日越之右降者見遇貳者得不思奮乎

諸軍決丹水灌懷州未下光弼令廷玉由地道入得其軍號登陴大呼王師乘城禽大清楊希仲送之京師獻俘太廟進食實戶一千五百思明使諜宣言賊將士皆北人謳唫思歸朝恩信然屢上賊可滅狀詔諭光弼光弼固言賊方鋭未可輕動僕固懷恩娼光弼功陰佐朝恩陳掃除計使者來督戰光弼不得已令李抱玉守河陽出師次北邙光弼使傅山陣懷恩曰我用騎今迫險非便地請陣諸原光弼曰有險可以勝可以敗陣于原敗斯殲矣且賊致死于我不如阻險懷恩不從賊據高原以長戟七百壯士執刀隨之委物僞遁懷恩軍爭剽獲伏兵發官軍大潰懷州復陷光弼度河保聞喜抱玉以兵寡棄河陽光弼請罪帝以懷恩違命覆軍優詔召光弼入朝懇讓太尉更拜開府儀同三司中書令河中尹晉絳等州節度使未幾復拜太尉兼侍中河南副元帥知河南淮南東西山南東荆南五道節度行營事鎮泗州帝爲賦詩以餞朝義乘邙山之捷進略申光等十三州光弼輿疾就道監軍使以兵少請保揚州光弼曰朝廷以安危寄我賊安知吾衆寡若出不意當自潰遂疾驅入徐州時朝義圍李岑於宋州使田神功擊走之初神功平劉展逗留淮南尚衡殷仲卿相攻兗鄆問來瑱擅襄陽及光弼至屯朝義走神功還河南瑱衡仲卿踵入朝其爲諸將憚服類此寶應元年進封臨淮郡王光弼收許州斬賊黨千級縛僞將二十二人朝義分兵攻宋州光弼破走之浙東賊袁晁反台州建元寶勝以建丑爲正月殘剽州縣光弼遣麾下破其衆於衢州廣德元年遂禽晁浙東平詔增實封戶二千與一子三品階賜鐵券名藏太廟圖形凌煙閣相州北邙之敗朝恩羞其策繆故深忌光弼切骨而程元振尤疾之二人用事日謀有以中傷者及來瑱爲元振讒死光弼愈恐吐蕃寇京師代宗詔入援光弼畏禍遷延不敢行及帝幸陝猶倚以爲重數存問其母以解嫌疑帝還長安因拜東都留守察其去就光弼以久須詔書不至歸徐州收租賦爲解帝令郭子儀自河中輦其母還京二年光弼疾篤奉表上前後所賜實封詔不許將吏問後事答曰吾淹軍中不得就養爲不孝子尚何言哉取所餘絹布分遺部將薨年五十七部將即以其布遂爲光弼行喪號哭相聞帝遣使弔卹其母贈太保諡曰武穆詔百官送葬延平門外光弼用兵謀定而後戰能以少覆衆治師訓整天下服其威名軍中指顧諸將不敢仰視初與郭子儀齊名世稱李郭而戰功推爲中興第一其代子儀朔方也營壘士卒麾幟無所更而光弼一號令之氣色乃益精明云子彙有志操廉介自將從賈耽爲裨將奏兼御史大夫元和初分徐州苻離爲宿州光弼有遺愛擢彙爲刺史後還涇原節度使罷軍中雜徭出奉錢贖將士質賣子還其家卒贈工部尚書光弼弟光進字太應初爲房琯裨將將北軍戰陳濤斜兵敗奔行在肅宗宥之代宗即位拜檢校太子太保封涼國公吐蕃入寇至便橋郭子儀爲副元帥光進及郭英乂佐之自至德後與李輔國並掌禁兵委以心膂光弼被譖出爲渭北邠寧節度使永泰初封武威郡王累遷太子太保卒母李有鬚數十長五寸許封韓國太夫人二子節制皆一品死葬長安南原將相奠祭凡四十四幄時以爲榮

光弼所部將李懷光僕固懷恩田神功李抱玉董秦哥舒曜韓游瓌渾釋之辛京杲自有傳若荔非元禮郝廷玉李國臣白孝德張伯儀白元光陳利貞侯仲莊柏良器皆章章可稱列者附次左方

荔非元禮起裨將累兼御史中丞光弼守河陽周摯攻北城光弼方壁中潬摯閱併兵從光弼光弼使元禮守羊馬城植小旗城東北隅望摯軍摯恃衆直逼城以車千乘載木鵝橦車麾兵塡塹八道並進光弼諭元禮曰中丞視賊過兵不顧何也報曰公欲守邪戰歟光弼曰戰曰方戰賊爲我實塹復何怪光弼曰吾慮不及此公勉之元禮遂出戰摯軍小郤元禮以敵堅未可以馳還軍示弱息其意光弼怒使召元禮欲按軍法答曰方戰不及往請破賊以見因休柵中良久顧麾下曰向公來召殆欲斬我鬬死有名無庸受戮乃下馬持刀瞋目直前銳士堵而進左右奮擊一當數人斬賊數百首摯遁去以功累遷驃騎大將軍懷州刺史知鎮西北庭行營節度使上元二年光弼進收洛陽軍敗元禮從軍翼成爲麾下所害

郝廷玉驍勇善格鬬爲光弼愛將及保河陽禽徐璜玉功爲多累封安邊郡王授神策將軍吐蕃犯京畿與馬璘屯中渭橋它日魚朝恩聞其善布陣請觀之廷玉申號令鳴鼓角部伍坐作進退若一朝恩歎曰吾處兵間久今始識訓練法廷玉惻然曰此臨淮王遺法也王善御軍賞當功罰適過每校旗不如令者輒斬由是人皆自効而赴蹈馳突心破膽裂自臨淮殁無復校旗事此安足賞哉累爲秦州刺史卒贈工部尚書

李國臣河西人本姓安力能抉關以折衝從收魚海五城遷中郎將後爲朔方將積勞擢雲麾大將軍賜姓李從光弼守河陽累封臨川郡王大曆八年爲鹽州刺史吐蕃敗渾瑊於黃菩原將略汧隴國臣謂人曰虜乘勝必擾京師我趨秦原彼當反顧乃引兵登安樂山鳴鼓而西日行三十里吐蕃聞之自百里城回軍踰隴瑊因擊敗之卒贈揚州大都督

白孝德安西人事光弼爲偏裨史思明攻河陽使驍將劉龍仙以騎五十挑戰加右足馬鬣上嫚罵光弼光弼登城顧諸將曰孰能取是賊僕固懷恩請行光弼曰是非大將所宜左右以孝德對召問所須幾兵對曰願出五十騎見可而進大軍鼓譟以張吾氣足矣光弼撫其背遣之孝德挾二矛策馬絕河半濟懷恩賀曰事克矣其攬轡便辟可萬全者龍仙見易之不爲動將至若引避然孝德振手止之曰侍中使致辭無它與語久之瞋目曰賊識我乎我白孝德也龍仙罵之乃躍馬前搏城上因大譟五十騎繼進龍仙環隄走追斬其首以還後累功至北庭行營節度使從邠寧僕固懷恩引吐蕃兵入寇孝德擊敗之永泰初吐蕃回紇圍涇陽郭子儀說回紇約盟吐蕃退走子儀使渾瑊以兵五千出奉天命孝德應之大戰赤沙峯斬獲甚衆累封昌化郡王歷太子少傅建中元年卒贈太保

張伯儀魏州人以戰功隸光弼軍浙賊袁晁反使伯儀討平之功第一擢睦州刺史後爲江陵節度使樸厚不知書然推誠遇人軍中畏肅民亦便之李希烈反詔與賈耽張獻甫收安州戰不利伯儀中流矢師却失所持節賊追及奮力以禦之兩刃相嚮不得下會救至免至漢水擊野人船以達沔州潰兵至江陵哭於廷伯儀妻勞勉出其家帛給之乃定伯儀收散卒還久之除右龍武統軍卒贈揚州大都督既請謚博士李吉甫議以中興三十年而兵未戢者將帥養寇藩身也若以亡敗爲戒則總干戈者必圖萬全而不決戰若伯儀雖敗而其忠可錄遂謚曰恭

白元光字元光其先突厥人父道生歷寧朔州刺史元光初隸本軍補節度先鋒安祿山反詔從朔方兵東討元光領所部結義營長驅從光弼出土門累遷太子詹事封南陽郡王爲兩都遊弈使長安平率兵清宮進擊餘寇身被數創肅宗躬爲傅藥轉衛尉卿兼朔方先鋒史思明攻河陽光弼召主騎軍其後歷靈武留後定遠城使貞元二年卒贈越州都督

陳利貞幽州范陽人初爲平盧將安祿山亂從光弼軍河南張巡被圍睢陽也光弼遣郝廷玉及利貞救之輕騎出入廷玉稱爲勝己以子妻之及歸薦于光弼自行間累遷檢校太子賓客封靜戎郡王李希烈叛詔哥舒曜東討利貞爲前鋒次郟城賊衆大集利貞出奇兵五百橫擣其右賊鋒詘數月不敢前及希烈攻襄城利貞登陴捍守七十日未嘗櫛沐非議事不下城朱泚反利貞及張廷芝所統士皆幽薊河隴人故與廷芝合謀應泚而利貞麾下亦從爲亂夜半難作利貞拔劍當軍門大譁曰欲過門者先殺我衆畏其鋒乃止廷芝出奔德宗嘉之擢汝州防禦使貞元五年疽發首卒遺觀察使崔縱書自陳受國恩恨不得死所云

侯仲莊字仲莊蔚州人爲光弼先鋒授忠武將軍禽安太清有功累加冠軍將軍僕固懷恩以朔方反仲莊爲都將訓兵自守號爲平射人畏其鋒懷恩敗郭子儀代之引爲腹心封上谷郡王爲神策京西將德宗幸奉天還左衛將軍爲防城使修壘堞晝夜執戈徼巡從幸興元殿軍駱谷授防禦招收使帝還都復幸奉天幾二十年卒贈洪州都督

柏良器字公亮魏州人父造以獲嘉令死安祿山難乃學擊劒欲報賊父友王奐爲光弼從事見之曰爾額文似臨淮王面黑子似顏平原殆能立功乃薦之光弼授兵平山越遷左武衛中郎將以部民隸浙西豫平袁晁方清其後潘獠虎胡參分據小傷蒸里又擊破之是時年二十四更戰陣六十二李希烈圍寧陵遏水灌之親令軍中明日拔城良器以救兵至擇弩手善游者沿汴渠夜久及旦伏弩發賊乘城者皆死錄功封平原郡王入爲左神策軍大將軍知軍事圖形凌煙閣募材勇以代士卒市販者中尉竇文場惡之坐友人闌入換右領軍衛自是軍政皆中官專之終左領軍衛大將軍贈陝州大都督子耆別傳

烏承玼字德潤張掖人開元中與族兄承恩皆爲平盧先鋒沈勇而决號轅門二龍契丹可突于殺其王邵固降突厥而奚亦亂其王魯蘇挈族屬及邵固妻子自歸是歲奚契丹入寇詔承玼擊之破於捺祿山二十二年詔信安王禕率幽州長史趙含章進討承玼請含章曰二虜固劇賊前日戰而北非畏我乃誘我也公宜畜銳以折其謀含章不信戰白城果大敗承玼獨按隊出其右斬首萬計可突于奔北奚渤海大武藝與弟門藝戰國中門藝來詔與太僕卿金思蘭發范陽新羅兵十萬討之無功武藝遣客刺門藝於東都引兵至馬都山屠城邑承玼窒要路塹以大石亘四百里虜不得入於是

流民得還士少休脫鎧而耕歲省度支運錢安慶緒使史思明守范陽思明恃兵彊爲自固計慶緒密遣阿史那承慶安守忠就督事且圖之承玼勸思明曰唐家中興與天下更始慶緒偷肆畧刻公殆與俱亡有如束身本朝湔洗前汙此反掌功耳思明善之斬承慶等奉表聽命始承恩爲冀州刺史失守思明護逆東都故肅宗使自雲中趨幽州開說思明與承玼謀投㩻殺之不克死承玼奔李光弼表爲冠軍將軍封昌化郡王爲石嶺軍使王思禮爲節度使軍政倚辦焉久之移疾還京師卒年九十六子重胤別傳

贊曰李光弼生戎虜之緒沈鷙有守遭祿山變拔任兵柄其策敵制勝不世出賞信罰明士卒爭奮毅然有古良將風本夫終父喪不入妻室位王公事繼母至孝好讀班固漢書異夫庸人武夫者及因於口舌不能以忠自明奄侍內構遂陷嫌隙謀就全安而身益危所謂工於料人而拙於謀已邪方擴袂狥國天下風靡一爲遷延而田神功等皆不受約束卒以憂死功臣去就可不愼邪嗚呼光弼雖有不釋位之誅然讒人爲害亦可畏矣將時之不幸歟

唐書卷一百三十六考證

李光弼傳封薊郡公○舊書作薊國公

生執五千人○舊書作生擒五百人

請鐵騎三百與之二百○舊書作與之百

禽太清楊希仲送之京師○舊書作楊希文

光弼入朝懇讓太尉更拜開府儀同三司中書令○舊書作遂加開府儀同三司侍中

唐書卷一百三十七

宋端明殿學士宋祁撰

列傳第六十二

郭子儀

郭子儀字子儀華州鄭人長七尺二寸以武舉異等補左衛長史累遷單于副都護振遠軍使天寶八載木剌山始築橫塞軍及安北都護府詔即軍爲使俄苦地偏不可耕從築永清號天德軍又以使兼九原太守十四載安祿山反詔子儀爲衛尉卿靈武郡太守充朔方節度使率本軍東討子儀收靜邊軍斬賊將周萬頃擊高秀巖河曲敗之遂收雲中馬邑開東陘加御史大夫賊陷常山河北郡縣皆没會李光弼攻賊常山拔之子儀引軍下井陘與光弼合破賊史思明衆數萬平槀城南攻趙郡禽賊四千縱之斬僞守郭獻璆還常山思明以衆數萬尾軍及行唐子儀選騎五百更出挑之三日賊引去乘之又破於沙河遂趨常陽以守祿山益出精兵佐思明子儀曰彼恃加兵必易我易我心不固戰則克矣與戰未決戮一部將以狥士殊死鬭遂破之斬首二千級俘五百人獲馬如之於是晝揚兵夜擣壘賊不得息氣益老乃與光弼僕固懷恩渾釋之陳回光等擊賊嘉山斬首四萬級獲人馬萬計思明跳奔博陵於是河北諸郡往往斬賊守迎王師方北圖范陽會哥舒翰敗天子入蜀太子即位靈武詔班師子儀與光弼率步騎五萬赴行在時朝廷草昧衆單寡軍容闕然及是國威大振拜子儀兵部尚書同中書門下平章事仍總節度肅宗大閱六軍鼓而南至彭原宰相房琯自請討賊次陳濤師敗衆略盡故帝唯倚朔方軍爲根本賊將阿史那從禮以同羅僕骨騎五千誘河曲九府六胡州部落數萬迫行在子儀以回紇首領葛邏支擊之執獲數萬牛羊不可勝計河曲平至德二載攻賊崔乾祐於潼關乾祐敗退保蒲津會永樂尉趙復河東司戶參軍韓旻司士徐景及宗室子鋒在城中謀爲內應子儀攻蒲復等斬陴者披闔內軍乾祐走安邑安邑僞納之兵半入縣門發乾祐得脫身走賊安守忠壁永豐倉子儀遣子旰與戰多殺至萬級旰死于陳進收倉於是關陝始通詔還鳳翔進司空充關內河東副元帥率師趨長安次潏水上賊守忠等軍淸渠左大戰王師不利委仗奔子儀收潰卒保武功待罪于朝乃授尚書左僕射俄從元帥廣平王率蕃漢兵十五萬收長安李嗣業爲前軍元帥爲中軍子儀副之王思禮爲後軍陣香積寺之北距灃水臨大川彌亙一舍賊李歸仁領勁騎薄戰官軍囂嗣業以長刀突出斬賊數千騎乃定回紇以奇兵繚賊背夾攻之斬首六萬級生禽二萬賊帥張通儒夜亡陝郡翼日王入京師老幼夾道呼曰不圖今日復見官軍王休士三日遂東安慶緒聞王師至遣嚴莊悉衆十萬屯陝助通儒旌幟鉦鼓徑百餘里師至新店賊已陣出輕騎子儀遣二隊逐之又至倍以往皆不及賊營輒反最後賊以二百騎掩軍未戰走子儀悉軍追橫貫其營賊張兩翼包之官軍卻嗣業率回紇從後擊塵且坌飛矢射賊賊驚曰回紇至矣遂大敗僵尸相屬于道嚴莊等走洛陽挾慶緒度河保相州遂收東都於是河東河西河南州縣悉平以功加司徒封代國公食邑千戶入朝帝遣具軍容迎灞上勞之曰國家再造卿力也子儀頓首陳謝有詔還東都經略北討乾元元年破賊河上執安守忠以獻遂朝京師詔百官迎於長樂驛帝御望春樓待之進中書令帝即詔大舉九節度師討慶緒以子儀光弼皆元功難相臨攝第用魚朝恩爲觀軍容宣慰使而不立帥子儀自杏園濟河圍衛州慶緒分其衆爲三軍將戰子儀選善射三千士伏壁內誡曰須吾卻賊必乘壘若等譟而射既戰僞遁賊薄營伏發注射如雨賊震駭王師整而奮斬首四萬級獲鎧冑數十萬執安慶和收衛州又戰愁思岡破之連營進圍相州引漳水灌城漫二時不能破城中糧盡人相食慶緒求救於史思明思明自魏來李光弼王思禮許叔冀魯炅前軍遇之戰鄴南夷負相當炅中流矢子儀督後軍未及戰會大風拔木遂晦跬步不能相物色於是王師南潰賊亦走輜械滿野諸節度引還子儀以朔方軍保河陽斷航橋時王師衆而無統進退相顧望責功不專是以及于敗有詔留守東都俄改東畿山南東道河南諸道行營元帥魚朝恩素疾其功因是媒譖之故帝召子儀還更以趙王爲天下兵馬元帥李光弼副之代子儀領朔方兵子儀雖失軍無少望乃心朝廷思明再陷河洛西戎逼擾京輔天子旰食乃授邠寧鄜坊兩節度使仍留京師議者謂子儀有社稷功而孽寇首鼠乃置散地非所宜帝亦悟上元初詔爲諸道兵馬都統以管崇嗣副之率英武威遠兵及河西河東鎮兵繇邠寧朔方大同橫野軍以趨范陽詔下爲朝恩沮解明年光弼敗邙山失河陽又明年河中亂殺李國貞太原戕鄧景山朝廷憂二軍與賊合而少年新將望輕不可用遂以子儀爲朔方河中北庭潞儀澤沁等州節度行營兼興平定國副元帥進封汾陽郡王屯絳州時帝已不豫羣臣莫有見者子儀請曰老臣受命將死于外不見陛下目不瞑帝引至臥內謂曰河東事一以委卿子儀嗚咽流涕賜御馬銀器雜綵別賜絹布九萬子儀至屯誅首惡王元振等數十人太原辛雲京亦治害景山者諸鎮皆惕息代宗立程元振自謂於帝有功忌宿將難制離構百計因罷子儀副元帥加實戶七百爲肅宗山陵使子儀懼讒且成盡裒肅宗所賜詔敕千餘篇上之因自明詔曰朕不德詒大臣憂朕甚自愧自今公毋有疑初帝與子儀平兩京同天下憂患至是悔悟眷禮彌重時史朝義尚盜洛帝欲使副雍王率師東討爲朝恩元振交訾之乃止會梁崇義據襄州叛僕固懷恩屯汾州陰召回紇吐蕃寇河西殘涇州犯奉天武功遽拜子儀爲關內副元帥鎮咸陽初子儀自相州罷歸京師部曲離散逮承詔麾下才數十騎驅民馬補行隊至咸陽虜已過渭水並南山而東天子跳幸陝子儀聞流涕董行營還京師遇射生將王獻忠以鷙騎叛刼諸王欲奔虜子儀讓之取諸王送行在乃率騎南收兵得武關防卒及亡士數千軍寖完會六軍將張知節迎子儀洛南大閱兵屯商州威震關中乃遣知節率烏崇福羽林將長孫全緒爲前鋒營韓公堆擊鼓譟山張旗幟夜叢萬炬以疑賊初光祿卿殷仲卿募兵藍田以勁騎先官軍爲游弈直度滻民紿虜曰郭令公來虜懼會故將軍王甫結俠少夜鼓朱雀街呼曰王師至吐蕃夜潰於是遣大將李忠義屯苑中渭北節度使王仲昇守朝堂子儀以中軍繼之射生將王撫自署京兆尹亂京城子儀斬以狥破賊書聞帝以子儀爲京城留守自變生倉卒賴子儀復安故天下皆咎程元振羣臣數論奏元振懼乃說帝都洛陽帝可其計子儀奏曰雍州古稱天府右隴蜀左崤函襟馮終南太華之險背負淸渭濁河之固地方數千里帶甲十餘萬兵彊士勇眞用武之國秦漢所以成帝業也後或處而泰去而亡者不一姓故高祖先入關定天下太宗以來居洛陽者亦鮮先帝興朔方誅慶緒陛下席西土戮朝義雖天道助順亦地勢則然比吐蕃馮陵而不能抗者臣能言其略夫六軍皆市井人竄虛名逃實賦一日驅以就戰有百奔無一前又宦豎掩迷庶政荒奪遂令陛下彷徨暴露越在陝服斯委任失人豈秦地非良哉今道路流言不識信否咸謂且都洛陽洛陽自大盜以來焚埃略盡百曹榛荒寰服不滿千戶井邑如墟豺狼羣嘷東薄鄭汴南界徐北綿懷衛及相千里蕭條亭舍不煙何以奉萬乘牲餼供百官次舍哉且地狹阨裁數百里險不足防適爲鬭場陛下意者不以京畿新罹剽蹂國用不足乎昔衛爲狄滅文公廬于漕衣大布之衣冠大帛之冠卒復舊邦況赫赫天子躬儉節用寧爲一諸侯下哉臣願陛下斥素餐去冗食抑閹寺任直臣薄征弛役卹隱撫鰥委宰相以簡賢任能付臣以訓兵禦侮則中興之功日月可冀惟時邁亟還見宗廟謁園陵再造王家以幸天下帝得奏泣謂左右曰子儀固社稷臣也朕西決矣乘輿還子儀頓首謝罪帝勞曰用卿晚故至此乃賜鐵券圖形凌煙閣僕固懷恩縱兵

掠井汾屬縣帝患之以子儀兼河東副元帥河中節度使鎮河中懷恩子瑒屯榆次爲帳下張惟岳所殺傳首京師持其衆歸子儀懷恩懼委其母走靈州廣德二年進太尉兼領北道邠寧涇原河西通和吐蕃及朔方招撫觀察使辭太尉不拜懷恩誘吐蕃回紇党項數十萬入寇朝廷大恐詔子儀屯奉天帝問計所出對曰無能爲也懷恩本臣偏將雖慓果然素失士心今能爲亂者訹思歸之人劫與俱來且皆臣故部曲素以恩信結之彼忍以刃相向乎帝曰善虜寇邠州先驅至奉天諸將請擊之子儀曰客深入利速戰彼下素德我吾緩之當自攜貳因下令敢言戰者斬堅壁待之賊果遁子儀至自涇陽恩賚崇縟進拜尚書令懇辭不聽詔趣詣省視事百官往慶敕射生五百騎執戟寵衛子儀確讓且言太宗嘗踐此官故累聖曠不置員皇太子爲雍王定關東乃得授渠可猥私老臣隳大典且用兵已來僭賞者多至身兼數官冒進亡耻今凶醜略平乃作法審官之時宜從老臣始帝不獲已許之具所以讓付史官因賜美人六人從者自副車服帷帟咸具永泰元年詔都統河南道節度行營復鎮河中懷恩盡說吐蕃回紇党項羌渾奴剌等三十萬掠涇邠躪鳳翔入醴泉奉天京師大震於是帝命李忠臣屯渭橋李光進屯雲陽馬璘郝廷玉屯便橋駱奉先李日越屯盩厔李抱玉屯鳳翔周智光屯同州杜冕屯坊州天子自將屯苑中急召子儀屯涇陽軍纔萬人比到虜騎圍已合乃使李國臣高昇魏楚玉陳回光朱元琮各當一面身自率鎧騎二千出入陣中回紇怪問是謂誰報曰郭令公驚曰令公存乎懷恩言天可汗棄天下令公即世中國無主故我從以來公今存天可汗存乎報曰天子萬壽回紇悟曰彼欺我乎子儀使諭虜曰昔回紇涉萬里戡大憝助復二京我與若等休戚同之今乃棄舊好助叛臣一何愚彼背主棄親於回紇何有回紇曰本謂公云亡不然何以至此今誠存我得見乎子儀將出左右諫戎狄野心不可信子儀曰虜衆數十倍今力不敵吾將示以至誠左右請以騎五百從又不聽即傳呼曰令公來虜皆持滿待子儀以數十騎出免胄見其大酋曰諸君同艱難久矣何忽亡忠誼而至是邪回紇捨兵下馬拜曰果吾父也子儀即召與飲遺錦綵結歡誓好如初因曰吐蕃本吾舅甥國無負而來棄親也馬牛被數百里公等若倒戈乘之若俛取一芥是謂天賜不可失且逐戎得利與我繼好不兩善乎會懷恩暴死羣虜無所統一遂許諾吐蕃疑之夜引去子儀遣將白元光合回紇衆追躡大軍繼之破吐蕃十萬於靈臺西原斬級五萬俘萬人盡得所掠士女牛羊馬槖駝不勝計遂自涇陽來朝加實封二百戸還河中大曆元年華州節度使周智光謀叛帝間道以蠟書賜子儀令悉軍討之同華將吏聞軍起殺智光傳首闕下二年吐蕃寇涇州詔遣屯涇陽邀戰於靈州敗之斬首二萬級明年還河中吐蕃復寇靈武詔率師五萬屯奉天白元光破虜於靈武議者以吐蕃數爲盜馬璘孤軍在邠不能支乃以子儀兼邠寧慶節度使屯邠州徙璘爲涇原節度使回紇赤心請市馬萬匹有司以財乏止市千匹子儀曰回紇有大功宜答其意中原須馬臣請內一歲奉佐馬直詔不聽人許其忠九年入朝對延英帝與語吐蕃方彊慷慨至流涕退上書曰朔方國北門西禦犬戎北虞獫狁五城相去三千里開元天寶中戰士十萬馬三萬匹僅支一隅自先帝受命靈武戰士從陛下征討無寧歲頃以懷恩亂痍傷彫耗亡三分之二比天寶中止十之一今吐蕃兼吞河隴雜羌渾之衆歲深入畿郊勢踰十倍與之角勝豈易得邪屬者虜來稱四節度將別萬人人兼數馬臣所統士不當賊四之一馬不當賊百之二外畏內懼將何以安臣惟陛下制勝力非不足但簡練不至進退未一時淹師老地廣勢分願於諸道料精卒滿五萬者列屯北邊則制勝可必竊惟河南河北江淮大鎮數萬小者數千殫屈稟給未始蒐擇臣請追赴關中勒步隊示金鼓則攻必破守必全長久之策也又自陳衰老乞骸骨詔曰朕終始倚賴未可以去位不許德宗嗣位詔還朝攝冢宰充山陵使賜號尚父進位太尉中書令增實封通前二千戸給糧千五百人芻馬二百疋盡罷所領使及帥建中二年疾病帝遣舒王到第傳詔省問子儀不能興叩頭謝恩薨年八十五帝悼痛廢朝五日詔羣臣往弔隨喪所須皆取于官贈太師陪葬建陵及葬帝御安福門哭過其喪百官陪位流涕賜謚曰忠武配饗代宗廟廷著令一品墳崇丈八尺詔特增丈以表元功子儀事上誠御下恕賞罰必信遭幸臣程元振魚朝恩短毀方時多虞握兵處外然詔至即日就道無纖介顧望故讒間不行破吐蕃靈州而朝恩使人發其父墓盜未得子儀自涇陽來朝中外懼有變及入見帝唁之即號泣曰臣久主兵不能禁士殘人之墓人今發先臣墓此天譴非人患也朝恩又嘗約子儀脩具元載使人告以軍容將不利公其下衷甲願從子儀不聽但以家僮十數往朝恩曰何車騎之寡告以所聞朝恩泣曰非公長者得無致疑乎田承嗣傲很不軌子儀嘗遣使至魏承嗣西望拜指其膝謂使者曰茲膝不屈於人久矣今爲公拜李靈耀據汴州公私財賦一皆遏絕子儀封幣道其境莫敢留令持兵衞送麾下宿將數十皆王侯貴重子儀頤指進退若部曲然幕府六十餘人後皆爲將相顯官其取士得才類如此與李光弼齊名而寬厚得人過之子儀歲入官俸無慮二十四萬緡宅居親仁里四分之一中通永巷家人三千相出入不知其居前後賜良田美器名園甲館不勝紀代宗不名呼爲大臣以身爲天下安危者二十年校中書令考二十四八子七婿皆貴顯朝廷諸孫數十不能盡識至問安但頷之而已富貴壽考哀榮終始人臣之道無闕焉子曜旰晞昢晤曖曙映而四子以才顯

曜性沈靜貧貌瓌傑累從節度府辟署破虜有功爲開陽府果毅都尉至德初推子儀功授衞尉卿累進太子詹事太原郡公子儀專征伐曜留治家事少長無間言諸弟或飾池館盛車服曜獨以朴簡自處子儀罷兵還太子少保昆弟六人共制拜官子儀薨以遺命簿上四朝所賜名馬珍物德宗復賜之乃悉散諸弟居喪以禮疾甚或勸茹葷終不屬口後盧杞秉政忌勳族子儀壻太僕卿趙縱少府少監李洞清光祿卿王宰皆以次得罪姦人幸其危多論奪田宅奴婢曜大恐獨宰相張鎰力保護德宗稍聞之詔有司曰尚父子儀有大勳力保乂王家嘗誓山河琢金石許宥十世前日其家市田宅奴婢而無賴者以尚父殁妄論奪之自今有司毋得受建中三年卒贈太子太傅謚曰孝初曜襲代國公食二千戸貞元初詔減半以封晞曖映曙人二百五十戸未幾復詔四人各減五十戸封曜子鋒晤子鐈各百戸云

晞善騎射從征伐有功復兩京戰最力出奇兵破賊累進鴻臚卿河中軍亂子儀召首惡誅之其支黨猶反仄晞選親兵晝夜警以備非常姦人不得發以功拜殿中監吐蕃回紇入寇加御史中丞領朔方軍援邠州與馬璘合軍擊虜破之虜復來陣涇水北子儀遣晞率徒兵五千騎五百襲虜晞以兵寡不進須暮賊半濟乃擊斬首五千級加御史大夫子儀固讓乃止居父喪値朱泚亂南走山谷賊舁致之欲汙以官佯瘖不答賊露兵脅之不動數以城中事貽書李晟既而奔奉天天子還改太子賓客子鋼從朔方杜希全幕府希全檄爲豐州刺史晞憐其弱不任事丐罷德宗遣使者召鋼鋼疑得罪挺身走吐蕃不納希全執送京師賜死晞坐免尋復太子賓客累封趙國公卒贈兵部尚書孫承嘏

承嘏字復卿幼秀異通五經元和中及進士第累遷起居舍人居母喪以孝聞太和六年爲諫議大夫言政事得失文宗以鄭注爲太僕卿承嘏極論其非注頗懼進給事中俄出爲華州刺史給事中盧載還詔書且言承嘏數封駮稱職宜在禁闥帝曰朕謂久次欲優其稍入耳乃復留給事中時江淮旱用度不支詔宰相分領度支戸部承嘏言宰相調和陰陽安黎庶若使閱視簿書校緡帛非所宜帝順納遷刑部侍郎帝嘗稱其儒素無貴驕氣不類勳家每進對恩接備厚方大任用會卒家無餘貲親友爲辦喪祭贈吏部尚書

曖字曖以太常主簿尚昇平公主曖年與公主侔十餘歲許昏拜駙馬都尉試殿中監封清源縣侯寵冠戚里大歷末檢校左散騎常侍建中時主坐事留禁中朱泚亂逼署曖官辭以居喪被疾既而與公主奔奉天德宗嘉之釋主罪進曖金紫光祿大夫賜實封五千戸尋遷太常卿貞元三年襲代國公卒年四十八贈尚書左僕射初曖女爲廣陵郡王妃王即位是爲憲宗妃生穆宗穆宗立尊妃爲皇太后贈曖太傅四子鑄釗鏦銛鑄襲封

釗長七尺方口豐下代宗朝以外孫爲奉禮郎累官至左金吾大將軍改檢校工部尚書爲邠寧節度使入爲司農卿憲宗寢疾宦豎或妄議廢立者穆宗問計於釗答曰殿下爲太子當旦夕視膳何外慮乎時稱得元舅體穆宗即位檢校戸部尚書兼司農卿俄爲河陽三城節度使徙河中尹領進絳慈隰節度敬宗立召拜兵部尚書又帥劍南東川大和中南蠻寇蜀取成都外郛杜元穎不能禦詔釗兼領西川節度未行蠻衆已略梓州州兵寡不可用釗貽書譙蠻首嵯巔曰元穎不自守數侵吾圉我以是報乃與釗脩好約無相犯天子嘉之即拜西川節度使以疾請代爲太常卿卒贈司徒子仲文仲恭仲詞開成二年詔仲文襲大原郡公給事中盧弘宣奏釗妻沈公主女代宗皇帝外孫其子仲詞尚饒陽公主仲文冒嫡不應襲使仲文承嫡則沈當黜且仲詞亦不得尚主乃詔仲詞檢校殿中少監駙馬都尉襲封而仲文以太皇太后故置不問仲恭歷詹事府丞亦尚金堂公主

鏦字利用尚德陽郡主詔裴延齡爲主營第長興里順

宗立，主進封漢陽公主。擢鏦檢校國子祭酒、駙馬都尉。自景龍後，外戚多爲檢校官，不治事，宰相薦其才不當以外戚廢，乃拜右金吾將軍，封太原郡公。恭遜折節，不以富貴加人，性周畏，不立赫赫名，有諫於上，退必毀槀，家人子弟無知者。別墅在都南尤勝，穆宗嘗幸之，置酒極歡。改太子詹事、宮苑閑廄使，卒，贈尚書左僕射。鍇性和易，累爲殿中監。尚西河公主。鏦卒，代爲太子詹事、宮苑閑廄使。長慶三年暴卒，太后遣使按問發疾狀，久乃解。初，西河主降沈氏，生一子，鍇無嗣，以沈氏子嗣。

曙，代宗朝累官司農卿。德宗幸奉天，曙方領家兵獵苑北，聞蹕至，伏謁道左，遂從乘輿入駱谷。霖雨塗潦，衞兵或異語，帝召謂曰：「朕不德，而苦公等，宜執朕送朱泚，以謝天下。」諸將皆感泣曰：「願死生從陛下。」時曙與功臣子李昇、韋清、令狐建、李彥輔被甲請見，言曰：「南行路險，且虞姦變，臣等世蒙恩，今相誓願更挾帝馬。」許之。帝還，曙、清擢金吾大將軍，餘並爲禁軍將軍。曙終祁國公。子儀母弟幼明，性謹愿，無過，拙于武，喜賓客，以子儀故，終少府監，贈太子太傅。子昕，肅宗末爲四鎮留後，關隴陷，不得歸。朝廷但命官遙領其使。建中二年，昕始與伊西北廷節度使曹令忠遣使入朝，德宗詔曰：「四鎮、二廷統西夏五十七蕃十姓部落，國朝以來，相與率職。自關隴失守，王命阻絕，忠義之徒泣血固守，奉遵朝法，此皆侯伯守將交修共治之効，朕甚嘉之。令忠可北廷大都護、四鎮節度留後，賜氏李，更名元忠；昕可安西大都護、四鎮節度使，諸將吏超七資敘官」云。

贊曰：天寶末，盜發幽陵，外阻內訌，子儀自朔方提孤軍轉戰，逐北詣不還顧。當是時，天子西走，唐祚若贅斿，而能輔太子再造王室。及大難略平，遭讒甚詭，奪兵柄，然朝聞命，夕引道，無纖介自嫌。及被圍涇陽，單騎見虜，壓以至誠，猜忌沮謀。雖唐命方永，亦由忠貫日月，神明扶持者哉！及光弼等畏偪不終，而子儀完名高節，爛然獨著，福祿永終，雖齊桓、晉文比之爲褊。唐史臣裴垍稱「權傾天下而朝不忌，功蓋一世而上不疑，侈窮人欲而議者不之貶」。嗚呼，垍誠知言！其子孫多以功名顯，蓋盛德後云。

唐書卷一百三十七考證

郭子儀孫鏦擢鏦檢校國子祭酒駙馬都尉○舊書累官至衞尉卿駙馬都尉改殿中監

唐書卷一百三十八

宋 端明殿學士宋祁撰

列傳第六十三

二李馬路

李嗣業字嗣業，京兆高陵人。長七尺，膂力絕衆。開元中，從安西都護來曜討十姓蘇祿，先登捕虜，累功署昭武校尉。後應募安西，軍中初用陌刀，而嗣業尤善，每戰必爲先鋒，所嚮摧北。馬靈詧爲節度，出戰必與俱。高仙芝討勃律，署嗣業及中郎將田珍爲左右陌刀將。時吐蕃兵十萬屯娑勒城，據山瀕水，聯木作郛，以拒王師。仙芝潛軍夜濟信圖河，令曰：「及午破賊，不者皆死。」嗣業提步士升山，頫石四面以擊賊，又樹大旗，先走險，諸將從之。虜不虞軍至，因大潰，投崖谷死者十八，鼓而驅，至勃律，禽其王，平之。授右威衞將軍。從平石國及突騎施，以跳盪先鋒加特進。虜號爲「神通大將」。初，仙芝紿以計襲取石，其子出奔，因構諸胡共怨之，以告大食，連兵攻四鎮。仙芝率兵二萬深入，爲大食所敗，殘卒數千。事急，嗣業謀曰：「將軍深履賊境，後援既絕，而大食乘勝，諸胡銳于闘，我與將軍俱前死，尚誰報朝廷者？不如守白石嶺以爲後計。」仙芝曰：「吾方收合餘燼，明日復戰。」嗣業曰：「事去矣，不可坐須葅醢。」即馳守白石路，旣隘，步騎魚貫而前。會拔汗那兵輜餉塞道，不可騁，嗣業懼追及，手挺鏖擊，人馬斃仆者數十百，虜駭走，仙芝乃得還。表嗣業功，進右金吾大將軍，留爲疏勒鎮使。城一隅墮，屢築輒壞，嗣業祝之，有白龍見，因其處薙祠以祭，城遂不壞。漢耿恭故井久涸，禱已，泉復出。初討勃律也，通道葱嶺，有大石塞隘，以足蹴之，抵穹墊，識者以爲至誠所感云。天寶十二載，加驃騎大將軍，入朝，賜酒，帝前醉，起舞，帝寵之，賜綵百、金皿五十物、錢十萬，曰：「爲解酲具。」安祿山反，肅宗追之，詔至，即引道，與諸將割臂盟曰：「所過郡縣，秋毫不可犯。」至鳳翔，上謁，帝喜曰：「今日卿至，賢於數萬衆。事之濟否，固在卿輩。」乃詔與郭子儀、僕固懷恩犄角，常爲先鋒，以巨棓笞闘，賊值，類崩潰，進四鎮、伊西、北庭行軍兵馬使。廣平王收長安，嗣業統前軍，陣于香積祠北。賊會李歸仁據精騎薄戰，王師注矢逐之，走未及營，賊大出，掩追騎，還蹂王師，於是亂不能陣。嗣業謂子儀曰：「今日不啗萬死取一生，則軍無類矣。」即袒，持長刀大呼出陣前，殺數十人，陣復整。步卒三千以陌刀長柯斧堵進，所向無前。歸仁匿兵營左，覘軍勢，王分回紇銳兵擊其伏。嗣業出賊背，合攻之，自日中至昃，斬首六萬級，塡澗壍死幾半，賊東走，遂平長安。進收東都，嗣業戰多，乃與張鎬、魯炅、來瑱、嗣吳王祗、李奐略定諸州，兼衞尉卿，封虢國公，實封戶二百，兼懷州刺史、北庭行營節度使，與子儀等圍相州。師老，諸將無功，獨嗣業被堅數奮，爲諸軍冠。中流矢，臥帳中，方愈，忽聞金鼓聲，知與賊戰，大呼，創潰，血流數升，卒。諡曰忠勇，贈武威郡王，給靈轝護還在所葬，日使中人臨弔，中朝臣祖泣，塋給掃除十戶。嗣業忠毅憂國，不計居產，有宛馬十疋，前後賞賜，皆上于官，以助軍云。子佐國，襲爵，歷丹王府長史，卒，推嗣業功，贈宋州刺史。

馬璘，岐州扶風人。少孤，流蕩無業，所年二十，讀漢馬援傳至「丈夫當死邊野，以馬革裹尸而歸」，慨然曰：「使吾祖勳業墜于地乎！」開元末，挾策從安西節度府，以奇勞累還金吾衞將軍。至德初，王室多難，統精甲三千，自二庭赴鳳翔，肅宗奇之，委以東討。初戰衞南，以百騎破賊五千衆。從李光弼攻洛陽，史朝義衆十萬陣北邙山，旗鎧照日，諸將尤疑，未敢擊，璘率部士五百薄賊屯，出入三反，衆披靡，乘之，賊遂潰。光弼曰：「吾用兵三十年，未見以少擊衆雄捷如馬將軍者。」遷試太常卿。明年，吐蕃寇邊，詔璘移軍援河西，懷恩之叛，璘引還，間關轉闘至鳳翔，虜圍已合，節度使孫志直嬰城守，璘令士持滿外向，突入縣門，不解甲，出戰背城陣，虜潰，率輕騎追之，斬數千級，漂血丹渠。帝引見慰勞，擢兼御史大夫。永泰初，拜四鎮行營節度、南道和蕃使，俄檢校工部尚書、北庭行營邠寧節度使。元日，有卒犯盜，或曰宜赦，璘曰：「赦之則人將伺其日爲盜。」遂戮之。天大旱，里巷爲土龍聚巫以禱，璘曰：「旱由政不脩。」即命撤之，明日雨，是歲大穰。未幾，徙涇原，權知鳳翔隴右節度副使、四鎮北庭，如舊，復以鄭潁二州隸之。大歷八年，吐蕃內寇，渾瑊戰宜祿，不利，璘設伏潘原，與瑊合擊破之，俘級數萬。進檢校尚書右僕射。明年入朝，求宰相，以檢校左僕射知省事，進扶風郡王。十一年，卒於軍，年五十六，贈司徒，諡曰武。璘少學術，而武幹絕倫，遭時屯棘，以忠力奮。在涇八年，繕屯壁爲戰守具，令肅不殘，人樂爲用，虜不敢犯，爲中興銳將。初，涇軍乏財，帝諷李抱玉讓鄭潁，璘因得裒積，且前後賜賚無算，家富不貲。治第京師，侈甚，其寢堂無慮費錢二十萬緡，方璘在軍，守者覆以油幔。及喪歸，都人爭入觀，假稱故吏，入赴弔者日數百。德宗在東宮，聞之不喜。及即位，乃禁第舍不得踰制，詔毀璘中寢及宦人劉忠翼第。璘家懼，悉籍亭館入之官，其後賜羣臣宴多在璘山池，而子無行，財亦尋盡。

李抱玉，本安興貴曾孫，世居河西，善養馬。始名重璋，閑騎射，少從軍，其爲人沈毅有謀，尤忠謹。李光弼引爲裨校。天寶末，玄宗以其戰河西有功，爲改今名。祿山亂，守南陽，斬賊使，至德二載，上言世占涼州，恥與逆臣共宗，有詔賜之姓，因徙籍京兆，舉族以李爲氏。進至右羽林大將軍，知軍事，擢陳鄭潁亳節度使。史思明已破東都，內焰勃然，鼓而行，自謂無前。光弼壁河陽，拒之，使抱玉守南城，賊急攻，抱玉縱奇兵出表裏俘殺，甚衆，賊乃捨去。從光弼戰大敗，因不能西，差功第一，封欒城縣公。代宗立，兼澤潞節度使，統相、衞、儀、邢十一州兵，以功授司空，兼兵部尚書、武威郡王，懇辭王爵，從涼國公，進司徒。廣德中，吐蕃入寇，帝次陝，羣盜徧南山五谷間，東距虢，西抵岐，椎剽不勝計。詔太子賓客薛景仙爲南山五溪谷防禦史，引兵招捕，久不克，更詔抱玉討賊。抱玉盡得賊株柢蹊隧，分兵守諸谷，使牙將李崇客精騎四百自桃林虢川襲之，賊帥高玉脫身走城固，山南西道張獻誠禽以獻，悉索支黨斬之，不閱旬，五谷平。即詔抱玉權鳳翔隴右節度，抱玉懇讓司徒，故以尚書左僕射同中書門下平章事、河西隴右副元帥，又讓僕射，故還爲兵部尚書。大歷二年，來朝，久之，加山南西道副元帥，兼節度使，屯盩厔。抱玉兼三節度，三副元帥，位望隆赫，乃上言：「隴坻達扶文，綿地二千里，虜孔道不一，梁岷重則關輔輕，願擇能臣帥西道，當一面，臣得專事關隴。」帝多其讓，許之。抱玉在鎮十餘年，雖無破虜功，而禁暴安人，爲將臣之良。卒，年七十四，贈太保，諡曰昭武。從父弟抱眞。

抱眞字太玄，沈慮而斷。抱玉屬以軍事，授汾州別駕。僕固懷恩反，陷焉，挺身歸京師。代宗以懷恩倚回紇，所將朔方兵精，憂之，召抱眞問狀，答曰：「郭子儀嘗領朔方軍，人多德之。懷恩欺其下曰子儀爲朝恩所殺，今起而用，是伐其謀，兵可不戰解也。」既而懷恩敗，如抱眞策。遷殿中少監、陳鄭澤潞節度留後，旣謝，因言百姓勞逸在牧守，願得一州以自試，更授澤州刺史，兼澤潞節度副使。徙懷州，仍爲懷澤潞觀察留後，凡八年。抱眞策山東有變，澤潞兵所走集，乘戰伐後，賦重人困，軍伍彫刓，乃籍戶三丁擇一，蠲其徭租，給弓矢，令閑月得曹偶習射，歲終大校，親按籍第能否賞責，比三年，皆爲精兵，舉所部得成卒二萬，既不稟于官，而府庫實，乃曰：「軍可用矣。」繕甲淬兵，遂雄山東，天下稱昭義步兵爲諸軍冠。久之，爲澤潞節度行軍司馬。會昭義節度李承昭病，詔抱眞權磁邢兵馬留後德宗嗣位校檢工部尚書領昭義節度使建中中田悅反圍邢及臨洺詔抱眞與河東馬燧合神策兵救之敗悅於雙岡斬其將楊朝光又破之臨洺遂解臨洺邢之圍以功檢校兵部尚書復與悅戰洹水走之進圍魏悅戰城下大敗進檢校尚書右僕射會朱滔王武俊反救悅抱眞退保魏帝倉卒狩奉天聞問諸將皆哭各引麾下還屯於時李希烈陷汴李納反鄆李懷光相次反河中抱眞獨以數州截然橫絕潰叛中離沮其姦爲羣盜所憚興元初檢校左僕射同中書門下平章事繇儀國公進義陽郡王朱滔悉幽薊兵與回紇圍貝州以應朱泚而希烈既竊名號則欲臣制諸叛衆稍離天子下罪己詔竝赦羣盜抱眞乃遣客賈林以大義說武俊使合從擊滔武俊許諾而內猶豫抱眞將自造其壁諉軍事於司馬盧玄卿曰吾此行繫時安危使遂不還部勒以聽天子命惟子勵兵東向雪吾之恥亦唯子即以數騎馳入見武俊曰泚希烈爭竊帝號滔攻貝州此其志皆欲自肆于天下足下既不能與競長雄捨九葉天子而臣反虜乎且詔書罪己禹湯之心也方上暴露播越公能自安乎因持武俊涕下交頤武俊亦感泣左右皆泣退臥帳中甘寢久之武俊感其不疑乃益恭指心誓天曰此身已許公死矣食訖約爲昆弟而別旦日合戰大破滔經城進檢校司空實封六百戶貞元初朝京師詔還所鎭抱眞喜士聞世賢者必欲與之游雖小善皆卑禮厚幣數千里邀致之至無可錄徐徐以禮謝會天下稍無事乃飾臺沼以自娛好方士謂不死可致有孫季長者爲治丹且曰服此當僊去抱眞表署幕府嘗語左右曰秦漢君不偶此我乃得之後升天不復見公等矣夜夢駕鶴寤而刻寓鶴衣羽服習乘之後益惑厭勝因疾請降官七讓司空還爲左僕射餌丹二萬丸不能食且死醫以彘肪穀漆下之疾少間季長曰危得僊何自棄也益服三千丸卒年六十二其子殿中侍御史緘匿喪與其屬盧會昌元仲經謀會諸將仲經詭抱眞令曰吾疾不任事令緘典軍勉佐之副使李說及諸校俯首皆唯曰諾緘盛服出衆拜之悉發府庫勞軍會昌即爲抱眞表翌日令諸將署章請以節付緘天子已聞抱眞喪遣使者馳入軍詔以事屬大將王延貴緘謾若抱眞疾請詣朝見凡三日緘乃出見使者陳兵甚嚴使者曰朝廷已知公薨詔以兵屬延貴君速歸發喪緘愕然謂諸將曰詔不許若何衆不對乃遂以印鑰上監軍始發喪使者趣延貴視事護緘赴東都仲經逃諸外捕殺之會昌得不坐始緘遣將陳榮以書抵武俊假其財武俊怒曰吾與乃公善者恭王命非同惡也今聞已亡誰詐其子使不俟朝制邪囚榮而讓緘焉詔贈抱眞太保

路嗣恭字懿範京兆三原人始名劒客以世蔭爲鄠尉席豫黜陟河朔表爲蕭關令連徙神烏姑臧二縣考績爲天下最玄宗以爲可嗣漢魯恭因賜名轉渭南令主杜化東陽二驛時關畿用兵使人係道嗣恭儲具有素而民不擾後爲郭子儀朔方節度留後大將孫守亮擁重兵驕蹇不受制嗣恭因稱疾守亮至即殺之一軍皆震永泰三年檢校刑部尚書知省事出爲江西觀察使以善治財賦稱有賈明觀者素事魚朝恩朝恩誅當坐死宰相元載納其賂遣効力江西將行居民數萬懷瓦石候擊載諭市吏禁止乃得去魏少游畏載常回容之及嗣恭代少游即日杖死大歷八年嶺南將哥舒晃殺節度使呂崇賁五嶺大擾詔嗣恭兼嶺南節度使封冀國公嗣恭募勇敢士八千人以流人孟瑤敬冕爲才權任之使瑤督大軍當其衝冕率輕兵由間道出不意遂斬光及支黨萬餘築尸爲京觀俚洞魁宿爲惡者皆族夷之還爲檢校兵部尚書復知省事嗣恭起州縣吏以課治進至顯官及晃事株戮舶商沒其財數百萬私有之代宗惡焉故賞不酬功德宗立陰賕宰相楊炎炎錄前効更拜兵部尚書東都留守俄加懷鄭汝陝河陽三城節度東都畿觀察使卒年七十一贈左僕射子應恕應字從衆以蔭爲著作郎貞元初出爲虔州刺史詔嗣父封鑿贛石梗嶮以通舟道德宗時李泌爲相號得君帝嘗曰誰於卿有恩者朕能報之泌乃言曩爲元載所疾謫江西路嗣恭與載厚臣嘗畏之會與其子應竝驅馬齧其脛臣惶恐不自安應闘不言勉起見臣臣常媿其長者思有以報帝曰善即日加應檢校屯田郎中服金紫累遷宣歙池觀察使封襄陽郡王李錡反應發鄉兵救湖常二州以故錡不能拔元和六年以疾授左散騎常侍卒諡曰靖恕字體仁從嗣恭討哥舒晃授檢校工部員外郎得從便宜擢降將伊愼用之賊平恕功多嗣恭節度河陽也恕爲懷州刺史年纔三十楊炎用扞魏博爲時嗤詆累遷鄜坊宣歙觀察使坐事貶吉州刺史以右散騎常侍致仕卒贈洪州都督

唐書卷一百三十八考證

馬燧傳擢兼御史大夫○舊書授兼御史中丞

李抱玉弟抱眞進檢校司空實封六百戶○舊書作五百戶

路嗣恭傳永泰三年○舊書作大歷三年

出爲江西觀察使以善治財賦稱○臣德潛按本文郎蒙上永泰三年事也舊書在大歷六年七月而舊書本紀則係七年正月

有賈明觀者素事魚朝恩朝恩誅當坐死○臣德潛按此爲朝恩坐死也舊書云賈明觀者事北軍都虞候劉希暹魚朝恩誅希暹從死此又爲希暹坐死也

唐書卷一百三十九

宋 端 明 殿 學 士 宋 祁 撰

列傳第六十四

房張李

房琯字次律河南河南人父融武后時以正諫大夫同鳳閣鸞臺平章事神龍元年貶死高州琯少好學風度沈整以蔭補弘文生與呂向偕隱陸渾山十年不諧際人事開元中作封禪書說宰相張說說奇之奏爲校書郎舉任縣令科授盧氏令拜監察御史坐訊獄非是貶睦州司戶參軍復爲縣所至上德化興長利以治最顯天寶五載試給事中封漳南縣男時玄宗有逸志數巡幸廣溫泉爲華清宮環宮所置百司區署以琯資機筭詔總經度驪山疏巖剔藪爲天子游觀未畢坐善李適之韋堅斥爲宜春太守歷琅邪鄴扶風三郡頻遷憲部侍郎十五載帝狩蜀琯馳至普安上謁帝喜甚即拜文部尚書同中書門下平章事從至成都賜一子官俄與韋見素崔渙奉冊靈武見肅宗具言上皇所以傳付意因道當時利病箝索虜情辭吐華暢帝爲改容琯既有重名帝傾意待之機務一二與琯參決諸將相莫敢望於是第五琦言財利幸爲江淮租庸使琯諫曰往楊國忠聚歛産怨天下陛下即位人未見德今又寵琦是一國忠死一國忠生無以示遠方帝曰六軍之命方急無財則散卿惡琦可也何所取財琯不得對北海太守賀蘭進明自河南至詔攝御史大夫嶺南節度使入謝帝曰朕語琯除正大夫何爲攝邪進明銜之因曰陛下知晉亂乎惟以尚虛名任王衍爲宰相基禍浮華不事天下事故至於敗方唐中興當用實才而琯性疏闊大言無當非宰相器陛下待之厚然孰肯爲陛下用乎帝曰何哉對曰陛下頃爲皇太子太子出曰撫軍入曰監國而琯爲聖皇建遣諸王爲都統節度乃謂陛下爲元子而付以朔方河東河北空虛之地永王豐王乃統四節度此於聖皇似忠於陛下非忠也琯意諸子一得天下身不失恩又多樹私黨以副戎權推此而言豈肯盡誠於陛下乎帝入其語始惡琯以進明爲御史大夫河南節度使會琯請自將平賊帝猶倚以成功乃詔琯持節招討西京防禦蒲潼兩關兵馬節度等使得自擇參佐乃以兵部尚書王思禮御史中丞鄧景山爲副戶部侍郎李揖爲行軍司馬中丞宋若思起居郎知制誥賈至右司郎中魏少游爲判官給事中劉秩爲參謀琯分三軍趨京師楊希文將南軍自宜壽入劉悊將中軍自武功入李光進將北軍自奉天入琯身中軍先鋒十月庚子次便橋辛丑中軍北軍遇賊陳濤斜戰不利琯欲持重有所伺中人邢延恩促戰故敗士死麻藁癸卯率南軍復戰遂大敗希文悊皆降賊初琯用春秋時戰法以車二千乘縻營騎步夾之旣戰賊乘風譟牛悉髀栗賊投芻而火之人畜焚燒殺卒四萬血丹野殘衆才數千不能軍琯還走行在見帝肉袒請罪帝宥之使裒夷散復圖進取琯雅自負以天下爲己任然用兵本非所長其佐李揖劉秩等皆儒人未嘗更軍旅琯每詫曰彼曳落河雖多能當我劉秩乎帝雖恨琯喪師而眷任未衰崔圓自蜀來最後見帝琯謂帝不見省易之圓以金畀李輔國不淹日被寵遂怨琯琯數稱疾不入會御史大夫顏眞卿劾奏諫議大夫李何忌不孝琯素善何忌不欲以惡名錮之託被酒入朝貶西平郡司馬琴工董廷蘭出入琯所琯昵之廷蘭藉琯勢數招賕謝爲有司劾治琯訴于帝帝因震怒叱遣之琯惶恐就第罷爲太子少師從帝還都封清河郡公琯之廢朝臣多言琯謀包文武可復用雖琯亦自謂當柄任爲天子立功善琯者暴其言于朝琯方日引劉秩嚴武與宴語移病自如帝以琯虛言浮誕內鞅鞅挾黨背公非大臣體乾元元年出琯爲邠州刺史逐秩武等因下詔陳其比周狀喻敕中外始邠以武將領刺史故綱目廢弛即治府爲營吏擾民居相淆讙琯至一切革之人以便安政聲流聞召拜太子賓客遷禮部尚書爲晉漢二州刺史寶應二年召拜刑部尚書道病卒贈太尉琯有遠器好談老子浮屠法喜賓客高談有餘而不切事時天下多故急於謀畧攻取帝以吏事繩下而琯爲相遂欲從容鎭靜以輔治之又知人不明以取敗撓故功名隳損云

贊曰唐名儒多言琯德器有王佐材而史載行事亦少貶矣一舉喪師訖不復振原琯以忠誼自奮片言悟主

而取宰相必有以過人者用違所長遂無成功然盛名之下爲難居矣夫名盛則責望備實不副則咎深使琯遭時承平從容帷幄不失爲名宰而倉卒濟難事敗隙生陷於浮虛比周之罪名之爲累也戒哉

子孺復幼穎能屬文然狂縱不法淮南節度使陳少游奏置募府多招術家言已三十當得宰相以熏權近希進取後辟浙西韓滉府兄宗偃喪自嶺外還孺復不出臨弔與妻鄭不相中慈姆爲言乃具棺召家人生斂之鄭方乳促上道鄭死于行又娶崔昭女崔悍媢殺二侍兒私瘞之觀察使以聞貶連州司馬聽崔去既又與崔通請復合詔許未幾復離終容州刺史

琯孫啓以蔭補鳳翔參軍事累調萬年令素贄附王叔文貞元末叔文用事除容管經畧使陰許以荊南節啓至荊湖宿留不肯進會叔文與韋執誼內忿爭不果拜俄而皇太子監國啓惶駭就鎮凡九年改桂管觀察使州邸以賂請有司飛驛送詔既而憲宗自遣宦人持詔賜啓啓畏使者邀重餉即曰先五日已得詔使者紿請視因馳歸以聞貶太僕少卿啓自陳獻使者南口十五帝怒殺宦人貶啓虔州長史死始詔五管福建黔中道不得以口餉遺博易罷臘口等使

琯族孫式擢進士第累遷忠州刺史韋皐表爲雲南安撫副使蜀州刺史皐卒劉闢反式留不得行賊平高崇文保貸之言諸朝除吏部郎中時河朔諸將劉濟張茂昭等更相劾奏帝欲和之拜式給事中使河北還奏如旨遷陝虢觀察使改河南尹會討王承宗鎮州索餉車四千乘民不能具式建言歲凶人勞不任調發又御史元稹亦言賦未畜而河南民先困詔可都鄙安之改宣歙觀察使卒贈左散騎常侍謚曰傾吏部郎中韋乾度曰始式刺蜀州劉闢構難即謂闢曰向夢公爲上相儀衛甚盛幸無相忘闢喜以爲祥後闢發兵署牒首曰闢副曰式參謀曰符載大節已虧不宜得謚博士李虞仲曰始闢反爲其用者皆救死其頸可盡被惡名乎如式不能去又不能死可謂求生害仁者也闢走西山召所疑畏者盡殺之式在其間會救得免而曰大節已虧近於溢言謚乃定

張鎬字從周博州人儀狀瓌偉有大志視經史猶漁獵然好王霸大畧少事吳兢兢器之游京師未知名率嗜酒鼓琴自娛人或邀之杖策往醉即返不及世務天寶末楊國忠執政求天下士爲己重聞鎬才薦之釋褐衣拜左拾遺歷侍御史玄宗西狩鎬徒步扈從俄遺詣肅宗所數論事擢諫議大夫尋拜中書侍郎同中書門下平章事時引內浮屠數百居禁中號內道場諷唄外聞鎬諫曰天子之福要在養人以一函寓美風化未聞區區佛法而致太平願陛下以無爲爲心不以小乘撓聖慮帝然之尋詔兼河南節度使都統淮南諸軍事賊圍宋州張巡告急鎬倍道進檄濠州刺史閭丘曉趣救曉愎撓逗留不肯進比鎬至淮口而巡已陷鎬怒杖殺曉帝還京師封南陽郡公詔以本軍鎮汴州捕平殘寇史思明提范陽獻順欵鎬揣其僞密奏曰思明勢窮而服包藏不測可以計取難以義招不宜以威權假之又言滑州防禦使許叔冀狡獪臨難必變宜追還宿衞書入不省時宦官絡繹出鎬境未嘗降情給納自范陽滑州使還者皆盛言思明叔冀忠而毀鎬無經畧才帝以鎬不切事機遂罷宰相授荊州大都督府長史思明叔冀後果叛如鎬言召拜太子賓客左散騎常侍坐市嗣岐王珍第貶辰州司戶參軍代宗初起爲撫州刺史遷洪州觀察使更封平原郡公袁晁寇東境江介震騷鎬遣兵屯上饒斬首二千級又襲舒城賊楊昭梟之沈千載者新安大豪連結椎剽州縣不能禽鎬遣別將盡殄其衆改江南西道觀察使卒鎬起布衣二朞至宰相居身廉不殖貲産善待士性簡重論議有體在位雖淺而天下之人推爲舊德云

李泌字長源魏八柱國弼六世孫徙居京兆七歲知爲文玄宗開元十六年悉召能言佛道孔子者相答難禁中有員俶者九歲升堂詞辯注射坐人皆屈帝異之曰半千孫固當然因問童子豈有類若者俶跪奏臣舅子李泌帝即馳召之泌既至帝方與燕國公張說觀奕因使說試其能說請賦方圓動靜泌逡巡曰願聞其畧說因曰方若棋局圓若棋子動若棋生靜若棋死泌即答曰方若行義圓若用智動若騁材靜若得意說因賀帝得奇童帝大悅曰是子精神要大於身賜束帛敕其家曰善視養之張九齡尤所獎愛常引至臥內九齡與嚴挺之蕭誠善挺之惡誠佞勸九齡謝絕之九齡忽獨念曰嚴太苦勁然蕭軟美可喜方命左右召蕭泌在旁率爾曰公起布衣以直道至宰相而喜軟美者乎九齡驚改容謝之因呼小友及長博學善治易常游嵩華終南間慕神仙不死術天寶中詣闕獻復明堂九鼎議帝憶其早惠召講老子有法得待詔翰林仍供奉東宮皇太子遇之厚嘗賦詩譏誚楊國忠安祿山等國忠疾之詔斥置蘄春郡肅宗即位靈武物色求訪會泌亦自至已謁見陳天下所以成敗事帝悅欲授以官固辭願以客從入議國事出陪輿輦衆指曰著黃者聖人著白者山人帝聞因賜金紫拜元帥廣平王行軍司馬帝嘗曰卿侍上皇中爲朕師今下判廣平行軍朕父子資卿道義云始軍中謀帥皆屬建寧王泌密白帝曰建寧王誠賢然廣平冢嗣有君人量豈使爲吳太伯乎帝曰廣平爲太子何假元帥泌曰使元帥有功陛下不以爲儲副得邪太子從曰撫軍守曰監國今元帥乃撫軍也帝從之初帝在東宮李林甫數構譖勢危甚及即位怨之欲掘冢焚骨泌以天子而念宿嫌示天下不廣使脅從之徒得釋言於賊帝不悅曰往事卿忘之乎對曰臣念不在此上皇有天下五十年一旦失意南方氣候惡且春秋高聞陛下錄故怨將內慙不懌萬有一感疾是陛下以天下之廣不能安親也帝感悟抱泌頸以泣曰朕不及此因從容問破賊期對曰賊掠金帛子女悉送范陽有苟得心渠能定中國邪華人爲之用者獨周摯高尚等數人餘皆脅制偷合至天下大計非所知也不出二年無寇矣陛下無欲速夫王者之師當務萬全圖久安使無後害令詔李光弼守太原出井陘郭子儀取馮翊入河東則史思明張忠志不敢離范陽常山安守忠田乾眞不敢離長安是以三地禁其四將也隨祿山者獨阿史那承慶耳使子儀毋取華令賊得通關中則北守范陽西救長安奔命數千里其精卒勁騎不逾年而斃我常以逸待勞來避其鋒去翦其疲以所徵之兵會扶風與太原朔方軍互擊之徐命建寧王爲范陽節度大使北並塞與光弼相掎角以取范陽賊失巢窟當死河南諸將手帝然之會西方兵大集帝欲速得長安曰今戰必勝攻必取何暇千里先事范陽乎泌曰必得兩京則賊再彊我再困且我所恃者磧西突騎西北諸戎耳若先取京師期必在春關東早熱馬且病士皆思歸不可以戰賊得休士養徒必復來南此危道也帝不聽二京平帝奉迎上皇自請歸東宮以遂子道泌曰上皇不來矣人臣尚七十而傳況欲勞上皇以天下事乎帝曰奈何泌乃爲羣臣通奏具言天子思戀晨昏請促還以就孝養上皇得初奏答曰當與我劍南一道自奉不復東矣帝甚憂及再奏至喜曰吾方得爲天子父遂下誥戒行崔圓李輔國以泌親信疾之泌畏禍願隱衡山有詔給三品祿賜隱士服爲治室廬泌嘗取松樛枝以隱背名曰養和後得如龍形者因以獻帝四方爭効之代宗立召至舍蓬萊殿書閣初泌無妻不食肉帝乃賜光福里第彊詔食肉爲娶朔方故留後李暐甥昏日敕北軍供帳元載惡不附己因江西觀察使魏少游請僚佐載稱泌才以試祕書少監充判官載誅帝召還復爲常袞所忌出爲楚州刺史辭不行帝亦留之會澧州闕袞盛言南方凋瘵請輟泌治之乃授澧朗峽團練使徙杭州刺史皆有風績德宗在奉天召赴行在授左散騎常侍時李懷光叛歲又蝗旱議者欲赦懷光帝博問羣臣泌破一桐葉附使以進曰陛下與懷光君臣之分不可復合如此葉矣由是不赦始朱泚亂帝約吐蕃赴援賂以安西北庭既而渾瑊與賊戰咸陽泚大敗吐蕃以師追北不甚力因大掠武功而歸京師平來請如約帝業許欲遂與之泌曰安西北庭控制西域五十七國及十姓突厥皆捍兵處以分吐蕃勢使不得併兵東侵今與其地則關中危矣且吐蕃向持兩端不戰又掠我武功乃賊也奈何與之遂止貞元元年拜陝虢觀察使泌始鑿山開車道至三門以便饟漕以勞進檢校禮部尚書淮西兵防秋屯鄜州已而四千人亡歸或曰吳少誠密招之既入境泌邀險悉擊殺之三年拜中書侍中同中書門下平章事累封鄴縣侯初張延賞減天下吏員人情愁怨至流離死道路者泌請復之帝未從因問今戶口減承平時幾何曰三之二帝曰人既彫耗員何可復泌曰不然戶口雖耗而事多承平十倍陛下欲省州縣則可而吏員不可減今州或參軍署務縣佐史判案所謂省官者去其冗員非常員也帝曰若何爲冗員對曰州參軍無職事及兼試額內官者兼試自至德以來有之比正員三之一可悉罷帝乃許復吏員而罷冗官泌又條奏中朝官常侍賓客十員其六員可罷左右贊善三十員其二十員可罷如舊制諸王未出閤官屬皆不除而所收料奉乃多於減員矣帝悅是時州刺史月奉至千緡方鎭所取無藝而京官祿寡薄自方鎭入八座至謂罷權薛邕由左丞貶歙州刺史家人恨降之晚崔祐甫任吏部員外求爲洪州別駕使府賓佐有所忤者薦爲郎官其當遷臺閣者皆以不赴取罪去泌以爲外太重內太輕乃請隨官閑劇普增其奉時以爲宜而竇參多沮亂其事不能悉如所請泌又白罷拾遺補闕帝雖不從然因是不除諫官唯用韓皐歸登泌因收其公廨錢令二人寓食中書舍人署凡三年始以韋綬梁肅爲左右補闕太子妃蕭母郜國公主也坐蠱媚幽禁中帝怒責太子太子不知所對泌入帝數稱舒王賢泌揣帝有廢立意因曰陛下有一子而疑之乃欲立弟之子臣

不敢以古事爭且十宅諸叔陛下奉之若何帝赫然曰卿何知舒王非朕子對曰陛下昔爲臣言之陛下有嫡子以爲疑弟之子敢自信於陛下乎帝曰卿違朕意不顧家族邪對曰臣衰老位宰相以諫而誅分也使太子廢它日陛下悔曰我惟一子殺之泌不吾諫吾亦殺爾子則臣絶祀矣雖有兄弟子非所歆也卽噫鳴流涕因稱昔太宗詔太子不道藩王窺伺者兩廢之陛下疑東宮而稱舒王賢得無窺伺乎若太子得罪請亦廢之而立皇孫千秋萬歲後天下猶陛下子孫有也且郜國爲其女妬忌而蠱惑東宮豈可以妻毋累太子乎執爭數十意益堅帝寤太子乃得安初興元後國用大屈封物皆三損二舊制堂封歲三千六百縑後纔千二百至是帝使還舊封於是李晟馬燧渾瑊各食實封悉讓送泌泌不納時方鎭私獻於帝歲凡五十萬緡其後稍損至三十萬帝以用度乏問泌泌請天下供錢歲百萬給宮中勸不受私獻凡詔旨須索卽代兩稅則方鎭可以行法天下紓矣帝嘗從容言盧杞清介敢言然少學不能廣朕以古道人皆指其姦而朕不覺也對曰陛下能覺杞之惡安致建中禍邪李揆和蕃顏眞卿使希烈其害舊德多矣又楊炎罪不至死杞擠陷之而相關播懷光立功逼使其叛此欺天也帝曰卿言誠有之然楊炎視朕如三尺童子有所論奏可則退不許則辭官非特杞惡之也且建中亂卿亦知桑道茂語乎乃命當然對曰夫命者已然之言主相造命不當言命言命則不復賞善罰惡矣桀曰我生不有命自天武王數紂曰謂己有天命君而言命則桀紂矣帝曰朕請不復言命俄加集賢殿崇文館大學士脩國史泌建言學士加大始中宗時及張說爲之固辭乃以學士知院事至崔圓復爲大學士亦引泌爲讓而止帝以前世上巳九日皆大宴集而寒食多與上巳同時欲以三月名節自我爲古若何而可泌請廢正月晦以二月朔爲中和節因賜大臣戚里尺謂之裁度民間以靑囊盛百穀瓜果種相問遺號爲獻生子里閭釀宜春酒以祭句芒神祈豐年百官進農書以示務本帝悅乃著令與上巳九日爲三令節中外皆賜緡錢燕會四年八月月蝕東壁泌曰東壁圖書府大臣當有憂者吾以宰相兼學士當之矣昔燕國公張說由是以亡又可免乎明年果卒年六十八贈太子太傅泌出入中禁事四君數爲權倖所疾常以智免好縱橫大言時時讜議能寤移人主然常持黃老鬼神說故爲人所譏切初肅宗重陰陽巫祝擢王璵執政大抵興造工役輒牽禁忌俗說而黎幹以左道位京兆尹嘗使禁工騈珠刺繡爲乘輿服皐焚之以爲禳禬德宗素不爲然及嗣位罷內道場除巫祝代宗將葬帝號送承天門而轀車行不中道問其故有司曰陛下本命在午故避之帝泣曰安有枉靈駕以謀身利命直午而行又宣政廊壞太卜言孟冬魁岡不可營繕帝曰春秋啓塞從時何魁岡爲亟詔葺之及桑道茂城奉天事驗始尚時日拘忌因進用泌泌亦自有所建明獨柳玭稱兩京復泌謀居多其功乃大於魯連范蠡云子繁

繁少才譽無行泌始起陽城官諸朝故城重德泌而親厚於繁及疏裴延齡既具藁以繁可信夜使繁書已封盡能誦憶乃錄以示延齡明日延齡白帝曰城以疏示於朝卽擿其條以自疏解城奏入帝怒遂不省泌與梁肅善故繁師事肅及卒烝其室士議讙醜由是擯棄積年後爲太常博士權德輿爲卿奏斥之改河南府士曹參軍累遷隋州刺史罷歸不得調敬宗誕日詔與兵部侍郎丁公著太常少卿陸亘入殿中抗老佛誦論改大理少卿弘文館學士諫官御史交章彈治乃出爲亳州刺史州有劇賊剽室廬略財貲爲患它刺史不能禽繁有機略悉知賊巢所在一旦出兵捕斬之議者責繁不先啓觀察府爲擅興詔御史舒元輿按之元輿與繁素隙盡翻其獄以爲濫殺不辜有詔賜死京兆人皆寃之繁下獄知且死恐先人功業泯滅從吏求廢紙握筆著家傳十篇傳于世

贊曰泌之爲人也異哉其謀事近忠其輕去近高其自全近智卒而建上宰近立功立名者觀肅宗披榛莽立朝廷單言暫謀有所寤合皆付以政當此時泌於獻納爲不少又佐代宗收兩京獨不見錄寧二主不以宰相器之邪德宗晚好鬼神事乃獲用蓋以怪自置而爲之助也繁爲家傳言泌本居鬼谷而史臣謬言好鬼道以自解釋既又著泌數與靈仙接言舉不經則知當時議者切而不與有爲而然繁言多浮侈不可信掇其近實者著于傳至勸帝先事范陽明太子無罪亦不可誣也

唐書卷一百三十九考證

房琯族孫式　○　舊書式爲琯姪

唐書卷一百四十

宋　端明殿學士宋祁　撰

列傳第六十五

崔苗二裴呂

崔圓字有裕貝州武城人後魏尚書左僕射亮八世孫少孤貧志向卓邁喜學兵家開元中詔舉遺逸以鈐謀對策甲科歷京兆府參軍尹蕭炅薦之遷會昌丞楊國忠遙領劍南節度引圓爲左司馬知留後玄宗西出次扶風遷御史中丞劍南節度副大使圓銳功名初聞難剌國忠意乃治城浚隍列館宇儲什具帝次河池圓疏具陳蜀土腴穀羨儲供易辦帝省書泣下曰世亂識忠臣卽日拜中書侍郎同中書門下平章事仍兼劍南節度使天子至朝廷百司殿宇帷幔皆具益嗟賞之肅宗立命與房琯韋見素赴行在所帝爲制遺愛碑于蜀以寵之至德二載遷中書令封趙國公實封戶五百乾元元年罷爲太子少師留守東都於是上皇所置宰相無在者王師之敗相州也軍所過皆縱剽圓懼委東都奔襄陽詔削階封尋詔拜濟王傅李光弼表爲懷州刺史改汾州以治行稱徙淮南節度使在鎭六年請朝京師吏民乞留詔檢校尚書右僕射還之久乃檢校左僕射入知省事大歷中卒年六十四贈太子太師謚曰昭襄

苗晉卿字元輔潞州壺關人世以儒素稱擢進士第調爲修武尉累進吏部郎中中書舍人知吏部選事選人訴索好官厲言倨色紛于前晉卿與相對終日無愠顏久之進侍郎積寬縱而吏下因緣作姦方時承平選常萬人李林甫爲尚書專國政以銓事委晉卿及宋遙然歲命它官同較書判覈才實天寶二載判入等者凡六十四人分甲乙丙三科以張奭爲第一奭御史中丞倚之子倚新得幸於帝晉卿欲附之奭本無學故議者囂然不平安祿山因間言之帝爲御花萼樓覆實中裁十一二奭持紙終日筆不下人謂之曳白帝大怒貶倚淮陽太守遙武當太守晉卿安康太守明年徙魏郡卽充河北採訪使居三年政化大行嘗入計謁歸壺關望縣門輒步吏諫止晉卿以公門當下況父母邦乎郡太守迎犒使所屬令行酒酒至必立飲白酹侍老有獻降西階拜而飲時美其恭改河東郡兼河東採訪使徙扶風郡封高平縣男還工部尚書東都留守召爲憲部兼左丞安祿山反實廷芝棄陝郡不下楊國忠本忌其有望卽奏東道賊衝非大臣不可鎭過授陝郡太守陝虢防禦使晉卿見帝以老辭忤旨聽致仕于家車駕入蜀搢紳多陷賊晉卿間道走金州肅宗至扶風召赴行在拜左相平京師封韓國公食五百戶改侍中既而乞骸骨罷爲太子太傅未幾復拜侍中玄宗崩肅宗疾甚詔晉卿攝冢宰固讓曰大行遺詔皇帝三日聽政稽祖宗故事則無冢宰之文奉遺詔則宜聽朝惟陛下順變以幸萬國帝不聽後數日代宗立復詔攝冢宰固辭乃免時年老蹇甚乞間日入政事堂帝優之聽入閤不趨爲御小延英召對宰相對小延英自晉卿始吐蕃犯京師晉卿以病臥家賊輿致脅之噤不肯語賊不敢害帝還拜太保罷政事永泰初薨年八十一贈太師京兆少尹護喪謚曰懿獻元載未顯時爲晉卿所遇載方相故諷有司改謚文貞晉卿寬厚所至以惠化稱魏人爲營生祠立石頌美再秉政出入七年小心謹畏不甚斥是非得失故能安保寵名然練達事體百官簿最一省無遺議者比漢胡廣肅宗欲以李輔國爲常侍奏曰常侍近密非賢不可居豈宜任等輩罷之朝廷欲論陳希烈等死晉卿曰陛下得張通儒安守忠孫孝哲等何以加罪帝不從俄而史思明亂持是以誘衆嘗自爲父碑文有鵲巢碑上賊入上黨焚蕩略盡而苗氏松檟獨無傷大歷七年配享肅宗廟廷十子發丕堅粲垂向呂稷望咸粲德宗時官至郎中陸贄欲進粲官帝不許曰晉卿往攝政有不臣之言又名其子皆與帝王同粲等宜與外官贄奏王者爵人必於朝刑人必於市言與衆共之與而不言其善斯謂曲貸罰而不書其惡斯謂中傷曲貸則授受不明而私幸之門啓中傷則枉直無辨而讒間之道行可不慎哉若陛下以晉卿姦邪粲等應坐則當公議其罪若知見誣亦宜擢粲等以示天下且晉卿起文儒致位台輔謙柔敦厚爲三朝所推安肯爲族滅計雖甚狂險猶不爲之況老臣乎帝然之而粲官終不顯

裴冕字章甫河中河東人本冠族仕家以蔭再調渭南尉王鉷爲京畿採訪使表署判官歷殿中侍御史冕少學術然明銳果於事衆號稱職鉷雅任之及鉷得罪有詔廷辨冕位甚下而抗言其誣鉷死李林甫方用事僚屬懼皆引去獨冕爲斂葬由是寖知名河西節度使哥舒翰辟行軍司馬玄宗入蜀詔皇太子爲天下兵馬元帥拜冕御史中丞兼左庶子副之初冕在河西方召還而道遇太子平涼遂從至靈武與杜鴻漸崔漪同辭進曰主上猒于勤且南狩蜀宗社神器要須有歸今天意人事屬在殿下宜正位號有如逡巡失億兆心則大事去矣太子曰我平寇逆奉迎乘輿還京師退居儲貳以

侍膳左右豈不樂哉公等何言之過對曰殿下居東宮二十年今多難啓聖以安社稷而所從將士皆關輔人日夜思歸大衆一驚不可復集不如因而撫之以就大功臣等昧死請太子固讓凡五請卒見聽太子卽位進冕中書侍郎同中書門下平章事乃建言賣官度僧道士收貲濟軍興時取償既賤衆不爲宜肅宗至鳳翔罷冕政事拜尚書右僕射兩京平封冀國公實封五百戶出爲劍南西川節度使復爲右僕射待制集賢院俄充山陵使於是中書舍人劉烜爲李輔國所昵冕表爲判官烜抵法坐降施州刺史徙澧州大歷中郭子儀言於代宗曰冕首佐先帝馳驅靈武有社稷勳程元振忌其賢遂加誣構海內寃之陛下宜還冕於朝復俾輔相必能致治成化時元載秉政冕早所甄引載德之又貪其衰瘵且下己遂拜左僕射同中書門下平章事入見拜不能興載自扶之代爲贊謝俄兼河南江淮副元帥東都留守不踰月卒有詔贈太尉冕以忠勤自將然不知宰相大體性豪侈既素貴輿服食飲皆光麗珍豐櫪馬直數百金者常十數每廣會賓客不能名其饌自製巾子工甚人爭效之號僕射巾領使既衆吏白俸簿月二千緡冕顧視喜見顏間世皆其嗜利云始肅宗廟惟苗晉卿配享冕卒後二十餘年有蘇正元者奏言肅宗爲元帥時師纔一旅冕於草創中甄大義以勸進收募驍勇幾十餘萬既逾月房琯來又一年而晉卿至今晉卿從祀而冕乃不與有詔冕配享肅宗廟

裴遵慶字少良絳州聞喜人幼彊學該綜圖傳外晦內明不干當世年既長始以仕家推蔭爲興寧陵丞調大理丞逾將蕭克濟督役苛暴役者有醜言有司以大逆論遵慶曰財不足聚人力不足加衆焉能反由是全救數十族類擢吏部員外郎判南曹天寶時選者歲萬計遵慶性彊敏視簿牒詳而不苛世稱吏事第一肅宗時爲吏部侍郎蕭華輔政屢薦之拜黃門侍郎同中書門下平章事代宗初僕固懷恩反帝以遵慶忠厚大臣故奉詔宣慰懷恩聽命將入朝既而爲其將范志誠沮止時帝在陝遵慶脫身赴行在帝還遷太子少傅罷爲集賢院待制改吏部尚書以尚書右僕射復知選事朝廷優其老聽就第注官時以爲榮嘗有族子病狂易告以謀反帝識其謬置不問性惇正老而彌謹每薦賢有來謝者以爲恥諫而見從卽內益畏雖親近但記其削稾疏數而莫知所言大歷十年薨年九十餘初爲郎時著王政記述今古治體識者知其有公輔器云子向

向字傃仁以蔭得調建中初李紓爲同州刺史奏署判官李懷光叛河中使其將趙貴先築壘於同州紓奔奉天而向領州務貴先脅吏督役不及期將斬以徇民皆駭散向獨詣貴先壘開諭之貴先乃降同州不陷向力也累爲櫟陽渭南令奏課皆第一擢戶部員外郎德宗末方鎭之副多自選於朝以待有變次授之故向以選爲太原少尹行軍司馬歷陝虢觀察使以吏部尚書致仕向能以學行持門戶內外親屬百餘口祿俸必均世稱其孝睦卒年八十贈太子少保子寅官累御史大夫寅子樞

樞字紀聖咸通中第進士杜審權鎭河中奏署幕府再遷藍田尉宰相王鐸知之遂直弘文館鐸罷樞久不調從僖宗入蜀擢殿中侍御史中和初鐸爲都統表署鄭滑掌書記龍紀初進給事中改京兆尹與孔緯厚善緯以罪貶故樞改右庶子出爲歙州刺史還右散騎常侍爲汴州宣諭使樞素與朱全忠相結納故全忠聽命修貢獻不絕昭宗悅遷兵部侍郎時崔胤亦倚全忠專朝柄因與樞善俄以戶部侍郎同中書門下平章事帝在鳳翔貶胤官樞亦罷爲工部尚書已還宮拜檢校尚書左僕射同平章事出爲清海節度使全忠言樞有經世才不宜棄外復拜門下侍郎平章事監修國史累進右僕射諸道鹽鐵轉運使哀帝嗣位柳璨方用事全忠以牙將張廷範爲太常卿樞以爲廷範勳臣自宜任方鎭何用爲卿恐非王意持不下全忠怒謂賓佐曰吾常器樞不浮薄今乃爾璨聞卽罷樞政事拜左僕射俄貶登州刺史又貶瀧州司戶參軍至滑州全忠遣人殺之白馬驛投尸于河年六十五初全忠佐吏李振曰此等自謂清流宜投諸河永爲濁流全忠笑而許之

呂諲河中河東人少力於學志行整飭孤貧不自業里人程氏財雄于鄉以女妻諲亦以諲才不久困厚分貲贍濟所欲故稱譽日廣開元末入京師第進士調寧陵尉採訪使韋陟署爲支使哥舒翰節度河西表支度判官歷太子通事舍人性靜愼勤總吏職諸僚或出游諲獨頹然據案鉤視簿最翰益親之累兼殿中侍御史翰敗潼關諲西赴靈武由中人尉薦肅宗才之拜御史中丞所陳事無不順納從至鳳翔遷武部侍郎帝復兩京詔盡繫羣臣之汙賊者以御史中丞崔器憲部侍郎韓擇木大理卿嚴向爲三司使處其罪又詔御史大夫李峴及諲領使諲於權宜知大體不及峴而援律傅經過之當時憚其持法然以峴故多所平反乾元二年九節度兵敗帝憂之擢諲同中書門下平章事知門下省事日復以李峴李揆第五琦爲宰相而苗晉卿王璵罷會母喪解三月復召知門下省事兼判度支還執政累封須昌縣伯遷黃門侍郎上元初加同中書門下三品當賜門戟或勸諲以凶服受吉賜不宜諲釋縗拜賜人譏其失禮諲引妻之父楚賓爲衞尉少卿楚賓子震爲郎官中人馬尚言者素暱於諲爲人求官諲奏爲藍田尉事覺帝怒命敬羽窮治殺尚言以其肉賜從官罷諲爲太子賓客數月拜荆州長史澧朗峽忠等五州節度使諲始建請荆州置南都詔可於是更號江陵府以諲爲尹置永平軍萬人遏吳蜀之衝以湖南之岳潭郴道邵連黔中之涪凡七州隸其道初荆州長史張惟一以衡州蠻酋陳希昂爲司馬督家兵千人自防惟一親將牟遂金與相忤希昂率兵至惟一所捕之惟一懼斬其首以謝悉以遂金兵屬之乃退自是政一出希昂後入朝還常州刺史過江陵入謁諲伏甲擊殺之誅黨偶數十人積尸府門內外震服妖人申泰芝用左道事李輔國擢諫議大夫置軍邵道二州間以泰芝總之納羣蠻金賞以緋紫出褚中詔書賜衣示之羣蠻怵於賞而財不足更爲剽掠吏不敢制潭州刺史龐承鼎疾其姦因泰芝過潭縛付吏劾贓鉅萬得左道讖記并奏之輔國矯追泰芝還京既召見反譖承鼎陷不辜詔諲按罪諲使判官嚴郢具獄暴泰芝之惡帝不省賜承鼎死流郢建州後泰芝終以贓從死承鼎追原其誣諲爲治不急細務決大事剛果不撓始在河西悉知諸將能否及爲尹奏取材者數十人總牙兵故威惠兩行諲之相與李揆不平既斥乃用善治聞揆恐帝復用卽妄奏置軍湖南非便又陰遣人刺諲過失諲上疏訟其事帝怒逐揆出之顯條其罪諲苦羸疾卒年五十一贈吏部尚書諲在朝不稱任職相反爲荆州號令明賦斂均一其治尚威信故軍士用命闔境無盜賊民歌詠之自至德以來處方面數十人諲最有名荆人生構房祠及歿吏裒錢十萬徙祠府西始諲知杜鴻漸元載才薦於朝後皆爲宰相永泰中嚴郢以故吏請謚有司博士獨孤及謚曰肅郢以故事宰相謚皆二名請益曰忠肅及執奏謂謚在義美惡不在多名文王伐崇周公殺三監淮夷重耳一戰而霸而謚曰文冀缺之恪甯俞之忠隨會不忘其君而謚曰武故知稱其大略其細也且二名謚非古也漢興蕭何張良霍去病霍光以文武大略佐漢致太平一名不盡其善乃有文終文成景桓宣成之謚唐興參用漢制魏徵以王道佐時近文愛君忘身近貞二者並優廢一莫可故曰文貞蕭瑀端直近貞性多猜近褊言褊則失貞稱貞則遺褊故曰貞褊蓋有爲爲之也若跡無異稱則易以一字故杜如晦曰成封德彝曰明王珪曰懿陳叔達曰忠溫彥博曰恭岑文本曰獻韋巨源曰昭皆當時赫赫居宰相位者謚不過一名而言故事宰相必以二名固所未聞宜如前謚遂不改

贊曰孔子稱才難然人之才有限不得皆善觀圓之鋭而失守出奔晉卿雅厚而少風采臧否冕明彊嗜利不知大體諲輔政功名不及治郡然各以所長顯于時故聖人使人也器之不窮所不能而後爲治也遵慶寡疵中人之賢與

唐書卷一百四十考證

苗晉卿傳天寶二載判入等者凡六十四人○舊書作天寶一年

呂諲傳置永平軍萬人○舊書永平軍團練三千人

以湖南之岳潭郴道邵連黔中之涪凡七州隸其道○沈炳震曰按方鎭表增領涪衡潭岳郴邵永道連凡九州此作七州誤

後泰芝終以贓從死承鼎追原其誣○臣德潛按此是承鼎之昭雪在泰芝死後也而舊書則云承鼎竟得雪後泰芝竟以贓敗流死似雪罪以後泰芝始流死者然

唐書卷一百四十一

宋　端　明　殿　學　士　宋　祁　撰

列傳第六十六

崔鄧魏衞李韓盧高

崔光遠系出博陵後徙靈昌祖敬嗣嗜酒樗博中宗在房州吏多肆慢不爲禮敬嗣爲刺史獨盡誠推奉儲給豐衍帝德之及反正有與敬嗣同姓名者每擬官帝輒超拜後召見悟非是訪眞敬嗣已死卽授其子汪五品官汪生光遠勇決任氣長六尺瞳子白黑分明開元末爲唐安令與楊國忠善累還京兆少尹爲吐蕃弔祭使

還會玄宗西狩詔留光遠爲京兆尹西京留守採訪使乘輿已出都人亂火左藏大盈庫爭輦財珍至乘驢入宮殿者光遠乃募官攝府縣誰何宮闕斬十數人乃定因爲使其子東見祿山而祿山先署張休爲京兆尹由是追休授光遠故官俄而同羅背賊以廄馬二千出奔賊將孫孝哲安神威招之不得神威憂死官吏驚走獄囚皆逸光遠以爲賊且走命人守神威孝哲等第斬曳落河二人孝哲魏白祿山光遠懼與長安令蘇震出開遠門使人奔呼曰尹巡門門兵具器仗迎謁至皆斬之募得百餘人遂趨靈武肅宗嘉之擢拜御史大夫復爲京兆尹遣到渭北募僑民會賊黨剽涇陽休祠房帷牛呼飲光遠刺知之率兵夜趨其所使百騎彀滿狙其前命驍士合譟賊醉不能師斬其徒二千得馬千噭俘一酋長以獻自是賊常避其鋒扈帝還改禮部尚書鄴國公封實戶三百乾元元年繇汴州刺史代蕭華爲魏州節度使初郭子儀與賊戰汲郡光遠裁率汴師千人援之不甚力及守魏使將軍李處崟拒賊子儀不救戰不勝奔還賊因傳城下詭呼曰處崟召我而不出何也光遠信之斬處崟處崟善戰衆倚以爲重及死人益危魏城經袁知泰能元浩等完築牢甚光遠不能守夜潰圍出奔京師帝赦其罪拜太子少保會襄州將康楚元張嘉延反陷荆襄諸州因拜持節荆襄招討充山南東道兵馬都使又從鳳翔尹先是岐隴賊郭愔等掠州縣峙五堡光遠至遣官諭降之既而沈飲不親事愔等陰約党項及奴刺突厥敗韋倫於秦隴殺監軍使帝怒光遠無狀召還復使節度劍南會段子璋反東川李奐敗走成都光遠進討平之然不能禁士卒剽掠士女至斷腕取金者夷殺數千人帝詔監軍按其罪以憂卒

鄧景山曹州人本以文吏進累至監察御史至德初擢拜青齊節度使徙淮南爲政簡肅有鸜集城門鄧班語景山曰鸜介物也失所次金不從革之象其有兵乎未幾宋州刺史劉展反初展有異志淮西節度使王仲昇表其狀詔遷揚州長史兼江淮都統密詔景山執送京師展知之擁兵二萬度淮景山逆擊不勝奔壽州因引平盧節度副使田神功討展神功兵至揚州大掠居人發冢墓大食波斯賈胡死者數千人展叛凡三月平追景山入朝拜尚書左丞以崔圓代之王思禮在太原儲會贏衍請輸半以實京師會卒管崇嗣代之政弛不治數月爲下盜費略盡帝聞卽以景山爲太原尹封南陽郡公至則振覈紀綱檢覆干隱衆大懼而景山淸約子弟饌不過草具用器止烏漆待上賓惟豚魚而已取倉粟紅腐者食之兼給麾下麾下怨訕左右白景山景山曰此不食留將安用邪因慢罵士皆羞忿有裨校抵死諸將請贖不許其弟請代不許請納一馬贖景山乃許減死衆怒曰吾屬命纔一馬直乎景山護失叱遣之少將黃抱節因衆怒作亂景山遇害時寶應元年也肅宗以其統馭失方不復究驗遣使諭撫其軍軍中請辛雲京爲節度詔可景山與劉晏善其役家寒窶晏屢經紀之嫁其孤女謚曰敬

崔瓘博陵人以士行修謹聞累官至澧州刺史不爲煩苛人便安之流亡還歸居二年增戶數萬詔特進五階以寵異政大歷中遷湖南觀察使時將吏習寬弛不奉法瓘稍以禮法繩裁之下多怨別將臧玠判官達奚觀忿爭觀曰今幸無事玠曰欲有事邪拂衣去是夜以兵殺觀瓘聞難惶懼走遇害帝悼惜之

魏少游字少游邢州鉅鹿人以吏幹稱天寶末累遷朔方水陸轉運副使肅宗幸靈武杜鴻漸等奉迎而留少游繕治宮室少游大爲殿宇幄帟皆象宮闕諸王公主悉有次舍供儗窮水陸又有千餘騎鎧幟光鮮振旅以入帝見宮殿不悅曰我至此欲就大事安用是爲稍命去之除左司郎中兩京平封鉅鹿縣侯遷陝州刺史王師潰於鄴河洛震駭少游鎭守自若擢京兆尹李輔國以其不附己改衞尉卿會率羣臣馬助軍少游與漢中王瑀持異帝怒貶渠州長史復爲京兆尹始請中書門下省五品尚書省四品諸司正員三品諸王駙馬朞以上親及壻若甥不得任京兆官詔可大歷二年爲江西觀察使進刑部尚書改封趙國公六年卒贈太子太師少游四爲京兆雖無赫赫名然善任人緣飾規檢有足稱者

衞伯玉史失其何所人少習武技爲有力天寶中從安西府積勞至員外諸衞將軍肅宗卽位慨然願立功乃歸長安領神策兵馬使出鎭陝州行營乾元二年賊將李歸仁以騎五千入寇伯玉與戰彊子坂破之獲馬六百匹遷羽林大將軍從四鎭北廷行營節度使俄爲神策軍節度史思明遣子朝義夜襲陝將動京師伯玉迎擊破之於永寧加特進封河東郡公廣德元年代宗幸陝以伯玉有幹略可方面大事乃拜荆南節度使進封城陽郡王大歷初以母憂當代諷將吏留己復詔節度荆南議者醜其留十一年歸京師卒

李澄遼東襄平人隋蒲山公寬之遠胄以勇剽隸江淮都統李垣府爲偏將又從永平節度李勉軍勉帥汴表澄滑州刺史李希烈陷汴勉走澄以城降賊希烈以爲尚書令節度永平軍興元元年澄遣盧融間道奉表詣行在德宗嘉之署帛詔內蠟丸授澄刑部尚書汴滑節度使澄未卽宣乃先勒訓士馬希烈疑以養子六百戍之賊急攻寧陵邀澄至石柱澄密令焚營爲驚遁者養子輩果棄以剽掠澄盡斬之以告希烈不能詰賊遣將翟崇暉率精兵寇陳州未還汴軍寡澄度不能制己又中官薛盈珍持節至封澄武威郡王賜實封乃燔賊旗節自歸希烈既失澄而崇暉復敗繇是奔汝南澄引兵將取汴屯其北門不敢進及劉洽師屯東門賊將田懷珍納之比澄入洽已保子城矣澄乃舍浚儀兩軍士日爭忿未能安會鄭州賊將孫液送款於澄澄遣子清馳赴先此河陽李芃使偏將雍希顥攻鄭數殘剽液拒之及納清希顥大怒急攻鄭清助守殺河陽兵數千希顥焚陽武去澄遂如鄭詔授淸檢校太子賓客易名克寧貞元初遷澄檢校尚書左僕射義成軍節度使二年卒年五十四贈司空澄始封隴西公後乃進王爵每上章必疊署二封士大夫笑其野澄之喪克寧閟不發閱旬日欲自領事其行軍司馬馬鉉不許克寧殺之墨絰加卒嬰城將爲亂劉洽以兵屯境上遣使諭止遂自戢然道閉者半月詔以賈耽代鎭克寧乃護喪歸悉索府中財夜出軍士從剽之殆盡澄柩至京猶賜克寧莊一區錢千緡粟麥千石云

韓全義家素寒史失其先世與卒伍以巧佞事宦者竇文場擢累長武城使進拜夏綏銀宥節度使詔以長武兵赴之全義素儒貪無紀律爲下所狎詔未下軍中偪知之謀曰夏州沙磧無樹蓺生業不可往是夜譟而亂全義縋以逸殺其親將王栖巖趙虔曜等軍虞候高崇文誅亂首衆乃定全義得赴屯吳少誠以蔡拒命詔合十七鎭兵討之時軍無帥統惟以奄豎監之遂敗于小溵德宗以文場素爲全義地因用爲淮西行營招討使以陳許節度使上官涚副之諸鎭兵皆屬全義無它方略號令悉稟監軍每議攻戰宦豎十數紛爭帳中小人好自異互詆訾不能決賊知之數請戰遇賊廣利城方暑地沮洳士皆病癘全義未嘗存之既戰師皆潰退保五樓賊移屯逼之乃與監軍賈英秀等保溵水不能固又入屯陳州是時惟陳許將孟元陽神策將蘇光榮守溵水全義誘潞滑州數大將殺之然卒不振宦人共掩其敗帝不知少誠度無能爲卽謾書謝監軍求洗前咎帝下其議宰相賈耽以爲五樓之敗賊不追者以冀恩耳請納其誠帝然之全義班師過闕下託疾不入謁司馬崔放見帝謝無功帝曰全義誘少誠歸國功大矣何必殺敵乃爲功邪還屯夏州中人卽第宴賚然卒不見天子去時恨帝失政使姦人得肆云憲宗在藩疾之既嗣位全義大懼願入覲不復用以太子少保致仕卒其子獻女樂八人帝不納曰我方以儉治天下惡用是爲哉

盧從史其先在元魏時爲盛族後徙籍不常父虔好學由進士第歷御史祕書監從史少好騎射遊澤潞間節度使李長榮署爲督將貞元後藩臣闕德宗必取本軍所喜戴者授之從史在潞姦獪得志又善附迎中人會長榮卒卽擢拜昭義節度副大使既得志寖忞不道至奪部將妻而能辯給粉澤其非府屬孔戡等屢以直語爭刺初唯唯後益不從皆引去元和中丁父喪去官從史卽獻計誅王承宗陰向帝旨繇是奪服領澤潞因詔討賊而勒兵逗留陰與承宗交得其密號授軍中又高芻粟直以售度支卽上書求兼宰相且誣諸軍與賊通兵未可進憲宗患之初神策中尉吐突承璀與對壘從史時過其營飲博承璀多出寶帶奇玩夸之從史貪沓猥所玩悅必遺焉從史喜益狎不疑帝用裴垍謀敕承璀圖之承璀伏壯士幕下伺其來與語士突起捽持出帳後縛內車中從者驚亂斬數十人諭以密詔而大將烏重胤素忠果部勒其衆乃定會夜疾驅未明出境道路無知者於是五年夏四月有詔慰其軍疏從史罪惡貶驩州司馬賜死子繼宗等並從嶺南

高霞寓幽州范陽人其先五代不異居孝聞里閭德宗初採訪使洪經綸言之闕詔表于門霞寓能讀春秋及兵法頗以感槩自尚狡譎多變往見長武城使高崇文崇文異其才檄任軍職從擊劉闢戰輒克下鹿頭城降李文悅仇良輔等追戰七盤城有功禽闢於羊灌擢拜彭州刺史俄代崇文爲長武城使封感義郡王元和中以左威衞將軍隨吐突承璀討王承宗諸將多覆軍獨霞寓有功詔藏所獲鎧仗於神策庫以旌之承璀已執盧從史其軍相驚乃遣霞寓諭之麾而大呼曰元惡縛矣公等宜自安卽脫鎧揖而前衆遂定欲留爲帥霞寓間道去拜豐州刺史三城都團練防禦使討吳元濟也析山南東道爲兩鎭以霞寓宿將拜唐鄧隋節度使過賊南衞霞寓雖悍而寡謀統制尤非所善始引兵趨蕭陂戰小勝進至文城柵賊僞北逐之爲伏所掩遂大敗

才以身免詔貶歸州刺史乃厚賂權宦召爲右衞大將軍拜振武節度使會吐蕃攻鹽豐二州霞寓以兵五千屯拂雲堆虜引去浚金河溉鹵地數千頃改左武衞大將軍又節度邠寧位檢校司徒寶歷中疽發首不能事以右金吾衞大將軍召卒于道贈太保霞寓位既高言多不遜帝欲罷其兵益自憂乃上私第爲佛祠請署曰懷恩以塞帝疑俄又詬侮僚屬作慢語斥訕大臣其反覆自任類此

唐書卷一百四十一考證

崔光遠傳光遠乃募官攝府縣誰何宮闕斬十數人乃定○臣德潛按誰何宮闕四字未明舊書云募人攝府縣官分守之殺數十人方止較明白

魏城經袁知泰能元浩等完築牢甚○能元浩舊書作元皓

李澄傳使偏將雍希顥攻鄭○舊書作雍顥

唐書卷一百四十二

宋　端　明　殿　學　士　宋　祁　撰

列傳第六十七

李楊崔柳韋路

李麟裔出懿祖於屬最疏父濬歷潤虢潞三州刺史以誠信號良吏開元中終劍南節度按察使贈戶部尚書謚曰誠麟好學善文辭以父蔭補京兆府戶曹參軍舉宗室異能轉殿中侍御史累擢兵部侍郎與楊國忠同列國忠怙權疾之改權禮部貢舉國忠遷麟復本官改國子祭酒出爲河東太守有清政安祿山反朝廷以麟儒者非禦侮才還爲祭酒封渭源縣男玄宗入蜀麟走見帝再遷憲部尚書同中書門下平章事時宰相韋見素房琯崔渙崔圓蹕赴肅宗行在獨麟以宗室子留總百司上皇還京進同中書門下三品封襄國公張皇后挾李輔國寖撓政苗晉卿崔圓等畏其權皆附離取安獨麟守正不阿順輔國忌恚乾元初罷爲太子少傅明年卒年六十六贈太子太傅謚曰德

楊綰字公權華州華陰人祖溫玉在武后時爲顯官世以儒聞綰少孤家素貧事母謹甚性沈靖獨處一室左右圖史凝塵滿席澹如也不好立名有所論著未始示人第進士補太子正字舉詞藻宏麗科玄宗已試又加詩賦各一篇綰爲冠由是擢右拾遺制舉加詩賦繇綰始天寶亂肅宗卽位綰脫身見行在拜起居舍人知制誥累遷中書舍人兼修國史故事舍人年久者爲閣老其公廨雜料獨取五之四至綰悉均給之歷禮部侍郎建復古孝廉力田等科天下高其議俄遷吏部品裁清允人服其公是時元載秉政忌綰望高疏薄之宦者魚朝恩判國子監旣誅因是建言太學當得天下名儒汰其選卽拜綰國子祭酒外示尊重而實以散地處之載日貪冒天下士議益歸綰帝亦知之自擢爲太常卿充禮儀使載得罪拜中書侍郎同中書門下平章事修國史制下士相賀於朝綰固讓帝不許時諸州悉帶團練使綰奏刺史自有持節諸軍事以掌軍旅司馬古司武所以副軍卽今副使司兵參軍卽今團練判官宜號重複可罷天下團練守捉使詔可又減諸道觀察判官員之半復言舊制刺史被代若別追皆降魚書乃得去開元時置諸道採訪使得專停刺史威柄外移漸不可久其刺史不稱職若贓負本道使具條以聞不得擅追及停而刺史亦不得輒去州詣使所如其故關使司無署攝聽上佐代領帝善其謀於是高選州上佐定上中下州差置兵員詔郎官御史分道巡覆又定府州官月稟使優狹相均始天下兵與從權宜官品同而祿例差及四方粗定元載王縉當國偷以爲利因不改故江淮大州至月千緡而山劍貧險雖上州刺史止數十緡及此始復太平舊制綰素痼疾居旬日寖劇有詔就中書療治每對延英殿許挾扶于時靡補穿敝唯綰是恃未幾薨帝驚悼詔羣臣曰天不使朕致太平何奪綰之速邪卽日詔贈司徒遣使者冊援欲及其未歛也詔百官如第弔遣使會弔賻絹千匹布三百匹太常謚曰文貞比部郎中蘇端憸人也持異議宰相常衮陰助之帝以其言醜險不實貶端巴州員外司馬猶賜謚曰文簡綰儉約未嘗問生事祿稟分姻舊隨多寡輒盡造之者淸談終晷而不及榮利欲干以私聞其言必內愧止經誥微趣學家疑晦者一見卽詣其極始輔政御史中丞崔寬本豪侈城南別墅池觀堂皇爲當時第一卽日遣人毀之京兆尹黎幹出入從騶馭百數省損才留十餘騎中書令郭子儀在邠州行營方大會除書至音樂散五之四它聞風靡然自化者不可勝紀世以比楊震山濤謝安云

崔祐甫字貽孫太子賓客孝公沔之子也世以禮法爲閨家第進士調壽安尉安祿山陷洛陽祐甫冒矢石入私廟負木主以逃自起居舍人累遷中書舍人性剛直遇事不回時侍郎闕祐甫攝省事數與宰相常衮爭議不平衮怒使知吏部選每擬官衮輒駁異祐甫不爲下會朱泚軍中猫鼠同乳表其瑞詔示衮衮率羣臣賀祐甫獨曰可弔不可賀詔使問狀對曰臣聞禮迎猫爲其食田鼠以其爲人去害雖細必錄今猫受畜於人不能食鼠而反乳之無乃失其性邪猫職不修其應若曰法吏有不觸邪疆吏有不扞敵臣愚以爲當命有司察貪吏誡邊候勤斥巡則猫能致功鼠不爲害代宗異其言衮益不喜帝崩衮與禮官議臣爲君斬衰三年漢文帝權制三十六日我太宗文皇帝崩遺詔亦三十六日羣臣不忍既葬而除略盡四月高宗如漢故事玄宗以來始變天子喪爲二十七日乃者遺詔雖曰天下吏民三日釋服羣臣如皇帝服二十七日乃除祐甫曰遺詔無臣庶人之別是皇帝宜二十七日而羣臣三日也衮曰賀循稱吏者官長所署非公卿百官也祐甫對傳曰委之三吏乃三公也史稱循吏良吏豈胥吏歟衮曰禮非天降地出人情而已且公卿大臣受寵祿今與黔首同信宿而除於公安乎祐甫曰若遺詔何詔而可改孰不可改衮意殊薄衮方入臨遣從吏扶立殿墀上祐甫指之謂衆曰臣哭君前有扶禮乎衮不勝怒乃劾祐甫率情變禮撓國典請貶潮州刺史德宗以爲重改河南少尹始肅宗時天下務劇宰相更直掌事若休沐還第非大詔令不待徧曉則聽直者代署以聞是時郭子儀朱泚俱以平章事當署敕尾而不行宰相事帝新卽位衮如故事代署子儀泚入言祐甫不宜貶帝曰卿向何所言今云非邪二人對初不知帝怒以衮爲罔上是日羣臣苴絰立月華門外卽兩換職以衮河南少尹而拜祐甫門下侍郎同中書門下平章事俄改中書侍郎自至德乾元以來天下戰討啓丐塡委故官賞繆紊永泰後稍稍平定而元載用事非賄謝不與官刬塞公路綱紀大壞載誅楊綰相未幾卒衮當國懲其敝凡奏請一杜絕之惟文辭入第乃得進然無所甄異賢愚同滯焉及祐甫則薦舉惟其人不自疑畏推至公以行未踰年除吏幾八百員莫不諧允帝嘗謂曰人言卿擬官多親舊何邪對曰陛下令臣進擬庶官夫進擬者必悉其才行如不與聞知何由得其實帝以爲然神策軍使王駕鶴者典衞兵久權震中外帝將代之懼其變以問祐甫祐甫曰是無足慮卽召駕鶴留語移時而代者已入軍中矣淄青李正己畏帝威斷表獻錢三十萬緡以覘朝廷帝意其詐未能答祐甫曰正己誠詐陛下不如因遣使勞其軍以所獻錢賜將士若正己奉承詔書是陛下恩治士心若不用彼自斂怨軍且亂又使諸藩不以朝廷爲重財帝曰善正己慙服時議者題其謀謂可復貞觀開元之治是歲被疾詔肩輿至中書臥而承旨若還第卽遣使咨決薨年六十贈太傅謚曰文貞故事門下侍郎未有贈三師者帝以其有大臣節特寵異之朱泚亂祐甫妻王陷賊中泚嘗與祐甫同列遣以繒帛菽粟受而緘錆之帝還京具封以獻士君子益重其家法云子植嗣

植字公修祐甫弟廬江令嬰甫子也祐甫病謂妻曰吾歿當以廬江次子主吾祀及卒護喪者以聞帝惻然召植使卽喪次終服補弘文生博通經史於易老莊與鄭覃同時爲補闕皆賢相後每朝廷有得失兩人者更疏論執譽望蔚然元和中爲給事中時皇甫鎛判度支建言減百官奉稟植封還詔書鎛又請天下所納鹽酒利增估者以新準舊一切追償植奏言用兵久百姓凋罄往雖估踰其實今不可復收於是議者咸罪鎛權而止長慶初拜中書侍郎同中書門下平章事穆宗問貞觀開元中治道最盛何致而然植曰太宗資上聖與民間知百姓疾苦故厲精思治又以房玄齡杜如晦魏徵王珪爲之佐君明臣忠聖賢相維治致升平固其宜也玄宗在天后時身踐憂患旣卽位得姚崇宋璟此二人蚤夜孜孜納君於道璟嘗手寫尚書無逸爲圖以獻勸帝出入觀省以自戒其後朽暗乃代以山水圖寖怠於勤左右不復箴規姦臣日用事以至于敗昔德宗嘗問先臣祐甫開元天寶事先臣具道治亂所以然臣在童丱記其說今願陛下以無逸爲元龜則天下幸甚佗日又問司馬遷言漢文帝惜十家產而罷露臺身衣弋綈履革舃集上書囊爲殿帷信乎何太儉邪植曰良史非貌言漢承秦侈縱之餘海內凋窶文帝從代來知稼穡艱難是以躬履儉約爲天下守財景帝遵而不改故家給戶足至武帝時錢朽貫穀紅腐乃能出師征伐威動四方然侈靡不節末年戶口減半稅及舟車人不聊乃下哀痛詔封丞相爲富人侯然則帝王不可以不示儉而天下足帝曰卿言善忠行之爲難耳時朝廷悉收河朔三鎮而劉總又以幽薊七州獻諸朝且懼部將構亂乃先籍豪銳不檢者遣京師而朱克融在籍中植與杜元穎不知兵謂藩鎮且平不復料天下安危事而克

融等羈旅塞躓願得官自效日訴于前皆抑不與及遣張弘靖赴鎮縱克融等北還不數月克融亂復失河朔矣天下尤之植內慙罷爲刑部尚書旋授岳鄂觀察使未幾還嶺南節度使還拜戶部尚書終華州刺史贈尚書左僕射

倓字德長祐甫從子也性介潔矜已之清視贓負者若讎以蘇州刺史奏課第一遷湖南觀察使湖南舊法雖豐年貿易不出境鄰部災荒不恤也倓至謂屬吏曰此豈人情乎無閉糴以重困民削其禁自是商賈流通貲物益饒入爲戶部侍郎判度支時田弘正徙鎮州以魏兵二千行既至留自衞請度支給歲糧穆宗下其議倓固執不與弘正不得已遣魏卒俄而鎮兵亂弘正遇害倓之爲也時天子失德倓黨與盛有司不敢名其罪出爲鳳翔節度使踰年徙河南尹以戶部尚書致仕卒贈太子少保諡曰肅

贊曰植輔政當有爲之時無經國才履危防淺機不知其潰而發也手弛檻縱縱虎狼爲一日而亡地數千里爲天下笑倓吝財資賊又皆幸不誅天以河北亂唐故君臣不肖勃繆其謀惜哉

柳渾字夷曠一字惟深本名載梁僕射惔六世孫後籍襄州早孤方十餘歲有巫告曰兒相夭且賤爲浮屠道可緩死諸父欲從其言渾曰去聖教爲異術不若速死學愈篤與游者皆有名士天寶初擢進士第調單父尉累除衢州司馬棄官隱武寧山召拜監察御史臺僚以儀矩相繩而渾放曠不樂檢局乃求外職宰相惜其才留爲左補闕大歷初江西魏少游表爲判官州僧有夜飲火其廬者歸罪瘖奴軍候受財不詰獄具渾與其僚崔祐甫白奴冤少游趣訊僧僧首伏因厚謝二人路嗣恭代少游渾遷團練副使俄爲袁州刺史祐甫輔政薦爲諫議大夫浙江東西黜陟使入爲尚書右丞朱泚亂渾匿終南山賊素聞其名以宰相召執其子榜笞之搜索所在渾羸服步至奉天改右散騎常侍賊平奏言臣名向爲賊汙且載於文從戈非偃武所宜乃更今名貞元元年遷兵部侍郎封宜城縣伯李希烈據淮蔡關播用李元平守汝州渾曰是夫衒玉而賈石者也往必見禽何賊之攘既而果爲賊縛三年以本官同中書門下平章事仍判門下省帝嘗親擇吏宰畿邑而政有狀召宰相語皆賀帝得人渾獨不賀曰此特京兆尹職耳陛下當擇臣輩以輔聖德臣當選京兆尹承大化尹當求令長親細事代尹擇令非陛下所宜帝然之玉工爲帝作帶誤毀一銙工不敢聞私市它玉足之及獻帝識不類擿之工人伏罪帝怒其欺詔京兆府論死渾曰陛下遽殺之則已若委有司須詳讞乃可於法誤傷乘輿器服罪當杖請論如律由是工不死左丞田季羔從子伯彊請賣私第募兵助討吐蕃渾曰季羔先朝號名臣由祖以來世孝謹表闕于門隋時舊第惟田一族耳討賊自有國計豈容不肖子毀門構徼一時倖損風教哉請薄責以示懲沮帝嘉納韓滉自浙西入朝帝虛已待之奏事或日晏佗相取充位滉遂省中搒吏自若渾雖爲滉所引惡其專質讓曰省闥非刑人地而搒吏至死公家先相國以狷察不滿歲輒罷今公柰何蹈前非顓立威福豈尊主卑臣義邪滉悔悟稍褫其威白志貞除浙西觀察使渾奏志貞興小史縱嘉其才不當超劇職臣以死守不敢奉詔會渾移疾出即日詔付外施行疾間因乞骸骨不許門下吏白過官渾愀然曰既委有司而復撓之豈賢者用心邪士或千里辭家以干祿小邑主辦豈慮不能是歲擬官無退異者渾瑊與吐蕃會平涼是日帝語大臣以和戎息師之便馬燧賀曰今日已盟可百年無虜患渾跪曰五帝無誥誓三王無盟詛蓋盟詛之興皆在季末今盛明之朝反以季末事行於夷狄夫夷狄人面獸心易以兵制難以信結臣竊憂之李晟繼言曰蕃戎多不情誠如渾言帝變色曰渾儒生未達邊事而大臣亦當爾邪皆頓首謝夜半邠寧節度使韓游瓌飛奏吐蕃劫盟將校皆覆沒帝大驚即以其表示渾明日慰之曰卿儒士乃知軍戎萬里情乎益禮異之宰相張延賞怙權嫉渾守正遣親厚謂曰明公舊德第愼言於朝則位可久渾曰爲吾謝張公渾頭可斷而舌不可禁卒爲所擠以右散騎常侍罷政事渾警辯好談謔與人交豁如也情儉不營產利免後數口置酒召故人出游酣肆乃還曠然無黜免意時李勉盧翰皆以舊相閒門奉朝請數曰吾等視柳宜城眞拘俗之人哉五年卒年七十五諡曰貞渾母兄識字方明知名士也工文章與蕭穎士元德秀劉迅相上下而識練理創端往往詣極雖趣尚非博然當時作者伏其簡拔渾亦善屬文但沈思不逮於識云

韋處厚字德載京兆萬年人事繼母以孝聞親歿廬墓終喪中進士第又擢才識兼茂科授集賢校書郎舉賢良方正異等宰相裴垍引直史館改咸陽尉憲宗初擢左補闕禮部尚書李絳請間言古帝王以納諫爲聖拒諫爲昏今不聞進規納忠何以知天下事帝曰韋處厚路隋數上疏其言忠切顧卿未知爾由是中外推其靖密歷考功員外郎坐與宰相韋貫之善出開州刺史以戶部郎中入知制誥穆宗立爲翰林侍講學士處厚以帝沖怠不向學即與路隋合易書詩春秋禮孝經論語撥其粹要題爲六經法言二十篇上之冀助省覽帝稱善並賜金幣再遷中書舍人張平叔以言利得幸於帝建言官自鬻鹽籠天下之財宰相不能詰下羣臣議處厚發十難詰其迂謬平叔愧縮遂寢敬宗初李逢吉得柄構李紳逐爲端州司馬其黨劉栖楚等欲致紳必死建言當徙飄地處厚上言逢吉黨與以紳之斥猶有餘辜人情危駭詩云萋兮斐兮成是貝錦彼譖人者亦已太甚讒言罔極交亂四國此古人疾讒之深也孔子曰三年無改於父之道可謂孝矣按紳先朝舊臣就令有過尚當藏瑕洗瑕成無改之美況被讒乎建中時山東之亂與宰相朋黨楊炎爲元載復讎盧杞爲劉晏償怨兵連禍結天下騷然此陛下親所聞見得不深念哉紳繇是免逢吉怒至寶歷三年赦書不言左降官未量移者以沮紳內從處厚復奏逢吉緣紳一人而使近歲流斥皆不蒙澤非所以廣恩於天下帝悟追改其條進翰林承旨學士兵部侍郎方天子荒暗月視朝才三四處厚入見即自陳有罪願前死以謝帝曰何哉對曰臣昔爲諫官不能死爭使先帝因畋與色而至不壽於法應誅然所以不死者陛下在春宮十有五矣今皇子方襁褓臣不敢避死亡之誅帝大感悟賜錦綵以慰其意王廷湊之亂帝歎宰相不才而使姦臣跋扈處厚曰陛下有一裴度不能用乃當饋而歎恨無蕭曹此馮唐所以謂漢文帝有頗牧不能用也後禁中急變文宗綏內難猶豫未即下詔處厚入昌言曰春秋大義滅親內惡必書以明逆順正名討罪何所避諱哉遂奉教班諭是夕號令及它儀矩不暇責有司一出處厚無違舊章者進拜中書侍郎同中書門下平章事封靈昌郡公堂史湯銖數招權納財賂處厚笑曰此半滑涣也斥出之相府蕭然初貞元時宰相齊抗奏罷州別駕及當爲別駕者引處之朝元和後兩河用兵裨將立功得補東宮王府官朱紫淆幷授受不綱處厚乃置六雄十望十緊等州悉補別駕由是流品澄別帝雖自力機政然驟信輕改播於浮論處厚嘗獨對曰陛下不以臣不肖使待罪宰相凡所奏可中輒變易自上心出邪乃示臣不信得於橫議邪即臣何名執政且裴度元勳舊德輔四朝實易直長厚忠實經事先帝陛下所宜親重委信之臣乃陛下自擢今言不見納宜先罷即趨下頓首帝矍然曰何至是卿之忠力朕自知之安可遽辭以重吾不德處厚趨出帝復召問所欲言乃對近君子遠小人始可爲治諄複數百言又言裴度忠可久任帝嘉納之自是無復橫議者時李同捷叛詔諸軍進討魏博史憲誠懷向背裴度待以不疑憲誠遣吏白事中書處厚召語曰晉公以百口保爾帥於天子我則不然正須所爲以邦法從事耳憲誠懼不敢貳卒有功李載義數破滄鎮兵皆剔剔以獻處厚戒之前後完活數百千人大和二年方奏事暴疾仆香案前帝命中人翼扶之輿還第一昔薨年五十六贈司空處厚姿狀如甚懦者居家亦循易至廷爭凝然不可回奪剛于御吏百僚謁事畏惕未嘗敢及以私推擇官材往往棄瑕錄善時亦譏其太廣性嗜學家書讎正至萬卷爲拾遺時譔德宗實錄後又與路隋共次憲宗實錄詔分日入直創具凡例未及成而終本名淳避憲宗諱改今名

路隋字南式其先出陽平父泌字安期通五經端亮寡言以孝悌聞建中末爲長安尉德宗出奉天棄妻子奔行在扈狩梁州排亂軍以出再中流矢裂裳濡血以策說渾瑊召置幕府東討李懷光奏署副元帥判官從瑊會盟平涼爲虜所執死焉時隋嬰孺以恩授八品官逮長知父執虜中日夜號泣坐必西嚮不食肉母告以貌類泌者終身不引鏡貞元末吐蕃請和隋三上疏宜許不報舉明經授潤州參軍事李錡欲困辱之使知市事隋怡然坐肆不爲屈韋夏卿高其節辟置東都幕府元和中吐蕃款塞隋五上疏請修好冀得泌還詔可遣祠部郎中徐復報聘而泌以喪至帝愍惻贈絳州刺史官爲治喪服除擢隋左補闕史館修撰以鯁亮稱穆宗立與韋處厚並擢侍講學士再遷中書舍人翰林學士每除制出以金幣來謝者隋却之曰公事而當私貺邪進承旨學士遷兵部侍郎文宗嗣位以中書侍郎同中書門下平章事監修國史初韓愈撰順宗實錄書禁中事爲切直宦豎不喜訾其非實帝詔隋刊正隋建言衞尉卿周居巢諫議大夫王彥威給事中李固言史官蘇景胤皆上言改修非是夫史冊者襃勸所在匹夫美惡尚不可誣況人君乎議者引儁不疑第五倫爲比以蔽聰明臣宗閔臣僧孺謂史官李漢蔣係皆愈之壻不可參撰俾臣得下筆臣謂不然且愈所書已非自出元和以來相循逮今雖漢等以嫌無害公誼請條示甚謬誤者付史官刊定有詔擿貞元永貞間數事爲失實餘不復

改漢等亦不罷進門下侍郎弘文館大學士久之辭疾不聽册拜太子太師明年李德裕貶袁州長史不署奏爲鄭注所忌乃檢校尚書右僕射同中書門下平章事鎮海節度使道病卒年六十贈太保諡曰貞

贊曰絳以德服人而人自化可謂賢矣其論議渾大雖古王佐無以加祐甫發正巳隱情渾策吐蕃必叛伐謀知幾君子哉處厚事穆敬文三宗主皆弗類而一納以忠寧不謂以堯事君者邪隋輔政十年歷牛李訓注用事無所迎將善保位哉

唐書卷一百四十二考證

楊綰傳帝以其言醜險不實貶端巴州員外司馬○舊書作廣州

柳渾傳入爲尚書右丞○舊書遷尚書左丞

改右散騎常侍○舊書改左騎常侍

貞元元年遷兵部侍郎○舊書貞元二年

唐書卷一百四十三

宋　端　明　殿　學　士　宋　祁　撰

列傳第六十八

高元李韋薛崔戴王徐郗辛

高適字達夫滄州渤海人少落魄不治生事客梁宋間宋州刺史張九皐奇之舉有道科中第調封丘尉不得志去客河西河西節度使哥舒翰表爲左驍衛兵曹參軍掌書記祿山亂召翰討賊即拜適左拾遺轉監察御史佐翰守潼關翰敗帝問群臣策安出適請竭禁藏募死士抗賊未爲晚不省天子西幸適走間道及帝於河池因言翰忠義有素而病奪其明乃知荒踣監軍諸將不恤軍務以倡優蒲簺相娛樂渾隴武士飯糲米日不厭而責死戰其敗固宜又魯炅何履光趙國珍屯南陽而一二中人監軍更用事是能取勝哉臣數爲楊國忠言之不肯聽故陛下有今日行未足深恥帝頷之俄遷侍御史擢諫議大夫負氣敢言權近側目帝以諸王分鎮適盛言不可俄而永王叛肅宗雅聞之召與計事因判言王且敗不足憂帝奇之除揚州大都督府長史淮南節度使詔與江東韋陟淮西來瑱率師會安陸方濟師而王敗李輔國惡其才數短毀之下除太子少詹事未幾蜀亂出爲蜀彭二州刺史始上皇東還分劍南爲兩節度百姓敝於調度而西山三城列戍適上疏曰劍南雖名東西川其實一道自邛關黎雅以抵南蠻由茂而西經羌中平戎等城界吐蕃瀕邊諸城皆仰給劍南異時以全蜀之饒而山南佐之猶不能舉今裂梓遂等八州專爲一節度歲月之計西川不得參也嘉陵比困夷獠日雖小定而痍痏未平耕紡亡業衣食貿易皆資成都是不可得役亦明矣可稅賦者獨成都彭蜀漢四州而已以四州耗殘當十州之役其敝可見而言利者納槃萬端窮朝抵夕千案百牘皆取之民官吏懼譴責及鄰保威以罰挾而逋逃益滋又關中比饑士人流入蜀者道路相繫地入有訖而科斂無涯爲蜀計者不亦難哉又平戎以西數城皆窮山之顛蹊隧險絕運糧束馬之路坐甲無人之鄉爲戎狄言不足利戎狄爲國家言不足廣土宇奈何以彈丸地而困全蜀太平之人哉若謂已戍之城不可廢已屯之兵不可收願罷東川以一劍南併力從事不爾非陛下洗盪關東清逆亂之意也蜀人又擾則貽朝廷憂帝不納梓屯將段子璋反適從崔光遠討斬之而光遠兵不戢遂大掠天子怒罷光遠以適代爲西川節度使廣德元年吐蕃取隴右適率兵出南鄙欲牽制其力既無功遂亡松維二州及雲山城召還爲刑部侍郎左散騎常侍封渤海縣侯永泰元年卒贈禮部尚書謚曰忠適尚節義語王霸袞袞不厭遭時多難以功名自許而言浮其術不爲搢紳所推然政寬簡所涖人便之年五十始爲詩即工以氣質自高每一篇已好事者輒傳布其詒書賀蘭進明使救梁宋以親諸軍與許叔冀書令釋憾未度淮移檄將校絕永王俾各自白君子以爲義而知變

元結後魏常山王遵十五代孫曾祖仁基字惟固從太宗征遼東以功賜宜君田二十頃遼口并馬牝牡各五十拜寧塞令襲常山公祖亨字利貞美姿儀嘗曰我承王公餘烈鷹犬聲樂是習吾當以儒學易之霍王元軌聞其名辟參軍事父延祖三歲而孤仁基敕其母曰此兒且祀我因名而字之逮長不仕年過四十親姪彊勸之再調舂陵丞輒棄官去曰人生衣食可適饑飽不宜復有所須每灌畦掇薪以爲有生之役過此吾不思也安祿山反召結戒曰而曹逢世多故不得自安山林勉樹名節無近羞辱云卒年七十六門人私謚曰太先生結少不羈十七乃折節向學事元德秀天寶十二載舉進士禮部侍郎陽浚見其文曰一第慁子耳有司得子是賴果擢上第復舉制科會天下亂沈浮人間國子司業蘇源明見肅宗問天下士薦結可用時史思明攻河陽帝將幸河東召結詣京師問所欲言結自以始見軒陛拘忌諱恐言不悉情乃上時議三篇其一曰議者問往年逆賊東窮海南淮漢西抵函秦北徹幽都醜徒狠扈在四方者幾百萬當時之禍可謂劇而人心危矣天子獨以匹馬至靈武合弱旅鉏彊寇師及渭西曾不踰時摧銳擒凶復兩京收河南州縣何其易邪乃今河北姦逆不盡山林江湖亡命尚多盜賊數犯州縣百姓轉徙踵繫不絕將士臨敵而奔賢人君子遁逃不出陛下往在靈武鳳翔無今日勝兵而能殺敵無今日檢禁而無亡命無今日威令而盜賊不作無今日財用而百姓不流無今日爵賞而士不散無今日朝廷而賢者思仕何哉將天子能以危爲安而忘以未安忘危邪對曰此非難言之前日天子恨愧陵廟爲羯逆傷汙憤悵上皇南幸巴蜀隱悼宗戚見誅側身勤勞不憚親撫士卒與人權位信而不疑渴聞忠直過弗諱改此以弱制彊以危取安之繇也今天子重城深宮燕和而居凝冕大昕纓佩而朝太官具味視時而獻太常備樂和聲以薦國機軍務參籌乃敢進百姓疾苦時有不聞廄芻良馬宮籍美女輿服禮物休符瑞諜日月充備朝廷歌頌盛德大業聽而不厭四方貢賦爭上尤異諸臣顧官怡愉天顏文武大臣至於庶官皆權賞踰望此所以不能以彊制弱以未安忘危若陛下視今日之安能如靈武時何寇盜彊弱可言哉其二曰議者曰吾聞士人共自謀昔我奉天子拒凶逆勝則國家兩全不勝則兩亡故生死決於戰是非極於諫今吾名位重財貨足爵賞厚勤勞已極外無仇讎害我內無窮賤迫我何苦當鋒刃以近死忤人主以近禍乎又聞曰吾州里有病父老母孤兒寡婦皆力役乞丐凍餒不足况於死者人誰哀之又聞曰天下殘破蒼生危窘受賦與役者皆寡弱貧獨流亡死徙悲憂道路蓋亦極矣天下安我等豈無畎畝自處若不安我不復以忠義仁信方直死矣人且如此奈何對曰國家非欲其然蓋失於太明太信耳夫太明則見其內情將藏內情則罔惑生不能令必信信可必矣而太信之中至姦尤惡之如此逐使朝廷亡公直天下失忠信蒼生益冤結將欲治之能無端由吾等議於野又何所及其三曰議者曰陛下思安蒼生滅姦逆圖太平勞心悉精於今四年說者異之何哉對曰如天子所思說者所異非不知之凡有詔令丁寧事皆不行空言一再頗類諧戲今有仁卹之令憂勤之誥人皆族立黨語指而議之天子不知其然以爲言雖不行猶足以勸彼沮勸在乎明審均當而必行也天子能行已言之令必將來之法雜徭弊制拘忌煩令一切蠲蕩任天下賢士屏斥小人然後推仁信威令謹行不惑此帝王常道何爲不及帝悅曰卿能破朕憂擢右金吾兵曹參軍攝監察御史爲山南西道節度參謀募義士於唐鄧汝蔡降劇賊五千瘞戰死露胔於泌南名曰哀丘史思明亂帝將親征結建言賊銳不可與爭宜折以謀帝善之因命發宛葉軍挫賊南鋒結屯泌陽守險全十五城以討賊功遷監察御史裏行荊南節度使呂諲請益兵拒賊帝進結水部員外郎佐諲府又參山南東道來瑱府時有父母隨子在軍者結說瑱曰孝而仁者可與言忠信而勇者可以全義渠有責其忠信義勇而不勸之孝慈邪將士父母宜給以衣食則義有所存矣瑱納之瑱誅結攝領府事會代宗立固辭丏侍親歸樊上授著作郎益著書作自釋曰河南元氏望也結元子名也次山結字也世業載國史世系在家諜少居商餘山著元子十篇故以元子爲稱天下兵興逃亂入猗玕洞始稱猗玕子後家瀼濱乃自稱浪士及有官人以爲浪者亦漫爲官乎呼爲漫郎既客樊上漫遂顯樊左右皆漁者少長相戲更曰聱叟彼誚以聱者爲其不相從聽不相鉤加帶笭箵而盡船獨聱齖而揮車酒徒得此又曰公之漫其猶聱乎公守著作不帶笭箵乎又漫浪於人間得非聱齖乎公漫久矣可以漫爲叟於戲吾不從聽於時俗不鉤加於當世誰是聱者吾欲從之彼聱叟不慙帶乎笭箵吾又安能薄乎著作彼聱叟不羞聱齖於鄰里吾又安能慙漫浪於人間取而醉人議當以漫叟爲稱直荒浪其情性誕漫其所爲使人知無所存有無所將待乃爲語曰能帶笭箵全獨而保生能學聱齖保宗而全家聱也如此漫乎非邪久之拜道州刺史初西原蠻掠居人數萬去遺戶裁四千諸使調發符牒二百函結以人困甚不忍加賦即上言臣州爲賊焚破糧儲屋宅男女牛馬幾盡今百姓十不一在耄孺騷離未有所安嶺南諸州寇盜不盡得守捉候望四十餘屯一有不靖湖南且亂請免百姓所負租稅及租庸使和市雜物十三萬緡帝許之明年租庸使索上供十萬緡又奏歲正租庸外所率宜以時增減詔可結爲民營舍給田免徭役流亡歸者萬餘進授容管經略使身諭蠻豪綏定八州會母喪人皆詣節度府請留加左金吾衛將軍民樂其

敎至立石頌德罷還京師卒年五十贈禮部侍郎

李承趙州高邑人幼孤其兄曄養之既長以悌聞擢明經遷累大理評事爲河南採訪使判官尹子奇陷汴州拘承送洛陽覘得賊謀皆密啓諸朝兩京平例貶臨川尉不三月除德清令尋擢監察御史累遷吏部郎中淮南西道黜陟使奏置常豐堰於楚州以禦海潮漑屯田塉鹵收常十倍它歲德宗將討梁崇義李希烈揣知之乃表崇義過惡請先誅討帝悅數對左右稱其忠會承使回言希烈能立功然恐後不可制帝初謂不然及崇義平希烈果叛始思其言擢拜河中尹晉絳觀察使承廉正有雅望以才顯於時未幾改山南東道節度使時希烈猶據襄州帝慮不受命欲以禁兵衞送承辭請以單騎入既至希烈舍承外館迫脅日萬端承晏然誓以死守希烈不能屈遂大掠去襄漢蕩然承輯綏撫安之居二年闔境完復初希烈雖去留部校守覘往來踵舍承因得任所厚臧叔雅結希烈腹心周曾王玢姚憺及曾等謀殺希烈承首謀也密詔褒美尋檢校工部尚書湖南觀察使建中四年卒年六十二贈吏部尚書

韋倫系本京兆父光乘在開元天寶間爲朔方節度使倫以蔭調藍田尉幹力勤濟楊國忠署爲鑄錢內作使判官國忠多發州縣齊人令鼓鑄督非所習雖箠扶苛嚴愈無功倫請準直募匠代無聊之人繇是役用減鼓鑄多矣玄宗晚節盛營宮室吏介以爲欺倫閱實工員省費倍從帝入蜀以監察御史爲劍南節度行軍司馬置頓判官時中人衞卒多侵暴尤難治倫以清儉自將西人賴濟中官疾之以讒貶衡州司戶參軍度支使第五琦薦倫才擢商州刺史荆襄道租庸使襄州裨將康楚元亂自稱東楚義王刺史王政棄城遁賊南襲江陵絕漢沔餉道倫調兵屯鄧州厚撫降賊寇益怠乃擊禽楚元以獻收租庸二百萬緡召爲衞尉卿俄兼寧隴二州刺史乾元中襄州亂詔倫爲山南東道節度使而李輔國方恣横倫不肯謁憾之中罷爲秦州刺史吐蕃党項歲入邊倫兵寡數格虜敗貶巴州長史徙務川尉代宗立連拜忠台饒三州刺史宦者呂太一反嶺南詔拜倫韶州刺史韶連郴都團練使爲太一反間貶信州司馬斥棄十年客豫章德宗嗣位選使絕域者擢倫太常少卿充和吐蕃使倫至論天子威德贊普順悅乃入獻還進太常卿兼御史大夫再使如旨倫處朝數論政得失宰相盧杞惡之改太子少保從狩奉天及杞敗關播罷爲刑部尚書倫在朝堂流涕曰宰相無狀使天子至此不失爲尚書後何勸聞者憚其公帝後欲復用杞爲刺史倫苦諫言懇至到帝納之進太子少師郢國公致仕時李楚琳以僕射兼衞尉卿李忠誠以尚書兼少府監倫言楚琳逆節忠誠戎醜不當寵以官又請爲義倉以捍無年擇賢者任帝左右謂吐蕃豺虎野心不可事信約宜謹備邊帝善其言厚禮之居家以孝慈稱卒年八十三贈揚州都督謚曰肅

薛珏字溫如河中寶鼎人以蔭爲懿德太子廟令累遷乾陵臺令歲中以清白聞課第一改昭應令人請立石紀德珏固讓遷楚州刺史初州有營田宰相遙領使而刺史得專達俸及它給百餘萬田官數百歲以優得還別戶三千備刺史廝役珏至悉條去之租入贏異時觀察使惡其潔誣以罪左授峽州刺史建中初德宗命使者分諸道察官吏升黜焉而李承狀珏之簡趙贊言其廉盧翰稱其肅書參聞於是拜中散大夫賜金紫劉玄佐表兼汴宋行軍司馬李希烈棄汴州走即拜珏刺史遷河南尹入爲司農卿是時詔舉堪刺史縣令者且百人延問人間疾苦吏得失取尤通達者什二宰相欲校以文詞珏曰求良吏不可責文學宜以上愛人之本爲心也宰相多其計所用皆稱職爲京兆尹司農供三宮畜茹三十車不足請市京兆是時韋彤爲萬年令珏使彤禁鬻賣民苦之德宗怒奪珏彤俸帝疑下情不達因詔延英坐日許百司長官二員言闕失謂之巡對珏剛嚴曉法治勤身以勸下然苛察無經術大體坐善竇參改太子賓客出爲嶺南觀察使卒年七十四贈工部尚書子存慶字嗣德貌偉岸及進士第歷御史尚書郎五遷給事中與韋弘景封駮詔書時稱其直劉總以幽州歸穆宗謂宰相曰必用薛存慶可以宣朕意對延英一刻遣之至鎭州疽發於背卒贈吏部侍郎

崔漢衡博州博平人沈懿博厚善與人交始爲費令滑州節度使令狐彰表掌書記大曆六年以檢校禮部員外郎爲和蕃副使還遷右司郎中建中二年吐蕃請盟擢殿中少監爲和蕃使與其使區頰贊俱來約盟改鴻臚卿持節送區頰贊歸遂定盟清水德宗幸奉天吐蕃以兵佐渾瑊敗賊武功轉祕書監俄拜上都留守兵部尚書東都淄青魏博賑給宣慰使又使幽州還命稱指貞元三年豫吐蕃盟平涼被執虜將殺之因夷言謂之曰我善結贊無殺我而漢衡誠信素著虜亦尊重故至河州得還明年出爲晉慈隰觀察使卒贈尚書左僕射

戴叔倫字幼公潤州金壇人師事蕭穎士爲門人冠劉晏管鹽鐵表主運湖南至雲安楊惠琳反馳客劫之曰歸我金幣可緩死叔倫曰身可殺財不可奪乃捨之嗣曹王皋領湖南江西表佐幕府皋討李希烈留叔倫領府事試守撫州刺史民歲爭溉灌爲作均水法俗便利之耕餉歲廣獄無繫囚俄即眞期年詔書褒美封譙縣男加金紫服齊映劉滋執政叔倫勸以屯難未靖安之者莫先於兵兵所藉者食故金穀之司不輕易人天下州縣有上中下緊望雄輔者有司銓擬皆便所私此非爲官擇人爲人求治之術其尤切者縣令錄事參軍事此二者宜出中書門下無計資序限遠近高卑一以殿最升降則人知勸映等重其言遷容管經略使綏徠夷落威名流聞其治清明仁恕多方略故所至稱最德宗嘗賦中和節詩遣使者寵賜代還卒于道年五十八

王翃字宏肱并州晉陽人少治兵家天寶中授翊衞尉羽林軍宿衞擢才兼文武科出爲辰州刺史與討襄州康楚元有功加兼祕書少監遷郎州刺史大歷中擢容管經略使初安祿山亂詔嶺南兵隷南陽魯炅炅敗績衆奔潰谿洞夷獠相挻爲亂夷酋梁崇牽號平南都統與別帥覃問合又與西原賊張侯夏永更誘嘯因陷城邑遂據容州前經略使陳仁琇元結長孫全緒等皆僑治藤梧翃至言於衆曰我容州刺史安可客治它所必得容乃止即出私財募士有功者許署吏於是人自奮不數月斬賊帥歐陽珪因至廣州請節度使李勉出兵併力勉不許曰容陷賊久獠方彊今速攻秖自敗耳翃曰大夫即不出師願下書州縣陽言以兵爲助冀藉此聲成萬一功勉許諾翃乃移書義藤二州刺史約皆進討引兵三千與賊鏖戰日數遇勉檄止之輒匿不發戰愈力卒破賊禽崇牽悉復容州故地捷書聞詔更置順州以定餘亂翃凡百餘戰禽首領七十軍問適去復遣將李寔等分討西原平鬱林等諸州累兼御史中丞招討處置使會哥舒晃反翃命寔悉師援廣州問因合衆乘間來襲翃設伏擊之生禽問嶺表平代宗遣使慰勞加金紫光祿大夫賜第京師時吐蕃入寇郭子儀悉河中兵乘邊召翃爲河中少尹領節度後務悍將凌正數干法不逞約其徒夜斬關逐翃翃覺之陰亂漏刻以差其期衆驚不敢發俄禽正誅之一軍惕息歷汾州刺史爲振武軍使綏銀等州留後入拜京兆尹會起涇原兵討李希烈次滻水京兆主供擬饔敗肉腐衆怒曰食是而討賊乎遂叛翃挺身走奉天拜太子詹事德宗還都再遷大理卿出爲福建觀察使徙東都留守既至開田二十餘屯修器械皆良金壽革練士卒號令精明俄而吳少誠叛獨東畿爲有備關東賴之貞元十八年卒贈尚書右僕射謚曰肅翃雅善盧杞杞之殺崔寧沮李懷光不得朝皆與其謀議者以爲訾子正雅字光謙行謹飭爲崔邠所器元和初擢進士遷累監察御史穆宗時京邑多盜賊正雅以萬年令威震豪彊尹柳公綽言其能就賜緋魚累擢汝州刺史屬監軍怙權乃謝病去入爲大理卿會爭宋申錫獄堅甚申錫得不死太和中卒贈左散騎常侍翃兄翊性謙柔歷山南東道節度使代宗目爲純臣世稱謹廉卒贈戶部尚書謚曰忠惠

翃曾孫凝字成庶少孤依其舅宰相鄭肅舉明經進士皆中歷臺省寖入知名擢累禮部侍郎不阿權近出爲商州刺史驛道所出吏破產不能給而州有冶賦美銀常摧直以優吏奉凝不取則以市馬故無横擾人皆慰悅徙湖南觀察使僖宗立召爲兵部侍郎領鹽鐵轉運使坐舉非其人以祕書監分司東都即拜河南尹遷宣歙池觀察使時乾符四年也王仙芝之黨屠至德勢益張凝遣牙將孟琢助池守賊益兵來攻實欲襲南陵凝遣樊儔以舟師扼青陽儔違令輕與賊戰不勝凝斬以徇諸將聞皆股慄以死綴賊賊不能進時江南環境爲盜區凝以彊弩拒采石張疑幟遣別將馬穎解和州之圍明年賊大至都將王涓自永陽赴敵凝大宴謂涓曰賊席勝而驕可持重待之愼毋戰涓意銳曰趨四舍至南陵未食即陣死焉監軍收餘卒數千還走城沮撓無去意卒又恣横不能禁凝讓曰吏捕蝗者不勝而仰食於民則率暴以濟災也今兵不能捍敵又恣之犯民生業何以稱朝廷待將軍意監軍詞屈趣親吏入民舍奪馬凝乘門望見麾左右捕取殺之由是不敢留然益儲畜繕完以備賊賊至不能加會大星直寢庭墜術家言宜上疾不視事以猒勝凝曰東南國用所出而宣爲大府吾規脫禍可矣顧一方何賴哉誓與城相存亡勿復言既而賊去未幾卒年五十八贈吏部尚書謚曰貞

徐申字維降京兆人擢進士第累遷洪州長史嗣曹王皋討李希烈檄申以長史行刺史事任職辦皋表其能遷韶州刺史韶自兵興四十年刺史以縣爲治署而令丞雜處民間申按公田之廢者募人假牛犂墾發以所收牛畀之田久不治故肥美歲入凡三萬斛諸工計所庸受粟有差乃徙治故州未幾邑閈如初創驛候作大市器用皆具州民詣觀察使以其有功於人請爲生祠申固讓觀察使以狀聞遷合州刺史始來韶戶止七千

比六年倍而半之。會初置景州，授刺史，賜錢五十萬，加節度副使。遷邕管經畧使，黃洞納質供賦，不敢桀驁。年進嶺南節度使。前使死，吏盜印署府職百餘員，畏事泄謀作亂，申覺殺之，詿誤一不問。遠俗以攻劫相矜，申禁切無復犯。外蕃歲以珠瑇瑁香文犀浮海至，申於常貢外未嘗贍索，商賈饒盈。劉闢反，表請發卒五千循馬援故道，繇爨蠻抵蜀擣闢不備，詔可，加檢校禮部尚書，封東海郡公。詔未至，卒，年七十，贈太子少保，謚曰平。

郗士美字和夫，兗州金鄉人。父純字高卿，舉進士、拔萃、制策皆高第，張九齡、李邕數稱之。自拾遺七遷至中書舍人。處事不回，爲宰相元載所忌。時魚朝恩以牙將李琮署兩街功德使，琮恃勢桀橫，衆辱京兆尹崔昭于禁中。純曰：「此國恥也。」卽詣載請速處其罪，載不納，遂辭疾還東都，號伊川田父，十年不出。德宗立，崔祐甫輔政，召爲太子左庶子、集賢殿學士，不拜，以老乞身，改詹事，聽致仕。帝召見，褒歎良久，賜金紫，公卿以下咸祖都門，世高其節。士美年十二，通五經、史記、漢書，皆能成誦。父友蕭穎士、顏眞卿、柳芳與相論繹，嘗曰：「吾曹異日當交二郗之間矣。」未冠，爲陽翟丞，佐李抱眞潞州幕府，以才歷王虔休、李元，宥留不徙，久乃進房州刺史、黔中經畧觀察使。溪州賊向子琪以衆八千岨山剽劫，士美討平之，加檢校右散騎常侍，封高平郡公，遷京兆尹，天子多所咨逮。出爲鄂岳觀察使。時安黃節度使伊愼入朝，其子宥主後務，假蹇，母死京師，不發喪，欲固其權。士美知之，使府屬過其境，宥出迎，因以母訃告之，卽爲辦裝，宥惶遽上道。改河南尹、檢校工部尚書，充昭義節度使。昭義自李抱眞以來皆武臣，私府月費米六千石、羊千首、酒數十斛，潞人困甚。士美至，悉去之，出稟錢市物自給。又盧從史時日具三百人膳以餉牙兵，士美曰：「卒衛於牙，固職也，安得廣費爲私恩？」亦罷之。討王承宗也，遣大將王獻督萬人爲前鋒，獻恣橫逗撓，士美卽斬以徇。下令曰：「敢後者斬！」親鼓之，大破賊，下三營，環柏鄉。時諸鎭兵合十餘萬，繞賊多玩寇犯法，獨士美兵銳整，最先有功。憲宗喜曰：「固知士美能辦吾事。」承宗大震懼。亡幾，會詔班師，然威震兩河。以疾召拜工部尚書，後檢校刑部尚書，爲忠武節度使。卒，年六十四，贈尚書左僕射，謚曰景。生平與人交，已然諾，以是名重於世。

辛祕系出隴西。貞元中，擢明經第，授華原主簿，以判入等調長安尉。其學於禮家尤洽，高郢爲太常卿，奏爲博士，再遷兵部員外郎，常兼博士。再辟禮儀使府。憲宗初，拜湖州刺史。李錡反，遣大將先取支州，蘇、常、杭、睦四刺史或戰敗或拘脅，獨祕以儒者，賊易之，未及至，祕召牙將丘知二夜開城，收壯士得數百，逆賊大戰，斬其將，進焚營，保銷平。賜金紫，兪謂祕材任將帥。會河東范希朝出討王承宗，召祕爲希朝司馬，主留務。累遷汝常州刺史、河南尹，進拜昭義軍節度使。是時承討恒趙之後，潞人彫耗，祕至，則約出入，裔用度，比四年，儲錢十七萬緡，糧七十萬斛，器械堅良，隱然復爲完鎭。召還，道病卒，年六十四，贈尚書左僕射，謚曰肅，後更謚懿。祕爲大官，居不易第，服不改初，其奉祿悉與裏表親屬。病，自銘其墓，作書一通緘之，卒後發視，則送終制也。儉而不違於禮云。

唐書卷一百四十三考證

李承傳居二年圖境完復○舊書承治之二年頗得完復

王翃傳翃兄翊性柔謙歷山南東道節度使○沈炳震曰本紀自至德至上元山南東道爲魯炅來瑱史翽無王翊也此或屬副使

辛祕傳授華原主簿○舊書作華原尉

謚曰肅後更謚懿○舊書作謚曰昭

唐書卷一百四十四

宋　端　明　殿　學　士　宋　祁　撰

列傳第六十九

來田侯崔嚴

來瑱，邠州永壽人。父曜，奮行間，開元末，持節磧西副大使、四鎭節度使，著名西邊，終右領軍大將軍。瑱略知書，尚名節，崖然有大志。天寶初，從四鎭府辟，累遷殿中侍御史、伊西北庭行軍司馬。詔舉智謀果決才堪統衆者，拾遺張鎬薦瑱能斷大事，有禦侮才，擢穎川太守，充招討使。會母喪，免，以孝聞。安祿山反，張垍薦之，輿塊次拜汝南太守，未行，改穎川。賊攻穎川，方積粟多，瑱完埤自如，手射賊，皆應弦仆。賊使降將畢思琛招之，父故將也，拜城下，泣且弔，瑱不應。前後俘殺甚衆，賊懼，目爲「來嚼鐵」。以功就加防禦使，河南淮南游弈逐要招討使。徙山南東道節度使，代魯炅。會嗣虢王巨表炅方固守，乃還瑱故官。賊圍南陽急，瑱與魏仲犀合兵救之，不勝，人情恟懼，瑱能撫訓士，舉動安重，賊不得侵。改淮南西道節度。兩京平，封穎國公，食二百戶。乾元二年，徙河西，未行，王師敗於相州，詔拜陝虢節度兼潼關防禦團練鎭守使。明年，襄州部將張維瑾等殺其使史翽，從瑱山南東道襄鄧均房金商隨郢復十州節度使，既至，維瑾降。上元二年春，破史思明餘黨於魯山，俘賊渠，又戰汝州，獲馬牛橐駝，凡兩戰，斬首萬級。明年，詔瑱還。瑱安襄漢，士亦宜其政，因諷衆留己，而外示行。至鄧，復詔歸鎭。肅宗聞其謀，惡之。呂諲、王仲昇等皆言瑱得士心，不可以留，乃改山南東道襄鄧唐復隨郢六州節度。俄而仲昇與賊戰申州，爲賊禽。初，仲昇被圍，而江陵呂諲病，瑱顧望不卽救，及師出，仲昇已沒。行軍司馬裴茙表其狀，且言瑱善謀而勇，恐後難制，卽除之，可一戰禽也。帝頗謂然，遂改瑱淮西申安蘄黃光沔兼河南陳豫許鄭汴曹宋穎泗十五州節度，以寵之，陰奪其權；加茙襄鄧等七州防禦使，代瑱。瑱懼，釋言淮西無糧，須麥收可上道，又諷衆固留。代宗立，復授襄州節度、奉義軍渭北兵馬使。密詔茙圖之，茙自均州率衆浮漢下。會日入，候者白瑱，瑱與帳下謀，其副薛南陽曰：「公奉詔留鎭，而茙以兵脅代，是無名也。茙智勇非公敵，而衆心不附，彼若乘我不虞，縱火夜攻，誠可憂也；若須明，則破之必矣。」明日，茙督軍五千陣穀水北，瑱以兵迎之，呼其軍告曰：「爾何事來？」曰：「公不受命，故中丞伐罪。」瑱曰：「詔還鎭此州。」乃以詔書示之，皆曰：「僞也。吾千里討賊，豈空歸邪？」爭射之。瑱走旗下，薛南陽曰：「請公勒兵勿戰。」乃以三百騎爲奇兵，旁萬山出其背，夾擊之，其衆幾盡。茙脫身走，至申口，禽之，送京師。瑱因入朝謝罪，帝待之無疑，拜兵部尚書、同中書門下平章事，充山陵使。是時程元振居中用事，疾瑱，乃告與巫祝言不順。會王仲昇歸，又言由瑱與賊合，故陷賊。帝積怒，遂下詔削除官爵，貶播川尉員外置，及鄠，賜死，籍其家。瑱之死，門下客散去，掩尸于坎，校書郎殷亮獨後至，哭尸側，爲備棺衾以葬。帝徐悟，元振誣以它罪流溱州。先是，瑱行軍司馬龐充以兵二千戍河南，至汝，聞瑱死，乃還襲襄州，別將李昭禦之，走房陵。昭與薛南陽、梁崇義不相臣，崇義殺昭，帝以崇義爲節度使，代瑱。既而爲瑱立祠，四時致饗，避瑱廳事不處，哀祈禮葬，詔可。廣德元年，追復官爵。裴茙者，始以蔭爲京兆司錄參軍，瑱鎭陝州，引爲判官，移襄州，又爲行軍司馬，遇之厚。及瑱私漢上，茙欲得其處，故背瑱言狀，帝倚以圖瑱。而性輕褊少謀，師與給用無節，及敗，有詔流費州，至藍田賜死。

田神功，冀州南宮人。天寶末，爲縣吏。會天下兵興，賊署爲平盧兵馬使，率衆歸朝，從李忠臣收滄德，攻相州，拒杏園，後守陳留，戰不勝，與許叔冀降于史思明。思明使與南德信、劉從諫南畧江淮，神功襲德信，斬之，從諫脫身走，乃并將其兵。詔拜鴻臚卿。襲敬釭鄆州，不克。劉展反，鄧景山引神功助討，自淄青濟淮，衆不整，入揚州，遂大掠居人貲產，發屋剔窌，殺商胡波斯數千人。俄而禽展，送京師。遷淄青節度使，會侯希逸入青州，更徙兗鄆。時賊圍宋州急，李光弼奏神功往救，賊解去。又破法子營，復攻敬釭，降之。朝義聞，乃奔下博。進封信都郡王，徙河南節度、汴宋八州觀察使。大曆二年來朝，加檢校尚書右僕射，詔宰相百官送至省，又判左僕射知省事，加太子太師，還軍。神功事母孝。始嘗倨驕自如，見光弼待官屬鈞禮，乃折節謙損。既寢疾，宋之將吏爲禳祈報恩。八年，自力入朝，卒，代宗爲撤樂，贈司徒，詔其弟曹州刺史神玉知汴州留事，賻絹千匹、布五百端，百官弔喪，賜屛風茵蓐，飯千桑門追福。至德後，節度使不兼宰相者，惟神功恩禮最篤。神玉終汴宋節度留後。

侯希逸，營州人，長七尺，豐下銳上。天寶末，爲州裨將，守保定城。安祿山反，使中人韓朝敭傳命，希逸斬以徇。祿山又以親將徐歸道爲節度使，希逸率兵與安東都護王玄志斬之，遣使上聞，詔拜玄志平盧節度使。玄志卒，副將李正已殺其子，共推希逸，有詔就拜節度使兼御史大夫。與賊确，數有功，然孤軍無援，又爲奚侵掠，乃拔其軍二萬，浮海入青州據之，平盧遂陷。肅宗因以希逸爲平盧淄青節度使，自是淄青常以平盧冠使。寶應初，與諸軍討平史朝義，加檢校工部尚書，賜實戶，圖形凌煙閣。希逸始得青，治軍務農有狀，後稍怠肆，好畋獵，佞佛，興廣祠廬，人苦之。夜與巫家野次，李正已因衆怨閉闔不內，遂奔滑州。召還，檢校尚書右僕射，知省事。大曆末，進封淮陽郡王。建中二年，遷司空，未及拜，卒，年六十二。遺敕其子上還前後實封。贈太保。

崔寧本貝州安平人，後徙衛州，世儒家，而獨喜縱橫事因洛覘客劍南以步卒事鮮于仲通又從李宓討雲南無功還成都行軍司馬崔論悅之薦為牙將歷事崔圓裴冕冕被謗朝廷疑之遣使者問狀寧部兵務耳白其冤使者以聞寧亦還京師留為折衝郎將寶應初蜀亂山賊乘險道不通嚴武白寧為利州刺史既至賊遁去由是知名及武為劍南節度使過州心欲與俱西而利非所屬使寧自為計寧曰節度使張獻誠見疑輒去然獻誠嗜利若厚賂之寧可以從大夫矣武然之以奇錦珍貝遺獻誠且求寧獻誠果喜令自移疾去武遂奏為漢州刺史吐蕃引雜羌寇西山破柘靜等州有詔收復於是武遣寧將而西旣薄賊城城皆累石不得攻惟東南不合者丈許諜知之乃為地道再宿而拔拓地數百里虜衆驚相謂曰寧神兵也及還武大悅裝七寶轝迎入成都以夸于軍永泰元年武卒行軍司馬杜濟別將郭英幹郭嘉琳皆請英幹之兄英乂為節度使寧與其軍亦丏大將王崇俊奏俱至而朝廷旣用英乂矣英乂恨之始署事卽誣殺崇俊又遣使召寧寧恐託拒吐蕃不敢還英乂怒因出兵聲言助寧實欲襲取之卽徙寧家於成都而淫其妾媵寧懼益負阻英乂乃自將討之會天大雪馬多東死士心離遂敗歸寧聞英乂損裁將卒稟賜下皆恨怒又毁玄宗冶金像乃令軍中曰英乂反輒居先帝舊宮乃進薄成都英乂陣城西使柏茂琳為前軍英幹為左軍嘉琳為後軍與寧戰茂琳等敗軍多降寧寧卽署降將使率兵還攻英乂不勝走靈池為韓澄所殺於是劍南大擾楊子琳起瀘州與邛州柏貞節連和討寧明年代宗詔宰相杜鴻漸為山西劍南邛南等道副元帥劍南西川節度使往平其亂鴻漸出駱谷或進計曰公不如駐閬中數騰書陳英乂罪嘉寧方略因以寧所署刺史卽授之使不疑而後與東川張獻誠及諸帥合兵擾寧不一年寧勢且窮必束身歸命鴻漸疑未決會寧遣使至獻繒錦數萬辭卑約甚鴻漸貪其利遂入成都政事一委寧日與僚屬杜亞楊炎縱酒高會乃表貞節為邛州刺史子琳為瀘州刺史以和解之又數薦寧於朝先是寧與張獻誠戰奪其旄節不肯與故朝廷因授寧成都尹山西防禦使西川節度行軍司馬鴻漸旣還朝遂為節度使大曆三年來朝寧本名旰至是賜名楊子琳襲取成都帝乃還寧於蜀未幾子琳敗寧見蜀地險饒於財而朝廷不甚有紀乃痛誅斂使弟寬居京師以賂厚謝權貴深結元載父子故寬驟擢御史中丞寬兄審至給事中寧在蜀久兵寖彊而肆侈窮欲將吏妻妾多為汙逼朝廷隱忍不能詰累加尚書左僕射十四年入朝進檢校司空同中書門下平章事兼山陵使俄以平章事為御史大夫卽建白擇御史當出大夫不宜謀及宰相因奏李衡于結等任御史宰相楊炎怒寢不行炎方詆劉晏寧申救於帝又素事元載而炎亦出載門故銜之未忍發是歲十月南蠻與吐蕃合兵入文川方維卭郲覆沒州縣民逃匿山谷中寧方在朝軍無帥德宗促寧還鎮炎業與有嫌恐已入蜀不可制卽說帝曰蜀天下之奧壤自寧擅制朝廷失外府十四年矣今寧雖來以全師守蜀賦稅入天子者與無地同寧本與諸將等夷獨因叛亂得位不敢自有以恩柔煦有故威令不行今雖歸之必無功是徒遣也若其有功誼不容奪則西蜀之奧敗固失之勝亦非國家所有惟陛下孰察帝曰卿策云何炎曰請無歸寧今朱泚所部范陽勁卒戍近甸趣與禁兵雜往舉無不克因是役得以親兵內其腹中則蜀將破膽不敢動然後換授他帥以收其權得千里肥饒之地是謂因小禍受大福也帝曰善遂罷寧西川節度改兼京畿觀察使靈州大都督單于鎮北大都護朔方節度鄜坊丹延州都團練觀察等使託言重臣綏靜北陲而每道置留後使得自奏事杜希全靈州王翃振武李建徽鄜州及戴休顏杜從政呂希倩皆炎署置使伺寧過失寧至夏州與希倩招党項降者甚衆炎惡之卽奏希倩無綏邊才而以神武將軍時常春代之更拜寧尚書右僕射知省事司空如故朱泚亂帝出居奉天寧後數日至帝喜甚寧謂所親曰上聰明從善如轉規但為盧杞所惑至此爾因潸然涕下杞聞之思有以構寧於帝會王翃赴難時與寧俱出延平門而西寧數下馬趨廁輒迂久翃懼賊追卽呼曰既至此而欲顧望乎杞微聞卽諷翃以聞會泚行反間而除柳渾為宰相署寧中書令時朔方掌書記康湛為盩厔尉翃逼湛詐作寧遺泚書獻之杞遂奏寧初無效順心向聞與賊盟署中書令今梟後至復得所與賊書反狀明甚若兇渠外逼姦臣內謀則大事去矣因俯伏歔欷曰臣備位宰相危不能持顛不能扶罪當死帝命左右扶起之乃召寧至朝堂云使宣慰江淮俄而中人引寧幕後使二力士縊殺之年六十一初命陸贄草制贄索寧與泚書將坐其事杞復云書已亡寧死籍其家中外冤之帝乃赦寧親屬而歸其貲云貞元十二年寧故將夏綏銀節度使韓潭請以所加禮部尚書雪寧罪有詔聽其家收葬始寧入朝留其弟寬守成都楊子琳乘間起瀘州以精騎數千襲據其城寬戰力屈寧妾任素驍果卽出家財十萬募勇士得千人設部隊自將以進子琳大懼會糧盡且大雨引舟至廷乘而去子琳者本瀘南賊帥旣降詔隸劒南節度屯瀘州杜鴻漸表為刺史旣敗收餘兵沿江而下諸刺史震慄備饋牢以饗士過黃草峽守捉使王守仙伏兵五百子琳前驅至悉禽之遂入夔州殺別駕張忠城守以請罪朝廷以其本謀近忠故授峽州刺史移澧州鎮遏使後歸朝賜名猷寧季弟密密子綰俱以文辭稱綰四子蠡黯確顏皆擢進士第蠡字越卿開成中為戶部侍郎白罷忌日百官行香有詔褒可歷平盧天平軍節度使終尚書左丞子蕘字野夫乾符中為吏部侍郎美文辭談辯華給以銓管非所長出為陝虢觀察使是時王仙芝亂漢上河南羣盜與蕘簡侻不曉事但以器韻自高委政厮豎不恤人疾苦或訴旱者指廷樹示之曰柯葉尚爾何旱為卽搒笞之上下離心俄為軍吏所執髡其鬚髮蕘再拜祈免乃得去渴甚求飲於民民飲以溺坐失守貶端州司馬終左散騎常侍黯字直卿開成初為監察御史奏郊廟祭事不虔文宗語宰相曰宗廟之禮朕當親之但千乘萬騎國用不給故使有司侍祠然是日朕正衣冠坐以俟旦今聞主者不虔祭器敝惡豈朕事神蠲潔意邪公宜敕有司道朕斯意黯乃具條以聞擢員外郎累遷諫議大夫確顏位皆郎中

嚴礪字元明震從祖弟也少為浮屠法太守見之偉其材表為玄武尉震在山南署牙將德宗之幸主饋餉有功然輕躁多姦謀以便佞自將累為興州刺史震卒以礪權主留府事遺言薦之卽拜本道節度使詔下諫議大夫給事中補闕拾遺合議皆以為礪資淺士望輕不宜授節制帝不從礪在位貪沓苟得士民不勝其苦素惡鳳州刺史馬勛卽誣奏貶賀州司戶參軍劉闢反以儲備有素檢校尚書左僕射節度東川擅沒吏民田宅百餘所稅外加斂錢及芻粟數十萬元和四年卒贈司空後監察御史元稹奉使東川劾發其贓請加惡謚朝廷以其死故但追田宅奴婢還其主稅外所斂悉蠲除云

唐書卷一百四十五

宋　端　明　殿　學　士　宋　祁　撰

列傳第七十

元王黎楊嚴竇

元載字公輔鳳翔岐山人父昇本景氏曹王明妃元氏賜田在扶風昇主其租入有勞請於妃冒為元氏載少孤旣長嗜學工屬文天寶初下詔舉明莊老列文四子學者載策入高第補新平尉韋鑑監選黜中苗晉卿東都留守皆署判官寖以名聞至德初江東採訪使李希言表載自副擢祠部員外郎洪州刺史入為度支郎中占奏敏給肅宗異之累遷戶部侍郎充度支江淮轉運等使帝不豫李輔國用事輔國妻載宗女也因相締昵會京兆尹缺輔國白用載載意屬國柄固辭輔國曉之翌日拜同中書門下平章事領使如故代宗立輔國勢愈重數稱其才進拜中書侍郎許昌縣子載以度支繁浩有吏事督責損威寵乃悉天下錢穀委劉晏未幾幷天下元帥行軍司馬盜殺李輔國載陰與其謀乃復結中人董秀厚啖以金使刺取密旨帝有所屬必先知之探微揣端無不諧契故帝任不疑華原令顧繇上封白發其私帝方倚以當國乃斥繇除名為民魚朝恩驕橫震天下與載不叶憚之雖帝亦銜恚乃乘間奏誅朝恩帝畏有變載結其愛將為助朝恩已誅載得意甚益矜肆時擬奏文武官功狀多謬舛載虞有司駮正乃請別敕授六品以下官吏部兵部卽附甲團奏不須檢勘欲示權出於已又與王縉請以河中為中都梟關輔河東十州稅奉京師選兵五萬屯中都鎮禦四方杪秋行幸上春還可以避羌戎患載以議入卽從前敕所由吏於河中經圖宮殿築私第帝聞惡之置其議初四鎮北庭行營節度使寄治涇州大曆八年吐蕃寇邠寧議者謂三輔以西無襟帶之固而涇州散地不足守載嘗在西州具知河西隴右要領乃言於帝曰國家西境極于潘原吐蕃防戍乃在摧沙堡而原州界其間草薦木甘薦壘存焉比吐蕃毁夷垣墉棄不居其右則監牧故地巨塹長壕重複深固原州雖早霜不可蓺而平涼在其東獨耕一縣可以足食請徙京西軍戍原州乘間築作二旬可訖貯粟一歲戎人夏牧青海上羽書比至則我功集矣徙子儀大軍在涇以為根本分兵守石門木峽隴山之關北抵于河皆連山峻險寇不可越稍置鳴沙縣豐安軍為之羽翼北帶靈武五城為之形勢然後舉隴右之地以至安西是謂斷西戎脛朝廷高枕矣因圖上

地形使吏間入原州度水泉計徙庸車乘畚鍤之器悉具而田神功沮短其議乃曰興師料敵老將所難陛下信一書生言舉國從之誤矣帝由是疑不決載智略開果久得君以爲文武才略莫已若外委主書卓英倩李待榮內劫婦言縱諸子關通貨賄京師要司及方面皆擠遣忠良進貪猥凡仕進干請不結子弟則謁主書城中開南北二第室宇奢廣當時爲冠近郊作觀榭帳帟什器不徙而供膏腴別墅疆畛相望且數十區名姝異伎雖禁中不逮帝盡得其狀載嘗獨見帝深戒之謷然不悛客有賦都盧尋橦篇諷其危載泣下而不知悟會李少良上書詆其醜狀載怒奏殺少良道路目語不敢復議載由是非黨與不復接生平道義交皆謝絕帝積怒大曆十二年三月庚辰仗下帝御延英殿遣左金吾大將軍吳湊收載及王縉繫政事堂分捕親吏諸子下獄詔吏部尚書劉晏御史大夫李涵散騎常侍蕭昕兵部侍郎袁傪禮部侍郎常袞諫議大夫杜亞訊狀而責辨端目皆出禁中遣中使臨詰陰事皆服乃下詔賜載自盡妻王及子揚州兵曹參軍伯和祠部員外郎仲武校書郎季能並賜死發其祖父冢斲棺棄尸毀私廟主及大寧安仁里二第以賜百官署舍破東都第助治禁苑王氏河西節度使忠嗣女悍驕戾沓載叵禁而諸子牟賊聚斂無涯藝輕浮者奔走爭蓄妓妾爲倡優褻戲親族環觀不愧也及死行路無嗟隱者籍其家鍾乳五百兩詔分賜中書門下臺省官胡椒至八百石它物稱是女真一少爲尼沒入掖庭德宗時始告以載死號踊投地左右呵止帝曰安有聞親喪責其哀瘠乎命扶出帝爲太子也實用載議興元元年詔復其官聽改葬故吏許初楊晈紀愔等合貲以葬謚曰荒後改曰成縱載敗董秀卓英倩李待榮術者李季連悉論死其它與載厚善坐貶者若楊炎王昂宋晦韓洄王定包佶徐縯裴冀王紀韓會等凡數十百人英倩弟英璘家金州人緣以授官者亦百餘豪制鄉曲聚無賴少年以伺變恃載權牧宰莫敢問載誅英璘盜庫兵據險以叛詔發禁兵及山南西道兵二千討捕刺史孫道平禽殺之詔給復其州三年

李少良者以吏治由諸帥府遷累殿中侍御史罷遊京師不見調憤載不法疏論其惡帝留少良客省欲究其事其友韋頌者候之漏言於陸珽載召珽問知之乃奏下少良御史臺劾其漏禁中語并與頌珽論殺之珽善經子與頌及少良善又狎載子弟親黨故載廉得其謀

初載盛時人皆疾猒之大曆八年有晉州男子郇謨以麻總髮持竹筍葦席行哭長安東市人問之曰我有字三十欲以獻上字言一事即不中以筍貯屍席裹而棄之京兆以聞帝召見賜以衣館內客省問狀多譏切載其言團者願罷諸州團練使其言監者請罷諸道監軍大抵類此先是天下兵興凡要州權署團練刺史載用事授刺史者悉帶團練以悅人心故謨指而刺云

王縉字夏卿本太原祁人後客河中少好學與兄維俱以名聞舉草澤文辭清麗科上第歷侍御史武部員外郎祿山亂擢太原少尹佐李光弼以功加憲部侍郎遷兵部史朝義平詔宣慰河北使還有詔俄拜黃門侍郎同中書門下平章事進侍中持節都統河南淮西山南東道諸節度行營事辭侍中加東都留守歲餘拜河南副元帥損軍貲錢四十萬縉營完宮室朱希彩殺李懷仙也詔拜盧龍節度使至幽州委軍於希彩乃還會辛雲京卒兼領河東節度讓還河南副元帥東都留守太原將王無縱張奉璋恃功以縉儒者易之不如律令縉斬以徇諸將股慄再歲還以本官復知政事時元載專朝天子拱手縉曲意附離無敢忤又恃才多所狎侮雖載亦疾其凌斬也京兆尹黎幹數論執載惡之縉折幹曰尹南方孤生安曉朝廷事縉素奉佛不茹葷食肉晚節尤謹妻死以道政里第爲佛祠諸道節度觀察使來朝必邀至其所諷令出財佐營作初代宗喜祠祀而未重浮屠法每從容問所以然縉與元載盛陳福業報應帝意向之繇是禁中祀佛諷唄齋薰號內道場引內沙門日百餘饌供珍滋出入乘廄馬度支具稟給或夷狄入寇必合衆沙門誦護國仁王經爲禳厭幸其去則橫加錫與不知紀極胡人官至卿監封國公者著籍禁省勢傾公王羣居賴寵更相凌奪凡京畿上田美產多歸浮屠雖藏姦宿亂蹤相逮而帝終不悟詔天下官司不得箠辱僧尼初五臺山祠鑄銅爲瓦金塗之費億萬計縉給中書符遣浮屠數十輩行州縣斂丐貲貨縉爲上言國家慶祚靈長福報所馮雖時多難無足道者祿山思明毒亂方熾而皆有子禍僕固懷恩臨亂而踣西戎內寇未及擊輒去非人事也故帝信愈篤七月望日宮中造盂蘭盆綴飾鏐琲設高祖以下七聖位幡節衣冠皆具各以帝號識其幡自禁內分詣道佛祠鐃吹鼓舞奔走相屬是日立仗百官班光順門奉迎導從歲以爲常羣臣承風皆言生死報應故人事置而不修大曆政刑日以堙陵由縉與元載杜鴻漸倡之也性貪冒縱親戚尼姏招納財賄假爵相藉若市賈然及敗劉晏等鞫其罪同載論死晏曰重刑再覆有國常典況大臣乎法有首從不容俱死於是以聞上憫其耄不加刑乃貶括州刺史久之遷太子賓客分司東都建中二年死年八十二

黎幹戎州人善星緯術得待詔翰林擢累諫議大夫封壽春公自負其辯沾沾喜議論初唐家郊祭天地以高祖神堯皇帝配寶應元年杜鴻漸爲太常卿禮儀使於是禮儀判官薛頎集賢校理歸崇敬等共建神堯獨受命之主非始封君不得冒太祖配天地景皇帝受封于唐即商之契周之后稷請奉景皇帝配天地於禮宜甚幹非之乃上十詰十難傳經誼抵鄭玄以折頎崇敬等曰頎等引禘者至日祭天於圜丘周人以遠祖配今宜以景皇帝爲始祖配昊天圜丘臣幹一詰國語稱有虞氏夏后氏並禘黃帝商禘舜周禘嚳二詰商頌長發大禘也三詰周頌雝禘太祖也四詰祭法虞夏並禘黃帝商周俱禘嚳五詰大傳不王不禘王者禘其祖之所自出以其祖配之六詰爾雅禘大祭也七詰家語凡四代帝王所郊皆以配天所謂禘五年大祭也八詰盧植以禘祭名禘諦也事取明諦故云九詰王肅言禘五年大祭十詰郭璞亦云此經傳先儒皆不言祭昊天於圜丘根證章章故臣謂禘止五年宗廟大祭了無疑晦其十難一曰周頌雝之序曰禘祭太祖也鄭玄說禘大祭也太祖謂文王也商頌長發大禘也玄曰大禘祭天也商周兩頌同文異解索玄之意以禘加大因曰祭天臣謂春秋大事于太廟雖曰大得祭天乎虞夏商周禘黃帝與嚳禮不王不禘皆不言大玄安得稱祭天乎長發所頌不及嚳與感生帝故知不爲祭天侑嚳明矣商周五帝大祭見於經者甚詳而禘主廟不主天今背孔子之訓言取玄之偏誼誣繆祀典不見其可二曰不王不禘王者禘其祖之所自出以其祖配之此言惟天子當禘如虞夏出黃帝商周出嚳以近祖配之自出之祖無廟乃自外至自外至者同之天地得主而止又自出者在母亦然春秋傳陳則我周之自出詎可謂出太微五帝乎玄以一禘爲三誼在祭法則曰祭昊天於圜丘在春秋傳則郊以后稷配靈威仰在商頌曰祭天在周頌則禘曰大於四時祭而小於祫本末駮舛臆判自私不足以訓三曰商周之前禘所自出自漢魏以來曠千餘歲其禮不講蓋玄所說不當於經不質于聖先儒置之不用是爲棄言四曰今禮家行於世者皆本玄學臣請取玄之隙還破頎等所建頎等曰景皇帝爲始祖以配天按王制天子七廟玄曰周禮也太祖與文武之祧合親廟四而七商氏六廟契與湯合二昭二穆而六據玄則夏不以鯀顓頊昌意爲始祖是又與玄乖背自古未有以人臣爲始祖者唯商以契周以稷夫稷契皆天子元妃子簡狄吞玄鳥卵而生契契佐禹有大功舜封之商其詩曰天命玄鳥降而生商宅殷土芒芒后稷母曰姜嫄出野履巨跡而生稷稷勤稼穡堯舉爲農師舜封之邰號曰后稷其詩曰履帝武敏歆攸介攸止即有邰家室舜禹有天下契稷在焉傳曰功施於人則祀之以死勤事則祀之契爲司徒而人輯睦稷勤百穀而所祀皆在祀典及子孫而有天下故尊而祖之五曰既用玄說小德配寡而后稷止配一帝不得全配五帝今以景帝配昊天於玄爲可爲不可乎六曰衆詰臣曰上帝一帝周官祀天旅上帝祀地旅四望旅衆也則上帝是五帝臣曰否旅有衆義出於爾雅又爲祭名亦曰陳也如前所詰旅上帝爲五帝則季氏旅於泰山可得爲四鎮邪七曰援玄之言則景帝親盡主應在祧反配天地禮不相值夫所謂始祖者經綸草昧功善體大以比元氣合覆廣大者也故曰萬物之始天也人之始祖也日之始至也掃地而祭則質器用陶匏則性牲用犢則誠兆於南郊則就陽至尊至質不敢同於先祖也白虎通義曰祭天歲一者何事之不敢褻也故因歲之陽氣始達而祭之今一歲四祭黷莫大焉上帝五帝祀圖不舉怠孰甚焉黷與怠皆失也臣聞親有限祖有常聖人制禮不以情變唐家累聖歷祀百年非不知景帝爲始封當時通儒鉅工尊高祖以配天宗太宗以配上帝人神克猒爲日既久今以神堯降侑舍擬祖而太宗仍配上帝則擬紐上帝侑也以子先父非天地祖宗之意八曰景皇帝非造我區夏不得與夏之禹商之契周之稷漢高帝魏武帝晉宣帝唐神堯皇帝並功而陟配圜丘上與天匹曾謂圜丘不如林放乎九曰魏以武帝晉以宣帝爲始祖者夫操與懿皆人傑也擁天下彊臣挾弱主制海內之命名雖爲臣勢實爲君後世因之以成帝業尊而祖之不亦可乎十曰神堯拯隋室之亂振臂大呼率人塗炭汛掃蕩攘羣凶無餘出入不數年而成王業漢祖之功不能加焉夏以禹漢以高帝我以神堯爲始祖訂夏法漢於義何嫌今頎崇敬等失對易祖廟事之大者不稽于古難以疑文僻說定之臣官以諫爲名不敢不盡愚議聞代宗不避其言其後名儒大議而景帝配

天卒著于禮俄遷京兆尹頗以治稱京師苦樵薪之幹度開漕渠興南山谷口尾入于苑以便運載帝爲御安福門觀之幹密具舠船作倡優水嬉冀以媚帝久之渠不就俄改刑部侍郎魚朝恩敗坐交通出爲桂管觀察使大曆八年復召爲京兆尹時大旱幹造土龍自與巫覡對舞彌月不應又禱孔子廟帝笑曰丘之禱久矣使毀土龍帝減膳節用旣而霔雨十三年涇水擁隔請開鄭白支渠復秦漢故道以溉民田廢碾磑八十餘所幹性貪暴旣復用不暇念治專徇財色附會變近挾左道希主恩帝甚惑之德宗在東宮幹與宦者特進劉忠翼陰謀幾危宗嗣及卽位又詭道希進密乘車謁忠翼事覺除名長流旣行市人數百羣譟投礫從之俄賜死藍田驛忠翼本名淸潭與左衛將軍董秀皆有寵於代宗當盛時爵賞在其口吻掊冒財賄貲產累巨萬至是積前罪幷及誅

楊炎字公南鳳翔天興人曾祖大寶武德初爲龍門令劉武周攻之死于守贈全節侯祖哲以孝行稱父播舉進士退居求志玄宗召拜諫議大夫棄官歸養肅宗時卽家拜散騎常侍號玄靜先生炎美須眉峻風寓文藻雄蔚然豪爽尚氣河西節度使呂崇賁辟掌書記神烏令李太簡嘗醉辱之炎令左右反接搒二百餘幾死崇賁愛其才不問李光弼表爲判官不應召拜起居舍人固辭父喪廬墓側號慕不廢聲有紫芝白雀之祥詔表其閭炎三世以孝行聞至門樹六闕古所未有終喪爲司勳員外郎遷中書舍人與常袞同時知制誥袞長於除書而炎善德音自開元後言制詔者稱常楊云宰相元載與炎同郡炎又元出也故擢炎吏部侍郎史館修撰載當國陰擇才可代己者引以自近初得禮部侍郎劉單會卒復取吏部侍郎薛邕邕坐事貶後得炎親重無比會載敗坐貶道州司馬德宗在東宮雅知其名又嘗得炎所爲李楷洛碑寘于壁日諷玩之及卽位崔祐甫薦炎可器任卽拜門下侍郎同中書門下平章事舊制天下財賦皆入左藏庫而太府四時以數聞尚書比部覆出納舉無干欺及第五琦爲度支鹽鐵使京師豪將求取無節琦不能禁乃悉租賦進大盈內庫天子以給取爲便故不復出自是天下公賦爲人君私藏有司不得計贏少而宦官以冗名持簿者三百人奉給其間根柢連結不可動及炎爲相言於帝曰財賦者邦國大本而生人之喉命天下治亂重輕繫焉先朝權制以中人領其職五尺宦豎操邦之柄豐儉盈虛雖大臣不得知則無以計天下利害陛下至德惟人是恤參計斂臺莫與斯甚臣請出之以歸有司度宮中經費一歲幾何量數奉入不敢以闕如此然後可以議政惟陛下審察帝從之乃詔歲中裁取以入大盈度支具數先聞初定令有租賦庸調法自開元承平久不爲版籍法度玩敝而丁口轉死田畝換易貧富升降悉非向時而戶部歲以空文上之又戍邊者蠲其租庸六歲免歸玄宗事夷狄戍者多死邊將諱不以聞故貫籍不除天寶中王鉷爲戶口使方務聚斂以其籍存而丁不在是隱課不出乃按舊籍除當免者積三十年責其租庸人若無告故法遂大敝至德後天下起兵因以饑癘百役竝作人戶凋耗版圖空虛軍國之用仰給於度支轉運使四方征鎭又自給於節度都團練使賦斂之司數四莫相統攝綱目大壞朝廷不能覆諸使諸使不能覆諸州四方貢獻悉入內庫權臣巧吏因得旁緣公託進獻私爲贓盜者動萬萬計河南山東荊襄劍南重兵處皆厚自奉養王賦所入無幾科斂凡數百名廢者不削重者不去新舊仍積不知其涯百姓竭膏血鬻親愛旬輸月送無有休息吏因其苛蠶食于人富人多丁者以宦學釋老得免貧人無所入則丁存故課免於上而賦增於下是以天下殘瘁蕩爲浮人鄉居地著者百不四五炎疾其敝乃請爲兩稅法以一其制凡百役之費一錢之斂先度其數而賦於人量出制入戶無主客以見居爲簿人無丁中以貧富爲差不居處而行商者在所州縣稅三十之一度所取與居者均使無僥利居人之稅秋夏兩入之俗有不便者正之其租庸雜徭悉省而丁額不廢其田畝之稅率以大曆十四年墾田之數爲準而均收之夏稅盡六月秋稅盡十一月歲終以戶賦增失進退長吏而尚書度支總焉帝善之使諭中外議者沮詰以爲租庸令行數百年不可輕改帝不聽天下果利之自是人不土斷而地著賦不加斂而增入版籍不造而得其虛實吏不誡而姦無所取輕重之權始歸朝廷矣炎興嶺表以單議悟天子中外翕然屬望爲賢相居數月崔祐甫疾不能事喬琳免炎獨當國遂多變祐甫之政減薄護元陵功優人始不悅又請開豐州陵陽渠發畿縣民役作閭里騷然渠卒不就素德元載思有以報之於是復議城原州節度使段秀實謂安邊郤敵宜以緩計方農事不可遽興功炎怒追秀實爲司農卿以邠寧李懷光督作遣朱泚崔寧統兵各萬人翼之詔書下涇軍恚曰吾軍爲國西屏十餘年始勻邠土農桑地著之安徙此榛莽中手披足踐旣亡城壘則又投之塞外且安寘此乎又懷光持法嚴舉軍畏之裨將劉文喜因人之怨乃上疏求秀實朱泚爲使詔以泚代懷光文喜不奉詔閉城拒守質其子吐蕃以求援時方煬旱人情騷攜羣臣皆請赦文喜帝不聽詔減服御給軍且趣師涇州士當受春服者皆卽賜命泚懷光率軍攻之壘環其州別將劉海賓斬文喜獻其首涇州平而原卒不能城又以劉晏劾載巳坐貶乃出晏忠州用庾準爲荊南節度使誣晏殺之朝野側目李正巳表請晏罪炎懼乃遣腹心分走諸道裴冀使東都河陽魏博孫成使澤潞磁邢幽州盧東美使河南淄青李舟使山南湖南王定使淮西聲言宣慰而實自辯解言晏往嘗傅會姦邪謀立獨孤妃爲后帝自惡之非它過帝聞使中人復其言於正巳還報信然於是帝意銜之未發也會盧杞以門下侍郎同中書門下平章事進炎中書侍郎同秉政杞無術學貌公陋炎薄之託疾不與會食杞陰爲憾舊制中書舍人分押尚書六曹以平奏報開元初廢其職杞請復之炎固以爲不可杞益怒又密啓主書過咎逐之炎曰主書吾局吏也吾當自治之奈何相侵邪始炎還朝道襄漢因勸梁崇義入朝後又使李舟遨說之崇義益反側及其叛議者歸咎炎以爲趣成之帝欲以淮西李希烈統諸軍致討炎曰希烈始與李忠臣爲子逐忠臣取其位此可以任乎居無尺寸功猶倔彊不奉法設使平賊陛下將何以制之帝不能平恚曰朕業許之不能食吾言遂用希烈又嘗訪羣臣可大任者杞薦張鎰嚴郢而炎舉崔昭趙惠伯帝以炎論議疏闊遂罷爲尚書左僕射旣謝對延英訖不至中書杞怒益欲中之先是嚴郢爲京兆尹不附炎炎諷御史張著劾之罷兼御史中丞源休與郢不善自流人擢休爲京兆少尹令伺郢過休反與郢善炎怒會張光晟謀殺回紇酋帥乃使休使回紇郢坐度田不實下除大理卿至是炎罷其子弘業隷賂狼籍故杞引郢爲御史大夫按之幷得它過惠伯爲河南尹時嘗市炎第爲官廨御史劾炎宰相抑吏市私第貴取其直杞召大理正田晋評罪晋曰宰相於庶官比監臨計羨利罪奪官杞怒謫晋衡州司馬於是當監主自盜罪絞開元時蕭嵩嘗度曲江南欲立私廟以爲天子臨幸處乃止後炎復取以立廟飛語云地有王氣故炎取之帝聞震怒會獄具詔三司同覆貶崖州司馬同正未至百里賜死年五十五貶惠伯多田尉亦殺之初炎矯飾志節頗得名旣傅會元載抵罪俄而得政然忮害根中不能自止睚眦必讎果於用私終以此及禍自道州還也家人以綠袍木簡棄之炎止曰吾嶺上一逐吏超登上台可常哉且有非常之福必有非常之禍安可棄是乎及貶還所服久之詔復其官諡肅愍左丞孔戣駁之更曰平厲

庾準者常州人無學術以柔媚自進得幸於王縉擧至中書舍人時流嗤薄之再遷尚書右丞縉得罪出爲汝州刺史復入爲司農卿又善炎故炎使節度荊南晏巳誣死引爲尚書左丞建中三年卒贈工部尚書

嚴郢字叔敖華州華陰人父正誨以才吏更七郡終江南西道採訪使郢及進士第補太常協律郎守東都太廟祿山亂郢取神主祕于家至德初定洛陽有司得以奉迎還廟擢大理司直呂諲鎭江陵表爲判官方士申泰芝以術得幸肅宗遨遊湖衡間以妖幻詭衆姦贓鉅萬潭州刺史龐承鼎按治帝不信召還泰芝下承鼎江陵獄郢具言泰芝左道帝遣中人與諲雜訊有狀帝不爲然御史中丞敬羽白貸泰芝郢方入朝亟辯之帝怒叱郢去郢復曰承鼎劾泰芝詭沓有實泰芝言承鼎驗左不存今緩有罪急無罪臣死不敢如詔帝卒殺承鼎流郢建州泰芝後坐妖妄不道誅代宗初追還承鼎官召郢爲監察御史連署帥府司馬郭子儀表爲關內河東副元帥府判官遷行軍司馬子儀鎭邠州檄郢主留務河中士卒不樂戍邠多逃還郢取渠首尸之乃定歲餘召至京師元載薦之帝時載得罪不見用御史大夫李栖筠亦薦郢帝曰是元載所厚可乎答曰如郢材力陛下不自取而留爲姦人用邪卽日拜河南尹水陸運使大曆末進拜京兆尹嚴明持法令疾惡撫窮敢誅殺盜賊一衰減隸官匠丁數百十人號稱職宰相楊炎請屯田豐州發關輔民鑿陵陽渠郢習朔邊病利卽奏舊屯肥饒地今十不墾一水田甚廣力不及而廢若發二京關輔民浚豐渠營田擾而無利請以內苑蒔稻驗之秦地膏腴田上上耕者皆畿人月一代功甚易又人給錢月八千糧不在然有司常募不能足合府縣共之計一農歲錢九萬六千米月七斛二斗大抵歲僦丁三百錢二千八百八十萬米二千一百六十斛臣恐終歲穫不酬費況二千里發人出塞而歲一代乎又自太原轉糧以哺私出資費倍之是虛畿甸事空徭也郢又言五城舊屯地至廣請以鑿渠糧俾諸城夏貸冬輸取渠土布帛給田者合據直轉穀則關輔免調發而諸城關田炎不許渠卒不成棄之御史臺請天下斷獄一切待報

唯殺人許償死論徙者得悉徙邊郢言罪人徙邊卽流也流有三而一用之誠難且殺人外猶有十惡僞造用符印彊光火諸盜今一徙之法太輕不足禁惡又罪抵徙科別差殊或毆傷夫婦離非義絕養男別姓立嫡不如式私度關冒戶等不可悉而與十惡同徙卽輕重不倫又按京師天下聚論徙者至廣例不覆讞今若悉待報有司斷決有程月不啻五千獄正恐牒按塡委章程紊撓且邊及近邊犯死徙流者若何爲差請下有司更議炎惡異已陰諷御史張著劾郢匿發民浚渠使怨歸上繫金吾長安中日數千人遮建福門訟郢冤帝微知之削兼御史中丞人知郢得原皆迎拜會秋旱郢請蠲租稅炎令度支御史按覆以不實罷爲大理卿炎之罷盧杞引郢爲御史大夫共謀炎罪卽逮捕河中觀察使趙惠伯下獄楚掠慘棘鍛成其罪卒逐炎崖州惠伯費州天下以郢挾宰相報仇爲不直然杞用郢敗炎內忌郢才因按蔡廷玉事殺御史鄭詹出郢爲費州刺史道逢柩殯問之或曰趙惠伯之殯郢內慙忽忽歲餘卒

竇參字時中刑部尚書誕四世孫學律令爲人矜嚴悻直果於斷以蔭累爲萬年尉同舍當夕直者聞親疾惶遽參爲代之會失囚京兆按直簿劾其人參曰彼以不及謁而往參當坐乃貶江夏尉人皆義之遷奉先尉男子曹芬兄弟隸北軍醉暴其妹父救不止恚赴井死參當兄弟重辟衆請俟免喪參曰父繇子死若以喪延是殺父不坐皆搒殺之一縣畏伏進大理司直按江淮獄揚州節度使陳少游假蹇不郊迎遣軍吏致問參屬辭譙讓少游慙往謁參參不顧卽去婺州刺史鄧珽盜贓八千緡宰相右珽欲免輸其財詔百官集尚書省議多希意爲助參獨持法卒輸入之遷監察御史湖南判官馬彝發部令贓千萬令之子因權幸誣奏彝參往按直其侵誣彝後佐曹王皐以幹直聞者也入爲御史中丞皐劾無所回忌德宗數召見語天下事或決大議帝器之然多與宰相駁異數爲排卻卒無以傷參由是無所憚忒率情制事矣時定百官班稟參嘗爲大理司直故多其入使在丞上惡詹事李昇抑其班在諸府少尹下中外稍惡其專進兼戶部侍郎民家生豕二首四足有司欲以聞參曰此乃豕禍屏不奏陳少游死子請襲封參大署省門曰少游位將相以艱危易節上含垢不忍發其息容得傳襲邪神策將軍孟華戰有功或誣以反龍武將軍李建玉陷吐蕃自拔歸部曲告與虜通皆論死參悉治出之人始屬望俄以中書侍郎同中書門下平章事領度支鹽鐵使每延英對它相罷參必留以度支爲言實專政也然參無學術不能稽古立事惟樹親黨多所詷察四方畏之於是淄青李納厚饋參外示嚴畏實賂帝親近爲問故左右爭毀短之申其族子也爲給事中參親愛每除吏多訪申申因得招賂漏禁密語故申所至人目爲喜鵲帝聞以戒參且曰是必爲累不如斥之參以情訴曰臣無彊子姓申雖疏屬無它惡帝曰而雖自保如外言何參固陳丏初陸贄與參不平吳通玄兄弟皆在翰林與贄軒輊不得申舅嗣虢王則之與通微等善遂共譖贄帝得其姦逐申爲道州司馬不浹日貶參郴州別駕宣武劉士寧餉參絹五千湖南觀察使李巽故與參隙以狀聞又中人爲之騐左帝大怒以爲外交戎臣欲殺參贄雖怨然亦以殺之太重乃貶驩州司馬逐其息景伯于泉州女尼于郴州沒入貲產奴婢帝又欲殺申則之及屬人榮贄固爭法有首從原則從減榮與參雖善然初無邪僻數激憤有直言晚頗疏忌請貶榮遠官申則之除名流嶺南詔可時宦侍謗沮不已參竟賜死于邕州年六十而杖殺申免榮死諸竇並逐云

吳通玄者海州人與弟通微皆博學善文章父道瓘以道士詔授太子諸王經故通玄等皆得侍太子游太子侍之甚善始通玄舉神童補祕書正字又擢文辭清麗科調同州司戶參軍德宗立弟兄踵召爲翰林學士頃之通微遷職方郎中通玄起居舍人並知制誥凡帝有譔述非通玄筆未嘗愜與陸贄吉中孚韋執誼並位贄文高有謀特爲帝器遇且更險難有功通玄等特以東宮恩舊進昵而不禮見贄驟擢頗媢恨贄自恃勁正屢短通玄於帝前欲斥遠之卽建言承平時工藝書畫之冗皆待詔翰林而無學士至德以來命集賢學士入禁中草書詔待進止於翰林院因以名官今四方無事制書職分宜歸中書舍人請罷學士帝不許通玄怨曰結謀奪其內職會贄權知兵部侍郎主貢舉乃命爲眞貞元七年通玄拜諫議大夫自以久次當得中書舍人大怨望贄與竇參交惡參從子申從舅嗣虢王則之方爲金吾將軍故申介之使結通玄兄弟共危贄而通玄以宗室女爲外婦帝知未及責則之飛謗云贄試進士受賄謝帝惡誣構大怒罷參宰相逐則之昭州司馬通玄泉州司馬又銜涵汙近屬事自詰之不敢荅賜死長城驛贄遂相矣通玄死通微白衣待罪於門帝宥之內懼禍不敢行喪服

贊曰元載楊炎各以才資奮適主暗庸故致位輔相若其蕞闒尹城原州以謀西夏還左藏有司一租賦以檢制有亡誠有取焉然載本與輔國以利合險刻著諸心谿壑之欲發乎無猒炎牽連載勢與醜裔秉國維綱返爲載復讎釋言於君卒與妻子併誅暴先骨殛命於道蓋自取之也夫姦人多才未始不爲患故鄧舒以俊死而鄧析以辯亡若兩人者所謂多才者邪縉言福業報應參得君自私無可論者易稱鼎折足其刑剭凶哉

唐書卷一百四十六

宋　端明殿學士宋祁撰．

列傳第七十一

二李

李栖筠字貞一世爲趙人幼孤有遠度莊重寡言體貌軒特喜書多所通曉爲文章勁迅有體要不妄交游族子華每稱有王佐才士多慕向始居汲共城山下華固請舉進士俄擢高第調冠氏主簿太守李峴視若布衣交遷安西封常清節度府判官常清被召表攝監察御史爲行軍司馬肅宗駐靈武發安西兵栖筠料精卒七千赴難擢殿中侍御史李峴爲大夫以三司按羣臣陷賊者表栖筠爲詳理判官推原其人所以脅汙者輕重以情悉心助峴故峴愛昵之譽一旦出呂諲崔器上三遷吏部員外郎判南曹時大盜後選簿亡舛多僞冒栖筠判析有條吏氣奪號神明遷山南防禦觀察使會峴去相栖筠坐所善除太子中允衆不直改河南令李光弼守河陽高其才引爲行軍司馬兼糧料使改絳州刺史擢累給事中是時楊綰以進士不鄉舉但試辭賦浮文非取士之實請置五經秀才科詔羣臣議栖筠與賈至李廙以綰所言爲是進工部侍郎關中舊仰鄭白二渠溉田而豪戚壅上游取磑利且百所奪農用十七栖筠請皆徹毀歲得租二百萬民賴其入慰然有宰相望元載忌之出爲常州刺史歲仍旱編人死徙踵路栖筠爲浚渠廝江流灌田遂大稔宿賊張度保陽羨西山累年吏討不克至是發卒捕斬支黨皆盡里無吠狗乃大起學校堂上畫孝友傳示諸生爲鄉飲酒禮登歌降飲人人知勸以治行進銀青光祿大夫封贊皇縣子賜一子官人爲刻石頌德蘇州豪士方清因歲凶誘流殍爲盜積數萬依黟歙間阻山自防東南厭苦詔李光弼分兵討平之會平盧行軍司馬許杲恃功擅留上元有窺江吳意朝廷以創殘重起兵卽拜栖筠浙西都團練觀察使圖之栖筠至張設武備遣辯士厚齎金幣抵杲軍賞勞使士歆愛奪其謀杲懼悉衆度江掠楚泗而潰以功進兼御史大夫則又增學廬表宿儒河南褚沖吳何員等超拜學官爲之師身執經問義遠邇趨慕至徒數百人又奏部豪姓多徙貫京兆河南規脫傜科請量產出賦以杜姦謀詔可元載當國久益恣橫代宗不能堪陰引剛鯁大臣自助欲收綱權以黜載會御史大夫敬括卒卽召栖筠與河南尹張延賞擇可爲大夫者延賞先至遂代括會李少良陸珽等上書劾載陰事詔御史問狀延賞稱疾不敢鞫少良珽覆得罪死帝殊失望出延賞爲淮南節度使引拜栖筠爲大夫始栖筠見帝數奏明辯不阿附帝心善之故制麻自中以授朝廷莫知也中外竦眙栖筠素方挺無所屈於是華原尉侯莫陳怤以優補長安尉當參臺栖筠物色其勞怤色動不能對乃自言爲徐浩杜濟薛邕所引非眞優也始浩罷嶺南節度使以瓌貨數十萬餉載而濟方爲京兆邕吏部侍郎三人者皆載所厚栖筠并劾之帝未決會月蝕帝問其故栖筠曰月蝕脩刑今罔上行私者未得天若以儆陛下邪繇是怤等皆坐貶故事賜百官宴曲江敎坊倡顓雜侍栖筠以任國風憲獨不往臺遂以爲法帝比欲召相憚載輒止然有進用皆密訪焉多所補助栖筠見帝猗違不斷亦內憂憤卒年五十八自爲墓誌贈吏部尚書謚曰文獻栖筠喜獎善而樂人攻己短爲天下士歸重不敢有所斥稱贊皇公云子吉甫

吉甫字弘憲以蔭補左司禦率府倉曹參軍貞元初爲太常博士年尚少明練典故昭德皇后崩自天寶後中宮虛鄆禮廢缺吉甫草具其儀德宗稱善李泌竇參器其才厚遇之陸贄疑有黨出爲明州長史贄之貶忠州宰相欲害之起吉甫爲忠州刺史使甘心焉旣至置怨與結懽人益重其量坐是不徙者六歲改郴饒二州會前刺史繼死咸言牙城有物怪不敢居吉甫命菑除其署以視事吏由是安誅破姦盜窟穴治稱流聞憲宗立以考功郎中召知制誥俄入翰林爲學士遷中書舍人劉闢拒命帝意討之未決吉甫獨請無置宜絕朝貢以折姦謀時李錡在浙西厚賂貴幸請用韓滉故事領鹽鐵又求宣歙問吉甫對曰昔韋皐蓄財多故劉闢因以構亂李錡不臣有萌若益以鹽鐵之饒采石之險是趣其反也帝寤乃以李巽爲鹽鐵使高崇文圍鹿頭未下嚴礪請出并州兵與崇文趨果閬以攻渝合吉甫以爲

非是因言漢伐公孫述晉伐李勢宋伐譙縱梁伐劉季連蕭紀凡五攻蜀繇江道者四且宣洪蘄鄂彊弩號天下精兵爭險地兵家所長請起其兵擣三峽之虛則賊勢必分首尾不救崇文懼舟師成功人有鬭志矣帝從之礪復請大臣爲節度吉甫諫曰崇文功且成而又命帥不復盡力矣因請以西川授崇文而屬礪東川益資簡六州使兩川得以相制由是崇文悉力劉闢平吉甫謀居多吐蕃遣使請尋盟吉甫議德宗初未得南詔故與吐蕃盟自異牟尋歸國吐蕃不敢犯塞誠許盟則南詔怨望邊隙日生帝辭其使復請獻濱塞亭障南北數千里求盟吉甫謀曰邊境荒岨犬牙相吞邊吏按圖覆視且不能知今吐蕃綿山跨谷以數番紙而圖千里起靈武著劒門要險之地所亡二三百所有得地之名而實喪之陛下將安用此帝乃詔謝贊普不納張愔旣得徐州帝又欲以濠泗二州還其軍吉甫曰泗負淮餉道所會濠有渦口之險前日授建封幾失形勢今愔乃南鄰壯士所立雖有善意未能制其衆又使得淮渦扼東南走集憂未艾也乃止中書史滑渙素厚中人劉光琦凡宰相議爲光琦持異者使渙請常得如素宦人傳詔或不至中書召渙於延英承旨迎附羣意卽爲文書宰相至有不及知者由是通四方賂謝弟泳官至刺史鄭餘慶當國嘗一責怒數日卽罷去吉甫請閒劾其姦帝使簿渙家得貲數千萬貶死雷州又建言州刺史不得擅見本道使罷諸道歲終巡句以絕苛斂命有司舉材堪縣令者軍國大事以寶書易墨詔由是帝愈倚信元和二年杜黃裳罷宰相乃擢吉甫中書侍郎同中書門下平章事吉甫連蹇外遷十餘年究知閭里疾苦常病方鎭彊恣至是爲帝從容言使屬郡刺史得自爲政則風化可成帝然之出郎吏十餘人爲刺史自王叔文時選任猥冒吉甫始簿其員人得敍進官無留才又度李錡必反勸帝召之使者三往以病解而多持金啗權貴至爲錡游說者吉甫曰錡庸材而所畜乃亡命羣盜非有鬭志討之必克帝意決復言昔徐州亂嘗敗吳兵江南畏之若起其衆爲先鋒可以絕徐後患韓弘在汴州多憚其威誠詔弘子弟率兵爲掎角則賊不戰而潰從之詔下錡衆聞徐梁兵興果斬錡降以功封贊皇縣侯徙趙國公德宗以來姑息藩鎭有終身不易地者吉甫爲相歲餘凡易三十六鎭殿最分明裴均以尚書右僕射判度支結黨傾執政會皇甫湜等對策指擿權彊用事者皆怒帝亦不悅均黨因宣言始執政使然右拾遺獨孤郁李正辭等陳述本末帝乃解吉甫本善竇羣羊士諤呂溫薦羣爲御史中丞羣卽奏士諤侍御史溫知雜事吉甫恨不先白持之久不決羣等銜之俄而吉甫病醫者夜宿其第羣捕醫者劾吉甫交通術士帝大駭訊之無狀羣等皆貶而吉甫亦固乞免因薦裴垍自代乃以檢校兵部尚書兼中書侍郎同中書門下平章事爲淮南節度使帝爲御通化門祖道賜御餌禁方居三歲奏蠲逋租數百萬築富人固本二塘溉田且萬頃漕渠庳下不能居水乃築隄閼以防不足洩有餘名曰平津堰江淮旱浙東西尤甚有司不爲請吉甫白以時救恤帝驚馳遣使分遣賑貸吉甫雖居外每朝廷得失輒以聞六年裴垍病免復以前官召吉甫還秉政入對延英凡五刻罷帝尊任之官而不名吉甫疾吏員廣繇漢至隋未有多於今者乃奏曰方今置吏不精流品厖雜存無事之官食至重之稅故生人日困冗食日滋又國家自天寶以來宿兵常八十餘萬其去爲商販度爲佛老雜入科役者率十五以上天下常以勞苦之人三奉坐待衣食之人七而內外官仰奉稟者無慮萬員有職局重出名異事離者甚衆故財日寡而受祿多官有限而調無數九流安得不雜萬務安得不煩漢初置郡不過六十而文景化幾三王則郡少不必政紊郡多不必事治今列州三百縣千四百以邑設州以鄉分縣費廣制輕非致化之本願詔有司博議州縣有可併併之歲時入仕有可停停之則利寡易求官少易治國家之制官一品奉三千職田祿米大抵不過千石大曆時權臣月奉至九千緡者州刺史無小大皆千緡宰相常袞始爲裁限至李泌量閑劇稍增之使相通濟然有名在職廢奉存額去閑劇之間厚薄頓異亦請一切商定乃詔給事中段平仲中書舍人韋貫之兵部侍郎許孟容戶部侍郎李絳參閱蠲減凡省冗官八百員吏千四百員又奏收都畿佛祠田磑租入以寬貧民德宗時義陽義章二公主薨詔起祠堂于墓百二十楹費數萬計會永昌公主薨有司以請帝命減義陽之半吉甫曰德宗一切之恩不可爲法昔漢章帝欲起邑屋於親陵東平王蒼以爲不可故非禮之舉人君所愼請裁置墓戶以充守奉帝曰吾固疑其冗減之今果然然不欲取編民以官戶奉墳而已吉甫再拜謝帝曰事不安者第言之無謂朕不能行也十宅諸王旣不出閤諸女嫁不時而選尚皆繇中人厚爲財謝乃得遣吉甫奏自古尚主必愼擇其人江左悉取名士獨近世不然帝乃下詔皆封縣主令有司取門閥者配焉田季安疾甚吉甫請任薛平爲義成節度使以重兵控邢洺因圖上河北險要所在帝張於浴堂門壁每議河北事必指吉甫曰朕日按圖信如卿料矣劉濟舊軍屯普潤數暴掠近縣吉甫奏還涇原畿民賴之八年回鶻引兵自西城柳谷侵吐蕃塞下傳言且入寇吉甫曰回鶻能爲我寇當先絕和而後犯邊今不足虞也因請起夏州至天德復驛候十一區以通緩急發夏州精騎五百屯經畧故城以護党項而已既而果邊吏妄言六胡州在靈武部中開元時廢之置宥州以處降戶寓治經畧軍居中以制戎虜北援天德南接夏州至德寶應間廢宥州以軍遥隸靈武道里曠遠故党項孤弱虜數擾之吉甫始奏復宥州乃治經畧軍以隸綏銀道取鄜城神策屯兵九千實之以江淮甲三十萬給太原澤潞軍增太原馬千匹由是戎備完輯自蜀平帝銳意欲取淮西方吉甫在淮南聞吳少陽立上下攜泮自請徙壽州以天子命招懷之反間以橈其黨會討王承宗未及用後田弘正以魏歸吉甫知魏人謂田進誠才而唐州乃蔡喉衿請拔進誠爲刺史以臨賊境且慰魏心烏重胤守河陽吉甫以汝州捍蔽東都聯唐許當蔡西面兵寡不足憚寇而河陽乃魏博之津弘正歸國則爲內鎭不宜戍重兵示不信請徙屯汝州帝皆從之後弘正拜檢校尚書右僕射賜其軍錢二千萬弘正曰吾未喜於移河陽軍也及元濟擅立吉甫以內地無唇齒援因時可取不當用河朔故事與帝意合又請自往招元濟苟逆志不悛得指授羣帥俘賊以獻天子不許固請至流涕帝慰勉之會暴疾卒年五十七帝震悼贈外別賜縑五百疋其家自大斂至卒哭皆中人臨弔吉甫圖淮西地未及上帝敕其子獻之及葬祭以少牢贈司空有司謚曰敬憲度支郎中張仲方非之帝怒貶仲方更賜謚曰忠懿始吉甫當國經綜政事衆職咸治引薦賢士大夫愛善無遺褒忠臣後以起義烈與武元衡連位未幾節度劒南屢言元衡材宜還爲相及再輔政天下想望風采而稍脩怨罷李藩宰相而裴垍左遷皆其謀也李正辭晩相失及與蕭俛同召爲翰林學士獨用俛而罷正辭人莫不疑憚帝亦知其專乃進李絳遂與有隙數辯爭殿上帝多直絳然畏愼奉法不忮害顧大體左拾遺楊歸厚嘗請對日己旰帝令它日見固請不肯退旣見極論中人許遂振之姦又歷詆輔相求自試又表假郵置院具婚禮帝怒其輕肆欲遠斥之李絳爲言不能得吉甫見帝謝引用之非帝意釋得以國子主簿分司東都初政事堂會食有巨牀相傳徙者宰相輒罷不敢遷吉甫笑曰世俗禁忌何足疑邪撤而新之吉甫居安邑里時號安邑李丞相所論著甚多皆行于世前卒一歲熒惑掩太微上相吉甫曰天且殺我再遜位不許

子德脩亦有志操寶曆中爲膳部員外郎張仲方入爲諫議大夫德脩不欲同朝出爲舒湖楚三州刺史卒次子德裕自有傳

李鄘字建侯北海太守邕之從孫第進士又以書判高等補祕書省正字李懷光辟致幕府擢累監察御史懷光反河中鄘與母妻陷焉因紿懷光以兄病臥洛且革母欲往視懷光許可戒妻子無偕行鄘私遣之懷光怒欲加罪謝曰鄘籍在軍不得爲母駕奈何不使婦往懷光止不問後與高郢刺賊虛實及所以攻取者白諸朝德宗手詔褒答懷光覺嚴兵召二人問之鄘詞氣不撓三軍爲感動懷光不殺囚之河中平馬燧破械致禮表佐其府以言不用罷歸洛中召爲吏部員外郎徐州張建封卒兵亂囚監軍迫建封子愔主軍務帝以鄘剛敢拜宣慰使持節直入其軍大會士喻以禍福出監軍獄中脫桎梏使復位衆不敢動愔卽上表謝罪稱兵馬留後鄘曰非詔命安得輒稱之削去乃受旣還稱旨遷郎中順宗時進御史中丞憲宗立爲京兆尹進尚書右丞元和初京師多盜賊復拜京兆以檢校禮部尚書爲鳳翔隴右節度使是鎭常兼神策行營前此用武將始受詔卽詣軍脩謁鄘以爲不可詔爲去神策行營號俄徙河東入爲刑部尚書諸道鹽鐵轉運使拜淮南節度使王師討蔡方急李師道謀撓沮之鄘以兵二萬分壁鄆境貲餉不仰有司是時兵興天子憂財乏使程异馳驛江淮諷諸道輸貨助軍鄘素富彊卽籍府庫留一歲儲餘盡納于朝諸道由是悉索以獻繇鄘倡之先是吐突承璀爲監軍貴寵甚鄘以剛嚴治相禮憚稍厚善承璀歸數稱薦之召拜門下侍郎同中書門下平章事鄘不喜由宦幸進及出祖樂作泣下謂諸將曰吾老安外鎭宰相豈吾任乎至京師不肯視事引疾固辭改戶部尚書俄檢校尚書左僕射兼太子賓客分司東都以太子少傅致仕卒贈太子太保謚曰肅鄘彊直無私與楊憑穆質許孟容王仲舒友善皆以氣自任而鄘當官以峭法操下所至稱治猛決少恩在淮南七年其生殺禽擿多委軍吏而參佐束手不得與人往往陷非法議者亦以此少之

子拭仕歷宗正卿京兆尹河東鳳翔節度使以祕書監卒

拭子磎字景望大中末擢進士累遷戶部郎中分司東都劾奏內園使郝景全不法事景全反摘磎奏犯順宗嫌名坐奪俸磎上言因事告事旁訟他人者咸通詔語也禮不諱嫌名律廟諱嫌名不坐豈臣所引詔書而有司輒論奏臣恐自今用格令者委曲回避旁緣爲姦也詔不奪俸黃巢陷洛磎挾尚書八印走河陽時留守劉允章爲賊脅遣人就磎索印拒不與允章悟亦不臣賊嗣襄王之亂轉側淮南高駢受僞命磎苦諫不納入爲中書舍人翰林學士辭職歸華陰復以學士召乾寧元年進禮部尚書同中書門下平章事崔昭緯素疾磎諷劉崇魯掠其麻哭之言磎懷姦與中人楊復恭昵欵其弟爲賊溥所殺不可相天子翌日下遷太子少傅磎乃自言爲崇魯誣汙書十一上不止初崇魯父坐受賕仰藥死故磎以醜語及之議者譏其非大臣體昭宗素所器遇決意復用之而李茂貞等上言深詆其非帝不獲已又罷爲太子少師於是茂貞及王行瑜韓建擁兵闕下列磎罪殺之于都亭驛行瑜誅有詔復官爵贈司徒諡曰文磎好學家有書至萬卷世號李書樓所著文章及註解諸書傳甚多子沆字東濟有俊才亦遇害贈禮部員外郎

贊曰剛者天德故孔子稱剛近仁骨鯁四支故君有忠臣謂之骨鯁若栖筠鄘二子其剛者歟栖筠抗權邪不及相鄘得相不顧拜非剛疇克勝之吉甫踐天宰謀謨是矣而鯁正有愧於父云

唐書卷一百四十六考證

李鄘子拭歷仕宗正卿京兆尹河東鳳翔節度使以祕書監卒○臣德潛按舊書又有子柱官至浙東觀察使此新書所無而舊書亦無子拭

拭子磎○舊書作柱子磎

乾寧元年進禮部尚書同中書門下平章事○舊書在景福二年

唐書卷一百四十七

宋　端明殿學士宋祁撰

列傳第七十二

三王魯辛馮三李曲二盧

王思禮高麗人入居營州父爲朔方軍將思禮習戰鬬從王忠嗣至河西與哥舒翰同籍麾下翰爲隴右節度使思禮與中郎將周佖事翰以功授右衛將軍關西兵馬使從討九曲後期當斬臨刑翰釋之思禮徐曰死固分也何復貸爲諸將壯之天寶十三載吐谷渾蘇毗王欵附詔翰至磨環川應接思禮墜馬蹇甚翰謂監軍李大宜曰思禮跛足尚欲何之俄加金城郡太守安祿山反翰爲元帥奏思禮赴軍玄宗曰河隴精銳悉在潼關吐蕃有覺唯倚思禮耳翰固請乃兼太常卿充元帥府馬軍都將翰委以軍事密勸翰表誅楊國忠翰不應復請以三十騎劫至潼關殺之翰曰此乃吾反何與祿山事潼關失守思禮與呂崇賁李承光同走行在肅宗責不堅守引至纛下將斬之宰相房琯諫以爲可收後效遂獨斬承光赦思禮等爲副房琯戰便橋不利更爲關內行營節度河西隴右伊西行營兵馬使守武功賊安守忠來戰思禮退保扶風賊分兵略大和關去鳳翔五十里李光進戰未利行在戒嚴從官潛出其孥帝使左右巡御史虞候識其姓名衆稍稍止命郭子儀以朔方兵擊之會崔光遠行軍司馬王伯倫判官李椿以兵二千屯扶風聞賊已西欲乘虛襲京師徑至高陵賊引軍還擊椿等椿已至中渭橋殺守者千人進攻苑門伯倫戰死椿被執先是賊餘衆留武功既傳官軍入京師乃燒營遁自是賊不敢西長安平思禮先入清宮收東京戰數有功遷兵部尚書封霍國公食實戶五百尋兼潞沁等州節度乾元元年總關中潞州行營兵三萬騎八千與子儀圍賊相州軍潰惟李光弼思禮完軍還尋破史思明別將萬餘衆於直千嶺光弼徙河陽代爲河東節度副大使上元元年加司空自武德以來三公不居宰輔唯思禮而已二年薨贈太尉諡曰武烈思禮善守計短攻戰然持法嚴整士不敢犯在太原器甲完精儲粟至百萬斛云

魯炅幽州薊人長七尺餘略通書史以蔭補左羽林長上隴右節度使哥舒翰引爲別奏顏眞卿嘗使隴右謂翰曰君與郎將總節制亦嘗得人乎炅時立階下翰指曰是當爲節度使從破石堡城收河曲遷左武衛將軍後復以破吐蕃跳盪功除右領軍大將軍安祿山反拜上洛太守將行於帝前畫攻守勢遷南陽太守兼守捉防禦使封金鄉公尋爲山南節度使以嶺南黔中山南東道子弟五萬屯滍水南賊將武令珣畢思琛等擊之衆欲戰炅不可賊右趨乘風縱火鬱氣奔營士不可止負扉走賊矢如雨炅與中人薛道挺身走舉衆没賊時嶺南節度使何履光黔中節度使趙國珍襄陽節度使徐浩未至其子弟半在軍挾金爲資糧至是與械皆棄與山等賊資以富炅擊散兵保南陽潼關失守賊使哥舒翰招下不從使武令珣攻之令珣死田承嗣繼往頻川來瑱襄陽魏仲犀合兵援炅仲犀弟孟馴兵至明府橋望賊走炅城中食盡米斗五十千一鼠四百餓者相枕藉朝廷遣使者曹日昇宣慰加炅特進太僕卿不得入日昇請單騎致命仲犀不可會顏眞卿自河北至謂曰使者不顧死致天子命設爲賊獲是亡一使者脫能入城則萬心固矣中官馮廷瓌亦曰將軍必入我請以兩騎助仲犀益騎凡十輩賊望見知皆銳兵不敢擊遂入致命人心益固日昇復以騎趨襄陽領兵千由音聲道運糧餉炅故炅得與賊相持踰三月炅被圍凡一年晝夜戰人至相食卒無救至德二載五月乃率衆突圍走襄陽承嗣尾擊炅殊死戰二日斬獲甚衆賊引去俄拜御史大夫襄鄧十州節度使亦會二京平賊走河北時襄漢數百里鄉聚蕩然皋無樵烟初賊欲剽亂江湖賴炅適扼其衝故南夏以完策勳封岐國公實封二百戶乾元元年又加淮西節度鄧州刺史與九節度圍安慶緒於相州炅領淮西襄陽兩鎭步卒萬人騎三百明年與史思明戰安陽王師不利炅中流矢輒奔諸節度潰去所過剽奪而炅軍尤甚有詔來瑱節度淮西徙炅鄭陳亳節度使至新鄭聞郭子儀整軍屯轂水李光弼還太原炅羞愓仰藥死年五十七

王難得沂州臨沂人父思敬少隸軍試太子賓客難得健于武工騎射天寶初爲河源軍使吐蕃贊普子郎支都者恃驍敏乘名馬寶鈿鞍略陣挑戰甚閑暇無敢校者難得怒挾矛駷馬馳支都不暇鬬直斬其首玄宗壯其果召見令殿前乘馬挾矛作刺賊狀大悅賜錦袍金帶累授金吾將軍從哥舒翰擊吐蕃至積石虜吐谷渾王子悉弄參及悉頰藏而還復收五橋拔樹惇城進白水軍使收九曲加特進肅宗在靈武軍賞乏難得上家貲助軍試衛尉卿俄領興平軍及鳳翔兵馬使收京師方戰麾下士失馬難得馳救矢著眉披膚鄣目乃拔箭斷膚殊死前鬬血鏃而不已帝嘉之從郭子儀攻相州累封瑯邪郡公爲英武軍使寶應二年卒贈潞州大都督

子子顏少從父征討檢校衛尉卿生莊憲太后元和元年憲宗朝太后南宮乃褒贈思敬爲司徒難得太尉子顏太師唯子顏子用及封

用字師柔拜太子詹事纔三月封太原郡公掌廐苑累遷檢校左散騎常侍兼右金吾大將軍謙畏無過卒贈工部尚書

辛雲京蘭州金城人客籍京兆世爲將家雲京有膽決以禽生斬馘常冠軍積功遷特進太常卿史思明屯相州雲京以銳兵四千襲滏陽追破其衆至洹井錄多授開府儀同三司加代州都督鎭北兵馬使太原軍亂帝惡鄧景山繩下無漸以雲京性沈毅故授太原尹進封金城郡王雲京治謹于法下有犯雖絲毫比不肯貸及賞功亦如之故軍中畏而信回紇恃舊勳每入朝所在暴鈔至太原雲京以戎狄待之虜畏不敢惕息數年太原大治加檢校尚書右僕射同中書門下平章事大曆三年檢校左僕射卒年五十五代宗爲發哀流涕贈太尉諡曰忠獻它日郭子儀元載見上語及雲京帝必泣然及葬命中使弔祠將相祭者至七十餘幄喪車移晷乃得去德宗時第至德以來將相雲京爲次

從弟京杲字京杲信安王禕節度朔方京杲與弟旻以策干說禕許咨加異後從李光弼出井陘督趙濫先登戰嘉山尤力肅宗異之召見曰黥彭鬬張之流乎累遷鴻臚卿召爲英武軍使代宗立封庸國公遷左金吾衛大將軍進晉昌郡王歷湖南觀察使後爲工部尚書致仕朱泚盜京師以老病不能從西嚮慟而卒贈太子少保旻亦從光弼定恒趙後署太原三城使史思明屯相軍及滏陽旻逆擊走之東都陷退守河陽卒于屯雲京曾孫讜別傳

馮河清京兆人始隸郭子儀軍以戰多拜左衛大將軍後從涇原節度使馬璘充兵馬使數以偏師與吐蕃遇多效級名聞軍中建中時節度使姚令言率兵討關東以河清知留後幕府殿中侍御史姚況領州而行師過闕有急變德宗走奉天河清況聞問召諸將計事東向哭相厲以忠意象軒毅衆義其爲無敢異言即發儲鎧完仗百餘乘獻行在初帝之出六軍倉卒無見兵士氣沮及河清輸械至被堅勒兵軍聲大振即拜河清涇原節度使安定郡王況行軍司馬朱泚數遣諜入誅之河清輒斬以徇興元元年渾瑊以吐蕃兵敗賊韓旻等涇

人妄傳吐蕃有功將以叛卒拏與賁歸之衆大恐且言不殺焉公吾等無類矣田希鑒遂害河清況挺身還鄉里京師平贈河清尚書左僕射拜況太子中舍人況性儒退未嘗言功屬歲凶奉稍不自給以饑死河清再贈太子少傅

李芃字茂初趙州人解褐上邽主簿嚴武爲京兆尹薦補長安尉李勉觀察江西表署判官永泰初宣饒剽賊方清陳莊西絶江劫商旅爲亂支黨槃結芃請以秋浦置州扼衿要使不得合從勉是其計奏以宣之秋浦青陽饒之至德置池州卽詔芃行州事後魏少游代勉表署都團練副使攝江州刺史以母喪解勉之節度永平復辟幕府會李靈耀反署芃兼亳州防禦使護陳潁饋道便軍興德宗立授河陽三城鎭遏使糧貲善者必先以給士士悅之達練事宜嚴備常若有敵未幾拜節度使以東畿汜水等五縣隸屬與馬燧等破田悅洹水上以功檢校兵部尚書實封百戶進圍悅悅將符璘以騎五百降芃大開壁門納之興元初檢校尚書右僕射以疾將請老謂所親曰歲方旱蝗上厭征伐天下城壘堅戈鋌利然務以力勝其可盡乎救敝者莫若德方鎭之臣宜先退讓死權錮祿吾敢哉言而不踐非吾志也固求罷歸東都卒年六十四贈太子太保

李叔明字晉閬州新政人本鮮于氏世爲右族兄仲通字向天寶末爲京兆尹劍南節度使兄弟皆涉學輕財務施叔明擢明經爲楊國忠劍南判官乾元中除司勳員外郎副漢中王瑀使回紇回紇遇瑀慢叔明讓曰大國通好使賢王持節可汗唐之壻恃功而倨可乎可汗爲加禮復命遷司門郎中東都平拜洛陽令招徠遺民號能吏擢商州刺史上津轉運使遷京兆尹長安歌曰前尹赫赫具瞻允若後尹熙熙具瞻允斯久之以疾辭除太子右庶子崔旰擾成都出爲邛州刺史旰入朝卽拜東川節度使遂州刺史徙治梓州大曆末或言叔明本嚴氏少孤養外家冒鮮于姓請還宗詔可叔明初不知意醜之表乞宗姓列屬籍代宗從之建中初吐蕃襲火井掠龍州陷扶文遠三州叔明分五將邀擊走之以功加檢校戶部尚書梁崇義阻命詔引兵下峽戰荆門敗其衆襄州平遷檢校尚書左僕射德宗幸興元出家貲助軍悉衣幣獻宮掖加太子太傅封蓟國公初東川承兵盜鄕邑彫破叔明治之二十年撫接有方華裔遂安後朝京師以病足賜錦輦令宦士肩舁以見拜尚書右僕射乞骸骨改太子太傅致仕貞元三年卒謚曰襄

始叔明與仲通俱尹京兆及兼秩御史中丞竝節制劍南又與子昇俱兼大夫蜀人推爲盛門叔明素惡道佛之弊上言曰佛空寂無爲者也道清虛寡欲者也今迷其內而飾其外使農夫工女墮業以避役故農桑不勤兵賦日屈國用軍儲爲斁耗臣請本道定寺爲三等觀爲二等上寺留僧二十一上觀道士十四每等降殺以七皆擇有行者餘還爲民德宗善之以爲不止本道可爲天下法乃下尚書省雜議於是都官員外郎彭偃曰王者之政變人心爲上因人心次之不變不因爲下今道士有名亡實俗鮮歸重於亂政輕僧尼務穢皆天下不逞苟避征役於亂人甚今叔明之請雖善然未能變人心亦非因人心者夫天生蒸人必將有職游閑浮食王制所禁故賢者受爵祿不肖者出租稅古常道也今僧道士不耕而食不織而衣一僧衣食歲無慮三萬五夫所不能致舉一僧以計天下其費不貲臣謂僧道士年未滿五十可令歲輸絹四尺及女冠輸絹二雜役與民同之過五十者免凡人年五十嗜欲已衰況有戒法以檢其性情哉刑部員外郎裴伯言曰衣者蠶桑也食者耕農也男女者繼祖之重也而二敎悉禁國家著令又從而助之是以夷狄不經法反制中夏禮義之俗也傳曰女子十四有爲人母之道四十九絶生育之理男子十六有爲人父之道六十四絶陽化之理臣請僧道士一切限年六十四以上尼女冠四十九以上許終身在道餘悉還爲編人官爲計口授地收廢寺觀以爲廬舍議雖上罷之

子昇以少卿從德宗梁州叔明嚴敕以死報故昇有功擢禁軍將軍貞元初遷太子詹事坐郜國公主貶羅州別駕叔明素豪侈在蜀殖財廣第舍田產殁數年子孫驕縱貲產皆盡世言多藏者以叔明爲鑒云

曲環陝州安邑人客隴右少喜兵法貲勇敢善騎射天寶中從哥舒翰討吐蕃拔石堡取黃河九曲洪濟等城授果毅別將安祿山反從魯炅守鄧州與賊武令珣戰尤力加左清道率從李抱玉屯河陽又自將兵守澤州破賊銳將安曉拜羽林將軍與諸將討史朝義平河北累轉金吾大將軍大曆中戍隴州數破吐蕃以功兼太常卿德宗初虜寇劍南詔環以邠隴兵五千馳救收七盤城威武軍維茂等州虜破走威名大振加太子賓客賜名馬豫討涇州劉文喜遷開府儀同三司封晉昌郡王邠隴兵馬使時李納逼徐州環與劉玄佐救之敗其衆功最建中三年擢邠隴行營節度使李希烈陷汴州環守寧陵戰陳州斬賊三萬五千級禽其將翟崇暉進檢校工部尚書兼陳州刺史希烈平改陳許節度賜封三百戶二州比爲寇衝民苦剽鹵客他縣環勤身節用寬賦斂簡條敎不三歲歸者繈係訓農治兵穀食豐衍轉檢校尚書左僕射貞元十五年卒年七十四贈司空

王虔休字君佐汝州梁人少涉學有材武以信義爲鄕黨畏慕大曆中刺史李深署爲裨將澤潞李抱眞聞其名厚以幣招之授兵馬使抱眞討河北戰雙岡臨洺虔休以多擢步軍都虞候封同昌郡王實封五十戶抱眞卒元仲經等謀樹其子緘一軍思亂虔休正色語衆曰軍王軍州王土也帥亡當稟天子何云云有妄謀衆服其言得不亂德宗嘉之以邕王爲昭義節度大使擢虔休潞州左司馬領留後本名延貴至是賜名號令撫循軍中大治初抱眞之喪軍司馬元誼據洺州叛虔休遣將李廷芝討之戰長橋斬級數百大雞澤又破之守戍皆奔魏博卽決水灌城將壞遣掌書記盧項入見誼陳利害誼請朝卽以項爲洺州別駕使守洺誼出亦奔魏治潞二歲遷昭義節度使檢校工部尚書始屬城州縣守宰多署宅職不親政故治苛簡虔休悉增俸稟遣就部人以妥安卒年六十二贈尚書左僕射謚曰敬虔休性恪敏節用度旣沒所部帑廩皆可支數歲嘗得太常樂家劉玠撰繼天誕聖樂因帝誕日以獻其樂以宮爲均示五聲有君也以土爲德本五運在中也奏二十五疊取二十四氣而成一歲奏十六節象元凱登庸于朝云後中和樂本于此子麗成等十人竝補太學生

盧羣字載初系出范陽少學於垂山淮南陳少游聞其名奏署幕府已而薦諸朝李希烈反以監察御史爲江西行營糧料使嗣曹王皐節度江西奏爲判官皐徙荆襄皆從其府以勁正聞入爲侍御史郭子儀家與嬖人張昆弟訟財不平又言嬖人宅匿珍寶德宗促按之羣奏言子儀有大勳德今所訟皆其家事且嬖人宅子儀昔畀之非子孫所宜言請赦勿問從之人謂羣識大體累遷兵部郎中淮西吳少誠擅決司洧水溉田使者止之不奉詔命羣臨詰少誠曰是於人有利羣曰臣道貴順恭恪所以爲順也事命廢順雖利何有且息於事上者固不能責其下矣少誠聽命羣又爲陳古今成敗事逆順禍福皆有效所以感動之少誠竦然旣置酒與賦詩又歌以慰之少誠悅不敢桀以奉使稱旨遷檢校祕書監鄭滑節度行軍司馬姚南仲入朝卽以羣代節度羣嘗客于鄭質良田以耕至是則出券貸直以田歸其人卒年五十九贈工部尚書

李元素字太朴邢國公密裔孫仕爲御史東都留守杜亞惡大將令狐運會盜劫輸絹於洛北運適與其下畋近郊亞疑而訊之幕府穆員張弘靖按鞫無狀亞怒更以愛將武金掠服之死者甚衆亞請斥運觀土詔監察御史楊寧覆驗事皆不讎亞怒劾寧罔上寧抵罪又自以不失盜爲功因必其怒傳致而周內之若不可翻者德宗信不疑宰相難之詔元素與刑部員外郎崔從質大理司直盧士瞻馳按亞迎以獄告元素徐察其冤悉縱所囚以還亞大驚復劾元素失有罪比元素還帝已怒奏獄未畢帝曰出元素曰臣言有所未盡帝曰第去元素曰臣以御史按獄知冤不得盡辭是無容復見陛下帝意解卽道運冤狀帝感寤曰非卿孰能辨之然運猶以擅捕人得罪流歸州死于貶武金流建州後歲餘齊抗得眞盜繇是天下重之遷給事中後美官闕咸冀元素得其處會鄭滑節度使盧羣卒拜元素檢校工部尚書節度其軍治有異績元和初召爲御史大夫大夫自貞元後難其人不補而元素以夙望召拜中外企聽風采旣而一不建爲容容持祿內望作宰相久之不見用則謝賓客曰無以官散外我見屬吏輒先拜人人失望李錡反拜浙西節度使數月還爲國子祭酒進戶部尚書判度支元素少孤奉長姊謹悌及沒悲鯁成疾因辭職屏居其妻石泉公王方慶之孫前妻子皆不肖而元素溺姬侍王不見答元素久疾益昏惑遂出之王訴諸朝詔免元素官且令畀王貲五百萬卒贈陝州大都督

盧士玫者山東人以文儒進端厚無競爲吏部員外郎善于職再遷知京兆尹劉總入朝與士玫故內姻乃請析瀛鄚兩州用士玫爲觀察使詔可俄而幽州亂朱克融襲之朝廷欲重其任就加節度使士玫空家貲助軍然部卒多家幽州陰導克融入故士玫闔府皆見囚幽州天子赦克融得還以太子賓客分司東都徙虢州刺史復爲賓客卒贈工部尚書

唐書卷一百四十七考證

王思禮傳還兵部尚書封霍國公○舊書還戶部尚書

辛雲京傳授開府儀同三司加代州都督○舊書官王北京都知兵馬使代州刺史

盧羣傳少學于垂山○舊書少學于太安山

唐書卷一百四十八

宋　端　明　殿　學　士　宋　祁　撰

列傳第七十三

令狐張康李劉田王牛史

令狐彰字伯陽京兆富平人其先自燉煌內徙父濞爲世善吏始尉范陽通民家女生彰罷歸留彰母所旣長志膽沉果知書傳大義射命中從安祿山署左衞郎將與張通儒入長安又署左街使二京平走河朔史思明署博滑二州刺史屯滑臺時中人楊萬定監滑州軍彰欲以節自顯募死士夜度河悉籍士馬州縣獻款因萬定以聞肅宗大悅下書慰勞彰移壁杏園渡思明疑之遣薛岌以兵劫彰彰諭衆以大誼皆感附死力遂破岌兵潰圍出以麾下數百入朝賜甲第帷帳什器拜滑亳魏博節度使河朔平加兼御史大夫封霍國公檢校尚書右僕射始滑當寇衝城邑墟榛彰躬訓吏下檢軍力農法令嚴無敢犯者田疇大闢庫委餘衍歲時貢賦如期時吐蕃盜邊召防秋兵彰遣士三千自齎糧所過無秋毫犯供饋讓不受時韙其能然猜阻忮忍忤者輒死怒潁州刺史李岵遣姚奭代之戒曰不時代殺之岵知其謀因殺奭死者百餘人奔汴州上書自言彰亦劾之河南尹張延賞畏彰留岵使故彰書先聞斥岵夷州殺之與魚朝恩有隙及用事彰不敢入朝會母喪失明卒方疾甚敕子建通運歸東都私第悉上軍府兵仗財用簿最表吏部尚書劉晏工部尚書李勉堪大事請以自代代宗得表咨悼下詔襃美其門閭贈太傅

建累官右龍武軍使德宗幸奉天建方肄士射遂以四百人從且殿擢行在中軍鼓角使左神武軍大將軍其妻成德節度使李寶臣女也建將棄之誣與門下客郭士倫通榜殺士倫而逐其妻士倫母痛憤卒寶臣請劾按無狀建會赦免帝取常膳錢五十萬葬士倫母子并恤其家俄起建爲右領軍大將軍復坐專殺以勳被貸坐妄自陳貶施州別駕卒贈右領軍大將軍又加贈揚州大都督憲宗時宰相李吉甫奏言彰將死籍上土地兵甲遣諸子還第彰同時河朔諸鎭傳子孫熏灼數代唯彰忠義奮發而長子建坐事幼子運無辜皆竄死今通幸存惟陛下用之因授贊善大夫時討蔡故運從壽州團練使聞吉甫卒不自安每戰虛張首級敗則掩不奏露布上宰相武元衡笑之後爲賊攻焚廥聚破屯柵通大懼重塹不敢出詔金吾大將軍李文通宣慰將至遂代之貶昭州司戶參軍事久乃召爲右衞將軍給事中崔植還其制帝使諭植以彰有功不忍棄其嗣制乃下終左衞大將軍運爲東都留守將爲杜亞所陷流死歸州

張孝忠字孝忠本奚種世爲乙失活酋長父謐開元中提衆納款授鴻臚卿孝忠始名阿勞以勇聞燕趙間共推張阿勞王沒諾干二人齊名沒諾干王武俊也孝忠魁偉長六尺性寬裕事親孝天寶末以善射供奉仗內安祿山奏爲偏將破九姓突厥以功擢漳源府折衝祿山史思明陷河洛常爲賊前鋒朝義敗乃自歸授左領軍將軍以兵屬李寶臣累加左金吾衞將軍賜今名寶臣以其沉毅謹詳遂爲姻家易州諸屯委以統制十餘年威惠流聞田承嗣寇冀州寶臣付兵四千使出上谷屯貝丘承嗣見其軍整嚴歎曰阿勞在冀未可圖也即焚營去寶臣與朱滔戰瓦橋奏孝忠爲易州刺史分精騎七千當幽州擢太子賓客封符陽郡王寶臣晩節稍忌刻殺大將李獻誠等而召孝忠孝忠不往復使其弟孝節召之孝忠復命曰諸將無狀連頸受戮吾懼禍不敢往亦不敢叛猶公不覲天子也孝節泣曰即歸且僇死孝忠曰偕往則并命吾留無患也果不敢殺然寶臣素善孝忠及病不能語以手指北而死子惟岳擅立詔朱滔以幽州兵討之滔忌孝忠善戰慮師出爲己患使判官蔡雄往說曰惟岳孺子弄兵拒命吾奉詔伐罪公乃宿將安用助逆而不自求福也今昭義河東軍已破田悅而淮西軍下襄陽梁崇義戶出井中斬漢江上者五千人河南軍計日北首趙魏滅亡可見公誠去逆蹈順倡先歸國可以建不世功孝忠然之遣將程華報滔連和遣易州錄事參軍事董稹入朝德宗嘉之擢孝忠檢校工部尚書成德軍節度使令與滔并力孝忠子弟在恒州者皆死孝忠重德滔爲子茂和聘其女締約益堅敗惟岳於束鹿滔欲乘勝襲恒州孝忠乃引軍西北壁義豐滔疑之孝忠將佐諫曰尚書推赤心於朱司徒可謂至矣今逆賊已潰元功不終後且悔之孝忠曰本求破賊賊已破矣而恒州多宿將迫之則死鬬緩之則改圖且滔言大而識淺可以慮始難與守成故吾堅壁于此以待賊之滅耳滔亦止屯束鹿月餘王武俊果斬惟岳以獻已而定州刺史楊政義以州降孝忠遂有易定時三分成德地詔定州置軍名義武以孝忠爲節度易定滄等州觀察使後滔與武俊叛遣蔡雄說之答曰吾旣爲唐臣而天性樸彊業已效忠不復助惡矣吾與武俊少相狎然其心喜反覆不可信幸謝司徒志鄗言滔復啖以金帛皆不受易定介二鎭間乃浚溝壘修器械感厲將士乘城固守滔悉兵攻之帝詔李晟實文場率師援孝忠滔解去遂全其軍孝忠因與晟結婚天子出奉天孝忠遣將楊榮國以銳卒六百佐晟赴難收京師興元初詔同中書門下平章事貞元二年河北蝗民饑死如積孝忠與其下同粗淡日膳裁豆䊭而已人服其儉推爲賢將明年檢校司空詔其子茂宗尚義章公主孝忠遣妻入朝執親迎禮賞賚甚厚五年爲將佐所惑以兵襲蔚州入之奉詔還鎭有司劾擅興削司空六年還其官卒年六十二追封上谷郡王贈太師謚曰貞武子茂昭茂宗茂和

茂宗擢累光祿少卿左衞將軍元和中歷閑廄使初至德時西戎陷隴右故隴右監及七廄皆廢而閑廄私其地入寶應初始以其地給貧民茂宗恃恩奏悉收其賦又奏取麟游岐陽牧地三百餘頃民訴諸朝詔監察御史孫革按行還奏不可茂宗負左右助誣革所奏不實復遣侍御史范傳式覆實乃悉奪其田長慶初岐人列訴下御史盡以其地還民寶歷初還兗海節度使終左龍武統軍

茂和歷左武衞將軍裴度討蔡奏爲都押衙茂和數以膽勇求自試謂度無功辭不行度請斬之以令軍憲宗曰予以其家忠且孝爲卿遠斥後終諸衞將軍

茂昭本名昇雲德宗時賜今名字豐明少沉毅頗通書傳孝忠時累擢檢校工部尚書孝忠卒帝拜邕王諒爲義武軍節度大使以茂昭爲留後封延德郡王後二年爲節度使弟昇璘薄王武俊爲人座上嫚罵武俊怒襲義豐安喜無極掠萬餘人茂昭嬰城遣人厚謝乃止久之入朝爲帝從容言河朔事帝竦聽曰恨見卿晩召宴麟德殿賜良馬甲第器幣優具詔其子克禮尚晉康郡主帝方倚之經置北方會崩故茂昭每入臨輒哀不自勝順宗立進同中書門下平章事復遣之鎭賜女樂二人固辭車至第門茂昭引詔使辭曰天子女樂非臣下所宜見昔汾陽咸寧西平北平皆有大功故當是賜今下臣述職以朝奈何濫賞後日有立功之臣陛下何以加之復賜安仁里第亦讓不受憲宗元和二年請朝五奏乃聽廩留不許加兼太子太保旣還王承宗叛詔河東河中振武義武合軍爲恒州北道招討茂昭治廩廄列亭候平易道路以待西平軍承宗以騎二萬踰木刀溝與王師薄戰茂昭躬擐甲爲前鋒令其子克讓從子克儉與諸軍分左右翼繞賊大敗之承宗幾危會有詔班師加檢校太尉兼太子太傅乃請舉宗還朝表數上帝乃許北鎭遣客間說皆不納詔左庶子任迪簡爲行軍司馬乘驛往代茂昭奉兩州符節管鑰圖籍歸之先敕妻子上道戒曰吾使而曹出易庶後世不爲汙俗所染未半道迎拜兼中書令充河中晉絳慈隰節度使至京師雙日開延英對五刻罷又表遷墳墓于京兆許之明年疽發於首卒年五十冊贈太師謚曰獻武帝思其忠擢諸子皆要職歲給絹二千匹少子克勤開成中歷左武衞大將軍有詔賜一子五品官克勤以息幼推與其甥吏部員外郎裴夷直劾曰克勤骫有司法引庇它族開後日賣爵之端不可許詔聽遂著于令夷直字禮卿亦婞亮第進士歷右拾遺累進中書舍人武宗立夷直視冊牒不肯署乃出爲杭州刺史斥驩州司戶參軍宣宗初內徙復拜江華等州刺史終散騎常侍

陳楚者茂昭甥也字材卿定州人有武幹事茂昭歷牙將常統精卒從征伐茂昭入朝擢諸衞大將軍封普寧郡王元和末義武節度使渾鎬喪師定州亂拜楚爲節度使馳傳赴軍及郊無迎者左右勸無入楚曰定軍不來迎以試我今不入正墮計中乃冒雪行四十里夜入其州然軍校部伍皆楚舊也由是衆心乃定徙河陽三城入爲左羽林統軍檢校司空卒年六十一贈司空子君奕亦至鳳翔節度使

康日知靈州人祖植當開元時縛康待賓平六胡州玄宗召見擢左武衞大將軍封天山縣男日知少事李惟岳擢累趙州刺史惟岳叛日知與別駕李濯及部將百人啐牲血共盟固州自歸惟岳怒遣先鋒兵馬使王武俊攻之日知使客謝武俊曰賊孱甚安足共安危哉吾城固士和雖引歲未可下且賊所恃者田悅耳悅兵血衊邢壕可浮不能殘半堞況吾城之完乎又紿爲臺檢示曰使者齎詔諭中丞中丞奈何負天子從小兒跳梁哉武俊悟引兵還斬惟岳以獻德宗美其謀擢爲深趙觀察使賜實封戶二百會武俊拒命遣將張鍾葵攻趙州日知破之上俘京師興元元年以深趙益成德徙日知奉誠軍節度使又徙晉絳加累檢校尚書左僕射封會稽郡王貞元初卒贈太子太師

子志睦字得衆資趫偉工馳射隸右神策軍遷累大將軍討張韶以多兼御史大夫進平盧軍節度使李同捷反放兵略千乘志睦挫其銳不得逞遂下蒲臺盡奪其械加檢校尚書左僕射徙涇原封會稽郡公卒年五十七贈司空

子承訓字敬辭推門功進累左神武軍將軍宣宗擢爲天德軍防禦使軍中馬乏虜來戰數負承訓罷冗費市馬益軍軍乃奮張始党項破射鵰軍洛源鎭悉俘其人闔承訓威政皆還俘不敢警詔檢校工部尚書封會稽縣男擢義武節度會南詔破安南詔徙嶺南西道城邕州合容管經略使隸之遂統諸軍行營兵馬南詔深入承訓分兵六道出以掩蠻戰不利士死十八唯天平卒二千還屯闔軍震於是節度副使李行素完城不出南詔圍之四日或請夜出兵襲蠻承訓意索不聽天平裨將陰募勇兒三百夜縋燒蠻屯斬首五百南詔恐明日解而去承訓謬言大破賊告于朝羣臣皆賀加檢校尚書右僕射籍子弟婣昵冒賞而士不及怨言讙流嶺南東道節度使韋宙白狀宰相承訓慙移疾授右武衞大將軍分司東都咸通中南詔復盜邊武寧兵七百戍桂州六歲不得代列校許佶趙可立因衆怒殺都將詣監軍使丐糧鎧北還不許卽擅斧庫劫戰械推糧料判官龐勛爲長勒衆上道懿宗遣中人張敬思部送詔本道觀察使崔彥曾慰安之次潭州監軍詭奪其兵勛畏必誅纂舟循江下益裒兵招亡命收銀刀亡卒牒匿之及徐城謀曰吾等叩城大呼衆必應前日賞緡五十萬可得也衆喜牙健趙武等欲亡勛斬首送彥曾曰此撓亂者彥曾不能詰勛怨都押衙尹戡教練使杜璋兵馬使徐行儉又使白彥曾曰士負罪不敢釋甲請爲二屯且白退戡等府屬溫廷皓謂彥曾曰勛擅委戍一可殺專戕大將二可殺私置兵三可殺士不子弟卽父兄振袂而唱內外必應銀刀亡命復在其中四可殺請分兩營爲去三將五可殺彥曾謂然乃禡纛黃堂前選兵三千授都虞候元密屯任山須勛至劫取之遣邏子嬴服覘賊比暮勛至捕覘者知其謀卽葩偶人剸虛幟而詭路襲符離密久乃寤回屯城南勛與宿將喬翔戰睢河翔大敗攝太守焦璐遁去勛入據州自稱兵馬留後初璐決汴水絕勛北道水未至勛度比密兵攻宿水大至涉而傳城不克攻勛劫百艘運糧趨泗州留婦弱持陬翌日密覺追之士未食賊伏兵于舟而陣汴上軍見密皆走密追躡伏發夾攻之密敗衆殲遂入徐州囚彥曾及官屬殺尹戡等又徇下邳漣水宿遷臨淮蘄虹諸縣皆下遣僞將屯柳子屯豐屯滕屯沛屯蕭以張其軍乃露章求節度使有周重者隱濠泗間號有謀勛迎爲上客問策所出因教勛赦囚徒據揚州北收兗鄆西舉汴宋東掠青齊拓境大河食敖倉可以持久勛無雄才不納僞將劉行及攻濠州執刺史盧望回自稱刺史帝遣中人康道隱宣尉徐州勛郊迎旗鎧矛戟亘三十里使騎鳴鼙角聲動山谷置酒毬場引道隱閱其衆紿爲賊來降六十人妄戮平民上首級夸勝道隱還固求節度卽殘魚臺金鄉碭山單父十餘縣斬官吏出金帛募兵游民多從之帝乃拜承訓檢校尚書右僕射義成軍節度使徐泗行營都招討使以神武大將軍王晏權爲武寧軍節度使北面行營招討使羽林將軍戴可師爲南面行營招討使率魏博鄜延義武鳳翔沙陀吐渾兵二十萬討之勛好鬼道有言漢高祖廟夜鬬兵人馬流汗勛日往請命巫言毬場有隱龍得之可戰勝勛大役徒鑿地不能得賊將李圓劉佶攻泗歐宗丁從實分徇舒盧壽沂海諸道兵屯海州度賊至作機橋維以長絙賊半度絙絕半溺死度者不得戰殲之賊別取和州破沭陽下蔡烏江巢諸縣揚州大恐民悉度江淮南節度使令狐綯移書陳禍福許勛求節度勛按甲聽命淮南合宣潤兵戍都梁山勛夜度淮邀曙薄壘賊將劉行立王弘立與勛合敗淮南將李湘屯淮口劫盱眙帝又詔將軍宋威與淮南并力承訓屯新興賊挑戰蔣諸道兵未集承訓帳下纔萬人退壁宋州勛益驕光蔡鉅賊召滁州殺刺史高錫望應勛戴可師引兵三萬奪淮口圍勛都梁山下降其衆可師恃勝不戒弘立以兵襲之可師不克陣而潰士溺淮死逸者數百人賊取可師首傳徐州詔以馬士舉爲淮南節度使南面行營諸軍都統馳傳入揚州士舉曰城堅士多賊何能爲衆稍安始帝以晏權故智興子節度武寧欲以怖賊及是返爲賊困不敢戰乃更以隴州刺史曹翔爲兗海節度北面都統招討使屯滕沛魏博將薛尤屯蕭豐賊首孟敬文欲絕勛自立陰刻鑑爲文曰天口云云錫爾將軍夜瘗之野耕者得之以獻衆駭異乃齋三日受之勛知其謀使人襲殺之於是承訓屯柳子右夾汴築壘連屬一舍勛籍城中兵止三千劫民授甲皆穿窬穴遁去王弘立度睢圍新興鹿塘承訓縱沙陀騎躪之弘立走士赴水死自鹿塘屬襄城伏尸五十里數首二萬獲器鎧不貲承訓攻柳子姚周度水戰又敗乘風火賊周提餘卒去沙陀躡之及芳亭死者枕藉斬劉豐而周以十騎走宿州守將斬之勛懼乃害崔彥曾等謂其下曰上不許我節度與諸君負反矣大索兵得三萬許佶趙可立勸勛稱天冊將軍勛謁漢高祖廟受命以其父舉直爲大司馬守徐州或曰方大事不可私于父失上下序舉直乃拜于廷勛坐受之引兵救豐刻木作婦人衣絳被髮軍過斫而火之乃行勛夜入城外不知勛出銳軍擊援屯魏博軍知勛自將驚而潰賊以所得送徐州以夸下曹翔退保兗州勛欲乘勝攻承訓或曰今北兵敗西軍搖不足虞也方蠶月宜息衆力農至秋士馬彊決可以取勝舉直曰時不重得願將軍無縱敵勛曰然時承訓方攻臨渙聞勛計追還兵伏以待勛軍皆市人囂而狂未陣卽犇相蹈藉死者四萬勛釋甲服垢襦脫收夷痕士三千以歸遣張行實屯第城馬士舉救泗州賊解去進攻賊濠州是時又詔黔中觀察使秦匡謀討賊下招義鍾離定遠勛遣吳迥屯北津援濠士舉銳兵度淮盡碎其營初勛之遁懼衆不軍妄言有神諱野中曰天符下國兵休勛使下相語符未降故敗北津帝恨魏博軍不勝以宋威爲西北面招討使率兵三萬屯蕭豐約勛降者當赦之始宿鄙人劉洪者被黃袍白馬使人封檄叩觀察府曰我當王徐崔彥曾斬之遺黨匿山谷欲附勛承訓諭降之王師破臨渙斬萬級收襄城留武小睢諸壁曹翔下滕賊將以蘄沛降賊李直奔入徐州翔又破豐徐城下邳賊益蹙勛以張玄稔守宿州張儒劉景助之自稱統軍列壁相望承訓拔第城張行實奔宿州承訓遂圍宿州行實致勛官軍盡銳于此西鄙虛單將軍直擣宋亳出不意宿圍自解勛喜引而西使舉直許佶守徐承訓攻敗十遇皆勝遣辯士以威動玄稔玄稔賊重將也以帛書射城外約誅勛自歸使張皐獻期俄與二將會柳溪伏士於旁玄稔馳騎譟曰龐勛首已梟僕射寨矣伏興斬劉景張儒玄稔率諸將肉袒見承訓自陳昭賊不早奮久畀王師願禽賊贖死承訓許之復請詐爲潰軍劫符離符離不知內之已入卽斬守將得兵萬人北攻徐州許佶等不敢出玄稔環城彥曾故吏路審中啓白門內玄稔兵許佶等啓北門走玄稔身追之士大崩皆赴水死斬舉直許佶李直等收叛卒親族悉夷之勛聞徐已拔氣喪無頤額衆尚二萬自石山而西所在焚掠承訓悉兵八萬逐北沙陀將朱邪赤衷急追至宋州勛焚南城爲刺史鄭處沖所破將南趨亳承訓兵循渙而東賊走蘄縣官兵斷橋不及濟承訓乃縱擊之斬首萬級餘皆溺死閱三日得勛尸斬其子於京師吳迥守濠州糧盡食人驅女孺運薪塞隍弃墉之整旅而行馬士舉斬以獻勛之始得徐州貲儲蕩然乃四出剽取男子十五以上皆執兵鉏鉤爲兵號霍錐破十餘州凡二歲滅詔擢張玄稔右驍衞大將軍承訓遷檢校左僕射同中書門下平章事徙節度河東於是宰相路巖韋保衡劾承訓討賊逗撓貪虜獲不時上功貶蜀王傅分司東都再貶恩州司馬僖宗立授左千牛衞大將軍卒年六十六子傳業嘗從父征伐終鄜坊節度使

李洧者淄青節度使正己從父兄也始署徐州刺史建中初正己卒子納叛攻宋州洧挈州自歸加兼御史大夫封潮陽郡王實封戶二百充招諭使初洧遣巡官崔程入朝且白宰相徐州不足獨抗賊得海沂爲節度可與成功洧素與二州刺史有約且不肯爲賊守程先咨張鎰而盧杞怒不先白故洧請中格及納攻徐劉玄佐與諸將擊退之旣賊方張乃加洧徐海沂密觀察使時海密爲賊守不受命洧未有以取之遷檢校戶部尚書會疽發背少間肩輿過市市人叫讙洧驚疽潰卒贈尚書左僕射以洧將高承宗代之其弟洟險人也恥居下陰約納攻徐爲內應弁說滕將翟濟濟執以聞擢濟沂州刺史召洟入京師以洧赦不罪

劉澭盧龍節度使怦之次子濟母弟也涉書史有材武好施愛士能得人死力始事朱滔常陳君臣大分裁抑其凶及怦得幽州不三月病且死澭侍湯液未嘗離襯以父命召濟於莫州濟嗣總軍事故德澭之讓以爲瀛州刺史有如不諱許代已久之濟自用其子爲副大使澭不能無根因請以所部爲天子戍隴悉發其兵千五百馳歸京師無一卒敢違令者德宗甚寵之拜秦州刺史屯普潤軍中不設音樂士卒病親存問所欲不幸死哭之憲宗立方士羅令則詣澭營妄言廢立以動澭命縶之辭曰吾之黨甚衆公無囚我約大行梓宮發兵無不濟澭械送闕下殺之錄功號其軍曰保義蕃戎畏懾不敢入寇常慨然有復河湟志憂爲朝廷言之未見省封彭城郡公及病籍士馬求代旣還卒于道年四十九贈尚書右僕射諡曰景

田弘正字安道父廷玠尚儒學不樂軍旅與承嗣爲從昆弟仕爲平舒丞遷樂壽清池束城河間四縣令以治稱遷滄州刺史李寶臣朱滔與承嗣不協合兵圍滄州廷玠固守連年食雖盡無叛者朝廷嘉其節徙相州承嗣盜磁相廷玠無所回染及悅代立忌廷玠之正召爲節度副使廷玠至讓悅曰而承伯父緒業當守朝廷法度以保富貴何苦與恒鄆爲叛臣自兵興來叛天子能完宗族者誰邪而志不悛盍殺我無令我見田氏血汙人刀也遂稱疾不出悅過謝之杜門不納憤而卒弘正幼通兵法善騎射承嗣愛之以爲必與吾宗名之曰興

季安時爲衙内兵馬使同節度副使封沂國公季安侈汏敍殺罰弘正從容規切軍中賴之翕然歸重季安內忌出爲臨清鎭將欲因罪誅之弘正陽痹痼臥家不出乃免季安死子懷諫襲節度召還舊職懷諫委政於家奴蔣士則措置不平衆怒咸曰兵馬使吾帥也牙兵卽詣其家迎之弘正拒不納衆譁于門弘正出衆拜之啓還府弘正頓于地度不免卽令于軍曰爾屬不以吾不肖使主軍今與公等約能聽命否皆曰惟公命因曰吾欲守天子法舉六州版籍請吏于朝苟天子未命敢有請吾旗節者死殺人及掠人者死皆曰諾遂到府殺士則及支黨十餘人於是圖魏博相衞貝澶之地籍其入以獻不敢署僚屬而待王官先時諸將出屯質妻子里民不得相往來弘正悉除其禁聽民通饋謝慶弔服玩僭侈者卽日徹毀之承嗣時正寢華顯弘正避不敢居更就採訪使堂皇聽事幽恒鄆蔡大懼遣客鐫說鉤染弘正皆拒遣之憲宗美其誠詔檢校工部尚書充魏博節度使又遣司封郎中知制誥裴度宣慰賚其軍錢百五十萬緡六州民給復一年赦見囚存問高年惸獨癃疾不能自存者度明辯具陳朝廷厚意弘正不覺自失乃深相結納奉上益謹復請度徧行其部宣示天子恩詔因令節度僉謀布衣崔權奉表陳謝且言天寶以來山東奧壤化爲戎墟官封世襲刑賞自出國家含垢垂六十年臣若假天之齡奉陛下宸算冀道揚太和洗濯僞風然後退歸丘園避賢者路死不恨制詔褒荅且賜今名錫與踵塗天子討蔡弘正遣子布以兵三千進戰數有功李師道疑其襲己不敢顯助蔡故元濟失援王師得致誅焉王承宗叛詔弘正以全師壓境破其衆南宮承宗懼歸窮於弘正弘正表諸朝遂獻德棣二州以謝納二子爲質俄而李師道拒命詔弘正與宣武等五節度兵進討弘正自揚劉度河距鄆四十里堅壁師道大將劉悟率精兵屯河東戰陽穀再遇再北斬萬餘級賊勢蹙悟乃反兵斬師道首詣弘正降取十有二州以獻初悟既平賊大張飲軍中凡三日設角觝戲引魏博使至廷以爲歡悟盱衡攘臂助其決坐中皆憚悟勇容有白弘正者弘正曰鄆士疲於戰瘡者未起悟當卹亡弔乏慰士大夫心奈何取快目前邪吾奉詔按軍伺悟去就今知其無能爲也既而詔悟爲義成軍節度使狼狽上道時稱知悟之明以功加弘正檢校司徒同中書門下平章事是歲來朝對麟德殿眷勞殊等引見僚佐將校二百餘人皆有班賜進兼侍中實封戶三百擢其兄融爲太子賓客東都留司弘正數上表固請留闕下帝勞曰昨韓弘以疾辭不就軍朕既從之矣今卿復爾我不應違但魏人樂卿之政四鄰畏卿之威爲朕長城又安用辭弘正遂還常欲變山東承襲舊風故悉遣子姓仕朝廷帝皆擢任之朱紫滿門榮冠當時穆宗立王承元以成德軍請帥帝詔弘正兼中書令爲節度使弘正以新與鎭人戰有父兄怨取魏兵二千自衞入其軍時天子賜錢一百萬緡不時至軍有怨言弘正親加撫喩乃安仍請留魏兵爲紀綱以持衆心度支崔倰吝其稟沮卻之長慶元年七月歸衞卒於魏是月軍亂并家屬將吏三百餘人皆遇害年五十八帝聞震悼冊贈太尉諡曰忠愍弘正幼孤事融甚謹軍中嘗分曹習射弘正注矢聯中融退抶怒之故當季安猜暴時能自全及爲軍中推迫融不悅曰爾竟不自晦取禍之道也朝廷知其友愛詔拜相州刺史賜金紫不欲其相遠也弘正性忠孝好功名起樓聚書萬餘卷通春秋左氏與賓屬講論終日客爲著沂公史例行于世弘正之禍也其判官劉茂復獨免士相戒曰是人議事盡忠遇吾等信敢干其家者共殺之弘正子布羣牟

布字敦禮幼機悟弘正戍臨清布知季安且危密白父請以衆歸朝弘正奇之及得魏使布總親兵王師誅蔡以軍隷嚴綬屯唐州帝以布大臣子或有罪且撓法弘正請以董畹代而士卒愛布願留帝乃止凡十八戰破夌雲柵下郾城以功授御史中丞裴度輕出觀兵沱口賊將董重質以奇兵掩擊布伏騎數百突出薄之諸軍繼至賊驚引還蔡平入爲左金吾衞將軍諫官嘗論事帝前同列將麾卻之布止曰使天子容直臣毋輕進弘正徙成德以布爲河陽節度使父子同日受命時韓弘與子公武亦皆領節度而天下以忠義多田氏布所至必省冗將募戰卒寬賦勸穡人皆安之長慶初徙涇原弘正遇害魏博節度使李愬病不能軍公卿議以魏彊而鎭弱且魏人素德弘正以布之賢而世其官可以成功穆宗遽召布解縗拜檢校工部尚書魏博節度使乘傳以行布號泣固辭不聽乃出伎樂與妻子賓客決曰吾不還矣未至魏三十里跣行被髮號哭而入居堊室屏節旄凡將士老者兄事之祿奉月百萬一不入私門又發家錢十餘萬緡頒士卒以牙將史憲誠出麾下可任乃委以精銳時中人屢趣戰而度支饋餉不繼布輒以六州租賦給軍引兵三萬進屯南宮破賊二壘於是朱克融據幽州與王廷湊脣齒河朔三鎭舊連衡桀驁自私而憲誠蓄異志陰欲乘釁又魏軍驕憚格戰會大雪師寒糧乏軍中誇曰它日用兵團粒米盡仰朝廷今六州刮肉與鎭冀角死生雖尚書瘠己肥國魏人何罪憲誠得間因以搖亂會有詔分布軍合李光顏救深州兵怒不肯東衆遂潰皆歸憲誠惟中軍不動布以中軍還魏明日會諸將議事衆譁曰公能行河朔舊事則生死從公不然不可以戰布度衆且亂歎曰功無成矣卽爲書謝帝曰臣觀衆意終且負國臣無功不敢忘死願速救元翼毋使忠臣義士塗炭於河朔哭授其從事李石訖乃入至几筵引刀刺心曰上以謝君父下以示三軍言訖而絕年三十八贈尚書右僕射諡曰孝子鐬宣宗時歷銀州刺史坐以私鎧易邊馬論死宰相崔鉉奏布死節於國可貸鐬以勸忠烈故貶爲州司馬

羣會昌中歷蔡州刺史坐贓且抵死兄羣聞之不食卒宰相李德裕奏漢河間人尹次潁川人史玉坐殺人當死次兄初玉母渾詣官請代因縊物故於時皆赦其死於是武宗詔減死一等

牟寬厚明吏治爲神策大將軍開成初鹽州刺史王宰失羌人之和詔牟代之累遷鄜坊節度使再徙天平三爲武寧一爲靈武軍官至檢校尚書左僕射卒諸子皆有方面功以忠義爲當世所高

王承元者承宗弟也有沈謀年十六勸承宗亟引兵共討李師道承宗少之不用然軍中往往指目之承宗死未發喪大將謀取帥它姓參謀崔燧與諸校計以祖母涼國夫人李命承元嗣承元泣且拜不受諸將牢請承元曰上使中貴人監軍盍先請監軍至又如命乃謝曰諸君不忘王氏以及孺子苟有令其從我乎衆曰惟所命乃視事牙閤之偏約左右不得稱留後事一關參佐密表請帥于朝穆宗詔起居舍人栢耆宣慰授承元檢校工部尚書義成軍節度使北鎭以兩河故事脅誘承元不納諸將皆悔耆至士哭于軍承元令曰諸君不欲我去意固善雖然格天子詔我獲罪奈何前李師道有詔赦死欲舉族西諸將止弗遣他日乃共殺之今君等幸置我無與師道比乃徧拜諸將諸將語塞承元卽出家資盡賜之斬不從命者十輩軍乃定於是諫議大夫鄭覃宣慰賜其軍錢百萬緡赦囚徒問孤獨廢疾不能自存者粟帛有差承元去鎭左右裒器幣自隨承元使空褚毋留入朝昆弟拜刺史者四人位于朝者四十人祖母入見帝命中宮禮賚異等徙承元鄜坊丹延節度俄徙鳳翔鳳翔右袤涇原地平少巖險吐蕃數入盜承元據勝地爲鄣置守兵千詔號臨汧城府郛左百貫州聚異時爲虜剽敓至燎烽相警承元版堞繚之人乃告安以勞封岐國公大和初祖母喪詔曰武俊當横流時拯定奔潰功在史官今李不幸賻卹宜加厚且給儀仗以葬五年徙節平盧淄青始鹽禁未嘗行兩河承元請歸有司由是兗鄆諸鎭皆奉法承元資仁裕所至愛利卒年三十三贈司徒

牛元翼趙州人材果而謀王承宗時倚其計爲彊雄與傅良弼二人冠諸將王廷湊叛穆宗以元翼在成德名出廷湊遠甚自深州刺史擢爲深冀節度使以攜其軍廷湊怒遣部將王位以銳兵攻元翼不勝乃合朱克融共圍之詔進元翼成德軍節度使以宣武兵五百進援元翼固守長慶二年詔赦廷湊罪徙元翼山南東道以深州賜廷湊使中人促元翼南廷湊恨之已受詔兵不解招討使裴度詒書誚讓克融解而歸廷湊退舍詔並加檢校工部尚書兩悅之淹月元翼率十餘騎冒圍跳德棣朝京師廷湊入盡殺元翼親將臧平等百八十人元翼見延英賚問優縟命中人楊再昌取其家幷迎田弘正喪廷湊辭以弘正殯亡在所元翼家須秋遣魏博節度使史憲誠遣其弟入趙四返說廷湊曰田公非得罪於趙尸尚何惜元翼去深州乃一孤將何利其家廷湊乃歸弘正喪于京師元翼聞平等死憤恚卒悉還所賜于朝廷湊遂夷其家

良弼字安道清河人以射冠軍中初瀛之博野樂壽介范陽成德間每兵交先薄二城故常爲劇屯德宗以王武俊破朱滔功皆隷成德故以良弼守樂壽李寰守博野廷湊之叛兩賊交誘之而堅壁爲國固守有詔以樂壽爲左神策行營拜良弼爲都知兵馬使寰所領士隷右神策號忻州營亦以寰爲都知兵馬使賜第京師俄以良弼爲沂州刺史良弼率衆出戰力乃得去寰引兵三千趨忻州廷湊邀之寰斬三百級追者不敢前天子以良弼寰忠有狀乃更賜奴婢服馬召良弼爲左神策軍將軍寶曆初擢夏綏銀節度使異時蕃帳亡命來者必償馬乃與良弼至皆執付其部酋種歡懷終横海節度使寰擢累保義軍節度使王智興討李同捷未克而烏重胤卒謂寰可共立功請諸朝乃授横海節度使師所過暴鈔至屯按軍不進遂身入朝盛陳賊勢請濟師欲大調發羣臣議寰兵太重且盜滄景未決而棣州平寰內愧不自安願留京師遂罷保義軍忻州營更授夏綏宥節度使卒寰再易鎭治無可言者然廷湊之亂聯

軍十五萬無成功賊鋒不可嬰而樂壽博野截然峙中者累歲梗其吞噬議者以爲難敬宗世實圖其事上之

史孝章字得仁資修謹父憲誠以戰力奮賓客用挩遏擊劍相矜孝章獨退讓如諸生稱道皆詩書魏博節度使李愬聞大將子弟籍于軍孝章願以文署職愬奇之檄試都督府參軍憲誠得魏遷士曹參軍孝章見父數奸命內非之承間諫曰大河之北號富彊然而挺亂取地天下指河朔若夷狄然今大人身封侯家富不貲非痛洗溉竭節事上恐吾踵不旋禍且至因涕下沾衿父矗武不盡聽文宗賢之授孝章節度副使累遷檢校左散騎常侍父欲助李同捷孝章切爭憲誠稍憚其義又勸出師討同捷自明帝益嘉之進檢校工部尙書及兵出父敕孝章統之入朝勞予蕃厚憲誠亦上書求覲帝知非憲誠意特繇孝章悟發故分相衞澶而授孝章節度使未至魏人亂父卒死于軍帝念史氏禍而卹孝章故奪喪拜右金吾衞將軍徙節度鄜坊進檢校戶部尙書久之自邠寧以病丐還卒于行年三十九贈尙書右僕射孝章本名唐後改今名

憲誠弟憲忠字元貞少爲魏牙門將田弘正討齊蔡常爲先鋒鬭三十戰中流矢酣鬭不解由是著名憲誠表爲貝州刺史魏亂奔京師加累檢校右散騎常侍隴州刺史增亭鄣徙客館于外戎諜無所伺會昌中築三原城吐蕃因之數犯邊拜憲忠涇原節度使以怖其侵吐蕃遣使來請墮城且願以嘗殺使者之人置塞上憲忠使謝曰前吾未城爾犯我地安得禁吾城爾知殺吾使爲負宜先取罪人謝我將無所不得今與爾約前節度使事一置之吐蕃情得而服憲忠疏涇于隍積緡錢十萬粟百萬斛戍人宜之會党項羌內寇又徙朔方有詔馳驛赴屯憲忠辭曰羌不得其心故不自安今亟往知吾爲備鬭益健請徐行許之乃移書與羌人示要約羌人乃皆喜奉酒湩迎道大中初突厥擾河東鈔漕米行賈徙節振武軍于是故帥荒沓使游奕兵覘戎有良馬牛彊取之歸直十一戎人怒因與盜掠憲忠廉儉少所欲嘗曰吾居河朔去此二千里乃乘五健馬今守邊發吾餘奉不患無馬何忍豪市哉故所至莫不懷德累封北海縣子檢校尙書左僕射兼金吾大將軍以病自丐改左龍武統軍卒年七十一贈司空

唐書卷一百四十八考證

令狐彰子建其妻成德節度使李寶臣女也建將棄之誣與門下客郭士倫通○舊書作誣與傭教生邢士倫姦通

張孝忠子茂昭憲宗元和二年請朝○舊書本紀作元年

唐書卷一百四十九

宋 端明殿學士 宋祁 撰

列傳第七十四

劉第五班王李

劉晏字士安曹州南華人玄宗封泰山晏始八歲獻頌行在帝奇其幼命宰相張說試之說曰國瑞也卽授太子正字公卿邀請旁午號神童名震一時天寶中累調夏令未嘗督賦而輸無逋期舉賢良方正補溫令所至有惠利可紀民皆刻石以傳再遷侍御史祿山亂避地襄陽永王璘署晏右職固辭移書房琯論封建與古異今諸王出深宮一旦望桓文功不可致詔拜度支郎中兼侍御史領江淮租庸事晏至吳郡而璘反乃與採訪使李希言謀拒之希言假晏守餘杭會戰不利走依晏晏爲陳可守計因發義兵堅壁會王敗欲轉略州縣聞晏有備遂自晉陵西走終不言功召拜彭原太守徙隴華二州刺史遷河南尹時史朝義盜東都乃治長水進戶部侍郎兼御史中丞度支鑄錢鹽鐵等使京兆尹鄭叔清李齊物坐殘摯罷詔晏兼京兆尹總大體不苛號稱職會司農卿嚴莊下獄已而釋誣劾晏漏禁中語宰相蕭華亦忌之貶通州刺史代宗立復爲京兆尹戶部侍郎領度支鹽鐵轉運鑄錢租庸使晏以戶部讓顏眞卿改國子祭酒又以京兆讓嚴武卽拜吏部尙書同中書門下平章事使如故坐與程元振善罷爲太子賓客俄兼御史大夫領東都河南江淮轉運租庸鹽鐵常平使時大兵後京師米斗千錢禁膳不兼時甸農挼穗以輸晏乃自按行浮淮泗達於汴入于河右循底柱硤石觀三門遺迹至河陰鞏洛見宇文愷梁公堰厮河爲通濟渠視李傑新堤盡得其病利然畏爲人牽制乃移書於宰相元載以爲大抵運之利與害各有四京師三輔苦稅入之重淮湖粟至可減傜賦半爲一利東都彫破百戶無一存若漕路流通則聚落邑廛漸可還定爲二利諸將有不廷戎虜有侵盜閒我貢輸錯入軍食豐衍可以震耀夷夏爲三利若舟車旣通百貨雜集航海梯嶠可追貞觀永徽之盛爲四利起宜陽熊耳虎牢成皋五百里見戶纔千餘居無尺椽爨無盛煙獸游鬼哭而使轉車輓漕功且難就爲一病河汴自寇難以來不復穿治崩岸滅木所在廞淤涉泗千里如罔水行舟爲二病東垣底柱澠池北河之間六百里戍邏久絕奪攘姦宄夾河爲藪爲三病淮陰去蒲坂亘三千里屯壁相望中軍皆鼎司元侯每言衣無纊食半菽輓漕所至輒留以饋軍非單車使者折簡書所能制爲四病載方內擅朝權旣得書卽盡以漕事委晏故晏得盡其才歲輸始至天子大悅遣衞士以鼓吹逆東渭橋馳使勞曰卿朕鄧侯也凡歲致四十萬斛自是關中雖水旱物不翔貴矣再遷吏部尙書又兼益湖南荊南山南東道轉運常平鑄錢使與第五琦分領天下金穀又知吏部三銓事推處最殿分明下皆慴伏元載得罪詔晏鞫之晏謂載黨盛不可獨訊更敕李涵等五人與晏雜治王縉得免死晏請之也常衮執政忌晏有公望乃言晏舊德當師長百僚用爲左僕射實欲奪其權帝以計務方治詔以僕射領使如舊初晏分置諸道租庸使愼簡臺閣士專之時經費不充停天下攝官獨租庸得補署且數百人皆新進銳敏盡當時之選趣督倚辦故能成功雖權貴干請欲假職仕者晏厚以稟入奉之然未嘗使親事是以人人勸職嘗言士有爵祿則名重於利吏無榮進則利重於名故檢劾出納一委士人吏惟奉行文書而已所任者雖數千里外奉敎令如目前頻伸諧戲不敢隱惟晏能行之它人不能也代宗嘗命考所部官吏善惡刺史有罪者五品以上輒繫劾六品以下杖然後奏李靈耀反河南節帥或不奉法擅征賦州縣益削晏常以羨補乏人不加調而所入自如第五琦始榷鹽佐軍興晏代之法益密利無遺入初歲收緡錢六十萬末乃什之計歲入千二百萬而榷居太半民不告勤京師鹽暴貴詔取三萬斛以贍關中自揚州四旬至都人以爲神至湖嶠荒險處所出貨皆賤弱不償所轉晏悉儲淮楚間貿銅易薪歲鑄緡錢十餘萬其措置纖悉如此諸道巡院皆募駛足置驛相望四方貨殖低昂及它利害雖甚遠不數日卽知是能權萬貨重輕使天下無甚貴賤而物常平自言如見錢流地上每朝謁馬上以鞭算質明視事至夜分止雖休澣不廢事無閑劇卽日剖決無留所居脩行里粗樸庳陋飲食儉狹室無媵婢然任職久勢軋宰相要官華使多出其門自江淮茗橘珍甘常與本道分貢競欲先至雖封山斷道以禁前發晏厚貲致之常冠諸府由是娼怨益多饋謝四方有名士無不至其有口舌者率以利啖之使不得有所訾短故議者頗言晏任數固恩大曆時政因循軍國皆仰晏未嘗檢質德宗立言者屢請罷轉運使晏亦固辭不許又加關內河東三川轉運鹽鐵及諸道青苗使始楊炎爲吏部侍郎晏爲尙書盛氣不相下晏治元載罪而炎坐貶及炎執政銜宿怨將爲載報仇先是帝居東宮代宗寵獨孤妃而愛其子韓王宦人劉清潭與嬖幸請立妃爲后且言王數有符異以搖東宮時妄言晏與謀至是炎見帝流涕曰賴祖宗神靈先帝與陛下不爲賊臣所間不然劉晏黎幹搖動社稷凶謀果矣今幹伏辜而晏在臣位宰相不能正其罪法當死崔祐甫曰陛下已廓然大赦不當究飛語致人於罪朱泚崔寧力相解釋寧尤切至炎怒斥寧于外遂罷晏使坐新故所交簿物抗謬貶忠州刺史中官護送炎必欲傳其罪知庾準與晏素憾乃擢爲荊南節度使準卽奏晏與朱泚書語言怨望又蒐卒擅取官物脅詔使謀作亂炎證成之建中元年七月詔中人賜晏死年六十五後十九日賜死詔書乃下且暴其罪家屬徙嶺表坐累者數十人天下以爲寃時炎兼刪定使議籍沒衆論不可乃止然已命簿錄其家唯雜書兩乘米麥數斛人服其廉淄青節度使李正巳表誅晏大暴不加驗實先誅後詔天下駭惋請還其妻子不報興元初帝寖寤乃許歸葬貞元五年遂擢晏子執經爲太常博士宗經秘書郎執經還官求追命有詔贈鄭州刺史又加司徒晏歿二十年而韓洄元琇裴腆李衡包佶盧徵李若初繼掌財利皆晏所辟用有名於時晏旣被誣而舊吏推明其功陳諫以爲管蕭之亞著論紀其詳大略以開元天寶間天下戶千萬至德後殘於大兵饑疫相仍十耗其九至晏充使戶不二百萬晏通計天下經費謹察州縣災害蠲除振救不使流離死亡初州縣取富人督漕輓謂之船頭主郵遞謂之捉驛稅外橫取謂之白著人不堪命皆去爲盜賊上元寶應間如袁晁陳莊方清許欽等亂江淮十餘年乃定晏始以官船漕而吏主驛事罷無名之斂正鹽官法以裨用度起廣德二年盡建中元年黜陟使實天下戶收三百餘萬王者愛人不在賜與當使之耕耘織紝常歲平斂之荒年蠲救之大率歲增十之一而晏尤能時其緩急

而先後之每州縣荒歉有端則計官所贏先令曰蠲某物貸某戶民未及困而奏報已行矣議者或譏晏不直賑救而多賤出以濟民者則又不然善治病者不使至危憊善救災者勿使至賑給故賑給少則不足活人活人多則闕國用國用闕則復重斂矣又賑給近僥倖吏下爲姦彊得之多弱得之少雖刀鋸在前不可禁以爲二害災沴之鄉所乏糧耳它產尚在賤以出之易其雜貨因人之力轉於豐處或官自用則國計不乏多出菽粟恣之糶運散入村閭下戶力農不能詣市轉相沾逮自免阻飢不待令驅以爲二勝晏又以常平法豐則貴取飢則賤與率諸州米嘗儲三百萬斛豈所謂有功於國者邪

琇後以尚書右丞判度支國無橫斂而軍旅濟爲韓滉所惡貶雷州司戶參軍坐私入廣州賜死贈以兵部侍郎判度支封聞喜縣公衡歷戶部侍郎

佶字幼正潤州延陵人父融集賢院學士與賀知章張旭張若虛有名當時號吳中四士佶擢進士第累官諫議大夫坐善元載貶嶺南晏奏起爲汴東兩稅使晏罷以佶充諸道鹽鐵輕貨錢物使遷刑部侍郎改祕書監封丹陽郡公

徵幽州人晏薦爲殿中侍御史晏得罪貶珍州司戶參軍元琇判度支薦爲員外郎琇得罪貶秀州長史三遷給事中戶部侍郎竇參善之方倚以代己會同州刺史缺參請用尚書左丞趙憬德宗惡參欲間其腹心更用徵爲之久乃徙華州厚結權近冀進用同華地迫而貧所獻嘗斂賦至徵厚賦斂有所奉入輒加常數人不堪其求

若初者事晏爲它職包佶稱之歷太康令勸刺史李芃斂美錢交權倖芃厚遇之累遷浙東觀察使代王緯爲浙西觀察諸道鹽鐵使時天下錢少貨輕州縣禁錢不出境商賈不通若初始奏縱錢以起萬貨詔可而持剛檢下吏民畏服卒贈禮部尚書宗經終給事中華州刺史

子漴字仁澤舉進士累官度支郎中會昌初擢給事中以材爲宰相李德裕所知時回鶻衰朝廷經略河湟建遣漴按邊調兵械糧餉爲宣慰靈夏以北党項使始議造木牛運宣宗立德裕得罪漴貶朗州刺史終大理卿

晏兄暹爲汾州刺史天賚疾惡所至以方直爲觀察使所畏建中末召爲御史大夫宰相盧杞憚其嚴更薦前河南尹于頎代之暹終潮州刺史

頎字休明河南人初爲京兆士曹參軍尹史翽器之翽鎭山南東道表爲判官翽死亂兵手頎挺出收葬之時稱其誼累遷京兆尹任機譎爲政煩碎無大體元載昵厚之載得罪出鄭州刺史徙河南尹以佞柔故得爲大夫三遷工部尚書入朝仆金吾仗下御史劾之以太子少師致仕卒

暹孫潼字子固擢進士第杜悰判度支表爲巡官累遷祠部郎中大中初討党項羌軍食乏宰相欲以潼爲使難其遣潼見宰相曰上念邊餽議遣使潼畏不稱耳安敢憚行遂命爲供軍使會復河湟調師屯守以潼判度支河湟供軍案歷京兆少尹山南有劇賊依山爲剽宣宗怒欲討之宰相崔鉉曰此陛下赤子迫於飢寒弄兵山谷間不足討請遣使喻釋之詔潼馳往潼挺身直叩其壘曰有詔赦爾罪盜皆列拜約潼就館而降會山南節度使封敖遣兵擊賊潼罷歸數陳邊事擢右諫議大夫出爲朔方靈武節度使坐累貶鄭州刺史改湖南觀察使召爲左散騎常侍拜昭義節度使徙河東又徙西川時李福討南詔兵不利潼至塡以恩信蠻皆如約六姓蠻持兩端爲南詔間候有甲籠部落者請討之潼因出兵襲擊俘五千人南詔大懼自是不敢犯邊以功加檢校尚書右僕射卒贈司空

第五琦字禹珪京兆長安人少以吏幹進頗能言彊國富民術天寶中事韋堅堅敗不得調久之爲須江丞太守賀蘭進明才之安祿山反進明徙北海奏琦爲錄事參軍事時賊已陷河間信都進明未戰玄宗怒遣使封刀趣之曰不亟進兵即斬首進明懼不知所出琦勸厚以財募勇士出賊不意如其計復收所陷郡肅宗駐彭原進明遣琦奏事既謁見即陳今之急在兵兵彊弱在賦賦所出以江淮爲淵若假臣一職請悉東南寶貲飛餉函洛惟陛下命帝悅拜監察御史句當江淮租庸使遷司虞員外郎河南等五道支度使遷司金郎中兼侍御史諸道鹽鐵鑄錢使鹽鐵名使自琦始進度支郎中兼御史中丞當軍興隨事趣辦人不益賦而用以饒於是遷戶部侍郎判度支河南等道支度轉運租庸鹽鐵鑄錢司農太府出納山南東西江西淮南館驛等使乾元二年進同中書門下平章事初琦請鑄乾元重寶錢以一代十旣當國又鑄重規一代五十會物價騰踊餓饉相望議者以爲非是詔貶忠州長史會有告琦納金者遣御史馳按琦辭曰位宰相可自持金邪若付受有狀請歸罪有司御史不曉以爲具服獄上之遂長流夷州寶應初起爲朗州刺史有異政拜太子賓客吐蕃盜京師郭子儀表爲糧料使兼御史大夫關內元帥副使改京兆尹俄加判度支鑄錢鹽鐵轉運常平等使累封扶風郡公復以戶部侍郎兼京兆尹坐與魚朝恩善貶括州刺史徙饒湖二州復爲太子賓客東都留守德宗素聞其才將復用召之會卒年七十一贈太子少保子峯婦鄭皆以孝著表闕于門

班宏衞州汲人父景倩國子祭酒以儒名家宏天寶中擢進士第調右司禦胄曹參軍高適鎭劍南表爲觀察判官青城人以左道惑衆謀作亂事覺誣引屯將規緩死衆兇懼宏驗治郎殺之人心大安郭英乂代適表雒令以病解大曆中擢起居舍人四遷給事中李寶臣死子惟岳匿喪求節度帝遣宏使成德喻其軍惟岳厚獻遺宏不納還報稱旨擢刑部侍郎京官考使右僕射崔寧署兵部侍郎劉迺爲上下考宏不從曰今軍在節度雖有尺籍伍符省署不校也夫上多虛美則下趨競上阿容則下朋黨因刺之迺聞謝曰敢掠一美以邀二罪乎進吏部侍郎貞元初仍旱蝗賦調益急以戶部侍郎副度支使韓滉俄而竇參當國代滉使而參任大理司直時宏已爲刑部侍郎德宗以宏熟天下計故進宏尚書副參且曰朕藉宰相重而衆務一委卿無庸辭參亦以宏素貴私謂曰閱歲當歸使於公宏喜從參胖自安不念前語宏剛愎以參欺己議事稍不合揚子院鹽鐵轉運之委藏也宏任御史中丞徐粲主之粲以賄聞參議所代宏固不可參選諸院吏未始訪宏宏數條參所用吏過惡以聞輒留中無何參以使勞加吏部尚書而封宏蕭國公恨參以虛寵加己銜之每制旨有所營建必極瓌麗親程役媚結權嬖以傾參張滂先善於宏薦爲司農少卿及參欲滂分掌江淮鹽鐵宏以滂疾惡且以法繩粲因謬曰滂彊戾不可用滂聞不喜久之參知帝遇已薄乃讓使然不欲宏專問策於京兆尹薛珏珏曰滂與宏交惡而滂剛決若分鹽鐵轉運必能制宏參遂薦滂爲戶部侍郎鹽鐵轉運使而以宏判度支分滂關內河東劍南山南西道鹽鐵轉運隸宏以悅其意又還江淮兩稅置巡院官令宏滂共差擇滂欲得簿最宏不與及署院官更持可否不能定處處官乏不補滂奏言臣職不修無逃死如國家大計何由是有詔分掌宏見宰相辭曰宏主漕歲得江淮米五十萬斛前年至七十萬今職移於人敢請罪滂在側儳曰公所言非也朝廷不奪公職乃公喪官緡縱姦吏自取咎爾凡爲度支使不一歲家輒鉅億僮馬產第侈王公非盜縣官財何以然上旣知之故令滂分掌令公無乃歸怨上乎宏不荅於是移病歸第宰相白其狀詔許如劉晏韓滉故事以東都河南淮南江南山南東道兩稅滂主之東渭橋以東巡院隸焉關內河東劍南山南西道宏主之滂至揚州乃窮劾粲悉發其贓至鉅萬從死嶺表宏清潔勤力晨入官署夕而出吏不堪其勞而已益恭參得罪宏爲有力卒年七十三贈尚書右僕射謚曰敬後二年滂亦罷爲衞尉卿

王紹本名純避憲宗諱改焉自太原徙京兆之萬年父端第進士有名天寶間與柳芳陸據殷寅友善據嘗言端之莊芳之辯寅之介可以名世終工部員外郎紹少爲顏眞卿所器字之曰德素奏爲武康尉再佐蕭復府包佶領租庸鹽鐵使署判官時李希烈阻兵江淮輸物留梗乃徙餉道自潁入汴紹入關德宗已西狩乃督輕貨趣間道走洋州紹先見行在帝勞之曰吾軍乏春服朕且衣裘柰何紹流涕曰佶遣臣貢奉無慮五十萬當即至帝曰道回遠經費方急何可望邪後五日繼至由是紓難遷倉部員外郎是時兵旱無年詔戶部收闕官俸稅茶及無名錢以備荒政紹由員外郎判務遷戶部兵部郎中皆專領進戶部侍郎判度支頃之遷尚書德宗臨御久益不假借宰相自竇參陸贄斥罷中書取充位惟紹謹密眷待殊厚主計凡八年每政事多所關訪紹亦未嘗一言漏于人順宗立王叔文奪其權拜兵部尚書出爲東都留守元和初檢校尚書右僕射爲武寧軍節度使復以濠泗二州隸其軍自張愔後兵驕難治紹蒐輯軍政推誠示人裨將安進達唐重靖謀亂紹以計取之出家貲賞士舉軍安頼復拜兵部尚書判戶部卒年七十二贈右僕射謚曰敬

李巽字令叔趙州贊皇人以明經補華州參軍事舉拔萃授鄠尉進累左司郎中常州刺史召拜給事中出爲湖南觀察使貞元五年徙江西巽毅於爲治持下以法察無遺私吏不敢少紿順宗立擢兵部侍郎杜佑表爲鹽鐵轉運副使俄代佑使任自劉晏後職廢不振賦入殷耗巽涖職一年較所入如晏最多之年明年過之又明年增百八十萬緡再遷吏部尚書天資長於吏事至治家亦句檢案牘簿書如公府吏有過秋毫無所縱股慄脅息常如與巽對程异坐王叔文廢巽特薦引之异之計較精於巽故巽能善職蓋有助云元和四年疾革郎官省候巽言不及病但與商校程課功利是夕卒年

六十三贈尚書右僕射巽爲人忌刻校怨在江西有所憎恨輒殺之始竇參爲相出巽常州促其行及參貶郴州巽時觀察湖南宣武節度使劉士寧致絹數千匹於參巽卽劾參交通藩鎭以怒德宗遂殺參云

贊曰生人之本食與貨而已知所以取人不怨知所以予人不乏道御之而王權用之而霸古今一也劉晏因平準法斡山海排商賈制萬物低昂常操天下贏貲以佐軍興雖挐兵數十年斂不及民而用度足唐中償而振要有勞焉可謂知取予矣其經晏辟署者皆用材顯循其法亦能富國云

唐書卷一百四十九考證

第五琦傳久之爲須江丞○舊書畀至西江丞

召之會卒年七十一○舊書作年七十

唐書卷一百五十

宋 端 明 殿 學 士 宋 祁 撰

列傳第七十五

李常趙崔齊盧

李揆字端卿系出隴西爲冠族去客滎陽祖玄道爲文學館學士父成裕祕書監揆性警敏善文章開元末擢進士第補陳留尉獻書闕下試中書遷右拾遺再轉起居郎知宗子表疏以考功郎中知制誥扈狩劍南拜中書舍人乾元二年宗室請上皇后號曰翊聖肅宗問揆對曰前代后妃終則有謚景龍不君韋氏專恣乃稱翊聖今陛下動遵典禮柰何蹤其亂哉帝驚曰幾誤我家事遂止后卽張氏有子數歲欲立爲太子而帝意未決時代宗已封成王帝從容語揆曰成王長有功將定太子卿意謂何揆曰陛下此言社稷福也因再拜賀帝曰朕計決矣俄兼禮部侍郎揆病取士不考實徒露搜索禁所挾而迂學陋生葄枕圖史且不能自措于詞乃大陳書廷中進諸儒約曰上選士第務得才可盡所欲言由是人人稱美未卒事拜中書侍郎同中書門下平章事修國史封姑臧縣伯揆美風儀善奏對帝歎曰卿門地人物文學皆當世第一信朝廷羽儀乎故時稱三絕於是京師多盜至驂衞殺人尸溝中吏褫氣李輔國方橫請選羽林騎五百備徼捕揆曰漢以南北軍相統攝故周勃因南軍入北軍以安劉氏本朝置南北衙文武區別更相檢伺今以羽林代金吾忽有非常何以制之輔國議格揆決事明當然鋭於進且近名兄楷有時稱滯冗官不得遷呂諲政事出揆遠甚以故宰相鎭荆南治聲尤高揆懼復用遣吏至諲所構抉過失諲密訴諸朝帝怒貶揆袁州長史不三日以楷爲司門員外郎揆累年乃徙歙州刺史初苗晉卿數薦元載揆輕載地寒謂晉卿曰龍章鳳姿士不見用麞頭鼠目子乃求官邪載聞銜之及秉政奏揆試祕書監江淮養疾家百口貧無祿丐食取給牧守稍厭畏則去之流落凡十六年載誅始拜睦州刺史入爲國子祭酒禮部尚書德宗幸山南揆素爲盧杞所惡用爲入蕃會盟使拜尚書左僕射揆辭老恐死道路不能達命帝惻然杞曰和戎者當練朝廷事非揆不可異時年少揆者不敢辭揆至蕃酋長曰聞唐有第一人李揆公是否揆畏留因紿之曰彼李揆安肯來邪還卒鳳州年七十四贈司空謚曰恭

常衮京兆人天寶末及進士第性狷潔不妄交游由太子正字累爲中書舍人文采贍蔚長於應用譽重一時魚朝恩賴寵兼判國子監衮奏成均之任當用名儒不宜以宦臣領職始回紇有戰功者得留京師虜性易驕後乃創邸第佛祠或伏甲其間數出中渭橋與軍人格闘奪含光門魚契走城外衮建言今西蕃盤桓境上數入寇若相連結以乘無備其變不細請早圖之又天子誕日諸道爭以侈麗奉獻不則爲老子浮屠解禱事衮以爲漢文帝還千里馬不用晉武帝焚雉頭裘宋高祖碎琥珀枕是三主者非有聰明大聖以致治安謹身率下而已今諸道饋獻皆淫侈不急而節度使刺史非能男耕而女織者類出於民是歛怨以媚上也請皆還之今軍旅未寧王畿戶口十不一在而諸祠寺寫經造像焚幣埋玉所以賞賚若比丘道士巫祝之流歲巨萬計陛下若以易芻粟減貧民之賦天下之福豈有量哉代宗嘉納還禮部侍郎時宦者劉忠翼權震中外涇原節度使馬璘爲帝寵任有所干請衮皆拒郤元載死拜門下侍郎同中書門下平章事弘文崇文館大學士與楊綰同執政綰長厚通可而衮苛細以清儉自賢帝內重綰而顓任之禮遇信愛衮弗及也每所恨忌會綰卒衮始當國先是百官俸寡狹議增給之時韓滉使度支與衮皆任情輕重滉惡國子司業張參衮惡太子少詹事趙惎皆少給之太子文學爲洗馬副衮姻家任文學者其給乃在洗馬上其騁私崇怨類此故事日出內廚食賜宰相家可十人具衮奏罷之又將讓堂封它宰相不從乃止政事堂北門異時宰相過舍人院咨逮政事至衮乃塞之以示尊大懲元載敗窒賣官之路然一切以公議格之非文詞者皆擯不用故世謂之黯伯以其黯黯無賢不肖之辨云衮爲相散官纔朝議而無封爵郭子儀言于帝遂加銀青光祿大夫封河內郡公德宗卽位衮奏貶崔祐甫爲河南少尹帝怒使與祐甫換秩再貶潮州刺史建中初楊炎輔政起爲福建觀察使始閩人未知學衮至爲設鄉校使作爲文章親加講導與爲客主鈞禮觀游燕饗與焉由是俗一變歲貢士與內州等卒于官年五十五贈尚書左僕射其後閩人春秋配享衮于學宮云

趙憬字退翁渭州隴西人曾祖仁本仕爲吏部侍郎同東西臺三品憬志行峻潔不自衒賈寶應中方營泰建二陵用度廣又吐蕃盜邊天下荐饑憬褐衣上疏請殺禮從儉士林歎美試江夏尉佐諸使府進太子舍人母喪免有芝生壤樹建中初擢水部員外郎湖南觀察使李承表憬自副承卒遂代之召還闔門不與人交李泌薦之對殿中占奏明辨通古今德宗欽悅拜給事中貞元中咸安公主降回紇詔關播爲使而憬以御史中丞副之異時使者多私齎以市馬規利入獨憬不然使未還尚書左丞缺帝曰趙憬堪此遂以命之考功歲終請如至德故事課殿最憬自言薦果州刺史韋証以貪敗請降考校考使劉滋謂憬知過更以考升實參當國欲抑爲刺史帝不許參罷進中書侍郎同中書門下平章事與陸贄同輔政贄於裁決少所讓又徙憬門下侍郎繇是不平自以不任職數稱疾時杜黃裳遭奄人讒誣中解皆得免初贄約共執退延齡既對贄極言其姦帝色變憬不爲助遂罷贄乃始當國憬精治道常以國本在選賢節用薄賦歛寬刑罰懇懇爲天子言之又陳前世損益當時之變獻審官六議一議相臣曰中外知其賢者用之能者任之責材之備爲不可得二議庶官曰臣嘗謂抜十得五賢愚猶半陛下曰何必五也十二可矣故廣任用明殿最舉大節略小瑕隨能試事用人之大要也三議京司闕官曰今要官闕多閑官員多要官以材行閑官以恩澤是選拔少優容衆也宜補闕員以育人材四議考課曰今內庶僚外刺史課最尤者擢以不次善矣臣謂黜陟宜責歲限若任要重未當遷者加爵或秩其餘進退宜示遲速之常若課在中考如限者平轉而歷試之卽無苟且之心滯淹之慮五議遺滯曰陛下委宰輔舉才不徧知也則訪之庶僚又不徧知也訪之衆人衆聲囂然十譽之未信一毀之可疑臣謂宜采士論以譽多者先用非大故者勿棄六議藩府官屬曰諸使辟署務得才以重府望能否已試則引而置之朝無俾久滯帝皆然之下詔褒答輔政五年卒年六十一其息上卒時藁奏帝悼惜之贈太子太傅謚曰貞憲憬性清約位台宰而第室童獲猶儒先生家也得稟入先建家廟而竟不營產其鎭湖南也令狐峘崔儆並爲部刺史不守法憬以正羅治之皆遣客暴憬失於朝及爲相乃擢儆自大理卿爲尚書右丞峘方貶衢州別駕引爲吉州刺史人以爲賢

崔造字玄宰深州安平人永泰中與韓會盧東美張正則三人友善居上元好言當世事皆自謂王佐才故號四夔浙西觀察使李栖筠辟爲判官累還左司員外郎與劉晏善晏得罪貶信州長史徙建州刺史朱泚亂造輒馳檄比州發所部兵二千以待命德宗嘉之京師平召還至藍田自以舅源休與賊同逆上疏請罪帝以爲有禮下詔慰勉擢給事中貞元二年以給事中同中書門下平章事帝謂造敢言爲能立事故不次用之造久在江左疾錢穀諸使罔上或干沒自私乃建言天下兩稅請委本道觀察使刺史選官部送京師諸道水陸轉運使度支巡院江淮轉運使請悉停以度支鹽鐵務還尚書省六曹皆宰相分領於是齊映判兵部李勉刑部劉滋吏禮二部造戶工二部又以戶部侍郎元琇判諸道鹽鐵榷酒事吉中孚度支諸道兩稅事而浙江東西歲入米七十五萬石方歲饑更以兩稅準米百萬豪壽洪潭二十萬責韓滉杜亞漕送東渭橋諸道有鹽鐵處仍置巡院歲盡宰相計最殿以聞造厚元琇故首命之時滉方領轉運有寵於帝朝廷仰其須滉持不可改帝重違之復以滉爲江淮轉運使餘如造請是秋江淮米大集帝美滉功以滉專領度支諸道鹽鐵轉運等使造懼始託疾辭位乃罷爲太子右庶子貶琇雷州司戶參軍於是造所請悉罷以憂愧卒年五十一議者謂造舉不適時方用之乏不能權濟大事雖據舊典奚能抗一切之制云

齊映瀛州高陽人舉進士博學宏詞中之補河南府參軍事滑亳節度使令狐彰署掌書記彰疾甚引映託後

事昳因說彰納節歸諸子京師彰從之卽以女妻昳彰卒軍亂昳間歸東都三城使馬燧辟爲判官盧杞薦授刑部員外郎又爲鳳翔張鎰判官昳練軍事論奏數稱旨進行軍司馬會德宗出奉天鎰儒緩不知兵部將李楚琳者素慓悍欲介賊爲亂昳與齊抗請先事誅之鎰不用更示寬大徐謂楚琳曰欲以君使外若何楚琳恐夜殺鎰以應賊昳雅爲軍中慕賴故得免奔奉天授御史中丞從幸梁道險遻常爲帝御會馬駭突帝恐傷昳詔捨轡固不去曰馬奔踶不過傷臣捨之或犯淸蹕臣雖死不足償責帝嘉嘆擢給事中昳爲人白晳長大言音鴻爽故帝令侍左右或前馬臚傳詔旨進中書舍人貞元二年以舍人同中書門下平章事俄改中書侍郎封河間縣男與崔造劉滋並輔政滋端重寡言昳謙不肎事否可一顓于造會造疾昳乃當國吐蕃數入寇關輔震騷咸言帝欲避狄昳入諫曰戎狄不懲臣之罪也然內外恟恟謂陛下具糗糧欲治行夫大幸不再奈何不與臣等計乎因俯伏流涕天子爲感寤後給事中袁高忤帝旨而昳以爲尚書左丞御史大夫始昳微時張延賞遇之善及昳相而延賞爲左僕射數爲昳畫事又爲所親求官昳不答延賞恚既復用卽劾昳非宰相器明年貶夔州刺史徙衡州久之爲桂管江西兩觀察使始昳罷不以罪冀復進乃掊歛獻貢以中帝欲初諸藩銀大瓶止五尺李兼爲江西始獻六尺瓶至昳乃八尺云卒年四十八贈禮部尚書謚曰忠

盧邁字子玄河南河南人性孝友舉明經入第補太子正字以拔萃調河南主簿集賢校理公卿交薦之擢右補闕三遷吏部員外郎以族屬客江介出爲滁州刺史召還再遷諫議大夫數條當世病利進給事中俄會考課邁以不滿歲固辭二考薦紳高其讓改尚書右丞將作監元亘攝祠以私忌不聽誓御史劾之帝疑其罰下尚書省議邁曰按大夫士將祭於公既視濯而父母死猶奉祭禮散齊有大功喪致齊有期喪齊有疾病聽還舍不奉祭無忌日不受誓者雖令忌日與告且春秋不以家事辭王事今攝祭特命也亘以常令拒特命執非所宜遂抵罪以本官同中書門下平章事進中書侍郎時陸贄趙憬專大政邁居中治身循法無它過久之暴眩省中輿還第詔大臣卽問固乞骸骨罷爲太子賓客卒年六十贈太子太傅邁每有功緦喪必容稱其服而情有加焉叔下邽令休沐過家邁終日與羣子姓均指使無位貌之異再娶無子或勸畜姬媵對曰兄弟之子猶子也可以主後所得稟賜皆賑婣舊之乏其從父弟起喪還洛陽過都邁奏請往哭之盡哀時執政自以宰相尊五服皆不過從問弔而邁獨不徇時議者重其仁而亮云

贊曰楊綰之德陸贄之賢而袞憬以爲憎何哉士固蔽於媢前然主聽不一故乘以爲姦昔齊桓秦堅任管仲王猛興區區霸天下蓋不以不肖者參之君臣相諒果難哉

唐書卷一百五十考證

李揆傳祖元道○舊書作元道曾孫

唐書卷一百五十一

宋端明殿學士宋祁撰

列傳第七十六

關董袁趙竇

關播字務元衞州汲人及進士第鄧景山節度靑齊淮南再署幕府遷右補闕與神策軍使王駕鶴爲姻家元載惡之出爲河南兵曹參軍事數試屬縣政異等陳少游鎭浙東淮南表爲判官攝滁州刺史李靈耀叛少游屯淮上所在盜賊蝟奮播儲貲力給軍輿人無愁苦楊綰常袞皆善播引爲都官員外郎德宗初湖南峒賊王國良驚剽州縣不可制詔播宣輯因得請事對殿中帝問政治之要播曰爲政之本要得有道賢人乃治帝曰朕比下詔求賢才又遣使黜陟搜逮所遺須能者用之若何播曰陛下雖求賢又使舉薦然止得求名文辭士焉有有道賢人肯奉牒丐舉選邪帝悅曰卿姑去還當更議播且言奉詔平賊有如不受命臣請發州兵翦定之帝曰善及還再遷給事中故事諸司甲庫以令史直曹剟脫爲姦播悉易以士人時韙其法歷吏部侍郎帝求宰相盧杞雅知播韋柔可制因從容言播材任宰相其儒厚可鎭浮動乃拜中書侍郎同中書門下平章事政一決於杞嘗論事帝前播意不可避坐欲有所言杞目禁輒止退讓播曰以君寡言故至此柰何欲開口爭事邪播卽喑畏毋敢與時李元平陶公達張愻劉承誡率輕薄子游播門下能侈言誕計以功名自喜播謂皆將相材數請帝用之元平本宗室疏裔好論兵鄙天下士大夫無可者人人怨疾之李希烈叛帝以汝州據賊衝刺史疲軟不勝任播盛稱元平帝召見拜左補闕不數日檢校吏部郎中兼汝州別駕知州事元平始至募工築郛浚隍希烈陰使亡命應募凡內數百人元平不寤賊遣將李克誠以精騎薄城募者內應縛元平馳見希烈遺矢於地希烈以其眇小無鬚戲克誠曰使爾取元平乃以其子來邪因嫚罵曰盲宰相使爾當我何待我淺邪僞署御史中丞播聞詫曰元平事濟矣謂必覆賊而建功也左右笑之無何僞署爲宰相有告其貳者元平斷一指自誓公達等以元平屈賊皆廢不用播從幸奉天盧杞白志貞已貶而播猶執政議者不平遂罷爲刑部尚書韋倫等曰宰相不善謀使天子播越尚可尚書邪相與泣諸朝未幾知刪定使初上元中詔擇古名將十人配享武成廟如十哲侑孔子播奏太公古賢臣今其下稱亞聖孔子十哲皆當時弟子今所配年世不同請罷之詔可貞元初檢校尚書右僕射持節送咸安公主降回鶻虜人重其淸還遷兵部尚書以太子少師致仕斥賣車騎闔門不嬰外事卒年七十九贈太子太保始希烈死或言元平雖屈賊然有謀不克發乃貸死流珍州會赦還住郯中觀察使皇甫政殺其姪以發帝怒遂流死賀州

董晉字混成河中虞鄉人擢明經肅宗幸彭原上書行在拜祕書省校書郎待制翰林出從淮南崔圓府爲判官還朝累遷祠部郎中大曆中李涵持節送崇徽公主於回紇署晉判官回紇恃有功見使者倨因問歲市馬而唐歸我賄不足何也涵懼未及對數目晉晉曰我非無馬而與爾爲市爲爾賜者不已多乎爾之馬歲五至而邊有司數皮償貲天子不忘爾勞敕吏無得問爾反用是望我邪諸戎以我之爾與也莫敢確爾父子寧畜馬蕃非我則誰使衆皆南面拜不敢有言還遷祕書少監德宗立授太府卿不旬日爲左散騎常侍兼御史中丞知臺事出爲華州刺史朱泚反遣兵攻之晉棄華走行在改國子祭酒宣慰恒州還至河中而李懷光反晉說之曰朱泚爲臣而背其君苟得志於公何有且公位太尉泚雖寵公亦無以加彼不能事君能以臣事公乎公能事彼而有不能事君乎公敵賊有餘力若襲取之淸宮以迎天子雖有大惡猶將掩焉如公則誰敢議懷光喜且泣晉亦泣又語其將卒皆拜故懷光雖偃蹇亦不助泚帝還京師遷左金吾衞大將軍改尚書左丞是時右丞元琇爲韓滉排笮得罪滉勢振朝廷晉見宰相詡元琇非罪士大夫壯其節貞元五年以門下侍郎同中書門下平章事方竇參得君裁可大事不關咨晉晉循謹無所駮異參欲以其姪申爲吏部侍郎諷晉以聞帝怒曰無乃參迫卿爲之邪晉謝具道所以然帝卽問參過失晉無敢隱由是參罷宰相晉惶恐上疏固辭位九年罷爲禮部尚書以兵部尚書爲東都留守會宣武李萬榮病且死詔晉檢校尚書左僕射同中書門下平章事爲宣武節度副大使知節度事萬榮死鄧惟恭總其軍晉受命不召兵惟幕府騶傔從之卽日上道至鄭逆者不至人勸止以覘便宜晉不聽直造汴及郊惟恭始出迎謁既入卽委以軍政無所更改衆服晉有體莫測其謀始惟恭謀代萬榮故不遣吏以疑晉令不敢入及晉至情得則鞅鞅不能平汴士素驕怙亂嘗介勇士伏幕下早暮番休晉一罷之惟恭乃結大將相里重晏等謀亂晉覺之殺其黨械送惟恭京師帝錄其繫李迺勞貸死流汀州帝恐晉儒懦詔拜汝州刺史陸長源爲司馬以佐晉晉謙愿儉簡事多循仍故軍粗安長源持法峭刻數欲更張舊事晉初許之已而悉罷不用以財賦委孟叔度叔度爲人佻倪軍中惡之晉在軍凡五年卒年七十六贈太傅謚曰恭惠晉爲相也五月朔天子會朝公卿在廷侍中贊羣臣賀竇參攝中書令當傳詔疾作公卿相顧未有詔晉從容進曰攝中書令臣參病不能事臣請代參事南面宣致詔詞進退甚詳金吾將軍沈房有朞喪公除常服入閤帝疑以問晉對曰故事朝官朞以下喪服絕緦不復衣淺色南班亦如之又問晉冠冕之制對曰古者服冠冕以佩玉節步堂上接武堂下布武君前趨進而已今或奔走以致顚仆在式朝臣皆綾袍五品而上金玉帶所以盡飾以奉上故漢尚書郎含香老萊采服君父一也若然服絕緦亦非禮也帝然其言詔入閤官毋趨走朞以下喪不得以慘服會令羣臣衣本品綾袍金玉帶自晉而復

子溪字惟深亦擢明經三遷萬年令討王承宗也擢度支郎中爲東道行營糧料使坐盜軍貲流封州至長沙賜死子居中善詩爲張籍所稱

陸長源者吳人字泳祖餘慶天寶中爲太子詹事有淸

疊長源贍於學始辟昭義薛嵩幕府嵩侈汰常從容規切嵩曰非君安能爲此歷建信二州刺史韓滉兼領江淮轉運使辟署兼御史中丞以爲副入遷都官郎中復出汝州刺史遂徙宣武政皆出司馬初欲變法繩驕兵爲晉所持不克行而判官楊凝孟叔度等又苛細叔度淫縱數入倡家調笑嬉褻晉有所偷弛長源輒裁正之晉卒長源總留後事大言曰將士久慢吾且以法治之衆始懼軍中請出帑帛爲晉制服不許固請止給其直叔度希望又償直以鹽乃高鹽直賤帛估人得鹽二斤舉軍大怒或勸長源曰故事有大變則厚賜于軍軍乃安長源曰異時河北賊以錢買戎卒取旌節吾不忍爲衆怒益甚長源性剛不適變又不爲備纔八日軍亂殺長源及叔度等食其肉放兵大掠死之日有詔拜節度使遠近嗟悵贈尚書左僕射長源好諧易無威儀而清白自將去汝州送車二乘曰吾祖罷魏州有車一乘而圖書半之吾愧不及先人云長源死監軍俱文珍密召宋州刺史劉全諒使總後務全諒至其夜軍復亂殺大將及部曲五百人乃定帝卽詔全諒檢校工部尚書宣武節度使全諒始名逸淮至是賜名本懷州武涉人也父客奴以行戍留籍幽州事平盧軍以材力顯開元中室韋首領段普洛數苦邊節度使薛楚玉使客奴單騎襲之斬首以歸與卒伍拜左驍衞將軍爲遊奕使性謹樸數戰有功安祿山反詔以平盧節度副使呂知誨爲使賊遣韓朝陽誘之知誨卽降賊害安東副都護馬靈詧客奴不平與諸將共殺知誨遣使與安東將王玄志相聞天寶十五載以客奴爲柳城郡太守攝御史大夫平盧節度使賜名正臣以玄志爲安東副大都護正臣遣使道海至平原與太守顏眞卿相結眞卿喜以子爲質而歸貲糧焉且請出師未至而眞卿棄平原乃還因襲范陽爲史思明所敗奔還玄志酖殺之全諒事劉玄佐爲牙將以勇果善騎射爲玄佐厚禮累兼御史中丞及玄佐子士寧代立疑宋州刺史翟良佐不附已揚言行部至則以全諒代之故汴將士多歸心焉視事凡八月卒贈尚書右僕射軍中立韓弘代節度云

袁滋字德深蔡州朗山人陳侍中憲之後彊學博記少依道州刺史元結讀書自解其義結重之後客荊郢間起學廬講授建中初黜陟使趙贊薦于朝起處士授試校書郎累辟張伯儀何士幹幕府進詹事府司直部官以盜金下獄滋直其冤御史中丞韋貞伯聞之表爲侍御史刑部大理覈罪人失其平憚滋守法因權勢以請滋終不署奏遷工部員外郎韋皐始招來西南夷南詔異牟尋內屬德宗選郎吏可撫循者皆憚行至滋不辭帝嘉之擢祠部郎中兼御史中丞賜金紫持節往踰年還使稱指進諫議大夫遷尚書右丞知吏部選求外遷爲華州刺史政淸簡流民至者給地居之名其里曰義合然專以慈惠爲本未嘗設條敎民愛向之有犯令時時法外縱舍得盜賊或哀其窮出財爲償所亡召爲左金吾衞大將軍以楊於陵代之滋行耆老遮道不得去於陵使諭曰吾不敢易袁公政人皆羅拜乃得去莫不流涕憲宗監國進拜中書侍郎同中書門下平章事劉闢反詔滋爲劍南兩川山南西道安撫大使半道以檢校吏部尚書平章事爲劍南東西川節度使是時賊方熾又滋兄峯在蜀爲闢所劫滋畏不得全久不進貶吉州刺史未幾徙義成節度使滑用武地東有淄靑北魏傳滋嚴備而推誠信務在懷來李師道田季安畏服之居七年百姓立祠祀祭以戶部尚書召改檢校兵部拜山南東道節度使徙荊南吳元濟之反滋言蔡兵勁與下同欲非朝夕計可下宜廣方略離潰其心及宿兵三年調發益屈詔出禁錢繼之滋揣天子且厭兵自表入朝欲議罷淮西事道聞蕭俛錢徽坐沮議黜去滋翻其謀更言必勝順可天子意乃得還俄而高霞寓敗帝思以恩信傾賊且滋嘗云云乃授彰義節度使僑治唐州又以滋儒者拜陽旻爲唐州刺史將其兵滋先世墳墓在蔡吳少陽時爲脩墓禁芻牧諸袁多署右職稟給之滋至治去斥候與元濟通好賊圍新興滋卑辭講解賊因是易滋不爲備時帝責戰急而滋至六月以無功貶撫州刺史未幾遷湖南觀察使累封淮陽郡公卒年七十贈太子少保滋旣病作遺令處後事訖三年皆有條式性寬易與之接者皆自謂可見肺肝至家人不得見喜慍薄居處衣食能爲春秋嘗以劉惲悲甘陵賦褒善斥惡戾春秋指然其文不可廢乃著後序工篆隸有古法子均右拾遺郊翰林學士

趙宗儒字秉文鄧州穰人八代祖彤後魏征南將軍父驊字雲卿少嗜學履尚淸鯁開元中擢進士第補太子正字調雷澤河東丞採訪使韋陟器之表置其府又爲陳留採訪使郭納支使安祿山陷陳留驊沒於賊時江西觀察使韋儇族妹坐其夫爲纖官不供賊沒爲婢驊哀之以錢贖韋厚爲資給賊平訪近屬歸之時人高其義驊以嘗陷賊貶晉江尉久之召拜左補闕遷累尚書比部員外郎建中初遷祕書少監敦交友行義不以夷險易操少與殷寅顏眞卿柳芳陸據蕭穎士李華邵軫善時爲語曰殷顏柳陸李蕭邵趙謂能全其交也驊位省郎衣食窶乏俸單寡諸子至徒步人爲咨美涇原兵反驊竄山谷病死贈華州刺史宗儒第進士授校書郎判入等補陸渾主簿數月拜右拾遺翰林學士時父驊遷祕書少監德宗欲寵其門使一日並命再遷司勳員外郎貞元六年領考功事自至德後考績失實內外悉考中上殿最混淆至宗儒黜陟詳當無所回憚右司郎中獨孤良器殿中侍御史杜倫以過黜考左丞裴郁御史中丞盧佋降考中中凡入中上者纔五十人帝聞善之進考功郎中累遷給事中十二年以本官同中書門下平章事賜服金紫居二歲罷爲太子右庶子屏居慎靜奉朝請而已遷吏部侍郎召見勞曰知卿杜門六年故有此拜曩與先臣並命尚念之邪宗儒俯伏流涕元和初檢校禮部尚書充東都留守三遷至檢校吏部判南節度使坐放冗食戍二千人歷山南西道河中二鎭拜御史大夫改吏部尚書穆宗立詔先朝所召賢良方正委有司試宗儒建言應制而來者當天子臨問試有司非國舊典請罷之詔可俄檢校右僕射守太常卿太常有五方師子樂非大朝會不作帝嗜聲色宦官領教坊者乃移書取之宗儒不敢違以訴宰相宰相以事有司不應關白以懦不職罷爲太子少師太和初進太子太傅文宗召訪政理對曰堯舜之化慈儉而已願陛下守之帝納其言六年授司空致仕卒年八十七冊贈司徒謚曰昭宗儒以文學歷將相位任崇劇然無儀矩以治生瑣碎失名

竇易直字宗玄京兆始平人擢明經補校書郎十年不應辟以判入等爲藍田尉累遷吏部郎中元和六年進御史中丞緜陝虢觀察使入爲京兆尹萬年尉韓晤坐賕易直令官屬按之得贓三十萬憲宗疑未盡詔窮治至三百萬貶易直爲金州刺史久之起爲宣歙浙西觀察使長慶二年李介以汴州叛易直欲出庫財賞軍或謂給與無名必且生患乃止時江淮旱漕物淹不能前軍士聞易直罷言其部將王國淸指漕貨激衆謀亂易直知之械國淸送獄其黨數千譟入獄篡取之欲大剽易直登樓令曰能誅亂者一級賞千萬衆喜反縛爲亂者三百餘人易直悉斬之入爲戶部侍郎判度支四年同中書門下平章事轉門下侍郎封晉陽郡公卽讓度支置其傳三月有詔停判文宗立檢校尚書右僕射同平章事爲山南東道節度使入爲左僕射判太常卿事頃之檢校司空爲鳳翔節度使以疾還京師卒贈司徒謚曰恭惠易直以公潔自喜方執政未嘗引用親黨初元和中鄭餘慶議僕射上儀不與隔品官亢禮易直爲中丞奏駮之及爲僕射乃自用隔品致恭爲時鄙笑子緗仕至渭南尉集賢校理妻父王涯被禍宦官知易直子得不死貶循州司戶參軍

贊曰關播舉李元平守汝州賊縛而臣之宰相不知人果可敗國德宗不以是責宰相幾喪天下晉儒弛苟安滋欲以恩信傾賊迂晤之人烏可語功名會哉

唐書卷一百五十一考證

董晉傳德宗立授太府卿不旬日爲左散騎常侍○舊書改太常卿遷右散騎常侍

以兵部尚書爲東都留守○臣德潛按此貞元九年事也舊書德宗紀貞元十二年晉爲東都留守

陸長源傳字泳○舊書作泳之

袁滋傳御史中丞韋貞伯聞之○韋貞伯舊書作韋縚

爲劍南東西川節度使○舊書作西川節度使

趙宗儒傳父驊○舊書作華　臣按驊爲陳留採訪支使沒于賊以六等定罪貶晉江尉舊書乃入忠義傳失實甚矣不若新書止敘于宗儒傳前爲是

唐書卷一百五十二

宋　端　明　殿　學　士　宋　祁　撰

列傳第七十七

張姜武李宋

張鎰字季權一字公度國子祭酒後胤五世孫也父齊丘朔方節度使東都留守鎰以蔭授左衞兵曹參軍郭子儀表爲元帥府判官遷累殿中侍御史乾元初華原令盧樅以公事誚責邑人齊令詵令詵宦人也銜之構樅罪鎰按驗當免官有司承風以死論鎰不直之乃白其母曰今理樅樅免死而鎰坐貶默則負官貶則爲太

夫人憂敢問所安母曰兒無累於道吾所安也遂執正其罪縱得流鎰貶撫州司戶參軍徙晉陵令江西觀察使張鎬表爲判官遷屯田右司二員外郎居母喪以孝聞不妄交游特與楊綰崔祐甫善大曆初出爲濠州刺史政條清簡延經術士講教生徒比去州升明經者四十人李靈耀反于汴鎰團閱鄉兵嚴守禦有詔褒美擢侍御史兼緣淮鎮守使以最遷壽州刺史歷江西河中觀察使不閱旬改汴滑節度使以病固辭詔留私第建中二年拜中書侍郎同中書門下平章事明年以兩河用兵詔省薄御膳及皇太子食物鎰因奏減堂飧錢及百官稟奉三分一以助用度時黜陟使裴伯言薦潞州處士田佐時詔除右拾遺集賢院直學士鎰以爲禮輕恐士不勸復詔州縣吏以絹百匹粟百石就家致聘佐時卒不至郭子儀婿太僕卿趙縱爲奴告下御史劾治而奴留內侍省鎰奏言貞觀時有奴告其主謀反者太宗曰謀反理不獨成尙當有佗人論之豈藉奴告耶乃著令奴告主者斬由是賤不得干貴下不得淩上教本旣修悖亂不萌頃者長安令李濟以奴得罪萬年令霍晏因婢坐譴輿臺下類主反畏之悖慢成風漸不可長建中元年五月辛卯詔書奴婢告主非謀叛者同自首法並準律論由是獄訴衰息今縱事非叛逆而奴留禁中獨下縱獄情所不厭且將帥功孰大於子儀冢土僅乾兩婿前已得罪縱復繼之不數月斥其三婿假令縱實犯法事不緣奴尙宜錄勳念亡以從蕩宥况爲奴所愬耶陛下方貴武臣以討賊彼雖見寵一時不能忘懷於異日也帝納之貶縱循州司馬杖奴死鎰召子儀家僮數百暴示奴尸盧杞忌鎰剛直欲去之時朱泚以盧龍卒戍鳳翔帝擇人以代杞卽謬曰鳳翔將校班秩素高非宰相信臣不可鎮撫臣宜行帝不許杞復曰陛下必以臣容貌寢陋不爲三軍所信恐後生變臣不敢自謀惟陛下擇之帝乃顧鎰曰文武兼資望重內外無易卿者其爲朕撫盧龍士乃以中書侍郎爲鳳翔隴右節度使鎰知爲杞陰中然辭窮因再拜受詔頃之與吐蕃相尙結贊盟清水約牛馬爲牲鎰恥與盟將殺其禮乃紿語吐蕃以羊豕犬代之帝幸奉天鎰磬家貲將自獻行在而營將李楚琳者嘗事朱泚得其心軍司馬齊映等謀曰楚琳必爲亂乃遣屯隴州楚琳知之稽故未行鎰以帝在外心憂惑謂已亟去不爲備楚琳夜率其黨王汾李卓牛僧伽等作亂齊映自竇出齊抗託傭皆免鎰縋城走不及遠與二子爲候騎所執楚琳殺之屬官王沼張元度柳遇李淑皆死詔贈鎰太子太傅

姜公輔愛州日南人第進士補校書郎以制策異等授右拾遺爲翰林學士歲滿當遷上書以母老賴祿而養求兼京兆戶曹參軍事公輔有高材每進見敷奏詳亮德宗器之朱滔助田悅也以蠟裹書間道邀泚太原馬燧獲之泚不知也召還京師公輔諫曰陛下若不能坦懷待泚不如誅之養虎無自詒害不從俄而涇師亂帝自苑門出公輔叩馬諫曰泚嘗帥涇原得士心向以滔叛奪之兵居常怫鬱不自聊請馳騎捕取以從無爲羣兇得之帝倉卒不及聽旣行欲駐鳳翔倚張鎰公輔曰鎰雖信臣然文吏也所領皆朱泚部曲漁陽突騎泚若立涇軍且有變非萬全策也帝亦記桑道茂言遂之奉天不數日鳳翔果亂殺鎰帝在奉天有言泚反者請爲守備盧杞曰泚忠正篤實柰何言其叛傷大臣心請百口保之帝知羣臣多勸泚奉迎乘輿者乃詔諸道兵距城一舍止公輔曰王者不嚴羽衞無以重威靈今禁旅單寡而士馬處外爲陛下危之帝曰善悉內諸軍泚兵果至如所言乃擢公輔諫議大夫同中書門下平章事帝徙梁唐安公主道薨主性仁孝許下嫁韋宥以播遷未克也帝悼之甚詔厚其葬公輔諫曰卽平賊主必歸葬今行道宜從儉以濟軍興帝怒謂翰林學士陸贄曰唐安之葬不欲事塋壠令累甓爲浮圖費甚寡約不容宰相關預苟欲指朕過爾贄曰公輔官諫議職宰相獻替固其分本立輔臣朝夕納誨微而弼之乃其所也帝曰不然朕以公輔才不足以相而又自求解朕旣許之內知且罷故賣直售名爾遂下遷太子左庶子以母喪解復爲右庶子久不遷陸贄爲相公輔數求官贄密謂曰竇丞相嘗言爲公擬官屢矣上輒不悅公輔懼請爲道士未報它日又言之帝問故公輔隱贄言以參語對帝怒黜公輔泉州別駕遣使齎詔讓參順宗立拜吉州刺史未就官卒憲宗時贈禮部尙書

武元衡字伯蒼曾祖載德則天皇后之族弟祖平一有名元衡舉進士累爲華原令畿輔鎮軍督將皆驕橫撓政元衡移疾去德宗欽其才召拜比部員外郎歲內三遷至右司郎中以詳整任職擢爲御史中丞常對延英帝目送之曰是眞宰相器順宗立王叔文使人誘以爲黨拒不納俄爲山陵儀仗使監察御史劉禹錫求爲判官元衡不與叔文滋不悅數日改太子右庶子會冊皇太子元衡贊相太子識之及卽位是爲憲宗復拜中丞進戶部侍郎元和二年拜門下侍郎同中書門下平章事兼判戶部事帝素知元衡堅正有守故睠禮信任異它相浙西李錡求入覲既又稱疾欲賒其期帝問宰相鄭絪絪請聽之元衡曰不可錡自請入朝詔旣許之而復不至是可否在錡陛下新卽位天下屬耳目若奸臣得遂其私則威令去矣帝然之遽追錡而錡計窮果反是時蜀新定高崇文爲節度不知吏治帝難其代詔元衡檢校吏部尙書兼門下侍郎同平章事爲劍南西川節度使繇蕭縣伯封臨淮郡公帝御安福門慰遣之崇文去成都盡以金帛帟幕伎樂工巧行蜀幾爲空元衡至綏靖約束儉已寬民比三年上下完實蠻夷懷歸雅性莊重雖淡於接物而開府極一時選八年召還秉政李吉甫李絳數爭事帝前不叶元衡獨持正無所違附帝稱其長者吉甫卒淮蔡用兵帝悉以機政委之王承宗上疏請赦吳元濟使人白事中書悖慢不恭元衡叱去承宗怨數上章詆訴未幾入朝出靖安里第夜漏未盡賊乘暗呼曰滅燭射元衡中肩復擊其左股徒御格鬬不勝皆駭走遂害元衡批顱骨持去還司傳譟盜殺宰相連十餘里達朝堂百官恟懼未知主名少選馬逸還第中外乃審知是日仗入紫宸門有司以聞帝震驚罷朝坐延英見宰相哀慟爲再不食贈司徒謚曰忠愍詔金吾府縣大索或傳言曰無搜賊賊窮必亂又投書於道曰毋急我我先殺汝故吏卒不窮捕兵部侍郎許孟容言於帝曰國相橫尸路隅而盜不獲爲朝廷辱帝乃下詔能得賊者賞錢千萬授五品官與賊謀及舍賊能自言者亦賞有不如詔族之積錢東西市以募告者於是左神策將軍王士則左威衞將軍王士平以賊聞捕得張晏等十八人言爲承宗所遣皆斬之逾月東都防禦使呂元膺執淄青留邸賊門察訾嘉珍自言始謀殺元衡者會晏先發故藉之以告師道而竊其賞帝密誅之初京師大恐城門加兵誰何其偉狀異服燕趙言者皆驗訊乃遣公卿朝以家奴持兵呵衞宰相則金吾彀騎導翼每過里門搜索喧譁因詔寅漏上二刻乃傳點云從父弟儒衡

儒衡字廷碩姿狀秀偉不妄言與人交終始一節宰相鄭餘慶不事華潔門下客多垢衣敗服獨儒衡上謁未嘗有所易以莊詞正色見重於餘慶元衡歿帝待之益厚累遷戶部郎中知諫議大夫事俄兼知制誥皇甫鎛以宰相領度支剝下以媚天子儒衡疏其狀鎛自訴於帝帝曰乃欲報怨邪鎛不敢對儒衡論議勁正有風節且將大用宰相令狐楚忌之會以狄兼謨爲拾遺楚自草制引武后革命事盛推仁傑功以指切儒衡且沮止之儒衡泣見上曰臣祖平一當天后時避仕終老不涉於累帝慰勉之自是薄楚爲人也遷中書舍人時元稹倚宦官知制誥儒衡鄙厭之會食瓜蠅集其上儒衡揮以扇曰適從何處來遽集於此一坐皆失色然以疾惡大分明終不至大任以兵部侍郎卒年五十六贈工部尙書

李絳字深之系本贊皇擢進士宏辭補渭南尉拜監察御史元和二年授翰林學士俄知制誥會李錡誅憲宗將輦取其貲絳與裴垍諫曰錡僭侈誅求六州之人怨入骨髓今元惡傳首若因取其財恐非遏亂略惠綏困窮者願賜本道代貧民租賦制可樞密使劉光琦議遣中人持赦令賜諸道以裒饋餉絳請付度支鹽鐵急遞以遣息取求之弊光琦引故事以對帝曰故事是耶當守之不然當改可循舊哉帝嘗稱太宗玄宗之盛朕不佞欲庶幾二祖之道德風烈無愧謚號不爲宗廟羞何行而至此乎絳曰陛下誠能正身勵己尊道德遠邪佞進忠直與大臣言敬而信無使小人參焉與賢者游親而禮無使不肖與焉去官無益於治者則材能出斥宮女之希御者則怨曠銷將帥擇士卒勇矣官師公吏治輯矣法令行而下不違教化篤而俗必遷如是可與祖宗合德號稱中興夫何遠之有言之不行無益也行之不至無益也帝曰美哉斯言朕將書諸紳卽詔絳與崔羣錢徽韋弘景白居易等摉次君臣成敗五十種爲連屏張便坐帝每閱視顧左右曰而等宜作意勿爲如此事是時盛興安國佛祠倖臣吐突承璀請立石紀聖德焉營構華廣欲使絳爲之頌將遺錢千萬絳上言陛下蕩積習之弊四海延頸望德音忽自立碑示人以不廣易稱大人與天地合德謂非文字所能盡若令可述是陛下美有分限堯舜至文武皆不傳其事惟秦始刻嶧山揚暴誅伐逞幸之勞失道之君不足爲法今安國有碑若敘游觀卽非治要述崇飾又非政宜請罷之帝怒絳伏奏愈切帝悟曰微絳我不自知命百牛倒石令使者勞諭絳襄陽裴均違詔書獻銀壺甕數百具絳請歸之度支示天下以信帝可奏仍赦均罪時議還盧從史昭義已而將復召之從史以軍無見儲爲解李吉甫謂鄭絪漏其謀帝召絳議欲逐絪絳爲開白乃免絳見浴堂殿帝曰比諫官多朋黨論奏不實皆陷謗訕欲黜其尤者若何絳曰此非陛下意必憸人以此營誤上心自古納諫昌拒諫亡夫人臣進言於上豈易哉君尊如天

臣卑如地加有雷霆之威彼晝度夜思始欲陳十事俄而去五六及將以聞則又憚而削其半故上達者財十二何哉干不測之禍顧身無利耳雖開納奬勵尙恐不至今乃欲譴訶之使直士杜口非社稷利也帝曰非卿言我不知諫之益初承璀討王承宗議者皆言古無以宦人統師者絳當制書固爭帝不能奪止詔宰相授敕承璀果無功還加開府儀同三司絳奏承璀喪師當抵罪今寵以崇秩後有奔軍之將蹈利干賞陛下何以處之又數論宦官橫肆方鎭進獻等事自知言切且斥去悉取內署所上疏稾焚之以俟命帝果怒絳謝曰陛下擢臣愚處之腹心之地而惜身不言乃臣負陛下若上犯聖顏旁忤貴倖因而獲罪乃陛下負臣於是帝動容曰卿告朕以人所難言者疾風知勁草卿當之矣遂繇司勳郎中進中書舍人翌日賜金紫親擇良笏與之且曰異時膺顧託南面當如此絳頓首烏重胤縛盧從史而承璀牒署昭儀留後絳曰澤潞據山東要害磁邢洺跨兩河間可制其合從今孽豎就禽方收威柄遽以偏將莅本軍綱紀大紊矣河南北諸鎭謂陛下啗以官爵使逐其帥其肯默然哉宜以孟元陽爲澤潞而以重胤節度三城兩河諸侯聞之必欣然帝從之張茂昭舉族入覲絳上言任迪簡既往代則士之從茂昭皆爲定人宜亟授以官且遣使者詔其麾下皆聽茂昭節度有詔拜河中節度使會迪簡以帑廥匱竭稍簡罷士之疲老者人情不安迪簡亦危絳請斥禁帑絹十萬以濟事機吳少誠病甚絳建言淮西地不與賊接若朝廷命帥今乃其時有如阻命則決可討矣然鎭蔡不可并取願赦承宗趣立蔡功時江淮大旱帝下赦令有所蠲弛絳言江淮流亡所貸未廣而宮人猥積有怨曠之思當大出之以省經費嶺南之俗鬻子爲業可聽非券劑取直者如掠賣法敕有司一切苛止帝皆順納後閱月不賜對絳謂大臣持祿不敢諫小臣畏罪不敢言管仲以爲害霸最甚今臣等飽食不言無履危之患自爲計得矣顧聖治如何有詔明日對三殿帝嘗畋苑中至蓬萊池謂左右曰絳嘗以諫我今可返也其見禮憚如此帝怪前代任賢以致治今無賢可任何耶對曰聖王選當代之人極其才分自可致治豈借賢異代治今日之人哉天子不以已能蓋人痛折節下士則天下賢者乃出帝曰何知其必賢而任之對曰知人誠難堯舜以爲病然循其名驗以事所得十七夫任官而辨廉措事不阿容無希望依違之辭無邪媚媮悅之容此近於賢矣賢則當任任則當久賢者中立而寡助舉其類則不肖者怨杜邪徑則懷奸者疾一制度則貴戚毀傷正過失則人君疏忌夫然用賢豈容易哉帝曰卿言得之矣六年罷學士遷戶部侍郎判本司帝以戶部故有獻而絳獨無有何哉答曰凡方鎭有地則有賦或嗇用度易羨餘以爲獻臣乃爲陛下謹出納烏有羨贏哉若以爲獻是從東庫物實西庫進官物結私恩帝瞿然偉之每有詢訪隨事補益所言無不聽欲遂以相而承璀寵方盛忌其進陰有毀短帝乃出承璀淮南監軍翌日拜絳中書侍郎同中書門下平章事封高邑男方江淮歲儉民荐飢有御史使還奏不爲災帝以語絳答曰方隅皆陛下大臣奏孰不實而御史苟悅陛下耳凡君人者當任大臣使無小臣得以間願出其名顯責之李吉甫嘗盛贊天子威德帝欣然絳獨曰陛下自視今日何如漢文帝時帝曰朕安敢望文帝對曰是時賈誼以爲措火積薪下火未及然因以爲安其憂如此今法令所不及者五十餘州西戎內訌近以涇隴爲鄙去京師遠不千里烽燧相接也加比水旱無年倉廩空虛誠陛下焦心銷志求濟時之略渠便高枕而臥哉帝入謂左右曰絳言骨鯁眞宰相也遣使者賜酴醾酒魏博田季安死子懷諫弱軍中請襲節度吉甫議討之絳曰不然兩河所懼者部將以兵圖已也故委諸將總兵皆使力敵任均以相維制不得爲變若主帥彊則足以制其命今懷諫乳方臭不能事必假權于人權重則怨生向之權力均者將起事生患矣衆所歸必在寬厚簡易軍中素所愛者彼得立不倚朝廷亦不能安惟陛下蓄威以俟之俄而田興果立以魏博聽命帝大悅吉甫復請命中人宣慰因刺其變徐議所宜絳獨謂不如推誠撫納即假旄節它日使者持三軍表來請與興則制在彼不在此可奏與特授安得同哉然帝重違吉甫故詔張忠順持節往而授興留後絳固請曰如與萬有一不受命即姑息復如向時矣由是即拜興節度使絳復曰王化不及魏博久矣一日挈六州來歸不大犒賞人心不激請斥禁錢百五十萬緡賜其軍有言太過者絳曰假令舉十五萬衆期歲而得六州計所轉給三倍于費今興天挺忠義首變汗俗破兩河之膽可嗇小費隳機事哉從之帝患朋黨以問絳答曰自古人君最惡者朋黨小人揣知故常藉口以激怒上心朋黨者尋之則無跡言之則可疑小人常以利動不顧忠義君子者遇主知則進疑則退安其位不爲它計故常爲姦人所乘夫聖人同跡賢者求類是同道也非黨也陛下奉遵堯舜禹湯之德豈謂上與數千年君爲黨耶道德同耳漢時名節骨鯁士同心愛國而宦官小人疾之起黨錮之獄訖亡天下趨利之人常爲朋比同其私也守正之人常遭構毀違其私也小人多譖言常勝正人少直道常不勝可不戒哉絳居中介特尤爲左右所不悅遂因以自明王播爲鹽鐵使而事月進絳曰比禁天下正賦外不得有它獻而播妄名羨餘不出祿廩家貲願悉付有司帝曰善訖絳在位獻不入禁中吐蕃犯涇州掠人畜絳因言瀆塞虛籍多實兵少今京西北神策鎭軍本防盛秋坐仰衣食不使戰事至之日乃先稟中尉夫兵不內御要須應變失毫釐差千里請分隸本道則號令齊一前戰不還蹕矣然士卒樂兩軍姑息宦者以爲言議遂寢嘗盛夏對延英帝汗浹衣絳欲趨出帝曰朕宮中所對惟宦官女子欲與卿講天下事乃其樂也絳或無所論諍帝輒詰所以然又言公等得無有姻故冗食者當爲惜官吉甫權德輿皆稱無有絳曰崔祐甫爲宰相不半歲除吏八百人德宗曰多公姻故何耶祐甫曰所問當與不當耳非臣親舊孰知其才其不知者安敢與官時以爲名言武后命官猥多而開元中有名者皆出其選古人言拔十得五猶得其半若猜故自嫌非聖主責成意帝曰誠然在至當而已帝又問玄宗開元時致治天寶則亂何一君而相反邪絳曰治生於憂危亂生於放肆玄宗嘗歷試官守知人之艱難臨御初任用姚崇宋璟勵精聽納故左右前後皆正人也洎林甫國忠得君專引傾邪之人分總要劇於是上不聞直言嗜欲日滋內則盜臣勸以興利外則武夫誘以開邊天下騷動故祿山乘隙而奮此皆小人啓導從逸而驕縱時主所行無常治亦無常亂帝曰凡人舉事病不通於理追咎其失古人處此有道耶絳曰事或過差聖哲所不免天子有諫臣所以救過上下同體猶手足之於心膂交相爲用但矜能護失常情所蔽聖人改過不吝願陛下以此處之教坊使稱密詔閱良家子及別宅婦人內禁中京師囂然絳將入言于帝吉甫曰此諫官所論列絳曰公嘗病諫官論事此難言者欲移之耶吉甫乃欲諷詔使止之絳以吉甫畏不敢諫遂獨上疏帝曰朕以丹王等無侍者比命訪閭里以貲致之彼不諭朕意故至讙擾乃悉歸所取以足疾求免罷爲禮部尙書帝乃召承璀於淮南絳雖去位猶懷不能已因上言北虜方彊其憂有五彼蔑信重利歲入馬求直今則置不取當貯佗謀一也屯士不足斥候不明城無完堞非可應卒二也今之營築不詢衆謀遠規塞外城非要地虜一入寇應援艱阻三也比年通好往來窺覘河山兵甲悉知之矣若寇掠驅脅援兵非十日不至旣至虜去兵罷復來四也北狄西戎久爲仇敵今回鶻思叛脫相連約數道並進何以過之五也十年出爲華州刺史承璀田多在部中主奴擾民絳捕繫之會遣五坊使帝戒曰至華宜自戢絳大臣有奏即行法矣州有捕鶉戶歲責貢限絳以爲言幷勸止畋獵有詔澤潞太原天威府并罷之入爲兵部尙書母喪免還授河中觀察使河中故節制而皇甫鎛惡絳故薄其恩議者不直鎛得罪復以兵部召還御史大夫穆宗數游畋絳率其屬叩延英切諫不納以疾辭還兵部尙書歷東都留守徙東川節度使復爲留守寶曆初拜尙書左僕射絳偉儀質以直道進退望冠一時賢不肖太分屢爲讒邪所中御史中丞王播遇絳於道不之避絳引故事論列宰相李逢吉右播下遷絳太子少師分司東都文宗立召爲太常卿以檢校司空爲山南西道節度使累封趙郡公四年南蠻寇蜀道詔絳募兵千人往赴不半道蠻已去兵還監軍使楊叔元者素疾絳遣人迎說軍曰將收募直而還爲民士皆怒乃譟而入劫庫兵絳方宴不設備遂握節登陴或言縋城可以免絳不從牙將王景延力戰歿絳遂遇害年六十七幕府趙存約薛齊皆死事閒諫官崔戎等列絳寃册贈司徒謚曰貞賻禮甚厚景延亦贈官祿一子大中初詔史官差第元和將相圖形淩煙閣絳在焉獨留中絳所論事萬餘言其甥夏侯孜以授蔣偕次爲七篇

子璋字重禮大中初擢進士第辟盧鈞太原幕府還監察御史奏太廟祫享復用宰相攝事進起居郎舊制設次郊丘太僕盤車載樂召羣臣臨觀璋奏罷之咸通中累官尙書右丞湖南宣歙觀察使

宋申錫字慶臣史失其何所人少而孤擢進士第累辟節度府後頻遷起居舍人以禮部員外郎爲翰林學士敬宗時拜侍講學士長慶寶曆間風俗囂薄驅煽朋黨申錫素孤直少與及進用議者謂可以激浮競文宗即位再轉中書舍人復爲翰林學士帝惡宦官權寵震主再致宮禁之變而王守澄典禁兵偃蹇放肆欲剟除本根思可與決大事者察申錫忠厚因召對俾與朝臣謀去守澄等且倚以執政申錫頓首謝未幾拜尙書右丞踰月進同中書門下平章事乃除王璠京兆尹密諭帝旨璠漏言而守澄黨鄭注得其謀太和五年遣軍候豆

盧著誣告申錫與漳王謀反守澄持奏浴堂將遣騎二百屠申錫家宦官馬存亮爭曰謀反者獨申錫耳當召南司會議不然京師且亂矣守澄不能對時二月晦羣司皆休中人馳召宰相馬奔乏死於道易所乘以復命申錫與牛僧孺路隋李宗閔至中書中人唱曰所召無宋申錫申錫始知得罪望延英門以笏叩頟還第僧孺等見上出著告牒皆駭愕不知所對守澄捕申錫親吏張全眞家人買子緣信及十六宅典史胥成其罪帝乃罷申錫爲太子右庶子召三省官御史中丞大理卿京兆尹會中書集賢院雜驗申錫反狀京師讙言相驚久乃定翌日延英召宰相羣臣悉入初議抵申錫死僕射竇易直率然對曰人臣無將將而必誅聞者不然於是左散騎常侍崔玄亮給事中李固言諫議大夫王質補闕盧鈞舒元褒羅泰蔣係裴休韋宗直韋温拾遺李羣韋端符丁居晦袁都等伏殿陛請以獄付外帝震怒叱曰吾與公卿議矣卿屬第出玄亮固言執據愈切涕泣懇到繇是議貸申錫於嶺表京兆尹崔琯大理卿王正雅苦請出著與申錫劾正情狀帝悟乃貶申錫開州司馬從而流死者數十百人天下以爲宽擢豆盧著兼殿中侍御史初申錫旣歸易素服俟命外舍其妻責謂曰公何負天子乃反乎申錫曰吾起孤生位宰相蒙國厚恩不能鉏姦亂反爲所陷我豈反者乎初申錫以清節進疾要位者納賕餉敗風俗故自爲近臣凡四方賄謝一不受旣被罪有司驗劾悉得所還問遺書朝野爲咨閔然在宰府無它謀略七年感憤卒有詔歸葬開成元年李石因延英召對從容言曰陛下之政皆承天心惟申錫之枉久未原雪帝憮曰我當時亦悟其失而詐忠者迫我以社稷計故耳使逢漢昭宣時當不坐此因追復右丞同中書門下平章事贈兵部尚書錄其子愼微爲城固尉會昌二年賜謚曰貞

贊曰鑑元衡暴忠王室絳巨德大臣皆爲賊姦所乘不歿元身蓋福善禍淫之訓有時而撓雖然賢者於忠誼寧以一不幸遽使慊然於其心哉要躬可殞而名與岱嵩等矣公輔隙開而猶納說焉申錫謀小任大顛沛從之惜乎

唐書卷一百五十二考證

張鎰傳後肖五世孫○後肖傳作曾孫非五世孫也

武元衡傳曾祖載德○舊書作德載

歲内三遷至右司郎中○舊書一歲遷左司郎中

李絳傳御史中丞王璠○舊書作王播

宋申錫傳錄其子愼微爲城固尉○舊書作愼徽文宗紀又作道徽

唐書卷一百五十三

宋　端　明　殿　學　士　宋　祁　撰

列傳第七十八

段顏

段秀實字成公本姑臧人曾祖師濬仕爲隴州刺史留不歸更爲汧陽人秀實六歲母疾病不勺飲至七日病間乃肯食時號孝童及長沈厚能斷慨然有濟世意舉明經其友易之秀實曰搔章擿句不足以立功乃棄去天寶四載從安西節度使馬靈詧討護密有功授安西府別將靈詧罷又事高仙芝仙芝討大食圍怛邏斯城會虜救至仙芝兵卻士相失秀實夜聞副將李嗣業聲識之因責曰憚敵而奔非勇也免已陷衆非仁也嗣業慙乃與秀實收散卒復成軍還安西請秀實爲判官遷隴州大堆府果毅後從封常清討大勃律次賀薩勞城與虜戰勝之常清逐北秀實曰賊出羸師餌我也請大索悉得其廋伏虜師殲改綏德府折衝都尉肅宗在靈武詔嗣業以安西兵五千走行在節度使梁宰欲逗留觀變嗣業陰然可秀實責謂曰天子方急臣下乃欲晏然公常自稱大丈夫今誠兒女耳嗣業因固請宰遂東師以秀實爲副嗣業爲節度使而秀實方居父喪表起爲義王友充節度判官安慶緒奔鄴嗣業與諸將圍之以輜重委河内署秀實兼懷州長史知州事兼留後時師老財匱秀實督餽係道募士市馬以助軍諸軍戰愁思岡嗣業中流矢卒衆推荔非元禮代將其軍秀實聞之卽遺白孝德書使發卒護喪送河内親與將吏迎諸境傾私財葬之元禮高其義奏擢試光祿少卿俄而元禮爲麾下所殺將佐多死惟秀實以恩信爲士卒所服皆羅拜不敢害更推白孝德爲節度使秀實凡佐三府益知名時吐蕃襲京師代宗幸陝勸孝德卽日鼓行入援孝德從邠寧署支度營田副使於是邠寧乏食乃請屯奉天仰給畿内時公稟竭縣吏不知所出皆逃去軍輒散剽孝德不能制秀實曰使我爲軍候豈至是邪司馬王稷言之遂知奉天行營事號令嚴壹軍中畏戢兵還孝德薦爲涇州刺史封張掖郡王時郭子儀爲副元帥居蒲子晞以檢校尚書領行營節度使屯邠州士放縱不法邠人之嗜惡者納賄竄名伍中因肆志吏不得問白晝羣行丐頡於市有不嗛輒擊傷市人椎釜鬲甕盎盈道至撞害孕婦孝德不敢劾秀實自州以狀白府願計事至則曰天子以生人付公治公見人被暴害恬然且大亂若何孝德曰願奉教因請曰秀實不忍人無寇暴死亂天子邊事公誠以爲都虞候能爲公已亂孝德卽檄署付軍俄而晞士十七人入市取酒刺酒翁壞釀器秀實列卒取之斷首置槊上植市門外一營大譟盡甲孝德恐召秀實曰奈何秀實曰請辭於軍乃解佩刀選老躄一人持馬至晞門下甲者出秀實笑且入曰殺一老卒何甲也吾戴頭來矣甲者愕眙因曉之曰尚書固負若屬邪副元帥固負若屬邪奈何欲以亂敗郭氏晞出秀實曰副元帥功塞天地當務始終今尚書恣卒爲暴使亂天子邊欲誰歸罪罪且及副元帥今邠惡子弟以貨竄名軍籍中殺害人藉藉如是幾日不大亂亂由尚書出人皆曰尚書以副元帥故不戢士然則郭氏功名其與存者有幾晞再拜曰公幸教晞願奉軍以從卽叱左右皆解甲令曰敢讙者死秀實曰吾未晡食請設具已食曰吾疾作願宿門下遂臥軍中晞大駭戒候卒擊柝衞之且與俱至孝德所謝不能邠由是安初秀實爲營田官涇大將焦令諶取人田自占給與農約熟歸其半是歲大旱農告無入令諶曰我知入不知旱也責之急農無以償往訴秀實秀實署牒免之因使人遜諭令諶令諶怒召農責曰我畏段秀實邪以牒置背上大杖擊二十輿致廷中秀實泣曰乃我困汝卽自裂裳裹瘡注藥賣己馬以代償淮西將尹少榮頗剛鯁入罵令諶曰汝誠人乎涇州野如赭人饑死而爾必得穀擊無罪者段公仁信大人惟一馬賣而市穀入汝汝取之不耻凡爲人傲天災犯大人擊無罪者尚不愧奴隸邪令諶聞大愧流汗曰吾終不可以見段公一夕自恨死馬璘代孝德每所咨逮璘處決不當固爭之不從不止始璘城涇州秀實爲留後以勞加御史中丞大曆三年遂徙涇州是軍自四鎭北庭赴難征伐數有功旣驟徙相與出怨言別將王童之謀作亂約曰聞警鼓而縱秀實知之召鼓人陽怒失節戒曰每籌盡當報因延數刻盡四鼓而曙明日復有告者曰夜焚稾積約救火則亂秀實嚴警備夜中果火發令軍中曰敢救者斬童之居外請入不許明日捕之并其黨八人斬以徇曰後徙者族軍遂遷涇州于時食無久儲邪無居人朝廷患之詔璘領鄭潁二州以佐軍命秀實爲留後軍不乏資二州以治璘嘉其績奏爲行軍司馬兼都知兵馬使吐蕃寇邊戰鹽倉師不利璘爲虜隔未能還都將引潰兵先入秀實讓曰兵法失將麾下斬公等忘死而欲安其家邪乃悉城中士使銳將統之依東原列奇兵示賊將戰虜望之不敢逼俄而璘得歸久之璘有疾請秀實攝節度副使秀實按甲備變璘卒命愿將馬頔主喪李漢惠主賓客家人位於堂宗族位于廷賓將位於牙内尉吏士卒位於營次非其親不得居喪側朝夕臨三日止有族談離立者皆捕囚之都虞候史廷幹裨將崔珍張景華欲謀亂秀實送廷幹京師徙珍景華于外一軍遂安卽拜四鎭北庭行軍涇原鄭潁節度使數年吐蕃不敢犯塞又按格令官使二料取其一非公會不舉樂飲酒室無妓媵無贏財賓佐至議軍政不及私十三年來朝對蓬萊殿代宗問所以安邊者畫地以對件别條陳帝悅慰賚良渥又賜第一區實封百戶還之鎭德宗立加檢校禮部尚書建中初宰相楊炎追元載議欲城原州詔中使問狀秀實言方春不可興土功請須農隙炎謂沮已遂召爲司農卿朱泚反以秀實失兵必恨憤且素有人望使騎往迎秀實與子弟訣而入泚喜曰公來吾事成矣秀實曰將士東征宴賜不豐有司過耳人主何與知公本以忠義聞天下今變起倉卒當諭衆以禍福埽清宮室迎乘輿公之職也泚默然秀實知不可乃陽與合陰結將軍劉海賓姚令言都虞候何明禮欲圖泚三人者皆秀實素所厚會源休教泚僞迎天子遣將韓旻領銳師三千疾馳奉天秀實以爲宗社之危不容喘乃遣人諭大吏岐靈岳竊取令言印不獲乃倒用司農印追其兵旻至駱驛得符還秀實謂海賓曰旻之來吾等無遺類我當直搏殺賊不然則死乃約事急爲繼而令明禮應於外翌日泚召秀實計事源休姚令言李忠臣李子平皆在坐秀實戎服與休並語至僭位勃然起執休腕奪其象笏奮而前唾泚面大罵曰狂賊可磔萬段我豈從汝反邪遂擊之泚舉臂捍笏中顙流血殰面匍匐走賊衆未敢動而海賓等無至者秀實大呼曰我不同反胡不殺我遂遇害年六十五海賓明禮靈岳等皆繼爲賊害帝在奉天恨用秀實不極才垂涕悔悵初

秀實自涇州被召，戒其家曰若過岐朱泚必致贈遺愼毋納至岐泚固致大綾三百家人拒不遂至都秀實怒曰吾終不以汙吾第以置司農治堂之梁問吏後以告泚泚取視其封帕完新秀實嘗以禁兵寡弱不足備非常言於帝曰古者天子曰萬乘諸侯曰千乘大夫曰百乘蓋以大制小以十制一今外有不廷之虜內有梗命之臣而禁兵寡少卒有患難何以待之且猛虎所以百獸畏者爲爪牙也若去之則犬彘馬牛皆能爲敵帝不用及涇卒亂召神策六軍無一人至者世多其謀興元元年詔贈太尉謚曰忠烈賜封戶五百莊第各一區長子三品諸子五品並正員官帝還都又詔致祭旌其門閭親銘其碑云太和中子伯倫始立朝有詔給鹵簿賜度支綾絹五百以少牢致祭伯倫累官福建觀察使終大僕卿時宰相李石請文宗加賻襚鄭覃曰自古殺身利社稷未有如秀實者帝惻然爲罷朝可其請孫嶷文楚珂知名嶷自鄭滑節度使入爲右金吾衞大將軍封西平郡公甘露之變嶷當誅裴度奏忠臣後宜免死貶循州司馬文楚咸通末爲雲州防禦使時李國昌鎮振武國昌子克用欲得雲中引兵攻之殺於鬬雞臺下沙陀之亂自此始珂僖宗時客頴州黃巢圍頴刺史欲以城降珂募少年拒戰衆裹糧請從賊遂潰拜州司馬

劉海賓者彭城人以義俠聞爲涇原兵馬將與秀實友善累戰功兼御史中丞劉文喜據涇州叛海賓與其子光國紿以奏請及入對因言姦惡可誅狀既還光國手斬文喜獻闕下拜左驍衞大將軍封五原郡王海賓樂平郡王贈太子太保實封百戶

顏眞卿字清臣祕書監師古五世從孫少孤母殷躬加訓導既長博學工辭章事親孝開元中擧進士又擢制科調醴泉尉再遷監察御史使河隴時五原有冤獄久不決天且旱眞卿辨獄而雨郡人呼御史雨復使河東劾奏朔方令鄭延祚母死不葬三十年有詔終身不齒聞者聳然遷殿中侍御史時御史吉溫以私怨構中丞宋渾謫賀州眞卿曰奈何以一時忿欲危宋璟後乎宰相楊國忠惡之諷中丞蔣洌奏爲東都採訪判官再轉武部員外郎國忠終欲去之乃出爲平原太守安祿山逆狀牙孽眞卿度必反陽托霖雨增陴濬隍料才壯儲廥廩日與賓客泛舟飲酒以紓祿山之疑果以爲書生不虞也祿山反河朔盡陷獨平原城守具備使司兵參軍李平馳奏玄宗始聞亂歎曰河北二十四郡無一忠臣邪及平至帝大喜謂左右曰朕不識眞卿何如人所爲乃若此時平原有靜塞兵三千乃益募士得萬人遣錄事參軍李擇交統之以刁萬歲和琳徐浩馬相如高抗朗等爲將分總部伍大饗士城西門慷慨泣下衆感勵饒陽太守盧全誠濟南太守李隨清河長史王懷忠景城司馬李暐鄴郡太守王燾各以衆歸有詔北海太守賀蘭進明率精鋭五千濟河爲助賊破東都遣段子光傳李憕盧奕蔣清首徇河北眞卿畏衆懼紿諸將曰吾素識憕等其首皆非是乃斬子光藏三首它日結芻續體斂而祭爲位哭之是時從父兄杲卿爲常山太守斬賊將李欽湊等清土門十七郡同日自歸推眞卿爲盟主兵二十萬絕燕趙詔即拜戶部侍郎佐李光弼討賊眞卿以李暉自副而用李銑賈載沈震爲判官俄加河北招討採訪使清河太守使郡人李萼來乞師萼曰聞公首奮裾唱大順河朔恃公爲金城清河西鄰也有江淮租布備北軍號天下北庫計其積足以三平原之有士卒可以二平原之衆公因而撫有以爲腹心它城運之如臂之指耳眞卿爲出兵六千謂曰吾兵已出子將何以教我萼曰朝家使程千里統衆十萬自太行而東將出崞口限賊不得前公若先伐魏郡斬賊守袁知泰以勁兵披崞口出官師使討鄴幽陵平原清河合十萬衆徇洛陽分畢鋭制其衝公堅壁勿與戰不數十日賊必潰相圖死眞卿然之乃檄清河等郡遣大將李擇交副將范冬馥和琳徐浩與清河博平士五千屯堂邑袁知泰遣將白嗣深乙舒蒙等兵二萬拒戰賊敗斬首萬級知泰走汲郡史思明圍饒陽遣游奕兵絕平原救軍眞卿懼不敵以書招賀蘭進明以河北招討使讓之進明敗於信都會平盧將劉正臣以漁陽歸眞卿欲堅其意遣賈載越海遺軍資十餘萬以子頗爲質頗甫十歲軍中固請留之不從肅宗已即位靈武眞卿數遣使以蠟丸裹書陳事拜工部尚書兼御史大夫復爲河北招討使時軍費困竭李萼勸眞卿收景城鹽使諸郡相輸用度遂不乏第五琦方參進明軍後得其法以行軍用饒雄祿山乘虛遣思明尹子奇急攻河北諸郡復陷獨平原博平清河固守然人心危不復振眞卿謀於衆曰賊鋭甚不可抗若委命辱國非計也不如徑赴行在朝廷若誅敗軍罪吾死不恨至德元載十月棄郡度河間關至鳳翔謁帝詔授憲部尚書遷御史大夫方朝廷草昧不暇給而眞卿繩治如平日武部侍郎崔漪諫議大夫李何忌皆被劾斥降廣平王總兵二十萬平長安辭日當闕不敢乘趨出棨梐乃乘王府都虞候管崇嗣先王而騎眞卿劾之帝還奏慰答曰朕子每出諄諄教戒故不敢失崇嗣老而躄卿姑容之百官肅然兩京復帝遣左司郎中李選告宗廟祝署嗣皇帝眞卿謂禮儀使崔器曰上皇在蜀可乎器遽奏改之帝以爲達識又建言春秋新宮災魯成公三日哭今太廟爲賊毀請築壇於野皇帝東向哭然後遣使不從宰相厭其言出爲馮翊太守轉蒲州刺史封丹陽縣子爲御史唐旻誣劾貶饒州刺史乾元二年拜浙西節度使劉展將反眞卿豫飭戰備都統李峘以爲生事非短眞卿因召爲刑部侍郎展卒舉兵度淮而峘奔江西李輔國遷上皇西宮眞卿率百官問起居輔國惡之貶蓬州長史代宗立起爲利州刺史不拜再遷吏部侍郎除荊南節度使未行改尚書右丞帝自陝還眞卿請先謁陵廟而即宮宰相元載以爲迂眞卿怒曰用捨在公言者何罪然朝廷事豈堪公再破壞邪載銜之俄以檢校刑部尚書爲朔方行營宣慰使未行留知省事更封魯郡公時載多引私黨畏羣臣論奏乃紿帝曰羣臣奏事多挾讒毀請每論事皆先白長官長官以白宰相宰相詳可否以聞眞卿上疏曰諸司長官者達官也皆得專達於天子郎官御史陛下腹心耳目之臣也故出使天下事無細大得失皆俾訪察還以聞此古明四目達四聰也今陛下欲自屏耳目使不聽明則天下何望焉詩曰營營青蠅止于棘讒言罔極交亂四國以其能變白爲黑變黑爲白也詩人疾之故曰取彼讒人投畀豺虎豺虎不食投畀有北昔夏之伯明楚之無極漢之江充皆讒人也陛下惡之宜矣胡不回神省察其言虛誣則讒人也宜誅殛之其言不誣則正人也宜獎勵之捨此不爲使衆人謂陛下不能省察而倦聽覽以是爲辭臣竊惜之昔太宗勤勞庶政其司門式曰無門籍者有急奏令監司與仗家引對不得關礙防擁蔽也置立仗馬二須乘者聽此其平治天下也天寶後李林甫得君羣臣不先咨宰相輒奏事者託以他故中傷之猶不敢明約百司使先關白時閹人袁思藝日宣詔至中書天子動靜必告林甫林甫得以先意奏請帝驚喜若神故權寵日甚道路以目上意不下宣下情不上達此權臣蔽主不遵太宗之法也陵夷至于今天下之敝皆萃陛下其所從來漸矣自艱難之初百姓尚未凋竭太平之治猶可致而李輔國當權宰相用事遞爲姑息開三司誅反側使餘賊潰將北走党項裒噍不逞更相驚恐思明危懼相挺而反東都陷没先帝由是憂勤損壽臣每思之痛貫心骨今天下瘡痏未平干戈日滋陛下豈得不博聞讜言以廣視聽而塞絕忠諫乎陛下在陝時奏事者不限貴賤羣臣以爲太宗之治可跂而待且君子難進易退朝廷開不諱之路猶恐不言況懷厭怠令宰相宣進止御史臺作條目不得直進從此人不奏事矣陛下聞見止于數人耳目天下之士方鉗口結舌陛下便爲無事可論豈知懼而不敢進即林甫國忠復起矣臣謂今日之事曠古未有雖林甫國忠猶不敢公爲之陛下不早覺悟漸成孤立後悔無及矣於是中人等騰布中外後攝事太廟言祭器不飭載以爲誹謗貶峽州別駕改吉州司馬遷撫湖二州刺史載誅楊綰薦之擢刑部尚書進吏部帝崩以爲禮儀使因奏列聖謚繁請從初議爲定袁傪固排之罷不報時喪亂後典法湮放眞卿雖博識今古屢建議釐正爲權臣沮抑多中格云楊炎當國以直不容換太子少師然猶領使及盧杞益不喜改太子太師并使罷之數遣人問方鎮所便將出之眞卿往見杞辭曰先中丞傳首平原面流血吾不敢以衣拭親舌舐之公忍不見容乎杞矍然下拜而銜恨切骨李希烈陷汝州杞乃建遣眞卿四方所信若往諭之可不勞師而定詔可公卿皆失色李勉以爲失一元老貽朝廷羞密表固留至河南河南尹鄭叔則以希烈反狀明勸不行答曰君命可避乎既見希烈宣詔旨希烈養子千餘拔刃爭進諸將皆慢罵將食之眞卿色不變希烈以身扞麾其衆退乃就館逼使上疏雪已眞卿不從乃詐遣眞卿兄子峴與從吏數輩繼請德宗不報眞卿每與諸子書但戒嚴奉家廟恤諸孤訖無它語希烈遣李元平說之眞卿叱曰爾受國委任不能致命顧吾無兵戮汝尚說我邪希烈大會其黨召眞卿使倡優斥侮朝廷眞卿怒曰公人臣奈何如是拂衣去希烈大慙時朱滔王武俊田悅李納使者皆在坐謂希烈曰聞太師名德久矣公欲建大號而太師至求宰相孰先太師者眞卿叱曰若等聞顏常山否吾兄也祿山反首擧義師後雖被執詬賊不絕于口吾年且八十官太師吾守吾節死而後已豈受若等脅邪諸賊失色希烈乃拘眞卿守以甲士掘方丈坎於廷傳將阬之眞卿見希烈曰死生分矣何多爲張伯儀敗希烈令齋旌節首級示眞卿眞卿慟哭投地會其黨周曾康秀林等謀襲希烈奉眞卿爲帥事洩曾死乃拘送眞卿蔡州眞卿度必死乃作遺表墓誌祭文指寢室西壁下曰此吾瘞所也希烈僭稱帝使問儀式對曰老夫耄矣曾掌國禮所記諸侯朝覲耳與元後王

師復振賊慮變遣將辛景臻安華至其所積薪于廷曰不能屈節當焚死眞卿起赴火景臻等遽止之希烈弟希倩坐朱泚誅希烈因發怒使閹奴等害眞卿曰有詔眞卿再拜奴曰宜賜卿死曰老臣無狀罪當死然使人何日長安來奴曰從大梁來罵曰乃逆賊耳何詔云遂縊殺之年七十六嗣曹王皐聞之泣下三軍皆慟因表其大節淮蔡平子頵碩護喪還帝廢朝五日贈司徒諡文忠賻布帛米粟加等眞卿立朝正色剛而有禮非公言直道不萌於心天下不以姓名稱而獨曰魯公如李正已田神功董秦侯希逸王玄志等皆眞卿始招起之後皆有功善正草書筆力遒婉世寶傳之貞元六年赦書授頵五品正員官開成初又以曾孫弘式爲同州參軍

贊曰唐人柳宗元稱世言段太尉大抵以爲武人一時奮不慮死以取名非也太尉爲人姁姁常低首拱手行步言氣卑弱未嘗以色待物人視之儒者也遇不可必達其志決非偶然者宗元不妄許人諒其然邪非孔子所謂仁者必有勇乎當祿山反哮噬無前魯公獨以烏合嬰其鋒功雖不成其志有足稱者晚節偃蹇爲姦臣所擠見殞賊手毅然之氣折而不沮可謂忠矣詳觀二子行事當時亦不能盡信於君及臨大節蹈之無貳色何耶彼忠臣誼士寧以未見信望于人要返諸己得其正而後慊於中而行之也嗚呼雖千五百歲其英烈言言如嚴霜烈日可畏而仰哉

唐書卷一百五十三考證

段秀實傳孝德薦爲涇州刺史封張掖郡王○舊書秀實拜涇州刺史兼御史大夫四鎮北庭行軍涇原鄭潁節度使三四年間吐蕃不敢犯塞德宗嗣位就加檢校禮部尚書張掖郡王臣丙按秀實初爲涇州刺史名位尚卑無封王之理後以節度封王于事理爲近當從舊書

令諶聞大愧流汗曰吾終不可以見段公一夕自恨死○沈炳震曰按舊書大歷八年監倉之戰令諶尚爲都將此云自恨死疑未的也

唐書卷一百五十四

宋　端　明　殿　學　士　宋　祁　撰

列傳第七十九

李晟

李晟字良器洮州臨潭人世以武力仕然位不過裨將晟幼孤奉母孝身長六尺年十八往事河西王忠嗣從擊吐蕃悍酋乘城殺傷士甚衆忠嗣怒募射者晟挾一矢殪之三軍讙奮忠嗣撫其背曰萬人敵也鳳翔節度使高昇召署列將擊疊州叛羌於高當川又擊連狂羌於罕山破之累遷左羽林大將軍廣德初擊党項有功授特進試太常卿大曆初李抱玉署晟右軍將吐蕃寇靈州抱玉授以兵五千擊之辭曰以衆則不足以謀則多乃請千人繇大震關趨臨洮屠定秦堡執其帥慕容谷鍾虜乃解靈州去遷開府儀同三司以右金吾衛大將軍爲涇原四鎮北庭兵馬使馬璘與吐蕃戰鹽倉敗績晟率游兵拔璘以歸封合川郡王璘內忌晟威略歸之朝爲右神策都將德宗始立吐蕃寇劍南方崔寧未還蜀土大震詔晟將神策兵救之踰漏天拔飛越等三城絕大渡斬虜千級虜遁去建中二年魏博田悅反晟爲神策先鋒與河東馬燧昭義李抱眞合兵攻之斬楊朝光晟乘冰度洺水破悅又戰洹水悅大敗遂進攻魏加檢校左散騎常侍兼魏府左司馬朱滔王武俊圍康日知于趙州也抱眞分兵二千戍邢燧怒欲班師晟曰奉詔東討者吾三帥也邢趙比壤今賊以兵加趙是邢有晝夜憂李公分衆守之不爲過公柰何遽引去燧悟釋然即造抱眞壘與交歡晟建言以兵趨定州與張孝忠合以圖范陽則武俊等當捨趙帝壯之授御史大夫又俾神策三將軍莫仁擢等隸之晟自魏引而北武俊果解去晟留趙三日與孝忠連兵北略恒州圍朱滔將鄭景濟於清苑決水灌之悅武俊引兵戰白樓孝忠兵窘晟引步騎擊破之清苑益急滔武俊大懼悉起兵來救圍晟軍晟內攻景濟而外抗滔等自正月至五月不解會晟疾甚不能輿軍中共計引還定州而賊猶不敢逼疾間將復進會帝出奉天有詔召晟即日治嚴而孝忠以軍介二盜間倚晟爲重數止晟無西晟語衆曰天子播越人臣當百舍一息義武欲止吾吾當以子爲質乃以憑約昏并遺良馬孝忠有親將謁晟晟解玉帶遺之使喻孝忠乃得踰飛狐次代州詔迎拜神策行營節度使進臨渭北壁東渭橋所過樵蘇無犯時劉德信自扈澗敗歸亦次渭南軍囂無制德信入謁晟晟責所以敗斬之以數騎入壁勞其軍無敢動晟已并兵則軍益振於是朔方李懷光方軍咸陽不欲晟當一面請與晟合有詔徙屯乃引趨陳濤斜與懷光聯壘晟每與賊戰必錦裘繡帽自表指顧陣前懷光望見惡之戒曰將務持重豈宜自表襮爲賊餌哉晟曰昔在涇原士頗相畏伏欲令見之奪其心爾懷光不悅遷延有異志晟使間說懷光曰賊據京邑天子暴露于外公宜速進兵雖晟不肖願爲公先驅死且不悔懷光不納每兵至都城下而懷光軍多鹵掠晟軍整戢懷光使分所獲遺之又辭不敢受懷光謀沮撓其軍卽奏言神策兵給賜比方鎮獨厚今桀逆未平軍不可以異且衆以爲言臣無以解惟陛下裁處懷光欲晟自削其軍則士怨易撓帝議諸軍與神策等力且不贍遣翰林學士陸贄臨詔懷光令與晟計所宜者懷光曰稟賜不均軍何以戰贄數顧晟晟曰公元帥軍政得專之晟將一軍唯所命其增損賚調敢不聽懷光默然計塞顧刻削稟賜事出已乃止懷光屯咸陽凡八旬帝數促戰以伺賊隙爲言卒不出兵陰通朱泚反迹寖露晟懼爲所并上言當先變制備請假裨佐趙光銑唐良臣張彧爲洋利劍三州刺史各勒兵以通蜀漢衿喉未報會吐蕃欲佐誅泚帝議幸咸陽督戰懷光大駭疑帝奪其軍圖反益急晟與李建徽陽惠元皆聯屯適有使者到晟軍晟乃令曰有詔徙屯卽結陣趨東渭橋後數日懷光并建徽惠元兵惠元死之是日帝進狩梁州駱谷道隘儲供不豫從官乏食帝歎曰早用晟言三蜀之利可坐有也顧渾瑊曰渭橋在賊腹中兵孤絕晟能辦賊邪瑊曰晟秉義挺忠崒然不可奪臣策之必破賊帝乃安自行在遣晟將張少弘卽詔進晟尚書左僕射同中書門下平章事晟受命拜且泣曰京師天下本若皆執羈靮誰將復之乃繕甲兵治陴隍以圖收復是時晟提孤軍橫當寇鋒恐二盜合以軋之則卑詞厚幣僞致誠於懷光者特赦脅畢惡乃使張彧假京兆少尹多署吏調畿內賦不淹旬芻米告具乃陳兵下令曰國家多難乘輿播遷見危死節自吾之分公等此時不誅元凶取富貴非豪英也渭橋斷賊首尾吾欲與公戮力一心建不世之功可乎士皆雪泣曰惟公命於是駱元光以華州之衆守潼關尚可孤以神策兵保七盤皆受晟節度戴休顏衆奉天韓游瓌悉邠寧軍從晟懷光始懼晟乃移書顯讓之使破賊自贖懷光不聽然其下益攜落畏爲晟襲乃奔河中其將孟涉段威勇以兵數千自拔歸晟皆表以要官帝遣使者間道詔晟兼河中晉絳慈隰節度使又兼京畿渭北鄜坊丹延節度招討使帝欲益西幸晟請駐梁漢以繫天下望又進京畿渭北鄜坊商華兵馬副元帥時京兆司錄參軍李敬仲自賊中來乃署節度府判官以諫議大夫鄭雲逵爲行軍司馬擢張彧自副神策軍及晟家皆爲賊質左右有言者晟涕數行下曰陛下安在而欲恤家乎泚使晟吏王無忌壻欵壁門曰公等家無恙晟怒曰爾乃與賊爲間乎叱斬之時輸饟不屬盛夏士有衣裘者晟能與下同甘苦以忠誼感發士心終無攜怨邏得姚令言崔宣諜者晟命釋縛飯飲之遣還敕曰爲我謝令言等善爲賊守勿不忠于泚乃引兵叩都門賊不敢出振旅而還明日會諸將圖所向衆對先拔外城然後清宮晟曰外城有里閈之隘若設伏格戰居人囂潰非計也賊重兵精甲聚苑中今直擊之是披其心腹將圖走不暇諸將曰善乃自東渭橋移壁光泰門以薄都城連溝柵而賊將張庭芝李希倩求戰晟顧曰賊不出是吾憂也今乃冒死來天誘之矣勒吳詵等縱兵塵擊賊攻華師急晟以精騎馳救中軍譟而從大破之乘勝入光泰門再戰賊卻僵尸相藉餘衆走白華賊大哭終夜不息翌日將復戰或請待西師晟曰賊既敗當乘機撲殄苟俟西軍是容其爲計豈吾利邪乃悉軍軍光泰門使王佖李演將騎史萬頃將步抵苑北晟先夜潰苑垣爲道二百步比兵至賊已伐木塞以拒戰晟叱諸將曰安得縱賊今先斬公矣萬頃懼先登拔柵以入佖騎繼之賊崩潰執其將段誠諫大兵分道進雷譟震地令言庭芝希倩等殊死鬬晟令唐良臣等步騎奔突賊陣成輒北十餘遇皆不勝賊入白華賊伏千騎出官軍背晟以麾下百騎自馳之左右呼曰相公來賊驚潰禽馘略盡泚率殘卒萬人西走田子奇追之餘黨悉降晟引軍屯含元外廷舍右金吾次令軍中曰五日內不得輒通家問違者斬遣京兆尹李齊運部長安萬年令分慰居人秋毫無所擾別將高明曜取賊妓一司馬伷取賊馬一卽斬以徇坊人之遠者宿昔乃知王師之入也明日孟涉屯白華尚可孤屯望仙門駱元光屯章敬寺晟屯安國寺斬賊用事者及臣賊宦豎于市表著節不死露布至梁帝感泣羣臣上壽且言晟蕩夷宼慝而市不易廛宗廟不震長安之人不識旗鼓雖三代用師不能加之帝曰天生晟爲社稷萬人豈獨朕哉拜晟司徒兼中書令實封千戶晟遣大將吳詵以兵三千到寶雞

清道自請迎扈不許帝至自梁晟以戎服見三橋帝駐馬勞之晟再拜頓首賀克殄大盜廟朝安復已卽跪陳備爪牙臣不能指日破賊致乘輿再狩乃臣不任職之咎敢請死伏道左帝爲掩涕命給事中齊映起之使就位有詔賜第永崇里涇陽上田延平門之林園女樂一列晟入第京兆供帳教坊鼓吹迎導詔將相送之帝紀其功自文于碑敕皇太子書立于東渭橋以示後世云又令太子錄副以賜始晟屯渭橋也熒惑守歲久乃退府中皆賀曰熒惑退國家之利速用兵者昌晟曰天子暴露人臣當力死勤難安知天道邪至是乃曰前士大夫勸晟出兵非敢拒也且人可用而不可使之知也夫惟五緯盈縮不常晟懼復守歲則我軍不戰自屈矣皆曰非所及也涇州倚邊數戕其帥晟請治不襲命者因以訓耕積粟實塞下羈制西戎帝乃拜晟鳳翔隴右涇原節度使兼行營副元帥徙王西平郡實封千五百戶晟請與李楚琳俱行亦將治殺張鎰罪帝方務安反側不許晟至鳳翔亂將王斌等十餘人以次伏誅時宦者尹元貞持節到同華擅入河中諭慰李懷光晟劾元貞矯使欲洗宥元惡請治罪又言赦懷光有五不可河中抵京師三百里同州制其衝兵多則示未信少則力不足忽驚東偏何以待之一也今赦懷光則必以晉絳慈隰還之渾瑊康日知又且遷徙二也兵力未窮忽宥反逆四夷聞之謂陛下兵屈而自罷耳今回紇拒北吐蕃梗西希烈僭淮蔡若棄彊示弱以招窺覦三也懷光既赦則朔方將士悉復敘勳行賞追還纍廩今府庫空殫物不酬滿是激其叛四也既解河中諸道還屯當有賜賚賞典不舉怨言必起五也今河中米斗五百芻稾且罄人餓死墻壁間其大將殺戮幾盡圍之旬時力窮且潰願無養腹心疾爲後憂臣請選精兵五千約十日糧可以破賊帝方以賊委馬燧渾瑊故不許晟至涇而田希鑒逆謁執之并其黨石奇等悉伏誅表右龍武將軍李觀爲涇原節度使晟常曰河隴之陷非吐蕃能取之皆將臣沓貪暴其種落不得耕稼日益東徙自棄之爾且土無綿絮人苦役擾思唐之心豈有既乎因悉家貲懷輯降附得大酋浪息曩表以王號每虜使至必召息曩於坐衣大錦袍金帶夸異之虜皆指目歆豔吐蕃君臣大懼相與議尚結贊者善計乃曰唐名將特李晟與馬燧渾瑊爾不去之必爲吾患卽遣使委辭因燧請和且求盟因盟謀執瑊以賣燧於是結贊大興兵踰隴岐無所掠陽怒曰召吾來乃不牛酒犒軍徐引去以是間晟晟選兵三千使王佖伏汧陽旁擊其中軍幾獲結贊晟又遣野詩良輔等攻摧沙堡拔之結贊屢乞和會晟朝京師奏言戎狄無信不可許宰相韓滉與晟合因請調軍食以給西師然天子內厭兵疑將臣生事亦會滉卒而張延賞當國故與晟有隙後雖詔講解而陰不與也密言晟不可久持兵更薦劉玄佐李抱眞經略西北俾立功以間晟帝惑其言貞元三年帝坐宣政殿引見晟備冊禮進拜太尉中書令罷其兵詔晟乘乾謁太廟視事尚書省賜良馬錦綵千計是歲瑊與吐蕃盟平涼虜劫之瑊挺身免詔罷燧河東皆如結贊計云通王府長史丁瓊者嘗爲延賞擠抑內怨望乃見晟曰以公功乃奪兵柄夫惟位高者難全盍早圖之晟曰君安得不祥之言執以聞明年詔爲晟立五廟追貢高祖芝以下祔其主給牲器牀幄禮官相事它日與馬燧見延英帝嘉其勳下詔曰昔我烈祖乘乾坤盪滌掃隋季荒茀體元御極作人父母則有熊羆之士不二心之臣左右經綸參翊締構昭文德恢武功威不若康不乂用端命于上帝付畀四方王業既成太階既平乃圖厥容列于凌煙閣懋昭績效表式儀形以弗忘朝夕永垂乎來裔君臣之義厚莫重焉歲在己巳秋九月我行西宮瞻望崇構見老臣遺像顒然肅然和敬在色想雲龍之協期感致業之艱難覩往思今取類非遠且功與時並才與世生苟蘊其才遇其時尊主庇人何代蔑有在中宗時有如桓彥範等著輔戴之績在玄宗時有如劉幽求等申弼翼之勳在肅宗時有如郭子儀掃除氛祲今顧晟等保寧朕躬咸宣力肆勤光復宗祏訂之前烈夫豈多謝闕而未錄孰旌厥賢況念功紀德文祖所爲也在予其曷敢怠有司宜敘先後各圖其象于舊臣之次命皇太子書其文以賜晟晟刻石于門七年以臨洮未復請附貫萬年詔可九年薨年六十七帝聞流涕詔百官就第進弔比大斂帝手詔誓以存保世嗣申告柩前冊贈太師諡曰忠武及葬又御望春門臨送遣謁者宣詔于柩車百官拜哭于道憲宗元和中詔其家與屬籍以晟配饗德宗廟廷僖宗狩蜀倉部員外郎袁皓采晟功烈爲興元聖功錄徧賜諸將表勵之晟性疾惡臨下明每治軍必曰某有勞某長于是雖廝養小善必記姓名尤惡下爲朋黨者篤分義隆於故舊嵐州刺史譚元澄嘗有德於晟後貶死晟既貴直其枉詔贈元澄寧州刺史晟撫其二子爲成就之在鳳翔嘗曰魏徵以直言致太宗于堯舜上忠臣也我誠慕焉行軍司馬李叔度曰彼搢紳儒者事公勳德何希是哉晟曰君失辭晟幸得備將相苟容身不言豈可謂有犯無隱邪是非唯上所擇爾叔度慙故晟每進對謇謇盡大臣節未嘗露于外治家以嚴子姪非晨昏不輒見所與言未嘗及公事正歲崔氏女歸寧讓曰爾有家而姑在堂婦當治酒食且以待賓客卽郤之不得進達禮敦教類若此與馬燧皆在朝每宴樂恩賜使者相銜于道兩家日出無鐘鼓聲則金吾以聞少選使者至必曰今日何不舉樂既薨城鹽州復故池以新鹽賜宰相帝思晟乃致鹽靈座其眷遇終始無與比者有十五子其聞者愿憲愬聽云

愿少謙謹晟立功時諸子未官宰相以聞卽日召授太子賓客上柱國故事柱國門列戟遂父子皆賜元和初領夏綏銀宥節度使政簡而嚴部有失馬者愿署牒于道以金購之三日失馬并良馬一縶署下且曰逸而至不告罪當死謹以良馬贖愿歸失馬而縱其良境內肅然徙節武寧軍會伐靑鄆數有功以久疾用愬代之召爲刑部尚書俄檢校尚書左僕射節度鳳翔自是邇聲色而政衰矣長慶中徙宣武始張弘靖給其軍頗厚愿至府庫殫匱賞賚不及弘靖時而侈費過之以威刑操下用婿家竇緩典帳中兵驕驁怠沓牙將李臣則等因衆不忍夜斬緩首愿聞變不及巾與左右數人縋而逸奪野人乘馳以免其家死於兵三子匿而免兵既亂因大掠推李介主後務請諸朝時責愿不職貶隋州刺史入爲左金吾衛大將軍復拜河中晉絳等節度使雖嘗以荒侈敗不能自悛軍政愈弛結納權近官貲賂遺輒盡蒲人怨且亂會卒贈司徒

憲與愬於諸子號最仁孝長喜儒以禮法自矜制調太原府參軍事醴泉尉于頔鎭襄陽辟署於府時吳少誠張淮西獨憚頔威彊時謂憲爲之助又辟魏博田弘正幕府遷衞州刺史以治行稱徙絳州絳有幻人詸民以亂憲執誅之河中兵本仰食于絳而汾可輸河渭歲租與糴常數十萬石故敖保山爲固民之輸者十牛不勝一車憲濬汾相地治新倉當費二百萬請留垣縣粟糴河南以錢還糴絳粟既免負載勞又權其贏以完新倉絳人賴利入爲宗正少卿副金吾大將軍胡証爲送太和公主使還獻回鶻道里記遷太府卿太和初繇江西觀察使遷嶺南節度使憲勳伐家子所歷皆以吏能顯政績暴著善治律令性明恕詳正大獄活無罪者數百人卒官下

愬字元直有籌略善騎射以蔭補協律郎遷累衞尉少卿早喪所生爲晉國王夫人所鞠王卒晟以非嫡敕諸子服緦愬獨號慟不忍晟乃許服縗既練晟薨與憲廬墓側德宗敕遣歸第一夕復往帝許之服除授太子右庶子出爲坊晉二州刺史以治異等加金紫光祿大夫進詹事憲宗討吳元濟唐鄧節度使高霞寓既敗以袁滋代將復無功愬求自試宰相李逢吉亦以愬可用遂檢校左散騎常侍爲隋唐鄧節度使愬以其軍初傷夷士氣未完乃不爲斥候部伍或有言者愬曰賊方安袁公之寬吾不欲使震而備我乃令于軍曰天子知愬能忍恥故委以撫養戰非吾事也衆信而安之乃斥倡優未嘗嬉樂士傷夷病疾親爲營護蔡人以嘗敗辱霞寓等又愬名非夙所畏者易之不爲備愬沈鷙務推誠待士故能張其卑弱而用之賊來降輒聽其便或父母與孤未葬者給粟帛遣還勞之曰而亦王人也無棄親戚衆願爲愬死故山川險易與賊情僞一能曉之居半歲知士可用乃請濟師詔益河中鄜坊二千騎於是繕鎧厲兵攻馬鞍山下之拔道口柵戰嵖岈山以取鑪冶城入白狗汶港楙拔楚城襲朗山再執守將平靑陵城禽驍將丁士良異其才不殺署捉生將士良謝曰吳秀琳以數千兵不可破者陳光洽爲之謀也我能爲公取之乃禽以獻於是秀琳舉文城柵降遂以其衆攻吳房殘外垣始出攻吏曰往亡日法當避愬曰彼謂吾不來此可擊也既引還賊以精騎尾擊愬下馬據胡牀令軍曰退者斬衆決死戰射殺其將賊乃走或勸遂取吳房愬曰不可吳房拔則賊力專不若留之以分其力初秀琳降愬單騎抵柵下與語親釋縛署以爲將秀琳爲愬策曰必破賊非李祐無與成功者祐賊健將也守興橋柵其戰嘗易官軍愬候祐護穫于野遣史用誠以壯騎三百伏其旁見羸卒若將燔聚者祐果輕出用誠禽而還諸將素苦祐請殺之愬不聽以爲客待間召祐及李忠義屏人語至夜艾忠義亦賊將所謂李憲者軍中多諫此二人不可近愬待益厚乃募死士三千人爲突將自教之會雨自五月至七月不止軍中以爲不殺祐之罰將吏雜然不解愬力不能獨完祐乃持以泣曰天不欲平賊乎何見奪者衆邪則械而送之朝表言必殺祐無與共誅蔡者詔釋以還愬愬乃令佩刀出入帳下署六院兵馬使六院者隋唐兵也凡三千人皆山南奇材銳士故委祐統之祐捧檄鳴咽諸將乃不敢言由是始定襲蔡之謀矣舊令敢舍諜者族愬刊其令一切撫之故諜者反效以情愬益悉賊虛實時李光顏戰數勝元濟

悉銳卒屯洄曲以抗光顏愬知其隙可乘乃遣從事鄭澥見裴度告師期于時元和十一年十月己卯師夜起祐以突將三千爲前鋒李忠義副之愬率中軍三千田進誠以下軍殿出文城柵令曰引而東六十里止襲張柴殲其戍敕士少休益治鞍鎧發刃彀弓會大雨雪天晦凜風偃旗裂膚馬皆縮慄士抱戈凍死于道十一二張柴之東陂澤阻奥衆未嘗蹈也皆謂投不測始發吏請所向愬曰入蔡州取吳元濟士失色監軍使者泣曰果落祐計然業從愬人人不敢自爲計愬道分輕兵斷橋以絕洄曲道又以兵絕朗山道行七十里夜半至懸瓠城雪甚城旁皆鵝鶩池愬令擊之以亂軍聲賊恃吳房朗山戍晏然無知者祐等坎墉先登衆從之殺門者發關留持柝傳夜自如黎明雪止愬入駐元濟外宅蔡吏驚曰城陷矣元濟尚不信曰是洄曲子弟來索褚衣爾及聞號令曰常侍傳語始驚曰何常侍得至此率左右登牙城田進誠兵薄之愬計元濟且望救於董重質乃訪其家慰安之使無怖以書召重質重質以單騎白衣降愬待以禮進誠火南門元濟請罪梯而下檻送京師申光諸屯尚二萬衆皆降愬不戮一人其爲賊執事帳內廚廄厮役悉用其舊使不疑乃屯兵鞠場以俟裴度至愬以櫜鞬見度將避之愬曰此方廢上下分久矣請因示之度以宰相禮受愬謁蔡人聳觀乃還屯文城柵有詔進檢校尚書左僕射山南東道節度使封涼國公實封戶五百賜一子五品官帝方經略隴右故徙愬節度鳳翔李師道反詔愬代愿帥武寧軍旬日踐父兄兩鎮世以爲榮董重質得罪破斥愬請賜軍中自效許之乃署爲牙將愬與賊戰金鄉破之凡十一遇禽其隊帥五十俘馘萬計淄青平進同中書門下平章事徙昭義節度賜第興寧里會田弘正守鎮州乃以愬帥魏博長慶初幽鎮亂殺弘正愬素服以令軍曰魏人富庶而通于天化者田公力也上以其愛人使往治鎮且田公撫魏七年今鎮人不道而戕害之是無魏也父兄子弟食田公恩者何以報之衆皆哭又以玉帶寶劒遺牛元翼曰此劒吾先人嘗以揃大盜吾又以平蔡姦今鎮人逆天公宜用此夷之也元翼感動謝曰敢有不承而愛其死力乃下令軍中勒兵以俟會愬疾甚不能軍詔田布代之以太子少保還東都卒年四十九贈太尉謚曰武愬行已儉約其昆弟賴家勳貴飾輿馬矜室廬唯愬所處乃父時故院無所增廣始晟克京師市不改肆愬平蔡亦如之功名之奇近世所未有晚雖忽于取士與鄭注善議者不以掩其賢

贊曰愬得李祐不殺付以兵不疑知可以破賊也祐受任不辭決策入死以愬能用其謀也祐之才待愬乃顯故曰平蔡功愬爲多

聽字正思七歲以蔭爲協律郎父吏少之不甚敬聽輒使鞭之晟奇其才長乃辟佐于頔府吐突承璀討王承宗以聽爲神策行營兵馬使既戰斬賊驍將憲宗壯之詔圖狀以獻承璀數問聽計卒縛盧從史遷左驍衛將軍出爲蔚州刺史州有銅冶自天寶後廢不治民盜鑄不禁聽乃開五鑪官鑄錢日五萬人無犯者徙安州會觀察使柳公綽方討蔡以聽典軍一一咨之聲振賊中召爲羽林將軍帝討李師道出聽楚州刺史淮西兵孱弱鄆人素易之聽日整勒士皆奮即掩賊不虞趨漣水破沭陽絕龍沮堰遂取海州攻朐山降之懷仁東海兩城望風送款以功兼御史大夫夏綏銀宥節度使又徙靈鹽部有光祿渠久廢聽始復屯田以省轉餉即引渠溉塞下地千頃後賴其饒進檢校工部尚書穆宗初立幽鎮反擇名臣節度太原者代裴度使統兵北討始聽爲羽林時有駿馬帝在東宮使左右諷取之聽自以身宿衛不敢獻於是帝曰李聽往在軍中不與朕馬是必可任乃授檢校兵部尚書充河東節度使敬宗嗣位改義成軍大和初討李同捷而魏博將亓志沼反擊其帥史憲誠詔聽出援擊殺志沼以功封涼國公拜一子五品官王廷湊之亂詔聽悉兵屯貝州史憲誠懼聽因取道襲之衷甲俟諸郊聽敕士囊兵野次魏人乃安憲誠既請朝魏人怨詔聽兼帥魏博聽遷延不即赴魏遂亂殺憲誠共推大將何進滔乘城拒守聽不得入乃屯館陶又不設備魏人襲之師驚潰死失殆半輜械盡棄之聽晝夜馳以免於是御史中丞溫造等劾奏魏州亂憲誠死職繇于聽請論如法天子不罪也罷爲太子少師聽素以賂遺得權幸心故多爲助力未幾拜邠寧節度使邠署相傳不利治垣舍前刺史覩其壞莫敢葺聽日將出鑿凶門何避治署邪亟使完新之卒無異改帥武寧軍有故奴爲徐將不喜聽來乃先殺親吏之使徐者以沮聽聽果懼以疾解授太子少保踰歲節度鳳翔又徙陳許鄭注擿其過詔以太子太保分司東都開成初爲河中晉絳慈隰節度使文宗歎曰付之兵不疑退處散地不怨惟聽爲可四年以疾求還復拜太子太保卒年六十一贈司徒聽治官苛細急擊斂頗極所欲盛飾車馬服玩或誡之聽曰家聲在人若示衰薄恐不見忠功之效吾欲夸而勸之也好方書擇其驗者題於帷帟墻屋皆滿

聽子琢以家閥擢累義昌平盧鎮海三節度使無顯功不爲士大夫稱道數免復還廣明時沙陀數盜邊於是琢爲宿將拜檢校尚書右僕射蔚朔等州招討都統行營節度使徙河陽三城坐逗撓下遷刺史卒

王佖者晟之甥武敢閑騎射晟在師佖無不從攻朱泚於光泰門賊方銳佖與李演鏖戰蹀血賊數北諸軍乘之遂大振以功擢神策將擊吐蕃有功晟視佖與子姓等其給與過之晟兵罷佖亦不見用召爲左衛上將軍元和中拜朔方靈鹽節度使吐蕃欲作烏蘭橋以過師積材河曲朔方府常遣兵發其木委于河故莫能成及佖至虜知其寡謀乃厚賂之而亟遂功築月城以守自是虜歲入爲寇朔方乘障不暇人以咎佖在鎮檢下亡術猜忌多役人召還爲右衛將軍故事將相除從皆內出制故號白麻至佖以責罷遂中書進制久之卒

贊曰晟之屯東渭橋也朱泚盜京師李懷光反咸陽河北三叛相王李納劇河南李希烈訌鄭汳晟無積貲輸糧提孤軍抗羣賊身佩安危而氣不少衰者徒以忠誼感人故豪英樂爲之死耳至師入長安而人不知雖三王之佐無進其能可謂仁義將矣嗚呼功能存社祏不能見信於庸主卒奪其兵哀哉雖然功蓋天下者惟退禍可以免四子世似其勞是宜有後哉

唐書卷一百五十五

宋　端明殿學士宋　祁　撰

列傳第八十

馬渾

馬燧字洵美系出右扶風徙爲汝州郟城人父季龍舉孫吳倜儻善兵法科仕至嵐州刺史燧姿度魁傑長六尺二寸與諸兄學輟策歎曰方天下有事丈夫當以功濟四海渠老一儒哉更學兵書戰策沈勇多算安祿山反使賈循守范陽燧說循曰祿山首亂今雖舉洛陽猶將誅覆公盍斬向潤客牛廷玠傾其本根使西不得入關退亡所據則坐受禽矣此不世功也循許之不時決會顏杲卿招循舉兵祿山遣韓朝陽召循計事因縊殺之燧走西山閒道歸平原平原不守復走魏竇應中澤路節度使李抱玉署爲趙城尉時回紇還國恃功恣睢所過皆剽傷州縣供餽不稱輒殺人抱玉將饋勞賓介無敢往燧自請典辦具乃先賂其酋與約得其旗章爲信犯令者得殺之燧又取死囚給役左右小違令輒戮死虜大駭至出境無敢暴者抱玉才之因進說曰屬與回紇接且得其情觀僕固懷恩樹黨自重裂河北以授李懷仙張忠志薛嵩田承嗣等其子瑒佻勇不義將必窺太原公當備之既而懷恩與太原將謀舉其城辛雲京覺之不克嵩自相衛歸懷恩糧以絕河津抱玉令燧說嵩嵩告絕於懷恩即署燧左武衛兵曹參軍累進至鄭州刺史勸督農力歲一稅人以爲便徙懷州時師旅後歲大旱田茀不及耕燧務勤教化止橫調將吏有親者必造之厚爲禮瘞暴骨止煩苛是秋稆生于境人賴以濟抱玉守鳳翔表燧隴州刺史西山直吐蕃其上有通道虜常所出入者燧聚石種樹障之設二門爲譙櫓八日而畢虜不能暴從抱玉入朝代宗雅聞其才召見授商州刺史兼水陸轉運使大曆中河陽兵逐其將常休明詔燧檢校左散騎常侍爲三城使汴將李靈耀反帝務息人即授以汴宋節度留後靈耀不拜引魏博田承嗣爲援詔燧與淮西李忠臣討之師次鄭靈耀多張旗幟以犯王師忠臣之兵潰而西燧軍頓滎澤鄭人震駭忠臣將遂歸燧止之益治軍忠臣乃還收亡卒復振忠臣行汴南燧行汴北敗賊於西梁固靈耀以銳卒八千號餓狼軍燧獨戰破之進至浚儀是時河陽兵冠諸軍田悅帥衆二萬助靈耀破永平將杜如江等乘勝距汴一舍而屯忠臣合諸軍戰不利燧爲奇兵擊之悅單騎遁汴州平燧知忠臣暴傲讓其功出舍板橋忠臣入汴果因會擊殺宋州刺史李僧惠燧還河陽秋大雨河溢軍吏請具舟以避燧曰使城中盡魚而獨完其家吾不忍既而水不爲害遷河東節度留後進節度使太原承鮑防之敗兵力衰單燧募廝役得數千人悉補騎士教之戰數月成精卒造鎧必短長三制稱士所衣以便進趨爲戰車冒以狻猊象列戟于後行以載兵止則爲陣遇險則制衛冒器用完銳居一年闢廣場羅兵三萬以肄威震北方建中二年朝京師遷檢校兵部尚書封豳國公還軍初田悅新有魏博恐下未附即輸款朝廷燧建言悅必反既而悅果圍邢州身攻臨洛築重城絕

內外援邢將李洪臨洺將張伾固守詔燧以步騎二萬與昭義李抱真神策兵馬使李晟合軍救之燧出崞口未遇險移書抵悅示之好悅以燧畏已大喜既次邯鄲悅使至燧皆斬之遣兵破其支軍射殺賊將成炫之悅聞使大將楊朝光以兵萬人據雙岡築東西二柵以禦燧燧率軍營二壘間是夜東壘遁燧進營狗明山取棄壘置輜重悅計曰朝光堅柵且萬人雖燧能攻未可以數日下且殺傷必衆則吾已拔臨洺饗士以戰必勝術也卽分恒州兵五千助朝光燧令大將李自良等以騎兵守雙岡戒曰令悅得過者斬燧乃推火車焚朝光柵自晨及晡急擊大破之斬朝光禽其將盧子昌獲首五千執八百人居五日進軍臨洺悅悉軍戰燧自以銳士當之凡百餘返士皆決死悅大敗斬首萬級俘係千餘館穀三十萬斛邢圍亦解以功遷尚書右僕射初將戰燧約衆勝則以家貲賞至是殫私財賜麾下德宗嘉之詔出度支錢五千萬償其財進兼魏博招討使李納李惟岳合兵萬三千人救悅悅裒散兵二萬壁洹水淄青軍其左恒冀軍其右燧進屯鄴請益兵詔河陽李芃以兵會次于漳悅遣將王光進以兵守漳之長橋築月壘扼軍路燧於下流以鐵鏁維車數百絕河載土囊遏水而後度悅知燧食乏深壁不戰燧令士齎十日糧進營倉口與悅夾洹而軍造三橋逾洹日挑戰悅不出陰伏萬人將以掩燧燧令諸軍夜半食先雞鳴時鳴鼓角而潛師並洹趨魏州令曰聞賊至止爲陣留百騎持火待軍畢發匿其旁須悅衆度卽焚橋燧行十餘里悅率李納等兵踰橋乘風縱火譟而前燧乃令士無動命除榛莽廣百步爲場募勇士五千人陣而待比悅至火止氣少衰燧縱兵擊之悅敗走橋橋已焚衆赴水死者不可計斬首二萬級殺賊將孫晉卿安墨啜虜三千人尸相駢藉三十里淄青兵幾殲悅夜走魏州其將拒不納比明追不至悅乃得入抱真芃問曰糧少而深入何也燧曰糧少戰利速兵善於致人今悅與淄青恒三軍爲首尾欲不戰以老我師若分擊左右未可必破悅且來助是腹背支敵也法有攻其必救故趨魏以破之皆曰善悅嬰城自守於是李再春以博州悅兄昂以洺州王光進以長橋皆降悅使符璘李瑤衛還淄青殘兵璘等亦降魏導御河貫城燧塞其上游魏人恐悅遣許士則侯臧間行告窮於朱滔王武俊會二人者怨望乃連和悅侍燕趙方至卽出兵背城陣燧復與諸軍破之進同中書門下平章事北平郡王魏州大都督長史滔武俊聯兵五萬傅魏會帝遣李懷光以朔方軍萬五千助燧懷光勇于鬭未休士卽與滔等戰不利悅決水灌軍燧兵亦屈退保魏縣滔等瀕河爲壘會涇師亂帝幸奉天燧還軍太原初李抱真欲殺懷州刺史楊鉥鉥奔燧燧奏其非罪乃免抱真怒及共解邢圍獲軍糧燧自有之以餘給抱真軍抱真益怨洹之捷軍進薄魏悅以突騎犯燧營李芃救之抱真勒兵不出燧將攻魏取攻具於抱真營幷請雜兩軍平其功抱真不聽請獨當一面繇是遲遲帝數遣使講解武俊略趙地抱真分麾下二千人戍邢燧怒謂抱真以兵還守其地我能獨戰死邪將引還李晟和之乃復與抱真善及田昂降燧請以洺州隸抱真而用昭義副使盧玄卿爲刺史兼魏博招討副使李晟兵前獨隸抱真抱真亦請兼隸于燧以示協一然議者咎燧私忿交惡卒不成大功至太原遣軍司馬王權以兵五千走奉天又遣子彙與諸將子壁中渭橋帝已幸梁乃還時天下方騷北邊數有警燧念晉陽王業所基宜固險以示敵乃引晉水架汾而屬之城瀦爲東隍省守陴萬人又釃汾環城樹以固隄詔兼保寧軍節度使帝還京李懷光反河中詔燧爲河東保寧奉誠軍行營副元帥與渾瑊駱元光合兵討之時賊黨要廷珍守晉毛朝敭守隰鄭抗守慈燧移檄鐫諭皆以州降因拜燧晉絳慈隰節度使武俊之圍趙也康日知不支將棄趙燧請詔武俊擊朱滔授以深趙以日知爲晉慈隰節度使及三州降燧固讓日知且言因降受節恐後有功者踵以爲利帝嘉許籍府庫兵仗以授日知日知大喜過望燧乃率步騎三萬次于絳略定諸縣降其將馮萬興任象玉遂圍絳拔外郛守將夜棄城去降四千人遣李自良定六縣降其將辛兟收卒五千禆將谷秀達令掠士女斬以徇與賊戰寶鼎射殺賊將徐伯文斬首萬級獲馬五百于時天下蝗兵艱食物貨翔踊中朝臣多請宥懷光者帝未決燧以懷光逆計久反覆不可信河中近甸捨之屈威靈無以示天下乃捨軍入朝爲天子自言之且得三十日糧足平河中許之乃與瑊元光韓游瓌之兵合賊將徐廷光守長春宮城燧度長春不下則懷光固守久攻所傷必衆乃挺身至城下見廷光廷光憚燧威拜城上燧顧其心已屈徐曰我自朝廷來可西嚮受命廷光再拜燧曰公等朔方士自祿山以來功高天下奈何棄之爲族滅計若從吾言非止免禍富貴可遂也未對燧曰爾以吾爲欺邪今不遠數步可射我披而示之心廷光感泣一軍皆流涕卽率衆降燧以數騎入其城衆大呼曰吾等更爲王人矣渾瑊亦自以爲不及也歎曰嘗疑馬公能窘田悅今觀其制敵固有過人者吾不逮遠矣進營焦籬堡堡將降餘戍望風遁去燧濟河兵八萬陣城下是日賊將牛名俊斬懷光降衆猶萬六千誅其黨閻晏孟寶張清吳冏等七人餘悉赦之不閱月河中平遷光祿大夫兼侍中賜一子五品官還太原帝賜宸扆台衡二銘以言君臣相成之美勒石起義堂帝榜其顏以寵之貞元二年吐蕃尚結贊破鹽夏二州守之自屯鳴沙及春畜產死糧乏詔燧爲綏銀麟勝招討使與駱元光韓游瓌等會師擊虜燧次石州結贊懼乞盟帝不許乃遣將論頰熱甘辭請于燧且重幣申勤勤明年燧還太原與論頰熱俱朝盛言宜許以盟天子然之燧之朝結贊遽引去帝詔渾瑊與盟平涼虜劫瑊僅得免吐蕃歸燧之兄子弇曰河曲之屯春草未生吾馬飢公若度河我無種矣賴公許和今釋弇以報帝聞悔怒奪其兵拜司徒兼侍中賜妓樂奉朝請而已與李晟皆圖象凌煙閣後病足不任謁九年十月自力朝延英詔毋拜時晟已卒帝顧燧曰尚記與太尉晨俱來邪今乃獨見公因悲涕燧亦疾而仆帝親掖之詔左右扶去送至陛燧頓首泣謝固乞骸讓侍中不許卒年七十贈太傅謚曰莊武子彙暢

暢少以蔭至鴻臚少卿建中中燧討賊山東暢留京師於是大旱朝廷議括商旅籍錢多亡命入南山爲盜暢客單超俊李雲端等竊議以爲事且危暢是其言遣奴諫燧班師燧怒執奴以聞使兄炫拘暢請罪帝方倚燧貸不問但誅其客勑炫賜暢杖三十然亦罷括商人令燧沒後以貲甲天下暢亦善殖財家益豐晚爲豪幸牟侵又彙妻訟析產貞元末神策中尉楊志廉諷使納田產至順宗時復賜之中官往往逼取暢畏不敢吝以至困窮終少府監贈工部尚書諸子無室廬自託奉誠園亭觀卽其安邑里舊第云故當世視暢以厚畜爲戒有司謚曰縱子繼祖生四歲以門功爲太子舍人五遷至殿中少監

燧兄炫字弱翁少以儒學聞隱蘇門山不應辟召至德中李光弼鎭太原始署掌書記常參軍謀光弼器焉刑部郎中田神功節宣武署節度判官授連潤二州刺史以清白顯燧爲司徒授刑部侍郎辭疾以兵部尚書致仕卒

渾瑊本鐵勒九姓之渾部也世爲皐蘭都督父釋之有才武從朔方軍積戰多遷累開府儀同三司試太常卿寧朔郡王廣德中與吐蕃戰沒瑊年十一善騎射隨釋之防秋朔方節度使張齊丘戲曰與乳媼俱來邪是歲立跳盪功後二年從破賀魯部拔石堡城龍駒島其勇常冠軍署折衝果毅節度使安思順授瑊偏師入葛祿部略特羅斯山破阿布思與諸軍城永清及天安軍遷中郎將祿山反從李光弼定河北射賊驍將李立節貫其左肩死之肅宗卽位瑊以兵趨行在至天德與虜軍遇敗之從郭子儀復兩京討安慶緒勝之新鄉擢武鋒軍使從僕固懷恩平史朝義大小數十戰功最改太常卿實封二百戶懷恩反瑊以所部歸子儀會釋之喪起復朔方行營兵馬使從子儀擊吐蕃邠州留屯邠虜復入至奉天瑊戰漠谷有功遷太子賓客屯奉天周智光反子儀令瑊以步騎萬人下同州智光平以邠寧隸朔方軍瑊屯宜祿大曆七年吐蕃盜塞深入瑊會涇原節度使馬璘討之次黃菩原瑊引衆据險設槍壘自營遏賊奔突舊將史抗等內輕瑊顧左右去槍叱騎馳賊既還虜躡而入遂大敗死者十八子儀召諸將曰朔方軍高天下今敗于虜奈何瑊曰願再戰乃馳朝那與鹽州刺史李國臣邀秦原吐蕃引去瑊邀擊破之悉奪所掠而還自是歲防長武城盛秋領邠州刺史吐蕃入方渠懷安瑊擊走之子儀入朝留知邠寧慶兵馬後務回紇侵太原破鮑防軍拜瑊都知兵馬使自石嶺關而南督諸軍掎角虜引去進兼單于副都護振武軍使子儀爲太尉德宗析所部爲三節度以瑊兼單于大都護振武東受降城鎭北大都護府綏銀麟勝州節度副大使未幾崔寧領朔方故召爲左金吾衛大將軍建中中李希烈詐爲瑊書若同亂者帝識其謀用不疑更賜良馬錦幣普王爲荊襄元帥討希烈也以瑊爲中軍都虞候帝狩奉天瑊率家人子弟以從授行在都虞候京畿渭北節度使朱泚兵薄城戰譙門晨至日中不解或以芻車至瑊曳車塞門焚以戰賊乃解泚治攻具矢石四集如雨晝夜不息凡浹日鑿塹圍城城中死者可藉人心危惴或夜縋出撥蕪本供御帝與瑊相泣泚方據乾陵下瞰城翠翟紅袍左右宦人趨走宴賜拜舞又縱慢辭戲斥天子以爲勝在景刻使騎環馳責大臣不識天命造雲梁廣數十丈施大輪濡氈及革冒之周布水囊爲鄣指城東北構木盧蒙革周置之運薪土其下將塞隍帝召瑊授以詔書千餘自御史大夫實封五百戶而下募突將死士當賊賜瑊筆使量功署詔不足則署衣以授因曰朕與公訣矣令馬承倩往有急可奏瑊俯伏嗚咽

帝撫而遣之瑊前與防城使侯仲莊揣雲梁所道掘大隧積馬矢及薪然之賊乘風推梁以進載數千人王師乘城者皆凍餒甲弊兵鹽瑊但以忠義感率使當賊人憂不支羣臣號天以禱瑊中矢自拔去被血而戰愈厲雲梁及隧而陷風返悉焚賊皆死舉城歡譟是日詔授瑊二子官乃第賞將校泚攻城益急會李懷光奔難賊乃去進行在都知兵馬使實封五百戶乘輿進狩山南瑊以諸軍衞入谷口懷光追騎至後軍擊卻之遷檢校尚書左僕射同中書門下平章事兼靈鹽豐夏定遠西城天德軍節度朔方邠寧振武道永平軍奉天行營副元帥帝臨軒授鉞用漢拜韓信故事制曰寇賊干紀授爾節鉞以戡多難往欽哉瑊頓首曰敢不畢力以對揚天子休命乃率諸軍趣京師賊韓旻拒武功瑊率吐蕃論莽羅兵破之武亭川斬首萬級遂屯奉天以抗西面李晟自東渭橋破賊瑊與韓游瓌戴休顏以西軍收咸陽進屯延秋門泚平論功以瑊兼侍中實封戶八百天子還宮授河中絳慈隰節度使河中同陝虢行營副元帥綏樓煩郡王徙咸寧賜大寧里甲第女樂五人將相送歸第與李晟鈞禮俄加朔方行營副元帥與馬燧同討李懷光懷光平檢校司空任一子五品官還屯河中吐蕃相尚結贊陷鹽夏陰闞京師而畏瑊與李晟馬燧欲以計勝之乃詭辭重禮請燧講好燧苦贊帝乃詔約盟平涼川以瑊爲會盟使爲結贊所劫副使崔漢衡以下皆陷惟瑊得免自奉天入朝衰服待罪詔釋之會吐蕃復入盜使瑊鎮奉天虜罷還河中貞元四年虜入涇邠授邠寧慶副元帥進檢校司徒兼中書令十五年卒年六十四羣臣奉慰延英贈太師謚曰忠武喪車至自鎮帝復廢朝瑊好書通春秋漢書嘗慕司馬遷自叙著行紀一篇其辭一不矜大天性忠謹功高而志益下歲時貢奉必躬閱視每有賜予下拜跽受常若在帝前世方之金日磾故帝終始信待貞元後天子常恐藩侯生事稍桀驁則姑息之惟瑊有所奏論不盡從可輒私喜曰上不疑我故治蒲十六年常持軍猜間不能入君子賢之本名日進稍顯改焉五子鎬鐬爲達官

鎬謙謹喜交士大夫歷鄧唐二州刺史有政譽元和中延州沙陀部苦邊吏貪震擾不安李絳建言宜選才職稱者爲刺史乃任鎬延州會討王承宗而義武節度使任迪簡病不能軍以鎬將家可用乃遷檢校右散騎常侍義武軍節度副使俄代迪簡爲使治兵頗有法然短於計略不持重鎮定二軍間不百里鎬引兵壓鎮境而屯距賊三十里鼓角聲相聞賊始亦畏見鎬無斥候乃潛師入定境焚廬舍屠鄉聚鎬軍遂揺亦會中人督戰乃出薄賊大敗而還詔以陳楚代之時師飢凍聞鎬方罷遂亂劫鎬之家至裸辱楚聞馳入城乃定令軍中歛所剽歸鎬以兵衞出之貶韶州刺史後代州刺史韓重華奏收鎬供軍金幣十餘萬乃復貶循州卒贈工部尚書

鐬以蔭補諸衞參軍累擢至豐州刺史坐贓七百萬文宗以勳臣子貶袁州司馬還爲袁王傅至太子詹事訓注亂或言鐬匿賈餗爲百騎所捕苦辨乃免然家爲兵剽皆盡文宗憐之授少府監遷殿中宰相以瑊之裔擬刺史帝曰是豈可以牧民念其父功富之可也宰相言鐬嘗治郡有績從之拜壽州刺史終諸衞大將軍

贊曰唐史臣稱燧沈雄忠力常先計後戰每戰親令于衆無不感槩用命闘必決死未嘗折北名蓋一時然力能得田悅而不取虜不可信而決信之故河北三盜卒不臣平涼大臣奔辱燧之罪也雖然燧賢者也天下以爲可責故責之不以功掩罪亦不可以罪廢功瑊親與結贊盟不能料虜詐但以如詔爲恭殆有猛志而無英才乎李晟謂虜不可與盟則燧瑊固出晟下遠甚功名大小信其然乎

唐書卷一百五十五考證

渾瑊傳父釋之廣德中與吐蕃戰没○回鶻傳爲僕固懷恩所殺沈炳震以回鶻傳誤 臣酉按回鶻傳云知朔方留後僕固懷恩之走聲爲歸鎮釋之曰是必衆潰將拒之其甥張韶曰彼如悔禍渠可不納釋之信之乃納懷恩懷恩已入使韶殺釋之收其軍其叙次歷歷似不宜誤然舊書傳亦云與吐蕃戰没于靈武蓋傳聞異詞故新書兩收之

唐書卷一百五十六

宋 端 明 殿 學 士 宋 祁 撰

列傳第八十一

楊戴陽二李韓杜邢

楊朝晟字叔明夏州朔方人與行間以先鋒功授甘泉府果毅建中初從李懷光討劉文喜涇州斬獲多加驃騎大將軍李納寇徐州從唐朝臣往討常冠軍懷光赴難奉天屬朝晟兵千人下咸陽賜實封百五十戶懷光反韓游瓌退保邠寧賊黨張昕守邠州大索軍實多募士欲齎歸之朝晟父懷賓爲游瓌將夜以數十騎斬昕及同謀者游瓌遣懷賓告行在德宗勞問授兼御史中丞朝晟泣見懷光曰父立功於國子當誅不可以主兵懷光縶之及諸軍圍河中游瓌營長春宮而懷賓戰甚力懷光平帝原朝晟因爲游瓌都虞候父子皆開府賓客御史中丞軍中以爲榮吐蕃犯邊游瓌自將守寧州而御士寬軍驕及張獻甫來代軍遂亂朝晟逃於邠衆脅監軍請以范希朝爲節度使希朝時已在京師明日朝晟出給衆曰予來賀所請之當也衆稍定朝晟結諸將謀誅首惡者居三日給遣人自邠來曰前請報罷張公已舍邠矣反者皆當死吾不願盡誅也第取首惡者衆所讙指斬二百餘人獻甫遂入于軍帝以希朝爲節度副使而朝晟加御史大夫貞元九年城鹽州發卒護境朝晟屯木波堡會獻甫卒有詔代爲邠寧節度使朝晟請城方渠合道木波以遏吐蕃路詔問須兵幾何報曰部兵可辦帝問前日城五原興師七萬今何易邪對曰鹽州之役虜先知之今薄戎而城虜料王師不十萬勢難輕入若發部兵十日至塞下未三旬城畢積芻粟糧留卒守之寇至不可拔萊野繭夷虜且走此萬全計也若發大兵閱月乃至虜亦來來必戰戰則不暇城矣帝納其策師次方渠水之有青蛇降險下走覘其跡水從而流朝晟使築防環之遂爲渟淵士飲仰足圖其事以聞有詔置祠命泉曰應聖已城吐蕃悉衆至度不能害乃引去復城馬嶺而歸開地三百里十七年卒于屯

戴休顏字休顏夏州人家世尚武志膽不常郭子儀引爲大將論平党項羌以安河曲試太常卿封濟陰郡公進封咸寧郡王兼朔方節度副使城邠州功最遷鹽州刺史朱泚反率兵三千晝夜馳奔問行在德宗嘉之賜實戶二百與渾瑊杜希全韓游瓌等扞禦有勞帝進狩梁洋留守奉天李懷光屯咸陽使人誘之休顏斬其使勒兵自守懷光貽駭自涇陽夜走還檢校工部尚書奉天行營節度使合渾瑊兵破泚偏師斬首三千級追至中渭橋京師平又與瑊率兵屯岐陽邀泚殘黨加檢校尚書右僕射進戶四百從乘輿至京師賜女樂甲第拜左龍武軍卒贈揚州大都督弟休璿歷開府儀同三司封東陽郡王休晏歷輔國大將軍封彭城郡公俱以將略稱

陽惠元平州人以趫勇奮事平盧軍從田神功李忠臣浮海入青州詔以兵隸神策爲京西兵馬使鎮奉天德宗初立稍羈諸節度跋扈者於是李正己屯曹州田悅增河上兵河南大擾詔移兵萬二千戍關東帝御望春樓誓師因勞遣諸將酒至神策將士不敢飲帝問故惠元曰初發奉天臣之帥張巨濟與衆約是役也不立功毋飲酒臣不敢食其言既行有饋於道惟惠元軍瓶罌不發帝咨歎不已璽書慰勞俄以兵三千會諸將擊田悅戰御河奪三橋惠元功多以兵屬李懷光及朱泚反自河朔赴難解奉天圍加檢校工部尚書攝貝州刺史詔惠元與神策行營節度使李晟鄜坊節度使李建徽及懷光聯營便橋晟知懷光且叛移屯東渭橋翰林學士陸贄諫帝曰四將接壘晟等兵寡位下爲懷光所易勢不兩完晟既慮變請與惠元東從則建徽孤立宜因晟行合兩軍皆往以備賊爲解趣裝進道則懷光計無所施帝不從使神策將李昇往伺還奏懷光反明甚是夕奪二軍惠元建徽走奉天懷光遣將冉宗馳騎追及於好時惠元被髮呼天血流出背袒裼戰而死二子晟暠匿井中皆及害建徽獨免詔贈惠元尚書左僕射晟殿中監暠邠州刺史

少子旻字公素惠元之死被八創墮別井或救得免歷邢州刺史盧從史既縛潞軍潰有驍卒五千從史嘗以子視者奔于旻旻閉城不內衆皆哭曰奴失帥今公有完城又度支錢百萬在府少賜之爲表天子求旌節旻開論禍福遣之衆感悟遂還軍憲宗嘉之遷易州刺史王師討吳元濟以唐州刺史提兵深入二百里薄申州拔外郛殘其垣以功加御史中丞容州西原蠻反授本州經略招討使擊定之進御史大夫合邕容兩管爲一道卒贈左散騎常侍

李元諒安息人本安氏少爲宦官駱奉先養息冒姓駱名元光美須髯驚敢有謀以宿衞積勞試太子詹事李懷讓節度鎮國署奏以自副居軍十年士心憚服德宗出奉天賊遣將何望之至華州於是刺史董晉棄城走望之欲聚兵以絕東道元諒自潼關引兵徑薄其城拔之時兵興倉卒裹繒爲鎧刻蒿爲矢募兵數日至萬餘軍氣乃振賊來攻輒卻時尚可孤守藍田元諒屯昭應王權壁中渭橋賊兵不能踰渭南未幾遷鎮國軍節度闕泚使劉忠孝召還至華陰華陰尉李夷簡說驛官捕之追及關元諒斬以徇所召兵不得入由是華州獨完俄詔元諒與李晟收京師次滻西元諒先奮壓賊敗之進屯苑東晟使壞苑垣入泚連戰皆北遂大潰京師平讓功於晟退壁近郊加檢校尚書左僕射實封戶五百賜甲第女樂一子六品官李懷光反與馬燧渾瑊討之

其將徐廷光素易元諒數嫚罵爲優胡戲斥傳其祖又使約降曰我降漢將耳及馬燧至降於燧元諒見韓游瓌曰彼詬吾祖今日斬之子助我乎許諾既而遇諸道卽數其罪叱左右斬之詒燧謝燧大怒將殺元諒游瓌見曰殺一偏裨尚爾卽殺一節度法宜如何燧默然元諒請輸錢百萬勞軍自贖燧亦爲請燧赦之帝以專殺恐有司劾治前詔勿論貞元三年吐蕃請盟詔以軍從瑊會平涼元諒軍潘原游瓌軍洛口以爲援元諒曰潘原去平涼七十里虜詐不情如有急何以赴請與公連屯瑊以違詔不聽瑊壁盟所二十里元諒密徙營次之既會元諒望雲物曰不祥虜必有變傳令約部伍出陣俄而虜刼盟瑊奔還元諒兵成列出而涇原節度使李觀亦以精兵五千伏險與元諒相表裏虜騎乃解元諒遣車重先而與瑊振旅徐還時以爲有古良將風是會也微元諒觀二人瑊且不免帝嘉歎賜善馬金幣良厚因賜姓及名更節度隴右治良原良原隍堞湮圮旁皆平林薦草虜入寇常牧馬休徒於此元諒培高浚淵身執苦與士卒均檻翳榛莽闢美田數十里勸士墾藝歲入粟菽數十萬斛什具畢給又築連弩臺遠烽偵爲守備進據勢勝列新壁虜至無所掠戰又輒北由是涇隴以安西戎憚之卒年六十二贈司空謚曰莊威

李觀其先自趙郡徙洛陽故爲洛陽人少沈厚寡言以策干朔方節度使郭子儀子儀遣佐坊州刺史吳伷爲防遏使以親喪解吐蕃內寇代宗幸陝觀隱盩厔率鄉里子姓千人守黑水虜不敢侵嶺南節度使楊慎微奏爲偏將徐浩李勉代節度常倚以軍政數捕平劇賊遷大將試殿中監召爲右龍武將軍涇師叛觀適番上卽領兵千餘扈德宗奉天詔盡察諸軍整飭譙邏增募五千人犨搶讙豎士氣益振賜封戶二百授一子八品官從至梁州帝還詔總後軍擢四鎭北廷行軍涇原節度使在屯四年訓部伍備藏儲衍平涼之盟吐蕃不得志是年觀入朝前一日就道虜至期出精騎徂擊不及去以少府監檢校工部尚書卒贈太子少傅

韓游瓌靈州靈武人始爲郭子儀裨將安祿山反使阿史那從禮將同羅突厥五千騎僞降於朔方出塞門誘河曲九蕃府六胡叛部落凡五十萬子儀使游瓌率辛京杲擊破之九蕃府還附累進邠寧節度留後奉天之狩兵未集游瓌與慶州刺史論惟明以兵三千來赴自乾陵北趨醴泉未至有詔引軍屯便橋次泥泉與泚兵値游瓌欲還奉天監軍翟文秀曰吾壁于此賊敢踰我而西可夾攻取之今入奉天賊亦隨至是引賊迫天子也游瓌曰不然我寡賊衆彼分以亢我餘衆猶能鼓而西也不如先入衞天子且奉天無彊卒安得夾攻吾士乏且寒賊以利誘之衆且潰遂還奉天泚兵躡攻之戰不利泚兵奪門游瓌殊死戰乃解泚大治戰棚雲橋士皆懼游瓌曰賊取佛祠乾木爲攻具可以火之既而賊大譟攻南雉游瓌曰是分吾力也趨北雉遣將郭詢郭廷玉以銳士三百傳滿直出火其棚投薪於中風返棚皆盡賊氣沮故諸將推游瓌赴難功第一帝以衞軍無職局軍置統軍一員以游瓌惟明賈隱林處之李懷光叛誘游瓌爲變游瓌白發其書帝曰卿可謂忠義矣對曰臣安知忠義但懷光誤臣使震驚乘輿後持臣自解帝嘉其誠從問計欲安出對曰懷光總諸府兵怙以爲亂今邠有張昕靈武有甯景璿河中有呂鳴岳振武有杜從政潼關有李朝臣渭北有竇覦皆守將也陛下以其衆與地授之罷懷光權而尊以元功諸將仰首各聽其帥彼安能以亂帝曰罷懷光權而泚益張若何對曰陛下約士以不次之賞今貢賦方至發而酬之其守自固邠有萬精甲臣得將之可以誅賊四方杖義而起賊不足慮帝美其言會懷光誘復至渾瑊得書稍嚴卒以警游瓌不知發怒嫚罵瑊帝疑有變卽日幸梁州游瓌使子從帝懷光徼假游瓌邠州刺史欲因張昕殺之游瓌既失兵不知所圖有客劉南金說曰邠有留甲可以立功殆天假也游瓌悟誘舊部兵八百馳入邠說昕曰懷光自蹈禍機公今可取富貴無共汚不義也我願以麾下爲公先驅昕不聽游瓌移疾不出陰結其將高固等昕欲殺游瓌戒左右衷甲入昕小史李岌潛白游瓌伏甲先起高固等應之斬昕首以聞時懷光子玫在邠游瓌衞出之曰殺之祇以怒敵至必遽不如捨之玫至涇陽懷光遂走蒲州游瓌屯七盤受李晟節度詔拜邠寧節度使遂會渾瑊於奉天與瑊戴休顏分扼京西要險李晟入長安游瓌破泚兵咸陽泚走涇州游瓌使諭涇將楊澄澄拒不納泚遂敗京師平遷檢校尚書左僕射實封戶四百帝至自興元游瓌及瑊休顏從而李晟尚可孤李元諒奉迎論功與瑊等皆第一游瓌還屯邠寧懷光寇同州瑊元諒敗於乾坑詔游瓌率兵并力敗賊衆五千于屯遂會瑊馬燧圍蒲城師次焦籬堡守將尉珪降懷光見勢單蹙乃縊死貞元二年吐蕃入涇隴邠寧游瓌追至安化虜營合水北游瓌策曰賊行無人地必怠可襲取之使將史履澄夜領兵五百入其營斬數百級取馬五千遂明虜以兵尾擊游瓌羅幟自衞蠆鼓四發虜驚潰去是歲復圖鹽州刺史杜彥光約與之城吐蕃許之又取銀夏麟等州游瓌請收鹽州以斷戎人走集虜入漢食禾菽方春而病此天亡時也有詔李元諒韓全義率師一萬會游瓌收鹽州吐蕃請修淸水盟以歸侵地馬燧爲之請詔問游瓌答曰西戎弱則請盟彊則入寇今侵地益深而乞盟詐我也帝不從會盟平涼詔游瓌以軍屯洛口盟之日游瓌以勁騎五百待非常令曰卽有變急趨栢泉以分虜勢瑊被劫馳以免虜見兵出卽解去後吐蕃寇大回原游瓌方壁長武卽選騎八百迎擊自引兵繼之監軍以爲戎不可易答曰賊攻豐義今游騎先破則彼大衆不敢前豐義全矣戰南原敗之吐蕃夜遁會子欽緒以射生將衞京師與妖人李廣弘謀反謀泄奔邠州中人捕斬以狀示游瓌游瓌懼求歸死京師帝不許又執欽緒二息送京師帝亦原之未幾入朝素服聽命有詔復位勞遇如故游瓌盛言城豐義以遏虜侵帝悅趣還軍初游瓌之朝衆謂且得罪故齎送殊薄既還舉軍不自安大將范希朝善兵游瓌畏其偪欲誅之希朝奔鳳翔帝聞召入宿衞游瓌遣兵築豐義纔二板而潰寧卒數百大掠游瓌不能禁詔用張獻甫代之游瓌畏亂委軍輕出還京師拜右龍武統軍卒謚曰襄廣弘者自言宗室子始爲浮屠妄曰我嘗見岳瀆神當作天子可復冠男子董昌舍廣弘於資敬寺召相工唐郛視之教郛告人曰廣弘且大貴乃誘欽緒神策將魏循李傪越州參軍事劉昉等作亂昉家數具酒大會廣弘所陰相署置又妄曰神戒我十月十日趣舉約欽緒夜擊鼓譟凌霄門焚飛龍廄循等以神策兵迎廣弘事捷大剽三日循傪上變乃禽廣弘及支黨鞫仗內付三司訊實皆殊死廣弘臨刑色自如由是禁人不得入觀祠

杜希全京兆醴泉人以裨將隷郭子儀積功勞至朔方節度使軍令整嚴士畏其威奉天之狩希全與鄜坊節度使李建徽鹽州刺史戴休顏夏州刺史時常春引兵赴難次漠谷爲賊邀擊乘高縱石下之彊弩雜發德宗使援之不克還保邠州賊平遷檢校尚書左僕射靈鹽豐夏節度使封餘姚郡王將卽屯獻體要八章砭切政病帝嘉納賜君臣箴一篇尋兼夏綏銀節度都統建言鹽州據要會爲塞保鄣自平涼背盟城陷于虜於是靈武勢縣鄜坊單逼爲邊深患請復城鹽州乃詔希全及朔方邠寧銀夏鄜坊振武及神策行營諸節度合選士三萬五千屯鹽州又勑涇原劒南山南軍深入吐蕃牽撓其力使不得犯塞執築凡六千人閱二旬畢由是虜憚不輕入希全居河西久頗越法橫肆帝數容掩其短豐州刺史李景略名出希全上疑逼已遂排劾之帝爲斥以答其意素苦風眩稍劇益忌忍遂誣殺判官李起吏下累息卒贈司空

邢君牙瀛州樂壽人少從幽薊平盧軍以戰功歷果毅折衝郎將安祿山反從侯希逸涉海入青州田神功爲兗鄆節度使使君牙將兵屯好畤防盛秋吐蕃犯京師代宗出陝以扈從功累封河間郡公建中初李晟從馬燧討田悅以君牙爲都將在武安襄國間凡五戰斬馘功最德宗出奉天晟率君牙倍道赴難徙屯渭橋軍中便宜惟君牙得豫晟在鳳翔數行邊常以君牙守晟入朝代爲鳳翔觀察使俄領節度檢校尚書右僕射吐蕃歲犯邊君牙劭耕講戰以爲備戎不得侵又城隴州平戎川號永信城卒官贈司空初布衣張汾者無紹而干君牙軒然坐客上會吏擿簿書以盜沒宴錢五萬君牙怒其欺汾不謝去曰吾在京師聞邢君牙一時豪俊今乃與設吏論錢云何君牙懟遽釋吏引爲上客留月餘以五百縑爲謝其屈已好士類此

唐書卷一百五十六考證

韓游瓌傳進邠寧節度留後○舊書作邠寧節度使臣百按游瓌屯七盤受李晟節度時詔拜邠寧節度使此處自應是節度留後舊書誤

唐書卷一百五十七

宋　端明殿學士　宋祁　撰

列傳第八十二

陸贄

陸贄字敬輿蘇州嘉興人十八第進士中博學宏辭調鄭尉罷歸壽州刺史張鎰有重名贄往見語三日奇之請爲忘年交既行餉錢百萬曰請爲母夫人一日費贄不納止受茶一串曰敢不承公之賜以書判拔萃補渭南尉德宗立遣黜陟使庾何等十一人行天下贄說使者請以五衞省風俗八計聽吏治三科登儁乂四賦經

財賨六德保罷瘵五要簡官事五術曰聽謠誦審其哀樂納市賈觀其好惡訊簿書考其爭訟覽車服等其儉奢省作業察其趣舍八計曰視戶口豐耗以稽撫字視墾田贏縮以稽本末視賦役薄厚以稽廉冒視案籍煩簡以稽聽斷視囚繫盈虛以稽決滯視姦盜有無以稽禁禦視選舉衆寡以稽風化視學校興廢以稽教導三科曰茂異賢良幹蠱四賦曰閱稼以奠稅度產以衰征料丁壯以計庸占商賈以均利六德曰敬老慈幼救疾恤孤賑貧窮任失業五要曰廢兵之冗食蠲法之撓人省官之不急去物之無用罷事之非要時皆韙其言遷監察御史帝在東宮已聞其名矣召爲翰林學士會馬燧討賊河北久不決請濟師李希烈寇襄城詔問策安出贄言勞於服遠莫若脩近多方以救失莫若改行今幽燕恒魏之勢緩而禍輕汝洛滎汴之勢急而禍重田悅覆敗之餘無復遠略王武俊有勇無謀朱滔多疑少決互相制劫急則合力退則背憎不能有越軼之患此謂緩也希烈果於奔噬忍於傷殘据蔡許富全之地而益以鄧襄鹵獲之實東寇則轘道阻北窺則都邑震此謂急也代朔邠靈自昔之精騎上黨盟津今之選師舉而委之山東將多而勢分兵廣而財屈則屯戍失於太繁也李勉文吏也而當汴必爭地哥舒曜之衆烏合也扞襄城方鋭之賊本非素習首鼠莫前則守禦失於不足也今若還李芃河陽以援東都李懷光解襄城之圍專以太原澤潞兵抗山東則梁宋安又言立國之權在審輕重本大而末小所以能固故治天下者若身使臂臂使指小大適稱而不悖王畿者四方之本也京邑者王畿之本也其勢當京邑如身王畿如臂而四方如指此天子大權也是以前世轉天下租稅徙郡縣豪傑以實京師太宗列置府兵八百所而關中五百舉天下不敵關中則居重馭輕之意也方世承平久武備微故祿山乘外重之勢一舉而覆兩京然猶諸牧有馬州縣有糧蓄肅宗得以中興乾元後外虞踵發悉師東討故吐蕃乘虛而先帝莫與爲禦是失馭輕之權也既自陝還懲艾前事稍益禁衛故關中有朔方涇原隴右之兵以捍西戎河東有太原之兵以制北虜今朔方太原衆已屯山東而神策六軍悉戍關外將不能盡敵則請濟師陛下爲之輟邊軍缺環衛竭內廏之馬武庫之兵占將家子以益師賦私畜以增騎又告乏財則爲算室廬貸商人設諸權之科日日以甚萬有一如朱滔李希烈負固邊壘竊發都甸者何以備之夫關中王業根本在焉豪傑之在關中者與籍於營衛不殊車乘之在關中者與列於廏牧不殊財用之在關中者與貯於帑藏不殊一朝有急可取也陛下幸聽臣計使芃還軍援洛懷光救襄城希烈必走請神策及將家子占而東者追還之凡京師稅間架榷酒抽貫貸商點召之令一切停之則端本整棼之術帝不納後涇師急變贄言皆効從狩奉天機務填總遠近調發奏請報下書詔日數百贄初若不經思逮成皆周盡事情衍繹孰復人人可曉旁吏承寫不給它學士筆閣不得下而贄沛然有餘始帝倉卒變故每自剋責贄曰陛下引咎堯舜意也然致寇者乃羣臣罪贄意指盧杞等帝護杞因曰卿不忍歸過朕有是言哉然自古興衰其亦有天命乎今之厄運恐不在人也贄退而上書曰自安史之亂朝廷因循涵養而諸方自擅壤地未嘗會朝陛下將一區宇乃命將興師以討四方一人征行十室資奉居者疲饋轉行者苦鋒鏑去留騷然而閭里不寧矣聚兵日衆供費日博常賦不給乃議蹙限而加斂焉加斂既殫乃別配之別配不足於是榷算之科設率貸之法興禁防滋章吏不堪命農桑廢于追呼膏血竭于箠挻兆庶嗷然而郡邑不寧矣邊陲之戍以保封疆禁衛之旅以備巡警邦之大防也陛下悉而東征邊備空屈又捘私牧責將家以出兵籍馬夫私牧者元勳貴戚之門也將家者統帥岳牧之後也其復除征徭舊矣今奪其畜牧事其子孫丐假以給資裝破產以營卒乘元臣貴位孰不解體方且稅侯王之廬算裨販之緡貴不見優近不見異羣情囂然而關畿不寧矣陛下又謂百度弛廢則持義以掩恩任法以成治斷失於太速察傷於太精斷速則寡恕於人而疑似不容辨也察精則多猜于物而億度未必然也寡恕而下懼禍故反側之釁生多猜而下防嫌故苟且之患作由是叛亂繼產怨讟並興非常之虞惟人主獨不聞凶卒鼓行白晝犯闕重門無結草之禦環衛無誰何之人陛下雖有股肱之臣耳目之佐見危不能竭誠臨難不能効死是則羣臣之罪也陛下方以興衰諉之天命亦過矣書曰天視自我民視天聽自我民聽則天所視聽皆因于人非人事外自有天命也紂之辭曰我生不有命在天此捨人事推天命必不可之理也易曰自天祐之仲尼以謂祐者助也天之所助者順也人之所助者信也履信思于順是以祐之易論天人祐助之際必先履行而吉凶之報象焉此天命在人蓋昭昭矣人事治而天降亂未之有也人事亂而天降康亦未之有也尚恐有可疑者請以近事信之自比兵興物力耗竭人心驚疑如風濤然洶洶靡定族謀聚議謂必有變則京師之人固非悉通占術曉天命也則致寇之由豈運當然夫治或生亂亂或資治有以無難而亡多難而興治或生亂者恃治而不修也亂或資治者遭亂而能治也無難而失者忽萬幾之重而忘憂畏也多難而興者涉庶事之艱而知敕慎也今生亂失序之事不可追矣其資治興邦之業在刻勵而謹修之當至危之機得其道則興失則廢其間不容復有所悔也惟勤思而熟計之捨己以從衆違欲以遵道遠憸佞親忠直推至誠去逆詐斯道甚易知甚易行不耗神不劬力第約之於心耳何憂乎亂人何畏乎厄運何患乎不寧哉帝又問贄事切於今者贄勸帝羣臣參日使極言得失若以軍務對者見不以時聽納無倦兼天下之智以爲聰明帝曰朕豈不推誠然顧上封者惟譏斥人短長類非忠直往謂君臣一體故推信不疑至憸人賣爲威福今茲之禍推誠之敝也又諫者不密要須歸曲於朕以自取名朕嗣位見言事多矣大抵雷同道聽加質則窮故頃不詔次對豈曰倦哉贄因是極諫曰昔人有因噎而廢食者又有懼溺而自沈者其爲防患不亦過哉願陛下鑒之毋以小虞而妨大道也臣聞人之所助在信信之所本在誠一不誠心莫之保一不信言莫之行故聖人重焉傳曰誠者物之終始不誠無物物者事也言不誠卽無所事矣匹夫不誠無復有事況王者賴人之誠以自固而可不誠於人乎陛下所謂誠信以致害者臣竊非之孔子曰可與言而不與之言失人不可與言而與之言失言智者不失人亦不失言陛下可審其言而不可不信可愼其所與而不可不誠所謂民者至愚而神夫蚩蚩之倫或昏或鄙此似於愚也然上之得失靡不辨好惡靡不知所祕靡不傳所爲靡不效馭以智則詐示以疑則偷接不以禮則其徇義輕撫不以情則其效忠薄上行則下從之上施則下報之若影附形若響應聲故曰惟天下至誠爲能盡其性不盡於己而責盡於人不誠於前而望誠於後必紿而不信矣今方鎭有不誠於國陛下興師伐之臣有不信於上陛下下令誅之有司奉命而不敢赦者以陛下所有責彼所無也故誠與信不可斯須去己願陛下愼守而力行之恐非所以爲悔也傳曰人誰無過過而能改善莫大焉仲虺歌成湯之德曰改過不吝吉甫美宣王之功曰袞職有闕仲山甫補之夫成湯聖君也仲虺聖輔也以聖輔贊聖君不稱其無過稱其改過周宣中興賢王也吉甫文武賢臣也歌誦其主不美其無闕而美其補闕則聖賢之意貴於改過較然甚明蓋過差者上智下愚所不免惟智者能改而之善愚者恥而之非也中古以降其臣尚諛其君亦自聖掩盛德行小道乃有入則造膝出則詭辭姦由此滋善由此沮天子意由此惑爭臣罪由此生媚道行而害斯甚矣太宗有文武仁義之德治致太平之功可謂盛矣然而人到于今以從諫改過爲稱首是知諫而能從過而能改帝王之大烈也陛下謂諫官論事引善自予歸過於上者信非其美然於盛德未有虧焉納而不違傳之適足增美拒而違之又安能禁之勿傳不宜以此梗進言之路也聖人不忽細微不侮鰥寡參言無驗不必用質言當理不必違遜於志不必然逆於心不必否異於人不必是同於衆不必非辭拙而效迂者不必愚言甘而利重者不必智考之以實惟善所在則可以盡天下之心矣夫人情蔽於所信沮於所疑忽於所輕溺於所欲信偏則聽言不盡其實故有過當之言疑甚則雖實不聽其言故有失實之聽輕其人則遺可重之事欲其事則存可棄之人苟縱所私不考其實則是失天下之心矣故常情之所輕聖人之所重不必慕高而好異也陛下又以雷同道說加質則窮臣謂陛下雖窮其辭而未窮其理能服其口而未服其心且下之情莫不願達於上上之情莫不求知於下然而下常苦上之難達上常苦下之難知若是者何九弊不去也所謂九弊者上有六下有三好勝人恥聞過騁辯給衒聰明厲威嚴恣彊愎上之弊也諂諛顧望畏懦下之弊也好勝而恥過必甘佞辭忌直言則諂諛者進而忠實之語不聞矣騁辯而衒明必折人以言虞人以詐則顧望者自便而切摩之益不盡矣厲威而恣愎必不能降情接物引咎在己則畏懦者至而情理之說不申矣人之難知堯舜所病胡可以一酬一詰而謂盡其能哉夫欲治天下而不務得人心則固不治矣務得人心而不勤接下則心固不得矣務接下而不辨君子小人則下固不可接矣務辨君子小人而惡直嗜諛則君子小人固不可辨矣趨和求媚人之甚利存焉犯顏冒禍人之甚害存焉居上者易其言而以美利利之猶懼忠告之不暨況疏隔而猜忌者乎是時賊未平帝欲明年遂改元而術家爭言數鍾百六宜有所變示天下復始帝乃議更益大號贄曰今乘輿播越大憝未去此人情向背天意去就之際陛下宜痛自貶勵不宜益美名以累謙德帝曰卿

言固善，然要當小有變革，為朕討之。」贄奏言：「古之人君德合於天曰皇，合於地曰帝，合於人曰王，父天母地以養人治物得其宜者曰天子，皆大名也。三代而上所稱象其德，不敢有加焉。至秦乃兼曰皇帝，流及後世昏僻之君，始有聖劉天元之號。故人主重輕不在稱謂，視德何如耳。若以時屯當有變革，不若引咎降名以祗天戒。且爵舊失至明也，損虛飾大知也，寧與加冗號以受實患哉！」帝從之。會興元赦令方具，帝以稾付贄使商討。其詳贄知帝執德不固，困則思治，泰則易驕，欲激之使遷其意，即建言：「履非常之危者，不可以常道安；解非常之紛者，不可以常令諭。陛下窮用兵甲，竭取財賦，變生京師，盜據宮闕，今假王者四，凶僭帝者二，暨其他顧瞻懷貳不可悉數，而欲紓多難、收羣心，惟在赦令而已。動人以言，所感已淺，言又不切，人誰肯懷？故誠不至者物不感，損不極者益不臻。夫悔過不得不深，引咎不得不盡，招延不可不廣，潤澤不可不弘，使天下聞之，廓然一變，人人得其所欲，安有不服哉？其須改革科條，已別封上。臣聞知過非難，改之難；言善非難，行之難。易曰：『聖人感人心而天下和平。』夫感者，誠發於心而形於事，事或未諭，故宣之於言。言必顧心，心必副事，三者相合，乃可求感。惟陛下先斷厥志，以施其辭，度可行者而宣之，不可者措之，無苟於言以重取悔。」帝納之。始，帝播遷，府藏委棄，衛兵無褚衣，至是天下貢奉稍至，乃於行在夾廡署瓊林、大盈二庫，別藏貢物。贄諫，以為：「瓊林、大盈於古無傳，舊老皆言開元時貴臣飾巧以求媚，建言郡邑賦稅當委有司以制經用，其貢獻悉歸天子私有之。蕩心侈欲，亦終以餌寇。今師旅方殷，瘡痛呻吟之聲未息，遽以珍貢私別庫，恐羣下有所觖望。請悉出以賜有功，令後納貢必歸之有司，先給軍賞，瓌怪纖麗無得以供，是乃散小儲成大儲，捐小寶固大寶也。」帝悟，即撤其署。李懷光有異志，欲怒其軍使叛，即上言兵稟薄，與神策不等，難以戰。李晟密言其變，因請移屯。帝遣贄見懷光議事。贄還奏：「懷光寇奔不追，師老不用，羣帥欲進，輒沮止其謀，此必反，宜有以制之。」因勸帝許晟移軍。初，贄與懷光語及晟，懷光妄詆曰：「吾無所藉晟。」贄即美其彊雄，使不得藉覆。至是，請下詔書如其意者，且無辭歸短於朝。又建遣李建徽、陽惠元與晟并屯東渭橋，託言晟兵寡不足支賊，俾為掎角。懷光雖不欲遣，且辭窮無以沮解。帝猶豫曰：「晟移屯，懷光固怏怏，若又遣建徽等俱東，彼且為辭，少須之。」晟已徙營，不閱旬，懷光果奪兩節度兵，建徽挺身免，惠元死之。行在震驚，遂徙幸梁。道有獻瓜果者，帝嘉其意，欲授以試官。贄曰：「爵位，天下公器，不可輕也。」帝曰：「試官虛名，且已與宰相議矣，卿其無嫌。」贄奏：「信賞必罰，霸王之資也；輕爵褻刑，衰亂之漸也。非功而獲爵則輕，非罪而肆刑則褻。天寶之季，嬖幸傾國，爵以情授，賞以寵加，綱紀始壞矣。羯胡乘之，遂亂中夏。財賦不足以供賜，而職官之賞與焉；職員不足以容功，而散試之號行焉。今所病者爵輕也，設法貴之，猶恐不重，若又自棄，將何勸焉？陛下謂試官為虛名，豈思之未熟邪？夫立國惟義與權，誘人惟名與利。名近虛，於教為重；利近實，於德為輕。凡所以裁是非、立法制，則存乎其義；參虛實、揣輕重，則存乎其權。專實利而不濟之以虛，則物有匱耗而不給矣；專虛名而不副之以實，則情有誕謾而不趨矣。故錫貨財、列稟秩以彰實也，差品列、異服章以飾虛也。居上者達其變，相須以為表裏，則為國之權得矣。按甲令有職事官、有散官、有勳官、有爵號，其賦事受奉者惟職事一官，以敘才能，以位動德，所謂施實利而寓虛名也。勳散爵號，止於服色資蔭，以馭崇貴，以甄功勞，所謂假虛名佐實利者也。今員外試官與勳散爵號同，然而突銛鋒、排禍難者以是酬之，可謂重矣。今獻瓜一器，果一盛，則受之，彼忘軀命者有以相謂矣，曰：『吾之軀命乃同瓜果。』瓜果，草木也，若草木然，人何勸哉？夫田父野人，必欲得其歡心，厚賜之可也。」俄以勞遷諫議大夫，仍為學士。時鳳翔節度使李楚琳殺張鎰得位，雖數貢奉，議者頗言其挾兩端，有所狙伺，然帝亦不能容，其使至，皆不得召，欲以渾瑊代之。贄諫曰：「楚琳之罪舊矣，今議者乃始紛紜，不亦晚哉！且勤王之師在畿內者，急宣亟告，景刻不可差。商嶺既回遠，而駱谷又為賊所扼，通王命者唯褒斜爾。若復阻，則諸鎮之向背者，我勝則來，賊勝遂往，此為幾會，不容差跌。使楚琳遑懈，敢為猖狂，南塞要衝，東與賊合，則我咽喉梗而心膂分矣，豈不病哉！今頓望兩端，是乃天誘其衷，通歸塗、濟大業也。」帝釋然，盡召見其使，優詔勞安之。帝欲以內外從官普號定難元從功臣，贄曰：「宮官具寮，恪居奔走，勞則有之，何功之云？難則嘗之，何定之云？今與奮命者齒，恐沮戰士之心，結勳臣之憤。」帝乃止。京師已平，帝欲召渾瑊訪奔亡內人，給裝使赴行在。贄諫曰：「大難始平，而百役疲瘵之甿、重傷殘廢之卒，皆忍死扶疾，想聞德音。蓋事有先後，義有輕重，重者宜先，輕者宜後。昔武王克殷，有未下車而為之者，有下車而為之者。當今所務，謂宜以大臣馳傳迎復神主，脩飾郊丘，展禋享之禮，申告謝之意，恤死義，犒有功，崇進忠直，優問耆耋，定反側，寬脅從，官失職，復廢業，是皆宜先不可後也。葺宮室，治服玩，耳目之娛，巾櫛之侍，是皆宜後不可先也。且內人當離潰之後，或為將士所私，昔人掩絕纓、飲盜馬者，豈忘其愛邪？知為君之體然也。天下固多褻人，何必獨此？」帝不復下詔，猶遣使諭瑊資遣。初，劉從一、姜公輔等材下不逮贄遠甚，徒以單言暫謀偶有合，由下位遽台宰，而贄孤立一意，為左右權倖沮短，又言事無所回諱，陰失帝意，久之不得宰相。還京，但為中書舍人。母韋猶在江東，帝遣中人迎還京師。俄以喪解官，客東都，諸方賵遺一不取，惟韋皋以布衣交，先以聞，故所致輒稱詔受之。又詔中人護父柩至自吳，會葬洛陽。服除，以權知兵部侍郎復召為學士。入謝，伏地鯁泣，帝為興，改容慰撫，眷遇彌渥。天下屬以為相，而竇參素不平，忌之，贄亦數言參罪失。貞元七年，罷學士，以兵部侍郎知貢舉。明年，參黜，乃以中書侍郎同中書門下平章事。帝始任楊炎、盧杞，引樹私黨，排忠良，天下怨疾，貞元後懲艾其失，雖置宰相，至除用庶官，反覆參詰乃得下。及贄秉政，始請臺閣長官得自薦其屬，有不職，坐舉者。帝初許之，或言諸司所引皆親黨，招賂遺，無實才，帝復詔宰相自擇。贄奏言：「齊桓公問管仲害霸，對曰：『得賢不能任，害霸也；任賢不能固，害霸也；固始而不終，害霸也；與賢人謀事而小人議之，害霸也。』所謂小人者，非悉懷險詖以覆邦家也，蓋趨向狹促，以沮議為出衆，自異為不羣，趣小利，昧遠圖，效小信，傷大道爾。所謂臺省長官，僕射、尚書、丞、郎、御史大夫、中丞是也。陛下擇輔相多出其中，行實不能頓殊也。今乃謂不能進一二屬吏，豈後位宰相則可擇天下材乎？夫求才者貴廣，考課者貴精。往武后收人心，務拔擢，非徒人得薦士，亦許自舉其才，豈不易哉！然而課責嚴，進退速，故當世稱知人之明，累朝賴多士之用。陛下賞鑒獨任，難於公舉，有登延之路，無練覈之方。武后以易得人，陛下以精失士。今擇宰相以重於庶品，選長官以愈於下流，及宰相獻言，長吏薦士，則又納橫議，廢始謀，是任以重者輕其言，待以輕者重其事也。」帝雖嘉之，然卒停薦士詔。舊制，吏部選以歲集，乾元後天下兵興，率三年一調，吏員稽壅，則案牘叢淆，偽冒蒙真，吏緣以為姦，廢置無綱，至十年不被調者，缺員或累歲不補。贄乃請以內外員三分之，每歲計闕集人，檢柅吏姦，天下便之。當是時，賈耽、盧邁、趙憬同輔政，凡有司關白，三人者更相顧不肯判。贄又請如故事，旬一人秉筆，所咨輒判。又以西北邊歲調河南、江淮兵，謂之防秋，士不素練，戰數敗，將貌制不一，亡以應敵，乃上陳其弊曰：「自祿山搆亂，肅宗始撤邊備，以靖中邦，借外威寧內難。於是吐蕃乘釁，回紇矜功，中國不振四十餘年，率傷耗之民竭力以事西，輸賄繒，北償馬貲，尚不足滿其意。於是調斂四方以屯疆陲，又不能遏其侵，故小入則驅略，深入則戒嚴。于時議安邊者，皆務所難，忽所易，勉所短，略所長，行之而要不精，圖之而功靡就。夫勢有難易，事有先後。力大而敵脆，則先所難，是謂奪人之心也；力寡而敵堅，則先所易，是謂觀釁而動也。今財匱於中，人勞未瘳，而欲發師徒以犯徼寇境，復其侵疆，攻其堅城，前有勝負未必之虞，後有餽運不繼之患，萬一橈敗，適所以啓戎心、挫國威也。以此安邊，可謂不量勢而務所難矣。天之授有分，地之產有宜，是以五方之俗，長短各殊。勉所短而敵長者殆，用所長而乘短者彊。且以水草為居，討獵為生，便於馳突，不恥敗亡，此戎狄所長，中國之短也。而欲益兵蒐乘，爭驅角力，交鋒原野之上，決命尋常之間，以此禦寇，可謂勉所短而校其長矣。務所難，勉所短，勞費百倍，終無成功，雖果成之，不挫則廢，誠以越天授、違地產、虧時勢以反物宜者也。胡不守所易、用所長乎？若乃擇將吏，脩紀律，訓齊師徒，耀德以佐威，能邇以示遐，禁侵暴以彰吾信，抑攻取以昭吾仁，彼求和則善之而勿與盟，彼為寇則備之而不報復，此當今所易也。賤力貴智，好生惡殺，輕利重人，忍小全大，安其居而動，俟其時後行，脩封疆，守要害，蹊塹隧，列屯營，謹禁防，明斥候，務農足食，非萬全不謀，非百克不鬭。寇小至則遏其入，寇大至則邀其歸，據險以乘之，多方以誤之，使其勇無所加，衆無所用，掠則靡獲，攻則不能，進有腹背支敵之虞，退有首尾不相救之患，是謂乘其弊、不戰而屈人兵，此中國之長也。我之所長，戎狄之短也；我之所易，戎狄之難也。以長制短，則用力寡而見功多；以易敵難，則財不匱而事速成。捨此不務，而反為所乘，斯謂倒持戈矛以鐏授寇者也。今皆務之矣，尚且守封未固，寇戎未懲者，何邪？病在謀無定，用衆無適從，任者不必才，才者不必任，聞不必實，實不必聞，所信不必誠，所誠不必信，行不必當，當不必行。又有六失焉。夫兵有攻討，有鎮守，權以紓難，暫以應機，事有便宜，謀有奇詭，不恤常制，不徇衆情，死生進退唯將所命，攻討之兵也。人情者，利焉則勸，習焉則安，保親戚而後樂生，顧家業而後忘死，可以治衛馭不可以法制驅鎮守之兵也王者欲備封疆禦戎狄則選鎮守之兵以置之古之善選置者必辨其土宜察其技能知其好惡用其力不違其性齊其俗不易其宜引其善不責其所不能禁其非不處其所不欲類其部伍安其家室然後能使之樂其居定其志以惠則感而不驕以威則肅而不怨靡督課而自用弛禁防而不攜故守則固戰則彊其術無它便於人而已今遠調屯士以戍邊暱邀所不能彊所不欲廣其數不考於用責其力不察其情斯可爲羽衛之儀而無益備禦之實也何者窮邊之地千里蕭條寒風裂膚豺狼爲隣晝則荷戈以耕夜則倚烽以覘有剽害之慮無休暇之娛非生其域習其風幼而覩焉長而安焉則不能寧居而狎其敵也關東百物阜殷士忕溫飽比諸邊隅不翅天地閬絶塞荒陬則辛酸動容聆彊蕃勁虜則懾駭褫情又使去親族捨圜廬甘所辛酸抗所懾駭將冀爲用不亦疏乎又有休代之期無統制之善資奉姑息譬如驕子進不邀以成功退不處以嚴憲屈指計歸張頤待飼師一挫傷則乘其危橈布路東潰平居殫資儲以奉浮冗臨難棄城鎮以搖彊埸其弊豈特無益哉諸徙之人本以增戶實邊立功自贖既無良之人而思亂幸災又甚於戍卒適有防衞之煩而無立功之益雖前代行之固非可遵者也帥臣身不臨邊而以偏師戍守大抵士之犀銳悉選以自奉委疲羸者以守要衝寇至而不支則劫執芟蹂恣所欲得比都府聞之虜已旋返治兵若此斯可謂措置乖方一失也賞以存勸罰以示懲以懋有庸以威不恪故賞罰之於馭衆譬鞭軛所以行車銜勒所以服馬也今將之號令不能行之軍國之典刑不能施之將上下遵養以苟歲時欲褒一有功慮無功者怨嫌疑而不賞欲責一有罪畏同惡者竦隱忍而不誅故忘身效節者抵譏於衆僨軍緩救者畜姦不畏褒貶稱毀紛然相亂公者直己不求諸人則罹困厄姦者行私苟媚於衆則取優崇此義士勇夫所以痛心解體也又如遇敵而守不固陳謀而功不成責將帥將帥曰資糧不足責有司有司曰須給無乏更相爲解而朝廷含糊未嘗究詰故抱直者吞聲罔上者不懲馭衆若此可謂課責虧度二失也以課責之虧措置之乖將不得竭其才卒不得盡其力屯集雖衆無施戰陣虜常橫行以謂境無人焉吏習其常惟曰兵少不敵朝廷莫之省則又調發益師無裨於備禦而有弊於供億闔井日耗歛求日繁傾家析產榷鹽稅酒無慮所入半以事邊制用若此可謂財匱於兵衆矣三失也今四夷最彊盛者莫如吐蕃舉吐蕃衆未當中國十數大郡而內虞外備與中國不殊所以能寇邊者無幾又器不犀利甲不精完材不趫敏動則中國懾其衆不敢抗靜則憚其彊不敢侵何哉良以我之節制多而彼之統帥一也且節制多則人心不一人心不一則號令不行號令不行則進退難必進退難必則疾徐失宜疾徐失宜則機會不及機會不及則氣勢自衰斯乃勇廢爲尪衆失爲弱開元天寶時制西北二蕃則朔方河西隴右三節度而已尚慮權分或詔兼領之中興未遑外討則僑四鎮隸安定以隴右附扶風所當二蕃則朔方涇原隴右河東四節度而已以關東戍卒屬之難任未得人而措置之法存焉自賊泚亂以誘涇原懷光反以汙朔方則分朔方爲三節度其鎮軍且四十皆特詔任之各有中人監軍威得相抗既無軍法臨下莫能稟屬邊書告急方使闕白用兵是謂從容拯溺揖讓救焚矣兵以氣若勢爲用者也氣聚則盛散則消勢合則威析則弱今之邊威勢弱氣消建軍若此可謂力分於將多矣四失也治戎之要在均齊而已故軍法無貴賤之差多少之異所以同其志盡其力也破邊長鎮之兵皆百戰傷夷角所能則習度所處則危考服役則勞察臨敵則勇然衣稟止於當身又爲家室所分居常凍餒而關東戍士歲月更代怯於應敵懈於服勞然衣稟優厚繼以茶藥資以蔬醬豐寡相縣勢則遠甚又有以邊軍詭爲奏請遙隸神策者稟賜之饒有三倍之益此士類所以忿恨經費所以褊匱夫事業未異給養頓殊人情所不甘也不爲戎首已可嘉者況使協力同心以攘寇難臣知有所不能焉養士若此可謂怨生於不均矣五失也凡任將帥必先考察行能然後指所授之方所委之要令自揣可否以見要領須某甲兵藉某參屬用若干步騎計若干資糧何所列屯何時成功覈其言校其實若曰不足取當艱之於初不宜詒悔於後也若曰可任則當要之於終不宜掣肘於內也故疑者不使使者不疑勞神於拔選端拱於委任然後覈否臧信賞罰受賞者不爲濫當罰者不敢辭付授專則苟且之心息矣是以古之遣將者君推轂而命之又賜鈇鉞故軍容不入國國容不入軍機宜不以遠決號令不以兩從今陛下命帥先求易制者多其部使力分輕其任使心弱由是分閫責成之義廢死綏任咎之志衰一則聽命二則聽命止取承順可矣若有意乎靖難則不可兩疆相接兩軍相持事機所急鑄不留息況千里之遠九重之深陳述之難明聽覽之不專欲事無遺策雖聖亦有所不能焉守城者以寡不敢抗分鎮者以無詔不敢救逗留之頃寇已奔逼牧馬屯牛鞠椎剽矣畜夫樵婦罄俘囚矣假令詔至發兵更相顧望莫敢遮礙敗者減百爲一獲者衍百爲千帥守以總制在朝不卹於罪陛下以權出已不究厥情用帥若此可謂機失於遙制矣六失也臣愚謂宜罷四方之防秋者以其數析而三之其一責本道節度募壯士願屯邊者徙焉其一則弟以本道衣稟責關內河東募用蕃夏子弟願傳軍者給焉其一以所輸資糧給應募者以安其業詔度支市牛召工就諸屯繕完器具至者家給牛一耕耨水火之器畢具一歲給二口糧賜種子勸之播蒔須一年則使自給有餘粟者縣官倍價以售既息調發之煩又無幸免之弊出則人自爲戰處則家自爲耕與夫暫屯遽罷豈同日論哉然後建文武大臣一人爲隴右元帥自涇隴鳳翔薄長武城盡山南西道凡節度府之兵皆屬焉又詔一人爲朔方元帥由鄜坊邠寧挺靈夏凡節度府之兵屬焉又詔一人爲河東元帥舉河東極振武節度府之兵屬焉各以臨邊要州爲治所所部州若府遴東良吏爲刺史外奉軍興內課農桑愼守中國所長謹行當今所易則八利可致六失可去矣帝愛重其言不從也班宏判度支卒官贄薦李巽帝漫許之而自用裴延齡贄言延齡僻戾躁妄不可用不聽俄而延齡姦佞得君天下仇惡無敢言贄上書苦諫帝不懌竟以太子賓客罷贄本畏愼未嘗通賓客延齡揣帝意薄譖短百緒帝遂發怒欲誅贄賴陽城等交章論辯乃貶忠州別駕後稍思之會薛延爲刺史諭旨慰勞韋皐數上表請贄代領劍南帝猶銜之不肯與順宗立召還詔未至卒年五十二贈兵部尚書謚曰宣始贄入翰林年尚少以材幸天子常以輩行呼而不名在奉天朝夕進見然小心精潔未嘗有過由是帝親倚至解衣衣之同類莫敢望雖外有宰相主大議而贄常居中參裁可否時號內相嘗爲帝言今盜徧天下宜痛自咎悔以感人心昔成湯罪已以興楚昭王出奔以一言善復國陛下誠不吝改過以言謝天下使臣持筆亡所忌庶叛者革心帝從之故奉天所下制書雖武人悍卒無不感動流涕後李抱眞入朝爲帝言陛下在奉天山南時赦令至山東士卒聞者皆感泣思奮臣是時知賊不足平議者謂興元戡難功雖爪牙宣力蓋贄有助焉狩山南也道險澀與從官相失夜召贄不得帝驚且泣詔軍中得贄者賞千金久之上謁帝喜見顏問自太子以下皆賀及輔政不敢自顧重事有可否必言之所言皆剴拂帝短懇到深切或規其太過者對曰吾上不負天子下不負所學皇它卹乎既放荒遠常闔戶人不識其面又避謗不著書地苦瘴癘祇爲今古集驗方五十篇示鄉人云

贊曰德宗之不亡顧不幸哉在危難時聽贄謀及已平追仇盡言怫然以讒倖逐猶棄梗至延齡輩則寵任磐桓不移如山昏佞之相濟也世言贄自罷翰林以爲與吳通玄兄弟爭寵竇參之死贄漏其言非也夫君子小人不兩進邪謟得君則正士危何可訾耶觀贄論諫數十百篇譏陳時病皆本仁義可爲後世法炳炳如丹帝所用纔十一唐祚不競惜哉

唐書卷一百五十七考證

陸贄傳以水草爲居討猘爲生○討字疑射字之誤

唐書卷一百五十八

宋 端明殿學士 宋祁 撰

列傳第八十三

韋張嚴韓

韋皐字城武京兆萬年人六代祖範有勳力周隋間皐始仕爲建陵挽郎諸帥府更辟擢監察御史張鎰節度鳳翔署營田判官以殿中侍御史知隴州行營留事德宗狩奉天李楚琳殺鎰劫衆叛歸朱泚隴州刺史郝通奔降楚琳始泚以范陽軍鎮鳳翔既歸節而留兵五百戍隴上以部將牛雲光督之至是雲光謀襲皐爲帥將劫以臣泚別將翟曄伺知以白皐雲光懼不克率衆出奔至汧陽遇泚奴使皐所謂雲光曰太尉已爲天子使我以御史中丞授皐若聽固吾人也不受可遂誅之請以兵俱許之皐迎勞先納奴僞受泚詔卽讓雲光曰既去而復何也對曰向未知公之命故去今還願與公同生死皐曰大使固善苟無它圖請釋甲以安衆而後可入也雲光以皐諸生亡能爲乃命士委仗鎧皐受而內其卒明日置酒大會奴雲光與其下至皐伏甲左右廡酒行盡殺之以其首徇泚復使宅奴拜皐鳳翔節度使皐亦斬之及從騎三人縱一人使報泚帝聞乃授皐隴

州刺史置奉義軍拜節度使寵其功臯遣兄平及弁繼至奉天士氣益壯乃築壇血牲與士盟曰協力一心以誅元惡有渝此盟神其殛之又馳使吐蕃與連和隴坻遂安帝自梁洋還召爲左金吾衞將軍遷大將軍貞元初代張延賞爲劍南西川節度使初雲南蠻羈附吐蕃其盜塞必以蠻爲鄉道臯計得雲南則斬虜右支乃間使招徠之稍稍通西南夷明年蠻大首領苴那時以王爵讓其兄子烏星始烏星幼那時攝領其部故請歸爵臯上言禮讓行于殊俗則怫戾者化願皆封以示褒進詔可又明年雲南款邊求內屬約東蠻鬼主驃傍苴夢衝等絶吐蕃盟五年東蠻斷瀘水橋攻吐蕃請臯濟師臯遣精卒二千與蠻共破吐蕃於臺登殺青海大酋乞臧遮遮臘城酋悉多楊朱及論東柴等虜墜死崖谷不可計多獲牛馬鎧裝遮遮倚結贊之子虜貴將悍雄者也既敗酋長百餘行哭隨之悍將已亡則屯柵以次降定進檢校吏部尚書初東蠻地二千里勝兵常數萬南倚閤羅鳳西結吐蕃徂勢彊弱爲患臯能綏服之故戰有功詔以那時爲順政王夢衝懷化王驃傍和義王刻兩林勿鄧等印以賜之而夢衝復與吐蕃盟臯遣別將蘇巃召之詰其叛斬于琵琶川立次鬼主樣棄等蠻部震服乃建安夷軍於資州維制諸蠻城龍谿於西山保納降羌九年天子城鹽州策虜且來撓襲詔臯出師牽維之乃命大將董勔張芬分出西山靈關破峨和通鶴定廉城踰的博嶺遂圍維州搏棲雞攻下羊溪等三城取劒山屯焚之南道元帥論莽熱來援與戰破其軍進收白岸乃城鹽州詔臯休士以功爲檢校尚書右僕射扶風縣伯於是西山羌女訶陵南水白狗逋租弱水清遠咄霸八國酋長皆因臯請入朝乃遣幕府崔佐時由石門趣雲南而南詔復通石門者隋史萬歲南征道也天寶中鮮于仲通下兵南溪道遂閉至是蠻徑北谷近吐蕃故臯治復之繇黎州出邛部直雲南置淸溪關號曰南道乃詔臯統押近界諸蠻西山八國雲南安撫使俄進同中書門下平章事十三年復巂州吐蕃怨完壘造舟謀擾邊臯輒破卻之自是曩貢臘城等九節度嬰嬰龍官馬定德與大將舉落皆降昆明管些蠻又內附贊普怒遂北掠靈朔破麟州以取償焉帝詔臯深入以橈虜臯遣大將陳泊等出三奇崔堯臣趨石門無衣山仇冕董振走維州邢玼出黃崖略棲雞老翁城高倜王英俊繇峨和淸溪道薄故松州元膺出濕山成溪臧守至道黎巂韋良金趨平夷路惟明自靈關夏陽攻逋租偏松城王有道涉大度河陳孝陽率蠻苴那時等道西瀘攻昆明諾濟師無慮五萬以八月悉出塞十月大破吐蕃拔其保鎭捕候追奔轉戰千里遂圍維州吐蕃舞靈朔兵使論莽熱以內大相兼東境五節度大使率雜虜十萬來救師伏以待虜乘勝深入師譟而奮虜大潰生禽莽熱獻諸朝帝悅進檢校司徒兼中書令南康郡王帝製紀功碑褒賜之順宗立詔檢校太尉會王叔文等干政臯遣劉闢來京師謁叔文曰公使私於君請盡領劒南則惟君之報不然惟君之怨叔文怒欲斬闢闢遁去臯知叔文多釁又自以大臣可與國大議即上表請皇太子監國又上牋太子暴叔文伾之姦且勸進會大臣繼請太子遂受禪因投殛姦黨是歲臯暴卒年六十一贈太師謚曰忠武臯治蜀二十一年數出師凡破吐蕃四十八萬禽殺節度都督城主籠官千五百斬首五萬餘級獲牛羊二十五萬收器械六百三十萬其功烈爲西南劇善拊士至雖昏嫁皆厚資之婿給錦衣女給銀塗衣賜各萬錢死喪者稱是其僚掾官雖顯不使還朝即署屬州刺史自以侈橫務蓋藏之故劉闢階其厲卒以叛朝廷欲追繩其咎而不與臯者詆所進兵皆鏤定秦字有陸暢者上言臣向在蜀知定秦者匠名也繇是議息暢字達夫臯雅所厚禮始天寶時李白爲蜀道難篇以斥嚴武暢更爲蜀道易以美臯焉始臯務私其民列州互除租凡三歲一復臯沒蜀人德之見其遺象必拜凡刻石著臯名者皆鑱其文尊諱之兄聿弟平聿以蔭調南陵尉遷祕書郎以父嫌名換太子司議郎辟淮南杜佑府元和初爲國子司業劉闢與盧文若反臯子行式娶文若女弟聿不以聞闢平行式妻當沒掖庭有司幷按聿或以道遠不應坐乃皆赦之終太子右庶子平與臯斬朱泚使者間走奉天上功擢萬年尉平子正貫字公理少孤臯謂能大其門名曰臧孫推蔭爲單父尉不得意棄官去改今名舉賢良方正異等除太子校書郎調華原尉後又中詳閑吏治科遷萬年主簿擢累司農卿坐尚食乏供貶均州刺史久之進壽州團練使宣宗立以治當最拜京兆尹同州刺史俄擢嶺南節度使南海舶賈始至大帥必取象犀明珠上珍而售以下直正貫既至無所取吏咨其清南方風俗右鬼正貫毀淫祠教民毋妄祈會海水溢人爭咎撤祠事以爲神不厭正貫登城沃酒以誓曰不當神意長人任其咎無逮下民俄而水去民乃信之居鎭三歲既病遺令無厚葬無用鼓吹無請謚卒年六十八贈工部尚書

劉闢者字太初擢進士宏詞科佐韋臯府遷累御史中丞度支副使臯卒闢主後務諷諸將徼旄節憲宗以給事中召之不奉詔時帝新即位欲靜鎭四方即拜檢校工部尚書劒南西川節度使闢意帝可動益驁蹇吐不臣語求統三川欲以所善盧文若節度東川即以兵取梓州且以術家言五福太一舍于蜀乃造大樓以祈祥帝始重征討而宰相杜黃裳勸帝且言闢妄書生耳可鼓而俘也薦高崇文李元奕等將神策行營兵皆西使嚴礪李康掎角之詔許自新闢不聽崇文取東川帝乃下詔奪其官進破鹿頭關遂下成都闢從數十騎走至羊灌田自投水不能死騎將酈定進禽之文若先殺其族縋石自沈于江失其尸檻車送闢京師尚冀不死食飲于道晏然將至都神策以兵迎之係其首曳而入驚曰何至是邪帝御興安樓受俘詔詰反狀闢曰臣不敢反五院子弟爲惡不能制詔問遣使賜節何不受乃伏罪獻廟社徇于市斬于城西南獨柳下子超郎等九人與部將崔綱以次誅始闢嘗病見問疾者必以手行入其口闢即裂食之唯盧文若至如平常故益與之厚而皆夷族

張建封字本立鄧州南陽人客隱兗州父玠少任俠安祿山反使李廷偉脅徇山東魯郡太守韓擇木迎館之玠率豪桀段絳等集兵將斬以徇擇木不許唯司兵參軍張孚助其謀乃殺廷偉幷其黨以聞擇木孚皆受賞而玠去之江南不自言功建封少喜文章能辯論慷慨尚氣自許以功名顯李光弼鎭河南盜起蘇常間殘掠鄉縣代宗詔中人馬日新與光弼麾下進討建封見中人請前喻賊可不須戰因到賊屯開譬禍福一日降數千人縱還田里由是知名湖南觀察使韋之晉辟署參謀授左淸道兵曹參軍不樂職輒去令狐彰節度滑亳奏置幕府彰不朝覲建封非之往見轉運使劉晏晏奏試大理評事使莞漕務歲餘罷時馬燧爲三城鎭遏使雅知之表爲判官擢監察御史燧代李靈耀軍中事多所諏訪從鎭河東授侍御史即表其能於朝楊炎將任以要職盧杞不喜出爲岳州刺史李希烈既破梁崇義跋扈不臣壽州刺史崔昭與相聞德宗召宰相選代昭者杞倉卒不暇取宅吏即白用建封希烈數敗王師張甚遂僭即天子位淮南節度使陳少游陰附之希烈遺將楊豐齎僞赦二界建封少游豐至建封縛致軍中會中人來對之斬其首因送僞書于行在少游聞之恚汗不自處建封乃劾其附賊狀帝方蒙難不暇治也希烈又署杜少誠爲淮南節度使約破壽州以趣江都建封壁霍丘秋柵拒之賊不能東遷團練使帝還自梁少游卒憂死進兼御史大夫濠壽廬觀察使是時四方尚多故乃繕陴隍益治兵四鄙附悅希烈使票帥悍卒來戰建封皆沮衂之賊平進封階又任一子正員官貞元四年拜御史大夫徐泗濠節度使始李洧以徐降洧卒高承宗獨孤華代之地迫于寇常困蹙不支於是李泌建言東南漕自淮達諸汴徐之埇橋爲江淮計口今徐州刺史高明應甚少脫爲李納所幷以梗餉路是失江淮也請以建封代之益與濠泗二州夫徐地重而兵勁若帥又賢即淄青震矣帝曰善繇是徐復爲雄鎭久之檢校尚書右僕射十三年來朝帝不待日召見延英殿詔會朝赴大夫班以示殊寵建封賦朝天行以獻帝眷遇異等賜名馬珍具是時宦者主宮市置數十百人閱物廛左謂之白望無詔文驗覈但稱宮市則莫敢誰何大率與直十不償一又邀閽闥所奉及腳傭至有重荷趨肆而徒返者有農賣一驢薪宦人以數尺帛易之又取它費且驅驢入宮而農納薪辭帛欲亟去不許恚曰惟有死耳遂擊宦者有司執之以聞帝黜宦人賜農帛十匹然宮市不廢也諫臣交章列上皆不納故建封請閒爲帝言之帝頗順聽會詔書蠲民逋賦帝問何如答曰殘逋積貧決無可斂雖蠲除之百姓尚無所益又陳河東節度使李說華州刺史盧徵皆病不能事左右得以爲姦右金吾大將軍李翰好刺細事規寵人疾惡之帝悉嘉可未幾制詔官師過從人情之常自今金吾勿以聞元巳賜宴曲江特詔與宰相同榻食其還鎭帝賦詩以餞于時雖馬燧渾瑊劉玄佐李抱眞等勳寵卓越未有以詩餞者帝又使左右以所持鞭賜之曰卿節誼歲寒弗渝故用此爲況建封又賦詩以自警勵十六年以病求代詔韋夏卿代之未至而建封卒年六十六冊贈司徒治徐凡十年躬於所事一軍大治善容人過至健黠亦未嘗曲法假之其言忠義感激故下皆畏悅性樂士賢不肖游其門者禮必均故其往如歸許孟容韓愈皆奏署幕府有文章傳于時

子愔始以蔭補虢州參軍事建封卒府佐鄭通誠者攝留事畏其軍亂因浙西戍兵過徐謀引以爲援舉軍怒斧庫取兵環府大譟殺通誠及大將數人乃表于朝請愔爲留後假旄節帝不許披濠泗隸淮南詔杜佑討徐亂泗州刺史張伾以兵攻埇橋與徐軍遇伾大敗帝未有以制乃授愔右驍衞將軍徐州刺史知留後以伾爲

泗州留後杜兼爲濠州留後俄進愔武寧軍節度使元和初以疾求代召爲工部尚書以王紹節度武寧還濠泗隸徐徐人喜遂不敢亂而愔得行未踰境卒愔治徐七年其政稱治贈尚書右僕射

嚴震字遐聞梓州鹽亭人本農家子以財役里閭至德乾元中數出貲助邊得爲州長史西川節度使嚴武知其才署押衙遷恒王府司馬委以軍府衆務武卒罷歸會東川節度使李叔明表爲渝州刺史震以叔明姻家移疾去山南西道節度府又表爲鳳州刺史母喪解起爲興鳳兩州團練使好興利除害建中中劒南黜陟使韋楨狀震治行爲山南第一乃賜上下考封鄖國公治鳳十四年號稱清嚴遂遷山南西道節度使朱泚反遣腹心穆廷光等遺帛書誘之震卽斬以聞是時李懷光與賊連和奉天危蹙帝欲徙蹕山南震聞馳表奉迎遣大將張用誠以兵五千扞衞用誠至盩厔有反計帝憂之會震牙將馬勛至帝告以故勛曰臣請歸取節度符召之卽不受斬其首以復命帝悅使計日往勛還得符請壯士五人與偕出駱谷用誠以爲未知其謀以數百騎迓勛館之左右嚴侍勛未發陰令焚草館外士寒爭附火勛從容引符示之曰大夫召君用誠懼將走壯士自後禽之用誠子斫勛傷首左右扞刀得免遂仆用誠而格殺其子勛卽軍中士皆擐甲矣勛昌言曰若父母妻子在梁州今棄之而反何所利邪大夫取用誠爾若等無與衆乃服不敢動卽縛用誠送於震杖殺之而拔其副以統師始勛赴行在踰半日期帝頗憂比至大喜翌日發奉天旣入駱谷懷光以騎追襲賴山南兵以免尋加檢校戶部尚書馮翊郡王實封二百戶天子至梁州宰相以爲地貧無所仰給請進幸成都震曰山南密邇畿輔李晟銳於收復方藉六師爲聲援今引而西則諸將顧望責功無期帝未決會晟表至亦請駐蹕梁洋議遂定然梁漢間刀耕火耨民采稆爲食雖領十五郡而賦入纔比東方數大縣自安史後山賊剽掠戶口流散震隨宜勸課鳩斂有法民不煩擾而行在供億具焉車駕將還加檢校尚書左僕射詔改梁州爲興元府卽用震爲尹加實封二百戶久之進同中書門下平章事貞元十五年卒年七十六贈太保謚曰忠穆

從孫譔與宰相楊收善咸通中繇桂管觀察使擢爲江西節度使改號鎭南軍時南蠻內寇詔譔募士三萬備之或言譔廣補卒擅納縑稾及收得罪韋保衡以譔素善收眎賕賄頫籍遣使按覆詔賜死

韓弘滑州匡城人少孤依其舅劉玄佐舉明經不中從外家學騎射由諸曹試大理評事爲宋州南城將事劉全諒署都知兵馬使貞元十五年全諒死軍中思玄佐以弘才武共立爲留後請監軍表諸朝詔檢校工部尚書充宣武節度副大使知節度事先是曲環死吳少誠與全諒謀襲陳許使數輩仍在館弘始得帥欲以忠自表於衆卽驅出少誠使斬之選卒三千會諸軍擊少誠敗之汴自劉士寧以來軍益驕及殺陸長源主帥勢輕不可制弘察軍中素恣橫者劉鍔等三百人一日數其罪斬之牙門流血丹道弘言笑自如自是訖弘去無一敢肆者李師古屯曹州以謀鄭滑或告師古治道矣兵且至請備之弘曰師來不除道也師古情得乃引去累授檢校司空同中書門下平章事弘以官與太原王鍔等詒書宰相恥爲鍔下憲宗方用兵淮西藉其重更授檢校司徒班鍔上嚴綬以王師敗乃拜弘淮西諸軍行營都統使扞兩河而令李光顏烏重胤擊賊弘不親屯遣子公武領兵三千屬光顏然陰爲逗橈計以危國邀功者每諸將告捷輒案日不怡元濟平以功加兼侍中封許國公李師道誅弘大懼因請入朝冊拜司徒中書令以足疾命中人掖拜固願留京師帝崩攝冢宰俄出爲河中節度使以病請還復拜司徒中書令卒年五十八贈太尉謚曰隱始弘自汴來朝獻馬三千絹五十萬它錦綵三萬而汴之庫廐錢尚百餘綃絹亦百餘萬馬七千糧三百萬斛兵械不可數弘爲人莊重寡言罪殺人問法何如不自爲輕重沉謀勇斷故少誠師道等皆憚之詔使至或驁侮不爲禮齊蔡平勢屈而後請覲然天子尊寵異等能以名位始終亦其天幸

子公武字從偃起家衞尉主簿爲宣武行營兵馬使以討蔡功檢校左散騎常侍鄜坊等州節度使弘入朝爲右金吾將軍弘出河中弘弟充徙宣武乃曰二父居重鎭我以孺子又當執金吾職乎因固辭改右驍衞大將軍性恭遜不以富貴自處卒贈戶部尚書謚曰恭

充本名璀少亦依舅家李元爲河陽節度使署牙將元改昭義又從之元嘗謂賓佐曰充後當貴諸君必善事之未幾弘領宣武召主親兵元曰我知君舊矣吾兒不才無足累君者二女方幼以爲託遂辭去累授御史大夫弘峻法人人不自保充謙愼無少懈念弘在鎭久不入見天子身又得士不自安固請入宿衞弘許之不卽遣後因獵單騎走洛陽朝廷亮其節擢右金吾衞將軍轉大將軍斥軍士虛名不如令者七百人歷少府監鄜坊等州節度使穆宗立幽鎭魏復亂王承元以冀兵二千屯滑州朝廷恐冀兵相誅爲叛徙承元鄜坊而授充檢校尚書左僕射爲義成軍節度使會汴軍逐李愿以李㝏主留事帝謂充素爲汴士悅向詔節度宣武兼統義成兵討㝏戰郭橋破之會李質斬㝏遂入汴初陳許李光顏亦奉詔討㝏屯尉氏意先得汴欲俘掠以餌軍而汴監軍姚文壽亦欲內光顏充聞其謀馳至城下汴人望見充歡躍無復貳者始帝遣人問破賊期充對汴天下咽喉臣頗習其人然王師臨之一月可破方二旬卽克帝喜曰充料敵若神加檢校司空籍㝏所脅爲兵者三萬悉縱之又責首亂者千餘斥出境令曰敢後者斬由是內外按堵汴人愛賴之卒年五十五贈司徒謚曰肅充雖將家性儉節歷三鎭居處服玩如儒生乘機決策無餘悔世推善將李元沒充爲嫁二女周其家自弘去汴監軍選軍中敢士二千直閤下日秩酒肴物力幾屈然不敢廢充未入時李質總軍事乃曰韓公至而頓去二千人食豈不失人心乎不去且無以繼可以弊事遣吾帥乎因悉罷之而後迎充李質者節士也始爲牙將及㝏爲留後邀帥節勸之不從㝏疽發于首委質以兵遂禽㝏終金吾將軍

贊曰皐建封弘本諸生震與田畝間未有以異人及投隙龍驤皆爲國梁楹光奮一時使不遭遇與庸夫汨汨並齒而腐可也皐弘雖陰慝卒能以誠言自解長沒天年宜哉

唐書卷一百五十八考證

韋皐傳始皐務私其民列州互除租凡三歲一復皐沒蜀人德之見其遺像必拜○臣酉按舊書云皐重賦歛以事月進致蜀土虛竭與新書所記殊不類然皐治蜀久功烈爲西南最新書似得其實

張建封傳是時宦者主宮市建封乘閒爲帝言之帝頗順聽○臣酉按舊書亦載此事于嘉納之下卽記蘇弁希旨上信之凡言宮市者皆不聽較新書似詳備若止如新書云云則似宮市竟因此而罷矣

唐書卷一百五十九

宋 端明殿學士宋祁撰

列傳第八十四

鮑李蕭薛樊王吳鄭陸盧柳崔

鮑防字子愼襄州襄陽人少孤窶彊志于學善辭章及進士第歷署節度府僚屬入爲職方員外郎薛兼訓帥太原被病代宗授防少尹節度行軍司馬召見慰遣之俄知留後兼太原尹節度使人樂其治詔圖形別殿入爲御史大夫歷福建江西觀察使召拜左散騎常侍從德宗奉天進禮部侍郎封東海郡公貞元元年策賢良方正得穆質裴復柳公綽歸登崔邠韋純魏弘簡熊執易等世美防知人時比歲旱策問陰陽祲沴質對漢故事免三公卜式請烹弘羊指當時輔政者右司郎中獨孤愐欲下質防不許曰使上聞所未聞不亦善乎卒置質高第帝見策嘉歎初防與知雜御史竇參遇導騎不引避參譴其僕及爲相防尹京兆迫使致仕授工部尚書防吒曰吾與蕭昕子齒而同昕老坐宰相餘忿邪不得志卒年六十九贈太子少保謚曰宣防於詩尤工有所感發以譏切世敝當時稱之與中書舍人謝良弼友善時號鮑謝云

李自良兗州泗水人天寶亂往從兗鄆節度使能元皓以戰多累授右衞率從袁傪討賊袁晁積閥至試殿中監事浙東薛兼訓節度府兼訓徙太原又爲牙將鮑防代總節度事會回紇入寇防遣大將焦伯瑜等擊之自良曰寇遠來難與爭鋒請築二壘搤歸路堅壁勿出求戰不許師老而墮其勢易乘防不聽伯瑜戰百井大敗由是知名馬燧代防表爲軍候自良爲人勤且有謀燧倚信之從討田悅還攻李懷光河中數殿鋒陷陣功在諸將右貞元三年燧來朝德宗罷燧兵以自良代之自良以事燧久不敢當議者多其讓乃授右龍武大將軍入謝帝終以河東近胡謂曰卿於進退寧不有禮然守北門無易卿者勉爲朕行乃以檢校工部尚書充河東節度使居治九年衆不忿法簡儉易循民不知有軍上下諧附卒于官贈尚書左僕射

蕭昕字中明梁鄱陽王恢七世孫世居河南再中博學宏辭科調壽安尉累遷左補闕哥舒翰爲副元帥拒安祿山辟掌書記翰敗閒道走蜀肅宗立奉誥冊見行在歷中書舍人禮部侍郎代宗狩陝昕由武關從帝擢國子祭酒建請崇太學以樹教本帝寤其言詔羣臣有籍于朝及神策六軍子弟隸業者聽補生員大曆中持節

弔回紇回紇恃功廷讓昕曰乃中國亂非我無以平奈何市馬不時歸我直衆失色昕徐曰國家龕定寇難功雖絲毫不遺賞況隣國乎僕固懷恩我之叛臣爾與連禍又引吐蕃暴我郊甸天舍其衷吐蕃敗北回紇悔懼叩顙乞和非天子鄭舊功則隻馬不得出塞下孰爲失信者回紇大慙因厚禮昕遣使者約和轉工部尚書封晉陵侯德宗出奉天昕年八十餘步出城賊求之急獨竄山谷間僅至奉天遷太子少傅爵郡公兼禮部尚書知貢舉久之以太子少師致仕卒年九十三贈揚州大都督謚曰懿昕始薦張鎬來瑱在禮部擢杜黃裳高郢李舟其後鎬與布衣不數年位將相瑱爲將有威名黃裳等繼輔政並爲名宰云

薛播河中寶鼎人曾祖文思官中書舍人播早孤伯母林通經史善屬文躬授經諸子及播兄弟故開元天寶間播兄弟七人皆擢進士第爲衣冠光韙累授殿中侍御史遷武功萬年令溫敏而裕與人交有常李栖筠常袞崔祐甫並器之祐甫輔政拜中書舍人出爲汝州刺史坐小累貶泉州再遷至河南尹以禮部侍郎卒贈本曹尚書子公達擢進士第佐鳳翔軍會帥不文嘗集射設的高數十尺令曰中者酬錦與金一軍莫能中公達執弓矢揖曰請爲公歡射三發連中衆大呼笑帥不喜乃自免去復佐河陽軍以國子助教居東都卒

樊澤字安時河中人少孤依外家客河朔相衞節度使薛嵩表爲堯山令舉賢良方正次潼關雨淖困不能前有熊執易者同舍逆旅哀之輟所乘馬傾褚以濟自罷所舉是歲澤上第楊炎善之擢左補闕澤有武力喜兵法議者謂有將帥器嘗召對延英德宗嘆其論兵與我意合累遷山南東道司馬就拜節度使每射獵諸將憚其材武數與李希烈确禽票將張嘉瑜杜文朝梁俊之等賊氣沮縮遂取唐隋二州貞元三年爲荊南節度使會山南東道嗣曹王皐卒軍亂剽居人以澤威惠著襄漢間復徙山南東道加檢校尚書右僕射十四年卒年五十七贈司空謚曰成訃至帝爲撤宴廢朝

子宗師字紹述始爲國子主簿元和三年擢軍謀宏遠科授著作佐郎歷金部郎中綿州刺史徙絳州治有迹進諫議大夫未拜卒始宗師家饒于財悉散施姻舊賓客妻子告不給宗師笑不答然力學多通解著春秋傳魁紀公樊子凡百餘篇別集尚多韓愈稱宗師論議平正有經據嘗薦其材云

王緯字文卿并州太原人父之咸爲長安尉與弟之賁之奐皆有文緯舉明經以書判入等歷長安尉大曆中與李泌俱爲路嗣恭江西觀察判官泌見惡於元載嗣恭希意欲殺之緯護解僅免泌執政奏於己有私恩德宗許爲泌報故進緯給事中浙西觀察使缺泌擬緯帝曰是朕爲君報德者乎黃門要地獨不留議事耶對曰浙西賦入尤劇緯清而忠能惠養民故請遣之制可初州縣有韓滉時罰錢未入者十八萬緡府史請哀爲進奉緯上疏願蠲以紓民詔聽之貞元十年加御史大夫兼諸道鹽鐵轉運使裴延齡以諸道貿錢四百萬緡獻爲羨錢以圖寵緯奏此諸州經費大忤延齡意改檢校工部尚書卒年七十一贈太子少保緯居官以清白稱然好用刻深吏督察其下條約苛碎人不聊云

吳湊章敬皇后弟也繇布衣與兄溆一日賜官封皆等而湊畏太盛乞解太子詹事換檢校賓客兼家令進累左金吾衞大將軍湊才敏銳而謙畏自將帝數顧訪尤見委信是時令狐彰田神功等繼沒其下乘喪挾兵輒偃蹇搖亂湊持節至汴滑委悉慰說裁所欲爲奏各盡其情亦度朝廷可行者故軍中驩附帝才其爲重之元載當國久愎狀日肆帝陰欲誅未發也顧左右無可與計卽召湊圖之俄而收載賜死於是王縉楊炎王昂韓會包佶等皆當坐湊建言法有首從從不應死一用極刑虧德傷仁縉等繇是得減死丁後母喪解職既除拜右衞將軍德宗初出爲福建觀察使政勤清美譽四騰與宰相竇參有憾參數加短毀又言湊風痺不良趨走帝召還驗其疾非是繇是不直參擢湊陝虢觀察使代李翼翼參黨也宣武劉玄佐死以湊檢校兵部尚書領節度使馳代未至汴軍亂立玄佐子士寧帝欲遣兵內湊而參請授士寧以沮湊還爲右金吾衞大將軍貞元十四年夏大旱穀貴人流亡帝以過京兆尹韓皐罷之卽召湊代皐已謝督視事明日詔乃下湊爲人彊力劬儉瞿瞿未嘗擾民上下愛向京師苦宮市彊估取物而有司附媚中官率阿從無敢爭湊見便殿因言中人所市不便宵民徙紛紛流議宮中所須責臣可辦若不欲外吏與聞禁中事宜料中官高年謹信者爲宮市令平賈和售以息衆讙又言掌閑彍騎飛龍內園芙蓉園禁兵諸司雜供役手脅課太繁宜有覈省帝輒順可初府中易湊貴戚子不便簿領每有疑獄時其將出則遮湊取決幸倉卒得容欺湊叩鞍一視凡指擿畫中其弊初無留思衆畏服不意湊精裁遺如此僚史非大過不榜責召至廷詰服原去其下傳相訓勗舉無稽事文敬太子義章公主仍薨帝悼念厚葬之車土治墳農事廢湊候帝間徐言極爭不避或勸論事宜簡約不爾爲上厭苦湊曰上明睿憂勞四海不以愛所鍾而疲民以逞也顧左右鉗噤自安耳若反復啓寤幸一聽之則民受賜爲不少橋舌阿旨固善有如窮民上訴臣云罪何以能進兼兵部尚書及屬病門不內醫巫不嘗藥家人泣請對曰吾以庸謹起田畝位三品顯仕四十年年七十尚何求自古外戚令終者可數吾得以天年歸侍先人地下足矣帝知之詔侍醫敦進湯劑不獲已一飲之卒年七十一贈尚書右僕射謚曰成先是街樹稀殘有司蒔榆其空湊曰榆非人所蔭玩悉易以槐及槐成而湊已亾行人指樹懷之唐興后族退居奉朝請者猶以事失職而湊任中外未嘗以罪過罷爲世外戚表云溆子士矩

士矩文學蚤就喜與豪英游故人人助爲談說開成初爲江西觀察使饗宴侈縱一日費凡十數萬初至庫錢二十七萬緡晚年纔九萬軍用單匱無所仰事聞中外共申解得以親議文宗弗窮治也貶蔡州別駕諫官執處其罪不納於是御史中丞狄兼謩建言陛下擢任士矩非私也士矩負陛下而治之亦非私也請遣御史至江西卽訊使杜江淮宅鎮循習意帝聽乃流端州

鄭權汴州開封人擢進士第佐涇原節度劉昌府昌被病入朝度其軍必亂以權寬厚容衆檄主後務昌去軍果亂權挺身冒刃明論逆順殺首亂者一軍畏伏德宗方厭兵藩屯校佐得士心者皆就命之權自試參軍拜行軍司馬擢累河南尹進拜山南東道節度使徙領德棣滄景軍時討李師道權身將兵出屯奏置歸化縣綏納降附滄州刺史李宗奭數違命權劾奏詔追之宗奭以州兵留己自解憲宗更以烏重胤代權滄人懼共逐宗奭還京師有詔斬以徇徙權節度邠寧或訟宗奭爲權所誣左遷原王傅改右金吾衞大將軍穆宗立以左散騎常侍持節爲回鶻告哀使以足疾辭不許肩舁就道權識詣魁然有閎辯與可汗爭曲直持議明壯虜禮異之使還三遷工部尚書用度豪侈乃結權幸求鎮守於是檢校尚書右僕射嶺南節度使多裒貲珍使吏輸送凡帝左右助力者皆有納焉人笑之卒于官

陸亘字景山蘇州吳人元和三年策制科中第補萬年丞再遷太常博士禮史孟眞練容典博士降色訪逮史倚以倨橫會將冊皇太子草儀眞參議偃蹇亘榜逐之胥曹失色遷累戶部郎中太常少卿歷兗蔡虢蘇四州刺史浙東觀察使徙宣歙太和八年卒年七十一贈禮部尚書亘文明嚴重所到以善政稱初爲兗州對延英具陳節度分兵屯屬州刺史不能制故易亂帝因詔屯士得隸刺史溫州瀕海經賊亂奪官吏半祿代民租後相沿更以爲姦亘還官全稟繩贓罪吏畏而賴之

盧坦字保衡河南洛陽人仕爲河南尉時杜黃裳爲尹召坦立堂下曰某家子與惡人游破產盍察之坦曰凡居官廉雖大臣無厚畜其能積財者必剝下以致之如子孫善守是天富不道之家不若恣其不道以歸於人黃裳驚其言自是遇加厚李復爲鄭滑節度使表爲判官監軍薛盈珍數干政坦每據理拒之有善笛者大將等悅之詣復請爲重職坦笑曰大將久在軍積勞亟遷乃及右職奈何自薄欲與吹笛少年同列邪諸將慙遽出就坦謝復病甚盈珍以甲士五百內牙中封府庫舉軍大恐坦勸止之軍乃安復卒詔姚南仲代之盈珍以南仲本書生易之日是將材邪坦私謂人曰姚大夫外柔中剛監軍若侵之必不受我留恐及禍乃從復喪歸東都爲壽安令盈珍果與南仲不相中幕府多黜死者河南賦限已窮縣人訴機織未就坦詣府請申十日不聽坦諭縣人第輸勿顧限違之不過罰令俸爾由是知名累爲刑部郎中兼侍御史知雜事赤縣尉爲臺所按京兆尹密救之帝遣中人就釋坦白中丞請中覆中人走以聞帝曰吾固宜先命有司遂下詔乃釋數月遷中丞初諸道長吏罷還者取本道錢爲進奉帝因赦令一切禁止而山南節度使柳晟浙西觀察使閻濟美格詔輸獻坦劾奏晟濟美白衣待罪帝諭坦曰二人所獻皆家財朕已許原不可失信坦曰所以布大信者赦令也今二臣違詔陛下奈何以小信失大信乎帝曰朕既受之奈何坦曰出歸有司以明陛下之德帝納之李錡誅有司將毀其祖墓坦上疏諫止裴均爲僕射將居諫議常侍上坦引故事及姚南仲舊比均曰南仲何人曰守正而不交權幸者均怒遂罷爲左庶子數月拜宣歙池觀察使初劉闢壻蘇彊坐誅彊兄弘官晉州自免去人莫敢用者坦奏弘有才行其弟從闢時距三千里宜不通謀今坐廢非用人意因請署判官帝曰使彊不誅尚錄其材況彼兄耶時江淮旱穀踊貴或請抑其價坦曰所部地狹穀來他州若直賤穀不至矣不如任之既而商以米坌至乃多貸兵食出諸市估遂平再遷戶部侍郎判度支或告泗州刺史薛謇爲代北水運時畜異馬不以獻事下度支坦遣吏驗未反帝遲之遣中人劉

奏昕往坦曰事付有司而又遣宦官豈有司不足信乎三奏帝乃止表韓重華爲代北水運使開廢田列壁二十益兵三千人歲收粟二十萬石河毀西受降城宰相李吉甫議徙天德坦以爲城當磧口得制北狄之要美水豐草邊部所利若避河流不過退徙數里奈何偷一時省費墮萬世策邪天德故城地壤墝瘠北倚山去河遠烽候無所統接虜騎唐突勢不容知是無故而蹙地二百里故曰非便城使周懷義亦以爲言吉甫不悅出坦爲東川節度後數月懷義憂死燕重旰代之遂徙天德師人怨殺重旰覆其家初坦與宰相李絳議多協絳藉爲己助及坦出半歲而絳罷治東川盡蠲山澤鹽井榷率之籍吳少誠之誅詔以兵二千屯安州坦每朔望使人問其父母妻子視疾病醫藥故士皆感慰無逃還者惟請收軍吏閏月糧助行營爲人所非元和十二年卒年六十九贈禮部尚書舊制官階勳俱三品始聽立戟後雖轉四品官非貶削者戟不奪坦爲戶部侍郎時階朝議大夫勳護軍以嘗任宣州刺史三品請立戟許之時鄭餘慶淹練舊章以爲非是爲憲司劾正詔罰一月俸奪戟自貞元以來立戟十八家不應令並追正之

閻濟美者第進士有長者名貞元末繇婺州刺史爲福建觀察使徙浙西爲治簡易居鎭未嘗增常賦罷浙西也方在道見詔而貢獻無所還故帝爲言之尋出華州刺史入爲祕書監以工部尚書致仕卒謚曰溫

柳晟河中解人六世祖敏仕後周爲太子太保父潭尚和政公主官太僕卿晟年十二居父喪爲身孝代宗養宮中使與太子諸王受學於吳大瓘并子通玄率十日輒上所學既長詔大瓘等即家教授拜檢校太常卿德宗立晟親信用事朱泚反從帝至奉天自請入京師說賊黨以攜沮之帝壯其志得遣泚將右將軍郭常左將軍張光晟皆晟雅故晟出密詔陳禍福逆順常奉詔受命約自拔歸要籍朱旣昌告其謀泚捕繫晟及常外獄晟夜半坎垣毀械而亾斷髮爲浮屠間歸奉天帝見爲流涕乘輿還京師擢原王府長史吳通玄得罪晟上書理其辜其弟止曰天子方怒無詒悔不聽凡三上帝意解通玄得減死晟累遷將作少監以護作崇陵封河東縣子授山南西道節度使府兵討劉闢還未抵城復詔戍梓州軍曹怒脅監軍謀變晟聞疾驅入勞士卒旣而問曰若等何爲成功曰誅驕不受命者晟曰若知劉闢得罪天子而誅之奈何復欲使後人誅若等耶士皆免胄拜從所徙入爲將作監使回鶻奉冊立可汗逆謂曰屬聞可汗無禮自大去信自疆夫禮信不能爲何足奉中國乎可汗諸貴人愕然駭皆跪伏成禮還爲左金吾衛大將軍爵爲公卒年六十九詔從官臨弔贈太子少保晟斂于辯下士樂施唯自興元入朝貢獻不如詔爲御史中丞盧坦所劾憲宗以其賢置弗暴云

崔戎字可大玄暐從孫也舉明經補太子校書郎判入等調藍田主簿辟淮南李鄘府衛次公代鄘憲宗稱戎才故次公倚成于職裴度節度太原署參謀時王承宗以鎭叛度請戎往諭承宗至泣下乃聽命入爲殿中侍御史擢累諫議大夫雲南蠻亂成都詔戎持節劒南爲宣撫使奏罷稅外薑芋錢當賦錢者率三之以其一準繒布優其估以與民綏招流亾凡廢若置公私莫不便之還拜給事中出爲華州刺史吏以故事置錢萬緡爲刺史私用戎不取及去召吏曰籍所置錢享軍吾重矯激以夸後人也從兗海沂密觀察使民擁留于道不得行乃休傳舍民至抱持取其鞾時詔使尚在民泣詣使請白天子匄戎還使許諾戎恚責其下衆曰留公而天子怒不過斬吾二三老人則公不去矣戎夜單騎亾去民追不及乃止至兗州鉏滅姦吏十餘輩民大喜歲餘卒年五十五贈禮部尚書

子雍字順中由起居郎出爲和州刺史龐勛以兵劫烏江雍不能抗遣人持牛酒勞之密表其狀民不知訴諸朝宰相路巖素不平因是傳其罪賜死宣州

唐書卷一百六十

宋端明殿學士宋祁撰

列傳第八十五

徐呂孟劉楊潘崔韋

徐浩字季海越州人擢明經有文辭張說稱其才繇魯山主簿薦爲集賢校理見喜雨五色鴿賦咨嗟曰後來之英也進監察御史裏行辟幽州張守珪幕府歷河陽令治有績東都留守王倕表署其府民有妄作符命者衆不爲疑浩獨按簿詰狀果詐爲之遷累都官郎中爲嶺南選補使又領東都選肅宗立繇襄州刺史召授中書舍人四方詔令多出浩手遣辭贍速而書法至精帝喜之又參太上皇誥冊寵絕一時授兼尚書右丞浩建言故事有司斷獄必刑部審覆自李林甫楊國忠當國專作威福許有司就宰相府斷事尚書以下未省即署乖慎䘏意請如故便詔可故詳斷復自此始進國子祭酒爲李輔國譖貶廬州長史代宗復以中書舍人召遷工部侍郎會稽縣公出爲嶺南節度使召拜吏部侍郎與薛邕分典選浩有妾弟冒優託之邕擬長安尉御史大夫李栖筠劾之帝怒黜邕歙州刺史浩明州別駕德宗初召授彭王傅進郡公卒年八十贈太子少師謚曰定始浩父嶠之善書以法授浩益工嘗書四十二幅屏八體皆備草隸尤工世狀其法曰怒猊抉石渴驥奔泉云晚節治廣及領選頗嗜財惑於所嬖卒以敗

呂渭字君載河中人父延之終浙東節度使渭第進士從浙西觀察使李涵爲支使進殿中侍御史大曆末涵爲元陵副使渭又爲判官涵繇御史大夫擢太子少傅渭建言涵父名少康當避宰相崔祐甫善其言擢司門員外郎御史共劾渭昔涵再任少卿不以嫌今謂少傅爲慢官疑渭爲涵游說乃貶渭歙州司馬貞元中累遷禮部侍郎始中書省有古柳建中末枯死德宗自梁還復榮茂人以爲瑞柳渭令貢士賦之帝聞不以爲善又與裴延齡爲姻家擢其子操上第會入閤遺私謁之書于廷出爲潭州刺史卒贈陝州大都督四子溫恭儉讓

溫字和叔一字化光從陸質治春秋梁肅爲文章貞元末擢進士第與韋執誼厚因善王叔文再遷爲左拾遺以侍御史副張薦使吐蕃會順宗立薦卒於虜虜以中國有喪留溫不遣時叔文秉權與游者皆貴顯溫在絕域不得遷常自悲元和元年乃還而柳宗元等皆坐叔文貶溫獨免進戶部員外郎溫藻翰精富一時流輩推尚性險躁譎詭而好利與竇羣羊士諤相昵羣爲御史中丞薦溫知雜事士諤爲御史宰相李吉甫持之久不報溫等怨時吉甫爲宦侍所抑溫乘其間謀逐之會吉甫病夜召術士宿于第即捕士掠訊且奏吉甫陰事憲宗駭異旣詰辯皆妄言將悉誅羣等吉甫苦救乃免於是貶溫均州刺史士諤資州議者不厭再貶爲道州久之徙衡州治有善狀卒年四十

恭字恭叔尚氣節喜縱橫孫吳術爲山南西道府掌書記進殿中侍御史終嶺南府判官儉亦爲御史讓太子右庶子皆美材

孟簡字幾道德州平昌人曾祖詵武后時同州刺史簡舉進士宏辭連中累遷倉部員外郎王叔文任戶部簡以不附離見疾不敢顯黜宰相韋執誼爲徙它曹元和中拜諫議大夫知匭事韓泰韓曄之復刺史吐突承璀爲招討使簡皆固爭詣延英言不可狀以悻切出爲常州刺史州有孟瀆久淤閼簡治導溉田凡四千頃以勞賜金紫召爲給事中代李遜爲浙東觀察使遜抑士族右編人至橫恣不檢及簡一反之農估兼受其弊時謂兩失之以工部侍郎召還初使府得代詔至署留後即行李脩觀察浙西始請留故使交政及簡還半道堂牒還之如例乃聽解進戶部加御史中丞戶部有二員判使按者居別一署謂之左戶元和後選委華重宰相多由此進崔羣旣相而簡代之故簡意且柄任及出山南東道節度使內不樂政頗嚴峭時有詔置臨漢監以牧馬命簡兼使職簡以親吏陸翰主奏邸闚通閹侍翰持之數傲狠簡怒追還以土囊斃之家上變發簡姦贓御史劾驗得遺吐突承璀貲七百萬左授太子賓客分司東都再貶吉州司馬以赦令進睦州刺史復徙常州仍太子賓客分司卒簡尤工詩聞江淮間尚節義與之交者雖歿䘏其孤不少衰晚路殊躁急佞佛過甚爲時所誚常與劉伯芻歸登蕭俛譯次梵言者

劉伯芻字素芝兵部侍郎迺之子行修謹淮南杜佑奏署節度府判官府罷召拜右補闕遷主客員外郎數過友家飲噱爲韋執誼陰劾貶虔州參軍久乃除考功員外郎裴垍侍之善擢累給事中李吉甫當國而垍卒不加贈伯芻爲申理乃贈太子少傅或言其妻垍從母也吉甫欲按之求補虢州刺史稍遷刑部侍郎左散騎常侍卒贈工部尚書伯芻風度高嚴善談謔而動與時適論者少之

子寬夫寶曆中爲監察御史奏言以王府官攝祠位輕非嚴恭意請以尚書省東宮三品若左右丞侍郎通攝俄轉左補闕陳岵注浮屠書因供奉僧以聞除濠州刺史寬夫劾狀敬宗怒謂宰相曰岵不繇僧得州諫臣安受此言寬夫曰衆劾岵獨臣草狀應伏誅推言所從恐累國體帝識其言釋之

子允章字蘊中咸通中爲禮部侍郎請諸生及進士第並謁先師衣青衿介幘以還古制改國子祭酒又建言羣臣輸光學錢治庠序宰相五萬節度使四萬刺史萬詔可後爲東都留守黃巢至分司李磎挈尚書印走河陽允章寄治河清巢僭號輒受僞官文書盡用金統遣取印磎所磎不與更悔愧移檄近鎭起兵扞賊磎持印

還之後廢于家
楊憑字虛受一字嗣仁虢州弘農人少孤其母訓道有方長善文辭與弟凝淩皆有名大曆中踵擢進士第時號三楊憑重交游尚氣節然諾與穆質許孟容李鄘相友善一時歆慕號楊穆許李歷事節度府召爲監察御史不樂輒免去累遷太常少卿湖南江西觀察使性簡傲接下脫略人多怨之在二鎭尤侈忲入拜京兆尹與御史中丞李夷簡素有隙因劾憑江西姦贓及宅不法詔刑部尚書李鄘大理卿趙昌卽臺參訊于時憑治第永寧里功役叢煩又畜妓妾於永樂別舍謗議頗讙故夷簡藉之痛擿發欲抵以死旣置對未得狀卽逮捕故官屬推躡簿憑家貲翰林學士李絳奏言憑所坐贓不當同逆人法乃止憲宗以憑治京兆有績但貶臨賀尉始德宗時假借方鎭習爲僭儗事夷簡首按憑時以爲宜而緣私怨論者亦不與俄徙杭州長史以太子詹事卒憑所善客徐晦者字大章第進士賢良方正擢櫟陽尉憑得罪姻友憚累無往候者獨晦至藍田慰餞宰相權德輿謂曰君送臨賀誠厚無乃爲累乎晦曰方布衣時臨賀知我今忍遽弃邪有如公異時爲姦邪譖斥又可爾乎德輿歎其直稱之朝李夷簡遽表爲監察御史晦過謝問所以舉之之由夷簡曰君不負楊臨賀肯負國乎後歷中書舍人彊直守正不沈浮於時嗜酒喪明以禮部尚書致仕卒
凝字懋功由協律郎三遷侍御史爲司封員外郎坐鼂正嫡媵封邑爲權幸所忌徙吏部稍遷右司郎中宣武董晉表爲判官亳州刺史軼晉以疑行州事增墾田決汙偃築隄防水患訖息時孟叔度橫縱撓軍治而疑亦荒湎晉卒亂作凝走還京師閉門三年拜兵部郎中以痼疾卒淩字恭履最善文終侍御史子敬之
敬之字茂孝元和初擢進士第平判入等遷右衞冑曹參軍累遷屯田戶部二郎中坐李宗閔黨貶連州刺史文宗向儒術以宰相鄭覃兼國子祭酒俄以敬之代未幾兼太常少卿是日二子戎戴登科時號楊家三喜轉大理卿檢校工部尚書兼祭酒卒敬之嘗爲華山賦示韓愈愈稱之士林一時傳布李德裕尤咨賞敬之愛士類得其文章孜孜玩諷人以爲癖雅愛項斯爲詩所至稱之繇是擢上第斯字子遷江東人敬之祖客灞上見閻人濮陽愿閱其文大推挹徧語公卿間會愿死敬之爲斂葬
潘孟陽史亡何所人父炎大曆末官右庶子爲元載所惡久不遷載誅進禮部侍郎以病免方劉晏任權炎乃其婿雖書疏報答未嘗輒開時稱有古人節晏得罪坐貶澧州司馬時輿疾上道不自言于邵高其介申救不見聽孟陽少以蔭俄登博學宏詞科補渭南尉再遷殿中侍御史公卿多父行及外家賓客故被慰薦擢累兵部郎中貞元末王紹以恩倖進數稱孟陽才權知戶部侍郎杜佑判度支奏以自副時憲宗新立詔孟陽馳驛江淮視財賦加鹽鐵轉運副使并察諸使治否孟陽侍輿主又氣豪倨從者數百人所至會賓客留連倡樂招金錢多補吏寖望大喪使還罷爲大理卿其後左司郎中鄭敬宣慰江淮帝誡曰朕宮中用尺寸物皆有籍唯賑民無所計卿是行宜諭朕意毋若潘孟陽殫財費酣飲游山寺而已元和三年出爲華州刺史遷劍南東川節度使宰相武元衡與孟陽舊復以戶部侍郎召判度支又兼京北五城營田使太府王遂爲西北供軍使持營田不可至私忿恨更請間論列帝怒罷孟陽左散騎常侍明年復舊官盛葺第舍帝微行至樂游原望見之以問左右孟陽懼輟不敢治而伎媵用度過侈汏人多指怒之病風痺復改左散騎常侍卒贈兵部尚書謚曰康初孟陽爲侍郎年未四十其母謂曰以爾之材而位丞郎使吾憂之
崔元略博州人父儆貞元時終尚書左丞元略第進士更辟諸府遷累殿中侍御史以刑部郎中知御史雜事進拜中丞時李夷簡召爲大夫故詔元略留司東臺改京兆少尹行府事數月遷爲尹徙左散騎常侍初中丞闕議者屬崔植而元略謬謂植入閣不如儀使御史彈治及宰相以二人進元略果得之植恨悵既當國以元略爲宣撫党項使辭疾不行植奏不少責無以示羣臣乃出爲黔南觀察使徙鄂岳久乃拜大理卿敬宗初遷京兆尹兼御史大夫收貸錢萬七千緡爲御史劾奏詔刑部郎中趙元亮大理正元從質侍御史溫造以三司雜治元略素事宦人崔潭峻頗左右之獄具削兼秩而已俄授戶部侍郎議謗大興諫官斥元略方劾而遷有助力元略自解辨乃止京兆劉栖楚又劾元略前造東渭橋縱吏增估物不償直取工徒贓二萬緡詔奪一月俸於是栖楚規相位疑元略妨己路故舉疑似譏染之大和三年以戶部尚書判度支出爲東都留守改義成節度使卒贈尚書左僕射子鉉
鉉字台碩擢進士第從李石荊南爲賓佐入拜司勳員外郎翰林學士遷中書舍人學士承旨武宗好蹴鞠角抵鉉切諫帝褒納之會昌三年拜中書侍郎同中書門下平章事鉉入朝凡三歲至宰相而石猶在江陵澤潞平兼戶部尚書與李德裕不叶罷爲陝虢觀察使宣宗初擢河中節度使以御史大夫召用會昌故官輔政進尚書左僕射兼門下侍郎封博陵郡公鉉所善者鄭魯楊紹復段瓌薛蒙頗參議論時語曰鄭楊段薛炙手可熱欲得命通魯紹瓌蒙帝聞之題於扆是時魯爲刑部侍郎鉉欲引以相帝不許用爲河南尹它日帝語鉉曰魯去矣事由卿否鉉惶懼謝罪久之出爲淮南節度使帝餞太液亭賜詩寵之時宣州軍亂逐觀察使鄭薰鉉出兵討擊詔兼宣歙池觀察使旣平加檢校司空罷兼使居九年條敎一下無復改民以順賴咸通初徙山南東道荊南二鎭封魏國公龐勛叛自桂管北還所過剽略鉉聞大募兵屯江湘邀賊歸路賊懼更踰嶺自淮而北朝廷壯其忠卒官下
子沆字內融累遷中書舍人韋保衡逐于琮沆亦貶循州司戶參軍僖宗立召爲永州刺史復拜舍人進禮部吏部二侍郎乾符五年以戶部侍郎同中書門下平章事斯旦告麻大霧塞廷中百僚就班修慶大風雨雹時謂不祥俄改中書侍郎兼工部尚書時王景崇進兼中書令讓其兄景儒求易定節度沆謂魏博盧龍且相援執不可盧攜專政而黃巢勢寖盛沆每建裁遏多爲攜沮抑賊陷京師匿張直方第遇害元略弟元受元式元儒皆舉進士第
元受以高陸尉直史館元和時于皐謩爲河北行營糧料使元受從之督供饋皐謩得罪元受逐死嶺表
元式始署帥府僚佐累官湖南觀察使會昌中澤潞用兵遷河中拜河東義成節度使宣宗初以刑部尚書判度支拜門下侍郎同中書門下平章事進兼戶部尚書以疾罷卒贈司空謚曰莊大中時又有宰相崔龜從字玄告初舉進士復以賢良方正拔萃三中其科拜右拾遺太和初遷太常博士最明禮家沿革問不虛酬定敬宗廟室祝辭皇帝不可云孝弟九宮皆列星不容爲大祠大臣甍不於訃日輟朝乃在數日外因引貞觀時任瓌卒有司對仗奏太宗責其不知禮岑文本歿是夕罷警嚴張公謹亡哭不避辰日故閔悼之切不宜過時又言三品以上官非經任將相密近不宜輟朝詔皆可其議九宮遂爲中祠再遷至司勳郎中知制誥眞拜中書舍人歷戶部侍郎大中四年以中書侍郎同中書門下平章事再歲罷爲宣武軍節度使數徙鎭卒
韋綬字子章京兆萬年人有至性然好不經喪父鑱臂血寫浮圖書建中末爲長安尉朱泚亂羸服走奉天拜華陰令佐襄陽于頔府數諫諍刺頔橫恣頔不能容薦諸朝三遷職方郎中穆宗爲太子綬入侍讀遷諫議大夫太子書依字輒去人曰上以此可天下事烏得全書耶綬白之帝喜卽賜綬錦綵方太子幼綬數爲俚言以悅太子它日侍太子爲帝道之帝怒曰綬當以經義輔導太子而反語此朕何賴焉外遷虔州刺史穆宗立召爲尚書右丞集賢院學士出入禁中怙寵甚建白帝誕日百官先詣光順門賀皇太后然後上皇帝千萬歲壽詔可久之宰相奏古無生日稱賀者綬議格時大臣論啓或未決綬居中助可否九月九日宴羣臣曲江綬請集賢學士得別會帝一順聽進位禮部尚書帝問所以振災邀福者對曰宋景公以善言退法星三舍漢文除祕祝劾有司祭而不祈此二君皆受自至之福書美前史如失德以却災媚神以丐助神而有知且因以譴也時帝不德故託諷焉俄以檢校戶部尚書爲山南西道節度使入辭請門戟十二以行又乞賜錢二百萬官子元弱太常丞帝以舊恩許之綬耄而貪不能事軍政綱維亂弛卒贈尚書右僕射帝遣中人弔其家有司謚通醜故吏以爲言改謬醜不報罷

唐書卷一百六十考證

呂渭傳中書省有古柳建中末枯死德宗自梁還復榮茂人以爲瑞渭令貢士賦之帝聞不以爲善○臣酉按舊書云上聞而嘉之與新書異

唐書卷一百六十一

宋　端　明　殿　學　士　宋　祁　撰

列傳第八十六

張趙李鄭徐王馮庾

張薦字孝舉深州陸澤人祖鷟字文成早惠絕倫爲兒時夢紫文大鳥五色成文止其廷大父曰吾聞五色赤文鳳也紫文鸑鷟也若壯殆以文章瑞朝廷乎遂命以名調露初登進士第考功員外郎騫味道見所對稱天下無雙授岐王府參軍八以制舉皆甲科再調長安尉遷鴻臚丞四參選判策爲銓府最員外郎員半千數爲

公卿稱篤文辭猶青銅錢萬選萬中時號篤青錢學士證聖中天官侍郎劉奇以篤及司馬鍠爲御史性躁卞儻蕩無檢罕爲正人所遇姚崇尤惡之開元初御史李全交劾篤多口語訕短時政貶嶺南刑部尚書李日知訟斥太重得内徙篤属文下筆輒成浮豔少理致其論著率詆誚蕪猥然大行一時晚進莫不傳記武后時中人馬仙童陷默啜問文成在否答曰近自御史貶官曰國有此人不用無能爲也新羅日本使至必出金寶購其文終司門員外郎薦敏銳有文辭能爲周官左氏春秋初爲顏眞卿歎賞大曆中浙西觀察使李涵表薦才任史官詔授左司禦率府兵曹參軍以母老辭不就喪除禮部侍郎于邵以聞召充史館修撰兼陽翟尉眞卿爲李希烈所拘遣兄子峴及家僕奏事五輩皆留内客省不得出薦上疏曰去正月中眞卿奉使淮西期不先戒行無素備受命之後不宿於家親黨不遑告別介副不及陳請孱僮單騎卽日載馳冒姦鋒於臨汝折元惡於許下捐軀杖義威詬羣凶遂令脅制者回慮忠勇者肆情周曾奮發於外韋清伺應於内希烈蒼黃窘迫奔固舊穴蓋眞卿義風所激也眞卿逮事四朝爲國元老忠直孝友羽儀王室行年八十被羸老之疾拘囚環堵之間顧眄鉤戟之下呼嗟憤恚失寢忘食不知悲翁何以堪此伏聞希烈之母鍾念幼子目不絕泣求責希烈又希烈妻祖母郭及妻妹封竝逮捕京師此三人留之無益請賓境上以贖眞卿先降詔書分明諭告且希烈知眞卿人望不敢加害旣無嫌隙但因循未遣耳若歸其親愛賊亦何憾還一使哉臣又聞眞卿所遣兄子峴及家僮從官奉表來者五輩皆留中其子頵等拳拳實希一見望許休澣告以安否疏奏盧杞持之不報朱泚反詭姓名伏匿城中著史遁先生傳京師平擢左拾遺詔復用杞爲刺史薦與陳京趙需等論杞姦惡傾覆不當用入對挺確德宗納之貞元元年帝親郊時更兵亂禮物殘替用薦爲太常博士參綴典儀略如舊章刑部尚書關播持節送咸安公主于回紇以薦爲判官還遷工部員外郎久之擢諫議大夫復爲史館修撰方裴延齡用事中傷俊良建白無不當帝意薦將疏其惡延齡知之因言于帝曰諫議論朝政得失史官書人君善惡二者不可兼薦改祕書少監延齡必欲以罪斥廢之會遣使冊回鶻毗伽懷信可汗使薦至回鶻還爲監吐蕃賛普死擢薦工部侍郎爲弔祭使薦占對詳辯三使絕域始兼侍御史中丞後大夫次赤嶺被病卒年六十一吐蕃傳其柩以歸順宗立問至贈禮部尚書謚曰憲薦自拾遺至侍郎凡二十年常兼史館修撰初貞元時京師旱帝避正殿減膳薦白限日以應古制及定昭德皇后廟樂遷獻懿二祖定大儀位號大臣祔廟鼓吹法莫不參裁諸儒謂博而詳所著書百餘篇子又新別有傳

孫讀字聖用幼穎解大中時第進士鄭薰辟署宣州幕府累遷禮部侍郎中和初爲吏部選牒精允調官丐留二年詔可榜其事曹門後兼弘文館學士判院事卒

趙涓冀州人幼有文天寶時第進士補鄠城尉稍歷臺省河南王縉引署副元帥府判官德宗初爲衢州刺史始永泰時禁中火近東宮代宗疑之涓以監察御史爲巡使驗治明諦迹火所來乃宦人直舍帝在東宮頗德之及治衢不爲觀察使韓滉所容奏免官帝見其名問宰相曰是豈永泰時御史乎對曰然詔拜尚書左丞旣至勞之曰卿正直朕所自知乃以罪聞不信也命典吏部選從狩梁興元元年卒贈戶部尚書子博宣亦擢進士第藻翰豪邁沈於酒傲忽少檢陳許曲環辟署於府久不能堪乃誣受吳少誠金爲反間數言休咎惑衆有詔杖四十流康州時人寃之

李紓字仲舒始仕爲校書郎大曆初李季卿薦爲左補闕累遷中書舍人德宗居奉天錄禮部侍郎選爲同州刺史帝次梁紓委城趨行在擢兵部侍郎高邑伯建言享武成王廟不宜與文宣王等制從之紓性樂易喜接後進其自奉養頗華裕不爲齪齪崖檢官雖貴而游縱自如奉詔爲興元紀功述及它郊廟樂章論撰甚多進吏部侍郎年六十二卒贈禮部尚書

鄭雲逵系本滎陽父鄖爲鄖城尉州刺史稷職民之暴警者遮道留鄖誅殺六七人採訪使奇之言狀擢北海尉安祿山反縣民孫俊殿市人以應鄖率衆擊殺之改登州司馬李光弼表爲武寧府判官遷沂州刺史諭降賊李浩五千人終滁州刺史雲逵爲人誕譎敢言已登進士第去客燕朔朱泚善之表爲掌書記妻以滔女泚將朝使雲逵先入奏同府蔡廷玉譖于泚奏貶爲平州參軍滔代泚將復辟雲逵爲判官廷玉與要藉官朱體微它日與泚從容言滔非長者不可付以兵雲逵數漏其語以怒滔故滔論廷玉等皆得罪死滔助田悅雲逵諫不從遂棄室自歸德宗悅擢諫議大夫帝在梁雲逵依李晟晟表以禮部侍郎爲軍司馬時將吝逮戎略元和初爲京兆尹卒弟方逵悖悍結徒剽劫父欲殺之不克雲逵自劾不能教恐赤臣家詔錮死黔州

徐岱字處仁蘇州嘉興人世農家子於學無所不通辯論明銳座人常屈大曆中劉晏表爲校書郎觀察使李栖筠欽其賢署所居爲復禮鄉名達于朝擢偃師尉禮儀使蔣鎮薦爲太常博士專掌禮事從德宗出奉天以膳部員外郎兼博士貞元初爲太子諸王侍讀遷給事中史館修撰帝以誕日歲歲詔佛老者大論麟德殿并召岱及趙需許孟容韋渠牟講說始三家若矛楯然卒而同歸于善帝大悅賚予有差兩宮恩遇無比性篤慎至宮殿中語未嘗近之不談人短宗族孤孺者皆爲婚嫁然吝嗇自持家管鑰世所譏云卒贈禮部尚書

王仲舒字弘中并州祁人少客江南與梁肅楊憑游有文稱貞元中賢良方正高第拜左拾遺德宗欲相裴延齡與陽城交章言不可後入閤帝顧宰相指曰是豈王仲舒邪俄改右補闕遷禮部考功員外郎奏議詳雅省中伏其能坐累爲連州司戶參軍再徙荊南節度參謀元和初召爲吏部員外郎未幾知制誥楊憑得罪斥去無敢過其家仲舒屢存之將直憑冤貶峽州刺史母喪解服除爲婺州刺史州疫旱人徙死幾空居五年里閭增完就加金紫服徙蘇州隄松江爲路變屋瓦絕火災賦調嘗與民爲期不擾自辦穆宗立每言仲舒之文可思最宜爲誥有古風召爲中書舍人旣至視同列率新進少年居不樂曰豈可復治筆研於其間哉吾久棄外周知俗病利得治之不自愧宰相聞之除江西觀察使初江西榷酒利多佗州十八民私釀歲抵死不絕穀數斛易斗酒仲舒罷酤錢九十萬吏坐失官息錢五十萬悉產不能償仲舒焚簿書脫械不問水旱民賦不入欵曰我當減燕樂他用可乎爲出錢二千萬代之有爲佛老法與浮屠祠屋者皆驅出境卒于官年六十二贈左散騎常侍謚曰成仲舒尚義槩所居急民廢置自爲科條初若煩密久皆稱其便

馮伉魏州元城人徙貫京兆第五經宏辭調長安尉三遷膳部員外郎爲睦王等侍讀李抱眞卒伉持節臨弔歸之帛不受又致京師伉上表固拒於是醴泉令缺宰相高選德宗曰前使澤潞不受幣者其人清可用也遂以授伉縣多嚚猾數犯法伉爲著諭蒙書十四篇大抵勸之務農進學而教以忠孝鄉鄉授之使轉相教督居七年韋渠牟薦爲給事中皇太子諸王侍讀對殿中賜金紫服進兵部侍郎出爲同州刺史以散騎常侍召領國子祭酒者再卒年六十六贈禮部尚書

庾敬休字順之鄧州新野人祖光烈與弟光先不受安祿山僞官遁去光烈終大理少卿光先吏部侍郎父何當朱泚反又與弟倬逃山谷不臣賊官兵部郎中敬休擢進士第又中宏辭辟宣州幕府入拜右補闕起居舍人建言天子視朝宰相羣臣以次對言可傳後者承旨宰相示左右起居則裁錄季送史官如故事詔可旣而執政以幾密有不可露罷之召爲翰林學士文宗將立魯王爲太子愼選師傅敬休以戶部侍郎兼魯王傅初劍南西川山南道歲征茶戶部自遣巡院主之募賈人入錢京師太和初崔元略奏責本道主當歲以四萬緡上度支久之逗留多不至敬休始請置院秭歸收度支錢乃無逋沒又言蜀道米價騰踊百姓流亡請以本道闕官職田賑貧民詔可再爲尚書左丞卒贈吏部尚書敬休夷澹多容可不飲酒食肉不邇聲色弟簡休亦至工部侍郎

唐書卷一百六十一考證

徐岱傳○此傳及王仲舒傳舊書俱入文學傳

馮伉傳○舊書入儒學傳

庾敬休傳○舊書入忠義傳

唐書卷一百六十二

宋　端　明　殿　學　士　宋　祁　撰

列傳第八十七

姚獨孤顧韋段呂許薛李

姚南仲華州下邽人乾元初擢制科授太子校書遷累右補闕大曆十年獨孤皇后崩代宗悼痛詔近城爲陵以朝夕臨望南仲上疏曰臣聞人臣宅於家帝王宅於國長安乃祖宗所宅其可興鑿建陵其側乎夫葬者藏也欲人之不得見也今西近宮闕南迫大道使近而可視毀而復生雖宮以待之可也如令骨肉歸土魂無不之雖欲自近了復何益且王者必據高明燭幽隱先皇所以因龍首而建望春也今起陵目前心一感傷累日不能平且匹夫向隅滿堂不樂況萬乘乎天下謂何陛下謚后以貞懿而終以褻近臣竊惑焉今國人皆曰后陵在邇陛下將日省而時望焉斯有損聖德無益先后欲寵反辱惟陛下孰計疏奏帝嘉納進五品階以酬讜言坐善宰相常袞出爲海鹽令浙西觀察使韓滉表爲推官擢殿中侍御史内供奉召還四遷爲御史中丞改給事中陝虢觀察使拜義成節度使監軍薛盈珍恃權橈政不能逞因毀南仲於朝德宗惑之俄遣小使程務

盈誣表以罪會南仲禆將曹文洽入奏知其語則晨夜追至長樂驛及之與同舍夜殺務盈投其誣于厠爲二書一抵南仲一洽南仲寃且自言殺務盈狀乃自殺驛吏以聞帝駭異南仲不自安固請入朝帝勞曰盈珍橈卿政邪曰不橈臣政臣隳陛下法耳如盈珍輩所在有之雖使羊杜復生撫百姓御三軍必不能成愷悌之化而正師律也帝默然乃授尚書右僕射貞元十九年卒年七十五贈太子太保謚曰貞初崔位馬少微者俱在南仲幕府盈珍之譖也出位爲遂州別駕東川觀察使王叔邕希旨奏位殺之復出少微補外使宦官護送度江投之水云

獨孤及字至之河南洛陽人爲兒時讀孝經父試之曰兒志何語對曰立身行道揚名於後世宗黨奇之天寶末以道舉高第補華陰尉辟江淮都統李峘府掌書記代宗以左拾遺召既至上疏陳政曰陛下屢發德音使左右侍臣得直言極諫壬辰詔書召裴冕等十有三人集賢殿待制以備詢問此五帝盛德也然頃者陛下雖容其直而不錄其言所上封皆寢不報有容下之名無聽諫之實遂使諫者稍稍自鉗口飽食相招爲祿仕此忠鯁之人所以竊歎而臣亦恥之十室之邑必有忠信況朝廷之大卿大夫之衆陛下選授之精歟假令不能如文王之多士其中豈不有溫故知新可懋陳政要而億則屢中者陛下議政之際曾不採其一說堯之疇咨禹之昌言豈若是邪昔堯設謗木於五達之衢孔子曰以能問於不能以多問於寡然則多聞闕疑不恥下問聖人之心也願陛下以堯孔心爲心日降清問其不可者罷之可者議於朝與執事者共之使知之必言言之必行行之必公則君臣無私論朝廷無私政陛下以此辨可否於獻替而建太平之階可也師興不息十年矣人之生產空於杼軸擁兵者第館亘街陌奴婢厭酒肉而貧人羸餓就役剝膚及髓長安城中白晝椎剽吏不敢詰官亂職廢將墮卒暴百揆隳刺如沸粥紛麻民不敢訴於有司有司不敢聞陛下茹毒飲痛窮而無告今其心顒顒獨恃於麥麥不登則易子齕骨矣陛下不以此時厲精更始思所以救之之術忍令宗廟有累卵之危萬姓悼心失圖臣實懼焉去年十一月丁巳夜星隕如雨昨清明霜降三月苦熱錯繆顛倒沴莫大焉此下陵上替怨讟之氣取之也天意丁寧譴戒以警陛下宜反躬罪已旁求賢良者而師友之黜貪佞不肖者下哀痛之詔去天下疾苦廢無用之官罷不急之費禁止暴兵節用愛人兢兢乾乾以徼福于上下必能使天感神應反妖災爲和氣矣又言減江淮山南諸道兵以贍國用陛下初不以臣言爲愚然許即施行及今未有沛然之詔臣竊遲之今天下唯朔方隴西有吐蕃僕固之虞邠涇鳳翔兵足以當之矣自此而往東洎海南至番禺西盡巴蜀無鼠竊之盜而兵不爲解傾天下之貨竭天下之穀以給不用之軍爲無端之費臣不知其故假令居安思危以備不虞自可阨害之地俾置屯禦悉休其餘以糧儲扉屨之資克疲人貢賦歲可以減國租半陛下豈遲疑於改作逡巡於舊貫使大議有所壅而率土之患日甚一日是益其弊而厚其疾也夫瘵癰者必決之使潰今兵之爲患猶癰也不以漸戢之其害滋大大而圖之必力倍而功寡豈易不俟終日之義邪俄改太常博士或言景皇帝不宜爲太祖及據禮條上謚呂諲盧弈郭知運等無浮美無隱惡得褒貶之正遷禮部員外郎歷濠舒二州刺史歲饑旱鄰郡庸亡什四以上舒人獨安以治課加檢校司封郎中賜金紫徙常州甘露降其廷卒年五十三謚曰憲及喜鑒拔後進如梁肅高參崔元翰陳京唐次齊抗皆師事之性孝友其爲文彰明善惡長於論議曉嗜琴有眼疾不肯治欲聽之專也子朗郁

朗字用晦由處士辟署江西宣歙浙東三府元和中擢右拾遺建言宜用觀察使領本道鹽鐵罷場監管榷吏除百姓之患不聽盜殺武元衡朗請貶京兆尹誅捕賊吏因勸罷兵忤憲宗意貶興元戶曹參軍久乃拜殿中侍御史兼史館修撰坐與李景儉飲景儉使酒慢宰相出爲韶州刺史召還再遷諫議大夫敬宗初宦官毆鄠令崔發繫于下朗請誅首惡以正常法王播賂權近還判鹽鐵朗連疏論執遷御史中丞故事遷御史皆中丞自請是時崔晃鄭居中繇宰相力得監察御史朗拒不納晃居中卒改他官侍御史李道樞醉謁朗朗劾不處下除司議郎會殿中王源植貶官朗直其枉書五上不報即自劾執法不稱願罷去帝遣中人尉諭不許文宗初遷工部侍郎出爲福建觀察使創發背卒贈右散騎常侍

郁字古風始生而孤與朗育於伯父汜擢進士第最爲權德輿所稱以女妻之元和初舉制科高等拜右拾遺俄兼史館修撰進右補闕吐突承璀討王承宗郁執不可挺議鯁固號稱職擢翰林學士德輿輔政以嫌去內職拜考功員外郎仍兼修撰憲宗歎德輿乃有佳婿詔宰相高選世族故杜悰尚岐陽公主然帝猶謂不如德輿之得郁也俄知制誥德輿去位還爲學士九年以疾辭禁近徙祕書少監屏居鄠卒年四十贈絳州刺史郁有雅名帝遇之厚議者亦謂當宰相共以早世惜之

子庠字賢府喪父始十歲有至性聞呼父官及弔客來輒號慟幾絕後舉進士仕至尚書丞

顧少連字夷仲蘇州吳人舉進士尤爲禮部侍郎薛邕所器擢上第以拔萃補登封主簿邑有虎孽民患之少連命塞陷穽獨移文嶽神虎不爲害御史大夫于頎薦爲監察御史德宗幸奉天徒步詣謁授水部員外郎翰林學士再遷中書舍人閱十年以謹密稱嘗請從先兆于洛帝重違去詔遣其子往且命中人護葬役歷吏部侍郎裴延齡方橫無敢忤者嘗與少連會田鎬第酒酣少連挺笏曰段秀實笏擊賊臣今吾笏將擊姦臣奮且前元友直在坐歡解之改京兆尹政尚寬簡不爲灼灼名先是京畿租賦薄厚不能一少連以法均之遷吏部尚書封本縣男徙兵部爲東都留守表禁苑及汝閑田募耕以便民閱武力利鎧仗號良吏卒年六十二贈尚書右僕射謚曰敬始少連攜少子師閔奔行在有詔同止翰林院車駕還授同州參軍

韋夏卿字雲客京兆萬年人少邃於學善文辭大曆中與弟正卿同舉賢良方正皆策高等授高陵主簿累遷刑部員外郎時仍歲旱蝗詔以郎官宰畿甸授奉天令課第一改長安令轉吏部員外郎郎中擢給事中出爲常蘇二州刺史徐州節度使張建封疾甚詔夏卿爲徐泗行軍司馬且代之未至而建封卒徐軍立其子愔爲留後召夏卿爲吏部侍郎時從弟執誼在翰林嘗受人金有所干請密以金內夏卿懷中夏卿毀懷不受曰吾與爾賴先人遺德致位及此顧當是哉執誼大慙轉京兆尹太子賓客檢校工部尚書爲東都留守辭疾改太子少保卒年六十四贈尚書左僕射謚曰獻夏卿性通簡好古有遠韻談說多聞晚歲將罷歸署其居曰大隱洞與齊映穆贊贊弟員友善雖同游終年不見其喜慍撫孤姪恩踰己子爲政務通理不甚作條教所辟士如路隋張賈李景儉等至宰相達官故世稱知人

正卿子瓘字茂弘及進士第仕累中書舍人與李德裕善德裕任宰相罕接士唯瓘往請無間也李宗閔惡之德裕罷貶爲明州長史會昌末累遷楚州刺史終桂管觀察使

段平仲字秉庸本武威人隋民部尚書達六世孫擢進士第杜佑李復之節度淮南連表掌書記擢監察御史磊落有氣節嗜酒敢言是時德宗春秋高躬自聽斷天下事有所壅隔羣臣畏帝苛察無敢言平仲常曰上聰明神武但臣下畏怯自爲循默爾使我一日得召見宜大有開納會京師旱詔擇御史郎官開倉賑恤平仲與考功員外郎陳歸被選同得對粗陳賑恤事帝察其意有所畜以歸在側未言事訖平仲方獨進帝乃并留歸正色問之雜以它語平仲錯愕不得言乃謬稱名帝怒叱去之蒼黃向蹕後歸趨降招之乃得去由是坐廢七年然名由此顯元和初爲諫議大夫憲宗使吐突承璀討鎮州亟疏爭不可及還無功又請斬之再遷尚書右丞朝廷有得失未嘗不論奏世推其敢直云終太子左庶子

贊曰君有常尊臣有定卑自然之勢也然臣不自通於上君不降而逮諸下則治不得成而功不彰返是而天下之務綮焉幾矣德宗察察欲折伏臣下自爲聰明而治愈疏段平仲一忤上蒼惶失對而猶以取名何哉下知所職而上喪其所以爲上也故聖王屈已從諫君臣兩得其美知道之本歟

呂元膺字景夫鄆州東平人姿儀瓌秀有器識始游京師謁故宰相齊映映歎曰吾不及識婁郝殆斯人類乎策賢良高第調安邑尉辟長春宮判官李懷光亂河中輒解去論惟明節度渭北表佐其府惟明卒王棲曜代之德宗敕棲曜留元膺自佐入拜殿中侍御史歷右司員外郎出爲蘄州刺史嘗錄囚囚或白父母在明日歲旦不得省爲恨因泣元膺惻然悉釋械歸之而戒還期吏白不可答曰吾以信待人人豈我違如期而至自是羣盜感愧悉避境去元和中累擢給事中俄爲同州刺史既謝帝逮問政事所對詳諳明日謂宰相曰元膺直氣讜言宜留左右奈何出之李藩裴洎謝因言陛下及此乃宗社無疆之休臣等昧死請留元膺給事左右未幾兼皇太子侍讀進御史中丞拜鄂岳觀察使嘗夜登城守者不許左右曰中丞也對曰夜不可辨乃還明日擢守者爲大將入拜尚書左丞度支使潘孟陽太府卿王遂交相惡乃除孟陽散騎常侍遂鄧州刺史詔辭無所輕重元膺上其詔請明枉直以顯褒懲江西裴堪按虔州刺史李將順受賕不覆訊而貶元膺曰觀察使奏部刺史不加覆雖當誅猶不可爲天下法請遣御史按問宰相不能奪遷拜東都留守故事留守賜旗甲至元膺不給或上言用兵討淮西東都近賊損其儀沮威望

請比華汝壽三州帝不聽并三州罷之留守不賜旗甲自此始都有李師道留邸邸兵與山棚謀竊發事覺元膺追破之始盜發都人震恐守兵弱不足恃元膺坐城門指縱部分意氣閑舒人賴以安東畿西南通鄧虢川谷曠深多麋鹿人業射獵而不事農遷徙無常皆趫悍善鬬號曰山棚權德輿居守將羈縻之未克至是元膺募爲山河子弟使衛宮城詔可改河中節度使時方鎮多姑息獨元膺秉正自將監軍及中人往來者無不嚴憚入拜吏部侍郎正色立朝有台宰望處事裁宜人服其有體以疾改太子賓客居官始終無訾缺卒年七十二贈吏部尚書

許孟容字公範京兆長安人擢進士異等又第明經調校書郎辟武寧張建封府李納以兵拒境建封遣使諭止前後三輩往皆不聽乃使孟容見納敷引逆順納卽悔謝爲罷兵表爲濠州刺史德宗知其能召拜禮部員外郎公主子求補崇文生者孟容固謂不可主訴之帝問狀以著令對帝嘉其守擢郎中累遷給事中京兆上言好畤風雹害稼帝遣宦人覆視不實奪尹以下俸孟容曰府縣上事不實罪應罰然陛下遣宦者覆視紊綱紀宜更擇御史一人參驗乃可不聽浙東觀察使裴肅諉判官齊總暴斂以厚獻厭天子所欲會肅卒帝擢總自大理評事兼監察御史爲衢州刺史衢大州也孟容還制曰方用兵處有不待次而擢者今衢不他虞總無功越進超授羣議謂何且總本判官今詔書乃言權知留後攝都團練副使初無制授尤不見其可假令總有可錄宜暴課最解中外之惑會補闕王武陵等亦執爭於是詔中停帝召謂曰使百執事皆如卿朕何憂邪自袁高爭盧杞後凡十八年門下無議可否者至孟容數論駮四方知天子開納多士浩然想見其風貞元十九年夏大旱上疏言陛下齋居損膳具牲玉走羣望而天意未荅豈豐歉有定陰陽適然乎竊惟天人交感之際繫致令順民與否今戶部錢非度支歲計本備緩急若取一百萬緡代京兆一歲賦則京圻無流亡振災爲福又應省察流移征防當還未還役作禁錮當釋未釋負逋饋送當免免之沉滯鬱抑當伸伸之以順人奉天若是而神弗祐歲弗稔未之聞也先是爲裴延齡李齊運流斥者雖十年弗內移故孟容因旱及之帝始不悅改太常少卿元和初再遷尚書右丞京兆尹神策軍自興元後日驕恣府縣不能制軍吏李昱貸富人錢八百萬三歲不肯歸孟容遣吏捕詰與之期使償曰不如期且死一軍盡驚訴於朝憲宗詔以昱付軍治之再遣使皆不聽奏曰不奉詔臣當誅然臣職司輦轂當爲陛下抑豪彊錢未盡輸昱不可得帝嘉其守正許之京師豪右大震累遷吏部侍郎盜殺武元衡孟容白宰相曰漢有一汲黯姦臣寢謀今朝廷無有過失而狂賊敢爾尚謂國有人乎願白天子起裴中丞輔政使主兵柄索賊黨罪人得矣後數日果相度俄以尚書左丞宣慰汴宋陳許河陽行營拜東都留守卒年七十六贈太子少保謚曰憲孟容方勁有禮學每所折衷咸得其正好提腋士天下清議上之

弟季同始署西川韋皐府判官劉闢反棄妻子歸拜監察御史歷長安令再遷兵部郎中孟容爲禮部侍郎徙季同京兆少尹時京兆尹元義方出爲鄜坊觀察使奏劾宰相李絳與季同舉進士爲同年才數月輒徙帝以問絳絳曰進士明經歲大抵百人吏部得官至千人私謂爲同年本非親與舊也今季同以兄嫌徙少尹豈臣所助邪且忠臣事君不以私害公設有才雖親舊當白用避嫌不用乃臣下身謀非天子用人意帝然之終宣歙觀察使

薛存誠字資明河中寶鼎人中進士第擢累監察御史元和初討劉闢郵傳事叢詔以中人爲館驛使存誠以爲害體甚奏罷之轉殿中侍御史累遷給事中瓊林庫廣籍工徒存誠曰此姦人竄名以避征役不可許又神策軍與咸陽尉袁儋不平誣奏之儋被罰二敕皆執不下憲宗悅遣使勞之拜御史中丞浮屠鑒虛者自貞元中關通賂遺倚宦豎爲姦會坐于頔杜黃裳家事逮捕下獄存誠窮劾之得贓數十萬當以大辟權近更保救於帝有詔釋之存誠不聽明日詔使詣臺諭曰朕須此四面詰非赦也存誠奏曰獄已具陛下必欲召赦之請先殺臣乃可不然臣不敢奉詔鑒虛卒抵死江西監軍高重昌妄劾信州刺史李位謀反追付仗內詰狀存誠一日三表請付位御史臺及按果無實未幾復爲給事中會御史中丞闕帝謂宰相曰持憲無易存誠者乃復命之會暴卒帝悼惜贈刑部侍郎存誠性和易於人無所不容及當官毅然不可奪子廷老

廷老字商叟及進士第讜正有父風寶曆中爲右拾遺敬宗政日僻嘗與舒元褒李漢入閤論奏曰比除拜不由宰司擬進恐綱紀寖壞姦邪放肆帝厲語曰更論何事元褒曰宮中興作太甚帝色變曰興作何所元褒不能對廷老曰臣等以諫爲職有聞卽應論奏然見外輦材瓦絶多知有所營帝曰已諭時造清思院殿中用銅鑑三千薄金十萬餅故廷老等懇言之尋加史館脩撰鄭注用事嶺南節度使鄭權附之悉盜公庫寶貨輸注家爲謝廷老表按權罪由是中人切齒又論李逢吉黨張權輿程昔範不宜居諫爭官逢吉怒會廷老告滿百日出爲臨晉令文宗立召爲殿中侍御史李讓夷數薦之拜翰林學士日酣飲不持檢操帝不悅并讓夷罷之開成三年遷給事中在公卿間偘偘不干虛譽推爲正人卒贈刑部侍郎子保遜第進士擢累給事中保遜子昭緯乾寧中至禮部侍郎性輕率坐事貶磎州刺史

李遜字友道魏申公發之後趙郡所謂申公房者客居荆州始署山南東道掌書記累遷濠州刺史初濠州兵謀殺其將楊騰騰走揚州因滅騰家曹亡剽劫遜至鐫諭利害衆釋鎧自歸觀察使旨限外浮斂遜一不應入爲虞部郎中由衢州刺史以政最擢浙東觀察使當貞元初福建軍亂前觀察使奏益兵三千屯于境以折閩衝遂爲長戍幾二十年遜署事卽停其兵入爲給事中故事天子以畸日聽政對羣臣遜奏陛下求治而下有所陳當不時上豈宜限以日如是畢歲得望天子者幾何憲宗悅從之遷戶部侍郎代嚴綬爲山南東道節度使時方討蔡析山南東道爲兩節度以唐鄧隋三州授高霞寓得專攻討而遜督襄復郢均房五州賦饋之初襄陽兵隸霞寓者多逃還後霞寓戰賊不勝言爲遜所橈帝欲按狀宰相請置不問下遷太子賓客中人誣之更貶恩王傅久乃歷京兆尹國子祭酒以檢校禮部尚書爲忠武節度使時吳元濟始平治條疏類遜召會大衆申嚴約束明諭賞罰上下皆感畏衆遂安遜於爲政抑彊植弱貧富均一所至有績可紀長慶初幽鎮繼亂遜首建誅討計不聽詔以兵萬人會行營卽日上道先諸軍至由是進檢校吏部尚書未幾徙節鳳翔過京師以疾求解爲刑部尚書卒年六十三贈尚書右僕射謚曰貞

子方玄字景業第進士裴誼奏署江西府判官有大獄論死者十餘四方玄覈審其冤悉平貸之累爲池州刺史鉤檢戶籍所以差量傜賦者皆有科品程章吏不得私常曰沈約年八十手寫簿書蓋爲此云終處州刺史

遜弟建字杓直與兄俱客荆州鄉人爭鬬不詣府而詣建平決無頗母憐其孝每字之曰倭子勸吾食吾輒飽進藥吾意其瘳貞元中補校書郎德宗思得文學者或以建聞帝問左右宰相鄭珣瑜曰臣爲吏部時嘗補校書者八人它皆藉貴勢以請建獨無有帝喜擢左拾遺翰林學士順宗立李師古以兵侵曹州建作詔諭還之詞不假借王叔文欲更之建不可左除太子詹事改殿中侍御史以兵部郎中知制誥宰相有竄定詔槀者亟請解職除京兆少尹會遜被讒建申治之出爲澧州刺史召拜刑部侍郎卒贈工部尚書初建爲學時家苦貧兄造知其賢爲營丐使成就之故遜建皆舉進士後雖通顯未嘗置垣屋以清儉稱

建子訥字敦止及進士第遷累中書舍人爲浙東觀察使性疏卞遇士不以禮爲下所逐貶朗州刺史召爲河南尹時久雨洛暴漲訥行水魏王堤懼漂泊疾馳去水遂大毀民廬議者薄其材初訥居與宰相楊收接收欲市訥冗舍以廣第訥叱曰先人舊廬爲權貴優笑地邪凡三爲華州刺史歷兵部尚書以太子太傅卒遺命塟不請鹵簿避贈謚詔聽

唐書卷一百六十二考證

獨孤及子郁始生而孤與朗育于伯父汜○臣酉按此則郁爲朗之弟明矣而舊書謂郁弟朗疑誤

唐書卷一百六十三

宋　端　明　殿　學　士　宋　祁　撰

列傳第八十八

孔穆崔柳楊馬

孔巢父字弱翁孔子三十七世孫少力學隱徂來山永王璘稱兵江淮辟署幕府不應鏟蹟民伍璘敗知名廣德中李季卿宣撫江淮薦爲左衞兵曹參軍三遷庫部員外郎出爲涇原行軍司馬累拜湖南觀察使未行會普王爲荆襄副元帥署行軍司馬俄而德宗狩奉天行在擢給事中爲河中陝華招討使累上破賊方畧帝嘉納未幾兼御史大夫爲魏博宣慰使巢父辯而才及見田悅與言君臣大義利害逆順開曉其衆是時悅久不臣下皆厭亂雜然喜曰不圖今日還爲王人酒中悅起自陳騎射工曰陛下見用何敵不摧巢父曰若爾不蚤自歸乃一劇賊耳悅曰能爲劇賊豈不能爲功臣乎巢父曰國方多虞待子而息悅謝焉數日田緒殺悅與大將邢曹俊等聽命巢父卽以緒權知軍務紓其難李懷光據河中帝復令巢父宣慰罷其兵以太子太保授之懷光素服待命巢父不止衆忿曰太尉無官矣方宣詔乃譟而合害巢父幷殺中人啖守盈初巢父至懷光以

其使魏博而田悅死疑其謀出巢父故軍亂不肯救帝聞震悼贈尚書左僕射謚曰忠詔具禮收葬賜其家粟帛存卹之從子戣戡戢

戣字君嚴擢進士第鄭滑盧羣辟爲判官羣卒攝總留務監軍楊志謙雅自肆衆皆恐戣邀志謙至府與對榻卧起示不疑志謙嚴憚不敢動入爲侍御史累擢諫議大夫條上四事一多冗官二吏不奉法三百姓田不盡墾四山澤榷酤爲州縣弊憲宗異其言中人劉希光受賕二十萬緡抵死吐突承璀坐厚善逐爲淮南監軍太子舍人李涉知帝意投匭上言承璀有功不可棄戣得副章不肯受面質讓之涉更因左右以聞戣劾奏涉結近倖營罔上聽有詔斥涉峽州司馬宦寵側目人爲危之戣自以適所志軒軒甚得俄兼太子侍讀改給事中江西觀察使李少和坐贓獄寖不下博陵崔易簡殺從父兄鞫狀具京兆尹左右之翻其情戣慷慨論正貶少和殺易簡奪尹三月俸再遷尚書左丞信州刺史李位好黃老道數祠禱部將韋岳告位集方士圖不軌監軍高重謙上急變捕位劾禁中戣奏刺史有罪不容繫仗內請付有司詔送御史臺戣與三司雜治無反狀岳坐誣罔誅貶位建州司馬中人愈怒故出爲華州刺史明州歲貢淡菜蚶蛤之屬戣以爲自海抵京師道路役凡四十三萬人奏罷之歷大理卿國子祭酒會嶺南節度使崔詠死帝謂裴度曰嘗論罷蚶菜者誰歟今安在是可往爲朕求之度以戣對即拜嶺南節度使既至免屬州逋負十八萬緡米八萬斛黃金稅歲八百兩先是屬刺史俸率三萬又不時給皆取部中自衣食戣乃倍其俸約不得爲貪暴稍以法繩之南方鬻口爲貨掠人爲奴婢戣峻爲之禁親吏得嬰兒於道收育之戣論以死由是閭里相約不敢犯士之斥南不能北歸與有罪之後百餘族才可用用之稟無告者女子爲嫁遣之蕃舶泊步有下碇稅始至有閱貨宴所餉犀珠下及僕隸戣禁絕無所求索舊制海商死者官籍其貲滿三月無妻子詣府則沒入戣以海道歲一往復苟有驗者不爲限悉推與自貞元中黃洞諸蠻叛久不平容桂二管利虜掠幸有功乃講合兵討之戣固言不可帝不聽大發江湖兵會二管入討士被瘴毒死者不勝計安南乘之殺都護李象古而桂管裴行立容管陽旻皆無功憂死獨戣不邀一旦功交廣晏然大治穆宗立以吏部侍郎召改右散騎常侍還爲左丞以老自乞雅善韓愈謂曰公尚壯上三留何去之果戣曰吾豈要君者吾年一宜去吾爲左丞不能進退郎官二宜去愈曰公無留貪何恃而歸曰吾負二宜去尚奚顧子言愈歎即上疏言臣與戣同在南省數與戣相見其爲人守節清苦論議正平年七十筋力耳目未衰憂國忘家用意至到如戣輩在朝不過三數人陛下不宜苟順其求不留自助也禮大夫七十致仕若不得謝則賜之几杖安車不必七十盡許致仕今戣據禮求退陛下若不聽許亦無傷義而有貪賢之美不報以禮部尚書致仕歲致羊酒如漢徵士禮卒年七十三贈兵部尚書謚曰貞子遵孺溫裕仕爲天平節度使遵孺子緯

緯字化文少孤依諸父多與有名者游才譽蚤成擢進士第東川崔愼由表置幕府從崔鉉淮南復從愼由守河中再遷觀察判官宰相楊收薦以長安尉直弘文館遷監察御史進禮部員外郎兼集賢直學士毋喪解還爲右司員外郎趙隱言其才拜翰林學士俄知制誥頻遷戶部侍郎擢御史中丞緯方雅疾惡若讐中外聞風未繩輒肅三遷吏部侍郎權要私謁至盈几一不省當路不悅改太常卿從僖宗西到蜀以刑部尚書判戶部蕭遘雅不喜坐調度不給改太子少保及帝避朱玫次陳倉惟黃門衞士數百扈乘輿詔拜緯御史大夫令趨百官至行在時羣臣爲大盜屠剽脅衣囊略盡緯謁宰相欲有所論遘與裴澈怨田令孜不欲行辭不見緯召御史曰吾等身被恩誼不辭難今詔羣臣皆不至夫與人布衣游猶緩急相卹況於君乎且泣下御史亦辭方寇敗乏衣食請辦一日費而行緯曰吾妻疾旦暮盡丈夫豈以家事後國事乎公善自謀吾行決矣往見李昌符曰詔書再至而羣臣顧未行僕大夫也不敢後願假兵護送天子所昌符具資裝送之既及行在緯策玫必反建言圖邑阸狹不足駐六師請幸梁州即日去陳倉而玫兵至微緯言幾不脫進拜兵部侍郎同中書門下平章事玫平從帝還領諸道鹽鐵轉運使累遷尚書左僕射賜號持危啓運保乂功臣鐵券恕十死又賜天興良田善和里第各一區兼京畿營田使昭宗即位進司空以太學焚毀乃兼國子祭酒完治之加司徒封魯國公帝將郊見中尉樞密使索宰相朝服有司白中人無衣冠助祭事中尉怒責禮官必得緯言中人不朝服國典也陛下欲假借之則請以所兼官爲之服諫官固執帝召謂曰方舉大禮爲我容之進兼太保時天武都頭李順節疏暴人也以浙西節度使兼平章事臺史白已謝當班見百官緯判止之明日順節盛服至則無班怏怏去他日見緯以爲言緯曰固疑公見望也且百辟卿士天子廷臣班見宰相以宰相爲之長公提天武健兒據堂受禮安乎必欲用之去都頭乃可順節慙縮不敢言張濬將伐太原帝不決以問緯緯助濬請旣濬敗坐傅會出爲荆南節度使俄貶均州刺史二人皆竄結朱全忠全忠爲請詔聽所便乃屏居華陰李茂貞入殺韋昭度帝惡大臣朋比與藩臣交更召緯入朝再擢吏部尚書以司空門下侍郎復輔政使者敦勸力疾到京師見帝嗚咽流涕自陳衰疾不任事乞歸田里帝動容詔使者送緯至堂視事會天子出次石門從至莎城以病還都家人召醫視緯曰天下方亂何久求生不肯服藥卒贈太尉

戡字勝始進士及第補修武尉以大理評事佐昭義李長榮節度府長榮死盧從史自別將代之留署掌書記從史稍得志益驕與王承宗田緒陰相結欲久連兵以固其位戡始陰爭不從則於會肆言以折之從史始若受其言後偃蹇不執戡遂以疾歸洛陽未幾李吉甫鎮揚州表置幕府戡未應從史曰是欲舍我而從人邪即誣以事奏三上詔以衞尉丞分司東都自貞元後帥鎮劾奏僚佐不驗輒斥至是給事中呂元膺執不可憲宗遣使諭曰朕非不知戡行用之矣未幾卒年五十七從史敗追贈司勳員外郎

戢字方舉初父死難詔與一子官補修武尉不受以讓其兄戡擢明經書判高等爲校書郎陽翟尉累遷殿中侍御史分司東都昭義判官徐玫故嘗助盧從史爲跋扈者從史敗孟元陽代欲復用之戢移書昭義前繫玫乃上列其狀帝怒流玫播州轉侍御史庫部員外郎始朱泚以彭偃爲中書舍人偃子克符得不死辟鄜坊府或薦其能召還京師戢謂京兆尹裴武曰泚所下詔令皆偃爲之悖逆子不鳥竄獸伏乃干譽求進乎子盍效季孫行父逐莒僕以勉事君者武即逐出充符拜京兆少尹再遷爲湖南觀察使召授右散騎常侍京兆尹歲旱文宗憂甚戢躬禱曲江池一夕大澍帝悅詔兼御史大夫卒贈工部尚書子溫業

溫業字遜志擢進士第大中時爲吏部侍郎求外遷宰相白敏中顧同列曰吾等可少警孔吏部不樂居朝矣後爲太子賓客

穆寧懷州河內人父元休有名開元間獻書天子擢偃師丞世以儒聞寧剛正氣節自任以明經調鹽山尉安祿山反署劉道玄爲景城守寧募兵斬之檄州縣并力捍賊史思明略境郡守召寧攝東光令禦之賊遣使誘寧寧斬以徇郡守恐怒賊令致死即奪其兵罷所攝始寧過平原見顏眞卿嘗商賊必反及是聞眞卿拒祿山即遣眞卿書曰夫子爲衞君乎眞卿喜署寧河北採訪支使寧以息屬其母弟曰苟不乏嗣足矣即馳謁眞卿曰先人有嗣矣我可從公死旣而賊攻平原寧勸固守眞卿不從夜亡過河見肅宗行在帝問狀眞卿對不用穆寧言故至此帝異之馳驛召寧將以諫議大夫任之會眞卿以直忤旨寧亦罷上元初爲殿中侍御史佐鹽鐵轉運任埇橋李光弼屯徐州餉不至檄取資糧寧不與光弼怒召寧欲殺之或勸寧去寧曰避之失守亂自我始何所逃罪乎即往見光弼光弼曰吾師衆數萬爲天子討賊食乏則人散君閉廩不救欲潰吾兵邪答曰命寧主糧者敕也公可以檄取乎今公求糧而寧專饋寧有求兵而公亦專與乎光弼執其手謝曰吾固知不可聊與君議耳時重其能守官累遷鄂岳沔都團練及租庸鹽鐵轉運使當是時河漕不通自漢沔徑商山以入京師淮西節度使李忠臣不奉法設戍邏以征商賈又縱兵剽行人道路幾絕與寧夾淮爲治憚寧威掠劫爲衰漕賈得通坐杖死沔州別駕貶平集尉大曆初起爲監察御史三遷檢校祕書少監兼和州刺史治有狀後刺史疾之以天寶舊版校見戶妄劾寧多逋亡貶泉州司戶參軍事子質訴其枉三年始得逋詔御史覆視實增戶數倍召入拜太子右諭德寧性不能事權右毅然寡合執政者惡之雖直其誣猶置散位寧默不樂喟曰時不我容我不時徇又可以進乎遂移疾滿百日屢矣親友彊之輒復一朝德宗在奉天奔詣行在擢祕書少監改太子右庶子帝還京師乃曰可以行吾志矣即罷歸東都以祕書監致仕卒寧居家嚴事寡姊恭甚嘗撰家令訓諸子人一通又戒曰君子之事親養志爲大吾志直道而已苟枉而道三牲五鼎非吾養也疾病不嘗藥時稱知命四子贊質員賞寧之老贊爲御史中丞質右補闕員侍御史賞監察御史皆以守道行誼顯先是韓休家訓子姪至嚴貞元間言家法者尚韓穆二門云

贊字相明擢累侍御史分司東都陝虢觀察使盧岳妻分貲不及妾子妾訴之中丞盧佋欲重妾辠贊不聽佋與宰相竇參共誣贊受金捕送獄弟賞上冤狀詔三司覆治無之猶出爲郴州刺史參敗召爲刑部郎中對延英擢御史中丞裴延齡判度支屬吏受賕具獄欲曲貸

吏贊執不可延齡白贊深文肷饒州別駕久之拜州刺史憲宗立進宣歙觀察使卒于官贈工部尚書

質性彊直舉賢良方正條對詳切頻擢至給事中政事得失未嘗不盡言元和時鹽鐵轉運諸院擅繫囚笞掠嚴楚人多死質奏請與州縣吏參決自是不冤後論吐突承璀不宜爲將憲宗不悅改太子左庶子坐與楊憑善出爲開州刺史卒

員字與直工爲文章杜亞留守東都署佐其府蚤卒兄弟皆和粹世以珍味目之贊少俗然有格爲酪質美而多入爲酥員爲醍醐賞爲乳腐云

崔邠字處仁貝州武城人父倕三世一爨當時言治家者推其法至德初獻賦行在肅宗異其文位吏部侍郎邠第進士復擢賢良方正授渭南尉遷補闕上疏論裴延齡姦以鯁亮知名由中書舍人再遷吏部侍郎性溫裕沈密行己又簡儉憲宗器之裴垍亦薦邠材可宰相會病遂不拜久乃爲太常卿知吏部尚書銓故事太常始視事大閱四部樂都人縱觀邠自第去帽親導母輿公卿見者皆避道都人榮之以母憂解卒于喪年六十贈吏部尚書謚曰文簡弟酆郾鄯鄲

郾字廣略姿儀偉秀人望而慕之然不可狎也中進士第補集賢校書郎累遷吏部員外郎下不敢欺每擬吏親挾格褒黜必當寒遠無留才三遷諫議大夫穆宗立荒于游畋內酣蕩昕曙不能朝郾進曰十一聖之功德四海之大萬國之衆其治其亂繫於陛下自山以東百城地千里昨日得之今日失之西望戎壘距宗廟十舍百姓憔悴畜積無有願陛下親政事以幸天下帝動容慰謝遷給事中敬宗嗣位拜翰林侍講學士旋進中書舍人謝曰陛下使臣侍講歷半歲不一問經義臣無功不足副厚恩帝慙曰朕少間當請益高鉽適在旁因言陛下樂善而無所咨詢天下之人不知有嚮儒意帝重咨謝咸賜錦幣郾與高重類六經要言爲十篇上之以便觀省遷禮部侍郎出爲虢州觀察使先是上供財乏則奪吏奉助輸歲率八十萬郾曰吏不能贍私安暇卹民吾不能獨治安得自封即以府常費代之又詔賦粟輸太倉者歲數萬石民困於輸則又輦而致之河郾乃旁流爲大敖受粟賓而注諸艚民悅忘輸之勞改鄂岳等州觀察使自蔡人叛鄂岳常苦兵江湖盜賊顯行郾修治鎧仗造蒙衝駛追窮躡上下千里歲中悉捕平又觀察浙西遷檢校禮部尚書卒于官贈吏部尚書謚曰德郾不藏貲有輒周給親舊爲治其昏喪居家怡然不訓子弟子弟自化室處庳漏無步廡至霖淖則客盖而屐以就外位治猶以寬經月不笞一人及涖鄂則嚴法峻誅一不貸或問其故曰陝土瘠而民勞吾撫之不暇猶恐其擾鄂土沃民剽雜以夷俗非用威莫能治政所以貴知變者也聞者服焉五子瑤瓌珮璆瑤任禮部侍郎浙西鄂岳觀察使瓌禮部侍郎湖南觀察使璆珮俱達官

鄯擢進士累遷至左金吾衛大將軍暴卒以韓約代之不閱旬李訓亂約死於難世謂鄯之亡崔氏積善報也贈禮部尚書

鄲及進士第補渭南尉累除刑部郎中出副杜元穎西川節度府召入爲工部侍郎集賢殿學士再遷吏部侍郎由宣歙觀察使入爲太常卿文宗末擢同中書門下平章事改中書侍郎罷爲劍南西川節度使宣宗初以檢校尚書右僕射同平章事節度淮南卒于軍崔氏四世緦麻同爨兄弟六人至三品邠郾鄲凡爲禮部五吏部再唐興無有也居光德里構便齋宣宗聞而歎曰鄲一門孝友可爲士族法因題曰德星堂後京兆民即其里爲德星社云

柳公綽字寬京兆華原人始生三日伯父子華曰興吾門者此兒也因小字起之幼孝友性質嚴重起居皆有禮法屬文典正不讀非聖書舉賢良方正直言極諫補校書郎間一年再登其科授渭南尉歲歉饉其家雖給而每飯不過一器歲豐乃復或問之答曰四方病饑獨能飽乎累遷開州刺史地接夷落寇常逼其城吏曰兵力不能制願以右職署渠帥公綽曰若同惡邪何可撓法立誅之寇亦引去遷侍御史吏部員外郎時武元衡節度劍南與裴度俱爲判官尤相引重召爲吏部郎中憲宗喜武功且數出游畋公綽奏太醫箴以諷曰天布寒暑不私於人品類既一高卑以均人謹好愛能保其身清靜無瑕輝光以新寒暑滿天地泱肌膚於外好愛在耳目誘心知於內端潔爲隄奔射搆敗氣行無間隙不在大謂天高矣氣蒙晦之謂地厚矣橫流潰之飲食資身過則生患衣服稱德侈則生慢唯過與侈心必隨之氣與心流疾乃伺之畋遊恣樂流情蕩志馳騁勞形叱吒傷氣不養其外前修所忌人乘氣生嗜慾以萌氣離有患氣完則成巧必喪眞智實誘情醫之上者理於未然患居慮後防處事先心靜樂行體和道全克施萬物以享億年聖人在上各有攸處臣司太醫敢告諸御天子高其才遣使謂曰卿言氣行無間隙不在大愛朕深者當置之坐隅踰月拜御史中丞公綽本與裴垍善李吉甫復當國出爲湖南觀察使以地卑溼不可迎養求分司東都不聽後徙鄂岳觀察使時方討吳元濟詔發鄂岳卒五千隸安州刺史李聽公綽曰朝廷謂吾儒生不知兵邪即請自行許之引兵度江抵安州聽以軍禮迎謁公綽謂曰公所以屬鞬負弩豈非兵事邪若襪戎容則兩郡守耳何所統壹哉以公世將曉兵吾且欲署職以兵法從事聽曰唯命即以都知兵馬使中軍先鋒行營都虞候三牒授之選兵六千屬焉戒諸校曰行營事一決都將聽被用畏威遂盡力當時服其知權軍出公綽數省問其家疾病生死厚給之婦人敖蕩者沉之江軍中感服曰中丞爲我知家事敢不死戰故鄂軍每戰輒克元和十一年爲李道古代還除給事中李師道平遣宣諭鄆州復命拜京兆尹方赴府有神策校乘馬不避者即時榜死帝怒其專殺公綽曰此非獨試臣乃輕陛下法帝曰既死不以聞可乎公綽曰臣不當奏在市死職金吾在坊死職左右巡使帝乃解以母喪去官服除爲刑部侍郎領鹽鐵轉運使轉兵部兼御史大夫長慶元年復爲京兆尹時幽鎮用兵補置諸將使驛係道公綽奏曰比館遞匱乏驛置多闕敕使衣緋紫者所乘至三四十騎黃綠者不下十數吏不得視券隨口輒供驛馬盡乃掠奪民馬怨嗟驚擾行李殆絕請著定限以息其弊有詔中書條檢定數由是吏得紓罪宦官共惡疾之改吏部侍郎遷御史大夫韓弘病自河中還詔百官問疾弘遣子辭不能見公綽謂曰上使百司省候是謂異禮宜力疾以見公卿安可臥令子姓傳言邪弘懼挾扶以出改禮部尚書以祖諱換左丞俄檢校戶部尚書山南東道節度使行部至鄧縣吏有納賄舞文二人同繫獄縣令以公綽素持法謂必殺貪者公綽判曰贓吏犯法法在姦吏壞法法亡誅舞文者其廄馬害圉人公綽殺之或言良馬可愛曰安有良馬而害人乎寶曆元年就遷檢校左僕射牛僧孺罷政事爲武昌節度使公綽具軍容伏謁左右諫止之答曰奇章始去台宰方鎮重宰相所以尊朝廷也有道士獻丹藥問所從來曰自薊門時朱克融方叛遽曰惜哉藥自賊境來雖驗何益即棄藥而逐道士入爲刑部尚書俄拜邠寧節度使先是神策諸鎮列屯部中不聽本道節制故虜得窺間公綽論所宜因詔屯營緩急悉受節度復爲刑部尚書京兆獄有姑鞭婦至死者府欲殺之公綽曰尊毆卑非鬬也且子在以妻而戮其母不順遂減論大和四年爲河東節度遭歲惡撙節用度輟宴飲衣食與士卒鈞北虜遣梅祿將軍李暢以馬萬匹來市所過皆厚勞飭兵以防襲奪至太原公綽獨使牙將單騎勞問待以至意闢牙門令譯官引謁宴不加常暢德之出涕徐驅道中不妄馳獵陘北有沙陀部勇武喜鬬爲九姓六州所畏公綽召其酋朱邪執宜治廢柵十一募兵三千留屯塞上其妻母來太原者令夫人飲食問遺之沙陀感恩故悉力保鄣以病乞代授兵部尚書不任朝請忽顧左右召故吏韋長衆謂屬諉以家事及長至乃曰爲我白宰相徐州專殺李聽親吏非用高瑀不能安因瞑目不復語後二日卒年六十八贈太子太保謚曰元公綽居喪毀慕三年不澡沐事後母薛謹甚雖姻屬不知非薛所生外兄薛宮早卒爲育其女嫁之嘗曰吾莅官未嘗以私喜怒加於人子孫其昌乎與錢徽蔣乂杜元潁薛存誠善取士如許康佐鄭朗盧簡辭崔璵夏侯孜李拭韋長皆知名顯貴云

子仲郢字諭蒙母韓即皐女也善訓子故仲郢幼嗜學嘗和熊膽丸使夜咀嚥以助勤長工文著尚書二十四司箴爲韓愈咨賞元和末及進士第爲校書郎牛僧孺辟武昌幕府有父風矩僧孺歎曰非積習名教安及此邪入爲監察御史遷侍御史有禁卒誣里人斫父墓柏射殺之吏以專殺論而中尉護免其死右補闕蔣係爭不省仲郢監罰執曰賊不死是亂典刑有詔御史蕭傑監之傑復爭遂獨詔京兆杖之不監朝廷嘉其守會昌初累轉吏部郎中時詔減官冗長者仲郢條簡泱日損千二百五十員議者厭伏遷左諫議大夫武宗延方士築望仙臺累諫諄切帝遣中人愧諭御史崔元藻以覆按吳湘獄得罪仲郢切諫宰相李德裕不爲嫌奏拜京兆尹置權量於東西市使貿易用之禁私製者北司吏入粟違約仲郢殺而尸之自是人無敢犯政號嚴明會廢浮屠法盡壞銅象爲錢仲郢爲鑄錢使吏請以字識錢者不答既淮南鑄會昌字久之僧反取爲鐘鈸云中書舍人紇干泉訴甥劉詡歐其母詡爲禁軍校仲郢不待奏即捕取之死杖下宦官以爲言改右散騎常侍知吏部銓德裕頗抑進士科仲郢無所徇是時以進士選無受惡官者又當調者持關簿令自閱即擬唱吏無能爲姦宣宗初德裕罷政事坐所厚善出爲鄭州刺史周墀鎮滑而鄭爲屬郡高其績及入相薦授河南尹召拜戶部侍郎墀罷乜宰相惡仲郢左遷祕書監數月復出河南尹以寬惠爲政或言不類京兆時答曰輦轂之下

先彈壓郡邑之治本惠養烏可類乎擢劍南東川節度使大吏邊章簡挾勢肆貪前帥不能制仲郢因事殺之官下肅然居五年召爲吏部侍郎俄改兵部領鹽鐵轉運使有劉習者以藥術進詔署鹽官仲郢以爲醫有本色官若委錢穀名分不正帝悟乃賜縑遣還大中十二年辭疾以刑部尚書罷使轉戶部封河東縣男爲山南西道節度使南鄭令權弈以罪仲郢杖之六日死貶雷州刺史頃之以太子賓客分司東都起爲虢州刺史以檢校尚書左僕射東都留守會盜發父墓棄官歸華原徙華州刺史不拜咸通五年爲天平節度使初仲郢爲諫議大夫後每遷必烏集升平第庭樹戟架皆滿五日乃散及是不復集卒於鎮仲郢方嚴尚氣義事親甚謹李德裕貶死家無祿不自振及領鹽鐵遂取其兄子從質爲推官知蘇州院宰相令狐綯持不可乃移書開諭綯綯感悟從之每私居內齋束帶正色服用簡素父子更九鎮五爲京兆再爲河南皆不奏瑞不度浮屠急於摘貪吏濟單弱每旱潦必貸匱竭貧里無逋家衣冠孤女不能自歸者斥稟爲婚嫁在朝非慶弔不至宰相第其迹略相同家有書萬卷所藏必三本上者貯庫其副常所閱下者幼學焉仲郢嘗手鈔六經司馬遷班固范曄史皆一鈔魏晉及南北朝史再又類所鈔它書凡三十篇號柳氏自備旁錄仙佛書甚衆皆楷小精眞無行字子璞珪璧玼

璞字韜玉學不營仕著春秋三氏異同義又述天祚長曆斷自漢武帝紀元爲編年以大政大祥異侵叛戰伐隨著之閏位者附見其左常謂杜征南春秋後序述紀甲歷爲得實自餘史家皆差舛係以爲然終著作郎

珪字交立大中中與璧繼擢進士皆秀整而文杜牧李商隱稱之杜悰鎮西川表在幕府久乃至會悰徙淮南歸其積俸珪不納悰舉故事爲言卒辭之以藍田尉直弘文館遷右拾遺而給事中蕭倣鄭裔綽謂珪不能事父封還其詔仲郢訴其子冒處諫職爲不可謂不孝則誣請勒就養詔可始公綽治家埒韓滉及珪被廢士人愧悵終衞尉少卿

璧字賓玉馬植鎮汴州辟管書記又從李瓚桂州瓚止其不法瓚不聽乃拂衣去未幾軍亂擢右補闕再轉屯田員外郎僖宗幸蜀授翰林學士累遷右諫議大夫

玭以明經補秘書正字由書判拔萃累轉左補闕高湜再鎮昭義皆表爲副擢刑部員外郎湜貶高要尉玭三疏申理湜後得還嗟歎以爲其言雖自辨不加也出爲嶺南節度副使廨中橘熟既食乃納直於官黃巢陷交廣逃還除起居郎巢入京師奔行在再遷中書舍人御史中丞文德元年以吏部侍郎脩國史拜御史大夫直清有父風昭宗欲倚以相中官譖玭頰碎非廊廟器乃止坐事貶瀘州刺史卒光化初帝自華還詔復官爵玭嘗述家訓以戒子孫曰夫門地高者一事墜先訓則異它人雖生可以苟爵位死不可見祖先地下門高則自驕族盛則人窺嫉實藝懿行人未必信纖瑕微累十手爭指矣所以修己不得不至爲學不得不堅夫士君子生於世已無能而望它人用已無善而望它人愛猶農夫鹵莽種之而怨天澤不潤雖欲弗餒可乎余幼聞先公僕射言立己以孝弟爲基恭默爲本畏怯爲務勤儉爲法肥家以恐順保交以簡恭廣記如不及求名如儻來莅官則絜己省事而後可以言家法家法備然後可以言養人直不近禍廉不沽名憂與禍不偕絜與富不並董生有云弔者在門賀者在閭言憂則恐懼恐懼則福至又曰賀者在門弔者在閭言受福則驕奢驕奢則禍至故世族遠長與命位豐約不假問龜蓍星數在處心行事而已昭國里崔山南琯子孫之盛仕族罕比山南曾祖母長孫夫人年高無齒祖母唐夫人事姑孝每旦櫛縱笄拜階下升堂乳姑長孫不粒食者數年一日病言無以報吾婦冀子孫皆得如婦孝然則崔之門安得不大乎東都仁和里裴尚書寬子孫衆盛實爲名閥天后時宰相魏玄同選尚書之先爲壻未成婚而魏陷羅織獄家徙嶺表及北還女已踰笄其家議無以爲衣食資願下髮爲尼有一尼自外至曰女福厚豐必有令匹子孫將遍天下宜北歸家人遂不敢議及荆門則裴齎裝以迎矣今勢利之徒捨信誓如返掌則裴之蕃衍乃天之報施也余舊府高公先君兄弟三人俱居清列非速客不二羹胾夕食齕蔔瓠而已皆保重名於世永寧王相國涯居位竇氏女歸請曰玉工貨釵直七十萬錢王曰七十萬錢豈於女惜但釵直若此乃妖物也禍必隨之女不敢復言後釵爲馮球外郎妻首飾涯曰爲郎吏妻首飾有七十萬錢其可久乎馮爲賈相國餗門人賈有奴頗橫馮愛賈召奴責之奴泣謝未幾馮晨謁賈賈未出有二青衣齎銀罌出曰公恐君寒奉地黃酒三杯馮悅盡舉之俄病渴且咽因暴卒賈爲歎息出涕卒不知其由明年王賈皆遘禍噫王以珍玩爲物之妖信知言矣而不知恩權隆赫之妖甚於物邪馮以卑位貪貨不能正其家忠於所事不能保其身不足言矣賈之奴害客于牆廡間而不知欲始終富貴其得乎舒相國元輿與李繁有隙爲御史鞫繁獄窮致繁罪後舒亦及禍今世人盛言宿業報應曾不思視履考祥事歟夫名門右族莫不由祖考忠孝勤儉以成立之莫不由子孫頑率奢傲以覆墜之成立之難如升天覆墜之易如燎毛余家本以學識禮法稱於士林比見諸家於吉凶禮制有疑者多取正焉喪亂以來門祚衰落基構之重屬於後生夫行道之人德行文學爲根株正直剛毅爲柯葉有根無葉或可俟時有葉無根膏雨所不能活也至於孝慈友悌忠信篤行乃食之醯醬可一日無哉其大槩如此

公權字誠懸公綽弟也年十二工辭賦元和初擢進士第李聽鎮夏州表爲掌書記因入奏穆宗曰朕嘗於佛廟見卿筆蹟思之久矣卽拜右拾遺侍書學士再遷司封員外郎帝問公權用筆法對曰心正則筆正筆正乃可法矣時帝荒縱故公權及之帝改容悟其以筆諫也公綽嘗寓書宰相李宗閔言家弟本志儒學先朝以侍書見用頗類工祝願徙散秩乃改右司郎中弘文館學士文宗復召侍書遷中書舍人充翰林書詔學士嘗夜召對子亭燭窮而語未盡宮人以蠟液濡紙繼之從幸未央宮帝駐輦曰朕有一喜邊戍賜衣久不時今中春而衣已給公權爲數十言稱賀帝曰當賀我以詩宮人迫之公權應聲成文婉切而麗詔令再賦復無停思天子甚悅曰子建七步爾乃三焉常與六學士對便殿帝稱漢文帝恭儉因舉袂曰此三澣矣學士皆賀獨公權無言帝問之對曰人主當進賢退不肖納諫諍明賞罰服澣濯之衣此小節耳非有益治道者異日與周墀同對論事不阿墀爲惴恐公權益不奪帝徐曰卿有諍臣風可屈居諫議大夫乃自舍人下遷仍爲學士知制誥開成三年轉工部侍郎召問得失因言郭旼領邠寧而議者頗有臧否帝曰旼尚父從子太皇太后季父官無玷郵自大金吾位方鎮何所更議答曰旼誠勳舊然人謂獻二女乃有是除信乎帝曰女自參承太后豈獻哉公權曰疑嫌間不可戶曉因引王珪諫廬江王妃事是日帝命中宮自南內送女還旼家其忠益多類此遷學士承旨武宗立罷爲右散騎常侍宰相崔珙引爲集賢院學士知院事李德裕不悅左授太子詹事改賓客累封河東郡公復爲常侍進至太子少師大中十三年天子元會公權稍耄忘先群臣稱賀占奏忽謬御史劾之奪一季俸議者恨其不歸事咸通初乃以太子太保致仕卒年八十八贈太子太師公權博貫經術於詩書左氏春秋國語莊周書尤邃每解一義必數十百言通音律而不喜奏樂曰聞之令人驕怠其書法結體勁媚自目一家文宗嘗召與聯句帝曰人皆苦炎熱我愛夏日長公權屬曰薰風自南來殿閣生微涼它學士亦屬繼帝獨諷公權者以爲詞情皆足命題於殿壁字率徑五寸帝歎曰鍾王無以尚也其遷少師宣宗召至御座前書紙三番作眞行草三體奇祕賜以器幣且詔自書謝章無限眞行當時大臣家碑誌非其筆人以子孫爲不孝外夷入貢者皆別署貨貝曰此購柳書嘗書京兆西明寺金剛經有鍾王歐虞褚陸諸家法自爲得意凡公卿以書貺遺蓋鉅萬而主藏奴或盜用嘗貯盃盂一笥縢識如故而器皆亡奴妄言叵測者公權笑曰銀盃羽化矣不復詰唯研筆圖籍自鐍祕之

子華公綽諸父也始辟嚴武劍南府累遷池州刺史代宗將幸華淸宮先命完葺欲以子華爲京兆少尹尹惡其剛方沮解之遂爲昭應令檢校金部郎中修宮使設棘圍於市徇邑中曰民有得華清宮瓦石材用投圍中踰三日不還者死不終日已山積矣營辦略足宰相元載有別墅以奴主務自稱郎將怙勢縱暴租賦未嘗入官子華因奴入謁收付獄劾發宿罪杖殺之一邑震伏載不敢怨遣吏厚謝預知其終自爲墓銘子公器公度公度善攝生年八十餘有彊力常云吾初無術但未嘗以氣海煖冷物熟生物不以元氣佐喜怒耳位光祿少卿公器生遵遵生粲別有傳

楊於陵字達夫本漢太尉震之裔父太淸倦宦客河朔死安祿山之亂於陵始六歲間關至江左逮長有奇志十八擢進士調句容主簿節度使韓滉剛嚴少許可獨奇於陵謂妻柳曰吾求佳壻無如於陵賢因以妻之辟鄂岳江西使府滉居宰相領財賦權震中外於陵隨府罷避親不肯調退廬建昌以文書自娛樂滉卒乃入爲膳部員外郎以吏部判南曹選者恃與宰相親文書不如式於陵駁其違宰相怒以南曹郎出使弔宣武軍未幾還右司郎中換吏部出爲絳州刺史德宗雅聞其名留拜中書舍人時京兆李實恃恩暴橫於陵與所善許孟容不離附爲所譖短徙祕書少監帝崩宣遺詔於太原幽州節府獻遺無所納拜華州刺史還浙東觀察使越人飢請出米三十萬石抍贍貧民政聲流聞入爲京兆尹先是編民多竄北軍籍中倚以橫閭里於陵請限丁制減三丁者不得著籍姦人無所影賴京師豪右大

震還戶部侍郎元和初牛僧儒等以賢良方正對策於陵被詔程其文居第一宰相惡其言出爲嶺南節度使辟章詞李翺等在幕府咨訪得失敎民陶瓦易蒲屋以絕火患監軍許遂振者悍戾貪肆憚於陵不敢撓以私則爲飛語聞京師憲宗不能無惑有詔罷歸遂振領留事咨吏剔抉其贓吏呼曰楊公尚拒佗方賂遺肯私官錢邪宰相裴垍亦爲帝别白言之乃授吏部侍郎而遂振終得罪初吏部程判别詔官參考齊抗當國罷之至是尚書鄭餘慶移疾乃循舊制於陵建言佗官但第判能否不知限員有司計員爲留遣之格事不相謀莫如勿置於是有詔三考官止較科目選至常調悉還吏部又請修甲曆南曹置别簿相檢實吏不能爲姦始奏選者納直給符告居四年凡調三千員時謂爲適以兵部兼御史大夫判度支王師討淮西於陵用所親爲供軍使主唐鄧而高霞寓騰牒度支以餉道乏及戰敗詔責之指以爲言帝怒貶於陵郴州刺史徙原王傅復以戶部侍郎知吏部選李師道平詔宣慰淄青朝廷始議分其地而劉悟節度滑州未出鄆於陵趣使上道還奏帝悅其能會浙西觀察使李翛死皇甫鎛素忌於陵薦以代翛帝不之可穆宗立遷戶部尚書爲東都留守數上疏乞身不許授太子少傅封弘農郡公俄以尚書左僕射致仕詔賜實俸讓不受於陵器量方峻進止有常度節操堅明始終不失其正時人尊仰之太和四年卒年七十八册贈司空謚曰貞孝四子景復仕至同州刺史紹復中書舍人師復大理卿中子嗣復位宰相自有傳

馬總字會元系出扶風少孤窶不妄交游貞元中辟署滑州姚南仲幕府監軍薛盈珍誣南仲不法總坐貶泉州别駕盈珍入用事福建觀察使柳冕希旨欲誅之會刺史穆贊保護乃免徙恩王傅元和中以虔州刺史遷安南都護廉清不撓用儒術敎其俗政事嘉美獠夷安之建二銅柱於漢故處劖著唐德以明伏波之裔徙桂管經略觀察使入爲刑部侍郎十二年兼御史大夫副裴度宣慰淮西吳元濟禽爲彰義節度留後蔡人習僞惡相掉許獷戾有夷貊風總爲設敎令明賞罰磨治洗汰其俗一變始奏改彰義爲淮西尋擢拜淮西節度使徙忠武改華州防禦鎮國軍使李師道平析鄆曹濮等爲一道除總節度賜號天平軍長慶初劉總上幽鎮地詔總徙天平而召總還將大用之會總卒穆宗以鄆人附賴總復詔還鎮二年檢校尚書左僕射入爲戶部尚書總篤學雖吏事倥傯書不去前論著頗多卒贈右僕射謚曰懿

贊曰巢父恃正義觸羣不肖謀不以權遂喪其身寧邠皆所謂邪之司直者後世卒藩衍公綽仁而勇於陵方重總沈勢皆有大臣風才堪宰相而用不至果時有不幸邪穆崔柳代爲孝友閨家君子之澤遠哉

唐書卷一百六十三考證

崔邠傳父倕○宰相世系表作陲

柳公綽傳其廄馬害圉人公綽殺之○臣酉按韓愈與公綽書此事在元和用兵時今叙在長慶三年爲山南東道節度時與舊書同誤

唐書卷一百六十四

宋　端　明　殿　學　士　宋　祁　撰

列傳第八十九

歸奚三崔盧二薛衛胡丁二王殷

歸崇敬字正禮蘇州吳人治禮家學多識容典擢明經遭父喪孝聞鄉里調國子直講天寶中舉博通墳典科對策第一遷四門博士有詔舉才可宰百里者復策高等授左拾遺肅宗次靈武再遷起居郎贊善大夫史館修撰兼集賢殿校理修國史儀注以貧求解歷同州長史潤州别駕未幾有事橋陵建陵召還參掌儀典改主客員外郎復兼修撰代宗幸陝召問得失崇敬極陳生人疲敝當以儉化天下則國富而兵可用時百官朝朔望皆服袴褶崇敬非之建言三代逮漢無其制隋以來始有服者事不稽古宜停詔可又言東都太廟不當置木主按禮虞主用桑練主用栗作栗主則瘞桑主猶天無二日土無二王也東都太廟本武后所建以祀諸武中宗去主存廟以備行幸遷都之置且商遷都前八後五不必每都别立神主也荀曰神主已經奉祀不得一日而廢則桑主以虞至練祭而埋之明是不然時有方士巨彭祖建言唐家土德請以四季月郊祀天地詔禮官儒者雜議崇敬議禮以先立秋十八日迎黃靈祀黃帝黃帝於五行爲土而火爲母故火用事之末而祭之三季月則否彭祖牽緯候說事詭不經不可用又議五人帝於國家爲前後無君臣義天子祭宜毋稱臣祭而稱臣於天帝無異又春秋釋奠孔子祝版皇帝署北面揖以爲太重宜准武王受丹書於師尚父行東面之禮事皆施行大歷初授倉部郎中充弔祭册立新羅使海道風濤舟幾壞衆驚謀以單舸載而免答曰今共舟數十百人我何忍獨濟哉少選風息先是使外國多齎金帛貿舉所無崇敬囊橐惟衾衣東夷傳其淸德還授國子司業兼集賢學士八年遣祀衡山未至而哥舒晃亂廣州監察御史憚之請望祀而還崇敬正色曰君命豈有畏邪遂往皇太子欲臨國學行齒胄禮崇敬以學與官名皆不正乃建議古天子學曰辟雍以制言之壅水環繞如璧然以誼言之以禮樂明和天下云爾在禮爲澤宮故前世或曰璧池或曰璧沼亦言學省漢光武立明堂辟雍靈臺號三雍宮晉武帝臨辟雍行鄉飲酒禮别立國子學以殊士庶永嘉南遷唯有國子學隋大業中更名國子監今聲明之盛辟雍獨闕請以國子監爲辟雍省祭酒司業之名非學官所宜業者栒簴大版今學不敎樂於義無當請以祭酒爲太師氏位三品司業爲左師右師位四品近世明經不課其義先取帖經顓門廢業傳受義絕請以禮記左氏春秋爲大經周官儀禮毛詩爲中經尚書周易爲小經各置博士一員公羊穀梁春秋共準一中經通置博士一員博士兼通孝經論語依章疏講解德行純絜文詞雅正形容莊重可爲師表者委四品以上各舉所知在外給傳七十者安車蒲輪敦遣國子太學四門三館各立五經博士品秩生徒有差舊博士助教直講經直律館算館助教請皆罷教授法學生謁師贄用腶脩一束酒一壺彩布一裁色如師所服師出中門延入與坐割脩斛酒三爵止乃發篋出經摳衣前請師爲說經大略然後就室朝晡請益師二時堂上訓授道義示以文行忠信孝悌睦友旬省月試時考歲貢眂生徒及第多少爲博士考課上下有不率敎者檟楚之國子移禮部爲太學生太學又不變徙之四門四門不變徙本州之學復不變繇役如初終身不齒雖率敎九年學不成者亦歸之本州禮部考試法請罷帖經於所習經問大義二十而得十八論語孝經十得八爲通策三道以本經對通二爲及第其孝行聞鄉里者舉解具言試日義闕一二許兼收焉天下鄉貢如之習業考試並以明經爲名得第授官與進士同有詔尚書省集百官議皆以習俗久制度難分明省禁非外司所宜名周官世職者稱氏國學非世官不得名辟雍省太師氏大抵憚改作故無施行者坐史給稟錢不實貶饒州司馬德宗立召還復拜國子司業稍遷翰林學士左散騎常侍充皇太子侍讀又兼晉王元帥參謀封餘姚郡公田悅李納稟命持節宣慰稱旨表歸上冢寵賜繒帛儒生以爲榮遷工部尚書仍前職年老以兵部尚書致仕卒年八十八贈尚書左僕射謚曰宣論撰數十篇子登

登字沖之事繼母篤孝大曆中舉孝廉高第貞元初策賢良爲右拾遺裴延齡得幸德宗欲遂以相右補闕熊執易疏論之以示登登動容曰願竄吾名雷霆之下君難獨處故同列有所諫正輒聯署無所回諱轉右補闕起居舍人凡十五年僚類有出其下而進超自喜得顯官惟登與右拾遺蔣武退然遠權勢終不以淹晚槩懷遷兵部員外郎順宗爲皇太子登父子侍讀及卽位以東宮恩超拜給事中遷工部侍郎復爲皇太子諸王侍讀獻龍樓箴以諷徙左散騎常侍入謝憲宗問政所先登知帝睿而果于斷勸順納諫爭內外傳爲讜言後判國子祭酒事進工部尚書累封長洲縣男卒年六十七贈太子少師謚曰憲登性溫恕家僮爲馬所踶笞折馬足登知不加責有遺金石不死藥者紿曰已嘗及登服幾死訊之乃未之嘗人皆爲怒而登不爲慍常慕陸象先爲人世亦許其類云子融

融字章之元和中及進士第累遷左拾遺事文宗爲翰林學士進至戶部侍郎開成初拜御史中丞湖南觀察使盧周仁以南方屢火取羨錢億萬進京師融劾奏天下一家中外之財皆陛下府庫周仁陳小利假異端公違詔書狥私希恩恐海內效之因緣漁刻生人受敝罪始周仁請重責還所進代貧民租入詔不從置錢河陰院以虞水旱初戶部員外郎盧元中左司員外郎判戶部案姚康受平糴官奏季元絹六千匹貸乾沒錢八千萬俱貶嶺南尉數年金部員外郎韓益判度支子弟受賕三百萬未入者半帝問融益所犯與盧元中姚康孰甚對曰元中等枉失庫錢益所坐子弟受賕事異法輕故益止貶梧州參軍融遷京兆尹李固言爲相惡之徙祕書監固言罷擢權知兵部侍郎歲間出爲山南西道節度使徙東川還歷兵部尚書累封晉陵郡公會昌後儒臣少朝廷禮典多本融議辭疾以太子少傅分司東

都大中七年卒贈尚書左僕射

奚陟字殷卿其先自譙亳西徙故爲京兆人少篤志通羣書大曆末擢進士文辭清麗科授弘文館校書郎德宗立諫議大夫崔河圖持節使吐蕃表陟自副以親老辭不拜楊炎輔政召授左拾遺居親喪毀瘠過禮朱泚反走間道及車駕于興元拜起居郎翰林學士不就職賊平改太子司議郎歷金部吏部員外會左右丞缺轉左司郎中貞元八年遷中書舍人於是江南淮西皆大水詔陟勞問循慰所至人人便安中書吏倚宰相勢常姑息獨陟遇之無假借先是右省雜給賦職田稟主事與拾遺等陟以奉稍爲率由是吏官有差中書令李晟有紙筆俱料積于省宅日以遺舍人而雜事舍人常私有之陟均舍寮無厚薄雖細務皆身親其勞久益彊力人以爲難遷刑部侍郎京兆尹李充有美政裴延齡惡之誣劾充比陸贄數遺金帛當抵罪又乾沒京兆錢六十八萬緡請付比部鉤校時郎中崔元翰怨贄揣延齡指逮繫搒掠甚急內以險文陟持平無所上下具獄上且言京兆錢給縣館傳餘以度支符用度略盡充既免元翰不得意以恚死陟尋知吏部選事遷侍郎銓綜平允時謂與李朝隱略等不能擿發清明如裴行儉盧從愿也十五年病癰帝遣醫療視敕曰陟賢臣爲我善治之卒年五十五贈禮部尚書陟少自底厲著名節常薦權德輿爲起居舍人知制誥楊於陵爲郎中其後皆有名子敬玄位左補闕

崔衍字著深州安平人父倫字叙居父喪跣護柩行千里道路爲流涕盧冢彌年服除及進士第歷吏部員外郎安祿山反陷于賊不汙僞官使子弟間表賊事賊平下遷晉州長史李齊物訟其忠授長安令封武邑縣男寶應二年以右庶子使吐蕃虜背約留二歲執倫至涇州逼爲書約城中降倫不從更囚邏娑城閱六歲終不屈乃許還代宗見之爲感動鳴咽卽具陳虜情僞山川險易指畫帝前人服其詳遷尚書左丞以疾改太子賓客卒年七十一贈工部尚書謚曰敬衍天寶末擢明經調富平尉繼母李不慈倫自吐蕃歸李敝衣以見問故曰衍不吾給倫怒召衍將袒而鞭之衍涕泣無所陳倫弟殷趨白衍所稟舉送夫人所尚何云倫悟繇是譖無入調清源令勸民力田懷附流亡觀察使馬燧表其能徙美原父卒事李益謹歲爲李子部償負不勝計故官刺史妻子僅免飢寒歷蘇虢二州虢居陝華間而賦數倍入衍白太重裴延齡領度支方聚斂私謂衍前刺史無發明公當止衍不聽復奏州部多巖田又郵傳劇道屬歲無秋民舉流亡不蠲減租額人無生理臣見長吏之患在因循不以聞不患陛下不憂恤也患申請不實不患朝廷不矜貸也陛下拔臣大州寧欲視民困而顧望不言哉德宗公其言爲詔度支減賦遷宣歙池觀察使簡靜爲百姓所懷幕府奏聘皆有名士後多顯于時卒年六十九贈工部尚書衍儉約畏法室無妾媵祿稍周於親族葬埋嫁娶倚以濟者數十家及卒不能葳喪表諸朝賜賻帛三百段米粟稱之先是天下以進奉結主恩州藏耗竭韋皐劉贊裴肅爲之倡贊死衍代之舊貢金錫凡十八品皆倍直市于州民匱多逃去衍至蠲革之居十年嗇用度府庫充衍及穆贊代州以錢四十萬緡假民賦故雖旱人不流捐由衍蓄積有素也路應爲觀察使以衍有惠在民言狀元和元年詔書褒美賜一子官云謚曰懿

盧景亮字長晦幽州范陽人少孤學無不覽第進士宏辭授祕書郎張延賞節度荆南表爲枝江尉掌書記入遷右補闕朱泚反景亮勸德宗曰陛下罪已不至則感人不深帝然之景亮志義崒然多激發與穆質同在諫爭地書數上鯁毅無所回宰相李泌劾景亮等嘗衆會漏所上語言引善在已卽有惡歸之君帝怒貶爲朗州司馬質亦斥去廢抑二十年至憲宗時由和州別駕召還再遷中書舍人景亮善屬文根於忠仁有經國志嘗謂人君足食足兵而又得士天下可爲也乃與軒頊以來至唐剟治道之要著書上下篇號三足記又作答問言輓運大較及陳西戎利害切指當世公卿伏其達古今云元和初卒贈禮部侍郎憲宗時以直諫知名者又有王源中

源中字正蒙擢進士宏辭累遷左補闕是時中官領禁兵數亂法捕臺府吏屬繫軍中源中上言臺憲者紀綱地府縣責成之所設吏有罪宜歸有司無令北軍亂南衙麾下重於仗內帝納之累轉戸部郎中侍郎擢翰林學士進承旨學士源中嗜酒帝召之醉不能見及寤憂其慢不悔不得進也他日又如之遂失帝意以疾自言出爲山南西道節度使入拜刑部侍郎未幾領天平節度使開成三年卒贈尚書右僕射源中澹名利率身治人約而簡當時咨美

薛苹河中寶鼎人七世祖道實爲隋禮部尚書父順爲奉天尉與楊國忠有舊及用事將引之輒謝絕苹以吏最拜長安令歷虢州刺史憲宗時奏最擢湖南觀察使徙浙東以治行遷浙西加御史大夫累封河東郡公所居守法度務在安人治身穀薄所衣綠袍更十年至緋衣乃易居三鎭聲樂不聞于家所得祿卽分散親屬故人而無餘藏除左散騎常侍年七十致仕是時有年過苹不肯去故論者高苹居四年卒贈工部尚書謚曰宣苹於文章中長於詩兄芳有器幹萊與苹其母代宗從母也以外戚奉朝請皆贊善大夫

苹子膺太和初爲右補闕內供奉其弟齊佐興元李絳幕府絳遇害齊死于難膺聞不及請馳赴之哀甚聞者垂泣後歷工部員外郎

衛次公字從周河中河東人舉進士禮部侍郎潘炎異之曰國器也高其第調渭南尉嚴震在興元辟佐其府累遷殿中侍御史貞元中擢左補闕翰林學士德宗崩與鄭絪皆召至金鑾殿時皇太子久疾禁中或傳更議所立衆失色次公曰太子雖久疾冢嫡也內外係心久矣必不得已宜立廣陵王絪隨贊之議乃定順宗立王叔文等用事輕弄威柄次公與絪多所持正知禮部貢舉斥華取實不爲權力侵橈由中書舍人充史館修撰改兵部侍郎絪以宰相罷坐與善下除太子賓客久乃爲陝虢州觀察使蠲橫租錢歲三百萬復入爲兵部侍郎故英公李勣大理卿徐有功之孫皆以貧不得調次公召見曰子之祖勳在王府寧限常格乎卽優補而遣進尚書左丞時方討蔡數建請罷兵帝將相之制稾具而蔡捷書至乃追止以檢校工部尚書爲淮南節度使久之召還道病卒年六十六贈太子少傅謚曰敬次公本善琴方未顯時京兆尹李齊運使子與游請授之法次公拒絕因終身不復鼓其節尚終始完絜

子洙舉進士尚臨眞公主檢校祕書少監駙馬都尉文宗曰洙起名家以文進宜諫官寵之乃爲左拾遺歷義成節度使咸通中卒

薛戎字元夫河中寶鼎人客毗陵陽羨山年四十餘不仕江西觀察使李衡辟署幕府三返乃肯應故宰相齊映代衡奏留之府罷復歸陽羨福建觀察使柳冕辟佐其府先是馬總佐鄭滑府監軍宦人誣劾之貶泉州別駕冕欲除總以附倖家卽使戎攝刺史按置其罪戎曰以是待我邪我始不願仕正謂此爾不肯從還白其狀冕怒據案引戎入戎叱引者曰見賓客乃爾乎由東廂進冕度未可屈揖而去囚之它館環兵脅辱之累月戎終不爲屈淮南節度使杜佑聞之書責冕會冕亦病死得解自放江湖間復爲藩府交奏稍遷河南令吐突承璀討鎭州所過吏迎迓畏不及治道前驅惟戎境內按故無所治迓留府卒犯令者縛置獄留守怒遣將略出之不與累遷浙東觀察使所部州觸酒禁者罪當死橘未貢先驚者死戎弛其禁卒治下年七十五贈左散騎常侍戎爲吏不尚約束詭名譽其有善歸之所部故居官時無灼灼可驚者已罷則懷之悉奉稟賙濟內外親無疏遠皆歸之旣病以所有分遺之曰吾死矣可持爲歸資衆皆哭而去

弟放端厚寡言第進士擢累兵部郎中穆宗爲太子拜侍讀及卽位參贊機命帝謂曰小子新立懼不克荷先生宜相以輔不逮放叩頭曰臣庸淺不足塵大任自有賢能處之帝美其誠進工部侍郎集賢學士寵待尤至改刑部侍郎帝嘗問朕欲學經與史何先放曰六經者聖人之言孔子所發明天人之極也史記道成敗得失亦足以鑒然謬於是非非六經比帝曰吾閒學者白首不能通一經安得其要乎對曰論語六經之菁華也孝經人倫之本也漢時論語首立於學官光武令虎賁士皆習孝經玄宗親爲注訓蓋人知孝慈則氣感和樂也帝曰聖人以孝爲至德要道信然終江西觀察使謚曰簡

胡証字啓中河中河東人舉進士第渾瑊美其才又以鄉府奏賓幕下繇殿中侍御史爲韶州刺史以母老辭爲太子舍人更從襄陽于頔署掌書記入爲戸部郎中田弘正以魏博內屬請使自副詔兼御史中丞爲弘正副使入遷諫議大夫元和九年党項屢擾邊而單于都護府累更武將職事廢証以儒而勇選拜振武軍節度使道河中時趙宗儒爲帥以州民入謁里人榮之居四年召任金吾大將軍又充京西京北巡邊使太和公主降回鶻以檢校工部尚書爲和親使舊制行人有私覿禮縣官不能具召富人子納貲於使而命之官証請倫受省費以絕鬻官之濫次漠南虜人欲屈脅之且言使者必易胡服又欲主便道疾驅者証固不從以唐官儀自將訖不辱命還拜工部侍郎改京兆尹左散騎常侍寶曆初以戸部尚書判度支固辭拜嶺南節度使卒年七十一贈尚書右僕射廣有舶貝奇寶証厚殖財自奉養奴數百人營第脩行里彌亘閭陌車服器用珍侈遂號京師高訾素與賈餗善李訓敗衞軍利其財聲言餗匿其家爭入剽劫執其子溵內左軍至斬以狥証旅力絕人晉公裴度未顯時贏服私飲爲武士所窘証聞突入坐客上引觥三釂客皆失色因取鐵燈檠摘枝葉欜

合其跗橫膝上，謂客曰我欲爲酒令飲不釂者以此擊之衆唯唯証一飲輒數升次授客客流離盤杓不能盡証欲擊之諸惡少叩頭請去証悉驅出故時人稱其俠

丁公著字平子蘇州吳人三歲喪母甫七歲見鄰媼抱子哀感不肯食請於父絡願絕粒學老子道父聽之稍長父勉敕就學舉明經高第授集賢校書郎不滿秩輒去侍養于家父喪負土作冢貌力癯慘見者憂其死孝觀察使薛苹表上至行詔刺史弔問賜粟帛旌闕其閭淮南節度使李吉甫表授太子文學兼集賢校理會入輔政擢爲右補闕遷直學士充皇太子諸王侍讀因著太子諸王訓十篇穆宗立未聽政召居禁中條詢治理且許以相公著陳讓牢切乃擢給事中遷工部侍郎知吏部選事公著內知帝欲進用故辭疾求外遷授浙西觀察使從爲河南尹治以清靜聞四遷禮部尙書翰林侍講學士長慶中浙東災癘拜觀察使詔賜米七萬斛使賑饑捐久之入爲太常卿大和中以病丐身還鄉里卒年六十四贈尙書右僕射公著清約守道每進一官輒憂見顏間四十喪妻終身不畜妾及卒天下惜之

崔弘禮字從周系出博陵北齊左僕射懷遠六世孫磊磊有大志通兵略過宣武從劉玄佐獵夷門玄佐酒酣顧曰崔生獨不知此樂邪弘禮笑曰我固喜武請爲公歡玄佐臂鷹與弘禮馳逐急緩在手一軍驚曰安得此奇客玄佐大悅欲留之固辭厚爲資餉至京師所善李覯病且死弘禮殫褚爲治喪葬畢乃去及進士第平判異等靈武李欒表爲判官以親老不應更署東都留守呂元膺參謀時天子討蔡李師道謀襲洛脅沮朝廷以釋蔡危弘禮爲簿揣賊情部分設張東都卒無患遷留守判官擢忻汾二州刺史田弘正請朝表弘禮從衛州兼魏博節度副使伐李師道弘正多所咨逮還魏博又表爲相州刺史長慶初張弘靖鎭幽州詔弘禮往副未及行軍亂改絳州刺史李㝏反于汴詔徙河南尹倚以捍賊遷河陽節度使治河內秦渠溉田千頃歲收八萬斛徙華州刺史改天平節度使李同捷叛與李聽合師討之至濮州大將李萬瑀劉寀擁兵自固弘禮表萬瑀守沂州寀守黄州奪其兵擊賊禹城破之獲鎧裝數十萬時徐泗節度使王智興檄兗海鄆曹淄青當徐道者出車五千乘轉粟饋軍弘禮度道遠乃自兗開盲山故渠自黄隊抵青丘師人大濟李祐以鄭滑兵三千入齊而潰弘禮悉斬之爲出鄆兵二千祐遂大破賊尸籍十餘里祐望鄆拜曰活我者崔公也加檢校尙書左僕射徙東都留守召還以病自乞改刑部尙書復爲留守卒年六十五贈司空弘禮短於治民少愛利晚頗務多積素議玭之

崔玄亮字晦叔磁州昭義人貞元初擢進士第累署諸鎭幕府父喪客高郵臥苦終制地下溼因得痺病不樂進取元和初召爲監察御史累轉駕部員外郎淸愼介特澹如也稍遷密歙二州刺史歙人馬牛生駒犢官籍蹄噭故吏得爲姦玄亮焚其籍一不問民山處輸租者苦之下令許計斛輸錢民賴其利歷湖曹二州辭曹不拜太和四年繇太常少卿改諫議大夫朝廷推爲宿望拜右散騎常侍每遷官輒讓形於色鄭注構宋申錫捕逮倉卒內外震駭玄亮率諫官叩延英苦諍反復數百言文宗未諭玄亮置笏在陛曰孟軻有言衆人皆曰殺之未可也卿大夫皆曰殺之未可也天下皆曰殺之然後察之乃寘於法今殺一凡庶當稽典律況欲誅宰相乎臣爲陛下惜天下法不爲申錫言也俯伏流涕帝感悟衆亦服其不橈繇此名重朝廷頃之移疾歸東都召爲虢州刺史卒年六十六贈禮部尙書玄亮晚好黄老清靜術故所居官未久輒去遺言山東士人利便近皆葬兩都吾族未嘗遷當歸葬滏陽正首丘之義諸子如命

王質字華卿五世祖通爲隋大儒質少孤客壽春力耕以養母講學不勸諸生從授業者甚衆年逾四十偃蹇無進取意姻友苦勸以仕乃舉進士中甲科繇祕書省正字累佐帥府五遷侍御史繇山南西道節度副使再轉諫議大夫宋申錫之得罪質與諫官伏閤文宗開延英召見泣涕陳諫帝稍寤申錫得不死爲宦豎所惡出虢州刺史李德裕素器之擢給事中河南尹徙宣歙觀察使卒年六十八贈左散騎常侍謚曰定質淸白畏愼爲政必先究風俗所至有惠愛雖與德裕厚善而中立自將不爲黨奏署幕府者若河東裴夷直天水趙晳隴西李行方梁國劉蕡皆一時選云

殷侑陳州人幼有志於學不治貲產長通經術以講道爲娛貞元末及五經第其學長於禮擢太常博士元和八年回鶻請和親朝廷以仰費廣劇欲紓以期詔侑宗正少卿李孝誠使回鶻可汗驕甚盛陳甲兵欲臣使者侑不爲屈已傳命虜責其倨宣言欲留不遣衆色怖侑徐曰可汗唐壻欲坐屈使者拜乃可汗無禮非使臣倨也虜憚其言不敢逼還遷虞部員外郎王承宗叛遣侑招論承宗聽命進諫議大夫侑論朝廷治亂得失前後凡八十四通以語切出爲桂管觀察使寶曆元年徙江西所至以潔廉稱入爲衞尉卿文宗即位李同捷叛而王廷湊陰爲脣齒兵久不解詔五品以上官議尙書省帝銳欲討賊羣臣無敢異論者獨侑請舍廷湊而專事同捷且言願以宗社安危爲計善師攻心爲武含垢安人爲遠圖網漏吞舟爲至誠帝不納然內嘉侑同捷平以侑嘗爲滄州行軍司馬遂拜義昌軍節度使於時痍荒之餘骸骨蔽野墟里生荆棘侑單身之官安足麤淡與下共勞苦以仁惠爲治歲中流戶襁屬而還遂爲營田丐耕牛三萬詔度支賜帛四萬匹佐其市初州兵三萬仰稟度支侑始至一歲自以賦入贍其半二歲則周用乃奏罷度支所賜戶口滋饒廥儲盈腐上下便安請立石紀政以勞加檢校吏部尙書六年徙天平節度自李師道亂朝廷雖析三鎭然務安反側賦入盡爲軍貲無輸王府者侑以餉軍有贏當上送官乃裁制經費歲以錢十五萬緡粟五萬石歸有司加檢校尙書右僕射御史大夫温造劾侑違制擅賦斂民爲無名之獻詔以庾承宣代還會濮州掾崔元武受吏賕又率屬邑奉錢增私馬估售官疊三罪計絹百二十匹大理以入私馬一重創三官刑部覆訊當流未決侑奏三犯不同坐所重律頻贓者累論元武犯皆枉法當死詔用覆訊流元武賀州帝嘉侑守法進刑部尙書以造所奏不直復用爲天平節度開成元年再召爲刑部尙書時李訓鄭注已誅帝問侑治安術侑言朝廷宜任耆德毋輕用新進帝善之賜綵三百匹初鹽鐵度支使屬官悉得以罪人繫在所獄或私置牢院而州縣不聞知歲千百數不時決侑奏許州縣糾列所繫申本道觀察使并具獄上聞許之賜黄金十斤以酬直言涇原節度使朱叔夜坐侵牟士卒賦數萬家畜兵器罷爲左武衞大將軍侑薄其罪天子由是疏之賜叔夜死出侑爲山南東道節度使坐減兵不先論啓左遷太子賓客分司東都俄領忠武軍節度卒年七十二贈司空侑以經術進臨事銳敏有彊直名晚節內冀台輔稍務交結而素望少衰云孫盈孫

盈孫廣明初爲成都諸曹參軍僖宗至蜀閒有禮學擢太常博士光啓三年帝將還京而七廟焚殘告享無所盈孫白宰相始乘輿西有司盡載神主以行至鄠悉爲盜奪今天子還宮宜前具其禮宰相建言脩復宗廟功費廣請與禮官議時佗博士不在獨盈孫從議曰故廟十一室二十三楹楹十一梁垣墉廣袤稱之今朝廷多難宜少變禮按至德時作神主長安殿饗告如宗廟廟成乃祔今正衙外無它殿伏聞詔旨以少府監寓太廟請因增完爲十一室其三太后廟權舍西南夾廡須廟成議遷詔可自是神主樂縣皆所刱定舊學禮家當其議龍紀元年昭宗郊祠兩中尉及樞密皆以宰相服侍上盈孫奏言先世典令無內官朝服侍祠必欲之當隨所攝資品雖無援據猶免僭逼詔可時喪亂後制度彫紊追補容典皆盈孫折衷焉終大理卿贈吏部尙書

王彥威其先出太原少孤家無貲自力於學舉明經甲科淹識古今典禮未得調求爲太常散吏卿知其經生補檢討官彥威采獲隋以來下訖唐凡禮沿革皆條次彙分號元和新禮上之有詔拜博士憲宗以正月崩有司議葬用十二月下宿彥威建言天子之葬七月春秋之義志崩不志葬必其時也舉天下葬一人故過期不葬則譏之高祖中宗葬皆六月太宗四月高宗九月睿代二宗皆五月德宗十月順宗七月惟玄肅二宗皆十二月有爲爲之非常典也且葬畢而虞虞而卒哭卒哭而祔皆卜日今葬卜歲暮則畢祔在明年正月是改元慶賜皆廢矣有詔更用五月淮南李夷簡上言大行皇帝功高宜稱祖穆宗下其議彥威奏古者始封爲太祖由太祖而降則又祖有功宗有德故夏人祖顓頊而宗禹商人祖契而宗湯周人祖文王而宗武王魏晉而下務欲推美自始祖外並建列祖之議叔世亂象不可以爲訓唐本周禮以景皇帝爲太祖祖神堯而宗太宗自高宗後咸稱宗以爲成法不然太宗致升平玄宗清內難肅宗收復兩都皆撥亂反正猶不稱祖今當本三代之制黜魏晉亂法大行廟號宜稱宗制可又舊事祔廟必告於太極殿然後奉主入廟既事則已而有司祔主畢又還告太極殿彥威以爲不可執政怒坐祝辭誤奪二季俸削一階彥威終不回屈後累擢司封郎中弘文館學士諫議大夫李師道既平其十二州賦法未均詔彥威爲勘定兩稅使差量纖悉人不爲煩還兼史館修撰興平民上官興殺人亡命吏囚其父興聞自首請罪京兆尹杜悰御史中丞宇文鼎以自歸死免父之囚可勸風俗議減死彥威上言殺人者死百王共守原而不殺是教殺人有詔貸死彥威詣宰相據法爭論下遷河南少尹俄改司農卿李宗閔執政雅善之進拜平盧節度使開成初召爲戶部侍郎判度支彥威於儒學固該遂亦善吏事但經總財用出入米鹽非所長也而性剛訐自恃嘗見文宗顯奏曰百口家知有歲計而軍用一

切可不謹邪臣按見財量入以爲出隨色占費終歲用之無毫釐差假令臣一旦迷愚欲自欺没亦不可得因上占領圖又言至德迄元和天下觀察者十節度者二十有九防禦者四經略者三大都通邑皆有兵最凡八十餘萬長慶籍戶三百五十萬而兵乃九十九萬率三戶資一兵今舉天下之入歲三千五百萬上供者三之一又三之二則衣賜仰給焉自留州留使外餘四十萬衆皆仰度支又爲供軍圖上之彥威雖自謂榷稅姦冒著定其費於利害無益也始神策軍多以稟賺於度支取直吏私增賈厚給之經用益耗開成初有詔禁止時宦者仇士良魚弘志方用事彥威乃奏復與直悅媚士良等又劾王播貢羨贏以冀速進會邊兵訴所賜不時縑皆敝惡攝吏送臺獄而彥威視事自如及詔停務始惶恐就第貶衛尉卿俄檢校禮部尚書爲忠武節度使毀山房三千餘所盜無所容徙節宣武封北海縣子性彊敏善著書頗行于時卒贈尚書右僕射謚曰靖

贊曰韓愈稱郡邑通得祀社稷孔子獨孔子用王者事以門人爲配天子以下北面拜跪薦祭禮如親弟子者句龍棄以功孔子則以德固自有次第崇敬乃請東揖以殺太重方是時公卿無韓愈之賢無有折其非是者道州刺史薛伯高嘗謂天子稱顏回爲庶幾其從於陳蔡者亦各有號出於一時後世坐祀十人以爲哲豈夫子志哉觀七十子之賢未有加於十人坐而祀之始於開元非特牽於一時之稱號記曰祭有其舉之莫敢廢也如崇敬誠不知禮尊君以媚世歷朝循而不改矣伯高之語柳宗元志之於其書必有辨其妄者

唐書卷一百六十四考證

崔衍傳〇舊書入孝友傳

唐書卷一百六十五

宋　端　明　殿　學　士　宋　祁　撰

列傳第九十

三鄭高權崔

鄭餘慶字居業鄭州滎陽人三世皆顯宦餘慶少善屬文擢進士第嚴震帥山南西道奏置幕府貞元初還朝擢庫部郎中爲翰林學士以工部侍郎知吏部選浮屠法湊以罪爲民訴闕下詔御史中丞宇文邈刑部侍郎張彧大理卿鄭雲逵爲三司與功德判官諸葛述參按述故史也餘慶劾述猥賤不宜與三司雜治時韙其言貞元十四年拜中書侍郎同中書門下平章事每奏對多傳經義素善度支使于頔凡所陳必左右之頔坐事貶又歲旱饑朝廷議賑禁衛十軍爲中書史漏言疊二忤故貶郴州司馬順宗以尚書左丞召會憲宗立即其官復拜同中書門下平章事時主書滑渙與宦人劉光琦相倚爲姦每宰相議爲光琦沮變者令渙往請必得由是四方賕餉奔委之弟泳至官刺史杜佑鄭絪執政頗姑息而佑常行輩待不名也至餘慶議事渙傲然指畫諸宰相前餘慶叱去未幾罷爲太子賓客後渙以贓敗帝寖聞叱去事善之改國子祭酒累遷吏部尚書圉工崔環者自淮南小將除黃州司馬餘慶執奏諸道散將無功受五品正員開僥幸路不可權者不悅改太子少傅兼判太常卿事自朱泚亂都輦數驚太常肄樂禁用鼓餘慶以時久平奏復舊制出爲山南西道節度使入拜太子少師請老不許時數赦官多汎階又帝親郊陪祠者授三品五品不計考使府賓吏以軍功借賜朱紫率十八近臣謝郎官出使多所賜與每朝會朱紫滿廷而少衣綠者品服大濫人不以爲貴帝亦惡之始詔餘慶條奏懲革遷尚書左僕射僕射比非其人及餘慶以宿德進公論浩然歸重帝患典制不倫謂餘慶淹該前載乃詔爲詳定使俾參裁訂正餘慶引韓愈李程爲副崔郾陳佩楊嗣復庾敬休爲判官凡損增儀矩號稱詳衷俄拜鳳翔尹節度鳳翔復爲太子少師封滎陽郡公兼判國子祭酒事建言兵興以來學校廢諸生離散今天下承平臣願率文吏月俸百取一以資完葺詔可穆宗立加檢校司徒卒年七十五贈太保謚曰貞帝以其貧特給一月奉料爲賵襚餘慶少砥礪行已完潔仕四朝其祿悉賙所親或濟人急而自奉羸狹至官府乃開肆廣大常語人曰祿不及親友而後僕妾者吾鄙之大抵中外姻嫁其禮獻皆親閱之後生內謁必引見諄諄敎以經義務成就儒學自至德後方鎭除拜必遣內使持幢節就第至則多饋金帛且以媚天子唯恐不厚故一使者納至數百萬緡憲宗每命餘慶必誡使曰是家貧不可妄求取議者或詆其沽激餘慶不屑也奏議類用古語如仰給縣官馬萬蹄有司不曉何等語人嗤其不適時與從父絪家昭國坊絪第在南餘慶第在北世謂南鄭相北鄭相云子澣

澣本名涵避文宗故名改焉第進士累遷右補闕敢言無所諱憲宗謂餘慶曰涵卿令子而朕直臣也可更相賀遷起居舍人考功員外郎時刺史或迫吏下紀功愛亟請責觀察使以杜其欺餘慶爲僕射避除國子博士史館脩撰文宗立入翰林爲侍講學士帝使捽擿經史爲要錄愛其博而精試舉諸條擿問之隨即酬析無留答因賜金紫服累進尚書左丞出爲山南西道節度使始餘慶在興元創學廬澣嗣完之養生徒風化大行以戶部尚書召未拜卒年六十四贈尚書右僕射謚曰宣四子處誨從讜允知名

處誨字廷美文辭秀拔仕歷刑部侍郎浙東觀察宣武節度使卒先是李德裕次柳氏舊聞處誨謂未詳更撰明皇雜錄爲時盛傳

從讜字正求及進士第補校書郎遷累左補闕令狐綯魏扶皆澣門生數進譽之遷中書舍人咸通中爲吏部侍郎銓次明允出爲河東節度使徙宣武以善最聞改嶺南東道節度先是林邑蠻內侵召天下兵進援會龐勛亂不復遣而北兵寡弱從讜募土豪署其酋右職爲約束使相捍禦交廣晏然僖宗立召爲刑部尚書久之擢同中書門下平章事進門下侍郎沙陀都督李國昌間邊多虞入據振武雲朔等州南略太谷河東節度使康傳圭遣大將伊釗張彥球蘇弘軫引兵拒之戰數負傳圭斬軫以徇彥球所部反攻傳圭殺之劫府庫爲亂朝廷以爲憂帝欲大臣臨制乃拜從讜檢校司徒以宰相秩復爲河東節度兼行營招討使詔自擇參佐從讜即表長安令王調自副兵部員外郎劉崇龜司勳員外郎趙崇爲節度觀察府判官前進士劉崇魯推官左拾遺李渥掌書記長安尉崔澤支使皆一時選京師士人比太原爲小朝廷言得才多也時承軍亂剽敓日旁午從讜既視事姦無廋情乃推捕反賊誅其首惡以彥球本善意且才可任釋不問而付以兵曠無餘猜故得其死力巢凶宿狡不敢發發又輒得士皆寒毛惕伏會黃巢犯京師帝駐梁漢詔從讜發部兵屬北面招討副使諸葛爽入討從讜團士五千遣將論安從爽而李克用謂太原可乘以沙陀兵奄入其地壁汾東釋言討賊須索繁仍從讜以饋餉犒軍克用喻謂曰我且引而南欲與公面約從讜登城開勉感槩使立功報天子厚恩克用辭窮再拜去然陰縱其下肆掠以撼人心從讜追安使與將王蟾高弁等踵擊亦會振武契苾通至與沙陀戰沙陀大敗引還即遣安等屯北百井安擅還從讜合諸將命將安出斬之鞠場中和二年朝廷赦沙陀使擊賊自贖兵不敢道太原緣嵐石並河而南獨克用從數百騎過辭城下從讜以名馬器幣歸之明年賊平詔克用代領河東克用使來曰方省親鴈門願公徐行從讜即日以監軍周從寓知兵馬留後掌書記劉崇魯知觀察留後赦克用至按籍效之乃行黃頭軍以糧少劫其貲從讜間走絳州方道梗不通數月召拜司空復秉政進太傅兼侍中從帝至興元以疾乞骸骨拜太子太保還第卒謚文忠從讜進止有禮法性不矜滿沈毅有謀在汴時以處誨歿於鎭訖代不奏樂牙中識陸扆於後生數稱譽之扆後位宰相張彥球者摯善斷累破虜有功奏爲行軍司馬後署金吾將軍初盜流中原沙陀彊悍而卒收其用者蓋從讜爲太原重也時鄭畋以宰相鎭鳳翔移檄討賊兩人以忠義相提衡賊尤憚之號二鄭云

鄭珣瑜字元伯鄭州滎澤人少孤值天寶亂退耕陸渾山以養母不干州里轉運使劉晏奏補寧陵宋城尉山南節度使張獻誠表南鄭丞皆謝不應大曆中以諷諫主文科高第授大理評事調陽翟丞以拔萃爲萬年尉崔祐甫爲相擢左補闕出爲涇原帥府判官入拜侍御史刑部員外郎以母喪解訖喪遷吏部貞元初詔擇十省郎治畿赤珣瑜檢校本官兼奉先令明年進饒州刺史入爲諫議大夫四遷吏部侍郎爲河南尹未入境會德宗生日尹當獻馬吏欲前取印白珣瑜視事且內贄珣瑜徐曰未到官而遽事獻禮歟不聽性嚴重少言未嘗以私託人而人亦不敢謁以私既至河南清靜惠下賦斂貴發以便民方是時韓全義將兵伐蔡河南主餽運珣瑜密儲之陽翟以給官軍百姓不知餽運勞凡迎送敕使皆有常處吏密識其馬進退不數步差也全義與監軍別檄有所取非詔約者珣瑜輒挂壁不酬至軍罷凡數百封有諫者曰軍須期會爲急公可不報珣瑜曰武士統戎多恃以取求苟以爲罪尹宜坐之終不爲萬人產沴也故下無怨讟時謂治河南比張延賞而重厚堅正過之復以吏部侍郎召進門下侍郎同中書門下平章事李實爲京兆尹剝下務進奉珣瑜顯詰曰留府緡帛入有素餘者應內度支今進奉乃出何色邪具以對實方幸依違以免順宗立即遷吏部尚書王叔文起州吏爲翰林學士鹽鐵副使內交奄人攘撓政機韋執誼爲宰相居外奉行叔文一日至中書見執誼直吏白方宰相會食百官無見者叔文恚叱吏吏走入白執誼起就閣與叔文語珣瑜與杜佑高郢輟饔以待頃之吏白二公同飯矣珣瑜喟曰吾可復居此乎命左右取馬歸臥家不出七日罷爲吏部尚書亦會有疾數月卒

年六十八，贈尚書左僕射太常博士徐復謚文獻兵部侍郎李巽言文者經緯天地用二謚非春秋之正請更議復謂二謚周漢以來有之威烈愼靜周也文終文成漢也況珣瑜名臣二謚不嫌巽曰謚一正也堯舜是也二謚非古也法所不載詔從復議子覃

覃以父蔭補弘文校書郎擢累諫議大夫憲宗取五中官爲和糴使覃奏罷之穆宗立不鄖國事數荒畋吐蕃方彊覃與崔郾等廷對曰陛下新卽位宜側身勤政而內耽宴嬉外盤游畋今吐蕃在邊徂候中國假令緩急臣下乃不知陛下所在不敗事乎夫金帛所出固民膏血可使倡優無功濫被賜與願節用之以所餘備邊毋令有司重取百姓天下之幸也帝不懌顧宰相蕭俛曰是皆何人俛曰諫官也帝意解乃曰朕之闕下能盡規忠也因詔覃曰閤中殊不款款後有爲我言者當見卿延英時閤中奏久廢至是士相慶王承元徙鄭滑節度使鎭人固留不出承元請以重臣勞安其軍詔覃爲宣諭使起居舍人王璠副之始鎭人慢甚及覃傳詔開曉大義軍遂安承元乃得去寶歷初擢京兆尹文宗召爲翰林侍講學士進工部侍郎覃於經術該深諄篤守正帝尤重之李宗閔牛僧孺知政以覃與李德裕厚忌其親近爲助力陽遷工部尚書罷侍講欲推遠之帝雅向學頗思覃復召爲侍講學士德裕旣相以爲御史大夫帝嘗謂殷侑善言經其爲人鄭覃比也宗閔猥曰二人誠通經然其議論不足取德裕曰覃侑之言它人不欲聞惟陛下宜聞之俄德裕罷宗閔復用覃繇戶部尚書下除祕書監宗閔得罪遷刑部尚書進尚書右僕射判國子祭酒李訓誅帝召覃視詔禁中遂拜同中書門下平章事封滎陽郡公不喜文辭病進士浮夸建廢其科曰南北朝所以不治文采勝質厚也士惟用才何必文辭又言文人多佻薄帝曰純薄似賦性之異奚特進士耶且設是科二百年渠可易乃止帝嘗謂百司不可使一日弛惰因指香案爐曰此始華好用久則晦不治飾何由復新覃曰救世之敝在先責實比皆不攝職事至慕王夷甫以不及爲靳此本于治平人人無事安逸致然帝曰要在謹法度而已進門下侍郎弘文館大學士帝坐延英論詩工否覃曰孔子所刪三百篇是已其非雅正者烏足爲天子道哉夫風大小雅皆下刺上之變非上化下爲之故王者采詩以考風俗得失若陳後主隋煬帝特能詩之章解而不知王術故卒歸於亂章什詖詖願陛下不取也帝每言順宗事不詳實史臣韓愈豈當時屈人邪昔漢司馬遷與任安書辭多怨懟故武帝本紀多失實覃曰武帝中年大發兵事邊生人耗瘁府庫殫竭遷所述非過言李石曰覃所陳因武帝以諫欲陛下終究盛德帝曰誠然靡不有初鮮克有終覃曰陛下樂觀書然要義不過一二陛下所道是矣宜寢饋以之覃旣名儒故以宰相領祭酒請太學五經置博士祿廩比王府官再遷太子太師開成三年旱帝多出宮人李珏入賀曰漢制八月選人晉武帝平吳多采擇仲尼所謂未見好德者陛下以爲無益放之盛德也覃又推贊曰詩以采擇之失舉天下爲左衽宜陛下以爲殷鑒帝善其將美以病乞去位有詔解太子太師許五日一入中書商量政事俄罷爲尚書左僕射武宗初李德裕復用欲援覃共政固辭乃授司空致仕卒覃清正退約與人未嘗串狎位相國所居第不加飾內無妾媵女孫適崔皐官裁九品衛佐帝重其不昏權家覃之侍講每以厚風俗黜朋比再三爲天子言故終爲相然疾惡多所不容世以爲太過憚之始覃以經籍刓繆博士陋淺不能正建言願與鉅學鴻生共力讎刊準漢舊事鐫石太學示萬世法詔可覃乃表周墀崔球張次宗孔溫業等是正其文刻于石子裔綽

裔綽峭立有父風以門廕進爲李德裕所知擢渭南尉直弘文館累遷諫議大夫宣宗初劉潼繇鄭州刺史授桂管觀察使裔綽固爭潼被責未久不宜付廉察帝已遣使者須詔追罷之遷給事中楊漢公爲荊南節度使坐貪沓貶祕書監尋拜同州刺史裔綽與鄭公輿封還制書帝自卽位諫臣規正無不納至是有爲漢公地者遂終不易會賜宴禁中天子擊球至門下官謂二人曰近論漢公事類朋黨者裔綽曰同州太宗興王地陛下爲人子孫當愼所付且漢公墨沒敗官奈何以重地私之帝變色翌日貶商州刺史時猶衣綠因詔賜緋魚後繇祕書監遷浙東觀察使終太子少保覃弟朗

朗字有融始辟柳公綽山南幕府入遷右拾遺開成中擢起居郎文宗與宰相議政適見朗執筆螭頭下謂曰向所論事亦記之乎朕將觀之朗曰臣執筆所書者史也故事天子不觀史昔太宗欲觀之朱子奢曰史不隱善不諱惡自中主而下或飾非護失見之則史官無以自免且不敢直筆褚遂良亦稱史記天子言動雖非法必書庶幾自飭帝悅謂宰相曰朗援故事不畀朕見起居注可謂善守職者然人君之爲善惡必記朕恐平日言之不協治體爲將來羞庶一見得以自改朗遂上之累遷諫議大夫爲侍講學士由華州刺史入拜御史中丞戶部侍郎爲鄂岳浙西觀察使進義武宣武二節度歷工部尚書判度支御史大夫復爲工部尚書同中書門下平章事中人李敬寔排朗騶導馳去朗以聞宣宗詰敬寔自言供奉官不避道帝曰傳我命則絕道行可也而私出不避宰相邪卽斥敬寔右拾遺鄭言者故在幕府朗以諫臣與輔相爭得失不論則廢職奏徙宅官久之以疾自陳罷爲太子少師卒贈司空始朗舉進士有相者言君當貴然不可以科第進俄而有司擢朗第一旣又覆實被放相者賀曰安之已而果相

高郢字公楚其先自渤海徙衞州遂爲衞州人九歲通春秋工屬文著語默賦諸儒稱之父伯祥爲好畤尉安祿山陷京師將誅之郢尚幼解衣請代賊義幷貸之寶應初及進士第代宗爲太后營章敬寺郢以白衣上書諫曰陛下大孝因心與天罔極烝烝之思要無以加臣謂悉力追孝誠爲有益妨時勤人不得無損捨人就寺何福之爲昔魯莊公丹桓公廟楹而刻其桷春秋書之爲非禮漢孝惠孝景孝宣令郡國諸侯立高祖文武廟至元帝與博士議郎斟酌古禮一罷之夫廟猶不越禮而立況寺非宗祏所安神靈所宅乎殫萬人之力邀一切之報其爲不可亦明矣間者昆吾孔熾荐食生人百姓懍懍無日不惕遺將攘郤亡尺寸功隴外壤地委諸豺狼太宗囏難之業傳之陛下一夫不獲尺土見侵告成之時猶恐有闕況用武以來十三年傷者不救死者不收繕卒補乘于今未已夫興師十萬日費千金計十三年舉百萬之衆資糧屝屨取足於人勞罷宛轉十不一在父子兄弟相視無聊延頸嗷嗷以役王命縱未能出禁財贍鰥寡猶當稍息勞歛以喣休之奈何戎虜未平侵地未復金革未戢疲人未撫太倉無終歲之儲大農有權酤之敝欲以此時興力役哉比八月雨不潤下菽麥失時黔首狼顧憂在艱食若遂不給將何以救之無寺猶可無人其可乎然土木之勤功用之費不虛府庫將焉取之府庫旣竭則又誅求若人不堪命盜賊相挻而興戎狄乘間以爲風塵得不爲陛下深憂乎臣聞聖人受命於天以人爲主苟功濟于天天人同和則宗廟受福子孫蒙慶傳曰德教加于百姓刑于四海此天子之孝也又曰無念爾祖聿脩厥德旣受帝祉施于孫子是知王者之孝在於承順天地嚴配宗考恭愼德教以臨兆民俾四海之內懽心助祭延福流祚永永無窮未聞崇樹梵宮雕琢金玉之爲孝者夏禹卑宮室盡力溝洫人到於今稱之梁武帝窮土木飾塔廟人無稱焉陛下若節用愛人當與夏后齊美何必勞人動衆踵梁武遺風乎及制作之初支費尚淺人貴量力不貴必成事貴相時不貴必遂陛下若回思慮從人心則聖德孝思格于天地千福萬祿先後受之曾是一寺較功德邪書奏未報復上言王者將有爲也將有行也必稽于衆而順于人則自然之福不求而至未然之禍不除而絕臣聞神人無功者不爲有功之功聖人無名者不爲可名之名不爲有功之功故功莫大不爲可名之名故名莫厚古之明王積善以致福不費財以求福脩德以銷禍不勞人以攘禍陛下之營作臣竊惑之若以爲功則天覆地載陰施陽化未曾有爲也若以爲名則至德要道以順天下未曾有待也若以致福則通于神明光于四海不在費財若以攘禍則方務厥德罔有天災不在勞人今興造趣急人徒竭作土木竝起日課萬工不遑食息搒笞愁痛盈於道路以此望福臣恐不然陛下戢定多難勵精思治務行寬仁以幸天下今固違羣情徇左右過計臣竊爲陛下惜之不納以茂才異行高第累擢咸陽尉郭子儀取爲朔方掌書記子儀怒判官張曇奏抵死郢引救甚力忤子儀意下徙猗氏丞李懷光引佐邠寧府懷光將還河中郢勸不如西迎乘輿懷光反方銳不聽旣又欲悉兵鼓而西時渾瑊提孤軍抗賊壘將未集郢恐爲懷光所乘與李鄘固止之會懷光子璀候郢郢因脅說曰君視天寶以來稱兵者今尚誰在且國家固有天命人力不豫焉今若恃衆而動自絕于天十室之小必得忠信安知三軍不有奔潰而助順者乎璀大懼流汗不能語郢因與其將呂鳴岳張延英謀間道歸國事洩懷光先斬二將然後引郢詰詢郢抗詞無所愧隱觀者爲泣下懷光慙赦之孔巢父遇害郢撫屍而哭懷光已誅李晟表其忠馬燧奏管書記召拜主客員外郎遷中書舍人久之進禮部侍郎時四方士務朋比更相譽薦以動有司徇名亡實郢疾之乃謝絕請謁顓行藝司貢部凡三歲甄幽獨抑浮華流競之俗爲衰遷太常卿貞元末擢中書侍郎同中書門下平章事順宗立病不能事王叔文黨根據朝廷帝始詔皇太子監國而郢以刑部尚書罷明年爲華州刺史政尚仁靜初駱元光自華引軍戍良原元光卒軍入神策而州仍歲餉其糧民困輸入累刺史憚不敢白郢奏罷之復召爲太常卿除御史大夫數月改兵部尚書固乞骸骨以尚書右僕射致仕卒年七十二贈太子太保謚曰貞郢恭

愼不與人交常掌制誥家無留槀或勸盍如前人傳制集者答曰王言不可藏私家生平不治產有勸營之者答曰祿廩雖薄在我則有餘田莊何所取乎郢之相也與鄭珣瑜同拜既叔文用事珣瑜憂甚爭不能得乃稱疾不出郢未有所建白俄與珣瑜免故議者賢珣瑜而咎郢子定

贊曰王叔文雖內連姍尹外倚姦回以擅天權然是時太子已長朝無嫌諱若珣瑜郢與杜佑等毅然引東宮監國執退叔文輩其力不難顧循嘿苟安所謂焉用彼相者矣珣瑜一忿卧第與郢佑固位二者亦不足相輕重云

定辯慧七歲讀尚書至湯誓詭問郢曰奈何以臣伐君郢曰應天順人何云伐邪對曰用命賞于祖不用命戮于社是順人乎郢異之小字董二世重其早惠以字顯長通王氏易爲圖合八出上圓下方合則重轉則演七轉而六十四卦六甲八節備焉仕至京兆府參軍

鄭絪字文明餘慶從父行也幼有奇志善屬文所交皆天下有名士擢進士宏辭高第張延賞帥劒南奏署掌書記入爲起居郎翰林學士累遷中書舍人德宗自興元還置六軍統軍視六尚書以處功臣除制用白麻付外又廣宣武軍益左右神策以監軍爲中尉竇文場恃功陰諷宰相進擬如統軍比絪當作制奏言天子封建或用宰相以白麻署制付中書門下今以命中尉不識陛下特以寵文場邪遂著爲令也帝悟謂文場曰武德貞觀時中人止內侍諸衞將軍同正賜緋者無幾自魚朝恩以來無復舊制朕今用爾不謂無私若麻制宣告天下謂爾脅我爲之文場叩頭謝更命中書作詔并罷統軍用麻矣明日帝見絪曰宰相不能拒中人得卿言乃悟順宗病不得語王叔文與牛美人用事權震中外憚廣陵王雄叡欲危之帝召絪草立太子詔絪不請輒書曰立嫡以長跪白之帝頷乃定憲宗卽位拜中書侍郎同中書門下平章事遷門下侍郎始盧從史陰與王承宗連和有詔歸潞從史辭潞乏糧請留軍山東李吉甫密譖絪漏言於從史帝怒坐浴堂殿召學士李絳語其故且曰若何而處絳曰誠如是罪當族然誰以聞陛下者曰吉甫爲我言絳曰絪任宰相識名節不當如犬彘梟獍與姦臣外通恐吉甫勢軋內忌造爲醜辭以怒陛下帝良久曰幾誤我先是杜黃裳方爲帝夷削節度彊王室建議裁可不關決于絪絪常默默居位四年罷爲太子賓客久乃檢校禮部尚書出爲嶺南節度使後累遷河中節度入爲御史大夫檢校尚書左僕射兼太子少保文宗太和中年老乞骸骨以太子太傅致仕卒年七十八贈司空諡曰宣絪本以儒術進守道寡欲所居不爲烜赫事以篤實稱善名理學世以耆德推之

孫顥舉進士以起居郎尚萬壽公主拜駙馬都尉有器識宣宗時恩寵無比終檢校禮部尚書河南尹

權德輿字載之父皐見卓行傳德輿七歲居父喪哭踊如成人未冠以文章稱諸儒間韓洄黜陟河南辟置幕府復從江西觀察使李兼府爲判官杜佑裴胄交辟之德宗聞其材召爲太常博士改左補闕貞元八年關東淮南浙西州縣大水壞廬舍漂殺人德輿建言江淮田一善熟則旁資數道故天下大計仰於東南今霪雨二時農田不開逋亡日衆宜擇羣臣明識通方者持節勞徠問人所疾苦蠲其租入與連帥守長講求所宜賦取於人不若藏於人之固也帝乃遣奚陟等四人循行慰撫裴延齡以巧倖進判度支德輿上疏斥言延齡以常賦正額用度未盡者爲羨利以夸己功用官錢售常平雜物還取其直號別貯羨錢因以罔上邊軍乏不稟糧召禍疆場其事不細陛下疑爲流言胡不以新利召延齡質覈本末擇中朝臣按覆邊資如言者不謬則邦國之務不宜委非其人疏奏不省遷起居舍人歲中兼知制誥進中書舍人當是時帝親覽庶政重除拜凡命諸朝皆手制中下始德輿知制誥而徐岱給事中高郢爲舍人居數歲岱卒郢知禮部德輿獨直兩省數旬一還舍乃上書言左右掖垣承天子誥命奉行詳覆各有攸司舊制分曹十員以相防檢大抵事有所壅則吏得爲非四方聞者或以朝廷爲乏士要重之司不宜久廢帝曰非不知卿之勞但擇如卿者未得其人耳久之知禮部貢舉眞拜侍郎凡三歲甄品詳諦所得士相繼爲公卿宰相取明經初不限員十九年大旱德輿因是上陳闕政曰陛下齋心減膳閔惻元元告于宗廟禱諸天地一物可祈必致其禮一士有請必聽其言憂人之心可謂至已臣聞銷天災者脩政術感人心者流惠澤和氣洽則祥應至矣畿甸之內大率赤地而無所望轉徙之人斃踣道路慮種麥時種不得下宜詔在所裁留經用以種貸民今茲租賦及宿逋遠貸一切蠲除設不蠲除亦無可斂之理不如先事圖之則恩歸於上矣十四年夏旱吏趣常賦至縣令爲民毆辱者不可不察又言漕運本濟關中若轉東都以西緣道倉廩悉入京師督江淮所輸以備常數然後約太倉一歲計斥其餘者以糴于民則時價不踊而蓄藏者出矣又言大曆中一縑直錢四千今止八百稅入如舊則出於民者五倍其初四方鎭於上獻爲國搆怨廣軍實之求而兵有虛籍剝取多方雖有心計巧曆能商功利其於割股啖口困人均也又言比經絀放者自謂抆拭無期坐爲匪人以動和氣而冬薦官踰三年未受命衣食既空盡然就斃此亦窮人之一端也近陛下洗宥絀放者或起爲二千石其徙吏相勉知牽復可望惟因而弘之使人人自效帝頗采用之憲宗元和初歷兵部侍郎坐累徙太子賓客俄還前官時澤潞盧從史詐傲寖不制其父虔卒京師而成德王承宗父死求襲德輿諫以爲欲變山東先擇昭義之帥從史拔自軍校偃蹇不法今可因其喪還守臣代之成德習俗旣久當制以漸許成德之請則可許昭義則不可帝不聽及王承宗叛從史乃詭計以撓王師兵老無功德輿復請赦承宗從從史後皆略如所料會裴垍病德輿自太常卿拜禮部尚書同中書門下平章事王鍔繇河中入朝求兼宰相李藩以爲不可德輿亦奏平章事非序進宜得比方鎭帶宰相必有大忠若勳否則彊不制者不得已與之今鍔無功又非姑息時一假此名以開後人不可帝乃止董溪于皐謨以運糧使盜軍興流嶺南帝悔其輕詔中使半道殺之德輿諫溪等方山東用兵乾沒庫財死不償責陛下以流斥太輕當責臣等繆誤審正其罪明下詔書與衆同棄則人人懼法臣知已事不諍然異時或有此比要須有司論報罰一勸百孰不甘心帝深然之嘗問政之寬猛孰先對曰唐家承隋苛虐以仁厚爲先太宗皇帝見明堂圖始禁鞭背列聖所循皆尚德教故天寶大盜竊發俄而夷滅蓋本朝之化感人心之深也帝曰誠如公言德輿善辯論開陳古今本末以覺悟人主爲輔相寬和不爲察察名李吉甫再秉政帝又自用李絳參贊大機是時帝切于治事鉅細悉責宰相吉甫絳議論不能無持異至帝前遞言亟辯德輿從容不敢有所輕重坐是罷爲本官以檢校吏部尚書留守東都進扶風郡公于頔以子殺人自囚親戚莫敢過門朝廷無爲請者德輿將行言于帝曰頔之罪旣貸不竟宜因賜寬詔帝曰然卿爲吾過諭之復拜太常卿徙刑部尚書先是詔許孟容蔣乂刊彙格敕旣成上之留禁中德輿請出其書與侍郎劉伯芻參復研考定三十篇奏上復檢校吏部尚書出爲山南西道節度使後二年以病乞還卒於道年六十贈尚書左僕射諡曰文德輿生三歲知變四聲四歲能賦詩積思經術無不貫綜自始學至老未曾一日去書不觀嘗著論辨漢所以亡西京以張禹東京以胡廣大指有補於世其文雅正贍縟當時公卿侯王功德卓異者皆所銘紀十常七八雖動止無外飾其醞藉風流自然可慕貞元元和間爲搢紳羽儀云

子璩字大圭元和初擢進士歷監察御史有美稱宰相李宗閔乃父門生故薦爲中書舍人時李訓挾寵以周易博士在翰林璩與舍人高元裕給事中鄭肅韓佽等連章劾訓傾覆陰巧且亂國不宜出入禁中不聽及宗閔貶璩屢表辨解貶閬州刺史文宗憐其母病徙鄭州訓誅時人多璩明禍福大體能世其家

崔羣字敦詩貝州武城人未冠舉進士陸贄主貢舉梁肅薦其有公輔才擢甲第舉賢良方正授祕書省校書郎累遷右補闕翰林學士中書舍人數陳讜言憲宗嘉納因詔學士凡奏議待羣署乃得上羣以禁密之言人人當自陳一爲故事後或有惡直醜正則它學士不得上書矣固讓見聽惠昭太子薨是時遂王嫡而澧王長多內助帝將建東宮詔羣爲澧王作讓羣奏大凡已當得則讓不當得之烏用讓今遂王嫡宜爲太子帝從其議魏傅田季安以五千緡助營開業佛祠羣以爲無名之獻不當受有詔却之進戶部侍郎元和十二年以中書侍郎同中書門下平章事李師道旣誅師古等妻子沒入掖廷帝疑以問羣羣請釋之并還其奴婢貲產鹽鐵院官權長孺坐罪抵死其母耄丐子以養帝爽然欲赦之以問宰相羣對陛下幸憐其老宜卽遣使諭旨若須出赦無及矣於是免死羣凡啓奏平恕如此帝嘗語宰相聽受之際不亦難乎比詔學士集前世事爲辨謗略以自儆鑒其要云何羣對無情曲直辨之至易有情則欺爲難審也故孔子有衆好衆惡浸潤膚受之說以其難辨也若陛下擇賢而任待之以誠繩之以法則人自歸正而不敢以欺帝韙其言處州刺史苗稹進羨錢七百萬羣以受之失信天下請還賜其州以紓下戶之賦是時皇甫鎛言利幸於帝陰藉左右求宰相羣數言其佞邪不可用旣入對及開元天寶事羣因推言其極曰安危在出令存亡繫所任昔玄宗少歷屯險更民間疾苦故初得姚崇宋璟盧懷愼輔以道德蘇頲李元紘孜孜守正則開元爲治其後安于逸樂遠正士昵小人故宇文融以言利進李林甫楊國忠怙寵朋邪則天寶爲亂願陛下以開元爲法以天寶爲戒社稷之福也又言世謂祿山反爲治亂分明臣謂罷張九齡相林甫則

治亂固已分矣左右爲感動羣以是諷帝故鎛銜之帝卒自相鎛會羣臣上帝號鎛欲兼用孝德爲號羣獨以爲有睿聖則孝德幷見帝聞不樂會度支稟賜邊士不時物多弊惡李光顏憂甚至欲引佩刀自決中外皆恐鎛奏邊鄙無事乃羣鼓動欲以買直歸怨天子於是罷爲湖南觀察使穆宗立以吏部侍郎召之勞曰我爲太子卿力也羣曰此先帝意臣何力焉且陛下向爲淮西節度使臣起制草其言有能幷南陽之廣允符東海之貴先帝然之則傳付久矣俄拜御史大夫未幾檢校兵部尙書充武寧節度使羣以其副王智興得士心不若假以節度不報智興討幽鎭還蔣兵逐羣羣失守左遷祕書監分司東都改華州刺史歷宣歙池觀察使進兵部尙書出爲荆南節度使召拜吏部尙書卒年六十一贈司空

贊曰聖人不畏多難畏無難何哉多難之世人人長慮而深謀日惕于中猶以爲未也曰吾覆亡不暇又何以安故能畢天下付之興畏之也禍難已平上怙下嬉㢮施自如曰賢難得難無賢尙可治也佞可去難存佞不遠亂也視漏弗塡忽傾弗支偃然自慰曰我易以喪故能畢天下付之亾不畏也常人所畏聖人易之所不畏聖人難之觀孝明皇帝本中主遭變可與謀始持成不可與共終崔羣以爲相李林甫則治亂已分其言信哉是扁鵲所以誚桓侯也

唐書卷一百六十五考證

鄭餘慶子澣○澣舊書作瀚

鄭珣瑜傳○舊書無

鄭絪傳累遷河中節度入爲御史大夫○沈炳震曰按舊書本紀長慶元年鄭絪自東都留守遷吏部尙書二年爲太子少傅四年自兵部尙書復爲吏部尙書太和二年以吏部尙書改太子少保其間無爲河中節度文未詳孰是

唐書卷一百六十六

宋　端　明　殿　學　士　宋　祁　撰

列傳第九十一

賈杜令狐

賈耽字敦詩滄州南皮人天寶中舉明經補臨淸尉上書論事徙太平河東節度使王思禮署爲度支判官累進汾州刺史治凡七年政有異績召授鴻臚卿兼左右威遠營使俄爲山南西道節度使梁崇義反東道耽進屯穀城取均州建中三年徙東道德宗在梁耽使司馬樊澤奏事澤還耽大置酒會諸將俄有急詔至以澤代耽召爲工部尙書耽納詔于懷飮如故旣罷召澤曰詔以公見代吾且治行勑將吏謁澤大將張獻甫曰天子播越而行軍以公命問行在乃見旄鉞利公土地可謂事人不忠矣軍中不平請爲公殺之耽曰是何謂邪朝廷有命卽爲帥矣吾今趨覲以君俱乃行軍中遂安俄爲東都留守故事居守不出城以耽善射優詔許獵近郊遷義成節度使淄青李納雖削僞號而陰蓄姦謀冀有以逞其兵數千自行營還道出滑或謂館于外耽曰與我鄰道奈何疑之使暴于野命館城中宴廡下納士皆心服耽每畋從數百騎往往入納境納大喜然畏其德不敢謀貞元九年以尙書右僕射同中書門下平章事俄封魏國公常以方鎭帥缺當自天子命之若謀之軍中則下有背向人固不安帝然之不用也順宗立進檢校司空左僕射時王叔文等干政耽病之屢移疾乞骸骨不許卒年七十六贈太傅諡曰元靖耽嗜觀書老益勤尤悉地理四方之人與使夷狄者見之必從詢索風俗故天下地土區産山川夷岨必究知之方吐蕃盛彊盜有隴西異時州縣遠近有司不復傳耽乃繪布隴右山南九州且載河所經受爲圖又以洮湟甘涼屯鎭額籍道里廣狹山險水原爲別錄六篇河西戎之錄四篇上之詔賜幣馬珍器又圖海內華夷廣三丈從三丈三尺以寸爲百里幷撰古今郡國縣道四夷述其中國本之禹貢外夷本班固漢書古郡國題以墨今州縣以朱刊落疏舛多所釐正帝善之賜予加等或指圖問其邦人咸得其眞又著貞元十道錄以貞觀分天下隸十道在景雲爲按察開元爲採訪廢置升降備焉至陰暘雞數罔不通其器恢然蓋長者也不喜臧否人物爲相十三年雖安危大事亡所發明而檢身厲行自其所長每歸第對賓客無少倦家人近習不見其喜慍世謂淳德有常者

杜佑字君卿京兆萬年人父希望重然諾所交游皆一時俊傑爲安陵令都督宋慶禮表其異政坐小累去官開元中交河公主嫁突騎施詔希望爲和親判官信安郡王禕表署靈州別駕關內道度支判官自代州都督召還京師對邊事玄宗才之屬吐蕃攻勃律勃律乞歸右相李林甫方領隴西節度故拜希望鄯州都督知留後驗傳度隴破烏莽衆斬千餘級進拔新城振旅而還擢鴻臚卿於是置鎭西軍希望引師部分塞下吐蕃懼遣書求和希望報曰受和非臣下所得專虜悉衆爭壇泉希望大小戰數十俘其大酋至莫門焚積蓄卒城而還授二子官時軍屢興府庫虛寡希望居數歲芻粟金帛豐餘官者牛仙童行邊或勸希望結其驩答曰以貨藩身吾不忍仙童還奏希望不職下遷恒州刺史徙西河而仙童受諸將金事泄抵死畀金者皆得罪希望愛重文學門下所引如崔顥等皆名重當時佑以蔭補濟南參軍事剡縣丞嘗過潤州刺史韋元甫元甫以故人子待之不加禮它日元甫有疑獄不能決試訊佑佑爲辨處契要無不盡元甫奇之署司法參軍府徙浙西淮南皆表置幕府入爲工部郎中充江淮青苗使再遷容管經略使楊炎輔政歷金部郎中爲水陸轉運使改度支兼和糴使於是軍興餽漕佑得輒決以戶部侍郎判度支建中初河朔兵挐戰民困賦無所出佑以爲救敝莫若省用省用則省官乃上議曰漢光武建武中廢縣四百吏率十署一魏太和時分遣使者省吏員正始時幷郡縣晉太元省官七百隋開皇廢郡五百貞觀初省內官六百員設官之本以治衆庶故古者計人置吏不肯虛設自漢至唐因征戰艱難以省吏員誠救弊之切也昔咎繇作士今刑部尙書大理卿則二咎繇也垂作共工今工部尙書將作監則二垂也契作司徒今司徒戶部尙書則二契也伯夷爲秩宗今禮部尙書禮儀使則二伯夷也伯益爲虞今虞部郎中都水使司則二伯益也伯冏爲太僕今太僕卿駕部郎中尙輦奉御閑廐使則四伯冏也古天子有六軍漢前後左右將軍四人今十二衞神策八軍凡將軍六十員舊名不廢新資日加且漢置別駕隨刺史巡察猶今觀察使之有副也參軍者參其府軍事猶今節度判官也官名職務直還易不同爾詎有事實哉誠宜斟酌繁省欲致治者先正名神龍中官紀蕩然有司大集選者旣無闕員則置員外官二千人自是以爲常當開元天寶中四方無虞編戶九百餘萬帑藏豐溢雖有浮費不足爲憂今黎苗凋瘵天下戶百三十萬陛下詔使者按比纔得三百萬比天寶三分之一就中浮寄又五之二出賦者已耗而食之者如舊安可不革議者以天下尙有跋扈不廷一省官吏被罷者皆往託焉此常情之說類非至論且才者薦用不才者何患其亡又況顧姻戚家產哉建武時公孫述隗囂未滅太和正始太元時吳蜀鼎立開皇時陳尙割據皆羅取俊乂猶不慮失人以資敵今田悅輩繁刑暴賦惟軍是卹遇士人如奴固無范雎業秦賈季竄狄之患若以習久不可以遽改且應權省別駕參軍司馬州縣額內官約戶置尉當罷者有行義在所以聞不如狀舉者坐不爲人舉者任參常調亦何患哉如魏置柱國當時宿德盛業者居之貴寵第一周隋間授受已多國家以爲勳級纔得地三十頃耳又開府儀同三司光祿大夫亦官名以其太多回作階級隨時立制遇弊則變何必因循憚改作邪議入不省盧杞當國惡之出爲蘇州刺史前刺史母喪解佑母在辭不行改饒州俄遷嶺南節度使佑爲開大衢疏析廛閈以息火災朱厓黎氏三世保險不賓佑討平之召拜尙書右丞俄出爲淮南節度使以母喪解詔不許徐州節度使張建封卒軍亂立其子愔請于朝帝不許乃詔佑檢校尙書左僕射同中書門下平章事節度徐泗討定之佑具舟艦遣屬將孟準度淮擊徐不克引還佑於出師應變非所長因固境不敢進乃詔授愔徐州節度使析濠泗二州隸淮南初佑決雷陂以廣灌溉斥海瀕棄地爲田積米至五十萬斛列營三十區士馬整飭四鄰畏之然寬假僚佐故南宮僔李亞鄭元均至爭權亂政帝爲佑斥去之十九年拜檢校司空同中書門下平章事德宗崩詔攝冢宰進檢校司徒兼度支鹽鐵使於是王叔文爲副佑旣以宰相不親事叔文遂專權後叔文以母喪還第佑有所按決郞中陳諫請須叔文佑曰使不可專邪乃出諫爲河中少尹叔文欲搖東宮冀佑爲助佑不應乃謀逐之未決而敗佑更薦李巽以自副憲宗在諒闇復攝冢宰盡讓度支鹽鐵於巽始度支裔用度多署吏權攝百司繁而不綱佑以營繕還將作木炭歸司農染還少府職務簡修明年拜司徒封岐國公党項陰導吐蕃爲亂諸將邀功請討之佑以爲無良邊臣有爲而叛卽上疏曰昔周宣中興獫狁爲害追之太原及境而止不欲弊中國怒遠夷也秦恃兵力北拒匈奴西逐諸羌結怨階亂實生謫戍蓋聖王之治天下惟欲綏靜生人西至于流沙東漸于海在北與南止存聲教豈疲內而事

外邪昔馮奉世矯詔斬莎車王傳首京師威鎭西域宣帝議加爵土蕭望之獨謂矯制違命雖有功不可爲法恐後奉使者爲國家生事夷狄比突厥默啜寇害中國開元初郝靈佺捕斬之自謂功莫與二宋璟慮邊臣由此邀功但授郎將而已繇是訖開元之盛不復議邊中國遂安此成敗鑒戒之不遠也党項小蕃與中國雜處間者邊將侵刻利其善馬子女斂求繇役遂致叛亡與北狄西戎相誘盜邊傳曰遠人不服則修文德以來之管仲有言國家無使勇猛者爲邊境此誠聖哲識微知著之略也今戎醜方彊邊備未實誠宜愼擇良將使之完輯禁絕誅求示以信誠來則懲禦去則謹備彼當懷柔革其姦謀何必亟興師役坐取勞費哉帝嘉納之歲餘乞致仕不聽詔三五日一入中書平章政事佑每進見天子尊禮之官而不名後數年固乞骸骨帝不得已許之仍拜光祿大夫守太保致仕俾朝朔望遣中人錫予備厚元和七年卒年七十八冊贈太傅謚曰安簡佑貪嗜學雖貴猶夜分讀書先是劉秩摭百家侔周六官法爲政典三十五篇房琯稱才過劉向佑以爲未盡因廣其闕參益新禮爲二百篇自號通典奏之優詔嘉美儒者服其書約而詳爲人平易遜順與物不違忤人皆愛重之方漢胡賁然練達文采不及也朱坡樊川頗治亭觀林芿鑿山股泉與賓客置酒爲樂子弟皆奉朝請貴盛爲一時冠天性精於吏職爲治不皦察數斡計賦相民利病而上下之議者稱佑治行無缺惟晚年以妾爲夫人有所蔽云

子式方字考元以蔭授揚州參軍事再遷太常寺主簿考定音律卿高郢稱之佑既相出爲昭應令遷太僕卿子悰尚公主式方以右戚輒病不視事穆宗立授桂管觀察使弟從郁痼疾躬爲營方藥羞膳及死朞而泣世稱其篤行卒贈禮部尚書從郁元和初爲左補闕崔群等以宰相子爲嫌再徙秘書丞終駕部員外郎子牧

悰字永裕以門蔭三遷太子司議郎權德輿爲相其婿翰林學士獨孤郁以嫌自白憲宗見郁文雅歎曰德輿有婿乃爾時岐陽公主帝愛女舊制選多戚里將家帝始詔宰相李吉甫擇大臣子皆辭疾唯悰以選召見麟德殿禮成授殿中少監駙馬都尉太和初由澧州刺史召爲京兆尹遷鳳翔忠武節度使入爲工部尚書判度支會公主薨悰久不謝文宗怪之戶部侍郎李珏曰比駙馬都尉皆爲公主服斬衰三年故悰不得謝帝矍然始詔杖而朞著于令會昌初爲淮南節度使武宗詔揚州監軍取倡家女十七人進禁中監軍請悰同選又欲閱良家有姿相者悰曰吾不奉詔而輒與罪也監軍怒表于帝帝以悰有大臣體乃詔罷所進伎有意倚悰爲相矣踰年召拜檢校尚書右僕射同中書門下平章事仍判度支劉稹平進左僕射兼門下侍郎未幾以本官罷出爲劍南東川節度使徙西川復鎭淮南時方旱道路流亡藉藉民至漉漕渠遺米自給呼爲聖米取陂澤茭蒲實皆盡悰更表以爲祥獄囚積數百千人而荒湎宴適不能事罷兼太子太傅分司東都踰歲起爲留守復節度劍南西川召爲右僕射判度支進兼門下侍郎同平章事始宣宗世夔王以下五王處大明宮內院而鄆王居十六宅帝大漸樞密使王歸長馬公儒等以遺詔立夔王而左軍中尉王宗實等入殿中以爲歸長等矯詔乃迎鄆王立之是爲懿宗久之遣樞密使楊慶詣中書獨揖悰它宰相畢諴杜審權蔣伸不敢進乃授悰中人請帝監國奏因論悰劾大臣名不在者抵罪悰遽封授使者復命謂慶曰上踐祚未久君等秉權以愛憎殺大臣公屬禍無日矣慶色沮去帝怒亦釋大臣遂安未幾冊拜司空封邠國公以檢校司徒爲鳳翔荊南節度使加兼太傅會黔南觀察使秦匡謀討蠻兵敗奔于悰悰囚之劾不能伏節有詔斬之悰不意其死駭愕得疾卒年八十贈太師葬日詔宰相百官臨奠悰於大議論往往有所合然才不周用雖出入將相而厚自奉養未嘗薦進幽隱佑之素風衰焉故時號禿角犀子裔休懿宗時歷翰林學士給事中坐事貶端州司馬

弟孺休字休之累擢給事中大順初錢鏐遣弟銶率兵擊徐約於蘇州破之以海昌都將沈粲行刺史事而昭宗更命孺休爲之以粲爲制置指揮使鏐不悅密遣粲害焉始孺休見攻也曰勿殺我當與爾金粲曰殺爾金焉往與兄述休同死悰弟慆

慆咸通中爲泗州刺史會龐勛反圍城處士辛讜自廣陵來見慆勸出家屬獨以身守慆曰吾出百口求生衆心搖矣不如與將士生死共之衆聞皆泣下慆之閑難完濬城隍閱器械無不具賊將李圓易慆驍勇士百人欲入封府庫慆爲好言厚禮迎勞賊不虞慆之謀也明日伏甲士三百宴毬場賊皆殲焉圓怒傳城戰慆殺數百人圓退壁城西勛聞益其兵而以書射城中促降會夜慆鼙鼓乘城大呼圓氣奪奔還徐州未幾賊焚淮口晝夜戰不息讜乃請救於戍將郭厚本賊辟去浙西節度使杜審權遣將以兵千人來援反爲圓軍所包一軍盡沒慆使人間道走京師詔戴可師以沙陀吐渾兵二萬招討淮南節度使令狐綯遣牙將李湘屯淮口與郭厚本合爲圓所敗湘等並沒於是援絕賊乃以鐵鎖絕淮流梯衝乘城樵盡爲薄饘以給懿宗遣使加慆檢校右散騎常侍勉以堅守勛遣圓入城見慆約降慆怒殺之勛復遺之書慆答書言安祿山朱泚等終底覆滅者以陰攜其黨勛纍攻不得志會招討使馬舉率兵至遂解去圍凡十月慆拊循士皆殊死奮而辛讜冒圍出入糾輯援師卒完一州時稱爲難賊平慆遷義成軍節度使檢校兵部尚書卒

牧字牧之善屬文第進士復舉賢良方正沈傳師表爲江西團練府巡官又爲牛僧孺淮南節度府掌書記擢監察御史移疾分司東都以弟顗病棄官復爲宣州團練判官拜殿中侍御史內供奉是時劉從諫守澤潞何進滔據魏博頗驕蹇不循法度牧追咎長慶以來朝廷措置亡術復失山東鉅封劇鎭所以繫天下輕重不得承襲輕授皆國家大事嫌不當位而言實有罪故作罪言其辭曰生人常病兵兵祖於山東羨於天下不得山東兵不可去山東之地禹畫九土曰冀州舜以其分太大離爲幽州爲并州程其水土與河南等常重十三故其人沈鷙多材力重許可能辛苦魏晉以下工機纖雜意態百出俗益卑弊人益脆弱唯山東敦五種本兵矢他不能蕩而自若也產健馬下者日馳二百里所以兵常當天下冀州以其恃彊不循理冀其必破弱雖已破冀其復彊大也并州力足以并吞也幽州幽陰慘殺也聖人因以爲名黃帝時蚩尤爲兵階自後帝王多居其地周劣齊霸不一世晉大常傭役諸侯至秦萃銳三晉經六世乃能得韓遂折天下脊復得趙因拾取諸國韓信聯齊有之故蕭通知漢楚輕重在信光武始於上谷成於鄗魏武舉官渡三分天下有其二晉亂胡作至宋武號英雄得蜀得關中盡有河南地十分天下之八然不能使一人度河以窺胡至高齊荒蕩宇文取之隋文因以滅陳五百年間天下乃一家隋文非宋武敵也是宋不得山東隋得山東故隋爲王宋爲霸由此言之山東王者不得不爲王霸者不得不爲霸猾賊得之足以致天下不安天寶末燕盜起出入成皋函潼間若涉無人地郭李輩兵五十萬不能過鄴自爾百餘城天下力盡不得尺寸人望之若回鶻吐蕃義無敢窺者國家因之畦河修障戍塞其街蹊齊魯梁蔡被其風流因以爲寇以裏拓表以表撑裏混澒回轉顚倒橫邪未常五年間不戰生人日頓委四夷日日熾天子因之幸陝幸漢中焦焦然七十餘年運遭孝武澣衣一肉不敢不樂自甲冗中拔取將相凡十三年乃能盡得河南山西地洗削更革罔不能適唯山東不服亦再攻之皆不利豈天使生人未至於怗泰邪豈人謀未至邪何其艱哉今日天子聖明超出古昔志於平治若欲悉使生人無事其要先去兵不得山東兵不可去今者上策莫如自治何者當貞元時山東有燕趙魏叛河南有齊蔡叛梁徐陳汝白馬津盟津襄鄧安黃壽春皆戍厚兵十餘所纔足自護治所實不輟一人以他使遂使我力解勢弛熟視不軌者無可奈何階此蜀亦叛吳亦叛其他未叛者迎時上下不可保信自元和初至今二十九年間得蜀得吳得蔡得齊收郡縣二百餘城所未能得唯山東百城耳土地人戶財物甲兵較之往年豈不綽綽乎亦足自以爲治也法令制度品式條章果自治乎賢才姦惡摠選置捨果自治乎障戍鎭守干戈車馬果自治乎井閭阡陌倉廩財賦果自治乎如不果自治是助虜爲虜環土三千里植根七十年復有天下陰爲之助則安可以取故曰上策莫如自治中策莫如取魏魏於山東最重於河南亦最重魏在山東以其能遮趙也既不可越魏以取趙固不可越趙以取燕是燕趙常取重於魏魏常操燕趙之命故魏在山東最重黎陽距白馬津三十里新鄉距盟津一百五十里陴壘相望朝駕暮戰是二津虜能潰一則馳入成皋不數日間故魏於河南亦最重元和中舉天下兵誅蔡誅齊頓之五年無山東憂者以能得魏也昨日誅滄頓之三年無山東憂亦以能得魏也長慶初誅趙一日五諸侯兵四出潰解以失魏也昨日誅趙罷如長慶時亦以失魏也故河南山東之輕重在魏非魏彊大地形使然也故曰取魏爲中策最下策爲浪戰不計地勢不審攻守是也兵多粟多敺人使戰者便於守兵少粟少人不敺自戰者便於戰故我常失於戰虜常困於守山東叛且三五世後生所見言語舉止無非叛也以爲事理正當如此沉酣入骨髓無以爲非者至有圍急食盡啖屍以戰以此爲俗豈可與決一勝一負哉自十餘年凡三收趙食盡且下郗士美敗趙復振杜叔良敗趙復振李聽敗趙復振故曰不計地勢不審攻守爲浪戰最下策也累遷左補闕史館修撰改膳部員外郎宰相李德裕素奇其才會昌中黠戛斯破回鶻回鶻種落潰入漠南牧說德裕不如遂取之以爲兩漢伐虜常以秋冬當匈奴勁弓折膠重馬免乳與之

相枝故敗多勝少今若以仲夏發幽并突騎及酒泉兵出其意外一舉無類矣德裕善之會劉稹拒命詔諸鎮兵討之牧復移書於德裕以河陽西北去天井關彊百里用萬人爲壘窒其口深壁勿與戰成德軍世與昭義爲敵王元逵思一雪以自奮然不能長驅徑擣上黨其必取者在西面今若以忠武武寧兩軍益青州精甲五千宣潤弩手二千道絳而入不數月必覆賊巢昭義之食盡仰山東常日節度使率留食邢州山西兵單少可乘虛襲取故兵閒拙速未睹巧之久也俄而澤潞平略如牧策歷黃池睦三州刺史入爲司勳員外郎常兼史職改吏部復乞爲湖州刺史踰年以考功郎中知制誥遷中書舍人牧剛直有奇節不爲齪齪小謹敢論列大事指陳病利尤切至少與李甘李中敏宋邧善其通古今善處成敗甘等不及也牧亦以疏直時無右援者從兄悰更歷將相而牧困躓不自振頗怏怏不平卒年五十初牧夢人告曰爾應名畢復夢書皎皎白駒字或曰過隙也俄而炊甑裂牧曰不祥也乃自爲墓誌悉取所爲文章焚之牧於詩情致豪邁人號爲小杜以別杜甫云

顗字勝之幼病目母禁其爲學舉進士禮部侍郎賈餗語人曰得杜顗足敵數百人授秘書省正字李德裕奏爲浙西府賓佐德裕貴盛賓客無敢忤惟顗數諫正之及謫袁州歎曰門下愛我皆如顗吾無今日太和末召爲咸陽尉直史館常語人曰李訓鄭注必敗行未及都聞難作疏辭疾歸顗亦善屬文與牧相上下竟以喪明卒

令狐楚字殼士德棻之裔也生五歲能爲辭章逮冠貢進士京兆尹將薦爲第一時許正倫輕薄士有名長安間能作蜚語楚嫌其爭讓而下之既及第桂管觀察使王拱愛其材將辟楚懼不至乃先奏而後聘辭在拱所以父官并州不得奉養未嘗豫宴樂滿歲謝歸李說嚴綬鄭儋繼領太原高其行引在幕府由掌書記至判官德宗喜文每省太原奏必能辨楚所爲數稱之儋暴死不及占後事軍大讙將爲亂夜十數騎挺刃邀取楚使草遺奏諸將圜視楚色不變秉筆輒就以徧示士皆感泣一軍乃安由是名益重以親喪解既除召授右拾遺憲宗時累擢職方員外郎知制誥其爲文於牋奏制令尤善每一篇成人皆傳諷皇甫鎛以言利幸與楚蕭俛皆厚善故薦于帝帝亦自聞其名召爲翰林學士進中書舍人方伐蔡人未下議者多欲罷兵帝獨與裴度不肯赦元和十二年度以宰相領彰義節度使楚草制其辭有所不合度得其情時宰相李逢吉與楚善皆不助度故帝罷逢吉停楚學士但爲中書舍人俄出爲華州刺史後它學士比比宣事不切旨帝抵其草思楚之材鎛既相擢楚河陽懷節度使代烏重胤始重胤徙滄州以河陽士三千從士不樂半道潰歸保北城將轉掠旁州楚至中潬以數騎自往勞之衆甲而出見楚不疑乃皆降楚斬其首惡衆遂定度出太原鎛薦楚爲中書侍郎同中書門下平章事穆宗即位進門下侍郎鎛得罪時謂楚緣鎛以進且書逐裴度天下所共疾會蕭俛輔政乃不敢言方營景陵詔楚爲使而親吏韋正牧奉天令于翬等不償傭錢十五萬緡楚獻以爲羨餘怨訴係路詔捕翬等下獄誅出楚爲宣歙觀察使俄貶衡州刺史再徙以太子賓客分司東都長慶二年擢陝虢觀察使諫官論執不置楚至陝一日復罷還東都會逢吉復相力起楚以李紳在翰林沮之不克敬宗立逐出紳卽拜楚爲河南尹遷宣武節度使汴軍以驕故而韓弘弟兄務以峻法繩治士偷于安無革心楚至解去酷烈以仁惠鐫諭人人悅喜遂爲善俗入爲戶部尚書俄拜東都留守徙天平節度使始汴鄆帥每至以州錢二百萬入私藏楚獨辭不取又毀李師古園檻僭制者久之從節河東召爲吏部尚書檢校尚書右僕射故事檢校官重則從其班楚以吏部自有品固辭有詔嘉允俄兼太常卿進拜左僕射彭陽郡公會李訓亂將相皆繫神策軍文宗夜召楚與鄭覃入禁中楚建言外有三司御史不則大臣雜治內仗非宰相繫所也帝頷之既草詔以王涯賈餗冤指其罪不切仇士良等怨之始帝許相楚乃不果更用李石而以楚爲鹽鐵轉運使先是鄭注奏建榷茶使王涯又議官自治園植茶人不便楚請廢使如舊法從之元和中出禁兵畀左右街使衛宰相入朝至建福門及是亂乃罷楚卽奏鎮帥初拜必戎服屬仗詣省謁辭本於鄭注實爲亂兆故王璠郭行餘驅將吏蹀血京師所宜停止詔可開成元年上巳賜羣臣宴曲江楚以新誅大臣暴骸未收怨沴感結稱疾不出乃請給衣衾棺櫝以斂刑骨順陽氣是時政在宦豎數上疏辭位拜山南西道節度使卒年七十二贈司空謚曰文楚外嚴重不可犯而中寬厚待士有禮客以星步鬼神進者一不接爲政善撫御治有績人人得所宜疾甚諸子進藥不肯御曰士固有命何事此物邪自力爲奏謝天子召門人李商隱曰吾氣魄且盡可助我成之其大要以甘露事誅譴者衆請霽威普見昭洗辭致曲盡無所謬脫書已敕諸子曰吾生無益於時無請謚勿求鼓吹以布車一乘葬銘誌無擇高位是夕有大星霣寢上其光燭廷坐與家人訣乃終有詔停鹵簿以申其志子緒綯顯于時緒以蔭仕歷隋壽汝三州刺史有佳政汝人請刻石頌德緒以綯當國固讓宣宗嘉其意乃止

綯字子直舉進士擢累左補闕右司郎中出爲湖州刺史大中初宣宗謂宰相白敏中曰憲宗葬道遇風雨六宮百官皆避獨見頎而髯者奉梓宮不去果誰邪敏中言山陵使令狐楚帝曰有子乎對曰緒少風痺不勝用綯今守湖州因曰其爲人宰相器也卽召爲考功郎中知制誥入翰林爲學士它夜召與論人間疾苦帝出金鏡書曰太宗所著也卿爲我舉其要綯擿語曰至治未嘗任不肖至亂未嘗任賢任賢享天下之福任不肖羅天下之禍帝曰善朕讀此嘗三復乃已綯再拜曰陛下必欲興王業捨此孰先詩曰惟其有之是以似之進中書舍人襲彭陽男遷御史中丞再遷兵部侍郎還爲翰林承旨夜對禁中燭盡帝以乘輿金蓮華炬送還院吏望見以爲天子來及綯至皆驚俄同中書門下平章事輔政十年懿宗嗣位由尚書左僕射門下侍郎再拜司空未幾檢校司徒平章事爲河中節度使徙宣武又徙淮南副大使安南平以饋運勞封涼國公龐勛自桂州還道浙西白沙入濁河剽舟而上綯聞遣使慰撫且餽之裨將李湘曰徐兵擅還果反矣雖未有詔一切制亂我得專之今其兵不二千而廣舟艦張旗幟示侈於人其畏我甚高郵厓峭水狹若使荻艜火其前勁兵乘其後一舉可覆不然使得絕淮泗合徐之不逞禍亂滋矣綯儒緩不能用又自以不奉詔因曰彼不爲暴聽其度淮何豫我哉勛還果盜徐州其衆六七萬徐之食分兵攻滁和楚壽陷之糧盡啖人以飽詔綯爲徐州南面招討使賊方攻泗州杜慆堅守綯命湘率兵五千救之勛謾辭謝綯曰數蒙赦所以未卽降者一二將爲異耳願圖去之以身聽命綯喜卽請假勛節而敕湘曰賊已降第謹戍淮口無庸戰湘乃徹警釋械日與勛衆歡言後賊乘間直襲湘壘悉俘而食之盡湘及監軍郗厚本時浙西杜審權使票將翟行約率千兵與湘會未至而湘覆賊僞建淮南旌幟誘之亦皆陷綯既師敗乃以左衞大將軍馬舉代之以綯爲太子太保分司東都僖宗初拜鳳翔節度使頃之就加同平章事徙封趙卒年七十八贈太尉子滈渙渢

滈避嫌不舉進士綯輔政而滈與鄭顥爲姻家怙勢驕偃通賓客招權以射取四方貨財皆側目無敢言懿宗嗣位數爲人白發其事故綯去宰相因丐滈與羣進士試有司詔可是歲及第諫議大夫崔瑄劾奏綯以十二月去位而有司解牒盡十月屈朝廷取士法爲滈家事請委御史按實其罪不聽滈乃以長安尉爲集賢校理稍還右拾遺史館修撰詔下左拾遺劉蛻起居郎張雲交疏指其惡且言綯用李琢爲安南都護首亂南方賊虐流著使天下兵戈調斂不給琢本進賂于滈滈爲人子陷綯於惡顧可爲諫臣乎又劾綯大臣當調護國本而大中時乃引諫議大夫豆盧籍刑部侍郎李鄴爲夔王等侍讀亂長幼序使先帝貽厥之謀幾不及陛下且滈居當時謂之白衣宰相滈未嘗舉進士而妄言已解使天下謂無解及第不已罔乎滈亦懼求換它官改詹事府司直綯方守淮南上奏自治帝爲貶雲爲興元少尹蛻華陰令滈亦湮阨不振死渙渢皆舉進士渙終中書舍人

定字履常楚弟及進士第太和末以駕部郎中爲弘文館直學士李訓亂王涯休方以是日就職定往賀爲神策軍并收欲殺者屢矣已而免終桂管觀察使

贊曰耽佑楚皆惇儒大衣高冠雍容廟堂道古今處成務可也以大節責之蓋碔中而玉表歟悰綯世當國亦無足議牧論天下兵曰上策莫如自治賢矣哉

唐書卷一百六十七

宋 端 明 殿 學 士 宋 祁 撰

列傳第九十二

白裴崔韋二李皇甫王

白志貞者本名琇珪故太原吏也事節度使李光弼硜硜自力有智數光弼善之使與帳下議代宗素聞及光弼卒擢累司農卿在官十年德宗以爲敏遂倚腹心進授神策軍使賜今名有所建白善窺億帝指故言無不從從狩奉天以爲行在都知兵馬使懼李懷光暴其惡乃與趙贊盧杞等抑懷光不使朝懷光反論斥其姦貶

恩州司馬贇播州司馬稍徙閬州別駕貞元二年起爲果州刺史宰相李勉固諫不許明年拜浙西觀察使死于官

裴延齡河中河東人乾元末爲汜水尉賊陷東都去客江夏華州刺史董晉表署判官稍遷太常博士盧杞秉政引爲膳部員外郎集賢院直學士崔造表知東都度支院召爲祠部郎中不待命輒還集賢院宰相張延賞疾其易出爲昭應令與尉交訴所睬京兆尹鄭叔則佑尉而御史中丞竇參善延齡卒逐尹德宗用參輔政郎擢延齡司農少卿會班宏卒假領度支延齡素不善財計乃廣鉤距取宿姦老吏與謀以固帝幸因建言左藏天下歲入不貲耗登不可校請列別舍以檢盈虛於是以天下宿負八百萬緡析爲負庫抽貫三百萬緡爲賸庫樣物三十萬緡爲季庫帛以素出以色入者爲月庫帝皆可之然天下負皆窮人償入無期抽貫與給皆盡樣物與帛固有籍延齡但多其簿最吏員以詭帝於財用無所加也俄以戶部侍郎爲眞又請以京兆苗錢市草千萬俾民輸諸苑宰相陸贄等以爲非是不從京右偏故有藋葦地數頃延齡妄言長安咸陽間得陂芀數百頃願以爲內廐牧地水甘草薦與苑廐等帝信之以問宰相皆曰當無有帝遣使按覆果詐延齡大慙帝不責也京兆積歲和市不得直尹李充請之官延齡誣其妄反令還輸號曰底折錢嘗請斂財以實府帝曰安得而實之延齡曰開元天寶間戶口繁息百司務殿官且有欸者比兵興戶不半在今一官治數司足矣請後官闕不即補收其稟以實帑簿它日帝謂延齡曰朕所居浴堂殿一棟將壓念易之未能也延齡曰宗廟至重殿棟微矣且陛下本分錢用之亡窮何所難哉帝驚曰本分錢奈何對曰此在經誼愚儒不能知臣能言之按禮天下賦三之一以充乾豆一以事賓客一君之庖廚陛下奉宗廟能竭天下賦三之一乎鴻臚禮賓勞予四夷用十一爲有羸陛下所御養飯簡儉以所餘爲百官稟料殘錢未盡也則所不盡者爲本分錢以治殿數十倘不乏況一棟哉帝頷曰人未嘗爲朕言之又造神龍佛祠須材五十尺者延齡妄奏同州得大谷木數十章度皆八十尺帝曰吾聞開元時近山無巨木求之嵐勝間今何地之近材之良邪延齡曰異材瑰產處處有之待聖主乃出今生近輔豈開元所當得也帝悅是時陸贄爲宰相帝素所信重極論其譎妄不可任帝以爲排媢愈益厚延齡贄上疏列其狀具言延齡嘗奏句獲隱二千萬緡請舍別庫爲羨餘供天子私費故上之興作廣宣索多矣延齡欲實其言乃大搜市廛奪所入獻逮捕匠徒迫脅就功號曰敕索弗讎其直名曰和雇弗與之庸又度支出納與太府交相關制出物旬計見物月計符按覆覈有御史以監董之則財用不得回隱延齡乃言捂糞土得銀十三萬兩它貨且百萬已棄而獲皆羨餘也悉移舍以供別敕太府卿韋少華劾其妄陛下縱之不爲治此乃侵削兆民爲天子取怨于下又引建中橫斂多積致播遷者其言甚深切帝得奏不悅會鹽鐵使張滂京兆尹李充司農卿李銛皆指延齡專以憸僞罔上帝怒乃罷贄宰相左除滂等官時大旱人情愁惴延齡言贄等失權怨望顯言歲饑民流度支糧芻乏以激怒衆士它日帝畋苑中而神策軍訴度支不賦廐芻者天子惑延齡言乃下詔斥逐贄等朝廷震恐延齡又捕充所善吏張忠搒掠之誣充沒官錢五十萬緡以餌結權幸令妻以犢車載金餉贄忠具獄其母投訴光順門匭有詔御史審劾一夕得狀乃釋忠延齡不得逞復奏充妄用京兆錢穀願下有司比句以比部郎中崔元翰欲釋憾於贄也頼刑部侍郎奚陟辨治充等得不究延齡貪苛刻又劾于利專剝下附上肆騁譎怪其進對皆他人莫敢言而延齡言之不疑亦人之所未聞者帝頗知其詐但以其不隱欲聞外事故斷用不疑延齡恃得君謂必輔政少所降下至嫚罵邇臣時人側目屬疾臥第載度支官物輸之家無敢言帝念之使者日三輩往死年六十九人語以相安唯帝悼不已冊贈太子太傅上柱國永貞初度支建言延齡曩列別庫分藏正物無實益而有吏文之煩乃詔復以還左藏元和中有司謚曰繆

崔損字至無系本博陵大曆間中進士博學宏辭補校書郎咸陽尉避親改大理評事累勞至右諫議大夫于時宰相趙憬卒盧邁屬疾裴延齡素善損薦之德宗貞元十二年以本官同中書門下平章事始中書虛位十日議者謂選有德及用損中外悵失而損性齪齪能自將延英進見不敢出一言及天下事踰年進門下侍郎嘗以疾臥家久賜絹三百爲醫藥費損無卓卓稱于人者而歷二省華要至宰相母殯而不葬亦不展殯女兄爲尼没不臨喪建中後宰相無久任者損以便柔遜愿中帝意乃留八年帝亦知公議病其持祿然憐遇彌渥卒贈太子太傅謚曰靖

韋渠牟京兆萬年人工部侍郎述從子也少警悟工爲詩李白畀之授以古樂府去爲道士不終更爲浮屠已而復冠浙西韓滉表試校書郎進至四門博士貞元十二年德宗誕日詔給事中徐岱兵部郎中趙需禮部郎中許孟容與渠牟及佛老二師並對麟德殿質問大趣渠牟有口辯雖於三家未究解然答問鋒生帝聽之意動遷祕書郎進詩七百言未浹旬擢右補闕內供奉始同列易之後數遣中人專召渠牟繇是皆屬目歲中至諫議大夫大抵延英對雖大臣率漏下二三刻止渠牟每奏事輒五六刻乃罷天子歡甚渠牟爲人佻躁志向浮淺不根於道德仁義特用憸巧中帝意非有嘉謨正辭感悟得君也自陸贄免帝躬攬庶政不復委權于下宰相取充位行文書而已至守宰御史皆自推簡然處深宮所倚而信者裴延齡李齊運王紹李實韋執誼與渠牟等其權侔人主延齡實皆姦虐紹無所建明渠牟後出望最輕張恩勢以動天下召崔芊于茅山起鄭闉布衣至補闕引醴泉令馮伉爲給事中太子侍讀帝旣偏于任聽士之浮競甘進者爭出其門赫然勢焰可炙再擢太常卿卒年五十三贈刑部尚書謚曰忠所論著甚多傳于時

李齊運者蔣王惲孫始補寧王府東閤祭酒擢累監察御史復辟江淮都統李峘府由工部郎中爲長安令政頗修辦宗正少卿李瀚從子有所訟齊運於瀚爲卑行而不禮訟者瀚怒辱諸朝齊運以聞代宗貶瀚由是稍擢京兆少尹出爲河中尹晉絳慈隰觀察使德宗出狩李懷光還兵奔難晝夜馳及河中士罷困乃休三日齊運悉所賦勞軍牛酒豐甘人人喜悅及懷光反還守河中齊運棄城走詔拜京兆尹時李晟壁渭橋齊運發民築城保督芻粟以餉晟賊平頗有助萬年丞源邃不事齊運怒捽辱之死於廷邃家告冤御史大夫崔縱請窮治帝不許御史聯章深劾齊運訴于帝言爲朋黨所擠天子使宰相論諫官御史後毋得輩署章以劾然卒不直邃冤久之大蝗旱齊運不能政乃以韓洄代之改宗正卿閑廐宮苑使進至禮部尚書宰相內殿對已齊運常次進帝與參決大事旣無學暗于大體第以甘言阿匼而已嘗薦李錡爲浙西受賂數十萬又薦李詞爲湖州刺史人告其贓帝置不問齊運臥疾滿歲不能謁每除吏往往遣使即家咨逮晚以妾爲妻具冕服行禮士人蚩之卒年七十二贈尚書左僕射

李實道王元慶四世孫以蔭仕嗣曹王皐辟署江西府判官遷蘄州刺史皐節度山南東道復從之皐卒實知後務刻薄軍費士怨怒欲殺之夜縋亡歸京師累進司農卿擢拜京兆尹封嗣道王怙寵而愎不循法度貞元二十年旱關輔饑實方務聚斂以結恩民訴府上一不問德宗訪外疾苦實詭曰歲雖旱不害有秋乃峻責租調人窮無告至撤舍鬻苗輸于官優人成輔端爲俳語諷帝實怒奏賤工謗國帝爲殺之或言古者瞽誦箴諫雖詼諧託論何誅焉帝悔然不罪實故事京兆避臺官實嘗與御史王播遇而騶唱爭道播鉤責從者實怒奏播爲三原令廷辱之惡萬年令李衆誣逐虔州司馬以所善虞部員外郎房啓代之其怙權作威若此公卿爲讒短遷斥者甚衆專情謷色見顏間權德輿爲禮部而實私薦士二十人迫語曰應用此第不爾君且外遷德輿雖拒之然常憚其誣吏部每奏科目頗嚴密以杜請託實公詣曹切請趙宗儒無所畏詔書蠲人逋租實格詔固斂畿民大困官吏皆被榜罰掊取二十萬緡吏乞貸毫釐輒死按之無罪者猥曰死亦非枉復殺之專以殘忍爲政順宗在諒闇不踰月實殺數十人于府貶通州長史市人爭懷瓦石邀劫之實懼夜遁去長安中相賀以赦令內移死虢州

皇甫鎛涇州臨涇人貞元初第進士又擢制科爲監察御史居喪游處不度下除詹事府司直久之遷吏部員外郎典南曹鈐制吏姦稍知名進郎中遷累司農卿判度支改戶部侍郎憲宗方伐蔡急於用度鎛裒會嚴亟以辦濟師帝悅進兼御史大夫蔡平之明年遂同中書門下平章事猶領度支鎛以吏道進旣由聚斂句剝爲宰相至雖市道皆嗤之崔羣裴度以聞帝怒不聽度乃表罷政事極論鎛姦邪苛刻天下怨之將食其肉且言天下安否繫朝廷朝廷輕重在輔相今承宗削地程權赴闕韓弘輿疾討賊非力能制之顧朝廷處置能服其心也若相鎛則四方解矣請授以浙西觀察使其辭切至帝以天下略平亦欲崇臺沼宮觀自娛樂鎛與程异知帝意故數貢羨財陰佐所欲又賂吐突承璀爲奧援故帝排衆論決任之反以度爲朋黨不內其言鎛乃益以巧媚自固建損內外官稟佐國用給事中崔植上還詔書乃止帝斥內帑所餘詔度支評直鎛貴售之以給邊兵故繒陳綵觸手輒壞士怨怒聚焚之裴度以其事聞鎛指所著韡曰此內庫所出牢韌可服彼言不可用詐也帝信之鎛銜度乃與李逢吉令狐楚合擠之出度太原又以崔羣有天下重望勁正敢言後議帝號鎛乃譖羣抑損徽稱帝怒逐羣湖南鎛罷度支進門下侍郎

平章事嘗與金吾將軍李道古共薦方士柳泌浮屠大通爲長年藥帝服之疾宗在東宮聞其姦妄始聽政集羣臣於月華門貶鎛崖州司戶參軍死其所泌者本楊仁晝也習方伎道古薦于鎛召入禁中自云能致藥爲不死者因言天台山靈仙所舍多異草願官天台求采之起徒步拜天台刺史賜金紫諫臣固爭以爲列聖亦有寵方士未嘗使牧民帝曰煩一州而致長年于君父何愛哉後不敢言泌驅吏民采藥山谷間鞭笞苛急歲餘無所獲懼詐窮擧族逃去浙東觀察使捕送與道古皆斥死乃復侍詔翰林帝餌泌藥寢躁怒不常宦侍以弑崩大通自言百五十歲鎛敗與泌皆誅初吏責泌妄答曰皆道古敎我解衣即刑卒無它鎛之貶前坊州刺史班肅以嘗僚獨餞於野朝廷義之擢爲司封員外郎

鎛弟鏻字䨳卿第進士鎛爲相時任河南少尹見權寵太盛每極言之鎛不悅乃求分司爲太子右庶子鎛敗朝廷賢之擢國子祭酒開成初以太子少保卒鏻能屬文工詩爲人寡言正色衣冠甚偉不屑世務所交皆知名士著書數十篇

王播字明敭其先太原人父恕爲揚州倉曹參軍遂家焉播貞元中與弟炎起皆有名並擢進士而播擧賢良方正異等補盩厔尉以善治獄御史中丞李汶薦爲監察御史雲陽丞源咸季坐賕免將有司復得調播劾解其官歷侍御史李實爲京兆尹與播遇諸衢故事尹當避道揖實不肯播移文詆之實大怒表播爲三原令將折之播受命趨謝如禮邑中豪彊犯法未嘗輒貸歲終課最實重其才更薦之德宗將擢以要近會毋喪解還除駕部員外郎長安令于頔奴客與民爭馬吏繫民而縱奴播捕取杖其罰遷工部郎中知御史雜事刺舉不阿有能稱關中饑諸鎮或閉糴播以爲言三輔不乏歷虢州刺史李巽領鹽鐵奏以副己擢御史中丞歲終改京兆尹時禁中列戟內者出入屬鞬佩劍姦人冒之以剽劫又勳戚家馳獵近郊播請一切止盜賊不能隱皆走出境憲宗以爲能進刑部侍郎領諸道鹽鐵轉運使是時天下多故大理議讞科條繁播悉置格律坐隅商處重輕剖決如流吏不能竄其私帝討淮西也切於饋餉播引程异自副异尤通萬貨盈虛使馳傳江淮裒財用以給軍興兵得無乏帝嘉其功超拜禮部尙書稍以貲賄結宦要中外以爲言播薦皇甫鎛及鎛用事更忌播而以异代使播罷守本官久之檢校戶部尙書爲劍南西川節度使穆宗立逐鎛播求還長慶初召爲刑部尙書復領鹽鐵進中書侍郎同中書門下平章事時權幸競進播賴其力至宰相專務將迎居位無所裨益復失河北衆望不厭乃以檢校尙書右僕射出爲淮南節度使仍領使職不肯易印詔聽自隨是時南方旱歉人相食播掊斂不少衰民皆怨之然浚七里港以便漕引後賴其利敬宗即位即拜檢校司空以王涯代使播失職見王守澄方得君厚以金謝守澄乘間薦之天子有意復用播於是諫議大夫獨孤朗張仲方起居郎孔敏行柳公權宋申錫補闕韋仁實劉敦儒拾遺李景讓薛廷老等見延英言播傾邪闒通帝左右狀帝沖闇不內其言遂復領使天下公議益不與文宗立就進檢校司徒太和元年入朝拜左僕射復輔政封太原郡公時韋處厚當國以獻替自任天子嚮之播專以錢穀進不甚與事居位四年卒年七十二贈太尉謚曰敬播少孤貧自刻苦至成立居官以彊濟稱天性勤吏職每視簿領紛積於前人所不堪者播反用爲樂所署吏苛無大罪以歲勞增秩而已卒不易所職雅善占奏雖數十事未嘗書于笏再領鹽鐵嗜權利不復初操重賦取以正額月進爲羨餘歲百萬緡自淮南還獻玉帶十有三銀盌數千錢四十萬遂再得相云

起字舉之釋褐校書郎補藍田尉李吉甫辟爲淮南掌書記以殿中侍御史入兼集賢殿直學士元和末累遷中書舍人數上疏諫穆宗畋游事歲中考第一錢徽坐貢擧失實貶詔起覆核起建言以所試送宰相閱可否然後付有司詔可議者謂起爲失職拜禮部侍郎李夰叛與播俱上疏請詔王智興討之卒定其亂賜金紫拜河南尹進吏部侍郎方播以僕射居相避選曹改兵部爲集賢殿學士拜陝虢觀察使時亳州刺史李繁以擅誅賊抵罪起言繁父有功而二千石不宜償賊死不報入拜尙書左丞以戶部尙書判度支靈武邠寧多曠土奏營田以省餽輓歷河中節度使方蝗旱粟價騰踊起下令家得儲三十斛斥其餘以市否者死神策士怙勢不從寘于法繇是蓄積咸出民賴以生召授兵部尙書以檢校尙書右僕射爲山南東道節度使濬漢塘堰聯屬吏弗完治起至部先修復與民約爲水令遂無凶年李訓爲宰相起門生也欲引與共政即加銀青光祿大夫復以兵部尙書召判戶部訓敗起素長厚人不以訓誅之止罷其判俄加皇太子侍讀文宗上文好古學是時鄭覃以經術進起以敦博顯帝數訪逮時政因積雨願寬逐臣過惡又短鮑叔終身不忘人過以解帝銜人意俄兼太常卿禮儀使帝題詩太子笏以賜詔畫象便殿號當世仲尼其寵遇如此又使廣五位圖俾太子知古今治亂開成三年入翰林爲侍講學士改太子少師起治生無檢所得祿賜爲僮婢盜有貧不能自存帝知之詔月益仙韶院錢三十萬議者謂與玩臣分給可耻也起賴其入不克讓武宗立爲章陵鹵簿使東都留守召爲吏部尙書判太常卿帝患選士不得才特命起典貢擧進尙書左僕射封魏郡公凡四擧士皆知名者人伏其鑒擢山南西道節度使同中書門下平章事以夙儒兼宰相秩前世所罕入辭帝勞曰宰相無內外公國者老朕有闕當以聞宴賜備厚宣宗初檢校司空以疾願代不許卒年八十八贈太尉謚曰文懿喪還命使者弔其家葬及祥亦如之起性友悌播喪哀戚加於人嗜學非寢食不輟廢天下之書無不讀一經目弗忘也莊恪太子薨詔爲哀冊詞情悽惋當世稱之帝嘗以疑事令使者口質起具牓子附使者上凡成十篇號曰寫宣它撰集亦多炎終太常博士子鐸鐐自有傳起子龜式

龜字大年性高簡博知書傳無貴胄氣常以光福第賓客多更住永達里林木窮僻構半隱亭以自適侍父至河中廬中條山朝望一歸省州人號郎君谷未始以人事自嬰武宗雅知之以左拾遺召入謝自陳病不任職詔許終父喪召爲右補闕再擢屯田員外郎稱疾去崔璵觀察宣歙表爲副龜樂宛陵山水故從之入爲祠部郎中史館修撰咸通中知制誥鐸爲相改太常少卿同州刺史牙將白約素驍橫嘗譁言月稟薄以動士心爲亂龜捕殺之人皆震慄徙浙東觀察使初式臨州有惠政人聞其至歡迎之卒贈工部尙書子蕘力學有文辭以鐸當國不貢進士終右司員外郎

式以廕爲太子正字擢賢良方正科累遷殿中侍御史少飾儉巧于宦因鄭注以交王守澄中丞歸融劾之出爲江陵少尹大中中爲晉州刺史飾郵傳器用畢給會河曲大歉民流徙佗州不納獨式勞䘏之活數千人時特峨胡亦饑將入寇汾澮間式嚴備不敢道境報其種落曰晉州刺史當避之以善最稱徙安南都護故都護田早作木柵歲率緡錢既不時完而所責益急式取一年賦市芀木豎周十二里罷歲賦外率以紓齊人浚壕繚柵外植刺竹寇不可冒後蠻兵入掠錦田步式使譯者開諭一昔去謝曰我自縛叛獠非爲寇也忠武戍卒服短後禍以黃冒首南方號黃頭軍天下銳卒也初交阯數有變懼式威不自安譁曰黃頭軍將度海襲我矣相率夜圍城合譟請都護北歸我當抗黃頭軍式徐被甲引家僮乘城責讓矢槍交發叛者走翌日盡捕斬之初客管火歉不歲貢式始上輸大犒宴軍中歸質外蕃而占城眞臘慕義悉入獻亦還所掠王民寧國劇賊仇甫亂明越觀察使鄭祗德不能討宰相選式往代詔可因至京師懿宗問方略對曰第假臣兵寇不足平也左右宦要皆曰兵衆則餽多當惜天下費式奏盜若猖狂天誅不亟決東南征賦闕矣寧得以億萬計之乎兵多則功速費寡二者孰利帝顧左右曰宜與兵於是詔發許滑淮南兵式發自光福里第麾幟皆東靡纛獵有聲喜曰是謂得天時矣聞賊用騎兵乃閱所部得吐蕃回鶻遷隸數百發龍陂監牧馬起用之集土團諸兒爲向導擒甫斬之加檢校右散騎常侍餘姚民徐澤專魚鹽之利慈溪民陳瑊冒名仕至縣令皆豪縱州不能制式曰甫竊發不足畏若澤瑊乃巨猾也窮治其姦皆榜死咸通三年徐州銀刀軍亂以式檢校工部尙書徙武寧節度使詔許滑兵自隨視事三日悉以計誅亂兵會詔降武寧爲團練罷歸終左金吾大將軍

贊曰裴延齡引經誼惑其主以不忠爲忠德宗倚延齡韋渠牟等商天下成敗自謂明而卒闇不明君臣回沇可不戒哉憲宗銳於立功而皇甫鎛以聚斂取宰相夫宰相者乃天下選彼暫勞一功烏足勝任哉中興之不終有爲而然

唐書卷　百六十七考證

王起傳炎子鐸鐐自有傳○臣酉按宰相世系表以鐸爲炎子以鐐爲起子與傳異

起子龜式○舊書以式爲播子

唐書卷一百六十八

宋　端　明　殿　學　士　宋　祁　撰

列傳第九十三

韋王陸劉柳程

韋執誼京兆舊族也幼有才及進士第對策異等授右拾遺年踰冠入翰林爲學士便敏側媚得幸於德宗使豫詩歌屬和被詔稱旨與裴延齡韋渠牟等寵任相埒出入備顧問帝誕日皇太子獻畫浮屠象帝使執誼贊之太子賜以帛詔執誼到東宮謝太子卒見無所藉言者乃曰君知王叔文乎美才也執誼繇是與叔文善以

母喪解終喪爲吏部郎中數召至禁中補闕張正一以上書召見所善王仲舒韋成季劉伯芻裴茝常仲孺呂洞往賀之或謂執誼曰彼將論君與叔文鉤黨事執誼即白成季等朋比有所窺望帝詔金吾伺得相過食飲狀悉逐出之順宗立以疾不親政叔文用事乃擢執誼爲尚書左丞同中書門下平章事叔文與王伾居中竊命欲執誼据以奉行因用迷奪朝權執誼既爲所引然外迫公議欲示天下非黨與者乃時時異論相可否而密謝叔文曰不敢負約欲共濟國家事爾叔文數爲所梗遂詬怒反成仇怨及憲宗受內禪流叔文伾分北支黨貶執誼爲崖州司戶參軍帝以宰相杜黃裳之壻故最後貶執誼已失形勢知禍且及雖尚在位而臨事奄奄無氣聞人足聲輒悸動至于敗始未顯時不喜人言嶺南州縣既爲郎嘗詣職方觀圖至嶺南輒瞑目命左右徹去及爲相所坐堂有圖不就省既易旬試觀之崖州圖也以爲不祥惡之果貶死

王叔文越州山陰人以棋待詔頗讀書班班言治道德宗詔直東宮太子引以侍讀因論政及宮市之弊太子曰寡人見上將極言之坐皆趣贊叔文獨嘿然既罷太子曰向君無言何哉叔文曰太子之事上非視膳問安無與也且陛下在位久有如小人間之謂殿下收厭羣情則安解乎太子謝曰非先生不聞此言繇是重之宮中事咸與參訂叔文淺中浮表遂肆言不疑曰某可爲相某可爲將它日幸用之陰結天下有名士而士之欲速進者率諧附之若韋執誼陸質呂溫李景儉韓曄韓泰陳諫柳宗元劉禹錫爲死友而凌準程异又因其黨進出入詭秘外莫得其端彊藩劇帥或陰相賂遺以自結順宗立不能聽政深居施幄坐以牛昭容宦人李忠言侍側羣臣奏事從帷中可其奏王伾密語諸黃門陛下素厚叔文即繇蘇州司功參軍拜起居郎翰林學士大抵叔文因伾伾因忠言忠言因昭容更相依仗伾主傳受叔文主裁可乃授之中書執誼作詔文施行焉時景儉居親喪溫使吐蕃惟質泰諫準曄宗元禹錫等倡譽之以爲伊周管葛復出憪然謂天下無人叔文每言錢穀者國大本操其柄可因以市士乃白用杜佑領度支鹽鐵使已副之實專其政不淹時遷戶部侍郎宦人俱文珍忌其權罷叔文學士詔出駭悵曰吾當數至此議事不然無繇入禁中伾復力請乃聽三五日一至翰林然不得舊職矣在省不事所職日引其黨謀取神策兵制天下之命乃以宿將范希朝爲西北諸鎮行營兵馬使泰爲司馬副之於是諸將移書中尉告且去宦人始悟奪其權大怒曰吾屬必死其手乃諭諸鎮愼毋以兵屬人希朝泰到奉天諸將不至乃還叔文母死匿不發置酒翰林忠言文珍等皆在哀金以餉因揚言曰天子適射兎苑中跨鞍若飛敢異議者斬又自陳親疾病以身任國大事朝夕不得侍今當請急宜聽然向之悉心戮力難易亡所避報天子異知爾今一去此則百謗至孰爲吾助者又言羊士諤毀短我我將杖殺之而執誼懦不果劉闢來爲韋皋求三川吾生平不識闢便欲前執吾手非凶人邪掃木場將斬之而執誼持不可每念失此二賊令人悵恨又陳領度支所以興利去害者爲巳勞文珍隨語詰折叔文不得對左右竊語曰母死已腐方留此將何爲邪明日乃發喪執誼益不用其語乃謀起復斬執誼與不附已者聞者恟懼廣陵王爲太子羣臣皆喜獨叔文有憂色誦杜甫諸葛祠詩以自況歔欷泣下太子已監國貶渝州司戶參軍明年誅死

王伾者杭州人始以書待詔翰林入太子宮侍書順宗立遷左散騎常侍待詔伾本闒茸貌寢陋楚語無它大志帝褻寵之不如叔文任氣好言事爲帝所禮至出處又不及伾之無間也叔文入止翰林而伾至柿林院見牛昭容等當其黨盛門皆若沸羹而伾尤通天下賕謝日月不闕爲巨匱裁竅以受珍使不可出則寢其上叔文既居喪伾日請中人及杜佑起叔文爲宰相且總北軍不許又請以威遠軍使同中書門下平章事復不可乃一日三表皆不報憂悸行且卧至夕大呼曰吾疾作輿歸第貶開州司馬死其所支黨皆逐惟質以前死免曄者滉族子有儁才以司封郎中貶饒州司馬終永州刺史諫警敏嘗覽染署歲簿悉能言其尺寸所治一閱籍終身不忘自河中少尹貶台州司馬終循州刺史準字宗一有史學自翰林學士貶連州司馬死于貶泰字安平有籌畫伾叔文所倚重能決大事以戶部郎中神策行營節度司馬貶虔州司馬終湖州刺史

陸質字伯沖七代祖澄仕梁爲名儒世居吳明春秋師事趙匡匡師啖助質盡傳二家學陳少游鎮淮南表在幕府薦之朝授左拾遺累遷左司郎中歷信台二州刺史質素善韋執誼方執誼附叔文竊威柄用其力召爲給事中憲宗爲太子詔侍讀質本名淳避太子名故改時執誼懼太子怒巳專故以質侍東宮陰伺意解釋左右之質伺間有所言太子輒怒曰陛下命先生爲寡人講學何可及它質惶懼出執誼未敗時質病甚太子巳即位爲臨問加禮卒門人以質能文聖人書通于後世私共謚曰文通先生所著書甚多行于世

劉禹錫字夢得自言系出中山世爲儒擢進士第登博學宏辭科工文章淮南杜佑表管書記入爲監察御史素善韋執誼時王叔文得幸太子禹錫以名重一時與之交叔文每稱有宰相器太子即位朝廷大議祕策多出叔文引禹錫及柳宗元與議禁中所言必從擢屯田員外郎判度支鹽鐵案頗馮藉其勢多中傷士若武元衡不爲宗元所喜自御史中丞下除太子右庶子御史竇羣劾禹錫挾邪亂政羣即日罷韓皐素貴不肯親叔文等斥爲湖南觀察使凡所進退視愛怒重輕人不敢指其名號二王劉柳憲宗立叔文等敗禹錫貶連州刺史未至斥朗州司馬州接夜郎諸夷風俗陋甚家喜巫鬼每祠歌竹枝鼓吹裴回其聲傖儜禹錫謂屈原居沅湘間作九歌使楚人以迎送神乃倚其聲作竹枝辭十餘篇於是武陵夷俚悉歌之始坐叔文貶者八人憲宗欲終斥不復乃詔雖後更赦令不得原然宰相哀其才且困將澡濯用之會程异復起領運務乃詔禹錫等悉補遠州刺史而元衡方執政諫官頗言不可用遂罷禹錫久落魄鬱鬱不自聊其吐辭多諷託幽遠作問大鈞謫九年等賦數篇又敘張九齡爲宰相建言放臣不宜與善地悉徙五谿不毛處然九齡自內職出始安有瘴癘之歎罷政事守荊州有拘囚之思身出遐陬一失意不能堪矧華人士族必致醜地然後快意哉議者以爲開元良臣而卒無嗣豈忮心失恕陰責最大雖它美莫贖邪欲感諷權近而憾不釋久之召還宰相欲任南省郎而禹錫作玄都觀看花君子詩語譏忿當路者不喜出爲播州刺史詔下御史中丞裴度爲言播極遠猿狖所宅禹錫母八十餘不能往當與其子死訣恐傷陛下孝治請稍內遷帝曰爲人子者宜愼事不貽親憂若禹錫望它人尤不可赦度不敢對帝改容曰朕所言責人子事終不欲傷其親乃易連州又徙夔州刺史禹錫嘗歎天下學校廢乃奏記宰相曰言者謂天下少士而不知養材之道鬱堙不揚非天不生材也是不耕而歎廩庾之無餘可乎貞觀時學舍千二百區生徒三千餘外夷遣子弟入附者五國今室廬圮廢生徒衰少非學官不振病無貲以給也凡學官春秋釋奠于先師斯止辟雍頖宮非及天下今州縣咸以春秋上丁有事孔子廟其禮不應古甚非孔子意漢初羣臣起屠販故孝惠高后間置原廟於郡國逮元帝時韋玄成遂議罷之夫子孫尚不敢違禮饗其祖況後學師先聖道而欲違之傳曰祭不欲數又曰祭神如神在與其煩於薦饗孰若行其敎令敎頽靡而以非禮之祀媚之儒者所宜疾竊觀歷代無有是事武德初詔國學立周公孔子廟四時祭貞觀中詔修孔子廟兗州後許敬宗等奏天下州縣置三獻官其佗如立社玄宗與儒臣議罷釋奠牲牢薦酒脯時王孫林甫爲宰相不涉學使御史中丞王敬從以明衣牲牢著爲令遂無有非之者今夔四縣歲釋奠費十六萬舉天下州縣歲凡費四千萬適資三獻官飾衣裳飴妻子於學無補也請下禮官博士議罷天下州縣牲牢衣幣春秋祭如開元時籍其資半畀所隸州使增學校舉半歸太學猶不下萬計可以營學室具器用豐饔食增掌故以備使令儒官各加稍食州縣進士皆立程督則貞觀之風粲然可復當時不用其言由和州刺史入爲主客郎中復作游玄都詩且言始謫十年還京師道士植桃其盛若霞又十四年過之無復一存唯兎葵燕麥動搖春風耳以詆權近聞者益薄其行俄分司東都宰相裴度兼集賢殿大學士雅知禹錫薦爲禮部郎中集賢直學士度罷出爲蘇州刺史以政最賜金紫服徙汝同二州遷太子賓客復分司禹錫恃才而廢褊心不能無怨望年益晏偃蹇寡所合乃以文章自適素善詩晚節尤精與白居易酬復頗多居易以詩自名者嘗推爲詩豪又言其詩在處應有神物護持會昌時加檢校禮部尚書卒年七十二贈戶部尚書始疾病自爲子劉子傳稱漢景帝子勝封中山子孫爲中山人七代祖亮元魏冀州刺史遷洛陽爲北部都昌人墳墓在洛北山後其地隘不可依乃葬滎陽檀山原德宗棄天下太子立時王叔文以善弈得通籍因間言事積久衆未知至起蘇州掾超拜起居舍人翰林學士陰薦丞相杜佑爲度支鹽鐵使翊日自爲副貴震一時叔文北海人自言猛之後有遠祖風東平呂溫隴西李景儉河東柳宗元以爲信然三子者皆予厚善日夕過言其能叔文實工言治道能以口辯移人既得用所施爲人不以爲當太上久疾宰臣及用事者不得對宮掖事祕建桓立順功歸貴臣由是及貶其自辨解大略如此

柳宗元字子厚其先蓋河東人從曾祖奭爲中書令得罪武后死高宗時父鎮天寶末遇亂奉母隱王屋山常間行求養後徙於吳肅宗平賊鎮上書言事擢左衛率府兵曹參軍佐郭子儀朔方府三遷殿中侍御史以事觸竇參貶夔州司馬還終侍御史宗元少精敏絕倫爲

文章卓偉精緻一時輩行推仰第進士博學宏辭科授校書郎調藍田尉貞元十九年爲監察御史裏行善王叔文韋執誼二人者奇其才及得政引內禁近與計事擢禮部員外郎欲大進用俄而叔文敗貶邵州刺史不半道貶永州司馬既竄斥地又荒癘因自放山澤間其堙厄感鬱一寓諸文倣離騷數十篇讀者咸悲惻雅善蕭俛詒書言情曰僕嚮者進當臲卼不安之勢平居閉門口舌無數又久與游者岌岌而操其間其求進而退者皆聚爲仇怨造作粉飾蔓延益肆非的然昭晰自斷于內孰能了僕於冥冥間哉僕當時年三十三自御史裏行得禮部員外郎超取顯美欲免世之求進者怪怒媢疾可得乎與罪人交十年官以是進辱在附會聖朝寬大貶黜甚薄不塞衆人之怒謗語轉侈囂囂嗷嗷漸成怪人飾智求仕者更詈僕以悅仇人之心日爲新奇務相悅可自以速援引之路僕輩坐益困辱萬罪橫生不知其端悲夫人生少六七十者今三十七矣長來覺日月益促歲歲更甚大都不過數十寒暑無此身矣是非榮辱又何足道云云不已秖益爲罪居蠻夷中久慣習炎毒昏眊重膇意以爲常忽遇北風晨起薄寒中體則肌革慘懍毛髮蕭條瞿然注視怵惕以爲異候意緒殆非中國人也楚越間聲音特異鴃舌啅譟今聽之恬然不怪已與爲類矣家生小童皆自然嘵嘵晝夜滿耳聞北人言則啼呼走匿雖病夫亦怛然駭之出門見適州閭市井者其十八九杖而後興自料居此尚復幾何豈可更不知止言說長短重爲一世非笑哉讀易困卦至有言不信尚口乃窮往復益喜曰嗟乎余雖家置一喙以自稱道詬益甚耳用是更樂瘖默與木石爲徒不復致意今天子興教化定邪正海內皆欣欣怡愉而僕與四五子者淪陷如此豈非命歟命乃天也非云云者所制又何恨然居治平之世終身爲頑人之類猶有少恥未能盡忘儻因賊平慶賞之際得以見白使受天澤餘潤雖朽枿敗腐不能生植猶足蒸出芝菌以爲瑞物一釋廢錮移數縣之地則世必曰罪稍解矣然後收召魂魄買土一廛爲耕甿朝夕謌謠使成文章庶木鐸者采取獻之法宮增聖唐大雅之什雖不得位亦不虛爲太平人矣又詒京兆尹許孟容曰宗元早歲與負罪者親善始奇其能謂可以共立仁義裨教化過不自料勤勤勉勵唯以忠正信義爲志興堯舜孔子道利安元元爲務不知愚陋不可以彊其素意如此也末路厄塞臲卼事既壅隔很忤貴近狂疏繆戾蹈不測之辜今黨與幸獲寬貸各得善地無公事坐食奉祿德至渥也尚何敢更俟除棄廢痼希望外之澤哉年少氣銳不識幾微不知當否但欲一心直遂果陷刑法皆自所求取又何怪也宗元於衆黨人中罪狀最甚神理降罰又不能即死猶對人語言飲食自活迷不知恥日復一日然亦有大故自以得姓來二千五百年代爲冢嗣今抱非常之罪居夷獠之鄉卑濕昏霧恐一日塡委溝壑曠墜先緒以是怛然痛恨心骨沸熱煢煢孤立未有子息荒陬中少士人女子無與爲婚世亦不肯與罪人親昵以是嗣續之重不絕如縷每春秋時饗孑立捧奠顧眄無後繼者懍懍然欷歔惴惕恐此事便已摧心傷骨若受鋒刃此誠丈人所共閔惜也先墓在城南無異子弟爲主獨託村隣自譴逐來消息存亡不一至鄉閭主守固以益怠晝夜哀憤懼便毀傷松柏芻牧不禁以成大戾近世禮重拜掃今闕者四年矣每遇寒食則北向長號以首頓地想田野道路士女徧滿皁隸庸丐皆得上父母丘墓馬醫夏畦之鬼無不受子孫追養者然此已息望又何以云哉城西有數頃田樹果數百株多先人手自封植今已荒穢恐便斬伐無復愛惜家有賜書三千卷尚在善和里舊宅宅今三易主書存亡不可知皆付受所重常繫心腑然無可爲者立身一敗萬事瓦裂身殘家破爲世大僇是以當食不知辛鹹節適洗沐盥漱動逾歲時一搔皮膚塵垢滿爪誠憂恐悲傷無所告愬以至此也自古賢人才士秉志遵分被謗議不能自明者以百數故有無兄盜嫂娶孤女撾婦翁者然賴當世豪傑分明辨列卒光史冊管仲遇盜升爲功臣匡章被不孝名孟子禮之今已無古人之實爲而有詬欲望世人之明已不可得也直不疑買金以償同舍劉寬下車歸牛鄉人此誠知疑似之不可辯非口舌所能勝也鄭詹束縛於晉終以無死鍾儀南音卒獲返國叔向囚虜自期必免范痤騎危以生易死蒯通據鼎耳爲齊上客張蒼韓信伏斧鑕終取將相鄒陽獄中以書自治賈生斥逐復召宣室兒寬擯厄後至御史大夫董仲舒劉向下獄當誅爲漢儒宗此皆瓌偉博辯奇壯之士能自解脫今以恇怯淟涊下才末伎又嬰痼病雖欲慷慨攘臂自同昔人愈疏闊矣賢者不得志於今必取貴於後古之著書者皆是也宗元近欲務此然力薄志劣無異能解欲秉筆覼縷神志荒耗前後遺忘終不能成章往時讀書自以不至觝滯今皆頑然無復省錄讀古人一傳數紙後則再三伸卷復觀姓氏旋又廢失假令萬一除刑部囚籍復爲士列亦不堪當世用矣伏惟興哀於無用之地垂德於不報之所以通家宗祀爲念有可動心者操之勿失雖不敢望歸掃塋域退託先人之廬以盡餘齒姑遂少北益輕瘴癘就婚娶求胄嗣有可付託即冥然長辭如得甘寢無復恨矣然衆畏其才高懲刈復進故無用力者宗元久汩振其爲文思益深嘗著書一篇號貞符曰臣所貶州流人吳武陵爲臣言董仲舒對三代受命之符誠然非邪臣曰非也何獨仲舒爾司馬相如劉向揚雄班彪彪子固皆沿襲嗤嗤推古瑞物以配受命其言類淫巫瞽史誑亂後代不足以知聖人立極之本顯至德揚大功甚失厥趣臣爲尚書郎時嘗著貞符言唐家正德受命於生人之意累積厚久宜享無極之義本末閎闊會貶逐中輟不克備究武陵即叩頭邀臣此大事不宜以辱故休缺使聖王之典不立無以抑詭類拔正道表覈萬代臣不勝奮激即具爲書念終泯沒蠻夷不聞于時獨不爲也苟一明大道施于人世死無所憾用是自決臣宗元稽首拜手以聞曰孰稱古初朴蒙空侗而無爭厥流以訛越乃奮敓鬬怒振動專肆爲淫威曰是不知道惟人之初摠摠而生林林而羣雪霜風雨雷雹暴其外於是乃知架巢空穴挽草木取皮革饑渴牝牡之欲敺其內於是乃噬禽獸咀果穀合偶而居交焉而爭睽焉而鬬力大者搏齒利者齧爪剛者決羣衆者軋兵良者殺披披藉藉草野塗血然後彊有力者出而治之往往爲曹於險阻用號令起而君臣什伍之法立德紹者嗣道怠者奪於是有聖人焉曰黃帝游其兵車交貫乎其內一統類齊制量然猶大公之道不克建於是有聖人焉曰堯置州牧四岳持而綱之立有德有功有能者參而維之運臂率指屈伸把握莫不統率年老舉聖人而禪焉大公乃克建由是觀之厥初罔匪極亂而後稍可爲也而非德不樹故仲尼敘書於堯曰克明俊德於舜曰濬哲文明於禹曰文命祗承於帝於湯曰克寬克仁章信兆民於武王曰有道曾孫稽揆典誓貞哉惟茲德實受命之符以奠永祀後之祇淫囂昏好怪之徒乃始陳大電大虹玄鳥巨跡白狼白魚流火之烏以爲符斯皆詭譎闊誕其可羞也莫知本於厥貞漢用大度克懷于有氓登能庸賢濯痍煦寒以瘳以熙茲其爲符也而其妄臣乃下取虺蛇上引天光推類號休用夸誣于無知氓增以騶虞神鼎脅敺縱踴俾東之泰山石閭作大號謂之封禪皆尚書所無有莽述承效卒奮驁逆其後有賢帝曰光武克綏天下復承舊物猶崇赤伏以玷厥德魏晉而下尨亂鉤裂厥符不貞邦用不靖亦罔克久駮乎無以議爲也積大亂至于隋氏環四海以爲鼎跨九垠以爲爐爨以毒燎煽以虐焰其人沸涌灼爛號呼騰蹈莫有救止於是大聖乃起丕降霖雨濬滌盪沃蒸爲清氛疏爲泠風人乃漻然休然相睎以生相持以成相彌以寧琢斮屠剔膏流節離之禍不作而人乃克完平舒愉尸其肌膚以達于夷途焚坼抵掎奔走轉死之害不起而人乃克鳩類集族歌舞悅懌用抵于元德徒奮袒呼犒迎義旅讙動六合至于麾下大盜豪據阻命遏德義威殄戮咸墜厥緒無劉于虐人乃竝受休嘉去隋氏克歸于唐躑躅謳歌灝灝和寧帝庸威栗惟人之爲敬奠厥賦積藏于下是謂豐國鄉爲義廩斂發謹飭歲丁大侵人以有年簡于厥刑不殘而懲是謂嚴威小屬而支大生而孥憯悌祗敬用底于治凡其所欲不竭而獲凡其所惡不祈而息四夷稽服不作兵革不竭貨力丕揚于後嗣用垂于帝式十聖濟厥治孝仁平寬惟祖之則澤久而逾深仁增而益高人之戴唐永永無窮是故受命不于天于其人休符不于祥于其仁惟人之仁匪祥于天匪祥于天茲爲貞符哉未有喪仁而久者也未有恃祥而壽者也商之王以桑穀昌以雉雊大宋之君以法星壽鄭以龍衰魯以麟弱白雉亡漢黃犀死莽惡在其爲符也不勝唐德之代光紹明濬深鴻尨大保人斯無疆宜薦于郊廟文之雅詩祗告于德之休帝曰諶哉乃黜休祥之奏究貞符之奧思德之所未大求仁之所未備以極于邦治以敬于人事其詩曰於穆敬德黎人皇之惟貞厥符浩浩將之仁函于膚刃莫畢屠澤熯于爨濡炎以澣勃厥凶德乃敺乃夷懿其休風是煦是吹父子熙熙相寧以嬉賦徹而藏厚我糗粻刑輕以清我完靡傷貽我子孫百代是康十聖嗣于治仁后之子子思孝父易患于己拱之戴之神其爾宜載揚于雅承天之嘏天之誠神宜鑒于仁神之曷依宜仁之歸濮鉛于北祝栗于南幅員西東祇一乃心祝唐之紀後天罔墜祝皇之壽與地咸久曷徒祝之心誠篤之神協人同道以告之俾彌億萬年不震不危我代之延永永毗之仁增以崇曷不爾思有號于天僉曰嗚呼咨爾皇靈無替厥符宗元不得召內閔悼悔念往咎作賦自儆曰懲咎愆以本始兮孰非余心之所求處卑汙以閔世兮固前志之爲尤始余學而觀古兮怪今昔之異謀惟聰明爲可考兮追駿步而遐游絜誠之既信直兮仁友藹而萃之日施陳以繫縻兮邀堯舜

禹之爲上騅肝而混茫兮下駁詭而懷私旁羅列以交貫兮求大中之所宜曰道有象兮而無其形推變乘時兮與志相迎不及則殆兮過則失貞謹守而中兮與時偕行萬類芸芸兮率由以寧剛柔弛張兮出入綸經登能抑枉兮白黑濁清蹈乎大方兮物莫能嬰奉訏謨以植內兮欣余志之有獲再明信乎策書兮謂耿然而不惑愚者果於自用兮惟懼夫誠之不一不顧慮以周圖兮專茲道以爲服讒妬構而不戒兮猶斷斷於所執哀吾黨之不淑兮遭任遇之卒迫勢危疑而多詐兮逢天地之否隔欲圖退而保己兮悼乖期乎曩昔欲操術以致忠兮衆呀然而互嚇進與退吾無歸兮甘脂潤乎鼎鑊幸皇鑒之明宥兮纍郡印而南適惟罪大而寵厚兮宜夫重仍乎禍謫既明懼乎天討兮又幽慄乎鬼責惶惶乎夜寤而晝駭兮類麏麚之不息凌洞庭之洋洋兮泝湘流之沄沄飄風擊以揚波兮舟摧抑而迴邅日霾曀以昧幽兮黝雲涌而上屯暮屑窣以淫雨兮聽嗷嗷之哀猿衆鳥萃而啾號兮沸洲渚以連山漂遥逐其詎止兮逝莫屬余之形魂攢巒奔以紆委兮束洶湧之崩湍畔尺進而尋退兮盪洄汩乎淪漣際窮冬而止居兮羈纍棼以縈纏哀吾生之孔艱兮循凱風之悲詩罪通天而降酷兮不亟死而生爲逾再歲之寒暑兮猶貿貿而自持將沈淵而隕命兮詎蔽罪以塞禍惟滅身而無後兮顧前志猶未可進路呀以劃絕兮退伏匿又不果爲孤囚以終世兮長拘攣而轗軻曩余志之脩蹇兮今何爲此戾也豈貪食而盜名兮不混同於世也將顯身以直遂兮衆之所宜蔽也不擇言以危肆兮固羣禍之際也御長轅之無橈兮行九折之峨峨却驚棹以橫江兮泝凌天之騰波幸余死之已緩兮完形軀之既多苟餘齒之有懲兮蹈前烈而不頗死蠻夷固吾所兮雖顯寵其焉加配大中以爲偶兮諒天命之謂何元和十年徙柳州刺史劉禹錫得播州宗元曰播非人所居而禹錫親在堂吾不忍其窮無辭以白其大人如不往便爲母子永決即具奏欲以柳州授禹錫而自往播會大臣亦爲禹錫請因改連州柳人以男女質錢過期不贖子本均則沒爲奴婢宗元設方計悉贖歸之尤貧者令書庸視直足相當還其質已沒者出己錢助贖南方爲進士者走數千里從宗元游經指授者爲文辭皆有法世號柳柳州十四年卒年四十七宗元少時嗜進謂功業可就既坐廢遂不振然其才實高名蓋一時韓愈評其文曰雄深雅健似司馬子長崔蔡不足多也既沒柳人懷之託言降于州之堂人有慢者輒死廟於羅池愈因碑以實之云

程异字師舉京兆長安人居鄉以孝稱第明經再補鄭尉精吏治爲叔文所引擢監察御史爲鹽鐵揚子院留後叔文敗貶郴州司馬李巽領鹽鐵薦异心計可任請拔擢用之乃授侍御史復爲揚子留後稍遷淮南等道兩稅使异起退廢能厲己竭節悉矯革征利舊弊入遷累衞尉卿鹽鐵轉運副使方討蔡异使江表調財用因行諭諸帥府以羨贏貢故异所至不剝下不加斂經用以饒遂兼御史大夫爲鹽鐵使元和十三年以工部侍郎同中書門下平章事猶領鹽鐵异以錢穀奮而至宰相自以非人望久不敢當印秉筆明年西北軍政不治議置巡邊使憲宗問孰可者乃自請行會卒贈尚書左僕射諡曰恭身歿官第無留貲世重其廉云

贊曰叔文沾沾小人竊天下柄與陽虎取大弓春秋書爲盜無以異宗元等橈節從之僥幸一時貪帝病昏抑太子之明規權遂私故賢者疾不肖者娼一僨而不復宜哉彼若不傅匪人自勵材猷不失爲明卿才大夫惜哉

唐書卷一百六十九

宋　端　明　殿　學　士　宋　祁　撰

列傳第九十四

杜裴李韋

杜黃裳字遵素京兆萬年人擢進士第又中宏辭郭子儀辟佐朔方府子儀入朝使主留事李懷光與監軍陰謀矯詔誅大將等以動衆心欲代子儀黃裳得詔判其非以質懷光懷光流汗服罪於是諸將狠驕難制者黃裳皆以子儀令易置衆不敢亂入爲侍御史爲裴延齡所惡十期不遷貞元末拜太子賓客居韋曲時中人欲請其地賜公主德宗曰城南杜氏鄉里不可易遷太常卿時王叔文用事黃裳未嘗過其門壻韋執誼輔政黃裳勸請太子監國執誼曰公始得一官遽開口議禁中事黃裳怒曰吾受恩三朝豈以一官見賣即拂衣出皇太子總軍國事擢黃裳門下侍郎同中書門下平章事於是夏綏銀節度使韓全義恢佞無功因其來朝白罷之俄而劉闢叛議者以闢恃險討之或生事唯黃裳固勸不赦因奏罷中人監軍而專委高崇文凡兵進退黃裳自中指授無不切于機崇文素憚劉澭黃裳使人謂曰公不奮命者當以澭代崇文懼一死力縛賊以獻蜀平羣臣賀憲宗目黃裳曰時卿之功始德宗創艾多難務姑息藩鎮每帥臣死遣中人伺其軍觀衆所欲立者故大將私金幣結左右以求節制晏年尤甚方鎮選不出朝廷黃裳每從容具言陛下宜鑒貞元之弊整法度朘損諸侯則天下治帝嘗問前古王者所以治亂云云黃裳知帝銳於治恐不得其要因推言王者之道在修己任賢而已操執綱領要得其大者至簿書獄訟百吏能否本非人主所自任昔秦始皇帝親程決事見嗤前世魏明帝欲按尚書事陳矯不從隋文帝日旰聽政衞士傳飡太宗笑之故王者擇人任而責成見功必賞有罪信罰孰敢不力孔子之稱帝舜恭己南面以其能舉十六相去四凶而至無爲豈必刓神疲體勞耳目之察然後爲治哉帝以黃裳言忠嘉納之由是平夏翦齊滅蔡復兩河以機秉還宰相紀律設張赫然號中興自黃裳啓之元和二年以檢校司空同中書門下平章事爲河中晉絳節度使俄封邠國公明年卒年七十贈司徒諡曰宣獻黃裳達權變有王佐大略性雅澹未始忤物初不爲執誼所禮及敗悉力營救既死表還其柩葬焉嘗被疾醫者誤進藥疾遂甚終不怒譴然除吏不甚別流品通饋謝無潔白名當大政未久不究其才及處外天下常所屬意卒後數年御史劾奏黃裳納邠寧節度使高崇文錢四萬五千緡按故吏吳憑及黃裳子載辭服帝念舊功但流憑昭州原載不問載終太僕少卿

載弟勝字斌卿寶曆初擢進士第楊嗣復數薦材堪諫官不爲鄭覃所佑宣宗感章武舊事元和時大臣子若孫在者多振拔之帝嘗問勝勝具道黃裳首建憲宗監國議帝嘉歎拜給事中遷戶部侍郎判度支欲倚爲宰相及蕭鄴罷爲中人沮毀而更用蔣伸以勝檢校禮部尚書出爲天平節度使不得意卒

裴垍字弘中絳州聞喜人擢進士第以賢良方正對策第一補美原尉藩府交辟不就四遷考功員外郎吏部侍郎鄭珣瑜委垍校辭判研覈精密皆値才實憲宗元和初召入翰林爲學士再遷中書舍人李吉甫始執政以情謂垍曰吾落魄遠裔更十年始相天子比日人物吾惰不及知且宰相職當進賢任能君精鑒爲我言之垍即崖略疏三十許人吉甫籍以薦于朝天下翕然稱得人坐覆視皇甫湜牛僧孺等對策非是罷學士爲戶部侍郎帝器垍方直以爲任公卿薄其過眷信彌厚吉甫罷乃拜垍中書侍郎同中書門下平章事加集賢殿大學士監修國史垍始承旨翰林天子新翦蜀亂厲精致治中外機筦垍多所參與以小心愼默稱帝意旣當國請繩不軌課吏治分明淑慝帝降意順納吐突承璀自東宮得侍恩顧親渥承間欲有關說帝憚垍誠使勿言帝在殿中常呼垍官而不名嶺南節度使楊於陵爲監軍許遂振所誣詔授冗官垍曰以一中人罪藩臣陛下之法安在更授美官嚴綬守太原政一出監軍李輔光垍劾其懦以李鄘代之王承宗擅襲節度方帝屢剏叛族意必取之又吐突承璀每欲撓垍權因探帝意自請往于時澤潞盧從史詭獻征討計垍固爭以爲從史苞逆節內連承宗外請興師以圖身利且武俊有功於國陛下前以地授李師道而今欲奪承宗地有之賞罰不一沮勸廢矣帝猶豫不能決久之卒用承璀謀會兵討承宗從史果反覆兵久暴無功王師告病旣而從史遣部將王翊元奏事垍從容以語動之翊元因言從史惡稔可圖狀垍比遣往得其大將烏重胤等要領垍乃爲帝陳從史暴戾不君視承璀若小兒往來神策軍不甚戒可因其機致之後無興師之勞帝初矍然徐乃許之垍請祕其計帝曰惟李絳梁守謙知之俄而承璀縛從史獻于朝因班師垍奏承璀首謀無功陛下雖詘法人心不厭請流斥以謝天下乃罷所領兵先是天下賦法有三曰上供曰送使曰留州建中初釐定常賦而物重錢輕其後輕重相反民輸率一倍其初而所在以留州送使之入捨公估更實私直以自潤故賦益苛齊民重困垍奏禁之一以公估準物觀察使得用所治州租調至不足乃取支郡以贍故送使之財悉爲上供自是起淮江而南民少息矣垍器局峻整持法度雖宿貴前望造詣不敢干以私諫官言得失大抵執政多忌之惟垍獎厲使盡言初拾遺獨孤郁李正辭嚴休復三人皆遷及過謝垍垍獨讓休復曰君異夫二人孜孜獻納者前日進擬上固爲疑休復大慙垍爲學士時引李絳崔羣與同列及相又擢韋貫之裴度知制誥李夷簡御史中丞皆踵躡爲輔相號名臣自宅選任罔不精明人無異言士大夫不以垍年少柄用爲嫌故元和之治百度修舉稱朝無幸人五年暴風痺帝悵惜遣使致問藥膳進退輒疏聞居三月益痼乃罷爲兵部尚書垍之進李吉甫薦頗力及居中多變更吉甫時約束吉甫復用銜之會垍與史官蔣武等上德宗實錄吉甫以垍引疾解史任不宜冒奏乃徙垍太子賓客罷武等史官會卒不加贈給事中劉伯芻表其忠帝乃贈太子太傅垍始相建言集賢院官登朝自五品上爲學士下爲直學士餘

皆校理史館以登朝者爲修撰否者直史館以準六典遂著于令京兆少尹裴武使王承宗還得德棣二州已而地不入或言武還先見垍明日乃朝帝怒召學士李絳議斥武絳言垍身備宰相明練時事勢不容先見武帝悟釋之議者謂帝知垍明倚任方篤尚不免疑嫌以信處位之難云

李藩字叔翰其先趙州人父承仕爲湖南觀察使有名于時藩少沈靖有檢局姿制閑美敏于學居父喪家本饒財姻屬來丐有持去者未嘗問益務施與居數年略盡年四十餘困廣陵間不自振妻子追咎藩晏如也杜亞居守東都表致府中亞嘗疑牙將令狐運爲盜掠服之藩爭不從輒去後果獲眞盜稍知名徐州張建封辟節度府未嘗察苛細建封卒濠州刺史杜兼疾驅至陰有覬望藩泣謂曰公今喪君宜謹守土何棄而來宜速還否則以法劾君兼錯忤去恨之因誣奏建封死藩搖其軍有非望德宗怒密詔徐泗節度使杜佑殺之佑雅器藩得詔十日不發召見藩曰世謂生死報應驗乎藩曰殆然曰審若此君宜遇事無恐因出詔示藩藩色不變曰信乎杜兼之報也佑曰愼毋畏吾以闔門保君矣帝未之信亟追藩既入帝望其狀貌曰是豈作亂人邪釋之拜秘書郎時王紹得君邀藩與相見當即用終不詣王仲舒與同舍郎韋成季呂洞日置酒邀賓客相樂慕藩名彊致之仲舒等爲俳說廋語相狎昵藩一見謝不往曰吾與終日不曉所語何哉後仲舒等果坐斥廢憲宗爲皇太子王紹避太子諱始改名時議以爲諂藩曰自古故事由不識體之人敗之不可復正雖紹何誅累擢吏部郎中坐小累左授著作郎再遷給事中制有不便就敕尾批卻之吏驚請聯它紙藩曰聯紙是牒豈曰敕邪裴垍白憲宗謂藩有宰相器會鄭絪罷因拜門下侍郎同中書門下平章事藩忠謹好醜必言帝以爲無隱嘗問前世所以家給或國匱乏者何致而然及蘄禳之數藩對儉則足用敦本則百姓富反是則匱又言孔子病止子路之禱漢文帝每祭敕有司敬而不祈使神無知則不能降福有知固不可私已求媚而悅之也且義於人者和於神人乃神之主人安而福至帝悅曰當與公等上下相勗以保此言後復問神仙長年事藩知帝且有所惑極陳荒妄謾誕不可信後入柳泌等語果爲累云河東節度使王鍔賂權近求兼宰相密詔中書門下曰鍔可兼宰相藩遽取筆滅宰相字署其左曰不可還奏之宰相權德輿失色曰有不可應別爲奏可以筆塗詔邪藩曰勢迫矣出今日便不可止既而事得寢李吉甫復相藩頗沮止會吳少陽襲淮西節度吉甫已見帝潛欲中藩即奏曰道逢中人假印節與吳少陽臣爲陛下恨之帝變色不平翌日罷藩爲太子詹事後數月帝復思藩召對殿中事寢釋明年爲華州刺史未行卒年五十八贈戶部尚書謚曰貞簡藩材能不及韋貫之裴垍然人物淸整是其流亞云

韋貫之名純避憲宗諱以字行後周杜國夐八世孫父肇大曆中爲中書舍人累上疏言得失爲元載所惡左遷京兆少尹久之改秘書少監載曰肇若過我當擇善地處之終不肯詣載誅除吏部侍郎代宗欲相之會卒謚曰貞貫之及進士第爲校書郎擢賢良方正異等補伊闕渭南尉河中鄭元澤潞郗士美以厚幣召皆不應居貧啜豆糜自給再遷長安丞或薦之京兆尹李實實舉笏示所記曰此其姓名也與我同里素聞其賢願識之而進于上或者喜以告曰子今日詣實而明日賀者至矣貫之唯唯不往官亦不遷永貞時始爲監察御史舉其弟纁自代及爲右補闕纁代爲御史議者不謂之私宰相杜佑子從郁爲補闕貫之與崔羣持不可換左拾遺復奏拾遺補闕爲諫官等宰相政有得失使從郁議是子而議父殆不可訓卒改它官遷禮部員外郎新羅人金忠義以工巧幸擢少府監蔭子補齋郎貫之不與曰是將奉郊廟祠祭階爲守宰者安可以賤工子爲之又劾忠義不宜汙朝籍忠義竟罷於是權幸側目進吏部員外郎坐考賢良方正牛僧孺等策獨署奏出爲果州刺史半道貶巴州久之召爲都官郎中知制誥進中書舍人宰相裴垍嘗三奏事憲宗不從貫之曰公亦以進退決請乎垍曰奉教事果見聽垍因曰君異時當位於此改禮部侍郎所取士抑浮華先行實于時流競爲息嘗從容奏曰禮部侍郎重於宰相帝曰侍郎是宰相除安得重曰然爲陛下柬宰相者得無重乎帝美其言改尚書右丞俄同中書門下平章事遷中書侍郎討吳元濟也貫之請釋鎮州專力淮西且言陛下豈不知建中事乎始於蔡急而魏應也齊趙同起德宗引天下兵誅之物力殫屈故朱泚乘以爲亂此非佗速於撲滅也今陛下獨不能少忍俟蔡平而誅鎮邪時帝業已討鎮不從終之蔡平鎮乃服初討蔡以宣武韓弘爲都統又詔河陽烏重胤忠武李光顏合兵以進貫之諫諸將戰方力今若置都統又令二帥連營則各持重養威未可歲月下也亦不從後四年乃克蔡皆如貫之策云帝以段文昌張仲素爲翰林學士貫之謂學士所以備顧問不宜專取辭藝奏罷之皇甫鎛張宿皆以幸進宿使淄青裴度欲爲請銀緋貫之曰宿姦佞吾等縱不能斥奈何欲假以寵乎由是宿等恐陰構之又與度論兵帝前議頗駁故罷爲吏部侍郎於是翰林學士左拾遺郭求上疏申理詔免求學士出貫之爲湖南觀察使不三日韋顗李正辭薛公幹李宣韋處厚崔韶坐與貫之厚善悉貶爲州刺史顗正辭處厚皆清正以鈞黨去由是中外始大惡宿時國用不足遣鹽鐵副使程异督諸道賦租异諷州縣厚斂以獻貫之不忍橫賦而所獻不中异意因取屬內六州留錢繼之左遷太子詹事分司東都穆宗立即拜河南尹以工部尚書召未行卒年六十二贈尚書右僕射謚曰貞後更謚曰文貫之沈厚寡言與人交終歲無款曲不爲僞辭以悅人爲右丞時內僧造門曰君且相貫之命左右引出曰此妄人也居輔相嚴身律下以正議裁物室居無所改易裴均子持萬縑請撰先銘答曰吾寧餓死豈能爲是哉生平未嘗通饋遺故家無羨財

子澳字子斐第進士復擢宏辭方靜寡欲十年不肯調御史中丞高元裕與其兄溫善欲薦用之諷澳謁已溫歸以告澳不答溫曰元裕端士若輕之邪澳曰然恐無呈身御史周墀節度鄭滑表署幕府會墀入相私謂曰何以教我澳曰願公無權墀愕眙澳曰爵賞刑罰人主之柄公無以喜怒行之俾庶官各舉其職則公斂衽廟堂上天下治矣烏用權墀歎曰吾先居此得無愧乎擢考功員外郎史館修撰歲中知制誥召爲翰林學士累遷兵部侍郎進學士承旨與蕭寘皆爲宣宗禮遇每兩人直必偕召問政得失嘗夜被旨草詔書事有不安者即遷延須見帝開陳可否未嘗不順納一日召入屏左右問曰朕於敕使何如澳陳帝威制前世無比帝搖首曰未也策安出澳倉卒答曰若謀之外廷則大和事可用追鑒不若就擇可任者與計事帝曰朕固行之矣自黃至綠自綠至緋猶可衣紫即合爲一矣澳愧汗不能對乃罷改京兆尹帝舅鄭光主墅吏豪肆積年不輸官賦澳逮繫之它日延英帝問其故澳具道姦狀且言必寘以法帝曰可貸否答曰陛下自內署擢臣尹京邑安可使畫一法獨行於貧下乎帝入白太后曰是不可犯后爲輸租乃免由是豪右斂跡會戶部闕判使帝以問澳澳三不對帝曰任卿可乎曰臣老矣力疲氣耗煩劇非所任者帝默不樂出謂其甥柳玭曰吾本不爲宰相知上便委以使務脫謂吾佗岐而得卒無以自白今時事變惡皆吾輩負爵位致然未幾授河陽節度使入辭帝曰卿自便而遠我非我去卿懿宗立徙平盧軍入爲吏部侍郎復出爲邠寧節度使宰相杜審權素不悅坐吏部時史盜簿書爲姦貶秘書監分司東都就遷河南尹辭疾不拜勾歸樊川逾年以吏部侍郎召不起卒贈戶部尚書謚曰貞澳在河陽累年宣宗遣使至魏博道出澳所帝以薄紙手作詔賜澳曰密飭裝秋當見卿蓋將以爲相也因問輔養術澳具言金石非可御方士怪妄宜斥遠之其八月帝崩不果相爲學士時帝嘗曰朕每遣方鎭刺史欲各悉州郡風俗者卿爲朕撰一書澳乃取十道四方志手加紬次題爲處分語後鄧州刺史薛弘宗中謝帝敕戒州事人人驚服

綬貫之兄舉孝廉又貢進士禮部侍郎潘炎將以爲舉首綬以其友楊凝親老故讓之不對策輒去凝遂及第後擢明經辟東都幕府德宗時以左補闕爲翰林學士密政多所參逮帝常幸其院韋妃從會綬方寢學士鄭絪欲馳告之帝不許時大寒以妃蜀襭袍覆而去其待遇若此每入直踰月不得休以母老屢匄解職每請帝輒不悅出入八年而性謹畏甚晚乃感心疾罷還第不極於用九月九日帝爲黃菊歌顧左右曰安可不示韋綬即遣使持往綬遽奉和附使進帝曰爲文不已豈頤養邪敕自今勿復爾終左散騎常侍弟纁有精識爲士林器許兄弟皆名重當時綬子溫

溫字弘育方七歲日誦書數千言十一舉兩經及第以拔萃高等補咸陽尉父愕然疑假權謁進召而試諸廷文就無留思喜曰兒無愧矣入爲監察御史以臺制苛嚴不可以省養不拜換著作郎既謝輒解歸侍親疾調適湯劑彌二十年衣不弛帶既居喪毀瘠不支服除李逢吉辟置宣武府頻遷右補闕宰相宋申錫被搆罪不測溫倡曰丞相操履有初不宜反乃姦人陷之吾等豈避雷霆使上蒙霧咎邪率同舍伏閤切爭由是益知名太和五年太廟室漏蝕詔宗正將作營治不時畢文宗怒責卿李銳監王堪奪其稟自敕中人葺之溫諫吏舉其職國以治事歸於正法以修夫設制度立官司度經費則宗廟最重也比詔下閱月有司弛墮不力正可黜慢官懲不恪擇可任者繕完之則吏舉職事歸正矣今慢吏奪稟而易以中人是許百司公廢職以宗廟之重爲陛下所私臣竊惜之請還將作則官修業矣帝乃罷宦人會羣臣請上尊號溫固諫今河南水江淮旱歘京

師雪積五尺老稚凍仆此非崇飾虛名時帝順納乃謝羣臣改侍御史李德裕入輔擢禮部員外郎或言雅爲牛僧孺厚德裕曰是子堅正可以私廢乎鄭注節度鳳翔表爲副溫曰拒則遠黜從之禍不測吾焉能爲注起邪注誅由考功員外郎拜諫議大夫未幾爲翰林學士先是綬在禁廷積憂畏病廢故誡溫不得任近職至是固辭帝怒曰寧綬治命邪禮部侍郎崔蠡曰溫用亂命益所以爲孝帝意釋換知制誥引疾徙太常少卿宰相李固言薦溫給事中帝曰溫素避事肯爲我論駁乎須太子長以爲賓客久之卒爲給事中初兼莊恪太子侍讀晨詣宮日中見太子諫曰殿下盛年宜雞鳴蚤作問安天子如文王故事太子不悅辭侍讀見聽王晏平罷靈武節度使以馬及鎧仗自隨貶康州司戶參軍厚賂貴近浹日改撫州司馬樂工尉遲璋授光州長史溫悉封上詔書太子得罪詔諭羣臣溫曰陛下訓之不早非獨太子罪時頗直其言遷尚書右丞鹽鐵推官姚勗按大獄帝以爲能擢職方員外郎將趣省溫使戶止勗上言郎官清選不可賞能吏帝命中人諭送溫執議不移詔改勗檢校禮部郎中帝問故於楊嗣復對曰勗名臣後治行無疵若吏材幹而不入清選佗日孰肯當劇事者此衰晉風不可以法帝素重溫出爲陝虢觀察使民當輸租而麥未熟吏白督之溫曰使民貨田中穗以供賦可乎爲緩期而賦辦武宗立擢吏部侍郎李德裕欲引同輔政溫苦言李漢可釋德裕悵然出宣歙觀察使池民訟刺史劾無狀榜殺之威行部中既疾召親屬賦綬詩在室愧屋漏因泣下曰今知沒身不負斯誡矣卒年五十八贈工部尚書謚曰孝溫性剛峻人望見無敢戲慢者與楊嗣復李珏善嘗勸與李德裕平故憾二人不從及皆謫溫歎曰用吾言孰至是邪一女歸薛蒙女工屬文續曹大家女訓行于世溫少合所善惟蕭祐

祐者字祐之夷澹君子也少貧窶隱居以孝養聞司農卿李實督官租祐居喪未及輸召至將責之會有賜與倩祐爲奏實稱善即薦於朝終制以處士拜左拾遺累遷諫議大夫終桂州觀察使贈右散騎常侍精畫及書自鍾王蕭張以來皆能識其眞贋然不以塵事自蒙故溫號山林友云

贊曰杜黃裳善謀裴垍能持法李藩鯁挺韋貫之忠實皆足穆天緯經國體撥衰奮王略攘四方憲宗中興寧不謂得人而致然邪昔子貢孔堂高第而貨殖韓安國漢名宰而資貪黃裳亦以受餉見疵至於忠烈巍然則不可掩已

唐書卷一百七十

宋　端　明　殿　學　士　宋　祁　撰

列傳第九十五

二高伊朱二劉范二王孟趙李任張

高崇文字崇文其先自渤海徙幽州七世不異居開元中再表其閭崇文性樸重寡言少籍平盧軍貞元中從韓全義鎮長武城治軍有聲累官金吾將軍吐蕃三萬寇寧州崇文率兵三千往救戰佛堂原大破之封渤海郡王全義入朝留知行營節度後務遷長武城都知兵馬使劉闢反宰相杜黃裳薦其才詔檢校工部尚書左神策行營節度使俾統左右神策麟游奉天諸屯兵討闢時顯功宿將人人自謂當選及詔出皆大驚始崇文選兵五千常若寇至是卯漏受命辰已出師器良械完無一不具過興元士有折逆旅匕箸者即斬以徇乃西自閬中出卻劍門兵解梓潼之圍賊將邢泚退守梓州詔拜崇文東川節度使初闢陷東川執節度使李康不殺也至是歸康以匄雪崇文數康失守罪斬之鹿頭山南距成都百五十里扼二川之要闢城之旁連八屯以拒東兵崇文始破賊二萬于城下會雨不克攻明日戰萬勝堆堆直鹿頭左使驍將高霞寓鼓之士扳緣上矢石如雨募死士奪而有之盡殺戍者焚其柵下瞰鹿頭城人可數凡八戰皆捷賊心始搖大將阿跌光顏與崇文約後期懼罪請深入自贖乃軍鹿頭西斷賊糧道賊大震其將李文悅以兵三千自歸仇良輔舉鹿頭城二萬衆降執闢子方叔壻蘇彊遂趣成都餘兵皆面縛送欵闢走追禽之檻送京師入成都也師屯大逵市井不移珍貨如山無秋毫之犯邢泚已降而貳斬于軍衣冠脅汙者詣牙請命崇文爲條上全活之進檢校司空西川節度副大使南平郡王實封三百戶刻石紀功于鹿頭山崇文不通書厭案牘諮判以爲繁且蜀優富無所事請扞邊自力乃詔同中書門下平章事邠寧慶節度使爲京西諸軍都統崇文侍功而侈擧蜀帑藏百工之巧者皆自隨又不曉朝廷儀憚於覲謁有詔聽便道之屯居邠三年戎備整修卒年六十四贈司徒謚曰威武會昌六年詔配享憲宗廟

子承簡少事忠武軍後更隸神策以崇文平蜀功除嘉王傅裴度征蔡奏署牙將蔡平詔析上蔡郾城遂平西平四縣爲溵州拜承簡刺史治郾城始開屯田列防庸瀕溵緜地二百里無復水敗皆爲腴田先是賊築武宮以夸戰勞承簡夷其丘出家財以葬葺儒宮備俎豆歲時行禮野有菆實民得以食將吏立石頌功遷邢州刺史觀察府責賦尤急承簡代下戶數百輸租遷宋州會宣武將李㝏反遣使責財于宋承簡囚之前後數輩輒繫獄一日并出斬于牙門威震部中㝏悉兵攻之宋有三城南城陷承簡保北兩城數與賊確會徐州救至㝏爲李質所執兵遂潰拜兗海沂密節度使遷義成軍檢校尚書左僕射入拜右金吾衛大將軍復節度邠寧先是虜多以盛秋犯邊承簡請屯寧州以制其侵屬疾還朝道卒贈司空謚曰敬崇文孫騈自有傳

伊慎字寡悔兗州人通春秋戰國策天官五行書用善射爲折衝都尉喪母將合葬而不知父墓晝夜哭夢若有導者啓發之舊志可按也乃得葬江西路嗣恭討哥舒晃以慎爲先鋒疾戰破賊斬首三千級下韶州戰杷江口水湍駛乃爲桴寘薪焉乘風縱火賊焚且溺不可計與諸將追斬晃泔溪授連州長史知團練副使三遷江州別駕討梁崇義也慎以江西牙兵屬李希烈希烈署漢南北兵馬使不受獨率所部破崇義於蠻水斬俘三萬襄漢平功多希烈愛其材數饋遺欲糜止之卒以計免明年希烈果反嗣曹王皐至鍾陵得而壯之拔爲大將希烈恐爲皐所任遺以七屬甲詐爲慎書行反間帝遣使即軍中斬之皐表列其誣未報賊泝江略地皐授慎兵勞而遣與賊大戰破之收黃梅次長平殺賊將王天子在梁州包佶轉東南財糧次蘄口賊遣驍將杜少誠以兵萬人遏江道不得西慎選士七千列三屯相望偃旗以待少誠分圍之未合慎自中屯鼓之諸屯悉出奮擊賊亂少誠走斬別將許少華封其尸爲京觀漕無留艱進圍安州希烈之甥劉戒虛以兵八千來援慎逆擊于應山禽之示城下州開門降以功爲安州刺史實封百戶攻隋州戰厲鄉斬首五千級驗降李惠登即薦惠登爲刺史拜慎安黃州節度使與少誠反詔領步騎五千兼統荊南湖南江西兵當一面遇賊于三州港營義陽戰于申斬首數千加檢校刑部尚書貞元末詔安黃爲奉義軍即爲奉義節度憲宗即位以兵付其子宥身入朝拜尚書右僕射改金吾衛大將軍以錢三千萬賂宦人求帥河中事暴帝沒其半贓貶右衛將軍明年念舊勞復檢校右僕射兼右衛上將軍卒贈太子太保謚曰壯繆乾符中盜發其墓賜絹二百修瘞云

朱忠亮字仁輔汴州浚儀人舉明經不中往事昭義節度使薛嵩爲裨將屯普潤開田峙糧以功擢太子賓客朱泚亂率麾下四十騎至奉天封東陽郡王爲定難功臣扈狩梁州爲賊鈔獲繫長安獄賊平李晟釋之奏隸本軍累遷定平軍使憲宗立加御史大夫涇州將楊琦謀拒詔爲亂方集諸校計事屋壞琦壓死乃授忠亮涇原四鎭節度使本名士明至是賜今名覈軍籍得冗名者三千人歲收乾沒十萬斛吏白羸卒不任戰者可罷答曰古於老馬不棄況戰士乎聞者莫不感奮涇俗嗜多質子忠亮以財贖免者前後數百築潘原城有勞改封丹陽卒贈尚書右僕射謚曰靈

劉昌裔字光後太原陽曲人幼重遲不好戲常若有所思度及壯策說邊將不售去入蜀楊惠琳亂昌裔說之惠琳順命拜瀘州刺史署昌裔州佐惠琳死客河朔間曲環方攻濮州表爲判官爲環檄李納剴曉大誼環上其稾德宗異之環領陳許軍又從府遷累進營田副使環卒上官涗知後務吳少誠引兵薄城涗欲遁去昌裔止曰受詔而守死其職也況士馬完奮足支賊若堅壁不戰七日賊氣必衰我以全制之可也涗許諾賊攻堞壞不得修昌裔密造飛棚聯柵即募突將千人鑿城以出擊賊走之比還柵已立守陴遂安兵馬使安國寧謀應賊昌裔以計斬之召其麾下千人爲饗人賞二縑乃伏兵于道令持縑者斬一不能脫賊聞解去以功擢涗陳許節度使昌裔陳州刺史韓全義敗于溵水引軍走陳求入保昌裔登陴揖曰天子命君討蔡何爲來陳且賊不敢至我城下君其舍外無恐明日從十餘騎持牛酒抵全義營勞軍全義不自意迎拜歎服改陳許行軍司馬涗卒軍中推昌裔有詔檢校工部尚書代節度命境上吏不得犯蔡人少誠吏有來犯者捕得縛送使自治之少誠慙其軍亦禁境上暴掠者封彭城郡公元和八年大水壞廬舍溺居人以檢校尚書左僕射兼左龍武統軍召還京師始憲宗惡昌裔自立欲召之而重生

變。宰相李吉甫曰陛下秉人心愁苦可召也遂以韓皐代之至長樂驛知帝意因稱風眩臥第歲中卒贈潞州大都督謚曰威

范希朝字致君河中虞鄉人初從邠寧軍爲別將事節度使韓游瓌德宗在奉天以戰守功累兼御史中丞治軍整毅游瓌畏其才將伺隙殺之希朝懼奔鳳翔帝聞召寘左神策軍貞元四年以游瓌政無狀使代之希朝曰始偪而來終代其任非所以防覬覦安反仄也固讓左金吾衛將軍張獻甫軍中憚獻甫嚴以兵脅監軍使請於帝必得希朝乃止詔拜寧州刺史邠寧節度副使俾佐獻甫俄遷振武節度使部有党項室韋雜居暴掠放肆日入慝作謂之刮城門希朝度要害置屯保斥邏嚴密鄙民以安至小竊取亦殺無赦虜人憚伏相謂曰是必張光晟給姓名來也邊州每長帥至必效橐它駿馬雖甚廉者猶受之以結其歡希朝一不納積十四年虜保塞不敢橫初單于城池不樹希朝命蒔柳數歲成林貞元末請朝時諸鎮不以事自述職者希朝而已帝悅拜右金吾衛大將軍王叔文用事謂其易制用爲右神策統軍充左右神策京西諸城鎮行營節度使屯奉天以韓泰爲副因欲使泰代之會不能得神策軍而罷憲宗立檢校尚書左僕射復爲右金吾衛大將軍俄檢校司空出爲朔方靈鹽節度使遷河東率師討王承宗敗之木刀溝然老病不能有大功還朝改左龍武統軍以太子太保致仕卒贈太子太師謚忠武改曰宣武希朝號當世善將或比之趙充國在朔方時招突厥別部沙陀千落衆萬餘有之其後用沙陀戰者所至有功

王鍔字昆吾自言太原人始隸湖南團練府爲裨將楊炎道潭與語異其才嗣曹王皐爲團練使俾鍔誘降武岡叛將王國良以功擢邵州刺史皐之節度江西也李希烈南侵皐與鍔兵三千使屯潯陽而皐全軍臨九江襲蘄州遂以衆濟表鍔江州刺史兼御史中丞充都虞候鍔小心善刺軍中情僞事無細大皐悉知之因推以腹心雖家人燕居或預焉皐攻安州使伊慎盛兵圍之而遣鍔入城中約降使殺不從者翌日城開慎以賊降乃已功不下鍔鍔稱疾避之皐爲荆南節度使欲署府少尹而上佐鄙其人乃復檄都虞候從皐朝京師皐奏鍔文用雖不足而它可試德宗擢爲鴻臚少卿先是天寶末西域朝貢酋長及安西北廷校吏歲集京師者數千人隴右既陷不得歸皆仰稾鴻臚禮賓月四萬緡凡四十年名田養子孫如編民至是鍔悉籍名王以下無慮四千人畜馬二千奏皆停給宰相李泌盡以隸左右神策軍以酋長署牙將歲省五十萬緡帝嘉其公擢容管經畧使凡八年谿落安之遷嶺南節度使廣人與蠻雜處地征薄多牟利於市鍔租其廛權所入與常賦埒以爲時進裒其餘悉自入諸蕃舶至盡有其稅於是財蓄不貲日十餘艘載皆犀象珠琲與商賈雜出于境數年京師權家無不富鍔之財召爲刑部尚書淮南節度使杜佑數請代乃以鍔檢校兵部尚書爲佑副厚事佑以悅之坐必就司馬聽事不數日遂代佑久之入拜尚書左僕射又檢校司徒爲河中節度使進兼太子太傅徙河東河東自范希朝討鎮無功兵才三萬騎六百府庫殘耗鍔能補完嘗費未幾兵至五萬騎五千財用豐餘會回鶻并麾尼師入朝鍔欲示威武傾駭之乃悉軍迎廷列五十里旗幟光鮮戈鎧犀密回鶻恐不敢仰視鍔偃然受其禮帝聞嘉之即除檢校司空同中書門下平章事鍔自見居財多且懼謗納錢二千萬李絳奏言鍔雖有勞然僉望不屬恐天下議以爲宰相可市而取帝曰鍔當太原殘破後成雄富之治官爵所以待功功之不圖何以爲勸王播所獻數萬萬亦可以平章政事乎不聽卒贈太尉謚曰魏鍔初附太原王翃爲從子以婚閥自高翃子弟亦藉鍔多得官又常讀春秋自稱儒者士頗笑之善任數持下在淮南時嘗得無名書內鞾中俄取它書焚之人信其無名者異日因小罪并以所告窮驗示衆以神明性纖嗇有所程作雖碎瑣無所遺官曹簾壞吏將易之鍔取壞者付船坊以緘箬每燕饗輒錄其餘賣之以收利故鍔家錢徧天下

子稷歷鴻臚少卿鍔在藩稷常留京師覗勢高下輕重以納貲焉嘗請籍坊以廣第舍作複垣洞穴實金錢其中鍔卒奴告稷更遺占沒所獻裴度爲言乃論殺奴長慶二年用稷爲德州刺史悉金寶賸侍以行節度使李全畧利其貨因軍亂殺稷納其女爲賸開成中滄州節度使劉約奏稷子叔泰生五歲值全畧亂爲郡人匿養得不死送叔泰京師文宗憫焉詔授九品官使奉鍔祀

孟元陽史失其何所人起陳許軍中以嚴整稱曲環領節度使時已爲大將使董作西華屯盛夏屩而立于塗役休乃就舍故田輒歲稔而軍食常足環卒吳少誠來寇元陽嬰城守圍甚急然終不能傳城韓全義敗五樓列將多私去獨元陽與神策將蘇元策宣州將王幹以所部屯溵水破賊二千詔拜陳州刺史憲宗立遷河陽節度使五年盧從史敗檢校尚書右僕射徙帥昭義軍入爲右羽林統軍封趙國公改右金吾大將軍復拜統軍卒贈揚州大都督

王栖曜濮州濮陽人安祿山反尚衡裒義兵討賊署牙將徇兗鄆諸縣下之進牙前總管賊將邢超然守曹州乘城指顧栖曜曰彼可取也一矢殪之遂拔曹州累授試金吾衛將軍袁晁亂浙東御史中丞袁傪討之表爲偏將與賊戰日十餘遇生禽晁收州縣十六授常州別駕浙西都知兵馬使時江介未定詔內常侍馬日新以汴滑軍五千鎮之中人暴橫賊蕭廷蘭乘衆怨逐日新劫其衆栖曜方游奕近郊賊脅取之與圍蘇州栖曜乘賊怠挺身登城率城中兵出戰賊衆大敗遷試金吾大將軍李靈耀反汴州浙西觀察使李涵使提兵四千爲河南掎角有功李希烈陷汴州也乘勝東略寧陵將襲宋州浙西節度使韓滉使栖曜以彊弩三千涉水夜入寧陵希烈不之知晨朝矢集帳前驚曰江淮弩士入矣遂不敢東貞元初拜左龍武大將軍出爲鄜坊節度使十九年卒贈尚書右僕射謚曰成栖曜性謹厚善騎射始將兵時涉寇境遇游騎環合乃規百步立表而射每射破的虜相顧懼引去

子茂元少好學德宗時上書自薦擢試校書郎改太子贊善大夫呂元膺留守東都署防禦判官淄青留邸卒謀亂元膺率兵圍之士無敢先者茂元取一人斬之衆乃進賊遂出奔累遷嶺南節度使蠻落安之家積財交煽權貴鄭注用事遷涇原節度使注敗悉出家貲餉兩軍得不誅封濮陽郡侯召爲將作監領陳許節度使又徙河陽討劉稹也李德裕以茂元兵寡詔王宰領陳許合義成兵援之以河陰所貯兵械內庫甲弓矢陌刀賜之會病以宰兼河陽行營攻討使卒贈司徒謚曰威

劉昌字公明汴州開封人善騎射天寶末從河南防禦使張介然討安祿山授易州遂城府左果毅史朝義兵圍宋州城中食盡且降昌說刺史李岑曰李光弼在河陽江淮足兵勢必來援今廩麴尚多若屑以食可支二十日則救至岑聽之昌乃被鎧登城以忠義諭賊賊畏不敢攻俄而光弼援軍至賊夜潰光弼聞其謀召置軍中將用之會光弼卒還爲宋州牙門將李靈耀以汴州反刺史李僧惠欲應之昌請見陳逆順計且泣僧惠悟即馳奏請自將討賊故靈耀失助不得逞汴州平李忠臣疾僧惠攻殺之昌遁去劉玄佐領宣武節度使擢昌左廂兵馬使李納反以偏師收考城充行營諸軍馬步都虞候玄佐攻濮州以昌攝刺史李希烈取汴玄佐別將高翼提精卒守襄邑城陷翼赴水死江淮大震昌以兵三千守寧陵希烈衆五萬攻之昌掘塹以遏地道相拒凡四十餘日賊數敗乃解圍去更攻陳州昌從玄佐以浙西兵三萬救之西去陳五十里昌薄其軍大戰破之禽賊將翟暉希烈奔還蔡州加檢校工部尚書累實封一百戶貞元三年入朝詔以宣武兵八千北出五原士卒有逗留沮事者斬三百人乃行舉軍慴伏尋授京西行營節度使歲餘改四鎮北廷行營兼涇原節度七年城平涼開地二百里扼彈箏峽又西築保定扞青石嶺凡七城二堡旬日就以功檢校尚書右僕射累封南川郡王十四年歸化堡軍亂逐大將張國誠詔昌經畧昌入堡誅數百人復使國誠統之昌在邊凡十五年身率士墾田三年而軍有美食兵械銳新邊障妥寧及感疾詔赴京師未行卒年六十五贈司空初城平涼當劫盟後將士骸骨不藏昌始命瘞之夕夢若詣昌厚謝者昌具以聞德宗下詔哀痛出衣數百稱官爲賽具斂以棺櫝分建二冢大將曰旌義冢士曰懷忠冢葬淺水原詔翰林學士爲銘識其所昌盛陳兵衛具牢醴率諸將素服臨之邊兵莫不感泣

子士涇尚雲安公主拜駙馬都尉累遷少卿家積財內結權近善胡琴故得幸於貴人後遷太僕卿給事中韋弘景等封還制書以士涇交通近倖不當居九卿憲宗曰昌有功於邊士涇又尚主官少卿已十餘年制書宜下弘景等乃奉詔

贊曰唐杜牧稱寧陵之圍解劉玄佐召昌問曰君以孤城用一當十何以能守昌泣曰始昌令守陴內顧者斬昌孤甥張俊守西北未嘗內顧捽下斬之士有死志故能守因伏地流涕玄佐亦泣曰國家將富貴汝史臣謂不然且勒兵乘城與賊抗所賴賞罰耳今無罪而斬其甥士心且離不祥莫大焉寧好事者傳此以益其美非昌志也牧以爲張巡許遠陷睢陽其名傳昌全寧陵而事不得槩于世寧牧未之思邪

趙昌字洪祚天水人始爲昭義李承昭節度府屬累遷虔州刺史安南酋獠杜英翰叛都護高正平以憂死拜昌安南都護夷落嚮化毋敢桀居十年足疾請還朝以兵部郎中裴泰代之入爲國子祭酒未幾州將逐泰德宗召昌問狀時年踰七十占對精明帝奇之復拜安南都護詔書至人相賀叛兵即定憲宗初立檢校戶部尚書遷嶺南節度使降輯陬荒以勞徙節荆南召入再遷工部尚書兼大理卿出爲華州刺史對麟德殿趨拜強

肅帝訪其所以頤養遷太子少保卒年八十五贈揚州大都督謚曰成

李景略幽州良鄉人父承悅檀州刺史密雲軍使景略以蔭補幽州府功曹參軍大歷末客河中闔門讀書李懷光爲朔方節度使署巡官五原將張光殺其妻以貲市獄前後不能決景略覈實論殺之既而有若女厲者進謝廷中如光妻云遷大理司直懷光屯咸陽將襲東渭橋召幕府計議景略曰殺朱泚還軍諸道杖策詣行在此轉禍爲福也不聽既出軍門慟哭曰豈意此軍乃陷不義乎遂遁歸靈武節度使杜希全表置于府累轉侍御史豐州刺史豐州當回紇通道前刺史軟柔每虜使至與抗禮時梅錄將軍入朝景略欲折之因郊勞前遣人謂曰可汗新沒欲弔使者乃坐高壠待之梅錄俯僂前哭景略卽撫之曰可汗棄代助爾號慕於是虜容氣沮索不敢抗以父行呼景略自此回紇使至者皆拜于庭威名顯聞希全忌之誣奏貶袁州司馬希全死遷左羽林將軍對德宗延英殿論奏衎衎有大臣風會河東節度使李說病以景略爲太原少尹行軍司馬時方鎭既重故少召還者惟不幸則司馬代之自說有疾人心固屬景略矣會梅錄復入朝說大會虜人爭坐說不敢遏景略叱之梅錄識其聲驚拜曰非李豐州邪遂就坐將吏相顧嚴憚說愈不平賂中尉竇文場謀毀去之歲餘塞下傳言回紇將南寇文場方侍帝傍卽言豐州當得良將且舉景略乃拜豐州刺史天德軍西受降城都防禦使窮塞苦寒地瘠鹵邊戶勞悴景略至節用約已與士同甘蓼鑿咸應永淸二渠溉田數百頃儲稾器械畢具威令肅然聲雄北疆回紇畏之卒于屯年五十五天下惜用景略才有所未盡贈工部尚書

任迪簡京兆萬年人擢進士第天德李景略表佐其軍嘗宴客而行酒者誤進醯景略用法嚴迪簡不忍其死飲爲釂徐以它辭請易之歸歐血不以聞軍中悅其長者景略卒舉軍請爲帥監軍使拘迪簡不聽衆大呼破戶出之德宗遣使者察變具得所以然乃授豐州刺史天德軍使由殿中侍御史授兼大夫散騎常侍入爲太常少卿太子左庶子張茂昭以易定歸擢迪簡行軍司馬代之大將楊伯玉據牙不納衆殺之別將張佐元復叛迪簡斬以徇乃入以檢校工部尚書爲節度使承茂昭奢縱後公私屈乏欲饗士無所給至與下同糲食身居戟戶踰月軍中感其公請安臥內迪簡乃許三年上下完充以疾入除工部侍郎不能朝改太子賓客卒贈刑部尚書謚曰襄

張萬福魏州元城人三世明經止縣令州佐萬福以業儒不顯乃學騎射從王斛斯以別校征遼東有功李峘代劉展署爲部將效首萬級累攝壽州刺史舒盧壽都團練使州送租賦詣都至潁爲盜所奪萬福領輕兵尾襲賊倉卒不得戰悉禽之盡得所亾并先掠人妻女財畜萬計還其家不能自致者給船車以遣眞拜刺史兼淮南節度副使而節度崔圓忌之失刺史改鴻臚卿使將千人鎭壽州不以爲恨時許杲以平盧行軍司馬將卒三千駐濠州陰窺淮南圓使萬福攝濠州刺史杲聞卽移戍當塗賊陳莊陷舒州圓又令攝舒州刺史督淮南盜賊窮破株黨大曆三年召見代宗曰欲一識卿面且將以許杲累卿萬福辭謝因前曰陛下以一許杲召臣如河北諸將叛欲屬何人帝笑曰姑爲我了杲事且當大用乃拜和州刺史兼行營防禦使督盜淮南萬福至州杲懼徙屯上元過楚州大掠節度使韋元甫使萬福追討未至杲爲其將康自勸所逐自勸循淮鈔而東萬福倍道追殺之免者十三盡還所剽於民元甫將厚賞士萬福曰官健坐仰衣食無所事今一小煩之不足過賞請用三之一帝下詔褒美賜具衣宮錦十雙久之詔以本鎭兵千五百人防秋京西萬福詣揚州還所領兵會元甫死諸將願得萬福爲帥監軍使邀請之對曰我非幸人勿以此待我遂去以利州刺史鎭咸陽且留宿衞李正己反屯兵埇橋江淮漕船積千餘不敢踰渦口德宗乃以萬福爲濠州刺史召謂曰先帝改爾名正者所以襃也朕謂江淮草木亦知爾威名若從所改恐賊不曉是卿也復賜舊名萬福因馳至渦口駐馬于岸悉發漕船相銜進賊兵倚岸熟視不敢動改泗州刺史魏州飢父子相賣萬福曰魏州吾鄉里安忍其困令兄子將米百車餽之贖魏人自賣者給資遣之爲杜亞所忌召拜右金吾將軍及見帝驚曰亞乃言爾昏耄何邪詔圖形凌烟閣數賜與并敕度支籍口畜給其費陽城等詣延英門論裴延齡事伏閣不去帝震怒左右懼不測萬福大言曰國有直臣天下無慮矣吾年八十與見盛事徧揖城等勞之天下益重其名以工部尚書致仕卒年九十萬福自始終祿食七十年未嘗一日言病羸凡九州皆有惠愛初在泗州遇李希烈反陳少游悉以部刺史妻子質揚州萬福獨不遣謂使者爲我白公妻老且醜不足恩公意卒不行人稱其直

高固不知何許人或言四世祖侃永徽中爲北廷安撫使禽車鼻可汗以功爲安東都護固生微賤爲家所賣轉爲渾瑊童奴字黃芩性敏慧有旅力善騎射能讀左氏春秋瑊愛養之以齊有高固因以名以乳媪女女固從瑊屯朔方德宗在奉天固仍從瑊賊突入東壅門固引銳士長刀殺賊數十人曳車塞闔賊不能入封渤海郡王李懷光反使邠寧留後張昕將兵萬人先趣河中固在行乃伺間入帳下斬昕首以徇拜檢校右散騎常侍前軍兵馬使貞元十七年邠寧節度使楊朝晟卒詔將并邠寧朔方爲一軍議以李朝寀爲節度劉南金副之以詢邠軍咸曰如詔數日復劫固爲帥固曰然能聽吾言乃可衆唯唯固徇曰毋殺人毋肆掠三軍皆順悅帝亦念固功乃拜邠寧節度使固本宿將且寬厚人皆安之然久在散位數爲儕類輕笑及受命衆多懼固一釋不問憲宗時檢校尚書右僕射入爲右羽林統軍卒贈陝州大都督

郝玼不記其鄉里貞元中爲臨涇鎭將嘗從數百騎出野還說節度使馬璘曰臨涇扼洛口其川饒衍利畜牧其西走戎道曠數百里皆流沙無水草願城之爲休養便地玼出或謂璘曰玼言信然雖然公所以蒙恩大幸以邊防未固也上心日夜念此故厚於公今若用玼言則邊已安尚何事爲璘遂不聽及段佑代節度玼又說曰天寶時天下以兵爲防獨西戎耳而塞至京師且萬里自祿山反西陲盡亾寰內爲邊郡每虜入寇驅井閭父子與馬牛焚積聚殘室廬邊人耗盡今若築臨涇以折虜勢便甚佑唯許請于朝卒詔城臨涇爲行原州以玼爲刺史戍之自是虜不敢過臨涇玼在邊積三年每討賊不持糗糧取之於敵獲虜必刳剔而歸其屍虜大畏道其名以怖啼兒遷檢校左散騎常侍涇原行營節度使封保定郡王贊普常等玼身鑄金象令于國曰得生玼者以金玼償之朝廷畏失名將徙爲慶州刺史卒佑本郭子儀牙將征伐有功貞元末爲涇原節度使虜畏憚之終右神策大將軍

史敬奉者靈州人事朔方軍爲牙將元和中吐蕃數犯塞十四年敬奉白節度使杜叔良請兵三千齎一月糧深入虜地分賊勢叔良以二千兵予之行十餘日不聞問皆謂已歿敬奉乃由間道繞出虜後部落奔駭因大破之驅其餘衆於鄉盧河獲馬牛雜畜迨萬數賜賚封五十戶敬奉遂陋類不勝衣其走逐奔馬挾鞍勒以上而後羈帶之矛矢在手前無彊敵甥姪部曲二百人每出輒分其隊爲四五隨水草數日不相知及相遇已皆有獲與鳳翔將野詩良輔及郝玼皆以名雄邊良輔者後爲隴州刺史朝廷遣使至吐蕃虜輒言唐家稱和好豈妄邪不爾安得任良輔爲隴州刺史

唐書卷一百七十考證

范希朝傳以游瓌政無狀使代之○舊書游瓌歿邠州諸將列名上請希朝爲節度兩書不合臣酉按游瓌傳遣兵築豐義二城而寧卒大掠游瓌不能禁詔用張獻甫代之則是時游瓌未歿也及還京後乃歿耳當從新書

唐書卷一百七十一

宋　端　明　殿　學　士　宋　祁　撰

列傳第九十六

李烏王楊曹高劉石

李光進其先河曲諸部姓阿跌氏貞觀中内屬以其地爲雞田州世襲刺史隸朔方軍光進與弟光顏少依舍利葛旃葛旃妻其女兄也初葛旃殺僕固瑒歸河東辛雲京遂與光進俱家太原以沈果稱從馬燧救臨洺戰洹水有功歷前後軍牙門將兼御史大夫代州刺史元和四年王承宗范希朝引師救易定表光進爲都將時光顏亦至大夫故軍中呼大小大夫俄檢校工部尚書爲振武節度使賜姓以光寵之別詔光顏拜洺州刺史弟兄榮冠當時光進從靈武卒年六十五贈尚書左僕射有至性居母喪三年不歸寢光顏先娶而母委以家事及光進娶母已亡弟婦籍貲貯納管鑰於姒光進命反之曰婦逮事姑且嘗命主家事不可改因相持泣乃如初

光顏字光遠葛旃少教以騎射每歎其天資票健已所不逮長從河東軍爲裨將節度使馬燧謂曰若有奇相終必光大解所佩劒贈之討李懷光楊惠琳戰有功從高崇文平劒南數搴旗蹈軍出入若神益知名進兼御史大夫歷代洛二州刺史元和九年討蔡以陳州刺史充忠武軍都知兵馬使始踰月擢本軍節度使詔以其軍當一面光顏乃壁溵水明年大破賊時曲初朧晨壓其營以陣衆不得出光顏毀其柵將數騎突入賊中反往一再衆識光顏矢集其身如蝟子攬馬鞅諫無深入光顏挺刃叱之於是士爭奮賊乃潰北當此時諸鎭兵環蔡十餘屯相顧不肯前獨光顏先敗賊始裴度宣慰諸軍還爲憲宗言光顏勇而義必立功俄又與烏重胤破賊小溵河初都統韓弘約諸軍攻賊賊先薄重胤壘

重胤中子劒甚請救於光顔光顔策賊出則小溵河之堡可乘且重胤不可破遣大將田穎宋朝隱襲其城夷之賊失資聚弘怒不救重胤違節度取穎等將戮之舉軍惜其材光顔不敢拒會中人景忠信至知其然卽爲詔械繫在所馳以聞有詔釋之弘及光顔更以表言帝謂弘使曰違都統令當死但以功可贖赦之以爲後圖弘不悅自是與弘有隙十一年屢困賊遂拔凌雲柵捷奏入帝大悅厚賚其使進檢校尚書左僕射十二年四月敗賊於郾城死者什三獲其甲凡三萬悉畫雷公符斗星署曰破城北軍郾守將鄧懷金大恐其令董昌齡因是勸懷金降且求請曰城中兵父母妻子皆質賊有如不戰而屈且赤族請公攻城我舉火求援援至公迎破之我以城下光顔許之賊已北昌齡奉僞印懷金率諸將素服開門待光顔入之城自壞者五十版弘素蹇縱陰挾賊自重且惡光顔忠力思有以撓蠹之乃飾名姝教歌舞六博襦襶珠琲舉止光麗費百鉅萬遣使以遺光顔曰公以君暴露于外恭進侍者慰君征行之勤光顔約旦日納焉乃大合將校置酒引使者以侍姝至秀曼都雅一軍驚視光顔徐曰我去室家久以爲公憂誠無以報德然戰士皆棄妻子蹈白刃奈何獨以女色爲樂爲我謝公天子於光顔恩厚誓不與賊同生指心曰雖死不貳因嗚咽泣下將卒數萬皆感激流涕乃厚賂使者還之於是士氣益勵裴度築赫連城於沲口率輕騎觀之賊以奇兵自五溝至大呼薄戰城爲震壞度危甚光顔力戰却之先是光顔策賊必至密遣田布伏精騎溝下扼其歸賊敗棄騎去頗死溝中者千餘由是賊悉銳士當光顔而李愬得乘虛入蔡矣董重質弃洄曲軍降愬光顔躍馬入賊營大呼衆萬餘人投甲請命賊平加檢校司空入朝召對麟德殿賜與蕃渥命宴其第歸匄米二十車帝討李師道徙義成節度使許以忠武兵自隨不三旬再敗賊濮陽拔斗門斬數千級上言許鄆兵合不可用遂復鎭忠武吐蕃入寇徙邠寧時虜毀鹽州城使光顔復城之亦以忠武兵從初田縉鎭夏州以貪沓開邊隙故党項引吐蕃圍涇州郝玼力戰破之光顔聞賊至料兵以赴邠人慢言恟恟騰謀不肯行光顔爲陳說大義感慨流涕聞者亦泣下遽卽路虜走出塞穆宗立召還賜開化里第加同中書門下平章事還軍賚況不貲以寵示羣臣俄徙鳳翔帝將伐鎭州復還忠武又兼深冀行營節度使宰相百官班餞帝御通化門臨送賜珍器良馬玉帶光顔提軍深入而餽運不至有詔以滄景德棣州益之光顔以宰相處置失宜辭兼領亦會赦王廷湊復所治李㝏亂汴州詔總軍出討朝受命暮卽戎翌日拔尉氏與汴人戰琵琶溝未陣薄之賊走㝏平進兼侍中敬宗初眞拜司徒河東節度使寶曆二年卒年六十六贈太尉謚曰忠賻賜良厚及葬文宗以其功高復賜帛二千匹光顔性忠義善撫士其下樂爲用許師勁悍常爲諸軍鋒故數立勳王仙芝黃巢反諸道告急多請以助守大校曹師罕以千五百人隸招討使宋威張貫以四千人隸副使曾元裕僖宗倚許軍以屏蔽東都有請以爲援率不報大將張自勉討雲南党項龐勛亂解圍壽州戰淮口以功累擢右威衛上將軍至是表請討賊詔乘傳赴軍解宋州圍威忌自勉成功請以隸麾下且欲殺之宰相得其謀不聽以自勉代元裕

烏重胤字保君河東將承玼子也少爲潞牙將兼左司馬節度使盧從史奉詔討王承宗陰與賊連吐突承璀將圖之以告重胤乃執從史帳下士持兵合譟重胤叱曰天子有命從者賞違者斬士斂手還部無敢動憲宗嘉其功擢河陽節度使封張掖郡公討淮蔡詔重胤以兵壓賊境割汝州隸其軍與李光顔相掎角大小百餘戰凡三年賊平再遷檢校司空進邠國公徙橫海軍建言河朔能拒朝命者蓋刺史失權鎭將領軍能作威福也使刺史得職大帥雖有祿山思明之姦能據一州爲叛哉臣所管三州輒還刺史職各主其兵因請廢景州法制脩立時以爲宜討王廷湊也出屯深州方朝廷號令乖迕賊寖不制重胤久不敢進穆宗以爲觀望詔杜叔良代之以重胤爲太子太保長慶末以檢校司徒同中書門下平章事爲山南西道節度使召至京師改節天平軍文宗初眞拜司徒李同捷請襲父位帝方務靜安授同捷兗海以重胤耆將兼節度滄景以齊州隸軍未幾卒年六十七贈太尉謚懿穆重胤出行伍善撫士與下同甘苦蔡將李端降重胤蔡人執其妻殺之妻呼曰善事烏僕射得士心大抵如此待官屬有禮當時有名士如溫造石洪皆在幕府旣殁士二十餘人刲股以祭子漢弘嗣爵母喪奪爲左領軍衛將軍固辭帝嘉許之

石洪者字濬川其先姓烏石蘭後獨以石爲氏有至行舉明經爲黃州錄事參軍罷歸東都十餘年隱居不出公卿數薦皆不答重胤鎭河陽求賢者以自重或薦洪重胤曰彼無求於人其肯爲我來邪乃具書幣邀辟洪亦謂重胤知己故欣然戒行重胤喜其至禮之後詔書召爲昭應尉集賢校理又有李珙者世儒家珙獨尚材武有崖岸嘗至澤潞見李抱眞欲署牙將聞其使酒不用都將王虔休曰珙奇士不能用卽殺之無爲它人得也抱眞不納虔休代節度引爲將重胤禽從史珙將救之旣聞謀出朝廷乃止重胤愛其才討淮西也表爲行營都將終右武衛上將軍

王沛許州許昌人少勇決爲節度使上官涗所器妻以女署牙門將涗卒宅晉田偁脅涗子襲領其軍謀殺監軍沛知其計密告之支黨悉禽德宗嘉美卽拜行軍司馬而劉昌裔領節度奏沛爲監察御史有詔護涗喪還京師帝召見歎息以爲功異等嫌昌裔所請薄謂沛曰吾意殊未厭爾歸矣乃使別奏沛未至許拜兼御史中丞李光顔討吳元濟奇沛風槩署行營兵馬使使將勁兵別屯數破賊有功特詔書趣戰諸將觀望不敢度溵以壁沛引兵五千夜濟合流扼賊衝遂城以居於是河陽宣武太原魏博等軍繼度圍郾城沛先結壘與賊對蔡將鄧懷金遂降蔡平加兼大夫復從光顔定淄青及光顔鎭邠詔分許兵往戍沛又爲都將救鹽州敗吐蕃以功擢寧州刺史徙陳州李齐之亂以忠武節度副使率師討齐加檢校右散騎常侍進拜兗海沂密節度使是時新建府俗獷驁沛明示法制蒐閱以時軍政大治以檢校工部尚書徙忠武大和元年卒贈尚書右僕射子逢從父征伐累功署忠武都知兵馬使太和中入爲諸衞將軍從劉沔石雄破回鶻於天德有士二千人未嘗戰欲冒賞賜逢不與或爲請之答曰士奮死取賞若無功而賞何哉武宗以逢用法嚴使宰相李德裕讓之逢曰戰者前蹈白刃不以法人孰用命討劉稹也爲大原道行營將領陳許兵七千屯翼城積平加檢校右散騎常侍後亦至忠武節度使云

楊元卿史失其何所人少孤慷慨有衡略客江海上時持高論人謂任生吳少誠跋扈蔡州元卿以褐衣見署制縣俄召入幕府又事少陽每奏事至京師頗爲宰相李吉甫慰納元卿還與少陽言君臣大義以動其心賊黨惡而共構之判官蘇肇保救乃免然元卿陰撓少陽事而輸款朝廷及元濟擅襲節度元卿欲困其財使不振謬說曰先公委于財諸將至寒餓府之有亡我具知之君若大賜將士以自固又申辭厚禮遨事諸鎭則諸將悅庶幾助我吾爲君持表見天子安有不從者元濟許之旣至則具條賊虛實請敕諸道執元濟誅之元濟覺乃殺其妻并四子圬爲一堋射之肇亦被害憲宗拜元卿岳王府司馬與李愬議僑置蔡州以元卿爲刺史優納降附壞賊黨與元卿入見願假度支錢及它奏請不合吉又裴度以諸將討蔡三年功且成若又以州與元卿恐觖望生事議格更授光祿少卿蔡平超拜左金吾衞將軍建言淮西多怪珍寶帶往取必得帝曰我討賊爲人除害賊平我求得矣焉用寶止勿復言出爲汾州刺史復入爲金吾長慶初鎭魏易帥元卿具道所以成敗事穆宗久乃悟賜白玉帶擢涇原渭節度使元卿墾發屯田五千頃屯築高垣牢鍵閉寇至耕者保垣以守居六年涇人德之徙節河陽何進滔亂魏博元卿請自齎三月糧舉軍出討文宗嘉美加檢校司空獻粟二十萬石助天子經費進光祿大夫徙宣武軍太和七年以疾歸東都授太子太保卒贈司徒然性險巧所至聚斂諧結權近故累更方任云

子延宗開成中爲磁州刺史與河陽兵謀逐帥自立事敗詔以元卿嘗毀家歸忠全其宗杖死延宗於京兆府賜還田產

曹華宋州楚丘人始從宣武軍縛亂將李迺送闕下節度使董晉署爲牙將後避仇奔東都會吳少誠叛留守王翃署華襄城戍將華浚隍埤堞日與賊搏數禽馘賊憚之憲宗初累拜檢校右散騎常侍召至京師賜矛甲繒錦還屯拜寧州刺史未行屬吳元濟不受命詔河陽懷汝節度使烏重胤討之重胤請華自副戰青陵城賊大奔拔凌雲柵以功封陳留郡王蔡平進棣州刺史州與鄆比時賊略定滴河華遽逐賊斬二千級復其縣又募羣盜可用者貸死補屯卒使據孔道賊至輒擊卻之不敢北擢横海節度副使時朝廷拔鄆爲三鎭其明年兗海軍亂殺觀察使王遂詔華往代視事三日合軍大饗幕甲士于廡酒中令曰天子以鄆人參別而戍有轉徙勞欲厚賞之請鄆人右州兵左旣而出州兵乃闔門大言曰天子有命誅殺帥者甲起于幕環之凡斬千二百人血流殷渠赤氣昌門高丈餘海沂之人重足屏息華惡沂地褊請治兗許之自李正己盜齊魯俗益汙驁華下令曰鄒魯禮義鄉不可忘本乃身見儒士春秋祀孔子祠立學官講誦斥家貲佐贍給人乃知教成就諸生仕諸朝鎭人害田弘正華丞請以本軍進討不從進華檢校工部尚書就兗節度使李齐叛以兵取宋州華不待命以兵逆擊破之齐平檢校尚書右僕射徙鎭義成軍盜殺商賈吏捕得乃華嬰入華怒斷其頭以祭死

者辛年六十九贈左僕射華雖出戎伍而動必由禮愛重士大夫不以貴倨人至厮豎必待以誠信人以爲難

高瑀冀州蓨人少沈遂喜言兵釋褐右金吾胄曹參軍累遷陳蔡二州刺史入爲太僕卿忠武節度使王沛死衙軍諸將多自謂得之宰相裴度韋處厚以瑀治陳蔡素有狀習軍中情僞欲任之會其軍表匄瑀乃檢校左散騎常侍領忠武節度使自大曆後擇帥悉出宦人中尉所輸貨至鉅萬貧者假貸富人既得所欲則椎斂膏血倍以酬息十常六七及瑀有命士相告曰韋裴作相天下無債帥州比水旱無年瑀相地宜築隄廣百八十里時其鍾洩民賴不饑再加檢校尚書右僕射六年徙節武寧軍以刑部尚書召辭疾拜太子少傅不閱月復詔節度忠武卒于鎮贈司空瑀寬和居官無赫然譽所至稱治士人懷之

劉沔字子汪徐州彭城人父廷珍以羽林軍扈德宗奉天以戰功官左驍衛大將軍東陽郡王沔少孤客振武節度使范希朝署牙將軍中大會沔挺刀立堂下希朝奇之召謂曰後日必處吾坐希朝卒入爲神策將大和末遷累大將軍擢涇原節度使徙振武開成三年突厥劫營田沔發吐渾契苾沙陀部萬人擊之賊一轡無返者悉頒所獲馬羊于戰卒築都護府西北四壘進檢校戶部尚書武宗立遷檢校尚書左僕射回鶻寇天德詔以兵據雲伽關虜引去會昌二年又掠太原振武天子使兵部郎中李拭調兵食因視諸將能否拭獨稱沔乃拜河東節度兼招撫回鶻進屯鴈門關虜寇雲州沔擊之斬七裨將敗其衆以還太和公主功加檢校司空議者恨其薄又進金紫光祿大夫賜一子官虜殘衆走詔沔追北仍錄李靖平頡利事賜之軍還次代州歸義軍降虜三千使隸食諸道不受詔據滹沱河叛沔悉禽誅之劉稹阻命詔沔南討屯榆社沔素與張仲武不協時方追幽州兵故從義成會王宰逗留宰相李德裕表沔鎮河陽以滑兵二千壁萬善居宰肘腋下激之俾出軍稹平進檢校司徒徙忠武節度使以病改太子少保不任謁拜太子太傅致仕卒年六十五贈司徒

石雄徐州人系寒不知其先所來少爲牙校敢毅善戰氣蓋軍中王智興討李同捷收棣州使雄先驅度河鼓行無前初徐軍惡智興苛酷謀逐之而立雄智興懼變因立功奏除州刺史詔以爲壁州刺史智興由是殺雄素所善百餘人誣雄陰結士搖亂請以軍法論文宗素知其能不殺流白州徙爲陳州長史党項擾河西召雄隸振武劉沔軍破羌有勞帝難智興久不擢會昌初回鶻入寇連年掠雲朔牙五原塞下詔雄爲天德防禦副使兼朔州刺史佐劉沔屯雲州沔召雄謀曰虜離散當掃除久矣國家以公主故不欲亟攻我若徑趨其牙彼不及備必棄公主走我當迎主歸有如不捷吾則死之雄曰諾卽選沙陀李國昌及契苾拓拔雜虜三千騎夜發馬邑且登振武城望之見氈車十餘乘從者朱碧衣諜者曰公主帳也雄潛使諭之曰天子取公主兵合第無動雄穴城夜出縱牛馬鼓譟直擣烏介帳可汗大駭單騎走追至殺胡山斬首萬級獲馬牛羊不貲迎公主還進豐州防禦使武寧李彥佐討劉稹逗留以雄爲晉絳行營諸軍副使助彥佐是時王宰屯萬善劉沔屯石會關顧望莫先進雄受命卽勒兵越烏嶺破賊五壁斬獲千計賊大震雄臨財廉每朝廷賜與輒置軍門自取一匹縑餘悉分士伍繇是衆感發無不奮武宗喜曰今將帥義而勇罕雄比者就拜行營節度使代彥佐徙河中稹危蹙其大將郭誼密獻款請斬稹首自歸衆疑其詐雄大言曰稹之叛誼爲謀主今欲殺稹乃誼自謀又何疑雄以七千人徑薄潞受誼降進檢校兵部尚書徙河陽初雄討稹水大見白鷺謂衆曰使吾射中其目當成功一發如言帝聞下詔褒美宣宗立徙鎮鳳翔雄素爲李德裕識拔王宰者智興子於雄故有隙潞之役雄功最多宰惡之數欲沮陷會德裕罷宰相因代歸白敏中猥曰黑山天井功所酬已厭拜神武統軍失勢怏怏卒

贊曰世皆謂李愬提孤旅入蔡縛賊爲奇功殊未知光顏於平蔡爲多也是時賊戰日窘盡取銳卒抗光顏憑空堞以居故愬能乘一切勢出賊不意然則無光顏之勝愬烏能奮哉

唐書卷一百七十一考證

石雄傳李彥佐討劉稹逗留以雄爲晉絳行營諸軍副使助彥佐○舊書李彥佐爲招撫使以晉州刺史李丕爲副　臣酉按紀會昌三年九月李彥佐爲招討使石雄爲副四年三月以雄爲招討李丕爲副是丕爲雄副非爲彥佐副也副彥佐者乃雄耳舊書有脫文當從新書

唐書卷一百七十二

宋　端　明　殿　學　士　宋　祁　撰

列傳第九十七

于王二杜范

于頔字允元後周太師謹七世孫蔭補千牛調華陰尉累勞遷侍御史爲吐蕃計會使有專對材擢長安令駕部郎中出爲湖州刺史部有湖陂異時溉田三千頃久廞廢頔行縣命脩復隄閼歲獲秔稻蒲魚無慮萬計州地庳薄葬者不掩櫃頔爲坎瘞枯骨千餘人賴以安未幾改蘇州罷淫祠濬溝瀆端路衢爲政有績然暴橫少恩杖前部尉以逞憾觀察使王緯以聞德宗不省俄遷大理卿爲陝虢觀察使慢言謝緯曰始足下劾我三進官矣益自肆峻罰苛懲官吏惴恐皆重足一迹參軍事姚峴不勝虐自沉于河貞元十四年拜山南東道節度使是時吳少誠叛頔率兵自唐州戰吳房朗山取之禽其將李璨又勝之濯神溝於是請升襄州爲大都督府廣募戰士儲良械擱然有專漢南意所牾者賴治軍法帝晚務姑息頔所奏建無不開允公斂私輸持下益急而慢於奉上誣劾鄧州刺史元洪朝廷重違爲流端州命中人護送至棗陽頔遣兵劫洪還拘之表責洪太重改吉州長史遣使厚諭乃已嘗怒判官薛正倫奏貶峽州長史比詔下頔中悔奏復署舊職正倫死以兵圍其居逼使孽子與婚吼吏高洪縱使剝下别將陳儀不勝忿刺殺洪一府驚潰累遷檢校尚書左僕射同中書門下平章事封燕國公俄擅以兵取鄧州天子未始誰何初襄有髹器天下以爲法至頔驕蹇故方帥不法者號襄樣節度憲宗立權綱自出頔稍懼願以子尚主帝許之遂入朝拜司空同中書門下平章事請準杜佑月三奉朝詔可時宦者梁守謙幸於帝頗用事有梁正言者與頔子敏善敏因正言厚賂守謙求頔出鎭久不報敏怒其紿責所賄誘正言家奴支解之棄溷中家童上變詔捕頔吏沈璧及宅奴送御史獄命中丞薛存誠刑部侍郎王播大理卿武少儀雜問之頔與諸子素服待罪建福門門史不內屏營負牆立更遣人上章有司拒不聞翌日復往宰相諭使還第貶爲恩王傅子敏竄雷州至商山賜死次子季友奪二官正及方免官流璧封州正言誅死久之拜戶部尚書帝討蔡頔獻家財以助國帝卻之又坐季友居喪荒宴削金紫光祿大夫帝初欲頔告老宰相李逢吉謂得謝乃優禮非所以示責明年乃致仕宰司將以太子少保官之帝改署賓客鬱鬱不得意卒贈太保太常諡曰厲頔嘗制順聖樂舞獻諸朝又教女伎爲八佾聲態雄侈號孫吳順聖樂云季友尚憲宗永昌公主拜駙馬都尉從穆宗獵苑中求改頔諡會徐泗節度使李愬亦爲請更賜諡曰思尚書右丞張正甫封還詔書右補闕高釴博士王彥威持不可謂頔文吏倔彊犯命擅軍襄鄧欲脅制朝廷殺不辜留制囚遮使者僭正樂勢迫而朝非其宿心得全腰領而歿猶以爲幸不宜更諡帝不從方長慶時以動家子通豪俠欲事河朔以策干宰相元稹而李逢吉黨謀傾執政乃告稹結客刺裴度事下有司驗無狀方坐誅

王智興字匡諫懷州溫人少驍銳爲徐州牙兵事刺史李洧洧棄李納挈州自歸納怒急攻洧智興能騣步奉表不數日至京師告急德宗出朔方軍五千擊納解去自是爲徐特將討吳元濟也李師道謀撓王師數侵徐救蔡節度使李愿遣智興率步騎拒賊其將王朝晏方攻沛智興逆擊敗之朝晏脫身保沂州進破姚海兵五萬於豐北獲美妾三人智興曰軍中有女子安得不敗卽斬以徇朝晏自沂以輕兵襲沛夜戰狄丘復破之累遷侍御史元和十三年伐師道智興以步騎八千次胡陵與忠武軍會以騎畀其子晏平晏宰爲先鋒自率軍繼之壞河橋收黃隊遂攻金鄉拔魚臺俘斬萬計賊平進御史中丞明年召還爲沂州刺史長慶初河朔用兵加檢校左散騎常侍充武寧軍副使河北行營諸軍都知兵馬使帥兵三千度河屬朝廷用崔羣爲武寧節度使羣畏智興難制密請追還京師未報會赦王廷湊諸節度班師智興還羣遣寮屬迎之令士委甲而入智興心不悅因勒兵斬關入殺異已者十餘輩然后謁羣謝曰此軍情也羣乃治裝去智興以兵衛送還朝至埇橋掠鹽鐵院及貢物劫商旅逐濠州刺史侯弘度朝廷甫罷兵不能討卽詔檢校工部尚書充本軍節度使智興由是擊索財賂交權幸以買虛名用度不足始稅泗口以佐軍須李㝏攻宋州智興悉銳師出宋西鄙破之漳口㝏平加檢校尚書左僕射李同捷以滄德叛智興請悉師三萬齎五月糧討賊詔拜檢校司徒同中書門下平章事滄德行營招撫使既戰降其將十輩銳士三千遂拔棣州諸將鬪戰愈力遂有功入朝燕麟德殿賜予備厚冊拜太傅封鴈門郡王進兼侍中改忠武河中宣武三節度卒年七十九贈太尉子九人晏平晏宰知名晏平幼從父軍以討同捷功檢校右散騎常侍朔方靈鹽節度使父喪擅取馬四百兵械七千自衛歸洛陽御

史劾之有詔流康州不卽行陰求援於河北三鎭三鎭表其困改撫州司馬給事中韋溫薛廷老盧弘宣等還詔不敢下改永州司戶參軍溫固執文宗諭而止

晏宰後去晏獨名宰少拳果長隸神策軍甘露之變以功兼御史大夫爲光州刺史有美政觀察使段文昌薦之朝除鹽州刺史持法嚴人不甚便累擢邠寧慶節度使回鶻平徙忠武軍討劉稹也詔宰以兵出魏博趨磁州當是時何弘敬陰首鼠聞宰至大懼卽引軍濟漳水宰相李德裕建言河陽兵寡以忠武爲援旣以捍洛則并制魏博遂詔宰以兵五千椎鋒兼統河陽行營進取天井關賊黨離沮德裕以宰乘破竹勢不遂取澤州以其子晏實守磁爲顧望計帝有詔切責宰懼急攻陵川破賊石會關進攻澤州其將郭誼殺稹降宰傳稹首京師遂節度太原宣宗初入朝厚結權幸求宰相周墀劾之乃還軍吐蕃引党項回鶻寇河西詔統代北諸軍進擊以疾不任事徙河陽罷爲太子少保分司東都進少傅卒晏實幼機警智與自養之故名與諸父齒稹平擢淄州刺史終天雄節度使

杜兼字處弘中書令正倫五世孫初正倫無子故以兄子志靜爲後父廙爲鄭州錄事參軍事安祿山亂逃去賊索之急宋州刺史李岑以兵迎之爲追騎所害兼尚幼逃入終南山伯父存介爲賊執臨刑兼號呼願爲奴以贖遂皆免建中初進士高第徐泗節度使張建封表置其府積勞爲濠州刺史性浮險尚豪侈德宗旣厭兵武備募占勁兵三千帝以爲才遂橫恣僚官韋賞陸楚皆聞家子有美譽論事忤兼誣劾以罪帝遣中人至兼廷勞畢出詔執賞等殺之二人無罪死衆莫不寃又妄繫令狐運而陷李藩欲殺之不克元和初入爲刑部郎中改蘇州刺史比行上書言李錡必反留爲吏部郎中尋擢河南尹杜佑素善兼終始倚爲助力所至大殺戮裒蓄財貲極耆欲適幸其時未嘗敗卒年七十家聚書至萬卷署其末以墜鬻爲不孝戒子孫云

從弟羔貞元初及進士第有至性父死河北母吏兵亂不知所之羔憂號終日及兼爲澤潞判官鞫獄有媼辨對不凡乃羔母因得奉養而不知父墓區處晝夜哀慟它日舍佛祠觀柱間有文字乃其父臨死記墓所在羔奔往亦有耆老識其壠因是乃得葬元和中爲萬年令時許季同爲長安令京兆尹元義方責租賦不時繫二縣吏將罪之羔等辯列尤苦尹不爲縱羔乃謁宰相請移散官憲宗遣中使問狀具對府政苛細力不堪奉詔皆免官奪尹三月俸議者以羔爲直未幾授戶部郎中後歷振武節度使以工部尚書致仕卒贈尚書右僕射謚曰敬

子中立字無爲以門廕歷太子通事舍人開成初文宗欲以眞源臨眞二公主降士族謂宰相曰民間脩婚姻不計官品而上閥閱我家二百年天子顧不及崔盧耶詔宗正卿取世家子以聞中立及校書郎衞洙得召見禁中拜著作郎月中遷光祿少卿駙馬都尉尚眞源長公主中立數求自試憤憒不樂因言朝廷法令備具吾若不任事何賴貴戚撓天下法耶帝聞異之轉太僕衞尉二少卿歷左右金吾大將軍京師惡少優戲道中具騶唱呵衞自謂盧言京兆驅放自如中立部從吏捕繫立箠死還司農卿繩吏急反爲中傷左徙慶王傅久之復拜司農卿入謝帝曰卿用法深信乎答曰轂下百司養名不肯事如司農尤叢劇陛下無遽信流言假臣數月事可濟帝許之初度支度六宮飧錢移司農司農季一出付吏大吏盡舉所給於人權其子錢以給之旣不以時黃門來督責慢罵中立取錢納帑舍率五日一出吏不得爲姦後遂以爲法加檢校右散騎常侍京兆尹鞅宣宗將用之宰相以年少欲歷試其能更出爲義武節度使舊傜車三千乘歲輓鹽海瀕民苦之中立置飛雪將數百人具舟以載自是民不勞軍食足矣大中十二年大水汎徐兗青鄆而滄地積卑中立自按行引御水入之毛河東注海州無水災卒年四十八贈工部尚書中立居官精明吏下寒慄畏伏中雖坐累免及復用亦不爲寬假其天資所長云

杜亞字次公自云本京兆人肅宗在靈武上書論當世事擢校書郎杜鴻漸節度河西奏署幕府入朝歷吏部員外郎鴻漸爲山南劍南副元帥亞與楊炎並爲判官再遷諫議大夫亞自以當衡柄悒悒不悅李栖筠風望高時謂當宰相故亞厚結納元載得罪亞與劉晏等劾治載死遷給事中常衺惡之出爲江西觀察使德宗立召還亞意必任台宰倍道進與人語皆天下大政或以事祈謁輒相然可帝知不悅也旣又建奏疏闊不稱旨罷爲陝虢觀察兼轉運使徙河中劉晏抵罪貶睦州刺史興元初入遷刑部侍郎又拜淮西節度使至則治漕渠引湖陂築防庸入之渠中以通大舟夾隄高卬田因得漑灌疏啓道衢徹壅通堙人皆悅賴然承陳少游後裒宰煩重用度無藝人冀有所矯革而亞雅意丞弼厖外官往往不親事日夜召賓客言噱流連方春南民爲競度戲亞欲輕駛乃髹船底使篙人衣油綵衣沒水不濡觀沼華邃費皆千萬隴西李衡在坐曰使桀紂爲之不是過也旣泛九曲池曳繡爲颿詫曰要當稱是林沼衡曰未有錦纜云何亞大慙自是府財耗竭貞元中罷歸宰相竇參僤其宿望以檢校吏部尚書留守東都病風痺且廢猶欲固寵奏墾苑中爲營田可減度支歲稟詔許之先是苑地可耕者皆留司中人及屯士占假亞計窘吏舉軍帑錢與佃人至秋取菽粟償息輸軍中貧不能償者發囷窖略盡流亡過半又賂中人求兼河南尹帝審其妄使禮部尚書董晉代之賜亞還病不能謁卒年七十四贈太子少傅謚曰肅

范傳正字西老鄧州順陽人父倫爲戶部員外郎與趙郡李華善有當世名傳正舉進士宏辭皆高第授集賢殿校書郎歷歙湖蘇三州刺史有殊政進拜宣歙觀察使代還坐治第過制憲宗薄不用改光祿卿以風痺卒贈左散騎常侍傳正好古性精悍初自整飭宦益達用度益奢侈傾貲貨市權貴驩私公府如家帑亦幸素有名得不敢云

唐書卷一百七十三

宋　端　明　殿　學　士　宋　祁　撰

列傳第九十八

裴度

裴度字中立河東聞喜人貞元初擢進士第以宏辭補校書郎舉賢良方正異等調河陰尉遷監察御史論權嬖梗切出爲河南功曹參軍武元衡帥西川表掌節度府書記召爲起居舍人元和六年以司封員外郎知制誥田弘正效魏博六州于朝憲宗遣度宣諭弘正知度爲帝高選故郊迎趨跽受命且請徧至屬州布揚天子德澤魏人由是歡服還拜中書舍人久之進御史中丞宣徽五坊小使方秋閱鷹狗所過撓官司厚得餉謝乃去下邽令裴寰才吏也不爲禮因構寰出醜言送詔獄當大不恭宰相武元衡婉辭諍帝怒未置度見延英言寰無辜帝恚曰寰誠無罪杖小使小使無罪且杖寰度曰責若此固宜第寰爲令惜陛下百姓安可罪帝色霽乃釋寰王師討蔡以度視行營諸軍還奏攻取策與帝意合且問諸將才否度對李光顏義而勇當有成功不三日光顏破時曲兵帝歎度知言進兼刑部侍郎王承宗李師道謀緩蔡兵乃伏盜京師刺用事大臣已害宰相元衡又擊度刃三進斷鞾刜背裂中單又傷首度冒氈得不死哄導騶伏獨騶王義持賊大呼賊斷義手度墜溝賊意已死因亡去議者欲罷度安二鎭反側帝怒曰度得全天也若罷之是賊計適行吾倚度足破三賊矣度亦以權紀未張王室陵遲常憤愧無死所自行營歸知賊曲折帝益信杖及病創一再旬分衞兵護第存候踵路疾愈詔毋須宣政衙卽對延英拜中書侍郎同中書門下平章事時方連諸道兵環挐不解內外大恐人累息及度當國外內始安由是討賊益急始德宗時偵苛伺中朝士相過金吾輒飛啓宰相至闔門謝賓客度以時多故宜延天下髦英咨籌策乃建請還第與士大夫相見詔可會莊憲太后崩爲禮儀使帝不聽政議置冢宰度曰冢宰商周六官首秉統百僚王者諒闇有權聽之制歷世官廢故國朝置否不常不宜徇空名稽樞務乃詔百司權聽中書門下處可王鍔死家奴告鍔子稷易父奏末昌遺獻帝留奴仗內遣使者如東都按責其貲度諫曰自鍔死數有獻今因告訐而檢肖其私臣恐天下將帥聞之有以家爲計者帝悟殺二奴還使者于時討蔡數不利羣臣爭請罷兵錢徽蕭俛尤確苦度奏病在腹心不時去且爲大患不然兩河亦將視此爲逆順會唐鄧節度使高霞寓戰郤它相揣帝厭兵欲赦賊鉤上指帝曰一勝一負兵家常勢若師常利則古何憚用兵耶雖累聖亦不應留賊付朕今但論帥臣勇怯兵彊弱處置何如耳渠一敗便沮成計乎於是左右不能容其間十二年宰相逢吉涯建言餉億煩匱宜休師唯度請身督戰帝獨目度留曰果爲朕行乎度俯伏流涕曰臣誓不與賊偕存卽拜門下侍郎平章事彰義軍節度淮西宣慰招討處置使度以韓弘領都統乃上還招討以避弘然實行都統事又制詔有異辭欲激賊怒弘者意弘怏怏則度無與共功度請易其辭窒疑間之嫌於是表馬總爲宣慰副使韓愈行軍司馬李正封馮宿李宗閔備兩使幕府入對延英曰主憂臣辱義在必死賊未授首臣無還期帝壯之爲流涕及行御通化門臨遣賜通天御帶發神策騎三百爲衞初逢吉忌度帝惡居中撓沮出之外度屯郾城勞諸軍宣朝廷厚意士奮于勇是時諸道兵悉中官統監自處進退度奏罷之使將得顓制號令一戰氣倍未幾李愬夜入縣瓠城縛吳元濟以報度遣馬總先入蔡明日統洄曲降卒萬人持節徐進撫定其人初元濟禁偶語於道夜不然燭酒食相饋遺者以軍法論度視事下令唯盜賊鬬死抵

法餘一獨除往來不限晝夜民始知有生之樂度以蔡牙卒侍帳下或謂反側未安不可去備度笑曰吾爲彰義節度元惡已擒人皆吾人也衆感泣既而申光平定以馬總爲留後度入朝會帝以二劒付監軍梁守謙使悉誅賊將度遇諸郾城復與入蔡商罪議誅守謙請如詔度固不然騰奏申解全宥者甚衆兼勳進金紫光祿大夫弘文館大學士上柱國晉國公戶三千復知政事程异皇甫鎛以言財賦幸俄得宰相度三上書極論不可帝不納自上印又不聽纔人始得乘罅初蔡平王承宗懼度遣辯士栢耆脅說乃獻德棣二州納質子又論程權入覲始判滄景德棣爲一鎭朝廷命帥而承宗勢乃離李師道怙彊度密勸帝誅之乃詔宣武義成武寧橫海四節度會出弘正致討弘正請自黎陽濟合諸節度兵宰相皆謂宜度曰魏博軍度黎陽卽叩賊境封畛比聯易生顧望是自戰其地弘正光顏素少斷士心盤桓果不可用不如養威河北須霜降木落絕陽劉深抵鄆以營陽穀則人人殊死賊勢窮矣上曰善詔弘正如度言弘正奉詔師道果禽大賈張陟負五坊息錢上命功使楊朝汶收其家簿閱貸錢雖已償悉鉤止根引數十百人列箠挺脅不承又獲盧大夫逋券捕盧坦家客責償久乃悟盧羣券坦子上訴朝汶謾語錢入禁中何可得御史中丞蕭俛及諫官列陳中人橫恣度亦極言之時方討鄆帝曰姑議東軍此細事我自處辯度曰兵事不理止山東中人橫暴將亂都下帝不悅徐乃悟讓朝汶曰以爾使我羞見宰相命殺之而原繫者繇是京師澄肅帝嘗語臣事君當勵善底公朕惡夫樹黨者度曰君子小人以類而聚未有無徒者君子之徒同德小人之徒同惡外甚類中實遠在陛下觀所行則辨帝曰言者大抵若此朕豈易辨之度退喜曰上以爲難辨則易以爲易辨則難君子小人行判矣已而卒爲异鎛所構以檢校尚書右僕射兼門下侍郎平章事爲河東節度使穆宗卽位進檢校司空朱克融王廷湊亂河朔加度鎭州行營招討使時帝以李光顏烏重胤爪牙將倚以擊賊兵十餘萬有所畏無尺寸功度既受命入賊境數斬將以聞俄兼押北山諸蕃使時元稹顯結宦官魏弘簡求執政懼度復當國因經略軍事數居中持梗不使有功度恐亂作卽上書痛暴稹過惡帝不得已罷弘簡稹近職俄擢稹宰相以度守司空平章事東都留守諫官叩延英言不可罷度兵搖衆心帝不召於是交章極論未之省會中人使幽鎭還言軍中謂度在朝而兩河諸侯忠者懷彊者畏今居東人人失望帝悟詔度由太原朝京師及陛見始陳二賊畔換受命無功并陳所以入覲意感槩流涕伏未起謁者欲宣旨帝遽曰朕當延英待卿始議者謂度無與援且久外爲姦憸𢬵抑慮帝未能明其忠及進見辭切氣怡卓然當天子意在位聞者皆竦毅將貴臣至齎咨出涕舊儀閤中羣臣未退宰相不奏事稱賀則謁者答帝以度勳德故待以殊禮度之行移克融廷湊書開說諄沓傳以大誼二人不敢桀皆願罷兵帝方憂深州圍欲必出牛元翼更使度膺書布旨或曰賊知度失兵柄必背約顧望帝釋然乃拜度守司徒領淮南節度使會昭義監軍劉承偕慢劉悟舉軍譁怒執承偕悟拘以聞帝怒問度何施而可度頓首謝藩臣不與政辭不對帝彊之度曰臣素知承偕怙寵悟不能堪嘗以書訴臣是時中人趙弘亮在行營知狀欲持悟書以奏陛下亦知之邪帝曰我不及知顧悟誠惡之胡不自聞何哉度曰雖悟得聞恐陛下不必聽且臣視天顏不咫尺比尚未能決千里單言可悟聖聽哉帝亟曰前語姑置直謂今日奈何度曰必欲收忠義心使帥臣死節獨斬承偕則四方羣盜隱然破膽矣帝曰顧太后養爲子且我何愛更言其次度曰投諸荒裔可乎帝曰可悟果出承偕昭義遂安是時徐州王智興逐崔羣諸軍盤互河北進退未一議者交口請相度乃以本官兼中書侍郎平章事權倖側目謂李逢吉險賊善謀可以構度共諷帝自襄陽召逢吉還拜兵部尚書度居位再閱月果爲逢吉所間罷爲左僕射帝暴風眩中外不聞問者凡三日度數請到內殿求立太子翼日乃見帝遂立景王爲嗣逢吉既代相思有以牙孽之引所厚李仲言張又新李續張權輿等內結宦官種支黨醜沮日聞乃出度山南西道節度使奪平章事長慶四年王廷湊屠元翼之家敬宗羞惋歎宰輔非其人使兇賊熾肆學士韋處厚上疏曰臣聞汲黯在朝淮南寢謀千木處魏諸侯息兵王霸之理以一士止百萬之師一賢制千里之難裴度元勳巨德文武兼備若位巖廊委參決必使戎虜畏威幽鎭自臣管仲曰人離而聽之則愚合而聽之則聖治亂之本非有他術陛下當饋而歎恨無蕭曹今一裴度擯棄于外所以馮唐知漢文帝有頗牧不能用也帝感悟謂處厚曰度累爲宰相而官無平章事謂何處厚具道其由帝於是復度兼平章事帝雖孺蒙然注意度中人至度所必丁寧尉安且示召期寶曆二年度請入朝逢吉黨大懼權輿作僞謠云非衣小兒坦其腹天上有口被驅逐以度平元濟也都城東西岡六民間以爲乾數而度第平樂里直第五岡權輿乃言度名應圖讖第據岡原不召而來其意可見欲以傾度天子獨能明其誣詔復使輔政先是帝將幸東都大臣切諫不納帝志曰朕意決矣雖從官宮人自挾糗無擾百姓趣有司檢料行宮中外莫敢言度從容奏國家建別都本備巡幸自艱難以來宮闕署屯百司之區荒圮弗治假歲月完新然後可行倉卒無備有司且得罪帝悅曰羣臣諫朕不及此如卿言誠有未便安用往邪因止行汴宋觀察使令狐楚言亳州聖水出飲者疾輒愈度判曰妖由人興水不自作命在所禁塞朱克融執賜衣使者楊文端詭言慢已并訴所賜濫惡又匄假度支帛三十萬匹不者軍必有變且請遣工五千助治東都須天子東巡帝怒患之欲遣重臣臨慰度曰克融無恙而悖是將亡譬猛虎自嘷躍山林憑窟穴則然勢不得離其處人亦不爲懼陛下無庸遣重使第以詔書言中人倨驕須還我自責讓春服不謹方詰有司所上工宜卽遣已詔在所供擬此則賊謀窮矣陛下若未能然則答宦室營繕既有序毋遣工爲重勞朝廷緣召釁乃有賜與朕無所愛獨與范陽體不可爾帝曰善用度次策克融聽命歸文端未幾軍亂殺克融帝縱弛日晏坐朝度諫曰比陛下月率六七臨朝天下人知勤政河朔賊臣皆聳畏近聞延英益稀恐萬機奏稟有所壅閼夫頤養之道當順適時候則六氣平和萬壽可保道家法春夏晚起取雞鳴時秋冬晏起取日出時蓋在陽勝之以陰在陰勝之以陽今方居盛夏謂宜詰旦數坐廣加延問漏及巳午則炎赫可畏聖躬勞矣帝嘉納爲數視朝未幾判度支帝崩定策誅劉克明等迎立江王是爲文宗加門下侍郎李全略死子同捷求襲滄景軍度奏討平之卽陳調兵食非宰相事請罷度支歸有司奏可進階開府儀同三司賜實封戶三百度懇讓不得可乃受實封太和四年數引疾不任機重願上政事帝擇上醫護治中人日勞問相躡乃詔進司徒平章軍國重事須疾已三日若五日一至中書度讓免册禮度自見功高位極不能無慮稍詭跡避禍於是牛僧孺李宗閔同輔政媢度勳業久居上欲有所逞乃共訾其跡損短之因度辭位卽白帝進兼侍中出爲山南東道節度使白罷元和所置臨漢監收千馬納之校以善田四百頃還襄人頃之固請老不許以年徙東都留守俄加中書令李訓之禍宦官肆威以逞凡訓注宗姻賓客悉收逮訊報苛慘度上疏申理全活數十姓武德縣主藏史盜錢亡命捕不得河陽節度使溫造獄其令王賞責負繫三年母死弗許喪度爲帝言之賞得釋時閹豎擅威天子擁虛器搢紳道喪度不復有經濟意乃治第東都集賢里沼石林叢岑繚幽勝午橋作別墅具燠館涼臺號綠野堂激波其下度野服蕭散與白居易劉禹錫爲文章把酒窮晝夜相歡不問人間事而帝知度年雖及神明不衰每大臣自洛來必問度安否開成二年復以本官節度河東度牢辭老疾帝命吏部郎中盧弘宣諭意曰爲朕臥護北門可也趣上道度乃之鎭易定節度使張璠卒軍中將立其子元益度遣使曉譬禍福元益懼束身歸朝三年以病匄還東都眞拜中書令臥家未克謝有詔先給俸料上巳宴羣臣曲江度不赴帝賜詩曰注想待元老識君恨不早我家柱石衰憂來學丘禱別詔曰方春愼疾爲難勉醫藥自持朕集中欲見公詩故示此異日可進使者及門而度薨年七十六帝聞震悼以詩置靈几册贈太傅謚文忠賻禮優縟命京兆尹鄭復護喪度臨終自爲銘誌帝怪無遺奏敕家人索之得半藁以儲貳爲請無私言會昌元年加贈太師大中初詔配享憲宗廟廷度退然纔中人而神觀邁爽操守堅正善占對既有功名震四夷使外國者其君長必問度年今幾狀貌孰似天子用否其威譽德業比郭汾陽而用不用常爲天下重輕事四朝以全德始終及歿天下莫不思其風烈葬管城逮今廟食五子識諗知名

識字通理性敏悟凡經目未始忘推蔭補京兆參軍擢累大理少卿王師討劉稹爲供軍使稹平改司農卿進湖南觀察使入拜大理卿襲晉國公半封爲涇原節度使時蕃酋尚恐熱上三州七關列屯分守宣宗擇名臣以識帥涇原畢誠帥邠寧李福帥夏州帝親臨遣識至治堡障整戎器開屯田初將士守邊或積歲不得還識與立戍限滿者代親七十近戍由是人感悅加檢校刑部尚書徙鳳翔忠武天平邠寧靈武等軍進檢校尚書右僕射靈武地斥鹵無井識誓神而鑿之果得泉歷六節度所莅皆有可述卒贈司空謚曰昭

諗有文籍蔭累官考功員外郎宣宗訪元和宰相子思度勳望故待諗有加爲翰林學士累遷工部侍郎詔加承旨適會帝幸其院諗卽稱謝帝曰可歸與妻子相慶取御奩果以賜諗舉衣跽受帝顧宮人取巾裹賜之後爲太子少師封河東郡公黃巢盜國迫以僞官不從遇害

贊曰：憲宗討蔡出入四年元濟外連姦臣刺宰相及用事者沮駭朝謀惟天子赫然排羣議任度政事倚以討賊身督戰遂平淮西非度破賊之難任度之爲難也韓愈頌其功曰凡此蔡功惟斷乃成其知言哉穆宗不君憸人腐夫乘釁鐫詆而度遂無顯功非前智後愚用不用勢當然矣前史稱度晩節頗浮沉爲自安計是不然大雅曰既明且哲以保其身度何誠云

唐書卷一百七十三考證

裴度傳自見功高位極不能無慮稍詭跡避禍于是牛僧孺李宗閔同輔政媢度勳業久居上欲有所逞乃共訾其跡損短之○臣酉按舊書云初王播廣事進奉度亦掇拾羨餘以効播後進宰相李牛等不悅其所爲其語意竟似牛李以公心惡度者當以新書爲實

唐書卷一百七十四

宋　端　明　殿　學　士　宋　祁　撰

列傳第九十九

二李元牛楊

李逢吉字虛舟系出隴西父顏有錮疾逢吉自料醫劑遂通方書舉明經又擢進士第范希朝表爲振武掌書記薦之德宗拜左拾遺元和時遷給事中皇太子侍讀改中書舍人知禮部貢舉未已事拜門下侍郎同中書門下平章事詔禮部尚書王播署榜逢吉性忌刻險譎多端及得位務償好惡裴度討淮西逢吉慮成功密圖沮止趣和議者請罷諸道兵憲宗知而惡之出爲劍南東川節度使穆宗即位徙山南東道緣講侍恩陰結近倖長慶二年召入爲兵部尚書時度與元稹知政度嘗條稹憸佞逢吉以爲其隙易乘遂并中之遣人上變言和王傅于方結客欲爲稹刺度帝命尚書左僕射韓皐給事中鄭覃與逢吉參鞫方無狀稹度坐是皆罷逢吉代爲門下侍郎平章事因以恩爵動詭薄者更相挺以誣傷度於是李仲韋處厚等誦言度爲逢吉排迮度初得留時已失河朔王智興以徐叛李夼以汴叛國威不振天下延頸俟相度而中外交章言之帝訖不省度遂外遷夼平進尚書右僕射帝暴疾中外阻遏逢吉因中人梁守謙劉弘規王守澄議請立景王爲皇太子帝不能言頷之而已明日下詔皇太子遂定鄭注得幸於王守澄逢吉遣從子訓賂注結守澄爲奧援自是肆志無所憚其黨有張又新李續張權輿劉栖楚李虞程昔範姜洽及訓八人而傅會者又八人皆任要劇故號八關十六子有所求請先賂關子後達於逢吉無不得所欲未幾封涼國公敬宗新立度求入覲逢吉不自安張權輿爲作讖言以沮度而韋處厚亟爲帝言之計卒不行有武昭者陳留人果敢而辯度之討蔡遣說吳元濟元濟臨以兵辭不撓厚禮遣還度署以軍職從鎮太原除石州刺史罷歸不得用怨望與太學博士李涉金吾兵曹參軍茅彙居長安中以氣俠相許逢吉與李程同執政不叶程族人仍叔謂昭曰丞相欲用君顧逢吉持不可昭愈憤酒所語其友劉審欲刺逢吉審竊語權輿逢吉因彙召見昭厚相結納怨隙得解逢吉素厚待彙嘗與書曰足下當以自求字僕吾當以利見字君辭頗猥昵及度將還復命人發昭事由是昭彙皆下獄命御史中丞王播按之訓諷彙使誣昭與李程同謀不然且死彙不可曰誣人以自免不爲也獄成昭榜死彙流崖州涉康州仍叔貶道州司馬訓流象州擢審長壽主簿而逢吉謀益露昭死人皆冤之初逢吉與昭獄以止度入而不果天子知度忠卒相之逢吉於是寖疎以檢校司空平章事爲山南東道節度使表李續自副張又新行軍司馬頃之檢校司徒初門下史田伾倚逢吉親信顧財利進婢嬖之伾坐事匿逢吉家名捕弗獲及出鎮表隨軍滿歲不敢集使人僞過門下省調房州司馬爲有司所發即襄州捕之詭謂不遣御史劾奏詔奪一季俸因是貶續爲涪州刺史又新汀州刺史久乃徙宣武以太子太師爲東都留守及訓用事召拜尚書左僕射足病不能朝以司徒致仕卒年七十八贈太尉謚曰成無子以從弟子植嗣

元稹字微之河南河南人六代祖巖爲隋兵部尚書稹幼孤母鄭賢而文親授書傳九歲工屬文十五擢明經判入等補校書郎元和元年舉制科對策第一拜左拾遺性明銳遇事輒舉始王叔文王伾蒙幸太子宮而橈國政稹謂宜選正人輔導因獻書曰伏見陛下降明詔脩廢學增胄子然而事有先於此臣敢昧死言之賈誼有言三代之君仁且久者教之然也周成王本中才近管蔡則讒入任周召則善聞豈天聰明哉而克終于道者教也始爲太子也太公爲師周公爲傅召公爲保伯禽唐叔與游目不閱淫豔耳不聞優笑居不近庸邪玩不備珍異及爲君也血氣既定游習既成雖有放心不能奪已成之性則彼道德之言固吾所習聞陳之者易諭焉回佞庸違固吾所積懼詔之者易辨焉人之情莫不耀所能黨所近苟得志必快其所蘊物性亦然故魚得水而游鳥乘風而翔火得薪而熾夫成王所蘊道德也所近聖賢也快其蘊則興禮樂朝諸侯措刑罰教之至也秦則不然滅先王之學黜師保之位胡亥之生也詩書不得聞聖賢不得近彼趙高刑餘之人傅之以殘忍戕賊之術日恣睢天下之人未盡愚而亥不能分馬鹿矣高之威懾天下而亥自幽深宮矣若秦亡則有以致之也太宗爲太子選知道德者十八人與之游即位後雖間宴飲食十八人者皆在上之失無不言下之情無不達不四三年而名高盛古斯游習之致也貞觀以來保傅皆宰相兼領餘官亦時重選故馬周恨位高不爲司議郎其驗也毋后臨朝翦棄王室中睿爲太子雖有骨鯁敢言之士不得在調護保安職及讒言中傷惟樂工剖腹爲證豈不哀哉比來茲弊尤甚師資保傅不疾廢耗瞶即休戎罷帥者處之又以僻滯華首之儒備侍直侍讀越月踰時不得召夫以匹士之愛其子猶求明哲慈惠之師豈天下元良而反不及乎臣以爲高祖至陛下十一聖生而神明長而仁聖以是爲屑屑者故不之省設萬世之後有周成中才生於深宮無保助之教則將不能知喜怒哀樂所自況稼穡艱難乎願令皇太子洎諸王齒胄講業行嚴師問道之禮輟禽色之娛資游習之善豈不美哉又自以職諫諍不得數召見上疏曰臣聞治亂之始各有萌象容直言廣視聽躬勤庶務委信大臣使左右近習不得蔽疏遠之人此治象也大臣不親直言不進抵忌諱者殺犯左右者刑與一二近習決事深宮中羣臣莫得與此亂萌也人君始即位萌象未見必有狂直敢言者上或激而進之則天下君子望風曰彼狂而容於上其欲來天下士乎吾之道可以行矣其小人則竦利曰彼之直得幸於上吾將直言以徼利乎由是天下賢不肖各以所忠貢於上上下之志霈然而通合天下之智治萬物之心人人樂得其所戴其上如赤子之親慈母也雖欲誘之爲亂可得乎及夫進計者入而直言者戮則天下君子內謀曰與其言不用而身爲戮吾寧危行言遜以保其終乎其小人則擇利曰吾君所惡者拂心逆耳吾將苟順是非以事之由是進見者革而不內言事者寢而不聞若此則十步之事不得見況天下四方之遠乎故曰聾瞽之君非無耳目左右前後者屏蔽之不使視聽欲不亂可得哉太宗初即位天下莫有言者孫伏伽以小事持諫厚賜以勉之自是論事者唯懼言不直諫不極不能激上之盛意曾不以忌諱爲虞於是房杜王魏議可否於前四方言得失於外不數年大治豈文皇獨運聰明於上哉蓋下盡其言以宣揚發暢之也夫樂全安惡戮辱古今情一也豈獨貞觀之人輕犯忌諱而好戮辱哉蓋上激而進之也喜順從怒謇犯亦古今情一也豈獨文皇甘逆耳怒從心哉蓋以順從之利輕而危亡之禍大思爲子孫建永安計也爲後嗣者其可順一朝意而蔑文皇之天下乎陛下即位已一歲百辟卿士天下四方之人曾未有獻一計進一言而受賞者左右前後拾遺補闕亦未有奏封執諫而蒙勸者設諫鼓置匭函曾未聞雪冤決事明察幽之意者以陛下睿博洪深勵精求治豈言而不用哉蓋下不能有所發明耳承顧問者獨一二執政對不及頃而罷豈暇陳治安議教化哉它有司或時召見僅能奉簿書計錢穀登降耳以陛下之政視貞觀何如哉貞觀時尚有房杜王魏輔翊之智日有獻可替否者今陛下當致治之初而言事進計者歲無一人豈非羣下因循竊位之罪乎輒昧死條上十事一教太子正邦本二封諸王固磐石三出宮人四嫁宗女五時召宰相講庶政六次對羣臣廣聰明七復正衙奏事八許方幅糾彈九禁非時貢獻十省出入畋游于時論僭高弘本豆盧靖等出爲刺史閱旬追還詔書稹諫詔令數易不能信天下又陳西北邊事憲宗悅召問得失當路者惡之出爲河南尉以母喪解服除拜監察御史按獄東川因劾奏節度使嚴礪違詔過賦數百萬沒入塗山甫等八十餘家田產奴婢時礪已死七刺史皆奪俸礪黨怒俄分司東都時浙西觀察使韓皐杖安吉令孫澥數日死武寧王紹護送監軍孟昇喪乘驛內喪郵中吏不敢止內園擅繫人踰年臺不及知河南尹誣殺諸生尹太階飛龍使誘亡命奴爲養子田季安盜取洛陽衣冠女汴州沒入死賈錢千萬凡十餘事悉論奏會河南尹房式坐罪稹舉劾按故事追攝移書停務詔薄式罪召稹還次敷水驛中人仇士良夜至稹不讓中人怒擊稹敗面宰相以稹年少輕樹威失憲臣體貶江陵士曹參軍而李絳崔羣白居易皆論其枉久乃徙通州司馬改虢州長史元和末召拜膳部員外郎稹尤長於詩與

居易名相埒天下傳諷號元和體往往播樂府穆宗在東宮妃嬪近習皆誦之宮中呼元才子稹之謫江陵善監軍崔潭峻長慶初潭峻方親幸以稹歌詞數十百篇奏御帝大悅問稹今安在曰爲南宮散郎卽擢祠部郎中知制誥變詔書體務純厚明切盛傳一時然其進非公議爲士類訾薄稹內不平因誡風俗詔歷詆羣有司以逞其憾俄遷中書舍人翰林承旨學士數召入禮遇益厚自謂得言天下事中人爭與稹交魏弘簡在樞密尤相善裴度出屯鎭州有所論奏共沮卻之度三上疏劾弘簡稹傾亂國政陛下欲平賊當先淸朝廷乃可帝迫羣議乃罷弘簡而出稹爲工部侍郎然眷倚不衰未幾進同中書門下平章事朝野雜然輕笑稹思立奇節報天子以厭人心時王廷湊方圍牛元翼於深州稹所善于方言王昭于友明皆豪士雅游燕趙間能得賊要領可使反間而出元翼願以家貲辦行得兵部虛告二十以便宜募士稹然之李逢吉知其謀陰令李賞訹裴度曰于方爲稹結客將刺公度隱不發神策軍中尉以聞詔韓臯鄭覃及逢吉雜治無刺度狀而方計暴聞遂與度偕罷宰相出爲同州刺史諫官爭言度不當免而黜稹輕帝獨憐稹但削長春宮使初獄未具京兆劉遵古遣吏羅禁稹第稹訴之帝怒責京兆免捕賊尉使使者慰稹再期徙浙東觀察使明州歲貢蚶役郵子萬人不勝其疲稹奏罷之大和三年召爲尚書左丞務振綱紀出郎官尤無狀者七人然稹素無檢望輕不爲公議所右王播卒謀復輔政甚力訖不遂俄拜武昌節度使卒年五十三贈尚書右僕射所論著甚多行于世在越時辟竇鞏鞏天下工爲詩與之酬和故鏡湖秦望之奇益傳時號蘭亭絕唱稹始言事峭直欲以立名中見斥廢十年信道不堅乃喪所守附宦貴得宰相居位纔三月罷晚節彌沮喪加廉節不飾云

牛僧孺字思黯隋僕射奇章公弘之裔幼孤下杜樊鄉有賜田數頃依以爲生工屬文第進士元和初以賢良方正對策與李宗閔皇甫湜俱第一條指失政其言鯁訐不避宰相宰相怒故楊於陵鄭敬韋貫之李益等坐考非其宜皆調去僧孺調伊闕尉改河南遷監察御史進累考功員外郎集賢殿直學士穆宗初以庫部郎中知制誥徙御史中丞按治不法內外澄肅宿州刺史李直臣坐賕當死賂宦侍爲助具獄上帝曰直臣有才朕欲貸而用之僧孺曰彼不才者持祿取容耳天子制法所以束縛有才者祿山朱泚以才過人故亂天下帝異其言乃止賜金紫服以戶部侍郎同中書門下平章事始韓弘入朝其子公武用財賂權貴杜塞言者俄而弘公武卒孫弱不能事帝遣使者至其家悉收貲簿校計出入所以餉中朝臣者皆在至僧孺獨注其左曰某月日送錢千萬不納帝善之謂左右曰吾不謬知人繇是遂以相尋遷中書侍郎敬宗立進封奇章郡公是時政出近倖僧孺數表去位帝爲於鄂州置武昌軍授武昌節度使同平章事鄂城土惡亟圮歲增築賦葺茅於民吏倚爲擾僧孺陶甓以城五年畢鄂人無復歲費又廢沔州以省冗官文宗立李宗閔當國屢稱僧孺賢不宜棄外復以兵部尚書平章事幽州亂楊志誠逐李載義帝不時召宰相問計僧孺曰是不足爲朝廷憂夫范陽自安史後國家無所繫休戚前日劉總挈境歸國荒財耗力且百萬終不得范陽尺帛斗粟入天府俄復失之今志誠繇向載義也第付以節使扞奚契丹彼且自力不足以逆順治也帝曰吾初不計此公言是也因遣使慰撫之進門下侍郎弘文館大學士是時吐蕃請和約弛兵而大酋悉怛謀舉維州入之劍南於是李德裕上言韋臯經略西山至死恨不能致今以生羌二千人燒十三橋擣虜之虛可以得志帝使羣臣大議請如德裕策僧孺持不可曰吐蕃緜地萬里失一維州無害其彊今脩好使者尚未至遽反其言且中國禦戎守信爲上應敵次之彼來責曰何故失信贊普牧馬蔚茹川若東襲隴坂以騎綴回中不三日抵咸陽橋則京師戒嚴是雖得百維州何益帝然之遂詔返降者時皆謂僧孺挾素怨橫議沮解之帝亦以爲不直會中尉王守澄引織人竊議朝政它日延英召見宰相曰公等有意於太平乎何道以致之僧孺曰臣待罪宰相不能康濟然太平亦無象今四夷不內擾百姓安生業私室無彊家上不壅蔽下不怨讟雖未及至盛亦足爲治矣而更求太平非臣所及退謂它宰相曰上責成如是吾可久處此耶固請罷乃檢校尚書左僕射平章事爲淮南節度副大使天子既急於治故李訓等投隙得售其妄幾至亡國開成初表解劇鎭以檢校司空爲東都留守僧孺治第洛之歸仁里多致嘉石美木與賓客相娛樂三年召爲尚書左僕射僧孺入朝會莊恪太子薨既見陳父子君臣人倫大經以悟帝意帝泫然流涕以足疾不任謁檢校司空平章事爲山南東道節度使賜纛樽龍勺詔曰精金古器以比況君子卿宜少留僧孺固請乃行會昌元年漢水溢壞城郭坐不謹防下遷太子少保進少師明年以太子太傅留守東都劉稹誅而石雄軍吏得從諫與僧孺李宗閔交結狀又河南少尹呂述言僧孺聞稹誅恨歎之武宗怒黜爲太子少保分司東都累貶循州長史宣宗立徙衡汝二州還爲太子少師卒贈太尉年六十九謚曰文簡諸子蔚叢最顯

蔚字大章少擢兩經又第進士繇監察御史爲右補闕大中初屢條切政宣宗喜曰牛氏果有子差尉人意出金州刺史遷累吏部郎中失權倖意貶國子博士分司東都復以吏部召兼史館修撰咸通中進至戶部侍郎襲奇章侯坐累兒未一歲復官久之檢校兵部尚書山南西道節度使治梁三年徐州盜起神策兩中尉諷諸藩悉財助軍蔚索府帛三萬以獻中人嫌其吝用吳行魯代之黃巢入京師遁山南故吏民喜蔚至爭迎候因請老以尚書右僕射致仕卒子徽

徽舉進士累擢吏部員外郎乾符中選濫吏多姦歲調四千員徽治以剛明梲杜干請法度復振蔚避地于梁道病徽與子扶監輿歷閣路盜擊其首血流面持輿不息盜迫之徽拜曰人皆有父今親老而疾幸無駭驚盜感之乃止及前谷又逢盜輒相語曰此孝子也共舉輿舍之家進帛裹創以饘飲奉蔚留信宿去抵梁徽趨蜀謁行在丐歸侍親疾會拜諫議大夫固辭見宰相杜讓能曰上遷幸當從親有疾當侍而徽兄在朝廷身乞還營醫藥時兄循已位給事中許之父喪客梁漢終喪以中書舍人召辭疾改給事中留陳倉張濬伐太原引爲判官敕在所敦遣徽太息曰王室方復帑藏殫耗當協和諸侯以爲藩屏而又濟以兵諸侯離心必有後憂不肯起濬果敗復召爲給事中楊復恭叛山南李茂貞請假招討節伐之未報而與王行瑜輒出兵昭宗怒持奏不下茂貞亟請帝召羣臣議無敢言徽曰王室多難茂貞誠有功今復恭阻兵而討之罪在不俟命爾臣聞兩鎭兵多殺傷不早有所制則梁漢之人盡矣請假以節明約束則軍有所畏帝曰然乃以招討使授茂貞果有功然益偃蹇帝使宰相杜讓能將兵誅討徽諫曰岐國西門茂貞憑其衆而暴若令萬分一不利屈威重奈何願徐制之不聽師出帝復召徽曰今伐茂貞彼衆烏合取必萬全卿計何日有捷對曰臣職諫爭所言者軍國大體如索賊平之期願陛下考蓍龜責將帥非臣職也旣而師果敗遂殺大臣王室益弱俄繇中書舍人爲刑部侍郎襲奇章男崔胤忌徽之正換左散常侍徙太子賓客以刑部尚書致仕歸樊川卒贈吏部尚書

叢字表齡第進士繇藩帥幕府任補闕數言事會宰相請廣諫員宣宗曰諫臣惟能舉職爲可奚用衆耶令張符趙璘牛叢使朕聞所未聞三人足矣以司勳員外郎爲睦州刺史帝勞曰卿非得怨宰相乎對曰陛下比詔不由刺史縣令不任近臣宰相以是擢臣非嫌也卽賜金紫謝曰臣今衣刺史所假緋卽賜紫爲越等乃賜銀緋咸通末拜劍南西川節度使時蠻犯邊抵大渡進略黎雅叩邛崍關謾書求入朝且曰假道叢囚其使四十人釋二人還之蠻懼卽引去僖宗幸蜀授太常卿以病求爲巴州刺史不許還京爲吏部尚書嗣襄王亂叢客死太原

李宗閔字損之鄭王元懿四世孫擢進士調華州參軍事舉賢良方正與牛僧孺詆切時政觸宰相李吉甫惡之補洛陽尉久流落不偶去從藩府辟署入授監察御史禮部員外郎裴度伐蔡引爲彰義觀察判官蔡平遷駕部郎中知制誥穆宗卽位進中書舍人時翺爲華州刺史父子同拜世以爲寵長慶初錢徽典貢舉宗閔託所親於徽而李德裕李紳元稹在翰林有寵於帝共白徽納干丐取士不以實宗閔坐貶劍州刺史由是嫌忌顯結樹黨相磨軋凡四十年搢紳之禍不能解俄復爲中書舍人典貢舉所取多知名士若唐沖薛庠袁都等世謂之玉筍寶歷初累進兵部侍郎父喪解太和中以吏部侍郎同中書門下平章事時德裕自浙西召欲以相而宗閔中助多先得進卽引僧孺同秉政相唱和去異己者德裕所善皆逐之遷中書侍郎久之德裕爲相與宗閔共當國德裕入謝文宗曰而知朝廷有朋黨乎德裕曰今中朝半爲黨人雖後來者趨利而靡往往陷之陛下能用中立無私者黨與破矣帝曰衆以楊虞卿張元夫蕭澣爲黨魁德裕因請皆出爲刺史帝然之卽以虞卿爲常州元夫爲汝州蕭澣爲鄭州宗閔曰虞卿位給事中州不容在元夫下德裕居外久其知黨人不如臣之詳虞卿日見賓客於第世號行中書故臣未嘗與美官德裕質之曰給事中非美官云何宗閔大沮不得對俄以同平章事爲山南西道節度使李訓鄭注始用事疾德裕共譖短之乃罷德裕復召宗閔知政事進封襄武縣侯恣肆附託會虞卿以京兆尹得罪極言營解帝怒叱曰爾嘗詆鄭覃爲妖氣今自爲妖耶卽出爲明州刺史貶處州長史訓注乃劾宗閔異時陰結駙馬都尉沈𥫗丙人宋若憲宦者韋元素王踐言等求宰相且言頃上有疾密問術家呂華迎考命厝曰惡十二月

而踐言監軍劒南受德裕賕復與宗閔家私乃貶宗閔湖州司戶參軍事虁逐柳州元素等悉流嶺南親信並斥時訓注欲以權市天下凡不附己者皆指以二人黨逐去之人人駭栗連月雺晦帝乃詔宗閔德裕姻家門生故吏自今一切不問所以慰安中外嘗歎曰去河北賊易去此朋黨難開成初幽州史元忠河陽李載義累表論洗乃徙爲衢州司馬楊嗣復輔政與宗閔善欲復用而畏鄭覃乃託宦人諷帝帝因紫宸對果曰朕念宗閔久斥應授一官覃曰陛下徙令少近則可若再用臣請前免陳夷行曰宗閔之罪不即死爲幸寶曆時李續張又新等號八關十六子朋比險妄朝廷幾危李珏曰此李逢吉罪今續喪闋不可不任以官夷行曰不然舜逐四凶天下治朝廷何惜數憸人使亂紀綱嗣復曰事當適宜不可以憎愛奪帝曰州刺史可乎覃請授洪州別駕夷行曰宗閔始庇鄭注階其禍幾覆國嗣復曰陛下向欲官鄭注而宗閔不奉詔尚當記之覃質曰嗣復黨宗閔者彼其惡似李林甫嗣復曰覃言過矣林甫妬賢忌功夷滅十餘族宗閔固無之始宗閔與德裕俱得罪德裕再從鎭而宗閔故在貶地夫懲勸宜一不可謂黨因折覃曰比殷侑爲韓益求官臣以其昔坐贓不許覃託臣勿論是豈不爲黨乎遂擢宗閔杭州刺史遷太子賓客分司東都旣而覃夷行去位嗣復謀引宗閔輔政未及而文宗崩會昌中劉稹以澤潞叛德裕建言宗閔素厚從諫今上黨近東都乃拜宗閔湖州刺史稹敗得交通狀貶漳州長史流封州宣宗即位徙柳州司馬卒宗閔性機警始有當世令名旣寖貴喜權勢初爲裴度引拔後度薦德裕可爲相宗閔遂與爲怨韓愈爲作南山猛虎行規之而宗閔崇私黨薰熾中外卒以是敗子琨瓚皆擢進士令狐綯作相而瓚以知制誥歷翰林學士綯罷亦爲桂管觀察使不善御軍爲士卒所逐貶死宗閔弟宗冉其子湯累官京兆尹黃巢陷長安殺之

楊嗣復字繼之父於陵始見識於浙西觀察使韓滉妻以其女歸謂妻曰吾閱人多矣後貴且壽無若生者有子必位宰相旣而生嗣復滉撫其頂曰名與位皆踰其父楊氏之慶也因字曰慶門八歲知屬文後擢進士博學宏辭與裴度柳公綽皆爲武元衡所知表署劒南幕府進右拾遺直史館尤善禮家學改太常博士再遷禮部員外郎時於陵爲戶部侍郎嗣復避同省換他官有詔同司親大功以上非聯判句檢官長皆勿避官同職異雖父子兄弟無嫌遷累中書舍人嗣復與牛僧孺李宗閔雅相善二人輔政引之然不欲越父當國故權知禮部侍郎凡二期得士六十八人多顯官文宗嗣位進戶部侍郎於陵老求侍不許喪除擢尚書左丞太和中宗閔罷嗣復出爲劒南東川節度使宗閔復相徙西川開成初以戶部侍郎召領諸道鹽鐵轉運使俄與李珏並拜同中書門下平章事弘農縣伯仍領鹽鐵後紫宸奏事嗣復爲帝言陸洿屛居民間而上書論兵可勸以官珏趣和曰士多趨競能奬洿貪夫廉矣比竇洵直以論事見賞天下釋然況官洿耶帝曰朕賞洵直褒其心爾鄭覃不平曰彼包藏固未易知嗣復曰洵直無邪臣知之覃曰陛下當察朋黨嗣復曰覃疑臣黨臣應免即再拜祈罷珏見言切繆曰朋黨固少弭覃曰附離復生帝曰向所謂黨與不已盡乎覃曰楊漢公張又新李續故在珏乃陳邊事欲絕其語覃曰論邊事安危臣不如珏嫉朋比珏不如臣嗣復曰臣聞左右佩劒彼此相笑未知覃果謂誰爲黨邪因當香案頓首曰臣位宰相不能進賢退不肖以朋黨獲譏非所以重朝廷因乞罷帝方委以政故慰安之它日帝問符讖可信乎何從而生嗣復曰漢光武以讖決事隋文帝亦喜之故其書蔓天下班彪王命論有所引述特以止賊亂非重之也珏曰治亂宜直推人事耳帝曰然又問天后時有起布衣爲宰相者未可用乎嗣復曰天后重用刑輕用官自爲之計耳必責能否要待歷試乃可是時延英訪對史官不及知嗣復建言故事正衙起居注在前便坐無所紀錄姚璹趙璟皆請置時政記不能行臣請延英對宰相語關道德刑政者委中書門下直日紀錄月付史官它宰相議不同止久之帝又問延英政事孰當記之珏監修國史對曰臣之職也陳夷行曰宰相所錄恐掩蔽聖德自益美名臣向言不欲威權在下者此也珏曰夷行疑宰相賣威權貨刑賞不然何自居位而爲此言邪臣得罷爲幸覃曰陛下開成初政甚善三年後日不逮前嗣復曰開成初覃夷行當國三年後臣與李珏同進臣不能悉心奉職使政事日不逮前臣之罪也縱陛下不忍加誅當自殄滅即叩頭請從此辭不敢更至中書乃趨出帝使使者召還曰覃言失何及此邪覃起謝曰臣愚不知忌諱近事雖善猶未盡公臣非專斥嗣復而遽求去乃不使臣言耳嗣復曰陛下月費俸稟數十萬時新異賜必先及將責臣輔聖功求至治也使不及初豈臣當死累陛下之德奈何惟陛下別求賢以自輔帝曰覃偶及之奚執咎嗣復闔門不肯起帝乃免覃夷行相而嗣復專天下事進門下侍郎建言使府官屬多宜省帝曰無反滯才乎對曰才者自異汰去秕滓者菁華乃出帝曰昔蕭復秉政難言者必言卿其志之未幾帝崩中尉仇士良廢遺詔立武宗帝之立非宰相意故內薄執政臣不加禮自用李德裕而罷嗣復爲吏部尚書出爲湖南觀察使會誅薛季稜劉弘逸中人多言嘗附嗣復珏不利於陛下帝剛急即詔中使分道誅嗣復等德裕與崔鄲崔珙等詣延英言故事大臣非惡狀明白未有誅死者昔太宗玄宗德宗三帝皆常用重刑後無不悔願徐思其宜使天下知盛德有所容不欲人以爲冤帝曰朕纘嗣之際宰相何嘗比數且珏等各有附會若珏李稜屬陳王猶是先帝意如嗣復弘逸屬安王乃內爲楊妃謀且其所給書曰姑何不敎天后德裕曰飛語難辨帝曰妃昔有疾先帝許其弟入侍得通其謀禁中證左尤具我不欲暴于外使安王立肯容我耶言畢戚然乃曰爲卿赦之因追使者還貶嗣復潮州刺史宣宗立起爲江州刺史以吏部尚書召道岳州卒年六十六贈尚書左僕射謚曰孝穆嗣復領貢舉時於陵自洛入朝乃率門生出迎置酒第中於陵坐堂上嗣復與諸生坐兩序始於陵在考功擢浙東觀察使李師稷及第時亦在焉人謂楊氏上下門生世以爲美嗣復五子其顯者授損

授字得符於昆弟最賢由進士第遷累戶部侍郎以母病求爲祕書監後以刑部尚書從昭宗幸華徙太子少保卒贈尚書左僕射

子嬰字公隱累擢左拾遺昭宗初立數遊晏上疏極諫歷戶部員外郎崔胤招朱全忠入京師嬰挈族客湖南終諫議大夫

損字子黙繇蔭補藍田尉至殿中侍御史家新昌里與路巖第接巖方爲相欲易其廐以廣第損族仕者十餘人議曰家世盛衰繫權者喜怒不可拒損曰今尺寸土皆先人舊貲非吾等所有安可奉權臣邪窮達命也卒不與巖不悅使損按獄黔中踰年還三遷絳州刺史巖罷去召爲給事中遷京兆尹與宰相盧攜不叶復除給事中陝虢軍亂逐觀察使崔蕘命損代之至則盡誅有罪者拜平盧節度使徙天平未赴復留卒官下

贊曰夫口道先王語行如市人其名曰盜儒僧儒宗閔以方正敢言進旣當國反奮私昵黨排擊所憎是時權震天下人指曰牛李非盜謂何逢吉險邪橫浮躁嗣復辯給固無足言宰主孱昏不底於戮治世之罪人歟

唐書卷一百七十四考證

李逢吉傳父顏○舊書作祖顏父歸期與新書異沈炳震曰按宰相世系表與舊書同則新書似誤

李仲○仲當作紳

唐書卷一百七十五

宋　端　明　殿　學　士　宋　祁　撰

列傳第一百

竇劉二張楊熊柏

竇羣字丹列京兆金城人父叔向以詩自名代宗時位左拾遺羣兄弟皆擢進士第獨羣以處士客毗陵母卒齧一指置棺中廬墓次終喪從盧庇傳啖助春秋學著書數十篇蘇州刺史韋夏卿薦之朝并表其書報聞不召後夏卿入爲京兆尹復言之德宗擢爲左拾遺時張薦持節使吐蕃乃遷羣侍御史爲薦判官入見帝曰陛下即位二十年始自草茅擢臣爲拾遺何其難也以二十年難進之臣爲和蕃判官一何易帝壯其言不遣王叔文黨盛雅不喜羣羣亦悻悻不肯附欲逐之韋執誼不可乃止羣往見叔文曰事有不可知者叔文曰奈何曰去年李實伐恩恃權震赫中外君此時逡巡路傍江南一吏耳今君又處實之勢豈不思路傍復有如君者乎叔文悚然亦卒不用憲宗立轉膳部員外郎兼侍御史知雜事出爲唐州刺史節度使于頔聞其名與語奇之表以自副武元衡李吉甫皆所厚善故召拜吏部郎中元衡輔政薦羣代爲中丞羣引呂溫羊士諤爲御史吉甫以二人躁險持不下羣忮狠反怨吉甫吉甫節度淮南羣謂失恩因擠之陳登者善術夜過吉甫家羣即捕登掠考上言吉甫陰事憲宗面覆登得其情大怒將誅羣吉甫爲救解乃免出爲湖南觀察使改黔中會水壞城郛調谿洞羣蠻築作因是羣蠻亂貶開州刺史稍遷容管經略使召還卒于行年五十五贈左散騎常侍羣很自用果於復怨始召將大任之衆皆懼及聞其死乃安兄常弟牟庠鞏皆爲郎工詞章爲聯珠集行於時義取昆弟若五星然

常字中行大曆中及進士第不肯調客廣陵多所論著

隱居二十年，鎭州王武俊聞其才奏辟不應杜佑鎭淮南署爲參謀歷朗夔江撫四州刺史國子祭酒致仕卒贈越州都督

牟字貽周累佐節度府晚從昭義盧從史從史寖驕牟度不可諫卽移疾歸東都從史敗不以覺徵避去自賢位國子司業

庠字冑卿終婺州刺史

鞏字友封雅裕有名于時平居與人言若不出口世號囁嚅翁元稹節度武昌奏鞏自副卒

劉栖楚其出寒鄙爲鎭州小史王承宗奇之薦於李逢吉繇鄧州司倉參軍擢右拾遺逢吉之罷裴度逐李紳皆嗾而爲奸者敬宗立視朝常晏數游畋失德栖楚諫曰惟前世王者初嗣位皆親庶政坐以待旦陛下新卽位安臥寢內日晏乃作大行殯宮密邇鼓吹之聲日聞諸朝且憲宗及先帝皆長君朝夕恪勤四方猶有叛者陛下以少主踐阼未幾惡德流布恐福祚之不長也臣以諫爲官使陛下負天下譏請碎首以謝遂額叩龍墀血被面李逢吉傳詔毋叩頭待詔旨栖楚捧首立帝動容揚袂使去栖楚曰不聽臣言臣請死于此有詔慰諭乃出遷起居郞辭疾歸洛後諫官對延英帝問向廷爭者在邪以諫議大夫召未幾宣授刑部侍郞故事侍郞無宣授者逢吉喜助已故不次任之數月改京兆尹峻誅罰不避權豪先是諸惡少竄名北軍凌藉衣冠有罪則逃軍中無敢捕栖楚一切窮治不閱旬宿姦老蠹爲斂迹一日軍士乘醉有所凌突諸少年從旁譟曰癡男子不記頭上尹邪然其性詭激敢爲怪行乘險抵巇若無顧藉內實侍權怙寵以干進諂宰相厲色慢辭韋處厚惡之出爲桂管觀察使卒贈左散騎常侍

張又新字孔昭工部侍郞薦之子元和中及進士高第歷左右補闕性傾邪李逢吉用事惡李紳冀得其罪求中朝凶果敢言者厚之以危中紳又新與拾遺李續劉栖楚等爲逢吉搏吠所憎故有八關十六子之目敬宗立紳貶端州司馬朝臣過宰相賀閽者曰止宰相方與補闕語姑伺之及又新出流汗揖百官曰端溪之事竊不敢讓人皆辟易畏之尋轉祠部員外郞嘗買婢遷約爲牙儈搜索陵突御史劾舉逢吉庇之事不窮治及逢吉罷領山南東道節度表又新爲行軍司馬坐田伾事貶汀州刺史李訓有寵又新復見用遷刑部郞中爲申州刺史訓死復坐貶終左司郞中又新善文辭再以諂附敗喪其家聲云

楊虞卿字師皐虢州弘農人父寧有高操談辯可喜擢明經調臨渙主簿棄官還夏與陽城爲莫逆交德宗以諫議大夫召城城未拜詔寧卽諭與俱來陝虢觀察使李齊運表置幕府齊運入爲京兆尹表奏先主簿拜監察御史坐累免順宗初召爲殿中侍御史終國子祭酒

虞卿第進士博學宏辭爲校書郞抵淮南委婚幣爲舍陳商葬其先貧不振虞卿未嘗與游悉所齎助之擢累監察御史穆宗初立逸游荒恣虞卿上疏曰烏鳶遭害仁鳥逝誹謗不誅良臣進臣敢冒誅獻瞽言臣聞堯舜以天下爲憂不以位爲樂況今北虜方梗西戎弗靖兩河有瘡痏之虞五嶺羅氛厲之役人之疾苦積下朝之制度莫脩邊亡見儲國用寖屈固未可以高枕而息也陛下初臨萬幾宜有憂天下心當日見輔臣公卿百執事垂意以問使四方內外灼有所聞而聽政六十日入對延英獨三數大臣承聖問而已它內朝臣皆入齊出無所咨詢諫臣盈廷忠言不聞臣實羞之蓋主恩疏而正路塞也公卿大臣宜朝夕燕見則君臣情接而治道得矣今宰臣四五人或頃刻侍坐鞠躬隕越隨旨上下無能往來此繇君太尊臣太卑故也公卿列位雖陟降淸地曾未奉優睠承下問雖陛下神聖如五帝猶宜周爰顧逮惠以氣色使支體相成君臣昭明陛下求治於宰相宰相求治於臣等進忠若趨利論政若訴冤此而不治無有也自古天子居危思安之心同而居安慮危之心則異故不得皆爲聖明也時又有衡山布衣趙知微亦上書指言帝倡優在側馳騁無度內作色荒外作禽荒辭頗危切帝詔宰相尉謝宰相因是賀天子納諫然不能用也俄詔行勞西北邊還遷侍御史改禮部員外郞史館脩撰進吏部會曹史李賓等繇僞告調官六十五員贓千六百萬以上虞卿發其姦賓等繫御史府而虞卿親吏嘗受二百萬亡命私奴受三十萬虞卿縛奴送獄三司嚴休復高釴韋景休雜推賓等皆誅死虞卿坐不檢下免官李宗閔牛僧孺輔政引爲右司郞中弘文館學士再遷給事中虞卿佞柔善諧麗權幸倚爲姦利歲舉選者皆走門下署第注員無不得所欲升沈在牙頰間當時有蘇景胤張元夫而虞卿兄弟汝士漢公爲人所奔向故語曰欲趨舉場問蘇張蘇張猶可三楊殺我宗閔待之尤厚就黨中爲最能唱和者以口語軒輊事機故時號黨魁德裕之相出爲常州刺史宗閔復入以工部侍郞召遷京兆尹太和九年京師訛言鄭注爲帝治丹剔小兒肝心用之民相驚扃護兒曹帝不悅注亦內不安而雅與虞卿有怨卽約李訓奏言語出虞卿家因京兆騶伍布都下御史大夫李固言素嫉虞卿周比因傅左端倪帝大怒下虞卿詔獄於是諸子弟自囚闕下稱冤虞卿得釋貶虔州司戶參軍死子知退知權擅堪漢公皆擢進士第漢公最顯

漢公字用乂始辟興元李絳幕府絳死不與其禍還累戶部郞中史館修撰轉司封郞中坐虞卿下除舒州刺史徙湖亳蘇三州擢桂管浙東觀察使繇戶部侍郞拜荊南節度使召爲工部尚書或劾漢公治荊南有貪臧降祕書監稍遷國子祭酒宣宗擢爲同州刺史於是給事中鄭裔綽鄭公輿共奏漢公冒猥無廉槩不可處近輔三還制書帝它日凡門下論執駮正未嘗卻漢公素結左右有奧助至是帝惑不從制卒行會寒食晏近臣帝自擊毬爲樂巡勞從臣見裔綽等曰省中議無不從唯漢公事爲有黨裔綽獨對同州太宗興王地陛下爲人子孫當精擇守長付之漢公旣以墨敗陛下容可舉劇部私貪人帝恚見顏間翌日斥裔綽爲商州刺史漢公自同州更宣武天平兩節度使卒子籌範仕亦顯

汝士字慕巢中進士第又擢宏辭牛李待之善引爲中書舍人開成初繇兵部侍郞爲東川節度使時嗣復鎭西川乃族昆弟對擁旄節世榮其門終刑部尚書子知溫知至悉以進士第入官知溫終荊南節度使知至爲宰相劉瞻所善以比部郞中知制誥瞻得罪亦貶瓊州司馬擢累戶部侍郞楊氏自汝士後貴赫爲冠族所居靜恭里兄弟並列門戟咸通後在臺省方鎭率十餘人

張宿者本寒人自名諸生憲宗爲廣陵王時因張茂宗薦得出入邸中誕譎敢言及監撫自布衣授左拾遺交通權幸四方賂遺滿門數召對不能愼密坐漏禁中語貶郴丞十餘年累遷比部員外郞宰相李逢吉數言其佞譎不可信白爲濠州刺史宿上疏自言留不遣帝欲以爲諫議大夫逢吉曰諫議職要重當待賢者宿細人不可使汙是官陛下必用之請先去臣乃可帝不悅後逢吉罷詔權知諫議大夫宰相崔羣王涯同請曰諫議大夫前世或自山林擢行伍任之者然皆道義卓異於時今宿望輕若待以不次未足以寵適以累之也請授他官不聽使中人宣授爲宿怨執政不與已乃日肆讒惎與皇甫鎛相附離多中傷正人君子元和末持節至淄靑李師道願割地遣子入侍旣而悔復遣宿往暴卒于道贈祕書監

熊望者字原師擢進士第性險躁以辯說游公卿間劉栖楚爲京兆尹樹權勢望日出入門下爲刺取事機陰佐計畫敬宗喜爲歌詩議置東頭學士以備燕狎栖楚薦望未及用帝崩文宗立韋處厚秉政詔望因緣險薄營密職圖褻幸讙沸衆議貶漳州司戶參軍

栢耆者有縱橫學父良器爲時威名將耆志健而望高急于立名是時王承宗以常山叛朝廷厭兵耆杖策詣淮西行營謁裴度且言願得天子一節馳入鎭可掉舌下之度爲言乃以左拾遺往旣至以大誼動承宗至泣下乃請獻二州以二子入質眞擢耆左拾遺由是聲震一時遷起居舍人王承元從義成軍遣諫議大夫鄭覃往慰成德軍賚緡錢百萬賚未至舉軍譁議穆宗遣耆諭天子意衆乃信悅轉兵部郞中諫議大夫太和初李同捷反詔兩河諸鎭出兵久無功乃授耆德州行營諸軍計會使與判官沈亞之諭旨會橫海節度使李祐平德州同捷窮請降祐使大將萬洪代守滄州同捷未出也耆以三百騎馳入滄以事誅洪與同捷朝京師旣行諜言王廷湊欲以奇兵劫同捷耆遂斬其首以獻諸將嫉耆功比奏攢詆文宗不獲已貶耆循州司戶參軍亞之南康尉宦人馬國亮譖耆受同捷先所得王稷女及奴婢珍貲初祐聞耆殺洪大驚疾遂劇帝曰祐若死是耆殺之至是積前怒詔長流愛州賜死

贊曰詩人斥譖人最甚投之豺虎有北不置也如羣栖楚輩則然肆訐以示公構黨以植私其言纚纚若可聽卒而入于敗亂也孔子所謂順非而澤者歟利口覆邦家者歟耆掩衆取功自速其死哀哉

唐書卷一百七十五考證

竇羣傳京兆金城人○舊書扶風平陵人

唐書卷一百七十六

宋　端　明　殿　學　士　宋　祁　撰

列傳第一百一

韓愈

韓愈字退之鄧州南陽人七世祖茂有功於後魏封安定王父仲卿爲武昌令有美政旣去縣人刻石頌德終祕書郞愈生三歲而孤隨伯兄會貶官嶺表會卒嫂鄭鞠之愈自知讀書日記數千百言比長盡能通六經百家學擢進士第會董晉爲宣武節度使表署觀察推官晉卒愈從喪出不四日汴軍亂乃去依武寧節度使張

建封建封辟府推官操行堅正鯁言無所忌調四門博士遷監察御史上疏極論宮市德宗怒貶陽山令有愛在民民生子多以其姓字之改江陵法曹參軍元和初權知國子博士分司東都三歲爲眞改都官員外郎卽拜河南令遷職方員外郎華陰令柳澗有辠前刺史劾奏之未報而刺史罷澗諷百姓遮索軍頓役直後刺史惡之按其獄貶澗房州司馬愈過華以爲刺史陰相黨上疏治之既御史覆問得澗贓再貶封溪尉愈坐是復爲博士既才高數黜官又下遷乃作進學解以自諭曰國子先生晨入太學召諸生立館下誨之曰業精于勤荒于嬉行成于思毀于隨方今聖賢相逢治具畢張拔去兇邪登崇畯良占小善者率以錄名一藝者無不庸爬羅剔抉刮垢磨光蓋有幸而獲選孰云多而不揚諸生業患不能精無患有司之不明行患不能成無患有司之不公言未既有笑于列者曰先生欺予哉弟子事先生于茲有年矣先生口不絕吟於六藝之文手不停披於百家之編記事者必提其要纂言者必鉤其玄貪多務得細大不捐焚膏油以繼晷常矻矻以窮年先生之業可謂勤矣觝排異端攘斥佛老補苴罅漏張皇幽眇尋墜緒之茫茫獨旁搜而遠紹障百川而東之回狂瀾於既倒先生之於儒可謂有勞矣沈浸醲郁含英咀華作爲文章其書滿家上規姚姒渾渾亡涯周誥商盤佶屈聱牙春秋謹嚴左氏浮夸易奇而法詩正而葩下逮莊騷太史所錄子雲相如同工異曲先生之於文可謂閎其中而肆其外矣少始知學勇於敢爲長通於方左右具宜先生之於爲人可謂成矣然而公不見信於人私不見助於友跋前躓後動輒得咎暫爲御史遂竄南夷三年博士冗不見治命與仇謀取敗幾時冬煖而兒號寒年豐而妻啼饑頭童齒豁竟死何裨不知慮此而反教人爲先生曰吁子來前夫大木爲杗細木爲桷欂櫨侏儒椳闑扂楔各得其所施以成室者匠氏之工也玉札丹砂赤箭青芝牛溲馬勃敗鼓之皮俱收並蓄待用無遺者醫師之良也登明選公雜進巧拙紆餘爲妍卓犖爲傑校短量長唯器是適者宰相之方也昔者孟軻好辯孔道以明轍環天下卒老于行荀卿宗王大倫以興逃讒于楚廢死蘭陵是二儒者吐詞爲經舉足爲法絕類離倫優入聖域其遇於世何如也今先生學雖勤而不繇其統言雖多而不要其中文雖奇而不濟於用行雖修而不顯於衆猶且月費俸錢歲靡廩粟子不知耕婦不知織乘馬從徒安坐而食踵常途之促促竄陳編以盜竊然而聖主不加誅宰臣不見斥茲非其幸歟動而得謗名亦隨之投閑置散乃分之宜若夫商財賄之有無計班資之崇庳忘量己之所稱指前人之瑕疵是所謂詰匠氏之不以杙爲楹而訾醫師以昌陽引年欲進其豨苓也執政覽之奇其才改比部郎中史館脩撰轉考功知制誥進中書舍人初憲宗將平蔡命御史中丞裴度使諸軍按視及還且言賊可滅與宰相議不合愈亦奏言淮西連年脩器械防守金帛糧畜耗於給賞執兵之卒四向侵掠農夫織婦餉於其後得不償費比聞畜馬皆上槽櫪此譬有十夫之力自朝抵夕跳躍叫呼勢不支久必自委頓當其已衰三尺童子可制其命況以三州殘弊困劇之餘而當天下全力其敗可立而待也然未可知者在陛下斷與不斷耳夫兵不多不足以取勝必勝之師利在速戰兵多而戰不速則所費必廣疆埸之上日相攻劫近賊州縣賦役百端小遇水旱百姓愁苦方此時人人異議以惑陛下陛下持之不堅半塗而罷傷威損費爲弊必深所要先決於心詳度本末事至不惑乃可圖功又言諸道兵羈旅單弱不足用而界賊州縣百姓習戰鬭知賊深淺若募以內軍敎不三月一切可用又欲四道置兵道率三萬畜力伺利一日俱縱則蔡首尾不救可以責功執政不喜會有人詆愈在江陵時爲裴均所厚均子鍔素無狀愈爲文章字命鍔謗語囂暴由是改太子右庶子及度以宰相節度彰義軍宣慰淮西奏愈行軍司馬愈請乘遽先入汴說韓弘使叶力元濟平遷刑部侍郎憲宗遣使者往鳳翔迎佛骨入禁中三日乃送佛祠王公士人奔走膜唄至爲夷法灼體膚委珍貝騰沓係路愈聞惡之乃上表曰佛者夷狄之一法耳自後漢時始入中國上古未嘗有也昔黃帝在位百年年百一十歲少昊在位八十年年百歲顓頊在位七十九年年九十八歲帝嚳在位七十年年百五歲堯在位九十八年年百一十八歲帝舜在位及禹年皆百歲此時天下太平百姓安樂壽考然而中國未有佛也其後湯亦年百歲湯孫太戊在位七十五年武丁在位五十年書史不言其壽推其年數蓋不減百歲周文王年九十七歲武王年九十三歲穆王在位百年此時佛法亦未至中國非因事佛而致然也漢明帝時始有佛法明帝在位纔十八年其後亂亡相繼運祚不長宋齊梁陳元魏以下事佛漸謹年代尤促唯梁武帝在位四十八年前後三捨身施佛宗廟祭不用牲牢晝日一食止於菜果後爲侯景所逼餓死臺城國亦尋滅事佛求福乃更得禍由此觀之佛不足信亦可知矣高祖始受隋禪則議除之當時羣臣識見不遠不能深究先王之道古今之宜推闡聖明以救斯弊其事遂止臣常恨焉伏惟睿聖文武皇帝陛下神聖英武數千百年以來未有倫比卽位之初卽不許度人爲僧尼道士又不許別立寺觀臣當時以爲高祖之志必行於陛下今縱未能卽行豈可恣之令盛也今陛下令羣僧迎佛骨於鳳翔御樓以觀舁入大內又令諸寺遞加供養臣雖至愚必知陛下不惑於佛作此崇奉以祈福祥也直以豐年之樂徇人之心爲京都士庶設詭異之觀戲玩之具耳安有聖明若此而肯信此等事哉然百姓愚冥易惑難曉苟見陛下如此將謂眞心信佛皆云天子大聖猶一心信向百姓微賤於佛豈合更惜身命以至灼頂燔指十百爲羣解衣散錢自朝至暮轉相倣效唯恐後時老幼奔波棄其生業若不卽加禁遏更歷諸寺必有斷臂臠身以爲供養者傷風敗俗傳笑四方非細事也佛本夷狄之人與中國言語不通衣服殊製口不道先王之法言身不服先王之法服不知君臣之義父子之情假如其身尚在奉其國命來朝京師陛下容而接之不過宣政一見禮賓一設賜衣一襲衞而出之於境不令惑於衆也況其身死已久枯朽之骨凶穢之餘豈宜以入宮禁孔子曰敬鬼神而遠之古之諸侯弔於其國必令巫祝先以桃茢祓除不祥然后進弔今無故取朽穢之物親臨觀之巫祝不先桃茢不用羣臣不言其非御史不舉其失臣實恥之乞以此骨付之水火永絕根本斷天下之疑絕前代之惑使天下之人知大聖人之所作爲出於尋常萬萬也佛如有靈能作禍祟凡有殃咎宜加臣身上天鑒臨臣不怨悔表入帝大怒持示宰相將抵以死裴度崔羣曰愈言訐牾罪之誠宜然非內懷至忠安能及此願少寬假以來諫爭帝曰愈言我奉佛太過猶可容至謂東漢奉佛以後天子咸夭促言何乖剌邪愈人臣狂妄敢爾固不可赦於是中外駭懼雖戚里諸貴亦爲愈言乃貶潮州刺史旣至潮以表哀謝曰臣以狂妄戇愚不識禮度陳佛骨事言涉不恭正名定罪萬死莫塞陛下哀臣愚忠恕臣狂直謂言雖可罪心亦無他特屈刑章以臣爲潮州刺史旣免刑誅又獲祿食聖恩寬大天地莫量破腦刳心豈足爲謝臣所領州在廣府極東過海口下惡水濤瀧壯猛難計期程颶風鱷魚患禍不測州南近界漲海連天毒霧瘴氛日夕發作臣少多病年纔五十髮白齒落理不久長加以罪犯至重所處遠惡憂惶慙悸死亡無日單立一身朝無親黨居蠻夷之地與魑魅同羣苟非陛下哀而念之誰肯爲臣言者臣受性愚陋人事多所不通惟酷好學問文章未嘗一日暫廢實爲時輩所見推許臣於當時之文亦未有過人者至於論述陛下功德與詩書相表裏作爲歌詩薦之郊廟紀太山之封鏤白玉之牒鋪張對天之宏休揚厲無前之偉蹟編於詩書之策而無愧措於天地之間而無虧雖使古人復生臣未肯讓伏以皇唐受命有天下四海之內莫不臣妾南北東西地各萬里自天寶以後政治少懈文致未優武剋不剛孽臣姦隸蠹居棊處搖毒自防外順內悖父死子代以祖以孫如古諸侯自擅其地不朝不貢六七十年四聖傳序以至陛下陛下卽位以來躬親聽斷旋乾轉坤關機闔開雷厲風飛日月淸照天戈所麾無不從順宜定樂章以告神明東巡泰山奏功皇天具著顯庸明示得意使永永年服我成烈當此之際所謂千載一時不可逢之嘉會而臣負罪嬰釁自拘海島戚戚嗟嗟日與死迫曾不得奏薄伎於從官之內隸御之間窮思畢精以贖前過懷痛窮天死不閉目伏惟陛下天地父母哀而憐之帝得表頗感悔欲復用之持示宰相曰愈前所論是大愛朕然不當言天子事佛乃年促耳皇甫鎛素忌愈直卽奏言愈終狂疏可且內移乃改袁州刺史初愈至潮州問民疾苦皆曰惡溪有鱷魚食民畜產且盡民以是窮數日愈自往視之令其屬秦濟以一羊一豚投谿水而祝之曰昔先王既有天下迾山澤罔繩擉刃以除蟲蛇惡物爲民物害者驅而出之四海之外及德薄不能遠有則江漢之間尚皆棄之以與蠻夷楚越況潮嶺之間去京師萬里哉鱷魚之涵淹卵育於此亦固其所今天子嗣唐位神聖慈武四海之外六合之內皆撫而有之況禹跡所揜揚州之近地刺史縣令之所治出貢賦以供天地宗廟百神之祀之壤者哉鱷魚其不可與刺史雜處此土也刺史受天子命守此土治此民而鱷魚睅然不安谿潭據處食民畜熊豕鹿麞以肥其身以種其子孫與刺史拒爭爲長雄刺史雖駑弱亦安肯爲鱷魚低首下心伈伈睍睍爲吏民羞以偷活於此也且承天子命以來爲吏固其勢不得不與鱷魚辨鱷魚有知其聽刺史潮之州大海在其南鯨鵬之大蝦蟹之細無不容歸以生以食鱷魚朝發而夕至也今與鱷魚約盡三日其率醜類南徙于海以避天子之命吏三日不能至五日五日不能至七日七日不能是終不

肯從也是不有刺史聽從其言也不然則是鱷魚冥頑不靈刺史雖有言不聞不知也夫傲天子之命吏不聽其言不徙以避之與頑不靈而爲民物害者皆可殺刺史則選材技民操彊弓毒矢以與鱷魚從事必盡殺乃止其無悔祝之夕暴風震電起谿中數日水盡涸西徙六十里自是潮無鱷魚患袁人以男女爲隸過期不贖則沒入之愈至悉計庸得贖所沒歸之父母七百餘人因與約禁其爲隸召拜國子祭酒轉兵部侍郞鎭州亂殺田弘正而立王廷湊詔愈宣撫既行衆皆危之元稹言韓愈可惜穆宗亦悔詔愈度事從宜無必入愈至廷湊嚴兵迓之甲士陳廷既坐廷湊曰所以紛紛者乃此士卒也愈大聲曰天子以公爲有將帥材故賜以節豈意同賊反邪語未終士前奮曰先太師爲國擊朱滔血衣猶在此軍何負乃以爲賊乎愈曰以爲爾不記先太師也若猶記之固善天寶以來安祿山史思明李希烈等有子若孫在乎亦有居官者乎衆曰無愈曰田公以魏博六州歸朝廷官中書令父子受旗節劉悟李祐皆大鎭此爾軍所共聞也衆曰弘正刻故此軍不安愈曰然爾曹亦害田公又殘其家矣復何道衆讙曰善廷湊慮衆變疾麾使去因曰今欲廷湊何所爲愈曰神策六軍將如牛元翼者爲不乏但朝廷顧大體不可棄之公久圍之何也廷湊曰卽出之愈曰若爾則無事矣會元翼亦潰圍出廷湊不追愈歸奏其語帝大悅轉吏部侍郞時宰相李逢吉惡李紳欲逐之遂以愈爲京兆尹兼御史大夫特詔不臺參而除紳中丞紳果劾奏愈愈以詔自解其後文刺紛然宰相以臺府不協遂罷愈爲兵部侍郞而出紳江西觀察使紳見帝得留愈亦復爲吏部侍郞長慶四年卒年五十七贈禮部尚書謚曰文愈性明銳不詭隨與人交始終不少變成就後進士往往知名經愈指授皆稱韓門弟子愈官顯稍謝遣凡內外親若交友無後者爲嫁遺孤女而卹其家嫂鄭喪爲服朞以報每言文章自漢司馬相如太史公劉向揚雄後作者不世出故愈深探本元卓然樹立成一家言其原道原性師說等數十篇皆奧衍閎深與孟軻揚雄相表裏而佐佑六經云至它文造端置辭要爲不襲蹈前人者然惟愈爲之沛然若有餘至其徒李翺李漢皇甫湜從而效之遽不及遠甚從愈游者若孟郊張籍亦皆自名於時

孟郊者字東野湖州武康人少隱嵩山性介少諧合愈一見爲忘形交年五十得進士第調溧陽尉縣有投金瀨平陵城林薄蒙翳下有積水郊間往坐水旁裴回賦詩而曹務多廢令白府以假尉代之分其半奉鄭餘慶爲東都留守署水陸轉運判官餘慶鎭興元奏爲參謀卒年六十四張籍謚曰貞曜先生郊爲詩有理致最爲愈所稱然思苦奇澁李觀亦論其詩曰高處在古無上平處下顧二謝云

張籍者字文昌和州烏江人第進士爲太常寺太祝久次遷祕書郞愈薦爲國子博士歷水部員外郞主客郞中當時有名士皆與游而愈賢重之籍性狷直嘗責愈喜博簺及爲駁雜之說論議好勝人其排釋老不能著書若孟軻揚雄以垂世者愈最後荅書曰吾子不以愈無似意欲推之納諸聖賢之域拂其邪心增其所未高謂愈之質有可以至於道者浚其源道其所歸漑其根將食其實此盛德之所辭讓況於愈者哉抑其中有宜復者故不可遂已昔者聖人之作春秋也既深其文辭矣然猶不敢公傳道之口授弟子至於後世其書出焉其所以慮患之道微也今夫二氏之所宗而事之者下及公卿輔相吾豈敢昌言排之哉擇其可語者誨之猶時與吾悖其聲嘵嘵若遂成其書則見而怒之者必多矣必且以我爲狂爲惑其身之不能恤書於何有夫子聖人也而曰自吾得子路而惡聲不入於耳其餘輔而相者周天下猶且絕糧於陳畏於匡毀於叔孫奔走於齊魯宋衞之郊其道雖尊其窮亦至矣賴其徒相與守之卒有立於天下嚮使獨言之而獨書之其存也可冀乎今夫二氏行乎中土也蓋六百年有餘矣其植根固其流波漫非可以朝令而夕禁也自文王沒武王周公成康相與守之禮樂皆在及乎夫子未久也自夫子而至乎孟子未久也自孟子而至乎揚雄亦未久也然猶其勤若此其困若此而后能有所立吾豈可易而爲之哉其爲也易則其傳也不遠故余所以不敢也然觀古人得其時行其道則無所爲書爲書者皆所爲不行乎今而行乎後世者也今吾之得吾志失吾志未可知則俟五十六十爲之未失也天不欲使茲人有知乎則吾之命不可期如使茲人有知乎非我其誰哉其行道其爲書其化今其傳後必有在矣吾子其何遽戚戚於吾所爲哉前書謂吾與人論不能下氣若好勝者雖誠有之抑非好己勝也好己之道勝也非好己之道勝也己之道乃夫子孟軻揚雄之道傳者若不勝則無所爲道吾豈敢避是名哉夫子之言曰吾與回言終日不違如愚則其與衆人辯也有矣駁雜之譏前書盡之吾子其復之昔者夫子猶有所戲詩不云乎善戲謔兮不爲虐兮記曰張而不弛文武不爲也惡害於道哉吾子其未之思乎籍爲詩長於樂府多警句仕終國子司業

皇甫湜字持正睦州新安人擢進士第爲陸渾尉仕至工部郞中辨急使酒數忤同省求分司東都留守裴度辟爲判官度脩福先寺將立碑求文於白居易湜怒曰近捨湜而遠取居易請從此辭度謝之湜卽請斗酒飲酣援筆立就度贈以車馬繒綵甚厚湜大怒曰自吾爲顧況集序未常許人今碑字三千字三縑何遇我薄邪度笑曰不羈之才也從而酬之湜嘗爲蜂螫指購小兒斂蜂擣取其液一日命其子錄詩一字誤詬躍呼杖杖未至嚙其臂血流

盧仝居東都愈爲河南令愛其詩厚禮之仝自號玉川子嘗爲月蝕詩以譏切元和逆黨愈稱其工時又有賈島劉乂皆韓門弟子

島字浪仙范陽人初爲浮屠名无本來東都時洛陽令禁僧午後不得出島爲詩自傷愈憐之因敎其爲文遂去浮屠舉進士當其苦唫雖逢値公卿貴人皆不之覺也一日見京兆尹跨驢不避謼詰之久乃得釋累舉不中第文宗時坐飛謗貶長江主簿會昌初以普州司倉參軍遷司戶未受命卒年五十六

劉乂者亦一節士少放肆爲俠行因酒殺人亡命會赦出更折節讀書能爲歌詩然恃故時所負不能俛仰貴人常穿屐破衣聞愈接天下士步歸之作冰柱雪車二詩出盧仝孟郊右樊宗師見爲獨拜能面道人短長其服義則又彌縫若親屬然後以爭語不能下賓客因持愈金數斤去曰此諛墓中人得耳不若與劉君爲壽愈不能止歸齊魯不知所終

贊曰唐興承五代剖分王政不綱文弊質窮蛙俚混并天下已定治荒剔蠹討究儒術以興典憲薰醲涵浸殆百餘年其後文章稍稍可述至貞元元和間愈遂以六經之文爲諸儒倡障隄末流反刓以樸刬僞以眞然愈之才自視司馬遷揚雄至班固以下不論也當其所得粹然一出於正刊落陳言橫騖別驅汪洋大肆要之無牴牾聖人者其道蓋自比孟軻以荀況揚雄爲未淳寧不信然至進諫陳謀排難卹孤矯拂媮末皇皇於仁義可謂篤道君子矣自晉汔隋老佛顯行聖道不斷如帶諸儒倚天下正議助爲怪神愈獨喟然引聖爭四海之惑雖蒙訕笑跆而復奮始若未之信卒大顯於時昔孟軻拒楊墨去孔子才二百年愈排二家乃去千餘歲撥衰反正功與齊而力倍之所以過況雄爲不少矣自愈沒其言大行學者仰之如泰山北斗云

唐書卷一百七十六考證

韓愈傳父仲卿爲武昌令有美政既去縣人刻石頌德終秘書郞○舊書父仲卿無名位二書不合

唐書卷一百七十七

宋　端　明　殿　學　士　宋　祁　撰

列傳第一百二

錢崔二韋二高馮三李盧封鄭敬

錢徽字蔚章父起附見盧綸傳徽中進士第居穀城穀城令王郢善接僑士游客以財貸饋坐是得辠觀察使樊澤視其簿獨徽無有乃表署掌書記蔡賊方熾澤多募武士于軍澤卒士頗希賞周澈主留事重擅發軍詹不敢給時大雨雪士寒凍徽先冬頒衣絮士乃大悅又辟宣歙崔衍府王師討蔡檄遣采石兵會戰戍還頗驕蹇會衍病亟徽請召池州刺史李遜署副使遜至而衍死一軍賴以安入拜左補闕以祠部員外郞爲翰林學士三遷中書舍人加承旨憲宗嘗獨召徽從容言它學士皆高選宜預聞機密廣參決帝稱其長者是時內積財圖復河湟然禁無名貢獻而至者不甚郄徽懇諫罷之帝密戒後有獻毋入右銀臺門以避學士梁守謙爲院使見徽批監軍表語簡約歎曰一字不可益邪銜之以論淮西事忤旨罷職徙太子右庶子出虢州刺史入拜禮部侍郞宰相段文昌以所善楊渾之學士李紳以周漢賓並諉徽求致第籍渾之者憑子也多納古帖祕畫於文昌皆世所寶徽不能如二人請自取楊殷士蘇巢巢者李宗閔壻殷士者汝士之弟皆與徽厚文昌怒方帥劍南西川入辭卽奏徽取士以私訪紳及元稹時稹與宗閔有隙因是共擠其非有詔王起白居易覆試而黜者過半遂貶江州刺史汝士等勸徽出文昌紳私書自直徽曰苟無愧於心安事辨證邪敕子弟焚書初州有盜劫貢船捕吏取濱江惡少年二百人繫訊徽按其枉悉縱去數日舒州得眞盜州有牛田錢百萬刺史以給宴飲贈餉者徽曰此農耕之備可佗用哉命代貧民租入轉湖州時宣歙旱左丞孔戣請徙徽領宣歙宰

相以其本文辭進不用數曰相君宜知天下事徽江號之治不及知況其它邪還遷工部侍郎出爲華州刺史文宗立召拜尚書左丞會宣曌麻羣臣在廷方大寒稍稍引避徽素恭謹不去位久而仆因上疏告老不許大和初復爲華州俄以吏部尚書致仕卒年七十五贈尚書右僕射徽與薛正倫魏弘簡善二人前死徽撫其孤至婚嫁成立任庶子時韓公武以賂結公卿遺徽錢二十萬不納或言非當路可無讓徽曰取之在義不在官時稱有公望子可復方義可復死鄭注時方義終太子賓客子珝字瑞文善文辭宰相王摶薦知制誥進中書舍人摶得罪珝貶撫州司馬

崔咸字重易博州博平人元和初擢進士第又中宏辭鄭餘慶李夷簡皆表在幕府與均禮入朝爲侍御史處正特立風采動一時敬宗將幸東都裴度在興元憂之自表求覲與章偕來於是李逢吉當國畏度復相使京兆尹劉栖楚等十餘人悉力根却之雖度門下賓客皆有去就意它日度置酒延客栖楚曲意自解附耳語咸嫉其矯舉酒讓度曰丞相乃許所由官囁嚅耳語願上罰爵度笑受而飲栖楚不自安趨出坐上莫不壯之累遷陝虢觀察使日與賓客僚屬痛飲未嘗醒夜分輒決事裁剖精明無一毫差吏稱爲神入拜右散騎常侍祕書監太和八年卒咸素有高世志造詣嶄遠間游終南山乘月吟嘯至感慨泣下諸文中歌詩最善

韋表微字子明隋鄖城公元禮七世孫羇丱能屬文母訓諭稍厲輒不敢食以是未嘗讓責韋臯鎮西川王緯司空曙獨孤良弼裴沇居幕府皆厚相推挹沇嘗謂表微似衞玠自以不能及也擢進士第數辟諸使府久之入授監察御史裏行不樂曰爵祿譬滋味也人皆欲之吾年五十拭鏡攟白冐游少年間取一班一級不見其味也將爲松菊主人不愧陶淵明云俄爲翰林學士是時李紳忤宰相貶端州龐嚴蔣防皆謫去學士缺人人爭薦丞相所善者表微獨薦韋處厚人服其公進知制誥後與處厚議增選學士復薦路隋處厚以諸父事表微因曰隋位崇入且翁右奈何答曰選德進賢初不計私也久之遷中書舍人敬宗嘗語左右欲相二韋會崩文宗立獨相處厚進表微戶部侍郎丌志沼叛詔李聽率師討之次河上天子憂無成功表微曰以聽軍勢不十五日必破賊及捷書上止浹日志沼殘兵六千奔昭義宰相請推處首惡者誅之歸脅從者于魏表微上言逆子降又殺之非好生也請以聽代史憲誠于魏志沼之徒可使招納不聽以病痼罷學士卒年六十贈禮部尚書始被病醫藥不能具所居堂寢陰陋既没弔客咨嗟篤故舊雖庸下與攜手語笑無間然尤好春秋病諸儒執一槩是非紛然著三傳總例完會經趣又以學者薄師道不如聲樂賤工能尊其師著九經師授譜訴其違

高釴字翹之史失其何所人與弟銖鍇俱擢進士第累遷右補闕史館脩撰元和末以中人爲和糴使釴繼疏論執轉起居郎數陳政得失穆宗嘉之面賜緋魚召入翰林爲學士張韶變興倉卒釴從敬宗夜駐左軍翌日進知制誥拜中書舍人入見帝因勸躬聽覽以示憂勤帝納其言賜錦綵俄罷學士累進吏部侍郎人善其振職出爲同州刺史卒贈兵部尚書遺命薄葬釴少孤窶介然無黨援以致官達諸弟皆檢愿友愛爲搢紳景重子湜字澄之第進士累官右諫議大夫咸通末爲禮部侍郎時士多繇權要干請湜不能裁既而抵帽于地曰吾決以至公取之得譴固吾分乃取公乘億許棠聶夷中等以兵部侍郎判度支出爲昭義節度使爲下所逐貶連州司馬以太子賓客分司東都卒億字壽仙棠字文化夷中字坦之皆有名當時

銖字權仲既擢第署太原張弘靖幕府入遷監察御史太和時擢累給事中文宗得李訓驟拜侍講學士銖率諫官伏閤言訓素行憸邪不可任必亂天下帝遣使者諭曰朕留訓時時講繹前命不可改當是時已旱而水彗變未息鄭注權震赫人情危駭既銖等弗見省羣臣失色明年訓當國出銖爲浙東觀察使歷義成節度使大中初遷禮部尚書判戶部徙太常卿嘗罰禮生博士李慤愠見曰故事禮院不關白太常故卿莅職博士不參集不宜罰小史隳舊典銖歎曰吾老不能退乃爲小兒所辱卒

鍇字弱金連中進士宏辭科辟河東府參謀歷吏部員外郎遷中書舍人開成元年權知貢舉文宗自以題畀有司鍇以籍上帝語侍臣曰比年文章卑弱今所上差勝於前鄭覃曰陛下矯革近制以正頹俗而鍇乃能爲陛下得人帝曰諸鎮表奏太浮華宜責掌書記以誡流宕李石曰古人因事爲文今人以文害事懲弊抑末誠如聖訓即以鍇爲禮部侍郎閱三歲頗得才實始歲取四十人才益少詔減十人猶不能滿遷吏部侍郎出爲鄂岳觀察使卒贈禮部尚書

子湘字濬之擢進士第歷長安令右諫議大夫從兄湜與路巖親善而湘厚劉瞻巖既逐瞻貶湘高州司馬僖宗初召爲太子右庶子終江西觀察使

馮宿字拱之婺州東陽人父子華廬親墓有靈芝白兎號孝馮家宿貞元中與弟定從弟審寬並擢進士第徐州張建封表掌書記建封卒子愔爲軍中脅主留事李師古將乘喪復故地愔大懼於是王武俊擁兵觀釁宿以書說曰張公與公爲兄弟欲共力驅兩河歸天子天下莫不知今張公不幸幼兒爲亂兵所脅內則誠款隔絕外則彊寇侵逼公安得坐視哉誠能奏天子不忘舊勳赦愔辠使束身自歸則公有靖亂之功繼絕之德矣武俊悅即以表聞遂授愔留後宿不樂佐愔更從浙東賈全觀察府愔憾其去奏貶泉州司戶參軍召爲太常博士王士真死子承宗阻命不得謚宿謂世勞不可遺乃上佳謚示不忘忠再遷都官員外郎裴度節度彰義軍表爲判官淮西平除比部郎中長慶時進知制誥牛元翼從節山南東道爲王廷湊所圍以宿總留事還進中書舍人出華州刺史避諱不拜徙左散騎常侍兼集賢殿學士拜河南尹洛苑使姚文壽縱部曲奪民田匿于軍吏不敢捕府大集部曲輒與文壽偕來宿掩取榜殺之歷工部刑部二侍郎脩格後敕三十篇行于時累封長樂縣公擢東川節度使完城郛增兵械十餘萬詔分餘甲賜黔巫道涪水數壞民廬舍宿脩利防庸一方便賴疾革將斷重刑家人請宥之宿曰命脩短天也撓法以求祐吾不敢卒年七十贈吏部尚書謚曰懿治命薄葬悉以平生書納墓中子圖字昌之連中進士宏辭科大中時終戶部侍郎判度支寬爲起居郎

定字介夫偉儀觀與宿齊名人方漢二馮于頔素善之頔在襄陽定徒步上謁吏不肯白乃亟去頔聞斥吏歸錢五十萬及諸境定返其遺以書讓頔不下士頔大慙第進士異等辟浙西薛苹府以鄠尉爲集賢校理始定居喪號毀甚故數移疾大學士疑其簡怠奪職三遷祠部員外郎出爲郢州刺史吏告定畧民妻乾没庫錢御史鞫治無狀坐游宴不節免官起爲國子司業再遷太常少卿文宗嘗詔開元霓裳羽衣舞參以雲韶肄于廷定部諸工立縣間端凝若植帝異之問學士李珏珏以定對帝喜曰豈非能古章句者邪親誦定送客西江詩召升殿賜禁中瑞錦詔悉所著以上還諫議大夫是歲訓注敗多誅公卿中外危惴及改元天子御前殿仇士良請以神策仗衞殿門定力爭罷之又請許左右史從宰相至延英記所言執政不悅改太子詹事鄭覃兼太子太師上日欲會尚書省定據禮當集詹事府詔可論者多其正換衞尉卿以散騎常侍致仕卒贈工部尚書謚曰節初源寂使新羅其國人傳定黑水碑畫鶴記韋休符使西蕃所館寫定商山記於屏其名播戎夷如此

審字退思開成中爲諫議大夫拜桂管觀察使歷國子祭酒監有孔子碑武后所立睿宗署領審請琢周著唐終祕書監子緘字宗之乾符初歷京兆河南尹

李虞仲字見之父端附見文藝傳虞仲第進士宏辭累遷太常博士建言謚者所以表德懲惡春秋褒貶法也茆土爵祿僇辱流放皆緣一時非以明示百代然而後之所以知其行者惟謚是觀古者將葬請謚今近或二三年遠乃數十年然後請謚人殁已久風績湮歇採請傳聞不可考信謀狀雖在言與事浮臣請凡得謚者前葬一月請考功刺太常定議其不請與請而過時者聽御史劾舉居京師不得過半期居外一期若善惡著而不請許考功察行謚之節行卓異雖無官及官卑者在所以聞詔可寶曆初以兵部郎中知制誥進中書舍人出爲華州刺史歷吏部侍郎簡儉寡欲時望歸重卒年六十五贈吏部尚書

李翺字習之後魏尚書左僕射沖十世孫中進士第始調校書郎累遷元和初爲國子博士史館脩撰常謂史官紀事不得實乃建言大氐人之行非大善大惡暴於世者皆訪於人人不周知故取行狀謚牒然其爲狀者皆故吏門生苟言虛美溺于文而忘其理臣請指事載功則賢不肖易見如言魏徵但記其諫爭語足以爲直言段秀實但記倒用司農印追逆兵笏擊朱泚足以爲忠烈不者願敕考功太常史館勿受如此可以傳信後世矣詔可又條興復太平大畧曰陛下即位以來懷不廷臣誅斬賊刷五聖憤恥自古中興之盛無以加臣見聖德所不可及者若淄青生口夏侯澄等四十七人爲賊逼脅質其父母妻子而驅之戰陛下俘之赦不誅詔田弘正隨材授職欲歸者縱之澄等得生歸轉以相謂賊衆莫不懷盛德無肯拒戰劉悟所以能一昔斬師道者以三軍皆苦賊而暱就陛下故不淹日成大功一也今歲關中麥不收陛下哀民之窮下明詔蠲賦十萬石羣臣動色百姓歌樂遍畎晦二也昔齊遺魯以女樂季桓子受之君臣共觀三日不朝孔子行今韓弘獻女樂陛下不受遂以歸之三也又出李宗奭妻女於掖廷以田宅賜沇遵師聖明寬恕億兆欣感臣愚不能盡識若宅詔令一皆類此武德貞觀不難及太平可覆掌而致

臣聞定禍亂者武功也，復制度興太平者文德也。今陛下既以武功定海內若遂革弊事復高祖太宗舊制用忠正而不疑屏邪佞而不邇改稅法不督錢而納布帛絕進獻寬百姓租賦厚邊兵以制蕃戎侵盜數引見待制官問以時事通壅蔽之路此六者政之根本太平所以興陛下既已能行其難若何而不為其易者乎以陛下資上聖如不惑近習容悅之辭任骨鯁正直與之脩復故事以興大化可不勞而成也若一日不事臣恐大功之後逸樂易生進言者必曰天下既平矣陛下可以高枕自安逸如是則高祖太宗之制度不可以復制度不復則太平未可以至臣竊惜陛下當可與之時而謙讓未為也再遷考功員外郎初諫議大夫李景儉表翺自代景儉斥翺下除朗州刺史久之召為禮部郎中翺性峭鯁論議無所屈仕不得顯官怫鬱無所發見宰相李逢吉面斥其過失逢吉詭不校翺恚懼即移病滿百日有司白免官逢吉更表為廬州刺史時州旱遂疫逋捐係路亡籍口四萬權豪賤市田屋牟厚利而窶戶仍輸賦翺下教使以田占租無得隱收豪室稅萬二千緡貧弱以安入為諫議大夫知制誥改中書舍人栢耆使滄州翺盛言其才耆得罪由是左遷少府少監後歷遷桂管湖南觀察使山南東道節度使卒翺始從昌黎韓愈為文章辭致渾厚見推當時故有司亦謚曰文

盧簡辭字子策父綸別傳與兄簡能弟弘止簡求皆有文並第進士歷佐帥府入遷侍御史習知法令及臺閣舊事寶曆中黎幹子煟詣臺請復葉縣故田有司莫能知簡辭獨詰曰按幹坐黨魚朝恩誅貲田皆沒大曆後數十年比有赦令無原洗之言煟安得冒論不為治福建鹽鐵院官盧昂坐贓簡辭窮按乃得金牀瑟瑟枕大如斗敬宗曰禁中無此昂為吏可知矣李程鎮太原表為節度判官入授考功員外郎累擢湖南浙西觀察使以檢校工部尚書為忠武節度使徙山南東道坐事貶衢州刺史卒

簡能見鄭注傳其子知猷字子謩中進士第登宏辭補祕書省正字蕭鄴鎮荊南劍南再辟掌書記入遷右補闕出為饒州刺史以政最聞累進中書舍人朱玫亂避難不出僖宗還京召拜工部侍郎史館脩撰歷太常卿戶部尚書至太子太師昭宗為劉季述所幽感憤卒贈太尉知猷器量渾厚世推為長者善書有楷法文辭贍麗子文度亦貴顯

弘止字子彊佐劉悟府累擢監察御史沈傳師表為江西團練副使入拜侍御史華州刺史宇文鼎戶部員外盧允中坐贓詔弘止按訊文宗將殺鼎弘止執據辠由允中鼎乃連坐不應死帝釋之累遷給事中會昌中詔河北三節度討劉稹何弘敬王元逵先取邢洺磁三州宰相李德裕畏諸帥有請地者乃以弘止為三州團練觀察留後制未下稹平即詔為三州及河北兩鎮宣慰使還拜工部侍郎以戶部領度支初兩池鹽法弊得費不相償弘止使判官司空輿檢鉤釐正條上新法即表輿兩池使自是課入歲倍用度賴之踰年出為武寧節度使徐自王智興後吏卒驕沓銀刀軍尤不法弘止戮其尤無狀者終弘止治不敢譁優詔褒勞弘止羸病丐身還東都不許徙宣武卒于鎮贈尚書右僕射子虔灌有美才終祕書監

簡求字子臧始從江西王仲舒幕府再為裴度元稹所辟又佐牛僧孺鎮襄陽入遷戶部員外郎會昌中討劉稹以忠武節度使李彥佐為招討使各選簡求副之俾知後務歷蘇壽二州刺史大中九年党項擾邊拜涇原渭武節度使徙義武鳳翔河東三鎮簡求為政長權變文不害居邊善綏御人皆安之太原統退渾契苾沙陀三部雜馴制它帥或與詛盟質子弟然寇掠不為止簡求歸所質開示至誠虜憚其恩信不敢亂久之辭疾以太子少師致仕還東都治園沼林芳與賓客置酒自娛卒年七十六贈尚書左僕射子嗣業汝弼皆中進士第汝弼以祠部員外郎知制誥從昭宗還洛方柳璨斵喪王室汝弼懼移疾去客上黨後依李克用克用表為節度副使太原府子亭簡求所署多在每宴亭中未嘗居賓位西向俛首人美其有禮嗣業子文紀後貴顯

高元裕字景圭其先蓋渤海人第進士累辟節度府以右補闕召道商州會方士趙歸眞擅乘驛馬元裕詆曰天子置驛爾敢疾驅邪命左右奪之還具以聞敬宗視朝不時稍稍決事禁中宦豎恣放大臣不得進見元裕諫曰今西頭勢乃重南衙樞密之權過宰相帝頗寤而不能有所檢制人皆危之俄換侍御史內供奉士始相賀李宗閔高其節擢諫議大夫進中書舍人鄭注入翰林元裕當書命乃言以醫術侍注愧憾及宗閔得辠元裕坐出餞貶閬州刺史注死復授諫議大夫翰林侍講學士莊恪太子立擇可輔導者乃兼賓客進御史中丞卽建言紀綱地官屬須選有不稱職者請罷之於是監察御史杜宣猷柳瓌崔郢侍御史魏中庸高弘簡並奪職故事三司監院官帶御史者號外臺得察風俗舉不法元和中李夷簡因請按察本道州縣後益不職元裕請監院御史隸本臺得專督察詔可累擢尚書左丞領吏部選出為宣歙觀察使入授吏部尚書拜山南東道節度使封渤海郡公奏蠲逋賦甚衆在鎮五年復以吏部尚書召卒于道年七十六贈尚書右僕射元裕性勤約通經術敏於為吏巖巖有風采推重于時自侍講為中丞文宗難其代元裕表言兄少逸才可任因以命之世榮其還少逸長慶末為侍御史坐失舉劾貶贊善大夫累遷諫議大夫乃代元裕稍進給事中出為陝虢觀察使中人責峽石驛吏供餅惡鞭之少逸封餅以聞宣宗怒召使者責曰山谷間是餅豈易具邪謫隸恭陵中人皆斂手以兵部尚書致仕卒元裕始名允中太和中改今名

元裕子璩字瑩之第進士累佐使府以左拾遺為翰林學士擢諫議大夫近世學士超省郎進官者惟鄭顥以尚主而璩以寵升云懿宗時拜劍南東川節度使召拜中書侍郎同中書門下平章事閱月卒贈司空太常博士曹鄴建言璩宰相交游醜雜進取多蹊徑謚法不思妄愛曰刺請謚為刺從之

封敖字碩夫其先蓋冀州蓨人元和中擢進士第江西裴堪辟置其府轉右拾遺雅為宰相李德裕所器會昌初以左司員外郎召為翰林學士三遷工部侍郎敖屬辭贍敏不為奇澀語切而理勝武宗使作詔書慰邊將傷夷者曰傷居爾體痛在朕躬帝善其如意出賜以宮錦劉稹平德裕以定策功進太尉時敖草其制曰謀皆予同言不它惑德裕以能明專任己以成功謂敖曰陸生恨文不迨意如君此等語豈易得邪解所賜玉帶贈之未幾拜御史中丞與宰相盧商讞囚誤縱死辠復為工部侍郎大中中歷平盧興元節度使初鄭涯開新路水壞其棧敖更治斜谷道行者告便蓬果賊依雞山寇三川敖遣副使王贄捕平之加檢校吏部尚書還為太常卿卿始視事廷設九部樂敖晏私第為御史所劾徙國子祭酒復拜太常進尚書右僕射然少行檢士但高其才故不至宰相卒子彥卿望卿從子特卿皆第進士

鄭薰字子溥亡鄉里世系擢進士第歷考功郎中翰林學士出為宣歙觀察使前人不治薰頗以清力自將牙將素驕共謀逐出之薰奔揚州貶棣王府長史分司東都懿宗立召為太常少卿擢累吏部侍郎時數大赦階正議光祿大夫者得蔭一子門施戟於是宦人用階請蔭子薰却之不肯叙宰相杜悰才其人擬判度支辭又擬刑部兼御史中丞固辭乃免久之進左丞性愛友糾族百口稟不充求外遷擬華州刺史輒留中為倖侍酬沮後以太子少師致仕薰端勁再知禮部舉引寒俊士類多之既老號所居為隱巖蒔松于廷號七松處士云

敬晦字日彰河中河東人祖括字叔弓進士及第遷殿中侍御史楊國忠惡不詣己外除果州刺史進累兵部侍郎志簡淡在職不求名周智光已誅議者健括才選為同州刺史拜御史大夫隱然持重弗以私害公大曆中卒晦進士及第辟山南東道節度府與馬曙聯舍於是帥不政法制陵頹曙引大吏廷責之吏負兼軍職不引咎走訴諸府牙將且十輩方雜語以申吏枉晦讓諸將曰吏冒軍名公等不能詰反引與為伍奈何衆愧謝閤府咨美擢累諫議大夫武宗時趙歸眞以詐營罔天子御史平吳湘獄得辠宰相晦上疏極道非是不少回縱大中中歷御史中丞刑部侍郎諸道鹽鐵轉運使浙西觀察使時南方連饉有詔弛榷酒茗官用告要晦處身儉勤貲力遂充徙兗海節度使以太子賓客分司卒贈兵部尚書謚曰肅晦兄昕曄弟昈煦俱第進士籍昕為河陽節度使曄右散騎常侍世寵其家

韋博字大業京兆萬年人祖黃裳浙西節度觀察使博取進士第寖遷殿中侍御史開成中蕭本詐窮得辠詔與中人籍其財中人利寶玉欲竊取去博奪還簿無遺貲回鶻入寇以符澈為河東節度使拜博為判官久之進主客郎中時詔毀佛祠悉浮屠隸主客博言令太暴宜近中宰相李德裕惡之會羌渾叛以何清朝為靈武節度使詔博副之擢右諫議大夫召對賜金紫因行西北邊商虜彊弱還奏有旨進左大夫為京兆尹與御史中丞嚚競不平皆得辠下除博衞尉卿出為平盧節度使檢校禮部尚書徙昭義卒年六十二贈兵部尚書

李景讓字後已贈太尉憕孫也性方毅有守寶曆初遷右拾遺淮南節度使王播以錢十萬市朝廷懽求領鹽鐵景讓詣延英亟論不可遂知名沈傳師觀察江西表以自副歷中書舍人禮部侍郎商華虢三州刺史母鄭治家嚴身訓勒諸子始貧乏時治牆得積錢僮婢奔告母曰士不勤而祿猶菑其身況無妄而得我何取亟使閉坎景讓自右散騎常侍出為浙西觀察使母問行日景讓率然對有日鄭曰如是吾方有事未及行蓋怒其不嘗告也且曰已貴何庸母行景讓重請辠乃赦故雖老猶加箠敕已起欣欣如初嘗怒牙將杖殺之軍且謀變母欲息衆譁召景讓廷責曰爾塡撫方面而輕用刑

一夫不寧，豈特上負天子，亦使百歲母銜羞泉下，何面目見先大夫乎？」將鞭其背，吏大將再拜請，不許，皆泣謝，迺罷，一軍遂定。景讓家行脩治，閨門惟謹。入爲尚書左丞，拜天平節度使，徙山南東道，封酒泉縣男。大中中，進御史大夫，甫視事，劾免侍御史孫玉汝、監察御史盧栯，威肅當朝。爲大夫三月，蔣伸輔政，景讓名素出伸右。而宣宗擇宰相，盡書羣臣當選者，以名內器中，禱憲宗神御前，射取之，而景讓名不得。世謂除大夫百日有佗官相者，謂之辱臺。景讓愧艴不能平，見宰相自陳考深當代，即拜西川節度使。以病丐致仕。或諫：「公廉潔亡素儲，不爲諸子謀邪？」景讓笑曰：「兒曹詎餓死乎？」書聞，輒還東都，以太子少保分司。卒，年七十二，贈太子太保，謚曰孝。

性獎士類，拔孤仄，如李蔚、楊知退，皆所推引。始爲左丞，蔣伸坐晏所，酌酒語客曰：「有孝於家、忠於國者飲此。」客肅然，景讓起卒爵。伸曰：「無宜於公。」所善蘇滌、裴夷直，皆爲李宗閔、楊嗣復所擢，故景讓在會昌時抑厭不遷。宣宗銜穆宗舊怨，景讓建請遷敬、文、武三主，以猶子行爲嫌，請還代宗以下主復入廟，正昭穆。事下百官議，不然，乃罷，德望稍衰矣。然清素寡欲，門無雜賓。李琢罷浙西，以同里訪之，避不見，及去，命斲其騶石焉。元和後，大臣有德望者，以居里顯，景讓宅東都樂和里，世稱清德者號「樂和李公」云。

弟景溫，字德已，歷諫議大夫、福建觀察使，徙華州刺史，以美政聞。累遷尚書右丞。盧攜當國，弟隱繇博士遷本部員外郎，材下資淺，人疾其冒，無敢繩。景溫不許赴省。時故事久廢，景溫旣舉職，人皆韙其正。弟景莊，亦至顯官。

唐書卷一百七十八

宋　端　明　殿　學　士　宋　祁　譔

列傳第一百三

劉蕡

劉蕡字去華，幽州昌平人，客梁汴閒。明春秋，能言古興亡事，沈健于謀，浩然有拔世意。擢進士第。元和後，權綱弛遷，神策中尉王守澄負弒逆罪，更二帝不能討，天下憤之。文宗即位，思洗元和宿恥，將翦落支黨。方宦人握兵，橫制海內，號曰「北司」，凶醜朋挺，外脅羣臣，內掣侮天子，蕡常痛疾。大和二年，舉賢良方正能直言極諫，帝引諸儒百餘人于廷，策曰：

朕聞古先哲王之治也，玄默無爲，端拱司契，陶甿心以居簡，凝日用於不宰，厚下以立本，推誠而建中。繇是天人通，陰陽和，俗躋仁壽，物無疵癘。噫！盛德之所臻，夐乎其不可及已。三代令主，質文迭救，百氏滋熾，風流寖微。自漢以降，足言蓋寡。朕顧唯昧道，祗荷丕構，奉若謨訓，不敢怠荒，任賢惕厲，宵衣旰食，詎追三五之遐軌，庶紹祖宗之鴻緒。而心有未達，行有未孚，由中及外，闕政斯廣。是以人不率化，氣或堙阨，災旱竟歲，播植愆時，國廩罕蓄，乏九年之儲，吏道多端，微三載之績。京師，諸夏之本也，將以觀治，而豪猾踰檢；太學，明敎之源也，期於變風，而生徒惰業。列郡在乎頒條，而干禁或未絕；百工在乎按度，而淫巧或未息。俗恬風靡，積訛成蠹。其擇官濟治也，聽人以言則枝葉難辨，御下以法則恥格不形；其阜財發號也，生之寡而食之衆，煩於令而鮮於治。思所以究此繆盭，致之治平，茲心浩然，若涉淵冰。故前詔有司博延羣彥，佇啓宿懵，冀臻時雍。子大夫皆識達古今，志在康濟，造廷待問，副朕虛懷。必當箴治之闕，辨政之疵，明綱條之致紊，稽富庶之所急，何施革於前弊，何澤惠於下土，何脩而治古可近，何道而和氣克充，推之本源，著於條對。至若夷吾輕重之權，孰輔於治；嚴尤底定之策，孰叶於時；元凱之考課何先；叔子之克平何務。惟此龜鑑，擇乎中庸，斯在洽聞，朕將親覽。

蕡對曰：

臣誠不佞，有正國致君之術，無位而不得行；有犯顏敢諫之心，無路而不得達。懷憤鬱抑，思有時而發，常欲與庶人議于道，商賈謗于市，得通上聽，一悟主心，雖被祅言之罪，無所悔。況逢陛下詢求過闕，咨訪嘉謀，制詔中外，舉直言極諫，臣辱斯舉，專承大問，敢不悉意以言。至於上所忌，時所禁，權幸所諱惡，有司所與奪，臣愚不識。伏惟陛下少加優容，不使聖時有讜言受戮者，天下之幸也。謹昧死以對。

伏以聖策有思古先之治，念玄默之化，將欲通天地以濟俗，和陰陽以煦物，見陛下慮道之深也。臣以爲哲王之治，其則不遠，惟致之之道何如耳。伏以聖策有祗荷丕構而不敢荒寧，奉若謨訓而罔有怠忽，見陛下憂勞之至也。若夫任賢惕厲，宵衣旰食，宜黜左右之纖佞，進股肱之大臣。若夫追蹤三五，紹復祖宗，宜鑒前古之興亡，明當代之成敗。心有未達，以下情蔽而不得上通；行有未孚，以上澤壅而不得下浹。欲人之化，在脩己以先之；欲氣之和，在遂性以導之。捄災旱在致精誠，廣播殖在視食力。國廩罕畜，本乎冗食尚繁；吏道多端，本乎選用失當。豪猾踰檢，繇中外之法殊；生徒惰業，繇學校之官廢；列郡干禁，繇授任非人；百工淫巧，繇制度不立。伏以聖策有擇官濟治之心，阜財發號之歎，見陛下敎化之本也。且進人以行，則枝葉安有難辨乎？防下以禮，則恥格安有不形乎？念生寡而食衆，可罷斥惰游；念令煩而治鮮，要察其行否。博延羣彥，願陛下必納其言；造廷待問，則小臣安敢愛死。伏以聖策有求賢箴闕之言，審政辨疵之令，見陛下咨訪之勤也。遂小臣斥姦豪之志，則弊革于前；守陛下念康濟之心，則惠敷于下。邪正之道分，而治古可近；禮樂之方著，而和氣克充。至若夷吾之法，非皇王之權；嚴尤所陳，無最上之策；元凱之所先，不若唐堯考績；叔子之所務，不若虞舜舞干。且非大德之中庸，上聖之龜鑑，又何足爲陛下道之哉？或有以繫安危之機，兆存亡之變者，臣請披肝膽爲陛下別白而重言之。

臣前所謂哲王之治其則不遠者，在陛下愼思之，力行之，始終不懈而已。謹按春秋，元者，氣之始也；春者，歲之元也。春秋以元加于歲，以春加于王，明王者當奉若天道以謹其始也。又舉時以終歲，舉月以終時，春秋雖無事，必書首月，又存時，明王者當承天之道以謹其終也。王者動作終始必法於天者，以其運行不息也。陛下能謹其始，又能謹其終，懋而脩之，勤而行之，則執契而居簡，無爲而不宰，廣立本之大業，崇建中之盛德，安有三代循環之弊，百僞滋熾之漸乎？臣故曰唯致之之道何如耳。

臣前所謂若夫任賢惕厲，宵衣旰食，宜黜左右之纖佞，進股肱之大臣，實以陛下憂勞之至也。臣聞不宜憂而憂者國必衰，宜憂而不憂者國必危。陛下不以國家存亡、社稷安危之策而降於淸問，臣未知陛下以布衣之臣不足與定大計耶？或萬機之勤有所未至也？不然，何宜憂而不憂乎？臣以爲陛下所先憂者，宮闈將變，社稷將危，天下將傾，四海將亂。此四者，國家已然之兆，故臣謂聖慮宜先及之。夫帝業艱難而成之，固不可容易而守之。太祖肇其基，高祖勤其績，太宗定其業，玄宗繼其明，至于陛下，二百餘載，其閒聖明相因，擾亂繼作，未有不用賢士、近正人而能興者。或一日不念，則顚覆大器，宗廟之恥，萬古爲恨。臣謹按春秋，人君之道在體元以居正，昔董仲舒爲漢武帝言之略矣，有未盡者，臣得爲陛下備論之。夫繼故必書卽位，所以正其始也；終必書所終之地，所以正其終也。故爲君者，所發必正言，所履必正道，所居必正位，所近必正人。春秋閽弒吳子餘祭，書其名，譏疏遠賢士，昵刑人，有不君之道。伏惟陛下思祖宗開國之勤，念春秋繼故之誡，明法度之端，則發正言，履正道；杜篡弒之漸，則居正位，近正人。遠刀鋸之賤，親骨鯁之直，輔相得以顓其任，庶寮得以守其官。奈何以褻近五六人總天下大政，外專陛下之命，內竊陛下之權，威攝朝廷，勢傾海內，羣臣莫敢指其狀，天子不得制其心，禍稔蕭牆，姦生帷幄，臣恐曹節、侯覽復生於今日，此宮闈將變也。臣謹按春秋定公元年春王不言正月者，春秋以爲先君不得正其終，則後君不得正其始，故曰定無正也。今忠賢無腹心之寄，閽寺專廢立之權，陷先帝不得正其終，致陛下不得正其始，况太子未立，郊祀未脩，將相之職不歸，名器之宜不定，此社稷將危也。臣謹按春秋王札子殺召伯、毛伯，春秋之義，兩下相殺不書，此書者，重其顓王命也。夫天之所授者在命，君之所存者在令，操其命而失之者，是不君也；侵其命而專之者，是不臣也。君不君，臣不臣，此天下所以將傾也。臣謹按春秋晉趙鞅以晉陽之兵叛入于晉，書其歸者，能逐君側之惡以安其君，故春秋善之。今威柄陵夷，藩臣跋扈，有不達人臣大節而首亂者，將以安君爲名；不究春秋之微，稱兵者以逐惡爲義，則典刑不繇天子，征伐必自諸侯，此海內之將亂也。故樊噲排闥而雪涕，袁盎當車而抗辭，京房發憤以殞身，竇武不顧而畢命，此皆陛下明知之矣。臣謹按春秋晉狐射姑殺陽處父，書襄公殺之者，以其君漏言也。襄公不能固陰重之機，處父所以及戕賊之禍，故春秋非之。夫上漏其情，則下不敢盡意；上泄其事，則下不敢盡言。故傳有造膝詭辭之文，易有失身害成之戒。今公卿大臣非不欲爲陛下言之，慮陛下不能用也。忽而不用，必泄其言，臣下旣言而不行，必嬰其禍，適足鉗直臣之口，而重姦臣之威。是以欲盡其言則有失身之懼，欲盡其意則有害成之憂，裴回鬱塞，以須陛下感悟，然後盡其啓沃。陛下何不聽朝之餘時，御便殿，召當世賢相老臣，訪持變扶危之謀，求定傾救亂之術，塞陰邪之路，屛褻狎之臣，制侵陵迫脅之心，復門戶掃除之役，戒其所宜戒，憂其所宜憂。旣不得治其前，當治於後；不得正其始，當正其終，則可以虞奉典謨，克承丕構，終任賢之效，無宵旰之憂矣。

臣前所謂追蹤三五，紹復祖宗，宜鑒前古之興亡，明當時之成敗者，臣聞堯、禹之爲君而天下大治者，以能任九官、四岳、十二牧，不失其舉，不貳其業，不侵其職，居官唯其能，左右唯其賢，元凱在下雖微而必舉，四凶在朝雖彊而必誅，考其安危，明其取捨。至秦二世、漢元、成，咸願措國如唐虞致身如堯舜而終敗亡者以其不見安危之機不知取捨之道不任大臣不辨姦人不親忠良不遠讒佞也伏惟陛下察唐虞之所以興而景行於前鑒秦漢之所以亡而戒懼於後陛下無謂廟堂無賢相庶官無賢士今綱紀未絕典刑猶在人誰不欲致身爲王臣致時爲升平陛下何忽而不用邪又有居官非其能左右非其賢惡如四凶詐如趙高姦如恭顯陛下何憚而不去邪神器固有歸天命固有分祖宗固有靈忠臣固有心陛下其念之哉昔秦之亡也失於彊暴漢之亡也失於微弱彊暴則姦臣畏死而害上微弱則彊臣竊權而震主臣伏見敬宗不虞亡秦之禍不翦其萌伏惟陛下深軫亡漢之憂以杜其漸則祖宗之洪業可紹三五之遐軌可追矣臣前所謂陛下心有所未達以下情塞而不能上通行有所未孚以上澤壅而不得下浹且百姓有塗炭之苦陛下無繇而知陛下有子惠之心百姓無繇而信臣謹按春秋書梁亡不書取者梁自亡也以其思慮昏而耳目塞上出惡政人爲寇盜皆不知其所以終自取其滅亡也臣聞國君之所以尊者重其社稷也社稷之所以重者存其百姓也苟百姓不存則雖社稷不得固其重社稷不重則人君不得保其尊故治天下者不可不知百姓之情夫百姓者陛下之赤子陛下宜令慈仁者視育之如保傅焉如乳哺焉如師之教導焉故人之於上也恭之如神明愛之如父母今或不然陛下親近貴倖分曹建署補除卒吏召致賓客因其貨賄假以聲勢大者統藩方小者爲守牧居上無清惠之政而有饕餮之害居下無忠誠之節而有姦欺之罪故人之於上也畏之如豺狼惡之如讎敵今海內困窮處處流散饑者不得食寒者不得衣鰥寡孤獨不得存老幼疾病不得養加以國權兵柄類於左右貪臣聚斂以固寵姦吏因緣而弄法寃痛之聲上達於九天下入於九泉鬼神爲之怨怒陰陽爲之愆錯君門萬重不得告訴士人無所歸化百姓無所歸命官亂人貧盜賊竝起土崩之勢憂在旦夕卽不幸因之以病癘繼之以凶荒陳勝吳廣不獨起於秦赤眉黃巾不獨生於漢臣所以爲陛下發憤扼腕痛心泣血也如此則百姓有塗炭之苦陛下何繇而知之乎陛下有子惠之心百姓安得而信之乎使陛下行有所未孚心有所未達固其然也臣聞漢元帝卽位之初更制七十餘事其心甚誠其稱甚美然紀綱日紊國祚日衰姦宄日彊黎元日困繇不能擇賢明而任之失其操柄也自陛下卽位憂勤兆庶屢降德音四海之內莫不抗首而長息自喜復生於死亡之中也伏惟陛下愼終如始以塞四方之望誠能揭國柄以歸于相持兵柄以歸于將去貪臣聚斂之政除姦吏因緣之害惟忠賢是近惟正直是用內寵便僻無所聽焉選清愼之官擇仁惠之長敏之以利煦之以和教之以孝慈導之以德義去耳目之塞通上下之情俾萬國懽康兆庶蘇息卽心無不達而行無不孚矣臣前所謂欲人之化也在脩己以先之臣聞德以脩己教以導人脩之也則人不勸而自立導之也則人不教而率從君子欲政之必行也故以身先之欲人之從化也故以道御之今陛下先之以身而政未必行御之以道而人未從化豈立教之旨未盡其方邪夫立教之方在乎君以明制之臣以忠行之君以知人爲明臣以正時爲忠知人在任賢而去邪正時則固本而守法賢不任則重賞不足以勸善邪不去則嚴刑不足以禁非本不固則人流法不守則政散而欲教之必至化之必行不可得也陛下能斥姦邪而不私其左右舉賢正而不遺其疏遠則化浹朝廷矣愛人而敦本分職而奉法脩其身以及其人始於中而成於外則化行天下矣臣前所謂欲氣之和也在遂其性以導之者當納人於仁壽也夫欲人之仁壽也在立制度脩教化夫制度立則財用省財用省則賦斂輕賦斂輕則人富矣教化脩則爭競息爭競息則刑罰清刑罰清則人安矣既富矣則仁義興焉既安矣則壽考至焉仁義之心感於下和平之氣應於上故災害不作休祥荐臻四方底寧萬物咸遂矣臣前所謂捄災旱在乎致精誠者臣謹按春秋魯僖公一年之中三書不雨者以其人君有恤人之志也文公三年之中一書不雨者以其人君無閔人之心也故僖致誠而旱不害物文無卹閔而變則成災陛下有閔人之志則無成災之變矣臣前所謂廣播殖在乎視食力者臣謹按春秋君人者必時視人之所勤人勤於力則功築罕人勤於財則貢賦少人勤於食則百事廢今財食與力皆勤矣願陛下廢百事之用以廣三時之務則播植不愆矣臣前所謂國廩罕蓄本乎冗食尚繁者臣謹按春秋臧孫辰告糴于齊春秋譏其無九年之蓄一年不登而百姓飢臣願斥游惰之人以篤耕殖省不急之費以贍黎元則廩蓄不乏矣臣前所謂吏道多端本乎選用失當者繇國家取人不盡其材任人不明其要故也今陛下之用人也求其聲而不求其實故人之趨進也務其末而不務其本臣願覈考課之實定遷序之制則多端之吏息矣臣前所謂豪猾踰檢繇中外之法殊者以其官禁不一也臣謹按春秋齊桓公盟諸侯不日而葵丘之盟特以日者美其能宣明天子之禁率奉王官之法故春秋備而書之然則官者五帝三王之所建也法者高祖太宗之所制也法宜畫一官宜正名今又分外官中官之員立南司北司之局或犯禁於南則亡命于北或正刑於外則破律於中法出多門人無所措繇兵農勢異而中外法殊也臣聞古者因井田以制軍賦間農事以脩武備提封約卒乘之數命將在公卿之列故兵農一致而文武同方以保乂邦家式遏亂略太宗置府兵臺省軍衞文武參掌閑歲則櫜弓力穡有事則釋耒荷戈所以脩復古制不廢舊物今則不然夏官不知兵籍止於奉朝請六軍不主武事止於養階勳軍容合中官之政戎律附內臣之職首一戴武弁疾文吏如仇讎足一蹈軍門視農夫如草芥謀不足以翦除姦宄而詐足以抑揚威福勇不足以鎭衞社稷而暴足以侵害閭里羈紲藩臣干陵宰輔隳裂王度汨亂朝經張武夫之威上以制君父假天子之命下以御英豪有藏姦觀釁之心無伏節死難之誼豈先王經文緯武之旨邪臣願陛下貫文武之道均兵農之功正貴賤之名一中外之法還軍衞之職脩省署之官近崇貞觀之風遠復成周之制自邦畿以刑下國始天子而達諸侯可以制猾姦之彊無踰檢之患矣臣前所謂生徒惰業繇學校之官廢者蓋國家貴其祿賤其能先其事後其行故庶官乏通經之學諸生無脩業之心矣臣前所謂列郡干禁繇授任非人者臣以爲刺史之任治亂之根本繫焉朝廷之法制在焉權可以御豪彊恩可以惠孤寡彊可以禦姦寇政可以移風俗其將校曾更戰陣及功臣子弟請隨宜酬賞苟無治人之術者不當任此官卽絕干禁之患矣臣前所謂百工淫巧繇制度不立者臣請以官位祿秩制其器用車服禁以金銀珠玉錦繡雕鏤不蓄於私室則無蕩心之巧矣臣前所謂辨枝葉者繇考言以詢行也臣前所謂形于恥格者繇道德而齊禮也臣前所謂念生寡而食衆可罷斥惰游者已備於前矣臣前所謂令煩而治鮮要察其行否者臣聞號令者治國之具也君審而出之臣奉而行之或虧益止留罪在不赦今陛下令煩而治鮮得非持之者有所蔽欺乎臣前謂博延羣彥願陛下必納其言造廷待問則小臣其敢愛死者昔晁錯爲漢削諸侯非不知禍之將至忠臣之心壯夫之節苟利社稷死無悔焉臣非不知言發而禍應計行而身僇蓋痛社稷之危哀生人之悔豈忍姑息時忌竊陛下一命之寵哉昔龍逄死而啓商比干死而啓周韓非死而啓漢陳蕃死而啓魏今臣之來也有司或不敢薦臣之言陛下又無以察臣之心退必戮於權臣之手臣幸得從四子游於地下固臣之願也所不知殺臣者臣死之後將孰爲啓之哉至如人主之闕政教之疵前日之弊臣既言之矣若乃流下土之惠脩近古之治而致和平者在陛下行之而已然上之所陳者實以臣親承聖問敢不條對雖臣之愚以爲未極教化之大端皇王之要道伏惟陛下事天地以教人恭奉宗廟以教人孝養高年以教人悌長字百姓以教人慈幼調元氣以煦育扇大和以仁壽可以消揺無爲垂拱成化至若念陶鈞之道在擇宰相以任之使權造化之柄念保定之功在擇將帥以任之使脩閫外之寄念百度之求正在擇庶官而任之使顓職業之守念百姓之怨痛在擇良吏以任之使明惠養之術自然言足以爲天下教動足以爲天下法仁足以勸善義足以禁非又何必宵衣旰食勞神惕慮然後致治哉是時第策官左散騎常侍馮宿太常少卿賈餗庫部郎中龐嚴見蕡對嗟伏以爲過古晁董而畏中官眦睚不敢取士人讀其辭至感槩流涕者諫官御史交章論其直於時被選者二十有三人所言皆冗齪常務類得優調河南府參軍事李郃曰蕡逐我留吾顏其厚邪乃上疏曰陛下御正殿求直言使人得自奮臣才志懦劣不能質今古是非使陛下聞未聞之言行未行之事忽忽內思愧羞神明今蕡所對敢空臆盡言至皇王之成敗陛下所防閑時政之安危不私所料又引春秋爲據漢魏以來無與蕡比有司以言涉訐忤不敢聞自詔書下萬戶籍籍歎其誠鯁至於垂泣謂蕡指切左右畏近臣銜怒變與非常朝野惴息誠恐忠良道窮綱紀遂絕季漢之亂復興于今以陛下仁聖近臣故無害忠良之謀以宗廟威嚴近臣故無速敗亡之禍指事取驗何懼直言且陛下以直言召天下士蕡以直言副陛下所問雖訐必容雖過當奬書于史策千古光明使萬有一蕡不幸死天下必曰陛下陰殺讜直結雠海內忠義之士皆憚誅夷人心一搖無以自解況臣所對不及蕡遠甚內懷愧恥自謂賢良奈人言何乞回臣所授以旌蕡直臣逃苟且之慙朝有公正之路陛下免天下之疑顧不美哉帝不納郃字子玄後歷賀州刺史蕡對後七年有甘露之難令狐楚牛僧孺節度山南東西道皆表蕡幕府授祕書郎以師禮禮之而宦

人深嫉賁誣以罪貶柳州司戶參軍卒始帝恭儉求治志除凶人然懦而不睿臣下畏禍不敢言故賁對極陳晉襄公殺陽處父以戒帝又引閽弑吳子陰贊帝決帝後與宋申錫謀誅守澄不克守澄廢帝弟漳王而斥申錫帝依違其間不敢主也賈餗與王涯李訓舒元輿位宰相以謀敗皆爲中官夷其宗而宦者益橫帝以憂崩及昭宗誅韓全誨等左拾遺羅衮上言賁當太和時宦官始熾因直言策請奪爵土復掃除之役遂罹譴逐身死異土六十餘年正人義夫切齒飲泣比陛下幽東內幸西州王室幾喪使賁策蚤用則杜漸防萌逆節可消寧殷憂多難遠及聖世耶今天地反正枉魄憤齒有望於陛下帝感悟贈賁左諫議大夫訪子孫授以官云

贊曰漢武帝三策董仲舒仲舒所對陳天人大槩緩而不切也賁與諸儒偕進獨譏切宦官然亦太疏直矣戒帝漏言而身謫語于廷何邪其後宋申錫以謀泄貶李訓以計不臧死宦者遂彊可不戒哉意賁之賢當先以忠結上後爲帝謀天下所以安危者庶其紓患耶

唐書卷一百七十八考證

劉蕡傳○舊書入文苑傳

唐書卷一百七十九

宋　端　明　殿　學　士　宋　祁　撰

列傳第一百四

李鄭二王賈舒

李訓字子垂始名仲言字子訓故宰相揆族孫質狀魁梧敏于辯論多大言自標置擢進士第補太學助教辟河陽節度府從父逢吉爲宰相以仲言陰險善謀事厚昵之坐武昭獄流象州文宗嗣位更赦還以母喪居東都鄭注佐昭義府仲言慨然曰當世操權力者皆齪齪吾聞注好士有中助可與共事因往見注相得甚歡時逢吉方留守怏怏不樂思復用知與注善付金幣百萬使西至京師厚結注注喜介之謁王守澄守澄善遇之即以注術仲言經義并薦於帝仲言持詭辯激卬可聽善鉤揣人主意又以身儒者海內望族既見識擢志望不淺始宋申錫謀誅守澄不克死宦尹益橫帝愈憤恥而憲祖之弒罪人未得雖外假借內不堪欲夷絕其類顧在位臣持祿取容無仗節死難者注陰知帝指屢建密計引仲言叶力帝外託講勸又皆以守澄進故與之謀則其黨不疑仲言尙繞蠱帝使衣戎服號王山人與注出入禁中服除起爲四門助教賜緋袍銀魚時太和八年也其十月遷周易博士兼翰林侍講學士入院詔法曲弟子二十人侑宴示優寵於是給事中鄭肅韓佽諫議大夫李珝郭承嘏中書舍人高元裕權璩等共劾仲言憸人天下共知不宜在左右帝不聽仲言數進講至閹寺必感憤申重以激帝心帝見其言縱橫謂果可任遂不疑而待遇莫與比因改名訓帝猶慮宦人猜忌乃疏易五義示羣臣有能異訓意者賞欲天下知以師臣待訓明年秋七月進翰林學士兵部郎中知制誥居中倚重實行宰相事宦人陳弘志時監襄陽軍訓啓帝召還至靑泥驛遣使者杖殺之復以計白罷守澄觀軍容使賜鴆死又逐西川監軍楊承和淮南韋元素河東王踐言於嶺外已行皆賜死而崔潭峻前物故詔剖棺鞭尸元和逆黨幾盡訓本挾奇進及大權在己銳意去惡故與帝言天下事無不如所欲與注相朋比務報恩復讎素忌李德裕宗閔之寵乃因楊虞卿獄指爲黨人嘗所惡者悉陷黨中遷貶無闕日班列幾空中外震畏帝爲下詔開諭羣情稍安不踰月以禮部侍郎同中書門下平章事賜金紫服仍詔三日一至翰林以終易義訓起流人一歲至宰相謂遭時其志可行欲先誅宦豎乃復河湟攘夷狄歸河朔諸鎭意果而謀淺天子以爲然俄賜第勝業里賞賚旁午每進見它宰相備位天子傾意宦官衞兵皆慴憚迎拜天下險怪士徼取富貴皆憑以爲資訓時時進賢才偉望以悅士心人皆惑之嘗建言天下浮屠避傜賦耗國衣食請行業不如令者還爲民既執政自白罷因以市恩始注先顯訓藉以進及勢相埒賴寵爭功不兩立然方事未集乃出注使鎭鳳翔外爲助援內實猜克待逞且殺之擢所厚善分總兵柄於是王璠爲太原節度使郭行餘爲邠寧節度使羅立言權京兆尹韓約金吾將軍李孝本權御史中丞陰許璠行餘多募士及金吾臺府卒劫以爲用十一月壬戌帝御紫宸殿約奏甘露降金吾左仗樹羣臣賀訓元輿奏言甘露近在禁中陛下宜親往以承天祉許之即輦如含元殿詔宰相羣臣往視還訓奏言非甘露帝曰豈約妄邪顧中尉仇士良魚志弘等驗之訓因欲閉止諸宦人使無逸者時璠行餘皆辭赴鎭兵列丹鳳門外㲉而待訓傳呼曰兩鎭軍入受詔旨聞者趨入邠寧軍不至璠懼弗能前獨行餘拜殿下宦人至仗所約流汗不能舉首士良等怪之曰將軍何爲爾會風動廡幕見執兵者士良等驚走出閤者將闔扉爲宦侍叱爭不及閉訓急連呼金吾兵曰衞乘輿者人賜錢百千於是有隨訓入者宦人曰急矣上當還內即扶輦決罘罳下殿趨訓攀輦曰陛下不可去士良曰李訓反帝曰訓不反士良手搏訓而躓訓壓之將引刀鞾中救至士良免立言孝本領衆四百東西來上殿與金吾士縱擊宦官死者數十人訓持輦愈急至宣政門宦人郗志榮揕訓仆之輦入東上閤即閉宮中呼萬歲元輿雖知謀不以告涯曰上將開延英邪而羣臣見宰相問故會士良遣神策副使劉泰倫陳君奕率衞士五百挺兵出所值輒殺涯等惶遽易服步出殺諸司史六七百人復分兵屯諸宮門捕訓黨千餘人斬四方舘流血成渠宦豎知訓事連天子相與怨嘖帝懼僞不語故宦人得肆志殺戮俄而元輿涯皆爲兵所執涯實不知謀士良榜笞急乃自署反狀詔出衞騎千餘馳咸陽奉天捕亡者大索都城分掩涯訓等第兵遂大掠入黎埴羅讓渾鐵胡証等家及賈餗盧貞產一空兩省印簿書輒持去祕舘圖籍蕩然無餘者明日羣臣朝至建福門從者不得入光範門尙閉列兵誰何乃繇金吾右仗至宣政衙兵皆露持是時無宰相御史中丞久之閤門使馬元贄啓宣政扉傳詔張仲方可京兆尹而吏皆前死羣臣不能班帝初未知涯等被繫猶遲其不朝既而士良白涯與訓謀逆將立鄭注遽召僕射令狐楚鄭覃兵部尙書王源中吏部侍郎李虞仲等至帝對悲憤因付涯訊牒曰果涯書邪楚曰然涯誠有謀罪應死是日京師兵剽劫未止民乘亂往往復私怨相戕擊人死甚衆帝遣楊鎭靳遂良等屯兵大衢鼓而儆之兵乃止帝逼宦官於是下詔暴訓涯等罪孝本易綠衣猶金帶以帽障面奔鄭注至咸陽追騎及之餗匿民間羸服乘驢自歸璠聚河東兵環第自衞以志使偏將攻之呼曰王涯等得罪起尙書爲相璠喜啓關納之既行知見紿泣曰李訓累我俄行餘立言皆得自涯十餘族幷奴婢悉繫左右軍璠見涯恚曰公何見引涯曰君昔漏宋丞相謀於守澄今焉逃死訓既敗被綠衣詭言黜官走終南山依浮屠宗密宗密欲匿之其徒不可乃奔鳳翔爲盩厔將所執械而東訓恐爲宦人酷辱所監者曰得我者有賞不如持首去乃斬之傳其首餘黨悉禽後一日兩神策兵將涯等赴郊廟過兩市皆腰斬梟首以徇餗臨刑憤叱獨元輿曰鼂錯張華尙不免豈特吾屬哉約最後捕得責以反狀不服斬之殺訓弟仲京元皐始元皐以屬疏自解得去士良訊奴言事前一昔宿訓第遣人追斬之訓死士良捕宗密將殺之怡然曰與訓游久浮屠法遇困則救死固其分乃釋之是時暴尸旁午有詔棄都外男女孩嬰相雜厮淹旬許京兆府瘞斂作二大冢葬道左右它日帝頗思訓數爲李石鄭覃稱其才而宦豎益熾帝末以制居常忽忽不懌每游燕雖倡樂雜沓未嘗歡顏慘不展往往瞋目獨語或裴回眺望賦詩以見情自是感疾至棄天下云

鄭注絳州翼城人世微賤以方伎游江湖間元和末至襄陽依節度使李愬爲愬煑黃金餌之寖親遇署衙推從至徐州稍參處軍政注多藝詭譎陰狡億探人慮隱輒中所欲爲愬籌事未嘗不用挾邪市權舉軍患之監軍王守澄白愬愬曰然彼奇士也將軍試與語守澄始拒不納既坐機辯橫生鉤得其意守澄大驚引至後堂語終夕恨相見晚謝愬曰誠如公言即署巡官守澄入總樞密與俱至京師厚加贍邮日夜爲守澄計議因陰通賂遺初士纖巧者附離後要官貴人亦趨往既陷宋申錫搢紳側目金吾將軍孟文亮鎭邠寧取爲司馬不肯行御史中丞宇文鼎劾奏乃上道過奉天輒還御史復言注姦狀請付有司治罪始王涯用注力再輔政又憚守澄遏其奏更擢通王府司馬右神策判官士議讙駭劉從諫惡其人欲因斥去之即表副昭義節度至府不旬月文宗暴眩守澄復薦注即日召入對浴堂門賜賚至渥是夜彗出東方長三尺芒耀怒急俄進太僕卿兼御史大夫注貪沓既藉權寵專鬻官射利貲積鉅萬不知止起第善和里通永巷飛廡複壁聚京師輕薄子方鎭將吏以煽聲焰聞入神策與守澄語必終日或夜艾乃罷險人躁夫有所干謝日走門李訓既附注進時訓已在禁中日日議論帝前相倡和謀鉏翦中官自謂功在晷刻帝惑之乘是進退士大夫撓亂朝法賢不肖淆亂以爲弛張當然衆策其必亂帝問富人術以榷茶對其法欲置茶官籍民圃而給其直工自擷暴則利悉之官帝始詔王涯爲榷茶使又言秦雍災當興役厭之帝嘗詠杜甫曲江辭有宮殿千門語意天寶時環江有觀榭宮室聞注言即詔兩神策治曲江昆明作紫雲樓采霞亭詔公卿得列舍隄上注本姓魚冒爲鄭故當時號魚鄭及用事人廋謂曰水族貌寢陋不能遠視常衣纛裘外示質素始李愬病痿注治之有狀守澄神其術故中人皆昵愛俄檢校尙書左僕射鳳翔隴右節度使詔月入奏事請寮屬於訓訓與舒元輿謀終殺注慮其豪俊爲助更擇臺閣長厚者以錢可復爲副李敬彝

爲司馬盧簡能蕭傑爲判官盧弘茂爲掌書記舊制節度使受命戎服詣兵部謁後寖廢注請復之而王璠郭行餘皆踵爲常是日度支京兆等供帳入辭帝賜通天犀帶出都門旗干折注惡之先是守澄死以十一月葬滻水注奏言守澄國勞舊願身護喪因羣宦者臨送欲以鎮兵悉禽誅之訓畏注專其功乃先五日舉事注率五百騎至扶風令韓遼知其謀奔武功注聞訓敗乃還其屬魏弘節勸注殺監軍張仲清及大將賈克中等十餘人注驚撓不暇聽仲清與前少尹陸暢用其將李叔和策訪注計事斬其首兵皆潰去注妻兄魏逢尤佻險贊注爲姦數顧眄爲率更令鳳翔少尹遣逢至京師與訓約被誅可復等及親卒千餘人皆族矣擢仲清內常侍遼咸陽令叔和檢校太子賓客賜錢千萬暢鳳翔行軍司馬梟注首光宅坊三日瘞之羣臣皆賀乃夷其家初未獲注京師戒嚴涇原鄜坊節度使王茂元蕭弘皆勒兵備非常及是人相慶籍其貲得絹百萬匹它物稱是注敗前菌生所服帶上稭中藥化爲蠅數萬飛去可復徵子也爲禮部郎中簡能者簡辭弟駕部員外郎傑者俛弟也主客員外郎弘茂右拾遺可復將死女年十四爲訴免女曰殺我父何面目以生抱可復求死亦斬之弘茂妻蕭臨刑詬曰我太后妹奴輩可來殺兵皆斂手乃免弘節勇而多謀始在鄜坊趙儋節度府爲注所辟敬彝爲路隋所辟隋卒客江淮以未赴免因擢兵部員外郎終衢州刺史

王涯字廣津其先本太原人魏廣陽侯冏之裔祖祚武后時諫罷萬象神宮知名開元時以大理司直馳傳決獄所至仁平父晃歷左補闕温州刺史涯博學工屬文往見梁肅肅異其才薦於陸贄擢進士又舉宏辭再調藍田尉久之以左拾遺爲翰林學士進起居舍人元和初會其甥皇甫湜以賢良方正對策異等忤宰相涯坐不避嫌罷學士再貶虢州司馬徙爲袁州刺史憲宗思之以兵部員外郎召知制誥再爲翰林學士累遷工部侍郎封清源縣男涯文有雅思永貞元和間訓誥溫麗多所橐定帝以其孤進自樹立數訪逮以私居遠或召不時至詔假光宅里官第諸學士莫敢望俄拜中書侍郎同中書門下平章事坐循默不稱職罷再遷吏部侍郎穆宗立出爲劍南東川節度使時吐蕃寇邊西北騷然又略雅州涯調兵拒之上言蜀有兩道直擣賊腹一繇龍川清川以抵松州一繇綿州威蕃柵抵棲鷄城皆虜險要地臣願不愛金帛使信臣持節與北虜約曰能發兵深入者殺某人取某地受某賞開懷以示之所以要約諄熟異它日者則何奴之銳可出西戎之力衰矣帝不報長慶三年入爲御史大夫遷戶部尚書鹽鐵轉運使寶曆時復出領山南西道節度使文宗嗣位召拜太常卿以吏部尚書代王播復總鹽鐵政益刻急歲中進尚書右僕射代郡公而御史中丞宇文鼎以涯兼使職恥爲之屈奏僕射視事日四品以上官不宜獨拜涯怒即建言與其廢禮不如審官請避位以存舊典帝難之詔尚書省雜議工部侍郎李固言謂禮君於士不答拜非其臣則答不臣人之臣也大夫於其臣雖賤必答拜避正君也大夫於獻不親君有賜不面拜爲君之答已也古者列國君猶與大夫答拜所以尊事天子別嫌明微也議者謂僕射代尚書令禮當重凡百司州縣皆有副貳缺則攝總至著定之禮則不可越僕射由是也按令凡文武三品拜一品四品拜二品開元禮京兆河南牧州刺史縣令上日丞以下答拜此禮令相戾不可獨據又言受冊官始上無不答拜者而僕射亦受冊禮不得異雖相承爲故事然人情難安者安得弗改請如禮便帝不能決涯竟用舊儀自李師道平三道十二州皆有銅鐵官歲取冶賦百萬觀察使擅有之不入公上涯始建白如建中元年九月戊辰詔書收隸天子鹽鐵詔可久之以本官同中書門下平章事合度支鹽鐵爲一使兼領之乃奏罷京畿榷酒錢以悅衆俄檢校司空兼門下侍郎罷度支眞拜司空始變茶法益其稅以濟用度下益困而鄭注亦議榷茶天子命涯爲使心知不可不敢爭李訓敗乃及禍初民怨茶禁苛急涯就誅皆羣詬詈抵以瓦礫涯質狀頎省長上短下動舉詳華性嗇儉不畜妓妾惡卜祝及它方伎別墅有佳木流泉居常書史自怡使客賀若夷鼓琴娛賓文宗惡俗侈靡詔涯懲革涯條上其制凡衣服室宇使略如古貴戚皆不便謗訕囂然議遂格然涯年過七十嗜權固位偷合訓等不能絜去就以至覆宗是時十一族貲貨悉爲兵掠而涯居永寧里乃楊憑故第財貯鉅萬取之彌日不盡家書多與祕府侔前世名書畫嘗以厚貨鉤致或私以官鑿垣納之重複祕固若不可窺者至是爲人破垣剔取奩軸金玉而棄其書畫於道籍田宅入于官子孟堅爲工部郎中集賢殿學士仲翔太常博士季琰校書郎皆死仲翔始匿侍御史裴鐇家鐇執以赴軍仲翔曰業不見容當自求生奈何反相噬邪聞者哀之後令狐楚見帝從容言向與臣並列者既族滅矣而露胔不藏深可悼痛帝惻然詔京兆尹薛元賞葬涯等十一人各賜襲衣仇士良使盜竊發其冢投骨渭水涯女爲竇紃妻以痼病免家人紿告涯當貶忽夢涯自提首告曰族滅矣惟若存歲時無忘我女驚號墮地乃以實告涯從弟沐客江南困窮來京師謁涯二歲乃得見許以祿仕難作亦死昭宗天復初大赦明涯訓之冤追復爵位官其後裔

賈餗字子美河南人少孤客江淮間從父全觀察浙東餗往依之全尤器異收卹良厚舉進士高第聲稱籍甚又策賢良方正異等授渭南尉集賢校理擢累考功員外郎知制誥餗美文辭開敏有斷然褊急氣陵轢行李渤爲諫議大夫惡其人爲宰相言之而李逢吉寶易直愛餗才得不斥穆宗崩告哀江浙道拜常州刺史舊制兩省官出使得朱衣吏前導餗赴州猶用之觀察使李德裕敕吏還快快爲憾入爲太常少卿復知制誥歷禮部侍郎凡三典貢舉得士七十五人多名卿宰相再遷京兆尹兼御史大夫姑臧縣男大和九年上巳詔百官會曲江故事尹自門步入揖御史餗自矜大不徹扇蓋騎而入御史楊儉蘇特固爭餗曰黃面兒敢爾儉曰公爲御史能嘿嘿耶大夫溫造以聞坐奪俸不勝恚求出爲浙西觀察使未行拜中書侍郎同中書門下平章事俄爲集賢殿大學士監修國史既得位會李宗閔得罪而指儉特爲黨斥去之少與沈傳師善傳師前死嘗夢云君可休矣餗寤而祭諸寢復夢曰事已爾叵奈何劉蕡以賢良方正對策指中人爲禍亂根本而餗與馮宿龐嚴爲考官畏避不敢聞竟罷其禍餗本中立不肯身犯顏排姦倖以及誅與王涯實不知謀人冤之

舒元輿婺州東陽人地寒不與士齒始學即警悟去客江夏節度使郗士美異其秀特數延譽元和中舉進士見有司鉤校苛切既試尚書雖水炭脂炬飧具皆人自將吏一倡名乃得入列棘圍席坐廡下因上書言古貢士未有輕於此者且宰相公卿繇此出夫宰相公卿非賢不在選而有司以隸人待之誠非所以下賢意羅棘遮截疑其姦又非所以求忠直也詩賦微藝斷離經傳非所以觀人文化成也臣恐賢者遠辱自引去而不肖者爲陛下用也今貢珠貝金玉有司承以棐笥皮幣何輕賢者重金玉邪又言取士不宜限數今有司多者三十少止二十假令歲有百元凱而曰吾格取二十謂求賢可乎歲有才德纔數人而曰必取二十謬進者乃過半謂合令格可乎俄擢高第調鄠尉有能名裴度表掌興元書記文檄豪健一時推許拜監察御史劾按深害無所縱再遷刑部員外郎元輿自負才有過人者銳進取太和五年獻文闕下不得報上書自言馬周張嘉貞代人作奏起逆旅卒爲名臣今臣備位于朝自陳文章凡五晦朔不一報竊自謂才不後周嘉貞而無因入又不露所縕是終無振發時也漢主父偃徐樂嚴安以布衣上書朝奏暮召而臣所上八萬言其文鍛鍊精粹出入今古數千百年拔剔剖抉有可以輔教化者未始遺拔犀之角擢象之齒豈主父等可比哉盛時難逢竊自愛惜文宗得書高其自激卬出示宰相李宗閔以浮躁誕肆不可用改著作郎分司東都時李訓居喪尤與元輿善及訓用事再遷左司郎中御史大夫李固言表知雜事固言輔政權知御史中丞會帝錄囚元輿奏辨明審不三月卽眞兼刑部侍郎專附鄭注注所惡舉繩逐之月中以本官同中書門下平章事詭謀謬算日與訓比敗天下事二人爲之也然加禮舊臣外釣人譽先時裴度令狐楚鄭覃皆爲當路所軋致閑處至是悉還高秩元輿爲牡丹賦一篇時稱其工死後帝觀牡丹凭殿闌誦賦爲泣下弟元褒元肱元迥皆第進士元褒又擢賢良方正終司封員外郎餘及誅

王璠字魯玉元和初舉進士宏辭皆中遷累監察御史儀寓峻整著稱于時以起居舍人副鄭覃宣慰鎮州長慶末擢職方郎中知制誥時李逢吉秉政特厚璠驟拜御史中丞璠挾所恃頗橫恣道直左僕射李絳交騎不避絳上言左右僕射師長庶官開元時名左右丞相雖去機務然猶總百司署位不著姓上日班見百官而中丞御史在廷元和中伊愼爲僕射太常博士韋謙以愼位緣恩進削其禮至僕射就臺見中丞武立廷中中丞乃至憲度倒置不可爲法逢吉憚絳正遏其事不奏但罷璠爲工部侍郎而絳亦用太子少師分司東都議者不直之初璠按武昭獄意逢吉德已及罷中丞乃失望久之出爲河南尹時內廏小兒頗擾民璠殺其尤暴者遠近畏伏入爲尚書右丞再遷京兆尹自李諒後政條隳斁姦豪寖不戢璠頗修舉政有名鄭注姦狀始露宰相宋申錫御史中丞宇文鼎密與璠議除之璠反以告王守澄而注由是傾心於璠進左丞判太常卿事出爲浙西觀察使李訓得幸璠於逢吉舊故薦之復召爲左丞拜戶部尚書判度支封祁縣男李宗閔得罪璠亦其黨見注求解乃免訓將誅宦人乃授河東節度使已而敗璠子遐休直弘文館所善學士令狐定及劉軻劉

耕仲無頗柳喜集其所皆被縛定等自解辯得釋遐休誅璠鑿潤州外隍得石刻曰山有石石有玉玉有瑕術家謂璠祖名崟生礎礎生璠盡遐休蓋其應云

郭行餘者元和時擢進士河陽烏重胤表掌書記重胤葬其先使誌冢辭不爲重胤怒即解去擢累京兆少尹嘗值尹劉栖楚不肯避栖楚捕導從繫之自言宰相裴度頗爲論止行餘移書曰京兆府在漢時有尹有都尉有丞皆詔自除後循而不改開元時諸王爲牧故尹爲長史司馬即都尉丞耳今尹總牧務少尹副焉未聞道路間有下車望塵避者故事猶在栖楚不能答遷楚汝二州刺史大理卿擢邠寧節度使李訓在東都與行餘善故用之

韓約朗州武陵人本名重華志勇決略涉書有吏幹歷兩池榷鹽使虔州刺史交趾叛領安南都護再遷太府卿太和九年代崔鄯爲左金吾衛大將軍居四日起事約繇錢穀進吏安南富饒地聚貲尤多

羅立言者宣州人貞元末擢進士魏博田弘正表佐其府改陽武令以治劇遷河陰立言始築城郭地所當者皆富豪大賈所占下令使自築其處吏籍其闕㥘號於衆曰有不如約爲我更完民憚其嚴數旬畢民無田者不知有役設鎖絕汴流姦盜屏息河南尹丁公著上狀加朝散大夫然倨下傲上出具弓矢呵道宴賓客列倡優如大府人皆惡之以是稀遷然自放不衰改度支河陰留後坐平糴非實沒萬九千緡鹽鐵使惜其幹止奏削兼侍御史繇廬州刺史召爲司農少卿以財事鄭注亦與李訓厚善訓以京兆多吏卒擢爲少尹知府事以就其謀

李孝本宗室子元和時第進士累遷刑部郎中依訓得進於是御史中丞舒元輿引知雜事元輿入相擢權知中丞事

顧師邕字睦之少連子性恬約喜書寡游合第進士累遷監察御史李訓薦爲水部員外郎翰林學士訓遣宦官田全操劉行深周元稹薛士幹似先義逸劉英誗按邊既行命師邕爲詔賜六道殺之會訓敗不果師邕流崖州至藍田賜死

李貞素嗣道王實子性和裕衣服喜鮮明漢陽公主妻以季女累遷宗正少卿由將作監改左金吾衛將軍韓約之詐貞素知之流儋州至商山賜死

贊曰李訓浮躁寡謀鄭注斬斬小人王涯暗沓舒元輿險而輕遨幸天功寧不殆哉李德裕嘗言天下有常勢北軍是也訓因王守澄以進此時出入北軍若以上意說諸將易如靡風而返以臺府抱關游徼抗中人以搏精兵其死宜哉文宗與宰相李石李固言鄭覃稱訓稟五常性服人倫之教不如公等然天下奇才公等弗及也德裕曰訓曾不得齒徒隸尚才之云世以德裕言爲然傳曰國將亡天與之亂人若訓等持腐株支大廈之顛天下爲寒心竪毛文宗偃然倚之成功卒爲閽譌所乘天果厭唐德哉

唐書卷一百七十九考證

韓約傳○此傳及顧師邕李貞素傳舊書俱無

唐書卷一百八十

宋 端 明 殿 學 士 宋 祁 撰

列傳第一百五

李德裕

李德裕字文饒元和宰相吉甫子也少力于學既冠卓犖有大節不喜與諸生試有司以蔭補校書郎河東張弘靖辟爲掌書記府罷召拜監察御史穆宗即位擢翰林學士帝爲太子時已聞吉甫名由是顧德裕厚凡號令大典冊皆更其手數召見資奬優華帝怠荒于政故戚里多所請丐挾宦人詗禁中語關託大臣德裕建言舊制駙馬都尉與要官禁不往來開元中訶督尤切今乃公至宰相及大臣私第是等無佗材直洩漏禁密交通中外耳請白事宰相者聽至中書無輒詣第帝然之再進中書舍人未幾授御史中丞始吉甫相憲宗牛僧孺李宗閔對直言策痛詆當路條失政吉甫訴於帝且泣有司皆得罪遂與爲怨吉甫又爲帝謀討兩河叛將李逢吉沮解其言功未既而吉甫卒裴度實繼之逢吉以議不合罷去故追銜吉甫而怨度擯德裕不得進至是間帝暗庸訹度使與元稹相怨奪其宰相而已代之欲引僧孺益樹黨乃出德裕爲浙西觀察使俄而僧孺入相由是牛李之憾結矣初潤州承王國清亂竇易直傾府庫賚軍貲用空殫而下益驕德裕自儉約以留州財贍兵雖儉而均故士無怨再朞則賦物儲牣南方信禨巫雖父母癘疾子棄不敢養德裕擇長老可語者諭以孝慈大倫患難相收不可棄之義使歸相曉敕違約者顯寘以法數年惡俗大變又按屬州非經祠者毀千餘所撤私邑山房千四百舍寇無所廋蔽天子下詔褒揚敬宗立侈用無度詔浙西上脂盝妝具德裕奏比年旱災物力未完乃三月壬子赦令常貢之外悉罷進獻此陛下恐聚斂之吏緣以成姦彫窶之人不勝其弊也本道素號富饒更李錡薛苹皆榷酒於民供有羨財元和詔書停榷酤又赦令禁諸州羨餘無送使今存者惟留使錢五十萬緡率歲經費常少十三萬軍用褊急今所須脂盝妝具度用銀二萬三千兩金百三十兩物非土產雖力營索尚恐不逮願詔宰相議何以俾臣不違詔旨不乏軍興不疲人不斂怨則前敕後詔咸可遵承不報方是時罷進獻不閱月而求貢使者足相接于道故德裕推一以諷宅又詔索盤條繚綾千匹復奏言太宗時使至涼州見名鷹諷李大亮獻之大亮諫止賜詔嘉歎玄宗時使者抵江南捕鵁鶄翠鳥汴州刺史倪若水言之即見褒納皇甫詢織半臂造琵琶捍撥鏤牙筩於益州蘇頲不奉詔帝不加罪夫鵁鶄鏤牙微物也二三臣尚以勞人損德爲言豈二祖有臣如此今獨無之蓋有位者蔽而不聞非陛下拒不納也且立鵝天馬盤條掬豹文彩怪麗惟乘輿當御今廣用千匹臣所未諭昔漢文身衣弋綈元帝罷輕纖服故仁德慈儉至今稱之願陛下師二祖容納遠思漢家恭約裁賜節減則海隅蒼生畢受賜矣優詔爲停自元和後天下禁毋私度僧徐州王智興紿言天子誕月請築壇度人以資福詔可即顯募江淮間民皆曹輩奔走因牟撮其財以自入德裕劾奏智興爲壇泗州募願度者人輸錢二千則不復勘詰普加髡落自淮而右戶三丁男必一男髡髮規影傜賦所度無筭臣閱度江者日數百蘇常齊民十固八九若不加禁遏則前至誕月江淮失丁男六十萬不爲細變有詔徐州禁止時帝昏荒數游幸狎比羣小聽朝簡忽德裕上丹扆六箴表言心乎愛矣遐不謂矣此古之賢人篤於事君者也夫迹疏而言親者危地遠而意忠者忤臣竊惟念拔自先聖徧荷寵私不能竭忠是負靈鑒臣在先朝嘗獻大明賦以諷頗蒙嘉採今日盡節明主亦由是也其一曰宵衣諷視朝希晚也二曰正服諷服御非法也三曰罷獻諷斂求怪珍也四曰納誨諷侮棄忠言也五曰辨邪諷任羣小也六曰防微諷偽游輕出也辭皆明直婉切帝雖不能用其言猶敕韋處厚諄諄作詔厚謝其意然爲逢吉排笮訖不內徙時亳州浮屠詭言水可愈疾號曰聖水轉相流聞南方之人率十戶僦一人使往汲既行若飲病者不敢近葷血危老之人率多死而水斗三十千取者益它汲轉鬻於道互相欺訹往者日數十百人德裕嚴勒津邏捕絕之且言昔吳有聖水宋齊有聖火皆本妖祥古人所禁請下觀察使令狐楚塡塞以絕妄源從之帝方惑佛老奇禍祈年浮屠方士並出入禁中狂人杜景先上言其友周息元壽數百歲帝遣宦者至浙西迎之詔在所馳驛敦遣德裕上疏曰道之高者莫若廣成玄元人之聖者莫若軒轅孔子昔軒轅問廣成子治身之要曰無視無聽抱神以靜形將自正無勞子形無搖子精乃可長生愼守其一以處其和故我脩身千二百歲矣形未嘗衰又曰得吾道者上爲皇下爲王玄元語孔子曰去子之驕氣與多欲態色與淫志是皆無益於子之身陛下脩軒后之術物色異人若使廣成玄元混迹而至告陛下之言亦無出於此臣慮今所得者皆迂怪之士使物淖冰以小術欺聰明如文成五利者也又前世天子雖好方士未有御其藥者故漢人稱黃金可成以爲飲食器則壽高宗時劉道合玄宗時孫甑生皆能作黃金二祖不之服豈非以宗廟爲重乎儻必致眞隱願止師保和之術愼毋及藥則九廟尉悅矣息元果誕譎不情自言與張果葉靜能游帝詔畫工肖狀爲圖以觀之終帝世無它驗文宗即位乃逐之大和三年召拜兵部侍郎裴度薦材堪宰相而李宗閔以中人助先秉政且得君出德裕爲鄭滑節度使引僧孺協力罷度政事二怨相濟凡德裕所善悉逐之於是二人權震天下黨人牢不可破矣踰年徙劒南西川蜀自南詔入寇敗杜元穎而郭釗代之病不能事民失職無聊生德裕至則完殘奮怯皆有條次成都既南失姚協西亡維松由清溪下沫水而左盡爲蠻有始韋臯招來南詔復巂州傾內資結蠻好示以戰陣文法德裕以臯啓戎資盜其策非是養成癰疽第未決耳至元穎時遇隙而發故長驅深入蹂剔千里蕩無孑遺今瘢夷尚新非痛矯革不能刷一方恥乃建籌邊樓按南道山川險要與蠻相入者圖之左西道與吐蕃接者圖之右其部落衆寡饋餫遠邇曲折咸具乃召習邊事者與之指畫商訂凡虜之情僞盡知之又

料擇伏瘴舊獠與州兵之任戰者廢遣獰耄什三四士無敢怨又請甲人於安定弓人河中弩人浙西繇是蜀之器械皆犀銳率戶二百取一人使習戰貸勿事緩則農急則戰謂之雄邊子弟其精兵曰南燕保義保惠兩河慕義左右連弩騎士曰飛星鷙擊奇鋒流電霆聲突騎總十一軍築杖義城以制大度青溪關之阻作禦侮城以控榮經犄角勢作柔遠城以阨西山吐蕃復邛崍關徙巂州治臺登以奪蠻險舊制歲抄運內粟贍黎巂州起嘉眉道陽山江而達大度乃分餉諸戍常以盛夏至地苦瘴毒輦夫多死德裕命轉邛雅粟以十月爲漕始先夏而至以佐陽山之運饋者不涉炎月遠民乃安蜀人多鬻女爲人妾德裕爲著科約凡十三而上執三年勞下者五歲及期則歸之父母毀屬下浮屠私廬數千以地予農蜀先主祠旁有猱村其民剔髮若浮屠者畜妻子自如德裕下令禁止蜀風大變於是二邊寖懼南詔請還所俘掠四千人吐蕃維州將悉怛謀以城降維距成都四百里因山爲固東北繇索叢嶺而下二百里地無險走長川不三千里直吐蕃之牙異時戍之以制虜入者也德裕既得之卽發兵以守且陳出師之利僧孺居中沮其功命返悉怛謀於虜以信所盟德裕終身以爲恨會監軍使王踐言入朝盛言悉怛謀死拒遠人向化意帝亦悔之卽以兵部尚書召俄拜中書門下平章事封贊皇縣伯故事丞郎詣宰相須少間乃敢通郎官非公事不敢謁李宗閔時往往通賓客李聽爲太子太傅招所善載酒集宗閔閣酣醉乃去至德裕則喻御史有以事見宰相必先白臺乃聽凡罷朝繇龍尾道趨出遂無輒至閤者又罷京兆築沙堤兩街上朝衞兵常建言朝廷惟邪正二途正必去邪邪必害正然其辭皆若可聽願審所取舍不然二者竝進雖聖賢經營無繇成功俄而宗閔罷德裕代爲中書侍郎集賢殿大學士始二省符江淮大賈使主堂廚食利因是挾貲行天下所至州鎭爲右客富人倚以自高德裕一切罷之後帝暴感風害語言鄭注始因王守澄以藥進帝少間又薦李訓使待詔帝欲授諫官德裕曰昔諸葛亮有言親賢臣遠小人先漢所以興隆也親小人遠賢士後漢所以傾頹也今訓小人頃咎惡暴天下不宜引致左右帝曰人誰無過當容其改且逢吉嘗言之對曰聖賢則有改過若訓天資姦邪尚何能改逢吉位宰相而顧愛兇回以累陛下亦罪人也帝語王涯別與官德裕搖手止涯帝適見不懌訓注皆怨卽復召宗閔輔政拜德裕爲興元節度使入見帝自陳願留闕下復拜兵部尚書宗閔奏命已行不可止更徙鎭海軍以代王璠先是太和中漳王養母杜仲陽歸浙西有詔在所存問時德裕被召乃檄留後使如詔書璠入爲尚書左丞而漳王以罪廢死因與戶部侍郎李漢共譖德裕嘗賂仲陽導王爲不軌帝惑其言召王涯李固言路隋質之注璠漢三人者語益堅獨隋言德裕大臣不宜有此讒焰少衰遂貶德裕爲太子賓客分司東都復貶袁州長史隋亦免宰相未幾宗閔以罪斥而注訓等亂敗帝追悟德裕以誣構逐乃徙滁州刺史又以太子賓客分司東都開成初帝從容語宰相朝廷豈有遺事乎衆皆以宋申錫對帝俛首涕數行下曰當此時兄弟不相保況申錫邪有司爲我褒顯之又曰德裕亦申錫比也起爲浙西觀察使後對學士禁中黎埴頓首言德裕與宗閔皆逐而獨三進官帝曰彼嘗進鄭注而德裕欲殺之今當以官與何人埴懼而出又指坐扆前示宰相曰此德裕爭鄭注處德裕三在浙西出入十年遷淮南節度使代牛僧孺僧孺聞之以軍事付其副張鷺卽馳去淮南府錢八十萬緡德裕奏言止四十萬爲鷺用其半僧孺訴于帝而諫官姚合魏謩等共劾奏德裕挾私怨沮傷僧孺帝置章不下詔德裕覆實德裕上言諸鎭更代例殺半數以備水旱助軍費因索王播段文昌崔從相授簿最具在惟從死官下僧孺代之其所殺數最多卽自劾始至鎭失於用側不敢妄遂待罪有詔釋之武宗立召爲門下侍郎同中書門下平章事既入謝卽進戒帝辨邪正專委任而後朝廷治臣嘗爲先帝言之不見用夫正人既呼小人爲邪小人亦謂正人爲邪何以辨之請借物爲諭松栢之爲木孤生勁特無所因倚蘿蔦則不然弱不能立必附它木故正人一心事君無待於助邪人必更爲黨以相蔽欺君人者以是辨之則無惑矣又謂治亂繫信任引齊桓公問管仲所以害霸者仲對琴瑟竽弋獵馳騁非害霸者惟知人不能舉舉不能任任而又雜以小人害霸也太玄德憲四宗皆盛朝其始臨御自視若堯舜寖久則不及初陛下知其然乎始一委輔相故賢者得盡心久則小人竝進造黨與亂視聽故上疑而不專政去宰相則不治矣在德宗最甚晚節宰相惟奉行詔書所與圖事者李齊運裴延齡韋渠牟等訖今謂之亂政夫輔相有欺罔不忠當亟免忠而材者屬任之政無它門天下安有不治先帝任人始皆回容積纖微以至誅貶誠使雖小過必知而改之君臣無猜則讒邪不干其間矣又言開元初輔相率三考輒去雖姚崇宋璟不能逾至李林甫秉權乃十九年遂及禍敗是知亟進罷宰相使政在中書誠治本也帝嘗疑楊嗣復李珏顧望不忠遣使殺之德裕知帝性剛而果於斷卽率三宰相見延英嗚咽流涕曰昔太宗德宗誅大臣未嘗不悔臣欲陛下全活之無異時恨使二人罪惡暴著天下共疾之帝不許德裕伏不起帝曰爲公等赦之德裕降拜升坐帝曰如令諫官論事雖千疏我不赦德裕重拜因追還使者嗣復等乃免時帝數出畋游暮夜乃還德裕上言人君動法於日故出而視朝入而燕息傳曰君就房有常節惟深察古誼毋繼以夜側聞五星失度恐天以是勤勤儆戒詩曰敬天之渝不敢馳驅願節田游承天意時冊拜司空回鶻自開成時爲黠戞斯所破會昌後烏介可汗挾公主牙塞下種族大飢以弱口重器易粟於邊退渾党項利虜掠因天德軍使田牟上言願以部落兵擊之議者請可其言德裕曰回鶻於國嘗有功以窮來歸未輒擾邊遽伐之非漢宣帝待呼韓之義不如與之食以待其變陳夷行曰資盜糧非計也不如擊之便德裕曰沙陀退渾不可恃也夫見利則進遇敵則走雜虜之常態孰肯爲國家用邪天德兵素弱以一城與勁虜确無不敢請詔牟無聽諸戎計帝於是貸粟二萬斛會嗢沒斯殺赤心以降赤心兵潰去於是回鶻勢窮數丐羊馬欲藉兵復故地又願假天德城以舍公主帝不許乃進逼振武保大栅杷頭峯以略朔川轉戰雲州刺史張獻節嬰城不出回鶻乃大掠党項退渾皆保險莫敢拒帝益知向不許田牟用二部兵之效乃復問以計德裕曰杷頭峯北皆大磧利用騎不可以步當之今烏介所恃公主爾得健將出奇奪還之王師急擊彼必走今銳將無易石雄者請以藩渾勁卒與漢兵銜枚夜擊之勢必得帝卽以方略授劉沔令雄邀擊可汗於殺胡山敗之迎公主還回鶻遂敗進位司徒黠戞斯遣使來且言攻取安西北廷帝欲從黠戞斯求其地德裕曰不可安西距京師七千里北廷五千里異時繇河西隴右抵玉門關皆我郡縣往往有兵故能緩急調發自河隴入吐蕃則道出回鶻回鶻今破滅未知黠戞斯果有其地邪假令安西可得卽復置都護以萬人往戍何所興發何道饋輓彼天德振武於京師近力猶苦不足況七千里安西哉臣以爲縱得之無用也昔漢魏相請罷田車師賈捐之請棄珠崖近狄仁傑亦請棄四鎭及安東皆不顧貪外以耗內此三臣者當全盛時尚欲棄割以肥中國況久沒甚遠之地乎是持實費市虛事滅一回鶻而又生之帝乃止澤潞劉從諫死其從子稹擅留事以邀節度德裕曰澤潞內地非河朔比昔皆儒術大臣守之李抱眞始建昭義軍最有功德宗尚不許其子繼及劉悟死敬宗方怠於政遂以符節付從諫大和時擅兵長子陰連訓注外託效忠請除君側及有狗馬疾謝醫拒使便以兵屬稹捨而不討無以示四方帝曰可勝乎對曰河朔稹所恃以脣齒也如令魏鎭不與則破矣夫三鎭世嗣列聖許之請使近臣明告以澤潞命帥不得視三鎭今朕欲誅稹其各以兵會帝然之乃以李回持節諭王元逵何弘敬皆聽命始議用兵中外交章固爭皆曰悟功高不可絕其嗣又從諫畜兵十萬粟支十年未可以破也它宰相亦媕娿趑和德裕獨曰諸葛亮言曹操善爲兵猶五攻昌霸三越潢況其下哉然贏縮勝負兵家之常惟陛下聖策先定不以小利鈍爲浮議所搖則有功矣有如不利臣請以死塞責帝忿然曰爲我語於朝有沮吾軍議者先誅之羣論遂息元逵兵已出而弘敬逗留持兩端德裕建遣王宰以陳許精甲假道於魏以伐磁弘敬聞遽勒兵請自涉漳取磁潞會橫水戍兵叛入太原逐其帥李石奉裨將楊弁主留事方是時稹未下朝廷益爲憂議者頗言兵皆可罷帝遣中人馬元實如太原偵其變弁厚餉中人帳飲三日還謬曰弁兵多屬明光甲者十五里德裕詰曰李石以太原無兵故調橫水卒千五百使戍榆社弁因以亂渠能刻卒如此多邪則曰晉人勇皆兵也募而得之德裕曰募士當以財李石以人欠一縑故兵亂石無以索之弁何得邪太原一鎧一戟舉送行營安致十五里明光乎使者語塞德裕卽奏弁賤伍不可赦如力不足請捨稹而誅弁遽趣王逢起榆社軍詔元逵趣土門會太原河東監軍呂義忠聞卽日召榆社卒入斬弁獻首京師德裕每疾貞元太和間有所討伐諸道兵出境卽仰給度支多遷延以困國力或與賊約令懈守備得一縣一屯以報天子故師無大功因請敕諸將令直取州勿攻縣故元逵等下邢洺磁而稹氣索矣俄而高文端歸命稱稹糧乏皆女子捼穟哺兵未幾郭誼持稹首降帝問何以處誼德裕曰稹豎子安知反職誼爲之今三州已降而稹窮蹙又販其族以邀富貴不誅後無以懲惡帝曰朕意亦爾因詔石雄入潞盡取誼等及嘗爲稹用者悉誅之策功拜太尉進封趙國公德裕固讓言唐興太尉惟七人尚父子儀乃不敢拜近王智興李載義皆

超拜保傅蓋重惜此官裴度爲司徒十年亦不遷臣願守舊秩足矣帝曰吾恨無官酬公毋固辭德裕又陳先臣封於趙冢孫寬中始生字曰三趙意將傳嫡不及支庶臣前益封已改中山臣先世皆嘗居汲願得封衞從之遂改衞國公帝嘗從容謂宰相曰有人稱孔子其徒三千亦爲黨信乎德裕曰昔劉向云孔子與顏回子貢更相稱譽不爲朋黨禹稷與皐陶轉相汲引不爲比周無邪心也臣嘗以共鮌驩兜與舜禹雜處堯朝共工驩兜則爲黨舜禹不爲黨小人相與比周迭爲掩蔽也賢人君子不然忠於國則同心聞於義則同志退而各行其已不可交以私趙宣子隨會繼而納諫司馬侯叔向比以事君不爲黨也公孫弘每與汲黯請間黯先發之弘推其後武帝所言皆聽黯弘雖竝進然廷詰齊人少情議其布被爲詐則先發後繼不爲黨也太宗與房玄齡圖事則曰非杜如晦莫能籌之及如晦在焉亦推玄齡之策則同心圖國不爲黨也漢朱博陳咸相爲腹心背公死黨周福房植各以其黨相傾議論相軋故朋黨始於甘陵二部及甚也謂之鉤黨繼受誅夷以王制言之非不幸也周之衰列國公子有信陵平原孟嘗春申游談者以四豪爲稱首亦各有客三千務以譎詐勢利相高仲尼之徒唯行仁義今議者欲以比之罔矣臣未知所謂黨者爲國乎爲身乎誠爲國邪隨會叔向汲黯房杜之道可行不必黨也今所謂黨者誣善蔽忠附下罔上車馬馳驅以趨權勢晝夜合謀美官要選悉引其黨爲之否則抑壓以退仲尼之徒有是乎陛下以是察之則姦僞見矣時韋弘質建言宰相不可兼治錢穀德裕奏言管仲明於治國其語曰國之重器莫重於令令重君尊君尊國安治人之本莫要於令故曰虧令者死益令者死不行令者死留令者死不從令者死五者無赦又曰令在上而論可否在下是主威下繫於人也太和後風俗寖敝令出於上非之在下此敝不止無以治國匡衡曰大臣者國家股肱萬姓所瞻仰明主所愼擇也傳曰下輕其上爵賤人圖柄臣則國家搖動而人不靜今弘質爲人所敎而言是圖柄臣者也且蕭望之漢名儒爲御史大夫奏云歲首日月少光咎在臣等宣帝以望之意輕丞相下有司詰問貞觀中監察御史陳師合上言人之思慮有限一人不可總數職太宗曰此欲離間我君臣斥之嶺外臣謂宰相有姦謀隱慝則人人皆得上論至於制置職業人主之柄非小人所得干古者朝廷之士各守官業思不出位弘質賤臣豈得以非所宜言妄觸天聽是輕宰相陛下照其邪計從黨人中來當遏絶之德裕大意欲朝廷尊臣下肅而政出宰相深疾朋黨故感憤切言之又嘗謂省事不如省官省官不如省吏能簡冗官誠治本也乃請罷郡縣吏凡二千餘員衣冠去者皆怨時天下已平數上疏乞骸骨而星家言熒惑犯上相又懇丐去位皆不許當國凡六年方用兵時決策制勝宅相無與故威名獨重於時宣宗卽位德裕奉冊太極殿帝退謂左右曰向行事近我者非太尉邪每顧我毛髮爲森竪翌日罷爲檢校司徒同中書門下平章事荆南節度使俄徙東都留守白敏中令狐綯崔鉉皆素仇大中元年使黨人李咸斥德裕陰事故以太子少保分司東都再貶潮州司馬明年又導吳汝納訟李紳殺吳湘事而大理卿盧言刑部侍郎馬植御史中丞魏扶言紳殺無罪德裕徇成其寃至爲黜御史罔上不道乃貶爲崖州司戶參軍事明年卒年六十三德裕旣沒見夢令狐綯曰公幸哀我使得歸葬綯語其子滈滈曰執政皆其憾可乎旣夕又夢綯懼曰衞公精爽可畏不言禍將及白于帝得以喪還德裕性孤峭明辯有風采善爲文章雖至大位猶不去書其謀議援古爲質袞袞可喜常以經綸天下自爲武宗知而能任之言從計行是時王室幾中興先是韓全義敗於蔡杜叔良敗於深皆監軍宦人制其權將不得專進退詔書一日三四下宰相不豫又諸道銳兵票士皆監軍取以自隨每督戰乘高建旗自表師小不勝輒卷旗去大兵隨以北繇是王師所向多負至討回鶻澤潞德裕建請詔書付宰司乃下監軍不得干軍要率兵百人取一以爲衞自是號令明壹將乃有功元和後數用兵宰相不休沐或繼火乃得罷德裕在位雖遽書警奏皆從容裁決率午漏下還第休沐輒如令沛然若無事時其處報機急帝一切令德裕作詔德裕數辭帝曰學士不能盡吾意伐劉稹也詔王元逵何弘敬曰勿爲子孫之謀存輔車之勢元逵等情得皆震恐思効已而三州降賊遂平帝每稱魏博功則顧德裕道詔語咨其切於事而能伐謀也三鎭每奏事德裕引使者戒敕爲忠義指意丁寧使歸各爲其帥道之故河朔畏威不敢慢後除浮屠法僧亡命多趣幽州德裕召邸吏戒曰爲我謝張仲武劉從諫招納亡命今視之何益仲武懼以刀授居庸關吏曰僧敢入者斬帝旣數討叛有功德裕慮怵于武不可戢卽奏言曹操破袁紹於官渡不追奔自謂所獲已多恐傷威重養由基古善射者柳葉雖百步必中觀者曰不如少息若弓撥矢鉤前功皆棄陛下征伐無不得所欲願以兵爲戒乃可保成功帝嘉納其言方士趙歸眞以術進德裕諫曰是嘗敬宗時以詭妄出入禁中人皆不願至陛下前帝曰歸眞我自識顧無大過召與語養生術爾對曰小人於利若蛾赴燭向見歸眞之門車轍滿矣帝不聽于是挾術詭時者進帝志衰焉所居安邑里第有院號起草亭曰精思每計大事則處其中雖左右侍御不得豫不喜飲酒後房無聲色娛生平所論著多行于世云子燁仕汴宋幕府貶象州立山尉懿宗時以赦令徙郴州餘子皆從死貶所燁子延古乾符中爲集賢校理擢累司勳員外郎還居平泉昭宗東遷坐不朝謁貶衞尉主簿德裕之斥中書舍人崔嘏字乾錫誼士也坐書制不深切貶端州刺史嘏舉進士復以制策歷邢州刺史劉稹叛使其黨裴問戍于州嘏說使聽命改考功郎中時皆謂遴賞至是作詔不肯巧傅以罪與汝納之獄朝廷公卿無爲辨者惟淮南府佐魏鉶就逮吏使誣引德裕雖痛楚掠終不從竟貶死嶺外又丁柔立者德裕當國時或薦其直清可任諫爭官不果用大中初爲左拾遺旣德裕被放柔立內愍傷之爲上書直其寃坐阿附貶南陽尉懿宗時詔追復德裕太子少保衞國公贈尚書左僕射距其沒十年

贊曰漢劉向論朋黨其言明切可爲流涕而主不悟卒陷亡辜德裕復援向言指質邪正再被逐終嬰大禍嗟乎朋黨之興也殆哉根夫主威奪者下陵聽弗明者賢不肖兩進進必務勝而後人人引所私以所私乘狐疑不斷之隙是引桀跖孔顏相鬬于前而以衆寡爲勝負矣欲國不亡得乎身爲名宰相不能損所憎顯擠以仇使比周勢成根株牽連賢知播奔而王室亦衰寧明有未哲歟不然功烈光明佐武中興與姚宋等矣

唐書卷一百八十考證

李德裕傳漳王養母○舊書作養女誤

唐書卷一百八十一

宋　端明殿學士　宋祁　撰

列傳第一百六

陳三李曹劉

陳夷行字周道其先江左諸陳也世客潁川由進士第擢累起居郎史館修撰以勞遷司封員外郎凡再歲以吏部郎中爲翰林學士莊恪太子在東宮夷行兼侍讀五日一謁爲太子講說數遷至工部侍郎開成二年進同中書門下平章事而楊嗣復李珏相次輔政夷行介特雅不與合每議論天子前往往語相侵短夷行不能堪輒引疾求去文宗遣使者尉勞起之會以王彥威爲忠武節度使史孝章領邠寧議皆出嗣復及夷行對延英帝問除二鎭當否對曰苟自聖擇無不當者嗣復曰若用人盡出上意而當固善如小不稱下安得嘿然夷行曰比姦臣數干權願陛下無倒持大阿以鐏授人嗣復曰古者任則不疑齊桓公器管仲於讐虜豈有倒持慮邪帝以其面相觸頗不悅仙韶樂工尉遲璋授王府率右拾遺竇洵直當衙論奏鄭覃嗣復嫌以細故謂洵直近名夷行曰諫官當衙正須論宰相得失彼賤工安足言者然亦不可置不用帝卽徙璋光州長史以百縑賜洵直進門下侍郎帝嘗怪天寶政事不善問姚元崇宋璟于時在否李珏曰姚亡而宋罷珏因推言玄宗自謂未嘗殺一不辜而任李林甫種夷數十族不亦惑乎夷行曰陛下今亦宜戒以權屬人嗣復曰夷行失言太宗易暴亂爲仁義用房玄齡十有六年任魏徵十有五年未常失道人主用忠良久益治用邪佞一日多矣時用郭薳爲坊州刺史右拾遺宋邧論不可薳果坐贓敗帝欲賞邧夷行曰諫官論事是其職若一事善輒進官恐後不免有私夷行蓋專詆嗣復又素善覃陰助其力以排折朋黨是時雖天子亦惡其太過恩禮遂衰罷爲吏部尚書尋拜華州刺史武宗卽位召爲御史大夫俄還門下侍郎平章事進位尚書左僕射夷行與崔珙俱拜乃奏僕射始視事受四品官拜無著令比日左右丞吏部侍郎御史中丞皆爲僕射拜階下謂之隔品致敬準禮皇太子見上臺羣官羣官先拜而後答以無二上也僕射與四品官竝列朝廷不容獨優前日鄭餘慶著僕射上儀謂隔品官無亢禮時竇易直任御史中丞議不可及易直自爲僕射乃忘前議當時鄙厭之臣等不願以失禮速謗於時且開元元年以左右僕射爲左右丞相位次三公三公上日答拜而僕射受之非是望敕

所司約三公上儀著定令詔可始累朝紛議不決至夷行遂定以足疾乞身罷爲太子太保以檢校司空爲河中節度使卒

李紳字公垂中書令敬玄曾孫世宦南方客潤州紳六歲而孤哀等成人母盧躬授之學爲人短小精悍於詩最有名時號短李蘇州刺史韋夏卿數稱之葬母有烏銜芝隧幬車元和初擢進士第補國子助教不樂輒去客金陵李錡愛其才辟掌書記錡寖不法賓客莫敢言紳數諫不入欲去不許會使者召錡稱疾留後王澹爲具行錡怒陰教士臠食之卽脅使者爲衆奏天子幸得留錡召紳作疏坐錡前紳陽怖栗至不能爲字下筆輒塗去盡數紙錡怒罵曰何敢爾不憚死邪對曰生未嘗見金革今得死爲幸卽注以刃令易紙復然或言許縱能軍中書紳不足用召縱至操書如所欲卽囚紳獄中錡誅乃免或欲以聞謝曰本激于義非市名也乃止久之從辟山南觀察府穆宗召爲右拾遺翰林學士與李德裕元稹同時號三俊累擢中書舍人稹爲宰相而李逢吉教人告于方事稹遂罷欲引牛僧孺權紳等在禁近沮解乃授德裕浙西觀察使僧孺輔政以紳爲御史中丞顧其氣剛卞易疵累而韓愈勁直乃以愈爲京兆尹兼御史大夫免臺參以激紳紳愈果不相下更持臺府故事論詰往反詆訐紛然繇是皆罷之以紳爲江西觀察使帝素厚遇紳遣使者就第勞賜以爲樂外遷紳泣言爲逢吉中傷入謝又自陳所以然帝悟改戶部侍郎逢吉終欲陷之紳族子虞有文學名隱居華陽自言不願仕時來省紳雅與栢耆程昔範善及耆爲拾遺虞以書求薦紳惡其無立操痛詆之虞失望後至京師悉暴紳所言於逢吉逢吉滋怒乃用張又新李續等計擢虞昔範與劉栖楚皆爲拾遺以伺紳隙內結中人王守澄自助會敬宗立逢吉知紳失勢可乘使守澄從容奏言先帝始議立太子杜元穎李紳勸立深王獨宰相逢吉請立陛下而李續李虞助之逢吉乘間言紳嘗不利於陛下請逐之帝初卽位不能辨乃貶紳爲端州司馬栖楚等怒得善地皆切齒詔下百官賀逢吉唯左拾遺吳思不往逢吉斥思令告大行喪於吐蕃此時人無敢言者惟韋處厚屢言紳枉折逢吉之姦後天子於禁中得先帝手緘書一笥發之見裴度元穎紳三疏請立帝爲嗣始大感悟悉焚逢吉黨所上謗書始紳南逐歷封康間湍瀨險澁惟乘漲流乃濟康州有媼龍祠舊傳能致雲雨紳以書禱俄而大漲寶曆赦令不言左降官與量移處厚執爭詔爲追定得徙江州長史遷滁壽二州刺史霍山多虎擷茶者病之治機穽發民跡射不能止紳至盡去之虎不爲暴以太子賓客分司東都太和中李德裕當國擢紳浙東觀察使李宗閔方得君復以太子賓客分司開成初鄭覃以紳爲河南尹河南多惡少或危帽散衣擊大毬尸官道車馬不敢前紳治剛嚴皆望風遁去遷宣武節度使大旱蝗不入境武宗卽位徙淮南召拜中書侍郎同中書門下平章事進尚書右僕射門下侍郎封趙郡公居位四年以足緩不任朝謁辭位以檢校右僕射平章事復節度淮南卒贈太尉謚文肅始澧人吳汝納者韶州刺史武陵兄子也武陵坐贓貶潘州司戶參軍死汝納家被逐久不調時李吉甫任宰相汝納怨之後遂附宗閔黨中會昌時爲永寧尉弟湘爲江都尉部人訟湘受贓狠籍身娶民顏悅女紳使觀察判官魏鉶鞫湘罪明白論報殺之時議者謂吳氏世與宰相有嫌疑紳內顧望織成其罪諫官屢論列詔遣御史崔元藻覆按元藻言湘盜用程糧錢有狀娶部人女不實按悅嘗爲青州衙推而妻王故衣冠女不應坐德裕惡元藻持兩端奏貶崖州司戶參軍宣宗立德裕去位紳已卒崔鉉等久不得志導汝納使爲湘訟言湘素直爲人誣臧大校重牢五木被體吏至以娶妻資賸結贓且言顏悅故士族湘罪皆不當死紳枉殺之又言湘死紳令卽瘞不得歸葬按紳以舊宰相鎮一方恣威權凡戮有罪猶待秋分湘無辜盛夏被殺崔元藻銜德裕斥已卽翻其辭因言御史覆獄還皆對天子別白是非德裕權軋天下使不得對具獄不付有司但用紳奏而寘湘死是時德裕已失權而宗閔故黨令狐綯崔鉉白敏中皆當路因是逞憾以利誘動元藻等使三司結紳杖鉞作藩虐殺良平準神龍詔書酷吏殁者官爵皆奪子孫不得進宦紳雖亡請從春秋戮死者之比詔削紳三官子孫不得仕貶德裕等擢汝納左拾遺元藻武功令始紳以文藝節操見用而屢爲怨仇所根郄卒能自伸其才以名位終然所至務爲威烈或陷暴刻故雖沒而坐湘冤云

李讓夷字達心系本隴西擢進士第辟鎮國李絳府判官又從西川杜元穎幕府與宋申錫善申錫爲翰林學士薦讓夷右拾遺俄召拜學士素善薛廷老廷老不飭細檢數飲酒不治職罷去坐是亦奪職累進諫議大夫開成初起居舍人李褒免文宗謂李石曰褚遂良以諫議大夫兼起居郎今諫議誰歟可言其人石以馮定孫簡蕭倣李讓夷對帝曰讓夷可也李固言請用崔球張次宗鄭覃曰球故與李宗閔善且記注操筆在赤墀下所書爲後世法不可用黨人若裴中孺李讓夷臣不敢有言乃決用讓夷進中書舍人旣而李珏楊嗣復以覃之薦終帝世不得遷武宗初李德裕復入三遷至尚書右丞拜中書侍郎同中書門下平章事潞州平檢校尚書右僕射宣宗立進司空門下侍郎爲大行山陵使未復土拜淮南節度使以疾願還卒于道贈司徒讓夷廉介不妄交位雖顯劇以儉約自將爲世咨美

曹確字剛中河南河南人擢進士第歷踐中外官累拜兵部侍郎懿宗咸通中以本官同中書門下平章事俄進中書侍郎確邃儒術器識方重動循法度時帝薄於德昵寵優人李可及可及者能新聲自度曲辭調悽折京師媮薄少年爭慕之號爲拍彈同昌公主喪畢帝與郭淑妃悼念不已可及爲帝造曲曰歎百年教舞者數百皆珠翠襐飾刻畫魚龍地衣度用繒五千倚曲作辭哀思裴回聞者皆涕下舞闋珠寶覆地帝以爲天下之至悲愈寵之家嘗娶婦帝曰第去吾當賜酒俄而使者負二銀榼與之皆珠珍也可及憑恩橫甚人無敢斥遂擢爲威衛將軍確曰太宗著令文武官六百四十三謂房玄齡曰朕設此待天下賢士工商雜流假使技出等夷正當厚給以財不可假以官與賢者比肩立同坐食也文宗欲以樂工尉遲璋爲王府率拾遺竇洵直固爭卒授光州長史今而位將軍不可帝不聽至僖宗立始貶死方幸時惟確屢言之而神策中尉西門季玄者亦剛骾謂可及曰汝以巧佞惑天子當族滅嘗見其受賜謂曰今載以官車後籍沒亦當爾確居位六年進尚書右僕射以同平章事出爲鎮海節度使徙河中卒始畢諴與確同宰相俱有雅望世謂曹畢云弟汾以忠武軍節度使入爲戶部侍郎判度支卒

劉瞻字幾之其先出彭城後徙桂陽舉進士博學宏詞皆中徐商辟署鹽鐵府繇還太常博士劉瑑執政薦爲翰林學士拜中書舍人進承旨出爲河東節度使咸通十一年以中書侍郎同中書門下平章事同昌公主薨懿宗捕太醫韓紹宗等送詔獄逮繫宗族數百人瞻喻諫官皆依違無敢言卽自上疏固爭紹宗窮其術不能效情有可矜陛下徇愛女囚平民忿不顧難取肆暴不明之謗帝大怒卽日賜罷以檢校刑部尚書同平章事爲荊南節度使路巖韋保衡從爲惡言聞帝俄斥廉州刺史於是翰林學士鄭畋以責詔不深切御史中丞孫瑝諫議大夫高湘等坐與瞻善分貶嶺南巖等殊未慊按圖視驩州道萬里卽貶驩州司戶參軍事命李庾作詔極詆將遂殺之天下謂瞻鯁正特爲讒擠舉以爲冤幽州節度使張公素上疏申解巖等不敢害僖宗立徙康虢二州刺史以刑部尚書召復以中書侍郎平章事居位三月卒瞻爲人廉約所得俸以餘濟親舊之窶困者家不留儲無第舍四方獻饋不及門行己終始完潔弟助字元德性仁孝幼時與諸兄游至食飲取最下者及長能文辭喜黃老言年二十卒

李蔚字茂休系本隴西舉進士書判拔萃皆中拜監察御史擢累尚書右丞懿宗惑浮屠常飯萬僧禁中自爲贊唄蔚上疏切諫引狄仁傑姚元崇辛替否所言譏病時弊帝不聽但以虛禮襃答俄拜京兆尹太常卿出爲宣武節度使徙淮南代還民詣闕請留詔許一歲僖宗乾符初以吏部尚書同中書門下平章事罷爲東都留守河東亂殺其帥崔季康用邠寧李侃代之士不附以蔚嘗在太原府有惠政爲人所懷拜河東節度使同平章事至鎭三日卒始懿宗成安國祠賜寶坐二度高二丈構以沈檀塗髹鏤龍鳳葩蘤金釦之上施複坐陳經几其前四隅立瑞鳥神人高數尺磴道以升前被繡囊錦襜珍麗精絕咸通十四年春詔迎佛骨鳳翔或言昔憲宗嘗爲此俄晏駕帝曰使朕生見之死無恨乃以金銀爲刹珠玉爲帳孔鷸周飾之小者尋丈高至倍刻檀爲簷注陛墄塗黃金每一刹數百人舉之香輿前後係道綴珠瑟瑟幡蓋殘綵以爲幢節費無貲限夏四月至長安綵觀夾路其徒導衞天子御安福樓迎拜至泣下詔賜兩街僧金幣京師耆老及見元和事者悉厚賜之不逞小人至斷臂指流血滿道所過鄉聚皆裒土爲刹相望于塗爭以金翠抆飾傳言刹悉震搖若有光景云京師高貲相與集大衢作繒臺縵闕注水銀爲池金玉爲樹木聚桑門羅像考鼓鳴螺繼日夜錦車繡輿載歌舞從之秋七月帝崩方人主甘心篤向如蔚言者甚多皆不能救僖宗立詔歸其骨都人耆耋辭餞或嗚咽流涕

贊曰人之惑怪神也甚哉若佛者特西域一槁人耳裸顚露足以乞食自資癯辱其身屏營山樊行一槩之苦本無求于人徒屬稍稍從之然其言荒茫漫靡夷幻變現善推不驗無實之事以鬼神死生貫爲一條據之不疑掊嗜欲棄親屬大抵與黃老相出入至漢十四葉書入中國蹟夫生人之情以耳目不際爲奇以不可知爲

神以物理之外爲畏以變化無方爲聖以生而死死復生回復償報歆豔其間爲或然以賤近貴遠爲喜鞮譯差殊不可研詰華人之譎誕者又攘莊周列禦寇之說佐其高層累架騰直出其表以無上不可加爲勝妄相夸脅而倡其風於是自天子逮庶人皆震動而祠奉之初宰相王縉以緣業事佐代宗於是始作內道場晝夜梵唄冀禳寇戎大作盂蘭肖祖宗像分供塔廟爲賊臣嗤笑至憲宗世遂迎佛骨於鳳翔內之宮中韓愈指言其弊帝怒竄愈瀕死憲亦弗獲天年幸福而禍無亦左乎懿宗不君精爽奪迷復蹈前車而覆之興哀無知之場丐庇百解之誚以死自誓無有顧藉流涕拜伏雖事宗廟上帝無以進焉屈萬乘之貴自等於古胡數千載而遠以身爲徇嗚呼運度祚殫天告之矣懿不三月而徂唐德之不競厥有來哉悲夫

唐書卷一百八十一考證

李紳傳敬元曾孫○舊書作高祖敬元

唐書卷一百八十二

宋　端　明　殿　學　士　宋　祁　撰

列傳第一百七

二李崔蕭二鄭二盧韋周二裴劉趙王

李固言字仲樞其先趙人擢進士甲科江西裴堪劒南王播皆表署幕府累官戶部郎中溫造爲御史中丞表知雜事進給事中將作監王堪坐治太廟不謹改太子賓客固言上還制書曰陛下當以名臣左右太子堪以慢官斥處調護地非所宜詔改宅王傅固言再遷尚書右丞李德裕輔政出固言華州刺史俄而李宗閔復用召爲吏部侍郎州大豪何延慶橫猾讙衆遮道使不得去固言怒捕取杖殺之戶諸道既領選按籍自疑先收寒素柅吏姦進御史大夫太和九年宗閔得罪李訓鄭注用事訓欲自取宰相乃先以固言爲門下侍郎同中書門下平章事旋坐黨人出爲山南西道節度使訓自代其處訓敗文宗頗思之復召爲平章事仍判戶部羣臣請上徽號帝曰今治道猶鬱羣臣之請謂何比州縣多不治信乎固言因白鄧州刺史王堪隋州刺史鄭襄尤無狀帝曰貞元時御史獨王堪爾鄭覃本舉堪疑固言抵巳卽曰臣知堪故用爲刺史舉天下不職何獨二人帝識其意不主前語因稱詩曰濟濟多士文王以寧聞德宗時多闕官寧乏才邪固言曰用人之道隨所保任親稱與否而升黜之無乏才矣帝曰宰相用人毋計親疏竇易直爲宰相未嘗用姻戚使己才不足任天下重自宜引去苟公舉雖親何嫌用所長耳帝不欲大臣有黨故語兩與之俄以門下侍郎平章事爲西川節度使詔雲韶雅樂卽臨皋館送之讓還門下侍郎乃檢校尚書左僕射始置贏軍千匹又募銳士三千武備雄完武宗立召授右僕射會崔珙陳夷行以僕射爲宰相改檢校司空兼太子少師領河中節度使蒲津歲河水壞梁吏撤笮用舟邀丐行人固言至悉除之帝伐回鶻詔方鎭獻財助軍上疏固諫不從以疾復爲少師還東都留守宣宗初還右僕射後以太子太傅分司東都卒年七十八贈太尉固言吃接賓客頗謇緩然每議論人主前乃更詳辯

李珏字待價其先出趙郡客居淮陰幼孤事母以孝聞甫冠舉明經李絳爲華州刺史見之曰日角珠廷非庸人相明經碌碌非子所宜乃更舉進士高第河陽烏重胤表置幕府以拔萃補渭南尉擢右拾遺穆宗既位荒酒色景陵始復土卽召李光顏于邠寧李愬于徐州期九月九日大宴羣臣珏與宇文鼎溫畬韋瓘馮葯同進曰道路皆言陛下追光顏等將與百官高會且元朔未改陵土新復三年之制天下通喪今同軌之會適去遠夷之使未還遏密弛禁本爲齊人鐘鼓合饗不施禁內夫王者之舉爲天下法不可不愼且光顏愬忠勞之臣方盛秋屯邊如令訪謀猷付疆事召之可也豈以酒食之歡爲厚邪帝雖置其言然厚加勞遣鹽鐵使王播增茶稅十之五以佐用度珏上疏謂榷率本濟軍興而稅茶自貞元以來有之方天下無事忽厚斂以傷國體一不可茗爲人飲與鹽粟同資若重稅之售必高其敝先及貧下二不可山澤之產無定數程斤論稅以售多爲利若價騰踊則市者稀其稅幾何三不可陛下初卽位詔懲聚斂今反增茶賦必失人心帝不納方是時禁中造百尺樓土木費鉅萬故播亟斂陰中帝欲珏以數諫不得留出爲下邽令武昌牛僧孺辟署掌書記還爲殿中侍御史宰相韋處厚曰淸廟之器豈擊搏才乎除禮部員外郎僧孺還相以司勳員外郎知制誥爲翰林學士加戶部侍郎始鄭注以醫進文宗一日語珏曰卿亦知有鄭注乎宜與之言珏曰臣知之姦回人也帝愕然曰朕疾愈注力也可不一見之注由是怨珏及李宗閔以罪去珏爲申辨貶江州刺史徙河南尹復爲戶部侍郎開成中楊嗣復得君引珏同中書門下平章事與李固言皆善三人者居中秉權乃與鄭覃陳夷行等更持議一好惡相影和朋黨益熾矣珏數辭位不許帝嘗自謂臨天下十四年雖未至治然視今日承平亦希矣珏曰爲國者如治身及身康寧調適以自助如恃安而忽則疾生天下當無事思所闕禍亂可至哉杜悰領度支有勞帝欲拜戶部尚書以問宰相陳夷行答曰恩權予奪願陛下自斷珏曰祖宗命宰相天下事皆先平章故官曰平章事君臣相須所以致太平也苟用一吏處一事皆決於上將焉用彼相哉隋文帝勞於小務以疑待下故二世而亡陛下嘗謂臣曰竇易直勸我凡宰相啓擬五取三二取一彼宜勸我擇宰相不容勸我疑宰相帝曰易直此言殊可鄙帝又語貞元初政事誠善珏曰德宗晚喜聚財方鎭以進奉市恩吏得賦外求索此其敝也帝曰人君輕所賦節所用可乎珏曰貞觀時房杜王魏爲文皇帝謀固此耳帝頗向納進封贊皇縣男始莊恪太子薨帝意屬陳王既而帝崩中人引宰相議所當立珏曰帝既命陳王矣已而武宗卽位人皆爲危之珏曰臣下知奉所言安與禁中事帝新聽政珏數稱道無逸篇以勸時潞州劉從諫獻犬馬滄州劉約獻白鷹珏請郤之以示四方遷門下侍郎爲文宗山陵使會秋大雨梓宮至安上門陷于濘不前罷爲太常卿終以議所立貶江西觀察使再貶昭州刺史宣宗立內徙郴舒二州以太子賓客分司東都遷河陽節度使罷橫賦宿逋百餘萬以吏部尚書召珏去鎭而府庫十倍於初俄檢校尚書右僕射淮南節度使珏顧已大臣誼不以內外自異表請立皇太子維天下心江淮旱發倉稟賑流民以軍羨儲穀半價與人卒年六十九贈司空謚曰貞穆始淮南三節度皆卒於鎭人勸易署寢珏曰上命我守揚州是實正寢若何去之及疾亟官屬見臥內惟以州有稅酒直而神策軍常爲豪商占利方論奏未見報爲恨一不及家事性寡欲早喪妻不置妾侍門無倡餉淮南之人德之珏已歿叩闕下願立碑刻其遺愛云

贊曰天子待宰相以不疑是矣雖然於賢不肖當別白分明乃可與言治文宗無知人之明但以不疑責宰相是時善惡混淆故黨人成於下主聽亂於上王室之衰由此爲之階劉向所云持不斷之慮者開羣枉之門殆文宗爲邪

崔珙其先博陵人父頲官同州刺史生八子皆有才世以擬漢荀氏八龍珙爲人有威重精吏治以拔萃異等累擢至泗州刺史由太府卿爲嶺南節度使入對延英文宗訪治撫後先珙對精亮有理趣帝咨嗟迂久時徐州以王智興後軍驕數犯法節度使高瑀未能制天子思材望威烈者檢革其弊見珙意慷慨又知治泗得士心卽謂宰相曰欲武寧節度使者無易珙才更詔王茂元帥嶺南而以珙代瑀居二歲徐人戢畏入爲右金吾大將軍遷京兆尹會大旱奏析滻入禁中者取十九溉民田仇士良使盜擊宰相李石於親仁里迹出禁軍珙坐不能捕以爲負望少衰開成末累進刑部尚書諸道鹽鐵轉運使俄同中書門下平章事仍領鹽鐵卽拜中書侍郎會昌二年進位尚書左僕射明年以兄琯喪被疾求解以所守官罷與崔鉉故有怨及鉉宰相代爲使卽奏珙妄費宋滑院鹽鐵錢九十萬緡又劾與劉從諫厚數護其姦貶澧州刺史再斥恩州司馬宣宗立從商州刺史以太子賓客分司東都起爲鳳翔節度使鉉復執政珙懼以疾自乞方是時西戎歸故地邊奏係驛議所以綏接珙坐不自力避事下除太子少師分司東都就拜留守復節度鳳翔卒于官

子涓性開敏爲杭州刺史受署未盡識卒史乃以紙各署姓名傅襟上過前一閱後數百人呼指無誤終御史大夫

琯字從律珙兄舉進士賢良方正皆高第累辟諸使府入朝稍歷吏部員外郎李德裕任御史中丞引知雜事進給事中大和初持節宣慰盧龍使有指及與元穀李絳復往慰撫軍皆按堵還遷工部侍郎京兆尹宋申錫爲讒所危宦豎切齒時罕敢辨者琯與大理卿王正雅固請出獄付外與衆治之天下重其賢以尚書右丞出爲荊南節度使進左丞時弟珙任京兆尹竝據顯劇處世以爲榮俄判兵部西銓吏部東銓從東都留守以吏部尚書召辭疾不拜會昌中終山南西道節度使贈尚書左僕射琯行方介有器蘊人屬以爲相而卒不至當時共呑云弟璪璵尤顯璪位刑部尚書璵河中節度使

璵子澹舉止秀峙時謂玉而冠者擢進士第累進禮部員外郎當時士大夫以流品相尚推名德者爲之首咸通中世推李都爲大龍甲涓豪放不得預雖自抑下猶不許而澹與焉終吏部侍郎

子遠有文而風致整峻世慕其爲目曰釘座棃言座所珍也乾寧中以兵部侍郎同中書門下平章事遷中書侍郎從遷洛罷爲尚書右僕射柳璨忌衣冠有望者貶

爲白州長史被殺於白馬驛家沒掖庭諸崔自咸通後有名歷臺閣藩鎮者數十人天下推士族之冠始其曾王母長孫春秋高無齒祖母唐事姑孝每旦乳姑一日病召長幼言吾無以報婦願後子孫皆若爾孝世謂崔氏昌大有所本云

蕭鄴字啓之梁長沙宣王懿九世孫及進士第累進監察御史翰林學士出爲衡州刺史大中中召還翰林拜中書舍人遷戶部侍郎判本司以工部尚書同中書門下平章事懿宗初罷爲荆南節度使仍平章事進檢校尚書左僕射徙劍南西川南詔内寇不能制下遷檢校右僕射山南西道觀察使歷戶部吏部二尚書拜右僕射還以平章事節度河東在官無足稱道卒

鄭肅字乂敬其先榮陽人以儒世家肅力于學有根柢第進士書判拔萃補興平尉累擢太常少卿博士有疑議往咨必據經條答文宗高擇魯王府屬肅以諫議大夫兼長史王爲皇太子遷給事中進尚書右丞出爲陝號觀察使開成二年召拜吏部侍郎帝以肅嘗輔導東宫詔兼賓客爲太子授經既而太子母愛弛爲讒所乘廢斥有端肅因入見言天下大本不可輕動意致深切帝爲動容然内寵方煽太子終以憂死出爲檢校禮部尚書河中節度使武宗知太子無罪特困於讒而朝廷謂肅臨義不可奪侹侹有大臣節召爲太常卿遷山南東道節度使五年以檢校尚書右僕射同中書門下平章事與李德裕叶心輔政宣宗卽位遷中書侍郎罷爲荆南節度使卒贈司空謚曰文簡子洎仕至州刺史洎子仁規仁表皆豪爽有文仁規位中書舍人

仁表累擢起居郎嘗以門閥文章自高曰天瑞有五色雲人瑞有鄭仁表倣縱多所陵藉人畏薄之劉鄴未仕往謁洎而仁表等鄙訛其文鄴爲相因罪貶仁表死嶺外始肅罷政事帝以盧商代之

商字爲臣蚤孤家窶困能以學自奮舉進士拔萃皆中由校書郎佐宣歙西川幕府入朝累十餘遷至大理卿爲蘇州刺史吏以鹽法求贏貲民愈困商令計口售鹽無常額人便之歲貲返增宰相上其勞進浙西觀察使召爲刑部侍郎京兆尹方伐潞芻糧踰太行餉軍環六七鎮詔商以戶部侍郎判度支又詔杜悰兼鹽鐵度支幷二使財以贍兵乃不乏出爲東川節度使以兵部侍郎還判度支擢中書侍郎同中書門下平章事范陽郡公大中元年春旱詔商與御史中丞封敖理囚繫於尚書省誤縱死罪罷爲武昌軍節度使以疾解拜戶部尚書卒

盧鈞字子和系出范陽徙京兆藍田舉進士中第以拔萃補秘書正字從李絳爲山南府推官調長安尉又從裴度爲太原觀察支使遷監察御史爭宋申錫獄知名進吏部郎中出爲常州刺史遷給事中有大詔令必反覆省審駮奏無私拜華州刺史關輔驛馬疲耗鈞爲市健馬率三歲一易自是無乏事擢嶺南節度使海道商舶始至異時帥府爭先往賤售其珍鈞一不取時稱絜廉專以清靜治蕃獠與華人錯居相婚嫁多占田營第舍吏或撓之則相挺爲亂鈞下令蕃華不得通婚禁名田産閩部肅壹無敢犯貞元後流放衣冠其子姓窮弱不能自還者爲營棺櫝還葬有疾若喪則經給醫藥殯斂孤女稚兒爲立夫家以奉稟貲助凡數百家南方服其德不懲而化又除采金稅華蠻數千走闕下請爲鈞生立祠刻石頌德鈞固辭以戶部侍郎召判戶部會昌中漢水害襄陽拜鈞山南東道節度使築隄六千步以障漢暴王師伐劉稹武宗以鈞寬厚能得衆詔兼節度昭義軍會稹死赦乘馹往進檢校兵部尚書專領昭義鈞及潞石雄兵已入而稹將白惟信率餘卒三千保潞城未下雄召之使往十餘輩皆死鈞次高平惟信獻款且曰不卽降者畏石尚書爾鈞與約而遣方雄欲盡夷潞兵鈞不聽坐治堂上左右皆雄親卒擊鼓傳漏鈞自居甚安雄引去乃召惟信至送闕下餘衆悉原俄而與士五千戍代北鈞坐城門勞遣帷家人以觀戍卒驕顧家屬不欲去酒酣反攻城迫大將李文矩爲帥鈞倉卒奔潞城文矩投地僵臥稍諭叛者衆乃悔服卽相與謝鈞迎還府斬首惡乃定詔趣戍者行密使盡戮之鈞請徐乘其變而使者不發須報時戍人已去潞一舍鈞選牙卒五百壯騎百以騎載兵夜趨遲明至太平驛盡斬之卽拜檢校尚書左僕射宣宗卽位改吏部尚書會劉約自天平徙宣武未至暴死家僮五百無所仰衣食思亂乃授鈞宣武節度使人情妥然召入復爲吏部尚書遷檢校司空太子少師封范陽郡公節度河東大中九年召爲左僕射鈞宿齒數外遷而後來多至宰相始被召自以當輔政既失志故内怨望數移病不事事遨游林墅累日一還令狐綯惡之罷僕射以檢校司空守太子太師帝元日大饗含元殿鈞年八十升降如儀音吐鴻暢舉朝咨歎以鈞耆碩長者顧不任職咎綯爲娼賢綯聞言于帝卽以鈞同中書門下平章事爲山南西道節度使俄檢校司徒爲東都留守懿宗初復節度宣武辭不拜以太保致仕卒年八十七贈太傅謚曰元鈞與人交始若澹薄既久乃益固所居官必有績大抵根仁恕至誠而施於事玩服不爲鮮明位將相沒而無贏財

盧簡方失其系世不知所以進盧鈞鎭太原表爲節度府判官會党項羌叛鈞使簡方督兵乘邊旁河相險集樹堡鄣自神山至鹿泉縣三百里扼遏其衝賊不得騁候邏使之累遷江州刺史徙大同軍防禦使大開屯田練兵侈闢沙陀畏附擢義昌節度使入拜太僕卿領大同節度久之徙振武軍道病卒

韋琮字禮玉世顯仕琮進士及第稍進殿中侍御史坐訊獄不得實改太常博士擢累戶部侍郎翰林學士承旨以中書侍郎同中書門下平章事遷門下侍郎兼禮部尚書無功罷爲太子賓客分司卒

周墀字德升本汝南人少孤事母孝及進士第辟湖南團練府巡官入爲監察御史集賢殿學士長史學屬辭高古文宗雅重之李宗閔鎭山南表行軍司馬闕歲召還太和末訓注亂政以黨語汙搢紳有名士分逐之獨墀雖嘗爲宗閔所禮不能以罪誣也遷起居舍人改考功員外郎兼舍人事帝御紫宸與宰相語事已或召左右史咨質所宜墀最爲天子欽矚俄知制誥入翰林爲學士武宗卽位以疾改工部侍郎出爲華州刺史徙江西觀察使劾舉部刺史翦捕劇賊出兵戍彭蠡湖禁止剽劫進拜義成節度使封汝南縣男宿將暴警不循令者墀命鞭其背一軍大治以兵部侍郎召判度支進同中書門下平章事遷中書侍郎建言故宰相德裕重定元和實錄竄寄宅事以廣父功凡人君尚不改史取必信也遂削新書河東節度使王宰重賂權幸求同平章事領宣武墀言天下大鎭如并汴者纔幾宰之求何可厭宣宗納之駙馬都尉韋讓求爲京兆持不與繇是妄進者少衰會吐蕃微弱以三州七關自歸帝召宰相議河湟事墀對不合旨罷爲劍南東川節度使駙馬都尉鄭顥言于帝曰世謂墀以直言相亦以直言免帝悟加拜檢校尚書右僕射卒年五十九贈司徒

裴休字公美孟州濟源人父肅貞元時爲浙東觀察使劇賊栗鍠誘山越爲亂陷州縣肅引州兵破禽之自記平賊一篇上之德宗嘉美生三子休仲子也操守嚴正方兒童時兄弟偕隱家墅晝講經夜著書終年不出戶有饋鹿者諸生共烹之休不食曰疏食猶不足今一啖肉後何以繼擢進士第舉賢良方正異等歷諸府辟署入爲監察御史更内外任至大中時以兵部侍郎領諸道鹽鐵轉運使六年進同中書門下平章事卽奏言宰相論政上前知印者次爲時政記所論非一詳已辭略宅議事有所缺史氏莫得詳請宰相人自爲記合付史官詔可進中書侍郎大和後歲漕江淮米四十萬斛至渭河倉者纔十三舟檝僨敗吏乘爲姦冒沒百端劉晏之法盡廢休分遣官詢按其弊乃命在所令長兼董漕褒能者謫怠者由江抵渭舊歲率雇緡二十八萬休悉歸諸吏敕巡院不得輒侵牟著新法十條又立稅茶十二法人以爲便居三年粟至渭倉者百二十萬斛無留壅時方鎭設邸閣居茶取直因視商人它貨橫賦之道路苛擾休建言許收邸直毋擅賦商人又收山澤寶冶悉歸鹽鐵秉政凡五歲罷爲宣武軍節度使封河東縣子久之由太子少保分司東都復起歷昭義河東鳳翔荆南四節度卒年七十四贈太尉休不爲皦察行所治吏下畏信能文章書楷遒媚有體法爲人醞藉進止雍閑宣宗嘗曰休眞儒者然嗜浮屠法居常不御酒肉講求其說演繹附著數萬言習歌唄以爲樂與紇干臮素善至爲桑門號以相字當世嘲薄之而所好不衰

劉瑑字子全高宗宰相仁軌五世孫第進士鎭國陳夷行表爲判官入遷左拾遺諫罷武宗方士言多懇愊大中初擢翰林學士宣宗始復關隴裁處叢繁書詔夜數十雖捉筆遽成辭皆允切會伐党項詔爲行營宣慰使遷刑部侍郎乃裒彙敕令可用者由武德訖大中凡二千八百六十五事類而析之參訂重輕號大中刑律統類以聞法家推其詳繇河南尹進宣武軍節度使先時大饗雜進倡舞瑑曰豈軍中樂邪取壯士千人被鎧擁矛盾習擊刺與吏士臨觀又下令不何止夜行使民自便境内以安徙河東節度使未幾以戶部侍郎召判度支始瑑在翰林帝素器遇至是手詔追還外無知者旣發太原人方大驚後請間帝視案上曆謂瑑爲朕擇一令日瑑跪曰某日良帝笑曰是日卿可遂相卽詔同中書門下平章事仍領度支嘗與崔愼由議帝前愼由請甄別流品瑑質曰王夷甫相晉崇尚浮虛以述流品卒致淪夷今日不循名責實使百吏各稱職而先流品未知所以致治也愼由不得對繇是罷宰相俄而瑑大病加工部尚書拜臥内猶手疏陳政事居位半歲卒年六十三贈尚書左僕射瑑以名節自將凡議論處事不私邇於當乃止未嘗以言色借貴近與瑑同知政者夏侯孜

孜字好學亳州譙人累遷婺絳等州刺史繇兵部侍郎

諸道鹽鐵轉運使爲同中書門下平章事仍領鹽鐵懿宗立進門下侍郎譙郡侯俄以同平章事出爲西川節度使召拜尚書左僕射還執政進司空爲貞陵山陵使坐隧壞出爲河中節度使猶同平章事初堂史署制仆孜懷中卽死不數日孜罷咸通時蠻犯蜀深入士乏糧追責孜治蜀無素備以太子少保分司東都卒

趙隱字大隱京兆奉天人祖植當德宗出狩變倉卒羽衞單寡朱泚攻城急植率家人奴客以死拒守獻家財勞軍帝嘉之賊平渾瑊引在幕府累擢鄭州刺史鄭滑節度使李融奏以自副融疾病委以軍政大將宋朝晏火其營夜爲亂植刈卒不動須之遲明而潰捕斬皆盡優詔嘉慰累擢嶺南節度使終于官父存約辟署興元李絳府值軍亂方與絳燕閒吏報賊至絳麾存約使去對曰荷公德厚誼不當獨免卽部勒左右捍之而同被害隱以父死難與兄隲廬墓幾十年閭門誦書不應辟召親友更敦勉令仕會昌中擢進士第歷州刺史河南尹以兵部侍郎領鹽鐵轉運使咸通末進同中書門下平章事遷中書侍郎封天水縣伯性仁悌不敢以貴權自處始布衣時家無貲與隲同耕以養雖姻宗之富未嘗干以財官寖顯還家易衣侍左右猶布衣也隲終宣歙觀察使既輔政宅宰相及百官皆詣第升堂慶母歲時公卿必參訊懿宗誕日宴慈恩寺隱侍母以安輿臨觀宰相方率百官拜恩於廷卽回班候夫人起居搢紳以爲榮後崔彥昭張濬當國皆有母遂踵其禮僖宗初罷爲鎮海軍節度使王郢之亂坐撫御失宜下除太常卿廣明初爲吏部尚書居母喪卒子光逢光裔光胤皆第進士歷臺省華劇光逢尤規矱自持以中書舍人爲翰林學士時光裔由膳部郎中知制誥對掌內外命書士歆美之

裴坦字知進隋營州都督世節裔孫父乂福建觀察使坦及進士第沈傳師表置宣州觀察府召拜左拾遺史館修撰歷楚州刺史令狐綯當國薦爲職方郎中知制誥而裴休持不可不能奪故事舍人初詣省視事四丞相送之施一榻堂上壓角而坐坦見休重愧謝休勃然曰此令狐丞相之舉休何力顧左右索肩輿亟出省吏眙駭以爲唐興無有此辱人爲坦羞之再進禮部侍郎拜江西觀察使華州刺史召爲中書侍郎同中書門下平章事不數月卒坦性簡儉子取楊收女齎具多飾金玉坦命撤去曰亂我家法世淸其槩從子贄

贄字敬臣及進士第擢累右補闕御史中丞刑部尚書昭宗引拜中書侍郎兼本官同中書門下平章事尋兼戶部尚書帝疑其外風檢而晒帷薄逮問翰林學士韓偓偓曰贄咸通大臣坦從子內雍友合疏屬以居故臧獲猥衆出入無度殆此致謗言者帝每聞咸通事必肅然歆衽故偓稱之爲贄地帝幸鳳翔爲大明宮留守罷俄進尚書左僕射以司空致仕朱全忠將篡貶青州司戶參軍殺之

鄭延昌字光遠咸通末得進士第遷監察御史鄭畋鎭鳳翔表在其府黃巢亂京師畋倚延昌調兵食且諭慰諸軍畋再秉政擢司勳員外郎翰林學士進累兵部侍郎兼京兆尹判度支拜戶部尚書以中書侍郎同中書門下平章事兼刑部尚書無它功以病罷拜尚書左僕射卒

王溥字德潤失其何所人第進士擢累禮部員外郎史館脩撰崔胤鎭武安表署觀察府判官胤不赴鎭溥留充集賢殿直學士御史中丞趙光逢奏爲刑部郎中知雜事昭宗幸東內溥與胤說衞軍執劉季述等殺之帝反正驟拜翰林學士戶部侍郎以中書侍郎同中書門下平章事判戶部不能有所裨益罷爲太子賓客分司東都未幾召拜太常卿工部尚書會朱溫侵逼貶淄州司戶參軍賜自盡與裴樞等投尸于河

盧光啓字子忠不詳何所人第進士爲張濬所厚擢累兵部侍郎昭宗幸鳳翔宰相皆不從以光啓權總中書事兼判三司進左諫議大夫參知機務復拜兵部侍郎同中書門下平章事俄罷爲太子少保改吏部侍郎初光啓執政韋貽範蘇檢相繼爲宰相貽範字垂憲以龍州刺史貶通州檢爲洋州刺史二人奔行在貽範遷給事中用李茂貞薦閱旬爲工部侍郎同中書門下平章事判度支倚權臣恣驁不恭會母喪免踰月奪服不數月卒檢初拜中書舍人貽範薦於茂貞卽拜工部侍郎同中書門下平章事茂貞與朱全忠通好乃求尚主取檢女爲景王妃以固恩帝還京師檢長流環州光啓賜死

唐書卷一百八十二考證

鄭肅傳荆南節度○舊書作河中節度

劉瑑傳居位半歲卒○舊書罷相又歷方鎭卒沈炳震曰案懿宗紀咸通時未見瑑爲方鎭文當從新書

唐書卷一百八十三

宋　端明殿學士宋祁撰

列傳第一百八

畢崔劉陸鄭朱韓

畢諴字存之黃門監構從孫構弟栩生凌凌生勻世失官爲鹽佐勻生諴蚤孤夜然薪讀書母郵其疲奪火使寐不肯息遂通經史工辭章性端愨不妄與人交太和中擧進士書判拔萃連中辟忠武杜悰幕府悰領度支表爲巡官又從辟淮南入拜侍御史李德裕始與悰同輔政不恊故出悰劍南東川節度使故吏惟諴餞訊如平日德裕忌之出爲慈州刺史累官駕部員外郎倉部郎中故事要家勢人以倉駕二曹爲辱諴沛然如處美官無異言宰相知之以職方郎中兼侍御史知雜事召入翰林爲學士党項擾河西宣宗嘗召訪邊事諴援質古今條破羌狀甚悉帝悅曰吾將擇能帥者孰謂頗牧在吾禁署卿爲朕行乎諴唯唯卽拜刑部侍郎出爲邠寧節度河西供軍安撫使諴到軍遣吏懷諭羌人皆順向時戍兵常苦調饟乏諴募士置屯田歲收穀三十萬斛以省度支經費詔書嘉美俄徙昭義又遷河東河東尤近胡復脩杷頭七十烽謹候虜寇不敢入懿宗立還宣武節度使召爲戶部尚書判度支未幾以禮部尚書同中書門下平章事再期固稱疾改兵部尚書罷旋兼平章事節度河中卒年六十二諴於吏術尤所長旣貴所得祿奉養護宗屬之乏無間然始諴被知於宣宗嘗許以相令狐綯忌之自邠寧凡三徙不得還諴思有以結綯至太原求麗姝盛飾使獻綯曰太原於我無分今以是餌將破吾族矣不受使者留於邸諴亦放之太醫李玄伯者帝所喜以錢七十萬聘之夫婦曰自進食得其歡心乃進之帝嬖幸冠後宮玄伯又治丹劑以進帝餌之疽生於背懿宗立收玄伯及方士王岳虞紫芝等俱誅死

崔彥昭字思文其先淸河人淹貫儒術擢進士第數應帥鎭辟奏於吏治精明所至課最累進戶部侍郎繇河陽節度使徙河東先是沙陀諸部多犯法彥昭撫循有威惠三年境內大治耆老叩闕願留詔可僖宗立授兵部侍郎諸道鹽鐵轉運使俄同中書門下平章事仍判度支初楊收路巖韋保衡皆坐朋比賄賂得罪死蕭倣秉政矯革之而彥昭恊力故百職修擧察不至苛不六月遷門下侍郎帝因下詔暴收等過惡中勵丁寧以成其美彥昭雖宰相退朝侍母膳與家人齒順色柔聲在左右無違士人多其孝與王凝外昆弟也凝大中初先顯而彥昭未仕嘗見凝凝倨不冠帶嫚言曰不若從明經擧彥昭爲憾至是凝爲兵部侍郎母聞彥昭相敕婢多製屨襪曰王氏妹必與子皆逐吾將共行彥昭聞之泣且拜不敢爲怨而凝竟免伶人李可及爲懿宗所寵橫甚彥昭奏逐死嶺南累拜兼尚書右僕射以疾去位授太子太傅卒

劉鄴字漢藩潤州句容人父三復以善文章知名少孤母病廢三復丐粟以養李德裕爲浙西觀察使奇其文表爲掌書記德裕三領浙西及劍南淮南未嘗不從會昌時位宰相擢三復刑部侍郎弘文館學士鄴六七歲能屬辭德裕憐之使與其子共師學德裕旣斥鄴無所依去客江湖間陝虢高元裕表署推官高少逸又辟鎭國幕府咸通初擢左拾遺召爲翰林學士賜進士第歷中書舍人遷承旨鄴傷德裕以朋黨抱誣死海上令狐綯久當國更數赦不爲還官爵至懿宗立綯去位鄴乃申直其冤復官爵世高其義進戶部侍郎諸道鹽鐵轉運使以禮部尚書同中書門下平章事判度支僖宗嗣位再遷尚書左僕射初韋保衡路巖與鄴同秉政爲迹親俄而蕭倣崔彥昭得相罷鄴爲淮南節度使同平章事黃巢方熾詔高駢代之徙節度鳳翔固辭還左僕射帝西狩追乘輿不及與崔沆豆盧瑑匿將軍張直方家賊捕急三人不肯臣俱見殺

豆盧瑑者字希貞河南人仕歷翰林學士戶部侍郎與崔沆皆拜同中書門下平章事是日宣告于廷大風雷雨拔樹未幾及禍初咸通中有治歷者工言禍福或問比宰相多不至四五謂何答曰紫微方災然其人又將不免後楊收韋保衡路巖盧攜劉鄴于琮瑑與沆皆不得終云

陸扆字祥文宰相贄族孫客於陝遂爲陝人光啓二年從僖宗幸山南擢進士第累進翰林學士中書舍人扆工屬辭敏速若注射然一時書命同僚自以爲不及昭宗優遇之帝嘗作賦詔學士皆和獨扆最先就帝覽之嘆曰貞元時陸贄吳通玄兄弟善內廷文書後無繼者今朕得之始得擧進士時方還幸而六月牓出至是每甚暑宅學士輒戲曰造牓天也以譏扆進非其時累爲尚書左丞封嘉興縣男從戶部侍郎同中書門下平章事故事自三省得宰相有光署錢留爲宴資學士院未始有至扆送光院錢五十萬以榮近司進中書侍郎判戶部嗣覃王以兵伐鳳翔扆諫曰國步方安不宜加兵

近輔必爲它盜所乘無益也且親王而屬軍事必有後害帝顧軍與責扆沮撓貶峽州刺史師果敗久之授工部尚書從天子自華州還以兵部尚書復當國封吳郡公天復初帝密語韓偓曰陸扆裴贄孰忠於我偓曰扆等皆宰相安有它腸帝曰外言扆不喜我復位元日易服奔啓夏門信不偓曰孰爲陛下言此曰崔胤令狐渙偓曰設扆如是亦不足責且陛下反正扆素不知謀忽聞兵起欲出奔耳陛下責其不死難則可以爲不喜乃讒言也帝遂悟累兼戶部尚書帝至自鳳翔大赦天下諸道皆賜詔獨不及李茂貞扆曰國西鳳翔爲最近迹其罪固不可赦然尙修職貢朝廷未之絶無宜於詔書有以異也始崔胤罷相扆代之胤內怨望及是議以爲陰有黨附貶沂王傅分司東都胤死復授吏部尚書從還洛柳璨始附朱全忠謀去朝廷衣冠有望者貶扆濮州司戶參軍殺之白馬驛年五十九扆初名允迪後改云

鄭綮字蘊武及進士第歷監察御史擢累左司郎中困婁甚丐補廬州刺史黃巢掠淮南綮移檄請無犯州境巢笑爲斂兵州獨完僖宗嘉之賜緋魚歲滿去贏錢千緡藏州庫後它盜至終不犯鄭使君錢及楊行密爲刺史送都還綮王徽爲御史大夫以兵部郎中表知雜事遷給事中杜弘徽任中書舍人綮以其兄讓能輔政不宜處禁要上還制書不報輒移病去召爲右散騎常侍往往條摘失政衆譁傳之宰相怒改國子祭酒議者不直復還常侍大順後王政微綮每以詩謠託諷中人有誦之天子前者昭宗意其有所蘊未盡因有司上班簿遂署其側曰可禮部侍郎同中書門下平章事綮本善詩其語多俳諧故使落調世共號鄭五歇後體至是省史走其家上謁綮笑曰諸君誤矣人皆不識字宰相亦不及我史言不妄俄聞制詔下歎曰萬一然笑殺天下人既視事宗戚諂慶搔首曰歇後鄭五作宰相事可知矣固讓不聽立朝偘然無復故態自以不爲人所瞻望纔三月以疾乞骸拜太子少保致仕卒

朱朴襄州襄陽人以三史舉繇荆門令進京兆府司錄參軍改著作郎乾寧初太府少卿李元實欲取中外九品以上官兩月俸助軍興朴上疏執不可而止擢國子毛詩博士上書言當世事議遷都曰古王者不常厥居皆觀天地興衰隨時制事關中隋家所都我實因之凡三百歲文物資貨奢侈僭僞皆極焉廣明巨盜陷覆宮闕局署帑藏里閈井肆所存十二比幸石門華陰十二之中又亡八九高祖太宗之制蕩然矣夫襄鄧之西夷漫數百里其東漢輿鳳林爲之關南菊潭環屈而流屬於漢西有上洛重山之險北有白崖聯絡乃形勝之地沃衍之墟若廣浚漕渠運天下之財可使大集自古中興之君去已衰之衰就未王而王今南陽漢光武雖起而未王也臣視山河壯麗處多故都已盛而衰難可興已江南土薄水淺人心囂浮輕巧不可以都河北土厚水深人心彊愎很戾不可以都惟襄鄧實惟中原人心質良去秦咫尺而有上洛爲之限永無夷狄侵軼之虞此建都之極選也不報朴爲人木彊無它能方是時天子失政思用特起士任之以中興而朴所善方士許巖士得幸出入禁中言朴有經濟才又水部郎中何迎亦表其賢帝召與語擢左諫議大夫同中書門下平章事以素無聞人人大驚俄判戶部進中書侍郎帝益治兵所處可一委朴朴移檄四方令近者出甲士資饋饟遠者以羨餘上後數月巖士爲韓建所殺朴罷爲祕書監三貶郴州司戶參軍卒與朴皆相者孫偓

孫偓字龍光父景商爲天平軍節度使偓第進士歷顯官以戶部侍郎同中書門下平章事遷門下爲鳳翔四面行營都統俄兼禮部尚書行營節度諸軍都統招討處置等使始家第堂柱生槐枝期而茂既而偓秉政封樂安縣侯與朴皆貶衡州司馬卒偓性通簡不矯飾嘗曰士苟有行不必以已長形彼短已清彰彼濁每對客奴童相詬曳仆諸前不之責曰若持怒心卽自撓矣兄儲歷天雄節度使終兵部尚書

韓偓字致光京兆萬年人擢進士第佐河中幕府召拜左拾遺以疾解後遷累左諫議大夫宰相崔胤判度支表以自副王溥薦爲翰林學士遷中書舍人偓嘗與胤定策誅劉季述昭宗反正爲功臣帝疾宦人驕橫欲盡去之偓曰陛下誅季述時餘皆赦不問今又誅之誰不懼死含垢隱忍須後可也天子威柄今散在方面若上下同心攝領權綱猶冀天下可治宦人忠厚可任者假以恩倖使自翦其黨蔑有不濟今食度支者乃八千人公私牽屬不減二萬雖誅六七巨魁未見有益適固其逆心耳帝前膝曰此一事終始屬卿中書舍人令狐渙任機巧帝嘗欲以當國俄又悔曰渙作宰相或誤國朕當先用卿辭曰渙再世宰相練故事陛下業已許之若許渙可改許臣獨不可移乎帝曰我未嘗面命亦何憚偓因薦御史大夫趙崇勁正雅重可以準繩中外帝知偓崇門生也嘆其能讓初李繼昭等以功皆進同中書門下平章事時謂三使相後稍稍更附韓全誨周敬容皆忌胤聞召鳳翔李茂貞入朝使留族子繼筠宿衞偓聞以爲不可胤不納偓又語令狐渙渙曰吾屬不惜宰相邪無衞軍則爲閹豎所圖矣偓曰不然無兵則家與國安有兵則家與國不可保胤聞憂未知所出李彥弼見帝倨甚帝不平偓請逐之赦其黨許自新則狂謀自破帝不用彥弼譖偓及渙漏禁省語不可與圖政帝怒曰卿有官屬日夕議事奈何不欲我見學士耶繼昭等飮殿中自如帝怒偓曰三使相有功不如厚與金帛官爵毋使豫政事今宰相不得顓決事繼昭輩所奏必聽它日遽改則人人生怨初以衞兵檢中人今敕使衞兵爲一臣竊寒心願詔茂貞還其衞軍不然兩鎭兵鬭闕下朝廷危矣及胤召朱全忠討全誨汴兵將至偓勸胤督茂貞還衞卒又勸表暴內臣罪因誅全誨等若茂貞不如詔卽許全忠入朝未及用而全誨等已劫帝西幸偓夜追及鄠見帝慟哭至鳳翔遷兵部侍郎進承旨宰相韋貽範母喪詔還位偓當草制上言貽範處喪未數月遽使視事傷孝子心今中書事一相可辦陛下誠惜貽範才俟變縗而召可也何必使出峩冠廟堂入泣血柩側毀瘠則廢務勤恪則忘哀此非人情可處也學士使馬從皓逼偓求草偓曰腕可斷麻不可草從皓曰君求死耶偓曰吾職內署可默默乎明日百官至而麻不出宦侍合譟茂貞入見帝曰命宰相而學士不草麻非反邪艴然出姚洎聞曰使我當直亦繼以死既而帝畏茂貞卒詔貽範還相洎代草麻自是宦黨怒偓甚從皓讓偓曰南司輕北司甚君乃崔胤王溥所薦今日北司雖殺之可也兩軍樞密以君周歲無奉入吾等議救接君知之乎偓不敢對茂貞疑帝間出依全忠以兵衞行在帝行武德殿前因至尙食局會學士獨在宮人招偓偓至再拜哭曰崔胤甚健全忠軍必濟帝喜偓曰願陛下還宮無爲人知帝賜以麪豆而去全誨誅宮人多坐死帝欲盡去餘黨偓曰禮人臣無將將必誅宮婢負恩不可赦然不三十年不能成人盡誅則傷仁願去尤者自內安外以靜羣心帝曰善崔胤請以輝王爲元帥帝問偓它日累吾兒否偓曰陛下在東內時天陰雺王聞烏聲曰上與后幽困烏雀聲亦悲陛下聞之惻然有是否帝曰然是兒天生忠孝與人異意遂決偓議附胤類如此帝反正厲精政事偓處可機密率與帝意合欲相者三四讓不敢當蘇檢復引同輔政遂固辭初偓侍宴與京兆鄭元規威遠使陳班並席辭曰學士不與外班接主席者固請乃坐既元規班至終絶席全忠胤臨陛宣事坐者皆去席偓不動曰侍宴無輒立二公將以我爲知禮全忠怒偓薄已悻然出有譖偓喜侵侮有位胤亦與偓貳會逐王溥陸扆帝以王贊趙崇爲相胤執贊崇非宰相器帝不得已而罷贊崇皆偓所薦爲相者全忠見帝斥偓罪帝數顧胤胤不爲解全忠至中書欲召偓殺之鄭元規曰偓位侍郎學士承旨公無遽全忠乃止貶濮州司馬帝執其手流涕曰我左右無人矣再貶榮懿尉徙鄧州司馬天祐二年復召爲學士還故官偓不敢入朝挈其族南依王審知而卒

兄儀字羽光亦以翰林學士爲御史中丞偓貶之明年帝宴文思毬場全忠入百官坐廡下全忠怒貶儀棣州司馬侍御史歸藹登州司戶參軍

贊曰懿僖以來王道日失厥序腐尹塞朝賢人遁逃四方豪英各附所合而奮天子塊然所與者惟佞愎庸奴乃欲鄭橫流支已顚寧不殆哉觀綮朴輩不次而用捭豚膳拒貙牙趣亡而已一韓偓不能容況賢者乎

唐書卷一百八十四

宋　端　明　殿　學　士　宋　祁　撰

列傳第一百九

馬楊路盧

馬植字存之鳳州刺史勛子也第進士又擢制策科補校書郎繇壽州團練副使三遷饒州刺史開成初爲安南都護精吏事以文雅緣飾其政淸淨不煩洞夷便安羈縻諸首領皆來納款遣子弟詣府請賦租約束植奏以武陸縣爲陸州卽東首領爲刺史既而州部廉池珠復生以政最檢校左散騎常侍從黔中觀察使會昌中召拜光祿卿遷大理植自以譽望在當時諸公右久補外還朝不得要官爲宰相李德裕所抑內怨望宣宗嗣位白敏中當國凡德裕所不善悉不次用之故植以刑部侍郎領諸道鹽鐵轉運使遷戶部俄同中書門下平章事進中書侍郎初左軍中尉馬元贄最爲帝寵信賜通天犀帶而植素與元贄善至通昭穆元贄以賜帶遺之它日對便殿帝識其帶以詰植植震恐具言狀於是罷爲天平軍節度使既行詔捕親吏下御史獄盡得交私狀貶常州刺史以太子賓客分司東都起爲忠武宣武節度使卒初植兼集賢殿大學士校理楊收道與三

院御史遇不肯避朝長嶌絨錄其騶僕辱之植怒奏言開元中麗正殿賜酒大學士張說以下十八人不知先舉者說以學士德行相先遂同舉酒今絨辱收與大學士等請斥之中丞令狐綯援故事論救宣宗釋不問因著令三館學士不避行臺自植始臺制三院還臺以一人爲朝長云

楊收字藏之自言隋越國公素之裔世居馮翊父遺直德宗時以上書闕下仕爲濠州錄事參軍客死姑蘇收七歲而孤處喪若成人母長孫親授經十三通大義善屬文所賦輒就吳人號神童里人多造門觀賦詩至壓敗其藩收嘲之曰爾非羸角者奚用觸吾藩切當率類此及壯長六尺二寸廣顙深頤疏眉目寡言笑博學彊記至它藝無不通解貧甚以母奉浮屠法自幼不食肉約曰爾得進士第乃可食涔陽耕得古鐘高尺餘收扣之曰此姑洗角也既劘拭有刻在兩欒果然嘗言琴通黃鐘姑洗無射三均側出諸調由羅蔦附灌木然時有安涗者世稱善琴且知音收問五絃外其二云何涗曰世謂周文武二王所加者收曰能爲文王操乎涗即以黃鐘爲宮而奏之以少商應大絃收曰止如子之言少商武絃也且文世安得武聲乎涗大驚因問樂意收曰樂亡久矣上古祀天地宗廟皆不用商周人歌大呂舞雲門以祀天神歌太蔟舞咸池以祀地祇大呂黃鐘之合陽聲之首而雲門黃帝樂也咸池堯樂也不敢用黃鍾而以太蔟次之然則祭天者圜鍾爲宮黃鍾爲角太蔟爲徵姑洗爲羽祭地者函鍾爲宮太蔟爲角姑洗爲徵南呂爲羽訖不用商及二少蓋商聲剛而二少聲下所以取其正裁其繁也漢祭天則用商而宗廟不用謂鬼神畏商之剛西京諸儒惑圜鍾函鍾之說故其自受命郊祀宗廟樂唯用黃鍾一均章帝時太常丞鮑業始旋十二宮夫旋宮以七聲爲均均言韻也古無韻字猶言一韻聲也始以某律爲宮某律爲商某律爲角某律爲徵某律爲羽某律少宮某律少徵亦曰變曰比一均成則五聲爲之節族此旋宮也乃取律次之以示涗涗時七十餘以爲未始聞而收未冠也以兄假未仕不肯舉進士既假禠褐乃入京師明年擢進士杜悰表署淮南推官悰領度支又節度劍南東西川輒隨府三遷宰相馬植表爲渭南尉集賢校理補監察御史收又以假方外遷誼不可先固辭植嗟美爲止復爲悰節度府判官蜀有可縣直嶲州西南地寬平多水泉可灌秔稻或謂悰計與屯田省轉饋以飽邊士悰將從之收曰田可致兵不可得且地當蠻衝本非中國今輟西南屯士往耕則姚嶲兵少賊得乘間若調兵捍賊則民疲士怨假令大穰蠻得長驅是資賊糧豈國計耶乃止始周墀罷宰相節度東川表其弟嚴掌書記俄而墀卒悰辟爲觀察府判官兄弟並在幕府未幾假自浙西判官擢監察御史而收亦自西川遷兄弟同臺世榮其友以詳禮學改太常博士而嚴亦自揚州召爲監察御史收因建言漢制總羣官而聽曰省分務而專治曰寺太常分務專治者也所以藏天子之旗常今旗常因車飾隸太僕非是未及行以母喪免服除從淮南崔鉉府爲支使還拜侍御史夏侯孜以宰相領度支引判度支案遷長安令懿宗時擢累中書舍人翰林學士承旨以中書侍郎同中書門下平章事始南蠻自大中以來火邕州掠交阯調華人往屯涉氛瘴死者十七戰無功蠻勢益張收議豫章募士三萬置鎮南軍以拒蠻悉教蹋張戰必注滿蠻不能支又峙食汎舟餉南海天子嘉其功進尚書右僕射封晉陽縣男既益貴稍自盛滿爲夸侈門吏童客倚爲姦中尉楊玄价得君而收與之厚收之相玄价實左右之乃招四方賕餉數千諉收不能從玄价以負己大恚陰加毀短知政凡五年罷爲宣歙觀察使不敢當兩使稟料但受刺史俸留公藏錢七百萬韋保衡又劾收前用嚴譔爲江西節度使受謝百萬及它隱盜明年貶端州司馬吏具大舟以須收不從曰方謫去可乎以二小舸邊官又明年流驩州俄詔內養追賜死收得詔謝曰輔政無狀固宜死今獨一弟嚴以奉先人之祀使者能假須臾使秉筆乎使者從之收自作書謝天子丐弟嚴死奉先臣後以書授使者即仰鴆死帝見書惻然乃宥嚴坐收流死者十一人後三年詔追雪其辜復官爵子鉅鏻鉅乾寧初爲翰林學士從入洛終散騎常侍鏻至戶部尚書

收兄發字至之登進士又中拔萃累官左司郎中宣宗追加順憲二宗尊號有司議改造廟主署新謚詔百官議發與都官郎中盧摶以爲改作主求古無文孰不可知禮者避之改太常少卿爲蘇州刺史治以恭長慈幼爲先徙福建觀察使又以能政聞朝廷意有治劇才拜嶺南節度使承前寬弛發操下剛嚴軍遂怨起爲亂囚傳舍貶婺州刺史假字仁之仕終常州刺史收與昆弟護喪葬偃師會者千人

嚴字凜之舉進士時王起選士三十八而楊知至竇緘源重鄭朴及嚴五人皆世胄起以聞詔獨收嚴累遷至工部侍郎翰林學士收知政請補外拜浙東觀察使收貶嚴亦斥爲邵州刺史徙吉王傅乾符中以兵部侍郎判度支卒子涉注

涉昭宗時仕至吏部侍郎哀帝時進同中書門下平章事爲人端重有禮法方賊臣陵慢王室殘蕩賢人多罹患涉受命與家人泣語其子凝式曰世道方極吾嬰網羅不能去將重不幸禍且累汝然以謙靖終免于禍注爲翰林學士涉已相辭內職爲戶部侍郎

路巖字魯瞻魏州冠氏人父羣字正夫通經術善屬文性志純潔親歿終身不肉食累官中書舍人翰林學士承旨文宗優遇之居循循謙飭若不在勢位者所與交雖褐衣之賤待以禮始終一節巖幼惠敏過人及進士第父時故人在方鎮者交辟之久乃答懿宗咸通初自屯田員外郎入翰林爲學士以兵部侍郎同中書門下平章事年三十六居位八歲進至尚書左僕射於是王政秕僻宰相得用事巖顧天子荒闇且以政委己乃通賂遺奢肆不法俄與韋保衡同當國二人勢動天下時目其黨爲牛頭阿旁言如鬼陰惡可畏也既權侔則爭故與保衡還相惡俄罷巖爲劍南西川節度使承蠻盜邊後巖力捕循置定邊軍於邛州扼大度治故關取壇丁子弟教擊刺使補屯籍由是西山八國來朝以勞遷兼中書令封魏國公始爲相時委事親吏邊咸會至德令陳蟠叟奏書願請間言財利帝召見則曰臣願破邊咸家可佐軍興帝問咸何人對曰宰相巖親吏也帝怒斥蟠叟自是人無敢言咸乃與郭籌者相依倚爲姦巖不甚制軍中惟邊將軍郭司馬爾妄給與以結士心嘗閱武都場咸籌莅之共議事以書相示則焚之軍中驚以有異圖恟恟遂聞京師巖坐是徙荊南節度使道貶新州刺史至江陵免官流儋州籍入其家巖體貌偉麗美須髯至江陵兩昔皆白捕誅咸籌等巖至新州詔賜死剔取喉上有司或言巖嘗密請三品以上得罪誅殛剔取喉驗其已死俄而自及

保衡者京兆人字蘊用父慤宣宗時終武昌軍節度使保衡咸通中以右拾遺尚同昌公主遷起居郎駙馬都尉主郭淑妃所生懿宗所愛而妃有寵故恩禮最異悉宮中珍玩貲子之俄歷翰林學士承旨以兵部侍郎同中書門下平章事自尚主至是裁再朞又進門下侍郎尚書右僕射性浮淺既恃恩據權以嫌愛自肆所悅即擢不悅擠之保衡舉進士王鐸第于籍蕭遘與同升以嘗薄于已皆見斥逐楊收領路巖人益畏之主薨而寵遇不衰僖宗立進司徒俄爲怨家白發陰罪貶賀州刺史再貶澄邁令遂賜死弟保乂自兵部侍郎貶賓州司戶參軍而劉瞻等坐主薨見貶者皆復起

盧攜字子升其先本范陽世居鄭擢進士第被辟浙東府入朝爲右拾遺歷臺省累進戶部侍郎翰林學士承旨乾符五年進同中書門下平章事俄拜中書侍郎刑部尚書弘文館大學士攜姿陋而語不正與鄭畋俱李翱甥同位宰相然所處議多駁初王仙芝起河南攜表宋威齊克讓曾袞皆善將爲招討使及威殺尚君長賊熾結益不制乃以王鐸鎮荊南爲諸道都統攜不悅是時黃巢已破廣州勢張甚表求天平節度使詔宰相百官議攜素厚高駢屬令立功乃固不可巢請又欲激巢使戰而敗鐸因授率府率又銜駢與南詔和親與畋爭相恨詈繇是罷爲太子賓客分司東都俄爲兵部尚書會駢將張璘破賊帝復召攜以門下侍郎同平章事及鐸失守以駢代之即按關東諸將爲鐸所任者悉易置內倚田令孜而外寄戎政於駢與奪惟所愛惡後病風足蹇神智眊荒事多決於親吏楊溫李脩賄賂顯行及巢破淮南璘戰死忠武兵亂天下危懼人皆咎攜始下詔以巢爲天平節度使詔下賊已破潼關明日以太子賓客罷分司東都是夜仰藥死巢入京師斲棺磔尸於長安市子晏天祐初爲河南尉柳璨殺之

贊曰盧攜之敗王鐸私高駢賊遂卷威鎬而西易若邱毛可謂朝無人焉唐將亡攜爲之鴟梟宜天之假手於賊而磔其枯骨也

唐書卷一百八十四考證

路巖傳置定邊軍于邛州○沈炳震曰巖咸通十二年罷相出鎮西川定邊軍乃咸通九年李師望所置十一年竇滂兵敗已廢矣皆在巖未罷相前此處誤

盧攜傳乾符五年○舊書作四年臣崇按昭宗紀在元年三處互異

唐書卷一百八十五

宋 端 明 殿 學 士 宋 祁 撰

列傳第一百一十

鄭二王韋張

鄭畋字台文系出滎陽父亞字子佐爽邁有文舉進士賢良方正書判拔萃三中其科李德裕爲翰林學士高其才及守浙西辟署幕府擢監察御史李回任中丞薦爲刑部郎中知雜事拜給事中德裕罷宰相出爲桂管觀察使坐吳湘獄不能直宪貶循州刺史死於官畋舉進士時年甚少有司上第籍武宗疑索所試自省乃可奏爲宣武推官以書判拔萃擢渭南尉父喪免宣宗時白敏中令狐綯繼當國皆怨德裕其賓客並廢斥故畋不調幾十年外更帥鎮幕府綯去位始爲虞部員外郎右丞鄭薰詆畋罪不可任郎官出之久乃入爲刑部員外郎劉瞻爲宰相薦授戶部郎中入翰林爲學士俄知制誥會討徐州賊龐勛書詔紛委畋思不淹晷成文粲然無不切機要當時推之勛平以戶部侍郎進學士承旨瞻以諫迕懿宗賜罷畋草制書多褒言韋保衡等怨之以爲附下罔上貶梧州刺史僖宗立內徙郴絳二州以右散騎常侍召還故事兩省轉對延英獨常侍不與畋建言宜備顧問詔可遂著於令以兵部侍郎進同中書門下平章事故時宰相騶哄辦數坊呵止行人畋敕導者止百步禁百官僕史不得擅至宰相府交廣邕南兵舊取嶺北五道米往餉之船多敗沒畋請以嶺南鹽鐵委廣州節度使韋荷歲煮海取鹽直四十萬緡市虔吉米以贍安南罷荆洪等漕役軍食遂饒後以王師甫爲嶺南供軍副使師甫請兼總兵而歲加獻錢二十萬緡畋曰苟且有功而師甫以利啖朝廷謀奪其兵不可罷之再遷門下侍郎封滎陽郡侯以星變求去位不許乾符六年黃巢勢寖盛據安南騰書求天平節度使帝令羣臣議咸請假節以紓難畋欲因授嶺南節度使而盧攜方倚高駢使立功乃曰駢才略無雙淮南天下勁兵又諸道之師方至蕞爾賊奈何捨之令四方解體邪畋曰不然巢之亂本於饑其衆以利合故能與江淮根蔓天下國家久平士忘戰所在閉壘不敢出如以恩釋罪使及歲豐其下思歸衆一離巢即机上肉耳法謂不戰而屈人兵也今不伐以謀而恃以兵恐天下憂未艾也僕射于琮言南海以寶產富天下如與賊國藏竭矣天子內亦屬駢乃然攜議畋曰安危屬吾等而公倚淮南用兵吾不知所稅駕會駢奏南蠻方彊請如西戎以公主下嫁攜又議從之畋以爲損國威靈不可即抗論至相訴慢攜怒拂衣去裾礙於硯因抵之帝以大臣爭口語無以示百官乃俱罷以畋爲太子賓客分司東都俄召拜吏部尚書明年爲鳳翔隴西節度使募銳兵五百號疾雷將境中盜不敢發發輒得會巢陷東都遣兵戍京師以家財勞行妻自紉衣給戰士帝出梁洋畋上謁斜谷泣曰將相誤國臣請死以懲無狀帝勞遣之且曰公謹扼賊衝無令得西向畋曰方艱虞時事有機急不可中覆請便宜從事臣當以死報國帝曰利社稷無不可畋還蒐士卒繕器械濬城隍使於梁者道相屬俄而賊使至諸將皆欲附賊畋開諭不可即悉出金帛請得脫身去復不聽而使以僞赦令示軍中乃去明日詔使至畋召監軍袁敬柔以逆順曉諸將乃聽命刺血以盟畋遣子凝績從帝有詔進同中書門下平章事賊將又至畋斬于軍餘黨數百人皆捕誅之遷檢校尚書右僕射西面行營都統軍中承制除拜乃以前靈武節度使唐弘夫爲行軍司馬中和元年賊將王璠率衆三萬來攻畋使弘夫設伏以待璠內輕畋儒柔縱步騎鼓而前畋以銳卒數千當賊疏陣而多旗幟乘高伐鼓賊不測衆寡陣未整伏發衆皆囂日暮軍四合鏖戰龍尾坡殺賊二萬級積尸數十里多獲鎧仗璠遁去禽璠子斬之威動京師時諸鎮兵在寰內尚數萬無所歸畋招來之厚加慰結乃與涇原程宗楚秦州仇公遇鄜延李孝恭夏州拓拔思恭約盟傳檄天下時王命不出劒門四方謂王室微不能復興及畋檄至遠近咸聳各治兵思立功奔問行在巢大懼不敢西謀當此時微畋天子幾殆帝聞捷曰朕知畋不盡儒者之勇乃爾弘夫取咸陽以桴濟兵渭水賊伏甲僞走弘夫與宗楚乘勝入都門爲賊所覆畋數勅無輕進二人不聽果敗以鄜夏兵屯東渭橋再進司空兼門下侍郎京城四面行營都統賜御袍犀帶拜而不賀行軍司馬李昌言者屯興平遣麾下求爲南面都統輒引兵趨府畋不意見襲登城好語曰吾方入朝公能戢兵愛人爲國滅賊乎能則守此矣遂委軍去昌言自爲留後衛畋出境既半道內慙負即辭疾詔授太子少傅分司東都便醫於興元明年召至行在以王鐸將兵復拜畋司空門下侍郎平章事軍務一以咨決興州戍將孫鄴坐贓抵死畋奏言方關輔失守鄴護褒斜有功請免死陳秋兒保嵯峨山拒賊農不廢耕請以檢校散騎常侍隸奉天軍制皆可舊制使府校書郎以上滿三歲遷監察御史裏行至大夫常侍滿三十月遷雖節度兼宰相亦不敢越自軍興有歲內數遷者畋以爲不可請行營節度繇裏行至大夫許滿二十月遷校書郎以上滿二歲乃奏非軍興者如故事從之時田令孜恃權有所干請畋不應陳敬瑄欲以官品居宰相上畋曰外宰相安得論品乎卒不肯處其下令孜敬瑄內常銜之賊平帝將還而李昌言自以襲畋而奪之鎮今畋當國內不喜故三人相結而遣客上畋過咎帝得其情不許畋乃引疾去位入見帝曰乘輿東還繇大散關幸鳳翔供張頓峙一委昌言乃可安臣若以宰相從彼且猜阻非所以靖反側也請以散官養疾或羣臣有疑願出臣章示之使知天子於臣無纖芥者帝以其誠乃授檢校司徒太子太保罷政事以凝績爲壁州刺史留養從龍州卒年六十三贈太尉後帝思畋忠力又贈太傅凝績數歲亦卒始李茂貞以博野禆將戍奉天畋召隸麾下委以游邏厚禮之茂貞感其飾擢及畋還葬鄭表爲請謚曰文昭天復初與李思恭配饗僖宗廟廷又贈宗楚弘夫官畋爲人仁恕姿釆如峙玉凡與布衣交至貴無少易鄭穀者薰子也方畋秉政擢爲給事中至侍郎其損怨類如此巢之難先諸軍破賊雖功不終而還相天子坐籌帷幄終能復國云

王鐸字昭範宰相播昆弟子也會昌初擢進士第累遷右補闕集賢殿直學士白敏中辟署西川幕府咸通後仕寖顯歷中書舍人禮部侍郎所取多才實士爲世稱挹拜御史中丞以戶部侍郎判度支十二年繇禮部尚書進同中書門下平章事加門下侍郎尚書左僕射超拜司徒韋保衡緣恩倖輔政始由鐸得進士故謹事之雖竊政權將大斥不附者病鐸持其事不得肆搢紳賴焉鐸亦上疏祈解乃以檢校左僕射出爲宣武節度使僖宗初以左僕射召始鐸當國練制度習處周密時論推允會河南盜起天下跂鐸入輔又鄭畋數言其賢復拜門下侍郎平章事乾符六年賊破江陵宋威無功諸將觀望不進天下大震朝廷議置統帥鐸因請自率諸將督羣盜帝即以鐸爲侍中荆南節度使諸道行營都統封晉國公綏納流冗益募軍完器鎧武備張設李係者西平王晟諸孫敏辯善言兵然中無有鐸信之舉爲將分精兵使守湖南俄而賊捨廣州鼓而北係望風未戰輒潰鐸退營襄陽於是以高駢代之貶太子賓客分司東都未幾召拜太子少師從天子入蜀拜司徒門下侍郎平章事加侍中復以太子太保平章事是時誅討大計悉屬駢駢內幸多難數偃蹇而外逗撓鐸感慨王室每入對必噫嗚流涕固請行時中和二年也乃以檢校司徒中書令爲義成節度使諸道行營都統判延資戶部租庸等使於是表崔安潛自副鄭昌圖裴贄裴樞王摶等在幕府以周岌王重榮諸葛爽康實安師儒時溥六節度爲將佐而中尉西門思恭爲監軍率衛兵泊梁蜀師三萬壁盩厔移檄天下先是諸將雖環賊莫肯先及鐸檄至號令殷然士氣皆起爭欲破賊故巢戰數蹙宦人田令孜策賊必破欲使功出于己乃搆鐸於帝罷爲檢校司徒以義成節度還屯鐸功危就而讒見奪然卒因其勢困賊後數月復京師策勳居關東諸鎮第一四年從義昌節度使鐸世貴出入裘馬鮮明妾侍且衆過魏樂彥禎子從訓心利之李山甫者數舉進士被黜依魏幕府內樂禍且怨中朝大臣導從訓以詭謀使伏兵高雞泊劫之鐸及家屬吏佐三百餘人皆遇害朝廷微弱不能治其冤天下痛之

弟鐐累官汝州刺史乾符中王仙芝來攻鐐拒之自督勇士與别將董漢勳守南北門城陷漢勳力戰死鐐貶韶州司馬終太子賓客

王徽字昭文京兆人第進士授校書郎沈詢判度支徐商領鹽鐵皆辟署使府始宣宗詔宰相選可尚主者或以徽聞徽本澹聲利聞不喜往見宰相劉瑑曰徽年過四十又多病不應在選瑑爲言乃罷從令狐綯署宣武淮南掌書記召授右拾遺書二十餘上言無回忌公議浩然歸重徐商罷政事守江陵心欲表徽在幕府恐其不樂外忍不言徽自往曰公知徽安得不從商大喜表爲殿中侍御史署節度府判官御史中丞高湜薦知雜事進考功員外郎故事考簿以朱注上下爲殿最歲久易漫吏輒竄易爲姦徽始用墨遂絕妄欺擢翰林學士廣明元年盧攜罷宰相以徽爲戶部侍郎同中書門下平章事是日黃巢入關僖宗西狩冒夜出徽與崔沆豆盧瑑僕射于琮詣朝乃知追帝不及墮崖澗間爲賊所執迫還將汙以官徽陽瘖不答以刃環脅卒不動賊令歸第使醫護視久之守者懈乃奔河中裂縑書章遣人間走蜀詔拜兵部尚書京城四面宣慰催陣使昭義高潯與賊戰石橋敗績其將劉廣擅還據潞州别將孟方立殺廣因取邢洺磁三州貳于已昭義所隸唯澤一州帝以兵部侍郎鄭昌圖權守潞士心多附方立昌圖不能制朝議以大臣鎮撫即授徽檢校尚書左僕射同中書門下平章事領昭義節度使是時李克用亦爭澤潞徽商朝廷力未能以兵抗之奉表固辭詔可更爲諸道

租庸供軍使因說行營都監楊復光請赦沙陀罪令赴難其夏沙陀會諸軍遂平京師徽助為多遷右僕射大亂之後宮觀焚殘園陵皆發掘鞠為丘莽乘輿未有東意詔徽充大明宮留守京畿安撫制置脩奉使徽外調兵食內撫綏流亡踰年稍稍完聚興復殿寢裁制有宜卽奉表請帝東還又進檢校司空御史大夫仍權京兆尹宦要家爭遣人治第侵冒齊民訟訴滿前徽不屈勢倖一平以法繇是為帝左右所憎以其黨薛杞為少尹輕其權杞方居喪徽奏止不使到府衆忿共譖罷徽令赴行在俄授太子少師徽遂移疾河中滿百日免帝還京師復申前授稱疾不任奉謁宰相疾其怨望貶集州刺史會帝避沙陀出次寶雞帝念徽無罪拜吏部尚書封琅邪郡侯未行而嗣襄王熅作亂帝進次漢中熅逼召徽以足疾自言及熅僭號迫羣臣作誓牒徽託手弱卒不肯署熅平帝至鳳翔召徽為御史大夫固辭足痺復拜太子少師昭宗立見便殿進對詳洽帝顧宰相曰徽神氣尚彊可用乃復授吏部尚書是時銓選失序吏肆為姦補調重復不可檢徽為手籍一驗實之遂無姦滯進右僕射大順元年卒贈司空謚曰貞諸言其先本魏諸公子秦滅魏至漢徙關中霸陵以其故王家為王氏十世祖羆仕周為同州刺史死葬咸陽鳳政原子孫因家杜陵曾祖擇從昆弟四人曰易從朋從言從皆擢進士第至鳳閣舍人者三人故號鳳閣王氏自是訖大中時登進士者十八人位臺省牧守者三十餘人徽有雅望拜宰相一日而京師亂故其設施無可道者

章昭度字正紀京兆人擢進士第踐歷華近累遷中書舍人僖宗西狩以兵部侍郎翰林學士承旨從未幾進同中書門下平章事還京授司空再狩山南還次鳳翔李昌符亂與倉卒昭度質家族於禁軍誓共討賊士感動乃平昌符遷太保兼侍中昭宗卽位守中書令封岐國公閬州刺史王建攻陳敬瑄於成都以昭度為西川節度使敬瑄不內詔東川顧彥朗與建合兵以討拜昭度兼行營招撫使乃建幢節行城下諭其衆曰毋久閉壘敬瑄遣人詈曰鐵券先帝所命若何違之淹半歲始拔漢州建紿昭度曰公暴師遠出事蠻夷地方山東兵連禍結朝廷不能治腹心疾也宜亟還定之敬瑄小醜當責建等可辦昭度信之請還未半道建以重兵守劍門急攻成都囚敬瑄自稱留後罷昭度為東都留守杜讓能既被害以司徒門下侍郎復為平章事進太傅王行瑜求為尚書令昭度建言太宗由是卽位後人臣無復拜者郭子儀有大功嘗授之固辭免況行瑜乎乃更號尚父行瑜怨會用李磎輔政而崔昭緯密語行瑜曰前公已為尚書令昭度持不可今又引磎叶力此姦人務立黨與惑上聽恐事復有如杜太尉時行瑜乃與李茂貞數上書譏詆朝政昭度懼稱疾罷為太傅致仕行瑜茂貞韓建聯兵至闕下言昭度伐蜀失謀請貶之未及報而行瑜收昭度於都亭驛殺之天子不得已下詔暴其罪行瑜誅乃追復官爵許其家收葬贈太尉

張濬字禹川本河間人性通脫無檢泛知書史喜高論士友擯薄之不得志乃羸服屏居金鳳山學從橫術以捭闔于時樞密使楊復恭過之以處士薦為太常博士進度支員外郎黃巢之亂稱疾挾其母走商山僖宗西出衞士食不給漢陰令李康獻糗餌數百馱士皆厭給帝異之曰爾乃及是乎對曰臣安知為此張濬教臣也乃急召濬至行在再進諫議大夫宰相王鐸任行營都統奏署都統判官時王敬武在平盧軍最彊累召不肯應濬往說之而敬武已臣賊不迎使者濬責之曰公為天子守藩今使者齎詔至不北面俯伏而敢侮慢公乃未識君臣大分何以長吏民哉敬武愕眙愧謝濬宣詔已士按兵默默濬召將佐至鞠場倡言忠義之士當審利害黃巢販鹽虜耳捨天子而臣之何利耶今諸侯勤王者踵相接公等據一州以觀成敗後賊平將安往誠能此時共誅大盜迎天子功名富貴可反手而取吾憐公等捨安而蹈危也諸將雜然曰諫議語是敬武卽引軍從濬西擢濬為會軍使賊平以戶部侍郎判度支後再狩山南拜同中書門下平章事仍判度支濬始繇復恭進復恭中失權更依田令孜故復恭銜之及為中尉數被離間昭宗卽位復恭恃援立功專任事帝稍不平當時多言濬有方略善處大計乃復見委信嘗問致治之要對曰在彊兵兵彊天下服矣天子繇是甘心於武功後與論古今事濬輒曰漢晉之遠無可道陛下春秋鼎富天資英特內偪宦臣外迫彊臣故不能安此臣所以痛心而泣血也是時朱全忠威振關東而安居受殺李克恭以潞州歸全忠全忠乃與幽州李匡威雲州赫連鐸上言先帝幸梁繇李克用與朱玫連和請舉兵誅之願帥兵為掎角帝詔文武四品以上議皆言王室未寧雖得太原猶非所有濬固爭先帝時身播屯亂蓋克用全忠不相下也請因其弱討之斷兩雄勢帝曰平巢克用功第一今乘危伐之天下其謂我何久不決孔緯曰濬言萬世之利陛下所顧一時事爾臣見師度河賊必破今軍中費尚足支數年幸聽勿疑旣濬緯相倡和帝乃決出師詔濬為河東行營兵馬招討制置使京兆尹孫揆為昭義節度使副之韓建為供軍使以全忠匡威鐸並為招討使樞密使駱全諲為行營都監以汴甲三千為帳下發五十二軍邠寧鄜夏雜虜合五萬帝置酒安喜樓臨餞濬飲酣泣下曰陛下偪於賊臣願以死除之復恭聞不懌幸中尉等餞長樂坂以酒屬濬濬不肯舉是役也濬外幸成功而內制復恭故銜之先是汴華邠岐兵絕河會平陽汴將朱崇節已戍潞濬慮汴人遂據有之乃令揆分兵趨潞以中人韓歸範持節護送至軍會太原將李存孝方攻潞揆至長子為存孝所禽汴人亦棄城去濬次陰地關諸軍壁平陽存孝擊之皆大北委仗械去濬斂衆夜遁比明軍失太半存孝進掠晉絳慈隰其鋒甚盛濬間道出王屋奔河清桴而濟麾下略盡全諲飲藥死建遁去克用上書請罪其辭悖慢因韓歸範以聞朝廷震動卽日下詔罷濬為武昌軍節度使三貶繡州司戶參軍全忠為申請詔聽使便濬乃至藍田依韓建及韋昭度死復用緯為宰相故濬亦拜兵部尚書領天下租庸使將復用克用上言若朝以濬為相暮請以兵見乃止乾寧中罷使拜尚書右僕射上疏乞骸骨還左僕射致仕居洛長水墅雖自屏處然朝廷得失時時言之劉季述亂濬徒步入洛泣諭張全義并致書諸藩請謀王室之難王師範起兵青州欲取濬為謀主不克全忠脅帝東遷濬聞曰乘輿卜洛則大事去矣蓋知其將篡也全忠畏濬構它鎮兵使全義遣牙將如盜者夜圍墅殺之屠其家百餘人實天復二年十二月始濬素厚永寧吏葉彥彥知其謀以告濬子格濬度不免父子相持泣曰留則俱死不如去以存吾嗣格拜而辭彥率士三十人送之泝漢入蜀後事王建少子播間道走淮南依楊行密時行密得承制除拜播請每除吏必紫極宮玄宗像前致制誥于按乃出之示不忘朝廷且欲雪家冤而不克終廣陵

贊曰唐之季嗣君暗庸天奪其德久矣纖人柄朝靡謀不乖如畋鐸皆社稷之才當大過之世為天下倡扶支王室幾致中興俄而為逆豎亂宦所乘功業無所成就濬以亂止亂悖謬厥心悲夫

唐書卷一百八十六

宋　端明殿學士宋祁撰

列傳第一百一十一

周王鄧陳劉趙二楊顧

周寶字上珪平州盧龍人曾祖待選為曾城令安祿山反率縣人拒戰死之祖光濟事平盧節度希逸為牙將每戰得攻嚳城者必手屠之歷左贊善大夫從李洧以徐州歸天子父懷義通書記擢累檢校工部尚書天德西城防禦使以徙城事不為宰相李吉甫所助以憂死寶藉蔭為千牛備身天平節度使殷侑嘗為懷義參軍寶從之為部將會昌時選方鎮才校入宿衞與高駢皆隸右神策軍歷良原鎮使以善擊毬俱備軍將駢以兄事寶寶彊毅未嘗詘意於人官不進自請以毬見武宗稱其能擢金吾將軍以毬喪一目進檢校工部尚書涇原節度使務耕力聚糧二十萬斛號良將黃巢據宣歙徙寶鎮海軍節度兼南面招討使巢聞出采石略揚州僖宗入蜀加檢校司空時羣盜所在盤結柳超據常熟王敖據崑山王騰據華亭宋可復據無錫寶練卒自守發杭州兵戍縣鎮判八都石鏡都董昌主之清平都陳晟主之於潛都吳文舉主之鹽官都徐及主之新登都杜稜主之唐山都饒京主之富春都文禹主之龍泉都凌文舉主之中和二年進同中書門下平章事兼天下租庸副使封汝南郡王寶和裕喜接士以京師陷賊將赴難益募兵號後樓都明年董昌據杭州柳超自常熟入睦州刺史韋諸殺之四年餘杭鎮使陳晟攻諸諸以州授晟寶子璵統後樓都孱不能馭軍部伍橫肆寶亦稍惑聲色不卹事以壻楊茂實為蘇州刺史重斂人不聊田令孜以趙載代之茂實不受命寶表留不聽乃殘郁以擊毬事寶光啓初劇賊剽崑山寶遣郁領兵三百戍海上郁醉而叛王蘊調州兵還休不設備郁遂大掠郡署汙垣牖去詔以王蘊代載載留潤州初鎮海將張蘊嬰城守寶遣將拓拔從討定之郁保常熟因攻常州刺史劉革迎降衆稍集寶遣將丁從實督兵攻之郁走海陵依鎮遏使高霸從實遂據常州及董昌徙義勝軍節度使寶承制擢杭州都將錢鏐領州事宣州賊李君旺昭義輿守之是時右散騎常侍沈詰使至江南貿田令孜勢震暴州縣嗣襄王下令捜令孜黨寶收詰及趙載殺之高駢領鹽鐵辟寶子佶為支使寶亦表駢從子在幕府駢為都統寖不禮寶寶銜之帝在蜀淮西絕貢賦謾言道浙西為寶剽阻帝知其誣不直駢自是顯隙

駢出屯東塘約西定京師寶喜將赴之或曰高氏欲圖公地寶未信駢遣人請會金山謀執寶寶答曰平時且不間境上會況上蒙塵宗廟焚辱寧高會時耶我非李康不能爲人作功勳欺朝廷也駢遣人切讓寶亦詬絕之會部將劉浩刁頵與度支催勘使太子左庶子薛朗叛寶方寢外兵格鬬火照城中寶驚出諭曰爲吾用則吾兵否則寇也六州皆我鎮何往不適乃自青陽門出奔士大掠官屬崔綰陸鍔田倍皆死浩奉朗領府事寶至奔牛埭駢饋以虀葛諷其且亡也寶抵于地曰公有呂用之難方作無誚我即奔常州依丁從實召後樓都無一士至者錢鏐遣杜稜成及攻薛朗稜子建徽攻從實聲言迎寶擊破賊君旺取船八百艘遂圍常州從實奔海陵鏐具櫜鞬迎寶舍樟亭未幾殺之不淹月而駢爲畢師鐸所囚寶死年七十四贈太保鏐以杜稜守常州文德元年拔潤州劉浩亡不知所在執朗剖其心祭寶使阮結守潤州楊行密殺高霸而張郁丁從實皆死初黃巢平時溥遣小史李師悅上符璽拜湖州刺史昭宗時遷忠國軍節度使董昌反師悅連和與鏐有隙而結好於行密安仁義入潤州復助之乾寧三年卒子繼徽代以地附行密其將沈攸謂不可繼徽乃奔揚州陳晟據睦州十八年死弟詢代立畏鏐忌已因徐綰亂與田頵通鏐割桐廬隷杭州詢遂絕鏐攻蘭溪鏐使方永珍擊詢天祐元年行密遣將陶雅救之執鏐弟鎰大將王求顧全武等未幾鏐將楊習攻婺州詢乃奔楊渥渥以金師會守之及鏐破衢州師會走鏐取其地

王處存京兆萬年人世籍神策軍家勝業里爲天下高貲父宗巧射利侈靡自奉僮千人以此奮累除檢校司空金吾大將軍遙領興元節度使處存自右軍鎮使歷檢校刑部尚書定州制置使累遷義武節度使黃巢陷京師處存號哭不俟詔分麾下兵二千間道至山南衞乘輿外約王重榮連盟進屯渭橋而涇州行軍司馬唐弘夫亦屯渭北詔處存檢校尚書右僕射督戰俄拜東南面行營招討使中和二年授京城東面都統每痛國難未夷語輒流涕軍中多處存義愈爲之用素善李克用又故婚好遣使十輩曉譬迎勸卒共平京師王鐸差興復功以勸王皐義處存爲第一收城破賊克用爲第一遷檢校司空復出兵三千屬大將張公慶會諸軍捕巢泰山滅之進檢校司徒同中書門下平章事田令孜討王重榮徙處存節度河中上書言重榮有大功不可改易搖諸侯之心不納趣上道軍次晉州刺史冀君武閉門不內而重榮拒詔處存臨事通便宜有大將風幽鎮兵悍馬彊其地執也而易定介於其間侵軼歲至及李匡威得志謀幷取之處存善修鄰驩內撫民有恩痛折節下賢協穆太原以自助遠近同心歲時講兵與諸鎮抗無能侵軋者累加侍中檢校太尉卒年六十五贈太子太師謚曰忠肅三軍迹河朔舊事推子郜由副使爲留後昭宗從之累拜節度使加檢校司空同中書門下平章事又進太保光化三年朱全忠使張存敬攻幽州以兵橋滹沱道祁溝鬬郜方與劉守光厚乃畀叔處直兵禦其尾令騎將甄瓊章大義豐而存敬游奕騎已至且戰且引十餘里執瓊章而氏叔琮下深澤執大將馬少安圍祁州屠之斬刺史楊約休兵十日處直壁沙河存敬軍河北挑戰處直不出涉河乃戰處直大敗亡大將十五士死者數萬存敬收械甲以賦戰士而焚其餘遂圍定州郜斬親吏梁汶移書存敬且請盟俄而外郜昭部以其族奔太原使處直主留後全忠亦至處直辭曰敝邑事上未嘗不忠事鄰未嘗不禮弗虞君之見攻也全忠責何故事克用答曰太原藉兄弟之舊修好往來常道也君苟爲罪請改圖全忠許之處直以從孫爲質上所持節印獻絹三十萬具牛酒犒師存敬取成而還全忠表處直爲節度留後檢校尚書左僕射郜至太原克用表爲檢校太尉卒處直字允明天復初爲太原郡王

鄧處訥字沖韞邵州龍潭人少從江西人閔頊防秋安南中和元年還道潭州逐觀察使李裕召諸州戍校徇曰天下未定今與君等安護州邑以待天子命若何衆稱善乃推頊爲留後請諸朝僖宗方在蜀遣使者撫慰當是時撫州刺史鍾傳據洪州議者欲二盜相噬即復置鎮南軍擢頊節度使頊悟不受命更爲檢校尚書右僕射欽化軍節度使以處訥爲邵州刺史朗州武陵人雷滿者本漁師有勇力時武陵諸蠻數叛荆南節度使高駢擢滿爲裨將將鎮蠻軍從駢淮南逃歸與里人區景思獵大澤中嘯亡命少年千人署伍長自號朗團軍推滿爲帥景思爲司馬襲州殺刺史崔翥詔授朗州兵馬留後歲略江陵焚廬落劫居人俄進武貞軍節度使先是溆溪人周岳與滿獵因爭肉不平而鬬欲殺滿不克見滿已據州悉衆趨衡州逐刺史徐顥詔授衡州刺史石門峒酋向瓌聞滿得志亦集夷獠數千屠牛勞衆操長刀柘弩寇州縣自稱朗北團陷澧州殺刺史呂自牧自稱刺史頊既彊大且治人有恩哀徐顥窮率兵納之向瓌召梅山十峒獠斷邵州道頊掩其營周岳嬴軍誘戰頊墮伏中故大敗淮西將黃皓殺頊岳聞亂以輕兵入潭州自稱欽化軍節度使處訥聞之哭諸將入弔處訥曰與君等荷僕射恩若合一州之兵問周岳罪奈何衆曰善於是礪甲訓兵積八年結雷滿爲援攻岳斬之自稱留後昭宗詔拜武安軍節度使不三日會劉建鋒馬殷兵至攻澧陵處訥遣邵州豪傑蔣勛鄧繼崇率兵三千斷龍回關勛以牛酒犒師殷說勛曰劉公勇智絕人術家言當興翼軫間今精兵十萬攻必下戰必克收敗衆以餉軍公哀鄉兵扞關殆突不如下之富貴可得也勛謂然又其下畏建鋒虐夜棄甲走建鋒至關曰此天意也盡用邵旗鎧趨潭州守者以爲勛軍納之既入處訥方宴執而殺之建鋒許勛賞未及行遣請弗許勛怒率鄧繼崇攻湘鄉取邵州進壁定勝武安建鋒使殷督諸將擊之殷大敗走江滸鄉人夏侯陟教殷以奇兵出迪田踰淵山據江爲壁伏兵于莽誘勛度江勛見士未陣爭出鬬殷分兵襲其壁麾瀕江軍夾擊勛大敗拔定勝一壁進圍邵州未下而建鋒死殷代爲節度使勛請和不許卒禽勛斬之是時道州蠻酋蔡結何庾衡人楊師遠各據州叛宿人曾景仁從黃巢爲盜至廣州病不能去以千騎留連州衆飢從蔡結求糧乃相倚杖與州戍將黃行存誘工商四五千人據連州郴人陳彥謙殺刺史董岳發官帑募士自稱都統勝兵四千零陵人唐行旻乘巢亂脅衆自防盜永州殺刺史鄭蔚與景仁合從數遣諜殷虛實完壘自守殷遣將李瓊攻永州殺行旻李瑭攻道州蔡結約峒獠爲援久不勝謀曰蠻所恃林藪耳乃屯大川伐山焚林獠驚走城陷執蔡結何庾殷斬之李瓊出耒陽常寧攻郴州陳彥謙出戰軍亂不能陣斬彥謙進圍連州曾景仁乘城守三日不下夜焚其門入之景仁自刺死頊字公謹滿字秉仁岳字峻昭行旻字昌圖滿不修飭每宴使客抵寶器潭中曰此水府也蛟龍所憑吾能沒焉乃裸入水俄取器以出累遷檢校太尉同中書門下平章事天復元年卒子彥威自立間荆南節度使成汭兵出襲江陵入之焚樓船殘墟落數千里無人跡弟彥恭結忠義節度趙匡凝以逐彥威據江陵匡凝弟匡明擊之還走朗州

陳儒江陵人世爲牙右職廣明元年以鄭紹業爲荆南節度使時朗州刺史段彥謩方據荆南紹業憚之踰半歲乃至僖宗入蜀召紹業還行在以彥謩代節度彥謩與監軍朱敬玫不平謀殺之敬玫覺先率兵入其府彥謩方寢拔劍縋城奔親軍壘不得入彥謩曰而等負我俄見害親屬僚佐皆死敬玫以少尹李燧爲留後且誣彥謩以罪帝遣中人似先元錫王晉琪慰撫密戒曰若敬玫可誅誅之以爾代而晉琪爲副敬玫盛兵出迎元錫等不敢發而還復詔鄭紹業爲節度使逗留不進敬玫署儒領府事明年遷檢校工部尚書爲節度使進檢校右僕射敬玫有悍卒三千號忠勇軍暴甚儒不能制初紹業將申屠琮率兵五千援京師既歸儒告以忠勇撓治琮請除之大將程君從聞之率衆奔澧州琮追斬百餘人軍乃潰已而琮復翦軍雷滿三以兵薄城儒厚啖以利乃去淮南將張瓌韓師德據復岳二州自署刺史儒請瓌攝行軍司馬師德攝節度副使共擊滿師德兵上峽大略去瓌引兵入逐儒儒將奔行在既又刼還囚之瓌滑州人暴勇而殘荆故將夷戮幾盡時以楊玄晦代敬玫監軍召敬玫還成都懼帝治前罪稱疾自解前此數殺大將富商故積賄每曝衣執繡不可計瓌見心動遣卒賊之敬玫衣黃衣盜刺其腹死秦宗言來寇馬步使趙匡欲奉儒出瓌覺之殺匡而絕儒食七日死瓌固壘二歲樵蘇皆盡米斗錢四十千計杯而食號爲通腸疫死者爭啗其尸縣首于戶以備餽軍中甲鼓無遺夜擊闔爲警宗言不能下乃解去二年宗權遣趙德諲攻瓌瓌求救於歸州刺史郭禹禹率峽州刺史潘章解圍明年德諲又至諸將困于戰城遂陷瓌死人無識者併尸于井復州長史陳璠從瓌至江陵審斷瓌首置囊中走京師獻之授安州刺史

劉巨容徐州人爲州大將龐勛之反自拔歸授埇橋鎮遏使浙西突陣將王郢反攻明州巨容以筒箭射郢死拜明州刺史徙楚州團練使黃巢亂江淮授蘄黃招討副使徙襄州行軍司馬檢校右散騎常侍巢據荆南俄還山南東道節度使以扞巢屯團林江西招討使曹全晸與巨容守荆門關與賊戰巨容僞北巢追之伏興林樾間賊大敗執賊將十三人轉鬬一舍虜獲不可計巢浮江東奔巨容追之俘十八以功遷檢校禮部尚書諸將欲乘勝追斬巢巨容止曰朝家多負人有危難不愛惜官賞事平即忘之不如留賊爲富貴作地諸將謂然故巢復熾及陷兩京巨容合諸道兵討之授南面行營招討使累兼天下兵馬先鋒開道供軍糧料使檢校司空封彭城縣侯巨容明吏治時僖宗在蜀公卿多因巨容護赴行在山南西道節度使鹿晏弘爲禁軍所逐引麾下東出襄鄧秦宗權遣趙德諲合晏弘兵攻襄州

巨容不能守奔成都始揚州人中屠生能化黃金高駢客之爲呂用之所譖亡奔襄漢駢遣吏捕得生見巨容自言其術巨容留不遣田令孜之弟道襄州巨容出金夸之及在蜀匿生使術不得傳令孜恨之龍紀元年殺巨容夷其宗生并死

巨容部將馮行襲者均州武當人以謀勇稱里中中和初鄉豪孫喜聚衆數千人謀攻城行襲伏士江陝以單舟迎喜曰州人思得將軍久矣顧將軍兵多必剽掠若留衆江北以輕騎進我爲鄉導城可下喜信之既度江吏出迎伏甲興行襲擊喜斬之衆皆潰行襲乘勝逐剌史呂燁據均州巨容因表爲剌史帝在蜀均之右有長山當襄漢貢道有劇賊據險劫獻物行襲平之武定節度使楊守忠表爲行軍司馬使領兵撫谷口以通秦蜀鳳翔李茂貞養子繼臻據金州行襲攻拔之昭宗即授金州防禦使時山南西道節度使楊守亮將襲京師道金商行襲逆戰破之就擢戎昭軍節度使朱全忠圍鳳翔神策中尉韓全誨遣中人二十輩督江淮兵過其州行襲方附全忠盡殺之收詔書送全忠天祐二年王建遣將王思綰攻行襲敗其兵州大將金行全出降行襲奔均州建以行全爲子更名宗朗授觀察使以渠巴開三州隸之宗朗不能守焚郭邑去全忠以行襲不足禦建遣別將屯金州行襲議徙戎昭軍於均州以金房爲隸全忠以金人不樂行襲以馮恭領州罷防禦使而廢戎昭軍

趙德諲蔡州人從秦宗權爲右將以討黃巢功授申州剌史光啓初與秦誥鹿晏弘合兵攻襄州節度使劉巨容奔成都宗權假德諲山南東道節度留後進攻荊南悉收寶貨留裨將王建肇守之遣人獲數百室明年歸州剌史郭禹來討建肇納之奔黔州德諲失荊南又度宗權必敗舉地附朱全忠全忠方爲蔡州四面行營都統即表以自副加忠義軍節度使宗權平加中書令封淮安郡王卒子匡凝嗣

匡凝字光儀由唐州剌史自爲山南東道節度留後昭宗即授節度使不三年以威惠聞累遷檢校太尉兼中書令匡凝矜嚴盛飾前後持鑑自照全忠之敗清口匡凝與奉國節度使崔洪河東李克用淮南楊行密約合兵攻全忠會方城鎮遏使軫奔全忠發其謀全忠移書切責使氏叔琮攻唐州剌史趙匡璠降進圍隋州執剌史趙匡璘斬首五千級拔鄧州執剌史國湘匡凝懼乞盟全忠使親將陳俊王神入叔琮軍崔洪留之神亡歸洪與行密欲邀友恭軍不克會河東客伊超使淮南還過蔡洪亦留之因是并俊送全忠以部將苛拘爲解遣兄賢入質全忠還之質洪子於汴全忠使賢諭蔡州卒二千出戍將行大將崔景思不悅殺賢洪懼驅民趨申州遂奔行密麾鼓亘百餘里武昌杜洪邀之弗及蔡士多亡去從者纔二千人天祐元年封匡凝爲楚王時諸道不上供唯匡凝歲貢賦天子全忠方圖天下遣人諭止之匡凝流涕曰吾爲國屏翰渠敢有他志副使王筠勸絕全忠全忠怒出兵攻之弟匡明大破汴軍於鄧州因勸匡凝與王建連和及荊南成汭敗匡凝取江陵表匡明爲荊南節度留後有詔拜檢校司徒荊南節度行軍司馬全忠以其兵分可圖也乃使楊師厚攻匡凝自將中軍繼之屯臨漢匡凝遣客謝囚不遣敗荊南救兵俘其將全忠循江而南師厚絲陰谷伐木爲梁匡凝以兵二萬瀕江戰大敗乃燔州單舸夜奔揚州行密見之曰君在鎮輕車重馬輸於賊今敗乃歸我邪筠自殺全忠以師厚爲山南東道節度留後遂趨江陵匡明亦謀奔淮南子承規諫曰昔諸葛兄弟分仕三國若適揚州是自取疑也匡明謂然乃趨成都王建待以賓禮授武信軍節度使分其衆爲崇義勇義順義廣義四都全忠遂有荊南

楊守亮曹州人本姓訾名亮與弟信俱從王仙芝爲盜亮身長七尺黝色如鐵仙芝死又事徐唐莒劫剽洪饒二州楊復光平江西得其兄弟養爲假子以信養於弟復恭家曰守亮守信復恭收京師守亮以戰多拜山南西道節度使檢校太保守信興平軍節度使並同中書門下平章事復恭又以假子守貞爲龍劍節度使守忠爲武定軍節度使守厚爲綿州剌史初朱玫取興鳳州虢州剌史滿存以兵赴行在復收二州昭宗擢爲威義軍節度使累檢校司徒同中書門下平章事與復恭四假子及利閬觀察使席儔等共攻王建建已圍楊晟分軍逼守厚軍未成列而敗先是守貞守忠聞建兵出拔衆奔綿州并力共攻東川弗勝建將華洪以兵萬人壁綿州之郊敗守忠守厚二人分道行收兵趨閬州始復恭敗依守亮而鳳翔李茂貞邠寧王行瑜鎮國韓建等共劾守亮納叛人請以鎮兵討之茂貞自爲興元節度使以書誚責宰相帝爲削守亮官爵因詔茂貞問罪滿存來救不克以衆入興元茂貞拔興鳳洋三州破守亮於西乘勝入興元復恭挾諸假子及存奔閬州洪進圍之帝以徐彥若帥鳳翔以興元授茂貞茂貞不肯拜帝乃以其子繼密爲興元節度使俄而洪拔閬州守亮等皆挺身走將北奔太原趨商山飢甚丐食于野爲邏戍所縛見韓建守亮視建左右八百人皆常隸已語建曰此屬吾養之素厚無一爲我死公無費衣食不如殺之建許諾復曰公幸貸我俾生見天子陳先人功萬有一不死建檻車送京師吏縛以帛內毬于口帝御延喜樓問反狀守亮不得語頷而已左右白服罪即執獻太廟斬獨柳下梟于市守厚死巴州麾下兵多歸王建存奔京師爲左武衛大將軍

楊晟不詳宗系隸鳳翔軍節度使李昌符畏其勇欲殺之妾周擿使亡去隸神策軍爲都校僖宗在陳倉邠寧朱玫遣萬騎合昌符追行在乃擢晟感義軍節度使檢校司空守大散關玫兵攻關晟數卻戰潘氏遂大敗內外無固志帝更徙興元晟西奔攻取興鳳二州晟襲文州逐剌史據成龍茂等州王建攻成都田令孜以晟故將與連和假威戎軍節度使守彭州晟擊建無功引還且畏建圖己乃約山南西道節度使楊守亮兄弟合謀拒建掠新繁焚漢州又攻東川顧彥暉爲建兵所逐建使王宗裕率騎五萬圍晟食四郊麥掠民貲產晟假子實以騎八千降於建建以奇兵襲楊守厚等皆亡去晟開門決戰大敗遂約降建饋十羊晟曰以我爲机上肉乎不出建築甬道屬陴以入斬晟首晟有仁心下懷其恩雖城中食盡無叛者初昌符死晟得其妾周母事之周請爲妻晟固辭旦夕問省乃視事愛將安師建者勇而有禮既就執建顧曰爾報楊司徒足矣能從我乎謝曰司徒誓同死生不忍復戴日月三謂不回乃戮之

顧彥朗彥暉者豐州人並爲天德軍小校其使蔡京以兄弟有封侯相每厚禮之使子贈賚稍稍進秩黃巢亂長安率軍同復京師彥朗遷累右衛大將軍光啓中擢拜東川節度使檢校太保同中書門下平章事至劍門陳敬瑄使吏奪其節彥朗不得入保利州敬瑄誣劾彥朗擅興兵掠西境僖宗下詔申曉講和乃得到軍署彥暉漢州剌史初楊守亮忌壁州剌史王建因晏欲逐之建聞合溪洞豪酋取閬州擊利州剌史走即據二州守亮不能制彥朗與建雅舊陰助貲饟建攻成都彥朗挾故憾與并力道路郵梗敬瑄告難于朝帝詔和解又救李茂貞鐫諭會彥朗卒彥暉自知留後明年爲節度使中人送節爲綿州剌史楊守厚所留守厚發兵攻梓州彥暉告急于建建使李簡救之戒曰賊破并取彥暉無須再往也簡破守厚軍彥暉辭疾不克取建素有吞噬心以彥朗與婚姬久未忍及彥暉則交好愈疏而境上鬭賦相稽訴建怒景福元年遂攻彥暉彥暉請救於楊守亮遣楊子彥戍梓執建大將王宗弼彥暉責曰王公何以見討君爲大將不諫云何宗弼謝罪即解縛使就館辦幕衾服皆具更養爲子改名琛明年建將華洪破綿州守厚走得彥暉節時詔已進彥暉檢校司空東川節度使矣乾寧二年昭宗在石門督彥暉建赴行在建率兵二十萬次綿州即劾彥暉劫輜運回襲之彥暉不敢出但遣人塞建舟路建遂擊取巴閬蓬渠通果龍利八州帝遣中人爲兩川宣諭協和使建奉詔還而兵不解彥暉謀窘因大略漢眉資簡等州李茂貞亦欲爭其地使子興元節度使繼密引軍救彥暉以窺東川四年華洪率衆五萬攻彥暉取渝昌普三州壁梓州南敗彥暉兵奪鎧馬八百凡五十戰圍遂固帝仍遣左諫議大夫李洵諭止建拒命帝以嗣郯王戒丕鎮鳳翔徙茂貞代建皆不奉詔梓有鏡堂世稱其麗彥暉嘗會諸將堂上養子瑤尤親信彥暉以所佩劍號疥瘡賓佩之使侍左右嘗語諸將曰與公等生死同之違者先齒疥瘡賓衆曰諾及圍急瑤請聚親信飲得同死彥暉顧王琛曰爾非我舊可自求生指額垣令逸彥暉手殺妻子乃自刎宗族諸將皆死麾下兵猶七萬初韋昭度爲招討使彥暉建皆爲大校彥暉詳緩有儒者風建左右髡髮黥面若鬼見者皆笑至是錄笑者皆殺之私署洪爲東川節度留後

贊曰詩云戎狄是膺荊舒是懲嫉其爲中國之害也春秋之世楚滅陳鄭而卒復其祀聖人善之處存平黃巢定京師功冠諸將昭宗嘗有意都襄陽依趙凝以自全大抵唐室屏翰皆爲朱溫所翦覆過於夷狄荊舒之爲害也甚矣

唐書卷一百八十六考證

陳儒傳計杯而食○南北監本作杯閩本作杯

唐書卷一百八十七

宋　端　明　殿　學　士　宋　祁　撰

列傳第一百一十二

二王諸葛李孟

王重榮，太原祁人。父縱，太和末爲河中騎將，從石雄破回鶻，終鹽州刺史。重榮以父任爲列校，與兄重盈皆以毅武冠軍，擢河中牙將，主伺察。時兩軍士千夜禁，捕而鞭之，士還訴於中尉楊玄寔，玄寔怒，執重榮讓曰：「天子爪士，而藩校辱之！」答曰：「夜半執者姦盜，孰知天子爪士？」具言其狀。玄寔歎曰：「非爾明辨，孰由知之。」更諉於府，擢右署。重榮多權詭，衆所嚴憚，雖主帥莫不下之。稍遷行軍司馬。黃巢陷長安，分兵略蒲，節度使李都不能支，乃臣賊，然內憚重榮，表以自副。地邇京師，賊調取橫數，使者至百輩，坐傳舍，益發兵，吏不堪命。重榮勝說都曰：「我所詭謀紓難，以外援未至。今賊裒責日急，又收吾兵以困我，則亡無日矣。請絕橋嬰城自守，不然，變生何以制之？」都曰：「吾兵寡，謀不足，絕之禍且至，願以節假公。」遂奔行在。重榮乃悉驅出賊使斬之，因大掠居人以悅其下。天子使前京兆尹竇潏間道慰其軍，因詔代都。重榮率官屬奉迎。潏至，大饗士，倡言曰：「天子以大臣守土，誰得逐之？爲我疏首惡者。」衆無敢對。重榮佩刀歷階曰：「首謀者我也，尚誰索？」目潏吏趣具騎，潏卽奔還。重榮遂主留後。賊使健將朱溫以舟師下馮翊，黃鄴率衆自華陰合攻重榮，重榮感厲士衆，大戰敗之，賊棄糧仗四十餘艘。卽拜檢校工部尚書，爲節度使。會忠武監軍楊復光率陳、蔡兵萬人屯武功，重榮與連和，擊賊將李詳於華州，執以徇。賊使尚讓來攻，而朱溫將勁兵居前，敗重榮兵於西關門。於是出兵夏陽，掠河中漕米數十艘。重榮選兵三萬攻溫，溫懼，悉鑿舟沉于河，遂舉同州降。復光欲斬之，重榮曰：「今招賊，一切釋罪，且溫武銳可用，殺之不祥。」表爲同華節度使，有詔卽副河中行營招討，賜名全忠。巢丧二州，怒甚，自將精兵數萬壁梁田。重榮軍華陰，復光軍渭北，掎角攻之，賊大敗，執其將趙璋，巢中流矢走。重榮兵亦死耗相當，懼巢復振，憂之，與復光計。復光曰：「我世與李克用共憂患，其人忠不顧難，死義如己，若乞師焉，事蔑不濟。」乃遣使者約連和。克用使陳景斯總兵自嵐、石赴河中，親率師從之，遂平巢，復京師。以功檢校太尉、同中書門下平章事，封琅邪郡王，累加檢校太傅。中人田令孜怒重榮據鹽池之饒。于時巨盜甫定，國用大乏，諸軍無所仰，而令孜爲神策軍使，建請二池領屬鹽鐵，佐軍食。重榮不許，奏言故事歲輸鹽三千乘于有司，則斥所餘以贍軍。天子遣使者諭旨，不聽。令孜徙重榮兗海節度使，以王處存代之，詔克用將兵援河中。重榮上書劾令孜離間方鎭，令孜遣邠寧朱玫進討，壁沙苑。重榮詒克用書，且言：「奉密詔須公到，使我圖公，此令孜、朱全忠、朱玫之惑上也。」因示僞詔。克用方與全忠有隙，信之，請討全忠及玫。帝數詔和解，克用合河中兵戰沙苑，玫大敗，奔邠州，神策軍潰還京師，遂大掠。克用乘勝西，天子走鳳翔。俄嗣襄王熅僭位，重榮不受命，與克用謀定王室。楊復恭代令孜領神策，故與克用善，遣諫議大夫劉崇望齎詔諭天子意，兩人聽命，卽獻縑十萬，願討玫自贖。崇望還，羣臣皆賀。重榮遂斬熅，長安復平。然性悍酷，多殺戮，少縱舍。嘗植大木河上，內設機軸，有忤意者輒置其上，機發皆溺。嘗辱部將常行儒，行儒怨之。光啓三年，引兵夜攻府，重榮亡出外，詰旦殺之，推立重盈。

重盈前此已歷汾州刺史。黃巢度淮，擢陝虢觀察使。重榮據河中，三遷檢校尚書右僕射，卽拜節度使。未幾，同中書門下平章事。及代重榮，留長子珙領節度事，入殺行儒，軍復安。昭宗立，進大傅，兼中書令，封琅邪郡王。父子兄弟相繼帥守，而從子蘊亦爲忠武節度使。乾寧二年，重盈死，軍中以其兄重簡子珂出繼重榮，故推爲留後。珙與弟絳州刺史瑤爭河中，上言珂本家蒼頭，請選大臣鎭河中，又與朱全忠書言之。珂急，乃遣使請婚於李克用，克用薦之，天子許嗣鎭，然猶以崔胤爲河中節度使。珙復構珂於王行瑜、李茂貞曰：「珂不受代，且晉親也，將不利於公。」行瑜等約韓建共薦珙，詔曰：「吾重已授珂矣，重榮有大功，不可廢。」行瑜怒，使其弟行約攻珂，克用遣李嗣昭援之，敗珙於猗氏，獲其將李璠。三鎭銜帝之却其請也，連兵犯京師，謀廢帝，誅執政，而立吉王，固請授珙河中。克用聞之，怒，以師討三鎭，瑤、珙兵引去。克用拔絳州，斬瑤，而屯渭北，敗行約於朝邑。行約走京師，弟行實在左軍，共說樞密使駱全瓘謀挾帝幸邠。右軍李繼鵬以告中尉劉景宣，二人茂貞黨也，欲以兵劫全瓘等請帝幸鳳翔。兩軍合譟承天門街，帝登樓諭和之。繼鵬怒，射帝，縱火焚門。帝率諸王及衞兵戰，繼鵬矢及帝冑，軍乃退。帝出，幸定州將李筠軍，嗣延王戒丕、嗣丹王允以鹽州六都兵從帝出啓夏門，次于郊。兩軍懼鹽州兵銳，各走其軍。帝次莎城，百官繼至，士民從者亦數萬。帝欲入谷中自固，以谷有沒唐石，惡之，徙石門。民匿保山谷間，帝每出，或獻飴糗，帝駐馬爲嘗，民皆流涕。既而遣嗣薛王知柔及劉光裕還京師。克用遣使者奔問行在，帝因詔克用、珂以兵趨新平，又詔涇州張鐇會克用軍以扼岐陽。克用在河中未出也，帝懼茂貞之逼，復使嗣延王戒丕以御服玉器賜之，督其西，乃壁渭北，進營渭橋。於是行瑜壁興平，茂貞壁鄠，行瑜兵數郤。茂貞懼，斬繼鵬，傳首以謝。繼鵬姓閻，名珪，左神策軍拍張人，爲茂貞養子云。詔削行瑜官爵，以克用爲邠寧四面行營都招討使，珂爲糧料使。克用遣子存貞請天子還宮，詔以騎三千戍三橋。帝旣還，加珂檢校司空，爲節度使。克用以女妻之，珂親迎太原，以李嗣昭助守河中，因攻珙，珙戰數北。珙任威虐，殺人斷首置前，而顏色泰定，下恐不敢叛，然稍弱無鬭志。光化二年，爲部將李璠所殺，自爲留後。詔代珙節度，又失衆，凡五月，爲牙將朱簡所殺，挈其地入朱全忠，表授節度使、同中書門下平章事，更名友謙。珙殺給事中王祝等十餘人，幕府遭戮辱甚衆，人有罪輒剄斮以逞。祝者，故爲常州刺史，避難江湖，帝聞剛鯁，以給事中召，道出陝，珙謁，且柄任，厚禮之。祝鄙其武暴，不降意。既宴，盛列珍器音樂，珙請於祝曰：「僕今日得在子弟列，大賜也。」三請，祝不答。珙勃然曰：「天子召公，公不可留此。」遂罷，遣吏就道殺之，族其家，投諸河，以溺死聞。帝不能詰。珙死，贈太師，詔陝州究死者，有司弔祭，存問其家。始，全忠擊楊行密不能克，諷荊、襄、青、徐等道請已爲都統以討行密，帝依違未報，而珂與太原、鎭、定等道亦請加行密都統以討全忠，繇是兩罷之。全忠怨珂不忘也。帝爲劉季述所廢，珂憤見言色，屢陳討賊謀。既反正，首獻方物，帝甚倚之。而全忠以克用方彊，不敢加兵，及王鎔詘服，拔定州，而克用兵折，乃謂其將張存敬曰：「珂恃太原侮慢我，爾持一繩縛之。」存敬以兵數萬度河，由含山襲絳州，刺史陶建釗、晉州刺史張漢瑜皆降，以何絪戍之，進攻珂，全忠率師繼進，卽劾珂交構克用，爲方鎭生事，不可赦。珂乞師太原，爲絪所迮，不能進。珂急，使妻遺克用書曰：「賊攻我朝夕，見俘乞食大梁矣。」克用答曰：「道且斷，往救必俱亡，不如歸朝廷。」珂窮，遣使告李茂貞曰：「上初反正，詔藩鎭無相侵，而朱公不顧約，以攻敝邑，敝邑亡，則邠、岐非君所保。天子神器斂手付人矣，宜與華州韓公出精銳固潼關，以張兵勢。僕不武，公其惠我西偏地以爲扞守，蒲請公自有之。關西安危，國祚長短，繫公此舉也。」茂貞不答。珂欲賊會橋毀，潛具舟將遁，夜諭守兵，無肯爲用者。牙將劉訓叩寢門，珂疑有變，叱之，訓自袒其衣曰：「苟有宅，請斷臂自明。」珂出，問計所宜，答曰：「若夜出，人將爭舟，一夫鴟張，禍繫其手。如且日以情諭軍中，宜有樂從者，可則濟，否則召諸將行成以緩敵，徐圖所向，上策也。」珂然之。明日，登城語存敬曰：「吾於朱公有父子驩，君姑退舍，須公至，吾自聽命。」乃執太原諸將，并奉節印內存敬軍，豎大幡城上，遣兄璘與諸將樊洪等見存敬，存敬解圍而戍以兵。全忠自洛至。全忠王出也，始背賊事重榮，約爲甥舅，德其全已，指日月曰：「我得志，凡氏王者皆事之。」至是忘誓言，過重榮墓，僞哭而祭。次虞鄉，珂欲面縛牽羊以見，全忠報曰：「舅之恩無日可忘，君若以亡國禮見，黃泉其謂我何？」珂出迎，握手泣下，駢轡以入。居旬日，以存敬守河中，舉珂室徙于汴，後令入覲，遣人賊之於華州。自重榮傳珂，凡二十年。

諸葛爽，青州博昌人。爲縣伍伯，令笞苦之，乃亡命，沈浮里中。龐勛反，入盜中爲小校。勛勢蹙，率百餘人與泗州守將湯羣自歸，累遷汝州防禦使。李琢討沙陀於雲州，表爲北面招討副使，徙夏綏銀節度使、檢校尚書右僕射。黃巢犯京師，詔率代北行營兵入衞，次同州，降賊，僞署河陽節度使，代羅元杲。元杲者，本神策將，狀短陋，倚中官勢，剝財輸京師，凡鉅萬，人怨之。爽至，募州人戰，衆不從，相率迎爽，元杲奔行在。爽間道奉表僖宗以自明，詔拜節度使。李克用援陳、許，道天井關，爽懼，不肯假道，出屯萬善。克用自河中趨汝、洛，爽累授京師東南面招討、諸行營副都統、左先鋒使，兼中書門下平章事。朱溫爲賊守同州，爽率輕兵入之，溫偃旗設伏以待。爽謂賊遁，士解甲就舍，伏發，爽悉棄鎧馬奔還，至修武，爲魏博韓簡擊敗之，不敢入。簡留將趙文玭戍河陽，自攻鄆，時中和二年也。河陽人誘爽自金商馳復入之，厚禮文玭及戍人，還之魏。於是爽攻新鄉，簡自鄆來戰獲嘉西。簡陰窺關中，其下不悅，裨將樂彥禎間衆之隙，引其軍先還，故簡兵八萬自潰，相藉溺清水，至不流。明年，詔爽爲東南面招討使，伐秦宗權，表李罕之自副。爽雖與庸廝，善吏治，法令澄壹，人無愁咨。擢累檢校司空。光啓二年卒。其將劉經與澤州刺史張言共立爽子仲方爲留後，爲蔡賊孫儒所攻，奔于汴，儒取孟州。

李罕之，陳州項城人。少拳捷，初爲浮屠，行匄市，窮日無得者，抵鉢磃祇，祓去，聚衆攻剽五臺下。先是，蒲、絳民壁摩雲山避亂，羣賊往攻不克，罕之以百人徑拔之，衆號李摩雲。隨黃巢度江，降于高駢，駢表知光州事。爲秦宗權所迫，奔項城，收餘衆依諸葛爽，爽署懷州刺史。爽伐宗權卽表以自副屯睢陽無功又表爲河南尹東都留守使捍蔡河東李克用脫上源之難喪氣還罕之迎謁謹甚勞餽加等厚相結罕之因府爲屯會孫儒來攻罕之不出數月走保澠池東都陷儒焚宮闕剽居民去爽遣將收東都罕之逐出之爽不能制俄而爽死其將劉經張言共立爽子仲方欲去罕之而罕之故與郭璆有隙擅殺璆軍中不悅經間衆怒襲其壁罕之退保乾壕經追擊反爲所敗乘勝入屯洛陽苑中經戰不勝還河陽罕之屯鞏將度汜經遣張言拒河上反與罕之合攻經不克屯懷州孫儒逐仲方取河陽自稱節度使俄而宗權敗棄河陽走罕之言進收其衆匄援河東克用遣安金俊率兵助之得河陽克用表罕之爲節度使同中書門下平章事有詔與屬籍又表言爲河南尹東都留守罕之與言甚篤然性猜暴是時大亂後野無遺秆部卒日剽人以食又攻絳州下之復擊晉州王重盈欲出汴兵救罕之解圍還而言善積聚勸民力耕儲脩稍集罕之食乏士仰以給求之無涯言不能厭罕之拘河南官吏笞督之又東方貢輸行在者多爲罕之邀剟重盈反間於言文德元年罕之悉兵攻晉州言夜襲河陽俘罕之家罕之窮奔河東克用復表爲澤州刺史領河陽節度使遣李存孝薛阿檀安休休率師三萬攻言城中食盡言納孥於汴求救全忠遣丁會葛從周牛存節來援戰沇河聚休休不利降全忠存孝還全忠更以丁會爲河陽節度使言歸洛陽罕之保澤州數出鈔懷孟晉絳無休歲人匿保山谷出爲樵汲者罕之俘斬略盡數百里無舍煙克用遣罕之存孝攻孟方立拔磁州方立戍將馬溉兵數萬戰琉璃陂罕之禽溉敗其衆大順初汴將李讜鄧季筠攻罕之罕之告急於克用遣存孝以騎五千救之汴士呼罕之曰公倚沙陀絕大國今太原被圍葛司空入上黨不旬日沙陀無穴處矣存孝怒引兵五百薄讜營呼曰我沙陀求穴者須爾肉以飽吾軍請肥者出鬭季筠引兵決戰存孝奮矟馳直取季筠讜夜走追至馬牢川敗之克用討王行瑜表罕之副都統檢校侍中行瑜誅封隴西郡王檢校太尉兼侍中罕之恃功多嘗私克用愛將蓋寓求一鎭寓爲請克用不許曰鷹鸇飽則去矣我懼其翻覆也光化初昭義節度使薛志勤卒罕之夜襲潞入之自稱留後報克用曰志勤死懼它盜至不俟命輒屯于潞克用遣李嗣昭先擊澤州拘罕之家屬送太原罕之攻沁州執刺史守將送款于汴全忠表罕之昭義節度使命丁會援之與嗣昭戰含口嗣昭不利葛從周取澤州嗣昭又攻罕之罕之暴得病不能事會代戍全忠更以罕之節度河陽三城卒于行年五十八未幾嗣昭復取澤州以李存璋爲刺史進收懷州攻河陽汴將閻寶引兵至嗣昭還始儒去東都也井閈不滿百室言治數年人安賴之占籍至五六萬繕池壘作第署城闕復完全忠懼言異已乃徙節天平以韋震爲河南尹爽諸將無傳地者言後嗣名全義

王敬武青州人隸平盧軍爲偏校事節度使安師儒中和中盜發齊棣間遣敬武擊定已還卽逐師儒自爲留後將王鐸方督諸道行營軍復京師因承制授敬武平盧節度使趣其兵使西及京師平進檢校太尉同中書門下平章事龍紀元年卒子師範年十六自稱留後嗣領軍昭宗自以太子少師崔安潛領節度師範拒命將棣州刺史張蟾迎安潛師範遣部將盧弘攻之弘與蟾連和師範以金啗之曰君若顧先人使不絕其祀君之惠也不然願死墳墓弘少之不爲備師範伏兵迎于路部將劉鄩斬弘遂攻棣州蟾請救於朱全忠全忠馳使諭解師範拔其城斬蟾而安潛不敢入師範喜儒學謹孝于法無所私舅醉殺人其家訴之師範厚賂謝訴者不置師範曰法非我敢亂乃抵舅罪母恚之師範立堂下日三四至不得見三年拜省戶外不敢懈以青州父母所籍每縣令至具威儀入謁令固辭師範遣吏挾坐拜廷中乃出或諫不可答曰吾恭先世且示子孫不忘本也全忠已并鄆州遣兵攻師範師範下之會全忠圍鳳翔昭宗詔方鎭赴難以師範附全忠命楊行密部將朱瑾攻青州且欲代爲平盧節度師範聞之哭曰吾爲國守藩君危不持可乎乃與行密連盟遣將張居厚李彥威以甲槊二百輿給爲獻者及華州先內十輿闢人覺衆擐甲譟殺全忠守將婁敬思是時崔胤方在華閉門拒戰執居厚還全忠劉鄩襲兗州入之師範亦潛兵入河南徐沂鄆等十餘州同日竝發全忠使從子友寧率軍東討是時帝還長安故全忠并魏博軍屯齊州王茂章方以兵二萬合師範弟師誨攻密州破之以張訓爲刺史進攻沂州敗其兵還青州半舍而屯友寧方攻博昌未下全忠督戰急友寧驅民十萬負木石築山臨城中城陷屠老少投尸淸水遂圍登州茂章欲啗友寧不肯救未幾城破友寧負勝攻別屯茂章度汴軍怠與師範合擊友寧於石樓斬其首傳於行密全忠怒悉軍二十萬倍道至茂章閉營伺軍懈毀壁出鬭還與諸將飲訖復戰全忠望見嘆曰吾有將如是天下不足平於是退屯臨淄茂章畏全忠乃斂軍而南使李虔裕以五百人後拒茂章釋衣寢虔裕諫曰追至將軍速去茂章曰吾共決死虔裕固請茂章乃去已而追至虔裕一軍覆茂章免全忠見虔裕欲釋之瞋目大罵而死張訓召諸將謀曰汴人至師少何以待之衆請焚城而亡訓曰不然卽封府藏下縣門密引兵去汴軍見府庫完德之不追全忠留楊師厚圍青州敗師範兵於臨朐執諸將又獲其弟師克是時師範衆尚十餘萬諸將請決戰而師範以弟故乃請降全忠歸其弟假師範知節度留後事師範獻錢二十萬緡以謝軍汴將劉重霸執棣州刺史邵播得其書八百紙皆教師範戰守全忠憚而殺之葛從周圍兗州劉鄩不肯下從周以師範命招之乃盡出將士開門降從周爲辦裝使詣汴鄩但素服乘驢而往全忠賜冠帶辭曰囚請就縶不許旣見慰之飲以酒固辭全忠笑曰取兗州量何大邪擢署都押衙在諸舊將上諸將趨入鄩一無讓全忠奇之歲餘徙師範于汴亦縞素請罪全忠見以禮表爲河陽節度使旣受唐禪友寧妻訴讎人于朝乃族師範于洛陽先是有司坎第左告之故師範乃與家人宴少長列坐語使者曰死固不免予懼坑之則昭穆失序不可見先人地下酒行以次受戮者二百人

孟方立邢州人始爲澤州天井戍將稍遷游奕使中和元年昭義節度使高潯擊黃巢戰石橋不勝保華州爲裨將成鄰所殺還據潞州衆怒方立率兵攻鄰斬之自稱留後擅裂邢洺磁爲鎭治邢爲府號昭義軍潞人請監軍使吳全勗知兵馬留後時王鐸領諸道行營都統以潞未定墨制假方立檢校左散騎常侍兼御史大夫知邢州事方立不受囚全勗以書請鐸願得儒臣守潞鐸使參謀中書舍人鄭昌圖知昭義留事欲遂爲帥僖宗自用舊宰相王徽領節度時天子在西河關雲擾方立擅地而李克用窺潞州徽度朝廷未能制乃固讓昌圖昌圖治不三月輒去方立更表李殷銳爲刺史謂潞險而人悍數賊大帥爲亂欲銷懦之乃徙治龍岡州豪傑重遷有懟言會克用爲河東節度使昭義監軍祁審誨乞師求復昭義軍克用遣賀公雅李筠安金俊三部將擊潞州爲方立所破又使李克修攻取之殺殷銳遂并潞州表克修爲節度留後初昭義有潞邢洺磁四州至是方立自以山東三州爲昭義而朝廷亦命克修以潞州舊軍畀之昭義有兩節自此始克修字崇遠克用從父弟精馳射常從征伐自左營軍使擢留後進檢校司空方立倚朱全忠爲助故克用擊邢洺磁無虛歲地爲鬬場人不能稼光啓二年克修擊邢州取故鎭進攻武安方立將呂臻馬爽戰焦岡爲克修所破斬首萬級執臻等拔武安臨洺邯鄲沙河克用以安金俊爲邢州刺史招撫之方立匄兵於王鎔鎔以兵三萬赴之克修還後二年方立督部將奚忠信兵三萬攻遼州以金啖赫連鐸與連和會契丹攻鐸師失期忠信三分其兵鼓而行克用伏兵于險忠信前軍沒旣戰大敗執忠信餘衆走脫歸者纔十二龍紀元年克用使李罕之李存孝擊邢攻磁洺方立戰琉璃陂大敗禽其二將破斧鑽徇邢壘呼曰孟公速降有能斬其首者假三州節度使方立力屈又屬州殘墮人心恐性剛急持下少恩夜自行陴兵皆倨告勞自顧不可復振乃還引酖自殺從弟遷素得士心衆推爲節度留後請援於全忠全忠方攻時溥不卽至命王虔裕以精甲數百赴之假道羅弘信不許乃趨間入邢州大順元年存孝復攻邢遷挈邢洺磁三州降執王虔裕三百人獻之遂遷太原表安金俊爲邢洺磁團練使以遷爲汾州刺史

贊曰以亂救亂跋扈者能之以亂不能救亂險賊者能之蓋救亂似霸然而似之耳故不足與共功觀王重榮寧不信哉破黃巢佐李克用平京師若有爲當世者俄而奮私隙逼天子出奔雖馘朱玫仆僞襄王謂曰定王室實卑之也身死部將手救亂而卒于亂重榮兩得之不殺朱全忠而爲全忠誅絕其嗣宜矣餘皆庸奴下材無所譬責云

唐書卷一百八十七考證

王重榮傳死義如已○如舊書作知

唐書卷一百八十八

宋 端 明 殿 學 士 宋 祁 撰

列傳第一百一十三

楊時朱孫

楊行密字化源廬州合淝人少孤與羣兒戲常爲旗幟戰陣狀年二十亡入盜中刺史鄭棨捕得異其貌曰而且富貴何爲作賊縱之與里人田頵陶雅劉威善僖宗在蜀刺史遣通章行在日走三百里如約而還秦宗權寇廬壽間刺史募殺賊差首級爲賞行密以功補隊長都將忌之俾出戍將行都將問所乏對曰我須公頭卽

斬之自爲八營都知兵馬使刺史走淮南節度使高駢因表爲廬州刺史乃以田頵爲八營都將陶雅爲左衙山將討定鄉盜駢將呂用之恐行密不可制遣俞公楚以兵五千屯合淝名討黃巢而陰圖之行密擊殺公楚秦宗權遣弟度淮取舒城行密破走之時張敖據壽州許勍據滁州與行密挐戰又舒人陳儒攻刺史高澞澞來告難行密未能定賊吳迥李本逐澞據其城行密虜之取舒州爲勍所奪光啓二年張敖遣將魏虔攻廬州大將李神福田頵破之褚城畢師鐸秦彥攻高駢呂用之以駢命署行密行軍司馬督其兵進援客袁襲說行密曰高公耄昏妖人用權彥乃以逆除暴殲其亂公亟應必得其地行密乃檄部州衰兵而東次天長而揚州陷行密薄城而屯用之以兵屬之彥以騎兵背城戰行密臥帳中令曰賊近報我俄而陷一屯別將李宗禮入曰兵相迫戰且不利請堅壁徐引歸可也李濤怒曰以順去逆何衆寡爲今尚何歸願以所部前死行密喜益甲出戰佯殺如藉彥軍不出會駢死襲勸行密舉軍縞素大臨三日進攻城未能下用之將張審威說伏西壕殺關者啓外兵彥軍疲守遲皆潰去行密入據揚州未閱月孫儒奄至兵銳甚襲見行密曰公之入以少擊衆室家未完若外被重圍情見勢殆不如避之行密執海陵鎮遏使高霸殺之并其衆輦所收財歸于廬於是朱全忠自爲淮南節度使遣將張廷範致命而授行密副使以行軍司馬李璠知留後行密大怒廷範璠不敢入全忠更請以行密知觀察留後當此時孫儒彊赫然有吞吳越意行密欲遁保海陵襲勸還廬州治兵爲後計行密乃還既又謀趨洪州襲不可曰鍾傳新輿兵附食多未易圖也孫端據和州趙暉屯上元結此二人以圖宣州我綽綽有餘力矣行密從之端暉次采石行密自糝潭濟端等戰不勝襲勸行密速趨曷山堅壁以須宣人求戰示以弱待其怠一舉可禽宣將蘇瑭兵二萬對屯行密不戰分奇兵伐木開道四出瑭驚北遂圍宣州刺史趙鍠糧盡親將多出降初行密有銳士五千衣以黑繒黑甲號黑雲都又井盱眙曲溪二屯籍其士爲黃頭軍以李神福爲左右黃頭都尉兵銳甚曲溪將劉金策鍠必遁紿曰將軍若出願自吾壘而偕鍠喜多遣之金許妻以女明日譟城上曰劉郎不爲爾婿鍠宵遁獲之鍠全忠故人也發使求之襲曰斬首送之無後慮乃歸鍠首于汴昭宗詔行密檢校司徒宣歙池觀察使時韓守威以功拜池州刺史行密表徙湖州以兵護送而李師悅在湖州與杭州刺史錢鏐戰不解蘇湖常潤亂甚行密雖得宣州而蔡儔爲孫儒所破以廬州降儒進攻行密行密復入揚州北結時溥扞儒全忠遣龐師古將兵十萬自潁度淮助行密敗於高郵行密懼退還宣州遣安仁義襲成及取潤州自將三萬屯丹陽仁義又取常州殺錢鏐將杜稜儒亦使劉建鋒奪潤常帝以杭州爲防禦使授鏐以宣州號寧國軍授行密節度使大順二年儒屯溧水循山構壁行密遣李神福屯廣德計曰兵倍不戰當避其銳驕之乃退舍儒衆以爲怯守者懈神福夜襲走之儒將康旺取和州安景思取滁州神福擊降旺逐景思攻暖山屯破之禽儒將李弘章俄而田頵劉威爲儒所敗行密欲守銅官神福曰儒掃境以來利速戰宜堅壁老其師則我無敵矣又出輕騎絶賊糧道使前不得戰退無仰儲不亡何待於是行密以神福爲宣池都游弈使儒始乏食常熟名賊陳可兒間儒行密之闕竊入常州自稱制置使行密遣陶雅守潤州張訓入揚州因執楚州刺史以輕兵襲常州斬可兒孫儒圍行密宣州凡五月不解臺濛作魯陽五堰拕輕舸饋糧故行密軍不困卒破儒卽表田頵守宣城長驅入揚州戰凡七年定八州生人將盡行密勞恩休息其下遂安議出鹽茗畀民輸帛幕府高勗曰瘡破之餘不可以加斂且帑貲何患不足若悉我所有易四鄰所無不積日財有餘矣行密納之始選吏綏勸所部蔡儔以廬州叛附朱全忠納孫儒將張顥而倪章據舒州與儔連和行密遣李神福攻儔破其將儔堅壁不出顥超堞降行密以隸袁積軍積請戮之行密愛其勇更置于親軍未幾儔自殺行密先冢皆爲儔發掘吏請夷發儔世墓不許表劉威爲刺史遣田頵攻歙州於是刺史裴樞有美政民愛之爲拒戰頵兵數却樞朝廷所命者食盡欲降遣行密書請還京師行密以魯郃代樞州人不肯下請陶雅代雅於諸將最寬厚以禮歸樞于朝是歲李神福拔舒州倪章亡以神福爲舒州刺史乾寧二年行密襲濠州李簡重甲絶水縋而入執刺史張璲以劉金守之進取壽州汴將劉知俊儲穀石碭將南襲張訓屯漣水遣兵浮海掩得其唇知俊戰不勝因攻漣水大敗身僅免詔拜行密淮南節度副大使知節度事檢校太傅同中書門下平章事封弘農郡王董昌爲錢鏐所攻來告窮行密遣臺濛攻蘇州安仁義田頵攻杭州身督戰別將張崇爲鏐執行密欲嫁其妻答曰崇不負公願少待俄而還自是行密終身倚愛明年五月破蘇州執鏐將成及以朱黨守之朱延壽拔蘄光二州行密以霍丘當南北走集以邑豪朱景爲鎮將景驍毅絶人諸盜莫敢犯汴將寇彥卿以騎三千襲之致全忠厚意景不許苦戰彥卿敗而去田頵魏約張宣共圍嘉興鏐大將顧全武救之執宣約逐頵於驛亭埭未幾泰寧節度使朱瑾率部將侯瓚來歸太原將李承嗣史儼史建章亦來奔行密推赤心不疑皆以爲將於是兵銳甚彊天下帝惡武昌節度使杜洪與全忠合手詔授行密江南諸道行營都統討洪汴將朱友恭聶金率騎兵萬人與張崇戰泗州金敗瞿章守黃州聞友恭至南走武昌柵行密遣將馬珣以樓船精兵助章守友恭大樊港章據險不得前友恭鑿崖開道以彊弩叢射殺章別將遂圍武昌章率軍薄戰不勝友恭斬章拔其壁全忠率葛從周萬騎攻光州柴再用遣小校王稔以輕騎覘賊汴兵圍之候者請救再用曰稔必殺賊第無往稔解鞍自如暮依撼步戰殺傷多汴兵乃解時亡馬法峻稔追汴軍得馬乃還從周涉淮圍壽州而龐師古聶金以衆七萬壁清口朱延壽擊從周軍敗之行密欲汴圍解乃擊師古李承嗣曰公能潛師趨清口破其衆則從周不擊而潰行密出車西門繇北門去以銳士萬二千犯雪馳迫清口不進壅淮上流灌師古軍張訓自漣水來行密使將羸兵千人爲前鋒師古易之方圍棋軍中不顧朱瑾侯瓚以百騎持汴旗幟直入師古壘舞槊而馳訓亦登岸超其柵汴軍大囂卽斬師古士死十八全忠聞之與從周皆遁走追及壽陽大破之叩渒水方涉爲瑾所乘溺死萬餘瑾徙屯安豐汴將牛全節苦鬬後軍乃得度會大雪士多凍死潁州刺史王敬堯燎薪屬道汴軍免者數千人未幾復圍壽州七日走馬珣收散卒三百自黃州間道趨分寧絶山谷襲撫州鏐將危全諷列四壁皆萬人珣謂諸將曰爲諸君擊中壁食其穀以歸乃夜擊之全諷走明日珣高會廣旗幟伐鼓循山而下連營潰既還行密罵曰豎子不遂據其城邪光化元年秦裴取鏐崑山鎮顧全武圍之行密諸將數敗全武遂圍蘇州臺濛固守鏐自以舟師至濛食盡行密遣李簡將勳迎之敗全武兵濛得還後軍潰裴援絶全武勸其降決水灌城城壞裴乃降鏐喜具千人食以待既至士不及百鏐曰軍寡何拒之久裴曰糧盡歸死非僕素也初成及之執行密閱其室唯圖書藥劑將辟爲行軍司馬固辭引刀欲自刺行密乃止厚禮而歸之鏐亦遣魏約等還全忠攻蔡州奉國節度使崔洪來丐師明年遣朱瑾率兵萬人攻徐州屯呂梁洪遂來奔會雨霖瑾引還行密攻徐州汴將李禮壁宿州以援全忠自將次輝州行密戰不勝乃解青州將陳漢賓擁兵送款行密王綰張訓周本率兵迎之漢賓中悔綰訓入見漢賓紿麾下饗我不過日中若不至可攻城漢賓釋甲聽命光州叛行密自攻之汴將朱友裕來救撤圍還全忠諭馬殷成汭雷滿合兵攻行密汭滿猶豫汭惡殷事全忠掠其境滿來結好行密壁黃鄂間杜洪實鴆于酒于井棄城去行密知不入全忠又遣使者督殷汭滿連兵解圍行密還詔加檢校大尉兼侍中天復元年傳言盜殺錢鏐李神福急攻臨安顧全武列八壁相望神福伏軍青山僞若引去謀奔告全武悉衆躡之神福返鬬與伏夾攻斬首五千級執全武明日遂圍臨安鏐將秦昶以步兵三千降神福乃令軍中護鏐先墓禁樵采鏐遣使者厚謝神福以鏐不死臨安未可下納犒而還明年大將劉存率兵二萬戰艫七百伐湖南殷伏軍長磧洲以樓艓據上流乘風颺沙彊弩射之存軍熸行密歸顧全武於鏐鏐亦釋秦裴以報帝在鳳翔以左金吾大將軍李儼爲江淮宣諭使授行密東面諸道行營都統檢校太師守中書令封吳王承制封拜且告難時已削奪全忠封爵詔西川河東忠義幽州保大横海義武大同八道攻之詔朱瑾爲平盧節度使繇海州取青齊馮弘鐸爲感化節度使出漣水攻徐宿使朱延壽圍蔡州田頵捍錢鏐行密討杜洪馬殷以分全忠勢行密乃以李神福爲鄂岳招討使劉存副之遣冷業攻馬殷杜洪戰屢敗嬰城請救於全忠全忠使韓勍率步兵萬人屯灄口荆南節度使成汭亦悉衆救洪神福逆戰敗之汭溺死勍引衆走冷業屯平江爲三壁殷將許德勳以銳卒號定南刀夜襲業擊三壁皆破禽業掠上高唐年而去是時杜洪困甚且禽會田頵安仁義絶行密行密召神福存還計事洪復振頵之敗更以臺濛爲宣州觀察使復遣神福存攻鄂州順義軍使汪武與頵連和歙州刺史陶雅攻鍾傳兵過武所迎謁縛武於軍無錫當浙衝行密使票將張可悰守之鏐勁兵三千夜襲城可悰以百騎擊走之吏皆賀答曰未也方勞諸軍一戰乃蔽火斂旗以須覘者以告鏐兵復至可悰大破之臺濛卒行密以子渥爲宣州觀察使天祐二年王彥章李德誠拔潤州殺安仁義以王茂章爲潤州團練使聶彥章等率舟師復伐殷攻岳州許德勳詹佶以舟千二百柁入蛤子湖琗山之南爲木龍鎖舟夜徙三百舸斷楊林岸彥章入荆江將趨江

陵信躡之德勲以梅花海鶻迅舸進斷木龍舟蔽江車弩亂發執彦章溺死萬人殷釋彦章還德勲謂曰爲我謝吳王僕等數人在溯湘不可冀也行密寬易善遇下能得士死力每宴使人負劒侍陳人張洪因以劒擊行密不中近將李友禽斬之佗日侍劒如故行密蚤出有盜斷馬鞅不之問以故人人懷恩始秦孫儒亂府庫殫空能約己省費不三年而軍富雄嘗過楚州臺濛盛供帳侍之行密一夕去遺衣臥內皆經補浣濛還之行密曰吾興細微不敢忘本君笑我邪濛大慙登城見王茂章營第曰天下未定而茂章居寢鬱然渠肯爲我忘身乎茂章遽毀損方帝困鳳翔冉遣使督兵以爲行密可亢全忠者然兵至宿州紿言糧盡乃還全忠脅帝東遷行密恥憤被病全忠亦知天子倚行密爲重乃弒帝以絕人望行密聞之發喪不視事三日因是病篤召將吏付家事問嗣於其佐周隱對曰宣州司徒易而信讒唯淫酗是好不可以嗣不如擇賢者時劉威以宿將有威名隱意屬威行密不答因以王茂章代渥使亟還行密召所親嚴求曰我使周隱召吾兒而不至柰何求往見隱召檄仍在几始渥守宣州押牙徐溫王令謀約渥曰王且疾而君出外此殆姦人計他日有召非我二人勿應也及是二人以符召渥渥至行密承制授檢校太尉同中書門下平章事淮南節度使留後行密諗渥曰左衙都將張顥王茂章李遇皆怙亂不得爲兒除之卒年五十四遺令穀葛爲衣桐瓦爲棺夜葬山谷人不知所在諸將謚曰武忠張顥議歸都統印於宣諭使李儼行節度事諸將畏顥無敢對渥流涕騎軍都尉李濤曰都統印先帝所以賜王父子安得授人諸將唯唯顥投袂去乃共請於儼承制授渥兼侍中淮南節度副大使東面諸道行營都統封弘農郡王渥好騎射初與許玄膺爲刎頸交及嗣位事皆決之諸將莫敢忤渥求王茂章親兵不得及去宣輦帷帟以行茂章嫚罵不與踰年遣兵五千襲之茂章奔杭州秦裴執鍾匡時渥授以江西制置使朱思勍范師從陳璠以兵戍洪州渥爲張顥所制二人者渥腹心也顥脅以爲有異謀遣陳祐疾馳懷短兵微服入秦裴帳中裴大驚命飲召三將入皆色動酒行祐數其罪皆斬之渥召周隱曰君嘗以孤爲不可嗣何也隱不對遂殺之

贊曰行密興賤微及得志仁恕善御衆治身節儉無大過失可謂賢矣然所據淮楚士氣剽而不剛行密無霸材不能提兵爲四方倡以輿王室孰視朱溫劫天子而東謀窮意沮僨死牖下可爲長太息矣

時溥徐州彭城人爲州牙將黃巢亂京師節度使支詳遣溥與陳璠率兵五千西討次河陰軍亂剽居人溥招戢其衆引還屯境上疑不敢歸詳以牛酒犒士約悉貰其罪軍乃入共推溥爲留後逐詳客館溥厚具貲裝遣璠護還京師夜駐七里亭璠擅殺詳屠其家溥怒署璠宿州刺史俄殺之別遣將引銳兵三千入關僖宗因以武寧節度命之巢敗東走圍陳州營溵水秦宗權方據淮西相聯結溥地介於賊乃悉師討之軍鋒甚盛連戰輒克授東面兵馬都統遂合許兗鄆兵逐尚讓於太康斬首數萬級讓以所部萬人降溥遣將李師悅等追尾巢至萊蕪大破之諸將爭得巢首而林言斬之持歸溥以獻天子故破賊溥功第一加檢校司徒同中書門下平章事進檢校太尉兼中書令鉅鹿郡王宗權阻兵拜溥蔡州行營兵馬都統賊平與朱全忠爭功嫌甚日構孫儒方與楊行密爭揚州詔全忠爲淮南節度使平其亂溥自以先起功名顯朝廷位都統顧不得而全忠得之頗悵恨全忠使司馬李璠郭言等東兵道宿州遣溥書請假道溥辭不可間其壁以兵襲之言戰甚力解而還全忠怨自是連歲略徐泗師不弛甲全忠自將及其郊未得志引去溥窮乞師於李克用克用爲攻碭山朱友裕救之各亡其大將友裕進攻宿州不能拔時大順元年也明年丁會築堤闕汴水灌宿郛三月拔之使劉瓚守而溥將劉知俊引兵二千降全忠軍益不振民失田作又大水荐飢死喪十七以上乃請和於全忠全忠約徙地而罷兵昭宗以宰相劉崇望代之授溥太子太師溥慮去徐且見殺偟惑不受命諭軍中固留有詔聽可泗州刺史張諫聞溥已代即上書請隸全忠納質子爲溥既復留諫大懼全忠爲表徙鄭州刺史諫畏兩怨集己乃奔楊行密行密以諫爲楚州刺史并其民徙之以兵屯泗朱友裕率軍攻溥嬰城不出有詔全忠曰軍行非吉日故師無功全忠遣參謀徐璠至軍責諭友裕答曰溥困且破乃狗妖辭士心墮矣焚其書督餫饋急攻之溥將徐汝出降溥求救於朱瑾全忠自以兵屯曹將去留精騎數千授霍存曰事急可倍道趨之瑾兵二萬與溥合攻友裕存引兵疾戰瑾溥還壁明日復戰霍存敗死之進逼友裕友裕堅營不出瑾食盡還兗州全忠使龐師古代友裕溥分兵固守石佛山師古攻拔之自是完壘不戰王重師牛存節等梯其堞以入溥徙金玉與妻子登燕子樓自焚死實景福二年全忠遂有其地私置守焉

朱宣宋州下邑人父以豪猾聞里中坐鬻鹽抵死宣亡命去青州爲王敬武牙軍黃巢之亂敬武遣將曹存實率兵西入關而宣爲軍候道鄆州是時節度使薛崇拒王仙芝戰死其將崔君裕攝州事存實揣知兵寡襲殺之據其地遂稱留後以宣功多署濮州刺史留總帳下兵中和初魏博韓簡東窺曹鄆引兵濟河存實迎戰死于陣宣收殘卒嬰城簡圍之六月不能拔引兵去僖宗嘉其守拜宣天平節度使累加同中書門下平章事宣有衆三萬弟瑾勇冠三軍陰有爭天下心瑾嗜殘殺光啓中求婚於兗州節度使齊克讓詭親迎載兵竊發逐克讓據府自稱留後天子卽授以帥節兄弟雄張山東時秦宗權悉兵攻朱全忠使秦賢列三十六壁自將督戰全忠大恐求救于宣宣與瑾身率師往擊宗權宗權敗走全忠厚德宣兄事之情好篤密而內忌其雄且所據皆勁兵地欲造怨乃圖之卽聲言宣納汴亡命移書詆讓宣以新有恩於全忠故荅檄悉望全忠由是顯結其隙使朱珍先攻瑾取曹州壁乘氏宣救曹不克奔還范珍圍濮州宣使弟罕救濮全忠自將擊罕斬之拔濮州朱裕奔歸鄆使珍薄鄆挑戰宣不出裕爲書紿降導珍入信之夜以兵數千傅城裕開門軍入縣門發死者數千縱礧石擊未入者殺裨將百餘人復取曹以郭詞爲刺史大將郭銖斬詞奔全忠瑾謀悉兵襲汴全忠乃自攻瑾瑾以兵掠單父與全忠將丁會轉戰不勝去景福初復伐宣令從子友裕先驅自繼之次衞南宣以輕兵夜掩友裕軍走之據其營全忠未知運糧以入乃覺走瓠河與友裕相失距濮十五里舍明日友裕乃至宣留濮州全忠令友裕馳壯騎諜鄆虛實身將而北會宣引還縱兵戰全忠南走絕壍去幾不脫大將多死乃謀持久徼極取宣歲一再暴其鄙奪之食俘其工織勵有存者宣令賀瓌守濮州爲友裕所攻委城走友裕進擊徐州時溥求援於宣戰不勝而還溥遂亡全忠卽遣龐師古攻齊州宣瑾皆戍以兵久不下乾寧元年全忠身往薄清河結壘宣瑾三分其兵出擊之全忠迎戰東阿南風急汴軍居下甚懼俄而風返全忠得縱火焚其旁熛薰漲天宣等大北是夏全忠壁曹州南宣薄戰禽其將三人全忠還明年使朱友恭擊兗州瑾堅壁乃壍而守宣饟瑾友恭奪其糧全忠自軍單父會宣求救於李克用友恭退壁曹南數月全忠自伐宣刈其麥敗克用將李承嗣等乃還宣追之大鈔曹州其秋全忠復攻鄆壁梁山宣克用挑戰全忠設伏破之斬首數千級引而南克用躡全忠後至栢和大寒全忠軍多死不閱月復圍兗州因略地襲丘賀瓌以奇兵擊全忠輜重不及戰鉅野東瓌大敗見禽師無孑餘軍道大陂風暴起全忠曰豈殺人有遺邪乃搜軍中復斬數千人風亦止執瓌示城下瑾之兄瓊守齊州見勢屈以州歸全忠結同姓權全忠許之輕騎至軍全忠勞苦加禮因使招瑾瑾領精騎高池笑語如平生歡乃使將胡規僞送款欲得瓊躬上符節全忠不之虞瑾伏壯士橋下瓊單騎至方交語士突起掖瓊以入斬其首棄城下汴軍大震全忠恚數日乃去三年克用使其將李瑭以兵屯莘援宣爲羅弘信所破全忠大喜度宣可困遣龐師古伐宣宣逆戰敗于馬頰河師古迫其西門兵不出全忠之攻宣凡十興師四敗績宣才將皆盡益內沮度不能與全忠确則固守增堞深溝爲不可逼明年葛從周密造舟于壍師人踰而升宣出奔爲民所縛追至執以獻全忠斬之而納其妻使師古攻兗州二月食盡瑾自出督芻粟轉掠豐沛間而子用貞及大將康懷英等舉城降瑾引麾下走沂州刺史尹懷賓不納乃趨海州刺史朱用芝以其衆與瑾奔楊行密行密迎之高郵解玉帶以賜表領徐州節度使畀以兵師古從周以兵七萬討行密瑾敗之清口擊殺師古而從周還師至渒水方涉瑾追及殺傷溺死幾盡瑾事行密尤盡力

孫儒河南河南人以趫卞橫里中隸忠武軍爲裨校與劉建鋒善黃巢亂以兵屬秦宗權爲都將光啓初宗權遣儒攻東都留守李罕之出奔儒焚宮闕屠居人河陽節度使諸葛爽與儒戰洛水爽敗儒亦東圍鄭州朱全忠屯中牟救之不敢前儒衆夜登城刺史李璠走儒進拔河橋遂取河陽留後諸葛仲方出奔全忠壁河陰儒掠汴鄙全忠兵卻屯胙城東南列僞旗鼓疑之儒乃還會全忠與宗權戰宗權敗走儒聞殺孟人泝尸於河焚井邑乃去宗權又遣儒鈔淮南乘高駢之亂儒留濠州會楊行密得揚州宗權使弟宗衡爭淮南以儒爲副建鋒爲前鋒儒常曰丈夫不能苦戰萬里賞罰繇己柰何居人下生不能富貴死得廟食乎未幾汴兵攻蔡宗權召之儒稱疾不往宗衡督之卽大會帳下酒酣斬宗衡并其衆與建鋒許德勲等盟有騎七千因略定傍州不淹旬兵數萬號土團白條軍文德元年破揚州自爲淮南節度使與時溥連和初全忠嘗以書招儒故又納款於汴且送宗衡秦彦畢師鐸首全忠籍以聞昭宗授儒

檢校司空全忠署爲招討副使龍紀初悉兵攻宣州行密取淮南儒還行密走始得潤常蘇三州兵益彊使建鋒守潤常全忠約行密圖之儒謀定江南乃北爭天下畏全忠擣虛乃遣人卑辭厚賄全忠薦於朝詔授淮南節度使大順元年行密取潤州以安仁義守之常州以李友守之儒怒三分其軍度江建鋒復拔常潤仁義走全忠遣將龐從等軍十萬奄至高郵儒悉師禦之故仁義間取潤州劉威田頵等敗建鋒於武進取常州杭州錢鏐將沈粲自蘇州奔儒行密諸將在潤常者皆爲建鋒所逐仁義頵棄潤州走明年儒引兵自京口轉戰召建鋒皆行行密諸將屯險者聞儒至皆走頵威等合兵三萬邀儒黃池儒遣馬殷擊走之儒營廣德乘勝至東溪淮人大恐行密遣臺濛屯西溪自引軍逆戰儒軍圍之數重黑雲將李簡以騎馳之行密乃免儒遂圍宣州行密乞師於錢鏐會谿潦暴湧廣德黃池諸壁皆沒儒分兵取和滁二州其秋儒焚揚州引而西傳檄遠近號五十萬旌旗相屬數百里所過燒廬舍殺老弱以給軍行密懼將遁去戴規曰儒軍數敗今掃地而至決死於我若吾遣降者間至揚州撫尉衣食使儒軍聞其家尚完人人思歸不戰可禽也行密乃遣親將入揚州取儒營糧數十萬斛以稟飢民儒屯廣德陶雅以騎軍破儒前鋒屯嚴公臺十二月頵威與儒決戰皆大敗儒連屯稍西行密使陶雅屯潤州扼其歸路景福元年儒復圍宣州屯陵陽行密戰不利謀出奔時劉威方繫獄且死行密窮更召問計對曰儒焚倉廥壘以來糧盡將爲我禽若勁兵背城坐制其困李神福亦請據險邀儒糧行密乃分兵攻廣德壁而絕饟道軍適大疫儒病痁遣建鋒殷鈔諸縣行密知城下兵寡乃晨出率仁義頵背城決戰破五十壁會暴澍且冥儒軍大敗儒病甚股弁不能興頵執儒獻行密諸將皆降儒就刑于市見劉威曰中君之謀儒嘗引鑑搔首曰此頭不久當入京師至是傳首闕下建鋒殷哭之相語曰公常有志廟食吾等有土當廟以報德及殷據湖南表儒贈司徒樂安郡王立廟以祀

唐書卷一百八十八考證

楊行密傳左衞○閩本作左衛

二人者渥腹心也○臣酉按上文云朱思勍范師從陳鐇以兵戍洪州下文云三將入皆色動則此二人當作三人爲是然諸本俱作二未詳

孫儒傳仁義走○臣酉按上文行密取潤州以安仁義守之常州以李友守之則儒復拔常潤二州守將當皆走今但云仁義走而不及李友疑有脫文

仁義頵棄潤州走○臣酉按上文仁義間取潤州劉威田頵等取常州此處不應云仁義頵棄潤州走

唐書卷一百八十九

宋　端　明　殿　學　士　宋　祁　撰

列傳第一百一十四

高趙田朱

高仁厚亡其系出初事劍南西川節度使陳敬瑄爲營使黃巢陷京師天子出居成都敬瑄遣黃頭軍部將李鋋擊賊以兵萬五千戍興平數敗巢軍賊號蜀兵爲鴉兒每戰輒戒曰毋與鴉兒鬬敬瑄喜其兵可用益選卒二千使仁厚將而東先是京師有不肖子皆著疊帶冒持挺剽閭里號閑子京兆尹始視事輒殺尤者以怖其餘實滿治京兆至殺數十百人稍稍憚戢巢入京師人多避難寶雞閑子掠之吏不能制仁厚素知狀下約入邑閭縱擊軍入閑子聚觀啞侮於是殺數千人坊門反閉欲亡不得故皆死自是閭里乃安會邛州賊阡能衆數萬畧諸縣列壁數十涪州刺史韓秀昇等亂峽中韓求反蜀州諸將不能定敬瑄召仁厚還使督兵四討屯永安阡能遣諜者入軍中吏執以獻諜自言父母妻子囚於賊約不得軍虛實且死仁厚哀之曰爲我報賊明日我且戰有能釋甲迎我者署背曰歸順皆得復農矣縱諜去命諸將毀柵鼓而前賊渠羅渾擎設伏詐降仁厚遣將不持兵入諭其衆皆眞降渾擎詐窮而逆吏執之仁厚曰愚人不足語降衆署背得免則告諸壁大軍至賊帥句胡僧大驚斬之莫能禁衆執胡僧以降韓求知大賊已禽徇諸壁曰敢出者斬衆罵之求赴水死衆鉤出斬以徇餘柵皆下仁厚按轡裴回視賊壘吏請焚之仁厚命取財糧乃縱火尸賊成都仁厚還天子御樓勞軍授仁厚檢校尚書左僕射眉州刺史敬瑄與仁厚謀曰秀昇未禽貢輸梗奪百官乏奉民不鹽食公能破賊當以東川待公仁厚許之詔拜行軍司馬仁厚聞賊儲械子女皆在屯乃以銳兵瀕江伐木類水礙舟道負岸而陣使游軍逼賊久不戰則夜以千卒持短刀彊弩直薄營火而譟之秀昇率舟兵救火仁厚遣人鶩没鑿舟皆沈衆懼多潰秀昇斬潰兵欲脅止之衆怒執秀昇以降仁厚問狀對曰天子蒙塵反者何獨我仁厚檻車送行在斬於市東川節度使楊師立初隸神策軍累遷檢校司空同中書門下平章事聞敬瑄以仁厚代己有望言敬瑄諷帝召師立以本官兼尚書右僕射師立益怒移檄言敬瑄十罪殺監軍田繪屯涪城遣兵攻綿州不克又檄劍州刺史姚卓文共攻成都假卓文爲指揮應接使卓文不應帝乃下詔削官爵敬瑄即表仁厚爲東川節度留後楊茂言爲行軍副使楊棠爲諸軍都虞候率兵二萬討之師立遣大將張士安鄭君雄守鹿頭關仁厚次漢州前軍戰德陽師立嬰城閱四旬夜出兵擾北柵仁厚設兩翼而伏披柵門列炬賊不敢進伏發擊走之楊茂言謂仁厚且敗引兵走久乃還明日會諸將仁厚曰副使當以死報天子斬而徇於是士安不敢出師立自督士十戰皆北仁厚約城中斬首惡者賞君雄譁于軍曰天子所討反者耳吾等何與乃與士安譁而進以仁厚書示師立曰請以死謝衆自沈于池死君雄悉誅其家獻首天子仁厚入府縱繫囚賑貧絶詔拜劍南東川節度使光啓二年遂據梓州絶敬瑄君雄時爲遂州刺史亦陷漢州攻成都敬瑄使部將李順之逆戰君雄死又發維茂州羌軍擊仁厚斬之乾寧中皆追贈司徒

趙犨陳州宛丘人世爲忠武軍牙將犨資警健兒弄時好爲營陣行列自號令指顧群兒無敢亂父叔文見之曰是當大吾門稍長喜書學擊劍善射會昌中從伐潞州收天井關又從征蠻忠武軍功多遷大校黃巢入長安所在盜興陳人詣節度府請犨爲刺史表于朝授之既視事會官屬計曰巢若不死長安必東出關陳其衝也乃培城疏塹實倉庫峙芻薪爲守計民有貲者悉內之繕甲兵募悍勇悉補子弟領兵巢敗果東奔賊將孟楷以萬人寇項犨擊禽之僖宗嘉其功遷累檢校司空巢聞楷死驚且怒悉軍據溵水與秦宗權合兵數十萬繚長壕五周百道攻之州人大恐犨令曰士貴建功立名節今雖衆寡不敵男子當死地求生徒懼無益也且死國不愈生爲賊乎吾家食陳祿誓破賊以保陳異議者斬衆聽命引銳士出戰屢破賊巢益怒將必屠之乃起八仙營於州左僭象宮闕列百官曹署儲糧爲持久計宗權輸鎧仗軍須賊益張犨小大數百戰勝負相當故人心固乃間道乞師於朱全忠未幾汴軍至壁西北陳人思奮犨引兵急擊賊破之圍凡三百日而解中和五年擢彰義軍節度使巢雖敗宗權始熾畧地數千里屠二十餘州唯陳賴犨獨完以功檢校司徒加泰寧浙西兩節度皆在陳并領之龍紀初進同中書門下平章事忠武軍節度仍治陳州流亡踵還與弟昶至友愛後將老悉以軍事付之乃卒贈太尉犨悉忠力以孤城抗賊巢卒敗亡然附全忠亦賴其力復振故委輸調發助全忠常先它鎮云

昶字大東神采軒異而內沈厚有法度破孟楷功多巢之圍昶夜擲師疲而寢如有神相之者犂曙決戰士爭奮死鬬禽賊酋數人斬級千餘犨領泰寧以昶爲州刺史檢校尚書右僕射當時方鎮言忠壯吏治舉言犨昶犨之老乃授留後遷忠武節度使亦留陳進檢校司徒劭勸農桑於人有恩惠加同中書門下平章事乾寧二年卒年五十三贈太尉

犨子珝字有節雄毅喜書善騎射巢之難激勵麾下約皆死以先冢邇賊畏見殘齕即夜縋死士取柩以入庫有巨弩機牙壞不能張珝以意調治激矢至五百步人馬皆洞賊畏不敢逼以勞檢校尚書右僕射遥領處州刺史昶帥忠武珝遷行軍司馬昶之喪知忠武留後政簡濟上下安之全忠表爲忠武軍節度使陳土惡善圮珝疊甓表墉遂無患三加檢校太保光化三年同中書門下平章事進兼侍中封天水郡公按鄧艾故蹟決翟王渠溉稻以利農一家三節度相繼二十餘年陳人宜之天復初韓建帥忠武以珝知同州節度留後昭宗還長安詔入朝賜號迎鑾功臣以檢校太傅爲右金吾衞上將軍從東遷歲餘以疾免卒年五十五贈侍中陳人爲罷市

田頵字德臣廬州合肥人畧通書傳沈果有大志與楊行密同里約爲兄弟應州募屯邊還主將行密據廬州頵謀爲多攻趙鍠於宣州鍠出東溪乘暴流以逸阻水解甲謂追騎不能及頵乘輕舸追之鍠驚遂見禽行密表頵爲馬步軍都虞候沙陀叛將安仁義奔淮南行密大喜屬以騎兵使在頵右兩人名冠軍中其攻常州殺刺史杜稜錢鏐方屯潤州一夕潰會孫儒南畧頵等屯丹陽儒火揚州壁廣德頵破其屯與戰頵走行密怒奪其兵或諫行密曰彊敵傳壘不用頵非計也行密復將頵儒詒書仁義通好以疑行密行密待益厚署行軍副使卒用此二人功禽儒乃表仁義爲潤州刺史頵寧國

軍節度使累遷檢校太保同中書門下平章事仁義至檢校太保頵已平馮弘鐸至揚州謁行密左右求貨不已獄吏亦有請頵怒曰吏覬吾入獄邪又求池歙爲屬州行密不許頵始怨將還指府門曰吾不復入此是時錢鏐部將徐綰叛鏐入杭州逐綰綰屯靈隱山迎頵頵遣客何曉見鏐曰王宜東保會稽無爲虛居士衆也鏐曰軍中小叛常然公爲人長何助逆耶頵攻北門鏐登城與語射中麾下頵築壘絕往來道鏐患之出金幣十舉募能奪地者陳璋以死士三百免胄驅擊奪其地鏐授璋衢州刺史頵攻城未能克將濟江絕西陵爲鏐將所郤圍益急先是行密欲女鏐子鏐急乃遣元璙迎女且告行密曰頵得志爲患必大請以子爲質願召還頵行密使人謂頵曰不還我遣人代守宣州頵不從鏐輸錢二百萬犒軍頵又請鏐子元瓘出質乃與綰引兵還然內怨行密與鏐因移書曰侯王守方以奉天子譬百川不朝于海雖狂奔潰漫終爲涸土不若順流無窮也東南揚爲大刀布金玉積如阜願公上天子常賦頵請悉儲峙單車以從行密答曰貢賦絲汴而達適足資敵爾於是頵絕行密大募兵李神福白行密頵必叛宜先圖之行密曰頵有大功而反狀未明殺之諸將不爲用頵遣其佐杜荀鶴至汴通好全忠喜屯宿州須變行密以康儒在頵所故授廬州刺史以間之頵怒族其家儒曰公不用吾謀死無地矣頵與安仁義連和攻昇州劫刺史李神福妻息厚養之神福方與劉存攻鄂州行密召之神福謂諸將曰頵反此心腹疾宜速攻之頵遣李皐詒書神福曰公家在此苟從我當分地以王答曰吾以一卒從吳王任上將終不以妻子易意乃斬皐破頵兵於曷山始頵將王壇等以舟師躡神福後至吉陽磯不戰會日暮壇掩神福軍半濟神福反舟順流急擊大破之因縱火士多死明日壇復戰敗於皖口頵乃自將來戰神福曰賊棄城而來此天亡也乃瀕水堅壁不出請行密以兵塞頵走道仁義焚東塘戰艦夜攻常州不克轉戰至夾岡立二幟解甲而息追兵莫敢向頵陳舟蕪湖行密遣將王茂章攻潤州仁義以善射冠軍中當時稱朱瑾槊米志誠弩皆爲第一仁義常曰志誠弩十不當瑾槊之一瑾槊十不當吾弓之一人以爲然又其治軍嚴善得士心戰卒數百濠梁不毀開門闕先告所當中然後射之茂章等不敢與确行密遣使謂曰吾不忘公功能自歸當復爲行軍副使但不可處兵仁義欲降其子固諫乃止行密召其將臺濛泣語曰人嘗告頵必反我不忍負人頵果負我吾思爲將者非公莫可濛頓首謝率騎度江爲陣以行士笑其怯濛曰頵宿將多謀備之何害與王壇等戰廣德濛以行密書遺壇諸將皆再拜氣奪濛麾兵擊之壇走神福旣以不戰困頵頵給言母病還至蕪湖聞壇敗留精兵二萬屬郭行琮身走城濛之行爲狹營小舍覘者以爲才容二千人頵輕之不復召兵與戰黃池矢石始交而濛遁兵爭逐北遇伏頵大敗召蕪湖兵不得入行琮及壇皆歸行密頵恚自料死士數百號爪牙都身薄戰濛退軍示弱士超隍濛殊死戰軍潰頵奔城橋陷爲亂兵所殺年四十六其下猶闘示頵首乃潰頵始以元瓘歸戰不勝輒欲殺之頵母護免及鏐與行密合頵曰今日不勝必殺元瓘已而頵死傳首至淮南行密泣下葬以庶人禮亦葬康儒還元瓘於杭頵善爲治資寬厚通利商賈民愛之善遇士若楊夔康軿夏侯淑殷文圭王希羽等皆爲上客文圭有美名全忠鏐交辟不應頵置田宅迎其母以甥事之故文圭爲盡力夔知頵不足亢行密著溺賦以戒頵不用行密使王茂章穴地取潤州安仁義以家屬保城樓兵不敢登召李德誠曰汝可以委命乃抵弓矢就縛父子斬揚州市濛字頂雲亦合淝人頵破行密表爲檢校太保宣州觀察使天祐初卒

朱延壽者廬州舒城人事行密破秦彥畢師鐸趙鍠孫儒功居多行密欲以寬恕結人心而延壽敢殺時揚州多盜捕得者行密輒賜所盜遺之戒曰勿使延壽知已而陰許延壽殺之初壽州刺史高彥溫舉州入朱全忠行密襲之諸將憚城堅不可拔延壽鼓之拔其城即表爲淮南節度副使全忠猶屯壽春延壽以新軍出每旗五伍爲列遣李厚以十旗擊西偏不勝將斬之厚請益五旗殊死戰全忠引去於是取黃蘄光三州以功遷壽州團練使昭宗在鳳翔詔延壽圖蔡以披全忠勢擢奉國軍節度使全忠兵每至延壽開門不設備而不敢逼也延壽用軍常以寡闘衆敗還者盡斬之田頵之附全忠延壽陰約曰公有所爲我願執鞭頵喜二人謀絕行密行密憂甚紿病目行觸柱僵妻延壽姊也掖之行密泣曰吾喪明諸子幼得舅代我無憂矣遣辯士召之延壽疑不肯赴姊遣婢報故延壽疾走揚州拜未訖士禽殺之而廢其妻

贊曰全忠唐之盜也行密志梟其元而後已田頵使出軍賦而助之此其謀責難而絕之非忠於唐也棄所附而覬尊大亦已妄矣孔子稱孟公綽爲趙魏老則優不可以爲滕薛大夫如仁厚田朱材不足爲吳蜀之老可與事天子哉

唐書卷一百八十九考證

田頵傳侯王守方以奉天子譬百川不朝于海雖狂奔潰漫終爲涸土〇天子下疑有闕文

唐書卷一百九十

宋　端　明　殿　學　士　宋　祁　撰

列傳第一百一十五

三劉成杜鍾張王

劉建鋒字銳端蔡州朗山人爲忠武軍部將與孫儒馬殷同事秦宗權儒之敗建鋒殷收散卒轉寇江西有衆七千推建鋒爲主殷爲前鋒張佶爲謀主略洪虔數州衆遂十餘萬乾寧元年取潭州殺武安節度使鄧處訥自稱節度留後奉表京師詔即拜檢校尚書左僕射武安軍節度使建鋒已得志即嗜酒不事事新息小史陳贍爲建鋒御者妻美且豔乃私之贍怒袖鐵撾擊建鋒死斷其喉衆推張佶爲帥佶固辭馬踶傷佶左髀下令曰吾非而主時馬殷攻邵州未克於是遣人迎殷桀贍于市殷至佶坐受其謁旣而率將吏推殷爲留後詔即除檢校太傅潭州刺史殷以成汭楊行密劉隱皆養士以圖王霸謂其屬高郁曰吾欲重幣以奉四鄰而固吾境計安出郁曰荆南闇弱焉能患我淮南我讎也固不吾援公若置邸京師歸天子職貢王人來錫命四方畏服然後按兵討不廷霸業成矣殷悟厚結宣武朱全忠以請于朝乃拜湖南節度兵馬留後郁又教殷鑄鉛鐵錢十當銅錢一民得自摘山收茗算募高戶置邸閣居茗號八牀主人歲入算數十萬用度遂饒於是收邵衡永道郴連六州進攻桂州執留後劉士政諸城望風奔潰盡得昭賀梧象柳宜蒙等州又攻容管執寧遠節度使龐巨曦虜其衆及貲昭宗在鳳翔難方亟遣中人間道賜朱書密詔使殷與楊行密攻汴州殷兵訖不出殷弟賨沈勇知書史從孫儒爲盜晚事楊行密爲黑雲軍使與錢鏐戰數有功夜臥常有光怪行密知之曰吾今歸汝于兄辭曰賨一敗卒公待以不死湖南在宇下朝亡夕至但誼不忍舍公行密具齎以遣曰爾還與兄共食湘楚然何以報我答曰願通二國好使商賈相資行密喜旣至殷表以自副每勸殷與行密連和殷畏全忠卒不克殷與建鋒同里人凡宗權黨散爲盜者皆以酷烈相矜時通名蔡賊云

成汭青州人少無行使酒殺人亡爲浮屠後入蔡賊中爲賊帥假子更姓名爲郭禹當戍江陵亡爲盜保火門山後詣荆南節度使陳儒降署裨校久之張瓌囚儒以禹凶慓欲殺之禹結千人奔入峽夜有蛇環其所視曰有所負者死生唯命旣而蛇亡禹乃襲歸州入之自稱刺史招還流亡訓士伍得勝兵三千秦宗權故將許存奔禹禹以青州劄卒三百畀之使討荆南部將牟權于清江禽權取其衆禹又破其將王建肇建肇奔黔州昭宗拜禹荆南節度留後始改名汭復故姓宗權餘黨常厚攻夔州是時西川節度使王建遣將屯忠州與夔州刺史毛湘相脣齒厚屯白帝汭率存乘二軍之間攻之二軍使人許辱汭韓楚言尤劇汭恥之曰有如禽賊當支解以逞會存夜斬營襲厚破之厚奔萬州爲刺史張造所拒走綿州存入夔州楚言妻李語夫曰君常辱軍且支解不如前死楚言不決李礪刀席下方共食復語之夫曰未可知李取刀斷其首并殺三子乃自剄汭畏其烈禮葬之刻石表曰烈女即使司馬劉昌美守夔率存泝江略雲安建將皆奔存按兵渝州盡下瀕江州縣時王建肇據黔州自守帝以建肇爲武泰軍節度使汭遣將趙武率存攻之建肇走汭乃以武爲留後存爲萬州刺史存不得志汭遣客伺之方蹴毬汭曰存必叛自試其力矣遣將襲之存夜率左右超堞走與王建肇皆降於王建汭頗知吏治嘗錄囚盡其情墊江賊陰殺令其主簿疑小史導之訊不承臨刑曰我且訟地下踰月吏暴死汭聞益詳於獄始治州民版無幾未再朞自占者萬餘帝數詔刻石頌功輒固辭時鎭國節度使韓建亦以治顯號北韓南郭汭進累檢校太尉中書令上谷郡王雲安榷鹽本隸鹽鐵汭擅取之故能畜兵五萬初任賀隱隱賢者也故汭所舉少過晚得妻父任之譖害諸子汭皆手殺之至絕嗣澧朗本荆南隸州爲雷滿所據別爲節度汭數請之宰相徐彥若不許及彥若罷道江陵汭出怨言彥若曰公專一面自視桓文一賊不能取而怨朝廷乎汭大慙晚喜術士餌藥瀕死而蘇天復三年帝詔淮南節度使楊行密圖鄂州朱全忠使韓勍救之諷汭與馬殷雷彥威掎角汭身自將而行下知汭不足亢行密無敢諫惟親吏楊師厚勸之汭爲巨艦堂

皇悉備行至公安卜不吉欲還師厚曰公舉全軍中道還何以見百姓汭乃行彥威潛師略江陵汭諸將念私無鬬志淮南將李神福壁沙橋望汭軍曰戰艦雖盛首尾斷絕可取也擊汭君山敗之火其船衆大潰汭投江死士民皆爲彥威所劫韓勍走還王建遂取夔施忠萬四州天祐中全忠表汭死國事請與杜洪皆立廟云

杜洪鄂州人爲里俳兒乾符末黄巢亂江南永興民皆亡爲盜刺史崔紹募民彊雄者爲土團軍賊不敢侵於是人人知兵杭州刺史路審中爲董昌所拒走客黄州中和末聞紹卒募士三千入鄂州以守洪爲州將有功亦逐岳州刺史居之光啓二年安陸賊周通率兵攻審中審中亡去洪乘虛入鄂自爲節度留後僖宗即拜本軍節度使是時永興民吳討據黄州駱殷據永興二人皆隸土團者也故軍剽甚洪雖得節制而附朱全忠絕東南貢路乾寧初身自將擊討乞師淮南楊行密遣朱延壽助之洪引還延壽拔黄州俘討獻京師駱殷棄永興走行密取其地洪得駱殷倚爲心腹間取永興守之全忠方圍鳳翔昭宗遣使者東出道武昌洪皆殺之時行密略光州詔洪出兵與忠義趙匡凝武安馬殷襲安州行密使李神福劉存率舟師萬人討洪駱殷棄永興走縣民方詔守以待命神福已得詔大喜以永興壯縣饋餫所仰既得鄂半矣遂進圍鄂州洪嬰城請救於汴全忠率兵五萬營霍丘行密禦之汴兵不利引還使別將吳章以三千兵解圍神福迎破之時全忠方與河東軍薄戰故不能救洪洪乃求助於馬殷殷不答洪計窮復走全忠全忠遣曹延祚合吳章兵萬三千救洪淮南將劉存濬坎傅城殷爲洪謀曰淮兵深入仰永興以濟若奇兵取之賊不戰而潰洪以精兵合汴人間道掩永興三十里而舍存以方詔苗璘當之汴亡卒走淮壁言軍虛實曰鄂軍懦可取開道軍不可當也璘曰殺強則弱者撓矣乃自擊開道軍敗之禽汴士三百人徇城下洪軍氣沮存使辯士臨說洪恃汴方強無降意或勸存急擊拔兵則城自下存曰擊之賊入則城固矣若縱其遁城可取也俄而汴軍走是日城陷執洪及曹延祚窮斬其餘行密見洪責曰爾同逆賊弑主與孤爲仇吾軍還而復爲賊後拒今定何如洪謝曰不忍負朱公與延祚皆斬揚州市以劉存守鄂州行密死馬殷遂取其地

鍾傳洪州高安人以負販自業或勸其爲盜必大顯時王仙芝猖狂江南大亂衆推傳爲長乃鳩夷獠依山爲壁至萬人自稱高安鎮撫使仙芝遣柳彥璋略撫州不能守傳入據之言諸朝詔即拜刺史中和二年逐江西觀察使高茂卿遂有洪州撫民危全諷問傳之去窺州以叛使弟仔昌據信州僖宗擢傳江西團練使俄拜鎮南節度使檢校太保中書令爵潁川郡王又徙南平傳率兵圍撫州天火其城士民讙驚諸將請急攻之傳曰乘人之險不可乃祝曰全諷罪無害民者火即止全諷聞謝罪聽命以女女傳子匡時傳以匡時爲袁州刺史擊馬殷又以彭玕爲吉州刺史玕健將也傳倚以爲重廣明後州縣不鄉貢惟傳歲薦士行鄉飲酒禮率官屬臨觀資以裝齎故士不遠千里走傳府傳少射獵醉遇虎與鬬虎搏其肩而傳亦持虎不置會人斬虎然後免既貴悔之戒諸子曰士處世尚智與謀勿效吾暴虎也乃畫搏虎狀以示子孫凡出軍攻戰必禱佛祠積餌餅爲犀象高數尋晚節重歛商人至棄其貨去天祐三年卒匡時自立爲節度觀察留後次子匡範爲江州刺史怨兄立挈州附淮南因言兄結汴人圖揚州楊渥使秦裴攻匡時圍洪州匡時城守不出凡三月城陷淮軍大掠三日止執匡時及司馬陳象歸揚州渥切責匡時頓首請死渥哀赦之斬象于市彭玕既失援厚結馬殷且觀虛實使者還曰殷將校輯睦未可圖也遂歸款玕通左氏春秋嘗募求西京石經厚賜以金揚州人至相語曰十金易一筆百金償一篇況得士乎故士人多往依之始危全諷聞匡時立喜曰聽鍾郎爲節度三年我自取之及渥兵盛不敢救潛謀攻渥會淮南亡將王茂章過州請曰聞公欲大舉願見諸將軍才否全諷蒐衆十萬邀茂章觀之對曰揚州有士三等公衆正當其下盍更益之全諷不能答後爲楊氏所并

劉漢宏本兗州小史從大將擊王仙芝劫輜重叛去乾符末略江陵焚民室廬塵無完家於是都統王鐸遣將崔錯降之表爲宿州刺史漢宏恨賞薄有望言會浙東觀察使柳瑫得罪乃授漢宏觀察使代之僖宗在蜀貢輸踵驛而西帝悅寵其軍爲義勝軍即授節度使漢宏既有七州志侈大輒曰天下方亂卯金刀非吾尚誰哉鵄噪諸廷命斫樹或曰巨木不可伐怒曰吾能斬白蛇何畏一木中和二年遣弟漢宥率諸將攻杭州壁西陵爲董昌所敗復遣兵七萬瀕江而屯昌使錢鏐宵濟襲破之明年漢宏屯黄嶺發洞獠同攻昌鏐出富陽擊諸營多潰去漢宏大沮悉軍十萬列艦西陵謀宵濟襲昌禱於江有一矢墜前惡之俄與鏐遇鏐俘馘五千漢宏贏服走或執之紿而免明日復戰鏐斬其弟漢容將辛約時鍾季文守明州盧約處州蔣瓌婺州杜雄台州朱褒溫州褒兵最彊故漢宏使褒治大艦習戰以史惠施堅實韓公汶將其軍帝聞杭越挐戰遣中人焦居璠持節詔通好皆不奉詔光啓二年鏐率諸將攻越自趨導山破公汶於曹娥埭與褒戰燒其艦進屯豐山堅實詣鏐降漢宏率麾下六百人走台州鏐斬其母妻于屯杜雄饗其軍皆醉執漢宏以見董昌漢宏曰自古豈有不亡國邪昌使斬于市叱刑者曰吾節度使非庸人可殺我嘗夢持金殺我者必錢鏐也昌命鏐斬之

張雄泗州漣水人與里人馮弘鐸皆爲武寧軍偏將弘鐸爲吏辱雄爲辯數并見疑於節度使時溥二人懼禍乃合兵三百度江壁白下取蘇州據之稍稍嘯會戰艦千餘兵五萬乃自號天成軍鎮海節度使周寶之敗奔常州聞高駢將徐約兵銳甚誘之使擊雄與之蘇州雄匿衆海中使別將趙暉據上元資以舟械寶兵散多降暉衆數萬雄即以上元爲西州負其才欲治臺城爲府旌旗衣服僭王者楊行密圍揚州畢師鐸厚齎寶幣啗雄連和雄率軍浮海屯東塘是時揚州圍久皮囊革帶食無餘軍中殺人代糧纔千錢聞雄至間道挾珍走軍以銀二斤易斗米逮糠籺以差爲直雄軍富過所欲即不戰去暉數剽江道雄擊殺之坑其衆自屯上元大順初以上元爲昇州詔授雄刺史未幾卒雄善馭衆人思之爲立廟弘鐸代爲刺史弘鐸善騎射侃侃若儒者行密已得淮南弘鐸納好然倚兵艦完利謀取潤州遣客尚公迺進說行密行密不從客曰公不見聽未知勝幾樓船時行密大將田頵在宣州陰圖弘鐸募工治艦工曰上元爲舟市木遠方堅緻可勝數十歲頵曰我爲舟於一用不計其久取木於境可也弘鐸介宣揚間不自安而州數有怪天復二年大風發屋巨木飛舞州人駭曰州且易主大將馮暉等勸弘鐸悉軍南嚮聲言討鍾傳實襲頵行密知之遣客說止不聽頵逆擊於曷山弘鐸大敗收殘士欲入海行密懼復振遣人迎犒東塘好謂曰兵有勝負今衆尚彊乃自棄于海奈何吾府雖隘尚可以居若欲揚州我且讓公弘鐸舉軍盡哭行密挈飛艫不持兵入其軍執弘鐸手尉勉遂以歸表爲淮南節度副使見尚公迺曰頗憶爲馮公求潤州否何多尚邪謝曰臣爲君恨其未遂行密笑曰吾得君尚何憂

徐約者曹州人已得蘇州有詔授刺史錢鏐遣弟銶攻之約驅民墨鑱其彨曰願戰南都從事或曰都者國稱杭終有國乎約後寖窘與其下哭而別入海死鏐使沈粲守蘇州約衆降潤州阮結結不能定鏐以成及討之盡殲其衆

王潮字信臣光州固始人五代祖曄爲固始令民愛其仁留之因家焉世以貲顯僖宗入蜀盜興江淮壽春亡命王緒劉行全合羣盜據壽州未幾衆萬餘自稱將軍復取光州劫豪傑置軍中潮自縣史署軍正主廩庾士推其信緒提二州籍附秦宗權它日賦不如期宗權切責緒懼與行全拔衆南走略潯陽贛水取汀州自稱刺史入漳州皆不能有也初以糧少故兼道馳約軍中曰以老孺從者斬潮與弟審邽審知奉母以行緒切責潮曰吾聞軍行有法無不法之軍對曰人皆有母不聞有無母之人緒怒欲斬其母三子同辭曰事母猶事將軍也殺其母焉用其子緒赦之會母死不敢哭夜殯道左時望氣者言軍中當有暴興者緒潛視魁梧雄才皆以事誅之衆懼次南安潮語行全曰子美須眉才絕衆吾不知子死所而行全怪寤亦不自安與左右數十人伏叢翳徂縛緒以徇衆呼萬歲推行全爲將軍辭曰我不及潮請以爲主潮苦讓不克乃除地刲劒祝曰拜而劒三動者我以爲主至審知劒躍於地衆以爲神皆拜之審知讓潮自爲副緒歎曰我不能殺是子非天乎潮令于軍曰天子蒙難今當出交廣入巴蜀以幹王室於是悉師將行會泉州刺史廖彥若貪暴聞潮治軍有法故州人奉牛酒迎潮乃圍城歲餘克之殺彥若遂有其地初黄巢將竊有福州王師不能下建人陳巖率衆拔之又逐觀察使鄭鎰自領州詔即授刺史久之巖卒其婿范暉擁兵自稱留後巖舊將多歸潮言暉可取潮乃遣從弟彥復將兵審知監之攻福州審知乘白馬履行陣望者披靡號白馬將軍暉守彌年不下潮令曰兵盡益兵將盡益將兵將盡則吾至矣於是彥復急攻暉亡入海追斬之建汀二州皆舉籍聽命潮乃盡有五州地昭宗假潮福建等州團練使俄遷觀察使乃作四門義學還流亡定賦斂遣吏勸農人皆安之乾寧中寵福州爲威武軍即拜潮節度使檢校尚書左僕射卒贈司空潮病以審知權節度讓審邽不許詔審知檢校刑部尚書節度觀察留後厚事朱全忠全忠薦爲節度使同中書門下平章事帝在鳳翔賜審知朱詔自三品皆得承制除授天祐初進琅邪郡王

審邽字次都爲泉州刺史檢校司徒喜儒術通書春秋善吏治流民還者假牛犂興完廬舍中原亂公卿多來依之振賦以財如楊承休鄭璘韓偓歸傳懿楊贊圖鄭

識等賴以免禍審邽遣子延彬作招賢院以禮之

劉知謙壽州上蔡人避亂客封州爲清海牙將節度使韋宙以兄女妻之衆謂不可宙曰若人狀貌非常吾以子孫託之黃巢自嶺表北還湖湘間羣盜蟻結知謙因據封州有詔卽授刺史兼賀水鎭使以遏梧桂知謙撫納流亡愛嗇用度養士卒未幾得精兵萬人多具戰艦境內肅然久之疾病召諸子曰今五嶺盜賊方興吾有精甲犀械爾勉建功時哉不可失也知謙卒共推其子隱爲嗣清海軍節度使劉崇龜表爲封州刺史嗣薛王知柔代領節度未至而牙將盧琚叛隱率兵奉迎知柔直趨廣州禽琚獻之於是知柔以聞昭宗拜隱本軍行軍司馬俄遷副使天復初節度徐彥若死隱自稱留後虔人盧光稠者有衆數萬據州自爲留後又取韶州隱與爭之戰不勝悉師攻虔州光稠伏軍掉戰隱縱騎伏發挺身免天祐初始詔隱權節度留後乃遣使者入朝重賂朱全忠以自固是歲光稠死子延昌自稱刺史爲其下所殺更推李圖總州事圖死鍾傳盡劫其衆欲遣子匡時守之不克州人自立譚全播爲刺史附全忠云

唐書卷一百九十一

宋　端　明　殿　學　士　宋　祁　撰

列傳第一百一十六

忠義上

夫有生所甚重者身也得輕用者忠與義也後身先義仁也身可殺名不可死志也大凡捐生以趣義者寧豫期垂名不朽而爲之雖一世成敗亦未必濟也要爲重所與終始一操雖頹嵩岱不吾壓也夷齊排周存商不害亡而周以興兩人至餓死不肯屈卒之武王蒙慙德而夷齊爲得仁仲尼變色言之不敢少損焉故忠義者眞天下之大閑歟姦鈇逆鼎搏人而肆其毒然殺一義士則四方解情故亂臣賊子艴然疑沮而不得逞何哉欲所以爲彼者而爲我也義在與在義亡與亡故王者常推而褒之所以砥礪生民而窒不軌也雖然非烈丈夫曷克爲之彼委靡輭熟偷生自私者眞畏人也哉故次叙夏侯端以來凡三十三人于左方

夏侯端壽州壽春人梁尚書左僕射詳孫也仕隋爲大理司直高祖微時與相友大業中討賊河東表端爲副端邃數術密語高祖曰玉牀搖帝坐不安晉得歲眞人將興安天下之亂者其在公乎但上性沈忌內惡諸李今金才已誅次且取公宜早爲計帝感其言義師興端在河東吏捕送長安帝入京師釋囚引入臥內擢秘書監李密之降關東地未有所屬端請假節招諭乃拜大將軍爲河南道招慰使卽傳檄州縣東薄海南揵淮二十餘州遣使順附次譙州會亳汴二州刺史已降王世充道塞無所歸計窮彷徨麾下二千人糧盡不忍委端去端乃殺馬宴大澤中謂衆曰我奉王命義無屈公等有妻子徒死無益吾丏若首持與賊以取富貴衆號泣不忍視端亦泣欲自刎爭持之乃止行五日餓死十四三遇賊衆潰從者纔三十餘人遂東走擷萱豆以食端持節臥起歎曰平生不知死地乃在此縱其下令去毋俱沒會李公逸守杞州勤兵迎端時河南地悉入世充公逸感端之節亦固守世充遣人以淮南郡公尚書少吏部印綬召端解所服衣以贈端曰吾天子使寧汙賊官耶非持首去不可見卽焚書及衣因解節毛懷之間道走宜陽歷崖峭榛莽比到其下僅有在者皆體髮癧焦人不堪視端入謁自謝無功不及危困狀帝憫之復拜秘書監出爲梓州刺史散祿稟周孤窮不爲子孫計貞觀元年卒

劉感岐州鳳泉人後魏司徒豐生孫也武德初以驃騎將軍戍涇州爲薛仁杲所圍糧盡殺所乘馬啖士而煮骨自飲至和木屑以食城垂陷長平王叔良救之賊乃解與叔良出戰爲賊執還圍涇州令感約城中降感紿諾至城下大呼曰賊大飢亡在朝暮秦王數十萬衆且至勉之無苦仁杲怒執感埋其半土中馳射之至死詈益甚賊平高祖購得其尸祭以少牢贈瀛州刺史爵平原郡公封戶二千謚忠壯詔其子嗣封爵賜田宅焉

常達陝州陝人仕隋爲鷹擊郎將嘗從高祖征代與宋老生戰霍邑軍敗自匿帝意已死久乃自歸帝大悅命爲統軍拜隴州刺史時薛舉方強達敗其子仁杲斬首千級舉遣將仵士政紿降達不疑厚加撫接士政伺隙刧之幷其衆二千歸賊舉指其妻謂達曰識皇后乎答曰彼癭老嫗何所道舉奴張貴又曰亦識我否達瞋目曰若乃奴耳貴忿舉笏擊其面達不爲懾亦拔刀逐之趙弘安爲蔽捍乃免仁杲平帝見達勞曰君忠節正可求之古人爲執士政殺之賜達布帛三百段以達幷劉感事授史臣令狐德棻云終隴西刺史

敬君弘絳州絳人北齊尚書右僕射顯儁曾孫也累功歷驃騎將軍封黔昌侯以屯營兵守玄武門隱太子之死左右解散其車騎將軍馮立者有材武歎曰生賴其寵死不共難我無以見士大夫乃與巢王親將謝叔方率兵攻玄武門殊死鬬君弘挺身出或曰事未可判當按兵待變成列而鬬可也不從與中郎將呂世衡呼而進皆戰歿立顧其下曰足以報太子矣遂解兵走君弘等敗秦府兵不振尉遲敬德擲巢王首示叔方叔方下馬慟亦出奔明日自歸太宗曰義士也置之俄而立又至帝讓曰汝離我兄弟罪一也殺我將士罪二也何所逃死答曰出身事主當戰之日不知其它因伏地悲不自勝帝亦勞遣之詔贈君弘左屯衛大將軍世衡右驍衛將軍立已蒙貸歸語人曰上赦吾罪吾當以死報未幾突厥犯便橋立引數百騎與虜薄戰之咸陽帝喜授廣州都督前日牧守苛肆爲蠻夷患故數叛立至不事家產衣食弗求贏嘗見貪泉曰此豈隱之所酌邪吾雖日汲庸易吾性哉遂劇飲去在職不三年有惠愛卒于官

叔方歷伊州刺史善治軍戎華愛之累加銀青光祿大夫徙洪廣二州都督卒謚曰勤本萬年人從巢王征討有功王表爲屈咥眞府左車騎云

呂子臧蒲州河東人剛直健于吏隋大業末爲南陽郡丞捕擊盜賊有功高祖入京師遣馬元規慰輯山南獨子臧堅守元規遣士諷曉子臧殺之及煬帝已弒帝更使其壻薛君倩齎詔言隋所以亡諭子臧子臧爲故君發喪訖卽送款就拜鄧州刺史封南陽郡公武德初朱粲新衄子臧率兵與元規并力元規兵不進子臧曰乘賊新敗上下惶沮一戰可禽若遷延其衆稍集吾食盡致死於我不可當也不納子臧請以所部兵獨進又不許俄而粲得衆復張元規嬰城子臧扼腕曰謀不見用坐公死矣賊圍固會霖雨雉堞崩剥或勸其降子臧曰我天子方伯且降賊乎乃率麾下數百人赴敵死城亦陷元規死之元規安陸人初以隊正從帝征伐持節下南陽得兵萬餘然無謀以至于敗

王行敏幷州樂平人隋末爲盜長高祖興來降拜潞州刺史遷屯衛將軍劉武周入幷州寇上黨取長子壺關或言刺史郭子武懦不支且失路帝遣行敏馳往既至與子武不叶賊圍急儲偫空乏衆恫懼行敏患之會有告子武謀反遂斬之州民陳正謙者以信義稱鄉里出粟千石濟軍由是人自奮賊乃去行敏又敗竇建德兵於武陟武德四年督兵徇燕趙與劉黑闥戰歷亭破之既而釋甲不設備爲黑闥所掩縛致麾下終不屈賊遂斬之且死西向跪曰臣之忠惟陛下知之帝聞而悼惜

黑闥之亂死事者又有盧士叡李玄通

士叡客韓城隋亂結納英豪高祖與之舊及兵興率數百人上謁汾陰又使兄子諭降劇賊孫華與劉弘基敗隋將桑顯和於飲馬泉擢累右光祿大夫爲瀛州刺史黑闥遣輕騎破其郛拒戰半日士見親屬係虜乃潰士叡爲賊禽欲使說下城堡不從見殺

玄通藍田人爲隋鷹揚郎將高祖入關率所部自歸拜定州總管爲黑闥所破愛其才欲以爲將玄通曰吾當守節以報烏能降志賊邪不聽囚之故吏有餉飲餽者玄通曰諸君見哀吾能一醉遂縱飲謂守者曰吾能劍舞可借刀守士與之曲終仰天大息曰大丈夫撫方面不能保所守尚何視息邪乃潰腹死帝爲流涕擢其子伏護大將軍

羅士信齊州歷城人隋大業時長白山賊王薄左才相孟讓攻齊郡通守張須陁率兵擊賊士信以執衣年十四短而悍請自効須陁疑其不勝甲少之士信怒被重甲左右鞬上馬顧眄須陁許之擊賊濰水上陣纔列執長矛馳入賊營刺殺數人取一級擲之承以矛戴而行賊皆眙懼無敢亢須陁乘之大破賊士信逐北毎殺一賊輒劓鼻納諸懷暨還驗以代級須陁歎伏遺以所乘馬凡戰須陁先登士信副以爲常煬帝遣使圖須陁士信陣法上內史後須陁爲李密所殺士信與裴仁基歸密署總管俾統所部討王世充身被重創見獲於世充世充愛其才厚遇之與同寢食後得密將邴元眞等故士信稍疏斥士信恥與伍率所部千餘人來降高祖拜陝州道行軍總管因謀世充士信行則先鋒反則殿有所獲悉散戲下有功者或脫衣解馬賜之士以故用命然持法嚴至親舊無少貸其下亦不甚附師次洛陽攻千金堡堡有惡言詢軍士信怒夜遣百人裁嬰兒嗁譟堡下若自東都出奔者既而陽悟曰非也此千金堡耳因散去堡兵開門追掠士信伏入屠之無類賊平授絳州總管封郯國公從秦王擊劉黑闥洛水上得一城王君廓戍之賊急攻潰而出王語諸將孰能守此士信曰願以守乃命之士信已入賊悉衆攻方雨雪救軍不得進城陷黑闥欲用之不屈而死年二十八王隱悼購其尸以葬謚曰勇初士信爲仁基所禮及東都平出家財斂葬北邙以報德且曰我死當墓其側至是如所志

張道源幷州祁人名河以字顯年十四居父喪士人賢其孝縣令郭湛署所居曰復禮鄉至孝里道源嘗與客夜宿客暴死道源恐主人忽怖臥尸側至曙乃告又徙

步讓送還其家隋末政亂辭監察御史歸閭里高祖興署大將軍府戶曹參軍至賈胡堡復使守并州京師平還撫慰山東下燕趙有詔褒美封累范陽郡公淮安王神通略定山東令守趙州爲竇建德所執會建德寇河南間遣人詣朝請乘虛擣賊心脅即詔諸將率兵影接俄而賊平還拜大理卿時何稠得罪籍其家屬賜羣臣道源曰禍福何常安可利人之亡取其子女自奉仁者不爲也更資以衣食遣之天子見其耆拜綿州刺史卒贈工部尚書諡曰節道源雖官九卿無貲產比亡餘粟二斛詔賜帛三百段

族孫楚金有至行與兄越石皆舉進士州欲獨薦楚金固辭請俱罷都督李勣歎曰士求才行者也既能讓何嫌皆取乎乃並薦之累進刑部侍郎儀鳳初彗見東井上疏陳得失高宗欽納賜物二百段武后時歷秋官尚書爵南陽侯有清槩然尚文刻當時亦少之爲酷吏所搆流死嶺表

李育德趙州人祖諤仕隋通州刺史爲名臣世富于財家僮百人天下亂乃私完械甲嬰武陟城自保人多從之遂爲長劇賊來掠不能克隋亡與柳燮等歸李密私署總管密爲王世充所破以郡來降即拜陟州刺史兄厚德自賊所逃歸度河復被執賊使招育德陽許之故兄不死賊帥段大師令裨校以兵守厚德陰得其驩乃與州人賈慈行謀逐賊慈行夜登城呼曰唐兵登矣厚德自獄擁羣囚譟而出斬長史衆不敢動大師縋城走即拜殷州刺史厚德省親留育德以守引兵拔賊河內壁三十一所世充怒悉銳士攻之城陷猶力戰與三弟皆歿時死節者又有李公逸張善相凡三人

公逸者與族弟善行居雍丘以才雄爲衆所歸始附王世充策其必敗乃獻款高祖因其地置杞州即拜總管封陽夏郡公以善行爲刺史世充遣其弟將徐亳兵攻之公逸請援未報因使善行守身入朝言狀至襄城爲賊邏送洛陽世充曰君越鄭臣唐何哉答曰我於天下唯聞有唐賊怒斬之善行亦死帝悼惜封其子襄邑縣公

善相襄城人大業末爲里長督兵逐盜爲衆附賴乃據許州奉李密密敗挈州以來詔即授伊州總管王世充攻之屢困賊遣使三輩請救朝廷未暇也會糧盡衆餓死善相謂僚屬曰吾爲唐臣當効命君等無庸死斬吾首以下賊可也衆泣不肯曰與公同死愈於獨生城陷被執罵賊見殺高祖歎曰吾負善相善相不負我乃封其子襄城郡公

高叡京兆萬年人隋尚書左僕射熲孫也舉明經稍遷通義令有治勞入刺石載德歷趙州刺史平昌縣子聖曆初突厥默啜入寇叡嬰城拒虜攻益急長史唐波若度且陷即與虜通叡覺之力不能制即自經不得死爲虜執使降諭諸縣不肯應見殺初虜至有爲叡計者突厥鋒銳所向無完公不能亢且當下之答曰我刺史不戰而降罪大矣武后歎息贈冬官尚書諡曰節詔誅波若籍其家下制暴叡忠節波若臣賊使天下知之

子仲舒通故訓學擢明經爲相王府文學王所欽器開元初宋璟蘇頲當秉多咨訪焉時舍人崔琳練達政宜璟等禮異之常語人曰古事問高仲舒時事問崔琳何復疑終太子右庶子

安金藏京兆長安人在太常工籍睿宗爲皇嗣少府監裴匪躬中官范雲仙坐私謁皇嗣皆殊死自是公卿不復見唯工優給使得進俄有誣皇嗣異謀者武后詔來俊臣問狀左右畏慘楚欲引服金藏大呼曰公不信我言請剖心以明皇嗣不反也引佩刀自剚腹中腸出被地眩而仆武后聞大驚輿致禁中命高醫內腸䙌桑㭊紩之閱夕而蘇后臨視歎曰吾有子不能自明不如爾之忠也即詔停獄睿宗乃安當是時朝廷士大夫翕然稱其誼自以爲弗及也神龍初母喪葬南闕口營石墳晝夜弗息地本卬燥泉忽湧流廬之側李冬有華犬鹿相擾本道使盧懷慎上其事詔表闕于閭景雲時遷右武衛中郎將玄宗屬其事於史官擢右驍衛將軍爵代國公詔鑱其名於泰華二山碑以爲榮卒配饗睿宗廟廷大曆中贈兵部尚書諡曰忠以子承恩爲廬州長史中和中擢其遠孫敬則爲太子右諭德

王同皎相州安陽人陳駙馬都尉寬曾孫也陳亡徙河北長安中尚太子女安定郡主拜典膳郎太子中宗也桓彥範等誅二張遣同皎與李湛李多祚即東宮迎太子請至玄武門指授諸將太子拒不許同皎進曰逆豎反道顯肆不軌諸將與南衙執事剋期誅之須殿下到以係衆望太子曰上方不豫得無不可乎同皎曰將相毀家族以安社稷奈何欲內之鼎鑊乎太子能自出諭之衆乃止太子猶豫同皎即扶上馬從至玄武門斬關入兵趨長生殿太后所環侍嚴定因奏誅易之等狀帝復位擢右千牛將軍封琅邪公食實戶五百主進封公主拜同皎駙馬都尉遷光祿卿神龍後武三思烝濁王室同皎惡之與張仲之祖延慶周憬李悛冉祖雍謀須武后靈駕發伏弩射殺三思會播州司兵參軍宋之遜以外妹妻延慶延慶辭之遜固請乃成昏延慶心厚之不復疑故之遜子曇得其實之遜兄之問嘗舍仲之家亦得其謀令曇密語三思三思遣悛上急變且言同皎欲擁兵闕下廢皇后帝殊不曉大怒斬同皎於都亭驛籍其家同皎且死神色自如仲之延慶皆死憬遁入比干廟自到將死謂人曰比干古忠臣神而聰明其知我乎后三思亂朝虐害忠良滅亡不久可干吾頭國門見其敗也憬壽春人後太子重俊誅三思天下共傷同皎之不及見也睿宗立詔復官爵諡曰忠壯誅祖雍悛等

先是許州司戶參軍燕欽融再上書斥韋后擅政且逆節已萌后怒勸中宗召至廷撲殺之宗楚客復私令衛士極力故死又博陵人郎岌亦表后及楚客亂被誅至是俱贈諫議大夫備禮改葬賜欽融一子官

同皎子繇尚永穆公主生子潛字弘志生三日賜緋衣銀魚幼莊重不喜兒弄以帝外孫補千牛復選尚公主固辭元和中擢累將作監吏或籍名北軍輒驕慢不事潛悉奏罷之故不戒而辦監無公食而息錢舊皆私有至潛取以具食遂爲故事遷左散騎常侍拜涇原節度使憲宗與對大悅曰吾知而善職我自用之潛至鎮繕壁壘積粟構高屋偫兵利而嚴遂引師自原州踰硤石取虜將一人斥烽候築歸化潘原二壘請復城原州度支沮議故原州復陷穆宗即位封琅邪郡公更節度荆南疏吏惡榜之里閭殺尤縱者分射三等課士習之不能者罷故無冗軍太和初檢校尚書左僕射卒于官贈司空

吳保安字永固魏州人氣挺特不俗睿宗時姚嶲蠻叛拜李蒙爲姚州都督宰相郭元振以弟之子仲翔託蒙蒙表爲判官時保安罷義安尉未得調以仲翔里人也不介而見曰願因子得事李將軍可乎仲翔雖無雅故哀其窮力薦之蒙表掌書記保安後往蒙已深入與蠻戰沒仲翔被執蠻之俘華人必厚責財乃肯贖聞仲翔貴胄也求千縑會元振物故保安留嶲州營贖仲翔苦無資乃力居貨十年得縑七百妻子客遂州間關求保安所在困姚州不能進都督楊安居知狀異其故貸以行求保安得之引與語曰子棄家急朋友之患至是乎吾請貸官貲助子之乏保安大喜即委縑于蠻得仲翔以歸始仲翔爲蠻所奴三逃三獲乃轉鬻遠酋酋嚴遇之晝役夜囚役凡十五年乃還安居亦丞相故吏嘉保安之誼厚禮仲翔遺衣服儲用檄領近縣尉久乃調蔚州錄事參軍以優遷代州戶曹母喪服除喟曰吾賴吳公生吾死今親歿可行其志乃求保安于時保安以彭山丞客死其妻亦歿喪不克歸仲翔爲服縗絰囊其骨徒跣負之歸葬魏州廬墓三年乃去後爲嵐州長史迎保安子爲娶而讓以官

李憕并州汶水人或言其先出興聖皇帝譜系疏晦不復傳父希倩神龍初右臺監察御史憕少秀敏舉明經高第授成安尉張說罷宰相爲相州刺史坐有善相者說徧問官屬後孰當貴工指憕及臨河尉鄭巖說以女妻巖而歸其甥陰於憕會母喪免自武功尉以政尤異遷主簿說在并州引憕置幕府及執政爲長安尉宇文融括天下田高選官屬多致賢以重其柄表假憕監察御史分道檢覈以課最拜御史坐小累下除晉陽令三遷給事中力于治有任事稱明簿最下無敢給失李林甫意出爲河南少尹尹蕭炅內倚權勢法植私憕裁抑其謬吏下賴之道士孫甑生以左道幸託祠事往來嵩少間干請亂吏治憕不爲應故挾炅譖諸朝天寶初除清河太守舉美政遷廣陵長史民爲立祠賽祝歲時不絕以捕賊負徙彭城太守封酒泉縣侯連徙襄陽河東並兼採訪處置使入爲京兆尹楊國忠惡之改光祿卿東京留守安祿山反玄宗遣封常清募兵東京憕與留臺御史中丞盧奕河南尹達奚珣繕城壘綏勵士卒將遏賊西鋒帝聞擢禮部尚書祿山度河號令嚴密候詗不能知已陷陳留滎陽殺張介然崔無詖不數日薄城下常清兵皆白徒戰不勝輒北憕收殘士數百貞斷弦折矢堅守人不堪鬭憕約奕吾曹荷國重寄雖力不敵當死官部校皆夜縋去憕坐留守府奕守臺城陷祿山鼓而入殺數千人矢著闕門執憕奕及官屬蔣清害之有詔贈司徒諡曰忠懿河洛平再贈太尉拜一子五品官憕通左氏春秋頗殖產伊川占膏腴自都至闕口疇墅彌望時謂地癖巖仕終少府監產利埒憕云憕十餘子江涵渢瀛等同遇害唯源彭脫

源八歲家覆俘爲奴轉側民間及史朝義敗故吏識源於洛陽者贖出之歸其宗屬代宗聞授河南府參軍遷司農主簿以父死賊手常悲憤不仕不娶絕酒葷惠林佛祠者憕舊墅也源依祠居闔戶日一食祠殿其先寢也每過必趨未始踐階自營墓爲終制時時偃臥埏中長慶初年八十矣御史中丞李德裕表薦源曰買誼稱守圉扞敵之臣死城郭封疆天寶時士罕伏節逆羯始興委符組棄城郭者不爲恥而憕約義同列守位自如

抵刃就終臣節之光由愷始而源天與至孝絕心祿仕五十餘年常守沈默理契深要一辭開析百慮洗然抱此貞節棄於清世臣竊爲陛下惜之穆宗下詔曰昔盜起幽陵振蕩河洛贈太尉愷處難居首正色就死兩河聞風再固危壁殊節卓焉到今稱之源有曾參之行巢父之操泊然無營汔此高年夫褒忠所以勸臣節也旌孝所以激人倫也鎮澆浮莫如尚義厚風俗莫如尊老舉是四者大儆于時其以源守諫議大夫賜緋魚袋河南尹遣官敦諭上道帝自遣使者持詔書袍笏即賜又賜絹二百匹源頓首受詔謂使者伏疾年耄不堪趨拜即附表謝辭吐哀懇一無受尋卒敬宗時擢愷孫爲河南兵曹參軍

彰擢明經第天寶中選名臣子可用者自咸寧丞遷右補闕從天子入蜀後愷數年卒有孫景讓景莊景溫別傳武德功臣十六人貞觀功臣五十三人至德功臣二百六十五人德宗即位錄武德以來宰相及實封功臣子孫賜一子正員官史館考勳名特高者九十二人以三等條奏第一等以其歲授官第二等以其次年第三等子孫數訟於朝有詔差爲二等增至百八十七人每等武德以來宰相爲首功臣次之至德以來將相又次之大中初又詔求李峴王珪戴胄馬周褚遂良韓瑗郝處俊婁師德王及善朱敬則魏知古陸象先張九齡裴寂劉文靜張柬之袁恕己崔玄暐桓彥範劉幽求郭元振房琯袁履謙李嗣業張巡許遠盧奕南霽雲蕭華張鎬李勉張鎰蕭復柳渾賈耽馬燧李愷三十七人畫像續圖凌煙閣云

司空太子太傅知門下省事梁國公房玄齡
尚書右僕射檢校侍中萊國公杜如晦
太子太保同中書門下三品宋國公蕭瑀
開府儀同三司同中書門下三品知政事上柱國申國公高士廉
太子太師知政事特進鄭國公魏徵
侍中永寧郡公王珪
吏部尚書參預朝政道國公戴胄
中書令江陵縣子岑文本
中書令兼太子左庶子檢校吏部尚書高唐縣公馬周
侍中兼太子左庶子檢校吏部禮部民部尚書事清苑縣男劉洎
尚書右僕射同中書門下三品河南郡公褚遂良
太子太師同中書門下三品燕國公于志寧
尚書右僕射同中書門下三品兼太子少傅北平縣公張行成
中書令行侍中兼太子少保蓨縣公高季輔
侍中兼太子賓客襲潁川縣公韓瑗
中書令兼太子詹事南陽縣侯來濟
侍中兼太子賓客張文瓘
侍中甑山縣公郝處俊
中書侍郎同中書門下三品兼太子右庶子酒泉縣公李義琰
內史河東縣侯裴炎
文昌左相同鳳閣鸞臺三品溫國公蘇良嗣
內史梁國公狄仁傑
納言檢校并州大都督府長史天兵軍大總管隴右諸軍大使譙縣子婁師德
鳳閣侍郎同鳳閣鸞臺平章事石泉縣公王方慶
文昌左相同鳳閣鸞臺三品襲邢國公王及善
尚書右僕射兼中書令知兵部尚書事齊國公魏元忠
紫微令梁國公姚崇
正諫大夫同鳳閣鸞臺平章事朱敬則
尚書左僕射同中書門下平章事許國公蘇瓌
吏部尚書兼侍中廣平郡公宋璟
黃門監梁國公魏知古
中書侍郎同中書門下平章事兗國公陸象先
紫微侍郎同紫微黃門平章事許國公蘇頲
中書令河東縣侯張嘉貞
中書侍郎同中書門下平章事清水縣公李元紘
黃門侍郎同中書門下平章事宜陽縣子韓休
中書令始興縣伯張九齡
司空河東郡公裴寂
納言上柱國魯國公劉文靜
太尉檢校中書令同中書門下三品揚州大都督趙國公長孫無忌
禮部尚書河間郡王孝恭
尚書右僕射檢校中書令行太子左衞率上柱國衞國公李靖
司空兼太子太師英國公李勣
開府儀同三司鄜州都督鄂國公尉遲敬德
左光祿大夫洛州都督蔣國公屈突通
陝東道大行臺吏部尚書鄖國公殷開山
衞尉卿夔國公劉弘基
澤州刺史邳國公長孫順德
民部尚書上柱國莒國公唐儉
右驍衞大將軍駙馬都尉譙國公柴紹
右驍衞大將軍褒國公段志玄
洪州都督渝國公劉政會
左武候將軍相州都督鄖國公張公謹
右武衞大將軍盧國公程知節
左武衞大將軍上柱國胡國公秦叔寶
弘文館學士秘書監永興縣公虞世南
右衞大將軍兼太子右衞率工部尚書武陽縣公李大亮
右武衞大將軍邢國公蘇定方
夏官尚書同中書門下三品清邊道行軍總管耿國公王孝傑
中書令漢陽郡公張柬之
中書令博陵郡公崔玄暐
侍中平陽郡公敬暉
侍中譙國公桓彥範
中書令南陽郡公袁恕己
右武衞大將軍同中書門下三品韓國公張仁愿
尚書左丞相兼黃門監徐國公劉幽求
黃門侍郎參知機務脩文館學士齊國公崔日用
兵部尚書同中書門下三品代國公郭元振
尚書左丞相兼中書令集賢院學士燕國公張說
紫微侍郎上柱國趙國公王琚
兵部尚書同中書門下三品持節朔方軍節度大使中山郡公王晙
尚書左僕射同中書門下平章事兼河南江淮副元帥東都留守冀國公裴冕
文部尚書同中書門下平章事清河縣公房琯
門下侍郎同中書門下平章事衞國公杜鴻漸
鎮西北廷行營節度使開府儀同三司衞尉卿兼懷州刺史虢國公李嗣業
平盧軍節度使柳城郡太守劉正臣
恒州刺史衞尉少卿兼御史中丞顏杲卿
常山郡太守袁履謙
河南節度副使左金吾衞將軍檢校主客郎中兼御史中丞張巡
睢陽郡太守兼御史中丞許遠
御史中丞留臺東都知武選盧奕
睢陽郡太守特進左金吾衞將軍南霽雲

右第一

內史令延安郡公竇威
將作大匠判納言陳國公竇抗
侍中兼太子左庶子江國公陳叔達
納言觀國公楊恭仁
判吏部尚書參議朝政安吉郡公杜淹
中書令虞國公溫彥博
中書侍郎檢校刑部尚書參知機務崔仁師
中書令兼檢校太子詹事上柱國安國公崔敦禮
戶部尚書平恩縣公許圉師
兵部尚書同中書門下三品浿江道行軍總管任雅相
度支尚書同中書門下三品范陽郡公盧承慶
西臺侍郎同東西臺三品兼弘文館學士楚國公上官儀
右相廣平郡公劉祥道
左侍極兼檢校左相嘉興縣子陸敦信
文昌左相同鳳閣鸞臺三品樂城縣公劉仁軌
荊州大都督府長史安平郡公李安期
尚書右僕射同中書門下三品兼太子賓客襲道國公戴至德
司列少常伯太子右中護兼正諫大夫同東西臺三品趙仁本
中書令趙國公李敬玄
中書令兼太子左庶子薛元超
中書令同中書門下三品崔知溫
侍中同中書門下三品襲廣平郡公劉齊賢
納言樂平縣男王德眞
地官尚書檢校納言鉅鹿縣男魏玄同
文昌左相同鳳閣鸞臺三品特進輔國大將軍鄧國公岑長倩
鳳閣侍郎同鳳閣鸞臺三品臨淮縣男劉禕之
納言博昌縣男韋思謙
地官尚書同鳳閣鸞臺平章事格輔元
司禮卿判納言事渤海縣子歐陽通
內史李昭德
鸞臺侍郎同鳳閣鸞臺平章事陸元方
鳳閣侍郎同鳳閣鸞臺三品杜景佺
尚書右僕射兼太子賓客同中書門下三品鄖國公韋安石

左散騎常侍同中書門下三品知東都留守趙郡公李懷遠
中書令逍遙公韋嗣立
守侍中同中書門下三品兼太子右庶子常山縣男李日知
檢校黃門監漁陽縣伯盧懷慎
中書令左丞相兼侍中安陽郡公源乾曜
黃門侍郎同紫微黃門平章事魏縣侯杜暹
侍中趙城侯裴耀卿
左武衛大將軍開府儀同三司淮安王神通
特進太常卿江夏王道宗
荊州都督周國公武士彠
右屯衛大將軍檢校晉州都督總管譙國公竇琮
少府監葛國公劉義節
右光祿大夫羅國公張平高
洛州都督右衛大將軍鄅國公竇軌
夔州都督息國公張長愻
金紫光祿大夫夷國公李子和
左監門衛大將軍檢校右武候將軍榮國公樊興
左監門衛大將軍巢國公錢九隴
右驍衛大將軍歸國公安興貴
右武衛大將軍申國公安脩仁
殿中監郢國公宇文士及
右武衛大將軍沔陽郡公公孫武達
荊州都督懷寧郡公杜君綽
右驍衛將軍濮國公龐卿惲
代州都督同安郡公鄭仁泰
右翊衛將軍遂安郡公李安遠
幽州都督歷陽郡公獨孤彥雲
始州刺史左屯衛大將軍襄武郡公劉師立
右威衛大將軍濟東郡公李孟嘗
右監門衛大將軍河南縣公元仲文
右監門衛將軍廬陵郡公秦師行
左領軍大將軍新興公馬三寶
右衛大將軍駙馬都尉畢國公阿史那社尒
鎮軍大將軍虢國公張士貴
左衛大將軍琅邪郡公牛進達
鎮軍大將軍嘉州郡公周護
陝州刺史天水郡公丘行恭
潭州都督吳興郡公沈叔安

散騎常侍豐城縣男姚思廉
太子少師同中書門下三品特進朔方道行軍大總管宋國公唐休璟
左羽林軍大將軍遼陽郡王李多祚
左領軍大將軍趙國公李湛
刑部尚書太子賓客魏國公楊元琰
殿中監兼知總監汝南郡公翟無言
冠軍大將軍左羽林軍大將軍光祿卿天水縣公趙承恩
將作大匠裴思諒
右羽林軍將軍弘農郡公楊執一
左衛將軍河東郡公薛思行
光祿卿駙馬都尉琅邪郡公王同皎
中書令越國公鍾紹京
太僕卿立節郡王薛崇簡
右金吾衛大將軍涼國公李延昌
太子中允同正冀國公馮道力
少府監趙國公崔諤之
左監門衛中候光祿卿申國公許輔乾
左金吾衛大將軍鄧國公張暐
朔方道行軍大總管左羽林軍大將軍平陽郡公薛訥
河南副元帥太尉兼侍中臨淮郡王李光弼
河東節度副大使守司空兼兵部尚書霍國公王思禮
左相豳國公韋見素
太保韓國公苗晉卿
中書令趙國公崔圓
太原節度使檢校尚書左僕射同中書門下平章事金城郡王辛雲京
河西隴右副元帥兵部尚書同中書門下平章事涼國公李抱玉
太子太師檢校尚書右僕射知省事信都郡王田神功
四鎮北庭涇原節度使檢校尚書左僕射知省事扶風郡王馬璘
左羽林軍大將軍檢校戶部尚書兼御史大夫薛景仙
右散騎常侍檢校禮部尚書兼御史大夫尚衡
太原尹兼御史大夫北都留守河東節度副大使南陽郡公鄧景山
河東節度副使兼鴈門郡太守光祿卿賈循
禮部尚書東京留守酒泉縣侯李憕
東平郡太守姚閶

右第二

盧奕，黃門監懷慎少子也。疏眉目，豐下，謹重寡欲，斤斤自脩，與兄奐名相上下，而剛毅過之。天寶初，爲鄠令，所治輒最。積功擢給事中，拜御史中丞。自懷慎、奐及奕，三居其官，清節似之，時傳其美。俄留臺東都，兼知武部選。安祿山陷東都，吏亡散，奕前遣妻子懷印間道走京師，自朝服坐臺，被執，將殺之，即數祿山罪，徐顧賊徒曰：「爲人臣者當識逆順，我不蹈失節，死何恨！」觀者恐懼。奕臨刑，西向再拜而辭，罵賊不空口，逆黨爲變色。肅宗詔贈禮部尚書，下有司謚。時以爲洛陽亡，操兵者任其咎，執法吏去之可也，委身寇讎，以死誰懟？博士獨孤及曰：「荀息殺身於晉，不食其言也；玄冥勤其官，水死守位，忘躬也；伯姬待姆而火死，先禮後身也。彼死之日，皆於事無補，然則祿山亂大於里丕，奕廉察之任切於玄冥之官，分命所繫不啻保姆，逆黨兵威烈於水火，于斯時也，能與執干戈者同其戮力，挽之不來，推之不去，全操白刃之下，孰與夫懷安偷生者同其風？請謚曰貞烈。」詔可。子杞，別有傳。杞子元輔。

元輔字子望，少以清行聞，擢進士，補崇文校書郎。杞死，德宗念之不忘，拜元輔左拾遺，歷杭、常、絳三州刺史，課當最，召授吏部郎中，進累兵部侍郎，爲華州刺史，卒。元輔端靜介正，能紹其祖，故歷顯劇而人不以杞之惡爲累云。

張介然者，猗氏人，本名六朗。性愼愿，長計畫。始爲河隴支郡太守，王忠嗣、皇甫惟明、哥舒翰踵領節度，並署營田支度等使。入奏稱旨，賜與亙湛。介然啓曰：「臣位三品，當給棨戟，若列於京師，雖富貴不爲鄉人知，願得列戟故里。」玄宗許之，別賜戟京師第門，仍賜絹五百匹，宴閭里長老。本鄉得列戟，自介然始。翰薦爲少府監，歷衛尉卿。祿山反，授河南節度採訪使，守陳留。陳留據水陸劇，居民孳夥，而太平久，不知戰。介然到屯，不三日，賊已度河，車騎蹂騰，煙塵漫數十里，日爲奪色，士聞鉦鼓聲，皆褫氣不能授甲。凡旬六日，城陷。初，有詔購賊首而暴誅慶宗，狀祿山入陳留，見詔書，椎膺大哭曰：「我何罪，吾子亦何罪！」乃殺之，即大恚憤，殺陳留降者萬人以逞，血流成川，斬介然於軍門，以僞將李廷望爲節度使，守陳留。祿山已拔陳留，則鼓而前，無敢亢。中官攻滎陽，太守崔無詖率衆乘城，聞師譟，自墜如雨，無詖與官屬皆死賊手，以僞將武令珣戍焉。無詖者，本韋后外家，博陵舊望也。始無詖娶蕭至忠女，至忠敗，被貶，久乃爲益州司馬。素善楊國忠，既用事，引爲少府監，守滎陽。有詔贈禮部尚書，謚曰毅勇。

唐書卷一百九十二

宋　端明殿學士宋祁撰

列傳第一百一十七

忠義中

顏杲卿字昕，與眞卿同五世祖，以文儒世家。父元孫，有名垂拱間，爲濠州刺史。杲卿以蔭調遂州司法參軍。性剛正，莅事明濟，嘗爲刺史詰讓，正色別白，不爲屈。開元中，與兄春卿、弟曜卿竝以書判超等，吏部侍郎席豫咨嗟推伏。再以最遷范陽戶曹參軍。安祿山聞其名，表爲營田判官，假常山太守。祿山反，杲卿及長史袁履謙謁于道，賜杲卿紫袍，履謙緋袍，令與假子李欽湊以兵七千屯土門。杲卿指所賜衣謂履謙曰：「與公何爲著此？」履謙悟，乃與眞定令賈深、內丘令張通幽定謀圖賊。杲卿入稱疾，不視事，使子泉明往返計議，陰結太原尹王承業爲應，使平盧節度副使賈循取幽州。謀泄，祿山殺循，以向潤客、牛廷玠守。杲卿陽不事事，委政履謙，潛召處士權渙、郭仲邕定策。時眞卿在平原，素聞賊逆謀，陰養死士爲拒守計。李憕等死，賊使段子光傳首徇諸郡，眞卿斬子光，遣甥盧逖至常山，約起兵斷賊北道。杲卿大喜，以爲兵犄角可挫賊西鋒，乃矯賊命召欽湊計事。欽湊夜還，杲卿辭城門不可夜開，舍之外郵，使履謙及參軍馮虔、郡豪翟萬德等數人飲勞，既醉，斬之，幷殺其將潘惟愼，賊黨殲，投尸滹沱水。履謙以首示杲卿，則喜且泣。先是，祿山遣將高邈召兵范陽，未還，杲卿使槀城尉崔安石圖之。邈至滿城，虔、萬德皆會傳舍，安石紿以置酒，邈捨馬，虔叱吏縛之。而賊將何千年自趙來，虔亦執之。日未中，送二賊，杲卿乃遣萬德、深、通幽傳欽湊首，械兩賊送京師，與泉明偕至太原。王承業欲自以爲功，厚遣泉明還，陰令壯士翟喬賊於路，喬不平，告之故，乃免。玄宗擢承業大將軍，送吏皆被賞。已而事顯，乃拜杲卿衞尉卿兼御史中丞履謙常山太守深司馬卽傳檄河北言王師二十萬入土門遣郭仲邕領百騎爲先鋒馳而南曳柴揚塵望者謂大軍至日中傳數百里賊張獻誠方圍饒陽棄甲走於是趙鉅鹿廣平河閒並斬僞刺史傳首常山而樂安博陵上谷文安信都魏鄴諸郡皆自固杲卿兄弟兵大振祿山至陝聞兵興大懼使史思明等率平盧兵度河攻常山蔡希德自懷會師不涉旬賊急攻城兵少未及爲守計求救於河東承業前已擅殺賊功兵不出杲卿晝夜戰井竭糧矢盡六日而陷與履謙同執賊脅使降不應取少子季明加刃頸上曰降我當活而子杲卿不答遂并盧逖殺之杲卿至洛陽祿山怒曰吾擢爾太守何所負而反杲卿瞋目罵曰汝營州牧羊羯奴耳竊荷恩寵天子負汝何事而乃反乎我世唐臣守忠義恨不斬汝以謝上乃從爾反耶祿山不勝忿縛之天津橋柱節解以肉啖之詈不絕賊鉤斷其舌曰復能詈否杲卿含胡而絕年六十五履謙旣斷手足何千年弟適在傍咀血噴其面賊臠之見者垂泣杲卿宗子近屬皆被害杲卿已虜諸郡復爲賊守張通幽以兄相賊譖杲卿於楊國忠故不加贈肅宗在鳳翔眞卿表其枉會通幽爲普安太守上皇杖殺之李光弼郭子儀收常山出杲卿履謙二家親屬數百人於獄厚給遺令行喪乾元初贈杲卿太子太保謚曰忠節封其妻崔清河郡夫人初博士裴郁以杲卿不執政但謚曰忠議者不平故以二字謚焉逖季明及宗子等皆贈五品官建中中又贈杲卿司徒初杲卿被殺徇首于衢莫敢收有張湊者得其髮持謁上皇是昔見夢帝寤爲祭後湊歸髮于其妻妻疑之髮若動云後泉明購尸將葬得刑者言死時一足先斷與履謙同坎瘞指其域得之乃葬長安鳳栖原季明逖同塋泉明有孝節喜振人之急旣爲承業所遣未至而常山陷故客壽陽史思明圍李光弼獲泉明裹以革送幽州閒關得免思明歸國而眞卿方爲蒲州刺史令泉明到河北求宗屬始一女及姑女並流離賊中及是幷得之悉錢三萬贖姑女還取貲復往則已女復失之履謙及父故將妻子奴隸尚三百餘人轉徙不自存泉明悉力贍給分多勻薄相扶挾度河託眞卿眞卿隨所歸資送之泉明之殯父與履謙分柩護還長安履謙妻疑斂具儉狹發視之與杲卿等乃號踊待泉明如父肅宗拜泉明郿令政化清明誅宿盜人情翕然成都尹舉其課第一遷彭州司馬家貧居官廉而孤藐相從百口飦鬻不給無慍歎居母喪毀骨立其行義當世以爲難

春卿倜儻美姿儀通當世務十六舉明經拔萃高第調犀浦主簿嘗送徒於州亡其籍至廷口記物色凡千人無所差長史陸象先異之轉蜀尉蘇頲代爲長史被譖繫獄爲攖欄賦自託頲遽出之魏徵遠孫瞻罪抵死春卿爲請玉眞公主得不死時人高其節終偃師丞臨終捉眞卿臂曰爾當大吾族顧我不得見以諸子諉汝後眞卿主其昏嫁沇盈者亦杲卿甥有行義明黃老學解褐博野尉與杲卿同死難贈大理正官其二子遙達

賈循者京兆華原人其先家常山父會有高節嘗稱疾不答辟署里中號一龍親亡負土成墓廬其左手蒔松柏時號關中曾子卒縣人私謚曰廣孝徵君循有大略禮部尚書蘇頲嘗謂令頗牧及爲益州表署別將敗吐蕃於西山三遷靜塞軍營田使張守珪北伐奚灤河屬凍泮欲濟無梁循揣廣狹爲橋以濟破虜而還以功擢游擊將軍榆關守捉使地南負海北屬長城林埌岑翳寇所蔽伏循調士斬木開道賊遁去范陽節度使李適之薦爲安東副大都護安祿山兼平盧節度表爲副遷博陵太守祿山欲擊奚契丹復奏循光祿卿兼副使知留後九姓叛祿山兼節度河東而循亦兼鴈門副之母亡將葬宅有枯桑一夕再生芝出北墉人以爲瑞玄宗以循有功詔贈其父常山太守祿山反使循守幽州故杲卿招之以傾賊巢穴循許可爲向潤客等發其謀賊縊之建中二年贈太尉謚曰忠

從子隱林爲永平兵馬使當入衞屬朱泚難率衆扈行在德宗見隱林偉其貌問家世答曰故范陽節度副使循臣從父也帝異之引至卧內以手板畫地陳攻守計卽奏曰臣嘗夢日墜以首承之帝曰非朕耶因令糾察行在還檢校右散騎常侍封武威郡王賊圍急隱林與侯仲莊冒矢石死戰已而解從臣稱慶隱林流涕前曰泚已奔羣臣大慶宗社無疆之休然陛下資性急不能容掩若不悛雖今賊亡憂未艾也帝不以爲忤拜神策統軍卒帝思其質直贈尚書左僕射以實戶三百封其家

張巡字巡鄧州南陽人博通羣書曉戰陣法氣志高邁略細節所交必大人長者不與庸俗合時人叵知也開元末擢進士第時兄曉已位監察御史皆以名稱重一時巡繇太子通事舍人出爲淸河令治績最而負節義或以困阨歸者傾貲振護無吝秩滿還都於是楊國忠方專國權勢可炙或勸一見且顯用答曰是必爲國怪祥朝宦不可爲也吏調眞源令土多豪猾大吏華南金樹威恣肆邑中語曰南金口明府手巡下車以法誅之赦餘黨莫不改行遷善政簡約民甚宜之安祿山反天寶十五載正月賊酋張通晤陷宋曹等州譙郡太守楊萬石降賊逼巡爲長史使西迎賊軍巡率吏哭玄元皇帝祠遂起兵討賊從者千餘初靈昌太守嗣吳王祗受詔合河南兵拒祿山有單父尉賈賁者閬州刺史璿之子率吏稱吳王兵擊宋州通晤走襄邑爲頓丘令盧蒞所殺賁引軍進至雍丘巡與之合有衆二千是時雍丘令令狐潮舉縣附賊遂自將東敗淮陽兵虜其衆反接在廷將殺之暫出行部淮陽囚更解縛起殺守者迎賁等入潮不得歸巡乃屠其妻子磔城上祗聞承制拜賁監察御史潮怨賁還攻雍丘賁趨門爲衆躪死巡馳騎決戰身被創不顧士乃奉巡主軍問道表諸朝騰牋祗府祗乃舉兗以東委巡經略潮以賊衆四萬薄城人大恐巡諭諸將曰賊知城中虛實有輕我心今出不意可驚而潰也乘之勢必折諸將曰善巡乃分千人乘城以數隊出身前驅直薄潮軍軍却明日賊攻城設百樓巡柵城上束芻灌膏以焚焉賊不敢向巡伺隙擊之積六旬大小數百戰士帶甲食裹瘡鬭潮遂敗走追之幾獲潮怒復率衆來然素善巡至城下情語巡曰本朝危蹙兵不能出關天下事去矣足下以羸兵守危堞忠無所立盍相從以苟富貴乎巡曰古者父死於君義不報子乃銜妻孥怨假力于賊以相圖吾見君頭于通衢爲百世笑奈何潮赧然去當此時王命不復通大將六人白巡以勢不敵且上存亡莫知不如降六人者皆官開府特進巡陽許諾明日堂上設天子畫像率軍士朝人人盡泣巡引六將至責以大誼斬之士心益勸會糧乏潮餉賊鹽米數百艘且至巡夜壁城南潮悉軍來拒巡遣勇士銜枚濵河取鹽米千斛焚其餘而還城中矢盡巡縛藁爲人千餘被黑衣夜縋城下潮兵爭射之久乃藁人還得箭數十萬其後復夜縋人賊笑不設備乃以死士五百斫潮營軍大亂焚壘幕追奔十餘里賊慙益兵圍之薪水竭巡紿潮欲引衆走請退軍二舍使我逸潮不知其謀許之遂空城四出三十里撤屋發木而還爲備潮怒圍復合巡徐謂潮曰君須此城歸馬三十匹我得馬且出奔請君取城以藉口潮歸馬巡悉以給驍將約曰賊至人取一將明日潮責巡答曰吾欲去將士不從奈何潮怒欲戰陣未成三十騎突出禽將十四斬百餘級收器械牛馬潮遁還陳留不復出七月潮率賊將瞿伯玉攻城遣僞使者四人傳賊命招巡巡斬以徇餘縶送祗所閱凡四月賊常數萬而巡衆纔千餘每戰輒克於是河南節度使嗣虢王巨屯彭城假巡先鋒俄而魯東平陷賊濟陰太守高承義舉郡叛巨引兵東走臨淮賊將楊朝宗謀趨寧陵絕巡餉路巡外失巨依拔衆保寧陵馬裁三百兵三千至睢陽與太守許遠城父令姚誾等合乃遣將雷萬春南霽雲等領兵戰寧陵北斬賊將二十殺萬餘人投尸于汴水爲不流朝宗夜去有詔拜巡主客郎中副河南節度使巡籍將士有功者請于巨巨纔授折衝果毅巡讓曰宗社尚危圍陵孤外渠可吝賞與貲巨不聽至德二載祿山死慶緒遣其下尹子琦將同羅突厥奚勁兵與朝宗合凡十餘萬攻睢陽巡勵士固守日中二十戰氣不衰遠自以材不及巡請稟軍事而居其下巡受不辭遠專治軍糧戰具前此遠將李滔救東平遂叛入賊大將田秀榮潛與通或以告遠曰晨出戰以碧幘爲識視之如言盡覆其衆還輒曰我誘之也請以精騎往易錦幘遠以告巡巡召登城讓之斬首示賊因出薄戰子琦敗獲車馬牛羊悉分士秋毫無入其家有詔拜巡御史中丞遠侍御史閶吏部郎中巡欲乘勝擊陳留子琦聞復圍城巡語其下曰吾蒙上恩賊若復來正有死耳諸君雖捐軀而賞不直勳以此痛恨聞者感奬乃椎牛大饗悉軍戰賊望兵少大笑巡遠親鼓之賊潰追北數十里其五月賊刈麥乃濟師巡夜鳴鼓嚴隊若將出賊申警俄息鼓賊覘城上兵休乃弛備巡使南霽雲等開門徑抵子琦所斬將拔旗有大酋被甲引拓羯千騎麾幟乘城招巡巡陰縋勇士數十人隍中持鉤陌刀彊弩約曰聞鼓聲而奮酋恃衆不爲備城上譟伏發禽之弩注矢外向救兵不能前俄而縋士復登陴賊皆愕眙乃按甲不出巡欲射子琦莫能辨因剡蒿爲矢中者喜謂巡矢盡走白子琦乃得其狀使霽雲射一發中左目賊還七月復圍城初睢陽穀六萬斛可支一歲而巨發其半餫濮陽濟陰遠固爭不聽濟陰得糧卽叛至是食盡士日賦米一勺齕木皮煑紙而食才千餘人皆癯劣不能彀救兵不至賊知之以雲衝傅堞巡出鉤干拄之使不得進篝火焚梯賊以鉤車木馬進巡輒破碎之賊服其機不復攻穿壕立柵以守巡士多餓死存者皆痍傷氣乏巡出愛妾曰諸君經年乏食而忠義不少衰吾恨不割肌以啖衆寧惜一妾而坐視士饑乃殺以大饗坐者皆泣巡彊令食之遠亦殺奴僮以哺卒至羅雀掘鼠煑鎧弩以食賊將李懷忠過

城下巡問君事胡幾何曰二朞巡曰君祖父官乎曰然君世受官食天子粟奈何從賊關弓與我确懷忠曰不然我昔爲將數死戰竟沒賊此殆天也巡曰自古悖逆終夷滅一日事平君父母妻子竝誅何忍爲此懷忠掩涕去俄率其黨數十人降巡前後說降賊將甚多皆得其死力御史大夫賀蘭進明代巨節度屯臨淮許叔冀尚衡次彭城皆觀望莫肯救巡使霽雲如叔冀請師不應遺布數千端霽雲嫚罵馬上請決死鬭叔冀不敢應巡復遣如臨淮告急引精騎三十冒圍出賊萬衆遮之霽雲左右射皆披靡既見進明進明曰睢陽存亡已決兵出何益霽雲曰城或未下如已亡請以死謝大夫叔冀者進明麾下也房琯本以牽制進明亦兼御史大夫勢相埒而兵精進明懼師出且見襲又忌巡聲威恐成功初無出師意又愛霽雲壯士欲留之爲大饗樂作霽雲泣曰昨出睢陽時壯士不粒食已彌月今大夫兵不出而廣設聲樂義不忍獨享雖食弗下咽今主將之命不達霽雲請置一指以示信歸報中丞也因拔佩刀斷指一坐大驚爲出涕卒不食去抽矢回射佛寺浮圖矢著甎曰吾破賊還必滅賀蘭此矢所以志也至眞源李賁遺馬百匹次寧陵得城使廉坦兵三千夜冒圍入賊覺拒之且戰且引兵多死所至才千人方大霧巡聞戰聲曰此霽雲等聲也乃啓門驅賊牛數百入將士相持泣賊知外援絕圍益急衆議東奔巡遠議以睢陽江淮保障也若棄之賊乘勝鼓而南江淮必亡且帥饑衆行必不達十月癸丑賊攻城士病不能戰巡西向拜曰孤城備竭弗能全臣生不報陛下死爲鬼以癘賊城遂陷與遠俱執巡衆見之起且哭巡曰安之勿怖死乃命也衆不能仰視子琦謂巡曰聞公督戰大呼輒眥裂血面嚼齒皆碎何至是答曰吾欲氣吞逆賊顧力屈耳子琦怒以刀抉其口齒存者三四巡罵曰我爲君父死爾附賊乃犬彘也安得久子琦服其節將釋之或曰彼守義者烏肯爲我用且得衆心不可留乃以刃脅降巡不屈又降霽雲未應巡呼曰南八男兒死爾不可爲不義屈霽雲笑曰欲將有爲也公知我者敢不死亦不肯降乃與姚誾雷萬春等三十六人遇害巡年四十九初子琦議生致一人慶緒所或曰用兵拒守者巡也乃送遠洛陽至偃師亦以不屈死巨之走臨淮巡有姊嫁陸氏遮王勸勿行不納賜百縑弗受爲巡補縫行間軍中號陸家姑先巡被害巡長七尺鬚髯每怒盡張讀書不過三復終身不忘爲文章不立槀守睢陽士卒居人一見問姓名其後無不識更潮及子琦大小四百戰斬將三百卒十餘萬其用兵未嘗依古法勒大將教戰各出其意或問之答曰古者人情敦樸故軍有左右前後大將居中三軍望之以齊進退今胡人務馳突雲合鳥散變態百出故吾止使兵識將意將識士情上下相習人自爲戰爾其械甲取之於敵未嘗自修每戰不親臨行陣有退者巡已立其所謂曰我不去此爲我決戰士感其誠皆一當百待人無所疑賞罰信與衆共苦寒暑雖廝養必整衣見之下爭致死力故能以少擊衆未嘗敗被圍久初殺馬食既盡而及婦人老弱凡食三萬口人知將死而莫有叛者城破遺民止四百而已始肅宗詔中書侍郎張鎬代進明節度河西率浙東李希言浙西司空襲禮淮南高適青州鄧景山四節度掎角救睢陽巡亡三日而鎬至十日而廣平王收東京鎬命中書舍人蕭昕誄其行時議者或謂巡始守睢陽衆六萬既糧盡不持滿按隊出再生之路與夫食人寧若全人於是張澹李紓董南史張建封樊晃朱巨川李翰咸謂巡蔽遮江淮沮賊勢天下不亡其功也翰等皆有名士由是天下無異言天子下詔贈巡揚州大都督遠荊州大都督霽雲開府儀同三司再贈揚州大都督竝寵其子孫睢陽雍丘賜徭稅三年巡子亞夫拜金吾大將軍遠子玫婺州司馬皆立廟睢陽歲時致祭德宗差次至德以來將相功效尤著者以顏杲卿袁履謙盧弈及巡遠霽雲爲上又贈姚誾潞州大都督官一子貞元中復官巡它子去疾遠子峴贈巡妻申國夫人賜帛百自是訖僖宗求忠臣後無不及三人者大中時圖巡遠霽雲像于凌煙閣睢陽至今祠享號雙廟云

許遠者右相敬宗曾孫寬厚長者明吏治初客河西章仇兼瓊辟署劍南府欲以子妻之固辭兼瓊怒以事劾貶高要尉更赦還會祿山反或薦遠於玄宗召拜睢陽太守遠與巡同年生而長故巡呼爲兄大曆中巡子去疾上書曰孽胡南侵父巡與睢陽太守遠各守一面城陷賊所入自遠分尹子琦分部部曲各一方巡及將校三十餘皆割心剖肌慘毒備盡而遠與麾下無傷巡臨命歎曰嗟乎人有可恨者賊曰公恨我乎答曰恨遠心不可得誤國家事若死有知當不赦於地下故遠心向背梁宋人皆知之使國威喪衂巡功業墮敗則遠於臣不共戴天請追奪官爵以刷寃恥詔下尚書省使去疾與許峴及百官議皆以去疾證狀最明者城陷而遠獨生也且遠本守睢陽凡屠城以生致主將爲功則遠後巡死不足惑若曰後死者與賊其先巡死者謂巡當叛可乎當此時去疾尚幼事未詳知且艱難以來忠烈未有先二人者事載簡書若日星不可妄輕重議乃罷然議者紛紜不齊元和時韓愈讀李翰所爲巡傳以爲闕遠事非是其言曰二人者守死成名先後異耳二家子弟材下不能通知其父志使世疑遠畏死而服賊遠誠畏死何苦守尺寸地食其所愛之肉抗不降乎且見援不至人相食而猶守雖甚愚亦知必死矣然遠之不畏死甚明又言城陷自所守此與兒童之見無異且人之將死其臟腑必有先受病者引繩而絕之其絕必有處今從而尤之亦不達於理矣愈於褒貶尤愼故著之

南霽雲者魏州頓丘人少微賤爲人操舟祿山反鉅野尉張沼起兵討賊拔以爲將尚衡擊汴州賊李廷望以爲先鋒遣至睢陽與張巡計事退謂人曰張公開心待人眞吾所事也遂留巡所巡固勸歸不去衡齎金帛迎霽雲謝不受乃事巡巡厚加禮始被圍築臺募萬死一生者數日無敢應俄有喑嗚而來者乃霽雲也巡對泣下霽雲善騎射見賊百步內乃發無不應弦斃子承嗣歷涪州刺史劉闢叛以無備謫永州

雷萬春者不詳所來事巡爲偏將令狐潮圍雍丘萬春立城上與潮語伏弩發六矢著面萬春不動潮疑刻木人諜得其實乃大驚遙謂巡曰向見雷將軍知君之令嚴矣潮壁雍丘北謀襲襄邑寧陵巡使萬春引騎四百壓潮先爲賊所包巡突其圍大破賊潮遁去萬春將兵方略不及霽雲而彊毅用命每戰巡任之與霽雲鈞

姚誾者開元宰相崇從孫父弇楚州刺史誾性豪蕩好飮謔善絲竹歷壽安尉素善巡及爲城父令遂同守睢陽累加東平太守巡之遣霽雲萬春敗城於寧陵也別將二十有五石承平李辭陸元鍠朱珪宋若虛楊振威耿慶禮馬日昇張惟清廉坦張重孫景趨趙連城王森喬紹俊張恭默祝忠李嘉隱翟良輔孫廷皎馮顏其後皆死巡難四人逸其姓名

贊曰張巡許遠可謂烈丈夫矣以疲卒數萬嬰孤墉抗方張不制之虜鯁其喉牙使不得搏食東南牽掣首尾豗潰梁宋間大小數百戰雖力盡乃死而唐全得江淮財用以濟中興引利償害以百易萬可矣巡先死不爲遽遠後死不爲屈巡死三日而救至十日而賊亡天以完節付二人畀名無窮不待留生而後顯也惟宋三葉章聖皇帝東巡過其廟留駕裴回咨巡等雄挺盡節異代著金石刻贊明厥忠與夷齊餓踣西山孔子稱仁何以異云

唐書卷一百九十三

宋　端明殿學士宋祁撰

列傳第一百一十八

忠義下

程千里京兆萬年人長七尺魁岸有力應募磧西累官安西副都護天寶末兼北廷都護安西北廷節度使突厥首領阿布思內附本隸朔方賜氏李名獻忠度屬幽州素與安祿山有怨內懼故叛還磧外數盜邊玄宗患之詔千里將兵討捕千里諭葛邏祿陰令掎角獻忠果以窮歸葛邏祿縛之并妻子帳下數千人送千里所乃獻俘勤政樓詔斬以徇擢千里右金吾衞大將軍留宿衞祿山反詔募兵河東卽拜節度副使雲中太守遷上黨長史賊來攻屢衂多累加開府儀同三司禮部尚書至德二載賊將蔡希德圍上黨輕騎挑戰千里恃勇開縣門率百騎欲直禽希德幾得而救至乃退會橋壞馬顚爲賊執仰首敕諸騎使還曰爲我報諸將可失帥不可失城軍中皆爲泣下增備固守賊不能下乃還囚千里至東都安慶緒僞署特進囚客省慶緒敗爲嚴莊所害後赦令數下追褒死難者惟千里生見執不及云初祿山搆難西北戍兵悉入援故河隴郡縣皆陷吐蕃惟河西戍將袁光廷爲伊州刺史固守歷年雖游說百緒終不降諸下同心無携畔者及糧竭手殺妻子自焚死建中初贈工部尚書

龐堅京兆涇陽人四世祖玉事隋爲監門直閤李密據洛口玉以關中銳兵屬王世充擊之百戰不衂世充歸東都秦王東徇洛玉率萬騎降高祖以隋舊臣禮之玉魁梧有力明軍法久宿衞習知朝廷制度帝顧諸將多不閑儀檢故授玉領軍武衞二大將軍使衆觀以爲模矱出爲梁州總管巴山獠叛玉梟其首餘黨四奔屬縣獠與反者州里親戚爲賊游說言不可窮躡玉不聽下

令軍中曰穀熟吾盡收以餽軍非盡賊吾不反聞者懼相謂曰軍不止吾穀盡且餓死乃共入賊營與所親相結斬渠長以降衆遂潰從越州都督召爲監門大將軍太宗以書厚令主東宮兵雖老不怠小大之務無不親卒帝爲廢朝贈幽州都督工部尚書堅歷潁川太守安祿山反南陽節度使魯炅表堅爲長史兼防禦副使以薛愿爲潁川太守共守潁川時陳留滎陽已陷賊南陽被圍而潁川當往來劇賊將阿史那承慶悉鋭攻之傅城百里樹木皆刊城中士單寡糧少而愿堅晝夜戰諸郡兵無援者自正月盡十一月賊設木鵝衝車飛梯薄城矢如雨士皆雷譟夜半踰城入二人不肯降賊縛致東京將磔解之有說祿山曰義士也彼爲其主殺之不祥乃縛于樹比且死見者哭之愿汾陰人父縚太常卿兄崇一娶惠宣太子女共女弟爲太子瑛妃瑛廢貶愿嶺外久乃得還

張興者束鹿人長七尺一飯至斗米肉十斤悍趫而辯爲饒陽裨將祿山反攻饒陽興開張禍福譬曉敵人而嬰城彌年衆心遂固滄趙已陷史思明引衆傅城興擐甲持陌刀重五十斤乘城賊將入興一舉刀輒數人死賊皆氣懾城破思明縛之馬前好謂曰將軍壯士能屈節當受高爵對曰昔嚴顏一巴郡將猶不降張飛我大郡將安能委身逆虜今日幸得死然願以一言爲誡思明曰云何興曰天子遇祿山如父子今乃反大丈夫不能爲國掃除反爲其下何哉思明曰將軍不觀天道邪吾上起兵二十萬直趨洛陽天下大定以偏師叩函谷守將面縛唐亡固矣興曰桀紂秦隋窮人力舉四海與爲怨故商周漢唐因得代之而有神器皇帝無違德祿山非數帝賢是苟延歲月終卽禽耳思明怒鋸解之且死駡曰吾能裒彊死兵敗賊衆軍中稟然爲改容

蔡廷玉幽州昌平人事安祿山未有聞與朱泚同里閈少相狎近泚爲幽州節度使奏署幕府廷玉有沉略善與人交內外愛附泚多所叩咨數遣至京師當是時幽州兵最彊財雄士驕悍日思吞幷不知有上下禮法廷玉間語泚曰古未有不臣而能推福及子孫者公南聯趙魏北奚虜兵多地險然非永安計一日趙魏反噬公乃沸鼎魚耳不如奉天子剗多難可勤勳鼎彝若何泚善之廷玉陰欲耗其力則諷泚出金幣禮士又勸歸貢賦助天子經費獻牛馬係道儲廥爲單因勸泚入朝泚將驟諸校怒縛廷玉辱之廷玉無撓辭泚不忍殺囚歲餘出之謂曰而亦悔乎廷玉曰導公爲逆卽悔勉公以義何悔爲復縶滿歲問曰能省過否不爾且死對曰不殺我公得名殺我吾得名泚不能屈待如初又有朱體微者亦泚腹心廷玉有建白體微輒左右之故泚愈信桀儆稍革廷玉遂藏朝事泚乃奏涿州爲永泰軍薊州靜塞軍瀛州淸夷軍莫州唐興軍置團練使以支郡隸屬盧龍軍稍削而泚內畏弟滔偪已滔亦勸泚入朝乃以軍屬滔廷玉體微共白泚公入朝爲功臣首後務至重須誠信者乃可付滔雖大弟多變不情如假以兵是嫁之禍也泚不聽二人隨泚到朝德宗爲太子時知廷玉名及見禮眷殊渥泚統幽州行營爲涇原鳳翔節度使詔廷玉以大理少卿爲司馬體微爲要籍滔有請於泚或不順廷玉必折之俾循故法滔已破田悅寖傲肆自用左右有惡廷玉者妄云素毀滔欲四分燕廷玉倡之體微和之滔表言二人離間骨肉請殺於有司亦遺泚書云云泚恚滔奪其軍不從會滔以幽州叛帝示滔表而泚亦白發其書乃歸罪於二人貶廷玉柳州司戶參軍體微南浦尉以慰滔滔使諜伺諸朝曰上若不殺廷玉當謫去得東出洛我且縛致麾下支解之將行帝勞廷玉曰爾姑行爲國受屈歲中當還廷玉至藍田驛人白左巡使鄭詹商於道險不可往詹追使趨潼關廷玉告于少誠少良曰我爲天子不血刃下幽十一城欲裂其壞使不得桀而敗於將成天助逆耶今吏使我出東都此殆滔計吾不可以辱國比至靈寶自投于河宰相盧杞方疾御史大夫嚴郢欲逐之得廷玉死狀卽抵詹死而斥出郢帝閔廷玉忠歸其柩厚賻之李晟平朱泚少誠等適終喪晟表丏追贈廷玉幷官二子而帝方招來滔寢其奏遂已

符令奇沂州臨沂人初爲盧龍軍裨將會幽州亂挐子璘奔昭義節度使薛嵩署爲軍副嵩卒田承嗣盜其地引令奇爲右職田悅拒命馬燧敗之洹水令奇密語璘曰吾閱世事多矣自安史干紀無噍類吾觀田氏覆亡無時安用苟旦夕係縲京師宗族屠地汝能委質朝廷爲唐忠臣吾亦名揚後世矣璘泣曰悅忍人也近禍可畏答曰今王師四合吾屬俎中醢兒今行吾死不朽不行吾亦死尸疊逆地云何璘俯泣不能對初悅與李納會濮陽因乞師納分麾下隨之至是納兵歸齊使璘以三百騎護送璘與父嚙臂別乃以衆降燧璘之出與三子同降悅怒引令奇切讓令奇駡曰爾忘義背主旦夕死吾教子以順殺身庸何悔鈞死愈爾遠矣悅怒奮而起令奇臨刑色不變年七十九夷其家燧署璘爲軍副詔拜特進封義陽郡王旣聞父見害號絶泣血燧表其寃加檢校左散騎常侍賜晉陽第一區祁田五十頃贈令奇戶部尚書

璘字元亮李懷光反詔燧討之璘介五千兵先濟河與西師合從燧入朝爲輔國大將軍賜靖恭里第一區藍田田四十頃璘之降母匿里中獨免及悅死詔迎於魏賜宴別殿璘居環衞十三年卒年六十五贈越州都督

劉迺字永夷河南伊闕人少警穎闇誦六經日數千言善文詞爲時推目天寶中擢進士第喪父以孝聞服終中書舍人宋昱知銓事迺方調因進書曰書稱知人則哲能官人則惠此唐虞以爲難今文部始掄材終授位是知人官人兩任其責昔禹稷皐陶之聖猶曰載采有九德考績以九載今有司獨委一二小宰察言於一幅之判觀行於一揖之內何其易哉夫判者以狹詞短韻爲體是以小冶鼓衆金雖欲爲鼎鏞不可得已故雖有周公尼父圖書易象之訓以判責之曾不及徐庾雖有至德以喋喋取之曾不若嗇夫故干霄蔽日巨樹也求尺寸之材必後於椓杙龍吟虎嘯希聲也尚頰舌之感必下於蛙黽豈不悲乎執事誠能先政事次文學退觀其治家進察其臨節則厖鴻深沉之事亦可窺其門閫矣昱嘉之補剡尉劉晏在江西奏使巡覆充留後大曆中召拜司門員外郎德宗初進郭子儀爲尚父時冊禮廢視詔文者不適所宜宰相崔祐甫召迺至閤草之少選成文詞義典裁俄擢給事中權知兵部侍郎楊炎盧杞當國五歲不遷建中四年眞拜兵部侍郎帝狩奉天迺臥疾私第朱泚遣人召之固稱篤復遣僞相蔣鎭慰誘迺佯瘖不答灸無完膚鎭再至知不可脅乃太息曰我嘗忝曹郎不能死寧以自辱擅腥復欲汙賢哲乎遂止迺聞車駕如梁州自投於牀搏膺呼天不食卒年六十帝聞其忠贈禮部尚書謚曰貞惠子伯芻別傳

孟華史失其何所人初事李寶臣爲府官屬論議婞婞不回同舍疾之王武俊斬李惟岳遣華至京師陳事德宗問河朔利害華對稱旨擢檢校兵部郎中兼侍御史朱滔與武俊謀解田悅之圍帝詔華還諭欲亂其謀華至譲武俊曰安史未覆滅時大夫觀其兵自謂天下可取今日何汩汩且上於大夫恩甚厚將還康中丞他州而歸我深趙自古忠臣未有不先大功而後得高官者大夫何望於失地邪夫藥苦口者利病大夫後日思愚言悔無逮或曰華入朝私奏便宜欲傾我故得顯職武俊惑之然以華舊人未忍奪其職卒進援悅華從至臨淸稱病還恒州武俊令子察所爲乃闔門謝賓客武俊知不足忌無殺華意旣僭稱王授禮部侍郎不肯起嘔血死

張伾者本爲澤潞將守臨洺田悅攻之乘城固守累月士死糧且盡救不至伾悉召部將立軍門命女出徧拜因曰諸君戰良苦吾無貲爲賞願以是女賣直爲衆士一日費士皆哭曰請死戰會馬燧自河東將兵擊悅城下敗之伾乘勝出戰無不一當百以功遷泗州刺史居州十年擢右金吾衞大將軍未拜卒贈尚書右僕射軍中議立其子重政母徐及兄號訴不肯從奔告淮南節度使王鍔乃免詔嘉其忠起爲金吾衞大將軍委鍔慮以劇職封徐魯國夫人

周曾者本李希烈部將與王玢姚憺韋淸志相善號四公子希烈反曾密得其計一二以告李勉玢爲許州鎭遏使曾哥舒曜拔汝州希烈遣曾往拒曾欲引軍據蔡使玢爲應憺淸居中謀取希烈密求藥毒希烈不死曾之行希烈使假子十人從次襄城知其謀以告希烈使李克誠率騾軍千人劫曾殺之而收其兵幷殺玢憺始約事覺母相引淸懼陽說希烈曰今兵寡恐不能就事請乞師朱滔希烈然之至襄邑奔劉洽德宗贈曾太尉玢司徒憺工部尚書擢淸安定郡王實封戶二百又有呂賁康秀琳梁興朝賈樂卿侯仙欽皆死希烈之難贈賁秀琳尚書左右僕射興朝等皆秩尚書遣蕭昕致祭境上命李勉哥舒曜訪其家子孫詔雖三世有罪常降一等曾無後貞元中女及曾兄子鄖爭襲封有司奏曾首謀歸順身死賊手陛下錫眞食不幸絶嗣宜令鄖以五十戶奉祀女亦封五十戶

張名振本事李懷光爲都將始懷光已立功德宗賜鐵券奉詔倨甚名振到軍門大言曰太尉見賊不擊使到不迎將反耶且安史僕固等今皆族滅公欲何爲是資忠義士立功耳懷光召見諭以賊彊須蓄鋭俟時誘爲不反及引軍入咸陽又曰公不反來此何邪不急攻泚收京城欲以賊遺懷光怒曰病狂人也使左右拉殺之

石演芬者本西域胡人事懷光至都將尤親信畜爲假子懷光軍三橋將與朱泚連和演芬使客郜成義到行在言懷光無破賊意請罷其總統成義走告懷光子璀懷光召演芬罵曰爾爲我子奈何欲破吾家今日負我宜卽死對曰天子以公爲股肱公以我爲腹心公乃負天子我何不負公且我胡人無異心惟知事一人不呼

我爲賊死固吾分懷光使士臠食之皆曰烈士也可令快死以刀斷其頸德宗聞贈演芬兵部尚書賜其家錢三百萬斬成義於朔方

吳溆者章敬皇后之弟代宗立詔贈后祖神泉爲司徒父令珪太尉擢叔父令瑤太子家令濮陽郡公令瑜太子諭德濟陽郡公溆太子詹事濮陽郡公並開府儀同三司令瑤兄弟故爲縣令郎將矣而溆用盛王府參軍進俄遷鴻臚少卿金吾將軍建中初遷大將軍溆循循有禮讓無倨氣矜色見重朝廷時以爲材當所位不自戚屬者朱泚反盧杞白志貞皆謂泚有功不宜首難得大臣一人持節慰曉惡且悛德宗顧左右無敢行溆曰陛下不以臣亡能願至賊中諭天子至意帝大悅溆退謂人曰吾知死無益而決見賊者人臣食祿死其難所也方危時安得自計且不使陛下恨下無犯難者卽日齎詔見泚具道帝待以不疑者而泚業僭逆故留溆客省不遣卒被害帝悲梗甚贈太子太保謚曰忠賜其家實戶二百一子五品正員官京師平官庀其葬子士矩別傳

高沐者渤海人父馮事宣武李靈耀假守曹州靈耀反馮密遣人奏賊纖悉有詔卽拜曹州刺史會李正已盜有曹濮馮不能自通朝廷死官下沐貞元中擢進士第以家託鄆故李師古辟署判官師道叛沐率其僚郭昈郭航李公度引古今成敗前後鐫說不能入師道所厚吏李文會林英等乘間訴曰比悉心憂公家事而爲沐等所疾公奈何舉十二州地成沐輩千載名乎由是疏斥沐令守濮州沐上書盛夸山東負海之饒得其地可以富國師道謀皆露後英奏事京師脅邸史言沐以誠款結天子師道怒誅沐而囚昈濮州守衛苛嚴凡十年吳元濟拒命師道引兵攻彭城敗蕭沛數縣而還以緩王師昈爲繒書藏衣絮間使郭航間道走武寧軍見李愿請奇兵三千浮海擣萊淄賊倚海不爲備且居皆罪人無與守始昈畏事泄署師道所信吏劉諒名以遺愿白諸朝議者疑師道使爲之不得報航不敢循故道間關回遠還昈所未幾師道召航昈疑事露欲引決航曰事覺吾獨死君無患航卒自殺遂絕及王師討師道諸節度兵四入而彭城兵下魚臺金鄉李聽軍取海州若拾遺頗用昈策初淮西平師道勢蹙內甚懼李公度與大將李英曇敎獻三州使長子入侍師道然可俄中悔欲殺英曇賈直言諷師道嬖奴曰高沐寃氣在天禍且至英曇復死是益其祟也乃止逐于萊州俄殺之又有崔承寵楊偕陳佑崔淸皆抗節忤賊李文會指爲沐黨沐之死皆被囚劉悟旣平師道捉昈臂歔欷流涕辟置義成節度府亦請公度爲僚屬元和十四年贈沐吏部尚書委馬總備禮收葬恤其家航萊州人以氣聞師道署右職與昈世居齊初昈舉進士權德輿將取之聞其家賊中乃罷遂爲賊聘二人卒能忠顯

賈直言河朔舊族也史失其地父道冲以藝待詔代宗時坐事賜鴆將死直言紿其父曰當謝四方神祇使者少怠輒取鴆代飲迷而踣明日毒潰足而出久乃蘇帝憐之減父死俱流嶺南直言由是躄後署師道府屬及師道不軌提刀負棺入諫曰願前死不見城之破又畫縛載檻車狀而妻子係纍者以獻師道怒囚之劉悟旣入釋其禁辟署義成府後從潞亦隨府遷監軍劉承偕與悟不平陰與慈州刺史張汶謀縛悟送闕下以汶代節度事洩悟以兵圍承偕殺小使直言遽入責曰司空縱兵脅天子使者是欲効李司空邪它日復爲軍中所指笑悟聞感悔匿承偕於第以免悟每有過必爭故悟能以臣節光明於朝穆宗召爲諫議大夫羣情灑然稱允而悟固留得聽始悟子從諫貴甚見直言輒衣紫擁笏以兵自衞直言諫悟曰郎少年毋使襲山東態朝服可擅著邪悟死從諫不發喪召大將劉武德等矯悟遺言與隣道使共表求襲位直言入讓曰父死不哭何顏面見山東義士乎從諫曰欲反耳直言仰天哭曰爾父提十二州地歸朝廷爲功臣然以張汶故自謂不潔淋頭卒羞死郎今日乃欲反邪從諫起抱直言項哭曰計窮而然直言曰君何憂無土地今脅朝廷正速死耳若從武德謀吾見劉氏爲元濟矣從諫拜曰唯大夫救之直言乃自擿留後使從諫居喪初從諫惟鄆兵二千同謀直言旣折之軍中遂安太和九年卒贈工部尚書

辛讜者太原尹雲京孫也學詩書能擊劒重然諾走人所急初事李嶧主錢穀性廉勁遇事不處文法皆與之合罷居揚州年五十不肯仕而慨然常有濟時意龐勛反攻杜慆於泗州讜聞之挐舟趨泗口貫賊柵以入慆素聞其名握手曰吾僚李延樞嘗爲吾道夫子爲人何意臨敎吾無憂矣讜亦謂慆可共事乃請還與妻子決同慆生死時賊張甚衆皆南走獨讜北行讜未至慆憂之延樞知必來曰讜至可表爲判官慆許諾俄而至慆喜曰圍急飛鳥不敢過君乃冒白刃入危城古人所不能乃勸解白衣被甲賊將李圓焚淮口讜曰事棘矣獨出可以求援乃與楊文播李行實戍夜踰淮坎岸登馳三十里至洪澤見戍將郭厚本告急厚本許出兵大將袁公弁等曰賊衆我寡不可往讜拔劒瞋目呼曰泗州陷在旦夕公等被詔來乃逗留不進欲何爲大丈夫孤國恩雖生可羞且失泗則淮南爲寇場君尚能獨存吾今斷左臂殺君去推劒直前厚本持之公弁等僅免讜望泗慟哭帳下皆流涕厚本決許付兵五百讜曰足矣徧問士曰能行乎皆曰諾讜仆面于地泣以謝衆旣叩淮有人語曰賊破城矣讜將斬之衆爲請讜曰公等登舟吾赦其死士遽登已濟慆亦出兵表裏擊賊大敗讜入人心遂固浙西杜審權遣將翟行約赴援壁蓮塘慆欲遣人延勞諸吏憚不敢出讜獨往犒而還圍三月救兵外敗城益危讜復請乞兵淮南與壯士徐珍十人持斧夜斬賊柵出見節度使令狐綯復詣浙西見審權時皆傳泗州已陷疑讜爲賊計囚之讜引李嶧自明嶧時爲大同防禦使稱其忠可信審權乃許救合淮南兵五千鹽粟具方淮路梗不得進讜引兵決戰斬賊六百級乃克入城上讙叫慆與下迎泣表其功于朝授監察御史圍凡十月乃解卒完一州初讜求救也過家十餘未嘗見妻子得糧累二十萬讜子及兄子客廣陵託慆曰使先人不乏祀公之惠也後以功第一拜亳州刺史從曹泗二州乾符末終嶺南節度使方讜之少耕于野有牛鬬衆畏奔踐讜直前兩持其角牛不能動久而引觸竟折其角里人駭異屠牛以飯讜然讜瘦短才及中人後貴力亦少衰云

黃碣閩人也初爲閩小將喜學問軒然有志向同列有假其筆者碣怒曰是筆它日斷大事不可假後戰安南有功高駢表其能爲漳州刺史從婺州治有績劉漢宏遣兵攻之兵寡不可守棄州去客蘇州董昌爲威勝軍節度使表碣自副久乃應及昌反碣諫曰大王拔田畝席貢輸之勤位將相非有勳業可紀今不能盡忠王朝乃自尊大一日誅滅無種矣桓文不侮周室曹操弗敢危漢今王僻娶一城乃爲大逆何邪碣請舉族先死不能見王之滅昌怒曰碣不順我邪斥出之碣移書幕府李滔曰順天建元以愚策之針可爲稍邪或竊其書示昌昌令使者斬之使以首至昌詬曰賊負我三公不肯爲而求死邪抵溷中夷其家百口坎鏡湖之南同瘞焉昌敗有詔贈司徒求其後不能得昌已殺碣滔亦遇害乃召會稽令吳鐐問策鐐曰王爲眞諸侯遺榮子孫而不爲乃作僞天子自取滅亡昌叱斬之族其家又召山陰令張遜知御史臺固辭曰王自棄爲天下笑且六州勢不助逆王據孤州以速死謂何遜不敢以身許王也昌惡之曰遜不知天意以邪說拒我囚之他日謂人曰我無碣鐐遜何乏事卽害之

孫揆字聖圭刑部侍郎逖五世從孫也第進士辟戶部巡官歷中書舍人刑部侍郎京兆尹昭宗討李克用以揆爲兵馬招討制置宣慰副使旣而更授昭義軍節度使以本道兵會戰克用伏兵刀黃嶺執揆厚禮而將用之曰公輩當從容廟堂何爲自履行陣也揆大罵不詘克用怒使以鋸解之鋸齒不行揆謂曰死狗奴解人當束之以板汝輩安知行刑者如其所言詈聲不輟至死昭宗憐之贈左僕射

唐書卷一百九十三考證

辛讜傳袁公弁○舊書作王公弁

唐書卷一百九十四

宋　端　明　殿　學　士　宋　祁　撰

列傳第一百一十九

卓行

元德秀字紫芝河南河南人質厚少緣飾少孤事母孝舉進士不忍去左右自負母入京師旣擢第母亡廬墓側食不鹽酪藉無茵席服除以窶困調南和尉有惠政黜陟使以聞擢補龍武軍錄事參軍德秀不及親在而娶不肯婚人以爲不可絕嗣答曰兄有子先人得祀吾何娶爲初兄子襁褓喪親無資得乳媼德秀自乳之數日湩流能食乃止旣長將爲娶家苦貧乃求爲魯山令前此墮車足傷不能趨拜太守待以客禮有盜繫獄會虎爲暴盜請格虎自贖許之吏白彼詭計且亡去無乃爲累乎德秀曰許之矣不可負約卽有累吾當坐不及餘人明日盜尸虎還舉縣嗟歎玄宗在東都酺五鳳樓下命三百里縣令刺史各以聲樂集是時頗言帝且第勝負加賞黜河內太守輦優伎數百被錦繡或作犀象瓌譎光麗德秀惟樂工數十人聯袂歌于蔿于于蔿于者德秀所爲歌也帝聞異之歎曰賢人之言哉謂宰相曰河內人其塗炭乎乃黜太守德秀益知名所得奉祿

悉衣食人之孤遺者歲滿罰餘一縑駕柴車去愛陸渾佳山水乃定居不爲牆垣扃鑰家無僕妾歲饑日或不爨嗜酒陶然彈琴以自娛人以酒肴從之不問賢鄙爲酣飫是時程休邢宇宇弟宙張茂之李萼萼族子丹叔惟岳喬潭楊拯房垂柳識皆號門弟子德秀善文辭作蹇士賦以自況房琯每見德秀歎息曰見紫芝眉宇使人名利之心都盡蘇源明常語人曰吾不幸生衰俗所不恥者識元紫芝也天寶十三載卒家惟枕履簞瓢而已潭時爲陸渾尉庀其葬族弟結哭之慟或曰子哭過哀禮歟結曰若知禮之過而不知情之至大夫弱無固性無專老無在死無餘人情所耽溺喜愛可惡者大夫無之生六十年未嘗識女色視錦繡未嘗求足無苟辭佚色未嘗有十畝之地十尺之舍十歲之僮未嘗完布帛而衣具五味之餐吾哀之以戒荒淫貪佞綺紈粱之徒耳李華兄事德秀而友蕭穎士劉迅及卒華謚曰文行先生天下高其行不名謂之元魯山華於是作三賢論或問所長華曰德秀志當以道紀天下迅當以六經諧人心穎士當以中古易今世德秀欲齊愚智迅感一物不得其正穎士呼吸折節而獲重祿不易一刻之安易於孔子之門皆達者歟使德秀據師保之位瞻形容乃見其仁迅被卿佐服居賓友謀治亂根源參乎元精乃見其妙穎士若百鍊之剛不可屈使當廢興去就一生一死間而後見其節德秀以爲王者作樂崇德天人之極致而辭章不稱是無樂也於是作破陣樂辭以訂商周迅世史官述禮易書春秋詩爲古五說條貫源流備古今之變穎士尤罪子長不編年而爲列傳後世因之非典訓也自春秋三家後非訓齊生人不錄然各有病元病酒劉病賞物蕭病貶惡太亟獎能太重若取其節皆可爲人師也世謂篤論休字士美廣平人宇字紹宗宙字次宗河間人茂之字季豐南陽人萼字伯高丹叔字南誠惟岳字謨道趙人潭字源梁人垂字翼明清河人拯字齊物膺觀王雄後舉進士終右驍衞騎曹參軍萼擢制科還南華令大水他縣飢人至相屬萼爲具饘鬻及去糗糧送之吏爲立碑安祿山亂萼客清河爲乞師平原太守顔眞卿一郡獲全歷廬州刺史拯與萼名最著潭識以文傳後

權皐字士繇秦州略陽人徙潤州丹徒晉安丘公翼十二世孫父倕與席豫蘇源明以藝文相友終羽林軍參軍皐擢進士第爲臨淸尉安祿山籍其名表爲蓟尉署幕府皐度祿山且叛以其猜虐不可諫欲行慮禍及親天寶十四載使獻俘京師還過福昌尉仲謩謩妻皐妹也密約以疾召之謩來皐陽喑直視謩而瞋謩爲盡哀自含斂之皐逸去人無知者吏以詔書還皐母母謂實死慟哭感行路故祿山不之虞歸其母皐潛候於淇門奉侍晝夜南奔客臨淮爲驛亭保以詗北方旣度江而祿山反天下聞其名爭取以爲屬高適表試大理評事淮南採訪判官永王璘兵脅士大夫皐詭姓名以免玄宗在蜀聞之拜監察御史會母喪得風痺疾客洪州南北梗否踰年詔命不至有中人過州頗求取無厭南昌令王遘欲按之謀於皐皐良久不答泣曰今何由致天子使而遽欲治之掩面去遘悟厚謝浙西節度使顔眞卿表爲行軍司馬召拜起居舍人固辭嘗曰吾潔身亂世以全吾志欲持是受名邪李季卿爲江淮黜陟使列其高行以著作郎召不就自中原亂士人率度江李華柳識韓洄王定皆仰皐節與友善洄定常評皐可爲宰輔師保華亦以爲分天下善惡一人而已卒年四十六洄等制服行哭詔贈祕書少監元和中謚爲貞孝子德輿至宰相別傳

甄濟字孟成定州無極人叔父爲幽京二州都督家衞州宗屬以伉俠相矜濟少孤獨好學以文雅稱居靑巖山十餘年遠近伏其仁環山不敢畋漁採訪使苗晉卿表之諸府五辟詔十至堅臥不起天寶十載以左拾遺召未至而安祿山入朝求濟於玄宗授范陽掌書記祿山至衞使太守鄭遵意致謁山中濟不得已爲起祿山下拜鈞禮居府中論議正直久之察祿山有反謀不可諫濟素善衞令齊玘因謁歸具告以誠密置羊血左右至夜若歐血狀陽不支舁歸舊廬祿山反使蔡希德封刀召之曰卽不起斷其頭見我濟色不動左手書曰不可以行使者持刀趨前濟引頸待之希德歔欷嗟歎止刀以實病告後慶緒復使彊輿至東都安國觀會廣平王平東都濟詣軍門上謁泣涕王爲感動肅宗詔館之三司署使汙賊官羅拜以媿其心授祕書郎或言太薄更拜太子舍人來瑱辟爲陝西襄陽參謀拜禮部員外郎宜城楚昭王廟壖地廣九十畝濟立墅其左瑱死屛居七年大歷初江西節度使魏少游表爲著作郎兼侍御史卒濟生子因其官字曰禮闈曰憲臺而禮闈死憲臺更名逢幼而孤及長耕宜城野自力讀書不謁州縣歲飢節用以給親里大穰則振其餘於鄉黨貧狹者朋友有緩急輒出家貲周贍以義聞逢常以父名不得在國史欲詣京師自言元和中袁滋表濟節行與權皐同科宜載國史有詔贈濟祕書少監而逢與元稹善稹移書於史館修撰韓愈曰濟棄去祿山及其反有名號又逼致之執不起卒不汙其名夫辨所從於居易之時堅其操於利仁之世而猶遲儒者之所不爲蓋怫人之心難而害已之避深也至天下大亂死忠者不必顯從亂者不必誅而眷眷本朝甘心白刃難矣哉若甄生者弁冕不加其身祿食不進其口直布衣一男子耳及亂則延頸受刃分死不回不以不必顯而廢忠不以不必誅而從亂在古與今蓋百一焉愈答曰逢能行身幸於方州大臣以標目其先人事載之天下耳目徹之天子追爵其父第四品赫然驚人逢與其父俱當得書矣由是父子俱顯名

陽城字亢宗定州北平人徙陝州夏縣世爲官族貧好學貧不能得書求爲吏隸集賢院竊院書讀之晝夜不出戶六年無所不通及進士第乃去隱中條山與弟堦域常易衣出年長不肯娶謂弟曰吾與若孤惸相育旣娶則間外姓雖共處而益疏我不忍弟義之亦不娶遂終身城謙恭簡素遇人長幼如一遠近慕其行來學者跡接于道閭里有爭訟不詣官而詣城決之有盜其樹者城過之慮其恥退自匿嘗絕糧遣奴求米奴以米易酒醉臥于路城怪其故與弟迎之奴未醒乃負以歸及覺痛咎謝城曰寒而飲何責焉寡妹依城居其子四十餘癡不知人城常負以出入始妹之夫客死遠方城與弟行千里負其柩歸葬歲饑屛跡不過鄰里屑榆爲粥講論不輟有奴都兒化其德亦方介自約或哀其餒與之食不納後致糠覈數桮乃受山東節度府聞城義者發使遺五百縑戒使者不令返城固辭使者委而去城置之未嘗發會里人鄭俶欲葬親貸於人無得城知其然舉縑與之俶既葬還曰蒙君子之施願爲奴以償德城曰吾子非也能同我爲學乎俶泣謝卽教以書俶不能業城更徙遠阜使顓其習學如初慙縊而死城驚且哭厚自咎爲服緦麻瘞之陝虢觀察使李泌數禮餉城受之泌欲辟致之府不起乃薦諸朝詔以著作佐郎召并賜緋魚泌使參軍事韓傑奉詔至其家城封還詔自稱多病老憊不堪奔奉惟哀憐泌不敢彊及爲宰相又言之德宗於是召拜右諫議大夫遣長安尉楊寧齎束帛詣其家城褐衣到闕下辭讓帝遣中人持緋衣衣之召見賜帛五十匹初城未起搢紳想見風采旣興草茅處諫諍官士以爲且死職天下益憚之及受命它諫官論事苛細紛紛帝厭苦而城寖聞得失且熟猶未肯言韓愈作爭臣論譏切之城不屑方與二弟延賓客日夜劇飲客欲諫止者城揣知其情彊飲客客辭卽自引滿客不得已與酬酢或醉仆席上城或先醉臥客懷中不能聽客語無得關言常以木枕布衾質錢人重其賢爭售之每約二弟吾所俸入而可度月食米幾何薪菜鹽幾錢先具之餘送酒家無留也服用無贏副客或稱其佳可愛輒喜舉授之有陳萇者候其得俸常往稱錢之美月有獲焉居位八年人不能窺其際及裴延齡誣逐陸贄張滂李充等帝怒甚無敢言城聞曰吾諫官不可令天子殺無罪大臣乃約拾遺王仲舒守延英閤上疏極論延齡罪慷慨引誼申直贄等累日不止聞者寒懼城愈勵帝大怒召宰相抵城罪順宗方爲皇太子爲開救良久得免敕宰相諭遣然帝意不已欲遂相延齡城顯語曰延齡爲相吾當取白麻壞之哭於廷帝不相延齡城力也坐是下遷國子司業引諸生告之曰凡學者所以學爲忠與孝也諸生有久不省親者乎明日謁城還養者二十輩有三年不歸侍者斥之簡孝秀德行升堂上沈酗不率教者皆罷躬講經籍生徒斤斤皆有法度薛約者狂而直言事得罪謫連州吏捕迹得之城家城坐吏於門引約飲食訖步至都外與別帝惡城黨有罪出爲道州刺史太學諸生何蕃季儻王魯卿李讜等二百人頓首闕下請留城柳宗元聞之遺蕃等書曰詔出陽公道州僕聞悒然幸生不諱之代不能論列大體聞下執事還陽公之南也今諸生愛慕陽公德懇悃乞留輒用撫手喜甚昔李膺嵇康時太學生徒仰闕執訴僕謂訖千百年不可復見乃在今日誠諸生見賜甚厚將亦陽公漸漬導訓所致乎意公有博厚恢大之德并容善僞來者不拒有狂惑小生依託門下飛文陳愚論者以爲陽公過於納汙無人師道仲尼吾黨狂狷南郭獻譏曾參徒七十二人致禍負芻孟軻館齊從者竊屨彼聖賢猶不免如之何其拒人也俞扁之門不拒病夫繩墨之側不拒枉材師儒之席不拒曲士且陽公在朝四方聞風貪冒苟進邪薄之夫沮其志雖微師尹之位而人實瞻望焉與其化一州其功遠近可量哉諸生之言非獨爲己也於國甚宜蕃等守闕下數日爲吏遮抑不得上旣行皆泣涕立石紀德至道州治民如治家宜罰罰之宜賞賞之不以簿書介意月俸取足則已官收其餘日炊米二斛魚一大鬻置瓯杓道上人共食之州產侏儒歲貢諸朝城哀其生離無所進帝使求之城奏曰州民盡短若以貢不知何者可供自是罷州人感之

以陽名子前刺史坐罪下獄吏有幸於刺史者拾不法事告城欲自脫城輒榜殺之賦稅不時觀察使數誚責州當上考功第城自署曰撫字心勞追科政拙考下下觀察府遣判官督賦至州怪城不迎以問吏吏曰刺史以爲有罪自囚於獄判官驚馳入謁城曰使君何罪我奉命來候安否耳留數日城不敢歸仆門闔寢館外以待命判官遽辭去府復遣官來按舉義不欲行乃載妻子中道逃去順宗立召還城而城已卒年七十贈左散騎常侍賜其家錢二十萬官護喪歸葬蕃和州人事父母孝學太學歲一歸父母不許間二歲乃歸復不許凡五歲慨然以親且老不自安揖諸生去乃共閉蕃空舍中衆共狀蕃義行白城請留會城罷亦止初朱泚反諸生將從亂蕃正色叱不聽故六館之士無受汙者蕃居太學二十年有死喪無歸者皆身爲治喪償會人魯卿第進士有名

司空圖字表聖河中虞鄉人父輿有風幹當大中時盧弘正管鹽鐵表爲安邑兩池榷鹽使先是法疏闊吏輕觸禁輿爲立約數十條莫不以爲宜以勞再遷戶部郎中圖咸通末擢進士禮部侍郎王凝特所獎待俄而凝坐法貶商州圖感知己往從之凝起拜宣歙觀察使乃辟置幕府召爲殿中侍御史不忍去凝府臺劾左遷光祿寺主簿分司東都盧攜以故宰相居洛嘉圖節常與游攜還朝過陝虢屬於觀察使盧渥曰司空御史高士也渥即表爲僚佐會攜復執政召拜禮部員外郎尋遷郎中黃巢陷長安將奔不得前圖弟有奴段章者陷賊執圖手曰我所主張將軍喜下士可往見之無虛死溝中圖不肯往章泣下遂奔咸陽間關至河中僖宗次鳳翔即行在拜知制誥遷中書舍人後狩寶雞不獲從又還河中龍紀初復拜舊官以疾解景福中拜諫議大夫不赴後再以戶部侍郎召身謝闕下數日即引去昭宗在華召拜兵部侍郎以足疾固自乞會遷洛陽柳璨希賊臣意誅天下才望助喪王室詔圖入朝圖陽墮笏趣意野耄璨知無意於世乃聽還圖本居中條山王官谷有先人田遂隱不出作亭觀素室悉圖唐興節士文人名亭曰休休作文以見志曰休美也旣休而美具故量才一宜休揣分二宜休耄而聵三宜休又少也惰長也率老也迂三者非濟時用則又宜休因自目爲耐辱居士其言詭激不常以免當時禍災云豫爲冢棺遇勝日引客坐壙中賦詩酌酒裴回客或難之圖曰君何不廣邪生死一致吾寧暫游此中哉每歲時祠禱鼓舞圖與閭里耆老相樂王重榮父子雅重之數饋遺弗受嘗爲作碑贈絹數千圖置虞鄉市人得取之一日盡時寇盜所過殘暴獨不入王官谷士人依以避難朱全忠已篡召爲禮部尚書不起哀帝弑圖聞不食而卒年七十二圖無子以甥爲嗣嘗爲御史所劾昭宗不責也

贊曰節誼爲天下大閑士不可不勉觀皐濟不汙祿據忠自完而亂臣爲沮計天下士知大分所在故傾朝復支不有君子果能國乎德秀以德城以鯁峭圖知命其志凜凜與秋霜爭嚴眞丈夫哉

唐書卷一百九十五

宋 端 明 殿 學 士 宋 祁 撰

列傳第一百二十

孝友

唐受命二百八十八年以孝悌名通朝廷者多閭巷刺草之民皆得書于史官萬年王世貴長安嚴待封涇陽田伯明華原韓難陀華州王瞿曇鄭縣辛法汪鄠士寧張長郭士度鄭廸柳仁忠能君德劉崇什元爽韓子尚韓思約下邽張萬徹朝邑申屠思恭呂昂鶉觚張元亮靈臺孫智和新平馮猛將宜川司馬芬洛交周崇俊洛川何善宜博陵崔定仁冀州燕遺倩貝州馬衛滄州鄭士才清池孫楚信劉賢渤海邊鳳泉瀛州宋寶積樂陵蘇伏念邯鄲章徵雞澤馬仁海郭守素文安董相武邑王達多張丘威張藝朝暨孫師才張義節沙河趙君惠南樂谷感德魏縣毛仁武城茹智達歷亭王師威李肆仁臨河李文綱湯陰斥奴鼓城鼓思義陳岬田堤岳太原盧遺仁王知道蒲州賈孝才解縣衛玄表南岳張利見安邑曹文行孫懷應相里志隆楊士操邵玄同張衛曹存勳李文褒董文海李文秀張仙兒張公憲虞鄉董敬直河東張金城呂神通呂雲呂志挺呂元光趙皐張祐姚曦張師德馮巨源杜山藏河西郭文政伊闕任仲濟源樂璧汴州張士巖陳留家師諒董允恭尉氏楊思貞中牟潘良瑗暨子季通陽武時惠琦封丘楊嵩珪許田李頤道胙城蔡洪石善雄暨孫彥威翔山胡君才徐州皇甫恆彭城尹務榮荊州劉寶長壽史摶蓋州焦懷肅郭景華鄴縣曹少徵浩城趙炯貴陽趙光寓黃昇梓潼馬冬王奉皐王興嗣伎或樊滿巴西韋士宗文博榮暨子詮南鄭李貞古巢縣張進昭萬載廖洪南陵蘇仲方鄱陽張讚樂平謝惟勤沈普姜岬上饒鮑嘉福廣鎔眞句容張常洧弋陽張球李常暨子凝孫楚貴溪黃舟建昌熊士贍臨江袁鳴韻縣謝俊餘杭何公弁章成緬方宗建德何起門桐廬祝希進諸暨張萬和蕭山李渭許伯會藏恭俞僅信安徐知新徐惠譚東陽應先唐君祐睦州許利川建陽劉常邵武黃亘張巨鑊吳海泉山黃嘉猷永泰王兩皆事親居喪著至行者萬年宋興貴奉先張郛澧陽張仁興櫟陽董思寵湖城閻旻高平雍仙高湖城閻鄭正平周思藝張子英曲沃張君密秦德方馬玄操李君則太平趙德儼西陳嗣北海呂元簡經城宋洸之單父劉九江無棣徐文亮樂陵吳正表河間劉宣董永安邑任君義衛開龍門梁神義賀見涉張奇異鄭縣王元緒寃元童舒城徐行周睦州方良現桐廬戴元益高安宋練涇縣萬晏弋陽李植繁昌王丕皆數世同居者天子皆旌表門閭賜粟帛州縣存問復賦稅有授以官者唐時陳藏器著本草拾遺謂人肉治羸疾自是民間以父母疾多刲股肉而進又有京兆張阿九趙言奉天趙正言滑清泌羽林飛騎啖榮祿鄭縣吳孝友華陰尹義華潞州張光玭解縣南鍛河東李忠孝韓放鄠陵任客奴絳縣張子英平原楊仙朝樂工段日昇河東將陳涉襄陽馮子城固雍孫八虞鄉張抱玉骨英秀榆次馮秀誠封丘楊嵩珪劉浩清池朱庭玉弟庭金繁昌朱脩歙縣黃芮左千牛薛鋒及河陽劉士約或給帛或旌表門閭皆名在國史善乎韓愈之論也曰父母疾烹藥餌以是爲孝未聞毀支體者也苟不傷義則聖賢先衆而爲之是不幸因而且死則毀傷滅絕之罪有歸矣安可旌其門以表異之雖然委巷之陋非有學術禮義之資能忘身以及其親出於誠心亦足稱者故列十七八焉廣明後方鎮凌法奪地千里事不上聞孝悌篤行之士旌命所不及載小說者名字不參見他書不可錄若李知本張志寬之屬承上順下有禮讓君子之風故輯而序之張士巖父病藥須鯉魚冬月冰合有獺銜魚至前得以供父父遂愈母病癰士巖吮血父亡廬墓有虎狼依之焦懷肅母病每嘗其唾若味異輒悲號幾絕母終水漿不入口五日負土成墳廬守日一食杖然後起繼母沒亦如之張進昭母患狐刺左手墮而終及殯進昭截左臂廬于墓張公藝九世同居北齊東安王永樂隋大使梁子恭躬慰撫表其門高宗有事太山臨幸其居問本末書忍字以對天子爲流涕賜縑帛而去四人名顯著詳見于篇

李知本趙州元氏人元魏洛州刺史靈六世孫父孝端仕隋爲獲嘉丞與族弟太冲俱有世閥而太冲官婚最高鄉人語曰太冲無兄孝端無弟知本涉經術事親篤至與弟知隱雍順子孫百餘至貴用僮僕無間也大業末盜賊過闕不入相戒曰無犯義門往依者五百餘室皆以免貞觀初知隱爲伊闕丞知本夏津令開元中孫瑱爲給事中揚州長史知隱孫順有文辭至太常少卿從祖兄弟位給事中凡四人

張志寬蒲州安邑人居父喪而毀州里稱之王君廓兵略地不暴其閭倚全者百許姓後爲里正忽詣縣稱母疾求急令問狀對曰母有疾志寬輒病是以知之令謂其妄繫於獄馳驗如言乃慰遣之母終負土成墳手蒔松柏高祖遣使者就弔拜員外散騎常侍賜物四十段表其閭

劉君良瀛州饒陽人四世同居族兄弟猶同產也門內斗粟尺帛無所私隋大業末荒饉妻勸其異居因易置庭樹鳥鶵令鬬且鳴家人怪之妻曰天下亂禽鳥不相容況人邪君良即與兄弟別處月餘密知其計因斥去妻曰爾破吾家召兄弟流涕以告更復同居天下亂鄉人共依之衆築爲堡因號義成堡武德中深州別駕楊弘業至其居凡六院共一庖子弟皆有禮節歎挹而去貞觀六年表異門閭

王少玄博州聊城人父隋末死亂兵遺腹生少玄甫十歲問父所在母以告即哀泣求尸時野中白骨覆壓或曰以子血漬而滲者父胔也少玄鑱膚閱旬而獲遂以葬創甚彌年乃興貞觀中州言狀拜徐王府參軍

任敬臣字希古棣州人五歲喪母哀毀天至七歲問父英曰若何可以報母英曰揚名顯親可也乃刻志從學汝南任處權見其文驚曰孔子稱顏回之賢以爲弗如也吾非古人然見此兒信不可及十六刺史崔樞欲舉秀才自以學未廣遁去又三年卒業舉孝廉授著作局正字父亡數絕繼母曰而不勝喪謂孝可乎敬臣更進饘粥服除遷秘書郎休沐閉門誦書監虞世南器其人歲終書上考固辭召爲弘文館學士俄授越王府西閤祭酒當代王再表留進朝請郎舉制科擢許王文學復爲弘文館學士終太子舍人

支叔才定州人隋末荒饉夜丐食野中還進母爲賊執欲殺之告以情賊閔其孝爲解縛母病癰叔才吮瘡注藥及亡廬墓有白鵲止廬傍高宗時表異其家至德間有常州人王遇弟暹俱爲賊執將釋一人兒弟相讓死賊感其意盡縱之

程袁師宋州人母病十旬不褫帶藥不嘗不進代弟戍

洛州，母終，聞訃，日走二百里，因負土築墳，號癯，人不復識。改葬曾門以來，閱二十年乃畢。常有白狼、黃蛇馴墓左，每哭，羣鳥鳴翔。永徽中，刺史狀諸朝，詔吏敦駕，旣至，不願仕，授儒林郎，還之。

武弘度，士彠兄之子，補相州司兵參軍。永徽中，父卒，自徐州被髮徒跣趨喪所，負土築塋，晨夕號，日一溢米，素乏產，廬前狸擾其旁。高宗下詔褒美，旌其門。

宋思禮字過庭，事繼母徐爲聞孝。補蕭縣主簿。會大旱，井池涸，母羸疾，非泉水不適口，思禮憂懼且禱，忽有泉出諸庭，味甘寒，日不乏汲，縣人異之，尉柳晃爲刻石頌其孝感。

鄭潛曜者，父萬鈞，駙馬都尉、滎陽郡公，母代國長公主。開元中，主寢疾，潛曜侍左右，造次不去，累三月不靧面。主疾侵，刺血爲書請諸神，丏以身代，火書而神許二字獨不化，翌日主愈。戒左右無敢言。後尚臨晉長公主，歷太僕、光祿卿。

元讓，雍州武功人。擢明經，以母病不肯調，侍膳不出閭數十年。母終，廬墓次，廢櫛沐，飯菜飲水。咸亨中，太子監國，下令表闕于門。永淳初，巡察使表讓孝悌卓越，擢太子右內率府長史。歲滿還鄉里，人有所訟，皆詣讓判。中宗在東宮，召拜司議郎。入謁，武后望謂曰：「卿孝於家，必能忠於國，宜以治道輔吾子。」尋卒。

裴敬彝，絳州聞喜人。曾祖子通，隋開皇中以太中大夫居母喪，哭喪明，有白烏巢冢樾，兄弟八人皆爲名孝，詔表門闕，世謂義門裴氏。敬彝七歲能文章，性謹敏，宗族重之，號甘露頂。父智周，補臨黃令，爲下所訟，敬彝年十四，詣巡察使唐臨直枉，臨奇之，試命作賦，賦工，父罪已釋，表敬彝于朝，補陳王府典籤。一日忽泣涕，謂左右曰：「大人病痛，吾輒然。今心悸而痛，事叵測。」乃請急倍道歸，而父已卒，羸毀踰禮。乾封初，遷累監察御史。母病，醫許仁則者躄不能乘，敬彝自爲輿往迎。旣居喪，詔贈縑帛，官爲作靈轝。終服，以著作郎兼修國史，歷中書舍人、太子左庶子。武后時，爲酷吏所陷，死嶺南。

梁文貞，虢州閿鄉人。少從軍，守邊逮還，親已亡，自傷不得養，即穿壙爲門，晨夕汛掃，廬墓左，喑默三十年，家人有所問，畫文以對。會官改新道，出文貞廬前，行旅見之，皆爲流涕。有甘露降塋木，白兔馴擾，縣令刋石紀之。開元中，刺史許景先表文貞孝絕倫類，詔付史官。

沈季詮字子平，洪州豫章人。少孤，事母孝，未嘗與人爭，皆以爲怯，季詮曰：「吾怯乎？爲人子者，可遺憂於親乎哉！」貞觀中，侍母度江，遇暴風，母溺死，季詮號呼投江中，少選，持母臂浮出水上。都督謝叔方具禮祭而葬之。

許伯會，越州蕭山人，或曰玄度十二世孫。舉孝廉，上元中爲衡陽博士。母喪，負土成墳，不御絮帛，嘗滋味。野火將逮塋樹，悲號于天，俄而雨，火滅。歲旱，泉湧廬前，靈芝生。

陳集原，瀧州開陽人，世爲酋長。父龍樹，爲欽州刺史，有疾，即集原輒不食；及亡，嘔血數升，即塋作廬，盡以田貲讓兄弟，里人高之。武后時，歷右豹韜衛大將軍。

陸南金，蘇州吳人。祖士季，從同郡顧野王學左氏春秋、司馬史、班氏漢書。仕隋爲越王侗記室兼侍讀。侗稱制，擢著作郎。時王世充將篡逆，侗謂士季曰：「隋有天下三十年，朝果無忠臣乎？」士季對曰：「見危授命，臣宿志也。請因啓事爲陛下殺之。」謀洩，停侍讀，乃不克。貞觀初，終太學博士兼弘文館學士。南金仕爲太常奉禮郎。開元初，少卿盧崇道抵罪徙嶺南，逃還東都，南金居母喪，崇道僞稱弔客入而道其情，南金匿之。俄爲讎人跡告，詔侍御史王旭捕按，南金當重法。弟趙璧詣旭自言：「匿崇道者我也，請死。」南金固言弟自誣不情，旭怪之。趙璧曰：「母未葬，妹未歸，兄能辦之，我生無益，不如死。」旭驚，上狀，玄宗皆宥之。南金知書史，履操謹完，張說、陸象先以賢謂之。由庫部員外以痼疾改太子洗馬，卒。

張琇，河中解人。父審素，爲嶲州都督，有陳纂仁者誣其冒戰級、私庸兵，玄宗疑之，詔監察御史楊汪即按。纂仁復告審素與總管董堂禮謀反，於是汪收審素繫雅州獄，馳至嶲州按反狀。堂禮不勝忿，殺纂仁，以兵七百圍汪，脅使露章雪審素罪；旣而吏共斬堂禮，汪得出，遂當審素實反，斬之，沒其家。琇與兄瑝尚幼，徙嶺南，久之逃還。汪更名萬頃。瑝時年十三，琇少二歲，夜狙萬頃於魏王池，瑝斫其馬，萬頃驚，不及鬭，爲琇所殺。條所以殺萬頃狀，繫于斧，奔江南，將殺構父罪者，然後詣有司。道汜水，吏捕以聞。中書令張九齡等皆稱其孝烈，宜貸死；侍中裴耀卿等陳不可，帝亦謂然，謂九齡曰：「孝子者，義不顧命，殺之可成其志，赦之則虧律。凡爲子，孰不願孝？轉相讎殺，遂無已時。」卒用耀卿議。議者以爲冤，帝下詔申諭，乃殺之。臨刑賜食，瑝不能進，琇色自如，曰：「下見先人，復何恨！」人莫不閔之，爲誄揭于道，斂錢爲葬北邙。尚恐仇人發之，作疑冢，使不知其處。太宗時，有即墨人王君操，父隋末爲鄉人李君則所殺，亡命去，時君操尚幼。至貞觀時，朝世更易，而君操煢孤，仇家無所憚，詣州自言。君操密挾刃殺之，剔其心肝噉立盡，趨告刺史曰：「父死凶手，歷二十年不克報，乃今刷憤，願歸死有司。」州上狀，帝爲貸死。高宗時，絳州人趙師舉父爲人殺，師舉幼，母改嫁仇家，不疑。師舉長，爲人庸，夜讀書，久之，手殺讎人，詣官自陳，帝原之。永徽初，同官人同蹄智壽父爲族人所害，智壽與弟智爽候諸塗，擊殺之，相率歸有司，爭爲首，有司不能決者三年。或言弟始謀，乃論死。臨刑曰：「讎已報，死不恨。」智壽自投地，委頓身無完膚，舐智爽血盡乃已，見者傷之。武后時，下邽人徐元慶父爽爲縣尉趙師韞所殺，元慶變姓名爲驛家保。久之，師韞以御史舍亭下，元慶手殺之，自囚詣官。后欲赦死，左拾遺陳子昂議曰：「先王立禮以進人，明罰以齊政。枕干讎敵，人子義也；誅罪禁亂，王政綱也。然無義不可訓人，亂綱不可明法。聖人修禮治內，飭法防外，使守法者不以禮廢刑，居禮者不以法傷義，然後暴亂銷，廉恥興，天下所以直道而行也。元慶報父讎，束身歸罪，雖古烈士何以加？然殺人者死，畫一之制也，法不可二，元慶宜伏辜。傳曰：『父讎不同天。』勸人之教也。教之不苟，元慶宜赦。臣聞刑所以生遏亂也，仁所以利崇德也。今報父之仇，非亂也；行子之道，仁也。仁而無利，與同亂誅，是曰能刑，未可以訓。然則邪由正生，治必亂作，故禮防不勝，先王以制刑也。今義元慶之節，則廢刑也。跡元慶所以能義動天下，以其忘生而趨其德也。若釋罪以利其生，是奪其德，虧其義，非所謂殺身成仁、全死忘生之節。臣謂宜正國之典，寘之以刑，然後旌閭墓可也。」時韙其言。後禮部員外郎柳宗元駮曰：

禮之大本，以防亂也，若曰無爲賊虐，凡爲子者殺無赦；刑之大本，亦以防亂也，若曰無爲賊虐，凡爲治者殺無赦。其本則合，其用則異，旌與誅不得並也。誅其可旌，茲謂濫，黷刑甚矣；旌其可誅，茲謂僭，壞禮甚矣。若師韞獨以私怨，奮吏氣，虐非辜，州牧不知罪，刑官不知問，上下蒙冒，籲號不聞；而元慶能處心積慮以衝讎人之胷，介然自克，即死無憾，是守禮而行義也。執事者宜有慙色，將謝之不暇，而又何誅焉？其或父不免於罪，師韞之誅不愆於法，是非死於吏也，是死於法也，法其可讎乎？讎天子之法而戕奉法之吏，是悖驁而凌上也。執而誅之，所以正邦典，而又何旌焉？禮之所謂讎者，冤抑沉痛而號無告也，非謂抵罪觸法，陷于大戮，而曰彼殺之我乃殺之，不議曲直，暴寡脅弱而已。春秋傳曰：「父不受誅，子復讎可也。父受誅，子復讎，此推刃之道，復讎不除害。」今若取此以斷兩下相殺，則合於禮矣。且夫不忘讎，孝也；不愛死，義也。元慶能不越於禮，服孝死義，是必達理而聞道者也。夫達理聞道之人，豈其以王法爲敵讎者哉？議者反以爲戮，黷刑壞禮，其不可以爲典明矣。請下臣議附于令，有斷斯獄者，不宜以前議從事。

憲宗時，衢州人余常安父、叔皆爲里人謝全所殺，常安八歲已能謀復仇，十有七年，卒殺全。刺史元錫奏輕比，刑部尚書李鄘執不可，卒抵死。又富平人梁悅父爲秦果所殺，悅殺仇，詣縣請罪。詔曰：「在禮父讎不同天，而法殺人必死。禮、法，王教大端也，二說異焉。」下尚書省議。職方員外郎韓愈曰：

子復父讎，見于春秋，于禮記、周官，若子、史不勝數，未有非而罪者。最宜詳于律，而律無條，非闕文也。蓋以爲不許復讎，則傷孝子之心；許復讎，則人將倚法顓殺，無以禁止。夫律雖本於聖人，然執而行之者有司也。經之所明者，制有司者也。丁寧其義於經，而深沒其文於律者，將使法吏一斷於法，而經術之士得引經以議也。周官曰：「凡殺人而義者，令勿讎，讎之則死。」義者，宜也，明殺人而不得其宜者，子得復讎也，此百姓之相讎者也。公羊子曰：「父不受誅，子復讎可也。」不受誅者，罪不當誅也。誅者，上施下之辭，非百姓相殺也。周官曰：「凡報仇讎者，書於士，殺之無罪。」言將復讎，必先言於官，則無罪也。復讎之名雖同，而其事各異。或百姓相讎，如周官所稱，可議於今者；或爲官吏所誅，如公羊所稱，不可行於今者。周官所稱，將復讎，先告於士，若孤稚羸弱，抱微志而伺敵人之便，恐不能自言，未可以爲斷於今也。然則殺之與赦，不可一，宜定其制曰：有復父讎者，事發，具其事下尚書省集議以聞，酌處之，則經無失指矣。

有詔以悅申冤請罪詣公門，流循州。穆宗世，京兆人康買得年十四，父憲責錢於雲陽張莅，莅醉，拉憲危死。買得以莅趫悍，度救不足解，則舉鍤擊其首，三日，莅死。刑部侍郎孫革建言：「買得救父難，不爲暴；度不解而擊，不爲凶。先王制刑，必先父子之親；春秋原心定罪；周書諸罰有權。買得孝性天至，宜賜矜宥。」有詔減死。

侯知道、程俱羅者，靈州靈武人。居親喪，穿壙作冢，皆身執其勞，鄉人助者，即哭而卻之。廬墳次，哭泣無節。知道七年，俱羅三年，不止。知道垢塵積首，率夜半傳墳踴而哭，鳥獸爲悲號。李華作二孝贊，表其行曰：「厥初生人，有君有親。孝親爲子，忠君爲臣。兆自天命，降及人倫。背死不義，忘生不仁。過及智就，爲之禮文。至哉侯氏，剬巨病股。手足胼胝，以成高墳。夜黑颸動，如臨鬼神。哭無常聲，過徹蒼旻。苴斬三年，爾獨終身。嗟嗟程生，其哀也均。顧後絶配贈前無隣又有何澄粹者池州人親病日錮俗尚鬼病者不進藥澄粹剔股肉進親疾爲瘳後親没伏于墓哭踊無數以毁卒當時號青陽孝子士爲作誄甚衆壽州安豐李興亦有至行柳宗元爲作孝門銘曰壽州刺史臣承思言九月丁亥安豐令上所部編戶甿興父被惡疾歲月就亟興自刃股肉假託饋獻父老病已不能啖宿而死興號呼撫膺口鼻垂血捧土就墳沾漬涕洟墳左作小廬蒙以苫茨伏匿其中扶服頓踊晝夜哭訴孝誠幽達神爲見異廬上產紫芝白芝廬中醴泉湧出皆陛下孝治神化陰中其心而克致斯事謹按興匹庶賤陋循習淺下性非文字所導生與耨耒爲業而能鍾彼醇孝超出古烈天意神道猶錫瑞物以表殊異伏惟陛下有唐堯如神之德宜加旌褒合于上下請表其里閭刻石明白宣延風美覲示後祀永永無極臣昧死請制曰可銘曰懿厥孝思茲惟淑靈稟承粹和篤守天經泣侍羸疾默禱隱冥引刃自嚮殘肌敗形羞膳奉進憂勞孝誠惟時高曾不覩聽創巨痛仍號于穹旻捧土濡涕頓首成墳搰膺腐眦寒暑在廬草木悴死鳥獸鳴嚶殊類異族亦相其哀肇有二位孝道爰興克脩厥猷載籍是登在帝有虞以孝烝烝仲尼述經以教于曾惟昔魯侯見命夷宮亦有考叔寤莊稱純顯顯李氏實與之倫哀嗟道路涕慕里隣神錫祕祉三秀靈泉帝命荐加亦表其門統一上下交贊天人建此碑號億齡揚芬

許法愼滄州清池人甫三歲已有知時母病不飲乳慘慘有憂色或以珍餌詭悅之輒不食還以進母後親喪常廬于塋有甘露嘉禾靈芝木連理白兎之祥天寶中表異其閭

林攢泉州莆田人貞元初仕爲福唐尉母羸老未及迎而病攢聞棄官還及母亡水漿不入口五日自埏甓作冢廬其右有白烏來甘露降觀察使李若初遣官屬驗實會露晞里人失色攢哭曰天所降露禍我邪俄而露復集烏亦回翔詔作二闕于母墓前又表其閭蠲徭役時號闕下林家

陳饒奴饒州人年十二親併亡窶弱居喪又歲饑或敎其分弟妹可全性命饒奴流涕身丐訴相全養刺史李復異之給貲儲署其門曰孝友童子

王博武許州人會昌中侍母至廣州及沙涌口暴風母溺死博武自投于水嶺南節度使盧貞俾吏沉罟獲二屍焉乃葬之表其墓曰孝子墓詔爲刻石

萬敬儒廬州人三世同居喪親廬墓刺血寫浮屠書斷手二指輒復生州改所居曰成孝鄉廣孝聚大中時表其家

章全益梓州涪城人少孤爲兄全啓所鞠母病全啓刲股膳母而愈及全啓亡全益服斬衰斷手一指以報不畜妻僮僕處一室賣藥自業世傳能作黃金居成都四十年號章孝子卒年九十八

贊曰聖人治天下有道曰要在孝悌而已父父也子子也兄兄也弟弟也推而之國國而之天下建一善而百行從其失則以法繩之故曰孝者天下大本法其末也至匹夫單人行孝一槩而凶盜不敢凌天子胄而旌之者以其敎孝而求忠也故宜而著于篇

唐書卷一百九十五考證

張琇傳同官人同踣智壽○同踣二字不可解舊書作周智壽疑當從舊書

唐書卷一百九十六

宋　端　明　殿　學　士　宋　祁　撰

列傳第一百二十一

隱逸

古之隱者大抵有三槩上焉者身藏而德不晦故自放草野而名往從之雖萬乘之貴猶尋軌而委聘也其次挈治世具弗得伸或持峭行不可屈于俗雖有所應其於爵祿也汎然受悠然辭使人君常有所慕企怊然如不足其可貴也末焉者資槁薄樂山林內審其材終不可當世取捨故逃丘園而不返使人常高其風而不敢加訾焉且世未嘗無隱有之未嘗不旌賁而先焉者以孔子所謂舉逸民天下之人歸焉唐興賢人在位衆多其遁戢不出者纔班班可述然皆下槩者也雖然各保其素非託默于語足崖壑而志城闕也然放利之徒假隱自名以詭祿仕肩相摩於道至號終南嵩少爲仕途捷徑高尚之節喪焉故裒可喜慕者類于篇

王績字無功絳州龍門人性簡放不喜拜揖兄通隋末大儒也聚徒河汾間倣古作六經又爲中說以擬論語不爲諸儒稱道故書不顯惟中說獨傳通知績誕縱不嬰以家事鄉族慶弔冠昏不與也與李播呂才善大業中舉孝悌廉潔授祕書省正字不樂在朝求爲六合丞以嗜酒不任事時天下亦亂因劾遂解去歎曰網羅在天吾且安之乃還鄉里有田十六頃在河渚間仲長子光者亦隱者也無妻子結廬北渚凡三十年非其力不食績愛其眞徙與相近子光瘖未嘗交語與對酌酒懽甚績有奴婢數人種黍春秋釀酒養鳧鴈蒔藥草自供以周易老子莊子置牀頭他書罕讀也欲見兄弟輒度河還家游北山東皐著書自號東皐子乘牛經酒肆留或數日高祖武德初以前官待詔門下省故事官給酒日三升或問待詔何樂邪答曰良醞可戀耳侍中陳叔達聞之日給一斗時稱斗酒學士貞觀初以疾罷復調有司時太樂署史焦革家善釀績求爲丞吏部以非流不許績固請曰有深意竟除之革死妻送酒不絕歲餘又死績曰天不使我酣美酒邪棄官去自是太樂丞爲清職追述革酒法爲經又采杜康儀狄以來善酒者爲譜李淳風曰君酒家南董也所居東南有盤石立杜康祠祭之尊爲師以革配著醉鄉記以次劉伶酒德頌其飲至五斗不亂人有以酒邀者無貴賤輒往著五斗先生傳刺史崔喜悅之請相見答曰奈何坐召嚴君平邪卒不詣杜之松故人也爲刺史請績講禮答曰吾不能揖讓邦君門談糟粕棄醇醪也之松歲時贈以酒脯初兄凝爲隋著作郎撰隋書未成死績續餘功亦不能成豫知終日命薄葬自誌其墓績之仕以醉失職鄉人靳之託無心子以見趣曰無心子居越越王不知其大人也拘之仕無喜色越國法曰穢行者不齒俄而無心子以穢行聞王黜之無慍色退而適茫蕩之野過動之邑而見機士機士撫髀曰嘻子賢者而以罪廢邪無心子不應機士曰願見教曰子聞蜚廉氏馬乎一者朱鬣白毳龍骼鳳臆驟馳如舞終日不釋轡而以熱死一者重頭昂尾駝頸貉膝踶齧善蹶棄諸野終年而肥夫鳳不憎山栖龍不羞泥蟠君子不苟潔以罹患不避穢而養精也其自處如此

朱桃椎益州成都人澹泊絕俗被裘曳索人莫能測其爲長史竇軌見之遺以衣服鹿幘麂鞾逼署鄉正委之地不肯服更結廬山中夏則羸冬緝木皮葉自蔽贈遺無所受嘗織十芒屩置道上見者曰居士屩也爲鬻米茗易之置其處輒取去終不與人接其爲屩草柔細環結促密人爭躡之高士廉爲長史備禮以請降階與之語不答瞪視而出士廉拜曰祭酒其使我以無事治蜀邪乃簡條目薄賦斂州大治屢遣人存問見輒走林草自匿云

孫思邈京兆華原人通百家說善言老子莊周周洛州總管獨孤信見其少異之曰聖童也顧器大難爲用爾及長居太白山隋文帝輔政以國子博士召不拜密語人曰後五十年有聖人出吾且助之太宗初召詣京師年已老而聽視聰瞭帝歎曰有道者欲官之不受顯慶中復召見拜諫議大夫固辭上元元年稱疾還山高宗賜良馬假鄱陽公主邑司以居之思邈於陰陽推步醫藥無不善孟詵盧照鄰等師事之照鄰有惡疾不可爲感而問曰高醫愈疾奈何答曰天有四時五行寒暑迭居和爲雨怒爲風凝爲雪霜張爲虹霓天常數也人之四支五藏一覺一寐吐納往來流爲榮衛章爲氣色發爲音聲人常數也陽用其形陰用其精天人所同也失則烝生熱否生寒結爲瘤贅陷爲癰疽奔則喘乏竭則焦槁發乎面動乎形天地亦然五緯縮贏孛彗飛流其危診也寒暑不時其蒸否也石立土踊是其瘤贅山崩土陷是其癰疽奔風暴雨其喘乏川瀆竭涸其焦槁高醫導以藥石救以鍼劑聖人和以至德輔以人事故體有可愈之疾天有可振之災照鄰曰人事奈何曰心爲之君君尚恭故欲小詩曰如臨深淵如履薄冰小之謂也膽爲之將以果決爲務故欲大詩曰赳赳武夫公侯干城大之謂也仁者靜地之象故欲方傳曰不爲利回不爲義疚方之謂也智者動天之象故欲圓易曰見幾而作不俟終日圓之謂也復問養性之要答曰天有盈虛人有屯危不自愼不能濟也故養性必先知自愼也愼以畏爲本故士無畏則簡仁義農無畏則墮稼穡工無畏則慢規矩商無畏則貨不殖子無畏則忘孝父無畏則廢慈臣無畏則勳不立君無畏則亂不治是以太上畏道其次畏天其次畏物其次畏人其次畏身憂於身者不拘於人畏於己者不制於彼愼於小者不懼於大戒於近者不侮於遠知此則人事畢矣初魏徵等修齊梁周隋等五家史屢咨所遺其傳最詳永淳初卒年百餘歲遺令薄葬不藏明器祭去牲牢孫處約常以諸子見思邈曰俊先顯侑晚貴佺禍在執兵後皆驗太子詹事盧齊卿之少也思邈曰後五十年位方伯吾孫爲屬吏願自愛時思邈之孫溥尚未生及溥爲蕭丞而齊卿徐州刺史

田游巖京兆三原人永徽時補太學生罷歸入太白山母及妻皆有方外志與共棲遲山水間自蜀歷荊楚愛夷陵青溪止廬其側長史李安期表其才召赴京師行

及汝辭疾入箕山居許由祠旁自號由東鄰頻召不出高宗幸嵩山遣中書侍郎薛元超就問其母賜藥物絮帛帝親至其門游巖野服出拜儀止謹樸帝令左右扶止謂曰先生比佳否答曰臣所謂泉石膏肓烟霞痼疾者帝曰朕得君何異漢獲四皓乎薛元超贊帝曰漢欲廢嫡立庶故四人者爲出豈如陛下親降巖穴邪帝悅因敕游巖將家屬乘傳赴都拜崇文館學士帝營奉天宮游巖舊宅直宮左詔不聽毀天子自書榜其門曰隱士田游巖宅進太子洗馬裴炎死坐素厚善放還山麤衣耕食不交當世惟與韓法昭宋之問爲方外友云時又有史德義者崑山人居虎丘山騎牛帶瓢出入壥野高宗聞其名召至洛陽俄稱疾歸天授初江南宣勞使周興薦之復召赴都擢朝散大夫與死免官歸素譽頓衰

孟詵汝州梁人擢進士第累遷鳳閣舍人他日至劉禕之家見賜金曰此藥金也燒之火有五色氣試之驗武后聞不悅出爲台州司馬頻遷春官侍郎相王召爲侍讀拜同州刺史神龍初致仕居伊陽山治方藥睿宗召將用之以老固辭賜物百段詔河南春秋給羊酒糜粥尹畢構以詵有古人風名所居爲子平里開元初卒年九十三詵居官頗刻斂然以治稱其間居嘗語人曰養性者善言不可離口善藥不可離手當時傳其當

王友貞懷州河內人父知敬善書隸武后時仕爲麟臺少監友貞少爲司經局正字母病醫言得人肉啖良已友貞剔股以進母疾愈詔旌表其門素好學訓誨子弟如嚴君口不語人過重然諾時以爲君子歷長水令罷歸中宗在東宮召爲司議郎不就神龍初以太子中舍人徵固辭疾詔致珍饌給全祿終身四時送其所州縣存問玄宗在東宮表以蒲車召不至卒年九十九贈銀靑光祿大夫敕縣令弔祭

王希夷徐州滕人家貧父母喪爲人牧羊取傭以葬隱嵩山師黃頤學養生四十年頤卒更居兖州徂徠與劉玄博友善喜讀周易老子餌松栢葉雜華年七十餘筋力柔强刺史盧齊卿就謁問政答曰己所不欲勿施於人此言足矣玄宗東巡狩詔州縣敦勸見行在時九十餘帝令張說訪以政事宦官扶入宮中與語甚悅拜國子博士聽還山敕州縣春秋致束帛酒肉仍賜絹百衣一稱

李元愷邢州人博學善天步律曆性恭愼未嘗敢語人宋璟嘗師之旣當國厚遺以東帛將薦之朝拒不答洺州刺史元行沖邀致之問經義畢贈衣服辭曰吾軀不可服新麗懼不稱以速咎也行沖垢黷復與之不獲已而受俄報身所蠶素絲曰義不受無妄財也先是定州崔元鑒善禮學用張易之力授朝散大夫家居給半祿元愷誚曰無功而祿災也卒年八十餘

衛大經蒲州解人卓然高行口無二言武后時召之固辭疾素善魏夏侯乾童聞其母卒盛暑步往弔或止之曰方夏涉遠不如致書答曰書能盡意邪比至乾童以事行乃設席行弔禮不訊其家而還開元初畢構爲刺史使縣令孔愼言就謁辭不見大經邃于易人謂之易聖豫筮死日鑿墓自爲誌如言終

武攸緒則天皇后兄惟良子也恬淡寡欲好易莊周書少變姓名賣卜長安市得錢輒委去後更授太子通事舍人累遷揚州大都督府長史鴻臚少卿后革命封安平郡王從封中岳固辭官願隱居后疑其詐許之以觀所爲攸緒廬巖下如素遁者后遣其兄攸宜敦諭卒不起后乃異之盤桓龍門少室間冬蔽茅椒夏居石室所賜金銀鐺鬲野服王公所遺鹿裘素障瘿栢塵皆流積不御也市田潁陽使家奴雜作自混於民晚年肌肉消眚瞳有紫光晝能見星中宗初降封巢國公遣國子司業杜愼盈齎書以安車召拜太子賓客苦祈還山詔可安樂公主出降又遣通事舍人李邈以璽書迎之將至帝敕有司卽兩儀殿設位行問道禮詔見日山帔葛巾不名不拜攸緒至更冠帶仗入通事舍人贊就位攸緒趨就常班再拜帝愕然禮不及行朝廷歎息賜予無所受親貴來謁道寒溫外默無所言及還中書門下學士朝官五品以上祖道城東俄而諸韋誅武氏連禍唯攸緒不及睿宗恐其不自安下詔慰諭復召拜太子賓客不就譙王重福之亂攸緒以誣被繫張說表置廬山中書令姚元崇奏攸緒在武后時未嘗輒出今州縣逼遣士爲驚嗟願詔賜嵩山舊居令州縣存問詔可開元十一年卒

白履忠汴州浚儀人貫知文史居古大梁城時號梁丘子景雲中召爲校書郞棄官去開元十年刑部尚書王志愔薦履忠博學守操可代褚無量馬懷素入閤侍讀國子祭酒楊瑒又表其賢召赴京師辭病老不任職詔拜朝散大夫乞還手詔許游京師徐返里閭履忠留數月乃去吳兢其里人也謂曰子素貧不霑斗米疋帛雖得五品亦何益履忠曰往契丹入寇家取排門夫吾以讀書縣爲免今終身高臥寬傜役豈易得哉

盧鴻字顥然其先幽州范陽人徙洛陽博學善書籀廬嵩山玄宗開元初備禮徵再不至五年詔曰鴻有泰一之道中庸之德鈎深詣微確乎自高詔書屢下每輒辭託使朕虛心引領于今數年雖得素履幽人之介而失考父滋恭之誼豈朝廷之故與生殊趣耶將縱欲山林往而不能返乎禮有大倫君臣之義不可廢也今城闕密邇不足爲勞有司其齋束帛之具重宣玆旨想有以翻然易節副朕意焉鴻至東都謁見不拜宰相遣通事舍人問狀答曰禮者忠信所薄臣敢以忠信見帝召升內殿置酒拜諫議大夫固辭復下制許還山歲給米百斛絹五十府縣爲致其家朝廷得失其以狀聞將行賜隱居服官營草堂恩禮殊渥鴻到山中廣學廬聚徒至五百人及卒帝賜萬錢鴻所居室自號寧極云

吳筠字貞節華州華陰人通經誼美文辭舉進士不中性高鯁不耐沈浮於時去居南陽倚帝山天寶初召至京師請隸道士籍乃入嵩山依潘師正究其術南游天台觀滄海與有名士相娛樂文辭傳京師玄宗遣使召見大同殿與語甚悅敕待詔翰林獻玄綱三篇帝嘗問道對曰深於道者無如老子五千文其餘徒喪紙札耳復問神仙冶鍊法對曰此野人事積歲月求之非人主宜留意筠每開陳皆名敎世務以微言諷天子天子重之羣沙門嫉其見遇而高力士素事浮屠共短筠於帝筠亦知天下將亂懇求還嵩山詔爲立道館安祿山欲稱兵乃還茅山而兩京陷江淮盜賊起因東入會稽剡中大曆十三年卒弟子私諡爲宗元先生始筠見惡於力士而斥故文章深詆釋氏筠所善孔巢父李白歌詩略相甲乙云

潘師正者貝州宗城人少喪母廬墓以孝聞事王遠知爲道士得其術居逍遙谷高宗幸東都召見問所須對曰茂松淸泉臣所須也旣不乏矣帝尊異之詔卽其廬作崇唐觀及營奉天宮又敕直逍遙谷作門曰仙游北曰尋眞時太常獻新樂帝更名祈仙望仙翹仙曲卒年九十八贈太中大夫諡體玄先生又有劉道合者亦與師正同居嵩山帝卽所隱立太一觀使居之時將封太山雨不止帝令道合蘸祝俄而霽乃令馳傳先行太山祈祓得賞賜輒散貧乏無所蓄咸亨中爲帝作丹劑成而卒帝後營宮遷道合墓開其棺見骸坼若蟬蛻者帝聞恨曰爲我合丹而自服去然所餘丹無它異

司馬承禎字子微洛州溫人事潘師正傳辟穀道引術無不通師正異之曰我得陶隱居正一法逮而四世矣因辭去徧游名山廬天台不出武后嘗召之未幾去睿宗復命其兄承禕就起之旣至引入中掖廷問其術對曰爲道日損損之又損以至於無爲夫心目所知見每損之尚不能已況攻異端而增智慮哉帝曰治身則爾治國若何對曰國猶身也故游心於淡合氣於漠與物自然而無私焉而天下治帝嗟味曰廣成之言也錫寶琴霞紋帔還之開元中再被召至都玄宗詔於王屋山置壇室以居善篆隸帝命以三體寫老子刊正文句又命王眞公主及光祿卿韋縚至所居按金籙設祠厚賜焉卒年八十九贈銀青光祿大夫諡貞一先生親文其碑自師正道合與承禎等語言詼譎似方士劉之不餘直取其隱槩云

賀知章字季眞越州永興人性曠夷善談說與族姑子陸象先善象先嘗謂人曰季眞淸談風流吾一日不見則鄙吝生矣證聖初擢進士超拔羣類科累遷太常博士張說爲麗正殿修書使表知章及徐堅趙冬曦入院撰六典等書累年無功開元十三年遷禮部侍郎兼集賢院學士一日併謝宰相源乾曜語說曰賀公兩命之榮足爲光寵然學士侍郎孰爲美說曰侍郎衣冠之選然要爲具員吏學士懷先王之道經緯之文然後處之此其爲間也玄宗自爲贊賜之遷太子右庶子充侍讀申王薨詔選挽郎而知章取舍不平蔭子喧訴不能止知章梯牆出首以決事人皆靳之坐徙工部肅宗爲太子知章遷賓客授祕書監而左補闕薛令之兼侍讀時東宮官積年不遷令之書壁望禮之薄帝見復題聽自安者令之卽棄官徒步歸鄉里知章晚節尤誕放遨嬉里巷自號四明狂客及祕書外監每醉輒屬辭筆不停書咸有可觀未始刊飭善草隸好事者具筆研從之意有所愜不復拒然紙纔十數字世傳以爲寶天寶初病夢遊帝居數日寤乃請爲道士還鄉里詔許之以宅爲千秋觀而居又求周宮湖數頃爲放生池有詔賜鏡湖剡川一曲既行帝賜詩皇太子百官餞送擢其子曾子爲會稽郡司馬賜緋魚使侍養幼子亦聽爲道士卒年八十六肅宗乾元初以雅舊贈禮部尚書令之長谿人肅宗亦以舊恩召而令之已前卒

秦系字公緒越州會稽人天寶末避亂剡溪北都留守薛兼訓奏爲右衛率府倉曹參軍不就客泉州南安有九日山大松百餘章俗傳東晉時所植系結廬其上穴石爲研注老子彌年不出刺史薛播數往見之歲時致羊酒而系未嘗至城門姜公輔之謫見系輒窮日不能

去築室與相近忘流落之苦公輔卒妻子在遠系爲葬山下張建封聞系之不可致請就加校書郎與劉長卿善以詩相贈答權德輿曰長卿自以爲五言長城系用偏師攻之雖老益壯其後東度秣陵年八十餘卒南安人思之爲立于亭號其山爲高士峯云

張志和字子同婺州金華人始名龜齡父游朝通莊列二子書爲象罔白馬證諸篇佐其說母夢楓生腹上而産志和十六擢明經以策干肅宗特見賞重命待詔翰林授左金吾衛錄事參軍因賜名後坐事貶南浦尉會赦還以親既喪不復仕居江湖自稱烟波釣徒著玄眞子亦以自號有韋詣者爲撰內解志和又著太易十五篇其卦三百六十五兄鶴齡恐其遁世不還爲築室越州東郭茨以生草椽棟不施斤斧豹席椶屩每垂釣不設餌志不在魚也縣令使浚渠執畚無忤色嘗欲以大布製裘嫂爲躬績織及成衣之雖暑不解觀察使陳少游往見爲終日留表其居曰玄眞坊以門隘爲買地大其閎號回軒巷先是門阻流水無梁少游爲構之人號大夫橋帝嘗賜奴婢各一志和配爲夫婦號漁童樵青陸羽嘗問孰爲往來者對曰太虛爲室明月爲燭與四海諸公共處未嘗少別也何有往來顏眞卿爲湖州刺史志和來謁眞卿以舟敝漏請更之志和曰願爲浮家泛宅往來苕霅間辯捷類如此善圖山水酒酣或擊鼓吹笛舐筆輒成嘗撰漁歌憲宗圖眞求其歌不能致李德裕稱志和隱而有名顯而無事不窮不達嚴光之比云

孔述睿越州山陰人梁侍中休源八世孫高祖德紹事竇建德爲中書侍郎嘗草檄毀薄太宗賊平執登汜水樓責曰爾以檄誚我云何對曰犬吠非其主帝怒曰賊乃主耶命壯士捽殞樓下曾祖昌寓字廣成貞觀中對策高第歷魏州司馬有治狀帝爲不置刺史爲政三年璽書褒美進膳部郎中祖舜字奉先爲監察御史以累下除成武令雅馴于廷述睿少與兄克符弟克讓篤孝已孤偕隱嵩山而述睿尤嗜學大曆中劉晏薦於代宗以太常寺協律郎召擢累司勳員外郎史館修撰述睿每一遷輒至朝謝俄而辭疾歸以爲常德宗立拜諫議大夫命河南尹趙惠伯齎詔書束帛備禮敦遣既至對別殿賜第宅給廄馬兼皇太子侍讀固辭弗許久乃改祕書少監兼右庶子復爲史館修撰述睿重次地理志本末最詳性退讓未始忤物雖親朋燕集至嚴默終日人皆畏之與令狐峘同職峘數抵侮然卒不校也時稱長者貞元四年帝念平涼之難尤惻怛以述睿精愨而誠故遣持祠具稱詔臨祭又以疾乞解乃許以太子賓客還鄉賜帛五十匹衣一襲故事致仕不給公驛帝特命給焉卒年七十一贈工部尚書

子敏行字至之元和初擢進士第岳鄂呂元膺表在節度府元膺徙東都河中輒隨府遷入拜右拾遺四遷司勳郎中集賢殿學士諫議大夫李絳遇害事本監軍楊叔元時無敢言敏行上書極論之叔元乃得罪以名臣子少修潔及仕宦能交當時豪俊有名一時而稚操不逮父矣卒年三十九贈工部侍郎

陸羽字鴻漸一名疾字季疵復州竟陵人不知所生或言有僧得諸水濱畜之既長以易自筮得蹇之漸曰鴻漸于陸其羽可用爲儀乃以陸爲氏名而字之幼時其師教以旁行書答曰終鮮兄弟而絕後嗣得爲孝乎師怒使執糞除圬塓以苦之又使牧牛三十羽潛以竹畫牛背爲字得張衡南都賦不能讀危坐効羣兒囁嚅若成誦狀師拘之令薙草莽當其記文字懵懵若有遺過日不作主者鞭苦因歎曰歲月往矣奈何不知書嗚咽不自勝因亡去匿爲優人作詼諧數千言天寶中州人酺吏署羽伶師太守李齊物見異之授以書遂廬火門山貌侻陋口吃而辯聞人善若在已見有過者規切至忤人朋友燕處意有所行輒去人疑其多嗔與人期雨雪虎狼不避也上元初更隱苕溪自稱桑苧翁闔門著書或獨行野中誦詩擊木裴回不得意或慟哭而歸故時謂今接輿也久之詔拜羽太子文學徙太常寺太祝不就職貞元末卒羽嗜茶著經三篇言茶之原之法之具尤備天下益知飲茶矣時鬻茶者至陶羽形置煬突間祀爲茶神有常伯熊者因羽論復廣著茶之功御史大夫李季卿宣慰江南次臨淮知伯熊善煮茶召之伯熊執器前季卿爲再舉杯至江南又有薦羽者召之羽衣野服挈具而入季卿不爲禮羽愧之更著毀茶論其後尚茶成風時回紇入朝始驅馬市茶

崔觀梁州城固人以儒自業身耕耨取給老無子乃以田宅財貲分給奴婢各爲業而身與妻隱南山約奴婢遇其舍則給酒食夫婦嘯詠相視爲娛山南西道節度使鄭餘慶辟爲參謀敦趣就職不曉吏事餘慶稱長者文宗時左補闕王直方其里中人也上書論事見便殿訪遺逸直方薦觀高行詔以起居郎召辭疾不至

陸龜蒙字魯望元方七世孫也父賓虞以文歷侍御史龜蒙少高放通六經大義尤明春秋舉進士一不中往從湖州刺史張摶游摶歷湖蘇二州辟以自佐嘗至饒州三日無所詣刺史蔡京率官屬就見之龜蒙不樂拂衣去居松江甫里多所論撰雖幽憂疾痛貲無十日計不少輟也文成竄藁篋中或歷年不省爲好事者盜去得書熟誦乃錄讐比勤勤朱黃不去手所藏雖少其精皆可傳借人書篇帙壞舛必爲輯褫刊正樂聞人學講論不倦有田數百畝屋三十楹田苦下雨潦則與江通故常苦飢身畚鍤茠刺無休時或譏其勞答曰堯舜黴瘠禹胼胝彼聖人也吾一褐衣敢不勤乎嗜茶置園顧渚山下歲取租茶自判品第張又新爲水說七種其二慧山泉三虎丘井六松江人助其好者雖百里爲致之初病酒再朞乃已其後客至絜壺置杯不復飲不喜與流俗交雖造門不肯見不乘馬升舟設蓬席齎束書茶竈筆牀釣具往來時謂江湖散人或號天隨子甫里先生自比涪翁漁父江上丈人後以高士召不至李蔚盧攜素與善及當國召拜左拾遺詔方下龜蒙卒光化中韋莊表龜蒙及孟郊等十人皆贈右補闕陸氏在姑蘇其門有巨石遠祖績嘗事吳爲鬱林太守罷歸無裝舟輕不可越海取石爲重人稱其廉號鬱林石世保其居云

唐書卷一百九十六考證

隱逸孟詵傳○舊書入方伎傳

潘師正傳貝州宗城人○舊書作趙州贊人

賀知章傳○舊書入文苑傳

唐書卷一百九十七

宋　端明殿學士宋祁撰

列傳第一百二十二

循吏

治者君也求所以治者民也推君之治而濟之民吏也故吏良則法平政成不良則王道弛而敗矣在堯舜時曰九德咸事也百工惟時也在周文武時曰棫樸能官人也南山有臺樂得賢也是循吏之效也堯舜五帝之盛帝文武三王之顯王不能去是而治後世可乎哉唐興承隋亂離剗祓荒茶始擇用州刺史縣令太宗嘗曰朕思天下事丙夜不安枕永惟治人之本莫重刺史故錄姓名於屏風臥興對之得才否狀輒疏之下方以擬廢置又詔內外官五品以上舉任縣令者於是官得其人民去歎愁就安安都督刺史其職察州縣間遣使者循行天下劾舉不職始都督刺史皆天子臨軒冊授後不復冊然猶受命日對便殿賜衣物乃遣玄宗開元時已辭仍詣側門候進止所以光寵守臣以責其功初刺史準京官得佩魚品卑者假緋魚開元中又錮廢酷吏懲無良羣臣化之革苛嬈之風爭以惠利顯復詔三省侍郎缺擇嘗任刺史者郎官缺擇嘗任縣令者至宰相名臣莫不孜孜言長人不可輕授承易是以授受之間雖不能皆善而所得十五故協氣嘉生薰爲太平垂祀三百與漢相埒致之之術非循吏謂何故條次治宜以著厭庸若將相大臣兼以勳閥著者名見本篇不列於玆

韋仁壽京兆萬年人隋大業末爲蜀郡司法書佐斷獄平得罪者皆自以韋君所論死無恨高祖入關遣使者徇定蜀承制擢仁壽巂州都督府長史南寧州納款朝廷歲遣使撫接至率貪沓邊人苦之多叛去帝素聞仁壽治理詔檢校南寧州都督寄治越巂詔歲一按行尉勞仁壽將兵五百人循西洱河開地數千里稱詔置七州十五縣酋豪皆來賓見卽授以牧宰威令簡嚴人人安悅將還酋長泣曰天子藉公鎭撫奈何欲去我仁壽以池壁未立爲解諸酋卽相率築城起廨甫旬略具仁壽乃告以實曰吾奉詔第撫循爾敢擅留夷夏父老乃悲啼祖行遣子弟隨貢方物天子大悅仁壽請徙治南寧州假兵遂撫定詔可敕益州給兵護送刺史竇軌疾其功詠言山獠方叛未可以遠略不時遣歲餘卒

陳君賓陳鄱陽王伯山子也仕隋爲襄國通守武德初挈郡聽命封東陽郡公遷邢州刺史貞觀初徙鄧州州承喪亂後百姓流冗君賓加意勞徠不朞月皆還自業明年四方霜潦獨君賓所治有年儲倉充羨蒲虞二州民就食其境太宗下詔勞之曰去年關內六州穀不登糇糧少令析民房逐食聞刺史與百姓識朕此懷務相安養還有贏糧出布帛贈遺行者此知水旱常數更相拯贍禮讓興行海內之人皆爲兄弟變澆薄之風朕顧何憂已命有司錄刺史以下功最百姓養戶免今年調物是歲入爲太府少卿轉少府少監坐事免起爲虔州刺史卒

張允濟青州北海人仕隋爲武陽令以愛利爲行元武

民以牸牛依婦家者久之孳十餘犢將歸而婦家不與牛民訴縣縣不能決乃詣允濟允濟曰若自有令吾何與爲民泣訴其抑允濟因令左右縛民蒙其首過婦家云捕盜牛者命盡出民家牛質所來婦家不知遽曰此婿家牛我無豫即遣左右撤蒙曰可以此牛還婿婦家叩頭服罪元武吏大懾允濟過道旁有姥廬守所蒔葱因敎曰第還舍脫有盜當告令姥謝歸俄大亡葱允濟召十里內男女盡至物色驗之果得盜者有行人夜發遺袍道中行十餘里乃寤人曰吾境未嘗拾遺可還取之既而得袍舉政尤異遷高陽郡丞郡缺太守獨統郡事吏下畏悅賊帥王須拔攻郡於是糧屈吏食槐葉藁節無叛者貞觀初累遷刑部侍郎封武城縣男擢幽州刺史卒時又有李桐客者亦以治稱初仕隋爲門下錄事煬帝在江都以四方日亂謀從都丹陽召羣臣議左右希意以爲江左且望幸若巡狩勒石紀功復禹舊跡顧不其然桐客獨曰吳會卑濕而陿不足奉萬乘給三軍吳人力屈無以堪命且踰越險阻非社稷福御史劾以謗毀幾得罪而免爲宇文化及脅將至黎陽又陷竇建德賊平授秦王府法曹參軍貞觀初累爲通巴二州刺史治尚清平民呼爲慈父桐客冀州衡水人

李素立趙州高邑人曾祖義深仕北齊爲梁州刺史父政藻爲隋水部郎使淮南死于盜素立仕武德初擢監察御史民犯法不及死高祖欲殺之素立諫曰三尺法天下所共有一動搖則人無以措手足方大業經始奈何輦轂下先棄刑書乎帝嘉納由是恩顧特異以親喪解官起授七品清要有司擬雍州司戶參軍帝曰要而不清復擬祕書郎帝曰清而不要乃授侍御史貞觀中轉揚州大都督府司馬初突厥鐵勒部內附即其地爲瀚海都護府詔素立領之於是闕泥熟別部數梗邊素立以不足用兵遣使諭降夷人感其惠率馬牛以獻素立止受酒一桮歸其餘乃開屯田立署次旁益畏威歷太僕鴻臚卿累封高邑縣侯出爲綿州刺史永徽初徙蒲州將行還所餘儲粻并什器于州齎家書就道會卒高宗特廢朝一日謚曰平

孫至遠始名鵬而素立方奉使謂家人曰古有待事名子吾此役可命子孫矣遂以名之少秀晤能治尚書左氏春秋未見杜預釋例而作編記大趣略同復撰周書起后稷至赧爲傳紀令狐德棻許其良史始調蒲州參軍累補乾封尉上元時制策高第授明堂主簿以喪解官既除調鴻臚主簿奏戎狄簿領高宗悅擢監察御史裹行忤貴倖外遷久乃歷司勳吏部員外郎中遷天官侍郎知選事疾令史受賄謝多所紬易吏肅然斂手有王忠者被放吏謬書其姓爲士欲擬訖增成之至遠曰調者三萬無士姓此必王忠吏叩頭服罪至遠之知選以內史李昭德進人或勸其往謝答曰公以公用我奈何欲謝以私卒不詣故昭德銜之出爲壁州刺史卒年四十八至遠父休烈亦有文終鄴令年四十九世歎其父子材不盡云至遠見桓彥範力言其賢盧從愿尚少高以評目許弟從遠且貴豫言其位以驗所至蘇頲其出也少失母至遠愛視甚謹以女妻之友兄弟事寡姊有禮世稱其德從遠淸密有學神龍初歷中書令太府卿累封趙郡公謚曰懿兄弟皆德望相埒又從父游道武后時冬官尚書同鳳閣鸞臺三品

至遠子畬字玉田少聰警初歷汜水主簿遇事蠭鋭避斷登一閱輒記姓名居業黜陟使路敬潛薦其清白擢右臺監察御史裏行臺廢授監察御史累轉國子司業事母謹累世同居長幼有禮畬妻物故時母病恐悲傷約家人無以哭聞母所朝夕省侍無憂色母終毀而卒

從遠子巖年十餘歲會中宗祀明堂以近臣子弟執籩豆巖進止中禮授右宗衞兵曹參軍歷洛陽尉累遷兵部郎中發扶風兵應姚巂稱旨遷諫議大夫封贊皇縣伯終兵部侍郎巖善草隸爲參軍時製一裘服終身

薛大鼎字重臣蒲州汾陰人父粹爲隋介州長史與漢王諒同反誅大鼎貰爲官奴流辰州用戰功得還高祖兵興謁見龍門因說帝絕龍門軍永豐倉就食傳檄遠近據天府示豪傑爲拊背扼喉計帝奇之時諸將已決策先攻河東故議置授大將軍府察非掾出爲山南道副大使開屯田以實倉廩趙郡王孝恭討輔公祏以大鼎爲饒州道軍師引兵度彭蠡湖以功遷滄州刺史界有無棣渠久廞塞大鼎浚治屬之海商賈流行里民歌曰新溝通舟檝利屬滄海魚鹽至昔徒行今騁駟美哉薛公德滂被又疏長蘆漳衡三渠泄汙潦水不爲害是時鄭德本在瀛州賈敦頤爲冀州皆有治名故河北稱鐺脚刺史永徽中遷銀青光祿大夫行荆州大都督長史卒謚曰恭

子克構有器識永隆初歷戶部郎中族人黃門侍郎顗以弟紹尚太平公主問於克構答曰室有傲婦善士所惡夫惟淑德以配君子無患可矣顗不敢沮而紹卒誅陳思忠居父喪詔奪服客往弔思忠辭以辰日不見克構曰事親者避嫌可也既孤矣則無不哭世服其言天授中還麟臺監坐弟爲酷吏所陷流死嶺南

賈敦頤曹州寃句人貞觀時數歷州刺史資廉潔入朝常盡室行車一乘敝甚羸馬繩羈道上不知其刺史也久之爲洛州司馬以公累下獄太宗貰之有司執不貰帝曰人孰無過吾去太甚者若悉繩以法雖子不得於父況臣得事其君乎遂獲原從瀛州刺史州瀕滹沱滱二水歲湓溢壞室廬寖洳數百里敦頤爲立堰庸水不能暴百姓利之時弟敦實爲饒陽令政淸靜吏民嘉美舊制大功之嫌不連官朝廷以其兄弟治行相高故不徙以示寵永徽中遷洛州洛多豪右占田類踰制敦頤舉沒者三千餘頃以賦貧民發姦擿伏下無能欺卒于官咸亨初敦實爲洛州長史亦寬惠人心懷向洛陽令楊德幹矜酷烈杖殺人以立威敦實喻止曰政在養人傷生過多雖能不足貴也德幹爲衰減始洛人爲敦頤刻碑大市旁及敦實入爲太子右庶子人復爲立碑其側故號常棣碑歷懷州刺史有美跡永淳初致仕病篤子孫迎醫敦實不肯見曰未聞良醫能治老也卒年九十餘子膺福左散騎常侍昭文館學士以竇懷貞黨誅德幹歷澤齊汴相四州刺史有威嚴時語曰寧食三斗炭不逢楊德幹天授初子神讓與徐敬業起兵皆及誅

田仁會雍州長安人祖軌隋幽州刺史封信都郡公父弘襲封至陵州刺史仁會擢制舉仕累左武候中郎將太宗征遼東而薛延陀以數萬騎掩河內詔仁會與執失思力率兵擊敗之尾逐數百里延陀幾生得璽書嘉尉永徽中爲平州刺史歲旱自暴以祈而雨大至穀遂登人歌曰父母育我兮田使君挺精誠兮上天聞中田致雨兮山出雲倉廩實兮禮義申願君常在兮不患貧五遷勝州都督境有夙賊依山剽行人仁會發騎捕格夷之城門夜開道無寇跡入爲太府少卿遷右金吾將軍所得祿估有羸輒入之官人以爲尚名然資彊摯疾惡晝夜循行有絲毫姦必發廷中譴罰日數百京師無貴賤舉憚之有女巫傳鬼道惑衆自言能活死人市里尊神仁會劾徙于邊轉右衞將軍以年老乞骸骨卒年七十八謚曰威

子歸道明經及第累擢通事舍人內供奉左衞郎將突厥默啜請和武后詔將軍閻知微冊可汗號持節往默啜又遣使謝知微遇諸道即與緋袍銀帶因表使者即到請備禮廷賜歸道諫曰虜背惠積年今悔過入朝解辯削衽宜待天旨而知微擅賜使朝廷何以加之宜敕初服須天子命小國使者不足備禮迓之后從焉默啜將至單于都護府詔歸道攝司賓卿往勞默啜請六胡州及都護府地不得大怨望執歸道將害之歸道色不橈誓且讓爲陳禍福默啜亦悔會有詔賜默啜粟三萬石綵五萬段農器三千且許結婚於是更以禮遣歸道既還具陳默啜不臣狀請備邊已而果反乃擢歸道夏官侍郎益親信遷左金吾將軍司膳卿押千騎宿衞玄武門桓彥範等誅二張而歸道不豫聞及索騎士拒不應事平彥範欲誅之以辭直免還私第然中宗壯其守召拜太僕少卿遷殿中少監右金吾將軍卒贈輔國大將軍追封原國公謚曰烈帝自爲文以祭子賓庭開元時至光祿卿

裴懷古壽州壽春人儀鳳中上書闕下補下邽主簿頻遷監察御史姚巂道蠻反命懷古馳驛往懷輯之申明誅賞歸者日千計俄縛首惡遂定南方蠻夏立石著功恒州浮屠爲其徒誣告祝詛不道武后怒命按誅之懷古得其枉爲后申訴不聽因曰陛下法與天下畫一豈使臣殺無辜以希盛旨哉即其人有不臣狀臣何情寬之后意解得不誅閻知微之使突厥懷古監其軍默啜脅知微稱可汗又欲官懷古不肯拜將殺之辭曰守忠而死與毀節以生孰愈請就斬不避也遂囚軍中因得亡而素尫弱不能騎宛轉山谷間僅達并州時長史武重規縱暴左右妄殺人取賞見懷古至爭執之有果毅嘗識懷古疾呼曰裴御史也遂免還祠部員外郎姚巂酋等叩闕下願得懷古鎭安遠夷拜姚州都督以疾辭始安賊歐陽倩衆數萬剽沒州縣以懷古爲桂州都督招尉討擊使未踰嶺逆以書諭禍福賊迎降自陳爲吏侵而反懷古知其誠以爲示不疑可破其謀乃輕騎赴之或曰獠夷難親備之且不信況易之哉答曰忠信可通神明況裔人耶身至壁撫諭倩等大喜悉歸所掠出降雖諸洞素翻覆者亦牽連根附嶺外平徙相州刺史并州大都督長史所至吏民懷愛神龍中召爲左羽林大將軍未至官還爲并州人知其還攜扶老稚出迎崔宣道始代爲長史亦野次懷古不欲厚愧宣道使人驅迎者還而來者愈衆得人心類如此俄轉幽州都督綏懷兩蕃將舉落內屬會以左威衞大將軍召而孫佺代之佺不知兵遂敗其師卒于官懷古清介審愼在幽州時韓琬以監察御史監軍稱其馭士信臨財廉國名將云

韋景駿司農少卿弘機孫中明經神龍中歷肥鄉令縣北瀕漳連年泛溢人苦之舊防迫漕渠雖峭岸隨即壞

決景駿相地勢益南千步因高築鄣水至堤趾輒去其北燥爲腴田又維艚以梁其上而廢長橋功少費約後遂爲法方河北飢身巡閭里勸人通有無教導撫循縣民獨免流散及去人立石著其功後爲貴鄉令有母子相訟者景駿曰令少不天常自痛爾幸有親而忘孝邪教之不孚令之罪也因嗚咽流涕付授孝經使習大義於是母子感悟請自新遂爲孝子當時治有名者景駿與淸漳令馮元淑臨洺令楊茂謙三人景駿後數年爲趙州長史道出肥鄉民喜爭奉酒食迎犒有小兒亦在中景駿曰方兒曹未生而吾去邑非有舊恩何故來對曰耆老爲我言學廬館舍橋鄣皆公所治意公爲古人今幸親見所以來景駿爲留終日後遷房州刺史州窮險有蠻夷風無學校好祀淫鬼景駿爲諸生貢舉通隘道作傳舍罷祠房無名者景駿之治民求所以便之類如此轉奉天令未行卒茂謙擢制舉授左拾遺內供奉爲吏介而勤歷祕書郎始竇懷貞雅重其材及執政薦爲大理正左臺御史中丞開元初出爲魏州刺史河北道按察使與司馬張懷玉同鄉長相善洎晚有隙掉訐短長左遷桂州都督徙廣州卒景駿子述自有傳

李惠登營州柳城人爲平盧軍裨將安祿山亂從董秦泛海略定滄棣等州輕兵遠鬬賊不支戰輒北史思明反惠登陷賊以計挺身走山南依來瑱表試金吾衞將軍李希烈反屬以兵二千使屯隋州惠登挈州以歸即拜刺史州數被亂野如薙人無處業惠登雖朴素無學術而視人所謂利者行之所謂害者去之率心所安暗與古合政淸靜居二十年田畝闢戶口日增人歌舞之於是節度使于頔狀其績詔加御史大夫升隋爲上州俄檢校國子祭酒卒贈洪州都督

羅珦越州會稽人寶應初詣闕上書授太常寺太祝曹王皐領江西荆襄節度使常署幕府累遷副使皐卒軍亂劫府庫珦取首惡十餘人斬以狥環棘廷中俾投所劫庫物一日皆滿乃貰餘黨召爲奉天令中官出入倚道吏縱以犯禁珦榜笞之雖死不置自是屏息擢廬州刺史民間病者捨醫藥禱淫祀珦下令止之修學宮政教簡易有芝草白雀淮南節度使杜佑上治狀賜金紫服再遷京兆尹請減平糴半以常賦充之人賴其利以老病求解徙太子賓客累封襄陽縣男卒謚曰夷

子讓字景宣以文學蚤有譽舉進士宏辭賢良方正皆高第爲咸陽尉父喪幾毀滅服除布衣糲飯不應辟署十餘年淮南節度使李鄘即所居敦請置幕府除監察御史位給事中累遷福建觀察使兼御史中丞有仁惠名或以婢遺讓者問所從答曰女兄九人皆爲官所賣留者獨老母耳讓憮然爲焚券召母歸之入爲散騎常侍拜江西觀察使卒年七十一贈禮部尚書

韋丹字文明京兆萬年人周大司空孝寬六世孫高祖琨以洗馬事太子承乾諫不聽太宗才之擢給事中高宗在東宮爲中舍人封武陽縣侯孝敬爲太子琨以右中護爲詹事卒贈秦州都督謚曰貞丹蚤孤從外祖顏眞卿學擢明經調安遠令以讓庶兄入紫閣山事從父能復舉五經高第歷咸陽尉張獻甫表佐邠寧幕府順宗爲太子以殿中侍御史召爲舍人新羅國君死詔拜司封郎中往弔故事使外國賜州縣十官賣以取貲號私覿官丹曰使外國不足于資宜上請安有貿官受錢即具疏所宜費帝命有司與之因著令未行而新羅立君死還爲容州刺史教民耕織止惰游興學校民貧自鬻者贖歸之禁吏不得掠爲隸始城州周十三里屯田二十四所教種茶麥仁化大行遷河南少尹未至從義成軍司馬以諫議大夫召有直名劉闢反議者欲釋不誅丹上疏以爲孝文世法廢人慢當濟以威今不誅闢則可使者唯兩京耳憲宗褒美會闢圍梓州乃授丹劒南東川節度使代李康至漢中上言康守方盡力不可易召還議蜀事闢去梓因以讓高崇文乃拜晉慈隰州觀察使封咸陽郡公閱歲自陳所治三州非要害地不足張職爲國家費不如屬之河東帝從之徙爲江南西道觀察使丹計口受俸委餘於官罷八州冗食者收其財始民不知爲瓦屋草茨竹椽久燥則戛而焚丹召工教爲陶聚材於場度其費爲估不取贏利人能爲屋者受材瓦于官免半賦徐取其償逃未復者官爲爲之貧不能者畀以財身往勸督置南北市爲營以舍軍歲中旱募人就功厚與直給其食爲衢南北夾兩營東西七里以廢倉爲新廄馬息不死築堤扞江長十二里竇以疏漲凡爲陂塘五百九十八所灌田萬二千頃有吏主倉十年丹覆其糧亡三千斛丹曰吏豈自費邪籍其家盡得文記乃權吏所奪丹召諸吏曰若恃權取於倉罪也與若期一月還之皆頓首謝及期無敢違有卒違令當死釋不誅去上書告丹不法詔丹解官待辨會卒年五十八驗卒所告皆不實丹治狀愈明太和中裴誼觀察江西上言爲丹立祠堂刻石紀功不報宣宗讀元和實錄見丹政事卓然它日與宰相語元和時治民孰第一周墀對臣嘗守江西韋丹有大功德被八州歿四十年老幼思之不忘乃詔觀察使紇干臮上丹功狀命刻功于碑

子宙推蔭累調河南府司錄參軍李珏表河陽幕府宣宗謂宰相墀曰丹有子否以宙對帝曰與好官乃拜侍御史三遷度支郎中盧鈞節度太原表宙爲副是時回鶻已破諸部入塞下剽殺吏民鈞欲得信重吏視邊宙請往自定襄鴈門五原絶武州塞略雲中踰句注徧見酋豪鐫諭之視亭障守卒增其稟約吏不得擅以兵侵諸戎犯者死於是三部六蕃諸種皆信悅召拜吏部郎中出爲永州刺史州方災歉乃斥官下什用所以供刺史者得九十餘萬錢爲市糧餉俗不知法多觸罪宙爲書制律并種植爲生之宜戶給之州負嶺轉餉艱險每饑人輒莩死宙始築常平倉收穀美餘以待之罷冗役九百九十四員縣舊置吏督賦宙俾民自輸家十相保常先期湘源生零陵香歲市上供人苦之宙爲奏罷民貧無牛以力耕宙爲置社二十家月會錢若干探名得者先市牛以是爲準久之牛不乏立學官取仕家子弟十五人充之初俚民婚出財會賓客號破酒晝夜集多至數百人貧者猶數十力不足則不迎至淫奔者宙條約使略如禮俗遂改邑中少年常以七月擊鼓羣入民家號行盜皆迎爲辦具謂之起盆後爲解素喧呼痍鬬宙至一切禁之還爲大理少卿久之拜江西觀察使政簡易南方以爲世官遷嶺南節度使南詔陷交趾撫兵積備以幹聞加檢校尚書左僕射同中書門下平章事咸通中卒

宙弟岫字伯起亦有名宙在嶺南以從女妻小校劉謙或諫止之岫曰吾子孫或當依之謙後以功爲封州刺史生二子即隱龔盧攜舉進士陋甚岫獨謂攜必大用攜執政岫自泗州刺史擢福建觀察使云

盧弘宣字子章元和中擢進士第鄭權帥襄陽辟署幕府李愬代權二人交惐弘宣始調愬愬敬左右謹衞既與語見其沖遠不覺洗然裴度留守東都表爲判官遷累給事中駙馬都尉韋處仁拜虢州刺史弘宣謂非所任還詔不下開成中山南江西大水詔弘宣與吏部郎中崔瑨分道賑卹使有指還遷京兆尹刑部侍郎拜劒南東川節度使時歲饑盜贅結酋豪自王僞署官吏發敖倉招亡命聯蓬瀘嘉榮諸州誅蠻落搖亂根株磐熾弘宣下檄脅諭賊黨稍降其黠强者署軍中孱無能還之農魁長逃入峽中吏捕誅之徙義武節度使弘宣性寬厚政目簡省人便安之然犯者不甚貸河朔故法偶語軍中則死弘宣使除之初詔賜其軍粟三十萬斛貯飛狐弘宣計輓費不能滿直敕吏守之明年春大旱教民隨力往取時幽魏饑甚獨易定自如至秋悉收所貸軍食以饒歷工部尚書祕書監以太子少傅致仕卒年七十七贈尚書右僕射弘宣患士庶人家祭無定儀乃合十二家法損益其當次以爲書子告字子有及進士第終給事中

薛元賞亡里系所來太和初自司農少卿出爲漢州刺史時李德裕爲劒南西川節度使會維州降德裕受之以聞牛僧孺沮其議執還之元賞上書極言可因撫之潰虜腹不可失不省段文昌代德裕狀元賞治當最遷累司農卿京兆尹出爲武寧節度使罷泗口猥稅人以爲便俄徙邠寧會昌中德裕當國復拜京兆尹都市多俠少年以黛墨鑱膚夸詭力剽敚坊閭元賞到府三日收惡少杖死三十餘輩陳諸市餘黨懼爭以火滅其文元賞長吏事能推言時弊件白之禁屯怙勢擾府縣元賞數與爭不少縱由是軍暴折戢百姓賴安就加檢校吏部尚書閱歲進工部尚書領諸道鹽鐵轉運使德裕用元賞弟元龜爲京兆少尹知府事宣宗立罷德裕而元龜坐貶崖州司戶參軍元賞下除袁王傅久之復拜昭義節度使卒

何易于不詳何所人及所以進爲益昌令縣距州四十里刺史崔朴常乘春與賓屬汎舟出益昌旁索民挽繂易于身引舟朴驚問狀易于曰方春百姓耕且蠶惟令不事可任其勞朴愧與賓客疾驅去鹽鐵官榷取茶利詔下所在毋敢隱易于視詔書曰益昌人不征茶且不可活矧厚賦毒之乎命吏閣詔吏曰天子詔何敢拒吏坐死公得免竄邪對曰吾敢愛一身移暴于民乎亦不使罪爾曹即自焚之觀察使素賢之不劾也民有死喪不能具葬者以俸敕吏爲辦召高年坐以問政得失凡鬬民在廷易于丁寧指曉枉直杖楚遣之不以付吏獄三年無囚督賦役不忍迫下戶或以俸代輸饋給往來傳符外一無所進故無異稱以中上考遷羅江令刺史裴休嘗至其邑導侍不過三人廉約蓋資性云

唐書卷一百九十七考證

李素立傳父政藻○臣酉按宰相世系表作政期政藻弟也

薛大鼎傳鄭德本在瀛州賈敦頤爲冀州○舊書作瀛州刺史賈敦頤曹州刺史鄭德本臣酉按賈敦頤傳

亦作瀛州新書自相矛盾
韋景駿傳司農少卿弘機孫○臣酉按弘機子餘慶餘慶子岳岳子景駿則景駿乃弘機曾孫也此云孫誤總由以岳子景駿爲二人皆餘慶子故以景駿爲弘機孫也辨詳舊書考證

唐書卷一百九十八

宋　端明殿學士　宋祁　撰

列傳第一百二十三

儒學上

高祖始受命鉏類夷荒天下略定即詔有司立周公孔子廟于國學四時祠求其後議加爵土國學始置生七十二員取三品以上子弟若孫爲之太學百四十員取五品以上四門學百三十員取七品以上郡縣三等上郡學置生六十員中下以十爲差上縣學置生四十員中下亦以十爲差又詔宗室功臣子孫就祕書外省別爲小學太宗身櫜鞬風纚露沐然銳情經術即王府開文學館召名儒十八人爲學士與議天下事既即位殿左置弘文館悉引內學士番宿更休聽朝之間則與討古今道前王所以成敗或日昃夜艾未嘗少怠貞觀六年詔罷周公祠更以孔子爲先聖顏氏爲先師盡召天下惇師老德以爲學官數臨幸觀釋菜命祭酒博士講論經義賜以束帛生能通一經者得署吏廣學舍千二百區三學益生員并置書算二學皆有博士大抵諸生員至三千二百自玄武屯營飛騎皆給博士授經能通一經者聽入貢限四方秀艾挾策負素坌集京師文治煟然勃興於是新羅高昌百濟吐蕃高麗等羣酋長並遣子弟入學鼓笥踵堂者凡八千餘人紆侈袂曳方履誾誾秩秩雖三代之盛所未聞也帝又讐正五經繆闕頒天下示學者與諸儒粹章句爲義疏俾久其傳因詔前代通儒梁皇侃褚仲都周熊安生沈重陳沈文阿周弘正張譏隋何妥劉炫等子孫並加引擢二十一年詔左丘明卜子夏公羊高穀梁赤伏勝高堂生戴聖毛萇孔安國劉向鄭衆杜子春馬融盧植鄭玄服虔何休王肅王弼杜預范甯二十一人用其書行其道宜有以褒大之自今並配享孔子廟庭於是唐三百年之盛稱貞觀寧不其然高宗尚吏事武后矜權變至諸王駙馬皆得領祭酒初孔穎達等始署官發五經題與諸生酬問及是惟判祥瑞案三牒即罷玄宗詔羣臣及府郡舉通經士而褚無量馬懷素等勸講禁中天子尊禮不敢盡臣之置集賢院部分典籍乾元殿博彙羣書至六萬卷經籍大備又稱開元焉祿山之禍兩京所藏一爲炎埃官幐私楮喪脫幾盡章甫之徒劫爲縵胡於是嗣帝區區救亂未之得安暇語貞觀開元事哉自楊綰鄭餘慶鄭覃等以大儒輔政議優學科先經誼黜進士後文辭亦弗能克也文宗定五經鑱之石張參等是正訛文寥寥一二可紀由是觀之始未嘗不成于艱難而後敗於易也嘗論之武爲救世砭劑文其膏粱歟亂已定必以文治之否者是病損而進砭劑其傷多矣然則武得之武治之不免霸且盜聖人反是而王故曰武創業文守成百世不易之道也若乃舉天下一之於仁義莫若儒儒待其人乃能光明厥功宰相大臣是已至專誦習傳授無它大事業者則次爲儒學篇

徐曠字文遠以字行南齊司空孝嗣五世孫父徹梁祕書郎尚元帝女安昌公主江陵陷俘以西客偃師貧不能自給兄文林鬻書于肆文遠日閱之因博通五經明左氏春秋時耆儒沈重講太學受業常千人文遠從之質問不數日辭去或問其故答曰先生所說紙上語耳若奧境彼有所未見者尚何觀重知其語召與反復研辯嗟嘆其能性方正舉動純重賓威楊玄感李密王世充皆從受學隋開皇中累遷太學博士詔與漢王諒授經會諒反除名爲民大業初禮部侍郎許善心薦文遠及包愷褚徽陸德明魯達爲學官擢國子博士愷等爲太學博士世稱左氏有文遠禮有褚徽詩有魯達易有陸德明皆一時冠云文遠說經偏舉先儒異論分明是非乃出新意以折衷聽者忘勞越王侗署國子祭酒時洛陽饑文遠自出城樵拾爲李密所得密使文遠南向坐備弟子禮拜之文遠謝曰前日以先王之道授將軍今將軍擁兵百萬威振四海猶能屈體老夫此盛德也安敢不盡將軍若欲爲伊霍繼絕扶傾吾雖老猶願盡力如爲莽卓乘危迫險則僕耄矣無能爲也密頓首曰幸得位上公思所以竭力先征化及刷國恥然後入見天子請罪于有司惟先生教之答曰將軍名臣子累世盡節前陷玄感黨迷未遠而復今若終之以忠天下之人所望於將軍者密頓首曰恭聞命俄而世充專制密又問焉對曰彼殘忍而意褊促必速於亂將軍非破之不可以朝密曰常謂先生儒者不學軍旅至籌大計乃明略過人密敗復入東都世充給稍異等而文遠見輒先拜或問君踞見李密而下王公何邪答曰密君子能受酈生之揖世充小人無容故人義相時而動可也世充僭號以爲國子博士子士會奔長安世充怒絕其稟文遠餓幾死數矣身出樵爲羅士信所獲送京師仍爲國子博士高祖幸國學觀釋奠文遠發春秋題論難鋒生隨方占對莫能屈帝異之封東莞縣男卒年七十四孫有功自有傳

陸元朗字德明以字行蘇州吳人善名理言受學於周弘正陳太建中後主爲太子集名儒入講承光殿德明始冠與下坐國子祭酒徐孝克敷經倚貴縱辯衆多下之獨德明申答屢奪其說舉坐咨賞解褐始興國左常侍陳亡歸鄉閈隋煬帝擢祕書學士大業間廣召經明士四方踵至於是德明與魯達孔褒共會門下省相酬難莫能詘遷國子助教越王侗署爲司業入殿中授經王世充僭號封子玄恕爲漢王以明德爲師即其廬行束脩禮德明恥之服巴豆劑偃東壁下玄恕入拜牀垂德明對之遺利不復開口遂移病成皋世充平秦王辟爲文學館學士以經授中山王承乾補太學博士高祖已釋奠召博士徐文遠浮屠慧乘道士劉進喜各講經德明隨方立義偏析其要帝大喜曰三人者誠辯然德明一舉輒蔽可謂賢矣賜帛五十匹遷國子博士封吳縣男卒論譔甚多傳于世後太宗閱其書嘉德明博辯以布帛二百段賜其家子敦信麟德中繇左侍極檢校右相累封嘉興縣子以老疾致仕終大司成

曹憲揚州江都人仕隋爲祕書學士聚徒教授凡數百人公卿多從之游於小學家尤邃自漢杜林衞宏以後古文亡絕至憲復興煬帝令與諸儒譔桂苑珠叢規正文字又註廣雅學者推其該藏于祕書貞觀中揚州長史李襲譽薦之以弘文館學士召不至即家拜朝散大夫當世榮之太宗嘗讀書有奇難字輒遣使者問憲憲具爲音注援驗詳復帝咨尚之卒年百餘歲憲始以梁昭明太子文選授諸生而同郡魏模公孫羅江夏李善相繼傳授於是其學大興句容許淹者自浮屠還爲儒多識廣聞精故訓與羅等並名家羅官沛王府參軍事無錫丞模武后時爲左拾遺子景倩亦世其學以拾遺召後歷度支員外郎善見子邕傳

顏師古字籀其先琅邪臨沂人祖之推自高齊入周終隋黃門郎遂居關中爲京兆萬年人父思魯以儒學顯武德初爲秦王府記室參軍事師古少博覽精故訓學善屬文仁壽中李綱薦之授安養尉尚書左僕射楊素見其年弱謂曰安養劇縣子何以治之師古曰割鷄未用牛刀素驚其言大後果以幹治聞時薛道衡爲襄州總管與之推舊佳其才每作文章令指摘疵短俄失職歸長安不得調窶甚資教授爲生高祖入關謁見長春宮授朝散大夫拜燉煌公府文學累遷中書舍人專典機密師古性敏給明練治體方軍國務多詔令一出其手冊奏之工當時未有及者太宗即位拜中書侍郎封琅邪縣男以母喪解服除還官歲餘坐公事免帝嘗歎五經去聖遠傳習寖訛詔師古于祕書省考定多所釐正既成悉詔諸儒議於是各執所習共非詰師古師古輒引晉宋舊文隨方曉答誼據該明出其悟表人人歎服尋加通直郎散騎常侍帝因頒所定書於天下學者賴之俄拜祕書少監專刊正事古篇奇字世所惑者討析申熟必暢本源然多引後生與讐校抑素流先貴勢雖商賈富室子亦窡選中由是素議薄之斥爲郴州刺史未行帝惜其才讓曰卿之學信可稱者而事親居官朕無聞焉今日之行自誰取之念卿囊經任使朕不忍棄後宜自戒師古謝罪復留爲故官師古性簡峭視輩行傲然罕所推接既負其才早見驅策意望甚高及是頻被譴仕益不進罔然喪沮乃闔門謝賓客巾褐蓺帔放情蕭散爲林墟之適多藏古圖畫器物書帖亦性所篤愛與譔五禮成進爵爲子又爲太子承乾注班固漢書上之賜物二百段良馬一時人謂杜征南顏祕書爲左丘明班孟堅忠臣帝將有事泰山詔公卿博士雜定其儀而論者爭爲異端師古奏臣譔定封禪儀注書在十一年于時諸儒謂爲適中於是以付有司多從其說遷祕書監弘文館學士十九年從征遼道病卒年六十五謚曰戴其所注漢書急就章大顯於時永徽三年子揚廷爲符璽郎表上師古所譔匡謬正俗八篇初思魯與妻不相宜師古苦諫父不聽情有所隔故帝及之師古弟相時字睿亦以學聞爲天策府參軍事貞觀中累遷諫議大夫有爭臣風轉禮部侍郎羸瘠多病師古死不勝哀而卒

師古叔游秦武德初累遷廉州刺史封臨沂縣男時劉黑闥初平人多彊暴比游秦至禮讓大行邑里歌之高祖下璽書獎勞終鄆州刺史譔漢書決疑師古多資取其義

孔穎達字仲達冀州衡水人八歲就學誦記日千餘言

闕記三禮義宗及長明服氏春秋傳鄭氏尚書詩禮記王氏易善屬文通步曆嘗造同郡劉焯焯名重海內初不之禮及請質所疑遂大畏服隋大業初舉明經高第授河內郡博士煬帝召天下儒官集東都詔國子祕書學士與論議穎達爲冠又年最少老師宿儒恥出其下陰遣客刺之匿楊玄感家得免補太學助教隋亂避地虎牢太宗平洛授文學館學士遷國子博士貞觀初封曲阜縣男轉給事中時帝新卽位穎達數以忠言進帝問孔子稱以能問於不能以多問於寡有若無實若虛何謂也對曰此聖人教人謙耳已雖能仍就不能之人以資所未能已雖多仍就寡少之人更資其多內有道外若無中雖實容若虛非特匹夫君德亦然故易稱蒙以養正明夷以莅衆若其據尊極之位衒聰耀明恃才以肆則上下不通君臣道乖自古滅亡莫不由此帝稱善除國子司業歲餘以太子右庶子兼司業與諸儒議曆及明堂事多從其說以論譔勞加散騎常侍爵爲子皇太子令穎達譔孝經章句因文以盡箴諷帝知數爭太子失賜黃金一斤絹百匹久之拜祭酒侍講東宮帝幸太學觀釋菜命穎達講經畢上釋奠頌有詔褒美後太子稍不法穎達爭不已乳夫人曰太子既長不宜數面折之對曰蒙國厚恩雖死不恨剴切愈至後致仕卒陪葬昭陵贈太常卿謚曰憲初穎達與顏師古司馬才章王恭王琰受詔譔五經義訓凡百餘篇號義贊詔改爲正義云雖包貫異家爲詳博然其中不能無謬冗博士馬嘉運駁正其失至相譏詆有詔更令裁定功未就永徽二年詔中書門下與國子三館博士弘文館學士考正之於是尚書左僕射于志寧右僕射張行成侍中高季輔就加增損書始布下穎達子志終司業志子惠元力學寡言又爲司業擢累太子諭德三世司業時人美之

王恭者滑州白馬人少篤學教授鄉閭弟子數百人貞觀初召拜太學博士講三禮別爲義證甚精博蓋文懿文達皆當時大儒每講偏舉先儒義而必暢恭所說

馬嘉運魏州繁水人少爲沙門還治儒學長論議貞觀初累除越王東閤祭酒退隱白鹿山諸方來受業至千人十一年召拜太學博士弘文館學士以孔穎達正義繁釀故掎摭其疵當世諸儒服其精高宗爲太子引爲崇賢館學士數與洗馬秦暐侍講宮中終國子博士

歐陽詢字信本潭州臨湘人父紇陳廣州刺史以謀反誅詢當從坐匿而免江總以故人子私養之貌寢侻敏悟絶人總教以書記每讀輒數行同盡遂博貫經史仕隋爲太常博士高祖微時數與游旣卽位累擢給事中詢初倣王羲之書後險勁過之因自名其體尺牘所傳人以爲法高麗嘗遣使求之帝歎曰彼觀其書固謂形貌魁梧邪嘗行見索靖所書碑觀之去數步復返及疲乃布坐至宿其傍三日乃得去其所嗜類此貞觀初歷太子率更令弘文館學士封渤海男卒年八十五

子通儀鳳中累遷中書舍人居母喪詔奪哀每入朝徒跣及門夜直藉藁以寢非公事不語還家輒號慟年饑未克葬居廬四年不釋服冬月家人以氈絮潛置席下通覺卽徹去遷累殿中監封渤海子天授初轉司禮卿判納言事輔政月餘會鳳閣舍人張嘉福請以武承嗣爲太子通與岑長倩等固執忤諸武意及長倩下獄坐大逆死來俊臣并引通同謀通雖被慘毒無異詞俊臣代占誅之神龍初追復官爵通蚤孤母徐教以父書懼其墮嘗遺錢使市父遺跡通乃刻意臨倣以求售數年書亞於詢父子齊名號大小歐陽體褚遂良亦以書自名嘗問虞世南曰吾書何如智永答曰吾聞彼一字直五萬君豈得此曰孰與詢曰吾聞詢不擇紙筆皆得如志君豈得此遂良曰然則何如世南曰君若手和筆調固可貴尚遂良大喜通晚自矜重以狸毛爲筆覆以兔毫管皆象犀非是未嘗書

朱子奢蘇州吳人從鄉人顧彪授左氏春秋善文辭隋大業中爲直祕書學士天下亂辭疾還鄉里後從杜伏威入朝授國子助教太宗貞觀初高麗百濟同伐新羅連年兵不解新羅告急帝假子奢員外散騎侍郎持節諭旨平三國之憾子奢有儀觀夷人尊畏之二國上書謝罪贈遺甚厚初子奢行帝戒曰海夷重學卿爲講大誼然勿入其幣還當以中書舍人處卿子奢唯唯至其國爲發春秋題納其美女帝責違旨而猶愛其才以散官直國子學累轉諫議大夫弘文館學士始武德時太廟享止四室高祖崩將祔主于廟帝詔有司詳議子奢建言漢丞相韋玄成奏立五廟劉歆議當七鄭玄本玄成王肅宗歆於是歷代廟議不能一且天子七廟諸侯五降殺以兩禮之正也若天子與子男同則問無容等非德厚游廣德薄游狹之義臣請依古爲七廟若親盡則以王業所基爲太祖虛太祖室以俟無疆迭遷乃處之於是尚書共奏自春秋以來言天子七廟諸侯五大夫三士二推親親顯尊尊爲不可易之法請建親廟六詔可乃祔弘農府君高祖神主爲六室及帝崩禮部尚書許敬宗議弘農府君廟應毀按玄成說毀廟主當瘞且四海常所宗享矣舉而瘞之非神理所慊晉范宣議別廟以奉毀廟之主或言當藏天府天府瑞異所舍也禮去祧有壇有墠臣皆所未安唐家宗廟共殿異室以右爲首若奉遷主納右夾室而得尊處祈之禱之未絶也有詔如敬宗議然言七廟者本之子奢帝嘗詔起居紀錄臧否朕欲見之以知得失若何子奢曰陛下所舉無過事雖見無嫌然以此開後世史官之禍可懼也史官全身畏死則悠悠千載尚有聞乎池陽令崔文康坐事櫟陽尉魏禮臣劾治獄成御史言其枉禮臣訴御史阿黨乞下有司雜訊不如所言請死鞫報禮臣不實詔如請子奢曰在律上書不實有定罪今抵以死死者不可復生雖欲自新弗可得且天下惟知上書獲罪欲自言者皆懼而不敢申矣詔可子奢爲人樂易能劇談以經誼緣飾每侍宴帝令論難羣臣恩禮甚篤卒于官

張士衡瀛州樂壽人父文慶北齊國子助教士衡九歲居母喪哀慕過禮博士劉軌思見之爲泣下奇其操謂文慶曰古不親教子吾爲君成就之乃授以詩禮又從熊安生劉焯等受經貫知大義仕隋爲餘杭令以老還家大業兵起諸儒廢學唐興士衡復講教鄉里幽州都督燕王靈夔以禮邀聘北面事之太子承乾慕風迎致謁太宗洛陽宮帝賜食擢朝散大夫崇賢館學士太子以士衡齊人也問高氏何以亡士衡曰高阿那瓌之凶險駱提婆之佞韓長鸞之虐皆奴隸才是信是使忠良外誅骨肉內離剝喪黎元故周師臨郊人莫爲之用此所以亡復問事佛營福其應奈何對曰事佛在淸靜仁恕爾如貪惏驕虐雖傾財事之無損於禍且善惡必報若影赴形聖人言之備矣爲君仁爲臣忠爲子孝則福祚永反是而殃禍至矣時太子以過失聞士衡因是規之然不能用也太子廢給傳罷歸鄉里卒士衡以禮教諸生當時顯者永平賈公彥趙李玄植

公彥終太學博士撰次章句甚多子大隱儀鳳中爲太常博士會太常仲春告瑞太廟高宗問禮官何世而然大隱對曰古者祭以首時薦以仲月近世元日奏瑞則二月告廟告者必有薦本于始不得其時焉遷累中書舍人垂拱中博士周悰請武氏廟爲七室唐廟爲五下比諸侯大隱奏言秦漢母后稱制未有戾古越禮者悰損國廟數悖大義不可以訓武后不獲已僞聽之時皆服大隱沈正不詭從有大臣體終禮部侍郎公彥傳業玄植玄植又受左氏春秋於王德韶受詩於齊威該覽百家記書貞觀間爲弘文館直學士高宗時數召見與方士浮屠講說玄植以帝闇弱頗箴切其短帝禮之不寤坐事遷巴令卒

張後胤字嗣宗蘇州崑山人祖僧紹梁零陵太守父沖陳國子博士入隋爲漢王諒并州博士後胤甫冠以學行禪其家高祖鎭太原引爲客以經授秦王義寧初爲齊王文學封新野縣公武德中擢員外散騎侍郎賜宅一區太宗卽位進燕王諮議從王入朝召見初帝在太原嘗問隋運將終得天下者何姓答曰公家德業天下繫心若順天而動自河以北指撝可定然後長驅關右帝業可成至是自陳所言帝曰是事未始忘之乃賜燕月池帝從容曰今日弟子何如後胤曰昔孔子門人三千達者無子男之位臣翼贊一人乃王天下計臣之功過於先聖帝爲之笑令羣臣以春秋酬難帝曰朕昔受大誼於君今尚記之後胤頓首謝曰陛下乃生知臣叨天功爲己力罪也帝大悅遷燕王府司馬出爲睦州刺史乞骸骨帝見其彊力問欲何官因陳謝不敢帝曰朕從卿受經卿從朕求官何所疑後胤頓首願得國子祭酒授之遷散騎常侍永徽中致仕加金紫光祿大夫朝朔望祿賜防閤如舊卒年八十三贈禮部尚書謚曰康陪葬昭陵孫齊丘歷監察御史朔方節度使終東都留守謚曰貞獻子鎰別有傳

蓋文達冀州信都人博涉前載尤明春秋三家刺史竇抗集諸生講論於是劉焯劉軌思孔穎達並以耆儒開門授業是日悉至而文達依經辯舉皆諸儒意所未叩一坐厭歎抗奇之問安所從學焯曰若人岐嶷出自天然以多問寡則焯爲之師抗曰冰生於水而寒於水其謂此邪武德中授國子助教爲秦王文學館直學士貞觀初擢諫議大夫兼弘文館學士爲蜀王師王有罪文達免官拜崇賢館學士卒

宗人文懿亦以儒學稱當時號二蓋高祖於祕書省置學以教王公子文懿爲國子助教既升席公卿更相質問文懿譬曉密微遠近宗仰終國子博士

谷那律魏州昌樂人貞觀中累遷國子博士淹識羣書褚遂良嘗稱爲九經庫遷諫議大夫兼弘文館學士從太宗出獵遇雨沾漬因問曰油衣若爲而無漏邪那律曰以瓦爲之當不漏帝悅其直賜帛二百段卒

孫倚相仕爲祕書省正字讎覆圖書多所刊定子崇義天寶末爲幽州大將以雄敢聞歷左金吾衛大將軍遂客薊門生子從政略涉儒學有風操事李寶臣歷定州

刺史，封清江郡王寶臣及張孝忠妻其女兄弟也寶臣初倚任晚稍疏忌從政乃闔門謝交游不事及惟岳知節度與田悅謀拒天子命從政諫曰上神斷絀諸侯欲致太平爾考與燕有切骨恨天子致討命帥莫先於燕誅怨復讎必盡力後已前日而考誅大將百餘子弟存者常不平乘危相覆誰不能爾昔魏有洛相之圖王師四集身投零陵仰天垂泣不知所出賴爾考保佑頓兵不進而先帝寬厚僅獲赦貸不然田氏尚有種乎今悅兇狡孰與承嗣爾又幼富貴不出戶庭便欲旅拒且人心難知天道難欺軍中諸將乘危投隙自古豈少哉今圖久安計莫若令而兄惟誠攝留後爾速入宿衛則福祿可保矣不納從政塞門移疾不出惟岳所信王他奴等疑其怨望曰何之從政懼乃吐血卽仰藥五日死曰吾不恨死而痛渠覆宗矣後惟岳被殺於王武陵如其揣云

蕭德言字文行陳吏部郎引子也系出蘭陵明左氏春秋甫冠以國子生爲岳陽王賓客陳亡徙關中詭浮屠服亡歸江南州縣部送京師仁壽中授校書郎貞觀時歷著作郎弘文館學士太宗欲知前世得失詔魏徵虞世南褚亮及德言裒次經史百氏帝王所以興衰者上之帝愛其書博而要曰使我稽古臨事不惑者公等力也賚賜尤渥德言晚節學愈苦每開經輒祓濯束帶危坐妻子諫曰老人何終日自苦答曰對先聖之言何復憚勞詔以經授晉王時許叔牙爲侍讀同勸講王爲太子德言又兼侍讀而叔牙亦兼弘文館學士德言請致仕太宗不許下詔敦勉封武陽縣侯進祕書少監久乃得謝高宗立拜銀青光祿大夫全給其祿遣通事舍人卽家致問乘輿至肅章門引見禮遇隆重由是晉府及東宮舊臣子孫並增秩賜金卒年九十七贈太常卿謚曰博

叔牙字延基句容人貞觀時遷晉王府參軍事弘文館直學士於詩禮尤邃獻詩纂義十篇太子寫付司經御史大夫高智周見之曰欲明詩者宜先讀此

子子儒字文舉高宗時爲奉常博士初太尉長孫無忌等議祠令及禮用鄭玄六天說圓丘祀昊天上帝南郊太微感帝明堂太微五帝直據緯爲說不指蒼旻爲天而以昊天帝當北辰耀魄寶郊明堂當太微五帝唐家祀圓丘太史所上圖昊天上帝外自有北辰令李淳風曰昊天上帝位于壇北辰斗列第二垓與緯書駮異司馬遷天官書太微宮五精之神五星所奉有人主象故名曰帝猶房心有天王象安得盡爲天乎日月麗于天草木麗于地以日月爲天草木爲地昧者不信也周官兆五帝四郊又有祀五帝皆不言天知太微之神非天也經稱郊祀后稷王肅以郊圓丘爲一玄析而二之曰圓丘曰郊非聖人意今祠令固守玄說與著式相違宜有刊正且經嚴父莫大於配天宗祀文王於明堂以配上帝明堂之祀天也星不足配之矣月令孟春祈穀上帝春秋啓蟄而郊郊而後耕故郊后稷以祈農詩春夏祈穀於上帝皆祭天也著之感帝尤爲不稽請四郊迎氣祀太微五帝郊明堂罷六天說止祀昊天方丘既祭地又祭神州北郊皆不載經請止一祠詔曰可乾封初帝已封禪復詔祀感帝神州以正月祭北郊司禮少常伯郝處俊等奏言顯慶定禮廢感帝祀而祈穀昊天以高祖配舊祀感帝神州以元皇帝配今改祈穀爲祀感帝又祀神州還以高祖配何升降紛紛爲虞氏禘黃帝郊嚳夏禘黃帝郊鯀殷禘嚳郊冥周禘嚳郊稷玄謂禘者祭天圓丘郊者祭上帝南郊崔靈恩說夏正郊天王者各祭所出帝所謂王者禘祖之所自出以其祖配之則禘遠祖郊始祖也今禘郊同祖禮無所歸神州本祭十月以方陰用事也玄說三王之郊一用夏正靈恩謂祭神州北郊以正月諸儒所言猥互不明臣願會奉常司成博士普議於是子儒與博士陸遵楷張統師權無二等共白北郊月不經見漢光武正月建北郊咸和中議北郊以正月武德以來用卜月請循武德詔書明年詔圓方二丘明堂感帝神州宜奉高祖太宗配仍祭昊天上帝及五天帝於明堂子儒長壽中歷天官侍郎弘文館學士封潁川縣男以選事委令史句直日偃臥不下筆時人語曰句直平配既而補授失序傳爲口實德言曾孫至忠自有傳

敬播蒲州河東人貞觀初擢進士第時顏師古孔潁達譔次隋史詔播詣祕書內省參纂再遷著作佐郎兼修國史從太宗伐高麗而帝名所戰山爲駐蹕播謂人曰鑾輿不復東矣山所以名蓋天意也其後果然遷太子司議郎時初置是官尤清近中書令馬周歎曰恨資品妄高不得歷此職又與令狐德棻等譔晉書大抵凡例皆播所發也有司建言謀反大逆惟父子坐死不及兄弟請更議詔羣臣更議播曰兄弟雖孔懷之重然比於父子則輕故生有異室死有別宗今高官重爵本蔭惟逮子孫而不及昆季烏有榮隔其蔭而罪均其罰詔從播議永徽後仕益貴歷諫議大夫給事中始播與許敬宗譔高祖實錄與創業盡貞觀十四年至是又譔太宗實錄訖二十三年坐事出爲越州長史徙安州卒房玄齡嘗稱播陳壽之流乎玄齡患顏師古注漢書文繁令掇其要爲四十篇是時漢書學大興其章章者若劉伯莊秦景通兄弟劉訥言皆名家

伯莊者彭城人爲弘文館學士遷國子博士與許敬宗等論譔甚多終崇賢館學士自所著書亦百餘篇子之宏世其學武后時以著作郎兼修國史終相王府司馬睿宗立贈祕書監

景通者晉陵人與弟暐俱有名皆精漢書號大秦君小秦君當時治漢書非其授者以爲無法云景通仕至太子洗馬兼崇賢館學士暐後復踐其官及職

訥言乾封中歷都水監主簿以漢書授沛王王爲太子擢訥言洗馬兼侍讀嘗集俳諧十五篇爲太子歡太子廢高宗見怒除名爲民復坐事流死振州

羅道琮蒲州虞鄉人慷慨尚節義貞觀末上書忤旨徙嶺表有同斥者死荊襄間臨終泣曰人生有死獨委骨異壤邪道琮曰吾若還終不使君獨留此瘗路左去歲餘遇赦歸會霖潦積水失其殯處道琮慟諸野波中忽若溢沸者道琮曰若屍在可再沸祝已水復湧乃得屍負之還鄉尋擢明經仕至太學博士爲時名儒

唐書卷一百九十九

宋　端　明　殿　學　士　宋　祁　撰

列傳第一百二十四

儒學中

郎餘令定州新樂人祖穎字楚之與兄蔚之俱有名隋大業中爲尚書民曹郎蔚之位左丞煬帝語稱二郎武德時楚之以大理卿封常山郡公與李綱陳叔達定律令持節諭山東爲竇建德所獲脅以白刃終不屈賊平以老乞身謚曰平餘令博於學擢進士第授霍王元軌府參軍事從父知年亦爲王友元軌每曰郎家二賢皆入府不意培塿而松栢爲林也徙幽州錄事參軍有爲浮屠者積薪自焚長史裴瑱率官屬將觀焉餘令曰人好生惡死情也彼違蔑教義反其所欲公當察之毋輕往瑱試廉按果得其姦孝敬在東宮餘令以梁元帝有孝德傳更譔後傳數十篇獻太子太子嗟重改著作佐郎卒

兄餘慶爲吏清而刻於法高宗時爲萬年令道無掇遺累遷御史中丞務謙謹下人引御史坐與議論吏部侍郎楊思玄倨貴視選者不以禮餘慶劾免其官久之出爲蘇州刺史坐累下遷交州都督驩州司馬裴敬彝與餘慶雅故以事笞餘慶婢父婢方孿譖敬彝死獄中又裒貨無藝民詣闕訴之使者十輩臨按餘慶謾讕不能得其情最後廣州都督陳善弘按之餘慶自恃在朝廷久明法令輕善弘不置對善弘怒曰舞文弄法吾不及君今日以天子命治君吾力有餘矣欲搒械之餘慶懼服罪高宗詔放瓊州會赦當還朝廷惡其暴徙春州始餘慶治萬年父知運嫌其酷將杖之餘慶避免父歎曰國家用之矣吾尚奈何又爲御史中丞復歎曰郎氏危矣以憂死餘慶卒以貪殘廢

徐齊聃字將道湖州長城人世客馮翊梁慈源侯整四世孫八歲能文太宗召試賜所佩金削刀舉弘文生調曹王府參軍高宗時爲潞王府文學崇文館學士侍皇太子講修書于芳林門時姑爲帝婕妤嫌以恩進故求出爲桃林令召爲沛王侍讀再遷司議郎皆不就累進西臺舍人咸亨初詔突厥酋長子弟得事東宮齊聃上書諫以爲氈裘冒頓之裔解辮削衽使在左右非所謂恭慎威儀以近有德任官惟賢才左右惟其人之義又長孫無忌以讒死家廟毀頓齊聃言於帝曰齊獻公陛下外祖雖後嗣有罪不宜毀及先廟今周忠孝公廟反崇飾踰制恐非所以示海內帝寤有詔復獻公官以無忌孫延主其祀齊聃善文誥帝愛之令侍皇太子及諸王屬文以職樞劇許間日一至坐漏禁中事貶蘄州司馬又流欽州卒年四十四睿宗時贈禮部尚書子堅

堅字元固幼有敏性沛王聞其名召見授紙爲賦異之十四而孤及壯寬厚長者舉秀才及第爲汾州參軍事遷萬年主簿天授三年上言書有五聽令有三覆慮失情也比犯大逆詔使者勘當得實輒決人命至重萬有一不實欲訴無由以就赤族豈不痛哉此不足檢下之姦亂適長使人威福耳臣請如令覆奏則死者無恨又古者罰不逮嗣故郤芮亂國而缺升諸朝嵇康戮而

紹死於難則於宅親不復致疑令選部廣責逆人親屬至無服者尚數十條且詔書與逆同堂親不任京畿緦麻親不得侍衞臣請如詔書外一切不禁以申曠蕩聖曆中東都留守楊再思王方慶共引爲判官方慶善禮學嘗就質疑晦堅爲申釋常得所未聞屬文典厚再思每目爲鳳閣舍人樣與徐彥伯劉知幾張說與修三教珠英時張昌宗李嶠總領彌年不下筆堅與說專意譔綜條彙粗立諸儒因之乃成書累遷給事中封慈源縣子中宗怒韋月將欲即斬之堅奏盛夏生長請須秋乃決時申救者亦衆得以搒死俄以禮部侍郎爲修文館學士睿宗即位授太子左庶子兼崇文館學士修史進東海郡公遷黃門侍郎時監察御史李知古兵擊姚州瀰河蠻降之又請築城使輸賦徭堅議蠻夷羈縻以屬不宜與中國同法恐勞師遠伐益不償損不聽詔知古發劍南兵築城堡列州縣知古因是欲誅其豪酋入子女爲奴婢蠻懼殺知古相率潰叛姚巂路閉不通者數年初太平公主用事武攸暨屢邀請堅堅不許又以妻岑羲女弟固辭機密轉太子詹事曰吾非求高遜禍耳羲敗不染於惡出爲絳州刺史數外徙久乃還祕書監左散騎常侍玄宗改麗正書院爲集賢院以堅充學士副張說知院事帝大酺集賢幔舍在百司上說令揭大榜以侈其寵堅見遽命撤之曰君子烏取多尚人從上泰山以參定儀典加光祿大夫堅於典故多所諳識凡七當譔次高選卒年七十餘帝悼惜遣使就弔贈太子少保謚曰文齊聃姑爲太宗充容仲爲高宗婕妤皆明圖史議者以堅父子如漢班氏

子嶠字巨山開元中爲駕部員外郎集賢院直學士遷中書舍人內供奉河南尹封慈源縣公父子相次爲學士自祖及孫三世爲中書舍人

沇伯儀湖州吳興人武后時爲太子右諭德初太常少卿韋萬石議明堂大享事上言鄭玄說祀五天帝王肅謂祀五行帝貞觀禮從玄至顯慶禮祀昊天上帝乾封詔書祀五天帝兼祀昊天上帝詔書從貞觀禮儀鳳初詔祀事一用周制今應何樂高宗乃詔尚書省集諸儒議未能定於是大享參用貞觀顯慶二禮垂拱元年成均助教孔玄義奏嚴父莫大配天天於萬物爲最大推父偶天孝之大尊之極也易稱先王作樂崇德殷薦之上帝以配祖考上帝天也昊天之祭宜祖考並配請以太宗高宗配上帝於圜丘神堯皇帝配感帝南郊祭法祖文王宗武王祖始也宗尊也一名而有二義經稱宗祀文王文王當祖而云宗包武王以言也知明堂以祖考配與二經合伯儀曰有虞氏禘黃帝而郊嚳祖顓頊而宗堯夏后氏禘黃帝而郊鯀祖顓頊而宗禹殷人禘嚳而郊冥祖契而宗湯周人禘嚳而郊稷祖文王而宗武王鄭玄曰禘郊祖宗皆配食也祭昊天圜丘曰禘祭上帝南郊曰郊祭五帝五神明堂曰祖宗此爲最詳虞夏退顓頊郊嚳殷捨契郊冥去取違舛惟周得禮之序至明堂始兩配焉文王上配五帝武王下配五神別父子也經曰嚴父莫大於配天又曰宗祀文王於明堂以配上帝下言嚴武王以配天則武王雖在明堂未齊於配雖同祭而終爲一主也緯曰后稷爲天地主文王爲五帝宗若一神而兩祭之則薦獻數瀆此神無二主也貞觀永徽禮實專配由顯慶後始兼尊焉今請以高祖配圜丘方澤太宗配南北郊高宗配五天帝鳳閣舍人元萬頃范履冰等議今禮昊天上帝等五祀咸奉高祖太宗兼配以申孝也詩昊天章二后受之易薦上帝配祖考有兼配義高祖太宗既先配五祀當如舊請奉高宗歷配焉自是郊丘三帝並配云伯儀歷國子祭酒修文館學士卒

路敬淳貝州臨淸人父文逸遇隋季大亂闔門死於盜文逸遁免流離辛苦自傷家多難閉戶不食行者哀其窮彊飲食之更負以行乃得脫貞觀末官申州司馬敬淳少力學足不履門居親喪荷廬不出者三年服除號慟入門形容癯毀妻不之識後擢進士第天授中再遷太子司議郎兼修國史崇賢館學士數受詔纂輯慶郇儀典武后稱之尤明姓系自魏晉以降推本其來皆有條序著姓略衣冠系錄等百餘篇後坐綦連耀交通下獄死神龍初贈祕書少監

弟敬潛少與敬淳齊名歷懷州錄事參軍亦坐耀事繫獄免死後爲遂安令先是令多死敬潛欲辭妻曰君不死獄而得全非生死有命邪從之到官有梟噭其屏鼠數十走於前左右驅之擁杖而號敬潛不爲懼久之遷衞令位中書舍人唐初姓譜學唯敬淳名家其後柳沖韋述蕭穎士孔至各有譔次然皆本之路氏

王元感濮州鄄城人擢明經高第調博城丞紀王慎爲兗州都督厚加禮敕其子東平王續往受業天授中稍遷左衞率府錄事兼直弘文館武后時已郊遂享明堂封嵩山詔與韋叔夏等草儀具衆推其練洽轉四門博士仍直弘文館年雖老讀書不廢夜所譔書紏謬春秋振滯禮繩愆等凡數十百篇長安時上之丐官筆楷寫藏祕書有詔兩館學士成均博士議可否祝欽明郭山惲李憲等本章句家見元感詆先儒同異不懌數沮詰其言元感絛縷申釋竟不詘魏知古見其書歎曰五經指南也而徐堅劉知幾張思敬等惜其異聞每爲助理聯疏薦之遂下詔褒美以爲儒宗拜太子司議郎兼崇賢館學士中宗以東宮官屬加朝散大夫卒元感初著論三年之喪以三十有六月譏詆諸儒鳳閣舍人張柬之破其說曰三年之喪二十五月由古則然春秋僖公三十三年十二月乙巳公薨文公二年冬公子遂如齊納幣左氏曰禮也杜預謂僖喪終是年十一月納幣在十二月故謂之禮公羊傳納幣不書此何以書譏何以譏三年之內不圖婚何休曰僖以十二月薨未終二十五月故譏云杜預推曆乙巳乃在十一月經書十二月爲誤文公元年四月葬僖公傳曰緩夫諸侯之葬五月若十二月薨五月不得云緩則十一月明甚然二家所競乃一月非一歲則二十五月其一驗也書稱成湯既没太甲元年曰惟元祀十有二月伊尹祀於先王奉嗣王祗見厥祖孔安國曰湯以元年十一月崩此則明年詳又明年大祥故下言惟三祀十有二月朔尹以冕服奉嗣王歸于亳是十一月服除而冕顧命四月哉生魄王不懌翌日乙丑王崩丁卯命作册度越七日癸酉伯相命士須材則成王崩至康王麻冕黼裳凡十日康王始見廟明湯崩在十一月比殯訖以十二月祗見其祖顧命見廟訖諸侯出廟門俟伊訓言祗見厥祖侯甸羣后咸在則崩及見廟周因於殿也非元年前復有一歲此二十五月之二驗禮三年之喪二十五月而畢哀痛未盡然而以是爲斷者送死有已服生有節又曰朞而小祥食菜果又朞而大祥有醯醬中月而禫食酒肉又曰再朞之喪三年朞之喪二年九月七月之喪三時五月之喪二時三月之喪一時此二十五月之三驗儀禮朞而小祥又朞而大祥中月而禫是月也吉祭此二十五月之四驗書春秋禮皆周公尼父所定敢問此可爲法否昔鄭玄以中月而禫者內容一月自喪至禫凡二十七月今既用之而二十五月初無疑論大抵子於親喪有終身之痛創巨者日久痛深者愈遲何歲月而止乎故練而慨然悲慕未盡而踊擗之情差未祥而廓然哀傷已除而孤藐之懷更劇此情之所致寧外飾哉故先王立其中制使情文兩稱是以祥則縞帶素紕禫則無不佩夫去衰麻襲錦縠行道之人皆不忍直爲節之以禮叵如之何故仲由不能過制爲姊服孔鯉不能過朞哭母彼詎不懷畏名教之嚴也當世謂柬之言不詭聖人而元感論遂廢

王紹宗字承烈梁左民尚書銓曾孫系本瑯邪徙江都云少貧俠嗜學工草隸客居僧坊寫書取傭自給凡三十年傭足給一月即止不取贏人雖厚償輒拒不受徐敬業起兵聞其行以幣劫之稱疾篤復令唐之奇彊遣不肯赴敬業怒將殺之之奇曰彼人望也殺之沮士心不可由是免事平大總管李孝逸表其節武后召赴東都謁殿中褒慰良厚擢太子文學累進祕書少監使侍皇太子紹宗雅修飭當時公卿莫不慕悅其風張易之兄弟亦頗結納易之誅坐廢卒於家嘗與人書曰鄙夫書無工者特由水墨之積習耳常精心率意虛神靜思以取之吳中陸大夫常以余比虞君以不臨寫故也聞虞被中畫腹與余正同虞即世南也紹宗兄玄宗隱嵩山號太和先生傳黃老術

彭景直瀛州河間人中宗景龍末爲太常博士時獻昭乾三陵皆日祭景直上言在禮陵不日祭宗廟有月祭故王者設廟祧壇墠爲親疏多少之殺立七廟一壇一墠曰考廟曰王考廟曰皇考廟曰顯考廟皆月祭遠廟爲祧享嘗乃止去祧爲壇去壇爲墠有禱祭之無禱乃止譙周曰天子始祖高祖曾祖祖考之廟皆朔加薦以象生時朔食號日祭二祧廟不月祭則古無日祭者今諸陵朔望進食近古之殷事諸節進食近古之薦新鄭玄曰殷事月之朔半薦新奠也於儀禮朔半日猶常日朝夕也既大祥即四時焉此其祭皆在廟云近世始以日祭於陵之文漢時京師自高祖下至宣帝與太上皇悼皇考陵旁立廟園各有寢便殿故日祭諸寢月祭諸便殿貢禹以禮節煩數白元帝顯罷郡國廟丞相韋玄成等後因議七廟外寢園皆無復修議者亦以祭不欲數宜復古四時祭於廟劉歆引春秋外傳日祖禰日祭曾高月祀二祧時享壇墠歲貢魏晉以降不祭墓唐家擇古作法臣謂宜罷諸陵日祭如禮便帝不從因下詔有司言諸陵不當日進食夫禮以人情爲之沿革何專古而泥所聞乾陵宜朝晡進奠昭獻陵日一進或所司乏於費可減朕常膳爲之帝崩葬定陵有司議以和思皇后祔葬后爲武后所殺不得其喪所將以招魂合諸梓宮景直曰招魂古無傳不可請如橋山藏衣冠故事納后褘衣復寢宮舉衣魂輅告以太牢內之方中奉帝梓棺右覆以夷衾衆當其言制曰可景直後歷禮部郎

中卒

盧粲幽州范陽人後魏侍中陽烏五世孫祖彥卿亦善著書粲始冠擢進士第神龍中累遷給事中時節愍太子立韋后疾之諷中宗以衛府封物給東宮粲駁奏太子七鬯主歲時服用宜取於百司周禮諸用財器歲終則會唯王及太子不會今乃與諸王等夷非所謂憲章古昔者詔可武崇訓死詔墓視陵制粲曰凡王公主墓無稱陵者唯永泰公主事出特制非後人所援比崇訓塋兆請視諸王詔曰安樂公主與永泰不異崇訓於主當同穴爲陵不疑粲固執以陵之稱本施尊極雖崇訓之親不及雍王雍墓不稱陵崇訓緣主而得假是名哉詔可主大怒出粲陳州刺史粲曰苟所論得行雖遠何憚開元初爲祕書少監其從父行嘉仕爲雍王記室亦以學聞粲累封固安縣侯終邠王傅謚曰景

尹知章絳州翼城人少雖學未甚通解忽夢人持巨鑿破其心內若劑焉驚悟志思開徹遂徧明六經諸生嘗請授者更北面受大義長安中擢定王府文學遷太常博士中宗時或建言以涼武昭王爲七廟始祖知章議武昭遠世非王業所因乃止出爲陸渾令坐事輒棄官去時散騎常侍解琬亦罷歸與知章覃思經術舉訢訢然張說表諸朝擢禮部員外郎轉國子博士馬懷素緒定祕書奏知章是正文字每休沐講授未始輟於易老莊書尤縣解弟子貧者賙給之性和厚人不見有喜慍未嘗問產業其子欲廣市樵米爲歲中計知章曰如而計則貧人何以取資且吾烏應奪民利邪卒官所注傳頗多行於時門人孫季良等頌其德刻著東都國子監門外季良偃師人一名翌仕歷左拾遺集賢院直學士

張齊賢陝州陝人聖曆初爲太常奉禮郎武后詔百官議告朔於明堂講時令布政事京官九品以上四方朝集使皆列於廷太常博士辟閭仁諝曰經無天子月告朔唯玉藻天子聽朔南門之外周太宰正月之吉布政於邦國都鄙于寶曰建子月告朔日也此玉藻聽朔同誼今元日讀時令合古聽朔事獨鄭玄以秦制月令有五帝五官因言聽朔必以特牲告時帝及神以文王武王配其言非是月令日其帝太昊其神句芒謂宜令告人使奉時務業月皆有令故云非天子月朔以配帝祭也告朔者諸侯禮也春秋既視朔遂登臺玄又說人君月告朔於廟其祭爲朝享魯自文公始不視朔明非天子所行玄謂告帝卽人帝神卽重黎五官不言天子拜祭臣請罷告朔月祭以應古禮齊賢不韙其說質曰穀梁氏稱閏月天子不告朔它月故告朔矣左氏言魯不告閏朔爲棄時政則諸侯雖閏告朔矣周太史頒朔於邦國玉藻閏月王居門是天子雖閏亦告朔二家去聖不遠載天子諸侯告朔事顯顯弗繆今議者乃以太宰正月之吉布治邦國而言天子元日一告朔殊失其旨一歲之元六官自布所職之典于寶謂吉爲朔故世人謬吉爲告據繆失經不得爲法議者又引左氏說專在諸侯不知玉藻與左說正同而獨於天子言歲首一告何去取之恣也又謂時帝五人帝也玄於時帝包天人故以文武作配是並告兩五帝爲不疑諸侯受朔天子藏於廟天子受朔於天宜在明堂故告時帝配祖考議者曰天子月告祭頒朔則諸侯安得藏之故太宰歲首布一歲事太史頒之也是不然周太史頒朔邦國是總頒十二朔於諸侯天子猶月告者頒官府都鄙也內外異言之也禮不可罷鳳閣侍郎王方慶又推言明堂布政之宮所以明天氣統萬物也漢儒以明堂太廟爲一宗祀其祖而配上帝取宗祀曰清廟正室爲太室向陽爲明堂建學爲太學圜水爲辟雍異名同事古之制也天子以正月上辛總受十二月政於南郊還藏於祖廟月取一政班之明堂諸侯則受於天子藏之祖廟月取一政行之於國王者以其禮告廟謂之告朔視月之政謂之視朔玉藻玄冕而朝日東門之外聽朔南門之外鄭玄說明堂在國陽就其時之堂而聽朔焉卒事宿路寢今元日通天宮受朝有司遂讀時令布政古之禮也舊說天子歲入明堂者十八大享一月告朔十二四時迎氣四巡狩之歲一今議者唯許歲首一入不亦隘乎陛下幸建明堂遵用告朔事若月一聽則近於煩每孟月視朔惟制定其禮臣下不敢專成均博士吳揚吾等共言秦滅學告朔廢今用四孟月季夏至明堂告五時帝堂上請兼如齊賢方慶議不數歲禮亦廢久之齊賢遷博士時東都置太社禮部尚書祝欽明問禮官博士周家田主用所宜木今社主石奈何齊賢與太常少卿韋叔夏國子司業郭山惲尹知章等議春秋君以軍行祓社釁鼓祝奉以從故曰不用命戮於社社稷主用石以可奉而行也崔靈恩曰社主用石以地產最實歟呂氏春秋言殷人社用石後魏天平中遷太社石主其來尚矣周之田主用所宜木其民間之社歟非太社也於是舊主長尺有六寸方尺七寸問博士云何齊賢等議社主之制禮無傳天子親征載以行則非過重禮社祭土主陰氣韓詩外傳天子太社方五丈諸侯半之五土數社主宜長五尺以準數五方二尺以準陰偶剡其上以象物生方其下以象地體埋半土中本末均也請度以古尺又問社稷壇壝四方用色而中不數尺冐黃土謂何齊賢等曰天子太社度廣五尺分四方上冐黃土象王者覆被四方然則當以黃土覆壇上舊壇上不數尺覆被之狹乖於古於是以方色飾壇四面及陛而黃土全覆上焉祭牲皆太牢其後改先農曰帝社又立帝稷皆齊賢等參定中宗卽位因武后東都廟改爲唐廟議滿七室以涼武昭王爲始祖齊賢上議禮天子七廟尊始封君曰太祖百代不遷始祖無聞焉殷自玄王至湯周后稷至武王皆出太祖後合食有序景皇帝始封唐實爲太祖以世數近故尚在昭穆今乃上引武昭王爲始祖異乎殷周之本禼稷也禼稷興祚景皇帝是也昭王國不世傳後嗣失守景帝實始封唐子孫是承若近捨唐遠引涼不見其可且魏不祖曹參晉不祖司馬卬宋不祖楚元王齊梁不祖蕭何陳隋不祖胡公楊震今謂昭王爲祖可乎漢以周郊后稷議欲郊堯杜林以爲周興自后稷漢業特起功不緣堯卒不果郊武德初定去昭王尤近不託祖者不可故也今而立之非祖宗意景皇失位神弗臨享殆非詒厥孫謀者博士劉承慶尹知章又言受命之君王迹有淺深代系有遠邇祖以功昭穆以親有功者不遷親盡者毀今不宜以廟數未備引當遷之主於昭穆上苟充七室也景皇帝既號太祖以世淺猶在六室位則室未當有七非天子廟不當七也大帝神主既祔宣皇帝當遷宣非始祖又無宗號親盡而遷不可復立請仍爲六室詔宰相詳裁於是祝欽明等上言博士等三百人爲兩說齊賢等不祖武昭王劉承慶等請遷宣皇帝臣等欲皆可其奏詔可俄以孝敬皇帝爲義宗列於廟爲七室西京大廟亦如之齊賢還累諫議大夫卒

柳沖蒲州虞鄉人隋饒州刺史莊曾孫父楚賢大業中爲河北縣長高祖兵興堯君素據郡固守楚賢說曰隋之亡天下共知唐公名在圖籙動以誠信豪英景赴天所贊也君子見幾而作俟終日邪君素不從楚賢潛行自歸授侍御史貞觀中持節冊拜突厥辭其遺不受歷交桂二州都督杭州刺史皆有名沖好學多所研總天授初爲司府寺主簿詔遣安撫淮南使有指封河東縣男中宗景龍中遷左散騎常侍修國史初太宗命諸儒譔氏族志甄差羣姓其後門胄興替不常沖請改修其書帝詔魏元忠張錫蕭至忠岑羲崔湜徐堅劉憲吳兢及沖共取德功時望國籍之家等而次之夷蕃酋長襲冠帶者析著別品會元忠等繼物故至先天時復詔沖及堅兢與魏知古陸象先劉子玄等討綴書乃成號姓系錄歷太子賓客宋王師昭文館學士以老致仕開元初詔沖與薛南金復加刊竄乃定後柳芳著論甚詳今删其要著之左方芳之言曰氏族者古史官所記也昔周小史定繫世辯昭穆故古有世本錄黃帝以來至春秋時諸侯卿大夫名號繼統左丘明傳春秋亦言天子建德因生以賜姓胙之土命之氏諸侯以字爲氏以謚爲族昔堯賜伯禹姓曰姒氏曰有夏伯夷姓曰姜氏曰有呂下及三代官有世功則有官族邑亦如之後世或氏於國則齊魯秦吳氏於謚則文武成宣氏於官則司馬司徒氏於爵則王孫公孫氏於字則孟孫叔孫氏於居則東門北郭氏於志則三烏五鹿氏於事則巫乙匠陶於是受姓命氏粲然眾矣秦既滅學公侯子孫失其本系漢興司馬遷父子乃約世本修史記因周譜明世家乃知姓氏之所由出虞夏商周昆吾大彭豕韋齊桓晉文皆同祖也更王迭霸多者千祀少者數十代先王之封既絕後嗣蒙其福猶爲彊家漢高帝興徒步有天下命官以賢詔爵以功誓曰非劉氏王無功侯者天下共誅之先王公卿之胄才則用不才棄之不辨士與庶族然則始尚官矣然猶徙山東豪傑以實京師齊諸田楚屈景皆右姓也其後進拔豪英論而錄之蓋七相五公之所由興也魏氏立九品置中正尊世胄卑寒士權歸右姓已其州大中正主簿郡中正功曹皆取著姓士族爲之以定門胄品藻人物晉宋因之始尚姓已然其別貴賤分士庶不可易也于時有司選舉必稽譜籍而考其眞僞故官有世胄譜有世官賈氏王氏譜學出焉由是有譜局令史職皆具過江則爲僑姓王謝袁蕭爲大東南則爲吳姓朱張顧陸爲大山東則爲郡姓王崔盧李鄭爲大關中亦號郡姓韋裴柳薛楊杜首之代北則爲虜姓元長孫宇文于陸源竇首之虜姓者魏孝文帝遷洛有八氏十姓三十六族九十二姓八氏十姓出於帝宗屬或諸國從魏者三十六族九十二姓世爲部落大人並號河南洛陽人郡姓者以中國士人差第閥閱爲之制凡三世有三公者曰膏粱有令僕者曰華腴尚書領護而上者爲甲姓九卿若方伯者爲乙姓散騎常侍太中大夫者爲丙姓吏部正員郎爲丁姓凡得入者謂之四姓又詔代人諸胄初無族姓其穆陸奚于下吏部勿充猥官得視四姓北齊因仍舉秀才州主簿郡

功曹非四姓不在選故江左定氏族凡郡上姓第一則爲右姓太和以郡四姓爲右姓齊浮屠曇剛類例凡甲門爲右姓周建德氏族以四海通望爲右姓隋開皇氏族以上品茂姓則爲右姓唐貞觀氏族志凡第一等則爲右姓路氏著姓略以盛門爲右姓柳沖姓族系錄凡四海望族則爲右姓不通歷代之說不可與言譜也今流俗獨以崔盧李鄭爲四姓加太原王氏號五姓蓋不經也夫文之弊至於尚官官之弊至於尚姓姓之弊至於尚詐隋承其弊不知其所以弊乃反古道罷鄉舉離地著尊執事之吏於是乎士無鄉里里無衣冠人無廉恥士族亂而庶人僭矣故善言譜者繫之地望而不惑質之姓氏而無疑綴之婚姻而有別山東之人質故尚婚婭其信可與也江左之人文故尚人物其智可與也關中之人雄故尚冠冕其達可與也代北之人武故尚貴戚其泰可與也及其弊則尚婚婭者先外族後本宗尚人物者進庶孽退嫡長尚冠冕者略伉儷慕榮華尚貴戚者狥勢利亡禮教四者俱敝則失其所尚矣人無所守則士族削士族削則國從而衰管仲曰爲國之道利出一孔者王二孔者彊三孔者弱四孔者亡故冠婚者人道大倫周漢之官人齊其政一其門使下知禁此出一孔也故王魏晉官人尊中正立九品鄉有異政家有競心此出二孔也故彊江左代北諸姓紛亂不一其要無歸此出三孔也故弱隋氏官人以吏道治天下人之行不本鄉黨政煩於上人亂於下此出四孔也故亡唐承隋亂宜救之以忠忠厚則鄉黨之行修鄉黨之行修則人物之道長人物之道長則冠冕之緒崇冠冕之緒崇則教化之風美乃可與古參矣晉太元中散騎常侍河東賈弼譔姓氏簿狀十八州百十六郡合七百一十二篇甄析士庶無所遺宋王弘劉湛好其書弘每日對千客可不犯一人諱湛爲選曹譔百家譜以助銓序文傷寡省王儉又廣之王僧孺演益爲十八篇東南諸族自爲一篇不入百家數弼傳子匪之匪之傳子希鏡希鏡譔姓氏要狀十五篇尤所諳究希鏡傳子執執更作姓氏英賢一百篇又著百家譜廣兩王所記執傳其孫冠冠譔梁國親皇太子序親簿四篇王氏之學本於賈氏唐興言譜者以路敬淳爲宗柳沖韋述次之李守素亦明姓氏時謂肉譜者後有李公淹蕭穎士殷寅孔至爲世所稱初漢有鄧氏官譜應劭有氏族一篇王符潛夫論亦有姓氏一篇宋何承天有姓苑二篇譜學大抵具此魏太和時詔諸郡中正各列本土姓族次第爲舉選格名曰方司格人到于今稱之

馬懷素字惟白潤州丹徒人客江都師事李善貧無資書樵夜輒然以讀書遂博通經史擢進士第又中文學優贍科補鄠尉積勞遷左臺監察御史長安中大夫魏元忠爲張易之搆譖嶺表太僕崔貞慎東宮率獨孤禕之祖道易之怒使人上急變告貞慎等與元忠謀反武后詔懷素按之使者促迫懷素執不從曰貞慎餞流人當得罪以爲謀反則非昔彭越以逆誅欒布奏事尸下漢不坐罪今元忠罪非越比不宜坐餞濶之人且陛下操生殺柄欲加之罪自當處決聖心既付臣按狀惟知守陛下法爾后意解貞慎等乃免宰相李迥秀藉易之勢斂賕諉法懷素劾罷之轉禮部員外郎以十道使黜陟江西處決平恕還考功覈取實才權貴謁請不能阿擠擢中書舍人內供奉爲修文館直學士開元初爲戶部侍郎封常山縣公進兼昭文館學士篤學手未嘗廢卷謙恭慎畏推爲長者玄宗詔與褚無量同爲侍讀更日番入既叩閤肩輿以進或行在遠聽乘馬宮中每晏見帝自送迎以師臣禮有詔句校祕書是時文籍盈漫皆炱朽蟫斷籤幐紛舛懷素建白願下紫微黃門召宿學巨儒就校繆闕又言自齊以前舊籍王儉七志已詳請採近書篇目及前志遺者續儉志以藏祕府詔可即拜懷素祕書監乃詔國子博士尹知章四門助教王直直國子監趙玄默陸渾丞吳綽桑泉尉韋述扶風丞馬利徵湖州司功參軍劉彥直臨汝丞宋辭玉恭陵丞陸紹伯新鄭尉李子釗杭州參軍殷踐猷梓潼尉解崇質四門直講余欽進士王愜劉仲丘右威衛參軍侯行果邢州司戶參軍袁暉海州錄事參軍晁良右率府冑曹參軍母煚榮陽主簿王灣太常寺太祝鄭良金等分部譔次踐猷從弟祕書丞承業武陟尉徐楚璧是正文字懷素奏祕書少監盧俌崔沔爲修圖書副使祕書郎田可封康子元爲判官然懷素不善著述未能有所緒別會卒帝舉哀洛陽南城門贈潤州刺史謚曰文給輿還鄉里喪事官辦懷素卒後詔祕書官並號修書學士草定四部人人意自出無所統一踰年不成有司疲於供擬太僕卿王毛仲奏罷內料又詔右常侍褚無量大理卿元行沖考絀不應選者無量等奏修譔有條宜得大儒綜治詔委行沖乃令煚述欽總緝部分踐猷愜治經述欽治史煚彥直治子灣仲丘治集八年四錄成上之學士無賞擢者行沖知麗正院又奏紹伯利徵彥直踐猷行果子釗直煚述灣玄默欽良金與朝邑丞馮朝隱冠氏尉權寅獻祕書省校書郎孟曉揚州兵曹參軍韓覃王嗣琳福昌令張悱進士崔藏之入校麗正書由是祕書省罷譔緝而學士皆在麗正矣愜仲丘老病還鄉里紹伯卒於官直終岐王府記室參軍事玄默集賢直學士利徵出爲山茌令儒緩無治術免官終於家子釗坐保任非人終德州長史欽至太學博士集賢院學士灣洛陽尉良金右補闕京兆府倉曹參軍事寅獻臨淮太守曉左補闕覃萊州別駕坐誣告刺史流遠方藏之膳部員外郎明年以將仕郎梁令瓚文學直書院後以右率府兵曹參軍而罷終恒王府司馬祕書省校書郎源幼良代利徵後以協律郎罷

殷踐猷字伯起陳給事中不害五世從孫博學尤通氏族曆數醫方與賀知章陸象先韋述最善知章嘗號爲五總龜謂龜千年五聚問無不知也初爲杭州參軍舉文儒異等科授祕書省學士用曹州司法參軍兼麗正殿學士以叔父喪哀慟歐血而卒年四十八

少子寅舉宏辭爲太子校書出爲永寧尉吏侮謾甚寅怒殺之貶澄城丞病且死以母蕭老不忍決及斂其子亮斷指翦髮置棺中自誓事祖母如寅在其後侍蕭疾不脫衣者數年有白鵲巢其楣後終給事中杭州刺史踐猷弟季友歷祕書郎善畫從父仲容終冬官郎中有重名子承業以謹樸稱歷太子左諭德右威衛將軍族子成已晉州長史初母顏叔父吏部郎中敬仲爲酷吏所陷率二妹割耳訴冤敬仲得減死及成已生而左耳缺云

孔若思越州山陰人陳吏部尚書奐四世孫祖紹安與兄紹新蚤知名陳亡客居鄠勵志於學外兄虞世南曰本朝淪覆吾分湮滅有弟若此知不亡矣紹安與孫萬壽皆以文辭稱時謂孫孔隋大業末爲監察御史高祖討賊河東紹安與夏侯端同監軍禮遇尤密帝受禪端先歸拜祕書監已而紹安間道走長安帝悅擢內史舍人賜宅一區良馬二匹若思早孤其母躬訓教長以博學聞有遺以褚遂良書者納一卷焉其人曰是書貴千金何取之廉答曰審爾此爲多矣更還其半擢明經歷庫部郎中常曰仕宦至郎中足矣座右置止水一石明自足意中宗初敬暉桓彥範當國以若思多識古今凡大政事必咨質後行三遷禮部侍郎出爲衞州刺史故事以宗室爲州別駕見刺史驁放不肯致恭若思劾奏別駕李道欽請訊狀有詔別駕見刺史致恭自若思始以清白擢銀青光祿大夫賜絹百匹累封梁郡公開元七年卒謚曰憲

從父穎第進士歷監察御史門無賓謁時譏其介高宗時再遷絳州刺史封武昌縣子謚曰溫子季詡字季和永昌初擢制科授祕書郎陳子昂常稱其神清韻遠可比衛玠終左補闕

若思子至字惟微歷著作郎明氏族學與韋述蕭穎士柳沖齊名譔百家類例以張說等爲近世新族剟去之說子垍方有寵怒曰天下族姓何豫若事而妄紛紛邪垍弟素善至以實告初書成示韋述述謂可傳及聞垍語懼欲更增損述曰止丈夫奮筆成一家書柰何因人動搖有死不可改遂罷時述及穎士沖皆譔類例而至書稱工

唐書卷二百

宋　端　明　殿　學　士　宋　祁　撰

列傳第一百二十五

儒學下

褚無量字弘度杭州鹽官人幼授經於沈子正曹福刻意墳典家瀕臨平湖有龍出人皆走觀無量尚幼讀書若不聞衆異之尤精禮司馬史記擢明經第累除國子博士遷司業兼修文館學士中宗將南郊詔定儀典時祝欽明郭山惲建言皇后爲亞獻無量與太常博士唐紹蔣欽緒固爭以爲郊祀國大事其折衷莫如周禮周禮冬至祭天圜丘不以地配唯始祖爲主亦不以妣配故后不得與又大宗伯凡大祭祀王后不與則攝而薦豆籩徹是后不應助祭又內宰職大祭祀后祼獻則贊瑤爵祭天無祼知此乃宗廟祭耳巾車內司服掌后六服與五路無后祭天之服與路是后不助祭天也惟漢法時左僕射韋巨源佐欽明故無量議格以母老解官玄宗爲太子復拜國子司業兼侍讀譔翼善記以進厚被禮答太子釋奠國學令講經建端樹義博敏而辯進銀青光祿大夫錫子蕃遲及即位遷左散騎常侍兼國

子祭酒，封舒國公。母喪解，詔州刺史薛瑩弔祭，賜物加等。廬墓左，鹿犯所植松栢，無量號訴曰：「山林不乏，忍犯吾塋樹耶？」自是羣鹿馴擾，不復棖觸。無量爲終身不御其肉。喪除，召復故官。以耆老，隨仗聽徐行，又爲設腰轝，許乘入殿中。頻上書陳得失。開元五年，帝將幸東都，而太廟壞，姚崇建言廟本苻堅故殿，不宜罷行。無量鄙其言，以爲不足聽，乃上疏曰：「王者陰盛陽微，則先祖見變。今後宮非御幸者，宜悉出之，以應變異。擧畯良，擯奢靡，輕賦愼刑，納諫爭，察諂諛，繼絶世，則天人和會，災異訖息。」帝是崇語，車駕遂東。無量又上言：「昔虞舜之狩，秩山川，徧羣神；漢孝景祠黃帝橋山，孝武祠舜九疑；高祖過魏，祭信陵君墓；過趙，封樂毅後；孝章祠桓譚冢廟。陛下所過名山大川、丘陵墳衍、古帝王賢臣在祀典者，並詔致祭。自古受命之君，必興滅繼絶，崇德報功，故存人之國大於救人之災，立人之後重於封人之墓。願到東都，收敘唐初逮今功臣世絶者，雖在支庶，咸得承襲。」帝納其言，即詔無量祠堯平陽，宋璟祠舜蒲坂，蘇頲祠禹安邑，在所刺史參獻。又求武德以來勳臣苗裔，紹續其封。

初，內府舊書，自高宗時藏宮中，甲乙叢倒，無量建請繕錄補第，以廣祕籍。天子詔於東都乾元殿東廂部彙整比，無量爲之使。因表聞喜尉盧僎、江夏尉陸去泰、左監門率府胄曹參軍王擇從、武陟尉徐楚璧分部讐定。衞尉設次，光祿給食。又詔祕書省、司經局、昭文、崇文二館更相檢讐，采天下遺書以益闕文。不數年，四庫完治。帝詔羣臣觀書，賜無量等帛有差。無量又言：「貞觀御書皆宰相署尾，臣位卑，不足以辱，請與宰相聯名跋尾。」不從。帝西還，徙書麗正殿，更以脩書學士爲麗正殿直學士，比京官預朝會。復詔無量就麗正纂續前功。皇太子及四王未就學，無量以孝經、論語五通獻，帝曰：「朕知之矣。」乃選郗常亨、郭謙光、潘元祚等爲太子諸王侍讀。七年，太子齒胄於學，詔無量升坐講勸，百官觀禮，厚賚賜。卒，年七十五。病困，語人以麗正書未畢爲恨。帝聞悼痛，詔宰相曰：「無量，朕師，今其永逝，宜用優典。」於是贈禮部尚書，謚曰文，葬事官給。所譔述百餘篇。沒後，有於書殿得講史記至言十二篇，上之，帝歎息，以絹五百匹賜其家。始，無量與馬懷素爲侍讀，後祕書少監康子原、國子博士侯行果亦踐其選，雖賁賚亟加，而禮遇衰矣。陸去泰歷左右補闕內供奉。王擇從，京兆人，終汜水令。徐楚璧初應制舉，三登甲科，開元時爲中書舍人、集賢院學士，帝屬文多令視草，終中書侍郎、東海縣子。在中書省久，是時李林甫用事，或言計議多所參助。後更名安貞。

元澹，字行沖，以字顯，後魏常山王素連之後。少孤，養於外祖司農卿韋機。及長，博學，尤通故訓。及進士第，累遷通事舍人。狄仁傑器之，嘗謂仁傑曰：「下之事上，譬富家儲積以自資也，脯腊膎胰以供滋膳，參朮芝桂以防疾疢。門下充旨味者多矣，願以小人備一藥石，可乎？」仁傑笑曰：「君正吾藥籠中物，不可一日無也。」景雲中，授太常少卿。行沖以系出拓拔，恨史無編年，乃譔魏典三十篇，事詳文約，學者尚之。初，魏明帝時，河西柳谷出石，有牛繼馬之象，魏收以晉元帝乃牛氏子，冒司馬姓，以著石符。行沖謂昭成皇帝名犍，繼晉受命，獨此可以當之。有人破古冢得銅器，似琵琶，身正圓，人莫能辨。行沖曰：「此阮咸所作器也。」命易以木，絃之，其聲亮雅，樂家遂謂之阮咸。開元初，罷太子詹事，出爲岐州刺史，兼關內按察使，自以書生非彈治才，固辭，入爲右散騎常侍、東都副留守。嗣彭王子志謙坐讎人告變，考訊自誣，株蔓四十八，行沖察其枉，列奏見原。四遷大理卿，不樂法家，固謝所居官，改左散騎常侍，封常山縣公，充使檢校集賢，再遷太子賓客、弘文館學士。先是，馬懷素譔書志，褚無量校麗正四部書，業未卒，相次物故，詔行沖并代之。玄宗自註孝經，詔行沖爲疏，立于學官。以老，罷麗正校書事。

初，魏光乘請用魏徵類禮列于經，帝命行沖與諸儒集義作疏，將立之學，乃引國子博士范行恭、四門助教施敬本采獲刊綴爲五十篇，上于官。於是右丞相張說建言：「戴聖所錄，向已千載，與經並立，不可罷。魏孫炎始因舊書擿類相比，有如鈔綴，諸儒共非之。至徵更加整次，乃爲訓注，恐不可用。」帝然之，書留中不出。行沖意諸儒間己，因著論自辯，名曰釋疑。曰：客問主人小戴之學，康成之注，魏氏乃有刊易，二經孰優？主人曰：小戴禮行於漢末，馬融爲傳，盧植合二十九篇而爲之解，世所不傳。鉤黨獄起，康成於竄伏之中，理紛挐之典，雖存探究，咨謀靡所，具鄭志者百有餘科。章句之徒，曾不是省。王肅因之，或多攻詆，而鄭學有孫炎，雖扶鄭義，條例支分，箴石間起，增革百篇。魏氏病羣言之冗脞，采衆說之精簡，刊正芟礱，書畢以聞。太宗嘉賞，錄賜儲貳。陛下纂業，宜所循襲，乃制諸儒甄分舊義，豈悟章句之士堅持昔言，擯壓不申，疑於知新，果於仍故。客曰：當局稱迷，傍觀必審，何所爲疑而不申列？答曰：改易章句，是有五難。漢孔安國注古文尚書，族兄臧與書曰：「相如常忿俗儒淫詞冒義，欲撥亂反正而未能也。浮學守株，衆非非正，自古而然。」恐此道未信而獨智爲譏，一也。昔孔季產專古學，有孔扶者，與俗浮沈，每誡產曰：「今朝廷率章句內學，君獨脩古義，古義非章句內學，危身之道也。獨善不容於世，君其殆哉！」二也。劉歆好左氏，欲建學官，哀帝納之，諸儒遷延不肯置對，歆移書誚讓，諸博士皆忿恨。龔勝時爲光祿大夫，見歆議，乃乞骸骨。司空師丹因大發怒，詆歆改亂前志，非毀先帝所立。歆懼，出爲五原太守。以君賓之學，公仲之博，猶迫同門朋黨之議，卒令子駿貶謗，三也。王肅規鄭玄數千百條，鄭學馬昭詆劾肅短，詔遣博士張融按經問詰，融推處是非，而肅酬對疲於歲時，四也。王粲曰：「世稱伊雒以東，淮漢以北，康成一人而已，咸言先儒多闕，鄭氏道備。粲竊嗟怪，因求所學，得尚書注，退思其意，意皆盡矣，所疑猶未諭焉，凡有二篇。」王邵曰：「魏晉浮華，古道湮替，歷載三百，士大夫恥爲章句。唯草野生專經自許，不能博究，擇從其善，徒欲父康成，兄子愼，寧道孔聖誤，諱言鄭服非，然則鄭服之外皆讎矣。」五也。夫物極則變，比及百年，當有明哲君子恨不與吾同世者。道之行廢，必有其時者歟？何遽速近名之嫌邪？

俄而致仕。十七年卒，年七十七，贈禮部尚書，謚曰獻。

陳貞節，潁川人。開元初，爲右拾遺。初，隱、章懷、懿德、節愍四太子並建陵廟，分八署，置官列吏卒，四時祠官進饗。貞節以爲非是，上言：「王者制祀，以功德者，猶親盡而毀。四太子廟皆別祖，無功於人，而園祠時薦，有司守衞，與列帝侔，金奏登歌，所以頌功德。詩曰：『鍾鼓既設，一朝饗之。』使無功而頌，不曰舞詠非度邪？周制，始祖乃稱小廟，未知四廟欲何名乎？請罷卒吏，詔祠官無領屬，以應禮典。古者別子爲祖，故有大小宗，若謂祀未可絶，宜許所後子孫奉之。」詔有司博議。駕部員外郎裴子餘曰：「四太子皆先帝冢嗣，列聖念懿屬而爲之享。春秋書晉世子曰：『將以晉畀秦，秦將祀予。』此不祀也。又言：『神不歆非類。』君祀無乃戾乎？此有廟也。魯定公元年立煬宮，煬，伯禽子，季氏遠祖，尚不爲限，況天子篤親親以及旁朞，誰不曰然？」太常博士段同曰：「四陵廟皆天子睦親繼絶也。逝者錫蘋蘩，猶生者之開茅土。古封建子弟，詎皆有功？生無所議，死乃援禮停祠，人其謂何？隱於上，伯祖也，服緦；章懷，伯父也，服朞；懿德、節愍，堂昆弟也，服大功。親未盡，廟不可廢。」禮部尚書鄭惟忠等二十七人亦附其言。於是四陵廟惟減吏卒半，它如舊。遷太常博士。玄宗奉昭成皇后祔睿宗室，又欲肅明皇后并升焉。貞節奏言：「廟必有配，一帝一后，禮之正也。昭成皇后有大姒之德，宜升配睿宗。肅明皇后既非子貴，宜在別廟。周人奏夷則，歌小呂，以享先妣。先妣，姜嫄也，以生后稷，故特立廟，曰閟宮。晉簡文帝鄭宣皇后不配食，築宮於外，以歲時致享。肅明請準周姜嫄、晉宣后，納主別廟，時享如儀。」於是留主儀坤廟，詔隸太廟，毋置官屬。貞節又與博士蘇獻上言：「睿宗於孝和，弟也。按賀循說，兄弟不相爲後，故殷盤庚不序陽甲，而上繼先君；漢光武不嗣孝成，而上承元帝；晉懷帝繼世祖，不繼惠帝。故陽甲、孝成出爲別廟。」又言：「兄弟共世，昭穆位同，則毀二廟。有天下者從禰而上事七廟，尊者所統廣，故及遠祖。若容兄弟，則上毀祖考，天子不得全事七世矣。請以中宗爲別廟，大祫則合食太祖，奉睿宗繼高宗，則禋獻承序。」詔可。乃奉中宗別廟，升睿宗爲第七室。五年，太廟壞，天子舍神主太極殿，營新廟，素服避正寢三日不朝，猶幸東都。伊闕男子孫平子上書曰：「乃正月太廟毀，此躋二帝之驗也。春秋：君薨，卒哭而祔，祔而作主，特祀於主，烝嘗禘於廟。今皆違之。魯文公之二年，躋僖於閔上，後太室壞，春秋書其災，說曰：『僖雖閔兄，嘗爲之臣，臣居君上，是謂失禮，故太室壞。』且兄臣於弟，猶不可躋，弟嘗臣兄，乃可躋乎？莊公薨，閔公二年而禘，春秋非之。況大行夏崩，而太廟冬禘，不亦亟乎？太室尊所，若曰魯自是陵夷，周公之祀太廟今壞，意者其將陵夷墮先帝之祀乎？陛下未祭孝和，先祭太上皇，先臣後君。昔躋兄弟上，今弟先兄祭；昔太室壞，今太廟毀，與春秋正同，不可不察。武后篡國，孝和中興有功，今內主別祠，不得立於世，亦已薄矣。夫功不可棄，君不可下，長不可輕。且臣繼君，猶子繼父，故禹不先鯀，周不先不窋，宋、鄭不以帝乙、厲王不肖猶尊之也，況中興邪？晉太康時，宣帝廟地陷梁折，又三年，太廟殿陷而及泉，更營之，梁又折。天之所譴，非必朽而壞也。晉不承天，故及於亂。臣謂宜遷孝和還廟，何必違禮，下同魯、晉哉？」帝異其言，詔有司復議。貞節、獻與博士馮宗質之曰：「天子七廟，三昭三穆與太祖而七，父昭子穆，兄弟不與焉。殷自成湯至帝乙十二君，其父子世六易。乾鑿度曰：『殷之帝乙，六世王。』則兄弟不爲世矣。殷人六廟，親廟四，并湯而六。殷兄弟四君，若以爲世，方上毀四室，乃無祖禰，是必不然。古者繇禰極祖，雖迭毀迭遷，而三昭穆未嘗闕也。禮：『大宗無子，則立支子。』又曰：『爲人後者，爲之子。』無兄弟相爲後者，故捨至親，取遠屬。父子曰繼，兄弟曰及，兄弟不相入廟尚矣。借有兄弟代立承統，告享不得稱嗣子、嗣孫，乃言伯考、伯祖，何統緒乎？殷十二君，惟三祖三宗明兄弟自爲別廟漢世祖列七廟而惠帝不與文武子孫昌衍文爲漢太宗晉景帝亦文帝兄景絕世不列於廟及告謚世祖稱景爲從祖今謂晉武帝越崇其父而廟毀及亡何漢出惠帝而享世長久乎七廟五廟明天子諸侯也父子相繼一統也昭穆列序重繼也禮兄弟相繼不得稱嗣子明睿宗不父孝和必上繼高宗者偶室於廟則爲二穆於禮可乎禮所不可而使天子旁紹伯考棄已親正統哉孝和中興別建園寢百世不毀尚何議哉平子撰引僖公逆祀爲比殊不知孝和升新寢聖眞方祔廟則未嘗一日居上也帝語宰相召平子與博士詳論博士護前言合軋平子平子援經辯數分明獻等不能屈蘇頲右博士故平子坐貶都城尉然諸儒以平子孤挺見迮於禮官不平帝亦知其直久不決然卒不復中宗於廟明年帝將大享明堂貞節惡武后所營非古所謂木不鏤土不文之制乃與馮宗上言明堂必直丙巳以憲房心布政太微上帝之所武后始以乾元正寢占陽午地先帝所以聽政故毀殿作堂擬之日有音如雷庶民譁訕以爲神靈不悅堂成災火從之后不脩德俄復營構殫用極侈詭譎厥變又欲嚴配上帝神安肯臨且密邇掖庭人神雜擾是謂不可放物者也二京上都四方是則天子聽政乃居便坐無以尊示羣臣願以明堂復爲乾元殿使人識其舊不亦愈乎詔所司詳議刑部尚書王志愔等僉謂明堂瓌怪不法天燼之餘不容大享請因舊循制還署乾元正寢正至天子御以朝會若大享復寓圜丘制曰可貞節以壽卒

施敬本潤州丹陽人開元中爲四門助教玄宗將封禪詔有司講求典儀舊制盥手洗爵皆侍中主之詔祀天神太祝主之敬本上言曰周制大宗伯鬱人下士二掌祼事漢無鬱人用近臣漢世侍中微甚籍孺閎孺等幸臣爲之後漢邵闔自侍中遷步兵校尉秩千石其職省起居執虎子蓋褻臣也今侍中位宰相非鬱人比祝者薦主人意於神非賤職也古二君相見卿爲上儐況天人際哉周太祝下大夫二上士四下大夫今郎中太常丞之比上士員外郎博士之比漢太祝令秩六百石今太祝乃下士以下士接天以大臣奉天子輕重不倫非禮也舊制謁者引太尉升壇謁者位下升壇禮重漢尚書御史屬有謁者僕射一秩六百石銅印青綬謁者三十五以郎中滿歲稱給事中未滿歲稱謁者光祿勳屬有謁者掌賓贊員七十秩比六百石則古謁者名秩差異等今謁者班微循空名忘實事非所以事天也帝詔中書令張說引敬本熟悉其議故侍中祝謁者視禮輕重以它官攝領敬本以太常博士爲集賢院脩譔踰年遷右補闕祕書郎卒

盧履冰幽州范陽人元魏都官尚書義僖五世孫開元五年仕歷右補闕建言古者父在爲母朞徹靈而心喪武后始請同父三年非是請如禮便玄宗疑之又以舅嫂叔服未安并下百官議刑部郎中田再思曰會禮之家比聚訟循古不必是而行今未必非父在爲母三年高宗實行之著令已久何必乖先帝之旨閡人子之情愛一朞服於其親使與伯叔母姑姊妹同嫂叔舅甥服太宗實制之閱百年無異論不可改履冰因言上元中父在爲母三年后雖請未用也逮垂拱始行之至有祖父母在而子孫婦沒行服再朞不可謂宜禮女子無專道故曰家無二尊父在爲母服朞統一尊也今不正其失恐後世復有婦奪夫之敗不可不察書留未下履冰卽極陳父在爲母立几筵者一朞心喪者再朞父必三年而後娶以達子之志夫聖人豈蔑情於所生固有意於天下昔武后陰儲篡謀豫自光崇升朞齊抗斬衰俄而乘陵唐家以啓釁階孝和僅得反正韋氏復出酖殺天子幾亡宗社故臣將以正夫婦之綱非特母子間也議者或言降母服非詩所謂罔極者而又與伯叔母姑姊妹等且齊斬已有升降則歲月不容異也此迂生鄙儒未習先王之旨安足議夫禮哉罔極者春秋祭祀以時思之謂君子有終身之憂何限一朞二朞服哉聖人之於禮必建中制使賢不肖共成文理而後釋彼伯叔姑姊烏有筵杖之制三年心喪乎母齊父斬不易之道也左散騎常侍元行沖議曰古緣情制服女天父妻天夫斬衰三年情禮俱盡者因心立極也妻喪杖朞情禮俱殺者遠嫌疑尊乾道也爲嫡子三年斬衰而不去官尊祖重嫡崇其禮殺其情也孝莫大於嚴父故父在爲母免官齊而朞心喪三年情已申而禮殺也自堯舜周公孔子所同而今捨尊厭之重虧嚴父之義謂之禮可乎姨兼從母之名以母之女黨加以舅服不爲無禮嫂叔不服則遠嫌也請據古爲適帝弗報是時言喪服各以所見奮交口紛騰七年乃下詔服紀一用古制自是人間父在爲母服或朞而禫禫而釋心喪三年或朞而禫終三年或齊衰三年後履冰以官卒

王仲丘沂州琅邪人祖師順仕高宗議漕輸事有名當時終司門郎中仲丘開元中歷左補闕內供奉集賢脩譔起居舍人時典章差駁仲丘欲合貞觀顯慶二禮據有其舉之莫可廢之之誼卽上言貞觀禮正月上辛祀感帝於南郊顯慶禮祀昊天上帝於圜丘以祈穀臣謂詩春夏祈穀於上帝禮上辛祈穀於上帝則上帝當昊天矣鄭玄曰天之五帝遞王王者必感一以興故夏正月祭所生於郊以其祖配之因以祈穀感帝之祀貞觀用之矣請因祈穀之壇徧祭五方帝五帝者五行之精九穀之宗也請二禮皆用貞觀禮雩祀五方上帝五人帝五官於南郊顯慶禮祀昊天上帝於圜丘臣謂雩上帝爲百穀祈甘雨故月令大雩帝用盛樂鄭玄說帝上帝也乃天別號祀於圜丘尊天位也顯慶祀昊天與月令合而貞觀嘗祀五帝矣請二禮皆用貞觀禮季秋祀五方帝五官於明堂顯慶禮祀昊天上帝於明堂臣謂周郊祀后稷以配天宗祀文王於明堂以配上帝先儒以天爲感帝引太微五帝著之上帝則屬之昊天鄭玄稱周官旅上帝祀五帝各文而異禮不容并而爲一故於孝經天上帝申之曰上帝亦天也神無二主但異其處以避后稷今顯慶享上帝合於經然貞觀嘗祀五方帝矣請二禮皆用詔可遷禮部員外郎卒贈祕書少監

康子元越州會稽人仕歷獻陵令開元初詔中書令張說舉能治易老莊者集賢直學士侯行果薦子元及平陽敬會眞於說說藉以聞並賜衣幣得侍讀子元擢累祕書少監會眞四門博士俄皆兼集賢侍講學士玄宗將東之泰山說引子元行果徐堅韋縚商裁封禪儀初高宗之封中書令許敬宗議周人尚臭故前祭而燔柴說堅子元白奏周官樂六變天神降是降神以樂非緣燔也宋齊以來皆先嚌福酒乃燎請先祭後燔如貞觀禮便行果與趙冬曦議以爲先燎降神尚矣若祭已而燔神無由降子元議挺不徙說曰康子獨出羣輪以當一隊邪議未判說請決於帝帝詔後燔乘輿自岱還減從官先次東都唯子元母喪韋述以學士從久乃從宗正少卿以疾授祕書監致仕卒贈汴州刺史帝嘗制贊賜說子元命工圖其像詔冬曦述叚分爲傳行果者上谷人歷國子司業侍皇太子讀卒贈慶王傅始行果會眞及長樂馮朝隱同進講朝隱能推索老莊祕義會眞亦善老子每啓篇先薰盥乃讀帝曰我欲更求善易者然無賢行果云朝隱終太子右諭德會眞太學博士

趙冬曦定州鼓城人進士擢第歷左拾遺神龍初上書曰古律條目千餘隋時姦臣侮法著律曰律無正條者出罪舉重以明輕入罪舉輕以明重一辭而廢條目數百自是輕重恣愛憎被罰者不知其然使賈誼見之慟哭必矣夫法易知則下不敢犯而遠機穽文義深則吏乘便而朋附盛律令格式謂宜刊定科條直書其事其以準加減比附量情及舉輕以明重不應爲之類皆勿用使愚夫愚婦相率而遠罪犯者雖貴必坐律明則人信法一則主尊當時稱是開元初遷監察御史坐事流岳州召還復官與祕書少監賀知章校書郎孫季良大理評事咸廙業入集賢院脩譔是時將仕郎王嗣琳四門助教范仙厦爲校勘翰林供奉呂向東方顥爲校理未幾冬曦知史官事遷考功員外郎踰年與季良廙業知章呂向皆爲直學士冬曦俄遷中書舍人內供奉以國子祭酒卒冬曦性放達不屑世事兄夏日弟和璧安貞居貞頤貞彙貞皆擢進士第安貞給事中居貞吳郡採訪使頤貞安西都護居貞子昌別傳王嗣琳以太子校書郎罷東方顥上書忤旨左遷高安丞廙業亦坐事左遷餘杭令仙厦善講論後爲道士開元集賢學士又有尹愔陸堅鄭欽說盧僎名稍著

尹愔秦州天水人父思貞字季弱明春秋擢高第嘗受學於國子博士王道珪稱之曰吾門人多矣尹子回測也以親喪哀毀除喪不仕左右史張說尹元凱薦爲國子大成每釋奠講辨三教聽者皆得所未聞遷四門助教譔諸經義樞續史記皆未就夢天官麟臺交辟辭而會親族敘訣二日卒年四十愔博學尤通老子書初爲道士玄宗尚玄言有薦愔者召對喜甚厚禮之拜諫議大夫集賢院學士兼脩國史固辭不起有詔以道士服視事乃就職顓領集賢史館圖書開元末卒贈左散騎常侍

陸堅河南洛陽人初爲汝州參軍以友壻李慈伏誅貶涪州參軍再遷通事舍人有詔起復遣中官敦諭不就以給事中兼學士善書初名友悌玄宗嘉其剛正更賜名從封泰山封建安男帝待之甚厚圖形禁中親制贊以祕書監卒年七十一贈吏部尚書謚曰懿

鄭欽說後魏濮陽太守敬叔八世孫開元初繇新津丞請試五經擢第授鞏縣尉集賢院校理歷右補闕內供奉通歷術博物初梁太常任昉大同四年七月於鍾山壙中得銘曰龜言土蓍言水甸服黃鍾啓靈址瘞在三上庚墮遇七中巳六千三百浹辰交二九重三四百圮當時莫能辨者因藏之戒諸子曰世世以銘訪通人有知之者吾死無恨昉五世孫升之隱居商洛寫以授欽說欽說出使得之於長樂驛至敷水三十里而悟曰卜

宅者庾葬之歲月而先識墓圯日辰旬服五百也萬鍾十一也繇大同四年郤求漢建武四年凡五百一十一年葬以三月十日庚寅三上庚也圯以七月十二日己巳七中己也浹辰十二也建武四年三月至大同四年七月六千三百一十二月一交故曰六千三百浹辰交二九十八也重三六也建武四年三月十日距大同四年七月十二日十八萬六千四百日故曰二九重三四百圯升之大驚服其智欽說雅爲李林甫所惡韋堅死欽說時位殿中侍御史常爲堅判官貶夜郎尉卒子克鈞爲都官郎中吐蕃圍靈州軍餉匱竭德宗以克鈞爲靈夏二州運糧使轉米峙塞下守者遂安

盧僎吏部尚書從愿三從父也自聞喜尉爲學士終吏部員外郎兄倫中宗時歷右補闕默啜入寇敗沙吒忠義詔百官陳破賊勝策獨倫上疏以爲治內可以及外賞罰明則士盡節鳴沙之役主將先遁中軍猶能死戰正法紀功則戒行可勸若忠義驍將材不可當大任宜因古法募人從邊免行役次盧伍明教令賞虜獲近戰則守家遠戰則利貨購辯勇結諸蕃以圖攻取擇邊州刺史蒐乘積粟謹烽燧以備守中宗善其言然無施行者備終祕書少監

啖助字叔佐趙州人後徙關中淹該經術天寶末調臨海尉丹陽主簿秩滿屏居甘足疏㮼善爲春秋考三家短長縫綻漏闕號集傳凡十年乃成復攝其綱條爲例統其言孔子脩春秋意以爲夏政忠忠之敝野商人承之以敬敬之敝鬼周人承之以文文之敝僿救僿莫若忠夫文者忠之末也設教於本其敝且末設教於末敝將奈何武王周公承商之敝不得已用之周公沒莫知所以改故其敝甚於二代孔子傷之曰虞夏之道寡怨於民商周之道不勝其敝故曰後代雖有作者虞帝不可及已蓋言唐虞之化難行於季世而夏之忠當變而致焉故春秋以權輔用以誠斷禮而以忠道原情云不拘空名不尚狷介從宜捄亂因時黜陟古語曰商變夏周變商春秋變周而公羊子亦言樂道堯舜之道以擬後聖是知春秋用二帝三王法以夏爲本不壹守周典明矣又言幽厲雖衰雅未爲風逮平王之東人習餘化苟有善惡當以周法正之故斷自平王之季以隱公爲始所以拯薄勉善捄周之敝革禮之失也助愛公穀二家以左氏解義多謬其書乃出於孔氏門人且論語孔子所引率前世人老彭伯夷等類非同時而言左丘明恥之丘亦恥之丘明者蓋如史佚遲任者又左氏傳國語屬綴不倫序事乖剌非一人所爲蓋左氏集諸國史以釋春秋後人謂左氏便傳著丘明非也助之鑿意多此類助門人趙匡陸質其高弟也助卒年四十七質與其子異裒錄助所爲春秋集註總例請匡損益質纂會之號纂例匡者字伯循河東人歷洋州刺史質所稱爲趙夫子者大曆時助匡質以春秋施士匄以詩仲子陵袁彝韋彤韋茝以禮蔡廣成以易強蒙以論語皆自名其學而士匄子陵最卓異士匄吳人兼善左氏春秋以二經教授繇四門助教爲博士秩滿當去諸生封疏乞留凡十九年卒於官弟子共葬之士匄譔春秋傳未甚傳後文宗喜經術宰相李石因言士匄春秋可讀帝曰朕見之矣穿鑿之學徒爲異同但學者如浚井得美水而已何必勞苦旁求然後爲得邪子陵蜀人好古學舍峨眉山舉賢良方正擢太常博士通后蒼大小戴禮有司請正太祖東嚮位而遷獻懿二主子陵議藏主德明興聖廟其言典正後異論紛洄復爲通難示諸儒諸儒不能詘久之典黜中選補乘傳過家西人以爲榮終司門員外郎子陵以文義自怡及亡其家所存惟圖書及酒數斛而已

贊曰春秋詩易書由孔子時師弟子相傳歷暴秦不斷如系至漢興剗挾書令則儒者肆然講授經典寖興左氏與孔子同時以魯史附春秋作傳而公羊高穀梁赤皆出子夏門人三家言經各有回舛然猶悉本之聖人其得與失蓋十五義或繆誤先儒畏聖人不敢輒改也啖助在唐名治春秋摭詘三家不本所承自用名學憑私臆決尊之曰孔子意也趙陸從而唱之遂顯于時嗚呼孔子沒乃數千年助所推著果其意乎其未可必也以未可必而必之則固持一己之固而倡茲世則誣誣與固君子所不取助果謂可乎徒令後生穿鑿詭辨詬前人捨成說而自爲紛紛助所階已

韋彤京兆人四世從祖方質爲武后時宰相彤名治禮德宗時爲太常博士先此天寶中詔尚食朔望進食太廟天子使中人侍祠有司不與也貞觀十二年帝始詔朔望食畀宗正太常合供於是彤與博士裴堪議曰禮宗廟朔望不祭園寢則有之貞觀開元間在禮若令不敢變古天寶中始有進食事始王璵緣生事亡用燕具褻餪參瀆禮薦不可示遠傳曰祭非外至生于心者也是故聖人等牲牢布籩豆昆蟲草木可薦者莫不咸在所以享宗廟交神明全孝敬也潔膳羞八珍百品可嗜之饌美麗甘旨謂之褻味所以燕賓客接人情示慈惠也是則薦與宴聖人判爲二物不可亂也今若熟饗而享非以異爲敬之意且祭不欲數亦不欲疏威時致享以制中也今園寢月二祭不爲疏廟歲五享不爲數有司奉承得盡其恭若又加盛饌於朔望是失禮之中有司不得盡其恭也故王者稽古弗敢以孝思之極而溢禮弗敢以肴品之多而黷味願罷天寶所增奉園寢以珍奉宗廟以禮兩得所宜帝曰是禮先帝裁定遽更之其謂朕何徐議其可而朔望食卒不廢會昭陵寢宮爲原火延燔而客祭瑤臺佛寺又故宮在山上乏水泉作者憚勞欲即行宮作寢詔宰相百官議吏部員外郎楊於陵議曰園寢非三代制自秦漢以來附陵置寢或遠若邇則無聞焉韋玄成等議園陵於興廢初無適語且寢宮所占在柏城中距陵不遠使諸陵之寢皆有區限故不可徙若止柏城則故寢已燔行宮已久因以治飾亦復何嫌或曰太宗創業寢宮不輒易是不然夫陵域宅神神本靜今大興荒廢營役密邇非幽穸所安改之便彤曰先王建都立邑不利則爲之遷況有故邪今文寢災徙而宮之非無故也神安於徙因而建寢於禮至順又宅陵皆在柏城隨便營作不越封兆力省易從帝重改先帝制還宮山巔彤卒後武宗會昌五年詔京城不許羣臣作私廟宰相李德裕等引彤所議古制廟必中門之外吉凶皆告以親而尊之不自專也今俾立廟京外不能得其意於禮宮之南九坊三坊曰圍外地荒左立廟無嫌餘六坊可禁詔不許聽準古即居所立廟

陳京字慶復陳宜都王叔明五世孫父兼爲右補闕翰林學士京善文辭常袞稱之妻以兄子擢進士第遷累太常博士德宗在奉天聞段秀實爲賊所害七日不朝宰相以爲方多難時不宜壅萬機天下其謂何京曰丞相之言非也夫褒大節郵賢臣天下所以安況卓卓特異者乎帝曰善還京師擢左補闕帝以盧杞爲饒州刺史京與趙需裴佶宇文炫盧景亮張薦共劾杞輔政要位大臣踰時月不得對百官懍懍常若兵在頸陛下復用之姦賊唾掌復興帝不聽京等爭尤確帝大怒左右辟易諫者稍引卻京正色曰需等毋遽退極道不可以死請杞遂廢帝之立迎訪太后久不得意且怠京密白第遣使物色以求帝大悟終代不敢置初玄宗肅宗既祔室遷獻懿二祖於西夾室引太祖位東嚮禮儀使于休烈議獻懿屬尊於太祖若合食則太祖位不得正請藏二祖神主以太宗中宗睿宗肅宗從世祖南向高宗玄宗從高祖北向禘祫不及二祖凡十八年建中初代宗喪畢當大祫京以太常博士上言春秋之義毀廟之主陳於太祖未毀廟之主合食於祖無毀廟遷主不享之言唐家祀制與周異周以后稷爲始封祖而毀主皆在后稷下故太祖東向常統其尊司馬晉以高皇太皇征西四府君爲別廟大禘祫則正太祖位無所屈別廟祭高太以降所以敘親也唐家宜別爲獻懿二祖立廟禘祫則祭太祖遂正東向位德明興聖二帝向已有廟則藏祔二祖爲宜詔百官普議禮儀使太子少師顏真卿曰今議者有三一謂獻懿親遠而遷不當祫宜藏主西室二謂二祖宜祫食與太祖並昭穆闕東向位三謂引二祖祫禘即太祖禾不得全其始宜以二主祔德明廟雖然於人神未厭也景帝既受命始封矣百代不遷矣而又配天尊無與上至禘祫時暫屈昭穆以申孝尊先實明神之意所以教天下之孝也況晉蔡謨等有成議不爲無據請大祫享奉獻主東向懿主居昭景主居穆重本尚順爲萬代法夫祫合也有如別享德明是乃分食非合食也時議者翕然於是還獻懿主祫於廟如真卿議貞元七年太常卿裴郁上言商周以卨稷爲祖上無餘尊故合食有序漢受命祖高皇帝故太上皇不以昭穆合食魏祖武帝晉祖宣帝故高皇處士征西等君亦不以昭穆合食景皇帝始封唐唐推祖焉而獻懿親盡廟遷猶居東向非禮之祀神所不享願下羣臣議於是太子左庶子李嶸等上言謹按晉孫欽議太祖以前雖有主禘祫所不及其所及者太祖後未毀已升藏於二祧者故雖百代及之獻懿在始封前親盡主遷上擬三代則禘祫所不及太祖而下若世祖則春秋所謂陳於太祖者漢議罷郡國廟丞相韋玄成議太上皇孝惠親盡宜毀太上主宜瘞於園惠主遷高廟太上皇在太祖前主瘞於園不及禘祫獻懿比也惠遷高廟在太祖後而及禘祫世祖比也魏明帝遷處士主置園邑歲時以令丞奉薦東晉以征西等祖遷入西除同謂之祧皆不及祀故唐初下訖開元禘祫猶虛東向位洎立九廟追祖獻懿然祝於三祖不稱臣至德時復作九廟遂不爲弘農府君主以祀不及也廣德中始以景皇帝當東向位以獻懿兩主親盡罷祫而藏顏真卿引蔡謨議復奉獻主東向懿昭景穆不記謨議晉未嘗用而唐一王法容可準乎臣等謂嘗禘郊社無二尊瘞毀遷藏各以義斷景皇帝已東向一日改易不可謂禮宜復藏獻懿二主於西室以本祭法遠廟爲祧去祧而壇去壇而墠壇墠有禱祭無禱止之義太祖得正無所屈吏部郎

中柳冕等十二人議曰天子以受命之君爲太祖諸侯以始封之主爲祖故自太祖以下親盡迭毀洎秦滅學漢不暇禮晉失宋因故有違王廟之制有虛大祖之位且不列昭穆非所謂有序不建迭毀非所謂有殺違王廟非所謂有別虛太祖位非所謂一尊此禮所由廢也傳曰父爲士子爲天子祭以天子葬以士今獻懿二祖在唐未受命時猶士也故高祖太宗以天子之禮祭之而不敢奉以東向位今而易之無乃亂先帝序乎周有天下追王大王王季以天子禮及其祭則親盡而毀漢有天下尊太上皇以天子之禮及祭也親盡而毀唐家追王獻懿二祖以天子禮及其祭也親盡而毀復何所疑周官有先公之祧先王之祧先公遷主藏后稷之廟其周未受命之祧乎先王遷主藏文武之廟其周已受命之祧乎故有二祧所以異廟也今自獻而下猶先公也自景而下猶先王也請別廟以居二祖則行周道復古制便工部郎中張薦等請自獻而降悉入昭穆虛東向位司勳員外郎裴樞曰禮親親故尊祖尊祖故敬宗敬宗故收族收族故宗廟嚴宗廟嚴故社稷重太祖之上復追尊焉則尊祖之義乖太廟之外別祭廟焉則社稷不重漢韋玄成請瘞主於園晉虞喜請瘞廟兩階間喜據左氏自證曰先王日祭祖考月祀曾高時享及二祧歲祫及壇墠終禘及郊宗石室是謂郊宗之祖喜請夾室中爲石室以處之是不然何者夾室所以居太祖下非太祖上藏主所居未有卑處正尊居傍也若建石室於園寢安遷主采漢晉舊章祫禘率一祭庶乎春秋得變之正是時京以考功員外郎又言興聖皇帝則獻之曾祖懿之高祖以曾孫祔曾高之廟人情大順也京兆少尹韋武曰祫則大合禘則序祧當祫之歲常以獻東向率懿而後以昭穆極親親及禘則太祖筵於西列衆主左右於是太祖不爲降獻無所厭時諸儒以左氏子齊聖不先父食請迎獻主權東向太祖暫還穆位同官尉仲子陵曰所謂不先食者丘明正文公逆祀儒者安知夏后世數未足時言禹不先鯀乎魏晉始祖率近始祖上皆有遷主引閟宮詩則永閟可也因虞主則瘞園可也緣遠祧則築宮可也以太祖實卑則虛位可也然永閟與瘞園臣子所不安若虛正位則太祖之尊無時而申請奉獻懿二祖遷於德明興聖廟爲順或曰二祖別廟非合食且德明興聖二廟禘祫之年皆有薦饗是已分食奚獨疑二祖乎國子四門博士韓愈質衆議自申其說曰一謂獻懿二主宜永藏夾室臣不謂可且禮祫祭毀主皆合食今藏夾室至祫得不食太廟乎若二祖不豫不謂之合矣二謂兩主宜毀而瘞之臣不謂可禮天子七廟一壇一墠遷主皆藏於祧雖百代不毀祫則太廟享焉魏晉以來始有毀瘞之議不見於經唐家立九廟以周制推之獻懿猶在壇墠可毀瘞而不禘祫乎三謂二祖之主宜各遷諸陵臣不謂可二祖享太廟二百年一日遷之恐眷顧依違不卽享於下國四謂宜奉主祔興聖廟而不禘祫臣不謂可禮祭如在景皇帝雖太祖於獻懿子孫也今引子東向廢父之祭不可謂典五謂獻懿宜別立廟京師臣不謂可凡禮有降有殺故去廟爲祧去祧爲壇去壇爲墠去墠爲鬼漸而遠者祭益希昔魯立煬宮春秋非之謂不當取已毀之廟既藏之主復築宮以祭今議正同故臣皆不謂可古者殷祖玄王周祖后稷太祖之上皆自爲帝又世數已遠不復祭之故始祖得東向也景皇帝雖太祖於獻懿子孫也當禘祫獻祖居東向位景從昭若穆是祖以孫尊孫以祖屈神道人情其不相遠又常祭衆合祭寡則太祖所屈少而所伸多與其伸孫尊廢祖祭不以順乎冕又上禘祫議證十四篇帝詔尚書省會百官國子儒官明定可否左司郎中陸淳奏按禮及諸儒議復太祖之位正也太祖位正則獻懿二主宜有所安今議者有四曰藏夾室曰置別廟曰各遷於園曰祔興聖廟臣謂藏夾室則享獻無期非周人藏二祧之義置別廟論始曹魏禮無傳焉司馬晉議而不用遷諸園亂宗廟之制唯祔興聖廟禘若祫一祭庶乎得禮帝依違未決也十九年將禘祭京復奏禘大合祖宗必尊太祖位正昭穆請詔百官議尚書左僕射姚南仲等請奉獻懿主祔德明興聖廟鴻臚卿王權申衍之曰周人祖文王宗武王故詩清廟章曰祀文王也故不言太王王季則太王王季而上皆祔后稷故清廟得祀文王也太王王季之尊私禮也祔后稷廟不敢以私奪公也古者先王遷主以昭穆合藏於祖廟獻懿主宜祔興聖廟則太祖東向得其尊獻懿主歸得其所是時言祔興聖廟什七八天子尙猶豫未刪定至是羣臣稍顯言二祖本追崇非有受命開國之鴻構又權根援詩禮明白帝泮然於是定遷二祖於興聖廟凡禘祫一享詔增廣興聖二室會祀日薄廟未成張紵爲室內神主廟垣間奉興聖德明主居之廟成而祔自是景皇帝遂東向京自博士獻議彌二十年乃決諸儒無後言帝賜京緋衣銀魚昭陵寢占山上宦侍憚輓汲之請更其所宰相未能抗京曰此太宗之志其儉足以爲後世法不可改議者多附宦人帝曰京議善卒不從帝器京謂有宰相才欲用之會病狂易自刺弗殊又言中書舍人崔邠御史中丞李汶訕己帝使詰辨無狀然猶自考功員外再遷給事中皆兼集賢殿學士帝疑京爲忌者中傷中人問賚相繼後對延英帝諭遣京沮駭走出罷爲祕書少監卒初帝討李希烈財用屈京與戶部侍郎趙贊請稅民屋架籍賈人貲力以率貸之憲宗嘗問宰相李吉甫我在藩邸聞德宗播遷梁漢久乃復誰寔召亂爲我言之對曰德宗始卽位躬行慈儉引崔祐甫輔政四方企望至治祐甫歿宰相非其人姦佞營蠱謂河北叛臣可以力服甘語先入主聽惑焉而陳京趙贊爲帝稅屋架貸賈緡內怨外忿身及大亂咎與信宥人剝下佐上賴天之靈敗不抵亡帝恨惋曰京與贊眞賊臣京無子以從子褒嗣褒孫伯宣辭著作佐郎不拜

贊曰德宗斂政稅間架借商錢宮市爲最甚順宗爲太子欲極陳之懲王叔文之諫而止其畏如此區區之臣昌顏而闘說難哉其饗國日淺志不在民矣憲宗聞暴斂之令首於賊臣感憤太息愛人之至也及任程异皇甫鎛諫者不聽興利之臣敗君之德甚矣

暢當河東人父璀左散騎常侍代宗時與裴冕賈至王延昌待制集賢院終戶部尚書當進士擢第貞元初爲太常博士昭德皇后崩中外服除皇太子諸王將服三年詔太常議太子服當與博士張薦柳冕李吉甫曰子爲母齊衰三年蓋通喪也太子爲皇后服古無文晉元皇后崩亦疑太子服杜預議古天子三年喪既葬除服魏亦以既葬爲節皇太子與國爲體若不變除則東宮臣僕亦以衰麻出入殿省太子遂以卒哭除服貞觀十年六月文德皇后崩十一月而葬太子喪服之節國史不書至明年正月以晉王爲并州都督既命官當已除矣今皇太子宜如魏晉制既葬而虞虞而卒哭卒哭而除心喪三年宰相劉滋齊映召問當等子食於有喪者之側未嘗飽也今太子以衰服侍膳至葬可乎令羣臣齊衰三十日公除宜約以爲服限乃請如宋齊皇后爲其父母服三十日除入謁則服墨慘還宮衰麻右補闕穆質上疏曰三年之喪自天子達於庶人漢文帝以宗廟社稷之重自貶乃以日易月後世所不能革太子人臣也不得如人君之制母喪宜無厭降惟晉既葬公除議者詭辭以甘時主不足師法今有司之議虧化敗俗常情所鬱夫政以德爲本德以孝爲大後世記禮之失自今而始顧不重哉父在爲母朞古禮也國朝服之三年臣謂三年則太重唯行古爲得禮德宗遣內常侍馬欽敍謂質曰太子有撫軍監國問安侍膳之事有司以三十日除既葬釋服以墨衰終是何疑邪質又奏疏曰太子於陛下子道也臣道也君臣以義則撫軍監國有權奪父子問安侍膳固無服衰之嫌古未有服衰而廢者舒王以下服三年將不得問安侍膳邪太子舒王皆臣子也不宜甚異且皇后天下之母其父母士庶也以天下之母爲士庶降服可也太子臣子也以臣子爲母降可乎公除非古也入公門變服今朞喪以下慘制是也太子晨昏侍非公除比墨衰奪情事緣金革今不監國撫軍何抑奪邪子之於父母禮異而情均太子奉君父之日遠報母之日少恐使失令名哉乃詔宰臣與有司更議當等曰禮有公門脫齊衰開元禮皇后父母服十二月從朝旨則十三日而除皇太子外祖父母服五月從朝旨則五日而除恐喪服入侍傷至尊之意非特以金革奪也太子公除以墨慘奉朝歸宮衰麻酌變爲制可也宰相乃令太常卿鄭叔則草奏既葬卒哭十一月小祥十三月大祥十五月禫內謁卽墨服復詔問質質以爲雖不能循古禮猶愈於魏晉之文遠甚宰相乃言太子居皇后喪至朝則抑哀承慈實臣子至行唯心與服內外宜稱今質請降詔於外無害墨衰於內臣謂言行於外而服異於內事非至誠乖於德教請下明詔如叔則議天子從之及董晉代叔則爲太常卿帝曰皇太子服期繇諫官初非朕意暢當等請循魏晉故事至論也當以果州刺史卒

林蘊字復夢泉州莆田人父披字茂彥以臨汀多山鬼淫祠民厭苦之譔無鬼論刺史樊晃奏署臨汀令以治行遷別駕蘊世通經西川節度使韋皐辟推官劉闢反蘊曉以逆順不聽復遺書切諫闢怒械於獄且殺之將就刑大呼曰危邦不入亂邦不居得死爲幸矣闢惜其直陰戒刑人抽劍磨其頸以脅服之蘊叱曰死卽死我頸豈頑奴砥石邪闢知不可服捨之斥爲唐昌尉及闢敗蘊名重京師李吉甫李絳武元衡爲相蘊貽書諷以國家有西土猶右臂也今臂不附體北弱幽邠西極汧隴不數百里爲外域涇原鳳翔邠寧三鎭皆右臂大藩擁旄鉞數十百人唯李抱玉請復河湟命將不得其人宜拔行伍之長使守秦隴王者功成作樂治定制禮有權臣制樂曲自立喪紀舜命契百姓弗親五品不遜汝作司徒唐以皐佑鍔季安爲司徒官不擇人盧從史于

阜蕃罪大而刑輕農桑無百分之一農夫一人給百口鬻婦一人供百身竭力於下者飢不得食寒不得衣邊兵菜色而將帥縱侈自養中人十戶不足以給一無功之卒百卒不足奉一驕將六事皆當時極敝蘊亦草阜所引重娩其事制感憤闢說然嗜酒多忤物宰相置不用也滄景程權辟掌書記既而權上四州版籍請吏而軍中習執擅地畏內屬挾權拒命不得出蘊陳君臣大誼諭首將人人釋然於是權得去蘊遷禮部員外郎刑部侍郎劉伯芻薦之於朝出爲邵州刺史杖殺客陶玄之投尸江中籍其妻爲倡復坐贓杖流儋州而卒蘊辯給嘗有姓崔者矜氏族蘊折之曰崔杼弒齊君林放問禮之本優劣何如邪其人俯首不能對

韋公肅隋儀同觀城公約七世孫元和初爲太常博士兼侍講憲宗將耕籍詔公肅草具儀典容家著之太子少傅判太常卿事鄭餘慶廟有二祖妣疑於祔祭請諸有司公肅議古諸侯一娶九女故廟無二嫡自秦以來有再娶前娶後繼皆嫡也兩祔無嫌晉驃騎大將軍溫嶠繼室三疑並爲夫人以問太學博士陳舒舒曰妻雖先沒榮辱並從夫禮祔於祖姑祖姑有三則各祔舅之所生是皆夫人也生以正禮沒不可貶於是遂用舒議且嫡繼於古有殊制於今無異等祔配之典安得不同卿士之寢祭二妻廟享可異乎古繼以媵妾今以嫡妻不宜援一娶爲比使子孫榮享不逮也或曰春秋魯惠公元妃孟子卒繼室以聲子聲子孟姪娣也不入惠廟宋武公生仲子歸於魯生桓公而惠薨立宮而奉之不合於惠公而別宮者何追父志也然其比奈何曰晉南昌府君廟有荀薛兩氏景帝廟有夏侯羊兩氏唐家睿宗室則昭成肅明二后故太師顏眞卿祖室有殷柳兩氏二夫人並祔故事則然諸儒不能異初睿宗祔月太常奏朔望弛朝命食進蔬具止樂餘日御便殿具供奉仗中書門下官得侍屯非奏事毋謁前忌與晦三日後三日皆不聽事忌晦之明日百官叩側門通慰後遂爲常及是公肅上言禮忌日不樂而無忌月唯晉穆帝將納后疑康帝忌月下其議有司於是荀訥王洽等引忌時忌歲譏破其言今有司承前所禁二十五月限有弛朝徹樂事喪除則禮畢王者不以私懷踰禮節故禫禮從月樂漸去其情也不容追遠而立禮反重今茲太常雖卻廟樂且停習是謂反重以慢神也有司悉禁中外作樂是謂無故而徹也願依經誼裁正其違有詔中書門下召禮官學官議咸曰宜如公肅所請制可以官壽卒

許康佐貞元中舉進士宏辭連中之家苦貧母老求爲知院官人譏其不擇祿及母喪已除凡辟命皆不答人乃知其爲親屈由是有名遷侍御史以中書舍人爲侍講學士與王起皆爲文宗寵禮帝讀春秋至閽弒吳子餘祭問閽何人邪康佐以中官方彊不敢對帝嘻笑罷後觀書蓬萊殿召李訓問之對曰古閽寺今宦人也君不近刑臣以爲輕死之道孔子書之以爲戒帝曰朕邇刑臣多矣得不慮哉訓曰列聖知而不能遠惡而不能去陛下念之宗廟福也然是內謀翦除矣康佐知帝指因辭疾罷爲兵部侍郎遷禮部尚書卒贈吏部謚曰懿其諸弟皆擢進士第而康佐最先進又舉宏辭爲太子校書郎八年康佐繼之竟佐位諫議大夫

唐書卷二百一

宋　端　明　殿　學　士　宋　祁　撰

列傳第一百二十六

文藝上

唐有天下三百年文章無慮三變高祖太宗大難始夷沿江左餘風絺句繪章揣合低卬故王楊爲之伯玄宗好經術羣臣稍厭雕瑑索理致崇雅黜浮氣益雄渾則燕許擅其宗是時唐興已百年諸儒爭自名家大曆正元間美才輩出擩嚌道眞涵泳聖涯於是韓愈倡之柳宗元李翺皇甫湜等和之排逐百家法度森嚴抵轢晉魏上軋漢周唐之文完然爲一王法此其極也若侍從酬奉則李嶠宋之問沈佺期王維制冊則常袞楊炎陸贄權德輿王仲舒李德裕言詩則杜甫李白元稹白居易劉禹錫譎怪則李賀杜牧李商隱皆卓然以所長爲一世冠其可尚已然嘗言之夫子之門以文章爲下科何哉蓋天之付與於君子小人無常分惟能者得之故號一藝自中智以還恃以取敗者有之朋姦飾僞者有之怨望訕國者有之若君子則不然自能以功業行實光明于時亦不一于立言而垂不腐有如不得試固且闒縶優游異不及排怨不及誹而不忘納君於善故可貴也今但取以文自名者爲文藝篇若韋應物沈亞之閻防祖詠薛能鄭谷等其類尚多皆班班有文在人間史家逸其行事故弗得述云

袁朗其先雍州長安人父樞仕陳爲尚書左僕射朗在陳爲祕書郎江總尤器之後主聞其才詔爲月賦一篇灑然無留思後主曰謝莊不得獨美於前矣復詔爲芝草嘉蓮二頌歎賞尤厚累遷太子洗馬德教殿學士陳亡入隋歷尚書儀曹郎武德初隱太子與秦王齊王相傾爭致名臣以自助太子有詹事李綱竇軌庶子裴矩鄭善果友賀德仁洗馬魏徵中舍人王珪舍人徐師謨率更令歐陽詢典膳監任璨直典書坊唐臨隴西公府祭酒韋挺記室參軍事庾抱左領大都督府長史唐憲秦王有友于志寧記室參軍事房玄齡虞世南顏思魯諮議參軍事竇綸蕭景兵曹杜如晦鎧曹褚遂良士曹戴胄閻立德參軍事薛元敬蔡允恭主簿薛收李道玄典籤蘇幹文學姚思廉褚亮敦煌公府文學顏師古右元帥府司馬蕭瑀行軍元帥府長史屈突通司馬竇誕天策府長史唐儉司馬封倫軍諮祭酒蘇世長兵曹參軍事杜淹倉曹李守素參軍事顏相時齊王有記室參軍事榮九思曹武士逸典籤裴宣儼朗爲文學從父弟承序亦有名王召爲文學館學士朗累封汝南縣男再轉給事中卒太宗爲廢朝一日謂高士廉曰朗任淺而性謹厚使人悼惜詔給喪費存問其家朗遠祖滂爲漢司徒自滂至朗凡十二世其間位司徒司空者四世淑顗粲皆死宋難昂著節齊梁時朗自以中外人物爲海內冠雖琅邪王氏踵爲公卿特以累朝佐命有功鄙不爲伍朗孫誼神功中爲蘇州刺史司馬張沛者侍中文瓘子嘗白誼曰州得一長史隴西李亶天下甲門也誼曰夫門戶者歷世名節爲天下所高老夫是也山東人尚婚媾求祿利耳至見危授命則無人焉何足尚邪沛大慙承序爲齊王元吉府學士府廢補建昌令治尚慈簡吏民懷德高宗之爲晉王也太宗崇選僚屬問梁陳名臣子孫誰可者岑文本曰昔陳亡百司奔散有袁憲者朝服立後主傍白刃不避也王世充篡隋羣臣表勸進而憲子給事中承家稱疾不肯署今其少子承序風操清亮無愧先烈帝乃召拜晉王友兼侍讀加弘文館學士卒

朗從祖弟利貞陳中書令敬孫高宗時爲太常博士周王侍讀及王立爲太子百官上禮帝欲大會羣臣命婦合宴宣政殿設九部伎散樂利貞上疏諫以爲前殿路門非命婦宴會倡優進御之所請從命婦別殿九部伎從左右門入罷散樂不進帝納之既會帝傳詔利貞曰卿弈葉忠鯁能抗疏規朕之失不厚賜無以勸能者乃賜物百段擢祠部員外郎卒中宗立以舊恩追贈祕書少監

賀德仁越州山陰人父朗終陳散騎常侍德仁與從兄德基師事周弘正以文辭稱人爲語曰學行可師賀德基文質彬彬賀德仁兄弟八人時比漢荀氏太守鄱陽王伯山改所居甘滂里爲高陽云始德仁在陳爲吳興王友入隋楊素薦其材授豫章王記室王遇之厚徙封齊復爲府屬王廢官吏抵罪而德仁以忠謹獲貰補河東司法參軍素與隱太子善高祖起兵太子封隴西公以德仁爲友庾抱爲記室俄遷中舍人以年耆不更吏職徙洗馬與蕭德言陳子良皆爲東宮學士貞觀初遷趙王友卒從子紀敳亦博學高宗時紀爲太子洗馬紀修五禮敳率更令兼太子侍讀皆爲崇賢館學士抱者陳御史中丞衆孫開皇中爲延州參軍入調吏部尚書牛弘給筆札令自序援筆而成爲元德太子學士會嫡皇孫生大宴坐中獻頌太子嗟賞及在隴西府文檄皆出其手

蔡允恭荊州江陵人後梁左民尚書大業子美姿容工爲詩仕隋歷起居舍人煬帝有所賦必令諷誦遣教宮人允恭恥之數稱疾授內史舍人俾入宮固辭繇是疎斥帝遇弒事宇文化及竇建德歸國爲秦王府參軍文學館學士貞觀初除太子洗馬卒著後梁春秋

謝偃衞州衞人本姓直勒氏祖孝政仕北齊爲散騎常侍改姓謝偃在隋爲散從正員郎貞觀初應詔對策高第歷高陵主簿太宗幸東都方毀洛陽宮詔求直言偃上書陳得失帝稱善引爲弘文館直學士遷魏王府功曹嘗爲塵影賦二篇帝美其文召見欲僞作賦先爲序一篇頗言天下乂安功德茂盛意授偃使賦偃緣帝指名篇曰述聖帝悅賜帛數十初帝即位直中書省張蘊古上大寶箴諷帝以民畏而未懷其辭挺切擢大理丞偃又獻惟皇誡德賦其序大略言治忘亂安忘危逸忘勞得忘失四者人主莫不然桀以瑤臺爲麗而不悟南巢之禍殷辛以象箸爲華而不知牧野之敗是以聖人處宮室則思前王所以亡朝萬國則思已所以尊巡府庫則思今所以得視功臣則思其輔佐之始見名將則思用力之初如此則人無易心天下何患乎不化哉曰行之堯舜者失之桀紂豈異人哉其賦蓋規帝成

功而自處至難云又譔玉諜眞紀以勸封禪時李百藥工詩而假善賦時人稱李詩謝賦府廢終湘潭令蘊古洹水人斂書傳曉世務文擅當時後坐事誅

崔信明青州益都人高祖光伯仕後魏爲七兵尚書信明之生五月五日日方中有異雀鳴集庭樹太史令史良爲占曰五月爲火火主離離爲文日中文之盛也雀五色而鳴此兒將以文顯然雀類微位殆不高邪及長彊記美文章鄉人高孝基嘗語人曰崔生才富爲一時冠但恨位不到耳隋大業中爲堯城令竇建德僭號而信明族弟敬素者爲賊鴻臚卿自謂得意語信明曰夏王英武有舉天下心士女襁負而至不可數兄不以此時立功立事豈所謂見幾不俟終日乎答曰昔申胥海隅釣師能固其節爾欲吾屈身賊中求斗筲邪遂踰城去隱太行山貞觀六年有詔卽家拜興勢丞遷秦川令卒信明蹇亢以門望自負嘗矜其文謂過李百藥議者不許揚州錄事參軍鄭世翼者亦驁倨數忤物遇信明江中謂曰聞公有楓落吳江冷願見其餘信明欣然多出衆篇世翼覽未終曰所見不逮所聞投諸水引舟去世翼鄭州滎陽人周儀同大將軍敬德孫貞觀時坐怨謗流死巂州譔交游傳行於世信明子冬日武后時位黃門侍郎爲酷吏誣死

劉延祐徐州彭城人伯父胄之少志學與孫萬壽李百藥相友善武德中杜淹薦爲信都令有惠政永徽初以著作郎弘文館學士與令狐德棻陽仁卿等譔次國史并實錄以勞封陽城縣男終楚州刺史延祐擢進士補渭南尉有吏能治第一李勣戒之曰子春秋少而有美名宜稍自抑無爲出人上延祐欽納後檢校司賓少卿封薛縣男徐敬業敗詔延祐持節到軍時吏議敬業所署五品官殊死六品流延祐謂誣脅可察以情乃論授五品官當流六品以下除名全宥甚衆拜箕州刺史轉安南都護舊俚戶歲半租延祐責全入衆始怨謀亂延祐誅其渠李嗣仙而餘黨丁建等遂叛合衆圍安南府城中兵少不支嬰壘待援廣州大族馮子猷幸立功按兵不出延祐遇害桂州司馬曹玄靜進兵討建斬之

延祐從弟藏器高宗時爲侍御史衛尉卿遲寶琳脅人爲妾藏器劾還之寶琳私請帝止其還凡再劾再止藏器曰法爲天下縣衡萬民所共陛下用捨繇情法何所施今寶琳私請陛下從之臣公劾陛下亦從之今日從明日改下何所遵彼匹夫匹婦猶憚失信況天子乎帝乃詔可然內銜之不悅也稍遷比部員外郎監察御史魏元忠稱其賢帝欲擢任爲吏部侍郎魏玄同沮曰彼守道不篤者安用之遂出爲宋州司馬卒

子知柔性簡靜美風儀居親喪廬墓側詔築闕表之歷國子司業累遷工部尚書開元六年河南大水詔知柔馳驛察民疾苦及吏善惡所表陳州刺史韋嗣立汝州刺史崔日用兗州刺史韋元珪符離令蔡母項等止二十七人有治狀久之遷太子賓客封彭城縣侯致仕給全祿終身遺令薄葬祖載服用皆自處其費贈太子少保謚曰文弟知幾別有傳

張昌齡冀州南宮人與兄昌宗皆以文自名州欲舉秀才昌齡以科廢久固讓更舉進士與王公治齊名皆爲考功員外郞王師旦所絀太宗問其故答曰昌齡等華而少實其文浮靡非令器也取之則後生勸慕亂陛下風雅帝然之貞觀末翠微宮成獻頌闕下召見試息兵詔少選成文帝大悅戒之曰昔禰衡潘岳矜己傲物不得死卿才不減二人宜鑒于前副朕所求乃敕於通事舍人裏供奉俄爲崑山道記室平龜茲露布爲士所稱賀蘭敏之奏豫北門修撰卒昌宗官至太子舍人修文館學士撰古文紀年新傳數十篇

崔行功恒州井陘人祖謙之仕北齊終鉅鹿太守徙占鹿泉少好學唐儉愛其才妻以女因倩作文奏高宗時累轉吏部郞中以善占奏常兼通事舍人內供奉坐事貶游安令又召爲司文郞中與蘭臺侍郞李懷儼並主朝廷大典冊初太宗命祕書監魏徵寫四部羣書將藏內府置讎正三十員書工百員徵徙職又詔虞世南顏師古踵領功不就顯慶中罷讎正員聽書工寫于家送官取直使散官隨番刊正至是詔東臺侍郞趙仁本舍人張文瓘及行功懷儼相次充使檢校置詳正學士代散官以勞遷蘭臺侍郞卒孫銑尚定安公主爲太府卿初主降王同皎後降銑主卒皎子繇請與父合葬給事中夏侯銛駮奏主與王氏絕喪當還崔詔可銛猶出爲瀘州都督行功兄子玄暐別有傳

杜審言字必簡襄州襄陽人晉征南將軍預遠裔擢進士爲隰城尉恃才高以傲世見疾蘇味道爲天官侍郞審言集判出謂人曰味道必死人驚問故答曰彼見吾判且羞死又嘗語人曰吾文章當得屈宋作衙官吾筆當得王羲之北面其矜誕類此累遷洛陽丞坐事貶吉州司戶參軍司馬周季重司戶郭若訥構其罪繫獄將殺之季重等酒酣審言子并年十三袖刃刺季重於坐左右殺并季重將死曰審言有孝子吾不知若訥故誤我審言免官還東都蘇頲傷并孝烈誌其墓劉允濟祭以文後武后召審言將用之問曰卿喜否審言蹈舞謝后令賦歡喜詩歎重其文授著作佐郞遷膳部員外郞神龍初坐交通張易之流峯州入爲國子監主簿修文館直學士卒太學士李嶠等奏請加贈詔贈著作郞初審言病甚宋之問武平一等省候何如答曰甚爲造化小兒相苦尚何言然吾在久壓公等今且死固大慰但恨不見替人云少與李嶠崔融蘇味道爲文章四友世號崔李蘇杜融之亡審言爲服緦云

從祖兄易簡九歲能屬文長博學爲岑文本所器擢進士補渭南尉咸亨初歷殿中侍御史嘗道遇吏部尚書李敬玄不避敬玄恨召爲考功員外郞屈之而侍郞裴行儉與敬玄不平故易簡上書言敬玄罪敬玄曰襄陽兒輕薄乃爾因奏易簡險躁高宗怒貶開州司馬審言生子閑閑生甫

甫字子美少貧不自振客吳越齊趙間李邕奇其材先往見之舉進士不中第困長安天寶十三載玄宗朝獻太淸宮饗廟及郊甫奏賦三篇帝奇之使待制集賢院命宰相試文章擢河西尉不拜改右衛率府胄曹參軍數上賦頌因高自稱道且言先臣恕預以來承儒守官十一世迨審言以文章顯中宗時臣賴緒業自七歲屬辭且四十年然衣不蓋體常寄食於人竊恐轉死溝壑伏惟天子哀憐之若令執先臣故事拔泥塗之久辱則臣之述作雖不足鼓吹六經至沈鬱頓挫隨時敏給揚雄枚皋可企及也有臣如此陛下其忍棄之會祿山亂天子入蜀甫避走三川肅宗立自鄜州羸服欲奔行在爲賊所得至德二年亡走鳳翔上謁拜右拾遺與房琯爲布衣交琯時敗陳濤斜又以客董廷蘭罷宰相甫上疏言罪細不宜免大臣帝怒詔三司雜問宰相張鎬曰甫若抵罪絕言者路帝乃解甫謝且稱琯宰相子少自樹立爲醇儒有大臣體時論許琯才堪公輔陛下果委而相之觀其深念主憂義形於色然性失於簡酷嗜鼓琴廷蘭託琯門下貧疾昏老依倚爲非琯愛惜人情一至玷汙臣歎其功名未就志氣挫衄覬陛下棄細錄大所以冒死稱述涉近訐激違忤聖心陛下赦臣百死再賜骸骨天下之幸非臣獨蒙然帝自是不甚省錄時所在寇奪甫家寓鄜彌年艱窶孺弱至餓死因許甫自往省視從還京師出爲華州司功參軍關輔饑輒棄官去客秦州負薪採橡栗自給流落劍南結廬成都西郭召補京兆功曹參軍不至會嚴武節度劍南東西川往依焉武再帥劍南表爲參謀檢校工部員外郎武以世舊待甫甚善親至其家甫見之或時不巾而性褊躁傲誕嘗醉登武牀瞪視曰嚴挺之乃有此兒武亦暴猛外若不爲忤中銜之一日欲殺甫及梓州刺史章彝集吏於門武將出冠鉤于簾三左右白其母奔救得止獨殺彝武卒崔旰等亂甫往來梓夔間大曆中出瞿唐下江陵泝沅湘以登衡山因客耒陽游嶽祠大水遽至涉旬不得食縣令具舟迎之乃得還令嘗饋牛炙白酒大醉一昔卒年五十九甫曠放不自檢好論天下大事高而不切少與李白齊名時號李杜嘗從白及高適過汴州酒酣登吹臺慷慨懷古人莫測也數嘗寇亂挺節無所汙爲歌詩傷時橈弱情不忘君人憐其忠云

贊曰唐興詩人承陳隋風流浮靡相矜至宋之問沈佺期等研揣聲音浮切不差而號律詩競相襲沿逮開元間稍裁以雅正然恃華者質反好麗者壯違人得一槩皆自名所長至甫渾涵汪茫千彙萬狀兼古今而有之它人不足甫乃厭餘殘膏賸馥沾丐後人多矣故元稹謂詩人以來未有如子美者甫又善陳時事律切精深至千言不少衰世號詩史昌黎韓愈於文章慎許可至歌詩獨推曰李杜文章在光燄萬丈長誠可信云

王勃字子安絳州龍門人六歲善文辭九歲得顏師古注漢書讀之作指瑕以擿其失麟德初劉祥道巡行關內勃上書自陳祥道表于朝對策高第年未及冠授朝散郞數獻頌闕下沛王聞其名召署府修撰論次平臺祕略書成王愛重之是時諸王鬭雞勃戲爲文檄英王雞高宗怒曰是且交構斥出府勃既廢客劍南嘗登葛憒山曠望慨然思諸葛亮之功賦詩見情聞虢州多藥草求補參軍倚才陵藉爲僚吏共嫉官奴曹達抵罪匿勃所懼事洩輒殺之事覺當誅會赦除名父福畤繇雍州司功參軍坐勃故左遷交阯令勃往省度海溺水痵而卒年二十九初道出鍾陵九月九日都督大宴滕王閣宿命其婿作序以夸客因出紙筆徧請客莫敢當至勃沆然不辭都督怒起更衣遣吏伺其文輒報一再報語益奇乃矍然曰天才也請遂成文極歡罷勃屬文初不精思先磨墨數升則酣飲引被覆面臥及寤援筆成篇不易一字時人謂勃爲腹藁尤喜著書初祖通隋末居白牛溪教授門人甚衆嘗起漢魏盡晉作書百二十篇以續古尚書後亡其序有錄無書者十篇勃補完缺逸定著二十五篇嘗謂人子不可不知醫時長安曹元有祕術勃從之游盡得其要嘗讀易夜夢若有告者曰

易有太極子勉思之竊而作易發揮數篇至晉卦會病止又謂王者乘土王世五十數盡千年乘金王世四十九數九百年乘水王世二十數六百年乘木王世三十數八百年乘火王世二十數七百年天地之常也自黃帝至漢五運適周土復歸唐唐應繼周漢不可承周隋短祚乃斥魏晉以降非眞主正統皆五行沴氣遂作唐家千歲曆武后時李嗣眞請以周漢爲二王後而廢周隋中宗復用周隋天寶中太平久上言者多以詭異進有崔昌者采勃舊說上五行應運歷請承周漢廢周隋爲閏右相李林甫亦贊佑之集公卿議可否集賢學士衞包起居舍人閻伯璵上表曰都堂集議之夕四星聚於尾天意昭然矣於是玄宗下詔以唐承漢黜隋以前帝王廢介酅公尊周漢爲二王後以商爲三恪京城起周武王漢高祖廟授崔昌太子贊善大夫衞包司虞員外郎楊國忠爲右相自稱隋宗建議復用魏爲三恪周隋爲魏王後酅介二公復舊封貶崔昌烏雷尉衞包夜郎尉閻伯璵涪川尉

勃兄勔弟助皆第進士勔長壽中爲鳳閣舍人壽春等五王出閤有司具儀忘載冊文羣臣已在乃寤其闕宰相失色勔召五吏執筆分占其辭粲然皆畢人人嗟服尋加弘文館學士兼知天官侍郎始裴行儉典選見勔與蘇味道曰二子者皆銓衡才至是語驗勔素善劉思禮用爲箕州刺史與綦連耀謀反勔與兄涇州刺史勮及助皆坐誅神龍初詔復官

助字子功七歲喪母哀號隣里爲泣居父憂毀骨立服除爲監察御史裏行初勔勮勃皆著才名故杜易簡稱三珠樹其後助劼又以文顯劼早卒福畤少子勸亦有文福畤嘗詫韓思彥思彥戲曰武子有馬癖君有譽兒癖王家癖何多耶使助出其文思彥曰生子若是可夸也勃與楊炯盧照隣駱賓王皆以文章齊名天下稱王楊盧駱四傑炯嘗曰吾媿在盧前恥居王後議者謂然

炯華陰人舉神童授校書郎永隆二年皇太子已釋奠表豪俊充崇文館學士中書侍郎薛元超薦炯及鄭祖玄鄧玄挺崔融等詔可遷詹事司直俄坐從父弟神讓與徐敬業亂出爲梓州司法參軍遷盈川令張說以箴贈行戒其苛至官果以嚴酷稱吏稍忤意榜殺之不爲人所多卒官下中宗時贈著作郎

照隣字昇之范陽人十歲從曹憲王義方授蒼雅調鄧王府典籤王愛重謂人曰此吾之相如調新都尉病去官居太白山得方士玄明膏餌之會父喪號嘔丹輒出由是疾益甚客東龍門山布衣藜羹裴瑾之韋方質范履冰等時時供衣藥疾甚足攣一手又廢乃去具茨山下買園數十畝疏潁水周舍復豫爲墓偃臥其中照隣自以當高宗時尚吏已獨儒武后尚法已獨黃老后封嵩山屢聘賢士已已廢著五悲文以自明病既久與親屬訣自沈潁水

賓王義烏人七歲能賦詩初爲道王府屬嘗使自言所能賓王不答歷武功主簿裴行儉爲洮州總管表掌書奏不應調長安主簿武后時數上疏言事下除臨海丞鞅鞅不得志棄官去徐敬業亂署賓王爲府屬爲敬業傳檄天下斥武后罪后讀但嘻笑至一抔之土未乾六尺之孤安在矍然曰誰爲之或以賓王對后曰宰相安得失此人敬業敗賓王亡命不知所之中宗時詔求其文得數百篇它日崔融與張說評勃等曰勃文章宏放非常人所及炯照隣可以企之說曰不然盈川文如縣河酌之不竭優於盧而不減王恥居後信然愧在前謙也開元中說與徐堅論近世文章說曰李嶠崔融薛稷宋之問之文如良金美玉無施不可富嘉謨如孤峯絕岸壁立萬仞濃雲鬱興震雷俱發誠可畏也若施於廊廟駭矣閻朝隱如麗服靚粧燕歌趙舞觀者忘疲若類之風雅則罪人矣堅問今世奈何說曰韓休之文如大羹玄酒有典則薄滋味許景先如豐肌膩理雖穠華可愛而乏風骨張九齡如輕縑素練實濟時用而窘邊幅王翰如瓊杯玉斝雖爛然可珍而多玷缺堅謂篤論云

元萬頃後魏京兆王子推裔祖白澤武德中仕至梁利十一州都督封新安公萬頃起家爲通事舍人從李勣征高麗管書記勣命別將郭待封以舟師赴平壤馮師本載糧繼之不及期欲報勣而恐爲諜所得萬頃爲作離合詩遺勣勣怒曰軍機切遽何用詩爲欲斬待封萬頃言狀乃免又使萬頃草檄讓高麗而譏其不知守鴨淥之險莫離支報曰謹聞命徙兵固守軍不得入高宗聞之投萬頃嶺外會赦還爲著作郎武后諷帝召諸儒論譔禁中萬頃與周王府戶曹參軍范履冰苗神客太子舍人周思茂右史胡楚賓與選凡譔列女傳臣軌百僚新戒樂書等九千餘篇至朝廷疑議表疏皆密使參處以分宰相權故時謂北門學士思茂履冰神客供奉左右或二十餘年萬頃敏文辭然放達不治細檢無儒者風武后時累遷鳳閣侍郎坐誅履冰者河內人垂拱中歷鸞臺天官二侍郎春官尚書同鳳閣鸞臺平章事兼修國史載初初坐舉逆人被殺神客東光人終著作郎思茂漳南人與弟思鈞早知名累遷麟臺少監崇文館學士垂拱中下獄死楚賓秋浦人屬文敏甚必酒中然後下筆高宗命作文常以金銀杯酌酒飲之文成輒賜焉家居率沈飲無留賄費盡復入得賜而出類爲常性重慎未嘗語禁中事人及其醉問之亦熟視不答尋兼崇賢直學士卒

萬頃孫正修名節擢明經高第授監門衞兵曹參軍舅孫逖與譚物理歎已不逮肅宗初吏部尚書崔寓典選正以書判第一召詣京師以父詢倩老辭疾免河南節度使崔光遠表置其府史思明陷河洛華父匿山中賊以名購正度事急謂弟曰賊祿不可養親彼利吾名難免矣然不汙身而死吾猶生也賊既得誘以高位瞋目固拒兄弟皆遇害父聞仰藥死路人爲哭事平詔錄伏節十一姓而正爲冠贈祕書少監以其子義方爲華州參軍義方歷京兆府司錄韋夏卿李實繼爲尹事必咨之歷虢商二州刺史福建觀察使中官吐突承璀閩人也義方用其親屬爲右職李吉甫再當國陰欲承璀奧助即召義方爲京兆尹李絳惡其黨出爲鄜坊觀察使一切辨治然苛刻人多怨之卒贈左散騎常侍弟季方舉明經調楚丘尉歷殿中侍御史兵部尚書王紹表爲度支員外郎遷金膳二部郎中號能職王叔文用事憚季方不爲用以兵部郎中使新羅新羅聞中國喪不時遣供饋乏季方正色責之閉戶絕食待死夷人悔謝結歡乃還卒年五十一贈同州刺史

唐書卷二百一考證

崔信明傳高祖光伯○舊書後魏七兵尚書光伯曾孫

崔行功傳祖謙之仕北齊終鉅鹿太守○舊書鉅鹿太守伯讓曾孫

杜審言孫甫嘗醉登嚴武牀瞪視曰嚴挺之乃有此兒武亦暴猛外若不爲忤中銜之一日欲殺甫及梓州刺史章彝集吏于門武將出冠鉤于簾三左右白其母奔救得止○臣德潛按舊書武雖急暴不以爲意今閱甫集無論兩人贈答劇見交誼至武沒後甫哭歸櫬云一哀三峽暮遺後見君情八哀中云空餘老賓客身上媿簪纓欲殺甫事恐好事者爲之新書喜聞其說而采之也當從舊書

王勃傳年二十九○舊書作二十八

駱賓王傳敬業敗賓王亡命不知所之○舊書敬業敗伏誅中宗時詔求其文○舊書則天重其文遣使求之

元萬頃傳馮師本載糧繼之○舊書作別帥馮本

唐書卷二百二

宋　端　明　殿　學　士　宋　祁　撰

列傳第一百二十七

文藝中

李適字子至京兆萬年人舉進士再調猗氏尉武后脩三教珠英書以李嶠張昌宗爲使取文學士綴集於是適與王無競尹元凱富嘉謨宋之問沈佺期閻朝隱劉允濟在選書成遷戶部員外郎俄兼脩書學士景龍初又擢脩文館學士睿宗時待詔宣光閣再遷工部侍郎卒年四十九贈貝州刺史嘗夢與人論大衍數寤而曰吾壽盡此乎勅其子曰霸陵原西視京師吾樂之可營墓樹十松焉及未病時衣冠往寢石榻上置所譔九經要句及素琴于前士貴其達子李卿亦能文舉明經博學宏辭調鄠尉肅宗時爲中書舍人以累貶通州別駕代宗立遷爲京兆少尹復授舍人進吏部侍郎河南江淮宣慰使振拔幽滯號振職大曆中終右散騎常侍遺命以布車一乘葬贈禮部尚書李卿在朝薦進才髦與人交有終始恢博君子也初中宗景龍二年始於脩文館置大學士四員學士八員直學士十二員象四時八節十二月於是李嶠宗楚客趙彥昭韋嗣立爲大學士適劉憲崔湜鄭愔盧藏用李乂岑羲劉子玄爲學士薛稷馬懷素宋之問武平一杜審言沈佺期閻朝隱爲直學士又召徐堅韋元旦徐彥伯劉允濟等滿員其後被選者不一凡天子饗會游豫唯宰相及學士得從春幸梨園並渭水祓除則賜細柳圈辟癘夏宴蒲萄園賜朱櫻秋登慈恩浮圖獻菊花酒稱壽冬幸新豐歷白鹿觀上驪山賜浴湯池給香粉蘭澤從行給翔麟馬品官黃衣各一帝有所感卽賦詩學士皆屬和當時人所歆慕然皆狎猥佻佞忘君臣禮法惟以文華取幸若韋元旦劉允濟沈佺期宋之問閻朝隱等無它稱附篇左云

韋元旦，京兆萬年人。祖澄，越王府記室，撰女誡傳于時。元旦擢進士第，補東阿尉，遷左臺監察御史。與張易之有姻屬，易之敗，貶感義尉。俄召爲主客員外郎，遷中書舍人。舅陸頌妻，韋后弟也，故元旦憑以復進云。

劉允濟字允濟，河南鞏人。其先出沛國，齊彭城郡丞獻六世孫。少孤，事母尤孝。工文辭，與王勃齊名。舉進士，補下邽尉，累遷著作佐郎。采魯哀公後十二世接戰國爲魯後春秋，獻之，遷左史，兼直弘文館。武后明堂成，奏賦述功德，手詔襃荅，除著作郎。爲來俊臣飛構當死，以母老丐餘年，繫獄。會赦，免，貶大庾尉。復爲著作佐郎，脩國史。常曰：「史官善惡必書，使驕主賊臣懼，此權顧輕哉？而班生受金，陳壽求米，僕乃視如浮雲耳。」遷鳳閣舍人。坐二張昵狎，除青州長史，有清白稱，巡察使路敬潛言狀。以內憂去官。服除，召爲脩文館學士。旣久斥，喜甚，與家人樂飲數日卒。

沈佺期字雲卿，相州內黃人。及進士第。由協律郎累除給事中，考功受賕，劾未究，會張易之敗，遂長流驩州。稍遷台州錄事參軍事。入計，得召見，拜起居郎兼脩文館直學士。旣侍宴，帝詔學士等舞回波，佺期爲弄辭悅帝，還賜牙緋。尋歷中書舍人、太子少詹事。開元初卒。弟全交、全宇，皆有才章，而不逮佺期。

宋之問字延淸，一名少連，汾州人。父令文，高宗時爲東臺詳正學士。之問偉儀貌，雄于辯。甫冠，武后召與楊炯分直習藝館。累轉尚方監丞、左奉宸內供奉。武后游洛南龍門，詔從臣賦詩，左史東方虬詩先成，后賜錦袍；之問俄頃獻，后覽之嗟賞，更奪袍以賜。于時張易之等烝昵寵甚，之問與閻朝隱、沈佺期、劉允濟傾心媚附，易之所賦諸篇，盡之問、朝隱所爲，至爲易之奉溺器。及敗，貶瀧州，朝隱崖州，並參軍事。之問逃歸洛陽，匿張仲之家。會武三思復用事，仲之與王同皎謀殺三思安王室，之問得其實，令兄子曇與冉祖雍上急變，因丐贖罪，由是擢鴻臚主簿，天下醜其行。景龍中，遷考功員外郎，諂事太平公主，故見用。及安樂公主權盛，復往諧結，故太平深疾之。中宗將用爲中書舍人，太平發其知貢舉時賕餉狼藉，下遷汴州長史，未行，改越州長史。頗自力爲政，窮歷剡溪山，置酒賦詩，流布京師，人人傳諷。睿宗立，以獪險盈惡詔流欽州。祖雍歷中書舍人、刑部侍郎，倡飲省中，爲御史劾奏，貶蘄州刺史，至是亦流嶺南，並賜死桂州。之問得詔震汗，東西步，不引決。祖雍請使者曰：「之問有妻子，幸聽訣。」使者許之，而之問荒悸不能處家事。祖雍怒曰：「與公俱負國家當死，奈何遲回邪？」乃飲食洗沐就死。祖雍，江夏王道宗甥，及進士第，有名于時。魏建安後迄江左，詩律屢變，至沈約、庾信，以音韻相婉附，屬對精密。及之問、沈佺期，又加靡麗，回忌聲病，約句準篇，如錦繡成文，學者宗之，號爲「沈宋」。語曰：「蘇李居前，沈宋比肩。」謂蘇武、李陵也。初，之問父令文富文辭，且工書，有力絕人，世稱「三絕」。都下有牛善觸人，莫敢嬰，令文直往拔取角，折其頸殺之。旣之問以文章起，其弟之悌以驍勇聞，之遜精草隸，世謂皆得父一絕。之悌長八尺。開元中，歷劍南節度使、太原尹。嘗坐事流朱鳶，會蠻陷驩州，授總管擊之。募壯士八人，被重甲大呼薄賊，曰：「獠動卽死！」賊七百人皆伏不能興，遂平賊。之遜爲連州參軍，刺史聞其善歌，使敎婢，日執笏立簾外，唱吟自如。

閻朝隱字友倩，趙州欒城人。少與兄鏡幾、弟仙舟皆著名，連中進士、孝悌廉讓科，補陽武尉。中宗爲太子，朝隱以舍人幸。性滑稽，屬辭奇詭，爲武后所賞。累遷給事中、仗內供奉。后有疾，令往禱少室山，乃沐浴，伏身俎盤爲犧，請代后疾。還奏，會后亦愈，大見褒賜。其資佞諂如此。景龍初，自崖州遇赦還，累遷著作郎。先天中，爲祕書少監，坐事貶通州別駕，卒。

尹元凱，瀛州樂壽人。由慈州司倉參軍坐事免，棲遲不出者三十年。與張說、盧藏用厚，詔起爲右補闕。時又有富嘉謨、吳少微皆知名。嘉謨，武功人，舉進士，長安中，累轉晉陽尉。少微，新安人，亦尉晉陽，尤相友善。有魏谷倚者爲太原主簿，並負文辭，時稱「北京三傑」。天下文章尚徐、庾，浮俚不競，獨嘉謨、少微本經術，雅厚雄邁，人爭慕之，號「吳富體」。豫修三教珠英。韋嗣立薦嘉謨、少微並爲左臺監察御史。已而嘉謨死，少微方病，聞之爲慟，亦卒。

劉憲字元度，宋州寧陵人。父思立，在高宗時爲名御史。于時河南北大旱，詔遣御史中丞崔謐等分道賑贍。思立建言：「蠶務未畢，而遣使撫巡，所至不能無勞餞。又賑給須立簿最，稽出入，往返停滯，妨廢且廣。若無驛處，馬須豫集，以一馬勞數家。今農事待雨輿作，輟日役，破歲計，本欲安存，更煩擾之。望且責州縣給貸，須秋遣使便。」詔聽罷謐等行。遷考功員外郎，始議加明經帖、進士雜文。卒官下。憲擢進士，調河南尉，累進左臺監察御史。天授中，奉詔按來俊臣罪，憲疾其酷，欲痛繩之，反爲所構，貶潾水令。俊臣死，召爲給事中，轉中書舍人。坐善張易之，出爲渝州刺史。除太僕少卿，脩國史，兼脩文館學士。遷太子詹事。時玄宗在東宮，雅意墳史，憲啓曰：「殿下位副君，有絕人之才，非以尋摘章句，要通大意而已。侍讀褚无量經明行脩，耆年宿望，宜數召問，以察其言。」太子順納。會卒，贈兗州都督。武后時，敕吏部糊名考判，求高才，惟憲與王適、司馬鍠、梁載言入第二等。適，幽州人，終雍州司功參軍。鍠，河南人，神龍初，以中書侍郎卒。事繼母孝，奉祿不入私舍。與弟銓、伯父希象皆歷殿中侍御史。希象剛直不諂，終主爵員外郎。載言，聊城人，歷鳳閣舍人，專知制誥，終懷州刺史。

李邕字泰和，揚州江都人。父善，有雅行，淹貫古今，不能屬辭，故人號「書簏」。顯慶中，累擢崇賢館直學士兼沛王侍讀。爲文選注，敷析淵洽，表上之，賜賚頗渥。除潞王府記室參軍，爲涇城令。坐與賀蘭敏之善，流姚州。遇赦還，居汴、鄭間講授，諸生四遠至，傳其業，號「文選學」。邕少知名。始，善注文選，釋事而忘意。書成，以問邕，邕不敢對。善詰之，邕意欲有所更，善曰：「試爲我補益之。」邕附事見義，善以其不可奪，故兩書並行。旣冠，見特進李嶠，自言：「讀書未徧，願一見祕書。」嶠曰：「祕閣萬卷，豈時日能習邪？」邕固請，乃假直祕書。未幾辭去，嶠驚，試問奧篇隱帙，了辯如響。嶠歎曰：「子且名家！」嶠爲內史，與監察御史張廷珪薦邕文高氣方直，才任諫諍，乃召拜左拾遺。御史中丞宋璟劾張昌宗等反狀，武后不應，邕立階下大言曰：「璟所陳社稷大計，陛下當聽。」后色解，卽可璟奏。邕出，或讓曰：「子位卑，一忤旨，禍不測。」邕曰：「不如是，名亦不傳。」中宗立，鄭普思以方技幸，擢祕書監，邕諫曰：「陛下躬政日淺，有九重之嚴，未聞道路橫議，今籍籍皆言普思憑詭惑，說妖祥，陛下不知，猥見驅使。孔子曰：『詩三百，一言以蔽之，曰思無邪。』陛下誠以普思術可致長生，則爽鳩氏且因之永有天下，非陛下乃今可得；能致神人邪，秦、漢且因之永有天下，非陛下乃今可得；能致佛法邪，梁武帝且因之永有天下，非陛下乃今可得；能鬼道邪，墨翟、干寶且各獻其主永有天下，非陛下乃今可得。自古堯、舜稱聖者，臣觀所以行，皆在人事，敦睦九族，平章百姓，不聞以鬼神道治天下。惟陛下省察。」不納。五王誅，坐善張柬之，出爲南和令，貶富州司戶參軍事。韋氏平，召拜左臺殿中侍御史，彈劾任職，人頗憚之。譙王重福謀反，邕與洛州司馬崔日知捕支黨，遷戶部員外郎。岑羲、崔湜惡日用，而邕與之交。玄宗在東宮，邕及崔隱甫、倪若水同被禮遇，羲等忌之，貶邕舍城丞。玄宗卽位，召爲戶部郎中。張廷珪爲黃門侍郎，而姜皎方幸，共援邕爲御史中丞。姚崇疾邕險躁，左遷括州司馬，起爲陳州刺史。帝封泰山還，邕見帝汴州，詔獻辭賦，帝悅，然矜肆，自謂且宰相。邕素輕張說，與相惡。會仇人告邕贓貸枉法，下獄當死。許昌男子孔璋上書天子曰：「明主舉能而捨過，取才而棄行；烈士抗節，勇者不避死。故晉用林父不以過，漢任陳平不以行；禽息隕身不蘄生，北郭碎首不愛死。向若林父誅，陳平死，百里不用，晏嬰見逐，是晉無赤狄之土，漢無天子之尊，秦不彊，齊不霸矣。伏見陳州刺史邕剛毅忠烈，難不苟免，往者折二張之角，挫韋氏之鋒，雖身受謫屈，而姦謀沮解，卽邕有功於國。且邕所能者，拯孤恤窮，救乏賙惠，家無私聚。今聞坐贓下吏，死在旦夕。臣問生無益於國者，不若殺身以明賢。臣願以六尺之軀膏鈇鉞，以代邕死。臣與邕生平不款曲，臣知有邕，邕不知有臣，臣不逮邕明矣。夫知賢而舉，仁也；任人之患，義也。獲二善以死，臣又何求？伏惟陛下寬邕之死，使率德改行，與林父、曲逆之功，臣得瞑目，附禽息、北郭之迹，大願畢矣。若以陽和方始，重行大戮，則臣請伏劒，不敢煩有司。皇天后土，實聞臣言。昔吳、楚反，漢得劇孟則不憂。夫以一賢而敵七國之衆，伏惟敷含垢之道，棄瑕之義，遠思劇孟，近取於邕。況告成岱宗，天地更新，赦而復論，人誰無罪？惟明王圖之。臣聞士爲知己者死，臣不爲死者所知，而甘之死者，非特惜邕賢，亦以成陛下矜能之慈。」疏奏，邕得減死，貶遵化尉，流璋嶺南。邕妻溫復爲邕請戍邊自贖，曰：「邕少習文章，疾惡如讎，不容於衆，邪佞切齒，諸儒側目，頻謫遠郡，削跡朝端，不啻十載。歲時歎戀，聞者傷懷。屬國家有事泰山，法駕旋路，邕獻牛酒，例蒙恩私。妾聞正人用則佞人憂，邕之禍端，故自此始。且邕比任外官，卒無一毀，天意曾顧，罪過旋生。謗曰：『士無賢不肖，入朝見疾。』惟陛下明察。邕初蒙訊責，便繫牢戶，水不入口者踰五日，氣息奄奄，惟吏是聽，事生吏口。迫邕手書貸人蠶種，以爲枉法；市羅貢奉，指爲姦贓。于時匭使朝堂，守捉嚴固，號天訴地，誰肯爲聞？泣血去國，投骨荒裔，永無還期。妾願使邕得充一卒，效力王事，膏塗朔邊，骨糞沙壤，成邕夙心。」表入，不省。邕後從中人楊思勗討嶺南賊有功，徙澧州司馬。開元二十三年，起爲括州刺史，喜興利除害。復坐誣枉，且得罪，天子識其名，詔勿劾。後歷淄、滑二州刺史，上計京師。始，邕蚤有名，重義愛士，久斥外，不與士大夫接，旣入朝，人間傳其眉目瓌異，至阡陌聚觀，後生望風內謁，門巷填隘。中人臨問，索所爲文章，且進上，以讒媢不得留，出爲汲郡、北海大守。天寶中，左驍衛兵曹參軍柳勣有罪下獄，邕嘗遺勒馬故吉溫使引邕嘗以休咎相語陰賂遺宰相李林甫素忌邕因傳以罪詔刑部員外郎祁順之監察御史羅布奭就郡杖殺之時年七十代宗時贈祕書監邕之文於碑頌是所長人奉金帛請其文前後所受鉅萬計邕雖詘不進而文名天下時稱李北海盧藏用嘗謂邕如干將莫邪難與爭鋒但虞傷缺耳後卒如言杜甫知邕負謗死作八哀詩讀者傷之邕資豪放不能治細行所在賄謝畋游自肆終以敗云

呂向字子回亡其世貫或曰涇州人少孤託外祖母隱陸渾山工草隸能一筆環寫百字若縈髮然世號連錦書彊志于學每賣藥即市閱書遂通古今玄宗開元十年召入翰林兼集賢院校理侍太子及諸王爲文章時帝歲遣使采擇天下姝好內之後宮號花鳥使向因奏美人賦以諷帝善之擢左拾遺天子數校獵渭川向又獻詩規諷進左補闕帝自爲文勒石西嶽詔向爲鐫勒使以起居舍人從帝東巡帝引頡利發及蕃夷酋長入仗內賜弓矢射禽向上言鴟梟不鳴未爲瑞鳥豺虎雖伏弗曰仁獸況突厥安忍殘賊莫顧君父陛下震以武義來以文德勢不得不廷故稽顙稱臣奔命遣使陛下引內從官陪封禪盛禮使飛矢於前同獲獸之樂是狎昵大過或荊卿詭動何羅竊發逼嚴蹕冒清塵縱醢單于汙穹廬何以塞責帝順納詔蕃夷出仗久之遷主客郎中專侍皇太子眷賚良異始向之生父岌客遠方不還少喪母失墓所在將葬巫者求得之不知父在亡招魂合諸墓後有傳父猶在者訪索累年不獲它日自朝還道見一老人物色問之果父也下馬抱父足號慟行人爲流涕帝聞咨歎官岌朝散大夫賜錦綵給內教坊樂工娛懌其心卒贈東平太守向終喪再遷中書舍人改工部侍郎卒贈華陰太守嘗以李善釋文選爲繁醲與呂延濟劉良張銑李周翰等更爲詁解時號五臣注

王翰字子羽并州晉陽人少豪健恃才及進士第然喜蒱酒張嘉貞爲本州長史偉其人厚遇之翰自歌以舞屬嘉貞神氣軒舉自如張說至禮益加復舉直言極諫調昌樂尉又舉超拔羣類方說輔政故召爲祕書正字擢通事舍人駕部員外郎家畜聲伎目使頤令自視王侯人莫不惡之說罷宰相翰出爲汝州長史徙仙州別駕日與才士豪俠飲樂游畋伐鼓窮歡坐貶道州司馬卒

孫逖博州武水人後魏光祿大夫惠蔚其先也祖希莊爲韓王府典籤四世傳一子故無近屬父嘉之少孤依外家客涉鞏間乖拱初詣洛陽獻書不報第進士終襄邑令逖幼有文屬思警敏年十五見雍州長史崔日用令賦土火爐援筆成篇理趣不凡日用駭歎遂與定交舉手筆俊拔哲人奇士隱淪屠釣及文藻宏麗等科開元十年又舉賢良方正玄宗御洛城門引見命戶部郎中蘇晉等第其文異等擢左拾遺張說命子均垍往拜之李邕負才自陳州入計裒其文示逖李暠鎮太原表置幕府以起居舍人入爲集賢院脩撰時海內少事帝賜羣臣十日一燕宰相蕭嵩會百官賦天成玄澤雉南有山楊之華三月英英有蘭和風嘉木等詩八篇繼雅頌體使逖序所以然改考功員外郎取顏眞卿李華蕭穎士趙驊等皆海內有名士俄遷中書舍人是時嘉之且八十猶爲令逖求降外官增父秩帝嘉納拜嘉之宋州司馬聽致仕父喪缺復拜舍人開元間蘇頲齊澣蘇晉賈曾韓休許景先及逖典詔誥爲代言最而逖尤精密張九齡視其草欲易一字卒不能也居職八年判刑部侍郎以病風乞解徙太子左庶子遂緜廢累年徙少詹事上元中卒贈尚書右僕射謚曰文諸子成最知名

成字思退推蔭仕累洛陽長安令兄宿爲華州刺史因悸病瘖成請告往視不待報輒行代宗嘉其悌不責也稍遷倉部郎中京兆少尹爲信州刺史歲大旱發倉以賤直售民故飢而不亡再朞增戶五千詔書褒美徙蘇州改桂管觀察使卒成通經術奏議据正嘗有朞喪弔者至成不易縗而見客疑之請故答曰縗者古居喪常服去之則廢喪也今而巾幞失矣子公器亦至邕管經略使公器子簡字樞中元和初登進士第辟鎭國荊南幕府累遷左司吏部二郎中繇諫議大夫知制誥進中書舍人初逖掌誥至代宗時宿又居職逮簡凡三世會昌初遷尚書左丞建言班位以品秩爲等差今官兼臺省位置遷誤不可爲法元和元年御史臺白奏常參官兼大夫中丞者視檢校官居本品同類官上其後侍郎兼大夫者皆在左右丞上當時侍郎兼大夫少唯京兆尹兼之京兆尹從三品今位乃在本品同類官從三品卿監上太常宗正卿正三品下左丞乃正四品上戶部侍郎正四品下今戶部侍郎兼大夫當在本品同類正四品下諸曹侍郎上不宜居正四品丞郎上又右丞正四品下吏部侍郎正四品上今吏部侍郎位右丞之下蓋以丞有繩轄之重雖吏部品高猶居其下然則戶部侍郎雖兼大夫安得居其上哉今散官自將仕郎至開府特進每品正從有上中下名級各異則正從上下不得謂之同品京兆河南司錄及諸府州錄事參軍事皆操紀律正諸曹與尚書省左右丞紀綱六曹略等假使諸曹掾因功勞加臺省官安得位在司錄錄事參軍上且左丞糾射八坐玉省內禁令宗廟祠祭事御史不當得彈奏之良以臺官所奏拘牽成例不揣事之輕重使理可循雖無往比自宜行之否者號曰舊章正可改也武宗詔兩省官詳議皆從簡請歷河中興元宣武節度使檢校尚書右僕射東都留守而弟範亦爲淄青節度使世推顯家

李白字太白興聖皇帝九世孫其先隋末以罪徙西域神龍初遁還客巴西白之生母夢長庚星因以命之十歲通詩書旣長隱岷山州舉有道不應蘇頲爲益州長史見白異之曰是子天才奇特少益以學可比相如然喜縱橫術擊劒爲任俠輕財重施更客任城與孔巢父韓準裴政張叔明陶沔居徂徠山日沈飲號竹溪六逸天寶初南入會稽與吳筠善筠被召故白亦至長安往見賀知章知章見其文歎曰子謫仙人也言於玄宗召見金鑾殿論當世事奏頌一篇帝賜食親爲調羹有詔供奉翰林白猶與飲徒醉于市帝坐沈香亭子意有所感欲得白爲樂章召入而白已醉左右以水頮面稍解援筆成文婉麗精切無留思帝愛其才數宴見白嘗侍帝醉使高力士脫鞾力士素貴恥之擿其詩以激楊貴妃帝欲官白妃輒沮止白自知不爲親近所容益驁放不自脩與知章李適之汝陽王璡崔宗之蘇晉張旭焦遂爲酒八仙人懇求還山帝賜金放還白浮游四方嘗乘舟與崔宗之自采石至金陵著宮錦袍坐舟中旁若無人安祿山反轉側宿松匡廬間永王璘辟爲府僚佐璘起兵逃還彭澤璘敗當誅初白游并州見郭子儀奇之子儀嘗犯法白爲救免至是子儀請解官以贖有詔長流夜郎會赦還尋陽坐事下獄時宋若思將吳兵三千赴河南道尋陽釋囚辟爲參謀未幾辭職李陽冰爲當塗令白依之代宗立以左拾遺召而白已卒年六十餘白晚好黃老度牛渚磯至姑孰悅謝家青山欲終焉及卒葬東麓元和末宣歙觀察使范傳正祭其冢禁樵採訪後裔惟二孫女嫁爲民妻進止仍有風範因泣曰先祖志在青山頃葬東麓非本意傳正爲改葬立二碑焉告二女將改妻士族辭以孤窮失身命也不願更嫁傳正嘉歎復其夫徭役文宗時詔以白歌詩裴旻劒舞張旭草書爲三絕旭蘇州吳人嗜酒每大醉呼叫狂走乃下筆或以頭濡墨而書旣醒自視以爲神不可復得也世呼張顛初仕爲常熟尉有老人陳牒求判宿昔又來旭怒其煩責之老人曰觀公筆奇妙欲以藏家爾旭因問所藏盡出其父書旭視之天下奇筆也自是盡其法旭自言始見公主擔夫爭道又聞鼓吹而得筆法意觀倡公孫舞劒器得其神後人論書歐虞褚陸皆有異論至旭無非短者傳其法惟崔邈顏眞卿云旻嘗與幽州都督孫佺北伐爲奚所圍旻舞刀立馬上矢四集皆迎刀而斷奚大驚引去後以龍華軍使守北平北平多虎旻善射一日得虎三十一休山下有老父曰此彪也稍北有眞虎使將軍遇之且敗旻不信怒馬趨之有虎出叢薄中小而猛據地大吼旻馬辟易弓矢皆墜自是不復射

王維字摩詰九歲知屬辭與弟縉齊名資孝友開元初擢進士調大樂丞坐累爲濟州司倉參軍張九齡執政擢右拾遺歷監察御史母喪毀幾不生服除累遷給事中安祿山反玄宗西狩維爲賊得以藥下利陽瘖祿山素知其才迎置洛陽迫爲給事中祿山大宴凝碧池悉召梨園諸工合樂諸工皆泣維聞悲甚賦詩悼痛賊平皆下獄或以詩聞行在時縉位已顯請削官贖維罪肅宗亦自憐之下遷太子中允久之遷中庶子三遷尚書右丞縉爲蜀州刺史未還維自表已有五短縉五長臣在省戶縉遠方願歸所任官放田里使縉得還京師議者不之罪久乃召縉爲左散騎常侍上元初卒年六十一疾甚縉在鳳翔作書與別又遺親故書數幅停筆而化贈祕書監維工草隸善畫名盛於開元天寶間豪英貴人虛左以迎寧薛諸王待若師友畫思入神至山水平遠雲勢石色繪工以爲天機所到學者不及也客有以按樂圖示者無題識維徐云此霓裳第三疊最初拍也客未然引工按曲乃信兄弟皆篤志奉佛食不葷衣不文綵別墅在輞川地奇勝有華子岡欹湖竹里館柳浪茱萸沜辛夷塢與裴迪游其中賦詩相酬爲樂喪妻不娶孤居三十年母亡表輞川第爲寺終葬其西寶應中代宗語縉曰朕嘗於諸王座聞維樂章今傳幾何遣中人王承華往取縉裒集數十百篇上之

鄭虔鄭州滎陽人天寶初爲協律郎集綴當世事著書八十餘篇有窺其藁者上書告虔私撰國史虔蒼黃焚之坐謫十年還京師玄宗愛其才欲置左右以不事事更爲置廣文館以虔爲博士虔聞命不知廣文曹司何在訴宰相宰相曰上增國學置廣文館以居賢者令後世言廣文博士自君始不亦美乎虔乃就職久之雨壞

廡舍有司不復脩完寓治國子館自是遂廢初虔追紬故書可誌者得四十餘篇國子司業蘇源明名其書爲會粹虔善圖山水好書常苦無紙於是慈恩寺貯柿葉數屋遂往日取葉肄書歲久殆遍嘗自寫其詩并畫以獻帝大署其尾曰鄭虔三絕遷著作郎安祿山反遣張通儒劫百官置東都僞授虔水部郎中因稱風緩求攝市令潛以密章達靈武賊平與張通王維並囚宣陽里三人者皆善畫崔圓使繪齋壁虔等方悸死即極思祈解於圓卒免死貶台州司戶參軍事維止下遷後數年卒虔學長於地里山川險易方隅物產兵戍衆寡無不詳嘗爲天寶軍防錄言典事該諸儒服其善著書時號鄭廣文在官貧約甚澹如也杜甫嘗贈以詩曰才名四十年坐客寒無氈云有鄭相如者自滄州來師事虔虔未之禮問問何所業相如曰聞孔子稱繼周者百世可知僕亦能知之虔駭然即曰開元盡三十年當改元盡十五年天下亂賊臣僭位公當汙僞官願守節可以免虔又問自謂云何答曰相如有官三年死衢州是年及進士第調信安尉既三年虔詢吏部則相如果死故虔念其言終不附賊

蕭穎士字茂挺梁鄱陽王恢七世孫祖晶賢而有謀任雅相伐高麗表爲記室越王貞舉兵杖策詣之陳三策王不用晶度必敗乃亡去客死廣陵穎士四歲屬文十歲補太學生觀書一覽即誦通百家譜系書籀學開元二十三年舉進士對策第一父旻以莒丞抵罪穎士往訴於府佐張惟一惟一曰旻有佳兒吾以旻獲譴不憾乃平宥之天寶初穎士補祕書正字于時裴耀卿席豫張均宋遙韋述皆先進器其材與鈞禮由是名播天下奉使括遺書趙衛間淹久不報爲有司劾免留客濮陽於是尹徵王恒盧異盧士式賈邕趙匡閻士和柳并等皆執弟子禮以次授業號蕭夫子召爲集賢校理宰相李林甫欲見之穎士方父喪不詣林甫嘗至故人舍邀穎士穎士前往哭門內以待林甫不得已前弔乃去怒其不下已調廣陵參軍事穎士急中不能堪作伐櫻桃樹賦曰擢無庸之瑣質蒙本枝以自庇雖先寢而或薦非和羹之正味以譏林甫云君子恨其褊會母喪免流播吳越嘗謂仲尼作春秋爲百王不易法而司馬遷作本紀書表世家列傳敘事依違失褒貶體不足以訓乃起漢元年訖隋義寧編年依春秋義類爲傳百篇在魏書高貴崩曰司馬昭弒帝於南闕在梁書陳受禪曰陳霸先反又自以梁枝孫而宣帝逆取順守故武帝得血食三紀昔曲沃篡晉而文公爲五伯仲尼弗貶也乃黜陳閏隋以唐土德承梁火德皆自斷諸儒不與論也有太原王緒者僧辯裔孫譔永寧公輔梁書黜陳不帝穎士佐之亦著梁蕭史譜及作梁不禪陳論以發緒義例使光明云史官韋述薦穎士自代召詣史館待制穎士乘傳詣京師而林甫方威福自擅穎士遂不屈愈見疾俄免官往來鄠杜間林甫死更調河南府參軍事倭國遣使入朝自陳國人願得蕭夫子爲師者中書舍人張漸等諫不可而止安祿山寵恣穎士陰語柳并曰胡人負寵而驕亂不久矣東京其先陷乎即託疾游太室山已而祿山反穎士往見河南採訪使郭納言禦守計納忽不用歎曰肉食者以兒戲禦劇賊難矣哉聞封常清陳兵東京往觀之不宿而還因藏家書於箕潁間身走山南節度使源洧辟掌書記賊別校攻南陽洧懼欲退保江陵穎士說曰官兵守潼關財用急必待江淮轉餉乃足餉道由漢沔則襄陽乃今天下喉襟一日不守則大事去矣且列郡數十人百萬訓兵攘寇社稷之功也賊方專崤陝公何遽輕土地欲取笑天下乎洧乃按甲不出亦會祿山死賊解去洧卒往客金陵永王璘召之不見時盛王爲淮南節度大使留蜀不遣副大使李承式玩兵不振穎士與宰相崔圓書以爲今兵食所資在東南但楚越重山複江自古中原擾則盜先起宜時遣使以扞鎮江淮俄而劉展果反賊圍雍丘脅泗上軍承式遣兵往救大宴賓客陳女樂穎士曰天子暴露豈臣下盡歡時邪夫投兵不測乃使觀聽華麗一旦思歸誰致其死哉弗納崔圓聞之即授揚州功曹參軍至官信宿去後客死汝南逆旅年五十二門人共謚曰文元先生穎士樂聞人善以推引後進爲己任如李陽李幼卿皇甫冉陸渭等數十人由奬目皆爲名士天下推知人稱蕭功曹嘗兄事元德秀而友殷寅顏真卿柳芳陸據李華邵軫趙驊時人語曰殷顏柳陸李蕭邵趙以能全其交也所與遊者孔至賈至源行恭張有略族弟季遐劉穎韓拯陳晉孫益韋建韋收獨華與齊名世號蕭李嘗與華據游洛龍門讀路旁碑穎士即誦華再閱據三乃能盡記聞者謂三人才高下此其分也有奴事穎士十年笞楚嚴慘或勸其去答曰非不能愛其才耳穎士數稱班彪皇甫謐張華劉琨潘尼能尚古而混流俗不自振曹植陸機所不逮也又言裴子野善著書所許可當世者陳子昂富嘉謨盧藏用之文辭董南事孔述睿之博學而已子存字伯誠亮直有父風能文辭與韓會沈既濟梁肅徐岱等善浙西觀察使李栖筠表常熟主簿顏真卿在湖州與存及陸鴻漸等討摭古今韻字所原作書數百篇建中初由殿中侍御史四遷比部郎中張滂主財賦辟存留務京師裴延齡與滂不協存疾其姦去官風痺卒韓愈少爲存所知自袁州還過存廬山故居而諸子前死唯一女在爲經贍其家殷寅者陳郡人邵軫者汝南人陸據河南人字德麟後周上庸公騰六世孫神寓警邁善物理年三十始到京師公卿愛其文交譽之天寶十三載終司勳員外郎

柳并者字伯存大曆中辟河東府掌書記遷殿中侍御史喪明終於家初并與劉太眞尹徵閻士和受業於穎士而并好黃老穎士常曰太眞吾入室者也斯文不墜寄是子云徵博聞彊識士和鉤深致遠吾弗逮已并不受命而尚黃老子亦何誅并弟談字中庸穎士愛其才以女妻之士和字伯均著蘭陵先生誄蕭夫子集論因推歷世文章而盛推穎士所長以爲聞蕭氏風者五尺童子羞稱曹陸

皇甫冉字茂政十歲便能屬文張九齡歎異之與弟曾皆善詩天寶中踵登進士授無錫尉王縉爲河南元帥表掌書記遷累右補闕卒曾字孝常歷監察御史其名與冉相上下當時比張氏景陽孟陽云

蘇源明京兆武功人初名預字弱夫少孤寓居徐兗工文辭有名天寶間及進士第更試集賢院累遷太子諭德出爲東平太守是時濟陽郡太守李倰以郡瀕河請增領宿城中都二縣以紓民力一縣隸東平魯郡者也於是源明議廢濟陽析三縣分隸濟南東平濮陽詔河南採訪使會濮陽太守崔季重魯郡太守李蘭濟南太守田琦及源明倰五太守議于東平不能決既而卒廢濟陽以縣皆隸東平召源明爲國子司業安祿山陷京師源明以病不受僞署肅宗復兩京擢考功郎中知制誥是時承大盜之餘國用覂屈宰相王璵以祈禬進禁中禱祀窮日夜中官用事給養繁靡羣臣莫敢切諍昭應令梁鎮上書勸帝罷淫祀其他不暇及也源明數陳政治得失及史思明陷洛陽有詔幸東京將親征源明因上疏極諫曰淫雨積時道路方梗甚不可一也自春大旱秋苗耗半斂穫未畢先之以淸道之役申之以供頓之苦甚不可二也每立殿廊見旌旗之下餓夫執殳仆于行間日見一二市井餧殍求食死于路旁日見四五甚不可三也姦夫盜兒連墻接棟磨礪以須陛下之出御史大夫必不能澄淸禁止甚不可四也聖皇巡蜀之初都內財貨吏民資產糜散于道路之手至有乘馬駐驢入宣政紫宸者況陛下初有四海威制不及曩時遠矣今茲東行殆賊臣誘掖陛下而已詩曰三星在霤謂危亡在於須臾臣不勝嗚咽爲陛下痛之願速罷幸不然窮寇樂禍巳扼腕於下甚不可五也方今河洛驛騷江湖叛渙詩曰中原有菽庶民采之彼思明楚元皆采菽之人也陛下何遽輕萬乘而速成之邪甚不可六也大河南北畢爲寇盜三公以下稟稍匱絕十櫟賜僅支日月而中官冗食不減往年梨園雜伎愈盛今日陛下未得穆然高枕殆繇此也自非中庸指使太常正樂外願一切放歸給長牒勿事須五六年後臨事斟省令聚而仰給甚不可七也李光弼拔河陽王思禮下晉原衞伯玉拂焉耆過析支不日可至御史大夫王玄志壓巫閭臨幽都汝州刺史田南金踰關口過二室邵景山夌淮泗愾然而西狂賊失勢蹙于絺山之下北不敢逾孟津東不敢過鹽子計日反接而至矣陛下不坐而受之乃欲親征徇一朝之怒甚不可八也王者之於天地神祇享之以牲幣而已記曰不祈方士彼淫巫愚祝妄有關說甚不可九也天子順動人皆幸之之謂幸人皆病之之謂不幸臣等屢悌視聽聯伏赤墀之下頓顙流涕而出雖陛下優容貸罪凡百之臣必言于朝萬口謗于外甚不可十也臣聞子不諍於父不孝也臣不諍於君不忠也不孝不忠爲苟榮目祿固牢之物不若也臣雖至賤不能委身圈牢之中將使樵夫指而笑之帝嘉其切直遂罷東幸後以祕書少監卒源明雅善杜甫鄭虔其最稱者元結梁肅字敬之一字寬中隋刑部尚書毗五世孫世居陸渾建中初中文辭淸麗科擢太子校書郎蕭復薦其材授右拾遺脩史以母羸老不赴杜佑辟淮南掌書記召爲監察御史轉右補闕翰林學士皇太子諸王侍讀卒年四十一贈禮部郎中

唐書卷二百二考證

李適傳子季卿亦能文○舊書作李適之之子

來之問傳汾州人○舊書作虢州弘農人

李邕傳父善爲文選注敷析淵洽表上之○沈炳震曰舊書所注文選六十卷大行於時

孫逖傳博州武水人○舊書作潞州涉縣人

唐書卷二百三

宋　端　明　殿　學　士　宋　祁　撰

列傳第一百二十八

文藝下

李華字遐叔趙州贊皇人曾祖太沖名冠宗族間鄉人語曰太沖無兄太宗時擢祠部郎中華少曠達外若坦蕩內謹重尚然許每慕汲黯爲人累中進士宏辭科天寶十一載遷監察御史宰相楊國忠支婭所在橫猾華出使劾按不橈州縣肅然爲權幸見疾徙右補闕安祿山反上誅守之策皆留不報玄宗入蜀百官解竄華母在鄴欲間行輦母以逃爲盜所得僞署鳳閣舍人賊平貶杭州司戶參軍華自傷踐危亂不能完節又不能安親欲終養而母亡遂屏居江南上元中以左補闕司封員外郎召之華喟然曰烏有隳節危親欲荷天子寵乎稱疾不拜李峴領選江南表置幕府擢檢校吏部員外郎苦風痺去官客隱山陽勒子弟力農安於窮槁晚事浮圖法不甚著書惟天下士大夫家傳墓版及州縣碑頌時時齎金帛往請乃彊爲應大曆初卒初華作含元殿賦成以示蕭穎士穎士曰景福之上靈光之下華文辭緜麗少宏傑氣穎士健爽自肆時謂不及穎士而華自疑過之因作弔古戰場文極思研摧已成汙爲故書雜置梵書之庋它日與穎士讀之稱工華問今誰可及穎士曰君加精思便能至矣華愕然而服華愛獎士類名隨以重若獨孤及韓雲卿韓會李紓柳識崔祐甫皇甫冉謝良弼朱巨川後至執政顯官華觸禍銜悔及爲元德秀權皋銘四皓贊稱道深婉讀者憐其志宗子翰從子觀皆有名翰擢進士第調衞尉天寶末房琯韋陟俱薦爲史官宰相不肯擬翰所善張巡死節睢陽人媢其功以爲降賊肅宗未及知翰傳巡功狀表上之曰臣聞聖主褒死難之士養死事之孤或親推輀車或追建邑封厚死以慰生撫存以答亡君不遺於臣臣亦不背其君也自逆胡構亂據雒陽引幽朔以吞河南故御史中丞贈揚州大都督張巡忠誼奮發率烏合守雍丘潰賊心腹及魯炅棄甲宛葉哥舒翰敗績潼關賊遂盜神器鴟峙二京南臨漢江西逼岐雍羣帥列城望風出奔巡守孤城不爲却賊欲繞出巡後以擾江淮巡退軍睢陽扼東南咽領自春訖冬大戰數十小戰數百以弱制彊出奇無窮殺馘兇醜凡十餘萬賊不敢越睢陽取江淮江淮以完巡之力也城孤糧盡外救不至猶奮羸起病摧鋒陷堅三軍啖膚而食知死不叛城陷見執卒無橈詞慢叱兇徒精貫白日雖古忠烈無以加焉議者罪巡以食人愚巡以守死臣竊痛之夫忠者臣之教恕者法之情巡握節而死非虧教也析骸以爨非本情也春秋以功覆過書赦過宥刑在易遏惡揚善爲國者録用棄瑕今者乃欲議巡之罪是廢教紬節不以功掩過不以刑恕情善可遏惡可揚瑕録而用棄非所以獎人倫明勸戒也且祿山背德大臣將相比肩從賊巡官不朝宴不坐無一伍之士一節之權徒奮身死節以動義旅不謂忠乎以數千卒横挫賊鋒若無巡則無睢陽無睢陽則無江淮有如賊因江淮之資兵廣而財積根結盤據西向以拒難終殲滅其曠日持久必矣今陝鄢一戰犬羊駭北王師震其西巡扼其東此天使巡舉江淮以待陛下師至而巡死不謂功乎古者列國侵伐猶分災救患諸將同受國恩奉辭伐罪巡固守亦待外援援不至而食盡食盡而及人則巡之情可求矣假巡守城之初已計食人損數百衆以全天下臣尚謂功過相掩況非素志乎夫子制春秋明褒貶齊桓公將封禪略不書晉文公召王河陽書而諱之巡蒼黄之罪輕於僭禪興復之功重於糾合今巡子亞夫雖得官不免飢寒江淮旣巡所保戶口充完宜割百戶俾食其子且彊死爲厲有所歸則不爲災巡身首分裂將士骸骼不掩宜於睢陽相擇高原起大冢招魂而葬旌善之義也臣少與巡游哀巡死難不覩休明唯令名其榮祿也若不時紀錄月日寖悠或掩而不傳或傳而不實巡生死不遇誠可悲悼謹撰傳一篇昧死上儻得列于史官死骨不朽帝繇是感悟而巡大節白於世義士多之翰累遷左補闕翰林學士大歷中病免客陽翟卒翰爲文精密而思遲常從令皇甫曾求音樂思涸則奏之神逸乃屬文族弟紓自有傳

觀字元賓貞元中舉進士宏辭連中授太子校書郎卒年二十九觀屬文不襲沿前人時謂與韓愈相上下及觀少夭而愈後文益工議者以觀文未極愈老不休故卒擅名陸希聲以爲觀尚辭故辭勝理愈尚質故理勝辭雖愈窮老終不能加觀之辭觀後愈死亦不能逮愈之質云

孟浩然字浩然襄州襄陽人少好節義喜振人患難隱鹿門山年四十乃游京師嘗於太學賦詩一座嗟伏無敢抗張九齡王維雅稱道之維私邀入內署俄而玄宗至浩然匿牀下維以實對帝喜曰朕聞其人而未見也何懼而匿詔浩然出帝問其詩浩然再拜自誦所爲至不才明主棄之句帝曰卿不求仕而朕未嘗棄卿奈何誣我因放還採訪使韓朝宗約浩然偕至京師欲薦諸朝會故人至劇飲歡甚或曰君與韓公有期浩然叱曰業已飲遑恤他卒不赴朝宗怒辭行浩然不悔也張九齡爲荊州辟置于府府罷開元末病疽背卒後樊澤爲節度使時浩然墓庳壞符載以牋叩澤曰故處士孟浩然文質傑美殞落歲久門裔陵遲丘隴頹没永懷若人行路慨然前公欲更築大墓闔州搢紳聞風竦動而今外迫軍旅內勞賓客牽耗歲時或有未遑誠令好事者乘而有之負公夙志矣澤乃更爲刻碑鳳林山南封寵其墓初王維過郢州畫浩然像于刺史亭因曰浩然亭咸通中刺史鄭諴謂賢者名不可斥更署曰孟亭開元天寶間同知名者王昌齡崔顥皆位不顯昌齡字少伯江寧人第進士補祕書郎又中宏辭遷汜水尉不護細行貶龍標尉以世亂還鄉里爲刺史閭丘曉所殺張鎬按軍河南兵大集曉最後期將戮之辭曰有親乞貸餘命鎬曰王昌齡之親欲與誰養曉默然昌齡工詩緒密而思清時謂王江寧云崔顥者亦擢進士第有文無行好蒱博嗜酒娶妻惟擇美者俄又棄之凡四五娶終司勳員外郎初李邕聞其名虛舍邀之顥至獻詩首章曰十五嫁王昌邕叱曰小兒無禮不與接而去

劉太真宣州人善屬文師蘭陵蕭穎士舉高第進士淮南陳少游表爲掌書記嘗以少游擬桓文爲義士所訾興元初爲河東宣慰賑給使累遷刑部侍郎德宗以天下平貞元四年九月詔羣臣宴曲江自爲詩敕宰相擇文人賡和李泌等請羣臣皆和帝自第之以太真李紓等爲上鮑防于邵等次之張濛等爲下與擇者四十一人惟泌李晟馬燧三宰相無所差次遷禮部掌貢士多取大臣貴近子弟坐貶信州刺史卒

邵說相州安陽人已擢進士第未調陷史思明逮朝義敗歸郭子儀子儀愛其才留幕府遷累長安令祕書少監大曆末上言天道三十年一小變六十年一大變祿山思明之難出入二紀多難漸平向之亂今將變而之治宜建徽號承天意而方謁郊廟大赦各士誠恐雲雨之施未普鬱結之氣未除願因此時修享獻款郊廟褒有德錄賢人與天下更始振災益壽之術也不聽德宗立擢吏部侍郎說因自陳家本儒先祖長白山人貞一以武后革命終身不肯仕先臣殿中侍御史壇之逮事玄宗臣十六卽孤長育母手天寶中始仕會喪客河北祿山亂喪紀當終臣不褫衰絰又再朞懼終不免陷走洺魏慶緒遁保西城搜脅儒者爲已用以兵迫臣遂陷醜逆俄而史思明順附欲間道歸北闕下肅宗拜臣左金吾衞騎曹參軍許留思明所會烏承恩事路絕不得歸朝義之敗欲固守河陽臣知回紇利野戰陰勸其行以破賊計朝義已走臣西歸獻狀先帝詔翰林索臣所上言與王佖偕召先帝謂誠節白著故擢佖侍御史臣爲殿中侍御史使者宣旨制詔盡言其狀則疇昔本末先帝知之今又推以不次雖自天斷尚恐受謗與人傷陛下之明今吏員未乏而調者多益以功優準平格以判留人去者十七彼且鼓讒說以投疑于上此臣所大懼也因薦戶部郎中蕭定司農卿庾準自代不許說在職以才顯或言且執政金吾將軍裴儆謂柳載曰說事賊爲劇官掌其兵大小百戰掠名家子爲奴婢不可計得宥死而無厚顏乃崇第產附貴倖欲以相邪其能久乎建中三年遂嚴郢說與郢善微諷朱泚訟其冤爲草奏貶歸州刺史卒

于邵字相門其先自代來爲京兆萬年人天寶末第進士以書判超絕補崇文校書郎繇比部郎中爲道州刺史未行徙巴州會歲餘部獠亂薄城下邵勵兵拒戰且遣使諭曉獠丐降邵儒服出賊見皆拜卽引去節度使李抱玉以聞遷梓州辭疾不拜授兵部郎中崔寧帥蜀表爲度支副使俄以諫議大夫知制誥進禮部侍郎朝有大典册必出其手爲三司使治薛邕獄失德宗旨貶桂州長史復爲太子賓客與宰相陸贄不平出杭州刺史久疾求告貶衢州別駕徙江州卒年八十一邵孝悌有行逸塗益修潔樊澤始舉賢良邵望見曰將相材也崔元翰舉進士年五十矣邵以其文擢異等曰後當司詔令已而皆然獨孤授舉博學宏辭吏部考當乙邵覆之置甲科人咨其公

崔元翰名鵬以字行父良佐與齊國公日用從昆弟也擢明經甲科補湖城主簿以母喪遂不仕治詩易書春秋譔演範忘象渾天等論數十篇隱共北白鹿山之陽卒門人共謚曰貞文孝父元翰舉進士博學宏辭賢良方正皆異等義成李勉表在幕府馬燧更表爲太原掌書記召拜禮部員外郎竇參秉政引知制誥其訓辭溫厚有典誥風然性剛褊不能取容於時孤特自恃掌誥凡再朞不遷罷爲比部郎中時已七十餘卒其好學老不倦用思精緻馳騁班固蔡邕間以自名家怨陸贄李充乃附裴延齡延齡表鉤校京兆妄費持吏甚急而充等自無過訖不能傳致以罪云

于公異蘇州吳人進士擢第李晟表爲招討府掌書記朱泚平露布於德宗曰臣既肅清宮禁祗奉寢園鐘簴不移廟貌如故帝覽泣下曰誰爲之辭或以公異對帝咨歎一再始公異與陸贄故有隙時贄在翰林聞不喜世多言公異不能事後母既仕不歸省及贄當政乃奏其狀詔賜孝經罷歸田里盧邁坐舉非其人奪俸兩月時中書舍人高郢嘗薦御史元敦義及公異被譴郢亦劾敦義無美行詔免敦義官公異繇是不自振而卒

李益故宰相揆族子於詩尤所長貞元末名與宗人賀相埒每一篇成樂工爭以賂求取之被聲歌供奉天子至征人早行等篇天下皆施之圖繪少癡而忌克防閑妻妾苛嚴世謂妒爲李益疾同輩行稍稍進顯益獨不調鬱鬱去游燕劉濟辟置幕府進爲營田副使嘗與濟詩語怨望憲宗雅知名召爲祕書少監集賢殿學士自負才凌藉士衆不能堪諫官因暴幽州時怨望語詔降秩俄復舊官累遷右散騎常侍太和初以禮部尚書致仕卒時又有太子庶子李益同在朝故世言文章李益以辨云

盧綸字允言河中蒲人避天寶亂客鄱陽大曆初數舉進士不入第元載取綸文以進補閿鄉尉累遷監察御史輒稱疾去坐與王縉善久不調渾瑊鎮河中辟元帥判官累遷檢校戶部郎中嘗朝京師是時舅韋渠牟得幸德宗表其才召見禁中帝有所作輒使賡和異日問渠牟盧綸李益何在答曰綸從渾瑊在河中驛召之會卒綸與吉中孚韓翃錢起司空曙苗發崔峒耿湋夏侯審李端皆能詩齊名號大曆十才子憲宗詔中書舍人張仲素訪集遺文文宗尤愛其詩問宰相綸文章幾何亦有子否李德裕對綸四子簡能簡辭弘正簡求皆擢進士第在臺閣帝遣中人悉索家笥得詩五百篇以聞中孚鄱陽人官戶部侍郎翃字君平南陽人侯希逸表佐淄青幕府府罷十年不出李勉在宣武復辟之俄以駕部郎中知制誥時有兩韓翃其一爲刺史宰相請孰與德宗曰與詩人韓翃終中書舍人起吳興人天寶中舉進士與郎士元齊名時詔曰前有沈宋後有錢郎終考功郎中曙字文初廣平人從韋皋於劍南終虞部郎中發晉卿子終都官員外郎峒終右補闕湋右拾遺審侍御史端趙州人始郭曖尚昇平公主主賢明有才思尤招納士故端等多從曖游曖嘗進官大集客端賦詩最工錢起曰素爲之請賦起姓端立獻一章又工于前客乃服主賜帛百後移疾江南終杭州司馬

歐陽詹字行周泉州晉江人其先皆爲本州州佐縣令閩越地肥衍有山泉禽魚雖能通文書吏事不肯北宦及常袞罷宰相爲觀察使始擇縣鄉秀民能文辭者與爲賓主鈞禮觀游饗集必與里人矜耀故其俗稍相勸仕初詹與羅山甫同隱潘湖往見袞袞奇之辭歸泛舟飲餞舉進士與韓愈李觀李絳崔羣王涯馮宿庾承宣聯第皆天下選時稱龍虎榜閩人第進士自詹始詹事父母孝與朋友信義其文章切深回復明辨與愈友善詹先爲國子監四門助教率其徒伏闕下舉愈博士卒年四十餘崔羣哭之甚愈爲詹哀辭自書以遺羣初徐晦舉進士不中詹數稱之明年高第仕爲福建觀察使語及詹必流涕從子秬字降之亦工爲文陸洿自右拾遺除司勳郎中棄官隱吳中詔召之既在道秬遺書讓出處之遽洿不至還秬名益聞開成中擢進士第而里人蕭本妄言與貞獻太后近屬恩寵赫然秬恥之會澤潞劉從諫表秬在幕府秬爲辨質本之僞本終得罪其子稹拒命秬方休假還家稹表斥損時政或言秬爲之詔流崖州賜死臨刑色不撓爲書偏謝故人自誌墓人皆憐之

李賀字長吉系出鄭王後七歲能辭章韓愈皇甫湜始聞未信過其家使賀賦詩援筆輒就如素構自目曰高軒過二人大驚自是有名爲人纖瘦通眉長指爪能疾書每旦日出騎弱馬從小奚奴背古錦囊遇所得書投囊中未始先立題然後爲詩如它人牽合程課者及暮歸足成之非大醉弔喪日率如此過亦不甚省母使婢探囊中見所書多卽怒曰是兒要嘔出心乃已耳以父名晉肅不肯舉進士愈爲作諱辨然卒亦不就舉辭尚奇詭所得皆驚邁絕去翰墨畦逕當時無能效者樂府數十篇雲韶諸工皆合之絃管爲協律郎卒年二十七與游者權璩楊敬之王恭元每譔著時爲所取去賀亦早世故其詩歌世傳者鮮焉

吳武陵信州人元和初擢進士第淮西吳少陽聞其才遣客鄭平邀之將待以賓友武陵不答俄而少陽子元濟叛武陵遺以書自稱東吳王孫曰夫勢有不必得事有不必疑徒取暴逆之名而殄物敗俗不可謂智一日亡破平生親愛連頭就戮不可謂仁支屬繁衍因緣磨滅先魂傷餒不可謂孝數百里之內拘若檻穽常疑死於左右手低回姑息不可謂明且三皇以來數千萬載何有勃理亂常而能自畢者哉貞元時德宗以函容御天下河北諸鎮專地不臣朝廷賚以爵號桀黠者自謂得計以反爲利於是楊惠琳劉闢李錡盧從史等又亂皇帝卽位赫然命偏師討之盡伏其辜所謂時也日者張太尉猒垣捍之勤謝易定爲國老田尚書知慮絕俗又以魏博來歸幽檀滄景皆爲信臣然而與足下者獨齊趙耳夫齊安可爲恃哉徐壓其首梁薄其翼魏斷其脛滑鍼其腹淮南承其衝分兵不足相救全舉則曹魯東平非其有也彼何苦而自棄哉若趙則固豎子耳前日主上以澤潞爲之導既斥從史姑赦罪復爵祿之天下之人欲討者十八無何殘丞相御史朝廷以足下故未加斧鉞也然則中山摶藁城之險太原乘井陘之隘燕徇樂壽扼臨城清河絕其南弓高斷其北孤雛腐鼠求責不暇又曷以救人哉二鎮不敢動亦明矣足下何待而窮處邪昔僕之師裴道明嘗言唐家二百載有中興主當其時很傲者盡滅河湟之地復矣今天子英武任賢同符太宗寬仁厚物有玄宗之度罰無貸罪賞無遺功諸侯黎齊趙以稔其釁羣帥築室礪兵進窺房蔡屯田繼漕前鋒扼喉後陣撫背左排右掖其幾何而不踣邪足下勿謂部曲勿我欺人心與足下一也足下反天子人亦欲反足下易地而然則嬰兒橫之命不若奉大君官守矣杭戈持矛死不得地不若坐兼爵命而保肩嗣矣足下苟能挺知幾之烈莫若發一介籍士馬土疆歸之有司上以覆載之仁必保納足下滌垢洗瑕以倡四海將校官屬不失寵且貴何哉爲國者不以纖惡蓋大善也且貳而伐服而捨寵榮可厚骨肉可保何獨不爲哉三州至狹也萬國至廣也力不相侔判然可知假使官軍百敗而行陣未嘗乏足下一敗則成禽矣夫一壯士不能當十夫者以其左右前後咸敵也矧以一卒欲當百人哉昏迷不返諸侯之師集城下環壘刳塹灌以流潦主將怨攜士卒崩離田儋呂興發於肘腋屍不得裹宗不得祀臣僕以爲誡子孫所不祖生爲暗愎之人沒爲幽憂之鬼何其痛哉元濟得書不悟會裴度東討而韓愈爲司馬武陵勸愈爲度謀取中官常所不快者爲監軍歸素所快者於內爲吾地以傾諸侯出帛百萬以給士大夫則孰不爲丞相之人然後分三大將環賊而屯明斥候牛酒高會潛以實期授潁蔡諸將而以三期給賊令辯士持尺書刼元濟及將士約降彼無所窴謀矣時度部分已定故不見用元濟未破數月武陵自硤石望東南氣如旗鼓矛楯皆顚倒橫斜少選黃白氣出西北盤蜿相交武陵告愈曰今西北王師所在氣黃白喜象也敗氣爲賊日直木舉其盈數不閱六十日賊必亡夫天見其祥宜修事應之且洄曲守將急綏不可使吳城賊將趙曄詐而輕若以兵誘之伏以待一舉可奪其城則右臂斷矣武陵之奇譎類如此長慶初竇易直以戶部侍郎判度支表武陵主鹽北邊易直以不職薄其遇會表置和糴貯備使擇郎中爲之武陵諫曰今緣邊膏壤鞠爲榛杞父母妻子不相活前在朔方度支米價四十而無踰月積皆先取商人而後求牒還都受錢脫有寇薄城不三旬便當餓死何所取財而云和糴哉天下不治病權不歸有司也鹽鐵度支一戶部郎事今三分其務吏萬員財賦日蹙西北邊院官皆御史員外郎爲之始命若責可信今又加使權其務是御史員外久於事返不可信也今更旬月又將以郎中之爲不可信卽更時歲明公之爲亦又不可信上下相阻一國交疑誰爲可信者況一使之建胥徒走卒殆百輩督責騰呼數千里爲不寧誠欲邊隅完實獨募浮民徙罪人發沃土何必加使而增吏也易直不納久之入爲太學博士太和初禮部侍郎崔郾試進士東都公卿咸祖道長樂武陵最後至謂郾曰君方爲天子求奇材敢獻所益因出袖中書搢笏郾郾讀之乃杜牧所賦阿房宮辭既警拔而武陵音吐鴻暢坐客大驚武陵請曰牧方試有司請以第一人處之郾謝已得其人至第五郾未對武陵勃然曰不爾宜以賦見還郾曰如敎牧果異等後出爲韶州刺史以贓貶潘州司戶參軍卒初柳宗元謫永州而武陵亦坐事流永州宗元賢其人及爲柳州刺史武陵北還大爲裴度器遇每言宗元無子說度曰西原蠻未平柳州與賊犬牙宜用武人以代宗元使得優游江湖又遺工部侍郎孟簡書曰古稱一世三十年子厚之斥十二年殆半世矣霆砰電射天怒也不能終朝聖人在上安有畢世而怒人臣邪且程劉二韓皆已拔拭或處大州劇職獨子厚與猿鳥爲伍誠恐霧露所嬰則柳氏無後矣度未及用而宗元死始李愬節度唐鄧武陵薦李景儉王湘健智沈敏可表以自副時號知人

李商隱字義山懷州河內人或言英國公世勣之裔孫令狐楚帥河陽奇其文使與諸子游楚徙天平宣武皆表署巡官歲具資裝使隨計開成二年高鍇知貢舉令狐綯雅善鍇獎譽甚力故擢進士第調弘農尉以活獄忤觀察使孫簡將罷去會姚合代簡諭使還官又試拔萃中選王茂元鎮河陽愛其才表掌書記以子妻之得侍御史茂元善李德裕而牛李黨人蚩謫商隱以爲詭

薄無行共排笮之茂元死來游京師久不調更依桂管觀察使鄭亞府爲判官亞謫循州商隱從之凡三年乃歸亞亦德裕所善綯以爲忘家恩放利偷合謝不通京兆尹盧弘止表爲府參軍典箋奏綯當國商隱歸窮自解綯憾不置弘止鎭徐州表爲掌書記久之還朝復干綯乃補太學博士柳仲郢節度劍南東川辟判官檢校工部員外郎府罷客滎陽卒商隱初爲文瑰邁奇古及在令狐楚府楚本工章奏因授其學商隱儷偶長短而繁縟過之時溫廷筠段成式俱用是相夸號三十六體

薛逢字陶臣蒲州河東人會昌初擢進士第崔鉉鎭河中表在幕府鉉復宰相引爲萬年尉直弘文館歷侍御史尚書郎持論鯁切以謀略高自標顯初與彭城劉瑑交瑑文辭出逢數人下常易之瑑稍親近逢不得意遂相忿恨會瑑當國有薦逢知制誥者瑑猥言先朝以兩省官給事舍人先治州縣乃得除逢未試州孰不可乃出爲巴州刺史而楊收王鐸同牒署第收輔政逢有詩微辭譏訕收銜之復斥蓬縣二州刺史收罷以太常少卿召還歷給事中鐸爲宰相逢又以詩謍鐸鐸怒中外亦鄙逢褊傲故不見齒遷祕書監卒子廷珪進士及第大順初以司勳員外郎知制誥遷中書舍人從昭宗次華州引拜左散騎常侍稱疾免客成都光化中復爲舍人累尚書左丞朱全忠兼四鎭廷珪以官告使至汴客將先見諷其拜廷珪佯不曉曰吾何德敢受令公拜乎及見卒不肯加禮

李頻字德新睦州壽昌人少秀悟逮長廬西山多所記覽其屬辭於詩尤長與里人方干善給事中姚合名爲詩士多歸重頻走千里丐其品合大加奬挹以女妻之大中八年擢進士第調祕書郎爲南陵主簿判入等再遷武功令於是畿民多籍神策軍吏以其橫類假借不敢繩以法頻至有神策士尚君慶逋賦六年不送睅然出入閭里頻密擿比伍與競君慶叩縣廷質頻即械送獄盡條宿惡請於尹殺之督所負無少貸豪猾大驚屏息奉法縣大治有六門堰者廞廢百五十年方歲饑頻發官廥庸民浚渠按故道厮水溉田穀以大稔懿宗嘉之賜緋衣銀魚俄擢侍御史守法不阿徇遷累都官員外郎表丐建州刺史既至以禮法治下更布條教時朝政亂盜興相椎敓而建賴頻以安卒官下喪歸父老相與扶柩葬永樂州爲立廟棃山歲祠之天下亂盜發其冢壽昌人隨加封掩云

吳融字子華越州山陰人祖翥有名大中時觀察府召以署吏不應帥高其槩言諸朝賜號文簡先生融學自力富辭調龍紀初及進士第韋昭度討蜀表掌書記遷累侍御史坐累去官流浪荆南依成汭久之召爲左補闕以禮部郎中爲翰林學士拜中書舍人昭宗反正御南闕羣臣稱賀融最先至于時左右歡駭帝有指授疊十許稾融跪作詔少選成語當意詳帝咨賞良厚進戶部侍郎鳳翔劫遷融不克從去客閿鄉俄召還翰林遷承旨卒官

唐書卷二百三考證

李賀傳卒年二十七○舊書作二十四

唐書卷二百四

宋　端　明　殿　學　士　宋　祁　撰

列傳第一百二十九

方技

凡推步卜相醫巧皆技也能以技自顯於一世亦悟之天非積習致然然士君子能之則不迂不泥不矜不神小人能之則迂而入諸拘礙泥而弗通大方矜以夸衆神以誣人故前聖不以爲教蓋吝之也若李淳風諫太宗不濫誅許胤宗不著方劑書嚴撰諫不合乾陵乃卓然有益于時者茲可珍也至遠知果㷂等詭行幻怪又技之下者焉

李淳風岐州雍人父播仕隋高唐尉棄官爲道士號黃冠子以論撰自見淳風幼爽秀通羣書明步天歷算貞觀初與傅仁均爭歷法議者多附淳風故以將仕郎直太史局制渾天儀詆摭前世得失著法象書七篇上之擢承務郎遷太常博士改太史丞與諸儒修書還爲令太宗得祕讖言唐中弱有女武代王以問淳風對曰其兆既成已在宮中又四十年而王王而夷唐子孫且盡帝曰我求而殺之柰何對曰天之所命不可去也而王者果不死徒使疑似之戮淫及無辜且陛下所親愛四十年而老老則仁雖受終易姓而不能絕唐若殺之復生壯者多殺而逞則陛下子孫無遺種矣帝采其言止淳風於占候吉凶若節契然當世術家意有鬼神相之非學習可致終不能測也以勞封昌樂縣男奉詔與算博士梁述助教王眞儒等是正五曹孫子等書刊定注解立於學官撰麟德歷代戊寅歷候者推最密自祕閣郎中復爲太史令卒所撰典章文物志已巳占等書傳於世子諺孫仙宗並擢太史令唐初言歷者惟傅仁均仁均滑州人終太史令

甄權許州扶溝人以母病與弟立言究習方書遂爲高醫仕隋爲祕書省正字稱疾免魯州刺史庫狄嶔風痺不得挽弓權使彀矢鄕堋立鍼其肩隅一進曰可以射矣果如言貞觀中權已百歲太宗幸其舍視飲食訪逮其術擢朝散大夫賜几杖衣服尋卒年一百三歲所撰脈經針方明堂等圖傳于時立言仕爲太常丞杜淹苦流腫帝遣視曰去此十日午漏上且死如之有道人心腹懣煩彌二歲診曰腹有蠱誤食髮而然令餌雄黃一劑少選吐一蛇如拇無目燒之有髮氣乃愈後以醫顯者清漳宋俠義興許胤宗洛陽張文仲李虔縱京兆韋慈藏俠官朝散大夫藥藏監胤宗仕陳爲新蔡王外兵參軍王太后病風不能言脈沈難對醫家告術窮胤宗曰餌液不可進卽以黃耆防風煮湯數十斛置牀下氣如霧熏薄之是夕語擢義興太守武德初累進散騎侍郎關中多骨蒸疾轉相染得者皆死胤宗療視必愈或勸其著書貽後世者答曰醫特意耳思慮精則得之脈之候幽而難明吾意所解口莫能宣也古之上醫要在視脈病乃可識病與藥値唯用一物攻之氣純而愈速今之人不善爲脈以情度病多其物以幸有功譬獵不知兔廣絡原野冀一人獲之術亦疏矣一藥偶得它味相制弗能專力此難愈之驗也脈之妙處不可傳虛著方劑終無益於世此吾所以不著書也卒年七十餘文仲仕武后時至尚藥奉御特進蘇良嗣方朝疾作仆廷中文仲診曰憂憤而成若脅痛者殆未可救頃告脅痛又曰及心則殆俄心痛而死文仲論風與氣尤精后集諸言方者與共著書詔王方慶監之文仲曰風狀百二十四氣狀八十治不以時則死及之惟頭風與上氣足氣藥可常御病風之人春秋末月可使洞利乃不困劇自餘須發則治以時消息乃著四時輕重術凡十八種上之虔縱官侍御醫慈藏光祿卿

袁天綱益州成都人仕隋爲鹽官令在洛陽與杜淹王珪韋挺游天綱謂淹曰公蘭臺學堂全且博將以文章顯謂珪法令成天地相臨不十年官五品謂挺面如虎當以武處官然三君久皆得譴吾且見之淹以侍御史入天策爲學士珪太子中允挺善隱太子薦爲左衞率武德中俱以事流巂州見天綱曰公等終且貴杜位三品難與言壽王韋亦三品後於杜而壽過之但晚節皆困見竇軌曰君伏犀貫玉枕輔角完起十年且顯立功其在梁益間邪軌後爲益州行臺僕射天綱復曰赤脈干瞳方語而浮赤入大宅公爲將必多殺願自戒軌果坐事見召天綱曰公毋憂右輔澤而動不久必還果還爲都督貞觀初太宗召見曰古有君平朕今得爾何如對曰彼不逢時臣固勝之武后之幼天綱見其母曰夫人法生貴子乃見二子元慶元爽曰官三品保家主也見韓國夫人曰此女貴而不利夫后最幼姆抱以見給以男天綱視其步與目驚曰龍瞳鳳頸極貴驗也若爲女當作天子帝在九成宮令視岑文本曰學堂瑩夷眉過目故文章振天下首生骨未成自前而視法三品肉不稱骨非壽兆也張行成馬周見曰馬君伏犀貫腦背若有負貴驗也近古君臣相遇未有及公者然面澤赤而耳無根後骨不隆壽不長也張晚得官終位宰相其術精類如此高士廉曰君終作何官謝曰僕及夏四月數既盡如期以火山令卒子客師亦傳其術爲廩犧令高宗置一鼠于匳令術家射皆曰鼠客師獨曰雖實鼠然入則一出則四發之鼠生三子嘗度江叩舟而還左右請故曰舟中人鼻下氣皆墨不可以濟俄有一男子跛而負直就舟客師曰貴人在吾可以濟江中風忽起幾覆而免跛男子乃婁師德也時有長社人張憬藏技與天綱埒太子詹事蔣儼有所問答曰公厄在三尺土下盡六年而貴六十位蒲州刺史無有祿矣儼使高麗爲莫離支所囚居土室六年還及爲蒲州歲如期則召掾史妻子告當死俄詔聽致仕劉仁軌與鄉人靖賢請占憬藏答曰劉公當五品而譴終位冠人臣謂賢曰君法客死仁軌爲尚書僕射賢偎曰我三子皆富田宅吾何客死俄喪三子盡鬻田宅寄死友家魏元忠尚少往見憬藏問之久不答元忠怒曰窮通有命何預君邪拂衣去憬藏遽起曰君之相在怒時位必卿相姚崇李迥秀杜景佺從之游憬藏曰三人者皆宰相然姚最貴郎中裴珪妻趙見之憬藏曰夫人目修緩法曰豕視淫又曰目有四白五夫守宅夫人且得罪俄坐姦沒入掖廷裴光廷當國憬藏以紙大署台字投之光廷曰吾旣台

司矣尚何事後三日貶台州刺史隋末又有高唐人乙弗弘禮當煬帝居藩召見弘禮賀曰大王爲萬乘主所戒在德而已及卽位悉詔諸術家坊處之使弘禮總攝海內寖亂帝曰而昔言朕旣驗然終當奈何弘禮遜巡帝知之乃曰不言且死弘禮曰臣觀人臣相與陛下類者不長然聖人不相故臣不能知由是敕有司監視毋得與外語薛大鼎坐事沒爲奴及貞觀時有請於弘禮答曰君奴也欲何事請解衣視之弘禮指腰而下曰位方岳玄宗時有金梁鳳者頗言人貴賤夭壽裴冕爲河西留後梁鳳輒言不半歲兵起君當以御史中丞除宰相又言一日向雒一日向蜀一日向朔方此時公當國冕妖其言絕之俄而祿山反冕以御史中丞召因問三日答曰雒日卽滅蜀日不能久朔方日愈明肅宗卽位而冕遂相薦于帝拜都水使者梁鳳謂呂諲曰君且輔政須大怖乃得諲貴驛吏搒之吏突入射諲兩矢幾中走而免明年知政事李揆盧允毀服給謁梁鳳不許二人語以情梁鳳曰李自舍人閱歲而相盧不過郎官揆已相擢允吏部郎中王遠智系本琅邪後爲揚州人父曇選爲陳揚州刺史母晝寢夢鳳集其身因有娠浮屠寶誌謂曇選曰生子當爲世方士遠知少警敏多通書傳事陶弘景傳其術爲道士又從臧兢游陳後主聞其名召入重陽殿辯論超詣甚見咨挹隋煬帝爲晉王鎮揚州使人介以邀見少選髮白俄復鬒帝懼遣之後幸涿郡詔遠知見臨朔宮帝執弟子禮咨質仙事詔京師作玉清玄壇以處之及幸揚州遠知謂帝不宜遠京國不省高祖尚微遠知密語天命武德中平王世充秦王與房玄齡微服過之遠知未識迎語曰中有聖人非王乎乃以實遠知曰方爲太平天子願自愛太宗立欲官之苦辭貞觀九年詔潤州卽茅山爲觀俾居之璽詔曰省所奏願還舊山已別詔不違雅素并敕立祠觀以伸曩懷未知先生早晚至江外祠舍何當就功令太史令薛頤等往宣朕意遠知多怪言詫其弟子潘師正曰吾少也有累不得上天今署少室伯吾將行卽沐浴加冠衣若寢者遂卒或言壽蓋百二十六歲云遺命子紹業曰爾年六十五見天子七十見女君調露中紹業表其言高宗召見嗟賞追贈遠知大中大夫謚升眞先生武后時復召見皆如其年又贈金紫光祿大夫天授中改謚升玄

薛頤者滑州人當隋大業時爲道士善天步律曆武德初追直秦王府密語曰德星舍秦分王當帝天下王表爲太史丞稍遷令貞觀時太宗將封泰山彗星見頤因言臣商天意陛下未可東亦會大臣上議帝遂罷固丐爲道士帝爲築觀九嵕山號曰紫府拜頤大中大夫往居之卽祠建淸臺候辰次災祥以聞所上與太史李淳風合數歲卒高宗時又有葉法善者括州括蒼人世爲道士傳陰陽占繇符架之術能猒劾怪鬼帝聞之召詣京師欲寵以官不拜留內齋場禮賜殊縟時帝悉召方士化黃金治丹法善上言丹不可遽就徒費財與日請覈眞僞帝許之凡百餘人皆罷嘗在東都凌空祠爲壇以祭都人悉往觀有數十人自奔火中衆大驚救而免法善笑曰此爲魅所馮吾以法攝之耳問而信病亦皆已共譎幻類若此歷高中二宗朝五十年往來山中時時召入禁內雅不喜浮屠法常力詆毀議者淺其好憎然以術高卒叵之測睿宗立或言陰有助力先天中拜鴻臚卿員外置封越國公舍景龍觀追贈其父歙州刺史寵映當世開元八年卒或言生隋大業丙子死庚子蓋百七歲云玄宗下詔褒悼贈越州都督

明崇儼洛州偃師人梁國子祭酒山賓五世孫少隨父恪令安喜吏有能召鬼神者盡得其術乾封初應岳牧舉調黃安丞以奇技自名高宗召見甚悅擢冀王府文學試爲窟室使宮人奏樂其中召崇儼問何祥邪爲我止之崇儼書桃木爲二符剚室上樂卽止曰向見怪龍怖而止盛夏帝思雪崇儼坐頃取以進自云往陰山取之四月帝憶瓜崇儼索百錢須臾以瓜獻曰得之緱氏老人圃中帝召老人問故曰埋一瓜失之土中得百錢累遷正諫大夫帝令入閤供奉每謁見陳時政多託鬼神爲言至爲武后作猒勝事又言章懷太子不德儀鳳四年爲盜所剌於東都好事者爲言崇儼役鬼勞苦爲鬼所殺而太后疑太子使客殺之故贈侍中謚曰莊擢子珪爲祕書郎命御史中丞崔謐等雜治誣服者甚衆及太子廢死狀乃明

尚獻甫衞州汲人善占候武后召見由道士擢太史令辭曰臣梗野不可以事官長后改太史局爲渾儀監以獻甫爲令不隷祕書省數問災異又於上陽宮集術家撰方域等篇長安二年熒惑犯五諸侯獻甫自陳五諸侯太史位臣命納音金也火金之仇臣且死后曰朕爲卿猒之遷水衡都尉謂曰水生金卿無憂至秋卒后嗟異復以渾儀監爲太史局云

嚴善思名譔同州朝邑人以字行父延與河東裴玄證隴西李眞蔡靜皆通儒術該曉圖讖善思傳延業褚遂良上官儀等奇其能高宗封泰山舉銷聲幽藪科及第調襄陽尉居親喪廬墓因隱居十年武后時擢監察御史兼右拾遺內供奉數言天下事方酷吏構大獄以善思爲詳審使平活八百餘人原千餘姓長壽中按囚司刑寺罷疑不實者百人來俊臣等疾之誣以罪謫交趾五歲得還是時李淳風死候家皆不效乃詔善思以著作佐郎兼太史令聖歷二年熒惑入輿鬼后問其占對曰大臣當之是年王及善卒長安中熒惑入月鎮犯天關善思曰法當亂臣伏罪而有下謀上之象歲餘張柬之等起兵誅二張遷給事中后崩將合葬乾陵善思建言尊者先葬卑者不得入今啓乾陵是以卑動尊術家所忌且玄闕石門冶金錮隙非攻鑿不能開神道幽靜多所驚黷若別攻隧以入其中卽往昔葬時神位前定更且有害曩營乾陵國有大難易姓建國二十餘年今又營之難且復生合葬非古也況事有不安豈足循據漢世皇后別起陵墓魏晉始合葬漢積祀四百魏晉祚率不長亦其驗也今若更擇吉地附近乾陵取從葬之義使神有知無所不通若其無知合亦何益山川精氣上爲列星葬得其所則神安而後嗣昌失其宜則神危而後嗣損願割私愛使社稷長久中宗不納神龍中武后喪公除太常請大習樂供郊廟詔未許善思奏曰樂者氣化所以感天地調五行漢魏喪禮以日易月蓋三年不爲禮禮必壞三年不爲樂樂必崩禮陰也樂陽也樂崩陽伏禮廢陰愆故變以適時孝道之大安人神公也茹哀戚私也王者不以私害公請如太常奏帝從之遷禮部侍郎表皇后擅政爲社稷憂求汝州刺史嘗語姚崇曰韋氏禍且塗地相王所居有華蓋紫氣必位九五公善護之及睿宗立崇以語聞召拜右散騎常侍初譙王重福從均州過汝善思爲刺史及謀反僞除禮部尚書重福敗坐關通論死吏部尚書宋璟戶部郎中李邕薄其罪給事中韓思復固請乃流靜州始善思爲御史中書舍人劉允濟爲酷吏所陷且死善思力訟其冤得免戶部尚書王本立見之曰祁奚之救叔向嚴公有之後見允濟語未嘗及之思復之解善思也亦不自德時稱長者之報後遇赦還開元十六年卒子向乾元中爲鳳翔尹三世皆年八十五云

杜生者許州人善易占有亡奴者問所從追戒曰自此行逢使者懇丐其鞭若不可則以情告其人果值使者於道如生語使者異之曰去鞭吾無以進馬可折道傍蔓代之乃往折蔓見亡奴伏其下獲之它日又有亡奴者生戒持錢五百伺於道見進鵪使者可市其一必得奴俄而使至其人以情告使者以一與之忽飛集灌莽上往取之而得亡奴衆以爲神時有浮屠泓者黃州人與天官侍郎張敬之善敬之以武后在位常指所服示子冠宗曰吾朝服耳俄冠宗以父應入三品詣有司言狀泓忽曰君無煩求三品也敬之大驚已而知出冠宗意敬之弟訥之疾殆泓曰公弟當位三品不足憂也已而愈嘗爲燕國公張說市宅戒曰無穿東北王隅也它日見說曰宅氣索然云何與說共視隅有三坎丈餘泓驚曰公富貴一世而已諸子將不終說懼將平之泓曰客土無氣與地脉不連譬身瘡痏補它肉無益也說子皆汗賊死斥云

張果者晦鄉里世系以自神隱中條山往來汾晉間世傳數百歲人武后時遣使召之卽死後人復見居恒州山中開元二十一年刺史韋濟以聞玄宗令通事舍人裴晤往迎見晤輒氣絕仆久乃蘇晤不敢逼馳白狀帝更遣中書舍人徐嶠齎璽書邀禮乃至東都舍集賢院肩輿入宮帝親問治道神僊事語祕不傳果善息氣能累日不食數御美酒嘗云我生堯丙子歲位侍中其貌實年六七十時有邢和璞者善知人夭壽師夜光者善視鬼帝令和璞推果生死情然莫知其端帝召果密坐使夜光視之不見果所在帝謂高力士曰吾聞飲菫無苦者奇士也時天寒因取以飲果三進頹然曰非佳酒也乃寢頃視齒燋縮顧左右取鐵如意擊墮之藏帶中更出藥傅其齗良久齒已生粲然騈潔帝益神之欲以玉眞公主降果未言也果忽謂祕書少監王迥質太常少卿蕭華曰諺謂娶婦得公主平地生公府可畏也二人怪語不倫俄有使至傳詔曰玉眞公主欲降先生果笑固不奉詔有詔圖形集賢院懇辭還山詔可擢銀青光祿大夫號通玄先生賜帛三百匹給扶侍二人至恒山蒲吾縣未幾卒或言尸解帝爲立棲霞觀其所夜光者薊州人少爲浮屠至長安因九僊公主得召見溫泉帝奇其辯賜冠帶授四門博士賜緋衣銀魚金繒千數得侍左右如幸臣和璞喜黃老作頴陽書世傳之天寶中有孫甑生者以伎聞能使石自鬭草爲人騎馳走楊貴妃喜觀之數召入宮中又有羅思遠能自隱帝學不肯盡其術試自隱常餘衣帶及思遠共試則驗厚賜金帛然卒不得帝怒裹以幞壓殺之數日有中使者自蜀還逢思遠驚而西笑曰上爲戲何虐也

姜撫宋州人自言通僊人不死術隱居不出開元末太

常卿韋綰祭名山因訪隱民還白撫已數百歲召至東都舍集賢院因言服常春藤使白髮還黑則長生可致藤生太湖最良終南往往有之不及也帝遣使者至太湖多取以賜中朝老臣因詔天下使自求之宰相裴耀卿奉觴上千萬歲壽帝悅御花萼樓宴羣臣出藤百奩徧賜之擢撫銀青光祿大夫號冲和先生撫又言終南山有旱藕餌之延年狀類葛粉帝作湯餅賜大臣右驍衛將軍甘守誠能銘藥石曰常春者千歲蘽也旱藕杜蒙也方家久不用撫易名以神之民間以酒漬藤飲者多暴死乃止撫內慙悸請求藥牢山遂逃去

桑道茂者寒人失其系望善太一遁甲術乾元初官軍圍安慶緒於相州勢危甚道茂在圍中密語人曰三月壬申西師潰至期九節度兵皆敗後召待詔翰林建中初上言國家不出三年有厄會奉天有王氣宜高垣堞為王者居使可容萬乘者德宗素驗其數詔京兆尹嚴郢發衆數千及神策兵城之時盛夏趣功人莫知其故及朱泚反帝蒙難奉天賴以濟李晟為右金吾大將軍道茂齎一縑見晟再拜曰公貴盛無比然我命在公手能見赦否晟大驚不領其言道茂出懷中一書自具姓名署其右曰為賊逼脅固請晟判晟笑曰欲我何語道茂曰第言準狀赦之晟勉從已又以縑願易晟衫請題衿膺曰它日為信再拜去道茂果汙朱泚偽官晟收長安與逆徒縛旗下將就刑出晟衫及書以示晟為奏原其死是時藩鎮擅地無寧時道茂曰年號元和寇盜翦滅矣至憲宗乃驗道茂居有二柏甚茂曰人居而木蕃者去之木盛則土衰土衰則人病乃以鐵數千鈞埋其下復曰後有發其地而死者太和中溫造居之發藏鐵而造死杜佑與楊炎善盧杞疾之佑懼以問道茂答曰君歲中補外則福壽叵涯矣俄拜饒州刺史後終司徒李泌病道茂署於紙曰厄三月二日就饗國與家吉而身危會中和日泌雖篤彊入德宗見泌不能步詔歸第卒是日北軍謀亂伏士禽斬之李鵬為盛唐令道茂曰君位止此而冢息位宰相次息亦大鎮子孫百世鵬卒後石至宰相福歷七鎮諸孫通顯云

唐書卷二百四考證

李淳風傳子該○舊書作子諺

袁天綱傳仕隋為鹽官令○舊書大業中為資官令

劉仁軌與鄉人靖賢請占云云○舊書作靖思賢

唐書卷二百五

宋　端明殿學士　宋祁　撰

列傳第一百三十

列女

女子之行於親也孝婦也節母也義而慈止矣中古以前書所載后妃夫人事天下化之後彤史職廢婦訓姆則不及於家故賢女可紀者千載間寥寥相望唐興風化陶浹且數百年而閨家令姓窈窕淑女至臨大難守禮節白刃不能移與哲人烈士爭不朽名寒如雪霜亦可貴矣今采獲尤顯行者著之篇以緒正父父子子夫夫婦婦之懿云

李德武妻裴字淑英安邑公矩之女以孝聞鄉黨德武在隋坐事徙嶺南時嫁方踰歲矩表離婚德武謂裴曰我方貶無還理君必儷它族于此長決矣答曰夫天也可背乎願死無它欲割耳誓保姆持不許夫姻媾歲時朔望裴致禮惟謹居不御薰澤讀列女傳見述不更嫁者謂人曰不踐二廷婦人之常何異而載之書後十年德武未還矩決嫁之斷髮不食矩知不能奪聽之德武更娶尒朱氏遇赦還中道聞其完節乃遣後妻為夫婦如初

楊慶妻王者世充兄之女慶以河間王子為郇王守滎陽陷於世充故世充妻之用為管州刺史太宗攻洛陽慶謀於王歸唐謝曰鄭以我奉箕箒者繫公之心今負恩背義自為身謀可若何至長安則公家婢耳願送我還東都慶不聽王謂左右曰唐勝則鄭滅鄭安則吾夫死若是生何益乃飲藥死慶入朝官宜州刺史

房玄齡妻盧失其世玄齡微時病且死諉曰吾病革君年少不可寡居善事後人盧泣入帷中剔一目示玄齡明無它會玄齡良愈禮之終身

王蘭英者獨孤師仁之姆師仁父武都謀歸唐王世充殺之師仁始三歲免死禁錮蘭英請髡鉗得保養許之時喪亂饑死者籍籍游丐道路以食師仁身啖土飲水後詐為採薪竊師仁歸京師高祖嘉其義詔封蘭英永壽鄉君

楊三安妻李京兆高陵人舅姑亡三安又死子幼孤窶晝田夜紡凡三年葬舅姑及夫兄弟凡七喪遠近嗟涕太宗聞而異之賜帛三百段遣州縣存問免其徭役

樊會仁母敬蒲州河東人字象子笄而生會仁夫死事舅姑祥順家以其少欲嫁之潛約婚於里人至期陽為母病使歸視敬至知見紿乃外為不知者私謂會仁曰吾孀處不死者以母老兒幼今舅將奪吾志汝云何會仁泣敬曰兒毋啼乃伺隙遁去家追及半道以死自守乃罷會仁未冠卒時敬母又終既葬謂所親曰母死子亡何生為不食數日死聞者憐之

衛孝女絳州夏人字無忌父為鄉人衛長則所殺無忌甫六歲無兄弟母改嫁逮長志報父仇會從父大延客長則在坐無忌抵以甓殺之詣吏稱父冤已報請就刑巡察使褚遂良以聞太宗免其罪給驛徙雍州賜田宅州縣以禮嫁之

鄭義宗妻盧者范陽士族也涉書史事舅姑恭順夜有盜持兵劫其家人皆匿竄惟姑不能去盧冒刃立姑側為賊捽捶幾死賊去人問何為不懼答曰人所以異鳥獸者以其有仁義也今鄰里急難尚相赴況姑可委棄邪若百有一危我不得獨生姑曰歲寒然後知松栢後凋吾乃今見婦之心

劉寂妻夏侯滑州胙城人字碎金父長雲為鹽城丞喪明時劉已生二女矣求與劉絕歸侍父疾又事後母以孝稱五年父亡毀不勝喪被髮徒跣身負土作冢廬其左寒不縣日一食者三年詔賜物二十段粟十石表異門閭後其女居母喪亦如母行官又賜粟帛表其門

于敏直妻張者皖城公儉女也生三歲每父母病已能晝夜省視顏色如成人及長愈恭順仁孝儉病篤聞之號泣幾絕儉死一慟遂卒高宗懿其行賜物百段以狀屬史官

楚王靈龜妃上官者下邽士族也靈龜出繼哀王後而舅姑在妃朝夕侍奉謹甚凡珍美非經獻不先嘗靈龜卒將葬前妃無近族議者欲不舉妃曰逝者有知魂可無託乎乃備禮合葬聞者嘉歎喪除兄弟共諭妃少又無子可不有行泣曰丈夫以義婦人以節我未能殉溝壑尚可御粧澤祭他胙乎將自劓刵衆遂不敢彊

楊紹宗妻王華州華陰人在襁而母亡繼母鞠愛父征遼歿繼母又卒王年十五乃舉二母柩而立父象招魂以葬廬墓左永徽中詔楊氏婦在隋時父歿遼西能招魂克葬至祖父母塋隧親服板築哀感行路因賜物段并粟以闕表門

賈孝女濮州鄄城人年十五父為族人玄基所殺孝女弟彊仁尚幼孝女不肯嫁躬撫育之彊仁能自樹立教伺玄基殺之取其心告父墓彊仁詣縣言狀有司論死孝女詣闕請代弟死高宗閔歎詔并免之內徙洛陽

李氏妻王阿足深州鹿城人早孤無兄弟歸李氏數歲夫死無子以養姊高年無供養乃不忍嫁晝耕夜織能辦生事餘二十年姊乃亡葬送如禮鄉人服其義爭遣女妻往師其風訓壽終于家

樊彥琛妻魏者揚州人彥琛病魏曰公病且篤不忍公獨死彥琛曰死生常道也幸養諸孤使成立相從而死非吾取也彥琛卒值徐敬業難陷兵中聞其知音令鼓箏魏曰夫亡不死而逼我管絃禍由我發引刀斬其指軍伍欲彊妻之固拒不從乃刃擬頸曰從我者不死魏厲聲曰狗盜乃欲辱人速死吾志也乃見害聞者傷之

李畬母者失其氏有淵識畬為監察御史得稟米量之三斛而贏問于史曰御史米不槩也又問車庸有幾曰御史不償也母怒敕歸餘米償其庸因切責畬畬乃劾倉官自言狀諸御史聞之有慙色

汴女李者年八歲父亡殯于堂十年朝夕臨及笄母欲嫁之斷髮丐終養居母喪哀號過人自庀葬具州里送葬千餘人廬于墓蓬頭跣而負土以完園塋蒔松數百武后時按察使薛季昶表之詔樹闕門閭

崔繪妻盧者鸞臺侍郎獻之女繪有美名繪喪盧年少家欲嫁之盧稱疾不許女兄適工部侍郎李思沖早亡思沖方顯重表求繼室詔許家內外姻皆然可思沖歸幣三百轝盧不可曰吾豈再辱於人乎寧沒身為婢是夕出自竇糞穢蔑面還崔舍斷髮自誓思沖以聞武后不奪也詔為浮屠尼以終

堅貞節婦李者年十七嫁為鄭廉妻未踰年廉死常布衣蔬食夜忽夢男子求為妻初不許後數數夢之李自疑容貌未衰醜所召也即截髮麻衣不薰飾垢面塵膚自是不復夢刺史白大威欽其操號堅貞節婦表旌門闕名所居曰節婦里

符鳳妻某氏字玉英尤姝美鳳以罪徙儋州至南海為獠賊所殺脅玉英私之對曰一婦人不足事衆男子請推一長者賊然之乃請更衣有頃盛服立於舟罵曰受賊辱不如死自沈於海

高叡妻秦叡為趙州刺史為默啜所攻州陷叡仰藥不死至默啜所示以寶帶異袍曰降我賜爾官不降自死叡視秦秦曰君受天子恩當以死報賊一品官安足榮自是皆瞑目不語默啜知不可屈乃殺之

王琳妻韋者士族也琳為眉州司功參軍俗僭侈盛飾韋不知有簪珥訓二子堅冰有法後皆名聞琳卒時韋年二十五家欲彊嫁之韋固拒至不聽音樂處一室或終日不食卒年七十五著女訓行於世

盧惟淸妻徐淄州人世客陳留惟淸仕歷校書郞徐女兄之夫李宜得以罪斥惟淸坐僚婣貶播川尉徐還鄉里櫔食斥鉛膏彩絺不御會大赦徐間關迎惟淸至荆州聞惟淸死二髯奴將劫徐歸下江徐知之數其罪奴不敢逼劫其貲去徐倍道行至播川足繭流血得惟淸尸以喪還閱歲至洛陽旣葬以無子終服還陳留汴州刺史齊澣高其節頌而詩之

饒娥字瓊眞饒州樂平人生小家勤織紝頗自修整父勤漁于江遇風濤舟覆屍不出娥年十四哭水上不食三日死俄大震電水蟲多死父屍浮出鄉人異之歸賵具禮葬父及娥鄱水之陰縣令魏仲光碣其墓建中初黜陟使鄭叔則表旌其閭河東柳宗元爲立碑云

竇伯女仲女京兆奉天人永泰中遇賊行剽二女自匿山谷賊迹而得之將逼以私行臨大谷伯曰我豈受汙於賊乃自投下賊大駭俄而仲亦躍而墜京兆尹第五琦表其烈行詔旌門閭免其家徭役官爲庀葬

盧甫妻李秦州成紀人父瀾永泰初爲蘄令梁宋兵興瀾諭降劇賊數千人刺史曹昇襲賊敗之賊疑瀾賣己執瀾及其弟渤兄弟爭相代死李見父被執亦請代父遂皆遇害又有王泛妻裴者亦俘賊中欲汙之罵曰吾衣冠子豈愛生受汙邪賊臨以兵罵不止乃支解焉宣慰使李季卿聞狀詔贈李孝昌縣君裴河東縣君瀾渤竝贈官

鄒待徵妻薄者從待徵官江陰袁晁亂薄爲賊所掠將汙之不從語家媼使報待徵曰我義不辱卽死於水賊去得其尸義聲動江南聞人李華作哀節婦賦

金節婦者安南賊帥陶齊亮之母也常以忠義誨齊亮頑不受遂絶之自田而食紡而衣州里矜法焉大曆初詔賜兩丁侍養本道使四時存問終身

高愍女名妹妹父彥昭事李正己及納拒命質其妻子使守濮陽建中二年挈城歸河南都統劉玄佐納屠其家時女七歲母李憐其幼請免死爲婢許之女不肯曰母兄皆不免何賴而生母兄將被刑徧拜四方女問故答曰神可祈也女曰我家以忠義誅神尚何知而拜之問父在所西嚮哭再拜就死德宗駭歎詔太常謚曰愍諸儒爭爲之誄彥昭從玄佐救寧陵復汴州累功授穎州刺史朝廷錄其忠居州二十年不徙卒贈陝州都督

楊烈婦者李侃妻也建中末李希烈陷汴謀襲陳州侃爲項城令希烈分兵數千略定諸縣侃以城小賊銳欲逃去婦曰寇至當守力不足則死焉君而逃尚誰守侃曰兵少財乏若何婦曰縣不守則地賊地也倉廩府庫皆其積也百姓皆其戰士也於國家何有請重賞募死士尚可濟侃乃召吏民入廷中曰令誠若主也然滿歲則去非如吏民生此土也墳墓存焉宜相與死守忍失身北面奉賊乎衆泣許諾乃徇曰以瓦石擊賊者賞千錢以刀矢殺賊者萬錢得數百人侃率以乘城婦身自爨以享衆報賊曰項城父老義不下賊得吾城不足爲威宜亟去徒失利無益也賊大笑侃中流矢還家婦責曰君不在人誰肯固死于外猶愈於牀也侃遽登城會賊將中矢死遂引去縣卒完詔遷侃太平令先是萬歲通天初契丹寇平州鄒保英爲刺史城且陷妻奚率家僮女丁乘城不下賊詔封誠節夫人默啜攻飛狐縣令古玄應妻高能固守虜引去詔封徇忠縣君史思明之叛衞州女子侯滑州女子唐青州女子王相與歃血赴行營討賊滑濮節度使許叔冀表其忠皆補果毅雖敢決不忘於國然不如楊烈婦抗慨知君臣大義云

賈直言妻董直言坐事貶嶺南以妻少乃訣曰生死不可期吾去可亟嫁無須也董不答引繩束髮封以帛使直言署曰非君手不解直言貶二十年乃還署帛宛然及湯沐髮墮無餘

李孝女者名妙法瀛州博野人安祿山亂被劫徙它州聞父亡欲間道奔喪一子不忍去割一乳留以行旣至父已葬號踊請開父墓以視宗族不許復持刀刺心乃爲開見棺舌去塵髮治拭之結廬墓左手植松栢有異鳥至後母病或不食飲女終日未嘗視匕箸及亡刺血書于母臂而葬廬墓終身

李湍妻某氏湍籍吳元濟軍元和中自拔歸烏重胤妻爲賊縛而臠食之將死猶號湍曰善事烏僕射觀者歔欷泣重胤請以其事屬史官詔可

董昌齡母楊世居蔡昌齡更事吳少陽至元濟時爲吳房令母常密戒曰逆順成敗兒可圖之昌齡未決徙郾城楊復曰逆賊欺天神所不福當速降無以我累兒爲忠臣吾死不慊會王師逼郾城昌齡乃降憲宗喜卽拜郾城令兼監察御史昌齡謝曰母之訓也臣何能帝嗟歎元濟囚楊欲殺者屢矣蔡平而母在陳許節度李遜表之封北平郡太君

王孝女徐州人字和子元和中父兄皆防秋屯涇州吐蕃寇邊竝戰死和子年十七單身被髮徒跣縗裳抵涇屯日丐貸護二喪還葬于鄉植松栢翦髮壞容廬墓所節度使王智興白狀詔旌其門

段居貞妻謝字小娥洪州豫章人居貞本歷陽俠少年重氣決娶歲餘與謝父同賈江湖上竝爲盜所殺小娥赴江流傷腦折足人救以免轉側丐食至上元夢父及夫告所殺主名離析其文爲十二言持問內外姻莫能曉隴西李公佐隱占得其意曰殺若父者必申蘭若夫必申春試以是求之小娥泣謝諸申乃名盜亡命者也小娥詭服爲男子與傭保雜物色歲餘得蘭于江州春于獨樹浦蘭與春從兄弟也小娥託傭蘭家日以謹信自效蘭寖倚之雖包苴無不委小娥見所盜段謝服用故在益知所夢不疑出入二期伺其便它日蘭盡集羣偷釃酒蘭與春醉臥廬小娥閉戶拔佩刀斬蘭首因大呼捕賊鄉人牆救禽春得贓千萬其黨數十小娥悉疏其人上之官皆抵死乃始自言狀刺史張錫嘉其烈白觀察使使不爲請還豫章人爭聘之不許祝髮事浮屠道垢衣糲飯終身

楊含妻蕭父歷爲撫州長史以官卒母亦亡蕭年十六與娟皆韶淑毀貌載二喪還鄉里貧不能給舟庸次宣州戰鳥山舟子委柩去蕭結廬水濱與婢穿壙納棺成墳蒔松栢朝夕臨有馴鳥縞兔菌芝之祥長老等爲立舍歲時進粟縑喪滿不釋縗人高其行或請昏女曰我弱不能北還君誠爲我致二柩葬故里請事君子於是舍以高安尉罷歸聘之且請除素蕭以親未葬許其載辭其采巳葬乃釋服而歸楊云

韋雍妻蕭張弘靖鎭幽州也表雍在幕府朱克融亂雍被劫蕭聞難與雍皆出左右格之不退雍臨刃蕭呼曰我苟生無益願今日死君前刑者斷其臂乃殺雍蕭意象晏然觀者哀歎是夕死大和中楊志誠表其烈詔贈蘭陵縣君雍字和叔擢進士第

衡方厚妻程大和中方厚爲邕州錄事參軍招討使董昌齡治無狀方厚數爭事昌齡怒將執付吏辭以疾不免卽以死告臥棺中昌齡知之使閩棺甚牢方厚閉久以爪攫棺爪盡乃絶程懼幷死不敢哭昌齡恬不疑厚遣其喪程徒行至闕下叩右銀臺門自刵陳寃下御史鞫治有實昌齡乃得罪文宗詔封程武昌縣君賜一子九品正員官

鄭孝女兗州瑕丘人父神佐爲官兵戰死慶州時母已亡又無兄弟女時年二十四卽翦髮毀服身護喪還鄉里與母合葬廬墓下手樹松栢成林初許適牙兵李玄慶至是謝不嫁大中中兗州節度使蕭俶狀于朝有詔旌表其閭

李廷節妻崔乾符中廷節爲郟城尉王仙芝攻汝州廷節被執賊見崔姝美將妻之詬曰我士人妻死亡有命柰何受賊汙賊怒刳其心食之

殷保晦妻封敖孫也名絢字景文能文章草隸保晦歷校書郞黃巢入長安共匿蘭陵里明日保晦逃賊悅封色欲取之固拒賊誘說萬詞不答賊怒勃然曰從則生不然正膏我劒封罵曰我公卿子守正而死猶生也終不辱逆賊手遂遇害保晦歸左右曰夫人死矣保晦號而絶

竇烈婦者河南人朝邑令畢某妻初同州軍亂逐節度使李瑭走河中令匿望仙里不知所舍乃仇家也夜半盜入捽令首欲殺之竇泣蔽捍苦持賊袂至中刃不解令得脫走不死賊亦去京兆聞之歸酒帛醫藥幾死而愈

李拯妻盧者美姿能屬文拯字昌時咸通末擢進士遷累考功郞中黃巢亂避地平陽僖宗召爲翰林學士帝出寶雞陷于嗣襄王熅熅敗拯死盧伏尸哭王行瑜逼之不從脅以刃斷一臂死

山陽女趙者父盜鹽當論死女詣官訴曰迫飢而盜救死爾情有可原能原之邪否則請俱死有司義之許減父死女曰身今爲官所賜願毀服依浮屠法以報卽截耳自信侍父疾卒不嫁

周迪妻某氏迪善賈往來廣陵會畢師鐸亂人相掠賣以食迪飢將絶妻曰今欲歸不兩全君親在不可并死願見賣以濟君行迪不忍妻固與詣肆售得數千錢以奉迪至城門守者誰何疑其給與迪至肆問狀見妻首已在桁矣迪裒餘體歸葬之

李延壽妻王者當楊行密時延壽事行密爲壽州刺史惡行密不臣與寧國節度使田頵謀絶之以歸唐事泄行密以計召延壽欲與揚州延壽信之將行王曰今若得揚州成宿志是興衰在時非繫家也然願日一介爲驗許之及爲行密所殺介不至王曰事敗矣卽部家僕授兵器方闔扉而捕騎至遂出私帑施民發百燎焚牙居呼天曰我誓不爲讎人辱赴火死

唐書卷二百五考證

列女傳楊三安妻李京兆高陵人○舊書雍里涇陽人

劉寂妻夏侯時劉已生二女矣求與劉絶歸侍父疾五年父亡毀不勝喪云云○舊書侍養經十五年父卒毀瘠廬墓云云

楚王靈龜妃上官者下邽士族也○舊書作上邽人

唐書卷二百六

宋端明殿學士宋祁撰

列傳第一百三十一

外戚

凡外戚成敗視主德何如主賢則共其榮主否則先受其禍故太宗檢貴倖裁賞賜貞觀時內里無敗家高中二宗柄移豔私產亂朝廷武韋諸族耄嬰頸血一日同汙鈇刃玄宗初年法行近親裏表脩敕天寶奪明委政妃宗階召反虜遂喪天下楊氏之誅噍類不遺蓋數十年之寵不償一日之慘甲第厚貲無救同坎之悲寧不哀哉代德而降閹尹參燮後宮雖多無赫赫顯門亦無刀鋸大戮故用福甚者得禍酷取名少者蒙責輕理所固然若乃長孫無忌之功武平一之識吳溆之忠弗緣內寵者自見別傳

獨孤懷恩元貞皇后弟也父整仕隋爲涿郡太守懷恩之幼隋文帝獻皇后以姪養宮中逮長稍學記書而居財不訾喜交豪猾博徒爲鄠令以疾免高祖平京師拜長安令頗嚴明如職而辦帝受禪擢工部尚書初虞州刺史韋義節擊堯君素於蒲州不克帝遣懷恩代將性貪寡算略數戰無功士喪沮詔書切責而懷恩稍怨望帝嘗與戲曰弟姑子悉有天下次當爾邪懷恩內喜以爲天命旣而居怨怨咤曰我家渠獨女子富貴也因謀亂是時虞鄉南山多宿盜而劉武周使宋金剛略澮州帝發關中軍屬秦王屯柏壁繇是懷恩與麾下元君寶解令榮靜謀引王行本軍與武周連和劃河東以啗之引羣賊取永豐倉絕秦王餉道長驅三輔會君素死而行本得其兵部畫已定而夏人呂崇茂殺縣令應武周帝敕懷恩與永安王孝基陝州總管于筠內史侍郎唐儉擊夏爲金剛所掩諸將皆沒于賊君寶與開府劉讓私侮懷恩曰不早舉大事以及斯辱也故謀寖露及秦王敗武周於美良川懷恩逃歸帝命率師攻蒲州君寶聞曰王者不死果其然唐儉知狀會武周還劉讓求罷兵因白發懷恩等姦于時行本舉蒲州降懷恩勒兵入城帝方濟河而讓至具得反狀帝召之懷恩不知也單舟以來卽縛之窮索黨與縊死于獄以首徇華陰市籍入其家

武士彠字信世殖貲喜交結高祖嘗領屯汾晉休其家因被顧接後留守太原引爲行軍司鎧參軍募兵旣集以劉弘基長孫順德統之王威高君雅私謂士彠曰弘基等皆背征三衞罪當死柰何授之兵吾且劾繫之士彠曰此皆唐公客若爾必有大嫌故威等疑不發會司兵參軍田德平欲勸威劾募人狀士彠脅謂曰討捕兵悉起唐公威君雅無與徒寄坐耳何能爲德平亦止兵起士彠不與謀也以大將軍府鎧曹參軍從平京師爲光祿大夫義原郡公自言嘗夢帝騎而上天帝笑曰爾故王威黨也以能罷繫劉弘基等其意可錄且嘗禮我故酬汝以官今胡迂妄媚我邪累遷工部尚書進封應國公歷利荆二州都督卒贈禮部尚書謚曰定高宗永徽中以士彠仲女爲皇后故崇贈并州都督司徒周國公咸亨中加贈太尉兼太子太師太原郡王配享高祖廟廷列功臣上后監朝尊爲忠孝太皇建崇先府置官屬追王五世后革命更於東都立武氏七廟追册爲帝諸妣皆隨帝號曰皇后先天中有詔削士彠僞號仍爲太原王廟遂廢始士彠娶相里氏生子元慶元爽又娶楊氏生三女元女妻賀蘭氏早寡季女妻郭氏不顯士彠卒後諸子事楊不盡禮銜之后立封楊代國夫人進爲榮國后姊韓國夫人於時元慶已官宗正少卿元爽少府少監兄子惟良衞尉少卿楊諷后上疏出元慶等于外以示退讓由是元慶斥龍州元爽濠州惟良始州元慶死元爽流振州乾封時惟良及弟淄州刺史懷運與岳牧集泰山下於是韓國有女在宮中帝尤愛幸后欲并殺之卽導帝幸其母所惟良等上食后寘堇焉賀蘭食之暴死后歸罪惟良等誅之諷有司改姓蝮氏絕屬籍元爽緣坐死家屬投嶺外后取賀蘭敏之爲士彠後賜氏武襲封擢累左侍極蘭臺太史令與名儒李嗣眞等參與刊撰敏之韶秀自喜烝於榮國挾所愛佻橫多過失榮國卒后出珍幣建佛廬徼福敏之乾匿自用司衞少卿楊思儉女選爲太子妃告婚期矣敏之聞其美彊私焉楊喪未畢褫衰纁奏音樂太平公主往來外家宮人從者敏之悉逼亂之后疊數怒至此暴其惡流雷州表復故姓道中自經死乃還元爽之子承嗣奉士彠後宗屬悉原士彠兄士稜士逸士稜字彥威少柔愿力于田官司農少卿宣城縣公常主苑囿農稼事卒贈潭州都督陪葬獻陵

士逸字逸有戰功爲齊王府戶曹參軍六安縣公從王守太原爲劉武周所執嘗遣間人陳破賊計賊平擢授益州行臺左丞數言當世得失高祖嘉納之終韶州刺史

承嗣旣還擢尚輦奉御襲周國公遷祕書監禮部尚書俄以太常卿同中書門下三品未幾辭位垂拱初以春官尚書同鳳閣鸞臺平章事改納言代蘇良嗣爲文昌左相性暴輕忍禍間左司郎中喬知之婢窈娘美且善歌奪取之知之作綠珠篇以諷婢得詩恨死承嗣怒告酷吏殺之殘其家初后擅政中宗幽逐承嗣自謂傳國及己武氏當有天下卽諷后革命去唐家子孫誅大臣不附者倡議追王先世立宗廟又王元慶曰梁王謚憲元爽魏王謚德后從父士讓楚王謚僖士逸蜀王謚節又贈兄子承業陳王而承嗣爲魏王元慶子三思爲梁王士讓之孫攸寧爲建昌王攸歸九江王攸望會稽王士逸孫懿宗河內王嗣宗臨川王仁範河間王仁範子載德潁川王士稜孫攸暨千乘王維良子攸宜建安王攸緒安平王從子攸止恒安王重規高平王承嗣子延基南陽王延秀淮陽王三思子崇訓高陽王崇烈新安王承業子延暉嗣陳王延祚咸安王承嗣實封千戶監脩國史密諭后黨鳳閣舍人張嘉福使洛州人上書請立己爲皇太子以覘后意后問岑長倩格輔元皆執不宜承嗣不得已奏請責諭嘉福等不罪也怨長倩等皆以罪誅以特進罷未幾復同鳳閣鸞臺三品承嗣爲左相而攸寧爲納言故皆罷又與三思同三品不及月俱免復拜特進后決意還太子矣久之遷太子太保不得志鞅鞅憤死贈太尉并州牧謚曰宣延基襲爵后嫌斥其名更曰繼魏王長安初與妻永泰郡主及邵王私語張易之兄弟事後忿爭語聞后怒令自殺以延義代王中宗復位侍中敬暉等言諸武不當王與羣臣白奏事不兩大武家諸王宜皆免帝柔昏不斷又素畏太后且欲悅安之更言攸暨三思皆與去二張功以折暉等纔降封一級三思王德靜郡攸暨壽春懿宗爲耿國公攸寧江國攸望葉國嗣宗管國攸宜息國重規鄶國延義魏國攸緒巢國崇訓鄧國延祿爲咸安郡公直臣宋務光蘇安恒上書言武諸王爨封不猒人心帝不悟載德終湖州刺史謚武烈攸歸歷司屬少卿至齊州刺史事母孝姊亡朞不嘗五辛語輒流涕攸止絳州刺史三人死太后時不及削封攸宜歷同州刺史萬歲通天初爲清邊道行軍大總管討契丹后親餞白馬寺師無功還拜左羽林大將軍景龍時還右羽林卒總禁兵前後十年嗣宗終司衞卿重規爲汴鄭二州刺史未至役人營緒后怒貶廬州刺史自是著令諸王爲州不得擅營治突厥之叛以重規爲天兵中道大總管與沙吒忠義張仁亶引衆三十萬討之左羽林大將軍閻敬容爲西道後軍兵十五萬後援還爲左金吾衞大將軍終衞尉卿延秀母本帶方人坐其家沒入奚官以姊惠賜承嗣生延秀突厥默啜薦女和親后令延秀納之詔右豹韜大將軍閻知微右武衞郎將楊鸞莊齎金幣送至突厥所知微等潛約默啜執延秀進寇嬀檀故延秀不得歸神龍初默啜請和因延秀送款還封桓國公左衞中郎將宗兄崇訓尚安樂公主數與宴昵頗通突厥語儌虜謳舞姿度閑冶主愛悅會崇訓死遂私侍主後因尚焉以太常卿兼右衞將軍封恒國公三思死韋后復私延秀故延秀益自肆主府倉曹參軍何鳳說曰今天下繫心武家庶幾再興且讖曰黑衣神孫被天裳神孫非公尚誰哉因勸服皁衣惑衆韋后敗尚與主居禁中同斬肅章門攸望以太府卿貶死春州諸武屬坐延秀誅徙者略盡獨載德子平一以文章顯與攸緒常避盛滿故免自有傳攸寧天授中擢累納言踰年以左羽林衞大將軍罷俄還納言久乃罷爲冬官尚書聖曆初同鳳閣鸞臺平章事自承嗣三思罷政事間一年攸寧三思復當國置句使苛取民貲產毀族者凡十七八呼天自冤築大庫百餘舍聚所得財一昔火不遺一錢以冬官尚書罷神龍初終岐州刺史贈尚書右僕射

三思當太后時累進夏官春官尚書監修國史爵爲王契丹陷營州以檢關道安撫大使屯邊還同鳳閣鸞臺三品踰月去位又檢校內史罷爲太子少保還賓客仍監國史三思性傾諛善迎諸主意鉤探隱微故后頗信任數幸其第賞予尤渥二張方烝蠱三思痛屈節爲懷義御馬倡言昌宗爲王子晉後身引公卿歌咏淫汙靦然媚人而不恥也后春秋高厭居宮中三思欲因此市權誘脅羣不肖卽建營三陽宮於嵩山興泰宮於萬壽山請太后歲臨幸己與二張扈侍馳騁竊威福自私云工役鉅萬百姓愁歎崇訓之尚主也三思方輔政中宗居東宮欲寵耀其下乃令具親迎禮宰相李嶠蘇味

道等及沈佺期宋之問諸有名士造作文辭慢泄相矜無復禮法中宗復位擢崇訓駙馬都尉太常卿兼左衛將軍三思進位司空同中書門下三品加實戶五百固辭進開府儀同三司會降封裁減實戶俄以太皇遺詔還所減而封崇訓鎬國公初桓彥範等已誅二張薛季昶劉幽求勸并誅三思等不從翌日三思因韋后潛入宮中反易國政數日而彥範等皆失柄所斥去者悉還詔羣臣復循太后法三思建言大帝封泰山則天皇后建明堂封嵩山二聖之美不可廢帝韙其言遂更名五縣曰乾封合宮永昌登封告成云明年春大旱帝遣三思攸暨禱乾陵而雨帝悅三思因主請復崇恩廟昊順二陵皆置令丞其黨鄭愔上聖感頌帝爲刻石補闕張景源建言母子承業不可言中興所下制書皆除之於是天下名祠改唐興龍興云補闕權若訥又言制詔如貞觀故事且太后遺訓母儀也太宗舊章祖德也宜襲當自近者始帝褒答是時起毬場苑中詔文武三品分朋爲都帝與皇后臨觀崇訓與駙馬都尉楊愼交注膏築場以利其澤用功不訾人苦之三思既私韋后又與上官昭容亂內忌節愍太子卽與主謀廢之太子懼故發羽林兵劚三思第并崇訓斬之殺其黨十餘人時疾三思姦亂竊國比司馬懿其忌阻正人特甚嘗曰我不知何等名善人唯與我者始是哉與宗楚客兄弟紀處訥崔湜甘元柬相驅煽王同皎周憬張仲之等不勝憤謀殺之爲冉祖雍宋之遜李俊所白皆坐死因逮染五王而崔湜遣周利貞就殺之故祖雍與御史姚紹之等五人號三思五狗司農少卿趙履溫中書舍人鄭愔長安令馬構司勳郎中崔日用監察御史李悛託其權熏炙內外其尤干政事者天下語曰崔冉鄭亂時政以爵賞自相崇樹凡構大獄汙點善良破壞其宗天下爲蕩然始韋月將高軫上疏極言三思過惡有司殺月將逐軫惡地黃門侍郎宋璟執奏俄見斥其權大抵如此既死帝爲舉哀廢朝五日贈太尉復封梁王謚曰宣追封崇訓魯王謚曰忠主以太子首祭三思柩睿宗立以父子皆逆節斲棺暴尸夷其墓

懿宗以司農卿爵爲郡王歷懷洛二州刺史神功元年孫萬榮敗王孝傑兵詔懿宗爲神兵道大總管討之而婁師德沙吒忠義並爲總管兵凡二十萬次趙州懿宗聞賊且至懼不知所出欲棄軍走或勸曰賊雖衆無輜載以鈔剽爲命若按兵老之擊其歸可成大功懿宗不暇計退保相州賊遂進屠趙州後萬榮死懿宗復與婁師德撫循河北人有自賊中歸者一切抵死先剔取膽乃殺之血沫前而舉動自如始萬榮入寇也別帥何阿小陷冀州殺人無餘種以懿宗暴忍似之故號稱兩何相語曰唯此兩何殺人最多初懿宗天授間受詔訊大獄誅大臣王公皆深排巧引內刑塹中無有脫者其險酷雖周來等不能繼也神龍初遷太子詹事終懷州刺史

攸暨自右衛中郎將尚太平公主拜駙馬都尉累遷右衛大將軍天授中自千乘郡王進封定王實封戶六百遷麟臺監司祀卿長安中降王壽春加特進中宗時拜司徒復王定加戶千固辭進開府儀同三司延秀之誅降楚國公攸暨沈謹和厚於時無忤專自奉養而已景龍中卒贈太尉并州大都督還定王謚曰忠簡坐公主大逆夷其墓

韋溫者中宗廢后庶人從父兄也后父玄貞歷普州參軍事以女爲皇太子妃故擢累豫州刺史帝幽房陵玄貞流死欽州妻崔爲蠻首甯承所殺四子洵浩洞泚同死容州后二女弟逃還京師帝復政是日詔贈玄貞上洛郡王太師雍州牧益州大都督溫父玄儼魯國公特進并州大都督遣使者迎玄貞喪詔廣州都督周仁軌討甯承斬其首祭崔柩官仁軌左羽林大將軍汝南郡公柩至帝與后登長樂宮望而哭贈酆王謚文獻號廟曰褒德陵曰榮先置令丞給百戶掃除贈洵吏部尚書汝南郡王浩太常卿武陵郡洞衞尉卿淮陽郡泚太僕卿上蔡郡並葬京師溫初試吏坐贓斥神龍初擢宗正卿遷禮部尚書封魯國公弟湑自洛州戶曹參軍事連拜左羽林大將軍曹國公后大妹嫁陸頌進國子祭酒仲妹嫁嗣虢王邕湑子捷尚成安公主溫從弟濯尚定安公主並拜駙馬都尉捷爲右羽林將軍景龍三年溫以太子少保同中書門下三品遙領揚州大都督溫既見天下事在手欲自殖以牢其權引用支黨不相一公卿雖畏伏然溫無能不如諸武凶而熾也湑初兼修文館大學士時熒惑久留羽林后惡之方湑從至溫泉后毒殺之以塞變厚贈司徒并州大都督湑兄弟頗以文詞進帝方盛選文章侍從與賦詩相娛樂湑雖爲學士常在北軍無所造作有富商抵罪萬年令李令質按之濯馳救令質不從毀於帝帝召令質至左右爲恐令質從容曰濯於賊非親但以貨爲請濯雖勢重不如守陛下法死無恨帝釋不責帝崩后專政畏有變敕溫盡總內外兵守省中又以從子播捷從弟璿高嵩分領左右羽林軍溫與宗楚客武延秀等說后託圖讖韋氏當受命謀殺少帝內禪相王太平公主屬尊欲先除之然後發其謀而玄宗兵夜起將軍葛福順攻玄武門入羽林斬播璿高嵩梟首以徇軍中相率而應無敢後后死遲旦斬溫分捕諸韋子弟無少長皆斬周仁軌者京兆萬年人后母族也方爲并州長史殘酷嗜殺戮異日見堂下有斷臂惡之送于野數昔往視故在是月韋后敗使者誅仁軌刑人梟刃仁軌承以臂隳地乃悟睿宗夷玄貞洵墳墓民盜取寶玉略盡天寶九載復詔發掘長安尉薛榮先往視冢銘載葬日月與發冢日月正同而陵與尉名合云

王仁皎字鳴鶴玄宗廢后父也景龍中以將帥舉授甘泉府果毅遷左衞中郎將帝卽位以后故擢將作大匠進累開府儀同三司封祁國公食戶三百仁皎避職不事委遠名譽厚奉養積媵妾貲貨而已卒年六十九贈太尉益州大都督謚昭宣官爲治葬柩行帝御望春亭過喪詔張說文其碑帝爲題石子守一與后孿生帝微時與雅舊後詔尚清陽公主從討太平主有功由尚乘奉御遷殿中少監晉國公累進太子少保襲父爵被遇良渥后廢貶柳州別駕至藍田賜死守一沓墨無顧藉財蓄巨萬皆籍入于官

楊國忠太眞妃之從祖兄張易之之出也嗜飲博數匄貸于人無行檢不爲姻族齒年三十從蜀軍以屯優當遷節度使張宥惡其人笞屈之然卒以優爲新都尉罷去益困蜀大豪鮮于仲通頗貲給之從父玄琰死蜀州國忠護視其家因與妹通所謂虢國夫人者哀其貲至成都樗蒲一日費輒盡乃亡去久之調扶風尉不得志復入蜀劍南節度使章仇兼瓊與宰相李林甫不平聞楊氏新有寵思有以結納之爲奧助使仲通之長安仲通辭以國忠見幹貌頎峻口辯給兼瓊喜表爲推官使部春貢長安將行告曰郫有一日糧君至可取之也國忠至乃得蜀貨百萬卽大喜至京師見羣女弟致贈遺於時虢國新寡國忠多分賂宣淫不止諸楊日爲兼瓊譽而言國忠善樗蒲玄宗引見擢金吾兵曹參軍閑廐判官兼瓊入爲戶部尚書兼御史大夫用其力也國忠稍入供奉常後出專主樗簿計算鉤畫分銖不誤帝悅曰度支郎才也累遷監察御史李林甫與韋堅等獄欲危太子獄事畏卻以國忠怙寵搏鷙可用倚之使按劾國忠乃慘文峭詆逮繫連年誣蔑被誅者百餘族度可以危太子者先林甫意陷之皆中所欲林甫方深阻固位陰爲指麾故國忠乘以爲姦肆意無所憚虢國居中用事帝所好惡國忠必探知其微帝以爲能擢兼度支員外郎遷不淹年領十五餘使林甫始惡之天寶七載擢給事中兼御史中丞專判度支會三妹封國夫人兄銛擢鴻臚卿與國忠皆列棨戟而第舍華僭彌跨都邑時海內豐熾州縣粟帛舉巨萬國忠因言古者二十七年耕餘九年食今天下太平請在所出滯積變輕齎內富京師又悉天下義倉及丁租地課易布帛以充天子禁藏明年帝詔百官觀庫物積如丘山賜羣臣各有差錫國忠紫衣金魚知太府卿事初楊愼矜引王鉷爲御史中丞已而有隙鉷挾國忠共劾愼矜抵不道誅由是權傾中外吉溫爲國忠謀奪林甫政國忠卽誣奏京兆尹蕭炅御史中丞宋渾逐之皆林甫所厚善林甫不能救遂結怨鉷寵方渥位勢在國忠右國忠忌之因邢縡事構鉷誅死已代爲京兆尹悉領其使卽窮劾支黨引林甫交私狀牽連左逮數以聞帝始猒林甫疏薄之先此南詔質子閤羅鳳亡去帝欲討之國忠薦鮮于仲通爲蜀郡長史率兵六萬討之戰瀘川舉軍沒獨仲通挺身免時國忠兼兵部侍郎素德仲通爲匿其敗更叙戰功使白衣領職因自請兼領劍南詔拜劍南節度支度營田副大使知節度事俄加本道兼山南西道採訪處置使開幕府引竇華張漸宋昱鄭昂魏仲犀等自佐而留京師帝再幸左藏庫班賚百官出納判官魏仲犀言鳳集通訓門門直庫西有詔改爲鳳皇門進仲犀殿中侍御史屬吏率以鳳皇優得調俄拜國忠御史大夫因引仲通爲京兆尹已兼領吏部國忠恥雲南無功知爲林甫掎摭欲自解於帝乃使麾下請已到屯外示憂邊以合上旨實杜禁言路林甫果奏遣之及辭泣訴爲林甫中傷者妃又爲言故帝益親之豫計召日然國忠就道惴惴不自安帝在華清宮驛追國忠還林甫病已困入見牀下林甫曰死矣公且入相以後事屬公國忠懼其詐不敢當流汗被顏林甫果死遂拜右相兼文部尚書集賢院大學士監修國史崇玄館大學士太淸太微宮使而節度採訪等使判度支不解也國忠已得柄則窮擿林甫姦事碎其家帝以爲功封魏國公固讓魏徙封衞國忠既以宰相領選始建罷長名於銓日卽定留放故事歲揭版南院爲選式選者自通一辭不如式輒不得調故有十年不官者國忠創押例無賢不肖用選深者先補官牒文謬缺得再通衆議翕然美之先天以前諸司官知政事者午漏盡還本司視事兵吏部尚書

侍郎分案注擬開元末宰相員少任益尊不復視本司事吏部銓注常三注三唱自春止夏乃訖而國忠陰使吏到第預定其員集百官尚書省注唱一日畢以夸神明駭天下耳目者自是資格紛謬無復綱序虢國居宣陽坊左國忠在其南自臺禁還趣虢國第郎官御史白事者皆隨以至居同第出駢騎相調笑施施若禽獸然不以爲羞道路爲恥駭明年大選因就第唱補帷女兄弟觀之士之醜野蹇傴者呼其名輒笑于堂聲徹諸外士大夫詬恥之先是有司已定注則過門下侍中給事中按閱有不可黜之國忠則召左相陳希烈隅坐給事中在旁旣對注曰已過門下矣希烈不敢異侍郎韋見素張倚與本曹郎趨走堂下抱案牒國忠顧女弟曰紫袍二主事何如皆大噱鮮于仲通等諷選者鄭愬願立碑省戶下以頌德詔仲通爲頌帝爲易數字因以黃金識其處帝常歲十月幸華清宮春乃還而諸楊湯沐館在宮東垣連蔓相照帝臨幸必徧五家賞賚不訾計出有賜曰餞路返有勞曰軟脚遠近饋遺閹稚歌兒狗馬金貝踵疊其門國忠由御史至宰相凡領四十餘使而度支吏部事自叢脞第署一字不能盡故吏得輕重顯賕公謁無所忌國忠性疏侻捷給硜硜處決樞務自任不疑盛氣驕愎百僚莫敢相可否官屬悉苛督句剝相甚又便佞專狗帝嗜欲不顧天下成敗帝雅意事邊故身調兵食取習文簿惡吏任之軍凡須索快成其手又不能省視也始李林甫給帝天下無事請已漏出休許之文書塡湊半家裁決旣成敕吏持案請左相陳希烈聯署左相不敢詰署惟謹至國忠時韋見素代希烈循以爲常宅年大雨敗稼帝憂之國忠擇善禾以進曰雨不爲災扶風太守房琯上郡災國忠怒遣御史按之後乃無敢以水旱聞皆前伺國忠意乃敢啓子暄舉明經不中禮部侍郎達奚珣遣子撫往見國忠國忠方朝見撫喜已而聞暄當黜詬曰生子不富貴邪豈以一名爲鼠輩所賣珣大驚卽致暄高第俄與珣同列猶吒官不進國忠雖當國常領劍南召募使遣戍瀘南餉路險乏擧無還者舊勳戶免行所以寵戰功國忠令當行者先取勳家故士無鬭志凡募法願奮者則籍之國忠歲遣宋昱鄭昂韋儇以御史迫促郡縣吏窮無以應乃詭設餉召貧弱者密縛置室中衣絮衣械而送屯亡者以送吏代之人人思亂舜遣劍南留後李宓率兵十餘萬擊閣羅鳳敗死西洱河國忠矯爲捷書上聞自再興師傾中國驍卒二十萬踦屨無遺天下冤之安祿山方有寵總重兵于邊偃蹇不奉法帝護之下莫敢言國忠知終不出己下又恃內援獨暴發反狀帝疑以位相媚不之信祿山雖逆久以帝遇之厚故隱忍伺帝一日晏駕則稱兵及見帝雙國忠甚畏不利己故謀日急俄而祿山授尚書右僕射帝恐國忠不悅故冊拜司空祿山還幽州覺國忠圖己反謀遂決國忠令客何盈蹇昂刺求反狀諷京兆尹李峴圍其第捕祿山所善李超安岱李方來王岻殺之貶其黨吉溫於合浦祿山上書自陳而條上國忠大罪二十帝歸過於峴貶零陵太守以慰祿山意國忠寡謀矜躁謂祿山跋扈不足圖故激怒之使必反以取信於帝帝卒不悟乃建言請以祿山爲平章事追入輔政以賈循爲使節度范陽呂知誨節度平盧楊光翽節度河東已草詔帝使謁者輔璆琳覘祿山未還帝致詔坐側而璆琳納金固言不反帝謂國忠曰祿山無二心前詔焚之矣祿山反以誅國忠爲名帝欲自將而東使皇太子監國謂左右曰我欲行一事國忠揣帝且禪太子歸謂女弟等曰太子監國吾屬誅矣因聚泣入訴于貴妃妃以死邀帝遂寢祿山旣發范陽歎咤曰國忠頭來何遲哥舒翰守潼關按兵守險國忠聞欲反己疑之乃從中督戰翰不得已出關遂大敗降賊書聞是日帝自南內移仗未央宮國忠見百官鯁咽不自勝監察御史高適請率百官子弟及募豪桀十萬拒守衆以爲不可初國忠聞難作自以身帥劍南豫置腹心梁益間爲自完計至是帝召宰相計事國忠曰幸蜀便帝然之明日遲昕帝出延秋門羣臣不知猶上朝唯三衞彍騎立仗尚聞刻漏聲國忠與韋見素高力士及皇太子諸王數百人護帝右龍武大將軍陳玄禮謀殺國忠不克進次馬嵬將士疲乏食玄禮懼亂召諸將曰今天子震蕩社稷不守使生人肝腦塗地豈非國忠所致欲誅之以謝天下云何衆曰念之久矣事行身死固所願會吐蕃使有請於國忠衆大呼曰國忠與吐蕃謀反衞騎合國忠突出或射中其頞殺之爭噉其肉且盡梟首以徇帝驚曰國忠遂反邪特吐蕃使亦殲矣御史大夫魏方進責衆曰何故殺宰相衆怒又殺之四子暄朏曉晞暄位太常卿戶部侍郎聞亂下馬蹶衆射之身貫百矢乃殪朏尚萬春公主位鴻臚卿陷賊見殺曉奔漢中爲漢中王瑀搒死晞及國忠妻裴柔同奔陳倉爲追兵所斬柔故蜀倡也倂坎而瘞其黨翰林學士張漸竇華中書舍人宋昱吏部郎中鄭昂俱走山谷民爭其貲富埒國忠昱戀貲產竊入都爲亂兵所殺餘坐誅國忠本名釗以圖讖有卯金刀當位御史中丞時帝爲改今名

李翛字翛起寒賤繇莊憲太后姬婿得進歷坊絳二州刺史無它才爲政粗辦性纖巧飾廚傳結納閹寺求善書憲宗以爲才拜司農卿進京兆尹專聚斂以固恩寵數譖毀近臣一時側目太后崩詔翛爲橋道置頓使嗇官費物物裁損爲可喜者梓宮至灞橋從官多不得食始議更造渭城門計錢三萬翛以爲勞不聽使鑿輓道深之柱危不支方過喪而門壞轀輬僅免徹門乃得行翛妄奏車軸折山陵使李逢吉列圖上請免官方帝用兵而翛屢有所獻得不坐繼詔奪稟逢吉持之乃削銀青一階翌日加賜黃金帝以浙西富饒欲掊擴遺利以翛爲觀察使被疾還京師元和十四年卒士有相賀者

鄭光孝明皇太后弟也會昌末夢御大車載日月行中衢光輝洪洞照六合寤而占之工曰君且暴貴不閱月宣宗卽位光與民伍拜諸衞將軍遷累平盧軍節度使徙河中鳳翔又賜鄠雲陽二縣良田大中四年詔除其租賦宰相言國常賦寠人下戶不免奈何以外戚廢法帝悟追格前詔俄封其妻爲夫人光曉帝意還詔不敢拜帝嘉之七年來朝對延英占奏俚近帝失所望不悅留爲右羽林統軍兼太子太保太后言其家空短帝厚賜金繒終不復委方鎮卒贈司徒詔罷三日朝羣臣奉慰御史大夫李景讓曰禮外祖父母舅服小功五月伯叔父若兄弟齊衰朞所以疏外密內也王者不可使外戚彊按王公主喪不過三日光宜少降詔罷一日子漢卿終義昌軍節度使

唐書卷二百六考證

獨孤懷恩傳元貞皇后弟也○舊書作元貞皇后弟之子

武士彠孫承嗣旣還擢尚輦奉御○舊書作拜尚衣奉御

攸暨壽春○舊書攸暨爲樂壽郡王

主府倉曹參軍何鳳說曰今天下繫心武家云云○舊書作倉曹符鳳

攸望以太府卿貶死春州○舊書攸望至太常卿

武士彠兄士稜孫攸暨長安中降王壽春○舊書隨例降封樂壽郡王

韋溫傳后父元貞○舊書后父元儼元儼弟元貞

洞衞尉卿淮陽郡○舊書作淮南郡王

楊國忠傳節度使張宥惡其爲人答屈之○臣德潛按舊書益州長史張寬惡其爲人

蜀大豪鮮于仲通頗資給之○臣德潛按鮮于仲通先資給之復薦之兼瓊得蜀貨百萬乃之京師見羣女弟因以進身此國忠得寵之由而後之薦仲通討南蠻以致喪師辱國皆根于此也舊書不之及此新書周密處

國忠薦鮮于仲通爲蜀郡長史率兵六萬討之○舊書作率精兵八萬

唐書卷二百七

宋　端　明　殿　學　士　宋　祁　撰

列傳第一百三十二

宦者上

唐制內侍省官有內侍四內常侍六內謁者監內給事各十謁者十二典引十八寺伯寺人各六又有五局一曰掖廷主宮嬪簿最二曰宮闈門闌三曰奚官治宮中疾病死喪四曰內僕主供帳鐙燭五曰內府主中藏給納局有令有丞皆宦者爲之太宗詔內侍省不立三品官以內侍爲之長階第四不任以事惟門閤守禦廷內埽除稟食而已武后時稍增其人至中宗黃衣乃二千員七品以上員外置千員然衣朱紫者尚少玄宗承平財用富足志大事奢不愛惜賞賜爵位開元天寶中宮嬪大率至四萬宦官黃衣以上三千員衣朱紫千餘人其稱旨者輒拜三品將軍列戟于門其在殿頭供奉委任華重持節傳命光焰殷殷動四方所至郡縣奔走獻遺至萬計修功德市禽鳥一爲之使猶且數千緍監軍持權節度返出其下於是甲舍名園上腴之田爲中人所名者半京畿矣肅代庸弱倚爲扞衞故輔國以尚父顯元振以援立奮朝恩以軍容重然猶未得常主兵也德宗懲艾泚賊故以左右神策天威等軍委宦者主之置護軍中尉中護軍分提禁兵是以威柄下遷政在宦人舉手伸縮便有輕重至慓士奇材則養以爲子巨鎭彊藩則爭出我門小人之情猥險無顧藉又日夕侍天子狎則無威習則不疑故昏君蔽於所昵英主禍生所忽玄宗以遷崩憲敬以弑殞文以憂憤至昭而天下亡矣禍始開元極於天祐凶愎參會黨類殲滅王室從而潰喪譬猶灼火攻蠹蠹盡木焚詎不哀哉跡其殘氣不剛柔情易遷褻則無上怖則生怨借之權則專爲禍則迫而近緩相攻急相一此小人常勢也噫梟狐不神

天與之昏末如亂何故取中葉以來宦人之大者粹之篇

楊思勗羅州石城人本蘇氏冒所養姓少給事內侍省從玄宗討內難擢左監門衛將軍帝倚爲爪牙開元初安南蠻渠梅叔鸞叛號黑帝舉三十二州之衆外結林邑眞臘金隣等國據海南衆號四十萬思勗請行詔募首領子弟十萬與安南大都護光楚客繇馬援故道出不意賊駭眙不暇謀遂大敗封尸爲京觀而還十二年五溪首領覃行章亂詔思勗爲黔中招討使率兵六萬往執行章斬首三萬級以功進輔國大將軍給祿俸防閤從封泰山進驃騎大將軍封虢國公邕州封陵獠梁大海反破賓橫等州思勗又平之禽大海等三千人討斬支黨皆盡瀧州蠻陳行範自稱天子其下何游魯號定國大將軍馮璘南越王破州縣四十詔思勗發永道連三州兵淮南弩士十萬襲斬游魯璘於陣行範走盤遼諸洞思勗悉衆窮追生縛之阬其黨六萬獲馬金銀鉅萬計卒年八十餘思勗鷙忍敢殺戮所得俘必剺面髈腦褫髮皮以示人將士憚服莫敢視以是能立功內給事牛仙童納張守珪賂詔付思勗殺之思勗縛于格箠慘不可勝乃探心截手足剔肉以食肉盡乃得死楚客者樂安人後歷桂州都督致仕封松滋縣侯

高力士馮盎曾孫也聖曆初嶺南討擊使李千里上二閹兒曰金剛曰力士武后以其彊悟敕給事左右坐累逐出之中人高延福養爲子故冒其姓善武三思歲餘復得入禁中稟食司宮臺既壯長六尺五寸謹密善傳詔令爲宮闈丞玄宗在藩力士傾心附結已平韋氏乃啓屬內坊擢內給事先天中以誅蕭岑等功爲右監門衛將軍知內侍省事於是四方奏請皆先省後進小事即專決雖洗沐未嘗出眠息殿帷中徼倖者願一見如天人然帝曰力士當上我寢乃安當是時宇文融李林甫蓋嘉運韋堅楊愼矜王鉷楊國忠安祿山安思順高仙芝等雖以才寵進然皆厚結力士故能踵至將相自餘承風附會不可計皆得所欲中人若黎敬仁林昭隱尹鳳翔韓莊牛仙童劉奉廷王承恩張道斌李大宜朱光輝郭全邊令誠等並內供奉或外監節度軍修功德市鳥獸皆爲之使使還所裒獲動巨萬計京師甲第池園良田美產占者什六寵與力士略等然悉藉力士左右輕重乃能然肅宗在東宮兄事力士它王公主呼爲翁戚里諸家尊曰爺帝或不名而呼將軍力士幼與母麥相失後嶺南節度使得之瀧州迎還不復記識母曰胷有七黑子在否力士袒示之如言母出金環曰兒所服者乃相持號慟帝爲封越國夫人而追贈其父廣州大都督延福與妻及力士貴時故在侍養與麥均金吾大將軍程伯獻約力士爲兄弟後麥亡伯獻縗絰受弔河間男子呂玄晤吏京師女國姝力士娶之玄晤擢刀筆史至少卿子弟仕皆王傅玄晤妻死中外贈賻送葬自第至墓車徒背相望不絕始李林甫牛仙客知帝憚幸東都而京師漕不給乃以賦粟助漕及用和糴法數年國用稍充帝齋大同殿力士侍帝曰我不出長安且十年海內無事朕將吐納導引以天下事付林甫若何力士對曰天子順動古制也稅入有常則人不告勞今賦粟充漕臣恐國無旬月畜和糴不止則私藏竭逐末者衆又天下柄不可假人威權既振孰敢議者帝不悅力士頓首自陳心狂易語謬當死帝爲置酒左右呼萬歲由是還內宅不復事加累驃騎大將軍封渤海郡公於來廷坊建佛祠興寧坊立道士祠珍樓寶屋國貲所不逮鐘成力士宴公卿一扣鐘納禮錢十萬有佞悅者至二十扣其少亦不減十都北堰澧列五磑日毇三百斛直有袁思藝者帝亦愛幸然驕倨甚士大夫疏畏之而力士陰巧得人譽帝初置內侍省監二員秩三品以力士思藝爲之帝幸蜀思藝遂臣賊而力士從帝進齊國公帝聞肅宗卽位喜曰吾兒應天順人改元至德不忘孝乎尙何憂力士曰兩京失守生人流亡河南漢北爲戰區天下痛心而陛下以爲何憂臣不敢聞從上皇還進開府儀同三司實封戶五百上皇徙西內居十日爲李輔國所誣除籍長流巫州力士方逃瘧功臣閣下輔國以詔召力士趨至閤外遣內養授譎制因曰臣當死已久天子哀憐至今日願一見陛下顏色死不恨輔國不許寶應元年赦還見二帝遺詔北向哭歐血曰大行升遐不得攀梓宮死有餘恨慟而卒年七十九代宗以護衛先帝勞還其官贈揚州大都督陪葬泰陵初太子瑛廢武惠妃方嬖李林甫等皆屬壽王帝以肅宗長意未決居忽忽不食力士曰大家不食亦膳羞不具邪帝曰爾我家老揣我何爲而然力士曰嗣君未定邪推長而立孰敢爭帝曰爾言是也儲位遂定天寶中邊將爭立功帝嘗曰朕春秋高朝廷細務付宰相蕃夷不龔付諸將寧不暇邪對曰臣間至閤門見奏事者言雲南數喪師又北兵悍且彊陛下何以制之臣恐禍成不可禁其指蓋謂祿山帝曰卿勿言朕將圖之十三年秋大雨帝顧左右無人卽曰天方災卿宜言之力士曰自陛下以權假宰相法令不行陰陽失度天下事庸可復安臣之鉗口其時也帝不答明年祿山反力士善揣時事勢候相上下雖親昵至當覆敗不肯爲救力故生平無顯顯大過議者頗恨宇文融以來權利相賊階天下之禍雖有補益弗相除云

程元振京兆三原人少以宦人直內侍省遷內射生使飛龍廄副使張皇后謀立越王元振見太子發其姦與李輔國助討難立太子是爲代宗拜右監門衛將軍知內侍省事帝以藥子昂判元帥行軍司馬固辭乃以命元振封保定縣侯再遷驃騎大將軍邠國公盡總禁兵不踰歲權震天下在輔國右凶決又過之軍中呼十郎王仲昇者初爲淮西節度使與襄州張維瑾部將戰申州被執賊平元振薦爲右羽林大將軍兼御史大夫將軍兼大夫由仲昇始裴冕與元振忤乃擿韓穎等罪貶施州來瑱守襄漢有功元振嘗請屬不應因仲昇共誣殺瑱同華節度使李懷讓被構憂甚自殺素惡李光弼數媒蝎以疑之瑱等上將冕光弼元勳既誅斥或不自省方帥繇是攜解廣德初吐蕃党項內侵詔集天下兵無一士奔命者虜扣便橋帝蒼黃出居陝京師陷賊剽府庫焚閭衖蕭然爲空於是太常博士翰林待詔柳伉上疏曰犬戎以數萬衆犯關度隴歷秦渭掠邠涇不血刃而入京師謀臣不奮一言武士不力一戰提卒叫呼劫宮闈焚陵寢此將帥叛陛下也自朝義之滅陛下以爲智力所能故疏元功委近習日引月長以成大禍羣臣在廷無一犯顏回慮者此公卿叛陛下也陛下始出都百姓塡然奪府庫相殺戮此三輔叛陛下也自十月朔召諸道兵盡四十日無隻輪入關者此四方叛陛下也內外離叛雖一魚朝恩以陝郡戮力陛下獨能以此守社稷乎陛下以今日勢爲安邪危邪若以爲危豈得高枕不爲天下計臣聞良醫療疾當病飲藥藥不當疾猶無益也陛下視今日病何繇至此乎天下之心乃恨陛下遠賢良任宦豎離間將相而幾于亡必欲存宗廟社稷獨斬元振首馳告天下悉出內使隸諸州獨留朝恩備左右陛下持神策兵付大臣然後削尊號下詔引咎率德勵行屏嬪妃任將相若曰天下其許朕自新改過乎宜卽募士西與朝廷會若以朕惡未悛邪則帝王大器敢妨聖賢其聽天下所往如此而兵不至人不感天下不服請赤臣族以謝疏聞帝顧公議不與乃下詔盡削元振官爵放歸田里帝還元振自三原衣婦衣私入京師舍司農卿陳景詮家圖不軌御史劾按長流溱州景詮貶新興尉元振行至江陵死時又有駱奉先者亦三原人歷右驍衛大將軍數從帝討伐尤見倖廣德初監僕固懷恩軍者奉先恃恩貪甚懷恩不平既而懼其譖遂叛事平擢奉先軍容使掌畿內兵權焰熾然永泰初以吐蕃數驚京師始城鄠以奉先爲使悉毀縣外廬舍無尺椽累封江國公監鳳翔軍大曆末卒

魚朝恩瀘州瀘川人天寶末以品官給事黃門內陰黠善宣納詔令至德初監李光進軍京師平爲三宮檢責使以左監門衛將軍知內侍省事九節度圍賊相州以朝恩爲觀軍容宣慰處置使觀軍容使自朝恩始史思明攻洛陽朝恩以神策兵屯陝洛陽陷思明長驅至硤石使子朝義爲游軍肅宗詔銳兵十萬循渭而東以濟師朝恩按兵陝東使神策將衛伯玉與賊將康文景等戰敗之洛陽平徙屯汴州加開府儀同三司封馮翊郡公寶應中還屯陝代宗避吐蕃東幸衛兵離散朝恩悉軍奉迎華陰乘輿六師乃振帝德之更號天下觀軍容宣慰處置使專領神策軍賞賜不涯朝恩資小人恃功岸忽無所憚僕固瑒攻絳州使姚良據溫誘回紇陷河陽朝恩遣李忠誠討瑒以霍文場監之王景岑討良王希遷監之敗瑒於萬泉生擒良高暉等引吐蕃入寇遣劉德信討斬之故朝恩因麾下數克獲竊以自高是時郭子儀有定天下功居功臣第一心媢之乘相州敗醜爲詆譖肅宗不內其語然猶罷子儀兵留京師代宗立與程元振一口加毀帝未及寤子儀憂甚俄而吐蕃陷京師卒用其力王室再安故朝恩內慙乃勸帝徙洛陽欲遠戎狄百僚在廷朝恩從十餘人持兵出曰虜數犯都甸欲幸洛云何宰相未對有近臣折曰敕使反耶今屯兵足以捍寇何遽脅天子棄宗廟爲朝恩色沮而子儀亦謂不可乃止朝恩好引輕浮後生處門下講五經大義作文章謂才兼文武徼伺恩寵永泰中詔判國子監兼鴻臚禮賓內飛龍閑廄使封鄭國公始詣學詔宰相常參官六軍將軍悉集京兆設食內教坊出音樂俳倡侑燕大臣子弟二百人朱紫雜然爲附學生列廡次又賜錢千萬取子錢供秩飯每視學從神策兵數百京兆尹黎幹率錢勞從者一費數十萬而朝恩色常不足凡詔會羣臣計事朝恩怙貴誕辭折愧坐人出其上雖元載辯彊亦拱默唯禮部郎中相里造殿中侍御史李衎酬詰往返未始降屈朝恩不懌黜衎以動造又謀將易執政以震朝廷乃會百官都堂且言宰相者和元氣輯羣生今水旱不時屯軍數十萬饋運困竭天子臥不

安席宰相何以輔之不退避賢路默默尚可賴乎宰相俛首坐皆失色造從坐從之因曰陰陽不和五穀踴貴皆軍容事宰相何與哉且軍擎不散故天降之沴今京師無事六軍可相維鎮又屯十萬饋糧所以不足百司無稍食軍容爲之宰相行文書而已何所歸罪朝恩拂衣去曰南衙朋黨且害我會釋菜執易升坐百官咸在言鼎有覆餗象以侵宰相王縉怒元載怡然朝恩曰怒者常情笑者不可測也載銜之未發朝恩有賜墅觀沼勝爽表爲佛祠爲章敬太后薦福即后謚以名祠許之於是用度侈浩公壞曲江諸館華清宮樓榭百司行署將相故第收其材佐興作費無慮萬億既數毀郭子儀不見聽乃遣盜發其先冢子儀詭辭自解以安衆疑久之讓判國子監鴻臚禮賓等使加內侍監從封韓增實封百戶俄兼檢校國子監初神策都虞候劉希暹魁健能騎射最爲朝恩昵信以太僕卿封交河郡王兵馬使王駕鶴獨謹厚亦封徐國公希暹諷朝恩置獄北軍陰縱惡少年橫捕富人付吏考訊因中以法錄貲產入之軍皆誣服冤死故市人號入地牢又萬年吏賈明觀倚朝恩捕搏恣行積財鉅萬人無敢發其姦朝廷裁決朝恩或不預者輒怒曰天下事有不由我乎帝聞不喜養息令徽者尚幼爲內給使服綠與同列爭忿歸白朝恩明日見帝曰臣之子位下願得金紫在班列上帝未答有司已奉紫服于前令徽稱謝帝笑曰小兒章服大稱滋不悅元載乃用左散騎常侍崔昭尹京兆厚以財結其黨皇甫溫周皓溫方屯陝而皓射生將自是朝恩隱謀奧語悉爲帝知希暹覺帝指密白朝恩朝恩稍懼然見帝接遇未衰故自安而潛計不軌帝遂倚載決除之懼不克載曰陛下第專屬臣必濟朝恩入殿常從武士百人自衛皓統之而溫握兵在外載乃徙鳳翔尹李抱玉節度山南西道以溫代節度鳳翔陽重其權實內溫以自助載又議析鳳翔之郿與京兆以鄠盩厔及鳳翔之虢寶雞與抱玉而以興平武功鳳翔之扶風天興與神策軍朝恩利其土地自封殖不知爲虞也郭子儀密白朝恩嘗結周智光爲外應久領內兵不早圖變且大載留溫京師未即遣約與皓共誅朝恩謀定以聞帝曰善圖之勿反受禍方寒食宴禁中既罷將還營有詔留議事朝恩素肥每乘小車入宮省帝聞車聲危坐載守中書省朝恩至帝責其異圖朝恩自辨悖傲皓與左右禽縊之死年四十九外無知者帝隱之下詔罷觀軍容等使增實封戶六百內侍監如故外咸言既奉詔乃投縊云還尸於家賜錢六百萬以葬帝懼軍亂進劉希暹王駕鶴並兼御史中丞又下詔慰曉將士獨希暹自知同惡言不遜駕鶴白發之遂賜死而賈明觀兼得幸於載故載奏隸江西使立功自贖路嗣恭搒殺之所厚禮部尚書禮儀使裴士淹戶部侍郎判度支第五琦皆坐貶

竇文場霍仙鳴者始並隸東宮事德宗未有名自魚朝恩死宦人不復典兵帝以禁衞畫委白志貞志貞多納富人金補軍止收其庸而身不在軍及涇師亂帝召近衞無一人至者惟文場等率宦官及親王左右從至奉天帝逐志貞并左右軍付文場主之興元初詔監神策左廂兵馬以王希遷監右而馬有麟爲左神策軍大將軍軍額由此始帝自山南還兩軍復完而帝忌宿將難制故詔文場仙鳴分總之廢天威軍入左右神策是時竇霍權震朝廷諸方節度大將多出其軍臺省要官走門下丐援引者足相躡衞士朱華以按摩得幸文場參處補置索賕數萬緡而藩鎮賂遺累百鉅萬畧士妻女無所憚詔殺之于軍其隆赫如此久之置護軍中尉中護軍各二員詔文場爲左神策護軍中尉仙鳴爲右焦希望爲左神策中護軍張尚進爲右中尉護軍自文場等始後仙鳴移病帝賜十馬令諸祠祈解後稍愈已而暴死帝疑左右進毒捕詰小使問狀誅數十人贈開府儀同三司以內常侍第五守亮代之文場擢累驃騎大將軍時監察御史崔遠行囚于軍吏爲具酒食遠欲悅媚之故不拒文場劾奏詔流遠遠方文場年老致仕卒其後楊志廉孫榮義爲左右中尉招權驕肆與竇霍畧等帝晚節聞民間訛語禁中事而北軍捕太學生何竦曹壽繫訊人情大懼司業武少儀上書有如罪不測願明示四方俄得釋是時宦官復盛矣希望者涇陽人歷明威將軍贈洪州都督尚進河東人歷忠武將軍贈開府儀同三司志廉弘農人歷左監門衞大將軍榮義涇陽人歷右武衞大將軍並贈揚州大都督

劉貞亮本俱氏名文珍冒所養宦父故改焉性忠彊識義理平涼之盟在渾瑊軍中會虜變被執且西俄而得歸出監宣武軍自置親兵千人貞元末宦人領兵附順者益衆會順宗立淹痼弗能朝惟李忠言牛美人侍美人以帝旨付忠言忠言授之王叔文叔文與柳宗元等裁定然後下中書然未得縱欲遂奪神策兵以自彊即用范希朝爲京西北禁軍都將收宦者權而忠言素懦謹每見叔文與論事無敢異同唯貞亮乃與之爭又惡朋黨熾結因與中人劉光琦薛文珍尚衍解玉呂如全等同勸帝立廣陵王爲太子監國帝納其奏貞亮召學士衞次公鄭絪李程王涯至金鑾殿草定制詔太子已立盡逐叔文黨委政大臣議者美其忠高崇文討劉闢復爲監軍初東川節度使李康爲闢所破囚之崇文至闢歸康求雪貞亮劾以不拒賊斬之故以專悍見訾還累右衞大將軍知內侍省事元和八年卒贈開府儀同三司憲宗之立貞亮爲有功然終身無所寵假呂如全歷內侍省內常侍翰林使坐擅取樟材治第送東都獄至閿鄉自殺又郭旻醉觸夜禁杖殺之五坊朱超晏王志忠縱鷹隼入民家搒二百奪職由是莫不惕畏

吐突承璀字仁貞閩人也以黃門直東宮爲掖廷局博士察察有才憲宗立擢累左監門將軍左神策護軍中尉左街功德使封薊國公王承宗叛承璀揣帝銳征討因請行帝見其果敢自喜謂可任即詔承璀爲行營招討處置使以左右神策及河中河南浙西宣歙兵從之內寺伯宋惟澄曹進玉爲館驛使自河南陝河陽惟澄主之京華河中至太原進玉主之又詔內常侍劉國珍馬朝江分領易定幽滄等州糧料使於是諫官李鄘許孟容李元素李夷簡呂元膺穆質孟簡獨孤郁段平仲白居易等衆對延英謂古無中人位大帥恐爲四方笑帝乃更爲招討宣慰使爲御通化門慰其行承璀御衆無它遠畧爲盧從史侮狎踰年無功賴中詔擿使執從史而間遣人說承宗上書待罪乃詔班師還爲中尉平仲劾承璀輕謀弊賦損國威不斬首無以謝天下帝不獲已罷爲軍器莊宅使尋拜左衞上將軍知內侍省會劉希光納羽林大將軍孫璹錢二十萬緡求方鎮有詔賜死跡絓承璀故令出監淮南軍纖人太子通事舍人李涉投匭言承璀等冤狀於是孔戣知匭事閱其副不受即表其姦逐爲峽州司倉參軍然帝於承璀殊厚會李絳在翰林苦論其過故決遣之帝後欲還承璀爲罷絳宰相召爲內弓箭庫使復左神策中尉惠昭太子薨承璀請立澧王不從常飾一室藏所賜詔敕地生毛二尺惡之躬糞除瘞之踰年帝崩穆宗銜前議殺之禁中敬宗時左神策中尉馬存亮論其冤詔許子士曄收葬宣宗時擢士曄右神策中尉是時諸道歲進閹兒號私白閩嶺最多後皆任事當時謂閩爲中官區藪咸通中杜宣猷爲觀察使每歲時遣吏致祭其先時號敕使墓戶宣猷卒用羣宦力從宣歙觀察使

馬存亮字季明河中人元和時累擢左神策軍副使左監門衞將軍知內侍省事進左神策中尉軍所籍凡十餘萬存亮料柬尤精伍無罷士部無冗員敬宗初染署工張韶與卜者蘇玄明善玄明曰我嘗爲子卜子當御殿食我與焉吾聞上晝夜獵出入無度可圖也韶每輸染材入宮衞士不呵也乃陰結諸工百餘人匿兵車中若輸材者入右銀臺門約昏夜爲變有詰其載者韶謂謀覺殺其人出兵大呼成列浴堂門閉時帝擊毬清思殿驚將幸右神策或曰賊入宮不知衆寡道遠可虞不如入左軍近且速從之初帝常寵右軍中尉梁守謙每游幸兩軍角戲帝多欲右勝而左軍以爲望至是存亮出迎捧帝足泣負而入以五百騎往迎二太后比至而賊已斬關入清思殿升御坐盜乘輿餘膳揖玄明偶食且曰如占玄明驚曰止此乎韶惡之悉以寶器賜其徒攻弓箭庫仗士拒之不勝存亮遣左神策大將軍康藝全將軍何文哲宋叔夜孟文亮右神策大將軍康志睦將軍李泳尚國忠率騎兵討賊日暮射韶及玄明皆死始賊入中人倉卒繇望仙門出奔內外不知行在遲明盡捕亂黨左右軍清宮車駕還羣臣詣延英門見天子然至者不十一二坐賊所入關不禁者數十人杖而不誅賜存亮實封戶二百梁守謙進開府儀同三司它論功賞有差存亮於一時功最高乃推委權勢求監淮南軍代還爲內飛龍使大和中以右領軍衞上將軍致仕封岐國公卒贈揚州大都督存亮逮事德宗更六朝賁端畏善訓士始去禁衞衆皆泣唐世中人以忠謹稱者唯存亮西門季玄嚴遵美三人而已

遵美父季實爲掖廷局博士大中時有宮人謀弒宣宗是夜季實直咸寧門下聞變入射殺之明日帝勞曰非爾吾危不免擢北院副使終內樞密使遵美歷左軍容使嘗歎曰北司供奉官以胯衫給事今執笏過矣樞密使無廳事唯三楹舍藏書而已今堂狀帖黃決事此楊復恭奪宰相權之失也蓋疾時中官肆橫云後從昭宗遷鳳翔求致仕隱青城山年八十餘卒

仇士良字匡美循州興寧人順宗時得侍東宮憲宗嗣位再遷內給事出監平盧鳳翔等軍嘗次敷水驛與御史元稹爭舍上廳擊傷稹中丞王播奏御史中使以先後至得正寢請如舊章帝不直稹斥其官元和大和間數任內外五坊使秋按鷹內畿所至邀吏供餉暴甚寇盜文宗與李訓欲殺王守澄以士良素與守澄隙故擢左神策軍中尉兼左街功德使使相糜肉已而訓謀悉逐中官士良悟其謀與右神策軍中尉魚弘志大盈庫

使宋守義挾帝還宮王涯舒元輿已就縛士良肆脅辱令自承反示牒于朝於時莫能辨其情皆謂誠反士良因縱兵捕無輕重悉麋兩軍公卿半空事平加特進右驍衞大將軍弘志右衞上將軍兼中尉守義右領軍衞上將軍李石輔政稜稜有風岸士良與論議數屈深忌之使賊刺石於親仁里馬逸而免石懼辭位士良益無憚澤潞劉從諫本與訓約誅鄭注及訓死憤士良得志乃上書言王涯等八人皆宿儒大臣願保富貴何苦而反今大戮所加已不可追而名曰逆賊含憤九泉不然天下義夫節士畏禍伏身誰肯與陛下共治邪即以訓所移書遺部將陳季卿以聞季卿至會石遇盜京師擾疑不敢進從諫大怒殺季卿騰書于朝又言臣與訓誅注以注本宦豎所提挈不使聞知今四方共傳宰相欲除內官而兩軍中尉聞自救死妄相殺戮謂爲反逆有如大臣挾無將之謀自宜執付有司安有縱俘劫橫尸闕下哉陛下視不及聽未聞也且宦人根黨蔓延在內臣欲面陳恐橫遭戮害謹脩封疆繕甲兵爲陛下腹心如姦臣難制誓以死清君側書聞人人傳觀士良沮恐即進從諫檢校司徒欲弭其言從諫知可動復言臣所陳繫國大體可聽則宜洗宥涯等罪不可聽則賞不宜妄出安有死寃不申而生者荷祿固辭累上書暴指士良等罪帝雖不能去然倚其言差自彊自是鬱鬱不樂兩軍毬獵宴會絕矣開成四年苦風痺少間召宰相見延英退坐思政殿顧左右曰所直學士謂誰曰周墀也召至帝曰自爾所況朕何如主墀再拜曰臣不足以知然天下言陛下堯舜主也帝曰所以問謂與周赧漢獻孰愈墀惶駭曰陛下之德成康文景未足比何自方二主哉帝曰赧獻受制彊臣今朕受制家奴自以不及遠矣因泣下墀伏地流涕後不復朝至大漸云始樞密使劉弘逸薛季稜宰相李珏楊嗣復謀奉太子監國士良與弘志議更立珏不從乃矯詔立穎王爲皇太弟士良以兵奉迎而太子還爲陳王初莊恪太子薨楊貴妃謀引安王不克武宗已立士良發其事勸帝除之以絕人言故王妃皆死士良遷驃騎大將軍封楚國公弘志韓國公實封戶三百俄而珏嗣復罷去弘逸季稜誅矣帝明斷雖士良有援立功內實嫌之陽示尊寵李德裕得君士良愈恐會昌二年上尊號士良宣言宰相作赦書減禁軍縑糧芻菽以搖怨語兩軍曰審有是樓前可爭德裕以白帝命使者諭神策軍曰赦令自朕意宰相何豫爾渠敢是士乃帖然士良惶惑不自安明年進觀軍容使兼統左右軍以疾辭罷爲內侍監知省事固請老詔可尋卒賜揚州大都督士良之老中人舉送還第謝曰諸君善事天子能聽老夫語乎衆唯唯士良曰天子不可令閑暇暇必觀書見儒臣則又納諫智深慮遠減玩好省游幸吾屬恩且薄而權輕矣爲諸君計莫若殖財貨盛鷹馬日以毬獵聲色蠱其心極侈靡使悅不知息則必斥經術闇外事萬機在我恩澤權力欲焉往哉衆再拜士良殺二王一妃四宰相貪酷二十餘年亦有術自將恩禮不衰云死之明年有發其家藏兵數千物詔削官爵籍其家始士良弘志憤文宗與李訓謀屢欲廢帝崔慎由爲翰林學士直夜未半有中使召入至秘殿見士良等坐堂上帷帳周密謂慎由曰上不豫已久自即位政令多荒闕皇太后有制更立嗣君學士當作詔慎由驚曰上高明之德在天下安可輕議慎由親族中表千人兄弟羣從且三百何可與覆族事雖死不承命士良等默然久乃啓後戶引至小殿帝在焉士良等歷階數帝過失帝俛首既而士良指帝曰不爲學士不得更坐此乃送慎由出戒曰毋泄禍及爾宗慎由記其事藏箱枕間時人莫知將沒以授其子胤故胤惡中官終討除之蓋禍原於士良弘志云

楊復光閩人也本喬氏有武力少養於內常侍楊玄价家頗以節誼自奮玄价奇之宣宗時玄价監鹽州軍誣殺刺史劉皐皐有威名者世訟其寃稍遷左神策軍中尉譖去宰相楊收權寵震時復光有謀略累監諸鎮軍乾符初佐平盧節度使曾元裕擊賊王仙芝敗之招討使宋威擊仙芝於江西復光在軍請判官吳彥宏約賊降仙芝遣將尙君長自縛如約威疾其功密請僖宗誅之故仙芝怨復引兵叛後天子寤威階禍罷之以兵與復光乃進禽徐唐莒王鐸爲招討復光仍監軍鐸之棄荊南也山南東道節度使劉巨容定其地以忠武別將宋浩領荊南泰寧將段彥謨佐之復光父嘗監忠武軍而浩已爲大將見復光少之不爲禮彥謨亦恥居浩下遂有隙復光曰胡不殺之彥謨引慓士擊殺浩復光以客常滋假留後而奏浩罪薦彥謨爲朗州刺史詔鄭紹業爲荊南節度使以復光監忠武軍屯鄧州遏賊右衞帝西幸召紹業見行在復光更引彥謨爲荊南節度使彥謨紿行邊詣復光以黃金數百兩爲謝其後忠武周岌受賊命嘗夜宴召復光左右曰彼既附賊必不利公不如毋行復光固往酒所語時事復光泣曰丈夫所感獨恩與義耳彼不顧恩義規利害何丈夫哉公奮匹夫封侯乃捐十八葉天子北面臣賊何恩義利害昧昧邪岌流涕曰吾力不足陽合而陰離之故召公計因持杯盟曰有如酒即遣子守亮斬賊使于傳舍秦宗權據蔡州叛岌復光以忠武兵三千入見之宗權即遣部將王淑持兵萬人從復光定荊襄師次鄧淑逗遛復光斬之并其軍爲八以鹿晏弘晉暉張造李師泰王建韓建等爲之將進攻南陽賊將朱溫何勤逆戰大敗遂收鄧州追北藍橋會母喪班師俄起爲天下兵馬都監總諸軍與東面招討使王重榮并力定關中朱溫守同州復光遣使譙諭溫以所部降方賊之彊重榮憂不知所出謂復光曰臣賊邪且負國拒戰邪則兵寡奈何復光曰李克用與我世共患難其爲人奮不顧身比數召未即至者由太原道不通耳非忍禍者若諭上意彼宜必來重榮曰善白王鐸以詔使至太原克用兵乃出京師平以功加開府儀同三司同華制置使封弘農郡公賜號資忠輝武匡國平難功臣卒河中贈觀軍容使諡曰忠肅復光御下有恩軍中聞其死皆慟哭而麾下多立功者諸子爲將帥數十人守宗亦爲忠武節度使

贊曰楚鄖公辛不敢讎君而忘父寃昭愍之世兩軍寵遇有厚薄而卒用存亮夷難功莫及者自古忠臣出於疏斥不用蓋多矣存亮豈通記書道理之人邪何其識君臣大誼明甚不尸大勞畏權處外又愈賢矣與夫書龍蛇之詩者何其小哉

唐書卷二百七考證

宦者序內謁者監內給事各十○舊書內謁者監六人內給事八人

寺伯寺人各六○舊書寺伯二人寺人六人

楊思勗傳擢左監門衞將軍○舊書累遷右監門衞將軍

安南蠻渠梅叔鸞叛號黑帝○舊書作梅元成叛

馮璘南越王○本紀作馮仁智

高力士傳林昭隱○舊書作林招隱

朱光輝○舊書作朱文輝

程元振傳元振自三原衣婦衣私入京師○舊書作元振服縗麻于車中入京城

吐突承璀傳又詔內常侍劉國珍馬朝江分領易定幽滄等州糧料使○馬朝江舊書作馬江朝

唐書卷二百八

宋　端明殿學士　宋祁　撰

列傳第一百三十三

宦者下

李輔國本名靜忠以閹奴爲閑廐小兒貌儜陋略通書計事高力士年四十餘使主廐中簿最王鉷爲使以典禾豆能檢擿耗欺馬以故肥薦之皇太子得侍東宮陳玄禮等誅楊國忠輔國豫謀又勸太子分中軍趨朔方收河隴兵圖興復太子至靈武愈親近勸遂即位係天下心擢家令判元帥府行軍司馬肅宗稍稍任以肱膂事更名護國又改今名凡四方章奏軍符禁寶一委之輔國能隨事齪齪謹密取人主親信而內深賊未敢肆不啖葷時時爲浮屠詭行人以爲柔良不忌也帝還京師拜殿中監閑廐五坊宮苑營田栽接總監使兼隴右羣牧京畿鑄錢長春宮等使少府殿中二監封成國公實封戶五百宰相羣臣欲不時見天子皆因輔國以請乃得可常止銀臺門決事置察事廳兒數十人吏雖有秋毫過無不得得輒推訊州縣獄訟三司制劾有所捕逮流降皆私判臆處因稱制敕然未始聞上也詔書下輔國署已乃施行羣臣無敢議出則介士三百人爲衞貴幸至不敢斥官呼五郞李揆當國以子姓事之號五父帝爲娶元擢女爲妻擢以故爲梁州長史弟兄皆位臺省李峴輔政叩頭言且亂國於是詔敕不繇中書出者峴必審覆輔國不悅時太上皇居興慶宮帝自複道來起居太上皇亦間至大明宮或相逢道中帝命陳玄禮高力士王承恩魏悅玉眞公主常在太上皇左右梨園弟子日奏聲伎爲娛樂輔國素微賤雖暴貴力士等猶不爲禮怨之欲立奇功自固初太上皇每置酒長慶樓南俯大道因裴回觀覽或父老過之皆拜舞乃去上元中劒南奏事吏過樓下因上謁太上皇賜之酒詔公主及如仙媛主之又召郭英乂王銑等飲賚予頗厚輔國因妄言於帝曰太上皇居近市交通外人玄禮力士等將不利陛下六軍功臣反側不自安願徙太上皇入禁中帝不寤先時興慶宮有馬三百輔國矯詔取之裁留十馬太上皇謂力士曰吾兒用輔國謀不得終孝矣會帝屬疾輔國即詐言皇帝請太上皇按行宮中至睿武門射生官五百遮道太上皇驚幾墜馬問何爲者輔國以甲騎數十馳奏曰陛下以興慶宮湫陋奉迎乘輿還宮中力士厲聲曰五十年太平天子輔國欲何事叱使下馬輔國失轡罵力士曰翁不解事斬一從者力士

呼曰太上皇問將士各好在否將士納刀呼萬歲皆再拜力士復曰輔國可御太上皇馬輔國鞾而走與力士對執轡還西內居甘露殿侍衛才數十皆尫老太上皇執力士手曰微將軍朕且為兵死鬼左右皆流涕又曰興慶吾王地數以讓皇帝不受今之從自吾志也俄而流承恩播州魏悅溱州如仙媛歸州公主居玉真觀更料後宮聲樂百餘更侍太上皇備灑掃詔萬安咸宜二公主視服膳自是太上皇怏怏不豫至棄天下輔國以功遷兵部尚書南省視事使武士戎裝夾道陳跳丸舞劍百騎前驅御府設食太常備樂宰相羣臣畢會既得志乃厭然驕觖求宰相帝重違曰卿勳力何任不可但羣望未一如何輔國諷宰相裴冕使聯表薦己帝密擿蕭華使喻止冕張皇后數疾其顓帝寢疾太子監國后召太子將誅輔國及程元振太子不從更召越王兖王圖之元振告輔國即伏兵凌霄門迎太子伺變是夜捕二王及中人朱煇光馬英俊等囚之而殺后他殿代宗立輔國等以定策功愈跋扈至謂帝曰大家第坐宮中外事聽老奴處決帝矍然欲剪除而憚其握兵因尊為尚父事無大小率關白羣臣出入皆先詣輔國輔國頗自安又冊進司空兼中書令實封戶八百未幾以左武衛大將軍彭體盈代為閑廄羣牧苑內營田五坊等使以右武衛大將軍藥子昂代判元帥行軍司馬賜輔國大第於外中外聞其失勢舉相賀輔國始惆然憂不知所出表乞解官有詔進封博陸郡王仍為司空尚父許朝朔望輔國欲入中書作謝表門者不內曰尚父罷宰相不可入輔國氣塞久乃曰老奴死罪事郎君不了請地下事先帝矣帝優辭諭遣有韓穎劉烜善步星乾元中待詔翰林穎位司天監烜起居舍人與輔國暱甚輔國領中書穎進秘書監烜中書舍人裴冕引為山陵使判官輔國罷俱流嶺南賜死自輔國徙太上皇天下疾之帝在東宮積不平既嗣位不欲顯戮遣俠者夜刺殺之年五十九抵其首溷中殊右臂告泰陵然猶秘其事刻木代首以葬贈太傅謚曰醜後梓州刺史杜濟以武人為牙門將自言刺輔國者

王守澄者史亡所來元和中監徐州軍召還方憲宗喜方士詔天下求其人宰相皇甫鎛左金吾將軍李道古等白見楊仁晝浮屠大通仁晝更姓名曰柳泌大通自言壽百五十歲有不死藥並待詔翰林號人田元佐言有秘方能化瓦礫為黃金詔除號令與董景珍李元戢皆介泌大通薦于天子天子惑其說泌以金石進帝餌之躁甚數暴怒恚責左右踵得罪禁中累息帝自是不豫十五年罷元會羣臣危恐會義成劉悟來朝賜對麟德殿悟出曰上體平矣內外乃安是夜守澄與內常侍陳弘志弒帝於中和殿緣所餌以暴崩告天下乃與梁守謙韋元素等定冊立穆宗俄知樞密事文宗嗣位守澄有助力進拜驃騎大將軍帝疾元和逆罪久不討故以宋申錫為宰相謀因事除之不克更因其黨鄭注李訓乘其隙於是流楊承和於驩州韋元素象州遣中人劉忠諒追殺元素于武昌承和次公安賜死訓乃脅守澄以軍容使就第使內養齎酖賜死事秘時無知者贈揚州大都督其弟守涓自徐州監軍召還死於中牟

劉克明亦亡所來得幸敬宗敬宗善擊毬於是陶元皓靳遂良趙士則李公定石定寬以毬工得見便殿內籍宣徽院或教坊然皆出神策隸卒或里閭惡少年帝與狎息殿中為戲樂四方聞之爭以趫勇進于帝嘗閱角觝三殿有碎首斷臂流血廷中帝歡甚厚賜之夜分罷所親近既皆凶不逞又小過必責辱自是怨望帝夜艾自捕狐狸為樂謂之打夜狐中人許遂振李少端魚志弘侍從不及皆削秩帝獵夜還與克明田務澄許文端石定寬蘇佐明王嘉憲閻惟直等二十有八人羣飲既酣帝更衣燭忽滅克明與佐明定寬弒帝更衣室矯詔召翰林學士路隋作詔書命絳王領軍國事明日下遺詔絳王即位克明等恃功將易置左右自引支黨顓兵柄于時樞密使王守澄楊承和中尉梁守謙魏從簡與宰相裴度共迎江王發左右神策及六軍飛龍兵討之克明投井死出其尸戮之務澄等皆斬首以徇籍入家貲又殺其黨數十人始克明謀逆母禁不許文宗立嘉母忠賜錢千緡絹五百匹給婢二人

田令孜字仲則蜀人也本陳氏咸通時歷小馬坊使僖宗即位擢令孜左神策軍中尉是時西門匡範位右中尉世號東軍西軍帝沖騃喜鬬鵞走馬數幸六王宅興慶池與諸王鬬鵞一鵞至五十萬錢與內園小兒尤昵狎倚寵暴橫始帝為王時與令孜同臥起至是以其知書能處事又帝資狂昏故政事一委之呼為父而荒酣無檢發左藏齊天諸庫金幣賜伎子歌兒者日鉅萬國用耗盡令孜語內園小兒尹希復王士成等勸帝籍京師兩市蕃旅華商寶貨舉送內庫使者監閱櫃坊茶閣有來訴者皆杖死京兆府令孜知帝不足憚則販鬻官爵除拜不待旨假賜緋紫不以聞百度崩弛內外垢玩既所在盜起上下相掩匿帝不及知是時賢人無在者惟佞鄙沓貪相與備員偷安噤默而已左拾遺侯昌蒙不勝憤指言豎尹用權亂天下疏入賜死內侍省宰相盧攜素事令孜每建白必阿邑倡和初黃巢求廣州願罷兵攜欲寵高駢使有功不聽賊因又易置關東諸節度賊乘之陷東都令孜急歸罪攜奉帝西幸步出金光門至咸陽沙野軍十餘騎呼曰巢為陛下除姦臣乘輿今西秦中父老何望願還宮令孜叱之以羽林騎馳斬即以羽林白馬載帝晝夜馳舍駱谷時陳敬瑄方節度西川令孜兄也故請帝幸蜀有詔以令孜為十軍十二衞觀軍容制置左右神策護駕使至成都進左金吾衞上將軍兼判四衞事封晉國公帝見蜀陋稍鬱鬱日與嬪侍博飲時時攘袂北望悄然流涕令孜伺間開釋呼萬歲帝為怡悅因盛稱鄭畋王鐸程宗楚李鋋敬瑄方并力賊不足虞帝曰善初成都募陳許兵三千服黃帽名黃頭軍以捍蠻帝至大勞將士扈從者已賜而不及黃頭軍皆竊怨令孜令孜置酒會諸將以黃金樽行酒即賜之黃頭將郭琪不肯飲曰軍容能易偏惠均衆士誠大願也令孜目曰君有功邪答曰戰党項薄契丹數十戰此琪之功令孜嘻怒曰知之密以酖注酒中琪飲已馳歸殺一婢吮血得解因夜燒營剽城邑敬瑄討敗之奔廣都遂走高駢所帝聞變與令孜保東城自守羣臣不得見左拾遺孟昭圖請對不召因上疏極諫君與臣一體相成安則同寧危則共難昔日西幸不告南司故宰相御史中丞京兆尹悉碎于賊唯兩軍中尉以扈乘輿得全今百官之在者率冒重險出百死者也昨昔黃頭亂火照前殿陛下唯與令孜閉城自守不召宰相不謀羣臣欲入不得求對不許且天下者高祖太宗之天下非北司之天下陛下固九州天子非北司之天子北司豈悉忠於南司廷臣豈無用於敕使文宗時宮中災左右巡使不到皆被顯責安有天子播越而宰相無所豫羣司百官棄若路人已事誠不足諫而來者冀可追也疏入令孜匿不奏矯詔貶昭圖嘉州司戶參軍使人沈于蟇頤津初昭圖知正言必見害謂家隸曰大盜未殄宦豎離間君臣吾以諫為官不可坐觀覆亡疏入必死而能收吾骸乎隸許諾卒葬其尸朝廷痛之賊平令孜以王鐸為儒臣且無功而首謀召沙陀者楊復光也欲歸重北司故罷鐸都統以復光功第一又忌復光且逼已故薄其賞自謂帷幄決勝繫王室輕重出入倨甚會復光死大喜即罷復恭樞密使中人曹知慤者富家子頗沈鷙賊在長安知慤以清濁二谷之人倚山為屯不屈賊陰教士卒變衣服言語與賊類者夜入長安攻賊營賊大懼帝聞賜金紫擢內常侍閤帝將還因大言我且擁衆大散關下閱羣臣可歸者納之令孜謂然密令王行瑜以邠州兵度嵯峨山襲殺其衆由是益自肆禁制天子不得有所主斷帝以其專語左右輒流涕復光部將鹿晏弘王建等以八都衆二萬取金洋等州進攻興元節度使牛頊奔龍州晏弘自為留後以建及張造韓建等為郡刺史帝還懼見討引兵走許州王建率義勇四軍迎帝西縣復以建及韓建等主之號隨駕五都令孜以復光故纔授諸衞將軍皆養為子別募神策新軍以千人為都凡五十四都分左右為十軍統之又遣親信覘諸鎮不附已者以罪除徙養子匡祐宣慰河中王重榮厚為禮匡祐敖甚舉軍怒重榮因數令孜罪責其無禮監軍和解乃去匡祐還訴令孜且勸圖之令孜自以兩鹽池歸鹽鐵使即自兼兩池榷鹽使重榮不奉詔表暴令孜十罪令孜自將討重榮率邠寧朱玫鳳翔李昌符合鄜延靈夏等兵凡三萬壁沙苑重榮說太原李克用連和克用上書請誅令孜玫帝和之不從大戰沙苑王師敗玫走還邠州與昌符皆恥為令孜用還與重榮合神策兵潰還略所過皆盡克用逼京師令孜計窮乃焚坊市劫帝夜啓開遠門出奔自賊破長安火宮室舍廬十七後京兆王徽葺復粗完至是令孜唱曰王重榮反命火宮城唯昭陽蓬萊二宮僅存王建以義勇四軍扈帝夜亂牢水遂次陳倉克用還河中玫畏克用且偪與重榮連章請誅令孜而駐鳳翔令孜請帝幸興元帝不從令孜以兵入寢殿逼帝夜出羣臣無知者宰相蕭遘等皆不及從玫勸興元節度使石君涉焚閣道絕帝西意遘惡令孜劫質天子生方鎮之難使玫進迎乘輿玫引兵追行在敗興鳳楊晟軍帝次梁洋稍引而南玫兵及中營左右被剽戮者不勝計令孜懼人圖已蒙面以行使王建長劍五百清道囊傳國璽授之次大散關道險澀帝危及難數矣分軍守靈壁亢追兵玫長驅躡帝以閣道毀走他道困甚枕王建膝且寐覺而飯僅能至興元玫重榮表誅令孜安慰羣臣詔以令孜為劍南監軍使留不去重榮請幸河中令孜沮而止宰相遘率羣臣在鳳翔者表令孜顓國煽禍惑小人計交亂羣帥請誅之帝不及省且詔重榮餉糧十五萬斛給行在重榮以令孜在不奉命玫乃奉嗣襄王熅即偽位玫敗帝乃得還京師始帝入蜀諸王徒步以從壽王至斜谷不能進令孜驅使前王謝足且拘得馬可

濟令孜怒挾王彊之行王恥之及帝病中外屬壽王令孜入侯帝曰陛下記臣否帝直視不能語令孜自署劒南監軍使閻拱宸奉鑾軍自衞晝夜馳入成都表解官求醫藥詔可俄削官爵長流儋州然猶依敬瑄不行王即位是爲昭宗楊復恭代爲觀軍容使出王建爲壁州刺史建取利州自署防禦使因略定閬卬蜀黎雅等州詔即置永平軍拜建節度使令孜謀與建連衡亢朝廷且曰吾子也書召之建喜將至復郤之建怒進圍成都令孜登城謝建曰老夫久相厚何見困答曰父子恩何敢忘顧父自絕朝廷苟改圖則父子如初令孜曰吾欲面計事建然許令孜夜負印節授建明日入成都囚令孜碧雞坊始右神策統軍宋文通爲諸軍所疾令孜因事召見欲殺之既見乃欣然更養爲子名彥賓即李茂貞也故獨上書雪其罪詔爲湖南監軍凡二歲與敬瑄同日死臨刑裂帛爲絙授行刑者曰吾嘗位十軍容殺我庸有禮因教縊人法既死而色不變乾寧中詔復官爵

楊復恭字子恪本林氏子楊復光從兄也宦父玄翼咸通中領樞密世爲權家復恭略涉學術監諸鎮兵龐勛亂戰有功自河陽監軍入拜宣徽使擢樞密使黃巢盜京師令孜顓威福斲喪天下中外莫敢亢惟復恭屢與爭得失令孜怒下遷飛龍使復恭乃臥疾藍田僖宗出居興元復爲樞密使制置經略多更其手車駕還遂代令孜爲左神策中尉六軍十二衞觀軍容使封魏國公實戶八百賜號忠貞啓聖定國功臣帝崩定策立昭宗賜鐵券加金吾上將軍稍攘取朝政帝嘗曰朕不德爾援立我矣當減省侈長示天下我見故事尚衣上御服日一襲太常新曲日一解令可禁止復恭頓首稱善帝遂問游幸費對曰聞懿宗以來每行幸無慮用錢十萬金帛五車十部樂工五百犢車紅網朱網畫香車百乘諸衞士三千凡曲江溫湯若畋獵曰大行從宮中苑中曰小行從帝乃詔類減半於是宰相韋昭度張濬杜讓能等爲帝言大中故事抑宦官不假借帝亦稍厭復恭橫恣王瓌者惠安太后弟求節度使帝問復恭對曰產祿傾漢三思危唐后族不可封拜陛下誠愛瓌任以它職可也不宜假節外藩恐負勢顓地不可制帝乃止瓌聞怒甚至禁中見復恭詬辱之遂居中任事復恭不欲分已權白爲黔南節度使道興元而兄子守亮方領節度陰勒利州刺史覆瓌舟于江宗屬賓客皆死以舟自敗聞帝知復恭謀繇是深銜之復恭以諸子爲州刺史號外宅郎君又養子六百人監諸道軍天下威勢舉歸其門守立爲天威軍使本胡弘立也勇武冠軍人畏之帝欲斥復恭懼爲亂乃好謂曰卿家胡子安在吾欲令衞殿內復恭以守立見帝賜姓李名順節使掌六軍管鑰光寵甚既勢釣遂與復恭爭恨相中傷暴發其私復恭常肩輿抵太極殿宰相對延英論叛臣事孔緯曰陛下左右有將反者帝矍然緯指復恭復恭曰臣豈負陛下者緯曰復恭陛下家奴而肩輿至前殿廣樹不逞皆姓楊非反邪復恭曰欲收士心輔天子帝曰誠欲收士心胡不假李姓乎復恭無以對會緯出守江陵乃使人劫之長樂坡斬其旌節貲貯皆盡緯僅免復恭子守貞爲龍劒節度使守忠洋州節度使皆自擅貢賦上書訕薄朝政大順二年罷復恭兵出爲鳳翔監軍不肯行因丐致仕詔可遷上將軍賜几杖使者還遣腹心殺使者於道遁居商山俄入居昭化坊第第近玉山營而子守信爲軍使數省候出入或告父子且謀亂時順節遙領鎭海軍節度使同中書門下平章事詔與神策軍使李守節率衞兵攻復恭治殺使者罪帝御延喜樓須之家人拒戰守信亦率兵至昌化里陣以待會日入復恭與守信舉族出奔遂走興元順節已斥復恭則橫暴出入以兵從兩軍中尉劉景宣西門重遂察其意非常以狀聞有詔召順節輒以甲十三百人入至銀臺門何止之景宣引順節坐殿廡部將嗣光審出斬之從者大譟出延喜門剽永寧里盡夕止賈德晟與順節皆爲天威軍使順節誅頗嗟憤重遂亦奏誅之於是鳳翔李茂貞邠州王行瑜華州韓建同州王行約秦州李茂莊同劾守亮納叛臣請出兵討罪軍饟不仰度支茂貞請假山南招討使宦尹惜頗執不可帝亦謂茂貞得山南必難制詔兩解之茂貞劾復恭自謂隋諸孫以恭帝禪唐故名復恭逆狀明白且請削守亮官爵遂擅與行瑜出討自號興元節度使詒宰相書慢悖不臣帝爲下詔令茂貞行瑜討之景福元年破其城復恭守亮守信奔閬州茂貞以子繼密守興元詔吏部尚書徐彥若爲鳳翔節度使而以茂貞帥興元不拜請繼密爲留後帝不得已授以節度使自是茂貞始彊大復恭與守亮等自閬州將北奔太原趨商山至乾元爲韓建邏士所禽即斬復恭守信檻車送守亮京師梟首長安市茂貞上復恭與守亮書曰承天門者隋家舊業也兒但積粟訓兵何進奉爲吾披荊榛立天子既得位乃廢定策國老奈負心門生何門生謂天子也其不臣類此假子彥博奔太原收葬其尸李克用爲申雪詔復官爵

劉季述者本微單稍顯於僖昭間擢累樞密使楊復恭之斥帝以西門重遂爲右神策軍中尉觀軍容使時李茂貞得興元愈跋扈不軌宰相杜讓能與內樞密使李周諲及重遂謀誅之乃興師以嗣覃王戒丕爲京西招討使神策大將軍李鐬副之茂貞引兵迎壁盩厔薄興平王師潰遂逼臨皋以陣暴言讓能等罪京師震恐帝坐安福門斬重遂周諲以謝茂貞吏以駱全瓘劉景宣代爲兩中尉乾寧二年茂貞與王行瑜韓建以兵入朝李克用率師討茂貞次渭北同州節度使王行實奔京師謂景宣等曰沙陀十萬至矣請奉天子出幸避其鋒景宣方與茂貞睦故全瓘與鳳翔衞將閻圭共脅帝狩岐王行實及景宣子繼晟縱火剽東市帝登承天門矢著樓闔帝懼暮出莎城士民從者數十萬至谷口人暍死十三夜爲盜掠哭聲殷山徙駐石門茂貞恐乃殺全瓘景宣及圭自解天子還京師以景務脩朱道弼代之俄專國宰相崔胤惡之徐彥若王摶懼禍不解稍抑胤以和北軍胤怒劾摶黨宦豎不忠罷去俄賜死流道弼驩州務脩愛州並死灞橋逐彥若于南海乃以季述王仲先爲左右中尉疾胤尤甚時帝嗜酒怒責左右不常季述等愈自危先是王子病季述引內醫工車讓謝筠久不出季述等共白帝宮中不可妄處人帝不納詔著籍不禁由是疑帝與有謀乃外約朱全忠爲兄弟遣從子希正與汴邸官程巖謀廢帝會全忠遣天平節度副使李振上計京師巖因曰主上嚴急內外惴恐左軍中尉欲廢昏立明若何振曰百歲奴事三歲郎主常也亂國不義廢君不祥非吾敢聞希正大沮帝夜獵苑中醉殺侍女三人明日午漏上門不啓季述見胤曰宮中殆不測與仲先率王彥範薛齊偓李師虔徐彥回總衞士千人毀關入謀所立未決是夜宮監竊取太子以入季述等因矯皇后令曰車讓謝筠勸上殺人禳塞災咎皆大不道兩軍軍容知之今立皇太子以主社稷黎明陳兵廷中謂宰相曰上所爲如此非社稷主今當以太子見羣臣即召百官署奏胤不得對季述衞皇太子至紫廷院左右軍及十道邸官俞潭程巖等詣思玄門請對士皆呼萬歲入思政殿遇者輒殺帝方坐乞巧樓見兵入驚墮於牀將走季述仲先持帝坐以所持鉀杖畫地責帝曰某日某事爾不從我罪一也至數十未止皇后出徧拜曰護大家勿使怖若有罪唯軍容議季述出百官奏曰陛下眘倦于勤願奉太子監國陛下自頤東宮帝曰昨與而等飲甚樂何至是后曰陛下如軍容語宮監掖帝出思政殿后倡言曰軍容一心輔持請上養疾帝亦曰朕久疾令太子監國巖等皆呼萬歲后以傳國寶授季述就帝輦左右十餘人入囚少陽院季述液金以完鐍師虔以兵守太子即位於武德殿帝號太上皇皇后爲太上皇后大赦天下東宮官屬三品賜爵一級四品以下一階天下爲父後者爵一級羣臣加爵秩厚賜欲媚附上下收東宮爲問安宮季述等皆先誅戮以立威夜鞭笞晝出尸十輦凡有寵于帝悉榜殺之殺帝弟睦王師虔尤苛察左右出入搜索天子動靜輒白季述帝衣晝服夜浣食自竇進下至筆紙銅鐵疑作詔書兵器皆不與方寒公主嬪御無衾纊哀聞外廷胤告難於朱全忠使以兵除君側全忠封胤書與季述曰彼翻覆宜圖之季述以責胤胤曰姦人僞書從古有之必以爲罪請誅不及族季述易之乃與盟胤謝全忠曰左軍與胤盟不相害然僕歸心於公并送二侍兒全忠得書恚曰季述使我爲兩面人自是始離季述子希度至汴言廢立本計又遣李奉本齎示太上皇誥全忠狐疑不決李振入見曰豎刁伊戾之亂以資霸者今閹奴幽劫天子公不討無以令諸侯乃囚希度奉本遣振至京師與胤謀是時季述欲盡誅百官乃弑帝挾天子令天下都將孫德昭董從實盜沒錢五千緡仲先衆辱之督其償株連甚衆胤間其不逞曰能殺兩中尉迎太上皇而立大功何小罪足羞又遣客密告德昭割帶內蠟丸通意德昭邀別將周承誨期十二月晦伏士安福門待旦仲先乘肩輿造朝德昭等劫之斬東宮門外叩少陽院呼曰逆賊斬矣帝疑未信皇后曰可獻賊首德昭擲仲先頭以進宮人毀扉出御長樂門羣臣稱賀承誨馳入左軍執季述彥範至樓前胤先戒京兆尹鄭元規集萬人持大梃帝詰季述未已萬梃皆進二人同死梃下遂尸之兩軍支黨死者數十人中官奉太子遁入左軍收傳國璽齊偓死井中出其尸斬之全忠檻送巖京師斬于市季述等夷三族以德昭檢校太保靜海軍節度使從實檢校司徒容管節度使並同中書門下平章事賜氏李曰繼昭曰彥弼承誨亦檢校司徒邕管節度使視宰相秩皆號扶傾濟難忠烈功臣圖形凌煙閣留宿衞凡十日乃休竭內庫珍寶賜之當時號三使相人臣無比初延英宰相奏事帝平可否樞密使立侍得與聞及出或矯上旨謂未然數改易橈權至是詔如大中故事對延英兩中尉先降樞密使候旨殿西宰相奏事已畢

案前受事師虔請於屏風後錄宰相所奏帝以侵官不許下詔與徐彥回同誅

韓全誨張彥弘者皆不知所來並監鳳翔軍全誨入爲內樞密使劉季述之誅崔胤陸扆見武德殿右廡胤曰自中人典兵王室愈亂臣請主神策左軍以扆主右則四方藩臣不敢謀昭宗意不決李茂貞語人曰崔胤奪軍權未及手志滅藩鎮矣帝聞召李繼昭等問以胤所請奈何對曰臣世世在軍不聞書生主衞兵且罪人已得持軍還北司便帝謂胤曰議者不同勿庸主軍乃以全誨爲左神策中尉彥弘爲右皆拜驃騎大將軍袁易簡周敬容爲樞密使胤怒約京兆鄭元規遣人狙殺之不克全誨等知胤必除已乃已因諷茂貞留選士四千宿衞以李繼筠繼徽總之胤亦諷朱全忠內兵三千居南司以婁敬思領之韓偓聞歧汴交戍數諫止胤胤曰兵不肯去耳偓曰初何爲召邪胤不對議者知京師不復安矣全誨彥弘及彥弼合勢恣橫中官倚以自驕帝不平有斥逐者皆不肯行胤固請盡誅之全誨彥弘見帝訴哀帝知左右漏言始詔囊封奏事宦人更求麗姝知書者數十人侍帝爲內詗由是胤計多露始張濬判度支楊復恭以軍貲乏奏假鹽麴一歲入以濟用度遂不復還至胤乃白度支財盡無以稟百官請如舊制全誨適李繼筠訴軍中匱甚請割三司隸神策帝不能郤詔罷胤領鹽鐵胤銜之全誨等懼帝誅已與繼誨彥弼繼筠交通謀亂帝問令狐渙渙請召胤及全誨等宴內殿和解之韓偓謂不如顯斥一二柄臣許餘人自新妄謀必息不然皆自疑禍且速雖和解之凶焰益肆帝乃止是時全忠并河中胤爲急詔令入朝又詒書曰上反正公之力而鳳翔入朝引功自歸今若後至必先見討全忠得詔還汴悉師討全誨帝以爲忠又欲其與茂貞同功即詔并力令胤詒二鎮書示帝意全忠取同州汴兵凡七萬威震關中全誨等泣奏曰全忠且至欲脅陛下幸關東將謀傳禪臣不恐見高祖天下移它姓願至鳳翔合義兵討元惡帝未許方在乞巧樓全誨急即火其下帝降樓乃決西幸彥弼等以帝未即駕愈誶宮中禁索苛亟帝與后相視泣宮人私逃出都民崩沸或奔開化坊依胤第自固閈無留家鳳翔軍與左神策兵陣大衢長樂門外若丘墟然於是日南至百官不朝帝坐思政殿時彥弼先入鳳翔全誨逼帝出惟皇后諸王數百騎爲衞帝繡袍塗金帽以右神策軍從實天復元年十一月壬子全誨等遂火宮城繼誨彥弼欲劫百官從天子李德昭等按兵衞之乃得免茂貞以帝居盩厔全忠取華州下令自釋曰吾被詔及得宰相書令入朝既至皆僞也逆臣全誨震驚天子脅乘輿出遷暴露草莽吾當入對言狀時公卿皆在長安數日不聞朝廷敕書胤使王溥見全忠曰上猶在盩厔公宜亟進羣臣盧知猷等奏記全忠請西迎天子答曰進則似脅君退則負國然敢不勉胤率百官迎全忠灞橋入舍長安一昔而西茂貞聞全忠至以帝入鳳翔從臣纔三四人全忠遣楊達裴鑄入鳳翔奉表天子汴部將康懷英襲破李繼昭于武功禽馘六千級全誨懼請救於李克用克用遺全忠書勸執崔胤洗海內謗全忠不答進屯鳳翔東偏茂貞登城險語曰天子厭災于此讒人誤公來公當入覲全忠曰宦官脅驚乘輿吾以兵問罪迎上東還王非同謀者尚何所言明日圍鳳翔茂貞不出帝遣中人詔全忠班師不奉詔使者再往全忠聽命引兵攻邠州李繼徽嬰城三日乃降質其妻復使繼徽守同壁三原胤與鄭元規至三原邀說全忠全忠亦自聞茂貞將戰從營渭北據高原戰不勝全忠夜入盩厔拔藍田復屯三原時李克用攻慈隰救鳳翔全忠還河中克用部將李嗣昭戰數不利全忠取晉汾二州嗣昭遁還河東全忠曰此茂貞所倚今敗矣何能入乎胤復說全忠曰宦豎謀擁帝入蜀且泣全忠執其手乃定計迎天子會朱友寧敗岐兵于莫谷居人皆入保全忠以精甲五萬與茂貞決戰岐兵敗仆尸萬餘茂貞帳下八百人就縛乃嬰城自夏訖冬兵連不能解勝敗畧相償援軍十餘壁數爲全忠擾襲不得進城中日困全忠由是取鳳郿坊成隴等州間劫鈔以佐軍餉故能不乏茂貞疑帝與全忠有密約增甲士守宮殿初帝至鳳翔有鴉數萬棲殿樹謂之神鴉俄而鴉不來人以爲恐全誨等小人既勢窘更相怨疾不復遠慮時財用窶短帝輟所御膳賜全誨等三讓帝曰難得時欲同味耳茂貞食鲊美帝曰此後池魚茂貞曰臣養魚以候天子聞者皆駭於是全忠軍攻東城焚橋壓戰部將李繼寵出降茂貞懼密圖誅中官以紓難先遺書曰禍亂之生全誨首之變輿倉卒故迎天子至此且公未至懼它盜馮陵公既志輔社稷請奉乘輿還宮僕願以敝賦從全忠默許然軍稍薄城大譟者三岐軍皆投塹無鬬意帝召茂貞全誨彥弼及宰相蘇檢李繼岌繼忠議和已決中官復沮罷它日帝召茂貞等曰十六宅諸王日奏餓死者十三王公主夫人皆間日食今又將竭奈何皆不敢對有衞士十餘人叩左銀臺門遮全誨罵曰破一州餓死者十萬徒以軍容數人耳全誨詣茂貞叩頭訴茂貞謝曰士伍亦何知復訴于帝帝不許李繼昭見全誨曰昔楊軍容破楊守亮一族今驃騎復破吾族乎罵之乃出降宦豎數傳援軍至皆相賀百姓笑曰給我乎是時全忠合四鎮兵十餘萬營壘相屬晝夜攻外兵詬守者曰劫天子賊守者亦詬外兵曰奪天子賊諸鎮見崔胤檄皆狐疑不出師唯青州節度使王師範取兗州襲華州李克用攻晉州以爲援全忠懼圍益急全誨等素詖險常爲全忠所憚乃請先殺之以迎天子帝既惡宦人脅遷而茂貞又其黨全忠雖外示順終悖逆皆不可倚欲狩襄漢依趙匡凝然不得去乃定計歸全忠以紓近禍三年正月茂貞請遣使諭全忠軍詔崔構挾中人郭遵誨往既行又命宮人寵顏馳見全忠諭密旨乃以蔣玄暉入衞二日茂貞獨見至日旰全誨彥弘恨甚遽食不能捉匕自見勢去計無所用垂頭喪氣帝召韓偓見東橫門執手涕泗帝曰令先去四大惡餘以次誅矣於是內養八輩候延中授命每二輩以衞士十人取一首俄而全誨彥弘易簡敬容皆死即詔第五可範爲左軍都尉王知古楊虔朗爲樞密使知古領上院虔朗領下院繼筠繼誨彥弼皆伏誅茂貞取其輜重是夜誅內諸司使韋處廷等二十二人悉以首內布囊詔蔣玄暉學士薛貽矩送全忠曰是皆不肯使乘輿東者既斬之矣全忠大喜徧告軍中以姚洎爲岐汴通和使全忠詒茂貞書曰宦者乘陴詈不已曰稟王旨是乎茂貞懼復誅小使李繼彝等十人於是開壘門全忠猶攻北壘帝遣寵顏賜御巾箱寶器使罷兵又捕殺中官七十人全忠亦使京兆誅黨與百餘人天子入全忠軍全忠泥首素服待罪客省傳呼徹三仗有詔釋全忠罪使朝服見全忠伏地泣曰老臣位將相勤王無狀使陛下及此臣之罪也帝亦嗚咽命韓偓起之解玉帶以賜召之食帝顧衞兵或有憤發者因履係解目全忠爲吾繫之全忠跪結履汗浹于背而左右莫敢動是夜帝三召皆辭朱友倫以兵衞帝李克用引軍去帝還京師胤全忠議盡誅第五可範等八百餘人於內侍省哀號之聲聞于路留單弱數十人備宮中灑掃胤以鎮人性謹厚即詔王鎔擇五十人爲勅使內諸司宦官主領者皆罷於是追諸道監軍所在賜死其財產籍入之詔以中官脅遷狀及全忠迎乘輿本末告方鎮罷監軍院咸視國初故事以三十人爲員衣黃衣不得養子內諸司皆歸省若寺兩軍內外八鎮兵悉屬六軍全忠還汴州帝以第五可範等無辜頗悼之爲文以祭自是宣傳詔命皆以宮人始劉季述專廢立中人皆與聞帝反正誅季述及薛齊偓數族而已餘貸不問又悔之後稍稍誅夷羣宦憂不安時帝懲幽辱能勵心庶政數召見羣臣問治道有志中興而全誨胤爭權外召彊臣劫本朝以相吞齧卒用關東軍窮討暴誅君側雖清而全忠勢遂張帝卒弒死唐室以亡其禍本於全誨彥弘云

贊曰袁紹誅常侍以逞而曹操移漢崔丞相血軍容甘心焉而朱溫篡唐大抵假威柄于外以內擴姦人則大臣專王室卑矣漢唐相去五百歲產亂取亡猶蹈一轍非天所廢而人謀迥刺乃然邪

唐書卷二百八考證

田令孜傳陳敬瑄方節度西川令孜兄也○舊書作令孜弟

唐書卷二百九

宋　端　明　殿　學　士　宋　祁　撰

列傳第一百三十四

酷吏

太宗定天下留心聽斷著令州縣論死三覆奏京師五覆奏獄已決尚芋然爲徹膳止樂至晚節天下刑幾措是時州縣有良吏無酷吏武后乘高中懦庸盜攘天權畏下異己欲脅制羣臣櫖剪宗支故縱使上飛變構大獄時四方上變事者皆給公乘所在護送至京師稟於客館高者蒙封爵下者被賫賜以勸天下於是索元禮來俊臣之徒揣后密旨紛紛並興澤吻磨牙噬紳纓若狗豚然至叛嗇臭達道路冤血流離刀鋸忠鯁貴彊之臣朝不保昏而后因以自肆不出幃闥而天命已遷慮臣下弗懲而六道使始出矣至載初右臺御史周矩諫后曰凶人告訐遂以爲常推劾之吏以噞責痛詆爲功鑿空投隙相矜以殘泥耳籠首枷楔兼暴拉脅籤爪縣髮熏目號曰獄持晝禁食夜禁寐敲撲撼搖使不得瞑號曰宿囚人苟賒死何求不得陛下不諒試取告牒判無驗者使推其情有司必上下其手希合盛旨今舉朝脅息謂陛下朝與爲密夕與爲讐一罹攝逮便與妻

子決且周用仁昌泰用刑亡惟陛下察之后寤獄乃稍息而酷吏寖寖以罪去天寶後至肅代間政類事叢姦臣作威渠憸宿狡頗用慘刻奮然不得如武后時敢搏摯殺戮矣嗚呼非吏敢酷時誘之爲酷覩俊臣輩林利放命內懷滔天又張湯郅都之土苴云

索元禮胡人也天性殘忍初徐敬業兵興武后患之見大臣常切齒欲因大獄去異己者元禮揣旨卽上書言急變召對擢游擊將軍爲推使卽洛州牧院爲制獄作鐵籠鞫囚首加以楔至腦裂死又橫木關手足轉之號曬翅或紡囚梁上縋石於頭訊一囚窮根柢相牽聯至數百未能訖衣冠氣褫后數引見賞賜以張其威故論殺最多是時來俊臣周興踵而奮天下謂之來索薛懷義始貴而元禮養爲假子故爲后所信後以苛猛復受賕后厭衆望收下吏不服吏曰取公鐵籠來元禮服罪死獄中

來俊臣京兆萬年人父操博徒也與里人蔡本善本負博數十萬不能償操因納其妻先已娠而生俊臣冒其姓天資殘忍喜反覆不事產客和州爲姦盜捕送獄獄中上變刺史東平王續按訊無狀杖之百天授中續以罪誅俊臣上書得召見自陳前上琅邪王沖反狀爲續所抑武后以爲諒擢絫侍御史按詔獄數稱旨后陰縱其慘酷制羣臣前後夷千餘族生平有纖介皆入于死拜左臺御史中丞中外絫息至以目語俊臣乃引侯思止王弘義郭弘霸李仁敬康暐衞遂忠等陰嘯不逞百輩使飛語誣衊公卿上急變每擿一事千里同時輒發契驗不差時號爲羅織牒左署曰請付來俊臣或侯思止推具必得后信之詔於麗景門別置獄敕俊臣等顓按事百不一貸弘義戲謂麗景門爲例竟謂入者例皆盡也俊臣與其屬朱南山萬國俊作羅織經一篇具爲支脉綱由咸有首末按以從事俊臣鞫囚不問輕重皆注醯于鼻掘地爲牢或寢以匽溺或絕其糧囚至齧衣絮以食大抵非死終不得出每赦令下必先殺重囚乃宣詔又作大枷各爲號一定百脉二喘不得三突地吼四著卽承五失魂膽六實同反七反是實八死豬愁九求卽死十求破家後以鐵爲冒頭被枷者宛轉地上少選而絕凡囚至先布械于前示囚莫不震懼皆自誣服如意初誣告大臣狄仁傑任令暉李游道袁智宏崔神基盧獻等下獄俊臣顓以夷誅大臣爲功乃奏囚降制一問而服者同首法得減死仁傑等已論死待日而決稍挺之仁傑乃遣子持帛書稱枉后見愕然責謂俊臣對曰是囚不褫巾服何肯服罪后遣通事舍人周綝往視還假仁傑襆帶立西廂綝懼俊臣東視唯唯去莫敢問先是宰相樂思晦爲俊臣夷其家有子九歲隸司農上變得召見言俊臣凶慘罔上不道若陛下假條反狀付之無大小皆如詔臣父死族夷不求生但惜陛下法爲俊臣所弄耳后意解由是仁傑六族皆免又按大將軍張虔勗內侍范雲仙虔勗不堪枉訟於大理徐有功俊臣使衞士亂斫之雲仙自陳事先帝命截其舌皆卽死人人脅息久之俊臣納賈人金爲御史紀履忠所劾下獄當死后忠其上變得不誅免爲民長壽中還授殿中丞坐贓貶同州參軍事暴縱自如奪同僚妻又辱其母俄召爲合宮尉擢洛陽令進司僕少卿賜司農奴婢十人以官戶無面首聞吐蕃酋阿史那斛瑟羅有婢善歌舞令其黨告以謀反而求其婢諸蕃長數十人割耳剺面訟寃僅得解綦連耀等有異謀吉頊以白俊臣殺數十族旣欲擅發姦功卽巾項以法頊大懼求見后自直乃免俊臣誣司刑史樊戩以謀反誅其子訴闕下有司無敢治因自刳腹秋官侍郎劉如璿爲流涕俊臣奏與同惡如璿自訴年老而涕吏論以絞后爲宥死流瀼州萬歲通天中上已與其黨集龍門題搢紳名於石抵而仆者先告抵李昭德不能中或以告昭德昭德謀繩其惡未發衞遂忠雖無行頗有辭辯素與俊臣善始王慶詵女適段簡而美俊臣矯詔彊娶之它日會妻族酒酣遂忠詣之閽者不肯通遂忠直入嫚駡俊臣恥妻見辱已命敺而縛于庭旣乃釋之自此有隙妻亦慙自殺簡有妾美俊臣遣人示風旨簡懼以妾歸之俊臣知羣臣不敢斥已乃有異圖常自比石勒欲告皇嗣及廬陵王與南北衙謀反因得騁志遂忠發其謀初俊臣屢擿摭諸武太平公主張昌宗等過咎后不發至是諸武怨共證其罪有詔斬於西市年四十七人皆相慶曰今得背著牀瞑矣爭抉目擿肝醢其肉須臾盡以馬踐其骨無孑餘家屬籍沒方俊臣用事託天官得選者二百餘員及敗有司自首后責之對曰臣亂陛下法身受戮忤俊臣覆臣家后赦其罪時有來子珣周興者皆萬年人永昌初子珣上書擢左臺監察御史無學術語言蚩惡后倚以按獄多徇后旨故賜姓武字家臣旣誣雅州刺史劉行實弟兄謀反已誅掘夷先墓得遷游擊將軍常衣錦半臂自異俄流死愛州興少習法律自尚書史積遷秋官侍郎屢決制獄文深峭妄殺數千人武后奪政拜尚書左丞上疏請去唐宗正屬籍是時左史江融有美名與指融與徐敬業同謀斬于市臨刑請得召見興不許融叱曰吾死無狀不赦汝遂斬之尸奮而行刑者蹴之三仆三作天授中人告子珣與興丘神勣謀反詔來俊臣鞫狀初興未知被告方對俊臣食俊臣曰囚多不服奈何興曰易耳內之大甕熾炭周之何事不承俊臣曰善命取甕且熾火徐謂興曰有詔按君請嘗之興駭汗叩頭服罪詔誅神勣而宥興嶺表在道爲讎人所殺神勣者行恭子爲左金吾衞將軍高宗崩后使害章懷太子於巴州歸罪神勣下遷疊州刺史俄復故官佐俊臣等爲慘獄遂見倚愛博州刺史琅邪王沖起兵拜神勣淸平道大總管討之州人殺王素服出迎神勣盡殺之凡千餘族卽拜大將軍

侯思止雍州醴泉人貧嬾不治業爲渤海高元禮奴詭狠無良恒州刺史裴貞笞吏吏積怨敎思止告舒王元名與貞謀反付周興鞫訊皆夷宗拜思止游擊將軍元禮懼引與同坐密敎曰上不次用人如問君不識字宜對獬豸不學而能觸邪陛下用人安事識字無何后果問思止以對后大悅天授中遷左臺侍御史元禮又敎上以君無宅必賜所沒逆人第宜辭曰臣疾逆臣不願居其地旣而果假之以其敎對后益喜恩賞良渥思止本人奴言語俚下嘗按魏元忠讓曰亟承白司馬不爾受孟靑洛陽有白司馬坂將軍有孟靑棒卽殺琅邪王沖者元忠不承思止曳之元忠徐起曰我如乘驢而墜足絓鐙爲所曳者思止怒復曳之曰拒制使邪欲抵殊死元忠駡曰侯思止欲得我頭當鋸截之無抑我承反汝位御史當曉禮義而曰白司馬孟靑是何物語非我孰敎爾邪思止驚汗起謝曰幸蒙公敎乃引登牀元忠徐就坐色不變獄稍挺思止音吐鄙而訛人效以爲笑侍御史霍獻可數嘲誚之思止怒以聞后責獻可我已用之何所誚獻可具奏鄙語后亦大笑來俊臣棄故妻逼娶太原王慶詵女思止亦請娶趙郡李自挹女事下宰相李昭德執不可曰俊臣往劫慶詵女已辱國此奴復爾邪搒殺之

王弘義冀州衡水人以飛變擢游擊將軍再遷左臺侍御史與來俊臣競慘刻暑月繫囚別爲狹室積蒿施氈罽其上俄而死已自誣乃舍它獄每移檄州縣所至震慴弘義輒詫曰我文檄如狼毒野葛矣始賤時求傍舍瓜不與乃騰文言園有白兔縣爲集衆捕逐畦蔬無遺內史李昭德曰昔聞蒼鷹獄吏今見白兔御史延載初俊臣貶弘義亦流瓊州自矯詔追還事覺會侍御史胡元禮使嶺南次襄州按之弘義歸窮曰與公氣類持我何急元禮怒曰吾尉洛陽而子御史我今御史子乃囚何氣類爲杖殺之

郭弘霸舒州同安人仕爲寧陵丞天授中由革命舉得召見自陳往討徐敬業臣誓抽其筋食其肉飲其血絕其髓武后大悅授左臺監察御史時號四其御史再遷右臺侍御史大夫魏元忠病僚屬省候弘霸獨後入憂見顏閒請視便液卽染指嘗驗疾輕重賀曰甘者病不瘳今味苦當愈喜甚元忠惡其媚暴語于朝嘗按芳州刺史李思徵不勝楚毒死後屢見思徵爲厲命家人禳解俄見思徵從數十騎至曰汝枉陷我今取汝弘霸懼援刀自刳腹死頃而蛆腐是時大旱弘霸死而雨又洛陽橋久壞至是成都人喜后問羣臣外有佳事邪司勳郞中張元一曰比有三慶旱而雨洛陽橋成弘霸死

姚紹之湖州武康人初以鸞臺典儀絫遷監察御史中宗時武三思烝僭不軌王同晈張仲之祖延慶等謀殺之事覺捕送新開獄詔紹之與左臺大夫李承嘉按治初欲原盡其情會敎宰相李嶠等同訊執政畏禍囊滅無所問囚呼曰宰相有附三思者嶠等數附承嘉耳呫嚅紹之翻然不復顧卽引力士十餘曳囚至築其口反接送獄中謂仲之曰事不諧矣仲之因言三思反狀紹之怒擊折其臂囚呼天曰吾雖死當訴爾於天因裂衫束之卒誣以謀反皆論族囚等已誅紹之意岸軒傲朝野注目擢左臺侍御史奉使江左過汴州廷辱錄事參軍魏傳弓久之傳弓爲監察御史而紹之坐贓詔傳弓卽按紹之謂揚州長史盧萬石曰我頃辱傳弓今來按我死矣獄具得贓五百萬法當死韋后女弟救請故減死貶瓊山尉俄逃還京萬年尉捕擊折其足更授南陵令員外置開元中爲括州長史同正不得與州事死

周利貞者亡其系武后時調錢塘尉時禁捕魚州刺史飯蔬利貞忽饋佳魚刺史不受利貞曰此闌魚公何疑問其故答曰適見漁者禽不獲而有魚焉闌得之刺史大笑神龍初擢累侍御史諂附權彊五王等疾之出爲嘉州司馬武三思亂禁中五王謀誅之私語崔湜湜反以其計告三思五王貶湜勸速殺之以絕人望問誰可使以利貞對利貞湜內兄也表攝右臺侍御史馳嶺外矯殺敬暉桓彥範袁恕已還拜左臺御史中丞數爲仇人狙報幾不免先天初爲廣州都督湜陷劉幽求諷嶺表諷利貞殺之賴桂州都督王晙護而免利貞顓事剝割夷獠苦其殘虐皆起爲寇詔監察御史李全交按問

得贓狀貶涪州刺史開元初詔利貞及滑州刺史裴談饒州刺史裴栖貞大理評事張思敬王承本華原令康暐侍御史封詢行判官張勝之劉暉楊允衞遂忠公孫琰廉州司馬鍾思廉皆酷吏宜終身勿齒尋復授珍州司馬明年授夷州刺史黃門侍郎張廷珪執奏曰陛下英斷聖明四海心服所謂英斷殄凶逆正朝廷是也所謂聖明辨忠邪信賞罰是也利貞宗武舊黨鉏僇桓敬之望義士猶以罰輕爲望今錫以朱紱委以藩維是紬姦不必行也疏入遂寢未幾復授黔州都督加朝散大夫廷珪又表還制書曰利貞險薄小人附會三思傾危朝廷殺害功臣人神憤惋痛毒至今東都搜掩其家得金銀錦繡冒違制令當加重貶且久據朝廷捷給便佞見忠於君者猶仇讎然使之入朝則亂國撫俗則傷人今擢典要藩緜六品遷三品何往日罰之而今日賞之玄宗乃止會廷珪罷起爲辰州長史朝集京師與魏州長史敬讓皆奏事讓暉之子也以父冤越次而奏曰周利貞希姦臣意枉殺先臣暉惟陛下正罰以謝天下左臺侍御史翟璋劾讓不待監引請行法玄宗曰訴父之枉不可不矜也朝廷之儀不可不肅也奪讓俸三月復貶利貞邕州長史未幾賜死梧州開元中又有洛陽尉王鈞河南丞嚴安之捶人畏不死視腫潰復笞之至血流乃喜

王旭者貞觀時侍中珪孫也神龍初爲兗州兵曹參軍時張易之誅而兄昌儀先貶乾封尉旭輒斬其首送東都遷并州錄事參軍長史周仁軌者韋后黨也玄宗平內難有詔誅之旭不待覆斬首齎還京師遷累左臺侍御史崔湜敗其婦翁盧崇道自嶺外逃歸東都爲讐家上變詔旭訊覆旭廣捕親黨窮極慘楚當以重辟崇道及三子皆死門生故人並海內名士皆絓染流徙天下咎其冤旭與大夫李傑不平更相謦訐傑坐斥衢州刺史故旭益橫殘毒以逞官數遷常兼御史其爲人苛急少縱貸人莫敢與忤每治獄囚皆逆服製獄械率有名曰驢駒拔撅犢子縣等以怖下又縋髮以石脅承之時監察御史李嵩李全交皆嚴酷取名與旭埒京師號三豹嵩爲赤全交爲白旭爲黑里閭至相詛曰若違教値三豹宋王憲宮屬紀希虬兄爲劒南令坐贓旭奉使臨訊見其妻美逼亂之因殺其夫而納贓數百萬希虬使奴爲臺傳事旭旭不知頗愛任之奴盡疏旭請求積數千以示希虬希虬泣訴于王王爲上聞詔劾治獲姦贓不貲貶龍州尉恚而死

吉溫故宰相頊從子也性陰詭果于事諂附貴宦若子姓奉父兄天寶初爲新豐丞時太子文學薛嶷得幸引溫入見玄宗目之曰是丞不良我不用罷之蕭炅爲河南尹御史遣溫到府有所訊詰乃并治炅不爲末撓右相李林甫善炅故得免炅入守京兆尹而溫方調萬年尉不辭人爲寒恐於是高力士間出就第炅多私謁溫乃先往與力士語執手歡甚將出炅通謁溫陽惶恐趨避力士止之語炅曰吾故人也炅揖乃去它日到炅府辭曰國家法不敢廢今而後洗心事公云何炅待盡歡林甫與李適之張垍有隙適之領兵部而垍兄均爲侍郎林甫密遣吏擿其銓史僞選六十餘人帝命京兆與御史雜治案日情不得炅使溫佐訊溫分囚廷左右中取二重囚訊後舍楚械搒掠皆呻呼不勝曰公幸留死請如牒乃挺出諸史迎懾其酷及引前不訊皆服日中獄具林甫以爲能溫嘗曰若遇知己南山白額虎不足縛林甫久當國權震天下陰構大獄除不附己者先引溫居門下與錢塘羅希奭爲奔走椎鍛詔獄希奭文深虐其舅鴻臚少卿張博濟林甫壻也以姻家故自御史臺主簿再遷殿中侍御史初溫因中官納其出武敬一女爲盛王妃擢京兆士曹參軍林甫欲搖東宮左驍衞參軍柳勣影會發杜良娣家陰事溫按狀勣以誣誅因引勣所善王曾王脩己盧寧徐徵悉逮縛論死尸積大理垣下家屬離竄初中書舍人梁涉道遇溫低帽障面溫怒乃諷勣引涉及嗣虢王巨皆斥逐林甫惡楊愼矜王鉷飛書言圖讖事委溫以獄初愼矜客史敬忠與溫父善見溫襁褓時溫馳至東都逮捕楊氏親屬賓客取敬忠於汝州鐵鑠頸布蒙面未嘗正視陰遣吏脅曰愼矜獄具須君一辨君卽服罪可貸卽不服死不解敬忠卽索筆自款溫陽不見再三請乃與之對如溫所敎溫謝曰大人毋懼乃下拜愼矜以左證具欲自誣而讖不得御史盧鉉索其家挾讖以入於是愼矜兄弟皆賜死株連數十族是時溫與希奭相勗以虐號羅鉗吉網公卿見者莫敢耦語溫推事未窮而先計贓成奏乃引囚問震以烈威隨問輒承無敢遲鞭楚未收于壁而獄具矣林甫才其爲擢戶部郎中兼侍御史楊國忠安祿山方尊寵高力士居中用事溫皆媚附之兄事祿山嘗密諗曰李右相雖厚待公然不肯引共政我見遇久亦不顯以官公若薦我爲宰相我處公要任則右相可擠矣祿山大悅亟稱溫才天子亦忘前語於是祿山領河東節度表溫自副并知節度營田管內採訪總留事拜鴈門太守知安邊鑄錢事以母喪解祿山表爲魏郡太守楊國忠當國引拜御史中丞兼京畿關內採訪處置使祿山敎吏設白紬帳于傳以候命慶緒親御而餞之溫銜其德故朝廷動靜輒報不淹宿而知天寶十三年祿山入朝領閑廐使薦溫武部侍郎以爲副國忠與祿山爭寵而溫昵祿山甚國忠不善也會河東太守韋陟怨失職因溫以交祿山徧饋權近國忠遣人發其狀斥溫澧陽長史其屬員錫及陟皆坐貶明年溫仍坐受賕奪民馬貶端溪尉始林甫死希奭出爲始安太守張博濟韋陟韋誡奢李從一員錫皆逗遛始安溫既謫又依希奭以居國忠奏遣蔣沇臨按希奭擅稽罪人貶海康員外尉俄遣使者殺溫等五人溫之斥帝在華淸宮詔從臣曰溫本酷吏子朕過用之故屢構大獄專威福今既斥公屬安矣溫死五月而祿山反卽僞位求溫子方七歲授河南參軍以報之

崔器深州安平人曾祖恭禮尚館陶公主爲駙馬都尉貌豐偉飮酒至斗不亂器有吏幹然性陰刻樂禍天寶中舉明經爲萬年尉踰月擢監察御史中丞宋渾爲東畿採訪使引爲判官渾坐贓敗器亦廢後爲奉先令安祿山陷京師器受賊署守奉先頃之同羅背賊賊將安守忠張通儒亡去渭上義兵且數萬器大懼悉毀賊所署符敕募衆以應之渭上軍敗遂走靈武素善呂諲得爲御史中丞戶部侍郎肅宗至鳳翔兼禮儀使二京平爲三司使器草定儀典令王官陷賊者悉入含元廷中露首跣足撫膺頓首請罪令刀仗環之以示扈從羣臣器旣殘忍希帝旨欲深文繩下乃建議陳希烈達奚珣等數百人皆抵死李峴執奏乃以六等定罪多所原貸後蕭華自賊中來因言王官重爲安慶緒驅脅至相州聞廣平王宣詔釋希烈等皆相顧愧悔及聞崔器議刑衆心復搖帝曰朕幾爲器所誤後爲吏部侍郎御史大夫上元元年病亟叩頭若謝辠狀家人問之曰達奚尹訴於我三日卒

毛若虛絳州太平人眉長覆目性殘鷙天寶末爲武功丞年六十餘肅宗還京師擢監察御史以國用大竭數請掊天下財巧傳於法日月有獻漸見識用大抵覆囚先收家貲以定贓有不滿意攤索保伍姻近人懼其威無敢不如約乾元中鳳翔七坊士數剽州縣間殺人尉謝夷甫不勝怒搒殺之士妻訴李輔國輔國請御史孫鎣窮治獄久不具詔中丞崔伯陽與三司參訊未決乃使若虛按之卽歸罪夷甫伯陽爭甚力若虛慢拒伯陽怒若虛卽馳入白于帝詔姑出若虛泥訴曰臣出卽死因蔽若虛殿中而召伯陽伯陽至具劾若虛罔上帝主先語叱伯陽出并官屬悉貶嶺外李峴頗左右鎣等罷宰相於是若虛權焰震朝廷羣臣不舒息尋擢御史中丞上元元年以罪貶賓化尉死

敬羽河中寶鼎人貌寢甚性便辟善候人意補匡城尉朔方安思順表爲節度府屬肅宗初擢監察御史以言利幸京師平任遇寖顯凶態不能忍乃作巨枷號鼢尾榆囚人多死又仆囚于地以門牡轢腹掘地實棘席蒙上瀕坎鞫囚不服則擠之坎人多濫死遷案御史中丞宗正卿鄭國公李遵坐賄下詔獄羽參按遵肥而羽瘠則引遵危坐小牀痺且仆遵欲伸足羽曰公乃囚我延公坐何可慢遵仆三四徐受所言得贓至數百萬嗣岐王珍謀反詔羽窮劾乃悉召支黨環以搒具囚惶怖一昔獄成珍賜死左衞將軍竇如玢等九人皆斬太子洗馬趙非熊等六七人斃杖下聞者毛豎先是胡人康謙以賈富楊國忠輔政納其金授安南都護領山南東路驛事吏疾之誣其通史朝義羽鞫之謙須長三尺明日脫盡膝髁皆碎人視之以爲鬼乃殺之羽與毛若虛裴昇畢曜同時爲御史皆暴忍時稱毛敬裴畢未幾昇曜流黔中寶應初羽斥道州刺史詔殺之羽聞使者至繯服而逃吏械之臨死袖中出牒數番乃吏相告訐咤曰不及推死矣治州者無宜寢

唐書卷二百九考證

王旭傳貞觀時侍中珪孫也○舊書作曾祖珪

唐書卷二百十

宋　端　明　殿　學　士　宋　祁　撰

列傳第一百三十五

藩鎮魏博

安史亂天下至肅宗大難畧平君臣皆幸安故瓜分河北地付授叛將護養孽萌以成禍根亂人乘之遂擅署吏以賦稅自私不朝獻于廷效戰國肱髀相依以土地傳子孫脅百姓加鋸其頸利怵逆汙遂使其人自視由羌狄然一寇死一賊生訖唐亡百餘年卒不爲王土當其盛時蔡附齊連內裂河南地爲合從以抗天子杜牧

至以山東王不得不王霸不得不霸賊得之故天下不安又曰厭今天下何如哉干戈朽鈇鉞鈍含忍混貸照育逆孽殆爲故常而執事大人曾不歷算周思以爲宿謀方且嵬岸抑揚自以爲廣大繁昌莫已若也嗚呼其不知乎其俟蹇頓顛傾而後爲之支計乎且天下幾里列郡幾所自河以北蟠城數百角奔爲寇伺吾人額頷天時不利則將與其朋伍駭亂吾民於掌股之上今者及吾之壯不圖擒取乃偷處恬逸以爲後世子孫背脅疽根此復何也議者曰倔彊之徒吾以良將勁兵爲銜策高位美爵充飽其腸安而不撓外而不拘猶豢虎狼而不拂其心則忿氣不萌此大曆貞元所以守邦也何必疾戰焚煎吾民然後爲快也愚曰大曆貞元之間有城數十千百卒夫則朝廷貸以法故於是闒䙌大言自樹一家破制削法角爲尊奢天子不問有司不呵王侯通爵越祿受之覲聘不來几杖扶之逆息虜胄皇子嬪之地益廣兵益彊僭擬益甚侈心益昌土田名器分劃大盡而賊夫貪心未及畔岸淫名越號走兵四畧以飽其志趙魏燕齊同日而起梁蔡吳蜀躡而和之其餘混澒軒嚻欲相效者往往而是運遭孝武前英後傑夕思朝議故能大者誅鉏小者惠來大抵生人油然多欲欲而不得則怒怒則爭亂隨之是以敎笞於家刑罰於國征伐於天下裁其欲而塞其爭也大曆貞元之間反此提區區之有而塞無涯之爭是以首尾指支幾不能相運掉也凡今者不知非此而反用以爲經將見爲盜者非止於河北而已嗚呼大曆貞元守邦之術永戒之哉

魏博傳五世至田弘正入朝十年復亂更四姓傳十世有州七成德更二姓傳五世至王承元入朝明年王庭湊反傳六世有州四盧龍更三姓傳五世至劉總入朝六月朱克融反傳十二世有州九淄青傳五世而滅有州十二滄景傳三世至程權入朝十六年而李全畧有之至其子同捷而滅有州四宣武傳四世而滅有州四彰義傳三世而滅有州三澤潞傳三世而滅有州五雖然迹其由來事有因藉地之輕重視人謀臧否歟今取擅興若世嗣者爲藩鎮傳若田弘正張孝忠等槩忠納誠以屏王室自如別傳云

田承嗣字承嗣平州盧龍人世事盧龍軍以豪俠聞隸安祿山麾下破奚契丹累功至武衛將軍祿山反與張忠志爲賊前驅陷河洛嘗大雪祿山按行諸屯至其營若無人已而擐甲列卒閱所籍不缺一人祿山異其能使守潁川郭子儀平東都承嗣以郡降俄而復叛安慶緒奔鄴承嗣自潁川來與蔡希德武令珣合兵六萬慶緒復振抗王師歲餘史思明亂承嗣又爲賊導及朝義敗與共保莫州僕固瑒追北承嗣急乃詐朝義使自求救幽州承嗣守莫因執賊妻息降于瑒厚以金帛反間瑒將士瑒慮下生變卽約降承嗣詐疾不出瑒欲馳入取之承嗣列千刀爲備瑒不得志承嗣重賂之以免乃與張忠志李懷仙薛嵩皆詣僕固懷恩謝願備行間朝廷以二賊繼亂州縣殘析數大赦凡爲賊詿誤一切不問當是時懷恩功高亦恐賊平則任不重因建白承嗣等分帥河北賜鐵券誓不死拜承嗣莫州刺史三遷至貝博滄瀛等州節度使檢校太尉承嗣沈猜陰賊不習禮義旣得志卽計戶口重賦斂厲兵繕甲使老弱耕壯者在軍不數年有衆十萬又擇趫秀彊力者萬人號牙兵自署置官吏圖版稅入皆私有之又求兼宰相代宗以寇亂甫平多所含宥因就加同中書門下平章事封鴈門郡王寵其軍曰天雄以魏州爲大都督府卽授長史詔子華尚永樂公主冀結其心而性著凶詭愈不遜

大曆八年相衞薛嵩死弟蕚求假節牙將裴志清逐蕚蕚以衆歸承嗣而帝自用李承昭爲相州刺史未至承嗣使人訹吏士反陽言救實襲取之帝遣使者諭罷兵承嗣不奉詔遣將盧子期取洺州楊光朝取衞州脅刺史薛雄亂不從屠其家悉四州兵財以歸擅置守宰逼使者行磁相遣劉渾從之陰使從子悅諷諸將詣使者務面請承嗣爲帥使人不敢詰於是厚賞請已者帝乃下詔貶承嗣永州刺史許一子從悅及諸子皆逐惡地詔河東節度使薛兼訓成德李寶臣幽州朱滔昭義李承昭淄青李正已淮西李忠臣永平李勉汴宋田神玉等兵六萬掎角進若承嗣不承命聽在所討執以軍法從事其下霍榮國以磁降李正已攻拔德州李忠臣攻衞築偃月壁河上承嗣列將往往攜阻殺數十人乃定帝又遣御史大夫李涵督諸節度并力承嗣遣裴志清等攻冀州志清以兵附成德承嗣悉衆圍之爲寶臣所逐火輜重歸于貝計益窮不知所出遣其下郝光朝奉表請委身北闕下又使悅與盧子期將萬人攻磁州屯東山宣慰使韓朝彩等固守兼訓以萬騎屯西山成德幽州各遣兵救磁時承昭以神策射生繼進入河東壘諸軍進討數有功頗顧賞天子使中人多出御服良馬黃白金萬計勞賚使人供帳高會諸軍少懈而正已寶臣二軍會棗彊更相見會正已軍輒引去忠臣乃棄月壘濟河屯陽武承昭使成德幽州兵循東山襲子期軍自閉壁以驕賊子期分步騎萬人環承昭壁以兵四千乘高望麾而進河東將劉文英辛忠臣等決戰而成德幽州兵繞出子期後於是圍解更陣高原諸將與承昭夾攻大戰臨水賊敗屍旁午數里斬九千級馬千匹執子期及將士二千三百旗纛器甲鼓角二十萬諸軍乘勝進距磁十里暮而舍承昭畢燧朝彩出銳兵鼓譟薄魏營斬首五百悅驚率餘兵夜走盡棄旗幕鎧仗五千乘成德將王武俊以子期歸寶臣寶臣方攻洺州因以示城下降之復徇瀛州瀛州亦降得兵萬人粟二十萬石獻子期京師斬之天子遣中人勞寶臣不爲禮寶臣乃貳反攻朱滔與承嗣和承嗣與之滄州正已又請天子許承嗣入朝十一年帝遣諫議大夫杜亞持節至魏受其降許闔門還京師赦魏博所管與更始承嗣逗遛不至其秋復畧滑州敗李勉兵會李靈耀以汴州叛詔忠臣勉河陽馬燧合討靈耀求救於魏承嗣使悅將兵三萬赴之敗勉將杜如江正已將尹伯良死者殆半乘勝屯汴北郛與靈耀合燧忠臣逆擊破之悅脫身遁斬獲數萬靈耀東走欲歸承嗣爲如江所禽并魏將常準獻京師明年承嗣上書請罪有詔復官爵子弟皆仍故官復賜鐵券承嗣盜有貝博魏衞相磁洺七州而未嘗北面天子凡再與師會國威中奪窮而復縱故承嗣得肆姦無怖忌十四年死年七十五贈太保

悅蚤孤母更嫁平盧戍卒悅隨母轉側淄青間承嗣得魏訪獲之年十三拜伏有禮承嗣異之委以號令裁處皆與承嗣意合及長剽悍善鬬冠軍中賊忍狙詐外飭行義輕財重施以鉤美譽人皆附之承嗣愛其才將死顧諸子弱乃命悅知節度事令諸子佐之帝因詔悅自中軍兵馬使府左司馬擢留後俄檢校工部尚書爲節度使悅始招致賢才開館宇禮天下士外示恭順陰濟其姦帝晚年尤寬弛悅所奏請無不從德宗立不假借方鎮諸將稍惕息會黜陟使洪經綸至河北聞悅養士七萬輒下符罷其四萬歸田畝悅卽奉命因大集將士以好言激之曰而等籍軍中久仰縣廩養父母妻子今罷去何恃而生衆大哭悅乃悉出家貲給之各令還部自此魏人德悅及劉晏死藩帥益懼又傳言帝且東封泰山李勉遂城汴州而李正己懼率兵萬人屯曹州乃遣人說悅同叛悅因與梁崇義等阻兵連和以王侑扈嵩許士則爲腹心邢曹俊孟希祐李長春符璘康愔爲爪牙建中二年鎭州李惟岳淄青李納求襲節度不許悅爲請不答遂合謀同叛會于邵令狐峘等表汴浮圖悅乃詐其軍曰有詔閱軍之老疾疲弱者繇是舉軍沓怨悅與納會濮陽納分兵佐悅會幽州朱滔等奉詔討惟岳悅乃遣孟希祐以兵五千助惟岳別遣康愔以兵八千攻邢州楊朝光以兵五千壁盧疃絕昭義餉道悅自將兵數萬繼進又使朝光攻臨洺將張伾固守食且盡賞賜不足乃飾愛女示衆曰庫廩竭矣願以此女代賞士感泣請死戰大破悅軍有詔河東馬燧河陽李芃與昭義軍救伾三節度次狗明二山間未進伾急以紙爲風鳶高百餘丈過悅營上悅使善射者射之不能及燧營謀迎之得書言三日不解臨洺士且爲悅食燧乃自壺關鼓而東破盧疃戰雙岡禽賊大將盧子昌而殺朝光悅遁保洹水於是曹俊爲貝州刺史乃承嗣時舊將果而謀悅未得志召問計安出對曰兵法十則攻今公以逆干順勢不敵也宜留兵萬人屯崞口以遏西師則舉河北二十四州惟公所命今攻臨洺糧竭卒老不見其可悅所昵扈崿孟希祐等皆訾短之故悅不聽其言燧等距悅軍三十里築壘相望悅與納合兵三萬陣洹水燧引神策將李晟夾攻悅悅大敗死傷二萬計引壯騎數十夜奔魏其將李長春拒關不內以須官軍而三帥頓不進明日悅得入殺長春持佩刀立軍門流涕曰悅藉伯父餘業與君等同休戚今敗亡及此不敢圖全然悅久稽天誅者特以淄青恒冀子弟不得承襲旣弗能報乃至用兵使士民塗炭悅正緣母老不能自到願公等斬悅首以取富貴無庸俱死乃自投于地衆憐皆抱持之曰今士馬之衆尚可一戰事脫不濟死生以之悅收淚曰諸公不以悅喪敗誓同存亡縱身先地下敢忘厚意乎乃斷髮爲誓將士亦斷髮約爲兄弟乃率富民大家財及府庫所有大行賜與而李再春及其子瑶以博州降悅從兄昂以洺州降燧等受之悅皆族昂等家悅自視兵械乏衆單耗懼不知所出復召曹俊與之謀曹俊爲整軍完壘以振士氣羣心復堅後十餘日燧等始進薄城下未幾王武俊殺惟岳而深州降朱滔滔分兵守之天子授武俊恒州刺史以康日知爲深趙二州觀察使武俊恨賞薄滔怨不得深州悅知二將可間乃僞路使王侑許士則說滔曰司徒奉詔討賊不十日拔束鹿下深州惟岳勢蹙故王大夫能得逆首聞出幽州日有詔破惟岳得其地卽隸麾下今乃以深州與康日知是朝廷不信於公也且上英武獨斷有秦皇漢武風將誅豪桀掃除河朔不使父子相襲又功臣劉晏等皆旋踵破滅殺梁崇義誅其口三百餘血丹漢江

今日破魏則取燕趙如牽轅下馬耳夫魏博全則燕趙安鄗州尚書必以死報德且合從連衡救災卹患不朽之業也尚書顧上貝州以廣湯沐使侑等奉簿最孔目司徒朝至魏則夕入貝惟執計之滔心素欲得貝即大喜使侑先還告師期先是詔武俊出恒冀粟三十萬賜滔使還幽州以突騎五百助燧軍武俊懼悅破將起師北伐不肯歸粟馬滔因使王郅說武俊曰天子以君善戰天下無前故分散粟馬以弱君軍今若舉魏博則王師北向漳滏勢危誠能連營南旆解田悅於倒縣大夫之利也豈特粟不出窖馬不離廄又有排危之義聲滿天下大夫親斷逆首血濺衣袖日知不出趙城何功於國而坐兼二州河北士以不得深州爲大夫恥武俊既得深亦喜即日使使報滔於是滔率兵二萬屯寧晉武俊以兵萬五千會之悅恃救至使康愔督兵與王師戰御河上大敗棄甲走城悅怒閉門不內蹈籍死塹中者甚衆其夏滔武俊軍至悅具牛酒迎犒燧等營魏河西武俊滔悅壁河東起樓櫓營中兩軍相持自秋汔冬燧遣晟以兵三千自邢趙與張孝忠合攻涿莫二州以絕幽薊路悅重德滔欲推爲盟主而臣之滔不敢當乃更議如七國故事悅國號魏僭稱魏王以府爲大名府署子爲府留後以扈崿爲留守許士則爲司武曾穆司文裴抗司禮封演司刑並爲侍郎劉士素爲內史舍人張瑜孫光佐爲給事中邢曹俊孟希祐爲左右僕射田晁高緬爲征西節度使蔡濟薛有倫爲虎牙將軍高崇節知軍前兵馬夏侯禎爲兵馬使晁以兵數千助李納守鄆明年夏滔屯河間留大將馬寔以兵萬人戍魏會朱泚亂帝出奉天燧還太原武俊等皆罷悅餞之厚遺武俊寔官屬皆有贈興元元年滔自將兵欲南度河助泚使王郅見悅計事曰頃大王在重圍孤與趙刻日赴王難以全魏貝今秦帝已據關中孤以步騎十萬與回紇趨東都相應接王能從孤濟河合勢以取大梁孤得西收輦陝與秦兵會天下可定也則王與趙王永無南慮爲唇齒之國幸速計之是時悅聞天子已赦罪復官爵心不欲行重違絕滔陽遣薛有倫報滔如約滔大喜復使舍人李琯申固所言悅猶豫許士則諫曰冀王勇決權畧一世之雄也殺懷仙屠希彩誅兄使如京師而奪之權有恩者誅同謀者覆彼心腹渠可量哉今大王之親不加泚勇不加懷仙希彩也而念恩不己拘攣匹夫義出且見禽彼得魏博孔聯幽薊南入梁鄭而與泚合其埶然也大王不如僞許出迎遣州縣具牛酒至則以事自解不可顧恩取禍也悅然之先是武俊陰約悅背滔使相望及聞滔要悅西使田秀馳說悅曰聞大王欲從滔度河爲泚掎角非也方泚未盜京師時滔爲列國且自高如得東都與泚連禍兵多勢張返制于豎子乎今日天子復官赦罪乃王臣豈捨天子而北面滔泚耶願大王閉壘不出武俊須昭義軍出爲王討之悅因秀還具道其謀而遣曾穆報滔滔喜自河間悉師而南踰貝州次清河使人報悅悅不至進屯永濟使王郅等督之曰王約出館陶與大王會乃濟河悅良久曰始約從王今舉軍恃悅曰魏比困侵掠供饋屈竭以悅日拊循猶恐人且攜閒一日去城邑朝出夕變且何歸不然悅不敢背約今遣孟希祐悉兵五千助王因使其屬裴抗盧南史報命滔怒罵曰逆虜前日求救許我貝州我不取尊我爲天子我與同爲王教我遠來而不出是賊不擊尚何誅乃囚抗等使馬寔取數縣已而釋抗還之悅兵不敢出遂圍貝州滔取武城通德棣供軍饋盡因諸縣官吏唯清陽不下滔圍之寔拔清平殺五百人俘男女貲財去於是李抱真武俊約出兵救魏會有詔拜悅檢校尚書右僕射封濟陽郡王而給事中孔巢父持節宣勞始悅阻兵凡四年狂愎少謀亟戰數北死者什八士苦之且厭兵既巢父至莫不欣然悅與巢父張飲門階皆徹衛至夜分從弟緒與族人私語曰僕射妄起兵幾赤吾族以金帛厚天下而不至兄弟或諫止之緒怒殺諫者乃與左右踰垣入悅方醉寢酣緒挺刃升堂二弟諫止緒斬之因手刺悅并殺其母妻悅死年三十四比明以悅命召許士則蔡濟計事至則殺之劉忠信者悅常使防督緒直寢門緒呼曰忠信刺僕射與扈崿反衆執之語曰無之支已殊絕

緒字緒承嗣第六子悅待諸弟無所問使緒主牙軍而凶險多過常笞勗之悅於飲食衣服儉嗇有節緒常苦不足頗怨望故作難悅既死懼衆不附以其徒數百將出奔邢曹俊率衆追還緒乃下令軍中曰我先王子能立我者賞衆乃共推緒爲留後歸罪扈崿斬其首以徇復殺悅親信薛有倫等數十人因巢父遣使者聽命天子滔聞悅死以兵五千合寔軍進攻魏州寔瀕王莽河壁南距河東抵博州殺畧甚衆使人入魏招緒降緒新篡而寔圍且急乃遣使以好言見滔滔許與盟會穆勸緒絕滔而緒部分亦定乃乘城戰武俊抱真各脩好如悅時詔即拜緒節度使寔圍魏凡三月滔敗走貞元元年以嘉誠公主降緒拜駙馬都尉李希烈平以功賜一子八品官緒猜忌殺兄弟姑妹凡數人兄朝仕李納爲齊州刺史或言納將入之魏以代緒緒厚賂納且召朝朝以死請不行乃送之京師過滑緒將篡取之賈耽以兵援接乃免累遷檢校尚書左僕射常山郡王又徙王鴈門實封五百戶加同中書門下平章事暴疾死年三十三贈司空少子季安嗣

季安字夔母微賤公主命爲己子寵冠諸兄數歲爲左衛胄曹參軍節度副使緒死時年十五匿喪觀變軍中推爲留後因授節度使除喪加檢校尚書右僕射進位檢校司空俄同中書門下平章事季安畏主之嚴頗循禮法及主薨始自恣擊鞠從禽酣嗜欲軍中事率意輕重官屬進諫皆不納會詔中尉吐突承璀以神策兵討王承宗季安謀曰王師不跨河二十五年今越魏伐趙趙誠虜魏亦虜矣奈何或請以五千騎決除君憂季安曰善沮軍者斬時幽州劉濟將譚忠適使魏聞之入見季安曰往年王師取蜀取吳算不失一是宰相謀也今伐趙不使耆臣宿將而付中臣不起天下甲而出秦甲君知誰爲之謀此上自爲謀以夸服臣下若師未叩趙而先碎於魏是上之謀不及下且能不恥既恥且怒必任智畫仗猛將再舉涉河鑒前之敗必不越魏誅趙校罪輕重必不先趙後魏是上不上下不下當魏而來也季安曰計安出忠曰王師入魏君厚犒之悉甲伐趙而陰遺趙書曰魏若伐趙爲賣友魏若與趙爲反君賣友反君魏不忍受執事能弛畔鄗遺一城魏得持之獻捷天子以爲符此使魏北得以奉趙西得以爲臣不世之利也趙不拒君則魏安矣季安然之遣大將率兵會王師伐承宗糧餉自辦取堂陽以報加太子太保有丘絳者父時賓佐與同府侯臧爭權季安怒斥爲下縣尉俄召還先坎道左既至生瘞之忍酷無忌憚大抵如此死年三十二贈太尉妻元誼女召諸將立其子懷諫最幼不能事政決於私奴蔣士則數易置諸將軍中怒取田興爲留後所謂田弘正者以懷諫歸第殺士則等十餘人季安既葬送懷諫京師授右監門衛將軍寵錫蕃渥緒弟縉華顯于朝縉字雲長貞元十年入朝授左驍衛將軍封扶風郡公元和中拜夏綏銀節度使始開元時置宥州扼寇路久而廢縉復城之王師伐蔡縉上橐它牛馬助軍吐蕃寇豐州縉設伏邀其歸俘斬過當入爲左衛大將軍李聽代之聽劾縉盜沒軍糧四萬斛彊取羌人羊馬故吐蕃得乘隙貶衛王傅俄而吐蕃又攻鹽州貶房州司馬長慶初終左領軍衛將軍華太常少卿尚永樂新都二公主田氏自承嗣至懷諫四世凡四十九年

史憲誠其先奚也內徙靈武爲建康人三世署魏博將祖及父爵皆爲王憲誠始以趫敢從父軍田弘正討李師道將先鋒兵四千濟河拔城柵師踵進乘勝逐北傳鄆堞師道傳首以功兼御史中丞長慶二年田布之自殺也軍亂且囂時憲誠爲中軍兵馬使頗言河朔舊事以搖其衆乃通還府擅總軍務穆宗以朱克融王廷湊方盜幽鎮未有以制即以節度使授之憲誠外詭王命而陰結幽鎮依以自固時李㝏方亂私與交通數助請旄節城馬頭具舟黎陽示將濟師者會天子遣司門郎中韋文恪宣慰憲誠見使者禮倨言辭悖慢俄聞斬㝏更恭謹謂文恪曰我本奚如狗也唯知識主雖日加箠不忍離其譎獪類此進檢校司空與李全畧爲婚家太和中其子同捷反滄以糧餉資之文宗申約使者相望因進同中書門下平章事憲誠使大將至京師偵事作謾言自大宰相韋處厚折其詐遣去憲誠懼出兵從王師討之復遣大將亓志沼率師二萬攻德州時王廷湊援同捷陰誘志沼以利志沼反屯永濟兵銳甚諸鎮共禦之憲誠告急天子詔義武李聽進討於是志沼與廷湊合兵劫貝州爲聽所敗奔廷湊滄景平憲誠不自安請納地進檢校司徒兼侍中徙河中封千乘郡公以李聽代初憲誠將以族行懼魏軍之留問策於弟憲忠憲忠教分相衞請置帥因以弱魏復請詔聽引軍聲圖志沼而假道清河帝從之憲誠因欲倚聽公去魏及聽次清河魏人驚憲忠曰彼假道取賊吾軍無負朝廷何懼爲乃稍安然魏素聚兵清河聽至悉出其甲將入魏魏軍聞之懼明日盡甲而出聽按軍館陶不進衆謂憲誠賣己曰紿我以沽恩耶夜攻殺之并監軍史良佐推何進滔爲帥以請詔贈憲誠太尉實太和三年憲誠起凡七年死

何進滔靈武人世爲本軍校少客魏委質軍中事田弘正弘正攻王承宗夜以兵壓鎮州承宗使健將以鐵冒面引精騎千餘馳魏壁進滔率猛士逐之幾獲鎮人大懼從討李師道以功兼侍御史憲誠死軍中傳譁曰得何公事之軍安矣進滔下令曰公等既迫我當聽吾令衆唯唯執殺前使及監軍者疏出之凡斬九十餘人釋脅從者素服臨哭將吏皆入弔詔拜留後俄進授節度使居魏十餘年民安之進累檢校司徒同中書門下平章事開成五年死贈太傅謚曰定子重順襲武宗詔河

陽李執方滄州劉約諭朝京師或割地自效不聽命時帝新卽位重起兵乃授福王綰節度大使以重順自副賜名弘敬帝討劉稹加東面招討使弘敬倚稹相脣齒無深入意詔因稱其事母孝在軍久宜亟戰弘敬亦自如及王宰踰乾河攻澤州天子慮稹起山東兵命弘敬掎角塞其道不奉詔王元逵克邢州攻上黨弘敬不得已乃出師未幾宰統陳許兵假道收磁州弘敬懼乃進戰拔平恩詔檢校尚書左僕射澤潞平加同中書門下平章事懿宗初兼中書令封楚國公咸通七年死贈太師子全皞襲明年拜節度使平龐勛以功遷檢校司空同中書門下平章事母喪納所賜節願行喪詔不許全皞年少好殺數下有小罪鮮縱貰人人危懼後軍中相傳眹減糧帛衆遂叛全皞單騎遁衆推韓君雄以總軍事而殺全皞實咸通十一年詔贈太保自進滔至全皞凡三世四十二年懿宗更以普王爲大使擢君雄留後君雄魏州人不五月進副大使三遷檢校司空僖宗卽位進同中書門下平章事賜名允中死年六十一贈太尉子簡襲留後俄授節度使進累檢校太尉同中書門下平章事封魏郡王帝在蜀天下亂簡恃彊完欲拓地覬望非常時諸葛爽爲黃巢守河陽簡攻之爽走郎戍以兵北畧邢洺而歸東攻鄆鄆將曹存實出戰敗死其將朱宣率衆以守久不下爽乘其隙復取河陽簡還攻之爽迎擊新鄉簡大敗樂彥禎以一軍先還簡奔歸疽發背死彥禎代之再世凡十二年

彥禎者亦魏人簡時歷博州刺史下河陽有功遷澶州魏人立之詔檢校工部尚書領留後進節度使累加檢校尚書左僕射同中書門下平章事彥禎喜儒術引公乘億李山甫皆在幕府嗣襄王熅之亂彥禎使山甫往見鎮州王鎔欲合幽邢滄諸鎮同盟拒賊鎔厚謝卒不克彥禎見王室微頗驕滿不軌大興其衆城魏周八十里一月畢人怨其殘子從訓資凶悖劫王鐸取其家魏人不直又聚亡命五百人號子將出入臥內軍中藉藉惡之從訓懼易服奔近縣彥禎卽以爲六州指揮使相州刺史輦兵械泉布跡接於道軍中益貳彥禎常夢解佩帶履而行旣寤曰此神告我下將有背乎已而軍亂果因彥禎迫爲桑門尋殺之推大將趙文玣總留後從訓求救於朱全忠全忠爲起師次內黃從訓自相州以軍三萬傅城文玣不敢出衆懼殺之更推羅弘信帥軍弘信出戰從訓敗裒餘衆壁洹水弘信遣將程公佐擊斬之梟首軍門實文德元年彥禎起凡七年

羅弘信字德孚魏州貴鄉人善騎射狀貌雄偉爲裨將主馬牧魏有巫告弘信曰白頭老人使謝君君當有是地弘信曰神欲危我耶文玣死衆曰孰願主吾軍者弘信輒曰神命我矣衆環視以爲宜遂立之詔擢知留後再遷節度使加檢校司空同中書門下平章事豫章郡公朱全忠討黃巢餉粟三萬斛馬二百匹秦宗權亂復詔弘信以粟二萬斛助軍未輸檢校工部尚書雷鄴來責粟弘信素脅于牙軍擅殺鄴全忠以檄譙讓弘信不敢報大順初全忠討太原李克用遣將趙昌嗣見弘信假糧馬又議屯邢洺假道相衞弘信不納全忠使丁會龐師古葛從周霍存等引萬騎度河弘信壁內黃凡五戰皆敗禽大將馬武等乃厚幣求和方全忠圖河北欲結納弘信乃還兵全忠攻兗鄆朱宣求援於克用遣李存信率兵救之請道屯莘其下侵魏芻牧弘信不平克用欲合鎮定兵營河曲搤魏滑路弘信馳告全忠請禁游舸絕往來久之魏人不至全忠疑其紿自將至滑州弘信來告曰魏人未動者正欲緩圖之全忠遂屯曹太原將李瑭救宣復壁莘弘信厭其暴而瑭溝壘自固全忠遣使謂曰晉人志幷河朔師還爲公憂之弘信乃攻瑭告全忠師期全忠將趨滑爲援次封丘而弘信已破瑭克用怒以兵掠魏博全忠將侯言屯洹水克用兵數求戰言不敢出全忠以葛從周代將從周爲闘寶每克用兵至輒出精卒薄戰必捷克用踰洹西北挑戰從周大破之禽其子落落乃引去然侵魏不已大戰白龍潭弘信敗克用追薄魏門而還弘信乃乞師全忠全忠遣將壁洹水救魏克用游兵剽相魏民死十九弘信不堪其偪光化元年如全忠告亟全忠復遣葛從周將兵追躡援洺州執其刺史邢行恭復攻邢馬師素自拔走遂圍磁州袁奉韜自殺不五日取三州斬首二萬級禽其將百餘人自是克用兵不出始全忠亟討兗鄆懼弘信貳故歲時賂遺良厚弘信每有饋答全忠引其使北面拜受兄事之弘信以爲厚己故推心焉進累檢校太師守侍中徙臨清郡王光化元年死年六十三贈太師追封北平王諡曰莊肅子紹威襲

紹威字端已少有英氣性精悍吏事明辦旣領留後昭宗卽詔嗣父節度加累檢校太尉號忠勤宣力致聖功臣幽州劉仁恭引兵攻鎮冀遂掠魏紹威告急於全忠全忠自將與仁恭戰內黃日中大破之斬首三萬級葛從周方守邢亦敗其衆於魏縣仁恭以衆十萬陷貝州全忠使李思安屯內黃從周悉軍入魏仁恭攻魏從周以五百騎出闘謂門者曰前有彊敵不可易命闔扉士死戰執仁恭將二人仁恭使别將攻內黃爲思安所敗從周乘勝破八壁追北至臨清仁恭乃還滄州與李克用圖魏紹威與全忠連兵伐滄州從周攻拔德州進薄浮陽仁恭以兵至監軍蔣玄暉請須其入壁食盡可取從周曰兵在機機在上將豈監軍所知逆戰老鴉堤破之斬首五萬獲其將百餘人又戰唐昌范橋六遇輒勝仁恭約和乃還紹威德全忠故奉事愈固全忠遷帝洛陽命諸鎮治宮闕而紹威營太廟加侍中封鄴王魏牙軍起田承嗣募軍中子弟爲之父子世襲姻黨盤牙悍驕不顧法令憲誠等皆所立有不慊輒害之無噍類厚給稟姑息不能制時語曰長安天子魏府牙軍謂其勢彊也紹威懲曩禍雖外示優假而內不堪俄而小校李公佺作亂不克奔滄州紹威乃決策屠翦遣楊利言與全忠謀全忠乃遣符道昭將兵合魏軍二萬攻滄州求公佺又遣李思安助戰魏軍不之疑紹威子全忠婿也會女卒使馬嗣勳來助葬選長直千人納盟器實甲以入全忠自滑濟河聲言督滄景行營紹威欲出迎假銳兵以入軍中勸毋出而止紹威遣人潛入庫斷絃解甲注夜將奴客數百與嗣勳攻之軍趨庫得兵不可戰因夷滅凡八千族闔市爲空平明全忠亦至聞事定馳入軍魏兵在行者聞變於是史仁遇保高唐李重霸屯宗城分據貝澶衞等六州仁遇自稱魏博留後全忠解滄州兵以攻高唐仁遇引衆走爲游騎所獲支解之進拔博澶二州李重霸走俄斬其首相衞皆降紹威雖除其偪然勢弱爲全忠牽制比州刺史矣內悒悒悔恨全忠兵在滄州紹威主饋輓自鄴至長蘆五百里不絕于道全忠還紹威建元帥行府極土木壯麗全忠大悅紹威間說曰邠岐太原皆狂譎以復唐室爲言王宜自取神器專天下之望全忠德乃受禪紹威多聚書至萬卷江東羅隱工爲詩紹威厚幣結之通譜系昭穆因目己所爲詩爲偷江東集云

贊曰田承嗣幾禽矣李寶臣怒承倩而釋魏建中之際三將軍持銳躙血功無成者四叛連勢兵結難作天子不能守宗廟傳及弘正去汙入朝數年復亂唐終不得魏與夫豎刁亂齊孰爲輕重

唐書卷二百十考證

田承嗣傳將兵三萬赴之○舊書作五千沈炳震本作六萬

何進滔傳封魏郡王○舊書作昌黎郡王

羅弘信傳子紹威襲○舊書作威蓋石晉諱紹字也

唐書卷二百十一

宋　端　明　殿　學　士　宋　祁　撰

列傳第一百三十六

藩鎮鎭冀

李寶臣字爲輔本范陽內屬奚也善騎射范陽將張鎖高畜爲假子故冒其姓名忠志爲盧龍府果毅常覘虜陰山追騎及射六人盡殪乃還爲安祿山射生從入朝留爲射生子弟出入禁中祿山反逃歸更爲祿山假子使將驍騎十八人劫太原尹楊光翽挾以出追兵萬餘不敢逼又督精甲軍土門以扼井陘事安慶緒爲恒州刺史九節度師圍相州也忠志懼歸命于朝肅宗卽授故官封密雲郡公史思明度河忠志復叛勒兵三萬固守賊將辛萬寶屯恒州相犄角思明死忠志不肯事朝義使裨將王武俊殺萬寶挈恒趙深定易五州以獻雍王東討開土門納王師助攻莫州朝義平擢禮部尚書封趙國公名其軍曰成德卽拜節度使賜鐵券許不死它賚與不貲賜姓及名於是遂有恒定易趙深冀六州地馬五千步卒五萬財用豐衍益招來亡命雄冠山東與薛嵩田承嗣李正己梁崇義相姻嫁急熱爲表裏是天寶中玄宗冶金自爲象州率置祠更賊亂悉毀以爲貲而恒獨存故見寵異加賜實封始寶臣與正己爲承嗣所易其弟寶正承嗣婿也往依魏與承嗣子擊毬馬駭觸維死承嗣怒囚之以告寶臣寶臣謝教不謹進杖欲使示責而承嗣遂鞭殺之由是交惡乃與正己共劾承嗣可討狀代宗欲其自相圖則勢離易制卽詔寶臣與朱滔及太原兵攻其北正己與滑亳河陽江淮兵攻其南師會棗彊椎牛饗軍寶臣厚賜士而正己頗殺軍怨望正己懼有變卽引去惟滔寶臣攻滄州歷年未下擊宗城殘之斬二千級承嗣弟廷琳方守貝州遣高嵩巖將兵三千戍宗城寶臣使張孝忠攻破之斬

嵩巖逸所執將四十餘人會王武俊執賊大將盧子期遂降滔瀛當是時河南諸將敗田悅於陳留正己取德州欲頗窮討承嗣懼乃甘言紿正己正己止屯諸軍亦莫敢進於是天子遣中人馬希倩勞寶臣寶臣歸使者百縑使者恚抵諸道寶臣顧左右愧甚諸將已休獨武俊佩刀立死下語之故武俊計曰趙兵有功尚爾使賊平天子幅紙召置京師一匹夫耳曰奈何對曰養魏以爲資上策也寶臣曰趙魏有憾何從而可對曰勢同患均轉寇讎爲父子欬唾間耳朱滔屯滄州請禽送魏可以取信寶臣然之先是承嗣知寶臣少長范陽心常欲得之乃勒石若讖者瘞之境教望氣者云有玉氣寶臣掘得之文曰二帝同功勢萬全將田作伴入幽燕帝謂寶臣與正己爲二而陰使客說曰公與滔共攻滄州卽有功利歸天子公于何賴誠能赦承嗣罪請奉滄州入諸趙願取范陽以報公以騎前驅承嗣以步卒從此萬全勢也寶臣喜得滄州又見語與讖會遂陰交承嗣而圖幽州承嗣陳兵出次以自驗寶臣謬謂滔使曰吾聞朱公貌若神願繪而觀可乎滔卽圖以示之寶臣置圖射堂大會諸將熟視曰信神人也密選精卒二千夜馳三百里欲劫滔戒曰取彼貌如射堂者時二軍不相虞忽聞變滔大駭戰瓦橋敗衣佗服得脫禽類滔者以歸承嗣承嗣知釁成還軍入堡使人謝寶臣曰河內方有警未暇從公石讖吾戲爲耳寶臣慙而還俄進封隴西郡王又拜同中書門下平章事德宗立拜司空寶臣晚節尤猜忌自顧子惟岳且暗弱恐下不服卽殺骨鯁將辛忠義盧俶許崇俊張南容張彭老等二十餘人籍入其貲衆乃攜貳寶臣既貯異志引妖人作讖兆爲丹書靈芝朱草齋別室築壇置銀盤金匜玉斝猥曰內產甘露神酒刻玉印告其下曰天瑞自至衆莫敢辨者妖人復言當有玉印自天下海內不戰而定寶臣大悅厚賚金帛既而畏事露且誅詐曰公飲甘露液可與天神接密寘堇于液寶臣已飲卽瘖三日死年六十四惟岳悉誅殺妖人時建中二年也遺表請以惟岳領軍詒書執政諉家事歸節於朝詔贈太傅

惟岳少爲行軍司馬恒州刺史寶臣死軍中推爲留後求襲父位帝不許趣護喪還京師以張孝忠代之田悅爲請不聽遂與悅李正己謀拒命府小史胡震私人王他奴等專畫反計府屬邵眞泣曰先公位將相恩甚厚而大夫違命縗絰中愚固惑焉魏近且與國不可遽絕絕之速禍請厚禮遣其使徐更圖之齊遠而交疏不如械使者送京師且請致討上嘉大夫忠所請宜許惟岳寤使眞作奏震與將吏議不可惟岳又從之其舅谷從政豪俊士也切諫不納於是張孝忠以易州歸天子天子詔朱滔與孝忠合兵討惟岳盡赦吏士購惟岳首有賞惟岳與滔戰束鹿大奔遂圍深州明年正月率兵萬餘使王武俊爭束鹿田悅亦遣孟祐來助武俊以精兵先陷陣師卻滔繢帛爲狻猊使壯士百人蒙以譟趨惟岳軍馬駭軍亂因大敗火其營去於是深州曰急悅亦嬰城矣惟岳懼召眞議遣使詣河東馬燧令其弟惟簡見帝斬大將謝罪以兵屬鄭詵身朝京師孟祐知其謀走告悅悅使扈岌來讓曰敝邑暴兵本爲君索命節豈爲叛逆耶雖見破於馬燧而感激士大夫乘城拒守以爲後圖今君信邵眞讒間欲歸悅之罪以自湔蕩何負而然不則遣祐還軍無遺王師禽若能誅眞以徇請事公如初惟岳懦不能決畢華見曰大夫與魏盟未久魏雖被圍彼多蓄積未可下齊兵勁地廣裾帶山河所謂東秦險固之國與相持維足以抗天下夫背義不祥輕慮生禍且孟祐驍將王武俊善戰前日逐滔滔僅免今合兩將破滔必矣惟審圖之惟岳見深圍未解畏祐還命惟岳益困乃付牙將衞常寧兵五千而俾王武俊騎八百攻日知武俊才雄素爲惟岳忌及師行謂常寧曰大夫信讒吾朝不圖晏是行勝與否吾不復入恒矣將以身託定州張公安能持頸就刀乎常寧與副李獻誠曰君不聞詔書乎斬大夫首以其官畀之觀大夫勢終爲滔滅若倒戈還府事實易圖有如不捷張公可歸也武俊然之惟岳使要藉官謝遵至武俊壁議事武俊與謀使內應至期啓城門武俊入殺人廷中無亢者乃傳令曰大夫叛命今且取之敢拒者族士不敢動武俊使裨校任越牽惟岳出縊之戟門下并殺鄭詵他奴等數十人使子士眞傳首京師帝盡赦其府將士給部中租役三年眞始事寶臣掌文記武俊表其忠贈戶部尚書其息呂擢冀州長史常寧在武俊時用事爲內史監其後謀亂誅惟岳異母兄惟誠尚儒術謙裕寶臣愛之使決軍事以惟岳正嫡固讓不肯當其妹妻李納故寶臣請惟誠復故姓而仕諸鄆爲納營田副使四爲州刺史初惟岳叛弟惟簡以家僮票士百餘奉母鄭奔京師帝拘于客省及出奉天惟簡將赴難謀於鄭鄭曰爾父立功河朔位宰相身未嘗至京師兄死於人手爾入朝未議天子不能效忠吾不子汝矣督其行曰而能死王事吾不朽矣乃斬關出道更七戰得及行在帝見厚撫之拜太子諭德討賊有功帝從山南惟簡以三十騎從夜失道馳至盩厔西聞中人語問天子所在密語曰上在此帝見之流涕執其手曰爾有母乃能從朕耶對曰臣誓以死比明北方有塵起帝憂惟簡登高曰渾瑊以騎來瑊至遂決趨與元惟簡前導及帝還封武安郡王號元從功臣圖形凌煙閣賜鐵券憲宗時爲左金吾衞大將軍長史萬國俊奪與平民田吏畏不敢治至是訴於惟簡卽日廢國俊以地與民出爲鳳翔節度使市耕牛佃具給農歲增墾數十萬畝卒年五十五贈尚書右僕射子元本輕薄無行長慶末與薛渾私侍襄陽公主事敗主幽禁中元本以功臣子貸死流嶺南弟銖好學多識有儒者風

王武俊字元英本出契丹怒皆部父路俱開元中與饒樂府都督李詩等五千帳求襲冠帶入居薊武俊甫十五善騎射與張孝忠齊名隸李寶臣帳下爲裨將寶應初王師入井陘武俊謂寶臣曰以寡敵衆曲遇直戰則離守則潰銳師遠鬬庸可禦乎寶臣遂以恒定等五州自歸共平餘賊武俊謀也奏兼御史中丞封維川郡王其子士眞亦沈悍有斷寶臣倚愛出入帳中以女妻之寶臣以疑殺許崇俊等士眞密結左右故武俊免於難惟岳拒命或言武俊有他志武俊知之出入導從纔一二未嘗接賓客惟岳雖內疑然見其屈損又惜善鬬未忍殺康日知以趙州降惟岳謀伐之皆曰武俊故心膂先君命之使佐大夫而士眞又大夫女弟婿今事急宜去猜嫌以任之不然尚誰使乃遣與衞常寧將兵往因謀執惟岳而日知亦遣人邀說以禍福武俊乃還兵使人謂惟岳曰大夫與齊魏同惡今魏兵已敗齊爲趙州所限幽州兵近在定三軍且救死聞有詔召大夫宜亟歸惟岳惶遽出遂縊卽遣其屬孟華奏天子華辯對稱旨德宗擢爲兵部郎中授武俊檢校祕書監兼御史大夫恒冀觀察使是時惟岳將楊政義以定降楊榮國以深降朱滔受而成之帝以定賜張孝忠而日知爲深趙觀察使武俊怨不得節度而失趙定滔亦怨失深州二人相結武俊卽縛使者送滔與之叛帝聞詔華諭解不聽時馬燧李抱眞李芃李晟討田悅悅方困武俊滔救之屯連篋山帝詔李懷光督神策兵助討賊軍就舍氣銳甚謂燧曰奉詔毋養寇及壁壘未成擊之可滅也乃縱兵入滔壁殺千餘人悅軍既屢北不能陣懷光縱轡觀之武俊乘其怠使趙萬敵等以二千騎橫突而滔軍踵馳王師亂相蹈藉死尸梗河爲不流懷光還走壁武俊夜決河注王莽渠斷燧餉路燧計窮而與滔素姻家乃遣使謾謝滔曰老夫不自量與諸君遇王大夫善戰天下無前吾困宜敗幸公圖之使老夫得還河東諸將亦罷兵吾爲言天子以河北地付公滔亦陰忌武俊勝且不制卽謂武俊曰王師既敗馬公卑約如此不宜迫人以險答曰燧等皆國名臣連兵十萬一戰而北貽羞國家不知何面目見天子耶彼行不五十里必反拒我滔固許之燧至魏縣堅壁自固師復振滔慙謝嫌隙始構矣武俊使張鍾葵攻趙州日知斬其首以聞於是武俊與田悅等擅相王武俊國號趙以恒爲眞定府命士眞留守兼元帥以畢華鄭儒爲左右內史王士良司刑王佑司文士清司武竝爲尚書士則司文侍郎宋端給事中王洽內史舍人張士清執憲大夫衞常寧內史監皇甫祝尚書右僕射餘以次封拜建中四年抱眞使客賈林詐降武俊既見曰吾來傳詔非降也武俊色動林曰天子知大夫登壇建國撫膺顧左右曰我本忠義天子不省故至是今諸軍數表大夫至誠上見表動色曰朕前誤無及矣朋友失意尚可謝朕四海主毫芒過失返不得自新耶今大夫親斷逆首而宰相闕於事宜國家與大夫烏有細故哉朱滔以利相動公何取焉誠能與昭義同心曠然改圖上不失君臣之義下以爲子孫計武俊曰僕虜人也尚知撫百姓天子固不務殺人以安天下今山東連兵比戰骨盡暴野雖勝尚誰與居今不憚歸國業與諸軍盟虜性樸彊不欲曲在我天子若能以恩盪刷之我首倡歸命有不從者奉辭伐之河北不五十日可定會帝出奉天抱眞將還澤潞悅說武俊滔踵襲之林曰夫退軍前輜重後銳師人心固壹不可圖也使戰勝得地利歸於魏不幸喪師趙受其災今滄趙乃故地胡不取之武俊遂引而北林復激之曰公異邦豪英不應謀中夏燕魏幽險彼王室彊則須公之援削則已欲幷吞且河北惟有趙魏燕耳滔乃稱冀心圖公冀州矣使滔能制山東大夫當臣事之否則見攻能臣滔乎武俊投袂曰二百年天子猶不能事安能臣豎子耶乃定計通好抱眞而約馬燧盟興元元年赦天下武俊大集其軍黜僞號詔國子祭酒董晉與中人宣慰拜檢校工部尚書恒冀深趙節度使又加檢校司空同中書門下平章事兼幽州盧龍節度使琅邪郡王是時滔悉幽薊兵與回紇圍貝州將絕白馬津南趨洛李懷光據河中李希烈陷汴南略江淮李納方叛唯李晟軍

渭上羽書調發天下十之三人心惴恐及田緒殺悅林復說武俊曰滔素欲得魏博會悅死魏人氣熾公不救魏且下滔益甲數萬張孝忠將北面事滔三道連衡濟以回紇長驅而南昭義軍必保山西則河朔舉入滔矣今魏尚完孝忠未附公與昭義合兵破之聲振關中京邑可坐復天子反正不朽之業誰與公參武俊大喜與抱眞相聞自將屯南宮抱眞屯經城兩軍相距十里而舍武俊潛會抱眞于軍陳說忼慨抱眞亦傾意結納約爲兄弟遂俱東壁貝州距城三十里止滔欲迎戰武俊戒士飽食曰軍未合毋妄動遣趙琳趙萬敵兵五百蔽林以待滔使票將馬實盧南史陣而西李少成引回紇翼之日中兵接武俊與子士清引精騎望少成軍抱眞夾之滔驍騎二百出武陵東南乘高鼓譟武俊使步兵決戰而自以騎當回紇勒兵避其鋭回紇馬怒突而過未及返武俊急擊琳等兵亦出回紇驚中斷遂先奔初滔兵壓武俊軍不能傷回紇旣却卽欲引還因囂不能止軍大奔滔走還壁武俊中流矢謂抱眞曰士少衰盍以騎濟師巢穴可覆也抱眞使來希皓率勁騎薄滔營盧玄眞乘其後滔懼引衆去希皓迫之武俊邀于隘滔大敗免者八千人會夜各拔屯武俊營滔東北抱眞營西北滔知不支夜半焚車欃遁歸幽州火如晝師大譟其聲殷地抱眞以山東蝗食少歸于潞武俊亦還會有詔復滔官爵武俊上還幽州盧龍節度又詔以恒州爲大都督府卽授武俊長史賜德棣二州以士眞爲觀察使清河郡王天子至自梁遇武俊益厚子弟雖襁褓悉官之俄進檢校太尉兼中書令得建廟京師有司供擬武俊善射嘗與賓客獵一日射雉兔九十五觀者駭伏貞元十七年死年六十七羣臣奉慰天子如渾瑊故事贈太師有司謚威烈帝更爲忠烈士眞襲位

士眞其長子也少佐父立功更患難旣得節度息兵善守雖擅置吏私賦入而歲貢數十萬緡比燕魏爲恭元和初卽拜同中書門下平章事四年死贈司徒謚曰景襄軍中推其子承宗爲留後始河北三鎭自置副大使常處嫡長故承宗以御史大夫爲之及總留事憲宗久不報伺其變承宗數上疏自言帝聞劉濟田季安俱大病議更建節度翰林學士李絳曰鎭州世相繼人所狃習惟拒命則討之且諸道之賞餽百萬士又燕魏淄青勢同必合方江淮水潦財力刓困宜卽詔承宗嗣領季安等雖病徐圖所宜定四方有天時不可速也帝然之欲析鎭分建節度使承宗歲輸賦如李師道絳曰假令承宗奉詔諸道以割地同怨是官爵虛出而無當也不如令使者諭之無出上意帝乃詔京兆尹裴武慰撫承宗奉詔恭甚請上德棣二州遂以檢校工部尚書嗣領節度而以德州刺史薛昌朝爲保信軍節度使統德棣昌朝嵩子也與承宗故姻家帝因欲離其親將故命之詔未至承宗驅騎劫而歸囚之詔更用棣州刺史田渙爲二州團練守捉使遣中人傳詔令歸昌朝承宗拒命帝怒詔削官爵遣中人吐突承璀將左右神策率河中河陽浙西宣歙兵討之趙萬敵者故武俊將以健鬬聞士眞時入朝上言討之必捷令與承璀偕有詔武俊忠節茂著其以實封賜子士則毋毀墳墓承璀至軍無威略師不振神策大將酈定進號驍將以禽劉闢功王陽山郡至是戰北馳而僨趙人曰酈王也害之師氣益折及吳少誠死李絳奏蔡無四鄰援攻討勢易不如赦承宗專事淮西帝不聽昭義節度使盧從史恃承宗外自固內實與之太常卿權德輿諫曰神策兵市井屠販不更戰陣恐因勞憚遠潰爲盜賊恒冀騎壯兵多攻之必引時月西戎乘間則禁衞不可頓虛山東疥癬也京師心腹也不可不深念且師出半年費緡錢五百萬方夏盛暑水潦疾疫且降誠慮有潰橈之變又言山東諸侯皆以息自副人心不遠誰肯爲陛下盡力者又盧從史倚寇爲援訹承璀邀寵利宜召行營善將令倍驛馳度至半道授以澤潞而徙從史它鎭破其姦圖然後赦承宗衆情必服帝未許五年河東軍拔其一屯張茂昭破之木刀溝帝患從史詐卒以計縛送京師劉濟又拔安平承宗懼遣其屬崔遂上書謝罪且言往年納地迫三軍不得專而爲盧從史賣以求利願請吏入賦得自新是時宿師久無功餉不屬帝憂之而淄青盧龍數表請赦乃詔浣雪盡以故地畀之罷諸道兵昌朝歸京師授右武衞將軍承宗見兵薄境己而罷歸罪從史得不誅自謂計得謷然無顧憚七年軍庫火器鎧殆盡殺守吏百餘人不自安及吳元濟反承宗與李師道上書請宥敎其將尹少卿爲蔡遊說見宰相語不遜武元衡怒叱遣之承宗怨甚與師道謀遣惡少年數十曹伏河陰乘昏射吏吏奔潰因火漕院人趣火所鬬死者十餘輩縣大發民捕盗亡去不獲凡敗錢三十萬緡粟數萬斛未幾張晏等賊宰相元衡京師大索天子爲旰食承宗嘗疏元衡過咎留中至是帝出表示羣臣大議咸請聲其罪伐之詔乃絕承宗朝貢竄其弟承系承迪承榮於遠方以博野樂壽故范陽地命歸劉總而所遣盜處處竊發斷建陵門戟燔獻陵寢宮伏甲欲反洛陽不克承宗數出兵掠鄰鄙田弘正上言承宗宜誅帝使率師壓境承宗擩詔旨兵不卽進卽肆剽滄景易定間人苦之十一年詔削爵以實封賜士平使奉武俊後令河東義武盧龍橫海魏博昭義六節度兵進討大抵數十萬環地數千里以分其勢然營屯離置主約不得一故士觀望獨昭義郗士美薄賊境賊不敢犯始承宗不能叶諸父皆奔京師士則爲神策大將軍聞其叛請占數京兆裴度請用爲邢州刺史使隸昭義以傾趙人有王怡者武俊從子爲承宗守南宮士則招之約歸命謀泄遇害子元伯奔還擢監察御史詔贈怡尚書左僕射明年元濟平承宗大恐使牙將石泓奉二子至魏博因田弘正求入侍且請歸德棣二州入租賦待天子署吏弘正遣知感知信詣闕下請命前此帝使尚書右丞崔從賜詔書許自新承宗素服待罪及是乃詔復官爵以華州刺史鄭權爲橫海節度使統德棣滄景等州復承宗實封戶三百以所部飢賜帛萬匹李師道平奉法益謹表所領州錄事參軍判司縣主簿令皆丐王官十五年死贈侍中軍中推其弟承元爲留後承元不敢世于鎭詔用爲義成軍節度使事見本傳

王廷湊本回紇阿布思之族隸安東都護府曾祖五哥之爲李寶臣帳下驍果善鬬王武俊養爲子故冒姓王世爲裨將廷湊生駢脅沈鷙少言喜讀鬼谷兵家諸書王承宗時爲兵馬使田弘正至鎭州詔以度支緡錢百萬勞軍不時致廷湊暴其稽以覸衆心衆果怨由是害弘正自稱留後脅監軍表請節又取冀州殺刺史王進岌穆宗怒以弘正子布爲魏博節度使率軍進討仍敕橫海昭義河東義武軍幷力於是大將王位等謀執廷湊不克死者三千餘人會朱克融囚張弘靖以幽州亂乃合從拒王師有詔議攻討先後劒南東川節度使王涯以爲范陽亂非宿謀可先事鎭州又有魏博之怨濟以晉陽滄德犄角而進夫用兵若鬬然先扼喉領今瀛莫易定賊咽喉宜屯重兵俾死生不得相聞間諜不入此萬勝之策帝乃詔義武節度使陳楚閉境督諸軍三道攻而滄德烏重胤最宿將當一面裴度以河東節度使兼幽鎭招撫使屯承天軍重胤知時不可案兵未肯前帝浮於聽受銳克伐更以深冀行營節度使杜叔良代之叔良素結中人入見帝大言曰賊不足破會度逐廷湊兵於會星又入元氏焚壁二十二叔良率諸道兵救深州戰博野大奔失所持節以身免貶歸州刺史叔良者將家子本以附會至靈武節度使坐不職罷復階貴近帥滄景廷湊知其怯故先犯之師由是敗當是時帝賜賚無藝府帑空旣集諸道兵調發火馳民不堪其勞仰度支者大抵兵十五萬有司懼不給置南北供軍院旣薄賊鄙饟道梗棘樵蘇不繼兵番休取芻蒸廷湊乘間奪轉運車六百乘食愈困至所須衣帛未半道諸軍彊取之有司弗能制其縣師深入者不得衣食又監軍宦人悉取精票士自隨疲瑣者備行陣戰輒潰二賊衆不過萬餘王師統制不一訖無功宰相不知兵爲異議搖詠裁報垂戾深州圍益急明年魏牙將史憲誠叛田布衆潰于南宮帝不得已乃赦廷湊檢校右散騎常侍成德軍節度使會牛元翼出奔廷湊遂取深州詔兵部侍郎韓愈慰其軍廷湊旣原則稍挻與克融憲誠深相結爲輔車援滄州李全略死子同捷求襲文宗不許更授兗海節度使同捷逆命乃以珍幣子女厚結廷湊帝虞其變故授檢校司徒及幽魏徐兗兵討同捷廷湊撓魏北鄙以牽制之而饋滄景鹺糧四鄰道使者不遣帝怒詔絕其輸貢於是易定柳公濟戰新樂斬首三千級昭義劉從諫戰臨城敗之引漳注深冀有詔同捷亂廷湊同惡宜削官爵諸道以兵進討有能斬廷湊者賜錢二萬緡優畀之官以州鎭降者等差爲比公濟再戰行唐皆克焚柵十五廷湊射蠟書求救於幽州行營李載義獲之又納魏叛將丌志沼會同捷平廷湊稍畏表上景州而弓高樂陵長河三縣固守復上書謝帝方厭兵赦之悉復官爵還所上州久之進兼太子太傅太原郡公鎭冀自惟岳以來拒天子命然重鄰好畏法稍屈則祈自新至廷湊資凶悖肆毒甘亂不臣不仁雖夷狄不若也太和八年死贈太尉軍中以元逵請命帝聽襲節度

元逵其次子也識禮法歲時貢獻如職帝悅詔尚絳王悟女壽安公主元逵遣人納聘闕下進千盤食良馬主稚澤奩具奴婢議者嘉其恭其後劉稹叛武宗詔元逵爲北面招討使詔下卽日師引道拔宣務壁破援軍堯山攻邢州降之累遷檢校司徒同中書門下平章事稹平加兼太子太師封太原郡公食實封戶二百進至兼太傅大中八年死年四十三贈太師謚曰忠子紹鼎襲字嗣先累擢檢校尚書左僕射其爲人淫湎自放性暴厚裒歛升樓彈射路人以爲樂衆忿其虐欲逐之會病死贈司空子幼未能事宣宗以元逵次子紹懿爲留後以嗣俄爲節度使累封太原縣伯加檢校司空政簡易

咸通七年死，贈司空以紹鼎子景崇嗣初紹懿病篤召景崇曰先君以政屬我須爾長將授之今疾甚爾雖少勉總軍務禮藩鄰奉朝廷則家業不墜矣監軍上狀懿宗悅擢景崇爲留後尋進節度使景崇字孟安以公主嫡孫尤被寵龐勛反景崇遣兵會王師平賊進檢校尚書右僕射主薨諡曰章惠景崇居喪如禮母張卒號慕羸毀當時稱之以政委賓佐檢戒親屬不得與嘗欲引母昆弟爲牙將其佐張位曰軍中用人有勞有能若私其人厚畀田宅祿食可也何必以官景崇謝進同中書門下平章事檢校太尉兼中書令封趙國公乾符五年進王常山黃巢反帝西狩僞使齎詔至景崇斬以徇因發兵馳檄諸道合定州王處存連師西入關問行在貢輸相踵每語及宗廟園陵輒流涕蔚州刺史蘇祐爲沙陀所攻乞師於幽州屯美女谷兵不利祐將出奔會詔徙濮州刺史擁兵之官道于鎮景崇館于靈壽肆其下剽奪景崇殺之嗣節度凡十四年十三遷至檢校太傅中和三年死年三十七贈太傅諡曰忠穆子鎔

鎔年十歲軍中推爲留後授檢校工部尚書李克用楊復光攻黃巢鎔凡再饋粟以濟師僖宗還自蜀獻馬牛戎械萬計於是克用方擊孟方立於邢州鎔歸芻糧邢州平克用遂謀山東屯常山西引輕騎涉滹沱謀軍會大澍平地水出鎔兵奄至克用匿林中以免是時幽州李匡威亦謀取易定分其地王處存方厚事克用克用寵將李存孝已拔邢則略鎔南鄙別將李存信等出井陘會之鎔侵堯山存孝擊敗之遂至深趙鎔求救於匡威存孝方攻臨城等數縣聞匡威屯鄗引師去存信素忌存孝妄曰無擊賊意克用信之存孝飛狐人所謂安敬思者善騎射攻葛從周敗張濬韓建數有奇功至是懼讒挈邢州歸朱全忠并結鎔爲助天子詔出鎮幽魏兵援之景福元年克用假道于鎔以討存孝鎔不答乃與處存連兵侵鎔拔堅固鎮攻新市鎔禽克用將薛萬金匡威以兵三萬救鎔克用自攻常山度滹沱河鎔引騎十萬夜濟磁水襲敗之斬二萬級奪鎧器三百乘克用退壁欒城天子有詔和解三鎮克用還然未得志故復伐鎔匡威以五千騎敗克用于元氏鎔具牛酒會匡威槀城餉金二十萬以謝俄而匡威爲弟匡籌所逐鎔德其助己迎而館之匡威親忌日鎔往弔伏起殺其府屬楊洽及親吏淡從有甲者牽鎔褏匡威曰與我四州可不死鎔許之將鎔入牙城鎮軍譟而鬬左門坎垣出戰會大風雨木拔瓦飛兵相接有屠者墨君和袒而薄賊衆披靡乃挾鎔踰城入既免賞千金與第一區約宥十死匡威走東園兵圍之與從事李抱貞俱死明日鎔以禮斂匡威素服哭諸廷遣使告匡籌匡籌怒移書詰兄所以死狀表天子請討鎔詔止之又詔朱全忠平幽鎮怨克用聞匡威死自率兵傅城下鎔大驚納縑二十萬乃退匡籌攻欒壽武強克用出縛馬鬭敗鎮兵於平山因進攻鎔外壘鎔內失幽州助因乞盟進幣五十萬歸糧二十萬請出兵助討存孝乃得解克用屯欒城存信屯琉璃陂爲邢人夜襲其營存信軍亂不克追克用進薄邢環城爲溝壕欲示久圍者城中兵數出溝壘不可成裨將袁奉韜紿存孝曰君所畏惟王耳王欲溝壕成則西歸公何不聽之存孝兵不出壘成攻益急城中食盡存孝登城哭曰我誤計使我生見王死不恨克用遣家媼招之存孝出泥首言爲存信誣搆克用曰爾與鎔書罵我多矣轘而尸於市光化中全忠討幽州劉仁恭鎔遣兵屯蓨城俄而仁恭敗擊其歸得十八全忠既取邢洺磁又得潞因圖河東使羅紹威諷鎔絕太原共尊全忠鎔猗違全忠不悅會克用將李嗣昭攻洺州全忠自將擊走之得鎔與嗣昭書全忠怒引軍攻鎔次元氏鎔謂其屬曰國危矣奈何周式請見全忠可以口舌罷也許之全忠迎折曰爾公朋附太原今無赦矣卽出書示式曰嗣昭在者宜速遣式曰王公所與和者息人鋒鏑間耳況繼奉天子詔和解能無一番紙墜此路乎太原與趙本無恩嗣昭庸肯入耶公爲唐桓文方以仁義成霸業寧困人於險耶全忠喜把式袂曰吾特戲耳延入帳中議脩好鎔以幣二十萬賂師遣子昭祚質仕全忠府全忠因妻之鎔判官張澤謀曰失火之家不可恃遠救今定密邇與太原親宜使全忠圖之鎔遣式使全忠全忠乃取定州王郜遂奔太原鎔母何有婦德訓鎔嚴至母亡鎔始黷貨財姬侍千人儀服僭上又以房山有西王母祠數游覽妄求長年事踰月不還始廷湊賤微時鄴有道士爲卜得乾之坤曰君將有土及得鎮迎事甚謹復問壽幾何子孫幾何答曰公三十年後當有二王已而廷湊立十三年死蓋庚文也景崇鎔皆王廷湊嘗使至河陽醉寢於路有過其所者視之曰非常人也從者以告廷湊馳及之問其故曰吾見君鼻之息左若龍右若虎子孫當王百年家有大樹覆及堂公與矣及害弘正而樹適庇寢自廷湊訖鎔凡百年

贊曰朱滔王武俊南面稱王地聯交晛及泚僭天子滔將應之當時危矣賈林以一語寤武俊輒兵相仇折幽薊之銳泚失其朋不出孤城終底覆夷用林之功賞不及身德宗爲不明哉

唐書卷二百十一考證

李寶臣傳使將驍騎十八人劫太原尹○舊書作八千人

唐書卷二百十二

宋　端　明　殿　學　士　宋　祁　撰

列傳第一百三十七

藩鎮盧龍

李懷仙柳城胡也世事契丹守營州善騎射智數敏給祿山之反以爲裨將史思明盜河南留次子朝清守幽州以阿史那玉高如震輔之朝義殺立移檄誅朝清二將亂朝義以懷仙爲幽州節度使督兵馳入如震欲拒不及計乃出迎懷仙外示寬以安士居三日大會斬如震州部悉平朝義敗將趨范陽中人駱奉先間遣鐫說懷仙遂降使其將李抱忠以兵三千戍范陽朝義至抱忠閉關不內乃縊死斬其首因奉先以獻僕固懷恩卽表懷仙爲幽州盧龍軍節度使遷檢校兵部尚書王武威郡屬懷恩反邊羌挐戰不解朝廷方勤西師故懷仙與田承嗣薛嵩張忠志等得招還散亡治城邑甲兵自署文武將吏私貢賦天子不能制大曆三年麾下朱希彩朱泚泚弟滔謀殺懷仙斬關者以入希彩不至邀明泚懼欲亡滔曰謀不成有死逃將焉往俄希彩至共斬懷仙族其家希彩自稱留後張忠志以兵討其亂不克代宗因赦罪詔宰相王縉爲節度使以希彩副之希彩聞縉至蒐卒伍大陳戎備以逆縉建旌棨徐驅希彩迎謁恭甚縉度不可制勞軍閱旬乃還希彩卽領節度五年封高密郡王驁恣不軌人不堪七年其下李瑗間衆之怨殺之共推朱泚爲留後泚自有傳

朱滔性變詐多端倪希彩以同宗倚愛之使主帳下親兵泚領節度遣滔將兵三千爲天子西乘塞爲諸軍倡始安史後山東雖外臣順實傲肆不廷至泚首效欵帝嘉之召見滔殿中帝問曰卿材孰與泚多滔曰統御士衆方略明辨臣不及泚臣年二十八獲謁天子泚長臣五年未識朝廷泚不及臣帝愈喜特詔勒兵貫王城而出屯涇州置酒開遠門餞之戍還乃謀奪泚兵詭說曰天下諸侯未有朝者先至可以得天子意子孫安矣泚信之因入朝稍不相平泚遂乞留西討吐蕃以滔權知留後兼御史大夫滔殺有功者李瑗等二十餘人威振軍中李惟岳拒命滔與成德張孝忠再破之束鹿取深州進檢校司徒遂領節度賜德棣二州德宗以康日知爲深趙二州團練使詔滔還鎮滔失深州不平又請恒定七州所賦供軍復不許愈怨時馬燧圍田悅悅窮間滔與王武俊同叛滔姑子劉怦爲涿州刺史以書諫曰司徒身節制太尉位宰相恩遇極矣今昌平有太尉鄉司徒里不朽業也能以忠順自將則無不濟比忘上樂戰不顧成敗如安史者今復何有司徒圖之無貽悔滔不從連兵救悅又懼張孝忠之襲使怦壁險而軍滔激其衆曰士蹀血鬬既下堅城朝廷乃見奪奏賞不報君等疾趨破馬燧軍以取貲糧可乎軍中不應三號之乃曰幽人死於南者骸撑不揜痛藏心髓奈何復欲暴骨中野乎司徒兄弟受國寵士各蒙官賞願安之不䘏其它滔罷潛殺不可共亂者數十人日知發其謀於燧天子聞以悅未下重起兩寇卽封滔通義郡王實戶三百滔愈悖分兵與武俊屯趙州脅日知矯詔發其糧貯卽引兵救悅次束鹿軍大譟曰天子令司徒北還而南救魏寧有詔邪滔懼走匿傳舍裨將蔡雄好諭士曰始天子約取成德所得州縣賜有功者拔深州者燕也本鎮常苦無絲纊冀得深州以佐調率今顧不得又天子以帛賜有功士爲馬燧掠去今引而南非自爲也軍中悔謝復曰雖然司徒南行違詔書莫如還滔回次深州誅首變者二百人衆懼乃率兵南壁寧晉與武俊合帝命馬燧李懷光擊之滔屬鄭雲逵田景仙皆奔燧已而滔破懷光軍則與王師屯魏橋久不戰悅德滔援欲尊而臣之滔讓武俊曰篋山之勝王大夫力也於是滔武俊官屬共議古有列國連衡共抗秦今公等在此李大夫在鄆請如七國竝建號用天子正朔且師在外其動無名豈長爲叛臣士何所歸宜擇日定約順人心不如盟者共伐之滔等從之滔以祿山思明皆起燕俄覆滅惡其名以冀堯所都因號冀武俊號趙悅號魏納號齊建中三年冬十月庚申爲壇魏西祀天各僭爲王與武俊等三讓乃就位滔爲盟主稱孤武俊悅及納稱寡人是日三叛軍上有雲氣頗異燧望笑曰是雲無知乃爲賊瑞邪先是其地土忽高三丈魏人韋稔佞悅以爲益土之兆後二年滔等冊遺正值其所滔改幽州爲范陽府

以子爲府留後稱元帥用親信爲留守滔等居室皆曰殿妻曰妃子爲國公下皆稱臣謂殿下上書曰牋所下曰令置左右內史視丞相內史令監視侍中中書令東西侍郎視門下中書東曹給事西曹舍人視給事中中書舍人司議大夫視諫議大夫六官省視尚書東西曹僕射視左右僕射御史臺曰執憲置大夫至監察御史騶使要藉官曰承令左右將軍曰虎牙豹略軍使曰鷹揚龍驤以劉怦爲范陽府留守柳良器李子千爲左右內史滔兄瓊瑰陸慶爲東西曹僕射楊齊馬寔寇瞻楊榮國爲司文司武司禮司刑侍郎李士眞樊播爲執憲大夫中丞其餘以次補署聘處士張遂王道爲司諫燧遣李晟將兵至易定率張茂昭攻涿莫以絕滔援明年圍淸苑滔將鄭景濟固守滔使馬寔將兵萬人與武俊拒燧自以兵萬餘救淸苑絕晟糧道兵至定州晟不知夜引兵還滔疑有伏不敢逼遽保瀛州而孝忠晟合兵千人城萊水滔驍將烏薩戒以兵七百襲殺城卒數百晟不出景濟望滔軍立幟爲應滔進軍薄晟營晟戰不利城中兵亦出晟大敗奔易州茂昭走滿城滔已破晟則回屯河間不進武俊使宋端趣讓滔怒曰孤亟戰且病就醫藥而王已復云云孤南救魏棄兄背君如脫屣王必相疑亦聽所爲端還武俊謂寔曰寡人望王速來指蹤決勝負復何惡王異日并天下寡人得六七城爲節度足矣寔遣具道所以然武俊亦遣使謝滔滔悅亦報謝然武俊內銜之滋不懌與田悅潛謀絕滔及泚反燧等皆班師武俊寔亦還悅武俊遣使至河間賀泚卽位武俊詭請寔共攻康日知於趙州謀覆其軍不克寔歸武俊餞之厚贈遺泚遣人密召滔使趨洛陽滔發書西向再拜移檄諸道曰今發突騎四十萬走洛陽與皇帝會上陽宮使王郅說悅連和俱西滔素彊調斂武俊等不能堪又令各以兵五千從攻洛欲僭稱帝乘輿法從及赦令皆具初回紇以女妻奚王大歷末奚亂殺王女逃歸道平盧滔以錦繡張道待其至請爲婚女悅許焉既而遣使修婿禮於回紇回紇喜報以名馬重寶及僭相王與武俊悅納四金鑰於回紇曰四國願聽命於可汗謹上金鑰啓閉出納唯所命至是乞師爲回紇以二千騎從而武俊亦先乞師以斷懷光餉路未至而王師還回紇過幽州滔使說其酋達干曰若能同度河而南玉帛子女不貲計可得也達干許諾滔啗以金帛約曰五十里舍以須悅軍滔兵五萬車千乘騎二萬士私屬萬餘虜兵三千馬橐它倍之過武俊境武俊勞之牛酒芻米皆具然悅已用武俊謀不肯出儲峙千野以待滔至貝州悅刺史邢曹俊上謁滔卽歸閉城守滔疑之次永濟武俊陰遣客反間滔曰悅有憾須公南以兵斷公歸路宜少備滔聞怒入永濟執悅吏掠訊不得其情殺之使回紇大掠南及澶衞係執老幼無遺者悅大恐闔城自保滔遣將楊布略定館陶屯平恩置官吏滔整軍北還使馬寔屯冠氏聞悅死遂攻魏州圍貝州於是武俊李抱眞合軍擊滔滔急召寔至貝州步馬乏頓明日輒約戰寔請休士三日蔡雄達干等畏武俊堅壁難圍請戰楊布曰大王將取東都逢小敵卽怯何以長驅天下邪衞士尹少伯亦言必勝既戰爲二軍所乘大敗大將朱良祐李進皆被執委仗如丘滔奔入德州恨少伯雄布之謬殺之俄而京師平滔已敗不能軍走還幽州上書待罪有詔武俊抱眞開示大信若誠心審固者當洗釁錄勳與更始初滔以劉怦忠力使留守及敗疑圖己彷徨不敢入怦聞其至蒐兵繕鎧夾道陳二十里迎謁望滔哭滔遂入府氣沮索日邑邑被病政事一委怦貞元元年死年四十二贈司徒

劉怦幽州昌平人少爲范陽裨將以親老疾宜侍輒去職李懷仙爲節度使檄召不應朱滔時積功至雄武軍使廣墾田節用度以辦治稱稍遷涿州刺史滔之討田承嗣表知府事和裕得衆心李寶臣以兵劫滔于瓦橋滔走寶臣乘勝欲襲幽州怦設方略勒兵完守寶臣不敢謀擢御史中丞滔敗歸終不貳益治兵人嘉怦忠於所奉及滔死軍中盡推怦乃總軍事俄詔爲節度副大使彭城郡公居鎭纔三月死年五十九贈兵部尚書謚曰恭子濟

濟字濟游學京師第進士歷莫州刺史怦病詔濟假州事及怦卒嗣節度累遷檢校尚書右僕射同中書門下平章事奚數侵邊濟擊走之窮追千餘里至靑都山斬首二萬級其後又掠檀薊北鄙濟率軍會室韋破之王承宗叛濟合諸將曰天子知我怨趙必命我伐之趙且大備我奈何裨將譚忠欲激濟伐承宗疾言曰天子不使我伐趙趙亦不備燕濟怒繫之使視趙果不設備數日詔書許濟無出師濟釋忠謝而問之忠曰昭義盧從史外親燕內實忌之外絕趙內實與之此爲趙畫曰燕倚趙自固雖甚怨必不殘趙故不足虞也趙既不備燕從史則告天子曰燕趙宿怨也今趙見伐而不備燕是燕反與趙此所以知天子不使君伐趙趙亦不備燕濟曰計安出曰今天子誅承宗而燕無一卒濟易水者正使諮人賣恩於趙販忠於上是君貯忠誼心而染私趙之名卒不見德於趙惡聲徒嘈嘈於天下濟然之以兵七萬先諸軍斬首數千級又拔饒陽屯瀛州進攻安平久不拔濟命次子總以兵八千先登日中拔其城會赦承宗進中書令濟之出以長子緄攝留務總爲行營都知兵馬使濟病甚總與左右張玘成國寶及帳內親近謀殺濟乃使人詐從京師來曰朝廷以公前屯瀛州逗留詔副大使代節度明日復使人曰詔節至太原矣又使人走呼曰過代矣舉軍驚濟憤且怒不知所爲誅主兵大將數十人及素與緄厚善者亟追緄以玘兄皐代留事濟自朝至中昃不食渴索飮總槩使吏唐弘實寘毒濟飮而死年五十四緄至涿州總矯濟命殺之乃發喪贈太師謚曰莊武

總性陰賊尤險譎已毒父卽領軍政朝廷不知其姦故詔嗣節度封楚國公進累檢校司空承宗再拒命總遣兵取武彊按軍兩端以私饋賚憲宗知之外示崇寵進同中書門下平章事及吳元濟李師道平承宗憂死田弘正入鎭州總失支助大恐謀自安又數見父兄爲祟乃衣食浮屠數百人晝夜祈禳而總憩祠場則暫安或居臥內輒驚不能寐晚年益慘悸請剔髮衣浮屠服欲祓除之譚忠復說總曰天地之數合必離離必合河北與天下離六十年數窮必合往朱泚希烈自立趙冀齊魏稱王郡國弄兵抵目相視可謂危矣然卒於無事元和以來劉闢李錡田季安盧從史齊蔡之彊或首于都市或身爲逐客皆君目見今兵驟髮北來趙人已獻德棣十二城助魏破齊唯燕無一日勞後世得無事乎爲君憂之總泣且謝因上疏願奉朝請且欲割所治爲三以幽涿營爲一府請張弘靖治之瀛莫爲一府盧士玫治之平薊嬀檀爲一府薛平治之盡籍宿將薦諸朝會穆宗沖逸宰相崔植杜元穎無遠謀欲寵弘靖重其權故全付總地唯分瀛莫置觀察使拜總檢校司徒兼侍中天平節度使又賜浮屠服號大覺榜其第爲佛祠遣使者以節印偕來時總已自髡祝讓節印遂衣浮屠服行及定州卒始總請代獻馬萬五千匹羣臣或疑其詐帝獨納之使給事中薛存慶宣慰給所部復一歲緡錢百萬勞軍高年惸獨不能自存者官吏就問賜粟帛總遂與忠俱行軍中世懷其惠擁留不得進總殺首謀者十人以節付張皐夜間道去遲明軍中乃知詔贈太尉子礎及弟約至長安者十一人皆擢州刺史忠護總喪至亦卒忠絳人喜兵善謀事蓋健男子云

朱克融滔孫也以偏校事劉總總將入朝慮後有變籍其軍材勇與黠暴不制者悉薦之朝冀厚與爵位使北方歆豔無甘亂心克融在遣方是時執政非其人既見總納地謂天下曠然無復事克融等留京師久之不得調數詣宰相求自試皆不聽羸色敗服饑寒無所貸丐內怨忿會張弘靖赴鎭因悉遣還俄幽州亂囚弘靖時克融父洄號有智謀以疾廢臥家衆往請爲帥洄辭老且病因推克融領軍務詔以劉悟爲節度使馳往俄而瀛冀皆附克融悟不得入克融縱兵掠易州敗兩縣寇蔚州易州刺史柳公濟戰白石嶺斬三千級轉寇定州節度使陳楚破其兵二萬會鎭州又殺田弘正議者謂二賊均逆而克融全弘靖不敢害可悉兵先誅趙赦燕朝廷度幽薊未可復取乃拜克融檢校左散騎常侍爲幽州盧龍節度使長慶元年也明年陷弓高攻下博與王廷湊共圍深州裴度以檄譙諭克融乃還因進檢校工部尚書表獻馬萬匹羊十萬請直賞軍敬宗初遷檢校司空賜邊屯時服克融以帛疏惡囚詔使楊文端以聞又上言聞陛下東幸雒願率匠丁五千助營宮室迎乘輿且請帛三十萬備一歲費帝怒用裴度謀忍不問以好言荅之屆其謀進爵吳興郡王是年軍亂殺克融及其子延齡詔贈司徒次子延嗣立領留後爲大將李載義殺而代之并族其家

李載義自稱恒山愍王之後性矜蕩好與豪傑游力挽彊搏鬭劉濟在幽州高其能引補帳下從征伐積多爲牙中兵馬使朱克融死子延嗣叛命殘用其人載義因衆不忍殺之暴其罪于朝敬宗卽授檢校戶部尚書盧龍軍節度使封武威郡王初張弘靖之囚幕府多見害妻子留不遣及是載義悉護送京師雖僮廝畢行俄而李同捷據滄景邀襲封載義請討賊自效文宗嘉之進檢校尚書右僕射斬級數有功賊平詔同中書門下平章事賜白玉帶示殊禮大和四年爲兵馬使楊志誠所逐奔易州卽上言自破滄州賊屢請朝不許今願將妻子身入見帝令使者抵太原尉迎賜袍笏裝器又以其嘗有功且意恭順乃冊拜太保仍平章事俄爲山南西道節度使從河東始回鶻使者歲入朝所過暴慢吏不敢何禁但嚴兵自守虜恒習益驁悍至鞭候人剽突市區時大酋李暢者曉華人語尤凶黠既就館橫須索抶痡鄭人載義召暢語曰可汗以舅甥故使將軍朝貢誼不容將軍暴也天子厚賚餼以禮客有不謹吏皆論死若將軍所部不戢而敓攘自如我必殺所犯者將軍其

少戒因悉罷所防兵以兩卒護闔暢嚴憚之訖無犯者進兼侍中會吏下請立碑紀功詔李程爲之辭未有字帝詔曰周書凡厥正人既富方穀卿宜當之以方穀爲字其寵待如此開成三年卒年五十贈太尉初載義母葬范陽爲楊志誠掘發後志誠被逐道太原載義奏請剔其心償母怨不許又欲殺之官屬苦救乃免然盡戕其妻息士卒其天資驕暴云帝屈法弗劾也

志誠者事載義爲牙將載義宴天子使者鞠場志誠與其黨譟而起載義走因自爲都知兵馬使文宗更以嘉王領節度用志誠爲留後俄檢校工部尚書擢節度副大使踰年進檢校吏部詔下邸吏白宰相曰軍中不識朝廷儀惟知尚書改僕射爲進秩今一府盛服以待天子命如復爲尚書則舉軍慙使者勢不得出既志誠果怨望軍有嫚言因中人魏寶義及它使焦奉鸞尹士恭而遣部將王文穎入謝讓還所命帝復賜之文穎不肯受輒去帝忍不責乃遣使進檢校尚書右僕射八年爲下所逐推部將史元忠總留後志誠在鎮密製天子衮冕其被服皆擬乘輿元忠表而暴于朝詔御史按治斥嶺南至商州誅之而以通王領節度授元忠留後明年檢校工部尚書爲副大使會昌初爲偏將陳行泰所殺行泰邀節制未報次將張絳殺行泰起求帥軍武宗自用張仲武代之

張仲武范陽人通左氏春秋會昌初爲雄武軍使行泰殺元忠宰相李德裕計河朔請帥皆報下太速故軍得以安若少須下且有變帝許之未報果爲絳所殺復誘其軍以請亦置未報是時回鶻爲黠戛斯所破烏介可汗託天德塞上而仲武遣其屬吳仲舒入朝請以本軍擊回鶻德裕因問北方事仲舒曰行泰絳皆遊客人心不附仲武舊將張光朝子年五十餘通書習戎事性忠義願歸欸朝廷舊矣德裕曰即以爲帥軍得無復亂乎答曰仲武得士心受命必有逐絳者德裕入白帝曰行泰等邀節不可許仲武求自效用之有名軍且無辭乃擢兵馬留後而詔撫王領節度詔下絳果爲軍中所逐即拜仲武副大使檢校工部尚書蘭陵郡公會回鶻特勒那頡啜擁赤心部七千帳逼漁陽仲武使其弟仲至與別將游奉寰等率銳兵三萬破之獲馬牛橐它旗纛不勝計遣吏獻狀進檢校兵部尚書始回鶻常有酋長監奚契丹以督歲貢因詷刺中國仲武使裨將石公緒等厚結二部執諜者八百餘人殺之回鶻欲入五原掠保塞雜虜乃先以宣門將軍四十七人詭好結歡仲武略其下盡得所謀因逗留不遣使失師期回鶻人馬多病死者由是不敢犯五原塞烏介失勢往依康居盡徙餘種寄黑車子部回鶻遂衰名王貴種相繼降捕幾千人仲武表請立石以紀聖功帝詔德裕爲銘揭碑盧龍以告後世大中初又破奚北部及山奚俘獲雜畜不貲擢累檢校司徒同中書門下平章事卒謚曰莊

子直方以右金吾將軍襲節度留後俄進副大使舉動多不法畏下變起乃託出畋奔京師軍中以張允伸總後務直方至宣宗遣使者勞授金吾大將軍以其族大給檢校工部尚書俾入之進檢校尚書右僕射性暴率坐以小罪笞殺金吾史改右羽林統軍好馳獵往往設罝罘於道當宿衛不時入下遷驍衛將軍奴婢細過輒殺積其罪貶思州司戶參軍母驚曰尚有尊於我子邪久乃復授羽林統軍從部下爲盜復貶康州司馬後居東都弋獵愈甚洛陽飛鳥皆識之見必羣噪乾符中累進左驍衛大將軍時鄭畋輔政顧言仲武會昌時功第一今直方百口不自存每內燕以衣敝惡辭不赴陛下錄功念舊宜少優假詔還檢校右僕射進左金吾衞大將軍黃巢犯京師直方迎灞上既而納亡命謀劫巢報天子公卿多依之賊覺屠其族

張允伸字逢昌范陽人世爲軍校直方出奔以都知兵馬使爲衆立爲留後天子報可未幾檢校散騎常侍爲節度使累進檢校司徒兼太傅同中書門下平章事封燕國公龐勛以徐州反上書欲遣弟允皐領兵討賊不許上米五十萬斛鹽二萬斛佐用度詔嘉美賜玉帶寶器紈錦進兼侍中咸通十二年以疾甚上節印就醫藥詔聽許以子簡會爲副大使卒年八十八贈太尉謚曰忠烈允伸性勤儉下所安賴未嘗有邊鄙虞子十四人簡會入朝昆弟多至大將軍刺史郡佐者而軍中推張公素爲留後

公素范陽人以列將事允伸擢累平州刺史允伸卒以兵來會喪軍士素附其威望簡會知不可制即出奔詔公素爲節度使進同中書門下平章事性暴厲眸子多白燕人號白眼相公爲李茂勳所襲奔京師貶復州司戶參軍

李茂勳本回鶻阿布思之裔張仲武時與其侯王皆降資沉勇善馳射仲武器之任以將兵常乘邊積功賜姓及名陳貢言者燕健將爲納降軍使軍中素信服茂勳襲殺之因舉兵紿稱貢言反公素迎擊不利走茂勳入府衆始悟因推主州務以聞詔即拜節度使俄以病自上詔進尚書右僕射致仕表子可舉代遂領留後進爲節度使擢累檢校太尉中和末太原李克用始彊大與定州王處存厚相結可舉惡其窺山東爲己患乃遣使約吐渾都督赫連鐸鎮州王鎔聯和揚言易定本燕趙屬得其地且參有之即遣軍司馬韓玄紹擊沙陀藥兒嶺斬首七千級殺其將朱耶盡忠等收牛馬器鎧數萬又戰雄武軍殺獲萬人鐸又破沙陀於蔚州詔以鐸爲雲州刺史進可舉檢校侍中乃遣票將李全忠率衆六萬圍易州鎔以兵攻無極處存求援太原克用自將赴之鎮人懼退保新城克用急攻之鎔引去追破之九門易人未下盧龍將劉仁恭穴地以入得其城士卒有驕色處存以輕兵三千蒙羊皮夜布之野以精騎伏它道全忠軍望爲羣羊爭趨之處存伏騎發大敗之復取易州全忠遁還盡失芻糧仗鎧懼得罪乃裒餘衆反攻幽州可舉度不支引其族登樓自燔死

李全忠范陽人仕爲棣州司馬有蘆生其室一尺三節怪之以問別駕張建建曰蘆茅類生於澤公茅土兆也傳節者其三世乎罷歸事可舉爲牙將可舉死衆推爲留後光啓元年拜節度使未幾卒子匡威嗣領留後進爲使性豪爽恃燕薊勁兵處嶄然有雄天下意與赫連鐸共攻太原爭雲代李克用使安金俊攻鐸匡威救鐸戰蔚州射金俊殺之乃共表請討沙陀而朱全忠亦上言願協力故張濬因請用兵矣濬敗克用攻雲州以騎將薛阿檀爲前鋒設伏河上鐸以精騎追阿檀抵河而伏起乃大敗禽其將賈塞兒遂圍雲州塹而守分兵出井陘屯常山大掠深趙匡威以步騎萬餘援王鎔克用還因急攻鐸會食盡鐸棄州奔匡威克用取雲州表石善友爲刺史鐸本吐谷渾部酋也開成中其父率種人三千帳自歸守雲州十五年至是失其地景福初鎔誘太原將李存孝降之克用怒伐鎔鎔來求救匡威遣將赴之克用去明年兵復出井陘匡威自將援鎔將行置酒大會其弟兵馬留後檢校司徒匡籌妻張國豔匡威酒酣報之弟怒匡威軍次博野乃據城自爲留後天子即授檢校太保爲節度使匡威麾下多去屏營無所歸留深州遣其屬李抱貞上書願入朝時京師數寇難人人危懼傳言金頭王且來皆亡竄山谷抱貞還而鎔已迎館于鎮匡威引抱貞登城西大悲浮屠顧望流涕美其山川乃共圖鎔陽爲鎔繕甲治城塹施授方略陰施子以傾士心鎮軍忠於王氏皆惡之匡威親忌日鎔過慰匡威士裹甲劫鎔入牙城戰不勝鎮人斬匡威以徇匡籌表訴諸朝數暴鎔罪攻欒壽武彊以報始匡籌之奪也燕人不以爲義劉仁恭出奔太原克用倚其謀下武嬀二州敗匡籌於居庸關李存審與戰匡籌又敗挈其族奔京師次景城滄州節度使盧彥威殺之掠入其馬僮奴妻方乳不能進仁恭獲之納于克用爲嬖夫人始匡威見逐嘆曰兄失弟得皆吾之宗無所悔然其材恐不足以守果亡而幽州地歸克用以仁恭爲帥

劉仁恭深州人父晟客范陽爲李可舉新興鎮將故仁恭事軍中從李全忠攻易州號窟頭稍遷裨校爲人豪縱多智數有大志嘗自言夢大幡出指端年四十九當秉旄節李匡威惡之補景城令會瀛州亂殺守吏仁恭募士千人定其亂匡威復使將兵戍蔚州踰期未代士皆怨會匡籌奪地故戍卒擁仁恭趨幽州匡籌逆戰敗之遂以族奔太原李克用待之甚厚賜田宅拜壽陽鎮將數以策干克用請步騎一萬東取幽州且爲導克用攻匡籌匡籌遁去仁恭與符存審入城封府庫以待克用悅留仁恭守之以親信分典其兵乾寧二年克用擊王行瑜表仁恭爲檢校司空盧龍軍節度使明年克用攻魏州召盧龍兵仁恭以契丹解又明年克用復與其兵救朱瑄仁恭不答使者數十往卒不出克用以書讓之仁恭乃慢罵執其使盡四太原士之在燕者復以厚利誘克用麾下士多亡歸之克用怒自將往擊不勝師喪過半仁恭獻馘於朱全忠全忠表同中書門下平章事既與克用絕則益募兵光化初使其子守文襲滄州節度使盧彥威棄城走遂有滄景德三州地用守文爲節度留後請命于朝昭宗怒不與會中人至仁恭嫚謂曰旄節吾自可爲要假長安本色耳何見拒邪由是兵益張顧圖河北悉幽滄步騎十萬聲言三十萬南徇魏鎮次貝州屠之清水爲不流羅紹威求救於朱全忠全忠使李思安葛從周赴之屯內黃仁恭負彊下令曰思安懦當先破之乃取魏守文與單可及精甲五萬循清水上思安設伏自引兵逆戰僞不勝守文躡北至內黃思安整兵還擊守文伏發斬可及獨守文挺逸衆無還者從周與邢洛兵與魏將賀德倫等出館陶門夜擊仁恭破八屯仁恭走自魏抵長河數百里尸蔽道鎮人邀敗之東境仁恭遂衰三年葛從周攻滄州仁恭壁乾寧從周潛軍戰老鵶隄仁恭敗退壁瓦橋卑辭歸窮於克用求救克用爲侵邢洛俄而全忠取瀛莫克用使周德威出飛狐天祐三年全忠自將攻滄州壁長蘆仁恭悉發男子十五以上爲兵涅其面曰定霸都士人則涅于

臂曰一心事主盧龍閭里爲空得衆二十萬屯瓦橋全忠環滄築而溝之內外援絕人相食仁恭求戰不許復從克用乞師使百輩往乃許仁恭以兵三萬合攻潞州降全忠將丁會滄州圍乃解是時中原方多故仁恭得倚燕彊且遠無所憚意自滿從方士王若訥學長年築館大安山掠子女充之又招浮屠與講法以堇土爲錢斂眞錢穴山藏之殺匠滅口禁南方茶自擷山爲茶號山曰大恩以邀利子守光烝嬖妾事覺仁恭謫之李思安來攻屯石子河仁恭居大安山城中無備守光引兵出戰思安去因回攻大安虜仁恭囚別室殺左右婢媵遂有盧龍

贊曰朱滔脅其兄泚入朝及引兵東嚮稱帝以自尊名雖助泚志可知矣至克融再得幽州朱氏無遺種其禍與泚鈞而族夷有先後爲間也

唐書卷二百十二考證

朱滔傳年四十二〇舊書作四十沈炳震曰按滔大歷八年來云年二十八至貞元元年正爲四十新書誤

唐書卷二百十三

宋　端　明　殿　學　士　宋　祁　撰

列傳第一百三十八

藩鎮淄青橫海

李正己高麗人爲營州副將從侯希逸入青州希逸母即其姑故薦爲折衝都尉寶應中以軍候從討史朝義時回紇恃功橫諸軍莫敢抗正己欲以氣折之與大酋角逐衆士皆嚮立觀約曰後者批之旣逐而先正己批其頰回紇矢液流離衆軍哄然笑酋大慙自是沮憚不敢暴希逸以爲兵馬使沈毅得衆心然陰忌之因事解其職軍中皆言不當廢尋逐希逸出之有詔代爲節度使本名懷玉至是賜今名遂有淄青齊海登萊沂密德棣十州與田承嗣薛嵩李寶臣梁崇義輔牙相倚薦死李靈曜反諸道攻之共披其地正己復取曹濮徐兗鄆凡十有五州市渤海名馬歲不絕賦繇均約號最彊大政令嚴酷在所不敢偶語威震鄰境歷檢校司空加同中書門下平章事以司徒兼太子太保封饒陽郡王請附屬籍許之因徙治鄆以子納及腹心將守諸州建中初聞城汴州乃約田悅梁崇義李惟岳偕叛自屯濮陰陳兵按習益師徐州以扼江淮天子於是改運道懈天下兵爲守備河南騷然會發疽死年四十九興元初納順命詔贈太尉

納少時爲奉禮郎將兵防秋代宗召見擢殿中丞賜金紫入朝擢兼侍御史正己署爲淄青二州刺史又爲行軍司馬濮徐兗沂海留後進御史大夫正己死秘喪不發以兵會田悅于濮陽馬燧方擊悅納使大將衞俊救之爲燧所破略盡收洹水德宗詔諸軍合討其從父洧以徐州歸大將李士眞以德州李長卿以棣州送款納恚洧背己且徐險悉集兵攻洧帝命宣武劉玄佐督諸軍進援大破其兵納還濮陽玄佐進圍之殘其郛納登陴見玄佐泣且悔遣判官房說與子弟質京師因玄佐謝罪時中人宋鳳朝以納窮欲立功建不可赦帝乃械說等禁中納於是還鄆與悅李希烈朱滔王武俊連和自稱齊王置百官興元初帝下詔罪己納復歸命授檢校工部尚書復平盧節度賜鐵券又同中書門下平章事封隴西郡王希烈圍陳州納會諸軍破之城下加檢校司空實封五百戶進檢校司徒死年三十四贈太傅子師古師道

師古以蔭累署青州刺史納死軍中請嗣帥詔起爲右金吾衞大將軍本軍節度使初棣州有蛤蜂鹽池歲產鹽數十萬斛李長卿以州入朱滔獨蛤蜂爲納所據以專利後德棣入王武俊納乃築壘德州南跨河以守蛤蜂謂之三汊通魏博以交田緒盜掠德州武俊患之師古始襲武俊易其弱且納時將無在乃率兵取蛤蜂三汊師古使趙鎬拒戰武俊子士清兵先濟河會營中火起士大譟不敢前德宗遣使者諭武俊罷兵師古亦隳三汊聽命嘗怒其僚獨孤造使奏事京師遣大將王濟縊殺之貞元末與杜佑李欒皆得封妾媵以國爲夫人進同中書門下平章事德宗崩哀使未至義成節度使李元素騰遺詔示之師古幸國喪欲攻掠州縣即集將士告元素僞作遺詔豈欲反耶不可不討執使者名討元素勒兵出次聞順宗立乃罷累加檢校司徒兼侍中元和初卒贈太傅

師道異母弟也師古嘗曰是不更民間疾苦要令知衣食所從乃署知密州師古病召親近高沐李公度等曰即我不諱欲以誰嗣二人未對師古曰豈以人情屬師道邪彼不服戎以技自尚慮覆吾宗公等審計之及死沐公度與家奴立之而請于朝於是制書久不下師道謀衰兵守境沐爭止更上書奉兩稅守鹽法請吏朝廷宰相杜黃裳欲撓削其權而憲宗方誅劉闢未皇東討故命建王審領節度大使而以師道知留後歲中加檢校工部尚書爲副大使自正己以來雖外奉王命而嘯引亡叛有得罪于朝者厚納之以嚴法持下凡所付遣必質其妻子有謀順者類夷其家以故能脅汙士衆傳三世云帝討蔡詔興諸道兵而不及鄆師道選卒二千抵壽春陽言爲王師助實欲援蔡也亡命少年爲師道計曰河陰者江淮委輸河南帝都請燒河陰敖庫募洛壯士劫宮闕即朝廷救腹心疾此解蔡一奇也師道乃遣客燒河陰漕院錢三十萬緡米數萬斛倉百餘區又有說師道曰上雖志討蔡謀皆出宰相而武元衡得君願爲袁盎事後宰相恐懼請罷兵是不用師蔡圍解矣乃使人殺元衡傷裴度初師道置邸東都多買田伊闕陸渾間以舍山棚遣將訾嘉珍門察部分之嵩山浮屠圓靜爲之謀元和十年大饗士邸中椎牛釃酒旣衷甲矣其徒白官發之留守呂元膺以兵掩邸賊突出轉略畿部入山中數月奪山棚所市山棚怒道官軍襲擊盡殺之圓靜者年八十餘嘗爲史思明將驍悍絕倫旣執力士椎其脛不能折罵曰豎子折人脚且不能乃曰健兒因自置其足折之且死歎曰敗吾事不得見洛城流血於時留守防禦將都亭驛吏數十人皆陰受師道署職使爲訶察故無知者及窮治嘉珍察乃害武元衡者鹽鐵使王播又得嘉珍所藏弓材五千并斷建陵戟四十七始師道欲知元濟虛實使劉晏平間道走淮西元濟日與晏平厚結歡晏平歸以爲元濟暴師數萬而晏然居內與妻妾戲博必敗之道師道本倚蔡爲重聞之怒乃以它事殺晏平及聞李光顏拔淩雲柵始大懼遣使歸順帝重分兵支兩寇故命給事中柳公綽慰撫之加檢校司空蔡平又遣比部員外郎張宿諷令割地質子宿謂曰公今歸國爲宗姓以尊卑論之上叔父矣不屈一也以十二州事三百餘州天子北面稱藩不屈二也以五十年壽臣二百年天子不屈三也今反狀已暴上猶許內省宜遣子入宿衞割地以贖罪師道乃納三州遣子弘方入侍宿既還師道中悔召諸將議皆曰蔡數州戰三四年乃克公今十二州何所虞大將崔承度獨進曰公初不示諸將腹心而今委以兵此皆嗜利者朝廷以一槧十餅誘之去矣師道恚遣承度請京師戒候吏待其還斬之承度待命客省不敢還帝以其負約用左散騎常侍李遜諭旨旣至師道嚴兵以見遜讓曰前已約而今背之何也願得要言奏天子師道許之然懦暗不自決私奴婢媼爭言先司徒土地奈何一旦割之今不獻三州不過戰耳即不勝割地未晚師道乃上書以軍不協爲解帝怒下詔削其官詔諸軍進討武寧節度使李愿使將王智興破其衆斬二千級獲馬牛四千略地至平陰橫海節度使鄭權戰福城斬五百級武寧將李祐戰魚臺敗之宣武節度使韓弘拔考城淮南節度使李夷簡命李聽趨海州下沭陽朐山進戍東海魏博節度使田弘正身將兵自陽劉濟河拒鄆四十里而營再接戰破三萬衆禽三千人陳許節度使李光顏攻濮陽收斗門杜莊二屯弘正又戰東阿殘其衆五萬師道每聞敗輒悸成疾及李祐取金鄉左右莫敢白初遣大將劉悟屯陽穀當魏博軍疑其逗留悟懼不免引兵反攻城師道晨起聞之白其嫂裴曰悟兵反將求爲民守墳墓即與弘方匿溷間兵就禽之師道請見悟不許復請送京師悟使謂曰司空今爲囚何面目見天子猶俯仰祈哀弘方曰不若速死乃并斬之傳首京師棄其尸無敢收視者有士英秀爲殯城左馬總至以士禮更葬初師古見劉悟曰後必貴然敗吾家者此人也田弘正之度河也禽其將夏侯澄等四十七人有詔悉赦之給繒絮還隸魏博義成軍父母在欲還者優遣賊皆感慰相告由是悟得行其謀師道首傳弘正營召澄驗之澄舐目中塵號絕良久悟素與師道妻魏亂妄言鄆公徽之裔不死沒入掖廷它宗屬悉遠徙悟獨表師古子明安爲朗州司戶參軍親將王承慶承宗弟也師道以兄女妻之潛約左右欲因肆兵執師道會悟入出奔徐州歸朝

程日華定州安喜人始名華德宗以其有功益曰日華父元皓爲安祿山帳下僞署定州刺史故日華籍本軍爲張孝忠牙將滄故成德部州也孝忠絕李惟岳德宗以滄畀義武前刺史李固烈與惟岳姻屬即牢守孝忠令日華往諭之固烈請還恒州既治裝悉帑以行軍中怒曰馬瘠士饑死刺史不棄豪髮卹吾急今刮地以去吾等何望遂共殺固烈屠其家日華驚匿牀下將士迎出之曰暴吾軍者已死何畏而亡共逼領州孝忠亦以日華寬厚遂假以刺史朱滔叛兵屯河間以故滄定道阻不相聞滔及王武俊皆招日華不納即攻之日華乘城自固參軍事李宇謀曰城久圍府兵不爲援今州十縣瀕海有魚鹽利自給此軍本號橫海將軍能絕易定歸天子自爲一州敎甲訓兵利則出無利則守可亢盜喉襟君能用僕計請至京師爲天子言之日華謂然乃遣宇西帝果大喜拜御史中丞滄州刺史復置橫海軍

即以爲使時建中三年也拜檢校工部尚書詔滄歲餽義武錢十二萬緡糧數萬斛以宇爲判官武俊欲得滄遣人說日華歸已日華紿曰敝邑爲賊攻力屈則下之願假騎二百以抗賊賊退請以地授公武俊喜歸之馬日華留馬謝其使武俊大怒與洺方睦懼有怨乃止久之武俊歸命日華乃還馬以珍幣厚謝復結好武俊亦釋然貞元二年卒贈兵部尚書子懷直擅知留事帝以日華故即拜權知滄州刺史宇入朝願析東光景城二縣置景州且請刺史河朔刺史不廷授幾三十年帝嘉其志以徐申爲景州刺史昇橫海軍爲節度擢懷直爲留後明年爲節度使九年來朝寵遇加等進檢校尚書右僕射賜大第宮女懷直荒田獵出輒數日不返帳下程懷信乘衆怒閉門不納懷信其從昆也於是懷直入朝帝不之罪更以虔王爲節度使擢懷信留後以懷直兼右龍武軍統軍明年懷信爲節度矣十六年懷直卒贈揚州大都督後五年懷信死子權襲領軍務詔授留後元和元年拜節度使累進檢校兵部尚書封邢國公六年入朝憲宗寵禮遣還鎮加檢校尚書右僕射權始名執恭嘗夢滄諸門悉署權字乃改名以應之及淮西平惕不安丐入朝至京師固辭軍政乃詔華州刺史鄭權代之後以檢校司空爲邠寧節度使卒贈司徒宗族奉朝請宿衛者三十餘人

李全略本王氏名日簡事王武俊爲偏裨承宗時虐用其軍故入朝授代州刺史田弘正遇害穆宗以全略故鎮州將召問所欲言全略多陳利害冀合帝意且請盡死力以報遂授德州刺史是時杜叔良兵敗博野故以全略爲橫海軍節度滄德棣州觀察使賜今姓名未幾貢錢千萬使子同捷入朝既還即奏同捷爲滄州長史押中軍兵馬帝不得已可其請全略陰規傳久計選材武以所私結士心棣州刺史王稷善撫衆而家富于財全略內忌以計殺之族其家未幾死同捷領留後事重賂鄰藩求領父節敬宗持久詔不下俄而文宗立同捷以帝新嗣位必大開貸宥四方乃遣弟同志同異入朝而使其屬崔長奉表請命有詔拜兗海節度使以烏重胤代之同捷計窮矯言軍中留己於是王智興請以全軍出討魏博史憲誠令大將傳手詔入子軍同捷不受德棣民多奔入鄆乃下詔削官爵命重胤率鄆齊兵進討憲誠智興及汴滑李聽平盧康志睦易定張璠幽州李載義以兵傅境同捷白以與成德有舊乃傾玉帛子女市河北三鎮驩載義不許絕其交執使者并所遣奴婢四十七獻諸朝王廷湊本鬭橫海欲乘其隙取之引軍來援智興攻棣州火譙門引水灌城凡七月其將張叔連降始刺史欒濛以同捷叛密上變事洩爲所害贈工部尚書智興進圍滄州是時帝絕王廷湊朝貢且討之兵須夥繁調發不時始置供軍糧料使以濟兩河諸將又多張俘首以冒賞自重胥卒後李寰傳良弼不終事更以左金吾衛大將軍李祐代而智興將李君謀以輕兵絕河夜殘無棣降饒安壁五千兵明年祐拔無棣平原有詔行營堅壁務農非破襲勿決戰而祐兵已薄德州帝遣諫議大夫柏耆宣慰祐攻拔德州餘卒奔廷湊同捷益急乞降祐疑其詐耆引兵直入城取同捷及家屬馳西祐入滄州耆至將陵斬同捷使其下傳首京師詔貸四州一年租賦赦同捷母并妻息徙湖南流崔長商州同異等以異母貸死得隨母流所云

唐書卷二百十三考證

李正己子師道命給事中柳公綽慰撫之○臣酉按舊書遣公綽慰撫在蔡平之後新書在未平之前未知孰是

使將王智興破其衆鄭權戰福城斬五百級○臣酉按舊書李愿破賊在十年十二月鄭權破賊在十三年七月新書連類書之似一時事矣

唐書卷二百十四

宋　端　明　殿　學　士　宋　祁　撰

列傳第一百三十九

藩鎮宣武彰義澤潞

劉玄佐滑州匡城人少倜儻不自業爲縣捕盜犯法吏笞辱幾死乃亡命從永平軍稍爲牙將大曆中李靈曜據汴州反玄佐乘其無備襲取宋州有詔以州遂隸其軍節度使李勉即表署刺史德宗建中初進兼御史中丞充宋亳潁節度使時李納叛李洧以徐州歸納急攻之詔玄佐援洧大破納兵斬首萬餘級東南饟漕乃通進圍濮州徇濮陽皆下再降其守將遂通濮陽津還檢校兵部尚書兼曹濮觀察淄青兗鄆招討使汴滑都統副使李希烈之反玄佐與李勉陳少游哥舒曜聯兵屯淮汝數困賊帝在奉天垂意關東乃詔檢校尚書左僕射同中書門下平章事希烈攻陳州玄佐救之希烈走遂進取汴州詔加汴宋節度使陳州諸軍行營都統玄佐本名洽至是賜名以尊寵之入朝復兼涇原四鎮北庭兵馬副元帥檢校司徒性豪縱輕財好厚賞故下益用汴自李忠臣以來士卒驕不能自還至玄佐彌甚其後殺帥長大鈔劫狃于利而然也玄佐貴母尚在賢婦人也常月織絁一端示不忘本數敎敕玄佐盡臣節見縣令走廷中白事退戒曰長吏恐懼卑甚吾思而父吏於縣亦當爾而據案當之可安乎玄佐感悟故待下益加禮汴有相國寺或傳佛軀汗流玄佐自往大施金帛於是將吏商賈奔走輸金錢惟恐後十日玄佐敕止籍所入得巨萬因以贍軍其權譎類若此初李納遣使至汴玄佐盛飾女子進之厚饋遺皆得其陰謀故納最憚之所寵吏張士南及假子樂士朝貲皆巨萬而士朝私玄佐嬖妾懼事覺酖玄佐死年五十八贈太傅謚曰壯武軍中匿喪俟代帝亦爲隱匿三日乃發喪使至帝問所欲立曰陝虢觀察使吳湊可乎監軍孟介行軍盧瑗以爲便乃拜湊爲節度使至氾水玄佐柩將還士請具禮瑗不許衆皆怒陵晨甲而譟起玄佐子士寧於喪使坐重榻墨其衣尊爲留後殺大將曹金岸浚儀令李邁臠之唯瑗介獲免士寧乃出貯財分勞吏士介以聞帝召宰相計議竇參曰汴人挾李納以邀命若不許勢且合不可解遂以士寧爲左金吾衛將軍嗣節度始玄佐養子士幹與士朝皆來京師士幹知玄佐死無狀遣奴持刀紿爲弔入殺士朝於次帝惡其專亦賜士幹死士寧未授詔時私遣人結王武俊劉濟田緒等諸鎮不直之皆執其使而士寧忍暴嘗手殺人桮案間又彊烝父諸妾逼吏民妻女亂之或羸而觀每畋獵數日乃還其下厭苦不服大將李萬榮者故與玄佐同里相善寬厚得士心士寧忌之奪其兵使攝州事嘗引衆二萬畋城南未還萬榮晨入府召所留親兵告曰天子有詔召大夫俾我代節度人賜錢三萬士皆拜於是分兵閉諸門使告士寧曰詔書召大夫宜速去不然事急且傳首以獻士寧知衆不與將五百騎出奔次中牟亡者已半至東都惟僮妾數十人從之既至京師詔就第禁出入萬榮斬其支附數十人以二十萬緡勞軍詔籍士寧家貲給之拜萬榮兵馬留後於是籍驕兵數百人悉遣西防秋當戍者怨之大校韓惟清張彥琳等請往不許使其子迺將未行彥琳等因其怨誘使反攻萬榮不勝劫運財民貲殺掠數千人而潰惟清奔鄭州彥琳走東都自歸有詔宥死竄惡地殘士奔宋州劉逸准撫之萬榮悉誅其妻子以故衆不安或呼於市曰大軍至城且破萬榮捕按之或言爲士寧所教萬榮斬之以狀聞故士寧斥置郴州俄進萬榮節度使會病甚以兵屬鄧惟恭惟恭者與萬榮同里閈而署子迺爲司馬出大將李湛張伾伊婁涗等于外欲殺之不果萬榮死是夜惟恭與監軍俱文珍執迺送京師杖死京兆府以董晉代之

吳少誠幽州潞人以世蔭爲諸王府戶曹參軍事客荊南節度使庾準器之留爲牙門將從入朝道襄陽度梁崇義必叛密畫計將獻天子而李希烈以其事聞有詔嘉美擢封通義郡王崇義反希烈以少誠爲前鋒事平賜實封戶五十希烈叛少誠爲盡力及死推陳仙奇主後務既又殺之衆乃共推少誠德宗因授申蔡光等州節度觀察留後少誠爲治能儉損完軍實自希烈以來申蔡人劫於苛法而忘所歸及耆長既物故則壯者習見暴掠恬於搏鬬地少馬乘騾以戰號騾子軍尤悍銳甲皆畫雷公星文以厭勝詛詈王師其屬鄭常楊冀欲劫少誠逐之以聽命不克常冀被害少誠盡宥諸將以結衆心貞元五年進拜節度使久之曲環卒少誠間陳許無帥以兵攻臨潁戍將韋清與賊通留後上官涗遣兵三千救之悉爲賊俘遂圍許州德宗怒削少誠官爵合十六道兵進討于頔以襄陽兵戰吳房朗山禽其三將王宗以壽州兵破賊於秋柵於時師雖衆無統帥而宦人監軍顓進退互爲異見既戰小溵河諸道師未交而潰棄輜仗不貲帝乃詔夏州節度使韓全義爲淮蔡招討處置使上官涗副之諸將皆受節度與賊吳少陽等戰廣利城師復敗退營五樓爲賊所乘遂大潰全義及監軍賈英秀等夜遯保溵水汴宋徐泗淄青兵走陳州少誠薄溵水而營全義懼退保陳而潞滑河陽河中兵逃歸唯陳許將孟元陽神策將蘇光榮壁溵水全義乃斬潞將夏侯仲宣滑將時昂河陽將權文度河中將郭湘欲以振師不能也少誠引兵還全義之敗少誠得帳中諸公書數百番持以紿衆曰朝廷公卿託全義破蔡日掠將士妻女爲婢媵以激怒其衆絕向順意少誠弱王師移書於英秀求昭雪帝召大臣議宰相賈耽曰五樓軍退而少誠卷甲不追有自新路帝意稍挺少誠

復固巢穴矣，然猶以宦者監諸道軍。劒南韋臯上言以爲不如擇重臣爲統帥，因薦渾瑊賈耽陛下若重煩元老更求其次則臣請以銳士萬人順流趨荆楚可以攘翦元惡不然因其請罪特加原洗罷兩河諸軍亦其次也使少誠禍盈惡周變生帳下必其賊黨又當以官爵與之則一少誠死一少誠生亦何足韶帝遂赦少誠盡還其官爵順宗即位進同中書門下平章事檢校司空徙封濮陽郡王元和四年死贈司徒而吳少陽代之

少陽者滄州清池人與少誠同在魏博軍相友善少誠得淮西多出金帛邀之養以爲弟署右職親近無間少陽度少誠猜忍且畏禍請爲外捍少誠乃表爲申州刺史爲治尚寬易畢軍附賴少誠病亟家奴單于熊兒矯召少陽至攝副使總軍事於是殺少誠子元慶自稱留後憲宗以王承宗方叛故詔遂王爲節度使以少陽領留後居三年進拜節度使少陽不立繇役籍隨日賦歛於人地多原澤益畜馬時時掠壽州茶山劫商賈招四方亡命以實其軍不肯朝然屢獻牧馬以自解帝亦因善之九年死子元濟匿不發喪以病聞僞表請元濟主兵帝遣太醫往視即陽言少愈不得見元濟者其長子也山首燕頷垂頤鼻長六寸始仕試協律郎攝蔡州刺史有董重質者少誠壻也勇悍久將善爲兵元濟倚之因說元濟請以精兵三千由壽之間道取揚州東約李師道以舟師襲潤州據之遣奇兵掩商鄧取嚴綬進守襄陽以搖東南則荆衡黔巫傳一矢可定五嶺非朝廷所有又請輕兵五百自崿嶺三日襲東都則天下騷動可以橫行元濟猶豫不能用先是其屬蘇兆楊元卿侯惟清嘗勸少陽入朝或言其有異志元濟縊兆歸其屍而囚惟清帝以二人者皆死故贈惟清兵部尚書兆尚書右僕射時元卿奏事在長安見宰相李吉甫具言淮西事且請蔡使在道者隨在所繫之少陽死四十日帝不爲輟朝易將增戍以須變會傳言重質殺元濟族其家吉甫因請爲少陽輟朝遣使弔賻贈尚書右僕射而元濟不得命乃悉兵四出焚舞陽及葉掠襄城陽翟時許汝居人皆竄伏榛莽間剽係千餘里關東大恐弔使至弗克入而還乃詔烏重胤兼汝州刺史引軍壓其境寧州刺史曹華爲之副以戍襄城李光顏爲忠武節度使總兵臨屯析山南東道詔節度使嚴綬爲申光蔡等州招撫使以中人崔潭峻監其軍下詔奪元濟官爵趣諸道進討時大旱詔既下雨雪凡三日田弘正韓弘各遣子率兵隸綬光顏軍綬屯蔡西鄙師小勝不設備爲賊襲敗于磁丘退保唐州壽州刺史令狐通戰數北賊乃拔霍丘屠馬塘通嬰城不敢出詔左金吾衛大將軍李文通宣慰度其至使代通會裴度輔政賊始懼而元濟不能有所指授諸將趙昌凌朝江董重質李祐李憲王覽趙曄王仁清等以便宜人自爲戰抗王師有少誠少陽舊風而李師道覗覽出入寧陵雍丘間韓弘知而不肯禁文通引兵與賊將王覽董重質戰史蕨岡賊覽首光顏又大破賊於時曲復與重胤合擊賊小溵河敗之夷其屯壍天子責綬失律更以韓弘兼都統擢高霞寓唐鄧隋節度使十一年諸軍大合光顏壁掌河文通敗賊於固始拔鐵山霞寓戰朗山斬首千餘級焚其壁次鐵城賊僞奔霞寓窮追伏發死傷略盡退保新興賊圍之監軍李議誠馳入唐州以救兵至圍解還守唐州元濟以霞寓敗不足虞併兵以備陳其秋文通以兵銜枚夜出九女原屠保壁三十所分兵西北並安陽山破屯邏數百人降者萬餘執兩將光顏敗郾城兵二萬俘大將復與重胤合攻凌雲柵拔之帝怒諸軍無大功詔內常侍梁守謙宣慰因督戰付詔書五百以待有功斥金帛募死士進拜光顏檢校尚書左僕射重胤右僕射度御史中丞公武御史大夫詔旨約束厲賞罰諸將恐懼貶霞寓以袁滋代之滋懦不能軍更以李愬爲唐鄧隋節度使元濟食盡士卒食菱芡魚鼈皆竭至斷草根以給者民苦饑相與四潰元濟亦嗇其食不復禁諸將爭納之帝始僑置郾城吳房於行營以綏新附愬引兵攻其西破屯柵十餘所執丁士良吳秀琳皆賊票健者賊帥張伯良以兵三萬與光顏戰郾城大敗獲馬千匹甲三萬首伯良奔還蔡曹華取青陵城斷郾歸路賊將鄧懷金懼即送款光顏受之愬又襲破朗山執戍將梁希果平汶港等三壁元濟知衆數潰而外失秀琳等因奉表請束身北闕下帝遣使者許以不死元濟取行營馬三百董重質不與故不果降愬略興橋得守將李祐不殺引至帳下計議始謀襲蔡賊勢益沮自少誠盜有蔡四十年王師未嘗傅城下又嘗敗韓全義于溵以是兵驕無所憚內恃陂浸重阻故合天下兵攻之三年纔克一二縣帝既責罷霞寓滋等諸將乃用命詔起沙陀梟騎濟師命裴度爲彰義節度兼申光蔡四面行營招撫使梁守謙與諸將計先度未至立功諸將亟戰不勝度至大勞將士皆感激請戰間遣士入蔡約元濟降爲左右所劫不得降光顏每戰冠軍故元濟悉衆亢時曲祐爲愬謀曰蔡之守者市人疲卒耳勁兵皆在外若直擣縣瓠賊成禽矣愬然之以精騎夜襲蔡坎垣入之戍者不知也賊恃董重質兵在洄曲不虞師之至及愬攻內城防卒尙千餘接戰元濟始驚被甲乘城以待重質會重質降愬而李進誠取賊庫兵即攻之明日燒其門民相率抱薪增火王師縱射城上鏃可拾也居二日門壞執元濟舉族傳之長安申光戍兵尙三萬皆降帝御興安門受俘羣臣稱賀以元濟獻廟社徇于市斬之年二十五夜失其首妻沈沒入掖庭二弟三男子流江陵皆殺之斬其屬官劉協庶趙曄王仁清等十餘人度還以馬總爲留後俄拜節度使析溵州隸陳許始度之出太子右庶子韓愈爲行軍司馬帝美度功即命愈爲平淮西碑其文曰天以唐克肖其德聖子神孫繼繼承承於千萬年敬戒不怠全付所覆四海九州罔有內外悉主悉臣高祖太宗既除既治高宗中睿休養生息至于玄宗受報收功極熾而豐物衆地大孽牙其間肅宗代宗德祖順考以勤以容大慝適去莨莠不薅相臣將臣文恬武嬉習熟見聞以爲當然睿聖文武皇帝既受羣臣朝乃考圖數貢曰嗚呼天既全付予有家今傳次在予予不能事事其何以見于郊廟羣臣震懾走職明年平蜀又明年平江東又明年平澤潞遂定易定致魏博貝衞澶相無不從志皇帝曰不可究武予其少息九年蔡將死蔡人立其子元濟以請不許遂燒舞陽犯葉襄城以動東都放兵四劫皇帝歷問于朝一二臣外皆曰蔡帥之不廷授于今五十年傳三姓四將其樹本堅兵利卒頑不與它等因撫而有順且無事大官臆決唱聲萬口和附并爲一談牢不可破皇帝曰惟天惟祖宗所以付任予者庶其在此予何敢不力況一二臣同不爲無助曰光顏汝爲陳許帥維是河東魏博郃陽三軍之在行者汝皆將之曰重胤汝故有河陽懷今盇以汝維是朔方義成陝益鳳翔鄜延寧慶七軍之在行者汝皆將之曰弘汝以卒萬二千屬而子公武往討之曰文通汝守壽維是宣武淮南宣歙浙西徐泗五軍之行于壽者汝皆將之曰道古汝其觀察鄂岳曰愬汝帥唐鄧隋各以其兵進戰曰度汝長御史其往視師曰度惟汝予同汝遂相予以賞罰用命不用命曰弘汝其以節都統諸軍曰守謙汝出入左右汝惟近臣其往撫師曰度汝其往衣服飮食予士無寒無饑以既厥事遂生蔡人賜汝節斧通天御帶衞卒三百凡茲廷臣汝擇自從惟其賢能無憚大吏庚申予其臨門送汝曰御史予閔士大夫戰甚苦自今以往非郊廟祀無用樂顏胤武合攻其北大戰十六得柵城縣二十三降人卒四萬道古攻其東南八戰降萬三千再入申破其外城文通戰其東十餘遇降萬二千愬入其西得賊將輒釋不殺用其策戰比有功十二年八月丞相度至師都統弘責戰益急顏胤武戰益用命元濟盡并其衆洄曲以備十月壬申愬用所得賊將自文城因天大雪疾馳百二十里用夜半到蔡破其門取元濟以獻盡得其屬人卒辛巳丞相度入蔡以皇帝命赦其人淮西平大饗賚功師還之日因以其食賜蔡人凡蔡卒三萬五千其不樂爲兵願歸爲農者十九悉縱之斬元濟京師冊功弘加侍中愬爲左僕射帥山南東道顏胤皆加司空公武以散騎常侍帥鄜坊丹延道古進大夫文通加散騎常侍丞相度朝京師進封晉國公進階金紫光祿大夫以舊官相而以其副總爲工部尚書領蔡任既還奏羣臣請紀聖功被之金石皇帝以命臣愈愈再拜稽首而獻文曰唐承天命遂臣萬方孰居近土襲盜以狂往在玄宗崇極而圮河北悍驕河南附起四聖不宥屢興師征有不能克益戍以兵夫耕不食婦織不裳輸之以車爲卒賜糧外多失朝曠不岳狩百隷怠官事亡其舊帝時繼位顧瞻咨嗟惟汝文武孰恤予家既斬吳蜀旋取山東魏將首義六州降從淮蔡不順自以爲彊提兵叫讙欲事故常始命討之遂連姦鄰陰遣刺客來賊相臣方戰未利內驚京師羣公上言莫若惠來帝爲不聞與神爲謀及相同德以訖天誅乃敕顏胤愬武古通咸統於弘各奏汝功三方分攻五萬其師大兵北乘厥數倍之嘗兵時曲軍士蠢蠢既翦陵雲蔡卒大窘勝之邵陵郾城來降自夏及秋復屯相望兵頓不勵告功不時帝哀征夫命相往釐士飽而歌馬騰於槽試之新城賊遇敗逃盡抽其有聚以防我西師躍入道無留者頟頟蔡城其疆千里既入而有莫不順俟帝有恩言相度來宣誅止其魁釋其下人蔡之卒夫投甲呼舞蔡之婦女迎門笑語蔡人告饑船粟往哺蔡人告寒賜以繒布始時蔡人禁不往來今相從戲里門夜開始時蔡人進戰退戮今眠而起左飧右粥爲之擇人以收餘憊選吏賜牛敎而不稅蔡人有言始迷不知今乃大覺羞前之爲蔡人有言天子明聖不順族誅順保性命汝不吾信視此蔡方孰爲不順往斧其吭凡叛有數聲勢相倚吾彊不支汝弱奚恃其告而長而父而兄奔走偕來同我太平淮蔡爲亂天子伐之既伐而饑天子活之始議伐蔡卿士莫隨既伐四年小大並疑不赦不疑由天子明凡此蔡功惟斷乃成既

定淮蔡四夷畢來遂開明堂坐以治之愈以元濟之平繇度能固天子意得不赦故諸將不敢首鼠卒禽之多歸度功而愬特以入蔡功居第一愬妻唐安公主女也出入禁中訴愈文不實帝亦重牾武臣心詔斵其文更命翰林學士段文昌爲之李祐以功遷神武將軍賜田宅米粟帝迹董重質教元濟亂欲誅之而李愬先許不死故貶春州司戶參軍凌朝江播州司戶參軍是歲申蔡州始輸貢物戶部以其久不至請元日陳於廷

祐字慶之後擢夏綏銀宥節度使從涇原討李同捷也改滄德景節度累檢校尚書左僕射重質之貶未幾轉太子少詹事隸武寧軍還左神武將軍賚金幣與功臣等擢累左右神策劒南西川行營節度使歷帥夏綏銀宥訓兵有法羌戎畏服終右龍武統軍贈尚書右僕射

劉悟其祖正臣平盧軍節度使襲范陽不克死叔父全諒節度宣武器其敢毅署牙將以罪奔潞州王虔休復署爲將被病去還東都全諒積緡錢數百萬在焉悟破縢鐍用之從惡少年殺人屠狗豪橫犯法繫河南獄留守韋夏卿貸免李師古厚幣迎之始未甚知後從擊毬軒然馳突撞師古馬仆師古恚將斬之悟盛氣以語觸師古不慴師古奇其才令將後軍妻以從娟歷牙門右職師道以軍用屈率賈人錢爲助命悟督之悟獨寬假人皆歸賴師道被討使將兵屯曹法一而信士卒樂爲用軍中刁斗不鳴田弘正兵屯陽穀悟徙營潭趙魏師踰河取盧縣壁阿井城中飛語以謂馮利涉與悟當爲帥師道內疑數召悟計事悟曰今與魏如角力者勢已交先退者負悟還魏師薄城下矣左右諫曰兵成敗未可知殺大將孰肯爲用師道然之或言悟且亂不如速去師道遣使兩輩來責戰密語其副張暹使斬悟使者與暹屏語移時悟疑之暹以情告悟乃斬使者召諸將議曰魏博兵彊出則敗不出則死且天子所誅司空而已吾屬爲驅迫就死地孰若還兵取鄆立大功轉危亡爲富貴乎衆皆唯唯而別將趙垂棘沮其行悟因殺之并殺所惡三十人尸帳前衆畏伏下令曰入鄆人賞錢十萬聽復私怨財蓄恣取之唯完軍帑違者斬因遣報弘正使進兵潭趙悟夜半薄西門遲明啓而入殺師道并大將魏銑等數十人即拜悟義成節度使封彭城郡王實封戶五百元和十五年來朝進檢校兵部尚書穆宗立徙昭義軍朱克融亂議者假威名以厭其亂移守盧龍至邢州會王庭湊之變不得入還屯進兼幽鎭招討使治邢州圍臨城觀望久不拔與監軍劉承偕不叶衆辱悟縱其下亂法悟不堪其忍承偕與都將張問謀縛悟送京師以問代節度事悟知之以兵圍監軍殺小使其屬賈直言質責悟曰李司空死有知使公所爲至此軍中將復有如公者矣悟遽謝曰吾不欲聞李司空字少選當定即撝兵退匿承偕因之帝重違其心貶承偕然悟自是頗專肆上書言多不恭天下負罪亡命者多歸之彊列其寃累進檢校司徒同中書門下平章事寶曆初巫者妄言師道以兵屯瑠璃陂悟惶恐命禱祭具千人膳自往求哀將易衣嘔血數斗卒贈太尉表其子從諫嗣從諫母微賤少狡猾師道時使悟出屯署從諫門下別奏從諫與師道諸奴日戲博交通具知其陰密事悉疏于悟故悟得立功悟卒從諫知留後持金幣路當權者朝議謂上黨內鎭與河朔異不可許左僕射李絳奏言悟匿死衆不必同亂從諫威惠未著若詔北鎭大將領節度馳入軍笮其未備使軍情有屬謀自屈矣有如拒命三州勢難獨存數月可覆時李逢吉王守澄納其賂數爲請敬宗乃以晉王爲節度大使詔從諫主留事起將作監主簿檢校左散騎常侍晉王帝所愛從諫饋獻相望未幾拜節度使太和初李聽敗館陶走淺口從諫引鐵騎黃頭郎救之聽免進檢校尚書左僕射拜司空封沛國公昭義自悟時治邢州而人思上黨從諫還治潞悟苛擾從諫寬厚故下益附方年壯思立功六年請入朝文宗待遇加等明年還藩進同中書門下平章事公卿多託以私又見事柄不一遂心輕朝廷有驕色李訓約從諫誅鄭注及甘露事宰相皆夷族傳言死非其罪從諫不平三上書請王涯等罪譏切中人時宦豎得志天子弱鄭覃李石新執政藉其論執以立權綱中人憚而怨之又劾奏蕭本非太后弟仇士良積怒倡言從諫志窺伺從諫亦妄言淸君側因與朝廷猜貳武宗立兼太子太師性奢侈飾居室輿馬無遠略善貿易之算從長子道入潞歲榷馬征商人又熬鹽貨銅鐵收緡十萬賈人子獻口馬金幣即署牙將使行賈州縣所在暴橫沓貪責子貸錢吏不應命即愬于從諫欲論奏或遣客游刺故天下怨怒從諫畜馬高九尺獻之帝帝不納疑士良所沮怒殺馬益不平又聞士良寵方渥愈憂惑欲自入朝恐不脫禍因被病卒年四十一贈太傅初大將李萬江者本退渾部李抱玉送回紇道太原舉帳從至潞州牧津梁寺地美水草馬如鴨而健世所謂津梁種者歲入馬價數百萬子弟姻婭隸軍者四十八人從諫徙山東懼其重遷且生變而子弟亦豪縱少從諫不甚禮因誣其叛夷三族凡三百餘家姬妾有微過輒殺之人皆知其將亡從子稹父從素仕右驍衞將軍從諫以爲嗣病甚與妻裴謀令主軍事置大將王協郭誼劉武德劉守義等佐稹秘不發喪協謀遣將姜岑請醫於朝中人與醫至時從諫死已再旬稹曰公困革不任受詔稹請代拜中人曰臥而視可也辭以母夫人侍不可屛中人欲直入武德等戶之中人恐其變趨出貺饋百萬後使者繼往爲知從諫已死者未至數舍衆懼武德與將董可武出兵萬人迎勞至牙門不得前諸將乃詣監軍崔士康邀說請如河朔故事士康懦不敢拒乃至喪次扶出稹爲襄絁巾曰毋更欲殺敕使諸將哄然笑遂出見三軍帝怒前使者不入譎隸恭陵稹所遣姜岑梁叔文梁叔明三輩皆杖死京兆府詔從素書敕稹護喪還東都稹不奉詔詔羣臣議李德裕建言稹所恃者河朔耳若遣大臣諭上旨出山東兵破之必矣有詔奪從諫稹官敕諸軍進討於是河陽王茂元以兵屯萬善河東劉沔守昂車關壁榆社魏博何弘敬柵肥鄉侵平恩成德王元逵次臨洺略任堯山向城河中陳夷行營冀城侵冀氏茂元別遣將營天井關爲賊將薛茂卿所破執四將火十七柵張巨進攻萬善不能下茂元欲走會日暮賊自潰去詔忠武王宰以本軍入懷澤行營陳許士票武賊衆素憚畏而茂卿負戰勝冀厚賞或言其兵犯王略深朝廷且怒節益不可至稹然之故茂卿失望乃與宰通即僞挑戰亟北委天井關去左右七營皆潰茂卿奔澤州使諜言於宰曰澤可取吾應於內宰疑不進失期茂卿扼腕悵恨稹聞其貳召誅之宰進破劉公直拔陵川劉沔又取石會關李石代沔領河東稹因石兄洺州刺史恬移書乞降石以聞右拾遺崔碣表請納之帝怒斥碣鄧城令詔敢言罷兵者戮賊境上令石答書許稹面縛石馳往受之稹不出俄而太原將楊弁逐李石與稹連和稹諸將建議我求承襲彼叛卒若與之是與反者檝其使送京師使康良佺屯鼓腰嶺敗太原兵生禽卒七百帝猶不赦始從諫將死命稹無笞辱羣奴故李士貴等與王協尤用事士戰有功不賞下無鬬志府中財貨尚山積而協請稅商人使劉溪等分出檢實而溪并齊民閱其貲十取二百姓始怨從諫妻弟裴問守邢州有募兵五百號夜飛將多豪姓子其家以輸貲不時爲溪所囚問以爲言溪大怒問因殺溪與刺史崔嘏斬大將自歸成德軍王釗守洺州給士帛布一端稹檄代歲稟釗謂衆曰庫物尚多欲發以爲賞可乎士皆喜悉所有給之送款魏博軍磁州將高玉堯山將魏元談等以次降成德元逵以久爲賊守殺之稹聞三州降大懼大將郭誼與王協始議圖稹使董可武誘稹至北第置酒飲酣即斬首悉取從諫子在襁褓者二十餘并從子積匡周等殺之誅張谷張沿陳揚庭李仲京王渥王羽韓茂章茂實賈庠郭台甄戈十一族夷之軍中素不附者皆殺函稹首送王宰獻京師告廟社帝御興安門受之劉公直亦降於宰石雄以兵守境軍大掠誼移書責之雄銜怒稹之死誼斥從諫妻伏夾室收其貲私於已建大廐曰望旌節宰相德裕建言稹庸下亂繇誼始及軍窮蹙乃圖稹邀榮不誅無以懲姦臣及兵在境宜悉取逆黨送京師論如法先是有狂人呼於潞市曰石雄七千人至矣從諫捕誅之乃請詔雄率兵如數以入雄至潞縛誼及王協劉公直安全慶李道德李佐堯劉武德董可武等送京師竝誅死杖崔士康殺之白惟信者潞梟將數與雄戰懼不敢降自武鄉殺都將康良佺欲降盧鈞雄遣人召降惟信殺之卒降鈞有詔從諫且死乃署稹軍事宜剖棺暴尸于市三日雄發視面如生一目尚開雄三斬之仇人剔其骨幾盡誼者兗州人兄岌事悟爲牙將常樂滏山秀峻曰我死必葬此望氣者言其地當三世爲都頭異姓河北謂都頭異姓至貴稱也然窆過二丈不利誼以岌假刺史穿三丈得石虵并三卵工破之皆流血至是誼及岌三子同誅張谷張沿陳揚庭皆有文時時言古今成敗以佐從諫故善遇此三人谷納邯鄲人李嚴女爲侍人號新聲當從諫潛圖窺脅新聲諫谷曰始天子以從諫爲節度非有戰野攻城之功直以其父挈齊十二州還天子去就間未能奪其嗣耳自有澤潞未聞以一縷一蹄爲天子壽左右皆無賴章武朝數鎭顚覆皆雄才傑器尚不能固天子恩況從諫擢自兒女手中苟不以法得亦宜以不法終君當脫族西去大丈夫勿顧一飯恩以骨肉腥健兒食言訖悲涕谷不決者三月畏言泄縊之李仲京訓之兄爲蕭洪府判官擢監察御史王渥播之子王羽涯族孫韓茂章茂實約之子賈庠餗子郭台行餘子甘露難作皆羸服奔從諫從諫衣食之甄戈者頗任俠從諫厚給卹坐上座自稱荆卿從諫與定州戍將有嫌命戈取之因爲逆旅上謁留飲三日乘間斬其首它日又使取仇人乃引不逞者十餘輩劫之從諫不悅號僞荆卿從諫妻裴以弟立功詔欲貸其死刑部侍郎劉三復執不可於是賜死以尸還問裴父傲冕之裔辟

悟府悟奇之故爲從諫納其女裴年十五火光起袿下家人以爲怪因許婚封燕國夫人寬厚有謀每勸從諫入朝爲子孫計從諫有妾韋願封夫人許之詔至裴怒毁詔不與從諫它日會裴黨復出詔裴抵去曰淄青李師古四世阻命不聞側室封者君承朝廷姑息宜自黜削求洗濯欲以婢爲夫人族不日滅耳從諫赧然止及韋至京師乃言李丕降裴會大將妻號哭曰爲我語若夫勿忘先公恩願以子母託諸婦亦泣下故潞諸將叛益堅由是及禍初衛者李涿能言禍福從諫以重幣邀辟署大將會昌初謂從諫曰往歲長星經斗公生直之今鎭復至當有災從諫卽從軍山東開球場鑿柳泉大興役以厭及病有言豕所興造皆逆歲疑有異謀使稹數其罪殺之府中恂恂俄而李丕降有李佐之者兼孫也累調河南尉號彊直嘗客潞爲從諫所禮留不得去遂署觀察府支使因娶其從祖妹從諫薄疎屬資賸寒闕佐之亦薄之不甚荅從諫病佐之力諷使還東都從諫雖不能從然感服其言病且革王協等恐佐之妻母漏軍中虛實稹囚之妻訴不見禮稹遂殺之武鄉令唐有所闢說卽輦母歸東都會佐之奴告佐之交通賓客漢賓儉裔孫以稹拒命固諫歸朝不聽舉族見害李師晦者本宗室子始悟辟致幕府見從諫稍恣橫假言求長生術不與事從諫使歸東都師晦懼爲谷揚庭等所譖請居涉從諫不之疑稹敗有爲帝言者擢伊闕令而贈薛茂卿博州刺史大中初又贈漢賓本縣令先時河北諸將死皆先遣使弔祭次冊贈次近臣宣慰度軍便宜乃與節軍中不許出乃用兵大抵不半歲不能定故警將逆子皆得爲之備稹初不意帝怒卽見討及茂元錄詔示稹舉族號慟欲自歸而愚懦不決云自悟至稹三世凡二十六年李丕者善長短術與從諫厚善署大將及稹阻命軍中疾其才丕懼乞爲游弈深入以圖營壁處遂自歸議者疑爲賊遣德裕奏言討賊半年始有降者當賞以勸餘帝召見擢忻州刺史丕請取榆社東徑武安入討賊雖邢洺未下而兵不得救潞不聽揚弁亂遣人誘丕丕斬之以兵扼走集德裕言于帝曰度支戶部物積代州今丕塞其路賊破矣乃趣丕討弁兵未至而弁已禽還汾晉二州刺史大中初拜振武節度使檢校刑部尚書党項叛徙鄜坊卒

贊曰傳稱作易者其知盜乎然則盜之情非聖人不能知唐中衰姦雄圜睨而奮舉魏趙燕之地莽爲盜區挈叛百年夷狄其人而不能復昏上庸佐惟不知盜故也引妖就暝以奪厥明寧蕭俛崔植等謂耶

唐書卷二百十四考證

吳少陽傳與少誠同在魏博軍相友善○舊書少誠父翔在魏博軍與少陽相友善　臣酉按下文養以爲弟不應父與相愛而少誠以爲弟也當以新書爲正

唐書卷二百十五上

宋　端　明　殿　學　士　宋　祁　撰

列傳第一百四十上

突厥

夷狄爲中國患尚矣在前世者史家類能言之唐興蠻夷更盛衰嘗與中國亢衡者有四突厥吐蕃回鶻雲南是也方其時羣臣獻議盈廷或聽或置班然可睹也劉貺以爲嚴尤辯而未詳班固詳而未盡推其至當周得上策秦得其中漢無策何以言之荒服之外聲教所不逮其叛不爲之勞師其降不爲之釋備嚴守禦險走集使其爲寇不能也爲臣不得也惠此中夏以綏四方周之道也故曰周得上策易稱王侯設險以固其國築長城脩障塞所以設險也趙簡子起長城備胡燕秦亦築長城限中外益理城塹城全國滅人歸咎焉後魏築長城議者以爲人治一步方千里役三十萬人不旬朔而獲久逸故曰秦得中策漢以宗女嫁匈奴而高祖亦審魯元不能止趙王之逆謀謂能息匈奴之叛非也且冒頓手弒其親而冀其不與外祖爭彊豈不惑哉然則知和親非久安計而爲之者以天下初定紓歲月之禍耳武帝時中國乂安胡寇益希疏而絕之此其時也方更糜耗華夏連兵積年故嚴尤以爲下策然而漢至昭宣武士練習斥候精明匈奴收迹遠徙猶襲奉春之過舉傾府藏給西北歲二億七十萬皇室淑女嬪於穹廬掖庭良人降於沙漠夫貢子女方物臣僕之職也詩曰莫敢不來享莫敢不來王荒服稱其來不言往也公及吳盟諱而不書奈何以天子之尊與匈奴約爲兄弟帝女之號與胡媼竝御蒸母報子從其汚俗中國異於蠻夷者有父子男女之別也婉冶之姿毁節異類垢辱甚矣漢之君臣莫之恥也魏晉羌狄居塞垣資奉踰昔百人之酋千口之長賜金印紫綬食王侯之俸牧馬之童乘羊之隸齎毳罽邀利者相錯於路耒耨之利絲枲所生散於數萬里之外胡夷歲驕華夏日蹙方其彊也竭人力以征之其服也養之如初病則受養彊則內攻中國爲羌胡服役且千載可不悲哉誠能移其財以賞戍卒則民富移其爵以餌守臣則將良富利歸於我危亡移於彼無納女之辱無傳送之勞棄此而不爲故曰漢無策嚴尤謂古無上策謂不能臣妾之也誠能之而不用耳秦無策謂攘狄而亡國也秦亡非攘狄也漢得下策謂伐胡而人病人既病矣又役人而奉之無策也故曰嚴尤辯而未詳也班固謂其來慕義則接以禮讓何者禮讓以交君子非所以接禽獸夷狄也纖麗外散則戎羯之心生戎羯之心生則侵盜之本也聖人飲食聲樂不與之共來朝坐於門外舌人體委以食之不使知馨香嘉味也漢氏習玩驕虜使其悅燕趙之色甘大官之珍服以文綺羅紈供之則增求絕之則招怨是飽豺狼以良肉而縱其獷噬也華人步卒利險阻虜人騎兵利平地堅守無與追奔競逐來則杜險使不得進去則閉險使不得還衝以長戟臨以彊弩非求勝也譬諸蟲豸虺蜴何禮讓之接哉故曰班固詳而未盡者此也杜佑謂秦以區區關中滅六彊國今竭萬方之財上奉京師外有犬戎憑陵陷城數百內有兵革未寧三紀矣豈制置異術古今殊時乎周制步百爲畝畝百給一夫商鞅佐秦以爲地利不盡更以二百四十步爲畝百畝給一夫又以秦地曠而人寡晉地狹而人夥誘三晉之人耕而優其田宅復及子孫使秦人應敵於外非農與戰不得入官大率百人以五十人爲農五十人習戰故兵彊國富其後仕宦途多末業日滋今大率百人纔十人爲農餘皆習佗伎又秦漢鄭渠溉田四萬頃白渠溉田四千五百頃永徽中兩渠灌浸不過萬頃大歷初減至六千畝畝朘一斛歲少四五百萬斛地利耗人力散欲求彊富不可得也漢時長安北七百里卽匈奴之地侵掠未嘗暫息計其舉國之衆不過漢一大郡鼂錯請備障塞故北邊妥安今潼關之西隴山之東鄜坊之南終南之北十餘州之地已數十萬家吐蕃綴力薄材食鮮藝拙不及中國遠甚誠能復兩渠之饒誘農夫趣耕擇險要繕城壘屯田蓄力河隴可復豈唯自守而已至佑孫牧亦曰天下無事時大臣偷處榮逸戰士離落兵甲鈍弊車馬刓弱天下雜然盜發則疾驅以戰是謂宿敗之師此不蒐練之過其敗一也百人荷戈仰食縣官則挾千夫之名大將小裨操其餘羸以虞壯爲幸執兵者常少櫱食者常多築壘未乾公囊已虛此不責實之過其敗二也戰小勝則張皇其功奔走獻狀以邀賞或一日再賜一月累封凱還未歌書品已崇爵命極矣田宮廣矣金繒溢矣子孫官矣肯外死勤於我哉此賞厚之過其敗三也多喪兵士顚翻大都則跳身而來刺邦而去廻視刀鋸菜色甚安一歲未更已立於壇墀之上此輕罰之過其敗四也大將將兵柄不得專一日爲偃月一日爲魚麗三軍萬夫環旋翔佯愰駭之間虜騎乘之此不專任之過其敗五也元和時團兵數十萬以誅蔡天下乾耗四歲然後能取之蓋五敗不去也長慶初盜子若孫悉來走命未幾而燕趙亂引師起將五敗益甚不能加威於反虜二杜之論如此廣德建中間吐蕃再飲馬岷江常以南詔爲前鋒操倍尋之戟且戰且進蜀兵折刃吞鏃不能斃一戎戎兵日深疫死日衆自度不能留輒引去蜀人語曰西戎尚可南蠻殘我至韋皐繫靑谿道以和羣蠻使道蜀入貢擇子弟習書算於成都業成而去習知山川要害文宗時大入成都自越嶲以北八百里民畜爲空又敗卒貧民因緣掠殺官不能禁自是羣蠻嘗有屠蜀之心蜀民苦於重征者亦欲啓之以幸非常歲發戍卒不習山川之險緩步一舍已呵然流汗爲將者刻薄自入給帛則以疏易良賦粟以沙參粒故邊卒怨望而巴蜀危憂孫樵謂宜詔嚴道沈黎越嶲三州度要害募卒以守且兵籍於州則易役卒出於邊則習險相地分屯春耕夏蠶以資衣食秋冬嚴壁以俟寇歲遣廉吏視卒之有無則官無餽運吏無牟盜此其備禦之策可施行者著之于篇凡突厥吐蕃回鶻以盛衰先後爲次東夷西域又次之迹用兵之輕重也終之以南蠻記唐所繇亡云

突厥阿史那氏蓋古匈奴北部也居金山之陽臣于蠕蠕種裔繁衍至吐門遂彊大更號可汗猶單于也妻曰可敦其地三垂薄海南抵大漠其別部典兵者曰設子弟曰特勒大臣曰葉護曰屈律啜曰阿波曰俟利發曰吐屯曰俟斤曰閻洪達曰頡利發曰達干凡二十八等皆世其官而無員限衞士曰附離可汗建廷都斤山牙門樹金狼頭纛坐常東嚮隋大業之亂始畢可汗咄吉嗣立華人多往依之契丹室韋吐谷渾高昌皆役屬竇建德薛舉劉武周梁師都李軌王世充等倔起虎視悉臣尊之控弦且百萬戎狄熾彊古未有也高祖起太原遣府司馬劉文靜往聘與連和始畢使特勒康稍利獻馬二千兵五百來會帝平京師遂恃功使者每來多橫

驕武德元年骨咄祿特勒來朝帝宴太極殿爲奏九部樂引升御坐是歲始畢牙帳自破帝問內史令蕭瑀瑀曰魏文帝幸許城門無故壞是年文帝崩豈其類耶二年始畢自將度河至夏州與賊梁師都合又佐劉武周以五百騎入句注將侵太原會病死帝爲發哀長樂門詔羣臣卽館弔其使還使者持段物三萬賻之子什鉢苾幼不克立以爲泥步設使居東偏立其弟俟利弗設是爲處羅可汗

處羅復妻隋義成公主遣使來告則又潛通王世充潞州總管李襲譽擊斬其使取牛羊萬餘處羅迎隋蕭皇后及齊王暕之子正道於竇建德所因立正道爲隋王奉隋後隋人沒者隸之行其正朔置百官居定襄衆萬人秦王討武周也處羅以弟步利設騎二千會并州三日多掠城中婦人女子去總管李仲文不能制以俱儉特勒助屯明年謀取并州置楊正道卜之不吉左右諫止處羅曰我先人失國賴隋以存今忘之不祥卜不吉神詎無知乎我自決之會天雨血三日國中犬夜羣號求之不見遂有疾公主餌以五石俄疽發死主以子奧射設陋弱棄不立更取其弟咄苾嗣是爲頡利可汗

頡利始爲莫賀咄設牙直五原北薛舉陷平涼與連和帝患之遣光祿卿宇文歆賂頡利使與舉絕隋五原太守張長遜以所部五城附虜歆并說還五原地皆見聽且發兵舉長遜所部會秦王軍太子建成議廢豐州并割榆中地於是處羅子郁射設以所部萬帳入處河南以靈州爲塞頡利又妻義成以始畢子什鉢苾爲突利可汗使居東義成楊諧女也其弟善經亦依突厥與王世充使者王文素共說頡利曰往啓民兄弟爭國賴隋得復位子孫有國今天子非文帝後宜立正道以報隋厚德頡利然之故歲入寇然倚父兄餘貲兵銳馬多謷然驕氣直出百蠻上視中國爲不足與書辭悖嫚多須求帝方經略天下故屈禮多所舍貸贈賚不貲然而不厭無厓之求也四年頡利率萬騎與苑君璋合寇鴈門定襄王李大恩擊却之頡利執我使者漢陽公瓌太常卿鄭元璹左驍衛大將軍長孫順德帝亦囚其使與相當由是寇代州敗行軍總管永安王孝基略河東犯原州穿延州塞諸將與戰不能有所俘明年還順德等且請和獻魚膠紿云固二國之好也帝雖未情釋其使特勒熱寒等厚與金還之大恩上言突厥饑馬邑可圖也詔殿中少監獨孤晟共擊之晟後約大恩不敢進屯新城頡利自將數萬騎與劉黑闥合圍之大恩沒士死者數千人進擊忻州爲李高遷所破黑闥以突厥萬人擾山東又殘定州頡利未得志乃率十五萬騎入鴈門圍并州深鈔汾潞取男女五千分數千騎轉掠原靈閒於是太子建成將兵出豳州道秦王將兵出蒲州道擊之李子和以兵趨雲中掩可汗後段德操出夏州狙其歸并州總管襄邑王神符戰汾東斬虜五百首取馬二千汾州刺史蕭顗獻俘五千虜陷大震關縱兵掠弘州總管宇文歆靈州楊師道拒之獲馬橐它數千頡利聞秦王且至引出塞王師還又明年與黑闥君璋等小小入寇定匡原朔等州與屯將相勝負帝遣太子建成復屯北邊秦王屯并州備虜久乃罷俄又破代地一屯進擊渭豳二州取馬邑不有也復請和歸我馬邑七年攻原朔二州入代地不勝更與君璋合攻隴州及陰槃城分擊并地秦王與齊王元吉屯豳州道以備胡君璋與虜出入原朔忻并地剽係騷然數爲諸將驅逐其八月頡利與突利兵悉起自原州連營而南所在震恐秦王齊王拒之初關中霖潦饟道絕軍次豳州可汗萬騎奄至陣五龍坂以數百騎挑戰舉軍失色秦王馳百騎掠陣大言曰國家於突厥無負何爲深入我秦王也故來自與可汗決若固戰我纔百騎耳徒廣殺傷無益也頡利笑不答又馳騎語突利曰爾往與我盟急難相助今無香火情耶能一決乎突利亦不對王將絕水前頡利見兵少又聞與突利語陰相忌卽遣使者來曰王毋苦我固不戰將與王議事耳於是引却秦王縱反閒突利乃歸心不欲戰頡利亦無以彊之乃遣突利及夾畢特勒思摩請和帝許之突利遂自託於王爲昆弟帝見思摩引升御榻思摩頓首辭帝曰我見若猶頡利也乃聽命突厥旣歲盜邊或說帝曰虜數內寇者以府庫子女所在我能去長安則戎心止矣帝使中書侍郎宇文士及踰南山按行樊鄧將徙都焉羣臣贊遷秦王獨曰夷狄自古爲中國患未聞周漢爲遷也願假數年請取可汗以報帝乃止頡利已和亦會甚雨弓矢皆弛惡遂解而還帝會羣臣問所以備邊者將作大匠于筠請五原靈武置舟師於河扼其入中書侍郎溫彥博曰魏爲長塹遏匈奴今可用帝使桑顯和塹邊大道召江南船工大發卒治戰艦頡利遣使來願款北樓關請互市帝不能拒帝始兼天下罷十二軍尚文治至是以虜患方張乃復置之以練卒蒐騎八年頡利攻靈朔與代州都督藺謩戰新城謩敗績於是張瑾兵屯石嶺李高遷屯大谷秦王屯蒲州道初帝待突厥用敵國禮及是怒曰往吾以天下未定厚於虜以紓吾邊今卒敗約朕將擊滅之毋須姑息命有司更所與書爲詔若敕瑾未至屯虜已踰石嶺圍并州攻靈州轉擾潞沁李靖以兵出潞州道行軍總管任瓌屯太行瑾戰大谷敗績中書侍郎溫彥博陷于賊鄆州都督張德政死之遂攻廣武爲任城王道宗破其欲谷設掠綏州請和去敗并州數縣入蘭鄯彭州諸屯或小勝不能制俄寇原州折威將軍楊屯擊之且發士屯大谷九年攻原靈又圍涼州進犯涇原李靖與戰靈州虜引去寇西會州圍烏城翔徉隴渭閒平道將軍柴紹破之於秦州斬一特勒三大將虜千級大抵虜得志則深入負則請和不耻也其七月頡利自將十萬騎襲武功京師戒嚴攻高陵尉遲敬德與戰涇陽獲俟斤烏沒啜斬首千餘級頡利遣謀臣執失思力入朝以覘我因夸說曰二可汗兵百萬今至矣太宗曰我與可汗嘗面約和爾則背之且義師之初爾父子身從我遺賜玉帛多至不可計何妄以兵入我都畿自夸盛彊耶今我當先戮爾矣思力懼請命蕭瑀封德彝諫帝不如禮遣之帝不許縶於門下省乃與侍中高士廉中書令房玄齡將軍周範等馳六騎出玄武門幸渭上與可汗隔水語且責其負約羣酋見帝皆驚下馬拜俄而衆軍至旗鎧光明部隊靜嚴虜大駭帝與頡利按轡卽麾軍却而陣焉蕭瑀以帝輕敵叩馬諫帝曰我思熟矣非爾所知也夫突厥掃地入寇以我新有內難謂不能師我若闔城彼且大掠吾境故我獨出示無所畏又盛兵使知必戰不意我能沮其始謀彼入吾地旣深懼不能返故與戰則克和則固制賊之命在此舉矣是日頡利果請和許之翌日刑白馬與頡利盟便橋上突厥引還蕭瑀曰頡利之來諸將多請與戰陛下不聽旣而虜自退其策奈何帝曰突厥衆而不整君臣惟利是視可汗在水西而酋帥皆來謁我我醉而縛之其勢易甚又我敕長孫無忌李靖潛師幽州以須若大軍躡其後伏邀諸前取之反覆掌爾然我新卽位爲國者要在安靜一與虜校殺傷必多彼敗未及亡懼而脩德與我爲怨其可當耶今仆械卷鎧啗以玉帛虜志必驕驕則亡之端也故曰將欲取之必固與之瑀再拜曰非臣愚所逮也乃詔殿中監豆盧寬將軍趙綽護送突厥頡利獻馬三千匹羊萬頭帝不納詔歸所俘於我貞觀元年薛延陀回紇拔野古諸部皆叛使突利討之不勝輕騎走頡利怒囚之突利由是怨望是歲大雪羊馬多凍死人饑懼王師乘其敝卽引兵入朔州地聲言會獵議者請責其敗約因伐之帝曰匹夫不可爲不信況國乎我旣與之盟豈利其災邀險以取之耶須其無禮於我乃伐之明年突利自陳爲頡利所攻求救帝曰朕與頡利盟又與突利有昆弟約不可不救奈何兵部尚書杜如晦曰夷狄無信我雖如約彼常負之今亂而擊之侮亡之道也乃詔將軍周範壁太原經略之頡利亦擁兵窺邊或請築古長城發兵乘塞帝曰突厥盛夏而霜五日竝出三月連明赤氣滿野彼見災而不務德不畏天也遷徙無常六畜多死不用地也俗死則焚今葬皆起墓背父祖命慢鬼神也與突利不睦內相攻殘不和於親也有是四者將亡矣當爲公等取之安在築障塞乎突厥俗素質略頡利得華士趙德言才其人委信之稍專國又委政諸胡斥遠宗族不用興師歲入邊下不堪苦胡性冒沓數翻覆不信號令無常歲大饑衰斂苛重諸部愈貳又明年屬部薛延陀自稱可汗以使來詔兵部尚書李靖擊虜馬邑頡利走九俟斤以衆降拔野古僕骨同羅諸部霫奚渠長皆來朝於是詔并州都督李世勣出通漠道李靖出定襄道左武衞大將軍柴紹出金河道靈州大都督任城王道宗出大同道幽州都督衞孝節出恒安道營州都督薛萬淑出暢武道凡六總管師十餘萬皆受靖節度以討之道宗戰靈州俘人畜萬計突利及郁射設蔭奈特勒帥所部來奔捷書日夜至帝謂羣臣曰往國家初定太上皇以百姓故奉突厥詭而臣之朕嘗痛心病首思一刷耻於天下今天誘諸將所向輒克朕其遂有成功乎四年正月靖進屯惡陽嶺夜襲頡利頡利驚退牙磧口大酋康蘇蜜等以隋蕭皇后楊正道降或言中國人嘗密通書於后中書舍人楊文瓘請劾治帝曰天下未一人或當思隋今反側旣安何足治耶置勿劾頡利窘走保鐵山兵猶數萬令執失思力來陽爲哀言謝罪請內屬帝詔鴻臚卿唐儉將軍安脩仁等持節慰撫靖知儉在虜所虜必安乃襲擊之盡獲其衆頡利得千里馬獨奔沙鉢羅行軍副總管張寶相禽之沙鉢羅設蘇尼失以衆降其國遂亡復定襄恒安地斥境至大漠矣頡利至京師告俘太廟帝御順天樓陳仗衞士民縱觀吏執可汗至帝曰而罪有五而父國破賴隋以安不以一鏃力助之使其廟社不血食一也與我鄰而棄信擾邊二也恃兵不戰部落攜怨三也賊華民暴禾稼四也許和親而遷延自遁五也朕殺爾非無名顧渭上盟未之忘故不窮責也乃悉還其家屬館于太僕稟食之思結俟斤以四萬衆降可汗弟欲谷設

奔高昌既而亦來降伊吾城之長素臣突厥舉七城以獻因其地爲西伊州制詔突厥往逢癘疫長城之南暴骨如丘有司其以酒脯祭爲瘞藏之又詔隋亂華民多没于虜遣使者以金帛贖男女八萬口還爲平民頡利不室處常設穹廬廷中久鬱鬱不自憀與家人悲歌相泣下狀貌羸省帝見憐之以虢州負山多麕麋有射獵之娱乃拜爲刺史辭不往遂授右衞大將軍賜美田宅帝曰昔啓民失國隋文帝不恡粟帛興士衆營護而存立之至始畢稍彊則以兵圍煬帝鴈門今其滅者殆背德忘義致然耶頡利子疊羅支有至性既舍京師諸婦得品供羅支預焉其母最後至不得給羅支不敢嘗品肉帝聞嘆曰天稟仁孝詎限華夷哉厚賜之遂給母肉八年頡利死贈歸義王謚曰荒詔國人葬之從其禮火尸起冢灞東其臣胡祿達官吐谷渾邪者頡利母婆施之媵臣也頡利始生以授渾邪至是哀慟乃自殺帝異之贈中郎將命葬頡利冢旁詔中書侍郎岑文本刻其事于頡利渾邪之墓碑俄蘇尼失亦以死殉尼失者啓民可汗弟也始畢以爲沙鉢羅設帳部五萬牙直靈州西北姿雄趫以仁惠御下人多歸之頡利政亂其部獨不貳突利降頡利以爲小可汗頡利已敗乃舉衆來漠南地遂空授北寧州都督右衞大將軍封懷德王云頡利之亡其下或走薛延陁或入西域而來降者尚十餘萬詔議所宜咸言突厥擾中國久今天喪之非慕義自歸請悉籍降俘內兗豫閑處使習耕織百萬之虜可化爲齊人是中國有加戶而漠北遂空也中書令溫彥博請如漢建武時置降匈奴留五原塞全其部落以爲扞蔽不革其俗因而撫之實空虛之地且示無所猜若納兗豫則乖本性非函育之道祕書監魏徵建言突厥世爲中國仇今其來降不卽誅滅當遣還河北彼烏獸野心非我族類弱則伏彊則叛其天性也且秦漢以銳師猛將擊取河南地爲郡縣者以不欲使近中國也陛下奈何以河南居之且降者十萬若令數年孳息略倍而近在畿甸心腹疾也彥博曰不然天子於四夷若天地養萬物覆載全安之今突厥破滅餘種歸命不加哀憐而棄之非天地蒙覆之義而有阻四夷之嫌臣謂處以河南蓋死而生之亡而存之彼世將懷德何叛之爲徵曰魏時有胡落分處近郡晉已平吳郭欽江統勸武帝逐出之不能用劉石之亂卒傾中夏陛下必欲引突厥居河南所謂養虎自遺患者也彥博曰聖人之道無不通故曰有教無類彼創殘之餘以窮歸我我援護之收處內地將教以禮法職以耕農又選酋良入宿衞何患之卹且光武置南單于卒無叛亡於是中書侍郎顏師古給事中杜楚客禮部侍郎李百藥等皆勸帝不如使處河北樹首長俾統部落視地多少令不相臣國小權分終不得亢衡中國長轡遠馭之道也帝主彥博語卒度朔方地自幽州屬靈州建順祐化長四州爲都督府剖頡利故地左置定襄都督右置雲中都督二府統之擢酋豪爲將軍郎將者五百人奉朝請者且百員入長安自籍者數千戶乃以突利可汗爲順州都督令率其下就部

突利初爲泥步設得隋淮南公主以爲妻頡利之立用次弟爲延陁設主延陁部步利設主霫部統特勒主胡部斛特勒主斛薛部以突利可汗主契丹靺鞨部樹牙南直幽州東方之衆皆屬焉突利斂取無法下不附故薛延陁奚霫等皆內屬頡利遣擊之又大敗衆騷離頡利囚笞之久乃赦突利嘗自結於太宗及頡利衰驟追兵於突利不肯從因起相攻突利請入朝帝謂左右曰古爲國者勞己以憂人則系祚長役人以奉己則亡今突厥喪亂由可汗不君突利雖至親不自保而來夷狄弱則邊境安然觀彼亡我不可以無懼有不逮者禍可紓乎突利至禮見良厚輟膳以賜之拜右衞大將軍封北平郡王食戶七百以爲都督太宗敕曰而祖啓民破亡隋則復之棄德不報而父始畢反爲隋敵爾今窮來歸我所以不立爾爲可汗鑒前敗也我欲中國安爾宗族不亡故授爾都督毋相侵掠長爲我北藩突利頓首聽命後入朝死并州道中年二十九帝爲舉哀詔文本文其墓子賀邏鶻嗣帝幸九成宮突利弟結社率以郎將宿衞陰結種人謀反劫賀邏鶻北還謂其黨曰我聞晉王丁夜得辟仗出我乘間突進可犯行在是夕大風宜王不出結社率恐謀泄卽射中營譟而殺入衞士等共擊之乃走殺廐人盜馬欲度渭徼邏禽斬之赦賀邏鶻投嶺外於是羣臣更言處突厥中國非是帝亦患之乃立阿史那思摩爲乙彌泥孰俟利苾可汗賜氏李樹牙河北悉徙突厥還故地

思摩頡利族人也父曰咄六設始啓民奔隋磧北諸部奉思摩爲可汗啓民歸國乃去可汗號性開敏善占對始畢處羅皆愛之然以貌似胡疑非阿史那種故但爲夾畢特勒而不得爲設武德初數以使者來高祖嘉其誠封和順郡王及諸部納款思摩獨留與頡利俱禽太宗以爲忠授右武候大將軍化州都督統頡利故部居河南徙懷化郡王及是將徙內畏薛延陁不敢出塞帝詔司農卿郭嗣本持節賜延陁書言中國禮義未始滅人國以頡利暴殘伐而取之非貪其地與人也故處降部於河南薦草美泉利其畜牧衆日孳蕃今復以思摩爲可汗還其故疆延陁受命在前長於突厥舉磧以北延陁主之其南突厥保之各守而境無相鈔犯有負約我自以兵誅之思摩乃行帝爲置酒引思摩前曰蒔一草一木見其滋蕪以爲喜況我養爾部人息爾馬羊不減昔乎爾父母墳墓在河北今復舊廷故宴以慰行思摩泣下奉觴上萬歲壽且言破亡之餘陛下使存骨舊鄉願子孫世世事唐以報厚德於是趙郡王孝恭鴻臚卿劉善就思摩部築壇場河上拜受冊賜鼓纛又詔左屯衞將軍阿史那忠爲左賢王左武衞將軍阿史那泥孰爲右賢王相之薛延陁聞突厥之北恐其衆奔亡度磧勒兵以待及使者至乃謝曰天子詔毋相侵謹頓首奉詔然突厥酣亂翻覆其未亡時殺中國人如麻陛下滅其國謂宜收種落皆爲奴婢以償唐人乃養之如子而結社率竟反此不可信明甚後有亂請終爲陛下誅之十五年思摩帥衆十餘萬勝兵四萬馬九萬匹始度河牙於故定襄城其地南大河北白道畜牧廣衍龍荒之最壤故突厥爭利之思摩遣使謝曰蒙恩立爲落長實望世世爲國一犬守吠天子北門有如延陁侵逼願入保長城詔許之居三年不能得其衆下多擕背思摩慙因入朝願留宿衞更拜右武衞將軍從伐遼中流矢帝爲吮血其顧厚類此還卒京師贈兵部尚書夏州都督陪葬昭陵築墳象白道山爲刊其勞碑於化州

右賢王阿史那泥孰蘇尼失子也始歸國妻以宗女賜名忠及從思摩出塞思慕中國見使者必流涕求入侍許之思摩既不能國殘衆稍稍南度河分處勝夏二州帝伐遼或言突厥處河南邇京師請帝無東帝曰夫爲君者豈有猜貳哉湯武化桀紂之民無不遷善有隋無道舉天下皆叛非止夷狄也朕閔突厥之亡內河南以振贍之彼不近走延陁而遠歸我懷我深矣朕策五十年中國無突厥患思摩衆既南車鼻可汗乃盜有其地

車鼻亦阿史那族而突利部人也名斛勃世爲小可汗頡利敗諸部欲共君長之會薛延陁稱可汗乃往歸焉其爲人沈果有智數衆頗附延陁畏逼將殺之乃率所部遯去騎數千尾追不勝竄金山之北三垂斗絕惟一面可容車騎壤土夷博卽據之勝兵三萬自稱乙注車鼻可汗距長安萬里西葛邏祿北結骨皆并統之時出掠延陁人畜延陁後衰車鼻勢益張二十一年遣子沙鉢羅特勒獻方物且請身入朝帝遣雲麾將軍安調遮右屯衞郎將韓華往迎之至則車鼻偃然無入朝意華謀與葛邏祿共劫之車鼻覺華與車鼻子陟苾特勒鬬死調遮被殺帝怒遣右驍衞郎將高偘發回紇僕骨兵擊之其大酋長歌邏祿泥孰闕俟利發處木昆莫賀咄俟斤等以次降偘師攻阿息山部落不肯戰車鼻擕愛妾從數百騎走追至金山獲之獻京師高宗責曰頡利敗爾不輔無親也延陁破爾遯亡不忠也而罪當死然朕見先帝所獲酋長必宥之今原而死乃釋縛數俘社廟又見昭陵拜左武衞將軍賜居第處其衆鬱督軍山詔建狼山都督府統之初其子羯漫陁泣諫車鼻請歸國不聽乃遣子菴鑠入朝後來降拜左屯衞將軍建新黎州使領其衆於是突厥盡爲封疆臣矣始置單于都護府領狼山雲中桑乾三都督蘇農等二十四州瀚海都護府領金微新黎等七都督仙萼賀蘭等八州卽擢領酋爲都督刺史麟德初改燕然爲瀚海都護府領回紇徙故瀚海都護府於古雲中城號雲中都護府磧以北蕃州悉隷瀚海南隷雲中雲中者義成公主所居也頡利滅李靖徙突厥羸破數百帳居之以阿史德爲之長衆稍盛卽建言願以諸王爲可汗遙統之帝曰今可汗古單于也乃改雲中府爲單于大都護府以殷王旭輪爲單于都護帝封禪都督葛邏祿叱利等三十餘人皆從至泰山下已封詔勒名於封禪碑云凡三十年北方無戎馬警調露初單于府大酋溫傅奉職二部反立阿史那泥孰匐爲可汗二十四州酋長皆叛應之乃以鴻臚卿單于大都護府長史蕭嗣業左領軍衞將軍苑大智右千牛衞將軍李景嘉討之恃勝不設備會雨雪士皸寒反爲虜襲大敗殺略萬餘人大智等收餘卒行且戰乃免於是嗣業流桂州餘坐免官更拜禮部尚書裴行儉爲定襄道行軍大總管率太僕少卿李思文營州都督周道務西軍程務挺東軍李文暕士無慮三十萬捕擊反者詔右金吾將軍曹懷舜屯井陘右武衞將軍崔獻屯絳龍門明年行儉戰黑山大破之其下斬泥孰匐以首降禽溫傅奉職以還餘衆保狼山始虜未叛鳴鵽羣飛入塞吏曰所謂突厥雀者南飛胡必至比春還悉墮靈夏間率無首泥孰果亡狼山衆掠雲州都督竇懷哲右領軍中郎將程務挺逐出之永隆中溫傅部又迎頡利族子伏念於夏州走度河立爲可汗諸部響應明年遂寇原慶二州復詔行儉爲大總管以右

武衛將軍曹懷舜幽州都督李文暕副之謀者紿言伏念溫傅保黑沙饑甚可輕騎取也懷舜獨信之輕兵倍道至黑沙乃不見虜得薛延陀餘部降之引還至長城遇溫傅與戰所殺相當行儉兵壁代之陘口縱反間故伏念溫傅相貳因遣兵擊伏念敗之伏念走與懷舜遇行且戰一日爲伏念所破棄軍奔雲中士爲虜所乘死不可算皆南首仆懷舜殺牲與伏念盟乃免伏念益北留輜重妻子保金牙山以輕騎將襲懷舜會行儉遣部將掩得其輜重比還無所歸乃北走保細沙行儉縱單于鎮兵躡之伏念意王師不能遠不設備及兵至惶駭不得戰遂遣使間道詣行儉執溫傅降行儉虜之送京師斬東市永淳元年骨咄祿又反

骨咄祿頡利族人也雲中都督舍利元英之部酋世襲吐屯伏念敗乃嘯亡散保總材山又治黑沙城有衆五千盜九姓畜馬稍彊大乃自立爲可汗以弟默啜爲殺咄悉匐爲葉護時單于府檢校降戶部落阿史德元珍者爲長史王本立所囚會骨咄祿來寇元珍請諭還諸部贖罪許之至即降骨咄祿與爲謀遂以爲阿波達干悉屬以兵乃寇單于府北鄙遂攻并州殺嵐州刺史王德茂分掠定州北平刺史霍王元軌擊卻之又攻嬀州圍單于都護府殺司馬張行師攻蔚州殺刺史李思儉執豐州都督崔知辯詔右武衛將軍程務挺爲單于道安撫大使備邊嗣聖垂拱間連寇朔代掠吏士左玉鈐衛中郎將淳于處平爲陽曲道總管擊賊總材山至忻州與賊遇鏖戰不利死者五千人更以天官尚書韋待價爲燕然道大總管討之明年入昌平右鷹揚衛大將軍黑齒常之擊卻之復入朔州地常之與戰黃花堆虜敗追奔四十里遁過磧右監門衛中郎將爨寶璧當追意虜即破欲幸取功乃募謀出塞二千里間虜無備趨襲之將至漏言于軍虜得整衆出皆死戰大敗寶璧跳還舉軍沒武后怒誅寶璧改骨咄祿曰不卒祿俄而元珍攻突騎施戰死天授初骨咄祿死其子幼不得立默啜自立爲可汗篡位數年始攻靈州多殺略士民武后以薛懷義爲朔方道行軍大總管內史李昭德爲行軍長史鳳閣鸞臺平章事蘇味道爲司馬率朔方道總管契苾明鴈門道總管王孝傑威化道總管李多祚豐安道總管陳令英瀚海道總管田揚名等凡十八將軍兵出塞雜華蕃步騎擊之不見虜還俄詔孝傑爲朔方道行軍總管備邊契丹李盡忠等反默啜請擊賊自效詔可授左衛大將軍歸國公以左豹韜衛將軍閻知微即部冊拜遷善可汗默啜乃引兵擊契丹會盡忠死襲松漠部落盡得李萬榮妻子輜重酋長崩潰后美其功復詔知微持節冊默啜爲特進頡跌利施大單于立功報國可汗未及命俄攻靈勝二州縱殺略爲屯將所敗又遣使者謝請爲后子復言有女願女諸王且求六州降戶初突厥內屬者分處豐勝靈夏朔代間謂之河曲六州降人默啜又請粟田種十萬斛農器三千具鐵數萬斤后不許宰相李嶠亦言不可默啜怨爲慢言執使者司賓卿田歸道於是納言姚璹等建請與之乃歸粟器降人數千帳繇是突厥遂彊詔淮陽王武延秀聘其女爲妃詔知微攝春官尚書與司賓卿楊鸞莊持節護送默啜猥曰我以女嫁唐天子子今乃后家子乎且我世附唐今聞其子孫獨二人在我當立之即囚延秀等妄號知微爲可汗自將十萬騎南向擊靜難平狄清夷等軍靜難軍使慕容玄崱以兵五千降虜入圍嬀檀后詔司屬卿武重規爲天兵中道大總管右武威衛將軍沙吒忠義爲天兵西道總管幽州都督張仁亶爲天兵東道總管兵凡三十萬擊之右羽林大將軍閻敬容李多祚爲天兵西道後軍總管兵亦十五萬默啜破蔚州飛狐進殘定州殺刺史孫彥高焚廬舍鄉聚爲空后怒下詔購斬默啜者王之更號曰斬啜虜圍趙州長史唐波若應之入殺刺史高叡進攻相州詔沙吒忠義爲河北道前軍總管李多祚爲後軍總管將軍嵎夷公福富順爲奇兵總管擊虜時中宗還自房陵爲皇太子拜行軍大元帥以納言狄仁傑爲副文昌右丞宋玄爽爲長史左肅政臺御史中丞霍獻可爲司馬右肅政臺御史中丞吉頊爲監軍使將軍扶餘文宣等六人爲子總管未行默啜聞之取趙定所掠男女八九萬悉阬之出五回道去所過人畜金幣子女盡剽有之諸將皆顧望不敢戰獨狄仁傑以兵追之不及默啜負勝輕中國有驕志大抵兵與頡利時埒地縱廣萬里諸蕃悉往聽命復立咄悉匐爲左察骨咄祿子默矩爲右察皆統兵二萬子匐俱爲小可汗位兩察上典處木昆等十姓兵四萬號拓西可汗歲入邊戍兵不得休乃高選魏元忠檢校并州長史爲天兵軍大總管婁師德副之按屯以待又徙元忠靈武道行軍大總管備虜默啜剽隴右牧馬萬匹去俄復盜邊詔安北大都護相王爲天兵道大元帥率并州長史武攸宜夏州都督薛訥與元忠擊虜兵未出默啜去明年寇鹽夏掠羊馬十萬攻石嶺遂圍并州以雍州長史薛季昶爲持節山東防禦大使節度滄瀛幽易恒定嬀檀平等九州之軍以瀛州都督張仁亶統諸州及清夷障塞軍之兵與季昶掎角又以相王爲安北道行軍元帥監諸將王留不行虜入代忻仍殺略長安三年遣使者莫賀達干請進女女皇太子子后使平恩郡王重俊義興郡王重明盛服立諸朝默啜更遣大酋移力貪汗獻馬千匹謝許婚后渥禮其使中宗始即位入攻鳴沙於是靈武軍大總管沙吒忠義與戰不勝死者幾萬人虜遂入原會多取牧馬帝詔絕昏購斬默啜者王以國官諸衛大將軍默啜殺我行人鴻臚卿臧思言詔左屯衛大將軍張仁亶爲朔方道大總管屯邊明年始築三受降城於河外障絕寇路久之以唐休璟代屯睿宗初立又請和親詔取宋王成器女爲金山公主下嫁會左羽林大將軍孫佺等與奚戰冷陘爲奚所執獻諸默啜默啜殺之更以刑部尚書郭元振代休璟玄宗立絕和親默啜乃遣子楊我支特勒入宿衛固求昏以蜀王女南河縣主妻之下書諭尉可汗明年使子移涅可汗引同俄特勒火拔頡利發石失畢精騎攻北廷都護郭虔瓘擊之斬同俄城下虜奔解火拔不敢歸攜妻子來奔拜左武衛大將軍燕山郡王號其妻爲金山公主賜賚優縟楊我支死詔宗親三等以上弔其家是時突厥再上書求昏帝未報初景雲中默啜西滅娑葛遂役屬契丹奚因虐用其下既年老愈昏暴部落怨叛十姓左五咄陸右五弩失畢俟斤皆請降葛邏祿胡屋鼠尼施三姓大漠都督特進朱斯陰山都督謀落匐雞玄池都督蹋實力胡鼻率衆內附詔處其衆於金山以右羽林軍大將軍薛訥爲涼州鎮軍大總管節度赤水建康河源等軍屯涼州以都督楊執一副之右衛大將軍郭虔瓘爲朔州鎮軍大總管節度和戎大武并州之北等軍屯并州以長史王晙副之撫新附檢鈔暴默啜屢擊葛邏祿等詔在所都護總管掎角應援虜勢寖削其壻高麗莫離支高文簡與跌跌都督思太吐谷渾大酋慕容道奴郁射施大酋鶻屈頡斤苾悉頡力高麗大酋高拱毅合萬餘帳相踵款邊詔內之河南引拜文簡左衛大將軍遼西郡王思太特進右衛大將軍兼跌跌都督樓煩郡公道奴左武衛將軍兼刺史雲中郡公鶻屈頡斤左驍衛將軍兼刺史陰山郡公苾悉頡力左武衛將軍兼刺史鴈門郡公拱毅左領軍衛將軍兼刺史平城郡公將軍皆員外置賜各有差默啜討九姓戰磧北九姓潰人畜皆死思結等部來降帝悉官之拜薛訥朔方道行軍大總管太僕卿呂延祚靈州刺史杜賓客佐之備邊詔金山大漠陰山玄池都督等共圖取默啜班賞格賜物諭之默啜又討九姓拔野古戰獨樂河拔野古大敗默啜輕歸不爲備道大林中拔曳固殘衆突出擊默啜斬之乃與入蕃使郝靈佺傳首京師骨咄祿子闕特勒合故部攻殺小可汗及宗族略盡立其兄默棘連是爲毗伽可汗

唐書卷二百十五上考證

頡利傳漢陽公瓌○高紀作漢陽郡王未詳孰是

阿史那泥孰傳始歸國妻以宗女賜名忠○沈炳震曰那泥孰與忠本二人忠別有傳附阿史那社爾非那泥孰也新書作一人非是 臣酉按新書思摩傳明云詔左屯衛將軍阿史那忠爲左賢王左武衛將軍那泥孰爲右賢王是明以忠與泥孰爲二人矣此復云云何其自相矛盾耶

車鼻傳禽溫傅奉職以還○沈炳震曰溫傅開耀元年擒此誤

唐書卷二百十五下

宋 端明殿學士宋祁撰

列傳第一百四十下

突厥

毗伽可汗默棘連本謂小殺者性仁友自以立非己功讓於闕特勒特勒不敢受遂嗣位實開元四年以特勒爲左賢王專制其兵初默啜死闕特勒盡殺其用事臣惟暾欲谷者以女婆匐爲默棘連可敦獨免廢歸其部後突騎施蘇祿自爲可汗突厥部種多貳默棘連乃召暾欲谷與謀國年七十餘衆尊畏之俄而跌跌思太等自河曲歸之始降戶之南也單于副都護張知運盡斂其兵戎人怨怒及姜晦爲巡邊使連訴禁弓矢無以射獵爲生晦悉還之乃共擊張知運禽之將送突厥朔方行軍總管薛訥將軍郭知運追之衆潰擇知運去思太等分爲二隊北走王晙又破其左隊默棘連既得降胡欲南盜塞暾欲谷曰不可天子英武人和歲豐未有間且我兵新集不可動也默棘連又欲城所都起佛老廟暾欲谷曰突厥衆不敵唐百分一所能與抗者隨水草射獵居處無常習於武事彊則進取弱則遁伏唐兵雖多無所用也若城而居戰一敗必爲彼禽且佛老教人

仁弱非武彊衛默棘連當其衆即遣使者請和帝以不惝答而不許俄下詔伐之乃以拔悉蜜右驍衛大將軍金山道總管處木昆執米啜堅昆都督右武衞大將軍骨篤祿毗伽可汗契丹都督李失活奚都督李大酺突厥默啜子左賢王墨特勒左威衞將軍右賢王阿史那毗伽特勒燕山郡王火拔石失畢等蕃漢士悉發凡三十萬以御史大夫朔方道大總管王晙統之期八年秋並集稽落水上使拔悉蜜奚契丹分道掩其牙捕默棘連默棘連大恐暾欲谷曰拔悉蜜在北廷與二蕃相距遠必不合晙與張嘉貞有隙必相執異亦必不能來即皆能來我當前三日悉衆北徙彼糧竭自去拔悉蜜輕而好利當先至擊之可取也俄而拔悉蜜果引衆逼突厥牙知晙等不至乃引卻突厥欲擊之暾欲谷曰兵千里遠出士殊死鬭鋒不可當也不如躡之遂近而取之距北廷二百里乃分兵由它道襲拔其城即急擊拔悉蜜衆走趨北廷無所歸悉禽之還出赤亭掠涼州都督楊敬述使官屬盧公利元澄等勒兵討捕暾欲谷曰敬述若城守當與和如兵出吾且決戰必有功澄令士軍臝臂持滿外注會大寒裂膚士手不能張弓矢由是大敗元澄走敬述坐以白衣檢校涼州事突厥遂大振盡有默啜餘衆明年固乞和請父事天子許之又連歲遣使獻方物求婚是時天子東巡泰山中書令張說謀益屯以備突厥兵部郎中裴光廷曰封禪以告成功若復調發不可謂成功者說曰突厥雖請和難以信結也且其可汗仁而愛人下爲之用闕特勒善戰暾欲谷沈雄愈老而智李靖世勣流也三虜方協知我舉國東巡有如乘間何以禦之光廷即請以使召其大臣入衞乃遣鴻臚卿袁振往諭帝意默棘連置酒與可敦闕特勒暾欲谷坐帳中謂振曰吐蕃犬出也唐與爲婚奚契丹我奴而役也亦尚主獨突厥前後請不許云何振曰可汗天子子也子而婚可乎默棘連曰不然二蕃皆賜姓而得尚主何不可云且公主亦非帝女我不敢有所擇但屢請不得爲諸國笑振許爲請默棘連遣大臣阿史德頡利發入獻遂從封禪有詔四夷諸酋皆入仗佩弓矢會兔起帝馬前帝一發斃之頡利發奉兔頓首賀曰陛下神武超絕若天上則臣不知人間無有也詔問饑欲食乎對曰仰覩弧矢之威使十日不食猶爲飽因令仗內馳射囿封畢厚宴賜遣之然卒不許和親自是比年遣大臣入朝吐蕃以書約與連和鈔邊默棘連不敢從封上其書天子嘉之引使者梅錄啜宴紫宸殿詔朔方西受降城許互市歲賜帛數十萬十九年闕特勒死使金吾將軍張去逸都官郎中呂向奉璽詔弔祭帝爲刻辭于碑仍立廟像四垣圖戰陣狀詔高手工六人往繪寫精肖其國以爲未嘗有默棘連視之必悲梗默棘連請婚既勤帝許可於是遣哥解栗必來謝請婚期俄爲梅錄啜所毒忍死殺梅錄啜夷其種乃卒帝爲發哀詔宗正卿李佺弔祭因立廟詔史官李融文其碑國人共立其子爲伊然可汗伊然可汗立八年卒凡遣使三入朝其弟嗣立是爲苾伽骨咄祿可汗使右金吾衞將軍李質持冊爲登利可汗明年遣使伊難如朝正月獻方物曰禮天可汗如禮天今新歲獻月願以萬壽獻天子云可汗幼其母婆匐與小臣飫斯達干亂遂預政諸部不協登利從父分掌東西兵號左右殺士之精勁皆屬可汗與母誘斬西殺奪其兵左殺懼即攻登利可汗殺之左殺者判闕特勒也遂立毗伽可汗子俄爲骨咄葉護所殺立其弟旋又殺之葉護乃自爲可汗天寶初其大部回紇葛邏祿拔悉蜜並起攻葉護殺之尊拔悉蜜之長爲頡跌伊施可汗於是回紇葛邏祿自爲左右葉護亦遣使者來告國人奉判闕特勒子爲烏蘇米施可汗以其子葛臘哆爲西殺帝使使者諭令內附烏蘇不聽其下不與拔悉蜜等三部共攻烏蘇米施米施遁亡其西葉護阿布思及葛臘哆率五千帳降以葛臘哆爲懷恩王三載拔悉蜜等殺烏蘇米施傳首京師獻太廟其弟白眉特勒鶻隴匐立是爲白眉可汗於是突厥大亂國人推拔悉蜜酋爲可汗詔朔方節度使王忠嗣以兵乘其亂抵薩河內山擊其左阿波達干十一部破之獨其右未下而回紇葛邏祿殺拔悉蜜可汗奉回紇骨力裴羅定其國是爲骨咄祿毗伽闕可汗明年殺白眉可汗傳首獻毗伽可汗妻骨咄祿婆匐可敦率衆自歸天子御花萼樓宴羣臣賦詩美其事封可敦爲賓國夫人歲給粉直二十萬始突厥國於後魏大統時至是滅後或朝貢皆舊部九姓云其地盡入回紇始其族分國於西者曰西突厥

西突厥其先訥都陸之孫吐務號大葉護長子曰土門伊利可汗次子曰室點蜜亦曰瑟帝米瑟帝米之子曰達頭可汗亦曰步迦可汗始與東突厥分烏孫故地有之東即突厥西雷翥海南疏勒北瀚海直京師北七千里由焉耆西北七日行得南廷北八日行得北廷與都陸弩失畢歌邏祿處月處蜜伊吾諸種雜其風俗大抵突厥也言語少異初東突厥木杆可汗死舍其子大邏便而立弟佗鉢可汗佗鉢死先令戒其子菴羅必立大邏便國人以其母賤不肯立而卒立菴羅菴羅後以讓木杆兒子攝圖是爲沙鉢略可汗而大邏便別爲阿波可汗自臣所部沙鉢略襲擊之殺其母阿波西走達頭當是時達頭爲西面可汗即授阿波兵十萬使與東突厥戰而阿波竟爲沙鉢略所禽及啓民可汗時達頭可汗歲以兵相加而隋常助啓民故達頭敗奔吐谷渾始阿波既禽國人立鞅素特勒子是爲泥利可汗達頭之奔泥利亦敗及死其子達漫立是爲泥撅處羅可汗政苛察多忌大業中從煬帝征高麗賜號曷薩那可汗妻以宗女留其弟闕達度設畜牧於會寧郡即自稱闕可汗江都亂曷薩那從宇文化及至黎陽遁歸長安高祖降榻與共坐封歸義王以大珠獻帝帝不受曰朕所重者王之赤心是無用也闕可汗有馬三千武德元年內屬賜號吐烏過拔闕可汗與李軌連和隋西戎使者曹瓊據甘州誘之俄與瓊合共擊軌兵不勝走達斗拔谷與吐谷渾相輔車爲軌所滅初曷薩那朝隋國人皆不欲既被留不遣乃共立達頭孫號射匱可汗建廷龜茲北之三彌山玉門以西諸國多役屬與東突厥亢射匱死其弟統葉護嗣是爲統葉護可汗

統葉護可汗勇而有謀戰輒勝因并鐵勒下波斯罽賓控弦數十萬徙廷石國北之千泉遂霸西域諸國悉授以頡利發而命一吐屯監統以督賦入明年射匱使使來以曷薩那有世憾請殺之帝不許羣臣曰存一人失一國後且爲患秦王曰不然人來歸我我殺之不祥帝又不聽宴禁中酒酣至中書省縱使者斮之不宣也射匱亦連年條貢條支巨卵師子革等帝厚申撫結約與并力討東突厥統葉護可汗請斯頡利大懼乃與和約毋相代也統葉護可汗來請昏帝與羣臣謀西突厥去我遠緩急不可杖可與昏乎封德彝曰計今之便莫若遠交而近攻請聽昏以怖北狄待我既定而後圖之帝乃許昏詔高平王道立至其國統葉護可汗喜遣眞珠統俟斤與道立還獻萬釘寶鈿金帶馬五千匹以藉約會東突厥歲犯邊西道使澁又頡利遣謂曰若迎唐公主必假我道我且留之統葉護可汗病之未克昏方貢其彊不以恩結下衆怨多叛去其諸父莫賀咄殺之帝欲齎玉帛焚祭其國會亂不果至莫賀咄立是爲屈利俟毗可汗遣使者來獻俟毗可汗初分統突厥爲小可汗既稱大可汗國人不附弩失畢部自推泥孰莫賀設爲可汗泥孰辭不受會統葉護可汗子咥力特勒避莫賀咄亂亡在康居泥孰迎立之爲乙毗鉢羅肆葉護可汗與俟毗可汗分王其國挐鬭不解各遣使朝獻太宗追憐曷薩那死非罪爲贈上柱國具禮以葬貞觀四年俟毗可汗請昏不許詔曰突厥方亂君臣未定何遽昏爲各敕其部毋相侵由是西域諸國悉叛之國大虛耗衆悉附肆葉護可汗雖俟毗之部亦稍稍去共以兵擊俟毗俟毗走保金山爲泥孰所殺奉肆葉護爲大可汗肆葉護已立即北討鐵勒薛延陀爲延陀所敗性猜愎狹於統下小可汗乙利者於國最有功肆葉護聽讒種夷之衆皆沮駭又忌泥孰陰圖殺之泥孰亡入焉耆未幾役甲達干與弩失畢部諸豪謀執廢肆葉護葉護輕騎走康居憂死國人迎泥孰於焉耆立之是爲咄陸可汗可汗父莫賀設本隸統葉護者武德時來朝太宗與之盟約爲昆弟死而泥孰代之或曰伽那設既立遣使詣闕不敢當可汗號帝詔鴻臚少卿劉善因持節冊號吞阿婁拔利邲咄陸可汗賜鼓纛段綵巨萬泥孰遣使謝它日太上皇宴使者兩儀殿謂長孫無忌曰今蠻夷率服古亦有乎無忌上千萬歲壽太上皇喜以酒屬帝帝頓首謝亦奉觴上太上皇壽咄陸可汗死弟同俄設立是爲沙鉢羅咥利失可汗歲三遣使奉方物遂請昏帝慰而不俞可汗分其國爲十部部以一人統之人授一箭號十設亦曰十箭爲左右左五咄陸部置五大啜居碎葉東右五弩失畢部置五大俟斤居碎葉西其下稱一箭曰一部落號十姓部落云然不爲衆悅賴其部統吐屯以兵襲之咥利失率左右戰統吐屯不勝去咥利失與其弟步利設奔焉耆阿悉吉闕俟斤與統吐屯召國人謀立欲谷設爲大可汗以咥利失爲小可汗會統吐屯被殺欲谷設又爲其俟斤所破咥利失乃復得故地後西部卒自立欲谷設爲乙毗咄陸可汗而與咥利失交戰殺傷不可計乃因伊列河約諸部河以西受令於咄陸其東咥利失主之自是西突厥又分二國矣咄陸可汗建廷鏃曷山西謂之北廷駮馬結骨諸國悉附臣之陰與咥利失部吐屯俟列發以兵攻咥利失咥利失援窮奔拔汗那而死國人立其子是爲乙屈利失乙毗可汗踰年死弩失畢大酋迎伽那設之子畢賀咄葉護立之是爲乙毗沙鉢羅葉護可汗太宗詔左領軍將軍張大師持節冊命賜鼓纛建廷雖合水北謂之南廷東薄伊列河龜茲鄯善且末吐火羅焉耆石史何穆康等國皆隸屬是時咄陸兵寖盛與沙鉢羅葉護數交戰會二可汗使者皆來帝敕以敦睦令各罷兵咄陸不

肯聽遣石國吐屯攻葉護可汗殺之幷其國弩失畢不服叛去咄陸又擊吐火羅取之乃入寇伊州安西都護郭孝恪以輕騎二千自烏骨狙擊敗之咄陸以處月處密兵圍天山而不克孝恪追北拔處月俟斤之城抵遏索山斬千餘級降處密部而歸咄陸可汗性狠傲留使者元孝友等不遣妄曰我聞唐天子才武我今討康居爾視我與天子等否遂與共攻康居道米國即襲破之係虜其人取貲口不以與下其將泥孰啜怒奪取之咄陸斬以徇泥孰啜之將胡祿屋舉兵襲咄陸可汗多殺士國大亂將歸保吐火羅大臣勸其返國不從率衆去度葉水及石國左右亡去略盡乃保可賀敦城自輕出招叛亡阿悉吉闕俟斤逆擊之咄陸敗襲取白水胡城以居弩失畢不欲咄陸爲可汗遣使者至闕下請所立帝遣通事舍人溫無隱持璽詔與國大臣擇突厥可汗子孫賢者授之乃立乙屈利失乙毗可汗之子是爲乙毗射匱可汗

乙毗射匱既立改館使者悉還之長安使弩失畢將兵攻白水胡城咄陸勒兵白城出鳴鼓角薄鬬弩失畢不能軍殺獲甚多咄陸因其勝招徠舊部皆曰戰千人存一人我猶不從也咄陸自知衆怨乃走吐火羅乙毗射匱遣使貢方物且請昏帝令割龜茲于闐疏勒朱俱波葱嶺五國爲聘禮不克昏於是阿史那賀魯反盡得可汗部落

賀魯者室點密可汗五世孫曳步利設射匱特勒劫越子也始阿史那步眞來歸國咄陸可汗以賀魯爲葉護代步眞居多邏斯川直西州北千五百里統處月處蜜姑蘇歌邏祿弩失畢五姓之衆咄陸之走吐火羅也乙毗射以兵迫逐賀魯無常居部多散亡有執舍地處木昆婆鼻三種者以賀魯無罪往請可汗可汗怒欲誅執舍地等三種乃舉所部數千帳與賀魯皆內屬帝優撫之會討龜茲請先驅爲鄉導詔授昆丘道行軍總管宴嘉壽殿厚賜予解衣衣之擢累左驍衛將軍瑤池都督處其部於廷州莫賀城密招攜散廬幕益衆方帝崩即謀取西廷二州刺史駱弘義以聞高宗遣通事舍人喬寶明馳撫因令賀魯遣子咥運入宿衛咥運中悔劫於勢不得去拜右驍衛中郎將帝遣還咥運即勸賀魯引而西取咄陸可汗故地建牙於千泉自號沙鉢羅可汗遂統咄陸弩失畢十姓咄陸有五啜曰處木昆律啜胡祿屋闕啜攝舍提暾啜突騎施賀邏施啜鼠尼施處半啜弩失畢有五俟斤曰阿悉結闕俟斤哥舒闕俟斤拔塞幹暾沙鉢俟斤阿悉結泥孰俟斤哥舒處半俟斤而胡祿屋闕賀魯壻也阿悉結闕俟斤最盛彊勝兵至數十萬以咥運爲莫賀咄葉護遂寇廷州敗數縣殺掠數千人去詔左武衛大將軍梁建方右驍衛大將軍契苾何力爲弓月道行軍總管右驍衛將軍高德逸右武衛將軍薩孤吳仁副之發府兵三萬合回紇騎五萬擊之駱弘義獻計曰安中國以信馭夷狄以權理有變通也賀魯保一城方寒積雪謂唐兵必不來宜乘此一舉滅之遷延及春且生變縱不率連諸國必遠迹遁去且兵本誅賀魯而處蜜處木昆等亦各欲自免若留不進彼與賀魯復合矣今雖嚴冬風勁兵若驟壓又不可久留費邊糧使賊得堅黨附除死期也請寬處月處蜜等罪專誅賀魯除禍務本不可先治枝葉也願發射脾處月處蜜契苾等兵齎一月食急趨之大軍住憑洛水上爲之景助此驅戎狄攻豺狼也且戎人藉唐兵爲羽翼今胡騎出前唐兵躡後賀魯窮矣天子然其奏詔弘義佐建方等經略之處月朱邪孤注者引兵附賊據牢山建方等攻之衆潰追行五百里斬孤注上首九千級虜其帥六十不如弘義所計永徽四年罷瑤池都督府即處月置金滿州又遣左屯衛大將軍程知節爲葱山道行軍大總管率諸將進討是歲咄陸可汗死其子眞珠葉護請討賀魯自效爲賀魯所拒不得前明年知節擊歌邏祿處月斬千級收馬萬計副將周智度擊處木昆城拔之斬首三萬前軍蘇定方擊賀魯別帳鼠尼施于鷹娑川斬首虜獲馬甚衆賊棄鎧仗彌野會副總管王文度不肯戰降怛篤城取其財畜之知節不能制顯慶初擢定方伊麗道行軍大總管率燕然都護任雅相副都護蕭嗣業左驍衛大將軍瀚海都督回紇婆閏等窮討詔右屯衛大將軍阿史那彌射左屯衛大將軍阿史那步眞爲流沙道安撫大使分出金山道俟斤嬾獨祿等萬餘帳迎降定方以精騎至曳咥河西擊處木昆破之賀魯舉十姓兵十萬騎來拒定方以萬人當之虜見兵少以騎繞唐軍定方令步卒據原攢矟外注自以騎陳於北賀魯先擊原上軍三犯軍不動定方縱騎乘之虜大潰追奔數十里俘斬三萬人殺其大酋都搭達干等二百人明日躡北五弩失畢皆降五咄陸聞賀魯敗趨南道降步眞定方命嗣業婆閏趨邪羅斯川追虜任雅相提降兵踵後會大雪軍中請須霽定方曰今霧晦風冽虜謂我不能師掩其不虞可也緩則遠矣省日兼功上策也於是晝夜進收所過人畜至雙河與彌射步眞會軍飽氣張距賀魯牙二百里陳而行抵金牙山賀魯衆適獵定方兵縱破其牙俘數萬人獲鼓纛器械賀魯跳度伊麗水嗣業次千泉彌射至伊麗處月處蜜諸部皆下次雙河賀魯先以步失達干據柵戰彌射攻之潰定方追賀魯至碎葉水盡奪其衆賀魯咥運將奔鼠耨設至石國蘇咄城馬不進衆饑齎寶入城且市馬城主伊涅達干迎之既入拘送石國會彌射子元爽與嗣業兵至取之乃悉散諸部兵開道置驛收露胔問人疾苦賀魯所掠悉還之民西域平賀魯謂嗣業曰我亡虜也先帝厚我我則背之今天降怒罰尚何道且聞漢法殺人必都市我願就死昭陵謝罪於先帝也帝曰先帝賜賀魯二千帳主之今罪人既得獻昭陵其可乎許敬宗曰古者軍凱還則飲至于廟若諸侯獻馘天子未聞獻于陵然陛下奉園寢與宗廟等可行不疑於是執而獻昭陵赦不誅賀魯已滅裂其地爲州縣以處諸部木昆部爲匐廷都督府突騎施索葛莫賀部爲嗢鹿都督府突騎施阿利施部爲絜山都督府胡祿屋闕部爲鹽泊都督府攝舍提暾部爲雙河都督府鼠尼施處半部爲鷹娑都督府又置崑陵濛池二都護府以統之其所役屬諸國皆置州西盡波斯並隸安西都護府以阿史那彌射爲興昔亡可汗兼驃騎大將軍崑陵都護領五咄陸部阿史那步眞爲繼往絕可汗兼驃騎大將軍濛池都護領五弩失畢部各賜帛十萬以光祿卿盧承慶持册命之賀魯死詔葬頡利冢旁紀其槩於石

阿史那彌射亦室點蜜可汗五世孫世爲莫賀咄葉護貞觀中遣使者持節立彌射爲奚利邲咄陸可汗賜鼓纛族兄步眞謀殺彌射欲自立彌射不能國即舉所部處月處蜜等入朝拜右監門衛大將軍而步眞遂自爲咄陸葉護衆不厭去之亦與族人來朝拜左屯衛大將軍彌射從帝征高麗有功封平襄縣伯遷右武衛大將軍及平賀魯乃與步眞皆爲可汗得補所部刺史以下是歲彌射擊眞珠葉護於雙河斬之殺闕啜二人彌射步眞無綏御材下多怨於是思結都曼率疏勒朱俱波喝槃陀三國叛擊破于闐詔左驍衛大將軍蘇定方討之都曼兵保馬頭川五年定方傳其城擊降之龍朔二年彌射步眞以兵從𩦲海道總管蘇海政討龜茲步眞怨彌射且欲幷其部乃誣以謀反海政不能察即集軍吏計議先發誅之因稱詔發所齎賜可汗首領彌射以麾下至悉收斬之其部鼠尼施拔塞幹叛走海政追平之步眞死乾封時咸亨二年以西突厥部酋阿史那都支爲左驍衛大將軍兼匐延都督以安輯其衆儀鳳中都支自號十姓可汗與吐蕃連和寇安西詔吏部侍郎裴行儉討之行儉請毋發兵可以計取即詔行儉册送波斯王子幷安撫大食若道兩蕃者都支果不疑率子弟上謁遂禽之召執諸部渠長降別帥李遮匐以歸調露元年也西姓自是益衰其後二部人日離散遂擢彌射子元慶爲左玉鈐衛將軍步眞子步利設斛瑟羅爲右玉鈐衛將軍盡襲父所領及可汗號元慶累拜鎮國大將軍行左威衛大將軍武后擅命率諸蕃長請賜睿宗氏曰武更號斛瑟羅曰竭忠事主可汗長壽中元慶坐謁皇嗣爲來俊臣所誣要斬流其子獻于振州其明年西突厥部立阿史那俀子爲可汗與吐蕃寇武威道大總管王孝傑與戰冷泉大領谷破之碎葉鎮守使韓思忠又破泥孰俟斤及突厥施質汗胡祿等因拔吐蕃泥孰沒斯城聖曆二年以斛瑟羅爲左衛大將軍兼平西軍大總管令撫鎮國人是時烏質勒兵張甚斛瑟羅不敢歸與其部人六七萬內遷死長安擢子懷道爲右武衛將軍長安中以阿史那獻爲右驍衛大將軍襲興昔亡可汗安撫招慰十姓大使北廷大都護四年以懷道爲十姓可汗兼濛池都護未幾擢獻磧西節度使十姓部落都擔叛獻擊斬之傳首闕下收碎葉以西帳落三萬內屬璽書嘉慰葛邏祿胡屋鼠尼施三姓已內屬爲默啜侵掠以獻爲定遠道大總管與北廷都護湯嘉惠等掎角於是突騎施陰幸邊隙故獻乞益師身入朝玄宗不許詔左武衛中郎將王惠持節安慰方册拜突騎施都督車鼻施啜蘇祿爲順國公而突騎施已圍撥換大石城將取四鎮會嘉惠拜安西副大都護即發三姓葛邏祿兵與獻共擊之帝將詔王惠與相經略宰相臣璟臣頲曰突騎施叛葛邏祿攻之此夷狄自相殘非朝廷出也大者傷小者滅皆我之利方王惠往撫尉不可參以兵事乃止獻終以娑葛彊狠不能制亦歸死長安突騎施吐火仙之敗始以懷道子昕爲十姓可汗開府儀同三司濛池都護册其妻涼國夫人李爲交河公主遣兵護送昕至碎葉西俱蘭城爲突騎施莫賀達干所殺交河公主與其子忠孝亡歸投左領軍衛員外將軍西突厥遂亡

突騎施烏質勒西突厥別部也自賀魯破滅二部可汗皆先入侍虜無的君烏質勒隸斛瑟羅爲莫賀達干斛瑟羅政殘衆不悅而烏質勒能撫下有威信諸胡順附帳落寖盛乃置二十都督督兵各七千屯碎葉西北稍

攻得碎葉卽徙其牙居之謂碎葉川爲大牙弓月城伊麗水爲小牙其地東隣北突厥西諸胡東直西廷州盡幷斛瑟羅地聖曆二年遣子遮弩來朝武后厚加慰撫神龍中封懷德郡王是歲烏質勒死其子嗢鹿州都督娑葛爲左驍衞大將軍襲封爵是時勝兵三十萬詔十姓可汗阿史那懷道持節冊命賜宮人四景龍中遣使者入謝中宗爲御前殿引萬騎羽林仗引見勞歸俄與其將闕啜忠節交怨兵相加暴娑葛訟忠節罪請內之京師忠節以千金賂宰相宗楚客等願無入朝請導吐蕃擊娑葛以報楚客方專國卽以御史中丞馮嘉賓持節經制嘉賓與忠節書疏反復娑葛邏得之遂殺嘉賓使弟遮弩率兵盜塞安西都護牛師獎與戰火燒城師獎敗死之表索楚客頭以徇大都護郭元振表娑葛狀直當見赦詔許西土遂定旣而與遮弩分治其部遮弩恨衆少叛歸默啜請爲鄉導反攻其兄默啜留遮弩自以兵二萬擊娑葛禽之默啜歸語遮弩曰汝兄弟不相協能盡心事我乎兩殺之

突騎施別種車鼻施啜蘇祿者哀拾餘衆自爲可汗蘇祿善撫循其下部種稍合衆至三十萬於是復雄西域開元五年始來朝授右武衞大將軍突騎施都督却所獻不受以武衞中郎將王惠持節拜蘇祿左羽林大將軍順國公賜錦袍鈿帶魚袋七事爲金方道經略大使然詭猾不純臣于唐天子羈係之進號忠順可汗其後間一二歲使者納贄帝以阿史那懷道女爲交河公主妻之是歲突騎施鬻馬於安西使者致公主教於都護杜暹暹怒曰阿史那女敢宣教邪笞其使不報蘇祿怒陰結吐蕃舉兵掠西鎭圍安西城暹方入當國而趙頤貞代爲都護乘城久之出戰又敗蘇祿略人畜發囷貯徐聞暹已宰相乃引去卽遣首領葉支阿布思來朝玄宗召見饗之會東突厥使者亦來與爭長曰突騎施國小且突厥臣不宜居上蘇祿使者曰宴乃爲我不可下遂設東西幄而蘇祿使者西席乃克宴始蘇祿愛治其人性勤約每戰有所得盡以予下故諸族附悅之爲盡力又交通吐蕃突厥二國皆以女妻之遂立三國女並爲可敦以數子爲葉護費日廣而無素儲晚年愁窶不聊故鹵獲稍留不分下始貳矣又病風一支攣不事事於是大首領莫賀達干都摩支二部方盛而種人自謂娑葛後者爲黃姓蘇祿部爲黑姓更相猜讎俄而莫賀達干都摩支夜攻蘇祿殺之都摩支又背達干立蘇祿子吐火仙骨啜爲可汗居碎葉城引黑姓可汗尒徵特勒保恒邏斯城共擊達干帝使磧西節度使蓋嘉運和撫突騎施拔汗那西方諸國莫賀達干與嘉運率石王莫賀咄吐屯史王斯謹提共擊蘇祿子破之碎葉城吐火仙棄旗走禽之幷其弟葉護頓阿波疏勒鎭守使夫蒙靈詧挾銳兵與拔汗那王掩恒邏斯城斬黑姓可汗與其弟撥斯入曳建城收交河公主及蘇祿可敦尒徵可敦而還又料西國散亡數萬人悉與拔汗那王諸國皆降處木昆匐延闕律啜等諸部皆上書謝曰生於荒裔國亂王甍更相攻屠賴天子遣嘉運將兵誅暴拯危願得稽首聖顏以部落附安西永爲外臣許之明年擢闕律啜爲右驍衞大將軍冊石王爲順義王加拜史王爲特進顯酬其功嘉運俘吐火仙骨啜獻太廟天子赦以爲左金吾衞員外大將軍修義王頓阿波爲右武衞員外將軍以阿史那懷道子昕爲十姓可汗領突騎施所部莫賀達干怒曰平蘇祿我功也今立昕謂何卽誘諸落叛詔嘉運招諭乃率妻子及纛官首領降遂命統其衆後數年復以昕爲可汗遣兵護送昕至俱蘭城爲莫賀咄所殺莫賀咄自爲可汗安西節度使夫蒙靈詧誅斬之以大纛官都摩支闕頡斤爲三姓葉護天寶元年突騎施部更以黑姓伊里底蜜施骨咄祿毗伽爲可汗數通使貢十二載黑姓部立登里伊羅蜜施爲可汗亦賜詔冊至德後突騎施衰黃黑姓皆立可汗相攻中國方多故不暇治也乾元中黑姓可汗阿多裴羅猶能遣使者入朝大曆後葛邏祿盛徙居碎葉川二姓微至臣役於葛祿斛瑟羅餘部附回鶻及其破滅有特龐勒居焉耆城稱葉護餘部保金莎領衆至二十萬

贊曰隋季世虛內以攻外生者罷道路死者暴原野天下盜賊共攻而亡唐之當此時四夷侵中國微而突厥最彊控弦者號百萬華人之失職不逞皆往從之甚之謀導之入邊故頡利自以爲强大古無有也高祖初卽位與和因數出軍助討賊故詭臣之贈予不可計虜見利而動又與賊連和殺掠吏民於是掃國入寇薄渭橋驕墍蒙京師太宗身勒兵顯責而陰間之戎始內阻不三年縛頡利獻北闕下霆掃風除其國遂墟自詩書以來伐暴取亂蔑如帝神且速也秦漢比之陋矣然帝數暴師不告勞料敵無遁情善任將必其功蓋黃帝之兵也而突厥乃以失德抗有道浸衰當始興雖運之盛衰屬于天而其亡信有由矣

唐書卷二百十六上

宋 端明殿學士宋祁撰

列傳第一百四十一上

吐蕃

吐蕃本西羌屬蓋百有五十種散處河湟江岷間有發羌唐旄等然未始與中國通居析支水西祖曰鶻提勃悉野健武多智稍幷諸羌據其地蕃發聲近故其子孫曰吐蕃而姓勃窣野或曰南涼禿髮利鹿孤之後二子曰樊尼曰傉檀傉檀嗣爲乞佛熾盤所滅樊尼挈殘部臣沮渠蒙遜以爲臨松太守蒙遜滅樊尼率兵西濟河逾積石遂撫有羣羌云其俗謂彊雄曰贊丈夫曰普故號君長曰贊普贊普妻曰末蒙其官有大相曰論茝副相曰論茝扈莽各一人亦號大論小論都護一人曰悉編掣逋又有內大相曰曩論掣逋亦曰論莽熱副相曰曩論覓零逋小相曰曩論充各一人又有整事大相曰喻寒波掣逋副整事曰喻寒覓零逋小整事曰喻寒波充皆任國事總號曰尚論掣逋突瞿地直京師西八千里距鄯善五百里勝兵數十萬國多霆電風雹積雪盛夏如中國春時山谷常冰地有寒癘中人輒痞促而不害其贊普居䟦布川或邏娑川有城郭廬舍不肯處聯毳帳以居號大拂廬容數百人其衞候嚴而牙甚隘部人處小拂廬多老壽至百餘歲者衣率氈韋以赭塗面爲好婦人辮髮而縈之其器屈木而韋底或瓘爲槃凝麨爲盌實羹酪幷食之手捧酒漿以飲其官之章飾最上瑟瑟金次之金塗銀又次之銀次之最下至銅止差大小綴臂前以辨貴賤屋皆平上高至數丈其稼有小麥青𪎊麥蕎麥豈豆其獸犛牛名馬犬羊彘天鼠之皮可爲裘獨峯駝日馳千里其寶金銀錫銅其死葬爲冢墍塗之其吏治無文字結繩齒木爲約其刑雖小罪必抉目或刖劓以皮爲鞭抶之從喜怒無常算其獄窟地深數丈內囚于中二三歲乃出其宴大賓客必驅犛牛使客自射乃敢饋其俗重鬼右巫事羱羝爲大神喜浮屠法習呪詛國之政事必以桑門參決多佩弓刀飲酒不得及亂婦人無及政貴壯賤弱母拜子子倨父出入前少而後老重兵死以累世戰沒爲甲門敗懦者垂狐尾於首示辱不得列于人拜必手據地爲犬號再揖身止居父母喪斷髮黛面墨衣旣葬而吉其舉兵以七寸金箭爲契百里一驛有急兵驛人臆前加銀鶻甚急鶻益多告寇舉烽其畜牧逐水草無常所其鎧胄精良衣之周身竅兩目勁弓利刃不能甚傷其兵法嚴而師無餽糧以鹵獲爲資每戰前隊盡死後隊乃進其四時以麥熟爲歲首其戲棊六博其樂吹螺擊鼓其君臣自爲友五六人曰共命君死皆自殺以殉所服玩乘馬皆瘞起大屋冢顚樹衆木爲祠所贊普與其臣歲一小盟用羊犬猴爲牲三歲一大盟夜肴諸壇用人馬牛驢爲牲凡牲必折足裂腸陳于前使巫告神曰渝盟者有如牲

其後有君長曰瘕悉董摩董摩生陀土度陀土生揭利失若揭利生勃弄若勃弄生詎素若詎素生論贊素論贊生棄宗弄贊亦名棄蘇農亦號弗夜氏其爲人慷慨才雄常驅野馬犛牛馳刺之以爲樂西域諸國共臣之

太宗貞觀八年始遣使者來朝帝遣行人馮德遐下書臨撫弄贊聞突厥吐谷渾並得尚公主乃遣使齎幣求昏帝不許使者還妄語曰天子遇我厚幾得公主會吐谷渾王入朝遂不許殆有以間我乎弄贊怒率羊同共擊吐谷渾吐谷渾不能亢走青海之陰盡取其貲畜又攻党項白蘭羌破之勒兵二十萬入寇松州命使者貢金甲且言迎公主謂左右曰公主不至我且深入都督韓威輕出覘賊反爲所敗屬羌大擾皆叛以應賊乃詔吏部尚書侯君集爲行軍大總管出當彌道右領軍大將軍執失思力出白蘭道右武衞大將軍牛進達出闊水道右領軍將軍劉蘭出洮河道並爲行軍總管率步騎五萬進討進達自松州夜鏖其營斬首千級初東寇也連歲不解其大臣請返國不聽自殺者八人至是弄贊始懼引而去以使者來謝罪固請昏許之遣大論薛祿東贊獻黃金五千兩它寶稱是以爲聘十五年妻以宗女文成公主詔江夏王道宗持節護送築館河源王之國弄贊率兵次柏海親迎見道宗執壻禮恭甚見中國服飾之美縮縮媿沮歸國自以其先未有昏帝女者乃爲公主築一城以夸後世遂立宮室以居公主惡國人赭面弄贊下令國中禁之自褫氈罽襲紈綃爲華風遣諸豪子弟入國學習詩書又請儒者典書疏帝伐遼還使祿東贊上書曰陛下平定四方日月所照並臣治之高麗恃遠弗率於禮天子自將度遼隳城陷陣指日凱旋雖鴈飛于天無是之速夫鵝猶鴈也臣謹冶黃金爲鵝以獻其高七尺中實酒三斛二十二年右衞率府長史王玄策使西域爲中天竺所鈔弄贊發精兵從玄策討破之來獻俘高宗卽位擢駙馬都尉西海郡王弄贊以書詒長孫無忌曰天子初卽位下有不忠者願勒兵赴國共討之幷獻金琲十五種以薦昭陵進封賨王賜飾蕃渥又請蠶種酒人與碾磑等諸工詔許永徽初

死遣使者弔祠無子立其孫幼不事故祿東贊相其國顯慶二年獻金盎金頗羅等復請昏未幾吐谷渾內附祿東贊怨忿率銳兵擊之而吐谷渾大臣素和貴奔吐蕃甚以虛實故吐蕃能破其國慕容諾曷鉢與弘化公主引殘落走涼州詔涼州都督鄭仁泰爲青海道行軍大總管率將軍獨孤卿雲等屯涼鄯左武候大將軍蘇定方爲安集大使爲諸將節度以定其亂吐蕃使論仲琮入朝表吐谷渾罪帝遣使者譙讓乃使來請與吐谷渾平憾求赤水地牧馬不許會祿東贊死東贊不知書而性明毅用兵有節制吐蕃倚之遂爲彊國始入朝占對合旨太宗擢拜右衛大將軍以琅邪公主外孫妻之祿東贊自言先臣爲聘婦不敢奉詔且贊普未謁公主陪臣敢辭帝異其言然欲懷以恩不聽也有子曰欽陵曰贊婆曰悉多于曰勃論祿東贊死而兄弟並當國自是歲入邊盡破有諸羌羈縻十二州總章中議徙吐谷渾部于涼州旁南山帝刈吐蕃之入召宰相姜恪閻立本將軍契苾何力等議先擊吐蕃立本曰民饑未可以師何力曰吐蕃介在西極臣恐師到獸竄山伏捕討無所得至春復侵吐谷渾臣請勿救使疑吾力困而驕之一舉可滅也恪曰不然吐谷渾方衰吐蕃負勝以衰氣拒勝兵戰必不亢不救則滅臣謂王師亟助之使國幸存後且徐圖可也議不決亦不克徙咸亨元年入殘羈縻十八州率于闐取龜茲撥換城於是安西四鎮並廢詔右威衛大將軍薛仁貴爲邏娑道行軍大總管左衛員外大將軍阿史那道眞左衛將軍郭待封副之出討吐蕃并護吐谷渾還國師凡十餘萬至大非川爲欽陵所拒王師敗績遂滅吐谷渾而盡有其地詔司戎太常伯同東西臺三品姜恪爲涼州道行軍大總管出討會恪卒班師吐蕃遣大臣仲琮入朝仲琮少游太學頗知書帝召見問曰贊普孰與其祖賢對曰勇果善斷不逮也然勤以治國下無敢欺令主也且吐蕃居寒露之野物產寡薄烏海之陰盛夏積雪暑毼冬裘隨水草以牧寒則城處施廬帳器用不當中國萬分一但上下一力議事自下因人所利而行是能久而彊也帝曰吐谷渾與吐蕃本甥舅國素和貴叛其主吐蕃任之奪其土地薛仁貴等往定慕容氏又伏擊之而寇我涼州何邪仲琮頓首曰臣奉命來獻它非所聞帝壯其答然以仲琮非用事臣故殺其禮上元二年遣大臣論吐渾彌來請和且求與吐谷渾脩好帝不聽明年攻鄯廓河芳四州殺略吏及馬牛萬計乃詔周王顯爲洮州道行軍元帥率工部尚書劉審禮等十二總管以相王輪爲涼州道行軍元帥率左衛大將軍契苾何力鴻臚卿蕭嗣業等軍討之二王不克行吐蕃進攻疊州破密恭丹嶺二縣又攻扶州敗守將乃高選尚書左僕射劉仁軌爲洮河鎮守使久之無功吐蕃與西突厥連兵攻安西復命中書令李敬玄爲洮河道行軍大總管西河鎮撫大使鄯州都督代仁軌下詔募猛士毋限籍役寖負帝自臨遣又敕益州長史李孝逸巂州都督拓王奉發劍南山南士先戰龍支吐蕃敗敬玄率劉審禮擊吐蕃青海上審禮戰沒敬玄頓承風嶺礙險不得縱吐蕃壓王師屯左領軍將軍黑齒常之率死士五百夜斧其營虜驚自相轔藉而死者甚衆乃引去敬玄僅脫帝旣懦仁無遠略見諸將數敗乃博咨近臣求所以禦之之術帝曰朕未始擐甲履軍往者滅高麗百濟比歲用師中國騷然朕至今悔之今吐蕃內侵盍爲我謀中書舍人劉禕之等具對須家給人足可擊也或言賊險黠不可與和或言營田嚴守便惟中書侍郎薛元超謂縱敵生患不如料兵擊之帝顧黃門侍郎來恒曰自李勣亡遂無善將恒即言向洮河兵足以制敵但諸將不用命故無功帝殊不悟因罷議儀鳳四年贊普死子器弩悉弄立欽陵復擅政使大臣來告喪帝遣使者往會葬明年贊婆素和貴率兵三萬攻河源屯良非川敬玄與戰湟川敗績左武衛將軍黑齒常之以精騎三千夜擣其營贊婆懼引去遂擢常之爲河源軍經略大使乃嚴烽邏開屯田虜謀稍折初劍南度茂州之西築安戎城以迮其鄙俄爲生羌導虜取之以守因并西洱河諸蠻盡臣羊同党項諸羌其地東與松茂巂接南極婆羅門西取四鎮北抵突厥幅員餘萬里漢魏諸戎所無也永隆元年文成公主薨遣使者弔祠又歸我陳行焉之喪初行焉使虜論欽陵欲拜己脅以兵不爲屈留之十年及是喪還贈睦州刺史贊婆復入良非川常之擊走之武后時與蠻夷同朝賀永昌元年詔文昌右相韋待價爲安息道大總管安西大都護閻溫古副之以討吐蕃兵逗留坐死徙明年復詔文昌右相岑長倩爲武威道行軍大總管討之兵半道罷又明年大首領曷蘇率貴川部與党項種三十萬降后以右玉鈐衛將軍張玄遇爲安撫使率兵二萬迎之次大度水吐蕃禽曷蘇去而它酋昝捶又率羌蠻八千自來玄遇即其部置葉州用昝捶爲刺史刻石大度山以紀功是歲又詔右鷹揚衛將軍王孝傑爲武威道行軍總管率西州都督唐休璟左武衛大將軍阿史那忠節擊吐蕃大破其衆復取四鎮更置安西都護府於龜茲以兵鎮守議者請廢四鎮勿有也右史崔融獻議曰戎狄爲中國患尚矣五帝三王所不臣漢以百萬衆困平城其後武帝赫然發憤甘心四夷張騫始通西域列四郡据兩關斷匈奴右臂稍稍度河湟築令居以絕南羌於是障候亭燧出長城數千里傾府庫殫士馬行人使者歲月不絕至作皮幣算緡法稅舟車榷酒酤夫豈不懷爲長久計然也匈奴於是孤特遠竄遂開西域置使者領護光武中興皆復內屬至於延光三絕三通太宗文皇帝踐漢舊跡並南山抵葱嶺剖裂府鎮煙火相望吐蕃不敢內侮高宗時有司無狀棄四鎮不能有而吐蕃遂張入焉耆之西長鼓右驅踰高昌歷車師鈔常樂絕莫賀延磧以臨燉煌今孝傑一舉而取四鎮還先帝舊封若又棄之是自毀成功而破完策也夫四鎮無守胡兵必臨西域西域震則威讋南羌南羌連衡河西必危且莫賀延磧袤二千里無水草若北接虜唐兵不可度而北則伊西北廷安西諸蕃悉亡議乃格於是首領勃論贊與突厥僞可汗阿史那俀子南侵與孝傑戰冷泉敗走碎葉鎮守使韓思忠破泥孰沒斯城證聖元年欽陵贊婆攻臨洮孝傑以肅邊道大總管戰素羅汗山虜敗還又攻涼州殺都督遣使者請和約罷四鎮兵求分十姓地武后詔通泉尉郭元振往使道與欽陵遇元振曰東贊事朝廷誓好無窮今猥自絕歲擾邊父通之子絕之孝乎父事之子叛之忠乎欽陵曰然天子許和得罷二國戍使十姓突厥四鎮各建君長俾其國自守若何元振曰唐以十姓四鎮撫西土爲列國主道非有它且諸部與吐蕃異久爲唐編人矣欽陵曰使者意我規削諸部爲唐邊患邪我若貪土地財賦彼青海湟川近矣今舍不爭何哉突厥諸部磧漠廣莽去中國遠甚安有爭地萬里外邪且四夷唐皆臣并之雖海外地際靡不磨滅吐蕃適獨在者徒以兄弟小心得相保耳十姓五咄陸近安西於吐蕃遠俟斤距我裁一磧騎士騰突不易旬至是以爲憂也烏海黃河關源阻奧多癘毒唐必不能入則弱甲孱將易以爲蕃患故我欲得之非闚諸部也甘涼距積石道二千里其廣不數百狹纔百里我若出張掖玉門使大國春不耕秋不穫不五六年可斷其右今棄不爲亦無虞于我矣青海之役黃仁素約和邊守不戒崔知辯徑俟斤掠我牛羊萬計是以求之使使者固請元振固言不可許后從之欽陵專國久常居中制事諸弟皆領方面兵而贊婆專東境幾三十年爲邊患兄弟皆才略沈雄衆憚之器弩悉弄旣長欲自得國漸不平乃與大臣論巖等圖去之欽陵方提兵居外贊普託言獵即勒兵執其親黨二千餘人殺之發使者召欽陵贊婆欽陵不受命贊普自討之未戰欽陵兵潰乃自殺左右殉而死者百餘人贊婆以所部及兄子莽布支等款塞遣羽林飛騎迎勞擢贊婆特進輔國大將軍歸德郡王莽布支左羽林大將軍安國公皆賜鐵券禮尉良厚贊婆即領部兵戍河源死贈安西大都護又遣左肅政臺御史大夫魏元忠爲隴右諸軍大總管率隴右諸軍大使唐休璟出討方虜攻涼州休璟擊之斬首二千級於是論彌薩來朝請和贊普自將萬騎攻悉州都督陳大慈四戰皆克明年乃獻馬黃金求昏而虜南屬帳皆叛贊普自討死于軍諸子爭立國人立棄隸縮贊爲贊普始七歲使者來告喪且求盟又使大臣悉董熱固求昏未報會監察御史李知古建討姚州蠻削吐蕃鄉導詔發劍南募士擊之蠻酋以情輸虜殺知古尸以祭天進攻蜀漢詔靈武監軍右臺御史唐九徵爲姚巂道討擊使率兵擊之虜以鐵絙梁漾濞二水通西洱蠻築城戍之九徵毁絙夷城建鐵柱於滇池以勒功中宗景龍二年還其昏使或言彼來逆公主且習聞華言宜勿遣帝以中國當以信結夷狄不許明年吐蕃更遣使者納貢祖母可敦又遣宗俄請昏帝以雍王守禮女爲金城公主妻之吐蕃遣尚贊咄名悉臘等逆公主帝念主幼賜錦繒別數萬雜伎諸工悉從給龜茲樂詔左衛大將軍楊矩持節送帝爲幸始平帳飲引羣臣及虜使者宴酒所帝悲涕歔欷爲赦始平縣罪死皆免賜民繇賦一年改縣爲金城鄉曰鳳池里曰愴別公主至吐蕃自築城以居拜矩鄯州都督吐蕃外雖和而陰銜怒即厚餉矩請河西九曲爲公主湯沐矩表與其地九曲者水甘草良宜畜牧近與唐接自是虜益張雄易入寇玄宗開元二年其相坌達延上書宰相請載盟文定境於河源丐左散騎常侍解琬涖盟帝令姚崇等報書命琬持神龍誓往吐蕃亦遣尚欽藏御史名悉臘獻載辭未及定坌達延將兵十萬寇臨洮入攻蘭渭掠監馬楊矩懼自殺有詔薛訥爲隴右防禦使與王晙等并力擊帝怒下詔自將討之會晙等戰武階斬首萬七千獲馬羊無慮二十萬又戰長子豐安軍使王海賓戰死乘之虜大敗衆奔突不能去相枕藉死洮水爲不流帝乃罷行詔紫微舍人倪若水臨按軍實戰功且弔祭戰亡士赦州縣并瘞吐蕃露齒宰相

建言吐蕃本以河爲境以公主故乃橋河築城置獨山九曲二軍距積石二百里今既負約請毀橋復守河如約詔可遣左驍衞郎將尉遲瓌使吐蕃慰安公主然小小入犯邊無閑歲於是郭知運王君㚟相繼節度隴右河西以扞之吐蕃遣宗俄因子到洮水祭戰死士且請和然恃盛彊求與天子敵國語悖傲使者至臨洮詔不內金城公主上書求聽脩好且言贊普君臣欲與天子共署誓刻吐蕃又遣使者上書言孝和皇帝嘗賜盟是時唐宰相豆盧欽望魏元忠李嶠紀處訥等凡二十二人及吐蕃君臣同誓孝和皇帝崩太上皇嗣位脩睦如舊然唐宰相在誓刻者皆殁今宰相不及前約故須再盟比使論乞力等前後七輩往未蒙開許且張玄表李知古將兵侵暴甥國故違誓而戰今舅許湔貸前惡歸於大和甥既堅定然不重盟爲未信要待新誓也甥自總國事不牽于下欲使百姓久安舅雖及和而意不專於言何益又言舅責乞力徐集兵且兵以新故相代非集也往者疆埸自白水皆爲閑壤昨郭將軍屯兵而城之故甥亦城假令二國和以迎送有如不通因以守境又疑與突厥骨咄祿善者舊與通聘即日舅甥如初不與交矣因奉寶瓶桮以獻帝謂昔已和親有成言尋前盟可矣不許復誓禮其使而遣且厚賜贊普自是歲朝貢不犯邊十年攻小勃律國其王沒謹忙詒書北廷節度使張孝嵩曰勃律唐西門失之則西方諸國皆墮吐蕃都護圖之孝嵩聽許遣疏勒副使張思禮以步騎四千晝夜馳與謹忙兵夾擊吐蕃死者數萬多取鎧仗馬羊復九城故地始勃律王來朝父事帝還國置綏遠軍以扞吐蕃故歲常戰吐蕃每曰我非利若國我假道攻四鎮爾及是累歲不出兵於是隴右節度使王君㚟請深入取償十二年破吐蕃獻俘後二年悉諾邏兵入大斗拔谷遂攻甘州火鄉聚王君㚟勒兵避其鋭不戰會大雪吐蕃皸凍如積乃踰積石軍趣西道以歸君㚟豫遣諜出塞燒野草皆盡悉諾邏頓大非川無所牧馬死過半君㚟率秦州都督張景順約齎窮躡出青海西方冰合師乘而度于時虜已踰大非山留輜重疲弱濱海君㚟縱兵俘以旋時中書令張說以吐蕃出入數十年勝負略相當甘涼河鄯之人奉調發困甚願聽其和帝方寵君㚟不聽未幾悉諾邏恭祿燭龍莽布支入陷瓜州毀其城執刺史田元獻及君㚟父遂攻玉門軍圍常樂不能拔回寇安西副都護趙頤貞擊却之會君㚟爲回紇所殺功不遂帝乃用蕭嵩爲河西節度使左金吾將軍張守珪瓜州刺史復城之嵩縱反間殺悉諾邏恭祿明年大將悉末朗攻瓜州守珪擊走之鄯州都督張志亮又戰青海西破大莫門城焚橐它橋隴右節度使杜賓客以彊弩四千射虜破之祁連城下斬副將一上級五千首虜敗慟而走山又明年守珪率伊沙等州兵破虜大同軍又信安王禕出隴西拔石堡城即之置振武軍獻俘於廟帝以書賜將軍裴旻曰敢有掩戰功不及賞者士自陳將吏皆斬戰有逗留舉隊如軍法能擒其王者授大將軍於是士益奮吐蕃令曩骨委書塞下言論莽熱論泣熱皆萬人將以贊普命謝都督刺史二國有舅甥好昨彌不弄羌党項交搆二國故失懽此不聽唐亦不應聽都督遣腹心吏與曩骨還議盟事曩骨猶千牛官也於是忠王友皇甫惟明並言約和便帝曰贊普向上書悖慢朕必滅之毋議和惟明曰昔贊普幼是必邊將好功之人爲之以激怒陛下且二國交惡必興師師興則隱盜財利詐功級希陛下過賞以甘心焉今河西隴右貲耗力窮陛下幸詔金城公主許贊普約以紓邊患息民之上策也帝采其言敕惟明及中人張元方往聘以書賜公主惟明見贊普言天子意贊普大喜因悉出貞觀以來書詔示惟明厚饋獻使名悉臘隨使者入朝奉表言甥先帝舅顯親也曩爲張玄表李知古交鬬遂成大釁甥以文成金城公主故失禮乎特以沖幼枉爲邊將讒亂如蒙澄亮死且萬足千萬歲不敢先負盟且獻怪寶使者至帝御前殿列羽林仗內之悉臘略通華文既宴與語禮甚厚賜紫服金魚悉臘受服辭魚曰國無是不敢當帝遣御史大夫崔琳報聘吐蕃又請交馬於赤嶺互市於甘松嶺宰相裴光庭曰甘松中國阻不如許赤嶺乃聽以赤嶺爲界表以大碑刻約其上又請五經敕祕書寫賜并遣工部尚書李暠往聘賜物萬計吐蕃遣使謝且言唐吐蕃皆大國今約和爲久長計恐邊吏有妄意者請以使人對相曉敕令昭然具知帝又令金吾將軍李佺監赤嶺樹碑詔張守珪與將軍李行禕吐蕃使者莽布支分諭劍南河西州縣曰自今二國和好無相侵暴乃使悉諾勃海納貢并以幣器徧遺執政明年上寶器數百具制治詭殊詔置提象門示羣臣其後吐蕃西擊勃律勃律告急帝諭令罷兵不聽卒殘其國於是崔希逸爲河西節度使鎮涼州故時彊畔皆樹壁守捉希逸謂虜戍將乞力徐曰兩國約好而守備不廢云何請皆罷以便人乞力徐曰公忠誠無不可恐朝廷未皆信脫掩吾不備其可悔希逸固邀乃許即共刑白犬盟而後悉撤障壁虜畜牧被野明年傔史孫誨奏事妄言虜無備可取也帝采之詔內豎趙惠琮共往按狀小人欲徼幸至涼州因共矯詔詔希逸發兵襲破吐蕃青海上斬獲不貲乞力徐遁走吐蕃恚不朝二十六年大入河西希逸拒破之鄯州都督杜希望又拔新城更號威戎軍希逸顧失信怏怏悵恨召拜河南尹既而與惠琮俱見犬祟疑而死誨亦及它誅蕭炅代爲河西節度留後杜希望隴右節度留後王昱劍南節度使分道經畧碎赤嶺碑希望發鄯州兵奪虜河橋並河築鹽泉城號鎮西軍破吐蕃兵三萬昱以劍南兵入攻安戎城築二小壘左右之兵次蓬婆嶺輸劍南粟餉軍吐蕃悉鋭來救昱大敗小壘皆沒士死凡數萬昱貪妄非將選故敗貶死高要明年吐蕃攻白草安人軍詔臨洮朔方分援虜絕臨洮道白水軍使高東于拒守虜引去炅遣將追尾有雲出軍上白兔舞大破吐蕃昱之敗以張宥代節度劍南以章仇兼瓊爲益州司馬宥文吏不知兵委事兼瓊兼瓊因得入奏天子果其議拔兼瓊代宥節度兼瓊謀誘吐蕃安戎城主爲應導官軍入盡殺虜戍以監察御史許遠守之吐蕃圍安戎絕水泉會石裂泉湧虜驚引去復攻維州不得志詔乃改安戎曰平戎云是歲金城公主薨明年爲發哀吐蕃使者朝因請和不許虜乃悉衆四十萬攻承風堡抵河源軍西入長寧橋安仁軍渾崖烽騎將臧希液以鋭兵五千破之吐蕃又襲鄯州敗一縣居吏人攻振武軍石堡城蓋嘉運不能守天寶元年隴右節度使皇甫惟明破虜大嶺軍戰青海破莽布支斬首三萬級明年破洪濟城戰石堡不克副將褚詡死之又明年惟明破虜獻俘京師帝以哥舒翰節度隴右翰攻拔石堡更號神武軍又禽其相兀論樣郭十載安西節度使高仙芝俘大酋以獻是時吐蕃與蠻閣羅鳳聯兵攻瀘南劍南節度使楊國忠方以姦罔上自言破蠻衆六萬於雲南拔故洪州等三城獻俘口哥舒翰破洪濟大莫門諸城收九曲故地列郡縣實天寶十二載於是置神策軍於臨洮西澆河郡於積石西及宛秀軍以實河曲後二年蘇毗子悉諾邏來降封懷義王賜姓李氏蘇毗彊部也是歲贊普乞黎蘇籠臘贊死子挲悉籠臘贊嗣遣使者脩好詔京兆少尹崔光遠持節齎冊弔祠還而安祿山亂哥舒翰悉河隴兵東守潼關而諸將各以所鎮兵討難始號行營邊候空虛故吐蕃得乘隙暴掠至德初取嶲州及威武等諸城入屯石堡其明年使使來請討賊且修好肅宗遣給事中南巨川報聘然歲內侵取廓霸岷等州及河源莫門軍使數來請和帝雖審其譎姑務紓患乃詔宰相郭子儀蕭華裴遵慶等與盟寶應元年陷臨洮取秦成渭等州明年使散騎常侍李之芳太子左庶子崔倫往聘吐蕃留不遣破西山合水城明年入大震關取蘭河鄯洮等州於是隴右地盡亡進圍涇州入之降刺史高暉又破邠州入奉天副元帥郭子儀禦之吐蕃以吐谷渾党項兵二十萬東略武功渭北行營將呂日將戰盩厔西破之又戰終南日將走代宗幸陝子儀退趨商州高暉導虜入長安立廣武王承宏爲帝改元擅作赦令署官吏衣冠皆南奔荆襄或逋棲山谷亂兵因相攘鈔道路梗閉光祿卿殷仲卿率千人壁藍田選二百騎度滻或紿虜曰郭令公軍且來吐蕃大震會少將王甫與惡少年伐鼓譟苑中虜驚夜引去子儀入長安高暉東奔至潼關守將李日越殺之吐蕃留京師十五日乃走天子還京吐蕃退圍鳳翔節度使孫志直拒守鎮西節度使馬璘以千騎戰却之吐蕃屯原會成渭間自如也是歲南入松維保等州及雲山新籠城明年還使人李之芳等劍南嚴武破吐蕃南鄙兵七萬拔當狗城會僕固懷恩反自靈武遣其將范志誠任敷合吐蕃吐谷渾兵攻邠州白孝德郭晞嬰壘守乃入居奉天西子儀入奉天按軍不戰郭晞以鋭士夜擣其營斬首數千級奪馬五百取四將吐蕃引去是時嚴武拔鹽州又戰西山取其衆八萬虜圍涼州河西節度使楊志烈不能守跳保甘州而涼州亡永泰元年吐蕃請和詔宰相元載杜鴻漸與虜使者同盟懷恩不得志導虜與回紇党項羌渾奴剌犯邊吐蕃大酋尚結息贊摩尚息東贊等衆二十萬至醴泉奉天邠將白孝德不能亢任敷以兵略鳳翔盩厔於是京師戒嚴朔方兵馬使渾日進孫守亮屯奉天詔子儀以河中兵屯涇陽李忠臣屯東渭橋李光進屯雲陽馬璘郝廷玉屯便橋駱奉先李日越屯盩厔李抱玉屯鳳翔周智光屯同州杜冕屯坊州天子自率六軍屯于苑吐蕃逼奉天日進以單騎馳之士二百踵進左右擊刺射皆應弦仆虜大驚辟易日進挾虜一將躍出舉軍望而譟士還無一矢著身者明日虜薄城日進發機石勁弩故兵多死凡三日虜斂軍入壁日進知虜曲折即夜斫其營斬千餘級生禽五百又戰馬嵬凡七日破賊萬人斬首五千獲馬橐它幟械甚衆帝欲自討賊下詔大撈馬京師始置團練都人震擾盩厔亡去者十八詔中人戶都門不能止吐蕃游騎四

百略武功鎮西節度使馬璘使健士五十擊之殲士氣益奮虜徙營九嵕之陰掠醴泉居人數萬焚室廬田皆赤地周智光與虜戰澄城破之吐蕃至邠北復與回紇合還攻奉天抵馬嵬任敷以兵五千掠白水殘同州於是城中渭橋郭以屯兵會懷恩死虜謀無主遂與回紇爭長回紇怒詣子儀請擊吐蕃自效子儀許之使白元光合兵攻吐蕃於靈臺西大破之降僕固名臣帝乃班師

唐書卷二百一十六下

唐 端 明 殿 學 士 宋 祁 撰

列傳第一百四十一下

吐蕃

永泰大歷間再遣使者來聘於是戶部尚書薛景仙往報詔宰相與吐蕃使者盟俄寇靈州掠宜祿郭子儀精甲三萬戍涇陽入屯奉天靈州兵破虜二萬上級五百首景仙與論泣陵偕來請境鳳林關而路悉等十五人又來三年虜引衆十萬復攻靈州略邠州先是尚悉結自寶應後數入邊以功高請老而贊磨代之爲東面節度使專河隴邠寧馬璘朔方將白元光再破其衆獲馬羊數千劍南亦破虜萬人尚悉摩復來朝天子以虜數入塞詔治守障從官悉料靜恭五州皆據險以守八年虜六萬騎侵靈州敗民稼進寇涇邠渾瑊與戰不利副將死略數千戶瑊整卒夜襲其營涇原馬璘以兵掩之潘原射豹皮將死軍中哭乃遁去璘收所俘士及男女而還郭子儀又破其衆十萬九年帝遣諫議大夫吳損脩好虜亦使使者入朝於是子儀屯邠州李抱玉屯高壁馬璘屯原州李忠臣屯涇州李忠誠屯鳳翔臧希讓屯渭北備虜之入明年西川節度使崔寧破虜於西山虜攻臨涇隴州次普潤焚掠人畜與抱玉戰義寧破之道涇州璘尾追敗之於百里又明年崔寧破虜故洪節度氐蠻党項等兵斬首萬級禽酋領千人牛羊麋鎧甚衆獻之朝吐蕃不得志入掠黎雅於是劍南兵合南詔與戰破之禽大籠官論器然又侵坊州取党項牧馬崔寧攻望漢城破之山南西道節度使張獻恭戰岷州吐蕃走寧破西山三路及叩南兵斬首八千級十三年虜大酋馬重英以四萬騎寇靈州塞漢御史尚書三渠以擾屯田爲朔方留後常謙光所逐重英殘鹽慶而去乃南合南詔衆二十萬攻茂州略扶文遂侵黎雅時天子已發幽州兵馳拒虜大奔破初虜使數至留不遣所俘虜口悉部送江南德宗即位先內靖方鎮頹歲與虜確其亡獲相償欲以德綏懷之遣太常少卿韋倫持節歸其俘五百厚給衣糧切敕邊吏護亭障無輒侵虜地吐蕃始聞未信使者入境乃皆感畏是時乞立贊爲贊普姓戶盧提氏曰我乃有三恨不知天子喪不及弔一也山陵不及賻二也不知舅即位而發兵攻靈州入扶文侵灌口三也即發使者隨倫入朝帝又遣倫還蜀俘虜以倫再至歡甚授館作聲樂九日留以論欽明思等五十人從獻方物明年殿中少監崔漢衡往使贊普猥曰我與唐舅甥國詔書乃用臣禮卑我又請雲州西盡賀蘭山爲吐蕃境邀漢衡奏天子乃遣入蕃使判官常魯與論悉諾羅入朝道贊普語且引景龍詔書曰唐使至甥先與盟蕃使至舅亦將親盟贊普曰其禮本均帝許之以獻爲進賜爲寄領取爲領之以前宰相楊炎不通故事爲解并約地於賀蘭其大相尚悉結嗜殺人以劍南之敗未報不助和議次相尚結贊有謀固請休息邊人贊普卒用結贊爲大相乃講好漢衡與其使區頰贊偕來約盟境上拜漢衡鴻臚卿以都官員外郎樊澤爲計會使與結贊約且告隴右節度使張鎰同盟澤與結贊約盟清水以牛馬爲牲鎰欲末其禮乃紿結贊曰唐非牛不田蕃非馬不戰請用犬豕羊結贊聽諾將盟乃除地爲壇約二國各以二千士列壇外兀從立壇下鎰與慕容齊映齊抗鴻臚漢衡計會使于頔及澤魯皆朝服結贊與論悉頰藏論臧熱論利陀論力徐等對升壇刑牲壇北雜其血以進約唐地涇州右盡彈箏峽隴州右極清水鳳州西盡同谷劍南盡西山大度水吐蕃守鎮蘭渭原會西臨洮東成州抵劍南西磨些諸蠻大度水之西南盡大河北自新泉軍抵大磧南極賀蘭橐它嶺其間爲閒田二國所棄戍地毋增兵毋創城堡毋耕邊田既盟請鎰詣壇西南隅浮屠幄爲誓於是升壇大享獻酬乃還帝命宰相尚書與虜使者盟長安而清水之約疆埸不定復令漢衡決於贊普乃克盟於是宰相李忠臣盧杞關播崔寧工部尚書喬琳御史大夫于頎太府卿張獻恭司農卿段秀實少府監李昌夔京兆尹王翃金吾衛大將軍渾瑊與區頰贊等同盟京城之右郊禮如清水前二日告廟齊三日關播跪讀載書已盟乃大享詔左僕射李揆爲入蕃會盟使還區頰贊等朱泚之亂吐蕃請助討賊詔右散騎常侍于頎持節慰撫太常少卿沈房爲安西北廷宣慰使以報之渾瑊用論莽羅兵破泚將韓旻於武亭川初與虜約得長安以涇靈四州畀之會大疫虜輒引去及泚平責先約求地天子薄其勞第賜詔書償結贊莽羅等帛萬匹於是虜以爲怨貞元二年詔倉部郎中趙建往使而虜已犯涇隴邠寧掠人畜敗田稼內州皆閉壁游騎至好畤左金吾將軍張獻甫神策將李昇雲等屯咸陽河中渾瑊華州駱元光援之以左監門將軍康成使焉尚結贊屯上砦原亦令使論乞陀來請盟鳳翔李晟遣部將王佖以銳兵三千夜入汧陽明日薄其中軍虜驚潰走結贊僅自脫虜衆二萬侵鳳翔李晟擊却之因襲破摧沙堡燒儲廥斬守者吐蕃攻鹽夏刺史杜彥光拔乾暉不能守悉其衆南奔虜遂有其地天子以邊人殘沒下詔避正殿痛自咎詔駱元光經略鹽夏三年命左庶子崔澣李銛踵使結贊得鹽夏皆戍以兵乃自屯鳴沙然饋餉數困於是駱元光韓游瓌濱塞而屯馬燧次石州跨河相掎角結贊大懼屢請盟天子不許即以貴將論頰熱厚賂乞和於燧燧以爲情身入見天子諸將以燧入皆守壁不戰結贊遽還走馬多死士不能步有饑色辭始至鳴沙傳詔讓結贊破約陷鹽夏對曰本以武亭功未償乃來又候碑仆疆埸不明故行境上涇州乘城自保鳳翔李令不納吾使雖康成等來皆不能致委曲我日望大臣而卒無至者我故引還鹽夏守將懼吾衆以城丐我非我敢攻也若天子復許盟虜之願也唯所命當以鹽夏還唐又言清水盟大臣少故約易壞請悉遣宰相元帥二十一人會盟并言靈鹽節度使杜希全涇原節度使李觀外蕃所信請主盟帝復使澣報結贊曰希全守靈州有分地不可以越境觀既從官以渾瑊爲盟會使約五月盟清水使先效二州以驗虜信結贊辭清水非吉地請會原州之土梨樹乃歸二州天子從之瑊來受命拜漢衡兵部尚書以副瑊率師二萬待期詔駱元光助之宰相議所盟地左神策將馬有鄰建言土梨樹林薈巖阻兵易詭伏不如平涼夷漫坦直且近涇緩急可保也乃定盟平涼瑊約結贊主客均以兵三千至壇外譏從四百叩壇以游軍交邏相入將盟結贊伏精騎三萬于西縱邏騎出入瑊軍瑊將梁奉貞亦馳馬入虜軍營陰執之而瑊不知也客請瑊等具冠劍皆就幄更衣從容胖肆虜忽三伐鼓衆譟而興瑊不知所出走幄後得馬不銜而馳十里始得銜虜追矢若雨不傷也至元光營乃脫裨將辛榮兵數百據北阜與虜戰矢盡乃降判官韓弇監軍宋鳳朝死之漢衡與判官鄭叔矩路泌掌書記袁同直列將扶餘準馬寧孟日華李至言樂演明范澄馬弇中人劉延邕俱文珍李朝清等六十人皆被執士死者五百生獲者千餘人漢衡語虜曰我崔尚書也結贊與我善若殺我結贊亦殺若乃不死人負一木以繩三約之係其髮驅之夜則杙地繫而仆蒙以罽守者寢其上始結贊將劫希全觀急以銳兵直趨京師既不克又欲禽瑊等擣虛入寇其謀本然既引去至故原州坐帳中見漢衡等慢言渾瑊戰武功我力也許裂地償我而自食其言吾既作金枷將必得瑊以見贊普乃今失之徒致公等無益也當使八歸報初漢衡遇亂從史呂溫身蔽兵溫傷而漢衡脫虜人嘉其義厚給養之結贊屯石門以俱文珍馬寧馬弇歸唐而囚漢衡叔矩河州辛榮廓州扶餘準鄯州帝猶使中人齎詔書賜結贊拒不受虜戍鹽夏涉春疫大興皆思歸結贊以騎三千迎之火二州廬舍頹郛堞而去杜希全分兵保之帝哀漢衡等陷辱下詔賜其子七品官叔矩泌弇日華榮志信澄艮貲演明一子八品官袁同直而下一子九品官以決勝軍使唐良臣屯潘原神策將蘇太平屯隴州結贊召漢衡日華延邕至石門以五騎送境上遣使者奉表來李觀曰有詔不內吐蕃使者受漢衡等放其使結贊以羌渾衆屯潘口傍青石嶺三分其兵趨隴汧陽間連營數十里中軍距鳳翔一舍詭漢服號邢君牙兵入吳山寶鷄焚聚落略畜牧丁壯殺老孺斷手剔目乃去李晟嘗歷大木塞安化峽處虜過悉焚之詔神策將石季章壁武功良臣移師百里城虜又剽汧陽華亭男女萬人以畀羌渾將出塞令東向辭國衆慟哭投塹谷死者千數吐蕃又入豐義關華亭絕汲道守將王仙鶴請救於隴州刺史蘇清沔合太平兵赴之虜逆戰太平不勝引還虜日千騎四掠隴兵不敢出虜積薪將焚華亭仙鶴以衆降清沔潛兵大象龕夜半約城中舉火燭天虜衆驚因襲其營乃去更攻連雲堡飛石投市井皆滿爲虛梁絕塹而升守將張明遠降于虜虜分捕山間亡人及牛羊率萬計涇隴邠之民蕩然盡矣諸將曾不能得一俘但賀賊出塞而已連雲堡涇要地也三垂峭絕北據高虜所進退候火易通既失之城下即虜境每蒔稼必陳兵于野故多失時是歲三州不宿麥虜數千騎犯長武城城使韓全義拒之韓游瓌兵不出於是虜安行邠涇間諸屯西門皆閉虜治故原州保之帝取所獲吐蕃生口不二百徇諸市以安京師四年五月虜三萬騎略涇邠寧慶鄜五州之鄙焚吏舍民閭係

訖數萬韓全義以陳許兵戰長武無功初吐蕃盜塞畏春夏疾疫常以盛秋及是得唐俘多厚給產質其孥故盛夏入邊尚悉董星論莽羅等又寇寧州張獻甫拒斬裁百級轉剽鄜坊乃去五年韋臯以劒南兵戰臺登殺虜將乞藏遮遮悉多楊朱西南少安不三年盡得巂州地久之北廷沙陀別部叛吐蕃因是陷北廷都護府安西道絕獨西州人尚為唐守八年寇靈州陷水口塞營田渠發河東振武兵合神策軍擊之虜引還又寇涇州掠田軍千人守捉使唐朝臣戰不利山南西道節度使嚴震破虜于芳州取黑水壁焚積聚自虜得鹽州塞防無以障遏而靈武單露鄜坊侵迫寇日以驕數入為邊患帝復詔城之使涇原劒南山南深入窮討分其兵毋令專向東方詔朔方河中晉絳邠寧兵馬副元帥渾瑊朔方靈鹽豐夏綏銀節度都統杜希全邠寧節度使張獻甫右神策軍行營節度使邢君牙夏綏銀節度使韓潭鄜坊丹延節度使王栖曜振武麟勝節度使范希朝合兵三萬以左神策將軍胡堅右神策將軍張昌為鹽州行營節度使板築之役者六千人餘皆陳城下九年始裁閱二旬訖功而虜兵不出遂以兼御史大夫紇于遂與兼中丞杜彥光戍之當是時韋臯功最多破堡壁五十餘所敗其南道元帥論莽熱沒籠乞悉莵又與南詔破之于神川于鐵橋臯俘馘三萬降首領論乞髯湯沒藏悉諾硉十二年寇慶州及華池殺略吏人是歲尚結贊死明年贊普死其子足之煎立邢君牙築永信城于隴州以備虜虜使者農桑昔來請脩好朝廷以其無信不受韋臯取新城虜治劒山馬嶺進寇臺登巂州刺史曹高仕擊郤之禽籠官斬級三百獲馬糗械數千十四年韓全義破虜于鹽州十六年靈州破虜于烏蘭橋韋臯拔末恭頗二城十七年寇鹽州陷麟州殺刺史郭鋒湮隍隳陴係居人掠党項諸部屯橫槽烽虜將徐舍人者語俘道人延素曰我乃司空英公裔孫也武后時家祖以兵尊王室不克子孫奔播絕域今三世矣我雖握兵心未嘗忘歸也顧不能自拔耳陰使延素夜逸又言吾按邊求貲糧至麟而守者無備遂入之知郭使君勳臣家欲全安之不幸死亂兵語方已會飛鳥使至召其軍還遂引去飛鳥猶傳騎也韋臯出西山與虜戰破之雅州籠官馬定德本虜之知兵有策慮者周知山川險易每用兵常馳驛計議授諸將以行比年寇黎巂臯常折其兵定德畏得罪遂來降因定昆明諸蠻吐蕃以下屢叛大侵靈州時臯圍維州贊普使論莽熱沒籠乞悉莵兼松州五道節度兵馬都統羣牧大使引兵十萬援維州臯率南詔兵薄險設伏以待纔使千人嘗敵乞悉莵見兵寡悉衆追墮伏中兵四合急擊遂禽之獻京師明年吐蕃使者論頰熱復來右龍武大將軍薛伾往報二十年贊普死遣工部侍郎張薦弔祠其弟嗣立再使使者入朝順宗立以左金吾衞將軍田景度庫部員外郎熊執易持節往使永貞元年論乞縷勃藏歸金幣馬牛助崇陵有詔陳太極廷中憲宗初遣使者脩好且還其俘又以使告順宗喪吐蕃亦以論勃藏來後比年來朝然以五萬騎入振武拂鵜泉萬騎至豐州大石谷鈔回鶻還國者五年以祠部郎中徐復往使并賜鉢闡布書鉢闡布者虜浮屠豫國事者也亦曰鉢掣逋復至鄯州擅還其副李逢致命贊普復坐貶虜以論思邪熱入謝且歸鄭叔矩路泌之柩因言願歸秦原安樂州詔宰相杜佑等與議中書論思邪熱拜于廷佑答拜堂上復以鴻臚少卿李銛丹王府長史吳暈報之自是朝貢歲入又款隴州塞丐互市詔可十二年贊普死使者論乞髯來以右衞將軍烏重玘殿中侍御史段鈞弔祭之可黎可足立為贊普重玘以扶餘準李驂偕歸準東明人本朔方騎將驂隴西人貞元初戰沒于虜者使者知不死求之乃得還詔以準為澧王府司馬驂嘉王友吐蕃使論矩立藏來朝未出境吐蕃寇宥州與靈州兵戰定遠城虜不勝斬首二千級平涼鎮遏使郝玼又破虜兵二萬夏州節度使田縉破其衆三千詔留矩立藏等不遣劒南兵拔峨和栖鷄城十四年乃歸矩立藏等吐蕃節度論三摩宰相尚塔藏中書令尚綺心兒總兵十五萬圍鹽州為飛梯鵞車攻城刺史李文悅拒之城壞輒補夜襲其營晝出戰破虜萬人積三旬不能拔朔方將史敬奉以奇兵繞出虜背大破之解圍去始沙州刺史周鼎為唐固守贊普徙帳南山使尚綺心兒攻之鼎請救回鶻踰年不至議焚城郭引衆東奔皆以為不可鼎遣都知兵馬使閻朝領壯士行視水草晨入謁辭行與鼎親吏周沙奴共射彀弓揖讓射沙奴即死執鼎而縊殺之自領州事城守者八年出綾一端募麥一斗應者甚衆朝喜曰民且有食可以死守也又二歲糧械皆竭登城而譟曰苟毋徙它境請以城降綺心兒許諾於是出降自攻城至是凡十一年贊普以綺心兒代守後疑朝謀變置毒鞾中而死州人皆胡服臣虜每歲時祀父祖衣中國之服號慟而藏之穆宗即位遣祕書少監田洎往告使者亦來虜引兵入屯靈武靈州兵擊却之又犯青塞烽進寇涇州瀕水而營綿五十里始洎至牙虜欲會盟長武洎舍棡應之至是願言洎許我盟我是以來逼涇一舍止詔右軍中尉梁守謙為左右神策軍京西北行營都監發卒合八鎮兵援涇州貶洎郴州司戶參軍以太府少卿邵同持節為和好使初夏州田縉衺沓党項怨之導虜入鈔郝玼與戰多殺其衆李光顏又以邠兵至乃引去復遣使者來南略雅州詔方鎮與虜接者謹備邊長慶元年聞回鶻和親犯青塞堡為李文悅所逐乃遣使者尚綺力陀思來朝且乞盟詔許之崔植杜元穎王播輔政議欲告廟禮官謂肅宗代宗皆嘗與吐蕃盟不告廟德宗建中之盟將重其約始詔告廟至會平涼不復告殺之也乃止以大理卿劉元鼎為盟會使右司郎中劉師老副之詔宰相與尚書右僕射韓臯御史中丞牛僧孺吏部尚書李絳兵部尚書蕭俛戶部尚書楊於陵禮部尚書韋綬太常卿趙宗儒司農卿裴武京兆尹柳公綽右金吾將軍郭鏦及吐蕃使者論訥羅盟京師西郊贊普以盟言約二國無相寇鈔有禽生問事給服糧歸之詔可大臣豫盟者悉載名於策方盟時吐蕃以壯騎屯魯州靈州節度使李進誠與戰大石山破之虜遣使者趙國章來且致宰相信幣明年請定疆候元鼎與論訥羅就盟其國敕虜大臣亦列名于策元鼎踰成紀武川抵河廣武梁故時城郭未隳蘭州地皆秔稻桃李榆柳岑蔚戶皆唐人見使者麾蓋夾道觀至龍支城耋老千人拜且泣問天子安否言頃從軍沒于此今子孫未忍忘唐服朝廷尚念之乎兵何日來言已皆嗚咽密問之豐州人也過石堡城崖壁峭豎道回屈虜曰鐵刀城右行數十里土石皆赤虜曰赤嶺而信安王褘張守珪所定封石皆仆獨虜所立石猶存赤嶺距長安三千里而贏蓋隴右故地也曰悶怛盧川直邏娑川之南百里臧河所流也河之西南地如砥原野秀沃夾河多檉柳山多柏坡皆丘墓旁作屋赬塗之繪白虎皆虜貴人有戰功者生衣其皮死以旌勇殉死者瘞其旁度悉結羅嶺鑿石通車逆金城公主道也至麋谷就館臧河之北川贊普之夏牙也周以槍纍率十步植百長槊中剬大幟為三門相距皆百步甲士持門巫祝鳥冠虎帶擊鼓凡入者搜索乃進中有高臺環以寶楯贊普坐帳中以黃金飾蛟螭虎豹身被素褐結朝霞冒首佩金鏤劒鉢掣逋立于右宰相列臺下唐使者始至給事中論悉答熱來議盟大享於牙右飯畢酒行與華制略等樂奏秦王破陣曲又奏涼州胡渭錄要雜曲百伎皆中國人盟壇廣十步高二尺使者與虜大臣十餘對位酋長百餘坐壇下上設巨榻鉢掣逋升告盟一人自旁譯授于下已歃血鉢掣逋不歃盟畢以浮屠重為誓引鬱金水以飲與使者交慶乃降元鼎還虜元帥尚塔藏館客大夏川集東方節度諸將百餘置盟策臺上徧曉之且戒各保境毋相暴犯策署彝泰七年尚塔藏語元鼎曰回鶻小國我嘗討之距城三日危破會國有喪乃還非我敵也唐何所畏乃厚之元鼎曰回鶻有功且如約未始妄以兵取尺寸地是以厚之塔藏默然元鼎踰湟水至龍泉谷西北望殺胡川哥舒翰故壁多在湟水出蒙谷抵龍泉與河合河之上流繇洪濟梁西南行二千里水益狹春可涉秋夏乃勝舟其南三百里三山中高而四下曰紫山直大羊同國古所謂崑崙者也虜曰悶摩黎山東距長安五千里河源其間流澄緩下稍合衆流色赤行益遠它水并注則濁故世舉謂西戎地曰河湟河源東北直莫賀延磧尾殆五百里磧廣五十里北自沙州西南入吐谷渾寖狹故號磧尾隱測其地蓋劒南之西元鼎所經見大略如此虜遣論悉諾息等入謝天子命左衞大將軍令狐通太僕少卿杜載荅之是歲尚綺心兒以兵擊回鶻党項小相尚設塔率衆三萬牧馬木蘭梁比歲使者獻金盎銀冶犀鹿貢犛牛寶曆至太和再遣使者朝五年維州守將悉怛謀挈城以降劒南西川節度使李德裕受之收符章仗鎧更遣將虞藏儉据之州南抵江陽岷山西北望隴山一面崖三涯江虜號無憂城為西南要扞會牛僧孺當國謀還悉怛謀歸其城吐蕃夷誅無遺種以怖諸戎自是比五年虜使來必報所貢有玉帶金皿獺褐犛牛尾霞氈馬羊橐它贊普立幾三十年病不事委任大臣故不能抗中國邊候晏然死以弟達磨嗣達磨嗜酒好畋獵喜內且凶愎少恩政益亂開成四年遣太子詹事李景儒往使吐蕃以論集熱來朝獻玉器羊馬自是國中地震裂水泉湧岷山崩洮水逆流三日鼠食稼人饑疫死者相枕藉鄯廓間夜聞鼙鼓聲人相驚會昌二年贊普死論贊熱等來告天子命將作監李璟弔祠無子以妃綝兄尚延力子乞離胡為贊普始三歲妃共治其國大相結都那見乞離胡不肯拜曰贊普支屬尚多何至立綝氏子邪哭而出用事者共殺之別將尚恐熱為落門川討擊使姓末名農力熱猶中國號郎也譎詭善幻約三部得萬騎擊鄯州節度使尚婢婢略地至渭州與宰相尚與思羅戰薄寒山思羅敗走松州合蘇毗吐渾羊

同兵八萬保洮河自守恐熱謂蘇毗等曰宰相兄弟殺贊普天神使我舉義兵誅不道爾屬乃助逆背國耶蘇毗等疑而不戰恐熱麾輕騎涉河諸部先降并其衆至十餘萬禽思羅縊殺之婢婢姓沒盧名贊心牙羊同國人世爲吐蕃貴相寬厚略通書記不喜仕贊普彊官之三年國人以贊普立非是皆叛去恐熱自號宰相以兵二十萬擊婢婢鼓鞞牛馬槖它聯千餘里至鎮西軍大風雷電部將震死者十餘人羊馬槖它亦數百恐熱惡之按軍不進婢婢聞之厚幣詒書約譁恐熱大喜曰婢婢書生焉知軍事我爲贊普當以家居宰相處之於是退營大夏川婢婢遣將龎結心莽羅薛呂擊恐熱於河州之南伏兵四萬結心據山射書極罵恐熱怒甚盛兵出鬬結心僞北恐熱追至數十里莽羅薛呂以伏兵衷擊大風雨河溢溺死甚衆恐熱單騎而逃旣不得志允猜恐殺戮部將岌藏豐贊皆降婢婢厚遇之明年恐熱復攻鄯州婢婢分兵五道拒守恐熱保東谷山堅壁不出岌藏繚以重柵斷汲道旬日恐熱走薄寒山募散卒稍至得數千人復戰鵰鷄山再戰南谷皆大敗兵挐仍歲不解大中三年婢婢屯兵河源聞恐熱謀度河急擊之爲恐熱所敗婢婢統鋭兵扼橋亦不勝焚橋而還恐熱閒出鷄項嶺關馮硤爲梁攻婢婢至白土嶺敗其將尚鐸羅榻藏進戰犛牛硤婢婢將燭盧鞏力欲負硤自固以困恐熱大將磨離羆子不從乃辭疾先歸羆子急擊恐熱一戰而死婢婢糧盡引衆趨甘州西境以拓拔懷光居守恐熱麾下多歸之恐熱大略鄯廓瓜肅伊西等州所過捕戮積尸狼籍麾下內怨皆欲圖之乃揚聲將請唐兵五十萬共定其亂保渭州求冊爲贊普奉表歸唐宣宗詔太僕卿陸耽持節慰勞命涇原靈武鳳翔邠寧振武等兵迎援恐熱至詔尚書左丞李景讓就問所欲恐熱倨夸自大且求河渭節度使帝不許還過咸陽橋咄歎曰我舉大事覬得濟此河與唐分境於是復趨落門川收散卒將寇邊會久雨糧絕恐熱還奔廓州於是鳳翔節度使李玭復清水涇原節度使康季榮復原州取石門等六關得人畜幾萬靈武節度使李欽取安樂州詔爲威州邠寧節度使張欽緒復蕭關鳳翔收秦州山南西道節度使鄭涯得扶州鳳翔兵與吐蕃戰隴州斬首五百級是歲河隴高年千餘見闕下天子爲御延喜樓賜冠帶皆爭解辮易服因詔差賜四道兵録有勞者三州七關地腴衍者聽民墾蓺貸五歲賦溫池委度支榷其鹽以贍邊四道兵能營田者爲給牛種戍者倍其資饋再歲一代商賈往來於邊者關鎮毋何留兵欲墾田與民同初太宗平薛仁杲得隴上地虜李軌得涼州破吐谷渾高昌開四鎮玄宗繼收黃河磧石宛秀等軍中國無斥候警者幾四十年輪臺伊吾屯田禾菽彌望開遠門揭候署曰西極道九千九百里示戍人無萬里行也乾元後隴右劍南西山三州七關軍鎮監牧三百所皆失之憲宗常覽天下圖見河湟舊封赫然思經略之未暇也至是羣臣奏言王者建功立業必有以光表於世者今不勤一卒血一刃而河湟自歸請上天子尊號帝曰憲宗嘗念河湟業未就而殂落今當述祖宗之烈其議上順憲二廟謚號夸顯後世又詔朕姑息民其山外諸州須後經營之明年沙州首領張義潮奉瓜沙伊肅甘等十一州地圖以獻始義潮陰結豪英歸唐一日衆擐甲譟州門漢人皆助之虜守者驚走遂攝州事繕甲兵耕且戰悉復餘州以部校十輩皆操挺內表其中東北走天德城防禦使李丕以聞帝嘉其忠命使者齎詔收慰擢義潮沙州防禦使俄號歸義軍遂爲節度使其後河渭州虜將尚延心以國破亡亦獻款秦州刺史高駢誘降延心及渾末部萬帳遂收二州拜延心武衞將軍駢收鳳林關以延心爲河渭等州都游奕使咸通二年義潮奉涼州來歸七年北廷回鶻僕固俊擊取西州收諸部鄯州城使張季顒與尚恐熱戰破之收器鎧以獻吐蕃餘衆犯邠寧節度使薛弘宗卻之會僕固俊與吐蕃大戰斬恐熱首傳京師八年義潮入朝爲右神武統軍賜第及田命族子淮深守歸義十三年卒沙州以長史曹義金領州務遂授歸義節度使後中原多故王命不及甘州爲回鶻所并歸義諸城多没渾末亦曰嗢末吐蕃奴部也虜法出師必發豪室皆以奴從平居散處耕牧及恐熱亂無所歸共相嘯合數千人以嗢末自號居甘肅瓜沙河渭岷廓疊宕間其近蕃牙者最勇而馬尤良云

贊曰唐興四夷有弗率者皆利兵移之蹷其牙犁其廷而後已惟吐蕃回鶻號强雄爲中國患最久贊普遂盡盜河湟薄王畿爲東境犯京師掠近輔殘𢦤華人謀夫虓帥圜視共計卒不得要領晚節二姓自亡而唐亦衰焉夫外撫內寧惟聖人不讓玄宗有逸德而拓地太大務遠功忽近虞逆賊一奮中原封裂訖二百年不得復完而至陵夷然則內先自治釋四夷爲外懼守成之良資也

唐書卷二百十六下考證

吐蕃傳下馬璘屯原州○舊書作泗中疑誤

貶泊郴州司戶○舊書作柳州

唐書卷二百十七上

宋　端　明　殿　學　士　宋　祁　撰

列傳第一百四十二上

回鶻

回紇其先匈奴也俗多乘高輪車元魏時亦號高車部或曰敕勒訛爲鐵勒其部落曰袁紇薛延陀契苾羽都播骨利幹多覽葛僕骨拔野古同羅渾思結斛薛奚結阿跌白霫凡十有五種皆散處磧北袁紇者亦曰烏護曰烏紇至隋曰韋紇其人驍彊初無酋長逐水草轉徙善騎射喜盜鈔臣于突厥突厥資其財力雄北荒大業中處羅可汗攻脅鐵勒部裒責其財旣又恐其怨則集渠豪數百悉阬之韋紇乃并僕骨同羅拔野古叛去自爲俟斤稱回紇回紇姓藥羅葛氏居薛延陀北娑陵水上距京師七千里衆十萬勝兵半之地磧鹵畜多大足羊有時健俟斤者衆始推爲君長子曰菩薩材勇有謀嗜獵射戰必身先所向輒摧破故下皆畏附爲時健所逐時健死部人賢菩薩立之母曰烏羅渾性嚴明能決平部事回紇繇是寖盛與薛延陀共攻突厥北邊頡利遣欲谷設領騎十萬討之菩薩身將五千騎破之馬鬛山追北至天山大俘其部人聲震北方繇是附薛延陀相脣齒號活頡利發樹牙獨樂水上貞觀三年始來朝獻方物突厥已亡惟回紇與薛延陀爲最雄彊菩薩死其酋胡祿俟利發吐迷度與諸部攻薛延陀殘之并有其地遂南踰賀蘭山境諸河遣使者獻款太宗爲幸靈州次涇陽受其功於是鐵勒十一部皆來言延陀不事大國以自取亡其下麕駭鳥散不知所之今各有分地願歸命天子請置唐官有詔張飮高會引見渠長等以唐官官之凡數千人明年復入朝乃以回紇部爲瀚海多覽葛部爲燕然僕骨部爲金微拔野古部爲幽陵同羅部爲龜林思結部爲盧山皆號都督府以渾爲皐蘭州斛薛爲高闕州阿跌爲鷄田州契苾羽爲榆溪州奚結爲鷄鹿州思結爲蹛林州白霫爲窴顏州其西北結骨部爲堅昆府北骨利幹爲玄闕州東北俱羅勃爲燭龍州皆以酋領爲都督刺史長史司馬卽故單于臺置燕然都護府統之六都督七州皆隸屬以李素立爲燕然都護其都督刺史給玄金魚符黃金爲文天子方招寵遠夷作絳黃瑞錦文袍寶刀珍器賜之帝坐祕殿陳十部樂殿前設高坫置朱提瓶其上潛泉浮酒自左閤通坫趾注之瓶轉受百斛鐐盎回紇數千人飮畢尚不能半又詔文武五品官以上祖飮尚書省中渠領共言生荒陋地歸身聖化天至尊賜官爵與爲百姓依唐若父母然請於回紇突厥部治大涂號參天至尊道世爲唐臣乃詔磧南鸊鵜泉之陽置過郵六十八所具羣馬湩肉待使客歲內貂皮爲賦乃拜吐迷度爲懷化大將軍瀚海都督然私自號可汗署官吏壹似突厥有外宰相六內宰相三又有都督將軍司馬之號帝更詔時健俟斤它部爲祁連州隸靈州都督白霫它部爲居延州吐迷度兄子烏紇烝吐迷度之妻遂與俱陸莫賀達干俱羅勃謀亂而歸車鼻可汗二人者皆車鼻壻故烏紇領騎夜劫吐迷度殺之燕然副都護元禮臣遣使紿烏紇許白爲都督烏紇不疑卽往謝因斬以徇帝恐諸部攜解命兵部尚書崔敦禮持節臨撫贈吐迷度左衞大將軍賻祭備厚擢其子婆閏左驍衞大將軍襲父所領俱羅勃旣入朝帝不遣阿史那賀魯之盜北廷婆閏以騎五萬助契苾何力等破賀魯收北廷又從伊麗道行軍總管任雅相等再破賀魯金牙山還右衞大將軍從討高麗有功婆閏死子比栗嗣龍朔中以燕然都督府領回紇更號瀚海都護府以磧爲限大抵北諸蕃悉隸之比栗死子獨解支嗣武后時突厥默啜方彊取鐵勒故地故回紇與契苾思結渾三部度磧徙甘涼間然唐常取其壯騎佐赤水軍云獨解支死子伏帝匐立明年助唐攻殺默啜於是別部移健頡利發與同羅霫等皆來詔置其部於大武軍北伏帝匐死子承宗立涼州都督王君㚟誣暴其罪流死瀼州當此時回紇稍不循族子瀚海府司馬護輸乘衆怨共殺君㚟梗絕安西諸國朝貢道久之奔突厥死子骨力裴羅立會突厥亂天寶初裴羅與葛邏祿自稱左右葉護助拔悉蜜擊走烏蘇可汗後三年襲破拔悉蜜斬頡跌伊施可汗遣使上狀自稱骨咄祿毗伽闕可汗天子以爲奉義王南居突厥故地徙牙烏德鞬山昆河之間南距西城千七百里西

城漢高闕塞也北盡磧口三百里悉有九姓地九姓者曰藥羅葛曰胡咄葛曰啒羅勿曰貊歌息訖曰阿勿嘀曰葛薩曰斛嗢素曰藥勿葛曰奚邪勿藥羅葛回紇姓也與僕骨渾拔野古同羅思結契苾六種相等夷不列於數後破有拔悉蜜葛邏祿總十一姓並置都督號十一部落自是戰常以二客部為先鋒有詔拜為骨咄祿毗伽闕懷仁可汗前殿列仗中書令內案授冊使者使者出門升輅至皇城門降乘馬幡節導以行凡冊可汗率用此禮明年裴羅又攻殺突厥白眉可汗遣頓啜羅達干來上功拜裴羅左驍衞員外大將軍斥地愈廣東極室韋西金山南控大漠盡得古匈奴地裴羅死子磨延啜立號葛勒可汗剽悍善用兵歲遣使者入朝肅宗即位使者來請助討祿山帝詔燉煌郡王承寀與約而令僕固懷恩送王因召其兵可汗喜以可敦妹為女妻承寀遣渠領來請和親帝欲固其心即封虜女為毗伽公主於是可汗自將與朔方節度使郭子儀合討同羅諸蕃破之河上與子儀會呼延谷可汗恃其彊陳兵引子儀拜狼纛而後見帝駐彭原使者葛羅支見恥班下帝不欲使鞅鞅引升殿慰而遣俄以大將軍多攬等造朝及太子葉護身將四千騎來惟所命帝因冊毗伽公主為王妃擢承寀宗正卿可汗亦封承寀為葉護給四節令與其葉護共將帝命廣平王見葉護約為昆弟葉護大喜使首領達干等先到扶風見子儀子儀犒飲三日葉護辭曰國多難我助討逆何敢食固命乃留既行日賜牛四十角羊八百蹄米四十斛香積之戰陳灃上賊詭伏騎於王師左將襲我僕固懷恩麾回紇馳之盡翦其伏乃出賊背與鎮西北廷節度使李嗣業夾攻之賊大敗進收長安懷恩率回紇南蠻大食衆繚都而南壁滻東進次陝西戰新店初回紇至曲沃葉護使將軍鼻施吐撥裴羅旁南山東出披賊伏谷中殲之營山陰子儀等與賊戰傾軍逐北亂而卻回紇望見即踰西嶺曳旗趨賊出其後賊反顧遂大潰追奔數十里人馬相騰蹂死者不可計收仗械如丘嚴莊挾安慶緒棄東京北度河回紇大掠東都三日姦人導之府庫窮殫廣平王欲止不可而耆老以繒錦萬疋賂回紇止不剽葉護還京師帝遣羣臣勞之長樂帝坐前殿召葉護升階席酋領於下宴且勞之人人賜錦繡繒器葉護頓首言留兵沙苑臣歸料馬以收范陽訖除殘盜帝曰為朕竭義勇成大事卿等力也詔進司空爵忠義王歲給絹二萬疋使至朔方軍受賜乾元元年回紇使者多彥阿波與黑衣大食酋閤之等俱朝爭長有司使異門並進又使請昏許之帝以幼女寧國公主下嫁即冊磨延啜為英武威遠毗伽可汗詔漢中郡王瑀攝御史大夫為冊命使以宗子右司郎中巽兼御史中丞為禮會使并以副瑀尚書右僕射裴冕送諸境帝餞公主因幸咸陽數慰勉主泣曰國方多事死不恨瑀至虜可汗胡帽赭袍坐帳中儀衞光嚴引瑀立帳外問曰王天可汗何屬瑀曰從昆弟也時中人雷盧俊立瑀上又問立王上者為誰瑀曰中人也可汗曰中人奴爾顧立郎上乎盧俊趨下於是引瑀入瑀不拜可汗曰見國君禮無不拜瑀曰天子顧可汗有功以愛女結好比中國與夷狄昏皆宗室子今寧國乃帝生女有德容萬里來降可汗天子壻當以禮見安踞受詔邪可汗慙乃起奉詔拜受冊翌日尊主為可敦瑀所齎賜物可汗盡與其牙下酋領瑀還獻馬五百匹貂裘白氎等乃使王子骨啜特勤宰相帝德等率驍三千助討賊帝因命僕固懷恩總之又遣大首領蓋將軍與三女子謝昏并告破堅昆功明年骨啜與九節度戰相州王師潰帝德等奔京師帝厚賜尉其意乃還俄而可汗死國人欲以公主殉主曰中國人壻死朝夕臨喪期三年此終禮也回紇萬里結昏本慕中國吾不可以殉乃止然務面哭亦從其俗云後以無子得還始葉護太子前得罪死故次子移地健立號牟羽可汗其妻僕固懷恩女也始可汗為少子請昏帝以妻之至是為可敦明年使大臣俱錄莫賀達干等入朝并問公主起居使人通謁於延英殿代宗即位以史朝義未滅復遣中人劉清潭往結好且發其兵比使者至回紇已為朝義所訹曰唐荐有喪國無主且亂請回紇入收府庫其富不貲可汗即引兵南寶應元年八月也清潭齎詔至其帳可汗曰人言唐已亡安得有使邪清潭為言先帝雖棄天下廣平王已即天子位其仁聖英武類先帝故與葉護收二京破安慶緒者是與可汗素厚且唐歲給回紇繒絹豈忘之邪是時回紇已踰三城見州縣榛莽烽障無守有輕唐色乃遣使北收單于府兵倉庫數以語夌靳清潭清潭密白帝回紇兵十萬向塞朝廷震驚遣殿中監藥子昂迎勞且覘軍還于太原密識其兵裁四千羸弱萬餘馬四萬與可敦偕來帝令懷恩與回紇會因遣使上書請助天子討賊回紇欲入蒲關徑沙苑而東子昂說曰自寇亂來州縣殘虛供億無所資且賊在東京若入井陘以取邢洛衞懷收賊財帑乃鼓而南上策也不聽子昂曰然則趨懷太行道南據河陽扼賊喉衿又不聽曰食太原倉粟右太陝與澤潞河南懷鄭兵合回紇從之詔以雍王為天下兵馬元帥進子昂兼御史中丞與右羽林衞將軍魏琚為左右廂兵馬使中書舍人韋少華為元帥判官御史中丞李進為行軍司馬東會回紇救元帥為諸軍先鋒與諸節度會陝州時可汗壁陝州北王往見之可汗責王不蹈舞子昂辭曰王嫡皇孫二宮在殯禮不可以蹈舞回紇廷詰曰可汗為唐天子弟於王叔父行也容有不蹈舞乎子昂固拒即言元帥唐太子也將君中國而可蹈舞見可汗哉回紇君臣度不能屈即引子昂進少華琚搒之百少華琚一夕死王還營官軍以王見辱將合誅回紇王以賊未滅止之於是懷恩與虜左殺為先驅朝義使反間左殺執以獻與諸將同擊賊戰橫水走之進收東都可汗使拔賀那賀天子獻朝義旗物雍王還靈寶可汗屯河陽留三月屯旁人困於剽辱僕固瑒率回紇兵與朝義拏戰蹀血二千里梟其首河北悉平懷恩道相州西山嶂口還屯可汗出澤路與懷恩會道太原去初回紇至東京放兵攘剽人皆遁保聖善白馬二祠浮屠避之回紇怒火浮屠殺萬餘人及是益橫詬折官吏至以兵夜斫含光門入鴻臚寺方其時陝州節度使郭英乂留守東都與魚朝恩及朔方軍驕肆因回紇為暴亦掠汝鄭間鄉不完廬皆蔽紙為裳虐于賊矣帝念少華等死故贈少華左散騎常侍琚揚州大都督賜一子六品官於是冊可汗曰頡咄登里骨啜蜜施合俱錄英義建功毗伽可汗可敦曰娑墨光親麗華毗伽可敦以左散騎常侍王翊使即其牙命之自可汗至宰相共賜實封二萬戶又以左殺為雄朔王右殺寧朔王胡祿都督金河王拔覽將軍靜漠王十都督皆國公永泰初懷恩反誘回紇吐蕃入寇俄而懷恩死二虜爭長回紇首領潛詣涇陽見郭子儀請改事子儀率麾下叩回紇營回紇曰願見令公子儀出旗門回紇曰請釋甲子儀易服酋長相顧曰眞是公矣時李光進路嗣恭介馬在側子儀示酋長曰此渭北節度使某朔方軍糧使某酋長下馬拜子儀亦下見之虜數百環覘子儀麾下亦至子儀麾左右使卻且命酒與飲遺以纏頭綵三千召可汗弟合胡祿等持手因讓曰上念回紇功報爾固厚何負而來今即與汝戰何遽降也我將獨入爾營雖殺我吾將士能擊汝酋長讋服曰懷恩詭我曰唐天子南走公見廢是以來今天可汗在公無恙吾等願還擊吐蕃以報厚恩然懷恩子可敦弟也願赦死於是子儀持酒胡祿請盟而飲子儀曰唐天子萬歲回紇可汗亦萬歲二國將相如之有如負約身死行陳家屠戮方時虜宰相磨咄莫賀達干頓等聞言皆奪氣酒至其所飄曰無易公誓始虜有二巫言此行必不戰當見大人而還及是相顧笑曰巫不吾紿也朔方先鋒兵馬使白元光合回紇兵於靈臺會雪雰嚴晦吐蕃閉營撤備乃縱擊之斬首五萬級生禽萬人獲馬橐它牛羊收所俘唐戶五千僕固名臣降合胡祿都督等二百人皆來朝賜與不可計子儀以名臣見名臣懷恩兄子銳將也大曆三年光親可敦卒帝遣右散騎常侍蕭昕持節弔祠明年以懷恩幼女為崇徽公主繼室兵部侍郎李涵持節冊拜可敦賜繒綵二萬是時財用屈稅公卿囊它給行宰相餞中渭橋回紇之留京師者曹輩掠女子於市引騎犯含光門皇城皆闔詔劉清潭慰止復出暴市物奪長安令邵說馬有司不敢何詰自乾元後益負功每納一馬取直四十縑歲以數萬求售使者相躡留舍鴻臚駘弱不可用帝厚賜欲以愧之不知也復以萬馬來帝不忍重煩民為償六千十年回紇殺人橫道京兆尹黎幹捕之詔貸勿劾又刺人東市縛送萬年獄首領劫取囚殘獄吏去都人厭苦十三年回紇襲振武攻東陘入寇太原河東節度使鮑防與戰陽曲防敗績殘殺萬人代州都督張光晟又戰羊虎谷破之虜乃去德宗立使中人告喪且修好時九姓胡勸可汗入寇可汗欲悉師向塞見使者不為禮宰相頓莫賀達干曰唐大國無負於我前日入太原取羊馬數萬比及國亡耗略盡今舉國遠鬬有如不捷將安歸可汗不聽頓莫賀怒因擊殺之并屠其支黨及九姓胡幾二千人即自立為合骨咄祿毗伽可汗使長建達干從使者入朝建中元年詔京兆少尹源休持節冊頓莫賀為武義成功可汗始回紇至中國常參以九姓胡往往留京師至千人居貲殖產甚厚會酋長突董翳蜜施大小梅錄等還國裝橐係道留振武三月供擬珍豐費不貲軍使張光晟陰伺之皆盛女子以橐光晟使驛吏刺以長錐然後知之已而聞頓莫賀新立多殺九姓胡人懼不敢歸往往亡去突董察視嚴亟羣胡獻計於光晟請悉斬回紇光晟許之即上言回紇非素彊助之者九胡爾今其國亂兵方相加而虜利則往財則合無財與利一亂不振不以此時乘之復歸人與幣是謂借賊兵資盜糧也乃使裨校陽不禮突董果怒鞭之光晟因勒兵盡殺回紇羣胡收橐它馬數千繒錦十萬且告曰回紇扶大將謀取振武謹先誅之部

送女子還長安帝召光晟還以彭令方代之遣中人與回紇使聿達干往言其端因欲與虜絕敕源休俟命太原明年乃行因歸突董等四喪突董可汗諸父也源休至可汗令大臣具車馬出迎其大相頡干迦斯踞坐責休等殺突董事休言彼自與張光晟鬬死非天子命又曰使者皆負死罪唐不自戮何假手於我耶良久罷去休等幾死留五旬卒不見可汗可汗傳謂休曰國人皆欲爾死我獨不然突董等已亡今又殺爾猶以血濯血徒益汙吾以水濯血不亦善乎爲我言有司所負馬直一百八十萬可速償我遣散支將軍康赤心等隨休來朝帝隱忍賜以金繒後三年使使者獻方物請和親帝畜前恚未平謂宰相李泌曰和親待子孫圖之朕不能已泌曰陛下豈以陝州故憾乎帝曰然朕方天下多難未能報且毋議和泌曰辱少華等乃牟羽可汗也知陛下卽位必償怨乃謀先苦邊然兵未出爲今可汗所殺矣今可汗初立遣使來告垂髮不翦待天子命而張光晟殺突董等雖幽止使人然卒完歸則爲無罪矣帝曰卿言則然顧朕不可負少華等奈何泌曰臣謂陛下不負少華少華負陛下且北虜君長身赴難陛下在藩春秋未壯而輕度河入其營所謂冒豺虎之場也爲少華等計當先定會見禮臣猶危之奈何孑然赴哉臣昔爲先帝行軍司馬方葉護來先帝祗使宴於府及議征討則不見也葉護邀臣至營帝不許使好謂曰主當勞客客反勞主邪東收京師約曰土地人衆歸我玉帛子女予回紇戰勝葉護欲大掠代宗下馬拜之回紇乃東向洛臣猶恨以元帥拜葉護於馬前爲左右過然先帝曰王仁孝足辦朕事下詔慰勉葉護乃牟羽諸父也牟羽之來陛下以元子不拜於帳下而可汗不敢少有失於陛下則陛下未嘗屈矣先帝拜葉護全京城陛下乃不拜可汗固伸威於虜何恨焉然計香積陝州事以屈己爲是乎伸威爲是乎藉令少華等以陛下見可汗閉壁五日與陛下張飲天下豈不寒心哉而天助威神使豺狼馴服牟羽母捧陛下以貂裘叱左右促命騎躬送出營此少華等負陛下也假令牟羽爲有罪則今可汗已殺之立者乃牟羽從父兄是爲有功渠可忘之邪且回紇可汗銘石立國門曰唐使來當使知我前後功云今請和必舉部南望陛下不之答其怨必深願聽昏而約用開元故事如突厥可汗稱臣使來者不過二百市馬不過千不以唐人出塞亦無不可者帝曰善乃許降公主回紇亦請如約詔咸安公主下嫁又詔使者合闕達干見公主於麟德殿使中謁者齎公主畫圖賜可汗明年可汗遣宰相跌跌都督等衆千餘幷遣其妹骨咄祿毗伽公主率大酋之妻五十人逆主且納聘跌跌至振武爲室韋所鈔戰死有詔其下七百皆聽入朝舍鴻臚帝御延喜門見使者是時可汗上書恭甚言昔爲兄弟今壻半子也陛下若患西戎子請以兵除之又請易回紇曰回鶻言捷鷙猶鶻然帝欲饗回鶻公主問禮於李泌對曰肅宗於燉煌王爲從祖兄回鶻妻以女見帝於彭原獨拜廷下帝呼曰婦而不名嫂也當艱虞時方藉其用猶以臣之況今日乎於是引回鶻公主入銀臺門長公主三人候諸內譯史傳導拜必答揖與進帝御秘殿長公主先入侍回鶻公主入拜謁已內司賓導至長公主所又譯史傳問乃與俱入至宴所賢妃降階俟回鶻公主拜賢妃答拜又拜召已由西階升乃坐有賜則降拜非帝賜則避席拜妃公主皆答拜訖歸凡再饗帝又盡建咸安公主官屬視王府以嗣滕王湛然爲昏禮使右僕射關播護送且將冊書拜可汗爲汨咄祿長壽天親毗伽可汗公主爲智惠端正長壽孝順可敦貞元五年可汗死子多邏斯立國人號泮官特勒以鴻臚卿郭鋒持節冊拜愛登里邏汨沒蜜施俱錄毗伽忠貞可汗初安西北廷自天寶末失關隴朝貢道隔伊西北廷節度使李元忠四鎭節度留後郭昕數遣使奉表皆不至貞元二年元忠等所遣假道回鶻乃得至長安帝進元忠爲北廷大都護昕爲安西大都護自是道雖通而虜求取無涘沙陀別部六千帳與北廷相依亦厭虜裒索至三葛祿白眼突厥素臣回鶻者尤怨苦皆密附吐蕃故吐蕃因沙陀共寇北廷頡干迦斯與戰不勝北廷陷於是都護楊襲古引兵奔西州回鶻以壯卒數萬召襲古將還取北廷爲吐蕃所擊大敗士死大半迦斯奔還襲古挐餘衆將入西州迦斯紿曰第與我俱歸當使公還唐襲古至帳殺之葛祿又取深圖川回鶻大恐稍南其部落以避之是歲可汗爲少可敦葉公主所毒死可敦亦僕固懷恩之孫懷恩子爲回鶻葉護故女號葉公主云可汗之弟乃自立迦斯方攻吐蕃其大臣率國人共殺篡者以可汗幼子阿啜嗣迦斯還可汗等出勞皆俯伏言廢立狀惟大相生死之悉發郭鋒所賜器幣餉迦斯可汗拜且泣曰今幸得繼絕仰食於父也迦斯以其柔屈乃相持哭遂臣事之以器幣悉給將士無所私其國遂安遣達北特勒梅錄將軍來告且聽命詔鴻臚少卿庾鋋冊阿啜爲奉誠可汗俄以律支達干來告少寧國公主之喪主榮王女也始寧國下嫁又以媵之寧國後歸因留回鶻中爲可敦號少寧國歷配英武英義二可汗至天親可汗時始居外其配英義生二子皆爲天親所殺是歲回鶻擊吐蕃葛祿於北廷勝之且獻俘明年使藥羅葛㚟來朝㚟本唐人呂氏爲可汗養子遂從可汗姓帝以其用事賜賚殊優拜檢校尚書右僕射十一年可汗死無子國人立其相骨咄祿爲可汗以使者來詔祕書監張薦持節冊拜愛滕里邏羽錄沒蜜施合胡祿毗伽懷信可汗骨咄祿本跌跌氏少孤爲大首領所養辯敏材武當天親時數主兵諸酋尊畏至是以藥羅葛氏世有功不敢自名其族而盡取可汗子孫內之朝廷永貞元年可汗死詔鴻臚少卿孫杲臨弔冊所嗣爲滕里野合俱錄毗伽可汗元和初再朝獻始以摩尼至其法日晏食飲水茹葷屏湩酪可汗常與共國者也摩尼至京師歲往來西市商賈頗與囊橐爲姦三年來告咸安公主喪主歷四可汗居回鶻凡二十一歲無幾可汗亦死憲宗使宗正少卿李孝誠冊拜愛登里羅汨蜜施合毗伽保義可汗閱三歲使者再朝遣伊難珠再請昏未報可汗以三千騎至鸊鵜泉於是振武以兵屯黑山治天德城備虜禮部尚書李絳奏言回鶻盛彊北邊空虛一爲風塵則弱卒非抗敵之夫孤城爲不守之地儻陛下懷此增甲兵飭城壘中夏長策生人大幸也臣觀今日處置未得其要夫邊憂有五請歷言之北狄貪沒唯利是視比進馬規直再歲不至豈厭繒帛利哉殆欲風高馬肥而肆侵軼故外攘內備必煩朝廷一可憂兵力未完斥候未明戈甲未備城池未固節天德則虜必疑盧西城則磧道無倚二可憂夫城保要害攻守險易當謀之邊將今乃規河塞之外裁廟堂之上虜猝犯塞應接失使三可憂自修好以來山川形勝兵戍滿虛虜皆悉之賊掠諸州調發在旬朔外其係累人畜在旦夕內比王師至則虜已歸寇能久留役亦轉廣四可憂北狄西戎素相攻討故邊無虞今回鶻不市馬若與吐蕃結約解讐則將臣閉壁憚戰邊人拱手受禍五可憂又淮西吳少陽垂死可乘其變諸道興發役且十倍臣謂宜聽其昏使守蕃禮所謂三利也和親則烽燧不驚城堞可治盛兵以畜力積粟以固軍一也旣無北顧憂可南事淮右申令於垂盡之寇二也北虜恃我戚則西戎怨愈深內不得寧國家坐受其安寇掠長息三也今舍三利取五憂甚非計或曰降主費多臣謂不然我三分天下賦以一事邊今東南大縣賦歲二十萬緡以一縣賦爲昏貲非損寡得大乎今惜昏費不與假如王師北征兵非三萬騎五千不能扞且馳也又如保十全之勝一歲輒罷其饋餉供擬豈止一縣賦哉帝不聽

唐書卷二百十七上考證

回鶻傳上契苾羽爲榆溪州○榆溪州舊書作榆林溪州

子比粟嗣○舊書作妹比粟毒

唐書卷二百十七下

宋　端明殿學士宋　祁　撰

列傳第一百四十二下

回鶻

回鶻之請昏有司度費當五百萬帝方內討彊節度故遣宗正少卿李誠太常博士殷侑往諭不可穆宗立回鶻又使合達干等來固求昏許之俄而可汗死使者臨冊所嗣爲登囉羽錄沒密施句主毗伽崇德可汗可汗已立遣伊難珠句錄都督思結等以葉護公主來逆女部渠二千人納馬二萬橐它千四夷之使中國其衆未嘗多此詔許五百人至長安餘留太原詔以太和公主下降主憲宗女也帝爲主建府以左金吾衛大將軍胡証光祿卿李憲持節護送太府卿李說爲昏禮使冊拜主爲仁孝端麗明智上壽可敦告于廟天子御通化門餞主羣臣班辭于道公主出塞距回鶻牙百里可汗欲先與主由閒道私見胡証不可虜人曰昔咸安公主行之証曰天子詔我送公主授可汗今未見不可先也乃止於是可汗升樓坐東向下設毳幔以居公主請襲胡衣以一姆侍出西向拜已退卽次被可敦服絳通裾大襦冠金冠前後銳復出拜已乃升曲輿九相分負右旋于廷者九降輿升樓與可汗聯坐東向羣臣以次謁可敦亦自建牙以二相出入帳中証等歸可敦大宴悲啼眷慕可汗厚贈使者是時裴度方伐幽鎭回鶻使渠將李義節以兵三千佐天子平河北議者懲艾前患不聽兵已及豐州使者厚賜乃去敬宗卽位之年可汗死其弟曷薩特勒立遣使者冊爲愛登里囉汨沒蜜施合毗伽昭禮可汗賜幣十二車文宗初又賜馬直絹五十萬太和六年可汗爲其下所殺從子胡特勒立使者來告明年遣左驍衞將軍唐弘實與嗣澤王溶持節冊爲愛登里囉汨沒蜜施合句錄毗伽彰信可汗開成四年其

相掘羅勿作難，引沙陀共攻可汗，可汗自殺，國人立廅馺特勒為可汗。方歲飢，遂疫，又大雪，羊馬多死，未及命。武宗即位，以嗣澤王溶臨告，乃知其國亂。俄而渠長句錄莫賀與黠戛斯合騎十萬攻回鶻城，殺可汗，誅掘羅勿，焚其牙，諸部潰。其相馺職與厖特勒十五部奔葛邏祿，殘衆入吐蕃、安西。於是可汗牙部十三姓奉烏介特勒為可汗，南保錯子山。黠戛斯已破回鶻，得太和公主，又自以李陵後，與唐同宗，故遣使者達干奉主來歸。烏介怒，追擊達干，殺之，劫主南度磧，邊人大恐。進攻天德城，振武節度使劉沔屯雲伽關拒卻之。宰相李德裕建言：「回鶻曩有功，今飢且亂，可汗無歸，不可擊，宜遣使者贍安之。」帝用兵部郎中李拭行邊刺狀。於是其相赤心與王子嗢沒斯特勒、那頡啜將其部欲自歸，而公主亦遣使者來言烏介已立，因請命。又大臣頡干伽思等表假振武居公主、可汗。帝乃詔右金吾衛大將軍王會持節慰撫其衆，輸糧二萬斛，不許借振武，令中人好語開諭。又詔使者持冊往，潛稽其行須變。明年，回鶻奉主至漠南，入雲朔，剽橫水，殺掠甚衆，轉側天德、振武間，盜畜牧自如。乃召諸道兵合討。嗢沒斯以赤心奸桀難得要領，即密約天德戍將田牟誘赤心斬帳下。那頡啜收赤心衆七千帳東走振武、大同，因室韋、黑沙南闕幽州。節度使張仲武破之，悉得其衆。那頡啜走，烏介執而殺之。然烏介兵尚彊，號十萬，駐牙大同北閭門山。而特勒庬俱遮、阿敦寧等凡四部及將軍曹磨你衆三萬因仲武降，嗢沒斯亦附使者送欵。帝欲使助可汗復國，而可汗已攻雲州，劉沔與戰，敗績。嗢沒斯率三部及特勒大酋二千騎詣振武降，詔拜嗢沒斯為右金吾衛大將軍，爵懷化郡王，以天德為歸義軍，即拜歸義軍使。阿歷支寧邊郡公，習勿啜昌化郡公，烏羅思寧朔郡公，並為冠軍大將軍、左威衛大將軍。愛邪勿寧塞郡公，為右領軍大將軍。加賜嗢沒斯牙旗、豹尾、刀器諸物，給其屬冠帶。詔宰相德裕采秦漢以來興殊俗忠效卓異者凡三十人，為異域歸忠傳，寵賜之。嗢沒斯請留族太原，率昆弟為天子扞邊，帝命劉沔為列舍雲朔間處其家。可汗遣使者藉兵欲還故廷，且假天德城，帝不許。可汗恚，進略大同川，轉戰攻雲州，刺史嬰壁不敢出。詔益發諸鎮兵屯太原以北。嗢沒斯等既朝，皆賜李氏名：嗢沒斯曰思忠，阿歷支曰思貞，習勿啜曰思義，烏羅思曰思禮，愛邪勿曰弘順，即拜歸義軍副使。於是詔劉沔為回鶻南面招撫使，張仲武東面招撫使，思忠為西党項都將、西南面招討使。沔營鴈門，又詔銀州刺史何清朝、蔚州刺史契苾通以蕃渾兵出振武，與沔、仲武合，稍逼回鶻。思忠數深入諭降其下，沔分沙陀兵益思忠，河中軍以騎五百益弘順。沔進次雲州，思忠屯保大柵，率河中、陳許兵與回鶻戰，敗之。明年，又為弘順所破。沔與天德行營副使石雄料勁騎及沙陀、契苾等雜虜夜出雲州，走馬邑，抵安衆塞，逢虜與戰，破之。烏介方薄振武，雄馳入，夜穴壘出鏖兵，烏介驚，引去，雄追北至殺胡山，烏介被創走。雄遇公主，奉主還。降特勒以下衆數萬，盡收輜帟及所賜詔書。可汗收所餘往依黑車子，詔弘順、淸朝窮躡。弘順厚啗黑車子以利，募殺烏介。初，從可汗亾者既不能軍，往往詣幽州降，留者皆飢寒痕夷，裁數千。黑車子幸其殘，即殺烏介。其下又奉其弟遏捻特勒為可汗。帝詔德裕紀功銘石于幽州，以夸後世。思忠等以國亾，皆願入朝，見聽，遂罷歸義軍，擢思忠左監門衛上將軍兼撫王傅，兩稟其奉，賜第永樂坊。分其兵賜諸節度，虜人憚隸食諸道，據滹沱河叛，劉沔坑殺三千人。詔回鶻營功德使在二京者悉冠帶之，有司收摩尼書若象燒于道，產貲入之官。遏捻可汗裒殘部五千仰食於奚大酋碩舍朗。大中初，仲武討奚，破之，回鶻寖耗滅，所存名王貴臣五百餘，轉依室韋。仲武諭令鞫致可汗等，遏捻懼，挾妻葛祿、子特勒毒斯騎九騎夜委衆西走，部人皆慟哭。室韋七姓析回鶻隸之。黠戛斯怒，與其相阿播將兵七萬擊室韋，悉收回鶻還磧北。遺帳伏山林間，狙盜諸蕃自給，稍歸庬特勒。是時特勒已自稱可汗，居甘州，有磧西諸城。宣宗務綏柔荒遠，遣使者抵靈州省其酋長。回鶻因遣人隨使者來京師，帝即冊拜嗢祿登里邏汩沒蜜施合俱錄毗伽懷建可汗。後十餘年，一再獻方物。懿宗時，大酋僕固俊自北廷擊吐蕃，斬論尚熱，盡取西州、輪臺等城，使達干米懷玉朝且獻俘，因請命，詔可。其後王室亂，貢會不常，史亾其傳。昭宗幸鳳翔，靈州節度使韓遜表回鶻請率兵赴難，翰林學士韓偓曰：「虜為國讐舊矣，自會昌時伺邊，羽翼未成不得逞，今乘我危以冀幸，不可開也。」遂格不報。然其國卒不振，時時以玉馬與邊州相市云。

薛延陀者，先與薛種雜居，後滅延陀部有之，號薛延陀，姓一利咥氏。在鐵勒諸部最雄張，風俗大抵與突厥同。西突厥處羅可汗之殺鐵勒諸酋也，其下往往相率叛去，推契苾哥楞為易勿眞莫賀可汗，據貪汗山；奉薛延陀乙失鉢為野咥可汗，保燕末山。而突厥射匱可汗復彊，二部黜可汗號往臣之。回紇、拔野古、阿跌、同羅、僕骨、白霫在鬱督軍山者，東附始畢可汗；乙失鉢在金山者，西役葉護可汗。貞觀二年，葉護死，其國亂，乙失鉢孫曰夷男率部帳七萬附頡利可汗。後突厥衰，夷男反攻頡利，弱之，於是諸姓多叛頡利，歸之者共推為主，夷男不敢當。明年，太宗方圖頡利，遣遊擊將軍喬師望儳路齎詔書、鼓纛，冊拜夷男為眞珠毗伽可汗。夷男已受命，遣使謝，歸方物，乃樹牙鬱督軍山，直京師西北六千里。東靺鞨，西葉護突厥，南沙磧，北俱倫水，地大衆附，於是回紇等諸部莫不伏屬。其弟統特勒入朝，帝以精刀、寶鞭賜之，曰：「下有大過者，以吾鞭鞭之。」夷男以為寵。頡利可汗之滅，塞隧空荒，夷男率其部稍東，保都尉揵山獨邏水之陰，遠京師纔三千里而贏，東室韋，西金山，南突厥，北瀚海，蓋古匈奴地也。勝兵二十萬，以二子大度設、突利失分將之，號南北部。七年間，使者入朝，帝恐後彊大為患，欲産其禍，乃下詔拜其二子皆為小可汗。十五年，帝以李思摩為可汗，始度河，牙於漠南，夷男惡之，未發。方帝幸洛陽，將遂封泰山，夷男與其下謀曰：「天子封泰山，萬國皆助兵悉會，行在邊障空單，思摩可取也。」乃使大度設勒兵二十萬，南絶漠，壁白道川，率一兵得四馬，擊思摩。思摩走朔州，言狀，且請師。於是詔營州都督張儉統所部與奚、霫、契丹乘其東；朔州道行軍總管李勣衆六萬、騎三千營朔州；靈州道行軍總管李大亮衆四萬、騎五千屯靈武；慶州道行軍總管張士貴衆萬七千出雲中；涼州道行軍總管李襲譽經略之。帝敕諸將曰：「延陀度漠，馬已疲。夫用兵者，見利疾進，不利亟去。今虜不急擊思摩，又不速還，勢必敗。卿等勿與戰，須其歸可擊也。」既而延陀使者來求與突厥平，帝曰：「我約漢以北延陀制之，漠以南突厥專之，有輒相掠，誅不赦。延陀父事我，而首違詔，得非亂邪？而曰與突厥和，乃故約也，尚何請？」不報。大度設次長城，思摩已南走，大度設度不可得，乃遣人乘長城罵之。適會勣兵至，行埃屬天，遽率衆走赤柯度青山，然道回遠。勣選敢死士與突騎徑攤河趣白道，及大度設，尾之不置。大度設顧不脫，度諾眞水陳以待。先是，延陀擊沙鉢羅及阿史那社尒，皆以徒戰勝，至是却騎不用，率五人為伍，一執馬，四前鬬，令曰：「勝則騎而逐，負者死，沒其家以償戰士。」及戰，突厥兵迮，延陀鷹逐，勣救之。延陀縱射，馬輒死，勣乃以步士百人為隊，擣其罅，虜潰。部將薛萬徹率勁騎先收執馬者，故延陀不能去，斬首數千級，獲馬萬五千。大度設亾去，萬徹追弗及。殘卒奔漠北，會雪甚，衆皸踣，死者十八。始，延陀能以術禬神致雪，冀困勣師，及是反自敝云。勣還入定襄。天子遣使者齎璽書勞問，賞功卹死。延陀之使留待命者，帝悉還之，曰：「歸語爾可汗：爾自負其彊，以突厥為弱，厚誅斂之，又取首領以為質。且我為天下主，渠嘗賦發於爾邪？後有利害，當謹思，毋遽也。」延陀乃遣使謝罪，又遣其仲父沙鉢羅獻馬三千，因請昏。帝曰：「延陀本一俟斤，我則立之，度其力孰與頡利比，而敢撓邊乎？」不許昏。明年，以使來，益獻馬、牛、羊、橐它，固求昏。帝與大臣計曰：「延陀屈彊，朕策顧有二：選士十萬擊之，使無遺種，百年計也；絶昏羈縻，使無邊憂，三十年計也。然則孰利？」房玄齡曰：「今大亂餘氓，痍破未完，戰雖勝，猶危道也。不如和親。」帝曰：「善。」許以新興公主下嫁。召突利失大享，羣臣侍，陳寶器，奏慶善、破陳盛樂及十部伎，突利失頓首上千萬歲壽。詔夷男親迎，帝將幸靈州以成昏事。夷男大喜，謂曰：「我鐵勒部人耳，上以我為可汗，公主以女我，乘輿為我幸邊，誰與我榮？」乃掊賦諸下羊馬為貲。或說夷男曰：「可汗與唐皆一國主，柰何往朝？有如見執，尚可悔？」夷男曰：「不然，吾聞唐天子有德，四方共臣之，藉獨留我，磧北亦須有主，然舍我而求乇，非計也。」下乃不敢言。時帝詔有司受所獻，延陀無府庫，調斂於下，不亟集，又度磧，水草乏，馬羊多死，納貢後期，帝亦止行。畜口耗死僅半，議者謂夷狄嘗為中國患，今禮不具而與昏，恐後有輕中國心，乃下詔絶昏，謝其使。或曰：「既許之，信不可失。」帝曰：「公等計非也。昔漢匈奴彊，中國不抗，故飾子女嫁單于。今北狄弱，我能制之，而延陀方謹事我者，顧新立，倚我以服衆。彼同羅、僕骨力足制延陀，而不發，懼我也。我又妻之，固中國壻，名重而援堅，諸部將歸之。戎狄野心，能自立則叛矣。今絶昏，使諸姓聞之，將爭擊延陀，亾可待也。」李思摩果侵掠之。延陀遣突利失寇定襄，詔李勣逐出塞。俄遣使請率師助伐高麗，以刺帝意。帝引使者謂曰：「歸語爾可汗：我父子東征，能寇邊者可即來。」夷男沮縮不敢謀，以使謝，固請助軍，帝嘉答。高麗莫離支令靺鞨以厚利啗夷男，欲與連和，夷男氣素索，不發。亦會病死，帝為祭于行。始，延陀請以庶子曳莽為突利失可汗，統東方；嫡子拔灼為肆葉護可汗，統西方。白道之役，曳莽實為之謀，國人多怨。及會葬，曳莽亟還部，拔灼分兵襲殺之，自立為頡利俱利失薛沙多彌可汗。方是時，王師猶在遼，因即寇邊。帝遣江夏王道宗屯朔州，代州都督薛萬徹與左驍衛大將軍阿史那社尒屯勝州，左武侯大將軍薩孤吳仁屯靈州執失思力與突厥掎角塞下虜知有備乃去拔灼性卞克多殺父時貴臣而任所親暱國人不安而阿波設與唐使者遇於靺鞨東鄙小戰不利還怖國人曰唐兵至矣衆大擾諸部遂潰多彌可汗以十餘騎遁去依阿史那時健俄爲回紇所殺盡屠其宗衆五六萬奔西城立眞珠毗伽可汗兄弟子咄摩支號伊特勿失可汗遣使者上言願保鬱督軍山帝詔兵部尚書崔敦禮與李勣慰安之俾定其國鐵勒諸部素伏延陀而咄摩支雖衰子尚臣畏之帝恐卒爲患詔勣等曰降則撫之叛則擊之勣至咄摩支大駭陰欲拒戰外好言乞降勣知之縱兵擊斬五千餘級係老孺三萬遂滅其國咄摩支聞天子使者蕭嗣業在回紇身詣嗣業丐降入朝拜右武衛將軍賜田宅初延陀將滅有丐食於其部者延客帳下妻視客人而狼首主不覺客已食妻語部人共追之至鬱督軍山見二人焉曰我神也薛延陀且滅追者懼却走遂失之至是果敗此山下帝以延陀滅欲并契苾等降之復遣道宗率阿史那社尒等分部窮討帝幸靈州節度諸將於是鐵勒十一部皆歸命天子請吏內屬道宗等徑磧擊延陀餘衆阿波達干斬首千餘級逐北二百里萬徹抵北道諭降回紇諸酋虜所遣使踵及帝行在凡數千人上言天至尊爲可汗世世以奴事死不恨帝剖其地爲州縣北荒遂平諸姓有來朝者帝勞曰爾來若鼠得穴魚得泉我爲爾深廣之又曰我在天下四夷有不安安之不樂樂之如驥尾受蒼蠅可使日千里也於是告功太廟賜民三日酺後三年餘部叛以右領軍大將軍執失思力討平之至永徽時延陀部亾散者悉還高宗爲置嵠彈州處安之

拔野古一曰拔野固或爲拔曳固漫散磧北地千里直僕骨東鄰于靺鞨帳戶六萬兵萬人地有薦草産良馬精鐵有川曰康干河斷松投之三年輒化爲石色蒼緻然節理猶在世謂康干石者俗嗜獵射少耕穫乘木逐鹿冰上風俗大抵鐵勒也言語少異貞觀三年與僕骨同羅奚霫同入朝二十一年大俟利發屈利失舉部內屬置幽陵都督府拜屈利失右武衛大將軍卽爲都督顯慶時與思結僕固同羅叛以左武衛大將軍鄭仁泰擊之斬其渠首至天寶間能自來朝

僕骨亦曰僕固在多覽葛之東帳戶三萬兵萬人地最北俗梗驁難召率始臣突厥後附薛延陀延陀滅其酋娑匐俟利發歌濫拔延始內屬以其地爲金微州拜歌濫拔延爲右武衛大將軍微州都督開元初爲首領僕固所殺詣朔方降有司誅之子曰懷恩至德時以功至朔方節度使自有傳

同羅在薛延陀北多覽葛之東距京師七千里而贏勝兵三萬貞觀二年遣使者入朝久之請內屬置龜林都督府拜酋俟利發時健啜爲左領軍大將軍卽授都督安祿山反劫其兵用之號曳落河者也曳落河猶言健兒云

渾在諸部最南者突厥頡利敗時有俟利發阿貪支款塞薛延陀之滅大俟利發渾汪舉部內向以其地爲皐蘭都督府後分東西州太宗以阿貪支於汪屬尊遣譯者諷汪汪欣然避位帝嘉其讓以阿貪支爲右領軍衛大將軍皐蘭州刺史汪雲麾將軍兼俟利發爲之副阿貪支死子回貴嗣回貴死子大壽嗣大壽死子釋之嗣釋之驚勇不凡從哥舒翰拔石堡城遷右武衛大將軍封汝南郡公李光弼保河陽釋之以朔方都知兵馬使爲裨將進寧朔郡王知朔方節度留後僕固懷恩之走聲爲歸鎭釋之曰是必衆潰拒之其甥張韶曰彼如悔禍還鎭渠可不納釋之信之乃納懷恩懷恩已入使韶殺釋之收其軍已而惡韶罵曰若負舅肯忠於我折其脛囚死彌峩城釋之子瑊建中功臣也自有傳

契苾亦曰契苾羽在焉耆西北鷹娑川多覽葛之南其酋哥楞自號易勿眞莫賀可汗弟莫賀咄特勒皆有勇莫賀咄死子何力尙紐率其部來歸時貞觀六年也詔處之甘涼間以其地爲榆溪州永徽四年以其部爲賀蘭都督府隸燕然都護何力有戰功忠節臣也太和中其種帳附於振武云

多覽葛亦曰多濫在薛延陀東濱同羅水勝兵萬人延陀已滅其酋俟斤多濫葛末與回紇皆朝以其地爲燕然都督府授右衛大將軍卽爲府都督死以多濫葛塞匐爲大俟利發襲爲都督

阿跌亦曰訶咥或爲跌跌始與拔野古等皆朝以其地爲雞田州開元初跌跌思泰自突厥默啜所來降其後光進光顏皆以戰功至大官賜李氏附屬籍自有傳

葛邏祿本突厥諸族在北庭西北金山之西跨僕固振水包多怛嶺與車鼻部接有三族一謀落或爲謀剌二熾俟或爲婆匐三踏實力永徽初高侃之伐車鼻可汗三族皆內屬顯慶二年以謀落部爲陰山都督府熾俟部爲大漠都督府踏實力部爲玄池都督府卽用其酋長爲都督後分熾俟部置金附州三族當東西突厥間常視其興衰附叛不常也後稍南徙自號三姓葉護兵彊甘於鬬廷州以西諸突厥皆畏之開元初再來朝天寶時與回紇拔悉蜜共攻殺烏蘇米施可汗又與回紇擊拔悉蜜走其可汗阿史那施於北庭奔京師葛祿與九姓復立回紇葉護所謂懷仁可汗者也於是葛祿之處烏德犍山者臣回紇在金山北廷者自立葉護歲來朝久之葉護頓毗伽縛突厥叛酋阿布思進封金山郡王天寶間凡五朝至德後葛邏祿寖盛與回紇爭彊徙十姓可汗故地盡有碎葉怛邏斯諸城然限回紇故朝會不能自達于朝

拔悉蜜貞觀二十三年始來朝天寶初與回紇葉護擊殺突厥可汗立拔悉蜜大酋阿史那施爲賀臘毗伽可汗遣使者入謝玄宗賜紫文袍金鈿帶魚袋不三歲爲葛邏祿回紇所破奔北廷後朝京師拜左武衛將軍地與衆歸回紇

都播亦曰都波其地北瀕小海西堅昆南回紇分三部皆自統制其俗無歲時結草爲廬無畜牧不知稼穡土多百合草掇其根以飯捕魚鳥獸食之衣貂鹿皮貧者緝鳥羽爲服其昏姻富者納馬貧者效鹿皮草根死以木匱斂置山中或系于樹送葬哭泣與突厥同無刑罰盜者倍輸其贓貞觀二十一年因骨利幹入朝亦以使通中國

骨利幹處瀚海北勝兵五千草多百合産良馬首似橐它筋骼壯大日中馳數百里其地北距海去京師最遠又北度海則晝長夜短日入亨羊胛熟東方已明蓋近日出處也既入朝詔遣雲麾將軍康蘇蜜勞答以其地爲玄闕州其大酋俟斤因使者獻馬帝取其異者號十驥皆爲美名曰騰霜白曰皎雪驄曰凝露驄曰縣光驄曰決波騟曰飛霞驃曰發電赤曰流金騧曰翔麟紫曰奔虹赤厚禮其使龍朔中以玄闕州更爲余吾州隸瀚海都督府延載初亦來朝

白霫居鮮卑故地直京師東北五千里與同羅僕骨接避薛延陀保奧支水冷陘山南契丹北烏羅渾東靺鞨西拔野古地圓袤二千里繚其外勝兵萬人業射獵以赤皮緣衣婦貫銅釧以子鈴綴襟其部有三曰居延曰無若沒曰潢水其君長臣突厥頡利可汗爲俟斤貞觀中再來朝後列其地爲寘顏州以別部爲居延州卽用俟斤爲刺史顯慶五年授酋長李含珠爲居延都督含珠死弟厥都繼之後無聞焉

斛薛處多濫葛北勝兵萬人奚結處同羅北思結在延陀故牙二部合兵凡二萬既來朝列其地州縣之太宗時北狄能自通者又有烏羅渾或曰烏洛侯曰烏羅護直京師東北六千里而贏東靺鞨西突厥南契丹北烏丸大抵風俗皆靺鞨也烏丸或曰古丸又有鞠或曰祴居拔野古東北有木無草地多苔無羊馬人豢鹿若牛馬惟食苔俗以駕車又以鹿皮爲衣聚木作屋尊卑共居又有俞折者地差大俗與拔野古相埒少羊馬多貂鼠又有駮馬者或曰弊剌曰遏羅支直突厥之北距京師萬四千里隨水草然喜居山勝兵三萬地常積雪木不凋以馬耕田馬色皆駮因以名國云北極於海雖畜馬而不乘資湩酪以食好與結骨戰人貌多似結骨而語不相通皆劗髮樺皮帽構木類井幹覆樺爲室各有小君長不能相臣也大漢者處鞠之北饒羊馬人物頎大故以自名與鞠俱隣於黠戛斯劒海之瀕此皆古所未賓者當貞觀逮永徽奉貂馬入朝或一再至

黠戛斯古堅昆國也地當伊吾之西焉耆北白山之旁或曰居勿曰結骨其種雜丁零乃匈奴西鄙也匈奴封漢降將李陵爲右賢王衛律爲丁零王後郅支單于破堅昆于時東距單于廷七千里南車師五千里郅支留都之故後世得其地者訛爲結骨稍號紇骨亦曰紇扢斯云衆數十萬勝兵八萬直回紇西北三千里南依貪漫山地夏沮洳冬積雪人皆長大赤髮皙面綠瞳以黑髮爲不祥黑瞳者必曰陵苗裔也男少女多以環貫耳俗趫伉男子有勇黥其手女已嫁黥項雜居多淫佚謂歲首爲茂師哀以三哀爲一時以十二物紀年如歲在寅則曰虎年氣多寒雖大河亦半冰稼有禾粟大小麥青稞步磑以爲麫糜穄以二月種九月穫以飯以釀酒而無果蔬畜馬至壯大以善鬬者爲頭馬有橐它牛羊牛爲多富農至數千其獸有野馬骨咄黃羊羱羝鹿黑尾黑尾者似麞尾大而黑魚有蔑者長七八尺莫痕者無骨口出頤下鳥鴈鶩烏鵲鷹隼木松樺榆柳蒲松高者仰射不能及顚而樺尤多有金鐵錫每雨俗必得鐵號迦沙爲兵絶犀利常以輸突厥其戰有弓矢旗幟其騎士析木爲盾蔽股足又以圓盾傅肩可捍矢刃其君曰阿熱遂姓阿熱氏建一纛下皆尚赤餘以部落爲之號服貴貂豽阿熱冬帽貂夏帽金釦銳頂而卷末諸下皆帽白氈喜佩刀礪賤者衣皮不帽女衣毳毲錦罽綾蓋安西北廷大食所貿售也阿熱駐牙青山周柵代垣聯氈爲帳號密的支它首領居小帳凡調兵諸部役屬者悉行內貂鼠青鼠爲賦其官宰相都督職使長史將

軍達干十六等宰相七都督三職使十皆典兵長史十五將軍達干無員諸部食肉及馬酪惟阿熱設餅餌樂有笛鼓笙觱篥盤鈴戲有弄駝師子馬伎繩伎祠神惟主木草祭無時呼巫爲甘昏嫁納羊馬以聘富者或百千計喪不剺面三環尸哭乃火之收其骨歲而乃墓然後哭泣有節冬處室木皮爲覆其文字言語與回鶻正同法最嚴臨陳橈奉使不稱妄議國若盜者皆斷首子爲盜以首著父頸非死不脫阿熱牙至回鶻牙所橐它四十日行使者道出天德右二百里許抵西受降城北三百里許至鸊鵜泉泉西北至回鶻牙千五百里許而有東西二道泉之北東道也回鶻牙北六百里得仙娥河河東北曰雪山地多水泉青山之東有水曰劒河偶艇以度水悉東北流經其國合而北入于海東至木馬突厥三部落曰都播彌列哥餓支其酋長皆爲頡斤樺皮覆室多善馬俗乘木馬馳冰上以板藉足屈木支腋蹴輒百步勢迅激夜鈔盜晝伏匿堅昆之人得以役屬之堅昆本彊國也地與突厥等突厥以女妻其酋豪東至骨利幹南吐蕃西南葛邏祿始隸薛延陀延陀以頡利發一人監國其酋長三人曰訖悉輩曰居沙波輩曰阿米輩共治其國未始與中國通貞觀二十二年聞鐵勒等已入臣即遣使者獻方物其酋長俟利發失鉢屈阿棧身入朝太宗勞享之謂羣臣曰往渭橋斬三突厥自謂功多今俟利發在席更覺過之俟利發酒酣奏願得持笏帝以其地爲堅昆府拜俟利發左屯衛大將軍即爲都督隸燕然都護高宗世再來朝景龍中獻方物中宗引使者勞之曰而國與我同宗非它蕃比屬以酒使者頓首玄宗世四朝獻乾元中爲回紇所破自是不能通中國後狄語訛爲黠戛斯蓋回鶻謂之若曰黃赤面云又訛爲戛戛斯然常與大食吐蕃葛祿相依仗吐蕃之往來者畏回鶻剽鈔必住葛祿以待黠戛斯護送大食有重錦其載二十橐它乃勝既不可兼負故裁爲二十匹每三歲一餉黠戛斯而回鶻授其君長阿熱官爲毗伽頓頡斤回鶻稍衰阿熱即自稱可汗其母突厥施女也爲母可敦妻葛祿葉護女爲可敦回鶻遣宰相伐之不勝挐鬬二十年不解阿熱恃勝乃肆詈曰爾運盡矣我將收爾金帳於爾帳前馳我馬植我旗爾能抗亟來即不能當疾去回鶻不能討其將句錄莫賀導阿熱破殺回鶻可汗諸特勒皆潰阿熱身自將焚其牙及公主所廬金帳者回鶻可汗常坐也乃悉收其寶貲并得太和公主遂徙牙牢山之南牢山亦曰賭蒲距回鶻舊牙度馬行十五日阿熱以公主唐貴女遣使者衞送公主還朝爲回鶻烏介可汗邀取之并殺使者會昌中阿熱以使者見殺無以通于朝復遣注吾合素上書言狀注吾虜姓也合言猛素者左也謂武猛善左射者行三歲至京師武宗大悅班渤海使者上以其處窮遠能修職貢命太僕卿趙蕃持節臨慰其國詔宰相即鴻臚寺見使者使譯官考山川國風宰相德裕上言貞觀時遠國皆來中書侍郎顏師古請如周史臣集四夷朝事爲王會篇今黠戛斯大通中國宜爲王會圖以示後世有詔以鴻臚所得繢著之又詔阿熱著宗正屬籍是時烏介可汗餘衆託黑車子阿熱願乘秋馬肥擊取之表天子請師帝令給事中劉濛爲巡邊使朝廷亦以河隴四鎮十八州久淪戎狄幸回鶻破弱吐蕃亂相殘齧可乘其衰乃以右散騎常侍李拭使黠戛斯册君長爲宗英雄武誠明可汗未行而武宗崩宣宗嗣位欲如先帝意或謂黠戛斯小種不足與唐抗詔宰相與臺省四品以上官議皆曰回鶻盛時有册號今幸衰亾又加黠戛斯後且生患乃止至大中元年卒詔鴻臚卿李業持節册黠戛斯爲英武誠明可汗逮咸通間三來朝然卒不能取回鶻後之朝聘册命史臣失傳

贊曰夷狄資悍貪人外而獸內惟剽奪是視故湯武之興未嘗與共功蓋疏而不戚也太宗初興嘗用突厥矣不勝其暴卒縛而臣之肅宗用回紇矣至略華人辱太子笞殺近臣求索無倪德宗又用吐蕃矣劫平涼敗上將空破西陲所謂引外禍平內亂者也夫用之以權制之以謀惟太宗能之若二主懦昏狃而狎之烏勝其弊哉彼親之則責償也多慊而不滿則滋怨化以仁義則頑示以法則忿熟我險易則爲患也博而慘療餒以野葛何時可哉故春秋許夷狄者不一而足信矣

唐書卷二百十七下考證

回鶻傳下敬宗即位之年○臣酉按敬宗紀在寶曆元年五月

思忠思貞思義思禮○舊書作思恩思愛無思義思禮

唐書卷二百十八

宋　端　明　殿　學　士　宋　祁　撰

列傳第一百四十三

沙陀

沙陀西突厥別部處月種也始突厥東西部分治烏孫故地與處月處蜜雜居貞觀七年太宗以鼓纛立利邲咄陸可汗而族人步真觖望謀并其弟彌射乃自立彌射懼率處月等入朝而步真勢窮亦歸國其留者咄陸以射匱特勒劫越之子賀魯統之西突厥寖彊內相攻其大酋乙毗咄陸可汗建廷鏃曷山之西號北廷而處月等又隸屬之處月居金娑山之陽蒲類之東有大磧名沙陀故號沙陀突厥云咄陸寇伊州引二部兵圍天山安西都護郭孝恪擊走之拔處月俟斤之城後乙毗可汗敗奔吐火羅賀魯來降詔拜瑤池都督徙其部廷州之莫賀城處月朱邪闕俟斤阿厥亦請內屬永徽初賀魯反而朱邪孤注亦殺招慰使連和引兵據牢山於是射脾俟斤沙陀那速不肯從高宗以賀魯所領授之明年弓月道總管梁建方契苾何力引兵斬孤注俘九千人又明年廢瑤池都督府即處月地置金滿沙陀二州皆領都督賀魯亡安撫大使阿史那彌射次伊麗水而處月來歸乃置崑陵都護府統咄陸部以彌射爲都護龍朔初以處月酋沙陀金山從武衞將軍薛仁貴討鐵勒授墨離軍討擊使長安二年進爲金滿州都督累封張掖郡公金山死子輔國嗣先天初避吐蕃徙部北廷率其下入朝開元二年復領金滿州都督封其母鼠尼施爲鄯國夫人輔國累爵永壽郡王死子骨咄支嗣天寶初回紇內附以骨咄支兼回紇副都護從肅宗平安祿山拜特進驍衞上將軍死子盡忠嗣累遷金吾衞大將軍酒泉縣公至德寶應間中國多故北廷西州閉不通朝奏使皆道出回紇而虜多漁擷尤苦之雖沙陀之倚北廷者亦困其暴歛貞元中沙陀部七千帳附吐蕃與共寇北廷陷之吐蕃徙其部甘州以盡忠爲軍大論吐蕃寇邊常以沙陀爲前鋒久之回鶻取涼州吐蕃疑盡忠持兩端議徙沙陀于河外舉部愁恐盡忠與朱邪執宜謀曰我世爲唐臣不幸陷汚今若走蕭關自歸不愈於絕種乎盡忠曰善元和三年悉衆三萬落循烏德鞬山而東吐蕃追之行且戰旁洮水奏石門轉鬬不解部衆略盡盡忠死之執宜裒瘢傷士裁二千騎七百雜畜橐它千計欵靈州塞節度使范希朝以聞詔處其部鹽州置陰山府以執宜爲府兵馬使沙陀素健鬭希朝欲藉以捍虜爲市牛羊廣畜牧休養之其童耄自鳳翔興元太原道歸者皆還其部盡忠弟葛勒阿波率殘部七百叩振武降授左武衞大將軍兼陰山府都督執宜朝長安賜金幣袍馬萬計授特進金吾衞將軍然議者以靈武迫吐蕃恐後反覆生變又濱邊益口則食翔價頓之希朝鎮太原因詔沙陀舉軍從之希朝乃料其勁騎千二百號沙陀軍置軍使而處餘衆于定襄川執宜乃保神武川之黃花堆更號陰山北沙陀是時天子伐鎮州執宜以軍七百爲前鋒王承宗衆數萬伏木刀溝與執宜遇飛矢雨集執宜提軍橫貫賊陳鏖鬬李光顏等乘之斬首萬級鎮兵解進蔚州刺史王鍔節度太原建言朱邪族孳熾散居北川恐啓野心願析其族隸諸州勢分易弱也遂建十府以處沙陀八年回鶻過磧南取西城柳谷詔執宜屯天德明年伐吳元濟又詔執宜隸李光顏破蔡人時曲拔凌雲柵元濟平授檢校刑部尚書猶隸光顏軍長慶初伐鎮州悉發沙陀與易定軍掎角破賊深州執宜入朝留宿衞拜金吾衞將軍太和中柳公綽領河東奏陘北沙陀素爲九姓六州所畏請委執宜治雲朔塞下廢府十一料部人三千禦北邊號代北行營授執宜陰山府都督代北行營招撫使隸河東節度執宜死子赤心嗣開成四年回鶻徑磧口抵榆林塞宰相掘羅勿以良馬三百遺赤心約共攻彰信可汗可汗死節度使劉沔以沙陀擊回鶻于殺胡山久之伐潞誅劉稹詔赤心率代北騎軍三千隸石雄爲前軍破石會關助王宰下天井合太原軍次榆社與監軍使呂義忠禽楊弁潞州平遷朔州刺史仍爲代北軍使大中初吐蕃合党項及回鶻殘衆寇河西太原王宰統代北諸軍進討沙陀常深入冠諸軍赤心所向虜輒披靡曰吾見赤馬將軍火生頭上始沙陀臣吐蕃其左老右壯涸男女鷙與同而馳射趫悍過之虜倚其兵常苦邊及歸國吐蕃繇此亦衰宣宗已復三州七關征西戍皆罷乃遷赤心蔚州刺史雲州守捉使龐勛亂詔義成康承訓爲行營招討使赤心以突騎三千從承訓兵絕渙水遇伏墮圍中幾沒赤心以騎五百掀出之勛欲速戰衆八萬短兵接赤心勒勁騎突賊與官軍夾擊敗之其弟赤衷以千騎追之亳東勛平進大同軍節度使賜氏李名國昌預鄭王屬籍賜親仁里甲第回鶻叩榆林擾靈鹽詔國昌爲鄜延節度使又寇天德乃徙節振武進檢校司徒王仙芝陷荊襄朝廷發諸州兵討捕國昌遣劉遷統雲中突騎逐賊數有功乾符三年段文楚爲

代北水陸發運雲州防禦使是時無年文楚朘損用度下皆怨邊校程懷信王行審蓋寓李存璋薛鐵山康君立等曹議曰世多難丈夫當投袂立功段公乃儒者難共計沙陀雄勁李振武父子勇冠軍我若推之無不應則代北唾手可定拾取富貴若何咸曰善乃夜謁國昌子雲中守捉使克用曰歲艱粟食削吾等不忍餓死公家威德著聞請誅虐帥安部內克用許之募得士萬人趨雲州次鬭鷄臺城中執文楚至殺之據州以聞共丐克用爲大同防禦留後不許發諸道兵進捕諸道不甚力而黃巢方引度江朝廷度未能制乃赦之以國昌爲大同軍防禦使國昌不受命詔河東節度使崔彥昭幽州張公素共擊之無功國昌與党項戰未決大同川吐渾赫連鐸襲振武盡取其貲械國昌窮挈騎五百還雲州州不納鐸遂取之克用轉側蔚朔間裒兵纔三千屯新城鐸引萬人圍之隧而攻三日不拔鐸兵殺傷甚國昌自蔚州來鐸引去僖宗以鐸領大同節度畀討國昌六年詔昭義李鈞爲北面招討使督潞太原兵屯代州幽州李可舉會鐸攻蔚州國昌以一隊當之克用分兵抵遮虜城拒鈞天大雪士瘃仆鈞衆潰還代州軍遂亂鈞死于兵廣明元年以李琢爲蔚朔招討都統率兵數萬屯代州克用使傅文達調蔚朔兵朔州刺史高文集縛以送琢琢進攻蔚州國昌敗與克用舉宗奔達靼鐸密畀會長圖之克用得其計因豪桀大會馳射百步外針芒木葉無不中部人大驚卽倡言今黃巢北寇爲中原患一日天子赦我願與公等南向定天下庸能終老沙磧哉達靼知不留乃止巢攻潼關入京師詔河東監軍陳景思發代北軍時沙陀都督李友金屯興唐軍薩葛首領米海萬安慶都督史敬存屯感義軍克用客塞下衆數千無所屬景思聞天子西乃與友金料騎五千入居絳兵擅劫帑自私還代州益募士三萬屯隴西士驁縱友金不能制謀曰今合大衆不得威名宿將且無功吾兄司徒父子材而雄衆所推畏比得罪于朝僑戍北部不敢還今若召之使將兵代北豪英一呼可集整行伍鼓而南賊不足平也景思曰善乃丐赦國昌使討賊贖罪有詔拜克用代州刺史忻代兵馬留後促本軍討賊克用募達靼萬人趨代州將南道太原節度使鄭從讜塞石嶺關不得前克用儳道至太原營城下五日邀糧貲從讜不答乃大略還屯代州中和二年蔚州刺史蘇祐會赫連鐸兵將攻代州克用率騎五百先襲蔚州下之祐屯美女谷鐸與幽州李可舉衆七萬攻蔚州譙柵相屬克用直擣營入蔚州燔府庫棄而去屯鴈門國昌自達靼率兵歸代州擾汾并樓煩不釋鎧帝詔克用還軍朔州於是義武節度使王處存河中節度使王重榮傳詔招克用同討巢克用喜卽大閱鴈門得忻代蔚朔達靼衆三萬騎五千而南於是國昌守代州鄭從讜不肯假道克用軍傅太原而營奉幣馬遺從讜身從數騎呼曰我且西願與公一言從讜升陴慰勉歸貨幣餮餼克用乃自陰地趨晉會河中帝聞擢克用鴈門節度神策天寧軍鎮遏忻代觀察使明年宰相王鐸承制授克用東北面行營都統河東監軍陳景思爲監軍使克用使弟克脩領毅騎五百度河克用自夏陽濟留薛阿檀扼津口攻同州壁乾阬與賊戰梁田坡敗之進壁渭橋遂收京師功第一進同中書門下平章事隴西郡公國昌爲代北軍節度使未幾以克用領河東節度黃巢與秦宗權合寇河南四年克用率河東代北兵將自澤潞下天井關河陽諸葛爽壅井以拒克用乃繇河中濟邀許州合徐汴兵破尚讓于太康戰西華又破之賊走河南平追北曹州還過汴朱全忠邀之克用留兵于郊入舍上源館夜帳飲全忠自佐饔進貲寶握手諄勞是時全忠忌克用桀驁難制則連車外環陳兵道左右克用醉乃攻館下拒戰親將郭景銖滅燭扶克用徐告之尚被酒乃引弓射會煙霿四合大震電克用與薛志勤等間關升南譙門縋走營部下死者數百人所獲賊乘輿物盡亡之克用整衆歸太原益訓兵將報讐使弟克勤以萬騎屯河中乃請擊全忠使者八返內外震恐帝使內謁慰解尋進位檢校太傅隴西郡王光啓元年幽州李可舉鎮州王景崇言易定故燕趙境請取分之於是可舉攻易州下之景崇攻無極易定節度使王處存求救於克用克用自將救無極敗鎮人攻馬頭固新城鎮兵走處存復取易州鳳翔李昌符邠寧朱玫與全忠連和觀軍容使田令孜惡克用與王重榮合建言不可處近輔請授王處存河中而徙重榮於易定則克用孤矣帝從之重榮以告克用怒曰我當從公提鼓出氾水關誅全忠廻戮穴鼠耳重榮計曰公兵朝出關則邠岐兵夕傳吾堞願先治邠岐克用乃表言攻昌符連全忠爲亂請以兵十五萬度河梟二豎然後平汴雪大耻願陛下戒嚴無爲賊所搖帝遣使慰止背相望也克用不奉詔玫亦引邠鳳兵營沙苑克用薄戰玫敗夜亡去克用還河中天子出趣鳳翔道傳兵且至卽趨寶鷄克用與重榮聯章請還宮願留兵衞京師卽還鎮帝懼走大散關駐興元克用引歸嗣襄王熅僞詔至太原克用燔之執其使間道奉表興元始朝廷意玫結克用迫乘輿及表至示羣臣因騰曉山南諸鎮行在少安王行瑜斬玫克用以千騎經略京畿三年國昌卒俄而昭宗卽位進克用檢校太師兼侍中大順初克用自攻赫連鐸於雲州拔東郛幽州李匡威以兵三萬救之殺其將安金俊克用走鐸與匡威共建言山南亂克用實首之今乘其敗可伐而取也全忠亦請與河北三鎮共討之宰相張濬是其計乃下制削克用官爵屬籍以濬爲兵馬招討制置宣慰使京兆尹孫揆副之樞密使駱全誼爲行營都監華州節度使韓建爲行營馬步都虞候兼供軍糧料使王鎔領河東東面全忠南面李匡威北面並爲行營招討使鐸副匡威先薄戰克用追潞兵不肯行共殺守將李克恭送款于汴獻首闕下更詔揆爲昭義節度使克用將李存孝邀揆長子殺之匡威鐸并吐蕃黠戛斯衆十萬攻遮虜軍殺其將劉胡子克用乃屯渾河川存孝與鐸戰樂安鐸敗走濬入陰地關壁汾隰薛鐵山李承嗣營洪洞迎戰存孝次趙城韓建夜出壯士三百乘其營存孝伏以待建兵大奔存孝攻絳州未下晉州刺史張行恭棄城走建與濬遁還明年克用奉表自陳乃復拜檢校太師守中書令隴西郡王克用悉兵攻鐸雲州以騎將薛阿檀爲前軍設伏河上鐸縱騎追阿檀遇伏而奔鐸亡入吐渾克用取雲州以部將石善友爲刺史大同軍防禦使景福初鎮州王鎔攻堯山克用使李嗣勳擊之斬級三萬克用遂拔天長略常山度滹沱燔其郛徇地至趙取鼓橐二城赫連鐸衆八萬攻天城軍克用飛檄發軍太原匡威已壁雲州北郊克用自神堆引軍夜入雲州死戰走之乾寧元年克用次新城鐸膝行詣軍門降克用鞭而縱之進下武州攻新州李匡籌引步騎七萬救之克用迎戰斬首萬級俘少將三百徇城下新州降取嬀州匡籌棄幽州走明年幽州降克用以劉仁恭爲留後乃旋王行瑜韓建李茂貞連兵南闕下殺李谿克用盡調北部兵度河拔絳州斬刺史王瑤次河中王珂謁于道同州王行約奔京師圍韓建于華州京師震動帝爲幸石門莎城遣內謁郗延昱慰勞且言茂貞屯盩厔行瑜屯興平克用乃進營渭橋帝以嗣延王戒丕嗣丹王允詔克用擊邠鳳克用奉詔屯渭北遣史儼以驃騎三千護石門且令王珂輸河中粟備行在帝以赤詔嘉答進克用諸道兵馬都招討使命二嗣王兄事之令促討行瑜克用請帝還京師以二千騎衞乘輿時宮室燬殘駐尚書省百官喪馬克用進乘輿金貝裝二駟又上百乘給從官進太師兼中書令邠寧四面行營都統行瑜堅壁梨園茂貞自率師三萬逼咸陽而屯克用請帝責茂貞罷兵因削官爵願與河中共討之帝詔第事行瑜貸茂貞俾結好朱詔賜魏國夫人陳氏陳襄陽人也善書帝所愛欲急平賊故予之茂貞以兵援龍泉克用使李罕之李存審夜引兵劫其餉援兵亡行瑜潰而走追殺萬計行瑜入邠州丐歸款克用使史儼入其城行瑜死慶州傳首京師帝悉論幕府官屬及諸子功封爵之克用賜號忠貞平難功臣進封晉王克用屯雲陽遣李習吉入朝且請與王珂悉力討茂貞帝不許克用私於使者曰叛根不除憂未艾也天子發度支錢三十萬緡勞其軍時鄆州朱宣兄弟爲全忠所困使來告克用請道于魏救之兵解復闕克用自將而往使李存信率兵三萬與史儼等次于莘爲魏兵所破克用怒大略相魏去始茂貞畏克用見討脩貢獻如藩臣及克用還絕貢獻與韓建謀以兵入朝帝懼詔克用進衞京師帝謀度河幸太原遣延王入克用軍促迎天子既次渭北建固請幸華州克用謂王曰患本於不斷顧上自爲之李存信攻魏葛從周引衆三萬來援戰洹水上汴人夜坎諸野鬬合克用子落落馬陷而顛克用救之亦顛追兵迫射之乃免存信已傳魏城克用并力羅弘信以捉生逆戰爲克用所敗追及郛叩闔而還於是陝州王珙攻河中李嗣昭援珂再戰再勝珙圍解帝使延王持節至太原謂克用曰不用卿計故逮此無可言者今我寄於華百司羣官無所託非卿尚誰與憂不則不復見宗廟矣王至太原克用留累月每大張飲王必以舞屬克用因陳國事涕數行下冀感動之時劉仁恭據幽州貳于克用數召兵不應克用以書讓之仁恭得書抵于地遂顯絕故克用內憂幽州以好辭謝王不復有西意俄自將屯蔚州會晨大霿冥仁恭來薄戰克用大敗走太原大將多死全忠奪邢磁洺三州茂貞度克用沮撓無能出師乃與韓建謾好致書言帝暴露累年請共治宮室迎天子初長安自石門之奔宮殿焚圮及岐人再逆火閭里皆盡宮城昏夜狐狸鳴啼無人跡帝幸華西溪望舊京必泣然流涕左右悽塞不得語王建方盜兩川茂貞欲披其鄙私之數南師不暇東而全忠繕治洛陽茂貞因約克用共其勞克用辭窮乃出貲爲助光化初帝還京師詔克用與全忠解讐宰相徐彥若崔胤皆勸之克用勢己折然尚以功高位全

忠上恥先下之時王鎔方睦於汴乃遺書鎔使爲己倡全忠卽遣使奉書幣恭甚克用亦報之然汴日益張窮蹙不置王珙請汴兵攻河中克用使李嗣昭張漢瑜援之汴兵走葛從周取承天軍氏叔琮取遼州樂平進壁榆次克周使用德威逐出之李嗣昭以步騎三萬下太行略河內拔懷州進攻河陽汴人閻寶救之嗣昭退保懷天復元年全忠取晉絳逼河中王珂告急使相望汴人扼空道晉兵不得前進虜珂珂妻克用女不能救全忠遂有河中克用朝貢道亦梗全忠知克用迮不振乃大舉攻太原分遣鋭將氏叔琮等率魏博兗鄆邢洺義武晉絳兵環入之晉城邑多下會大雨汴兵糧乏士瘧癘遂解克用雖內憤悒憚全忠彊難與爭乃厚致幣馬謝復請脩好全忠遂取同華屯渭上帝如鳳翔李茂貞韓全誨請召克用入衛克用間道遣使者奔問幷詒書全忠勸還汴全忠不答克用率兵趨平陽攻吉上堡破汴軍於晉州李嗣昭周德威下慈隰進屯河中汴將朱友寧以兵十萬壁其南全忠自屯晉州晉人聞全忠至皆失色時有虹貫德威營氏叔琮薄壘疾鬭晉兵大敗仗械輜儲皆盡友寧長驅略汾慈隰州皆下遂圍太原攻西門德威嗣昭循山掔餘衆得歸克用大恐身荷版築率士拒守陰與嗣昭德威謀奔雲州李存信曰不如依北蕃國昌妻劉語克用曰聞王欲委城入蕃審乎計誰出曰存信等爲此劉曰彼牧羊奴安辦遠計王常笑王行瑜失城走而死若何傚之且王頃居達靼危不免必一朝去此禍不旋跬渠能及北虜哉克用悟乃止居數日散士復集嗣昭夜擾友寧營汴人驚引去德威追之抵白壁關復收慈隰汾三州三年克用攻晉州聞帝自鳳翔還京師乃去雲州都將王敬暉殺刺史劉再立以地予劉仁恭李嗣昭討之仁恭援敬暉嗣昭壁樂安欲戰仁恭取敬暉棄城去帝東遷詔至太原克用泣謂其下曰乘輿不復西矣遣使者奔問行在俄加號協盟同力功臣李茂貞王建與邠州楊崇本遣使者來約義舉克用顧藩鎮皆附汴不可與共功惟契丹阿保機尚可用乃卑辭召之保機身到雲中與克用會約爲兄弟留十日去遺馬千匹牛羊萬計期冬大舉度河會昭宗弒而止四年王建李茂貞約克用大舉建將康晏步騎二萬與克用監軍張承業會鳳翔是時汴將王重師守長安劉知俊守同州與戰長安西建兵敗遂不振唐亡建與淮南楊渥請克用自王一方須賊平訪唐宗室立之建請悉蜀工制乘輿御物克用答曰自王非吾志也建又勸茂貞王岐茂貞孱弱亦不敢當但侈府第僭宮禁而已建遲乃自王是歲克用有疾城門自壞明年卒

贊曰沙陀始歸命天子仰哺于邊世喋血助征討常爲邊兵雄至克用逢王室亂遂有太原虜性悖固少它腸自負材果欲經營天下而不克也兵雖勝然數敗地雖得輒復失故熟視帝劫遷縮頸羞汗偷景待僵不亦鄙乎賴其子慓鋭抑而復振是時提兵託勤王者五族然卒亡朱氏爲唐滌恥者沙陀也使克用稍知古今能如齊桓晉文唐遽亡乎哉

唐書卷二百十九

宋　端　明　殿　學　士　宋　祁　撰

列傳第一百四十四

北狄

契丹本東胡種其先爲匈奴所破保鮮卑山魏青龍中部酋比能稍桀驁爲幽州刺史王雄所殺衆遂微逃潢水之南黃龍之北至元魏自號曰契丹地直京師東北五千里而嬴東距高麗西奚南營州北靺鞨室韋阻冷陘山以自固射獵居處無常其君大賀氏有勝兵四萬析八部臣于突厥以爲俟斤凡調發攻戰則諸部畢會獵則部得自行與奚不平每鬭不利輒遁保鮮卑山風俗與突厥大抵略侔死不墓以馬車載尸入山置於樹顚子孫死父母旦夕哭父母死則否亦無喪期武德中其大酋孫敖曹與靺鞨長突地稽俱遣人來朝而君長或小入寇邊後二年君長乃遣使者上名馬豐貂貞觀二年摩會來降突厥頡利可汗不欲外夷與唐合乃請以梁師都易契丹太宗曰契丹突厥不同類今已降我尚可索邪師都唐編戶盜我州部突厥輒爲助我將禽之誼不可易降者明年摩會復入朝賜鼓纛由是有常貢帝伐高麗悉發酋長與奚首領從軍帝還過營州盡召其長窟哥及老人差賜繒綵以窟哥爲左武衛將軍大酋辱紇主曲據又率衆歸卽其部爲玄州拜曲據刺史隸營州都督府未幾窟哥舉部內屬乃置松漠都督府以窟哥爲使持節十州諸軍事松漠都督封無極男賜氏李以達稽部爲峭落州紇便部爲彈汗州獨活部爲無逢州芬問部爲羽陵州突便部爲日連州芮奚部爲徒河州墜斤部爲萬丹州伏部爲匹黎赤山二州俱隸松漠府卽以辱紇主爲之刺史窟哥死與奚連叛行軍總管阿史德樞賓等執松漠都督阿卜固獻東都窟哥有二孫曰枯莫離爲左衛將軍彈汗州刺史封歸順郡王曰盡忠爲武衛大將軍松漠都督而敖曹有孫曰萬榮爲歸誠州刺史於是營州都督趙文翽驕沓數侵侮其下盡忠等皆怨望萬榮本以侍子入朝知中國險易挾亂不疑卽共舉兵殺文翽盜營州反盡忠自號無上可汗以萬榮爲將縱兵四略所向輒下不重浹衆數萬妄言十萬攻崇州執討擊副使許欽寂武后怒詔鷹揚將軍曹仁師金吾大將軍張玄遇右武威大將軍李多祚司農少卿麻仁節等二十八將擊之以梁王武三思爲榆關道安撫大使納言姚璹爲之副更號萬榮曰萬斬盡忠曰盡滅諸將戰西硤石黃麞谷王師敗績玄遇仁節皆爲虜禽進攻平州不克敗書聞后乃以右武衛大將軍建安王武攸宜爲清邊道大總管擊契丹募天下人奴有勇者官畀主直悉發以擊虜萬榮銜枚夜襲檀州清邊道副總管張九節募死士數百薄戰萬榮敗而走山俄而盡忠死突厥默啜襲破其部萬榮收散兵復振使別將駱務整何阿小入冀州殺刺史陸寶積掠數千人武后聞盡忠死更詔夏官尚書王孝傑羽林衛將軍蘇宏暉率兵十七萬討契丹戰東硤石師敗孝傑死之萬榮席已勝遂屠幽州攸宜遣將討捕不能克乃命右金吾衛大將軍河內郡王武懿宗爲神兵道大總管右肅政臺御史大夫婁師德爲清邊道大總管右武威衛大將軍沙吒忠義爲清邊中道前軍總管兵凡二十萬擊賊萬榮鋭甚鼓而南殘瀛州屬縣恣肆無所憚於是神兵道總管楊玄基率奚軍掩其尾契丹大敗獲何阿小降別將李楷固駱務整收仗械如積萬榮委軍走殘隊復合與奚搏奚四面攻乃大潰萬榮左驂張九節爲三伏伺之萬榮窮與家奴輕騎走潞河東憊甚臥林下奴斬其首九節傳之東都餘衆潰攸宜凱而還后喜爲赦天下改元爲神功契丹不能立遂附突厥久視元年詔左玉鈐衛大將軍李楷固右武威衛將軍駱務整討契丹破之此兩人皆虜善將嘗犯邊數窘官軍者也及是有功開元二年盡忠從父弟都督失活以默啜政衰率部落與頡利發伊健啜來歸玄宗賜丹書鐵券後二年與奚長李大酺皆來詔復置松漠府以失活爲都督封松漠郡王授左金吾衛大將軍仍其府置靜析軍以失活爲經略大使所統八部皆擢其酋爲刺史詔將軍薛泰爲押蕃落使督軍鎭撫帝以東平王外孫楊元嗣女爲永樂公主妻失活明年失活死贈特進帝遣使弔祠以其弟中郞將娑固襲封及所領明年娑固與公主來朝宴賚有加有可突于者爲靜析軍副使悍勇得衆娑固欲去之未決而突于反攻娑固娑固奔營州都督許欽澹以州甲五百合奚君長李大酺兵共攻可突于不勝娑固大酺皆死欽澹懼徙軍入榆關可突于奉娑固從父弟鬱于爲君遣使者謝罪有詔卽拜鬱于松漠郡王而赦可突于鬱于來朝授率更令以宗室所出女慕容爲燕郡公主妻之可突于亦來朝擢左羽林衛將軍鬱于死弟吐于嗣與可突于有隙不能定其下攜公主來奔封遼陽郡王留宿衛可突于奉盡忠弟邵固統衆詔許襲王天子封禪邵固與諸蕃長皆從行在明年拜左羽林衛大將軍徙王廣化郡以宗室出女陳爲東華公主妻邵固詔官其部酋長百餘人邵固以子入侍可突于復來不爲宰相李元紘所禮鞅鞅去張說曰彼獸心者唯利是向且方持國下所附也不假以禮不來矣後三年可突于殺邵固立屈烈爲王脅奚衆共降突厥公主走平盧軍詔幽州長史知范陽節度事趙含章擊之遣中書舍人裴寬給事中薛侃大募壯士拜忠王浚河北道行軍元帥以御史大夫李朝隱京兆尹裴伷先副之帥程伯獻張文儼宋之悌李東蒙趙萬功郭英傑等八總管兵擊契丹旣又以忠王兼河東道諸軍元帥王不行以禮部尚書信安郡王禕持節河北道行軍副元帥與含章出塞捕虜大破之可突于走奚衆降王以二蕃俘級告諸廟明年可突于盜邊幽州長史薛楚玉副總管郭英傑吳克勤烏知義羅守忠率萬騎及奚擊之戰都山下可突于以突厥兵來奚懼持兩端衆走險知義守忠敗英傑克勤死之殺唐兵萬人帝擢張守珪爲幽州長史經略之守珪旣善將可突于恐陽請臣而稍趨西北倚突厥其衙官李過折與可突于內不平守珪使客王悔陰邀之以兵圍可突于過折卽夜斬可突于屈烈及支黨數十人自歸守珪使過折統其部函可突于等首傳東都拜過折北平郡王爲松漠都督可突于殘黨擊殺過折屠其家一子刺乾走安東拜左驍衛將軍二十五年守珪討契丹再破之有詔自今戰有功必告廟天寶四載契丹大酋李懷秀降拜松漠都督封崇順王以宗室出女獨孤爲靜樂公主妻之是歲殺公主叛去范陽節度使安祿山討破之更封其酋楷洛爲恭仁王代松漠都督祿山方幸表討契丹以向帝意發幽州雲中平盧河東兵十餘萬以奚爲鄉導大戰潢水南祿山敗死者數千自是祿山與相侵掠未嘗解至其反乃已契丹在開元天寶間使朝獻者無慮二十故事以范陽節度爲押奚契丹使自至德後藩鎮

擅地務自安障戍斥候益謹不生事于邊奚契丹亦鮮入寇歲選酋豪數十入長安朝會每引見賜與有秩其下率數百皆駐館幽州至德寶應時再朝獻大曆中十三貞元間三元和中七太和開成間凡四然天子惡其外附回鶻不復官爵渠長會昌二年回鶻破契丹酋屈戍始復內附拜雲麾將軍守右武衞將軍於是幽州節度使張仲武爲易回鶻所與舊印賜唐新印曰奉國契丹之印咸通中其王習爾之再遣使者入朝部落寖彊習爾之死族人欽德嗣光啓時方天下盜興北疆多故乃鈔奚室韋小小部種皆役服之因入寇幽薊劉仁恭窮師踰摘星山討之歲燎塞下草使不得留牧馬多死契丹乃乞盟獻良馬求牧地仁恭許之復敗約入寇劉守光戍平州契丹以萬騎入守光僞與和帳飲具于野伏發禽其大將羣胡慟願納馬五千以贖不許欽德輸重賂求之乃與盟十年不敢近邊欽德晚節政不競其八部大人法常三歲代時耶律阿保機建鼓旗爲一部不肯代自號爲王而有國大賀氏遂亡

奚亦東胡種爲匈奴所破保烏丸山漢曹操斬其帥蹋頓蓋其後也元魏時自號庫真奚居鮮卑故地直京師東北四千里其地東北接契丹西突厥南白狼河北霫與突厥同俗逐水草畜牧居氈廬環車爲營其君長常以五百人持兵衞牙中餘部散山谷間無賦入以射獵爲貲稼多穄已穫窖山下斷木爲臼瓦鼎爲飦雜寒水而食喜戰鬬兵有五部部一俟斤主之其國西抵大洛泊距回紇牙三千里多依土護眞水其馬善登其羊黑盛夏必徙保冷陘山山直嬀州西北至隋始去庫眞但曰奚武德中高開道借其兵再寇幽州長史王詵擊破之太宗貞觀三年始來朝閱十七歲凡四朝貢帝伐高麗大酋蘇支從戰有功不數年其長可度者內附帝爲置饒樂都督府拜可度者使持節六州諸軍事饒樂都督封樓煩縣公賜李氏以阿會部爲弱水州處和部爲祁黎州奧失部爲洛瓌州度稽部爲大魯州元俟折部爲渴野州各以酋領辱紇主爲刺史隸饒樂府復置東夷都護府於營州兼統松漠饒樂地置東夷校尉顯慶間可度者死奚遂叛五年以定襄都督阿史德樞賓左武候將軍延陀梯眞居延州都督李含珠爲冷陘道行軍總管明年詔尚書右丞崔餘慶持節總護定襄等三都督討之奚懼乞降斬其王匹帝萬歲通天中契丹反奚亦叛與突厥相表裏號兩蕃延和元年以左羽林衞大將軍幽州都督孫佺左驍衞將軍李楷洛左威衞將軍周以悌帥兵十二萬爲三軍襲擊其部次冷陘前軍楷洛與奚酋李大酺戰不利佺懼斂軍詐大酺曰我奉詔來慰撫若等而楷洛違節度輒戰非天子意方戮以徇大酺曰誠慰撫我有所賜乎佺出軍中繒帛袍帶與之大酺謝請佺還師衆軍得脫爭先無部伍大酺兵躡之遂大敗殺傷數萬佺以悌皆爲虜禽送默啜害之朝廷方多故不暇討玄宗開元二年使奧蘇悔落丐降封饒樂郡王左金吾衞大將軍饒樂都督詔宗室出女辛爲固安公主妻大酺明年身入朝成昏始復營州都督府遣右領軍將軍李濟持節護送大酺後與契丹可突于鬬死弟魯蘇領其部襲王詔兼保塞軍經略大使牙官塞默羯謀叛公主置酒誘殺之帝嘉其功賜主累萬會與其母相告訐得罪更以盛安公主女韋爲東光公主妻之後三年封魯蘇奉誠郡王右羽林衞將軍擢其首領無慮二百人皆位郎將久之契丹可突于反脅奚衆幷附突厥魯蘇不能制奔榆關公主奔平盧幽州長史趙含章發清夷軍討破之衆稍自歸明年信安王禕降其酋李詩鎖高等部落五千帳以其地爲歸義州因以王詩拜左羽林軍大將軍本州都督賜帛十萬置其部幽州之偏李詩死子延寵嗣與契丹又叛爲幽州張守珪所困延寵降復拜饒樂都督懷信王以宗室出女楊爲宜芳公主妻之延寵殺公主復叛詔立它酋婆固爲昭信王饒樂都督以定其部安祿山節度范陽詭邊功數與鏖鬬盛飾俘以獻誅其君李日越料所俘驍壯戍雲南終帝世凡八入朝獻至德大曆間十二貞元四年與室韋攻振武後七年幽州殘其衆六萬德宗時兩朝獻元和元年君梅落身入朝拜檢校司空歸誠郡王以部酋索氏爲左威衞將軍檀薊州游弈兵馬使沒辱孤平州游弈兵馬使皆賜李氏然陰結回鶻室韋兵犯西城振武大抵憲宗世四朝獻太和四年復盜邊盧龍李載義破之執大將二百餘人縛其帥茹羯來獻文宗賜冠帶授右驍衞將軍後五年大首領匿舍朗來朝大中元年北部諸山奚悉叛盧龍張仲武禽酋渠燒帳落二十萬取其刺史以下面耳三百羊牛七萬輜貯五百乘獻京師咸通九年其王突董蘇使大都督薩葛入朝是後契丹方彊奚不敢亢而舉部役屬虜政苛奚怨之其酋去諸引別部內附保嬀州北山遂爲東西奚

室韋契丹別種東胡之北邊蓋丁零苗裔也地據黃龍北傍猺越河直京師東北七千里東黑水靺鞨西突厥南契丹北瀕海其國無君長惟大酋皆號莫賀咄攝莞其部而附于突厥小或千戶大數千戶濱散川谷逐水草而處不稅斂每弋獵即相嘯聚事畢去不相臣制故雖猛悍喜戰而卒不能爲彊國剡木爲犂人挽以耕田穫甚褊其氣候多寒夏霧雨冬霜霰其俗富人以五色珠垂領婚嫁則男先傭女家三歲而後分以產與婦共載鼓舞而還夫死不再嫁每部共構大棚死者寘尸其上喪期三年土少金鐵率資於高麗器有角弓楛矢人尤善射每溽夏西保貣勃次對二山山多草木鳥獸然苦飛蚉則巢居以避酋帥死以子弟繼無則推豪桀立之率乘牛車蘧蒢爲室度水則束薪爲桴或以皮爲舟馬皆草韀繩羈靮所居或皮蒙室或屈木以蘧蒢覆徙則載而行其畜無羊少馬有牛不用有巨豕食之韋其皮爲服若席其語言靺鞨也分部凡二十餘曰嶺西部山北部黃頭部彊部也大如者部小如者部婆萵部訥北部駱丹部悉處柳城東北近者三千遠六千里而贏最西有烏素固部與回紇接當俱倫泊之西南自泊而東有移塞沒部稍東有塞曷支部最彊部也居啜河之陰亦曰燕支河益東有和解部烏羅護部那禮部嶺西部直北曰納北支部北有大山山外曰大室韋瀕於室建河河出俱倫迆而東河南有蒙瓦部其北落坦部水東合那河忽汗河又東貫黑水靺鞨故靺鞨跨水有南北部而東注於海猺越河東南亦與那河合其北有東室韋蓋烏丸東南鄙餘人也貞觀五年始來貢豐貂後再入朝長壽二年叛將軍李多祚擊定之景龍初復朝獻請助討突厥開元天寶間凡十朝獻大曆中十一貞元四年與奚共寇振武節度使唐朝臣方郊勞天子使者驚而走軍室韋執詔使大殺掠而去明年使者來謝太和中三朝獻大中中一來咸通時大酋怛烈與奚皆遣使至京師然非顯夷後史官失傳

黑水靺鞨居肅愼地亦曰挹婁元魏時曰勿吉直京師東北六千里東瀕海西屬突厥南高麗北室韋離爲數十部酋各自治其著者曰粟末部居最南抵太白山亦曰徒太山與高麗接依粟末水以居水源於山西北注它漏河稍東北曰汨咄部又次曰安居骨部益東曰拂涅部居骨之西北曰黑水部粟末之東曰白山部部間遠者三四百里近二百里白山本臣高麗王師取平壤其衆多入唐汨咄安居骨等皆奔散寖微無聞焉遺人迸入渤海唯黑水完彊分十六落以南北稱蓋其居最北方者也人勁健善步戰常能患它部俗編髮綴野豕牙插雉尾爲冠飾自別於諸部性忍悍善射獵無憂戚貴壯賤老居無室廬負山水坎地梁木其上覆以土如丘冢然夏出隨水草冬入處以溺盥面於夷狄最濁穢死者埋之無棺槨殺所乘馬以祭其酋曰大莫拂瞞咄世相承爲長無書契其矢石鏃長二寸蓋楛砮遺法畜多豕無牛羊有車馬田耦以耕車則步推有粟麥土多貂鼠白兔白鷹有鹽泉氣蒸薄鹽凝樹顚武德五年渠長阿固郎始來太宗貞觀二年乃臣附所獻有常以其地爲燕州帝伐高麗其北部反與高麗合高惠眞等率衆援安市每戰靺鞨常居前帝破安市執惠眞收靺鞨兵三千餘悉坑之開元十年其酋倪屬利稽來朝玄宗卽拜勃利州刺史於是安東都護薛泰請置黑水府以部長爲都督刺史朝廷爲置長史監之賜府都督姓李氏名曰獻誠以雲麾將軍領黑水經略使隸幽州都督訖帝世朝獻者十五大曆世凡七貞元一來元和中再初黑水西北又有思慕部益北行十日得郡利部東北行十日得窟說部亦號屈說稍東南行十日得莫曳皆部又有拂涅虞婁越喜鐵利等部其地南距渤海北東際於海西抵室韋南北袤二千里東西千里拂涅鐵利虞婁越喜時時通中國而郡利屈說莫曳皆不能自通今存其朝京師者附左方拂涅亦稱大拂涅開元天寶間八來獻鯨睛貂鼠白兔皮鐵利開元中六來正元中一來虞婁貞觀間再來貞元一來後渤海盛靺鞨皆役屬之不復與王會矣

渤海本粟末靺鞨附高麗者姓大氏高麗滅率衆保挹婁之東牟山地直營州東二千里南比新羅以泥河爲境東窮海西契丹築城郭以居高麗逋殘稍歸之萬歲通天中契丹盡忠殺營州都督趙翽反有舍利乞乞仲象者與靺鞨酋乞四比羽及高麗餘種東走度遼水保太白山之東北阻奧婁河樹壁自固武后封乞四比羽爲許國公乞乞仲象爲震國公赦其罪比羽不受命后詔玉鈐衞大將軍李楷固中郎將索仇擊斬之是時仲象已死其子祚榮引殘痍遁去楷固窮躡度天門嶺祚榮因高麗靺鞨兵拒楷固楷固敗還於是契丹附突厥王師道絕不克討祚榮卽并比羽之衆恃荒遠乃建國自號震國王遣使交突厥地方五千里戶十餘萬勝兵數萬頗知書契盡得扶餘沃沮弁韓朝鮮海北諸國中宗時使侍御史張行岌招慰祚榮遣子入侍睿宗先天中遣使拜祚榮爲左驍衞大將軍渤海郡王以所統爲忽汗州領忽汗州都督自是始去靺鞨號專稱渤海玄宗開元七年祚榮死其國私謚爲高王子武藝立斥大

土宇東北諸夷畏臣之私改年曰仁安帝賜典冊襲王幷所領未幾黑水靺鞨使者入朝帝以其地建黑水州置長史臨總武藝召其下謀曰黑水始假道於我與唐通異時請吐屯於突厥皆先告我今請唐官不吾告是必與唐腹背攻我也乃遣弟門藝及舅任雅相發兵擊黑水門藝嘗質京師知利害謂武藝曰黑水請吏而我擊之是背唐也唐大國兵萬倍我與之產怨我且亡昔高麗盛時士三十萬抗唐爲敵可謂雄彊唐兵一臨掃地盡矣今我衆比高麗三之一王將違之不可武藝不從兵至境又以書固諫武藝怒遣從兄壹夏代將召門藝將殺之門藝懼儳路自歸詔拜左驍衞將軍武藝使使暴門藝罪惡請誅之有詔處之安西好報曰門藝窮來歸我誼不可殺已投之惡地幷留使者不遣別詔鴻臚少卿李道邃源復諭旨武藝知之上書斥言陛下不當以妄示天下意必殺門藝帝怒道邃復漏言國事皆左除而陽斥門藝以報後十年武藝遣大將張文休率海賊攻登州帝馳遣門藝發幽州兵擊之使太常卿金思蘭使新羅督兵攻其南會大寒雪袤丈士凍死過半無功而還武藝望其弟不已募客入東都狙刺於道門藝格之得不死河南捕刺客悉殺之武藝死其國私謚武王子欽茂立改年大興有詔嗣王及所領欽茂因是赦境內天寶末欽茂徙上京直舊國三百里忽汗河之東訖帝世朝獻者二十九寶應元年詔以渤海爲國欽茂王之進檢校太尉大曆中二十五來以日本舞女十一獻諸朝貞元時東南徙東京欽茂死私謚文王子宏臨早死族弟元義立一歲猜虐國人殺之推宏臨子華璵爲王復還上京改年中興死謚曰成王欽茂少子嵩鄰立改年正歷有詔授右驍衞大將軍嗣王建中貞元間凡四來死謚康王子元瑜立改年永德死謚定王弟言義立改年朱雀並襲王如故事死謚僖王弟明忠立改年太始立一歲死謚簡王從父仁秀立改年建興其四世祖野勃祚榮弟也仁秀頗能討伐海北諸部開大境宇有功詔檢校司空襲王元和中凡十六朝獻長慶四寶曆凡再大和四年仁秀死謚宣王子新德蚤死孫彝震立改年咸和明年詔襲爵終文宗世來朝十二會昌凡四彝震死弟虔晃立死玄錫立咸通時三朝獻初其王數遣諸生詣京師太學習識古今制度至是遂爲海東盛國地有五京十五府六十二州以肅愼故地爲上京曰龍泉府領龍湖渤三州其南爲中京曰顯德府領盧顯鐵湯榮興六州獩貊故地爲東京曰龍原府亦曰柵城府領慶鹽穆賀四州沃沮故地爲南京曰南海府領沃睛椒三州高麗故地爲西京曰鴨淥府領神桓豐正四州曰長嶺府領瑕河二州扶餘故地爲扶餘府常屯勁兵扞契丹領扶仙二州鄚頡府領鄚高二州挹婁故地爲定理府領定潘二州安邊府領安瓊二州率賓故地爲率賓府領華益建三州拂涅故地爲東平府領伊蒙沱黑比五州鐵利故地爲鐵利府領廣汾蒲海義歸六州越喜故地爲懷遠府領達越懷紀富美福邪芝九州安遠府領寧郿慕常四州又郢銅涑三州爲獨奏州涑州以其近涑沫江蓋所謂粟末水也龍原東南瀕海日本道也南海新羅道也鴨淥朝貢道也長嶺營州道也扶餘契丹道也俗謂王曰可毒夫曰聖主曰基下其命爲教王之父曰老王母太妃妻貴妃長子曰副王諸子曰王子官有宣詔省左相左平章事侍中左常侍諫議居之中臺省右相右平章事內史詔誥舍人居之政堂省大內相一人居左右相上左右司政各一居左右平章事之下以比僕射左右允比二丞左六司忠仁義部各一卿居司政下支司爵倉膳部部有郎中員外右六司智禮信部支司戎計水部卿郎準左以比六官中正臺大中正一比御史大夫居司政下少正一又有殿中寺宗屬寺有大令文籍院有監令監皆有少太常司賓大農寺寺有卿司藏司膳寺寺有令丞胄子監有監長巷伯局有常侍等官其武員有左右猛賁熊衞羆衞南左右衞北左右衞各大將軍一將軍一大抵憲象中國制度如此以品爲秩三秩以上服紫牙笏金魚五秩以上服緋牙笏銀魚六秩七秩淺緋衣八秩綠衣皆木笏俗所貴者曰太白山之菟南海之昆布柵城之豉扶餘之鹿鄚頡之豕率賓之馬顯州之布沃州之綿龍州之紬位城之鐵盧城之稻湄沱湖之鯽果有九都之李樂游之梨餘俗與高麗契丹略等幽州節度府與相聘問自營平距京師蓋八千里而遠後朝貢至否史家失傳故叛附無考焉

贊曰唐之德大矣際天所覆悉臣而屬之薄海內外無不州縣遂尊天子曰天可汗三王以來未有以過之至荒區君長待唐璽纛乃能國一爲不賓隨輒夷縛故蠻琛夷寶踵相逮于廷極熾而衰厥禍內移天寶之後區夏痍破王官之威北不踰河西止秦邠凌夷百年逮於亡顧不痛哉故曰治己治人惟聖人能之

唐書卷二百十九考證

北狄傳鬱于來朝授率更令○沈炳震曰諸夷大酋入朝無授東宮官者 臣酉按舊書下文云上封從妹夫率更令慕容嘉賓女爲燕郡公主以妻之而新書下文止云以宗室所出女慕容爲燕郡公主妻之刪嘉賓名而以率更令移上誤矣

孫佺○佺舊書作儉

居嗳河之陰○陰舊書作南

及舅任雅相○ 臣酉按任雅相武后時人不應夷人亦有同姓名者舊書作任雅疑得其實

唐書卷二百二十

宋 端明殿學士宋祁 撰

列傳第一百四十五

東夷

高麗本扶餘別種也地東跨海距新羅南亦跨海距百濟西北度遼水與營州接北靺鞨其君居平壤城亦謂長安城漢樂浪郡也去京師五千里而贏隨山屈繚爲郛南涯浿水王築宮其左又有國內城漢城號別都水有大遼少遼大遼出靺鞨西南山南歷安市城少遼出遼山西亦南流有梁水出塞外西行與之合有馬訾水出靺鞨之白山色若鴨頭號鴨淥水歷國內城西與鹽難水合又西南至安市入于海而平壤在鴨淥東南以巨艫濟人因恃以爲塹官凡十二級曰大對盧或曰吐捽曰鬱折主圖簿者曰太大使者曰帛衣頭大兄所謂帛衣者先人也秉國政三歲一易善職則否凡代日有不服則相攻王爲閉宮守勝者聽爲之曰大使者曰大兄曰上位使者曰諸兄曰小使者曰過節曰先人曰古鄒大加其州縣六十大城置傉薩一比都督餘城置處閭近支亦號道使比刺史有參佐分幹有大模達比衞將軍末客比中郎將分五部曰內部卽漢桂婁部也亦號黃部曰北部卽絕奴部也或號後部曰東部卽順奴部也或號左部曰南部卽灌奴部也亦號前部曰西部卽消奴部也王服五采以白羅製冠革帶皆金釦大臣青羅冠次絳羅珥兩鳥羽金銀雜釦衫筩褏袴大口白韋帶黃革履庶人衣褐戴弁女子首巾幗俗喜弈投壺蹵鞠食用籩豆簠簋罍洗居依山谷以草茨屋惟王宮官府佛廬以瓦窶民盛冬作長坑熅火以取煖其治峭法以繩下故少犯叛者叢炬灼體乃斬之籍入其家降敗殺人及剽劫者斬盜者十倍取償殺牛馬者沒爲奴婢故道不掇遺婚娶不用幣有受者恥之服父母喪三年兄弟踰月除俗多淫祠祀靈星及日箕子可汗等神國左有大穴曰神隧每十月王皆自祭人喜學至窮里厮家亦相矜勉衢側悉構嚴屋號扃堂子弟未婚者曹處誦經習射隋末其王高元死異母弟建武嗣武德初再遣使入朝高祖下書修好約高麗人在中國者護送中國人在高麗者敕遣還於是建武悉搜亡命歸有司且萬人後三年遣使者拜爲上柱國遼東郡王高麗王命道士以像法往爲講老子建武大悅率國人共聽之日數千人帝謂左右曰名實須相副高麗雖臣於隋而終拒煬帝何臣之爲朕務安人何必受其臣裴矩溫彥博諫曰遼東本箕子國魏晉時故封內不可不臣中國與夷狄猶太陽於列星不可以降乃止明年新羅百濟上書言建武閉道使不得朝且數侵入有詔散騎侍郎朱子奢持節諭和建武謝罪乃請與二國平太宗已禽突厥頡利建武遣使者賀幷上封域圖帝詔廣州司馬長孫師臨瘞隋士戰胔毀高麗所立京觀建武懼乃築長城千里東北首扶餘西南屬之海久之遣太子桓權入朝獻方物帝厚賜賚詔使者陳大德持節答勞且觀釁大德入其國厚餉官守悉得其纖曲見華人流客者爲道親戚存亡人人垂涕故所至士女夾道觀建武盛陳兵見使者大德還奏帝悅大德又言聞高昌滅其大對盧三至館有加禮焉帝曰高麗地止四郡我發卒數萬攻遼東諸城必救我以舟師自東萊颿海趨平壤固易然天下甫平不欲勞人耳有蓋蘇文者或號蓋金姓泉氏自云生水中以惑衆性忍暴父爲東部大人大對盧死蓋蘇文當嗣國人惡之不得立頓首謝衆請攝職有不可雖廢無悔衆哀之遂嗣位殘凶不道諸大臣與建武議誅之蓋蘇文覺悉召諸部紿云大閱兵列饌具請大臣臨視賓至盡殺之凡百餘人馳入宮殺建武殘其尸投諸溝更立建武弟之子藏爲王自爲莫離支專國猶唐兵部尚書中書令職云貌魁秀美鬚髯冠服皆飾以金佩五刀左右莫敢仰視使貴人伏諸地踐以升馬出入陳兵長呼禁切行人畏竄至投坑谷帝聞建武爲下所殺惻然遣使者持節弔祭或勸帝可遂討之帝不欲因喪伐罪乃拜藏爲遼東郡王高麗王帝曰蓋蘇文殺君攘國朕取之易耳不願勞人若何司空房玄齡曰陛下士勇而力有餘戢不用所謂止戈爲武者司徒長孫無忌曰高麗無一介告難宜賜書安慰之隱其患撫其存彼當聽命帝曰善會新羅遣使者上書言高麗百濟聯和將見討謹歸命天子帝問若何而免使者曰

計窮矣惟陛下哀憐帝曰我以偏兵率契丹靺鞨入遼
東而國可紓一歲一策也我以絳袍丹幟數千賜而國
至建以陣二國見謂我師至必走二策也百濟恃海不
修戎械我以舟師數萬襲之而國女君故爲鄰侮我以
宗室主而國待安則自守之三策也使者計孰取使者
不能對於是遣司農丞相里玄奬以璽書讓高麗且使
止勿攻使未至而蓋蘇文已取新羅二城玄奬諭帝旨
答曰往隋見侵新羅乘釁奪我地五百里今非盡反地
兵不止玄奬曰往事烏足論邪遼東故中國郡縣天子
且不取高麗焉得違詔不從玄奬還奏帝曰莫離支殺
君虐用其下如擭穽怨痛溢道我出師無名哉諫議大
夫褚遂良曰陛下之兵度遼而克固善萬分一不得逞
且再用師再用師安危不可億兵部尚書李勣曰不然
曩薛延陀盜邊陛下欲追擊魏徵苦諫而止向若擊之
一馬不生返後復畔擾至今爲恨帝曰誠然但一慮之
失而尤之後誰爲我計者新羅數請援乃下吳船四百
柁輸糧詔營州都督張儉等發幽營兵及契丹奚靺鞨
等出討會遼溢師還莫離支懼遣使者內金帝不納使
者又言莫離支遣官五十入宿衞帝怒責使者曰而等
委質高武而不仗節死義又爲逆子謀不可赦悉下之
獄於是帝欲自將討之召長安耆老勞曰遼東故中國
地而莫離支賊殺其主朕將自行經略之故與父老約
子若孫從我行者我能拊循之毋庸卹也卽厚賜布粟
羣臣皆勸帝毋行帝曰吾知之矣去本而就末捨高以
取下釋近而之遠三者爲不祥伐高麗是也然蓋蘇文
弒君又戮大臣以逞一國之人延頸待救議者顧未亮
耳於是北輸粟營州東儲粟古大人城帝幸洛陽乃以
張亮爲平壤道行軍大總管常何左難當副之冉仁德
劉英行張文幹龐孝泰程名振爲總管帥江吳京洛募
兵凡四萬吳艘五百泛海趨平壤以李勣爲遼東道行
軍大總管江夏王道宗副之張士貴張儉執失思力契
苾何力阿史那彌射姜德本麴智盛吳黑闥爲行軍總
管隸之帥騎士六萬趨遼東詔曰朕所過營頓毋飭食
母豐怪水可涉者勿作橋梁行在非近州縣不得令學
生耆老迎謁朕昔提戈撥亂無盈月儲猶所嚮風靡今
幸家給人足秖恐勞於轉餉故驅牛羊以飼軍且朕必
勝有五以我大擊彼小以我順討彼逆以我安乘彼亂
以我逸敵彼勞以我悅當彼怨渠憂不克邪又發契丹
奚新羅百濟諸君長兵悉會十九年二月帝自洛陽次
定州謂左右曰今天下大定唯遼東未賓後嗣因士馬
盛彊謀臣導以征討喪亂方始朕故自取之不遺後世
憂也帝坐城門過兵人人撫慰疾病者親視之敕州縣
治療士大悅長孫無忌白奏天下符魚悉從而宮官止
十人天下以爲輕神器帝曰士度遼十萬皆去家室朕
以十人從尚恧其多公止勿言帝身屬櫜鞬結雨蔽於
鞍四月勣濟遼水高麗皆嬰城守帝大饗士帳幽州之
南詔長孫無忌誓師乃引而東勣攻蓋牟城拔之得戶
二萬糧十萬石以其地爲蓋州程名振攻沙卑城夜入
其西城潰虜其口八千游兵鴨淥上勣遂圍遼東城帝
次遼澤詔瘞隋戰士露骼高麗發新城國內城騎四萬
救遼東道宗率張君乂逆戰君乂却道宗以騎馳之虜
兵辟易奪其梁收散卒乘高以望見高麗陣囂急擊破
之斬首千餘級誅君乂以徇帝度遼水徹杠彴堅士心
營馬首山身到城下見士塡塹分負之重者馬上持之
羣臣震懼爭挾塊以進城有朱蒙祠祠有鎖甲銛矛妄
言前燕世天所降方圍急飾美女以婦神巫言朱蒙悅
城必完勣列拋車飛大石過三百步所當輒潰虜積木
爲樓結絙罔不能拒以衝車撞陴屋碎之時百濟上金
髤鎧又以玄金爲山五文鎧士被以從帝與勣會甲光
炫日會南風急士縱火焚西南樓延城中屋幾盡人死
于燎者萬餘衆登陴虜蒙盾以拒士舉長矛舂之藺石
如雨城遂潰獲勝兵萬戶四萬糧五十萬石以其地爲
遼州初帝自太子所屬行在舍置一烽約下遼東舉烽
是日傳燎入塞進攻白崖城城負山厓水險甚帝壁西
北虜酋孫伐音陰丐降然城中不能一帝賜幟曰若降
建于堞以信俄而舉幟城人皆以唐兵登矣乃降初伐
音中悔帝怒約以虜口畀諸將及是李勣曰士奮而先
貪虜獲也今城危拔不可許降以孤士心帝曰將軍言
是也然縱兵殺戮略人妻孥朕不忍將軍麾下有功者
朕能以庫物賞之庶因將軍贖一城乎獲男女凡萬兵
二千以其地爲巖州拜伐音爲刺史莫離支以加尸八
七百戍蓋牟勣俘之請自効帝曰而家加尸乃爲我戰
將盡戮矣夷一姓求一人力不可稟而縱之次安市於
是高麗北部傉薩高延壽南部傉薩高惠眞引兵及靺
鞨衆十五萬來援帝曰彼若勒兵連安市而壁據高山
取城中粟食之縱靺鞨略吾牛馬攻之不可下此上策
也拔城夜去中策也與吾爭鋒則禽矣有大對盧爲延
壽計曰吾聞中國亂豪雄並奮秦王神武敵無堅戰無
前遂定天下南面而帝北狄西戎罔不臣今掃地而來
謀臣重將皆在其鋒不可校今莫若頓兵曠日陰遣奇
兵絕其饟道不旬月糧盡欲戰不得歸則無路乃可取
也延壽不從引軍距安市四十里而屯帝曰虜墮吾策
中矣命左衞大將軍阿史那社尒以突厥千騎嘗之虜
常以靺鞨銳兵居前社尒兵接而北延壽曰唐易與耳
進一舍倚麓而陣帝詔延壽曰我以爾有彊臣賊殺其
主來問罪卽交戰非我意延壽謂然按甲俟帝夜召諸
將使李勣率步騎萬五千陣西嶺當賊長孫無忌牛進
達精兵萬人出虜背狹谷帝以騎四千偃幟趨虜北山
上令諸軍曰聞鼓聲而縱張幄朝堂曰明日日中納降
虜於此是夜流星墮延壽營旦日虜視勣軍少卽戰帝
望無忌軍塵上命鼓角作兵幟四合虜惶惑將分兵禦
之衆已囂勣以步槊擊敗之無忌乘其後帝自山馳下
虜大亂斬首二萬級延壽收餘衆負山自固無忌勣合
圍之徹川梁斷歸路帝按轡觀虜營壘曰高麗傾國來
一麾而破天贊我也下馬再拜謝況于天延壽等度埶
窮卽舉衆降入轅門膝而行拜手請命帝曰後敢與天
子戰乎惶汗不得對帝料酋長二千五百人悉官之許
內徙餘衆三萬縱還之誅靺鞨三千餘人獲馬牛十萬
明光鎧萬領高麗震駭后黃銀二城自拔去數百里無
舍煙乃驛報太子幷賜諸臣書曰朕自將若此云何因
號所幸山爲駐蹕山圖破陣狀勒石紀功拜延壽鴻臚
卿惠眞司農卿候騎獲覘人帝解其縛自言不食且三
日命飼之賜以屩遣曰歸語莫離支若須軍中進退可
遣人至吾所帝每營不作塹壘謹斥候而已而士運糧
雖單騎虜不敢鈔帝與勣議所攻帝曰吾聞安市地險
而衆悍莫離支擊不能下因與之建安恃險絕粟多而
士少若出其不意攻之不相救矣建安得則安市在吾
腹中勣曰不然積糧遼東而西擊建安賊將梗我歸路
不如先攻安市帝曰善遂攻之未能下延壽惠眞謀曰
烏骨城傉薩已耄朝攻而夕可下烏骨拔則平壤舉矣
羣臣亦以張亮軍在沙城召之一昔至若取烏骨度鴨
淥迫其腹心計之善者無忌曰天子行師不徼幸安市
衆十萬在吾後不如先破之乃驅而南萬全勢也乃止
城中見帝旌麾輒乘陴譟帝怒勣請破日男子盡誅虜
聞故死戰江夏王道宗築距闉攻東南虜增陴以守勣
攻其西撞車所壞隨輒串柵爲樓帝聞城中雞彘聲曰
圍久突無黔煙今雞彘鳴必殺以饗士虜且夜出詔嚴
兵丙夜虜數百人縋而下悉禽之道宗以樹枝裹土積
之距闉成迫城不數丈果毅都尉傅伏愛守之自高而
排其城城且頹伏愛私去所部虜兵得自頹城出據而
塹斷之積火縈盾固守帝怒斬伏愛敕諸將擊之三日
不克有詔班師拔遼蓋二州之人以歸兵過城下城中
屛息偃旗酋長登城再拜帝嘉其守賜絹百匹遼東粟
尚十萬斛士取不能盡帝至渤錯水阻淖八十里車騎
不通長孫無忌楊師道等率萬人斬樵築道聯車爲梁
帝負薪馬上助役十月兵畢度雪甚詔屬燎以待濟始
行士十萬馬萬匹逮還物故裁千餘馬死十八船師七
萬物故亦數百詔集戰骸葬柳城祭以大牢帝臨哭從
臣皆流涕帝總飛騎入臨渝關皇太子迎道左初帝與
太子別御褐袍曰俟見爾乃更袍歷二時弗易至穿穴
羣臣請更服帝曰士皆敝衣吾可新服邪及是太子進
潔衣乃御遼降戶萬四千當沒爲奴婢前集幽州將分
賞士帝以父子夫婦離析詔有司以布帛贖之原爲民
列拜讙舞三日不息延壽既降以憂死獨惠眞至長安
明年春藏遣使者上方物且謝罪獻二姝口帝敕還之
謂使者曰色者人所重然愍其去親戚以傷乃心我不
取也初師還帝以弓服賜蓋蘇文受之不遣使者謝於
是下詔削棄朝貢又明年三月詔左武衞大將軍牛進
達爲靑丘道行軍大總管右武衞將軍李海岸副之自
萊州度海李勣爲遼東道行軍大總管右武衞將軍孫
貳朗右屯衞大將軍鄭仁泰副之率營州都督兵繇新
城道以進次南蘇木底虜兵戰不勝焚其郛七月進達
等取石城進攻積利城斬級數千乃皆還藏遣子莫離
支高任武來朝因謝罪二十二年詔右武衞大將軍薛
萬徹爲靑丘道行軍大總管右衞將軍裴行方副之自
海道入部將古神感與虜戰曷山虜潰虜乘暝襲我舟
伏兵破之萬徹度鴨淥次泊灼城拒四十里而舍虜懼
皆棄邑居去大酋所夫孫拒戰萬徹擊斬之遂圍城破
其援兵三萬乃還帝與長孫無忌計曰高麗困吾師之
入戶亡耗田歲不收蓋蘇文築城增陴下飢臥死溝壑
不勝敝矣明年以三十萬衆公爲大總管一舉可滅也
乃詔劍南大治船蜀人願輸財江南計直作舟舟取縑
千二百巴蜀大騷卭眉雅三州獠皆反發隴西峽內兵
二萬擊定之始帝決取虜故詔陝州刺史孫伏伽萊州
刺史李道裕儲糧械於三山浦烏胡島越州都督治大
艎偶舫以待會帝崩乃皆罷藏遣使者奉慰永徽五年
藏以靺鞨兵攻契丹戰新城大風矢皆還激爲契丹所
乘大敗契丹火野復戰人死相藉積尸而冢之遣使者
告捷高宗爲露布于朝六年新羅訴高麗靺鞨奪三十
六城惟天子哀救有詔營州都督程名振左衞中郎將

蘇定方率師討之，至新城敗高麗兵火外郛及墟落引還顯慶三年復遣名振率薛仁貴攻之未能克後二年天子已平百濟乃以左驍衞大將軍契苾何力右武衞大將軍蘇定方左驍衞將軍劉伯英率諸將出浿江遼東平壤道討之龍朔元年大募兵拜置諸將天子欲自行蔚州刺史李君球建言高麗小醜何至傾中國事之有如高麗既滅必發兵以守少發則威不振多發人不安是天下疲於轉戍臣謂征之未如勿征滅之未如勿滅亦會武后苦邀帝乃止八月定方破虜兵於浿江奪馬邑山遂圍平壤明年龐孝泰以嶺南兵壁蛇水蓋蘇文攻之舉軍沒定方解而歸乾封元年藏遣子男福從天子封泰山還而蓋蘇文死子男生代爲莫離支與弟男建男產相怨男生據國內城遣子獻誠入朝求救蓋蘇文弟淨土亦請割地降乃詔契苾何力爲遼東道安撫大使左金吾衞將軍龐同善營州都督高偘爲行軍總管左武衞將軍薛仁貴左監門將軍李謹行殿而行九月同善破高麗兵男生率師來會詔拜同善特進遼東大都督兼平壤道安撫大使封玄菟郡公又以李勣爲遼東道行軍大總管兼安撫大使與契苾何力龐同善并力詔獨孤卿雲由鴨淥道郭待封積利道劉仁願畢列道金待問海谷道並爲行軍總管受勣節度轉燕趙食廥遼東明年正月勣引道次新城合諸將謀曰新城賊西鄙不先圖餘城未易下遂壁西南山臨城城人縛戍酋出降勣進拔城十有六郭待封以舟師濟海趨平壤三年二月勣率仁貴拔扶餘城它城三十皆納欵同善偘守新城男建遣兵襲之仁貴救偘戰金山不勝高麗鼓而進銳甚仁貴橫擊大破之斬首五萬級拔南蘇木底蒼岩三城引兵略地與勣會侍御史賈言忠計事還帝問軍中云何對曰必克昔先帝問罪所以不得志者虜未有釁也諺云軍無媒中道回今男生兄弟閱狠爲我鄉導虜之情僞我盡知之將忠士力臣故曰必克且高麗秘記曰不及九百年當有八十大將滅之高氏自漢有國今九百年勣年八十矣虜仍荐饑人相掠賣地震裂狼狐入城蚡穴於門人心危駭是行不再舉矣男建以兵五萬襲扶餘勣破之薩賀水上斬首五千級俘口三萬器械牛馬稱之進拔大行城劉仁願與勣會後期召還當誅赦流姚州契苾何力會勣軍于鴨淥拔辱夷城悉師圍平壤九月藏遣男產率首領百人樹素幡降且請入朝勣以禮見而男建猶固守出戰數北大將浮屠信誠遣諜約內應五日闔啓兵譟而入火其門鬱焰四興男建窘急自刺不殊執藏男建等收凡五部百七十六城戶六十九萬詔勣便道獻俘昭陵凱而還十二月帝坐含元殿引見勣等數俘于廷以藏素脅制赦爲司平太常伯男產司宰少卿投男建黔州百濟王扶餘隆嶺外以獻誠爲司衞卿信誠爲銀青光祿大夫男生右衞大將軍何力行左衞大將軍勣兼太子太師仁貴威衞大將軍剖其地爲都督府者九州四十二縣百復置安東都護府擢酋豪有功者授都督刺史令與華官參治仁貴爲都護總兵鎮之是歲邠祭以高麗平謝成于天總章二年徙高麗民三萬於江淮山南大長鉗牟岑率衆反立藏外孫安舜爲王詔高偘東州道李謹行燕山道並爲行軍總管討之遣司平太常伯楊昉綏納亡餘舜殺鉗牟岑走新羅偘徙都護府治遼東州破叛兵於安市又敗之泉山俘新羅援兵二千李謹行破之于發盧河再戰俘馘萬計於是平壤痍殘不能軍相率奔新羅凡四年乃平始謹行留妻劉守伐奴城虜攻之劉擐甲勒兵守賊引去帝嘉之封燕郡夫人儀鳳二年授藏遼東都督封朝鮮郡王還遼東以安餘民先編僑內州者皆原遣徙安東都護府於新城藏與靺鞨謀反未及發召還放邛州厮其人于河南隴右弱窶者留安東藏以永淳初死贈衞尉卿葬頡利墓左樹碑其阡舊城往往入新羅遺人散犇突厥靺鞨由是高氏君長皆絕垂拱中以藏孫寶元爲朝鮮郡王聖曆初進左鷹揚衞大將軍更封忠誠國王使統安東舊部不行明年以藏子德武爲安東都督後稍自國至元和末遣使者獻樂工云

百濟扶餘別種也直京師東六千里而贏濱海之陽西界越州南倭北高麗皆踰海乃至其東新羅也王居東西二城官有內臣佐平者宣納號令內頭佐平主帑聚內法佐平主禮衞士佐平典衞兵朝廷佐平主獄兵官佐平掌外兵有六方方統十郡大姓有八沙氏燕氏劦氏解氏貞氏國氏木氏苩氏其法反逆者誅籍其家殺人者輸奴婢三贖罪吏受賕及盜三倍償錮終身俗與高麗同有三島生黃漆六月刺取瀋色若金王服大褏紫袍青錦袴素皮帶烏革履烏羅冠飾以金蘤羣臣絳衣飾冠以銀蘤禁民衣緋紫有文籍紀時月如華人武德四年王扶餘璋始遣使獻果下馬自是數朝貢高祖冊爲帶方郡王百濟王後五年獻明光鎧且訟高麗梗貢道太宗貞觀初詔使者平其怨又與新羅世仇數相侵帝賜璽書曰新羅朕藩臣王之鄰國聞數相侵暴朕己詔高麗新羅申和王宜忘前怨識朕本懷璋奉表謝然兵亦不止再遣使朝上鐵甲雕斧帝優勞之賜帛段三千十五年璋死使者素服奉表曰君外臣百濟王扶餘璋卒帝爲舉哀玄武門贈光祿大夫賻賜甚厚命祠部郎中鄭文表冊其子義慈爲柱國紹王義慈事親孝與兄弟友時號海東曾子明年與高麗連和伐新羅取四十餘城發兵守之又謀取棠項城絕貢道新羅告急帝遣司農丞相里玄獎齎詔書諭解聞帝新討高麗乃間取新羅七城久之又奪十餘城因不朝貢高宗立乃遣使者來帝詔義慈曰海東三國開基舊矣地固犬牙比者隙爭侵校無寧歲新羅高城重鎮皆爲王并歸窮于朕丐王歸地昔齊桓一諸侯尚存亡國況朕萬方主可不卹其危邪王所兼城宜還之新羅所俘亦畀還王不如詔者任王決戰朕將發契丹諸國度遼深入王可思之無後悔永徽六年新羅訴百濟高麗靺鞨取北境三十城顯慶五年乃詔左衞大將軍蘇定方爲神丘道行軍大總管率左衞將軍劉伯英右武衞將軍馮士貴左驍衞將軍龐孝泰發新羅兵討之自城山濟海百濟守熊津口定方縱擊虜大敗王師乘潮帆以進趨眞都城一舍止虜悉衆拒復破之斬首萬餘級拔其城義慈挾太子隆走北鄙定方圍之次子泰自立爲王率衆固守義慈孫文思曰王太子固在叔乃自王若唐兵解去如我父子何與左右縋而出民皆從之泰不能止定方令士超堞立幟泰開門降定方執義慈隆及小王孝演酋長五十八人送京師平其國五部三十七郡二百城戶七十六萬乃析置熊津馬韓東明金漣德安五都督府擢酋渠長治之命郎將劉仁願守百濟城左衞郎將王文度爲熊津都督九月定方以所俘見詔釋不誅義慈病死贈衞尉卿許舊臣赴臨詔葬孫晧陳叔寶墓左授隆司稼卿文度濟海卒以劉仁軌代之璋從子福信嘗將兵乃與浮屠道琛據周留城反迎故王子扶餘豐於倭立爲王西部皆應引兵圍仁願龍朔元年仁軌發新羅兵往救道琛立二壁熊津江仁軌與新羅兵夾擊之奔入壁爭梁墮溺者萬人新羅兵還道琛保任孝城自稱領軍將軍福信稱霜岑將軍告仁軌曰聞唐與新羅約破百濟無老孺皆殺之畀以國我與受死不若戰仁軌遣使齎書答說道琛倨甚館使者于外嫚報曰使人官小我國大將禮不當見徒遣之仁軌以衆少乃休軍養威請合新羅圖之福信俄殺道琛并其兵豐不能制二年七月仁願等破之熊津拔支羅城夜薄眞峴比明入之斬首八百級新羅餉道乃開仁願請濟師詔右威衞將軍孫仁師爲熊津道行軍總管發齊兵七千往福信顓國謀殺豐豐率親信斬福信與高麗倭連和仁願已得齊兵士氣振乃與新羅王金法敏率步騎而遣劉仁軌率舟師自熊津江偕進趨周留城豐衆屯白江口四遇皆克火四百艘豐走不知所在僞王子扶餘忠勝忠志率殘衆及倭人請命諸城皆復仁願勒軍還留仁軌代守帝以扶餘隆爲熊津都督俾歸國平新羅故憾招還遺人麟德二年與新羅王會熊津城刑白馬以盟仁軌爲盟辭曰往百濟先王罔顧逆順不敦鄰不睦親與高麗倭共侵削新羅破邑屠城天子憐百姓無辜命行人修好先王負險恃遐侮慢弗恭皇赫斯怒是伐是夷但興亡繼絕王者通制故立前太子隆爲熊津都督守其祭祀附杖新羅長爲與國結好除怨恭天子命永爲藩服右威衞將軍魯城縣公仁願親臨厥盟有貳其德興兵動衆明神監之百殃是降子孫不育社稷無守世世毋敢犯乃作金書鐵契藏新羅廟中仁願等還隆畏衆攜散亦歸京師儀鳳時進帶方郡王遣歸藩是時新羅彊隆不敢入舊國寄治高麗死武后又以其孫敬襲王而其地已爲新羅渤海靺鞨所分百濟遂絕

新羅弁韓苗裔也居漢樂浪地橫千里縱三千里東距長人東南日本西百濟南瀕海北高麗而王居金城環八里所衞兵三千人謂城爲侵牟羅邑在內曰喙評外曰邑勒有喙評六邑勒五十二朝服尚白好祠山神八月望日大宴賚官吏射其建官以親屬爲上其族名第一骨第二骨以自別兄弟女姑姨從姊妹皆聘爲妻王族爲第一骨妻亦其族生子皆爲第一骨不娶第二骨女雖娶常爲妾媵官有宰相侍中司農卿太府令凡十有七等第二骨得爲之事必與衆議號和白一人異則罷宰相家不絕祿奴僮三千人甲兵牛馬猪稱之畜牧海中山須食乃射息穀米於人償不滿庸爲奴婢王姓金貴人姓朴民無氏有名食用柳桮若銅瓦元日相慶是日拜日月神男子褐袴婦長襦見人必跪則以手據地爲恭不粉黛率美髮以繚首以珠綵飾之男子翦髮鬻冒以黑巿市皆婦女貿販冬則作竈堂中夏以食置氷上畜無羊少驢驘多馬馬雖高大不善行長人者人類長三丈鋸牙鉤爪黑毛覆身不火食噬禽獸或搏人以食得婦人以治衣服其國連山數十里有峽固以鐵闔號關門新羅常屯弩士數千守之初百濟伐高麗來請救悉兵往破之自是相攻不置後獲百濟王殺之滋

結怨。武德四年，王眞平遣使者入朝，高祖詔通直散騎侍郎庾文素持節答賚。後三年，拜柱國，封樂浪郡王、新羅王。貞觀五年，獻女樂二。太宗曰：「比林邑獻鸚鵡，言思鄉，丏還，況於人乎！」付使者歸之。是歲，眞平死，無子，立女善德爲王，大臣乙祭柄國。詔贈眞平左光祿大夫，賻物段二百。九年，遣使者冊善德襲父封，國人號聖祖皇姑。十七年，爲高麗、百濟所攻，使者來乞師。亦會帝親伐高麗，詔率兵以披虜勢。善德使兵五萬入高麗南鄙，拔水口城以聞。二十一年，善德死，贈光祿大夫，而妹眞德襲王。明年，遣子文王及弟伊贊子春秋來朝，拜文王左武衞將軍，春秋特進。因請改章服，從中國制，內出珍服賜之。又詣國學觀釋奠、講論，帝賜所製晉書。辭歸，敕三品以上郊餞。高宗永徽元年，攻百濟，破之，遣春秋子法敏入朝。眞德織錦爲頌以獻，曰：「巨唐開洪業，巍巍皇猷昌。止戈成大定，興文繼百王。統天崇雨施，治物體含章。深仁諧日月，撫運邁時康。幡旗旣赫赫，鉦鼓何鍠鍠。外夷違命者，翦覆被天殃。淳風凝幽顯，遐邇競呈祥。四時和玉燭，七耀巡萬方。維嶽降宰輔，維帝任忠良。三五成一德，昭我唐家光。」帝美其意，擢法敏大府卿。五年，眞德死，帝爲舉哀，贈開府儀同三司，賜綵段三百，命太常丞張文收持節弔祭，以春秋襲王。明年，百濟、高麗、靺鞨共伐取其三十城，使者來請救。帝命蘇定方討之，以春秋爲嵎夷道行軍總管，遂平百濟。龍朔元年死，法敏襲王。以其國爲鷄林州大都督府，授法敏都督。咸亨五年，納高麗叛衆，略百濟地守之。帝怒，詔削官爵，以其弟右驍衞員外大將軍、臨海郡公仁問爲新羅王，自京師歸國。詔劉仁軌爲鷄林道大總管，衞尉卿李弼、右領軍大將軍謹行副之，發兵窮討。上元二年二月，仁軌破其衆於七重城，以靺鞨兵浮海略南境，斬獲甚衆。詔李謹行爲安東鎭撫大使，屯買肖城，三戰虜皆北。法敏遣使入朝謝罪，貢篚相望，仁問乃還，辭王，詔復法敏官爵。然多取百濟地，遂抵高麗南境矣。置尚、良、康、熊、全、武、漢、朔、溟九州，州有都督，統郡十或二十，郡有大守，縣有小守。開耀元年死，子政明襲王。遣使者朝，丏唐禮及它文辭，武后賜吉凶禮幷文辭五十篇。死，子理洪襲王。死，弟興光襲王。玄宗開元中，數入朝，獻果下馬、朝霞紬、魚牙紬、海豹皮。又獻二女，帝曰：「女皆王姑姊妹，違本俗，別所親，朕不忍留。」厚賜還之。又遣子弟入太學學經術。帝間賜興光瑞文錦、五色羅、紫繡紋袍、金銀精器，興光亦上異狗馬、黃金、美髢諸物。初，渤海靺鞨掠登州，興光擊走之，帝進興光寧海軍大使，使攻靺鞨。二十五年死，帝尤悼之，贈太子太保，命邢璹以鴻臚少卿弔祭，子承慶襲王。詔璹曰：「新羅號君子國，知詩書。以卿惇儒，故持節往，宜演經誼，使知大國之盛。」又以國人善棊，詔率府兵曹參軍楊季鷹爲副，國高弈皆出其下。於是厚遺使者金寶。俄冊其妻朴爲妃。承慶死，詔使者臨弔，以其弟憲英嗣王。帝在蜀，遣使泝江至成都朝正月。大曆初，憲英死，子乾運立，甫丱，遣金隱居入朝待命。詔倉部郎中歸崇敬往弔，監察御史陸珽、顧愔爲副冊授之，幷母金爲太妃。會其宰相爭權相攻，國大亂，三歲乃定。於是歲朝獻。建中四年死，無子，國人共立宰相金良相嗣。貞元元年，遣戶部郎中蓋塤持節命之。是年死，立良相從父弟敬信襲王。十四年死，無子，立嫡孫俊邕。明年，遣司封郎中韋丹持冊，未至，俊邕死，丹還。子重興立。永貞元年，詔兵部郎中元季方冊命。後三年，使者金力奇來謝，且言：「往歲冊故主俊邕爲王，母申太妃，妻叔妃，而俊邕不幸，冊今留省中，臣請授以歸。」又爲其宰相金彥昇、金仲恭、王之弟蘇金添明丐門戟，詔皆可。凡再朝貢。七年死，彥昇立，來告喪。命職方員外郎崔廷弔，且命新王，以妻貞爲妃。長慶、寶曆間，再遣使者來朝，留宿衞。彥昇死，子景徽立。太和五年，以太子左諭德源寂冊弔如儀。開成初，遣子義琮謝，願留衞，見聽。明年遣之。五年，鴻臚寺籍質子及學生歲滿者一百五人，皆還之。有張保皐、鄭年者，皆善鬬戰，工用槍。年復能沒海，履其地五十里不噎，角其勇健，保皐不及也。年以兄呼保皐，保皐以齒，年以藝，常不相下。自其國皆來爲武寧軍小將。後保皐歸新羅，謁其王曰：「遍中國以新羅人爲奴婢，願得鎭清海，使賊不得掠人西去。」清海，海路之要也。王與保皐萬人守之。自太和後，海上無鬻新羅人者。保皐旣貴於其國，年飢寒客漣水，一日謂戍主馮元規曰：「我欲東歸，乞食於張保皐。」元規曰：「若與保皐所負何如，奈何取死其手？」年曰：「飢寒死，不如兵死快，況死故鄉邪！」年遂去。至謁保皐，飲之極歡。飲未卒，聞大臣殺其王，國亂無主。保皐分兵五千人與年，持年泣曰：「非子不能平禍難。」年至其國，誅反者，立王以報。王遂召保皐爲相，以年代守清海。會昌後，朝貢不復至。

贊曰：杜牧稱安思順爲朔方節度時，郭汾陽、李臨淮俱爲牙門都將，二人不相能，雖同盤飲食，常睇相視，不交一言。及汾陽代思順，臨淮欲亡去，計未決。旬日，詔臨淮分汾陽半兵東出趙、魏。臨淮入請曰：「一死固甘，乞免妻子。」汾陽趨下，持手上堂，曰：「今國亂主遷，非公不能東伐，豈懷私忿時邪！」及別，執手泣涕，相勉以忠義。訖平劇盜，實二公之力。知其心不叛，知其心難也；忿必見短，知其材益難也。此保皐與汾陽之賢等耳。年投保皐，必曰「彼貴我賤，我降下之，不宜以舊忿殺我」，保皐果不殺，人之常情也。臨淮請死於汾陽，亦人之常情也。保皐任年，事出於已，年且寒飢，易爲感動。汾陽、臨淮平生亢立，臨淮之命出於天子，權於保皐，汾陽爲優。此乃聖賢遲疑成敗之際也。世稱周、邵爲百代之師，周公擁孺子，而邵公疑之。以周公之聖、邵公之賢，少事文王，老佐武王，能平天下，周公之心，邵公且不知之。苟有仁義之心，不資以明，雖邵公尚爾，況其下哉！嗟乎，不以怨毒相基，而先國家之憂，晉有祁奚，唐有汾陽、保皐，孰謂夷無人哉！

日本，古倭奴也。去京師萬四千里，直新羅東南，在海中，島而居，東西五月行，南北三月行。國無城郭，聯木爲柵落，以草茨屋。左右小島五十餘，皆自名國，而臣附之。置本率一人，檢察諸部。其俗多女少男，有文字，尚浮屠法。其官十有二等。其王姓阿每氏，自言初主號天御中主，至彥瀲，凡三十二世，皆以「尊」爲號，居筑紫城。彥瀲子神武立，更以「天皇」爲號，徙治大和州。次曰綏靖，次安寧，次懿德，次孝昭，次天安，次孝靈，次孝元，次開化，次崇神，次垂仁，次景行，次成務，次仲哀。仲哀死，以開化曾孫女神功爲主。次應神，次仁德，次履中，次反正，次允恭，次安康，次雄略，次清寧，次顯宗，次仁賢，次武烈，次繼體，次安閑，次宣化，次欽明。欽明之十一年，直梁承聖元年。次海達。次用明，亦曰目多利思比孤，直隋開皇末，始與中國通。次崇峻。崇峻死，欽明之孫女雄古立。次舒明，次皇極。其俗椎髻，無冠帶，跣以行，幅巾蔽後，貴者冒錦；婦人衣純色裙，長腰襦，結髮于後。至煬帝，賜其民錦綫冠，飾以金玉，文布爲衣，左右佩銀蘤，長八寸，以多少明貴賤。太宗貞觀五年，遣使者入朝。帝矜其遠，詔有司毋拘歲貢。遣新州刺史高仁表往諭，與王爭禮不平，不肯宣天子命而還。久之，更附新羅使者上書。永徽初，其王孝德卽位，改元曰白雉，獻虎魄大如斗，碼瑙若五升器。時新羅爲高麗、百濟所暴，高宗賜璽書，令出兵援新羅。未幾孝德死，其子天豐財立。死，子天智立。明年，使者與蝦蛦人皆朝。蝦蛦亦居海島中，其使者鬚長四尺許，珥箭於首，令人戴瓠立數十步，射無不中。天智死，子天武立。死，子總持立。咸亨元年，遣使賀平高麗。後稍習夏音，惡倭名，更號日本。使者自言，國近日所出，以爲名。或云日本乃小國，爲倭所幷，故冒其號。使者不以情，故疑焉。又妄夸其國都方數千里，南、西盡海，東、北限大山，山外卽毛人云。長安元年，其王文武立，改元曰大寶，遣朝臣眞人粟田貢方物。朝臣眞人者，猶唐尚書也。冠進德冠，頂有華蘤四披，紫袍帛帶。眞人好學，能屬文，進止有容。武后宴之麟德殿，授司膳卿，還之。文武死，子阿用立。死，子聖武立，改元曰白龜。開元初，粟田復朝，請從諸儒授經。詔四門助教趙玄默卽鴻臚寺爲師。獻大幅布爲贄，悉賞物貿書以歸。其副朝臣仲滿慕華不肯去，易姓名曰朝衡，歷左補闕、儀王友，多所該識，久乃還。聖武死，女孝明立，改元曰天平勝寶。天寶十二載，朝衡復入朝。上元中，擢左散騎常侍、安南都護。新羅梗海道，更繇明、越州朝貢。孝明死，大炊立。死，以聖武女高野姬爲王。死，白壁立。建中元年，使者眞人興能獻方物。眞人，蓋因官而氏者也。興能善書，其紙似繭而澤，人莫識。貞元末，其王曰桓武，遣使者朝。其學子橘免勢、浮屠空海願留肄業，歷二十餘年。使者高階眞人來請免勢等俱還，詔可。次諾樂立，次嵯峨，次浮和，次仁明。仁明直開成四年，復入貢。次文德，次清和，次陽成，次光孝，直光啓元年。其東海嶼中又有邪古、波邪、多尼三小王，北距新羅，西北百濟，西南直越州，有絲絮、珍怪云。

流鬼去京師萬五千里，直黑水靺鞨東北，少海之北，三面皆阻海，其北莫知所窮。人依嶼散居，多沮澤，有魚鹽之利。地蚤寒，多霜雪，以木廣六寸、長七尺系其上，以踐冰逐走獸。土多狗。以皮爲裘。俗被髮。粟似莠而小，無蔬蓏它穀。勝兵萬人。南與莫曳靺鞨鄰，東南航海十五日行乃至。貞觀十四年，其王遣子可也余莫貂皮更三譯來朝，授騎都尉，遣之。龍朔初，有儋羅者，其王儒李都羅遣使入朝。國居新羅武州南島上，俗朴陋，衣犬豕皮，夏居革屋，冬窟室。地生五穀，耕不知用牛，以鐵齒杷土。初附百濟，麟德中，酋長來朝，從帝至太山。後附新羅。開元十一年，又有達末婁、達姤二部首領朝貢。達末婁自言北扶餘之裔，高麗滅其國，遺人度那河，因居之，或曰他漏河，東北流入黑水。達姤，室韋種也，在那河陰，凍末河之東，西接黃頭室韋，東北距達末婁云。

唐書卷二百二十考證

高麗傳男生率師來會詔拜同善特進遼東大都督兼平壤道安撫大使封元菟郡公○舊書作授男生特進遼東大都督兼平壤道安撫大使封元菟郡公

唐書卷二百二十一上

宋　端　明　殿　學　士　宋　祁　撰

列傳第一百四十六上

西域

泥婆羅直吐蕃之西樂陵川土多赤銅犛牛俗翦髮遺眉穿耳楦以筩若角緩至肩者爲姣好無匕筯攫而食其器皆用銅其居版屋畫壁俗不知牛耕故少田作習商賈一幅布蔽身日數盥浴重博戲通推步曆術祀天神鐫石爲象日浴之烹羊以祭鑄銅爲錢面文人形背牛馬形其君服珠頗黎車渠珊瑚虎魄垂纓耳金鉤玉璫佩寶伏突御師子大牀燎香布花於堂而大臣坐地不藉左右持兵數百列侍宮中有七重樓覆銅瓦楹極皆大琲雜寶四隅置銅槽下有金龍口激水仰注槽中初王那陵提婆之父爲其叔所殺提婆出奔吐蕃納之遂臣吐蕃貞觀中遣使者李義表到天竺道其國提婆大喜延使者同觀阿耆婆沵池池廣數十丈水常溢沸共傳旱潦未始耗溢或抵以物則生煙釜其上少選可熟二十一年遣使入獻波稜酢菜渾提葱永徽時其王尸利那連陀羅又遣使入貢

党項漢西羌別種魏晉後微甚周滅宕昌鄧至而党項始彊其地古析支也東距松州西葉護南春桑迷桑等羌北吐谷渾處山谷崎嶇大抵三千里以姓別爲部一姓又分爲小部落大者萬騎小數千不能相統故有細封氏費聽氏往利氏頗超氏野辭氏房當氏米禽氏拓拔氏而拓拔最彊土著有棟宇織犛尾羊毛覆屋歲一易俗尚武無法令賦役人壽多過百歲然好爲盜更相剽殺尤重復讎未得所欲者蓬首垢顏跣足草食殺已乃復男女衣裘褐被氈畜犛牛馬驢羊以食不耕稼地寒五月草生八月霜降無文字候草木記歲三年一相聚殺牛羊祭天取麥他國以釀酒妻其庶母伯叔母兄嫂子弟婦惟不娶同姓老而死子孫不哭少死則曰夭枉乃悲貞觀三年南會州都督鄭元璹鐫諭其酋細封步賴舉部降太宗璽詔慰撫步賴因入朝宴錫特異以其地爲軌州即授刺史步賴請率兵討吐谷渾其後諸酋長悉內屬以其地爲崌奉巖遠四州即首領拜刺史有拓拔赤辭者初臣吐谷渾慕容伏允待之厚與結婚諸羌巳歸獨不至李靖擊吐谷渾赤辭屯狠道峽抗王師廓州刺史久且洛生欲諭降之辭曰渾主以腹心待我不知其佗若速去且汙吾刀洛生怒引輕騎破之肅遠山斬首數百級虜雜畜六千帝因其勝又令約降赤辭從子思頭潛納款其下拓拔細豆亦降赤辭知宗族攜沮稍欲自歸岷州都督劉師立復誘之即與思頭俱內屬以其地爲懿嵯麟可三十二州以松州爲都督府擢赤辭西戎州都督賜氏李貢職遂不絶於是自河首積石山而東皆爲中國地後吐蕃寖盛拓拔畏偪請內徙始詔慶州置靜邊等州處之地乃入吐蕃其處者皆爲吐蕃役屬更號弭藥又有黑党項者居赤水西其長號敦善王慕容伏允之走也依之及吐谷渾款附敦善王亦納貢居雪山者曰破丑氏又有白蘭羌吐蕃謂之丁零左屬党項右與多彌接勝兵萬人勇戰鬬善作兵俗與党項同武德六年使者入朝明年以其地爲維恭二州貞觀六年與契苾數十萬內屬永徽時特浪生羌卜樓大首領凍就率衆來屬以其地爲劒州龍朔後白蘭春桑及白狗羌爲吐蕃所臣藉其兵爲前驅白狗與東會州接勝兵纔千人在西北者天授中內附戶凡二十萬以其地爲朝吳浮歸十州散居靈夏間至德末爲吐蕃所誘使爲鄉導鈔邊俄悔悟更來朝願助靈州鑲懷乾元間中國數亂因寇邠寧二州肅宗詔郭子儀都統朔方邠寧鄜坊節度事以鄜州刺史杜冕邠州刺史桑如珪分二隊出討子儀至党項潰去上元元年在涇隴部落十萬衆詣鳳翔節度使崔光遠降二年與渾奴刺連和寇寶鷄殺吏民掠財珍焚大散關入鳳州殺刺史蕭愧節度使李鼎追擊走之明年又攻梁州刺史李勉走進寇奉天大掠華原同官去詔臧希讓代勉爲刺史於是歸順乾封歸義順化和寧和義保善寧定羅雲朝鳳凡十州部落詣希讓獻款丐節印詔可僕固懷恩之叛誘党項渾奴剌入寇衆數萬掠鳳翔盩厔大酋鄭廷郝德入同州刺史韋勝走節度使周智光破之澄城閱月又入同州焚官私室廬壁馬蘭山郭子儀遣兵襲之退保三堡子儀遣慕容休明諭降廷德子儀以党項吐谷渾部落散處鹽慶等州其地與吐蕃濱近易相脅即表徙靜邊州都督夏州樂容等六府党項于銀州之北夏州之東寧朔州吐谷渾住夏西以離沮之召靜邊州大首領左羽林大將軍拓拔朝光等五刺史入朝厚賜賚使還綏其部先是慶州有破丑氏族三野利氏族五把利氏族一與吐蕃姻援贊普悉王之因是擾邊凡十年子儀表工部尚書路嗣恭爲朔方留後將作少監梁進用爲押党項部落使置行慶州且言党項陰結吐蕃爲變可遣使者招慰芟其反謀因令進用爲慶州刺史嚴邏以絶吐蕃往來道代宗然之又表置靜邊芳池相與五州都督長史永平旭定清寧寧保忠順靜塞萬言等七州都督府於是破丑野利把利三部及思樂州刺史拓拔乞梅等皆入朝宜定州刺史折磨布落芳池州野利部竝徙綏延州大曆末野利秃羅都與吐蕃叛招餘族不應子儀擊之斬秃羅都而野利景庭野利剛以其部數千人入附雞子川六州部落曰野利越詩野利龍兒野利厥律兒黃野海野窣等居慶州者號東山部夏州者號平夏部永泰後稍徙石州後爲永安將阿史那思暕賦索無極遂亡走河西元和時復置宥州護党項至大和中寖彊數寇掠然器械鈍苦畏唐兵精則以善馬購鎧善羊貿弓矢鄜坊道軍糧使李石表禁商人不得以旗幟甲胄五兵入部落告者舉罪人財畀之至開成末種落愈繁富賈人齎繒寶鬻羊馬藩鎮乘其利彊市之或不得直部人怨相率爲亂至靈鹽道不通武宗以侍御史爲使招定分三印以邠寧延屬崔彥曾鹽夏長澤屬李鄠靈武麟勝屬鄭賀皆緋衣銀魚而功不克宣宗大中四年內掠邠寧詔鳳翔李業河東李拭合節度兵討之宰相白敏中爲都統帝出近苑或以竹一箇植舍外見纔尺許遠且百步帝屬二矢曰党羌窮寇仍歲暴吾鄙今我約射竹中則彼當自亡不中我且索天下兵翦之終不以此賊遺子孫左右注目帝一發竹分矢徹諸外左右呼萬歲不閱月羌果破殄餘種竄南山始天寶末平夏部有戰功擢容州刺史天柱軍使其裔孫拓拔思恭咸通末竊據宥州稱刺史黃巢入長安與鄜州李孝昌壇而坎牲誓討賊僖宗賢之以爲左武衞將軍權知夏綏銀節度事次王橋爲巢所敗更與鄭畋四節度盟屯渭橋中和二年詔爲京城西面都統檢校司空同中書門下平章事俄進四面都統權知京兆尹賊平兼太子太傅封夏國公賜姓李嗣襄王煴之亂詔思恭討賊兵不出卒以弟思諫代爲定難節度使思孝爲保大節度鄜坊丹翟等州觀察使竝檢校司徒同中書門下平章事王行瑜反以思孝爲北面招討使思諫東北面招討使思孝亦因亂取鄜州遂爲節度使累兼侍中以老薦弟思敬爲保大軍兵馬留後俄爲節度使

東女亦曰蘇伐剌拏瞿咀羅羌別種也西海亦有女自王故稱東別之東與吐蕃党項茂州接西屬三波訶北距于闐東南屬雅州羅女蠻白狼夷東西行盡九日南北行盡二十日有八十城以女爲君居康延川巖險四繚有弱水南流縫革爲船戶四萬勝兵萬人王號賓就官曰高霸黎猶言宰相也官在外者率男子爲之凡號令女官自內傳男官受而行王侍女數百五日一聽政王死國人以金錢數萬納王族求淑女二立之次爲小王王死因以爲嗣或姑死婦繼無簒奪所居皆重屋王九層國人六層王服青毛綾裙被青袌袖委於地冬羔裘飾以文錦爲小鬟髻耳垂璫足曳䕸䩠䕸䩠履也俗輕男子女貴者咸有侍男被髮以青塗面惟務戰與耕而已子從母姓地寒宜麥畜羊馬出黃金風俗大抵與天竺同以十一月爲正巫者以十月詣山中布糟麥咒呼羣鳥俄有鳥來如雞狀剖視之有穀者豐歲否即有災名曰鳥卜居喪三年不易服不櫛沐貴人死剝藏其皮內骨甕中糅金屑瘞之王之葬殉死至數十人武德時王湯滂氏始遣使入貢高祖厚報爲突厥所掠不得通貞觀中使復至太宗璽制慰撫顯慶初遣使高霸黎文與王子三盧來朝授右監門中郎將其王斂臂使大臣來請官號武后冊拜斂臂左玉鈐衞員外將軍賜瑞錦服天授開元間王及子再來朝詔與宰相宴曲江封王曳夫爲歸昌王左金吾衞大將軍後乃以男子爲王貞元九年其王湯立悉與白狗君及哥鄰君董臥庭逋租君鄧吉知南水君薛尚悉曩弱水君董避和悉董君湯息贊清遠君蘇唐磨咄霸君董藐蓬皆詣劒南韋皋求內附其種散居西山弱水雖自謂王蓋小小部落耳自失河隴悉爲吐蕃羈屬部數千戶輒置令歲督絲絮至是猶上天寶所賜詔書皐處其衆於維霸等州賜牛糧治生業立悉等入朝差賜官祿於是松州羌二萬口相踵入附立悉等官刺史皆得世襲然陰附吐蕃故謂兩面羌

高昌直京師西四千里而贏其橫八百里縱五百里凡二十一城王都交河城漢車師前王廷也田地城戊巳校尉所治也勝兵萬人土沃麥禾皆再熟有草名白疊擷花可織爲布俗辮髮垂後其王麴伯雅隋時嘗妻以戚屬宇文氏女號華容公主武德初伯雅死子文泰立遣使來告高祖命使者臨弔後五年獻狗高六寸長尺能曳馬銜燭云出拂菻中國始有拂菻狗太宗即位獻玄狐裘帝賜妻宇文華鏁一具宇文亦上玉盤几諸國施爲輒以聞貞觀四年文泰遂來朝禮賜厚甚宇文求預宗籍有詔賜氏李更封常樂公主久之文泰與西突厥通凡西域朝貢道其國咸見壅掠伊吾嘗臣西突厥至是內屬文泰與葉護共擊之帝下詔讓其反覆召大臣冠軍阿史那矩計事文泰不遣使長史麴雍來謝罪

初大業末華民多奔突厥及頡利敗有逃入高昌者有詔護送文泰苛留之又與西突厥乙毗設破焉耆三城虜其人焉耆王訴諸朝帝遣虞部郎中李道裕問狀復遣使讓帝引責曰而主數年朝貢不入無藩臣禮擅置官傚百僚今歲首萬君長悉來而主不至日我使人往文泰猥曰鷹飛于天雉竄于蒿猫遊于堂鼠安于穴各得其所豈不快邪西域使者入貢而主悉拘梗之又諗薛延陀曰既自爲可汗與唐天子等何事拜謁其使明年我當發兵虜而國歸謂而君善自圖特薛延陀可汗請爲軍向導故民部尚書唐儉至延陀挈約帝復下璽書示文泰禍福促使入朝文泰遂稱疾不至乃拜侯君集爲交河道大總管左屯衛大將軍薛萬均薩孤吳仁副之契苾何力爲蔥山道副大總管武衛將軍牛進達爲行軍總管率突厥契苾騎數萬討之羣臣諫以行萬里兵難得志且天界絕域雖得之不可守帝不聽文泰謂左右曰曩吾入朝見秦隴北城邑蕭條非有隋比今伐我兵多則糧運不逮若下三萬我能制之度磧淤鹵以逸待勞以收其敝耳十四年聞王師至磧口悸駭無它計發病死子智盛立君集奄攻田地城契苾何力以前軍鏖戰是夜星墜城中明日拔其城虜七千餘人中郎將辛獠兒以勁騎夜逼其都智盛以書遺君集曰得罪於天子者先王也咎深譴積震墜厥命智盛嗣位未幾公其見赦君集曰能悔禍者當面縛軍門智盛不答軍進塡隍引衝車飛石如雨城中大震智盛令大將麴士義居守身與綰曹麴德俊謁軍門請改事天子君集諭使降辭未屈薛萬均勃然起曰當先取城小兒何與語麾而進智盛流汗伏地曰唯公命乃降君集分兵略定凡三州五縣二十二城戶八千口三萬馬四千先是其國人謠曰高昌兵如霜雪唐家兵如日月日月照霜雪幾何自殄滅文泰捕謠所發不能得也捷書聞天子大悅宴羣臣班賜策功赦高昌所部拔其地皆州縣之號西昌州特進魏徵諫曰陛下即位高昌最先朝謁俄以掠商胡遏貢獻故王誅加焉文泰死罪止矣撫其人立其子伐罪弔民道也今利其土守常千人屯士數年一易辦裝資離親戚不十年隴右且空陛下終不得高昌圭粒咫帛助中國費所謂散有用事無用不納改西昌州曰西州更置安西都護府歲調千兵謫罪人以戍黃門侍郎褚遂良諫曰古者先函夏後夷狄務廣德化不爭荒逖今高昌誅滅威動四夷然自王師始征河西供役飛米轉芻十室九匱五年未可復今又歲遣屯戍行李萬里去者資裝使自營辦賣菽粟傾機杼道路死亡尚不計罪人始於犯法終於惰業無益於行所遣復有亡命官司捕逮株蔓相牽有如張掖酒泉塵飛烽舉豈得高昌一乘一卒及事乎必發隴右河西耳然則河西爲我腹心高昌佗人手足也何必耗中華事無用昔陛下平頡利吐谷渾皆爲立君蓋罪而誅之伏而立之百蠻所以畏威慕德也今宜擇高昌可立者立之召首領悉還本土長爲藩翰中國不擾書聞不省初文泰以金厚餉西突厥欲谷設約有急爲表裏使葉護屯可汗浮圖城及君集至懼不敢發遂來降以其地爲庭州焉耆請歸高昌所奪五城留兵以守君集勒石紀功凱而旋俘智盛君臣獻觀德殿行飮至禮酺三日徙高昌豪桀於中國智盛拜左武衛將軍金城郡公弟智湛右武衛中郎將天山郡公麴氏傳國九世百三十四年而亡智湛麟德中以左驍衛大將軍爲西州刺史卒贈涼州都督有子昭好學有鬻異書者母顧其價至金釧曰何愛此不使子有異聞乎盡持易之昭歷司膳卿頗能辭章弟崇裕有武藝永徽中爲右武衛翊府中郎將封交河郡王邑至三千戶終鎭軍大將軍武后爲舉哀賻以美錦賻賜甚厚封爵絕

吐谷渾居甘松山之陽洮水之西南抵白蘭地數千里有城郭不居也隨水草帳室肉糧其官有長史司馬將軍王公僕射尚書郎中蓋慕諸華爲之俗識文字其王椎髻黑冒妻錦袍織裾金花飾首男子服長裙繒冒或冠羃䍦婦人辮髮縈後綴珠貝婚禮富家厚納聘貧者竊妻去父死妻庶母兄死妻嫂喪有服葬已即除民無常稅用不足乃斂富室商人足而止凡殺人若盜馬者死它罪贖以物地多寒宜麥菽粟蕪菁出小馬犛牛銅鐵丹砂有青海者周八九百里中有山須冰合游牝馬其上明年生駒號龍種嘗得波斯馬牧于海生驄駒日步千里故世稱青海驄西北有流沙數百里夏有熱風傷行人風將發老駝引項鳴埋鼻沙中人候之以氈蔽鼻口乃無恙隋時其王慕容伏允號步薩鉢嘗寇邊煬帝遣鐵勒敗之壁西平復命觀王雄破其衆伏允以數十騎入泥嶺亡去仙頭王率男女十餘萬降置郡縣鎭戍以長子順爲質因王之統餘衆俄追還伏允客党項隋亂因得復故地高祖受命順自江都還長安于時李軌據涼州帝乃約伏允和合擊軌自效當護送順伏允喜引兵與軌戰庫門交綏止即遣使請順帝遣之順至號爲太寧王太宗時伏允遣使者入朝未還即寇鄯州帝遣使者讓且召伏允以疾爲解而爲子求婚驗帝意又掠岷州都督李道彥擊走之執名王二斬級七百連歲遣名王朝俄寇涼州鄯州刺史李玄運表吐谷渾牧馬青海輕兵掩之可盡致乃命左驍衛大將軍段志玄左驍衛將軍梁洛仁率契苾党項兵擊之未至三十里志玄等不欲戰壁而留虜知之驅牧馬走副將李君羡率精騎尾襲懸水上得牛羊二萬還是時伏允耄不能事其相天柱王用事拘天子行人鴻臚丞趙德楷帝遣使曉敕十反無悛言貞觀九年詔李靖爲西海道行軍大總管侯君集積石道任城王道宗鄯善道李道彥赤水道李大亮且末道高甑生鹽澤道並爲行軍總管率突厥契苾兵擊之党項內屬羌及洮州羌皆殺刺史歸伏允夏四月道宗破伏允于庫山俘斬四百伏允謀入磧疲唐兵燒野草故靖馬多飢道宗曰柏海近河源古未有至者伏允西走未知其在方馬癯糧之難遠入不如按軍鄯州須馬壯更圖之君集曰不然嚮者段志玄至鄯州吐谷渾兵輒傅城彼國方完逆衆用命也今虜大敗斥候無在君臣相失我乘其困可以得志柏海雖遠可鼓而致也靖曰善分二軍靖與大亮薛萬均以一軍趣北出其右君集道宗以一軍趣南出其左靖將薩孤吳仁以輕騎戰曼都山斬名王獲五百級諸將戰牛心堆赤水源獲虜將南昌王慕容孝儁收雜畜數萬君集道宗登漢哭山戰烏海獲名王梁屈蔥靖破天柱部落於赤海收雜畜二十萬大亮俘名王二十雜畜五萬大且末之西伏允走圖倫磧將託于闐萬均督銳騎追亡數百里又破之士乏水刺馬飮血君集道宗行空荒二千里盛夏降霜乏水草士糜冰馬秣雪閱月次星宿川達柏海上望積石山覽觀河源執失思力馳破虜車重兩軍會于大非山破邏眞谷順之質隋爲金紫光祿大夫伏允立其弟爲太子順常鞅鞅自以失位欲以功自結天子乃斬天柱王舉國降伏允懼引千餘騎遁磧中衆稍亡從者纔百騎窮無聊即自經死國人立順爲君稱臣內附詔封西平郡王號趉胡呂烏甘豆可汗帝恐未能定其國遣李大亮率精兵鎭援順久質華國人不附卒爲下所殺立其子燕王諾曷鉢諾曷鉢幼大臣爭權帝詔侯君集就經紀之始請頒曆及子弟入侍詔封諾曷鉢河源郡王號烏地也拔勒豆可汗遣淮陽郡王道明持節冊命賜鼓纛諾曷鉢身入謝遂請婚獻馬牛羊萬比年入朝乃以宗室女爲弘化公主妻之詔道明及右武衛將軍慕容寶持節送公主其相宣王跋扈謀作亂欲襲公主劫諾曷鉢奔吐蕃諾曷鉢知之引輕騎走鄯城威信王以兵迎之果毅都尉席君買率兵與威信王共討斬其兄弟三人國大擾帝又詔民部尚書唐儉中書舍人馬周持節撫慰高宗立以主故拜駙馬都尉又獻名馬帝問馬種性使者曰國之最良者帝曰良馬人所愛詔還其馬公主表請入朝遣右驍衛將軍鮮于匡濟迎之十一月及諾曷鉢至京師帝又以宗室女金城縣主妻其長子蘇度摸末拜左領軍衛大將軍久之摸末死主與次子左武衛大將軍梁漢王闥盧摸末來請婚帝以宗室女金明縣主妻之既而與吐蕃相攻上書相曲直並來請師天子兩不許吐谷渾大臣素和貴奔吐蕃言其情吐蕃出兵擣虛破其衆黃河上諾曷鉢不支與公主引數千帳走涼州帝遣左武衛大將軍蘇定方爲安集大使平兩國怨吐蕃遂有其地諾曷鉢請內徙乾封初更封青海國王帝欲徙其部於涼州之南山羣臣議難之咸亨元年乃以右威衛大將軍薛仁貴爲邏娑道行軍大總管左衛員外大將軍阿史那道眞左衛將軍郭待封副之總兵五萬討吐蕃且納諾曷鉢於故廷王師敗於大非川舉吐谷渾地皆陷諾曷鉢與親近數千帳纔免三年乃徙治鄯水南諾曷鉢以吐蕃盛勢不抗而鄯州地狹又徙靈州帝爲置安樂州即拜刺史欲其安且樂云諾曷鉢死子忠立忠死子宣超立聖曆三年拜左豹韜員外大將軍襲故可汗號餘部詣涼甘肅瓜沙等州降宰相張錫與右武衛大將軍唐休璟議徙其人於秦隴豐靈間令不得畔去涼州都督郭元振以爲吐谷渾近秦隴則與監牧雜處置豐靈又邇默啜假在諸華亦不遽移其性也前日王孝傑自河源軍徙耽爾乙句貴置靈州既其叛乃入牧坊掠羣馬瘢夷州縣是則遷中土無益之成驗往素和貴叛去於我無損但失吐谷渾數十部豈與句貴比邪今降虜非彊服皆突矢刃棄吐蕃而來宜當循其情爲之制也當甘肅瓜沙降者即其所置之因所投而居情易安磔數州則勢自分順其情分其勢不擾於人可謂善奪戎心者也歲遣鎮遏使者與宣超兄弟撫護之無令相侵奪生業固矣有如叛去無損中國詔可宣超死子曦晧立曦晧死子兆立吐蕃復取安樂州而殘部徙朔方河東語謬爲退渾貞元十四年以朔方節度副使左金吾衛大將軍慕容復爲長樂都督青海國王襲可汗號復死停襲吐谷渾自晉永嘉時有國至龍朔三年吐蕃

取其地凡三百五十年及此封嗣絶矣

焉耆國直京師西七千里而嬴橫六百里縱四百里東高昌西龜茲南尉犂北烏孫逗渠溉田土宜黍蒲萄有魚鹽利俗祝髮氈衣戶四千勝兵二千常役屬西突厥俗尚娛遨二月朏出野祀四月望日游林七月七日祀生祖十月望日王始出游至歲盡止太宗貞觀六年其王龍突騎支始遣使來朝自隋亂磧路閉故西域朝貢皆道高昌突騎支請開大磧道以便行人帝許之高昌怒大掠其邊西突厥莫賀設與咄陸弩失畢作難來奔咄陸弩失畢復攻之遣使言狀并貢名馬咥利失可汗立素善焉耆故倚爲援十二年處月處蜜與高昌攻陷其五城掠千五百人焚廬舍侯君集討高昌遣使與相聞突騎支喜引兵佐唐高昌破歸向所俘及城遣使者入謝西突厥臣屈利啜爲弟娶突騎支女遂相約爲輔車勢不朝貢安西都護郭孝恪請討之會王弟頡鼻栗婆準葉護等三人來降帝卽命孝恪爲西州道總管率兵出銀山道以栗婆準等爲鄉導初焉耆所都周三十里四面大山海水繚其外故恃不爲虞孝恪倍道絶水夜傳堞遲曙譟而登鼓角轟哄唐兵縱國人擾敗斬千餘級執突騎支更以栗婆準攝國事始帝語近臣曰孝恪以八月十一日詣焉耆閱二旬可至當以二十二日破之使者今至矣俄而遽人以捷布聞因突騎支及妻子送洛陽有詔赦罪屈利啜以兵救焉耆而孝恪還三日矣屈利啜囚栗婆準更使吐屯攝王遣使以告帝曰焉耆我所下爾乃王之邪吐屯懼不敢王焉耆立栗婆準而從兄薛婆阿那支自爲王號瞎干執栗婆準獻龜茲殺之阿史那社尒討龜茲阿那支奔之壁東境抗王師爲社尒所禽數其罪斬以徇立突騎支弟婆伽利爲王以其地爲焉耆都督府婆伽利死國人請還前王突騎支高宗許之拜左衛大將軍歸國死龍嬾突立武后長安時以其國小人寡過使客不堪其勞詔四鎮經略使禁止傔使私馬無品者肉食開元七年龍嬾突死焉吐拂延立於是十姓可汗請居碎葉安西節度使湯嘉惠表以焉耆備四鎮詔焉耆龜茲疏勒于闐征西域賈各食其征由北道者輪臺征之訖天寶常朝賀

龜茲一曰丘茲一曰屈茲東距京師七千里而嬴自焉耆西南步一百里度小山經大河二又步七百里乃至橫千里縱六百里土宜麻麥秔稻蒲萄出黃金俗善歌樂旁行書貴浮圖法產子以木壓首俗斷髮齊頂惟君不剪髮姓白氏居伊邏盧城北倚阿羯田山亦曰白山常有火王以錦冒頂錦袍寶帶歲朔鬬羊馬橐它七日觀勝負以卜歲盈耗云葱嶺以東俗喜淫龜茲于闐置女肆征其錢高祖受禪王蘇伐勃駃遣使入朝會死子蘇伐疊立號時健莫賀俟利發貞觀四年獻馬太宗賜璽書撫慰加等後臣西突厥郭孝恪伐焉耆乃遣兵與焉耆影援自是不朝貢蘇伐疊死弟訶黎布失畢立二十一年兩遣使朝貢然帝怒其佐焉耆叛議討之是夜月食昴詔曰月陰精用刑兆也星胡分數且終乃以阿史那社尒爲崑丘道行軍大總管契苾何力副之率安西都護郭孝恪司農卿楊弘禮左武衛將軍李海岸等發鐵勒十三部兵十萬討之社尒分五軍掠其北執焉耆王阿那支龜茲大恐酋長皆棄城走社尒次磧石去王城三百里先遣伊州刺史韓威以千騎居前右驍衛將軍曹繼叔次之至多褐與王遇其將羯獵顛兵五萬合戰威僞北王見威兵少麾而進威退與繼叔合還戰大破之追奔八十里王嬰城社尒將圍之王引突騎西走城遂拔孝恪居守沙州刺史蘇海政行軍長史薛萬備以精騎窮躡六百里王計窮保撥換城社尒圍之閱月執王及羯獵顛其相那利夜逸以西突厥并國人萬餘來戰孝恪及子死之王師擾倉部郎中崔義起募兵戰城中繼叔威助擊之斬首三千級那利敗哀亡散復振還襲王師繼叔乘之斬八千級那利走或執以詣軍社尒凡破五大城男女數萬遣使者諭降小城七百餘西域震懼西突厥安西國歸軍饟焉社尒立王弟葉護王其國勒石紀功書聞帝喜見羣臣從容曰夫樂有幾朕嘗言之土城竹馬童兒樂也飾金翠羅紈婦人樂也貿遷有無商賈樂也高官厚秩士大夫樂也戰無前敵將帥樂也四海寧一帝王樂也朕今樂矣遂徧觴之初孝恪之擊焉耆也龜茲有浮屠善數歎曰唐家終有西域不數年吾國亦亡社尒執訶黎布失畢那利羯獵顛獻太廟帝受俘紫微殿帝責謂羣臣皆頓首伏詔赦罪改館鴻臚寺拜布失畢左武衛中郎將始徙安西都護於其都統于闐碎葉疏勒號四鎮高宗復封訶黎布失畢爲龜茲王與那利羯獵顛還國久之王來朝那利烝其妻阿史那王不能禁左右請殺之由是更猜忌使者言狀帝并召至京師囚那利護遣王還羯獵顛拒不內遣使降賀魯王不敢進悒悒死詔左屯衛大將軍楊冑發兵禽羯獵顛窮誅部黨以其地爲龜茲都督府更立子素稽爲王授右驍衛大將軍爲都督是歲徙安西都護府於其國以故安西爲西州都督府卽拜左驍衛大將軍兼安西都護麴智湛爲都督西域平帝遣使者分行諸國風俗物産詔許敬宗與史官譔西域圖志上元中素稽獻銀頗羅名馬天授三年王延田跌來朝始儀鳳時吐蕃攻焉耆以西四鎮皆没長壽元年武威道總管王孝傑破吐蕃復四鎮地置安西都護府於龜茲以兵三萬鎮守於是沙磧荒絶民供貲糧苦甚議者請棄之武后不聽都護以政績稱華狄者田揚名郭元振張孝嵩杜暹云開元七年王白莫苾死子多帀立改名孝節十八年遣弟孝義來朝自龜茲嬴六百里踰小沙磧有跋祿迦小國也一曰亟墨卽漢姑墨國橫六百里縱三百里風俗文字與龜茲同言語少異出細氈褐西三百里度石磧至凌山葱嶺北原也水東流春夏山谷積雪西北五百里至素葉水城比國商胡雜居素葉以西數十城皆立君長役屬突厥自素葉水城至羯霜那國衣氈褐皮㲪以繒繚額素葉城西四百里至千泉地嬴二百里南雪山三垂平陸多泉池因名之突厥可汗歲避暑其中羣鹿飾鈴鐶可狎也西嬴百里至咀邏私城亦比國商胡雜居有小城三百本華人爲突厥所掠羣保此尙華語西南嬴二百里至白水城原隰膏腴南五十里有笯赤建國廣千里地沃宜稼多蒲陶又二百里卽石國

疏勒一曰佉沙環五千里距京師九千里而嬴多沙磧少壤土俗尙詭詐生子亦夾頭取褊其人文身碧瞳王姓裴氏自號阿摩支居迦師城突厥以女妻之勝兵二千人俗祠祆神貞觀九年遣使者獻名馬又四年與朱俱波甘棠貢方物太宗謂房玄齡等曰曩之一天下克勝四夷惟秦皇漢武耳朕提三尺劒定四海遠夷率服不減二君者然彼末路不自保公等宜相輔弼毋進諛言置朕於危亡也儀鳳時吐蕃破其國開元十六年始遣大理正喬夢松攝鴻臚少卿册其君安定爲疏勒王天寶十二載首領裴國良來朝授折衝都尉賜紫袍金魚朱俱波亦名朱俱槃漢子合國也并有西夜蒲犂依耐得若四種地直于闐西千里葱嶺北三百里西距喝盤陀北九百里屬疏勒南三千里女國也勝兵二千人尙浮屠法文字同婆羅門甘棠在海南崑崙人也喝盤陀或曰漢陀曰渴館檀亦謂渴羅陀由疏勒西南入劒末谷不忍嶺六百里其國也距瓜州四千五百里直朱俱波西南距懸度山北抵疏勒西護密西北判汗國也治葱嶺中都城負徙多河勝兵千人其王本疏勒人世相承爲之西南卽頭痛山也葱嶺俗號極疑山環其國人勁悍貌言如于闐其法殺人剽劫者死餘得贖賦必輸服飾王坐人牀後魏太延中始通中國貞觀九年遣使者來朝開元中破平其國置葱嶺守捉安西極邊戍也

于闐或曰瞿薩旦那亦曰渙那曰屈丹北狄曰于遁諸胡曰豁旦距京師九千七百里瓜州嬴四千里并有漢戎盧扜彌渠勒皮山五國故地其居曰西山城勝兵四千人有玉河國人夜視月光盛處必得美玉王居繪室俗機巧言迂大喜事祆神浮屠法然貌恭謹相見皆跪以木爲筆玉爲印凡得問遺書戴于首乃發之自漢武帝以來中國詔書符節其王傳以相授人喜歌舞工紡績西有沙磧鼠大如蝟色類金出入羣鼠爲從初無桑蠶丐鄰國不肯出其王卽求婚許之將迎乃告曰國無帛可持蠶自爲衣女聞置蠶帽絮中關守不敢驗自是始有蠶女刻石約無殺蠶蛾飛盡得治繭王姓尉遲氏名屋密本臣突厥貞觀六年遣使者入獻後三年遣子入侍阿史那社尒之平龜茲也其王伏闍信大懼使子獻橐它三百長史薛萬備謂社尒曰今破龜茲西域皆震恐願假輕騎羈于闐王獻京師社尒許之至于闐陳唐威靈勸入見天子伏闍信乃隨使者來會高宗立授右衛大將軍子葉護玷爲右驍衛將軍賜袍帶布帛六千段第一區留數月遣之請以子弟宿衛上元初身率子弟酋領七十人來朝擊吐蕃有功帝以其地爲毗沙都督府析十州授伏闍雄都督死武后立其子璥開元時獻馬駝豹璥死復立尉遲伏師戰爲王死伏闍達嗣并册其妻執失爲妃死尉遲珪嗣妻馬爲妃珪死子勝立至德初以兵赴難因請留宿衛乾元三年以其弟左監門衛率葉護曜爲太僕員外卿同四鎮節度副使權知本國事勝自有傳于闐東三百里有建德力河七百里有精絶國河之東有汗彌居達德力城亦曰拘彌城卽寧彌故城皆小國也初德宗卽位遣內給事朱如玉之安西求玉於于闐得圭一珂佩五枕一帶胯三百簪四十奩三十釧十杵三瑟瑟百斤并它寶等及還詐言假道回紇爲所奪久之事泄得所市流死恩州

天竺國漢身毒國也或曰摩伽陀曰婆羅門去京師九千六百里都護治所二千八百里居葱嶺南幅圓三萬里分東西南北中五天竺皆城邑數百南天竺瀕海出師子豹𤟤橐它犀象火齊琅玕石密黑鹽北天竺距雪山圜抱如壁南有谷通爲國門東天竺際海與扶南林邑接西天竺與罽賓波斯接中天竺在四天竺之會都

城曰茶鎛和羅城濱迦毗黎河有別城數百皆置長別國數十置王曰舍衛曰迦没路開戶皆東嚮曰迦尸或曰波羅奈亦曰波羅那斯其畜有稍割牛黑色角細長四尺許十日一割不然困且死人飲其血或曰壽五百歲牛壽如之中天竺王姓乞利咥氏亦曰刹利世有其國不篡殺土溽熱稻歲四熟禾之長者没橐它以貝齒爲貨有金剛旃檀鬱金與大秦扶南交趾相貿易人富樂無簿籍耕王地者乃輸稅以舐足摩踵爲致禮家有奇樂倡伎王大臣皆服錦罽爲螺髻於頂餘髮翦使卷男子穿耳垂璫或懸金耳綴者爲上類徒跣衣重白婦人項飾金銀珠纓絡死者燔骸取灰建窣堵或委野中及河餌鳥獸魚鱉無喪紀謀反者幽殺之小罪贖錢不孝者斷手足劓耳鼻徙于邊有文字善步曆學悉曇章妄曰梵天法書貝多葉以記事尚浮圖法不殺生飲酒國中處處指曰佛故跡也信盟誓傳禁咒能致龍起雲雨隋煬帝時遣裴矩通西域諸國獨天竺拂菻不至爲恨武德中國大亂王尸羅逸多勒兵戰無前象不弛鞍士不釋甲因討四天竺皆北面臣之會唐浮屠玄奘至其國尸羅逸多召見曰而國有聖人出作秦王破陣樂試爲我言其爲人玄奘粗言太宗神武平禍亂四夷賓服狀王喜曰我當東面朝之貞觀十五年自稱摩伽陀王遣使者上書帝命雲騎尉梁懷璥持節尉撫尸羅逸多驚問國人自古亦有摩訶震旦使者至吾國乎皆曰無有戎言中國爲摩訶震旦乃出迎膜拜受詔書戴之頂復遣使者隨入朝詔衛尉丞李義表報之大臣郊迎傾都邑縱觀道上焚香尸羅逸多率羣臣東面受詔書復獻火珠鬱金菩提樹二十二年遣右衛率府長史王玄策使其國以蔣師仁爲副未至尸羅逸多死國人亂其臣那伏帝阿羅那順自立發兵拒玄策時從騎纔數十戰不勝皆没遂剽諸國貢物玄策挺身奔吐蕃西鄙檄召鄰國兵吐蕃以兵千人來泥婆羅以七千騎來玄策部分進戰茶鎛和羅城三日破之斬首三千級溺水死萬人阿羅那順委國走合散兵復陣師仁禽之俘斬千計餘衆奉王妻息阻乾陀衛江師仁擊之大潰獲其妃王子虜男女萬二千人雜畜三萬降城邑五百八十所東天竺王尸鳩摩送牛馬三萬餽軍及弓刀寶纓絡迦没路國獻異物并上地圖請老子象玄策執阿羅那順獻闕下有司告宗廟帝曰夫人耳目玩聲色口鼻耽臭味此敗德之原也婆羅門不劫吾使者寧至俘虜邪擢玄策朝散大夫得方士那邏邇娑婆寐自言壽二百歲有不死術帝改館使治丹命兵部尚書崔敦禮護視使者馳天下采怪藥異石又使者走婆羅門諸國所謂畔茶法水者出石臼中有石象人守之水有七種色或熱或冷能銷草木金鐵人手入輒爛以槖它髑髏轉注瓠中有樹名咀賴羅葉如梨生窮山崖腹前有巨虺守穴不可到欲取葉者以方鏃矢射枝則落爲羣鳥銜去則又射乃得之其詭譎類如此後術不驗有詔聽還不能去死長安高宗時盧伽逸多者東天竺烏茶人亦以術進拜懷化大將軍乾封二年五天竺皆來朝開元時中天竺遣使者三至南天竺一獻五色能言鳥乞師討大食吐蕃丐名其軍玄宗詔賜懷德軍使者曰蕃夷惟以袍帶爲寵帝以錦袍金革帶魚袋并七事賜之北天竺一來朝

摩揭它一曰摩伽陀本中天竺屬國環五千里土沃宜稼穡有異稻巨粒號供大人米王居拘闍揭羅布羅城或曰俱蘇摩補羅曰波吒釐子城北瀕殑伽河貞觀二十一年始遣使者自通于天子獻波羅樹樹類白楊太宗遣使取熬糖法卽詔揚州上諸蔗拃瀋如其劑色味愈西域遠甚高宗又遣王玄策至其國摩訶菩提祠立碑焉後德宗自製鐘銘賜那爛陀祠又有那揭者亦屬國也貞觀二十年遣使者貢方物烏茶者一曰烏伏那亦曰烏萇直天竺南地廣五千里東距勒律六百里西罽賓四百里山谷相屬產金鐵蒲陶鬱金稻歲熟人柔詐善禁架術國無殺刑抵死者放之窮山罪有疑飲以藥視溲清濁而決輕重有五城王居術瞢揭釐城一曰瞢揭釐城東北有達麗羅川卽烏萇舊地貞觀十六年其王達摩因陁訶斯遣使者獻龍腦香璽書優答大食與烏萇東鄙接開元中數誘之其王與骨咄俱位二王不肯臣玄宗命使者冊爲王章求拔國或曰章揭拔本西羌種居悉立西南四山中後徙山西與東天竺接衣服略相類因附之地袤八九百里勝兵二千人無城郭好鈔暴商旅患之貞觀二十年其王羅利多菩伽因悉立國遣使者入朝玄策之討中天竺發兵來赴有功由是職貢不絕悉立當吐蕃西南戶五萬城邑多旁澗谿男子繒束頭衣氈褐婦人辮髮短裙昏姻不以財聘其穀宜秔稻麥豆死者葬于野不封樹喪制爲黑衣滿年而除刑有刵劓常羈屬吐蕃

罽賓隋漕國也居葱嶺南距京師萬二千里而贏南距舍衛三千里王居脩鮮城常役屬大月氏地暑濕人乘象俗治浮屠法武德二年遣使貢寶帶金鎖水精醆頗黎狀若酸棗貞觀中獻名馬太宗語大臣曰朕始卽位或言天子欲耀兵振伏四夷惟魏徵勸我脩文德安中夏中夏安遠人伏矣今天下大安四夷君長皆來獻此徵力也遣果毅何處羅拔等厚齎賜其國并撫尉天竺處羅拔至罽賓王東向稽首再拜仍遣人導護使者至天竺十六年獻褥特鼠喙尖尾赤能食蛇螫者嗅且尿瘡卽愈國人共傳王始祖曰馨孽至曷擷支傳十二世顯慶三年以其地爲脩鮮都督府神龍初拜其王脩鮮等十一州諸軍事脩鮮都督開元七年遣使獻天文及秘方奇藥天子冊其王爲葛邏達支特勒後烏散特勒灑年老請以子拂菻罽婆嗣聽之天寶四年冊其子勃匐準爲襲罽賓及烏萇國王乾元初使者朝貢

唐書卷二百二十一上考證

吐谷渾傳拔勒豆○豆舊書作足因字形相似而誤也

罽賓傳神龍初○舊書作龍朔沈炳震曰新書誤

唐書卷二百二十一下

宋　端　明　殿　學　士　宋　祁　撰

列傳第一百四十六下

西域

康者一曰薩末韃亦曰颯秣建元魏所謂悉萬斤者其南距史百五十里西北距西曹百餘里東南屬米百里北中曹五十里在那密水南大城三十小堡三百君姓温本月氏人始居祁連北昭武城爲突厥所破稍南依葱嶺卽有其地枝庶分王曰安曰曹曰石曰米曰何曰火尋曰戊地曰史世謂九姓皆氏昭武土沃宜禾出善馬兵彊諸國人嗜酒好歌舞于道王帽氈飾金雜寶女子盤髻幪黑巾綴金蘤生兒以石蜜啖之置膠於掌欲長而甘言持瑤若黏云習旁行書善商賈好利丈夫年二十去傍國利所在無不至以十二月爲歲首尚浮圖法祠祆神出機巧技十一月鼓舞乞寒以水交潑爲樂隋時其王屈木支娶西突厥女遂臣突厥武德十年始遣使來獻貞觀五年遂請臣太宗曰朕惡取虛名害百姓且康臣我緩急當同其憂師行萬里寧朕志邪卻不受俄又遣使獻師子獸帝珍其遠命秘書監虞世南作賦自是歲入貢致金桃銀桃詔令植苑中高帝永徽時以其地爲康居都督府卽授其王拂呼縵爲都督萬歲通天中以大首領篤娑鉢提爲王死子泥涅師師立死國人立突昏爲王開元初貢鎖子鎧水精柘碼碯瓶駝鳥卵及越諾侏儒胡旋女子其王烏勒伽與大食亟戰不勝來乞師天子不許久之請封其子咄曷爲曹王默啜爲米王詔許烏勒伽死遣使立咄曷封欽化王以其母可敦爲郡夫人安者一曰布豁又曰捕喝元魏謂忸蜜者東北至東安西南至畢皆百里所西瀕烏滸河治阿濫謐城卽康居小君長罽王故地大城四十小堡千餘募勇健者爲柘羯柘羯者猶中國言戰士也武德時遣使入朝貞觀初獻方物太宗厚尉其使曰西突厥已降商旅可行矣諸胡大悅其王訶陵迦又獻名馬自言一姓相承二十二世云是歲東安國亦入獻言子姓相承十世云東安或曰小國曰喝汗在那密水之陽東距河二百里許西南至大安四百里治喝汗城亦曰㵐斤大城二十小堡百顯慶時以阿濫爲安息州卽以其王昭武殺爲刺史㵐斤爲木鹿州以其王昭武閉息爲刺史開元十四年其王篤薩波提遣弟阿悉爛達拂耽發黎來朝納馬豹後八年獻波斯驍二拂菻繡氍毹一鬱金香石蜜等其妻可敦獻柘辟大氍毹二繡氍毹一丏賜袍帶鎧仗及可敦袿襹裝澤東曹或曰率都沙那蘇對沙那劫布呾那蘇都識匿凡四名居波悉山之陰漢貳師城地也東北距俱戰提二百里北至石西至康東北寧遠皆四百里許南至吐火羅五百里有野叉城城有巨窟嚴以關鑰歲再祭人向窟立中卽煙出先觸者死武德中與康同遣使入朝其使曰本國以臣爲健兒聞秦王神武欲隸麾下高祖大悅西曹者隋時曹也南接史及波覽治瑟底痕城東北越于底城有得悉神祠國人事之有金具器款其左曰漢時天子所賜武德中入朝天寶元年王哥邏僕羅遣使者獻方物詔封懷德王卽上言祖考以來奉天可汗願同唐人受調發佐天子征討十一載東曹王設阿忽與安王請擊黑衣大食玄宗尉之不聽中曹者居西曹東康之北王治迦底真城其人長大工戰鬬石或曰柘支曰柘折曰赭時漢大宛北鄙也去京師九千里東北距西突厥西北波臘南二百里所抵俱戰提西南五百里康也圓千餘里右涯素葉河王姓石治柘折城故康居小王窳匿城地西南有藥殺水入中國謂之眞珠河亦曰質河東南有大山生瑟瑟俗善戰多良馬隋大業初西突厥殺其王以特勒甸職統其國武德貞觀間數獻方物顯慶三年以瞰

羯城爲大宛都督府授其王畋土屯攝舍提于屈昭穆都督開元初封其君莫賀咄吐屯有功爲石國王二十八年又册順義王明年王伊捺吐屯屈勒上言今突厥已屬天可汗惟大食爲諸國患請討之天子不許天寶初封王子那俱車鼻施爲懷化王賜鐵券久之安西節度使高仙芝劾其無蕃臣禮請討之王約降仙芝遣使者護送至開遠門俘以獻斬闕下於是西域皆怨王子走大食乞兵攻怛邏斯城敗仙芝軍自是臣大食寶應時遣使朝貢有碎葉者出安西南地千里所得勃達嶺南抵中國北突騎施南鄙也西南至葱嶺贏二千里水南流者經中國入于海北流者經胡入于海北三日行度海春夏常雨雪繇勃達嶺北行贏千里得細葉川東曰熱海地寒不凍西有碎葉城天寶七載北庭節度使王正見伐安西毀之川長千里有異姓突厥兵數萬耕者皆擐甲相掠爲奴婢西屬怛邏斯城石常分兵鎮之自此抵西海矣三月訖九月未嘗雨人以雪水溉田石東南千餘里有怖悍者山四環之地膏腴多馬羊西千里距堵利瑟那東臨葉葉水水出葱嶺北原色濁西北流入大磧無水草望大山尋遺觜知所指五百餘里即康也米或曰彌末曰弭抹賀北百里距康其君治鉢息德城永徽時爲大食所破顯慶三年以其地爲南謐州授其君昭武開拙爲刺史自是朝貢不絕開元時獻璧舞筵師子胡旋女十八年大首領末野門來朝天寶初封其君爲恭順王母可敦郡夫人何或曰屈霜你迦曰貴霜匿即康居小王附墨城故地城左有重樓北繪中華古帝東突厥婆羅門西波斯拂菻等君王其君旦詣拜則退貞觀十五年遣使者入朝永徽時上言聞唐出師西討願輸糧于軍俄以其地爲貴霜州授其君昭武婆達地刺史遣使者鉢底失入謝火尋或曰貨利習彌曰過利居烏滸水之陽東南六百里距戍地西南與波斯接西北抵突厥曷薩乃康居小王奧鞬城故地其君治急多颶遮城諸胡惟其國有車牛商賈乘以行諸國天寶十載君稍施芬遣使者朝獻黑鹽寶應時復入朝史或曰佉沙曰羯霜那居獨莫水南康居小王蘇薤城故地西百五十里距那色波北二百里屬米南四百里吐火羅也有鐵門山左右巉峭石色如鐵爲關以限二國以金錮闔城有神祠每祭必千羊用兵類先禱乃行國有城五百隋大業中其君狄遮始通中國號最强盛築乞史城地方數千里貞觀十六年君沙瑟畢獻方物顯慶時以其地爲佉沙州授君昭武失阿喝刺史開元十五年君忽必多獻舞女文豹後君長數死立然首領時時入朝天寶中詔改史爲來威國那色波亦曰小史蓋爲史所役屬居吐火羅故地東陁葱嶺西接波刺斯南雪山循縛芻水北有咀蜜種亦自國東西六百里所又東踰四種有鑊沙者廣三百里長五百里東界胥咄接葱嶺有十八種南有揭職稍大幅員凖千里陵阜連屬多菽麥氣寒烈東南抵雪山六百里道吐火羅又踰五種至婆羅覩邏北踰山行六百里得烏萇種東北行二百里至河波羅水水西南流春夏涸凍北歷十二種有婆羅吸摩補羅最大種緜地四千里山周其外土沃產鍮水精北大雪山即東女也歷十九種得摩揭陀又東過四種踰大河有迦摩縷波皆阪險地接西南夷其人類蠻獠行二月叩蜀南邊其東南野象羣暴故戰用象軍又南歷三十二種有狠揭羅者地大數千里其君治窣菟黎濕伐羅城西北即波刺斯傳言廣萬里王治蘇剌薩儻那城土溫溽引水爲田人富饒出金銀水精多工巧織錦褐氍毹產善馬橐它人服錦氍賦稅口出四銀錢又以交易西北距拂菻西南際海島有西女種皆女子多珍貨附拂菻拂菻君長歲遣男子配焉俗產男不舉又有瞢多勢羅四種西北踰大山廣川歷小城聚行二千里即謝颶也北五百里有弗栗恃薩儻那地橫二千里縱千里其君突厥種治護苾那城東北大雪山盛夏常凍鑿冰乃可度下有安咀羅縛者地三千里西北踰嶺四百里有闊悉多西北三百里有活種大二千里此三種皆居吐火羅故地臣于突厥君亦突厥種主鐵門南諸戎遷徙不常東又有七種東南峽道險甚無慮三百里得俱蘭東北山行五百里即護密北識匿也南有商彌地大二千里而贏多蒲陶生雌黃鑿石乃得東北踰山七百里至波謎羅川東西千里南北百里春夏雨雪南有鉢露種多紫金行五百里有朅盤陀東行八百里出葱嶺又八百里至烏鎩環千里出白氎青三種玉君長世臣朅盤陀北徑磧曠野五百里得疏勒東南五百里濟徙多水踰大沙嶺有斫句迦種或曰沮渠地千里東踰嶺八百里即于闐也東有媲摩川度磧行二百里得尼壤城在大澤中地埶洳蘆葦荒茂行者鑿道趣城通于闐而于闐以爲東關又東行入大流沙人行無跡故往返飄迷聚遺骸以識道無水草多熱風觸人及六畜皆迷仆行四百里至故都邏又六百里至故折摩駄那古且末也又千里至故納縛波古樓蘭也自咀蜜以下諸種相與羣聚華人皆以國名之故未嘗與唐通傳記雜譌不可得而考然其地與諸國相連屬粗序其名云

寧遠者本拔汗那或曰鏺汗元魏時謂破洛那去京師八千里居西鞬城在眞珠河之北有大城六小城百人多壽其王自魏晉相承不絕每元日王及首領判二朋朋出一人被甲鬬衆以瓦石相之有死者止以卜歲善惡貞觀中王契苾爲西突厥瞰莫賀咄所殺阿瑟那鼠匿奪其城鼠匿死子遏波之立契苾兄子阿了參爲王治呼悶城遏波之治渴塞城顯慶初遏波之遣使朝貢高宗厚慰諭三年以渴塞城爲休循州都督授阿了參刺史自是歲朝貢玄宗開元二十七年王阿悉爛達干助平吐火仙册拜奉化王天寶三載改其國號寧遠帝以外家姓賜其王曰竇又封宗室女爲和義公主降之十三載王忠節遣子薛裕朝請留宿衛習華禮聽之授左武衛將軍其事唐最謹

大勃律或曰布露直吐蕃西與小勃律接西鄰北天竺烏萇地宜鬱金役屬吐蕃萬歲通天逮開元時三遣使者朝故册其君蘇弗舍利支離泥爲王死又册蘇麟陀逸之嗣王凡再遣大首領貢方物小勃律去京師九千里而贏東少南三千里距吐蕃贊普牙東八百里屬烏萇東南三百里大勃律南五百里箇失蜜北五百里當護密之娑勒城王居孽多城臨娑夷水其西山顚有大城曰迦布羅開元初王沒謹忙來朝玄宗以兒子畜之以其地爲綏遠軍國迫吐蕃數爲所困吐蕃曰我非謀爾國假道攻四鎮爾久之吐蕃奪其九城沒謹忙求救北廷節度使張孝嵩遣疏勒副使張思禮率銳兵四千倍道往沒謹忙因出兵大破吐蕃殺其衆數萬復九城詔册爲小勃律王遣大首領察卓那斯摩沒勝入謝沒謹忙死子難泥立死兄麻來兮立死蘇失利之立爲吐蕃陰誘妻以女故西北二十餘國皆臣吐蕃貢獻不入安西都護三討之無功天寶六載詔副都護高仙芝伐之前遣將軍席元慶馳千騎見蘇失利之曰請假道趨大勃律城中大酋五六皆吐蕃腹心仙芝約元慶吾兵到必走山出詔書召慰賜繒綵縛酋領待我元慶如約蘇失利之挾妻走不得其處仙芝至斬爲吐蕃者斷娑夷橋是暮吐蕃至不能救仙芝約王降遂平其國於是拂菻大食諸胡七十二國皆震恐咸歸附執小勃律王及妻歸京師詔改其國號歸仁置歸仁軍募千人鎮之帝赦蘇失利之不誅授右威衛將軍賜紫袍黃金帶使宿衛

吐火羅或曰吐豁羅曰覩貨邏元魏謂吐呼羅者居葱嶺西烏滸河之南古大夏地與挹怛雜處勝兵十萬國土著少女多男北有頗黎山其陽穴中有神馬國人游牧牝于側生駒輒汗血其王號葉護武德貞觀時再入獻永徽元年獻大鳥高七尺色黑足類橐駝翅而行日三百里能噉鐵俗謂駝鳥顯慶中以其阿緩城爲月氏都督府析小城爲二十四州授王阿史那都督後二年遣子來朝俄又獻碼碯鐙樹高三尺神龍元年王那都泥利遣弟僕羅入朝留宿衛開元天寶間數獻馬驢異藥乾陀婆羅二百品紅碧玻瓈乃冊其君骨咄祿頓達度爲吐火羅葉護挹怛王其後鄰胡羯師謀引吐蕃攻吐火羅於是葉護失里忙伽羅丏安西兵助討帝爲出師破之乾元初與西域九國發兵爲天子討賊肅宗詔隸朔方行營挹怛國漢大月氏之種大月氏爲烏孫所奪西過大宛擊大夏臣之治藍氏城大夏即吐火羅也嚈噠王姓也後裔以姓爲國訛爲挹怛亦曰挹闐俗類突厥天寶中遣使朝貢俱蘭或曰俱羅弩曰屈浪拏與吐火羅接環地三千里南大雪山北俱魯河出金精琢石取之貞觀二十年其王忽提婆遣使者來獻書辭類浮屠語劫者居葱嶺中西及南距賒彌西北挹怛也去京師萬二千里氣常熱有稻麥粟豆畜羊馬俗死棄於山武德二年遣使者獻寶帶玻瓈水精栝越底延者南三千里距天竺西北千里至賒彌東北五千里至瓜州居辛頭水之北其法不殺人重罪流輕罪放無租稅俗翦髮被錦袍貧者白氎自溱潔氣溫多稻米石蜜

謝颶居吐火羅西南本曰漕矩吒或曰漕矩顯慶時謂訶達羅支武后改今號東距罽賓東北帆延皆四百里南婆羅門西波斯北護時健其王居鶴悉那城地七千里亦治阿娑你城多鬱金瞿草瀵泉灌田國中有突厥罽賓吐火羅種人雜居罽賓取其子弟持兵以禦大食景雲初遣使朝貢後遂臣罽賓開元八年天子冊葛達羅支頡利發誓屈爾爲王至天寶中數朝獻帆延者或曰望衍曰梵衍那居斯畢莫運山之旁西北與護時健接東南距罽賓西南訶達羅支與吐火羅連境地寒人穴處王治羅爛城有大城四五水北流入烏滸河貞觀初遣使者入朝顯慶三年以羅爛城爲寫鳳都督府縛時城爲悉萬州授王葡寫鳳州都督管內五州諸軍事自是朝貢不絕石汗那或曰斫汗那自縛底野南入雪山行四百里得帆延東臨烏滸河多赤豹開元天寶中一再朝獻

識匿或曰尸棄尼曰瑟匿東南直京師九千里東五百里距葱嶺守捉所南三百里屬護密西北五百里抵俱蜜初治苦汗城後散居山谷有大谷五酋長自爲治謂之五識匿地二千里無五穀人喜攻剽劫商賈播蜜川四谷稍不用王號令俗窟室貞觀二十年與似沒役槃二國使者偕來朝開元十二年授王布遮波資金吾衛大將軍天寶六載王跌失伽延從討勃律戰死擢其子都督左武衛將軍給祿居蕃似沒者北接石土俗與康同役槃亦與康鄰出良馬俱蜜者治山中在吐火羅東北南臨黑河其王突厥延陀種貞觀十六年遣使者入朝開元中獻胡旋舞女其王那羅延頗言爲大食暴賦天子但尉遣而已天寶時王伊悉爛俟斤又獻馬護蜜者或曰達摩悉鐵帝曰鑊偘元魏所謂鉢和者亦吐火羅故地東南直京師九千里而嬴橫千六百里縱狹纔四五里王居寒迦審城北臨烏滸河地寒沍堆阜曲折沙石流漫有豆麥宜木果出善馬人碧瞳顯慶時以地爲鳥飛州王沙鉢羅頡利發爲刺史地當四鎮入吐火羅道故役屬吐蕃開元八年冊其王羅旅伊陀骨咄祿多毗勒莫賀達摩薩爾爲王十六年與米首領米忽汗同獻方物明年大酋烏鶻達干復朝王死冊其從弟護真檀嗣王二十九年身入朝宴內殿拜左金吾衛將軍賜紫袍金帶天寶初王子頡吉匐請絕吐蕃賜鐵券八載真檀來朝請宿衛詔可授右武衛將軍久乃遣又遣首領朝貢乾元元年王紇設伊俱鼻施來朝賜氏李

箇失蜜或曰迦濕彌邏北距勃律五百里環地四千里山回繚之他國無能攻伐王治撥邏勿邏布邏城西瀕彌那悉多大河地宜稼多雪不風出火珠鬱金龍種馬俗毛褐世傳地本龍池龍徙水竭故往居之開元初遣使者朝八年詔冊其王真陀羅祕利爲王間獻胡藥天木死弟木多筆立遣使者物理多來朝且言有國以來竝臣天可汗受調發國有象馬步三種兵臣身與中天竺王阨吐蕃五大道禁出入戰輒勝有如天可汗兵至勃律者雖衆二十萬能輸糧以助又國有摩訶波多磨龍池願爲天可汗營祠因丐王冊鴻臚譯以聞詔內物理多宴中殿賜賚優備冊木多筆爲王自是職貢有常其役屬五種亦名國所謂呾乂始羅者地二千里有都城東南餘七百里得僧訶補羅地三千餘里亦治都城東南山行五百里得烏剌尸地二千里有都城宜稼穡東南限山千里即箇失蜜西南行險七百里得半笯蹉地二千里又得曷邏闍補羅者其大四千里有都城多山阜人驍勇五種皆無君長云

骨咄或曰珂咄羅廣長皆千里王治思助建城多良馬赤豹有四大鹽山山出烏鹽開元十七年王俟斤遣子骨都施來朝二十一年王頡利發獻女樂又遣大首領多博勒達干朝貢天寶十一載冊其王羅金節爲葉護

蘇毗本西羌族爲吐蕃所并號孫波在諸部最大東與多彌接西距鶻莽硤戶三萬天寶中王沒陵贊欲舉國內附爲吐蕃所殺子悉諾率首領奔隴右節度使哥舒翰護送闕下玄宗厚禮之多彌亦西羌族役屬吐蕃號難磨濱犂牛河土多黃金貞觀六年遣使者朝貢賜遣之伊吾城者漢宜禾都尉所治商胡雜居勝兵千附鐵勒人驍悍土良沃隋末內屬置伊吾郡天下亂復臣突厥貞觀四年城酋來朝頡利滅舉七城降列其地爲西伊州

師子居西南海中延袤二千餘里有稜伽山多奇寶以寶置洲上商舶償直輒取去後鄰國人稍往居之能馴養師子因以名國總章三年遣使者來朝天寶初王尸羅迷迦再遣使獻大珠鈿金寶瓔象齒白氎

波斯居達遏水西距京師萬五千里而嬴東與吐火羅康接北鄰突厥可薩部西南皆瀕海西北嬴四千里拂菻也人數十萬其先波斯匿王大月氏別裔王因以姓又爲國號治二城有大城十餘俗尊右下左祠天地日月水火祠夕以麝揉蘇澤髭顏鼻耳西域諸胡受其法以祠祅拜必交股俗徒跣丈夫祝髮衣不剖襟青白爲巾帔緣以錦婦辮髮著後戰乘象一象士百人負則盡殺斷罪不爲文書決於廷叛者鐵灼其舌瘡白爲直黑爲曲刑有髡鉗刖劓小罪耏或系木于頸以時月而置劫盜囚終老偷者輸銀錢凡死棄于山服閱月除氣常歊熱地夷漫知耕種畜牧有鷲鳥能啖羊多善犬騬大驢產珊瑚高不三尺隋末西突厥葉護可汗討殘其國殺王庫薩和其子施利立葉護使部帥監統施利死遂不肯臣立庫薩和女爲王突厥又殺之施利之子單羯方奔拂菻國人迎立之是爲伊怛支死兄子伊嗣俟立貞觀十二年遣使者沒似半朝貢又獻活褥蛇狀類鼠色正青長九寸能捕穴鼠伊嗣俟不君爲大酋所逐奔吐火羅半道大食擊殺之子卑路斯入吐火羅以免遣使者告難高宗以遠不可師謝遣會大食解而去吐火羅以兵納之龍朔初又訴爲大食所侵是時天子方遣使者到西域分置州縣以疾陵城爲波斯都督府即拜卑路斯爲都督俄爲大食所滅雖不能國咸亨中猶入朝授右武衛將軍死始其子泥涅師爲質調露元年詔裴行儉將兵護還將復王其國以道遠至安西碎葉行儉還泥涅師因客吐火羅二十年部落益離散景龍初復來朝授左威衛將軍病死西部獨存開元天寶間遣使者十輩獻碼碯牀火毛繡舞筵乾元初從大食襲廣州焚倉庫廬舍浮海走大曆時復來獻又有陀拔斯單者或曰陀拔薩憚其國三面阻山北瀕小海居婆里城世爲波斯東大將波斯滅不肯臣大食天寶五載王忽魯汗遣使入朝封爲歸信王後八年遣子自會羅來朝拜右武衛員外中郎將賜紫袍金魚留宿衛爲黑衣大食所滅貞觀後遠小國君遣使者來朝獻有司未嘗參考本末者今附之左方曰火辭彌與波斯接貞觀十八年與摩羅游使者偕朝二十一年有健達王獻佛土葉莖五葉赤華紫須龍朔元年多福王難婆修彊宜說遣使者來朝總章元年有末陀提王開元五年有習阿薩般王安殺施遣使者朝貢七年訶毗施王捺塞因吐火羅大酋羅摩獻師子五色鸚鵡天寶時來朝者曰俱爛那曰舍摩曰威遠曰蘇吉利發屋蘭曰蘇利悉單曰建城曰新城曰俱位凡八國俱位或曰商彌治阿賒颶師多城在大雪山勃律河北地寒有五穀蒲萄若榴冬窟室國人常助小勃律爲中國候新城之國在石東北嬴百里有弩室羯城亦曰新城曰小石國城後爲葛邏祿所并

拂菻古大秦也居西海上一曰海西國去京師四萬里在苫西北直突厥可薩部西瀕海有遲散城東南接波斯地方萬里城四百勝兵百萬十里一亭三亭一置臣役小國數十以名通者曰澤散曰驢分澤散直東北不得其道里東渡海二千里至驢分國重石爲都城廣八十里東門高二十丈釦以黃金王宮有三襲門皆飾異寶中門中有金巨稱一作金人立其端屬十二丸率時改一丸落以瑟瑟爲殿柱水精琉璃爲棁香木梁黃金爲地象牙闔有貴臣十二共治國王出一人挈囊以從有訟書投囊中還省枉直國有大災異輒廢王更立賢者王冠如鳥翼綴珠衣錦繡前無襟坐金織榻側有鳥如鵝綠毛上食有毒輒鳴無陶瓦屑白石塈屋堅潤如玉盛暑引水上流氣爲風男子翦髮衣繡右袒而帔乘輜軿白蓋小車出入建旗旛擊鼓婦人錦巾家貲億萬者爲上官俗喜酒嗜乾餅多幻人能發火于顏手爲江湖口幡眊舉足墮珠玉有善醫能開腦出蟲以愈目眚土多金銀夜光璧明月珠大貝車渠碼碯木難孔翠虎魄織水羊毛爲布曰海西布海中有珊瑚洲海人乘大舶墮鐵網水底珊瑚初生磐石上白如菌一歲而黃三歲赤枝格交錯高三四尺鐵發其根繫網舶上絞而出之失時不取即腐西海有市貿易不相見置直物旁名鬼市有獸名寶大如狗獷惡而力北邑有羊生土中臍屬地割必死俗介馬而走擊鼓以驚之羔臍絕即逐水草不能羣貞觀十七年王波多力遣使獻赤玻瓈綠金精下詔答賚大食稍彊遣大將軍摩拽伐之拂菻約和遂臣屬乾封至大足再朝獻開元七年因吐火羅大酋獻師子羚羊自拂菻西南度磧二千里有國曰磨鄰曰老勃薩其人黑而性悍地瘴癘無草木五穀飼馬以槁魚人食鶻莽鶻莽波斯棗也不恥烝報於夷狄最甚號曰尋其君臣七日一休不出納交易飲以窮夜

大食本波斯地男子鼻高黑而髯女子白皙出輒鄣面日五拜天神銀帶佩銀刀不飲酒舉樂有禮堂容數百人率七日王高坐爲下說曰死敵者生天上殺敵受福故俗勇于鬬土磽磏不可耕獵而食肉刻石蜜爲廬如轝狀歲獻貴人蒲萄大者如雞卵有千里馬傳爲龍種隋大業中有波斯國人牧于俱紛摩地那山有獸言曰山西三穴有利兵黑石而白文得之者王走視如言石文言當反乃詭衆裒亡命於恒曷水劫商旅保西鄙自王移黑石寶之國人往討之皆大敗還於是遂彊滅波斯破拂菻始有粟麥倉庾南侵婆羅門并諸國勝兵至四十萬康石皆往臣之其地廣萬里東距突騎施西南屬海海中有撥拔力種無所附屬不生五穀食肉刺牛血和乳飲之俗無衣服以羊皮自蔽婦人明皙而麗多象牙及阿末香波斯賈人欲往市必數千人納氎劖血誓乃交易兵多牙角而有弓矢鎧矟士至二十萬數爲大食所破略永徽二年大食王豃密莫末膩始遣使者朝貢自言王大食氏有國三十四年傳二世開元初復遣使獻馬鈿帶謁見不拜有司將劾之中書令張說謂殊俗慕義不可寘於罪玄宗赦之使者又來辭曰國人止拜天見王無拜也有司切責乃拜十四年遣使蘇黎滿獻方物拜果毅賜緋袍帶或曰大食族中有孤列種世酋長號白衣大食種有二姓一曰盆尼末換二曰奚深有摩訶末者勇而智衆立爲王闢地三千里克夏臘城傳十四世至末換殺兄伊疾自王下怨其忍有呼羅珊木鹿人並波悉林將討之徇衆曰助我者皆黑衣俄而衆數萬即殺末換求奚深種孫阿蒲羅拔爲王更號黑衣大食蒲羅死弟阿蒲恭拂立至德初遣使者朝貢

代宗取其兵平兩京阿蒲恭拂死子迷地立死弟訶論立貞元時與吐蕃相攻吐蕃歲西師故鮮盜邊十四年遣使者舍嵯烏鷄沙北三人朝皆拜中郎將賚遣之傳言其國西南二千里山谷間有木生花如人首與語輒笑則落東有末祿小國也治城郭多木姓以五月爲歲首以畫缸相獻有尋支瓜大者十人食乃盡蔬有顆葱葛藍軍達茇薐大食之西有苫者亦自國北距突厥可薩部地數千里有五節度勝兵萬人土多禾有大川東流入亞俱羅商賈往來相望云自大食四十五日行得都盤西距羅利支十五日行南郎大食二十五日行北勃達一月行勃達之東距大食二月行西抵岐蘭二十日行南都盤北大食皆一月行岐蘭之東南二十日行得阿沒或曰阿昧東南距陀拔斯十五日行南沙蘭一月行北距海二日行居你訶温多城宜馬羊俗柔寬故大食常游牧於此沙蘭東距羅利支北怛滿皆二十日行西郎大食二十五日行羅利支東距都盤北陀拔斯皆十五日行西沙蘭二十日行南大食二十五日行怛滿或曰怛沒東陀拔斯南大食皆一月行北岐蘭二十日行西大食一月行居烏滸河北平川中獸多師子西北與史接以鐵關爲限天寶六載都盤等六國皆遣使者入朝乃封都盤王謀思健摩訶延曰順化王勃達王摩訶㴩斯曰守義王阿沒王俱那胡設曰恭信王沙蘭王卑路斯威曰順禮王羅利支王伊思俱習曰義寧王怛滿王謝沒曰奉順王

贊曰西方之戎古未嘗通中國至漢始載烏孫諸國後以名字見者寖多唐興以次修貢蓋百餘皆冒萬里而至亦已勤矣然中國有報贈册弔程糧傳驛之費東至高麗南至真臘西至波斯吐蕃堅昆北至突厥契丹靺鞨謂之八蕃其外謂之絶域視地遠近而給費開元盛時稅西域商胡以供四鎮出北道者納賦輪臺地廣則費倍此盛王之鑒也

唐書卷二百二十一下考證

波斯傳是爲伊怛支○怛舊書作恒

伊嗣俟立○俟舊書作侯

唐書卷二百二十二上

宋　端　明　殿　學　士　宋　祁　撰

列傳第一百四十七上

南蠻

南詔或曰鶴拓曰龍尾曰苴咩曰陽劒本哀牢夷後烏蠻別種也夷語王爲詔其先渠帥有六自號六詔曰蒙巂詔越析詔浪穹詔邆賧詔施浪詔蒙舍詔兵埒不能相君蜀諸葛亮討定之蒙舍詔在諸部南故稱南詔居永昌姚州之間鐵橋之南東距爨東南屬交趾西摩伽陀西北與吐蕃接南女王西南驃北抵益州東北際黔巫王都羊苴咩城別都曰善闡府王坐東嚮其臣有所陳以狀言而不稱臣王自稱曰元猶朕也謂其下曰昶猶卿爾也官曰坦綽曰布燮曰久贊謂之清平官所以決國事輕重猶唐宰相也曰酋望曰正酋望曰員外酋望曰大軍將曰員外猶試官也幕爽主兵琮爽主戶籍慈爽主禮罰爽主刑勸爽主官人厥爽主工館萬爽主財用引爽主客禾爽主商賈皆清平官酋望大軍將兼之爽猶言省也督爽總三省也乞託主馬祿託主牛巨託主倉廩亦清平官酋望大軍將兼之曰爽酋曰彌勤曰勤齊掌賦稅曰兵獳司掌機密大府主將曰演習副曰演覽中府主將曰繕裔副曰繕覽下府主將曰澹酋副曰澹覽小府主將曰幕撝副曰幕覽府有陀酋若管記有陀西若判官大抵如此凡調發下文書衆邑必占其期百家有總佐一千家有治人官一萬家有都督一凡田五畝曰雙上官授田四十雙上戶三十雙以是而差壯者皆爲戰卒有馬爲騎軍人歲給韋衫袴以邑落遠近分四軍以旗幟別四方面一將統千人四軍置一將凡敵入境以所入面將禦之王親兵曰朱弩佉苴佉苴韋帶也擇鄉兵爲四軍羅苴子戴朱鞮鍪負犀革銅盾而跣走險如飛百人置羅苴子統一人望苴蠻者在蘭蒼江西男女勇捷不鞍而騎善用矛劍短甲蔽胸腹鞮鍪皆插貓牛尾馳突若神凡兵出以望苴子前驅以清平子弟爲羽儀王左右有羽儀長八人清平官見王不得佩劍唯羽儀長佩之爲親信有六曹長曹長有功補大軍將大軍將十二與清平官等列曰議事王所出治軍壁稱節度次補清平官有內算官代王裁處外算官記王所處分以付六曹外則有六節度曰弄棟永昌銀生劍川柘東麗水有二都督會川通海有十瞼夷語瞼若州曰雲南瞼白厓瞼亦曰勃弄瞼品澹瞼邆川瞼蒙舍瞼大釐瞼亦曰史瞼苴咩瞼亦曰陽瞼蒙秦瞼大和瞼趙川瞼邪鮮山之西多瘴歊地平草冬不枯自曲靖州至滇池人水耕食蠶以柘蠶生閱二旬而蠒織錦縑精緻大和祁鮮而西人不蠶剖波羅樹實狀若絮紐縷而幅之覽瞼井產鹽最鮮白惟王得食取足輒滅竈昆明城諸井皆產鹽不征羣蠻食之永昌之西野桑生石上其材上屈兩向而下植取以爲弓不筋漆而利名曰瞑弓長川諸山往往有金或披沙得之麗水多金麩越睒之西多薦草產善馬世稱越睒駿始生若羔歲中紐莎縻之飲以米瀋七年可御日馳數百里王出建八旗紫若青白斿雉纛二有旄鉞紫囊之翠蓋王母曰信麼亦曰九麼妃曰進武信麼出亦建八旗絳斿自曹長以降繫金佉苴尚絳紫有功加錦又有功加金波羅金波羅虎皮也功小者衿背不袖次止于衿婦人不粉黛以蘇澤髮貴者綾錦裙襦上施錦一幅以兩股辮爲鬟髻耳綴珠貝瑟瑟虎魄女嫠婦與人亂不禁婚夕私相送已嫁有姦者皆抵死俗以寅爲正四時大抵與中國小差膾魚寸以胡瓜椒蘐和之號鵝闕吹瓢笙笙四管酒至客前以笙推盞勸釂以繒帛及貝市易貝者大若指十六枚爲一覓師行人齎糧斗五升以二千五百人爲一營其法前傷者養治後傷者斬犂田以一牛三夫前挽中壓後驅然專于農無貴賤皆耕不繇役人歲輸米二斗一藝者給田二收乃稅王蒙氏父子以名相屬自舍龍以來有譜次可考舍龍生獨邏亦曰細奴邏高宗時遣使者入朝賜錦袍細奴邏生邏盛炎邏盛炎生炎閣武后時盛炎身入朝妻方娠生盛邏皮喜曰我又有子雖死唐地足矣炎閣立死開元時弟盛邏皮立生皮邏閣授特進封臺登郡王炎閣未有子時以閣羅鳳爲嗣及生子還其宗而名承閣遂不改開元末皮邏閣逐河蠻取大和城又襲大釐城守之因城龍尸夷語山坡陀爲和故謂大和以處閣羅鳳天子詔賜皮邏閣名歸義當是時五詔微歸義獨彊乃厚以利啖劍南節度使王昱求合六詔爲一制可歸義已并羣蠻遂破吐蕃寖驕大入朝天子亦爲加禮又以破洱蠻功馳遣中人冊爲雲南王賜錦袍金鈿帶七事於是徙治大和城天寶初遣閣羅鳳子鳳迦異入宿衞拜鴻臚卿恩賜良異七載歸義死閣羅鳳立襲王以其子鳳迦異爲陽瓜州刺史初安寧城有五鹽井人得煮鬻自給玄宗詔特進何履光以兵定南詔境取安寧城及井復立馬援銅柱乃還鮮于仲通領劍南節度使卞忿少方略故事南詔嘗與妻子謁都督過雲南太守張虔陀私之多所求丐閣羅鳳不應虔陀數詬靳之陰表其罪由是忿怨反發兵攻虔陀殺之取姚州及小夷州凡三十二明年仲通自將出戎巂州分二道進次曲州靖州閣羅鳳遣使者謝罪願還所虜得自新且城姚州如不聽則歸命吐蕃恐雲南非唐有仲通怒囚使者進薄白厓城大敗引還閣羅鳳斂戰胔築京觀遂北臣吐蕃以爲弟夷謂弟鍾故稱贊普鍾給金印號東帝揭碑國門明不得已而叛嘗曰我上世世奉中國累封賞後嗣容歸之若唐使者至可指碑澡祓吾罪也會楊國忠以劍南節度當國乃調天下兵凡十萬使侍御史李宓討之輂餉者尚不在涉海而疫死相踵於道宓敗于大和城死者十八亦會安祿山反閣羅鳳因之取巂州會同軍據清溪關以破越析梟于贈西而降尋傳驃諸國尋傳蠻者俗無絲纊跣履榛棘不苦也射豪猪生食其肉戰以竹籠頭如兜鍪其西有裸蠻亦曰野蠻漫散山中無君長作檻舍以居男少女多無田農以木皮蔽形婦或十或五共養一男子廣德初鳳迦異築柘東城諸葛亮石刻故在文曰碑即仆蠻爲漢奴夷畏誓常以石搘捂大曆十四年閣羅鳳以鳳迦異前死立其孫異牟尋以嗣異牟尋有智數善撫衆畧知書母李獨錦蠻女也獨錦蠻亦烏蠻種在秦臧川南天寶中命其長爲蹄州刺史世與南詔婚聘異牟尋立悉衆二十萬入寇與吐蕃并力一趨茂州踰文川擾灌口一趨扶文掠方維白壩一侵黎雅叩邛郲關令其下曰爲我取蜀爲東府工伎悉送邏娑城歲賦一縑於是進陷城聚人率走山德宗發禁衞及幽州軍以援東川與山南兵合大敗異牟尋衆斬首六千級禽生捕傷甚衆顛踣厓峭且十萬異牟尋懼更徙苴咩城築袤十五里吐蕃封爲日東王然吐蕃責賦重數悉奪其險立營候歲索兵助防異牟尋稍苦之故西瀘令鄭回者唐官也往巂州破爲所虜閣羅鳳重其惇儒號蠻利俾教子弟得箠撻故國中無不憚後以爲清平官說異牟尋曰中國有禮義少求責非若吐蕃惏刻無極也今棄之復歸唐無遠戍勞利莫大此異牟尋善之稍謀內附然未敢發亦會節度使韋皋撫諸蠻有威惠諸蠻頗得異牟尋語白于皐時貞元四年也皐乃遣諜者遺書吐蕃疑之因責大臣子爲質異牟尋愈怨後五年乃決策遣使者三人異道趨成都遺皐帛書曰異牟尋世爲唐臣曩緣張虔陀志在吞侮中使者至不爲澄雪舉部惶窘得生異計鮮于仲通比年舉兵故自新無繇代祖棄背吐蕃欺孤背約神川都督論訥舌使浪

人利羅式眩惑部姓發兵無時今十二年此一忍也天禍蕃廷降釁蕭墻太子弟兄流竄近臣橫汙皆尚結贊陰計以行屠害平日功臣無一二在訥舌等皆册封王小國奏請不令上達此二忍也又遣訥舌逼城于鄙弊邑不堪利羅式私取重賞部落皆驚此三忍也又利羅式罵使者曰滅子之將非我其誰子所富當爲我有此四忍也今吐蕃委利羅式甲士六十侍衛因知懷惡不謬此一難忍也吐蕃陰毒野心輒懷搏噬有如媮生實汙辱先人辜負部落此二難忍也往退渾王爲吐蕃所害孤遺受欺西山女王見奪其位拓拔首領並蒙誅刈僕固志忠身亦喪亡每慮一朝亦被此禍此三難忍也往朝廷降使招撫情心無二詔函信節皆送蕃廷雖知中夏至仁業爲蕃臣吞聲無訴此四難忍也曾祖有寵先帝後嗣率蒙襲王人知禮樂本唐風化吐蕃詐紿百情懷惡相戚異牟尋願竭誠日新歸款天子請加戍劍南西山涇原等州安西鎭守揚兵四臨委回鶻諸國所在侵掠使吐蕃勢分力散不能爲蠹此西南隅不煩天兵可以立功云且贈皐黃金丹砂皐護送使者京師使者奏異牟尋請歸天子爲唐藩輔獻金示順革丹赤心也德宗嘉之賜以詔書命皐遣諜往覘皐令其屬崔佐時至羊苴咩城時吐蕃使者多在陰戒佐時衣牂柯使者服以入佐時曰我乃唐使者安得從小夷服異牟尋夜迎之設位陳燎佐時卽宣天子意異牟尋內畏吐蕃顧左右失色流涕再拜受命使其子閣勸及淸平官與佐時盟點蒼山載書四一藏神祠石室一沈西洱水一置祖廟一以進天子乃發兵攻吐蕃使者殺之刻金契以獻遣曹長段南羅趙迦寬隨佐時入朝初吐蕃與回鶻戰殺傷甚乃調南詔萬人異牟尋欲襲吐蕃陽示寡弱以三千人行許之卽自將數萬踵後晝夜行大破吐蕃於神川遂斷鐵橋溺死以萬計俘其五王乃遣弟湊羅棟淸平官尹仇寬等二十七人入獻地圖方物請復號南詔帝賜賚有加拜仇寬左散騎常侍封高溪郡王明年夏六月册異牟尋爲南詔王以祠部郎中袁滋持節領使成都少尹龐頎副之崔佐時爲判官俱文珍爲宣慰使劉幽巖爲判官賜黃金印文曰貞元册南詔印滋至大和城異牟尋遣兄蒙細羅勿等以良馬六十迎之金鐸玉珂兵振鐸夾路陳異牟尋金甲蒙虎皮執雙鐸鞘執矛千人衞大象十二引于前騎軍徒軍以次列詔曰授册異牟尋率官屬北面立宣慰使東向册使南向乃讀詔册相者引異牟尋去位跽受册印稽首再拜又受賜服備物退曰開元天寶中其曾祖及祖皆蒙册襲王自此五十年貞元皇帝洗痕錄功復賜爵命子子孫孫永爲唐臣因大會其下享使者出銀平脫馬頭盤二謂滋曰此天寶時先君以鴻臚少卿宿衞皇帝所賜也有笛工歌女皆垂白示滋曰此先君歸國時皇帝賜胡部龜茲音聲二列今喪亡略盡唯二人故在酒行異牟尋坐奉觴滋前滋受觴曰南詔當深思祖考成業抱忠竭誠永爲西南藩屏使後嗣有以不絕也異牟尋拜曰敢不承使者所命滋還復遣淸平官尹輔酋等七人謝天子獻鐸鞘浪劍鬱刃生金瑟瑟牛黃琥珀氎紡絲象犀越睒統倫馬鐸鞘者狀如殘刃有孔傍達出麗水飾以金所擊無不洞夷人尤寶月以血祭之鬱刃鑄時以毒藥幷冶取迎躍如星者凡十年乃成淬以馬血以金犀飾鐔首傷人卽死浪人所鑄故亦名浪劍王所佩者傳七世矣異牟尋攻吐蕃復取昆明城以食鹽池又破施蠻順蠻並虜其王置白厓城因定磨些蠻隸昆山西爨故地破茫蠻掠弄棟蠻漢裳蠻以實雲南東北施蠻者在鐵橋西北居大施睒斂尋睒男子衣繒布女分髮直額爲一髻垂後跣而衣皮順蠻本與施蠻雜居劍共諸川咩羅皮鐸羅望既失邆川浪穹奪劍共地由是徙鐵橋在劍睒西北四百里號劍羌磨蠻些蠻與施順二蠻皆烏蠻種居鐵橋大婆小婆三探覽昆池等川土多牛羊俗不頮澤男女衣皮俗好飲酒歌舞茫蠻本關南種茫其君號也或呼茫詔永昌之南有茫天連茫吐薅大睒茫昌茫鮓茫施大抵皆其種樓居無城郭或漆齒或金齒衣青布短袴露骭以繒布繚腰出其餘垂後爲飾婦人垂五色娑羅籠象繞如牛養以耕弄棟蠻白蠻種也其部本居弄棟縣鄙地昔爲裒州有首領爲刺史誤殺其參軍挈族北走後散居磨些江側故劍共諸川亦有之漢裳蠻本漢人部種在鐵橋惟以明霞纏頭餘尚同漢服十五年異牟尋謀擊吐蕃以邆川寧北等城當寇路乃峭山深塹修戰備帝許出兵助力又請以大臣子弟質于皐皐辭固請乃盡舍成都咸遣就學且言昆明巂州與吐蕃接不先加兵爲虜所脅反爲我患請皐圖之時唐兵比歲屯京西朔方大峙糧用南北並攻取故地然南方轉饟稽期兵不悉集是夏虜麥不熟疫癘仍與贊普死新君立皐揣虜未敢動乃勸異牟尋緩舉萬全愈于速而無功今境上兵十倍往歲且行營皆在巂州扼西瀘吐蕃路昆明弄棟可以無虞異牟尋請期它年吐蕃大臣以歲在辰兵宜出謀襲南詔閱衆治道將以十月圍巂州軍屯昆明凡八萬皆命一歲糧贊普以舅攘都那爲都統遣尚乞力欺徐濫鑠屯西貢川異牟尋與皐相聞皐命部將武免率弩士三千赴之亢榮朝以萬人屯黎州韋良金以二萬五千人屯巂州約南詔有急皆進軍過俄準添城者南詔供饋吐蕃引衆五萬自鬷貢川分二軍攻雲南一軍自諾濟城攻巂州異牟尋與東蠻磨些蠻瀕攔爲吐蕃鄉導欲先擊之皐報巂州實往來道扞蔽數州虜百計窺之故嚴兵以守屯壁相望糧械處處有之東蠻庸敢懷貳乎異牟尋乃徼東磨些諸蠻內糧城中不者悉燒之吐蕃顚城將楊萬波約降事洩吐蕃以兵五千守皐將擊破之萬波與籠官拔顚城以來徙其人二千于宿川皐將扶忠義又取末恭城俘繫牛羊千計贊普大將既煎讓律以兵距卜貢川一舍而屯國師馬定德率種落出降西貢節度監軍野多輸煎者贊普乞立贊養子當從先贊普殉亦詣忠義降於是虜氣衰軍不振欺徐濫鑠至鐵橋南詔毒其水人多死乃徙納川壁而待是年虜霜雪早兵無功還期以明年吐蕃苦唐詔掎角亦不敢圖南詔皐令免按兵巂州節級鎭守雖南詔境亦所在屯戍吐蕃懲野戰數北乃屯三瀘水遣論妄熱誘瀕瀘諸蠻復城悉攝悉攝吐蕃險要也蠻酋潛導南詔與皐部將杜毗羅狙擊十七年春夜絕瀘破虜屯斬五百級虜保鹿危山毗羅伏以待又戰虜大奔於時康黑衣大食等兵及吐蕃大酋皆降獲甲二萬首又台登鬼主破虜于瀘西吐蕃君長共計不得巂州患未艾常爲兩頭蠻挾唐爲輕重謂南詔也會虜荐饑方葬贊普調斂煩至是大料兵率三戶出一卒虜法爲大調集又聞唐兵三萬入南詔乃大懼兵戍納川故洪諾濟矗聿賁五城欲悉師出西山劍山收巂州以絕南詔皐卽上言京右諸屯宜明斥候蚤斂田邠隴焚萊可困虜入皐遣將邢毗以兵萬人屯南北路趙昱萬人戍黎雅州異牟尋謂皐曰虜聲取巂州實窺雲南請武免督軍進羊苴咩若虜不出者請以來年二月深入時虜兵三萬攻鹽州帝以虜多詐疑繼以大軍詔皐深鈔賊鄙分虜勢皐表賊精鎧多置南屯今向鹽夏非全軍欲掠河曲党項畜產耳俄聞虜破麟州皐督諸將分道出或自西山或由平夷或下隴陀和石門或徑神川納川與南詔會是時回鶻太原邠寧涇原軍獵其北劍南東川山南兵震其東鳳翔軍當其西蜀南詔深入克城七焚堡百五十所斬首萬級獲鎧械十五萬圍昆明維州不能克乃班師振武靈武兵破虜二萬涇原鳳翔軍敗虜原州惟南詔攻其腹心俘獲最多帝遣中人尹偕尉異牟尋而吐蕃盛屯昆明神川納川自守異牟尋比年獻方物天子禮之

唐書卷二百二十二上考證

南蠻傳上獨邏亦曰細奴邏○舊書獨邏作迦獨龐以細奴邏爲迦獨龐子未詳孰是

唐書卷二百二十二中

宋　端明殿學士　宋祁　撰

列傳第一百四十七中

南蠻

元和三年異牟尋死詔太常卿武少儀持節弔祭子尋閣勸立或謂夢湊自稱驃信夷語君也改賜元和印章明年死子勸龍晟立淫肆不道上下怨疾十一年爲弄棟節度王嵯巔所殺立其弟勸利詔少府少監李銑爲册立弔祭使勸利德嵯巔賜氏蒙封大容蠻謂兄爲容長慶三年始賜印是歲死弟豐祐立豐祐趫敢善用其下慕中國不肯連父名穆宗使京兆少尹韋審規持節臨册豐祐遣洪成酋趙龍些楊定奇入謝天子於是西川節度使杜元穎治無狀障候弛沓相蒙時大和三年也嵯巔乃悉衆掩邛戎巂三州陷之入成都止西郛十日慰賚居人市不擾肆將還乃掠子女工技數萬引而南人懼自殺者不勝計救兵逐嵯巔身自殿至大度河謂華人曰此吾南境爾去國當哭衆號慟赴水死者十三南詔自是工文織與中國埒明年上表請罪比年使者來朝開成會昌間再至大中時李琢爲安南經略使苛墨自私以斗鹽易一牛夷人不堪結南詔將段酋遷陷安南都護府號白衣没命軍南詔發朱弩佉苴三千助守然朝貢猶歲至從者多杜悰自西川入朝表無多內蠻傔豐祐怒卽慢言索質子會宣宗崩使者告哀是時豐祐亦死坦綽酋龍立恚朝廷不弔卹又詔書乃賜故王以草具進使者而遣遂僭稱皇帝建元建極自號大禮國懿宗以其名近玄宗嫌諱絕朝貢乃陷播州安南都護李鄠屯武州咸通元年爲蠻所攻棄州走天子斥鄠以王寬代之明年攻邕管經略使李弘源兵少不能拒奔蠻州南詔亦引去詔殿中監段文楚爲經略使數改條約衆不悅以胡懷玉代之南詔知邊人困甚剽

掠無有不入寇杜悰當國爲帝謀遣使者弔祭示恩信幷詔驃信以名嫌冊命未可舉必易名乃得封帝乃命左司郎中孟穆持節往會南詔陷巂州穆不行安南桃林人者居林西原七綰洞首領李由獨主之歲歲戍邊李琢之在安南也奏罷防冬兵六千人謂由獨可當一隊遏蠻之入蠻酋以女妻由獨子七綰洞舉附蠻王寬不能制三年以湖南觀察使蔡襲代之發諸道兵二萬屯守南詔憚畏不敢出會詔左庶子蔡京經制嶺南忌襲功有所欲沮壞之乃言南方自無虞武夫倖功多聚兵耗饋運請還戍兵惜財用襲執不可願留五千兵累表不報即極陳南詔伺隙久有十必死狀朝廷昏肆不省也京還奏得意甚復詔爲宣慰安撫使即建析廣州爲嶺南東道邕州爲西道以蘗象藤巖爲隸州乃拜京西道節度使京褊忮貪克峻條令爲炮熏刳斮法下愁毒爲軍中所逐走藤州矯制作攻討使印召鄉兵比道軍攻邕州不克衆潰貶死崖州以桂管觀察使鄭愚代節度南詔攻交州進略安南襲請救發湖荊桂兵五千屯邕州嶺南韋宙奏南詔必襲邕管不先防近而圖遠恐擣虛絕糧道且深入乃詔襲按軍海門詔鄭愚分兵禦之襲請濟師以山南東道兵千人赴之南詔會將楊思僭麻光高以兵六千薄城而屯四年正月攻益急襲錄異牟尋盟言繫矢上射入其營不答俄而城陷襲闔宗死者七十人幕府樊綽取襲印走度江荊南兵入東郛苦戰斬南詔二千級是夜蠻遂屠城有詔諸軍保嶺南更以秦州經略使高駢爲安南都護帝見輪發頻罷遊幸不奏樂宰相杜悰以爲非是止之南詔稍逼邕州鄭愚自陳非將帥才願更擇人會康承訓自義成來朝乃授嶺南西道節度使發荊襄洪鄂兵萬人從之承訓辭兵寡乃大興諸道兵五萬往六月罷行交州於海門進爲都護府調山東兵萬人益戍以容管經略使張茵鎮之因命經略安南茵逗遛不敢進安南之陷將吏遺人多客伏溪洞詔所在招還扶卹之免安南賦入二年韋宙請分兵屯容藤扼蠻勢五年南詔回掠巂州以搖西南西川節度使蕭鄴率屬蠻鬼主邀南詔大度河敗之明年復來攻會刺史喻士珍貪獪陰掠兩林東蠻口縛賣之以易蠻金故開門降南詔盡殺戍卒而士珍遂臣于蠻安南久屯兩河銳士死瘴毒者十七宰相楊收議罷北軍以江西爲鎮南軍募彊弩二萬建節度凡地便近易調發詔可夏侯孜亦以張茵懦不足事悉以兵授高駢駢以選士五千度江敗林邑兵於邕州擊南詔龍州屯蠻酋燒貲畜走酋龍遣楊緝思助酋遷共守安南以范脈些爲安南都統趙諾眉爲扶邪都統七年六月駢次交州戰數勝士酣鬬斬其將張詮李溠龍舉衆萬人降拔波風三壁緝思出戰敗還走城士乘之超堞入斬酋遷脈些諾眉上首三萬級安南平初酋龍遣清平官董成等十九人詣成都節度使李福將廷見之成辭曰皇帝奉天命改正朔請以敵國禮見福不許導譯五返日旰士倦議不決福怒命武士捽辱之械繫于館俄而劉潼代福節度即梃其繫表縱還有詔召成等至京師見別殿賜物良厚慰遣還國明年酋龍使楊酋慶等來謝釋四初李師望建言成都經總蠻事曠日不能決請析邛蜀嘉眉黎雅巂七州爲定邊軍建節度制機事近且速天子謂然即詔師望爲節度使治邛州邛距成都才五舍巂州最南去邛乃千里緩急首尾不相副而師望利專制諱不言哀積無厭私賄以百萬計又欲激蠻怒幸有功乃殺酋慶等既而戍士怒將臨師望以逞會召還以竇滂代之滂沓冒尤不法誅責苛纖甚師望時蠻役未興而定邊已困酋龍怨殺其使十年乃入寇以軍綴青溪關密引衆伐木開道徑雪坡盛夏卒凍死者二千人出沐源闚嘉州破屬蠻遂次沐源滂遣兗海兵五百往戰一軍覆酋龍乃身自將督衆五萬侵巂州攻青溪關屯將杜再榮絕大度河走諸屯皆退保北涯蠻攻黎州詭服漢衣濟江襲犍爲破之裴回陵榮間焚廬舍掠糧畜薄嘉州刺史楊忞與南詔夾江而軍士攢射蠻不得進陰自上游濟背擊王師殺忠武將顏慶師忞走嘉州陷明年正月攻杜再榮滂自勒兵戰酋龍遣使者十輩請和滂信之語未半蠻桴爭岸譟而進滂不知所爲將自殺武寧將苗全緒止之殊死戰蠻稍卻滂乃遁全緒殿而行黎州陷人走匿山谷蠻掠金帛不勝負入自邛崍關圍雅州遂擊邛州是冬滂棄州壁導江儲貲峙械皆亡矣酋龍進攻成都次眉州坦綽杜元忠日夜教酋龍取全蜀於是西川節度使盧耽遣其副王偃中人張思廣約和蠻囚之使南面拜然卒不見酋龍而還蠻次新津耽復遣副譚奉祀好言申約蠻留之耽畏援軍未集即飛請天子降大使通好以紓其深入懿宗馳遣太僕卿支詳爲和蠻使蠻本無謀不能乘機會鼓行亟驅但蚍結蠅營狃鹵剽小利處處留屯故蜀孺老得扶攜悉入成都閭里皆滿戶所占地不得過一牀雨則冒箕盎自庇城中井爲竭則共飲摩訶池至爭捽溺死者或笞沙取滴飲之死不能具棺即共坎瘞故遂州刺史楊慶復爲耽治攻具蔺石置牢城兵八將主之樹笓格夜列炬照城守具雄新又選悍士三千號突將爲長刀巨檛斧分左右番休日隸于軍士心傪欲鬬而酋龍自雙流徐行內欲報董成之辱因紿耽請上介至軍議事耽遣節度副使柳槃往見杜元忠議和元忠妄言帝見耽請具車蓋葆翣槃未能決還蠻以三百騎負幄幕來大言曰供帳脩蜀王聽事爲驃信行在耽不許乃馳去蠻稍前傅外郛於是游奕使王晝督援兵三千屯毗橋竇滂亦以其軍自導江來將與大軍掎角然戰不甚力小不勝即保廣漢自以失定邊覬成都陷得薄其罪會有詔斥徙軍遂無功耽部將李自孝者與刺史喻士珍善士珍臣蠻自孝陰與賊通乃說耽城下蒔葦稻瀦水環城舉府不之覺蠻攻城自孝守陴樹麾以自表麾所指蠻輒攻之爲下所覺耽殺自孝以徇城左有民樓肆蠻俯射城中耽募勇士燒之器械俱盡二月蠻以雲梁鵝車四面攻士叫譟鵝車未至陴者以巨索鉤繫投膏炬車焚箱問蠻卒盡死耽遣李燾張察率突將戰城下俘斬二千級蠻徹民鄣落爲蓬籠如車輂下設抗木推而前不及城丈匿蠻其內以穴墉楊忞以覺貯糞瀋沷蠻蠻不能處注以鐵液蓬籠皆火然南詔負衆益治器械斧斤晝夜有聲將繫錦樓衆失色耽遣將出三面苦戰蠻引卻蠻利夜晦輒薄城閧呼嘯衆齊奮城上施鐵籠千炬賊來不得隱屯夫終夜哄蠻不能侵支詳遣諜與約好且謂耽毋多殺以速蠻和是時傳言救師至城中合譟開門士爭出迎軍南詔搏戰不解日入判官程克裕以北門兵二千乘之蠻乃走耽猶遣之書謝不得已交兵且請和士脫鎧迎支詳詳陳所齎植二旗署曰賜雲南幣物謂蠻使者曰天子詔雲南和解而兵薄成都奈何請退舍撤警以修好或勸詳蠻多詐毋入死地詳不行蠻復圍成都夜穿西北隅壘旦乃覺即頳茭火于墉蠻皆死穴中以鐵絚曳雲輣仆之燎作少選盡益固守是時帝遣東川節度使顏慶復爲大度河制置劍南應接使兵次新都博野將曾元裕敗蠻兵斬二千級南詔騎數萬晨壓官軍以驍大將宋威以忠武兵戰斬首五千獲馬四百尾南詔退屯星宿山威進戍沱江酋龍遣酋望至支詳所請和詳曰今列城固守北軍望功歸語而主審自度耽遣銳將趣蠻壁燒攻具殺二千人爲南詔所躡卻而潰蠻聞鳳翔山南軍且來乃迎戰毗橋不勝趨沱江爲伏士所擊又敗城中出突將夜火蠻營酋龍坦綽身督戰後三日王師奪昇遷梁蠻大敗夜燒亭傳乘火所向雨矢射王師威疏軍行齾矢所發叢射之兩軍不能決各解去酋龍知不敵夜徹營南奔至雙流江無梁計窮將赴水死或止之曰今北軍與成都兵合若來追我無類矣不如僞和以紓急不然死未晚乃來請三日梁成而濟即斷梁按隊緩驅黎州刺史嚴師本收散卒保邛州酋龍懼圍二日去蠻俘華民必劓耳鼻已縱之既而居人刻木爲耳鼻者什八慶復之來衆以其弟慶師死于蠻必甘心及成都不破以已功輕乃按軍廣溪縱殘寇人人切齒初成都無隍壍乃教耽濬隍廣三丈作戰棚于陴列左右屯營營別五區區卒五十蒔早莢夾壕後三年合拱又爲大簷連弩自是南詔憚之酋龍年少嗜殺戮親戚異己者皆斬兵出無寧歲諸國更讎忿屢覆衆國耗虛蜀之役男子十五以下悉發婦耕以餉軍十四年坦綽復寇蜀絙舟大度河以濟爲刺史黃景復擊却之衆循河而南夜桴上流兵夾攻瀨木諸屯景復敗走還黎州蠻躡追爲景復所敗會蠻踵來還攻大度河仆旗息鼓請曰坦綽欲上書天子白冤事戍兵信之不戰橋成而濟黎州陷遂攻雅州擊定邊軍卒潰入邛州成都大震人亡入玉壘關士乘城坦綽遣使者王保成等四十人齎驃信書遺節度使牛叢欲假道入朝請慰蜀王故殿叢欲許之楊慶諫曰蠻無信彼禮屈辭甘詐我也請斬其使留二人還書叢因責之曰詔王之祖六詔最小夷也天子錄其勤合六詔爲一俾附庸成都名之以國許子弟入太學使習華風今乃自絕王命且雀蛇犬馬猶能報德王乃不如蟲鳥乎比成都以武備未修故令爾突我疆埸然毗橋沱江之敗積胔附城不四年復來今吾有十萬衆彊弩二百鑄斧輔之勁弓二百越銀刀輔之長戈二百拾其半未用以千人爲軍十軍爲部驍將主之凡部有撥刀輔之短矛二百連鍵輔之又軍四面面有鐵騎五百悉收芻薪米粟牛馬犬豕清野待爾吾又能以旁騎畧爾樵采我日出以一部與爾戰部別二番日中而代日昃一部至以夜屯月明則戰黑則休夜半而代凡我兵五日一殺敵爾乃晝夜戰不十日懵且死矣州縣繕甲厲兵掎角相從皆蠻之深讎雖女子能囓齕薄賊況彊夫烈士哉爾祖嘗奴事西蕃爲爾仇家今顧臣之何恩讎之戾邪蜀王故殿先世之寶宮非邊夷所宜舍神怒人憤驃信且死叢猶火郊民室廬觀閣嚴兵爲固守計坦綽至新津而還回寇黔中經畧使秦匡謀懼奔荊南會僖宗立遣金吾將軍韓重持節往使俄攻黎州景

復擊走之乾符元年刼畧巂雅間破黎州入卭峽關掠成都成都閉三日蠻乃去詔徙天平軍高駢領西川節度使乃奏蠻小醜勢易制而蜀道險館饟窮乏今左神策所發長武河東兵多用度繁廣且彼皆扼制羌戎不可以弛備詔乃罷長武等兵駢至不淹月閱精騎五千逐蠻至大度河奪鎧馬執酋長五十斬之收卭峽關復取黎州南詔逌還駢召景復責大度河之敗斬以徇戍望星清溪等關南詔懼遣使者詣駢結好而踵出兵寇邊駢斬其使初安南經畧判官杜驤爲蠻所俘其妻宗室女也故酋龍使奉書丐和駢答曰我且將百萬衆至龍尾城問爾罪酋龍大震自南詔叛天子數遣使至其境酋龍不肯拜使者遂絕駢以其俗尚浮屠法故遣浮屠景仙攝使往酋龍與其下迎謁且拜乃定盟而還遣清平官酋望趙宗政質子三十入朝乞盟請爲兄弟若舅甥詔拜景仙鴻臚卿檢校左散騎常侍駢結吐蕃尚延心嗢末魯耨月等爲間築戎州馬湖沐源川大度河三城列屯拒險料壯卒爲平夷軍南詔氣奪酋龍恚發疽死僞謚景莊皇帝子法嗣改元貞明承智大同自號大封人法年少好畋獵酣逸衣絳紫錦罽鏤金帶國事顓決大臣乾符四年遣陀西段瑳寶詣邕州節度使辛讜請修好詔使者答報未幾寇西川駢奏請與和親右諫議大夫柳韜吏部侍郎崔澹醜其事上言遠蠻畔逆乃因浮屠誘致又議和親垂笑後世駢職上將謀乖謬不可從遂寢蠻使者再入朝議和親而駢徙荊南持前請不置宰相鄭畋盧攜爭不決皆賜罷辛讜遣幕府徐雲虔攝使者往覘到善闡府見驃數十曳長矛擁絳服少年朱鬙約髮典客伽佗酋孫慶曰此驃信也問天子起居下馬揖客取使者佩刀視之自解左右鉏以示乃除地剸三丈版命左右馳射每一人射法驍馬逐以爲樂數十發止引客就幄倀子捧瓶盂四女子侍樂飲夜乃罷又遣問客春秋大義送使者還是時駢徙節鎮海韜澹等沮議帝蒙弱不能曉下詔尉解西川節度使崔安潛上言蠻畜鳥獸心不識禮義安可以賤隸尚貴主失國家大體澹等議可用臣請募義征子率十戸一保願發山東銳兵六千戍諸州比五年蠻可爲奴久之帝手詔問安潛和親事答曰雲南姚州譬一縣中國何賫於彼而遣重使加厚禮彼且妄謂朝廷畏怯無能爲脫有它請陛下何以待之且天宗近屬不可下小蠻夷臣比校書不言舅甥黠所謄也有如蠻使者不復至當遣諜人伺其隙可以得志南詔知蜀彊故襲安南陷之都護曾袞奔邕府戍兵潰會西川節度使陳敬瑄申和親議時盧攜復輔政與豆盧瑑皆厚駢乃譎說帝曰陛下初即位遣韓重使南詔將官屬留蜀期年費不貲蠻不肯迎及駢節度西川招嗢末繕甲訓兵蠻夷震動遣趙宗政入獻見天子附驃信再拜雲虔之使驃信答拜其於禮不爲少宜宗皇帝收三州七關平江嶺以南至大中十四年內庫貲積如山戸部延資充滿故宰相敏中領西川庫錢至三百萬緡諸道亦然咸通以來蠻始叛命再入安南邕管一破黔州四盜西川遂圍盧耽召兵東方戍海門天下騷動十有五年賦輸不內京師者過半中藏空虛士死瘴癘燎骨傳灰人不念家亡命爲盜可爲痛心前年留宗政等南方無虞及遣還彼猶冀望蒙法立三年比兵不出要防其蓄力以間我虞今朝廷府庫匱甲兵少牛叢有北兵七萬首尾奔衝不能救況安南客戍單寡涉冬寇禍可虞誠命使者臨報縱未稱臣且伐其謀外以縻服蠻夷內得蜀休息也帝謂然乃以宗室女爲安化長公主許婚拜嗣曹王龜年宗正少卿爲雲南使大理司直徐雲虔副之內常侍劉光裕爲雲南內使霍承錫副之及還具言驃信誠款以爲敬瑄功故進檢校司空賜一子官法遣宰相趙隆眉楊奇混段義宗朝行在迎公主高駢自揚州上言三人者南詔心腹也宜止而鴆之蠻可圖也帝從之隆眉等皆死自是謀臣盡矣蠻益衰中和元年復遣使者來迎主獻珍怪氈罽百牀帝以方議公主車服爲解後二年又遣布燮楊奇肱來迎詔檢校國子祭酒張譙爲禮會五禮使徐雲虔副之宗正少卿嗣虢王約爲婚使未行而黃巢平帝東還乃歸其使法死僞謚聖明文武皇帝子舜化立建元中興遣使款黎州修好昭宗不答後中國亂不復通先是有時傍矣川羅識二族通號八詔時傍母歸義女也其女復妻閤羅鳳初咩羅皮之敗時傍入居邆川州誘上浪千餘勢稍張爲閤羅所猜徙置白厓城後與矣川羅識詣神川都督求自立爲詔謀洩被殺矣川羅識奔神川都督送之羅些城

蒙嶲詔最大其王嶲輔首死無子弟佉陽照立佉陽照死子照原立喪明子原羅質南詔歸義欲并國故歸其子原羅衆果立之居數月使人殺照原逐原羅遂有其地

越析詔或謂磨些詔居故越析州西距囊葱山一日行貞元中有豪酋張尋求烝其王波衝妻因殺波衝劍南節度使召尋求至姚州殺之部落無長以地歸南詔波衝兄子于贈持王所寶鐸鞘東北度瀘邑于龍佉河纔百里號雙舍使部酋楊墮居河東北歸義樹壁侵于贈不克閤羅鳳自請往擊楊墮破之于贈投瀘死得鐸鞘故王出軍必雙執之

浪穹詔其王豐時死子羅鐸立羅鐸死子鐸羅望立爲浪穹州刺史與南詔戰不勝挈其部寶劍川更稱劍浪死子望偏立望偏死子偏羅矣立偏羅矣死子羅君立貞元中南詔擊破劍川虜羅君徙永昌凡浪穹邆賧施浪總謂之浪人亦稱三浪

邆賧詔其王豐咩初據邆賧爲御史李知古所殺子咩羅皮自爲邆川州刺史治大釐城歸義襲敗之復入邆賧與浪穹施浪合拒歸義既戰大敗歸義奪邆賧咩羅皮走保野共川死子皮羅鄧立皮羅鄧死子鄧羅顛立鄧羅顛死子顛文託立南詔破劍川虜之徙永昌

施浪詔其王施望欠居矣苴和城有施各皮者亦八詔之裔據石和城閤羅鳳攻虜之而施望欠孤立故與咩羅皮合攻歸義不勝歸義以兵脅降其部施望欠以族走永昌獻其女遺南詔丐和歸義許之度蘭江死弟望千走吐蕃吐蕃立爲詔納之劍川衆數萬望千死子千旁羅顛立南詔破劍川千旁羅顛走瀘北三浪悉滅唯千旁羅顛及矣川羅識子孫在吐蕃

贊曰唐之治不能過兩漢而地廣於三代勞民費財禍所繇生晉獻公殺嫡賊二公子號爲闇君明皇一日殺三庶人昏蔽甚矣嗚呼父子不相信而遠治閤羅鳳之罪士死十萬當時究之懿宗任相不明藩鎮屢畔南詔內侮屯戍思亂龐勛乘之倡戈橫行雖凶渠殲夷兵連不解唐遂以亡易曰喪牛于易有國者知戒西北之虞而不知患生於無備漢亡於董卓而兵兆於冀州唐亡於黃巢而禍基於桂林易之意深矣

唐書卷二百二十二中考證

南蠻傳中子舜闍勸立○舊書作宜蒙閤

子勸龍晟立○舊書作龍蒙盛

唐書卷二百二十二下

宋 端明殿學士 宋祁 撰

列傳第一百四十七下

南蠻

環王本林邑也一曰占不勞亦曰占婆直交州南海行三千里地東西三百里而贏南北千里西距眞臘霧溫山南抵奔浪陀州其南大浦有五銅柱山形若倚蓋西重巖東涯海漢馬援所植也又有西屠夷蓋援還留不去者才十戸隋末孳衍至三百皆姓馬俗以其寓故號馬留人與林邑分唐南境其地冬溫多霧雨產虎魄猩猩獸結遼鳥以二月爲歲首稻歲再熟取檳榔瀋爲酒椰葉爲席俗凶悍果戰鬬以麝塗身日再塗再澡拜謁則合爪頓顙有文字喜浮屠道冶金銀像大或十圍呼王爲陽蒲逋王妻爲陀陽阿熊太子爲阿長逋宰相爲婆漫地王所居曰占城別居曰齊國曰蓬皮勢王衣白氎古貝斜絡臂飾金琲爲纓鬈髮戴金華冠如章甫妻服朝霞古貝短裙冠纓如王王衞兵五千戰乘象藤爲鎧竹爲弓矢率象千馬四百分前後不設刑有罪者使象踐之或送不勞山畀自死隋仁壽中遣將軍劉芳伐之其王范梵志挺走以其地爲三郡置守令道阻不得通梵志裒遺衆別建國邑武德中再遣使獻方物高祖爲設九部樂饗之貞觀時王頭黎獻馴象鏐鎖五色帶朝霞布火珠與婆利羅刹二國使者偕來林邑其言不恭羣臣請問罪太宗曰昔苻堅欲吞晉衆百萬一戰而亡隋取高麗歲調發人與爲怨乃死匹夫手朕敢妄議發兵邪赦不問又獻五色鸚鵡白鸚鵡數訴寒有詔還之頭黎死子鎭龍立獻通天犀雜寶十九年摩訶慢多伽獨弑鎭龍滅其宗范姓絕國人立頭黎壻婆羅門爲王大臣共廢之更立頭黎女爲王諸葛地者頭黎之姑子父得罪奔眞臘女之王不能定國大臣共迎諸葛地爲王妻以女永徽至天寶凡三入獻至德後更號環王元和初不朝獻安南都護張舟執其僞驩愛州都統斬三萬級虜王子五十九獲戰象舠鎧婆利者直環王東南自交州汎海歷赤土丹丹諸國乃至地大洲多馬亦號馬禮袤長數千里多火珠大者如雞卵圓白照數尺日中以艾藉珠輒火出產瑇瑁文螺石坩初取柔可治既鏤刻即堅有舍利鳥通人言俗黑身朱髮而拳鷹爪獸牙穿耳傳璫以古貝橫一幅繚于腰古貝草也緝其花爲布粗曰貝精曰氎俗以夜爲市自掩其面王姓刹利邪伽名護路那婆世居位繚班絲貝綴珠爲飾坐金

楊左右持白拂孔雀翣出以象駕車羽蓋珠箔鳴金擊鼓斂蠡爲樂其東卽羅利也與婆利同俗隋煬帝遣常駿使赤土遂通中國赤土西南入海得婆羅總章二年其王旃達鉢遣使者與環王使者偕朝環王南有殊禁者汎交趾海三月乃至與婆羅同俗貞觀二年使者上方物九年甘棠使者入朝國居海南十二年僧高武令迦乍鳩密四國使者朝貢僧高直水眞臘西北與環王同俗其後鳩密王尸利鳩摩又與富那王尸利提婆跋摩等遣使來貢僧高等國永徽後爲眞臘所并

盤盤在南海曲北距環王限少海與狼牙脩接自交州海行四十日乃至王曰楊粟翨其民瀕水居比木爲柵石爲矢鏃王坐金龍大榻諸大人見王交手抱肩以跽其臣曰敦郎索濫曰昆崙帝也曰昆崙勃和曰昆崙敎諦索甘亦曰古龍古龍者昆崙聲近耳在外曰那延猶中國刺史也有佛道士祠僧食肉不飲酒道士謂爲貪不食酒肉貞觀中再遣使朝其東南有哥羅一曰箇羅亦曰哥羅富沙羅王姓矢利波羅名米失鉢羅累石爲城樓闕宮室茨以草州二十四其兵有弓矢矟殳以孔雀羽飾纛每戰以百象爲一隊一象百人鞍若檻四人執弓矟在中賦率輸銀二銖無絲紵惟古貝畜多牛少馬非有官不束髮凡嫁娶納檳榔爲禮多至二百盤婦已嫁從夫姓樂有琵琶橫笛銅鈸鐵鼓蠡死者焚之取燼貯金罌沉之海東南有拘蔞密海行一月至南距婆利行十日至東距不述行五日至西北距文單行六日至與赤土墮和羅同俗永徽中獻五色鸚鵡

扶南在日南之南七千里地卑窪與環王同俗有城郭宮室王姓古龍居重觀柵城楉葉以覆屋王出乘象其人黑身鬈髮倮行俗不爲寇盜田一歲種三歲穫國出剛金狀類紫石英生水底石上人沒水取之可以刻玉扣以羖角乃泮人喜鬭雞及猪以金珠香爲稅治特牧城俄爲眞臘所并益南徙那弗那城武德貞觀時再入朝又獻白頭人二白頭者直扶南西人皆素首膚理如脂居山穴四面峭絕人莫得至與參半國接

眞臘一曰吉蔑本扶南屬國去京師二萬七百里東距車渠西屬驃南瀕海北與道明接東北抵驩州其王刹利伊金那貞觀初并扶南有其地戶皆東嚮坐上東客至屑檳榔龍腦香蛤以進不飲酒比之淫與妻飲房中避尊屬有戰象五千良者飼以肉世與參半驃通好與環王乾陀洹數相攻自武德至聖曆凡四來朝神龍後分爲二半北多山阜號陸眞臘半南際海饒陂澤號水眞臘半水眞臘地八百里王居婆羅提拔城陸眞臘或曰文單曰婆鏤地七百里王號笡屈開元天寶時王子率其屬二十六來朝拜果毅都尉大曆中副王婆彌及妻來朝獻馴象十一擢婆彌試殿中監賜名賓漢是時德宗初卽位珍禽奇獸悉縱之蠻夷所獻馴象畜苑中元會充廷者凡三十二悉放荊山之陽及元和中水眞臘亦遣使入貢文單西北屬國曰參半武德八年使者來道明者亦屬國無衣服見衣服者共笑之無鹽鐵以竹弩射鳥獸自給

訶陵亦曰社婆曰闍婆在南海中東距婆利西墮婆登南瀕海北眞臘木爲城雖大屋亦覆以栟櫚象牙爲牀若席出瑇瑁黃白金犀象國最富有穴自湧鹽以柳花椰子爲酒飲之輒醉宿昔壞有文字知星曆食無匕筯有毒女與接輒苦瘡人死尸不腐王居闍婆城其祖吉延東遷於婆露伽斯城旁小國二十八莫不臣服其官有三十二大夫而大坐敢兄爲最貴山上有郎卑野州王常登以望海夏至立八尺表景在表南二尺四寸貞觀中與墮和羅墮婆登皆遣使者入貢太宗以璽詔優答墮和羅丐良馬帝與之至上元間國人推女子爲王號悉莫威令整肅道不舉遺大食君聞之齎金一囊置其郊行者輒避如是三年太子過以足躪金悉莫怒將斬之羣臣固請悉莫曰而罪實本於足可斷趾羣臣復爲請乃斬指以徇大食聞而畏之不敢加兵大曆中訶陵使者三至元和八年獻僧祇奴四五色鸚鵡頻伽鳥等憲宗拜內四門府左果毅使者讓其弟帝嘉美並官之訖大和再朝貢咸通中遣使獻女樂墮和羅亦曰獨和羅南距盤盤北迦邏舍弗西屬海東眞臘自廣州行五月乃至國多美犀世謂墮和羅犀有二屬國曰曇陵陀洹曇陵在海洲中陀洹一曰耨陀洹在環王西南海中與墮和羅接自交州行九十日乃至王姓察失利名婆那字婆末無蠶桑有稻麥麻豆畜有白象牛羊猪俗喜樓居謂爲干欄以白氎朝霞布爲衣親喪在室不食燔屍已則剔髮浴于池然後食貞觀時並遣使者再入朝又獻婆律膏白鸚鵡首有十紅毛齊于翅因丐馬銅鍾帝與之墮婆登在環王南行二月乃至東訶陵西述黎車北屬海俗與訶陵同種稻月一熟有文字以貝多葉寫之死者實金于口以釧貫其體加婆律膏龍腦衆香積薪燔之

投和在眞臘南自廣州西南海行百日乃至王姓投和羅名脯邪迄遙官有朝請將軍功曹主簿贊理贊府分領國事分州郡縣三等州有參軍郡有金威將軍縣有城有局長官得選僚屬自助民居率樓閣畫壁王宿衞百人衣朝霞耳金環金綖被頸寶飾革履盜者死次穿耳及頰而劗其髮盜鑄者截手無賦稅民以地多少自輸王以農商自業銀作錢類榆莢民乘象及馬無鞍靮繩穿頰御之親喪斷髮爲孝焚尸斂灰于甖沈之水貞觀中遣使以黃金函內表并獻方物

瞻博或曰瞻婆北距兢伽河多野象羣行顯慶中與婆岸千支弗舍跋若磨臘四國並遣使者入朝千支在西南海中本南天竺屬國亦曰半支跋若唐言五山也北距多摩萇又有哥羅舍分脩羅分甘畢三國貢方物甘畢在南海上東距環王王名旃陀越摩有勝兵五千哥羅舍分者在南海南東墮和羅脩羅分者在海北東距眞臘其風俗大略相類有君長皆柵郛二國勝兵二萬甘畢才五千又有多摩萇東距婆鳳西多隆南千支弗北訶陵地東西一月行南北二十五日行其王名骨利詭云得大卵剖之獲女子美色以爲妻俗無姓婚姻不別同姓王坐常東向勝兵二萬有弓刀甲矟無馬果有波那婆宅護遮菴摩石榴其國經薩盧都訶盧君那盧林邑諸國乃得交州顯慶中貢方物

室利佛逝一曰尸利佛誓過軍徒弄山二千里地東西千里南北四千里而遠有城十四以二國分總西曰郎婆露斯多金汞砂龍腦夏至立八尺表影在表南二尺五寸國多男子有橐它豹文而犀角以乘且耕名曰它牛豹又有獸類野豕角如山羊名曰雩肉味美以饋膳其王號曷蜜多咸亨至開元間數遣使者朝表爲邊吏侵掠有詔廣州慰撫又獻侏儒僧祇女各二及歌舞官使者爲折衝以其王爲左威衞大將軍賜紫袍金鈿帶後遣子入獻詔宴于曲江宰相會冊封賓義王授右金吾衞大將軍還之

名蔑東接眞陀桓西但游南屬海北波剌其地一月行有州三十以十二月爲歲首王衣朝霞氎賦二十取一交易皆用金準直其人短小兄弟共娶一妻婦總髮爲角辨夫之多少王號斯多題龍朔初使者來貢

單單在振州東南多羅磨之西亦有州縣木多白檀王姓刹利名尸陵伽日視事有八大臣號八坐王以香塗身冠雜寶瓔近行乘車遠乘象戰必吹蠡擊鼓盜無輕重皆死乾封總章時獻方物羅越者北距海五千里西南哥谷羅商賈往來所湊集俗與墮羅鉢底同歲乘舶至廣州州必以聞

驃古朱波也自號突羅朱闍婆國人曰徒里拙在永昌南二千里去京師萬四千里東陸眞臘西接東天竺西南墮和羅南屬海北南詔地長三千里廣五千里東北袤長屬羊苴咩城凡屬國十八曰迦羅婆提曰摩禮烏特曰迦黎迦曰半地曰彌臣曰坤朗曰偈奴曰羅聿曰佛代曰渠論曰婆梨曰偈陀曰多歸曰摩曳餘曰舍衞瞻婆闍婆也凡鎭城九曰道林王曰悉利移曰三陀曰彌諾道立曰突旻曰帝偈曰達黎謀曰乾唐曰末浦凡部落二百九十八以名見者三十二曰萬公曰充惹曰羅君潛曰彌綽曰道雙曰道甕曰道勿曰夜半曰不惡奪曰莫音曰伽龍睒曰阿梨吉曰阿梨闍曰阿梨忙曰達磨曰求潘曰僧塔曰提梨郎曰望騰曰擔泊曰祿烏曰乏毛曰僧迦曰提追曰阿末邏曰逝越曰騰陵曰歐咩曰磚羅婆提曰祿羽曰陋蠻曰摩地勃繇彌臣至坤朗又有小崑崙部王名茫悉越俗與彌臣同繇坤朗至祿羽有大崑崙王國王名思利泊婆難多珊那川原大於彌臣繇崑崙小王所居半日行至磨地勃柵海行五月至佛代國有江支流三百六十其王名思利些彌他有川名思利毗離芮土多異香北有市諸國估舶所湊越海卽闍婆也十五日行踰二大山一曰正迷一曰射鞮有國其王名思利摩訶羅闍俗與佛代同經多茸補邏川至闍婆八日行至婆賄伽盧國土熱衢路植椰子檳榔仰不見日王居以金爲甓廚覆銀瓦爨香木堂飾明珠有二池以金爲隄舟檝皆飾金寶驃王姓困沒長名摩羅惹其相名曰摩訶思那王出輿以金繩牀遠則乘象嬪史數百人青甓爲圓城周百六十里有十二門四隅作浮圖民皆居中鉛錫爲瓦荔支爲材俗惡殺拜以手抱臂稽顙爲恭明天文喜佛法有百寺琉璃爲甓錯以金銀丹彩紫鑛塗地覆以錦罽王居亦如之民七歲祝髮止寺至二十有不達其法復爲民衣用白氎朝霞以蠶帛傷生不敢衣戴金花冠翠冒絡以雜珠王宮設金銀二鐘寇至焚香擊之以占吉凶有巨白象高百尺訟者焚香跽象前自思是非而退有災疫王亦焚香對象跽自咎無桎梏有罪者束五竹捶背重者五輕者三殺人則死土宜菽粟稻粱蔗大若脛無麻麥以金銀爲錢形如半月號登伽佗亦曰足彈陀無膏油以蠟雜香代炷與諸蠻市以江豬白氎琉璃罌缶相易婦人當頂作高髻飾銀珠琲衣青娑裙披羅段行持扇貴家者傍至五六近城有沙山不毛地亦與波斯婆羅門接距西舍利城二十日行西舍利者中天竺也南詔以兵彊

地接常羈制之貞元中王雍羌聞南詔歸唐有內附心異牟尋遣使楊加明詣劍南西川節度使韋皋請獻夷中歌曲且令驃國進樂人於是皐作南詔奉聖樂用正律黃鍾之均宮徵一變象西南順也角羽終變象戎夷革心也舞六成工六十四人贊引二人序曲二十八疊舞南詔奉聖樂字舞人十六執羽翟以四爲列舞南字歌聖主無爲化舞詔字歌南詔朝天樂舞奉字歌海宇脩文化舞聖字歌雨露覃無外舞樂字歌闢土丁零塞皆一章三疊而成舞者初定執羽簫鼓等奏散序一疊次奏第二疊四行贊引以序入將終雷鼓作於四隅舞者皆拜金聲作而起執羽稽首以象朝覲每拜跪節以鉦鼓次奏拍序一疊舞者分左右蹈舞每四拍揖羽稽首拍終舞者拜復奏一疊蹈舞抃揖以合南字字成徧終舞者北面跪歌導以絲竹歌已俯伏鉦作復揖舞餘字皆如之唯聖字詞末皆恭揖以明奉聖每一字曲三疊名爲五成次急奏一疊四十八人分行罄折象將臣禦邊也字舞畢舞者十六人爲四列又舞闢四門之舞遽舞入徧兩疊與鼓吹合節進舞三退舞三以象三才三統舞終皆稽首逡巡又一人舞億萬壽之舞歌天南滇越俗四章歌舞七疊六成而終七者火之成數象天子南面生成之恩六者坤數象西南向化凡樂三十工百九十六人分四部一龜茲部二大鼓部三胡部四軍樂部龜茲部有羯鼓揩鼓腰鼓雞婁鼓短笛大小觱篥拍板皆八長短簫橫笛方響大銅鈸貝皆四凡工八十八人分四列屬舞筵四隅以合節鼓大鼓部以四爲列凡二十四居龜茲部前胡部有箏大小箜篌五絃琵琶笙橫笛短笛拍板皆八大小觱篥皆四工七十二人分四列屬舞筵之隅以導歌詠軍樂部金鐃金鐸皆二掆鼓金鉦皆四鉦鼓金飾蓋垂流蘇工十二人服南詔服立闢四門舞筵四隅節拜合樂又十六人畫半臂執掆鼓四人爲列舞人服南詔衣絳裙襦黑頭囊金佉苴畫皮鞾首飾袜額冠金寶花鬘襦上復加畫半臂執羽翟舞俯伏以象朝拜裙襦畫鳥獸草木文以八綵雜華以象庶物咸遂羽葆四垂以象天無不覆正方布位以象地無不載分四列以象四氣舞爲五字以象五行秉羽翟以象文德節鼓以象號令遠布振以鐸明采詩之義用龜茲等樂以象遠夷悅服鉦鼓則古者振旅獻捷之樂也黃鍾君聲配運爲土明土德常盛黃鍾得乾初九自爲其宮則林鍾四律以正聲應之象大君南面提天統於上乾道明也林鍾得坤初六其位西南西南感至

化於下坤體順也太蔟得乾九二是爲人統天地正而三才通故次應以太蔟三才既通南呂復以羽聲應之南呂西西方金也羽北方水也金水悅而應乎時以象西戎北狄悅服然後姑洗以角音終之姑故也洗濯也以象南詔背吐蕃歸化洗過日新皐以五宮異用獨唱殊音復述五均譜分金石之節奏一曰黃鍾宮之宮軍士歌奉聖樂者用之舞人服南詔衣秉翟俯伏拜抃合南詔奉聖樂五字唱詞五舞人乃易南方朝天之服絳色七節襦袖節有青褾排衿以象鳥翼樂用龜茲胡部金鉦掆鼓鐃貝大鼓二曰太蔟商之宮女子歌奉聖樂者用之合以管絃若奏庭下則獨舞一曲樂用龜茲鼓笛各四部與胡部等合作琵琶笙箜篌皆八大小觱篥箏五絃琵琶長笛短笛方響各四居龜茲部前次貝一人大鼓十二分左右餘皆坐奏三曰姑洗角之宮應古律林鍾爲徵宮女子歌奉聖樂者用之舞者六十四人飾羅綵襦袖間以八采曳雲花履首飾雙鳳八卦綵雲花鬘執羽爲拜抃之節以林鍾當地統象歲功備萬物成也雙鳳明律呂之和也八卦明還相爲用也綵雲象氣也花鬘象冠也合奉聖樂三字唱詞三表天下懷聖也小女子字舞則碧色襦袖象角音主木首飾巽卦應姑洗之氣以六人略後象六合一心也樂用龜茲胡部其鉦掆鐃鐸皆覆以綵蓋飾以花趺上陳錦綺垂流蘇按瑞圖曰王者有道則儀鳳在鼓故羽葆鼓栖以鳳凰鉦婁孔雀鐃鐸集以翔鷺鉦掆頂足又飾南方鳥獸明澤及飛走翔伏鉦掆鐃鐸皆二人執擊之貝及大鼓工伎之數與軍士奉聖樂同而加鼓笛四部四曰林鍾徵之宮斂拍單聲奏奉聖樂丈夫一人獨舞樂用龜茲鼓笛每色四人方響二置龜茲部前二隅有金鉦中植金鐸二貝二鈴鈸二大鼓十二分左右五曰南呂羽之宮應古律黃鍾爲君之宮樂用古黃鍾方響一大琵琶五絃琵琶大箜篌倍黃鍾觱篥小觱篥竽笙塤篪搊箏軋箏黃鍾簫笛倍笛節鼓拍板等工皆一人坐奏之絲竹緩作一人獨唱歌工復通唱軍士奉聖樂詞雍羌亦遣弟悉利移城主舒難陀獻其國樂至成都韋皐復譜次其聲以其舞容樂器異常乃圖畫以獻工器二十有二其音八金貝絲竹匏革牙角金二貝一絲七竹二匏二革二牙一角二鈴鈸四制如龜茲部周圓三寸貫以韋擊磕應節鐵板二長三寸五分博二寸五分面平背有柄係以韋與鈴鈸皆飾條紛以花氎縷爲蘂螺貝四大者可受一升飾條紛有鳳首箜篌二其一長二尺腹廣

七寸鳳首及項長二尺五寸面飾虺皮絃一十有四項有軫鳳首外向其一項有條軫有鼉首箏二其一形如鼉長四尺有四足虛腹以鼉皮飾背面及仰肩如琴廣七寸腹闊八寸尾長尺餘卷上虛中施關以張九絃左右一十八柱其一面飾彩花傅以虺皮爲別有龍首琵琶一如龜茲製而項長二尺六寸餘腹廣六寸二龍相向爲首有軫柱各三絃隨其數兩軫在項一在頸其覆形如師子有雲頭琵琶一形如前面飾虺皮四面有牙釘以雲爲首軫上有花象品字三絃覆手皆飾虺皮刻捍撥爲舞昆侖狀而彩飾之有大匏琴二覆以半匏皆彩畫之上加銅甌以竹爲琴作虺文橫其上長三尺餘頭曲如拱長二寸以條繫腹穿甌及匏本可受二升大絃應太蔟次絃應姑洗有獨絃匏琴以班竹爲之不加飾刻木爲虺首張絃無軫以絃繫項有四柱如龜茲琵琶絃應太蔟有小匏琴二形如大匏琴長二尺大絃應南呂次應應鍾有橫笛二一長尺餘取其合律去節無爪以蠟實首上加師子頭以牙爲之穴六以應黃鍾商備五音七聲又一管唯加象首律度與荀勗笛譜同又與清商部鍾聲合有兩頭笛二長二尺八寸中隔一節節左右開衝氣穴兩端皆分洞體爲笛量左端應太蔟管末三穴一姑洗二蕤賓三夷則右端應林鍾管末三穴一南呂二應鍾三大呂下托指一穴應清太蔟兩洞體七穴共備黃鍾林鍾兩均有大匏笙二皆十六管左右各八形如鳳翼大管長四尺八寸五分餘管參差相次製如笙管形亦類鳳翼竹爲簧穿匏達本上古八音皆以木漆代之用金爲簧無匏音唯驃國得古製又有小匏笙二製如大笙律應林鍾商有三面鼓二形如酒缸高二尺首廣下銳上博七寸底博四寸腹廣不過首冒以虺皮束三爲一碧條約之下當地則不冒四面畫驃國工伎執笙鼓以爲飾有小鼓四製如腰鼓長五寸首廣三寸五分冒以虺皮牙釘彩飾無柄搖之爲樂節引贊者皆執之有牙笙穿匏達本漆之上植二象牙代管雙簧皆應姑洗有三角笙亦穿匏達本漆之上植三牛角一簧應姑洗餘應南呂角銳在下穿匏達本柄觜皆直有兩角笙亦穿匏達本上植二牛角簧應姑洗匏以彩飾凡曲名十有二一曰佛印驃云沒馱彌國人及天竺歌以事王也二曰讚娑羅花驃云嚨莽第國人以花爲衣服能淨其身也三曰白鴿驃云答都美其飛止遂情也四曰白鶴游驃云蘇謾底哩謂翔則摩空行則徐步也五曰鬭羊勝驃云來乃昔有人見二羊鬭海岸

彊者則見弱者入山時人謂之來乃來乃者勝勢也六曰龍首獨琴驃云彌思彌此一絃而五音備象王一德以畜萬邦也七曰禪定驃云掣覽詩謂離俗寂靜也七曲唱舞皆律應黃鍾商八曰甘蔗王驃云遏思略謂佛教民如蔗之甘皆悅其味也九曰孔雀王驃云桃臺謂毛采光華也十曰野鵝謂飛止必雙徒侶畢會也十一曰宴樂驃云嚨聰綱摩謂時康宴會嘉也十二曰滌煩亦曰笙舞驃云扈那謂時滌煩暋以此適情也五曲律應黃鍾兩均一黃鍾商伊越調一林鍾商小植調樂工皆昆侖衣絳㲲朝霞爲蔽膝謂之裓襔兩肩加朝霞絡腋足臂有金寶鐶釧冠金冠左右珥璫條貫花鬘珥雙簪散以毳初奏樂有贊者一人先導樂意其舞容隨曲用人或二或六或四或八至十皆珠冒拜首稽首以終節其樂五譯而至德宗授舒難陀太僕卿遣還開州刺史唐次述驃國獻樂頌以獻太和六年南詔掠其民三千徙之柘東兩爨蠻自曲州靖州西南昆川曲軛晉寧喻獻安寧距龍和城通謂之西爨白蠻自彌鹿升麻二川南至步頭謂之東爨烏蠻西爨自云本安邑人七世祖晉南寧太守中國亂遂王蠻中梁元帝時南寧州刺史徐文盛召詣荊州有爨瓚者據其地延袤二千餘里士多駿馬犀象明珠既死子震翫分統其衆隋開皇初遣使朝貢命韋世冲以兵戍之置恭州協州昆州未幾叛史萬歲擊之至西洱河滇池而還震翫懼而入朝文帝誅之諸子沒爲奴高祖即位以其子弘達爲昆州刺史奉父喪歸而益州刺史段綸遣俞大施至南寧治共範川誘諸部皆納款貢方物太宗遣將擊西爨開青蛉弄棟爲縣爨蠻之西有徒莫祗蠻儉望蠻貞觀二十三年內屬以其地爲傍望覽丘求五州隸郎州都督府白水蠻地與青蛉弄棟接郎州亦隸弄棟西有大勃弄小勃弄二川蠻其西與黃瓜葉榆西洱河接其衆完富與蜀埒無酋長喜相讎怨永徽初大勃弄楊承顛私署將帥寇麻州都督任懷玉招之不聽高宗以左領軍將軍趙孝祖爲郎州道行軍總管與懷玉討之至羅侯山其酋長禿磨蒲與大鬼主都干以衆塞菁口孝祖大破之夷人尚鬼謂主祭者爲鬼主每歲戶出一牛或一羊就其家祭之送鬼迎鬼必有兵因以復讎云孝祖按軍多棄城逐北至周近水大酋儉彌干鬼主董朴瀕水爲柵以輕騎逆戰孝祖擊斬彌干禿磨蒲鬼主十餘級會大雪皸瘃死者略盡孝祖上言小勃弄大勃弄常誘弄棟叛今因破白水請遂西討詔可孝祖軍入夷人皆走險

小勃弄酋長殁盛屯白旗城率萬騎戰敗斬之進至大勃弄楊承顛嬰城守孝祖招之不從麾軍進執承顛餘屯大者數萬小數千皆破降之西南夷遂定罷郎州都督更置戎州都督爨弘達既死以爨歸王爲南寧州都督居石城襲殺東爨首領蓋騁及子蓋啓徙共範川有兩爨大鬼主崇道者與弟日進日用居安寧城左聞章仇兼瓊開步頭路築安寧城羣蠻震騷共殺築城使者玄宗詔蒙歸義討之師次波州歸王及崇道兄弟千餘人泥首謝罪赦之俄而崇道殺日進及歸王歸王妻阿妊烏蠻女也走父部乞兵相仇於是諸爨亂阿妊遣使詣歸義求殺夫者書聞詔以其子守隅爲南寧州都督歸義以女妻之又以一女妻崇道子輔朝然崇道守隅相攻討不置阿妊訴歸義爲興師營昆川崇道走黎州遂虜其族殺輔朝收其女崇道俄亦被殺諸爨稍離弱閤羅鳳立召守隅并妻歸河睒不通中國阿妊自主其部落歲入朝恩賞蕃厚閤羅鳳遣昆川城使楊牟利以兵脅西爨徙戶二十餘萬於永昌城東爨以言語不通多散依林谷得不徙自曲靖州石城升麻昆川南北至龍和皆殘于兵日進等子孫居永昌城烏蠻種復振徙居西爨故地與峯州爲鄰貞元中置都督府領羈縻州十八烏蠻與南詔世昏姻其種分七部落一曰阿芋路居曲州靖州故地二曰阿猛三曰夔山四曰暴蠻五曰盧鹿蠻二部落分保竹子嶺六曰磨彌斂七曰勿鄧土多牛馬無布帛男子髽髻女人被髮皆衣牛羊皮俗尚巫鬼無拜跪之節其語四譯乃與中國通大部落有大鬼主百家則置小鬼主勿鄧地方千里有邛部六姓一姓白蠻也五姓烏蠻也又有初裹五姓皆烏蠻也居邛部臺登之間婦人衣黑繒其長曳地又有東欽蠻二姓皆白蠻也居北谷婦人衣白繒長不過膝又有粟蠻二姓雷蠻三姓夢蠻三姓散處黎嶲戎數州之鄙皆隸勿鄧勿鄧南七十里有兩林部落有十低三姓阿屯三姓虧望三姓隸焉其南有豐琶部落阿諾二姓隸焉兩林地雖陿而諸部推爲長號都大鬼主勿鄧豐琶兩林皆謂之東蠻天寶中皆受封爵及南詔陷嶲州遂羈屬吐蕃貞元中復通欵以勿鄧大鬼主苴嵩兼邛部團練使封長川郡公及死子苴驃離幼以苴夢衝爲大鬼主數爲吐蕃侵獵兩林都大鬼主苴那時遺韋皋書乞兵攻吐蕃皐遣將劉朝彩出銅山道吳鳴鶴出清溪關道鄧英俊出定蕃柵道進逼臺登城吐蕃退壁西貢川據高爲營苴那時戰甚力分兵大破吐蕃青海臘城二節度軍於北谷青海大兵馬使乞藏遮遮臘城兵馬使悉多楊朱節度論東柴大將論結突梨等皆戰死執籠官四十五人鎧仗一萬牛馬稱是進拔于蔥柵乞藏遮遮尙結贊子也以尸還其下曩貢節度蘇論百餘人行哭使一人立尸左一人問之曰瘡痛乎曰然即傅藥曰食乎曰然即進膳曰衣乎曰然即命裘又問歸乎曰然以馬載尸而去詔封苴那時爲順政郡王苴夢衝爲懷化郡王豐琶部落大鬼主驃傍爲和義郡王給印章袍帶三王皆入朝宴麟德殿賞賚加等歲給其部祿鹽衣綵黎嶲二州吏就賜之以山阻多爲盜侵亡失所賜皐令二州爲築館有賜約酋長自至授賜而遣之然苴夢衝內附吐蕃斷南詔使路皐遣嶲州總管蘇峞以兵二百召夢衝至琵琶川聲其罪斬之披其族爲六部以樣棄主之及苴驃離長乃命爲大鬼主驃傍年少驍敢數出兵攻吐蕃吐蕃間道焚其居室部落亡所賜印章皐爲請復得印爨蠻西有昆明蠻一曰昆彌以西洱河爲境即葉榆河也距京師九千里土歊濕宜秔稻人辮首左衽與突厥同隨水草畜牧夏處高山冬入深谷尚戰死惡病亡勝兵數萬武德中嶲州治中吉偉使南寧因至其國諭使入朝貢求內屬發兵戍守自是歲與牂柯使偕來龍朔三年矩州刺史謝法成招慰比樓等七千戶內附總章三年置祿州湯望州咸亨三年昆明十四姓率戶二萬內附析其地爲殷州總州敦州以安輯之殷州居戎州西北總州居西南敦州居南遠不過五百餘里近三百里其後又置盤麻等四十一州皆以首領爲刺史昆明東九百里即牂柯國也兵數出侵地數千里元和八年上表請盡歸牂柯故地開成元年鬼主阿珮內屬會昌中封其別帥爲羅殿王世襲爵其後又封別帥爲滇王皆牂柯蠻也東距辰州二千四百里其南千五百里即交州也無城郭土熱多霜雨稻粟再熟無徭役戰乃屯聚刻木爲契盜者倍三而償殺人者出牛馬三十倍與東謝同首領亦姓謝氏至龍羽有兵三萬武德三年遣使者朝以其地爲牂州拜龍羽刺史封夜郎郡公其北百五十里有別部曰兗州蠻勝兵二萬亦來朝貢以地爲兗州開元中牂柯酋長元齊死孫嘉藝襲官封其後乃以趙氏爲酋長二十五年趙君道來朝其裔有趙國珍天寶中戰有功閤羅鳳叛宰相楊國忠兼劍南節度使以國珍有方略授黔中都督屢敗南詔護五溪十餘年天下方亂其部獨寧終工部尙書貞元中官其酋長趙主俗亦以襲朝貢不絕至十八年五遣使朝元和二年詔黔南觀察使常以本道將爲押領牂柯昆明等使自是數使或朝正月訖開成不絕遣故事戎夷朝貢將至都中官驛勞於郊旣及館恩禮尤渥西爨之南有東謝蠻居黔州西三百里南距守宮獠西連夷子地方千里宜五穀爲畬田歲一易之眾處山巢居汲流以飲無賦稅刻木爲契見貴人執鞭而拜賞有功者以牛馬銅鼓犯小罪則杖大事殺之盜物者倍償昏姻以牛酒爲聘女歸夫家夫慙澁避之旬日乃出會聚擊銅鼓吹角俗椎髻韜以絳垂于後坐必蹲踞常帶刀劒男子服衫襖大口袴以帶斜縈右肩以螺殼虎豹猨狖犬羊皮爲飾有謝氏世爲酋長部落尊畏之其族不育女自以姓高不可以嫁人貞觀三年其酋元深入朝冠烏熊皮若注旄以金銀絡額被毛帔韋行縢著履中書侍郎顏師古因是上言昔周武王時遠國入朝太史次爲王會篇今蠻夷入朝如元深冠服不同可寫爲王會圖詔可帝以地爲應州即拜元深刺史隸黔州都督府又有南謝首領謝彊亦來朝以其地爲莊州授彊刺史建中三年大酋長檢校蠻州長史資陽郡公宋鼎與諸謝朝賀德宗以其國小不許訴於黔中觀察使王礎以州接牂柯願隨牂柯朝賀礎奏牂蠻二州戶繁力彊爲鄰蕃所憚請許三年一朝詔從之元和中辰漵蠻酋張伯靖嫉本道督歛苛刻聚眾叛侵播費二州黔中經略使崔能荆南節度使嚴綬湖南觀察使柳公綽討之三歲不能定伯靖上表請隸荆南乃降崔能內恨之更請調荆南湖南桂管軍爲援約西原十洞兵皆出可以成功公卿議者皆以爲便宰相李吉甫曰伯靖挾怨而叛歷以大兵而招之可不戰自定乃命能兵毋出獨詔嚴綬招伯靖率家屬詣江陵降授右威衞翊府中郎將東謝南有西趙蠻東距夷子西屬昆明南西洱河也山穴阻深莫知道里南北十八日行東西二十三日行戶萬餘俗與東謝同趙氏世爲酋長夷子渠帥姓季氏與西趙皆南蠻別種勝兵各萬人自古未嘗通中國黔州豪帥田康諷之故貞觀中皆遣使入朝西趙首領趙酋摩率所部萬餘戶內附以其地爲明州授酋摩刺史松外蠻尙數十百部大者五六百戶小者二三百凡數十姓趙楊李董爲貴族皆擅山川不能相君長有城郭文字頗知陰陽曆數自夜郎滇池以西皆莊蹻之裔有稻麥粟豆絲麻薤蒜桃李以十二月爲歲首布幅廣七寸正月蠶生二月熟男子氈革爲帔女衣絁布裙衫髻盤如髽飯用竹筲摶而噉之烏杯貯羹如雞彝徒跣有舟無車死則坎地殯舍左屋之三年乃葬以蠡蚌封棺父母喪斬衰布衣不澡者四五年近者二三年爲人所殺者子以麻括髮墨面衣不緝居喪婚嫁不廢亦弗避同姓婚不親迎富室娶妻納金銀牛羊酒女所齎亦如之有罪者樹一長木擊鼓集眾其下彊盜殺之富者貰死燒屋奪其田盜者倍九而償贓姦淫則彊族輸金銀請和而棄其妻處女嫠婦不坐凡相殺必報力不能則其部助攻之祭祀殺牛馬親聯畢會助以牛酒多至數百人貞觀中嶲州都督劉伯英上疏松外諸蠻率暫附亟叛請擊之西洱河天竺道可通也居數歲太宗以右武候將軍梁建方發蜀十二州兵進討酋帥雙舍拒戰敗走殺獲十餘萬羣蠻震駭走保山谷建方諭降者七十餘部戶十萬九千署首領蒙和爲縣令餘眾感悅西洱河蠻亦曰河蠻道繇郎州走三千里建方遣奇兵自嶲州道千五百里掩之其帥楊盛大駭欲遁去使者好語約降乃遣首領十人納款軍門建方振旅還二十二年西洱河大首領楊同外東洱河大首領楊斂松外首領蒙羽皆入朝授官秩顯慶元年西洱河大首領楊棟附顯和蠻大首領王羅祁郎昆梨盤四州大首領王伽衝率部落四千人歸附入朝貢方物其後茂州西南築安戎城絕吐蕃通蠻之道生羌爲吐蕃鄉導攻拔之增兵以守西洱河諸蠻皆臣吐蕃開元中首領始入朝授刺史會南詔蒙歸義拔大和城乃北徙更羈制於浪穹詔浪穹詔已破又徙雲南柘城黎州領羈縻奉上等州二十六開元十七年又領羈縻夏梁卜貴等州三十一南路有廓清道部落主三人婆鹽鬼主十人又有阿逼蠻分十四部落一曰大龍池二曰小龍池三曰控四曰苴質五曰烏披六曰苴賃七曰觱篥水八曰戎列九曰婁狄十曰石地十一曰羅公十二曰訛十三曰離旻十四曰里漢黎邛二州之東又有凌蠻西有三王蠻蓋作都夷白馬氏之遺種楊劉郝三姓世爲長襲封王謂之三王部落疊甓而居號琱舍歲稟節度府帛三千匹以詗南詔而南詔亦密賂之覘成都虛實每節度使至酋長來謁節度使多奏威惠所懷以罔天子也前請必請於都押衙且聽命都押衙不令者飄諷其叛常倚三王部落求姑息至唐末益甚雅州西有通吐蕃道三曰夏陽曰夔松曰始陽皆諸蠻錯居凡部落四十六距州三百餘里之外有百坡當品嚴城中川鉗矣昌逼鉗井七部落四百餘里之外有羅巖當馬三井東鋒名耶鉗恭畫重羅林籠羊林波林嶢龍逢索古敢川驚川禍眉不蜀十七

部落五百餘里之外有諾祚三恭布嵐欠馬論川讓川遠南卑盧夔龍曜川金川東嘉梁西嘉梁十三部落六百餘里之外有椎梅作重禍林金林邏蓬五部落皆羈縻州也以首領襲刺史嶲州新安城傍有六姓蠻一曰蒙蠻二曰夷蠻三曰訛蠻四曰狼蠻餘勿鄧及白蠻也戎州管內有馴騁浪三州大鬼主董嘉慶累世內附以忠謹稱封歸義郡王貞元中狼蠻亦請內附補首領狼沙爲刺史然卒不出劍南西川節度使韋皐檄嘉慶兼押狼蠻又有爵望等部落從居戎州馬鞍山皐以其遠邊徼戶給米二斛鹽五斤北又有浪稽蠻羅哥谷蠻東有婆秋蠻烏皮蠻南有離東蠻鍋銼蠻西有磨些蠻與南詔越析相婣婭自浪稽以下古滇王哀牢雜種其地與吐蕃接亦有姐羌古白馬氏之裔劍山當吐蕃大路屬石門柳邇二鎮置戍守捉以招討使領五部落一曰彌羌二曰鑠羌三曰胡叢其餘東欽磨些也又有夷望鼓路西望安樂湯谷佛蠻虧野阿醯阿鶵鉚蠻林井阿異十二鬼主皆隸嶲州又有奉國苴伽十一部落春秋受賞於嶲州然挾吐蕃爲輕重每節度使至諸部獻馬酋長衣虎皮餘皆紅帑束髮錦纈襖半臂既見請匹錦斗酒折草招父祖魂以歸鄉里及還裹錦植馬上而去又有顯養東爨諸蠻永徽三年與胡叢皆叛高宗以右驍衛將軍曹繼叔爲嶲州道行軍總管戰斜山拔十餘城斬首七百獲馬犛牛萬五千姚州境有永昌蠻居古永昌郡地咸亨五年叛高宗以太子右衛副率梁積壽爲姚州道行軍總管討平之武后天授中遣御史裴懷古招懷至長壽時大首領董期率部落二萬內屬其西有樸子蠻趫悍以青娑羅爲通身袴善用竹弓入林射飛鼠無不中無食器以蕉葉藉之人多長大負排持矟而鬬又有望蠻者用木弓短箭鏃傅毒藥中者立死婦人食乳酪肥白跣足青布爲衫裳聯貫珂貝珠絡之髻垂于後有夫者分兩髻羣蠻種類多不可記有黑齒金齒銀齒三種見人以漆及鏤金銀飾齒寢食則去之直項爲髻青布爲通袴有繡脚種刻踝至腓爲文有繡面種生踰月涅黛於面有雕題種身面涅黛有穿鼻種以金鐶徑尺貫其鼻下垂過頤君長以絲係鐶人牽乃行其次以二花頭金釘貫鼻下出又有長鬃種棟鋒種皆額前爲長髻下過臍行以物舉之君長則二女在前共舉其髻乃行安南有生蠻林覩符部落大曆中置德化州戶一萬又以潘歸國部落置龍武州戶千五百詔安南節度使綏定之貞元七年始以驩峯二州爲都督府驩在安南限重海與文單占婆接峯統羈縻州十八與蜀爨蠻接

南平獠東距智州南屬渝州西接南州北涪州戶四千餘多瘴癘山有毒草沙虱蝮蛇人樓居梯而上名爲干欄婦人橫布二幅穿中貫其首號曰通裙美髮髻垂於後竹筒三寸斜穿其耳貴者飾以珠璫俗女多男少婦人任役婚法女先以貨求男貧者無以嫁則賣爲婢男子左衽露髮徒跣其王姓朱氏號劍荔王貞觀三年遣使內款以其地隸渝州有飛頭獠者頭欲飛周項有痕如縷妻子共守之及夜如病頭忽亡比旦還又有烏武獠地多瘴毒中者不能飲藥故自鑿齒有甯氏世爲南平渠帥陳末以其帥猛力爲寧越太守陳亡自以爲與陳叔寶同日而生當代爲天子乃不入朝隋兵阻瘴不能進猛力死子長眞襲刺史及討林邑長眞出兵攻其後又率部落數千從征遼東煬帝召爲鴻臚卿授安撫太守遣還又以其族人甯宣爲合浦太守隋亂皆以地附蕭銑長眞部越兵攻丘和於交阯者也武德初以寧越鬱林之地降自是交愛數州始通高祖授長眞欽州都督甯宣亦遣使請降未報而卒以其子純爲廉州刺史族人道明爲南越州刺史六年長眞獻大珠昆州刺史沈遜融州刺史歐陽世普象州刺史秦元覽亦獻筒布高祖以道遠勞人皆不受道明與高州首領馮暄談殿據南越州反攻姜州甯純以兵援之八年長眞陷封山縣昌州刺史龐孝恭掎擊暄等走之明年道明爲州人所殺未幾長眞死子據襲刺史馮暄談殿阻兵相掠羣臣請擊之太宗不許遣員外散騎常侍韋叔諧員外散騎侍郎李公淹持節宣諭暄等與溪洞首領皆降南方遂定大抵劍南諸獠武德貞觀間數寇暴州縣者不一巴州山獠王多馨叛梁州都督龐玉梟其首又破餘黨符陽白石二縣獠其後眉州獠反益州行臺郭行方大破之未幾又破洪雅二州獠俘男女五千口是歲益州獠亦反都督竇軌請擊之太宗報曰獠依山險當拊以恩信脅之以兵威豈爲人父母意耶貞觀七年東西玉洞獠反以右屯衛大將軍張士貴爲龔州道行軍總管平之十二年巫州獠叛夔州都督齊善行擊破之俘男女三千餘口鈞州獠叛桂州都督張寶德討平之明州山獠又叛交州都督李道彥擊走之是歲巴洋集壁四州山獠叛攻巴州遣右武候將軍上官懷仁破之于壁州虜男女萬餘明年遂平十四年羅竇諸獠叛以廣州都督党仁弘爲竇州道行軍總管擊之虜男女七千餘人太宗再伐高麗爲船劍南諸獠皆半役雅邛眉三州獠不堪其擾相率叛詔發隴右峽兵二萬以茂州都督張士貴爲雅州道行軍總管與右衛將軍梁建方平之高宗初琰州獠叛梓州都督謝萬歲兗州刺史謝法興黔州都督李孟嘗討之萬歲法興入洞詔慰遇害顯慶三年羅竇生獠酋領多胡桑率衆內附上元末納州獠叛寇故茂都掌二縣殺吏民焚廨舍詔黔州都督發兵擊之大曆二年桂州山獠叛陷州刺史李良遁去貞元中嘉州綏山縣婆籠川生獠首領甫枳兄弟誘生蠻爲亂剽居人西川節度使韋皐斬之招其首領勇于等出降或請增柵東凌界以守皐不從曰無戎而城害所生也獠亦自是不擾境戎瀘間有葛獠居依山谷林箐踰數百里俗喜叛州縣撫視不至必合黨數千人持排而戰奉酋帥爲王號曰婆能出入前後植旗大中末昌瀘二州刺史貪沓以弱繒及羊彊獠市米麥一斛得直不及半羣獠訴曰當爲賊取死耳刺史召二小吏榜之曰皆爾屬爲之非吾過獠相視大笑遂叛立酋長始艾爲王踰梓潼所過焚剽刺史劉成師誘降其黨斬首領七十餘人餘衆遁至東川節度使柳仲郢諭降之始艾稽首請罪仲郢貰遣之成都西北二千餘里有附國蓋漢西南夷也其東部有嘉良夷無姓氏地縱八百里橫四千五百里無城柵居川谷疊石爲巢高十餘丈以高下爲差作狹戶自內以通上王酋帥以金飾首胷垂金花徑三寸地高涼多風少雨宜小麥多白雉嘉良夷有水廣三十步附國水廣五十步皆南流以韋爲船附國南有薄緣夷西接女國三濮者在雲南徼外千五百里有文面濮俗鏤面以青涅之赤口濮裸身而折齒劖其脣使赤黑僰濮山居如人以幅布爲裙貫頭而繫之丈夫衣榖皮多白蹄牛虎魄龍朔中遣使與千支弗磨臘同朝貢

西原蠻居廣容之南邕桂之西有甯氏者相承爲豪又有黃氏居黃橙洞其隸也其地西接南詔天寶初黃氏彊與韋氏周氏儂氏相脣齒爲寇害據十餘州韋氏周氏恥不肯附黃氏攻之逐于海濱至德初首領黃乾曜眞崇鬱與陸州武陽朱蘭洞蠻皆叛推武承斐韋敬簡爲帥僭號中越王廖殿爲桂南王莫淳爲拓南王相支爲南越王梁奉爲鎮南王羅誠爲戎城王莫潯爲南海王合衆二十萬緜地數千里署置官吏攻桂管十八州所至焚廬舍掠士女更四歲不能平乾元初遣中使慰曉諸首領賜詔書赦其罪約降於是西原環古等州首領方子彈甘令暉羅承韋張九解宋原五百餘人請出兵討承斐等歲中戰二百斬黃乾曜眞崇鬱廖殿莫淳梁奉羅誠莫潯七人承斐等以餘衆面縛詣桂州降盡釋其縛差賜布帛縱之其種落張侯夏永與夷獠梁崇牽單問及西原酋長吳功曹復合兵內寇陷道州據城五十餘日桂管經略使邢濟擊平之執吳功曹等餘衆復圍道州刺史元結固守不能下進攻永州陷邵州留數日而去湖南團練使辛京杲遣將王國良戍武岡嫉京杲貪暴亦叛有衆千人侵掠州縣發使招之且服且叛建中元年城溆州以斷西原國良乃降貞元十年黃洞首領黃少卿者攻邕管圍經略使孫公器請發嶺南兵窮討之德宗不許命中人招諭不從俄陷欽橫潯貴四州少卿子昌沔趫勇前後陷十三州氣益振乃以唐州刺史陽旻爲容管招討經略使引師掩賊一日六七戰皆破之侵地悉復元和初邕州擒其別帥黃承慶明年少卿等歸款拜歸順州刺史弟少高爲有州刺史未幾復叛又有黃少度黃昌瓘二部陷賓蠻二州據之十一年攻欽橫二州邕管經略使韋悅破走之取賓蠻二州是歲復屠巖州桂管觀察使裴行立輕其軍弱首請發兵盡誅叛者徼幸有功憲宗許之行立兵出擊彌更二歲妄奏斬獲二萬罔天子爲解自是邕容兩道殺傷疾疫死者十八以上調費闕亡繇行立陽旻二人當時莫不咎之及安南兵亂殺都護李象古擢唐州刺史桂仲武爲都護逗留不敢進貶安州刺史以行立代之尋召還卒長慶初以容管經略使留後嚴公素爲經略使復上表請討黃氏兵部侍郎韓愈建言黃賊皆洞獠無城郭依山險各治生業急則屯聚畏死前日邕管經略使德不能綏懷威不能臨制侵詐係縛以致憾恨夷性易動而難安刼州縣復私讎貪小利不爲大患自行立陽旻建征討生事詭賞邕容兩管日以凋敝殺傷疾患十室九空百姓怨嗟如出一口人神共嫉二將繼死今嚴公素非撫御之才復尋往謬誠恐嶺南未有寧時昨合邕容爲一道邕與賊限一江若經略使居之兵鎮所處物力雄完則敵人不敢輕犯容州則隔阻已甚以經略使居之則邕州兵少情見易啓蠻心請以經略使還邕州容置刺史便甚又比發南兵遠鄉羈旅疾疫殺傷續添續死每發倍難若募邕容千人以給行營糧不增而兵便習守則有威攻則有利自南討損傷嶺南人希賊之所處洞壘荒僻假如盡殺其人得其地在國計不爲有益容貸羈縻比之禽獸來則捍禦去則不追未有

虧損朝廷顧因改元大慶普赦其罪遣郎官御史以天子意丁寧宣諭必能讙叫聽命爲選材用威信者委以經略處理得方宜無侵叛事不納初邕管既蹙人不謂宜監察御史杜周士使安南過邕州刺史李元宗白狀周士從事五管積三十年矣亦知其不便嚴公素遣人盜其槖周士憤死公素劾元宗擅以羅陽縣還黃少度元宗懼引兵一百持印章依少度穆宗遣監察御史敬僚按之僚嘗爲容州從事與公素暱傳致元宗罪以母老流驩州衆以爲不直黃賊更攻邕州陷左江鎮攻欽州陷千金鎮刺史楊嶼奔石南柵邕州刺史崔結擊破之明年又寇欽州殺將吏是歲黃昌瓘遣其黨陳少奇二十人歸款請降敬宗納之黃氏儂氏據州十八經略使至遣一人詣治所稍不得意輒侵掠諸州橫州當邕江官道嶺南節度使常以兵五百戍守不能制大和中經略使董昌齡遣子蘭討平峒穴夷其種黨諸蠻畏服有違命者必嚴罰之十八州歲輸貢賦道路淸平其後儂洞最彊結南詔爲助懿宗與南詔約和二洞數構敗之邕管節度使辛讜以從事徐雲虔使南詔結和齎美貨啖二洞首領太州刺史黃伯蘊屯洞首領儂金意員州首領儂金勒等與之通驩員州又有首領儂金澄儂仲武與金勒襲黃洞首領黃伯善伯善伏兵瀼水雞鳴候其半濟擊殺金澄仲武唯金勒遁免後欲與兵報仇辛讜遣人持牛酒音樂解和幷遺其母衣服母賢者也讓其子曰節度使持物與獠母非結好也以汝爲吾子前日兵敗瀼水士卒略盡不自悔復欲動衆兵忿者必敗吾將四爲官老婢矣金勒感悟爲罷兵

贊曰唐北禽頡利西滅高昌焉耆東破高麗百濟威制夷狄方策所未有也交州漢之故封其外瀕海諸蠻無廣土堅城可以居守故中國兵未嘗至及唐稍弱西原黃洞繼爲邊害垂百餘年及其亡也以南詔詩曰惠此中國以綏四方不以夷狄先諸夏也

唐書卷二百二十三上

宋　端明殿學士宋祁　撰

列傳第一百四十八上

姦臣

許敬宗字延族杭州新城人父善心仕隋爲給事中敬宗幼善屬文大業中舉秀才中第調淮陽書佐俄直謁者臺奏通事舍人事善心爲宇文化及所殺敬宗哀請得不死去依李密爲記室武德初補漣州別駕太宗聞其名召署文學館學士貞觀中除著作郎兼修國史喜謂所親曰仕宦不爲著作無以成門戶俄改中書舍人文德皇后喪羣臣衰服率更令歐陽詢貌醜異敬宗侮笑自如貶洪州司馬累轉給事中復修史以勞封高陽縣男檢校黃門侍郎高宗在東宮遷太子右庶子高麗之役太子監國定州敬宗與高士廉典機劇岑文本卒帝驛召敬宗以本官檢校中書侍郎駐蹕山破賊命草詔馬前帝愛其藻警由是專掌誥令初太子承乾廢官屬張玄素令狐德棻趙弘智裴宣機蕭鈞皆除名爲民不復用敬宗爲言玄素等以直言被嫌忌今一槩被罪疑洗宥有所未至帝悟多所甄復高宗即位遷禮部尚書敬宗饕沓遂以女嫁蠻酋馮盎子多私所聘有司劾舉下除鄭州刺史俄復官爲弘文館學士帝將立武昭儀大臣切諫而敬宗陰揣帝私即妄言曰田舍子賸穫十斛麥尚欲更故婦天子富有四海立一后謂之不可何哉帝意遂定王后廢敬宗請削后家官爵廢太子忠而立代王遂兼太子賓客帝得所欲故詔敬宗待詔武德殿西闥頃拜侍中監修國史爵郡公帝嘗幸故長安城按蹕裴回視古區處問侍臣秦漢以來幾君都此敬宗曰秦居咸陽漢惠帝始城之其後苻堅姚萇宇文周居之帝復問漢武開昆明池實何年對曰元狩二年將伐昆明實爲此池以肄戰帝乃詔與弘文學士討古宮室故區具條以聞進中書令仍守侍中敬宗於立后有助力知后鉗戾能固主以久已權乃陰連后謀逐韓瑗來濟褚遂良殺梁王長孫無忌上官儀朝廷重足事之威寵熾灼當時莫與比改右相辭疾拜太子少師同東西臺三品年老不任趨步特詔與司空李勣朝朔日聽乘小馬至內省帝東封泰山以敬宗領使次濮陽帝問竇德玄此謂帝丘何也德玄不對敬宗儳曰臣能知之昔帝顓頊始居此地以王天下其後夏后相因之爲寒浞所滅后緡方娠逃出自竇在此地也後昆吾氏因之而爲夏伯昆吾既衰湯滅之其頌曰韋顧既伐昆吾夏榮是也至春秋時衛成公自楚丘徙居之左氏稱相奪予享以舊地也由顓頊所居故曰帝丘臣聞有德者啟其國土失道者則喪其疆宇自古大都美國居者不一姓故有國家者不可不慎也帝曰書稱浮于濟漯今濟與漯斷不相屬何故而然對曰夏禹導沇水東流爲濟入于河今自漯至溫而入河水自此洑地過河而南出爲榮又洑而至曹濮散出於地合而東汶水自南入之所謂泆爲榮東出于陶丘北又東會于汶是也古者五行皆有官水官不失職則能辨味與色潛而出合而更分皆能識之帝曰天下洪流巨谷不載祀典濟甚細而在四瀆何哉對曰瀆之言獨也不因餘水獨能赴海者也且天有五星運而爲四時地有五嶽流而爲四瀆人有五事用而爲四支五陽數也四陰數也有奇偶陰陽爲陽者光曜陰者晦昧故辰隱而難見濟潛流屢絕狀雖微細獨而尊也帝曰善敬宗退矜曰大臣不可無學向德玄不能對吾恥之德玄聞之不屑曰人各有能不彊所不知吾所能也李勣曰敬宗多聞美矣寶之不彊不亦善乎初高祖太宗實錄敬播所譔信而詳及敬宗身爲國史竄改不平專出己私始虞世基與善心同遭賊害封德彝常曰昔吾見世基死世南匍匐請代善心死敬宗蹈舞求生世爲口實敬宗銜憤至立德彝傳盛誣以惡敬宗子娶尉遲敬德女孫而女嫁錢九隴子九隴本高祖隸奴也爲虛立門閥功狀至與劉文靜等同傳太宗賜長孫無忌威鳳賦敬宗猥稱賜敬德蠻酋馮孝泰奉兵從討高麗賊笑其懦襲破之敬宗受其金乃稱屢破賊唐將言驍勇者唯蘇定方與孝泰曹繼叔劉伯英出其下遠甚然自貞觀後論次諸書自晉盡隋及東殿新書西域圖志姓氏錄新禮等數十種皆敬宗總知之賞賚不勝紀敬宗營第舍華僭至造連樓使諸妓走馬其上縱酒奏樂自娛嬖其婢因以繼室假姓虞子昂烝之敬宗怒黜虞奏斥昂嶺外久乃表還咸亨初以特進致仕仍朝朔望續其俸祿卒年八十一帝爲舉哀詔百官哭其第冊贈開府儀同三司揚州大都督陪葬昭陵太常博士袁思古議敬宗棄子荒徼女嫁蠻落謚曰繆其孫彥伯訴思古有嫌詔更議博士王福畤曰何曾忠而孝以食日萬錢謚繆醜況敬宗忠孝兩棄飲食男女之累過之孰不改有詔尚書省雜議更謚曰恭彥伯昂子也頗有文敬宗晚年不復下筆凡大典冊悉彥伯爲之嘗戲昂曰吾兒不及若兒答曰渠父不如昂父後又納婢譖奏流彥伯嶺表遇赦還累官太子舍人既與思古有憾欲邀擊諸路思古曰吾爲先子報仇耳彥伯慙而止垂拱中詔敬宗配饗高宗廟廷

李義府瀛州饒陽人其祖嘗爲射洪丞因客永泰貞觀中李大亮巡察劍南表義府才對策中第補門下省典儀劉洎馬周更薦之太宗召見轉監察御史詔侍晉王王爲太子除舍人崇賢館直學士與司議郎來濟俱以文翰顯時稱來李獻承華箴末云佞諛有類邪巧多方其萌不絕其害必彰義府方諂事太子而文致若讜直者太子表之優詔賜帛高宗立遷中書舍人兼修國史進弘文館學士爲長孫無忌所惡奏斥壁州司馬詔未下義府問計於舍人王德儉德儉者許敬宗甥癭而智善揣事因曰武昭儀方有寵上欲立爲后畏宰相議未有以發之君能建白轉禍於福也義府即代德儉直夜叩閤上表請廢后立昭儀帝悅召見與語賜珠一斗停司馬詔書留復侍武后已立義府與敬宗德儉及御史大夫崔義玄中丞袁公瑜大理正侯善業相推轂濟其姦誅棄骨鯁大臣故后得肆志攘取威柄天子斂衽矣義府貌柔恭與人言嬉怡微笑而陰賊褊忌著于心凡忤意者皆中傷之時號義府笑中刀又以柔而害物號曰人貓永徽六年拜中書侍郎同中書門下三品封廣平縣男又兼太子右庶子爵爲侯洛州女子淳于以姦繫大理義府聞其美屬丞畢正義出之納以爲妾卿段寶玄以狀聞詔給事中劉仁軌侍御史張倫鞫治義府且窮逼正義縊獄中以絕始謀侍御史王義方廷劾義府不引咎三叱之然後趨出義方極陳其惡帝陰德義府故貸不問爲抑義方逐之未幾進中書令檢校御史大夫加太子賓客更封河間郡公詔造私第諸子雖襁負皆補淸官初杜正倫爲黃門侍郎義府纔典儀及同輔政正倫恃先進不相下密與中書侍郎李友益圖去義府反爲所誣交訟帝前帝兩黜之正倫爲橫州刺史義府普州刺史流友益峰州明年召爲吏部尚書同中書門下三品母喪免奪喪爲司列太常伯同東西臺三品更葬其先永康陵側役縣人牛車輸土築墳助役者凡七縣高陵令不勝勞而死公卿爭賵遺葬日詔御史節哭送車從騎相銜帷帟奠帳自灞橋屬三原七十里不絕轜輴芻偶僭侈不法人臣送葬之盛無與比者殷王出閤又兼府長史稍遷右相義府已貴乃言系出趙郡與諸李敘昭穆嗜進者往往尊爲父兄行給事中李崇德引與同譜旣謫普州亟削去義府銜之及復當國傳致其罪使自殺于獄貞觀中高士廉韋挺岑文本令

狐德棻脩氏族志凡升降天下允其議於是州藏副本以爲長式時許敬宗以不載武后本望義府亦恥先世不見敍更奏刪正委孔志約楊仁卿史玄道呂才等定其書以仕唐官至五品皆昇士流於是兵卒以軍功進者悉入書限更號姓氏錄搢紳共嗤靳之號曰勳格義府奏悉收前志燒絕之自魏太和中定望族七姓子孫迭爲婚姻後雖益衰猶相夸尚義府爲子求婚不得遂奏一切禁止既士選無品鑒才而谿壑之欲惟賄是利不復銓判人人咨訕又母妻諸子賣官市獄門如沸湯自永徽後御史多制授吏部雖有調注至門下覆不留義府乃自注御史員外通事舍人有司不敢卻帝嘗從容戒義府曰聞卿兒子女壻橈法多過失朕爲卿掩覆可少勗之義府內倚后揣羣臣無敢白其罪者不虞帝之知乃勃然變色徐曰誰爲陛下道此帝曰何用問我所從得邪義府謷然不謝徐引去帝由是不悅會術者杜元紀望義府第有獄氣曰發積錢二千萬可以厭勝義府信之自索殊急居母喪朔望給告即羸服與元紀出野馮高窺覘災眚衆疑其有異謀又遣子津召長孫延謂曰吾爲子得一官居五日延拜司津監索謝錢七十萬右金吾倉曹參軍楊行頴白其贓詔司刑太常伯劉祥道與三司雜訊李勣監按有狀詔除名流巂州子率府長史洽千牛備身洋及壻少府主簿柳元貞並流延州司議郎津流振州朝野至相賀三子及壻尤凶肆既敗人以爲誅四凶或作河間道元帥劉祥道破銅山大賊李義府露布榜于衢乾封元年大赦獨流人不許還義府憤恚死年五十三自其斥天下憂且復用比死內外乃安上元初赦妻子還洛陽如意中贈義府揚州大都督崔義玄益州大都督王德儉袁公瑜魏相二州刺史各賜實封睿宗立詔停少子湛見李多祚傳

傳游藝衞州汲人載初初由合宮主簿再遷左補闕武后奪政即上書詭說符瑞勸后當革姓以明受命后說擢給事中閱三月進同鳳閣鸞臺平章事即拜鸞臺侍郎后乃黜唐稱周廢唐宗廟自稱皇帝賜游藝姓武氏以兄神童爲冬官尚書游藝嘗夢登湛露殿旣寤以語所親有告其謀反者下獄自殺以五品禮葬之初游藝探后旨誣殺宗室復請發六道使後卒用其言萬國俊等旣出天下被其酷游藝起一歲賜袍自青及紫人號四時仕宦然歲中即敗前古少其比云

李林甫長平肅王叔良曾孫初爲千牛直長舅姜晈愛之開元初遷太子中允源乾曜執政與晈爲姻家而乾曜子絜爲林甫求司門郎中乾曜索薄之曰郎官應得才望哥奴豈郎中材邪哥奴林甫小字也即授以諭德累擢國子司業宇文融爲御史中丞引與同列稍歷刑吏部侍郎初吏部置長名榜定留放寧王私謁十人林甫曰願絀一人以示公遂榜其一曰坐王所囑放冬集時武惠妃寵傾後宮子壽王盛王尤愛林甫因中人白妃願護壽王爲萬歲計妃德之侍中裴光廷夫人武三思女嘗私林甫而高力士本出三思家及光廷卒武請力士以林甫代爲相力士未敢發而帝因蕭嵩言自用韓休方具詔武擿語林甫使爲休請休旣相重德林甫而與嵩有隙乃薦林甫有宰相才妃陰助之即拜黃門侍郎尋爲禮部尚書同中書門下三品再進兵部尚書皇太子鄂王光王被譖帝欲廢之張九齡切諫帝不悅林甫惘然私語中人曰天子家事外人何與邪二十四年帝在東都欲還長安裴耀卿等建言農人場圃未畢須冬可還林甫陽蹇獨在後帝問故對曰臣非疾也願奏事二都本帝王東西宮車駕往幸何所待時假令妨農獨赦所過租賦可也帝大悅即駕而西始九齡繇文學進守正持重而林甫特以便佞故得大任每嫉九齡陰害之帝欲進朔方節度使牛仙客實封九齡謂林甫封賞待名臣大功邊將一上最可遽議要與公固爭林甫然許及進見九齡極論而林甫抑嘿退又漏其言仙客明日見帝泣且辭帝滋欲賞仙客九齡持不可林甫爲人言天子用人何不可者帝聞善林甫不專也由是益疏薄九齡俄與耀卿俱罷政事專任林甫相仙客矣初三宰相就位二人磬折趨而林甫在中軒驁無少讓喜津津出眉宇間觀者竊言一鵰挾兩兔少選詔書出耀卿九齡以左右丞相罷林甫嘻笑曰尚左右丞相邪目恚而送乃止公卿爲戰栗於是林甫進兼中書令帝卒用其言殺三子天下寃之大理卿徐嶠妄言大理獄殺氣盛鳥雀不敢棲今刑部斷死歲纔五十八而烏鵲巢獄戶幾至刑措羣臣賀帝而帝推功大臣封林甫晉國公仙客豳國公及帝將立太子林甫探帝意數稱道壽王語祕不傳而帝意自屬忠王壽王不得立太子旣定林甫恨謀不行且畏禍乃陽善韋堅堅太子妃兄也使任要職將覆其家以搖東宮及構堅獄而太子絕妃自明林甫計黜杜良娣之父有鄰與婿柳勣不相中勣浮險欲助林甫乃上有鄰變事捕送詔獄賜死逮引裴敦復李邕等皆林甫素忌惡者株連殺之太子亦出良娣爲庶人未幾擿濟陽別駕魏林使誣河西節度使王忠嗣欲擁兵佐太子帝不信然忠嗣猶斥去林甫數白太子宜知謀帝曰吾兒在內安得與外人相聞此妄耳林甫數危太子未得志一日從容曰古者立儲君必先賢德非有大勳力於宗稷則莫若元子帝久之曰慶王往年獵爲豽傷面甚答曰破面不愈於破國乎帝頗惑曰朕徐思之然太子自以謹孝聞內外無慹言故飛語不得入帝無所發其猜林甫善刺上意時帝春秋高聽斷稍怠厭繩檢重接對大臣及得林甫任之不疑林甫善養君欲自是帝深居燕適沈蠱衽席主德衰矣林甫每奏請必先餉遺左右審伺微旨以固恩信至饔夫御婢皆所款厚故天子動靜必具得之性陰密忍誅殺不見喜怒面柔令初若可親旣崖穽深阻卒不可得也公卿不由其門而進必被罪徙附離者雖小人且爲引重同時相若九齡李適之皆遭逐至楊愼矜張瑄盧幼臨柳升等緣坐數百人並相繼誅以王鉷吉溫羅希奭爲爪牙數興大獄衣冠爲累息適之子霅嘗盛具召賓客畏林甫乃終日無一人往者林甫有堂如偃月號月堂每欲排構大臣即居之思所以中傷者若喜而出即其家碎矣子岫爲將作監見權勢熏灼愓然懼常從游後圃見輦重者跪涕曰大人居位久枳棘滿前一旦禍至欲比若人可得乎林甫不樂曰勢已然可奈何時帝詔天下士有一藝者得詣闕就選林甫恐士對詔或斥已即建言士皆草茅未知禁忌徒以狂言亂聖聽請悉委尚書省長官試問使御史中丞監總而無一中程者林甫因賀上以爲野無留才俄兼隴右河西節度使改右相罷節度加累開府儀同三司實封戶三百咸寧太守趙奉璋得林甫隱惡二十條將言之林甫諷御史捕繫奉璋劾妖言抵死著作郎韋子春坐厚善貶帝嘗大陳樂勤政樓旣罷兵部侍郎盧絢按轡絕道去帝愛其醞藉稱美之明日林甫召絢子曰尊府素望上欲任以交廣若憚行且當請老絢懼從之因出爲華州刺史俄授太子員外詹事絢繇是廢於時有以材譽聞者林甫護前皆能得於天子抑遠之故在位恩寵莫比凡御府所貢遠方珍鮮使者傳賜相望帝食有所甘美必賜之嘗詔百僚閱歲貢於尚書省旣而舉貢物悉賜林甫輦致其家從幸華清宮給御馬武士百人女樂二部薛王別墅勝麗甲京師以賜林甫它邸第田園水磑皆便好上腴車馬衣服侈靡尤好聲伎侍姬盈房男女五十人故事宰相皆元功盛德不務權威出入騎從簡寡士庶不甚引避林甫自見結怨者衆憂刺客竊發其出入廣騶騎先驅百步傳呼呵衞金吾爲淸道公卿辟易趨走所居重關複壁絡版甃石一夕再徙家人亦莫知也或帝不朝羣司要官悉走其門臺省爲空左相陳希烈雖坐府卒無人入謁林甫無學術發言陋鄙聞者竊笑善苑咸郭愼微使主書記然練文法其用人非諂附者一以格令持之故小小綱目不甚亂而人憚其威權久之又兼安西大都護朔方節度使俄兼單于副大都護以朔方副使李獻忠反讓還節度始厚王鉷爲盡力及鉷敗詔宰相治狀林甫大懼不敢面鉷獄具署名亦無所申救因以楊國忠代爲御史大夫林甫薄國忠材孱無所畏又以貴妃故善之及是權益盛貴震天下始交惡若仇敵然國忠方兼劍南節度使而南蠻入寇林甫因建遣之鎭欲離間之國忠入辭帝曰處置且訖亟還指日待卿林甫聞之憂懣是時已屬疾稍侵會帝幸溫湯詔以馬轝從御醫珍膳繼至詔旨存問中官護起居病劇巫者視疾云見天子當少間帝欲視之左右諫止乃詔林甫出廷中帝登降聖閣舉絳巾招之林甫不能興左右代拜俄而國忠至自蜀謁林甫牀下垂涕託後事因不食卒諸子護還京發喪贈太尉揚州大都督林甫居相位凡十九年固寵市權蔽欺天子耳目諫官皆持祿養資無敢正言者補闕杜璡再上書言政事斥爲下邽令因以語動其餘曰明主在上羣臣將順不暇亦何所論君等獨不見立仗馬乎終日無聲而飫三品芻豆一鳴則黜之矣後雖欲不鳴得乎由是諫爭路絕貞觀以來任蕃將者如阿史那社尒契苾何力皆以忠力奮然猶不爲上將皆大臣總制之故上有餘權以制於下先天開元中大臣若薛訥郭元振張嘉貞王晙張說蕭嵩杜暹李適之等自節度使入相天子林甫疾儒臣以方略積邊勞且大任欲杜其本以久已權即說帝曰以陛下雄材國家富彊而夷狄未滅者繇文吏爲將憚矢石不身先不如用蕃將彼生而雄養馬上長行陣天性然也若陛下感而用之使必死夷狄不足圖也帝然之因以安思順代林甫領節度而擢安祿山高仙芝哥舒翰等專爲大將林甫利其虜也無入相之資故祿山得專三道勁兵處十四年不從天子安林甫策不疑也卒稱兵蕩覆天下王室遂微初林甫夢人晳而鬒將逼已寤而物色得裴寬類所夢曰寬欲代我因李適之黨逐之其後楊國忠代林甫貌類寬云國忠素銜林甫及未葬陰諷祿山暴其短祿山使阿布思降將入朝告林甫與思約爲父子有異謀事下有司其壻楊齊宣懼妄言林

甫厭呪上國忠劾其姦帝怒詔林甫淫祀厭勝結叛虜圖危宗社悉奪官爵斵棺剔取含珠金紫更以小槥用庶人禮葬之諸子司儲郎中㠐太常少卿嶼及岫等悉徙嶺南黔中各給奴婢三人籍其家諸婿若張博濟鄭平杜位元㧑屬子復道光皆貶官博濟亦憸薄自肆爲戶部郎中部有考堂天下歲會計處博濟廢爲員外郎中廳事壯偉華敞供擬豐侈至千品別取都水監地爲考堂擅廢諸州籍帳錢不貲有司不敢言帝之幸蜀也給事中裴士淹以辯學得幸時肅宗在鳳翔每命宰相輒啓聞及房琯爲將帝曰此非破賊才也若姚元崇在賊不足滅至宋璟曰彼賣直以取名耳因歷評十餘人皆當至林甫曰是子妬賢嫉能舉無比者士淹因曰陛下誠知之何任之久邪帝默不應至德中兩京平大赦唯祿山支黨及林甫楊國忠王鉷子孫不原天寶時嘗鏤玉爲玄元皇帝及玄宗肅宗像於太淸宮復琢林甫陳希烈像列左右序代宗時或言林甫陰險嘗不利先帝宗廟幾危奈何留像至今有詔瘞宮中廣明初盧攜爲太淸宮使發地得其像輦送京兆毀之云

陳希烈者宋州人博學尤深黃老工文章開元中帝儲思經義自褚無量元行沖卒而希烈與康子元馮朝隱進講禁中其應答詔問敷盡微隱皆希烈爲之章句累遷中書舍人十九年爲集賢院學士進工部侍郎知院事帝有所譔述希烈必助成之遷門下侍郎天寶元年有神降丹鳳門以爲老子告錫靈符希烈因是上言臣侍演南華眞經至七篇陛下顧曰此言養生朕既悟其術而德充符詎無非常應哉臣稽首對陛下德充於內符應於外必有絕瑞表之今靈符降錫與帝意合宜示史官著顯祥摛照無窮其媮佞類如此俄兼崇玄館大學士封臨潁侯林甫顓朝苟用可專制者引與共政以希烈柔易且帝眷之厚乃薦之五載進同中書門下平章事遷左丞相兼兵部尚書許國公又兼祕書省圖書使寵與林甫侔林甫居位久其陰詭雖足自固亦希烈左右焉楊國忠執政素忌之希烈引避國忠即薦韋見素代相罷爲太子太師希烈失職內忽忽無所頼及祿山盜京師遂與達奚珣等皆相賊後論罪斬肅宗以上皇素所遇賜死于家

唐書卷二百二十三上考證

許敬宗傳更謚曰蔡○臣酉按舊書云袁思敬議謹按謚法過而能改曰恭請謚曰恭蔡與恭字形相似新書誤

唐書卷二百二十三下

宋 端 明 殿 學 士 宋 祁 撰

列傳第一百四十八下

姦臣

盧杞字子良父弈見忠義傳杞有口才體陋甚鬼貌藍色不恥惡衣菲食人未悟其不情咸謂有祖風節藉蔭爲淸道率府兵曹參軍僕固懷恩辟朔方府掌書記病免補鴻臚丞出爲忠州刺史上謁節度府衞伯玉伯玉不喜乃謝歸稍遷吏部郎中爲虢州刺史奏言虢有官豕三千爲民患德宗曰徙之沙苑杞曰同州亦陛下百姓臣謂食之便帝曰守虢而憂它州宰相材也詔以豕賜貧民遂有意柄任矣俄召爲御史中丞論奏無不合踰年遷大夫不閱旬擢門下侍郎同中書門下平章事既得志險賊寖露賢者娼能者忌小忤己不傳死地不止將大樹威脅衆市權爲自固者楊炎與杞俱輔政炎鄙杞才下不悅未半歲譖罷炎時大理卿嚴郢與炎有隙即擢郢御史大夫以自助炎卒逐死張鎰材裕忠懿帝所倚愛未有以間會隴右用兵杞乃見帝僞請行帝不可即薦鎰守鳳翔既又惡郢時幽州朱滔與泚有違言誣其軍司馬蔡廷玉間閱請殺之俄而滔反帝欲斥之以悅滔下御史鄭詹按狀貶柳州司戶參軍敕吏護送廷玉疑送滔所因自沈于河杞奏恐泚疑爲詔所殺願下詹三司雜治并劾大夫郢初詹善張鎰每伺杞閒獨詣鎰杞知之它日伺詹來即徑至鎰便坐詹趨避杞遽及機事鎰不得已曰鄭侍御在杞陽驚曰向所言非外所得聞至是幷按有詔詹杖死流郢費州杜佑判度支帝尤寵禮杞短毀百緒訖貶蘇州刺史李希烈反杞素惡顏眞卿挺正敢言即令宣慰其軍卒爲賊害故宰相李揆有雅望畏復用遣爲吐蕃會盟使卒于行李洧以徐州降有所經略使人諉先白鎰杞怒沮解之不使有功其狙害隱毒天下無不痛憤以杞得君故不敢言是時兵屯河南北㮚不解財用日急於是度支條軍所仰給月費緡百餘萬而藏錢纔支三月杞乃以戶部侍郎趙贊判度支其黨韋都賓等建言商賈儲錢千萬聽自業過千萬者貸其羸以濟軍罷約取償于官帝許之京兆暴責其期校吏頸大搜廛里疑占列不盡則笞掠之人不勝冤自殞溝瀆者相望京師囂然不閱日然悉田宅奴婢之直纔止八十萬又僦櫃質舍居貿粟者四貣其一僅至二百萬而長安爲閉肆民皆邀宰相訴杞無以諭驅而去帝知民愁怨而所得不足給師罷之贊術窮於是間架除陌之暴纔矣其法屋二架爲間差稅之上者二千中千下五百吏執籌入第室計之隱不盡率二架抵罪告者以錢五萬畀之凡公私貿易舊法率千錢算二十請加五十主儈注所售入其算有司其自相市爲私籍自隱不盡率千錢沒二萬告者以萬錢畀之由是主儈得操其私以爲姦公上所入常不得半而恨讟之聲滿天下及涇師亂呼於市曰不奪而商人僦質矣不稅而間架除陌矣其倡和造作以召怨挺亂皆杞爲之帝出奉天杞與關播從後數日崔寧自賊中來以播遷事指杞即誣寧反帝殺之靈武杜希全率鹽夏二州士六千來赴帝議所從道杞請道漠谷渾瑊曰不然彼多險且爲賊乘不如道乾陵北踰雞子堆而屯與爲犄角賊可破矣帝從杞議賊果拒隘兵不得入奔還邠州李懷光自河北還數破賊泚解去或謂王翃趙贊曰懷光嘗斥宰相不能謀度支賦斂重而京兆刻損軍賜宜誅之以謝天下方懷光有功上必聽用其言公等殆矣二人以白杞杞懼即謫帝曰懷光勳在宗社賊憚之破膽今因其威可一舉而定若許來朝則犒賜留連賊得哀潰殘餘爲完守計圖之實難不如席勝使平京師破竹之勢也帝然之詔懷光無朝進屯便橋懷光自以千里勤難有大功爲姦臣沮間不一見天子內怏怏無所發遂謀反因暴言杞等罪惡士議譁沸皆指目杞帝始寤貶爲新州司馬始帝即位以崔祐甫爲相專以道德導主意故建中初綱紀張設赫然有貞觀風及杞相乃矯帝以刑名繩天下亂敗踵及其陰害矯譎雖國屯主辱猶謷然肆爲之後雖斥然帝念之不衰及興元赦令俄徙吉州長史杞乃曰上必復用我貞元元年詔拜饒州刺史給事中袁高當行詔書不肯草白宰相曰杞反易天常使萬乘播遷幸赦不誅又委大州失天下望宰相不悅乃召它舍人作制高固執不得下於是諫臣趙需裴佶宇文炫盧景亮張薦等衆對極言杞罪四海共棄今復用之忠臣寒膺良士痛骨必且階禍其言懇到帝語宰相曰授杞小州可乎李勉曰陛下與大州亦無難如四方之謗何乃詔爲澧州別駕俄散騎常侍李泌見帝曰高等論杞事朕可之矣泌頓首賀曰比日外謂陛下漢之桓靈今乃知堯舜主也帝喜杞遂死澧州初尚父郭子儀病甚百官造省不屛姬侍及杞至則屛之隱几而待家人怪問其故子儀曰彼外陋內險左右見必笑使後得權吾族無類矣

崔胤字垂休宰相愼由子也擢進士第累遷中書舍人御史中丞喜陰計附離權彊其外自處若簡重而中險譎可畏崔昭緯屢薦之由戶部侍郎同中書門下平章事方王珙兄弟爭河中以胤爲節度使不得赴半歲復以中書侍郎留輔政及昭緯以罪誅罷爲武安節度使陸扆當國時王室不競南北司各樹黨結藩鎭內相陵脅胤素厚朱全忠委心結之全忠爲言胤有功不宜處外故還相而逐扆光化初昭宗至自華務安反側而胤陰爲全忠地俾擅兵四討帝醜其行罷爲吏部尚書復倚扆以相會淸海無帥因拜胤淸海節度使始昭緯死皆王摶等白發其姦胤坐是賜罷內銜憾既與摶同宰相胤議悉去中官摶不助請徐圖之及是不欲外除即漏其語於全忠令露劾摶交敕使共危國罪當誅胤大湖南召還守司空門下侍郎平章事兼領度支鹽鐵戶部使而賜摶死并誅中尉宋道弼景務脩繇是權震天下雖宦官亦累息至是四拜宰相世謂崔四入劉季述幽帝東內奉德王監國畏全忠彊雖深怨胤不敢殺止罷政事胤趣全忠以師西問所以幽帝狀全忠乃使張存敬攻河中掠晉絳神策軍大將孫德昭常忿閹尹廢辱天子胤令判官石戩與游乘間伺察德昭飲酣必泣胤揣得其情乃使戩說曰自季述廢天子天下之人未嘗忘武夫義臣摶手憤惋今謀反者特季述仲先耳它人劫於威無與也君能乘此誅二豎復天子取功名乎即不早計將有先之者德昭感寤乃告以胤謀德昭許諾胤斬帶爲誓俄而季述仲先誅以功進司徒不就復輔政幷還使領帝德之延見或不名以字呼之寵遇無比天復元年全忠已取河中進逼同華中尉韓全誨以胤與全忠善恐導之翦除君側乃白罷政事未及免倉卒挾帝幸鳳翔胤怨帝見廢不肯從召全忠以兵迎天子令太子太師盧渥率羣臣迎全忠始全忠至華遣幕府裴鑄奏事帝不得已聽來朝至是胤爲之謀乃以兵

迫行在帝下詔趣還鎮因詔遣渥等俱西全忠上表具言向書詔皆出宰相乃今知非陛下意爲所詿誤師業入關請得與李茂貞約釋憾以迎乘輿茂貞劾奏胤畜死士用度支使權利令親信陳班與京兆府募兵保所居坊天子出次遣使者五輩往召安臥不動一奉表陳謝時帝見全忠表亦大恚因下詔顯責之以工部尚書罷知政事胤出居華州初天復後宦官尤屈事胤事無不咨每議政禁中至繼以燭請盡誅中官以宮人掌內司事韓全誨等密知之共於帝前求哀乃詔胤後當密封無口陳中官益恐遂欲得其謀乃求知書美人宗柔等內左右以刺陰事胤計稍露宦者或相泣無憀不自安劫幸之謀固矣居華時爲全忠數畫醜計全忠引兵還屯河中胤迎謁渭橋奉觴爲全忠壽自歌以酬酒會茂貞殺全誨等與全忠約和帝急召之墨詔者四朱札三皆辭疾及帝出鳳翔幸全忠軍乃迎謁於道復拜平章事進位司徒兼判六軍諸衞事詔從家舍右軍賜帷帳器用十車胤遂奏高祖太宗無內侍典軍天寶後宦人寖盛德宗分羽林衞爲左右神策軍令宦者主之以二千人爲率其後參掌機密至內務百司悉歸中人共相彌縫爲不法朝廷微弱禍始于此請罷左右神策內諸司使諸道監軍於是中外宦官悉誅天子傳導詔命秖用宮人寵顏等帝之在鳳翔以盧光啓蘇檢爲相胤皆逐殺之分斥從幸近臣陸扆等三十餘人惟裴贄孤立可制留與胤秉政帝動靜一決於胤無敢言者胤議以皇子爲元帥全忠副之示褒崇其功全忠內利輝王沖幼故胤藉以請帝曰濮王長若何還禁中召翰林學士韓偓以謀偓陰佐胤卒不能卻全忠還東到長樂臯臣班辭胤獨至霸橋置酒乙夜乃還帝即召問全忠安否與飲命宮人爲舞劒曲戊夜乃出賜二宮人固讓乃許是時天子孤危威令盡去胤之劫持類如此進侍中魏國公自鳳翔還揣全忠將篡奪顧已宰相恐一日及禍欲握兵自固謬謂全忠曰京師迫茂貞不可無備須募軍以守令左右龍武羽林神策播幸之餘無見兵請軍置四步將將二百五十人一騎將將百人使番休遞侍以京兆尹鄭元規爲六軍諸衞副使陳班爲威遠軍使募卒於市全忠知其意陽相然許胤乃毀浮圖取銅鐵爲兵仗全忠陰令汴人數百應募以其子友倫入宿衞會爲毬戲墜馬死全忠疑胤陰計大怒時傳胤將挾帝幸荊襄而全忠方謀脅乘輿都洛懼其異議密表胤專權亂國請誅之即罷爲太子少傅全忠令其子友諒以兵圍開化坊第殺胤汴士皆突出市人爭投瓦礫擊其尸年五十一元規陳班等皆死實天復四年正月胤罷凡三日死死十日全忠脅帝遷洛發長安居人悉東徹屋木自渭循河下老幼係路啼號不絕皆大罵曰國賊崔胤導全忠賣社稷使我及此先是全忠雖據河南顧彊諸侯相持未敢決移國及胤間內隙與相結得梯其禍取朝權以成彊大終亡天下胤身屠宗滅世言愼由晚無子遇異浮屠以術求乃生胤字緇郎及爲相其季父安潛咄曰吾父兄刻苦以持門戶終爲緇郎壞之

崔昭緯字蘊曜其先清河人及進士第至昭宗時任寖顯以戶部侍郎同中書門下平章事居位凡八年累進尚書右僕射性險刻密結中人外連彊諸侯內制天子以固其權令族人鋋事王行瑜邠寧幕府每宅宰相建議或詔令有不便於己必使鋋密告行瑜使上書訐已則陰阿助之方是時帝室微人主若贅斿然始帝委杜讓能調兵食以討鳳翔昭緯方倚李茂貞行瑜爲重陰得其計則走告之激使稱兵向闕遂殺讓能後又導三鎮兵殺韋昭度等帝性剛明不堪忍會誅行瑜乃罷昭緯爲右僕射復請朱全忠薦己又厚賂諸王爲所奏貶梧州司馬下詔條其五罪賜死行次江陵使者至斬之鋋亦誅

柳璨字炤之公綽族孫也爲人鄙野其家不以諸柳齒少孤貧好學晝採薪給費夜然葉照書彊記多所通涉議訶劉子玄史通著析微時或稱之顏蕘判史館引爲直學士由是益知名遷左拾遺昭宗好文待李磎最厚磎死內常求似磎者或薦璨才高試文帝稱善擢翰林學士崔胤死昭宗密許璨宰相外無知者日暮自禁中出騶士傳呼宰相人皆大驚明日帝謂學士承旨張文蔚曰璨材可用今擢爲相應授何官對曰用賢不計貧帝曰諫議大夫可乎曰唯唯遂以諫議大夫同中書門下平章事起布衣至是不四歲其暴貴近世所未有裴樞獨孤損崔遠皆宿望舊臣與同位頗輕之璨內以爲怨朱全忠圖篡殺宿衞士皆汴人璨一厚結之與蔣玄暉張廷範尤相得既挾全忠故朝權皆歸之進中書侍郎判戶部封河東縣男天祐二年長星出太微文昌間占者曰君臣皆不利宜多殺以塞天變玄暉廷範乃與璨謀殺大臣宿有望者璨手疏所仇媢若獨孤損等二十餘人皆誅死天下以爲冤全忠聞之不善也其後急於九錫宣徽北院使王殷者搆璨等言其有貳故禮不至玄暉懼自往辨解全忠怒罵曰爾與柳璨輩沮我不由九錫作天子不得邪璨懼即脅哀帝曰人望歸元帥矣陛下宜揖讓以授終璨請自行進拜司空爲冊禮使即日進道及玄暉死而全忠恚璨背己貶登州刺史俄除名爲民流崖州尋斬之臨刑悔吒曰負國賊柳璨死宜矣弟瑀瑊皆榜死

玄暉者少賤不得其系著事朱全忠爲腹心昭宗東遷玄暉爲樞密使帝駐陝州術家言星緯不常且有大變宜須冬幸洛帝度全忠必篡命衞官高瓌持帛詔賜王建告以脅遷且言全忠以兵二萬治洛陽將盡去我左右君宜與茂貞克用行密同盟傳檄襄魏幽鎭使各以軍迎我還京師又詔全忠后方娠須十月乃東全忠知帝有謀遣寇彥卿趣迫天子不得已遂行抵穀水全忠盡殺左右黃門內園小兒五百人悉以汴兵爲衞初全忠至鳳翔侵邠州節度使楊崇本降質其家崇本妻美全忠與亂故崇本怒至是遣使者會克用茂貞南告趙匡疑及建同舉兵問劫遷狀全忠大懼帝自出關畏不測常默坐流涕玄暉與張廷範內詗必以告全忠全忠恨帝無傳禪意乃謀殺以絕人望因令其屬李振諭玄暉玄暉與龍武統軍朱友恭氏叔琮夜選勇士百人叩行在言有急奏請見帝宮門開門留十士以守至椒蘭院中夫人裴貞一啓關殺之乃趨殿下玄暉曰上安在昭儀李漸榮曰院使毋傷宅家寧殺我士持劒入帝聞遽單衣走環柱遂弒之漸榮以身蔽帝亦死復執后后求哀玄暉以全忠所殺者帝也乃釋后明日宰相請對日晏不出玄暉矯遺詔言帝夜與昭儀博爲貞一漸榮所弒出二人首全忠自河中來朝振曰晉文帝弒高貴鄉公歸罪成濟今宜誅友恭等解天下謗全忠趨西內臨對嗣天子自言弒逆非本謀皆友恭等罪因泣下請討罪人是時洛城旱米斗直錢六百軍有掠糴者都人怨故因以悅衆執友恭叔琮斬之全忠邀九錫玄暉自持詔趣汴言之還洛不淹日全忠矯詔收付有司車裂之貶爲兇逆百姓焚尸都門外廷範者以優人爲全忠所愛屢東遷爲御營使進金吾衞將軍河南尹全忠欲以爲太常卿宰相裴樞持不可繇是樞罷去柳璨希旨下詔責中外不得妄言流品淸濁卒用廷範太常卿會天子將郊以爲脩樂縣使又與蘇楷等駮昭宗謚全忠恚九錫緩也王殷譖其與璨等祀天祈延唐祚及玄暉死璨誅即貶廷範萊州司戶參軍輾于河南市叔琮亦汴州人中和末隸感化軍以騎士奮性沈壯有膽力從全忠擊黃巢陳許間名右諸將得爲親校與時浦朱宣戰以多累表檢校尚書右僕射爲宿州刺史攻趙匡凝於襄陽不克又與李克用戰洹水遷曹州刺史天復初拔澤路擊太原授晉慈觀察使全忠屯鳳翔克用襲絳州攻臨汾叔琮以二壯士類沙陀者牧馬于原與克用軍偕行伺隙各禽一虜還克用大驚疑有伏遂退屯蒲會朱友寧以兵三萬來援叔琮曰賊遁矣無以立功乃潛師夜獵游騎殺數百進破其壘俘斬萬級收馬三千遂長驅取汾州轉戰薄太原而還遷檢校司空再進爲保大軍節度使全忠欲遷帝於洛表爲右龍武統軍與弒帝故全忠請貶白州司戶參軍斬之叔琮將死呼曰朱溫賣我以取容天下神理謂何友恭者本李彥威也壽州人客汴州殖財任俠全忠愛而子畜之領長劒都積功表爲檢校尚書左僕射乾寧中授汝州刺史檢校司空楊行密侵鄂州友恭將兵萬餘援杜洪至江州還攻黃州入之獲行密將俘斬萬計又襲安州殺守將遷潁州刺史感化軍節度留後帝東遷爲左龍武統軍貶崖州司戶參軍臨刑曰溫殺我當亦滅族又語張廷範曰公行及此云

贊曰木將壞蟲實生之國將亡妖實產之故三宰嘯凶牝奪辰林甫將蕃黃屋奔鬼質敗謀興元蹙崔柳倒持李宗覆嗚呼有國家者可不戒哉

唐書卷二百二十三下考證

盧杞傳流郢費州○舊書作驩州

崔胤傳進司徒○舊書作司空

盧渥○舊書作盧知猷

唐書卷二百二十四上

宋　端明殿學士宋祁撰

列傳第一百四十九上

叛臣

僕固懷恩鐵勒部人貞觀二十年鐵勒九姓大首領率衆降分置瀚海燕然金微幽陵等九都督府別爲蕃州以僕骨歌濫拔延爲右武衞大將軍金微都督訛爲僕固氏生乙李啜乙李啜生懷恩世襲都督懷恩善戰鬬曉識戎情部分謹嚴安祿山反從朔方節度使郭子儀討賊雲中破之敗薛忠義于背度山殺七千騎禽忠義

子下馬邑，進會李光弼戰常山趙郡沙河嘉山，走史思明。肅宗卽位，與子儀赴靈武。時同羅部落叛褖山北，掠朔方，子儀率懷恩迎擊。懷恩子玢戰敗降虜，已而自拔歸，懷恩怒，叱斬之。將士股栗，皆殊死戰，遂破其衆，收馬橐它器械甚衆。帝又詔與燉煌王承寀使回紇請師，回紇聽命。至德二載，從子儀下馮翊河東，走賊將崔乾祐，襲潼關，破之。賊將安守忠李歸仁苦戰二日，王師敗績，懷恩至渭水，無舟，抱馬鬛以逸，收散卒還河東。子儀赴鳳翔，歸仁以勁兵邀戰三原，子儀使懷恩與王升陳回光渾釋之李國貞五將軍伏白渠下，賊至，遇伏敗而走。又戰淸渠，不利，引還。時回紇使葉護帝得以四千騎濟師，南蠻大食等兵亦踵至，帝乃詔廣平王爲元帥，使懷恩統回紇兵從王戰香積寺北。賊以一軍伏營左，懷恩馳掩之，殲斬無遺者，賊氣沮。旣合戰，以回紇夾攻，賊戰酣，脫甲援矛，直擣陣，殺十餘人，衆驚靡。亦會李嗣業麾鬬尤力，賊大崩敗。會日暮，懷恩見王曰：「賊必棄城走，願假壯騎二百，縛安守忠李歸仁等致麾下。」王曰：「將軍戰疲，且休矣，迨明與將軍圖之。」對曰：「守忠等皆天下驍賊，驟勝而敗，此天與我也，奈何縱之？使復得衆，必爲我患，雖悔無逮。」王不從。固請，通夕四五反。遲明，諜者至，守忠等果遁去。又從王破賊於新店，以復兩京，有殊功，詔加開府儀同三司、鴻臚卿，封豐國公，賜封二百戶。從郭子儀破安太淸，下懷衞二州，攻相州，戰愁思岡，常爲先鋒，勇冠軍中。乾元二年，拜朔方行營節度使，進封大寧郡王。懷恩爲人雄重寡言，應對舒緩，然剛決犯上。始居偏裨，意有不合，雖主將必折詬。其麾下皆蕃漢勁卒，恃功多不法，子儀政寬，能優容之。及李光弼代子儀，懷恩仍爲副。光弼守河陽，攻懷州，降安太淸。又子瑒亦善鬬，以儀同三司將兵，每深入，多殺賊，憚其勇，號猛將。太淸妻有色，瑒劫致于幕，光弼命歸之，不聽，以卒環守。復馳騎趣之，射殺七人，奪妻還太淸。懷恩怒曰：「公乃爲賊殺官卒邪！」光弼持法嚴，少假貸。初會軍汜水，朔方將張用濟後至，斬纛下，懷恩心憚光弼。自用濟誅，常邑邑不樂。及光弼與史思明戰邙山，不用令，以覆王師，帝思其功，召入爲工部尚書，寵以殊禮。代宗立，拜隴右節度使，未行，改朔方行營節度，以副子儀。初，肅宗以寧國公主下嫁毗伽闕可汗，又爲少子請婚，故以懷恩女妻之。少子立，號登里可汗，而懷恩女爲可敦。寶應元年，帝召兵於回紇，而登里可汗已爲史朝義所誘，引衆十萬盜塞，闕中大震。帝遣殿中監藥子昂勞之，可汗因請見懷恩及其母。有詔報可，懷恩避嫌不往，帝賜鐵券手詔，固遣乃行。與可汗會太原，可汗大悅，遂請和，助討朝義，卽引兵屯陝州待師期。於是雍王以元帥爲中軍，拜懷恩同中書門下平章事，爲之副，乃與左殺爲先鋒。時諸節度皆以兵會，次黃水，賊堅壁自固。懷恩陣西原，多張旗旛，使突騎與回紇稍南出，緣賊左，舉旗爲應，破賊壁，死者數萬。朝義擁精騎十萬來援，埋根決戰，短兵接，殺獲相當。魚朝恩令射生五百攢矢注射，賊多死，而陣堅不可犯。馬璘怒，單騎援旗直進，奪兩盾，賊辟易，大軍乘以入，衆囂不止。朝義敗，斬首萬六千級，禽四千餘人，降者三萬。轉戰石榴園老子祠，賊再敗，自相犇蹂，死塡尚書谷幾滿。朝義輕騎走，懷恩進收東都、河陽，封府庫，無所私，釋賊所署許叔冀王伷等，衆皆按堵。留回紇屯河陽，使瑒及北廷兵馬將高輔成以萬騎逐北，懷恩常壓賊而次。至鄭州，再戰再捷，賊帥張獻誠以汴州降。下滑州，朝義至衞州，與其黨田承嗣李進超李達盧合，有衆四萬，據河以戰。瑒濟師登岸薄之，賊黨奔潰。進次昌樂，朝義逸，僞帥達盧降。薛嵩李寶臣舉相衞深定等九州獻欵。朝義至貝州，得其黨薛忠義，引衆三萬拒瑒於臨淸，賊氣盛。瑒勒兵挫其鋒，令高彥崇渾日進李光逸設三伏以待，賊半度，伏發擊之。朝義走，會回紇以輕騎至，瑒卷甲馳之，大戰下博，賊背水陣，師奔擊，賊大崩，積尸蔽流而下。朝義退守莫州。於是都知兵馬使薛兼訓郝廷玉、兗鄆節度使辛雲京會師城下，朝義與田承嗣數挑戰，不勝，臨陣斬僞黨敬榮。朝義懼，率殘衆奔幽州，王師追躡，朝義走平州，自經死，河北平。懷恩與諸將皆罷兵，以功遷尚書左僕射兼中書令、河北副元帥、朔方節度使，加封戶四百。初，帝有詔但取朝義，其它一切赦之，故薛嵩張忠志李懷仙田承嗣見懷恩，皆叩頭願效力行伍。懷恩自見功高，且賊平則勢輕，不能固寵，乃悉請裂河北分大鎭以授之，潛結其心以爲助，嵩等卒據以爲患云。未幾，加太子少師，增戶五百，第一區，與一子五品官。詔護回紇歸國，道太原，辛雲京內忌懷恩，又以其與回紇親，疑可汗見襲，閉關不敢犒軍。懷恩旣父子新立功，舉河朔若拾遺，名出諸將遠甚，而爲雲京所拒，大怒，表上其狀，頓軍汾州，使裨將李光逸以兵守祁，李懷光據晉州，張如岳據沁州，高暉等十餘人自從。會監軍駱奉先自雲京所歸，雲京已厚結其懽，因言懷恩與可汗約反狀明白。奉先過懷恩，升堂拜母，母讓曰：「若與我兒約兄弟，今何自親雲京？然前事勿論，自今宜如初。」酒酣，懷恩舞，奉先厚納以幣。懷恩未及酬，奉先亟辭去，懷恩卽遣左右匿其馬。奉先疑圖己，乘夜遁歸。懷恩驚，追與其馬。奉先還，具奏懷恩反狀，懷恩亦請誅雲京、奉先，詔兩解之。懷恩之過潞，李抱玉贈以幣馬，懷恩答之。俄抱玉表懷恩私有所結。廣德初，進拜太保，與一子三品、一子四品官，增封戶五百，瑒與一子五品官，封戶百，仍賜鐵券，以名藏太廟，畫象凌烟閣。又以瑒檢校兵部尚書、朔方行營節度使。然懷恩怏怏，又性彊固，不肯爲讒毀屈，無以自解，乃上書陳情曰：「臣世本夷人，少蒙上皇驅策。祿山之亂，臣以偏裨決死靜難，仗天威神，克滅彊胡。思明繼逆，先帝委臣以兵，誓雪國讐，攻城野戰，身先士卒，兄弟死於陣，子姓沒於軍，九族之內，十不一在，而存者創痍滿身。陛下龍潛時，親總師旅，臣事麾下，悉臣之愚。是時數以微功，已爲李輔國讒間，幾至毀家。陛下卽位，知臣負謗，遂開獨見之明，杜衆多之口，拔臣於汧隴，任臣以朔方，游魂反幹，朽骨再肉。前日回紇入塞，士人未曉，京輔震驚，陛下詔臣至太原勞問，許臣一切處置，因得與可汗計議，分道用兵，收復東都，掃蕩燕薊。時可汗在洛，爲魚朝恩猜阻，已失歡心。及臣護送回紇，雲京閉城不出，潛使攘竊，蕃夷怨怒，彌縫百端，乃得返國。臣還汾州，休息士馬，雲京亦不使一介相聞，畏臣劾奏，故構爲飛謗，以起異端。陛下不垂明察，欲使忠直之臣陷讒邪之黨，臣所爲拊心泣血者也。然臣之罪有六，無所逃死：往者同羅背逆，以騷河曲，兵連不解，臣不顧老母，從先帝於行在，募兵討賊，同羅奔殄，是臣不忠於國，罪一也；斬子玢以令士衆，捨天性之愛，是臣不忠於國，罪二也；二女遠嫁，爲國和親，合從殄滅，是臣不忠於國，罪三也；又與子瑒躬履行陣，志寧邦家，是臣不忠於國，罪四也；河北新附諸鎭，皆握彊兵，臣之撫綏，反側時定，是臣不忠於國，罪五也；協和回紇，戡定中原，二陵復土，使陛下勤孝兩全，是臣不忠於國，罪六也。」又言：「來瑱之誅，不暴其罪，天下爲疑。四方奏請，陛下皆云與驃騎議之，可否不出宰相。」詞言慢狠，帝一不爲慊，且欲其悔過，故推心待之。詔宰相裴遵慶臨諭詔旨，因察其去就。遵慶至，懷恩抱其足泣且訴。遵慶道帝所以不疑，卽勸入朝，懷恩許諾。副將范志誠諫，以爲嫌隙成矣，奈何入不測之朝，獨不見來瑱、李光弼乎？二臣功高不賞，瑱已及誅。懷恩乃止，欲使一子入宿衞，志誠固止。御史大夫王翊使回紇還，懷恩慮洩其交通狀，因留不遣。卽使瑒攻雲京，雲京敗，進攻榆次。初，帝幸陝，顏眞卿請奉詔召懷恩，至是帝使往，辭曰：「臣往請行，時也，今無及矣。」帝問故，對曰：「頃陛下避狄于陝，臣見懷恩，責以春秋義不奔問官守，故懷恩來朝，以助討賊，則其辭順。今陛下卽宮京邑，懷恩進不勤王，退不釋衆，其辭曲，必不來矣。」「然則奈何？」曰：「今言懷恩反者，獨辛雲京李抱玉駱奉先魚朝恩四人耳，自餘盛言其枉。然懷恩將士皆郭子儀舊部曲，陛下若以子儀代之，彼以逆順，必相率而歸。」從之。子儀至河中，瑒攻榆次未拔，追兵于祁，責其緩，鞭之，衆怒。是夕，偏將焦暉白玉等斬其首，獻闕下。懷恩聞，以告母，母曰：「我戒汝勿反，國家訓汝不淺，今衆變，禍且及我，奈何？」懷恩再拜出，母提刀逐之曰：「吾爲國殺此賊，取其心以謝軍中。」懷恩走，乃與部曲三百北渡河，走靈武，稍稍引亡命，軍復振。帝念舊勳，不加罪，詔輦其母歸京師，厚卹之，以壽終。又下詔拜懷恩太保兼中書令、大寧郡王，罷餘官。懷恩固惡不能改，遂誘吐蕃十萬入塞，豐州守將戰死。進掠涇邠，祭來瑱墓，渡涇水。邠寧節度使白孝德禦之，覆其陣，懷恩泣曰：「曩皆爲我子，反爲人致死於我。」入侵奉天，子儀拒退之。永泰元年，帝集天下兵防秋，懷恩誘合諸蕃號二十萬入寇。吐蕃自北道逼醴泉，掩奉天；任敷鄭廷郝德自東道寇奉先，以窺同州；羌渾奴刺自西道略盩厔，趣鳳翔。京師震駭，詔子儀屯涇陽，渾日進白元光屯奉天，李光進屯雲陽，馬璘郝廷玉屯便橋，董秦屯東渭橋，駱奉先李日越屯盩厔，李抱玉屯鳳翔，周智光屯同州，杜冕屯坊州，帝御六軍屯苑中，下詔親征。懷恩至鳴沙，病甚，還死靈武，部曲焚其尸以葬。部將張韶徐璜玉不能定其軍，皆前死，范志誠統衆寇涇陽。時諸屯堅壁，大雨，溪坎流潰，賊不得進。吐蕃旣持久，又與回紇爭長，更相疑，莫適先進，因焚廬舍，驅男女數萬去。周智光邀戰澄城，破之，收馬牛軍貲萬計。回紇乃詣子儀降，請擊吐蕃自效，子儀分兵隨之，破其衆於涇州，任敷走，羌渾詣李抱玉降。始懷恩立功，門內死王事者四十六人，及拒命，士不弛甲凡三年。帝隱忍，數下詔，未嘗聲其反。及死，爲之惻然曰：「懷恩不反，爲左右所誤耳。」俄而從子名臣以千騎降。大曆四年，冊懷恩幼女爲崇徽公主，嫁回紇云。

周智光少賤，失其先系，以騎射從軍，起行間爲裨將。魚朝恩鎭陝州，與相昵欵，數稱薦之，累遷同華二州節度使。永泰元年，吐蕃回紇党項羌渾奴刺衆十餘萬寇奉天，智光邀戰澄城，破之，獲駝馬軍貲萬計，逐北至鄜州。素與杜冕仇嫌，時冕屯坊州，家在鄜，智光入殺刺史張麟害冕宗屬八十人火民三千舍而去朝廷召懼不赴更詔冕使梁州避讐冀其來偃然不聽命聚不逞數萬恣剽掠以甘其欲結固之殺陝州監軍張志斌及前虢州刺史龐充初志斌自陝入奏智光慢不爲禮志斌責之怒曰僕固懷恩豈反者邪皆鼠輩弄威福趣之禍也我本不反今爲爾反遂叱斬志斌饔帳下時崔圓自淮南納方物百萬盜頡其半天下貢奉輸漕劫留之士沿調當西者懼何詰間道走同者遣部將邀捕斬之代宗未暴其罪命中使余元仙持詔拜尚書左僕射既受詔恚語曰吾有大功上不與平章事且同華地狹不足申脚若加陝虢商鄜坊五州差可因言諸子皆彎弓二百斤有萬人敵挾天子令諸侯非智光尚誰可即歷詆大臣元仙震汗徐遺百縑遣之自立生祠俾其下禴賽大曆二年帝詔郭子儀密圖之同華路閉詔書不能通乃召子儀壻趙縱受口詔書帛內蠟丸遣家童走間道傳詔子儀得詔聲言討之未行其衆大攜部將李漢惠自同州降子儀乃貶智光澧州刺史聽百人隨身貸將吏一切不問尋爲帳下斬其首并斬子元耀元幹來獻詔梟首皇城南街判官邵賁別將蔣羅漢竝伏誅赦有司具儀告太清宮太廟七陵先是淮西李忠臣入朝次潼關聞智光反率兵討之會敗忠臣因入華大掠自赤水至潼關畜產財物皆盡官吏至衣紙自蔽累日不食者

梁崇義京兆長安人以槩量業於市力能舒鉤後爲羽林射生事來瑱沈默寡言瑱自襄陽朝京師分諸將戍福昌南陽瑱誅戍者潰崇義自南陽勒衆還襄州與李昭薛南陽相讓爲長衆曰非梁卿莫可遂總其軍殺昭及南陽脅制衆心代宗因即拜節度使畢七州兵二萬與田承嗣李正已薛嵩李寶臣相輔車根牙槃結然獨以地褊兵少法令最治折節遇士以自振襄漢間人譏教義親厚數諷入朝答曰來公有大功畏閹豎讒遂巡辭召至代宗立不待駕而朝即見族吾釁盈矣若何欲見上乎建中元年李希烈請討之崇義懼整飭軍旅男子郭昔上變事德宗欲示以信流昔遠方詔金部員外郎李舟諭旨初劉文喜之難舟奉詔入涇州俄而帳下斬文喜以聞四方傳舟能覆軍殺將反側者皆惡之舟至以入朝勸崇義崇義不悅明年遣使尉撫諸道舟復如崇義所遂不肯內請易它使更命給事中盧翰往崇義益不安跋扈甚諫者多死朝廷以不疑示天下乃加同中書門下平章事妻及子悉封賞賜鐵券擢其將藺杲爲鄧州刺史遣御史張著以手詔召崇義崇義使卒持滿乃受命杲奉詔不敢發詣崇義自言崇義對著號哭遂拒詔帝命李希烈率諸道兵進討崇義先攻江陵欲通黔嶺敗於四望而還殺希烈臨漢屯兵千餘希烈怒引兵循漢而上崇義使翟崇暉杜少誠戰蠻水折北至涑口大敗二將降希烈寵之使部降兵徇襄陽約百姓按堵崇義閉壁守者斬關出不可止乃與妻赴井死傳首京師希烈誅其親族及軍從臨漢役者二千人崇義孫叔明養於李納後從劉悟爲昭義將從諫死遣進旄節有詔誅之

李懷光渤海靺鞨人本姓茹父常徙幽州爲朔方部將以戰多賜姓更名嘉慶懷光在軍積勞至開府儀同三司爲都虞候勇鷙敢誅殺雖親屬犯法無所回貸節度使郭子儀仁厚不親事以紀綱委懷光軍中畏之會母喪起兼邠寧慶都將德宗罷子儀副元帥以所部兵分諸將故懷光檢校刑部尚書爲寧慶晉絳慈隰等州節度使引衆城長武據原首臨涇水以扼吐蕃空道自是不敢南侵建中初楊炎欲城原州使懷光兼帥涇原遂其功原州宿將史抗溫儒雅等故子儀麾下嘗在懷光右及處其下意鬱鬱懷光因罪誅之由是涇軍迎畏劉文喜者因衆懼遂叛詔與朱泚討平之加檢校太子少師明年徙朔方節度使實封戶四百仍領邠寧時馬燧李抱眞討田悅未克詔懷光以朔方兵萬五千并力懷光至魏未及營與朱滔等戰連篋山爲賊所敗悅因決水灌軍燧等退屯魏縣尋進同中書門下平章事益戶二百與滔等相持久不戰帝狩奉天懷光率所部奔命方雨淖奮厲軍士倍道進自蒲津絕河敗泚軍於醴泉將抵奉天前遣裨將張韶以蠟韜表隨賊攻城叩壘呼曰我朔方使也縋而上比登身被數十矢時帝被圍急聞之喜即持韶大號城上人心乃安又敗賊於魯店泚解圍去進加副元帥中書令懷光爲人疏而愎誦言宰相謀議乖刺度支賦斂重京兆尹刻薄軍食天下之亂皆由此吾見上且請誅之或以告王翃翃等計懷光有大功上且訪以得失使其言入豈不殆哉遂告盧杞杞即說帝曰懷光兵威已振逆賊破膽若席勝可一舉滅賊令入朝則必宴勞留連賊得從容完備卒難圖也帝不得其情因然之乃敕懷光屯便橋督諸將進討懷光自以徑千里赴難爲姦臣捉隔不得朝頗恚悵去屯咸陽明日李晟會陳濤斜壁壘未具賊大至晟說懷光曰賊保宮苑攻之良難今敢離窟穴與公薄戰此天以賊賜公也懷光曰吾馬未秣士未飯可遽戰哉姑養吾勇以待之晟不得已閉壁不出懷光數暴杞等罪帝爲貶杞與趙贊白志貞又劾奏中人翟文秀亦殺之以尉懷光然益自疑堅壁八旬不出戰屢詔使進軍以伺釁爲解陰連朱泚初崔漢衡使吐蕃求助兵尚結贊曰吾法進軍以本兵大臣爲信今制書不署懷光未敢前帝乃命翰林學士陸贄詣懷光議事懷光陳三不可且言吐蕃舍人馬重英陷長安贊普責其不焚蕩今其來必肆宿志一不可彼云引兵五萬既用其人則同漢士儻邀我厚賞何以致之二不可虜人雖來義不先用勒兵自固以觀成敗王師勝則分功敗則圖變狡詐多端不可信三不可卒不肯署又嫚罵贄曰爾何能與元元年詔加太尉賜鐵券懷光赫然怒曰凡疑人臣反則賜券今授懷光是使反也抵于地時部將韓游瓌將兵衛奉天懷光約令爲變游瓌以聞數日又密書趣之門者捕送又遣將趙升鸞諜於奉天升鸞告渾瑊曰懷光遣達奚承俊火乾陵使我爲內應以脅乘輿瑊白發其姦請帝決幸梁州帝令瑊戒嚴未畢帝自西門出詔戴休顏守奉天懷光遣將孟廷寶惠靜壽孫福達輕騎趨南山糧料使張增遇之三人計曰吾屬以叛聞不如緩軍彼怒不過不吾將耳使增給衆曰由此東吾有見糧可食也廷寶等引而東縱卒大掠而百官遂入駱谷追帝不及還白懷光懷光怒悉罷其兵懷光乃奪李建徽陽惠元等軍屯好畤然其下稍稍攜貳泚始憚之至是欲遂臣懷光懷光怒告絕益不安乃引兵掠涇陽三原富平遂如河中留張昕守咸陽而孟涉段威勇擁兵降李晟韓游瓌殺昕以邠州歸戴休顏自奉天令於軍曰懷光反乃城守有詔以懷光爲太子太保許其麾下擇功高者一人統其兵不奉詔懷光至河中取同絳二州按兵觀望京師平命給事中孔巢父中人啖守盈名之皆爲懷光帳下所害於是繕兵嚴守帝乃遣渾瑊討之度支欲罷其軍歲中稟賜帝曰朔方軍累有功豈以懷光拒命而衆不被恩邪詔所司別貯縑錢須事定乃給瑊破同州屯軍不得進數爲懷光所衂帝以河東節度使馬燧威名白著乃拜副元帥與瑊及鎭國駱元光邠寧韓游瓌鄜坊唐朝臣會兵進討燧拔絳州諸軍遂圍河中貞元元年八月朔方部將牛名俊斬懷光傳首以獻年五十七帝念其功詔許一子嗣賜莊第各一區聽以禮葬妻王徙澧州初懷光死其子璀盡殺其弟乃死故懷光無後五年詔曰懷舊念功仁之大也興滅繼絕義之至也昔蔡叔圯族周封其子韓信干紀漢爵其孥侯君集不率太宗存其祀考先王之道烈祖之訓皆以刑佐德俾人嚮方曩者盜臣竊發朕狩近郊懷光夙駕千里奔命行在假雷霆之威破虎狼之衆守節靡終潛構禍胎大戮所加自貽伊戚孤魂無歸懷之惻然宜以外孫燕賜姓李名曰承緒以左衛率府胄曹參軍繼懷光後仍賜錢百萬置田墓側以備祭享還妻王使就養云

陳少游博州博平人幼習老子莊周書爲崇玄生諸儒推爲都講有媢者欲對廣衆切問以屈少游及升坐音吐清辯據引淹該問窮而對有餘大學士陳希烈高其能既擢第補南平令治有聲累遷侍御史回紇糧料使加檢校職方員外郎充使檢校郎官自少游始僕固懷恩表署河北副元帥判官遷晉鄭二州刺史少游長權變所至一切幹濟賄謝權幸以是數遷李抱玉表澤潞副使爲陳鄭留後永泰中復奏爲隴右行軍司馬擢桂管觀察使少游不樂遠去規徙近鎭時宦官董秀有寵掌樞近少游乃宿其里候歸沐入謁因鄙語謟謂秀曰七郎親屬幾何月費幾何秀謝曰族甚大歲用常過百萬少游曰審如是奉入不足爲數日費當數外營乃辦耳吾雖不才請獨取濟歲輪錢五千萬今具其半請先入之秀大喜與厚相結少游因泣曰嶺南瘴癘恐不得生還見顏色秀遽曰公美才不當遠出請少待時少游已納賂元載子仲武於是內外更薦之改宣歙池觀察使大曆五年徙浙東封潁川縣子遷淮南節度使喜譎數行小惠羣吏任職三總藩皆天下富饒處以是斂求貿易無慮日積財寶巨億萬初結元載賂金帛歲無慮十萬緡又事宦官駱奉先劉淸潭吳承倩及秀故能久其任後載以過見疑少游亦疏之載子伯和謫揚州少游陽善之陰奏其罪代宗以爲忠建中初朝廷經費不充始請本道稅錢千增二百鹽斗加百錢度支因請諸道並增焉李納拒命少游出師收徐海等州俄棄之退屯盱眙累進檢校尚書左僕射賜封戶三百加同中書門下平章事時宰相關播盧杞與少游有雅故故驟兼台司德宗幸奉天度支汴東兩稅使包佶寓揚州所儲財賦八百萬緡將輸京師少游意朱泚勢盛不逮平欲脅取其財使判官崔頏就佶索文簿貸二百萬緡佶以非敕命拒之頏怒曰君善得爲劉長卿不爾爲崔衆矣長卿常任租庸使爲吳仲孺所囚崔衆以倨李光弼被殺故頏以爲言佶謂少游欲諫止不得語即遣去於是財用悉爲少游所掠佶奔白沙少游遣幕中房孺復召之佶驚走渡江伏妻子案牘中以免佶有禦過兵三千

令高越元甫將爲少游奪之能隨佶者至上元復爲韓滉所留佶但諸史如江鄂州以表內蠟丸以聞會少游使至帝詰其事辭以不知時禍難煽結帝未能制乃曰少游國守臣取佶之財防宅盜耳庸何傷遠近聞之咸稱帝得其機云少游聞之果自安不疑李希烈陷汴聲言襲江淮少游懼遣參謀溫述送款曰豪壽舒廬旣韜刃卷鎧惟君命又使巡官趙詵如鄆州厚結李納希烈僭號遣將楊豐齎僞赦令送少游壽州刺史張建封邏得之斬豐以僞赦送行在會佶入朝具言少游脅財賦狀少游懸上表言所取以贍軍典請償之而州府殘破不能償乃與腹心吏設法重稅民皆苦之劉洽取汴州得希烈僞起居注書某月日陳少游上表歸順少游聞羞悸發病死年六十一贈太尉

贊曰懷恩與賊百戰圖宗死事至四十六人遂汎掃燕趙無餘埃功高威重不能防患凶德根于心弗得其所輒發果於犯上惜哉其母拔刀逐賊烈婦人也懷光提萬衆振天子於難一爲讒人所沮忿戾不自還身首殊分然讒人亦可疾矣所謂交亂四國者也

李錡淄川王孝同五世孫以父國貞蔭調鳳翔府參軍貞元初遷至宗正少卿嘗與卿李幹爭議錡以直不坐德宗兩置之自雅王傅出爲杭湖二州刺史方李齊運用事錡以賂結其歡居三歲遷潤州刺史浙西觀察諸道鹽鐵轉運使多積奇寶歲時奉獻德宗昵之錡因恃恩驁橫天下榷酒漕運錡得專之故朝廷用事臣錡以利交餘皆乾沒于私國計日耗浙西布衣崔善貞上書闕下暴其罪帝械以賜錡錡豫浚大坎至則并械瘞坎中聞者切齒錡得志無所憚圖久安計乃益募兵選善射者爲一屯號挽硬隨身以胡奚雜類虯須者爲一將號蕃落健兒皆錡腹心稟給十倍使號錡爲假父故樂爲其用帝於是復鎭海軍以錡爲節度使罷領鹽鐵轉運錡喜得節而忘其權去暴踞日甚屬吏死不以過甚衆又逼汙良家寮佐力諫不能得遂遁去憲宗卽位不假借方鎭故倔彊者稍稍入朝錡不自安亦三請覲有詔拜尚書左僕射以御史大夫李元素代之中使馳驛勞問兼撫慰其軍錡署判官王澹爲留後錡無入朝意稱疾遷延不卽行澹及中使數趣之錡不悅乘澹視事有所變更者諷親兵圖澹因給冬服錡坐幄中以挽硬蕃落自衛澹與中使入謁旣出衆持刃嫚罵殺澹食之監軍使遣牙將趙琦慰諭又食之以兵注中使頸錡陽驚扈解乃囚別館蕃落兵薛頡主之挽硬兵李鈞主之又以公孫玠韓運分總餘軍室五劍授管內鎭將令殺五州刺史屬別將庾伯良兵三千築石頭城謀據江左常州刺史顏防用其客李雲謀矯詔稱招討副使殺鎭將李深傳檄蘇杭湖睦四州同討錡湖州辛秘亦殺鎭將趙惟忠而蘇州李素爲鎭將姚志安所執釘舷上獻於錡錡敗而免憲宗以淮南節度使王鍔爲諸道行營兵馬招討處置使中官薛尚衍爲都監招討宣慰使發宣武武寧武昌淮南宣歙江西浙東兵自宣杭信三州進討初錡以宣州富饒遣四院隨身兵馬使張子良李奉仙田少卿領兵三千分下宣歙池錡甥裴行立雖預謀而欲效順故相與約還兵執錡行立應於內子良等旣行其夕諭軍中曰僕射反矣精兵四面皆至常湖鎭將千首通衢勢慼且敗吾輩徒死不如轉禍希福部衆大悅遂迴趣城行立舉火內外合譟行立攻牙門錡大驚左右曰城外兵馬至錡曰何人邪曰張中丞也錡怒甚曰門外兵何人也曰裴侍御也錡拊膺曰行立亦叛吾邪跣足逃于女樓下李鈞引兵三百趨出庭院格鬬行立兵貫出其中斬鈞傳首城下錡聞之舉族慟哭子良以監軍命曉諭城中逆順且呼錡束身還朝左右以幕繐而出之錡以僕射召數日而反狀至下詔削官爵明日而敗送京師神策兵自長樂驛護至闕下帝御興安門問罪對曰張子良教臣反非臣意也帝曰爾以宗臣爲節度使不能斬子良然後入朝邪錡不能對以其日與子師回腰斬于城西南年六十七尸數日帝出黃衣二襲葬以庶人禮擢子良檢校工部尚書左金吾將軍封南陽郡王賜名奉國田少卿檢校左散騎常侍左羽林將軍代國公李奉仙檢校右常侍右羽林將軍邠國公裴行立泌州刺史贈王澹給事中趙琦和州刺史崔善貞睦州司馬削錡屬籍從弟宋州刺史銛通事舍人銑從子師偃流嶺南

贊曰語曰出入之吝謂之有司賤之也德宗平朱泚京師府藏耗竭諸道始有進奉助經費而詔書亦往往宣索於天下以人主規規財利下行有司之事天下無事賦取猶不息劍南江西有日月之進杜亞劉贊王緯及錡歲時進奉以固其寵號稱賦外羨餘又亦託中旨以盜庫物然獻纔十二三餘皆私之江淮以南物力大屈人人憔然忘生貞元以後中官市物都下謂之宮市不持符牒口含詔命取濫纖惡布紅紫之倍其估裂以償直市之良賈精貨皆逃去不出列廛閉者惟粗雜苦窳而已又有彊驅入禁中醫所車輦賣者不平因共毆笞之蒼頭女奴名馬工車惴惴常畏捕取而德宗蔽於左右前後莫知也故善貞因錡并論其事卒不知錡顓鹽鐵之利以養兵圖叛會不及庸有司之吝遠甚

唐書卷二百二十四上考證

李懷光傳爲寧慶晉絳慈隰等州節度使○舊書寧慶上有邠字臣酉按上文旣云兼邠寧慶都將此處當以舊書爲正

陳少游傳佶但諸史如江鄂州○臣酉按舊書云佶但領胥吏往江鄂等州語意較明

唐書卷二百二十四下

唐　端明殿學士宋祁撰

列傳第一百四十九下

叛臣

李忠臣本董秦也幽州薊人少籍軍以材力奮事節度使薛楚玉張守珪安祿山等甄勞至折衝郎將平盧軍先鋒使劉正臣殺僞節度呂知晦擢秦兵馬使攻長楊戰獨山襲榆關北平殺賊將申子貢榮先欽執周銑送京師從正臣赴難復敗李歸仁李咸白秀芝等潼關失守秦整軍北還奚王阿篤孤初引衆與正臣合已而紿約皆攻范陽至后城夜乘間襲秦秦接戰敗之追奔至溫泉山禽首領阿布離斬以纛鼓至德二載節度使王玄志使秦率兵三千自雍奴桴葦絕海擊賊將石帝廷烏承洽轉戰累日拔魯城河間景城收糧貲以實軍又與田神功下平原樂安禽僞刺史以獻於是防河招討使李銑承制假秦德州刺史史思明自歸河南節度使張鎬督秦軍合諸將平河南州縣宗禪將陽惠元破安慶緒將王福德於舒舍肅宗下詔褒諭令屯濮州又從韋城從郭子儀圍相州軍潰秦至滎陽破賊將敬釭取糧艘二百柁以餉汴軍未幾授濮州刺史屯杏園渡許叔冀以汴下史思明秦力屈亦降思明撫背曰始吾有左手得公今完矣與俱寇河陽秦夜挐五百人冒圍歸李光弼詔加殿中監封戶二百召至京師賜今氏名給良馬甲第時陝西神策兩節度使郭英乂衛伯玉屯陝故以忠臣爲兩軍兵馬使戰永寧莎柵與賊將李感義等數十遇皆破之淮西節度使王仲昇爲賊執以忠臣爲汝仙蔡六州節度使兼安州合諸軍平東都進御史大夫回紇可汗旣歸留其下安恪石帝廷居河陽守貲廥因是招亡命爲盜道路畏澀詔忠臣討定之吐蕃犯京師天子追兵秦方宴鞠場使者至卽整師引道諸將白須良日忠臣怒曰君父在難方擇日救患乎時召兵無先忠臣至者代宗嘉之加本道觀察使賚與倍等周智光爲帳下所殺忠臣提兵入華州所過大掠自赤水距潼關二百里無居人大曆五年加蔡州刺史陝虢李國清爲下所逐掠府庫國清徧拜諸將乃免會忠臣入朝次陝詔訊于衆衆懼忠臣不敢搖卽闔棘約士投所掠物團中一日盡獲討李靈耀也戰西梁固敗之復與馬燧軍合敗賊于汴州田悅以援兵三萬屯汴郛忠臣勒裨將李重倩夜率百騎襲之貫其營而還殺數千百人悅間道走靈耀開城亡去軍遂潰以忠臣爲汴州刺史加檢校司空同中書門下平章事封西平郡王忠臣貪婪沓嗜色將士婦女逼與亂所至人苦之以女弟妻張惠光用爲牙將恃勢殘克或白忠臣不之信又以惠光子居牙下愈橫肆十四年大將李希烈因衆怒與少將丁暠賈子華等共斬惠光父子以兵脅逐忠臣跳奔京師帝素寵之不責也復授檢校司空同中書門下平章事奉朝請德宗立散騎常侍張涉以贓得罪帝怒不赦涉故侍讀東宮者忠臣曰陛下貴爲天子先生以乏財觸法非過也帝意解免涉歸田里湖南觀察使辛京杲私怒部曲殺之有司劾當死忠臣曰京杲應死久矣帝問故對曰京杲諸父戰某所死兄弟戰某所死渠從行獨得存以故知之帝悽然悟釋之下除王傅忠臣雖直不通書帝嘗謂卿耳大眞貴兆對曰臣聞驢耳大龍耳小帝喜其野而誠然旣失兵怫鬱不顧藉朱泚反僞署司空兼侍中泚攻奉天以忠臣居守泚敗繫有司與其子俱斬

喬琳并州太原人少孤苦志學擢進士第性誕蕩無禮檢郭子儀表爲朔方府掌書記與聯舍畢曜相掉訐貶巴州司戶參軍歷果綿遂懷四州刺史治寬簡不視事嘗謂錄事參軍任紹業曰子綱紀一州能劾刺史乎紹業出條所失示之驚曰能知吾失御史材也琳素善蒲人張涉涉以國子博士侍太子讀太子卽位召訪政事不淹日詔入翰林遷散騎常侍薦琳任宰相乃拜御史大夫同中書門下平章事天下矍然駭之琳年高且瞶每進對失次所言不厭帝旨在位閱八旬以工部尚書罷帝由是亦疏涉琳從幸奉天再遷太子少師進幸梁州次盩厔詭言馬殆不進帝素以耆老禮之給乘輿馬辭病力帝賜所執策曰勉爲良圖與卿別矣不數日祝髯髮舍仙游佛廬泚聞遣數十騎取之署吏部尚書令姻家源休衣以朝服食以肉琳亦不辭士有訴官非便

者琳曰子謂此選使乎及收京師李晟惜其老表貰死帝曰琳故宰相失節背義不可赦臨刑歎曰我以七月七日生以此日死非命耶時又有蔣鎮者洌子也與兄鍊俱以文辭顯擢賢良方正科累轉諫議大夫大曆中淫雨壞河中鹽池味苦惡韓滉判度支慮減常賦妄言池生瑞鹽王德之美祥代宗疑不然命鎮馳驛按視鎮內欲結滉故實其事表置祠房號池曰寶應靈慶云再進工部侍郎妹壻源溥者休弟也故鎮與休交泚叛竄于鄠傷足不能進泚先得鍊而鎮左右逃歸語所在源休間白泚以二百騎求得之知不免懷刃將自刺鍊止之復謀出奔懦不決中朝臣遁伏者休多所誅殺賴鎮救原十五初洌與弟渙在安史時皆汙僞官鍊兄弟復屈節于賊云

高駢字千里南平郡王崇文孫也家世禁衞幼頗修飭折節爲文學與諸儒交硜硜譚治道兩軍中人更稱譽之事朱叔明爲司馬有二鵰並飛駢曰我且貴當中之一發貫二鵰焉衆大驚號落鵰侍御後歷右神策軍都虞候党項叛率禁兵萬人戍長武是時諸將無功唯駢數用奇殺獲甚多懿宗嘉之徙屯秦州卽拜刺史兼防禦使取河渭二州略定鳳林關降虜萬餘人咸通中帝將復安南拜駢爲都護召還京師見靈臺殿於是容管經略使張茵不討賊更以茵兵授駢駢過江約監軍李維周繼進維周擁衆壁海門駢次峯州大破南詔蠻收所獲贍軍維周忌之匿捷書不奏朝廷不知駢問百餘日詔問狀維周劾駢玩敵不進更命右武衞將軍王晏權往代駢俄而駢拔安南斬蠻帥段酋遷降附諸洞二萬計晏權方挾維周發海門檄駢北歸而駢遣王惠贊傳酋遷首京師見舳艫甚盛乃晏權等惠贊懼奪其書匿島中間關至京師天子覽書御宣政殿羣臣皆賀大赦天下進駢檢校刑部尚書仍鎮安南以都護府爲靜海軍授駢節度兼諸道行營招討使始築安南城由安南至廣州江漕梗險多巨石駢募工劖治由是舟濟安行儲餉畢給又使者歲至乃鑿道五所置兵護送其徑青石者或傳馬援所不能治既攻之有震碎其石乃得通因名道曰天威云加檢校尚書右僕射駢之戰其從孫潯常先鋒冒矢石以勸士駢徙節天平薦潯自代詔拜交州節度使僖宗立卽其軍加同中書門下平章事南詔寇巂州掠成都徙駢劍南西川節度乘傳詣軍及劍門下令開城縱民出入左右諫寇在近脫大掠不可悔駢曰屬吾在安南破賊三十萬驃信聞我至尚敢邪當是時蠻攻雅州壁盧山聞駢至亟解去駢卽移檄驃信勒兵從之驃信大懼送質子入朝約不敢寇蜀有突將分左右二廂廂有虞候詰火督盜賊有兵馬虞候主調發駢罷其一各置一虞候又以蜀兵孱詔蠻新定人未安業罷突將月稟并餐錢約曰府庫完當如舊又團練兵戰者厚其衣稟不團練者但掌文書倉庫衣稟減焉駢曰皆王卒命均之戰士失望于時天平昭義義成戍軍合蜀兵凡六萬駢之自將出屯也突將亂乘門以入駢匿於圊求不得天平軍聞變其校張桀以士五百格戰不勝監軍慰撫之皆曰州雖吏蠻亂戶口尚完府庫方實公削軍稟以自養不堪其虐故亂監軍懼譴解之取役夫數百名叛卒藉斬其首乃定駢徐出以金帛厚賞士開府庫悉還其衣稟然密籍所給姓名夜遣牙將擊殺之夷其族雖孕者不貰投尸于江有一婦方踞而乳子將就刑媼傷之疑其畏死謂曰以子丐我一詣曹司也婦蹶起曰我知之且飽吾子不可使以饑就戮也見刑者拜曰渠有節度使奪戰士食一日忿怒淫刑以逞國家法令何有也我死當訴于天使此賊闔門如今日冤也逮死神色晏然蜀人聞者爲垂泣駢復錄突將戍還者尢名貯器中意不懌則探之或十或五授將李敬全斬決親吏王殷說駢曰突將在行者初不知謀公當赦之駢悅投尢池中人乃安蜀之土惡成都城歲壞駢易以塼甓陴堞完新負城丘陵悉墾平之以便農桑訖功筴之得大畜駢曰畜者養也濟以剛健篤實輝光日新吉孰大焉文宜去下存上因名大玄城進檢校司徒封燕國公徙荊南節度梁纘者本以昭義兵西戍駢表隸麾下王仙芝之敗殘黨過江帝以駢治鄆威化大行且仙芝黨皆鄆人故授駢鎮海節度使駢遣將張潾與纘分兵窮討降其驍帥畢師鐸數十人賊走嶺表帝美其功加諸道行營都統鹽鐵轉運等使又詔駢料官軍義營鄉團歸其老弱傷夷裁制軍食刺史以下小罪輒罰大罪以聞賊更推黃巢南陷廣州駢建遣潾以兵五千屯郴扼賊西路留後王重任以兵八千並海進援循潮自將萬人繇大庾擊賊廣州且請起荊南王鐸兵三萬壁桂永以邕管兵五千壁端州則賊無遺類帝納其策而駢卒不行俄徙淮南節度副大使駢繕完城壘募軍及土客得銳士七萬乃傳檄召天下兵共討賊威震一時天子倚以爲重廣明初潾破賊大雲倉詐降巢巢不意其襲遂大奔引殘黨壁上饒然衆亡幾會疫癘起人死亡潾進擊之巢大懼以金啗潾膺書於駢丐歸命駢信之許爲求節度當此時昭義武寧義武兵數萬赴淮南駢欲專己功卽奏賊已破不須大兵有詔班師巢知兵罷卽絕駢請戰擊殺潾乘勝度江攻天長始巢在廣州求天平節度宰相盧攜善駢以有討賊功不肯赦巢與鄭畋爭于朝故巢怨不得節度而駢聞議不一亦不平至是欲縱賊以聳朝廷然後立功畢師鐸諫曰朝廷所恃誰易於公制賊要害莫先淮南今不據要津以滅賊使得北度必亂中原駢矍然下令將出師嬖將呂用之畏師鐸有功諫曰公勳業極矣賊未殄朝廷且有口語況賊平挾震主之威安所稅駕不如觀釁求福爲不朽資也駢入其計託疾未可以出屯嚴兵保境巢據滁和去廣陵纔數百里乃求援陳許巢逼揚州衆十五萬駢將曹全晸以兵五千戰不利壁泗州以待援駢兵終不出賊北趨河洛天子遣使者促駢討賊冠蓋相望也俄而兩京陷天子猶冀駢立功眷寄未衰詔刺史若諸將有功自監察御史至常侍許墨制除授尋進檢校太尉東面都統京西京北神策軍諸道兵馬等使會二雄雛署寢占者曰軍府將空駢惡之悉兵出營東塘舟二千艘戈鎧完銳日討金鼓以侈士志與浙西節度使周寶檄欲連和而西寶大喜有謂寶彼欲并江東爲孫策三分計實未之信俄而駢請寶至軍議事寶怒辭疾不出釁隙遂構駢屯東塘百日託以寶及浙東劉漢宏將爲不利乃還以應其變帝知駢無出兵意天下益殆乃以王鐸代爲都統以崔安潛副之詔韋昭度領諸道鹽鐵轉運使加駢侍中增實戶一百封渤海郡王駢失兵柄利權攘袂大詬卽上書謾言不恭詆鐸乃敗軍將而安潛狠貪有如橈敗詒千古之悔又引更始刮席子嬰軹道事以激帝帝怒下詔切責當此時王室微不絕如帶駢都統三年無尺寸功幸國顛沛大料兵陰圖割據一旦失勢威望頓盡故肆爲醜悖脅邀天子冀復故權而吳人顧雲以文辭緣澤其姦偃然無所忌畏又請帝南幸江淮會平賊駢閼縮氣悵悵部下多叛去鬱鬱無聊乃篤意求神仙以軍事屬用之用之者鄱陽人世爲商儈往來廣陵得諸賈之驩既孤依舅家盜私其室亡命九華山事方士牛弘徽得役鬼術賣藥廣陵市始詣駢親將俞公楚驗其術因得見駢署幕府稍補右職用之既少賤具知閭里利病吏得失頗班班言政事以將左道駢愈器之乃廣樹朋黨刺知駢動息持金帛還結左右日爲誕妄以動駢又薦狂人諸葛殷張守一爲長年方並署牙將初殷將見用之紿曰上帝以公爲人臣慮機事慮廢使神人來備羽翼且當以職縻之明日殷以褐衣見辯詐無窮駢大驚號葛將軍其陰狡過用之遠甚有大賈居第華壯殷求之不得謂駢曰城中且有妖當築壇禳卻之因指賈居駢敕吏卽日驅徙殷入居之駢造迎仙等樓皆度高八十尺飾以金珠渠玉侍女衣羽衣新聲度曲以儗鈞天薰齋其上祈與仙接用之自謂與仙眞通對駢叱咤風雨或望空顧揖再拜語言俚近左右或竊議輒殺之後無敢出口者蕭勝納賄用之求鹽城監駢不肯用之曰仙人言鹽城有寶劍須眞人取之唯勝可往駢許諾數月勝獻銅七首用之曰此北帝所佩也得之者兵不敢犯駢寶祕之常持以坐起用之憚其術窮且見詰乃刻青石手板爲龍蛇隱起文曰帝賜駢使人潛植机上駢得之大喜爲寓鶴廷中設機關觸人則飛動駢衣羽服乘之作仙去狀用之懼有摘其姦者乃曰仙人當下但患學者眞氣淅沮耳駢始棄人間事絕妾媵雖將吏不得見客至先遣薰濯詣方士祓除謂之解穢少選卽引去自是內外無敢言者惟梁纘屢爲駢言駢不聽纘懼解所領兵駢還其軍於昭義纘不復事矣用之既自任淫刑重賦人人思亂乃擢廢吏百餘號察子厚稟食令居衢閧間凡民私閱隱語莫不知道路箝口誅所惡者數百族又募卒二萬爲左右鏌邪軍與守一分總置官屬如駢府用之每出入騶御至千人建大第軍胥營署皆備建百尺樓託云占星實窺伺城中之有變者左右姬侍百餘皆娟秀光麗善歌舞巾韝束帶以侍月二十宴其費仰於民不足至苛留度支運物誘人上變則許入貲產贖罪俞公楚數規戒其失不聽姚歸禮謀殺之弗克用之因譖二人於駢使以驍雄兵三千督盜於外密使兵襲之舉師殲焉駢從子澞密疏用之罪諫駢曰不除之高氏且無種駢怒命左右扶出以狀授用之用之誣澞貸貰不能滿故妄言因出澞筆驗之駢敕吏禁澞出入俄署舒州刺史未幾爲下所逐用之構之也駢使人殺澞嗣襄王熅之亂駢上書勸進僞假駢中書令諸道兵馬都統江淮鹽鐵轉運使以用之爲嶺南節度使駢久觖望至是大喜貢賦不絕用之始開府置官屬禮與駢均矣以鄭杞董僅吳邁爲腹心駢之親信皆偪使附己政事未嘗關決駢駢內悔欲收其權不能也用之問計於杞僅謀請駢齋於其第密縊之紿爲昇天事不克光啓三年蔡賊孫儒兵略定遠聲言涉淮壽州刺史張翺奔告駢命畢師鐸率騎三百戍高郵師鐸者故仙芝黨以善騎射

稱駢敗巢于浙西用其力故寵待絕等用之厚啖以利欲其諧附然不肯倩師鐸有妾美用之請見不可徂其出覬焉怒而棄之內忿懼爲子結婚於高郵將張神劒陰以爲援朱全忠方攻秦宗權駢慮其奔突使師鐸率兵踰都梁山不見賊還師鐸見駢府宿將多以讒死憂甚用之益加禮師鐸愈恐謀於神劒神劒不然其言而猜嫌日結用之亦慮其變內欲除之亟請罷屯其母密檄師鐸使去曰毋顧家室師鐸憂未知所出而駢子怒用之專恣覬師鐸與諸將發其姦遣使謂師鐸曰用之欲因此行圖君既授書神劒矣君其備之師鐸驚軍中稍稍傳言諸將介而見請殺神劒并其軍驅市人以濟亂師鐸曰不可我若重擾百姓復一用之也鄭漢璋素與我善兵精士彊以用之用事常不平今若告之謀彼必喜則事濟矣衆然之神劒未知方椎牛釀酒且將犒師師鐸潛師夜出士皆絳繒抹首且行且掠漢璋聞以麾下出迎師鐸諗以計大喜留其妻守淮口帥兵及亡命數千至高郵見神劒詰其變神劒辭不知師鐸語稍侵神劒瞋目曰大夫何晚計彼一妖人前假嶺南節不肯行志圖淮海令君既奪魄彼一日得志吾能握刀頭北面事之邪吾前未量君意故不出口尚何疑漢璋喜取酒劃臂血而盟推師鐸爲大丞相作誓告神乃移檄州縣以誅呂用之張守一諸葛殷爲名神劒以高郵兵諸校倪詳逯竝以天長子弟會唐宏爲先鋒駱玄真主騎趙簡主徒王朗爲殿得勝兵三千將發神劒中悔繆曰公兵雖精然城堅旬日不下則糧乏衆心搖矣神劒請按軍高郵爲公聲援而督糧道師鐸曰民稟尚多何患資儲城中携離無鬬志何事聲援君意不行孰敢違漢璋內忌神劒恐不爲已下勸許其計約城破玉帛子女共之其四月兵傅城營其下城中駭亂用之分兵守且自督戰令曰斬一級賞金一餠士多山東人堅悍頗用命師鐸懼退舍自固用之稍堙塞諸門駢登延和閣聞囂甚左右告之故大驚召用之問狀徐曰師鐸衆思歸爲門衛所軋隨已處置不爾煩玄女一符耳駢曰吾覺爾之誕多矣善自爲之勿使吾爲周寶也時寶已爲下所逐出奔云用之慙不復有言師鐸見城未下頗懼求救於宣州秦彥約事平迎以代駢駢數責用之曰始吾以心腹任君君御下無方卒誤我今百姓饑饉不可虐用當遣大將齎吾書諭之使罷兵用之疑諸將不爲用以其黨許戡奉書往始師鐸意駢令宿將勞軍因得口陳用之罪及戡至大怒曰梁纘韓問安在若何廝來卽斬之乃繫書射城內用之不發卽火之它日以甲士百人入謁駢驚匿內寢少選乃出叱曰得非反邪命左右驅出用之至南門舉策曰吾不復入是矣始與駢貳師鐸壁揚子發民廬舍治攻具用之大索居人馬及丁壯驍將以長刀權脅乘城晝夜不得息又疑爲間數易區處家有饁餉皆相失至饑死者相枕藉駢召大將古鍔齎師鐸母書及其子出諭師鐸遣子還曰不敢負恩朝斬凶人夕還屯願以妻子爲質駢恐用之屠其家乃收置署中會秦彥遣秦稠率兵與師鐸合攻益急守陴者夜焚南柵以應于外師鐸入守將張全適戰死用之距三橋殺傷相當駢從子傑率牙兵將執用之以畀師鐸左鏌邪兵復斷其後用之懼乃出奔駢召梁纘謝曰初不用子計以及此庸何追授以兵使保子城遲明師鐸縱火大掠駢乃命徹備改服須其入師鐸見延和閣駢待之如賓卽署師鐸節度副使漢璋神劒以次授署秦稠封府庫以待師鐸去丞相號于時守衛未謹駢愛將申及說駢曰逆人兵少弛願奉公夜出發諸鎭兵還刷大恥賊不足平也若不決則及將不得侍公因泣下駢恇怯不能用其策及乃匿去師鐸誅用之支黨數十使孫約迎秦彥彥者徐州人本名立隸伍籍乾符中以盜繫獄且死夢神曰秦彥而從我去寤而視械破因得亡命卽名彥聚徒百人殺下邳令取其貲入黃巢黨中既敗與許勍降駢累表和州刺史中和初宣歙觀察使竇潏病彥襲而代之師鐸之召彥也或訐曰足下向誅妖人羣下樂從今軍府已安宜還政高公足下身典兵權在掌握四鄰聞之不失大義諸將未敢謀也若令彥爲帥兵非足下有也且秦稠封府庫勢已相疑足下如厚德彥宜以金玉子女報之勿聽度江假足下能下彥楊行密夕聞而朝必至師鐸不決以告漢璋漢璋曰善師鐸出駢囚南第稠麾下求無厭燒貢奉樓數十楹取珍寶始駢自乾符以來貢獻不入天子貲貨山積私置郊祀元會供帳什器殫極功巧至是爲亂兵所剽略盡師鐸從駢東第禽諸葛殷腰下得金數斤百姓交唾拔須髮無遺再縊乃絕仇家矐其目去市人投瓦礫擊尸俄而成冢駢出金遺守者師鐸知之加兵苛督復入四署中子弟十餘人同幽之顧雲入見駢猶自若曰吾復居此天時人事必有在意師鐸復推立之用之既出以兵攻淮口未下鄭漢璋擊之遂奔天長初用之詐爲駢書召兵於廬壽城陷而楊行密兵萬人次天長用之自歸張神劒求賂於師鐸辭以彥未至神劒怒與別將高霸將攻師鐸彥之來召池州刺史趙鍠守宣自將入揚州稱節度使以師鐸爲行軍司馬居用之第不得在牙中師鐸怏怏失志行密與神劒等連和自江北至槐家橋柵壘相聯彥登城望之色沮乃授鄭漢璋唐宏等兵屯門樵蘇道絕食且乏稠及師鐸以勁卒八千出戰大敗稠死之士奔溺死者十八彥大出金求救於張雄雄引兵至東塘得金不戰去彥使師鐸率兵三萬陣城下漢璋爲前鋒宏次之駱玄真樊約又次之師鐸王朗以騎爲左右翼既成列久之行密乃出委輜重于壁以羸兵守之伏精卒數千其旁行密先犯玄真短兵接僞北師鐸諸軍奔其壁爭取金玉貲糧伏譟而出行密引輕兵躡其尾俘殺旁午橫尸十里師鐸等奔還玄真戰死師鐸雅倚玄真驍敢能拒敵既失之惋沮彌日不復議出戰矣駢久囚拘供億窘狹羣奴徹延和閣闌楯爲薪煮革帶以食駢召幕府盧涚曰予粗立功比求清淨非與此世爭利害今而及此神道何望邪涕下不能已師鐸既敗慮駢內應有女巫王奉仙謂師鐸曰揚州災有大人死可以厭彥曰非高公邪命左右陳賞等往殺之侍者白有賊駢曰此必秦彥來正色須之衆入駢罵曰軍事有監軍及諸將在何遽爾衆辟易有奮而擊駢者曳廷下數之曰公負天子恩陷人塗炭罪多矣尚何云駢未暇答仰首如有所伺卽斬之左右奴客遁歸行密行密舉軍縞素大臨而祭獨用之縗服哭三日彥屢敗軍氣摧喪與師鐸抱膝相視無它略更問奉仙賞罰輕重皆自出彥遣漢璋擊神劒破之神劒奔高郵漢璋欲窮追會大雨還行密以城尚堅師且老議解去用之禆將晨伏兵西壕伺守者休代引而登殺數十人于門以招外兵守軍亦厭苦皆委兵潰師鐸與其家及彥奔東塘人爭出相騰藉死壕塹幾滿王朗踣而殪行密既入殺梁纘于牙門以不死高氏難韓問聞之赴井死居人癯儽奄奄兵不忍加暴反斥餘糧救之彥師鐸與唐宏倪詳焚白砂將度江會秦宗權使孫儒引兵三萬襲揚州次天長彥等與之合還攻行密取行密輜重牛羊數千計儒以食乏乃屠高郵據之張神劒奔還行密授之館而高郵戍兵七百潰而來行密疑有謀悉擊殺之因殺神劒用之始詐行密曰廡下有瘞金五千斤事平願備一日乏行密掘地無埋金但得銅人三尺身桎梏釘刺其口刻駢名於背蓋用蠱厭駢也行密責其罪并張守一斬于三橋妻子皆死著其罪于路儒攻城未得志慮彥師鐸有異謀稍并其兵唐宏度不免卽告儒曰師鐸密遣人至汴儒大恐明日召彥師鐸漢璋會軍中彥師鐸先至壯士捽之至儒所儒質彥反駢罪斬之至師鐸呼曰丈夫成則王敗則虜君何多責爲吾嘗將數萬兵不死常人手得公之劒瞑目矣儒罵曰庸賊欲汚我手邪趣斬之漢璋至奮臂擊殺數人乃死身首糜散儒使宏主騎兵厚賜之文德元年儒謀知行密糧乏自高郵襲之行密拔其衆還廬州儒遂據揚州駢之死裹以故氈與子弟七人一坎而瘞行密擢駢孫愈爲副使令主喪事未克葬愈暴死至是故吏鄺師虔收葬之揚州雄富冠天下自師鐸行密儒迭攻迭守焚市落剽民人兵饑相仍其地遂空

朱玫邠州人少以材武爲州戍將黃巢盜長安有王玫者爲僞節度使方調兵玫陽事之乘間斬王玫以留後讓李重古約合兵討巢廣明二年玫襲賊戰開遠門槍洞咽不死以多擢晉州刺史進邠寧節度使合涇原岐隴兵八萬屯興平號定國砦戰渶上敗走邠詔益靈鹽軍拜河南都統引兵屯中橋列五壁進西北面都統賊平授同中書門下平章事封吳興侯田令孜議討王重榮以兵屬玫合鄜延靈夏軍三萬保沙苑重榮上疏乞誅玫令孜旣戰玫輒北因縱軍還掠僖宗蒼黃幸鳳翔避其鋒玫反與重榮李克用連和請誅令孜宰相蕭遘密召玫迎帝玫趨鳳翔令孜劫乘輿走陳倉遂至興元玫追不及劫嗣襄王熅奉爲帝玫自號大丞相專決萬機始與李昌符共謀挾熅至是反爲讎昌符乃自歸天子人心寖離及王行瑜敗於大唐峯懼歸且見殺又聞購能得玫者以邠寧節度畀之行瑜謂其下曰今敗歸必以無功死若斬玫與北軍迎天子取富貴可乎衆曰諾卽勒兵倍道趨長安玫居孔緯第方據几署事聞兵入趣召行瑜叱曰公擅歸反邪行瑜厲聲曰我非反者將得君首爲邠寧節度耳玫遽起左右斬之殺其徒數百諸軍遂大亂燒京師時盛寒吏民被剽敚僵死尸相藉卽傳首興元帝爲受俘馘宦者僞樞密使王能著等皆坐誅

王行瑜邠州人少隸軍從朱玫爲列校討黃巢數有功熅卽位授行瑜天平節度使令率兵守大散關爲李鋌所破卽奉款行在還取玫首以獻擢邠寧節度使景福元年與李茂貞韓建及弟同州節度使行實請討楊守亮於山南且言不敢仰度支費止請假茂貞招討一節宦官難之昭宗亦顧茂貞等得山南則益橫不許行瑜等因擅興軍擊取之後茂貞拒覃王殺宰相行瑜參有

力得賜鐵券，稍憑兵跋扈，求爲尚書令，宰相韋昭度執不可，但加號尚父。行瑜望甚。會河中王重榮喪，李克用請以其子珂嗣節度，而行瑜、建、茂貞請授王珙，因各以兵陳闕下，欲廢天子，不克，卽殺昭度、李磎，留弟行約宿衞。克用悉兵度河，問行瑜等罪。行實棄同州趨長安，與行約謀劫乘輿，又不克，皆奔邠州。行瑜屯梨園，克用與戰，破行實等軍，執其母及行瑜子，俘大校。帝下詔削行瑜官爵。行瑜以銳卒五千營龍泉，茂貞壁其西。克用夜發精騎摻饟道，岐軍走，行瑜歸邠州，嬰城守，厚賂克用求自歸。克用軍環其城，行瑜窮，登城哭，語克用曰：「我無罪，昨殺大臣、脅天子，岐人也；行實止宿衞，而有司妄以劫遷罪歸之。今公討亂者，當問茂貞，願得束身歸聽命天子。」克用曰：「尚父何自卑！吾被命討二賊，公其一也。如歸國者，當從中決，老夫敢專之邪？」行瑜度不免，悉族奔慶州，爲麾下斬于路，傳首京師，帝御延喜門納之。於是乾寧二年也。其屬二百人，克用獻于朝。始，行瑜亂，宗正卿李涪盛陳其忠，必悔過，至是帝怒，放死嶺南。

陳敬瑄，田令孜兄也。少賤，爲餅師，得隸左神策軍。令孜爲護軍中尉，敬瑄緣藉擢左金吾衞將軍、檢校尚書右僕射、西川節度使。性畏愼，善撫士。黃巢亂，僖宗幸奉天，敬瑄夜召監軍梁處厚，號慟奉表迎帝，繕治行宮。令孜亦倡西幸。敬瑄以兵三千護乘輿。冗從內苑小兒先至，敬瑄知素暴橫，遣邏士伺之。諸兒連臂譟咋行宮中，士捕繫之，譁曰：「我事天子者。」敬瑄殺五十人，尸諸衢，由是道路不譁。帝次綿州，敬瑄謁于道，進酒，帝三舉觴，進檢校左僕射、同中書門下平章事。時雲南叛，請遣使與和親，乃聽命。敬瑄奉行在，百官諸吏無敢之。帝欲命判度支，固讓，再加檢校司徒兼侍中，封梁國公，以弟敬珣爲閬州刺史。討定邛州首望阡能、涪州叛校韓秀昇，再進兼中書令，封潁川郡王，實封四百戶，賜一歲上輸錢及上都田宅邸磑各十區，鐵券恕十死。巢平，進潁川王，增實戶二百。車駕東，敬瑄供億豐餘，又進檢校太師。俄而令孜得罪，敬瑄被流端州。會昭宗立，敬瑄拒詔，帝召爲左龍武統軍，以宰相韋昭度代領節度。使者至，敬瑄使百姓遮道，務耳訴巳功，且言鐵券恕死，使者馳還。令孜勸敬瑄募黃頭軍，爲自守計。時王建盜據閬、利，故令孜召建。建至綿州，發兵拒之，激建攻諸州，以限朝廷。或言建鴟視狼顧，惟利是賴，公何用之？不聽。建詒顧彥朗書曰：「十軍阿父召我，欲依太師，丐一大州，卽寄孥梓州，身引兵入鹿頭關。」敬瑄不納。漢州刺史張頊逆戰，敗，建入漢州。成都嚴守，建走城下，遙謝令孜曰：「父召我，及門而拒我，尚誰容？」與諸將斷髮再拜辭曰：「今作賊矣。」因請兵於彥朗攻成都，殘掠州縣。彥朗亦畏建，表請大臣代敬瑄，建自請討敬瑄贖罪。詔立永平軍，授建節度使，以昭度爲行營招討使，山南西道節度使楊守亮副之，彥朗爲行軍司馬。有詔暴敬瑄殺孟昭圖罪，削官爵。昭度使建屯學射山，敬瑄迎戰，不克，又戰蠶厓，大敗。龍紀元年，昭度至軍中，持節諭入約開門，守陴者詬曰：「鐵券在，安得違先帝意？」令孜籍城中戶，一人乘城，夜循行，晝濬濠伐薪。敬瑄屯彌牟、德陽，樹二壁拒建。使富人自占貲多少，布巨梃搒不實者，不三日，輸錢如市。建、昭度傳城而壘。簡州刺史張造攻笮橋，大敗，死之。大順元年，建稍擊降諸州。邛州刺史毛湘本令孜孔目官，謂其下曰：「吾不忍負軍容，以頭見建可也。」乃沐浴以須，吏斬其首降。敬瑄戰浣花，不勝，明日復戰，將士皆爲建俘。城中謀降者，令孜支解之以怖衆。會大疫，死人相藉。明年三月，詔還敬瑄官爵，召昭度還，諭建罷兵。建不奉詔，帝更以建爲西川行營招討制置使。建知敬瑄可禽，欲遂有蜀地，卽脅說昭度曰：「公以數萬衆討賊，糧數不屬。關東諸節度相吞噬，朝廷危若贅斿，與其勞師遠方，不如先中國。公宜還爲天子謀之。」昭度未決。會吏盜減諸軍稟食，建怒其衆，曰：「招討吏之謀也。」縱士執之，醢食於軍。昭度大駭，是日授建符節，跳馳出劍門。建絕棧梯，東道不通，因急擊敬瑄，分親騎爲十團，所當輒披靡，烽塹相望幾百里。縱諜入城以搖衆心。建好謂軍中曰：「成都號花錦城，玉帛子女，諸兒可自取。」謂票將韓武等：「城破，吾與公遞爲節度使一日。」下鬭之，戰愈力。圍凡三歲，城中糧盡，以筒容米，幸寸斸錢二百。敬瑄出家貲給民，募士出剽麥，收其半。民亦夜至建壘市鹽，不可禁，吏請殺之，敬瑄曰：「民饑無以卹，使求生可也。」人至相暴以相啖，敬瑄不能止，乃行斬劈二法，亦不爲戢。敬瑄自將出犀浦，列二營邀建，建軍僞遁，遇伏，敬瑄敗。建破斜橋、昝街二屯。明日戰，又破一壁，降其將。建屯七里亭，敬瑄攻之，建將張武馳入城，戰子城下，守陴皆譟，不能克。張勍破浣花營，敬瑄諸將或死或降且盡，凡五十戰，敬瑄皆北，乃上表以病丐還京師。令孜素服至建軍，建入自西門，以張勍爲斬斫使。建徇于軍曰：「與而等累年鬭死，今日如志。若橫恣有犯者，吾能全之，卽爲勍所斬，吾不得救也。」軍中肅然。囚敬瑄、令孜，建自稱留後，表于朝，詔以建爲西川節度副大使，知節度事。建以敬瑄居新津，食其租賦。累表請誅，不報。景福二年，陰令左右告敬瑄、令孜養死士，約楊晟等反，於是斬敬瑄於家。初，敬瑄知不免，嘗寘藥于帶，至就刑，視帶藥巳亡矣。自是建盡有兩川、黔中地。

李巨川字下己，逢吉從曾孫。乾符中，舉進士。方天下崩騷，乃去京師。河中王重榮辟爲掌書記。重榮討黃巢，書檄奏請日紛沓，須報趣發，皆屬巨川，神安思敏，言輒中理，隣藩皆驚。會賊走出關，收京師，入言巨川有助力。重榮死于亂，貶爲興元參軍。節度使楊守亮喜曰：「天以生遺我邪！」復管記室。守亮爲韓建所禽，巨川械以從，題木葉遺建訴哀，建動容，因釋縛，置幕府。昭宗幸華，建患一州供億不能濟，使巨川傳檄天下督轉餉。初，帝在石門，數遣嗣延王、通王將親軍，大選安聖、奉宸、保寧、安化四軍，又置殿後軍，合士二萬。建惡衞兵彊不利巳，與巨川謀，卽上飛變，告八王欲脅帝幸河中，因請囚十六宅，選嚴師傅督教，盡散麾下兵。書再上，帝不得已，詔可。又廢殿後軍，且言無示天下不廣，詔留三十人爲控鶴排馬官，隸飛龍坊。自是天子爪牙盡矣。建初懼帝不聽，以兵環宮，請誅定州行營將李筠，帝懼，斬筠，兵乃解。又言：「七國災漢，八王亂晉，永王帥江左謀不軌，吐蕃、朱玫亂首立宗支，搖人望。今王室多故，渠可使諸王將命四方，惑征鎭？」於是詔諸王奉使者悉赴行在。巨川日夜導建不臣，乃請立德王爲皇太子，文掩其惡。帝還京，拜諫議大夫。光化初，朱全忠陷河中，將攻潼關，建懼，使巨川往詣軍納款，因言當世利害。全忠屬官敬翔以文翰事左右，疑巨川用則全忠待己或衰，乃詭說曰：「巨川誠奇才，顧不利主人若何？」是日，全忠殺之。

唐書卷二百二十四下考證

李忠臣傳李感義○舊書作李咸義

以忠臣爲汝蔡六州節度使○舊書爲淮西十一州節度使　臣人龍按方鎭表淮南西道節度于上元二年增領陳鄭等九州徙治安州號淮西十六州節度使無所爲六州與十一州節度也疑新書六字上脫十字舊書十一州一字當是六字之訛耳但仙州于大曆元年始增入淮西節度至五年復省此時淮西管內不應有仙州新書疑誤

唐書卷二百二十五上

宋　端明殿學士宋祁　撰

列傳第一百五十上

逆臣

安祿山，營州柳城胡也，本姓康。母阿史德，爲覡，居突厥中，禱子於軋犖山，虜所謂鬭戰神者，旣而妊。及生，有光照穹廬，野獸盡鳴，望氣者言其祥。范陽節度使張仁愿遣搜廬帳，欲盡殺之，匿而免。母以神所命，遂字軋犖山。少孤，隨母嫁虜將安延偃。開元初，偃攜以歸國，與將軍安道買亡子偕來，得依其家，故道買子安節厚德偃，約兩家子爲兄弟，乃冒姓安，更名祿山。及長，忮忍多智，善億測人情，通六蕃語，爲互市郎。張守珪節度幽州，祿山盜羊而獲，守珪將殺之，呼曰：「公不欲滅兩蕃邪？何殺我！」守珪壯其語，又見偉而晳，釋之，與史思明俱爲捉生。知山川水泉處，嘗以五騎禽契丹數十人，守珪異之，稍益其兵，有討輒剋拔，爲偏將。守珪醜其肥，由是不敢飽，因養爲子。後以平盧兵馬使擢特進、幽州節度副使。於是御史中丞張利貞採訪河北，祿山百計諛媚，多出金諧結左右爲私恩。利貞入朝，盛言祿山能，乃授營州都督、平盧軍使、順化州刺史。使者往來，陰以賂中其嗜，一口更譽，玄宗始才之。天寶元年，以平盧爲節度，祿山爲之使，兼柳城太守，押兩蕃、渤海、黑水四府經略使。明年入朝，奏對稱旨，進驃騎大將軍。又明年，代裴寬爲范陽節度、河北採訪使，仍領平盧軍。祿山北還，詔中書門下尚書三省正員長官、御史中丞餞鴻臚亭。四載，奚、契丹殺公主以叛，祿山幸邀功，肆其侵，於是兩蕃貳。祿山起軍擊契丹，還，奏：「夢李靖、李勣求食於臣。」乃祠北郡，芝生于梁。其詭誕敢言不疑如此。席豫爲河北黜陟使，言祿山賢。時宰相李林甫嫉儒臣以戰功進，尊寵間己，乃請顓用蕃將，故帝寵祿山益牢，羣議不能軋，卒亂天下，林甫啟之也。祿山陽爲愚不敏蓋其姦，承間奏曰：「臣生蕃戎，寵榮過甚，無異材可用，願以身爲陛下死。」天子以爲誠，憐之。令見皇太子，不拜，左右擿語之，祿山曰：「臣不識朝廷儀，皇太子何官也？」帝曰：「吾百歲後付以位。」謝曰：「臣愚，知陛下不知太子，罪萬死。」乃再拜。時楊貴妃有寵，祿山請爲妃養兒，帝許之。其拜必先妃後帝，帝怪之，答曰：「蕃人先母後父。」帝大悅，命與楊銛及三夫人約爲兄弟。繇是祿山有亂天下意，令麾下劉駱谷居京師伺朝廷隙。六載，進御史大夫，封妻段爲夫人，有國。林甫以宰相貴甚，羣臣無敢鈞禮，惟祿山倚恩入謁倨，林甫欲諷寤之使與王鉷偕鉷亦位大夫林甫見鉷趨拜卑約祿山惕然不覺自罄折林甫與語揣其意迎剖其端祿山大駭以爲神每見雖盛寒必流汗林甫稍厚之引至中書覆以己袍祿山德林甫呼十郎騎谷每奏事還先問十郎何如有好言輒喜若謂大夫好檢校則反手據牀曰我且死優人李龜年爲帝學之帝以爲樂晚益肥腹緩及膝奮兩肩若挽牽者乃能行作胡旋舞帝前乃疾如風帝視其腹曰胡腹中何有而大答曰唯赤心耳每乘驛入朝半道必易馬號大夫換馬臺不爾馬輒仆故馬必能負五石馳者乃勝載帝爲祿山起第京師以中人督役戒曰善爲部署祿山眼孔大毋令笑我爲瑣戶交疏臺觀沼池華僭帟幕率緹繡金銀爲筹筐爪籬大抵服御雖乘輿不能過帝登勤政樓幄坐之左張金雞大障前置特榻詔祿山坐褰其幄以示尊寵太子諫曰自古幄坐非人臣當得陛下寵祿山過甚必驕帝曰胡有異相我欲厭之時太平久人忘戰帝春秋高嬖豔鉗固李林甫楊國忠更持權綱紀大亂祿山計天下可取逆謀日熾每過朝堂龍尾道南北睥睨久乃去更築壘范陽北號雄武城峙兵積穀養同羅降奚契丹曳落河八千人爲假子教家奴善弓矢者數百畜單于護眞大馬三萬牛羊五萬引張通儒李廷堅平洌李史魚獨孤問俗署幕府以高尚典書記嚴莊掌簿最阿史那承慶安太清安守忠李歸仁孫孝哲蔡希德牛廷玠向潤客高邈李欽湊李立節崔乾祐尹子奇何千年武令珣能元晧田承嗣田乾眞皆拔行伍署大將潛遣賈胡行諸道歲輸財百萬至大會祿山踞重牀燎香陳怪珍胡人數百侍左右引見諸賈陳犧牲女巫鼓舞于前以自神陰令羣賈市錦綵朱紫服數萬爲叛資月進牛橐駝鷹狗奇禽異物以蠱帝心而人不聊自以無功而貴見天子盛開邊乃紿契丹諸酋大置酒毒焉既酣悉斬其首先後殺數千人獻馘闕下帝不知賜鐵券封柳城郡公又贈延偃范陽大都督進祿山東平郡王九載兼河北道採訪處置使賜永寧園爲邸入朝楊國忠兄弟姊妹迓之新豐給玉食至湯將校皆賜浴帝幸望春宮以待獻俘八千詔賜永穆公主池觀爲游燕地徙新第請墨敕召宰相宴是日帝將擊毬乃罷會命宰相皆赴帝獵苑中獲鮮禽必馳賜詔上谷郡置五鑪許鑄錢又求兼河東遂拜雲中太守河東節度使既兼制三道意益侈男子凡十一帝以慶宗爲太僕卿慶緒鴻臚卿慶長祕書監十一載率河東兵討契丹告奚曰彼背盟我將討之爾助我乎奚爲出徒兵二千鄉導至土護眞河祿山計曰道雖遠我疾趨賊乘其不備破之固矣乃敕人持一繩欲盡縛契丹晝夜行三百里次天門嶺會雨甚弓弛矢脫不可用祿山督戰急大將何思德曰士方疲宜少息使使者盛陳利以脅賊賊必降祿山怒欲斬以令軍乃請戰思德貌類祿山及戰虜叢矛注矢邀取之傳言祿山獲矣奚聞亦叛夾攻祿山營士略盡祿山中流矢引奚兒數十棄衆走山而墜慶緒孫孝哲掖出之夜走平盧部將史定方以兵鏖戰虜解圍去祿山不得志乃悉兵號二十萬討契丹以報帝聞詔朔方節度使阿布思以師會布思者九姓首領也偉貌多權略開元初爲默啜所困內屬帝寵之祿山雅忌其才不相下欲襲取之故表請自助布思懼而叛轉入漠北祿山不進輒班師會布思爲回紇所掠奔葛邏祿祿山厚募其部落降之葛邏祿懼執布思送北廷獻之京師祿山已得布思衆則兵雄天下愈偃肆皇太子及宰相屢言祿山反帝不信是時國忠疑隙已深建言追還朝以驗厥狀祿山揣得其謀乃馳入謁帝意遂安凡國忠所陳無入者十三載來謁華清宮對帝泣曰臣蕃人不識文字陛下擢以不次國忠必欲殺臣以甘心帝慰解之拜尚書左僕射賜實封千戶奴婢第產稱是詔還鎭又請爲閑廐隴右羣牧等使表吉溫自副其軍中有功位將軍者五百人中郎將二千人祿山之還帝御望春亭以餞斥御服賜之祿山大驚不自安疾驅去至淇門輕艫循流下萬夫挽繂而助日三百里既總閑牧因擇良馬內范陽又奪張文儼馬牧反狀明白人告言者帝必縛與之明年國忠謀授祿山同中書門下平章事召還朝制未下帝使中官輔璆琳賜大柑因察非常祿山厚賂之還言無它帝遂不召未幾事洩帝託它罪殺之自是始疑然祿山亦懼朝廷圖己每使者至稱疾不出嚴衛然後見黜陟使裴士淹行部至范陽再旬不見既而使武士挾引無復臣禮士淹宣詔還不敢言帝賜慶宗娶宗室女手詔祿山觀禮辭疾甚獻馬三千匹騶豹自倍車三百乘乘三士因欲襲京師河南尹達奚珣極言毋內騶兵詔可帝賜書曰爲卿別治一湯可會十月朕待卿華清宮使至祿山踞牀曰天子安穩否乃送使者別館使還言曰臣幾死冬十一月反范陽詭言奉密詔討楊國忠騰榜郡縣以高尚嚴莊爲謀主孫孝哲高邈張通儒通晤爲腹心兵凡十五萬號二十萬師行日六十里先三日合大將置酒觀繪圖起燕至洛山川險易攻守悉具人賜金帛并授圖約日違者斬至是如所素祿山從牙門部曲百餘騎次城北祭先冢而行使賈循主留務呂知誨守平盧高秀巖守大同燕老人叩馬諫祿山使嚴莊好謂曰吾憂國之危非私也禮遣之因下令有沮軍者夷三族凡七日反書聞帝方在華清宮中外失色車駕還京師斬慶宗賜其妻康死榮義郡主亦死下詔切責祿山許自歸祿山答書慢甚叵可恐賊遣高邈臧均以射生騎二十馳入太原劫取尹楊光翽殺之以張獻誠守定州祿山謀逆十餘年凡降蕃夷皆接以恩有不服者假兵脅制之所得士釋縛給湯沐衣服或重譯以達故蕃夷情僞悉得之祿山通夷語躬自尉撫皆釋俘囚爲戰士故其下樂輸死所戰無前邈最有謀勸祿山取李光弼爲左司馬不納既而悔之憂見顏色久而曰史思明可當之賊之未反邈爲謀聲進生口直取洛陽無殺光翽天下當未有知者賊不從何千年亦勸賊令高秀巖以兵三萬出振武下朔方誘諸蕃取鹽夏鄜坊使李歸仁張通儒以兵二萬道雲中取太原團弩七萬五千入蒲關以動關中勸祿山自將兵五萬梁河陽取洛陽使蔡希德賈循以兵二萬絕海收淄青以搖江淮則天下無復事矣祿山弗用時兵暴起州縣發官鎧仗皆穿朽鈍折不可用持梃鬭弗能亢吏皆棄城匿或自殺不則就禽日不絕禁衛皆市井徒既授甲不能脫弓韣劒繁乃發左藏庫繒帛大募兵以封常清爲范陽平盧節度使郭子儀爲朔方節度關內支度副大使右羽林大將軍王承業爲太原尹衞尉卿張介然爲汴州刺史金吾將軍程千里爲潞州長史以榮王爲元帥高仙芝副之馳驛討賊祿山至鉅鹿欲止驚曰鹿吾名去之沙河或言如漢高祖不宿柏人以佞賊賊投草頽樹於河以長繩維舟集槎以結冰一昔合遂濟河陷靈昌郡又三日下陳留滎陽次甖子谷將軍荔非守瑜邀之殺數百人流矢及祿山輿乃不敢前更出谷南守瑜矢盡死於河敗封常清取東都常清奔陝殺留守李憕御史中丞盧奕河南尹達奚珣臣于賊時高仙芝屯陝聞常清敗棄甲保潼關太守竇廷芝奔河東常山太守顏杲卿殺賊將李欽湊禽高邈何千年於是趙郡鉅鹿廣平清河河間景城六郡皆爲國守祿山所有纔盧龍密雲漁陽汲鄴陳留滎陽陝郡臨汝而已賊之諜東京見宮闕尊雄鋭情僭號故兵久不西而諸道兵得稍集尹子奇屯陳留欲東略會濟南太守李隨單父尉賈賁濮陽人尚衡東平太守嗣吳王祇眞源令張巡相繼起兵旬日衆數萬子奇至襄邑而還明年正月僭稱雄武皇帝國號燕建元聖武子慶緒王晉慶和王鄭達奚珣爲左相張通儒爲右相嚴莊爲御史大夫署拜百官復取常山殺顏杲卿安思義屯眞定會李光弼出土門救常山思義降博陵亦拔唯稾城九門二縣爲賊守史思明李立節蔡希德圍饒陽不克引軍攻石邑張奉璋固守朔方節度使郭子儀自雲中引兵與光弼合敗思明於九門李立節死希德奔鉅鹿思明奔趙郡自鼓城襲博陵復據之光弼拔趙郡還圍博陵軍恒陽希德請濟師於賊賊以二萬騎涉滹沱入博陵牛廷玠發嬀檀等兵萬人來助思明益彊與光弼戰敗于嘉山光弼收郡十三河南諸郡皆嚴兵守潼關不開祿山懼欲還范陽召嚴莊高尚責曰我起而曹謂萬全今四方兵日盛自關以西不跬步進爾謀何在尚見我爲遣尚等出凡數日田乾眞自潼關來勸祿山曰自古興王戰皆有勝負乃成大業無一舉而得者今四方兵雖多非我敵也有如事不成吾擁數萬衆尚可橫行天下爲十年計且高尚嚴莊佐命元勳也陛下何遽絕之使自爲患邪祿山喜道其小字曰阿浩非汝孰悟我然則奈何乾眞曰召而尉安之乃內尚等與飲宴祿山自歌君臣如初卽遣孫孝哲安神威西攻長安會高仙芝等死哥舒翰守潼關爲乾祐所敗囚之賊不謂天子能遽去駐兵潼關十日乃西時行在已至扶風於是汧隴以東皆沒於賊祿山以張通儒守東京乾眞爲京兆尹使安守忠屯苑中祿山未至長安士人皆逃入山谷東西絡繹二百里宮嬪散匿行哭將相第家委寶貨不貲羣不逞爭取之累日不能盡又剽左藏大盈庫百司帑藏竭乃火其餘祿山至怒乃大索三日民間財貲盡掠之府縣因株根牽連句剝苛急百姓愈騷祿山怨慶宗死乃取帝近屬自霍國長公主諸王妃妾子孫姻壻等百餘人害之以祭慶宗羣臣從天子者誅滅其宗屬性得所欲則肆爲殘虐人益不附諸大將欲有咨決皆因嚴莊以見御下少恩雖腹心雅故皆爲仇敵郡縣相與殺守將迎王師前後反覆十數城邑墟矣肅宗治兵靈武天下日歛首待長安相傳太子西來矣人聞輒東走閭里至空都畿豪桀殺賊吏自歸者無虛日賊斬刈懲之不能止又賊將類慓勇無遠謀日縱酒嗜聲色財利車駕危得入蜀終無進躡之患帳下李猪兒者本降豎幼事祿山謹甚使爲閹人愈親信祿山腹大垂膝每易衣左右共舉之猪兒爲結帶雖華清賜浴亦許自隨及老愈肥曲隱常瘡既叛

不能無恚懼至是目復盲俄又得疽疾尤卞躁左右給侍無罪輒死或箠掠何辱猪兒尤數雖嚴莊親倚時時遭笞斬故二人深怨祿山初慶緒善騎射未冠爲鴻臚卿賊僭號段夫人愛其子慶恩欲立之慶緒懼不立莊亦疑難作不利己私語慶緒曰君聞大義滅親乎自古固有不得已而爲者慶緒陰曉曰唯唯又語猪兒曰汝事上罪可數乎不行大事死無日遂與定謀至德二載正月朔祿山朝羣臣創甚罷是夜莊慶緒持兵扈門杜呼曰是家賊俄而腸潰于牀即死年五十餘包以氈罽埋牀下因傳疾甚僞詔立慶緒爲皇太子又矯稱祿山傳位慶緒乃僞尊太上皇既襲僞位改載初元年即縱樂飲酒委政於莊而兄事之以張通儒安守忠等屯長安史思明領范陽鎮恒陽軍牛廷玠屯安陽張志忠戍井陘各募兵於是廣平王率師東討李嗣業將前軍郭子儀將中軍王思禮將後軍回紇葉護以兵從通儒等裒兵十萬陣長安中賊皆奚素畏回紇既合驚且囂王分精兵與嗣業合擊之守忠等大敗引而東通儒棄妻子奔陝郡王師入長安思禮清宮僕固懷恩以回紇南蠻大食兵前驅王悉師追賊莊自將兵十萬與通儒合鉦鼓震百餘里尹子奇已殺張巡悉衆十萬來幷力營陝西次曲沃先是回紇傍南山設伏按軍北崦以待莊大戰新店以騎挑戰六遇輒北王師逐之入賊壘賊張兩翼攻之追兵沒王師亂幾不能軍嗣業馳殊死鬭回紇自南山繚擊其背賊驚遂亂王師復振合攻之殺掠不勝算賊大敗追奔五十餘里尸髀藉藉滿阬塹鎧仗狼扈自陝屬于洛莊跳還與慶緒守忠通儒等劫殘軍走鄴郡王入洛陽大陳兵天津橋僞侍中陳希烈等三百人素服叩頭待罪王勞曰公等脅汙非反也天子有詔赦罪皆復而官衆大喜於是陳留殺賊將尹子奇以降莊妻薛舍獲嘉紿言永王女詣營及見王辭曰莊欲降願得一信王與子儀謀莊若至者餘黨可諭而下乃約莊賜鐵券莊乃降乘驛至京師肅宗引見釋其死授司農卿阿史那承慶以其衆三萬奔恒趙或趨范陽其從慶緒者痍卒纔千餘會蔡希德自上黨田承嗣自潁川武令珣自南陽各以衆來邢衞洺魏募兵稍稍集衆六萬賊復振以相州爲成安府太守爲尹改元天和以高尚平冽爲宰相崔乾祐孫孝哲牛廷玠爲將以阿史那承慶爲獻城郡王安守忠左威衞大將軍阿史那從禮左羽林大將軍然部黨益攜解由是能元皓以僞淄青節度使高秀巖以河東節度使竝納順德州刺史王暕貝州刺史宇文寬皆背賊自歸河北諸軍各嬰城守賊使蔡希德安雄俊安太清等以兵攻陷之戮于市臠其肉慶緒懼人之貳己設壇加載書粹血與羣臣盟然承慶等十餘人送密款有詔以承慶爲太保定襄郡王守忠左羽林軍大將軍歸德郡王從禮太傅順義郡王蔡希德德州刺史李廷訓邢州刺史符敬超洺州刺史楊宗太子左諭德任瑗明州刺史獨孤允陳州刺史楊日休洋州刺史薛榮先岐陽令自裨校等數數爲幽間賊而慶緒治宮室觀榭堤沼汎樓船爲水嬉長夜飲通儒等爭權不能一凡有建白衆共訾沮之希德最有謀剛狷謀殺慶緒爲內應通儒以它事斬之麾下數千皆亡去希德素得士衆軍恨歎慶緒以乾祐爲天下兵馬使權震中外愎佷少恩士不附乾元元年秋九月帝詔郭子儀率九節度兵凡二十萬討慶緒攻衞州遂度河師背水壁而待慶緒遣安太清拒戰間衞州已圍則鼓而南作三軍乾祐將上軍雄俊王福德佐之田承嗣將下軍榮敬佐之慶緒自將中軍孫孝哲薛嵩佐之既戰王師僞卻慶緒逐之遇伏而潰慶緒走獲其弟慶和斬于京師子儀引軍躡賊戰愁思崗賊復敗自是銳兵盡矣因嬰鄴自固使薛嵩以厚幣求救於史思明思明遣李歸仁將兵萬三千壁滏陽未進而王師圍已固築城濬隍三周決安陽水灌城城中棧而處糧盡易口以食米斗錢七萬餘一鼠錢數千屑松飼馬隤牆取麥秸濯糞取蜀城中欲降不得賊更以太清代乾祐將於是思明有衆十三萬三分其軍趨鄴明年三月營安陽慶緒急乃遣太清奉皇帝璽綬讓思明思明以書示軍中咸呼萬歲乃約慶緒爲兄弟還其書慶緒大悅王師不利九節度奔還子儀斷河陽橋戍穀水思明進屯鄴南慶緒收官軍餘饟尚十餘萬石召孝哲等謀拒思明諸將皆曰今日安得復背史王乎通儒尚冽皆請自往謝思明慶緒許諾思明見爲流涕厚禮遣還三日慶緒未出思明請慶緒歃血盟不得已以五百騎詣思明軍先此思明令軍中擐甲待慶緒至再拜伏地謝曰臣不克負荷棄兩都陷重圍不意大王以太上皇故暴師遠來臣之罪唯王圖之思明恚曰兵利不利亦何事而爲人子殺父求位非大逆邪吾乃爲太上皇討賊顧左右牽出斬之慶緒數目周萬志萬志進曰慶緒爲君矣宜賜死乃幷四弟縊又誅尚孝哲乾祐殊而膊之思明改葬祿山以王禮僞謚燕刺王祿山父子僭位凡三年而滅

初祿山陷東京以張萬頃爲河南尹士人宗室賴以免者衆肅宗嘉其仁拜濮陽太守帝以賊國號惡聞其姓京師坊里有安字者悉易之

高尚者雍奴人母老丐食自給尚客河朔不肯歸與令狐潮相善淫其婢生一女遂留居然篤學善文辭嘗喟然謂汝南周銑曰吾當作賊死不能齕草根求活也李齊物爲新平太守薦諸朝貴錢三萬介之見高力士力士以爲才置門下家事一吞之諷近臣表其能擢左領軍倉曹參軍力士語祿山表爲平盧掌書記因出入卧內祿山喜睡尚嘗執筆侍通宵不寢繇是親愛遂與嚴莊語圖讖導祿山反陷東都僞拜中書侍郎大抵賊所下赦令皆尚爲之嚴莊降後尚獨典政事至僞侍中

孫孝哲者契丹部人母冶色祿山通之故孝哲得狎近長七尺伉健有謀祿山對側門俟召衣帶絕不知所爲孝哲箴縷素具徐爲紉綻祿山大悅尤能先事取情祿山魁大非孝哲縫衣不能勝天寶末官大將軍賊僭位僞拜殿中監閑廐使爵爲王與嚴莊爭寵不平裘馬光侈食輒珍滋賊令監張通儒等守長安人皆目之役妃王宗室子百餘人窮誅楊國忠高力士黨與及與賊忤者不勝計刳首析肢流離道衢祿山死莊奪其使以與鄧季陽慶緒之奔莊懼爲所圖因降有商胡康謙者天寶中爲安南都護附楊國忠官將軍上元中出家貲佐山南驛稟肅宗喜其濟許之累試鴻臚卿壻在賊中有告其叛坐誅事連莊繫獄貶難江尉京兆尹劉晏發吏防其家莊恨之俄詔釋罪莊入見代宗訴晏常矜功怨上漏禁中事晏遂貶云

史思明寧夷州突厥種初名窣于玄宗賜其名姿臞露鳶肩傴背廞目側鼻寡須髮躁健狡與安祿山共鄉里生先祿山一日故長相善少事特進烏知義以輕騎覘賊多所禽馘通六蕃譯亦爲互市郎嘗負官錢無以償將走奚未至爲邏騎所困欲殺之紿曰我使人也若聞殺天子使者其國不祥不如以我見王王活我功自汝得邏以爲然送至王所不拜曰天子使見小國君不拜禮也王怒然疑眞使者卒授館待以禮將還令百人從入朝奚有部將瑣高者名聞國中思明欲禽以贖罪詒王曰從我者雖多無足與見天子者惟高材可與至中國王悅命高將帳下三百俱既至平盧遣謂戍主曰奚兵數百外稱入朝內實盜請備之主潛師迎禽殺其衆因高以獻幽州節度使張守珪奇其功表折衝與祿山俱爲捉生天寶初累功至將軍知平盧軍事入奏帝賜坐與語奇之問年曰四十矣撫其背曰爾貴在晚勉之遷大將軍北平太守從祿山討契丹祿山敗單騎走師州殺其下左賢哥解魚承仙自解思明逃山中再閱旬裒散卒得七百追見祿山平盧祿山喜握手曰計而死矣今故在吾何憂思明語親密曰吾聞進退在時向蚤出隨哥解地下矣契丹取師州守捉使劉客奴亡去祿山使思明擊走之表平盧兵馬使思明少貧鄉里易之大豪辛氏有女方求壻窺思明告其親曰必嫁我思明宗屬不可女固以歸思明亦負曰自我得婦官不休生男子多殆且貴乎祿山反使思明略定河北會賈循死留思明守范陽而常山顏杲卿等傳檄拒賊祿山使向潤客等代遣思明攻常山九日執杲卿進薄饒陽盧全誠拒守河閒景城平原樂安清河博平六郡稍募兵自固河閒李奐以兵七千救饒陽景城李暐持兵八千助河閒平原顏眞卿以兵六千助清河悉爲思明所敗暐子杞死之饒陽愈堅會李光弼收常山思明遽解圍迎戰晝夜行二百里相持久不決郭子儀取趙郡合兵攻賊凡再戰皆大敗走入博陵光弼追傅城幾拔屬潼關潰肅宗召朔方河東兵光弼引還使王俌守常山賊尾追光弼於井陘敗歸攻平盧劉正臣輕之不設備敗保北平兵貲二千乘皆沒思明得其銳卒張甚謀攻常山俌欲降諸將殺之遣使至信都迎刺史烏承恩鎮守不聽思明攻土門城中伏甲詭降賊登城伏起賊殲思明中戟扶以免復攻陷之焚廬舍種誅其人取槀城守將白嘉祐走趙郡思明圍之五日入之嘉祐奔太原思明再陷常山賊別帥尹子奇圍河閒顏眞卿遣和琳將兵萬餘往救之於是北風號勁鼓之士不進賊縱擊大敗執琳引衆攻城禽李奐又拔景城李暐赴河死招樂安降之遂攻平原未至眞卿棄郡去進破清河執太守王懷忠入博平遂圍信都初賊先獲承恩母妻及子故承恩降而兵尚五萬騎三千擊饒陽李系自燔死思明兵所嚮縱其下椎剽淫奪人妻女以是士最奮是時舉河北悉入賊生人貲產掃地壯齎負老嬰則殺之殺人以爲戲祿山僞署范陽節度使始麾下騎纔二千同羅步曳落河止三千既數勝兵最彊信然有噬江漢心以精卒五萬畀尹子奇度河劫北海以震淮徐會回紇襲范陽范陽閉不出子奇乃還救遂不克至德二載與蔡希德高秀巖合兵十萬攻太原是時李光弼使部將張奉璋以兵守故關思明攻陷之奉璋走樂平思明取攻具山東奉璋匿士廣陽改服紿爲賊使者責其後期

斬數人引衆得還太原時光弼固守且十月不能拔而安慶緒襲位賜姓安名榮國爵嬀川郡王賊之陷兩京常以槖它載禁府珍寶貯范陽如丘阜然思明見富彊惆然驕欲自取之已而慶緒敗走相州殘士三萬北歸無所屬思明擊殺數千人降之慶緒知其貳使阿史那承慶安守忠李立節諂思明議事且共圖之判官耿仁智欲以大誼動賊請間曰公貴且賢無待下爲之謀然請一言而死思明曰爲我言之對曰方祿山彊誰敢不服大夫事之固無罪今天子聰明勇智有少康宣王風公誠發使輸誠無不納此轉禍入福之秋也思明曰善承慶等未知以五千騎來思明介而勞前謂曰公等至士不勝喜然邊兵素憚使者感不自安請弛弓以入從之思明從承慶等飲卽拘之收其兵給貲以遣斬守忠立節以徇李光弼聞其絶慶緒使人招之前此烏承恩已歸國帝遣鐫諭之思明使牙門金如意奉十三郡兵八萬籍歸于朝於是高秀巖以河東自歸有詔思明爲歸義郡王范陽長史河北節度使諸子並列卿以秀巖爲雲中太守亦官其諸子遣承恩與中人李思敬慰撫趣討殘賊思明乃遣張忠志守幽州假薛萼以恒州刺史招趙州刺史陸濟使降授朝義兵五千守冀州假令狐彰博州刺史戍滑州然思明外順命內實通賊益募兵帝知之以其常事承恩父知義冀其無嫌卽擢承恩爲河北節度副大使使圖思明承恩至范陽羸服夜過諸將陰諗以謀諸將返以告思明疑未有以驗會承恩與思敬奏事還思明留館之幃所寢牀伏二人爲承恩子入見因留卧夜半語其子曰吾受命除此逆胡二人白思明乃執承恩探衣囊得賜阿史那承慶鐵券及光弼牒又得薄紙書數番皆當誅將士姓名賊大詬曰我何負於爾至是耶故答曰此太尉光弼謀上不知也思明召官吏於廷西嚮哭曰臣赤心不負國何至殺臣因搒殺承恩父子及支黨二百餘人囚思敬以聞帝遣使諭曰事出承恩非朕與光弼意又聞三司議陳希烈等死思明懼曰希烈等皆大臣上皇棄而西旣復位此等宜見勞返殺之況我本從祿山反乎諸將皆勸賊表天子誅光弼思明使耿仁智張不矜上疏請斬光弼不然且攻太原疏入于函仁智輒易去左右密白思明執二人曰若負我耶命斬之旣又欲貸死復召責曰仁智事我三十年今日我忘爾耶仁智怒曰人固有死大夫納邪說再圖反我雖生不如死思明怒搥殺之九節度圍相州急慶緒間道求救思明懼王師未敢進俄而蕭華舉魏州歸天子崔光遠代守思明乃引兵擊魏拔之殺數萬人乾元二年正月朔築壇僭稱大聖周王建元應天以周贄爲司馬救相州却王師殺慶緒并其衆欲遂西略處根本未固卽留朝義守相州自引還夏四月更國號大燕建元順天自稱應天皇帝妻辛爲皇后以朝義爲懷王周贄爲相李歸仁爲將號范陽爲燕京洛陽周京長安秦京更以州爲郡鑄順天得一錢欲郊及藉田聘儒生講制度或上書言北有兩蕃西有二都勝負未可知而爲太平事難矣思明不悅遂祠祀上帝是日大風不能郊留子朝清守幽州使阿史那玉向貢張通儒高如震高久仁王東武等輔之兵四出寇河南身出濮陽使令狐彰絶黎陽朝義出白高周萬志自胡良度河圍汴州於是節度使許叔冀濮州刺史董秦梁浦田神功皆附賊卽命叔冀與李祥守汴州徙秦等家屬平盧使浦神功下江淮約日得地入取貲二艫思明乘勝鼓行西陷洛陽破汝鄭滑三州圍李光弼河陽不能拔使安太清取懷州以守光弼攻之太清降思明又遣田承嗣擊申光等州王同芝擊陳許敬釭擊兗鄆薛萼擊曹上元二年二月思明以計敗光弼兵於北邙王師棄河陽懷州京師震恐益兵屯陝州思明遂西使朝義爲先鋒身自宜陽繼進朝義攻陝敗于姜子坂退壁永寧思明大怒召朝義并駱悅蔡文景許季常將誅而釋之詫曰朝義怯不能成我事欲追朝清自副又敕朝義築三角城居糧終日畢未墁而思明至怒不如約辭曰士疲少息耳思明曰汝惜士而違我令邪據鞍畢墁乃去顧曰朝下陝夕斬是賊朝義懼思明居傳舍令所愛曹將軍擊刁斗呵衞駱悅等被讓卽共說朝義曰向兵敗悅與王死無日不如召曹將軍同計大事朝義面不應悅曰王誠不忍吾等且歸唐不得事王矣朝義許之令季常以言動曹將軍曹將軍畏諸將不敢拒思明愛優譚寢食常在側優者以其忍恨之是夜思明驚據牀叱咤優問故答曰我夢羣鹿度水鹿死而水乾云何俄如厠優相謂曰胡命盡乎少選悅以兵入問思明所在未對輒殺數人共指厠思明知有亂踰垣出至廐下將乗馬走悅麾下周子俊射其臂墜問難所起曰懷王也思明曰旦日失言宜有此然殺我太早使我不得至長安大呼懷王三日囚我可也無取殺父名復罵曹將軍曰胡誤我左右反接縛之送柳泉傳舍悅還報朝義曰驚聖人否損聖人否悅曰無有時周贄許叔冀以後軍屯福昌季常叔冀子也朝義令告之贄聞驚仆地賊領兵還贄等出迎悅惡其貳乃殺贄大柳泉悅畏衆不厭縊殺思明以氊裹尸槖它負還東京朝義乃卽位建元顯聖初思明諸子無嫡庶分以少者爲尊朝義孽長子寬厚下多附者及難起陰令向貢阿史那玉圖朝清朝清喜田獵狀虐似思明淫酗過之養帳下三千人皆剽賊輕死貢紿計曰聞上欲以王爲太子且車駕在遠王宜入侍朝清謂然趣帳下出治裝貢使高久仁高如震率壯士入牙城朝清問其故或曰軍叛矣乃擐甲登樓責貢等士陣樓下朝清自射殺數人阿史那玉軍僞北朝清下被執與母辛俱死張通儒不如引兵戰城中數日不克亦死貢攝軍事未幾玉襲殺之自爲長史治殺朝清罪乃梟久仁徇于軍如震懼擁兵拒守五日玉敗走武清朝義使人招之至東都凡胡面者無長少悉誅以李懷仙爲幽州節度使斬如震幽州乃定朝義虛懷禮下事皆決大臣然無經略才當此時洛陽諸郡人相食城邑榛墟又諸將皆祿山舊臣與思明故輩行恥爲朝義屈召兵輒不至欲還幽州會雍王以河東朔方回紇兵十餘萬討賊僕固懷恩與回紇左殺爲先鋒魚朝恩郭英乂殿入自黽池李抱玉薄河陽李光弼徑陳留合兵始代宗召南北軍諸將問所以討賊計開府儀同三司管崇嗣曰我得回紇無不勝帝曰未也右金吾大將軍薛景仙曰我若不勝請以勇士二萬椎鋒死賊帝曰壯矣右金吾大將軍長孫全緒曰賊若背城戰破之必矣若閉城留死未可取也且回紇短於攻城持久勢且沮我若休士張勢以綴賊使光弼取陳留抱玉擣河北先斷其手足然後縱間賊中彼脅從者相疑則滅可待帝曰善命潼關陝戒嚴師次洛陽馳兵下懷州王師部伍靜嚴賊有懼色朝義以師十萬距橫水戰大敗俘馘凡六萬委牛馬器甲不可計朝義燒明堂東奔汴州僞節度使張獻誠不納自濮北趣幽州東都再更亂英乂朝恩等不能戢軍與回紇縱掠延及鄭汝閭井至無煙方冽寒人皆連紙褫書爲裳褕賊走至下博僕固瑒追及之朝義復敗河東戍將李竭誠成德李令崇皆背賊掎角戰至漳水無舟諸將勸降朝義不悅田承嗣請環車爲營內女子車中以輜重次之伏兵以待旣戰而郤王師逐之爭貲寶賊引奇兵繞出又伏發王師郤數十里止朝義遂走莫州瑒追圍之閱四旬賊八戰八奔明年正月閱精兵欲決死承嗣謂朝義不如身將驍銳還幽州因懷仙悉兵五萬還戰聲勢外張勝可萬全臣請堅守雖瑒之彊不遽下朝義然納以騎五千夜出北行握承嗣手以存亡爲託承嗣頓首流涕將行復曰闔門百口母老子稚今付公矣承嗣聽命少選集諸將曰吾與公等事燕下河北百五十餘城發人冢墓焚人室廬掠人玉帛壯者死鋒刃弱者填溝壑公門華冑爲我廝隸齊姜宋子爲我掃除今天降鑒吾等安所歸命自古禍福亦不常能改往脩今是轉危卽安矣旦日且出降公等謂何衆咸曰善遲明使人號城上曰朝義夜半走矣胡不追賊瑒未信承嗣將朝義母及妻孺詣瑒壘於是諸軍率輕兵追之朝義至范陽懷仙部將李抱忠閉壁不受曰頃旣受命天子一年之中且降且叛二三孰甚焉朝義告饑抱忠饋于野朝義飯軍亦飯飯已軍子弟稍稍辭去朝義流涕罵承嗣曰老奴誤我去至梁鄉拜思明墓東走廣陽不受謀奔兩蕃懷仙招之自漁陽回止幽州縊死醫巫閭祠下懷仙斬其首傳長安召故將收其屍懷仙改服出次哭之士皆號慟及葬莫知其所僞恒州刺史張忠志趙州刺史盧俶定州刺史程元勝徐州刺史劉如伶相州節度使薛嵩及懷仙承嗣等皆舉其地以歸思明父子僭號凡四年滅朝義死部送將士妻口百餘于官有司請隸司農帝曰是皆良家子脅掠至此命稟食還其親無所歸者官爲貲遣

贊曰祿山思明興夷奴餓俘假天子恩幸遂亂天下彼能以臣反君而其子亦能賊殺其父事之好還天道固然然生民厄會必假手于人者故二賊暴興而亟滅張謂譏劉裕近希曹馬遠棄桓文禍徒及於兩朝福未盈於三載八葉傳其世嗣六君不以壽終天之報施其明驗乎杜牧謂相工稱隋文帝當爲帝者後篡竊果得之周末楊氏爲八柱國公侯相襲久矣一旦以男子偷竊位號不三二十年壯老嬰兒皆不得其死彼知相法者當曰此必爲楊氏之禍乃可爲善相人張杜確論至今多稱誦之如祿山思明希劉裕楊堅而不至者是以著其論

唐書卷二百二十五上考證

安祿山傳道買子安節○舊書作貞節

以張通儒守東京○舊書作西京留守沈炳震曰新書誤　臣宗楷按慶緒篡後卽以張通儒安守忠等屯長安則其守西京明矣當從舊書

唐書卷二百二十五中

宋　端　明　殿　學　士　宋　祁　撰

列傳第一百五十中

逆臣

李希烈，燕州遼西人。少籍平盧軍，從李忠臣浮海戰河北有勞，及忠臣在淮西，因署偏裨，試光祿卿，軍中藉藉高其才。會忠臣荒縱不事，得間，衆怒，逐忠臣，聽命。代宗詔忻王爲節度副大使，使希烈專留後事。又詔滑亳節度使李勉兼領汴州。德宗立，加御史大夫，即拜節度使，名其軍曰淮寧，以寵之。梁崇義之反，赦諸道進討，詔進希烈南平郡王、漢南北招討處置使，又拜諸軍都統。平崇義功多，擁兵欲有其地，會山南節度使李承至，不克，猶大掠而去。以功檢校尚書右僕射、同中書門下平章事。李納叛，以檢校司空兼淄青節度使討之。希烈擁衆三萬次許州，不進，遣李苣約納爲肸蠁，陰計取汴州。即檄李勉假道，勉度所宜，出儲陳留治梁，除道以須。希烈計得，因嫚罵，勉勉嚴備以守。納遣游兵導希烈，絕汴餉路。勉治蔡渠，列東南饋。希烈遣使者約河北朱滔、田悅等連和，凶焰熾然，俄而滔等自相王，遣使者來奉牋希烈，亦自號建興王、天下都元帥，五賊株連半天下。建中四年正月，詔諸節度以兵掎角攻討，唐漢臣、高秉哲以兵萬人屯汝州，未至，賊將乘霧進，王師還，賊取汝州，執李元平，兵西首東都，大震，士皆走河陽，崤澠留守鄭叔則壁西苑，賊按兵不進。帝聽盧杞計，詔太子太師顏真卿諭賊，已行，又遣左龍武大將軍哥舒曜討之。希烈見真卿，傲桀不臣，教左右訾侮朝政，即北侵汴州，南略鄂州，有詔江西節度使嗣曹王皋擊之，拔蘄、黃兩州，擊賊將李良、韓霜露於白巖，二將走。初，希烈自襄陽還，留姚憺戍鄧州，賊又得汝，則武關梗絕，帝使陝虢觀察使姚明敭治上津道，置館通南方貢貨。希烈遣董待名、韓霜露、劉敬宗、陳質、翟崇暉分掠州縣，官軍數奔。曜復取汝州，希烈遣周曾、呂從賁、康琳拒曜，次襄城，與王玢、姚憺、韋清合謀襲希烈，不克，皆死，清奔劉洽。希烈懼，還蔡州，上疏歸罪曾等。帝不赦，詔斬希烈者，四品以上得其官，五品以下戶四百，民賜復三年。遣神策將劉德信將節度觀察團練子弟兵屯陽翟，并力以李勉爲淮西招討使，曜副之；荊南節度使張伯儀爲淮西應援招討使，山南節度使賈耽與皐副之。德信去陽翟入汝，壁賊取陽翟，覆伯儀軍，曜戰不利，屯襄城。希烈怙其壯，舉衆三萬圍曜。時帝西狩，師氣熸不能抗，城遂陷，曜奔東都。希烈資慘害，臨戰陣殺人，血流於前，而飲食自若也，以故人畏服，爲盡死。乘襄城之捷，進攻汴州，入之，運土木治道，怒不如程，驅人塡塹，號溼稍，勉奔宋州。希烈已據汴，僭即皇帝位，國號楚，建元武成。以張鸞子、李綬、李元平爲宰相，鄭賁爲侍中，孫廣爲中書令，披其地建四節度，以汴州爲大梁府，治安州爲南關，染石作璽，又於上蔡、襄城獲折車釭，奉以爲瑞，藏其下。因窺江淮，盛兵攻襄邑，守將高翼死之。於是汴滑副都統劉洽率曲環、李克信軍十餘萬戰白塔，不利，洽引還。卒栢少清攬轡曰：「公小不利，遽北，奈何？」洽不聽，夜入宋州。賊躡勝，徑薄寧陵，舟乘衝踵進，亘七十里。時洽將高彥昭、劉昌共嬰壘以守，賊使妖人祈風，火戰棚盡，坎堞欲登。彥昭按劒乘陴，士感奮，風亦反。昌計於衆曰：「軍法倍不戰，賊衆吾寡，不如退以驕賊，自宋出精銳擣不意，功可成。」彥昭謝曰：「君少待，請盡力。」乃登城誓衆曰：「中丞欲示弱覆而取之，誠善，然我爲守，得失在主人。今士創重者須供養，有如棄城去，則傷者死，內逃者死，外吾衆盡矣。」士皆泣且拜曰：「公在是，誰敢去？」昌大慚。彥昭擊家牛犒軍，士死戰，斬首三千級。請援於洽，其屬作書言城且危，彥昭視曰：「君輕我耶？」取紙自爲書。洽得書，喜曰：「健將在西，吾何憂？」還兵八百，夜艾而入，賊不知。詰旦，傳城士奮出，希烈大敗，取其飾，斬首萬計，追北至襄邑，收賊貲糧而還。洽表其功，拜彥昭御史大夫，實封百五十戶。希烈既沮卻，而壽州刺史張建封亦屯固始，度其旁，希烈懼，還汴州，遣崇暉以精兵襲陳，復爲洽敗，俘衆三萬，執崇暉，進拔汴州，禽鄭賁、劉敬宗、張伯元、呂子巖、李達千。希烈遁歸蔡，賊戍將孫液挈鄭州降，帝即拜液爲刺史。貞元二年，遣杜文朝寇襄州，爲樊澤所破，獲文朝。會皐、建封、環及李澄四略其地，勢日蹙，希烈縮氣不敢搖。啖牛肉而病，親將陳仙奇陰令醫毒之，以死。始希烈入汴，聞戶曹參軍竇良女美，彊取之，女顧曰：「愼無戚，我能滅賊。」後有寵，與賊祕謀，能轉移之，嘗稱仙奇忠勇可用，而妻亦竇姓，願如娣娟者，以固其夫。希烈許諾，乘間往謂仙奇妻曰：「賊雖彊，終必敗，云何？」竇久而寤。及希烈死，子不發喪，欲悉誅諸將，乃自立，未決，有獻含桃者，竇請分遺仙奇妻，聽之，因蠟帛丸雜果中，出所謀，仙奇大驚，與薛育率兵譟而入，子出徧拜曰：「請去帝號，如淄青故事。」語已，斬之，函希烈并妻子七首獻天子，尸希烈於市。帝以仙奇忠，即拜淮西節度使，百姓給復二年。俄爲吳少誠所殺，有詔贈太子太保，竇亦死。

朱泚，幽州昌平人。父懷珪，事安史二賊，僞署柳城使。泚資壯偉，腰腹十圍，外寬和，中實很刻，少推父蔭籍軍中。與弟滔並爲李懷仙部將，輕財好施，凡戰所得必分麾下士，以動其心，陰儲凶德。朱希彩爲節度使，頗委信之。大曆七年，希彩爲下所殺，衆未有屬，泚方外屯，而滔主牙兵，尤狡譎，乃潛諭數十人大呼軍門曰：「帥非朱公莫可。」衆愕眙，因共詣泚，推知留後，遣使至京師聽命。有詔檢校左散騎常侍，即拜盧龍節度留後，俄遷節度使，封懷寧郡王，實封戶二百。泚上書謝，遣滔將兵西防秋，代宗悅，手詔褒美。居三年，求入朝，自幽州首爲逆，懷仙以來雖外臣順，然不朝謁，而泚倡諸鎭，以騎三千身入衞，有詔起第以待。既行屬疾，或勸還，泚曰：「與吾尸猶至京師。」將吏乃不敢言。時四方無事，天子觭日視朝，泚以偶日至，見內殿，賜乘輿馬二、戰馬十、金綵甚厚，士校皆有賜，宴賚隆渥。泚之來，滔攝後務，稍稍翦落泚牙角，泚自知失權，爲滔所賣，不得志，乃請留京師，帝因授滔節度留後。乃分防秋兵，使各有統，河陽、永平兵，郭子儀主之；決勝、楊猷兵，李抱玉主之；淮西、鳳翔兵，璘主之；汴宋、淄青兵，泚主之。進同中書門下平章事，出屯奉天，賜禁中兵以爲寵。還，檢校司空，代李抱玉爲隴右節度副大使，仍知河西澤潞行營兵馬事。明年，徙王遂寧。德宗立，改鎭鳳翔，進封戶三百。建中初，以李懷光代段秀實兼節度涇原，徙屯原州，懷光前督作，泚與崔寧領兵繼進。涇士素聞懷光暴，相恟懼，劉文喜因劫衆以亂，請留秀實，又求屬泚。詔泚代懷光，文喜合兵二萬乘城，使裨將劉海賓入陳事，海賓請假文喜節，臣當斬其首。帝曰：「爾誠忠，然我節不可得。」遣還，詔泚、懷光攻之，帝爲減大官膳醢給軍。文喜猶閉壁求救於吐蕃，吐蕃師與泚、懷光欲避之，別將韓游瓌曰：「戎若來，涇人必變，誰肯爲反賊沒身于虜者？少須之。」俄吐蕃游騎升高招涇人，衆曰：「始吾屬爲文喜求節度，天子致討，則歸罪，安能以赭鹹面爲異俗乎？」海賓果與其徒殺文喜，入泚軍，泚一無所戮。由是涇人德之。詔加中書令，還屯，進拜太尉。滔合田悅叛，陰遣人與泚相聞，河東馬燧獲其書，帝召泚示之，泚惶懼請死，帝勉曰：「千里不同謀，卿何謝？」更以張鎰節度鳳翔，還泚京師，加實封千戶，不朝請，中人監第。李希烈圍哥舒曜於襄城，詔涇原節度使姚令言督鎭兵五千東救曜，過闕下，師次滻水，京兆尹王翃使吏供軍，糲飯菜肴，衆怒不肯食，蹴羹曰：「吾等棄父母妻子，前死敵，而乃食此，庸能持身蹈白刃耶？今瓊林、大盈庫寶貨如山，尚何往？」乃盡甲反旗而鼓。帝聞，命中人持賜往，人二縑，士愈悖，射中人，中人返走。時令言尚論兵禁中，既上變，乃馳至長樂坂，遇兵還，引滿向令言，令言大呼曰：「引而東，富貴可取，何失計爲滅族事？」衆劫令言以西行。帝復遣使者開諭，賊已陣通化門，殺使者。帝遣普王與學士姜公輔載金綵慰撫，賊薄丹鳳門，詔集六軍，無至者。先是，關東河北戰不利，禁兵悉東，衞士內空，而神策軍使白志貞籍市人隸兵，聽其居肆私取庸自入，故遽迫皆不至。帝出苑北門，羽衞纔數十，普王前導，皇太子、王韋二妃、唐安公主及中人百餘騎以從，右龍武軍使令狐建以數百人殿。夜至咸陽，飯數匕而去。賊已嚴何諸門，士人羸衣冒出，盧杞、關播、李揆皆踰垣走，與劉從一、趙贊、王翃、陸贄、吳通微等追及帝咸陽。郭曙與童奴數十獵苑中，聞蹕謁道左，帝勞之，懇乞從，許之。遲曉至奉天，吏惶懼，謁于門。渾瑊以數十騎自夾城入北內，裒兵欲擊賊，聞乘輿出，遂奔奉天。於是人未知帝所在，踰三日，諸王羣臣稍稍自間道至。初，令言陣五門，衞兵不出，遂突入含元殿，周呼曰：「天子出矣，今日共可取富貴！」謀而進掠宜春苑，入諸宮，姦人因亂竊入內府，盜貲寶，終夜不絕，道路更剽掠，居人嚴兵自保。賊無屬，畏不能久，以泚昔在涇有恩，且失權久，庸思亂，乃相謀曰：「大尉方囚，鬱若迎之，事可濟。」令言率百餘騎見泚，泚僞讓不荅，留使者飲，以觀衆心。夜數百騎復往，泚知不僞，乃擁徒向闕下，炬火竟街，觀者以萬計。舍前殿，總六軍。明日，下令曰：「國家有事東方，涇人赴難，不習朝章，驚乘輿，百官三日並赴行在，留者守本司，違令誅逆。」徙居白華殿。或說泚迎天子，泚顧望，然光祿卿源休至，請間，教以不臣，詭稱符命，泚悅。張光晟、李忠臣皆新失職，怨望，亦勸成之。鳳翔大將張廷芝、涇將段誠諫引潰兵三千自襄城來，泚自謂得人助，逆志堅決，因署休京兆尹、判度支，忠臣皇城使，又以段秀實失軍，疑有怨，起之，委以謀。秀實與劉海賓憤發，挺擊賊，忠臣護泚，纔破面，得不死。明日，大陳旗章金石于廷，傳言立宗室王監國，士庶競往觀。泚僭即皇帝位於宣政殿，號大秦，建元應天，侍衞皆卒伍，諸臣在位者纔十餘。逼太常卿樊系爲冊，冊成，仰藥死。泚下詔稱幽囚之中，神器自至，以示受命。即拜令言侍中、關內副元帥，忠臣司空兼侍中，休中書侍郎，蔣鎭門下侍郎，並同中書門下平章事，以蔣鍊爲御史中丞，敬釭御史大夫，許季常京兆尹，洪經綸太常少卿，彭偃中書舍人，裴揆、崔幼眞給事中，廷芝、光晟、誠諫、崔宣、張寶、何望之、杜如江等並僞署節度使。以兄子遂爲太子，以滔爲冀王、太尉、尚書令，號皇太弟。帝使高重傑屯梁山禦賊，賊將李日月殺之，帝拊尸哭盡哀，結蒲爲首以葬。泚得首，亦集羣賊哭曰：「忠臣也。」亦用三品葬焉。泚既勝，則令都人曰：「奉天殘黨，不終日當平。」日月銳甚，自謂無前，乃燒陵廟，鹵御物，帝患之。渾瑊伏兵漠谷，引數千騎挑戰，長安泚大驚，踣榻前。瑊引卻，日月尾追，遇伏鬬，射日月殺之。泚悵恨，其母不哭，罵曰：「奚奴，天子負而何事？死且晚！」泚自將，僞奉天竊乘輿物自侈，以令言爲上將，光晟副之，忠臣留守，以蔣鍊、李子平爲宰相。於是瑊率韓游瓌禦泚，泚大敗，死者萬計，退三里而舍。修攻具，毀廬室爲樓車，百尺下覘城中。會杜希全以兵敗漠谷，賊益張。又劉德信、高秉哲自汝州取沙苑馬五百，壁昭應，戰思子陵西，三敗賊，次東渭橋，出遊弈軍以逼都城。忠臣兵數衂，請救，泚乃急攻城，驅民塡塹，造雲梁，令壯士居上，將傅堞，守者震駭。渾瑊乃使侯仲莊、韓澄穴地道，梁陷，縱火焚之，城上揮膏，流數百步，衆亂而囂。城中兵出，皇太子督戰，賊大敗。然賊負其衆，遂長圍，以百拳弩射城中，不及幄坐者三步，城益急。帝召羣臣曰：「朕負宗廟，宜固守，公等家在賊，可先降，以完親族。」衆泣下曰：「臣等死無貳。」帝亦太息噓欷。城圍凡三旬有六日，而李懷光以兵五萬至，敗賊于魯店，遂戰城下，自辰至昏，賊潰。帝下觀戰，傳詔曰：「賊衆亦朕赤子，勿多殺。」聞者感激。是夜，泚引去。初，帝至奉天，或言賊已立泚，必來攻，請治守具。宰相盧杞曰：「泚大臣，柰何疑其反？」及泚圍城，帝卒不詰其言。泚之歸，令言方治攻具，忠臣坊坊團結，人皆厭苦，泚悉止之，曰：「攻守我自辦。」賊嘗令士馳入曰：「奉天陷矣！」百姓相顧泣，市無留人，臺省吏落落，卽官一二而已。李懷光壁九子澤，李晟自白馬津來營東渭橋，尚可孤以襄、鄧兵五千次藍田，駱元光守昭應，馬燧使子彙以兵三千屯中渭橋。時奉天圍久，食且盡，以蘆秣帝馬，太官糲米止二斛。圍解，父老爭上壺飧餅餌，劒南節度使張延賞獻帛數十馱，諸方貢物踵來，因大賜軍中。詔殿中侍御史万俟著治金商道，權通轉輸。羣臣家在城者，賊稍給俸。中人朱重曜爲賊謀曰：「執其家以招士大夫，不來者夷之。」孫知古謬曰：「陛下以柔服人，若夷其妻子，是絶嚮化意，且義士殺身，何顧於家？」乃止。興元元年，泚以本封遂寧，漢地也，更號漢，改元天皇。或曰王師欲潛壞京師四隅垣以入，泚懼，詔金吾布士於衞，吏儲五炬以防夜，城隅率百步建一樓候望非常，凡祠房廟廬皆帷甲戒，曰軍來則四面擊。太倉糧竭，賊督吏索觀寺餘米萬斛，鞭朴流離，士寖饑，而神策六軍從行在及哥舒曜、李晟兵，皆家稟不絶。或請停給，泚曰：「士在外而弱稚絶食則死，豈吾心哉！」卽厚斂居人。許季常曰：「一旦有急，請籍中人公侯三千族之貲，足矣。」或謂泚：「陛下旣受命而存唐九廟、諸陵，不宜。」泚曰：「朕嘗北面事唐，胡忍此？」又曰：「官多缺，請擇才授之，脅以兵，使不得辭。」泚曰：「彊授則人懼，但欲仕者與之，安能卬戶拜官邪？」奉天所下赦令，凡受賊僞官者，破賊日悉貸不問。官軍密榜諸道。泚方宿未央，涇原士相與謀殺泚，泚知之，輒徙它處，衆謀亦止。光晟與懷光對壁，李希倩請以精騎五百犯之，光晟不許，曰：「西軍方彊，不可輕以取敗。」日暮，兩軍退，希倩譖泚曰：「光晟有他志，覘西軍不戰，臣請擊之。」不許；請斬光晟，又不許，曰：「彼善將，所以不戰，蓋知未可乎。」希倩怒曰：「臣盡心以事君，不見信，願乞要領歸淮西。」泚許諾，以馬十匹、繒錦一百，曰：「以此東歸。」希倩慙，復入曰：「臣愚褊，罪當死，願死軍前。」泚又許之。光晟見泚曰：「臣不敢反。」因再拜，泚慰勉之。官軍壞龍首、香積二堨以決其流，城中水絶，泚役數百人治之，東出灞水，與王師戰，大奔，還闉都門，士皆甲以待，久乃罷。李子平請修攻具襲懷光，取苑中六街大木爲衝車，程役苦甚，人不堪。又禁居人夜行，三人以上不得聚飲食，上下惴恐。賊所用唯盧龍、神策、團練兵，而涇原軍驕不可制，但完守所獲，不出戰，故泚數北，憂甚，欲出走。衛家爭曰：「陛下當不出宮，雖西軍入，且自有變。」泚據以自安。會李懷光貳于帝，不欲泚平，按軍觀望，帝欲幸咸陽，趣諸將捕賊，懷光出醜言，乃詔戴休顏守奉天，尚可孤守灞上，駱元光守渭橋，進狩梁州，次渭陽，太息曰：「朕是行將有永嘉事乎？」渾瑊曰：「臨大難無畏者，聖人勇也，陛下何言之過？」懷光遂與泚連和，京師知帝益西，二叛膠固，謂亂且成，出受賊官者十八。始，泚多出金，兄事懷光，約平關中，割地爲鄰國，故懷光決反，因并陽惠元、李建徽軍。泚知懷光反明白，卽賜詔待以臣禮，督其兵入衞，懷光慙見欺，引其軍東保河中。泚數遣人誘涇原馮河清，河清不從，又結其將田希鑒，遂害河清，以應賊，泚卽以代河清，使結吐蕃。李晟等兵寖彊，士益附，而渾瑊又擊破賊將韓旻、宋歸朝於武亭川，斬首萬級，歸朝奔懷光。晟率渾瑊、駱元光、尚可孤悉師攻賊，晟薄光泰門，敗賊將張廷芝、李希倩，賊棄門，哭保白華。晟引軍還，居三日，復戰，大敗之，乃分道入。泚將段誠伏莽中，爲王伉所禽。姚令言、張廷芝與晟遇，十鬬皆北，遂至白華。始，張光晟以精兵壁九曲，距東渭橋十里，密約降於晟。晟之入，光晟勸泚等出奔，故泚挾令言、廷芝、休、子平、朱遂引殘軍西走，光晟衞出之，因詣晟降。泚失道，問野人，荅曰：「朱太尉邪？」休曰：「漢皇帝。」曰：「天網恢恢，走將安所！」泚怒，欲殺之，乃亡去。泚至涇州長武城，田希鑒拒之，泚曰：「子之節吾所授，柰何拒我？」火其門。希鑒擲節焰中，曰：「歸汝節！」泚舉軍哭，城中人望見其子弟亦哭。宋膺曰：「某妻哭，斬矣！」衆止哭。泚更舍逆旅，遣梁廷芬入見希鑒，曰：「公殺一節度，唐天子必不容，何不納朱公成大事？」希鑒陰可。廷芬出報，泚悅。廷芬請宰相，不得，乃不復入。泚猶餘范陽卒三千，北走驛馬關，寧州刺史夏侯英開門陣而待，泚不敢入，因保彭原西城。廷芬與泚腹心朱惟孝夜射泚隊窖中，韓旻、薛綸、高幽嵒、武震、朱進卿、董希芝共斬泚，使宋膺傳首以獻，泚死年四十三。令言走涇州，休、子平走鳳翔，皆斬首。泚壻金吾將軍馬悅走党項，得入幽州。朱重曜者，事泚最親近，泚呼爲兄，會窮冬大雨，泚欲禳變，鴆殺重曜，以王禮葬，賊平，出其尸膊之。李希倩等諸將皆以次夷滅。初，源休爲京兆尹，使回紇，將還，盧杞畏其辯，能結主恩，次太原，奏爲光祿卿，休怨望，故導泚僭號，爲調兵食，署拜百官，事一咨之，時訂其逆甚於泚。脅辱大臣，多殺宗室子孫，幾于盡，每王師不利，喜見眉宇。與姚令言勸泚圍奉天，晝夜爲賊謀，二人爭。自此蕭何，休顧令言曰：「成秦之業，無輩我者，我視蕭何，子當曹參可矣。」卽收圖籍，貯府庫，效何者，人皆笑，謂爲火迫酇侯。本相州人。令言者，河中人，始應募隸涇原節度使馬璘府，孟皥之爲留後，表其謹肅，任將帥，遂爲節度使，旣挾泚亂，頗盡力。彭偃鋭于進，自謂爲宰相所抑，鬱鬱不慊，泚亂，匿田家，旣得用，辭令一出其手，故辭尤誖慢。李晟愛張光晟才，表丐原死，置軍中，駱元光怒曰：「吾不能與反虜同坐。」拂衣去，晟乃殺之。李懷光以宋歸朝獻諸朝，斬之。唯李日月毋得貸。泚未敗，號其第爲潛龍宮，徙珍寶實之，人謂潛龍勿用，亡兆也。晟惡田希鑒之逆，欲因事誅之，會吐蕃寇涇州，晟方帥涇原，故希鑒請救，晟遣史萬歲以騎兵三千往，請晟行邊。希鑒來謁，其妻李父事晟，晟屢入宴，將還師，好謂希鑒曰：「吾久留此，諸將皆故人，吾欲置酒以別，可過營飲也。」希鑒等詣營，酒未行，晟曰：「諸君相過，宜自通姓名爵里。」諸將以次言，無罪者坐自如，有罪者晟質責，一卒引出斬而瘞之。希鑒坐晟下，未知當死，晟顧曰：「田郎不得無罪。」左右執以下，晟曰：「天子蒙塵，乃殺節度使，受賊節，今日何面目見我乎？」希鑒不能對，晟曰：「田郎老矣，坐於牀置對。」乃縊幕中，以李觀代爲節度使。

唐書卷二百二十五中考證

朱泚傳樊系爲冊，冊成，仰藥死○舊書僞署樊系爲禮部侍郎，未知孰是。

唐書卷二百二十五下

宋　端　明　殿　學　士　宋　祁　撰

列傳第一百五十下

逆臣

黃巢，曹州冤句人，世鬻鹽，富于貲。善擊劒騎射，稍通書記，辯給，喜養亡命。咸通末，仍歲饑，盜興河南。乾符二年，濮名賊王仙芝亂長垣，有衆三千，殘曹、濮二州，俘萬人，勢遂張。仙芝妄號大將軍，檄諸道，言吏貪沓，賦重，賞罰不平。宰相耻之，僖宗不知也。其票帥尚君長、柴存、畢師鐸、曹師雄、柳彥璋、劉漢宏、李重霸等十餘輩，所在肆掠。而巢喜亂，卽與羣從八人募衆得數千人以應仙芝，轉寇河南十五州，衆遂數萬。帝使平盧節度使宋威與其副曹全晸數擊賊，敗之，拜諸道行營招討使，給衞兵三千、騎五百，詔河南諸鎭皆受節度，以左散騎常侍曾元裕副焉。仙芝略沂州，威敗賊城下，仙芝亡去。威因奏大渠死，擅縱麾下兵還青州，羣臣皆入賀。居三日，州縣奏賊故在。時兵始休，有詔復遣，士皆怨，思亂。賊間之，趣郟城，不十日破八縣。帝憂迫近東都，督諸道兵檢遏。於是鳳翔、邠寧、涇原兵守陝、潼關，元裕守東都，義成、昭義以兵衞宮。仙芝去，攻汝州，殺其將，刺史走，東都大震，百官脫身出奔。賊破陽武，圍鄭州，不克，壇聚鄧、汝間。關以東州縣大抵皆畏賊，嬰城守，故賊放兵四略，殘郢、復二州，所過焚剽，生人幾盡。官軍急追，則遺貲布路，士爭取之，率逗橈不前。賊轉入申、光，殘隋州，執刺史，據安州自如，分奇兵圍舒，擊廬、壽、光等州。時威老且闇，不任軍，陰與元裕謀曰：「昔龐勛滅，康承訓卽得罪，吾屬雖成功，其免禍乎？不如留賊，不幸爲天子，我不失作功臣。」故躡賊一舍，完軍顧望。帝亦知之，更以陳許節度使崔安潛爲行營都統，以前鴻臚卿李琢代威，右威衞上將軍張自勉代元裕。賊出入蘄、黃，蘄州刺史裴渥爲賊求官，約罷兵仙芝與巢等詣渥飲未幾詔拜仙芝左神策軍押衙遣中人慰撫仙芝喜巢恨賞不及己詢曰君降獨得官五千衆且奈何丐我兵無留因擊仙芝傷首仙芝憚衆怒卽不受命劫州兵渥中人亡去賊分其衆尚君長入陳蔡巢北掠齊魯衆萬人入鄆州殺節度使薛崇進陷沂州遂至數萬繇潁蔡保嵖岈山是時柳彥璋又取江州執刺史陶祥巢引兵復與仙芝合圍宋州會自勉救兵至斬賊二千級仙芝解而南度漢攻荊南於是節度使楊知溫嬰城守賊縱火焚樓堞知溫不出有詔以高駢代之駢以蜀兵萬五千齎糧期三十日至而城已陷知溫走賊不能守於是詔左武衞將軍劉秉仁爲江州刺史勒兵乘單舟入賊柵賊大駭相率迎降遂斬彥璋巢攻和州未克仙芝自圍洪州取之使徐唐莒守進破朗岳遂圍潭州觀察使崔瑾拒却之乃向浙西擾宣潤不能得所欲身留江西趣别部還入河南帝詔崔安潛歸忠武復起宋威曾元裕以招討使還之而楊復光監軍復光遣其屬吳彥宏以詔諭賊仙芝乃遣蔡溫球楚彥威尚君長來降欲詣闕請罪又遺威書求節度威陽許之上言與君長戰禽之復光固言其降命侍御史與中人馳驛卽訊不能明卒斬君長等于狗脊嶺仙芝怒還攻洪州入其郛威自將往救敗仙芝於黃梅斬賊五萬級獲仙芝傳首京師當此時巢方圍亳州未下君長弟讓率仙芝潰黨歸巢推巢爲王號衝天大將軍署拜官屬驅河南山南之民十餘萬掠淮南建元王霸曾元裕敗賊於申州死者萬人帝以威殺尚君長非是且討賊無功詔還青州以元裕爲招討使張自勉爲副巢破考城取濮州元裕軍荊襄援兵阻更拜自勉東北面行營招討使督諸軍急捕巢方掠襄邑雍丘詔滑州節度使李嶧壁原武巢寇葉陽翟欲窺東都會左神武大將軍劉景仁以兵五千援東都河陽節度使鄭延休兵三千壁河陰巢兵在江西者爲鎮海節度使高駢所破寇新鄭郟襄城陽翟者爲崔安潛逐走在浙西者爲節度使裴璩斬二長死者甚衆巢大沮畏乃詣天平軍乞降詔授巢右衞將軍巢度藩鎮不一未足制已卽叛去轉寇浙東執觀察使崔璆於是高駢遣將張潾梁纘攻賊破之賊收衆踰江西破虔吉饒信等州因刊山開道七百里直趨建州初軍中謠曰逢儒則肉師必覆巢入閩俘民紿稱儒者皆釋時六年三月也儳路圍福州觀察使韋岫戰不勝棄城遁賊入之焚室廬殺人如蓺過崇文館校書郎黃璞家令曰此儒者滅炬弗焚又求處士周朴得之謂曰能從我乎答曰我尚不仕天子安能從賊巢怒斬朴是時閩地諸州皆沒有詔高駢爲諸道行營都統以拒賊巢陷桂管進寇廣州詒節度使李迢書求表爲天平節度又脅崔璆言于朝宰相鄭畋欲許之盧攜田令孜執不可巢又丐安南都護廣州節度使書聞右僕射于琮議南海市舶利不貲賊得益富而國用屈乃拜巢率府率巢見詔大詬急攻廣州執李迢自號義軍都統露表告將入關因詆宦豎柄朝垢蠹紀綱指諸臣與中人賂遺交構狀銓貢失才禁刺史殖財產縣令犯贓者族皆當時極敝天子旣懲宋威失計罷之而宰相王鐸請自行乃拜鐸荊南節度使南面行營招討都統率諸道兵進討鐸屯江陵表泰寧節度使李係爲招討副使湖南觀察使以先鋒屯潭州兩屯烽驛相望會賊中大疫衆死什四遂引北還自桂編大桴沿湘下衡永破潭州李係走朗州兵十餘萬殲焉投胔蔽江進逼江陵號五十萬鐸兵寡卽乘城先此劉漢宏已略地焚廬舍人皆竄山谷俄而係敗問至鐸棄城走襄陽官軍乘亂縱掠會雨雪人多死溝壑其十月巢據荊南脅李迢草表報天子迢曰吾腕可斷表不可爲巢怒殺之欲進躡鐸會江西招討使曹全晸與山南東道節度使劉巨容壁荊門使沙陀以五百騎釘轡藻韉望賊陣縱而遁賊以爲怯明日諸將乘以戰而馬識沙陀語呼之輒奔還莫能禁官兵伏于林闕而北賊急追伏發大敗之執賊渠十二輩巢懼度江東走師促之俘什八鐸招漢宏降之或勸巨容窮追答曰國家多負人危難不吝賞事平則得罪不如留賊冀後福止不追故巢得復整攻鄂州入之全晸將度江會有詔以段彥謨代其使乃止巢畏襲轉掠江西再入饒信杭州衆至二十萬攻臨安戍將董昌兵寡不敢戰伏數十騎莽中賊至伏弩射殺賊將下皆走昌進屯八百里見舍媼曰有追至告以臨安兵屯八百里矣賊駭曰向數騎能困我況軍八百里乎乃還殘宣歙等十五州廣明元年淮南高駢遣將張潾度江敗王重霸降之巢數卻乃保饒州衆多疫别部常宏以衆數萬降所在戮死諸軍屢奏破賊皆不實朝廷信之稍自安巢得計破殺張潾陷睦婺二州又取宣州而漢宏殘衆復奮寇宋州掠申光來與巢合濟采石侵揚州高駢按兵不出詔兗海節度使齊克讓屯汝州拜全晸天平節度使兼東面副都統賊方守滁和全晸以天平兵敗于淮上宰相豆盧瑑計救師未至請假巢天平節度使使無得西以精兵戍宣武塞汝鄭路賊首可致矣盧攜執不可請召諸道兵壁泗上以宣武節度統之則巢且還寇東南徘徊山浙救死而已詔可前此已詔天下兵屯溵水禁賊北走於是徐兵三千道許其帥薛能館徐衆城中許人驚謂見襲部將周岌自溵水還殺能自稱留後徐軍聞亂列將時溥亦引歸因其帥支詳兗海齊克讓懼下叛引軍還兗州溵水屯皆散巢聞悉衆度淮妄稱率土大將軍整衆不剽掠所過惟取丁壯益兵李罕之犯申光潁宋徐兗等州吏皆亡巢自將攻汝州欲薄東都當是時天子沖弱怖而流涕宰相更共建言悉神策并關內諸節度兵十五萬守潼關田令孜請自將而東然內震撓前說帝以幸蜀事帝自幸神策軍擢左軍騎將張承範爲先鋒右軍步將王師會督糧道以飛龍使楊復恭副令孜於是募兵京師得數千人當是時巢已陷東都留守劉允章以百官迎賊巢入勞問而已里閭晏然帝餞令孜章信門賚遺豐優然衞兵皆長安高貲世籍兩軍得稟賜侈服怒馬以詫權豪初不知戰聞科選皆哭于家陰出貲雇販區病坊以備行陣不能持兵觀者寒毛以慄承範以彊弩三千防關辭曰祿山率兵五萬陷東都今賊衆六十萬過祿山遠甚恐不足守帝不許賊進取陝虢檄關戍曰吾道淮南逐高駢如鼠走穴爾無拒我神策兵過華裹三日糧不能飽無闘志十二月巢攻關齊克讓以其軍戰關外賊少卻俄而巢至師大譟川谷皆震時士饑甚潛燒克讓營克讓走入關承範出金諭軍中曰諸君勉報國救且至士感泣拒戰賊見師不繼急攻關王師矢盡飛石以射巢驅民內塹火關樓皆盡始關左有大谷禁行人號禁谷賊至令孜屯關而忘谷之可入尚讓引衆趨谷承範惶遽使師會以勁弩八百邀之比至而賊已入明日夾攻關王師潰師會欲自殺承範曰吾二人死孰當辯者不如見天子以實聞死未晚乃羸服逃始博野鳳翔軍過渭橋見募軍服鮮燠怒曰是等何功遽然至是更爲賊鄉導前賊歸焚西市帝類郊廟哀會承範至具言不守狀帝黜宰相盧攜方朝而傳言賊至百官奔令孜以神策兵五百奉帝趨咸陽惟福穆潭壽四王與妃御一二從中人西門匡範統右軍以殿巢以尚讓爲平唐大將軍蓋洪費全古副之賊衆皆被髮錦衣大抵輜重自東都抵京師千里相屬金吾大將軍張直方與羣臣迎賊灞上巢乘黃金輿衞者皆繡袍華幘其黨乘銅輿以從騎士凡數十萬先後之陷京師入自春明門升太極殿宮女數千迎拜稱黃王巢喜曰殆天意歟巢舍田令孜第賊見窮民抵金帛與之尚讓卽妄曉人曰黃王非如唐家不惜而輩各安毋恐甫數日因大掠縛箠居人索財號淘物富家皆跣而驅賊酋閱甲第以處爭取人妻女亂之捕得官吏悉斬之火廬舍不可貲宗室侯王屠之無類矣巢齋太清宮卜日舍含元殿僭卽位號大齊求袞冕不得繪弋綈爲之無金石樂擊大鼓數百列長劍大刀爲衞大赦建元爲金統王官三品以上停四品以下還之因自陳符命取廣明字判其文曰唐去丑口而著黃明黃當代唐又黃爲土金所生蓋天啓云其徒上巢號承天廣運啓聖睿文宣武皇帝以妻曹爲皇后以尚讓趙璋崔璆楊希古爲宰相鄭漢璋御史中丞李儔黃諤尚儒爲尚書方特諫議大夫皮日休沈雲翔裴渥翰林學士孟楷蓋洪尚書左右僕射兼軍容使費傳古樞密使張直方檢校左僕射馬祥右散騎常侍王璠京兆尹許建米實劉瑭朱溫張全彭攢季逵等爲諸將軍游弈使其餘以次封拜取趫偉五百人號功臣以林言爲之使比控鶴府下令軍中禁妄殺人悉輸兵于官然其下本盜賊皆不從召王官無有至者乃大索里閭豆盧瑑崔沆等匿永寧里張直方家直方者素豪傑故士多依之或告賊納亡命者巢攻之夷其家瑑沆及大臣劉鄴裴諗趙濛李溥李湯死者百餘人將作監鄭綦郎官鄭係舉族縊是時乘輿次興元詔促諸道兵收京師遂至成都巢使朱溫攻鄧州陷之以擾荊襄遣林言尚讓寇鳳翔爲鄭畋將宋文通所破不得前略乃傳檄召天下兵於是詔涇原節度使程宗楚爲諸軍行營副都統前朔方節度使唐弘夫爲行營司馬數攻賊斬萬級邠將朱玫陽爲賊將王玫裒兵俄而殺玫引軍入于王師弘夫進屯渭北河中王重榮營沙苑易定王處存次渭橋鄜延李孝昌夏州拓拔思恭壁武功石井宗楚入自延秋門弘夫傳城舍都人共譟曰王師至處存遣銳卒五千以白繻自誌夜入殺賊都人傳言巢已走邠涇軍爭入京師諸軍亦解甲休競掠貨財子女市少年亦冒作繻肆爲剽巢伏野使覘城中弛備則遣孟楷率賊數百掩邠涇軍都人猶謂王師讙迎之時軍士得珍賄不勝載聞賊至重負不能走是以甚敗賊執弘夫害之處存走營始王璠破奉天引衆數千隨弘夫及諸將敗獨一軍戰尤力巢復入京師怒民迎王師縱擊殺八萬人血流於路可涉也謂之洗城諸軍退保武功於是中和二年二月也其五月昭義高潯攻華州

王重榮與并力克之朱玫以邠岐鄜夏兵八萬營興平巢亦遣王璠營黑水攻戰未能勝鄭畋將竇玫夜率士燔都門殺邏卒賊震懼於時畿民柵山谷自保不得耕米斗錢三十千屑樹皮以食有執柵民鬻賊以爲糧人獲數十萬錢士人或賣餅自業皋奔河中李孝昌拓拔思恭徙壁東渭橋收水北壘數月賊帥朱溫尚讓涉渭敗孝昌等軍高潯擊賊李詳不勝賊復取華州巢即授華州刺史以溫爲同州刺史賊又襲孝昌二軍引去賊破陳敬瑄兵走南山齊克儉營興平爲賊所圍決河灌之不克有題尚書省戶譏賊且亡尚讓怒殺吏輒剔目懸之誅郎官門闌卒凡數千人百司逃無在者天子更以王鐸爲諸道行營都統崔安潛副之周岌王重榮爲左右司馬諸葛爽康實爲左右先鋒平師儒爲後軍時溥督漕賦王處存李孝章拓拔思恭爲京畿都統處存直左孝章在北思恭直右西門思恭爲鐸都監楊復光監行營中書舍人盧胤征爲克復制置副使於是鐸以山南劍南軍營靈感祠朱玫以岐夏軍營興平重榮處存營渭北復光以壽滄荊南軍合岌營武功孝章合拓拔思恭營渭橋程宗楚營京右朱溫以兵三千掠丹延南鄙趨同州刺史米逢出奔溫據州以守六月尚讓寇河中使朱溫攻四關敗諸葛爽破重榮數千騎於河上爽閉關不出讓遂拔郃陽攻宜君壘大雨雪盈尺兵死什三七月賊攻鳳翔敗節度李昌言於澇水又遣彊武攻武功槐里涇邠兵却獨鳳翔兵固壁拓拔思恭以銳士萬八千赴難逗留不進河中糧艘三十道夏陽朱溫使兵奪艘重榮以甲士三萬救之溫懼鑿沈其舟兵遂圍溫溫數困又度巢勢蹙且敗而孟楷方專國溫丐師楷沮不報即斬賊大將馬恭降重榮帝進拓拔思恭爲京四面都統敕朱玫軍馬嵬溫既降重榮遇之厚故李詳亦獻款賊覺斬之於赤水更以黃思鄴爲刺史十月鐸濬壕於興平左抵馬嵬使將薛韜董之由馬嵬武功入斜谷以通盩厔列屯十四使將梁璩主之置關於沮水七盤三溪木皮嶺以遮秦隴京左行營都統東方逵禽賊銳將李公迪破堡三十華卒逐黃思鄴巢以王遇爲刺史遇降河中明年正月王鐸使雁門節度使李克用破賊于渭南承制拜東北行營都統會鐸與安潛皆罷克用獨引軍自嵐石出夏陽屯沙苑破黃揆軍遂營乾阬二月合河中易定忠武等兵擊巢巢命王璠林言軍居左趙璋尚讓軍居右衆凡十萬與王師大戰梁田陂賊敗執俘數萬僵胔三十里斂爲京觀璠與黃揆襲華州據之遇亡去克用掘塹環州分騎屯渭北命薛志勤康君立夜襲京師火廥聚俘賊而還巢戰數不利軍食竭下不用命陰有遁謀即發兵三萬搤藍田道使尚讓援華州克用率重榮迎戰零口破之遂拔其城揆引衆出走涇原節度使張鈞說蕃渾與盟共討賊是時諸鎮兵四面至四月克用遣部將楊守宗率河中將白志遷忠武將龐從等最先進擊賊渭橋三戰賊三北於是諸節度兵皆奮無敢後入自光泰門克用身決戰呼聲動天賊崩潰逐北至望春入昇陽殿闥巢夜奔衆猶十五萬聲趨徐州出藍田入商山委輜重珍貲於道諸軍爭取之不復追故賊得整軍去自祿山陷長安宮闕完雄吐蕃所燔唯衢衖廬舍朱泚亂定百餘年治繕神麗如開元時至巢敗方鎮兵互入虜掠火大內惟含元殿獨存火所不及者止西內南內及光啓宮而已楊復光獻捷行在帝詔陳許延州鳳翔博野軍合東西神策二萬人屯京師命大明宮留守王徽衞諸門撫定居人詔尚書右僕射裴璩脩復宮省購華輅仗衞舊章祕籍豫敗巢者神策將橫衝軍使楊守亮躡雲都將高周彝忠順都將胡真天德將顧彥朗七十人巢已東使孟楷攻蔡州節度使秦宗權迎戰大敗即臣賊與連和楷擊陳州敗死巢自圍之略鄧許孟洛東入徐兖數十州人大饑倚死牆塹賊俘以食日數千人乃辦列百巨碓糜骨皮於臼并啖之時朱全忠爲宣武節度使與周岌時溥帥師救陳趙犨亦乞兵太原巢遣宗權攻許州未克於是糧竭木皮草根皆盡四年二月李克用率山西兵由陝濟河而東會關東諸鎮壁汝州全忠擊賊瓦子堡斬萬餘級諸軍破尚讓於太康亦萬級獲械鎧馬羊萬計又敗黃鄴於西華鄴夜遁巢大恐居三日軍中相驚棄壁走巢退營故陽里其五月大雨震電川谿皆暴溢賊壘盡壞衆潰巢解而去全忠進戍尉氏克用追巢全忠還汴州巢取尉氏攻中牟兵度水半克用擊之賊多溺死巢引殘衆走封丘克用追敗之還營鄭州巢涉汴北引夜復大雨賊驚潰克用聞之急擊巢河瀕巢度河攻汴州全忠拒守克用救之斬賊驍將李周楊景彪等巢夜走胙城入冤句克用悉軍窮躡賊將李讜楊能霍存葛從周張歸霸張歸厚往降全忠而尚讓以萬人歸時溥巢愈猜忿屢殺大將引衆奔兗州克用追至曹巢兄弟拒戰不勝走兗鄆間獲男女牛馬萬餘乘輿器服等禽巢愛子克用軍晝夜馳糧盡不能得巢乃還巢衆僅千人走保太山六月時溥遣將陳景瑜與尚讓追戰狼虎谷巢計蹙謂林言曰我欲討國姦臣洗濯朝廷事成不退亦誤矣若取吾首獻天子可得富貴毋爲佗人利言巢出也不忍巢乃自刎不殊言因斬之及兄存弟鄴揆欽秉萬通思厚并殺其妻子悉函首將詣溥而太原博野軍殺言與巢首俱上溥獻于行在詔以首獻于廟徐州小史李師悅得巢僞符璽上之拜湖州刺史巢從子浩衆七千爲盜江湖間自號浪蕩軍天復初欲據湖南陷瀏陽殺略甚衆湘陰彊家鄧進思率壯士伏山中擊殺浩

贊曰廣明元年巢始盜京師自陳唐去丑口而著黃明黃且代唐也嗚呼其言妖歟後巢死秦宗權始張株亂徧天下朱溫卒攘神器有之大抵皆巢黨也寧天託諸人告亡於下乎

秦宗權蔡州上蔡人爲許牙將巢涉淮節度使薛能遣宗權蒐兵淮西而許軍亂殺能宗權外示赴難因逐刺史據蔡以叛周岌代能領節度即授以州有兵萬人乃遣將從諸軍敗賊於汝州楊復光言之朝擢防禦使寵其軍曰奉國即爲本軍節度使進檢校司空巢走出關宗權與連和遂圍陳州樹壁相望攙狘梁宋間巢死宗權張甚嘯會逋殘有吞噬四海意乃遣弟宗言寇荊南秦誥出山南攻襄州陷之進破東都圍陝州使秦彥寇淮肥秦賢略江南宗衡亂岳鄂賊渠率票慘所至屠老孺焚屋廬城府窮爲荊萊自關中薄青齊南緣荊郢北亘衞滑皆麏駭雉伏至千里無舍煙惟趙犨保陳朱全忠保汴僅自完而已然無霸王計惟亂是恃兵出未始轉糧指鄉聚曰啖其人可飽吾衆官軍追躡獲鹽尸數十車僖宗假朱全忠都統節以討賊秦賢略宋及曹全忠好書約和賢遣張調請分地自汴以南歸之蔡全忠陰許而賢引兵濟汴肆燔劫無孑餘全忠大怒斬調而還曰我出十將必破此賊進與賊戰殺獲甚衆宗權急攻許節度使鹿晏弘乞師於全忠師未及出已破晏弘進攻鄭州取之擊河橋遂守河陽放兵侵汴西鄙北鄙全忠壁酸棗戰不克宗權屯邊村使秦賢營雙丘侵板橋盧瑭引兵進屯萬勝夾汴而柵將梁以濟師全忠詭擊殺瑭宗權悉軍十五萬列三十六屯逼汴全忠懼求救於兗鄆而朱瑾朱宣皆身自將同拒賊五月全忠閉城大會鼓聞于郊無置聲陰啓北門擊賊壘士譟趨中營兗鄆整兵合擊大敗之宗權忿過鄭焚郛舍驅民入淮西全忠遂有鄭許河陽東都於是合諸鎮兵會上蔡分爲五軍入其地宗權召孫儒儒不應宗權素壁上蔡以扼險要全忠拔其壁遂圍蔡州傳城而壘以嬴兵誘賊出戰全忠盡斬之宗權退守中州未能下全忠使大將胡元琮圍之身還汴宗權間許無備襲取其州執守將元琮引兵復收許宗權還爲愛將申叢所囚折一足以待命全忠署叢節度留後叢中悔夷其族宗權至汴全忠以禮迎勞且曰公昔陷許能戢兵賜盟戮力勤王烏有今日乎宗權曰英雄不兩立天亡僕以資公也瞀然無懼色全忠以檻車上送京師兩神策兵麾護昭宗御延喜樓受俘京兆尹曳以組練徇兩市引頸視車外呼曰宗權豈反者耶顧輸忠不効耳觀者大笑與妻趙俱斬獨柳下宗權以中和三年叛居六年而誅

董昌杭州臨安人始籍土團軍以功擢累石鏡鎮將中和三年刺史路審中臨州昌率兵拒不得入即自領州事鎮海節度使周寶不能制因表爲刺史昌已破劉漢宏兵益彊進義勝軍節度使檢校尚書右僕射僖宗始還京師昌取越民裴氏藏書獻之補祕書之亡授兼諸道採訪圖籍使始爲治廉平人頗安之當是時天下貢輸不入獨昌賦外獻常參倍旬一遣以五百人爲率人給一刀後期即誅朝廷賴其入故累拜檢校太尉同中書門下平章事爵隴西郡王視詔書訖字償一縑歸當制官而小人意足寖自侈大託神以詭衆始立生祠刻香木爲軀內金玉紈素爲肺府冕而坐妻媵侍別帳百倡鼓吹於前屬兵列護門阤屬州爲土馬獻祠下列牲牢祈請或紿言土馬若嘶且汗皆受賞昌自言有饗者我必醉蝗集祠旁使人捕沈鏡湖告曰不爲災客有言嘗游吳隱之祠止一偶人昌聞怒曰我非吳隱之比支解客祠前始罷榷鹽以悅人豐衣食後稍峭法笞至千百或小過輒夷族血流刑場地爲之赤有五十餘姓當族昌曰能孝於我貸而死皆曰諾昌厚養之號感恩都刻其臂爲誓親族至號泣相別者凡民訟不視獄但與鄉博齒不勝者死用人亦取勝者昌得郡王咤曰朝廷負我吾奉金帛不貲何惜越王不吾與吾當自取之下厭其虐乃勸爲帝近縣舉狂譟譁請昌令曰時至我當應天順人其屬吳繇秦昌裕盧勤朱瓚董庠李暢薛邈與妖人應智王溫巫韓媼皆贊之昌益兵城四縣自防山陰老人僞獻謠曰欲知天子名日從日上生昌喜賜百縑免稅征命方士朱思遠築壇祠天詭言天符夜降碧楮朱文不可識昌曰讖言兔上金牀我生於卯明年歲旅其次二月朔之明日皆卯也我以其時當即位客倪德儒曰咸通末越中祕記言有羅平鳥主越禍福中

和時鳥見吳越四目而三足其鳴曰羅平天冊民祀以攘難今大王署名文與鳥類即圖以示昌昌大喜乾寧二年即僞位國號大越羅平建元曰天冊自稱聖人鑄銀印方四寸文曰順天治國之印又出細民所上銅鉛石印十牀及它鳥獸龜蛇陳于廷指曰天瑞其下制詔皆自署名或曰帝王無押詔昌曰不親署何由知我爲天子即榜南門曰天冊樓先是州寢有赤光長十餘丈虺長尺餘金色見思道亭昌署寢曰明光殿亭曰黃龍殿以自神以次拜置百官監軍與官屬皆西北嚮慟哭乃北面臣昌或請署近侍昌曰吾假處此位安得如宮禁不許下書屬州曰以某日權即位然昌荷天子恩死不敢負國初官屬不徇昌旨者節度副使黃碣山陰令張遜皆誅死鎮海節度使錢鏐書讓昌曰開府領節度終身富貴不能守閉城作天子滅親族亦何賴顧王改圖昌不聽鏐悉兵三萬攻之望城再拜曰大王位將相乃不臣能改過請論還諸軍昌懼獻鏐錢二百萬犒軍執應智王溫韓媼吳繇秦昌裕送於鏐且待罪鏐乃還表於朝以爲昌不可赦復討之傳城而壘昌又執朱思遠王守眞盧勤送鏐軍求解昭宗遣中人李重密勞師除昌官爵授鏐浙東道招討使昌乃求援於淮南楊行密行密遣將臺濛圍蘇州安仁義田頵攻杭州以救昌鏐將顧全武等數敗昌軍昌將多降遂進圍越州候人言外師彊輒斬以徇給告鏐兵老皆賞昌身閱兵五雲門出金帛傾鏐衆全武等益奮昌軍大潰遽還去僞號曰越人勸我作天子固無益今復爲節度使全武四面攻未克會臺濛取蘇州鏐召全武還全武曰賊根本在甌越今失一州而緩賊不可攻益急城中以口率錢雖督毋皆輸軍昌從子眞得士心昌信讒殺之衆始不用命又減戰糧欲犒外軍下愈怨反攻昌保子城鏐將駱團入見紿言奉詔迎公居臨安昌信之全武執昌還及西江斬之投尸于江傳首京師夷其族於是斬僞大臣李邈蔣瓌等百餘人發昌先墓火之昌敗猶積糧三百萬斛金幣大抵五百餘帑而兵不及萬人鏐遂爲鎮海鎮東兩軍節度云

贊曰唐亡諸盜皆生於大中之朝太宗之遺德餘澤去民也久矣而賢臣斥死庸懦在位厚賦深刑天下愁苦方是時也天下將去唐諸盜並出歷五姓兵未嘗少解至宋然後天下復安漢之亡也天下大亂至晉然後稍定晉之亡也天下大亂至唐然後復安治少而亂多者古今之勢盛王業業以求治可少忽哉

唐書卷二百二十五下考證

黃巢傳咸自將往救敗仙芝于黃梅○舊書賊怒悉精銳擊官軍威軍大敗 臣人龍按舊書僖宗紀此時威未嘗敗也當以新書爲正

漢宏殘衆復奮○沈炳震曰漢宏當作常宏 臣酉按上文云先此劉漢宏已畧地焚盧脩則此處正指劉漢宏也似不誤

張全○南北監本汲古閣本皆同獨沈炳震作張全義當從之

唐書釋音卷第一

宋將仕郎前權書學博士董衝進

唐書卷一　本紀第一

暠古老切 昞補永切 煬餘亮切 毋端上音無 突厥下九勿切夏曰獯鬻殷曰鬼方周曰獫狁漢曰匈奴魏曰突厥下並同 甄之人切 孫蘇困切 綦渠之切 洮土刀切 酋自秋切長也 虎賁下逋昆切勇士也 檄刑狄切尺書也 燉煌上徒渾切下胡光切郡名 掾俞絹切官屬 堡博抱切障小城 屈突上區勿切虜複姓 鄠侯古切縣名在京兆府 郿旻悲切縣名 盩厔上張流切下陟栗切縣名在京兆山曲曰盩水曲曰厔 向式亮切 邽古攜切 下邽縣名 籞魚呂切禁苑 侑于救切 銑蘇典切 葆博抱切 鼓吹下尺僞切 璹神玉切 菟湯故切 璽斯氏切王者印 侗徒紅切 鄈戶圭切地名在東平 郯徒甘切 敓房密切 庳賓彌切 陂彼爲切澤障曰陂 傳 勞郎到切 鄯時戰切 鄜芳無切漢鄜縣 隋改日州 窆方驗切 瓚在旱切 瘞於罽切幽理 詿古賣切誤也 靺鞨上莫撥切下何葛切 噉徒敢切 鄃羊朱切縣名在涿郡 嵕子紅切山名 嶲息委切越嶲郡名 党多曩切 祏常隻切 闞苦濫切

唐書卷二　本紀第二

鉦諸成切鐃聲 崞去博切縣名 可汗下胡安切下並同 坂蒲遠切陂也 雍州上於用切 墌之石切基址 柵測革切編木爲之 馳傳下株戀切驛遞 勞郎到切 尉遲上紆勿切虜複姓 邙莫郎切 鼓吹下尺僞切 阬丘庚切 食其上音異 酺蒲故切會飲食 鄶古外切 愔挹淫切 高麗下呂支切 獠魯浩切 孛蒲沒切色悖 且末上子余切 党多曩切 惲紆粉切 渾徒旱切 氐下職雉切 偪卑吉切下同 妥他果切 焯之藥切 炫胡絢切 惸渠營切憂也 鄠侯古切 契丹上欺訖切下並同 契苾上欺訖切下毗必切虜複姓 龜茲上祛尤切下牆之切

唐書卷三　本紀第三

儆 偈吉刑切 獠魯浩切 鶻戶骨切鷹屬 仵疑古切 朱邪下余遮切 酺蒲故切 愔挹淫切 幻胡莧切 邏郎佐切 龜茲上祛尤切下牆之切 郇相倫切池名在河東 泜直理切 高麗下力支切 葉護上失涉切 俟斤上虛其切復姓 傳征緣切 契苾上欺訖切下必切 涓 颶 嶲息委切 彗徐醉切妖星 瑋于鬼切 闐堂練切西域國名 邙莫郎切 禪時戰切 涪房尤切水名 雹蒲角切 簺先代切行棊相塞 圂胡困切畜閑也 惲紆粉切 洮土刀切 晫竹角切 咄當沒切 嵐盧含切 滹荒烏切水名 戕慈良切

唐書卷四　本紀第四

堲之少切 蠖鬱縛切 岑鋤簪切 譖初入切 燕然上於田切 酺蒲故切 匭居委切 爨取亂切 氾許里切南水名 岑鋤簪切 咃許偉切 莞古丸切東莞郡名 汶文運切 璹神玉切 嶲息委切 璥居影切 儋都甘切 璟居永切 鄅王矩切國在琅琊 漣力展切 費才贊切 場余章切 幟昌志切 璿旬緣切 淄側持切水名隋淄州 佺此緣切 獠魯皓切 鄜芳無切 洮土刀切 禪時戰切 翽呼會切 綦渠之切 諸補過切 勮其據切 瘳巨鳩切 硤胡夾切 緱古侯切緱氏縣在河南府 昶丑兩切 嶠渠廟切 雹蒲角切 鄮莫侯切縣名在會稽 瀧呂江切州名在嶺南 彗徐醉切 孛蒲沒切 愔挹淫切 澧盧啓切水名在武陵 剡以冉切

唐書卷五　本紀第五

岑鋤簪切 璟俱永切 愔挹淫切 酺蒲故切 佺此緣切 陘奚經切山絕坎 彗徐醉切 郯徒甘切 淄側持切 籛千廉切 嶲息委切 驪鄰支切 磧七迹切渚有石者 韜土刀切劍衣 灤落官切水名 鄫疾陵切琅邪國名 鄡吉掾切 邏郎佐切 晙祖峻切 郿彌悲切 嵒魚咸切 蓋古盍切 頲他鼎切 祔符遇切食於先祖 瀍呈延切水名 璽斯氏切 邽古攜切 滉戶廣切 滔九魚切 濰以追切 澐王分切 禪時戰切 酋自秋切 獠魯皓切 暹息廉切 奡 澠彌兗切縣名屬河南 瀧呂江切 孛蒲沒切 穭力舉切自生稻 薊古詣切開元中以漁陽縣爲薊州 靺鞨上莫撥切下何葛切 漼七罪切 潓胡桂切 漩以宣切 惸渠營切 璥居影切 捺奴葛切 璵以諸切 堡博抱切 倕是爲切 詷直廉切 鋋士角切 釗之遙切 洱而止切水名出罷谷 銲侯干切 鉷戶工切 葉失涉切 宓美必切 翽呼外切 憕直陵切 單父上常演切下音甫 瑱陟刃切 滍直里切 嵬吾回切 堝古禾切 琯古滿切

唐書卷六　本紀第六

璹神玉切 璵與諸切 蒐 琄尺良切 瑴古岳切 琯古緩切 埭徒耐切以土遏水 嶲息委切 獠魯皓切 睢千余切 瘞於計切 俶昌六切 灃敷東切 闅 瑱魚巾切 鈿亭年切華飾也 畤諸市切 酺蒲故切 僴下赧切 侹鼎待切 僙胡光切 倕是爲切 佋時招切 侗徒冬切 能元上奴代切 淄側持切 耐 洹胡官切 淦扶雨切 峴胡典切 翽呼外切 彗徐醉切 愧餘制切 邙莫郎切 粤五各切 鷂弋笑切 沁七鴆切 鄜芳無切 茷 盩厔上張流切下 舶薄陌切 緡眉刃切 蜮雨逼切短弧蟲 璲徐醉切 穭力舉切 卬渠容切 倓吐濫切 岵侯古切 翃戶萌切 絅居迥切 莧 雹蒲角切 瑝胡光切 璿旬緣切 郴丑林切 暹思廉切 遹余律切 綰烏版切 匭居委切

唐書卷七　本紀第七

鷂弋照切 迅思晉切 榷古岳切 蒻而灼切 滹火吳切 芃蒲紅切 雹蒲角切 鎰夷質切 嵕渠容切 洧于軌切 洹胡官切 璬古了切 鄜芳無切 朏敷尾切 覦容朱切 玢府巾切 怦普耕切 灞必駕切水名 滻所簡切水名二水在京兆 鵬之由切 賑贍 泌兵媚切 畤諸市切 汧輕煙切 弇吾含切 堡博抱切 源 嶲息委切 僙古黃切 郴丑林切 憬居永切 灘於容切 潯徐心切 暹思廉切 雩雲俱切祈雨祭 倕是爲切 鍠胡盲切 涗舒芮切 頔徒歷切 柵測革切 溆於斤切川水名 愔挹淫切 錡魚倚切 郜居號切 艦戶黯切戰船 櫂直教切作棹 瘖於金切不能言 諴胡嵒切 郯徒甘切 漵徐呂切 紓傷魚切 郇須倫切 緗思將切

唐書卷八　本紀第八

絿渠尤切 緄古本切 繟徒干切 祔符遇切 柵測革切編木爲之 綢直由切 垍巨至切 璀取猥切 酈狼狄切 晦莫后切 隗五罪切 嵤郎移切 鄖於燦切 郗丑飢切 彗徐醉切 嵖岈上側加切下火加切 鎛伯各切 异羊吏切 猜倉才切 悍侯旱切 惲紆粉切 俳蒲皆切戲也 觝典禮切觸也 雹蒲角切 孛蒲沒切 涿竹角切 憬俱永切 鄜芳無切 愔挹淫切 懀徒濫切 忱昌中切 彗徐醉切 岌魚及切 玫 禛止忍切 芥古拜切 瘞於罽切 緗思將切 獠魯皓切 渼無鄙切 緄古本切 亓居之切 璠孚袁切 撩連條切 嶲息委切 卬渠容切 諴胡嵒切 紓傷魚切 滹火吳切 漵徐呂切 鄲都寒切 柵測革切 嗢烏沒切 嵐盧含切 峴胡典切 嵯昨何切 釗之遙切 鄠侯古切 暯莫胡切 汭而銳切 灘於容切 瑑時兗切

唐書卷九　本紀第九

漼取猥切 亓巨基切 忊彌遣切 鄠侯古切 諴胡嵒切 綰烏版切 嶲息委切 佶極乙切 幘楚革切 繟徒干切 瘞於計切 彗徐醉切 璩丘於切 鷂弋笑切 邳符悲切 痼古慕切 勛許云切 譔此緣切 儇呼緣切 汭而銳切 鐐連條切 宛句上音冤下音衢縣名在曹州 瓚藏旱切 瑑柱兗切 沆胡朗切 雹蒲角切 岢嵐上音可下盧含切軍名近太原 溧 碭 晟知領切 崟五林切 忻許斤切隋置忻州 幘楚革切 岌魚及切 諗式荏切 坡普和切 玫謨杯切 苾蒲必切 鄚莫侯切縣名 潯徐林切 鄜芳無切 卬渠容切 仔祖似切 潏以律切 勍渠京切 漉元俱切 瑄荀緣切 鎰弋質切 燁域輒切 熅於云切 孛蒲沒切 鏐力求切 諲伊眞切

唐書卷十　本紀第十

汭而銳切 諲之神切 瑄荀緣切 緼於云切 璠孚袁切 鏐力求切 邢奚經切 鍠胡光切 員于問切 戡苦含切 卬渠容切 彗徐醉切 瓚在旱切 孛蒲沒切 鐬呼外切 讜竹用切 棨康禮切 鐇附袁切 勛許云切 磎苦奚切 栩況羽切 禊胡計切 珂丘何切 搏徒官切 偓於角切 郜居號切 岌魚及切 夔居逵切 璉力展切 璘離珍切 稹側鄰切 沁七鴆切 郴丑林切 鄈戶圭切 鄜芳無切 鄩徐林切 頵居筠切 庱尺氏切 祝昌六切

唐書釋音卷第二

唐書卷十一　禮樂志第一

搢即刃切插笏垂紳又插也 冠婚上古患切男子幼娶必冠 韜土刀切 雩雲俱切祈雨祭 蜡鋤駕切年終祭名夏曰清祀殷曰嘉平周曰大蜡秦曰臘 土王下于況切 闑五結切門中 閾況逼切門限 犢徒谷切 齊側皆切下同 幄於角切上曰帟四旁及上曰幄 帷上下四旁悉周曰幄 褶實入切小袴 辦蒲莧切 壝以水切壇也 鄈戶圭切 幔莫半切帷幔 樂縣下胡涓切文繫也下同 著尊上直略切 犧尊上素何切下同 槪古會切 篚府尾切竹器員曰簞 坫都念切以木爲之 罍 橐古老切 秸古黠切 莞古丸切可以爲席 昭穆上市昭切父昭子穆昭南向穆北向孫從父坐下同昭明也穆敬也 斝舉下切玉爵記曰夏后氏以醆商以斝周以爵 盞內員外方受斗二升 鈃戶經切酒

器似簋而長頸 簠方矩切 扆於豈切戶牖間也禮疏云扆加紼素屏風畫斧文也 紛純下之尹切 衮也下同 腯徒骨切說文曰牛曰肥豕曰腯 匭切作答 輅洛故切釋名曰天子乘玉輅以玉飾車也 輅亦車也謂之輅者言行於道路 敔魚巨切所以止樂 稭悲夜切 培苦感切 柷昌六切 樂之時投推其中而撞之 匜弋支切杯匜似有柄可以注水又音移爾切 帨舒芮切佩巾也 瓚才旱切 膋落蕭切腸間脂也

唐書卷十二　禮樂志第二

壝以水切壇也下同 齊才詣切 坫都念切 啐七內切嘗入口也 胙昨誤切祭餘 盎烏浪切盆也 燎力照切照也 篚府尾切 揣而宣切推也 雷力救切神名 土王下于切 埳苦感切 簠方矩切 簋居洧切 瓠古胡切 縱即容切直也 蜡鋤駕切 瘞於計切 雩羽俱切請雨祭名 句芒上古侯切 孽而蜀切 畯子峻切田大夫也 蠃郎果切 蝦胡加切田間也 彙 桔上古老切下古黠切 莞古丸切 著尊上直略切 醍齊上他禮切酒赤色 犧素何切 蜃時刃切 斝古雅切 甀都滕切瓦豆 鉶奚經切 椿 簠簋 側讀切 芡巨險切說文云雞頭 糗去久切乾飯屑 養疾貢切 酏 韭舉有切 醓醢上他感切下呼海切 菹臻魚切酢菜 飽上普各切下徒各切 棰 朱 蓼 檳榔 足 亨普庚切 胖普半切牲之半體 臑人朱切臂也 胳上公落切 下之春切面頰 下也音達 挺他鼎切胸腊 湫七由切木名

唐書卷十三　禮樂志第三

雩羽俱切 迭王下于況切 縚他刀切 譽苦沃切高辛氏 頊許玉切 數色角切族也下同 瘞於計切 惲紆粉切 嶠渠廟切 韣徒谷切弓衣 禖莫杯切求子祭 磔陟格切祭風 帟小羊益切 三昭下時招切下同 祔符遇切合食於太祖 環居 禰奴禮切 嶸戶萌切 墠常演切除地名 棋居之切謂之棋 大簋方矩切 簠居洧切 甎都滕切 鈃奚經切 坫都念切 篚府尾切 胙昨誤切 亨上普庚切 牲上餘同 殤式羊切 齊衰上即夷切下倉回切衣長六寸博四寸

唐書卷十四　禮樂志第四

禪時戰切下同 彗徐醉切 壝以水切 鹹古禪切石菖 秸古黠切 蒻而蜀切藉也 帟羊益切 縚土刀切 幔莫半切 瘞於計切 埳苦感切 篚府尾切 鈒色立切 帊普駕切衣襆 纊苦謗切又細綿 賈公土切 推通回切下同排也 鄭主戶切 粢盛下是征切黍稷在器 五齊下才細切 褶似入切 幘側革切有巾曰幘 鍤楚革切 楚洽切 坫都念切 黻蔽蘇 軷 蒲撥切 拭式也 汎 賓 鞹 袪 蕃 廡文甫切堂下 鈿亭年切 軺餘招切小車 薙直几切芟草 汎息進切洒也 瓚 踊上下 余隴切 跌也 拜跪 下上 墠常演切 壖而緣切廟垣 佶

唐書卷十五　禮樂志第五

鈿亭年切 壝以水切 瘞於計切 埳苦感切 篚府尾切 坫都念切 纂 飾 相者上息亮切下以 助也 黻 匜 弋支切 帨 舒芮切 醴齊下才細切下同 啐 七內 婕妤上即葉切下以諸切 官也 雷力救切 中春上直眾切 鄭中 郯徒甘切 郯五稽切在東海 鄆 共伯切 任伯上如深切 鄫慈陵切 鱣 張連 郈 邳符悲切 邳縣名 鄅下 鄗苦么切 醍都奚切 句井上古侯切 欸於消切 邦消切 蒨蒼甸切 蔵 斯 斫 多秦切 通作點 斯許斤切 膾 嵎 尉遲上紆物切 弁 古合切 孱鉏山切 偪 空早切 鄖 正分切國名 沇 輸芮切 幡 蒲官切

唐書卷十六　禮樂志第六

勞郎到切慰也 儐卑刃切導也 戒古拜切 鈒色立切 觶支義切器受四升 酒 坫都念切 篚府尾切 幘側革切 褶似入切 纇力遂切 壝以水切 俘芳無切囚也 馘古獲切截耳 禡莫駕切師旅所止地祭也 稍所角切八者為稍 犧 瘞於計切 軷蒲撥切 埳苦感切 剖普后切破 冪莫狄切巾也 肆息利切陳也 軹諸氏切 車輪之穿為道 墠常演切 鉦諸成切 楯食尹切干盾 鞞補鼎切刀室 腢牛口切 髀補爾切股也 髃以沼切 饁域輒切餉田 乏房法切 福方六切 奉 弓上父勇切下同 弣芳武切弓把中 中日上竹仲切下中者同 貍里之切 塾殊六切門側室 纘作管切繼也 儺諾何切驅疫 侲章刃切童子 磔陟格切 寺伯上時吏切寺人 殆 盧 胇房密切 吉凶字 拉落合切折也 甌芳通切 藉慈夜切

唐書卷十七　禮樂志第七

莞胡官切可為席 紛純下之尹切緣也下同 纚所綺切韜髮者 櫛阻瑟切梳也 坫都念切 簞支義切器受四升 柶息利切 幘側革切 搦而宣切 嚌才詣切嘗也 帨 綸古頑切佩巾 啐七內切嘗也 幡孚袁切 纊小 襆 綃 楄 鱗 盛 五升小組 綬也 褶似入切 洗 先典切 柶 息利切 纓 緣 帔 篚府尾切 滑 私呂切 況 財盈切 輪芮切 鷺 雉屬 幘 巾也 雷力救切 中廷 莫狄切 山雞 細毛 小冠 絺 抽遲切

唐書卷十八　禮樂志第八

幡孚袁切 納采下七在切 采擇也 所 許斤切 莞胡官切 紛純下之尹切下同 甑 文甫切 幂莫狄切 坫都念切 觶支義切 柶息利切 揣而宣切 扱楚洽切 蹴蹴 夏 誂 噦 啐七內切 篚府尾切 匵徒谷切 匱也 重翟上直龍切 褘呼韋切 媵 莫 補 衿 居吟切 衣系 帨 佩巾 雷力救切 疊 居隱切 瓢為酒器 葅 側魚切 酢菜 湆 乞及切 說 輪芮切 嚌才細切 酳 羊晉切 酒漱口 餕 祖峻切 熟 食 褕 羊昭切 厭翟上於涉切 餔前上薄孤切 申時 鞶 大帶 鈃 奚經切 褶

唐書卷十九　禮樂志第九

似入 纁 許云切 三染絳 親迎下魚慶切 儷郎計切 驚 井列切 毳 此芮切 絺 抽遲 笄 皮變切 又音頻 以葦若竹為之 其形 服 鑯 贊 鄒 奚圭切 暍 思積切 下乾 牆不畏泥 坫都念切 幂莫狄切 觶支義切 褶 似入切 佽 渠倚切 鐃 尼交切 似鈴 無舌 有秉 肥 普駕切 土王下于況切 完胡官切 純之尹切 緣也 衿 居吟切 衣系 攝齊 下津夷切 裳緝 酳 羊晉切 遂 七倫切 退也 復 篚府尾切 楎 吳悲切 屋梠 揣而宣切 啐七內切 陔 柯開切 戴 側吏切 大帶

唐書卷二十　禮樂志第十

衰 倉回切 下同 朝 晡 下薄孤切 經 徒結切 絰 縗 經 葬 力遂切 於 涕 不詳 桃 除 不 疏 禮 注 縗 楨 側革切 禪 徒感切 除服祭名 齊衰 上即夷切下同 殤 式羊切 說文曰不成人也 人年十九 至十六 死為長殤 十五 至十二 為中殤 十一至八歲死為下殤 婦 上音 嫡 殃 七亂切 屢 九遇切 屢之屬 屬 扉 符分切 蘃 適子 上音嫡 纊 苦謗切 絮也 跣 蘇典切 踊余隴切 跳也 髽 下戶切 衰 徐嗟切 亦作邪 中 曰 普 駕 切 雷 力救切 楔 先結切 擻也 柶 思利切 觴 牛口切 培 苦感切 塈 營隻切 家塊 鼎 盤 其 蚤 早 嵎 郎擊切 鬲 大鼎 足 箸 謂之 高 經 去逆切 笄 皮變切 又音頻 櫛 側瑟切 沐 淅 先擊切 沭 米汁 播 普官切 拒 章刃切 刃 爾雅 淨也 祇 切 而甚 稱 下同 昌孕切 縟 烏 思積切 縷 許云切 縫 徐醉切

唐書釋音卷第三

唐書卷二十一　禮樂志第十一

妥 他果切 璡 即刃切 又音津 啞 倚下切 者也 翳 徒旦切 刻 時冉切 鏄 補各切 鐘磬 上 柎 斐父切 壝 以木 虡 其呂切 猛獸 橫 日 簨 之 飾 為 卬 五剛切 高 也 柷 昌六切 樂之始 其 中有 推 橫 之 鑮 張六切 十 節 斷 之 用 竹長 二尺七寸 為 之 龠 管 十六 三 鈕 ... 十 七 孔 篳 ... 鑮 樂 器 常倫切 唐 伏虎 之 所 以 鼓 大 蒲 古牙 切 ... 篴 直 離 切 四 寸 小 者 尺 二 寸 七 孔 ... 上為之 簫 思 尹 切 所 以 樂 ... 嶷 也 從 虡 也 在 旁 舉 鎮 也 上 高 饒 女交切 孔 亦 作 壎 况 袁切 ... 鈃 古 吊 切 下 筊 鈞 切 小 相 息亮切 為 之 寶 以 鐃 羯 鼓 刀 著 柄 鞞 補 鼎 切 ... 竽 禹俱切 十六 簧 ... 巢 交 和 十 三 管 ... 零 羽 俱 切 姑 柎 ... 相 洗 下 蘇典切 下 同 禪 社 上 時戰切 祭 也 莘 如 佳 切 蜡 助 駕 切 祭 名 無射 下 羊益切 蕤 裨 ... 夷 則 ... 桁 ... 洗 到 切 衰 ... 挎 荒 故 切 虛 丘 於 切 墟 也 犧

唐書卷二十二　禮樂志第十二

箜篌 上苦紅切 下胡鈎切 觱篥 上卑吉切 下力質切 羌人 所吹 以驚 馬也 鞚 苦貢切 龜茲 缺 苦穴切 罷 ... 鼓 上 鞞 薄 迷 切 鰅 ... 餙 ... 壎 況袁切 篪 直離切 笙 ... 鈸 蒲撥切 鐃 女交切 笳 ... 鉦 諸成切 似鈴 ... 縚 土刀切 鐃 尼交切 鈸 ... 腰 ... 鼓 ... 箜篌 ... 上 苦紅 切 下 ... 所 作 靡 靡 之 音 ... 螺 ... 龜茲 上居追切 下 茲 ... 鼗 徒刀切 ... 鑮 ... 羯 ... 襦 ... 絺 ... 騣 ... 鈸 ... 袷 古洽切 ... 騾 青白色 驃 ... 雜 馬 ... 黃 白 色 ...

唐書卷二十三上　儀衛志第十三上

葆 博抱切 鹵 郎古切 鶡 胡葛切 鳥似雞 袂 古洽切 複衣 施 式支切 ... 褶 似入切 ... 襦 ... 稍 ... 雉 尾 ... 蛤 ... 撥 ... 駊 ... 角 ... 捻 奴協切 ... 鬔 ... 蔓 ... 烏 外 攢 胡買切 ... 檽 ... 纖 ... 鶩 ... 驚 鳥 莫卜切 ... 鸞 ... 鳥屬

唐書卷二十三下　儀衛志第十三下

穳 ... 佽 七四切 髦 昌兩切 綦 渠之切 幡 孚袁切 旂 也 ... 鍮 他侯切 色似金 幘 ... 絝 苦故切 ... 錖 ... 襦 而朱切 ... 鐙 丁鄧切 ... 翟 徒歷切 ... 纖 蘇典切 ... 厭翟 上於涉切 ... 殳 市朱切 ... 鹵 郎古切 ... 軺 餘招切 小車 ... 稍 ... 紞 ... 錽 ... 幰 虛偃切 車上為幰 ... 張 ... 褶 似入切 ... 榛 步項切 杖也 ... 翅 施智切 ... 婕妤 上即葉切 下羊諸切 ... 鋼 ... 鑣 ... 钂 ... 篾 ... 扇 ... 葆 博抱切 ... 鈒 色立切 ... 蹀 徒協切 ... 躞 ... 邏 郎佐切 ... 彪 ... 休 ... 峯 ... 獸 ... 切 ... 闕 ... 耳 ... 幡 ... 旄 ... 硌 ... 穳 ... 絢 ... 鑓 ... 鐙 ... 驊騮 ... 驒 ... 騏 ... 駮 ... 鍉 ... 鋋 ... 纁 ... 繡 ... 秬 ... 褕 ... 襆 ... 鈸 ... 綦 ... 釭

唐書卷二十四　車服志第十四

疑 魚乞切 ... 巡守 下書又切 ... 覲 ... 冕 亡辨切 ... 翣 ... 纓 ... 篚 ... 耤 ... 菖 其呂切 ... 翟 ... 鸞 ... 鈴 ... 綱 ... 巿 ... 鈚 ... 錽 ... 鉤 ... 輅 ... 餙 ... 緝 ... 旂 ... 纓 ... 錫 ... 瓔 ... 鍚 ... 鋄 ... 钂 ... 旒 ... 繡 ... 纈 ... 幰 ... 厭翟 ... 鈒 ... 婕妤 ... 蘂 ... 紈 ... 軸 ... 糸 ... 組 ... 鐮 ... 鞶 ... 縚 ... 絛 ... 綬 ... 纁 ... 黼 ... 黻 ... 紘 ... 蒨 ... 羅 ... 鈿 ... 珮 ... 瑜 ... 瑱 ... 綖 ... 褾 ... 襈 ... 繒 ... 纖 ... 幗 ... 巾 ... 蹀躞 ... 帶 ... 鞢 ... 具

礀古莧切 鵰丁聊切 冪莫狄切 離呂支切 䍠 裙渠云切 檐
都甘切 昇以諸切 輂車輂 扶晚切 纈胡結切 栱居悚切 杖大杖 房六切 檞

唐書卷二十五　歷志第十五

蝕乘力切 日月相小侵蝕如虫食草木之葉 朓土了切 月行疾出西方 蔀薄口切 土王于下
戈切

唐書卷二十六　歷志第十六

蔀薄口切 焯職畧切 瞿曇上權俱切 下徒含切 朒女六切 月見東方謂之縮朒 背
郎移切 鸝劉規切 奇居宜切 不偶

唐書卷二十七上　歷志第十七上

朓土了切 揲食列切 揲蓍 蔀薄口切 朒女六切 逶迤上於危切 下余知切 蝕乘力切
切 泓烏宏切 訢許斤切 劇苦郭切 焯職畧切 秒亡沼切 禾芒 扐盧則切
蓍指 炫熒絹切 枵許嬌切 虛危之次 焞他昆切 明也 𥅊子瑜切 閼阿葛切
朏敷尾切 月初出 又傍佩切 雩羽俱切 鷩鸝上郎規切 下 定丁定切 營室 徇句居切
衣 戍 振之人切 振 賁 遍昆切 晡時上薄胡切 下申時 禺中上俱切 炭
胝古部切

唐書卷二十七下　歷志第十七下

焯職畧切 爍乙六切 朓土了切 朒女六切 句股上古侯切 下 句股 注短面曰句 算法有長面曰股 劇苦郭切 朏敷尾切 幾居希切 枵虛驕切 帑農都切 從衡上子容切
胡 嬴餘輕切 耑吹官切 鷩鸝上郎規切 下移 秒亡沼切 閼烏葛切
訾上子瑜切 下音咨 蟜巨嬌切 大宛下於元切 夷狄國名

唐書卷二十八上　歷志第十八上

敦都困切 秒亡沼切 駕人諸切 蜮古獲切 蛙別名 䴗古闃切 伯勞 蜩徒聊切 大
蜂 培薄回切 又蒲口切 治也 蚤 大蛤 蚓時忍切 朓土了切 朒女六切 背 鷩鸝郎移切
規切

唐書卷二十八下　歷志第十八下

秒亡沼切 朓土了切 朒女六切 曇下徒含切

唐書釋音卷第四

唐書卷二十九　歷志第十九

秒亡沼切 朓上土了切 朒下女六切

唐書卷三十上　歷志第二十上

蔀薄口切 秒亡沼切 朓上土了切 朒下女六切

唐書卷三十下　歷志第二十下

朓上土了切 朒下女六切 蔀薄口切 秒亡沼切

唐書卷三十一　天文志第二十一

錍井弭切 箭竹 徒紅切 瓚才旰切 朓上土了切 朒下女六切 縱子容切 下同 銅
居郎切 鷩鸝上郎規切 下移 嗉桑故切 鳥嗉 囷去倫切 堰於建切 堰埭 壁 鐵切 嘖

杜回切 下墜 鐵職深切 土深下式禁切 腼如之切 釐十毫 里之切 秒亡沼切 楯
食尹切 袤莫侯切 東西曰廣南北曰袤 㶟呼會切 嶓補禾切 徼吉弔切 境也 伾敷悲切
陬訾上子瑜切 下即移切 枵虛驕切 茌仕之切 茌平縣或作茌 北有茌縣 胙昨誤切 邪
胡安 邾陟輸切 國名 鄳 郕 邳符悲切 郚
須倫切 坻直尼切 犍渠焉切 嶲息委切 牂則郎切 駘徒哀切 杠古雙切 擧
莫紅 宛於元切 葉書涉切 郇 沅愚袁切 郎 王分切 鄀如灼切 昧
陟救切 鄚 時盈切 鄗居號切 偪彼側切 浪魯當切 麗力知切 渤蒲沒切

唐書卷三十二　天文志第二十二

枵虛驕切 赭赤土也 黿 雨土爲霾 玦古穴切 珥而志切 璚營
朓土了切 鷩鸝上即移切 下規切 彗徐醉切 攙初銜切 亘古鄧切 杠古雙切
切 佺且緣切 迸北諍切 雊古候切 雉鳴 棓步項切 瞢莫鳳切 目不明

唐書卷三十三　天文志第二十三

嬴餘盈切 高麗下力知切 囷去倫切 句古侯切 傪力竹切 鷩鸝上郎移切 下劉規切
切 䤋以瞻切

唐書卷三十四　五行志第二十四

沴郎計切 水不利 蝱忙丁切 疴於何切 病也 鴰五歷切 水鳥 眭息爲切 仆芳遇切 頓
也 樫丑貞切 瞗余章切 日出 禜爲命切 祭名 輴丑倫切 輦車 澮古外切 羅
上莫狄切 下都 萠盧鳥切 目睛明 暗 蒲口切 悒 鬪茸上徒
台 下而隴切 不肖也 幘側革切 袤莫候切 亘古鄧切 瑇 酺薄故切 瞰他昆
切 艘蘇遭切 幔莫半切 薫杜奚切 鄖是悲切 費莫解切 蒜蘇貫切 蔺渠殞
切 砲皮教切 機名 鴡 蝙布田切 蝠方六切 鴟匹迷切 鴞古治切 嘌
苦簟 鷟七由切 紺古暗切 鵂許尤切 鶹力牛切 閩無分切 仵疑古切 鴉
於加切 鳥別名 鶉古博切 䄍食亦切 盌烏貫切 惋烏貫切 棧士限切 奩力鹽切

唐書卷三十五　五行志第二十五

霧莫紅切 贏郎果切 痾於何切 眣徒結切 跌入九切 蹂踐也 鑠郎擊切 霾皆
切 風 雨土 堞徒協切 城上垣 噴普魂切 沁七鴆切 蜨忙丁切 蚵郎里切 蚄良
切 沴郎計切 嶲息委切 噎一結切 刿聽冉切 贅朱芮切 疣羽求切 坡
青和 隗五罪切 全蒲悶切 亘古鄧切 鬣力涉切 霰上莫卜切 下莫伯
閩無分切 媧古華切 葉書涉切 鄖於憶切 蜴余章切 蛸色角切 譚善
言 靺鞨上莫葛切 下何葛切 鬴盧對切 嘶先稽切 嗄於邁切 炕若浪
切 暍於歇切 傷熱 殍平表切 殆方九切 腐也 拘於紋切 手拉 鐮力鹽切 刈
直引切 鍼戶佳切 咀千余切 蝦蟆上胡加切 下莫霞切 徒音夷 嵐盧念切 嘷
胡刀切 鄅莫侯切

唐書卷三十六　五行志第二十六

疴於何切 沴郎計切 潭徒旱切 水中沙爲潭 又音難 沁七鴆切 滹火吳切 鄃芳無
切 澍之戍切 艘蘇遭切 嵐盧含切 隗五罪切 圯符鄙切 鮎奴兼切 鰌也 藜
漢加切 蟥佗丁切 蠸渠客切 囷胡困切 又居 圓也 所系 嫣爲切 亘古鄧
邳符悲切 霪餘深切 久雨 禺中上元俱切 佺且緣切 潴張如切 水所停 髮子無切 毛
鳳 吒涉駕切 筿祥歲切 掃帚 魃蒲撥切 神也 涪符尤切 螫施隻切 虫毒 雕視佳
也 切 凡 亂初觀切 齒毁

唐書卷三十七　地理志第二十七

雍於用切 雍州 擁也 東崤西漢南商北居 四山之所擁蔽也 華胡化切 後魏置州 改爲華州 邠府巾
切 鄜芳無切 單市連切 嵕子紅切 麰莫浮切 大麥 鄠侯古切 邽涓畦切 櫟
狠狄 皺側救切 盩厔上陟留切 下曦日切 汧輕煙切 菴蕳上央炎切 下力居切 臯
想里切 麻也 樺胡化切 楮止也切 樫丑征切 鄠常演切 堡博抱切 涎山於切
薺徂禮切 甘菜 弑府巾切 契欺訖切 朐化切 犛 鄴郗切

唐書卷三十八　地理志第二十八

沛博蓋切 號古伯切 封號 叔切 鄮王問切 枵虛嬌切 訾上子秋切 下即移切 絁
戎 支式連切 延和也 埴常職切 黏土 緱古侯切 郟古洽切 葉失涉切 鵔
莫侯切 閬無分切 藨甫嬌切 萑葦秀 柞存故切 鄢於乾切 郾於憊切 鷟恥力
睢息遺切 水名 碭徒浪切 單常演切 亳傍合切 鄗側肝切 邳符悲切 盱況于
切 眙與之切 苻防無切 虹古巷切 宛句上於袁切 下其俱切 鄄吉掾切 貰郎移
切 蛤古合切 厭次上一涉切 朐機俱切 承常證切

唐書卷三十九　地理志第二十九

沁七鴆切 嵐盧含切 藺古典切 鄉苦郭切 皮去毛 趙圭玄切 麫 鉀古伍
蓚所金切 礬羊茹切 毒石 盂雲俱切 蔞蒍上武夫切 下以支切 崞古博切 犨之里
切 蔚紆物切 代郡 東魏置北靈丘郡 周宣帝置蔚州 春秋時晉 後入趙 秦滅趙爲 褆田黎切 涿
竹角切 嬀子僕切 訾即移切 枵虛嬌切 媯俱爲切 薊古詣切 陘戶經切 鮭
側下切 氾詳里切 絁式支切 粗繒 洹胡官切 鄴魚怯切 邢戶經切 洺彌并
澄扶雨切 邯鄲上胡安切 下都寒切 槀古浩切 欒盧丸切 蓨他雕切 鱧盧啓切
也 鯈苦胡切 妄魚名 洮水名 落哀切 鄚慕各切 樺胡化切 髆鳴鏑 盧文切 鶘
都骨 酉似由切 長也

唐書卷四十　地理志第三十

峽胡夾切 泌兵媚切 又毗必切 洛符尤切 峴胡典切 淯余六切 水出攻離山 橙除耕
切 稗賓彌切 芮儒稅切 秭將几切 練所葅切 疎篤 縛符變切 墊都念切 又徒協
切 舂書容切 鄖王分切 酈力求切 鼠食竹根 郢以整切 鄀而灼切 蒜蘇貫切 蒜菜
梭蘇禾切 穌巨鳩切 堡博抱切 茅苣音浮以 坪皮命切 平地 灘力珍切 水
名 坻陳尼切 小渚 洮他刀切 休屠上許虯切 下如切 邽涓畦切 枹罕上風無切 下
呼旱切 芃古冬切 鄯止良切 湟胡光切 麦力膺切 毯上耿切 毛席 下 程他丁切 皮
帶也 氈毛布 毸徒協切 縷側救切 葉護上書涉切 龜茲上祛尤切 下之切 瘖古
切

唐書卷四十一　地理志第三十一

灊徐心切 邗胡安切 莞胡官切 檉力竹切 後熟曰稑 先熟 鯖蕭敫切 鯿 練所葅
切 絁式支切 粗繒 梭蘇禾切 贏武庚切 會稽上古外切 下堅奚切 胖子唐切 郴丑林
縉郎刀切 瀨古暗切 贛章貢切 二水合流 因其處立縣遂以爲名 沅愚袁切 鮫古交切 魚皮有文可
飾刀 鱘徐林切 溧力質切 秔古行切 秔稻 鞵戶佳切 屬也 鯿側俾切 鯆音取 鯌
七雀 剡時冉切 郫莫侯切 祁常隻切 莆薄胡切 澳於六切 氈 黟
切 於夷 埭徒耐切 潯徐林切 汊楚嫁切 水歧流 雩羽俱切 淦古暗切 萃徐兵
劉力求切 又音柳 筍古旱切 箭筍 激徐呂切 水浦 邛五剛切 涪符尤切 爽蒲北

唐書卷四十二　地理志第三十二

犍渠延切 嶲息委切 牂茲郎切 涪符尤切 犛離支切 杼直呂切 郫符羈
棱蘇禾切 紃食倫切 環綵條 郁府良切 邛渠容切 靶必駕切 轡革 瀘落胡切 汶
文運切 棘蒲化切 鄨七齊切 箸 樘宅耕切 龕苦含切 研吾甸切

唐書釋音卷第五

唐書卷四十三上　地理志第三十三上

儋都甘切 鼊北激切 鼈似龜而漫胡 甲有黑點 指爪 其甲有黑朱 蚺汝鹽切 大蛇 番普官 禺
鬞俱切 洊在甸切 莞古完切 洽胡紺切 洭去王切 湞陟盈切 鮫古爻 荃
此緣 瀧閭江切 鞵戶皆切 杷蒲巴切 玳瑁上徒耐切 下莫佩切 生南海 背上有鱗 如
蠑 大如扇 有文章 潯徐林切 鬱 山而貌 落官切 鐔徒含切 粵王伐切 獠魯皓
切 南 西 麋一舉切 一角 似麋 徼古吊切 翊呼萌切 鉀古猛切

唐書卷四十三下　地理志第三十三下

羈居宜切 馬絆 縻靡爲切 牽也 突厥下九勿切 回紇下戶沒切 党項上多曩切 契
丹上欺訖切 靺鞨上莫撥切 下胡葛切 奚人出北土 高麗下鄰知切 龜茲上祛尤切 下之
闐堂練切 叱昌栗切 邏郎佐切 跌上奚結切 下徒結切 單于上時連切 下 蔫然
上因肩切 下燕山 嵠苦雞切 賓亭年切 嶂之亮切 嵯昨何切 匐蒲北切 嗢烏沒
切 蹛當蓋切 洮土刀切 崌九魚切 怛公在切 瑣祖切 酉似秋切 嬀俱爲
切 怚女六切 大汗下胡安切 可汗同 劉居例切 盻匹莧切 崦嵫上衣檢 下子之
切 日入處 翊許及切 嶰胡買切 笮側伯切 鞮田黎切 巂息委切 禍古禾 磊
切 嵐盧含切 槭其月切 脆股上 柞則落切 坡普和 擊
切 莫紅 裒蒲侯切 諾戈支切 滈胡老切 柯居何切 清余六切 牂茲郎 蒍
切 皐委 犍渠焉切 歸丘軌切 儋都甘切 寨七亂切 陘奚經切 泃市若 淤
切 偌儒 壖而緣切 河邊地 舫甫妄切 並兩船 剗初限切 柵楚革切 磧倉歷切 汊側亞
切 咄當沒切 鷿鷈上步兮切 下 蹇下 揵居言切 樺胡化切 祓
切 古得 姪徒結切 袄呼煙切 堡博抱切 跬丘弭切 舉一足 苴 咩迷
驃毗召切 繁侯旁切 順流 笪當割切 砍胡夾切 舶市伯切 颶子筆切 大風 涅
切 乃結

唐書卷四十四　選舉志第三十四

彈并弭切 籍古開切 侑 錯 廪 蝸古華切 牛小螺 稍
所教切 均也 埰他果切

唐書卷四十五　選舉志第三十五

期居之切 袒免下亡運切 袒去冠 代之以免 免者以布廣一寸 從項中而前 交於額上 卻向後繞
於髻 汰他蓋切 惛 環 殿最上都練切 功曰殿 最曰 刓五丸切 軼
夷質切

唐書卷四十六　百官志第三十六

媵以證切從女送嫁　獠魯晧切　句檢上居侯切下同　蓋藏上胡臘切　一毀下都練切
媔於眞切　膊芳遇切　齊衰上七雷切下同　縗慈陵切　積七迹切　祇呼埋切
帑羊益切小幕　鐍古穴切　擧羊如切　胙昨誤切　猝倉沒切　會之水上古外切
鄒奚圭切　稻似入切　乘傳下知戀切馬也下同　貿莫侯切交易　箴古鬘切　苜
莫六切　稰音宿　蹐祖智切　皮過切　纛徒到切屋左纛　稍色角切　獻魚蹇切
騶匹扁切獄　耋扶晚切車　閈胡降切　墁以水切　艫落胡切舟後　堰於建切
磑五對切水　埭徒耐切

唐書卷四十七　百官志第三十七

匜代支切　齊在詣切下同　璝徂賛切　帨輸芮切　傳驛上張戀切　匭居委切匣也
殿最上都練切　螭抽知切　坳於交切地不平　壽神切　凱還下似宣切　徼蘇弔切
診章忍切視也　汛息進切　駒駼上徒刀切下同都切　駃騠上古穴切下田黎切
秸古黠切　儺諾何切　寺人上時吏切又如字　酋似由切有子曰酋　臬里切魚列切　衛
直連切　饎昌志切熟食　酏代支切酒也　娣特計切　紉女鄰切　皿眉永切食器

唐書卷四十八　百官志第三十八

稽似入切　珂丘何切石次玉　纁許云切淺絳色　匭居委切　豸宅買切　俘芳無切軍所獲
臧古獲切　傳驛上張戀切　殿最上丁練切下同　昭穆上時招切　箙府尾切　坫丁念切
餅胡經切　伎巨綺切　塾神玉切門側室　掆居郎切　鉦諸成切　儺奴何切　侲
之人切童子　菝敷勿切　槅食切　碟陟格切　五齊下才細切　芡巨險切　酴醾
上同都切下同廉切　帑羊益切小幕　欒遭切　罽居例切　秠免下亡運切　句居侯切
鄒奚圭切　酋似秋切　委積上於僞切下子智切又資之切總名　盾食尹切　秸古黠切
蔔良刃切名莨草　堰於建切　徛直理切　蟓與專切螺子　貿莫侯切　榷詭岳切
泄征例切度也　髀并弭切　穤汝朱切　稍色角切　幘側革切　鈿亭年切　纖蘇早切
紝忍甚切　絁式支切　絇九遇切　緱郎計切　杼直呂切　箕下其呂切
至烏各切白土　匽於憾切隱也　秼莫撥切馬食穀　磑五對切　綾千尋切　鮍
數所矩切　為拚方問切埽除　衲女余切　纛竹力切協切宣

唐書卷四十九上　百官志第三十九

軮苦穴切　句居侯切　鎧可亥切甲也　廡文甫切　驍古堯切武也　佽士賜切便利也
璪普木切　稍色角切　彍忽郭切弩也　譁火故切　撾陟瓜切檛也　纖蘇早切　洗
馬上蘇典切先也　汎先進切　儺奴和切　軺餘招切小車　瘠慈亦切　皿眉永切　旅
賁下傳忍切勇也　為殿下丁練切前日啓後日殿　弭芳武切弓把　中否上仲切下方

唐書卷四十九下　百官志第三十九下

句居侯切　籖于廉切　帑他曩切　纛徒到切左纛　珂丘何切　鉦諸成切　刓五丸切
切

唐書卷五十　兵志第四十

彍忽郭切張弩　驃毗召切勁疾　錘楚洽切　鑁居縛切大鉏　鑣力盧切刀也　鑚子算切
鑽切　鑴奚圭切可解結　璝與鑕同　稍色角切　鉦諸成切　珊方閑切　糗去久切
麥也　縫慈陵切　觝丁禮切　岢口我切　嵐盧含切　洮土刀切　鍵渠延切
轉則前切　徹古保切　璆渠幽切　暹思廉切　鎧可亥切甲也　句居侯切　遵章委切
切　鑯呼會切　譚竹用切　騊駼上徒刀切下同都切　駃騠上古穴切下田黎切　下砍胡夾切

切

唐書卷五十一　食貨志第四十一

繈式支切粗緒　杭古衛切　獠魯晧切　羡田上延面切餘也下同　憬居永切　腋子泉切
切　句居侯切　鉄戶工切　糇胡結切　粃眉米

唐書卷五十二　食貨志第四十二

桴渠言切　地著下直略切　楨陟盈切　僦即就切　貿莫侯切　譁荒故切　困
區倫切員泉　繒慈陵切粗帛　纊苦謗切絮也　榷詭岳切　畬羊諸切　殿亦上丁練切
負商居切　紆緩也　數所草切　物而振切　禰而朱切　縟若故切　別亭歷切
錡魚倚切　羨餘上羊面切也下同　埴巨至切　瀠戶管切　頓徒歷切　喟丘媿切大息
僤王問切野俛　僑式竹切　异羊吏切　啥胡紺切　蘭若下人者切　祆呼煙切胡
神蠹子兮切

唐書卷五十三　食貨志第四十三

馱唐佐切負馱　氐音止砥音　輓武遠切引也　棧鋤道切　瓠攻平切　櫁慈良切聚
杜邪奚經切　窨居郊切　並渭上陟浪切　坡普禾切　秭房六切　体蒲木切
屬詭葉切　闋苦穴切　靚疾政切裝飾也　艘蘇遭切　艕才奏切　堰於建切　艎胡光切
鍊切　粽切　枲思里切　洄烏各切　渦烏禾切水坳　捻於革切持也　埠蒲回切　洧于軌切
切　琇以九切　榷詭岳切　僤王問切野俛　泌薄必切　埭徒耐切水　剸朱緣切
培蒲侯切　袤莫侯切南北曰袤　堡博抱切障也　栅楚革切木為之　党多曩切編　誠
胡畐切　鼉上丑之九切下　蹋良刃切

唐書卷五十四　食貨志第四十四

潏息委切　榷詭岳切　鹵郎古切　嘆呼旱切　溜力救切水溜　墳戶吻切　角龍余
切　堰於建切壅水　埭徒耐切　佶巨乙切　璹上莫佩切　錡魚倚切　倫
古外市合切　鹻古斬切鹵也　壕胡刀切城壕　剽匹妙切劫也　僤王問切野俛　絡佗侶切
楊託合切　綫私箭切細絲　筏房越切編木大曰栰小曰桴乘之渡水　郴丑林切　璟居永切
歎苦穴切　抄楚交切　貿莫侯切　弇疾正切　窳以主切器中空病　磑五內切
縉疾陵切　墊都念切下也　譁荒故切

唐書卷五十五　食貨志第四十五

貿莫侯切　鐍古穴切　泌毗必切　絁式支切粗紬　墊都念切　腠縮也　鴿
披免切　鴟二年色

唐書卷五十六　刑法志第四十六

刑辟下毗亦切法也下同　笞丑之切擊也　扑普卜切　梟古堯切　轘胡慣切車裂人　賊
渠尤切　箠楚藥切　胥莫切　撤丑列切　瘗於計切　讞魚蹇切議罪　杻敕久切
切　械也　訊問也息晉切　娡切　盪切　党丁曩切　酋自秋切
獠魯晧切　啞不言烏下切　環居永切　暮莫胡切　剗渠追切　斂思廉切也　詐
切居謁　摺之古切疊也　籤七廉切　峴胡典切　璵羊諸切　陷徒攻切　頓歷
切

唐書卷五十七　藝文志第四十七

璟居永切　籤七廉切　齡息淺切　廙羊至切　妥他可切　鬷胡官切　觝胡甘切
焯之略切　瑛羊諸切　佃直佑切　狳古侯切　逡七旬切　佟徒冬切　瑒余章切
郗丑飢切　璡將鄰切二切　暕古限切　育上呼光切下　玢府巾切　脊食刃切

琁似宣切　埤符支切　筯符方切　愔把淫切　鉌戶戈切　袒丑甬切　恤弼充切
翻七文切知義切

唐書卷五十八　藝文志第四十八

駰於眞切　璠附袁切　璩強魚切　翻呼會切　颯力入切　愔把淫切　貞王問
瑄都郎切　玭部田切　嗇烏外切　逡七旬切　璹神玉切　暅胡官切　緋丑林切
郗丑飢切　菜符分切　琯古緩切　圉白萬切　屹五九切　瞞毋官切　妥他果切
眘食刃切　朏府尾切　翊乎萬切　籙士角切　搏徒官切　瑒余章切　惲紆粉切
鑾蘇典切　炯戶頂切　茝諸市切　暮莫胡切　剗渠追切　鉌戶戈切　嬰久永
璟居永切　闓苦亥切　鄘郎狄切　峻祖紅切　鴒許尤

唐書卷五十九　藝文志第四十九

負上似昌六切下　郾於　邢戶經切　暹思廉切　臬巨至切　燕奥氣
倍把淫切　箐思翻切　惲紆粉切　般若上北末切下人者切　裝側切　斐久永
懶落旱切　嶷鄂力切　雋祖峻切　邯鄲上胡安切下都寒切　繚乃了切　小粦如佳切
汜符咸切　懍力稔切　烜況晚切　遴良刃切　犴五旰切　涫符尤切　玫莫杯切
簃洛故切　畬以朱切　璩強魚切　膑土懸切　嵐盧含切　萱況袁切　鋼戶經切
鞞部迷切　麗古鄧切　劇苦郭切　焯之略切　瞿曇上徒含切下倶　舊羽委
錡巨奇切　沌徒問切　漣瀟蒲鑒切　釗止遙切　鏊烏鑒切　妥他可切　鼓七刀切
湫上七由切下七然切　戚以智　北方曠切於　郾部易閣　鐵諸深　璉
資辛飢刃二切

唐書卷六十　藝文志第五十

騊駼上徒刀切下同都切　鄘下　繁欽上蒲波切　邯鄲上胡安切下都寒切　虞下至羊
切　袒丑兩切　暨居乙切　袁莫侯切　偘口旱切　顧魚毀切　僑除留切　數五來
切　腆它典切　闔丘哀切　壺苦本切　郤丑飢切　悛此緣切　倏徒甘切　逌以周
切　焙把淫切　鉌戶戈切　棟古限切　曇徒含切　冏倶永切　洗馬上蘇典切先也
瑱陟刃切　邢戶經切　懍力稔切　炯戶頂切　安他可切　芊細切　貞王問
棻符分切　璟居永切　璹神玉切　泌毗必切　迅息晉切　隥力證切　珣許亮
謩莫胡切　誠胡品切　賓藏宗　涪符尤切　贄之萬切　翃乎萌切　峒徒冬
瀆符分切　蠙部田切　搏徒官切　鄘於　葆博抱切　玥況羽切　虬渠尤切
茗徒切　鋌徒鼎切　逭胡玩切　璩強魚切　竣七倫切　杼直呂切　緦胡結切
嵥乎萌切　郃易閣切

唐書釋音卷第六

唐書卷六十一　宰相表第一

涓普拜切　巂息委切　洮土刀切　詧初八切　邢胡經切　儋都甘切　瓊神玉切
璟居永切　瀧閭江切　愔把淫切

唐書卷六十二　宰相表第二

晙祖峻切　磧七迹切　暹思廉切　琯古滿切　俶昌六切　噢徐呂切　峴胡典切
縉即刃切　邛渠容切　泌兵必切　郴丑林切　憬倶永切　頔徒歷切　珣巨至切
鄘餘封切　鐏伯各切　异羊吏切

唐書卷六十三　宰相表第三

榷詭岳切　鄲都寒切　稹止忍切　珏古岳切　党底朗切　謩莫胡切　誠胡品切

璩強魚切　憒楚革切　綮弃挺切　搏從官切

唐書卷六十四　方鎮表第四

鄜芳無切　鄜陰州　洮土刀切　党多曩切

唐書卷六十五　方鎮表第五

嵐盧含切　溵於斤切說文水出潁川陽城少室山東入潁

唐書卷六十六　方鎮表第六

沁七鳩切　嬀居為切　薊吉詣切　邢戶經切　鄭未各切　澶市連切

唐書卷六十七　方鎮表第七

巂息委切　宕徒浪切　邛渠容切　峽胡夾切　潊徐呂切　涪符尤切　郴丑林切
洮土刀切

唐書卷六十八　方鎮表第八音無

唐書卷六十九　方鎮表第九

禺虞倶切　漢汝羊切　龍力鍾切又力董切　儋都甘切　郴丑林切　涪符尤切　潊
徐呂切　潯徐林切

唐書卷七十上　宗室世系表第十上

系胡計切聯屬　廩餘輕切　阜陶下餘招切　墟丘於切丘也　彤徒宗切　采邑上倉
代臣之邑下　曇徒含切　莞古丸切　弇古含切　祁丑兩切　嵩古浩切　愔把淫切
洗馬上蘇典切先也　郇須倫切　從祖紅切　朏芳尾切　璡資辛切二切　沇以轉切
邑元倶切　嵒胡角切　岌魚及切　崟魚金切　嶷魚力切　岕古拜切　瑄荀緣切
珵除耕切　鉼戶經切　瑕烏對切　茸而隴切　漻力求切　請私呂切　顒魚容切
鋑渠追切　胙存故切　瑛以諸切　琡昌六切　郾於幰切　鄲都寒切　郮侯古切
珹古咸切　璝古回切　玢府巾切　邢戶經切　憺杜覽切　級色立切　劭渠京切
紹之肇切　盩厔上張留切下之日切　涪符尤切　郯洽切　湎胡南切　鮪羽軌切
睍古澗切　鐲魚容切　郇蕭經切　逵所篇切　洸姑黃切　泂迥音　塤許元切　冏
居永切　櫃舉下切　斌府中切　嵲象呂切　崒昨律切　嵬愚袁切　峘其呂切　峻
渠龜切　睿初入切　銛思廉切　璩強魚切　瓛居影切　犖赤周切　磵古晏切　磻
思六切　蚡房吻切　蠙步田切　硎戶經切　俶昌六切　暹思廉切　虬渠尤切　暕
古限切　鵠云久切　鶡於記切　璟居永切　鳩府良切　鷴息逐切　廡芳武切　燊
遭爾切　昌補永切　烘渠容二切　瑊居影切　椅於宜切　樟止良切　栝古活切
邛渠容切　叅楚簪切　棱子心切　檔朱緣切　楞盧登切　侶戶早切　鄭則肝
名在南陽　檣徒紅切　縱七容切　櫸直格切　棹直教切　隋陵上於虔切　沂源上魚斤切
煙除留切　稠除留切　樛居虯切　杠古雙切　荃都聊切　招市招切　眐之日切　櫟似兩切
切　檫千遙切　枸俗尹切　櫰似宣切　焜胡本切　瑰余制切　耶侯古切　璞虛肝
切　猱奴刀切　踔竹角切　傷以豉切　璹神玉切　瓚徂幹切　璥吉了

唐書卷七十下　宗室世系表第十下

璩強魚切　暕古限切　璥居影切　翻吝登切　鏻力珍切　銘之姚切　瓚徂幹切
緻上刃切　珩戶庚切　胙昨故切　鄜慈陵切　莞古滿切　鍊郎甸切　譸大計切
課達合切　郰倶羽切　踔竹角切　珂古回切　滈胡告切　琀胡紺切　佘魚吻切
甡如佳切　習平兒切　鄖于分切　莆田上薄胡切　邵曷閣切　過職由切　儒究而
切　從祖紅切　昕許斤切　暹思廉切　曇徒含切　珌卑密切　瑀王矩切　邳悲符

切琟補抱切珵除荊切琈縛謀切瑄語軒切愔挹淫切惲紆粉切伷直又
切廙羊吏切霅直甲切和丑兩切郕時征切峒徒冬切峘胡官切峴胡典
切喦宜咸切禠多官切峱九魚切巇魚偃切硅古攜切境於丙切禬黃外
切侗徒冬切疇神玉切璠符袁切焯之若切逷託歷切古文逖字燗戶頂切珙
居悚切珂丘何切溽徐林切硤胡夾切嶷魚力切芊倉先切鄭莫候切稹
之忍切掄盧昆切稛古蔓切樅七容切鼐乃代切宬是征切繧許云切詧
初入切醆于紅切犹所臻切輨古緩切軺餘招切輹房六切晛胡典切較
直陟切古陟字轗於近切愻蘇困切愖市任切崟魚音切疊乎雄切愜苦協
盩厔上張留切下之日切悛七全切雋息委切鐇孚袁切鉞呼外切頠魚毀
迻旅若切冏居永切翃平萌切翃況羽切邯鄲上乎甘切下都寒切睢于放
瑱他典切瓌古回切烺力蕩切眴羊倫切昵尼質切嶕昨焦切嵊即刃
或房越切鷮巨嬌切耑多官切礭其俱切藥徂紅切玗祁幼切玫謨杯
玎都廷切餕祖峻切玕古寒切邡古衡切郤徂尊切傺力谷切郞如盈
邢戶經切珸五湖切錮徒紅切慊良冉切璡資辛切即刃二切玥莫到切害五故
切賨祖宗切官於鳥切本作宊窔於細切窒於田切夰古拜切窩胡彼切窴
戶官切樝余舟切榧府尾切榣他刀切杙余力切榴力舉切楞虛嬌切楓
方中切邽消畦切勦於久切栩況羽切槇符真切瀲徐呂切珦許亮切楬
其謁切秘兵媚切椟以時切珥胡犬切宓彌必切璪子皓切倈渠尤切俦
尺尹切儆居影切僎蹤輪切佞烏寒切僾烏代切俌芳輔切傆牛萬切僨
胡對切侁疏臻切僆里翦切璬古了切僗仕山切倪胡典切傷以豉切僭
子晉切偵丑鄭切假呼緣切瑁尺員切伓貧悲切倛欺忌切倬如角切倞
渠向切佴如志切珵除京切佟大冬切倜他歷切玭部田切僇居幼切竹二切
俗余封切伇古又切仿芳往切佻敕聊切佽七四切仂六翼切侳子過切
逌夷周切迨胡荅切倓徒甘切倜下報切儻姑黃切倕是爲切汭輸稅切
証之盛切遹以律切倌古緩切緗思將切綠渠尤切僅渠斤切緷呂善切
㤉於檢切濾胡桂切憎杜覽切沇昌中切憴他旦切憒古對切嵯昨何切
渼無鄙切滙於容切𧮫況羽切祺胡計切禛側降切

唐書卷七十一上 宰相世系表第十一上

皐陶上古刀切下餘招切羸餘輕切濻以律切惡來上烏故切汧輕煙切䣋步同切鉞
戲深切儱古岳切㴊古鄧切郕時征切鴻下江切洗馬上蘇典切下先也切和丑兩切
切伷直又切朏府尾切鶡於鬼切虯渠尤切璟居永切暮莫胡切茙如融
切敭余章切奇古猛切昚時刃切鄭則旰切漴職戎切泫乎明切礪
古曼切郅符悲切灌取偎切邢戶經切昕許斤切浣輸稅切淙徂宗切浞
戶曠切璩強魚切瓚徂贊切腆它典切溪求癸切稹止忍切郇須倫切鉄
戶工切銅火玄切鐈巨嬌切儆居影切墳許元切鐇芳煩切蜷巨員切鄘
方無切鄜于分切涪符尤切鄅俱雨切睬丑林切墠常演切岫似又切鄖
於憾切剔長章切瞿曇上權俱切下徒含切晊之日切璆渠尤切珖古方切玲
古咸切頎渠希切郴丑林切弦士至切俅渠尤切擠茲損切譖補過切怦
晉耕切垍巨至切垌古熒切愻蘇困切喫俱永切肆況羽切匯胡對切菹
昌止切激徐呂切滙池上圍下切諗式荏切佋時招切誠胡品切萬羽軌

惴他端切嚚虛嬌切聂之領切綝宜林切賮徐刃切熌于貴切璠孚袁切
朐權俱切堌古慕切暹思廉切珝九羽切犨赤周切愃貞緣切儁祖峻切
玗有俱切

唐書釋音卷第七

唐書卷七十一下 宰相世系表第十一下

嵒若沃切鄭則肝切嶠巨嬌切鍇下楷切洮土刀切洗馬上蘇典切下先也切僧
徒敢切憬俱永切嶰胡買切翥章庶切譿呼外切謢許元切瞥先斛切古文
謍古銜切謍初八切巋丘追切璟居永切俶昌六切瑀王矩切鈛逸織切
夃逆及切瓚徂幹切琩尺良切娠升人切杅直呂切馗胡甘切暕古限切
瑨即刃切儆居影切佼古巧切萱許元切渟特丁切釗之遙切銛思廉切
漼取猥切泌毗必切璠孚袁切眘時刃切玢悲巾切琇息救切璁倉紅切
郯徒甘切鄲於嶢切迦丑連切暠古老切暹思廉切劕茲損切涔鋤針切
璬古了切鋈蘇典切瑊古咸切瑰余制切昆丑鑒切繽匹賓切瀕以淺切
毓所臻切暧烏代切昶丑兩切靚疾正切覲客朱切璡資辛切刃二切疑魚力切
揮紆粉切彧於六切紃松倫切嫣俱爲切崱實側切昣章刃切盰胎
上凶于切下昙徒含切鄩敷公切邢戶經切萇直良切盩厔上張流切下陟日切
翻大到切胙昨故切稽他歷切咺況晚切悝苦則切怏且緣切愔挹淫切
覲田黎切盻黑乙切斛符遇切食我上祥吏切儵式竹切鸛諸延切雕
杜回切馥房六切嶍巨鳩切煬余亮切鄬奚圭切倓徒甘切侗徒紅切綝
丑林切崟魚音切懲居影切廙羊至切懲息勇切蕙胡桂切湑九魚切詘
直陵切澂直陵切罾胎府尾切楪渠列切鏻力珍切郴丑林
切异羊吏切磻薄官切瑄荀緣切珂丘何切邁盧魚切篋田許切晛胡典
切嶠博木切迢田聊切頔徒歷切趪之廉切技渠綺切拭賞職切莞古丸
切悆余庶切勳莫敗切璩強魚切琁似宣切嵘實證切崙盧昆切嶸呼萌
切郢以井切悝枯回切瑄古滿切喦五咸切侯汾上比寶切單于上時連切
昵尼日切紇下沒切敬旁密切古文巇語羈切呞虛里切

唐書卷七十二上 宰相世系表第十二上

揵渠馬切紇下沒切万俟上莫北切下渠之切虜複姓焜胡本切鄘疾陵切釗之遙
切沍胡故切激徐呂切瓚徂幹切珩戶庚切悊之舌切吒陟駕切倬竹角
切僭都甘切斌府巾切峽胡夾切綝丑林切鄘方無切弇古舍切邢戶經
切嫌魚檢切佋市昭切惲紆粉切憓胡桂切慆土刀切潾力珍切洹胡官
切廙羊至切遲思廉切璡資辛切刃二切璵羊諸切璹神玉切迆丑連切嬰
於并切稹止忍切沇以轉切溠七何切岫似救切愔挹淫切淪輪芮切虯

切异羊吏切嘉陟列切昕許斤切翥章庶切剻多官切輿胡貫切奐
切汜詳里切緄古本切璥居影切鋌市連切佚徽類切麃如佳切薯
切沅愚袁切鉷戶工切洮土刀切愻蘇困切璩強魚切琁他胡切瓘
切甚渠記切嵐盧含切曇徒含切涿竹角切哆教加切駼同都切春
切塤許袁切鄭七精切畲羊諸切蠢子之切覞胡典切郴丑林切尨
切彧乙六切紓商居切緦懷切懌普耕切瑱陟刃切琡昌六切珂
切咺況晚切籛子廉切鍰胡關切昶丑兩切恁如甚切懲居影切鎧
切慘七全切暕古限切眆侯古切暭祖峻切潭匹備切倜他歷切偂
切恍符咸切畐古老切岫似救切瑰余制切琇息救切溧力質切鄭
於誰切嵞同都切鯤古本切鼇五勞切企許延切嵒子結切嵒
音峇戶萌切嶷魚力切峉徒聊切逷他歷切古文緬之忍切決於良切璆
切渠尤切琚九魚切激徐呂切繹昌善切璥古了切鄣則肝切搏祖本切憬
切俱永切釭古雙切皎古了切鋌七容切銷火玄切錆余六切錞徒對切銛
切思廉切消于軌切涇房戎切還五各切迫宪周切偘口旱切晄乎廣切泌
切剛必切胐府尾切璟居永切鈺餘力切錄渠尤切胙昨故切倚去奇切瓀
切而宣切儺達員切繽以淺切茗徒聊切郯徒甘切鋆余傾切玢府巾切朐
切權俱切堤大兮切珵馳成切脾竹角切倈渠尤切弨蚩拓切駙方武切懺
切凡利切紇下沒切珏古岳切萱呼元切宓彌必切絙居鄧二切紩直質
鄧吉掾切

唐書卷七十二中 宰相世系表第十二中

岜古文市之切萏烏外切曇徒含切蕭津之切卬渠容切洧于軌切斌府巾
切崑晏悲切璆渠尤切瓚徂幹切潆職戎切遏他歷切古文愔挹淫切綝
丑林切脩方武切昶丑兩切鈛餘力切迟丘紀切古文呂吾鉞切愖市任
切憬九永切柷之六切懽呼官切侁所臻切暾吉了切琠羊諸切鐵呼外
切倜他歷切倓徒甘切鉞諸深切蘦莫杯切晊之日切溧力質切寘胡觭切綢
切曄禺鯢切儇子緣切畯子峻切份彼陳切時諸以切份餘質切侗公土
切勤敦切瞪苦亥切俶天竹切現胡甸切奭式質切灩以膽切昕許斤切佺
且泉切佋時昭切湜是力切佖必皮二切佶其吉切緄古本切寔常職
切諝息呂切眘古文市刃切惟切龐力冢切寘羊吏切曠苦浪切彬斌
切彪悲休切繡切繽苦浪切瑜七朱切瑤余招切撝居爲切莘所臻
切袒丑兩切瓊渠營切翊余力切鎬胡道切錯古諸切翻
切呼外切譪於蓋切佇徐呂切嶔綺金切嶷魚力切彧於六切禔承紙切滂
切普方切項許王切釗之遙切暹思廉切瞻市切暐于鬼切晛奴見切又戶顯
切鉉子鍊切愔挹淫切慥七到切詰吉切隗五罪切問俱永切顗牛豈
切旭呼玉切頍丘婢切嵒徒聊切崟宜金切晃乎廣切職巨命切駮余章
切鐐力弔切犨赤周切統丁敢切儵式竹切確苦角切郯居敕切栒
切相倫

唐書卷七十二下 宰相世系表第十二下

揮許歸切趯他歷切骼柯額切嵩息弓切讚子旦切肩以證切鞬居言
禕許歸切避于鬼切漪於離切异余吏切嶧羊益切岴符悲切嵇七力

洎巨至切琡昌六切嶝五來切吒知加切諗尸枕切昱由鞠切郯徒甘
切揩子信切綺彼切綝丑林切玓典歷切珣思旬切璘力刃切拔冉川
切璟俱永切翊余力切沆何黨切翃呼外切塈側六切塈神六切浼內輪
切嬴餘輕切邯鄲上胡甘切下都寒切又音寒縛符切岫似救切瞰興章
茌平上仕之切縣在濟北覘几利切砮乃都切頫五角切亮滿侯切郇須倫
杼直呂切猷羊朱切顗語豈切瓚才贊切靚疾正切佃直又切郃曷閣
憬俱永切郵於焉切彧於六切錡魚倚切湫即由切侑于救切邽涓畦
緹古本切譚伊真切繹善切璙連條切勛許云切嶷魚力切厥盧金
滹徐林切崳羊朱切滮克切嶙力珍切嶛連條切弢他刀切璵羊諸
虬渠幽切蠡里弟切梶女履切巘魚偃切勍渠京切盩厔上張留切下之日
砮初入切斌府巾切逞丑郢切侁所臻切悛力膺切塼伊真切搏徒官
澂直陵切愻蘇困切昕許斤切晊之日切昴侯古切彭疾郢切暠古老
穜徒紅切峴胡典切稹止忍切稧胡計切沖況充切郇食征切酆芳容
切頎渠希切郿於巾切鄴芳無切激私呂切遙下介切郚侯古切郪苦
切珏古岳切忭拔耕切揣都果切繆力幽切覞研奚切畢鏵鐔徐含
切宕居許切泌簿必切汜詳里切偘口旱切璩強魚切碣巨列切璲追
切麓居致切暈徒含切玎他頂切銲何旦切恁忍甚切倜他歷切沁七鴆
切俠徽頰切儆居影切涿竹角切鋼戶經切錯口駭切現公渾切頔徒歷
切琯古緩切璪子皓切頛薄變切哿古我切証之盛切佞力膺切璥居影
切韡于鬼切璡資辛切巘魚蹇切琮徂宗切侑於六切嵊疾葉切昶丑兩
切淼彌沼切挈女豬切觖古穴切卭渠容切洮土刀切邢禹俱切郯徒甘
切磾都奚切惲紆粉切鄆符支切顏居鈎切頎渠希切暈呼韋切夐正
切又音絢頊普眉切盂雲俱切軺餘招切盾食尹切濆符分切訢許斤切梲
朱劣切珣胡大切

唐書卷七十三上 宰相世系表第十三上

解縣上胡懈切下玄絹切名在蒲州隗五罪切璩強魚切鬻餘六切食角切虯渠尤切鶯角逆
切惲紆粉切遜他歷切卭渠容切纏許云切嫣居焉切憬九永切璟上同
斌府巾切瑊古咸切玭部田切昶丑兩切悅徒甘切晒補永切偡丈減
彧於六切瀆扶弟切蟻居稀切虱所乙切隤杜回切頷五陌切緒止也
畯祖峻切岌魚及切僎蹤倫切暈于問切郟夷然切邲蒲必切鐔徐心
鄖五俱切郭切鄹戶經切摳恪侯切泫乎莆切鈇渠尤切玟謨杯
切洵許亮切玹胡練切穀岳切巘魚蹇切郇須倫切丕敷悲切邠悲巾
切蓊章庶切份府巾切郗里切歆逸及切崱七力切嶷魚力切峴胡典
切姒詳里切陘奚經切豁呼括切譖私呂切暠古老切任如深切邳符悲
切涿水上竹角切鋮余六切瀲直陵切邑五咸切邑元俱切倍挹淫切暕
古限切晙祖峻切頠魚毀切鈥時橘切錯口駭切僭杜覽切璬古了切郞
切許云切侑于救切澐王分切佋時招切偘口旱切假昌六切瑊居影切玢
切府巾切戣渠追切戢苦舍切玨古岳切瀸許廉切眺他吊切浼輪芮切瀜
音融理驪成切璵羊諸切晶子盈切諸博孤切愻蘇困切遲思廉切晊之日
切瑀王矩切麻許由切峽胡夾切懋居影切澶時連切盩厔上張留切下之日

切繝于貴切慉息六切廙羊吏切俌方矩切倬竹角切鄄吉因切韼於京
切鄢陵上於虔切烜許遠切佶極乙切晫竹角切沈以轉切畠胡了切釗
之遙切蕃莫胡切躅厨玉切璆渠尤切鸎於憸切鵔須閏切潯徐林切璿
才贊切銛思廉切瑱之忍切

唐書釋音卷第八

唐書卷七十三下　宰相世系表第十三下

芊綿婢切邽消睢切淯余六切瑋羽鬼切紇下沒切緧此由切蚡符分
切蔿羽軌切嬴餘輕切嫣居焉切顤蒲忍切騏渠之切嵐盧含切員王問切正
郟古洽切侑于救切儆居影切顗語豈切遙余招切逌以周切
偎烏恢切籤七廉切迯徒刀切邵實照切紓商居切紨音同上婁力朱切
棨音啓佪戶恢切適余石切彀古候切璵羊諸切琭盧谷切
盱眙上況于切下與之切伾符悲切汧輕煙切洹胡官切邛渠容切
瑨即刃切悊陟列切惛呼昆切颯蘇合切入賮徐刃切坼丑格切
俶昌六切汜詳里切駉古螢切漯他合切眺他弔切鄆王問切琊羽求切
峴胡典切惎渠記切沇以轉切倜他歷切玭步田切璪子浩切潯徐林切
泌兵媚切嬋市連切誼宜寄切憬俱永切騂息營切傪倉含切佶巨乙切
闐徒年切胖普半切鄭直正切邳符悲切虺許偉切眕止忍切郾於建切
朏府尾切璡將鄰切邢戶經切嶷魚力切岌魚及切珂丘何切郯徒甘切
勍渠京切戡苦含切浩胡老切潢胡光切迺奴亥切曖烏代切
古鄺墳切湛涔鋤針切鈦鉽力切釗之遙切鑄
七鴆切秫食聿切洸古黃切鑒古銜切儋都甘切鋈烏酷切錯倉各切
戶經切鐫子全切嶲戶圭切瞧七消切袁雨元切銚弋照切昶丑兩切瑊古咸切韶
切土刀切愍眉殞切鏞余封切愰胡廣切暮莫故切馥房六切薮蘇后切麻
切許尤切鬵徐林切縝章忍切錢昨仙切珏古岳切悍侯旰切庠似羊切個
彌兗切驃匹妙切己
唐書卷七十四上　宰相世系表第十四上
根古痕切悟五故切瑱他甸切吧普巴切蒯苦怪切奧於六切
璆渠尤切訢許斤切玢府巾切愃況袁切戩子淺切暮莫故切謇九輦切
郃古沓切昉分兩切鑛古猛切峴胡典切璠附袁切鈂直深切鍵巨偃切
琇息救切銛思廉切傭余封切鐬呼外切縝章忍切續似足切諫古晏切
瞪直庚切暕古限切證之盛切卓竹角切憬俱永切彪甫休切琛丑林切
纁許云切淯余六切篾莫結切洸古黃切瑎戶皆切懋莫候切儹作管切
嶼象呂切或於逼切駁北角切郯徒甘切迯他刀切鋗呼玄切汎符咸切
珽他鼎切堡博抱切塾神六切郈胡口切皐古勞切鷹於凝切僖許其切

切冏古永切琡昌六切斌府巾切渢符中切專方無切磻蒲官切雒盧各切
切瓚才旱切胙存故切鐔徒含切釜扶雨切倜他歷切頵於倫切儇許緣切
切翃戶萌切洸古黃切佶巨乙切晛胡典切鷸息逐切邢戶經切驃毗召切
切昶丑兩切迢田聊切玕何干切庚古行切勱莫話切沁七鴆切鏈力延切
切璹神玉切汜詳里切韜土刀切琮徂宗切緄古本切紘戶萌切
切玗羽俱切鉷戶工切錄力玉切瓖汝陽切胐府尾切錡渠羈切
鋗呼玄切鉦諸盈切鎬胡老切鐙都騰切鐇芳煩切鋑大甘切鉼
譔雛免切駿祖峻切鈞之遙切晥胡管切鈇甫無切瞡戶圭切鄩徐林切
侯古切旺于放切珹是征切琯古緩切晫竹角切珹古咸切昚食刃切鄮
朗古郎切璋諸良切譏居希切懼其遇切郴丑林切鄃式朱切鄋所鳩切
失涉切除直魚切鄮莫候切邳符悲切熠羊入切頊許玉切鄉
直又切份府巾切侁所臻切倩七政切郴丑林切鶉常倫切
切嵏子紅切㚇切鶉常倫切翾許緣切翃戶萌切
唐書卷七十四下　宰相世系表第十四下
幼伊謬切會古外切稽古兮切涿竹角切顏魚奸切紇下沒切顗語豈切祀詳里切
切璟俱永切鄩徐林切郴丑林切臧則郎切郁於六切堆丁回切嫣居焉切
切愔挹淫切昆古渾切偶五口切覬几利切煦許羽切斌府巾切黔巨淹切
切渥於角切泌兵媚切鑄之戍切瑰古回切妣卑履切嵬五灰切巍
切睦莫六切閔眉殞切郿武悲切闉於真切倜他歷切晼於阮切
切昇識蒸切鄖王分切祜侯古切悰藏宗切儆居影切甫方矩切
切冕亡辨切懷戶乖切烜況晚切紀居理切邛渠容切譔雛免切佖
切彧於六切佶巨乙切價古訝切峘胡官切璟俱永切閭力居切
切魏魚貴切部蒲口切遵將倫切曹昨勞切涉時攝切
切諷方鳳切僕蒲沃切卓竹角切暨其冀切鄆王問切
切黶於琰切倩七政切郅之日切鄴魚怯切頵於倫切
切棠徒郎切縉即刃切瀋昌枕切鎰夷質切瑀王矩切
唐書卷七十五上　宰相世系表第十五上
嫣居焉切孢步交切罕呼旱切罴彼為切悱敷尾切昶丑兩切謇九輦切昕許斤切
沇以轉切滉胡廣切眭息為切爰雨元切樾王伐切麇俱倫切鄃式朱切
糾居黝切崍落哀切邦博江切洧于軌切榮于營切陽與章切騫去乾切
撝許為切適尸益切傍蒲浪切嶅五勞切閒古閑切鸞盧官切
翊與職切鸜其俱切鶻古忽切侷渠玉切閱弋雪切覽魯敢切頔徒歷切
峴胡典切郯徒甘切鄙兵美切偘空旱切曼無販切倕是為切萱況袁切
怦普耕切績則歷切緋芳微切篆持兗切晁直遙切稹之忍切鍾職容切
璣居衣切駼同都切驊戶花切騏渠之切駑乃都切譔雛免切
以周切肥符非切偯倉含切沁七鴆切晫竹角切魴符方切嵩息弓切
切庾以主切儁子峻切迥戶頂切瑱他甸切璆渠尤切璵羊諸切憬俱永切
切鄗呼各切播補過切袁雨元切郇相倫切荣戶萌切頲他鼎切懽呼官切
泌兵媚切熗七亮切洊在甸切璥居影切玢府巾切焯之若切邢戶經切

沇古穴切鉷戶工切錞徒對切鋗呼玄切崟魚金切悆勇主切廑渠各
蟻魚倚切琁似宣切晅古鄧切蒹古嫌切蘧彊魚切矙力闇切巉鋤銜切
佋時招切侄之栗切莞胡官切又古緩切泓烏宏切洿王胡切山茌下仕之切
縣名盱眙上凶于切下與之切倜他歷切璩強魚切虯渠尤切洮土刀切嶷
鄚力切訾初入切涿竹角切眺土吊切儹作管切儦甫嬌切倓徒甘切仁
郫下符羈切縣名逷他歷切騊古華切激私呂切郜侯古切統都敢切頎渠希
汭輪稅切緄古本切絧徒紅切儋都甘切愔挹淫切嶼象呂切嶸乎萌
邛渠容切櫟狼狄切璟古永切佶極乙切冏俱永切詰欺訖切傉奴篤
邯胡甘切又音寒鶉觚上殊倫切下縣名郇許云切蔡徂紅切羋綿婢切芬符分
軹上諸氏切縣名繘以律切澧魚衣切共工上居容切傆魚怨切儧則旰
伸轄甲切
唐書卷七十五下　宰相世系表第十五下
龍逢下皮江切琙古咸切鐬呼外切玘墟里切暕古限切翙作滕切翻許元
詡況羽切翾渠遙切颺力求切璠孚袁切愃紆粉切𧽘關正切汭儒稅
邳符悲切詡況羽切璣居希切暹思廉切嵲古勞切巘語蹇切沁七鴆
侁所臻切洮土刀切激徐呂切睬耳由切𡘤于鬼切岌魚力切岩卿田
嶷鄂力切郿芳無切涪符尤切倕是爲切鈇俱雪切憬俱永切愔挹淫
觫戶戈切璥居影切珧餘招切异羊吏切犨赤周切鼃上祛尤切下牆之
瑒音羊切珵烏計切虬渠尤切邦消睢切滈下老切渢方中切棻符分
恒胡官切峼胡笴切邛渠容切瓚才幹切昶丑兩切悃苦本切鍵渠焉
闞烏前切紇下沒切咄當沒切懋蘇困切伾敷悲切稹之忍切怤方俱
蓼力竹切溧力質切㴝古熒切鉌符悲切銶渠尤切栩況羽切諴胡喦
郗追來切龐餘輕切掾余篇切又下莞同莞古緩切戭以淺切碏七約切緄
古木切部子例切昕許斤切琇息救切縯以淺切縝之忍切玭部田切倫
才屯切轂友岳切豐孚雄切愃須緣切摶徒官切沇以轉切盭上張留下
之日切湣眉頻切嚳美二切翬羊益切紇下沒切斌府巾切萱況袁切睅之日
暋食刃切戣渠追切纁許云切戡苦含切戩其俱切廙羊吏切谷蠡上盧
谷切下音離澄直陵切剡時冉切嶼象呂切鄠侯古切勛許云切汜詳里
悏余制切愐彌兗切契丹上欺訖切酋自秋切高麗下鄰知切洧于軌切佶
極乙切薊古例切縉即刃切嫣居爲切璟俱永切盱眙上凶于切下與之切玭
雖氏切

唐書釋音卷第九

唐書卷七十六　后妃列傳上第一

嫚于眷切婕妤上即涉切下羊諸切婦官內下諾答切彤徒冬切丹飾第壯仕切牀
禤除留切單被檢思廉切詖也綦渠記切謀也告切潛師姦切淚流兒逷丘妖切捷
也閡胡激切狠也幱側琴切梳也雟息委切越巂嫗烏浩切女老稱祓敷勿切除也
朝請下才性切嫚龍紅切荃且緣切罷蒲糜切倦也僦即就切賃也劉古京切摩
也蟒母黨切大蛇梟堅堯切不孝鳥嫗於遇切老女稱獲鬱縛切遺以醉切贈也幾
吡祭切頓也娼莫報切忌也訾即移切毀也狙七預切謀先到切擾也扳布還切引
也趣七玉切恚於避切怒也怫符勿切鬱怫蝮芳福切蛇也鄭則旰切名在南陽
葆博抱切吹尺僞切齊即移切衰倉回切六寸博四寸衣長砭悲驗切以石刺病又
悲廉切盱眙上何于切下與之切縣名在泗州井力上必政切唯以水切諾也輕傳
切下張戀切驛遞疣于求切贅之芮切鄠侯古切縣名在京兆府本夏之扈國秦爲鄠縣毒烏改
切說文云人無行也汜詳里切水名疊之笑切自此至武后所製𠖥他年切坐徒二
切乙入質切囝魚厭切〇桑經切𠕋拘云切思丞真切𡆠楚居切𤯔作代
埀寧顚切𠀑之盛切鈇風無切莖部禮切生杅獄切奩力鹽切又盛香器奩
幟昌志切旗也𠡦神玉切哀薄侯切聚也舂布忖切草器槲胡谷切木名杪彌沼
切木躪良刃切蹂也訹雪律切誘也蕆丑展切救也筩相吏切竹器葉書涉
末
悟挹淫切垺龍輟切等也衺似嗟切不止也妊汝鴆切懷孕啞烏格切邽消睢下
邽舊在馮翊𥛚鄂力切兒有知娠升人切孕也剃才細切分劑銛思廉切錡魚倚
切釗之遙切瑑柱兗切璧起文圭鑽職日切斧也鈿亭年切金華飾琲蒲昧切珠百枚
朏滂佩切向明色靚七正切明也嫫莫補切女師阽余廉切臨危挺戶連切取也

唐書卷七十七　后妃列傳下第二

倓徒甘切泌兵媚切佋市昭切鄅符支切縣名舊在蜀汎思晉切灑也㩐七小切色
變叵普火切不可也寢歎下於琰切攣閭緣切係也嫫莫補切女師窆陂驗切下棺
楮止也切赤色娼莫報切夫妬婦欷香衣切歔休居切哺薄故切食在口歔盧金
切禮麻良鴆切哭臨郕是征切地名舊在東平壼苦本切宮中道曖於代切掣戶制
切曳也釗之遙切縱七容切錡魚倚切鄜芳無切縣舊隋改鄜州輭乳兗切柔也切
給蕩亥切欺也郇須倫切儋都甘切鐙都騰切靚七政切明也巇宜寄切郉

唐書卷七十八　宗室列傳第三

鄖上河下于下都寒切縣名頎渠希切散遺下以醉切鄆王問切
剡以冉切鋭利貢博昆切弁古含切閣伊眞切城內重門砭陂驗切給蕩亥切欺
也庳尺氏切廣地膾古外切藁藏瘻權俱切瘻也鯛魚容切又音隅汜詳里切水名
坂甫遠切坡坂蜎于貴切似亳豬濘乃挺切淖也啗徒濫切食也鄆王問切舶
賈上薄陌切下音古大婞下頂切狠也許居謁切斥人以言郇須倫切名在河東地壚
之亦切地名弑府巾切悛七全切改也瑊古咸切璹神玉切賵遺下以醉切滄
古外切阮丘𥁕切銑蘇典切艦戶黯切戰船肄羊至切習也艫龍都切上下都高
切小覷閭凝廉切也祏常隻切栝布回切𣗥也謗蕭沒切言亂郭侯古切縣名在
京兆棻符分切扳布還切引也喋達協切喋血上垣詬許候切怒也譽初入切弃許居
切也党多黨切剽匹妙切強取歃色洽切歃也嫣居爲切孔燕州貞觀改嫣
州因七鴆切武德初置州因木爲名沁置州因木爲名舂布兗切草器錦楚洽切謂之䁖郭爾雅云皆古

斂鍾字 鏑魚脊切 鬲古老切 暈王問切 蕳疾智切 笥相吏切 砥職雉切
鏵戶花切 瞯古限切 喟丘媿切太息 胙胙誤切

唐書卷七十九　高祖子列傳第四

婕妤上即涉切下羊諸切 俠任俠 佮盧延切 郯芳無切 馘古獲切截耳 鏖切
以刃殺人 畫 帑他朗切所藏 恚於避切怒也 捽昨沒切手捽 嶲息委切 眠
昵尼乙切 賂遺下以醉切贈也 暮莫胡切 閱苦閑切 芷諸市切 媼
鳥老切 創初良切傷也 拉落合切折也 罝子邪切兔罔 蹂忍九切踐也 敓他活切
切強取 紿蕩亥切欺也 籤千廉切驗也 之日 愔挹淫切 憚 醆
盞阻限切小杯 璀取猥切 瓚居影切 翮 筈苦括切
幟昌志切旗也 貿莫候切易也 誅 嫂 沁七鴆切 瑱
鄯 在琅邪 遴良刃切 儋都甘切 睥
藝徒含切 莞古丸切 名

唐書卷八十　太宗子列傳第五

愔挹淫切 憚委粉切 諒 閣 菜 悛七全切 俳蒲皆切
懟直類切 橦徒紅切木名 鄴 并弭切 婍 易 [illegible]
左 驤以 牛尾 務 陷徒 臨良鳩切 嬖 [illegible]
織昌志切 扶丑栗切 鏡 唏楚治切 郇須倫切 媼烏晧切
蠶先代切 瑋于鬼切 境 遺以醉切 蝮芳六切 菘 堡
傳 諍 迮側格切迫也 峴胡典切 殄
語偃切 賻符遇切助也 不 會古外切 懺 崩 鄃 于 檢 愈
省子感切 眠 見 勞郎到切 堞徒協切城上垣 總 悁
上尺掌切 往于兩切 悖 航 鄉 捽
手持 浩 謠 瑤 餘容切 瞻 勤 紹
切 殤式羊切 貽 鑑胡監切 哀 擷 紿
木 厝 派 信 繩 大 別
列 山名 賵 黍 翩 便 佞
切 連

唐書卷八十一　三宗子列傳第六

鄖 憑 卯 郁 胜 眯
謝 瓔 喟 麃 貽 佛
酖直禁切 瘵側界切病也 綜 撻 渣
殤式羊切 悟 駔 磔 瞰 蹴 踘
居六切 眠 恚 憩 瓓 鴝 鵒
丁 遺 紹 褪 莅 嵬
賣 褚 瑒 章 珦
落猥切 除 祭

唐書卷八十二　十一宗子列傳第七

璲 瑁 婕 妤 璥 璆 玢
瑝 玭 瑱 璥 郯 悊 臨 送
鴝 偯 滉 緡 蹀 攝 崇 傃
郗 鄄 僎 僑 佼 僾 儇

唐書釋音卷第十

唐書卷八十三　諸帝公主列傳第八

媚 姆 鄜 戲 盩 庢
上張流切 京兆 水曲 盩 名 剴 並 南 葆
切 郯 悆 粲 稊 毦 稚 駉 籀
王 直 大 史 造 大 篆 稚 懟 權 鬧
傿 袞 樾 軋 媼 奉 稍
用 敎 媼 恚 瑗 睃 瑑
字 祓 禊 削 銛 頫
頭 鶊 蜚 豬 郁 賦
鉞 箝 缴 郰 袤 隥
約 漢 瑑 酺 郿 徼
居 鏞 部 胐 錡 玲 皴
貿 澹 紉 碇 妊 憚 磑
切 剉 鏦 忸 肇 湑 麡
麕 翊 貂 斂 汰 壺 銖 觿 卸
遺 厭 淀 偭 倡

唐書卷八十四　列傳第九

緱 鷃 咄 閔 溜
蘄 撽 給

價 倨 澐 漼 憓 淀 腴
侁 鏈 倚 粟 傉 倪
駉 傷 埭 檝 犨 腴
絓 覷 紿 價 幘 偵 鋋 宸
郯 妊 伓 偑 倬 傳 鉦 腴
倞 优 侻 佟 儃 傸
佻 仂 瀘 佽 侄
儥 伍 佪 即 汹
為 軺 醇 遐 塏 攻 碎
喚 行 鄯 岩 誠 源 奉
象 郃 紓 鉥 视 憚
瓘 濼 愴 恍 幘 慈
闕 俤 橦 峴 蹉 渼 渭
汶 濉 佶 偘 恚 袒
胡 禛 軬 軒

唐書卷八十五　列傳第十

昵 剿 盱 眙 鼠
褒 袷 憚 羕 航
邑 罕 瓚 韜 翊 邛 積
嫚 剡 鄯 蔬 哉 艑
戮 敊 駒 嵒 嵩 鄯 紩
切 肉 踁 駿 攖 縲 轀 齒
縷 陳 郿 斌 覗 昭 滏 蟄
鄲 汜 亘 幟 蜎 蟹
殲 晝 冶

唐書卷八十六　列傳第十一

剽 匏 奉 滂 澍 贊 汧
切 奉 昭 咄 黍 瑰 崇 嶄
切 睢 傑 栲 銅 伯 孱 蓧
樽 拜 燕 睪 陴 振 蘄
切 黄 惠 遺 澮 輅 蜿 蟠
丘 妖 雲 稍 擗 挺 媯 趙
名 武 德 胡 胎 洛 鄩

唐書卷八十七　列傳第十二

傭 贇 蚵 鈍 帿 旖 艑
胡 韶 甁 樞 鑷 痍
關 給 芊 臻 杯 仄 黽 永 典
書 譕 漂 京 鍊 憓 紖 棵 晻
其 季 香 禹 方 魚 詿 遺 糜 甕
也 藪 城 堡 咄 鑪 鞅 髑 頃 孝
上 澄 俞 跖 猿

唐書卷八十八　列傳第十三

倜 邏 牒 咤 咆 詢 蟣
大 頊 橪 訴 贅 燼 憾 黃
昵 掎 璩 攏 覡 聽 媵 誠
妥 恚 燧 禪 嫗 洞 詗
切 邦 籀 笮 帑

唐書卷八十九　列傳第十四

咍 昌栗切 勁居正切 詰去吉切 纍力追切 詮此緣切 尉 遲
上 䚡 古外切 沫 名 瞟 稍 皿 婞
邧 鄯 芳無切 洧 榮美切 昵 鄭 徒 甘切 悱
穟 徐醉切 郘 符悲切 幟 昌志切 謎 五 嫗 衣遇切 唉 徒 敵切
鬱 斃 於刃切 䣎 傳 張戀切 殪 於計切 瞪 鄧 晙
票 匹招切 鑑 於角切 襘 古外切 遺 以醉切 䍁

司 酶 切

唐書卷九十　列傳第十五

雍 於用切 九州名 鄴 於武切 藩鎮也 東 南 酉 州 居 縣名 遯 五 到切 鶩
嵎 許 篪 嶸 名 䣱 昨 邢 鄲 篪
鑿 場 鑛 孜 邀 剽 匹妙切
唯 以 水 㿽 篪 煴 於云切 磔 險 縮
桮 臨 艦 胡 醬 切 嬴 媼 惫 於避切
迫 嫚 鵬 䞈 切 溲 螘
稍 邙 賽 㘋 燕 繚
党 嵐 鄯 祐 䣊 祐
帑 邛 那 鄏 贐 景 番 禺

上 遺 切 埒 峯 銳 又 音
瑳 又 鐵 作 木

唐書卷九十一　列傳第十六

芃 汰 棋 佶 邳 駉
蹇 鞮 䨴 豸 麃
方 武 切 堂 楽 悳 邰 枋 堰
水 鉏 悃 誠 滈 昵
近 邏 給 計 清 儉
切 璈 諄 臨 柘 蟾
鄵 𤋂 趫 郿
在 東 鄠 䢴 環 嶠 睟 玲
切 誘 賊 偃 踩 鞅

唐書卷九十二　列傳第十七

柘 剽 殿 邳 貽 遺
以醉切 姥 跦 給 闕 鍪
切 鍪 哀 溧 峨 號
西 號 武 德 郕 邏 黥
黔 逍 衿 恨 粲 庤
美 鬲 鹹 疽 尉 皋

駔子朗切會兩家買賣如今之度算也儈古外切合市也晉令儈賣者皆當著巾白貼額言所儈賣及姓名一足白履一足黑履笱古厚切取魚竹器轘戶關切轘轅地名緱古侯切緱氏縣名艘蘇遭切船名柁徒可切正船木眥才詣切目際

唐書釋音卷第十一

唐書卷九十三　列傳第十八

傳張戀切驛遞瀨落蓋切湍瀨艘蘇遭切船名祏常隻切袤莫侯切東西曰廣南北曰袤掎居綺切偏引柵楚革切編木為之肓呼光切心上鬲下諜達協切閒也碁渠記切磧七迹切水渚有石者蹀達協切履也邏郎佐切餔蒲故切會飲食憊蒲拜切病也甑子孕切褓博抱切澧里弟切刲嫗威遇切弢他刀切闐堂練切于闐國名胯枯瓦切刓吾官切圜削觿以規切可以解結剽匹妙切劫艦胡黯切禦敵船鞬居言切咄當沒切啗徒敢切訾即移切毀也橐渠云切黟音伊縣名盩厔上張流切下陟栗切縣名荻徒歷切萑也蒜蘇亂切孅子廉切禨居希切禨祥也

唐書卷九十四　列傳第十九

磧七迹切鄯常演切大漢之破羌縣地屬金城郡岨乙余切又音阻齎持遺也渠武移切周行也鹵郎古切鹹地堞達協切城上女牆吒陟駕切鄜芳無切鄜州名覡胡狄切男曰覡女曰巫讕郎旰切涿竹角切汋市若切又士角切昵女乙切近也苾毗必切槊色角切歃色洽切祏常隻切漳水名紿歎也墌之石切基址仆芳遇切頓也鄠侯古切縣名詫丑亞切誇也

唐書卷九十五　列傳第二十

哺薄故切汶文運切廝息移切畢羊迦切蕡符分切畯鄲則旰切侯斤上音其朝諸簡切咤陟嫁切歎也馮依也

唐書卷九十六　列傳第二十一

閱許激切桀切騃五駭切鷙到切復力切譭枓切玫切

唐書卷九十七　列傳第二十二

棧七諫切木棧道熅於云切奄衣檢切嫚莫旰切侮易也鉞呼會切盩厔上張流切下縣名仆芳遇切頓也瞭盧皎切明也媿他各切顛他鼎切駉人質切閱許激切戾也剞古哀切剞動也訊音思晉切嬰居鬩切遽貌昪音異嫵文甫切礦古猛切僕石眊莫報切目少睛啻施智切瘢薄官切鍥口結切刻也恚於避切恨也憯杜覽切安也呴況羽切吹也呢尼乙切近也彊居兩切錢貫熯呼旱切乾也遺以醉切贈也拖徒我切引也懣莫困切釐里之切無夫臨哭上力鴆切葆博抱切羽葆襜處占切前帷曰襜賁育上音湮於眞切落也數所角切屢也媢莫報切忌也孅息廉切細也仆芳遇切靺鞨上莫葛切下何葛切狄種謩莫胡切徼傔苦念切從也嶢五聊切

唐書卷九十八　列傳第二十三

郿武悲切縣名在岐州裁昨代切製裁雋息委切笲皮變切筥屬盥古玩切澡手臨良鴆切遺以醉切贈也絜胡結切調和劑在詣切分劑房步光切阿房秦宮名纂偶許切綠力小切蒼烏外切草盛磴都鄧切岩磴檗居月切杙也喑於金切驚鶩上逆各切下鵷鶵上於袁切下仕于切似鳳道追也荏之切平濟北堞達協切城上垣縕所綺切蕤徒宗切瀰千仙切洗也貂丁聊切鼠屬艫落胡切舟後膾古外切芻藁藏傳張戀切驛遞繯胡畎切繫也琇息救切又音酉

唐書卷九十九　列傳第二十四

脩田聊切縣名鄠侯古切縣名惎音忌謀也嫠里之切無夫祏常隻切訂丁定切平議磧七迹切水中有石者晦莫佩切為舍遺以醉切襚徐醉切贈終衣汰他蓋切沙汰訾即移切帑他朗切所藏詫丑亞切誇也嫗威遇切迮側格切迫也權古岳切瑋羽鬼切媢莫報切忌也瀋昌枕切汁也汋市若切惜提澁厖呼同切悛此緣切改也蠆丑犗切毒虫昵尼乙切近也

唐書卷一百　列傳第二十五

誶雖遂切言也闞苦濫切嚚戾也趫丘妖切捷也脊古文愼稀田聯切縣名掊薄侯切聚也勦頡頏上胡結切下胡郎切儉七廉切詖也菻力稔切蒿甄下上音慈鏺普活切閬堂練切啗徒敢切食也劂居例切類毛為氈之說文曰耳飾珥仍吏切琲蒲昧切百珠曰琲蕆大側吏切貿莫侯切貂丁聊切鼠屬駉人質切驛傳賕渠尤切財相謝紿湯亥切欺也瓊神玉掎居宜切偏引又舉綺切悻胡耿切訂丁定切平議圊七情切圊也埒龍輟切等也玢府巾切倍蒲把切涅塏苦亥切地爽明塏爽塏燥也高睍五計切睥睨燠烏到切熱在中航胡剛切艘蘇遭切船名淖奴教切泥也吮食尹切吮舐也訾即移切毀也玭符其切又步田切蘉莫小切徂外切豻五旰切獄也詒盈之切唯唯以水切諾也灤落官切水名阸於革切塞也隧徐醉切墓道擠節細切本切仆芳遇切頓也諺弋支切薊吉詣切竝海上步浪切膾古外切芻藁藏閼烏葛切塞也榷古岳切木度水橫喝於歇切傷著切

唐書卷一百一　列傳第二十六

肓呼光切心上鬲下鑴許規切戶規切擫益涉切紿湯亥切欺也鏬呼訝切孔鏬跬犬蘂切半步怵敕律切誘也勁居正切健也憒心亂切堞達協切城上垣遺

以醉切贈也輩行戶浪切邏郎佐切俾頻彌切城憯杜覽切安也賵中時扮閫苦本切如字又媚林伊云婚古文姻字家汰他蓋切庫站念切匼苦合切貽丑吏切直視叔昌六切挺尸連切取也薏以切警峽夾切秦楚燒陵餌其悅路灌玫擊尺制切曳也熅於云切蓮復沆切

唐書卷一百二　列傳第二十七

岑鋤簪切鄅縣名郊效剽匹妙切麕居筠切鹿祏常隻切郴丑林切溧力質切氾孛蒲沒切色彗徐醉切妖星倪音輕媟私列切禱玉轟梟縮酺薄胡切會飲食鬐渠脂切贓財求諫烜胡官切祭他幣所藏穀苦角切秣澳他典切垢瀆也

唐書卷一百三　列傳第二十八

彤徒宗切宕州名梁京詫丑亞切誇也鄗名在岐州饋給

唐書釋音卷第十二

唐書卷一百四　列傳第二十九

[illegible]

唐書卷一百五　列傳第三十

籤七廉切驗也擓切嫁切禁也

賕巨尤切以財相謝醺所綺切見漢志溜力救切水溜雋息委切邳符悲切鎧苦亥切甲之別名彗徐醉切妖星尫烏光切危瘠侲之刃切童子侯斤上音其會自秋切長也纛大到切屋左纛黃膾古外切兵車撅居越切文曰手有虓呼交切虎聲淖奴教切泥也菀同都切湯故切郜居號切地名篚府尾切篚也第壯仕切牀簀螻蟻上落侯切下魚豈切窆陂驗切下棺祔符遇切合食於太祖轜如之切車袁丑兩切璱將隣切即刃切又箋初齋也恚於避切恨也撓女巧切擾也味陟救切鳥口訾即移切毀也

唐書卷一百六　列傳第三十一

洹胡官切縣名婭衣嫁切兩壻相謂曰婭黟於脂切縣名屬歙州牂則郎切鄢於乾切縣名党多曩切敫五來切躓陟利切跲也詗直甑切賻符遇切助也颯蘇合切龜茲上祛尤切下之切闐堂切屬之欲切黠胡八切慧也涿竹角切秺丑兩切盩厔上張流切下汰他蓋切搜疎鳩切求也歔欷音虛希亳蒲各切殿累上丁練切鏖於刀切死殺人淖奴教切泥也郫符羈切縣名在蜀睍古限切綦渠之切郟古洽切縣名佺此緣切酺薄胡切會飲食硎戶經切地名紿蕩亥切摯聚也邢戶經切悸其季切心動莞古丸切東莞郡名

唐書卷一百七　列傳第三十二

鄴魚怯切縣名盩祖稽切訾即移切毀也嬙在良切婦人官名訹雪律切誘也倮力果切赤體劉陟列切文刊也郕是征切名在東平鄃相論切地名在河東巨火切可不勦子小切尪烏光切弱也矬才戈切短矮頎渠希切長貌貿莫侯切易也堋補鄧切下棺擗毗亦切撫也塏可亥切高爽也瘻其俱切瘠也扶直乙切噍才笑切嘖也嘑荒故切邙謨郎切邙山名墟丘於切丘也膾古外切芻藁藏抔薄侯切手拘物瘵側界切病也鞧夷周切輕車扭女九切鄚慕各切縣名在河間磧七迹切木中有石掎居綺切偏引蹻巨嬌切鏬呼訝切孔也鄆音運野駒楞許切蹂人九切踐也獪古外切狡也喙許穢切阪甫遠切坡阪孱鉏山切弱也龜茲上祛尤切下之切権古岳切猶夷周切草也誶許孟切瞋語焯之若切璩強魚切

唐書卷一百八　列傳第三十三

尌時戍切贅朱芮切峴胡典切扳普患切引也堞達協切城上垣倭烏禾切國名艘蘇遭切船名鞴平秘切橐堰於建切壅水婷女耕切困弱儋都甘切淯昔蓋名在灤落合切折也涅乃結切磧七迹切水中有石者礫郎狄切小石硯丑廉切隴陘戶經切山中絕勵其據切炯戶頂切訾扶雄切字党丁浪切傔苦念切傔從碼碯上莫下寶石厙始夜切珇尺切砠丘耕切經小人貌郇相倫切諉女恚切累也瞿九遇切瞿視貌

唐書卷一百九　列傳第三十四

稍色角切矛屬堡傳抱切城障堞達協切城上垣璟俱永切哄胡貢切唱聲燊遣切匼苦合切足恭上子遇切又如字沴郎計切水不利濘乃挺切泥也恚於避切也唯唯以水切諾也媼烏皎切女老稱爹正奢切人呼父鍪私與切鄒七令切縣名又取私切名在梓州岌魚及切鄠侯古切縣名蒜蘇貫切葷菜倜他歷切邽古攜切在上邽縣隴西呢尼乙切近也葉書涉切綝丑林切憚委切褕余招切褕翟王后之服鷩必列切赤雉訂丁定切平議春書容切玉齊下音掎居綺切偏引掣尺制切曳也睆戶板切大目祓敷勿切絜也簀側革切牀棧奭以諸切覡胡狄切

切女日兒傳張戀切驛遞遺以醉切贈也儉思廉切詖也鐍古穴切環有舌者嫣古華
切湫即由切水名稰私呂切穭也摶徒官切

唐書卷一百十　列傳第三十五

可汗上苦何切下胡安切飲馬上於禁切盆於粉切浪番禺上普安切下魚俱切縣在南海洗氏
字上如儋都甘切蘭躄蜱亦切仆芳遇切勞郎到切舸嘉我切舟名遺
以醉切磧七迹切水中有石者葉書涉切咄當沒切鈿亭年切金華飾擫乙點切拔也
苾蒲必切龜茲上丘尤切下音慈闐堂練切悤倉紅切邏郎佐切
磾都黎切碣記岳切與平上音預暍於許切傷暑洮土刀切
呼荒故切叵普火切不可覲迎上魚乞切下魚慶切稍色角切燕於上切朱邪下以遮切
遄市緣切單常演切倏斤上音其涓普拜切水名在樂浪蓋蘇上古合切註古賁切
蕢貨也靺鞨上莫撥切下胡葛切蕃人名夥胡果切人云多也鞬居言切儈古外切
切擐胡慣切貫也爨七亂切要功上於遙切縲胡畎切繫也鈿音田金飾器物
廷于放切玄菟下湯故切朝鮮國名鎖切橦征跌切
跌徒結切遲切玢切儈從切

唐書卷一百十一　列傳第三十六

翟直格切翟縣名汜詳里切水名磧七迹切水中有石名龜茲上音丘下音慈轉下
芳遇切助也晥平綰切殍被表切餓死曰殍霤切入靺鞨上莫撥切下何葛切伙種
吟之忍切吟陌切墍田與切壚坏力盎切冢也墍許既切仰塗仆芳遇切頓也骼
古伯切堞達協切城上垣邏郎佐切遊兵磑五對切礦也瘵側界切病也譁荒故切
鍵巨偃切謂之鍵曰籥檜古外切石柵測革切編木瑱俱年切諸璟俱永切鋗
火田切輜莊持切庫車也權俱切也侯斤上音其嫡早切吐徒結切稍
色角切子屬饜於刀切死殺入盡骨疾智切有肉舳音逐艫力胡切舳艫在舟後絕直傳
切惄乃歷切泪普拜切水名卬渠容切懾之舌切懼也鞬居言切弓矢器虓呼交切虎
名賕巨尤切以財遺上以醉切侶音倒劬女六切馘古獲切截耳鍪莫侯切首鎧也咒
羣羊茹切車瀁落官切坌蒲悶切剽匹妙切劫也挎苦偏引鍪莫侯切堡博抱切堡
薊吉詣切州名嵑五各切蹴踘上子六切下居六切銅古郎切醞所綺切分也
壖而緣切河邊地帑他曩切金幣所藏濾良據切濾水檪音櫟柬古限切弑府巾切闕
堂練切覞丑廉切窺也邽消畦切縣名在馮翊匡下五佳切山邊杻女六切鄠古侯
名切駿子峻切球徒耐切壅水痺疾在細切病也睦胡化切孔也臽徒敢切食也
踐跌上部奚切下徒結切禕許歸切

唐書卷一百十二　列傳第三十七

遺以醉切愬陟列切拄知庚切撐也踞巨九切長跪也洹胡官切誘女恚切累也
稀許豈切逢薄江切員王問切卝古患切總角也苴芣上居牙切下芳無切莽之秀者
也切幕切權古學切勵切洱而止切水名出罷谷山又而志切邡府良切什邡縣在漢
州惲紆粉切落魄下他各切觶之義切酒器受四升窾以主切器中空病也橦徒紅切
切木諒闇下音陰也又如字靜部鼓切也覞丑廉切窺也汰他蓋切沙汰
名胡育切學舍閼古詣切毛布磧七迹切水中有石碑都黎切瑚丁聊切鶩五角切
切艘屋郭切舟也禱神王切偵方問切偏也齟齬上壯所切下魚巨切不正曰齟齬
卬渠容切環俱永切闤胡官切市垣闠胡對切市門澗胡田切亂也覡刑狄切男
巫舶布伯切大舟切窆陂驗切下棺杪亡沼切禾芒沈徂兗切盩厔上張流切下陟日切

切愷持陵切鄆王矩切

唐書卷一百十三　列傳第三十八

賕渠尤切以財相謝涿竹角切地名吼呼口切偶余隴切偶人纛大到切屋左纛黃
尢乙周切以不定帑他曩切金幣所藏膾古外切芻藁莞胡括切蕉子廉切
蹴切結誘女恚切累也屬託之欲切衵丑兩切愉力迪切饕必益切棚
蒲典切栗乙招切輕也乘傳下張戀切驛遞

唐書釋音卷第十三

唐書卷一百十四　列傳第三十九

碣渠列切立石僦即就切賃也樸徐兩切賈卬渠容切賕渠尤切以財
輴丑倫切柩車鄜芳無切党多曩切遺以醉切贈也貿莫侯切易也封
切劓魚器切儋都甘切瑑持轉切陴頻彌切城上埤剽匹妙切劫也俳皮皆切優戲也
紿蕩亥切欺也膾古外切艘蘇遭切船名猪陟魚切水所停也嵐盧含切州在太
原璐洛故切梲朱劣切亘古鄧切欒落官切縣名摸莫各切稜上切缺古穴切望
也溧力質切縣名

唐書卷一百十五　列傳第四十

抔蒲侯切手掬物剽匹妙切劫也縋馳偽切有所縋礦胡上切覺下丁支切顛
旁利切跂去義切剔他歷切缺古穴切峴胡典切甎子仔切朋
切贈物終也洄普拜切水名胖大滿切精平秘切糗也薦為華也
日門宮中衛城刀斗也棼符分切酺薄胡切會飲食俳皮皆切雜戲賻符遇切助也
余臨危切廉切誘女恚切累也磔陟格切裂也洹胡官切浩房尤切問居永切惲
切紓粉切負半上王問切背補妹切骨疾智切有肉

唐書卷一百十六　列傳第四十一

琳丑林切舶傍陌切海中大船琲蒲昧切百枚沓徒合切陛部禮切曇徒含
切俑房切瑌羊切摶度官切扑普卜切打也繆渠尤切負殷下丁練
切惱之古切懼也猾古切犬臨良鴆切餘七諸切艎胡光切船名
盧皮切明也環俱永切帑他曩切金幣所藏貿莫侯切汰沙汰切栝
也碭徒浪切縣名在梁郡蓋古盍切鄚古切恩胡困切讞魚戰切議罪
柙胡甲切櫝也儉思廉切詖也刓五丸切削也暗子夜切數聲党多曩切逖他歷
切璪子皓切澠竟切礦力猛切弩也又郭氏音鄱下音寒邯鄲上河干切下音丹
愕五各切剽匹妙切劫也勦子小切閲訟也佺此緣切

唐書卷一百十七　列傳第四十二

淬胡管切灌也媼烏老切女老稱詟之涉切儋都甘切媢莫報切忌也嶲息委切
切佃直右切禳如羊切祠言造也嫻胡干切問俱永切郇式
名在恩州胒尼乙切近也淙士江切水流貌瞏居縣切懍力
切佷也讞魚戰切議罪逢弘上薄江切禱神王切賕巨尤切財相謝以許切
蠡莫侯切食穀蟲誘女恚切累也負半上王問切棘力紀切

唐書卷一百十八　列傳第四十三

坂府遠切坂坂疹之忍切脣瘍汎思晉切洒也蹴子六切蹋也惸渠營切無兄弟也
墊都念切下也磧七迹切水中有石錯口駭切謂鐵為錯九江蜃時忍切大蛤躓竹力切
也切衵丑兩切蚑去智切蟲行息賕渠尤切以財相謝琯古滿切郭侯古切縣
名垍巨至切郿芳無切鏈初簡切平鐵僎雛倫切峴胡典切峻嶺暍於歇切傷
暑匯胡對切水回合鉷戶工切佽七四切霔之戍切久雨沴郎計切水不利偪彼力切
切耎方勇切孀色莊切寡婦媟私列切獯許云切匈奴號帑他曩切所藏金
偶許切禁苑擐胡貫切喋達協切便語郗丑飢切姓出高平閺無分切在弘農湖縣
符勿切草多昵尼乙切近也祓敷勿切翬吁韋切仆芳遇切頓也捽昨沒切灘
呂支切欻虛金切艘蘇遭切船也醧所綺切分也悻胡耿切瀿力珍切泌必毗切
切劑才詣切分劑訹雪律切誘也裒薄侯切聚也莞古滿切主當也
榷古岳切渡水木恚於避切恨也儋都甘切皷平義切瘃株玉切寒瘍
傍薄浪切毀也賻芳遇切助也切

唐書卷一百十九　列傳第四十四

噍才笑切根胡根切急引閬許激切縊胥嫁切相謂媼烏皓切老
蝶私列切衵丑兩切瓌俱永切頍待鼎切槀撫招切輕也倜古侃切字
薄必切蕭結切遾力又切炅古迥切邽涓畦切下邽縣在馮翊盩屋上張流切下職日切
名沴郎計切陰陽氣相亂瘵側界切病也裒薄侯切聚也禱神王切
切錡魚倚切閬無分切湖縣有閬鄉璀取猥切帑他曩切藏也忸女六切慙也切
偵丑鄭切候叵普我切不可猗其廉切楓居月切句古太切求也湔子仙切
切抉於決切出也敄亡遇切姆莫補切女師漼取猥切茶加切

唐書卷一百二十　列傳第四十五

瓌俱永切廡文甫切堂下周屋輈張留切轅也孱市連切二切鉏山切弱也狃如九切恚
於避切恨也瀧呂江切州在嶺南蔑莫結切汗血也衵丑兩切番禺
上普安切下縣名鬄大計切亦作鬄儋都甘切閬無分切弘農有閬鄉鑪落胡切
艫叵普我切不可鬣力涉切髮毛邽消畦切縣名璩強魚切琯古滿切撙
祖本切閈侯旰切閈也賕渠尤切以財相謝棻符分切岨七余切山戴土石切滇
徒年切笮在各切竹索西南夷用之以渡水罽居例切毛布竇徂宗切說文剽
匹妙切劫也噍才笑切爨七亂切嶲息委切巘於角切抔蒲侯切手
物祏常隻切廟主疣上羽求切痏下榮美切瘡也茀敷勿切草多憬俱永切暮
切

唐書卷一百二十一　列傳第四十六

胙存故切祭肉郴丑林切州名恚於避切恨也贛古暗切縣名璟俱永切縞古老切
切緹都奚切銅鞮上黨縣名饋遺下以醉切馹入質切驛傳箙房六切弓矢器盛
惘文兩切失志貌柚直祐切婉音挽苜蓿上莫六切下息六切漢書罽賓國多苜蓿宛馬所嗜本
作蓿私六切蟆蒲北切縣在犍為郡道誶雖遂切讓也告也

唐書卷一百二十二　列傳第四十七

盩厔上張留切下陟日切鄠陵縣名缺古穴切望也揠於黠切拔也顓胡落切
切恚於避切恨也擤鳥瓜切蝦蟇隸郎計切附著廡文甫切堂下周屋浩切水

唐書卷一百二十三　列傳第四十八

名在巴西郎于分切郇須倫切夔居逵切斌府巾切璟俱永切裁昨代切
也公羊傳而辭警五勞切負王問切豸他爾切饋遺下以醉切瑱他甸切緹伊真切
切縚土力切惲紆粉切鐙都滕切器芰奇寄切菱也栝古活切鍘突經切義
器免音問但謂去冠代之以免免者以布廣一寸從項中而前交於額上却向後繞於髻槿伯小切鋭
棺倕是為切又音垂覞丑廉切窺也侯斤上音其廣古曠切廣南北曰輪東西曰廣磧
七迹切水中有石膾古外切闐堂練切俊吐猥切膀力之切削也纛大到切黃
屋左纛揕知鴆切擊也

嶠渠廟切燎力照切南嶽名紓尚居切緩也坂府遠切坂不平爻大切物落表切靡
切初眼切懵母總切汜詳里切永字或作丞諗式審切腶手泉切音喧
貰將此切諉女恚切累也鞫居六切逡七倫切退也鄭南陽
璟俱永切遺以醉切贈也墩居影切彷步光切縋持偽切武帝得此鼠終軍
讞戕切豹文鼠也郇于分切悋把淫切飪忍甚切熟食

唐書卷一百二十四　列傳第四十九

嶲息委切偶他歷切不羈倜璟俱永切綦渠記切文毒也說憬俱永切汰他蓋
切沙蜮越逼切短狐蟲蟊莫侯切食苗根蠹徒故切蛭之日切水蛭
蛭三斷三物諉女恚切累也痁始廉切瘧疾賕渠尤切以財相謝磑五內切磨也饋
遺下以醉切异羊吏切剟竹劣切削也禱神王切唯以水切諾也庳音卑下也
悋把淫切頵特鼎切齌即夷切穢也免音問馳傳下張戀切驛遞狙得案切佺
此緣切俳蒲皆切戲也切

唐書卷一百二十五　列傳第五十

雍州上於用切庾鼎切柅女履切土也誄雪律切謗也璟俱永切賕渠尤切
相謝以財頵特鼎切蚉蝱上武庚切下無分切虓許交切虎聲蒯苦怪切阪府遠切
切砧知林切擣繒石窖古孝切倉窖尪危切叵普火切不可嶲息委切茸
鐵加切蕢求位切崿五各切崖崿鏄徂悶切說文下銅錞切楚合悖渠營切無兄弟
堨何葛切壅水巇許羈切山險覰七慮切伺視捩郎計切愔把淫切蜚甫微切飛
朔党多曩切堰於建切壅水穬古猛切弩滿雕視佳切巨靈所坐詷大過切告
言憮文甫切失意臬丑略切垍巨至切埱昌六切缺古穴切望漉所簡切
坡普禾切坂也报戶恩切急引

唐書釋音卷第十四

唐書卷一百二十六　列傳第五十一

璟俱永切洹胡官切慹之涉切丱音貫總角盩郎計切曬呼時切日氣乾沴郎計
切水賕渠尤切以財相謝磧七迹切水中有石掊薄侯切聚也悛七緣切改也贊
側革切不利險思廉切險也鄚侯古切地名庳音卑下也舶薄陌切大舟磑五內切磨
也潴張如切停水堨何葛切壅水瑒余章切一稱孚下切暹息廉切楝古限切
切嚧徐刃切闚堂練切朓士了切膾古外切綦分物切遺以醉切嫵追
切卬渠容切髆音射獸名殿最上丁練切下貞也敫切搢卽刃切插也薑
丑招切毒蟲齚疾智切骨有肉骼古伯切痛普胡切病也艘蘇遭切船名葆博抱切
葆髑髏上力胡切下切笮側格切迫也刓五九切例也汯音宏深水無舟涉鉷戶工切

璵羊諸切 潋直利切 帑他囊切 金 根戶恩切 掊薄侯切 峴胡墓切 涔鋤簪切 艦胡黯切 檻 柁徒可切正舟木也或從舵 纏若兩切錢貫 剸匹妙切 秀息救切 愎狠力也 廡文甫切堂下周屋 圮符鄙切岸毀又覆也 澶徒案切

唐書卷一百二十七 列傳第五十二

吒陟駕切吒也 偘音侃 瞍蘇后切無眸子 璟俱永切 蠛莫結切泪血 伷直右切 媢莫報切忌也 訹辛律切誘也 貟王問切 艫落胡切艫舳 胐敷尾切 朝 請性下才切 訾即移切毀也 迕五故切 脧子隹切 此緣切縮也 报戶根切 俛他括切輕也 蒯苦怪切 元中以漁陽爲薊州 蠙步因切 如丑知切龍無角而黃 珂丘何切馬勒 祓敷勿切除惡祭 絓古賣切 骨切 暹思廉切 雅雉 以水切 雅以諸也 僦即就切賃也 害古孝切 倉害 旁河步上 浙流而上 敵切 遁 喫 胖大也 佶巨乙切 撤王列切去也 伎支義切狠也

唐書卷一百二十八 列傳第五十三

珦虛亮切 雍於用切 鄠侯古切本夏之扈國秦爲鄠縣 名在京兆府 諉女恚切累也 璟 俱永切 蘇困切 棍女履切止也 穮上居兩切下博抱切 之以約小兒於背 襁褓 縷上 棚 況羽切 炕呼郎切苦郎切 又 坰古螢切 塗共各 共雨 在鄭 墍許既切 切 炕 娙五莖切 酌相謂爲娙 悟蒲悶切 慥之涉切 聾也 踶特計切 踶也 畀 馬肝切 高六尺說文 日馬突也 滕切 悸其季切心動 愜苦協切心服也 魴符方切 廼奴亥切 良辥切 逃還 譁荒故切 鴝居侯切 鳥不能行 鵲 鷂 鴟 鳥 鶻 力 鐍 魚 巨 禁 苑 紬 敕律切 聚也 辮 切 媟 私列切 棚 蒲庚切 楼 也 帑 小夷 茶 朞 羊 遭 車切 昇 暹 思 廉 切 佻 士 彫 切 郴 丑 林 切 匯 胡 對 切 回 合 也 袁 薄 侯 聚 也 切 遺 以 嗟 切 愉 思 廉 切 詖 也 痃 息 救

唐書卷一百二十九 列傳第五十四

脅 切 瓚 才 贊 切 灌 權 俱 切 癃 也 鄠 侯 古 切 京 兆 縣 名 沁 七 鴆 切 嘗 卽 移 切 毀 也 縮 士 刀 切 祖 兒 下 音 問 餅 戶 經 切 似 瓶 而 長 頸 酒 器 嗛 苦 簟 切 齊 靳 上 音 咨 下 居 焮 切 也 爼 五 兩 切 膺 古 外 切 鬲 藤 蘞 悟 把 泥 切 瘠 秦 昔 切 劣 也 歎 傾 雪 切 楷 于 小 劍 切 椐 匡 之 日 切 饋 遺 下 以 醉 切 勸 渠 卷 切 醽 薄 胡 切 飲 食 也 醵 其 虐 切 會 飲 貿 莫 候 切 易 也 暹 思 廉 切 譙 才 召 切 諉 女 恚 切 記 也 給 蕩 亥 切 吒 陟 駕 切 歎 也 衰 服 上 倉 回 切 下 喪 衣 長 六 寸 博 四 寸 或 作 縗 琯 古 滿 切 掊 薄 侯 切 聚 也 儋 都 甘 切 瀲 徐 呂 切 閩 無 分 切 縣 有 閩 鄉 悸 其 季 切 心 動 疳 於 金 切 瘖 也 鷄 杜 奚 切 鵜 雞 有 所 莧 偶 切 鼍

唐書卷一百三十 列傳第五十五

灌 七 罪 切 鑴 于 泉 切 攜 也 璀 以 水 切 諾 也 悍 把 泥 切 膜 吁 旰 切 乾 也 鶴 古 玩 切 切 雀 俞 才 由 切 長 也 諸 乳 呂 切 權 古 岳 切 木 渡 水 蔵 救 展 切 救 也 屹 魚 乞 切 山 嶽 負 寓 上 音 王 問 切 帑 他 囊 切 所 藏 金 務 莫 里 切 也 翻 呼 外 切 璟 俱 永 切 膾 古 外 切 弱 藁 藏 瑒 余 章 切 姆 莫 補 切 女 師 杳 徒 合 切 合 也 羿 衣 儉 切 苴 鉏 加 切 漸 漬 上 子 廉 切 昵 莫 報 切 哀 殺 下 色 界 切 御 也 矴 丁 定 切 錘 舟 石 儦 悲 驕 切 卬 渠 容 切 鵝 崇 知 切 蔞 貴 神 夜 切 貸 也 佺 且 緣 切 紬 敕 律 切 取 也 棧 助 諫 切 棚 也 邽 涓 畦 切 下 邦 縣 屬 馮 翊 軋 乙 黠 切 稖 丁 聊 切 舊 屬 沂 州 縣 名 爽 似 救 切 解 下 懈 切 蹴 力 海 切 殘 也 禮 曰 學 不 羸 等

唐書卷一百三十一 列傳第五十六

娓 胡 本 切 娓 姓 塗 切 峴 胡 典 切 鑒 余 傾 切 叱 昌 栗 切 撤 丑 列 切 去 也 鈇 甫 無 切 莝 斫 刀 砧 知 林 切 石 也 殲 息 廉 切 盡 也 齶 五 各 切 齗 角 帕 莫 白 切 尨 莫 江 切 厚 也 崛 衢 物 切 管 古 緩 切 晬 祖 對 切 番 禺 上 音 潘 下 俱 切 縣 名 翔 胡 郭 切 舶 薄 陌 切 大 舟 柁 徒 河 切 正 舟 木 也 攻 武 粉 切 飾 也 璟 俱 永 切 汧 輕 煙 切 水 名 爲 縣 因 輜 莊 持 切 車 衰 薄 侯 切 遺 以 醉 切 鷟 士 角 切 鵲 五 報 切 俛 他 活 切 輕 也 嶠 息 委 切 頔 徒 歷 切 叟 居 輸 切 覡 恧 女 六 切 慙 也 喟 丘 媿 切 太 息 也 沴 郎 計 切 水 不 利 狙 千 余 切 嫪 匪 歷 切 遜 嶸 落 早 切 觀 胡 刀 切 下 革 切 寠 其 矩 切 鄆 王 問 切 寡 党 多 曩 切 索 姑 勞 切 車 轄 上 大 索 切 麾 居 言 切 弓 矢 器 犍

唐書卷一百三十二 列傳第五十七

杷 蒲 巴 切 功 殿 下 丁 練 切 負 也 逡 七 倫 切 詭 過 也 鈍 古 患 切 瑤 都 切 頗 溫 切 小 兒 騶 牛 刀 切 驊 方 徵 切 璟 俱 永 切 榎 旁 連 切 木 名 柟 那 含 切 木 名 迅 思 晉 切 職 芳 鄆 侯 古 切 縣 名 嫗 烏 老 女 稱 混 戶 廣 切 琯 古 滿 切 庾 羊 至 切 痟 才 亦 切 常 棣 上 徒 郎 切 麨 尺 沼 切 郾 於 幰 切 龍 逢 上 下 切 鉗 薄 江 切 切 古 滿 切 廛 切 忙 皮 切 勳 子 小 切 黏 尼 占 切 著 也 賕 渠 尤 切 以 財 相 謝 醵 女 亮 切 儤 蒲 報 切 隴 上 切

唐書卷一百三十三 列傳第五十八

突 厥 下 九 勿 切 狙 千 余 切 下 同 誘 女 恚 切 記 也 可 汗 下 何 干 切 暹 思 廉 切 佖 伽 切 音 下 舉 音 邏 廣 切 忝 他 念 切 巨 古 鄭 切 積 迹 七 切 跌 徒 結 切 悉 伊 切 擣 盧 代 切 汧 苦 堅 切 木 名 殿 丁 練 切 于 上 軍 後 殿 捧 牛 陵 切 鼻 名 之 切 汰 徒 蓋 切 沙 汰 也 契 丹 上 音 乞 鏁 亭 年 切 金 華 飾 切 鯪 古 賣 切 餐 於 容 切 熟 食 穀 才 由 切 長 也

（續）閹 奴 故 切 淹 也 逖 巨 尤 切 敬 切 郎 計 切 民 也 切 至 白 逸 切 徒 涂 切 鈞 魚 倚 切 佶 巨 乙 切 渾 五 故 切 倪 他 活 切 輕 也 摹 莫 胡 切 剽 匹 妙 切 劫 也 迪 唐 … 橫 蒲 帶 切 楊 幸 切 潁 於 六 切 風 符 中 切 擒 俱 運 切 郴 丑 林 切 猗 古 犬 切 有 所 不 爲 也 雋 才 笑 切 覘 丑 廉 切 荅 口 答 切 也 閨 牛 代 切 外 開 杅 直 呂 切 杼 櫂 也 垣 胡 官 切 帑 他 囊 切 所 藏 金 刳 空 胡 切 拏 女 余 切 持 也 袁 薄 侯 切 聚 也 愉 怒 也 閔 胡 貢 切

唐書卷一百三十四 列傳第五十九

敬 皮 蜜 切 文 字 刈 五 切 倒 也 美 羊 也 庫 始 夜 切 瑒 余 章 切 馳 傳 下 張 戀 切 驛 遞 頊 許 玉 切 賕 渠 尤 切 財 相 謝 晢 即 移 切 毀 也 堰 於 建 切 壅 水 璟 俱 永 切 給 蕩 亥 切 欺 也 夏 楚 上 戶 雅 切 下 音 楚 庫 音 甲 沆 許 浪 切 清 所 縮 切 篙 姑 勞 切 刺 船 舶 徒 可 切 柁 正 舟 木 瑇 瑁 上 徒 南 切 下 莫 佩 切 海 上 有 文 章 生 蒲 昧 切 蜚 百 枚 切 鐺 楚 庚 切 鼎 類 蚺 如 古 切 大 蛇 稽 慈 夏 切 鼠 名 杜 橹 以 進 船 郎 古 切 体 蒲 本 切 鍇 戶 工 切 貂 都 刃 切 以 雪 錦 苦 故 切 鸕 落 胡 切 鸕 舳 禰 奴 禮 切 衣 也 胝 尺 乙 切 近 也 耿 古 恨 切 晛 古 迥 切 瑄 須 緣 切 山 名 鄗 侯 古 切 縣 名 珦 許 亮 切 裸 赤 體 郎 果 切 東 古 限 切 切 万 俟 上 音 墨 下 音 其 廣 複 姓 煢 渠 營 切 獨 也 瑁 卽 刃 切 帑 他 囊 切 所 藏 金 賜 於 避 切 怒 也

唐書卷一百三十五 列傳第六十

奮 才 由 切 長 也 偯 是 爲 切 施 子 上 施 智 切 下 音 輿 差 池 上 楚 宜 切 下 不 齊 等 也 爨 七 亂 切 於 刀 切 死 殺 人 斸 他 歷 切 攲 房 玉 切 碇 坳 堡 博 抱 切 障 捽 昨 沒 切 淪 以 灼 切 潰 也 閫 苦 本 切 堂 塾 尸 羊 切 音 酒 上 音 嗜 痹 必 至 切 令 疾 朝 請 下 疾 正 切 昕 許 斤 切 鉗 其 廉 切 薈 古 賴 切 蔓 五 各 切 苾 蒲 結 切 亘 古 鄧 切 瘡 古 慕 切 久 疾 邏 郎 佐 切 漉 所 篤 切 後 殿 下 丁 練 切 同 梟 古 堯 切 仆 芳 遇 切 頓 也 覘 五 廉 切 窺 也 啁 切 側 呂 切 椅 皋 綺 切 熛 卑 遙 切 火 飛 燄 以 贍 切 華 艘 蘇 遭 切 船 名 盾 豎 尹 切 所 以 蔽 身 塹 七 豔 切 蹴 子 六 切 迮 側 伯 切 迫 也 給 蕩 亥 切 欺 也 塡 徒 年 切 旬 昊 古 迥 切 唃 徒 敢 切 飽 食 也 椹 桑 荏 切 實 也 樗 抽 居 切 花 胡 結 切 鍩 古 忒 切 瞪 丈 證 切 楊 節 切 髭 倉 計 切 也 甬 余 隴 切 輜 側 持 切 車 恒 胡 官 切 崿 五 各 切 鷄 殷 卿 宗 切 仼 切 虞 切 鑿 也 呾 盧 果 切 盍 古 合 切 誓 初 入 切 玭 步 田 切 精 平 秘 切 鸖 下 各 切 前 林 切 匍 萬 力 稔 切 壞 也 僵 章 涉 切 嫚 莫 晏 切 侮 易 也 擴 古 博 切 弩 滿 也 腋 此 緣 切 縮 也 邃 雖 遂 切 上 求 於 切 陳 如 切 下 縉 音 的 也 儼 若 念 切 構 古 侯 切 樓 也 瘠 秦 昔 切 劣 也 跛 補 火 切 行 不 正 鞫 乃 代 切 眈 他 弔 切 詮 此 緣 切 吒 昌 栗 切 耐 乃 代 切 音 的 切 蹟 七 迹 切 鹹 古 獲 切 截 耳

唐書卷一百三十六 列傳第六十一

筆 主 嶽 切 駟 入 貫 切 馬 駟 遷 衰 薄 侯 切 聚 也 會 自 由 切 劇 古 詣 切 州 名 屬 幽 胄 疾 智 切 酪 盧 對 切 酒 也 燄 以 贍 切 火 華 堞 達 協 切 城 上 女 牆 淖 荒 鳥 切 謀 達 協 切 間 也 陘 山 絕 坎 譙 門 上 昨 焦 切 陳 勝 傳 譙 門 下 在 關 戰 譙 門 擂 盧 對 切 慢 莫 半 切 幕 也 中 師 古 日 謂 門 上 高 樓 以 望 敵 握 乙 點 切 拔 也 培 蒲 枚 切 隧 徐 醉 切 陴 頻 彌 切 城 上 垣 么 於 堯 切 小 也 剽 匹 妙 切 劫 也 汜 詳 里 切 崿 五 各 切 闕 侯 肝 切 閘 也 騎 殿 下 丁 練 切 軍 後 日 殿 並 城 上 步 浪 切 塹 七 念 切 渾 大 昆 切 江 南 人 呼 水 中 沙 堆 爲 渾 給 蕩 亥 切 欺 也 荔 非 上 郎 計 切 復 姓 踽 牛 刀 切 俘 芳 無 切 軍 所 獲 鞬 居 言 切 鞮 也 剛 武 粉 切 陰 古 吟 切 字 娼 莫 報 切 忌 也 邛 渠 容 切 山 名 職 子 廉 切 岑 鋤 簪 切 鄆 王 問 切 瑱 他 甸 切 晁 馳 遙 切 分 遣 下 去 切 琯 古 滿 切 檀 紅 宅 切 柵 測 革 切 編 木 抉 一 決 切 挑 也 汧 輕 煙 切 水 名 鬣 力 涉 切 毛 嫚 莫 晏 切 侮 也 便 婢 上 婢 面 切 下 切 挈 苦 結 切 持 也 雖 胥 維 切 櫛 側 瑟 切 梳 也 謗 荒 故 切 孥 乃 胡 切 妻 子 也 琗 醉 切 捺 奴 曷 切 湔 子 前 切

唐書卷一百三十七 列傳第六十二

陘 奚 經 切 山 絕 坎 瘳 丑 鳩 切 琯 古 滿 切 邏 郎 佐 切 陴 頻 彌 切 城 上 垣 旰 古 旦 切 下 同

唐書卷一百三十八 列傳第六十三

淯 以 律 切 水 流 貌 又 灃 敷 中 切 亘 古 鄧 切 幟 昌 志 切 旗 也 鉦 諸 成 切 鐃 也 坌 蒲 悶 切 偃 居 良 切 仆 也 瀰 武 沁 切 水 名 昊 古 迥 切 駐 上 丘 半 步 切 藥 切 軸 側 持 切 廂 車 航 胡 郎 切 鄜 芳 無 切 鄜 菅 居 顏 切 邛 渠 容 切 戕 慈 良 切 殺 也 沁 七 鴆 切 瞑 莫 定 切 閉 目 褱 蒲 侯 切 聚 也 詒 羊 吏 切 遺 也 嘗 卽 移 切 毀 也 並 南 上 步 浪 切 漣 所 簡 切 水 名 給 蕩 亥 切 欺 也 俠 頰 切 嵴 胡 茅 切 山 在 弘 農 馮 下 皮 冰 切 同 彷 步 光 切 墟 丘 於 切 丘 也 嘷 胡 刀 切 熊 許 旣 切 客 舍 也 僨 厄 音 厄 塞 也 剽 匹 妙 切 劫 也 蹂 九 恐 切 也 踐 瑒 余 章 切 党 多 曩 切 僄 卑 小 切 急 也 訹 辛 律 切 誘 也 帑 小 夷 切 幕 蹦 益 切 敗 良 刃 切 蠡 上 張 留 切 下 戶 臟 日 切 戢 苦 合 切 勝 也 惄 徒 對 切 怨 也 酷 自 秋 切 長 也 遺 以 醉 切 贈 也 獫 狁 上 虛 檢 切 下 音 允 痍 延 知 切 胎 普 沒 切 曖 於 代 切 鐇 甫 煩 切 昇 羊 諸 切 稍 於 金 切 入 上 所 教 切 剗 之 遙 切 鏦 七 容 切 銛 思 廉 切 笙 宜 尺 切 鐵 也 塏 可 亥 切 爽 塏 昇 皮 變 切 斤 許 斤 切 訌 胡 公 切 饋 也 胙 胙 故 切 贅 朱 芮 切 蓆 也 甚 渠 記 切 毒 也 洎 其 至 切

唐書卷一百三十八 列傳第六十三

旮 初 八 切 罙 民 悲 切 深 也 轎 側 持 切 庫 車 梃 待 鼎 切 木 片 麈 於 刀 切 殺 人 饕 盡 切 吒 祭 切 仆 芳 遇 切 頓 也 陁 施 切 氏 切 壞 也 葩 普 巴 切 荊 表 位 切 皿 眉 永 切 飯 食 器 擠 切 舉 綺 切 傴 引 也 梧 曹 操 爲 北 部 左 右 尉 懸 五 色 棓 各 十 餘 枚 會 自 秋 切 長 也 蹂 忍 九 切 踐 也 覘 五 廉 切 窺 也 昊 古 迥 切 顛 徒 年 切 舉 羊 茹 切 昇 車 臨 哭 良 鴆 切 臨 哭 卬 莫 郎 切 切 北 切 山 名 允 以 準 切 不 定 也 撤 直 列 切 去 也 衰 薄 侯 切 聚 也 慢 莫 晏 切 惟 慢 櫟 落 官 切 切 刑 古 徑 切 剽 匹 妙 切 劫 也 隧 徐 醉 切 道 也 鼇 五 刀 切 屋 上 張 下 留 切 日 坻 陳 尼 切 小 渚 刈 五 官 切 側 也 洹 胡 官 切 鄆 王 問 切 薊 古 詣 切 誘 女 恚 切 記 也 肪 分 房 切 脂 嘸 罔 甫 切 然 憐 愍 嗟 歎 也 船 大 舟 躒 郎 狄 切 贛 古 暗 切 水 名 泌 兵 媚 切 錡 魚 倚 切 鄜 芳 無 切

唐書卷一百三十九 列傳第六十四

琯 古 滿 切 剔 他 歷 切 箝 其 廉 切 恣 之 舌 切 鞞 並 弭 切 股 也 衰 薄 侯 切 聚 也 詫 丑 亞 切 疑 尼 乙 切 近 也 賕 渠 尤 切 吒 昌 栗 切 嘗 卽 移 切 毀 也 臨 良 鴆 切 哭 臨 姆 莫 補 切 女 師 娟 莫 報 切 忌 也 瘥 於 罽 切 幽 疾 也 贅 朱 芮 切 宿 留 上 息 救 切 下 力 救 切 給 蕩 亥 切 欺 也 饋 遺 下 以 醉 切 唄 蒲 邁 切 梵 音 愎 弼 力 切 很 也 獢 古 外 切 剽 匹 妙 切 劫 也 泌 兵 媚 切 瀟 必 切 貟 王 問 切 似 昌 六 切 逡 七 倫 切 棋 渠 之 切 陘 奚 經 切 山 絕 坎 埼 居 綺 切 從 後 引 之 也 磧 七 迹 切 中 有 石 瘵 側 界 切 病 也 饌 古 字 鄜 芳 無 切 璵 羊 諸 切

唐書卷一百四十 列傳第六十五

禬 黃 外 切 除 殃 祭 也 轀 鳥 渾 切 車 玭 步 田 切 符 眞 切 蠶 里 切 亘 居 鄧 切 昊 古 迥 切 美 延 面 切 琯 古 滿 切 剽 匹 妙 切 醑 子 肖 切 飲 酒 盡 櫝 切 銖 下 切 逡 七 倫 切 戶 工 切 烜 況 晚 切 昵 尼 乙 切 近 也 療 側 界 切 病 也 訾 卽 移 切 毀 也 紵 居 切 橡 似 兩 切 瀧 閭 江 切 譚 伊 眞 切 平 反 下 孚 袁 切 璵 羊 諸 切 嚜 尼 質 切 近 也

唐書卷一百四十一 列傳第六十六

郴 丑 林 切 涪 房 尤 切 酋 自 秋 切 長 也 訹 辛 律 切 誘 也 衰 薄 侯 切 聚 也 楞 丑 居 切 栝 蒲 戲 切 嶠 渠 嬌 切 剽 匹 妙 切 狙 千 余 切 伺 也 敷 古 弔 切 叫 也 酋 自 秋 切 崟 魚 音 切 能 元 上 奴 代 切 下 懷 把 泥 切 堡 博 抱 切 堡 障 党 多 曩 切 鼉 徒 河 切 水 虫 也 傾 蚓 上 居 蜴 下 面 長 大 儈 古 外 切 蠶 叱 昌 栗 切 帑 夷 益 切 小 幕 幟 昌 志 切 旗 也 坂 府 遠 切 陂 不 平 芄 居 包 切 靳 居 焮 切 固 也 磧 七 迹 切 中 有 石 絕 駱 切 偽 澂

於斤切木名 涚輸芮切 訾即移切 沮洳上將預切下人恕切 獪古外切 惟
雅以水切 苗也 罐取亂切 沓徒合切 拎昨沒切 柵測革切編木 詻諾白切 諾

唐書卷一百四十二　列傳第六十七

琯古滿切 恚於避切 縮烏脈切 品 裁再下切 汰他蓋切沙汰 痼古暮切 賻
符遇切助也 慆思廉切又音險 軥下七切 入臨下良切鵶 苴子余切 遺以醉切
鏑古穴切 環俱永切 卯古忠切 綈杜奚切厚繒 烏思積切鵶也 薊古詣切
頸竹二切 佞乃定切 賀莫侯切 緤私列切 繫牛切 幞 慄徒蓋切 痞
於金切 衙黃練切自衒 銙苦化切 讞語蹇切議罪 混戶廣切 猗古犬切 虢他鉤切
切 也 黴七小切色變 訕 豁呼括切 朝 請下疾正切 迅思晉切 珀
切 撥丁括切至也 祓敷勿切除也 襆 褓上居抱切下博小兒子 鉢將 瞿
居爾切遽殺 刳苦胡切 剔他歷切 仆芳遇切頓也 嶷魚力切 泌蒲必切 錡魚倚切
切 訾即移切毀也 儋切 傷也 融切

唐書卷一百四十三　列傳第六十八

魄普落切失業無氣 踣倒也 四侯切 纂先代切基相塞故日纂也 說文云 行 櫪郎擊切脫粟
炅古迥切 瑱陟刃切 卬渠客切 痏于軌切 紡妃兩切積也 貿莫候切 枘而銳切
切木當所以入鑿 扶丑栗切 隆徐醉切道也 娒衣駕切相謂日娒 哇於佳切
恩胡困切 鉏床魚切亦作鋤 昕許斤切明也 穎五困切 癧於扇切 齒疾智切
切骨有肉 宛上於元切南陽二縣 棗 諲伊真切 玗雲俱切玉名 嫠牛交切不入
也 答郎丁切 箸蘇 籥嫠龍 龢五加切齒不平正 齹 覥丑廉切 偃於建切
切 木 坳 齎秦昔切 玢符巾切 嶒杜覺切 箠主藥切馬策 党多曩切 郴丑林切
珏岳切 峽胡夾切 形徒宗切 殿 最上丁練切下 貫也 翊 挺丑連切取也

切 也 饑居志切 閑所佳切問也 註古賣切 疇 瑁上徒耐切下莫背切 贅石洛切
也 癬七亂切 郗丑飢切高平 姒 胭 剿匹妙切劫也 訃芳遇切告也 錡魚倚切
貪自秋切 琇自救切 麐於刀切死殺入 溎所簡切 訾即移切毀也 美延面切
切

唐書釋音卷第十六

唐書卷一百四十四　列傳第六十九

瑱陟刃切 邠悲巾切 磧七迹切水中有石者 垍巨至切 埤頻彌切城上垣 仆芳遇切頓
也 炅古迥切 恂許容切 翫呼外切 茂如融切 旁南上步浪切 鄠侯古切京兆縣
紅古雙切 鄖王問切 剔他歷切 窮四稅切文日窘也 膊符遇切助也 敗興章切
确苦學切 魄音薄又落魄不檢也 窆各切 羡 務力之切剝也 謀達協切告也問
也 輂羊茹切舁車 邛渠容切 邗古旦切 郴落京切地名 郿芳無切 胡乎萌切
党多曩切 澘師姦切流貌 盩屋上張流切下 歔欷上音虛下音希 沿余專切
峽胡夾切 盭里弟切 倪他括切也 鬒如占切鬚也 便佐上平安切也 沓徒合
切 飭許云切 積之忍切

唐書卷一百四十五　列傳第七十

締特計切結也 䏰尼賀切 吷徒敗切 恙於避切 姺尺詔切 紟居吟切
切 鬲 裘篆 杪亡沼切 堡博抱切 塹七念切 峽胡夾切 畚布忖切
器 鋪蘇切 帝 小 睞 暫 五 盩 悛此緣切改也 榼 瞳
江二切 徒紅切 昕許斤切 侈 倉 杳 巨 不 佰 佶乙極切
切 纈以 斑 郿 須 笥 新 董
咀 梵 音 蒲 華 馬 婆 丁 吧 踣 繆 廉 菲 奢
蒲 味 百 牧 壁 伊 奸 古 卷 紀 兗
名 苦 鮫 部 汎 訂 綢
名 現 胡 霍 鋋 涓 碣 與章切 么伊堯切 碟
弭 搘 抗 錐 鐃 惕 磉
也 偶 曾 眯 美 攸 雎 胙
雎 上 戕 謹 幻 叱 杏
切 佻 怖 婥 帝 悖 譙 昌栗切
也 殛 劃

唐書卷一百四十六　列傳第七十一

迅 峴 護 姺 綰 廙 羊至切 磑
五 斬 羨 殍 黝 於美切 髓
磨 睎 鑠 淤 薄必切 郴 丑林切
古 貽 諡 鈑 渭 涯 虞 倍 桲
切 菑 莊持切 鋸 混 崃 咀 所 倍 渦

切 古 禾 柏 嵇 狭 殷 最 訊 思晉切 問也
名 出 淮 陽 錡 蹇 隴 於 党 多 曩 切 鄙
珀 巨至切 庫 闊 霈 叢 肝 古日切 晚
切 悛 此緣切 改也 轉 侯 臨 故 也 積 若 昳
給 蕩 亥 切 欺 也 郡 王 問 切 駉 理 瑣 桃 殿 嘛
切 尼 質 切 賑 渠 刃 切 沆 杭 以 脣

唐書卷一百四十七　列傳第七十二

麗 力 計 切 似 巨 部 鑿 熊 王 乙 劃 瑄 古 滿 切 孥
農 子 也 沁 七 鴆 切 灸 菊 堡 博 抱 切 泄 蕭 上 暨 溧 直 里 切 出 直 縣 擎
郎 敖 也 撰 切 隸 圖 剝 凝 渠 欽 鎩 鈀 楚 教 切 略 也 駉 息 切 休 云
馬 走 也 潘 鐵 灤 渠 切 城 截 涂 中 邦 消 畦 切 縣 名
奚 經 切 山 紹 坎 謀 廡 律 稍 芥 邛 渠 容 切 安 吐 火 切
饑 古 倉 泡 叵 胡 官 汗 古 旦 切 卬 渠 容 切 峽 胡 夾 切
切 昇 皮 變 切 數 殞 邦 切 鏑 玖 鄭 木 各 切
也 簃 頫 量 凉 帑 鄉 郵 筠 敕 玫 鄔 木 各 切

唐書卷一百四十八　列傳第七十三

粥 匹 祕 切 宸 嫁 擬 枝 且 殷 上 丁 練 切 下 軍 後
日 殿 古 外 切 膏 苦 臂 構 瞻 窮 僂 力 竹 切 穊 忍 章
切 締 特 計 切 結 也 吷 徒 敗 切 踖 齊 又 旦 切 嫂 傳 易 入 臨 下 良 切 哭 鴆
擐 胡 慣 切 駉 騁 偵 癿 曲 也 於 嬉 很 也 竭 傳 下 張 戀 切 下 同 唪

唐書卷一百四十九　列傳第七十四

琯 古滿切 按 擊也 於 仰 切 峽 侯 夾 切 於 北 置 臨 江 郡 縣 名 魏 武 堰 於 建 切 壅 水 廝 息 移 切
切 使 航 胡 剛 切 方 舟 嶠 渠 廟 切 山 道 廞 虛 金 切 淤 依 據 切 滓 澱 溷 胡 困 切 水 名
遷 郎 佐 切 坂 府 遠 切 亙 居 鄧 切 極 也 纊 若 謗 切 絮 也 鄲 則 旰 切 陽 縣 名 最 南 殿
切 下 丁 練 切 憎 之 涉 切 以 羨 下 延 面 切 餘 也 權 下 同 切 賀 莫 侯 切 駛 上 爽
切 疾 切 負 也 滃 胡 管 切 灌 垢 庫 賓 彌 切 下 也 軋 乙 黠 切 娟 莫 報 切 忌 也 吷 徒 敗 切 毖
郎 役 切 嘍 也 琇 息 救 切 腆 他 典 切 佶 極 乙 切 晃 驅 遙 切 紝 女 鴆 切 機 縷 歎 苦 罩

唐書卷一百五十　列傳第七十五

菲 才 亦 切 奪 也 礉 丑 牙 切 謹 伊 真 切 愿 胡 困 切 酋 自 秋 切 給 蕩 亥 切 欺 也 狗
古 泫 切 綰 烏 管 切 混 戶 廣 切 甚 渠 記 切 醋 他 合 切 憬 俱 永 切 泌 薄 必 切 殿
切 最 上 丁 練 切 下 負 也 証 之 盛 切 峘 胡 官 切 徹 居 彰 切 琇 息 救 切 權 古 岳 切 懍 力 招 切
也 切 急 蹕 徒 計 切 蹻 也 臚 力 居 切 序 賓 客 也 恂 許 容 切 懼 也 糗 去 久 切 麥 米 熬 恚 於 避
也 切 卷 掊 蒲 侯 切 亘 居 鄧 切 散 齊 下 側 皆 切 下 同 眩 熒 絹 切 無 常 主 切 日 邦 消 畦 切 縣
名 媢 古 姻 字 汜 古 起 字 娟 莫 報 切 忌 也

唐書卷一百五十一　列傳第七十六

蜎 于 貴 切 似 豪 豬 縮 烏 管 切 峒 徒 弄 切 洞 深 剽 匹 妙 切 劫 也 刓 五 丸 切 剸 也 啫
於 金 切 不 能 言 窸 蘇 困 切 髯 如 占 切 頰 須 嫚 莫 旰 切 侮 易 詫 丑 亞 切 誇 也 剡 時 冉 切 縣
名 屬 會 稽 硝 克 角 切 琇 息 救 切 混 戶 廣 切 笮 側 格 切 迫 也 傔 苦 念 切 縶 陟 立 切
懦 奴 亂 切 弱 也 佻 吐 彫 切 輕 也 倪 他 括 切 輕 拔 絁 式 支 切 繒 似 布 縵 莫 半 切 繒 無 文 仆
芳 遇 切 頓 也 汰 徒 蓋 切 帑 他 曩 切 旮 初 入 切 酰 丁 含 切 憓 紆 粉 切 驊 戶 花 切
儇 呼 圓 切 慁 胡 困 切 殿 最 上 練 切 下 侶 市 昭 切 朝 請 下 才 性 切 賕 渠 尤 切 以 財 相

唐書卷一百五十二　列傳第七十七

鎗 代 質 切 樅 七 容 切 譙 責 上 才 笑 切 縮 烏 管 切 蕞 粗 外 切 小 貌 給 蕩 亥 切 欺 也
緹 他 偽 切 有 所 縋 漵 象 呂 切 怫 符 弗 切 甓 蒲 歷 切 氣 鬱 售 承 咒 切 賣 也 錡 魚 倚
切 帝 羊 益 切 小 幕 叱 昌 栗 切 顱 落 胡 切 首 骨 邏 郎 佐 切 游 兵 恂 虛 容 切 懼 也 訾 切
郎 役 切 槙 章 忍 切 垍 巨 至 切 袁 蒲 侯 切 璀 取 猥 切 嶧 羊 益 切 名 在 魯 嶮 山 檢 切 廉 思
切 又 虛 檢 切 邢 奚 經 切 陷 徒 敢 切 帑 他 朗 切 所 藏 金 帛 也 膂 古 外 切 芻 藁 劑 才 遣 切 藏 角
切 詠 也 券 美 餘 上 延 面 切 瞿 俱 遇 切 訌 胡 公 切 潰 也 酴 醿 上 同 都 切 下 無 悲 切 酒 名 璟
俱 永 切 又 音 影 堞 達 協 切 城 上 垣 觥 丑 廉 切 播 孚 袁 切 陴 頻 彌 切 上 女 墻 賻 芳 遇 切 助
也 剡 都 括 切 削 也 跂 邱 弭 切 琯 古 滿 切 鉏 床 魚 切 賕 渠 尤 切

唐書卷一百五十三　列傳第七十八

汧 苦 堅 切 訾 初 入 切 邏 郎 佐 切 庾 隱 也 燴 子 廉 切 火 滅 輜 側 其 切 衣 車
蔓 方 勇 切 菸 非 上 郎 計 切 虜 姓 剽 匹 妙 切 劫 也 嗛 苦 簟 切 食 不 滿 鬲 狼 狄 切 鼎 屬
契 苦 計 切 禼 屬 覽 必 益 切 不 能 行 貽 丑 吏 切 直 視 叱 昌 栗 切 餔 博 孤 切 晚 食 柝 他 各
切 擊 刁 斗 也 赭 章 也 切 赤 土 頓 徒 歷 切 夕 臨 下 良 切 鴆 磔 陟 格 切 車 裂 人 蘖 莫 結 切 汗
也 匍 匐 上 薄 胡 切 下 蒲 北 切 贈 遺 下 以 醉 切 賻 芳 遇 切 助 也 襚 徐 醉 切 贈 終 衣 嶷 魚 力
切 俠 徽 頰 切 給 蕩 亥 切 欺 也 環 俱 永 切 陴 頻 彌 切 城 上 垣 膚 古 外 切 芻 藁 藏 燈 特 陵
切 鄜 古 博 切 山 名 馥 房 六 切 桎 梏 上 部 禮 切 下 胡 誤 切 門 外 行 馬 菅 古 顏 切 峘 胡 官
切 党 多 曩 切 袁 蒲 侯 切 聚 也 挺 尸 連 切 取 也 痏 于 軌 切 瘡 也 傪 倉 含 切 祇 其 謂
切 鬘 居 縛 切 視 遽 貌 杆 侯 旰 切 峴 胡 典 切 詬 許 候 切 阬 邱 庚 切 磧 於 倫 切 遒

切 自 秋 切 㚿 況 羽 切 樂 也 嘐 許 交 切

唐書卷一百五十四　列傳第七十九

洮 他 刀 切 水 名 殪 於 計 切 党 多 曩 切 堡 博 抱 切 洹 胡 官 切 水 名 笮 側 迫 切 迫 也
遺 以 醉 切 襮 布 各 切 衣 表 崒 昨 沒 切 犳 馬 都 歷 切 切 隰 陴 頻 彌 切 城 上 垣 軋 乙 黠 切
膚 古 外 切 芻 藁 藏 葽 方 勇 切 鄜 芳 無 切 邏 郎 佐 切 閈 侯 旰 切 里 門 柵 測 革 切 編 木 為 格
之 鏖 於 刀 切 殺 人 盡 切 佖 薄 必 切 瑊 子 六 切 迫 也 蒧 古 獲 切 截 耳 佃 佃 直 又 切
憝 徒 對 切 怨 也 殄 徒 典 切 盡 也 戕 徐 羊 切 斌 府 巾 切 覬 几 利 切 幸 也 沓 徒 合 切
酋 才 由 切 長 也 汧 苦 堅 切 混 戶 廣 切 耐 符 遇 切 食 於 先 祖 茀 敷 物 切 草 多 也 祏 常 隻 切
切 廟 主 訂 丁 定 切 平 議 臨 送 上 良 鴆 切 嵐 盧 含 切 州 名 在 太 原 鶖 五 告 切 縋 馳 偽 切
斺 古 拜 切 悛 此 緣 切 頔 徒 歷 切 訹 雪 律 切 誘 也 証 之 盛 切 嵖 側 加 切 岈 許 加 切

謝 斺 古 拜 切 緷 食 雲 切 又 音 巡

唐書釋音卷第十七

切汶文連切出瑕邪水慓撫招切急也軍殿下丁練切軍後曰殿殲子廉切盡也鶩莫卜切鬼屬柝他各切擊柝櫜鞬上姑勞切車上大橐下居言切弓矢器揃子踐切滅也沮七余切堰於建切壅水朐權俱切厭於鹽切丌巨基切摭之石切拲曲節蹀達協切履也猘居例切狂犬詿戶工切誤也汳芳萬切水出浚儀縣北

唐書卷一百五十五　列傳第八十

郟古洽切倜儻上他歷切下他朗切不羈也嵐盧含切恣睢上如字下香萃切剽匹妙切瑒余章切佻他彫切輕也茀敷勿切草多也瘞於計切幽埋齒疾智切骨有肉稆力舉切禾自生分作穭櫓郎古切望樓城上幟昌志切旗也覤上先九切下午分伾攀悲切師子屬邶古博切山名邯鄲上河干切下音丹輜側持切衣車也柵楮格切裒薄侯切聚也洹胡官切芃符中切駘徒哀切瀸子廉切鉥時聿切瀦張如切停水陴頻彌切城上短垣醲所綺切分也銑所典切堡博抱切冏俱永切弇古南切朝請下才性切仆芳遇切頓也珹古刃切媼烏皓切女老稱掎舉綺切從後引之也諜達協切間也縋馳偽切以繩有所縋職隧徐醉切道也鹽古戶切不固也擫乙黠切拔也踞居几切長跪磾都奚切鐬呼會切膾古外切

唐書卷一百五十六　列傳第八十一

昕許斤切縶陟立切紿蕩亥切欺也堡博抱切障也党多曩切眙丑吏切直視趫丘妖切捷也鄜芳無切眥才詣切目際詈古老切髯如占切罽居例切毛布剡以冉切銳利漼所簡切水名鏖於刀切死殺人嫚莫旱切侮易詬許候切恥也堞達協切城上垣圮部鄙切毁也檻例切不忘其死偵丑貞切候伷直又切盩厔上張留切下職日切邏郎佐切游兵韃部迷切騎上鼓旝古外切以石投敵棚薄庚切岌魚力切玫模杯切邃郎奚切傪倉含切砭石大刺病蓟吉詣切馘古獲切截耳也

唐書卷一百五十七　列傳第八十二

串古患切穿也罷蒲麋切瘵側界切病也滎惠扃切名在鄭尤古有切權古岳切帑他朗切金幣藏婺符分切誘女恚切累也憸思廉切詖也噎一結切食窒紿蕩亥切欺也虺許偉切盇良刃切姿陟加切張也衙黃練切自媒也愎弼力切很也懟徒對切怨也訂丁定切不平議廡罔甫切下周屋觖古穴切望也撤丑列切詫丑亞切誇也掎舉綺切偏引徂千余切駞傳下張戀切驛遞賙遺以醉切柅女履切止也憬俱永切鎛徂下鋼覭五康切剽匹妙切忕時制切僨方問切僵也尪烏光切摯丑兗切鏬鄜芳無切揵渠建切遴良刃切輩行下戶浪切劃古哀切佛符勿切

唐書卷一百五十八　列傳第八十三

栟輕煙切廡罔甫切下周屋弇古南切坻典禮切栅測革切狙千余切卷五非切卭渠容切些蘇箇切倜他得切艗舶大舟掎縋馳偽切以繩有所縋恚於避切怒也陴頻彌切城上短垣慓撫招切衄女六切縻子六切塤各二切倍郎王分切遺以醉切盩厔上張流切下職日切振胡貫切稆其呂切謨賕渠尤切財相謝鄜芳無切璀取猥切訹雪律切誘也夰古拜切齒疾智切骨有肉

唐書卷一百五十九　列傳第八十四

滲郎計切不利惼獨克切吒陟駕切叱怒昕許斤切能上奴代切傪倉含切搤於革切捉也傀楚監切瑱陟刃切淖奴教切泥也确克角切慓撫招切急也剽匹妙切劫也訃芳遇切告也撤丑列切去也混胡廣切裒薄侯切聚也溆徐呂切愎蒲北切很也佶巨乙切痺必至切冷疾售承咒切賣也彍忽郭切張弩叵普火切不可樾王代切木陰朝請下才性切昇以朱切亘居鄧切坌蒲悶切並也磧七迹切水中有石墝口交切土堅瘠秦昔切薄土権古岳切芋王遇切傳張戀切譯恚於避切恨也

唐書卷一百六十　列傳第八十五

倕是爲切猊五稽切師子屬昵尼質切近也倖胡頂切閼於葛切脩尸祝切噓其虐切嗤嘖側革切髮有巾曰幘忕他蓋切奢也瘉古暮切久疾癖普辟切父行下戶浪切儆居影切党多曩切鑯莫結切汙也蹴子六切剽匹妙切劫也沆下黨切訃芳遇切告也鏡刺也頓徒歷切

唐書卷一百六十一　列傳第八十六

鷟五角切鸑食角切鳳屬員上王問切鍠胡盲切峴胡典切孱市連切弱也恚於避切很也頓鄺於混戶廣切擬瀯惠垌侯古切剽匹妙切劫也警五勞切楯食尹切所以蔽身兵器権古岳切伉口浪切嚚語巾切愚也倬竹角切秭蔣兕切

唐書卷一百六十二　列傳第八十七

邦渦睢切邦縣名混下戶廣切峘胡官切亘居鄧切剽匹妙切劫也敲五巧切滲郎計切不利徼堅堯切求也番禺上普安切南海縣名扉父沸切履也権古岳切鄜侯古切汜詳里切弈疾正切頎渠希切蕆丑展切敕也倍把逆切梏五故切逆也賕渠尤切財相謝棚薄庚切閣也趫丘妖切捷也誘女恚切歃苦簟切食不盡鄜芳無切郵傳下張戀切驛遞羼初限切羊相厠說文賂遺下以醉切頓徒歷切侃古侃切類盧對切絲節猱馬名

唐書釋音卷第十八

唐書卷一百六十三　列傳第八十八

徂昨胡切山名在會稽鏟初限切戣渠佳切権古岳切賕渠尤切財相謝蚶呼甘切蚌屬舶薄陌切大舟碇丁定切鎮舟石琲蒲昧切珠百枚玫謨杯切盩厔上張流切下職日切剽匹妙切劫也斂他活切陀於革切塞也鄜芳無切澍朱戍切時雨埇余隴切邏郎佐切唶子夜切歎聲侶市沼切郴丑林切酪歷各切醍杜奚切酆戶吳切倕是爲切鄃須倫切鄆多寒切鈇與職切昨勞切舟也駛疏吏切疾也庫廡下罔甫切周屋淖奴教切泥也展奇逆切瘠七亦切土薄鞬居言切弓矢器馹入質切驛遞蓟吉詣切擣切邪下余遮切栅測革切編木朝請下才性切諉女恚切託也璵羊諸切貿莫候

切鈸蒲撥切易也梟其冀切鈔楚交切玭部田切埒力輟切等也滉戶廣切琯古滿切縰所綺切冠織笄居奚切戴大側吏切齕下沒切蒲北切敗武巾切珙居悚切匼下以醉切巨鐍古穴切拼救儵尸六切劍鋤威切刺也掉徒弔切獷古猛切汰他蓋切偬作孔切事多

唐書卷一百六十四　列傳第八十九

稍似入切舸古我切大船貿莫侯切交易繚盧皎切纏也枸鐘磬簴其呂切說文給傳下知戀切戴昨代切握積古雅切踶徒計切給蕩亥切欺也賕渠尤切瘠秦昔切土薄舂書容切稍所教切遣恚於避切底邏郎佐切蕆丑展切率莘殼苦角切朝請下才性切迋于放切往也証之盛切頓徒歷切党多曩切舶薄陌切舟亘居鄧切剽匹妙切劫也激於斤切醵飲酒櫟郎擊切跗風無切媼烏皓切女老稱癯權俱切磊落猥切介古拜切玭疾病痺必至切冷濕病嗷溢扶雨切侑奚敦膾古外切裒廡下罔甫切周屋捷柅乃履切止也句龍上古侯切

唐書卷一百六十五　列傳第九十

頊敷郴丑林切訂丁定切平議鄺於衷陟仲切折衷賵芳鳳切賵終物切燧徐醉切瀞胡管切猝釗之遙切剽匹妙切劫也敘徒活切度狡古卯切隃式朱切嵐盧含切並河上步浪切滲力計切水不利恚於避切恨也饔於容切熟食昵尼質切近也璠字袁切佻他彫切靳居焮切誚慈演切懟直類切串古患切刓五丸切螭丑知切角而無勦子小切勞也祏常隻切懔力稔切屝父沸切草履嗅椎古學切挺戶連切取也曇徒含切堆以追切甜武酣切鋪呼郭切孔際父行下戶浪切軋乙黠切雨針勞徠上郎到切下洛代切售承咒切賣也檻盧敢切掊薄侯切扙武粉切溘口答切奄也頓徒歷切璩求於切佽七四切儆居影切環俱永切施施宜之切喜悅扁薄泫切

唐書卷一百六十六　列傳第九十一

廡罔甫切岨七居切傳張戀切剡時冉切名屬會稽剸止兗切冏俱永切袼瘵側界切病也閘侯旰切門曰閘倍把逆切舠艫上都牢切下胡小切四方闕下音陰也又音數凍郎甸切党多曩切獫狁上虛檢切下音允突厥下九勿切佺此緣切環俱永切坡普禾切朝請下才性切瘤居錸巨嬌切慆土刀切蒯苦怪切鄗胡老切須孔盟津陴頻彌切郗丑知切顗棻扶云切渾沙徒単許歸切権古岳切蹀達協切沴郎計切妖氣櫓頎渠希切長也痺必至切剽匹妙切票撫招切膳滈下老切渢房戎切碈武巾切石次玉美

唐書卷一百六十七　列傳第九十二

琇以九切磬丘庚切小人貌汜詳里切名在河南賕渠尤切賸以證切增益蘺芀如乘切新草又生鈌苦穴切殣嵐盧含切娟莫報切捂蒲侯切銛思廉切憸思廉切詖也媢莫報切憬俱永切齪測角切滉戶廣切桃他彫切芊七年切伉口浪切惲委粉切甲行下戶捽昨沒切縋馳偽切愎蒲北切俳音排警五勞切貞宅得切裒薄侯韌而振切堅柔鍬戶戈切盩張流切厔陟日切頓徒歷切韃居言切弓矢器剽匹妙切讞語蹇切議罪也驛傳下張戀切夰古介切肩堰於建切壅水女恚切璵羊諸切栅測革切檜古外切泬呼決切

唐書卷一百六十八　列傳第九十三

埒力輟切等也莅音利悖訂丁定切平議遺以醉切惆也褻恂許容切闒徒盍切茸而隴切逑七禾切賕渠尤切倉助儜女耕切沅愚袁切水名在象郡落魄下捷各切忮狖余救切圯部鄙切頍稍所教切緻直利切輩行下戶浪切及娟嘵許幺切嗾瘖於金切茵霧武賦切筦渠管切阪僇六樋痤徂和切蒯苦怪切鑕職日切斧恇去王切怯澳他典切痼古暮切覗落戈切趺敚軋乙黠切蓼力求切掎舉綺切躅灤呴糗猴上去久切傚居影切呀礱呀五加切劃忽麥切轗軻上音坎下音可郴丑林切抆武粉切拭沾張廉切

唐書卷一百六十九　列傳第九十四

憸思廉切胺刓五官切斌府巾切垍巨至切落魄下捷各切檢懵莫孔切崖宜佳切鼉捭痼古慕切俳音排郗丑知切麋遺以醉切澳於六切眙丑利切直視墅承與切田廬玭部田切瘠鋪仆芳遇切頓也警五勞切嵬切

唐書卷一百七十　列傳第九十五

扳栅測革切瞰苦濫切視也袼酈菽夰駛疏吏切疾也桴芳無切寘遺以醉切剴古哀切浣堞達協切城上垣陴頻彌切党多曩切邏郎佐切紿蕩亥切突厥下九勿切鍔逆各切潯徐林切推埒力輟切等也裒薄侯切舶薄陌切箸陟略切屩傪倉含切鄜芳無切慴堡博抱切安楷祥臨之上良切捽昨沒切阪可汗下河干切父行下戶浪切椿奏土醉略嬰欙剽匹妙切埇余隴渦恩媼烏老切玭陲是爲切糗去久切遂艘蘇遭切俳廷翊

唐書釋音卷第十九

唐書卷一百七十一　列傳第九十六

瑒與章切 慓撫招切 柵測格切 蝟于貴切似豪豬 虫堅切 傳抱 鄜於燒切 鐃 莫結切 襪市玉切襦連腰衣長 緋蒲昧切 遺以醉切 沲達何切江別流也又作沱 党多曩切 切 恟許容切恐也 介音 乘傳下張戀切 掎舉綺切 封 獷古猛切 奓 杳音 巧哀都切 缺古穴切 嬐思廉切 嫻手萌切 埤頻彌切增也 堞達協切 醎 古獲切 貸他代切 瘱因甫切 驁魚到切 蕕他歷切 貣人求物也他得切 突厥九下 切 潡大昊切 罽居例切說文曰西胡毳布 氂毛之 可汗下河切

唐書卷一百七十二　列傳第九十七

蠒徙歷切 廞虛金切 閼於葛切 抗古衛切 庫寶彌切 欐巨救切 擱下報切忿 袭五故切 鬆赤盧切黑漆也 緫蕩亥切 淵胡困切 鈌與專切 偈渠列切偈強便 駛疏吏切疾也 埇余隴切 摯東即由也 切 介古拜切 党多曩切 廙羊至切 哀薄侯切 媼烏老切 憒古對切心亂 珂丘何切 箠主蘂切 㭙他曩切 欵雪傾 切 嗾其虐切笑不止 颿符戎切 風 詫丑亞切 犨必至切 困去倫切圖日用 倉 窖古孝切 惀力迍切

唐書卷一百七十三　列傳第九十八

跽暨几切 曲拳 邽消哇切 恚於避切 剸符弗切也 擊 呎呼也 䀲胡貢切 諒 閶下音陰 又如字 遺下以醉切 鄜於名 諱呼孔切 眕章忍切 田間道 賈古音 調落干切又力驗切 儉思廉切 根戶恩引也 禩去久切 圯部鄙切毀 也 哮虛交切 閼於葛切 娟莫報切 姬衣嫁切兩相調 嬩日於六切 燠熱也 播字袁切 睸芳鳳切 諗式荏切 埰博抱切 鹵郎古切 醎地 奩力鹽切 香器又鏡匲 奩 鐫子泉切 訛毀也 此切

唐書卷一百七十四　列傳第九十九

錮古慕切 久疾 愉思廉切 挺尸連切 取也 迮側格切 迫也 介古拜切 昵尼乙切 伍音 藹落于切 浩胡老切 胝莫報切 目少睛 瞶五怪切 聾也 修倉含切 埒力輟切 䟽五渏切 蒲苟切 蝌呼撒切 蚪 䏣渠尤切 杞部鄙切 鼈蒲歷切 洑胡流切 沄 梶乃禮切 止也 饋諸送切 佽 契丹上乞音 罅呼訝切 孔 切 膂古外切 邛渠容切 㖃落哀切 閵作名切 軋乙黠切 筍 蠟尹 冀宜寄切

唐書卷一百七十五　列傳第一百

孛莫紅切 天氣下地不應也 郴五林切 瓚才贊切 混戶衮切 滂往胡切 璿王權切 慓俱永切 枇頻脂切 鄙多寒切 教戶教切 爽俱永切 摯匹蔑切 也 房市連切 也 悻胡耿切 怨也 頓徒歷切 枝支義切 很也 蠆丑邁切 口動 嚅人朱切 多言 䟴 切 倉奏切 嶓宜切 倫古外切 合市 伍音 鳶于專切 窖 賓徂宗切 鈇 邀切 輊陟利切 前頓日軒後頓日輊 遺以醉切 郴丑林切 甚渠記切 攢則肝切 也 纚所綺切

唐書卷一百七十六　列傳第一百一

杷蒲加切 抉於決切 扶出 垐古字 吃苦骨切 甑 典禮切 苴 鋤加切 鐴 呼訂切 咀慈呂切 咀嚼 佶極乙切 正也 嶅 牛交切 不入語 躓陟利切 路也 宲莫郎切 大 栾 欂補各切 欂櫨 柱上枅也 櫨 龍都切 柱上柎 梶鳥回切 門樞 店 徒店切 閉戶 楔 先結

唐書卷一百七十七　列傳第一百二

㝌古外切 諉女恚切 累也 仆芳遇切 頓也 瑚況羽切 根戶恩切 囁而涉切 嚅 上 口動下七減切 斬 高峻貌 浣 輸芮切 撋 加切 扐巨斤切 痼古慕切 鈇 遊切 愉思廉切 聐 徐醉切 妖星 悟 拯切 錯 口鞍切 浩房尤切 蹟徒歷切 遺 切 以醉切 郭 古 佛符勿切 娟于貴切 葉 失涉切 切 玫 說切 党多曩切 芳 如乘切 荇 他歷切 權古學切 學 芳勇切 駅 何老切 駒 侯古切 僜 真陵切 塡 陟刃切 又音田 栯 於六切 鮀 蒲沒切 不悅 子行 下戶浪切 歌 珠玉切 研也 騙 匹戰切 切 羅 上馬

唐書卷一百七十八　列傳第一百三

拔 古倨切 梃 尸連切 掣 尺制切 曳也 慴 莫孔切 心亂 祅 於喬切 饕 上刀切 貪財 饕 他結切 貪食 饗 古勞切 朝 下音 清性切 繼 息列切 系也 修 六音 逢 皮江切 眦 上士懈切 根視也 睚 下牛懈切

唐書卷一百七十九　列傳第一百四

覦 測角切 部 蒲口切 鹵 疾移切 紓 傷魚切 緩也 齕 測角切 瑚 況羽切 愉 思廉切 讒也 猜 倉才切 悎 質涉切 懼也 埒 龍 輟切 璠 切手 袁 厫 下周甫切 屋 堂 呆 五 來切 愚 上 蹢 下息 謂 職日切 屏 都 丑知切 掜 知 鷄 什 芳遇切 嘖 側革切 鏦 呼外切 證 之盛切 剽 匹妙切 儆 居影切 戒也

唐書卷一百八十　列傳第一百五

懦 苦故切 恚 於避切 鼇 上 屋 張流切 日 疾 丑刃切 廋 疎鳩切 遺 以醉切 辥 蒲 醉切 姿 餘 妖星 瓻 於詭切 曲也 權 古學切 佻 他彫切 鄜 芳無切 菌 巨隕切 地蕈 問 居永切 傳 張戀切 柵 測革切 頎 其音 奩 力鹽切 鐳 附員切 細 詳遵切 瘤 古慕切 久疾 紿 蕩亥切 叵 普我切 筍 息尹切 郿 侯古切 軋 乙黠切 桝 蒲眠切 鑒 魚金切 牋 創舉切 訶 直慶切

唐書卷一百八十　列傳第一百五

摯 力角切 訶 大了切 知也 詠 誘也 雩 律切 祓 居希切 祥也 所 度 下 盡盧 谷 苹 蒲明切 權 古學切 鴻 上 鶄 子盈切 居有 下 箭 余 簫 室 縑 田 切 厚 絮 紿 藹 亥 切 擷 奚 結切 竿 側 格切 僦 即就切 邏 郎佐切 駒 入 貫 淖 奴教切 泥也 剑 音 瘢 蒲官切 餌 音 訂 丁 定切 平 議 摔 尼庚切 惡也 擿 皇綺切 邛 渠容切 崃 郎才切 猱 奴刀切 墟 承職切 蔦 丁了切 璟 俱永切 可汗 下河切 党 多曩切 嘔 烏沒切 杷 步加切 磧 七赤切 輓 武遠切 婾 衣儉切 嬰 於 汴 灤 文鋼切 湄 丑正切 挺 素何切 擊也 縊 秀 成 慎 蒲故切 軋 乙黠切 滈 也 下老切 稾 他摽切 休 蕪 盞切 達 良刃切 行難 鍘 笑 紅切 闋 胡 貢切 聲

唐書卷一百八十一　列傳第一百六

鐕 祖 閑切 柄 下 鋼 璟 俱永切 遺 羽 委切 邧 虞 袁切 輶 倉 旬切 載 柩 車 輈 力 兗切 瀨 落蓋切 媼 烏老切 擷 奚 結切 弈 疾 正切 屏也 螘 莫 結切 軋 乙 黠切 似 六 日

唐書卷一百八十二　列傳第一百七

切 婾 他 侯切 巧 點 唄 蒲 介切 新 物 妓 武 粉切 蒸 古 蔽 前 瓢 鳥 名 汶 螺 切 落 戈切 粢 蒲 尤切 芊 棦 屋 余 鶴 花 奉 委切 蠭 匹 盧 切 切 域 七 稷 切 萁 其 肯 骨 疾 有 肉 㝢 卹 金 后切 汧 古 文 流 字 寘 莫 侯切 核 他 干 力 檠 切 檻 克 合切 瞪 丁 鄧切 瞪 道 琢 丁 角切 蔚 克 充 切

唐書卷一百八十二　列傳第一百七

抳 乃 履切 止也 藥 又 音 約 權 古 學 切 邽 消 哇 切 濘 乃 挺 切 郴 丑 林 切 濡 所 簡 切 嚧 居 乙 切 竿 語 難 鴿 羊 諸 切 琯 洟 水 名 拄 尸 連 切 取 也 植 古 瑼 切 琪 居 之 切 瑚 臆 切 璆 羊 諸 切 佐 徐 果 切 舳 大 到 切 蒙 渠 也 堁 瀑 切 五 倉 也 古 到 切 蕩 疾 紅 切 詁 丁 定 切 平 議 鑊 博 抱 切 搏 匹 爾 切 遡 羊 凡 也 閈 居 良 切 媧 烏 瓜 切 覺 古 岳 切 唄 蒲 介 切 也 璫 瘡 切 胎 直 渠 切 倨 於 角 切 也

唐書釋音卷第二十

唐書卷一百八十三　列傳第一百八

誠 胡 閒 切 枘 況 羽 切 党 多 曩 切 杷 蒲 巴 切 姝 春 朱 切 嫂 莫 晏 切 穄 遺 制 切 侁 蒲 官 切 毀 也 鄭 侯 古 切 偈 勉 切 貿 莫 候 切 寯 於 忽 切 偒 莫 報 切 麋 切 郴 丑 林 切 偓 於 角 切 騰 人 朱 切 婹 鳥 皎 切 猊 五 兮 切 鄲 鄲 切 郭 侯 古 切 睆 戶 板 切 舵 徒 可 切 季 莫 厶 切 鳧 巨 月 切 押 扁 手 擊

唐書卷一百八十四　列傳第一百九

遣 以 醉 切 下 同 涔 鋤 簪 切 洗 蘇 典 切 蹶 其 月 切 疑 冠 切 無 射 下 音 亦 蔦 丁 了 切 沈 輸 芮 切 磧 七 迹 切 抗 苦 浪 切 踢 蹈 也 鼓 匹 妙 切 躋 祖 稽 切 諉 女 恚 切 累 也 誤 仕 卷 切 㞇 又 此 切 鴆 直 禁 切 鑠 力 玲 切 合 乞 上 張 禮 切 秕 甲 履 切 秕 也 屻 邛 音 切 渠 容 切 悔 荒 內 切 磔 陟 格 切 齒 疾 智 切 也

唐書卷一百八十五　列傳第一百十

郴 丑 林 切 唄 蒲 官 切 嘬 楚 快 切 蕨 居 月 切 越 才 切 經 切 話 胡 快 切 嫂 莫 晏 切 蟣 居 豨 切 切 迫 莫 結 切 汗 也 紙 杖 切 播 字 袁 切 櫨 力 吾 切 鄭 芳 無 切 邏 郎 佐 切 岌 魚 及 切 盤 蒲 官 切 炬 上 巨 張 切 䦪 下 旅 切 整 鉞 方 伐 切 縊 於 計 切 厖 鳥 光 切 鉞 粥 切 殿 下 練 切 最 祖 外 切 扌 咹 昌 志 切 郎 芳 無 切 櫏 於 力 切 椎 直 追 切 王 伐 切 結 蕩 亥 切 碌 拿 奚 切 痏 於 切 疾 下 遍 切 偓 於 力 切 悍 下 旦 切 胎 土 來 切 攻 切 揑 於 力 切 杯 揆 切 聚 上 丁 切 壄 切 木 捭 切 補 買 切 閡 切 羅 切 楫

唐書卷一百八十六　列傳第一百十一

珙 居 勇 切 羿 五 計 切 剽 匹 妙 切 佶 極 乙 切 誤 莫 候 切 碩 居 宇 切 垀 徒 耐 切 嬖 居 言 切 上 乘 弓 矢 車 剸 之 兗 切 齋 穈 祖 切 鄒 渠 幽 切 鍛 蘇 連 切 饋 上 苦 切 太 羹 切 車 轅 上 居 言 切 矢 車 水 切 屢 切

唐書卷一百八十七　列傳第一百十二

睿 切 疥 郎 到 切

姓 管 下 邛 邪 移 切 遲 郎 佐 切 甬 余 隴 切 陴 頻 彌 切 瑄 荀 緣 切 姢 衣 嫁 切 疥 古 拜 切 余 隴 切 晟 知 盈 切 上 加 土 橃 亡 伐 切 木 陰 嚶 於 六 切 搤 乙 革 切 提 也 舸 舟 我 切 容 切 瑭 徒 郎 切 玫 謨 杯 切 緹 駟 偶 切 抔 蒲 侯 切 引 取 陷 徒 敢 切 璠 孚 袁 切 埔 委 粉 切 蕩 章 恕 切 峒 徒 弄 切 洞 深 謨 薄 侯 切 郴 丑 林 切 豁 他 曇 切 合 從 下 子 切 孴 樟 正 良 切 鬮 古 螢 切 駈 之 日 切 軋 乙 點 切 部 居 號 切 濘 乃 挺 切 泥 也 輼 切

唐書卷一百八十七　列傳第一百十二

諉 女 恚 切 坐 傳 下 張 戀 切 哀 薄 侯 切 潏 以 律 切 艘 蘇 遭 切 掎 舉 綺 切 嵐 盧 含 切 切 翌 芳 勇 切 愠 於 云 切 珙 居 悚 切 珂 五 何 切 飴 盈 之 切 鐇 附 袁 切 郭 侯 古 切 切 斮 側 略 切 釗 之 遙 切 迮 側 革 切 臧 子 六 切 迫 也 諗 式 荏 切 告 也 玢 皮 變 切 厮 息 移 切 養 馬 者 祇 巨 支 切 被 章 移 切 胡 衣 齟 彌 兗 切 璆 巨 鳩 切 猜 倉 該 切 秆 古 旱 切 禾 莖 膾 古 外 切 沅 愚 袁 切 水 名 稍 色 角 切 蓋 寓 上 古 杏 切 沁 七 鴆 切 閈 侯 旰 切 鬬 也 陷 徒 敢 切 鄣 徐 林 切 恚 於 避 切 樂 與 稍 同 給 蕩 亥 切 擐 胡 貫 切 甲 諄 大 故 切 朐 渠 俱 切 縶 陟 立 切 懟 直 類 切 怨 也 郎 何 切 鄲 多 寒 切 契 丹 上 乞 音 鑕 職 日 切 酖 直 禁 切 鹹 古 覆 切 仆 芳 遇 切 頓 也

唐書卷一百八十八　列傳第一百十三

泚 符 非 切 水 名 粲 遣 禰 切 頵 居 筠 切 勍 渠 京 切 瀇 奠 俱 切 哀 薄 侯 切 大 臨 下 良 切 邏 郎 佐 切 播 孚 袁 切 穇 桑 感 切 瑭 徒 郎 切 盱 怡 上 況 于 切 下 之 切 舉 名 給 蕩 亥 切 數 也 遺 以 醉 切 鐍 渠 幽 切 溧 力 質 切 溧 水 縣 名 堰 於 建 切 壅 水 拕 徒 可 切 切 引 舸 古 我 切 大 船 日 舸 人 稊 他 兮 切 堞 達 協 切 城 上 垣 郃 古 合 切 縋 馳 偽 切 碭 徒 浪 切 膾 古 外 切 埭 徒 耐 切 土 遏 水 槸 切 潤 格 切 覗 丑 豔 切 窺 也 槸 王 伐 切 木 陰 酕 下 沒 切 醫 也 槊 色 角 切 渾 府 移 切 木 名 鴆 直 禁 切 㐓 丑 兩 切 艫 力 胡 切 舟 後 績 七 迹 切 颶 與 章 切 風 飛 颺 中 沙 堆 颺 音 尖 潛 又 書 瀞 名 在 西 陽 切 木 票 撫 招 切 佶 極 乙 切 柁 徒 可 切 止 船 木 蛤 葛 合 切 酗 呼 句 切 諗 式 荏 切 告 也 疥 古 拜 切 小 瘡 幕 嫚 莫 晏 切 剽 匹 妙 切 賁 神 夜 切 貧 也 惎 渠 記 切 閧 烏 葛 切 鍕 王 問 切 野 餉 恚 於 避 切 晶 盧 對 切 回 切 襍 繩 切 罩 上 常 演 切 父 音 甫 縣 名 勵 奇 新 切 嘌 甲 邁 切 大 飛 也 輴 側 其 切 非 誤 泝 古 文 流 字 痁 失 廉 切 尌 之 庶 切 時 雨

唐書卷一百八十九　列傳第一百十四

瑄 荀 緣 切 鋋 時 連 切 剽 匹 妙 切 潏 以 律 切 邛 渠 容 切 涪 房 尤 切 水 名 櫚 格 切 句 古 侯 切 鸑 亡 遇 切 譟 火 故 切 蟾 赤 問 切 秎 丑 兩 切 搬 子 侯 切 文 夜 戒 守 說 有 所 擊 也 䎇 況 羽 切 齒 斷 魚 倚 切 縋 馳 偽 切 圯 部 鄙 切 毀 也 鼈 蒲 歷 切 觩 切 都 高 切 小 㧾 切 奠 羊 茹 切 寮 落 蕭 切 澶 徒 案 切 磯 居 希 切 晥 胡 管 切 艦 胡 點 切 歛 切 粲 色 角 切 給 蕩 亥 切 覘 丑 豔 切 窺 也 軿 蒲 眠 切 偃 居 良 切 仆 也

唐書卷一百九十　列傳第一百十五

佶 極 乙 切 撾 陟 瓜 切 踶 徒 計 切 踢 也 髀 甲 履 切 股 也 磔 陟 格 切 裂 也 郴 丑 林 切 寶 徂 宗 切 慓 婢 少 切 急 也 剽 匹 妙 切 誶 蘇 對 切 告 也 蹴 子 六 切 堞 達 協 切 權 古 岳 切 穌 孫 祖 切 勍 渠 京 切 掎 舉 綺 切 艦 胡 黯 切 俳 蒲 皆 切 僤 王 問 切 猖 齒 良 切 仔 祖 似 切 玕 居 寒 切 輜 側 其 切 珀 土 刀 切 鏐 渠 幽 切 鹹 古 覆 切 琊 于 袁 切 埭 徒 耐 切 吒 昌 粟 切 陷 徒 敢 切 穄 秔 上 丘 刪 切 下 春 栗 不 潰 下 沒 切 緻 直 利 切 也 切 密 艫 落 胡 切 鉌 渠 尤 切 鑱 鉏 銜 切 彭 蒲 庚 切 頻 頗 如 林 切 須 濤 徐 心 切 韓 古 末 切

邽消畦切 剬側吏切 瑶斤於切

唐書卷一百九十一　列傳第一百十六

鈇風無切莝斫刀 赩大赤也許力切 輭柔也孔兖切 揵渠焉切渠也 豋野豆魯刀切 癰

權俱切 驃匹召切 紿蕩亥切欺也 幷上必正切其 嬮於郢切 嫗威遇切 勞日

切 勞上郎切 難乃旦切 衄女六切 偫儲具直里切 恫痛也他紅切 眙直里切 殿丁練切

戲下上許為切 詾許拱切 遽 虓號也杜奚切 郯徒甘切 洺武并切名在易陽 彗

徐醉切妖星 緄切 驪 偶 邏郎佐切 饟 容 剸側吏切 粃徒古切桑皮 鐵一直

也切 纓 印五剛切 鎞 銀 衛 悛且緣切 曇徒含切 岌逆及切 嶲息委切 賁

他得切 燈持陵切 餦曲於切也 詞大迴切 袁 蒲侯切 鳳符中切 蕈許云切臭

菜 埏尸連切 琯古滿切 鉝弋質切 岑鋤簪切 蓓他歷切 鄙于分切 佺此緣

切 暹思廉切 獲 鄰側斬切 惲 斤居 慰怨也直類切

姆莫補切女師

唐書卷一百九十二　列傳第一百十七

斯許斤切 著張略切 掎居宜切 傳舍上株戀切 郫符羈切 飦居言切粥也 倜

他歷切 誒女恚切 頳 牧上普木切 瀑蒲官切水名 埧丈來切冢也 巨不可普大切

單父上常演切下音甫 誑於驕切 蹦良刃切 艘蘇遭切 覘敕豔切窺也 餌問王切

切 野 龍下沒切 挂古賣切從旁指 篝古侯切燻籠 闕烏 關 喑於金切 嗚上

極喘無聲 涪房尤切 弁古南切 鍠戶盲切 瓞呼回切 踣蒲北切

唐書卷一百九十三　列傳第一百十八

磧七迹切水渚有石者 壘於刀切殺人 贓古外切 獲 齖徒度也切 礫郎擊切碎也 格

緇土刀切 趫丘妖切捷也 擐胡慣切貫也 唐古外切蓬藏 蕆丑展切 鷦即消切

也 嚼倪結切 榢竹角切 杙與職切 黽似眉切青蝦而大蟇屬耿切 栽昨代切

痯於金切 姪胡頂切直也 玢府巾切 懵徒鑑切徒敢切 拉盧合切折也 璀追以

切 濈徐呂切 叩侯古切 覽不擇能行赤切 嶸 慆他刀切 迋于放切往

也 犒苦到切勞 碣巨列切 稍色角切 訴許候切 鐐連條切

唐書卷一百九十四　列傳第一百十九

藉慈夜切 湩竹勇切乳也 蔦羽委切 迅思晉切 賓諸延切 薹莫胡切

咎胡糾切 痺必至切 鼾側加切 侂口浪切 昇以諸切 瑣他甸切 埧

而宣城下 佛符弗切 悖蒲沒切 梧布回切 遺以醉切 倜昌六切

泌兵媚切 酗呼句切醉也 鬻余六切大上小下 瓊王怪切 峭七笑切直也

唐書卷一百九十五　列傳第一百二十

能奴代切 邽消畦切 茹人諸切 鄚七稽切在梓州 峿九魚切 巖古

郎淺切 灃敷空切 鄚莫胡切 洸古黃切 單父上常演切下音甫 封苦圭切 滑

如字 鄠於乾切 悴又作悴秦醉切 亨普庚切 吮徂兖切 旋烏貫切 滲所禁切

也 齒疾移切骨 磧荒內切 樾王伐切木陰 鑿千切 閔無分切 琇息救切

切 瀧閭江切 嶲息委切 璫胡光切 狙千余切何也 舐甚爾切

鐘楚洽切 颺俾遙切暴風 掐苦洽切 眦才細切 攢則肝切 莆蒲胡切 甓扶歷切

切 餞

唐書釋音卷第二十一

唐書卷一百九十六　列傳第一百二十一

悋敕青切悢恨 靳居焮切 髀部禮切股也 蜚甫微切通作飛 鬣良涉切長須 骼古伯切

切說文曰骨 鶩莫卜切 百 踶特計切蹋也 屩居勺切草屐 瞪直耕切目直視 愁

瞭盧皎切目明 覺古孝切 瘤力求切 贅之芮切 鈚甫廉切鋮刺病 以 育呼光切心

上下傳張戀切 禪呼韋切 一稱下昌孕切 蠛莫結切汙血 籍直又切 劉丁括切

也切 側 捽昨沒切手捽 巧苦絞切泥鏝 塓莫狄切塗也 薙直几切芟草 侻他括切輕

也 株陟輸切除毛田草 徽武悲切 黴垢腐貌

唐書卷一百九十七　列傳第一百二十二

祓敷勿切除也 嬈而沼切亂也 洱而止切水名出靡谷山 詸辛聿切也下同 姥莫補

切女老稱 秅胡沒切米不潰 春 養勅容切 賁神夜切貨也 廞虛金切 宛句俱下其切

漳洪孤切 滹苦侯切名在代郡 沲 溢木蒲奔切 泇如沮如迦 剸四劫也 妣辯

婢典切 交也 稍則勞切舟也 琯式亮切 攜郎 脫葛栗 礐息淺遭切燒 句注音上

章句之前漢文紀屯句注山名也在雁門陰館 應 孛彼表切 痕章移 欷傷切 孱士連

切 不救徒活切也古奪字 取 育

唐書卷一百九十八　列傳第一百二十三

鉏士魚切誅也 類盧對切纇絲 櫜古勞切車上櫜 韃居言切乘弓矢器 纏馬上繩 呂支

坌蒲悶切塵也 熠于貴切火光 倅臧没切 偈空旱 安吐火 炫樊絹 勝

唐亘切 纓莫半切紈無文 砭陂驗切石刺病 以 倜他紅 鄽郎狄切 莞沽丸

儇居良切 籥直又切 裘下渠云切 帔披義切衣 䬠 淖之若切 劑古哀切

也 蓋古盍切下同 侻他括切輕也 賵遺下以醉切 唯唯以水切諾也 殺色界切

墠常演切 橃郎狄切 淋盧含切 傳張戀切 嶷魚力切有知 猗古外切小狡也

棻符分切 俳蒲皆切戲也 湓蒲奔切

唐書卷一百九十九　列傳第一百二十四

培薄口切 塿郎斗切小阜 嬰久禾 謾莫半切欺也 讕郎肝切逸言 婕好上郎

葉嫗下以諸切官人 郤去逆切 淵綿婢 醽舊故切會飲食 彊其丈切 飲食上於鴆切

下音 篡 萁渠之切 梟古堯切不孝鳥 鄆文切 說 鄭古 懽

切虛 譚徒感切除服祭 縞古老切色鮮 紕匹夷切 之殺下色界切 脯奔謨日加申切

時會古外切 訢許斤切 諝私呂切 賕渠尤切 諉女志切 梟徒哀切鴞

魚徒合切及音淫白 籤七廉切 毋音無 俌方矩切 刲苦圭切刲割也

唐書卷二百　列傳第一百二十五

鞶羊茹切 撙祖本切節也 璟俱永切 僎雛免切 郗丑知切 滕戶皆切文也

腆以脂切夾脊肉 疢丑刃切 犍渠延切 強取果切 窋竹律切子名 軋乙點切

迮側伯切迫也 愔挹淫切下同 睿津寅切 臍才詣切 嬰俱永切 廩丑羊

切 叵普火切不可 涪房尤切 圯部鄙切 廋疏鳩切匿也 峙直里切具也 俯方矩切

切 啖徒濫切 糗去久切麥米 稑 莧相吏切無恤 猶以周切所不為切 有匀

古太切 苣昌里切 彤徒宗切 乘傳下張戀切 系下計切繼也 璵以諸切 麗此芮

切俗作腕 膹以證切增益 麥辭亦切夜也 佶極乙切 辟易上紕亦切 嶸 蓟 責

徒得切 惋烏貫切驚嘆 异羊吏切 鏄伯各切 璀取猥切 莆薄胡切 汧輕煙切

僭都甘切

唐書卷二百一　列傳第一百二十六

揣楚委切 瑑柱兖切起文 圭 擩而主切 嚌才細切 轢郎狄切 軼車乙點切

歎五來切 洹胡官切 桃他彫切 嶲 俚良士切 藜

切 壩之 陘 銛思廉切 衷 者 鈿 又 六 鑴古開

椽似兩切實 瞪直庚切 沅 膜 馥香也六切 慣古對切

悸其季切心動 變 診章忍切 瑱 鄄 勳

切 纂作管切 劫 癖芳辟切 抔蒲侯切 靚疾正切 栝

切 拔 對

唐書卷二百二　列傳第一百二十七

桃土彫切 郝呼各切 蚪 瀧閭江切 剡時染切 猶古外

躋子兮切 巨善走 樂 滑 讓 濟 籠盧紅切竹 逖歷 賁

他得切 莫邪 騂 姝朱 蒲 朝

切 泉秦 類 晶子 虎彪

切 洸 追 粹

切 郫 倭

切 禬古外切 殳 餌 稍

切 緱

唐書卷二百三　列傳第一百二十八

唐書卷二百四　列傳第一百二十九

唐書卷二百五　列傳第一百三十

唐書卷二百六　列傳第一百三十一

唐書釋音卷第二十二

唐書卷二百八　列傳第一百三十三

唐書卷二百九　列傳第一百三十四

唐書卷二百七　列傳第一百三十二

紬敕律切 檄渠月切代也 嶷鄂力切 末撥上音末下桑割切 焄許云切 鉗其廉切
邏五故切 諗式荏切 擿他歷切 員王問切 沇以轉切 貣他得切 掊
蒲侯切 鍪亡侯切 便辟上婢亦切下必益切 勔方結切 鑠書藥切 玢府巾切
洗馬上先典切 腂皮起切 咤陟駕切
唐書卷二百十　列傳第一百三十五
髀傍禮切 怵敕律切 從子容切 鈇風無切 嵬吾回切 顫頞
上慈消切下秦醉切 偪彼側切 劃呼麥切 須大胡孔切 掉徒弔切 擐
胡貫切 瑒余章切 趨丘妖切 誅雪律切 掎居綺切 勞郎到切
剽匹妙切 愔挹淫切 嶤胡官切 鉅所據切 伾攀悲切 芃符中切 洹
胡官切 鄭古博切 儳楚鑒切 藏子六切 滏扶雨切 害古孝切 峨莫結切
衄女六切 劌居衛切 頞丑成切 復扶富切 匣力 上女轄切下 柵測革切 楪達協切
切城 上垣託丑亞切 介古拜切 獪古外切 偵丑鄭切 謾莫案切
切 巨基切 綌欺逆切 漳大荒切 臨鳥 賁彼義切 朧荀緣切
顗魚豈切 潬徒旱切 溫於云切 昕皮變切 搖乙革切 瑭徒郎切 侄
且七也切 獮息淺切
唐書卷二百十一　列傳第一百三十六
覘敕豔切 碹許一切 劇呼外切 毅胡谷切 紿蕩亥切 叱
也 堡博抱切 假昌六切 匭居洧切 痻於金切
女甚切 趣七句切 貎五禾切 芟五衡切 及 潮子仙切 稟
撟招切 鏊屋上張留切下 蔚紆勿切 纖音尖 狃女九切 刓五丸切
鄆郎佐切 債側賣切 詠雪律切 剽匹妙切 郝呼各切 硹他
蠖才何切 匿力切 慢陵也 滹荒烏切 鄗下老切 媼烏皓切 輾
胡人 貫切 車裂 頓他歷切 洺武井切 虔渠焉切 軋乙黠切
唐書卷二百十二　列傳第一百三十七
契下同音乞 挐女余切 引牽 捞郎到切 悴披耕切 涿竹角切 蹀徒協切 撐抽庚切
切 謀先到切 傳舍上張戀切 繪苦諧切 墻疾以切 幟昌志切
屣所蟹切 遺以醉切 郅之日切 可汗上可下河干 陷徒敢切 峙文里切
嘖側革切 緄古本切 酡余支切 祟雖遂切 悖其季切 別他歷切 祓
數色角切 錡魚綺切 駃古賣切 朝請下才性切 玫莫杯切 剗初限切 嫣
供翼切 悍其焉切 瞥五勞切 扶蒲撥切 疾之移切 敓徒活切
取蒲 嫂蘇老切 輒莫到切 詞苦罔切 罠亦免切 罘房九切
紿蕩亥切 窟苦骨切 涅乃結切 菫几隱切
唐書卷二百十三　列傳第一百三十八
哄胡貢切 洹胡官切 陴頻彌切 汊楚嫁切 欒落官切 袁蒲侯切
棚蒲萌切 攤所宜切 訶火追切 柵測革切 媼烏老切 昫凶于切
悖其季切 涸胡困切 詆丁禮切 傒胡雞切 敕連條切 紿蕩亥切 朝
請下才性切 娶胡果切 多也
唐書卷二百十四　列傳第一百三十九
倜他歷切 儻他朗切 饑女亮切 鈔楚教切 狃女九切 絁式支切
遺以醉切 酖丁含切 汜詳里切 閒閑 侄 洸
唐書卷二百十五上　列傳第一百四十上
壯助 頓他歷切 柵測革切 澱於斤切 憝徒對切 嵃逆各切 轉符遇切
葉失涉切 葬子浪切 剽匹妙切 趣七六切 蔵古獲切 塹于念切 鐵五到切
並蒲浪切 邏郎佐切 鄜於念切 菱芡上力膺切下巨險切 嬀所力切
票撫招切 汶文運切 鏃作木切 蒖曹當切 蒡九以切 儺奴何切
郃古沓切 鄜芳無切 飲食上於鴆切下音嗣 把符鄙切 頜五伯切 麋徒登切
滅古穴切 鐍古穴切 懰之由切 娟于貴切 刁丁聊切 古者 有
邏思廉切 唯以水切 絡他各切 遂郎奚切 猾古會切 笮側格切 貿莫候切
權古岳切 吭胡郎切 楨上忍切 岑鋤簪切 哄胡貢切 佺此緣切
帶布郎切 釗之遙切 甄居延切 炎魚及切 滏扶雨切 窆陂驗切 邯
鄆上河干切下多寒切 袿古攜切 人 報乃版切 惱許容切 警五刀切
党多朗切 鄜芳無切 覡研計切
唐書卷二百十五下　列傳第一百四十下
突厥下九勿切 權古岳切 降胡江切 塹七豔切 紆居切 媪烏老切
毳充芮切 氈胡毛切 臬思里切 鶡居謁切 豺林皆切
直闕切 蜴羊益切 漫水名 鳩子切 腠荀緣切 妥吐火切 鄜芳無切
刈吾官切 糜魚鷹切 麗力知切 悅胡切 鏃作木切 嶲息委切 嫣
汗河干切 葉護上書涉切下胡故切 侯渠之切 纛大到切 咄當沒切
契欺乙切 偪渠勿切 句注上音章句之 嘈符遇切 苾蒲必切
二 陳古限切 嫚莫晏切 蛬五佳切 紿蕩亥切 艦戶黯切 沁七鴆切
州 圊目秋切 仆芳遇切 啗徒敢切 沓徒合切 胥息入切 膦
麋皮上居筠切下 渾邪下余遮切 播丘妖切 朝請下才性切 韃莫撥切
鶡何葛切 人名 出北土 鞨輅 蒔時吏切 廡文甫切 吭租郎切 偈空旱切
菴史炎切 匐蒲墨切 皸舉云切 鵐丁括切 嵐盧含切 麗於刀切 切
人 襄七亂切 阬丘庚切 剽匹妙切 祖丑兩切 掎舉綺切 璟俱永切 佺
此緣切 皎切 趺徒結切 跌徒結切
唐書卷二百十五下
敬他見切 契丹上乞下 嬴力果切 翕章庶切 杆古案切 菴央炎切 櫥其月切
切 寵上 弦 墻之切 闕吉詣切 侯斤上渠之切 邲匹必切
姝 且末上子余切下 闐堂練切 皸舉云切 朱邪下余遮切 嵬力切 秀
柵救革切 齒疾移切 鹹古獲切 嗢烏沒切 颮于筆切 俀吐猥切 昕
許斤切 邏郎佐切 袁薄侯切 鈿亭年切 暹思廉切 攣閭緣切 蓋嘉上古合切
訾粗入切 醉是周切 尨莫江切 碁渠記切 壒於蓋切 塵也

唐書釋音卷第二十三
唐書卷二百十六上　列傳第一百四十一上
卒蘇骨切 厲尺制切 茝昌止切 犁 癘落蓋切 魏古大切 登 辮
薄泣切 交也 鍪必沼切 盤烏罐切 褚章也切 赤土 豋 辮
堅仰至切 扶乎 慶烏切 寢 党多 覺
覘敕豔切 洮土刀切 麈莫經切 羅上禾下 勞 甚渠記切
珠蒲 賚 鏐 盞於 洮土刀切 頡 罹 譜 絝 息委切
閣救切 溉 鑲古 黎 擿 蟋 鄒水名
也切 環俱永切 並南上蒲浪切 侯斤上渠之切 澀
士連切 齊疾切 唃 鼎則 沽榕 漢 漫 猴 斯 默 敘 郎
也 遺以醉切 億傍 宦 柞 鴉 湟 靳
嘉上古 碎易上婢
唐書卷二百十六下　列傳第一百四十一下
党多朗切 寮 頗 峰 鐵 蔚
碩渠希切 嫚 曼 岩 恰 汧苦堅切 些 蘇箇切
古外切 蒼 邏 騃 翔 弁 杙
切 切 碟 達協切 塡 陀
切勒 碑
唐書卷二百十七上　列傳第一百四十二上
鶻胡骨切 統 苾 蒲必切 醬 磧七亦切 鈔楚教切
突厥下九勿切 可汗上可下河干 頡 磧 七亦切 鈔
屬居切 鶻
鵬扶歷切 鸕
加 羊 邏
切 大到 醴
瑪切
行
唐書卷二百十七下　列傳第一百四十二下
可汗上可下河干 曜 何 紀 證 之 盛 羯 充 芮 切
殺 入 輜 車
鵝 蠢 嗢
屋 鍾

唐書卷二百十八　列傳第一百四十三
徒結切 楞盧登切 峇 先立切 儳楚鑒切 韎鞨上音末下 尉紆勿切 楗其偃切
龐 餘輕切 契丹上欺乙切下 墟苦合切 鑪盧谷切 戩居 勻切 蹃 蒲墨切 檜
黃外切 除陝 祭 侯斤上渠之切 詫丑亞切 掎舉綺切 昵尼立切 酺蒲故切 會飲食 嵥
苦奚切 徽直利切 密也 鶩魚到切 鶩驕也 堡博抱切 障也 偪 卬 旱 犍 渠言切 鈿
他年切 貂丁聊切 骼古伯切 騧羊朱切 紫馬 驃毗召切 騧姑華切 青馬黑喙 說
阡奚經切 褭莫候切 北日褭 寘徒堅切 南 衣褵 稱古得切 豢胡貫切 養也 埒力輟切
切 湩冬上聲 剸在丸切 剸劇 髮 樺胡化切 頎渠希切 扢古忽切 摩也 沮 洳 將上
橡徐兩切 如倨切 邁丘妖切 捷也 稞苦禾切 麥名 稞子 側 麈 諸良切 麋屬 鶩 莫卜切 舒
鬼 狗女滑切 豹 無前足 釦去厚切 金飾器 髡 胡 萬 切 鬪 吉 詣 鷿 鷉 上 降 吉 下力質
切 務亡遇切 鵠鴾上扶歷切下 黎 艇 待鼎切 蹴 子六切
唐書卷二百十八　列傳第一百四十三
突厥下九勿切 纛大到切 屋左纛 邲薄必切 鉃古月切 鐵作木切 俟斤上渠之切
之降 下戶江切 下同 朱邪 下余遮切 苾蒲必切 結二切 酋 自秋切 長也 擷胡結切 鞬
居言切 袁薄官切 瘢薄官切 瘡痕 鏖於刀切 死殺人 壽 柵測革切 椅舉綺切 磧
七迹切 中有石者 党多朗切 溷胡困切 亂也 邁丘妖切 捷也 擷虛言切 手高舉 以 鄖
芳無切 腠 荀緣切 縮也 蓋古合切 鎟呼孔切 鎟 巧居切 大瘴 吾昆切 仆芳遇切
切外 鉏 音 餡 切 噚古博切 偬仕陷切 遺 以醉切 陴頻彌切 城上垣 阬丘庚切
坡普禾切 陂也 埋 伊真切 勞 郎到切 縋 直類切 玫 莫杯切 汜 詳里切 堞 達協切
切 城上垣 熅於云切 黠 下入切 滹 荒烏切 嫣 俱為切 珂 丘何切 郝丑知切 盩
屋上張留切下 日出切 粟 撫招切 洹 胡官切 闕 胡貢切 珙居悚切 孛 莫紅切 天
氣下地 不應 圮 部鄙切 毀也 迮 陟格切 迫也 堡 博抱切 障也 跬 犬蘂切 牛步 契丹
唐書卷二百十九　列傳第一百四十四
契丹上欺訖切下 下同 龐 餘輕切 韎鞨音末 陘 奚經切 突厥下九勿切 俟斤
上渠之切 貂丁聊切 鼠屬 降 戶江切 纛 大到切 高麗 下鄰知切 窟 苦骨切 紇 下沒
切 翻叶外切 沓 達合切 可汗下河干切 璹 神玉切 硤 胡夾切 麞 丘良切 啜
樂 步拜切 僾 蒲故切 酺 會 長也 自秋切 偪 口旱切 伷 直又切 薊 古詣切
稼 子側切 窖 古孝切 飦 居言切 粥也 媽 俱為切 佺 此緣切 鏖 於刀切 殺人 畫
猫 奴刀切 剡 以冉切 霰 思見切 棚 薄登切 楛 侯古切 畚 無分切 篷 強魚切
篨 直魚切 蘧 篨 桴 芳無切 鶩 鷺 則前切 豹 丁狄切 所以繫馬 蠶 也 蔦 鳥禾切
迆 移爾切 湼 乃結切 迸 北諍切 瞞 母官切 碧 乃都切 貢 吐得切 褭 莫候切
鯨 渠京切 痍 延知切 犮 魚及切 忽汗 下河干切 僾 仕陷切 璵 羊諸切 薉
於發切 夫餘 鄚 末各切 涑 相玉切 賁 逋昆切 菟 湯故切 鄮 子力切 琛
國名 獩貊
丑林切

唐書釋音卷第二十四

唐書卷二百二十　列傳第一百四十五

高麗下鄰切靺鞨音末曷樂浪下盧當切浿普蓋切訾郎移切艫龍都切
塹七豔切捽昨沒切傳儒欲切鉀去厚切金飾器珥仍吏切瑱也筩余隴切筩室
褒似救切幗古獲切蹴鞠上子六切下居六切簠簋上方矩切下古委切熅於云切
降戶江切剽匹妙切劫也可汗下河干切突厥下九勿切瘞於罽切埋也眥疾智切
切骨勞郎到切疊許慎切隙罅颿符咸切蓋古合切紿蕩亥切欺也擭疏屋
切握穽疾正切柁唐佐切正舟木艘蘇遭切苾蒲必切結二切恧女六切慙也橐
姊勞切骼各額切辟易上匹亦切杠古雙切旌旗飾一曰牀前橫木礿職略切木渡水切橫
銛思廉切絙古鄧切大索埤頻彌切城上垣鬃許尤切赤黑漆熛卑遙切火飛幟昌志切
切旗堞達協切城上垣絜色角切覘救豔切窺也飼祥吏切屬乾約切闉伊真切
切壩內重門串古患切柵測革切編木夜三更縋直類切淖女教切泥也
臨哭上良鳩切艎胡光切舫甫妄切偪卜早切殿丁練切後曰殿軍蒐湯故切
膾古外切闊窮敎切撰胡貫切蚡房吻切宇林云地中行鼠百勞所作廝息移切倭
烏和切海中國東荔力脂切苜入質切草名賕渠尤切瀋昌枕切汁也褭奴鳥切
蘤韋委切花也喙許穢切芮二切栝古活切質莫候切易財嬴盧戈切髻大計切鬆也
也焙浥塤許袁切噎一結切睇大計切目不視榷古岳切甚渠記切築
張六切歛力驗切裹渠云切綾私切鶵碼碯上莫下乃老切石次玉蝦蟆胡上
加下以切脂切嶼象呂切在水中出波邪下余遮切莠以九切藏日魯果在地曰果在木曰
菓杭前剛切僋徒甘切窟苦骨切杷蒲巴切

唐書卷二百二十一上　列傳第一百四十六上

犛陵之切檀虛顧切鞋履檀切箭徒紅切斷竹姣古巧切好也攫厥縛切持也鐫子全切
切頗普和切珊瑚上相干切下洪孤切琲蒲昧切珠百枚沴郎計切溢蒲奔切水涌切
党多曩切剽匹妙切效他活切琦神玉切降戶江切崌九魚切苾蒲必切
挽武遠切引也鄜芳無切悅餘制切盩厔上張留切下陟日切堡博抱切障也邏
鄯佐切卒非沒切睞古限切貿莫候切鄮侯古切熅於云切咀當割切闐
堂練切裒薄褒切長橋蘇先各切釋大各切咄當沒切縱五百切子上
容切擷奚結切辯蒲莧切交也林力稔切萬也鑠當練切實飾器諗式荏切告也
可汗下河干切軿車而隴切令有所付推積七迹切中有石者悖其季切麈於刀切
逖他歷切酺蒲故切襚徐醉切贈終衣蘤韋委切花也纙呂支切上莫下悛
此綫切櫃俱切雋祖峻切趉九勿切走貌靈大到切山絕水環俱永切
切瘢蒲官切礫陟格切裂也龜茲上祛尤切下之切逗大透切朏向明色切
咥徒結切啜株劣切堞達協切城上垣轟呼宏切車聲哄胡貢切衆聲喑許切
傔去劍切秔古衡切駃古決切侯利之上渠切裒薄侯切貿莫候切頗羅
上普和切暹思廉切帀子答切遍也淩閭承切氍毛布簸乃鄰切佉丘伽切
切祆呼煙切胡神官品令有祆正耐奴代切嶷魚及切杅羽俱切蝟于貴切虫似豪
豬璥居影切吶女滑切無前足珂丘何切石次玉胯苦瓦切奩力鹽切鏡奩揮
戶昆切人則笑行疾如風面見琅玕上魯當切下古寒切美石似玉舐神紙切以舌取物
厨古詣切螺落戈切曇徒含切裝徂郎切殑其拯切其二切柞側伯切柞模潘
昌枕切汗也溲蘇后切瞢武登切目不明醆阻限切螫施隻切虫行毒

唐書卷二百二十一下　列傳第一百四十六下

韃居言切堡博抱切月氏下音支突厥下九勿切萵草委切花也瑳
博抱切黏女廉切祆呼煙切湼奴結切栝古活切瑪瑙上莫下乃老切龍
乃老切石似玉豁呼括切怛女六切驃林力稔切萵
共俱切毛席袿古攜切婦人上服

唐書卷二百二十二上　列傳第一百四十七上

唐書卷二百二十二中　列傳第一百四十七中

趫丘妖切捷也些蘇箇切自殷埒龍輟切佉丘伽切苴
鈿加傔去劍切蚍頻指切蛉大蟻
切城上垣捽昨沒切呢女至切堞協連
切居許蘭婁所甲切掎
奉車部本切車蓬滃
式汁也大索輞兵車亭
傳下戀切情莫孔切心亂
詭計切珖去羊切
瑄荀緣切

唐書釋音卷第二十五

唐書卷二百二十二下　列傳第一百四十七下

嬴餘輕切蠮五衛切猩所庚切言是猿瀋式荏切汁也椰以遮切葉背相似氎
氎達協切毛布琲蒲昧切珠百枚鬈巨員切胡人鬈髮裒渠云切裒薄侯切聚也繆力幽切紫
舠都牢切小舟褭莫候切瑇瑁上徒耐切下音昧生南海背上有鱗螺盧戈切
坩苦甘切霎所甲切歃昌垂切蠡盧戈切翟居玫切冊測格切鏃作木切
跽暨几切稍色角切鈹蒲割切婁龍朱切窪烏瓜切楛而灼切倮力果切
驃毗召切笪七夜切栟櫚上府盈切下力居切櫚也躙呂振切邏郎佐切洹胡官切
切綖以然切冠上覆也剃子仇切二切鬅菴烏含切菴羅果也卷承孔胡
切鈿徒年切瓔伊盈切石似玉舶布伯切大舟苴鉏加切咩迷遮切突陁骨
切睒吐濫切候視磚征緣切珊蘇干切些蘇箇切緹都奚切茸而容切
蕭郎計切鑌古鐵石屬石鉦諸成切鐃也漢多年切麗茲上
九下之切齍力上質切箏菌耕切篳篥箜篌上若紅下戶鉤切師延所作靡靡之
樂搁又古切平聲翣莫還切葆博抱切標方小切壎況袁切爲之六孔以上篪
直維切四寸以竹爲之長尺二寸七孔搊楚鳩切手搊軋乙黠切磕苦合切簧胡光
切中笙嚨盧紅切哩良士切昝眉殞切祇有衣祇鬡七亂切洱而止
切姹丑下切二睞吐濫切鬘麻約歆許驕切熱氣出祥
子郎切蹲徂尊切坐也狖余救切屬膝徒登切蕼蘇骨切絁式支切粗紬切
噉徒敢切蠡盧戈切貰神夜切莋在各切越嶲縣名獨都聊切嵐
盧舍鑪盧踝胡瓦切腓符非切綦高昌浩房尤切水名荔
切郎計党多曩切地縱下子容切劇徂街切樊蒲墨切橙宅耕切儂奴冬切
潯徐林切嶼象呂切峒徒弄切深瀼汝陽切遺以醉切贈也

唐書卷二百二十三上　列傳第一百四十八上

棻符分切饕土刀切儳楚鑒切雜言浞士角切潔溧沅以轉切
切洑房六切洄流縈切汶文運切泆夷質切淫也夔郢祼博抱切小
兒芳劔切賵芳鳳切贈終物也遺以醉切帑小羊益切幕糈詧五勞切
切裒薄侯切覘丑豔切恚於避切惘文紡切貀女滑切似豹無前足惎渠記切
穽疾正切鉷戶公切峀似祐切屐市連切惷莫困切羊茹
璡邽苾蒲必結二切睃祖峻切遲思廉切楷小
儉思廉切諛也琯古滿切璟俱永切擿丑知切媮他侯切

唐書卷二百二十三下　列傳第一百四十八下

菲敷尾切薄也娼莫報切閱倪歷切湑羽軌切貳狄得切巁餘輕切僦即就
切匱徒谷切貿莫候切儈古外切合市人挺丑連切市連切又掎舉綺切翃
予萌切確古岳切醻子笑切飲酒盡唶子夜切嘆聲鋌時連切訾毀也許
居謁切贊朱芮切嫭吒陟駕切噴也榜補曩切木片娠
升人詗翾正切知處告言輾胡慣切車裂人

唐書卷二百二十四上　列傳第一百四十九上

吸株劣切玢府巾切緘古咸切壓於刀切死殺人璗丑亮切汜詳里切
大印可汗下河干切藺良刃切檜古外切置石投敵辟易上婢亦切
跦忍九切伷直又切沁七鴆切汧輕煙切劖吉詣切瑱他甸切盩厔上張

留下職日切蚾房六切系胡計切昵尼質切党多曩切鄜芳無切剽匹妙切
斌府巾切恚於避切詆典禮切訶也遺以醉切贈也袷古外切福也涑速侯切
靺鞨音末曷淖女教切泥也縋直類切愎弼力切翃乎萌切垠戶恩切嫚
莫晏切傳易給蕩亥切欺也昕許斤切衂女六切敗也雉弋佳切圮部鄙切毀也切
悅詣往切娼莫報切貿莫候切盱眙上余支切頹薄邏郎佐切
悸其季切汎思進切灑也錡魚倚切蚪渠幽切倔渠勿切梗戾舷胡田切船邊
銛思廉切閈侯旰切閭也窾羊至切

唐書卷二百二十四下　列傳第一百四十九下

劉吉詣切釗之遙切紿蕩亥切桴芳無切缸古雙切艘蘇遭切柁唐佐切
船木柵測革切膾古外切婪盧含切貪也鶡古老切朝請下才性切戇陟降切愚
也佛符勿切掉徒弔切訐居謁切矍居縛切瞶五怪切盩厔上張下之日
切貰神夜切貸也測力藥切滉戶廣切鄠侯古切硜苦耕切党多曩切幢
尺容切艨艟艫龍都切剗鉏銜切斷也潯徐林切傳張戀切孱士連切弱也
圊七情切廁也媼烏老切鸊鷉上蒲歷切陴頻彌切城上垣堞達協切城上垣
切郴丑林切並步浪切咯徒敢切最軹之氏切小穿輪儈古外切會
合市人麃丘晃切葰古巧切石次於玉吪昌咤陟駕切祓方勿切
閧胡降切貢二切閱訟也笘其廉切鏌鎁上莫各切劍名娟縈緣切媾古候
切滇元倶切貢敵得切熅於云切詇古穴切驪式諗式荏切告也遂
力玉切殿丁下同埋伊真切軋乙黠切域恇去王切謼荒故
勅渠京切潏餘律切喤下各切浼舒芮切辟易上婢亦切大臨下良鴆切踣
部口切濯權俱切儆株劣切山持廡捽昨沒切鄜
呼光切玫謨杯切砦居夬切木栅澇郎到切鄜芳無切敓他括切鋌時連
切伯切珂丘何切涪房尤切瑄荀緣切邏郎佐切咋鋤陌切多聲務力之管
側伯切贅朱芮切旃以周切棧助諫切棚也剽撫招切劈必歷切破也晳子

唐書卷二百二十五上　列傳第一百五十上

覡刑狄切男巫突厥下九勿切犖力角切妊汝鳩切伎支義切很也契丹上欺
訖切緹他禮切謗步光切行也睥睨上匹詣切下研計切邪視也能奴代切紿蕩亥切
臧古切迋子放切麈於刀切死殺人邏郎佐切艫落胡切綷素戍切
豹馬丁歷切巨普火切翻呼外切鄜芳無切褐市玉切豎衣繁方結切編繩
帶荔非上郎計切有荔非氏羌橙直庚切滹火吳切媽俱爲切剽匹妙切
闔戶闔切市垣慓撫招切急也罽古毛布裒薄侯切鉦諸成切唵衣儉
髀并弭切股也駬人質切暕古限切杵博官切器名訾即移切毀也涓古泫
愎蒲北切很也滏扶雨切秸古入切擐胡慣切貫也膊匹各切皷下沒切
費徐忍切紉女鄰切單繩綻丈莧切衣縫解椊摩權俱切廞目上盧全切
興也狡古卯切睨蠡誄律切誘也鋪方大聲間
缸古雙切邛詫丑亞切誑也填莫狄切塗也譁五困切弄言叱尺栗
咤陟駕切匽於幰切隱也戕在良切酗呼句切殿入上後軍黽彌兗切
池縣名在河南府菅居顏切褕羊朱切掎舉綺切仮昌六切俘芳無切四也

唐書卷二百二十五中　列傳第一百五十中

苣其呂切　嫚謨晏切侮易　掎舉綺切　澠彌兗切　僭徒濫切　玢府巾切　釭古雙切　棚薄萌切棧也　堞達協切城上垣　睥頻彌切　[illegible]尺氏切　媦于貴切楚人呼妹　佼古卯切　諗式荏切告也　眙直吏切　觭居宜切　恟許容切恐也　赭止也切赤土　衊莫結切污血　滻所簡切　瑚乎萌切　糲郎葛切脫粟　殿丁練切　裒蒲侯切　踣部口切　覘丑豔切　衄女六切　弮驅員切弩也　万俟上音墨下渠之切　堨於割切壅也

窖古孝切　党多朗切　膊匹各切　訂丁定切　鄐則昕切

唐書卷二百二十五下　列傳第一百五十下

宛句上於袁下其俱切　剽撫招切　聂知領切　郟古洽切　剽匹妙切劫也　詗胡遘切駡也　嵖岈上側加下許加切　堞達協切　糒平祕切乾飯　栅側格切　璩強魚切　紿蕩亥切　僥楚皦切　岫似救切山穴　舶薄陌切大舟　遺以醉切贈也　桴風無切　胔疾移切殘骨　膾古外切　腕烏貫切　釘都了切釘鉄帶頭飾　韀則前切馬備具　媼烏老切　瑑持兗切　笈魚及切　詫丑亞切　謼火故切　盍古合切　緇側持切　綈天黎切綸　璠予袁切　趫丘妖切捷也　玫莫杯切　鄜芳無切　栰房越切　潯徐林切　邏郎佐切　瑄荀緣切　剔他歷切　邴畐閣切　澇郎到切　艘蘇遭切　蹴子六切　盩厔上張留下陟日切　沮水上七余切　堡博抱切障也　嵐盧含切　搤於革切　衖胡絳切　糜忙皮切　犨赤周切　猜倉才切　敓他括切　麕俱倫切　瑭徒郎切　劉方求切　阯鉏里切砌也　榷古岳切　咤陟駕切　虺許偉切　鏐渠幽切　礩居篘切　珥而志切

內閣學士臣沈德潛謹言新唐一書宋嘉祐中在廷諸臣奉詔纂修者也歐陽修撰紀志宋祁撰列傳至十七年告成其進書表曰事則增於前文則省於舊固爲度越劉昫矣然後代有作糾繆者有作考異者或仍欲以舊書入十七史中而易去新書何所見之齟齬也今試精心考之新書可議惟傳中喜用僻澀時類虬戶銑谿之弊又制詔奏疏改易原文盡失唐代體裁不無遺議若夫明是非正得失敘次簡嚴時寓筆削或紀志未備詳見於列傳之中或彼傳闕畧互見於此傳之中較之舊書實得史法蓋舊書以完善勝故司馬氏作通鑑往往取之新書以識見勝故朱子作綱目往往取之此各采所長不得謂新書之轉遜於舊書也臣等奉

敕校勘詳加紬閱合之舊書以辨其異同質之三通以核其典實餘如唐人文集及唐文粹諸種加參考焉中間審指歸正譌謬指漏畧各有依据不敢師心其他文義可疑無由證辨同於夏五郭公者姑從闕疑猶之校勘舊書之例也若夫三百年禮樂法度之詳治亂安危之故與夫人品心術邪正之分援引明晰論斷功罪此係知人論世者貴於考證之義均無取焉臣謹識

內閣學士臣沈德潛原任詹事臣陳浩庶子臣林

清封編修臣孫人龍臣葉酉拔貢生臣王濟師臣

龔元朱等奉

敕恭校刊

舊五代史

多羅質郡王臣永瑢等謹
奏爲舊五代史編次成書恭呈
御覽事臣等伏案薛居正等所修五代史原由官撰成
自宋初以一百五十卷之書括八姓十三主之事
具有本末可爲鑒觀雖值一時風會之衰體格尚
沿于冗弱而垂千古廢興之迹異同足備夫參稽
故以楊大年之淹通司馬光之精確無不資其賅
貫據以編摩求諸列朝正史之間實亦劉昫舊書
之比乃徵唐事者並傳天福之本而攷五代者惟
行歐陽之書致此逸文寖成墜簡閱沈淪之已久
信顯晦之有時欽惟我
皇上紹繹前聞網羅羣典
發秘書而讐校廣四庫之儲藏欣覩遺篇因裒散帙首
尾畧備篇目可尋經呵護以偶存知表章之有待
非當
聖世曷闡成編臣等謹率同總纂官右春坊右庶子臣
陸錫熊翰林院侍讀臣紀昀纂修官編修臣邵晉
涵等按代分排隨文勘訂彙諸家以搜其放失臚
衆説以補其闕殘復爲完書可以繕寫竊惟五季
雖屬閏朝文獻足徵治忽宜監有薛史以綜事蹟
之備有歐史以昭筆削之嚴相輔而行偏廢不可
幸遭逢乎
盛際得煥發其幽光所裨實多先覩爲快臣等已將永
樂大典所錄舊五代史依目編輯勒成一百五十
卷謹分裝五十八册各加攷證粘籤進
呈敬請刊諸
祕殿頒在學官搜散佚于七百餘年廣體裁于二十
三史著名山之錄允宜傳播于人間儲
乙夜之觀冀禀折衷于
睿鑒惟慚疎陋伏候
指揮謹
奏乾隆四十年七月初三日

多羅質郡王臣永瑢
經筵日講起居注官武英殿大學士臣舒赫德
經筵日講起居注官文華殿大學士臣于敏中
工部尚書和碩額駙一等忠勇公臣福隆安
經筵講官協辦大學士吏部尚書臣程景伊
經筵講官戶部尚書臣王際華
經筵講官禮部尚書臣蔡新
經筵講官兵部尚書臣嵇璜
經筵講官刑部尚書仍兼戶部侍郎臣英廉
都察院左都御史臣張若溎
經筵講官吏部左侍郎臣曹秀先
戶部右侍郎臣金簡

奉
旨開列編校舊五代史諸臣職名

總裁
多羅質郡王臣永瑢
經筵日講起居注官太子太保武英殿大學士　御前大臣管理吏部刑部兼管戶部三庫掌翰林院事教習庶吉士兼管鑲黃旗滿洲都統事務世襲雲騎尉臣舒赫德
經筵日講起居注官太子太保文華殿大學士管理戶部事務掌翰林院事臣于敏中
太子太保議政大臣　御前大臣領侍衛內大臣工部尚書正白旗滿洲都統管理藩院三庫兼管兵部理藩院總管內府大臣步軍統領鑾儀衛掌衛事總管健鋭營兵事務管理鳥槍營事務管理御茶膳房　養心殿造辦處武備院奉宸苑事務　圓明園八旗內府三旗官兵和碩額駙一等忠勇公臣福隆安
經筵講官協辦大學士吏部尚書教習庶吉士臣程景伊
經筵講官太子少傅戶部尚書臣王際華
經筵講官禮部尚書兼管國子監事務臣蔡新
經筵講官兵部尚書臣嵇璜
經筵講官議政大臣刑部尚書仍兼辦戶部侍郎事務管理三庫事務正黃旗滿洲都統總管內務府大臣臣英廉
都察院左都御史臣張若溎
經筵講官吏部左侍郎臣曹秀先
戶部右侍郎署正紅旗蒙古副都統總管內務府大臣臣金簡

總纂
右春坊右庶子今陞翰林院侍讀學士臣陸錫熊
翰林院侍讀臣紀昀

纂修
翰林院編修臣邵晉涵

提調
司經局洗馬臣夢吉
翰林院編修臣劉錫嘏
翰林院編修臣百齡
翰林院檢討臣王仲愚
翰林院編修臣張燾
翰林院編修臣宋銑
翰林院編修臣蕭際韶
吏部考功司郎中今改福建道監察御史臣章寶傳
吏部文選司員外郎今陞考功司郎中臣馮應榴

御製題舊五代史八韻

上承唐室下開宋五代興衰紀欲詳舊史原監薛居正宋開寶中詔修五代史盧多遜扈蒙張澹李昉劉兼李穆李九齡同修宰相薛居正監修書成凡百五十卷其後歐陽修別撰五代史記七十五卷藏於家修歿後官爲刊印新書重撰吉歐陽泰和獨用滋侵佚歐史既出遂與薛史並行當時以薛史爲舊史歐史爲新史至金章宗泰和時始詔學官專用歐陽史於是薛史遂微元明以來傳本漸就湮没永樂分收究未彰永樂大典雖載其文然割裂淆舛已非居正等篇第之舊四庫蒐羅今制創羣儒排纂故編償因校四庫全書詞臣等於永樂大典各韻所引薛史甄錄條繫得十之八九復採册府元龜太平御覽通鑑考異五代會要契丹國志北夢瑣言諸書以補其缺並參考新舊唐書東都事畧宋史遼史續通鑑長編五代春秋九國志十國春秋及宋人説部文集并碑碣尚存者以資辨證卷帙悉符原書而考核更加詳備

殘縑斷簡研磨細合璧連珠體裁（去聲）艮遂使已湮得再顯果然紹遠稽搜旁兩存例可援劉昫（書成呈覽館臣請倣劉昫舊唐書之例列于廿三史刊布學官從之）專注事會傳馬光（薛史文筆雖不及歐史謹嚴而敘事頗爲詳核其是非亦不詭於正司馬光通鑑多採用之）序以行之詩代序惕懷殷鑒念尤長

舊五代史編定凡例

一薛史原書體例不可得見今攷其諸臣列傳多云事見某書或云某書有傳知其于梁唐晉漢周斷代爲書如陳壽三國志之體故晁公武讀書志直稱爲詔修梁唐晉漢周書今仍按代分編以還其舊

一薛史本紀沿舊唐書帝紀之體除授沿革鉅纖畢書惟分卷限制爲永樂大典所割裂已不可攷詳核原文有一年再紀元者如上有同光元年春正月下復書同光元年秋七月知當于七月以後别爲一卷蓋其體亦仿舊唐書通鑑尚沿其例也今釐定編次爲本紀六十一卷與玉海所載卷數符合

一薛史本紀俱全惟梁太祖紀原帙已闕其散見各韻者僅得六十八條今據册府元龜諸書徵引薛史者按條采掇尚可薈萃謹仿前人取魏澹書高氏小史補北魏書之例按其年月條繫件附釐爲七卷

一五代諸臣類多歷事數朝首尾牽連難于分析歐陽修新史以始終從一者入梁唐晉漢周臣傳其兼涉數代者則創立雜傳歸之褒貶謹嚴于史法最合薛史僅分代立傳而以專事一朝及更事數姓者參差錯列賢否混淆殊乖史體此即其不及歐史之一端因篇有論贊總敘諸人難以割裂更易姑仍其舊以備參攷得失所在讀史者自能辨之

一后妃列傳永樂大典中惟周后妃傳全帙具存餘多殘闕今采五代會要通鑑契丹國志北夢瑣言諸書以補其闕用雙行分注不使與本文相混也

一宗室列傳永樂大典所載頗多脫闕今並據册府元龜通鑑注諸書采補其諸臣列傳中偶有闕文亦仿此例

一諸臣列傳其有史臣原論者俱依論中次第排比若原論已佚則攷其人之事蹟以類分編

一薛史標目如李茂貞等稱世襲傳見于永樂大典原文其楊行密等稱僭僞傳則見于通鑑攷異今悉依仿編類以還其舊

一薛史諸志永樂大典內偶有殘闕今俱采太平御覽所引薛史增補仍節録五代會要諸書分注于下以備參攷

一凡紀傳中所載遼代人名官名今悉從遼史索倫語解改正

一永樂大典所載薛史原文多有字句脫落音義舛訛者今據前代徵引薛史之書如通鑑攷異通鑑注太平御覽太平廣記册府元龜玉海筆談容齋五筆青緗雜記職官分紀錦繡萬花谷藝文類聚記纂淵海之類皆爲參互校訂庶臻詳備

一史家所紀事蹟流傳互異彼此各有舛誤今據新舊唐書東都事畧宋史遼史續通鑑長編五代春秋九國志十國春秋及宋人說部文集與五代碑碣尚存者詳爲攷核各加案語以資辨證

一陶岳五代史補王禹偁五代史闕文本以補薛史之闕雖事多瑣碎要爲有稗史學故通鑑歐陽史亦多所取今並仿裴松之三國志注體例附見于後

一薛史與歐史時有不合如唐閔帝紀薛史作明宗第三子而歐史作第五子攷五代會要通鑑並同薛史又歐史唐家人傳云太祖有弟四人曰克讓克修克恭克寧皆不知其父母名號據薛史宗室傳則克讓爲仲弟克寧爲季弟克修爲從父弟父曰德成克恭爲諸弟非皆不知其父母名號又晉家人傳止書出帝立皇后馮氏攷薛史紀傳馮氏未立之先追册張氏爲皇后而歐史不載又張萬進賜名守進故薛史本紀先書萬進後書守進歐史刪去賜名一事故前後遂如兩人其餘年月之先後官爵之遷授每多互異今悉爲辨證詳加案語以示折衷

一歐史改修原據薛史爲本其間有改易薛史之文而涉筆偶誤者如章如愚山堂攷索論歐史載梁遣人至京師紀以爲朱友謙傳以爲朱友諒楊涉相梁三仕三巳而歲月所具紀載實異至末年爲相但書其罷而了不知其所入歲月唐明宗在位七年餘而論贊以爲十年之類是也有尚沿薛史之舊而未及刊改者如吳縝五代史纂誤譏歐史杜曉傳幅巾自廢不當云十餘年羅紹威傳牙軍相繼不當云二百年之類是也今並各加辨訂于每卷之後庶二史異同得失之故讀者皆得以攷見焉

舊五代史提要

臣等謹案舊五代史一百五十卷並目錄二卷宋司空同中書門下平章事薛居正等撰攷晁公武讀書志云開寶中詔修梁唐晉漢周書盧多遜扈蒙張澹李昉劉兼李穆李九齡同修宰相薛居正等監修玉海引中興書目云開寶六年四月戊申詔修五代史七年閏十月甲子書成凡百五十卷目錄二卷爲紀六十一志十二傳七十七多據累朝實錄及范質五代通錄爲稿本其後歐陽修别錄五代史記七十五卷藏于家修歿後官爲刊印學者始不專習薛史然二書猶並行于世至金章宗泰和七年詔學官止用歐陽史于是薛史遂微元明以來罕有援引其書者傳本亦漸就湮没惟明內府有之見于文淵閣書目故永樂大典多載其文然割裂淆亂已非居正等篇第之舊恭逢聖朝右文稽古網羅放佚零縑斷簡皆次第編摩臣等謹就永樂大典各韻中所引薛史甄錄條繫排纂先後檢其篇第尚得十之八九又攷宋人書之徵引薛史者每條采錄以補其闕遂得依原書卷數勒成一編晦而復彰散而復聚殆實有神物呵護以待時而出者遭逢之幸洵非偶然也歐陽修文章遠出居正等上其筆削體例亦特謹嚴然自宋時論二史者卽互有所主司馬光作通鑑胡三省作通鑑注皆專據薛史而不取歐史沈括洪邁王應麟輩爲一代博洽之士其所著述于薛歐二史亦多兼采而未嘗有所軒輕蓋修所作皆刊削舊史之文意主斷制不肯以紀載叢碎自貶其體故其詞極工而于情事或不能詳備至居正等奉詔撰述本在宋初其時秉筆之臣尚多逮事五代見聞較近紀傳皆首尾完具可以徵信故異同所在較核事蹟往往以此書爲長雖其文體平弱不免敘次煩冗之病而遺文瑣事反藉以獲傳實足爲攷古者參稽之助又歐史止述司天職方二攷而諸志俱闕凡禮樂職官之制度選舉刑法之沿革上承唐典下開宋制者一概無徵亦不及薛史諸志爲有裨于文獻蓋二書繁簡各有體裁學識兼資難于偏廢昔修與宋祁所撰新唐書事增文省足以括劉昫舊書而昫書仰荷皇上表章今仍得列于正史況是書文雖不及歐陽而事蹟較備又何可使隱没不彰哉謹攷次舊文釐爲梁書二十四卷唐書五十卷晉書二十四卷漢書十一卷周書二十二卷世襲列傳二卷僭僞列傳三卷外國列傳二卷志十二卷共一百五十卷别爲目錄二卷而蒐羅排纂之意則著于凡例具列如左乾隆四十年七月恭校上

舊五代史目錄上

舊五代史目録下

舊五代史卷一

宋門下侍郎參知政事監修國史薛居正等撰

梁書第一

太祖紀一

太祖神武元聖孝皇帝姓朱氏諱晃本名温宋州碭山人其先舜司徒虎之後高祖黯曾祖茂琳祖信父誠帝即誠之第三子母曰文惠王皇后五代會要梁肅祖宣元皇帝諱黯舜司徒虎四十二代孫開平元年七月追尊宣元皇帝廟號肅祖葬興極陵敬祖光獻皇帝諱茂琳宣元皇帝長子母曰宣僖皇后范氏開平元年七月追尊光獻皇帝廟號敬祖葬永安陵憲祖昭武皇帝諱信光獻皇帝長子母曰光孝皇后楊氏開平元年七月追尊昭武皇帝廟號憲祖葬光天陵烈祖文穆皇帝諱誠昭武皇帝長子母曰昭懿皇后劉氏開平元年七月追尊文穆皇帝廟號烈祖葬咸寧陵以唐大中六年歲在壬申十月二十一日夜生于碭山縣午溝里是夕所居廬舍之上有赤氣上騰里人望之皆驚奔而來曰朱家火發矣及至則廬舍儼然既入鄰人以誕孩告衆咸異之昆仲三人俱未冠而孤母攜養于蕭縣人劉崇之家帝既壯不事生業以雄勇自負里人多厭之崇以其慵惰每加譴杖惟崇母自幼憐之親爲櫛髮嘗誡家人曰朱三非常人也汝輩當善待之家人問其故答曰我嘗見其熟寐之次化爲一赤蛇然衆亦未之信也唐僖宗乾符中關東薦饑羣賊嘯聚黄巢因之起于曹濮饑民願附者凡數萬帝乃辭崇家與仲兄存俱入巢軍以力戰屢捷得補爲隊長唐廣明元年十二月甲申黄巢陷長安遣帝領兵屯于東渭橋是時夏州節度使諸葛爽率所部屯于櫟陽巢命兵招諭爽爽遂降于巢中和元年二月巢以帝爲東南面行營先鋒使令攻南陽下之六月帝歸長安巢親勞于灞上七月巢遣帝西拒邠岐鄜夏之師于興平所至皆立功二年二月巢以帝爲同州防禦使使自攻取帝乃自丹州南行以擊左馮翊拔之遂據其郡時河中節度使王重榮屯兵數萬糾兵諸侯以圖興復帝時與之鄰封屢爲重榮所敗遂請濟師于巢表章十上爲僞左軍使孟楷所蔽不達又聞巢軍勢蹙諸校離心帝知其必敗九月帝遂與左右定計斬僞監軍使嚴實舉郡降于重榮重榮即日飛章上奏時僖宗在蜀覽表而喜曰是天賜予也乃詔授帝左金吾衛大將軍充河中行營副招討使仍賜名全忠自是率所部與河中兵士偕行所向無不克捷三年三月僖宗制授帝宣武軍節度使依前充河中行營副招討使仍令候收復京闕即得赴鎮四月巢軍自藍關南走帝與諸侯之師俱收長安乃率部下一旅之衆仗節東下七月丁卯入于梁苑是時帝年三十有二時蔡州刺

史秦宗權與黃巢餘孽合從肆虐共圍陳州久之僖宗乃命帝爲東北面都招討使時汴宋連年阻饑公私俱困帑廪皆虛外爲大敵所攻內則驕軍難制交鋒接戰日甚一日人皆危之惟帝銳氣益振是歲十二月帝領兵于鹿邑與巢衆相遇縱兵擊之斬首二千餘級乃引兵入亳州因是兼有譙郡之地四年春帝與許州田從異諸軍同收瓦子寨殺賊數萬衆是時陳州四面賊寨相望驅擄編氓殺以充食號爲舂磨寨帝分兵翦撲大小凡四十戰四月丁巳收西華寨賊將黃鄴單騎奔陳帝乘勝追之鼓譟而進會黃巢遁去遂入陳州刺史趙犨迎于馬前俄聞巢黨尚在陳北故陽壘帝遂逕歸大梁是時河東節度使李克用奉僖宗詔統騎軍數千同謀破賊與帝合勢于中牟北邀擊之賊衆大敗于王滿渡多束手來降時賊將霍存葛從周張歸厚張歸霸皆匍匐于馬前悉宥而納之遂逐殘寇東至于冤句五月甲戌帝與晉軍振旅歸汴館克用于上源驛既而備犒宴之禮克用乘醉任氣帝不平之是夜命甲士圍而攻之會大雨雷電克用因得于電光中踰垣遁去惟殺其部下數百人而已六月陳人感解圍之惠爲帝建生祠堂于其郡是歲黃巢雖殁而蔡州秦宗權繼爲巨孽有衆數萬攻陷鄰郡殺掠吏民屠害之酷更甚巢賊帝患之七月遂與陳人共攻蔡賊于瀙水殺數千人九月已未僖宗就加帝檢校司徒同平章事封沛郡侯食邑千戶光啓元年春蔡賊掠亳潁二郡帝帥師以救之遂東至于焦夷敗賊衆數千生擒賊將殷鐵林梟首以徇軍而還三月僖宗自蜀還長安改元光啓四月戊辰就加帝檢校太保增食邑千五百戶十二月河中太原之師逼長安觀軍容使田令孜奉僖宗出幸鳳翔二年春蔡賊益熾時唐室微弱諸道州兵不爲王室所用故宗權得以縱毒連陷汝洛懷孟唐鄧許鄭圓幅數千里殆絕人烟惟宋亳滑潁僅能閉壘而已帝累出兵與之交戰然或勝或負人甚危之三月庚辰僖宗降制就封帝爲沛郡王是月僖宗移幸興元五月嗣襄王熅僭即帝位于長安改元爲建貞遣使齎僞詔至汴帝命焚之于庭未幾襄王果敗七月蔡人逼司州節度使鹿宴宏使來求救帝遣葛從周等率師赴援師未至而城陷宴宏爲蔡賊所害十一月滑州節度使安師儒以怠于軍政爲部下所殺帝聞之乃遣朱珍李唐賓襲而取之由是遂有滑臺之地十二月僖宗降制就加帝檢校太傅改封吳興郡王食邑三千戶是歲鄭州爲蔡賊所陷刺史李璠單騎來奔帝宥而納之以爲行軍司馬宗權既得鄭益驕帝遣裨將邏于金隄驛與賊相遇因擊之賊衆大敗追至武陽橋斬首千餘級帝每與蔡人戰于四郊既以少擊衆常出奇以制之但患師少未快其旨宗權又以己衆十倍于帝恥于頻敗乃誓衆堅決以攻夷門既而獲蔡之諜者備知其事遂謀濟師焉三年春二月乙巳承制以朱珍爲淄州刺史俾募兵于東道且慮蔡人暴其麥苗期以夏首回歸珍既至淄棣旬日之內應募者萬餘人又潛襲青州獲馬千匹鎧甲稱是乃鼓行而歸四月辛亥達于夷門帝喜曰吾事濟矣是時賊將張晊屯于北郊秦賢屯于版橋各有衆數萬樹柵相連二十餘里其勢甚盛帝謂諸將曰此賊方今息師蓄銳以俟時必來攻我況宗權度我兵少又未知珍來謂吾畏懼止于堅守而已今出不意不如先擊之乃親引兵攻秦賢寨將士踴躍爭先賊果不備連拔四寨斬首萬餘級時賊衆以爲神助庚午賊將盧瑭領萬餘人于圃田北萬勝戍夾汴水爲營跨河爲梁以扼運路帝擇精銳以襲之是日昏霧四合兵及賊壘方覺遂突入掩殺赴水死者甚衆盧瑭自投于河河南諸賊連敗不敢復駐皆併在張晊寨自是蔡寇皆懷震讋往往軍中自相驚亂帝旋師休息大行犒賞繇是軍士各懷憤激每遇敵無不奮勇五月丙子出酸棗門自卯至未短兵相接賊衆大敗追斬二十餘里僵仆就枕宗權恥敗益縱其虐乃自鄭州親領突將數人逕入張晊寨其日晚大星隕于賊壘有聲如雷辛巳兗鄆滑軍士皆來赴援乃陳兵于汴水之上旌旗器甲甚盛蔡人望之不敢出寨翼日分布諸軍齊攻賊寨自寅至申斬首二萬餘級會夜收軍獲牛馬輜重生口器甲不可勝計是夜宗權晊遁去遲明追之至陽武橋而還宗權至鄭州乃盡焚其廬舍屠其郡人而去始蔡人分兵寇陝洛孟懷許汝皆先據之因是敗也賊衆恐懼咸棄之而遁帝乃慎選將佐俾完葺壁壘爲戰守之備于是遠近流亡復歸者衆矣是時揚州節度使高駢爲裨將畢師鐸所害復有孫儒楊行密互相攻伐朝廷不能制乃就加帝檢校太尉兼領淮南節度使九月亳州裨將謝殷逐刺史宋袞自據其郡帝親領軍屯于太清宮遣霍存討平之帝之禦蔡寇也鄆州朱瑄兗州朱瑾皆領兵來援及宗權既敗帝以瑄瑾宗人也又有力于己皆厚禮以歸之瑄瑾以帝軍士勇悍私心愛之乃密于曹濮界上懸金帛以誘之帝軍利其貨而赴者甚衆帝乃移檄以讓之朱瑄來使不遜乃命朱珍侵曹伐濮以懲其姧未幾珍伐曹州執刺史邱禮以獻遂移兵圍濮兗鄆之釁自茲而始矣通鑑攷異引高若拙後史補云梁太祖皇帝到梁園深有大志然兵力不足常欲外掠又慮四境之難每有鬱然之狀時有薦敬秀才于門下乃白梁祖曰明公方欲圖大事輜重必爲四境所侵但令麾下將士詐爲叛者而逃即明公奏于主上及告四鄰以自襲叛徒爲名梁祖曰天降奇人以佐于吾初從其議一出而致衆十倍十月僖宗命水部郎中王贊撰紀功碑以賜帝是月帝親帥騎數千巡師于濮上因破朱瑄援師于范縣丁未攻陷濮州刺史朱裕單騎奔鄆壽爲鄆人所敗踰月乃還十二月僖宗遣使賜帝鐵券又命翰林承旨劉崇望撰德政碑以賜帝閏月甲寅帝請行營司馬李璠權知淮南留後乃遣大將郭言領兵援送以赴揚州文德元年正月帝率師東赴淮海行次宋州聞楊行密已拔揚州遂還是時李璠郭言行至淮上爲徐戎所扼不克進而還帝怒遂謀伐徐二月丙戌僖宗制以帝爲蔡州四面行營都統緜是諸鎮之師皆受帝之節制三月庚子昭宗即位是月蔡人石璠領萬衆以剽陳亳帝遣朱珍率精騎數千擒璠以獻四月戊辰魏博樂彥禎失律其子從訓出奔相州使來乞師帝遣朱珍領大軍濟河連收黎陽臨河二邑既而魏軍推小校羅宏信爲帥宏信既立遣使送款于汴帝優而納之遂命班師是月河南尹張全義襲李罕之于河陽克之罕之單騎出奔因乞師于太原李克用爲發萬騎以援之罕之遂收其衆偕晉軍合勢急攻河陽全義危急遣使求救于汴帝遣丁會牛存節葛從周領兵赴之大戰于温縣晉人與罕之俱敗于是河橋解圍全義歸于河陽因以丁會爲河陽留後五月己亥昭宗制以帝檢校侍中增食邑三千戶戊辰詔改帝鄉衣錦里曰沛王里是月帝以兼有洛孟之地無西顧之患將大整師徒畢力誅蔡會蔡人趙德諲舉漢南之地以歸于朝廷且遣使送款于帝仍誓戮力同討宗權帝表其事朝廷因以德諲爲蔡州四面副都統又以河陽保義義昌三節度爲帝行軍司馬兼糧料應接至是帝領諸侯之師會德諲以伐蔡賊于汝水之上遂薄其城五日之內樹二十八寨以環之蓋象列宿之數也時帝親臨矢石一日飛矢中其左腋血漬單衣顧謂左右曰勿洩九月以糧運不繼遂班師是時帝知宗權殘孽不足爲患遂移兵以伐徐十月先遣朱珍領兵與時溥戰于吳康鎮徐人大敗連收豐蕭二邑溥攜散騎馳入彭門帝命分兵以攻宿州刺史張友攜符印以降既而徐人閉壁堅守遂命龐師古屯兵守之而還是月蔡賊孫儒攻陷揚州自稱淮南節度使龍紀元年正月龐師古攻下宿遷縣進軍于呂梁時溥領軍二萬晨壓師古之軍而陣師古促戰敗之斬首二千餘級溥復入于彭門二月蔡將申叢遣使來告縛秦宗權于帳下折其足而囚之矣帝即日承制以叢爲淮西留後未幾叢復爲都將郭璠所殺是月璠執宗權來獻帝遣行軍司馬李璠牙校朱克讓檻送于長安既至昭宗御延喜樓受俘即斬宗權于獨柳樹下蔡州平昭宗詔加帝食實封一百戶賜莊宅各一區三月又加帝檢校太尉兼中書令進封東平王賞平蔡之功也大順元年四月丙辰宿州小將張筠逐刺史張紹光擁衆以附時溥帝率親軍討之殺千餘人筠遂堅守乙卯時溥出兵暴碭山縣帝遣朱友裕以兵襲之敗徐軍三千餘衆獲沙陁援軍石君和等三十人斬于宿州城下六月辛酉淮南孫儒遣使修好于帝帝表其事請以淮南節度授于儒焉辛未昭宗命帝爲宣義軍節度使充河東東面行營招討使時朝廷宰臣張濬將兵討太原故也八月甲寅昭義都將馮霸殺沙陁所署節度使李克恭來降帝請河陽節度使朱崇節爲潞州留後戊辰李克用自率蕃漢步騎數萬以圍潞州帝遣葛從周率驍勇之士夜中銜枚犯圍而入于潞九月壬寅帝至河陽遣都將李讜引軍趨澤潞行至馬牢川爲晉人所敗帝又遣朱友裕張全義率精兵至鄆州北以爲應援既而崇節從周棄潞來歸戊申帝廷責諸將敗軍之罪斬李讜李重允以徇遂班師焉十月乙酉帝自河陽赴滑臺時奉詔將討太原先遣使假道于魏魏人不從先是帝遣行人雷鄴告糴于魏既而爲牙軍所殺羅宏信懼故不敢從命遂通好于太原十二月辛丑帝遣丁會葛從周率衆渡河取黎陽臨河又令龐師古霍存下淇門衛縣帝徐以大軍繼其後二年春正月魏軍屯于內黃丙辰帝與之接戰自內黃至永定橋魏軍五敗斬首萬餘級羅宏信懼遣使持厚幣請和帝命止其焚掠而歸其俘宏信由是感悅而聽命焉乃收軍屯于河上八月己丑帝遣丁會急攻宿州刺史張筠堅守其壁會乃率衆于州東築堰壅汴水以浸其城十月壬午筠遂降宿州平十一月丁未曹州裨將郭紹賓殺刺史郭饒舉郡來降是月徐將劉知俊率衆二千來降自是徐軍不振十二月兗州朱瑾領軍三萬寇單父帝遣丁會領大軍襲敗之于金鄉界殺二萬餘衆瑾單馬遁去景福元年正月遣丁會于兗州界徙其民數千戶于許州二月戊寅帝親征鄆先遣朱友裕屯軍于斗門甲申次衛南有飛鳥止于峻堞之

上鳴噪甚厲副使李璠曰將有不如意之事是夜鄆州朱瑄率步騎萬人襲朱友裕于斗門友裕拔軍南去乙酉帝晨救斗門不知友裕之退前至斗門者皆爲鄆人所殺帝追襲鄆人至瓠河不及遂頓兵于村落間時朱瑄尚在濮州丁亥遇朱瑄率兵將歸于鄆遂來衝擊帝策馬南馳爲賊所追甚急前後浚溝躍馬而過張歸厚援稍力戰于其後乃免時李璠與都將數人皆爲鄆軍所殺五月丙午遣朱克讓率衆暴兗鄆之麥十一月遣朱友裕率兵攻濮州下之擒刺史邵儒以獻濮州平遂命移軍伐徐州二年四月丁丑龐師古下彭門梟時溥首以獻八月帝遣龐師古移兵攻兗駐于曲阜與朱瑾屢戰皆敗之十二月師古遣先鋒葛從周引軍以攻齊州刺史朱威告急于兗鄆既而朱瑄以援兵至遂固其壘乾寧元年二月帝親領大軍由鄆州東路北次于魚山朱瑄覘知即以兵逕至且圖速戰帝整軍出寨時瑄瑾已陣于前須臾東南風大起我軍旌旗失次甚有懼色即令騎士揚鞭呼嘯俄而西北風驟發時兩軍皆在草莽中帝因令縱火既而煙焰亘天乘勢以攻賊陣瑄瑾大敗殺萬餘人餘衆擁入清河因築京觀于魚山之下駐軍數日而還二年正月癸亥遣朱友恭帥師復伐兗遂塹而圍之未幾朱瑄自鄆率步騎援糧欲入于兗友恭設伏以敗之盡奪其餉于高吳因擒蕃將安福順安福慶二月己酉帝親領軍屯于單父以爲友恭之援四月濠壽二州復爲楊行密所陷是時太原遣將史儼兒李承嗣以萬騎馳入于鄆朱友恭遂歸于汴八月帝領親軍伐鄆至大仇遣前軍挑戰設伏于梁山以待之既而獲蕃將史完府奪馬數百匹朱瑄脫身遁去復入于鄆十月帝駐軍于鄆齊州刺史朱瓊遣使請降瓊即瑾之從父兄也帝因移軍至兗瓊果來降未幾瓊爲朱瑾所紿掠而殺之帝即以其弟玭爲齊州防禦使十一月朱瑄復遣將賀瓌柳存及蕃將何懷寶等萬餘人以襲曹州庶解兗州之圍也帝知之自兗領軍策馬先路至鉅野南追而敗之殺戮將盡生擒賀瓌柳存何懷寶及賊黨三千餘人是日申時狂風暴起沙塵沸湧帝曰此乃殺人未足耳遂下令盡殺所獲囚俘風亦止焉翼日縶賀瓌等以示于兗帝素知瓌名乃釋之惟斬何懷寶于兗城之下乃班師十二月葛從周領兵復伐兗既至與朱瑾戰于壘下殺千餘衆擒其將孫漢筠已下二十人遂旋師三年正月河東李克用既破邠州欲謀爭霸乃遣蕃將張汚落以萬騎寨于河北之莘縣聲言欲救兗鄆魏博節度使羅宏信患之使來求援二月帝領親軍屯于單父會寒食帝乃親拜文穆皇帝陵于碭山縣午溝里四月辛酉河東泛漲將壞滑城帝令決隄岸以分其勢爲二河夾滑城而東爲害滋甚是月帝遣許州刺史朱友恭領兵萬人渡淮以便宜從事時黃鄂二州累遣使求援故有是行五月命葛從周統軍屯于洹水以備蕃軍六月李克用帥蕃漢諸軍營于斥邱遣其男落落將鐵林小兒三千騎薄于洹水從周與戰大敗之生擒落落以獻克用悲駭請修舊好以贖其子帝不許遂執落落送于羅宏信斬之越七日我軍還屯陽留以伐鄆八月復壁于洹水是時昭宗幸華州遣使就加帝檢校太師守中書令四年正月帝以洹水之師大舉伐鄆辛卯營于濟水之次龐師古令諸將撤木爲橋乙未夜師古以中軍先濟聲振于鄆朱瑄聞之棄壁夜走葛從周逐之至中都北擒瑄並其妻男以獻尋斬汴橋下鄆州平乙亥帝入于鄆以朱友裕爲鄆州兵馬留後時帝聞朱瑾與史儼兒在豐沛間搜索糧餽惟留康懷英以守兗州帝因乘勝遣葛從周以大軍襲兗懷英聞鄆失守俄又我軍大至乃出降朱瑾史儼兒遂奔淮南兗海沂密等州平乃以葛從周爲兗州留後五月丁丑朱友恭遣使上言大破淮寇于武昌收復黃鄂二州八月陝州節度使王珙遣使來乞師是時珙弟珂實爲蒲帥迭相猜怒日尋干戈而珙兵寡故來求援帝遣張存敬楊師厚等領兵赴陝既而與蒲人戰于猗氏大敗之九月帝以兗鄆既平將士雄勇遂大舉南征命龐師古以徐宿宋滑之師直趨淸口葛從周以兗鄆曹濮之衆徑赴安豐淮人遣朱瑾領兵以拒師古因決水以浸軍遂爲淮人所敗師古沒焉葛從周行及濠梁聞師古之敗亦命班師

舊五代史卷一攷證

梁太祖紀一九月帝遂與左右定計斬僞監軍使嚴實降于重榮　案舊唐書僖宗紀朱温之降繫八月與是書異新唐書及通鑑俱繫九月與是書同　又嚴實原書訛作嚴貴今據歐陽史及通鑑改正

乃詔授帝左金吾衛大將軍充河中行營副招討使　案歐陽史云王鐸承制拜温金吾衛大將軍河中行營招討副使與是書謂僖宗詔授者異攷舊唐書及通鑑則王鐸承制所拜乃華同節度在僖宗詔授以前歐陽史以詔授爲王鐸承制當是删并之誤

仍賜名全忠　案是書及舊唐書通鑑皆作僖宗賜名惟鑑戒錄云朱太祖統四鎮除中令日名温與崔相國連搆大事崔每奏太祖忠赤遷之關東國無患矣昭宗遽敕太祖改名全忠議者謂全字人王也又在中心甚不可也上方悔焉其說與諸史異蓋傳聞之不同爾

三年三月僖宗制授帝宣武軍節度使　三月舊唐書作五月

帝與許州田從異諸軍同收瓦子寨　案瓦子寨原本作瓦于寨攷通鑑注黃巢撤民居以爲寨星謂之瓦子寨則于字形近刊訛耳今改正

三月庚辰僖宗降制就封帝爲沛郡王　案全忠之王舊唐書繫光啓元年三月據是書則元年惟增食邑至二年三月乃進封也歐陽史從是書

十一月滑州節度使安師儒以怠于軍政爲部下所殺　案舊唐書云十月壬子朔滑州軍亂逐其帥安師儒師儒奔汴朱全忠殺之歐陽史同新唐書云十月朱全忠陷滑州執義成軍節度使安師儒通鑑同據是書則師儒自爲部下所殺與諸書互異又十一月新舊唐書俱作十月

庚午賊將盧瑭領萬餘人于圃田北萬勝戍　案通鑑攷異云長歷四月甲辰朔無庚午薛史誤今改舊唐書光啓三年四月正作甲辰朔以日數計之庚午乃四月二十七日也據此乃通鑑攷異之誤耳

乃就加帝檢校太尉兼領淮南節度使　案全忠兼領淮南舊唐書作光啓三年十一月歐陽史作十二月通鑑作閏十一月據是書則在九月以前與諸書異又是書下文作閏十二月通鑑作閏十一月未詳孰是

九月亳州裨將謝殷逐刺史宋衮　九月新唐書及通鑑俱作六月

鄆州朱瑄　瑄歐陽史作宣

是時李璠郭言行至淮上爲徐戎所扼不克進而還　案歐陽史云璠之揚州行密不納據通鑑云李璠至泗州時溥以兵襲之郭言力戰得免而還是李璠未嘗至揚州也當以是書爲得其實

二月丙戌僖宗制以帝爲蔡州四面行營都統　案全忠爲四面行營都統新唐書及通鑑作正月癸亥舊唐書作五月與是書異

會蔡人趙德諲舉漢南之地以歸于朝廷　案德諲之降新舊唐書及通鑑俱繫五月與是書同歐陽史敘其事于正月疑有舛誤

二月蔡將申叢遣使來告縛宗權于帳下　案宗權之執舊唐書作文德元年十二月新唐書作十一月歐陽史作正月與是書作龍紀元年二月者互異未詳孰是

三月又加帝檢校太尉兼中書令進封東平王　案全忠進封舊唐書繫四月與是書異

十月壬午筠遂降宿州平　案宿州之下舊唐書繫十一月新唐書歐陽史通鑑俱與是書同

十一月丁未曹州裨將郭紹賓殺刺史郭饒舉郡來降　案新唐書十一月己未曹州將郭銖殺其刺史郭詞叛附全忠通鑑同與是書異

遂領兵于村落間　案領字攷文義應是頓字之譌今改

次于魚山　魚山歐陽史作漁山攷通鑑亦作魚山今仍其舊

盡奪其餉于高吳　高吳通鑑作高梧攷是書前後俱作高吳今仍其舊

是時太原遣將史儼兒李承嗣以萬騎馳入于鄆　案史儼兒通鑑作史儼攷舊唐書初兗鄆求援于太原克用令蕃將史完府何懷寶等以千騎赴之不言赴鄆爲何時據是書下云八月獲蕃將史完府十一月擒何懷寶然則四月馳入鄆者當是史完府何懷寶非史儼兒李承嗣也參攷是書唐武皇紀及李承嗣傳承嗣等入鄆定在二年之冬此紀似有舛誤通鑑幷采梁唐帝紀亦未詳攷

朱瑄脫身遁去　案朱瑄之敗通鑑繫九月辛未與是書繫八月異歐陽史從是書

十月帝駐軍于鄆齊州刺史朱瓊遣使請降　十月新唐書昭宗紀作十一月

及蕃將何懷寶等萬餘人以襲曹州　何懷寶通鑑作薛懷寶攷舊唐書亦作何懷寶今仍之

十二月葛從周領兵復伐兗　案通鑑云全忠去兗留葛從周將兵守之與是書異又是書葛從周傳乃十月事

辛卯營于濟水之次　案胡三省云漢以後無濟水此濟水蓋即鄆城淸河水也

是時珙弟珂實爲蒲帥　珂原本訛作琦今據新唐書王重榮傳改正

九月，帝以兗鄆既平將士雄勇遂大舉南征（案舊唐書昭宗紀師古渡淮在十月而淸口之敗在十一月是書繫于九月蓋因南征之議實始于九月遂牽連書之亦未暇細詳月日耳歐陽史改作九月攻淮南則淸口之役乃因雨雪而敗有九國志可攷斷非九月事也）

舊五代史卷二

宋門下侍郎參知政事監修國史薛居正等撰

梁書第二

太祖紀二

光化元年正月帝遣葛從周統諸將略地于山東遂攻于邢洺三月昭宗以帝兼領天平軍節度使餘如故四月滄州節度使盧延彥爲燕軍所攻棄城奔于魏魏人送于汴是月帝以大軍至鉅鹿屯于城下敗晉軍萬餘衆于青山口俘馬千餘匹丁卯遣從周分兵攻洺州斬刺史邢善益擒將五十餘人五月已巳邢州刺史馬師素棄城遁去辛未磁州刺史袁奉滔自剄而死五日之內連下三州因以葛從周兼邢州昭義軍節度使留後帝遂班師是時襄州節度使趙匡凝聞帝軍有淸口之敗密附于淮夷七月帝遣氏叔琮率師伐之未幾泌州刺史趙璠越墉來降隨州刺史趙匡琳臨陣就擒二年正月淮南楊行密舉全吳之衆精甲五萬以伐徐州帝領大軍禦之行密聞帝親征乃收軍而退時幽州節度使劉仁恭大舉蕃漢兵號十萬以伐魏遂攻貝州州民萬餘戶無少長悉屠之進攻魏州魏人來乞師帝遣朱友倫張存敬李思安等先屯于內黃帝遂親征三月與燕軍戰于內黃北燕軍大敗殺二萬餘衆奪馬二千餘匹擒都將單無敵已下七十餘人（通鑑單可及幽州驍將號單無敵）是月葛從周自山東領其部衆馳以救魏翼日乘勝諸將張存敬以下連破八寨遂逐燕軍北至于臨淸擁其殘寇于御河溺死者甚衆仁恭奔于滄州六月帝表丁會爲潞州節度使以李罕之疾亟故也又遣葛從周由固鎭路入于潞州以援丁會七月壬辰朔海州陳漢賓擁所部三千奔于淮南戊戌晉人陷澤州帝遣召葛從周于潞留賀德倫以守之未幾德倫爲晉人所逼遂棄潞而歸繇是潞州復爲晉人所有十一月陝州都將朱簡殺留後李璠自稱留後送款于帝三年四月遣葛從周以兗鄆滑魏之師伐滄州五月庚寅攻德州拔之梟刺史傅公和于城上已亥進攻浮陽六月燕帥劉仁恭大舉來援從周與諸將逆戰于乾寧軍老鴉隄大破之殺萬餘衆俘其將佐馬愼交已下百餘人旣而以連雨遂班師八月河東遣李進通襲陷洺州執刺史朱紹宗帝遣葛從周自鄴縣渡漳水屯于黃龍鎭親領中軍涉洺而寨晉人懼而宵遁洺州復平九月帝以仁恭進通之入寇也皆繇鎭定爲其囊橐卽以葛從周爲上將以伐鎭州遂攻下臨城渡滹沱以環其城帝親領軍繼至鎭帥王鎔懼納質請盟仍獻文繒二十萬以犒戎士帝許之十月晉人以帝宿兵于趙遂南下太行急攻河陽留後侯言與都將閻寶力戰固守僅而獲全十一月以張存敬爲上將自甘陵發軍北侵幽薊連拔瀛莫二郡遂移軍以攻中山定帥王郜以精甲二萬戰于懷德亭盡殪之郜懼奔于太原遲明大軍集于城下郜季父處直持印鑰乞降亦以繒帛三十萬爲獻帝卽以處直代郜領其鎭焉是月燕人劉守光赴援中山寨于易水之上繼爲康懷英張存敬等所敗斬獲甚衆繇是河朔知懼皆弭伏焉是歲唐左軍中尉劉季述幽昭宗于東宮內立皇子德王裕爲帝仍遣其養子希度來言願以唐之神器輸于帝帝時方在河朔聞之遽還于汴大計未決會李振自長安使迴因言于帝曰夫豎刁伊戾之亂所以資霸者之事也今閹豎幽辱天子王不能討無以令諸侯帝悟因請振復使于長安與時宰潛謀反正天復元年正月乙酉朔唐宰相崔允潛使人以帝密旨告于侍衛軍將孫德昭已下令誅左右中尉劉季述王仲先等卽時迎昭宗于東內御樓反正癸巳降制進封帝爲梁王酬反正之功也昭宗之廢也汴之邸吏程巖率昭宗衣下殿帝聞之召巖至汴折其足送于長安杖殺之是時河中節度使王珂結援于太原帝怒遣大將張存敬率將洊河繇含山路鼓行而進戊申攻下絳州壬子晉州刺史張漢瑜舉郡來降帝卽以大將侯言權領晉州何絪權領絳州晉絳平己未大軍至河中存敬命緣其垣而攻之壬戌蒲人颭素幡以請降庚午帝至河中以張存敬權領河中軍府事河中平帝乃東還是月李克用遣牙將張特來聘請尋舊好帝亦遣使報命三月癸未朔帝歸自河中是月遣大將賀德倫氏叔琮領大軍以伐太原叔琮等自太行路入魏博都將張文恭自磁州新口入葛從周以兗鄆之衆自土門路入洺州刺史張歸厚以本軍自馬嶺入定州刺史王處直以本軍自飛狐入晉州侯言自陰地入澤州刺史李存璋棄郡奔歸太原叔琮引軍逼潞州節度使孟遷乞降河東屯將李審建王周領步軍一萬騎二千詣叔琮歸命乃進軍趨太原四月乙卯大軍出石會關營于洞渦驛都將白奉國自井陘入收承天軍張歸厚引兵至遼州刺史張鄂迎降氏叔琮卽日與諸軍至陽城下城中雖時出精騎來戰然危蹙已甚將謀遁矣會叔琮以芻糧不給遂班師五月癸卯昭宗以帝兼領護國軍節度使河中尹六月庚申帝發自大梁丁卯視事于河中以素服出郊拜故節度使王重榮墓尋辟其子瓚爲節度判官請故相張濬爲重榮撰碑帝自中和初歸唐首依重榮至是思其舊德故恩禮若是七月甲寅帝東還梁邸十月戊戌奉密詔赴長安是時朝廷旣誅劉季述以韓全誨張宏彥爲兩軍中尉袁易簡周敬容爲樞密使是時軍國大政專委宰相崔允每事裁抑宦官宦官側目允一日于便殿奏欲盡去之全誨等屬垣聞之嘗于昭宗前祈哀自訴自是昭宗敕允每有密奏令進囊封全誨等乃訪京城美婦人十數以進使求宮中陰事昭宗不悟允謀漸泄中官覗允皆裂以重賂甘言誘藩臣以爲城社時因讌聚則相向流涕時允掌三司貨泉全誨等教禁兵伺允出聚而呼譟訴以冬衣減損又于昭宗前訴之昭宗不得已罷允知政事允怒急召帝請以兵入輔故有是行戊申行次河中同州留後司馬鄴華之幕吏也舉郡來降辛亥駐軍于渭濱華帥韓建遣使奉牋納款又以銀三萬兩助軍是日行次零口癸丑聞長安亂昭宗爲閹官韓全誨等劫遷西幸鳳翔蓋避帝之兵鋒也翼日遂命旋師夕次于赤水乙卯大軍集于華州城下韓建惶駭失措卽以城降丙辰帝表建權知忠武軍事促令赴任同華二州平是時唐太子太師盧知猷等二百六十三人列狀請帝速請迎奉己未遂帥諸軍發自赤水壬戌次于咸陽僞者云天子昨暮至岐山旦日宋文通扈蹕入其闕矣是時岐人遣大將符道昭領兵萬人屯于武功以拒帝帝遣康懷英敗之擒甲士六千餘衆乙丑次于岐山文通遣使奉書自陳其失請帝入覲丙辰及岐闕文通渝約閉壁不獲通復次于岐山是時昭宗累遣使齎朱書御札賜帝遣帝收軍還本道帝詫之曰此必文通全誨之謀也皆不奉詔癸酉飛章奉辭且移軍北伐乙亥至邠州節度使李繼徽舉城降繼徽因請去文通所賜李姓復本宗楊氏又請納其帑以爲質帝皆從之仍易其名曰崇本邠州平己丑唐丞相崔允京兆尹鄭元規至華州以速迎奉爲請許之二年正月帝復次于武功岐人堅壁不下乃迴軍于河中二月聞晉軍大舉南下聲言來援鳳翔帝遣朱友寧師會晉州刺史氏叔琮以禦之帝以大軍繼其後三月友寧叔琮與晉軍戰于晉州之北大敗之生擒克用男廷鸞帝喜謂左右曰此岐人之所恃也今旣如此岐之變不久矣四月岐人遣符道昭領大軍屯于虢縣康懷英帥驍騎敗之丁酉唐丞相崔允自華來謁帝屢述顛運危急事不可緩又慮羣閹擁昭宗幸蜀且告帝爲動容允將辭啓宴于府署帝舉酒允情激于哀因自持樂版聲曲以侑酒帝甚悅座中以良馬珍玩之物賚旣行命諸將繕戎具五月丁巳帝復西征六月丁丑次于虢縣癸未與岐軍大戰自辰至午殺萬餘衆擒其將校數百人乘勝遂逼其壘七月丙午岐軍復出求戰帝軍不利是月遣孔勍師取鳳隴成三州皆下之是時岐人相率結寨于諸山以避帝軍帝分兵以討浹旬之內幷平之九月甲戌帝以岐軍諸寨連結稍盛因親統千騎登高診之時秋空澄霽烟靄四絕忽有紫雲如繖蓋凝于龍旂之上久之方散觀者咸訝之是時帝以岐人堅壁不戰且慮師老思欲旋旆以歸河中因密召上將數人語其事時親從指揮使高季昌獨前出抗言曰天下雄傑窺此舉者一歲矣今岐人已困願少俟之帝嘉其言因曰兵法貴以正理以奇勝者詐也乘機集事必由是乎乃命季昌密募人入岐以紿之尋有騎士馬景堅願應命且曰是行也必無生理願錄其孥帝悽然其行景固請乃許之明日軍出（北夢瑣言云時因倫總騎軍且至將大出兵迓之）諸寨屏匿如無人景因躍馬西走直叩岐闈詐以軍怨東遁爲告且言劉寨尚留萬餘人俟夕將遁矣宜速掩之李茂貞信其言（案李茂貞卽宋文通此紀前後互異蓋仍當時軍檄之文未及改從畫一）遽啓二扉悉衆來寇時諸軍以介馬待之中軍一鼓百營俱進又分遣數騎以據其闉岐人進不能駐趾退不能入其壘殺戮蹂踐不知其數茂貞繇是喪膽但閉壁而已十一月癸卯鄜帥李周彝（新唐書作李茂勳茂勳卽周彝也）統兵萬餘人屯于岐之北原與城中舉烽以相應日帝以周彝旣離本部鄜時必無守備因命孔勍乘虛襲下之甲寅鄜州平周彝聞之收軍而遁茂貞旣失鄜州之援愕然有兎解之懼繇是議還鑾駕誅閹寺以自贖焉三年正月甲寅岐人啓壁唐昭宗降使宣問慰勞兼傳密旨尋又命翰林學士韓渥趙國夫人寵顏齎詔

押賜帝紫金酒器御衣玉帶丙辰華州留後李存審遣飛騎來告青州節度使王師範遣牙將張厚輦甲冑弓槊詐言來獻欲盜據州城事覺已擒之矣是日師範又遣其將劉鄩盜據兗州丁巳昭宗遣中使押送軍容使韓全誨已下二千餘人首級以示帝甲子昭宗發離鳳翔幸左軍寨權駐蹕帝營帝素服待罪昭宗命學士傳宣免之帝即入見稱罪拜伏者數四既而促召升殿密邇御座且曰宗廟社稷是卿再造朕與戚屬是卿再生因解所御玉帶面以賜帝帝亦以玉鞍勒馬金銀器紋錦御饌酒菓等躬自拜進焉及翠華東行帝匹馬前導十餘里宣令止之己巳昭宗至長安謁太廟御長樂樓禮畢謂帝曰朕生入舊京是卿之力也自古救君之危曾無有如是者況今日再及清廟得親奉觴酒奠于先皇帝室前卿之德朕知不能報矣即召帝執手欷淚俱發者久之翼日誅宦官第五可範等五百餘人于內侍省三月庚辰制以帝爲守太尉兼中書令宣武宣義天平護國等軍節度使諸道兵馬副元帥加食邑三千戶實封四百戶仍賜回天再造竭忠守正功臣戊戌帝建旆東還昭宗御延喜樓送之既醉遣內臣賜帝御製楊柳詞五首三月戊午至大梁時以青州未平命軍士休辦以俟東征四月丙子巡師于臨朐亟命逼其城與青州兵戰于城下大敗之是夕淮將王景仁以所部援軍宵遁帝遣楊師厚追及輔唐殺千人乘勝攻下密州八月戊辰以伐叛之柄委于楊師厚帝乃東還九月癸卯師厚率大軍與王師範戰于臨朐青軍大敗殺萬餘人并擒師範弟師克即時徙寨以逼其城辛亥偏將劉重霸擒棣州刺史邵播來獻播師範之謀主也帝命斃之戊午師範舉城請降青州平翼日分命將校略地于登萊淄棣等州皆下之繇是東漸至海皆爲梁土也帝復命師範權知青州軍州事師範乃請以錢二十萬貫犒軍帝許之十月辛巳護駕都指揮使朱友倫因擊鞠墮馬卒于長安訃至帝大怒以爲唐室大臣欲謀叛已致友倫暴死十一月丁酉青將劉鄩舉兗州來降鄩王師範之將也師範令鄩據兗州久之及聞師範降鄩乃歸命帝以鄩善事其主待之甚優尋署爲元帥府都押牙權知鄜州留後天祐元年正月己酉帝發自大梁西赴河中京師聞之爲之震懼是時將議迎駕東幸洛陽慮唐室大臣異議帝乃密令護駕都指揮使朱友諒矯昭宗命收宰相崔允京兆尹鄭元規等殺之又邠岐兵士侵逼京畿帝因是上表堅請昭宗幸洛昭宗不得已而從之帝乃率諸道丁匠財力同構洛陽宮不數月而成二月乙亥昭宗駐蹕于陝帝自河中來覲謁見行營因灑涕而言曰李茂貞等竊謀禍亂將迫乘輿老臣無狀請陛下東遷爲社稷大計也昭宗命延于寢室見何皇后面賜酒器及衣物何后謂帝曰此後大家夫婦委身于全忠矣因歔欷泣下後數日帝開宴于陝之私第請駕臨幸翼日帝辭歸洛陽昭宗開內宴時有宮人與昭宗附耳而語韓建躡帝之足帝遽出以爲圖己因連上章請車駕幸洛 十國春秋吳世家三月丁巳唐帝遣間使以絹詔告難于我及西川河東等令糾率藩鎮以圖匡復詔有云朕至洛陽則爲全忠所幽閉詔敕皆出其手朕意不得復通矣 三月丁未昭宗制以帝兼判左右神策及六軍諸衛事是時昭宗累遣中使及內夫人傳宣謂帝曰皇后方在草蓐未任就路欲以十月幸洛帝以陝州小藩非萬乘久留之地期以四月內東幸閏月丁酉昭宗發自陝郡壬寅次于穀水是時昭宗左右惟小黃門及打毬供奉內園小兒二百餘人帝猶忌之是日密令醫官許昭遠告變乃設饌于別幄召而盡殺之皆坑于幕下先是選二百餘人形貌大小一如內園人物之狀至是使一人擒二人縊于坑所即衆其衣及戎具自飾昭宗初不能辨久而方察自是昭宗左右前後皆梁人矣甲辰車駕至洛都帝與宰相百官導駕入宮乙卯昭宗以帝爲宣武宣義護國忠武四鎮節度使時帝請以鄆州授張全義故有此命五月丙寅昭宗宴羣臣曰昨來御樓前一夜亡失赦書賴梁王收得副本不然誤事宰執不得無過矣是日宴欠昭宗入內召帝于內殿曲宴帝不測其事不敢奉詔又曰卿不欲來即令敬翔入來帝密遣翔出乃止己巳奉辭東歸乙亥至大梁六月帝遣都將朱友裕率師討邠州節度使楊崇本叛故也癸丑帝西征遂朝于洛陽七月甲子昭宗宴帝于文思鞠場乙丑帝發東都壬申至河中八月壬寅昭宗遇弒于大內遺制以輝王柷爲嗣乙巳帝自河中引軍而西癸丑次于永壽邠軍不出九月辛未班師十月癸巳至洛陽詣西內臨于梓宮前祗見于嗣君辛丑制以 案此下有闕文 帝至自西征十一月辛酉光州遣使來求援時光州歸款于帝尋爲淮人所攻故來乞師戊寅帝南征度淮次于霍邱大掠廬壽之境淮人乃棄光州而去二年正月庚申進攻壽州壽人堅壁不出丁亥帝自霍邱班師二月辛卯帝至自南征甲午青州節度使王師範至大梁帝待以賓禮尋表授河陽節度使七月辛酉天子賜帝迎鑾紀功碑樹于洛陽庚午遣大將軍楊師厚率前軍討趙匡凝于襄州辛未帝南征表趙匡凝罪狀削奪官爵八月楊師厚進收唐鄧復郢隨均房等七州帝駐軍漢江北自循江干經度濟師之所九月甲子師厚于陰谷江口造梁以濟師趙匡凝率兵二萬振于江濱師厚麾兵進擊襄人大敗殺萬餘衆乙丑趙匡凝焚其舟率親軍載輕舸沿漢而遁丙寅帝濟江至中流舟壞將沒者數四比及岸舟沈是日入襄城帝因周視府署其帑藏悉空惟于西廡下有一亭總戶儼然扃鎖甚密遂令破鎖啓扉中有一大匱緘鐍甚至又令破其匱內有金銀數百錠帝因嘆曰亂兵既入公私財貨固無孑遺矣此帑當有陰物主之不令常人所得俟我以有之耶遂以百餘錠賜楊師厚襲荆州留後趙匡明棄城上峽奔蜀荆襄二州平帝以都將賀瓌權領荆州楊師厚權領襄州即表其事十月丙戌朔天子以帝爲諸道兵馬元帥辛卯帝自襄州引軍由光州路趨淮南將發敬翔切諫請班師以全軍勢帝不聽壬辰次于棗陽遇大雨頗阻師行之勢軍至壽春壽春人堅壁清野以待帝帝乃還舍于正陽十一月丙辰大軍北濟 十國春秋柴再用抄其後軍斬首三千級獲輜重萬計 帝至汝陰深悔淮南之行躁煩尤甚 師友雜志朱全忠嘗與僚佐及遊客坐于大柳之下全忠獨言曰此樹宜爲車轂衆莫應有遊客數人起應曰宜爲車轂全忠勃然厲聲曰書生輩好順口玩人皆此類也車須用夾轂柳木豈可爲之顧左右曰尚何待左右數十人捽言爲車轂者悉撲殺之 丁卯帝至自南征辛巳天子命帝爲相國總百揆以宣武宣義天平護國天雄武順佑國河陽義武昭義保義武昭武定泰寧平盧匡國武寧忠義荆南等二十一道爲魏國 案舊唐書尚有忠武鎮國二道此闕載 進封帝爲魏王入朝不趨劍履上殿贊拜不名兼備九錫之命癸未唐中書門下奏中書印已送相國中書公事權用中書印甲申中書門下奏天下州縣名與相國魏王家諱同者請易之十二月乙酉朔帝讓相國魏王九錫之命丙戌京百司各差官齎本司須知孔目並印赴魏國送納甲午天子以帝堅讓九錫之命乃命宰相柳燦來使且述揖讓之意焉丁酉帝又讓九錫之命詔略曰但以鴻名難掩懿實須彰宜且徇于奏陳未便行于典冊又改諸道兵馬元帥爲天下兵馬元帥是時帝以唐朝百官服飾多闕乃製造遜色衣服請朝廷等第賜之其所給俸錢仍請自來年正月全支三年正月幽滄稱兵將寇于魏魏人來乞師且以牙軍驕悍謀欲誅之遣親吏臧延範密告于帝帝陰許之乙丑北征先是帝之愛女適羅氏是月卒于鄴城因以兵仗數千事實于橐中遣客將馬嗣勳領長直軍千人雜以工匠丁夫肩其橐而入于魏聲言爲帝女設祭魏人信而不疑庚午夜嗣勳率其衆與羅紹威親軍數百人同攻牙軍遲明盡殺之死者七千餘人洎于嬰孺亦無留者是月帝次于內黃聞之馳騎至魏時魏之大軍方與帝軍同伐滄州聞牙軍之死即時奔還帝之軍追及歷亭殺賊幾千餘衆乃擁大將史仁遇保于高唐帝遣兵圍之是月天子詔河南尹張全義部署修制相國魏王法物三月甲寅天子命帝總判鹽鐵度支戶部等三司事帝再上章切讓之乃止四月癸未攻下高唐軍民無少長皆殺之生擒逆首史仁遇以獻帝命支解之未幾又攻下澶博貝衞等州皆爲魏軍殘黨所據故也是時晉人圍邢州刺史牛存節堅壁固守帝遣符道昭帥師救之晉人乃遁去五月帝略地于洺州既而復入于魏七月己未自魏班師是日收復相州自是魏境悉平壬申帝歸自魏八月甲辰以滄州未平復命北征九月丁卯營于長蘆一夕帝夢白龍附于兩肩左右瞻顧可畏恍然驚寤十月辛巳邠州楊崇本以鳳翔邠寧涇鄜秦隴之衆合五六萬來寇屯于美原列十五寨其勢甚盛帝命同州節度使劉知俊都將康懷英帥師禦之知俊等大破邠寇殺二萬餘衆奪馬三千餘匹擒其列校百餘人楊崇本胡章僅以身免十一月庚戌懷英乘勝進軍遂收鄜州十二月乙丑帝以文武常參官每月一五九日赴朝奏請備廊飡詔從之遂自長蘆班師 案以上疑有闕文據舊唐書哀帝紀戊辰李克用與幽州之衆同攻潞州全忠守將丁會以澤潞降太原克用以其子嗣昭爲留後甲戌全忠燒長蘆營旋軍聞潞州陷故也 以寨內糗糧山積帝命焚之滄帥劉守文以城中絕食因致書于帝乞留餘糧以救飢民帝爲留十餘囷以與之 容齋續筆滄州還師悉焚諸營資糧在舟中者鑿而沈之守文遺全忠書曰城中數萬口不食數月矣與其焚之爲煙沈之爲泥願乞其所餘以救之全忠爲之留數囷滄人賴以濟

舊五代史卷二攷證

梁太祖紀二　磁州刺史袁奉滔　磁州原本訛作惠州

今據新唐書及通鑑改正

五日之內連下三州　案三州之下新唐書總繫五月

歐陽史總繫四月惟通鑑從是書分繫四月五月

是時襄州節度趙匡凝　趙匡凝原本沿宋諱作趙凝

今據舊唐書及歐陽史增匡字

隨州刺史趙匡琳　趙匡琳原本沿宋諱作趙琳今據

新唐書增匡字

先屯于內黃　案舊唐書及通鑑俱以屯內黃繫三月

由是潞州復爲晉人所有　案澤潞襄三州之下新唐

書及通鑑俱作八月歐陽史從是書作七月

洛州復平　案洛州之平通鑑作九月舊唐書及歐陽史俱作八月

連拔瀛莫二州　案新唐書昭宗紀九月甲寅朱全忠陷瀛州十月辛酉陷莫州通鑑與新唐書同攷舊唐書俱作九月事是書俱作十一月

天復元年正月乙酉朔　案乙酉朔通鑑與是書同舊唐書作甲申攷昭宗本紀癸未夜孫德昭等以兵攻劉季述王仲先通鑑作德昭等謀以除夜伏兵俟之以癸未爲除夜則正朔斷爲甲申也作乙酉朔似誤

癸巳降制進封帝爲梁王　案全忠進封新舊唐書皆作二月與是書作正月異

定州刺史王處直以本軍自飛狐入　案王處直三字原本闕今據通鑑增入

會氏叔琮以芻糧不給遂班師　案旋師之期歐陽史作三月是書唐紀作五月又與此紀作四月異

罷允知政事　案崔允罷知政事新舊唐書皆作十一月甲戌與是書異

己丑唐丞相崔允京兆尹鄭元規至華州　案舊唐書作十二月己卯崔允至三原砦通鑑作癸未俱與是書作己丑異

癸未與岐軍大戰　案岐軍之敗新舊唐書皆繫五月與是書作六月異

顧錄其孥　案錄原本訛戮今參攷通鑑及北夢瑣言據文改正

甲寅鄜州平周彝聞之收軍而遁　案鄜州平新舊唐書皆繫十二月與是書繫十一月異

華州留後李存審　案李存審三字疑有舛誤攷王師範傳作崔允在華州

是日師範又遣其將劉鄩盜據兗州　案劉鄩陷兗州新舊唐書俱作丙午與是書作丙辰異

昭宗御延喜樓送之　案喜原本訛熹今據通鑑改正

戊午師範舉城請降　案師範之降舊唐書作十一月丁酉新唐書與是書同

朱友倫因擊鞠墮馬卒于長安　友倫九國志趙廷隱傳作友亮攷歐陽史及通鑑並作友倫九國志訛

護駕都指揮使朱友諒　友諒歐陽史梁紀作友謙誤攷歐陽史家人傳亦作友諒與是書同

表趙匡凝罪狀削奪官爵　案削奪趙匡凝官爵舊唐書作八月丁未與是書作七月辛未異

武昭武定泰寧平盧匡國　案武昭原本脫武字匡國沿宋諱作章國今據歐陽史增改

舊五代史卷三

宋門下侍郎參知政事監修國史薛居正等撰

梁書第三

太祖紀三

開平元年正月丁亥帝迴自長蘆次于魏州節度使羅紹威以帝迴軍慮有不測之患由是供億甚至因密以天人之望切陳之帝雖拒而不納然心德之壬寅帝至自長蘆是日有慶雲覆于府署之上甲辰天子遣御史大夫薛貽矩來傳禪代之意貽矩謁帝陳北面之禮帝揖之升階貽矩曰陛下功德及人三靈所卜已定皇帝方議裁紹行舜禹之事臣安敢違既而拜伏于砌下帝側躬以避之二月戊申帝之家廟棟間有五色芝生焉狀若芙蓉紫烟蒙護數日不散又是月家廟第一室神主上有五色衣自然而生識者知梁運之興矣唐乾符中木星入南斗數夕不退諸道都統晉國公王鐸觀之問諸知星者吉凶安在咸曰金火土犯斗即爲灾惟木當爲福耳或亦然之時有術士邊岡者洞曉天文博通陰陽歷數之妙窮天下之奇秘有先見之明雖京房管輅不能過也鐸召而質之岡曰惟木爲福神當以帝王占之然則非福于今必當有驗于後未敢言之請他日證其所驗一日又密召岡因堅請語其詳至于三四岡辭不獲辭乃屏去左右岡曰木星入斗帝王之兆也木在斗中朱字也以此觀之將來當有朱氏爲君者也天戒之矣且木之數三其禎也應在三紀之內乎鐸聞之不復有言天后朝有讖辭云首尾三鱗六十年兩角犢子自狂顛龍蛇相鬬血成川當時好事者解云兩角犢子牛也必有牛姓干唐祚故周子諒彈牛仙客李德裕謗牛僧孺皆以應圖讖爲辭然朱字牛下安八八即角之象也故朱滔朱泚構喪亂之禍冀無妄之福豈知應之帝也四月唐帝御札敕宰臣張文蔚等備法駕奉迎梁朝宋州刺史王臯進赤烏一雙又宰臣張文蔚正押傳國寶玉冊金寶及文武羣官諸司儀仗法物及金吾左右二軍離鄭州丙辰達上源驛是日慶雲見令日王者創業典邦立名傳世必難知而示訓從易避以便人（案此下有闕文）或稽其符命應彼開基之義垂諸象德之言爰攷簡書求于往代周王昌發之號漢帝詢衎之文或從一德以徽稱或爲二名而更易先王令典布在緗緗寡人本名兼于二字且異帝王之號仍兼避易之難郡職縣官多須改換況宗廟不遷之業憲章百世之規事叶典儀豈憚革易寡人今改名晃是以天意雅符于明德日光顯契于瑞文昭融萬邦理斯在是庶順昊穹之意永臻康濟之期宜令有司分告天地宗廟其舊名中外章疏不得更有迴避時將受禪下敎以本名二字異帝王之稱故改名己未賜文武百官一百六十八人本色衣一副戊辰即位制曰王者受命于天光宅四海祗事上帝寵綏下民革故鼎新諒歷數而先定創業垂統知圖籙以無差神器所歸祥符合應是以三正互用五運相生前朝道消中原政散瞻烏莫定失鹿難追朕經緯風雷沐浴霜露四征七伐垂三十年糾合齊盟翼戴唐室隨山刊木罔憚胼胝投袂揮戈不遑寢處洎上穹之所贊知廣運之不典莫著輔漢之謀徒罄事殷之禮唐主知英華已竭算祀有終釋龜鼎以如遺推劍救而相授朕懼德弗嗣執謙允恭避駿命于南河眷清風于潁水而乃列嶽羣后盈廷庶官東西南北之人班白緇黃之衆謂朕功蓋上下澤被幽深宜應天以順時俾化家而爲國拒彼億兆至于再三且日七政已齊萬幾難曠勉遵令典爰正鴻名告天地神祇建宗廟社稷顧惟凉德曷副樂推懍若履冰懷如馭朽金行啓祚玉歷建元方宏經治之規宜布維新之令可改唐天祐四年爲開平元年國號大梁書載虞賓斯爲令範詩稱周客蓋有明文是用先封以禮後嗣宜以曹州濟陰之邑奉唐主封爲濟陰王凡曰軌儀並遵故實姬庭多士比是殷臣楚國羣材終爲晉用歷觀前載自有通規但遵故事之文勿替在公之效應是唐朝中外文武舊臣見任前資官爵一切仍舊凡百有位無易厥章陳力濟時盡瘁事我古者興王之地受命之邦集大勳有異庶方霑慶澤所宜加等故豐沛著啓祚之美穰鄧有建都之榮用壯鴻基且旌故里爰遵令典先示殊恩宜升汴州爲開封府建名東都其東都改爲西都仍廢京兆府爲雍州佑國軍節度使（五代會要四月改京兆府爲大安府長安縣爲大安縣萬年縣爲大年縣仍置佑國軍節度使額始命韓建爲佑國軍節度使）是日大酺賞賜有差（通鑑甲辰唐昭宣帝降御札禪位于梁以攝中書令張文蔚爲冊禮使禮部尚書蘇循副之攝侍中楊涉爲押傳國寶使翰林學士張策副之御史大夫薛貽矩爲押金寶使尚書左丞趙光逢副之帥百官備法駕詣大梁甲子張文蔚楊涉乘輅自上源驛從冊寶諸司各備儀衞鹵簿前導百官從其後至金祥殿前陳之王被袞冕即皇帝位張文蔚蘇循奉冊升殿進讀楊涉張策薛貽矩趙光逢以次奉寶升殿讀已降帥百官舞蹈稱賀帝遂與文蔚等宴于元德殿帝舉酒曰朕輔政未久此皆諸公推戴之力文蔚等慙懼俯伏不能對獨蘇循薛貽矩及刑部尚書張禕盛稱帝功德宜應天順人）宋州刺史王臯進兩歧麥陳州袁象先進白兎一付史館編錄兼示百官詔在京司及諸軍州縣印一例鑄換其篆文則各如舊辛未武安軍節度使馬殷進封楚王以太府卿敬翔知崇政院翔與帷幄之謀故首擢焉追尊四代廟號高祖黯州府君上謚曰宣元皇帝廟號肅祖太廟第一室陵號興極陵祖妣高平縣君范氏追謚宣僖皇后皇曾祖宣惠王上謚曰光獻皇帝廟號敬祖第二室陵號永安祖妣秦國夫人楊氏追謚光孝皇后皇祖武元王上謚曰昭武皇帝廟號憲祖第三室陵號光天祖妣吳國夫人劉氏追謚昭懿皇后皇考文明王上謚曰文穆皇帝廟號烈祖第四室陵號咸寧皇妣晉國太夫人王氏追謚文惠皇后以宣武節度副使皇子友文爲開封尹判建昌院事友文本康氏子也帝養以爲子是月制宮殿門及都門名額正殿爲崇元殿東殿爲元德殿內殿爲金祥殿萬歲堂爲萬歲殿門如殿名帝自謂以金德王又以福建上獻鸚鵡諸州相繼上白烏白兎洎白蓮之合蒂者以爲金行應運之兆故名殿曰金祥以大內正門爲元化門皇牆南門爲建國門滴漏門爲啓運門下馬門爲升龍門元德殿前門爲崇明門正殿東門爲金烏門西門爲玉兎門正衙東門爲崇禮門東偏門爲銀臺門宴堂門爲德陽門天王門爲賓天門皇牆東門爲寬仁門浚儀門爲厚載門皇牆西門爲神獸門望京門爲金鳳門宋門爲觀化門尉氏門爲高明門鄭門爲開明門梁門爲乾象門酸棗門爲興和門封邱門爲含耀門曹門爲建陽門升開封浚儀爲赤縣尉氏封邱雍邱陳留爲畿縣（五代會要四月改左右長直爲左右龍虎軍左右內衙爲左右羽林軍左右堅銳夾馬突將爲左右神武軍左右親隨軍將馬軍爲左右龍驤軍）五月以唐朝宰臣張文蔚楊涉並爲門下侍郎平章事以御史大夫薛貽矩爲中書侍郎平章事帝初受禪求理尤切委宰臣搜訪賢良或有在下位抱負器業久不得伸者特加擢用有明政理得失之道規救時病者可陳章疏當親鑒擇利害施行然後賞以爵秩有晦跡邱園不求聞達者令彼長吏備禮邀致冀無遺逸之恨進封河南尹兼河陽節度使張全義爲魏王兩浙節

度使錢鏐進封吳越王辛巳有司奏以降誕之日為大明節休假前後各一日壬午保義軍節度使朱友謙進百官衣二百副乙酉立皇兄全昱為廣王皇子友文為博王友珪為郢王友璋為福王友雍為賀王友徽為建王辛卯以東都舊第為建昌宮改判建昌院事為建昌宮使初帝創業之時以四鎮兵馬倉庫籍繁因總置建昌院以領之至是改為宮蓋重其事也甲午詔天下管屬及州縣官名犯廟諱者各宜改換城門郎改為門局郎茂州改為汶州桂州慕化縣改為歸化縣潘州茂名縣改為越裳縣 謹案東軒筆錄京師呼城外為州東州西州南州北而韋城相城胙城等縣但呼韋縣相縣胙縣蓋沿梁時避諱之舊也 詔樞密院宜改為崇政院以知院事敬翔為院使改文思院為乾文院同和院改為儀鸞院 五代會要五月改御食使為司膳使小馬坊使為天驥使 以西都水北宅為大昌宮廢雍州太清宮改西都太微宮亳州太清宮皆為觀諸州紫極宮皆為老君廟泉州僧智宣自西域回進辟支佛骨及梵夾經律丙申御元德殿宴犒諸軍使劉捍符道昭已下賜物有差是月青州許州定州三鎮節度使請開內宴各賜方物以青州節度使韓建守司徒平章事帝以建有文武材且詳于稼穡利害軍旅之事嘗度經費欲盡詢焉恩澤特異于時罕有比者隨拜為上相賜賚甚厚宿州刺史王儒進白兎一濮州刺史圖嘉禾瑞麥以進廣州進奇寶名藥品類甚多河南尹張全義進開平元年已前羨餘錢十萬貫綢六千匹綿三十萬兩仍請每年上供定額每歲貢絹三萬匹以為常式荊南高季昌進瑞橘數十顆質狀百味倍勝常貢且橘當冬熟今方仲夏時人咸異其事因稱為瑞六月幸乾元院宴召宰臣學士及諸道入貢陪臣己亥帝御崇元殿內出追尊四廟上謚號玉冊寶共八副宰臣文武百官儀仗鼓吹導引至太廟行事癸卯司天監奏日辰內有戊字請改為武從之癸亥詔以前朝官僚譴逐南荒積年未經昭雪其間有懷抱材器為時所嫉者潔負冤抑仍令錄其名姓盡復官資兼告諭諸道令津致赴闕如已亡歿並許歸葬以明恩蕩以西都徵安門北路逼近太內宮垣兼非民便令移自榆林直趣端門之南改耀州報恩禪院為興國寺馬殷奏破淮寇靜海軍節度使曲裕卒七月丙申以靜海軍行營司馬權知留後曲顥起復為安南都護充節度使 五代會要七月敕云建國遷都傳新其制況山河之險表裏為防今二京俱在關東以內仍以潼關隸陝州復置河潼軍使命陝州刺史兼領之其月敕改虎牢關為軍仍置虎牢關軍使 己亥追尊皇妣為皇太后八月以潞州軍前屯師旅壁壘未收乃別議戎帥于是以亳州刺史李思安充潞州行營都統敕朝廷之儀封冊為重用報勳烈以隆恩榮固合親臨式光典禮舊章久缺自我復行今後每封冊大臣宜令有司備臨軒之禮 五代會要八月敕云諸道所有軍事申奏令直至右銀臺門委客省使畫時引進尋常公事依前四方館收接 甲子平明前老人星見于南極壬申密州進嘉禾又有合歡榆樹並圖形以獻是月隰州奏大寧縣至固鎮上下二百里今月八日黃河清至十日如故九月辛丑西京大內放出兩宮內人及前朝宮人任其所適敕以近年文武官諸道奉使皆于所在分外停住踰年涉歲未聞歸闕非惟勞費州郡抑且侮慢國經臣節既虧憲章安在自今後兩浙福建廣州安南邕容等道使到發許住一月湖南洪鄂黔桂許住二十日荊襄同雍鎮定青滄許住十日其餘側近不過三五日凡往來道路據遠近里數日行兩驛如遇疾患及江河阻隔委所在長吏具事由奏聞如或有違當行朝典命御史點檢糾察以儆慢官魏博羅紹威二男廷望廷矩年在幼稚皆有材器帝以其藩屏勳臣之胄宜受非次之用皆擢為郎恩命既行之後二子亦就班列紹威乃上章以齒幼未任公事乞免主印宿直從之封鎮東軍神祠為崇福侯浙西奏道門威儀鄭章道士夏隱言焚修精志妙達希夷推諸輩流實有道業鄭章宜賜號貞一大師仍名元章隱言賜紫衣 五代會要九月置左右天興左右廣勝軍仍以親王為軍使 十月帝以用軍未暇西幸文武百官等久居東京漸及疑訝令就便各許歸安只留韓建薛貽矩翰林學士張策韋郊杜曉中書舍人封舜卿張袞并左右御史司天監宗正寺兼要當諸司節級外其宰臣張文蔚已下文武百官並先于西京祗候庚午大明節內外臣僚各以奇貨良馬上壽故事內殿開宴召釋道二教對御談論宣旨罷之命閤門使以香合賜宰臣佛寺行香駕幸繁臺講武癸酉御史司憲薛廷珪奏請文武百官仍舊朝參先是帝欲親征河東命朝臣先赴洛都至是緩其期乃允所奏宰臣請每月初入閤望日延英聽政永為常式山南東道節度使楊師厚進納趙匡凝東第書籍先是收復襄漢帝閱其圖書至是命師厚進焉廣州進獻助軍錢二十萬又進龍腦腰帶珍珠枕玳瑁香藥等十一月壬寅帝以征討未罷調補為先遂命盡赦逃亡背役髠黥之人各許歸鄉里廣州進龍形通犀腰帶金托裹含稜玳瑁器百餘副香藥珍巧甚多廣南管內獲白鹿並圖形來獻耳有兩缺按符瑞圖鹿壽千歲變白耳一缺今驗此鹿耳有二缺其獸與色皆應金行實表嘉瑞十二月辛亥詔曰

路寇未平王師在野攻戰之勢難緩于寇圍飛輓之勤實勞于人力永言輟耒深用軫懷宜令長吏丁寧布告期以兵罷之日給復賦租于是人戶聞之皆忘其倦詔故荊南節度使守中書令上谷王周汭贈太師故武昌軍節度使兼中書令西平王杜洪贈太傅先是鄂渚再為淮夷所侵攻圍甚急杜洪以兵食將盡繼來乞師帝料其隔越大江難以赴援兼以荊州據上游多戰艦去江夏甚邇因命周汭舉舟師沿流以救之汭于是引兵東下幾及鄂界遇朗州背盟作亂乘江陵之虛縱兵襲破之俘掠且盡既而汭士卒知之皆顧其家咸無關志遂為淮寇所敗將卒潰散汭忿恚自投于江汭之本姓犯文穆皇帝廟諱至是因追贈以其系出周文故賜姓周氏及汭兵敗之後武昌以重圍經年糧盡力困救援不至訖為淮寇所陷載洪以送淮師遂殺之此二鎮皆以忠貞歿于王事帝每言諸藩屏翰經綸之業必首痛汭洪之薨至是追贈之深加軫悼各以其子孫宗屬錄用焉棣州蒲臺縣百姓王知嚴妹以亂離并失怙恃因舉哀追感自截兩指以祭父母帝以遺體之重不合毀傷言念村閭何知禮教自今後所在郡縣如有截指割股不用奏聞是年諸道多奏軍人百姓割股青齊河朔尤多帝曰此若因心亦足為孝但苟免徭役自殘肌膚欲以庇身何能療疾並宜止絕 五代會要十二月于輝州碭山縣置崇德軍太祖榆社在碭山置使以領之始命朱彥讓為軍使

舊五代史卷三攷證

梁太祖紀三節度使羅紹威　紹威原本作昭威今據歐陽史改

判建昌院事　案原本脫昌字今增

以青州節度使韓建守司徒平章事　青原本訛作清今改正

癸卯司天監奏日辰內有戊字請改為武從之　案容齋三筆以為戊類成字故司天諂之不知戊字乃避梁祖曾祖茂琳諱非以其類成字也雲谷雜記嘗辨正之今崇福侯廟碑立于開平二年上作武寅足證當時避諱之體

己亥追尊皇妣為皇太后　案長歷七月不得有己亥今攷通鑑亦作七月己亥當是引薛史原文今仍之

是日隰州奏大寧縣至固鎮上下二百里　案是書前後多作李固鎮疑原本有脫字攷通鑑亦間作固鎮蓋當時奏牘省文也今仍之

因命周汭舉舟師沿流以救之　周汭列傳作成汭本紀所稱周汭者仍當時詔誥之文耳

舊五代史卷四

宋門下侍郎參知政事監修國史薛居正等撰

梁書第四

太祖紀四

開平二年正月癸酉帝御金祥殿受宰臣文武百官及諸藩屏陪臣稱賀諸道貢舉一百五十七人見于崇元門封從子友寧為安王友倫為密王幽州劉守文進海東鷹鶻蕃馬氈罽方物自去冬少雪春深農事方興久無時雨兼慮有災疾帝深軫下民二月命庶官遍祀于羣望掩瘞暴露令近鎮案古法以禳祈旬日乃雨 是月弒濟陰王 帝以上黨未收因議撫巡便往西都赴郊禋之禮乃下命曉告中外取三月一日離東京以宰臣韓建權判建昌宮事 五代會要十月以尚書兵部侍郎李皎為建昌宮副使 兵部侍郎姚洎為鹵簿使開封尹博王友文為東都留守辛未契丹主安巴堅遣使貢良馬三月壬申帝親統六軍巡幸澤潞是日寅時車駕西幸宰臣并要切司局皆扈從晚次中牟下詔以去年六月後昭義行營陣歿都將吏卒死于王事追念忠赤乃錄其名氏各下本軍令給養妻孥三年內官給糧賜丁丑幸澤州辛巳以同州節度使劉知俊為潞州行營招討使壬午宴扈駕羣臣并勞知俊賜以金帶戰袍寶劍茶藥甲申登東北隅逍遙樓蒐閱騎乘旌甲滿野丙申招討使劉知俊上章請車駕還東京蓋小郡湫隘非久駐蹕之所達覽帝俞其請以鴻臚卿李從唐室宗屬封萊國公為二王後有司奏萊國公李從合留三廟于西都選地位建立廟宇以備四仲祀祭命度支供給以遵彝典四月以吏部侍郎于兢為中書侍郎平章事以翰林奉旨學士張策為刑部侍郎平章事時帝在澤州拜二相于行在丙午車駕離澤州丁未駐蹕于懷州宴宰臣文武百官辛亥至鄭州壬子至東京丙寅車駕幸繁臺觀稼鄢陵居人程震以兩岐麥穗

幷書圖來進甲寅淮寇侵軼潭岳邊境欲援朗州以戰艦百餘艘揚帆西上泊鼎口湖南馬殷遣水軍都將黃璠率樓船遮擊之賊衆沿流宵遁追至鹿角鎮詔以戶部尚書致仕裴迪復爲右僕射迪敏事慎言達吏治明籌算帝初建節旄于夷門迪一謁見如故知乃辟爲從事自是之後歷三十年委四鎮租賦兵籍帑廩官吏獄訟賞罰經費運漕事無巨細皆得專之帝每出師即知軍州事逮于二紀不出梁之闉闍甚有裨贊之道禪代之歲命爲太常卿屬年已耆耄視聽昏塞不任朝謁遂請老許之朞月復起師長庶官焉五月丁丑王師圍潞州將及二年李進通危在旦夕不俟攻擊當自降太原李存勗以厚幣誘結北番諸部並其境內丁壯悉驅南征決戰以救上黨之急部落帳族馳馬屬兵數路齊進于銅鞮樹寨旗壘相望王師敗于潞州己丑令下諸州去年有蝗蟲下子處蓋前冬無雪今春亢陽致爲災沴實傷壟畝必慮今秋重困稼穡自卯多在荒陂榛蕪之內所在長吏各須分配地界精加翦撲以絕根本壬辰夜火星犯月太史奏災合在荊楚乃令設武備寬刑罰恤人禁暴以禳之軍前行營都將康懷英孫海金已下主將四十三人于右銀臺門進狀待罪帝以去年發軍之日不利有違兵法並釋放兼各賜分物酒食勞問制義昌軍節度使劉守文加中書令封大彭王盧龍軍節度使劉守光封河間郡王許州節度使馮行襲封長樂王是月癸未淮賊寇荊州石首縣襄陽舉舟師沿灨港襲敗之六月辛亥以亢陽慮時政之闕乃詔曰邇者下民喪禮法吏舞文銓衡或失于選求州鎮又無其舉刺風俗未厚獄訟實繁職此之由上遭天譴至是決遣四徒及戒勵中外丙寅月犯角宿帝以其分野在兗州乃令長吏治戎事設武備省獄訟恤疲病祈福禳災以順天戒丙辰邠岐來寇雍西編戶困于逃避且芟害禾稼結營自固踰月同州劉知俊領所部兵擊退襲至幕谷大破之俘斬千計收其器甲宋文通僅以身免詔曰敦尚儉素抑有前聞斥去浮華期臻至理如聞近日貢奉競務奢淫或奇巧蕩心或雕鐫溢目徒殫資用有費工庸此後應諸道進獻不得以金寶裝飾戈甲劍戟至于鞍勒不用塗金及雕刻龍鳳如有此色所司不得引進邕州奏鎮鄉山僧法通道璘有道行各賜紫衣是月壬戌岳州爲淮賊所據帝以此郡五嶺三湘水陸會合之地委輸商賈靡不由斯遂令荊湘湖南北舉舟師同力致討王師既集淮夷毀壁焚郭而遁秋七月甲戌大霖雨陂澤泛溢頗傷稼穡帝幸右天武軍河亭觀水幸高僧臺閱禁衛六軍詔曰車服以庸古之制也貴賤無別罪莫大焉應內外將相許以銀飾鞍勒其刺史都將內諸司使以降秖取用銅葉定尊卑永爲條制仍令執法官糾察之（五代會要載七月敕曰祭祀之儀有國大事如聞官吏慢于恪恭牲具禮容有興精審宜令御史臺疏其條件奏聞）癸巳以禪代已來思求賢哲乃下令搜訪牢龍之期以好爵待以優榮各隨其材咸使登用宜令所在長吏切加搜訪每得其人則疏姓名以聞如在下位不能自振者有司薦導之如任使後顯立功勞別加遷陟救禁屠宰兩月甲午以高明門外繁臺爲講武臺是臺西漢梁孝王之時嘗按歌閱樂于此當時因名曰吹臺其後有繁氏居于其側里人乃以姓呼之時代綿寢雖官吏亦從俗焉帝每登眺蒐乘訓戎宰臣以是事奏而名之八月辛亥敕應有暴露骸骨各委差人埋瘞兩浙錢鏐奏請重鑄與諸州新印詔禁戢諸軍節級兵士及供奉官受旨殿直以下各修禮敬甲寅太史奏壽星見于南方兩浙錢鏐奏改管內紫極宮爲眞聖觀改臨安縣廣義鄉爲衣錦鄉（十國春秋吳越世家八月梁敕封唐山縣爲吳昌縣唐興縣爲天台縣又敕升杭越等州爲大都督府復改新城縣曰新登長城縣曰長興樂成曰樂清避梁諱也）甲子夜東方有大流星光明燭地有聲如裂帛唐州上言白龍見圖形以進九月丙子太原軍出陰地關南牧寇掠郡縣晉絳有備帝慮諸將翫寇乃下詔親議巡幸命有司備行丁丑翠華西狩宰臣翰林學士崇政院使金吾仗及諸司要切官皆扈從餘文武百官並在東京壬午達洛陽帝御文思殿受朝參許汝孟懷牧守來朝擇州刺史劉重霸面陳破敵之策癸未西幸宿新安丙戌至陝州駐蹕雍同華牧守皆進鎧甲騎馬戈戟食味方物幽州都將康君紹等十人自蕃賊寨內來投又幽州騎將高彥章八十八騎先在幷州乃于晉州軍前來降至是到行在皆賜分物衣服放歸本道以示懷服丁亥至陝州賜宴扈從官戊子延州賊軍寇上平關又太原軍攻平陽烽火羽書晝夜繼至乙丑六軍統軍牛存節黃文靖各領所部將士赴行在甲午太原步騎數萬攻逼晉絳踰旬不克知大軍至乃自焚其寨至夕而遁福州貢玳瑁琉璃犀象器并珍玩香藥奇品海味色類良多價累千萬十月巳亥上在陝兩浙節度使奏于常州東州鎮敗淮賊萬餘人獲戰船一百二隻以行營左廂步軍指揮使賀瓌爲左龍虎統軍以左天武軍夾馬指揮使尹皓爲輝州刺史以右天武都頭韓瑭爲神捷指揮使左天武第三都頭胡賞爲右神捷指揮使仍賜帛有差以解晉州圍之功也以尹皓部下五百人爲神捷軍乙巳御內殿宴宰臣扈從官共四十五人丙午御毬場殿宴夾馬都指揮使尹皓韓瑭以下將士五百人賜酒食庚戌至西都御文明殿辛亥宰臣百寮起居于殿前遂宣赴內宴賜方物有差丁巳至東都己未大明節諸道節度刺史各進獻鞍馬銀器綾帛以祝壽宰臣百官設齋相國寺壬戌御宣和殿宴宰臣文武百官十一月辛未御宣和殿宴宰臣文武百官以大駕還京故也庚辰御宣和殿宴宰臣文武百官出開明門登高僧臺閱兵諸道節度使刺史各進賀冬田器鞍馬綾羅等戊子賜文武百官帛乙未又宴宰臣文武百官于宣和殿（通鑑癸巳中書侍郎同平章事張策以刑部尚書致仕以左僕射楊涉同平章事）十二月立二王三恪南郊禮儀使狀伏以詩稱有客書載虞賓實因禪代之初必行興繼之命俾之助祭式表推恩兼垂恪敬之文別示優崇之典徵于歷代襲用舊章謹按唐朝以後魏元氏子孫韓國公爲三恪以周宇文氏子孫爲介國公隋朝楊氏子孫爲酅國公爲二王後今伏以國家受禪封唐朝子孫李從爲萊國公今參詳合以介國公爲三恪酅國公萊國公爲二王後（五代會要十二月改左右天武爲龍虎軍左右龍虎爲天威軍左右天威爲羽林軍左右羽林爲神武軍左右神武爲英武軍前朝置龍虎左右羽林之衛士至是以天武神武英武等六軍易其號而任勳舊焉）癸丑獵畋于含耀門外

開平五年正月戊辰朔帝御金祥殿受宰臣翰林學士稱賀文武百官拜表于東上閤門己巳奉遷太廟四室神主赴西京太常儀仗鼓吹導引齋車文武百官奉辭于開明門外甲戌發東都百官扈從次中牟縣乙亥次鄭州丙子次氾水縣河南尹張宗奭河陽節度使張歸霸並來朝戊寅次偃師縣己卯備法駕六軍儀仗入西都是日御文明殿受朝賀詔曰近年以來風俗未泰兵革且繁正月燃燈廢停已久今屬創開鴻業初建洛陽方在上春務達陽氣宜以正月十四十五十六日夜開坊市門一任公私燃燈祈福庚寅親享太廟辛卯祀昊天上帝于圜丘是日降雪盈尺帝昇壇而雪霽禮畢御五鳳樓宣制大赦天下賜南郊行事官禮儀使趙光逢以下分物甲午上御文思殿宴羣臣賜金帛有差丙申賜文武官帛有差命宣徽使王殷押絹一萬匹并茵褥幃帝二百六十件賜張宗奭（歐陽史丙申羣臣上尊號曰睿文聖武廣孝皇帝）改西京貞觀殿爲文明殿含元殿爲朝元殿二月改思政殿爲金鑾殿敕東都曰自昇州作府建邑爲都未廣邦畿頗虧國體其以滑州酸棗縣長垣縣鄭州中牟縣陽武縣宋州襄邑縣曹州戴邑縣許州扶溝縣鄢陵縣陳州太康縣等九縣宜並割屬開封府仍升爲畿縣（輿地廣記朱梁時楊氏據江淮于是吳越錢氏上言以淮寇未平聞道遮姓請改松陽縣爲長松）丁酉宴羣臣于崇勳殿甲辰又宴羣臣于崇勳殿蓋藩臣進賀勉而從之丙午宗正寺請修興極永安光天咸寧諸陵並令添修上下宮殿栽植松柏制可癸亥敕豐沛之基寢園所在悽愴動關于情理充奉自繫于國章宜設陵臺兼升縣望其輝州碭山縣宜爲赤縣仍以本縣令兼四陵臺令同州節度使劉知俊奏延州都指揮使高萬興部領節級家累三十八人來降三月以萬興檢校司徒爲丹延等州安撫招討等使辛未詔曰同州邊隅繼有士衆歸化暫思巡撫兼要指揮今幸蒲陝取九日進發甲戌車駕發西都百官奉辭于師子門外丁丑次陝州己卯次解縣河中節度使冀王友謙來奉迎庚辰至河中府幸右軍舊杏園講武丙戌以朔方節度使兼中書令韓遜爲潁川王遜本靈州牙校唐末據本鎮朝廷因而授以節鉞四月丙申朔駐蹕河中壬寅辰時駕巡于朝邑縣界焦黎店冀王友謙及崇政內諸司使扈從至申時迴己亥御前殿宴宰臣及冀王友謙扈從官甲寅宴宰臣及扈從官于內殿制易定節度使王處直進封北平王福建節度使王審知封閩王廣州節度使劉隱封南平王同州節度使劉知俊封大彭郡王山南東道節度使楊師厚封宏農郡王五月乙丑朔遂命宰臣及文武百官宴于內殿己卯車駕至西京癸未御崇勳殿宴宰臣及文武官四品以上己丑復御崇勳殿宴宰臣文武官四品以上升宋州爲宣武軍節鎮仍以亳輝潁爲屬郡六月庚戌同州節度使劉知俊據本郡反制令削奪劉知俊在身官爵仍徵發諸軍速令進討如有軍前將士懷忠烈以知機賊內朋徒覩勢從而識變便能梟夷逆豎擒獲凶渠務立殊功當行厚賞活捉得劉知俊者賞錢一萬貫文便授忠武軍節度使並賜莊宅各一所如活捉得劉知浣者賞錢一千貫文便與除刺史有官者超轉三階無官者特授兵部尚書如活捉得劉知俊骨肉及近上都將並梟送闕廷者賞賜有差辛亥駕至蒲陝文武百官于新安縣奉迎劉知俊弟內直右保勝指揮使知浣自洛奔至潼關右龍虎軍十將張溫以上二十二人于潼關擒獲劉知浣送至行在敕劉知浣逆黨之中最爲頭角龍虎軍親兵之內實冠爪牙昨者攻取潼關率先用命尋則擒獲知浣最上立功頗壯軍威將除國難所懸賞格便可支分許賜官階固

須除授但昨捉獲劉知浣是張温等二十二人一時向前共立功效其賞錢一千貫文數內一百貫文與最先打劍劉知浣衙官李稠四十三貫文與十將張温二十人各與錢四十二貫八百五十文立功敕命便授郡府亦緣同時立功人數不少所除刺史難議偏頗宜令逐月共支給正刺史料錢二百貫文數內十將張温一人每月與十貫文餘二十一人每月每人各分九貫文仍起七月一日以後支給人與轉官職仍勘名銜分析申奏當與施行是月知俊奔鳳翔同州平七月乙丑敕行宮將士陣歿者咸令所在給槥櫝津置歸鄉里戰卒聞之悉感涕丙寅命宰臣楊涉赴西都以孟秋享太廟改章善門爲左右銀臺門其左右銀臺門卻改爲左右興善門敕大內皇牆使諸門素來未得嚴謹將令整肅須示條章宜令控鶴指揮應于諸門各添差控鶴官兩人守帖把門其諸司使并諸司諸色人竝勒于左右銀臺門外下馬不得將領行官一人輒入門裏其逐日諸道奉進客省使于千秋門外排當抗勒控鶴官舁擡至內門前準例令黃門殿直以下舁進輒不得令諸色一人到千秋門內其興善門仍令長官關鎖不用逐日開閉是日又敕皇牆大內本尚深嚴宮禁諸門豈宜輕易未當條制交下因循苟出入之無常且公私之不便須加鈐轄用戒門閭宜令宣徽院使等切準此處分進封幽州節度使河間郡王劉守光爲燕王（通鑑七月癸酉帝發陝州乙亥至洛陽寢疾）己丑夕寢殿棟折詰旦召近臣諸王視棟折之迹帝慘然曰幾與卿等不相見君臣對泣久之遂詔有司釋放禁人從八月朔日後減膳進素食禁屠宰避正殿修佛事以禳其咎商州刺史李稠棄郡西奔本州將吏以都牙校李玫權知州事八月甲午以秋稼將登霖雨特甚命宰臣以下禱于社稷諸祠詔曰封嶽告功前王重事祭天肆覲有國恒規朕以眇身恭臨大寶旣功德未敷于天下而災祥互降于城中慮于告謝之儀有缺齋虔之禮爰修昭報用契幽通宜令中書侍郎平章事于兢往東嶽祭拜禱祀訖聞奏又敕朕以干戈尚熾華夏未寧宜循卑菲之言用致雍熙之化起八月一日常朝不御金鑾崇勳兩殿只于便殿聽政辛亥制諸郡如有陣歿將士仰逐都安存家屬如有弟兄兒姪便給與衣糧充役贈故山東道節度使留後王珏太保贈故同州觀察判官盧匪躬工部尚書珏故河陽將累以軍功爲郡守主留事于襄陽爲小將王求所殺匪躬嘗爲劉知俊判官知俊反不偕行爲亂兵所害敕建國之初用兵未罷諸道章表皆繫軍機不欲滯留用防緩急其諸道所有軍事申奏宜令至右銀臺門委客省畫時引進諸道公事卽依前四方館準例收接司天臺奏今月二十七日平明前東南丙上去山高三尺以來老人星見測在井宿十一度其色光明闊大敕所在長吏放雜差役兩稅外不得妄有科配自今後州縣府鎭凡使命經過若不執敕文券並不得妄差人驢及取索一物已上又今歲秋田皆期大稔仰所在切如條流本分納稅及加耗外勿令更有科索切戒所繇人更不得于鄉村乞託擾人閏八月襄陽叛將李洪差小將進表帝不以含宏特賜敕書慰諭又制左馮背叛元惡逋逃如聞相濟之徒多是脅從之輩若能迴心向國轉禍全身當與加恩必不問罪仍令同華雍等州切加招諭如能梟斬温韜或以鎭寨歸化必加厚賞仍獎官班兼委本界招復人戶切加安存己卯幸西苑觀稼

舊五代史卷四攷證

梁太祖紀四二月　案通鑑二月癸亥酖殺濟陰王于曹州新唐書昭宣帝紀亦云二月遇弒歐陽史作正月己亥卜郊于西都弒濟陰王與諸書異

辛巳以同州節度使劉知俊爲潞州行營招討使　案辛巳歐陽史通鑑俱作壬午

時帝在澤州拜二相于行在　案通鑑云癸巳張文蔚卒癸卯楊涉罷爲右僕射是二相之拜以代文蔚涉也又承旨學士梁代避諱改爲奉旨通鑑及歐陽史仍作承旨

壬子至東京　案五代春秋作丙午帝還東都歐陽史作壬子至澤州惟通鑑與是書同

進寇侵軼潭岳邊境　侵軼原作侵軹今據文改正

王師敗于潞州　案潞州之敗歐陽史作五月己丑通鑑作壬申

帝以此郡五嶺三湘水陸會合之地　此郡原作北郡今據文改正

時代綿寢　綿寢原作綿浸今據通鑑注改正

丙戌至陝州　丙戌通鑑作乙酉

丁巳至東都　案通鑑攷異引編遺錄作乙卯實錄作丁巳今攷五代春秋作丁巳與是書同歐陽史作丁未與是書異

許州扶溝縣　案扶溝下脫縣字今據文增入

甲寅福建節度使王審知封閩王廣州節度使劉隱封南平王　甲寅通鑑作庚子與是書異

如活捉得劉知浣者賞錢一千貫文　案一千原作一萬今據通鑑長編引梁代賞功之典改正

辛亥駕至蒲陝　案通鑑作癸丑帝至陝與是書前後異

其興善門仍令長官關鎖　興善原作章善今據上文及五代會要改正

安巴堅舊作阿保機今改

舊五代史卷五

宋門下侍郎參知政事監修國史薛居正等撰

梁書第五

太祖紀五

開平三年九月癸巳朔御崇勳殿宴羣臣文武百官賜張宗奭楊師厚白綾各三百匹銀鞍轡馬丁酉上幸崇政院宴內臣賜院使敬翔直學士李珽等繒綵有差以門下侍郎平章事薛貽矩判建昌宮事兼延資庫使制內外使臣復命未見便歸私第者朝廷命使臣下奉行惟于辭見之儀合守敬恭之道近者凡差出使往復皆越常規或已辭而尚在本家或未見而先歸私第但從已便莫稟王程在禮敬而殊乖置典章而私畢宜令御史臺別具條流事件具黜罰等奏聞庚子殿直王唐福自襄城走馬以大軍勝捷逆將李洪歸降事上聞賜唐福絹銀有加宰臣百官上表稱賀壬寅開封府虞候李繼業齎襄州都指揮使陳暉奏狀以今月五日殺戮逆黨千人竝生擒都指揮使傳霸以下節級共五百人收復襄州人戶歸業（通鑑八月陳暉軍至襄州李洪逆戰大敗王求死九月丁酉拔其城斬叛兵千人執李洪楊虔等送洛陽斬之）癸卯帝御文明殿以收復襄漢受宰臣以下稱賀辛亥侍中韓建罷守太保左僕射同平章事楊涉罷守本官以太常卿趙光逢爲中書侍郎平章事翰林學士奉旨工部侍郎知制誥杜曉爲尚書戶部侍郎平章事詔曰秋冬之際陰雨相仍所司擇日拜郊或慮臨時妨事宜令別更擇日奏聞是月禮儀使奏據所司擇十月二日祀圜丘今參詳十月十七日以後入十一月節十一月二日冬至一陽生之辰宜行親告之禮從之河中奏準宣詔使有銅牌者所至卽易騎以遣十月癸未大明節帝御文明殿設齋僧道召宰臣翰林學士預之諸道節度刺史及內外諸司使咸有進獻詔以寇盜未平凡諸給過所竝令司門郎中員外郎出給以杜姦詐十一月癸巳朔帝齋于內殿不視朝甲午日長至五更一點自大內出于文明殿受宰臣以下起居自五鳳樓出南郊左右金吾太常兵部等司儀仗法駕鹵簿及左右內直控鶴等引從赴壇文武百官太保韓建以下班以候帝升壇告謝司天臺奏冬至日自夜半後祥風微扇帝座澄明至曉黃雲捧日丙申畋于上東門外戊戌制曰夫嚴親報本所以通神明流澤覃休所以惠黎庶斯蓋邦家不易之道皇王自昔之規敢斁大猷茲惟古義粤朕受命于今三年何嘗不寅畏晨興焦勞夕惕師唐虞之典上則于乾功挹殷夏之源下涵于民極欲使萬方有裕六辨無愆然而志有所未孚理有所未達致姦宄作孽旱霾爲災驕將守邊擁牙旗而背義積陰馭氣陵玉燭以干和載攷休徵式昭至警朕是以仰高俯厚靡惜于責躬履薄臨淵冀昭于元覽兢兢慄慄夙夜匪寧及夫動干戈而必契靈誅陳儀齋而克章善應苟非天垂丕佑神贊殊休則安可致夷兇渠就不戰之功變沴戾氣作有年之慶況靈旗北指喪羆貔于亂轍之間飛騎西臨下鄜翟若走丸之易息一隅之煙燧復千里之封疆而又掃蕩左馮討除峴首故得外戎內夏盡知天命之攸歸喙息蚑行共識皇基之永固仰懷昭應欲報無階爰因南至之辰親展圜丘之禮茲惟大慶必及下民乃宏渙汗之私以錫疲羸之幸所冀漸增蘇息亟致和平噫朕自臨御以來歲時尚邇氛昏未殄討伐猶頻甲兵須議于餽糧飛輓頗勞于編戶事非獲已慮若納隍宜所在長吏倍切撫綏明加勉諭每官中抽差徭役禁猾吏廣斂貪求免至流散靡依凋弊不濟宜令河南府開封府及諸道觀察使切加鈐轄刺史縣令不得因緣賦斂分外擾人凡關庶獄每望輕刑只候纔罷用軍必當便議優給德音節文內有未該者宜令所司類列條件奏聞己亥以羅周翰爲天雄軍節度副使知府事從鄴王紹威請也辛丑幸穀水戊午御文明殿冊太傅張宗奭太保韓建受冊畢金吾仗引昇輅車儀仗導謁太廟訖赴尚書省上幸榆林坡閱兵教場爲輿安毬場又改弓箭庫殿爲宣武殿靈州奏鳳翔賊將劉知俊率邠岐秦涇之師侵迫州城帝遣陝州康懷英華州寇彥卿率兵攻迫邠寧以緩朔方之寇（五代春秋十一月秦人來侵靈州陝州康懷英侵秦克寧慶衍三州秦人來襲懷英兵敗于昇平）十二月乙丑臘較獵于甘泉驛以蒲州肇迹之地且因經畧鄜延于是巡幸數月暇日游豫至焦梨店頗述前事念王重

梁舊功下詔褒獎而封崇之國子監奏創造文宣王廟仍請率在朝及天下現任官僚俸錢每貫每月尅一十五文充土木之植允之是歲以所率官僚俸錢修文宣王廟福建節度使王審知奏捨錢造寺一所請賜寺額敕名大梁萬歲之寺仍許度僧四十九人贈牢牆使王仁嗣司空故同州押衙史肇右僕射押衙王彥洪高漢詮邱奉言仇瓊並刑部尚書王筠御史司憲初劉知俊將叛謀會諸將詢所宜仁嗣等持正不撓悉罹其酷至是褒贈之劉守光上言于薊州西與兄守文戰擒守文開平四年正月壬辰朔帝御朝元殿受百官稱賀始用禮樂也敕公事雖于稽遲居處悉皆遙遠其逐日當直中書舍人及吏部司封知印郎官少府監及篆印文兼書寫告身人吏等並宜輪次于中書側近宿止乙未帝出師子門至榆林坡下閱教壬寅幸保寧毬場錫宴宰臣及文武百官賜宰臣張宗奭已下分物有加賜廣王分物及湖南開元寺禪長老可復號惠光大師仍賜紫衣二月乙丑幸甘水亭出師子門幸榆林東北坡教諸軍兵事賜潞州投歸軍使張行恭錦服銀帶並食戊辰宴于金鑾殿甲戌以春時無事頻命宰臣及勳戚宴于河南府池亭辛巳楊師厚赴鎮于陝寒食假諸道節度使郡守勳臣競以春服賀又連清明宴以鞍轡馬及金銀器羅錦進者迨千萬乃御宣威殿宴宰臣及文武官四品已上己丑出光政門至穀水觀麥三月壬辰幸崇政院宴勳臣己亥幸天驥院宴侍臣壬寅幸甘水亭宴宰臣勳戚翰林學士辛亥宴宰臣于內殿丙辰于典安毬場大饗六軍樂春時也四月壬戌詔曰追養以祿王者推歸厚之恩欲靜而風人子抱終身之感其以刑部尚書致仕張策及三品四品常參官二十二人先世各追贈一等乙丑宴崇政院帝在藩及踐阼勵精求理深戒逸樂未嘗命堂上歌舞是日止令內妓升階擊鼓弄曲甚懽至午而罷丁卯宋州節度使衡王友諒進瑞麥一莖三穗（通鑑友諒獻瑞麥帝曰豐年爲上瑞今宋州大水安用此爲詔除本縣令名遣使詰責友諒）丙戌幸建春門閱新樓至七里屯觀麥召從官食于樓河南張昌孫及蒲同主事吏賜物各有差帝過朝邑見鎮將位在縣令上問左右或對曰宿官秩高帝曰令長字人也鎮使捕盜耳且鎮將多是邑民奈何得居民父母上是無禮也至是敕天下鎮使官秩無高卑位在邑令下葉縣鎮過使馮德武于蔡州西平縣界殺戮山賊擒首領張濆等七人以獻鎮海軍節度使錢鏐擊高澧于湖州大敗之梟夷擒殺萬人拔其郡湖州平先是澧以州叛入淮南故詔鏐討之也五月己丑朔以連雨不止至壬辰御文明殿命宰臣分拜祠廟自朔旦至癸巳內外以午日奉獻巨萬計馬三千蹄餘稱是復相率助修內壘甲辰詔曰奇邪亂正假僞奪眞旣刑典之不容宜違犯而勿赦應東西兩京及諸道州府創造假犀玉眞珠腰帶璧珥並諸色售用等一切禁斷不得更造作如公私人家先已有者所在送納長吏對面毀棄如行敕後有人故違必當極法仍委所在州府差人檢察收捕明行處斷魏博節度使守太師兼中書令鄴王羅紹威薨帝哀慟曰天不使我一海內何奪忠臣之速也詔贈尚書令六月己未朔詔軍鎮勿起土功七月壬子宴宰臣河南尹翰林學士兩街使于甘水亭丙辰宴羣臣于宣威殿賜物有差劉知俊攻逼夏州（通鑑七月岐王與汾涇二帥各遣使告晉請合兵攻定難節度使李仁福晉王遣振武節度使周德威將兵會之合五萬衆圍夏州）以宣化軍留後李思安爲東北面行營都指揮使陝州節度使楊師厚爲西路行營招討使福州貢方物獻桐皮扇廣州貢犀玉獻舶上薔薇水時陳許汝蔡潁五州境內有蝝爲災俄而許州上言有野禽羣飛蔽空旬日之間食蝝皆盡是歲乃大有秋八月車駕西征己巳次陝州是時憫雨且命宰臣從官分禱靈迹日中而雨翼日止帝大悅辛未老人星見是日宴本府節度使楊師厚及扈從官于行宮賜師厚帛千匹仍授西路行營招討使丙子宴文武從官軍使已下設龜茲樂賜物有差九月丁亥朔命宰臣于兢赴西都祀昊天上帝于圜丘甲午至西京下詔曰朕聞歷代帝王首推堯舜爲人父母孰比禹湯睿謀高出于古先聖德普聞于天下尚或卑躬待士屈己求賢俯仰星雲慮一民之遺逸網羅巖穴恐片善之韜藏延爵祿以徵求設丹青而訪召使其爲政樂在進賢蓋緣國有萬幾朝稱百揆非才不治得士則昌自朕光宅中區迄今三載宵分輟寢日旰忘餐思共力于廟謀庶永淸于王道而乃朝廷之內或未盡于昌言軍旅之間亦罕聞于奇策眷言方岳下及山林豈無英奇副我延佇諸道都督觀察防禦使等或勳高翊世或才號知人心于途巷之賢備察芻蕘之士詔到可精搜郡邑博訪賢良諭之以千載一時約之以高官美秩諒無求備惟在得人如有卓犖不羈沉潛自負通霸王之上略達文武之大綱究古今刑政之源識禮樂質文之變朕則待之不次委以非常用佐經綸豈勞階級如或一言拔俗一事出羣亦當舍短從長隨才授任大小方圓之器寧限九流溫良恭儉之人難誣十室勉思薦舉勿至因循佚爾發揚慰予翹渴仍從別敕處分辛丑以久雨命宰臣薛貽矩禜定鼎門趙光逢祠嵩岳敕魏博管內刺史比來州務並委督郵遂使曹官擅其威權州牧同于閒冗俾循通制宜塞異端並依河南諸州例刺史得以專達壬寅頒奪馬令先是王師擊賊獲馬多上獻至是盡止之蓋欲邀其奮擊之功也乙巳王師敗蕃寇于夏州初劉知俊誘沙陀振武賊帥周德威涇原賊帥李繼鸞合步騎五萬大舉欲俯拾夏臺節度使王仁福兵力俱乏以急來告先是供奉官張漢玫宣諭在壁國禮使杜廷隱賜幣于夏及石堡寨閻賊至以防卒三百人馳入州旣而外兵圍合廷隱漢玫與指揮使張初李君用率州民防卒與仁福部分固守晝夜戮力踰月及鄜延援至大軍奮擊敗之河東邠岐賊分路逃遁夏州圍解（通鑑甲申遣夾馬指揮使李遇劉綰自鄜延趨銀夏李遇等至夏州岐晉兵皆解去）丙午詔曰劉知俊貴爲方伯尊極郡王而乃背誕朝恩竄投賊壘固神人之共怒諒天地所不容雖命討除尚稽擒戮宜懸爵賞以大功名必有忠貞咸思憤發有生擒劉知俊者賞錢千萬授節度使首級次之得孟審登者錢百萬除刺史得孫亢阜瓌劉儒張鄰等賞有差乙卯宴會羣臣于宣威殿

舊五代史卷五攷證

梁太祖紀五襄州都指揮使陳暉　案歐陽史作行營招討使左衛上將軍陳暉

復收襄州人戶歸業　案歐陽史云九月壬寅陳暉克襄州據是書則陳暉以壬寅奏捷非以是日克城攷通鑑克城繫九月丁酉與是書今月五日正合歐陽史蓋據奏捷之日而書之耳

以收復襄漢受宰臣以下稱賀　案襄漢下原本衍收字今刪正

弁令司門郎中員外郎　司門原本作司關攷五代會要有司門郎中今改正

故得外戎內夏　內夏原本訛內憂今改正

辛亥宴宰臣于內殿　案原本脫宴字今增入

鎮海軍節度使錢鏐擊高澧于湖州大敗之　案九國志高澧以三年十月叛四年二月奔吳是書繫于四月蓋以奏聞之月爲據

劉知俊攻逼夏州　案五代春秋八月晉人秦人侵夏州與是書及通鑑異

甲午至西京　案五代春秋作九月己丑帝還西都歐陽史同通鑑作己丑上發陝甲午至洛陽

國禮使杜廷隱　廷隱原本作定隱下仍作廷隱今據九國志改正

舊五代史卷六

宋門下侍郎參知政事監修國史薛居正等撰

梁書第六

太祖紀六

開平四年十月乙亥東京博王友文入覲召之也己卯以新修天驥院開宴落成內外並獻馬而魏博進絹四萬匹爲駔儈壬午以冬設禁軍幸興安鞠場召文武百官宴幸開化大閱軍實十一月丁亥朔幸廣王第作樂辛卯宴文武四品已上于宣威殿庚戌幸左龍虎軍宴羣臣甲寅幸右龍虎軍宴羣臣戊戌詔曰自朔至今暴風未息諒惟不德致此咎徵皇天動威罔敢不懼宜徧命祈禱副朕意焉差官分往祠所止風己亥日南至帝被袞冕御朝元殿列細仗奏樂于庭羣臣稱賀帝畋于伊水乙巳詔曰關防者所以譏異服察異言也況天下未息兵民多姦改形易衣覘我戎事此者有謀皆以詐敗而未嘗罪所過地叛將逃卒竊其妻孥而影附使者亦未嘗詰其所經今海內未同而緩法弛禁非所以息姦詐止奔亡也應在京諸司不得擅給公驗如有出外須執憑繇者其司門過所先須經中書門下點檢宜委宰臣趙光逢專判出給俾繇顯重冀絕姦源仍下兩京河陽及六軍諸衞御史臺各加鈐轄公私行李復不得帶挾家口向西其襄鄧鄜延等道並同處分以寧國軍節度使王景仁充北面行營都招討使潞州副招討使韓勍爲副相州刺史李思安爲先鋒使時鎮州王鎔定州王處直叛結連晉人故遣將討之（五代會要十一月十四日司天奏月蝕不宜用兵時王景仁方總大軍北伐追之不及十二至五年正月二日果爲後唐莊宗大敗于柏鄉）月辛酉宴文武四品已上于宣威殿親閱禁軍命格鬭于教馬亭己巳詔曰滑宋輝亳等州水澇敗傷人戶愁歎朕爲民父母良用痛心其令本州分等級賑貸所在長吏監臨周給務令存濟壬辰賑貸東郡畿內如宋滑

制

乾化元年正月丙戌朔日有食之帝素服避殿百官守司以恭天事明復而止制曰兩漢以來日食地震百官各上封事指陳得失蓋欲周知時病盡達物情用緝國章以奉天誡朕每思逆耳罔忌觸鱗將洽政經庶開言路況茲譴見當有咎徵其在列辟羣臣危言正諫極萬邦之利害致六合之殷昌眦予一人永建皇極二日日旁有祲氣向背若環耳祟政使敬翔望之曰兵可憂矣帝爲之旰食是日果爲晉軍及鎮定之師所敗都將十餘人被擒餘衆奔潰庚寅制曰扈氏不恭固難去戰鬼方未服尚或勞師其蟻聚餘妖狐鳴醜類棄天常而拒命據地險以偷生言事討除將期戡定問罪止誅于元惡挺災可惻于遺黎每念傷痍良深愧歎應天兵所至之地宜令將帥節級嚴戒軍伍不得焚燒廬舍開發邱壠毀廢農桑驅掠士女使其背叛之俗知予弔伐之心又制曰戎機方切國用未殷養兵須藉于賦租税粟尚煩于力役所在長吏不得因緣徵發自務貪求苟有故違必行重典立法垂制詳刑定科傳之無窮守而勿失中書門下所奏新定格式律令已頒下中外各委所在長吏切務遵行盡革煩苛皆除枉濫用副哀矜之旨無違欽恤之言詔徵陝州鎮國軍節度使楊師厚至京見于崇勳殿帝指授方略依前充北面都招討使恩賚甚厚使督軍進發（五代會要二月晉師侵魏州楊師厚帥師援邢州晉人還師）二月丙辰朔帝御文明殿羣臣入閤以蔡州順化軍指揮使王存儼權知軍州事蔡人久習叛逆刺史張慎思又哀斂無狀帝追慎思至京而久未命代右廂指揮使劉行琮乘虛作亂因縱火驅擁爲渡淮計存儼誅行琮而撫遏其衆都將鄭遵與其下奉存儼爲主而以衆情馳奏蒔東京留守博王友文不先請遂討其亂兵至鄢陵上聞之曰誅行琮功也然存儼方權若臨之以兵蔡必速飛矣遂馳使還軍而擢授存儼蔡人安之壬戌詔曰東京舊邦久不巡幸宜以今月九日幸東都扈從文武官委中書門下量閒劇處分宰臣上言曰龍興天府久望法駕但陛下始康愈未宜涉寒願少留清蹕從之（五代會要二月勅食人之食者憂人之事況丞相尊位參決大政而堂封未給且無餐錢朕甚愧之宜令食萬錢之半）甲子幸羅村民舍閱農事庚午幸白馬坡詔金吾大將軍待制官各奏事武安軍節度使馬殷進呈虔州刺史盧延昌牋表虔州本支郡也兵甚銳自得韶州益强大昇爲百勝軍使始洪州之陷盧光稠願收復使府立功自効上因兼授江西觀察留後光稠卒復命延昌領州事方伯亦頗慰薦楊渭遣人僞署爵秩延昌佯受官牒禮遣其使因湖南自表其事曰郡小寇迫欲緩其姦謀且開導貢路非敢貳也以其僞制來自陳上覽奏曰我方有北事不可不甚加撫卹尋兼授鎮南將軍節度使觀察留後命使慰勞（九國志盧延昌歸命于吳僞乞命于梁）三月辛卯以久旱令宰臣分禱靈迹翼日大澍雨丙申幸甘水亭召宰臣翰林學士尚書侍郎孔績已下八人扈從宴樂甚歡戊戌幸右龍虎軍召文武官四品已上宴于新殿甲辰幸左龍虎軍新殿宴文武官四品已上四月丁卯幸龍虎門召宰臣學士金吾上將軍大將軍侍宴廣化寺壬申契丹遣使來貢丁丑幸宣威殿宴文武官四品已上及軍使蕃客己卯又幸左龍虎軍宴羣臣詔曰邠岐未滅關隴多虞宜擇親賢總茲戎任應關西同雍華鄜延夏等六道兵馬並委冀王收掌指揮凡有抽差先申西面都招討使仍別奏聞庶合機權以寧邊鄙五月甲申朔帝被衮旒御朝元殿視朝仗衛如式制改開平五年爲乾化元年大赦天下詔方伯州牧近未加恩者並遷爵秩復大賚軍旅普宴于宣威殿賜帛各有差制封延州節度使高萬興爲渤海郡王諸道節度使錢鏐張宗奭馬殷王審知劉隱各賜一子六品正員官高季昌賜一子八品正員官賀德倫賜一子九品正員官癸巳觀稼于伊水登建春門幸會節坊張宗奭私第臨亭阜視物色賞賜甚厚詔左銀臺門朝參諸司使庫使已下不得帶從人入城親王許一二人執絛牀手簡餘悉止門外闌入者抵律闡守不禁與所犯同先時門通內無門籍且多勳戚車騎衆者尤不敢呵察至是有以客星變犯上言者遂令止隔清海軍節度使守侍中兼中書令劉隱薨輟朝三日百僚詣閤門奉慰六月乙卯命北面都招討使鎮國軍節度使楊師厚出屯邢洺丁巳鎮定鈔我湯陰詔曰常山背義易水效尤誘其蕃戎動我邊鄙南侵相魏東出邢洺是用遣將徂征爲人除害但初頒赦令不欲食言宥而伐之諒非獲已況間謀始不自帥臣致此厲階並由姦佞密通人使潛結沙陀既懼罪誅乃生離叛今雖行討伐已舉師徒亦開詔諭之門不阻歸降之路矧又王鎔處直未曾削爵除名若翻然改圖不遠而復必仍舊貫當保全功如有率衆向明拔州效順亦行殊賞冀徇來情免令受弊于疲民用示維新于污俗宜令行營都招討使及陳暉軍前準此敕文散加招諭將安衆擢特舉明恩鎮州只罪李宏規一人其餘一切不問詔修天宮佛寺又湖南奏潭州僧法思桂州僧歸真並乞賜紫衣從之七月帝不豫稍厭秋暑自辛丑幸會節坊張宗奭私第宰臣視事于歸仁亭子崇政使內諸司及翰林院並止于河南令廨署至甲辰復歸大內八月庚申幸保寧殿閱天興控鶴兵事軍使將校各有賜癸亥老人星見戊辰幸故上陽宮至于榆林觀稼丙子閱四蕃將軍屯衞兵士于天津橋南至龍門廣化寺戊寅幸興安鞠場大教閱帝自指麾無不踊抃坐作進退聲振宮掖右神武統軍丁審衢對御以紅帛囊劍擬乘輿物帝曰宿將也恕之以劉重霸代其任九月辛巳朔帝御文明殿羣臣入閤刑法待制官各奏事己丑宴羣臣于興安殿庚子親御六師次于河陽甲辰至于衞州乙巳至于宜溝幸民劉達墅丙午至相州賞左親騎指揮使張仙右雲騎指揮使朱鐸嘗身先陷陣各賜帛十月辛亥朔駐蹕于相州宰臣洎文武從官並詣行宮起居戶部郎中孔昌序齋留都百官冬朔起居表至自西京諸道節度使刺史諸藩府留後各以冬朔起居表來上制以郢王友珪充控鶴指揮使諸軍都虞候閤寶爲御營使有司以立冬太廟薦享上言詔丞相杜曉赴西都攝祭行事癸丑閱武于州闉之南樓左龍驤都教練使鄧季筠魏博馬軍都指揮使何令稠右廂馬軍都指揮使陳令勳以部下馬瘦並腰斬于軍門甲寅將以其夕幸魏縣命閤門使李郁報宰臣兼敕內外是夜車駕發軔于都署乙卯次洹水丙辰至魏縣先鋒將黃文靖伏誅己未帝御朝元門以回鶻吐蕃二大國首領入覲故也癸亥令諸軍指揮使及四蕃將軍賜食于行宮之外廡戊辰幸邑西之白龍潭以觀魚焉既而漁人獲巨魚以獻帝命放之中流從臣以帝有仁惻之心皆相顧欣然是日名其潭曰萬歲潭丙子帝御城東教場閱兵諸軍都指揮北面招討使太尉楊師厚總領鐵馬步甲十萬廣亘十數里陳焉士卒之雄銳部隊之嚴肅旌旗之雜遝戈甲之炤曜屹若山岳勢動天地帝甚悅焉即令丞相洎文武從臣列侍賜食逮晚方歸十一月辛巳朔上駐蹕魏縣從官自丞相而下並詣行宮起居留都文武百官及諸道節度使防禦使刺史諸藩府留後各奉表起居壬午帝以邊事稍息宣命還京師（通鑑帝以夾寨柏鄉屢失利故力疾北巡思一雪其恥意鬱鬱多躁忿功臣宿將往往以小過被誅衆心益懼既而晉趙兵不出十一月壬午帝南還）車駕發自行闕夕次洹水縣癸未至內黃縣甲申至黎陽縣乙酉命從官丞相而下宴于行次丁亥次衞州戊子晨次新鄉夕止獲嘉己丑次武陟庚寅次溫縣延州節度使高萬興奏當軍都指揮使高萬金統領兵士今月五日收鹽州僞刺史高行存泥首來降丞相及文武百官各上表稱賀辛卯次孟州命散騎常侍孫騭右諫議大夫張衍光祿卿李翼各齎香祝版告祭于孟津之望祠留都文武官左僕射楊涉洎孟州守李周彝等皆匍匐東郊迎拜其文武官並令先還壬辰詰旦離孟州晚至都宣宰臣各赴望祠禱雨故事皆以兩省無功職事爲之帝憂民重農尤以足食足兵爲念爰自御極每愆陽積陰多命丞相躬其事辛丑大雨雪宰臣及文武師長各奉表賀焉十二月詔以時雪稍愆命丞相及三省官各詣望祠祈禱癸酉臘假詔諸王與河南尹左右金吾六統軍等較獵于近苑命大理卿王鄯使于安南左散騎常侍吳藹使于朗州皆以旌節官誥錫之也又命將作少監姜宏道爲朗州旌節官使副（五代會要舊制巡撫黜陟冊命弔贈入番等使選朝臣爲之其宣慰加官送旌節即以中官爲之今以三品送旌節新例也）延州節度使高萬興奏領軍于邠州界嵩子谷韋家寨殺戮寧慶兩州賊軍約二千餘人並生擒都頭指揮使及奪馬器甲等事其入奏軍將使宣召赴內殿賜對以銀器綵物錫之宰臣及文武官各奉表賀是月魏博節度上言于涇縣北戮殺鎮州王鎔兵士七千餘人奪馬二千餘匹戈甲未知其數並擒都將以下四十餘人兩浙進大方茶二萬觔琢畫宮衣五百副廣州貢犀象奇珍及金銀等其估數千萬安南兩使留後曲美（通鑑十二月戊午以靜海曲美爲節度使）進筒中蕉五百匹龍腦鬱金各五瓶他海貨等有差又進南蠻通好金器六物銀器十二枰乾陁綾花綢越毦等雜織奇巧者各三十件福建進戶部所支榷課葛三萬五千匹

舊五代史卷六攷證

梁太祖紀六相州刺史李思安爲先鋒使　相州原本訛湘州今據通鑑改正

向背若環耳　環耳原本訛環爾今據五代會要改正

以其僞制來自陳　僞原本訛爲今改正

守侍中兼中書令劉隱卒　案劉隱卒五代會要五代春秋俱作五月惟通鑑作三月與是書異

丁巳鎮定抄我湯陰　湯陰原本作蕩陰今從通鑑及歐陽史改正

命閤門使李郁報宰臣兼敕內外　案李郁下原本衍寶字今據列傳刪正

己未帝御朝元門以回鶻吐蕃入覲故也　案己未歐陽史作乙未

舊五代史卷七

宋門下侍郎參知政事監修國史薛居正等撰

梁書第七

太祖紀第七

乾化二年正月宣上元夜任諸市及坊市各點彩燈金吾不用禁夜近年已來以都下聚兵太廣未嘗令坊市點燈故也甲申以時雪久愆命丞相及三省官羣望祈禱詔曰謗木求規集囊貢事將裨理道豈限側言應內外文武百官及草澤並許上封事極言得失以丁審衢爲陳州而審衢厚以鞍馬金帛爲謝恩之獻帝慮其漁民復其獻而停之封保義節度使王檀爲琅邪郡王命供奉官朱嶠于河南府宣取先收禁定州進奉官崔騰並傔從一十四人並釋放仍命押領送至貝騰唐戶部侍郎潔之子也廣明喪亂客于北諸侯爲定州節度使王處存所辟去載領貢獻至闕未幾其帥稱兵遂縶之至是帝念賓介之來又已出境特命縱而歸焉丙戌有司以孟春太廟薦享上言命丞相杜曉攝祭行事丙申夕熒惑犯房第二星二月庚戌中和節御崇勳殿召丞相大學士河南尹略封訖于萬春門外廡賜以酒食（五代會要二月追封故魏博節度使羅宏信爲趙王）癸丑敕曰今載春寒頗甚雨澤仍愆司天監占以夏秋必多霖潦宜令所在郡縣告諭百姓備淫雨之患庚申御宣威殿開宴丞相洎文武官屬咸被召列侍竟日而罷壬戌帝將巡按北境中外戒嚴詔以河南尹守中書令判六軍事張宗奭爲大內留守中書門下奏差定文武官領務尤切宜扈駕者二十八人詔工部尚書李皎左散騎常侍孫騭右諫議大夫張衍兵部侍郎劉邈兵部郎中張儁光祿少卿盧秉彝並令扈蹕甲子發自洛師夕次河陽（通鑑云至白馬頓賜從官食多未至遣騎趣之于路左散騎常侍孫騭右諫議大夫張衍兵部郎中張儁最後至帝命撲殺之）乙丑次溫縣丙寅次武陟懷州刺史段明遠迎拜于境上其內外所備咸豐露焉丁卯次獲嘉戊辰次衛州之新鄉己巳晨發衛州夕止淇門內衙十將使以十指揮兵士至于行在辛未駐蹕黎陽癸酉發自黎陽夕次內黃甲戌次昌樂縣丁丑次于永濟縣青州節度使賀德倫奏統領兵士赴歷亭軍前戊寅至貝州命四丞相及學士李琪盧文度知制誥竇賞等十五人扈從其左常侍韋戩等二十三人止焉己卯發自貝州夕駐蹕于野落三月庚辰朔次于棗强縣之西原（通鑑辛巳至下博南登觀津冢趙將符習引數百騎巡邏不知是帝遽前逼之或告曰晉兵大至矣帝棄行幄亟引兵趣棗强與楊師厚軍合）丙戌鎭定諸軍招討使楊師厚奏下棗强縣車駕即日疾驅南還丁亥復至貝州庚寅楊師厚與副招討李周彝等準詔來朝辛卯詔丞相翰林六學士文武從官都招討使及諸軍統指揮使等賜食于行殿壬辰命以羊酒等各賜從官甲午幸貝州之東閣閱武乙未帝復幸東閣閱騎軍敕以攻下棗强縣有功將校杜暉等一十一人並超加檢校官禹官宋彥等二十五人並超授軍職丙午次濟源縣詔曰淑律將遷亢陽頗甚宜令魏州差官祈禱龍潭戊申詔曰雨澤愆期祈禱未應宜令宰臣各于魏州靈祠精加祈禱（五代會要三月詔曰大隆興邦國必本于人民惠養疲羸凡資于令長苟選求之踰濫固撫理之乖違如聞吏部擬官中書降授或緣親舊所請或爲勢要所干姑徇私情靡求才實茲念蠹弊宜舉條章今後應中書用人及吏部注擬並宜省審身之才業驗爲政之否臧必有可觀方可任用如或尚行請說猶假貨財其所司人吏必當推窮重加懲斷）四月己酉幸魏州金波亭賜宴宰臣文武官及六學士甲寅夕月掩心大星丙辰敕近者星辰違度式在修禳宜令兩京及宋州魏州取此月至五月禁斷屠宰仍各于佛寺開建道場以迎福應己未次黎陽縣（通鑑乙卯博王友文來朝請帝還東都丁巳發魏州己未至黎陽以疾淹留）東都留守官吏奉表起居賜丞相從官酒食有差己巳至東都博王友文以新創食殿上言并進準備內宴錢三千貫銀器一千五百兩辛未宴于食殿召丞相及文武從官等侍焉帝泛九曲池御舟傾帝墮溺于池中宮女侍官扶持登岸驚悸久之制加建昌宮使金紫光祿大夫檢校司徒開封尹博王友文爲特進檢校太保兼開封尹依前建昌宮使充東都留守戊寅車駕發自東京夕次中牟縣五月己卯朔從官文武自丞相而下並詣行殿起居親王及諸道藩帥咸奉表來上庚辰發自鄭州至滎陽河南尹魏王宗奭望塵迎拜河陽留後邵贊懷州刺史段明遠等邐迤來迎夕次汜水縣帝召魏王宗奭入對便于御前賜食數刻乃退壬午駐蹕于汜水宰臣河南尹六學士並于內殿起居敕以建昌宮事委宰臣于兢領之（五代會要其年六月廢建昌宮以河南尹魏王張宗奭爲國計使凡天下金穀兵戎舊隷建昌宮者悉主之）癸未帝發自汜水宣令邵贊段明遠各歸所理午憩任村頓夕次孝義宮留都文武禮部尚書孔續而下道左迎拜次偃師甲申至都文武臣奉迎于東郊渤海遣使朝貢宰臣薛貽矩抱恙在假不克扈從宣問旁午仍命且駐東京以俟良愈及甍帝震悼頗久命雒苑使曹守瓘往弔祭之又命輟六日七日八日朝參丞相文武並詣上閤門進名奉慰丁亥以彗星謫見詔兩京見禁囚徒大辟罪以下遞減一等限三日內疏理訖聞奏（五代會要彗見于靈臺之西至五月始降赦宥罪以答大譴又云五月壬戌夜熒惑犯心大星去心四度順行司天奏大星爲帝王之星宜修省以答天譴）詔曰生育之人爰當暑月乳哺之愛方及薰風儻肆意于刲屠豈推恩于長養俾無殄暴以助發生宜令兩京及諸州府夏季內禁斷屠宰及採捕天民之窮諒由賦分國章所在亦務興仁所在鰥寡孤獨廢疾不濟者委長吏量加賑卹史載葬枯用彰䘏禮稱掩骼將致和平應兵戈之地有暴露骸骨委所在長吏差人專攻收瘞國瘍之文尚標七祀良藥之市亦載三醫用憐無告之人宜徵有喜之術凡有疫之處委長吏檢尋醫方于要路曉示如有家無骨肉兼困窮不濟者即仰長吏差醫給藥救療之辛卯詔曰亢陽滋甚農事已傷宜令宰臣于兢赴中嶽杜曉赴西嶽精切祈禱其近京靈廟宜委河南尹五帝壇風師雨師九宮貴神委中書各差官祈之（通鑑閏月壬戌帝疾甚謂近臣曰我經營天下三十年不意太原餘孽更昌熾如此吾觀其志不小天復奪我年我死諸兒非彼敵也吾無葬地矣因哽咽絕而復蘇帝長子郴王友裕早卒次假子友文帝特愛之常留守東都兼建昌宮使次郢王友珪其母亳州營倡也爲左右控鶴都指揮使次均王友貞爲東都馬步都指揮使帝雖未以友文爲太子意常屬之六月丁丑朔帝命敬翔出友珪爲萊州刺史即命之官已宣旨未行敕時左遷者多追賜死友珪益恐戊寅友珪易服微行入左龍虎軍見統軍韓勍以情告之勍亦見功臣宿將多以小過被誅懼不自保遂相與合謀勍以牙兵五百人從友珪雜控鶴士入伏于禁中夜斬關入至寢殿侍疾者皆散走帝驚起問反者爲誰友珪曰非它人也帝曰我固疑此賊恨不早殺之汝悖逆如此天地豈容汝乎友珪曰老賊萬段友珪僕夫馮廷諤刺帝腹刃出于背友珪自以敗氈裹之瘞于寢殿秘不發喪遣供奉官丁昭溥馳詣東都命均王友貞殺友文己卯矯詔稱博王友文謀逆遣兵突入殿中賴郢王友珪忠孝將兵誅之保全朕躬然疾因震驚彌致危殆宜令友珪權主軍國之務韓勍爲友珪謀多出府庫金帛賜諸軍及百官以取悅辛巳丁昭溥還聞友文已死乃發喪宣遺制友珪即帝位）友珪葬太祖于伊闕縣號宣陵（五代史補太祖朱全忠黃巢之先鋒巢入長安以刺史王鐸圍同州太祖遂降鐸承制拜同州刺史黃巢滅淮蔡間秦宗權復盛朝廷以淮蔡與汴州接太祖汴人必究其能否遂移授宣武軍節度使以討宗權未幾滅之自是威福由己朝廷不能制遂有天下先是民間傳讖曰五公符又謂之李淳風轉天歌其字有八牛之年識者以八牛乃朱字則太祖革命之應焉太祖之用兵也法令嚴峻每戰逐隊主帥或有沒而不反者其餘皆斬之謂之跋隊斬自是戰無不勝然健兒且多竄匿州郡疲于追捕因下令文面健兒文面自此始也　五代史闕文世傳梁太祖迎昭宗于鳳翔素服待罪昭宗佯爲鞋系脫呼梁祖曰全忠爲吾繫鞋梁祖不得已跪而結之流汗浹背時天子扈蹕尚有衛兵昭宗意謂左右擒梁祖以殺之其如無敢動者自是梁祖被召多不至盡去昭宗禁衛皆用汴人矣臣謹按梁祖以天復三年迎唐昭宗于岐下歲在甲子其年改天祐至國初建隆庚申歲纔五十六年矣然則乾德七十歲人皆目覩其事蓋唐室自懿宗失政天下亂離故武宗以下實錄不傳于世昭宗一朝全無記注梁祖在位止及六年均帝朝詔史臣修梁祖實錄岐下繫鞋之事恥而不書晉天福中史臣張昭重修唐史始有昭宗本紀但云即位之始有會昌之風岐陽事迹不能追補此亦明唐昭宗有英睿之氣而衰運不振又明左右無忠義奮發之臣致梁祖得行其志有可警誡不可不書）

舊五代史卷七攷證

梁太祖紀七仍命押領送至貝　貝原本訛具今據通鑑改正

略封訖　案此下疑有闕文今無可校姑仍之

晨發衛州　案原本脫發字今據文增入

三月庚辰朔次于棗强縣之西原　案通鑑辛巳趣棗彊與是書異

丙戌奏下棗彊縣車駕即日南還丁亥復至貝州　案通鑑帝以蓨縣未下引兵攻之丁亥始至縣西戊子至冀州與是書異地又按五代春秋二月侵趙克棗彊與是書異月

四月己酉幸魏州　案通鑑乙巳帝發貝州丁未至魏州俱在三月與是書異

宜徵有喜之術　有喜原本訛有嘉今改正

九宮貴神　貴神原本訛降神今據通典及新唐書禮志改正

舊五代史卷八

宋門下侍郎參知政事監修國史薛居正等撰

梁書第八

末帝紀上

末帝諱瑱初名友貞及即位改名鍠貞明中又改今諱太祖第四子也母曰元貞皇后張氏以唐文德元年戊申歲九月十二日生于東京帝美容儀性沈厚寡言雅好儒士唐光化三年授河南府參軍太祖受禪封均王時太祖初置天興軍最爲親衛以帝爲左天興軍使開平四年夏進位檢校司空依前天興軍使充東京馬步軍都指揮使乾化二年六月二日庶人友珪弑逆矯太祖詔遣供奉官丁昭溥馳至東京密令帝害博王友文友珪即位以帝爲東京留守行開封尹檢校司徒友珪以篡逆居位羣情不附會趙巖至東京從帝私讌因言及社稷事帝以誠款謀之巖曰此事易如反掌成敗在招討楊令公之手但得一言諭禁軍其事立辦巖時典禁軍洎還洛以謀告侍衛親軍袁象先帝令腹心馬慎交之魏州見師厚且言成事之日賜勞軍錢五十萬緡仍許兼鎭慎交燕人也素有膽辯乃說師厚曰郢王殺君害父篡居大位宮中荒淫靡所不至洛下人情已去

東京物望所歸，公若因而成之，則有輔立之功，討賊之効。師厚猶豫未決，謂從事曰：吾于郢王君臣之分已定，無故改圖，人謂我何？愼交曰：郢王以子弑父，是曰元兇，均王爲君爲親，正名仗義，彼若一朝事成，令公何情自處？師厚驚曰：幾誤計耳。乃令小校王舜賢至洛，密與趙巖、袁象先圖議。時有左右龍驤都在東京，帝僞作友珪詔遣還洛下。先是劉重遇部下龍驤一指揮于懷州叛，經年搜捕其黨。帝因遣人激怒其衆曰：郢王以龍驤軍嘗叛，追汝等洛下，將盡坑之。翼日，乃以僞詔示之（通鑑攷異：梁太祖實錄丙戌東京言龍驤軍準詔追赴西京軍情不肯進發，實友珪徵之，非友貞僞作，但激怒言坑之耳）。諸軍憂恐，將校垂泣告帝，乞指生路。帝諭之曰：先帝三十餘年經營社稷，千征萬戰，爾等皆曾從行。今日先帝尚落人奸計，爾等安所逃避？因出梁祖御容以示諸將，帝歔欷而泣曰：郢王賊害君父，違天逆地，復欲屠滅親軍，爾等苟能自趨洛陽，擒取逆豎，告謝先帝，卽轉禍爲福矣。衆踊躍曰：王言是也。皆呼萬歲，請帝爲主。時僞鳳歷元年二月十五日也。帝乃遣人告趙巖、袁象先、傅暉、朱珪等。十七日，象先引禁軍千人突入宮城，遂誅友珪。事定，象先遣趙巖齎傳國寶至東京，請帝卽位于洛陽。帝報之曰：夷門，太祖創業之地，居天下之衝，北拒并汾，東至淮海，國家藩鎭多在厥東，命將出師，利于便近，若都洛下，非良圖也。公等如堅推戴，冊禮宜在東京，賊平之日，卽謁洛陽陵廟。是月，帝卽位于東京，乃去鳳歷之號，稱乾化三年。詔曰：我國家賞功罰罪，必叶朝章，報德伸冤，敢欺天道，苟顯違于法制，雖暫滯于歲時，終振大綱，須歸至理。重念太祖皇帝嘗開霸府，有事四方，迨建皇朝，載遷都邑，每以主留重務，居守難才，愼擇親賢，方膺寄任。故博王友文，才兼文武，識達古今，俾分憂于在浚之郊，亦共理于興王之地，一心無易，二紀于茲，嘗施惠于士民，實有勞于家國。去歲郢王友珪常懷逆節，已露凶鋒，將不利于君親，欲竊窺于神器。此際値先皇寢疾，大漸日臻，博王乃密上封章，請嚴宮禁，因以萊州刺史授于郢王友珪。纔覩宣頭，俄行大逆，豈有自縱兵于內殿，卻翻事于東都，又矯詔書，枉加刑戮，仍奪博王封爵，又改姓名，冤恥兩深，欺誣何極。伏賴上穹垂祐，宗社降靈，俾中外以叶謀，致遐邇之共怒，尋平內難，獲剿元兇，旣雪恥于同天，且免議于共國。朕方期遁世，敢竊臨人，遽迫推崇，爰膺纘嗣，冤憤旣伸于幽顯，霈澤宜及于下泉。博王宜復官爵，仍令有司擇日歸葬。云。三月丁未，制曰：朕仰膺天睠，近雪家讎，旋聞將相之謀，請紹祖宗之業，羣情見迫，三讓莫從，祗受推崇，懼不負荷。方欲烝嘗寢廟，禋類郊丘，合徵文證之辭，用表事神之敬。其或于文尚淺，在理未周，亦冀隨時，別圖制義。雖臣子行孝，重更名于已孤，而君父稱尊，貴難知而易避。今則虔遵古典，詳攷前聞，允諧龜筮之占，庶合帝王之道。載惟凉德，尤媿嘉名，中外羣寮，當體朕意，宜改名鍠。庚戌，以天雄軍節度使、充潞州行營都招討使、開府儀同三司、檢校太尉、兼侍中、宏農郡王楊師厚爲檢校太師、兼中書令，進封鄴王。壬戌，以夏州節度使、檢校太尉、同平章事李仁福爲檢校太師，進封隴西郡王。戊辰，以邢州保義軍留後、檢校太保戴思遠爲檢校太傅，充邢州節度使。庚午，以鎭東軍節度副使、充兩浙西面都指揮使、行睦州刺史馬綽爲檢校太傅、同平章事，領秦州雄武軍節度使，進封開國侯。是月，文武百官上言，請以九月十二日帝降誕日爲明聖節，休假三日，從之。夏四月癸未，以西京內外諸軍馬步軍都指揮使、檢校司徒、左龍虎統軍、濮陽郡開國侯袁象先爲特進、檢校太保、同平章事，充鎭南軍節度、江南西道觀察處置等使，開封尹，判在京馬步諸軍事，進封開國公，增食邑一千戶。丁酉，宣義軍節度副大使、知節度事、鄭滑濮等州觀察使、檢校太傅、長沙郡開國公羅周翰加特進、駙馬都尉。五月乙巳，天雄軍節度使楊師厚及劉守奇率魏博、邢洺、徐兗、鄆滑之衆十萬討鎭州。庚戌，營于鎭之南門外。壬子，晉將史建瑭自趙州領騎五百入于鎭州，師厚知其有備，自九門移軍于下博。劉守奇以一軍自貝州掠冀州衡水、阜城，陷下博。師厚自弓高渡御河，逼滄州，張萬進懼，送款。師厚表請以萬進爲青州節度使，以劉守奇爲滄州節度使。詔曰：太祖皇帝六月二日大忌，朕聞姬周已還，竝用通喪之禮，炎漢之後，方行易月之儀，歷代相沿，萬幾斯重，遂爲故實，難遽改更。朕頃遘家冤，近平內難，倏臨祥制，俯迫忌辰，音容永遠而莫追，號感彌深而難抑，將欲表宅憂于中禁，是宜輟聽政于外朝，雖異常儀，願申罔極。宜輟五月二十二日至六月二十九日朝參，軍機急切公事，卽不得留滯，竝仰晝時聞奏施行。宰臣、文武百官三上表，以國忌廢務多日，請依舊制。詔報曰：朕聞禮非天降，固可酌于人情，事繫孝思，諒無妨于國體。今以甫臨忌日，暫輟視朝，冀全哀戚之情，用表始終之節。宰臣等累陳章表，備述古今，慮以萬幾之繁，議以五日之請，雖茲懇切，難盡允俞。況保身方荷于洪基，敢言過毀，而權制獲申于至性，必在得中。宜自今月二十九日輟至六月七日，無煩抑請，深體朕懷。六月戊子，以滄州順化軍節度使、幷潞鎭定副招討使、檢校太傅、同平章事張萬進爲青州節度使。秋九月甲辰，以光祿大夫、守御史大夫、吳興郡開國侯姚洎爲中書侍郎、平章事。十二月庚午，以前鄆州節度、檢校司徒、食邑二千戶福王友璋爲許州節度使、檢校太保。是月，晉王收幽州，執僞燕主劉守光及其父仁恭歸晉陽。

乾化四年春正月壬寅，以青州節度使張萬進爲兗州節度使、檢校太尉。二月甲戌，以感化軍節度使、華商等州觀察使、檢校太傅、同平章事、太原郡開國公康懷英爲大安尹，充永平軍節度使、大安金梂等州觀察處置使。夏四月丁丑，以守司空、平章事于兢爲工部侍郎，尋貶萊州司馬，以其挾私與軍校遷改故也。是日，以行營左先鋒馬軍使、濮州刺史王彥章爲澶州刺史，充行營先鋒步軍都指揮使，加光祿大夫、檢校太保，封開國伯。以永平軍節度使、檢校太傅、同平章事劉鄩爲開封尹，遙領鎭南軍節度使。五月癸丑，朔方軍留後、檢校司徒韓洙起復，授朔方軍節度使、檢校太保。秋七月，晉王率師自黃澤嶺東下，寇邢洺。魏博節度使楊師厚軍于漳水之東，晉將曹進金來奔，晉軍遂退。九月，徐州節度使王殷反。時朝廷以福王友璋鎭徐方，殷不受代，乃下詔削奪殷在身官爵，仍令卻還本姓蔣，便委友璋及天平軍節度使牛存節、開封尹劉鄩等進軍攻討。是時蔣殷求救于淮南，楊溥遣大將朱瑾率衆來援，存節等逆擊敗之。

貞明元年春，牛存節、劉鄩拔徐州，逆賊蔣殷舉族自燔而死，于火中得其尸，梟首以獻。詔福王友璋赴鎭。閏二月甲午，延州節度使、太原西面招討應接使、檢校太師、兼中書令、渤海郡王高萬興進封渤海王。三月辛酉朔，以天平軍節度副大使、知節度事、兼淮南西北面行營招討應接等使、檢校太傅、同平章事牛存節爲檢校太尉，加食邑一千戶，賞平徐之功也。丁卯，以右僕射、兼門下侍郎、同平章事、監修國史、判度支趙光逢爲太子太保致仕。魏博節度使楊師厚薨，輟視朝三日。初，師厚握強兵，據重鎭，每邀朝廷姑息，及薨，輟視朝三日，或者以爲天意。祖庸使趙巖、祖庸判官邵贊獻議于帝曰：魏博六州，精兵數萬，蠹害唐室，百有餘年。羅紹威前恭後倨，太祖每深含怒。太祖尸未屬纊，師厚卽肆陰謀，蓋以地廣兵強，得肆其志，不如分削，使如身使臂，卽無不從也。陛下不以此時制之，寧知後之人不爲楊師厚耶？若分割相魏爲兩鎭，則朝廷無北顧之患矣。帝曰：善。卽以平盧軍節度使賀德倫爲天雄軍節度使，遣劉鄩率兵六萬屯河朔。詔曰：分疆裂土，雖賞勳勞，建節屯師，亦從機便。比者魏博一鎭，巡屬六州，爲河朔之大藩，實國家之巨鎭，所分憂寄，允謂重難，將叶事機，須期通濟。但緣鎭定賊境，最爲魏博親鄰，其次相衞兩州，皆控澤路山口，兩道竝連于晉土，分頭常寇于魏封，旣須日有戰爭，未若俱分節制，免勞兵力，因弈命于兩途，稍泰人心，俾安居于終日。其相州宜建節度，爲昭德軍，以澶衞兩州爲屬郡，以張筠爲相州節度使。己丑，魏博軍亂，囚節度使賀德倫。是時朝廷旣分魏博六州爲兩鎭，命劉鄩統大軍屯于南樂，以討王鎔爲名，遣澶州刺史、行營先鋒步軍都指揮使王彥章領龍驤五百騎先入于魏州，屯于金波亭。詔以魏州軍兵之半隸于相州，幷徙其家焉。又遣主者檢察魏之帑廩。旣而德倫促諸軍上路，姻族辭決，哭聲盈巷。其徒乃相聚而謀曰：朝廷以我軍府強盛，故設法殘破。況我六州歷代藩府，軍門父子，姻族相連，未嘗遠出河門，離親去族，一旦遷于外郡，生不如死。三月二十九日夜，魏軍乃作亂，放火大掠，首攻龍驤軍，王彥章斬關而遁。遲明，殺德倫親軍五百餘人于牙城，執德倫置之樓上。有効節軍校張彥者，最爲麤暴，膽氣伏人，乃率無賴輩數百，止其剽掠。是日，魏之士庶被屠戮者不可勝紀。帝聞之，遣使齎詔安撫（通鑑：夏四月，帝遣供奉官扈異撫諭魏軍），仍許張彥除郡，厚賜將士，優賞彥等。不遜，投詔于地，侮罵詔使，因迫德倫飛奏，請卻復相衞，抽退劉鄩軍。帝復遣諭曰：制置已定，不可改易。如是者三。彥等奮臂南向而罵曰：傭保兒敢如是也！復迫德倫列其事。時有文吏司空頲者，甚有筆才，彥召見，謂曰：爲我更草一狀，詞宜抵突，如更敢違，則渡河攄之。乃奏曰：臣累拜封章，上聞天聽，在軍衆無非共切，何朝廷皆以爲閒？半月三軍，切切而戈矛未息，一城生聚，皇皇而控告無門。惟希俯鑒丹衷，苟從衆欲，須垂聖允，斷在不疑。如或四向取謀，但慮六州俱失，言非意外，事在目前。張彥又以楊師厚先兼招討使，請朝廷依例授之，故復逼德倫奏曰：臣當道兵甲素精，貔貅極銳，下視幷汾之敵，平吞鎭定之人，特乞委臣招討之權，試臣湯火之節，苟無顯效，任賜明誅。詔報曰：魏博寇敵接連，封疆懸遠，凡于應赴，須在師徒，是以別建節旄，各令捍禦。幷鎭則委魏博控制，澤潞則遣相衞枝梧，咸遂便安，貴均勞逸，已定不移之制，宜從畫一之規。至于征伐事權，亦無定例，且臨淸王領鎭之日羅紹威守藩以來所領事銜本無招討秖自楊師厚先除陝滑二帥皆以招討兼權因茲帶過鄴中原本不曾落下苟循事體寧愜施行況今劉鄩指鎮定出征康懷英往邠岐進討秖令統率師旅亦無招討使銜切宜徧諭羣情勿興浮議倚注之意卿宜體之詔至張彥褒裂抵之于地謂德倫曰梁主不達時機聽人穿鼻城中擐甲未有所依我甲兵雖多須資勢援河東晉王統兵十萬匡復唐朝世與大梁仇讎若與我同力事無不濟請相公改圖以求多福德倫不得已而從之乃遣牙將曹廷隱奉書求援于太原彥使德倫告諭軍城曰可依河東稱天祐十三年此後如有人將文字于河南往來便仰所在處置是月邠州留後李保衡以城歸順保衡楊崇本養子也崇本乃李茂貞養子任邠州二十餘年去歲爲其子彥魯所毒彥魯領知州事五十餘日保衡殺彥魯送款于帝即以保衡爲華州節度使以河陽留後霍彥威爲邠州節度使五月晉王率師赴魏州節度使牛存節薨是月鳳翔李茂貞遣僞署涇州節度使劉知俊率師攻邠州以李保衡歸順故也自是凡攻圍十四月節度使霍彥威諸軍都指揮使黃貴堅守捍寇會救軍至岐人乃退六月庚寅晉王入魏州以賀德倫爲大同軍節度使舉族遷于晉陽是月晉人陷德州秋七月又陷澶州刺史王彥章棄城來奔通鑑晉人夜襲澶州陷之王彥章在劉鄩營晉人獲其妻子是月劉鄩自洹水潛師由黃澤路西趨晉陽至樂平縣值霖雨積旬乃班師還次宗城遂至貝州軍于堂邑退晉軍轉鬭數十里晉軍稍退翼日鄩移軍于莘八月賀瓌收復澶州九月以行營先鋒步軍都指揮使行澶州刺史檢校太保王彥章爲汝州防禦使依前行營先鋒步軍都指揮使壬午正衙命使冊德妃張氏是夕妃薨冬十月辛亥康王友孜謀反伏誅是夕帝于寢殿熟寐忽聞御榻上寶劍有聲帝遽起視之而友孜之黨已入于宮中帝揮之獲免淸異錄末帝夜于寢間擒刺客乃康王友孜所遣帝自義之遂封所用劍名曰護聖將軍之館壬子葬德妃張氏十一月乙丑改乾化五年爲貞明元年十二月乙未詔升華原縣爲崇州靜勝軍以美原縣爲裕州以爲屬郡以僞命義勝軍節度使鼎耀等州觀察使特進檢校太保同平章事李彥韜爲特進檢校太傅同平章事充靜勝軍節度使崇裕等州觀察使河內郡開國侯仍復本姓溫名昭圖昭圖華原賊帥也李茂貞以爲養子以華原爲耀州美原爲鼎州僞命昭圖爲節度使至是歸款故有是命

貞明二年春正月庚申以皇伯父宋州節度使開府儀同三司檢校太師兼中書令廣王全昱爲守中書令餘如故通鑑二年九月守中書令廣德靖王全昱卒以浙江東道營田副使檢校太傅前常州刺史杜建徽遙領涇州節度使二月丙申右僕射門下侍郎平章事諸道鹽鐵轉運等使楊涉罷相守左僕射涉累上章以疾辭位故有是命是月命許州節度使王檀河陽節度使謝彥章汝州防禦使王彥章率師自陰地關抵晉陽急攻其壘不克而還三月劉鄩率師與晉王大戰于故元城鄩軍敗績先是鄩駐于莘帝以河朔危急師老于外餉饋不充遣使賜鄩詔徵有責讓鄩奏以寇勢方盛未可輕動帝又問鄩決勝之策鄩奏曰但人給糧十斛盡則破敵帝不悅復遣促戰鄩召諸將會議諸將欲戰鄩默然一日引軍攻鎮定之營彼衆大駭上下騰亂俘斬甚衆時帝遣偏將楊延直領軍萬餘人屯澶州以應鄩既而晉王詐言歸太原劉鄩以爲信是月命楊延直會于魏城下鄩自莘率軍亦至與延直會既而晉王自貝州至鄩引軍漸退至故元城西與晉人決戰大爲其所敗追襲至河上軍士赴水死者甚衆鄩自黎陽濟河奔滑州已已制以鄩爲滑州宣義軍節度副大使知節度事晉人攻衞州陷之又陷惠州夏四月乙酉朔威武軍節度使守太傅兼中書令閩王王審知賜號忠勤保安興國功臣餘如故晉人陷洺州癸卯夜捉生都將李霸作亂龍驤都將杜晏球討平之時遣捉生軍千人戍楊劉軍出宋門外是夜由水門復入一鼓大譟火發燭城李霸與其徒燔建國門不克龍驤將杜晏球屯鞠場聞亂兵至率騎擊之亂軍退走馬踐建國門晏球奏曰亂者惟李霸一軍但守宮城遲明必破之未明晏球誅霸及其同惡京師方定是月以行營先鋒步軍都指揮使汝州防禦使王彥章爲鄭州防禦使依前先鋒步軍都指揮使五月晉軍還太原六月晉人急攻邢州帝遣捉生都將張溫率步騎五百人入于邢州至內黃溫率衆降于晉人秋七月甲寅朔晉王自太原至魏州節度使張筠棄城奔京師邢州節度使閻寶以城降于晉王壬戌以淮南鎮海鎮東等軍節度使充淮南宣潤等道西面行營都統開府儀同三司尚父守尚書令吳越王錢鏐爲諸道兵馬元帥餘如故以左僕射楊涉爲太子太傅致仕八月丁酉以開府儀同三司太子太保致仕趙光逢爲司空兼門下侍郎平章事宏文館大學士延資庫使充諸道鹽鐵轉運使九月晉王還太原滄州節度使戴思遠棄城來奔晉人陷貝州歐陽史本紀二年九月晉人克貝州守將張源德死之又死事傳略云太祖時源德自金吾衞將軍爲蔡州刺史貞明元年魏博節度使楊師厚卒末帝分魏相六州爲兩鎮遣劉鄩將兵萬人屯于魏魏軍叛降晉源德爲鄩守貝州晉王入魏諸將欲先擊貝州晉王曰貝城小而堅攻之難卒下乃先襲破德州然後以兵五千攻源德源德堅守不下晉軍塹而圍之已而劉鄩大敗于故元城南走黎陽六鎮數十州之地皆歸晉獨貝一州圍之踰年不可下源德守既堅而貝人聞晉已盡有河北城中食且盡乃勸源德出降源德不從遂見殺已卯天平軍節度副大使知節度事檢校太師兼中書令琅邪郡王王檀薨八月丁酉以開府儀同三司中書侍郎兼吏部尚書同平章事集賢殿大學士判戶部敬翔爲右僕射兼門下侍郎平章事監修國史判度支以光祿大夫中書侍郎同平章事鄭珏爲特進兼刑部尚書平章事集賢殿大學士判戶部十月晉王自太原至魏州是月前昭義軍節度使檢校太師兼侍中陳留郡王葛從周薨是歲河北諸州悉入于晉

舊五代史卷八攷證

梁末帝紀上末帝諱瑱　案瑱原本訛項今從歐陽史改正

太祖第四子也　案歐陽史作第三子五代會要與是書同蓋并假子博王友文而數之也

以帝爲左天興軍使　案原本脫使字今據歐陽史增入

帝乃遣人告趙巖袁象先傳琪朱珪等　案原本脫琪字今據通鑑增入

近雪家讐　案原本脫家字今據冊府元龜增入

濮陽郡開國侯袁象先　濮陽原本作博陽今據象先本傳改正

師厚自弓高渡逼滄州張萬進懼　滄州原本作涼州攷歐陽史劉守光傳張萬進乃滄州守將今改正

滄州順化軍節度使張萬進爲青州節度使　案順化原本作順侯今據通鑑注滄州爲順化軍改正又青州通鑑作平盧攷後文是時賀德倫爲平盧節度使當從此書作青州爲是

寇邢洺　邢原本作鄘今據五代春秋七月來侵邢州改正

貞明元年春牛存節劉鄩拔徐州　案徐州之拔是書本紀及蔣殷傳俱不書月五代春秋及歐陽史俱作正月通鑑作二月通鑑攷異又作乾化四年十一月未詳孰是

判度支趙光逢　逢原本作遂今據唐書列傳改正

旣須日有戰爭　案原本脫戰爭二字今據冊府元龜增入

王彥章爲汝州防禦使　汝州原本作許州今據通鑑改正

康王友孜謀反　案友孜通鑑作友敬與是書異

十一月乙丑改乾化五年爲貞明元年　案通鑑攷異引吳越備史作正月壬辰朔改元大赦歐陽史五代春秋俱從是書

舊五代史卷九

宋門下侍郎參知政事監修國史薛居正等撰

梁書第九

末帝紀中

貞明三年春正月戊午以前淄州刺史高允奇爲右羽林統軍癸亥以前天平軍馬步軍都指揮使檢校太保朱勍爲懷州刺史癸酉以右天武軍使石釗爲密州刺史戊寅以前懷州刺史李建爲安州刺史仍賜名知節已卯以宣義軍節度副大使知節度事北面行營副招討等使特進檢校太傅霍彥威爲天平軍節度副大使知節度事二月甲申晉王攻我黎陽劉鄩拒之而退乙西前蔡州刺史董璋權知宣義軍軍州事丁亥以前右羽林軍統軍梁繼業爲左衞上將軍壬辰以租庸判官檢校司徒張紹珪爲光祿卿依前充租庸判官癸巳以權知平盧軍軍州事客省使知銀臺事元湘爲檢校司空甲午以飛龍使婁繼英爲左武衞大將軍三月庚申以前平戎軍使檢校司徒郭紹賓爲禧州刺史辛酉以前天平軍節度副使裴彥爲隨州刺史戊寅湖州刺史錢傳璟蘇州刺史錢傳璙鎭海軍節度副使錢傳瓘溫州刺史錢傳璲睦州刺史錢傳琇寶州刺史錢傳璛明州刺史錢傳球義州刺史錢傳琤峰州刺史錢傳珦衢州刺史錢傳琰鎭海軍都知兵馬使錢傳璹等凡一十一人並加官勳階爵從吳越王錢鏐之請也夏四月庚辰以前行左武衞大將軍蔡敬思爲右武衞上將軍辛巳以前安州刺史劉玘權知晉州軍州事以前密州刺史張實爲潁州刺史充本州團練使癸未以六軍押衙充左天武軍使劉彥珪爲澶州刺史辛卯以右千牛衞大將軍劉璩充契丹宣諭使詔諸道兵馬元帥開幕除吏一同天策上將府故事辛丑以清海軍元從都押衙隴州刺史吳鍔爲檢校司空癸卯以兩浙衙內先鋒指

揮使守蜂州刺史錢傳珦爲泗州刺史六月庚辰以前東京馬步都指揮使兼左天武軍使雷景從爲汝州刺史充本州防禦使辛卯以租庸判官光祿大夫檢校司徒行光祿卿張紹珪爲申州刺史壬辰以權知晉州建寧軍軍州事前安州刺史劉玘爲建寧軍節度觀察留後秋七月丁巳以淄州刺史陳洪爲棣州刺史乙丑以刑部員外郎封翹爲翰林學士丙寅以汝州刺史楊延直爲左衛大將軍以前左衛上將軍劉重霸爲起復雲麾將軍右驍衛上將軍庚午以六軍諸衛副使起復雲麾將軍檢校太保張業爲淄州刺史八月辛巳以左神武軍統軍周武爲寧州刺史以左崇安指揮使前申州刺史劉仁鍔爲衍州刺史戊子泰寧軍節度使張萬進賜名守進九月庚申以遙領常州刺史張昌孫遙領壽州刺史充本州團練使冬十月壬午以權西面行營都監左武衛上將軍張筠權知商州軍州事戊子詔曰太子太傅李戩多因釋教誑惑羣情此後不得出入無恆癸巳以前崇德軍使張思綰爲左武衛上將軍己亥以啓聖匡運同德功臣諸道兵馬元帥淮南鎮海鎮東等軍節度使充淮南宣潤等四面行營都統開府儀同三司尚書令吳越王錢鏐爲天下兵馬元帥壬寅以尚書左丞吳藹爲工部尚書充兩浙官告使是月晉王自魏州還太原閏十月丁卯以前商州刺史徐瑨爲左驍衛上將軍充西都大內皇牆使十一月壬午以中書侍郎平章事鄭珏權判戶部事戊子以寧州刺史周武爲武靜軍防禦使守慶州刺史以河潼軍使賓廷琬爲寧州刺史十二月晉王自太原復至魏州庚申以左金吾衛大將軍充街使華溫琪爲右龍虎軍統軍以右龍虎軍統軍張彥勳爲商州刺史以前西京大內皇牆使李項爲右威衛上將軍以左金吾衛上將軍李周彝權兼左街使壬戌以守太尉兼中書令河南尹判六軍諸衛事魏王張宗奭爲天下兵馬副元帥丙寅以西面行營馬軍都指揮使檢校太保鄭州刺史充本州防禦使王彥章爲檢校太傅丁卯以西面行營馬步都指揮使左龍虎軍統軍賀瓌爲檢校太傅同中書門下平章事充宣義軍節度使鄭滑濮等州觀察處置等使（通鑑云時論平慶州功故賀瓌遷秩）己巳帝幸洛陽爲來年有事于南郊也遂幸伊闕親拜宣陵時租庸使趙巖勸帝郊天且言帝王受命須行此禮願陛下力行之宰臣敬翔奏曰國家自劉鄩失律以來府藏殫竭箕斂百姓供軍不暇郊祀之禮頒行賞賚所謂取虛名而受實弊也況晉人壓境車駕未可輕動帝不聽遂行是月晉人陷楊劉城帝聞之懼遂停郊禮車駕急歸東京（通鑑云道路訛言晉軍已入大梁扼汜水矣從官皆憂其家相顧涕泣帝惶駭失圖遂罷郊祀）癸酉詔文武兩班除元隨駕人數外其餘竝令御史司憲張袞部署候車駕離京後一兩日發赴東京甲戌以天下兵馬副元帥太尉兼中書令河南尹魏王張宗奭爲西都留守

貞明四年春正月晉人寇鄆濮之境車駕至自洛陽庚辰以蔡州刺史姚勍權知感化軍節度觀察留後乙酉以前靜難軍馬步軍都指揮使黃貴爲蔡州刺史甲午以右領軍衛上將軍齊奉國爲左金吾衛大將軍充街使二月遣將謝彥章帥衆數萬迫楊劉城甲子晉王來援楊劉城彥章之軍不利而退三月壬午以前右武衛上將軍張筠爲左衛上將軍癸巳以鎮國軍節度押衙充本道馬步軍都指揮使江可復爲衍州刺史壬寅鎮海鎮東等軍節度行軍司馬泰州節度使檢校太傅同平章事馬綽加檢校太尉同平章事依前鎮海鎮東等軍節度行軍司馬餘如故從錢鏐之請也夏四月丁未以宣徽院使右衛上將軍趙穀權知青州軍州事以宣徽院副使韋堅權知本院事己酉以銀青光祿大夫行中書侍郎同中書門下平章事權判戶部鄭珏爲金紫光祿大夫中書侍郎兼刑部尚書平章事集賢殿大學士判戶部上柱國仍進封滎陽郡開國侯加食邑五百戶以金紫光祿大夫行尚書吏部侍郎上柱國蘭陵縣開國男食邑三百戶蕭頃爲中書門下平章事仍進封蘭陵縣開國伯加食邑四百戶庚戌以前崇德軍使前右武衛大將軍杜存爲右領軍衛上將軍甲寅以刑部郎中充史館修撰竇專爲翰林學士初學士竇夢徵草錢鏐麻貶蓬萊尉帝召專入翰林遣崇政使李振問宰相云專是宰臣蕭頃女壻令中書商量可否中書奏曰宰相親情不居清顯避嫌之道雖著舊規若蒙特恩亦有近例固不妨事帝乃可之己未靈武節度使韓洙落起復授開府儀同三司依前檢校太傅同平章事癸亥以延州忠義軍節度使太原西面招討應接使檢校太師兼中書令渤海王高萬興兼鄜延兩道都制置使餘如故時萬興弟鄜州節度使萬金卒故有是命己巳以開府儀同三司守司空兼門下侍郎同平章事趙光逢爲司徒致仕兼加食邑五百戶以光逢累上章請老故也辛未詔宰臣敬翔權判諸道鹽鐵使務壬申以太子賓客趙光允爲吏部侍郎五月甲戌以荆南衙內馬步軍都指揮使檢校司徒高從誨領濠州刺史乙亥以特進檢校太傅前潁州團練使張實爲起復雲麾將軍依前潁州團練使庚辰以工部尚書致仕孔拯爲國子祭酒己丑以太常少卿韋彖爲右諫議大夫六月甲辰以金紫光祿大夫檢校司徒歙州刺史朱令德爲忠武軍節度觀察留後己酉以權知感化軍兩使留後特進檢校太保姚勍爲感化軍節度觀察留後庚戌上以秘書少監王翹爲將作監以其父名秘故也丙辰以左監門衞將軍康贊美爲商州刺史以左衞上將軍張筠爲權知永平軍節度觀察留後兼判大安府事戊午以前景州刺史衞審符爲右衞大將軍庚申以河陽節度充北面行營排陳兩京馬軍都軍節度等使光祿大夫檢校太保謝彥章爲匡國軍節度陳許蔡等州觀察處置等使以宣徽院副使韋堅權知河陽軍州事秋七月庚辰以商州刺史康贊美爲起復雲麾將軍依前商州刺史辛卯以前左驍衞上將軍楊詔爲右武衞上將軍戊戌以前匡國軍節度使檢校尚書左僕射羅周敬爲檢校司空守殿中監駙馬都尉八月丙午以右廣勝軍使劉君鐸爲虢州刺史戊申以武寧軍節度副使李存權知宿州事辛亥涇原節度使杜建徽加檢校太傅同平章事建徽吳越王錢鏐之將也遙領涇原節制至是以其上請加恩故有是命乙卯以蔡州刺史黃貴爲絳州刺史辛酉以絳州刺史尹皓爲感化軍節度觀察留後癸亥以前永平軍節度副使張正己爲房州刺史乙丑以宿州團練使趙麓權知河陽節度觀察留後以左驍衞將軍劉去非爲鄆州刺史戊辰以權知永平軍節度觀察留後兼判大安府事張筠爲永平軍節度觀察留後依前兼判大安府事是月晉王率師次楊劉口遂軍于麻家渡北面招討使賀瓌以兵屯濮州北行臺村對壘百餘日晉王以輕騎來覘許州節度使謝彥章發伏兵掩擊圍之數重會救軍至晉王僅以身免九月丁丑靜勝軍節度崇裕等州觀察處置等使特進檢校太傅同平章事溫昭圖加檢校太尉甲午崇政院副使張希逸加金紫光祿大夫行秘書少監乙未起復雲麾將軍檢校太保壽州團練使張昌孫落起復授光祿大夫檢校太傅冬十月辛丑朔以前感化軍節度觀察留後特進檢校太保姚勍爲左龍虎統軍充西都內外馬步軍都指揮使以洛苑使金紫光祿大夫檢校司徒守左威衞大將軍董璋爲右龍虎統軍己酉以安南靜海節度使檢校司徒曲美爲檢校太保同平章事庚戌以商州刺史康贊美爲蔡州刺史十一月壬辰前懷州刺史朱勍授起復雲麾將軍依前懷州刺史十二月庚子朔晉王領軍迫行臺寨距寨十里結營而止北面招討使賀瓌殺許州節度使謝彥章濮州刺史孟審澄別將侯溫裕等于軍以謀叛聞爲行營馬步都虞候朱珪搆之也晉王聞之喜曰彼將帥不和亡無日矣丁未以行營諸軍馬步都虞候光祿大夫檢校太保曹州刺史朱珪爲檢校太傅充匡國軍節度觀察留後依前行營諸軍馬步都虞候癸丑詔曰行營諸軍馬步都虞候匡國軍節度觀察留後朱珪昨以寇戎未滅兵革方嚴所期朝夕之間克弭烟塵之患每于將帥別注憂勞而謝彥章孟審澄侯溫裕忽搆異圖將萌逆節賴朱珪挺施貞節密運沈機果致梟擒免貽讐敵特加異獎之命用旌忠孝之謀便委雄藩俾荷隆渥可檢校太傅充平盧軍節度淄青登萊等州觀察處置押新羅渤海兩番等使兼行營諸軍馬步軍副都指揮使仍進封沛國郡開國侯乙巳起復雲麾將軍檢校太保陳州刺史惠王友能鎮國軍節度陝虢等州觀察處置等使起復雲麾將軍檢校太保邵王友誨竝落起復加檢校太傅以前房州刺史牛知業爲右羽林軍統軍癸亥北面招討使賀瓌率大軍與晉人戰于胡柳陂晉人敗績是日既晡復爲晉人所敗初晉人起軍將襲東京乃下令軍中老弱悉歸于鄴是月二十二日晉王次臨濮賀瓌王彥章自行臺寨率軍躡之二十四日至胡柳陂晉王領軍出戰瓌軍已成列晉王以騎突之王彥章一軍先敗彥章走濮陽晉人輜重在陣西瓌領軍薄之晉人大奔自相蹈藉死者不可勝紀晉大將周德威歿于陣瓌軍乃登土山列陣于山之下晉王領兵復來戰瓌軍遂敗翼日晉人攻濮陽陷之京師戒嚴

貞明五年春正月晉人城德勝夾河爲柵二月乙巳以宣徽院副使韋堅權知徐州軍事二月己卯以華州感化軍留後尹皓爲華州節度使加檢校太保同平章事癸未制削奪兗州節度使張守進在身官爵以其叛故也仍命劉鄩爲兗州管內安撫制置使領兵以攻之夏四月壬寅以永平軍留後兼判大安府事張筠爲永平軍節度使檢校太保行大安尹庚戌以鎮海軍北面水陸都指揮使湖州刺史檢校太傅錢傳璟遙領宣州寧國軍節度使加同平章事是月賀瓌攻德勝南城以艨艟戰艦橫于河以扼津濟之路晉人斷其艨艟濟軍以援南城瓌等退軍五月己巳山南東道節度使檢校太傅孔勍加同平章事丁亥以延州節度使鄜延兩道都

制置太原西面招討應接等使渤海郡王高萬興爲檢校太師兼中書令充保大忠義等軍節度鄜延管內觀察等使是月以行營諸軍左廂馬軍都指揮使鄭州防禦使王彥章爲許州匡國軍節度觀察畱後依前行營諸軍左廂馬軍都指揮使六月壬戌以天驥院使李隨權知登州軍州事秋七月晉王自魏州還太原八月乙未朔滑州節度使賀瓌卒輟視朝三日詔贈侍中是月命開封尹王瓚爲北面行營招討使瓚乃與許州畱後王彥章等率大軍自黎陽濟營于楊村造浮梁以通津路九月丙寅制削奪廣州節度使南平王劉巖在身官爵以其將謀僭號故也仍詔天下兵馬元帥錢鏐指揮攻討冬十月晉王復至魏州是月劉鄩攻下兗州擒張守進夷其族十一月丁丑以兗州安撫制置使特進檢校太傅大彭郡開國公劉鄩爲兗州節度使開府儀同三司檢校太尉同平章事賞平兗之功也辛卯王瓚帥師至戚城遇晉軍交綏而退十二月戊戌晉王領軍迫河南寨王瓚率師禦之獲晉將石家才旣而瓚軍不利瓚退保楊村寨晉人陷濮陽

舊五代史卷九攷證

梁末帝紀中以宣義軍節度副大使知節度事　案原本脫副字攷新唐書百官志及五代會要副大使爲藩鎭官爵今增入

蘇州刺史錢傳璙　傳璙原本作傳珏今據十國春秋改正

峰州刺史錢傳珦　案歐陽史職方志有封州而無峰州是書前後俱作峰州未知何據今仍其舊

以刑部員外郎封翹　翹原本訛作堯今據封舜卿傳改正

靈武節度使韓洙　韓洙原本作韓殊攷是書韓遜傳洙卽遜之子歐陽史雜傳亦作洙今改正

檢校尚書左僕射羅周敬　周敬原本作用敬攷是書晉列傳作周敬歐陽史羅紹威傳亦作子周敬今改正

建嶶吳越王錢鏐之將也　建嶶原本訛作達嶶今據十國春秋改正

賀瓌殺許州節度使謝彥章　案通鑑賀瓌密譖謝彥章于帝因與朱珪伏甲以殺彥章蓋密奉帝旨也是書及歐陽史五代春秋俱以賀瓌專殺爲文未知孰是

制削奪兗州節度使張守進在身官爵仍命劉鄩領兵攻之　案是書守進歸晉本紀繫于五年三月張萬進傳作四年七月劉鄩傳仍作五年蓋守進潛附于晉在四年秋聲罪致討則五年春事也五代春秋以守進叛爲五年事歐陽史又以劉鄩討之爲四年事不如是書之徵實

舊五代史卷十

宋門下侍郎參知政事監修國史薛居正等撰

梁書第十

末帝紀下

貞明六年春正月戊子以曹州刺史朱漢賓爲安州宣威軍節度使以許州匡國軍節度觀察畱後充散指揮都軍使檢校太傅王彥章爲匡國軍節度使進封開國侯軍職如故二月癸丑宣州節度使錢傳璙起復依前檢校太傅同平章事宣州節度使以其丁內艱故也三月丁亥以前申州刺史張紹珪爲大理卿夏四月丁亥制曰王者愛育萬方慈養百姓恨不躋之仁壽撫以淳和而炎黃有戰伐之師堯舜有干戈之用諒不獲已其猶病諸然則去害除妖興兵動衆殺黑龍而濟中土刑白馬而誓諸侯終能永逸暫勞以至同文共軌古今無異方冊具存朕以眇末之身託億兆之上四海未乂八年于茲業業兢兢日愼一日雖踰山越海肅愼方來而召雨徵風蚩尤尚在顧茲殘孼勞我大邦將士久于戰征黎庶疲于力役木牛暫息則師人有乏爨之憂流馬盡行則丁壯有無聊之苦況青春告謝朱夏已臨妨我農時迫我戎事永言大計思致小康宜覃在宥之恩稍示殷憂之旨用兵之地賦役實煩不有蠲除何使存濟除兩京已放免外應宋亳輝潁鄆齊魏滑鄭濮沂密青登萊淄陳許均房襄鄧泌隨陝華雍晉絳懷汝商等三十二州應欠貞明四年終已前夏秋兩稅幷鄆齊滑濮襄晉輝等七州兼欠貞明四年已前營田課利物色等並委租庸使逐州據其名額數目矜放所在官吏不得淹停制命徵督下民致恩澤不及于鄉閭租稅虛捐于帳籍其有私放遠年債負生利過倍自違格條所在州縣不在更與徵理之限兗州城內自張守進背朝廷結連蕃寇久勞攻討頗困生靈言念傷殘尋加給復應天下見禁罪人如犯大辟合抵極刑者宜示好生特令減死除準格律常赦不原外徒流已下遞減一等除降官未經量移者與量移已量移者便與復資云庚子宗正卿朱守素上言請依前朝置匭院令諫議大夫專判從之乃以右諫議大夫鄭韜光充知匭使乙巳以右僕射兼門下侍郎同平章事監修國史判度支開國公敬翔爲宏文館大學士延資庫使諸道鹽鐵轉運等使餘如故以中書侍郎兼刑部尚書平章事集賢殿大學士判戶部事鄭珏爲監修國史判度支以中書侍郎平章事蕭頃爲集賢殿大學士判戶部事以尚書左丞李琪爲中書侍郎平章事丙午吏部侍郎趙光允爲尚書左丞己酉以河中護國軍節度副大使知節度事制置度支解縣池場等使開府儀同三司太保兼中書令冀王友謙依前守太保兼中書令兼同州節度使餘如故癸丑鄜延節度使兼西面招討應接等使檢校太保兼中書令渤海郡王高萬興進封延安王賜號匡時定節功臣前衡州長史劉膺進所撰地理手鏡十卷己未以租庸判官尚書工部郎中張鋭爲戶部郎中充崇政院學士辛酉以前吏部侍郎盧協爲禮部侍郎五月乙丑故左衛上將軍齊奉國贈太傅詔曰應文武朝官或有昔罷多年漂流在外者宜令中書門下量才除授勿使栖遲或有進士策名累年未釋褐者與初任一官已釋褐者依前資敘用乙酉升宋州爲大都督府其餘廢大都督府額六月遣兗州節度使劉鄩華州節度使尹皓崇州節度使溫昭圖莊宅使段凝領軍攻同州先是河中朱友謙襲陷同州節度使程全暉單騎奔京師友謙以其子令德爲同州留後表求旌節不允旣而帝慮友謙怨望遂命兼鎭同州制命將下而友謙已叛遣使求援于晉故命將討之九月庚寅以供奉官郎公遠充契丹歡好使晉王遣都將李嗣昭李存審王建及率師來援同州戰于城下我師敗績諸將以餘衆退保華州羅文寨冬十月陳州妖賊毋乙董乙伏誅陳州里俗之人喜習左道依浮屠氏之教自立一宗號曰上乘不食葷茹誘化庸民揉雜淫穢宵聚晝散州縣因循遂致滋蔓時刺史惠王友能恃戚藩之寵動多不法故妖愚之徒望風影附毋乙數輩漸及千人攻掠鄉社長吏不能詰是歲秋其衆益盛南通淮夷朝廷累發州兵討捕反爲賊所敗陳潁蔡三州大被其毒羣賊乃立毋乙爲天子其餘豪首各有樹置至是發禁軍及數郡兵合勢追擊賊潰生擒毋乙等首領八十餘人械送闕下並斬于都市

龍德元年春正月癸巳詔諸道入奏判官宜令御史臺點檢合從正衙退後便于中書門下公參辭謝如有違越具名銜聞奏應面賜章服仍令閤門使取本官狀申中書門下受敕牒後方可結入新銜甲辰以河東道行營西面應接使前靜勝軍節度崇裕等州觀察處置等使特進檢校太尉同平章事溫昭圖爲匡國軍節度陳許蔡等州觀察處置等使以北面行營副招討使匡國軍節度陳許蔡等州觀察處置等使光祿大夫檢校太傅王彥章爲宣義軍節度副大使知節度事鄭滑濮等州觀察處置等使依前北面副招討使二月己未以權知靜勝軍節度觀察畱後前汝州防禦使華溫琪爲靜勝軍節度觀察畱後依前檢校太傅丙寅以荊南節度使檢校太師兼中書令渤海郡王高季昌爲守中書令依前荊南節度使庚午以晉州建寧軍節度觀察畱後劉玘爲晉州節度使檢校太保壬申史館上言伏見北齊文士魏收著後魏書于時自魏太武之初至于北齊書不獲就乃大徵百官家傳刊總斟酌隨條甄舉搜訪遺亡數年之間勒爲一代典籍編在北史固非虛言臣今請明下制敕內外百官及前資士子帝戚勳家並各納家傳具述父祖事行源流及才術德業灼然可攷者並纂述送史館如記得前朝會昌已後公私亦任抄錄送官皆須直書不用文藻兼以兵火之後簡牘罕存應內外臣寮曾有奏行公事關涉制置或討論沿革或章疏文詞有可採者並許編錄送納候史館修撰之日攷其所上公事與中書門下文案事相符會或格言正辭詢訪不謬者並與編載所冀忠臣名士共流家國之耿光孝子順孫獲記祖先之丕烈而且周德見乎殷紀舜典存乎禹功非惟十世可知庶成一朝大典臣叨膺委任獲領監修將贖素餐輒干元覽詔從之鹽鐵轉運使敬翔奏請于雍州河陽徐州三處重置場院稅茶從之己卯禮部尚書充西都副留守兼判尚書省事崔沂奏西京都省凡有公事奏聞常須借印施行伏請鑄尚書省分司印一面從之是月鎭州大將王德明殺其帥王鎔自稱留後遣使來求援幸臣敬翔請許之租庸使趙巖等以爲不可乃止三月丁亥朔祠部員外郎李樞上言請禁天下私度僧尼及不許妄求師號紫衣如願出家受戒者皆須赴闕比試藝業施行願歸俗者一聽自便詔曰兩都左右街賜紫衣及師號僧委功德使具名聞奏今後有闕方得奏薦仍須道行精至夏臘高深方得補塡每遇明聖節兩街各許官壇度七人諸道如要

度僧亦仰就京官壇仍令祠部給牒今後只兩街置僧錄道錄僧正並廢已丑以前兵部郎中杜光乂爲左諫議大夫致仕壬寅改襄州鄀縣爲沿夏縣亳州焦夷縣爲夷父縣密州漢諸縣爲膠源縣從中書舍人馬縞請也夏四月陳州刺史惠王友能反舉兵向闕帝命將出師逆擊敗之友能走保陳州詔張漢傑率兵進討敕開封府太康襄邑雍部三縣遭陳州賊軍奔衝其夏稅只據見苗輸納五月丙戌朔制曰朕聞惟辟動天惟聖時憲故君爲善則降之以福爲不善則降之以災朕以眇末之身託于王公之上不能荷先帝艱難之運所以致蒼生塗炭之危兵革薦興災害仍集內省厥咎蓋由朕躬故北有邊裔狡逞之師西有蒲同亂常之旅連年戰伐積歲轉輸虔劉我士民侵據我郡邑師無宿飽之饋家無擔石之儲而又水潦爲災蟲蝗作沴戒譴作于上怨咨聞于下而況骨肉之內竊弄干戈幾甸之中輒爲陵暴但責躬而罪已敢怨天以尤人蓋朕無德以事上穹無功以及兆庶不便于時者未能去有益于民者未能行處事昧于酌中發令乖于至當招致災患引翼禍殃罪在朕躬不能自赦夙夜是懼寢食靡寧將勵已以息災爰布澤而從欲今以薰風方扇旭日初昇朔既視于正陽歷宜更于嘉號庶惟新之令敷華夏以同歡期克念之心與皇王而合道其貞明七年宜改爲龍德元年應天下見禁罪人除大辟罪外遞減一等德音到後三日內疏理訖奏應欠貞明三年四年諸色殘欠五年六年夏稅殘稅並放侍衛親軍及諸道行營將士等第頒賜優當已從別敕處分左降官與量移已經量移者與復資長流人各移近地已經移者許歸鄉里前資朝官寄寓遠方仰長吏津置赴闕內外文武常參官節度使留後刺史父母亡殁者並與封贈公私債負納利及一倍已上者不得利上生利先經陣殁將校各與追贈云以宜和庫使守右領衛將軍李嚴權知兗州軍州事丁亥詔曰郊禋大禮舊有渥恩御殿改元比無賞給今則不循舊例別示特恩其行營將士賞賚已給付本家宜令招討使霍彥威副招討使王彥章陳州行營都指揮張漢傑曉示諸軍知委是月兗州節度使充河東道行營都招討使劉鄩卒六月己亥以都檢點諸司法物使檢校司徒行左驍衛大將軍李肅爲右威衛上將軍秋七月陳州朱友能降庚子詔曰朕君臨四海子育兆民惟持不黨之心庶叶無私之運其有齒于戚屬雖深敦敘之情干我國經難固含宏之旨須遵常憲以示至公特進檢校太傅使持節陳州刺史兼御史大夫上柱國食邑三千戶惠王友能列爵爲王頒條治郡受元戎之寄任處千里之封疆就進官資已登崇貴時加錫賚以表優隆宜切知恩合思盡節撫俗當申于仁政佐時期効于忠規而狎彼小人納其邪說忽稱兵而向闕敢越境以殘民侵犯郊畿驚撓輦轂遠邇咸嫉謀畫交陳及興問罪之師旋驗知非之狀瀝懇繼陳于章表束身願赴于闕庭備述艱危覬加寬恕朕得不自爲屈已姑務安仁特施貸法之恩蓋舉議親之律詢于事體抑有朝章止行退責之文用塞衆多之論可降封房陵侯於戲君臣之體彼有不恭伯仲之恩予垂立愛顧茲輕典豈稱羣情凡在臣寮當體朕意甲辰制以特進檢校太傅衡王友諒可封嗣廣王冬十月北面招討使戴思遠攻德勝寨之北城晉王來援思遠敗于戚城

龍德二年春正月戴思遠率師襲魏州時晉王方攻鎮州故思遠乘虛以襲之陷成安思遠遂急攻德勝北城晉將李存審極力拒守二月晉王以兵至思遠收軍而退復保楊村八月段凝張朗攻衛州下之獲刺史李存儒以獻戴思遠又下淇門共城新鄉等三縣自是澶州之西相州之南皆爲梁有晉人失軍儲三分之一焉

龍德三年春三月晉潞州節度留後李繼韜遣使以城歸順先是繼韜父嗣昭爲潞州節度使戰殁于鎮州城下晉王欲以嗣昭長子繼儔襲父位繼韜在潞州即執繼儔囚之遣使來送款仍以二幼子爲質澤州刺史裴約不從繼韜之謀帝命董璋爲澤州刺史令將兵攻之夏四月已巳晉王即唐帝位于魏州改天祐二十年爲同光元年閏月壬寅唐軍襲鄆州陷之巡檢使陳州刺史劉遂嚴本州都指揮使燕顒奔歸京師皆斬于都市五月以滑州節度使王彥章爲北面行營招討使辛酉王彥章率舟師自楊村寨浮河而下斷德勝之浮梁攻南城下之殺數十人唐帝棄德勝之北城併軍保楊劉己巳王彥章段凝圍楊劉城六月乙亥唐帝引軍援楊劉潛軍至博州築壘于河東岸戊子王彥章杜晏球率兵急攻博州之新壘不克遂退保于鄒口秋七月丁未唐帝引軍沿河而南王彥章棄鄒口復至楊劉己未自楊劉拔營退保楊村寨八月以段凝代王彥章爲北面行營招討使戊子段凝營于王村引軍自高陵渡河復臨河而還董璋攻澤州下之庚寅唐帝軍于胡城先鋒將康延孝率百騎奔于唐盡洩其軍機命滑州節度使王彥章率兵屯守鄆之東境九月戊辰彥章以衆渡汶與唐軍遇于遞防鎮彥章不利退保中都冬十月辛未朔日有食之甲戌唐帝引師襲中都王彥章兵潰于是彥章與監軍張漢傑及趙廷隱劉嗣彬李知節康文通王山興等皆爲唐人所獲翼日彥章死于任城帝聞中都之敗唐軍長驅將至遣張漢倫馳驛召段凝于河上漢倫墜馬傷足復限水潦不能進時禁軍尚有四千人朱珪請以拒唐軍帝不從登建國門召開封尹王瓚謂之曰段凝未至社稷繫卿方畧瓚卽驅軍民登城爲備或勸帝西奔洛陽趙巖曰勢已如是一下此樓誰心可保乃止俄報曰晉軍過曹州矣帝置傳國寶于臥內俄失其所在已爲左右所竊迎唐帝矣帝召控鶴都將皇甫麟謂之曰吾與晉人世讎不可俟彼刀鋸卿可盡我命無令落讎人之手麟不忍帝曰卿不忍將賣我耶麟舉刀將自剄帝持之因相對大慟戊寅夕麟進刃于建國樓之廊下帝崩（五代會要末帝年三十六）麟卽時自剄遲明唐軍攻封邱門王瓚迎降唐帝入宮妃郭氏號泣迎拜初許州獻綠毛龜宮中造室以蓄之命曰龜堂帝嘗市珠手市既而曰珠數足矣衆皆以爲不祥之言帝末年改名瑱字一十一十月一八日（案此句疑有脫衍蓋當時傳會者析王字爲一十一析眞字爲十月一八也冊府元龜作或解云瑱字一十一十月一八知此句日字因下文有日字而衍今姑仍其舊）果以一十一年至十月九日亡唐帝初入東京聞帝殂憮然歎曰敵惠敵怨不在後嗣朕與梁主十年對壘恨不生見其面尋詔河南尹張全義收葬之其首藏于太社晉天福二年五月詔太社先藏唐朝罪人首級許親屬及舊寮收葬時右衞上將軍婁繼英請之會繼英得罪乃詔左衞上將軍安崇阮收葬焉

史臣曰末帝仁而無武明不照姦上無積德之基可乘下有弄權之臣爲輔卒使勁敵奄至大運俄終雖天命之有歸亦人謀之所誤也惜哉

舊五代史卷十攷證

梁末帝紀下宣州節度使錢傳璟　宣州原本訛作亘州今據十國春秋改正

應宋亳頳鄆齊魏滑　案原本脫魏字今據冊府元龜增入

充知匭使　知匭原本作知匱攷通典唐三省官有知匭使今改正

朱友謙襲陷同州節度使程全暉單騎奔京師　案歐陽史本紀朱友謙殺節度使程全暉至列傳亦言全暉奔京師紀傳互異宜以是書爲正

華溫琪爲靜勝軍留後　案通鑑作貞明六年事與是書繫龍德元年異

鎮州大將王德明殺其帥王鎔　案五代春秋三月趙人張文禮弒其君鎔是書及通鑑作二月

夏四月陳州刺史惠王友能反　案歐陽史作三月與是書異

詔張漢傑率兵進討　漢傑原本作衡傑今據通鑑改正

王彥章率舟師自楊村寨浮河而下　舟師原本訛州師今據通鑑改正

帝召控鶴都將皇甫麟　案通鑑攷異引莊宗實錄作皇甫鏻歐陽史從是書作麟

舊五代史卷十一

宋門下侍郎參知政事監修國史薛居正等撰

梁書第十一

列傳一 后妃

文惠皇太后王氏開平初追諡太祖性孝愿奉太后未嘗小失色朝夕視膳爲士君子之規範帝嚴察用法無纖毫假貸太后言之帝頗爲省刑（北夢瑣言云梁祖父誠蚤卒有三子俱幼母王氏攜養寄于同縣人劉崇家昆弟之中惟溫狡猾無行崇母撫養之崇弟兄嘗加譴杖一日偷崇家釜而竄爲崇追回崇母遮護之以免撲責善逐走鹿往往及而獲之又崇母嘗見其有龍蛇之異他日與仲兄存入黃巢軍作賊伯兄昱與母王氏尚依劉家溫旣辭去不知存亡及溫領鎮于汴盛飾輿馬使人迎母于崇家王氏惶恐辭避深藏不之信謂人曰朱三落拓無行何處作賊送死焉能自致富貴汴帥非吾子也使者具陳離鄉去里之由歸國立功之事王氏方泣而信是日與崇母並迎歸汴溫盛禮郊迎人士改觀崇以舊恩位至列郡爲商州刺史王氏以溫貴封晉國太夫人仲兄存于賊中爲矢石所中而卒溫置酒于母歡甚語及家事謂母曰朱五經辛苦業儒不登一命今有子爲節度使無忝前人矣母不懌良久謂溫曰汝致身及此信爲英特然行誼未必如先人朱二與汝同入賊軍身死蠻徼孤男稚女艱食無告汝未有恤孤之心英特即有諸無取也溫垂涕謝罪即令召諸兄子皆至汴友寧友倫皆立軍功位至方鎮）

元貞皇后張氏乾化中追諡（五代會要云太祖皇后張氏早崩開平二年追封賢妃至乾化二年十一月二十三日追冊曰元貞皇后又北夢瑣言云梁祖魏國夫人張氏碭山富室女父蕤曾爲宋州刺史溫時聞張有姿色私心傾慕有麗華之歎及溫在同州得張于兵間因以婦禮納之溫以其宿款深加禮異張賢明有禮溫雖虎狼其心亦所景伏每軍謀國計必先延訪或已出師中途有所不可張氏一介

蕭旋如期而至其信重如此初收兗鄆得朱瑾妻溫之曰彼既無依寓于輜車張氏遣人召之瑾妻再拜張氏答拜泣下謂之曰兗鄆與司空同姓之國昆仲之間以小故尋戈致吾姒如此設不幸汴州失守妾亦似吾姒之今日也又泣下乃度爲尼張恒給其費張既卒繼寵者非人及僭號後大縱朋淫骨肉聚麀帷薄荒穢以致友珪之禍起于婦人始能以柔婉之德制豺虎之心如張氏者不亦賢乎　又案五代會要所載內職有梁太祖昭儀陳氏昭容李氏歐陽史並見家人傳

末帝德妃張氏　五代會要云少帝妃張氏乾化五年九月二十四日冊爲德妃其夕薨　案歐陽史次妃郭氏傳云晉天福三年詔太祖先藏罪人首級許親屬收葬乃出末帝首遣右衛將軍安崇阮與妃同葬妃于洛陽　又案五代史無外戚傳五代會要云梁太祖長女安陽公主降羅延規開平二年八月追封長樂公主降趙巖開平元年五月十一日封普寧公主降昭祚王氏開平元年五月十一日封金華公主開平二年十月封眞寧公主乾化二年十月五日封少帝長女壽春公主乾化三年四月五日封第二女壽昌公主貞明元年九月二十三日封今攷通鑑攷異引梁功臣列傳云羅延規尙安陽公主又尙金華公主是書羅紹威傳亦載開平四年詔金華公主出家爲尼是金華公主實歸羅氏五代會要闕載

舊五代史卷十一攷證

梁列傳一后妃傳末帝德妃張氏　案龐元英文昌雜錄梁均王晉天福中始葬故妃張氏獨存考功員外商鵰爲誌文曰七月有期不見望陵之妾九疑無色空餘泣竹之妃今攷五代會要德妃張氏早薨歐陽史次妃郭氏莊宗入宮度爲尼是晉天福中尙存者郭妃非德妃與末帝同葬者德妃非郭妃也歐陽史不明言同葬者爲何妃文昌雜錄誤以尙存者爲故妃張氏蓋傳聞之失實也

舊五代史卷十二

宋門下侍郎參知政事監修國史薛居正等撰

梁書第十二

列傳二　宗室

廣王全昱太祖長兄受禪後封乾化元年還睢陽命內臣拜餞都外王出宿至于偃師仍詔其子衡王友諒侍從以歸庶人塡位授宋州節度使貞明二年卒　五代會要云全昱贈尙書令諡德靖　五代史闕文全昱梁祖之兄也既受禪宮中開宴惟親王得與因爲博戲全昱酒酣忽起取骰子擊盆迸散大呼梁祖曰朱三汝碭山一民因天下饑荒入黃巢作賊天子用汝爲四鎭節度使富貴足矣何故滅他李家三百年社稷稱王稱朕吾不忍見血吾族矣安用博爲梁祖不悅而罷臣謹按梁史廣王全昱傳曰昱樸野常呼帝爲三宮中博戲之事諱之夫梁祖弑二君弑一皇后名臣被害者不可勝紀及莊宗卽位盡誅朱氏惟全昱先令終至道初知單州有稱廣王之後與尼訟田者豈以一言之善獨存其胤耶

友諒全昱子初封衡王後嗣廣王繼歷藩郡多行不法坐弟友能反廢囚京師唐師入汴與友能友誨同日遇害

友能全昱子封惠王後爲宋滑二州留後　案友能後以叛廢詳見末帝紀又通鑑云龍紀元年夏四月陳州刺史惠王友能反舉兵趣大梁詔陝州留後霍彦威宣義節度使王彦章控鶴指揮使張漢傑將兵討之友能至陳留兵敗走還陳州諸軍圍之秋七月惠王友能降庚子詔赦其死降封房陵侯

友誨全昱子封邵王乾化元年以檢校兵部尚書充控鶴指揮使坐友能反廢後爲唐兵所殺

安王友寧字安仁少習詩禮長喜兵法有倜儻之風太祖鎭汴累署軍職每因出師多命統驍果以從及擒秦宗權太祖令友寧檻送宗權西獻于長安詔加檢校右散騎常侍行右監門衛將軍自是繼立軍功累官至檢校司空兼龔柳二州刺史太祖駐軍岐下遣友寧領所部兵先歸梁苑以備守禦屬靑帥王師範搆亂以關東諸兵悉在岐隴欲乘虛竊發自齊魯至于華下羅布姦黨皆詐以委輸貢奉爲名陰與淮夷并門結好會有靑人詣裴迪言其狀迪以事告友寧不俟命乃率兵萬餘人東討師範遣其弟將兵圍齊州友寧引兵救之靑寇大敗奪馬四千蹄斬首數千級及昭宗歸長安朝廷議迎駕功友寧授嶺南西道節度使加特進檢校司徒賜號迎鑾毅勇功臣時靑寇數千越嶮潛伏欲入兗州友寧知之伏兵于兗南邀之大破賊衆竟無免者自是兗壁危窘友寧督諸軍進逼營兵首攻博昌縣月餘未能拔太祖怒遣劉捍督戰友寧乃下俘民衆十餘萬各領負木石牽牛驢于城南爲土山旣至合人畜木石排而築之冤枉之聲聞數十里俄而城陷盡屠其邑人淸河爲之不流及進迫寇壘與靑人戰于石樓王師小却友寧旁自峻阜馳騎以赴敵所乘馬蹶而仆遂沒于陣友寧將戰之前日有大白蛇蟠于帳中友寧心惡之旣而果遇禍焉

密王友倫幼聰悟喜筆札曉聲律及長好騎射有經度之智太祖每奇之曰吾家千里駒也年十九爲宣武軍校景福初充元從騎軍都將尋表爲右武衛將軍漸委戎事太祖征兗鄆友倫勒所部兵收聚糧穀以濟軍須幽滄軍至內黃友倫前鋒夜渡河擊賊奪馬千匹擒斬甚衆因引兵往八議關卒逢晉軍萬餘騎友倫乃分布兵士多設疑軍因聲鼓誓衆士伍奮躍追斬數十里其後李罕之請以上黨來歸爲晉軍所圍太祖遣友倫總步騎數萬越嶮救應遂大破晉軍唐朝加檢校司空守滕州刺史天復元年岐隴用兵晉人乘虛侵于北鄙友倫率徒兵三萬徑往磐山晉人望塵奔逸友倫與氏叔琮等躡其轍追至太原摩壘挑戰獲牛馬萬餘二年領所部兵西赴鳳翔前後累接戰三年昭宗歸長安制授友倫寧遠軍節度使檢校司徒賜號迎鑾毅勇功臣及太祖東歸留友倫宿衛京師歲餘因會賓擊鞠墜馬而卒昭宗輟視朝一日詔贈太傅歸葬于碭山縣開平初有司上言曰東漢受命伯升預其始謀西周尙親叔虞荷其封邑故皇兄存凋零霜露綿歷歲時恩莫逮于陟岡禮方宏于事日皇姪故邕州節度使友寧故容州節度使友倫項因締搆俱習韜鈐竝以戰功殁于王事永言帶礪合議封崇于是存追封朗王友寧追封安王友倫追封密王

郴王友裕字端夫太祖長子也幼善射御從太祖征代性寬厚頗得士心唐中和中太祖會并帥李克用攻圍華州賊將黃鄴固守甚堅俄有一人登陴大詈克用令北騎連射終不能中命友裕射之應弦而斃大軍喜噪聲震山谷克用因以良弓百矢遺焉太祖鎭汴表爲宣武軍牙校及蔡賊殄滅朝廷議功加檢校左僕射尋爲牙內馬步都指揮使景福元年總大軍伐徐時朱瑾領兗鄆之衆爲徐戎外援陣于彭門南石佛山下友裕縱兵擊之斬獲甚衆瑾領殘黨宵遁時都虞候朱友恭羽書聞于太祖誣友裕按兵不追賊太祖大怒因驛騎傳符令裨將龐師古代友裕爲帥仍令按劾其事會使人誤致書于友裕友裕懼遂以數騎遁于山中尋詣廣王于輝州以訴其冤賴元貞皇后聞而召之令束身歸汴力爲營救太祖乃捨之令權知許州乾寧二年加檢校司空尋爲武寧軍節度留後四年太祖下東平改天平軍留後加檢校司徒光啓元年再領許州天復初爲奉國軍節度留後太祖兼鎭河中以友裕爲護國軍節度留後尋遷華州節度使加檢校太保與德尹天祐元年七月兼行營都統領步騎數萬經略邠岐十月友裕有疾將校乃謀旋師尋卒于梨園歸葬東京開平初追贈郴王乾化三年又贈太師

博王友文本姓康名勤太祖養以爲子受禪後封爲王　下有闕文　爲東京留守嗜酒頗怠于爲政友珪弑逆竝殺友文末帝卽位盡復官爵

友珪小字遙喜母失其姓本亳州營妓也唐光啓中帝徇地亳州召而侍寢月餘將捨之而去以娠告是時元貞皇后賢而有寵帝素憚之由是不果攜歸大梁因留亳州以別宅貯之及期妓以生男來告帝喜故字之曰遙喜後迎歸汴受禪後封郢王開平四年十月爲檢校司徒充左右控鶴都指揮使兼管四蕃將軍乾化元年充諸軍都虞候二年弑太祖篡位均王以兵討之自殺追廢爲庶人　五代會要云郢王友珪開平元年五月九日封至乾化二年六月二日篡位僞改歷元年三月十七日京城軍亂侍衛袁象先率兵入宮友珪自殺少帝卽位追削爲庶人又載周廣順中張修實錄奏云梁末帝之上有郢王友珪篡弑居位未有紀錄請依宋書劉劭例書爲元凶友珪案梁實錄今無攷

福王友璋太祖第五子受禪後封

賀王友雍太祖第六子受禪後封

建王友徽太祖第七子受禪後封

康王友孜太祖第八子末帝卽位後封以反誅

舊五代史卷十二攷證

梁列傳二宗室友誨傳後爲唐兵所殺　案王禹偁五代史闕文莊宗卽位盡誅朱氏是書與歐陽史俱同惟通鑑云梁主召友誨與其兄友諒友能竝幽于別第及唐師將至梁主疑諸兄弟乘危謀亂幷皇弟賀王友雍建王友徽盡殺之未知所據

密王友倫傳因引兵往八議關　案八議原本訛作八議今據通鑑改正

于是存追封朗王友寧追封安王友倫追封密王　案五代會要開平二年追封皇從子友寧爲安王友倫爲密王四年追封皇兄存爲朗王據是書作一時竝封未知孰是

郴王友裕傳遂以數騎遁于山中　案數騎通鑑作二千騎歐陽史與是書同

康王友孜傳　案友孜通鑑及五代會要作友敬惟歐陽史與是書同

舊五代史卷十三

宋門下侍郎參知政事監修國史薛居正等撰

梁書第十三

列傳三

朱瑄宋州下邑人也父慶里之豪右以攻剽販鹽爲事吏捕之伏法瑄坐父罪以笞免因入王敬武軍爲小校唐中和二年諫議大夫張濬徵兵于青州敬武遣將曹全晸率軍赴之以瑄隸焉以戰功累遷列校賊敗出關全晸以本軍還鎮會鄆帥薛崇卒部將崔君預據城叛全晸攻之殺君預自爲留後瑄以功授濮州刺史鄆州馬步軍都將光啓初魏博韓允中攻鄆全晸爲其所害瑄據城自若三軍推爲留後允中敗朝廷以瑄爲天平軍節度使累加官至檢校太尉同平章事太祖初鎮大梁兵威未振連歲爲秦宗權所圍士不解甲危殆日數四太祖以瑄同宗早兄事之乃遣使求援于瑄光啓末宗權急攻大梁瑄與弟瑾率兗鄆之師來援大破蔡賊解圍而遁太祖感其力厚禮以歸之先是瑄瑾駐于大梁覩太祖軍士驍勇私心愛之及歸厚懸金帛于界上以誘焉諸軍貪其厚利私遁者甚衆太祖移牒以讓之瑄來辭不遜由是始構隙焉及秦宗權敗太祖移軍攻時溥于徐州時瑄方右溥乃遣使來告太祖曰巢權繼爲蛇虺毒螫中原與君把臂同盟輔車相依今賊已平竣人粗聊生吾弟宜念遠圖不可自相魚肉或行人之失辭齟吏之喻法可以理遣未得便睽和好投鼠忌器弟幸思之太祖怒時溥通于孫儒不從其言及龐師古攻徐州瑄出師來援太祖深銜之徐既平太祖併兵以攻鄆自景福元年冬遣朱友裕領軍渡濟至乾寧三年宿軍齊鄆間大小凡數十戰語在太祖紀中自是野無人耕屬城悉爲我有瑄乃使人求救于太原李克用遣其將李承嗣史儼等援之尋爲羅宏信所扼援路既絕瑄瑾竟敗乾寧四年正月龐師古攻陷鄆州瑄至中都北匿于民家爲其所箠并妻榮氏擒之來獻俱斬于汴橋下

朱瑾瑄從父弟雄武絕倫性頗殘忍光啓中瑾與兗州節度使齊克讓婚瑾自鄆盛飾車服私藏兵甲以赴禮會親迎之夜甲士竊發擄克讓自稱留後及蔡賊鴟張瑾與太祖連衡同討宗權前後屢捷以功正授兗州節度使既得士心有兼并天下之意太祖亦忌之瑾以厚利招誘太祖軍士以爲間諜及太祖攻鄆瑾出師來援累與太祖接戰乾寧二年春太祖令大將朱友恭攻瑾掘塹柵以環之朱瑄遣將賀瓌及蕃將何懷寶赴援爲友恭所擒十一月瑾從兄齊州刺史瓊以州降太祖令執賀瓌懷寶及瓊以徇于城下語曰卿兄已敗早宜效順瑾僞遣牙將瑚兒持書幣送降太祖自至延壽門外與瑾交語瑾謂太祖曰欲令大將送符印願得兄瓊來押領所貴骨肉盡布腹心也太祖遣瓊與客將劉捍取符節瑾單馬立于橋上揮手謂捍曰可令兄來余有密款即令瓊往瑾先令驍士董懷進伏于橋下及瓊至懷進突出擒瓊而入俄而斬瓊首投于城外太祖乃班師及鄆州陷龐師古乘勝攻兗瑾與李承嗣方出兵求芻粟于豐沛間瑾之二子及大將康懷英判官辛綰小校閻寶以城降師古瑾無歸即與承嗣將麾下士將保沂州刺史尹處賓拒關不納乃保海州爲師古所迫遂擁州民渡淮依楊行密行密表瑾領徐州節度使龐師古渡淮行密令瑾率師以禦之淸口之敗瑾有力焉自是瑾率淮軍連歲北寇徐宿大爲東南之患及行密卒子渭繼立以徐溫子知訓爲行軍副使寵遇頗深後楊溥僭號知訓爲樞密使知政事以瑾爲同平章事仍督親軍時徐溫父子恃寵專政慮瑾不附己陳彭年江南別錄云徐知訓初學兵法于朱瑾瑾悉心教之後與瑾有隙夜遣壯士殺瑾瑾手刃數人瘗于舍後貞明四年六月出瑾爲淮寧軍節度使知訓設家宴以餞瑾瑾事之愈遜翼日詣知訓第謝留門久之知訓家僮私謂瑾曰政事相公此夕在白牡丹妓院侍者無得往瑾謂典謁曰吾不奈朝飢且歸既而知訓聞之愕然曰晚當過瑾瑾厚備供帳瑾有所乘名馬冬以錦帳貯之夏以羅幬護之愛妓桃氏有絕色善歌舞及知訓至奉巵酒爲壽初以名馬奉知訓喜而言曰相公出鎮與吾暫別離恨可知願此盡歡瑾即延知訓于中堂出桃氏酒既酣瑾斬知訓首示其部下馬令南唐書云知訓因求馬于瑾瑾不與遂有隙俄出瑾爲靜淮節度使瑾詣知訓別且願獻前馬知訓喜往謁瑾家瑾妻出拜知訓答拜瑾以笏擊踣遂斬知訓因以其衆急趨衙城知訓之黨已闔門矣惟瑾得獨入與衙兵戰復踰城而出傷足求馬不獲遂自刎暴其尸于市盛夏無蠅蚋徐溫令投之于江部人竊收葬之溫疾亟夢瑾被髮引滿將射之溫乃爲之禮葬立祠以祭之馬令南唐書云初宿衛將李球馬謙挾楊隆演登樓取庫兵以誅知訓陣于門橋知訓與戰頻却朱瑾適自外來以一騎前視其陣曰不足爲也因反顧一麾外兵爭進遂斬球謙亂兵皆潰瑾嘗有德于知訓者也及其因終吳人皆謂曲在知訓 五代史補朱瑾之奔淮南也時行密方圖霸其爲禮待有加于諸將數等瑾感行密見知欲立奇功爲報但憾無入陣馬忽忽不樂一日晝寢夢老叟眉髮皓然謂瑾曰君長憾無入陣馬今馬生矣及寤報適退槽馬生一駒見臥未能起瑾驚曰何應之速也行往視之見骨目皆非常馬大喜曰事濟矣其後破杜洪取鍾傳未嘗不得力焉初瑾之來也徐溫觀其英烈深忌之故瑾不敢預政及行密死子溥嗣位溫與張顥爭權襲殺顥自是事無大小皆決于溫既而溫復爲自安之計乃以子知訓自代然後引兵出居金陵實欲控制中外知訓尤恣橫瑾居常嫉之一旦知訓欲得瑾所乘馬瑾怒遂擊殺知訓提其首請溥起兵誅溫溥素怯懦見之掩面而走瑾曰老婢兒不足爲計亦自殺中外大駭且懼溫至遽以瑾尸暴之市中時盛暑肌肉累日不壞至青蠅無敢輒泊人有病者或于暴尸處取土煎而服之無不愈

時溥徐州人初爲州之驍將唐中和初秦宗權據蔡州侵寇鄰藩節度使支詳命溥率師以討之徐軍屢捷軍情歸順以節鉞授之舊唐書列傳云時溥彭城人徐之牙將黃巢據長安詔徵天下兵進討中和二年武寧軍節度使支詳遣溥與副將陳璠率師五千赴難行至河陰軍亂剽河陰縣迴溥招合撫諭其衆復集懼罪屯于境上詳遣人迎犒悉怒之溥乃移軍向徐州既入軍人大呼推溥爲留後送詳于大彭館溥大出資裝遣陳璠援詳歸京詳宿七里亭其夜爲璠所殺舉家屠害溥以璠爲宿州刺史竟以違命殺詳溥誅璠又令別將師軍三千赴難京師天子還宮授之節鉞及黃巢攻陳州秦宗權據蔡州與賊連結徐蔡相近溥出師討之軍鋒益盛每戰屢捷黃巢之敗也其將尚讓以數千人降溥後林言又斬黃巢首歸徐州時溥功名第一詔授檢校太尉中書令鉅鹿郡王宗權未平仍授溥徐州行營兵馬都統蔡賊平朱全忠與之爭功遂相嫌怨淮南亂朝廷以全忠遙領淮南節度以平孫儒行密之亂汴人應援路出徐方溥阻之全忠怒出師攻徐自光啓至大順六七年間汴軍四集徐泗三郡民無耕稼頻歲水災人喪十六七溥窘蹙求和于汴全忠曰移鎮則可朝廷以尚書劉崇望代溥以溥爲太子太師溥懼出城見害不受代汴將龐師古陳兵于野溥求援于兗州朱瑾出兵救之值大雪糧盡而還城中守陴者飢甚加之疾疫汴將王重師牛存節夜乘梯而入溥與妻子登樓自焚而卒實景福二年也地入于汴

王師範青州人父敬武初爲平盧牙將唐廣明元年無棣人洪霸郎合羣盜于齊棣間節度使安師儒遣敬武討平之及巢賊犯長安諸藩擅易主帥敬武乃逐師儒自爲留後王鐸承制授以節鉞俾以出師勤王功加太尉平章事龍紀中敬武卒師範年幼三軍推之爲帥棣州刺史張蟾叛于師範不受節度朝廷乃以崔安潛爲平盧帥師範拒命張蟾迎安潛至郡同討師範師範遣將盧宏將兵攻蟾宏復叛與蟾通謀僞旋軍將襲青州師範知之遣重賂迎宏謂之曰吾以先人之故爲軍府所推年方幼少未能幹事如公以先人之故令不乏祀公之仁也如以爲難與成事乞保首領以守先人墳墓亦惟命宏以師範年幼必無能爲不爲之備師範伏兵要路迎而享之陰謂紀綱劉鄩曰翼日盧宏至爾即斬之酬爾以軍校鄩如其言斬宏于座上及同亂者數人因戒厲士衆大行頒賞與之誓約自率之以攻棣州擒張蟾斬之安潛遁還長安師範雅好儒術少負縱橫之學故安民禁暴各有方略當時藩翰咸稱之及太祖平兗鄆遣朱友恭攻之師範乞盟遂與通好天復元年冬李茂貞劫遷車駕幸鳳翔韓全誨矯詔加罪于太祖令方鎮出師赴難詔至青州師範承詔泣下曰吾輩爲天子藩籬君父有難略無奮力者皆強兵自衛縱賊如此使上失守宗祧危而不持是誰之過吾今日成敗以之乃發使通楊行密遣將劉鄩襲兗州別將襲齊時太祖方圍鳳翔師範遣將張居厚部輿夫二百言有獻于太祖至華州城東華將婁敬思疑其有異剖輿視之乃兵仗也居厚等因呼殺敬思聚衆攻西城時崔允在華州遣部下閉關拒之遂遁去是日劉鄩下兗州河南數十郡同日發太祖怒遣朱友寧率軍討之既而友寧爲青軍所敗臨陣被擒傳首于淮南天復三年七月太祖復令楊師厚進攻屯于臨朐師厚屢敗青軍遂進寨于城下師範懼乃令副使李嗣業詣師厚乞降新唐書云師厚圍青州收師範兵于臨朐執諸將又獲其弟師克是時師範衆尚十餘萬諸將請決戰而師範以弟故乃請降太祖許之歲餘遣李振權典青州事因令師範舉家徙汴師範將至縞素乘驢請罪于太祖太祖以禮待之尋表爲河陽節度使會韓建移鎮青州太祖帳餞于郊師範預焉太祖謂建曰公頃在華陰政事之暇省覽經籍此亦士君子之大務今之青土政簡務暇可復修華陰之故事建撝謙而已太祖又曰公讀書必須精意勿錯用心太祖以師範好儒前以青州叛故以此言譏之及太祖即位徵爲金吾上將軍開平初太祖封諸子爲王友寧妻號訴于太祖曰陛下化家爲國人人皆得封崇妾夫早預艱難粗立勞效不幸師範反逆亡夫橫尸疆埸兗讎尚在朝廷受陛下恩澤亡夫何罪太祖凄然泣下曰幾忘此賊即遣人族師範于洛陽先掘坑于第側乃告之其弟師誨兄師悅及兒姪二百口咸盡戮焉時使者宣詔訖師範盛啓宴席令昆仲子弟列座謂使者曰死者人所不能免況有罪乎然予懼坑尸于下少長失序有愧于先人行酒之次令少長依次于坑所受戮人士痛之後唐同光三年三月詔贈太尉

劉知俊字希賢徐州沛縣人也姿貌雄傑倜儻有大志始事徐帥時溥爲列校溥甚器之後以勇略見忌唐大順二年冬率所部二千人來降即署爲軍校知俊披甲上馬輪劍入敵勇冠諸將太祖命左右義勝兩軍隸之尋用爲左開道指揮使故當時人謂之劉開道後討秦宗權及攻徐州皆有功尋補徐州馬步軍都指揮使攻海州下之遂奏授刺史天復初歷典懷鄭二州從平青州以功奏授同州節度使天祐三年冬以兵五千破岐軍六萬于美原自是連克鄜延等五州乃加檢校太傅平章事開平二年春三月命爲潞州行營招討使知俊未至潞夾寨已陷晉人引軍方攻澤州聞知俊至乃退尋改西路招討使六月大破岐軍于幕谷俘斬千計李茂貞僅以身免三年五月加檢校太尉兼侍中封大彭

鄜王時知俊威望益隆太祖雄猜日甚會佑國軍節度使王重師無罪見誅知俊居不自安乃據同州叛（鑒戒錄云彭城王劉知俊鎮同州日因築營牆掘得一物重八十餘斤狀若油囊召賓幕將校問之劉垣曰此是冤氣所結古來囹圄之地或有焉昔王充據洛陽修河南府獄亦獲此物源聞酒能忘憂以醇醪或可消釋耳然此物之出亦非吉徵也知俊命以酒醴祝酹復瘞之尋有叛城背主之事）送款于李茂貞又分兵以襲雍華雍州節度使劉捍被擒送鳳翔害之華州蔡敬思被傷獲免太祖聞知俊叛遣近臣諭之曰朕待卿甚厚何相負耶知俊報曰臣非背德但畏死耳王重師不負陛下而致族滅太祖復遣使謂知俊曰朕不料卿爲此昨重師得罪蓋劉捍言陰結邠鳳終不爲國家用我今雖知枉濫悔不可追致卿如斯我心恨恨蓋劉捍誤予事也捍一死固未塞責知俊不報遂分兵以守潼關太祖命劉鄩率兵進討攻潼關下之時知俊弟知浣爲親衛指揮使聞知俊叛自洛奔至潼關爲鄩所擒害之尋而王師繼至知俊乃舉族奔于鳳翔李茂貞厚待之僞加檢校太尉兼中書令以土疆不廣無藩鎮以處之但厚給俸祿而已尋命率兵攻靈武且圖牧圉之地靈武節度使韓遜遣使來告急太祖令康懷英率師救之師次邠州長城嶺爲知俊邀擊懷英敗歸（九國志云李彥琦劉知俊自靈武班師塗經長城嶺梁師率精銳數萬躡其後彥琦與知俊同設方略擊敗之）茂貞悅署爲涇州節度使復命率衆攻興元進圍西縣會蜀軍救至乃退（九國志王宗鐬傳云岐將劉知俊等領大軍分路來攻由階成路奪固鎮攝王宗侃唐襲等禦之至青泥嶺爲知俊所敗退保西縣會大雨漢江漲宗鐬自羅村得鄉導緣山而行數百里與宗播遇于鐵谷合軍出湯頭時知俊自斜谷山南直抵興州圍西縣軍人散掠巴中宗鐬與宗播襲之會王建亦至遂解西縣之圍）既而爲茂貞左右石簡顒等間之免其軍政寓于岐下掩關歷年茂貞猶子繼崇鎮秦州因來寧覲言知俊途窮至此不宜以讒嫉見疑茂貞乃誅簡顒等以安其心繼崇又請令知俊挈家居秦州以就豐給茂貞從之未幾邠州亂茂貞命知俊討之時邠州都校李保衡納款于朝廷末帝遣霍彥威率衆先入于邠知俊遂圍其城半載不能下會李繼崇以秦州降于蜀知俊妻孥皆遷于成都遂解邠州之圍而歸岐陽以舉家入蜀終慮猜忌因與親信百餘人夜斬關奔蜀王建待之甚至即授武信軍節度使尋命將兵伐岐不克班師因圍隴州獲其帥桑宏志以歸久之復命爲都統再領軍伐岐時部將皆王建舊人多違節度不成功而還蜀人因而毀之先是王建雖加寵待然亦忌之嘗謂近侍曰吾漸衰耗恆思身後劉知俊非爾輩能駕馭不如早爲之所又嫉其名者于里巷間作謠言云黑牛出圈椶繩斷知俊色黔而丑生椶繩者王氏子孫皆以宗承爲名故以此搆之僞蜀天漢元年冬十二月建遣人捕知俊斬于成都府之炭市及王衍嗣僞位以其子嗣禋尚僞峨眉長公主拜駙馬都尉後唐同光末隨衍遷于洛卒知俊族子嗣彬幼從知俊征行累遷爲軍校及知俊叛以不預其謀得不坐貞明末大軍與晉王對壘于德勝久之嗣彬率數騎奔于晉具言朝廷軍機得失又以家世讎怨將以報之晉王深信之即厚給田宅仍賜錦衣玉帶軍中目爲劉二哥居一年復來奔當時晉人謂是刺客以晉王恩澤之厚故不竊發龍德三年冬從王彥章戰于中都軍敗爲晉人所擒晉王見之笑謂嗣彬曰爾可還予玉帶嗣彬惶恐請死遂誅之

楊崇本不知何許人幼爲李茂貞之假子因冒姓李氏名繼徽唐光化中茂貞表爲邠州節度使天復元年冬太祖自鳳翔移軍北伐駐旆于邠邠命諸軍攻其城崇本懼出城請降太祖復置爲邠州節度使仍令復其本姓名焉及師還遷其族于河中其後太祖因統戎往來由于蒲津以崇本妻素有姿色嬖之于別館其婦素剛烈私懷愧恥遣侍者讓崇本曰丈夫擁旄仗鉞不能庇其伉儷我已爲朱公婦今生無面目對卿期于刀繩而已崇本聞之但灑泪含怒及昭宗自鳳翔回京崇本之家得歸邠州崇本恥其妻見辱因茲復貳于太祖乃遣使告茂貞曰朱氏兆亂謀危唐祚父爲國家磐石不可坐觀其禍宜于此時畢命興復事苟不濟死爲社稷可也茂貞乃遣使會兵于太原時西川王建亦令大將出師以助之岐蜀連兵以攻雍華關西大震太祖遣郴王友裕帥師禦之會友裕卒于行乃班師天祐三年冬十月崇本復領鳳翔邠涇秦隴之師會延州胡章之衆合五六萬屯于美原列柵十五其勢甚盛太祖命同州節度使劉知俊及康懷英帥師拒之崇本大敗復歸于邠州自是垂翅久之乾化元年冬爲其子彥魯所毒而死彥魯自稱留後領其軍事凡五十餘日爲崇本養子李保衡所殺保衡舉其城來降末帝命霍彥威爲邠帥由是邠寧復爲末帝所有

蔣殷不知何許人幼孤隨其母適于河中節度使王重盈之家重盈憐之畜爲己子唐天復初太祖既平蒲陝殷與從兄珂舉族遷于大梁太祖感王重榮之舊恩凡王氏諸子皆錄用焉殷由是繼歷內職累遷至宣徽院使殷素與庶人友珪善友珪簒立命爲徐州節度使乾化三年秋末帝以福王友璋鎮徐方殷自以爲友珪之黨懼不受代遂堅壁以拒命時華州節度使王瓚殷之從弟也懼其連坐上章言殷本姓蔣非王氏之子也末帝乃下詔削奪殷在身官爵仍令却還本姓命牛存節劉鄩等率軍討之是時殷求救于淮南楊溥遣朱瑾率衆來援存節等逆擊敗之貞明元年春存節劉鄩攻下徐州殷舉族自燔而死于火中得其尸梟首以獻之

張萬進雲州人初爲本州小校亡命投幽州劉守光厚遇之任爲裨將滄州劉守文以弟守光囚父而竊據其位自領兵問罪尋敗于雞蘇守光遂兼有滄景之地令其子繼威主留務繼威年幼未能政事以萬進佐之凡關軍政一皆委任繼威兇虐類父嘗淫亂于萬進之家萬進怒而殺之（通鑑云乾化二年九月庚子萬進遣使奉表降于梁辛丑以萬進爲義昌留後甲辰改義昌爲順化軍以萬進爲節度使此傳疑有闕文）又遣使歸于晉既而末帝遣楊師厚劉守奇潛兵掠鎮冀因東攻滄州萬進懼乞降師厚表靑州節度使俄遷兗州仍賜名守進萬進性既輕險專圖反側貞明四年冬據城叛命遣使送款于晉王末帝降制削其官爵仍復其本名遣劉鄩討之晉人不能救五年冬萬進危蹙小將邢師遇潛謀內應開門以納王師遂拔其城萬進族誅

史臣曰夫雲雷構屯龍蛇起陸勢均者交鬭力敗者先亡故瑄瑾時溥之流皆梁之吞噬斯亦理之常也惟瑾始以竊發有土終以竊發亡身傳所謂君以此始必以此終者乎師範屬衰季之運以興復爲謀事雖不成忠則可尚雖貽族滅之禍亦可以與臧洪遊于地下矣知俊驍武有餘奔亡不暇六合雖大無所容身夫如是則豈若義以爲勇者乎崇本而下俱以叛滅又何足以道哉

舊五代史卷十三攷證

梁列傳三朱瑄傳敬武遣將曹全晸　案新唐書及通鑑俱作曹存實舊唐書歐陽史與是書同

部將崔君預據城叛全晸攻之　案舊唐書韓簡傳云曹全晸爲簡所敗死之鄆將崔君裕收合殘衆保鄆州朱瑄傳云崔君裕權知州事全晸知其兵寡襲君裕據韓簡傳則全晸死而君裕保其城據朱瑄傳則君裕爲全晸所殺二傳自相矛盾是書從朱瑄傳又君預諸史俱作君裕

光啓初魏博韓允中攻鄆　案新唐書作中和初魏博韓簡東窺曹鄆攷舊唐書韓允中傳乾符元年十一月卒子簡起復爲節度觀察留後新唐書本紀亦云是攻鄆者韓簡非允中也通鑑作中和二年韓簡擊鄆州當得其實是書訛作允中與諸史年月人名姓異

朱瑾傳瑾從兄齊州刺史瓊以州降　齊州原本作濟州據通鑑及北夢瑣言改正

瑾之二子　案新唐書作瑾子用貞

刺史尹處賓　案新唐書作尹懷賓

出瑾爲淮寧軍節度使　淮寧原本作懷寧今據九國志改正

愛妓桃氏　案九國志作妻陶氏

王師範傳棣州刺史張蟾叛于師範　張蟾原本作張僐今據新唐書改正

劉知俊傳尋用爲左開道指揮使　開道原本作關道今據歐陽史改正

楊崇本傳乾化元年　案原本作乾化四年今據歐陽史改正

張萬進傳仍賜名守進　守進原本作方進今據本紀改正

舊五代史卷十四

宋門下侍郎參知政事監修國史薛居正等撰

梁書第十四

列傳四

羅紹威（舊唐書云紹威字端已）魏州貴鄉人父宏信本名宗弁初爲馬牧監事節度使樂彥貞光啓末彥貞子從訓驕盈太橫招聚兵甲欲誅牙軍牙軍怒聚譟攻之從訓出據相州牙軍廢彥貞囚于龍興寺逼令爲僧尋殺之推小校趙文建爲留後先是宏信自言于所居遇一白鬚翁謂之曰爾當爲土地主如是者再心竊異之旣而文建不洽軍情牙軍聚呼曰孰願爲節度使者宏信即應曰白鬚翁早以命我可以君長爾曹唐文德元年四月牙軍推宏信爲留後朝廷聞之即正授節旄乾寧中太祖急攻兗鄆朱瑄求援于太原時李克用遣大將李存信率師赴之假道于魏屯于莘縣存信御軍無法稍侵魏之芻牧宏信不平之太祖因遣使謂宏信曰太原志吞河朔迴戈之日貴道堪憂宏信懼乃歸款于太祖仍出師三萬攻李存信敗之未幾李克用領兵攻魏營于觀音門外屬邑多拔太祖遣葛從周援之戰于洹水擒克用男落落以獻太祖令送于宏信斬之晉軍乃退是時

太祖方圖兗鄆慮宏信離貳每歲時賂遺必卑辭厚禮宏信每有答貺太祖必對魏使北面拜而受之曰六兄比予有倍年之長兄弟之國安得以常隣遇之故宏信以爲厚己其後宏信累官至檢校太尉封臨清王光化元年八月薨于位紹威襲父位爲留後（舊唐書云紹威自文德初授左散騎常侍充天雄軍節度副使自龍紀至乾寧十年之中累加官爵）朝廷因而命之尋正授旄鉞累加檢校太尉兼侍中封長沙郡王昭宗東遷命諸道修洛邑紹威獨營太廟制加守侍中進封鄴王初至德中田承嗣盜據相魏澶博衞貝等六州名募軍中子弟置之部下號曰牙軍皆豐給厚賜不勝驕寵年代寖遠父子相襲親黨膠固其凶戾者强買豪奪踰法犯令長吏不能禁變易主帥有同兒戲自田氏已後垂二百年主帥廢置出于其手如史憲誠何全皞韓君雄樂彦貞皆爲其所立優奬小不如意則舉族被誅紹威懲其往弊雖以貨賂姑息而心銜之紹威嗣世之明年正月幽州劉仁恭擁兵十萬謀亂河朔進陷貝州長驅攻魏紹威求援于太祖太祖遣李思安援之屯于洹水葛從周自邢洺引軍入魏州燕將劉守文單可及與王師戰于內黃大敗之乘勝追躡會從周亦出軍掩擊又敗燕軍斬首二萬餘級三年紹威遣使會軍同攻滄州以報之自是紹威感太祖援助之恩深加景附紹威見唐祚衰凌羣雄交亂太祖兵強天下知必有禪代之志故傾心附結贊成其事每慮牙軍變易心不自安天祐初州城地無故自陷俄而小校李公佺謀變紹威愈懼乃定計圖牙軍遣使告太祖求爲外援太祖許之遣李思安會魏博軍再攻滄州先是安陽公主薨于魏太祖因之遣長直軍校馬嗣勳選兵千人伏兵仗于巨橐中肩舁以入魏州言助女葬事天祐三年正月五日太祖親率大軍濟河聲言視行營于滄景牙軍頗疑其事是月十六日紹威率奴客數百與嗣勳同攻之時宿于牙城者千餘人遲明盡誅之凡八千家皆赤其族州城爲之一空翼日太祖自內黃馳至鄴時魏軍二萬方與王師同圍滄州聞城中有變乃擁大將史仁遇保于高唐六州之內皆爲勍敵太祖遣諸將分討之半歲方平自是紹威雖除其偪然尋有自弱之悔不數月復有浮陽之役紹威飛輓饋運自鄴至長蘆五百里疊跡重軌不絕于路又于魏州建元帥府署沿道置亭候供牲牢酒備軍幕什器上下數十萬人一無闕者及太祖迴自長蘆復過魏州紹威乘間謂太祖曰邠岐太原終有狂譎之志各以興復唐室爲詞王宜自取神器以絕人望天與不取古人所非太祖深感之及登極加守太傅兼中書令賜號扶天啓運竭節功臣車駕將入洛奉詔重修五鳳樓朝元殿巨木良匠非當時所有倏架于地泝流西立于舊址之上張設絺繡皆有副焉太祖甚喜以寶帶名馬賜之先是河朔三鎮司管鑰備灑掃皆有閹人紹威曰此類皆宮禁指使豈人臣家所宜畜也因搜獲三十餘輩盡以來獻太祖嘉之開平中加守太師兼中書令邑萬戶紹威嘗以臨淄海岱罷兵歲久儲庾山積惟京師軍民多而食益寡願于太行伐木下安陽淇門斲船三百艘置水運自大河入洛口歲漕百萬石以給宿衞太祖深然之會紹威遘疾革遣使上章乞骸骨太祖撫案動容顧使者曰亟行語而主爲我強飯如有不可諱當世世貴爾子孫以相報也仍命其子周翰監總軍府及訃至輟朝三日冊贈尚書令紹威在鎮凡十七年年三十四薨紹威形貌魁偉有英傑氣工筆札曉音律性復精悍明敏服膺儒術明達吏理好招延文士聚書萬卷開學館置書樓每歌酒宴會與賓佐賦詩頗有情致（太平廣記引羅紹威傳云當時藩牧之中最獲文章之譽每命幕客作四方書檄小不稱意壞裂抵棄自學搆起草下筆成文雖無藻麗之風幕客多所不及）江東人羅隱者佐錢鏐軍幕有詩名于天下紹威遣使賂遺敘南巷之敬隱乃聚其所爲詩投寄之紹威酷嗜其作因目已之所爲曰偷江東集至今鄴中人士諷詠之紹威嘗有公讌詩云簾前淺泊雲頭日座上蕭騷雨腳風雖深于詩者亦所歎服紹威子三人長曰廷規位至司農卿尚太祖女安陽公主又尚金華公主早卒次曰周翰繼爲魏博節度使（通鑑攷異引梁功臣傳云周翰起復雲麾將軍充天雄軍節度留後尋檢校司徒正授魏博節度使）亦早卒季曰周敬歷滑州節度使別有傳開平四年夏詔金華公主出家爲尼居于宋州元靜寺蓋太祖推恩于羅氏令終其婦節也（五代史補云羅鄴王紹威俊邁有詞學尤好戲判常有人向官街中轥驢置鞍于地值牛車過急行碾破其鞍轥驢者爲廂司所擒紹威更不按問遂判其狀云鄴城大道甚寬何故駕車碾鞍領轥驢漢子科決待駕車漢子喜歡詞雖俳諧理甚切當論者許之）

趙犨其先天水人代爲忠武牙將會祖賓祖英奇父叔文皆歷故職犨幼有奇智岐嶷之時與隣里小兒戲于道左恆分布行列爲部伍戰陣之狀自爲董帥指顧有節如夙習焉羣兒皆稟而從之無敢亂其行者其父目而異之曰吾家千里駒也必大吾門矣及赴鄉校誦讀之性出于同輩弱冠有壯節好功名妙于弓劍氣義勇果郡守聞之擢爲牙校唐會昌中壺關作亂隨父北征收天井關未幾從王師征蠻浹月方克惟忠武將士轉戰溪洞之間斬獲甚衆本道錄其勳勞爲馬步都虞候乾符中王僊芝起于曹濮大縱其徒侵掠汝鄭犨乃率步騎數千襲之賊黨南奔及黃巢陷長安天子幸蜀中原無主人心騷動于是陳州數百人相率告許州連帥願得犨知軍州事其帥即以狀聞于是天子下詔以犨守陳州刺史既視事乃謂將吏曰賊巢之虐徧于四方苟不爲長安市人所誅則必驅殘黨以東下況與忠武久爲仇讎凌我土疆勢必然也乃遣增垣墉濬溝洫實倉廩積薪芻凡四門之外兩舍之內民有資糧者悉令輓入郡中繕甲兵利劍矟弓弩矢石無不畢備又招召勁勇寘之麾下以仲弟昶爲防遏都指揮使以季弟珝爲親從都知兵馬使長子麓次子霖皆分領銳兵黃巢在長安果爲王師四面扼束食盡人飢謀東奔之計先遣驍將孟楷擁徒萬人直入項縣犨引兵擊之賊衆大潰斬獲略盡生擒孟楷中和三年朝廷聞其功就加檢校兵部尚書俄轉右僕射不數月加司空進潁川縣伯巢黨知孟楷爲陳所擒大驚憤乃悉衆東來先據㶏水後與蔡州秦宗權合勢以攻宛邱陳人懼焉犨恐衆心攜離乃于衆中揚言曰忠武素稱義勇淮陽亦謂勁兵是宜戮力同心捍禦羣寇建功立節去危就安諸君宜圖之況吾家食陳祿久矣今賊衆圍逼衆寡不均男子當于死中求生又何懼也且死于爲國不猶愈于生而爲賊之伍耶汝但觀吾之破賊敢有異議者斬之由是衆心靡不踴躍無何開門與賊接戰每戰皆捷賊衆益怒巢于郡北三四里起八僊營如宮闕之狀又修百司廨署儲蓄山峙蔡人濟以甲胄軍無所闕焉凡圍陳三百日大小數百戰雖兵食將盡然人心益固犨因令間道奉羽書乞師于太祖太祖素多犨之勇果乃許之四年四月太祖引大軍與諸軍會于陳之西北陳人望旗鼓出軍縱火急攻巢寨賊衆大潰重圍遂解獻捷于行在五年八月除犨爲蔡州節度使于時巢黨雖敗宗權益熾六七年間屠膾中原陷二十餘郡惟陳去蔡百餘里兵少力微日與爭鋒終不能屈文德元年蔡州平朝廷議勳以犨檢校司徒充泰寧軍節度使又改授浙西節度使不離宛邱兼領二鎮龍紀元年三月又以平巢蔡功就加平章事充忠武軍節度使仍以陳州爲理所由是中原塵靜唐帝復歸長安陳許流亡之民襁負歸業犨設法招撫人皆感之犨兄弟三人時稱雍睦一日念仲弟昶同心王事共立軍功乃下令盡以軍州事付于昶遂上表乞骸後數月寢疾卒于陳州官舍年六十六葬于宛邱縣之先域累贈太尉犨雖盡忠唐室保全陳州然默識太祖雄傑每降心託跡爲子孫之計故因解圍之後以愛子結親又請爲太祖立生祠于陳州朝夕拜謁數年之間悉力委輸凡所徵調無不率先故能保其功名長子麓位至列卿次子霖改名巖尚太祖女長樂公主開平初授衞尉卿駙馬都尉二年九月權知洛州軍州事俄轉天威軍使十二月授右羽林統軍改右衞上將軍充大內皇牆使三年七月出爲宿州團練使旋移州刺史其後累歷近職連典禁軍預誅庶人友珪有功末帝即位用爲租庸使守戶部尚書巖以勳戚自負貨賂公行天下之賄半入其門又以身尚公主聞唐朝駙馬都尉杜悰位極將相以服御飲饌自奉務極華侈巖恥其不及由是豐其飲膳嘉羞法饌動費萬錢儉斂網商其徒如市權勢熏灼人皆阿附及唐莊宗滅梁室巖踰垣而逸素與徐州溫韜相善巖往依之既至韜斬巖首送京師

昶字大東犨仲弟也弱冠習兵機沈默大度神形灑落臨事有通變之才及兄犨爲陳州刺史以昶爲防禦都指揮使未幾巢將孟楷擁衆萬餘據項城縣昶與兄犨領兵擊破之擒楷以歸不數月巢黨悉衆攻陳以報孟楷之役又蔡寇合從兇醜百萬棲于陳郊陳人大恐一夕昶因巡警假寐于闉闍恍惚間如有陰助昶異而待之遲明開門決戰人心兵勢勇不可遏若有陰兵前導是日擒賊將數人斬首千餘級羣兇氣沮其後連日交戰無不應機俘斬未嘗小衄以至重圍數月士心如一及賊敗圍解朝廷紀勳昶一門之中疊加爵秩當時方鎮之內言忠勇者言守禦者言功勳者言政事者皆以犨昶爲首焉及犨遙領泰寧軍節度以昶爲本州刺史檢校右僕射俄而犨有疾遂以軍州盡付于昶詔授兵馬留後旋遷忠武軍節度使亦以陳州爲理所時宗權未滅中原方受其毒陳蔡封疆相接昶每選精銳深入蔡境蔡賊雖衆終不能抗以至宗權敗焉朝廷賞勳加檢校司徒昶以大寇削平之後益留心于政事勸課農桑大布恩惠景福元年秋陳許將吏耆老錄其功詣闕以聞天子嘉之命文臣撰德政碑植于通衢以旌其功俄加同平章事昶自圍解之後恆曰梁王之恩不敢忘也是後太祖每有征伐昶訓練兵甲饋輓供億無有不至乾寧二年寢疾薨于鎮年五十五追贈太尉

珝字有節犨季弟也幼而剛毅器宇深沈既冠好書籍及壯工騎射尤精三略及犨爲陳州刺史以珝爲親從都知兵馬使時巢黨東出商鄧與蔡賊會衆至百餘萬

掘長壕五百道攻陳陳人大懼翊與二兄堅心誓衆激勵將校約以死節翊以祖先松檟去郭數里慮爲羣盜穿發乃夜縱心膂之士還柩入城府庫舊有巨弩數百枝機牙皆缺工人咸謂不可用翊卽創意制度自調弦筈置之雉堞間矢激五百餘步凡中人馬皆洞達胷腹羣賊畏之不敢逼近自仲秋至于首夏軍食將竭士雖不飽而堅拒之志不移會太祖率大軍解其圍翊兄弟抆泣感謝其後朝廷議功加檢校右僕射遥領處州刺史犨薨昶爲忠武軍節度使翊遷爲行軍司馬檢校司空昶薨翊知忠武軍留後翊公幹之才播于遠邇至于符籍虚實財穀耗登備閲其根本民之利病無不洞知庶事簡廉公私俱濟太祖深加慰薦尋加特進檢校司徒充忠武軍節度使陳州土壤卑疎每歲壁壘摧圮工役不暇翊遂營度力用俾以甓周砌四墉自是無霖潦之虞光化二年加檢校太保平章事明年檢校侍中進封天水郡公翊博通前古以陳州本伏羲所都南頓乃光武舊地遂稽攷古制崇飾廟貌爲四民祈福之所又詢鄧艾故址決翟王河以溉稻粱大實倉廩民獲其利翊兄弟節制陳許繼擁旌鉞共二十餘年陳人愛戴風化大行天復元年冬韓建爲忠武軍節度使乃徵翊知同州匡國軍節度留後時太祖統軍岐下翊輸輓調發旁午道途俄而昭宗還長安詔徵入覲錫迎鑾功臣之號翊因堅辭藩鎮遂加檢校太傅右金吾衛上將軍及扈從東遷歲餘以痼疾免官遂歸淮陽未幾薨于私第年五十五詔贈侍中陳人爲之罷市子穀仕至左驍衛大將軍宣徽北院使唐莊宗入汴與從兄巖皆族誅

王珂河中人祖縱鹽州刺史父重榮河東節度使破黄巢有大功封瑯邪郡王珂本重榮兄重簡之子出繼重榮唐僖宗光啓三年重榮爲部將常行儒所害推重榮弟重盈爲蒲帥以珂爲行軍司馬及重盈卒軍府推珂爲留後時重盈子珙爲陝州節度使瑤爲絳州刺史由是爭爲蒲帥瑤珙連上章論列又與太祖書云珂非吾兄弟蓋余家之蒼頭也小字忠兒安得繼嗣珂亦上章云亡父有興復之功又遣使求援于太原李克用爲保薦于朝昭宗可之既而珙厚結王行瑜李茂貞韓建爲援三鎮互相表薦昭宗詔諭之曰吾以太原與重榮有再造之功已俞其奏矣乾寧二年五月三鎮率兵入覲賊害時政請以河中授珙瑤又連兵以攻河中克用聞之出師以討三鎮瑤珙兵退晉師拔絳州擒瑤斬之及克用駐軍于渭北昭宗以珂爲河中節度使正授旄鉞克用因以女妻珂珂至太原謝婚成禮克用令李嗣昭將兵助珂攻珙于陝焉光化末太祖謂張存敬曰珂恃太原之勢侮慢隣封爾爲我持一繩以縛之天復元年春存敬兵下晉絳令何絪守晉州以扼太原援師二月大軍逼河中珂妻書告太原曰敵勢攻逼朝夕爲俘囚乞食于大梁矣大人安忍不救克用曰前途旣阻衆寡不敵救則與爾兩亡可與王郎歸朝廷珂復求救于李茂貞茂貞不答珂勢窮蹙卽登城謂存敬曰吾與汴王有家世事分公宜退舍俟汴王至吾自聽命存敬卽日退舍三月太祖自洛陽至先哭于重榮之墓蒲人聞之感悅珂欲面縛牽羊以見太祖曰太師阿舅之恩何時可忘郎君若以亡國之禮相見黄泉其謂我何 歐陽史云梁太祖自同州降唐卽依重榮以母王氏故事重榮爲舅 及珂出迎于路握手歔欷聯轡而入乃以居敬守河中珂舉家徙于汴後入覲被殺于華州傳舍

珙少有俊氣才兼文武性甚驕虐屬世多故遂代伯父重霸爲陝州節度使爲政苛暴且多猜忌殘忍好殺不以生命爲意內至妻孥宗屬外則賓幕將吏一言不合則五毒將施鞭笞剸斮無日無之箸縱聚斂民不堪命由是左右惕懼憂在不測唐光化二年夏六月爲部將李璠所殺璠自稱留後因是陝州不復爲王氏所有

史臣曰紹威始爲唐雄據魏地當土德之季運倡梁祖以強禪在梁則爲佐命也在唐則豈得爲忠臣乎趙犨以淮陽咫尺之地抗黄巢百萬之衆功成事立有足多者巖穀非賢遽泯其嗣惜哉王珂奕世山河勢危被擄乃魏豹之徒與

舊五代史卷十四攷證

梁列傳四羅紹威傳其後宏信封臨清王 案舊唐書宏信先封豫章郡公進封北平王與是書異

自田氏已後垂二百年 案吳縝歐陽史纂誤云魏博自田承嗣專據至羅紹威時共一百五十餘年歐陽史作二百年誤蓋歐陽史仍是書之誤也

太祖自內黄馳至鄴 至鄴原本作至葉今據歐陽史改正

歲漕百萬石以給宿衛太祖深然之 案通鑑攷異引梁功臣傳云紹威馳簡獻替意互合者十得五六太祖嘆曰竭忠力一人而已又引莊宗實錄曰紹威陰有覆溫之志而賂溫益厚溫怪其曲事慮蓄奸謀而莫之察乃賜紹威妓妾數人未半歲召還以此得其陰事其紀載互異如此竊謂紹威有謀慮得梁主信任宜也然以梁主雄險而紹威又因盡誅牙軍有自弱之悔則此時猜忌諒亦有之未可偏廢其說

趙犨傳父叔文 案叔文原本訛叔又今據新唐書改正

王儔芝起于曹濮 儔芝原本作僊芝今據新舊唐書改正

文德元年 文德原本作大德今改正

充大內皇牆使 皇牆原本作皇城攷五代會要梁時避諱改皇城使爲皇牆使今改正

趙昶傳假寐于闔闡 闔闡原本作闔闢今改正

時宗權未滅 案上篇趙犨傳云蔡州平以犨爲忠武軍節度使據此傳則昶爲忠武節度使宗權未滅二傳互異

趙翊傳犨季弟也 案新唐書以翊爲犨子是書及歐陽史通鑑皆以翊爲犨弟新唐書應訛

王珂傳小字忠兒 忠兒舊唐書作蟲兒

令何絪守晉州 何絪原本作何緈今據通鑑改正

舊五代史卷十五

宋門下侍郎參知政事監修國史薛居正等撰

梁書第十五

列傳五

韓建字佐時許州長社人父叔豐世爲牙校初秦宗權之據蔡州招合亡命建隸爲軍士累轉至小校唐中和初忠武監軍楊復光起兵于蔡宗權遣其將鹿晏宏赴之建與里人王建俱隸晏宏軍入援京師賊平復光暴卒時僖宗在蜀晏宏率所部赴行在路出山南因攻剽郡邑據有興元晏宏自爲留後以建爲蜀郡刺史唐軍容使田令孜密遣人誘建昭以厚利建時懼爲晏宏所併乃率所部歸行在令孜補爲神策都校金吾將軍出爲潼關防禦使兼華州刺史河潼經大寇之後戶口流散建披荆棘闢污萊勸課農事樹植蔬果出入閭里親問疾苦不數年流亡畢復民充實建比不知書治郡之暇日課學習遣人于器皿牀榻之上各題其名建視之旣熟乃漸通文字俄遷華商節度潼關守捉等使累加檢校太尉平章事乾寧二年建與鳳翔李茂貞邠州王行瑜舉兵赴闕迫昭宗請以王珙爲河中帥害大臣于都下河中王珂召晉軍以爲援及晉軍渡河昭宗幸石門三年四月昭宗遣延王通王率禁兵討李茂貞爲茂貞所敗車駕幸渭橋翼日次富平將幸河中建奉表迎駕俄自至渭北懇乞東幸許之七月十五日昭宗至華下百官士庶相繼而至建尋加兼中書令充京畿安撫制置等使又兼京兆尹京城把截使昭宗久在華州思還宮掖每花朝月夕遊宴西谿與羣臣屬詠歌詩歔欷流涕建每從容奏曰臣爲陛下修營大內結信諸侯一二年間必期興復乃以建兼領修創京城使建自華督役葦運工作復治大明宮四年二月有詔建告睦王已下八王謀殺建建囚八王于別宅放散隨駕殿後軍二萬人殺捧日都頭李筠自是天子益微宿衛之士盡矣八月建以兵圍十六宅通王已下十一王並遇害于石隄谷以謀逆聞又害太子詹事馬道殷將作監許巖士貶宰相朱朴皆昭宗寵昵者也建尋兼同州節度使光化元年升華州爲興德府以建爲尹八月車駕還京九月冊拜太傅進封許國公并賜鐵券天復元年十一月宦官韓全誨迫天子幸鳳翔建亦預其謀太祖聞之自河中引軍而西前鋒至同州建判官司馬鄴以城降遂移軍迫華州建懼乞降太祖責以脅君之罪建拜伏稱從事李巨川之謀也太祖卽誅巨川 北夢瑣言韓建日某不識字凡朝廷章奏鄰封書檄皆巨川爲之因輒之又新唐書巨川傳云巨川詣軍門納款因言當世利害全忠屬敬翔以文翰事左右疑巨川用則全忠待己或衰乃說曰巨川誠奇才顧不利主人若何是日全忠殺之 太祖與建素有軍中昆弟之契及見其怒驟息尋表爲許州節度使昭宗東遷以建爲佑國軍節度使京兆尹車駕至陝召太祖與建侍宴宮妓奏樂何皇后舉觴以賜太祖建躡足太祖遽起曰臣醉不任爲若顛仆卽去建私謂太祖曰上與宮人附耳而語幕下有兵仗聲恐圖王爾天祐元年改青州節度使及受禪徵爲司徒平章事充諸道鹽鐵轉運使開平二年加侍中充建昌宮使三年郊祀于洛以建爲大禮使建爲上宰每謁見時有直言太祖爲性剛嚴羣下將迎不暇待建稍異故優容之九月冊拜太保罷知政事 五代會要開平三年月詔日太保韓建每旦十五日入閤稱賀卽令赴朝參餘時弗入見示優禮也 四年三月除匡國軍節度使陳許蔡觀察使仍令中書不議除替 五代會要乾化元年正月敕許昌雄鎮太保韓建眹用以布政民耕盜止久居其位庶可勝殘矣宜令中書門下不計年月勿議替 乾化二年六月朝廷新有內難人心動搖部將張厚因作亂害建于衙署時年五十八子從訓昭宗在華時授太子侍學賜名文禮尋拜屯田員外郎國初爲都官郎中賜紫年未弱冠時朝廷命從訓告國哀于陳許至二日軍亂與建倂命乾化三年追贈太師

李罕之陳州項城人父文世田家罕之拳勇趫捷力兼數人少學爲儒不成又落髮爲僧以其無賴所至不容嘗乞食于酸棗縣自旦至晡無與之者乃擲鉢于地毁棄僧衣亡命爲盜會黃巢起曹濮罕之因合徒作剽漸至魁首及賊巢渡江罕之因以兵將背賊歸于唐高駢錄其功表爲光州刺史歲餘爲蔡賊秦宗權寇迫不能守乃棄郡歸項城收合餘衆依河陽諸葛爽爽署爲懷州刺史光啓初僖宗以爽爲東南面招討以擊宗權爽乃表罕之爲副令將兵屯宋州蔡寇兇鋭日熾兵鋒不敵中和四年爽表罕之爲河南尹東都留守是歲李克用脱上源之難斂軍西歸路由洛陽罕之迎謁供帳館待甚優因與克用厚相結託時罕之有衆三千以聖善寺爲府光啓元年蔡賊秦宗權遣將孫儒來攻罕之對壘數月以兵少備竭委城而遁西保于澠池蔡賊據京城月餘焚燒宮闕剽剝居民賊既退去鞠爲煨燼寂無雞犬之音罕之復引其衆築壘于市西明年冬諸葛爽死其將劉經推爽子仲方爲帥經懼罕之難制自引兵鎮洛陽罕之部曲有李瑭郭璆者情不相叶欲相圖害罕之怒誅璆軍情由是不睦劉經因其有間掩擊罕之于澠池軍亂保乾壕經急攻之爲罕之所敗罕之乘勝追至洛陽時經保敬愛寺罕之保苑中飛龍廄罕之激勵其衆攻敬愛寺數日因風縱火盡燔之經衆奔竄追斬殆盡罕之進逼河陽營于鞏縣陳舟于汜水將渡諸葛仲方遣將張言率師拒于河上時仲方年幼政在劉經諸將心多不附張言密與罕之修好經知其謀言懼引衆渡河歸罕之因合勢攻河陽爲經所敗罕之與言退保懷州冬蔡將孫儒陷河陽仲方汎輕舟來奔孫儒遂自稱節度使俄而蔡賊爲我軍所敗孫儒棄河陽歸蔡罕之與言收合其衆求援于太原李克用遣澤州刺史安金俊率騎助之遂收河陽克用表罕之爲節度同平章事又表言爲河南尹東都留守罕之既與言患難交契刻臂爲盟永同休戚如張耳陳餘之義也罕之雖有胆決雄猜翻覆而撫民御衆無方略率多苛暴性復貪冒不得士心既得河陽出兵攻晉絳時大亂之後野無耕稼罕之部下以俘剽爲資啖人作食絳州刺史王友遇以城降罕之乃進攻晉州河中王重盈遣使求援于太祖時張言治軍有法善積聚勤于播植軍儲不乏言輸粟于罕之以給其軍罕之求索無限言頗苦之力不能應罕之則錄河南府吏笞責之東諸侯修貢行在多爲罕之邀留王重盈苦其侵削密結張言請圖之文德元年春會罕之盡出其衆攻平陽言夜出師掩擊河陽罕之無備單步僅免舉族爲言所俘罕之奔于太原李克用表爲澤州刺史仍領河陽節度使三月克用遣其將李存孝率師三萬助之來攻懷孟城中食盡備豫皆竭張言遣其孥入質且求救于太祖太祖遣葛從周牛存節赴之逆戰于流河店會晉將安休休以一軍奔于蔡存孝引軍而退罕之保于澤州自是罕之日以兵寇鈔懷孟晉絳數百里內郡邑無長吏閭里無居民河內百姓相結屯寨或出樵汲卽爲俘馘雖奇峯絕磴梯危架險亦爲罕之部衆攻取先是蒲絳之間有山曰摩雲邑人立柵于上以避寇亂罕之以百餘人攻下之軍中因爲之號曰李摩雲自是數州之民屠啖殆盡荆棘蔽野煙火斷絕凡十餘年乾寧二年李克用出師以拒邠鳳營于渭北天子以克用爲邠州行營四面都統克用乃表罕之爲副及誅王行瑜罕之以功授檢校太尉食邑千戸罕之自以功多私謂晉將蓋寓曰余自河陽失守來依巨廕歲月滋久功效未施比年已來倦于師旅所謂老夫耄矣無能爲也望吾王仁愍太傅哀憐與一小鎮休兵養疾一二年間卽歸老菟裘幸也寓爲言之克用不對每藩鎮缺帥議所不及罕之私心鬱鬱蓋寓懼其他圖亟爲論之克用曰吾于罕之豈惜一鎮吾有罕之亦如董卓之有呂布雄則雄矣鷹鳥之性飽則颺去實懼翻覆毒余也光化元年十二月晉之潞帥薛志勤卒罕之乘其喪自澤州率衆徑入潞州自稱留後以狀聞于克用曰聞志勤之喪新帥未至慮爲他盜所窺不俟命已屯于潞矣克用怒遣李昭嗣討之罕之執其守將馬溉伊鐸何萬友沁州刺史傅瑤等遣其子顥拘送于太祖以求援焉（新唐書全忠表罕之昭義軍節度使）會罕之暴病不能視事明年六月病篤太祖令丁會代之移罕之爲河陽節度使行至懷州卒于傳舍時年五十八其子顥以舟載柩歸葬河陰縣開平二年春詔贈中書令

馮行襲字正臣武當人也歷職爲本郡都校中和中僖宗在蜀有賊首孫喜者聚徒數千人欲入武當刺史呂煜惶駭無策略行襲伏勇士于江南乘小舟逆喜謂喜曰郡人得良牧衆心歸矣但緣兵多民懼擄掠若駐軍江北領肘腋以赴之使某前導以慰安士民可立定也喜然之既渡江軍吏迎謁伏甲奮起行襲擊喜仆地仗劍斬之其黨盡殪賊衆在江北者悉奔潰山南節度使劉巨容以功上言尋授均州刺史州西有長山當襄漢蜀路羣賊屯據以邀劫貢奉行襲又破之洋州節度使葛佐奏辟爲行軍司馬請將兵鎮谷口通秦蜀道由是益知名李茂貞遣養子繼臻竊據金州行襲攻下之因授金州防禦使時興元楊守亮將襲京師道出金商行襲逆擊大破之詔升金州爲節鎮以戎昭軍爲額卽以行襲爲節度使及太祖義旗西征行襲遣副使魯崇矩稟受制命會唐昭宗幸鳳翔太祖帥師奉迎久之未出中尉韓全誨遣中官郄文晏等二十餘人分命矯詔欲徵江淮兵屯于金州以脅太祖之軍行襲定策盡殺之收其詔敕送于太祖天祐元年兼領洋州節度使太祖之伐荆襄行襲令其子勗以舟師會于均房預收復功遷匡國軍節度使到任誅大吏張澄暴其罪州人莫不惴懾在許三年上供外別進助軍羨糧二十萬石及太祖郊禮行襲請入覲貢獻巨萬恩禮殊厚尋詔翰林學士杜曉撰德政碑以賜之累官至兼中書令冊拜司空開平中卒輟朝一日贈太傅謚曰忠敬行襲性嚴烈爲政深刻然所至有天幸境內嘗大蝗尋有羣烏啄食不爲害民或艱食必有穭穀出于壠畝雖威福在已而恆竭力以奉于王室故能保其功名行襲魁岸雄壯面有青誌當時目爲馮青面長子勗歷蘄沁二州刺史次子德晏仕至金吾將軍

孫德昭鹽州五原縣人世爲州校父惟最有功于唐朝遙領荆南節度分判右神策軍事德昭藉父廕累職爲右神策軍都指揮使光化三年唐昭宗爲閹官所廢矯立德王時中外以權在禁闥莫能致討近藩朋附章表繼有至者丞相崔允外與太祖申結輔佐之好內遣心腹密講忠義有以事喻德昭者（通鑑德昭常憤惋不平崔允聞之遣判官石戩與之遊德昭每酒酣必泣戩知其誠乃密以允意說之）德昭感悅乃與本軍孫承誨董從實三人奮發應命誓圖返正崔又割衣手筆以通其志天復元年正月一日未旦逆豎左軍容劉季述早入德昭伏甲要路以俟追其前騶邀而斬之孫承誨等分捕左軍容王仲先黨伍唐昭宗方幽辱東內聞外喧大恐德昭馳至扣閤曰逆賊劉季述伏誅矣請上皇開鑰復皇帝位皇后何氏呼曰汝可進逆人首門乃可開俄而承誨從實俱以馘獻昭宗悲而嘉之于是丞相崔允奉迎御丹鳳樓率百辟待罪泣且奏曰臣居大位不能討姦賴東平王全忠首奮忠貞誅殺郎吏遂致德昭等擒戮妖逆再清禁闈卽日議功以德昭爲檢校太保靜海軍節度使承誨邕州節度使從實容州節度使並同平章事錫姓李賜號扶傾濟難忠烈功臣圖形凌烟閣俱留京師錫賚宴賞之厚恩寵權倖之勢近代罕此其年十一月閹官韓全誨縱火脅昭宗西幸鳳翔承誨從實竝變節爲中官所誘始欲驅擁百寮將圖出令而德昭獨按兵與太祖親吏婁敬思叶力衞丞相及文武百官與長安吏民保于街東免爲所劫太祖遣從事相繼勞問遺以龍鳳劍鬬雞紗委令制輯于是百官次華州連狀請太祖迎奉及大旆入關德昭以軍禮上謁立道左太祖命左右扶騎控至長安賜與甚厚署權知同州節度留後將赴任復徇民請留充兩街制置使賜錢百萬德昭以本部兵八千人獻于太祖由是愈見賞重又賜甲第一區俾先還洛陽及昭宗東遷奏授左威衞上將軍以疾免歸于別墅太祖受禪以左領衞上將軍徵赴闕開平四年拜左金吾大將軍充街使末帝卽位俾將命于兩浙對見失儀不果行尋改授右武衞上將軍俄復左金吾大將軍卒于官詔贈太傅輟視朝一日天復初德昭與孫承誨董從實以返正功時人呼爲三使相恩澤俱冠世及承誨至鳳翔易名繼誨從實改名彥弼皆爲李茂貞所養後閹官之敗俱戮于京師惟德昭克全終始有所稱云

趙克裕河陽人也祖父皆爲軍吏克裕少爲牙將好讀書謹儀範牧伯皆奇待之累居右職擢爲虎牢關使光啓中蔡寇昭河陽克裕率所部歸于太祖隸于宣義軍太祖東征徐鄆克裕屢受指顧無不如意數年之內繼領亳鄭二州刺史時關東藩鎮方爲蔡寇所毒黎元流散不能相保克裕妙有農戰之備復善于綏懷民賴而獲安者衆太祖表爲河陽節度使檢校右僕射尋移理許田入爲金吾衞大將軍檢校司空及太祖爲元帥以克裕爲元帥府左都押衙復統六軍兗州平命權知泰寧軍留後數月暴疾而卒開平初追贈太保

張愼思清河人自黃巢軍來歸累受軍職歷諸軍都指揮使從平巢蔡兗鄆皆著功表授檢校工部尚書兼宋州長史光化中加檢校右僕射權知亳州天復三年昭宗還長安以從太祖迎駕功賜號迎鑾毅勇功臣尋除汝州防禦使天祐元年授左龍武統軍其冬除許州匡國軍節度使明年十一月權知徐州武寧軍兩使留後未幾復拜左金吾大將軍三年冬除蔡州刺史以貪貨大失民情詔追赴闕未幾扈從北征還以疾臥洛陽之私第馭家不肅爲其子所弒

史臣曰韓建遇唐朝之衰運據潼關之要地不能藩屏王室翻務斲喪宗枝雖有阜俗之能何補不臣之咎罕

之負驍雄之氣蓄向背之謀武皇比之呂布斯知人矣行襲勵納忠之節德昭立反正之功俱善其終固其宜矣克裕而下無譏可也

舊五代史卷十五攷證

梁列傳五韓建傳又害太子詹事馬道殷將作監許巖士　案新唐書昭宗紀正月乙酉韓建殺扈蹕都將李筠二月殺太子詹事馬道殷將作監許巖士八月殺通王滋沂王禋韶王彭王韓王嗣陳王嗣覃王嗣周王嗣延王戒丕嗣丹王允通鑑與新唐書同是書以殺李筠爲二月事以殺馬道殷許巖士爲八月事蓋本于舊唐書昭宗紀

李罕之傳伊鐸　案歐陽史作伊鐔

遣其子顥　案歐陽史作遣子頎

馮行襲傳尋授均州刺史　案新唐書本紀光啓元年四月武當賊馮行襲陷均州逐其刺史呂燁蓋行襲既殺孫喜遂自據其郡也是書作中和間事與唐書異歐陽史仍從是書

孫德昭傳父惟晟有功于唐朝　案惟晟歐陽史作惟最攷新唐書亦作惟最今仍其舊

乃與本軍孫承誨董從實三人　案孫承誨董從實新舊唐書並作周承誨董彥弼攷承誨姓周與孫未知孰是從實改名彥弼見本傳後文歐陽史與是書同

趙克裕傳尋移理許田　案克裕移理許田是書未明言其故新唐書本紀朱全忠陷孟州逐河陽節度使趙克裕據通鑑則克裕移鎭因梁祖欲以張全義領河陽也新唐書所紀疑非事實

舊五代史卷十六

宋門下侍郎參知政事監修國史薛居正等撰

梁書第十六

列傳六

葛從周字通美濮州鄄城人也曾祖阮祖遇賢父簡累贈兵部尚書從周少豁達有智略初入黃巢軍漸至軍校唐中和四年三月太祖大破巢軍于王滿渡從周與霍存張歸霸昆弟相率來降七月從太祖屯兵于西華破蔡賊王夏寨太祖臨陣馬踣賊衆來追甚急從周扶太祖上馬與賊軍格鬭傷面矢中于肱身被數槍奮命以衞太祖頼張延壽迴馬轉鬭從周與太祖俱免退軍溵水諸將並削職惟擢從周延壽爲大校其後入長葛靈井大敗蔡賊至斤溝淝河殺鐵林三千人獲九寨都虞候王涓太祖遣郭言募兵于陝州有黃花子賊據于溫谷從周擊破之又破秦賢之衆于滎陽尋佐朱珍收兵于淄青間時兖州齊克讓軍于任城從周敗之擒其將呂全眞淄人不受制復與之戰獲其驍將韋約會青州以步騎萬餘人列三寨于金嶺以扼要害從周與朱珍大殲其衆擒其將楊昭範五人而還至大梁不解甲從至板橋擊蔡賊破盧瑭寨瑭自溺而死又于赤岡殺蔡軍二萬餘人從討謝殷于亳州擒之迴襲曹州擒刺史丘宏禮以歸與兖鄆軍遇于臨濮之劉橋殺數萬人朱瑄朱瑾僅以身免擒都將鄒務卿已下五十人從太祖至范縣復與朱瑄戰擒尹萬榮等三人遂平濮州未幾與朱珍擊蔡賊于陳亳間獲都將石璠文德元年魏博軍亂樂從訓來告急從太祖渡河拔黎陽李固臨河等鎭至內黃破魏軍萬餘衆獲其將周儒等十人李罕之引幷人圍張全義于河陽從周與丁會張存敬牛存節率兵赴援大破幷軍殺蕃漢二萬人解河陽之圍以功表授檢校工部尚書從朱珍討徐州拔豐縣敗時溥于吳康得其輜重加檢校刑部尚書佐龐師古討孫儒于淮南略地至廬壽滁等州下天長高郵破邵伯堰迴軍攻濠州殺刺史魏勲得偽船十艘大順元年八月幷帥圍潞州太祖遣從周率敢死之士夜銜枚犯圍而入會王師不利于馬牢川即棄上黨而歸其年十二月與丁會諸將討魏州連收十邑明年正月大破魏軍于永定橋魏軍五敗斬首萬餘級十月佐丁會攻宿州從周壅水灌其城刺史張筠以郡降從討兖州破朱瑾之軍于馬溝景福二年二月與諸將大破徐兖之兵于石佛山八月與龐師古同攻兖州乾寧元年三月軍至新泰縣朱瑾令都將張約李胡椒率三千人來拒戰師古遣從周張存敬掩襲生擒張約李胡椒等都將數十人二年十月圍兖州兖人不出從周詐揚言幷人鄆人來救即引軍趨高吳夜半卻潛歸寨朱瑾果出兵攻外壕我軍士突出掩殺千餘人生擒都將張漢筠從周累立戰功自懷州刺史歷曹宿二州刺史累遷檢校左僕射三年五月幷帥以大軍侵魏遣其子落落率二千騎屯洹水從周以馬步二千人擊之殺戮殆盡擒落落于陣幷帥號泣而去遂自洹水與龐師古渡河擊鄆四年正月下之從周乘勝伐兖會朱瑾出師在徐境其將康懷英以城降以功授兖州留後檢校司空（玉堂閒話云葛侍中鎮兖之日威名著于敵中河北諺曰山東一條葛無事莫撩撥）復領兵萬餘人渡淮討楊行密至濠州聞龐師古清口之敗遂班師光化元年四月率師經略山東時幷帥以大軍屯邢洺從周至鉅鹿與幷軍遇大破之幷帥遁走我軍追襲至青山口數日之內邢洺磁三州連下斬首二萬級獲將吏一百五十人即以從周兼領邢州留後十月復破幷軍五千騎于張公橋晉將李嗣昭急攻邢州陣于城門外從周大破之擒蕃將賁金鐵慕容騰百餘人二年春幽州劉仁恭率軍十萬寇魏州屠貝郡從周自邢臺馳入魏州燕軍突上水關攻館陶門從周與賀德倫率五百騎出戰謂門者曰前有敵不可返顧命闔其門從周等極力死戰大敗燕人擒都將薛突厥王郃郎等翼日破其八寨追擊至臨清劉仁恭走滄州從周授宣義軍行軍司馬五月幷人討李罕之于潞州太祖以丁會代罕之命從周馳入上黨七月幷人陷澤州太祖召從周令賀德倫守潞州德倫等尋棄城而歸三年四月領軍討滄州先攻德州下之及進攻浮陽幽州劉仁恭大舉來援時都監蔣元暉謂諸將曰吾王命我護軍志在攻取今燕帥來赴不可迎戰當縱其入壁聚食困廩力屈糧盡必可取也從周對曰兵在機機在上將非君護所言也乃令張存敬氏叔琮守其寨從周逆戰于乾寧軍老鴉堤大破燕軍斬首三萬獲將佐馬愼交已下百餘人奪馬三千匹八月幷人攻洺從太祖破之從周追襲至青山口斬首五千級獲其將王郃郎楊師悅等得馬千匹表授檢校太保兼徐州兩使留後尋爲兖州節度使天復元年三月與氏叔琮討太原從周以兖鄆之衆自土門路入與諸將會于晉陽城下以糧運不給班師頃之從周棄疾會青州將劉鄩陷兖州太祖命討之遂力疾臨戎三年十一月鄩舉城降以功授檢校太傅太祖以從周抱疾既久命康懷英代之授左金吾上將軍以風恙不任朝謁改右衞上將軍致仕養疾偃師縣亳邑鄉之別墅頃之授太子太師依前致仕末帝即位制授潞州節度使命坐食其俸加開封儀同三司檢校太師兼侍中封陳留郡王累食邑至七千戶命近臣賫旌節就別墅以賜之貞明初卒于家冊贈太尉

謝彥章許州人幼事從周爲養子從周憐其敏慧教以兵法常以千錢于大盤中布其行陣偏伍之狀示以出沒進退之節彥章盡得其訣及壯事太祖爲騎將末帝嗣位用爲兩京馬軍都軍使累與晉軍接戰有功尋領河陽節度使及從周卒臨喪行服躬預葬事時人義之彥章後爲許州節度使檢校太傅貞明四年冬滑州節度使賀瓌爲北面招討使彥章爲排陣使同領大軍駐于行臺寨與晉人對壘彥章時領騎軍與之挑戰晉人或望我軍行陣整肅則相謂曰必兩京太傅在此也不敢以名呼其爲敵人所憚如此是時咸謂賀瓌能將步軍彥章能領騎士既名聲相軋故瓌心忌之一日與瓌同設伏于郊外瓌指一方地謂彥章曰此地岡阜隆起中央坦夷好列柵之所尋而晉人舍之故瓌疑彥章與晉人通又瓌欲速戰彥章欲持重以老敵人瓌益疑之會爲行營馬步都虞候朱珪所誣瓌遂與珪協謀因享士伏甲以殺彥章及濮州刺史孟審澄別將侯溫裕等于軍以謀叛聞晉王聞之喜曰彼將帥如是亡無日矣審澄溫裕亦善將騎軍然所領不過三千騎多而益辦惟彥章有爲將略之外好優禮儒士與晉人對壘于河上恒褒衣博帶動皆由禮或臨敵御衆則肅然有上將之威每敦陣整旅左旋右抽雖風馳雨驟亦無以踰其迅捷也故當時騎士咸樂爲用及其遇害人皆惜之

胡眞江陵人也體貌洪壯長七尺善騎射少爲縣吏及在巢寇中寇推爲名將隨巢涉淮浙陷許洛入長安及太祖以衆歸唐眞時爲元從都將（通鑑云溫見巢兵勢日蹙知其將亡親將胡眞謝瞳勸溫歸國）從至梁苑表授檢校刑部尚書頻從破巢蔡于陳鄭間尋以奇兵襲取滑州乃署爲滑州節度留後復表爲鄭滑節度使檢校右僕射數年徵爲右金吾衞大將軍俄拜寧遠軍節度使容州刺史檢校太保卒贈太傅

張歸霸字正臣清河人祖進言陽穀令父實亦有宦緒少倜儻好兵術唐乾符中寇盜蜂起歸霸率昆弟三人棄家投黃巢頗以勇略聞巢陷長安遂署爲左番功臣中和中巢領徒走宛邱時太祖在汴奉詔南討巢黨日窘歸霸昆仲與葛從周李讜等相率來降尋補宣武軍劇職光啓二年與蔡將張存戰于盧氏三年夏又與蔡將盧瑭戰于雙邱復與秦宗賢戰于萬勝皆敗而殲之翼日宗權遣將張郅來寇列寨于赤岡一日出騎將較勝歸霸爲飛戈所中卽拔馬卻退控弦一發賊洞頸而墜遂兼騎而還太祖時于高邱下瞰備見其狀面加賞激厚以金帛及所獲馬錫之又嘗被命以控弦之士五百人伏于壕內太祖統數百騎稍逼其寨蔡人果以銳士摩壘來追歸霸發伏兵掩殺千餘人奪馬數十匹尋奏授檢校左散騎常侍其後從太祖伐鄆副李唐賓渡

淮咸著奇績文德初大軍臨蔡州賊將蕭顥來斫寨歸霸與徐懷玉各以所領兵自東南二扉分出合勢殺賊蔡人大敗及太祖振衆離營寇塵已息太祖召至賞之曰昔耿弇不俟光武擊張步言不以賊遺君父弇之功爾其二焉大順中郭紹賓拔曹州歸霸提兵數千守之俄而朱瑾統大軍自至歸霸與丁會逆擊之于金鄉瑾大敗擒賊將宗江等七十餘人曹州以寧明年破濮州生擒刺史邵儒又佐葛從周與晉軍戰于洹水生獲克用愛子落落復與燕人戰于內黃殺仁恭兵三萬餘衆戎績超特居諸將之右累官至檢校左僕射光化二年權知邢州事明年春李嗣昭以蕃漢五萬來寇歸霸堅壁設備晉軍不敢顧其城遂移軍攻洺州陷焉時太祖在滑頗慮邢之失守及葛從周復洺嗣昭北遁歸霸出兵襲之殺二萬餘衆提至賞錫殊等旋以功奏加檢校司空天祐初遷萊州刺史秩滿授左衞上將軍又除曹州刺史其秋加檢校司徒副劉知俊禦邠鳳之寇敗之太祖受禪拜右龍虎統軍改左驍衞上將軍充河陽諸軍都指揮使明年夏六月就除河陽節度使檢校太保尋加同平章事二年秋七月卒于位詔贈太傅梁末帝德妃張氏卽歸霸女也末帝嗣位以歸霸子漢鼎漢傑並爲近職漢鼎早亡漢傑貞明中爲控鶴指揮使領兵討惠王于陳州擒之當貞明龍德之際漢傑昆仲分掌權要藩鎭除拜多出其門段凝因之遂竊兵柄及莊宗入汴漢傑與兄漢倫弟漢融同日伏誅于汴橋下

張歸厚字德坤通鑑攷異引梁功臣列傳云歸厚祖輿父處讓少驍勇有機略尤長于弓槊之用中和末與兄歸霸自巢軍相率來降太祖署爲軍校時淮西兵力方壯太祖之師尚寡歸厚以少擊衆往無不捷光啟三年春與秦宗賢戰于萬勝大破之其夏蔡將張晊以數萬衆屯于赤岡歸厚嘗與晊單騎鬭于陣晊不能支而奔師徒乘此大捷太祖大悅立署爲騎軍長仍以鞍馬器幣錫之及佐朱珍討時溥寨于豐蕭之間歸厚乘徐壘如行坦途甚爲諸將歎伏龍紀初奏遷檢校工部尚書其年冬復伐徐歸厚以偏師巡進至九里山下與徐兵遇時我之叛將陳璠在賊陣中歸厚忽見之因瞋目大駡單馬直往期于必取會飛矢中左目而退徐戎甚衆莫敢追之大順元年奏加檢校兵部尚書又命統親軍是歲郴王遷寨未知所往忽逢兗鄆賊寇甚衆太祖亟登道左高阜以覩之命歸厚領所部廳子馬直突之出沒二十餘合賊大敗將北而救軍雲至歸厚卽綴賊苦戰請太祖以數十騎先還時歸厚所乘馬中流矢而踣乃持槊步鬭漸退賊不敢逼太祖至寨亟命張筠劉儒飛騎來迎然謂已歿矣歸厚體被二十餘箭尚復拒戰筠等既至賊解乃歸太祖見之撫背泣下曰得歸厚身全縱喪戎馬何足計乎便令肩舁歸汴日降問賚恩旨甚厚尋遷中軍指揮使景福初從太祖伐鄆帝軍不利太祖爲寇所逼歸厚殿馬翼衞左右馳射矢發如雨賊騎千百披靡而退明年與葛從周禦晉軍于洹水殊績尤著詔加檢校右僕射其後討滄州復洺州咸以功聞太祖錄其勳命權知洺州事是郡嘗爲晉人所陷井邑蕭條歸厚撫之數月之內民庶翕然太祖自鎭定還覩其緝理之政大喜賞之天復元年冬眞拜洺州刺史加檢校左僕射尋授絳州刺史三年秋改晉州刺史仍檢校司空唐帝遷都洛陽除右神武統軍天祐二年改左羽林統軍與徐懷玉同守澤州時晉軍五萬來攻郡中戎士甚寡歸厚極力拒守并軍乃還太祖受禪加檢校司空開平二年夏劉知俊以同州叛歸厚副楊師厚劉鄩等討平之秋軍還授亳州團練使乾化二年拜鎭國軍節度使陝虢等州觀察處置等使明年夏以疾卒于位贈太師子漢卿

張歸弁字從冕始與其兄歸霸歸厚同歸于太祖得署爲牙校時太祖初鎭宣武屢命歸弁結好于近境頗得行人之儀乾寧中以偏師佐葛從周禦并軍于洹水光啟中又佐張存敬與燕人戰于內黃積前後功表授檢校工部尚書大順初攻討兗鄆命歸弁佐衞王友謙屯單父軍聲大振尋爲齊州指揮使屬青帥王師範叛遣將詐爲賈人挽車數十乘匿兵器于其中將謀竊發歸弁察而擒之州城以寧明年春青寇大舉來伐州兵既寡民意頗搖有本郡都將康文爽等三人欲謀外應卽時擒獲誅之人心遂定歸弁又罄發私帑賞給士伍青人遂遁齊州平超加檢校右僕射遙領愛州刺史從征荆襄迴轉檢校左僕射天祐三年春太祖入魏誅牙軍魏之郡邑多叛歸弁與諸將等分布攻討封境悉平而歸弁于高唐攻賊太猛飛矢中于臆太祖嘉之命賜鞍勒馬一匹金帶一條夏五月命權知晉州冬十一月眞授晉州刺史加檢校司空太祖受禪改滑州長劍指揮使開平二年秋九月并軍圍平陽詔歸弁統兵救之軍至解其圍加檢校司徒三年春三月寢疾卒于滑州之私第子漢融

史臣曰從周以驍武之才事雄猜之主而能取功名于馬上啟手足于牖下靜而言之斯爲賢矣彥章蔚有將才死于讒口身既歿矣國亦隨之惜哉歸霸昆仲皆脫身于巨盜之流宣力于興王之運由介冑而析圭爵可不謂壯夫與

舊五代史卷十六攷證

梁書列傳六葛從周傳破蔡賊王夏寨　王夏原本作五夏今據通鑑改正

從周詐揚言并人鄆人來救　案通鑑朱瑄朱瑾告急于河東李克用遣大將史儼李承嗣將數千騎假道于魏以救之是河東實遣師來援非從周詐言也此蓋覘知兗人告急乘并師尚未至乃揚言已至多方以誤之耳又本紀作十二月此作十月辨正已見本紀

養疾偃師縣亳邑鄉之別墅　別墅原本作別堥今改正

謝彥章傳必兩京太傅在此也　兩京原本作西京今據通鑑改正

張歸霸傳歸霸爲飛戈所中　飛戈歐陽史作飛矢

張歸厚傳命歸厚領所部廳子馬　廳子馬原本作厲子馬攷通鑑注廳子都係當時軍旅之名今改正

與葛從周禦晉軍于洹水　葛從周原本作郭從周今據通鑑改正

舊五代史卷十七

宋門下侍郎參知政事監修國史薛居正等撰

梁書第十七

列傳七

成汭淮西人少年任俠乘醉殺人爲讎家所捕因落髮爲僧冒姓郭氏新唐書云入蔡賊中爲賊帥假子更姓名爲郭禹亡匿久之及貴方復本姓唐僖宗朝爲蔡州軍校領本郡兵戍荆南帥以其凶暴欲害之遂棄本軍奔于秭歸一夕巨蛇繞其身幾至于殞乃祝曰苟有所負死生惟命逡巡蛇亦解去後據歸州招集流亡練士伍得兵千餘人沿流以襲荆南遂據其地朝廷卽以旄鉞受之是時荆州經巨盜之後居民才一十七家汭撫輯凋殘勵精爲理通商訓農勤于惠養比及末年僅及萬戶汭性豪暴事皆意斷又好自矜伐騁辯凌人深爲識者所鄙初澧朗二州本屬荆南乾寧中爲土豪雷滿所據汭奏請割隸唐宰相徐彥若執而不行汭由是銜之及彥若出鎭南海路過江陵汭雖加延接而猶怏怏嘗因對酒語及其事彥若曰令公位尊方面自比桓文雷滿者偏州一草賊爾令公盍加兵而反怨朝廷乎汭赧然而屈案以下有闕文累官至檢校太尉封上谷郡王楊行密以兵圍鄂州汭出師以援鄂淮寇乘之以火焚其艦汭投江而死天祐三年夏太祖以汭歿于王事上表于唐帝請爲汭立廟于荆門優詔可之五代史補鄭準不知何許人性諒直能爲文長于箋奏成汭鎭荆南辟爲推官汭嘗讎殺人懼爲吏所捕改姓郭氏及爲荆南節度使命準爲表乞歸本姓準援筆而成其略云臣門非冠蓋家本軍戎親朋之內盱雎爲人報怨昆弟之間點染無處求生背故國以狐疑望鄰封而鼠竄名非霸越乘舟難效于陶朱志切投秦出境遂稱于張祿又云成爲本姓郭乃冒稱本避犯禁之辜敢歸司寇別族受封之典誠愧諸侯伏乞聖慈許歸本姓云云其表甚爲朝廷所重後因汭生辰淮南楊行密遣使致禮幣之外仍貺初學記一部準忿然以爲不可謂汭曰夫初學記蓋訓童之書爾今敵國交聘以此書爲貺得非相輕之甚耶宜書責讓汭不納準自歎曰若然見輕敵國足彰幕府之無人也參佐無狀安可久處請解職汭怒其去潛使人于途中殺之

杜洪者江夏伶人鍾傳者豫章小校唐光啟中秦宗權凶焰熾起屢擾江淮郡將不能城守洪傳各爲部校因戰立威逐其廉使自稱留後朝廷因而命之新唐書光啟二年洪乘虛入鄂自爲節度留後僖宗卽拜本軍節度使中和三年傳逐江西觀察使高茂卿遂有洪州僖宗擢傳江西團練使俄拜鎭南節度使及爲楊行密所攻洪傳首尾相應皆遣求援于太祖太祖遣朱友恭赴之大破淮寇于武昌二鎭稍寧及行密乘勝急攻洪鄂洪復乞師于太祖太祖命荆南成汭率荆襄舟師以赴之未至夏口汭敗溺死淮人遂陷鄂州洪爲其擒被害于廣陵市時唐天復二年也九國志劉存傳存急焚鄂州城樓梁援兵將突圍而出諸將欲急擊之存曰擊之賊必復入復入則城愈固矣不若聽其遁去諸將皆曰善是日城陷擒杜洪父子斬于廣陵市天祐三年夏太祖表請爲洪立廟于其鎭優詔可之太祖卽位詔贈太傅先是鍾傳卒于江西其子繼之九國志秦裴傳天祐三年洪州鍾傳卒州人立其子匡時江州刺史延規傳之養子忿不得立以其郡納款因授裴西南面行營招討使攻匡時城陷擒匡時以獻尋爲楊行密所敗其地亦入于淮夷五代史補鍾傳雖起于商販尤好學重士時江西上流有名第者多因傳薦四遠騰然謂之曰英明諸葛浩素有詞學嘗爲泗州館驛巡官仰傳之風因擇其所行事赫赫可稱者十條列于啟事以投之十啟凡五千字皆文理與贍傳覽之驚嘆謂賓佐曰此啟事每一字可以千錢酬之遂以五千貫贈仍辟在幕下其激勸如此　上藍和尚失其名居于洪州上藍院精究術數大爲鍾傳所禮一旦疾篤往省之且曰老夫于和尚可謂無間矣和尚或不諱得無一言相付耶上藍強起索筆作偈以授其末云但看來年二三月柳條堪作打鐘槌偈終而卒傳得之不能測洎明

年春淮帥引兵奄至洪州昭江南遂爲楊氏有打鍾之偽人始悟焉

田頵本揚府之大校也九國志頵字德臣廬州合肥人朱延壽不知何許人九國志延壽廬州舒城人唐天祐初楊行密雄據淮海時頵爲宣州節度使延壽爲州刺史頵以行密專恣跋扈嘗移書諷之曰侯王守方以奉天子古之制也其或踰越者譬如百川不朝于海雖狂奔猛注澶漫遐廣終爲涸土不若恬然順流淼茫無窮也況東南之鎮揚爲大塵賤刀布阜積金玉願公上恒賦頵將悉儲峙具單車從行密怒曰今財賦之行必由于汴適足以資于敵也不從時延壽方守壽春九國志天復初北司擁駕西幸昭宗聞延壽有武幹遣李儼間道齎詔授延壽蔡州節度使直頵之事密遣人告于頵曰公有所欲爲者願爲公執鞭頵聞之頗會其志乃召進士杜荀鶴具述其意復語曰昌本朝奉盟主在斯一舉矣即遣荀鶴具述密議自間道至大梁太祖大悅遽屯兵于宿州以會其變不數月事微洩行密乃先以公牒徵延壽新唐書行密妻延壽姊也遣辯士召延壽疑不肯赴姊遣婢報故延壽疾走揚州次悉兵攻宣城頵戎力寡薄棄壁走不能越境爲行密軍所得九國志行密別遣臺濛王茂章率步騎以往頵委舟師于汪建王壇自出廣德迎戰大爲濛所敗遂率殘衆遁保宛陵壇建聞其敗因盡以舟師歸款于行密十二月頵出外州柵疾戰橋陷馬墜爲外軍所殺延壽飛騎赴命遇揚州一舍行密使人殺之其後延壽部曲有逸境至者具言其事又云延壽之將行也其室王氏勉延壽曰今若得兵柄果成大志是吉凶繫乎時非繫于吾家也然願日致一介以寧所懷一日介不至王氏曰事可知矣乃部分家屬悉授兵器遽闔中扉而捕騎已至不得入遂集家屬皁私帑發百燎合州廨焚之既而稽首上告曰妾誓不以皎然之軀爲讎者所辱乃投火而死五代史補楊行密據淮南以妻弟朱氏衆謂之朱三郎者行密署爲泗州防禦使泗州素屯軍朱氏驍勇剛任恃衆自負行密雖怒度力未能制但姑息之時議以謂行密事勢去矣居無何行密得目疾雖痛且詐稱失明其出入皆以人扶策不爾則觸物抵柱至于流血姬妾僕隸以爲實然往往無禮首尾僅三年朱氏聞之信而少弛行密度其計必中謂妻曰吾不幸臨老兩目如此男女卑幼爲不諱則國家爲他人所有今晝夜思忖不如召泗州三舅來使管句軍府事則吾雖死無恨妻以爲然遽發使述其意而召之朱氏大喜倍道而行及入謁行密恐其覺坐于中堂以家人禮見朱氏頗有德色方設拜行密奮袖中鐵槌以擊之正中其首然猶宛轉號叫久而方斃行密內外不測即時升堂廳召將吏等謂之曰吾所以兩目失明者蓋爲朱三此賊今已斃兩目無事矣諸公知之否于是軍府大駭其僕妾嘗所無禮者皆自殺初行密之在民間也嘗爲合肥縣手力有過縣令將鞭之行密懼且拜會有客自外入見行密每拜則廳之前簷皆叩地而令不之覺客知其非常乃遽升堂揖令于他處告以所見令驚遂恕之且勸事郡以自奮行密度本郡不足依乃投高駢駢死秦彥孫儒等作亂行密連誅之遂有淮南之地

趙匡凝新唐書匡凝字光儀蔡州人也父德諲初事秦宗權爲列校當宗權强暴時表爲襄州留後唐光啓四年夏六月德諲審宗權必敗乃舉漢南之地以歸唐朝仍遣使投分于太祖兼誓戮力同討宗權時太祖爲蔡州四面行營都統使乃表德諲爲副仍領襄州節度使蔡州平以功累加官爵封淮安王匡凝以父功爲唐州刺史兼七州馬步軍都校及德諲卒匡凝自爲襄州留後朝廷即以旄鉞授之作鎮數年甚有威惠累官至檢校太尉兼中書令匡凝氣貌甚偉好自修飾每整衣冠必使人持巨鑑前後照之對客之際烏巾上微覺有塵即令侍妓持紅拂以去之人有誤犯其家諱者往往遭其檟楚其方嚴也如是光化初匡凝以太祖有清口之敗密附于淮夷太祖遣氏叔琮率師伐之未幾其泌州刺史趙璠越墉來降隨州刺史趙匡璘臨陣就擒俄而康懷英攻下鄧州匡凝懼遣使乞盟太祖許之自是附庸于太祖及成汭敗于鄂州匡凝表其弟匡明爲荊南留後是時唐室微弱諸道常賦多不上供惟匡凝昆仲雖强據江山然盡忠帝室貢賦不絕太祖將期受禪以匡凝兄弟竝據藩鎮乃遣使先諭旨焉匡凝對使者流涕答以受國恩深豈敢隨時妄有他志使者復命太祖大怒天祐二年秋七月遣楊師厚率師討之八月太祖親領大軍南征仍請削匡凝在身官爵及師厚濟江匡凝以兵數萬逆戰大爲師厚所敗匡凝乃燔其舟單舸急棹沿漢而遁于金陵後卒于淮南新唐書云師厚蘇陰谷伐大木爲梁匡凝以兵二萬瀕江戰大敗乃燔舟單舸夜奔揚州行密見之曰君在鎮輕車重馬輸于賊今敗乃歸我耶匡明亦謀奔淮南子承規諫曰昔諸葛兄弟分仕二國若適揚州是自取疑也匡明乃趨成都歐陽史云行密厚遇匡凝其後行密死楊渥稍不禮方宴食青梅匡凝顧渥曰勿多食發小兒熱諸將以爲慢渥遷匡凝海陵後爲徐溫所殺初匡凝好聚書及敗楊師厚獲千卷于第悉以來獻匡凝弟匡明字贊堯幼以父貴一子出身爲江陵府文學及壯以軍功歷繡峽二州刺史成汭之敗其兄匡凝表爲荊南留後未至鎮而朗陵之兵先據其城矣匡明領兵逐之遂鎮于渚宮天祐二年秋太祖既平襄州遣楊師厚乘勝以趨荊門匡明懼乃舉族上峽奔蜀王建待以賓禮及建稱帝用爲大理卿工部尚書久之卒于蜀

張佶不知何郡人也九國志佶京兆長安人乾寧初以明經中第累遷宣州從事復爲秦宗權行軍司馬後與劉建峯據湖南推建峯爲帥唐乾寧初劉建峯據湖南獨邵州不賓命都將馬殷討之期歲未尅而建峯爲部下所殺軍亂鄰寇且至是時佶爲行軍司馬屬潭人謀帥曰張行軍即所奉也佶不得已而視事旬日之間威聲大振寇亦解去九國志建峯將吏推佶爲帥佶將入府常所乘馬忽爾踶齧不止正中佶髀佶謂將吏曰吾非汝主當迎馬公爲之乃謂將吏曰佶才能不如馬公況朝廷重藩非其人不可因以牘召殷亦不疑稟命而至佶受拜謁禮畢命升階讓殷爲帥佶即趨下率衆抃賀乃自請率師代殷攻邵州下之復爲行軍司馬垂二十年殷果立大勳甚德佶開平初殷表佶爲朗州永順軍節度使累加檢校太傅同平章事乾化元年夏四月卒于位九國志乾化初移鎮桂林卒于治所詔贈侍中

雷滿新唐書滿字秉仁武陵洞蠻也始爲朗州小校唐廣明初王仙芝焚刼江陵是時朝廷以高駢爲節度使駢擢滿爲裨將以領蠻軍駢移鎮淮南復隸部曲以悍獷趫健知名中和初擅率部兵自廣陵逃歸于朗沿江恣殘暴始爲荊人大患矣率一歲中三四移兵入其郛焚蕩驅掠而去唐朝姑務息兵即以澧朗節度使授之累官至檢校太傅同平章事滿貪穢慘毒蓋非人類又嘗于府署濬一深潭構大亭于其上每鄰道使車經由必召讌于中且言此水府也中有蛟龍奇怪萬態惟余能游焉或酒酣對客即取筵中寶器亂擲于潭中因自褫其衣裸露其文身遽躍入水底徧取所擲寶器戲弄于水面久之方出復整衣就座其詭誕如此及死子彥恭繼之新唐書滿以天復元年卒子彥威自立弟彥恭結忠義節度使趙匡凝以逐彥威蠻蜑狡獪深有父風爐墟落榜舟檝上下于南郡武昌之間殆無人矣又與淮蜀結連阻絕王命太祖詔湖南節度使馬殷荊南節度使高季昌練精兵五千遣將倪可福統之下澧州與潭兵合先是滿塹沅江以周其壘門臨長橋勢不可入殷極其兵力攻圍周歲彥恭食盡兵敗間使求救于淮夷及淮軍來援高季昌逆戰于治津馬頭岸大破之俄而攻陷朗州彥恭單棹遁去馬殷擒其弟彥雄及逆黨七人械送至闕皆斬于汴橋下時開平二年十一月也

史臣曰成汭鍾杜田朱之流皆因否運雄據大藩雖無濟代之勞且有勤王之節功雖不就志亦可嘉若較其誠明則田頵延壽斯爲優矣匡凝一門昆仲千里江山失守藩垣不克負荷斯乃劉景升之子之徒歟張佶有讓帥之賢雷滿辱俾侯之寄優劣可知矣

舊五代史卷十七攷證

梁列傳七成汭傳唐宰相徐彥若　彥若原本作產若今據新唐書改正

田頵傳延壽遡揚州一舍行密使人殺之　案九國志行密迎至寢門使人刺殺之新唐書從九國志是書以爲揚州見殺五代史補又以爲行密自奮鐵檛殺之傳聞各異

雷滿傳彥恭單棹遁去　案通鑑攷異引梁太祖實錄云彥恭沒溺于江通鑑從紀年錄作奔廣陵歐陽史與通鑑同

舊五代史卷十八

宋門下侍郎參知政事監修國史薛居正等撰

梁書第十八

列傳八

張文蔚字右華河間人也父禓唐僖宗朝累爲顯官文蔚幼礪文行求知取友藹然有佳士之稱唐乾符初登進士第時丞相裴坦兼判鹽鐵解褐署巡官未幾以畿尉直館丁家艱以孝聞中和歲僖宗在蜀大寇未滅急于軍費移鹽鐵于揚州命李都就判之奏爲轉運巡官駕還長安除監察御史遷左補闕侍御史起居舍人司勳吏部員外郎拜司勳郎中知制誥歲滿授中書舍人丁毋憂退居東畿哀毀過禮服闋復拜中書舍人俄召入翰林爲承旨學士屬昭宗初還京闕皇綱寖微文蔚所發詔令靡失厥中論者多之轉戶部侍郎仍依前充職尋出爲禮部侍郎天祐元年夏拜中書侍郎平章事兼判戶部時柳璨在相位擅權縱暴傾陷賢雋宰相裴樞等五家及三省而下三十餘人咸抱冤就死搢紳以目不敢竊語其是非餘怒所注亦不啻十許輩文蔚殫其力解之乃止士人賴焉璨敗死文蔚兼度支鹽鐵使天祐四年天子以土運將革天命有歸四月命文蔚與楊涉等總率百僚奉禪位詔至大梁太祖受命文蔚等不易其位開平二年春暴卒于位詔贈右僕射文蔚沈邃重厚有大臣之風居家孝且悌雖位至清顯與仲季相雜在太夫人膝下一不異布素弟濟美早得心恙北夢瑣言云張禓尚書有五子文蔚彝憲濟美仁龜皆有名第至宰輔丞郎內一子忘其名少年閒壁魚食神仙字身有五色吞之可得仙因欲試之遂致心疾文蔚撫視殆三十年士君子稱之子鑄周顯德中位至祕書監

薛貽矩字熙用河東聞喜人祖存父廷望咸有令名貽矩風儀秀聳其與游者皆一時英妙藉甚于文場間唐乾符中登進士第歷度支巡官集賢校理拾遺殿中起

居舍人召拜翰林學士加禮部員外郎知制誥轉司勳郎中其職如故乾寧中天子幸石門貽矩以私屬相失不及于行在罷之旋除中書舍人再踐內署歷戶部兵部侍郎學士承旨及昭宗自鳳翔還京大閹寺貽矩尚爲韓全誨等作畫贊悉記于內侍省屋壁間坐是謫官天祐初除吏部侍郎不至太祖素重之嘗言之于朝即日拜吏部尚書俄遷御史大夫四年春唐帝命貽矩持詔赴大梁議禪代之事貽矩至盛稱太祖功德請就北面之禮太祖雖謙抑不納待之甚至受禪之歲夏五月拜中書侍郎平章事兼判戶部明年夏進拜門下侍郎監修國史判度支又遷宏文館大學士充鹽鐵轉運使累官自僕射至守司空在位踰五載然亦無顯赫事跡可紀扈從貝州還染時癘旬日卒于東京詔贈侍中

張策字少逸燉煌人父同仕唐官至容管經略使策少聰警好學尤樂章句居洛陽敦化里嘗浚甘泉井得古鼎耳有篆字曰魏黃初元年春二月匠吉千且又製作奇巧同甚寶之策時在父旁徐言曰建安二十五年曹公薨改年爲延康其年十月文帝受漢禪始號黃初則是黃初元年無二月明矣鼎文何謬歟同大驚亟遣啟書室取魏志展讀一不失所啟宗族奇之時年十三然而妙通因果酷奉空教未弱冠落髮爲僧居雍之慈恩精廬頗有高致廣明末大盜犯闕策遂返初服奉父母逃難君子多之及丁家艱以孝聞服滿自屏郊藪一無干進意若是者十餘載方出爲廣文博士改祕書郎王行瑜帥邠州辟爲觀察支使帶水曹員外郎賜緋及行瑜反太原節度使李克用奉詔討伐行瑜敗死邠州平策與婢肩輿其親南出邠境屬邊寨積雪爲行者所哀太祖聞而嘉之奏爲鄭滑支使尋以內憂去職制闋除國子博士遷膳部員外郎不一歲華帥韓建辟爲判官及建領許州又爲掌記天復中策奉其主書幣來聘太祖見而喜曰張夫子且至矣即奏爲掌記兼賜金紫天祐初表其才拜職方郎中兼史館修撰俄召入爲翰林學士轉兵部郎中知制誥依前修史未幾遷中書舍人職如故太祖受禪改工部侍郎加承旨其年冬轉禮部侍郎明年從征至澤州拜刑部侍郎平章事仍判戶部尋遷中書侍郎以風恙拜章乞骸改刑部尚書致仕即日肩輿歸洛居于福善里修篁嘉木圖書琴酒以自適焉乾化二年秋卒所著典議三卷詞制歌詩二十卷牋表三十卷存于其家

杜曉字明遠京兆杜陵人祖審權仕唐位至宰相父讓能官至守太尉平章事乾寧中邠鳳二鎮舉兵犯王畿讓能被其誣陷天子不得已賜死于臨臯驛曉居喪柴立幾至滅性憂滿服幅巾七升沈跡自廢者將十餘載光化中宰相崔允判鹽鐵奏爲巡官兼校書郎尋除畿尉直宏文館皆不起及昭宗東遷宰相崔遠判戶部又奏爲巡官兼殿中丞或語之曰嵇中散死子紹埋沒不自顯山濤以物理勉之乃仕吾子恐令杜氏歲時以鋪席祭其先人同匹庶乎曉乃就官未幾拜左拾遺尋召爲翰林學士轉膳部員外郎依前充職及崔遠得罪出守本官居數月以本官知制誥俄又召爲學士遷郎中充職太祖受禪拜中書舍人職如故開平三年轉工部侍郎充承旨明年秋拜中書侍郎平章事仍判戶部庶人友珪篡位遷禮部尚書平章事集賢殿大學士依前判戶部及袁象先之討友珪禁兵大縱曉中重創而卒末帝即位詔贈右僕射曉傅贍有詞藻時論稱之兄光乂（新唐書表光乂字啟之）有心疹厥疾每作或溢喙縱詬或揮梃追撲曉事之愈恭未嘗一日少怠居兩制之重祖述前載甚得王言之體（北夢瑣言云曉貌如削玉有制誥之才）及典秩尚書志氣甚遠一旦非分而歿咸冤惜焉豈三世爲相道忌大盛歟

敬翔字子振同州馮翊人唐神龍中平陽王暉之後也曾祖琬綏州刺史祖忻同州掾父袞集州刺史翔好讀書尤長刀筆應用敏捷乾符中舉進士不第及黃巢陷長安乃東出關時太祖初鎮大梁有觀察支使王發者翔里人也翔往依焉發以故人遇之然無由薦達翔久之計窘乃與人爲牋刺往往有警句傳于軍中太祖比不知書章檄喜淺近語聞翔所作愛之謂發曰知公鄉人有才可與俱來及見應對稱旨即補右職每令從軍翔不喜武職求補文吏即署館驛巡官俾專掌檄奏太祖與蔡賊相拒累歲城門之外戰聲相聞機略之間翔頗預之太祖大悅恨得翔之晚故軍謀政術一以諮之蔡賊平奏授太子中允賜緋從平兗鄆改檢校水部郎中太祖兼鎮淮南授揚府左司馬賜金紫乾寧中改光祿少卿充職天復中授檢校禮部尚書遙領蘇州刺史昭宗自岐下還長安御延喜樓召翔與李振登樓勞問翔授檢校右僕射太府卿賜號迎鑾協贊功臣太祖受禪自宣武軍掌書記前太府卿授檢校司空依前太府卿旬當宣徽院事尋改樞密院爲崇政院以翔知院事開平三年夏四月太祖以邠岐侵擾遣劉知俊西討鄜延深憂不濟因宴顧翔以問西事翔剖析山川郡邑虛實軍糧多少悉以條奏如素講習左右莫不驚異太祖歎賞久之乾化元年進位光祿大夫行兵部尚書金鑾殿大學士知崇政院事平陽郡侯前朝因金鑾坡以爲門名與翰林院相接故得爲學士者稱金鑾以美之今殿名金鑾從嘉名也置大學士始以翔爲之（五代會要云以金鑾爲名非典也大學士與三館大學士同）翔自釋褐東下遭遇霸王懷抱深沈有經濟之略起中和歲至鼎革大運其間三十餘年扈從征伐出入帷幄庶務叢委恒達旦不寢惟在馬上稍得晏息每有所裨贊亦未嘗顯諫上俯仰顧步間微示持疑爾而太祖意已察必改行之故裨佐之跡人莫得知及太祖大漸召至御牀前受顧託之命且深以并寇爲恨翔嗚咽不忍受命而退庶人友珪之篡位也以天下之望命翔爲宰相友珪以翔先朝舊臣有所畏忌翔亦多稱病不綜政事末帝即位趙張之族皆處權要翔愈不得志及劉鄩失河朔安彥之喪楊劉翔奏曰國家連年遣將出征封疆日削不獨兵驕將怯亦制置未得其術陛下處深宮之中與之計事者皆左右近習豈能量敵之勝負哉先皇時河朔半在親御虎臣驍將猶不得志于敵人今寇馬已至鄆州陛下不留聖念臣所未喻一也臣聞李亞子自墨縗統衆于今十年每攻城臨陣無不親當矢石昨聞攻楊劉率先負薪渡水一鼓登城陛下儒雅守文未嘗如此俾賀瓌輩與之較力而望攘逐寇戎臣所未喻二也陛下所宜詢于黎老別運沈謀不然則憂未艾也臣雖駑怯受國恩深陛下必若乏材乞于邊陲効試末帝雖知其懇惻竟以趙張輩言翔怨望不之聽及王彥章敗于中都晉人長驅而南末帝急召翔謂之曰朕居常忽卿所奏果至今日事急矣勿以爲懟且使朕安歸翔泣奏曰臣受國恩僅將三紀從微至著皆先朝所遇雖名宰相實朱氏老奴耳事陛下如郎君以臣愚誠敢有所隱陛下初任段凝爲將臣已極言小人朋附致有今日晉軍即至段凝限水欲請陛下出居避敵陛下必不聽從欲請陛下出奇應敵陛下必不果決縱良平復生難以轉禍爲福請先死不忍見宗廟隕墜言訖君臣相向慟哭及晉主陷都城有詔赦梁氏臣寮李振謂翔曰有制洗滌將朝新君翔曰新君若問其將何辭以對是夜翔在高頭里第宿于車坊欲曙左右報曰崇政李太保已入朝翔返室歎曰李振謬爲丈夫耳朱氏與晉仇讎我等始同謀畫致君無狀今少主伏劍于國門縱新朝赦罪何面目入建國門也乃自經而卒數日并其族被誅初貞明中史臣李琪張袞郗殷象馮錫嘉奉詔修撰太祖實錄三十卷敘述非工事多漏略復詔翔補緝其闕翔乃別纂成三十卷目之曰大梁編遺錄與實錄偕行翔妻劉氏父爲藍田令廣明之亂劉爲巢將尚讓所得巢敗讓攜劉降于時溥及讓誅時溥納劉于妓室太祖平徐得劉氏嬖之屬翔喪妻因以劉氏賜之及翔漸貴劉猶出入太祖臥內翔情禮稍薄劉于曲室讓翔曰卿鄙余曾失身于賊耶以成敗言之尚讓巢之宰輔時溥國之忠臣論卿門地辱我何甚請從此辭翔謝而止之劉恃太祖之勢（案下有闕文）太祖四鎮時劉已得國夫人之號車服驕侈婢媵皆珥珠翠其下別置爪牙典謁書幣聘使交結藩鎮近代婦人之盛無出其右權貴皆相附麗寵信言事不下于翔當時貴達之家從而效之敗俗之甚也（五代史補敬翔應三傳數舉不第發憤投太祖顧備行陣太祖問曰子通春秋久矣今吾主盟天下爲戰欲效春秋時可乎翔曰不可夫禮樂猶不相沿襲況兵者詭道宜其變化無窮若復如春秋時則所謂務虛名而喪其實效大王之事去矣太祖大悅以爲知兵遂延之幕府委以軍事竟至作相）

李振字興緒唐潞州節度使抱眞之曾孫也祖父皆至郡守振仕唐自金吾將軍改台州刺史會盜據浙東不克之任因西歸過汴以策略干太祖太祖奇之辟爲從事太祖兼領鄆州署天平軍節度副使湖南馬殷爲朗州雷滿所逼振奉命馳往和解殷滿皆稟命光啟三年十一月太祖遣振入奏于長安舍于州邸邸吏程巖白振曰劉中尉命其姪希貞來計大事欲上謁願許之既至巖乃先啟曰主上嚴急內官憂恐左中尉欲行廢黜之事巖等協力以定中外敢以事告振顧希貞曰百歲奴事三歲主亂國不義廢君不祥非敢聞也況梁王以百萬之師匡輔天子禮樂尊戴猶恐不及幸熟計之希貞大沮而去及振復命劉季述等果作亂程巖率諸道邸吏牽帝下殿以立幼主奉昭宗爲太上皇振至陝陝已賀矣護軍韓彝範言其事振曰懿皇初升遐韓中尉殺長立幼以利其權遂亂天下今將軍復欲爾耶彝範即文約孫也由是不敢言振東歸太祖方在邢洺遽還于汴大計未決季述遣養子希度以唐之社稷欲輸于太祖又遣供奉官李奉本副介支彥勳詐齎上皇誥諭至皆季述黨也太祖未及迎命振又言曰夫豎貂伊戾之亂所以資霸者之事也今閹豎幽辱天子不能討無以令諸侯時監軍使劉重楚季述兄也舊相張濬寓于河南緱氏亦來謂太祖曰同中官則事易濟且得所欲惟振堅執不改獨曰行正道則大勳可立太祖英悟忽厲色曰張公勸我同勅使欲傾附自求宰相耶乃定策

縶僞使李奉本支彥勳與希度等即日請振將命于京師與宰相謀返正未幾劉季述伏誅昭宗復帝位太祖聞之喜召振執其手謂之曰卿所謀是吾本志穹蒼其知之矣自是益重之天祐二年春正月太祖召振謂曰王師範來降易歲尚處故藩今將奏請從授方面其爲我馳騎以茲意達之振至青州師範即日出公府以節度觀察二印及文簿管鑰授于振師範雖已受代而疑撓特甚屢揮泣求貸其族振因以切理諭之曰公不念張繡事耶漢末繡屢與曹公立敵豈德之耶及袁紹遣使招繡賈詡曰袁家父子自不相容何能主天下英士曹公挾天子令諸侯其志大不以私讎爲意不宜疑之今梁王亦豈以私怨害忠賢耶師範洒然大悟翼日以其族遷太祖乃表振爲青州留後未幾徵還唐自昭宗遷都之後王室微弱朝廷班行備員而已振皆頤指氣使旁若無人朋附者非次奬升私惡者沈棄振每自汴入洛朝中必有貶竄故唐朝人士目爲鴟鴞天祐中唐宰相柳璨希太祖旨譖殺大臣裴樞陸扆等七人于滑州白馬驛時振自以咸通乾符中嘗應進士舉累上不第尤憤憤乃謂太祖曰此輩自謂清流宜投于黃河永爲濁流太祖笑而從之洎太祖受禪自宣義軍節度副使檢校司徒授殿中監累遷戶部尚書庶人友珪篡立代敬翔爲崇政院使末帝即位趙張二族用事遂爲所間謀猷獻替多不見從振每稱疾避事龍德末閒居私第將期矣晉王入汴振謁見首罪郭崇韜指振謂人曰人言李振一代奇才吾今見之乃常人耳會段凝等疏梁氏權要之臣振與敬翔等同日族誅

史臣曰文蔚貽矩皆唐朝之舊臣遇梁室之强禪奉君命以來使犁神器以授之逢時若斯亦爲臣者之不幸也抑不爲其相不亦善乎杜曉著文雅之稱張策有冲澹之量咸登台席無忝士林敬翔李振始輔霸圖終成帝業及國之亡也一則殞命以明節一則視息以偷生以此較之翔爲優矣振始有濁流之言終取赤族之禍報應之事固以昭然

舊五代史卷十八攷證

梁列傳八張文蔚傳父裼　裼原本作錫今據舊唐書改正

薛貽矩傳在位縣五載　案歐陽史梁本紀貽矩開平元年同平章事至乾化二年薨計居相位六年歐陽史唐六臣傳貽矩爲梁相五年卒尚仍是書之訛

張策傳父同仕唐至容管經略使　父同唐摭言作父同文歐陽史與是書合今仍之

自屏郊藪一無干進意　案唐摭言云趙少師崇疑主文策求就貢籍崇疑庭譴之北夢瑣言載崇疑之辭曰張策衣冠子弟無故出家不能參禪訪道抗跡塵外乃于御簾前進詩希望恩澤是書謂張策無仕進意與摭言諸書異

杜曉傳祖審權仕唐位至宰相　審權原本作省權今據新舊唐書改正

沈跡自廢者將十餘載　案吳縝歐陽史纂誤云據新唐書宰相表杜讓能賜死至崔允領鹽鐵前後止七年歐陽史作十餘年誤蓋歐陽史沿是書之誤

以鋪席祭其先人　鋪席原本作補席據歐陽史改正

敬翔傳因金鑾坡以爲門名　金鑾歐陽史作金鑾五代會要從是書今仍之

從嘉名也　案原本脫名字今從職官志增入

宿于車坊　車坊原本作中今據歐陽史及通鑑改正

李振傳劉中尉命其姪希貞來計大事　希貞原本作希直今據通鑑改正

又遣供奉官李奉本　案原本脫奉本二字據本傳增入

舊相張濬亦來謂太祖曰同中官則事易濟　案舊唐書昭宗紀崔允與張濬告難于全忠濬傳亦云濬致書諸藩請圖匡復是書作張濬黨于季述爲梁祖所拒與唐書異

舊五代史卷十九

宋門下侍郎參知政事監修國史薛居正等撰

梁書第十九

列傳九

氏叔琮尉氏人也唐中和末應募爲騎軍初隸于龐師古爲伍長叔琮壯勇沈毅膽力過人太祖討巢蔡于陳許間叔琮奮擊首出諸校太祖壯之自行伍間擢爲後院馬軍都將時東伐徐鄆多歷年所叔琮身當矢石奮不顧命觀者許焉累遷爲指揮使尋奏授許州刺史檢校右僕射太祖伐襄陽叔琮失利降爲陽翟鎮遏使尋又捍禦晉軍于洹水有功遷曹州刺史天復元年春領大軍攻拔澤潞叔琮遂引兵北掠太原師還除晉州節度使明年太祖屯軍于岐下晉軍潛襲絳州前軍不利晉軍恃勝攻臨汾叔琮嚴設備禦乃于軍中選壯士二人深目虯鬚貌如沙陀者令就襄陵縣牧馬于道間蕃寇見之不疑二人因雜其行間俄而伺隙各擒一人而來晉軍大驚且疑有伏兵遂退據蒲縣時太祖遣朱友寧將兵數萬赴應悉委叔琮節制既至諸將皆欲休軍叔琮曰若然則賊必遁則何功焉因夜出濟師截其歸路遇晉軍遊騎數百盡殺之遂攻其壘拔之斬獲萬餘衆奪馬三百匹太祖聞之喜謂左右曰殺蕃賊破太原非氏老不可叔琮乃長驅牧汾州與晉人轉戰直抵并壘軍迴以其功奏加檢校司空自後累年晉軍不敢侵軼叔琮養士愛民甚有能政天復三年爲鄜州留後尋眞領保大軍節度使檢校司徒及昭宗東遷徵爲右龍虎統軍以衛洛陽天祐元年八月與朱友恭同受太祖密旨弒昭宗于大內既而責以軍政不理貶白州司戶尋賜自盡叔琮將死呼曰賣我性命欲塞天下之謗其如神理何乾化二年詔許歸葬

朱友恭壽春人本姓李名彥威丱角事太祖性穎利善體太祖意太祖憐之因畜爲己子賜姓名克讓後改之時初建左長劍都以友恭董之從太祖四征稍立軍功累遷諸軍都指揮使檢校左僕射乾寧中授汝州刺史加檢校司空光化初淮夷侵鄂渚武昌帥杜洪來乞師太祖遣友恭將兵萬餘濟江應援引兵至龍沙九江而還軍聲大振時淮寇據黃州友恭攻陷其壁獲賊將瞿章俘斬萬計遂逕安陸因襲殺刺史武瑜盡收其衆以功爲潁州刺史加檢校司徒天復中爲武寧軍留後天祐初昭宗東遷洛邑徵拜左龍虎統軍以衛宮闕尋與氏叔琮同受太祖密旨弒昭宗于洛陽宮既而太祖自河中至責以慢于軍政貶崖州司戶復其本姓名與氏叔琮同日賜死　北夢瑣言云朱全忠誅朱友諒氏叔琮以成濟之罪歸之友諒臨刑訴天曰天若有知汝亦如我理所弑竟如其言　案友諒當作友恭……而爲子友……後攷證

王重師潁州長社人也材力兼人沈嘿大度臨事有權變劒稍之妙冠絕于一時唐中和末蔡寇陷許昌重師脫身而來太祖異其狀貌乃隸于拔山都每于軍前効用頗出儕類文德中令董左右長劒軍太祖伐上蔡重師力戰有功及討兗鄆爲指揮使奏授檢校右僕射重師枕戈擐甲五六年于齊魯間凡經百餘戰由是威震敵人尋授檢校司空爲潁州刺史乾寧中太祖攻濮州縱兵壞其墉濮人因屯火塞其壞壘煙焰亘空人莫敢越重師方苦金瘡臥于軍次諸將或勉之乃躍起命壯士悉取軍中氈罽投水中擲于火上重師然後率精銳持短兵突入諸軍踵之濮州乃陷重師爲劍槊所傷身被八九創丁壯荷之還營且將斃矣太祖驚惜尤甚曰雖得濮壘而失重師奈何亟命以奇藥療之彌月始愈尋知平盧軍留後加檢校司徒其後北伐幽滄鎮定屢與晉軍接戰頗得士心故多勝捷天祐中授雍州節度使加同平章事數年治戎卹民頗有威惠開平中爲劉捍所搆太祖深疑之然未有以發其事無何擅遣裨將張君練縱兵深入邠鳳君練敗北太祖聞之怒其專擅因追而斬之　通鑑云劉捍至長安王重師不爲禮捍譖之帝曰重師潛與邠岐通甲申貶溪州刺史尋賜自盡夷其族

朱珍徐州豐縣雍鳳里人也太祖初起兵珍與龐師古許唐李暉丁會氏叔琮鄧季筠王武等八十餘人以中涓從摧堅陷陣所向盪決及太祖鎮汴兼領招討使署珍爲宣武右職以總腹心于是簡練軍伍裁制綱紀平巢破蔡多珍之力也始尚讓以驍騎五千人至繁臺珍與龐師古齊奔國等擊退之及黃巢敗珍與并帥李克用追至寃句而還尋從太祖以汴宋亳之師入西華破王夏寨勇冠軍鋒以功加秩光啓元年署諸軍都指揮使始爲上將于是軍焦夷敗蔡師鐵林三千人盡俘其將復西至汝鄭南過陳潁燎宋亳滑濮間與蔡賊交戰鏖伏翼殺不知其數會滑州節度使安師儒戎政不治太祖命珍與李唐賓率步騎以經略之始入境遇大雪令軍士無得休息一夕馳至壁下百梯並升遂乘其墉滑州平時太祖方謀濟師乃遣珍往淄州募兵行次任縣東面都統齊克讓伏兵于孫師陂以邀珍珍大破之進軍至牙山都虞候張仁遇白珍曰軍有不齊者當先斬本都將後以狀聞願許之珍怒其專乃斬仁遇以徇軍由是諸將咸懼兵至乾封與淄人戰于白草口敗之靑人以步騎二萬列三寨于金嶺驛珍與戰連破之殲其師盡獲軍器戎馬是夕攻博昌大獲兵衆其後破盧瑭張晊及朱瑄朱瑾之衆平定曹濮未嘗不在戰中梁山之役始與李唐賓不協珍在軍嘗私迎其室于汴而不先請太祖疑之密令唐賓察之二將不相下因而交諍唐賓夜斬關還汴以訴珍亦棄軍單騎而至太祖兩惜之故不罪俾還于師復以踏白騎士入陳亳間以邀蔡人遂南至斤溝破淮西石璠之師二萬擒璠以獻珍旋師自亳北趣靜戎濟舟于滑破黎陽臨河李固三鎮

軍于內黃敗樂從訓萬餘人分命𦓤金范居實略澶州與魏師遇于臨黃魏軍有豹子軍二千人戮之無噍類威振河朔復攻淮西至蔡州夾河而寨敗賊將蕭皓之衆皆擁于河溺死之進軍蔡州營其西南旣破羊馬垣遇雨班師珍以兵援劉瓚赴楚州至襄山南遇徐戎扼其路珍乃攻豐下之時溥乃以全師會戰于豐南吳康里珍乃收豐破其三萬餘衆及蔡賊平珍比諸將功居多龍紀初與諸將屯于蕭縣以禦時溥珍慮太祖自至令諸軍葺馬廐以候巡撫李唐賓之裨將嚴郊獨慢焉軍候范權恃珍以督之唐賓素與珍不協果怒乃見以訴其事珍亦怒曰唐賓無禮遂拔劒斬之珍命騎列狀陳其事太祖初聞唐賓之死驚駭與敬翔謀詐令有司收捕唐賓妻子下獄以安珍心太祖遂徑往蕭縣距蕭一舍珍率將校迎謁梁祖令武士執之責其專殺命丁會行戮都將霍存等數十人叩頭以救太祖怒以坐牀擲之乃退

李思安陳留張亭里人也初事汴將楊彥洪爲騎士性拳勇未弱冠長七尺超然有乘時自奮之意唐中和三年太祖鎭汴營大閱戎旅覩其材甚偉之因錫名思安字貞臣思安善飛矟所向披靡每從太祖征伐常馳馬出敵陣之後測其厚薄而還或敵人有恃猛自衒者多命取之必鷹揚飈卷擒馘于萬衆之中出入自若如蹈無人之地太祖甚惜之命副王虔裕爲踏白將時巢蔡合從太祖每遣偵邏必率先獨往巢敗走思安領所部百餘人追賊殺戮掩奪衆莫敢當尋領軍襲蔡寇于鄭都將李唐賓馬蹶而墜思安援槊刺追者唐賓復其騎而還又嘗與蔡人鬭當陣生擒賊將柳行實其後渡長淮下天長高郵二邑又拒孫儒迫濠州皆有奇績累遷爲諸軍都指揮使奏官至檢校左僕射尋拜亳州刺史練兵禦寇邊境肅然思安爲性勇悍每統戎臨敵不大勝必大敗開平元年春率兵伐幽州營于桑乾河擄獲甚衆燕人大懼及軍迴率諸軍伐潞累月不克師人多逸太祖怒甚詔疏其罪盡奪其官爵委本郡以民戶係焉踰歲起之復令領兵亦無巨績可紀太祖嘗因命將授鉞謂左右曰李思安當敵果敢無出其右者然每遇藩方擇材吾將用之則敗聞必至如是者二三矣則知飛將數奇前史豈虛言哉乾化元年秋又以爲相州刺史思安自謂當擁旄仗鉞及是殊不快意但日偕晏安無意爲政及太祖北征以候騎之誤落然無所具而復壁壘荒圮帑廩空竭太祖怒貶柳州司戶尋賜死于相州通鑑乾化元年丙午至相州刺史李思安不意帝猝至落然無具坐削官爵二年正月丁卯帝至獲嘉追思李思安去歲供饋有闕貶柳州司戶尋長流思安于崖州賜死

鄧季筠宋州下邑人也少入黃巢軍隸于太祖麾下及太祖鎭汴首署爲牙將主騎軍伐鄆之役生擒排陣將劉橋以獻唐大順初唐帝命丞相張濬伐太原太祖奏詔出師西至高平與晉人接戰軍旣不利季筠爲晉人所擒克用見之甚喜釋縛待以賓禮俄典戎事季筠在井門凡四稔景福二年晉軍攻邢臺季筠領偏師預其役將及邢邢人陣于郊兩軍酣戰之際季筠出陣飛馬來歸太祖大加獎歎賞賚甚厚時初置廳子都最爲親軍命季筠主之旋改統親騎又遷將中軍天祐三年奏授登州刺史下車稱理登州舊無羅城及季筠至郡率丁壯以築之民甚安之因相與立碑以頌其績太祖受禪改鄭州刺史尋主兵于河中爲都指揮使時幷人寇平陽季筠接戰于洪洞大克拜華州防禦使又繼領龍驤等諸軍騎士累官至檢校司空柏鄉之役季筠臨陣前却太祖亦未之罪乾化二年春太祖親伐鎭定駐于相州因閱馬怒其馬瘦與魏博軍校何令稠陳令勳同斬于轅下

黃文靖金鄉人少附于黃巢黨中巢敗歸于太祖累署牙職繼遷諸軍指揮使從太祖南平巢蔡北定兗鄆皆有功唐大順中佐葛從周送朱崇節入潞會晉軍十餘萬近逼垣寨文靖慮孤軍難守乃與葛從周啓關出師文靖爲殿命矢刃皆外向持重而還晉人不敢逼其年冬與康懷英渡淮入壽春之境下安豐霍邱至光州而還光化初晉將李嗣昭周德威寇于山東文靖佐葛從周統大軍禦之至沙河敗晉軍五千餘騎遂逐之越張公橋乃止後旬日復與晉人戰于邢州之北擒蕃將賁金鐵慕容藤李存建等百餘人奪馬數千匹尋以功表授檢校左僕射耀州刺史天祐二年春命佐楊師厚深入淮甸越壽春侵廬江軍至大獨山遇淮夷殺五千餘衆振旅而還改蔡州刺史加檢校司空又遷潁州刺史太祖受禪復爲蔡州刺史入爲左神武統軍又改左龍驤使乾化元年從太祖北征因閱馬得罪命斬之文靖驍果善戰諸將皆惜之

胡規兗州人初事朱瑾爲中軍都校兗州平署爲宣武軍都虞候佐葛從周伐鎭定從袁存敬收晉絳皆有功署爲河中都虞候權鹽務天復中太祖迎駕至岐下以規權知洽州昭宗還長安詔授皇城使及東遷以爲御營使駕至洛授內園莊宅使天祐三年佐李周彝討相州獨當州之一面頗以功聞軍還權知耀州事明年討滄州爲諸軍壕寨使太祖受禪除右羽林統軍尋佐劉鄩統兵收潼關擒劉知浣獻之乃以爲右龍虎統軍兼侍衞指揮使乾化元年詔修洛河堤堰軍士因之斬伐百姓園林太甚河南尹張宗奭奏之規得罪賜死

李讜河中臨晉人少時遊秦雍間爲人勇悍多力甚有氣誼唐廣明初黃巢陷長安讜遂得仕于其間巢以讜爲內樞密使蓋讜曾委質于宦者出入于宮禁間巢以此用焉其後巢軍旣敗讜乃束身歸于太祖署爲左德勝騎軍都將從太祖討蔡賊頗立軍功及東伐兗鄆以所部士伍俘獲甚衆改元從騎將表授檢校右僕射郴王友裕領兵攻澤州時太祖駐大軍于盟津乃令讜將兵越太行授以籌謀讜頗違節度久而無功太祖遣追還廷責其罪戮之于河橋

李重允宋州下邑人狀貌雄武初在黃巢黨中推爲剛鷙唐中和四年五月同尚讓李讜等率衆至繁臺與太祖之軍相拒及巢寇漸衰乃率衆來降太祖素識之拔用不次署爲先鋒步軍都頭與胡真援河陽逼懷州重允以部下兵突之射中蕃將安休休又令與李讜率騎軍至陜應援郭言迴次澠池破賊帥黃花子之衆改滑州夾馬指揮使蔡賊圍汴重允以步兵攻下三寨擄獲甚多太祖大舉伐宗權俾重允以滑兵爲先鋒及東討徐州下豐蕭二邑轉右廂馬步軍指揮使大順元年秋從郴王友裕收澤州與晉軍戰于馬牢川王師敗績迴守河陽太祖謂諸將曰李讜重允違我節度不能立功頗辜任使于是與李讜竝戮于河橋

范居實絳州翼城人事太祖初爲隊將從討巢蔡有功又從朱珍收滑州改左廂都虞候預破兗鄆功遷感義都頭鄭州馬軍指揮使幽州劉仁恭舉衆南下寇魏郡北鬬居實與葛從周張存敬率兵救魏大破幽滄之衆于內黃太祖迎昭宗于岐下以居實爲河中馬軍都指揮使及昭宗還京賜迎鑾毅勇功臣遙領錦州刺史又遷左龍驤馬軍都指揮使從征淮南迴改登州刺史轉左神勇軍使開平元年用軍于潞州命居實統軍以解澤州之圍授耀州刺史令以郡兵屯固鎭尋除澤州刺史居實拳勇善戰頗立軍功在郡以戎備不理詔追赴闕暴其黷寇之罪而斬之

史臣曰叔琮而下咸以鷹犬之才適遇雲龍之會勤勞王室踐履將壇然俱不得其死豈不惜哉得非鳥盡弓藏理當如是耶將梁祖之雄猜無漢高之大度歟乃知自古帝王能保全功臣者惟光武一人而已矣語曰弑父與君亦不從也而叔琮友恭從之何也旣爲盜跖所嗾豈免成濟之誅臨終之言益彰其醜也

舊五代史卷十九攷證

梁列傳九氏叔琮傳太祖伐襄陽叔琮失利　案舊唐書光化元年汴將氏叔琮陷趙匡凝之隨唐鄧等州是書趙匡凝傳亦云太祖遣氏叔琮伐之匡凝懼乞盟是役也實以勝歸而叔琮本傳獨言失利未知所據

令就襄陵縣牧馬于道間　案襄陵原本作襄陽今據歐陽史改正

貶白州司戶　案舊唐書作貝州

與氏叔琮同日賜死　案此朱友恭事是書及歐陽史通鑑俱同北夢瑣言作友諒誤

王重師傳潁州長社人也　潁州歐陽史作許州

太祖異其狀貌乃隸于拔山都　案拔山原本作技山歐陽史作拔山攷當時軍旅皆以都名如黑雲都銀槍都效節都橫衝都之類今從歐陽史改正幷增入都字

朱珍傳敗樂從訓萬餘人　案通鑑作樂從訓來告急遣都指揮使朱珍等分兵救從訓與此傳異

李重允傳于是與李讜竝戮于河橋　案原本脫與字今增入

范居實傳與葛從周張存敬率兵救魏　案原本脫從字今增入

舊五代史卷二十

宋門下侍郎參知政事監修國史薛居正等撰

梁書第二十

列傳十

謝瞳字子明福州人唐咸通末舉進士因留長安三歲不中第廣明初黃巢陷長安遂投跡于太祖洎居門下未嘗一日不在左右及太祖據同州遂署右職其年秋太祖與河中交戰再不利連上章請兵于巢僞右軍都尉孟楷抑而不進瞳揣太祖有擇福意乃進說曰黃家以數十萬之師值唐朝久安人不習戰因利乘便遂下

兩京然始竊僞號任用已失其所今將軍勇冠三軍力戰于外而孟楷專務壅蔽奏章不達下爲庸才所制無獨斷之明破亡之兆必矣況士德未厭外兵四集漕運波注日以收復爲名惟將軍察之太祖曰我意素決爾又如是復何疑哉翼日遂定策戮僞監軍使悉衆歸順于河中王重榮表瞳爲檢校屯田員外郎賜緋令奏表于蜀唐僖宗大悅召入顧問錫賚甚厚以功授朝散大夫太子率更令賜紫爲陵州刺史治郡一歲改檢校右散騎常侍通刺史在任四考頗有政績秋罷詣蜀行在太祖遣人迎之龍紀二年至東京勞來彌厚賜第墅各一區錢千緡表爲亳州團練使兼太清宮副使加檢校工部尚書是年冬太祖征淮南過郡因求侍府幕表爲宣義軍節度副使充兩使留後瞳在滑十三年部內增戶約五萬益兵數千人累遷至大中大夫檢校右僕射卒于滑開平初追贈司徒

司馬鄴字表仁其先河內溫人也祖德璋仕唐爲杞王傳父諲左武衞大將軍鄴資蔭出身頗知書累官至大列唐天福初韓建用爲同州節度留後昭宗之幸鳳翔也太祖引兵入關前鋒至左馮翊鄴持印鑰迎謁道左太祖以兵圍華州命入城招諭韓建建果出降及大軍在岐下遣奏事于昭宗再入復出又使于金州說其帥馮行襲俾堅攀附後歷宣武天平等軍從事開平元年拜右武衞上將軍三年使于兩浙時淮路不通乘驛者迂迴萬里陸行則出荆襄潭桂入嶺自番禺泛海至閩中達于杭越復命則備舟楫出東海至于登萊而揚州諸步多賊船過者不敢循岸必高帆遠引海中謂之入陽以故多損敗鄴在海逾年漂至耽羅國一行俱溺後詔贈司徒

劉捍開封人父行仙宣武軍大將捍少爲牙職太祖初鎭夷門以捍聰敏擢副典客唐中和四年夏太祖以朱珍爲淄州刺史令收兵于淄青間命捍監其兵路逢大敵皆破之入博昌獲精兵三萬以歸四月合大軍敗蔡賊秦宗賢數萬衆于汴西文德元年十一月蔡將申叢折宗權足納款于太祖使捍奏其事加兼御史大夫光化三年六月太祖北伐鎭定至常山而王鎔危懾送款于太祖命捍入壁門傳諭時兩軍未整守門者戈戟千匝捍驍騎而入竟達其命又移師以攻中山至懷德驛大破定人五萬衆王處直乞降捍復單馬入州安撫而迴太祖迎昭宗于岐下以捍爲親軍指揮天復三年正月宋文通令客將郭啓奇使于太祖命捍復命昭宗聞其至即名見詢東兵之事仍以錦服銀鞍勒馬賜之翼日授光祿大夫檢校司空登州刺史昭宗還京改常州刺史賜號迎鑾毅勇功臣四月太祖伐王師範于青州改左右長直都指揮使天祐三年正月授宋州刺史四月加檢校司徒太祖受禪授左龍虎統軍兼元從親軍馬步都虞候及上黨纔兵太祖親往巡撫以捍爲御營使大軍次昂車斥候來告蕃戎逼澤州命捍以兵千人赴之并軍遂遁車駕還京授捍侍衞親軍都指揮使晉人侵晉州從幸陝迴加檢校太保及從駕幸河中詔迫王重師赴行在以捍爲雍州節度觀察留後纔踰月劉知俊據同州反潛使人以厚利啗捍將校遂爲部下所執送于知俊知俊縶捍歸于鳳翔爲李茂貞所害開平四年贈太傅末帝即位又贈太尉捍便習賓贊善于將迎自司賓局及征討四出必預其間雖無決戰爭鋒之績而承命奔走數揚命令勤幹澀職以至崇顯焉

王敬蕘潁州汝陰人世爲郡武吏唐乾符初敬蕘爲本州都知兵馬使中和初寇難益熾郡守庸怯不能自固敬蕘遂代之監郡俄眞拜刺史加檢校右散騎常侍時州境荒饑大寇繼至黃巢數十萬衆寨于州南敬蕘極力抗禦逾旬而退俄又宗權之衆凌暴益甚合圍攻壁皆力屈而去蔡賊復遣將刁君務以萬衆來逼敬蕘列陣當之身先馳突殺敵甚多由是竟全郡壘遠近歸附及淮人不恭太祖屢以軍南渡路由州境敬蕘悉心供億太祖甚嘉之乾寧二年署爲沿淮上下都指揮使四年冬龐師古敗于淸口敗軍逃歸者甚衆路出于潁時雨雪連旬軍士凍餒敬蕘自淮燎薪相屬于道郡中設糜粥餠餌以待之全活者甚衆由是表知武寧軍節度徐宿觀察留後數月眞拜武寧軍節度使天復二年入爲右龍武統軍天祐三年轉左衞上將軍開平元年八月以疾致仕尋卒于其第敬蕘魁傑沈勇多力善戰所用槍矢皆以純鐵鍛就槍重三十餘斤摧鋒突陣率以此勝雖非太祖舊臣而遠輸懇款保境合兵以輔興王之運有足稱者

高劭字子將淮南節度使駢之從子也父泰黔中觀察使唐僖宗避敵在蜀駢鎭淮南爲都統兼諸道鹽鐵使兵賦在已朝廷優假之以故劭幸而早官年十四遙領華州刺史光啓中以駢命遏晉公王鐸于鄭俄而州陷于蔡劭爲賊所得使人守之戒四門曰無出高大夫劭伺守者稍惰佯爲乞食者過危垣取婢者衣衾身易服得他兒抱之行出東郊門人以爲丐者不之止及稍遠棄所抱兒疾趨至中牟遂達于汴太祖以客禮遇之尋表爲亳州團練副使知州事又數年辟爲宣武軍節度判官在幕下頗以氣直自許後監鄭州事復權知徐州留後唐昭宗之鳳翔太祖迎奉未出劭有疑謀遂令赴華州詣丞相府以讓其事行至高陵爲盜所害

馬嗣勳濠州鍾離縣人世爲軍吏嗣勳有口辯習武藝初爲州客將唐景福元年三月太祖以壽州刺史江儒反下蔡鎭使李立率兵攻濠梁刺史張遂俾嗣勳持州印籍戶口以歸于太祖乾寧二年三月楊行密復攻濠州張遂遣嗣勳求援于太祖俄而郡陷嗣勳無所歸即著爲元從押牙副典客頗委任使光化元年三月太祖令往光州說刺史劉存背淮賊以向國又從李彥威復黃州及武昌縣獲刺史瞿章俄復使光州持幣馬以賜劉存會淮賊急攻光州存與嗣勳率兵大戰敗而走之又遣使于蜀及歸得其助軍貲實甚多天復中太祖迎昭宗于岐下軍至華之西關使嗣勳入見韓建即時同出迎謁及羅紹威將殺牙軍遣使告于太祖求爲外援時安陽公主初卒于魏太祖乃遣嗣勳率長直官千人實兵仗于橐中肩舁以入于魏聲言來致祭會葬牙軍不之覺天祐三年正月十六日夜嗣勳與紹威親軍同攻牙軍至曙盡殪之嗣勳重傷旬日而卒開平中累贈太保

張存敬譙郡人也性剛直有膽勇臨危無所畏憚唐中和中從太祖赴汴以其折節頗見親昵授右騎都將從討巢蔡凡歷百戰多于危蹙之間顯有奇略由是頻立殊效光啓中李罕之會晉軍圍張宗奭于盟津太祖遣丁會葛從周存敬同往赴救存敬引驍軍先犯敵將諸軍翼之敵騎大敗乃解河橋之圍大順二年爲諸軍都虞候佐霍存董大軍收宿州以功奏加檢校兵部尚書太祖東征徐兗存敬屢有俘斬之功凡受指顧皆與機會矢石所及必以身先太祖屢加優異以爲行營都指揮使檢校右僕射乾寧三年充武寧軍留後行潁州刺史光化二年夏四月幽滄侵逼魏郡復以存敬爲都指揮使三年大舉與葛從周連統諸軍攻浮陽樹數十柵圍劉守文累月時幽州劉仁恭舉兵來援存敬濟軍擊之于乾寧軍南老鴉堤是日燕人大敗斬首五萬級生擒馬愼交已下一百餘人獲馬萬蹄其年秋九月引軍收鎭州存敬勒衆涉滹沱河師人鼓行而進逢鎭之遊兵數千因逐之直入鎭之壅門收鞍馬牛驢萬計翼日鎭人納質而旋尋爲宋州刺史踰年甚有能政復摧衆伐薊門數旬間連下瀛莫祁景四州擒俘不可勝紀自懷德驛與中山兵接戰枕尸數十里中山閉壁請降天復元年春太祖以河中節度使王珂與太原結親憑恃驕恣命存敬統大軍討之即日收絳州擒刺史陶建釗降晉州刺史張漢瑜二郡平進圍河中王珂請降太祖嘉之乃以存敬爲護國軍留後未幾檢校司空尋移宋州刺史將之任所寢疾踰旬卒于河中太祖聞之痛惜移晷開平初追贈太保乾化三年又追贈太傅子仁愿晉天福中仕至大理

寇彥卿字俊臣大梁人也祖琯父裔皆宣武軍牙校太祖鎭汴以彥卿將家子擢在左右弱冠遐爲通贊官太祖爲元帥補元帥府押牙充四鎭通贊官行首兼右長直都指揮使累奏授檢校司徒領洛州刺史羅紹威將殺牙軍遣使告于太祖太祖命彥卿使于魏密與紹威謀之竟成其事彥卿之力也彥卿身長八尺隆準方面語音如鐘善騎射好書史復善伺太祖之旨凡所作爲動皆云合太祖每言曰敬翔劉捍寇彥卿蓋爲我而生其見重如此太祖有所乘烏馬號一丈烏嘗以賜彥卿天復中太祖迎昭宗于鳳翔累與岐軍對陣時彥卿爲諸道馬步軍都排陣使嘗躬擐甲冑乘其所賜烏馬馳騁于陣前太祖目之曰眞神王也昭宗還京賜迎鑾毅勇功臣改邢州刺史尋遷亳州團練使[案通鑑開平二年帝從吳越王錢鏐之請以亳州團練使寇彥卿爲東南面行營都指揮使使擊淮南十一月彥卿率衆二千襲霍丘爲土豪朱景所敗又攻廬壽二州皆不勝淮南遣滁州刺史李儼拒之九國志朱景傳梁祖聞景名命寇彥卿率勁騎三千襲霍邱圖取景且諭梁祖之意令降景率其徒戰于邱墟林澤中射死者無數彥卿兵折力殫而去]太祖受禪爲華州節度使加檢校太保歲餘入爲左金吾衞大將軍充街使一日過天津橋有老人誤衝其騶道者排之落橋而斃爲御史所彈太祖不得已責授左衞中郎將不數月除相州防禦使依前行營諸軍排陣使未幾授河陽節度使加檢校太傅及太祖遇弒彥卿追感舊恩圖御容以奠之每因對客言及先朝舊事即涕泗交流末帝嗣位遙領興元節度使東南面行營都招討使以拒淮寇尋改右金吾衞上將軍貞明初授鄧州節度使會淮人圍安陸彥卿奉詔領兵解圍大破淮賊而迴四年卒于鎭時年五十七詔贈侍中彥卿貞幹明敏善事人主然怙寵作威多忌好殺雖顯立功名而猶爲識者之所鄙焉

史臣曰[案原本有闕文]存敬有提鼓之勞彥卿遇攀鱗之會俱爲藩后亦其宜哉

舊五代史卷二十攷證

梁列傳十司馬鄴傳揚州諸步多賊船　諸步原本作諸走攷容齋隨筆云步者水傍之名今改正

劉捍傳光化二年六月太祖北伐鎮定又移師以攻中山　案梁祖下鎮定服中山舊唐書作光化三年九月新唐書作十月是書繫于六月據通鑑自六月擧兵至九月始定中山也

馬嗣勳傳刺史張遂　案新唐書作張璲

太祖令往光州說刺史劉存背淮賊以向國　案新唐書本紀乾寧三年楊行密陷光州刺史劉存死之九國志柴再用傳乾寧中從朱延壽平劉存于弋陽授知光州軍事梁兵寇光州再用擊走之事俱與是書異

又從李彥威復黃州獲刺史瞿章　案全忠陷黃州新唐書作乾寧四年九國志作三年是書繫光化元年與諸史異

張存敬傳擒刺史陶建釗　建釗原本作建鈺今據通鑑改正

舊五代史卷二十一

宋門下侍郎參知政事監修國史薛居正等撰

梁書第二十一

列傳十一

龐師古曹州南華人初名從以中涓從太祖性端愿未嘗離左右及太祖鎮汴樹置戎伍始得馬五百匹即以師古爲偏將援陳破蔡累有戰功及朱珍以罪誅遂用師古爲都指揮使乃渡淮軻軍于廬壽攻滁州破天長下高郵沿淮轉戰所至克捷尋代朱友裕領軍攻下徐州斬時溥首以獻遂移軍伐兗州入中都寨于梁山敗朱瑄之衆襲至壘下又破朱瑾于清河從討汶陽與朱瑄朱瑾及晉將史儼兒戰于故棄亭大捷而迴乾寧四年正月復統諸軍伐鄆拔之擒其帥朱瑄以獻始表爲天平軍節度留後尋授徐州節度使官至檢校司徒乾寧四年八月與葛從周分統大軍渡淮以伐楊行密十一月師古寨于清口寨地卑下玉堂閒話云龐從會軍五萬于清口所屯之地蓋兵書謂之絕地人不駕肩行一舍方至夷坦之處或請遷移弗聽俄有告淮人決上流者曰水至矣師古怒其惑衆斬之九國志侯瓚傳時兵起倉卒加以陰寒士皆飫冰餐雪而行南及梁營則豎戈植足驟志未決朱瑾與瓚率五十騎潛濟淮入自壘北舞槊而馳闞聲雷沸梁兵皆瞑眩不能擧遂斬龐從大將龐之死者大半須臾我軍在淖中莫能戰而吳人襲焉故及于敗師古沒于陣

霍存洺州曲周縣人性驍勇善騎射在黃巢中已爲將領唐中和四年太祖大破巢軍于王滿渡時存與葛從周張歸霸皆自巢軍來降太祖宥而納之其後破王夏寨擊殷鐵林並在戰中尋佐朱珍取滑臺攻淄州取博昌皆預戰立功時蔡賊張旺在汴北存以三千人夕犯其營破之用本部騎兵敗秦賢軍殺五千人連破四寨盡得其輜重從討盧瑭張晊殪萬餘人存功居多我軍之圍濮州也有賊升䑛樓大詬太祖怒甚召存射之矢一發而尸隕其下賞賚甚厚復佐朱珍擒石璠破魏師敗徐戎又佐龐師古至呂梁敗時溥二千餘衆以是累遷官初王師渡淮乏食不甚利惟存軍戰有功淮賊乃引退太祖之討宿州也葛從周以水壞其垣丁會以師乘其墉存戰壘外敗其軍宿人乃降明年佐郴王友裕擊時溥于碭山破之獲蕃將石君和等五十人歐陽史云存代李唐賓攻時溥敗碭山存獲其將石君和等五十人梁攻宿州葛從周引水浸之丁會與存戰城下遂下之是歲復與晉軍戰于馬牢川始入爲前鋒出則後拒晉不敢逼乃渡河襲淇門殺三千餘人曹州刺史郭紹賓之來歸也存以師援之遂代其任始朱友裕以大軍代鄆臨其壁既而師陷圍中以急來告存領二百騎馳赴擊退之太祖喜拔爲諸軍都指揮使景福二年春太祖親至曹州留騎軍數千令存將之且曰有急則倍道兼行以赴之俄聞朱瑾領兵二萬入援彭門存乃領騎軍馳赴之與徐兗之衆合戰于石佛山下大敗之存亦中流矢而卒時人稱其忠勇初朱珍李唐賓之歿龐師古代珍存代唐賓戰伐功績多與師古同始遙領韶州牧又改賀州後用爲權知曹州刺史官至檢校右僕射及太祖登極屢有征討因起猛士之歎一日幸講武臺閱兵謂諸將曰霍存在朕安有此勞苦耶諸君其思之他日語又如是累贈官至太保子彥威後唐明宗朝爲青州節度使

符道昭淮西人性強敏有武略秦宗權用爲心膂使監督諸軍後爲騎將尤能布陣勇聞于時然剛而無操善迎人意一見若盡肺腑必甚愛其才而道昭之心腹颺矣秦宗權之將敗也有薛潛者支擊隊伍道昭謂所私曰蔡弱矣乃歸潛潛欲敗復奔洋州依葛佐佐攻興元軍不利復奔于岐宋文通愛之養爲已子名繼遠遂易其宗及得軍職悉超儕伍後爲巴州刺史又奏爲隴州防禦使兼中軍都指揮使太祖迎奉昭宗駐軍于岐下道昭頻領騎士敢鬬戰屢爲王師所敗遂來降太祖素聞其名待之甚厚昭宗反正奏授秦州節度使同平章事遣兵援送不克而還先是李周彝棄鄜州自投歸國署爲元帥府行軍左司馬寵冠霸府及道昭至以爲右司馬使與周彝同領寇彥卿南大豐闊寶巳下大軍伐滄州及太祖幸魏州討牙軍中軍前有魏博將山河營指揮使左行遷聞府中有變引軍還屯歷亭自稱留後從亂者數萬人道昭佐周彝與彥卿巳下大破之殺四萬餘人擒左行遷斬之有史仁遇亦聚徒數萬據高唐又破之擒仁遇以獻乘勝取澶博二州平之復殺萬餘人道昭性勇果多率先犯陣屢有摧失而周彝彥卿犄角繼進連以捷告護兵者上功不實皆以道昭爲首太祖陰知之俱不議賞及滄州之圍也不用騎士令道昭牧馬于唐陽太祖受禪後委兵柄與康懷英等攻潞州以蚰蜒塹繚之飛鳥不度既踰歲晉人援至王師大敗道昭爲晉軍所殺

徐懷玉本名琮亳州焦夷縣人少以雄傑自任隨太祖起軍唐中和末從至大梁光啓初蔡寇屯金堤驛懷玉將輕騎連破之由是累遷親從副將改左長劍都虞候又從破蔡賊于板橋收秦宗權八寨奏加檢校右散騎常侍文德初同諸軍解河陽之圍復從破徐宿乾寧中奏加檢校刑部尚書太祖賜名懷玉破朱瑾于金鄉南擒宗江以獻表授金紫光祿大夫檢校右僕射乾寧四年龐師古失利于清口懷玉獨完軍以退光化初轉滑州右都押牙兼右步軍指揮使俄奏授沂州刺史頃之王師範以青州叛屢出兵侵軼懷玉擊退之天復四年轉齊州防禦使加檢校司空從大軍迎駕于岐下歸署華州觀察留後一年復領所部兵戍雍州尋名赴河中補晉絳同華五州馬步都指揮使天祐三年授左羽林統軍轉右龍虎統軍領六軍之士赴澤州尋爲晉軍所攻晝夜衝擊穴地而入懷玉率親兵逆殺于隧中晉軍遂退開平元年授曹州刺史加檢校司徒明年除晉州刺史其秋晉軍大至巳乘其墉懷玉選親兵五十餘人擁殺下城晉軍既退出家財以賞戰士歲中晉軍又至懷玉領兵敗之于洪洞三年制授鄜坊節度使特進檢校太保練兵繕壁人頗安之加檢校太傅乾化二年庶人友珪既纂立河中朱友謙拒命遣兵襲鄜州懷玉無備尋爲河中所擄囚于公館及友珪遣康懷英率師圍河中友謙慮懷玉有變遂害之懷玉材氣剛勇臨陣未嘗折退平生金瘡被體有戰將之名焉

郭言太原人也家于南陽新野少以力穡養親鄉里稱之唐廣明中黃巢擁衆西犯秦雍言爲巢黨所執後從太祖赴汴初爲騎軍繼有戰功後擢爲禆校言性剛直有權略勤于戎事或以家財分給將士之貧者由是頗得士心屢將兵與蔡寇戰于浚郊每以少擊衆出必勝歸太祖嘉其勇果謂賓佐曰言乃吾之虎侯也時宗權支黨數十萬太祖兵不過數十旅每恨其寡與之不敵一日命言董數千人越河洛趨陝虢招召丁壯以實部伍言夏往冬旋得銳士萬餘遂遷步軍都將自是隨太祖掩襲蔡寇斬獲掠奪不可勝紀宗權以茲敗北太祖盡收其地因命言將兵導達貢奉以安鄆傳自汴鄭迄于潼關去奸恤弱甚得其所光啓中唐天子以太祖兵威日振命兼揚州節度使太祖遣幕吏李璠領兵赴維揚以制置爲名時言爲李璠前鋒深入淮甸破盱眙而還梁祖東伐徐鄆言將偏師略地千里頻逢寇敵言出奇決戰所向皆捷大挫東人之銳太祖錄其績以排陣斬斫之號委之尋表爲宿州刺史檢校右僕射于時徐宿兵鋒日夕相接控扼偵邏以言爲首景福初時溥大擧來攻宿州言勇于野戰喜逢大敵自引銳兵擊溥殺傷甚衆徐戎乃退言爲流矢所中一夕而卒

李唐賓陝州陝縣人也中和四年二月尚讓之寇繁臺也唐賓與李讜霍存並爲巢將與太祖之軍戰于尉氏門外三月太祖破瓦子寨唐賓與王虔裕來降時黃巢壁于陳郊乃命唐賓摩其西闉焚焉王滿之師王夏之陣唐賓悉在戰中後與朱珍趣淄州所向摧敵及取滑平蔡前後破鄆淮徐之衆功與朱珍略等而驍勇絕倫善用矛未嘗不率先陷陣其善于治軍行師之道亦與珍齊名珍之擒石璠也唐賓亦沿淮與郭言掎角下盱眙其後渡河破黎陽李固等鎮攻澶州下內黃敗魏師未嘗不與珍同暨攻蔡之役珍自西南破其外垣唐賓亦堙壕坎墉摧其東北隅及伐徐取豐時溥軍于吳康珍亟遇之未能郤唐賓引本軍擊敗之珍遂大勝每興師必與珍偕用故往無不利然而剛中用壯遂爲珍所害以謀叛聞太祖聞之痛惜累日及誅朱珍後令其妻孥至軍收葬而加弔祭焉

王虔裕瑯琊臨沂人也家于楚邱少有膽勇多力善射以弋獵爲事唐乾符中諸葛爽聚徒于青棣間攻剽郡縣虔裕依其衆及爽歸順乃以虔裕及其衆隸于宣武軍太祖鎮汴四郊多事始議選將征討首以虔裕綰騎兵恆爲前鋒及太祖擊巢蔡于陳州虔裕連拔數寨擒獲萬計巢孽旣遁虔裕躡其迹追至萬勝戍賊衆饑乏

短兵纔接而潰太祖以其勞表授蔡州刺史蔡人日縱侵掠陳鄭許亳之郊頻年大戰虔裕掩襲攻拒凡百餘陣勦戮生擒不知紀極秦宗賢寇汴南鄙太祖令虔裕逆擊于尉氏不利而還太祖怒命削職拘于別部踰年邢州孟遷請降未幾晉人伐邢孟遷遣使來乞師太祖先遣虔裕選勇士百餘人徑往赴之伺夜突入邢州明日循堞樹立旗幟晉人不測乃退數月復來圍邢時太祖大軍方討兗鄆未及救援邢人困而攜貳遷乃縶虔裕送于太原尋爲所害

劉康乂壽州安豐縣人也以農桑爲業唐乾符中關東羣盜並起江淮間偏罹其苦因爲巢黨所掠康乂沉默有膂力善用矛槊然不樂爲暴中和三年從太祖赴鎭委以心腹康乂枕戈擐甲夷險無憚其後累典親軍襲巢破蔡斬獲尤多累以戰功遷元從都將從太祖連年攻討徐兗鄆所向多捷尤善于營壘充諸軍壕寨使及太祖盡下三鎭議其功奏加檢校右僕射兼領軍衞尋遷密州刺史政甚簡靜時王師範叛據青州乞師于淮夷淮人遂攻密州密兵素少執銳者不滿千夫而淮賊踰萬康乂率老弱守陴自別領少壯日與接戰于密之四郊俘擒千計賊知密州虛弱援兵未至晝夜急攻遂陷康乂爲賊所害

王彥章字賢明鄆州壽張縣人也祖秀父慶宗俱不仕以彥章貴秀贈左散騎常侍慶宗贈右武衞將軍彥章少從軍隸太祖帳下以驍勇聞稍遷軍職累典禁兵從太祖征討所至有功常持鐵槍衝堅陷陣開平二年十月自開封府押牙左親從指揮使授左龍驤軍使三年轉左監門衞上將軍依前左龍驤軍使乾化元年改行營左先鋒馬軍使加金紫光祿大夫檢校司空依前左監門衞上將軍二年庶人友珪篡位加檢校司徒三年正月授濮州刺史本州馬步軍都指揮使依前先鋒馬軍使未幾改先鋒步軍都指揮使四年爲澶州刺史進封開國伯五年三月朝廷議割魏州爲兩鎭慮魏人不從遣彥章率精騎五百屯鄴城駐于金波亭以備非常是月二十九日夜魏軍作亂首攻彥章于館舍彥章南奔七月晉人攻陷澶州彥章舉家陷沒（通鑑云晉人夜襲澶州陷之刺史王彥章在劉鄩營晉人獲其妻子）晉王遷其家于晉陽待之甚厚遣細人間行誘之彥章卽斬其使以絕之後數年其家被害九月授汝州防禦使檢校太保依前行營先鋒步軍都指揮使貞明二年四月改鄭州防禦使三年十二月授西面行營馬軍都指揮使加檢校太傅依前鄭州防禦使頃之授行營諸軍左廂馬軍都指揮使五年五月遷許州兩使留後軍職如故六年正月正授許州匡國軍節度使充散指揮都頭都軍使進封開國侯未幾授北面行營副招討使七年正月移領滑州三年四月晦晉師陷鄆州中外大恐五月以彥章代戴思遠爲北面招討使拜命之日促裝以赴滑臺遂自楊村皆浮河而下水陸俱進斷晉人德勝之浮梁攻南城拔之晉人遂棄北城併軍保楊劉彥章以舟師沿流而下晉人盡徹北城拆屋木編栰置步軍于其上與彥章各行一岸每遇轉灘水匯卽中流交鬬流矢雨集或舟栰覆沒比及楊劉凡百餘戰彥章急攻楊劉晝夜不息晉人極力固守垂陷者數四六月晉王親援其城彥章之軍重壕複壘晉人不能入晉王乃于博州東岸築壘以應鄆州彥章聞之馳軍而至急攻其柵自旦及午其城將拔會晉王以大軍來援彥章乃退七月晉王至楊劉彥章軍不利遂罷彥章兵權詔令歸闕以段凝爲招討使先是趙張二族撓亂朝政彥章深惡之性復剛直不能緘忍及授招討之命因謂所親曰待我立功之後回軍之日當盡誅奸臣以謝天下趙張聞之私相謂曰我輩寧死于沙陁之手不當爲彥章所殺因協力以傾之時段凝以賄賂交結自求兵柄素與彥章不協潛害其功陰行逗撓遂至王師不利竟退彥章而用段凝未及十旬國以之亡矣是歲秋九月朝廷聞晉人將自兗州路出師末帝急遣彥章領保鑾騎士數千于東路守捉且以鄆州爲敵人所據因圖進取令張漢傑爲監軍一日彥章渡汶以略鄆境至遞坊鎭爲晉人所襲彥章退保中都十月四日晉王以大軍至彥章以衆拒戰兵敗爲晉將夏魯奇所擒魯奇嘗事太祖與彥章素善及彥章敗識其語音曰此王鐵槍也揮矟刺之彥章重傷馬踣遂就擒晉王見彥章謂之曰爾常以孺子待我今日服未又問我素聞爾善將何不保守兗州此邑素無城壘何以自固彥章對曰大事已去非臣智力所及晉王惻然親賜藥以封其創晉王素聞其勇悍欲全活之令中使慰撫以誘其意彥章曰比是匹夫本朝擢居方面與皇帝十五年抗衡今日兵敗力窮死有常分皇帝縱垂矜宥何面目見人豈有爲臣爲將朝事梁而暮事晉乎得死幸矣晉王又謂李嗣源曰爾宜親往諭之庶可全活時彥章以重傷不能興嗣源至卧內以見之謂嗣源曰汝非邈佶烈乎邈佶烈蓋嗣源小字也彥章素輕嗣源故以小字呼之旣而晉王命肩輿隨軍至任城彥章以所傷痛楚堅乞遲留遂遇害時年六十一彥章性忠勇有膂力臨陣對敵奮不顧身嘗謂人曰李亞子鬬雞小兒何足畏初晉王聞彥章授招討使自魏州急赴河上以備衝突至則德勝南城已爲所拔晉王嘗曰此人可畏當避其鋒一日晉王領兵迫潘張寨大軍隔河未能赴援彥章援槍登船叱舟人解纜招討使賀瓌止之不可晉王聞彥章至抽軍而退其驍勇如此及晉高祖遷都夷門嘉彥章之忠款詔贈太師搜訪子孫錄用（五代史補王彥章之應募也同時有數百人而彥章營求爲長衆皆怒曰彥章何人一旦自草野中出便欲居我輩之上是不自量之甚也彥章聞之乃對主將指數百人曰我天與壯氣自度汝等不及故求作長耳汝等咄咄得非勝負將分之際耶且大凡健兒開口便言死死則未暇且共汝輩赤腳入棘針地走三五遭汝等能乎衆初以爲戲旣而彥章果然衆皆失色無敢效之者太祖聞之以爲神人遽擢用之）

賀德倫其先河西部落人也父懷慶隸滑州軍爲小校德倫少爲滑之牙將太祖領四鎭德倫以本軍從繼立軍功累歷刺史留後遷平盧軍節度使及魏博楊師厚卒朝廷以德倫代其任貞明元年三月二十九日夜魏軍作亂執德倫因于別館盡殺其部衆爲亂首張彥所迫遣使歸款于太原晉王自黃澤嶺東下至臨淸德倫遣從事司空頲密啓晉王訴以張彥凌辱之事晉王至永濟斬彥等八人然後入于魏德倫卽以符印上晉王（通鑑晉王旣入德倫上印節請王兼領天雄軍王固辭曰比聞汴寇侵逼貴道故親董師徒遠來相救又聞城中新罹塗炭故暫入存撫明公不垂鑒信乃以印節見推誠非素懷德倫再拜曰今寇敵密邇軍城新有大變人心未安德倫心腹紀綱爲張彥所殺殆盡形孤勢弱安能統軍一旦生事恐負大恩王乃受之）尋授雲州節度使行次河東監軍張承業留之不遣頃之王檀以急兵襲太原德倫部下多奔逸承業懼其爲變遂誅德倫幷其部曲盡殺之

舊五代史卷二十一攷證

梁列傳十一龐師古傳始表爲天平軍節度留後尋除授徐州節度使　案師古先爲留後繼授節度通鑑止作留後誤

霍存傳用本部騎兵敗秦賢軍　秦賢王虔裕傳作秦宗賢

有賊升眺樓大詬　眺樓原本作昭樓今據歐陽史改

符道昭傳符道昭淮西人　案歐陽史作蔡州人

徐懷玉傳授左羽林統軍　案歐陽史作右羽林統軍

郭言傳破盱眙而還　案通鑑作言力戰得免梁祖紀亦作不克而還與此傳異

李唐賓傳時溥軍于吳康　吳康原本訛吳唐今據歐陽史改正

王虔裕傳時太祖大軍方討兗鄆未及救援　案通鑑攷異云是時全忠方攻時溥未討兗鄆也傳誤

劉康乂傳尋遷密州刺史　密州原本訛宣州今據新唐書昭宗紀改正

王彥章傳彥章字賢明鄆州壽張縣人也　賢明歐陽史作子明壽張歐陽史作壽昌

領保鑾騎士數千于東路守捉　案歐陽史從家傳作五百人又作畫像記極辨舊史領數千人以往之非攷通鑑云梁主命王彥章將保鑾士及他兵合萬人屯兗鄆之境又通鑑李嗣源敗彥章于遞坊鎭獲將士三百人斬首二百級使彥章所將止于五百恐師徒盡喪不應尚能再戰也彥章忠于所事力竭而亡非戰之罪歐陽史必欲減其兵數轉非實錄

舊五代史卷二十二

宋門下侍郎參知政事監修國史薛居正等撰

梁書第二十二

列傳十二

楊師厚潁州斤溝人也爲李罕之步將以猛決聞尤善騎射及罕之敗退保澤州師厚與李鐸何絪等來降太祖署爲忠武軍牙將繼歷軍職累遷檢校右僕射表授曹州刺史唐天復三年從太祖迎昭宗于岐下李茂貞以勁兵出戰爲師厚所敗及王師範以青州叛太祖遣師厚率兵東討時淮賊王景仁以衆二萬來援師範師厚逆擊破之追至輔唐縣斬數百級授齊州刺史將以任太祖急名見于鄆西境遣師厚率步騎屯于臨朐而聲言欲東援密州留輜重于臨朐師範果出兵來擊師厚設伏于野追擊至聖王山殺萬餘衆擒都將八十人未幾萊州刺史王師誨以兵救師範又大敗之自是師範不復敢戰師厚移軍寨于城下師範力屈竟降天復四年三月加檢校司徒徐州節度使天祐元年加諸軍行營馬步都指揮使二年八月太祖討趙匡凝于襄陽命師厚統前軍以進趙匡凝嚴兵以備師厚至穀城西童山刊村造浮橋引軍過漢水一戰趙匡凝敗散擒妻

子沿漢道去翼日表師厚爲山南東道節度留後（舊唐書天祐三年六月甲申敕襄州近因趙匡凝作帥請別立忠義軍額既非往制固是從權忠義軍額宜停廢依舊爲山南東道節度使）卽令南討荆州留後趙匡明亦棄軍上峽不浹旬併下兩鎭乃正授襄州節度使先是漢南無羅城師厚始與板築周十餘里郛郭完壯開平元年加檢校太保同平章事明年又加檢校太傅三年三月入朝詔兼潞州行營都招討使無何劉知俊據同州叛師厚與劉鄩率軍西討至潼關擒知俊弟知浣以獻知俊聞師厚至卽西走鳳翔師厚進攻至長安時知俊已引岐寇據其城師厚以奇兵傍南山急行自西門而入賊將王建驚愕不知所爲遽出降制加師厚檢校太尉頃之晉王與周德威丁會符存審等以大衆攻晉州甚急太祖遣師厚帥兵援之軍至絳州晉軍扼蒙阬之險師厚整衆而前晉人乃徹圍而遁四年二月移授陝州節度使五年正月王景仁敗于柏鄉晉人乘勝圍邢州掠魏博南至黎陽師厚受詔以兵屯魏州晉軍攻魏州不克而退師厚追襲過漳河解邢州之圍改授滑州節度使明年太祖北征令師厚以大軍攻棗强逾旬不能克太祖屢加督責師厚晝夜奮擊乃破之盡屠其城車駕還師厚屯魏州及庶人友珪篡位魏州衙內都指揮使潘晏與大將臧延範趙訓謀變有密告者師厚布兵擒捕斬之（歐陽史云師厚乘間殺魏牙將潘晏臧延範等逐出節度使羅周翰）越二日又有指揮使趙賓夜率部軍擐甲俟旦爲亂師厚以衙兵圍捕賓不能起乃越城而遁師厚遣騎追至肥鄉擒其黨百餘人歸斬于府門友珪卽以師厚爲魏博節度使檢校侍中未幾鎭人晉人侵魏之北鄙師厚率軍至唐店破之斬首五千級擒都將三十餘人是時師厚握河朔兵威望震主友珪患之詔師厚赴闕師厚乃率精甲萬人至洛陽嚴兵于都外自以十餘人入謁友珪擢厚禮而遣之及末帝將圖友珪遣使謀于師厚深陳款效且馳書于侍衛軍使袁象先及主軍大將又遣都指揮使朱漢賓率兵至滑州以應禁旅友珪既誅末帝卽位于東京首封師厚爲鄴王加檢校太師中書令每下詔不名以官呼之事無巨細必先謀于師厚師厚頗亦驕誕先是鎭人以我柏鄉不利之後屢擾邊境師厚總大軍直抵鎭州城下焚盪閭舍移軍掠藁城束鹿至深州而歸乾化五年三月卒于鎭廢朝三日贈太師師厚純謹敏幹深爲太祖知遇委以重兵劇鎭他莫能及然而末年矜功恃衆驟萌不軌之意于是專割財賦置銀槍效節軍凡數千人皆選摘驍銳縱恣豢養復故時牙軍之態時人病之（清異錄云槍材難得十全魏州石屋材多可用楊師厚時銀槍效節都皆采于此）承前河朔之俗上元比屋夜遊及師厚作鎭乃課魏人戸立燈竿千缸萬炬洞照一城縱士女嬉遊復彩畫舟舫令女妓櫂歌于御河縱酒彌日又于黎陽採巨石將紀德政以鐵車負載驅牛數百以拽之所至之處邱墓廬舍悉皆毀壞百姓望之皆曰碑來及碑石纔至而師厚卒魏人以爲悲來之應末帝聞其卒也于私庭受賀乃議裂魏州爲兩鎭既而所樹親軍果爲叛亂以招外寇致使河朔淪陷宗社覆滅由師厚兆之也

牛存節字贊貞青州博昌人也本名禮太祖改而字之少以雄勇自負唐乾符末鄉人諸葛爽爲河陽節度使存節往從之爽卒存節謂同輩曰天下洶洶當擇英主事之以圖富貴遂歸于太祖初授宣義軍小將屬蔡寇至金隄驛犯酸棗靈昌存節日與之鬭凡二十餘往每往必執俘而還前後斬首二十餘級獲孳畜甚衆太祖擊蔡賊于板橋赤岡酸棗門封禪寺枯河北存節皆預其行與諸將于濮州南劉橋范縣大破鄆衆自此深爲太祖獎遇文德元年夏李罕之以并軍圍張宗奭于河陽太祖遣存節率軍赴之屬歲歉饑餽不至村民有儲乾椹者存節以器用錢帛易之以給軍食大破賊于俱河罕之引衆北走又預討徐宿有功及討河北存節前鋒下黎陽收臨河至內黃西以兵千餘人當魏人萬二千衆大破其陣殭仆蔽野太祖深所歎激謂有神兵之助大順元年改滑州左右廂牢城使與諸將討時溥累破賊軍景福元年秋改過後都指揮使攻濮之役領軍先登遂拔其壘二年四月下徐州梟時溥存節力戰其功居多乾寧二年授檢校工部尚書三年夏太祖東討鄆州存節領軍次故樂亭扼其要路都指揮使龐師古屯馬頰存節密與都將王言謀入鄆壘十二月存節遣王言夜伏勇士于州西北以船踰濠舉梯登陴既而王言不克入存節獨率伏軍負梯轤破其西甕城奪其濠橋諸軍俱進四年四月陷其城尋與葛從周降下兗州加檢校右僕射其年秋大舉以伐淮南至濠州東聞前軍失利于淸口諸軍退至渒河無復隊伍存節過其後諸將釋騎步鬭諸軍稍得濟收合所部並敗兵共八千餘人至于淮涘時不食已四日矣存節諭勵部分以禦追寇遂得旋師五年除亳州刺史俄遷宣武軍都指揮使改宿州刺史明年淮賊大至彭城存節乃以部下兵夜發直趣彭門淮人訝其神速震恐而退諸將服其智識光化二年罷歸復爲左衙都將兼馬步教練使天復元年授潞州馬步都指揮使法令嚴整士庶安之及追赴行在士卒泣送者不絕于道加金紫光祿大夫檢校司空改滑州左衙步軍指揮使知邢州軍州事天祐元年授邢州團練使時州兵纔及二百人晉人知之以大軍來寇太祖在鄴發長直兵二千人赴援存節率壯健出鬭以家財賞激戰士并軍急攻七日不能克而去太祖名至勞慰久之厚賚金帛鞍馬加檢校司徒冬罷軍署爲元帥府左都押衙四年太祖受禪除右千牛衞上將軍其秋攻潞州以存節爲行營馬步軍都排陣使開平二年二月自右監門衞上將軍轉右龍虎統軍駐留洛下是歲王師敗于上黨晉人乘勝進迫澤州州城將陷河南留守張全義名存節謀遂以本軍及右龍武羽林等軍往應接上黨師至天井關存節謂諸將曰是行也雖不奉詔旨然要害之地不可致失時晉人新勝其鋒甚盛存節引衆而前銜枚夜至澤州適遇守陴者已縱火鼓譟以應外軍刺史保衙城不知所爲存節纔入晉軍已至矣乃分布守禦晉軍四面攻鬭開地道以入城存節亦以隧道應之逆戰于地中晉軍不能進又以勁弩射之中者人馬皆洞經十三日晉軍死傷者甚衆焚營而退郡以獲全太祖屢歎賞之五月遷左龍虎統軍充六軍馬步都指揮使十月授絳州刺史三年四月除鄜州留後六月劉知俊以同州叛尋授同州留後未幾加檢校太保同州節度使乾化二年加檢校太傅進封開國公存節戒嚴軍旅常若敵至先是州中井水鹹苦人不可飲及并人岐人來迫州城或以爲兵士渴乏陷在旦夕存節乃肅拜虔祝擇地鑿八十餘井其味皆甘淡由是人馬汲濯有餘衆以爲至誠之感自八月至三年春末人馬未嘗釋甲以至寇退尋加同平章事詔赴闕末帝名慰勉賞賜甚厚十一月加開府儀同三司食邑一千戶授鄆州節度使四年加淮南西北面行營招討使控扼淮瀆邊境安之其冬蔣殷據徐州逆命存節方以大衆戍潁州得殷逆謀密以上聞遽奉詔與劉鄩同討之頓于埇上淮賊朱瑾以兵救殷距宿之兩舍聞存節兵大至卽委糧棄甲而遁竟平徐州詔加太尉夏中病渴且痟屬河北用軍末帝令率軍屯陽留以張劉鄩之勢存節忠憤彌篤未嘗言病料敵治戎旦夕愈厲病革詔歸汝陽翼日而卒將終戒其子知業知讓等以忠孝言不及他冊贈太師存節武騖慷慨有大節野戰壁守皆其所長威名聞于境外深爲末帝所重而木强忠厚有賈復之風焉

王檀字衆美京兆人也曾祖泚唐左金吾衞將軍隴州防禦使祖曜定難功臣渭橋鎭遏使父環鴻臚卿以檀貴累贈左僕射檀少英悟美形儀好讀兵書洞曉韜略唐中和中太祖鎭大梁檀爲小將四年汴將楊彥洪破巢將尚讓李讜于尉氏門外檀在戰中摧鋒陷陣遂爲太祖所知稍蒙擢用預破蔡賊于斤溝淝河八角還踣白都副將光啓二年從胡眞擊淮西之衆解河陽之圍蔡賊張存敢乘亂據洛陽檀與勇士數十人潛入賊柵邀其輜重存敢遁走胡眞至陝州開通貢路遣檀攻玉山寨降賊帥石令殷從擊秦宗賢于鄭州西北河灘之上于太祖馬前射賊將孫安應莅而斃三年佐都指揮使朱珍敗徐戎于孫師陂獲其將孫用和束詡以獻從擊蔡賊于板橋偏將李重裔追賊馬躓爲蔡人所擒檀奪取而旋獲賊將薛注太祖破朱瑾于劉橋檀盡收其軍實文德元年三月討羅宏信敗魏人于內黃檀獲其將周儒劲神劍以歸補衝山都虞候是歲與諸軍平蔡州明年佐朱珍大破時溥之衆檀獲賊將何肱改左踏渡淮深入討孫儒之亂奪郃伯堰破高郵軍檀奮命鏖賊刃傷左臂未幾遷順義都將天復中從太祖率四鎭之師圍鳳翔以迎昭宗屢立戎效遷左踏白指揮使從攻王師範于青州檀以偏師收復密郡（永陽志云張訓守密州刺史朱全忠至青州訓謂諸將曰汴人將至何以禦之諸將請焚城大掠而歸訓曰不可乃封府庫植旗幟于城上遣羸弱居前自以精兵殿其後而去全忠遣王檀攻密州數日乃敢入城）遂權知軍州事充本州馬步軍都指揮使尋表授檢校右僕射守密州刺史郡接淮戎舊無壁壘乃率夫修築羅城六旬而畢居民賴之加檢校司空開平二年六月授邢州保義軍節度使檢校司徒三年加檢校太保充潞州東北面行營招討使乾化元年正月王景仁與晉人戰于柏鄉王師敗績河朔大震景仁與衆爲敵騎所追檀嚴設備應接敗軍助以資裝獲濟者甚衆俄而晉軍大至重圍四合土山地穴晝夜攻擊太祖憂之檀密上表請駕不親征而悉力枝梧竟全城壘三月以功就加檢校太傅同平章事七月又加開府儀同三司檢校太尉進封瑯琊郡王命宣徽使趙殷衡賫詔慰諭賜絹千疋銀千兩賞守禦邢州之功也庶人友珪僭位授鄆州宣化軍節度使檢校太尉兼侍中末帝卽位移授許州匡國軍節度使加檢校太師五年蔡州刺史王彥溫作亂檀受詔討平之加兼中書令貞明元年三月魏博軍亂六月晉王入魏州分兵收下屬郡河北大擾檀受詔與開封尹劉鄩

犄角進師以援河北檀攻澶州魏縣下之擒賊將李巖王開關以獻頃之檀密疏請以奇兵西趣河中自陰地關襲取晉陽末帝許之卽馳兵而去二年二月師至晉陽晝夜急攻其壘幷州幾陷既而蕃將石家才自潞州以援兵至檀引軍大掠而還尋授天平軍副大使知節度使事充鄆齊曹等州觀察等使先是檀招誘羣盜選其勁悍者寘于帳下以爲爪牙至是數輩竊發突入府第檀素不爲備遂爲所害時年五十一節度副使裴彥聞變率府兵盡擒諸賊州城帖然尋冊贈太師謚曰忠毅葬于開封縣之阜門原有子六人皆升朝列

史臣曰夫大都偶國春秋所非當師厚之擁鄴城也紹數萬之甲兵擅六州之輿賦名既震主勢亦滔天逮其喪亡須議分割由茲以失河朔因是以啓晉人詩所謂誰生厲階者師厚之謂歟存節王檀俱出身事主底力圖功覩其方略皆將帥之良者也

舊五代史卷二十二攷證

梁列傳十二楊師厚傳晉軍扼棠阬之險　阬原本作峗攷通鑑注云棠阬在汾水之東西三百餘里蹊徑不通卽此處也今改正

晉人乃徹圍而遁　案通鑑攷異引梁實錄云生擒賊將蕭萬通等賊由是棄寨而遁莊宗實錄云汴軍至棠阬周德威逆戰敗之二軍各言勝捷其互異如此通鑑從是書

牛存節傳牛存節字贊貞　贊貞原本作替貞夏文莊集引薛史又作潛眞今據歐陽史改正

大破賊于浿河　浿河原本訛沢河今據歐陽史及通鑑改正

存節訓勵部分以禦追寇遂得旋師　案舊唐書作牛存節一軍以先渡獲免與是書所云追寇旋師異

末帝令率軍屯陽留　案陽留卽楊劉見通鑑攷異又攷李重進碑作楊畱新唐書作楊劉蓋地名通用

王檀傳補衡山都虞候　衡山原本訛衡山今據歐陽史改正

舊五代史卷二十三

宋門下侍郎參知政事監修國史薛居正等撰

梁書二十三

列傳十三

劉鄩密州安邱縣人也祖綏密州戶掾累贈左散騎常侍父融安邱令累贈工部尚書鄩幼有大志好兵略涉獵史傳中和中事青州節度使王敬武爲小校敬武卒三軍推其子師範爲留後朝廷命崔安潛鎭青州師範拒命棣州刺史張蟾將襲師範師範遣鄩指揮使盧宏攻棣州宏反與蟾通僞旋軍以襲師範師範知之設伏兵以迎宏旣而享之宏誅鄩曰宏至卽斬之鄩如約斬宏于座上同亂者皆誅之師範以鄩爲馬步軍副都指揮使攻下棣州殺張蟾朝廷因授師範平盧軍節度使光化初師範表鄩爲登州刺史歲餘移刺淄州署行軍司馬天復元年昭宗幸鳳翔太祖率四鎭之師奉迎于岐下李茂貞與內官韓全誨矯詔徵天下兵入援師範覽詔慷慨泣下遣腹心乘虛襲取太祖管內州郡所在同日竊發其事多泄唯鄩以偏師陷兗州遂據其郡初鄩遣細人詐爲鬻油者覘兗城內虛實及出入之所視羅城下一水竇可以引衆而入遂誌之鄩乃告師範請步兵五百宵自水竇銜枚而入一夕而定軍城晏然市民無擾金華子云鄩入據子城甲兵精銳城內人皆束手莫敢旅拒加以州將悍虐人情不附鄩因而撫治民皆安堵太祖命大將葛從周攻之時從周爲節度使領兵在外州城爲鄩所據家屬悉在城中鄩善撫其家移就外第供給有禮升堂拜從周之母及從周攻城鄩以板輿請母登城母告從周曰劉將軍待我甚至不異于兒新婦已下並不失所劉將軍與爾各爲其主爾其察之從周歔欷而退鄩料簡城中老疾及婦人浮食百姓不足與守者悉出之于外與將士同甘苦分衣食以抗外軍戢兵禁暴居人泰然從周攻圍旣久鄩無外援人情稍有去就之意一日節度副使王彥溫踰城而奔守陴者從之而逸鄩之守兵禁之不可鄩卽遣人從容告彥溫曰請副使少將人出非素遣者請勿帶行又揚言于衆曰素遣從副使行者卽勿禁其擅去者族之守民聞之皆感奔逸者乃止外軍聞之果疑彥溫有姦卽戮之于城下自是軍城遂固及王師範兵力漸窘從周以禍福諭鄩俾之革面鄩報曰俟青州本使歸降卽以城池還納天復三年十一月師範告降且言先差行軍司馬劉鄩領兵入兗州請釋其罪亦以告鄩鄩卽出城聽命太祖嘉其節槩以爲有李英公之風鄩旣降從周具行裝服馬請鄩歸大梁鄩曰未受梁王捨釋之旨乘肥衣裘非敢聞命卽素服跨驢而發及將謁見太祖令賜冠帶鄩曰纍囚負罪請就縶而入太祖不許及見慰撫移時且飮之酒鄩以量小告太祖曰取兗州量何大耶旋授元從都押牙太祖牙下諸將皆四鎭舊人鄩一旦以羇旅之臣驟居衆人之右及與諸將相見並用階庭之禮太祖尤奇重之未幾表爲鄜州留後是時邠岐之衆屢寇其境鄩禦捍備至太祖以其地遠慮失郡邑令棄郡引軍屯于同州天祐二年二月授右金吾衞大將軍充街使三年正月太祖授元帥之任以鄩爲元帥府都押牙執金吾如故開平元年授右金吾上將軍充諸軍馬步都指揮使其年秋與諸將征潞州遷檢校司徒三年二月轉右威衞上將軍依前諸軍馬步都虞候五月改左龍武統軍充侍衞親軍馬步軍都指揮使其年夏同州劉知俊反引岐人襲據長安分兵扼河潼太祖幸陝命鄩西討卽奮取潼關擒知俊弟知浣以獻遂引兵收復長安知俊棄郡奔鳳翔太祖以鄩爲佑國同州軍兩使留後尋改佑國軍爲永平軍以鄩爲節度使檢校司徒行大安尹金州管內觀察使是時西鄙未寧密邇寇境鄩練兵撫衆獨當一面四年加檢校太保同平章事庶人友珪篡位加檢校太傅乾化三年正月丁內艱友珪命起復視事末帝卽位尤深倚重明年夏詔鄩歸闕授開封尹遙領鎭南軍節度使旋屬晉人寇河朔鄩奉詔與魏博節度使楊師厚禦之而退九月徐州節度使蔣殷據城叛朝廷以福王友璋鎭徐方殷不受代末帝遣鄩與郿帥牛存節率兵攻之殷求援于淮夷僞吳楊溥遣大將朱瑾領衆赴援鄩逆擊破之貞明元年春城陷殷舉族自燔于火中得其尸梟首以獻詔加檢校太尉三月魏博師厚卒朝廷分相魏爲兩鎭遣鄩率大軍屯南樂以討王鎔爲名旣而魏軍果亂因節度使賀德倫送款于太原六月晉王入魏州鄩以精兵萬人自洹水移軍魏縣晉王來覘鄩設伏于河曲叢木間俟晉王至大譟而進圍之數匝殺獲甚衆晉王僅以身免是月鄩潛師由黃澤西趨太原將行慮爲晉軍所追乃結芻爲人縛旗于上以驢負之循堞而行數日晉人方覺軍至樂平會霖雨積旬師不克進鄩卽整衆而旋魏之臨清積粟之所鄩引軍將據之過晉將周陽五自幽州率兵至鄩乃取貝州與晉軍遇于堂邑鄩邀擊郤之追北五十餘里遂軍于莘縣增城壘浚池隍自莘及河築甬道以通餉路八月末帝賜鄩詔曰閫外之事全付將軍河朔諸州一旦淪沒勞師弊旅患難日滋退保河壖久無鬥志昨東面諸侯奏章來上皆言倉儲已竭飛輓不充于役之人每遭擒擄夙宵軫念惕懼盈懷將軍與國同休當思良畫如聞寇敵兵數不多宜設機權以時翦撲則予之負荷無累先人鄩奏曰臣受國深恩忝茲閫政敢不枕戈假寐罄節輸忠昨者比欲西取太原斷其歸路然後東收鎭冀解彼連雞止于旬時再清河朔豈期天方稔亂國難未平纔出師徒積旬霖潦資糧殫竭軍士札瘥切慮蒼黃乖于統攝乃詢部伍皆欲旋歸凡次舍經行每張犄角又欲絕其餉道且據臨清纔及宗城周陽五奄至騎軍馳突變化如神臣遂領大軍保于莘縣深溝高壘享士訓兵日夜戒嚴伺其進取偵視營壘兵數極多樓煩之人皆能騎射最爲勍敵未可輕謀臣若苟得機宜焉敢坐滋患難臣心體國天鑒具明末帝又遣使問鄩決勝之策鄩曰臣無奇術但人給糧十斛盡則破敵末帝大怒譙鄩曰將軍蓄米將療飢耶將破賊耶乃遣中使督戰鄩集諸校而謀曰主上深居宮禁未曉兵機與白面兒共謀終敗人事大將出征君命有所不受臨機制變安可預謀今揣敵人未可輕動諸君更籌之時諸將皆欲戰鄩默然他日復召諸將列坐軍門人具河水一器因命飮之衆未測其旨或飮或辭鄩曰一器而難若是滔滔河流可勝旣乎衆皆失色居數日鄩率萬餘人薄鎭定之營時鄩軍奄至上下騰亂殺獲甚衆少頃晉軍繼至乃退二年三月鄩自莘引軍襲魏州與晉王戰于故元城王師敗績鄩脫身南奔自黎陽濟河至滑州尋授滑州節度使詔屯黎陽三年二月晉王悉衆來攻黎陽鄩拒之而退及鄩歸闕再授開封尹領鎭南軍節度使其年河朔失守朝廷歸咎于鄩鄩亦不自安上表避位九月落平章事授亳州團練使屬淮人寇蔡潁亳三郡鄩奉命渡淮至霍邱大破賊黨五年兗州節度使張萬進反北結晉人爲援末帝遣鄩攻之鄩爲兗州安撫制置使是冬萬進危蹙小將邢師遇潛應王師遂拔其城梟萬進首以獻十一月制授泰寧軍節度使檢校太尉同平章事六年六月授河東道招討使與華州尹皓攻取同州先是河中朱友謙襲取同州以其子令德爲留後表請旄鉞末帝怒命鄩討之其年九月晉將李嗣昭率師來援戰于城下王師不利敗兵走河南橋梁陷溺死者甚衆鄩以餘衆退保華州羅文寨先是鄩與河中朱友謙爲婚家及王師西討行次陝州鄩遣使齎檄與友謙諭以禍福

大計誘令歸國友謙不從如是停留月餘尹皓段凝輩素忌郛遂搆其罪言郛逗留養寇俾俟援兵末帝以爲然及兵敗詔歸洛河南尹張宗奭承朝廷密旨逼令飲酖而卒時年六十四詔贈中書令子遂凝遂雍別有傳

賀瓌字光遠濮陽人也曾祖延以瓌貴贈左監門上將軍祖華贈左散騎常侍父仲元贈刑部尚書瓌少倜儻負雄勇之志遇世亂入軍朱瑄爲濮州刺史兼鄆州馬步軍都指揮使拔爲小將唐光啓初鄆州三軍推瑄爲留後以瓌爲馬步軍都指揮使表授檢校工部尚書及瑄與太祖搆隙瓌受瑄命數領軍于境上乾寧二年十月太祖親征兗鄆十一月瑄遣瓌與太原將何懷寶率兵萬餘人以援朱瑾師次待賓館斷我糧運太祖偵知之自中都引軍夜馳百餘里遲明至鉅野東與瓌等接戰兗人大敗瓌竄于棘塚之上大呼曰我是鄆州都將賀瓌願就擒幸勿傷也太祖聞之馳騎至塚前遂擒之并獲何懷寶及將吏數十人徇于兗壁之下悉命戮之惟留瓌一人釋縛寘之麾下尋署爲教練使奏授檢校左僕射瓌感太祖全宥之恩私誓以身報國天復中預平青州王師範以功授曹州刺史兼先鋒都指揮使加檢校司空天祐二年與楊師厚從太祖平荆襄授荆南兩使留後未幾徵還爲行營左廂步軍都指揮使開平二年十月授左龍虎軍馬步都指揮使十二月改左衛上將軍充六軍馬步都虞候三年五月轉右龍虎統軍未幾加檢校司徒邢州團練使四年二月改澤州刺史充昭義軍節度留後檢校太保進封開國侯乾化二年七月授相州刺史尋加檢校太傅有頃轉左龍虎統軍貞明二年慶州叛爲李繼陟所據瓌以本官充西面行營馬步軍都指揮使兼諸軍都虞候與張筠破涇鳳之衆三萬下寧衍二州三年秋慶州平十二月瓌以功授滑州宣義軍節度使依前檢校太傅加同平章事尋授北面行營招討使四年春晉人取楊劉城據之八月瓌與許州節度使謝彥章領大軍營于濮州之行臺村對壘數月一日晉王以輕騎挑戰瓌與彥章發伏兵奮擊晉王僅以身免先是瓌與彥章不協是歲冬十二月復爲諸軍都虞候朱珪所搆瓌乃伏甲士殺彥章及濮州刺史孟審澄別將侯溫裕等于軍以謀叛聞是月瓌與晉人大戰于胡柳陂晉人敗績臨陣斬晉將周陽五既晡瓌軍亦敗五年春正月晉人城德勝夾河爲柵四月瓌率大軍攻其南柵以艨艟戰艦扼其中流晉人斷我艨艟濟軍以援南柵瓌退軍于行臺尋以疾卒時年六十二詔贈侍中長子光圖仕後唐爲供奉官

康懷英兗州人也本名懷貞避末帝御名故改之始以驍勇事朱瑾爲列校唐乾寧四年春太祖既平鄆命葛從周乘勝急攻兗州時朱瑾在豐沛間搜索糧餉留懷英守其城及從周軍至懷英聞鄆失守乃出降太祖素聞其名得之甚喜尋署爲軍校光化元年秋從氏叔琮伐襄漢懷英以一軍攻下鄧州三年從征河朔佐張存敬敗燕軍于易水之上天復元年冬太祖率師迎昭宗于鳳翔時李茂貞遣大將符道昭領兵萬餘屯武功以拒太祖命諸軍擊之以懷英爲前鋒領衆先登一鼓而大破之擄甲士六千餘人奪馬二千匹翼日太祖方至顧左右曰邑名武功今首盪逆黨眞武功也乃召懷英大加獎激仍以駿馬珍器賜之二年四月符道昭復領大軍屯于虢縣之漢谷其建寨之所前臨巨澗後倚峻阜險不可升太祖遣懷英提騎數千急擊之道昭以懷英兵寡有俯視之意乃率甲士萬人絕澗以挑戰懷英始以千騎夜鬬戳翻發伏兵以擊之岐軍大敗秋八月鄜帥李周彝屯軍于三原以援鳳翔太祖命懷英討之周彝拔軍而遁追至梨園因攻下翟州擒其守來獻俄而岐軍屯奉天太祖令懷英寨于岐軍之東北以備敵人一夕岐軍大至急攻其營懷英以夜中不可驚動諸軍獨以二千餘人抗數萬之衆自乙夜至四鼓身被十餘創岐軍不勝而退昭宗還京賜迎鑾毅勇功臣是歲淮人聞青兗之叛遣兵數萬以寇宿州太祖命懷英馳騎以救之淮人遁去卽以懷英爲權知宿州刺史天祐三年冬佐劉知俊破邠鳳之衆五萬于美原收五千餘寨乘勝引軍攻下鄜州以功授陝州節度使太祖受禪加檢校太保開平元年夏命將大軍以伐潞州將行太祖謂懷英曰卿位居上將勇冠三軍向來破敵摧鋒動無遺悔至于高爵重祿我亦無負于卿夫忠臣事君有死無二韓信所謂漢王載我以車衣我以衣食我以食食人之祿死人之憂我每思韓信此言眞忠烈丈夫耳如丁會受我待遇之恩不謂不至懷黃拖紫裂土分茅設令木石偶人須感恩義一朝反噬倒戈授人苟有天道明神安能容此大凡孤恩負理忠良不爲我今掃境內委卿卿當勉思竭盡況晉人新得上黨衆心未叶和以十萬之師一舉可克子當置酒高會望卿歌舞凱旋懷英惶恐而退六月懷英領大軍至潞率衆晝夜攻城半月之間機巧百變懷英懼太祖之言期于必取乃築壘環城濬鑿池塹然而屢爲晉將周德威騎軍所撓懷英不敢卽戰太祖乃以李思安代之降爲行營都虞候夏五月晉王率蕃漢大軍攻下夾城懷英逃歸詣銀臺門待罪太祖宥之改授右衞上將軍三年夏命爲侍衞諸軍都指揮使尋出爲陝州節度使兼西路行營副招討使及劉知俊奔鳳翔引岐軍以圖靈武太祖遣懷英率兵救之師次長城嶺爲知俊邀擊懷英敗歸 歐陽史云還至三水知俊掩擊之懷英大敗通鑑懷貞等還至昇平知俊遣兵據險邀之左龍驤軍使壽張王彥章力戰懷貞乃得過懷貞與神將李德遇許從實王審權分道而行皆與援兵不相值至昇平劉知俊伏兵山口懷貞大敗僅以身免德遇等軍皆沒蓋懷英過長城嶺之險已爲邀擊後又敗于昇平也 四年春移華州節度使乾化二年秋命爲河中行營都招討使與晉軍戰于白徑嶺敗歸于陝末帝嗣位以岐軍屢犯秦雍命懷英爲永平軍節度使大安尹累加官至中書令貞明中卒于鎭

王景仁 景仁本名茂章避梁諱改焉詳見通鑑注 廬州合淝人材質魁偉性暴率無威儀善用槊頗推驍悍在淮南累職爲都指揮使楊行密僞署宣州節度使行密死子渥自立忌其勇悍且有私憾欲害之景仁棄宛陵以腹心百人歸吳越王錢鏐 新唐書楊行密傳渥求茂章親兵不得宣輦帷帑以行茂章嫚罵不與踰年遣兵五千襲之茂章奔杭州 鏐辟爲兩府行軍司馬具以狀聞太祖復命遙領宣州節度使檢校太傅同平章事鏐以淮寇終爲巨患欲速平之命景仁奉表至闕面陳水陸之計請合禁旅太祖異禮待之頒賜殊厚顧曰待我平代北冦當盡以王師付汝南討于是留京師每預丞相行列劉知俊之叛也從駕至陝始佐楊師厚西入關兵未交知俊棄馮翊走進尅雍華降王建張君練頗預戰有功太祖嘉之時鎭定作逆朋附沙陀遂擢爲上將付步騎十萬爲北面行營都招討使開平二年正月二日與晉軍戰于柏鄉王師敗績太祖怒甚拘之私第然以兩浙元勳所薦且欲收其後效止落平章事罷兵柄而已 歐陽史景仁及晉人戰大敗于柏鄉景仁歸訴于太祖太祖曰吾亦知之蓋韓勍李思安輕汝爲客而不從節度爾 數月復其官爵末帝卽位復用爲南面北面行營招討應接使以兵萬餘人伐壽州至霍邱接戰擒賊將袁蔡王彥威王璠等送京師俄而朱瑾以大軍至景仁力戰不屈常以數騎身先奮擊寇不敢逼乃引兵還及濟淮復爲殿軍故不甚衂瑾亦不敢北渡 九國志朱景傳王茂章來寇度淮水可涉處立表識之景易置于深潭中立表浮木之上茂章軍敗望表而涉溺死者大半積其尸爲京觀 及歸病疽而卒詔贈大尉

史臣曰劉郛以機略自負賀瓌以忠毅見稱懷英以驍勇佐時景仁以貞純許國較其器業皆名將也然雖有善戰之勞亦有敗軍之咎則知兵無常勝豈虛言哉然郛之據兗州也盡誠于師範比跡于英公方之數侯加一等矣

舊五代史卷二十三攷證

梁列傳十三劉郛傳朝廷命崔安潛鎭青州　安潛原本訛守潛今據新唐書改正

太祖命大將葛從周攻之　大將葛從周金華子作兗帥張姓疑傳聞之誤

郛卽出城聽命　案劉郛叛附于梁新唐書昭宗紀作十月丁丑與是書作十一月異

以爲有李英公之風　英公原本訛殷公攷新唐書李勣封英國公今改正

殺獲甚衆晉王僅以身免　案通鑑作晉王帥騎馳突所向披靡自午至申乃得出亡其七騎與此云僅以身免異蓋當時梁唐二史各有夸張掩飾故所紀不同如此

逼令飲酖而卒　案通鑑攷異引莊宗實錄作憂恚發病卒

賀瓌傳張筠破涇鳳之衆三萬　張筠原本訛張節今據通鑑攷異改正

別將侯溫裕等　侯溫裕玉堂閒話作侯溫疑傳聞之異

舊五代史卷二十四

宋門下侍郎參知政事監修國史薛居正等撰

梁書第二十四

列傳十四

李珽字公度隴西燉煌人五世祖忠懿公憕有大節見唐史父穀仕懿僖朝官至右諫議大夫珽聰悟有才學尤工詞賦僖宗朝晉公王鐸提兵柄鎭滑臺穀居賓席鐸見珽大賞歎之年二十四登進士第解褐授校書郎拜監察御史俄丁內艱先是父旅殯在遠家貧無以襄事與弟琪當臘雪以單縗扶杖銜哀告人由是兩克遷

祔而延日不過食一溢恒羸臥喪廬中不能興大爲時賢所歎憂閔再徵爲御史以瘠不起成汭之鎮荆州辟爲掌書記踰時乃就天復中淮寇大舉圍夏口逼巴陵太祖患之飛命成汭率水軍十萬援于鄂珽入言曰今舳艫容介士千人載稻倍之緩急不可動吳人剽輕若爲所絆則武陵武安皆我之讎也將有後慮不如遣驍將屯巴陵大軍對岸一日不與戰則吳寇糧絕而鄂州圍解矣汭性剛決不聽淮人果乘風縱火舟盡焚兵盡溺汭亦自沈于江朗人潭人遂入荆渚一如所料未幾襄帥趙匡凝復奏爲掌記入爲左補闕又明年太祖爲元帥以襄師貳于已率兵擊破之趙匡凝奔揚州太祖復署珽爲天平軍掌書記一日大會將佐指珽曰此眞書記也滄州節度使劉守文拒命太祖引兵十餘萬圍之久而未下乃召珽草檄珽即就外次筆不停綴登時而成大爲太祖嗟賞受禪之歲宰臣除爲考功員外郎知制誥珽揣太祖未欲首以舊僚超拜淸顯三上章固辭優詔褒允尋以本官監曹州事曹去京數舍吏民豪猾前後十餘政未有善罷者珽在任期歲衆庶以寧入爲兵部郎中崇政院學士未幾以許帥馮行襲疾甚出爲許州留後先是行襲有牙兵二千皆蔡人也太祖深爲憂乃遣珽馳往以伺察之珽至傳舍召將吏親加撫慰行襲欲使人代受詔珽曰東首加朝服禮也乃于臥內宣詔令善自補養苟有不諱子孫俱保後福行襲泣謝遂解二印以授珽代掌軍府事太祖覽奏曰予固知珽必辦吾事行襲門戶不朽矣乃以珽爲匡國軍留後尋徵爲左諫議大夫兼宣徽副使從征至魏縣過內黃因侍立于行殿太祖顧曰此何故名內黃珽曰河南有外黃小黃故此有內黃又曰外黃小黃在何處對曰秦有外黃都尉理外黃有故墉今在雍邱小黃爲高齊所廢其故墉今在陳留太祖稱獎數四及庶人友珪篡位除右散騎常侍充侍講學士內討之日軍士大擾珽爲亂兵所傷其夕卒于洛陽珽性孝友與弟珙有敦睦之愛爲搢紳所稱 案歐陽史有裴廸韋震傳今原文已佚無可采補

盧曾字孝伯其先范陽人也頗好書有所執守始爲齊州防禦使朱瓊從事瓊降預其謀與之皆來瓊沒太祖辟爲宣義幕職曾性忠狷好頁直又不能取容于衆每勳府讌語稍洽曾率然糺正輒又忤旨左長直軍使劉捍委任方重曾亦不能平冀王友謙初定陝府命曾往議事有使院小將從行嗜酒荒逸過度曾復命欲發其罪致疏于袖中累日未果言小將恐事洩先誣告曾使酒幾敗軍事劉捍因譖之由是罷職歸于齊之別墅俄而王師範起兵叛太祖促召曾謂之曰子能緩頰說青州使無背盟吾不負子矣曾持檄以往既至青師範囚之送于淮南遇害後太祖暴師範之罪曰喪我骨肉殺我賓僚遂族誅之因召曾二子皆授以官

孫騭滑臺人嗜學知書微有辭筆唐光啓中魏博從事公乘億以女妻之因教以牋奏程式時中原多難文章之士縮影竄跡不自顯億既死魏帥以章表牋疏淹積兼月不能發一字或以騭爲言即署本職主奏記事累遷職自支使掌記至節度判官奏官自校書御史郎官中丞檢校常侍至兵部尚書太祖御天下念潛龍時騭奉其主好問往來數十返甚錄之開平三年除右諫議大夫滿歲遷左散騎常侍騭雅好聚書有六經漢史洎百家之言凡數千卷皆簡翰精至披勘詳定得暇即朝夕躭翫曾無少怠乾化二年春太祖將議北巡選朝士三千餘人扈從二月甲子車駕發自洛陽禺中次白馬頓召文武官就食以從臣未集駐蹕以俟之又命飛騎促于道而騭與諫議大夫張衍兵部郎中張儁等累刻方至太祖性本卞急因茲大怒並格殺于前墀

張儁字彥臣祖父咸有聞于時儁少孤自修飾善爲五言詩其警句頗爲人所稱唐廣明中黃巢犯京師天子幸蜀士皆竄伏窟穴以保其生儁亦晦跡浮泛不失其道及僖宗還京師由校書郎西畿尉登朝爲御史補闕起居郎司勳員外萬年縣令以事黜官峽中將十年太祖即位用宰臣薛貽矩爲鹽鐵使儁與貽矩同年登第甚知其才即奏爲鹽鐵判官遷秩爲禮部郎中兼職如故乾化二年二月扈從後至與孫騭張衍同日遇禍于白馬頓

張衍字元用河南尹魏王宗奭之猶子也其父死于兵間衍樂讀書爲儒始以經學就舉不中選時諫議大夫鄭徽退居洛陽以女妻之遂令應辭科不數上登第唐昭宗東遷以宗奭勳力隆峻衍由校書郎拜左拾遺旋召爲翰林學士太祖即位罷之特拜考功郎中俄遷右諫議大夫衍巧生業樂積聚太祖將北伐頗以扈從間糜耗力用繫意屢干託宰執求免是行太祖微聞之又屬應召稽晚與孫騭等同日遇禍

杜荀鶴池州人 辛文房唐才子傳荀鶴字彥之牧之微子也 善爲詩辭句切理爲時所許既擢第復還舊山 唐才子傳荀鶴嘗謁梁王朱全忠與之坐忽無雲而雨王以爲天泣不祥命作詩稱意王喜之荀鶴寒進連敗文場甚苦至是遂春官大順二年裴贄侍郎放第八人登科正月十日放榜正荀鶴生朝也王希羽獻詩曰金榜曉懸生世日玉書潛記上昇時九華山色高千尺未必高于第八枝又唐新纂云荀鶴舉進士及第東歸過夷門獻梁太祖詩句云四海九州空第一不同諸鎮府封王是則荀鶴之受知于梁祖舊矣不待田頵之箋問而始被遇也 時田頵在宣州甚重之頵將起兵乃陰令以箋問至太祖遇之頗厚及頵遇禍太祖以其才表之尋授翰林學士主客員外郎既而恃太祖之勢凡搢紳間已所不悅者日屈指怒數將謀盡殺之苞蓄未及洩丁重疾旬日而卒

羅隱 唐才子傳隱字昭諫 餘杭人詩名于天下尤長于詠史然多所譏諷以故不中第大爲唐宰相鄭畋李蔚所知隱雖負文稱然貌古而陋畋女幼有文性嘗覽隱詩卷諷誦不已畋疑其女有慕才之意一日隱至第鄭女垂簾而窺之自是絕不詠其詩唐廣明中因亂歸鄉里節度使錢鏐辟爲從事開平初太祖以右諫議大夫徵不至魏博節度使羅紹威密表推薦乃授給事中年八十餘終于錢塘 澗泉日記云唐光啓三年吳越王表奏爲錢塘令遷著作郎辟掌書記天祐三年充判官梁開平二年授給事中三年遷發運使是年卒葬于定山鄉金部郎中沈崧銘其墓 有文集數卷行于世 唐才子傳云隱所著讒書讒本淮海寓言湘南應用集甲乙集外集啓事等並行于世 五代史補羅隱在科場恃才傲物尤爲公卿所惡故六舉不第時長安有羅尊師者深于相術隱以貌陋恐爲相術所棄每與尊師接談常自大以沮之及其累遭黜落不得已始往問焉尊師笑曰貧道知之久矣但以吾子決在一第未可與語今日之事貧道敢有所隱乎且吾子之于一第也貧道觀之雖首冠羣英亦不過簿尉爾若能罷舉東歸霸國以求用則必富且貴矣兩途吾子宜自擇之隱懵然不知所措者數日鄰居有賣飯媼見隱驚曰何辭色之沮喪如此莫有不決之事否隱謂知之因盡以尊師之言告之媼歎曰秀才何自迷甚焉且天下皆知羅隱何須一第然後爲得哉不如急取富貴則老婆之願也隱聞之釋然遂歸錢塘鏐方得兩浙置之幕府使典軍中書檄其後官給事中初隱罷上中書之日費箸因抵魏謁鄴王羅紹威將入其境先貽書叙其家世鄴王爲姪幕府僚吏見其書皆怒曰羅隱一布衣爾而姪視大王其可乎紹威素重士且曰羅隱名振天下王公大人多爲所薄今惠然肯顧其何以勝得在姪行爲幸多矣敢不致恭諸公愼勿言于是擁篲郊迎一見即拜隱亦不讓及將行紹威贈以百萬他物稱是仍致書于鏐謂叔父鏐首用之

仇殷不知何郡人也開平中仕至欽天監明于象緯歷數藝術精密近無其比光化中太祖在滑密遣王友倫以兵三萬禦幽州之師十餘萬深慮其不敵召殷問曰陣可行乎曰其十四日過禺中乎又問之曰賊敗塗地又曰既望當見捷書果如其言不失晷刻太祖之在長蘆也諸將請攻壁號令軍中人負藁二圍寘千積俄而雲集殷曰何用或以所謀告之殷曰我占矣不見攻壁象無乃自退乎翼日有馳騎報丁會以潞州叛太祖令盡焚其藁而還不克攻開平中殷一日朝罷過崇政院使敬翔直閤翔問之曰月犯房次星其逼若綴是何祥也曰常度耳殷欲不言既過數步自度不可默乃反言曰三兩日當有不順語至無或驟恐宜先白上知旣二日陝府奏同州劉知俊閉關作叛初王景仁之出師也殷上言太陰虧不利深入太祖遽遣使止之已敗于柏鄉矣殷所見觸類如是不可備錄然而畏愼特甚居常寢默未嘗敢顯言縱言事跡惟其語音不可盡曉以故屢貽責罰後卒于官

段深不知何許人開平中以善醫待詔于翰林時太祖抱病久之其洩甚濁僧曉微侍藥有徵賜紫衣師號錫賚甚厚頃之疾發曉微劍服色去師號因召深問曰疾愈復作草藥不足恃也我左右粒石而效者衆矣服之如何深對曰臣嘗奉詔診切陛下積憂勤失調護脈代芤而心益虛臣以爲宜先治心心和平而溲變淸當進飲劑而不當粒石也臣謹按太倉公傳曰中熱不溲者不可服石石性精悍有大毒凡餌毒藥如甲兵不得已而用之非有危殆不可服也太祖善之令進飲劑疾稍愈乃以幣帛賜之

舊五代史卷二十四攷證

梁書列傳十四李珽傳河南有外黃小黃 小黃歐陽史作下黃攷困學紀聞云五代通錄李珽曰河南有外黃小黃漢地理志陳留有外黃小黃縣五代史記改小黃爲下黃誤也當從通錄

秦有外黃都尉 都尉原本作郡尉今據漢書地理志及歐陽史改正

充侍講學士 案歐陽史作侍講

盧曾傳始爲齊州防禦使朱瓊從事 案新唐書通錄與是書梁紀皆稱朱瓊爲齊州刺史惟此傳作防禦使疑有舛誤

孫騭傳並格殺于前墀 案通鑑攷異引梁實錄作賜死通鑑作撲殺于前墀

杜荀鶴傳旬日而卒 案唐才子傳荀鶴以天祐元年卒北夢瑣言作梁受禪後拜翰林學士五日而卒未知孰是

羅隱傳羅隱餘杭人 案澗泉日記作新城人

因亂歸鄉里節度使錢鏐辟爲從事 案唐新纂羅隱初爲吳令後以羅紹威薦爲錢鏐所辟據是書則隱自歸里即爲鏐從事後復爲紹威薦也與新纂異

仇殷傳殷上言太陰虧不利深入太祖遽遣使止之已敗于柏鄉矣 案北夢瑣言云柏鄉狼狽梁祖亦自咎曰違犯天道不取仇殷之言也此云太祖遽遣使止之與北夢瑣言異

舊五代史卷二十五

宋門下侍郎參知政事監修國史薛居正等撰

唐書第一

武皇紀上

太祖武皇帝諱克用本姓朱耶氏其先隴右金城人也始祖拔野唐貞觀中爲墨離軍事從太宗討高麗薛延陁有功爲金方道副都護因家于瓜州太宗平薛延陁諸部于安西北庭置都護屬之分同羅僕骨之人置沙陁都督府蓋北庭有磧曰沙陁故因以爲名焉永徽中以拔野爲都督其後子孫五世相承曾祖盡忠貞元中繼爲沙陁府都督既而爲吐蕃所陷乃舉其族七千帳徙于甘州盡忠尋率部衆三萬東奔俄而吐蕃追兵大至盡忠戰殁祖執宜卽盡忠之長子也收合餘衆至于靈州德宗命爲陰山府都督元和初入爲金吾將軍遷蔚州刺史代北行營招撫使（新唐書沙陁傳元和三年盡忠款靈州塞詔處其部靈州置陰山府以執宜爲府兵馬使朝長安授特進金吾衞將軍從攻鎭州進蔚州刺史破吳元濟授檢校刑部尚書長慶初破賊深州入朝留宿衞拜金吾衞將軍太和中授陰山府都督代北行營招撫使）莊宗卽位追謚爲昭烈皇帝廟號懿祖烈考國昌本名赤心唐朔州刺史咸通中討龐勛有功入爲金吾上將軍賜姓李氏名國昌（代州有唐故龍武軍統軍檢校司徒贈太保隴西李公神道碑云公諱國昌字德興）仍係鄭王房出爲振武節度使尋爲吐渾所襲退保于神武川及武皇鎭太原表爲代北軍節度使中和三年薨莊宗卽位追謚爲文皇廟號獻祖武皇卽獻祖之第三子也母秦氏以大中十年丙子歲九月二十二日生于神武川之新城在姙十三月載誕之際母艱危者竟夕族人憂駭市藥于鴈門遇神叟告曰非巫醫所及可馳歸盡率部人被甲持旄擊鉦鼓躍馬大噪環所居三周而止族人如其教果無恙而生是時虹光燭室白氣充庭井水暴溢武皇始言喜軍中語齠齔善騎射與儕類馳騁嬉戲必出其右年十三見雙鳧翔于空射之連中衆皆臣伏新城北有毗沙天王祠祠前井一日沸溢武皇因持卮酒而奠曰予有尊主濟民之志無何井溢故未察其禍福惟天王若有神奇可與僕交談奠酒未已有神人被金甲持戈隱然出于壁間見者大驚走惟武皇從容而退繇是益自負獻祖之討龐勛也武皇年十五從征摧鋒陷陣出諸將之右軍中目爲飛虎子賊平獻祖授振武節度使武皇爲雲中牙將嘗在雲中宿于別館擁妓醉寢有俠兒持刃欲害武皇及突入曲室但見烈火熾赫于帳中俠兒駭異而退又嘗與達靼部人角勝達靼指雙鵰于空曰公能一發中否武皇卽彎弧發矢連貫雙鵰邊人拜伏及壯爲雲中守捉使事防禦使支謨與同列晨集廨舍因戲升郡閤踞謨之座謨亦不敢詰乾符三年朝廷以段文楚爲代北水陸發運雲州防禦使時歲薦饑文楚稍削軍食諸軍咸怨武皇爲雲中防邊督將部下爭訴以軍食不充邊校程懷素王行審蓋寓李存璋薛鐵山康君立等卽擁武皇入雲州衆且萬人營于鬭雞臺城中械文楚出以應于外諸將列狀以聞請授武皇旄鉞朝廷不允徵諸道兵以討之乾符五年黃巢渡江其勢滋蔓天子乃悟其事以武皇爲大同軍節度使檢校工部尚書冬獻祖出師討党項吐渾赫連鐸乘虛陷振武舉族爲吐渾所擒武皇至定邊軍迎獻祖歸雲州雲州守將拒關不納武皇略蔚朔之地得三千人屯神武川之新城赫連鐸晝夜攻圍武皇昆弟三人四面應賊俄而獻祖自蔚州引軍至吐渾退走自是軍勢復振天子以赫連鐸爲大同軍節度使仍命進軍以討武皇乾符六年春朝廷以昭義節度使李鈞充北面招討使將太原之師過石嶺關屯于代州與幽州李可舉會赫連鐸同攻蔚州獻祖以一軍禦之武皇以一軍南抵遮虜城以拒李鈞是冬大雪弓弩弦折南軍苦寒臨戰大敗奔歸代州李鈞中流矢而卒廣明元年春天子復命元帥李涿率兵數萬屯代州武皇令軍使傅文達起兵于蔚州朔州刺史高文集與薛葛安慶等部將縛文達送于李涿六月李涿引大軍攻蔚州獻祖戰不利乃率其族奔于達靼部居數月吐渾赫連鐸密遣人賂達靼以離間獻祖既而漸生猜阻武皇知之每召其豪右射獵于野或與之百步馳射馬鞭或以懸針樹葉爲的中之如神由是部人心伏不敢竊發俄而黃巢自江淮北渡武皇椎牛釃酒饗其酋首酒酣諭之曰予父子爲賊臣讒間報國無由今聞黃巢北犯江淮必爲中原之患一日天子赦宥有詔徵兵僕與公等向南而定天下是予心也人生世間光景幾何曷能終老沙堆中哉公等勉之達靼知無留意皆釋然無間是歲十一月黃巢寇潼關天子令河東監軍陳景思爲代北起軍使收兵破賊十二月黃巢犯長安僖宗幸蜀陳景思與李友金發沙陁諸部五千騎南赴京師友金卽武皇之族父也（通鑑友金初與高文集竝降于李琢故得與陳景思南赴京師）中和元年二月友金軍至絳州將渡河刺史瞿稹謂陳景思曰巢賊方盛不如且還代北徐圖利害四月友金旋軍鴈門瞿稹至代州半月之間募兵三萬營于崞縣之西其軍皆北邊五部之衆不閑軍法瞿稹李友金不能制友金謂景思曰興大衆成大事當威名素著則可以伏人今軍雖數萬苟無善帥進亦無功吾兄李司徒父子去歲獲罪于國家今寄北部雄武之略爲衆所推若驃騎急奏召還代北之人一麾響應則妖賊不足平也景思然之促奏行在天子乃以武皇爲鴈門節度使仍令以本軍討賊（新唐書王重榮傳重榮懼黃巢復振憂之與楊復光計復光曰我世與李克用共憂患其人忠不顧難死義如己若乞師焉事蔑不濟乃遣使者約連和）李友金發五百騎齎詔召武皇于達靼武皇卽率達靼諸部萬人趨鴈門五月整兵二萬南嚮京師太原鄭從讜以兵守石嶺關武皇乃引軍出他道至太原城下會大雨班師于鴈門中和二年八月獻祖自達靼部率其族歸代州十月武皇率忻代蔚朔達靼之軍三萬五千騎赴難于京師先移檄太原鄭從讜拒關不納武皇以兵擊之進軍至城下遣人齎幣馬遺從讜從讜亦遣人饋武皇貨幣饔餼軍器武皇南去自陰地趨晉絳十二月武皇至河中中和三年正月晉國公王鐸承制授武皇東北面行營都統武皇令其弟克修領前鋒五百騎渡河視賊黃巢遣將米重威齎重賂及僞詔以賜武皇武皇納其賂以給諸將燔其僞詔是時諸道勤王之師雲集京畿然以賊勢尚熾未敢爭鋒及武皇將至賊帥相謂曰鴉兒軍至當避其鋒武皇以兵自夏陽濟河二月營于乾坑店黃巢大將尚讓林言王璠趙璋等引軍十五萬屯于梁田陂翼日大軍合戰自午及晡巢賊大敗是夜賊衆遁據華州武皇進軍圍之巢弟黃鄴黃揆固守三月尚讓引大軍赴援武皇率兵萬餘逆戰于零口巢軍大敗武皇進軍渭橋翼日黃揆棄華州而遁王鐸承制授武皇鴈門節度使檢校尚書左僕射四月黃巢燔長安收其餘衆東走藍關武皇進收京師七月天子授武皇金紫光祿大夫檢校左僕射河東節度使（舊唐書僖宗紀五月制以鴈門以北行營節度忻代蔚朔等州觀察處置等使檢校尚書左僕射代州刺史上柱國食邑七百戶李克用檢校司空同平章事兼太原尹北京留守充河東節度管內觀察處置等使新唐書沙陁傳云收京師功第一進同中書門下平章事隴西郡公未幾以克用領河東節度）是時武皇既收長安軍勢甚雄諸侯之師皆畏之武皇一目微眇故其時號爲獨眼龍是月武皇仗節赴鎭遣使報鄭從讜請治裝歸朝武皇次于郊外因往赴鴈門寧覲獻祖八月自鴈門赴鎭河東時年二十有八十一月平潞州表其弟克修爲昭義節度使潞帥孟方立退保于邢州十二月許帥田從異汴帥朱溫徐帥時溥陳州刺史趙犨各遣使來告以巢蔡合從凶鋒尚熾請武皇共力討賊中和四年春武皇率蕃漢之師五萬自澤潞將下天井關河陽節度使諸葛爽辭以河橋不完仍屯兵于萬善數日移軍自河中南渡趨汝洛四月武皇合徐汴之師破尚讓于太康斬獲萬計進攻賊于西華賊將黃鄴棄營而遁是夜大雨巢營中驚亂乃棄西華之壘退營陳州北故陽里五月癸亥大雨震電平地水深數尺賊營爲水所漂而潰戊辰武皇引軍營于中牟大破賊于王滿渡庚午巢賊大至濟汴而北是夜復大雨賊黨驚潰武皇營于鄭州賊衆分寇汴境武皇渡汴遇賊將渡而南半濟擊之大敗之臨陣斬賊將李周王濟安陽景彪等是夜賊大敗殘衆保于胙縣冤句大軍躡之黃巢乃携妻子兄弟千餘人東走武皇追賊至于巢州是月班師過汴汴帥迎勞于封禪寺請武皇休于府第乃以從官三百人及監軍使陳景思館于上源驛是夜張樂陳宴席汴帥自佐饗出珍幣侑勸武皇酒酣戲諸侍妓與汴帥握手叙破賊事以爲樂汴帥素忌武皇乃與其將楊彥洪密謀竊發彥洪于巷陌連車樹柵以扼奔竄之路時武皇之從官皆醉俄而伏兵竊發來攻傳舍武皇方大醉譟聲動地從官十餘人捍賊侍人郭景銖滅燭扶武皇以茵幕裹之匿于牀下以水洒面徐曰汴帥謀害司空武皇方張目而起引弓抗賊有頃煙火四合復大雨震電武皇得從者薛鐵山賀回鶻等數人而去雨水如澍不辨人物隨電光登尉氏門縋城而出得還本營監軍陳景思大將史敬思竝遇害武皇既還營與劉夫人相向慟哭詰旦欲勒軍攻汴夫人曰司空比爲國家討賊赴東諸侯之急雖汴人謀害自有朝廷論列若反戈攻城則曲在我也人得以爲辭乃收軍而去馳檄于汴帥汴帥報曰竊發之夜非僕本心是朝廷遣天使與牙將楊彥洪同謀也武皇自虎牢關西趨蒲陝而旋秋七月至太原武皇自以累立大功爲汴帥怨圖陷没諸將乃上章申理及武皇表至朝廷大恐遣內臣宣諭尋加守太傅同平章事隴西郡王光啓元年三月幽州李可舉鎭州王景崇連兵寇定州節度使王處存求援于武皇武皇遣大將康君立安老薛可郭啜率兵赴之五月鎭人攻無極武皇親領兵救之鎭人退保新城武皇攻之斬首萬餘級獲馬千匹王處存亦敗燕軍于易州十一月河中王重榮遣使來乞師且言邠州朱玫鳳翔李符將加兵于己初武皇與汴人搆怨前後八表請削奪汴帥官爵自以本軍進討天子累遣內臣楊復恭宣旨令且全大體武皇不時奉詔天子頗右汴帥時觀軍容使田令孜君側擅權惡王重榮與武皇膠固將離其勢乃移重榮

于定州重榮告于武皇武皇上章言李符朱玫挾邪忌正黨庇朱溫臣已點檢蕃漢軍五萬取來年渡河先斬朱玫李符然後平盪朱溫（新唐書王重榮傳詔克用將兵援河中重榮貽克用書且言奉密詔須公到使我圖公此令孜朱全忠朱玫之惑上也因示僞詔克用方與全忠有隙信之請討全忠及玫）天子覽表遣使譬喻百端軺傳相望既而朱玫引邠鳳之師攻河中王重榮出師拒戰朱玫軍于沙苑對壘月餘十二月武皇引軍渡河與朱玫決戰玫大敗收軍夜遁入于京師時京城大駭天子幸鳳翔武皇退軍于河中光啓二年正月僖宗駐蹕于寶雞武皇自河中遣使上章請車駕還京且言大軍止誅凶黨時田令孜請僖宗南幸興元武皇遂班師朱玫于鳳翔立嗣襄王熅爲帝以僞詔賜武皇武皇燔之械其使馳檄諸方鎮遣來使奉表于行在九月武皇遣昭義節度使李克修討孟方立于邢州大敗方立之衆于焦岡斬首數千級以大將安金俊爲邢州刺史以撫其降人十月進攻邢州邢人出戰又敗之孟方立求援于鎮州鎮人出兵三萬以援方立克修班師光啓三年六月河中節度使王重榮爲部將常行儒所殺武皇表重榮兄重盈爲帥七月武皇以安金俊爲澤州刺史時張全義自河陽據澤州及李罕之收復河陽名全義令守洛陽全義乃棄澤州而去故以金俊守之文德元年二月僖宗自興元還京三月僖宗崩昭宗即位以武皇爲開府儀同三司檢校太師兼侍中隴西郡王食邑七千戶食實封二百戶河南尹張全義潛兵夜襲李罕之于河陽城陷舉族爲全義所擄罕之踰垣獲免遂來歸于武皇遣李存孝薛阿檀史儼兒安金俊安休休將七千騎送罕之至河陽汴將丁會牛存節葛從周將兵赴援李存孝率精騎逆戰于溫縣汴人既扼太行之路存孝殿軍而退騎將安休休以戰不利奔于蔡武皇以罕之爲澤州刺史遙領河陽節度使十月邢州孟方立遣大將奚忠信將兵三萬寇遼州武皇大破之斬首萬級生擒奚忠信龍紀元年五月遣李罕之李存孝攻邢州六月下磁州邢將馬溉率兵數萬來拒戰罕之敗之于琉璃陂生擒馬溉徇于城下孟方立恚恨飲酖而死三軍立其姪遷爲留後使求援于汴汴將王虔裕率精甲數百入于邢州罕之等班師大順元年遣李存孝攻邢州孟遷以邢洺磁三州降執汴將王虔裕三百人以獻武皇徙孟遷于太原以安金俊爲邢洺團練使三月昭義軍節度使李克修卒以李克恭爲潞州節度使是月武皇攻雲州拔其東城赫連鐸求援于燕燕帥李匡威將兵三萬以赴之戰于城下燕軍大敗時徐州時溥爲汴軍所攻遣使來求援武皇命石君和由兗鄆以赴之五月潞州軍亂殺節度使李克恭州人推牙將安居受爲留後南結汴將時潞之小將馮霸擁叛徒三千騎駐于沁水居受使人召之馮霸不至居受懼出奔至長子爲村胥所殺傳首于霸霸遂入潞州自爲留後武皇遣大將康君立李存孝等攻之汴將朱崇節葛從周率兵入潞州以固之是時幽州李匡威雲州赫連鐸與汴帥協謀連上表請加兵于太原宰相張濬孔緯贊成其事六月天子削奪武皇官爵以張濬爲招討使以京兆尹孫揆爲副華州韓建爲行營都虞候以汴帥爲河東南面招討使幽州李匡威爲河東北面招討使雲州赫連鐸爲副汴將朱友裕將兵屯晉絳時汴軍已據潞州又遣大將李讜等率軍數萬急攻澤州武皇遣李存孝自潞州將三千騎以援之汴將鄧季筠以一軍犯陣存孝追擊擒其都將十數人獲馬千餘匹是夜李讜收軍而退大軍掩擊至馬牢關斬首萬餘級追襲至懷州而還存孝復引軍攻潞州八月存孝擒新授昭義節度使孫揆送朝廷授節鉞以本軍取刀黃嶺路赴任存孝偵知之引騎三百伏于長子縣崖谷間揆建牙持節褒衣大蓋擁衆而行存孝突出谷口遂擒揆及中使韓歸範幷將校五百人存孝械揆等以組練繫之環于潞州遂獻于武皇武皇謂揆曰公縉紳之士安言徐步可至達官何用如是揆無以對令繫于晉陽獄武皇將用爲副使使人誘之揆言不遜遂殺之九月汴將葛從周棄潞州而遁武皇以康君立爲潞州節度使以李存孝爲汾州刺史十月張濬之師入晉州遊軍至汾隰武皇遣薛鐵山李承嗣將騎三千出陰地關營于洪洞遣李存孝將兵五千營于趙城華州韓建以壯士三百人冒犯存孝之營存孝追擊直壓晉州西門張濬之師出戰爲存孝所敗自是閉壁不出存孝引軍攻絳州十二月晉州刺史張行恭棄城而奔韓建張濬由含山路遁去大順二年春正月武皇上章申理其略曰臣今身無官爵名是罪人不敢歸陛下藩方且欲于河中寄寓進退行止伏候聖裁天子尋就加守中書令（歐陽史二月復拜克用河東節度使隴西郡王加檢校太師兼中書令）是月魏博爲汴將葛從周所寇節度使羅宏信遣使來求援武皇出師以赴之三月邢州節度使安知建叛奔青州天子以知建爲神武統軍自棣州泝河歸朝鄆州朱瑄邀斬于河上傳首晉陽以李存孝爲邢州節度使四月武皇大舉兵討赫連鐸于雲州遣騎將薛阿檀率前軍以進攻武皇設伏兵于御河之上大破之因塹守其城七月武皇進軍柳會赫連鐸力屈食盡奔于吐渾部遂歸幽州雲州平武皇表石善友爲大同軍防禦使邢州節度使李存孝以鎮州王鎔託附汴人謀亂河朔北連燕寇請乘雲代之捷平定燕趙武皇然之八月大蒐于晉陽遂南巡澤潞略地懷孟河陽趙克裕望風送款請修隣好九月蒐于邢州十月李存孝董前軍攻臨城鎮人五萬營于臨城西北龍尾岡武皇令李存審李存賢以步軍攻之鎮人大敗殺獲萬計拔臨城進攻元氏幽州李匡威以步騎五萬營于鄗邑以援鎮州武皇分兵大掠旋軍邢州

舊五代史卷二十五攷證

唐武皇紀上中和三年薨　案新唐書沙陀傳作光啓三年國昌卒與是書異

以武皇爲大同軍節度使　案歐陽史作拜克用爲大同防禦使新唐書作以國昌爲大同軍防禦使通鑑作以國昌爲大同節度使俱與是書異

天子復命元帥李涿　案歐陽史作招討使李琢通鑑亦作琢俱與是書異

與薛葛安慶等部將　案新唐書作薩葛首領米海萬安慶

天子乃以武皇爲鴈門節度使　案新唐書表中和二年以河東忻代二州隸鴈門節度更大同節度爲鴈門節度治代州是中和二年以前鴈門非鎮名也據舊唐書初赦克用拜代州刺史忻代兵馬留後二年擢鴈門節度神策天寧軍鎮遏忻代觀察使是克用爲鴈門節度實在二年是書作元年疑誤

十一月平潞州表其弟克修爲昭義節度使　案通鑑克用表克修爲昭義軍節度使在四年八月與是書異

汴帥素忌武皇　案梁紀作李克用乘醉任氣帝不平之攷新唐書沙陀傳亦作全忠忌克用桀邁難制與此紀合蓋全忠攻上源驛實忌其威名而欲害之非徒以其乘醉任氣也

鎮州王景崇　王景崇舊唐書作王鎔攷藩鎮傳景崇以中和二年卒子鎔繼立是光啓初寇定州者當爲王鎔也通鑑從舊唐書

光啓元年三月節度使王處存求援于武皇武皇遣大將康君立安老薛可郭啜率兵赴之五月鎮人攻無極武皇親領兵救之　案曲陽天安廟李克用題名碑云李克用以幽鎮侵擾中山領蕃漢步騎五十萬親來救援時中和五年二月二十一日也至三月十七日以幽州請就和斷遂卻班師攷舊唐書中和五年三月丙辰朔丁卯駕至京師己巳御宣正殿大赦改元是三月之十四日已改光啓曲陽去京師遠故未知耳又克用親援處存與通鑑遣將康君立異今攷是書武皇先遣康君立等與通鑑合繼乃親領兵救之與題名碑合惟是書作五月碑作三月微有互異耳

乃移重榮于定州　案歐陽史作徙重榮于兗州攷新唐書王重榮傳亦云令孜徙重榮兗海節度使與是書異

武皇上章言李符朱玫挾邪忌正　李符歐陽史作李昌符蓋唐實錄避獻祖諱故去昌字

孟方立恚恨飲酖而死三軍立其姪遷爲留後　案舊唐書昭宗紀歐陽史莊宗紀皆以孟遷爲方立之弟新唐書孟方立傳作方立之從弟此紀又作方立之姪未詳孰是

六月天子削奪武皇官爵　六月新唐書作五月

以張濬爲招討使　案新唐書本紀作張濬爲行營都招討宣慰使張濬傳作河東行營兵馬招討制置使歐陽史作太原四面行營兵馬都統

華州韓建爲行營都虞候　案歐陽史作韓建爲副使新唐書張濬傳作韓建爲供軍使

八月存孝擒新授昭義節度使孫揆　案新唐書作七月戊申李克用執昭義節度使孫揆通鑑從是書作八月

張濬之師出戰爲存孝所敗　案新唐書帝紀作十一月張濬及李克用戰于陰地敗績歐陽史亦作十一月與是書先後互異

舊五代史卷二十六

宋門下侍郎參知政事監修國史薛居正等撰

唐書第二

武皇紀下

景福元年正月鎭州王鎔恃燕人之援率兵十餘萬攻邢州之堯山武皇遣李存信將兵應援李存孝素與存信不協遞相猜貳留兵不進武皇又遣李嗣勳李存審將兵援之大破燕趙之衆斬首三萬收其軍實三月武皇進軍渡滹沱攻欒城下鼓城槀城四月燕軍寇雲代武皇班師八月赫連鐸誘幽州李匡威之衆八萬寇天成軍遂攻雲州營于州北連亘數里武皇潛軍入于雲州詰旦出騎軍以擊之斬獲數萬李匡威燒營而遁十月邢州李存孝叛納款于梁李存信構之也景福二年春大舉以伐王鎔以其通好于李存孝也二月攻天長鎭旬日不下王鎔出師三萬來援武皇逆戰于叱日嶺下鎭人敗斬首萬餘級時歲饑軍乏食脯尸肉而食之進軍下井陘李存孝將兵夜入鎭州鎭人乞師于汴汴帥方攻時溥不暇應之乃求援于幽州李匡威率兵赴之武皇乃班師七月武皇討李存孝于邢州遂攻平山渡滹水攻鎭州王鎔懼以帛五十萬犒軍請修舊好仍以鎭冀之師助擊存孝許之武皇進圍邢州十二月武皇狩于近郊獲白兔有角長三寸乾寧元年三月邢州李存孝出城首罪檻歸太原轘于市邢洺磁三州平武皇表馬師素爲邢州節度使五月鄆州節度使朱瑄爲汴軍所攻遣使來乞師武皇遣騎將安福順安福慶安福遷督精騎五百假道于魏州以應之九月潞州節度使康君立以酖死十月武皇自晉陽率師伐幽州初李匡儔奪據兄位燕人多不義之安塞軍戍將劉仁恭挈族歸于武皇武皇遇之甚厚仁恭數進畫于蓋寓言幽州可取之狀願得兵一萬指期平定武皇方討李存孝于邢州輟兵數千欲納仁恭不利而還匡儔由是驕怠數犯邊境武皇怒故率軍以討之是時雲州吐渾赫連鐸白義誠並來歸命皆笞而釋之十一月進攻武州甲寅攻新州十二月李匡儔命大將率步騎六萬救新州武皇選精甲逆戰燕軍大敗斬首萬餘級生獲將領百餘人曳練徇于新州城下是夜新州降辛亥進攻嬀州壬子燕兵復合于居庸關拒戰武皇命精騎以疲之令步將李存審由他道擊之自午至晡燕軍復敗甲寅李匡儔攜其族棄城而遁將之滄州隨行輜車臧獲妓妾甚衆滄帥盧彥威利其貨以兵攻匡儔于景城殺之盡擄其衆丙辰進軍幽州其守城大將請降武皇命李存審與劉仁恭入城撫勞居人如故市不改肆封府庫以迎武皇乾寧二年正月武皇在幽州命李存審劉仁恭徇諸屬郡二月以仁恭爲權幽州留後從燕人之請也留腹心燕留德等十餘人分典軍政武皇遂班師凡駐幽州四十日六月武皇率蕃漢之師自晉陽趨三輔討鳳翔李茂貞邠州王行瑜華州韓建之亂先是三帥稱兵向闕同弱王室殺害宰輔時河中節度使王重盈卒重榮之子珂即武皇之子壻也權典軍政其兄珙爲陝州節度使瑤爲絳州刺史與珂爭河中遂訴于岐邠華三鎭言珂本蒼頭不當襲位珂亦訴于武皇武皇上表保薦珂乞授河中旄鉞詔可之三帥遂以兵入覲大掠京師請授王珂同州節度使王瑤河中節度使天子亦許之武皇遂舉兵表三帥之罪復移檄三鎭三鎭大懼是月次絳州刺史王瑤登陴拒命武皇攻之旬日而拔斬王瑤于軍門誅其黨千餘人七月次河中王珂迎謁于路己未同州節度使王行約棄城奔京師與左軍兵士劫掠西市都民大擾行約卽行瑜弟也庚申樞密使駱全瓘以武皇之軍將至請天子幸右軍指揮使李繼鵬茂貞假子也本姓閻名珪與全瓘謀劫天子幸鳳翔左軍指揮使王行實亦行瑜之弟也與劉景宣欲劫天子幸邠州兩軍相攻縱火燒內門烟火蔽天天子急詔鹽州六都兵士令追殺亂兵左右軍逃走王行瑜李茂貞聲言自來迎駕天子懼出幸南山駐蹕于莎城是夜熒惑犯心壬戌武皇進收同州聞天子幸石門遣判官王瓌奉表奔問天子遣使賜詔令與王珂同討邠鳳時武皇方攻華州俄聞李茂貞領兵士三萬至盩厔王行瑜領兵至興平欲往石門迎駕乃解華州之圍進營渭橋天子遣延王戒丕丹王允齎詔促武皇兵直抵邠鳳八月乙酉供奉官張承業齎詔告諭涇帥張鐇已領步騎三萬于京西北扼邠岐之路武皇進營渭北遣史儼將三千騎往石門扈駕遣李存信李存審會鄜延之兵攻行瑜之梨園寨天子削奪行瑜官爵以武皇爲天下兵馬都招討使以鄜州李思孝爲北面招討使以涇州張鐇爲西南面招討使天子又遣延王丹王賜武皇御衣及大將茶酒弓矢命二王兄事武皇延王傳天子密旨云日昨非卿至此已爲賊庭行酒之人矣所慮者二凶締合卒難翦除且欲姑息茂貞令與卿修好俟梟斬行瑜更與卿商量武皇上表請駕還京令李存節領二千騎于京西北以防邠賊奔突辛亥天子還宮加武皇守太師中書令邠寧四面行營都統時王行瑜弟兄固守梨園寨我師攻之甚急李茂貞遣兵萬餘來援行瑜營于龍泉鎭茂貞自率兵三萬迫咸陽武皇奏請詔茂貞罷兵兼請削奪茂貞官爵詔曰茂貞勤兵蓋備非常尋已發遣歸鎭又言茂貞已誅李繼鵬李繼最卿可切戒兵甲無犯土疆武皇請賜河中王珂旌節三表許之又表李罕之爲副都統十月丙戌李存信于梨園寨北遇賊軍斬首千餘級自是賊閉壁不出戊子天子賜武皇內弟子四人又降朱書御札賜魏國夫人陳氏是月王行瑜因敗衂之後閉壁自固武皇令李罕之晝夜急攻賊軍乏食拔營而去李存信與罕之等先伏軍于阨路俟賊軍之至縱兵擊之殺數萬計是日收梨園等三寨生擒行瑜之子知進並母邱氏大將李元福等二百人送赴闕庭庚寅王行約王行實燒劫寧州遁走寧州守將徐景乞降武皇表蘇文建爲邠州節度使且于寧州爲治所十一月丁巳收龍泉寨時行瑜以精甲五千守之李茂貞出兵來援爲李罕之所敗邠賊遂棄龍泉寨而去行瑜復入邠州大軍進逼其城行瑜登城號哭曰行瑜無罪昨殺南北司大臣是岐帥將兵脅制主上請治岐州行瑜乞束身歸朝武皇報曰王尚父何恭之甚耶僕受命討三賊臣公其一也如能束身歸闕老夫未敢專命爲公奏取進止行瑜懼棄城而遁武皇收其城封府庫遣以捷聞旣而慶州奏王行瑜將家屬五百人到州界爲部下所殺傳首闕下武皇旣平行瑜還軍渭北十二月武皇營于雲陽俟討鳳翔進止乙未天子賜武皇爲忠貞平難功臣進封晉王加實封二百戶武皇復上表請討李茂貞天子不允武皇私謂詔使曰觀主上意疑僕有他腸復何言哉但禍不去胎憂患未已又奏臣統領大軍不敢逕赴朝覲遂班師乾寧三年正月汴人大舉以攻兗鄆朱瑾朱瑄再乞師于武皇假道于魏州羅宏信許之乃命都指揮使李存信將步騎三萬與李承嗣史儼會軍以拒汴人存信軍于莘與朱瑾合勢頻挫汴軍汴帥患之乃間魏人存信御兵無法稍侵魏之芻牧者宏信乃與汴帥通出師三萬攻存信軍存信揭營而退保于洺州三月武皇大掠相魏諸邑攻李固洹水殺魏兵萬餘人進攻魏州五月汴將葛從周氏叔琮引兵赴援六月李茂貞舉兵犯京師七月車駕幸華州是月武皇與汴軍戰于洹水之上鐵林指揮使落落被擒落落武皇之長子也旣戰馬蹶于坎武皇馳騎以救之其馬亦踣汴之追兵將及武皇背射一發而斃乃退九月李存信攻魏之臨淸汴將葛從周等引軍來援大敗于宗城北存信進攻魏州十月武皇敗魏軍于白龍潭追擊至觀音門汴軍救至乃退十一月武皇徵兵于幽鎭定三州將迎駕于華下幽州劉仁恭託以契丹入寇俟敵退聽命乾寧四年正月汴軍陷兗鄆騎將李承嗣史儼與朱瑾同奔于淮南三月陝帥王珙攻河中王珂來告難武皇遣李嗣昭率二千騎赴之破陝軍于猗氏乃解河中之圍至是天子遣延王戒丕至晉陽傳宣旨于武皇朕不取卿言以及于此苟非英賢竭力朕何由再謁廟廷在卿表率予所望也七月武皇復徵兵于幽州劉仁恭辭旨不遜武皇以書讓之仁恭捧書謾罵抵之于地仍囚武皇之行人八月大舉以伐仁恭九月師次蔚州戊寅晨霧晦暝占者云不利深入辛巳攻安塞俄報燕將單可及領騎軍至矣武皇方置酒高會前鋒又報賊至矣武皇曰仁恭何在曰但見可及輩武皇張目怒曰可及輩何足爲敵仍促令出師燕軍已擊武皇軍寨武皇乘醉擊賊燕軍披靡時步兵望賊而退爲燕軍所乘大敗于木瓜澗俄而大風雨震電燕軍解去武皇方醒甲午師次代州劉仁恭遣使謝罪于武皇武皇亦以書報之自此有檄十餘返光化元年春正月鳳翔李茂貞華州韓建皆致書于武皇乞修和好同獎王室兼乞助丁匠修復宮闕武皇許之四月汴將葛從周寇邢洺磁等州旬日之內三州連陷汴人以葛從周爲邢州節度使大將李存信收軍自馬嶺而旋八月壬戌天子自華還宮是時車駕初復而欲諸侯輯睦賜武皇詔令與汴帥通好武皇不欲先下汴帥乃致書于鎭州王鎔令導其意明年汴帥遣使奉書幣來修好武皇亦報之自是使車交馳朝野相賀九月武皇遣周德威李嗣昭率兵三萬出靑山口以迫邢洺十月遇汴將葛從周于張公橋旣戰我軍大敗是月河中王珂來告急言王珙引汴軍來寇武皇遣李嗣昭將兵三千以援之屯于胡壁堡汴軍萬餘人來拒戰嗣昭擊退之十二月潞州節度使薛志勤卒澤州刺史李罕之以本軍夜入潞州據城以叛罕之報武皇曰薛鐵山新死潞民無主慮軍城有變輒專命鎭撫武皇令人讓之罕之乃歸于汴武皇遣李嗣昭將兵討之下澤州收罕之家屬拘送晉陽光化二年春正月李罕之陷沁州三月汴將葛從周氏叔琮自土門陷承天軍又陷遼州進軍榆次武皇命周德威擊之敗汴軍于洞渦驛叔琮棄營而遁德威追擊出石會關殺千餘人汴人復陷澤州五月

武皇令都指揮使李君慶將兵收澤潞爲汴軍所敗而還以李嗣昭爲都指揮使進攻潞州八月嗣昭營于潞州城下前鋒下澤州時汴將賀德倫張歸厚等守潞州是月德倫等棄城而遁潞州平九月武皇表汾州刺史孟遷爲潞州節度使光化三年汴軍大寇河朔幽州劉仁恭乞師武皇遣周德威帥五千騎以援之七月李嗣昭攻堯山至內邱敗汴軍于沙河進攻洺州下之九月汴帥自將兵三萬圍洺州嗣昭棄城而歸葛從周設伏于青山口嗣昭之軍不利十月汴人乘勝寇鎭定鎭定懼皆納賂于汴是時周德威與燕軍劉守光敗汴人二萬于望都聞定州王郜來奔乃班師是月天子加武皇實封一百戶遣李嗣昭率步騎三萬攻懷州下之進攻河陽汴將閻寶率軍來援嗣昭退保懷州天復元年正月汴將張存敬攻陷晉絳二州以兵二萬屯絳州以扼援路二月張存敬迫河中王珂告急于武皇使者相望于路珂妻邠國夫人武皇愛女也亦以書至懇切求援武皇報曰賊阻道路衆寡不敵救爾卽與爾兩亡可與王郎棄城歸朝珂遂送款于張存敬三月汴帥自大梁至河中王珂遂出迎尋徙于汴天子以汴帥兼鎭河中武皇自是不復能援京師霸業由是中否四月汴將氏叔琮率兵五萬自太行路寇澤潞魏博大將張文恭領軍自新口入葛從周領兗鄆之衆自土門入張歸厚以邢洺之衆自馬嶺入定州王處直之衆自飛狐入侯言以晉絳之兵自陰地入氏叔琮康懷英營于澤州之昂車武皇令李嗣昭將三千騎赴澤州援李存璋而歸賀德倫氏叔琮軍至潞州孟遷開門迎沁州刺史蔡訓亦以城降于汴氏叔琮悉其衆趨石會關是時偏將李審建先統兵三千在潞州亦與孟遷降于汴及叔琮之入寇也審建爲其鄕導汴人營于洞渦別將白奉國與鎭州大將石公立自井陘入陷承天軍及攻壽陽遼州刺史張鄂以城降于汴都人大恐時霖雨積旬汴軍屯聚既衆芻糧不給復多痢瘧師人多死時大將李嗣昭李嗣源每夜率驍騎突營掩殺敵衆恐懼五月汴軍皆退氏叔琮軍出石會周德威李嗣昭以精騎五千躡之殺戮萬計初汴軍之將入寇也汾州刺史李瑭據城叛以連汴人至是武皇令李嗣昭李存審將兵討之是歲幷汾饑粟暴貴人多附瑭爲亂嗣昭悉力攻城三日而拔擒李瑭等斬于晉陽市氏叔琮既旋軍過潞州擄孟遷以歸汴帥以丁會爲潞州節度使六月遣李嗣昭周德威將兵出陰地攻慈隰二郡隰州刺史唐禮慈州刺史張瓌並以城來降武皇以汴寇方盛難以兵服佯降心以緩其謀乃遣牙將張特持幣馬書檄以諭之陳當時利害請復舊好十一月壬子汴帥營于渭濱甲寅天子出幸鳳翔（新唐書帝如鳳翔李茂貞韓全誨請召克用入衛克用間道遣使者奔問並詔書全忠勸還汴全忠不答）武皇遣李嗣昭率兵三千自沁州趨平陽遇汴軍于晉州北斬首五百級天復二年二月李嗣昭周德威領大軍自慈隰進攻晉絳營于蒲縣乙未汴將朱友寧氏叔琮將兵十萬營于蒲縣之南乙巳汴帥自領軍至晉州德威之軍大恐三月丁巳有虹貫德威之營戊午氏叔琮率軍來戰德威逆擊爲汴人所敗兵仗輜車委棄殆盡朱友寧長驅至汾州慈隰二州復爲汴人所據辛酉汴軍營于晉陽之西北攻城西門周德威李嗣昭緣山保其餘衆而旋武皇驅丁壯登陴拒守汴軍攻城日急武皇召李嗣昭周德威等謀將出奔雲州嗣昭以爲不可李存信堅請且入北蕃積圖進取嗣昭等固爭之太妃劉氏亦極言于內乃止居數日亡散之士復集軍城稍安李嗣昭與李嗣源夜入汴軍斬將搴旗敵人忓慄不暇自相驚擾丁卯朱友寧燒營而遁周德威追至白壁關俘斬萬計因收復慈隰汾等三州天復三年正月天子自鳳翔歸京五月雲州都將王敬暉殺刺史劉再立以城歸于劉仁恭武皇遣李嗣昭討之仁恭遣將以兵五萬來援雲州嗣昭退保樂安燕人擄敬暉棄城而去武皇怒笞嗣昭及李存審而削其官是時親軍萬衆皆邊部人動違紀律人甚苦之左右或以爲言武皇曰此輩贍略過人數十年從吾征伐比年以來國藏空竭諸軍之家賣馬自給今四方諸侯皆懸重賞以募勇士吾若束之以法急則棄吾吾安能獨保此乎俟時開運泰吾固自能處置矣天祐元年閏四月汴帥迫天子遷都于洛陽（新唐書帝東遷詔至太原克用泣謂其下曰乘輿不復西矣遣使者奔問行在）五月乙丑天子制授武皇叶盟同力功臣加食邑三千戶實封三百戶八月汴帥遣朱友恭弒昭宗于洛陽宮輝王卽位告哀使至晉陽武皇南向慟哭三軍縞素天祐二年春契丹安巴堅始盛武皇召之安巴堅領其部族凡三十萬人至雲州與武皇會于雲州之東握手甚歡因結爲兄弟旬日而去留馬千匹牛羊萬計期以冬初大舉渡河天祐三年正月魏博既殺牙軍魏將史仁遇據高唐以叛遣人乞師于武皇武皇遣李嗣昭率三千騎攻邢州以應之遇汴將牛存節張筠于青山口嗣昭不利而還九月汴帥親率兵攻滄州幽州劉仁恭遣使來乞師武皇乃徵兵于仁恭將攻潞州以解滄州之圍仁恭遣掌書記馬郁都指揮使李溥等將兵三萬會于晉陽武皇遣周德威李嗣昭合燕軍以攻潞十二月潞州節度使丁會開門迎降命李嗣昭爲潞州節度使以丁會歸于晉陽天祐四年正月甲申汴帥聞潞州失守自滄州燒營而遁四月天子禪位于汴帥奉天子爲濟陰王改元爲開平國號大梁是歲四川王建遣使至勸武皇各王一方俟破賊之後訪唐朝宗室以嗣帝位然後各歸藩守武皇不從以書報之曰竊念本朝屯否巨業淪胥攀鼎駕以長違撫弓而自咎默默終古悠悠彼蒼生此厲階永爲痛毒視橫流而莫救徒誓檄以興言別捧函題過垂獎諭省覽周旣駭愓異常泫下霑衿倍鬱申胥之素汗流浹背如聞蔣濟之言僕經事兩朝受恩三代位叨將相籍係宗枝賜鈇鉞以專征徵苞茅而問罪鑾兵校戰二十餘年竟未能斬新莽之頭顱斷蚩尤之肩髀以至廟朝顚覆豺虎縱橫且授任分憂叨篚冒寵龜玉毀櫝誰之咎歟俯閱指陳不勝慙恧然則君臣無常位陵谷有變遷或篳塞長河泥封函谷時移事改理有萬殊卽如周末虎爭魏初鼎據孫權父子不顯授于漢恩劉備君臣自徵興于涿郡得之不謝于家世失之無損于功名適當逐鹿之秋何惜華蟲之服惟僕累朝席寵奕世輸忠忝佩訓詞粗存家法善博奕者惟先守道治田者不可奪牛誓于此生靡敢失節仰憑廟勝早殄寇讎如其事與願違則共臧洪遊于地下亦無恨矣惟公社稷元勳嵩衡降祉鎭九州之上地負一代之鴻才合于此時自求多福所承良訊非僕深心天下其謂我何有國非吾節也悽悽孤懇此不盡陳五月梁祖遣其將康懷英率兵十萬圍潞州懷英驅率士衆築壘環城城中音信斷絕武皇遣周德威將兵赴援德威軍于余吾率先鋒挑戰日有俘獲懷英不敢卽戰梁祖以懷英無功乃以李思安代之思安引軍將營于潞城周德威以五千騎搏之梁軍大敗斬首千餘級思安退保堅壁別築外壘謂之夾寨以抗我之援軍梁祖調發山東之民以供饋運德威日以輕騎掩之運路艱阻衆心益恐李思安乃自東南山口築夾道連接夾寨以通饋運自是梁軍堅保夾寨冬十月武皇有疾是時晉陽城無故自壞占者惡之天祐五年正月戊子朔武皇疾革辛卯崩于晉陽年五十三遺令薄葬發喪後二十七日除服莊宗卽位追謚武皇帝廟號太祖陵在鴈門（五代史補太祖武皇本朱耶赤心之後沙陀部人也其先生于鵰窠中酋長以其異生諸族傳養之遂以諸爺爲氏言非一父所養也其後言訛以諸爲朱以爺爲耶至太祖生而一目長而驍勇善騎射所向無敵時謂之獨眼龍大爲部落所疾太祖恐禍及遂擧族歸唐授雲州刺史賜姓李名克用黃巢犯長安自北引兵赴難功成遂拜太原節度使封晉王武皇之有河東也威聲大振淮南楊行密常恨不識其狀貌因使畫工詐爲商賈往河東寫之畫工到未幾人知其謀者擒之武皇初甚怒既而謂所親曰且吾素眇一目試召使寫之觀其所爲如何及至武皇按膝厲聲曰淮南使汝來寫吾眞必畫工之尤也寫吾不及十分卽階下便是死汝之所矣畫工再拜下筆時方盛暑武皇執八角扇因寫扇角半遮其面武皇曰汝諂吾也使別寫之又應聲下筆畫其臂弓撚箭之狀仍微合一目以觀箭之曲直武皇大喜因厚賂金帛遣之五代史闕文世傳武皇臨薨以三矢付莊宗曰一矢討劉仁恭汝不先下幽州河南未可圖也一矢擊契丹且曰安巴堅與吾把臂而盟結爲兄弟誓復唐家社稷今背約附賊汝必伐之一矢滅朱溫汝能成吾志死無憾矣莊宗藏三矢于武皇廟庭及討劉仁恭命幕吏以少牢告廟請一矢盛以錦囊使親將負之以爲前驅凱旋之日隨俘馘納矢于太廟伐契丹滅朱氏亦如之又武皇眇一目謂之獨眼龍性喜殺左右有小過失必眞于死初諱眇人無敢犯者嘗令寫眞畫工卽爲撚箭之狀微瞑一目圖成而進武皇大悅賜予甚厚）

史臣曰武皇肇跡陰山赴難唐室逐豺狼于魏闕殄氛祲于泰川賜姓受封奄有汾晉可謂有功矣然雖茂勤王之績而非無震主之威及朱旗屯渭曲之師俾翠華有石門之幸比夫桓文之輔周室無乃有所愧乎洎失援于蒲絳久垂翅于幷汾若非嗣子之英才豈有興王之茂業剣累功積德未比于周文創業開基尚虧于魏祖追謚爲武斯亦幸焉

舊五代史卷二十六攷證

唐書武皇紀下景福元年正月鎭州王鎔恃燕人之援率兵十餘萬攻邢州之堯山　案舊唐書作大順二年王鎔援邢州屯于堯山攷此時邢州未叛於晉不得有王鎔之援師葢卽景福元年事誤移于前一年耳歐陽史及通鑑俱與是書同

三月武皇進軍渡滹沱攻欒城下鼓城藁城四月燕軍寇雲代武皇班師　案舊唐書作景福元年二月庚寅太原易定之兵合勢攻鎭州三月克用處存斂軍而退是興師以二月至三月始旋師也通鑑云三月克用王處存合兵攻王鎔癸丑拔天長鎭戊午鎔與戰于新市大破之辛酉克用退屯欒城是進師退師皆在三月也是書作三月進軍四月班師與諸書異

十月邢州李存孝叛納款于梁李存信構之也　案舊唐書大順元年十一月癸丑朔太原將邢州刺史李存孝自恃擒孫揆功合爲昭義帥怨克用授康君立存孝自晉州率行營兵歸邢州據城上表歸朝仍致書張濬王鎔求援今攷是書大順二年存孝始爲邢州節度無由于元年冬得據邢州也新唐書歐陽史通鑑並從是書作景福元年十月

武皇表馬師素爲邢州節度使　案舊唐書作克用以

大將馬師素權知邢洺團練事與是書異

是時雲州吐渾赫連鐸白義誠並來歸　案舊唐書昭宗紀作六月壬辰克用攻陷雲州執赫連鐸新唐書昭宗紀作六月赫連鐸與李克用戰于雲州死之通鑑從新唐書作克用大破吐谷渾殺赫連鐸擒白義誠俱與是書異攷雲州諸部因討李匡儔而來歸自當在十月而諸書皆作六月恐未足據

甲寅攻新州　案甲寅字誤下文十二月有辛亥壬子甲寅則十一月不得有甲寅也據通鑑攷異蓋薛史仍紀年錄之誤

二月以仁恭爲權幽州留後　案舊唐書作乾寧元年十二月以李匡威故將劉仁恭爲幽州兵馬留後歐陽史亦作元年冬事皆因平幽州而終言之未嘗核其年月也通鑑從是書作二年二月

八月乙酉供奉官張承業齎詔告諭　案舊唐書作七月丁卯上遣內官張承業傳詔克用軍與是書日月互異攷通鑑作壬午遣張承業詣克用軍蓋壬午遣使乙酉始至軍耳

武皇上表請駕還京　案舊唐書作壬寅李克用遣子存貞奉表行在請車駕還京攷當時奉表者卽後唐莊宗也莊宗未嘗名存貞舊唐書誤

十一月丁巳　案舊唐書作十一月癸未朔疑不當有丁巳據是書上文十月有丙戌戊子則十一月斷非癸未朔也通鑑所定日月皆從是書

還軍渭北十二月武皇營于雲陽　案歐陽史作晉軍渭北遇雨六十日攷通鑑十二月乙酉李克用軍于雲陽辛亥引兵東歸無緣得有六十日也歐陽史誤

天祐二年春契丹安巴堅領部族三十萬至雲州與武皇會于雲州之東　案武皇會契丹于雲州通鑑作開平元年新唐書作天祐元年與是書異歐陽史與是書同又契丹國志作晉王李存勗與契丹連和會于東城殊誤

梁祖以懷英無功乃以李思安代之　案李思安之代懷英通鑑作七月事與是書繫五月異

安巴堅舊作阿保機今改

舊五代史卷二十七

宋門下侍郎參知政事監修國史薛居正等撰

唐書第三

莊宗紀一

莊宗光聖神閔孝皇帝諱存勗武皇帝之長子也母曰貞簡皇后曹氏以唐光啓元年歲在乙巳冬十月二十二日癸亥生帝于晉陽宮妊時曹后常夢神人黑衣擁扇夾侍左右載誕之辰紫氣出于窻戶及爲嬰兒體貌奇特沈厚不羣武皇特所鍾愛及武皇之討王行瑜帝時年十一從行初令入覲獻捷迎駕還宮昭宗一見駭之曰此兒有奇表因撫其背曰兒將來之國棟也勿忘忠孝于予家因賜鸂鶒酒巵翡翠盤（北夢瑣言云昭宗曰此子可亞其父時人號曰亞子）賊平授檢校司空隰州刺史改汾晉二郡皆遙領之帝洞曉音律常令歌舞于前十三習春秋手自繕寫略通大義及壯便射騎膽略絕人其心豁如也武皇起義雲中部下皆北邊勁兵及破賊迎鑾功居第一由是稍優寵士伍因多不法或陵侮官吏豪奪士民白晝剽擄酒博喧競武皇緩于禁制惟帝不平之因從容啓于武皇武皇依違之及安塞不利之後時事多難梁將氏叔琮康懷英頻犯郊圻土疆日蹙城門之外鞠爲戰場武皇憂形于色帝因啓曰夫盛衰有常理禍福繫神道家世三代盡忠王室勢窮力屈無所愧心物不極則不反惡不極則不亡今朱氏攻逼乘輿窺伺神器陷害良善誣誑神祇以臣觀之殆其極矣大人當遵養時晦以待其衰何事輕爲沮喪太祖釋然因奉觴作樂而罷及滄州劉守文爲梁朝所攻其父仁恭遣使乞師武皇恨其翻覆不時許之帝白曰此吾復振之道也不得以嫌怨介懷且九分天下朱氏今有六七趙魏中山在他廡下賊所憚者惟我與仁恭爾我之興衰繫此一舉不可失也太祖乃徵兵于燕攻取潞州旣而丁會果以城來降天祐五年春正月武皇疾篤召監軍張承業大將吳珙謂曰吾常愛此子志氣遠大可付後事惟卿等所教及武皇厭代帝乃嗣王位于晉陽時年二十有四汴人方寇潞州周德威宿兵于亂柳以軍城易帥竊議忷忷訛言播于行路帝方居喪將吏不得謁見監軍使張承業排闥至廬所言曰夫孝在不墜家業不同匹夫之孝且君父厭世嗣主未立竊慮兇猾不逞之徒有懷覬望又汴寇壓境利我凶衰苟或搖動則倍張賊勢訛言不息懼有變生請依顧命墨縗聽政保家安親此惟大孝帝于是始聽斷大事時振武節度使克寧卽帝之季父也爲管內蕃漢馬步都知兵馬使典握兵柄帝以軍府事讓季父曰兒年幼稚未通庶政雖承遺命恐未能彈壓季父勳德俱高衆情推伏且請制置軍府俟兒有立聽季父處分克寧曰亡兄遺命屬在我兒孰敢異議因率先拜賀初武皇獎勵戎功多畜庶孽衣服禮秩如嫡者六七輩比之嗣王年齒又長部下各綰強兵朝夕聚議欲謀爲亂及帝紹統或強項不拜鬱鬱憤惋託疾廢事會李存顥以陰計干克寧曰兄亡弟立古今舊事季父拜姪理所未安克寧妻素剛狠因激怒克寧陰圖禍亂存顥欲于克寧之第謀害張承業李存璋等以并汾九州歸附于梁送貞簡太后爲質克寧意將激發乃擅殺大將李存質請授已雲州節度使割蔚朔應三州爲屬郡帝悉俞允然知其陰禍有日矣克寧俟帝過其第則圖竊發時幸臣史敬鎔者亦爲克寧所誘盡得其情乃來告帝帝謂張承業曰季父所爲如此無猶子之情骨肉不可自相魚肉予當避路則禍亂不作矣承業曰臣受命先王言猶在耳存顥輩欲以太原降賊王欲何路求生不卽誅除亡無日矣因召吳珙李存璋李存敬朱守殷諭其謀衆咸憤怒二月壬戌命存璋伏甲以誅克寧遂靖其難是月唐少帝崩于曹州梁祖使人戕之也帝聞之舉哀號慟三月周德威尚在亂柳梁將李思安屢爲德威所敗閉壁不出是時梁祖自將兵至澤州以劉知俊爲招討使以代思安以范君實劉重霸爲先鋒牛存節爲撫遏統大軍營于長子四月帝召德威軍歸晉陽汴人既見班師知我國禍以爲潞州必取援軍無俟再舉遂停斥候梁祖亦自澤州歸洛帝知其無備乃謂將曰汴人聞我有喪必謂不能興師人以我少年嗣位未習戎事必有驕怠之心若簡練兵甲倍道兼行出其不意以吾憤激之衆擊彼驕惰之師拉朽摧枯未云其易解圍定霸在此一役甲子軍發自太原己巳至潞州北黃碾下營五月辛未朔晨霧晦暝帝率親軍伏三垂岡下詰旦天復昏霧進軍直抵夾城時李嗣源總帳下親軍攻東北隅李存璋王霸率丁夫燒寨斸夾城爲二道周德威李存審各分道進攻軍士鼓譟三道齊進李嗣源壞夾城東北隅率先掩擊梁軍大恐南向而奔投戈委甲噎塞行路斬萬餘級獲其將副招討使符道昭洎大將三百人芻粟百萬梁招討使康懷英得百餘騎出天井關而遁梁祖聞其敗也既懼而歎曰生子當如是李氏不亡矣吾家諸子乃豚犬爾初唐龍紀元年帝纔五歲從武皇校獵于三垂岡岡上有明皇原廟在焉武皇于祠前置酒樂作伶人奏百年歌者陳其衰老之狀聲調悽苦武皇引滿捋鬚指帝曰老夫壯心未已二十年後此子必戰于此及是役也果符其言焉是月周德威乘勝攻澤州刺史王班登城拒守梁將劉知俊自晉絳將兵赴援德威退保高平帝遂班師于晉陽告廟飲至賞勞有差乃下令于國中禁盜賊恤孤寡徵隱逸止貪暴峻隄防寬獄訟朞月之間其俗丕變帝每出于路遇饑寒者必駐馬而臨問之由是人情大悅王霸之業自茲而基矣六月鳳翔李茂貞邠州楊崇本合四川王建之師五萬以攻長安遣使會兵于帝帝遣張承業率師赴之九月邠岐蜀三鎮復大舉攻長安遣李嗣昭周德威將兵三萬攻晉州以應之德威與梁將尹皓戰于神山北梁人大敗是時晉之驍將夏侯敬受以一軍奔于梁德威乃退保隰州天祐六年秋七月邠岐二帥及梁之叛將劉知俊俱遣使來告將大舉以伐靈夏兼收關輔請出兵晉絳以張兵勢八月帝御軍南征先遣周德威李存審丁會統大軍出陰地關攻晉州爲地道壞城二十餘步城中血戰拒守梁祖遣楊師厚領兵赴援德威乃收軍而退（通鑑引莊宗實錄云汴軍至蒙阬周德威逆戰敗之斬首三百級師厚退保絳州是役也小將蕭萬通戰殁師厚進營平陽德威收軍而退）天祐七年秋七月鳳翔李茂貞邠州楊崇本皆遣師來會兵同討靈夏且言劉知俊三敗汴軍于寧州靈夏危蹙岐隴之師大舉決取河西帝令周德威將兵萬人西渡河以應之是役也劉知俊爲岐人所搆乃自退九月德威班師冬十月梁祖遣大將李思安楊師厚率師營于澤州以攻上黨十一月鎮州王鎔遣使來求援是時梁祖以羅紹威初卒全有魏博之地因欲兼幷鎮定遣供奉官杜廷隱丁延徽督魏軍三千人入于深冀鎮人懼故來告難帝集軍吏議之咸欲按甲治兵徐觀勝負惟帝獨斷堅欲救之乃遣周德威率軍屯于趙州是月行營都招討使丁會卒十二月丁巳朔梁祖聞帝軍屯趙州命寧國軍節度使王景仁爲北面行營招討使韓勍爲副相州刺史李思安爲前鋒會魏州之兵以討王鎔又令閻寶王彥章率二千騎會景仁于邢洺丁丑景仁營于柏鄉帝遂親征自贊皇縣東下辛巳至趙州與周德威兵合帝令史建瑭以輕騎嘗寇獲芻牧者二百人問其兵數精兵七萬是日帝觀兵于石橋南詰旦進軍距柏鄉一舍周德威史建瑭率蕃落勁騎以挑戰四面馳射梁軍閉壁不出乃退翼日進軍距柏鄉五里遣騎軍逼其營梁將韓勍李思安率步騎三萬鎧甲炫曜其勢甚盛

分道以薄帝軍德威且戰且退距河而止既而德威偵知梁人造浮橋乃退保高邑乙酉致師于柏鄉帝禱戰于光武廟柏鄉無芻粟之備梁軍以樵采爲給帝之游軍所獲由是堅壁不出剉屋茅坐席以秣其馬衆心益恐天祐八年正月丁亥周德威史建瑭帥三千騎致師于柏鄉設伏于村塢間遣三百騎直壓其營梁將怒悉其軍結陣而來德威與之轉戰至高邑南梁軍列陣橫亙六七里時帝軍未成列李存璋引諸軍陣于野河之上梁軍以五百人爭橋鎮定之師與血戰梁軍敗而復整者數四帝與張承業登高觀望梁人戈矛如束申令之後鼙聲若雷王師進退有序步騎嚴整寂然無聲帝臨陣誓衆人百其勇短兵既接無不奮力梁有龍驤神威拱宸等軍皆武勇之士也每一人鎧仗費數十萬裝以組繡飾以金銀人望而畏之自巳及午騎軍接戰至晡梁軍欲抽退塵埃漲天德威周麾而呼曰汴人走矣帝軍齊譟以進魏人收軍漸退李嗣源率親軍與史建瑭安金全兼北部吐渾諸軍衝陣夾攻梁軍大敗棄鎧投仗之聲震動天地龍驤神威神捷諸軍殺戮殆盡自陣至柏鄉數十里殭尸枕籍敗旗折戟所在蔽地夜漏一鼓帝軍入柏鄉梁軍輜重帳幄資財奴僕皆爲帝軍所有梁將王景仁韓勍李思安等以數十騎夜遁是役也斬首二萬級獲馬三千匹鎧甲兵仗七萬輜車鍋幕不可勝計擒梁將陳思權以下二百八十五人帝號令收軍于趙州既而梁人棄深冀二州而遁初杜廷隱之襲深冀也聲言分兵就食時王鎔將石公立戍深州欲杜關不納鎔遽令啓關命公立移軍于外廷隱遂據其城公立既出指城闉而言曰開門納盜後悔何追此城數萬生靈生爲俘馘矣因投刃泣下數日廷隱閉城殺鎮兵數千人遂登陴拒守王鎔方命公立攻之即有備矣及柏鄉之敗兩州之人悉爲奴擄老弱者皆坑之巳亥遣史建瑭周德威徇地于邢魏先馳檄以諭之冊府元龜載晉王諭邢洺魏博衞滑諸郡縣檄天祐八年正月周德威等破賊徇地邢洺先馳檄諭邢洺魏博衞滑諸郡縣曰王室遇屯七廟被陵夷之酷昊天不弔萬民罹塗炭之災必有英主奮庸忠臣仗順斬長鯨而清四海靖妖祲以泰三靈予位忝維城任當分閫念茲顛覆詎可宴安故仗桓文輔合之規問羿浞凶狂之罪逆溫碭山庸隸巢孽餘凶當僖宗奔播之初我太祖掃平之際束身泥首請命牙門苞藏姦詐之心惟示婦人之態我太祖俯憐窮鳥曲爲開懷特發表章請帥梁汴纔出萑蒲之澤便居茅社之尊殊不感恩遽行猜忍我國家祚隆周漢迹盛伊唐二十聖之鎡基三百年之文物外則五侯九伯內則百辟千官或代襲簪纓或門傳忠孝皆遭陷害永抱沈冤且鎮定兩藩國家巨鎮冀安民而保族咸屈節以稱藩逆溫唯伏陰謀專行不義欲全吞噬先據屬州趙州特發使車來求援助予情惟盪寇義切親仁躬率賦輿赴茲盟約賊將王景仁將兵十萬屯據柏鄉遂驅三鎮之師授以七擒之略鸛鵝纔列梟獍大奔易如走坂之丸勢若燎原之火僵尸仆地流血成川組甲雕戈皆投草莽謀夫猛將盡作俘囚羣凶既快于天誅大憝須垂于鬼錄今則選蒐兵甲簡練車徒乘勝長驅翦除元惡凡爾魏博邢洺之衆感恩懷義之人乃祖乃孫爲聖唐赤子豈徇虎狼之黨遂忘覆載之恩蓋以封豕長蛇憑陵薦食無方逃難遂被脅從空懷憤以銜冤竟無門而雪憤既聞告捷想所慰懷今義旅徂征止于招携昔耿純焚廬而向順蕭何舉族以從軍皆審料興亡能圖富貴殊勳茂業翼子貽孫轉禍見幾決在今日若能詣轅門而效順開城堡以迎降長官則改補官資百姓則優加賞賜所經詿誤更不推窮三鎮諸軍已申嚴令不得焚燒廬舍剽掠馬牛但仰所在生靈各安耕織予恭行天罰罪止元凶已外歸明一切不問凡爾士衆咸諒予懷帝御親軍南征庚子至洺州梁祖令其將徐仁浦將兵五百夜入邢州張承業李存璋以三鎮步兵攻邢州遣周德威史建瑭將三千騎長驅至澶魏帝與李嗣源率親軍繼進二月戊午師次洹水周德威進至臨河己未魏師羅周翰出兵五千塞石灰窰口周德威以騎掩擊迫入觀音門是日王師迫魏州帝舍于狄公祠西周翰閉壁自固帝軍攻之其城幾陷帝歎曰予爲兒童時從先王渡河今其忘矣方春桃花水滿思一觀之誰從予者癸亥帝觀河于黎陽是時梁祖發兵萬餘將渡河聞王師至棄舟而退黎陽都將張從楚曹儒以部下兵三千人來降立其軍爲左右匡霸使乙丑周德威自臨清狗地貝郡攻博州下東武朝城時澶州刺史張可臻棄城而遁遂攻黎陽下臨河淇門庚午梁祖在洛聞王師將攻河陽率親軍屯白馬坡壬申帝下令班師帝至趙州王鎔迎謁翼日大饗諸軍壬午帝發趙州歸晉陽留周德威戍趙州三月巳丑鎮定州各遣使言幽州劉守光凶僭之狀請推爲尚父以稔其惡乙未帝至晉陽宮召監軍張承業諸將等議幽州之事乃遣牙將戴漢超齎墨制并六鎮書推劉守光爲尚書令尚父守光由是凶熾日甚遂邀六鎮奉冊五月六鎮使至幽州梁使亦集通鑑攷異引莊宗實錄云三月巳丑鎮州遣押衙劉光業至言劉守光凶淫縱欲自尊大請稔其惡以咎之推爲尚父乙未上至晉陽宮召張承業諸將等議討燕之謀諸將亦云宜稔其惡上令押衙戴漢超持墨制及六鎮書如幽州其辭曰天祐八年三月二十七日天德軍節度使宋瑤振武節度使周德威昭義節度使李嗣昭易定節度使王處直鎮州節度使王鎔河東節度使尚書令晉王謹奉冊進盧龍横海等軍節度檢校大尉中書令燕王爲尚書令尚父五月六鎮使至梁使亦集六月守光令有司定尚父採訪使議是月梁祖遣都招討使楊師厚將兵三萬屯邢州帝令李嗣昭出師掠相衞而還秋七月帝會王鎔于承天軍鎔武皇之友也帝奉之盡敬捧巵酒爲壽鎔亦捧酒觴帝鎔幼子昭誨從行因許爲婚八月甲子幽州劉守光僭稱大燕皇帝年號應天九月庚子梁祖將親軍自洛渡河而北至相州聞帝軍未出乃止十月幽州劉守光殺帝之行人李承勳忿其不行朝禮也十一月辛丑燕人侵易定王處直來告難十二月甲子帝遣周德威劉光濬李嗣源及諸將率蕃漢之兵發晉陽伐劉守光于幽州

舊五代史卷二十七攷證

唐莊宗紀一及武皇之討王行瑜帝時年十一　案歐陽史從是書作十一吳縝纂誤據徐無黨注莊宗年四十三逆推之當以甲辰年生乾寧二年破王行瑜時當云年十二攷五代會要莊宗以光啓元年生年四十二北夢瑣言載莊宗獻王行瑜捷年十一薛歐二史俱同徐注作年四十三誤

汴將氏叔琮康懷英　案懷英本名懷貞後因避梁末帝諱始改名懷英是書前後統作懷英今仍其舊

周德威宿兵于亂柳　亂柳原本作亂楊攷歐陽史作亂柳胡三省通鑑注云亂柳在潞州屯留縣界今改正

以并汾九州歸附于梁　案并汾九州通鑑作河東九州胡三省注云河東領并遼沁汾石忻代嵐憲九州附識于此

承業曰臣受命先王　案先王原本作先帝攷晉王嗣位之初武皇尚未追稱爲帝今改正

二月壬戌　壬戌原本作丙戌今據通鑑改正

至潞州北黃碾下營　黃碾原本作黃張通鑑作黃碾胡三省注云黃碾村在潞州潞城縣今改正

初唐龍紀元年帝纔五歲　案歐陽史克用破孟方立于邢州還軍上黨置酒三垂岡時莊宗在側方五歲攷克用邢州之役在文德元年今以莊宗生年計之當從是書作龍紀元年

周德威乘勝攻澤州刺史王班登城拒守　案通鑑攷異引莊宗實錄云李存璋進攻澤州刺史王班棄城而去與是書異

德威乃退保隰州　案通鑑作周德威等聞梁帝將至乙未退保隰州是德威之退師因梁祖之親至也是書不載

距柏鄉五里　五里原本作七里今據歐陽史及通鑑改正

梁軍以五百人爭橋　案通鑑作梁軍橫亙數里競前奪橋鎮定步兵禦之勢不能支與此微異

率親軍屯白馬坡　白馬坡通鑑作白馬阪

並六鎮書　六鎮原本作大鎮今據通鑑改正

十一月辛丑燕人侵易定　案通鑑作戊申燕主守光將兵二萬寇易定是書作辛丑與通鑑異

舊五代史卷二十八

宋門下侍郎參知政事監修國史薛居正等撰

唐書第四

莊宗紀二

天祐九年春正月庚辰朔周德威等自飛狐東下丙戌會鎮定之師進營祁溝庚子次涿州刺史劉知溫以城歸順德威進迫幽州守光出兵拒戰燕將王行方等以部下四百人來奔二月庚戌朔梁祖大舉河南之衆以援守光以陝州節度使楊師厚爲招討使河南李周彝爲副青州賀德倫爲應接使鄆州袁象先爲副甲子梁祖自洛陽趨魏州遣楊師厚李周彝攻鎮州之棗强命賀德倫攻蓨縣三月壬午梁祖自督軍攻棗强甲申城陷屠之時李存審與史建瑭以三千騎屯趙州相與謀曰梁軍若不攻蓨城必西攻深冀吾王方北伐以南鄙之事付我輩豈可坐觀其弊乃以八百騎趨冀州扼下博橋令史建瑭李都督分道擒生翼日諸軍皆至獲芻牧者數百人盡殺之縱數人逸去且告晉王至矣建瑭與李都督各領百餘騎旗幟軍號類梁軍與芻牧者雜行暮及賀德倫營門殺守門者縱火大呼俘斬而旋又執芻牧者斷其手令迴梁軍乃夜遁蓨人持鉏耰白挺追擊之悉獲其輜重通鑑後梁紀云帝燒營夜遁迷失道委曲行百五十里戊子旦乃至冀州蓨之耕者皆荷鉏奮梃逐之委棄軍資器械不可勝計梁祖聞之大駭自棗强馳歸貝州殺其將張正言許從實朱彥柔以其亡師于蓨也梁祖先抱痼疾因是愈甚辛丑滄州都將張萬進殺留後劉繼威自爲滄帥遣人送款于梁亦乞降于帝戊申周德威遣李存暉攻瓦橋關下之四月丁巳梁祖自魏南歸疾篤故也戊申李嗣源攻瀛州拔之五月乙卯朔周德威大破燕軍于羊頭岡擒大將單廷珪斬首五千餘級德威自涿州進軍于幽州營于城下閏月巳酉攻其西門燕人出戰敗之六月戊寅梁祖爲其子友珪所弑友珪僭即帝位于洛陽秋八月朱友珪遣其將韓勍康懷英牛存節率兵五萬急攻河中朱友謙遣使來求援帝命李存審率師救之十月癸未帝自澤州路赴河中遇梁將康懷英于平陽破之斬首千餘級追至白徑嶺朱友謙會帝于猗氏梁軍解圍而去庚申周德威報劉守光三遣使乞和不報丁卯燕將趙行實來奔天祐十年春正月丁巳周德威攻下順州獲刺史王在思二月甲戌朔攻下安遠軍獲燕將一十八人庚寅梁朱友珪爲其將袁象先所殺均王友貞即位于汴州丙申周德威報檀州刺史陳確以城降三月甲辰朔收盧

臺軍乙丑收古北口時居庸關使胡令珪等與諸戍將相繼挈族來奔丙寅武州刺史高行珪遣使乞降時劉守光遣愛將元行欽牧馬于山北聞行珪有變率戍兵攻行珪行珪遣其弟行溫爲質且乞應援周德威遣李嗣源李嗣本安金全率兵救武州降元行欽以歸四月甲申燕將李暉等二十餘人舉族來奔德威攻幽州南門壬辰劉守光遣使王遵化致書哀祈于德威德威戲遵化曰大燕皇帝尚未郊天何怯劣如是耶守光再遣哀祈德威乃以狀聞己亥劉光濬攻下平州獲刺史張在吉五月壬寅朔光濬進迫營州刺史楊靖以城降乙巳梁將楊師厚會劉守奇率大軍侵鎮州時帝之先鋒將史建瑭自趙州率五百騎入眞定師厚大掠鎮冀之屬邑王鎔告急于周德威德威分兵赴援師厚移軍寇滄州張萬進懼遂降于梁六月壬申朔帝遣監軍張承業至幽州與周德威會議軍事秋七月承業與德威率千騎至幽州西守光遣人持信箭一隻乞修和好承業曰燕師富令子弟一人爲質則可是日燕將司全爽等十一人並舉族來奔辛亥德威進攻諸城門壬子賊將楊師貴等五十人來降甲子五院軍使李信攻下莫州時守光繼遣人乞降將緩帝軍陰令其將孟修阮通謀于滄州節度使劉守奇及求援于楊師厚帝之游騎擒其使以獻是月帝會王鎔于天長九月劉守光率衆夜出遂陷順州冬十月己巳朔守光率七百騎步軍五千夜入檀州庚午周德威自涿州將兵躡之壬申守光自檀州南山而遁德威追及大敗之獲大將李劉張景紹及將吏八百五十人馬一百五十匹守光得百餘騎遁入山谷德威急馳扼其城門守光惟與親將李小喜等七騎奔入燕城己丑守光遣牙將劉化修周遵業等以書幣哀祈德威庚寅守光乘城以病告復令人獻自乘馬玉鞍勒易德威所乘馬而去俄而劉光濬擒送守光僞殿直二十五人于軍門守光又乘城謂德威曰予俟晉王至即泥首俟命祈德威即馳驛以聞十一月己亥朔帝下令親征幽州甲辰發晉陽己未至范陽辛酉守光奉禮幣歸款于帝帝單騎臨城邀守光辭以他日蓋爲其親將李小喜所扼也是夕小喜來奔帝下令諸軍詰旦攻城壬戌梯衝並進軍士畢登帝登燕丹塚以觀之有頃擒劉仁恭以獻癸亥帝入燕城諸將畢賀十二月庚午墨制授周德威幽州節度使癸酉檀州燕樂縣人執劉守光幷妻李氏祝氏子繼祚以獻己卯帝下令班師自雲代而旋時鎮州王鎔定州王處直遣使請帝由井陘而西許之庚辰帝發幽州擄仁恭父子以行甲申次定州舍于關城翼日次曲陽與王處直謁北嶽祠是日次衡唐鎮州王鎔迎謁于路天祐十一年春正月戊戌朔王鎔以履新之日與其子昭祚昭誨奉觴上壽置宴鎔啟曰燕王劉太師頃爲鄰國今欲把其風儀可乎帝即命主者破械引仁恭守光至與之同宴鎔饋以衣被飲食己亥帝發鎮州因與王鎔畋于衡唐之西壬子至晉陽以組練繫仁恭守光號令而入是日誅守光遣大將李存霸拘送仁恭于代州刺其心血奠告于武皇陵然後斬之是月鎮州王鎔定州王處直遣使推帝爲尚書令初王鎔稱藩于梁梁以鎔爲尚書令至是鎮定以帝南破梁軍北定幽薊乃共推崇焉使三至帝讓乃從之遂選日受冊開霸府建行臺如武德故事秋七月帝親將自黃沙嶺東下會鎮人進軍邢洺梁將楊師厚軍于漳東帝軍次張公橋既而裨將曹進金奔于梁帝軍不利而退八月還晉陽天祐十二年三月梁魏博節度使賀德倫遣使奉幣乞盟時楊師厚卒于魏州梁王乃割相衛澶三州別爲一鎮以德倫爲魏博節度使以張筠爲相州節度使魏人不從是月二十九日夜魏軍作亂囚德倫于牙署三軍大掠軍士有張彥者素實凶暴爲亂軍之首迫德倫上章請卻復六州之地梁主不從遂迫德倫歸于帝且乞師爲援帝命馬步副總管李存審自趙州帥師屯臨清帝自晉陽東下與存審會通鑑晉王引大軍自黃澤嶺東下與存審會于臨清猶疑魏人之詐按兵不進賀德倫遣從事司空頲至軍密啟張彥狂勃之狀且曰若不翦此亂階恐貽後悔帝默然遂進軍永濟張彥謁見以銀槍効節五百人從皆被甲持兵以自衛帝登樓諭之曰汝等在城濫殺平人奪其妻女數日以來迎訴者甚衆當斬汝等以謝鄴人遽令斬彥及同惡者七人軍士股慄帝親加慰撫而退翼日帝輕裘緩策而進令張彥部下軍士被甲持兵環馬而從命爲帳前銀槍軍衆心大服梁將劉鄩聞帝至以精兵萬人自洹水趨魏縣帝命李存審帥師禦之帝率親軍于魏縣西北夾河爲柵六月庚寅朔帝入魏州賀德倫上符印請帝兼領魏州帝從之墨制授德倫大同軍節度令取便路赴任帝下令撫諭鄴人軍城畏肅民心大服是時以貝州張源德據壘拒命南通劉鄩又與滄州首尾相應聞德州無備遣別將襲之遂拔其城命遼州牙將馬通爲德州刺史以扼滄貝之路秋七月梁澶州刺史王彥章棄城而遁畏帝軍之逼也以故將李巖爲澶州刺史帝至魏縣因率百餘騎覘梁軍之營是日陰晦劉鄩伏兵五千于河南叢木間帝至伏兵忽起大譟而來圍帝數十重帝以百騎馳突奮擊梁軍辟易決圍而出有頃援軍至乃解帝顧謂軍士曰幾爲賊所笑是月劉鄩潛師由黃澤西趣晉陽至樂平而還遂軍于宗城初鄩在洹水數日不出寂無聲迹帝遣騎覘之無斥候者城中亦無煙火之狀但有鳥止于壘上時見旗幟循堞往來帝曰我聞劉鄩用兵一步百變必以詭計誤我使覘城中乃縛旗于芻偶之上使驢負之循堞而行得城中羸老者詰之云軍去已二日矣既而有人自鄩軍至者言兵已趣黃澤帝遽發騎追之時霖雨積旬鄩軍倍道兼行皆腹疾足腫加以山路險阻崖谷泥滑緣蘿引葛方得少進顛墜巖坂陷于泥淖而死者十二三前軍至樂平糗糒將竭聞帝軍追躡于後太原之衆在前羣情大駭鄩收合其衆還自邢州陳宋口渡漳水而東駐于宗城時魏之軍儲已乏臨清積粟所在鄩引軍據之周德威初聞鄩軍之西自幽州率千騎至土門及鄩軍東下急趨南宮知鄩軍在宗城遣十餘騎迫其營擒斥候者斷其腕令還德威至臨清鄩起軍駐貝州帝率親騎次博州鄩軍于堂邑周德威自臨清率五百騎躡之是日鄩軍于莘縣帝營于莘西一舍城壘相望日夕交鬭八月梁將賀瓌襲取澶州帝遣李存審率兵五千攻貝州因塹而圍之冬十月有軍士自鄩軍來奔帝善待之乃劉鄩密令賫酖賂帝膳夫欲寘毒于食中會有告者索其黨誅之天祐十三年春二月帝知劉鄩將謀速戰乃聲言歸晉陽以誘之實勞軍于貝州也令李存審守其營鄩謂帝已臨晉陽將乘虛襲鄴遣其將楊延直自澶州率兵萬人會于城下夜半至于南門之外城中潛出壯士五百人突入延直之軍譟聲動地梁軍自亂遲明鄩自莘引軍至城東與延直兵會鄩之來也李存審率兵踵其後李嗣源自魏城出戰俄而帝自貝州至鄩卒見帝驚曰晉王耶因引軍漸卻至故元城西李存審大軍已成列矣軍前後爲方陣梁軍于其間爲圓陣四面受敵兩軍初合梁軍稍衄再合鄩引騎軍突西南而走帝以騎軍追擊之梁步兵合戰短兵既接帝軍鼓譟圍之數重埃塵漲天李嗣源以千騎突入其間衆皆披靡相蹦如積帝軍四面斬擊棄甲之聲聞數十里衆既奔潰帝之騎軍追及于河上十百爲羣赴水而死梁步兵七萬殲亡殆盡劉鄩自黎陽濟奔滑州是月梁主遣別將王檀率兵五萬自陰地關趨晉陽急攻其城昭義李嗣昭遣將石嘉才率騎三百赴援時安金全張承業堅守于內嘉才救援于外檀懼乃燒營而遁追擊至陰地關時劉鄩敗于莘縣王檀遁于晉陽梁主聞之曰吾事去矣三月乙卯朔分兵以攻衛州壬戌刺史米昭以城降夏四月攻洺州下之五月帝還晉陽六月命偏師攻閻寶于邢州梁主遣捉生都將張溫率步騎五百爲援至內黃溫率衆來奔秋七月甲寅朔帝自晉陽至魏州八月大閱師徒進攻邢州相州節度使張筠棄城遁去以袁建豐爲相州刺史依舊隸魏州邢州節度使閻寶請以城降以忻州刺史蕃漢副總管李存審爲邢州節度使以閻寶爲西南面招討使遙領天平軍節度使是月契丹入蔚州振武節度使李嗣本陷于契丹九月帝還晉陽梁滄州節度使戴思遠棄城遁去舊將毛璋入據其城李嗣源帥師招撫璋以城降乃以李存審爲滄州節度使以李嗣源爲邢州節度使時契丹犯塞帝領親軍北征至代州北聞蔚州陷乃班師遼史太祖紀十一月攻蔚新武嬀儒五州自代北至河曲踰陰山盡有其地其圍蔚州敵樓無故自壞衆軍大譟乘之不踰時而破是月貝州平以向任滄州降將毛璋爲貝州刺史自是河朔悉爲帝所有帝自晉陽復至于魏州天祐十四年二月帝聞劉鄩復收殘兵保守黎陽遂率師以攻之不克而還是月甲午新州將盧文進殺節度使李存矩叛入契丹遂引契丹之衆寇新州存矩帝之諸弟也治民失政御下無恩故及于禍帝以契丹主安巴堅與武皇屢盟于雲中既又約爲兄弟急難相救至是容納叛將違盟犯塞乃馳書以讓之契丹攻新州甚急刺史安金全棄城而遁契丹以文進部將劉殷爲刺史帝命周德威率兵三萬攻之營于城東俄而文進引契丹大至德威拔營而歸因爲契丹追躡師徒多喪契丹乘勝寇幽州是時言契丹者或云五十萬或云百萬漁陽以北山谷之間氈車毳幕羊馬彌漫盧文進招誘幽州亡命之人教契丹爲攻城之具飛梯衝車之類畢陳于城下鑿地道起土山四面攻城半月之間機變百端城中隨機以應之僅得保全軍民困弊上下恐懼德威間道馳使以聞帝憂形于色召諸將會議時李存審請急救燕薊且曰我若猶豫未行但恐城中生事李嗣源曰願假臣突騎五千以破契丹閻寶曰但當蒐選銳兵控制山險強弓勁弩設伏待之帝曰吾有三將無復憂矣夏四月命李嗣源率師赴援次于淶水又遣閻寶率師夜過祁溝俘擒而還周德威遣人告李嗣源曰契丹三十萬馬牛不知其數近日所食羊馬過半安巴堅責讓盧文進深悔其來契丹勝兵散布射

猘安巴堅帳前不滿萬人宜夜出奇兵掩其不備嗣源具事以聞遼史太祖紀四月圍幽州不克六月乙巳望城中有氣如煙火狀上曰未可攻也以大暑霖潦班師留盧國用守之是契丹主已于六月退師矣秋七月辛未帝遣李存審領軍與嗣源會于易州步騎凡七萬于是三將同謀銜枚東甲尋澗谷而行直抵幽州八月甲午自易州北循山而行李嗣源率三千騎爲前鋒庚子循大房嶺而東距幽州六十里契丹萬騎遽至存審嗣源極力以拒之契丹大敗委棄毳幕氈廬弓矢羊馬不可勝紀進軍追討俘斬萬計辛丑大軍入幽州德威見諸將握手流涕翼日獻捷于鄴九月班師帝授存審檢校太傅嗣源檢校太保閻寶加同平章事十月帝自魏州還晉陽十一月復至魏州十二月帝觀兵于河上時梁人據楊劉城列柵相望帝率軍履河冰而渡盡平諸柵進攻楊劉城城中守兵三千人帝率騎軍環城馳射又令步兵持斧斬其鹿角負葭葦以堙塹帝自負一圍而進諸軍鼓譟而登遂拔其壘獲守將安彥之是夕帝宿楊劉天祐十五年春正月帝軍徇地至鄆濮時梁主在洛將修郊禮聞楊劉失守狼狽而還二月梁將謝彥章帥衆數萬來迫楊劉築壘以自固又決河水瀰漫數里以限帝軍六月壬戌帝自魏州復至楊劉甲子率諸軍涉水而進梁人臨水拒戰帝軍小卻俄而鼓譟復進梁軍漸退因乘勢而擊之交鬬于中流梁軍大敗殺傷甚衆河水如絳謝彥章僅得免去是月淮南楊溥遣使來會兵將致討于梁也秋八月辛丑朔大閱于魏郊河東魏博幽滄鎮定邢洺麟勝雲朔十鎮之師及奚契丹室韋吐渾之衆十餘萬部陣嚴肅旌甲照曜師旅之盛近代爲最己酉梁兗州節度使張萬進遣使歸款帝自魏州率師次于楊劉略地至鄆濮而還遂營于麻家渡諸陣列營十數梁將賀瓌謝彥章以軍屯濮州行臺村結壘相持百餘日帝嘗以數百騎摩壘求戰謝彥章率精兵五千伏于隄下帝以十餘騎登堤伏兵發圍帝十數重俄而帝之騎軍繼至攻于圍外帝于圍中躍馬奮擊決圍而出李存審兵至梁軍方退是時帝銳于接戰每馳騎出營存審必叩馬進諫帝伺存審有間即策馬而出顧左右曰老子妨吾戲耳至是幾危方以存審之言爲忠也十二月庚子朔帝進軍距梁軍柵十里而止時梁將賀瓌殺騎將謝彥章于軍帝聞之曰賊帥自相魚肉安得不亡戊午下令軍中老幼令歸魏州悉兵以趣汴庚申大軍毁營而進辛酉次于臨濮梁軍拾營躡于後癸亥次胡柳陂遲明梁軍亦至帝率親軍出視諸軍從之梁軍已成陣橫亙數十里帝亦以橫陣抗之時帝與李存審總河東魏博之衆居其中周德威以幽薊之師當其西鎮定之師當其東梁將賀瓌王彥章全軍接戰帝以銀槍軍突入梁軍陣中斬擊十餘里賀瓌王彥章單騎走濮陽帝軍輜重在陣西望見梁軍旗幟皆驚走因自相蹈籍不能禁止帝一軍先敗周德威戰沒是時敵中有土山梁軍數萬先據之帝帥中軍至山下梁軍嚴整不動旗幟甚盛帝呼諸軍曰今日之戰得山者勝賊已據山吾與爾等各馳一騎以奪之帝率軍先登銀槍步兵繼進遂奪其山梁軍紛紜而下復于土山西結陣數里時日已晡矣或曰諸軍未齊不如還營詰朝可圖再戰閻寶進曰深入賊境逢其大敵期于盡銳以決雌雄況賊帥奔亡衆心方恐今乘高擊下勢如破竹矣銀槍都將王建及被甲橫槊進曰賊將先已奔亡王之騎軍一無所損賊衆晡晚大半思歸擊之必破王但登山縱觀責臣以破賊之效于是李嗣昭領騎軍自土山北以逼梁軍王建及呼士衆曰今日所失輜重並在山下乃大呼以奮擊諸軍繼之梁將大敗時元城令吳瓊貴鄉令胡裝各部役徒萬人于山下曳柴揚塵鼓譟助其勢梁軍不之測自相騰籍棄甲山積甲子命行戰場收獲鎧仗不知其數時帝之軍士有先入大梁問其次舍者梁人大恐驅市人以守其殘衆奔歸汴者不滿千人帝軍遂拔濮陽

舊五代史卷二十八攷證

唐莊宗紀二梁祖自督軍攻棗强甲申城陷屠之　甲申通鑑作丙戌

周德威大破燕軍于羊頭岡　案通鑑作龍頭岡攷異引莊宗實錄作羊頭岡

十一月己亥朔帝下令親征幽州　案歐陽史作十月

劉守光請降王如幽州

是日誅守光　案遼史太祖紀七年正月晉王李存勗拔幽州擒劉守光攷遼史太祖七年即天祐十年莊宗以天祐十年冬始拔幽州十一年正月乃凱旋也遼史誤以次年事先一年書之

遣使推帝爲尚書令　案通鑑攷異引唐實錄云天祐八年晉王已稱尚書令是書作天祐十一年與唐實錄異

是月二十九日夜　案通鑑攷異引莊宗實錄作二十七日今攷是書賀德倫傳作二十九日與此紀合

以故將李巖爲澶州刺史　李巖通鑑攷異引莊宗實錄作李嚴

決圍而出　案通鑑作自午至申乃得出亡其七騎

遣將石嘉才　嘉才梁紀作家才唐列傳作家財

以袁建豐爲相州刺史依舊隸魏州　案通鑑作四月晉人拔洺州以魏州都巡檢使袁建豐爲洺州刺史八月晉人復以相州隸天雄軍以李嗣源爲刺史與是書異

是月契丹入蔚州振武節度使李嗣本陷于契丹　案歐陽史及通鑑俱從是書作蔚州遼史太祖紀作神冊元年八月拔朔州擒節度使李嗣本與是書異

是月淮南楊溥遣使來會兵將致討于梁也　案十國春秋吳世家作七月晉王李存勗遣間使持帛書會兵伐梁王辭以虔州之難與是書異

安巴堅舊作阿保機今改

舊五代史卷二十九

宋門下侍郎參知政事監修國史薛居正等撰

唐書第五

莊宗紀三

天祐十六年春正月李存審城德勝夾河爲柵帝還魏州命昭義軍節度使李嗣昭權知幽州軍府事三月帝兼領幽州遣近臣李紹宏提舉府事夏四月梁將賀瓌圍德勝南城百道攻擊復以艨艟扼斷津度帝馳而往陣于北岸南城守將氏延賞告急且言矢石將盡帝以重賂召募能破賊艦者于是獻技者數十或言能吐火焚舟或言能禁呪兵刃悉命試之無驗帝憂形于色親從都將王建及進曰臣請效命乃以巨索連舟十艘選効節勇士三百人持斧被鎧鼓枻而進至中流梁樓船三層蒙以牛革懸板爲楯建及率持斧者入艨艟間斬其竹笮破其懸楯又于上流取甕數百用竹笮維之積薪于上灌以脂膏火發亙空又以巨艦載甲士令乘煙鼓譟梁之樓船斷紲而下沈溺者殆半軍既得渡梁軍乃退命騎軍追襲至濮陽俘斬千計賀瓌由此飲氣遘疾而卒秋七月帝歸晉陽八月梁將王瓚帥衆數萬自黎陽渡河營于楊村造舟爲梁以通津路冬十月帝自晉陽至魏州發徒數萬以廣德勝北城自是日與梁軍接戰十二月戊戌帝軍于河南夜伏兵于潘張村梁軍寨下以騎軍掠其餉運擒其斥候梁王瓚結陣以待帝軍以鐵騎突之諸軍繼進梁軍大奔赴水死者甚衆瓚走保北城天祐十七年春幽州民于田中得金印文曰關中龜印李紹宏獻于行臺秋七月梁將劉鄩尹皓寇同州先是河中節度使朱友謙取同州以其子令德主留務請梁主降節梁主怒不與遂請旄節于帝梁主乃遣劉鄩與華州節度使尹皓帥兵圍同州友謙來告難帝遣蕃漢總管李存審昭義節度使李嗣昭代州刺史王建及率師赴援九月師至河中朝至夕濟梁人不意王師之至望之大駭明日約戰與朱友謙謀遲明進軍拒梁壘梁人悉衆以出蒲師在南王師在北騎軍既接蒲人小卻李嗣昭以輕騎抗之梁軍奔潰追斬二千餘級是夜劉鄩收餘衆保營自是閉壁不出數日鄩遂宵遁王師追及于渭河所棄兵仗輜重不可勝計劉鄩尹皓單騎獲免未幾鄩憂恚發病而卒王師略地至奉先嗣昭因謁唐帝諸陵而還天祐十八年春正月魏州開元寺僧傳眞獲傳國寶獻于行臺驗其文即受命于天子孫寶之八字也羣僚稱賀傳眞師于廣明中遇京師喪亂得之秘藏已四十年矣篆文古體人不之識至是獻之時淮南楊溥四川王衍皆遣使致書勸帝嗣唐帝位帝不從二月代州刺史王建及卒是月鎮州大將張文禮殺其帥王鎔時帝方與諸將宴酒酣樂作聞鎔遇弑遽投觶而泣曰趙王與吾把臂同盟分如金石何負于人覆宗絕祀寃哉先是滹沱暴漲漂關城之半溺死者千計是歲天西北有赤祲如血占者言趙分之災至是果驗時張文禮遣使請旄節于帝曰文禮之罪期于無赦敢邀予旄節左右曰方今事繁不欲與人生事帝不得已而從之乃承制授文禮鎮州兵馬留後三月河中節度使朱友謙昭義節度使李嗣昭滄州節度使李存審定州節度使王處直邢州節度使李嗣源成德軍兵馬留後張文禮遙領天平軍節度使閻寶大同軍節度使李存璋新州節度使王郁振武節度使李存進同州節度使朱令德各遣使勸進請帝紹唐帝位帝報書不允自是諸鎮凡三上章勸進各獻貨幣數十萬以助即位之費帝左右亦勸帝早副人望帝撝挹久之九國志趙季良傳季良嘗夢手扶御座自謂輔佐之象由是頗述天時人事以諷莊宗莊宗深納其言秋七月河東節度副使盧汝弼卒八月庚申令天平節度使閻寶成德兵馬留後符習率兵討張文禮于鎮州初王鎔

令偏將符習以本部兵從帝屯于德勝文禮既行弒逆忌鎔故將多被誅戮因遣使閒于帝欲以他兵代習歸鎮習等懼請留帝令傳旨于習及別將趙仁貞烏震等明正文禮弒逆之罪且言爾等荷戟從征蓋君父之故銜冤報恩誰人無心吾當給爾資糧助爾兵甲爾試思之于是習等率諸將三十餘人慟哭于牙門請討文禮帝因授習成德軍兵馬留後以部下鎮冀兵致討于文禮又遣閻寶以助之以史建瑭爲前鋒甲子攻趙州刺史王鋋送符印以迎閻寶遂引軍至鎮州城下營于西北隅是月張文禮病疽而卒其子處瑾代掌軍事九月前鋒將史建瑭與鎮人戰于城下爲流矢所中而卒冬十月己未梁將戴思遠攻德勝北城帝命李嗣源設伏于戚城令騎軍挑戰梁軍大至帝御中軍以禦之時李從珂僞爲梁幟奔入梁壘斧其眺樓持級而還梁軍愈恐步兵漸至李嗣源以鐵騎三千乘之梁軍大敗俘斬二萬計辛酉閻寶上言定州節度使王處直爲其子都幽于別室都自稱留後（歐陽史王處直叛附于契丹其子都幽處直以來附）十一月帝至鎮州城下張處瑾遣弟處琪幕客齊儉等候帝乞降言猶不遜帝命囚之時王師築土山以攻其壘城中亦起土山以拒之旬日之間機巧百變張處瑾令韓正將以千騎夜突圍將入定州與王處直議事爲我游軍追擊破之餘衆保衡唐賊將彭贇斬正時以降十二月辛未王郁誘契丹安巴堅寇幽州（契丹國志王處直在定州以鎮定爲唇齒恐鎮亡而定孤乃潛使人語其子王郁使賂契丹合犯塞以救鎮州之圍王郁說太祖曰鎮州美女如雲金帛似山天皇速往則皆爲己物也不然則爲晉王所有矣太祖以爲然率衆而南）遂引軍涿州陷之又寇定州王都遣使告急帝自鎮州率五千騎赴之天祐十九年春正月甲午帝至新城契丹前鋒三千騎至新樂是時梁將戴思遠乘虛以寇魏州軍至魏店李嗣源自領兵馳入魏州梁人知其有備乃西渡洹水陷成安而去時契丹渡沙河而諸將相顧失色又聞梁人內侵鄴城危急皆請旋師唯帝謂不可乃率親騎至新城契丹萬餘騎遽見帝軍惶駭而退帝分軍爲二廣追躡數十里獲安巴堅之子時沙河水薄橋梁隘狹敵爭踐而過陷溺者甚衆安巴堅方在定州聞前軍敗退保望都帝至定州王都迎謁是夜宿于開元寺翼日引軍至望都契丹逆戰帝身先士伍馳擊數四敵退而結陣帝之徒兵亦陣于水次李嗣昭躍馬奮擊敵衆大潰俘斬數千追擊至易州獲氈裘毳幕羊馬不可勝紀時歲且北至大雪平地五尺敵乏芻糧人馬斃踣道路纍纍不絕帝乘勝追襲至幽州（契丹國志晉王趨望都爲契丹所圍力戰出入數四不解李嗣昭引三百騎橫擊之晉王始得出因縱兵奮擊太祖兵敗逐北至易州會大雪彌旬平地數尺人馬死者相屬太祖乃歸）是月梁將戴思遠寇德勝北城築壘穿塹地道雲梯晝夜攻擊李存審極力拒守城中危急帝自幽州聞之倍道兼行以赴梁人聞帝至燒營而遁三月丙午王師敗于鎮州城下閻寶退保趙州時鎮州累月受圍城中艱食王師築壘環之又決滹沱水以絕城中出路是日城中軍出攻其長圍皆奮力死戰王師不能拒引師而退鎮人壞其營壘取其芻糧者累日帝聞失律即以昭義節度使李嗣昭爲北面招討使進攻鎮州夏四月嗣昭爲流矢所中卒于師己卯天平節度使閻寶卒以振武節度使李存進爲北面招討使是月大同軍節度使李存璋卒五月乙酉李存進圍鎮州營于東渡八月梁將段凝陷衛州刺史李存儒被擒存儒本俳優也帝以其有膂力故用爲衛州刺史既而誅斂無度人皆怨之故爲梁人所襲（九國志趙季良傳莊宗入鄴時兵革屢興屬邑租賦逋久一日莊宗召季良切責之季良對曰殿下何時平河南莊宗色曰爾掌輿賦而稽緩安問我勝負乎季良曰殿下方謀攻守復務急徵一旦衆心有變恐河南非殿下所有莊宗斂容前膝曰微君之言幾失吾大計）梁將戴思遠又陷共城新鄉等邑自是澶淵之西相州之南皆爲梁人所據九月戊寅朔張處球悉城中兵奄至東垣渡急攻我之壘門時騎軍已臨賊城不覺其出李存進惶駭引十餘人鬭于橋上賊退我之騎軍前後夾擊之賊衆大敗步卒數千殆無還者是役也李存進戰歿于師以蕃漢馬步總管李存審爲北面招討使以攻鎮州丙午夜趙將李再豐之子冲投縋以接王師諸軍登城遲明畢入鎮州平獲處球處瑾處琪并其母及同惡高濛李翥齊儉等皆折足送行臺鎮人請臨而食之發張文禮尸磔于市帝以符習爲鎮州節度使烏震爲趙州刺史趙仁貞爲深州刺史李再豐爲冀州刺史鎮人請帝兼領本鎮從之乃以符習遙領天平軍節度使十一月河東監軍張承業卒十二月以魏州觀察判官張憲權知鎮州軍州事

同光元年春正月丙子五臺山僧獻銅鼎三言于山中石崖間得之二月新州團練使李嗣肱卒是時以諸藩鎮相繼上牋勸進乃命有司制置百官省寺仗衛法物期以四月行即位之禮以河東節度判官盧質爲大禮使三月己卯以橫海軍節度使內外蕃漢馬步總管李存審爲幽州節度使潞州留後李繼韜叛送款于梁是月築即位壇于魏州牙城之南夏四月己巳帝昇壇祭告昊天上帝遂即皇帝位文武臣寮稱賀禮畢御應天門宣制改天祐二十年爲同光元年大赦天下自四月二十五日昧爽以前除十惡五逆放火行劫持杖殺人官典犯贓屠牛鑄錢合造毒藥外罪無輕重咸赦除之應蕃漢馬步將校並賜功臣名號超授檢校官已高者與一子六品正員官兵士並賜等第優給其戰歿功臣各加追贈仍賜謚號民年八十已上與免一子役內外文武職官並可直言極諫無有隱諱貢選二司宜令有司速商量施行雲應蔚朔易定幽燕及山後八軍秋夏稅率量與蠲減民有三世已上不分居者與免雜徭諸道應有祥瑞不用聞奏赦書有所未該委所司條奏以聞云是歲自正月不雨人心憂恐宣赦之日澍雨溥降初唐咸通中金水土火四星聚于畢昴太史奏畢昴趙魏之分其下將有王者懿宗乃詔令鎮州王景崇被袞冕攝朝三日遣臣下備儀注軍府稱臣以厭之其後四十九年帝破梁軍于柏鄉平定趙魏至是即位于鄴宮是月以行臺左丞相豆盧革爲門下侍郎同中書門下平章事太清宮使以行臺右丞相盧澄爲中書侍郎平章事監修國史以前定州掌書記李德休爲御史中丞以河東節度判官盧質爲兵部尚書充翰林學士承旨以河東掌書記馮道爲戶部侍郎充翰林學士以魏博鎮冀觀察判官張憲爲工部侍郎充租庸使以中門使郭崇韜昭義監軍使張居翰並爲樞密使以權知幽州軍府事李紹宏爲宣徽使以魏博節度判官王正言爲禮部尚書行興唐尹以河東軍城都虞候孟知祥爲太原尹充西京副留守以澤潞節度判官任圜爲工部尚書兼真定尹充北京副留守詔升魏州爲東京興唐府改元城縣爲興唐縣貴鄉縣爲廣晉縣以太原爲西京以鎮州爲北都是時所管節度一十三州五十閏月丁丑以李嗣源爲檢校侍中依前橫海軍節度使內外蕃漢副總管以幽州節度使李存審爲檢校太師兼中書令依前蕃漢馬步總管以河東節度使朱友謙爲檢校太師兼尚書令安國軍節度使符習加同平章事定州節度使王都加檢校侍中是月追尊曾祖蔚州太保爲昭烈皇帝廟號懿祖夫人崔氏曰昭烈皇后追尊皇祖代州太保爲文景皇帝廟號獻祖夫人秦氏曰文景皇后追尊皇考河東節度使太師中書令晉王爲武皇帝廟號太祖詔于晉陽立宗廟以高祖神堯皇帝太宗文皇帝懿宗昭聖皇帝昭宗聖穆皇帝及懿祖以下爲七廟甲午契丹寇幽州至易定而還時有自鄆來者言節度使戴思遠領兵在河上州城無守兵可襲而取之帝召李嗣源謀曰昭義阻命梁將董璋攻迫澤州梁志在澤潞不虞別有事生汶陽無備不可失也嗣源以爲然壬寅命嗣源率步騎五千銜枚自河趨鄆是夜陰雨我師至城下鄆人不覺遂乘城而入鄆州平制以李嗣源爲天平軍節度使梁主聞鄆州陷大恐乃遣王彥章代戴思遠總兵以來拒時朱守殷守德勝南城帝懼彥章奔衝遂幸澶州五月辛酉彥章夜率舟師自楊村浮河而下斷德勝之浮橋攻南城陷之帝命中書焦彥賓馳至楊劉固守其城命朱守殷撤德勝北城屋木攻具浮河而下以助楊劉是時德勝軍食芻茭薪炭數十萬計至是令人輦負入澶州事既倉猝耗失殆半朱守殷以所毀屋木編栰置步軍于其上王彥章以舟師沿流而下各行一岸每遇轉灘水滙即中流交鬬流矢雨集或全舟覆沒一彼一此終日百戰比及楊劉殆亡其半己巳王彥章段凝率大軍攻楊劉南城焦彥賓與城守將李周極力固守梁軍晝夜攻擊百道齊進竟不能下遂結營于楊劉之南東西延袤數十栅六月己亥帝親御軍至楊劉登城望見梁軍重壕複壘以絕其路帝乃選勇士持短兵出戰梁軍于城門外連延屈曲穿掘小壕伏甲兵于中候帝軍至則弓弩齊發師人多傷兵不得進帝患之問計于郭崇韜崇韜請于下流據河築壘以救鄆州又請帝日令勇士挑戰旬日之內寇若不至營壘必成帝善之即令崇韜與毛璋率數千人中夜往博州濟河東晝夜督役居六日營壘將成戊子梁將王彥章杜晏球領徒數萬晨壓帝之新壘時板築雖畢牆仞低庳戰具未備沙城散惡王彥章列騎環城虐用其人使步軍堙壕登堞又于上流下巨艦十餘艘扼斷濟路自旦至午攻擊百端城中危急帝自楊劉引軍陣于西岸城中望之大呼帝艤舟將渡梁軍遂解圍退保鄒家口秋七月丁未帝御軍沿河而南梁軍棄鄒家口夜遁委棄錙甲芻糧千計戊午遣騎將李紹貽直抵梁軍壘梁益恐又聞李嗣源自鄆州引大軍將至己未夜梁軍拔營而遁復保于楊村帝軍屯于德勝甲子帝幸楊劉城巡視梁軍故壘八月壬申朔帝遣李紹斌以甲士五千援澤州初李繼韜之叛也潞之舊將裴約以兵戍澤州不徇繼韜之逆既而梁遣董璋率衆攻其城約拒守久之告急于帝故遣紹斌救之未至而城已陷裴約被害帝聞之嗟痛不已甲戌帝自楊劉歸鄆梁以段凝代王彥章爲帥戊子凝帥衆五萬結營于王村自高陵渡河帝軍遇之生擒梁前鋒軍士二百人戮于都市庚寅帝御軍至朝城戊戌梁左右先鋒指揮使康延孝領百

騎來奔帝虛懷引見賜御衣玉帶屏人問之對曰臣竊觀汴人兵衆不少論其君臣將校則終見敗亡趙巖趙鵠張漢傑居中專政締結宮掖賄賂公行段凝素無武略一朝便見大用霍彥威王彥章皆宿將有名翻出其下自彥章獲德勝南城梁主亦稍奬使彥章立性剛暴不耐夌制梁主每一發軍卽令近臣監護進止可否悉取監軍處分彥章悒悒形于顏色自河津失利段凝彥章又獻謀欲數道舉軍令董璋以陝虢澤潞之衆趨石會關以寇太原霍彥威統關西汝洛之衆自相衞以寇鎭定段凝杜晏球領大軍以當陛下令王彥章張漢傑統禁軍以攻鄆州決取十月內大舉又自滑州南決破河堤使水東注曹濮之間至于汶陽瀰漫不絕以陷北軍臣在軍側聞此議臣惟汴人兵力聚則不少分則無餘陛下但待分兵領鐵騎五千自鄆州兼程直抵于汴不旬日天下事定矣帝懌然壯之九月壬寅朔帝在朝城疑兵至臨河南與帝之騎軍接戰是時澤潞叛衞州黎陽爲梁人所據州以西相以南寇鈔日至編戶流亡計其軍賦不支半年又王郁盧文進召契丹南侵瀛涿及聞梁人將圖大舉帝深憂之召諸將吏謀其大計或曰自我得汶陽以來須大將固守城門之外元是賊疆細而料之得不如失今若馳檄告諭梁人却衞州黎陽以爲鄆州指河爲界約且休兵我國力稍集則議改圖帝曰嘻行此謀則無葬地矣時郭崇韜勸帝親御六軍直趨汴州半月之間天下可定帝曰正合朕意大丈夫得則爲王失則爲寇予行計決矣又問司天監對曰今歲時不利深入必無成功帝弗聽戊辰梁將王彥章率衆至汶河李嗣源遣騎軍偵視至遞公鎭梁軍來挑戰嗣源以精騎擊而敗之生擒梁將任釗田章等三百人俘斬二百級彥章引衆保于中都嗣源飛騎告捷帝置酒大悅曰是當決行渡河之策已巳下令軍中將士家屬竝令歸鄴

舊五代史卷二十九攷證

唐莊宗紀三未幾鄩憂恚發病卒　案梁書劉鄩傳作遇酖而卒

鎭州大將張文禮殺其帥王鎔　案歐陽史作正月趙將張文禮弑其君鎔五代春秋作三月趙人張文禮殺其君鎔與是書繫二月前後互異

遂引軍涿州陷之　案契丹陷涿州在天祐十八年李嗣弼傳作天祐十九年紀傳互異

行臺右丞相盧澄　盧澄歐陽史作盧程攷北夢瑣言亦作澄今仍其舊

帝令中書焦彥賓馳至楊劉固守其城　案通鑑作帝令宦者焦延賓急趣楊劉與鎭使李周固守其城

六月已亥帝親御軍至楊劉　案已亥通鑑作乙亥

帝艤舟將渡梁軍遂解圍　案歐陽史作六月及王彥章戰于新壘敗之據是書則王彥章因救至而解圍未嘗敗績也

遣騎將李紹貽　李紹貽通鑑作李紹榮

至遞公鎭　遞公鎭通鑑從莊宗實錄作遞坊鎭攷是書明宗紀亦作遞坊惟通鑑攷異所引薛史作遞公今姑仍其舊

安巴堅舊作阿保機今改

舊五代史卷三十

宋門下侍郎參知政事監修國史薛居正等撰

唐書第六

莊宗紀四

同光元年冬十月辛未朔日有食之是日皇后劉氏皇子繼岌歸鄴宮帝送于離亭歔欷而別詔宣徽使李紹宏宰相豆盧革租庸使張憲與唐尹王正言同守鄴城壬申帝御大軍自楊劉濟河癸酉至鄆州是夜三鼓渡汶時王彥章守中都甲戌帝攻之中都素無城守師既雲合梁衆自潰是日擒梁將王彥章及都監張漢傑趙廷隱劉嗣彬李知節康文通王山興等將吏二百餘人斬馘二萬奪馬千匹時既獲中都之捷帝召諸將謀其所向或言且徇兗州徐圖進取唯李嗣源曰宜急趨汴州段凝方領大軍駐于河上假如便來赴援直路又阻決河須自滑州濟渡十萬之衆舟檝焉能卒辦此去汴城咫尺若晝夜兼程信宿卽至段凝未起河壖夷門已爲我有矣臣請以千騎前驅陛下御軍徐進鮮不克矣帝嘉之是夜嗣源率前軍先進翼日車駕卽路丁丑次曹州郡將出降已卯遲明前軍至汴城嗣源令左右捉生攻封邱門梁開封尹王瓚請以城降俄而帝與大軍繼至王瓚迎帝自大梁門入梁朝文武官屬于馬前謁見陳叙世代唐臣陷在僞廷今日再覩中興雖死無恨帝諭之曰朕二十年血戰蓋爲卿等家門無足憂矣各復乃位時梁末帝朱鍠已爲其將皇甫麟所殺獲其首函之以獻是日賜樂工周匝幣帛周匝者帝之寵伶也胡柳之役陷于梁帝每思之至是謁見欣然慰接周匝因言梁教坊使陳俊保庇之恩垂泣推薦請除郡守帝亦許之庚辰帝御元德殿梁百官于朝堂待罪詔釋之壬午段凝所部馬步軍五萬解甲于封邱凝等率大將先至請死詔各賜錦袍御馬金幣帝幸北郊撫勞降軍各令還本營丙戌詔曰懲惡勸善務振紀綱激濁揚淸須明眞僞蓋前王之令典爲歷代之通規必按舊章以令多士而有志萌僭竊位忝崇高累世官而皆受唐恩貪爵祿而但從僞命或居台鉉或處權衡或列近職而預機謀或當峻秩而掌刑憲事分逆順理合去留僞宰相鄭珏等一十一人皆本朝舊組儒苑品流雖博識多聞備明今古而修身愼行頗負祖先昧忠貞而不度安危專利祿而全虧名節合當大辟無恕近親朕以纘嗣丕基初平巨憝方務好生之道在行含垢之恩湯網垂仁旣務全族舜刑投裔兼貸一身爾宜自新我全大體其爲顯列不竝庶寮餘外應在周行悉仍舊貫凡居中外咸體朕懷乃貶梁宰相鄭珏爲萊州司戶蕭頃爲登州司戶翰林學士劉岳爲均州司馬任贊房州司馬姚顗復州司馬封翹唐州司馬李懌懷州司馬竇夢徵沂州司馬崇政院學士劉光素密州司戶陸崇安州司戶御史中丞王權隨州司戶竝員外置同正員是日以梁將段凝上疏奏梁朝權臣趙巖等竝助成虐政結怨于人聖政惟新宜誅首惡乃下詔曰朕旣殄僞庭顯平國患好生之令含容雖切于予懷懲惡之規決斷難違于衆請況趙巖趙鵠等自朕收城數日布惠四方尚匿迹以潛形罔悛心而革面須行赤族以謝衆心其張漢傑昨于中都與王彥章同時俘獲此際未詳行止偶示哀矜今旣上將陳詞羣情激怒往日旣彰于僭濫此時難漏于網羅宜寘國刑以塞羣論除妻兒骨肉外其他疏屬僕使竝從釋放敬翔李振首佐朱溫共傾唐祚屠害宗屬殺戮朝臣旣寰宇以皆知在人神而共怒敬翔雖聞自盡未豁幽寃宜與李振竝族于市疎屬僕使竝從原宥朱珪素聞狡蠹唯務讒邪鬭惑人情枉害良善將淸內外須切去除況衆狀指陳亦宜誅戮契丹實喇鄂博旣棄其母又背其兄朕比重懷來厚加恩遇看同骨肉錫以姓名兼分符竹之榮疊被頒宣之渥而乃輒辜重惠復背明廷罔顧欺違竄歸僞室既同梟獍難貸刑章可弃妻子同戮于市其朱氏近親趙鵠正身趙巖家屬仰嚴加擒捕其餘文武職員將校一切不問是日趙巖張希逸張漢傑張漢倫張漢融朱珪敬翔李振及契丹實喇鄂博等并其妻孥皆斬于汴橋下又詔除毀朱氏宗廟神主僞梁二主并降爲庶人天下官名府號及寺觀門額曾經改易者竝復舊名時帝欲發梁祖之墓斲棺燔柩河南尹張全義上章申理乞存聖恩（通鑑張全義上言朱溫雖國之深讎然其人已死刑無可加屠滅其家足以爲報乞免焚斲以存聖恩）帝乃止令剗去闕室而已丁亥梁百官以誅凶族于崇元殿立班待罪詔各復其位（洛陽縉紳舊聞記載張全義表云伏念臣誤棲惡木曾飲盜泉實有瑕疵未蒙昭雪因下詔雪之）以樞密使檢校太保守兵部尚書郭崇韜權行中書事已丑御崇元殿制曰仗順討逆少康所以誅有窮纘業承基光武所以滅新莽咸以中興景命再造王猷經綸于草昧之中式遏于亂略之際朕以欽承大寶顯荷鴻休雖纘前修固慚涼德誓平元惡期復本朝屬四海之阽危允萬邦之推戴近者親提組練徑掃氛祅振已墜之皇綱殄偷安之寇孽國讐方雪帝道爰開拯編甿覆溺之艱救率土倒懸之苦粵自朱溫搆逆友貞嗣凶纂殺二君嚬殘九廟虺毒久傷于宇宙狼貪肆噬于華夷剝喪元良凌辱神主帝里動黍離之嘆朝廷多棟橈之危棄德祟奸窮兵黷武戰士疲勞于力役烝民耗竭其膏腴言念于斯軫傷彌切今則已梟逆豎大豁羣情覩歷數之有歸實神靈之匪昧得不臨深表誡馭朽爲懷將宏濟于艱難宜特行于赦宥應僞命流貶責授官等已經量移者竝可復資徒流人放歸鄉里京畿及諸道見禁囚徒大辟罪降從流流已下咸赦除之其鄭珏等一十一人未在移復之限應扈從征討將校及諸官員職掌節級馬步兵士及河北諸處屯駐守戍兵士等皆情堅破敵業茂平淮副予戡定之謀顯爾忠勤之節竝據等第續議獎酬其有歿于王事未經追贈者各與贈官如有子孫堪任使者竝量材錄任應僞庭節度觀察防禦團練等使及刺史監押行營將校等竝頒恩詔不議改更仍許且稱舊銜當俟別加新命理國之道莫若安民勸課之規宜從薄賦庶遂息肩之望冀諧鼓腹之謠應諸道戶口竝宜罷其差役各務營農所係殘欠賦稅及諸務懸欠積年課利及公私債負等其汴州城內自收復日已前竝不在徵理之限其諸道自壬午年十二月已前竝放北京及河北先以祇禮未

平配貝征馬如有未請却官本錢及買馬不迨者可放免應有本朝宗屬及內外文武臣寮被朱氏無辜屠害者竝可追贈如有子孫及本身逃難于諸處漂寓者竝令所在尋訪津置赴闕義夫節婦孝子順孫旌表門閭量加賑給或鰥寡惸獨無所告者仰所在各議拯救民年過八十者免一子從征其有先投過僞庭將校官吏等一切不問云甲午以樞密使檢校太保守兵部尚書太原縣男郭崇韜爲開府儀同三司守侍中監修國史兼眞定尹成德軍節度使依前樞密使太原郡侯仍賜鐵券乙未詔宰相豆盧革權判吏部上銓御史中丞李德休權判東西銓事丙申滑州留後檢校太保段凝可依前滑州留後仍賜姓名紹欽以金紫光祿大夫檢校司空守輝州刺史杜晏球爲檢校司徒依前輝州刺史仍賜姓名紹虔詔處斬臨駕兵馬都監夏彥朗于和景門外時宦官怙寵廣侵占居人第舍郭崇韜奏其事乃斬彥朗以徇丁酉賜百官絹二千匹錢二百萬職事絹一千匹錢百萬戊戌以竭忠啟運匡國功臣天平軍節度使開府儀同三司檢校太傅兼侍中蕃漢馬步總管副使隴西郡侯李嗣源爲依前檢校太傅兼中書令天平軍節度使特進封開國公加食邑實封餘如故以開府儀同三司檢校太傅北都留守興聖宮使判六軍諸衛事李繼岌爲檢校太尉同平章事充東京留守詔御史臺班行內有欲求外職或要分司各許于中書投狀奏聞己亥宴勳臣于崇元殿梁室故將咸預焉帝酒酣謂李嗣源曰今日宴客皆吾前日之勍敵一旦同會皆卿前鋒之力也梁將霍彥威戴思遠等皆伏陛叩頭帝因賜御衣酒器盡歡而罷齊州刺史孟璆上章請死詔原之璆初事帝爲騎將天祐十三年帝與劉鄩華縣對壘璆領七百騎奔梁至是來請罪帝報之曰爾當吾急引七百騎投賊何面目相見璆惶恐請死帝恕之未幾移貝州刺史庚子帝畋于汴水之陽十一月辛丑朔有司奏河南州縣見使僞印望追毀改鑄從之以光祿大夫檢校太傅左金吾上將軍兼領左龍武軍事汾州刺史李存渥爲滑州節度使加特進同平章事以雜指揮散員都部署特進檢校太傅忻州刺史李紹榮爲徐州節度使以滑州兵馬留後檢校太保李紹欽爲兗州節度使壬寅鳳翔節度使秦王李茂貞遣使賀收復天下癸卯河中節度使西平王朱友謙來朝乙巳賜友謙姓改名繼麟帝令皇子繼岌兄事之以捧日都指揮使博州刺史康延孝爲鄭州防禦使檢校太保賜姓名繼璨以宋州節度使檢校太尉平章事袁象先依前爲宋州節度使仍賜姓名紹安以許州匡國軍節度使檢校太尉同平章事溫韜依前許州節度使仍賜姓名紹沖丁未日南至帝不受朝賀戊申中書門下上言以朝廷兵革雖寧支費猶闕應諸寺監各請置卿少卿監祭酒司業各一員博士二員餘官竝停唯太常寺事關大禮大理寺事關刑法除太常博士外許更置丞一員其王府及東宮官司天五官正奉御之屬凡關不急司存並請未議除授其諸司郎中員外應有雙曹者且置一員左右常侍諫議大夫給事中起居郎起居舍人補闕拾遺各置一半三院御史仍委御史中丞條理申奏其停罷朝官仍各錄名銜具罷任時日留在中書候見任官滿二十五箇月並據資品却與除官其西班上將軍已下仍望宣示樞密院斟酌施行從之時議者以中興之朝事宜恢廓驟茲自弱頓失物情己酉詔應隨處官吏務局員寮諸軍將校等如聞前例各有進獻直貢章奏不唯褻黷于朝廷實且傍滋于誅斂並宜止絶以肅化風又詔左降均州司馬劉岳有母年踰八十近聞身故準故事許歸侯三年喪服闋如未量移即却赴貶州壬子詔取今月二十四日幸洛京以十二月二十三日朝獻太微宮二十四日朝獻太廟二十五日有事于南郊癸丑中書門下奏應隨駕及在京有帶兼官者並望落下只守本官從之乙卯以特進檢校太傅開封尹判六軍諸衛事充功德使王瓚爲宣武軍節度副使權知軍州事丁巳以銀青光祿大夫尚書左丞趙光允爲中書侍郎平章事集賢殿大學士以朝散大夫禮部侍郎韋說守本官同平章事以吏部侍郎史館修撰判館事盧文度爲兵部侍郎充翰林學士以右散騎常侍充宏文館學士判館事馮錫嘉爲戶部侍郎知制誥充翰林學士以翰林學士守尚書膳部員外郎劉昫爲比部郎中知制誥依前充職以扈鑾書制學士行尚書倉部員外郎趙鳳爲倉部郎中知制誥充翰林學士以左拾遺于嶠守本官充翰林學士戊午以中書侍郎平章事豆盧革判租庸使兼諸道鹽鐵轉運等使新羅王金朴英遣使貢方物己未以洛京留守判六軍諸衛事守太尉兼中書令河南尹魏王張全義爲檢校太師守中書令餘如故以荊南節度使檢校太師守中書令渤海王高季興依前檢校太師守中書令餘如故庚申以工部尚書眞定尹北都副留守知留守事任圜爲檢校吏部尚書兼御史大夫充成德軍節度使行軍司馬知軍府事安義軍節度使李繼韜入見待罪詔釋之辛酉以宣化軍留後檢校太傅戴思遠權知靑州軍州事檢校司空左監門上將軍安崇阮並檢校舊官却復本任以鎮國軍留後檢校太傅霍彥威爲保義軍節度留後以權知威化軍留後檢校司徒高允貞權知鎮國軍留後以權知河陽留後檢校太保張繼業依前權知河陽留後以鄜延兩鎮節度使檢校太師兼中書令西平王高萬興依前鄜延節度使仍封北平王襄州節度使檢校太傅平章事孔勍依前襄州節度使餘如故以永平軍節度使行大安尹檢校太保張筠爲西都留守行京兆尹以晉州節度使檢校太保劉玘邠州節度使檢校太保韓恭安州節度使檢校太保朱漢賓並檢校舊官却復本任壬戌以左金吾衛大將軍史敬鎔爲左街使右金吾衛大將軍李存確爲右街使甲子車駕發汴州十二月庚午朔車駕至西京是日有司自石橋具儀仗法物迎引入于大內辛未以百官初到放三日朝參壬申以租庸使刑部侍郎太淸宮副使張憲爲檢校吏部尚書充北京副留守知留守事太原尹詔改取來年二月一日行郊禮戊寅詔德勝寨莘縣楊劉口通津鎮胡柳陂皆戰陣之所宜令逐處差人收掩戰士骸骨量備祭奠以慰勞魂詔改僞梁永平軍大安府復爲西京京兆府改宋州宣武軍爲歸德軍汴州開封府復爲宣武軍華州感化軍爲鎮國軍許州匡國軍復爲忠武軍華州宣義軍復爲義成軍陝府鎮國軍復爲保義軍耀州靜勝軍復爲順義軍潞州匡義軍復爲安義軍朗州武順軍復爲武貞軍延州爲彰武軍鄧州爲威勝軍晉州爲建雄軍安州爲安遠軍淮南楊溥遣使賀登極稱大吳國主書上大唐皇帝（十國春秋吳世家云唐以滅梁來告始稱詔我國不受唐主隨易書用敵國禮曰大唐皇帝致書于吳國主王遣司農卿盧蘋獻金器二百兩銀器三千兩羅錦一千二百疋龍腦香五斤龍鳳絲鞋一百事于唐又遣使張景報聘稱大吳國主上書大唐皇帝辭禮如牋表）己卯禁屠牛馬庚辰御史臺上言請行用本朝律令格式今訪聞惟定州有本朝法書望下本州寫副本進納從之辛巳詔貶安義軍節度使李繼韜爲登州長史尋斬于天津橋下再謀叛故也甲申淮南楊溥奚首領李紹威並遣使朝貢乙酉以翰林學士承旨盧質權知汴州軍府事以禮部尚書崔沂爲尚書左丞判吏部尚書銓事以兵部侍郎崔協爲吏部侍郎以刑部侍郎充集賢殿學士判院事盧文紀爲尚書兵部侍郎依前充集賢殿學士判院事丁亥澤州刺史董璋上言潞州軍變李繼達領兵出城自刎而死節度副使李繼珂已安撫軍城己丑有司上言上辛亥祈穀于上帝請奉高祖神堯皇帝配孟夏雩祀請奉太宗文皇帝配季秋大享于明堂請奉太祖武皇帝配冬至日祀圜丘請奉獻祖文皇帝配孟冬祭神州地祇請奉懿祖昭聖皇帝配從之辛卯亳州太淸宮道士上言聖祖殿前古檜萎瘁已久再生一枝畫圖以進詔曰當聖祖舊殿生枯檜新枝應皇家再造之期顯大國中興之運同上林仆柳祥既叶于漢宣比南頓嘉禾瑞更超于光武宜標史冊以示寰瀛云（五代會要唐高祖神堯皇帝武德二年枯檜重華至安祿山僭號萎瘁明皇自蜀歸京枝葉復盛至是再生一枝長二尺餘）壬辰幸伊闕己巳以中書舍人崔居儉爲刑部侍郎充史館修撰判館事甲午以租庸副使光祿大夫檢校司徒守衛尉卿孔謙爲鹽鐵轉運副使

舊五代史卷三十攷證

唐莊宗紀四以趙光允爲中書侍郎平章事集賢殿大學士　案歐陽史作趙光允爲中書侍郎不載大學士銜與是書詳畧異

甲子車駕發汴州十二月庚午朔車駕至西京　案歐陽史作甲子如洛京庚午至自汴州是書作西京蓋其時未改永平軍爲西京故尚仍梁制稱洛陽爲西京也又通鑑攷異云諸書但謂之洛京未嘗詔改西京爲洛京至同光三年始詔依舊以洛京爲東都或者以永平爲西京時即改梁西京爲洛京而史脫其文也歐陽史於元年冬即書洛京未審所據

詔改僞梁永平軍大安府復爲西京京兆府　案歐陽史作十一月辛酉復永平軍爲西都與是書日月互異

實喇鄂博舊作撒剌阿撥今改

舊五代史卷三十一

宋門下侍郎參知政事監修國史薛居正等撰

唐書第七

莊宗紀五

同光二年春正月庚子朔帝御明堂殿受朝賀仗衛如式壬寅南郊禮儀使太常卿李燕進太廟登歌酌獻樂舞名懿祖室曰昭德之舞獻祖室曰文明之舞太祖室曰應天之舞昭宗室曰永平之舞甲辰幽州上言契丹入寇至瓦橋（契丹國志時契丹日益強盛遣使就唐求幽州以處盧文進）以天平軍節度使李嗣源爲北面行營都招討使陝州留後霍彥

威爲副率軍援幽州。已巳，故宣武軍節度副使權知軍州事檢校太傅王瓚贈太子太師。丁未，詔改朝元殿復爲明堂殿，又改崇勳殿爲中興殿。戊申，以振武軍節度使檢校太傅同平章事李存霸權知潞州留後，以知保大軍軍州事高允韜爲檢校太保。庚戌，以涇原節度使充秦王府諸道行軍司馬開府儀同三司檢校太尉兼侍中李曮爲檢校太尉兼中書令，依前涇原軍節度使充秦王府諸道行軍司馬。詔改應順門爲永曜門，太平門爲萬春門，通政門爲廣政門，鳳明門爲韶和門，萬春門爲中興門，解卸殿爲端明殿。是日，詔曰：「皇綱已正，紫禁方嚴，凡事內官不合更居外地，詔諸道應有內官，不計高低，並仰逐處并家口發遣赴闕，不得輒有停滯。」帝龍潛時，寺人數已及五百，至是合諸道赴闕者約千餘人，皆給賜優贍，服玩華侈，委之事務，付以腹心。唐時宦官爲內諸司使，務諸鎮監軍，出納王命，造作威福，昭宗以此亡國。及帝奄有天下，當知戒彼前車，以爲殷鑒，一朝復興茲弊，議者惜之。新羅王金朴英遣使朝貢。辛亥，中書門下奏：「準本朝故事，諸王、內命婦、宰臣、學士、中書舍人、諸道節度防禦團練使留後官告，即中書帖官告院索綾紙褾軸，下所司書寫印署畢，進入宣賜。其文武兩班及諸道官員並奏薦將校，並合于所司送納朱膠綾紙價錢。伏自僞梁不分輕重，並從官給。今後如非前件事例，請官中不給告勅，其內司大官、侍衞將校轉官，即不在此限。」從之。壬子，蜀主王衍致書于帝。稱有詐爲天使馳報收復汴州者，詔捕之不獲。癸丑，有司奏：「郊祀前二日，迎祔高祖、太宗、懿祖、獻祖、太祖神主于太廟。」議者以中興唐祚，不宜以追封之祖雜有國之君以爲昭穆，自懿祖已下宜別立廟于代州，如後漢南陽故事可也。幽州北面軍前奏契丹還塞，詔李嗣源班師。鳳翔節度使秦王李茂貞上表請行藩臣之禮，帝優報之。甲寅，帝于中興殿面賜郭崇韜鐵券。有司上言：「皇太后到闕，皇帝合于銀臺門內奉迎。」詔親至懷州奉迎。中書奏：「自二十三日後散齋，內車駕不合遠出。」詔改至河陽奉迎。以禮部尚書興唐尹王正言依前禮部尚書充租庸使。乙卯，渤海國遣使貢方物。幽州奏嬀州山後十三寨百姓却復新州。戊午，以前太子少師薛廷珪爲檢校戶部尚書、太子少師致仕，以前太子賓客封舜卿爲太子少保致仕，以前太子賓客李文規爲戶部侍郎致仕。詔鹽鐵、度支、戶部並委租庸使管轄。庚申，四方館上言：「請今後除隨駕將校及外方進奉專使、文武班三品已上官可以內殿對見，其餘並詣正衙以申常禮。」從之。車駕幸河陽奉迎皇太后。辛酉，帝侍皇太后至，文武百寮迎于上東門。是日，河中府上言稷山縣割隸絳州。以太僕卿李紓爲宗正卿，以衞尉卿楊遘爲太僕卿。西京昭應縣華清宮道士張冲虛上言天尊院枯檜重生枝葉。乙丑，有司上言：「南郊朝享太廟，舊例親王充亞獻、終獻行事。」乃以皇子繼岌爲亞獻，皇弟存紀爲終獻。丙寅，帝赴明堂殿致齋。丁卯，朝饗于太微宮。戊辰，饗太廟，是日赴南郊。二月己巳朔，親祀昊天上帝于圜丘，禮畢，宰臣率百官就次稱賀，還御五鳳樓，宣制大赦天下：「應同光二年二月一日昧爽已前所犯罪，無輕重，常赦所不原者，咸赦除之。十惡五逆、屠牛鑄錢、故殺人、合造毒藥、持杖行刼、官典犯贓，不在此限。應自來立功將校，各與轉官，仍加賞給。文武常參官、節度觀察防禦刺史、軍主、都虞候、指揮使，父母亡歿者並與追贈，在者各與加爵增封。諸藩鎮各賜一子出身，仍封功臣名號。留後刺史官高者加階爵一級，官卑者加官一資。應本朝內外臣寮被朱氏殺害者，特與追贈。應諸州府不得令富室分外收貯見錢，禁工人鎔錢爲銅器，勿令商人載錢出境。近年已來，婦女服飾異常寬博，倍費縑綾，有力之家不計卑賤，悉衣錦繡，宜令所在糾察。應有百姓婦女曾經俘擄他處爲婢妾者，一任骨肉認識。男子曾被刺面者，給與憑據，放逐營生。召天下有能以書籍進納者，各等第酬獎。仰有司速檢勘天下戶口正額、墾田實數，待憑條理，以息煩苛。」是日，風景和暢，人胥悅服，議者云五十年來無此盛禮。然自此權臣愎戾，伶官用事，吏人孔謙酷加賦斂，赦文之所原放，謙復刻剝不行，大失人心，始于此矣。庚午，租庸使孔謙奏：「諸道綱運客旅多于私路苟免商稅，請令所在關防嚴加捉搦。」從之。癸酉，宰臣豆盧革率百官上尊號曰昭文睿武至德光孝皇帝，凡三上表，從之。甲戌，詔曰：「汴州元管開封、浚儀、封丘、雍丘、尉氏、陳留六縣，僞庭割許州鄢陵、扶溝，陳州太康，鄭州陽武、中牟，曹州考城等縣屬焉。其陽武、匡城、扶溝、考城四縣宜令且隸汴州，餘還本部。」丙子，以隨駕參謀耿瑗爲司天監。丁丑，以光祿大夫檢校司徒李筠爲右騎衞上將軍。戊寅，幸李嗣源第，作樂盡歡而罷。己卯，以河中節度使冀王李繼麟兼安邑解縣兩池榷鹽使。辛巳，以檢校太師守尚書令河南尹判六軍諸衞事魏王張全義爲守太尉兼中書令、河陽節度使、河南尹，改封齊王；以開府儀同三司守尚書令秦王李茂貞依前封秦王，餘如故，仍賜不拜不名（五代會要：太常禮院奏：「李茂貞封冊之命，宜準故襄州節度使趙匡凝之例施行，秦王受冊自備革輅一乘、載冊幀車一乘，并本品鹵簿鼓吹如儀。」從之）。是日，帝幸左龍武軍。癸未，宰臣豆盧革率百官上表，請立中宮，制以魏國夫人劉氏爲皇后，仍令所司擇日備禮冊命。丁亥，以天平軍節度使蕃漢總管副使開府儀同三司檢校太傅兼中書令李嗣源爲檢校太尉，依前天平軍節度使，加實封百戶，並賜鐵券。以前安國軍節度副使檢校太保左衞上將軍李存乂爲晉州節度使、檢校太傅，以北京皇城留守檢校太保左威衞上將軍李存紀爲邢州節度使、加檢校太傅，以蕃漢馬步都虞候兼東京馬步軍都指揮使檢校太保朱守殷爲振武節度使、加檢校太傅。戊子，以前右龍武軍都虞候守左龍武大將軍李紹奇爲鄭州防禦使，以楚州防禦使張繼孫爲汝州防禦使。己丑，以振武軍節度使權安義留後檢校太傅平章事李存霸爲潞州節度使，以捧日都指揮使鄭州防禦使李紹琛爲陝州節度使，以成德軍馬步軍都指揮使右監門衞大將軍毛璋爲華州節度使。壬辰，樞密使郭崇韜再上表請退樞密之職，優詔不允。癸巳，詔曰：「皇太后母儀天下，子視羣生，當別建宮闈，顯標名號，冀因稱謂，益表尊嚴，宜以長壽宮爲名。」樞密使郭崇韜奏時務利便一十五件，優詔褒美。甲午，奚王李紹威、吐渾李紹魯皆貢駝馬。丁酉，以武安軍衙內馬步軍都指揮使昭州刺史馬希範爲永州刺史、檢校太保。癸卯，以光祿大夫檢校左僕射行太常卿李燕爲特進、檢校司空，依前太常卿；以御史中丞李德休爲兵部侍郎，以吏部侍郎崔協爲御史中丞。三月甲辰，故河陽節度使王師範贈太尉。乙巳，以滄州節度使檢校太傅同平章事符習爲青州節度使，以北京衙內馬步軍都指揮使右領軍衞大將軍李紹斌爲滄州節度使。鎮州奏契丹犯塞，詔李嗣源率師屯邢州。丙午，以荊南節度使守中書令渤海王高季興依前檢校太師兼尚書令，封南平王；以幽州節度行軍司馬李存賢依前檢校太保，爲幽州節度使。中書門下上言：「近以諸州奏薦令錄，頗亂規程，請今後節度使管三州已上，每年許奏管內官三人；如管三州已下，只奏兩人，仍須課績尤異，方得上聞；防禦使止許奏一人；刺史無奏薦之例。」從之。己酉，以太子少保李琪爲刑部尚書。庚戌，幽州奏契丹寇新城。是日，詔諸軍將校自檢校司空已下，宜賜叶謀定亂匡國功臣；自檢校僕射、尚書、常侍及諫議大夫，並賜忠果拱衞功臣；初帶憲銜者，並賜忠烈功臣；節級長行，並賜扈蹕功臣。中書門下上言：「州縣官在任考滿，卽具關申送吏部格式，本道不得差攝官替正官。」從之（五代會要：同光二年，中書門下奏：「刺史、縣令有政績尤異，爲衆所知，或招復戶口，能增加賦稅者；或辨雪冤獄，能拯人命者；或去害物之積弊，立利世之新規，有益時政，爲衆所推者，卽仰本處逐件分明聞奏，當議獎擢。或在任貪猥，誅戮生靈，公事不治，爲政怠惰，亦加懲罰。其州縣官任滿三考，卽具關申送吏部格式，候勅除銓注，其本道不得差攝官替正授者。」從之）。有司上言：「皇帝四月一日御文明殿受冊徽號，合服袞冕，御殿前一日散齋于內殿。」從之。是日，李嗣源上表乞退兵權，詔不允。是時伶人景進用事，閹官競進，故重臣憂懼，拜章請退。癸丑，左諫議大夫竇專上言，請廢租庸使名目，事歸三司，疏奏不報。唐州奏木連理。詔先省員官，除已別授官外，其左散騎常侍李文矩等三十人却復舊官，太子詹事石戩等五人宜以本官致仕，將作少監岑保嗣等十四人續勅處分。丙辰，責授萊州司戶鄭珏等一十一人並量移近地。尚書戶部侍郞知貢舉趙頎卒，以中書舍人裴皞權知貢舉。禁用鉛錫錢。丁巳，中書門下奏：「懿祖陵請以永興爲名，獻祖陵請以長寧爲名，太祖陵請以建極爲名。」從之。淮南楊溥遣使貢賀郊天禮物（十國春秋吳世家：王遣右衞上將軍許確進賀郊天銀二千兩、錦綺羅一千二百疋、細茶五百斤、象牙四株、犀角十株于唐）。戊午，詔應南郊行事官並付三銓磨勘，優與處分。己未，以大理卿張紹珪充制置安邑解縣兩池榷鹽使。幸左龍武軍，以皇子繼岌代張全義判六軍諸衞事故也。癸亥，以彰武保大等軍節度使北平王高萬興可依前延州鄜州節度使、檢校太保兼中書令、北平王。甲子，幸東宅。夏四月己巳朔，帝御文明殿，具袞冕受冊尊號曰昭文睿武至德光孝皇帝。壬申，以成德軍節度行軍司馬權知府事任圜爲檢校右僕射，權北面水陸轉運制置使。甲戌，以順義軍留後華溫琪依前檢校太保，充留後。乙亥，以天策上將軍武安等軍節度使守太師中書令楚王馬殷可依前守太師兼尚書令。詔在京諸道節度使刺史令各歸本任。丁丑，以前幽州節度使內外蕃漢馬步總管檢校太師兼中書令李存審爲宣武軍節度使，餘如故。己卯，帝御文明殿，冊魏國夫人劉氏爲皇后。庚辰，賜郭彥威姓名曰紹眞。癸未，以宋州節度使李繼安依前檢校太尉同平章事、宋州節度使，以許州節度使李繼屮依前檢校太尉同平章事、許州節度使，以襄州節度使孔勍依前檢校太傅同平章事、襄州節度使。甲午，以樞密副使通議大夫行內侍省內侍宋唐玉爲左監門衞將軍同正，依前樞密副使；以內客省使通議大夫行內侍省內侍楊希朗爲右監門衞將軍同正，依前內客省使，並賜推忠匡佐功臣。車駕幸龍門。丙戊回鶻遣使貢方物己丑以夏州節度使李仁福依前檢校太師兼中書令夏州節度使封朔方王以朔方河西等軍節度使韓洙依前檢校太傅兼侍中充朔方河西等軍節度使靈鹽威警雄涼甘肅等州觀察使辛卯以宣徽南院使判內侍省兼內局特進左監門將軍同正李紹宏爲右領軍衛上將軍癸巳以靜江軍節度使扶風郡王馬賨爲檢校太師兼中書令依前靜江軍節度使以朗州節度使馬希振爲檢校太傅兼侍中依前朗州節度使鳳翔節度使秦王李茂貞薨丙申潞州小校楊立據城叛以李嗣源爲招討使陝州留後李紹眞爲副率師以討之

舊五代史卷三十一攷證

唐莊宗紀五開府儀同三司守尚書令秦王李茂貞　秦王通鑑作岐王

鎭州奏契丹犯塞詔李嗣源率師屯邢州　案通鑑詔橫海節度使李紹斌北京指揮使李從珂帥騎兵分道備之與是書異

靈鹽威警雄京甘肅等州觀察使　案威警疑當作威涇攷通鑑注云警州在涇原西今仍其舊

舊五代史卷三十二

宋門下侍郎參知政事監修國史薛居正等撰

唐書第八

莊宗紀六

同光二年夏五月己亥帝御文明殿冊齊王張全義爲太尉禮畢全義赴尚書省領事左諫議大夫竇專不降階爲御史所劾專援引舊典宰相不能詰寢而不行庚子太常卿李燕卒壬寅以教坊使陳俊爲景州刺史內園使儲德源爲憲州刺史皆梁之伶人也初帝平梁俊與德源皆爲寵伶周匝所薦帝因許除郡郭崇韜以爲不可伶官言之者衆帝密召崇韜謂之曰予已許除郡經年未行我慙見二人卿當屈意行之故有是命清異錄同光既即位猶襲故態身預俳優尚方進御巾裹名品日新今伶人所頂尚有傳其遺製者甲辰以兗州節度使李紹欽依前檢校太保兗州節度使進封開國侯以邠州節度使韓恭依前檢校太保邠州節度使進封開國伯丙午以福建節度使閩王王審知依前檢校太師守中書令福建節度使戊申幸郭崇韜第己酉詔天下收拆防城之具不得修濬池隍以西都留守京兆尹張筠依前檢校太保充西都留守甲寅以滄州節度使李紹斌充東北面招討使以兗州節度使李紹欽爲副招討使以宣徽使李紹宏爲招討都監率大軍渡河而北時幽州上言契丹將寇河朔故也乙卯潞州叛將楊立遣使健步奉表乞行赦宥帝令樞密副使宋唐玉賫勅書招撫幽州上言契丹營于州東南丙辰渤海國王大諲譔遣使貢方物以澶州刺史李審益爲幽州行軍司馬蕃漢內外都知兵馬使辛酉故澤潞節度使丁會贈太師詔割復州爲荊南屬郡壬戌以權知鳳翔軍府事涇州節度使李曮爲起復雲麾將軍右金吾大將軍同正依前檢校太尉兼中書令充鳳翔節度使乙丑以權知歸義軍留後曹義金爲歸義軍節度使沙州刺史檢校司空丙寅李嗣源奏收復潞州幽州上言新授宣武軍節度使李存審卒六月甲戌中書侍郎兼吏部尚書平章事宏文館大學士豆盧革加右僕射餘如故侍中監修國史兼樞密使鎭州節度使郭崇韜進爵邑加功臣號中書侍郎平章事集賢殿大學士趙光允加兼戶部尚書禮部侍郎平章事韋說加中書侍郎宋州奏節度使李紹安卒丙子李嗣源遣使部送潞州叛將楊立等到闕並磔于市潞州城峻而隍深至是帝命劃平之因詔諸方鎭撤防城之備焉丁丑有司上言洛陽已建宗廟其北京太廟請停從之甲申以衛國夫人韓氏爲淑妃燕國夫人伊氏爲德妃仍令所司擇日冊命故河東節度副使守左諫議大夫李襲吉贈禮部尚書故河東節度副使禮部尚書蘇循贈左僕射故河東觀察判官檢校右僕射司馬揆贈司空故河東留守判官工部尚書李敬義贈右僕射丙戌以順義軍節度使李令錫爲許州節度使以前保義軍留後李紹眞爲徐州節度使以徐州節度使李紹榮爲宋州節度使戊子汝州防禦使張繼孫賜死于本郡繼孫即齊王張全義之假子也本姓郝氏爲兄繼業等訟其陰事故誅之冊府元龜載張繼業爲河陽兩使留後莊宗同光二年六月繼業上疏稱弟繼孫本姓郝有母尚在父全義養爲假子令管衙內兵士自皇帝到京繼孫私藏兵甲招置部曲欲圖不軌兼私家淫縱無別無義臣若不自陳恐累家族勅曰有善必賞所以勸忠孝之方有惡必誅所以絕姦邪之迹其或罪狀騰于衆口醜行布于近親須舉朝章冀明國法汝州防禦使張繼孫本非張氏子孫自小丐養以至成立備極顯榮而不酬撫育之恩履謙恭之道擅行威福常恣姦兇侵奪父權惑亂家事縱鳥獸之行畜梟獍之心有識者所不忍言無賴者實爲其黨而又橫征暴斂虐法峻刑藏兵器于私家殺平人于廣陌思悛改難議於容宜竄逐于遐方仍還歸于姓氏俾我勳賢之族永除汚穢之風凡百臣僚宜體朕命可貶房州司戶參軍同正兼勒復本姓尋賜自盡仍籍沒資產己丑以回鶻可汗仁美爲英義可汗詔改輝州爲單州庚寅故左僕射裴樞右僕射裴贄崔遠並贈司徒故靜海軍節度使獨孤損贈司空故吏部尚書陸扆贈右僕射故工部尚書王溥贈右僕射裴樞等六人皆前朝宰輔爲梁祖所害于白馬驛至是追贈焉壬辰以天平軍節度使蕃漢總管副使開府儀同三司檢校太尉兼中書令李嗣源爲宣武軍節度使蕃漢馬步總管餘如故甲午以樞密使特進左領軍衛上將軍知內侍省事張居翰爲驃騎大將軍守左驍衛上將軍進封開國伯賜功臣號秋七月戊戌朔故宣武軍節度使李存審男彥超進其父牙兵八千七百人己亥中書門下奏每年南郊壇四祠祭太微宮五薦獻並宰臣攝太尉行事惟太廟遣庶僚行事此後太廟祠祭亦望差宰臣行事從之乙巳汴州雍邱縣大風拔木傷稼曹州大雨平地水三尺丙午以襄州節度使孔勍爲潞州節度使李存霸爲鄆州節度使乙酉幸龍門之雷山祭天神從北俗之舊事也辛亥以鄆州副使李紹珙爲襄州留後以前澤州刺史董璋爲邠州留後戊午西川王衍遣僞署戶部侍郎歐陽彬來朝貢稱大蜀皇帝上書大唐皇帝庚申以應州爲雲州屬郡升新州爲威塞軍節度使以嬀儒武等州爲屬郡壬戌皇子繼岌妻王氏封魏國夫人幽州奏契丹安巴堅東攻渤海八月己巳詔洛京應有隙地任人請射修造有主者限半年令本主自修蓋如過限不見屋宇許他人占射五代會要載此詔云藩方侯伯內外臣僚于京邑之中無安居之所亦可請射各自修營辛未北京副留守太原尹孟知祥加檢校太傅增邑賜功臣號帝畋于西苑癸酉以租庸副使守衛尉卿孔謙爲租庸使以右威衛上將軍孔循爲租庸副使甲戌以權知汴州軍州事翰林學士承旨戶部尚書盧質爲兵部尚書依前翰林學士承旨仍賜論思匡佐功臣丙子以雲州刺史鴈門以北都知兵馬使安元信爲大同軍節度留後以嬀州刺史張廷裕爲新州威塞軍節度留後丁丑樞密使郭崇韜上表請退不允戊寅租庸使守禮部尚書王正言罷使守本官辛巳詔諸道節度觀察防禦團練使刺史並于洛陽修宅一區中書門下上言請今後諸道除節度副使兩使判官外其餘職員并諸州軍事判官各任本處奏辟從之五代會要同光二年八月八日中書門下奏諸道除節度使及兩使判官除授外其餘職員并軍事判官伏以翹車著詠戔帛垂文式重弓旌以光聲組由是副已知之薦成接士之榮必當備悉行藏習知才行允奉幕中之書以稱席上之珍爰自僞梁厥乖斯義皆從除授以佐藩宣因緣多事之秋處實得人之選將期推擇式示更張令後諸道除節度副使兩使判官除授外其餘職員并諸州軍事判官等並任本道本州各當辟舉其軍事判官仍不在奏官之限汴州奏大水損稼癸未租庸使孔謙進封會稽縣男仍賜豐財贍國功臣淮南楊溥遣使貢方物宋州大水鄆曹等州大風雨損稼丁亥中書門下侍郎奏請差左丞崔沂吏部侍郎崔貽孫給事中鄭韜光李光序吏部員外郎盧損等同詳定選司長定格循資格十道圖從之五代會要同光二年八月中書門下奏吏部三銓下省南曹廢置甲庫格式流外銓等司公事並綜長定格循資格十道圖等前件格文本朝創立檢制姦濫倫敘官資頗謂精詳人同遵守自亂離之後巧僞滋多兼同光二年八月車駕在東京權判工部員外郎盧重本司起請一卷並以興復之始務切懷來凡有條流多失根本以至冬集赴選人並南郊行事官及陪位宗子共一千三百餘人銓曹檢勘之時互有援引去留之際不絕爭論若又依違必長訛濫望差權判尚書省銓左丞崔沂吏部侍郎崔貽孫給事中鄭韜光李光序吏部員外郎盧損等同詳定舊長定格循資格十道圖務令簡要可久施行從之癸巳放朝參三日以霖雨故也陝州奏河水溢岸乙未中書門下上言諸陵臺令丞請停以本縣令知陵臺事從之九月癸卯畋于西北郊幽州上言契丹安巴堅自渤海國迴軍內園新殿成名曰長春殿戊申以中書舍人權知貢舉裴皞爲禮部侍郎以前鄭州防禦副使姜宏道爲太僕卿侍中郭崇韜奏應三銓注授官員等內有自無出身入仕買覓鬼名告敕今將骨肉文書揩改姓名或歷任不足妄稱失墜或假人蔭緒託形勢論屬安排參選所司隨例注官如有人陳告特議超獎其所犯人檢格處分若同保人內有僞濫者並當駮放應有人身死之處令後並須申報本州于告身上批書身死月日分明付子孫令後銓司公事至春末並須了畢從之銓綜之司僞濫日久及崇韜條奏之後澄汰甚嚴放棄者十有七八衆情亦怨之己酉司天臺請禁私歷日從之庚戌有司自契丹至者言女眞回鶻黃頭室韋合勢侵契丹壬子有司上言八月二十二日夜熒惑犯星二度星周分也請依法禳之于京城四門懸東流水一罌兼令都市嚴備盜火止絕夜行從之甲寅幸郭崇韜第置酒作樂乙卯以前振武節度使安北都護馬存可依前檢校太尉兼侍中充寧遠軍節度容管觀察使存湖南馬殷之弟也丙辰黑水國遣使朝貢契丹寇幽州戊午宣宰臣于中書磨勘吏部選人謬濫者焚毀告勅冬十月戊辰帝畋于西北郊己巳故安義節度使贈太尉隴西郡王李嗣昭贈太師庚午正衙命使冊淑妃韓氏德妃伊氏以宰臣豆盧革韋說充冊使辛未詔令後支郡公事須申本道騰狀奏聞租庸使各有徵催秪牒觀察使貴全理體契丹寇易定北鄙壬申故大同軍防禦使李存璋贈太尉鄆州奏淸河泛溢壞廬舍癸酉畋于石橋甲戌河南尹張全義上言萬壽節日請于嵩山開瑠璃戒壇度僧百人從之乙亥故守太師尚書令秦王李茂貞追封秦王賜謚曰忠敬丁丑皇后皇太后差使賜兗州節度使李紹欽湯藥時皇太后行誥命皇后劉氏行教命互遣使人宣達藩后紊亂之弊人不敢言己卯汴鄆二州奏大水

庚辰以前太僕卿楊遘爲大理卿党項進白驢奚王李紹威進駞馬幽州奏契丹入寇至近郊辛已故天雄軍節度副使王緘贈司空壬午以天下兵馬都元帥尚父守尚書令吳越國王錢鏐可依前天下兵馬都元帥尚父守尚書令封吳越國王癸未幸小馬坊閱馬甲申以兩浙兵馬留後清海軍節度嶺南東道觀察等使守太尉兼侍中廣州刺史錢元瓘爲檢校太師兼中書令充兩浙節度觀察留後餘如故以鎮東軍節度副大使江南管內都招討使建武軍節度嶺南西道觀察等使檢校太傅守侍中知蘇州中吳軍軍州事行邕州刺史錢元璙爲檢校太尉兼中書令餘如故辛卯天平軍監軍使柴重厚可特進右領衞將軍同正充鳳翔監軍使甲午以宣武軍節度押牙李從溫李從璋李從榮李從厚李從璨竝銀青光祿大夫檢校右散騎常侍兼御史大夫宣武軍節度押牙李從瑧可檢校國子祭酒兼御史中丞自從溫而下皆李嗣源諸子也十一月丙申靈武奏甘州回鶻可汗仁美卒其弟狄銀權主國事吐渾白都督族帳移于代州東南已亥幸六宅宴諸弟壬寅尚書左丞判吏部尚書銓事崔沂貶麟州司馬吏部侍郎崔貽孫貶朔州司馬給事中鄭韜光貶寧州司馬吏部員外盧損貶府州司戶時有選人吳延皓取亡叔告身故舊名求仕事發延皓付河南府處死崔沂已下貶官宰相豆盧革趙光允韋說詣閤門待罪詔釋之癸卯帝畋于伊闕侍衞金槍馬萬餘騎從帝一發中大鹿是日命從官拜梁祖之陵物議非之其夕宿于張全義之別墅甲辰宿伊闕縣乙巳宿龕澗時騎士圍山會夜顛墜崖谷死傷甚衆丙午復命衞兵分獵殺獲萬計是夜方歸京城六街火炬如晝丁未賜羣臣兜肉有差庚戌制改節將一十一人功臣號辛亥以兵部侍郎李德休爲吏部侍郎壬子日南至百官拜表稱賀以昭儀侯氏爲汧國夫人昭容夏氏爲虢國夫人昭媛白氏爲沛國夫人出使美宣鄧氏爲魏國夫人御正楚眞張氏爲涼國夫人司簿德美周氏爲宋國夫人侍眞吳氏爲渤海郡夫人其餘竝封郡夫人丁巳河中節度使守太師兼尚書令西平王李繼麟可依前守太師兼尚書令河中護國軍節度使西平王仍賜鐵券戊午幸李嗣源李紹榮之第縱酒作樂是日鎮州地震契丹寇蔚州十二月戊辰幸西苑校獵已巳詔汴州節度使李嗣源歸鎮通鑑云已巳命宣武節度使李嗣源將宿衞兵三萬七千人赴汴州遂如幽州禦契丹庚午帝與皇后劉氏幸張全義第酒酣帝命皇后拜全義爲養父全義惶恐致謝復出珍貨貢獻翼日皇后傳制命學士草謝全義書學士趙鳳密疏陳國后無拜人臣爲父之禮帝雖嘉之竟不能已其事壬申以教坊使王承顏爲興州刺史丙子詔取來年正月七日幸魏州庚辰畋于近郊至夕還宮壬午契丹寇嵐州党項遣使貢方物乙酉幸龍門佛寺祈雪丙戌以徐州節度使李紹眞爲北面行營副招討使戊子李嗣源奏部署大軍自宣武軍北征淮南楊溥遣使貢獻已丑幸龍門庚寅詔河南尹張全義爲洛京留守判在京諸軍事是日日傍有背氣凡十二

同光三年春正月甲午朔帝御明堂殿受朝賀仗衞如式丙申詔以昭宗少帝山陵未備宜令有司别選園陵改葬尋以年饑財匱而止契丹寇幽州戊戌詔起今後特恩授官及侍衞諸軍將校內諸司等官其告身官給舊例朱膠錢臺省禮錢竝停其餘合徵臺省禮錢比舊數五分中許徵一分特恩者不徵兵吏部兩司逐月各支錢四十貫文充吏人食直少府監鑄錢造印文今後不得徵納銅炭價直其料物官給庚子車駕發京師幸鄴以前許州節度使李紹沖爲太子少保以前邠州節度使韓恭爲右金吾大將軍充兩街使以前安州節度使朱漢賓爲左龍武統軍庚戌車駕至鄴命青州節度使符習修酸棗河隄先是梁末帝決河隄引水東注至鄆濮以限我軍至是方修之丙辰幽州上言節度使李存賢卒二月甲子朔詔興唐府管內有百姓隨絲鹽錢每兩與減五十文逐年所俵蠶鹽每斗與減五十文小菉豆稅每畝與減放三升都城內所徵稅絲永與除放丙寅定州節度使王都來朝丁卯畋于近郊已巳名從臣擊毬于鞠場辛未許州上言襄城葉縣準勅割隸汝州其扶溝等縣請却隸當州從之甲戌以滄州節度使李紹斌爲幽州節度使依前檢校太保以大同軍留後安元信爲滄州節度使乙亥幸王莽河射鴈丙子李嗣源奏涿州東南殺敗契丹生擒首領三十八符習奏修隄役夫遇雪寒逃散樞密使郭崇韜上表辭兼鎮時帝命李紹斌鎮幽州以其時望未重欲以李嗣源爲鎮帥且爲紹斌聲援移郭崇韜兼領汴州召崇韜議之崇韜奏以爲當因懇辭兼領庚辰以宣武軍節度使李嗣源爲鎮州節度使辛巳以皇子繼潼繼嵩繼蟾繼嶢竝檢校司徒皆沖幼未出閤突厥渤海國皆遣使貢方物帝幸近郊射鴈甲申以樞密使郭崇韜爲依前守侍中監修國史兼樞密使加食邑實封廣南劉巖遣使奉書于帝稱大漢國王致書上大唐皇帝乙酉帝射鴨于郭泊丙戌定州節度使檢校太尉兼侍中王都進封開國公加食邑實封戊子幸近郊射鴈工部尚書崔梲卒贈右僕射三月癸巳朔賜扈從諸軍將士優給自二十千至一千甲午振武軍節度使洛京內外蕃漢馬步使朱守殷奏昨修月陂隄至德宮南獲玉璽一紐獻之詔示百官驗其文曰皇帝行寶四字方圓八寸厚二寸背紐交龍光瑩精妙守殷又于役所得古文錢四百六十六內二十六文曰得一元寶四百四十日順天元寶上之龐元英文昌雜錄云同光三年洛京積善坊得古文錢曰得一元寶順天元寶史不載何代鑄錢近見錢氏錢譜云史思明再陷洛陽鑄得一錢賊黨以爲得一非佳號乃改順天蓋史思明所鑄錢也丙子寒食節帝與皇后出近郊遙饗代州親廟庚子詔取三月十七日車駕歸洛京壬寅符習奏修河隄畢功戊申帝名郭崇韜謂曰朕思在德勝寨時霍彥威段凝皆予之勍敵終日格鬬戰聲相聞安知二年之間在吾廡下吾無少康光武之才一旦重興基構者良由二三勳德同心輔翼故也朕有時夢寢如在戚城思念曩時挑戰鏖兵勞則勞矣然而揚旌伐鼓差慰人心殘壘荒溝依然在目予欲按德勝故寨與卿再陳舊事崇韜曰此去澶州不遠陛下再觀戰地益知王業之艱難豈不韙哉已酉車駕發鄴宮辛亥至德勝城登城四望指戰陣之處以諭宰臣渡河南觀廢柵舊址至楊村寨沿河至戚城置酒作樂而罷壬子淮南楊溥遣使朝貢東京副留守張憲奏諸營家口一千二百人逃亡以艱食故也時宮苑使王允平伶人景進爲帝廣採宮人不擇良家委巷殆千餘人車駕不給載以牛車纍纍于路焉庚辰車駕至自鄴辛酉詔本朝以雍州爲西京洛州爲東都并州爲北都近以魏州爲東京宜依舊以洛京爲東都魏州改爲鄴都與北都竝爲次府夏四月癸亥朔日有食之以租庸副使孔循權知汴州軍州事丙寅淮南楊溥遣使貢方物壬申幸甘泉亭癸酉詔翰林學士承旨盧質覆試新及第進士五代會要時以新及第進士符蒙正等尚干浮議故命盧質覆試租庸使奏時雨久愆請下諸道州府依法祈禱從之乙亥帝與皇后幸郭崇韜第又幸左龍武統軍朱漢賓之第戊寅以耀州爲團練州其順義軍額宜停庚辰帝侍皇太后幸會節園遂幸李紹榮之第辛巳以旱甚詔河南府徙市造五方龍集巫禱祭癸未以兗州節度使李紹欽爲鄧州節度使丁亥以鎮州節度使李嗣源兼北面水陸轉運使以徐州節度使李紹眞爲副禮部貢院新及第進士四人其王澈改爲第一桑維翰第二符蒙正第三成僚第四禮部侍郎裴皞既無黜落特議寬容今後新及第人候過堂日委中書門下精加詳覆陝州奏木連理庚寅中書侍郎兼工部尚書平章事趙光允卒廢朝三日五月壬辰朔淮南楊溥貢端午節物丁酉皇太妃劉氏薨于晉陽廢朝五日帝于興安殿行服時皇太后欲奔喪于晉陽百官上表請留乃止戊戌以鎮州行軍司馬知軍府事任圜爲工部尚書戊申幸龍門廣化寺祈雨已酉黑水女眞二國皆遣使朝貢戊午以鳳州衙內馬步軍都指揮使李繼昶爲涇州節度使檢校太傅已未詔天下見禁罪人如無大過者速令疎放幸太清宮禱雨六月癸亥雲州上言去年契丹從磧北歸帳達靼因相掩擊其首領裕悅族帳自磧北以部族羊馬三萬來降已到南界今差使人來赴闕奏事甲子太白晝見丁卯以滄州節度使安元信充北面行營馬步軍都排陣使辛未以宗正卿李紓充昭宗少帝改卜園陵使壬申京師雨足自是大雨至于九月晝夜陰晦未嘗澄霽江河漂溢隄防壞決天下皆訴水災丁丑詔吳越王錢鏐將行冊禮準禮文合用竹冊宜令所司修製玉冊時郭崇韜秉政以爲不可樞密承旨段徊贊其事故有是命癸丑以天德軍節度使管內蕃漢都知兵馬使劉承訓爲天德軍節度觀察留後丙戌詔曰關內諸陵頃因喪亂例遭穿穴多未掩修其下宮殿宇法物等各令奉陵州府據所管陵園修製仍四時各依舊例薦饗每陵仰差近陵百姓二十戶充陵戶以備灑掃其壽陵等一十陵亦一例修掩量置陵戶戊子以刑部尚書李琪充昭宗少帝改卜園陵禮儀使已丑以工部郎中李途爲京北少尹充修奉諸陵使辛卯詔括天下私馬五代會要詔下河南河北諸州和市戰馬官吏除一匹外匿者坐罪將收蜀故也三楚新錄莊宗謂高季興曰今天下負固不服者惟吳蜀耳朕欲先有事于蜀而蜀地險阻尤難江南才隔荊南一水朕欲先之卿以爲何如季興對曰臣聞蜀地富民饒獲之可建大利江南國貧地狹民少得之恐無益臣願陛下釋吳先蜀時莊宗意亦欲伐蜀及聞季興之言果大悅

舊五代史卷三十二攷證

唐莊宗紀六內園使　案歐陽史作內園栽接使攷五代會要內園栽接使係梁時雜使創置之官

契丹安巴堅東攻渤海　案遼史太祖紀天贊三年五月渤海殺其刺史張秀實而掠其民于東攻渤海之事闕而不載攷五代會要同光二年七月契丹東攻渤海與是書同

每兩與減五十文　案五代會要作每兩與減放五文

已酉車駕發鄴宮辛亥至德勝城　案五代春秋作庚子帝幸鄴都遂幸德勝故城據是書則已酉發鄴宮辛亥至德勝城與五代春秋異蓋五代春秋祇以詔下之日爲據也

庚辰車駕至自鄴　庚辰歐陽史作庚申攷通鑑及五代春秋皆作庚辰據上文正月甲午朔二月甲子朔三月癸巳朔則三月不得有庚辰也蓋其誤始于是書而通鑑五代春秋皆襲其訛耳今姑從原本仍爲辨正于此

夏四月癸亥朔　案五代春秋作辛亥朔通鑑從是書

中書侍郎兼工部尚書平章事趙光允卒　案是書二年六月光允加兼戶部尚書此處作工部前後互異未知孰是

安巴堅舊作阿保機今改　裕悅舊作于越今改

舊五代史卷三十三

宋門下侍郎參知政事監修國史薛居正等撰

唐書第九

莊宗紀七

同光三年秋七月丁酉以久雨詔河南府依法祈晴滑州上言黃河決壬寅皇太后崩于長壽宮帝執喪于內出遺令以示于外癸卯帝于長壽宮成服百官于長壽宮幕次成服後于殿前立班奉慰乙巳宰臣上表請聽政不允表再上勅旨宜廢朝七日丁未宏文館上言請依六典改宏文館爲崇文館從之時樞密使郭崇韜亡父名宏豆盧革希崇韜指奏而改之（五代會要同光三年勅云崇文館比與宏文館並置今請改稱庶協舊典蓋豆盧革曲爲之說也）洛水泛漲壞天津橋以舟濟渡日有覆溺者己酉宰臣百官上表請聽政又請復常膳表凡三上以刑部尚書李琪充大行皇太后山陵禮儀使河南尹張全義充山陵橋道排頓使孔謙充監護使壬子河陽陝州上言河溢岸以禮部尚書王正言爲戶部尚書以御史中丞崔協爲禮部尚書以刑部侍郎史館修撰判館事崔居儉爲御史中丞以尚書左丞歸藹爲刑部侍郎陝州上言河漲二丈二尺壞浮橋入城門居人有溺死者乙卯汴州上言汴水泛漲恐漂沒城池于州城東西權開壕口引水入古河澤潞上言自今月一日雨至十九日未止戊午以刑部尚書判太常卿兼判吏部尚書銓事李琪爲吏部尚書依前判太常卿以兵部侍郎集賢殿學士判院事盧文紀爲吏部侍郎以給事中李光序爲尚書右丞許州滑州奏大水八月壬戌詔諸司人吏不許諸處奏薦如有勞績只許本司奏聞詔有司吳越王印宜以黃金鑄成其文曰吳越國王之印丁卯帝釋服百官奉慰于長壽宮戊辰客省使李嚴使蜀迴初帝令往市蜀中珍玩蜀法嚴峻不許奇貨東出其許市者謂之入草物嚴不獲珍貨歸而奏之帝大怒曰物歸中夏者命之曰入草王衍寧免爲入草之人耶由是伐蜀之意銳矣庚辰幸壽安山陵作所鄴都大水御河泛溢癸未河南縣令羅貫長流崖州尋委河南府決痛杖一頓處死坐部內橋道不修故也及死人皆冤之甲申山陵禮儀使奏山陵封城之內先有邱墳合令子孫改卜舊例給其所費無子孫者官爲瘞藏如是五品以上官所司仍以禮致祭從之鳳翔奏大水己酉中書門下上言據禮儀使狀準故事太常少卿定大行太后謚議太常卿署定訖告天地宗廟伏準禮文賤不得誄貴子不得爵母后必謚于廟者受成于祖宗今大行太后謚請太常卿署定後集百官連署謚狀訖讀于太廟太祖皇帝室然後差丞郎一人撰冊文別定日命太尉上謚冊于西宮靈座同日差官告天地太微宮宗廟如常告之儀從之青州大水蝗己丑以襄州留後李紹珙爲襄州節度使以邠州留後董璋爲邠州節度使九月辛卯朔河陽奏黃河漲一丈五尺癸巳中書上言大行皇太后謚議合讀于太廟太祖室其日集兩省御史臺五品已上尚書省四品已上諸司三品已上官于太廟序立從之鎭州衞州奏水入城壞廬舍乙未制封第三子鄴都留守興聖宮使檢校太尉同平章事判六軍諸衞事繼岌爲魏王幸壽安陵庚子襄州奏漢江漲溢漂溺廬舍是日命大舉伐蜀詔曰朕夙荷丕基乍平僞室非不欲寵綏四海協和萬邦庶正朔以遐同俾人倫之有序其或地居陬裔位極驕奢殊乖事大之規但蘊偷安之計則必徵諸典訓振以皇威爰興伐罪之師冀遏亂常之黨蠢茲蜀主世負唐恩間者父總藩宣任君統制屬朱溫東離汴水致昭皇西幸岐陽不務扶持反懷顧望盜據劍南之土宇全虧閫外之忱誠先皇帝早在并門將興霸業彼既會馳書幣此亦復展謝儀後又特發使人專持聘禮彼則更不迴一介之使答咫尺之書屋歲俄移歡盟頓阻朕頃遵遺訓嗣統列藩追昔日之來誠繼先皇之舊好累馳信幣皆絕酬還背惠食言棄同即異今觀孽豎詔據山河委閹宦以持權憑阻修而僭號早者曾上秦王緘札張皇蜀地聲塵形侮黷之言辭謗親賢之動德朕風驅銳旅電掃兇渠復已墜之宗祧纘中興之歷數捷音旋報復命仍稽使來而尚抗書題情動而先誇險固加以宋光葆輒陳狂計別啓奸謀將欲北顧秦川東窺荊洛人而無禮罪莫大焉昨客省使李嚴奉使銅梁近歸金闕凡于奏對備述端由其宋光嗣相見之時于坐上便有言說先問弄丹强弱次數秦王是非度此包藏可見情狀加以疏遠忠直朋比奸雄內則縱恣輕華競貪寵位外則滋彰法令蠹耗生靈既德力以不量在神祇之共憤今命興聖宮使魏王繼岌充西川四面行營都統命侍中樞密使郭崇韜充西川東北面行營都招討制置等使荊南節度使高季興充西川東南面行營都招討使鳳翔節度使李曮充供軍轉運應接等使同州節度使李令德充行營招討副使陝府節度使李紹琛充行營蕃漢馬步都排陣斬斫使西京留守張筠充西川管內安撫應接使華州節度使毛璋充行營左廂馬步都虞候邠州節度使董璋充行營右廂馬步都虞候客省使李嚴充西川管內招撫使總領關下諸軍兼四面諸道馬步兵士取九月十八日進發凡爾中外宜體朕懷辛丑授魏王繼岌諸道行營都統餘如故繼岌既授都統之命以梁漢顒充中軍馬步都虞候兼馬步軍都指揮使張廷蘊爲中軍步軍都指揮使牛景章充中軍左廂馬軍都指揮使沈斌充中軍右廂馬軍都指揮使卓瓌充中軍左廂步軍都指揮使王贇充中軍右廂步軍都指揮使供奉官李從襲充中軍馬步軍都監高品李廷安呂知柔充魏王衙通謁詔工部尚書任圜翰林學士李愚參魏王軍事丁未夕徧天陰雲北方有聲如雷野雉皆鳴俗所謂天狗落戊申魏王繼岌樞密使侍中郭崇韜進發西征太子少師致仕薛廷珪卒贈右僕射甲寅幸壽安陵司天上言自七月三日大雨至九月十八日後方晴三辰行度不見丁巳幸尖山射鴈冬十月庚申朔宰臣及文武三品以上官赴長壽宮上大行皇太后謚曰貞簡皇太后辛酉幸甘泉遂幸壽安陵壬戌魏王繼岌率師至鳳翔先遣使馳檄以諭蜀部丁卯奉皇太后尊謚寶冊赴西京靈座宰臣豆盧革攝太尉讀冊文吏部尚書李琪讀寶文百官素服班于長壽宮門外奉慰淮南楊溥遣使進慰禮己巳中書上言貞簡太后陵請以坤陵爲名從之初卜山陵帝欲祔于代州武皇陵奏議天子以四海爲家不當分其南北乃于壽安縣界別卜是陵（五代會要載中書門下奏議云人君以四海爲家不當分其南北洛陽是帝王之宅四時朝拜禮須便近不能遠幸代州今漢朝諸陵皆近秦雍國朝陵寢布列京畿後魏文帝自代遷洛之後園陵皆在河南兼勅功臣之家不許北葬今魏氏諸陵尚在京畿祔葬代州理未爲允從之）丙子以前翰林學士戶部侍郎馮道依前本官充職戊寅西征之師入大散關（九國志趙庭隱傳云自入散境即禁兵士焚廬舍剽財物蜀人德之）僞命鳳州節度使王承捷故鎭屯駐指揮使唐景思次第迎降得兵一萬二千軍儲四十萬又下三泉得軍儲三十餘萬自是師無匱乏軍聲大振辛巳僞興州刺史王承鑒成州刺史王承朴棄城遁去康延孝大破蜀軍于三泉時王衍將幸秦州以其軍五萬屯于利州聞我師至遣步騎三萬逆戰于三泉延孝與李嚴以勁騎三千擊之蜀軍大敗斬首五千級餘衆奔潰王衍聞敗自利州奔歸成都斷吉柏津浮梁而去丁亥文武百官上表以貞簡皇太后靈駕發引請車駕不至山陵所戊子葬貞簡太后于坤陵己丑魏王繼岌至興州僞東川節度使宋光葆以梓綿劍龍普五州來降武定軍使王承肇以達蓬壁三州來降興元節度使王宗威以梁開通渠麟五州來降階州刺史王承岳納符印請命秦州節度使王承休棄城自扶州路奔于西川（太平廣記引王氏見聞記云王承休擁銳兵于天水兵刃不舉既知東軍入蜀遂擁麾下之師及婦女孩幼萬餘口金銀綺帛于西蕃買路歸蜀沿路爲西蕃擄奪凍餓相踐而死迨至蜀存者百餘人唯與田宗汭等脫身而至魏王使人問之曰親握重兵何得不戰曰畏大王神武不敢當其鋒曰何不早降曰蓋緣王師不入封部無門納款曰初入蕃部幾許人曰萬餘口今存者幾何曰纔及百數魏王曰汝可償萬人之命遂斬之）十一月庚寅朔帝幸壽安號慟于坤陵戊戌以振武節度使朱守殷爲兗州節度使徐州鄴都上言十月二十五日夜地大震康延孝至利州修吉柏津浮梁僞昭武軍節度使林思諤來降辛丑魏王過利州帝賜王衍詔諭以禍福甲辰魏王至劍州僞武信軍節度使王宗壽以遂合渝瀘忠五州來降丁未高麗國遣使貢方物康延孝李嚴至漢州王衍遣人送牛酒請降李嚴遂先入成都戊申祔貞簡皇太后神主于太廟己酉魏王至綿州王衍遣使上牋歸命庚戌皇弟鄆州節度使存霸滑州節度使存渥左金吾大將軍晉州節度使存乂邢州節度使存紀並授起復雲麾將軍右金吾大將軍同正荊南節度使高季興奏收復歸夔忠等州辛亥魏王至德陽僞六軍使王宗弼報王衍舉家遷于西宅宗弼權稱西川兵馬留後又報僞樞密使宋光嗣景潤澄宣徽使李周輅歐陽晃同有異謀惑

亂蜀主已梟斬訖九國志王宗弼傳唐師陷鳳州衍遣三招討屯三泉以拒唐師未戰三招討俱遁走因令宗弼守緜谷而誅三招討宗弼遂與三招討同送款于魏王乃還成都斬宋光嗣等函首送于魏王遷衍及母妻于西宮壬子王衍遣使上表請降癸丑以吳越國馬步統軍使檢校太傅錢元球為檢校太尉守侍中充靜海軍節度使乙卯魏王至西川城北丙辰蜀主王衍出降語在衍傳丁巳大軍入成都法令嚴峻市不易肆自興師凡七十五日蜀平得兵士三萬兵仗七百萬糧三百五十三萬錢一百九十二萬貫金銀共二十二萬兩珠玉犀象二萬紋錦綾羅五十萬得節度州十郡六十四縣二百四十九己丑禮儀使奏貞簡皇太后升祔禮畢一應宗廟伎樂及諸祀並請仍舊從之十二月壬戌以前雲州節度使李存敬為同州節度使以同州節度使檢校太保同平章事李令德為遂州節度使以邠州節度使檢校太保董璋為劍南東川節度副大使知節度事以華州節度使毛璋為邠州節度使以左金吾大將軍史敬鎔為華州節度使丁卯以武寧軍節度副使李紹文為兗州觀察留後庚午宴諸王武臣于長春殿始用樂丙子以北京副留守太原尹孟知祥為檢校太傅同平章事成都尹劍南西川節度副大使知節度事西山八國雲南都招撫等使以戶部尚書王正言為檢校吏部尚書守興唐尹充鄴都副留守以鄴都副留守興唐尹張憲檢校吏部尚書太原尹充北京副留守知留守事己卯以臘辰狩于白沙皇后皇子宮人畢從庚辰次伊闕辛巳次潭泊壬午次龕澗癸未還宮是時大雪苦寒吏士有凍踣于路者伊汝之民飢乏尤甚衞兵所至責其供餉既不能給因壞其什器撤其廬舍而焚之甚于剽劫縣吏畏恐竄避于山谷間甲申出御札示中書門下以今歲水災異常所在人戶流徙以避徵賦關市之征抽納繁碎宜令宰臣商量條奏丙戌第三姑宋氏封義寧大長公主長姊孟氏封瓊華長公主第十一妹張氏封瑤英長公主閏十二月甲午賜中書門下詔曰朕聞古先哲王臨御天下上則以無偏無黨為至治次則以足食足兵為遠謀緬惟前修誠可師範朕纂承鳳歷嗣守鴻圖三載于茲萬幾是總非不知五兵未弭兆庶多艱蓋賴卿等寅亮居懷康濟為務冀盡數輿之理洞詢盍徹之規今則漕挽方屆備聆謠俗或力役罕均其勞逸或賦租莫辨于後先但以督促為名煩苛不已被甲冑者何嘗充給趨朝省者轉困支持州閭之貨殖全疎天地之災祥屢應以至星辰越度旱澇不時農桑失業于田園道殣相望于郊野生靈及此寢食寧遑豈非朕德政未孚焦勞自拙者耶朕昨親援毫翰軫念瘡痍一則詢爾謀猷一則表予宵旰未披來奏轉撓于懷敢不冀翼罪躬乾乾軫慮咨爾四岳弼予一人何不舉賢才裨寡昧百辟之內羣后之間莫不有盡忠者被掩其能抱器者艱陳其力或草澤有遺逸之士山林多屈滯之人爾所不知吾將安訪卿等位尊調鼎名顯代天既逢不諱之朝何悋由衷之說當宜歷告中外急訪英髦應在仕及前資文武官已下至草澤之士有濟國治民除姦革弊者並宜各獻封章朕當選擇施行其近宣御札亦告諭內外體朕意焉是時兩河大水戶口流亡者十四五都下供饋不充軍士乏食乃有鬻子去妻老弱採拾于野殍踣于行路者州郡飛輓旋給京師租庸使孔謙日于上東門外佇望其來算而給之加以所在泥潦輦運艱難愁歎之聲盈于道路四方地震天象乖越帝深憂之問所司濟贍之術孔謙比以吏進故無保邦濟民之要務唯以急刻賦斂為事樞密承旨段徊奏曰臣見本朝時或遇歲時災歉國費不足天子將求經濟之要則內出朱書御札以訪宰臣請陛下依此故事行之即命學士草詞帝親札以訪宰臣非帝憂民之實也時宰相豆盧革等依阿侚旨竟無所陳但云陛下威德冠天下今西蜀平定珍寶甚多可以給軍水旱作沴天之常道不足以貽聖憂中官李紹宏奏曰俟魏王旋軍之後若兵額漸多饋輓難給請且幸汴州以便漕輓時羣臣獻議者亦多大較詞理迂闊不中時病唯吏部尚書李琪引古田租之法從權救弊之道上疏言之帝優詔以獎之丁酉詔偽蜀私署官員等惟名與器不可假人況是遐僻偏方僭竊偽署因時亂而濫稱名位歸國體而悉合刪除但恐當本朝屯否之時有歷代簪纓之士既陷彼土遂授偽官又慮有曾受本朝渥恩當時已居班秩須為升降不可通同應偽署官至太師太傅及三少并太尉司徒司空侍中中書令左右僕射已上並宜降至六尚書臨時更約偽署高低為六行次第階至開府特進金紫者宜令文班降至朝散大夫武班降至銀青爵偽署將相已下與開國男餘並不得更稱封爵其有功臣者削去五代會要云其有功臣名號並宜削去如是偽署節鎮伐罪之初率先向化及立功效者宜委繼岌崇韜臨時獎任其刺史但許稱使君不得更有檢校官其偽署班行正四品以上酌此降黜五品以下如不曾經本朝授官若材智有聞即許于府縣中量材任使如無材智可錄止是蜀地士人並宜放歸田里如是西班有稱統軍上將軍者若是本朝功臣子孫及將相之嗣並據人材高下與諸衞小將軍府率中郎將次第授任如是小將軍已下據人材堪任使者宜委西川節度使衙前補押衙不堪任使者亦宜放歸田里應已前降官除軍前量事迹任使外餘並稱前銜候朝廷續據才行任使庚子彰武保大等節度使高萬興卒甲辰淮南楊溥遣使朝貢乙巳以晉州節度使李存乂為鄆州節度使以相州刺史李存確為晉州節度使丙子兩省諫官上疏請車駕不巡幸汴州凡三上章乃允庚戌魏王繼岌奏遣秦州副使徐藹賚書招諭南詔蠻又奏點到兩川馬九千五百三十四匹清異錄莊宗滅梁平蜀志頗自逸命蜀匠織十幅無縫錦為被材被成賜名六合被辛亥制皇第二弟存霸可封永王第三弟存美可封邕王第四弟存渥可封申王第五弟存乂可封睦王第六弟存確可封通王第七弟存紀可封雅王是歲日旁有背氣凡十三

舊五代史卷三十三攷證

唐莊宗紀七禮部尚書王正言　正言原本作直言今據歐陽史改正

其許市者謂之入草物　入草原本訛全草今據通鑑及冊府元龜所引薛史改正

鎮州衞州奏　案原本脫鎮州二字今據冊府元龜所引薛史增入

太子少師致仕薛廷珪卒　少師原本作少保今據列傳改正

斷吉柏津　吉柏通鑑作桔柏攷歐陽史亦作吉柏今仍其舊

梁偽昭武軍節度使林思諤來降　思諤原本作世諤今據通鑑十國春秋改正

偽武信軍節度使王宗壽以遂合渝瀘忠五州來降　案九國志王宗壽傳唐師入境郭崇韜遣使遺宗壽書宗壽不納聞衍降乃治裝赴闕歐陽史蜀世家亦言宗壽獨不降聞衍已銜璧大慟從衍東還據是書則王衍未送款宗壽已降疑傳聞之誤

丙辰蜀主王衍出降　案王衍出降在十一月丙辰通鑑與是書同歐陽史作己酉蓋據上牋歸命而先書之其實己酉唐師尚在綿州未入成都也五代春秋作十二月蜀王衍降尤誤

辛巳次潭泊壬午次龕澗　潭泊原本訛覃泊龕澗原本訛龍澗今並從通鑑改正

長姊孟氏封瓊華長公主　案通鑑以瓊華為克讓女則莊宗之從姊也隆平集東都事畧孟昶傳並云父知祥尚唐莊宗妹俱與是書異

日于上東門外佇望其來　上東門原本作尚東門據通鑑注云洛城東面三門中曰建春左曰上東右曰永春今改正

如是西班有稱統軍上將軍者　西班原本作兩班今據五代會要改正

第七弟存紀可封雅王　雅王原本作睢王攷通鑑及歐陽史皆作雅王是書宗室傳亦作雅今改正

舊五代史卷三十四

宋門下侍郎參知政事監修國史薛居正等撰

唐書第十

莊宗紀八

同光四年春正月戊午朔帝不受朝賀契丹寇渤海壬戌詔以去歲因被災沴物價騰踊自今月三日後避正殿減膳撤樂以答天譴應去年遭水災州縣秋夏稅賦並與放免自壬午年已前所欠殘稅及諸色課利已有敕命放免者尚聞所在却有徵收宜令租庸司切準前敕處分應京畿內人戶有停貯斛㪷者並令減價出糶如不遵行當令檢括西川王衍父子及偽署將相官吏除已行刑憲外一切釋放天下禁囚除十惡五逆官典犯贓屠牛毀錢放火劫舍持刀殺人者準律常赦不原外應合抵極刑者遞降一等其餘罪犯悉與減降逃背軍健並放逐便癸亥河中節度使李繼麟來朝諸州上言準宣為去年十月地震集僧道起消災道場甲子魏王繼岌殺樞密使郭崇韜于西川且夷其族丙寅百官上表請復帝膳凡三上表乃允之西川行營都監李廷安進西川樂官二百九十八人契丹寇女真渤海戊寅契丹安巴堅遣使貢良馬庚辰帝異母弟鄆州節度使存乂伏誅存乂郭崇韜之子壻也故亦及于禍是日以河中節度使守太師兼尚書令西平王李繼麟為滑州節度使尋令朱守殷以兵圍其第誅之亦夷其族辛巳吐渾奚各遣使貢馬鎮州上言部民凍死者七千二百六十人又奏準宣進花果樹栽及抽樂人梅審譯赴京甲申以鄆州節度使永王存霸為河中節度使以滑州節度使申王存渥為鄆州節度使乙酉內人景姹上言昭宗遇難之時皇屬千餘人同時遇害為三穴瘞于宮城西古龍興寺北請改葬從之仍詔河南府監護其事丙戌回鶻可汗阿都欲遣使貢良馬鎮州上言平棘等

四縣部民餓死者二千五十人丁亥詔朱友謙同惡人史武等七人已當國法並籍沒家產武等友謙舊將時皆爲刺史並以無罪族誅歐陽史丁亥殺李繼麟之將史武薛敬容周唐殷楊師太王景來仁白奉國威其族二月己丑以宣徽南院使知內侍省兼內勾特進右領軍衞上將軍李紹宏爲驃騎大將軍守左武衞上將軍知內侍省充樞密使甲午以鄭州刺史李紹奇爲河陽節度使以樂人景進爲銀青光祿大夫檢校右散騎常侍守御史大夫進以俳優嬖幸善采訪閭巷鄙細事以啟奏復密求妓媵以進恩寵特厚魏州錢穀諸務及招兵市馬悉委進監臨孔謙附之以希寵嘗呼爲八哥諸軍左右無不托附至于士人亦有因之而求仕進者每入言事左右紛然屏退惟以陷害熒惑爲意焉是日帝幸冷泉校獵乙未宰臣豆盧革上言請支州縣官實俸以責課效丙申武德使史彥瓊自鄴馳報稱今月六日貝州屯駐兵士突入都城剽劫坊市初帝令魏博指揮使楊仁晸率兵戍瓦橋至是代歸有詔令駐于貝州上歲天下大水十月鄴地大震自是居人或有亡去他郡者每日族談巷語云城將亂矣人人恐悚皆不自安十二月以戶部尚書王正言爲興唐尹知留守事正言年耄風病事多忽忘比無經治之才武德使史彥瓊者以伶官得幸帝待以腹心之任都府之中威福自我正言已下皆脅肩低首曲事不暇由是政無統攝姦人得以窺圖洎郭崇韜伏誅人未測其禍始皆云崇韜已殺繼岌自王西川故盡誅郭氏先是有密詔令史彥瓊殺朱友謙之子澶州刺史建徽史彥瓊夜半出城不言所往詰旦闔報正言曰史武德夜半馳馬而去不知何往是日人情震駭訛言云劉皇后以繼岌死于蜀已行弑逆帝已晏駕故急徵彥瓊其言播于鄴市貝州軍士有私親寧于都下者掠此言傳于貝州軍士皇甫暉等因夜聚蒱博不勝遂作亂劫都將楊仁晸曰我輩十有餘年爲國家効命甲不離體已至吞併天下主上未垂恩澤翻有猜嫌防戍邊遠經年離阻鄉國及得代歸去家咫尺不令與家屬相見今聞皇后弑逆京邑已亂將士各欲歸府寧親請公同行仁晸曰汝等何謀之過耶今英主在上天下一家從駕精兵不下百萬西平巴蜀威振華夷公等各有家族何事如此軍人乃抽戈露刃環仁晸曰三軍怨怒咸欲謀反苟不聽從須至無禮仁晸曰吾非不知此但丈夫舉事當計萬全軍人卽斬仁晸裨將趙在禮聞軍亂衣不及帶將踰垣而遁亂兵追及白刃環之曰公能爲帥否否則頭隨刃落在禮懼卽曰吾能爲之衆遂呼譟中夜燔劫貝郡詰旦擁在禮趨臨清剽永濟館陶五日晚有自貝州來者言亂兵將犯都城都巡檢使孫鐸等急趨史彥瓊之第告曰賊將至矣請給鎧仗登陴拒守彥瓊曰今日賊至臨清計程六日方至爲備未晚孫鐸曰賊來寇我必倍道兼行一朝失機悔將何及請僕射率衆登陴鐸以勁兵千人伏于王莽河逆擊之賊既挫勢須至離潰然後可以翦除如俟其凶徒薄于城下必慮奸人內應則事未可測也彥瓊曰但訓士守城何須卽戰時彥瓊疑孫鐸等有他志故拒之是夜三更賊果攻北門彥瓊時以部衆在北門樓聞賊呼譟卽時驚潰彥瓊單騎奔京師遲明亂軍入城孫鐸與之巷戰不勝攜其母自水門而出獲免晡晚趙在禮引諸軍據宮城署皇甫暉趙進等爲都虞候斬斫使諸軍大掠與唐尹王正言謁在禮望塵再拜是日衆推在禮爲兵馬留後草奏以聞帝怒命宋州節度使元行欽率騎三千赴鄴都招撫詔徵諸道之師進討丁酉淮南楊溥遣使賀平蜀己亥魏王繼岌奏康延孝擁衆反迴寇西川遣副招討使任圜率兵追討之庚子福建節度副使王延翰奏節度使王審知委權知軍府事邢州左右步直軍四百人據城叛推軍校趙太爲留後詔東北面副招討使李紹眞率兵討之辛丑元行欽至鄴都進攻南門以詔書招諭城中趙在禮獻羊酒勞軍登城遙拜行欽曰將士經年離隔父母不取勅旨歸寧上貽聖憂追悔何及儻公善爲敷奏俾從湔汗某等亦不敢不改過自新行欽曰上以汝輩有社稷功必行赦宥因以詔書諭之皇甫暉聚衆大詬卽壞詔行欽以聞帝怒曰攻城之日勿遺噍類壬寅行欽自鄴退軍保澶州甲辰從馬直宿衞軍士王溫等五人夜半謀亂殺本軍使爲衞兵所擒磔于本軍之門丙午以右散騎常侍韓彥惲爲戶部侍郎丁未鄴都行營招撫使元行欽率諸道之師再攻鄴都戊申以洋州留後李紹文爲夔州節度使詔河中節度使永王存霸歸藩己酉以樞密使宋唐玉爲特進左威衞上將軍充宣徽南院使庚戌諸軍大集于鄴都進攻其城不克行欽又大治攻具城中知其無赦書夜爲備朝廷聞之益恐連發中使促繼岌西征之師繼岌以康延孝據漢州中軍之士從任圜進討繼岌端居利州不獲東歸是日飛龍使顏思威部署西川官人至辛亥淮南楊溥遣使貢方物西京上言客省使李嚴押蜀主王衍至本府壬子以守太尉中書令河南尹兼河陽節度使齊王張全義爲檢校太師兼尚書令充許州節度使東川董璋奏準詔誅遂州節度使李令德于本州夷其族癸丑湖南馬殷奏福建節度使王審知疾甚副使王延翰已權知軍府事請降旄節司天監上言自二月上旬後晝夜陰雲不見天象自二十六日方晴至月終星辰無變以右衞上將軍朱漢賓知河南府事甲辰命蕃漢總管李嗣源統親軍赴鄴都以討趙在禮帝素倚愛元行欽鄴城軍亂卽命爲行營招討使久而無功時趙太據邢州王景戡據滄州自爲留後河朔郡邑多殺長吏帝欲親征樞密使與宰臣奏言京師者天下根本雖四方有變陛下宜居中以制之但命將出征無煩躬御士伍帝曰紹榮討亂未有成功繼岌之軍尚留巴漢餘無可將者斷在自行樞密使李紹宏等奏曰陛下以謀臣猛將取天下今一州之亂而云無可將者何也總管李嗣源是陛下宗臣創業已來艱難百戰何城不下何賊不平威略之名振于夷夏以臣等籌之若委以專征鄴城之寇不足平也帝素寬大容納無疑于物自誅郭崇韜朱友謙之後閹官伶官交相讒諂邦國大事皆聽其謀繇是漸多猜惑不欲大臣典兵既聞奏議乃曰予侍嗣源侍衞卿當擇其次者又奏曰以臣等料之非嗣源不可河南尹張全義亦奏云河朔多事久則患生宜令總管進兵如倚李紹榮輩未見其功帝乃命嗣源行營是日延州知州白彥琛奏綏銀兵士剽州城謀叛魏王繼岌傳送郭崇韜父子首函至闕下詔張全義收瘞之乙巳以右武衞上將軍李肅爲安邑解縣兩池榷鹽使以吏部尚書李琪爲國計使三月丁未朔李紹眞奏收復邢州擒賊首趙太等二十一人徇于鄴都城下皆磔于軍門庚戌李紹眞自邢州赴鄴都城下辛亥以威武軍節度副使福建管內都指揮使檢校太傅守江州刺史王延翰爲福建節度使依前檢校太傅壬子李嗣源領軍至鄴都營于西南隅甲寅進營于觀音門外下令諸軍詰旦攻城是夜城下軍亂迫嗣源爲帝遲明亂軍擁嗣源及霍彥威入于鄴城復爲皇甫暉趙進等所脅嗣源以詭詞得出夜分至魏縣時嗣源遙領鎮州詰旦議欲歸藩上章請罪安重誨以爲不可語在明宗紀中翼日遂次于相州元行欽部下兵退保衞州以飛語上奏嗣源一日之中遣使上章申理者數四帝遣嗣源子從審與中使白從訓賫詔以諭嗣源行至衞州從審爲元行欽所械不得達是日西面行營副招討使任圜奏收復漢州擒逆賊康延孝丙辰荊南高季興上言請割峽內夔忠萬等三州卻歸當道依舊管係又請雲安監初將議伐蜀詔高季興令率本軍上峽自收元管屬郡軍未進夔忠萬三州已降季興數請之因賂劉皇后及宰臣樞密使內外叶附乃俞其請戊午詔河南府預借今年夏秋租稅時年饑民困百姓不勝其酷京畿之民多號泣于路議者以爲劉盆子復生矣庚申詔潞州節度使孔勍赴闕以右龍虎統軍安崇阮權知潞州是日忠武軍節度使齊王張全義薨壬戌宰臣豆盧革率百官上表以魏博軍變請出內府金帛優給將士不報時知星者上言客星犯天庫宜散府藏又云流星犯天棓主御前有急兵帝召宰臣于便殿皇后出宮中妝匳銀盆各二并皇子滿哥三人謂宰臣曰外人謂內府金寶無數向者諸侯貢獻旋供賜與今宮中有者妝匳嬰孺而已可鬻之給軍革等惶恐而退癸亥以僞置昭武軍節度使林思諤爲閬州刺史是日出錢帛給賜諸軍兩樞密使及宋唐玉景進等各貢助軍錢幣是時軍士之家乏食婦女掇蔬于野及優給軍人皆負物而詬曰吾妻子已殍矣用此奚爲甲子元行欽自衞州率部下兵士歸帝幸耀店以勞之西川輦運金銀四十萬至闕分給將士有差元行欽請車駕幸汴州帝將發京師遣中官向延嗣馳詔所在誅蜀主王衍仍夷其族乙丑車駕發京師戊辰遣元行欽將騎軍沿河東向壬申帝至滎澤以龍驤馬軍八百騎爲前軍遣姚彥溫董之彥溫行至中牟率所部奔于汴州時潘環守王村寨有積粟數萬亦奔汴州是時李嗣源已入于汴帝聞諸軍離散精神沮喪至萬勝鎮卽命旋師登路旁荒冢置酒視諸將流涕俄有野人進雉因問冢名對曰里人相傳爲愁臺帝彌不悅罷酒而去是夜次汜水初帝東出關從駕兵二萬五千及復至汜水已失萬餘騎乃留秦州都指揮使張瑭以步騎三千守關帝過甖子谷道路險狹每遇衞士執兵仗者皆善言撫之曰適報魏王繼岌又進納西川金銀五十萬到京當盡給爾等軍士對曰陛下賜與太晚人亦不感聖恩帝流涕而已又索袍帶賜從官內庫使張容哥對曰頒給已盡衞士叱容哥曰致吾君社稷不保是此閹豎抽刀逐之或救而獲免容哥謂同黨曰皇后惜物不散軍人歸罪于吾輩事若不測吾輩萬段願不見此禍因投河而死隆平集內臣李承進逮事唐莊宗太祖嘗問莊宗時事對曰莊宗好畋獵每次近郊衞士必控馬首曰兒郎輩寒冷望陛下與救接莊宗隨所欲給之如此者非一晚年蕭墻之禍由賞賚無節威令不行也太祖歎曰二十年夾河戰爭不能以軍法約束此輩誠兒戲甲戌次石橋帝置酒野次悲啼不樂謂元行欽等諸將曰鄴下亂離寇盜蜂起

總管迫于亂軍存亡未測今訛言紛擾朕實無聊卿等事予已來富貴急難無不共之今茲危蹙賴爾籌謀而竟默默無言坐觀成敗予在滎澤之日欲單騎渡河訪求總管面爲方略招撫亂軍卿等各吐胸襟共陳利害今日俾予至此卿等如何元行欽等百餘人垂泣而奏曰臣本小人蒙陛下撫養位極將相危難之時不能立功報主雖死無以塞責乞申後效以報國恩于是百餘人皆援刀截髮置髻于地以斷首自誓上下無不悲號識者以爲不祥是日西京留守張筠部署西征兵士到京見于上東門外晡晚帝還宮初帝在汜水衞兵散走京師恐駭不寧及帝至人情稍安乙亥百官進名起居安義節度使孔勍奏黜校兵士防城準詔運糧萬石進發大時勍已殺監軍使據城詭奏也丙子樞密使李紹宏與宰相豆盧革韋說會于中興殿之廊下商議軍機因奏魏王西征兵士將至車駕且宜控汜水以俟魏王從之午時帝出上東門親閱騎軍誡以詰旦東幸申時還宮四月丁丑朔以永王存霸爲北都留守申王存渥爲河中節度使是日車駕將發京師從駕馬軍陳于宣仁門外步兵陳于五鳳門外帝內殿食次從馬直指揮使郭從謙自本營率所部抽戈露刃至興教門大呼與黃甲兩軍引弓射興教門帝聞其變自宮中率諸王近衞禦之逐亂兵出門既而焚興教門緣城而入登宮牆讙譟帝御親軍格鬬殺亂兵數百俄而帝爲流矢所中亭午崩于絳霄殿之廡下時年四十二琬琰集載宋實錄王全斌傳云同光末蕭牆有變亂兵逼宮城近臣宿將皆釋甲潛遁惟全斌與符彥卿等十數人居中拒戰莊宗中流矢扶掖歸絳霄殿全斌慟哭而去東都事略符彥卿傳云郭從謙之亂莊宗左右皆引去惟彥卿力戰殺十餘人莊宗崩彥卿慟哭而去是時帝之左右例皆奔散唯五坊人善友斂廊下樂器簇于帝尸之上發火焚之及明宗入洛止得其燼骨而已天成元年七月丁卯有司上謚曰光聖神閔孝皇帝廟號莊宗是月丙子葬于雍陵五代史補莊宗之嗣位也志在渡河但恨河東地狹兵少思欲百練其衆以取必勝于天下乃下令曰凡出師騎軍不見賊不許騎馬或步騎前後已定不得越軍分以避險惡其分路並進期會有處不得違晷刻並在路敢言病者皆斬之故三軍懼法而戮力皆一以當百故朱梁舉天下而不能禦卒爲所滅良有以也初莊宗爲公子時雅好音律又能自撰曲子詞其後凡用軍前後隊伍皆以所撰詞授之使揭聲而唱謂之御製至于入陣不論勝負馬頭纔轉則衆歌齊作故凡所鬭戰人忘其死斯亦用軍之一奇也莊宗好獵每出未有不蹂踐苗稼一旦至中牟圍合忽有縣令忘其姓名犯圍諫曰大凡有國家者當視民如赤子性命所繫陛下以一時之娛恣其蹂踐使比屋囂然動溝壑之慮爲民父母豈若是耶莊宗大怒以爲遭縣令所辱遂叱退將斬之伶官鏡新磨者知其不可乃與羣伶齊進挽住令佯爲詬責曰汝爲縣可以指麾百姓爲兒既天子好獵即合多留閒地安得縱百姓耕鋤皆徧妨天子鷹犬飛走耶而又不能自責更敢咄咄吾知汝當死罪諸伶亦皆嘻笑繼和于是莊宗默然其怒少霽頃之恕縣令罪五代史闕文莊宗嘗因博戲觀戲子采有時相輸者心悅之乃自置賭箭格凡博戲亞認采之在下者及同光末鄴都兵亂從謙以兵犯興教門莊宗禦之中流矢而崩識者以爲暗箭之應

史臣曰莊宗以雄圖而起河汾以力戰而平汴洛家讎既雪國祚中興雖少康之嗣夏配天光武之膺圖受命亦無以加也然得之孔勞失之何速豈不以驕于驟勝逸于居安忘櫛沐之艱難徇色禽之荒樂外則伶人亂政內則牝雞司晨靳恡貨財激六師之憤怨徵搜輿賦竭萬姓之脂膏大臣無罪以獲誅衆口吞聲而避禍夫有一于此未或不亡矧咸有之不亡何待靜而思之足以爲萬世之炯戒也

舊五代史卷三十四攷證

唐莊宗紀八令朱守殷以兵圍其第　案圍其第歐陽史作圍其館胡三省云歐陽史蓋謂朱友謙無私第在洛陽也據雲谷雜記唐末藩鎮入朝館舍皆稱邸第似無庸更易其字通鑑仍從是書作第

三月丁未朔　丁未通鑑作丁巳

庚戌李紹眞自邢州赴鄴都城下　案通鑑作庚申李紹眞引兵至鄴都營於城西北以太等徇于鄴城下而殺之與是書異

甲寅進營于觀音門外下令諸軍詰旦攻城是夜城下軍亂　案通鑑作壬戌李嗣源至鄴都甲子夜軍亂攷異引莊宗實錄作壬戌至鄴都癸亥夜軍士張破敗作亂與是書異日通鑑從是書

帝遣嗣源子從審　從審歐陽史及通鑑俱作從璟是書本紀前後俱作從審未知何據

帝幸耀店以勞之　耀店通鑑作鸐店胡三省注云薛史作耀店今仍其舊

甲戌次石橋　甲戌通鑑作甲申

四月丁丑朔　案歐陽史及通鑑五代春秋俱作四月丁亥朔攷遼史天順元年即同光四年亦作四月丁亥朔是書莊宗紀作丁丑明宗紀作丁亥前後互異攷是年正月戊午朔三月丁未朔則四月朔日當爲丁丑

五坊人善友　案通鑑作鷹坊人善友胡三省注云鷹坊唐時五坊之一也善姓也

安巴堅舊作阿保機今改　阿都欲舊作阿咄欲今改

舊五代史卷三十五

宋門下侍郎參知政事監修國史薛居正等撰

唐書第十一

明宗紀一

明宗聖德和武欽孝皇帝諱亶初名嗣源及即位改今諱代北人也世事武皇及其錫姓也遂編于屬籍四代祖諱聿皇贈麟州刺史天成初追尊爲孝恭皇帝廟號惠祖陵曰遂陵高祖妣衞國夫人崔氏追謚爲孝恭昭皇后三代祖諱教皇贈朔州刺史追尊爲孝質皇帝廟號毅祖陵曰衍陵曾祖妣趙國夫人張氏追謚爲孝質順皇后皇祖諱琰皇贈尉州刺史追尊爲孝靖皇帝廟號烈祖陵曰奕陵皇祖妣秦國夫人何氏追謚爲孝靖穆皇后皇考諱霓皇贈汾州刺史追尊爲孝成皇帝廟號德祖陵曰慶陵皇妣宋國夫人劉氏追謚爲孝成懿皇后帝即孝成之元子也以唐咸通丁亥歲九月九日誕皇后生帝于應州之金城縣初孝成事唐獻祖爲愛將獻祖之失振武爲吐渾所攻部下離散孝成獨奮忠義解蔚州之圍武皇之鎮鴈門也孝成厥代帝年甫十三善騎射獻祖見而撫之曰英氣如父可侍吾左右每從圍獵仰射飛鳥控弦必中尋隸武皇帳下武皇遇上源之難將佐罹害甚衆帝時年十七翼武皇踰垣脫難于亂兵流矢之內獨無所傷武皇鎮河東以帝掌親騎時李存信爲蕃漢大將每總兵征討師多不利武皇遂選帝副之所向克捷帝嘗宿于鴈門逆旅媼方娠不時具饌媼聞腹中兒語云太家至矣速宜進食媼異之遽起親奉庖爨甚恭帝詰之媼告其故北夢瑣言云帝以媼前倨後恭詰之日公貴不可言也問其故具道娠子腹語事帝曰老媼遜言攘吾辱耳後果如其言帝既壯雄武獨斷謙和下士每有戰功未嘗自伐居常惟治兵仗持廉處靜晏如也武皇常試之召于泉府命恣其所取帝惟持束帛數緡而出凡所賜與分給部下嘗與諸將會諸將矜衒武勇帝徐曰公輩以口擊賊吾以手擊賊衆慙而止景福初黑山戍將王弁據振武叛帝率其屬攻之擒弁以獻乾寧三年梁人急攻兗鄆鄆帥朱瑄求救于武皇武皇先遣騎將李承嗣史儼援之復遣李存信將兵三萬屯于莘縣聞汴軍益盛攻兗甚急存信遣帝率三百騎而往敗汴軍于任城遂解兗州之圍朱瑾見帝執手涕謝其年魏帥羅宏信背盟襲破李存信于莘縣帝奮命殿軍而還武皇嘉其功即以所屬五百騎號曰橫衝都侍于帳下故兩河間目帝爲李橫衝明年武遣大將軍李嗣昭率師下馬嶺關將復邢洺梁將葛從周以兵應援嗣昭兵敗退入青山口梁軍扼其路步兵不戰自潰嗣昭不能制會帝本軍至謂嗣昭曰步兵雖散若吾輩空迴大事去矣爲公試決一戰不捷而死差勝被囚嗣昭曰吾爲卿副帝率其屬解鞍礪鏃憑高列陣左右指畫梁人莫之測因呼曰吾王命我取葛司徒他士可無併命即徑犯其陣奮擊如神嗣昭繼進梁軍即時退去帝與嗣昭收兵入關帝四中流矢血流被股武皇解衣授藥手賜巵酒拊其背曰吾兒神人也微吾兒幾爲從周所笑自青山之戰名聞天下天復中梁祖遣氏叔琮將兵五萬營于洞渦是時諸道之師畢萃于太原郡縣多陷于梁晉陽城外營壘相望武皇登陴號令不遑飲食屬大雨彌旬城壘多壞武皇命帝與李嗣昭分兵四出突入諸營梁軍由是引退帝率偏師追襲復諸郡邑昭宗之幸鳳翔也梁祖率衆攻圍岐下武皇奉詔應援遣李嗣昭周德威出師晉絳營于蒲縣嗣昭等軍大爲梁將朱友寧氏叔琮所敗梁之追兵直抵晉陽營于晉祠日以步騎環城武皇登城督衆憂形于色攻城既急武皇與大將謀欲出奔雲中帝曰攻守之謀據城百倍但兒等在必能固守乃止居數日潰軍稍集率敢死之士日夜分出諸門掩襲梁軍擒其驍將游昆崙等梁軍失勢乃燒營而退天祐五年五月莊宗親將兵以救潞州之圍帝時領突騎左右軍與周德威分爲二廣帝晨至夾城東北隅命斧其鹿角負芻塡壍下馬乘城大譟時德威登西北隅亦譟以應之帝先入夾城大破梁軍是日解圍其功居最柏鄉之役兩軍既成列莊宗以梁軍甚盛慮師入之怯欲激壯之手持白金巨鍾賜帝酒謂之曰卿見南軍白馬赤馬都否覩之令人膽破帝曰彼虛有其表耳翼日當歸吾廐中莊宗拊髀大笑曰卿已氣吞之矣帝引鍾盡釂即屬鞬揮弭躍馬挺身與其部下百人直犯白馬都奮檛舞矟生挾二騎校而迴飛矢麗帝甲如蝟毛焉由是三軍增氣自辰及未騎軍百戰帝往來衝擊執訊獲醜不可勝計是日梁軍大敗以功授代州刺史莊宗遣周德威伐幽州帝分兵畧定山後八軍與劉守光愛將元行欽戰于廣邊軍凡八戰帝控弦發矢七中行欽酣戰不解矢亦中帝股拔矢復戰行欽窮蹙面縛乞降帝酌酒飲之拊其背曰吾子壯士也因厚遇之十三年二月莊宗與梁將劉鄩大戰于故元城北帝以三千騎環之鼓譟奮擊內外合勢鄩軍殆盡帝徇地磁洺四月相州張筠遁走乃以帝爲相州刺史九月滄州節度使戴思遠棄城歸汴小

將毛璋據州納款莊宗命率兵慰撫既入城以軍府乂安報莊宗書吏誤云已至滄州禮上畢莊宗省狀怒曰嗣源反耶帝聞之懼歸罪于書吏斬之未幾承制授邢州節度使十四年四月契丹安巴堅率衆三十萬攻幽州周德威間使告急莊宗召諸將議進取之計諸將咸言敵勢不能持久野無所掠食盡自還然後踵而擊之可也帝奏曰德威盡忠于家國孤城被攻危亡在即不宜更待敵衰願假臣突騎五千爲前鋒以援之莊宗曰公言是也即命帝與李存審閻寶率軍赴援帝爲前鋒會軍於易州帝謂諸將曰敵騎以馬上爲生不須營壘況彼衆我寡所宜銜枚籍馬潛行溪澗襲其不備也八月師發上谷陰晦而雨帝仰天祈祝即時晴霽師循大房嶺緣澗而進翼日敵騎大至每遇谷口敵騎扼其前帝與長子從珂奮命血戰敵即解去我軍方得前進距幽州兩舍敵騎復當谷口而陣我軍失色帝曰爲將者受命忘家臨敵忘身以身殉國正在今日諸君觀吾父子與敵周旋因挺身入于敵陣以北語諭之曰爾輩非吾敵吾當與天皇較力耳舞檛奮擊萬衆披靡俄挾其隊帥而還我軍呼躍奮擊敵衆大敗勢如席卷委棄鎧仗羊馬殆不勝紀是日解圍大軍入幽州周德威迎帝執手歔欷九月班師于魏州莊宗親出郊勞進位檢校太保十八年十月從莊宗大破梁將戴思遠于戚城斬首二萬級莊宗以帝爲蕃漢副總管加同平章事二十年代李存審爲滄州節度使四月莊宗即位于鄴宮帝進位檢校太傅兼侍中尋命帝率步騎五千襲鄆州下之授天平軍節度使五月梁人陷德勝南城圍楊劉以扼出師之路帝孤守汶陽四面拒寇久之莊宗方解楊劉之圍九月梁將王彥章以步騎萬人迫鄆州自中都渡汶帝遣長子從珂率騎逆戰于遞坊鎮獲梁將任釗等三百人彥章退保中都莊宗聞其捷自楊劉引軍至鄆以帝爲前鋒大破梁軍于中都生擒王彥章等是日諸將稱賀莊宗以酒屬帝曰昨朕在朝城諸君多勸朕棄鄆州以河爲界賴副總管禦侮于前崇韜畫謀于內若信李紹宏輩大事已掃地矣莊宗與諸將議兵所向諸將多云青齊徐兗皆空城耳王師一臨不戰自下惟帝勸莊宗徑取汴州語在莊宗紀中莊宗嘉之帝即時前進莊宗繼發中都十月己卯遲明帝先至汴州攻封邱門汴將王瓚開門迎降帝至建國門聞梁主已殂乃號令安撫迴軍于封禪寺辰時莊宗至帝迎謁路側莊宗大悅手引帝衣以首觸帝曰吾有天下由公之血戰也當與公共之尋進位兼中書令二年正月契丹犯塞帝受命北征二月莊宗以郊天禮畢賜帝鐵券四月潞州小將楊立叛帝受詔討之五月擒楊立以獻六月進位太尉移鎮汴州代李存審爲蕃漢總管十二月契丹入寇三年正月帝領兵破契丹于涿州移授鎮州節度使先是帝領兵過鄴鄴庫素有御甲帝取五百聯以行是歲莊宗幸鄴知之怒甚無何帝奏請以長子從珂爲北京衙內都指揮使莊宗愈不悅曰軍政在吾安得爲子奏請吾之細鎧不奉詔旨强取其意何也命留守張憲自往取之左右說諭乃止帝憂恐不自安上表申理方解十二月帝朝于洛陽是時莊宗失政四方饑饉軍士匱乏有賣兒貼婦者道路怨咨帝在京師頗爲謠言所屬洎朱友謙郭崇韜無名被戮中外大臣皆懷憂懾諸軍馬步都虞候朱守殷奉密旨伺帝起居守殷陰謂帝曰德業震主者身危功蓋天下者不賞公可謂震主矣宜自圖之無與禍會帝曰吾心不負天地禍福之來吾無所避付之于天卿勿多談也四年二月六日趙在禮據魏州反莊宗遣元行欽將兵攻之行欽不利退保衛州初帝善遇樞密使李紹宏及帝在洛陽羣小多以飛語謗毁紹宏每爲庇護會行欽兵退河南尹張全義密奏請委帝北伐紹宏贊成之遂遣帝將兵渡河三月六日帝至鄴都趙在禮等登城謝罪出牲餼以勞師帝亦慰納之營于鄴城之西南下令以九日攻城八日夜軍亂從馬直軍士有張破敗者號令諸軍各殺都將縱火焚營讙譟雷動至五鼓亂兵逼帝營親軍搏戰傷夷者殆半亂兵益盛帝叱之責其狂逆之狀亂兵對曰昨貝州戍兵主上不垂厚宥又聞鄴城平定之後欲盡坑全軍某等初無叛志直畏死耳已共諸軍商量與城中合勢擊退諸道之師欲主上帝河南請令公帝河北帝泣而拒之亂兵呼曰令公欲何之不帝河北則爲他人所有苟不見幾事當不測抽戈露刃環帝左右安重誨霍彥威躡帝足請詭隨之因爲亂兵迫入鄴城懸橋已發共扶帝越濠而入趙在禮等歡泣奉迎通鑑亂兵擁嗣源及李紹眞等入城城中不受外兵皇甫暉逆擊張破敗斬之外兵皆潰趙在禮等率諸校迎拜嗣源是日饗將士于行宮在禮等不納外兵軍衆流散無所歸向帝登南樓謂在禮曰欲建大計非兵不能集事吾自于城外撫招諸軍帝乃得出夜至魏縣部下不滿百人時霍彥威所將鎮州兵五千人獨不亂聞帝既出相率歸帝詰朝帝登城掩泣曰國家患難一至于此來日歸藩上章徐圖再舉安重誨霍彥威等曰此言非便也國家付以閫外之事不幸師徒逗撓爲賊驚奔元行欽狂妄小人彼在城南未聞戰聲無故棄甲如朝天之日信其奏陳何所不至若歸藩聽命便是强據要君正墮讒慝之口也正當星行歸闕面叩玉階讒間阻謀庶全功業無便于此者也帝從之十一日發魏縣至相州獲官馬二千匹始得成軍元行欽退保衛州果以飛語上奏帝上章申理莊宗遣帝子從審及內官白從訓齎詔諭帝從審至衛州爲行欽所械帝奏章亦不達帝乃趨白皐渡駐軍于河上會山東上供綱載絹數船適至乃取以賞軍軍士以之增氣及將濟以渡船甚少帝方憂之忽有木栰數隻沿流而至即用以濟師故無留滯焉二十六日至汴州莊宗領兵至滎澤遣龍驤都校姚彥溫爲前鋒是日彥溫率部下八百騎歸于帝具言主上爲行欽所惑事勢已離難與共事帝曰卿自不忠言何悖也乃奪其兵仍下令曰主上未諒吾心遂致軍情至此宜速赴京師既而房知溫杜晏球自北面相繼而至四月丁亥朔至罌子谷聞蕭牆釁作莊宗晏駕帝慟哭不自勝詰旦朱守殷遣人馳報京城大亂燔剽不息請速至京師己丑帝至洛陽止于舊宅分命諸將止其焚掠百官弊衣旅見帝謝之歛袵泣涕時魏王繼岌征蜀未還帝謂朱守殷曰公善巡撫以待魏王吾當奉大行梓宮山陵禮畢即歸藩矣是日羣臣諸將上牋勸進帝面諭止之樞密使李紹宏張居翰宰相豆盧革韋說六軍馬步都虞候朱守殷青州節度使符習徐州節度使霍彥威宋州節度使杜晏球兗州節度使房知溫等頓首言曰帝王應運蓋有天命三靈所屬當協冥符禍之所鍾不可以謙遜免道之已喪不可以智力求前代因敗爲功殷憂啟聖少康重興于有夏平王再復于宗周其命維新不失舊物今日廟社無依人神乏主天命所屬人何能爭光武所謂使成帝再生無以讓天下願殿下俯徇樂推時哉無失軍國大事望以教令施行帝優答不從壬辰文武百寮三拜牋請行監國之儀以安宗社答旨從之既而有司上監國儀注甲午幸大內興聖宮始受百寮班見之儀所司議即位儀注霍彥威孔循等言唐之運歷已衰不如自創新號因請改國號不從土德帝問藩邸侍臣左右奏曰先帝以錫姓宗屬爲唐雪冤以繼唐祚今梁朝舊人不願殿下稱唐請更名號帝曰予年十三事獻祖以予宗屬愛幸不異所生事武皇三十年排難解紛櫛風沐雨冒刃血戰體無完膚何艱險之不歷武皇功業即予功業先帝天下即予天下也兄亡弟紹于義何嫌且同宗異號出何典禮歷之衰隆吾自當之衆之莠言吾無取也時羣臣集議依違不定惟吏部尚書李琪議曰殿下宗室勳賢立大功于三世一朝雨泣赴難安定宗社撫事因心不失舊物若別新統制則先朝便是路人煢煢梓宮何所歸往不惟殿下追感舊君之義羣臣何安請以本朝言之則睿宗文宗武宗皆以弟兄相繼即位柩前如儲后之儀可也于是羣議始定河中軍校王舜賢奏節度使李存霸以今月三日出奔不知所在乙未敕曰寡人允副羣情方監國事外安黎庶內睦宗親庶諧悖敘之規永保隆平之運昨京都變起禍難薦臻至于戚屬之間不測驚奔之所慮因藏竄濫被傷夷言念于兹自然流涕宜令河南府及諸道應諸王眷屬等昨因驚擾出奔所至之處即時津送赴闕如不幸物故者量事收瘞以聞北夢瑣言莊宗諸弟存紀存確匿于南山民家人有以報安重誨者重誨曰主上以下詔尋訪帝之仁德必不加害不如密令殺之果併命于民家後明宗聞之切讓重誨傷惜久之以中門使安重誨爲樞密使以鎮州別駕張延朗爲樞密副使以客將范延光爲宣徽使進奏官馮贇爲內客省使丙申下敕今年夏苗委人戶自供通頃畝五家爲保本州具帳送省州縣不得差人檢括如人戶隱欺許人陳告其田倍徵己亥命石敬瑭權知陝州兵馬留後皇子從珂權知河南府兵馬留後庚子淮南楊溥進新茶以權知汴州軍州事孔循爲樞密副使以陳州刺史劉仲殷爲鄧州留後以鄭州防禦使王思同爲同州留後敕曰租庸使孔謙濫承委寄專掌重權侵剝萬端姦欺百變遂使生靈塗炭軍士飢寒成天下之瘡痍極人間之疲弊載詳衆狀側聽輿辭難私降黜之文合正誅夷之典宜削奪在身官爵按軍令處分雖犯衆怒特貸全家所有田宅並從籍沒是日謙伏誅敕停租庸名額依舊爲鹽鐵戶部度支三司委宰臣豆盧革專判中書門下上言請停廢諸道鹽運使內勾司租庸院大程官出放豬羊柴炭戶括田竿尺一依朱梁制度仍委節度刺史通申三司不得差使量檢州使公廨錢物先被租庸院管繫今據郤還州府州府不得科率百姓百姓合散蠶鹽每年秖二月內一度俵散依夏稅限納錢夏秋苗稅子除元徵石斗及地頭錢餘外不得紐配先遇赦所放逋稅租庸違制徵收並與除放今欲曉告河南府及諸道準此施行從之是日宋州節度使元行欽伏誅壬寅以樞密副使孔循爲樞密使

舊五代史卷三十五攷證

唐明宗紀一　三代祖諱敎　敎原本作敫今據五代會要改正

皇考諱霓　歐陽史云父霓未知孰是

襲破李存信於莘縣　莘縣原本作華縣今據新唐書藩鎮傳改正

柏鄉之役　柏鄉原本訛松鄉今據通鑑改正

吾當與天皇較力耳　天皇原本作人皇攷遼史太祖稱爲天皇讓宗追稱人皇莊宗初年侵幽州者乃太祖非讓宗也今改正

十二月契丹入寇三年正月帝領兵破契丹于涿州　案歐陽史云冬契丹侵漁陽嗣源敗之于涿州入寇破敵皆作冬間事蓋順文併敘之耳當以是書爲徵實

請令公帝河北　河北原本作河中今據通鑑改正

獲官馬二千匹　案歐陽史作掠小坊馬三千匹

四月丁亥朔　案丁亥朔與莊宗紀異據莊宗紀三月丁未朔則四月當作丁丑據此紀下文有己丑甲午則當作丁亥前後參差未詳孰是

己丑　案通鑑作乙丑疑傳寫之訛歐陽史從是書作己丑

以樞密副使孔循爲樞密使　案歐陽史作左驍衞大將軍孔循爲樞密使吳縝纂誤云孔循傳作左衞大將軍爲樞密使俱與是書異

安巴堅舊作阿保機今改

舊五代史卷三十六

宋門下侍郎參知政事監修國史薛居正等撰

唐書第十二

明宗紀二

天成元年夏四月丙午帝自興聖宮赴西宮文武百僚縞素于位帝服斬衰親奉攢塗設奠哭盡哀乃于柩前卽皇帝位百官易吉服班于位帝御衮冕受册訖百僚稱賀丁未羣官縞素赴西宮臨以樞密使安重誨爲檢校司空守左領軍大將軍依前充樞密使宰臣豆盧革等三上表請聽政從之遣使往諸道及淮南告哀辛亥帝始聽政于中興殿壬子西南面副招討使工部尚書任圜率步騎二萬六千八人入見甲寅帝御文明殿受朝制改同光四年爲天成元年大赦天下後宮內職量留一百人內官三十人敎坊一百人鷹坊二十人御廚五十人其餘任從所適諸司使務有名無實者並停分遣諸軍就食近畿以減饋送之勞秋夏稅子每斗先有省耗一升今後祇納正數其省耗宜停天下節度防禦使除正至端午降誕四節量事進奉達情而已自于州府圓融不得科斂百姓其刺史雖遇四節不在貢奉諸州雜稅宜定合稅物色名目不得邀難商旅租庸司先將繫省錢物與人迴圖宜令盡底收納以塞倖門云乙卯渤海國王大諲譔遣使朝貢是月北京副留守知留守事張憲賜死以其失守故也五月丙辰朔帝不視朝臨于西宮宰相豆盧革進位左僕射韋說進位門下侍郎兼戶部尚書監修國史並依舊平章事充兗州節度使檢校太傅朱守殷加同平章事充河南尹判六軍諸衞事滄州節度使檢校太傅安元信加同平章事移鎮徐州邠州節度使檢校太保毛璋加同平章事以太子賓客鄭珏爲中書侍郎兼刑部尚書同中書門下平章事以工部尚書任圜爲中書侍郎兼工部尚書同中書門下平章事判三司徐州節度使李紹眞貝州刺史李紹英齊州防禦使李紹虔河陽節度使李紹奇洺州刺史李紹能等上言前朝寵賜姓名今乞還舊內李紹虔上言臣本姓王後杜氏蒙前朝賜今姓名乞復本姓詔並可之李紹眞復曰霍彥威李紹英復曰房知溫李紹虔復曰王晏球李紹奇復曰夏魯奇李紹能復曰米君立青州節度使檢校太傅同平章事符習加兼侍中徐州節度使檢校太傅霍彥威加兼侍中移鎮鄆州丁巳初詔文武百僚正衙常參外五日一度內殿起居五代會要天成元年五月三日敕今後宰臣文武百官除常朝外每五日一度入內起居其中書非時有急切公事請開延英不在此限麟州奏指揮使張延寵作亂焚剽市民已殺戮訖戊午河陽節度使夏魯奇加檢校太傅以貝州刺史房知溫爲兗州節度使以齊州防禦使王晏球爲宋州節度使以洺州刺史米君立爲邢州節度使己未賜文武百官鞍馬各一西都知府張籛進魏王繼岌打毬馬七十二匹北京馬步都指揮使李從溫奏準詔誅宦官初莊宗遇內難宦者數百人竄匿山谷落髮爲僧奔至太原七十餘人至是盡誅于都亭驛辛酉詔華州放散西川宮人各歸骨肉壬戌以前相州刺史北京左右廂都指揮使安金全爲安北都護振武節度使同平章事甲子前西都留守京兆尹張籛加檢校太傅充山南西道節度使以襄州節度使李紹文爲遂州節度使以前鄧州留後戴思遠爲洋州節度使丁卯以金吾將軍張實爲金州防禦使戊辰以金紫光祿大夫檢校司空趙在禮爲滑州節度使加檢校太保制下在禮以軍情不順爲辭不之任以許州留後陶玘爲鄧州留後以諸道馬步副都指揮使安審通爲齊州防禦使庚午以權知北京軍府事汾州刺史符彥超爲晉州留後以前陳州刺史劉仲殷爲陝州留後癸酉以前磁州刺史劉彥琮爲同州留後甲戌福州節度使檢校太傅王延翰加檢校太尉同平章事乙亥翰林學士戶部侍郎知制誥馮道翰林學士中書舍人趙鳳俱以本官充端明殿學士端明之職自此始也五代會要明宗初登位四方書奏多令樞密使安重誨讀之不曉文義于是孔循獻議因唐室侍讀之號創端明學士之名命馮道等爲之丙子詔故西道行營都招討制置等使侍中監修國史兼樞密使郭崇韜宜許歸葬其世業田宅並還與骨肉故萬州司戶朱友謙可復護國軍節度使守太師兼尚書令河中尹西平王所有田宅財產並還與骨肉丁丑西都衙內指揮使張籛進納僞蜀主王衍犀玉帶各二條馬一百五十匹初莊宗遣中官向延嗣就長安之殺王衍也旋屬蕭牆之禍延嗣藏竄不知所之而衍之資裝妓樂並爲籛所有復懼事泄故聊有此獻戊寅以樞密使安重誨兼領襄州節度使制下重誨之黨謂重誨曰襄州地控要津不可乏帥無宜兼領重誨卽自陳退許之以左金吾大將軍張遵誨爲西京副留守知留守事辛巳以衞尉卿李懌爲中書舍人充翰林學士壬午以前蔚州刺史張溫爲振武留後以左右廂突陣指揮使康義誠爲汾州刺史以左右廂馬軍都指揮使索自通爲忻州刺史尚父吳越國王錢鏐遣使進金器五百兩銀萬兩綾萬匹謝恩賜玉册金印初同光季年鏐上䟽密求玉册金印郭崇韜進議以爲不可而樞密承旨段徊受　重賂贊成其事莊宗卽允其請至是故有貢謝甲申幽州節度使檢校太保李紹斌加檢校太傅同平章事復姓名爲趙德鈞乙酉詔百官朔望入閤賜廊下食自亂離以前常參官每日朝退賜食于廊下謂之廊餐乾符之後百司經費不足無每日之賜至是遇入閤卽賜之五代會要明宗初卽位命百官五日一起居李琪以爲非故事請罷之惟每月朔望日合入閤賜食至是宣旨朔望入閤外仍五日一起居遂爲定式六月戊子前襄州節度使李紹珙起復依前襄州節度使仍復本姓名曰劉訓以皇子河中留後從珂爲河中節度使百僚表賀以翰林承旨兵部尚書知制誥盧質爲檢校司空充同州節度使己丑以吏部尚書判太常卿事李琪爲御史大夫以禮部尚書崔協爲太常卿判吏部尚書銓事以御史中丞崔居儉爲兵部侍郎以太子賓客蕭頃爲禮部尚書中書奏請以九月九日皇帝降誕日爲應聖節休假三日從之故忠武軍節度使檢校太師兼尚書令齊王張全義贈太師以前尚書右丞崔沂爲尚書左丞丙申新州留後張承裕雲州留後高行珪並正授本軍節度使丁酉詔曰四夷來王歷代故事前後各因强弱撫制互有典儀大蕃須示于威容卽于正衙引對小蕃但推于恩澤仍于偏殿撫懷憲府奏論禮院詳酌皆徵故實咸有明文正衙威容未可全廢內殿恩澤且可常行若遇大蕃入朝卽準舊儀于正殿排比鋪陳立仗百官排班于正門引入對見時百僚入閤班退後御引對朝貢蕃客御史大夫李琪奏論之下禮部檢討而降是命焉戊戌樞密使安重誨加檢校太保行兵部尚書事如故以太子詹事劉岳爲兵部侍郎以太子右庶子王權爲戶部侍郎以太子左庶子任贊爲工部侍郎庚子荆南節度使檢校太師兼尚書令南平王高季興加守太尉兼尚書令澤潞節度使檢校太傅同平章事孔勍加兼侍中汴州屯駐控鶴指揮使張諫等謀叛伏誅以樞密使孔循權知汴州軍州事甲辰樞密使孔循加檢校太保守秘書監依前充使乙巳以秘書少監姚顗爲左散騎常侍以太子左諭德陸崇爲右散騎常侍以兵部郎中蕭希甫爲左諫議大夫前幽州節度判官呂夢奇爲右諫議大夫以鄴都副留守孫岳爲潁州團練使詔曰古者酌禮以制名懼廢于物取其難犯而易避貴便于時況徵在二名抑有前例以太宗文皇帝自登寶位不改舊稱時卽臣有世南官有民部靡聞曲避止禁連呼朕猥以眇躬託于人上止遵聖範非敢自尊應文書內所有二字但不連稱不得迴避如是臣下之名不欲與君親同字者任自改更丁未中書門下奏京城潛龍舊宅望以至德宮爲名從之戊申夏州節度使開府儀同三司檢校太師兼中書令朔方王李仁福加食邑一千戶以延州留後高允韜爲延州節度使以利州節度觀察留後張敬詢爲利州節度使劍南西川節度副大使知節度事孟知祥加檢校太傅兼侍中劍南東川節度副大使知節度事董璋加檢校太傅壬子鳳翔節度使檢校太尉兼中書令李曮加檢校太師兼中書令汴州知州孔循奏召集謀亂指揮使趙虔已下三千人並族誅訖甲寅以晉州

留後符彥超爲北京留守以鎮州副使王建立爲鎮州留後以右龍武統軍安崇阮爲晉州留後荆南節度使高季興上言夔忠萬三州舊是當道屬郡先被西川侵據今乞卻割隸本管詔可之其夔州僞蜀先曾建節宜依舊除刺史通鑑攷異引十國紀年荆南史天成元年二月壬辰請忠夔萬州及雲安監隸本道莊宗許之詔命未下莊宗遇弑六月壬辰王表求三州明宗許之秋七月乙卯朔以太原舊宅爲積慶宮庚申契丹渤海國俱遣使朝貢甲子詔割韓城郃陽兩縣屬同州誅滑州左右崇牙及長劍等軍士數百人夷其族作亂故也其都校于可洪等相次到闕亦斬于都市丁卯以僞蜀守司空門下侍郎平章事晉國公王鍇爲檢校司空守陵州刺史以虢州刺史石潭爲耀州團練使辛未詔諸道節度刺史文武將吏舊進月旦起居表今後除節度留後團練防禦使惟正至進賀表其四孟月並且止絕甲戌中書門下上言宣旨令進納新授諸道判官州縣官告敕牒祗應宣賜準往例除將相外並不賜官告卽因梁氏起例凡宣授官並特恩賜臣等商量自兩使判官令錄在京除授者卽于內殿謝恩便辭赴任不更進納官告判司主簿不合更許朝對敕下後望準舊例處分從之乙亥莊宗皇帝梓宮發引帝衰服臨送于樓前是日葬莊宗于雍陵鎮州留後王建立奏涿州刺史劉殷肇不受代謀叛昨發兵收掩擒劉殷肇及其黨一十三人見折足勘詰己卯以比部郎中知制誥楊凝式爲給事中充史館修撰判館事以僞蜀吏部尚書楊玢爲給事中充集賢殿學士判院事升應州爲彰德軍節度仍以興唐軍爲寰州隸彰德軍宰相豆盧革貶辰州刺史韋說貶漵州刺史仍令所在馳驛發遣爲諫議大夫蕭希甫疏奏故也制略曰革則縱田客以殺人說則侵鄰家而奪井選元亨之上第改王參之本名或王掌三司委元隨之務局或陶鎔百里愛長吏之桑田咸屈塞于平人互阿私于愛子任官匪當黷貨無厭謀人之國若斯致主之方安在既迷理亂又昧卷舒而府司案牘爰來諫署奏章疊至備彰醜迹深汙明庭是宜納以三章投之四裔其河南府文案及蕭希甫論疏並宜宣示百僚庚辰賜蕭希甫衣段二十匹銀器五十兩賞疏革說之罪也宰相鄭珏任圜再見安重誨救解革說請不復追行後命又三上表救解俱留中不報辛巳以捧聖嚴衛左廂馬步軍都指揮使李從璋領饒州刺史充大內皇城使中書門下奏條制檢校官各納尚書省禮錢舊例太師大尉納四十千後減落至二十千太傅太保元納三十千減至十五千司徒司空元納二十千減至一十千僕射尚書元納一十五千減至七千員外郎中元納一十千今納三千四百者詔曰會府華資皇朝寵秩凡霑新命各納禮錢爰自近年多隳舊制遂致紀綱之地遽成廢墜之司况累條流就從減省方當提舉宜振規繩但緣其間翊衞勳庸藩宣將佐自軍功而遷陟示恩澤以獎酬須議從權不在其例其餘自不帶平章事節度使及防禦團練刺史使府副使行軍已下三司職掌監務官州縣官凡關此例並可徵納其檢校官自員外郎至僕射秖初轉一任納錢若不改呼不在徵納仍委尚書省都司專切檢舉置歷逐月具數申中書門下癸未詔辰州刺史豆盧革可責授費州司戶參軍漵州刺史韋說可責授夷州司戶參軍皆員外置同正員仍令馳驛發遣甲申又詔曰責授費州司戶參軍豆盧革夷州司戶參軍韋說等自居台輔累換歲華負先皇倚注之恩失大國燮調之理朕自登宸極常委鈞衡略無謙遜之辭但縱貪饕之意除官受賂樹黨徇私每虧敬于朕前徒自尊于人上道路之諠騰不已諫臣之條疏頗多罪狀顯彰典刑斯舉合從極法以塞羣情尚緣臨御之初含宏是務特軫墜泉之慮爰施解網之仁曲示優恩俯寬後命革可陵州長流百姓說可合州長流百姓仍委逐處長知所在同州長春宮判官朝請大夫檢校尚書禮部郎中賜紫金魚袋豆盧昇將仕郎守尚書屯田員外郎崇文館學士賜緋魚袋韋濤等各因權勢驟列班行無才業以可稱竊寵榮而斯久比行貶謫以塞尤違朕以纂襲之初含容是務父既寬于後命子宜示于特恩並停見任昇濤卽革說之子也

舊五代史卷三十六攷證

唐明宗紀二西都知府張籛　張籛原本作張鏐今據通鑑改正

故萬州司戶朱友謙　萬州原本作萬州今據歐陽史改正

樞密承旨段佪　段佪九國志作段懷攷歐陽史及通鑑並作段佪今仍其舊

正衙威容　正衙原本訛王衙今據冊府元龜改正

是日葬莊宗于雍陵　雍陵原本作永陵攷徐無黨五代史注莊宗陵名雍陵石晉時避諱稱伊陵原本永字訛今改正又莊宗葬日通鑑從哀冊文作丙子是書從實錄作乙亥

改王參之本名　案王參疑有舛誤據冊府元龜引薛史亦作王參今無可攷姑仍其舊

舊五代史卷三十七

宋門下侍郎參知政事監修國史薛居正等撰

唐書第十三

明宗紀三

天成元年秋八月乙酉朔日有食之有司上言莊宗廟室酌獻請奏武成之舞從之鄆州節度使霍彥威移鎮青州丁亥莊宗神主祔廟有司請祧懿祖室從之詔陵州合州長流百姓豆盧革韋說等可並自長流後縱逢恩赦不在原宥之限豆盧昇韋濤仍削除自前所受官秩壬辰以久雨放百僚朝參詔天下疏理繫囚甲午汴州奏舊管曹州乞卻歸當道從之是日詔曰承前使府奏請判官率皆隨府除移停罷近年流例有異前規使府雖已除移判官元安舊職起今後若是朝廷除授者卽不計使府除移如是使府奏請卽皆隨府移罷舊例藩侯帶平章事者所奏請判官殿中已上許奏緋中丞已上許奏紫今不帶平章事亦許同帶平章事例處分如防禦團練使奏請判官員外郎已下不在奏緋之限其所奏判官州縣官並須將歷任告身隨奏至京如未有官假稱試攝亦奏狀內分明署出如藩鎮留後權知軍州事並不在奏請判官之限如刺史要奏州縣官須申本道請發表章不得自奏近日州使奏請從事本無官緒妄結虛銜不計職位高卑多是請兼朱紫不惟紊亂實啓撓求宜令諸道州府切準敕命處分丁酉內出象笏三十四面賜百官之無笏者己亥帝御文明殿百官入閤月望如月朔之儀從新例也荆南高季興上言峽內三州請朝廷不除刺史幽州奏契丹寇邊詔齊州防禦使安審通率師禦之辛丑以前青州節度使符習爲鄆州節度使以前華州節度使史敬鎔爲安州節度使乙巳禁鎔錢爲器仍估定生銅器價斤二百熟銅器斤四百如違省價買賣者以盜鑄錢論丁未樞密使院條奏諸道節度使刺史內有不守詔條公行科斂須行止絕州使所納軍糧不得更邀加耗節度使刺史所置牙隊許于軍都內抽取便給省司衣糧況人數已多訪問尚有招致諸邑人多有抵罪亡命便于州府投名爲使下元隨邀求職務凌壓平人及有力戶人于諸處行賂希求事務亦有州使妄稱修葺城池解宇科賦于人及營私宅諸縣鎮所受州使文符如涉科斂人戶不得稟受州府不得賒買行人物色兼行科率已前條件州使如敢犯違許人陳告勘詰不虛量行獎賞宜令三京諸道州府準此處分新授青州節度使霍彥威奏處斬新登州刺史王公儼及同謀拒命指揮使李謹王居厚等八人訖初同光中符習爲青州節度使宦官楊希望爲監軍專制軍政趙在禮之據魏州習奉詔以本軍進討俄而帝爲亂軍所劫習卽罷歸希望遣兵邀之習懼而還至滑州帝遣人招之習至乃從帝入汴希望聞魏軍亂遣兵圍守習家欲盡殺之公儼素受希望獎愛謂希望曰內侍宜分腹心之兵監四面守陴者則誰敢異圖希望從之公儼乘其無備圍希望之第擒而殺之公儼遂與州將李謹等謀據州城以邀符節卽令軍府飛章留己兼揚言符習在鎮人不便其政帝乃除公儼爲登州刺史公儼不時赴任卽以霍彥威代符習聚兵淄州以圖進取彥威至淄州會詔使至青州告諭公儼卽赴所任彥威懲其初心遣人擒公儼于北海縣與同黨斬于州東通鑑彥威聚兵淄州以圖進取公儼懼乙未始之官丁酉彥威至青州追擒之有司上言莊宗祔廟懿祖祧遷準例舍故而諱新懿祖例不諱忌日不行香從之壬子襄州節度使劉訓加檢校太傅以僞蜀右僕射中書侍郎平章事趙國公張格爲太子賓客充三司副使從任圜請也九月乙卯朔詔汴州扶溝縣復隸許州以前絳州刺史婁繼英爲冀州刺史充北面水陸轉運制置使己未幸至德宮遂幸前隰州刺史袁建豐之第帝嘗爲太原內牙親將建豐爲副至是建豐風疾沈廢故親幸其第以撫之庚申以都官郎中庾傳美充三州搜訪圖籍使傳美爲蜀王衍之舊僚家在成都便于歸計且言成都具有本朝實錄及傳美使迴所得纔九朝實錄及殘缺雜書而已癸亥應聖節百僚于敬愛寺設齋召緇黃之衆于中興殿講論從近例也戊辰以僞蜀檢校太師兼中書令右金吾街使張貽範爲兵部尚書致仕都官員外郎于鄴奏請指揮不得書契券輒賣良人從之癸酉天策上將軍湖南節度使開府儀同三司守太師兼尚書令楚王馬殷加檢校

太師守尚書令兩浙節度留後靜海軍節度嶺南西道觀察處置等使檢校太尉兼中書令錢元瓘加食邑中吳建武等軍節度嶺南東道觀察處置等使檢校太尉兼中書令錢元璙加開府階進食邑甲戌以前代州刺史馬潁爲左衞上將軍致仕己卯以光祿卿羅周敬爲右金吾衞大將軍充街使辛巳以前復州刺史袁義爲唐州刺史詔曰鳳翔節度使李曮世聯宗屬任重藩宣慶善有稱忠勤顯著既在維城之例宜新定體之文是降寵光以隆惇敘俾煥成家之美貴崇猶子之親宜于本名上加從字癸未文武百僚至張全義私第柩前立班辭以來月二日葬故也冬十月甲申朔詔賜文武百僚冬服綿帛有差近例十月初寒之始天子賜近侍執政大臣冬服帝顧謂判三司任圜曰百僚散未圜奏曰臣聞本朝給春冬服偏及百僚喪亂已來急于軍旅人君所賜未能周給今止近臣而已外臣無所賜帝曰外臣亦吾臣也卿宜計度圜遂與安重誨據品秩之差以定春冬之賜其後遂以爲常右拾遺曹琮上疏內一件百僚朔望入閤及五日內殿起居請許三署寺監官輪次轉奏封事從之刑部員外郎孔莊上言自兵興已來法制不一諸道州縣常行枷杖多不依格律請以舊制曉諭改而正之丙戌吏部侍郎盧文紀上言請內外文武臣僚每歲有司明定考校將相乞迴御筆以行黜陟疏下中書門下商量宰臣奏請施行從之丁亥雲南嶲州山後兩林百蠻都鬼主右武衞大將軍李卑晚遣大鬼主傳能何華等來朝貢帝御文明殿對之百僚稱賀庚寅以客省使李嚴領泗州防禦使以河中節度副使李鏻爲太子賓客壬辰邠州節度使毛璋移鎭潞州巴州進嘉禾合穗甲午以前隰州刺史袁建豐遙領洪州節度使庚子幽州奏契丹平州守將僞署幽州節度使盧文進率戶口歸順百僚稱賀辛丑契丹遣使來告哀言國主安巴堅以今年七月二十七日卒詔曰朕近纘皇圖恭修帝道務安夷夏貴洽雍熙契丹主世預歡盟禮交聘問遽聞凶訃倍軫悲懷可輟今月十九日朝參丙午以嶲州山後兩林百蠻都鬼主李卑晚爲寧遠將軍大渡河山前邛川六姓都鬼主懷安郡王勿鄧摽莎爲定遠將軍丁未幽州奏盧文進所率降戶孳畜人口在平州西首尾約七十里庚戌以吏部侍郎盧文紀爲御史中丞時御史大夫李琪三上表求解任故也以兵部侍郎劉岳爲吏部侍郎以戶部侍郎充端明殿學士馮道爲兵部侍郎以中書舍人充端明殿學士趙鳳爲戶部侍郎並依前充職壬子靜江軍節度使桂州管內觀察使檢校太師兼中書令扶風郡王馬賓加食邑實封澧朗觀察使檢校太傅兼侍中馬希振加檢校太尉盧文進至幽州遣軍吏奉表來上十一月戊午以滄州留後王景戡爲邢州節度使青州奏得登州狀申契丹先攻逼渤海國自安巴堅身死雖已抽退尚留兵馬在渤海扶餘城今渤海王弟領兵馬攻圍扶餘城內契丹次己未以翰林學士尚書戶部郎中知制誥劉昫爲中書舍人充職辛酉以前祕書少監溫韡爲太子詹事壬戌以前房州刺史朱罕爲潁州團練使是日詔曰應今日已前修蓋得寺院無令毀廢自此已後不得輒有建造如要願在僧門並須官壇受戒不得衷私剃度癸丑日南至帝御文明殿受朝賀仗衞如式禮部侍郎裴皞上言諸州刺史經三考方請替移詔曰有政聲者就加恩澤無課最者即便替移密州獻芝草庚午河陽節度使夏魯奇移鎭許州留後梁漢顒爲邠州節度使淮南楊溥遣使貢獻賀登極乙亥以前振武留後張溫爲利州昭武軍留後以果州刺史孫鐸爲漢州刺史充西川馬步軍都指揮使壬午靜海軍節度安南管內觀察等使檢校太尉兼侍中錢元球加開府階進食邑癸未鎭州奏準詔盧文進所率歸業戶口蠲放租稅三年仍每口給糧五斗十二月戊子盧文進及將吏四百人見賜鞍馬玉帶衣被器玩錢帛有差詔曰朕中興寶祚復正皇綱萬國駢羅俱在照臨之內八紘遼敻咸居覆載之間矧彼雲南素歸正朔洎平僞蜀思錫舊恩于乃睠以雖深欲霑覃而未暇百蠻都首領李卑晚六姓蠻都首領勿鄧摽莎等天資智勇世稟忠勤梯航之道路纔通琛賮之貢輸已至率其種落竭乃悃誠備傾向化之心深獎來庭之意今則各頒國寵別進王封其嶲州刺史李及大鬼主離吠等或遙貢表函或躬趨朝闕亦宜特授官資各遷階秩勉敦信義無墜冊書示爾金石之堅保我山河之誓欽承休命永保厥終壬辰帝狩于近郊臘故也甲午以契丹盧龍軍節度使盧文進爲檢校太尉同平章事充滑州節度使戊戌詔嚴禁鑞錢庚子皇第二子金紫光祿大夫檢校司徒從榮加檢校太保同平章事天雄軍節度使鄴都留守以武安軍馬步軍都指揮使馬希範爲澧州刺史鐵林都知兵馬馬希杲爲衡州刺史壬寅潁州刺史孫岳加檢校太保獎能政也丙午中書門下奏故事藩鎭節度觀察使帶平章事于都堂上事刊石記壁合納禮錢三十貫以充中書及兩省公使今欲各納禮錢五百千于中書立石亭子鐫勒宰臣使相官氏授上年月餘充修葺中書及兩省公署都堂什物從之庚戌御史臺奏京城坊市士庶工商之家有婢僕自經投井非理物故者近者已來凡是死亡皆是臺司左右巡畢勘檢施行已久仍恐所差人吏及街市胥徒同于民家因事邀脅臣詢訪故事凡京城民庶之家死喪委府縣檢舉軍家委軍巡商旅委戶部然諸司檢舉後具事由申臺其間或枉濫情故臺司訪聞即行舉勘如是文武兩班官吏之家即是臺司檢舉臣請自今已後並準故事施行者詔曰今後文武兩班及諸道商旅凡有喪亡即準臺司所奏施行其坊市民庶軍士之家凡死喪及婢僕非理物故依臺司奏委府縣軍巡同檢舉仍不得縱其吏卒于物故之家妄有邀脅或恐暑月尸柩難停若待申聞檢舉縱無邀脅亦須經時日今後仰本家與四鄰檢察若無他故逐便葬埋如後別聞枉濫妄有保證官中訪知勘詰不虛本戶鄰保並行科罪如聞諸道州府坊市死喪取分巡院檢舉頗致淹停人多流怨亦仰約京城事例處分

舊五代史卷三十七攷證

唐書明宗紀三內出象笏三十四面　三十四歐陽史作三十二

僞蜀右僕射中書侍郎平章事趙國公張格　張格原本作張裕攷舊唐書張濬傳濬次子格仕蜀爲平章事今改正

僞署幽州節度使盧文進　盧文進遼史作盧國用蓋文進在遼改名國用耳

國王安巴堅以七月二十七日卒　案遼史太祖紀作七月辛巳上崩

可輟今月十九日朝參　案歐陽史作廢朝三日

契丹次　案契丹次蓋言契丹方即次也是書前後如攻城次鎭州次多單用次字疑即當時案牘之文今仍其舊附識于此

安巴堅舊作阿保機今改

舊五代史卷三十八

宋門下侍郎參知政事監修國史薛居正等撰

唐書第十四

明宗紀四

天成二年春正月癸丑朔帝御明堂殿受朝賀仗衞如常儀制曰王者祇敬宗祧統臨寰宇必順體元之典特新制義之文朕以眇躬獲承丕構襲三百年之休運繼二十聖之耿光馭朽納隍夕惕之心罔怠法天師古日躋之道惟勤今則載戢干戈渾同書軌荷上穹之貺祐契兆庶之樂推檢玉泥金非敢期于薄德耕田鑿井誠有慕于前王將陳享謁之儀即備郊丘之禮宜更稱謂永耀簡編今改名爲亶凡在中外宜體朕懷宣制誥百僚稱賀有司告郊廟社稷丙辰詔端明殿學士班位宜在翰林學士之上今後如有轉改只于翰林學士內選任先是端明殿學士班在翰林學士之下又如三館例官在職上趙鳳轉侍郎日諷宰相府移之既而禁林序列有不可之言安重誨奏行此敕時論便之癸亥宰臣鄭珏加特進門下侍郎兼太微宮使崇文館大學士任圜加光祿大夫門下侍郎監修國史以端明殿學士尚書兵部侍郎馮道爲中書侍郎平章事集賢殿大學士以太常卿崔協爲中書侍郎平章事戊辰以前鄧州節度使劉玘卒廢朝左拾遺李同上言天下繫囚請委長吏逐旬親自引問質其罪狀眞虛然後論之以法庶無枉濫從之辛未皇子河中節度使從珂加同平章事以鎭州留後檢校司徒王建立爲鎭州節度使檢校太傅癸酉皇第三子金紫光祿大夫檢校司徒從厚加檢校太保同平章事河南尹判六軍諸衞事北面副招討房知溫奏營州界奚隴羅支內附乙亥以監門衞大將軍傳璉爲右武衞上將軍丙子詔曰頃自本朝多難雅道中微皆尚浮華罕持廉讓其有除官闕省命秩柏臺或以人事相諫或以私讎見訐稍乖敬奉遽至棄捐蓋司長之振威處君恩而何地今後應新授官朝謝後可準例上事司長不得輒以私事阻滯其本官亦不得因遣抑挫託故請假戊寅皇子從厚領事于河南府宰相鄭珏已下會送非例也己卯樞密使光祿大夫檢校太保行兵部尚書安重誨加開府儀同三司檢校太傅兼侍中樞密使檢校太保守祕書監孔循加檢校太傅同平章事詔崇文館依舊爲宏文館初同光中宰相豆盧革以同列郭崇韜父名宏希其意奏改之今乃復焉辛巳詔曰亂離斯久法制多隳不有規明從何禁止起今後

三京及州使職員名目是押衙兵馬使騎馬得有暖坐諸都軍將衙官使下繫名糧者只得衣紫皁庶人商旅只著白衣此後不得參雜兼有富戶或投名于勢要以求影庇或希假于攝貴以免丁徭仰所在禁勘以肅奸欺二月壬午朔新羅遣使朝貢丁亥以北京皇城使李繼朗爲龍武大將軍北京都指揮使李從璨爲左衞大將軍捧聖都指揮使李從臻爲右監門衞大將軍戊子以前北面水陸轉運招撫使守冀州刺史烏震領宣州節度使庚寅陝州節度使檢校司徒石敬瑭加檢校太傅兼六軍諸衞副使壬辰西川節度使孟知祥奏泗州防禦使充西川兵馬都監李嚴煽搖軍衆尋已處斬以潁州刺史孫岳爲耀州團練使丙申以從馬直指揮使郭從謙爲景州刺史尋令中使誅之夷其族以其首謀大逆以弒莊宗也以尚書左丞崔沂爲太子少保致仕壬寅制曰荆南節度使開府儀同三司守太尉兼尚書令南平王高季興可削奪官爵仍令襄州節度使劉訓充南面招討使知荆南行府事許州節度使夏魯奇爲副招討使統蕃漢馬步四萬人進討以其叛故也又命湖南節度使馬殷以湖南全軍會合以東川節度使董璋充東南面招討使新授夔州刺史西方鄴爲副招討使共領川軍下峽州三面齊進通鑑攷異梓夔皆在荆南之西南而云東南面者蓋據夔梓所向言之甲辰兗州節度使房知温加同平章事宋州節度使王晏球加檢校太傅丁未以禮部尚書蕭頃爲太常卿戊申以御史大夫李琪爲右僕射以太子賓客李鏻爲戶部尚書以吏部侍郎李德休爲禮部尚書以前吏部侍郎崔貽孫爲吏部侍郎以端明殿學士戶部侍郎趙鳳爲兵部侍郎依前充職庚戌詔諸道節度使男及親嫡骨肉未沾恩命者特許上聞河南府新安縣宜爲次赤以雍陵在其界故也辛亥以刑部侍郎歸藹爲戶部侍郎三月壬子朔以中書舍人馬縞爲刑部侍郎幸會節園宰相樞密使及在京節度使共進錢絹請開宴癸丑遣供奉官賈俊使淮南甲寅以西川節度副使李敬周爲遂州武信軍留後乙卯開府儀同三司司徒致仕趙光逢進太保致仕仍封齊國公以武信軍節度使李紹文卒廢朝丙辰宰臣判三司任圜奏諸道藩府請依天復三年已前許貢綾絹金銀隨其土產折進馬之直又請選孳生馬分置監牧並從之五代會要任圜奏三京留守諸道節度觀察諸州防禦使刺史每年應聖節及正至等節貢奉或討伐勝捷各進獻馬伏見本朝舊事雖以獻馬爲名多將綾絹金銀折充馬價蓋跋涉之際護養稍難因此羣方俱爲定制自今後伏乞除蕃部進駝馬外諸州所進馬許依天復三年已前事例隨其土產折進價直冀貢輸之稍易又誠敬之獲申兼欲于諸處揀孳生馬準舊制分置監牧仍委三司使別具制置奏聞太常丞段顒請國學五經博士各講本經以申橫經齒胄之義從之庚申以前澤潞節度使檢校太傅兼侍中孔勍爲河陽節度使壬戌幸甘水亭甲子青州節度使霍彥威加檢校太尉兼中書令以大內皇城使守饒州刺史李從璋爲應州節度使丁卯詔所在府縣糾察殺牛賣肉犯者準條科斷其自死牛即許貨賣肉斤不得過五錢鄉村民家死牛但報本村所由準例輸皮入官癸酉以戶部郎中知制誥盧詹爲中書舍人夏四月辛巳朔房知温奏前月二十一日盧臺戍軍亂害副招討寧國軍節度使烏震尋與安審通斬殺亂兵訖帝聞之廢朝一日贈震太傅新羅國遣使貢方物丁亥以華州留後劉彥琮爲本州節度使是日幸會節園宴近臣己丑以兵部侍郎崔居儉權知尚書左丞以戶部侍郎王權爲兵部侍郎以禮部侍郎裴皥爲戶部侍郎以翰林承旨守中書舍人李愚爲禮部侍郎充職庚寅御史臺奏今月三日廊下餐官坐定兩省官方來自五品已下輒起詔曰每赴廊餐如對御宴若行私禮是失朝儀各罰半月俸五代會要長興三年五月詔文武兩班每遇入閤賜食從前御史臺官及諸朝官皆在敷政門外兩廊食惟北省官于敷政門內別坐既爲隔門各不相見致行坐不齊難于肅整今後每遇入閤賜食北省官亦宜于敷政門外東廊下設席以北首爲上侍班齊一時就坐詔盧臺亂軍龍晊所部鄴都奉節等九指揮三千五百人在營家口骨肉並可全家處斬龍晊所部之衆即梁故魏博節度使楊師厚之所招置也皆天下雄勇之士目其都爲銀槍効節僅八千人師厚卒趙在禮據有魏博及帝纘位在禮冀脫其禍潛奏願赴朝覲遂除皇子從榮爲帥乃令北禦契丹是行也不支甲冑惟幟于長行表隊伍而已故俛首遄征在途聞李嚴爲孟知祥所害以爲劍南阻絕互相煽動及屯于盧臺會烏震代房知温爲帥轉增浮說震與房知温博于東寨日亭午大譟于營外知温上馬出門爲甲士所擁且曰不與兒郎爲主更何處去知温紿之曰馬軍皆在河西步卒獨何爲也遂得躍馬登舟濟于西岸安審通戢騎軍不動知温與審通謀伺便攻之令亂兵卷甲南行騎軍徐進部伍嚴整叛者相顧失色列炬宵行疲于荒澤遲明潛令外州軍別行知温等遂擊亂軍橫尸于野餘衆復趨舊寨至則已焚之矣翼日盡戮之脫于叢草溝塍者十無二三迨夜竄于山谷稍奔于定州及王都之敗乃無噍類矣癸巳兗州節度使房知温加侍中齊州防禦使安審通加檢校太傅並賞盧臺之功也丁酉僞吳楊溥遣移署右威衞將軍雷現貢端午禮幣辛丑以前利州節度使張敬詢爲雲州節度使遣樞密使孔循赴荆南城下請招討使劉訓有疾故也甲辰以戶部侍郎韓彥惲爲祕書監是日幸石敬瑭安重誨第丙午故振武節度使李嗣恩贈太尉以司封郎中樞密院直學士閻至爲左諫議大夫充職右諫議大夫梁文矩上言平蜀已來軍人剽略到西川人口甚多骨肉阻隔恐傷和氣請許收認帝仁慈素深因文矩之奏詔河南河北舊因兵火擄隔者並從識認是日鄆州進白鵲五月癸丑以福建留後檢校太傅舒州刺史王延鈞爲檢校太師守中書令充福建節度使琅邪郡王以太常卿蕭頃爲吏部尚書是日懷州進白鵲戊午以三司副使守太子賓客張格卒廢朝以翰林學士駕部郎中知制誥竇夢徵爲中書舍人充職癸亥遣宣徽使張延朗調發郡縣糧運赴荆南城下仍以軍法從事以右龍武統軍崔公實爲左龍武統軍以前復州刺史高行周爲右龍武統軍割果州屬郡乙丑僞吳楊溥貢新茶滄州進白鶴庚午詔罷荆南之師既而令軍士散掠居民而迴詔文武臣僚及諸道節度使刺史有父母在者各與恩澤宰臣任圜表辭三司事乃以樞密院承旨孟鵠充三司副使權判六月壬午華州邢州進兩岐麥兗州進三足烏丙戌宰相任圜落平章事守太子少保丁亥詔天下除併無名額寺院以宣徽北院使張延朗爲右武衞大將軍判三司依前宣徽使檢校司徒辛卯大理少卿王鬱上言凡決極刑準敕合三覆奏近年已來全廢此法伏乞今後決前一日許一覆奏從之壬辰南面招討使知荆南行府事襄州節度使檢校太傅劉訓責授檢校右僕射守澶州刺史訓南征無功故有是譴詔喪葬之家送終之禮不得過度乙未戶部尚書李鏻上言請朝班自四品已上官各許薦令錄兩人五品官各薦簿尉兩人功過賞罰與舉者同之詔從之其所舉人仍于官告內標所舉姓名或有不公連坐舉主仍令三品已上各舉堪任兩使判官者丙申以天策上將軍湖南節度使開府儀同三司檢校太師守尚書令楚王馬殷爲守太師尚書令封楚國王庚子幸白司馬坡祭突厥神從北俗之禮也秋七月庚戌朔以宋州節度使王晏球充北面行營副招討使癸丑以左金吾將軍烏昭遠爲左衞上將軍充入蠻國信使中書奏馬殷封楚國王禮文不載國王之制請約三公之儀用竹册從之壬戌西川節度副大使知節度事孟知祥加檢校太尉兼侍中東川董璋加爵邑以左効義指揮使元習爲資州刺史右効義指揮使盧密爲雅州刺史癸亥幸冷泉宮甲子以檢校工部尚書謝洪爲宿州團練使夔州刺史西方鄴奏殺敗荆南賊軍收峽內三州丙寅升夔州爲寧江軍以鄴爲節度使戊辰詔曰頃因本朝親王遙領方鎮遂有副大使知節度事年代已深相沿未改其東川西川今後落副大使只云節度使庚午遂州留後李敬周鄜州留後劉仲殷並正授本州節度使壬申兗州節度使房知温移鎮徐州徐州節度使安元信移鎮襄州滄州節度使趙在禮移鎮兗州以齊州防禦使安審通爲滄州節度使是日詔陵州合州長流百姓豆盧革韋說等宜令逐處刺史監賜自盡其骨肉並放逐便是日逐段凝于遼州劉訓于濮州温韜于德州甲戌太子少保任圜上表乞致仕仍于外地尋醫詔從之丁丑以左金吾大將軍曹廷隱爲齊州防禦使八月己卯朔日有食之辛巳以右諫議大夫孔昭序爲給事中以祕書少監崔憓爲右諫議大夫壬午以右驍衞大將軍劉衡爲左領衞上將軍以鄴都副留守趙敬怡爲右衞上將軍判興唐府事乙酉昆明大鬼主羅殿王普露靜王九部落各差使隨牂牁清州八郡刺史宋朝化等一百五十三人來朝進方物各賜官告繒綵銀器放還蕃丙戌以御史中丞盧文紀爲工部尚書以左諫議大夫梁文矩爲御史中丞鄧州留後陶玘貶嵐州司馬以其爲內鄉縣令盛歸仁所訟稅外科率故也仍賜歸仁緋袍魚袋癸巳幸皇子從榮第宣禁中伎樂觀宴從榮進馬及器幣帝因以伎樂賜之華州上言渭河泛濫害稼丁酉以吏部郎中襲文宣公孔邈爲左諫議大夫史館修撰趙熙上言應內中公事及詔書奏對應不到中書者請委內臣一人抄錄月終送史館詔差樞密直學士錄送青州進芝草新州奏契丹乞置互市癸卯汴州節度使朱守殷加兼侍中鄆州節度使符習加檢校太尉甲辰皇子從榮娶鄜州節度使劉仲殷女是夕禮會百僚表賀九月辛亥義武軍節度使檢校太尉兼中書令王都加食邑實封幽州節度使趙德鈞加檢校太尉鎮州節度使王建立加同平章事僞吳楊溥遣使以應聖節貢獻己未以前雲州節度使高行珪爲鄧州節度使是日出御札曰歷代帝王以時巡狩一則遵乎禮制一則按察方區矧彼夷門控茲東夏當先帝戡平之始爲朕躬殿守之邦俗尚貞純兵懷忠勇自元臣鎮靜庶事康和兆

民咸樂于有年圖境彌堅于望幸事難違衆議在省方朕取十月七日親幸汴州庚申以衞尉卿李延光爲大理卿北京留守李彥超上言先父存審本姓符氏蒙武皇賜姓乞御還本姓從之乙丑夏州節度使李仁福鳳翔節度使李從曮朔方節度使韓洙並加食邑改賜功臣以汝州防禦使趙延壽爲河陽節度使以比部郎中知制誥劉贊爲中書舍人以河陽掌書記程遜爲比部員外郎知制誥以代州刺史李德珫爲蔚州刺史丙寅樞密使孔循兼東都留守襄州夏魯奇上言荆南高季興遣使持書乞修貢奉詔魯奇不納詔諸州錄事參軍不得兼使府賓職已巳鄧州節度使史敬鎔加檢校太保同州節度使盧質加檢校司徒御史臺奏每遇入閤舊例只一員侍御史在龍墀邊祗候彈奏公事或有南班失儀點檢不及今欲依常朝例差殿中侍御史二員押鐘鼓樓位仍各綴供奉班出入從之以青州節度副使淳于晏爲亳州團練使契丹遣使美稜瑪古巳下朝貢戊寅西川奏據黎州狀雲州使趙和于大渡河南起舍一間留信物十五籠并雜牋詩一卷遞至闕下冬十月已卯朔帝御文明殿視朝癸未亳州刺史李鄴貶郴州司戶又貶崖州長流百姓所在賜自盡判官樂文紀配郴州責其違法黷貨也乙酉駕發西京詔留宰相崔協以奉祠祭丁亥帝宿于滎陽汴州朱守殷奏部指揮使馬彥超謀亂已處斬訖戊子次京水知朱守殷反帝親統禁軍倍程前進翼日至汴州攻其城拔之守殷伏誅丙申磁州刺史藥縱之上言今月十二日供奉官王仁鎬至稱制殺太子少保致仕任圜契丹遣使持書求碑石欲爲其父表其葬所戊戌詔曰諸道州府自同光三年已前所欠秋夏稅租并主持務局敗闕課利并沿河舟船折欠天成元年殘欠夏稅並特與除放時重誨旣搆任圜之禍恐人非之思沛恩于衆以掩巳過乃奏曰三司積欠約二百萬貫虛繫帳額請並蠲放帝重違其意故有是詔時議者以蠲隔年之賦猶或惠民場院課利一槪除之得不啓奸倖之門乎已亥詔曰太子少保致仕任圜早推勳舊曾委重難旣退免于劇權俾優閑于外地而乃不遵禮分潛附守殷緘題罔避于嫌疑情旨頗彰于怨望自收汴壘備見蹤由若務含宏是孤典憲尚全大體止罪一身已令本州私第自盡其骨肉親情僕使等並皆放罪辛丑詔曰后來其蘇動必從于人欲天監厥德靜宜布于國恩近者言幸浚郊暫離洛邑蓋逢歲稔共樂時康不謂奸臣遽彰逆狀爲厲之階旣甚覆宗之禍自貽俾我生靈遭茲紛擾永言慚惻無輟寢興宜覃雨露之恩式表雲雷之澤應汴州城內百姓旣經驚劫宜放二年屋稅諸處有曾受逆人文字者隨處焚毁應天下見禁囚徒除十惡五逆殺人放火劫盜合造毒藥官典犯贓僞行印信屠牛外罪無輕重並從釋放應有民年八十已上及家長者有廢疾者免一丁差役云云以山南西道節度使張筠爲西京留守行京兆尹青州節度使霍彥威差人走馬進箭一對賀誅朱守殷帝御賜彥威箭一對傳箭蕃家之符信也起軍令衆則使之彥威本非蕃將以臣傳箭于君非禮也癸卯以權知汴州事陝州節度使石敬瑭爲汴州節度使兼六軍諸衞副使侍衞親軍馬步都指揮使鳳翔奏地震丙午威武軍節度副使檢校太尉守建州刺史王延稟加同平章事守建州刺史充奉國軍節度副使兼威武軍節度副使詔割施州卻屬黔南十一月已酉帝祭蕃神于郊外庚戌以皇城使行袁州刺史李從敏爲陝州節度使乙卯青州霍彥威鄆州符習來朝以太子詹事溫輦爲吏部侍郎徐州房知溫來朝戊午黔南節度使李紹義加檢校太保庚申皇子河中節度使檢校太保同平章事從珂鄴都留守檢校太保同平章事從榮河南尹判六軍諸衞事檢校太保同平章事從厚並加檢校太傅進爵邑貝州刺史竇廷琬上言請制置慶州青白兩池逐年出絹十萬匹米萬石詔升慶州爲防禦所以廷琬爲使壬申詔霍彥威等歸藩詔太宗朝左僕射李靖可册贈太保鄭州僕射陂可改爲太保陂時議者以僕射陂者後魏孝文帝賜僕射李沖故因以爲名及是命之降以爲李靖蓋誤也契丹遣使摩琳等率其屬來乞通和十二月戊寅朔以前鳳翔留後高允貞爲右監門上將軍詔以施州爲夔州屬郡以其便近故也遣飛勝指揮使于契丹賜契丹主錦綺銀器等兼賜其母繡被瓔珞已卯蔚州刺史周令武得代歸闕帝問北州事令武奏曰山北甚安諸蕃不相侵擾鴈門已北東西數千里斗粟不過十錢帝悅顧謂左右曰須行善事以副天道居數日帝延宰臣于元德殿言及民事馮道奏曰莊宗末年不撫軍民惑于聲樂遂致人怨國亂陛下自膺人望歲時豐稔亦淳化所致也更願居安思危帝然之許州地震庚辰皇子鄴都留守從榮移鎮太原以北京留守符彥超爲潞州節度使乙酉以彰國軍節度使李從璋昧于政理詔歸闕赦新及第進士有聞喜宴逐年賜錢四十萬已丑兗州節度使趙在禮來朝詔出潛龍宅米以賑百官壬辰以太傅致仕齊國公趙光逢卒輟朝丙申許州節度使夏魯奇移鎮遂州庚子幸石敬瑭公署及康義誠私第甲辰狩于東郊臘也丙午追尊四廟以應州舊宅爲廟

舊五代史卷三十八攷證

唐明宗紀四遣供奉官賈俊使淮南　賈俊九國志作賈進攷册府元龜所引薛史亦作俊今仍其舊

房知溫奏前月二十一日盧臺戍軍亂害副招討寧國軍節度使烏震尋與安審通斬殺亂兵訖　案五代春秋盧臺戍軍亂房知溫討平之據是書房知溫傳及通鑑知溫初誘戍軍爲亂繼恐事不濟乃與安審通謀討亂兵也五代春秋所書殊非事實

五品官各薦簿尉兩人　案五代會要作五品六品官各許薦簿尉兩人

所舉姓名或有不公　案原本脫公字今據五代會要增入

夔州刺史西方鄴奏殺敗荆南賊軍收峽內三州　案通鑑六月西方鄴敗荆南水軍于峽中復取夔忠萬三州是書繫七月甲子蓋以奏聞之日爲據歐陽史與是書同

詔陵州合州長流百姓豆盧革韋說等宜令逐處刺史監賜自盡　案五代春秋作元年七月殺豆盧革韋說攷歐陽史元年七月貶豆盧革爲辰州刺史韋說溆州刺史甲申流革于陵州說于合州二年七月殺豆盧革韋說與是書同五代春秋統繫于元年誤也

今月十二日供奉官王仁鎬至稱制殺太子少保致仕任圜　案安重誨害任圜五代春秋及通鑑俱不書日歐陽史作乙未殺太子少保致仕任圜據是書作十二日是年十月爲已卯朔十二日乃庚寅也與歐陽史異日

美稜瑪古舊作梅老沒骨今改　摩琳舊作梅老今改

舊五代史卷三十九

宋門下侍郎參知政事監修國史薛居正等撰

唐書第十五

明宗紀五

天成三年春正月戊申朔帝御崇元殿受朝賀仗衞如式辛亥前河陽節度使檢校太傅兼侍中孔勍以太子太傅致仕癸丑詔取今月十七日幸鄴都甲寅以國子祭酒朱守素卒廢朝丙辰以鎭南軍節度使袁建豐卒廢朝詔贈太尉丁巳詔曰朕聞堯舜有恤刑之典貴務好生禹湯申罪己之言庶明知過今月十七日據巡檢軍使渾公兒口奏稱有百姓二人以竹竿習戰鬭之事朕初聞奏報實所不容率爾傳宣令付石敬瑭處置今旦重誨敷奏方知悉是幼童爲戲載聆讜議方覺失刑循揣再三愧惕非一亦以渾公兒誑誣頗甚石敬瑭詳覆稍乖致人枉法而殂處朕有過之地今減常膳十日以謝幽冤其石敬瑭是朕懿親合施極諫旣茲錯誤宜示省循可罰一月俸渾公兒決脊杖二十仍銷在身職銜配流登州小兒骨肉賜絹五十匹粟麥各百石便令如法埋葬兼此後在朝及諸道州府凡有極刑並須子細裁遣不得因循百寮進表稱賀已未中書門下奏國子祭酒望令宰相兼判乃詔崔協判之五代會要載原奏云祭酒之資歷朝所貴爰從近代不重此官況屬聖朝方勸庶政須宏雅道以振時風望令宰臣一員兼判國子祭酒辛酉以前潞州節度使毛璋爲右金吾上將軍以左驍衞上將軍華溫琪爲右金吾大將軍以春州刺史張虔釗爲鄭州防禦使時契丹方陷平州癸亥詔應廟諱文字只避正文其偏旁文字不用虧缺點畫契丹遣使托諾巴摩哩等貢獻帝遣指揮使奔托山押國信賜契丹主妻戊辰以隨駕馬軍都指揮使富州刺史康義誠兼領鎭南軍節度使以隨駕步軍都指揮使潮州刺史楊漢章遙領寧國軍節度使中書上言舊制遇二月十五日爲聖祖降聖節應休假三日準會昌元年二月勅休假一日請準近勑從之吐蕃伊埒雅遜等六人回鶻米里都督等四人並授歸德懷遠將軍悉放還蕃庚午册贈故瀛州刺史李嗣頵爲太尉壬申册贈故皇子檢校司空從譔爲太保甲戌制以楚國夫人曹氏爲淑妃以韓國夫人王氏爲德妃仍令所司擇日册命二月丁丑朔有司上言太陽合虧旣而有雲不見羣官表賀詔巡幸鄴都宜停庚辰僞吳楊溥遣使貢獻賀誅朱守殷帝以荆南拒命通連淮夷不納其使遣還壬午以光祿卿韋寂卒廢朝贈禮部尚書癸未工部尚書盧文紀貶石州

司馬員外安置文紀私諱業時新除于鄴爲工部郎中舊例寮屬名與長官諱同或改其任文紀素與宰相崔協有隙故中書未議改官于鄴授官之後文紀自請連假鄴尋就位及差延州官告使副未行文紀參告且言俟鄴迴日終請換曹鄴其夕遂自經而死故文紀貶官以倉部郎中何澤爲吏部郎中獎伏閤諫巡幸鄴都也丁亥天德軍節度使郭承豐加檢校司徒辛卯以山南西道節度使張筠爲左驍衞上將軍詔中外羣臣父母亾沒者並與追封贈癸巳以禮部尚書崔貽孫卒輟朝甲午以吐渾寧朔奉化兩府都知兵馬使李紹魯爲吐渾寧朔府都督乙未以樞密使兼東都留守孔循爲許州節度使兼東都留守鄧州節度使高行珪移鎮安州應州節度使李從璋移鎮滑州滑州節度使盧文進移鎮鄧州丁酉以責授檀州刺史劉訓爲右龍武大將軍己亥回鶻可汗仁喻遣都督李阿彌珊等貢獻壬寅以左金吾大將軍羅周敬爲同州節度使甲辰以威塞軍節度使張廷裕卒廢朝詔贈太保以耀州團練使孫岳爲閬州團練使以左監門上將軍高允貞爲右金吾衞大將軍以右金吾衞大將軍華溫琪爲左金吾衞大將軍三月丁未朔以久雨爲災詔文武百辟極言時政得失丁巳以邢州節度使王景戡爲華州節度使以前北京副留守李從溫爲邢州節度使己未以宰臣鄭珏爲開府儀同三司左僕射致仕加食邑五百戶庚辰以前復州刺史翟章爲新州威塞軍留後中書奏孟夏薦饗合宰相行事在朝只有宰相二員今東都留守孔循帶平章事宜令攝太尉行事孔循稱使相有戎機不當司祠祭重事癸亥以前鎮州節度使王建立爲右僕射兼中書侍郎平章事集賢殿大學士判三司西方鄴上言收復歸州以前鄭州刺史楊漢賓爲洋州武定軍留後戊辰以前彰國軍節度副使陳皐爲鳳州武興軍留後以前蔡州刺史孫漢韶爲應州彰國軍留後以宣徽南院使范延光爲樞密使以宣徽北院使判三司張延朗爲宣徽南院使以前冀州刺史婁繼英爲耀州團練使以懷州刺史張廷蘊爲金州防禦使己巳命范延光權知鎮州軍府事西方鄴奏于歸州殺敗荆南賊軍數千人時有太白山道士解元龜自西川至對于便殿稱年一百一歲既而上表乞西都留守兼西川制置使要修西京宮闕帝謂侍臣曰此人老耄自遠來朝方期別有異見反爲身名甚可笑也賜號爲知白先生賜紫放歸山甲戌冊回鶻可汗仁喻爲順化可汗夏四月戊寅以汴州節度使石敬瑭爲鄴都留守充天雄軍節度使加同平章事以樞密使權知鎮州軍府事檢校太保范延光爲鎮州節度使兼北面水陸轉運使以司農卿鄭續爲太僕卿壬午夔州節度使東南面副招討使西方鄴加檢校太保甲申皇第三女石氏封永寧公主第十三女趙氏封興平公主仍令所司擇日冊命幽州上言契丹有書求樂器乙酉達靼遣使朝貢以隨駕馬軍都指揮使康義誠爲侍衞親軍馬步軍都指揮使丙戌樞密使安重誨兼河南尹以皇子河南尹判六軍諸衞事從厚爲汴州節度使判六軍如故丁亥復州奏湖南大破淮賊于道人磯以西川馬步軍都指揮使趙廷隱兼漢州刺史從孟知祥之請也（九國志趙廷隱傳知祥至蜀康延孝路漢州遣廷隱率兵擊破之擒延孝檻送闕下知祥奏加檢校司空漢州刺史遂留屯成都）洋州上言重開入蜀舊路三百餘里比今官路較二十五程而近癸巳廢中少監石知訥貶憲州司戶坐煽惑軍鎮也北面副招討宋州節度使王晏球以定州節度使王都反狀聞庚子制義武軍節度使檢校太尉兼中書令太原王王都削奪官爵壬寅以王晏球爲北面行營招討使知定州行軍州事以滄州節度使兼北面行營馬軍都指揮使安審通爲副招討使兼諸道馬軍都指揮使以左散騎常侍蕭希甫兼判大理卿事西京奏前樞密使張居翰卒五月乙巳朔回鶻可汗仁喻封順化可汗丁未鄴都留守天雄軍節度使石敬瑭河陽節度使趙延壽並加駙馬都尉以右僕射李琪爲太子少傅辛亥沙州節度使曹義金加爵邑王晏球上言收奪得定州北西二關城癸丑湖南馬殷奏二月中大破淮寇二萬生擒將士五百餘人中書上言諸道薦人總與不可全阻又難令後節度使每年許薦二人帶使相者許薦三人團練防禦使各一人節度觀察判官並聽旨授書記已下即許隨府從之以六軍判官尚書司封郎中史圭爲右諫議大夫充樞密直學士詔州縣官以三十月爲考限刺史以二十五月爲限以到任日爲始己未幽州奏契丹託諾領二千騎西南趨定州以前同州節度使盧質行兵部尚書判太常卿事辛酉以天雄軍節度副使判興唐府事趙敬怡爲樞密使詔曰上柱國勳之極也近代已來文臣官階稍高便授柱國歲月未深便轉上柱國武資初官便授上柱國今後凡加勳先自武騎尉十二轉方授上柱國永作成規不令踰越丁卯鎮州奏今月十八日王師不利于新樂壬申王晏球奏今月二十一日大破定州賊軍及契丹于曲陽斬獲數千人王都與託諾以數十騎復入于定州六月己卯以右金吾上將軍毛璋爲左金吾上將軍以前安州節度使史敬鎔爲右金吾上將軍以前華州節度使劉彥琮爲左武衞上將軍壬午放內園鹿七頭于深山乙酉皇子故金槍指揮使檢校左僕射從璟贈太保己丑幽州趙德鈞奏殺契丹千餘人于幽州東獲馬六百匹壬辰宰臣馮道率百寮上表請上尊號曰聖明神武文德恭孝皇帝詔報不允丙申馮道等再上尊號不允戊戌以西京副留守知留守事張遵誨行京兆尹秋七月乙巳詔故僞蜀主王衍追封順正公以諸侯禮葬丙午以前武信軍節度使李敬周爲邠州節度使丁未以滄州節度使安審通卒于師輟朝壬子以朔方節度使韓洙卒廢朝甲寅王晏球奏六月二十二日進攻逆城將士傷者三千人時晏球知城中有備未欲急攻朱宏昭張虔釗切于立功促攻賊壘晏球不得已而進兵遂致傷痍者衆乙卯以太子少保李茂勳卒輟朝己未詔弛麴禁許民間自造于秋苗上徵納麴價畝出五錢時孔循以麴法殺一家于洛陽或獻此議以爲愛其人便于國故行之宗正卿李紓除名刑部侍郎馬縞貶綏州司馬刑部員外郎李慎儀貶階州司戶初李紓差攝陵臺令張保嗣等各虛稱試銜爲奉先令王延朗所訟大理寺斷以詐假官論刑部詳覆稱非詐假大理執之名兩司廷議刑部理屈故有是貶紓續勑配隴州徒一年未幾詔曰天下府州例是攝官皆結試銜或因勘窮便關詐假已前或有稱試銜一切不問此後並宜禁止曹州刺史成景宏貶綏州司戶參軍續勑長流宥州尋賜自盡坐受本州倉吏錢百緡也壬戌齊州防禦使曹廷隱以奏舉失實配流永州續勑賜自盡甲子王晏球奏今月十九日契丹七千騎來援定州王師逆戰于唐河北大破之追至滿城又破之斬二千級獲馬千匹戊辰詔福建節度使王延鈞依前檢校太師守中書令進封閩王己巳王晏球奏此月二十一日追契丹至易州掩殺四十里擒獲甚衆故朔方節度使韓洙贈太尉以兵部侍郎王權御史中丞梁文矩並爲吏部侍郎以左諫議大夫呂夢奇爲御史中丞八月癸酉朔以翰林學士守中書舍人李懌劉昫並爲戶部侍郎充職以吏部侍郎劉岳守祕書監以吏部侍郎韓彥惲守禮部尚書以戶部侍郎韓藹守太子賓客以戶部侍郎裴皥守兵部侍郎以中書舍人張文寶守刑部侍郎詔凡有姓犯廟諱者以本望爲姓丁丑以檢校尚書右僕射守龍武大將軍劉訓爲晉州節度使檢校太傅壬午幽州趙德鈞奏于府西邀殺契丹敗黨數千人生擒首領特哩袞及其屬凡五十餘人是時官軍襲殺契丹屬秋雨繼降泥濘莫進人饑馬乏散投村落所在村民持白挺毆殺之德鈞出兵接于要路惟奇峯嶺北有馬潛遁脫者數十餘無噍類帝致書諭其本國辛卯以朔方軍留後韓璞爲朔方軍節度使靈武雄警甘肅等州觀察使檢校司徒帝聞隨鄧復郢均房之民父母骨肉有疾以長竿遙致粥食而餉之出嫁女夫家不遣來省疾乃下詔委長吏嚴加禁察房州奏新開山路四百里南通夔州畫圖以獻以前洋州節度使戴思遠爲太子太保致仕庚子詔今後翰林學士入院以先後爲班次承旨一員不計官資先後在學士之上閏月丁未兩浙節度觀察留後清海軍節度使檢校太師兼中書令錢元瓘加杭州越州大都督府長史充鎮東鎮海等軍節度使戊申趙德鈞獻戎俘于闕下其蕃將特哩袞等五十人留于親衞餘契丹六百人皆斬之乙卯升楚州爲順化軍以明州刺史錢元珦爲本州節度使以吏部尚書蕭頃爲太子少保契丹遣使來貢獻契丹平州刺史張希崇上表歸順乙丑陝州節度使李從敏移鎮滄州以宣徽南院使張延朗爲陝州節度使詔在京遇行極法日宜不舉樂兼減常膳諸州遇行極法日禁聲樂己巳滑州掌書記孟昇匿母服大理寺斷處流特勅孟昇賜自盡觀察使觀察判官錄事參軍失其糾察各行殿罰襄邑縣民聞威父爲人所殺不雪父寃有狀和解特勅處死是月二十七大水河水溢絳州地震九月乙亥以捧聖左右廂副都指揮使索自通爲雲州節度使丁丑以太府卿判四方館事李郁爲宗正卿壬午以晉州節度使安崇阮爲左驍衞上將軍甲申吐蕃回鶻各遣使貢獻壬辰宰臣王建立進玉盃上有文曰傳國萬歲盃乙未詔德州流人溫韜遼州流人段凝嵐州司戶陶玘憲州司戶石知訥原州司馬聶嶼並宜賜死于本處暴其宿惡而誅之也丙申以邠州節度使梁漢顒爲右威衞上將軍丁酉河陽節度使駙馬都尉趙延壽爲檢校司徒己亥詔徐州節度使房知溫兼荆南行營招討使知荆南行府事冬十月甲辰制夔華長公主孟氏可冊爲福慶長公主丙午以滄州節度使李從敏兼北面招討使戊申帝臨軒命禮部尚書韓彥惲工部侍郎任贊往應州奉冊四廟詔汾州節度使李敬周攻慶州以刺史竇廷琬拒命故也戊午契丹平州刺史張希崇已下八十餘人見于元德殿頒賜有差突

厥首領張慕進等來朝貢甲子安州節度使高行珪奏屯駐左神捷左懷順軍士作亂已逐殺出城詔升壽州爲忠正軍戊辰以雲州節度使索自通領壽州節度使以前雲州節度使張溫復爲雲州節度使庚午夜西南有彗星長丈餘在牛星五度十一月癸酉日南至帝御崇元殿受朝賀甲戌捧聖指揮使何福進招收到安州作亂兵士五百人自指揮使已下至節級四十餘人竝斬餘衆釋之壬午房知溫奏荆南高季興卒中書舍人劉贊奏請節度使及文班二品已上謝見通喚從之是日以契丹所署平州刺史光祿大夫檢校太保張希崇爲汝州刺史加檢校太傅己丑中書奏今後或有封冊請御正衙從之青州奏節度使霍彥威卒輟朝三日詔宰臣王建立權知青州軍州事庚寅禮部員外郎和凝奏應補齋郎竝須引驗正身以防僞濫舊例使蔭一任官補一人今後改官須轉品即可如無子許以親姪繼限念書十卷試可則補從之甲午以尚書左僕射同平章事集賢殿大學士判三司王建立爲青州節度使檢校太尉同平章事丙申帝謂侍臣曰古鐵券如何趙鳳對曰帝王誓文許其子子孫孫長享爵祿帝曰先朝所賜惟朕與郭崇韜李繼麟三人爾崇韜繼麟尋已族滅朕之危疑慮在旦夕于是嗟歎久之趙鳳曰帝王執信故不必銘金鏤石矣吏部郎中何澤奏流外官請不試書判之類從之吐蕃遣使朝貢戊戌前安州節度副使范延業竝男皆斬于軍巡獄爲高行珪誣奏故也十二月壬寅朔詔眞定府屬縣宜準河中鳳翔例升爲次畿眞定縣升爲次赤甲辰邠州節度使李敬周奏收下慶州刺史竇廷琬族誅

舊五代史卷三十九攷證

唐明宗紀五契丹陷平州　案契丹陷平州歐陽史作丁巳通鑑不書日攷平州自梁開平中劉守光以賂契丹天成元年盧文進舉其地以歸于唐至三年復爲遼人所取自是平州遂屬于遼宋人論石晉賂遼故地兼及平州蓋未詳攷今附識于此

爲左驍衛上將軍　案通鑑作左衛上將軍歐陽史從是書作左驍衛

己亥回鶻可汗仁喻遣都督李阿廚珊等貢獻　案李阿爾珊來貢歐陽史作戊戌

北面副招討宋州節度使王晏球以定州節度使王都反狀聞　案遼史王都以定州來歸作三月事五代春秋及通鑑竝從是書作四月

壬戌齊州防禦使曹廷隱以奏舉失實配流永州續勅賜自盡　案歐陽史作己未殺齊州防禦使曹廷隱己未在壬戌前三日不應發配在後賜死轉在前也歐陽史疑訛

壬午幽州趙德鈞奏于府西邀殺契丹　案通鑑作八月壬戌趙德鈞邀擊契丹據是書八月係癸酉朔不得有壬戌疑通鑑誤

邠州節度使李敬周　案李敬周通鑑作李敬通是書前後竝作敬周歐陽史亦作敬周疑通鑑傳刻之訛

以刺史竇廷琬拒命故也　案竇廷琬反通鑑從是書作十月歐陽史繫于十月以前與是書異

突厥首領張慕進等來朝貢　慕進歐陽史作慕晉

壬午房知溫奏荆南高季興卒　案高季興卒通鑑作十二月丙辰詳見通鑑攷異

檢校太保張希崇爲汝州刺史　案歐陽史作汝州防禦使通鑑從是書作刺史

托諾巴摩哩舊作禿納悲梅老今改　伊埒雅遜舊作野利延孫今改　阿爾珊舊作阿山今改　託諾舊作禿餒今改　特里袞舊作惕隱今改

舊五代史卷四十

宋門下侍郎參知政事監修國史薛居正等撰

唐書第十六

明宗紀六

天成四年春正月壬申朔帝御崇元殿受朝賀仗衛如儀幽州節度使趙德鈞奏臣孫贊年五歲默念論語孝經舉童子于汴州取解就試詔曰都尉之子太尉之孫能念儒書備彰家訓不勞就試特與成名宜賜別勅及第附今年春膀戊子放元年應欠秋稅以左衛上將軍安崇阮爲黔南節度使壬辰回鶻入朝使徹伯爾等五人各授懷化司戈放還以北京副留守馮贇爲宣徽使判三司戊戌禁天下虛稱試攝銜西川孟知祥奏支屬刺史乞臣本道自署二月乙巳王晏球奏此月三日收復定州獲王都首級生擒契丹託諾等二千餘人百寮稱賀已畢乃詔取今月二十四日車駕還東京辛亥以北面行營招討使宋州節度使王晏球爲鄆州節度使加兼侍中以北面行營副招討使滄州節度使李從敏爲定州節度使以北面行營兵馬都監鄭州防禦使張虔釗爲滄州節度使幽州節度使趙德鈞加兼侍中乙卯以樞密使趙敬怡權知汴州軍州事丙辰邢州奏定州送到僞太子李繼陶已處置訖辛酉帝御咸安樓受定州俘馘百官就列宣露布于樓前禮畢以王都首級獻于太社王都男四人弟一人託諾父子二人竝磔于市（五代會要尚書兵部宣露布于樓前宣訖尚書刑部侍郎張文寶奏曰逆賊王都首級請付所司大理卿蕭希甫受之以出獻于郊社其王都男弁蕃將等磔于闕封橋）時露布之文類制勅之體蓋執筆者誤頗爲識者所嗤樞密使趙敬怡卒贈太傅以端明殿學士趙鳳權知汴州軍州事甲子車駕發汴州丙寅至鄭州賜左僕射致仕鄭珏錢二十萬丁卯宰相崔協卒詔贈尚書左僕射東都留守太子少傅李琪等奏至偃師縣奉迎時琪奏章中有敗契丹之凶黨破眞定之逆城之言詔曰契丹即爲凶黨眞定不是逆城李琪罰一月俸庚午車駕至自汴州三月甲戌馮道進表乞命相丙戌詔皇城使李從璨貶授房州司戶參軍仍令盡命從璨帝之諸子也先是帝巡幸汴州留從璨以警大內從璨因遊會節園酒酣戲登御榻安重誨奏之故置于法焉壬辰中書奏今後羣臣內有乞假覲省者請量賜茶藥從之乙未以前鄆州節度使符習爲汴州節度使丙申詔鄴都幽鎭滄邢易定等州管內百姓除正稅外放免諸色差配以討王都之役有輓運之勞也夏四月庚子朔禁鐵鑞錢壬寅重修廣壽殿成有司請以丹漆金碧飾之帝曰此殿經焚不可不修但務宏壯不勞華侈湖南奏敗荆南賊軍于石首鎭詔沿邊置場買馬不許蕃部直至闕下先是党項諸蕃凡將到馬無駑良竝云上進國家雖約其價以給之及計其館穀錫賚所費不可勝紀計司以爲耗蠹中華遂止之壬子以皇子北京留守河東節度使從榮爲河南尹判六軍諸衞事以皇子河南尹判六軍諸衞事從厚爲北京留守以河陽節度使趙延壽爲宋州節度使以侍衞親軍都指揮使鎭南軍節度使康義誠爲河陽節度使契丹寇雲州癸丑契丹遣紐赫美稜等復率其屬來朝貢稱取托諾等骸骨竝斬于北市甲寅以端明殿學士趙鳳爲門下侍郎兼工部尚書平章事丙辰諫議大夫致仕龔文宣公孔邈卒庚申以王建立孔循帶中書直省吏歸藩竝追迴壬戌幽州節度使趙德鈞兼北面行營招討使鎭州節度使范延光加檢校太傅戊辰中書奏五月一日應在京九品已上官及諸道進奉使請準貞元七年勅就位起居永爲恒式從之五月己巳朔帝御文明殿受朝丙子以夔州節度使西方鄴卒輟朝丁丑大理卿李保殷卒己卯以忠武軍節度使索自通爲京兆尹充西京留守以左威衞上將軍朱漢賓爲潞州節度使乙酉以黔州節度使安崇阮爲夔州節度使以左驍衞上將軍張溫爲洋州節度使以黔州留後楊漢賓爲本州節度使中書奏太常寺定少帝謚昭宣光烈孝皇帝廟號景宗伏以少帝今不入廟難以言宗只云昭宣光烈孝皇帝從之丁亥以鳳州武興軍留後陳皐爲武興軍節度使以新州威塞軍留後翟璋爲威塞軍節度使壬辰以權知尚書右丞崔居儉爲尚書右丞詔葺天下廨宇丙申襄州奏荆南高從誨乞歸順雲州奏契丹犯塞六月辛丑以左散騎常侍姚顗爲兵部侍郎壬寅夔州節度使楊漢章移鎭雲州以北京馬步軍都指揮使兼欽州刺史張敬達爲鳳州節度使癸卯以前西京副留守事張遵誨行衞尉事充客省使國子博士田敏請葺四郊祠祭齋室丙午以沂州刺史張萬進爲安北都護充振武軍節度使戊申以宿州團練使康思立爲利州節度使登州刺史孫元停任坐在任無名科率故也詔鄴都仍舊爲魏府廳魏府汴州益州宮殿悉去鴟尾賜節度使爲衙署辛亥以權知朔方軍留後定難軍都知兵馬使韓澄爲朔方留後癸丑以前潞州節度使符彥超爲左驍衞上將軍詔諸道節度使行軍司馬名位雖高或帥臣不在其州事宜委節度副使權知又詔藩郡所請賓幕及主事親從者悉以名聞丙辰權知荆南軍府事高從誨上章首罪乞修職貢仍進銀三千兩贖罪壬戌幸至德宮詔京城空地課人蓋造如無力者許人請射營構秋七月庚午以前西京留守判官張鑄爲司農卿壬申貶前左金吾上將軍毛璋爲儒州長流百姓尋賜自盡以其在藩鎭陰蓄奸謀故也甲戌御史中丞呂夢奇責授太子右贊善大夫坐曾借毛璋馬故也己卯以工部侍郎任贊爲左散騎常侍以樞密直學士左諫議大夫充匭使閻至爲工部侍郎充職遂州進嘉禾一莖九穗壬午以給事中判大理卿事許光義爲御史中丞史館上言所編修莊宗一朝事迹欲名爲實錄太祖獻祖懿祖名爲紀年錄從之（五代會要天成三年十二月史館奏據左補闕張昭遠狀嘗讀國書伏見懿祖昭烈皇帝自元和之初獻祖文皇帝于太和之際立功王室陳力國朝太祖武皇帝自咸通後來勤王戮力翦平多難頻立大功三換節旄再安京國莊宗皇帝終平大憝奄有中原倘闕編修遂成湮墜伏請與當館修撰參序條綱撰太祖莊宗實錄四年七月監修國史趙鳳奏奉勅修懿祖獻祖太祖莊宗四帝實錄自今年六月一日起手旋具進呈伏以凡關纂述務合品題承乾御宇之君行事方云實錄追尊號之帝約文稱紀年所修前件史書今欲自莊宗一朝名爲實錄其太祖以上竝目爲紀年錄從之）甲申以前荆南行軍司馬檢校太傅高從誨起復授檢校太傅兼侍中充荆南節度使丙戌涇州節度使李從昶移鎭華州以冀州刺史李金全爲涇州節度

使戊子中書奏今後新及第舉人有曾授正官及御署者欲約前任資序與除一官從之壬辰詔取來年二月二十一日有事于南郊八月丁酉朔大理正路阮奏切見春秋釋奠于文宣王而武成王廟久曠時祭請復常祀從之戊戌中書奏太子少傅李琪所撰進霍彥威神道碑文不分眞僞是混功名望令改撰從之琪梁之故相私懷感遇敘彥威在梁歷任不欲言僞梁故也辛丑詔亂離已來天下諸軍所掠生口有主識認卽勒還之以前淸河縣令襲鄴國公食邑三千戶楊仁矩爲秘書丞御史臺奏主簿朱穎是前中丞奏請合隨聽罷任詔曰主簿旣爲正秩况入選門顯自朝恩合終考限宜令仍舊守官甲辰以宰臣馮道爲南郊大禮使兵部尚書盧質爲禮儀使御史中丞許光義爲儀仗使兵部侍郎姚顗爲鹵簿使河南尹從榮爲橋道頓遞使客省使衞尉卿張遵誨爲修裝法物使乙巳黑水朝貢使郭濟等率屬來朝授歸德司戈放還蕃丁未以翰林學士承旨禮部侍郎知制誥李愚爲兵部侍郎職如故以中書舍人盧詹爲禮部侍郎以兵部侍郎裴皞爲太子賓客吐渾首領念公山來朝貢戊申帝服袞冕御文明殿追册昭宣光烈孝皇帝庚戌以宰臣監修國史趙鳳兼判集賢院事以左散騎常侍任贊判大理卿事己未高麗王王建遣使貢方物辛酉詔準往例節度使帶平章事侍中中書令並列銜于勅牒側書使字今錢鏐是元帥尚父與使相名殊馬殷守太師尚書令是南省官資不合署勅尾今後勅牒內並落下乙卯党項首領朝貢甲子幸金眞觀改賜建法大師賜紫尼智願爲圓惠大師郎武皇夫人陳氏也丙寅達靼來朝貢京城內有南州北州乃張全義光啓中所築至是詔許人依街巷請射城濠任便平塡蓋造屋宇九月丁卯中書奏據宗正寺申懿祖永興陵獻祖長寧陵太祖建極陵並在代州鴈門縣皇帝追尊四廟在應州金城縣詔應州升爲望州金城鴈門並升爲望縣辛未太常博士段顒奏切見大祠則差宰相行事中祠則卿監行事小祠則委太祝奉禮並不差官今後請差五品官行事從之癸巳制天下兵馬元帥尚父吳越國王錢鏐可落元帥尚父吳越國王授太師致仕責無禮也先是上將軍烏昭遇使于兩浙以朝廷事私于吳人仍目鏐爲殿下自稱臣謁鏐行拜蹈之禮及迴使副劉玫具述其事故停削鏐官爵令致仕烏昭遇下御史臺尋賜自盡後有自浙中使還者言昭遇無臣鏐之事爲玫所誣人頗以爲冤乙未詔諸道通勘兩浙綱運進奉使並下巡獄冬十月丙申朔并吏部三銓爲一銓宜令本司官員同商量注擬連署申奏仍不得于私第注官戊戌以襄州兵馬都監守磁州刺史康福爲朔方河西等節度使靈威雄警涼等州觀察使時朔方將吏請帥于朝廷故命康福往鎭之庚子以右金吾上將軍史敬鎔爲左金吾上將軍以左驍衞上將軍符彥超爲右金吾上將軍以前黔州節度使李承約爲右驍衞上將軍以雲州節度使張敬詢爲左驍衞上將軍以前華州節度使王景戡爲右驍衞上將軍癸卯太常少卿蕭愿責授太子洗馬奪緋愿南郊行事與祠官同飲詰旦猶醉不能行禮爲御史所劾也詔新授朔方節度使康福將兵萬人赴鎭己酉制復故荆南節度使高季興官爵辛亥升閬州爲保寧軍壬子以內客省使左衞大將軍李仁矩爲閬州節度使幸七星亭丙辰夏州進白鷹重誨奏曰夏州違詔進貢臣已止約帝曰善朝退帝密令左右進焉是日幸龍門十一月丁卯洛州水暴漲壞居人垣舍戊辰以刑部侍郎張文寶爲右散騎常侍己巳以尚書右丞李光序爲刑部侍郎癸酉升曹州濟陰縣爲次赤以昭宣光烈孝皇帝溫陵所在故也甲戌奉國軍節度使王延稟加兼侍中從福建節度使王延鈞請也車駕出近郊試夏州所進白鷹戒左右勿令重誨知己卯日南至帝御文明殿受朝賀癸未祕書少監于嶠配振武長流百姓永不齒任爲宰臣趙鳳誣奏也史官張昭遠等以新修獻祖懿祖太祖紀年錄共二十卷莊宗實錄三十卷上之賜器帛有差五代會要監修趙鳳修撰張昭遠呂咸休各賜繒綵銀器等十二月丁酉靈武康福奏破野利大蟲兩族三百餘帳于方渠獲牛羊三萬戊戌詔應授官及封贈官誥舉人冬集等所費用物一切官破壬戌中書奏今後宰臣致齋內不押班不知印不赴內殿起居或遇國忌行事官已受誓戒宜不赴行香幷不奏刑殺公事大祠致齋內請不開宴每遇大忌前一日請不坐朝從之

舊五代史卷四十攷證

唐明宗紀六贇年五歲默念論語孝經　案宋史作贇七歲誦書二十七卷

宜賜別勅及第附今年春牓　案宋史云特賜童子及第附長興三年禮部春牓是書作天成四年春牓與宋史異

二月乙巳王晏球奏此月三日收復定州　案歐陽史作二月癸卯王晏球克定州與是書合通鑑作癸丑攷癸丑非二月三日也疑傳寫之誤

禁鐵鑞錢　鐵鑞錢通鑑作鐵錫錢攷胡三省注云馬殷得湖南鑄錫爲錢本用之境內其後遂流入中國疑原本鑞字誤攷册府元龜亦作鐵鑞錢今仍其舊

以端明殿學士趙鳳爲門下侍郎兼工部尚書平章事　案歐陽史本紀作端明殿學士尚書兵部侍郎趙鳳爲門下侍郎兼工部尚書同平章事趙鳳傳作禮部侍郎與本紀異見吳縝纂誤

伏以少帝令不入廟難以言宗　案舊唐書哀帝紀云中書奏少帝行事不合稱宗攷五代會要天成二年博士呂明龜議引君不逾年不入宗廟之禮請別立廟于園陵故不稱景宗非議其行事有失也舊唐書誤

丙辰權知荆南府事高從誨上章首罪　丙辰通鑑作庚申

使副劉玫　劉玫通鑑作韓玫

徹伯爾舊作掣撥今改　托諾舊作禿餒今改　紐赫美稜舊作捺括梅里今改　郭濟舊作骨至今改

舊五代史卷四十一

宋門下侍郎參知政事監修國史薛居正等撰

唐書第十七

明宗紀七

長興元年春正月丙寅朔帝御明堂殿受朝賀仗衞如常儀乙亥國子監請以監學生束脩及光學錢備監中修葺公用從之丙子帝謂宰臣曰時雪未降如何馮道曰陛下恭行儉德憂及烝民上合天心必有春澤是夜降雪其夕右散騎常侍蕭希甫封狀申樞密稱得河堰衙官狀告本都將校二十餘人欲謀不軌至旦追問無狀斬所告人是日幸至德宮辛卯中書奏郊天有日合差大內留守詔以宣徽南院使朱宏昭充二月戊戌幸稻田莊己亥黑水國主兀兒遣使貢方物翰林學士劉昫奏新學士入院舊試五題請今後停試詩賦祇試麻制答蕃書批答共三道仍請內賜題目定字數付本院名試從之五代會要載劉昫原奏云舊例學士入院除中書舍人不試餘官皆先試麻制答蕃批答各一道詩賦各一道號曰五題並于當日呈納從前每遇名試多預出五題潛令宿搆其無黨援者卽日起草罕能成功今請權停詩賦祇試三道仍內賜題目兼定字數從之有司奏皇帝致齋于明堂按舊服通天冠絳紗袍文武五品已上著袴褶近例秖著朝服從之乙巳中書奏皇帝朝獻太微宮太廟祭天地于圜丘準禮例親王爲亞獻行事受誓戒從之以天雄軍節度使石敬瑭爲御營使壬子帝宿齋于明堂殿癸丑朝獻太微宮是日宿齋于太廟詰旦請行饗禮甲寅赴南郊齋宮是夜徹雨三鼓後晴明如晝乙卯祀昊天上帝于圜丘柴燎禮畢郊宮受賀是日御五鳳樓宣制改天成五年爲長興元年大赦天下除十惡五逆放火劫舍屠牛官典犯贓僞行印信合造毒藥外罪無輕重咸赦除之天成四年終諸道所欠殘稅及場院欠折並特放免羣臣職位帶平章事侍中中書令並與改鄉名里號朝臣及蕃侯郡守亡父母及父母在幷妻室未沾恩命者並與恩澤應私債出利已經倍者秖許徵本已經兩倍者本利並放河陽管內人戶每畝舊徵橋道錢五文今後不徵諸道州府每畝先徵麴錢五文今特放二文云商州吏民以刺史郭知瓌善政聞詔褒之三月丁卯幸會節園遂幸河南府靈武奏殺戮蕃賊二千人壬申鳳翔節度使李從曮進封岐國公移鎭汴州甲戌延州節度使高允韜移鎭邢州丙子以宣徽使朱宏昭爲鳳翔節度使潞州節度使朱漢賓加檢校太傅移鎭晉州徐州節度使房知溫移鎭鄆州鄆州節度使王晏球移鎭青州宰臣馮道率百寮拜表請上尊號曰聖明神武文德恭孝皇帝詔報不允壬午許州節度使孔循移鎭滄州陝州節度使張延朗移鎭許州加檢校太傅滄州節度使張虔釗移鎭徐州加檢校太保癸未詔貶右散騎常侍集賢殿學士判院事蕭希甫爲嵐州司戶參軍仍馳驛發遣坐誣告之罪也宰臣馮道等再請上尊號詔允之丙戌以侍衞親軍馬步軍都指揮使河陽節度使康義誠爲襄州節度使檢校太傅以左武衞上將軍劉彥琮爲陝州節度使檢校太保庚寅制淑妃曹氏可立爲皇后仍令擇日册命夏四月甲午朔國子司業張溥奏請復八館以廣生徒按六典監有六學國子太學四門律學書學算學是也而溥云八館謬矣丁酉前汴州節度使檢校太尉兼侍中符習加太子太師致仕進封衞國公戊戌遂州節度使夏魯奇加同平章事皇子河中節度使從珂進位檢校太尉封開國公自是諸道節鎭皆次第加恩以郊禋覃慶澤故也己亥幸會節園壬寅以樞密使安重誨爲留守太尉兼中書令使如故青州節度使王建立加侍中移鎭潞州皇子河中節度使從珂奏臣今月五日閱馬于黃龍莊衙內指揮使楊彥溫據城叛臣尋時詰問稱奉宣命胡三省通鑑注云樞密院用宣三省用堂帖臣見在虞鄉縣帝遣西京留守索自

通侍衛步軍都指揮使藥彥稠等攻之仍授彥溫絳州刺史冀誘而擒之也詔從珂赴闕丁未以戶部尚書李鏻爲兗州行軍司馬坐引淮南覘人貽安重誨寶帶也戊申宰臣馮道加右僕射趙鳳加吏部尚書乙酉以左龍武統軍劉君鐸卒廢朝癸丑索自通藥彥稠等奏收復河中斬楊彥溫傳首來獻初彥稠出師帝戒之曰與朕生致彥溫吾將自訊之及收城斬首傳送帝怒彥稠等時議皆以爲安重誨方弄國權從榮諸王敬事不暇獨忌從珂威名每于帝前屢言其短巧作窺圖冀能傾陷彥溫旣誅從珂歸淸化里第重誨謂馮道等曰蒲帥失守責帥之義法當如何翼日道等奏合行朝典帝不悅趙鳳堅奏故事有責帥之義所以激厲藩守帝曰皆非公等意也後數日帝于中興殿見宰臣趙鳳承重誨意又再論列帝默然翼日重誨復自論奏帝極言以拒之語在末帝紀中帝又曰卿欲如何制置重誨曰于陛下父子之間臣不合言一稟聖旨帝曰從他私第閒坐何煩奏也乃止以前邢州節度使檢校司徒李從溫爲左武衛上將軍丙辰以西京留守檢校司徒索自通爲河中節度使丁巳雲州奏掩襲契丹獲頭口萬計戊午帝御文明殿受冊徽號冊曰維長興元年歲次庚寅四月甲午朔二十五日戊午金紫光祿大夫守尚書左僕射兼門下侍郎同中書門下平章事充太微宮使宏文館大學士上柱國始平郡開國侯食邑一千五百戶食實封一百戶臣馮道銀青光祿大夫門下侍郎兼吏部尚書同中書門下平章事監修國史判集賢院事上柱國天水郡開國伯食邑七百戶臣趙鳳及文武百官特進太子少傅上柱國酒泉郡開國侯食邑一千戶臣李琪等五千八百九十七人言臣聞天不稱高而體尊地不矜厚而形大厚無不載高無不覆四時行乎內萬物生其間總神祇之靈叶帝王之運日出而星辰自戢龍飛而雷雨皆行元氣和而天下和庶事正而天下正伏惟皇帝陛下天授一德時歷多艱翊太祖以興邦佐先皇而定難拯嗣昭于潞困救德威于燕危遏思遠而全鄴都誅彥章而下梁苑成再造之業由四征之功洎纂鴻圖每敷皇化去內庫而省庖膳出宮人而減伶官輕寶玉之珍卻鷹鷂之貢淳風旣洽嘉瑞自臻故登極之前人皆不足改元之後時便有年遐荒旋幾于戎王重譯往來于蠻子東巡而守殷殪北討而王都殲破契丹而燕趙無虞控靈武而瓜沙並復近以饗上元而薦太廟就吉土而配昊天輅已降而雨霑事欲行而月見蟠柴禮畢作解恩覃帝命咸均人情普悅非陛下有道有德至聖至明動不疑人靜惟恭己常敦孝禮每納忠言則何以臨御五年澄清四海時久雍于災害民繄見于和平休徵備載于簡編徽號過持于謙讓三年不允衆志皆堅天不以上帝自崇日不以大明自貴于烝民有惠于元后同符列聖皆然舊章斯在今以明庭百辟列土諸侯中外同辭再三瀝懇臣等不勝大願謹奉玉寶玉冊上號曰聖明神武文德恭孝皇帝伏惟皇帝陛下體堯舜之至道法日月于太虛威于夷狄恩及蟲魚奉國者繼加榮寵違天者咸就誅勦典禮當告成之後夙夜思即位之初千秋萬歲永混車書宰臣馮道之辭也庚申以左金吾上將軍史敬鎔爲鄧州節度使以右金吾上將軍符彥超爲兗州節度使以驍衛上將軍張敬詢爲滑州節度使以閬州防禦使孫岳爲鳳州節度使詔改鳳翔管內應州爲匡州信州爲晏州改新州管內武州爲毅州五月乙丑鄭州防禦使張進副使咸繼威並停任以盜掠城中居人故也丙寅以少府監韋肅爲洛州刺史以潞州節度使王建立爲太傅致仕建立素與安重誨不協因其入朝乃言建立自鎭歸朝過鄴都日有扇搖之言以是罪之故令致仕丁卯以前興元節度使劉仲殷權知潞州軍州事戊辰以安州節度使高行珪卒輟朝有司上言皇后受冊內外命婦並合奉賀今未有命婦準例上表稱賀中書諸道節度使但進表上言皇帝外命婦上皇后賀牋表進呈訖無報應皇親或有慶賀及起居章表內中進呈後祇宣示來使並不合答復從之壬申以權知昭義軍軍州事劉仲殷爲潞州節度使檢校太傅丁丑帝臨軒命使冊淑妃曹氏爲皇后禮院上言百官上疏于皇后日皇后殿下及六宮及率土婦人慶賀秪呼殿下不言皇后中書覆奏若秪呼殿下恐與皇太子無所分別凡上中宮表章呼皇后殿下若不形文字尋常秪呼皇后從之癸未太子少傅蕭頃卒廢朝甲申回鶻可汗仁喻遣使貢方物辛卯以翰林承旨兵部侍郎李愚爲太常卿壬辰以前滑州節度使李從璋爲右驍衛上將軍六月丁酉以護駕馬軍都指揮使貴州刺史安從進爲宣州節度使充護駕馬軍都指揮使以護駕步軍都指揮使澄州刺史藥彥稠爲壽州節度使兼護駕步軍都指揮使甲辰以皇城使安崇緒爲河陽留後重誨子也鳳翔奏所管艮晏匡三州並無屬縣請卻改爲縣從之仍舊爲軍鎭前振武節度使安金全卒壬子中書門下奏詳覆到禮部送今年及第進士李飛樊吉夏侯珙吳沺王德柔李穀等六人望放及第其盧價等七人及賓貢鄭朴望許令將來就試知貢舉張文寶試士不得精當望罰一季俸從之丁巳皇子北京留守河東節度使從厚移領鎭州以左武衛上將軍李從溫爲許州節度使秋七月甲子以宣徽南院使行右衛上將軍判三司馮贇爲北京留守太原尹己巳以鄧州節度使史敬鎔卒廢朝甲戌以左威衛上將軍梁漢顒爲鄧州節度使前兗州節度使趙在禮爲左驍衛上將軍庚辰奉國軍節度使兼威武軍節度副使檢校太尉兼侍中王延稟加兼中書令詔諸州得替防禦團練使刺史並宜于班行比擬如未有員闕可隨常參官逐日立班新例也辛巳詔揀年少宮人及西川宮人並還其家無家可歸者任從所適甲申以前齊州防禦使孫璋爲鄜州節度使戊子以右散騎常侍陸崇卒廢朝崇爲福建冊使卒于明州贈兵部尚書宿州進白兔安重誨謂其使曰豐年爲上瑞兔懷狡性雖白何爲命退歸八月甲午以前鄧州節度使盧文進爲左衛上將軍北京奏吐渾千餘帳內附于天池川安置禁在京百司影射州縣稅戶乙未捧聖軍使李行德十將張儉告密人邊彥溫並族誅以其誣告安重誨私市兵仗故也以前許州節度使張延朗爲檢校太傅行兵部尚書充三司使三司之有使額自延朗始也初中書覆奏授延朗諸道鹽鐵轉運等使兼判戶部度支事奏入宣旨曰會計之司國朝重事將總成其事額俾專委于近臣貴便一時何循往例兼移內職可示親規張延朗可充三司使班在宣徽使下癸卯北京奏生吐渾內附欲于嵐州安族帳都官員外郎知制誥張昭遠奏請依國朝舊例選郎官御史分行天下宣問風俗興利除害不報壬寅皇子河南尹判六軍諸衛事從榮封秦王仍令所司擇日冊命五代會要長興元年九月太常禮院奏草定秦王儀注博士段顒議曰據開元禮臨軒冊禮命諸王大臣其日受冊者朝服從第鹵簿與百官俱集朝堂就次受冊訖通事舍人引不載謁朝還第之儀自開元以後冊拜諸王皆正衙命使詣延英進冊皇帝御內殿高品引王入立于位高品宣制讀冊王受冊訖歸院亦無乘輅謁朝之禮臣擬五禮精義云古者皆因禘嘗而頒爵祿所以示無自專之于祖宗也今雖冊命不在烝嘗然拜大官封大邑必至殿廷敬慎之道也今當司欲準開元禮其日秦王服朝服自理所乘輅車備鹵簿與羣臣俱集朝堂就次受冊訖至應天門外奉冊置于載冊之車秦王升輅出謁太廟訖歸理所儀仗鹵簿如來時之儀從之戊申兗州奏淮南海州都指揮使王傳拯殺本州刺史陳宣焚燒州城以所部兵士及家口五千人歸國至沂州帝遣使慰納之庚戌正衙命使冊福慶長公主孟氏以前雄武軍節度使王思同爲左武衛上將軍以前鳳州節度使陳皐爲右威衛上將軍壬子正衙命使赴太原冊永寧公主石氏乙卯以左監門衛上將軍陳延禧卒廢朝丙辰皇子鎭州節度使從厚封宋王仍令擇日冊命九月乙丑階州刺史王宏贇上言一州主客戶纔及千戶並無縣局臣今檢括得新舊主客已及三千二百欲依舊額立將利福津二縣請置令佐從之丁丑詔天下諸州府不得奏薦著紫衣官員爲州縣官戊寅升尚書右丞爲正四品癸未利閬遂三州奏東川節度使董璋謀叛結連西川孟知祥甲申以鎭州節度使范延光爲檢校太傅守刑部尚書充樞密使利州閬州進納東川檄書言將兵擊利閬責以間諜朝廷爲名乙酉以左驍衛上將軍趙在禮爲同州節度使兼四面行營馬步軍都指揮使樞密院直學士守工部侍郎閻至樞密院直學士守尚書右丞史圭並轉戶部侍郎依前充職以翰林學士守戶部侍郎李懌爲尚書右丞以翰林學士守戶部侍郎劉昫爲兵部侍郎以翰林學士中書舍人竇夢徵爲工部侍郎依前充職以中書舍人劉贊爲御史中丞以御史中丞許光義爲兵部侍郎以兵部侍郎姚顗爲吏部侍郎丙戌詔東川節度使董璋可削奪在身官爵仍徵兵進討丁亥以西川節度使孟知祥兼西南面供饋使天雄軍節度使石敬瑭兼東川行營都招討使以遂州節度使夏魯奇兼東川行營招討副使庚寅以右衛上將軍王思同爲京兆尹充西京留守兼西南行營馬步都虞候冬十月壬辰以太子少傅李琪卒廢朝癸巳以鄜州節度使米君立卒廢朝詔凡賻贈布帛言段不言端匹段者二丈也宜令三司依此給付甲午正衙命使冊興平公主于宋州節度使駙馬都尉趙延壽之私第己亥以左驍衛上將軍李從璋爲陝州節度使陝州節度使劉彥琮移鎭邠州尚書博士田敏請依舊典藏冰頒冰以銷陰陽愆伏之沴詔從之五代會要載原敕云藏冰之制載在前經獻廟之儀發于近代旣朝臣之特舉案典禮以宜行田敏所奏祭司寒獻羔事宜依其桃弧棘矢事久不行理難備創其諸侯亦宜準往制藏冰乙巳供奉官張仁暉自利州迴奏董璋攻陷閬州節度使李仁矩舉家遇害丁未宮苑使董光業并妻子並斬于都市璋之子也辛亥以武安軍節度副使洪鄂道行營副都統檢校太尉馬希聲爲武安軍節度使加兼侍中時湖南馬殷奏久病不任軍政乞以男希聲爲帥故有是命中書奏吏部流內銓諸色選人所試判兩節度欲委定其等第文優者超一資其次者次資又次者以同類道理全疎者于同類中少入戶處注擬從之十一月庚申朔帝御文明殿冊皇子秦王使衛樂懸如儀甲子

正衙命使册皇子宋王于鎮州是日幸龍門翼日馮道奏曰陛下宮中無事遊幸近郊則可矣若涉歷山險萬一馬足蹉跌則貽臣下之憂臣聞千金之子坐不垂堂百金之子立不倚衡況貴爲天子豈可自輕哉帝斂容謝之退令小黄門至中書問道垂堂倚衡之義道因注解以聞帝深納之己巳故太子少保致仕封舜卿贈太子少傅庚午應州節度使張敬達移雲州以捧聖都指揮使守恩州刺史沙彦詢爲應州節度使以潁州團練使高行周爲安北都護充振武節度使壬申黔南節度使楊漢章弃城奔忠州爲董璋所攻也乙亥制西川節度使孟知祥削奪官爵以其同董璋叛也丙子以前同州節度使羅周敬爲左監門上將軍丁丑故兵部侍郎許光義加贈禮部尚書辛巳西面軍前奏今月十三日階州刺史王宏贊瀘州刺史馮暉自利州取山路出劍門關外倒下殺敗董璋守關兵士三千餘人收復劍州甲申日南至帝御文明殿受朝賀丙戌以給事中鄭韜光爲左散騎常侍青州奏得登州狀契丹安巴堅男東丹王托雲越海來歸國（契丹國志時東丹王失職怨望因率其部四十餘人越海歸唐）十二月乙未荆南奏湖南節度使楚國王馬殷薨廢朝三日庚子以前襄州節度使安元信爲宋州節度使辛丑幸苑中丁未以二王後秘書丞襲酅國公楊仁矩卒輟朝贈工部郎中庚戌湖南節度使馬希聲起復加兼中書令壬子以樞密院直學士戸部侍郎閻至爲澤州刺史樞密院直學士戸部侍郎史圭爲貝州刺史甲寅遣樞密使安重誨赴西面軍前時帝以蜀路險阻進兵艱難潼關已西物價甚賤百姓輓運至利州率一斛不得一㪷謂侍臣曰關西勞擾未有成功誰能辦吾事者朕須自行安重誨曰此臣之責也臣請行帝許之言訖而辭翼日遂行甲寅故西川兵馬都監泗州防禦使李嚴贈太傅丙辰車駕畋于西山臘也丁巳回鶻遣使來朝貢戊午故荆南節度使檢校太尉兼尚書令南平王高季興贈太尉

舊五代史卷四十一攷證

唐明宗紀七癸丑索自通藥彦稠等奏收復河中　案通鑑作辛亥索自通拔河中斬楊彦温癸丑傳首來獻歐陽史亦作辛亥自通執彦温殺之較是書爲詳審

張延朗可充三司使班在宣徽使下　案宋史職官志三司使在宣徽使後蓋仍後唐之制

淮南海州都指揮使王傳拯　王傳拯歐陽史作傳極攷是書列傳及通鑑並作傳拯疑歐陽史傳刻之訛

乙巳供奉官張仁暉自利州迴奏董璋攻閬州　案董璋陷閬州通鑑作九月庚辰歐陽史作十月乙巳蓋以奏聞之日爲據也

辛巳西面軍前奏今月十三日階州刺史王宏贊瀘州刺史馮暉自利州取山路出劍門關外倒下殺敗董璋守關兵士三千人收復劍州　案通鑑攷異引唐實錄作今月十三日大軍進攻入劍門次十七日收下劍州是書統繫于十三日疑有舛誤

安巴堅舊作阿保機今改　托雲舊作突欲今改

舊五代史卷四十二

宋門下侍郎參知政事監修國史薛居正等撰

唐書第十八

明宗紀八

長興二年春正月庚申朔帝御明堂殿受朝賀仗衞如儀乙丑詔曰故天策上將軍守太師尚書令楚國王馬殷品位俱高封崇已極無官可贈宜賜謚及神道碑文仍以王禮葬壬申契丹東丹王托雲自渤海國率其衆到闕帝慰勞久之錫賚加等是日百寮稱賀丙子以沙州節度使曹義金兼中書令丁丑東丹王托雲進本國印三紐庚辰以静江軍節度使馬賨卒廢朝追贈尚書令丙戌荆南節度使高從誨落起復加兼中書令二月己丑朔以宋州節度使趙延壽爲左武衞上將軍充宣徽北院使癸巳詔貢院舊以例夜試進士今後晝試排門齊入即日試畢丁酉幸至德宮又幸安元信東丹王托雲之第辛丑以鴻臚卿致仕賈馥卒廢朝以樞密院使守太尉兼中書令安重誨爲檢校太師兼中書令充河中節度使進封沂國公己酉以右威衞上將軍陳皐爲洋州節度使詔諸府少尹上任以二十五日爲限諸州刺史諸道行軍司馬副使兩使判官已下賓職團防軍事判官推官府縣官等並以三十日爲限凡幕職隨府者不在此例癸丑邢州節度使李敬周移鎮徐州詔禁天下不得開發無主墳墓三月辛酉詔渤海國人皇王托雲宜賜姓東丹名慕華仍授檢校太保安東都護充懷化軍節度瑞鎮等州觀察等使其從慕華歸國部校各授懷化歸德將軍中郎將先于定州擒獲蕃將特哩袞宜賜姓狄名懷惠扎古宜賜姓列名知恩並授檢校右散騎常侍錫里扎拉宜賜姓原名知感裕勒古宜賜姓服名懷造奚王副使格斯齊宜賜姓乙名懷宥三人並授檢校太子賓客甲子以前鴻臚卿王瓊爲太僕卿丙寅以皇子從珂爲左衞大將軍從珂自河中失守歸淸化里第至是安重誨出鎮河中帝召見泣而謂之曰如重誨意爾安得更相見耶因有是命壬申以滄州節度使孔循卒廢朝乙亥以西京留守權知興元軍府事王思同爲山南西道節度使充西面行營馬步軍都虞候庚辰以少府監聶延祚爲殿中監以前雲州節度使楊漢章爲安州節度使乙酉太師致仕錢鏐復授天下兵馬都元帥尚父吳越國王以其子兩浙節度使元瓘等上表首罪故有是命丁亥以太常卿李愚爲中書侍郎平章事集賢殿大學士夏四月辛卯制德妃王氏進位淑妃詔錢鏐依舊賜不名誅内官安希倫以其受安重誨密指令于内中伺帝起居故也丁酉幸會節園宴羣臣因幸河南府詔罷州縣官到任後率斂爲地圖又禁人毁廢所在碑碣恐名賢遺行失所考也戊戌詔今年四月禘饗太廟故昭義節度使李嗣昭故幽州節度使周德威故汴州節度使符存審並配饗莊宗廟庭己亥以前徐州節度使張虔釗爲鳳翔節度使癸卯以汴州節度副使藥縱之爲戸部侍郎前宗正卿李諧爲將作監甲辰以宣徽北院使左衞上將軍趙延壽爲檢校太傅行禮部尚書充樞密使乙巳潞州節度使劉仲殷移鎮秦州帝幸龍門佛寺祈雨己酉天雄軍節度使石敬瑭兼六軍諸衞副使辛亥以前鳳翔節度使朱宏昭爲左武衞上將軍充宣徽南院使壬子以兵部尚書盧質爲河陽節度使甲寅以遂州節度使夏魯奇沒于王事廢朝詔曰久愆時雨深疚予心宜委諸州府長吏親問刑獄省察寃濫見禁囚徒除死罪外並放五月戊午朔帝御文明殿受朝庚申以三司使行工部尚書張延朗爲兖州節度使辛酉詔近聞百執事等或親居内職或貴列廷臣或宣達君恩或勾當公事經由列鎮干撓諸侯指射職員安排親昵或潛示意旨或顯發書題自今後一切止絶有所犯者發薦人貶官求薦人流配如逐處長吏自徇人情只仰被替人詣闕上訴長吏罰兩月俸發薦人更加一等被替人却令依舊甲子都官郎中知制誥崔梲上言請搜訪宣宗已來野史以備編修從之丁卯詔諸州府城郭内依舊禁麴其麴官中自造減舊價之半貨賣應田畝上所徵麴錢並放鄉村人戸一任私造時甚便之戊辰中書奏應朝臣丁憂者望加須賚從之丁丑以祕書監劉岳爲太常卿己卯以武德使孟漢瓊爲右衞大將軍知内侍省充宣徽北院使辛巳以前相州刺史孟鵠爲左驍衞大將軍充三司使甲申以權知朗州軍州事守永州刺史馬希範爲洪州節度使檢校太傅以權知桂州軍府事富州刺史馬希彝爲鄂州節度使檢校司徒乙酉以左金吾大將軍薄文爲晉州留後鴻臚卿柳膺將齋郎文書賣與同姓人柳居則伏罪大理寺斷當大辟緣經赦減死追奪見任官終身不齒詔應見任前資守選官等所有本朝及梁朝出身歷任告身並仰送納委所在磨勘換給公憑只以中興已來官告及近受文書敍理其諸色蔭補子孫如非虚假不計庶嫡並宜敍錄如實無子孫别立人繼嗣已補得身名者只許敍蔭一人其不合敍使文書限百日内焚毁須絶此後更敢將合焚文書參選求仕其所犯之人並傳者並當極法應合得資蔭出身人並須依格依令施行閏月庚寅制河中節度使檢校太師兼中書令安重誨可太子太師致仕是日重誨男崇緒等潛歸河中以右散騎常侍張文寶爲兵部侍郎夔州節度使安崇阮棄城歸闕待罪于閤門詔釋之時董璋寇峽内諸州崇阮望風遁走壬辰陝州節度使李從璋移鎮河中癸巳升盧州爲昭順軍甲午以衡州刺史姚彦章爲昭順軍節度使丁酉安重誨奏男崇贊崇緒等到州臣已拘送赴闕崇緒至陝州詔令下獄己亥詔安重誨宜削奪在身官爵並妻阿張男崇贊崇緒等並賜死其餘親不問壬寅以尚書左丞崔居儉爲工部尚書以吏部侍郎王權爲尚書左丞丙午以隨駕馬軍都指揮使宣州節度使安從進爲陝州節度使丁未以前中書舍人楊凝式爲左散騎常侍戊申以右龍武統軍王景戡爲新州節度使己酉以右領軍上將軍李肅爲左金吾大將軍壬子以隨駕步軍都指揮使藥彦稠爲邠州節度使癸丑以邠州節度使劉行琮卒廢朝贈太傅詔有司及天下州縣于律令格式六典中錄本局公事書于廳壁令其遵行六月丁巳朔復置明法科同開元禮

乙丑以皇子左衛大將軍從珂依前檢校太傅加同平章事行京兆尹充西都留守庚午以邠州節度使張溫爲右龍武統軍甲戌以魏徵八代孫詔爲安定縣主簿乙亥以鎭州節度使宋王從厚爲興唐尹以石敬瑭爲河陽天雄軍節度使以天雄軍節度使石敬班爲河陽節度使依前六軍諸衛副使丙子詔諸道觀察使均補苗稅將有力人戶出剩田苗補貧下不迨頃畝有嗣者排改檢括自今年起爲定額乙卯定州節度使李從敏移鎭州節度使盧質爲滄州節度使庚辰皇孫太子舍人重美授司勳員外郎重眞已下六人並授同正將軍及檢校官壬午以前秦州節度使李德珫爲定州節度使兼北面行營副招討使太原地震詔天下州府斷獄先于案牘之上坐所該律令格式及新勅然後區分乙酉以前黔州節度使楊漢賓爲羽林統軍詔止絶諸射係省店宅莊園秋七月庚寅以權侍衞馬軍都指揮使登州刺史張從賓爲壽州節度使兼侍衞步軍都指揮使壬辰福建王延鈞上言當境廟七所乞封王號勅如諸史傳有名宜封爲閩越富義王其餘任自于境內祭享乙未詔諸道奏薦州縣官使相先許一年薦三人今許薦五人不帶使相先許薦二人今許薦三人直屬京防禦團練使先許薦一人今許薦二人詔應州縣官內有曾在朝行及曾佐幕府罷任後準前資朝官賓從別處分其帶省銜并內供奉裏行及諸已出選門者或降授令錄罷任日並依出選門例處分使與除官更不在赴常調州縣官其間書得十六考者準格敘加朝散階亦準出選門例處分三司奏先許百姓造麴不來官場收買伏恐課額不逮請復已前麴法鄉戶與在城條法一例指揮仍據已造到麴納官量支還麥本從之甲辰前晉州節度使朱漢賓授太子少保致仕庚戌大理正劇可久責授登州司戶刑部員外郎裴選責授衞尉寺丞刑部侍郎李光序判大理卿事任贊各降一官罰一季俸坐斷罪失入也八月丙寅詔天下州府商稅務並委逐處差人依省司年額勾當納官以故鎭州節度使趙王王鎔男昭誨爲朝議大夫司農少卿賜紫金魚袋繼絶也辛丑升虔州爲昭信軍癸亥以太常少卿盧文紀爲秘書監以秘書監馬縞爲太子賓客左監門上將軍羅周敬爲右領軍上將軍前懷州刺史婁繼英爲左監門上將軍乙丑詔大理寺官員宜同臺省官例升進法直官比禮直官任使仍于諸道贓罰錢內每月支錢一百貫文賜刑部大理兩司其刑部于所賜錢三分與一分丙寅以武平軍節度使馬希振依前檢校太尉兼侍中充虔州昭信軍節度使詔百官職吏應選授外官者考滿日並委本州申奏追還本司依舊職行公事己巳太傅致仕王建立太子少保致仕朱漢賓皆上章求歸鄉里詔內外致仕官凡要出入不在拘束之限辛未以翰林學士兵部侍郎劉昫守本官充端明殿學士以左拾遺直樞密院李崧充樞密直學士壬申以左龍武統軍李承約爲潞州節度使癸酉詔文武百官五日內殿起居仍舊其輪次轉對若有封事許非時上表朔望入閤待制候對一依舊制乙亥翰林學士工部侍郎竇夢徵卒丁丑以前西京副留守梁文矩爲兵部尚書己卯詔不得薦銀青階爲州縣官壬午詔應有朝臣藩侯郡守凡欲營葬未曾封贈許追封贈禮部尚書致仕李德休卒九月丙戌以前兗州節度使符彥超爲左龍武統軍己亥懷化軍節度使東丹慕華賜姓李名贊華改封隴西縣開國公應有先配諸軍契丹並賜姓名詔天下營田務只許耕無主荒田各招浮客不得留占屬縣編戶辛丑樞密使檢校太傅刑部尚書范延光加同平章事使如故壬寅以中書舍人封翹爲禮部侍郎禮部侍郎盧澹爲戶部侍郎癸卯許州節度使李從溫移鎭河東詔天下州縣官不得與部內富民于公廳同坐辛亥詔五坊見在鷹隼之類並可就山林解放今後不許進獻冬十月戊午以前北京留守太原尹馮贇爲許州節度使辛酉左補闕李詳上疏以北京地震多日請遣使臣往彼慰撫察問疾苦祭祀山川從之先是太原留後密奏無敢言者及詳有是奏帝甚嘉之改賜章服丙寅詔應在朝臣寮藩侯郡守準例合得追贈者新授命後便于所司投狀旋與施行封妻蔭子準格合得者亦與施行外官曾任朝班據在朝品秩格例合得封贈敘封者並與施行其補蔭據資蔭合得者先受官者先與收補後受官者據月日次第施行從之十一月甲申朔日有食之己丑日南至帝御文明殿受賀丁酉以翰林學士起居郎張礪爲兵部員外郎知制誥充職以汝州防禦使張希崇爲靈州兩使留後庚子以左威衞上將軍華溫琪爲華州節度使福建節度使王延鈞奏誅建州節度使王延稟及其子繼雄壬寅詔今後諸道兩使判官罷任一年與比擬書記支使防禦團練判官二年推巡軍事判官並三年後與比擬仍每遇除授量與改轉官資或階勳職次云以御史中丞劉贊爲刑部侍郎以鳳州節度使孫岳充西面閣道使壬子鄆州奏黃河暴漲漂溺四千餘戶癸丑以給事中崔衍爲御史中丞十二月甲寅朔詔開鐵禁許百姓自鑄農器什器之屬于夏秋田畝上每畝輸農器錢一錢五分乙卯畋于西郊丁巳以彰武軍節度使劉訓卒廢朝庚午以前利州節度使康思立爲陝州節度使秦州地震丁丑詔三司所過西川兵士家屬常令贍給

舊五代史卷四十二攷證

唐明宗紀八壬申契丹東丹王托雲自渤海國率其衆到闕　案托雲歸唐五代春秋作二年正月蓋以到闕之日爲據歐陽史作四年十一月丙戌蓋以奏聞之日爲據

以沙州節度使曹義金兼中書令　沙州原本作汝州今據通鑑改正

甲寅以遂州節度使夏魯奇沒于王事廢朝　案通鑑正月庚午李仁罕陷遂州夏魯奇自殺歐陽史作四月甲寅董璋陷遂州武信軍節度使夏魯奇死之蓋歐陽史以奏聞之日爲陷城之月也

見禁囚徒除死罪外並放　案歐陽史作乙卯以旱赦流罪以下囚與是書作壬子異

詔安重誨宜削奪在身官爵並妻阿張男崇贊崇緒等並賜死　案重誨見殺是書作閏月己亥歐陽史作閏五月丁酉五代春秋作五月

以前黔州節度使楊漢賓爲羽林統軍　漢賓原本作漢章攷上文有雲州節度使楊漢章不應黔州節度使與之同名今據通鑑改正

辛亥詔五坊見在鷹隼之類並可就山林解放　辛亥歐陽史作丁亥通鑑從是書

扎雲舊作巽欲今改　特哩袞舊作惕隱今改　扎古舊作則骨今改　錫里扎拉舊作舍利則刺今改○裕勒古舊作械骨今改　格斯齊舊作竭失訖今改

舊五代史卷四十三

宋門下侍郎參知政事監修國史薛居正等撰

唐書第十九

明宗紀九

長興三年春正月癸未朔帝御明堂殿受朝賀仗衞如式丁亥陝州節度使安從進移鎭延州己丑遣邠州節度使藥彥稠靈武節度使康福率步騎七千往方渠討党項之叛者庚寅以前北京副留守呂夢奇爲戶部侍郎辛卯以前彰國軍留後孫漢韶爲利州節度使充西面行營副部署兼步軍都指揮使庚子契丹遣使朝貢辛丑秦王從榮加開府儀同三司兼中書令戊申詔選人文解不合式樣罪在發解官吏舉人落第次年免取文解中書門下奏請親王官至兼侍中中書令則與見任宰臣分班定位宰臣居左諸親王居右如親王及諸使守侍中中書令亦分行居右其餘使相依舊從之渤海回鶻吐蕃遣使朝貢大理正張居琮上言所頒諸州新定格式律令請委逐處各差法直官一人專掌檢討從之二月乙卯制晉國夫人夏氏追冊爲皇后丙辰幸龍門詔故皇城使李從榮可贈太保詔出選門官罷在後周年方許擬議自于所司投狀磨勘送中書又詔罷城南稻田務以其所費多而所收少欲復其水利資于民間碾磑故也秦州奏州界三縣之外別有一十一鎭人戶係鎭將徵科欲隨其便宜復置隴城天水二縣以隸之詔從之甲子幸至德宮以右衞大將軍高居貞爲右監門衞上將軍庚午以前華州節度使李從昶爲左驍衞大將軍以前襄州節度使安崇阮爲右驍衞上將軍以前新州節度使翟璋爲右領軍上將軍以右領軍上將軍羅周敬爲右威衞上將軍辛未中書奏請依石經文字刻九經印板從之（五代會要長興三年二月中書門下奏請依石經文字刻九經印板敕令國子監集博士儒徒將西京石經本各以所業本經廣爲抄寫仔細看讀然後雇召能雕字匠人各部隨帙刻印板廣頒天下如諸色人要寫經書並須依所印敕本不得更使雜本交錯 [illegible] 葉氏燕語正以此證刻書不始于馮道而沈存中又謂 [illegible]）

板印書籍唐人尚未盛行爲之自馮瀛王始印五經自後典籍皆爲板本大槩唐末漸有印書特未盛行後人遂以爲始于蜀也當五季亂離之際經籍方有託而流布于四方天之不絕斯文信矣甲戌靈武奏都指揮使許審瓌等謀亂伏誅藥彥稠奏誅党項阿埋等十族與康福入白魚谷追襲叛黨獲大首領六人諸羌二千餘人孳畜數千及先刼掠到回鶻物貨詔彥稠軍士所獲並令自收勿得簊斂已卯以前河中節度使索自通爲鄜州節度使懷化軍節度使李贊華進契丹地圖詔司天臺除密奏留中外應奏歷象雲物水旱及十曜細行諸州災祥一一並報史館以備編修壬午藥彥稠進回鶻可汗先送秦王金裝胡簶爲党項所掠至是得之以獻帝曰先詔所獲令軍士自收今何進也令彥稠卻與獲者三月甲申契丹遣使朝貢靈武軍將裴昭隱等二人與進奏官阮順之隱官馬一匹有司論罪合抵法帝曰不可以一馬殺三人命咨而釋之丙申西京奏百姓侯可洪于楊廣城內掘得宿藏玉四團進納賜可洪二百緡絹二百匹庚子以前鄜州節度使孫璋卒廢朝癸卯帝顧謂宰臣曰春雨稍多久未晴霽何也馮道對曰水旱作沴雖是天之常道然季春行秋令臣之罪也更望陛下廣敷恩宥久雨無妨于聖政也丁未以神捷神威雄武廣捷已下指揮改爲左右羽林軍置四十指揮每十指揮立爲一軍軍置都指揮使一人庚戌帝觀稼于近郊民有父子三人同挽犂耕者帝閔之賜耕牛三頭高麗國遣使朝貢以右領軍上將軍翟璋爲右羽林統軍以前安州留後周知裕爲左神武統軍夏四月甲寅詔諸道節度使未帶使相及防禦團練使刺史班位居檢校官高者爲上加檢校官同以先授者爲上前資在見任之下新羅王金溥遣使貢方物戊午中書奏準勅重定三京諸州府地望次第者舊制以王者所都之地爲上今都洛陽請以河南道爲上關內道爲第二河東道爲第三餘依舊制其五府按十道圖以鳳翔爲首河中成都江陵興元爲次中興初升魏州爲興唐府鎭州爲眞定府望升二府在五府之上合爲七州餘依舊制又天下舊有八大都督府以靈州爲首陝幽魏揚潞鎭徐爲次其幾鎭已升爲七府兼具員內相次升越杭福潭等州爲都督望以十大都督府爲額仍據升降次第以陝爲首餘依舊制十道圖有大都護請以安東大都護爲首防禦團練等使自來升降極多今具見在具員依新定十道圖以次第爲定從之契丹累遣使求歸扎拉特哩袞等幽州趙德鈞奏請不俞允帝顧問侍臣亦以爲不可與帝意欲歸之會冀州刺史

楊檀罷郡至闕帝問其事奏曰此輩來援王都謀危社稷陛下寬慈貸其生命苟若歸之必復向南放箭旣知中國事情爲患深矣帝然之旣而遣哲爾格錫里隨使歸蕃不欲全拒其請也詔贈皇后曹氏曾祖父母已下爲太傅太尉太師國夫人淑妃王氏曾祖父母已下爲太子太保太傅太師國夫人壬戌前樞密使驃騎大將軍馬紹宏卒癸亥以懷化軍節度使李贊華爲滑州節度使初帝欲以贊華爲藩鎭范延光等奏以爲不可帝曰吾與其先人約爲兄弟故贊華來附吾老矣儻後世有守文之主則此輩招之亦不來矣由是近臣不能抗議甲子以太子賓客蕭蘧爲戶部尚書致仕乙丑以天雄軍節度使宋王從厚兼中書令辛未以幽州節度使趙德鈞兼中書令五月壬午朔帝御文明殿受朝詔禁網羅彈射弋獵丁亥以二王後前詹事府司直楊延紹爲右贊善大夫仍襲封酅國公食邑二千戶丁酉以太子太師致仕孔勍卒廢朝興元奏東西兩川各舉兵相持甲辰以文宣王四十三代孫曲阜縣主簿孔仁玉爲兗州龔邱令襲文宣公戊申襄州奏漢江大漲水入州城壞民廬舍樞密使奏近知兩川交惡如令一賊兼有兩川撫衆守險恐難討除欲令王思同以興元之師伺便進取詔從之六月壬子朔幽州趙德鈞奏新開東南河自王馬口至淤口長一百六十五里闊六十五步深一丈二尺以通漕運舟勝千石畫圖以獻甲寅以權知高麗國事王建爲檢校太保封高麗國王丁巳衞州奏河水壞隄東北流入御河戊午荊南奏東川董璋領兵至漢州西川孟知祥出兵逆戰璋大敗得部下人二十餘走入東川城尋爲前陵州刺史王暉所殺孟知祥已入梓州辛酉范延光奏曰孟知祥兼有兩川彼之軍衆皆我之將士料其外假朝廷形勢以制之然陛下苟不能屈意招攜彼亦無由革面帝曰知祥予故人也以賊臣間諜故茲阻隔今因而撫之何屈意之有由是遣供奉官李瓌使西川賚詔以賜知祥詔以霖雨積旬久未晴霽京城諸司繫囚並宜釋放甲子以大雨未止放朝參兩日洛水漲泛二丈廬舍居民有溺死者以前濮州刺史武延翰爲右領軍上將軍前階州刺史王宏贇爲左千牛上將軍金徐安潁等州大水鎭州旱詔應水旱州郡各遣使人存問秋七月辛巳朔以天下兵馬元帥尚父吳越國王錢鏐薨廢朝三日丙戌詔賜諸軍救接錢有差戊子正衙命使冊高麗國王王建靈武奏夏州界党項七百騎侵擾當道出師擊破之生擒五十騎追

至賀蘭山下已丑兩浙節度使錢元瓘起復加守尚書令青州節度使王晏球加兼中書令秦鳳兗宋亳潁鄧大水漂邑屋損苗稼夔州赤甲山崩壬辰以前太僕卿鄭績爲鴻臚卿以前兗州行軍司馬李鏻爲戶部尚書乙未福建節度使王延鈞進絹表云吳越王錢鏐薨乞封臣爲吳越王湖南馬殷官是尚書令殷薨請授臣尚書令不報戊戌太子賓客李光憲以禮部尚書致仕已亥以前靈武節度使康福爲涇州節度使幽州衙將潘杲上言知故使劉仁恭于大安山藏錢之所樞密院差入監往發之竟無所得以皇子西京留守京兆尹從珂爲鳳翔節度使廢鳳州武興軍節制爲防禦使幷所管興文二州並依舊隸興元府丁未以門下侍郞兼吏部尚書同平章事監修國史趙鳳爲檢校太傅同平章事充邢州節度使詔諸州府遭水人戶各支借麥種及等第賑貸八月辛亥青州節度使王晏球卒廢朝二日以利州節度孫漢韶兼西面行營招討使甲寅以前振武節度使張萬進爲鄧州節度使已未以鄆州節度使房知溫兼中書令移鎭青州丙寅以宰臣李愚爲門下侍郞平章事監修國史癸亥以湖南節度使馬希聲卒廢朝已卯吐蕃遣使朝貢九月壬午以鎭南軍節度使檢校太尉馬希範爲湖南節度使檢校太尉兼侍中甲申荊南節度使檢校太傅兼中書令高從誨加檢校太尉兼中書令壬辰供奉官李瓌自西川迴節度使孟知祥附表陳敘隔絕之由並進物先賜金器等瓌知祥甥也母在蜀故令瓌往焉瓌至蜀具述朝廷厚待之意知祥稱藩如初奏福慶長公主以今年正月十二日薨又奏五月三日大破東川董璋之衆于漢州收下東川又表立功將校趙季良等五人乞授節鉞部內刺史令錄已下官乞許墨制補授帝遣閤門使劉政恩充西川宣諭使乙巳契丹遣使自幽州進馬秦州地震冬十月已酉朔再遣供奉官李瓌使西川押賜故福慶長公主祭贈絹三千匹並賜知祥玉帶先是兩川隔遠朝廷兵士不下三萬人至是知祥上表乞發遣兵士家屬入川詔報不允知祥所奏兩川部內文武將吏乞許權行墨制除補訖奏詔許之知祥所奏立功大將趙季良等五人正授節鉞續有處分襄州奏漢水溢壞民廬舍癸丑以太常卿劉岳卒廢朝已未以兵部侍郞張文寶爲吏部侍郞以戶部侍郞藥縱之爲兵部侍郞庚申幸至德宮因幸石敬瑭李從昶李從敏之第壬申大理少卿康澄上疏曰臣聞安危得失治亂興亡誠不繫于天時固非由

于地利童謠非禍福之本妖祥豈隆替之源故雉雊昇鼎而桑穀生朝不能止殷宗之盛神馬長嘶而玉龜告兆不能延晉祚之長是知國家有不足懼者五有深可畏者六陰陽不調不足懼三辰失行不足懼小人訛言不足懼山崩川涸不足懼蟊賊傷稼不足懼此不足懼者五也賢人藏匿深可畏四民遷業深可畏上下相徇深可畏廉恥道消深可畏毀譽亂眞深可畏直言蔑聞深可畏此深可畏者六也伏惟陛下尊臨萬國奄有八紘蕩三季之澆風振百王之舊典設四科而羅俊彥提二柄而御英雄所以不軌不物之徒咸思革面無禮無義之輩相率悛心然而不足懼者願陛下存而勿論深可畏者願陛下修而靡忒加以崇三綱五常之教敷六府三事之歌則鴻基與五岳爭高盛業共磐石永固優詔獎之澄言可畏六事實中當時之病識者許之癸酉湖南馬希範荊南高重誨並進銀及茶乞賜戰馬帝還其直各賜馬有差丁丑帝謂范延光曰如聞禁軍戍守多不稟藩臣之命緩急如何驅使延光曰承前禁軍出戍便令逐處守臣管轄斷決近似簡易帝曰速以宣命條舉之十一月辛巳以三司使左武衞大將軍孟鵠爲許州節度使以前許州節度使馮贇爲宣徽使判三司以宣徽北院使孟漢瓊判院事壬午史館奏宣宗已下四廟未有實錄請下兩浙荊湖購募野史及除目報狀從之五代會要載十一月四日史館奏當館昨爲大中以來迄于天祐四朝實錄尚未纂修尋具奏聞謹行購募勅命雖頒于數月圖書未貢于一編蓋以北土州城久罹兵火遂成滅絕難可訪求切恐歲月漸深耳目不接長爲闕典過在攸司伏念江表列藩湖南奧府至于閩越方屬勳賢戈鋋自擾于中原屏翰悉全于外府固多奇士富有羣書其兩浙福建湖廣伏乞詔旨委各于本道采訪宣宗懿宗僖宗昭宗以上四朝野史及逐朝日歷銀臺事宜內外制詞百司沿革簿籍不限卷數據有者抄錄上進若民間收得或隱士撰成卽令各列姓名請議爵賞癸未以左僕射致仕鄭珏卒廢朝丁亥以河陽節度使兼六軍都衞副使石敬瑭爲河東節度使兼大同彰國振武威塞等軍蕃漢馬步總管時契丹帳族在雲州境上與羣臣議擇威望大臣以制北方故有是命已丑樞密使趙延壽加同平章事詔在京臣寮不得進奉賀長至馬及諸物甲午日南至帝御文明殿受朝賀已亥河中節度使李從璋加檢校太傅以右散騎常侍楊凝式爲工部侍郞庚子以秘書監盧文紀爲工部尚書以工部尚書崔居儉爲太常卿以工部侍郞鄭韜光爲禮部侍郞乙巳雲州奏契丹主在黑榆林南納喇泊造攻城之具帝遣使賜契丹主銀器綵帛十二月戊申朔供奉官丁延徽倉官田繼勳並棄市坐擅出倉粟數百斛故也教坊伶官敬新磨受賄爲人告帝令御史

臺徵還其錢而役撻之癸丑幸龍門觀修伊水石堰賜丁夫酒食役數日有司奏丁夫役限十五日已滿工未畢請更役五日帝曰不惟時寒且不可失信于小民即止其役甲寅以太子賓客歸藹卒廢朝戊午以前宣徽使朱宏昭爲襄州節度使康義誠爲河陽節度使充侍衛親軍馬步都指揮使壬戌以吏部侍郎姚顗爲尚書左丞以尚書左丞王權爲禮部尚書以兵部侍郎藥縱之爲吏部侍郎以翰林學士中書舍人程遜爲戶部侍郎依前充職戊辰帝畋于近郊射中奔鹿是冬無雪

舊五代史卷四十三攷證

唐明宗紀九遣邠州節度使藥彥稠　邠州歐陽史作靜難軍

藥彥稠奏誅党項阿埋等十族與康福入白魚谷　白魚谷歐陽史作牛兒谷

戊午荆南奏東川董璋領兵至漢州西川孟知祥出兵逆戰璋大敗　案通鑑孟知祥克東川在五月五代春秋歐陽史俱作六月蓋以薛史奏聞之日爲據

供奉官李瓌　李瓌通鑑作李存瓌唐人避莊宗諱故去存字

秋七月辛巳朔以天下兵馬元帥尚父吳越王錢鏐薨廢朝三日　案五代春秋七月吳王錢鏐薨蓋秖以薛史廢朝之日爲據也通鑑作三月庚戌與九國志異

丙戌詔賜諸軍救接錢有差　案救接錢疑有舛誤攷冊府元龜亦作救接今仍其舊

癸亥以湖南節度使馬希聲卒廢朝　案通鑑馬希聲卒在七月辛卯五代春秋從是書作八月

扎拉特哩袞舊作則剌惕隱今改　哲爾格錫里舊作則骨舍利今改　納喇泊舊作捺剌泊今改

舊五代史卷四十四

宋門下侍郎參知政事監修國史薛居正等撰

唐書第二十

明宗紀十

長興四年春正月戊寅朔帝御明堂殿受朝賀仗衛如式是日雪盈尺戊子秦王從榮加守尚書令兼侍中依前河南尹判六軍諸衛事庚寅以端明殿學士尚書兵部侍郎劉昫爲中書侍郎平章事甲午正衙命使冊故福慶長公主孟氏爲晉國雍順長公主遣太常卿崔居儉赴西川行冊禮突厥內附庚子以前河東節度使李從溫爲鄆州節度使二月癸丑朔帝于便殿問范延光內外見管馬數對曰三萬五千匹帝歎曰太祖在太原騎軍不過七千先皇自始至終馬纔及萬今有鐵馬如是而不能使九州混一是吾養士練將之不至也吾老矣馬將奈何延光奏曰臣每思之國家養馬太多試計一騎士之費可贍步軍五人三萬五千騎抵十五萬步軍既無所施虛耗國力臣恐日久難繼帝曰誠如卿言肥騎士而瘠吾民何益哉（五代會要上問見管馬數樞密使范延光奏天下常支草粟者近五萬匹見今西北諸道賣馬者往來如市其郵傳之費中估之直日以四十五貫以臣計之國力十耗其七馬無所使財賦漸消朝廷甚非所利上善之十月敕沿邊藩鎮或有蕃部賣馬可擇其良壯給券具數以聞）丁巳以虔州節度使檢校太尉兼侍中馬希振爲洪州節度使以鄂州節度使馬希廣爲檢校太尉同平章事充桂州節度使以廬州節度使兼武安軍副使姚彥章爲檢校太尉同平章事以靜江節度副使馬希範爲鄂州節度使故潞州節度使檢校太保康君立贈太傅己未宋州節度使安元信加兼侍中濮州進重修河堤圖沿河地名歷歷可數帝覽之愀然曰吾佐先朝定天下于此隄塢間大小數百戰又指一邱曰此吾擐甲臺也時事如昨奄忽一紀令人悲歎耳癸亥以西川節度使孟知祥爲劍南東西兩川節度使封蜀王三司奏當省有諸道鹽鐵轉運使衙職員都押衙正押衙同押衙通引衙前虞候子弟今欲列爲三司職名從之庚午以御史中丞崔衍爲兵部侍郎以右諫議大夫龍敏爲御史中丞三月己卯幸龍門延州節度使安從進奏夏州節度使李仁福卒其子彝超自稱留後甲申鎮州奏行軍司馬趙瓌節度判官陸浣元從押衙高知柔等並棄市坐受賂枉法殺人也節度使李從敏罰一季俸乙酉以西川節度副使知武泰軍節度兵馬留後趙季良爲檢校太保黔南節度使以西川諸軍馬步都指揮使知武信軍節度兵馬留後李仁罕爲檢校太傅遂州節度使以西川左廂馬步指揮使知保寧軍節度兵馬留後趙廷隱爲檢校太保閬州節度使以西川右廂馬步都指揮使知寧江軍兵馬留後張知業爲檢校司徒夔州節度使以西川衙內馬步都指揮使知昭武軍兵馬留後李肇爲檢校太保利州節度使從孟知祥之請也丙戌賜宰相李愚絹百匹錢十萬鋪陳物一十三件時愚病帝令近臣翟光鄴宣問所居寢室蕭然四壁病榻敝氈而已光鄴具言其事故有是賜戊子以延州節度使安從進爲夏州留後以夏州左都押衙四州防遏使李彝超爲延州留後仍命邠州節度使藥彥稠宮苑使安重益帥師援送從進赴鎮以左衛上將軍盧文進爲潞州節度使以右龍武統軍張溫爲雲州節度使庚寅以鳳翔行軍司馬李彥琮爲鹽州防禦使時范延光等奏請因夏州之師制置鹽州故有是命癸巳以右威衛上將軍安重霸爲同州節度使己亥以左龍武統軍符彥超爲安州節度使詔除放京兆秦岐邠涇延慶同華興元十州長興元年二年係欠夏秋稅物及營田莊宅務課利以其曾輦運供軍糧料也甲辰故晉國夫人夏氏追冊皇后有司上謚曰昭懿從之夏四月戊申李彝超奏奉詔除延州留後已受恩命訖三軍百姓擁隔未遂赴任帝遣閤門使蘇繼顏齎詔促彝超赴任癸丑以刑部侍郎劉贊爲秘書監秦王傅（五代會要長興四年四月以秘書監劉贊爲秦王傅前忠武軍節度判官蘇瓚爲秦王友前襄州觀察使魚崇遠爲秦王府記室參軍時言事者請爲秦王置師傅上顧問近臣皆以秦王名勢隆盛不敢置議請自選擇乃降是命）甲寅前鄧州節度使梁漢顒以太子少師致仕太子賓客裴皞以兵部尚書致仕戊午追冊昭宗皇后何氏爲宣穆皇后祔饗太廟百寮進名奉慰廢朝三日己巳以左散騎常侍任贊爲戶部侍郎以吏部侍郎藥縱之爲曹州刺史癸酉延州奏蕃部劫掠餉運及攻城之具守蘆關兵士退守金明鎮五月丙子朔帝御文明殿受朝戊寅皇子鳳翔節度使從珂封潞王新授戶部侍郎任贊改刑部侍郎贊訴以所授官是丁憂闕故改爲皇子從益封許王鄆州節度使李從溫封兗王河中節度使李從璋封洋王鎮州節度使李從敏封涇王甲申帝避暑于九曲池既而登樓風毒暴作聖體不豫翼日而愈（北夢瑣言上聖體乖和馮道對寢膳之間動思調衛因指御前果實曰如食桃不康翼日見李而思戒可也初上因御李暴得風虛之疾馮道不敢斥言因奏事諷悟上意）丙戌契丹遣使朝貢丁酉安從進奏大軍已至夏州攻城以其不受命也庚子以靈武留後張希崇爲本州節度使辛丑故夏州節度使朔方郡王李仁福追封虢王壬寅以前晉州留後薄文爲本州節度使六月丙午朔文武百寮宰臣馮道等拜章請于尊號內加廣運法天四字凡拜三章詔允之詔宮西新園宜名永芳園其間新殿宜名和慶殿丙辰秦王從榮加食邑至萬戶實封二千戶丁巳以右驍衛上將軍李從昶爲左龍武統軍以前邢州節度使高允韜爲右龍武統軍以右驍衛上將軍羅周敬爲左羽林統軍以右監門上將軍婁繼英爲金州刺史戊午宋王從厚加食邑至萬戶實封一千戶壬戌以前涇州節度使李金全爲滄州節度使癸亥詔御史中丞龍敏等詳定大中統類甲子第十四女封壽安公主第十五女封永樂公主戊辰以前利州節度使孫漢韶爲洋州節度使壬申永寧軍節度使容州管內觀察使檢校太尉兼侍中馬存加食邑實封甲戌帝復不豫秋七月丁丑以著作佐郎尹拙爲左拾遺直史館國朝舊制皆以畿赤尉直史館今用諫官自拙始從監修李愚奏也己卯東岳三郎神贈威雄大將軍初帝不豫前淄州刺史劉遂清薦泰山僧一人云善醫及召見乃庸僧耳問方藥僧曰不工醫嘗于泰山中親覩嶽神謂僧曰吾第三子威靈可愛而未有爵秩師爲我請之宮中神其事故有是命識者嫉遂清之妖佞焉詔應臺官出行須令人呵引使軍巡職掌等規避壬午詔安從進班師時王師攻夏州無功故也乙酉以許州節度使孟鵠卒廢朝贈太傅詔賜在京諸軍將校優給有差時帝疾未痊軍士有流言故也丁亥兩浙節度使檢校太傅守中書令錢元瓘封吳王八月戊申帝被衮冕御明堂殿受冊徽號曰聖明神武廣運法天文德恭孝皇帝禮畢制大赦天下常赦所不原者咸赦除之己酉賜侍衛諸軍優給有差時月內再有頒給自茲府藏無餘積矣辛亥以晉州節度使薄文卒廢朝丁巳以右龍武統軍李從昶爲許州節度使戊午以祕書監高輅卒廢朝辛酉以太子太師致仕符習卒廢朝贈太師辛未秦王從榮以本官充天下兵馬大元帥加食邑萬戶實封三千戶以右羽林統軍翟璋爲晉州節度使以太子賓客馬鎬爲戶部侍郎壬申幸至德宮九月甲戌以戶部尚書李璘爲兵部尚書以前戶部尚書韓彥惲爲戶部尚書丙子幸至德宮戊寅樞密使范延光趙延壽並加兼侍中依前充使中書奏元帥儀注諸道節度使以下帶兵權者階下具軍禮參見其帶使相者初見亦展一度公禮天下軍務公事元帥府行帖指揮其判六軍諸衛事則公牒往來其官屬軍職委元帥府奏請從之癸未以兵部侍郎盧詹爲吏部侍郎丙戌宰臣馮道加左僕射李愚加吏部尚書劉昫加刑部尚書戊子河陽節度使兼侍衛親軍都指揮使康義誠山南西道節度使檢校太傅張虔釗並加同平章事宣徽南院使判三司馮贇依前檢校太傅同平章事中書門下同二品充三司使贇亡父名章故改平章事爲同二品壬戌永寧公主石氏進封魏國公主興平公主趙氏進封齊國公主皇孫重光重哲並授銀青光祿大夫檢校工部尚書秦王宋王子也前洋州節度使梁漢顒以太子少傅致仕丁酉以右龍武統軍高允韜爲滑州節度使以韶州刺史檢校司空王萬榮爲華州節度使萬榮

王妃之父也戊戌以樞密使趙延壽爲汴州節度使以
襄州節度使朱宏昭爲檢校太尉同平章事充樞密使
時范延光趙延壽相繼辭退樞密務及朱宏昭有樞密
之命又面辭訴帝叱之曰爾輩皆欲離朕左右怕在眼
前素養爾輩將何用也宏昭退謝不復敢言吏部侍郎
張文寶卒庚子淸海軍節度使錢元璹加檢校太傅同
平章事中吳建武等軍節度使錢元瓘加檢校太師兼
中書令以前滑州節度使李贊華遙領虔州節度使辛
丑詔天下兵馬大元帥秦王從榮班宜在宰臣之上五代
會要秦王從榮加兼中書令與宰臣分班左右定位及爲天下兵馬元帥勅曰秦王位隆將相望重磐維委任旣崇等威合異班位宜在宰臣之上壬寅以北面行營都指揮使易州刺
史楊檀爲振武軍節度使冬十月丙午以前同州節度
使趙在禮爲襄州節度使丁未以前滑州節度使張敬
詢卒廢朝以刑部侍郎任贊爲兵部侍郎充元帥府判
官戊午以前鳳翔節度使孫岳爲三司使庚申以樞密
使范延光爲鎭州節度使以三司使馮贇爲樞密使辛
酉以前潞州節度使李承約爲左龍武統軍以前威塞
軍節度使王景戡爲右龍武統軍以左驍衞上將軍安
崇阮爲左神武統軍以右監門上將軍高允貞爲右神
武統軍壬戌以權知夏州事檢校司空李彝超爲夏州
節度使檢校司徒丙寅詔在朝文武臣寮並與加恩以
受册尊號也戊辰以前安州節度使楊漢章爲兗州節
度使以前雲州節度使張敬達爲徐州節度使庚午以
前兗州節度使張延朗爲秦州節度使壬申秦州節度
使劉仲殷移鎭宋州十一月丙子以前滄州節度使盧
質爲右僕射庚辰改愼州懷化軍爲昭化軍升洮州爲
保順軍辛巳以保大軍節度使檢校太尉鮑君福爲保
順軍節度洮鄯等州觀察等使以彰義軍節度使檢校
太尉同平章事杜建徽爲昭化軍節度愼瑞司等州觀
察使乙酉以前汴州節度使李從曮爲鄜州節度使以
鄜州節度使李從溫爲定州節度使丙戌新授右僕射
盧質奏臣忝除官合赴省上事若準舊例左右僕射上
事儀注所費極多欲從權務簡只取尚書丞郎上事例
止集南省屬寮及兩省官送上亦不敢輒援往例有費
官用自量力排比兼不敢自臣隳廢前規他時任行舊
制從之戊子帝不豫己丑大漸自廣壽殿移居雍和殿
是夜四鼓後帝自御榻躍然而興顧謂知漏宮女曰夜
漏幾何對曰四更因奏曰官家省事否帝曰省因嘔出
肉片如肺者數片便溺升餘六宮皆至慶躍而奏曰官
家今日實還魂也因進粥一器侍醫進湯膳至曙帝小
康壬辰天下大元帥守尚書令兼侍中秦王從榮領兵
陣于天津橋內出禁軍拒之從榮敗奔河南府遇害帝
聞之悲駭幾落御榻氣絕而蘇者再繇是不豫有加癸
巳馮道率百寮見帝于雍和殿帝雨泣哽噎曰吾家事
若此慙見卿等百寮皆泣下霑襟甲午賜宰臣樞密使
御衣玉帶康義誠已下錦帛鞍馬有差遣宣徽使孟漢
瓊召宋王于鄴都乙未以三司使孫岳爲亂兵所害廢
朝丁酉勅秦王府官屬除諮議參軍高輦已處斬外元
帥府判官兵部侍郎任贊配武州祕書監兼秦王傅劉
贊配嵐州河南少尹劉陟配均州並爲長流百姓從逢
恩赦不在放還河南少尹李蕘配石州河南府判官司
徒詡配寧州秦王友蘇瓚配萊州記室參軍魚崇遠配
慶州河南府推官王說配隨州並爲長流百姓河南府
推官尹譔六軍巡官董裔張九思河南府巡官張沆李
潮江文蔚並勒歸田里應長流人並除名六軍判官殿
中監王居敏責授復州司馬六軍推官郭晙責授坊州
司戶並員外置所在馳驛發遣時宰相樞密使共議任
贊等已下罪馮道等曰任贊前在班行比與從榮無舊
除官未及月餘便逢此禍王居敏司徒詡疾病請假將
近半年近日之事計不同謀從榮所欵昵者高輦劉陟
王說三人耳從榮稱兵指闕之際沿路只與劉陟高輦
並轡耳語至天津橋南指日影謂諸判官曰明日如今
已誅王居敏矣則知其冗泛之徒不可一例從坐朱宏
昭意欲盡誅任贊已下馮贇力爭之乃已戊戌帝崩于
大內之雍和殿壽六十七十二月癸卯朔遷梓宮于二
儀殿宋王從厚自鄴都至是日發哀百寮縞素于位中
書侍郎平章事劉昫宣遺制宋王從厚于柩前卽皇帝
位服紀以日易月一如舊制云明年四月太常卿盧文
紀上謚議曰聖智仁德欽孝皇帝廟號明宗宰臣馮道
議請改聖智仁德四字爲聖德和武欽孝皇帝宰臣劉
昫撰謚册文宰臣李愚撰哀册文是月二十七日葬于
徽陵五代史補明宗之在位也一旦幸倉場觀納時主者以車駕親臨懼得其罪較量甚輕明宗因謂之曰且朕自省事以來倉場給散動經一二十年未畢今輕量如此其後銷折將何以償之對曰竭盡家產不足則繼之以身命明宗愴然曰只聞百姓養一家未聞一家養百姓今後每石加二斗耗以備鼠雀侵蠹謂之鼠雀耗倉糧起自此也五代史闕文明宗出自邊地老于戰陳卽位之歲年已六旬純厚仁慈本乎天性每夕宮中焚香仰天禱祝云某蕃人也遇亂世爲衆推戴事不獲已願上天早生聖人與百姓爲主故天成長興間比歲豐登中原無事言于五代粗爲小康
史臣曰明宗戰伐之勳雖高佐命潛躍之事本不經心
會王室之多艱屬神器之自至諒由天贊匪出人謀及
應運以君臨能力行乎王化政皆中道時亦小康近代
已來亦可宗也儻使重誨得房杜之術從榮有啟誦之
賢則宗祧未至于危亡載祀或期于綿遠矣惜乎君親
可輔臣子非才遽泯烝嘗良可深歎矣

舊五代史卷四十四攷證

唐明宗紀十以端明殿學士尚書兵部侍郎劉昫爲中書侍郎平章事　案歐陽史劉昫傳作長興三年拜中書侍郎兼刑部尚書同中書門下平章事與本紀繫年先後互異見吳縝纂誤

二月癸丑朔　案上文正月爲戊寅朔則二月不得爲癸丑朔原文疑有舛誤

帝于便殿問范延光內外見管馬數　案錦繡萬花谷引薛史作范延慶疑傳寫之訛

以刑部侍郎劉贊爲秘書監　刑部侍郎通鑑作兵部侍郎歐陽史從是書

以著作佐郎尹拙爲左拾遺直史館　案五代會要尹拙爲左拾遺王愼徽爲右拾遺並直史館是書闕載王愼徽

戊子帝不豫　案歐陽史本紀十月壬申幸上和亭得疾家人傳十一月戊子雪明宗幸宮西上和亭得傷寒疾紀傳互異見吳縝纂誤

壬辰天下大元帥守尚書令兼侍中秦王從榮領兵陣于天津橋內出禁軍拒之從榮敗奔河南府遇害　案五代春秋作壬午誅從榮蓋傳寫之訛歐陽史及通鑑並從是書作壬辰

舊五代史卷四十五

宋門下侍郎參知政事監修國史薛居正等撰

唐書第二十一

閔帝紀

閔帝諱從厚小字菩薩奴明宗第三子也母昭懿皇后
夏氏以天祐十一年歲在甲戌十一月二十八日庚申
生帝于晉陽舊第帝髫齔好讀春秋畧通大義貌類明
宗尤鍾愛天成元年授金紫光祿大夫檢校司徒二年
四月加檢校太保同平章事河南尹判六軍諸衞事十
一月加檢校太傅三年三月授汴州節度使四年移鎭
河東長興元年改授鎭州節度使尋封宋王二年加檢
校太尉兼侍中移鎭鄴都三年加中書令秦王從榮帝
同母兄也以帝有德望深所猜忌帝在鄴宮恒憂其禍
然善于承順竟免間隙四年十一月二十日秦王誅襲
日明宗遣宣徽使孟漢瓊馳驛召帝二十六日明宗崩
二十九日帝至自鄴十二月癸卯朔發喪于西宮帝于
柩前卽位丁未羣臣上表請聽政表再上詔允己酉中
外將士給賜有差庚戌帝縗服見羣臣于廣壽門之東
廡下宰臣馮道進曰陛下久居哀毀臣等咸願一覩聖
顏朱宏昭前舉帽羣臣再拜而退御光政樓存問軍民
辛亥賜司衣王氏死坐秦王事也癸丑以前鎭州節度
使涇王從敏權知河南府事尋以盧質代之乙卯賜司
儀康氏死事連王氏也丙辰以天雄軍節度判官唐汭
爲諫議大夫掌書記趙象爲起居郎元從都押衙宋令
詢爲磁州刺史丁巳以左僕射平章事馮道爲山陵使
戶部尚書韓彥惲爲副中書舍人王延爲判官禮部尚
書王權爲禮儀使兵部尚書李鏻爲鹵簿使御史中丞
龍敏爲儀仗使右僕射權知河南府盧質爲橋道頓遞
使庚申以前相州刺史郝瓊爲右驍衞大將軍充宣徽
北院使以光祿卿充三司副使王玫爲三司使癸亥故
檢校太尉右衞上將軍充三司使孫岳贈太尉齊國公
丁卯帝釋縗服羣臣三上表請復常膳御正殿從之辛
未帝御中興殿羣臣列位馮道升階進酒帝曰比于此
物無愛除賓友之會不近罇斝況在沉痛之中安事飮
啖命徹之
應順元年春正月壬申朔帝御廣壽殿視朝百寮詣閤
門奉慰時議者云月首以常服臨不視朝可也乙亥契
丹遣使朝貢遼史太宗紀天顯九年閏月戊午唐遣使來告哀卽日遣使祭弔丁丑以
太常卿崔居儉爲秘書監以前蔡州刺史張繼祚爲左
武衞上將軍充山陵橋道頓遞副使戊寅御明堂殿仗
衞如儀宮懸樂作羣臣朝服就位宣制大赦天下改長
興五年爲應順元年時議者以梓宮在殯宮懸樂作非
禮也懸而不作可也回鶻可汗仁美遣使貢方物故可
汗仁裕進遺留馬是日命中使三十五人以先帝鞍馬
衣帶分賜藩位庚辰宰臣馮道加司空李愚加右僕射
劉昫加吏部尚書餘竝如故壬午侍衞親軍馬步軍都
指揮使河陽節度使康義誠加檢校太尉兼侍中判六
軍諸衞事甲申以侍衞馬軍都指揮使寧國軍節度使
安彥威爲河中節度使以侍衞步軍都指揮使忠正軍
節度使張從賓爲涇州節度使並加檢校太傅以捧聖

左右廂都指揮使欽州刺史朱洪實爲寧國軍節度使加檢校太保充侍衞馬軍都指揮使以嚴衞左右廂都指揮使巖州刺史皇甫遇爲中正軍節度使檢校太保充侍衞步軍都指揮使戊子樞密使檢校太尉同平章事朱宏昭樞密使檢校太尉同中書門下二品馮贇並加兼中書令北京留守河東節度使兼大同彰國振武威塞等軍蕃漢馬步總管石敬瑭加兼中書令幽州節度使檢校太尉兼中書令趙德鈞加檢校太師兼中書令樞密使馮贇表堅讓中書令制改兼侍中封邠國公庚寅鳳翔節度使潞王從珂加兼侍中靑州節度使檢校太尉兼中書令房知溫加檢校太師辛卯以翰林學士承旨尚書右丞李懌爲工部尚書以秘書監盧文紀爲太常卿充山陵禮儀使壬辰荆南節度使檢校太尉兼中書令高從誨封南平王湖南節度使檢校太尉兼中書令馬希範封楚王甲午兩浙節度使檢校太師守中書令吳王錢元瓘進封吳越王前洺州團練使皇甫立加檢校太保充鄜州節度使前彰義軍節度使康福加檢校太傅充邠州節度使劍南東西兩川節度使檢校太尉兼中書令蜀王孟知祥加檢校太師制下知祥辭不受命丙申鎭州節度使檢校太尉兼侍中范延光汴州節度使檢校太尉兼侍中趙延壽並加檢校太師戊戌山南西道節度使檢校太傅同平章事張虔釗襄州節度使趙在禮並加檢校太尉辛丑以振武軍節度使安北都護楊檀兼大同彰國振武威塞等軍都虞候充北面馬軍都指揮使閏月壬寅朔羣臣赴西宮臨癸卯御文明殿入閣以前右僕射權知河南府事盧質爲太子少傅兼河南尹以諫議大夫唐汭膳部郎中知制誥陳乂並爲給事中充樞密院直學士（通鑑汭以文學從帝歷三鎭在幕府及即位將佐之有才者朱馮皆斥逐之汭性迂疎朱馮恐帝含怒有時而發乃引汭于密近以其黨陳乂監之）宣徽南院使驍騎大將軍左衞上將軍知內侍省孟漢瓊加開府儀同三司賜忠貞扶運保泰功臣丙午正衙命使册皇太后曹氏戊申以前雄武軍節度使劉仲殷爲右衞上將軍邢州節度使趙鳳加爵邑自是諸藩鎭文武臣寮皆次第加恩帝嗣位覃恩澤也以翰林學士中書舍人崔梲爲工部侍郎依前充職以給事中張鵬爲御史中丞以御史中丞龍敏爲兵部侍郎以太僕少卿寶維爲大理卿甲寅正衙命使册皇太妃王氏集賢院上言準敕書修創凌烟閣尋奉詔問閣高下等級謹按凌烟閣都長安時在西內三淸殿側畫像皆北面閣有中隔隔內面北寫功高宰輔南面寫功高諸侯王隔外面次第圖畫功臣題贊自西京板蕩四十餘年舊日主掌官吏及畫像工人並已淪喪集賢院所管寫眞官畫眞官人數不少都洛後廢職今將起閣望先定佐命功臣人數請下翰林院預令寫眞本及下將作監興功次序閣架修建乃詔集賢御書院復置寫眞官畫眞官各一員餘依所奏丁巳安州奏此月七日夜節度使符彥超爲部曲王希全所害廢朝一日戊午以前振武軍節度使安北都護高行周爲彰武節度辛酉以前鄜州闕使范政爲少府監丙寅幸至德宮車駕至興敎門有飛鳶自空而墜斃于御前是日大風晦冥二月乙亥以前鎭州節度使涇王從敏爲宋州節度使己卯以前徐州節度使檢校太傅李敬周爲安州節度使是日宣授鳳翔節度使潞王從珂爲權北京留守以北京留守石敬瑭權知鎭州軍州事以鎭州范延光權知鄴都留守事以前河中節度使洋王從璋權知鳳翔軍府事庚寅幸山陵工作所是日西京留守王思同奏鳳翔節度使潞王從珂拒命丁酉王思同加同平章事充西面行營都部署以前邠州節度使藥彥稠爲副部署以河中節度使安彥威爲西面兵馬都監以前定州節度使李德玧爲權北京留守山陵使奏伏覩御札皇帝親奉靈駕至園陵伏見累朝故事人君無親送葬之儀請車駕不行不從乙未樞密使馮贇起復視事時贇丁母憂也已亥以司農卿張鎛爲殿中監庚子殿直楚匡祚上言監取亳州團練使李重吉至宋州繫于軍院重吉潞王之長子及幽于宋州帝猶以金帛賜之及聞西師咸叛方遣使殺之三月甲辰以前太僕少卿魏仁鍔爲太僕卿興元節度使張虔釗奏會合討鳳翔丙午以右領衞上將軍武延翰爲鄆州刺史丁未洋州孫漢韶奏至興元與張虔釗同議進軍己酉以鎭州節度使范延光依前檢校太師兼侍中行興唐尹充天雄軍節度使北面水陸轉運制置使以北京留守河東節度使石敬瑭依前檢校太尉兼中書令其眞定尹充鎭州節度使大同彰國振武威塞等軍蕃漢馬步總管如故辛亥以前定州節度使李德玧爲北京留守充河東節度使許王從益加檢校太保前河中節度使洋王從璋加檢校太傅詔藩侯帶平章事以上薨許立神道碑差官撰文未帶平章事及刺史準令式合立碑者其文任自製撰不在奏聞乙卯興元張虔釗奏自鎭將兵赴鳳翔收大散關宗正寺奏準故事諸陵有令丞各一員近例更委本縣令兼之緣河南洛陽是京邑兼令丞不便詔特置陵臺令丞各一員己未以前金吾大將軍李肅爲左衞上將軍充山陵修奉上下宮都部署庚申西面步軍都監王景從等自軍前至奏今月十五日大軍進攻鳳翔十六日嚴衞右廂都指揮使尹暉引軍東面入城右羽林都指揮使楊思權引軍西面入城山南軍潰帝聞之謂康義誠等曰朕幼年嗣位委政大臣兄弟之間必無榛梗諸公大計見告朕獨難違事至于此何方轉禍朕當與左右自往鳳翔迎兄主社稷朕自歸藩于理爲便朱宏昭馮贇不對義誠曰西師驚潰蓋由主將失策今駕下兵甲尚多臣請自往關西振其兵威扼其衝要義誠又累奏請行帝召侍衞都將以下宣曰先皇帝棄萬國朕于兄弟之中無心爭立一旦被召主喪便委社稷岐陽兄長果致猜嫌卿等須從先朝千征萬戰今日之事寧不痛心今據府庫悉以頒賜卿等勉之乃出銀絹錢厚賜于諸軍是時方事山陵復有此賜府藏爲之一空軍士猶負賞物揚言于路曰到鳳翔更請一分其驕誕無畏如是辛酉幸左藏庫視給將士金帛是日誅馬軍都指揮使朱洪實坐與康義誠忿爭故也癸亥以康義誠爲鳳翔行營都招討使餘如故以王思同爲副招討使以安從進爲順化軍節度使充侍衞馬軍都指揮使詔左右羽林軍四十指揮改爲嚴衞左右龍武神武軍改爲捧聖甲子陝州奏潞王至潼關害西面都部署王思同乙亥宣諭西面行營將士俟平鳳翔日人賞二百千府庫不足以宮闈服翫增給詔侍衞馬軍都指揮使安從進京城巡檢是日從進已得潞王書檄潛布腹心矣丁卯潞王至陝州戊辰帝急召孟漢瓊不至召朱宏昭宏昭懼投于井安從進尋殺馮贇于其第是夜帝以百騎出元武門謂控鶴指揮使慕容遷曰爾誠有馬控鶴從予及駕出即闔門不行遷乃帝素親信者也臨危如是人皆惡之是月二十九日夜帝至衞州東七八里遇騎從自東來不避左右叱之乃曰鎭州節度使石敬瑭也帝喜敬瑭拜舞于路帝下馬慟哭諭以潞王危社稷康義誠以下叛我無以自庇長公主見教逆爾于路謀社稷大計敬瑭曰衞州王宏贇宿舊諳事且就宏贇圖之敬瑭即馳騎而前見宏贇曰主上播遷至此危迫吾戚屬也何以圖全宏贇曰天子避狄古亦有之然于奔迫之中亦有將相國寶法物所以軍長瞻奉不覺其亡也今宰職近臣從乎寶玉法物從乎詢之無有宏贇曰大樹將顚非一繩所維今以五十騎奔竄無將相一人擁從安能興復大計所謂蛟龍失雲雨者也今六軍將士總在潞邸矣公維以戚藩念舊無奈之何遂與宏贇同謁于驛亭宣坐謀之敬瑭以宏贇所陳以聞弓箭庫使沙守榮奔洪進前謂敬瑭曰主上即明宗愛子公即明宗愛壻富貴既同受休戚合共之今謀于戚藩欲期安復翻索從臣國寶欲以此爲辭爲賊算天子耶乃抽佩刀刺敬瑭敬瑭親將陳暉扞之守榮與暉單戰而死洪進亦自刎是日敬瑭盡誅帝之從騎五十餘輩獨留帝于驛乃馳騎趨洛四月三日潞王入洛五日即位七日廢帝爲鄂王遣宏贇子殿直王巒之衞州時宏贇已奉帝幸州廨九日巒至帝遇鴆而崩時年二十一是日辰時白虹貫日皇后孔氏在宮中及王巒迴即日與其四子並遇害晉高祖即位謚曰閔與秦王及末帝子重吉並葬于徽陵域中封纔數尺路人觀者悲之

史臣曰閔帝爰自沖年素有令問及徵從代邸入踐阼階屬軒皇之弓劍初遺典王之几杖未賜遽生猜間遂至奔亡蓋輔臣無安國之謀非少主有不君之咎以至越在草莽失守京祧斯蓋天命之難忱土德之將謝故也

舊五代史卷四十五攷證

唐閔帝紀閔帝諱從厚小字菩薩奴明宗第三子也　案歐陽史作明宗第五子吳縝嘗辨其誤今攷五代會要亦作第三子與是書同

十二月癸卯朔　案五代春秋作癸亥朔蓋傳寫之譌歐陽史通鑑俱從是書作癸卯

節度使符彥超爲部曲王希全所害　案彥超被害通鑑從是書作閏月五代春秋繫于正月殊誤

丁酉王思同加同平章事充西面行營都部署以前邠州節度使藥彥稠爲副部署　案歐陽史辛卯西京留守王思同爲西面行營都部署靜難軍節度使藥彥稠爲副是書作丁酉與歐陽史異據通鑑則思同以辛卯充都部署丁酉加同平章也蓋采薛歐二史而兼用之

殿直楚匡祚上言　楚匡祚原本作楚祚今從通鑑增匡字

陝州奏潞王至潼關害西面都部署王思同　歐陽史作思同奔歸于京師死之與是書異

是夜帝以百騎出元武門　案契丹國志愍帝領五十騎自隨出奔衞州宋史李洪信傳又作少帝東奔捧聖軍數百騎從行與是書異據下文王宏贇曰今以

五十餘騎奔竄則作五十騎者是也九日竄至帝遇鴆而崩　案契丹國志云王躬至衢州進鴆于愍帝愍帝不飲躬縊殺之與是書異

舊五代史卷四十六

宋門下侍郎參知政事監修國史薛居正等撰

唐書第二十二

末帝紀上

末帝諱從珂本姓王氏鎭州人也母宣憲皇后魏氏以光啟元年歲在乙巳正月二十三日生帝于平山景福中明宗爲武皇騎將略地至平山遇魏氏擄之帝時年十餘歲明宗養爲己子小字二十三帝幼謹重寡言及壯長七尺餘方頤大體材貌雄偉以驍果稱明宗甚愛之在太原嘗與石敬瑭因擊毬同入于趙襄子之廟見其塑像屹然起立帝秘之私心自負及從明宗征討以力戰知名莊宗嘗曰阿三不惟與我同齒敢戰亦相類莊宗與梁軍戰于胡柳陂兩軍俱撓帝衞莊宗奪土山摧驍陣其軍復振時明宗先渡河莊宗不悅謂明宗曰公當爲我死渡河安往明宗待罪莊宗以帝從戰有功由是解慍天祐十八年莊宗營于河上議討鎭州留守符存審在德勝砦未行梁人謂莊宗已北乃悉衆攻德勝莊宗命明宗存審爲兩翼以抗之自以中軍前進梁軍退卻帝以十數騎雜梁軍而退至壘門大呼斬首數級斧其望櫓而還莊宗大噱曰壯哉阿三賜酒一器同光元年四月從明宗襲破鄆州九月莊宗敗梁將王彥章于中都急趨汴州明宗將前軍帝率勁騎以從晝夜兼行率先下汴城莊宗勞明宗曰復唐社稷卿父子之功也二年以帝爲衞州刺史時有王安節者昭宗朝相杜讓能之宅吏也安節少善買得相術于奇士因事見帝于私邸退謂人曰眞北方天王相也位當爲天子終則我莫知也三年明宗奉詔北禦契丹以家在太原表帝爲北京內衙指揮使莊宗不悅以帝爲突騎都指揮使遣戍石門四年魏州軍亂明宗赴洛時帝在橫水率部下軍士由曲陽孟縣趨常山與王建立會倍道兼行渡河而南由是明宗軍聲大振天成初以帝爲河中節度使明年二月加檢校太保同平章事十一月加檢校太傅長興元年加檢校太尉先是帝與樞密使安重誨在常山因杯盤失意帝以拳擊重誨臏中其櫛走而獲免帝雖悔謝然重誨終銜之及帝鎭河中重誨知其出入不時因矯宣中旨令牙將楊彥溫遇出郭則閉門勿納是歲四月五日帝閱馬于黃龍莊彥溫閉城拒帝帝聞難遽還遣問其故彥溫曰但請相公入朝此城不可入也帝止虞鄉以聞明宗詔帝歸闕遣藥彥稠將兵討彥溫令生致之面要鞫問十一月收城彥溫已死明宗以彥稠不能生致彥溫甚怒之後數日安重誨以帝失守諷宰相論奏行法明宗不悅重誨又自論奏明宗曰朕爲小將校時家徒衣食不足賴此兒荷石灰收馬糞存養以至今貴爲天子而不能庇一兒卿欲行朝典朕未曉其意卿等可速退從他私第閒坐遂詔歸清化里第不預朝請帝尚懼重誨多方危陷但日諷佛書陰禱而已二年安重誨得罪帝即授左衞大將軍未幾復檢校太傅同平章事行京兆尹充西京留守三年進位太尉移鳳翔節度使四年五月封潞王閔帝即位加兼侍中既而帝子重吉出刺亳州女尼入宮帝方憂不測應順元年二月移帝鎭太原是時不降制書唯以宣授而已帝聞之召賓佐將吏以謀之皆曰主上年幼未親庶事軍國大政悉委朱宏昭等王必無保全之理判官馬裔孫曰君命召不俟駕行爲諸君凶言非令圖也是夜帝令李專美草檄求援諸道欲誅君側之罪朝廷命王思同率師來討三月十五日外兵大集九國志李彥琦傳潞王守岐下諸道將急攻其壘彥琦時在圍中罄家財以給軍用十六日大將督衆攻城帝登城垂泣諭于外曰我年未二十從先帝征伐出生入死金瘡滿身樹立得社稷軍士從我登陣者多矣今朝廷信任賊臣殘害骨肉且我有何罪因慟哭聞者哀之時羽林都指揮使楊思權謂衆曰大相公吾主也遂引軍自西門入嚴衞都指揮使尹暉亦引軍自東門而入外軍悉潰十七日率居民家財以賞軍士是日帝整衆而東二十日次長安副留守劉遂雍以城降率京兆居民家財犒軍二十三日次靈口誅王思同二十四日次華州收藥彥稠繫獄二十五日次閿鄉王仲皐父子迎謁命誅之二十六日次靈寶河中節度使安彥威來降待罪宥之遣歸鎭陝州節度使康思立奉迎二十七日次陝州下令告諭京城二十八日康義誠軍前兵士相繼來降義誠詣軍門請罪帝宥之駕下諸軍畢至誅宣徽南院使孟漢瓊于路左是夜閔帝與帳下親騎百餘出元武門而去夏四月壬申帝至蔣橋文武百官立班奉迎敎旨以未拜梓宮未可相見俟會于至德宮時六軍勳臣及節將內職已累表勸進是日帝入謁太后太妃至西宮伏梓宮慟哭宰相與百寮班見致拜帝答拜馮道等上牋勸進帝立謂羣臣曰予之此行事非獲已當俟主上歸闕園陵禮終退守藩服諸公言遽及此信無謂也衞州刺史王宏贄奏閔帝以前月二十九日至州癸酉皇太后下令降閔帝爲鄂王又太后令曰先皇帝誕膺天睠光紹帝圖明誠動于三靈德澤被于四海方期偃革遽歎遺弓自少主之承祧爲奸臣之擅命離間骨肉猜忌磐維既飄易于藩垣復騷興于兵甲遂致輕離社稷大撓軍民萬世鴻基將墜于地皇長子潞王從珂位居冢嗣德茂沖年乃武乃文惟忠惟孝前朝廓清多難有戰伐之大功纘紹丕圖有夾輔之盛業今以宗祧乏祀園寢有期須委親賢俾居監撫免萬機之壅滯慰兆庶之推崇可起今月四日知軍國事權以書詔印施行是日監國在至德宮宰臣馮道等率百官班于宮門待罪帝出于庭曰相公諸人何罪請復位乃退甲戌太后令曰先皇帝櫛風沐雨平定華夷嗣洪業于艱難致蒼生于富庶鄂王嗣位奸臣弄權作福作威不誠不信離間骨肉猜忌磐維鄂王輕捨宗祧不克負荷洪基大寶危若綴旒須立長君以紹丕構皇長子潞王從珂日躋孝敬天縱聰明有神武之英姿有寬仁之偉略先朝經綸草昧廓靜寰區辛勤有百戰之勞忠貞贊一統之運臣誠子道冠古超今而又克已化民推心撫士率土之謳歌有屬上蒼之睠命攸臨一日萬幾不可以暫曠九州四海不可以無歸況因山有期同軌斯至永言嗣守屬任元良宜即皇帝位乙亥監國赴西宮柩前告哭即位攝中書令李愚宣冊書曰維應順元年歲次甲午四月庚午朔六日乙亥文武百寮特進守司空兼門下侍郎同中書門下平章事充太微宮使宏文館大學士上國柱始平郡公食邑二千五百戶臣馮道等九千五百九十三人上言帝王興運天地同符河出圖而洛出書雲從龍而風從虎莫不恢張八表覆育兆民立大定之基保無疆之祚人謠再洽天命顯歸須登宸極之尊以奉祖宗之祀伏惟皇帝陛下天資仁智神助機權奉莊宗于多難之時從先帝于四征之際凡當決勝無不成功泊正皇綱每嚴師律爲國家之志大守臣子之道全自泣遺弓常悲易月欲期同軌親赴因山而自鄂王承祧奸臣擅命致神祇之乏饗激朝野以歸心使屈者伸令否者泰人情大順天象至明聚東井以呈祥拱北辰而應運由是文武百辟岳牧羣賢至于比屋之倫盡祝當陽之位今則承太后慈旨守先朝遠圖撫四海九州享千齡萬祀臣等不勝大願謹上寶冊稟太后令奉皇帝踐祚臣等誠慶誠忭謹言帝就殿之東楹受羣臣稱賀先是帝在鳳翔日有瞽者張濛自言知術數事太白山神其神祠即元魏時崔浩廟也時之否泰人之休咎濛告于神即傳吉凶之言帝親校房暠酷信之一日濛至府聞帝語聲駭然曰非人臣也暠詢其事即傳神語曰三珠併一珠驢馬沒人驅歲月甲庚午中興戊己土暠請解釋曰神言予不知也長興四年五月府廨諸門無故自動人頗駭異遣暠問濛濛曰衙署小異勿怪不出三日當有恩命是夜報至封潞王及帝移鎭河東甚懼問濛濛曰王保無患王思同兵至又詰之濛曰王有天下不能獨力朝廷兵來迎王也王若疑臣臣惟一子請王致之麾下以質臣心帝乃以濛攝館驛巡官至是帝受冊冊曰維應順元年歲次甲午四月庚午朔帝廻視房暠曰張濛神言甲庚午不亦異乎帝令暠共衙士解三珠一珠事言三珠三帝也驢馬沒人驅失位也帝即位之後以濛爲將作少監同正仍賜金紫以酬之帝初封潞王言事者云潞字一足已入洛矣又帝在鳳翔日有何叟者年踰七十暴卒見陰官凭几告叟曰爲我言于潞王來年三月當爲天子二十三年叟既蘇懼不敢言逾月復卒陰官見而叱之曰安得違吾旨不達其事再放汝還退見廊廡下簿書以問主者曰朝代將易此即陞降人爵之籍也及蘇詣帝親校劉延朗告之帝召而問之叟曰請質之此言無徵戮之可也後人云二十三蓋帝之小字也又石壕人胡杲通善天文帝召問之曰王貴不可言若舉動宜以乙未年及舉兵又問之杲通曰今歲都首王者不宜建功立事若俟來歲入朝則福祚永遠矣其後皆驗夫如是則大寶之位必有冥數可輕道哉丙子詔河南府率京城居民之財以助賞軍丁丑又詔預借居民五箇月房課不問士庶一槩施行帝素輕財好施自岐下爲諸軍推戴告軍士曰候入洛人賞百千至是以府藏空匱于是有配率之令京城庶士自絕者相繼己卯衞州奏此月九日鄂王薨庚辰以宰臣劉昫判三司辛巳邢州奏磁州刺史宋令詢自經而卒令詢鄂王在藩時都押牙也故至于是甲申帝以鄂王薨行服于內園羣臣奉慰癸未太后太妃

出宮中衣服器用以助賞軍乙酉帝服衮冕御明堂殿文武百寮朝服就位宣制改應順元年爲清泰元年大赦天下常赦不原者咸赦除之丁亥以宣徽北院使郝瓊爲宣徽南院使權判樞密院以前三司使王玫爲宣徽北院使以隨駕牙將宋審虔爲皇城使劉延朗爲莊宅使鳳翔節度判官韓昭允爲左諫議大夫充端明殿學士觀察判官馬裔孫爲翰林學士掌書記李專美爲樞密院直學士戊子侍衛親軍都指揮使康義誠伏誅是日詔曰樞密使朱宏昭馮贇宣徽南院使孟漢瓊西京留守王思同前邠州節度使藥彥稠共相朋扇妄舉干戈互興離間之謀幾構傾亡之禍宜行顯戮以快羣情仍削奪官爵云庚寅鳳翔奏西川孟知祥僭稱大蜀年號明德有司上言皇帝以五月朔日御明堂殿受朝三日夏至祀皇地祇前二日奏告獻祖室不坐比正旦冬至是日有祀事則次日受朝今祀在五鼓前質明行禮畢御殿在旦後請比例行之詔曰日出御殿舉祀事無妨宜依常年例史館奏凡書詔及處分公事臣下奏議望令近臣錄付當館詔端明殿學士韓昭允樞密直學士李專美錄送辛卯以左諫議大夫盧損爲右散騎常侍壬辰詔賜禁軍及鳳翔城下歸命將校錢帛各有差（通鑑云禁軍在鳳翔歸命者自楊思權尹暉等各賜二馬一駝錢七十緡下至軍人錢二十緡其在京者各十緡）初帝離岐下諸軍皆望以不次之賞及從至京師不滿所望相與謠曰去却生菩薩扶起一條鐵其無厭如此丙申葬明宗皇帝于徽陵丁酉奉神主于太廟戊戌山陵使司空兼門下侍郎平章事馮道上表納政不允五月庚子朔御文明殿受朝賀乙巳以左龍武指揮使安審琦爲左右捧聖都指揮使以右千牛上將軍符彥饒爲左右嚴衛都指揮使丙午以端明殿學士韓昭允爲樞密使以莊宅使劉延朗爲樞密副使以權知樞密事房暠爲宣徽北院使以成德軍節度使大同彰國振武威塞等軍蕃漢馬步都部署檢校太尉兼中書令駙馬都尉石敬瑭爲北京留守河東節度使加檢校太師兼中書令都部署如故汴州節度使檢校太師兼侍中駙馬都尉趙延壽進封魯國公戊申中書門下奏太常禮院狀明宗以此月二十日祔廟宰臣攝太尉行事緣馮道在假李愚十八日私忌在致齋內劉昫又奏判三司免祀事（五代會要清泰元年五月宰臣劉昫奏中書以近敕祠祭行事官致齋內唯祀事得行其餘悉斷又宰臣行事致齋內不押班不赴內殿起居不知印臣緣判三司公事其國忌行香伏乞特免之）從詔禮官參酌有司上言李愚私忌在致齋內諸私忌日遇大朝會入閤宣召皆赴朝參今祔廟事大忌日屬私請比大朝會宣召例從之以陝府節度使康思立爲邢州節度使以同州節度使安重霸爲西京留守以羽林右第一軍都指揮使春州刺史楊思權爲邠州節度使己酉左監門衛將軍孔知鄴右驍衛將軍華光裔並勒停見任時差知鄴應州告廟稱疾辭命改差光裔復稱馬墜傷足故俱罷之庚戌以司空兼門下侍郎平章事馮道爲檢校太尉同平章事充同州節度使以天雄軍節度使范延光爲樞密使封齊國公鄆州節度使李從曮爲鳳翔節度使辛亥以嚴衛都指揮使尹暉爲齊州防禦使甲寅以侍衛馬軍都指揮順化軍節度使安從進爲河陽節度使典軍如故太常卿盧文紀奏明宗一室酌獻舞曲請名雍熙之舞從之丁巳以皇子銀青光祿大夫檢校工部尚書重美爲檢校司徒守左衛上將軍自是諸道節度使刺史文武臣寮相繼加檢校官或階爵封邑以帝登位覃慶也戊午以隴州防禦使相里金爲陝州節度使初帝以檄書告藩鄰惟金遣判官薛文遇往來計事故以節鎮獎之宣徽北院使檢校工部尚書房暠加檢校司空行左威衛大將軍使如故以樞密使左諫議大夫韓昭允爲刑部尚書使如故己未太白晝見以樞密副使劉延朗爲左領軍大將軍職如故庚申左僕射門下侍郎平章事監修國史李愚加特進充太微宮使宏文館大學士餘如故中書侍郎兼吏部尚書同平章事集賢院大學士判三司劉昫加門下侍郎兼吏部尚書平章事監修國史判三司癸亥泰州奏西川孟知祥出軍迫陷成州以宣徽南院使右驍衛大將軍郝瓊爲左驍衛上將軍職如故以前義州刺史張承祐爲武勝軍留後戊辰以前右龍武統軍王景戡爲右驍衛上將軍六月庚午朔改侍衛捧聖軍爲彰聖改嚴衛軍爲寧衛壬申封吳岳成德公爲靈應王禮秩同五岳帝初起遣使祭岳以求祐及登阼故有是報（五代會要載中書門下奏天寶十載正月封吳山爲成德公與沂山會稽醫巫閭同封至德二載十二月改吳山爲岳祠享官屬一同五岳今國家以祈禱靈應宜示殊禮臣等商量請加封爲靈應王從之）幽州節度使趙德鈞進封北平王青州節度使房知溫進封東平王癸酉以前鄜州節度使索自通爲右龍武統軍甲戌皇子左衛上將軍重美加檢校太保同平章事充鎮州節度使兼河南尹判六軍諸衛事丁丑詔天下見禁罪人委所在長吏躬親慮問疾速疏決庚辰幸至德宮因幸房知溫安元信范延光索自通李從敏第壬午以檢校太子太傅致仕王建立爲檢校太尉兼侍中鄆州節度使以前宋州節度使安元信爲檢校太尉兼侍中潞州節度使癸未三司使劉昫奏天下戶民自天成二年括定秋夏田稅迨今八年近者相次有百姓詣闕訴田不均累行蠲放漸失稅額望差朝臣一槩檢視不報甲申帝爲故皇子亳州刺史重吉皇長女尼惠明大師幼澄舉哀行服羣臣詣閤門奉慰帝起兵之始重吉幼澄俱爲閔帝所害乙酉以戶部侍郎韓彥惲爲絳州刺史以左武衛上將軍李肅爲單州刺史丙戌襄州節度使趙在禮加同平章事甲午以武勝軍留後張承祐爲華州節度使以皇城使宋審虔爲壽州節度使充侍衛步軍都指揮使以右衛上將軍劉仲殷爲宋州節度使以侍衛步軍都指揮使壽州節度使皇甫遇爲鄧州節度使以前華州節度使華溫琪爲太子太傅致仕丁酉左神武統軍周知裕卒贈太傅是月京師大旱熱甚暍死者百餘人秋七月庚子太子少保致仕崔沂卒癸卯鳳翔進僞蜀孟知祥來書稱大蜀皇帝獻書于大唐皇帝且言見迫羣情以今年四月十二日即皇帝位云帝不答以前武州刺史鄭琮爲右衛上將軍甲辰幸龍門佛寺禱雨乙巳皇子故亳州團練使重吉贈太尉仍于宋州置廟丁未鳳翔節度使李從曮封西平王是日宰臣李愚劉昫因論公事于政事堂相詬辭甚鄙惡帝令樞密副使劉延朗宣諭曰卿等輔弼之臣不宜如是今後不得更然辛亥以太常卿盧文紀爲中書侍郎平章事是日中書門下三上章請立中宮從之丁巳制立沛國夫人劉氏爲皇后庚申太子少傅陳皐卒乙丑史官張昭遠以所撰莊宗朝列傳三十卷上之八月庚午詔蠲放長興四年十二月已前天下所欠殘稅辛未以前尚書左丞姚顗爲中書侍郎平章事詔應曾受御署官逐攝同一任正官依期限赴選（徐無黨五代史注云御署官疑是廢帝初舉兵時所置之官以其非吏部正授故須有旨方得選）荊南奏僞蜀孟知祥卒其子昶竊僞位壬申以尚書禮部侍郎鄭韜光爲刑部侍郎以前工部侍郎楊凝式爲禮部侍郎甲戌以前金州防禦使婁繼英爲右神武統軍以右神武統軍高允貞爲左神武統軍乙亥以翰林學士承旨工部尚書知制誥李懌爲太常卿以翰林學士戶部侍郎知制誥程遜爲學士承旨甲申以兵部侍郎龍敏爲吏部侍郎以秘書監崔居儉爲工部尚書乙酉以右武衛上將軍張繼祚爲右衛上將軍以右驍衛上將軍王景戡爲右衛上將軍以右領衛上將軍劉衛爲左武衛上將軍以右千牛上將軍王陟爲右領軍上將軍以司農卿兼通事舍人判四方館事王景崇爲鴻臚卿依前通事舍人判四方館丁亥右龍武統軍索自通卒辛卯禮部尚書致仕李光憲卒甲午以太子少傅盧質爲太子少師乙未以前邢州節度使趙鳳爲太子太保詔文武百官差使宜令依倫次中書置簿不得重疊若當使者自緣有事或不欲行者注簿便當一使自長興三年正月後已曾奉使者便爲簿首已後差者次第注之有司上言皇后受册內外命婦上牋無答敎從之丙申御文明殿册皇后命使攝太尉宰臣盧文紀使副攝司徒右諫議大夫盧損詣皇后宮行禮畢恩賜有差九月己亥以久雨分命朝臣禜都城門告宗廟社稷辛丑夜有星如五斗器西南流尾迹長數丈屈曲如龍形又衆星亂流不可勝數京師大雨雹如彈丸曹州刺史秦縱之卒甲辰以霖霪甚詔都下諸獄委御史臺憲錄問諸州縣差判官令錄親自錄問晝時疏理壬子中書門下舉行長興三年勑常年薦送舉人州郡行鄉飲酒之時帖太常草定儀注奏聞甲寅以前潞州節度使檢校太尉同平章事盧文進爲安州節度使己未雲州奏契丹寇境冬十月辛未有雉金色止于中書政事堂中書門下奏請以正月二十三日皇帝誕慶日爲千春節從之戊寅宰臣李愚劉昫罷相以愚守左僕射昫守右僕射契丹寇雲應州詔河東節度使石敬瑭率兵屯代州戊子宰臣姚顗奏吏部三銓近年併爲一司望令依舊分銓從之辛卯以左衛上將軍李宏元卒廢朝贈司徒癸巳以禮部郎中知制誥呂琦守本官充樞密院直學士十一月辛丑以刑部侍郎鄭韜光爲尚書右丞以光祿少卿烏昭遠爲少府監秦州節度使張延朗奏率師伐蜀中書門下奏二十六日明宗忌陛下初遇忌辰不同常歲請于忌辰前後各一日不坐朝從之御史臺奏前任節度使刺史行軍副使雖每日于便殿起居每遇五日起居亦合綴班從之丙午以前興州刺史馮暉配同州衙前安置暉爲興州刺史屯乾渠蜀人來侵暉自屯所奔歸鳳翔故有是責丁未詔振武新州河東西北邊經契丹蹂踐處放免三年兩稅差配時契丹初退故也癸丑以前華州節度使王萬榮爲左驍衛上將軍致仕甲寅以振武節度使楊光遠充大同彰國振武威塞等軍兵馬都虞候以前右金吾大將軍穆延暉爲右武衛上將軍壬戌以禮部侍郎楊凝式爲戶部侍郎甲子以中書舍人盧導爲禮部侍郎十二月丁卯朔詔修奉本朝諸帝陵寢已巳以北面馬軍都指揮使易州刺史安叔千爲安北都護振武節度使以齊州防禦使尹暉爲彰國軍節度使庚午

詔葬庶人從榮有司上言依貞觀中庶人承乾以公禮葬從之乙亥以秦州節度使張延朗爲中書侍郎同平章事判三司（五代會要二年三月宰臣張延朗奏臣判三司公事每日內殿祗候其合綴前班押班伏乞特免從之）以中書侍郎平章事盧文紀爲門下侍郎平章事監修國史以中書侍郎平章事姚顗兼集賢院大學士以前邠州節度使康福爲秦州節度使丙戌夜有白氣東西亘天庚寅幸龍門祈雪自九月至是無雨雪故也

舊五代史卷四十六攷證

唐末帝紀上末帝諱從珂本姓王氏鎮州人也母宣憲皇后魏氏以光啓元年歲在乙巳正月二十三日生帝于平山景福中明宗爲武皇騎將略地至平山遇魏氏擄之帝時年十餘歲明宗養爲己子　案通鑑攷異引唐廢帝實錄云廢帝諱從珂明宗之元子也母曰宣憲皇后魏氏鎮州平山人中和末明宗徇地山東留戍平山得魏后帝以光啓元年正月二十三日生於外舍屬用兵不息音問阻絕帝甫十歲方得歸宗今攷五代會要歐陽史通鑑諸書皆作養子惟實錄作元子疑因太后令稱爲皇長子而傅會也

二十三日次靈口　靈口通鑑唐紀作零口攷冊府元龜亦作靈口今仍其舊

二十七日次陜州　案歐陽史作己巳次陜州是書帝紀作丁卯通鑑從是書

夏四月壬申帝至蔣橋文武百官立班奉迎　案通鑑四月庚午朔太后令內諸司至乾壕迎潞王攷異引廢帝實錄作三月三十日

癸酉皇太后下令降閔帝爲鄂王　案通鑑攷異引閔帝實錄七日廢帝爲鄂王廢帝實錄作癸酉薛歐二史從廢帝實錄

潞字一足已入洛矣　洛原本訛潞今據冊府元龜改正

甲申　案甲申疑當作壬午以下文即癸未也

舊五代史卷四十七

宋門下侍郎參知政事監修國史薛居正等撰

唐書第二十三

末帝紀中

清泰二年春正月丙申朔帝御明堂殿受朝賀仗衞如式乙巳中書門下奏過千春節凡刑獄公事奏覆候次月施行今後請重繫者即候次月輕繫者即節前奏覆決遣從之戊申宗正寺奏北京應州曹州諸陵望差本州府長官朝拜（五代會要載宗正寺原奏云北京永興長寧建極三陵應州遂衍奕三陵準曹州溫陵劍下本州府官朝拜）雍坤和徽四陵差太常宗正卿朝拜從之己酉北京奏光祿卿致仕周元豹卒庚申鄴都進天王甲帝在藩時有相士言帝如毗沙天王帝知之竊喜及即位選軍士之魁偉者被以天王甲俾居宿衞因詔諸道造此甲而進之三司奏添徵蠶鹽錢及增麴價先是麴斤八十文增至一百五十文乙丑雲州節度使張溫移鎮晉州以西京留守安重霸爲雲州節度使二月庚午定州節度使王從溫移鎮兗州振武軍節度使楊檀移鎮定州兼北面行營馬步都虞候甲戌以定州節度使李周爲京兆尹充西京留守以樞密使天雄軍節度使范延光爲檢校太師兼中書令充汴州節度使皇子鎮州節度使重美河南尹判六軍諸衞事左右坊使重美加檢校太尉同平章事充天雄軍節度使餘如故辛巳以右諫議大夫盧損爲御史中丞以御史中丞張鵬爲刑部侍郎壬午寧遠軍節度使馬存加兼侍中鎮南軍節度使馬希振加兼中書令詔順義軍節度使姚彥章加兼侍中己丑宰臣盧文紀等上皇妣魯國太夫人尊謚曰宣憲皇太后請擇日冊命從之三月戊戌故太子太保趙鳳贈太傅辛丑以前汴州節度使趙延壽爲許州節度使兼樞密使以夏州行軍司馬李彝殷爲本州節度使兄彝超卒故也癸卯以靜海軍節度使檢校太師兼中書令安南都護錢元球爲留守太保餘如故丙午以給事中趙光輔爲右散騎常侍戊申皇妹魏國夫人石氏封晉國長公主齊國公主趙氏封燕國長公主己酉有司上言宣憲皇后未及山陵權于舊陵所建廟從之辛亥功德使奏每年誕節諸州府奏薦僧道其僧尼欲立講論科講經科表白科文章應制科持念科禪科聲贊科道士欲立經法科講論科文章應制科表白科聲贊科焚修科以試其能否從之丙辰以右龍武統軍李德珫爲涇州節度使庚申以鎮州節度使知軍府事董溫琪爲鎮州節度使檢校太保壬戌以左右彰聖都指揮使富州刺史安審琦領楚州順化軍節度使軍職如故審琦受閔帝命西征至鳳翔而降故有是命是月太常丞史在德上疏言事其略曰朝廷任人率多濫進稱武士者不閑計策雖破堅執銳戰則棄甲窮則背軍稱文士者鮮有藝能多無士行問策謀則杜口作文字則倩人所謂虛設具員枉耗國力逢陛下惟新之運是文明革弊之秋臣請應內外所管軍人凡勝衣甲者請宣下本部大將一一考試武藝短長權謀深淺居下位有將才者便拔爲大將居上位無將略者移之下軍其東班臣僚請內出策題下中書令宰臣面試如下位有大才者便拔居大位處大位無大才者即移之下僚其疏大約如此盧文紀等見其奏不悅班行亦多憤悱故諫官劉濤楊昭儉等上疏請出在德疏辨可否宣行中書覆奏亦駁其錯謬帝詔學士馬裔孫謂曰史在德語太凶其實難容朕初臨天下須開言路若朝士以言獲罪誰敢言者爾代朕作詔勿加在德之罪詔曰左補闕劉濤等奏太常丞史在德所上章疏中書門下駁奏未奉宣諭乞特施行分明黜陟朕嘗覽貞觀故事見太宗之治理以貞觀昇平之運太宗明聖之君野無遺賢朝無闕政盡善盡美無得而名而陝縣丞皇甫德參輒上封章恣行訕謗人臣無禮罪不容誅賴文貞之彌縫恕德參之狂瞽魏徵奏太宗曰陛下思聞得失只可恣其所陳若所言不中亦何損于國家朕每思之誠要言也遂得下情上達德盛業隆太宗之道彌光文貞之節斯著朕惟寡昧獲奉宗祧業業兢兢懼不克荷思欲率循古道簡拔時材懷忠抱直之人虛心渴見便佞詭隨之說杜耳惡聞史在德近所獻陳誠無避忌中書以文字紕繆比類僭差或易人名觸犯廟諱請歸憲法以示戒懲蓋以中書職在彌綸事當理朕纘承前緒誘勸將來多言數窮雖聖祖之所戒千慮一得冀愚者之可從覽文貞之言遂寬在德之罪已令停寢不遣宣行劉濤等官列諫垣宜陳讜議請定短長之理以行黜陟之文昔魏徵則請賞德參今濤等請黜在德事同言異何相遠哉將議允俞恐虧開納方朝廷粗理俊乂畢臻留一在德不足爲多去一在德未足爲少苟可懲勸朕何憂焉但緣情在傾輸理難黜責濤等數奏朕亦優容宜體含宏勉思竭進凡百在下悉聽朕言夏四月辛巳宰臣判三司張延朗奏州縣官徵科條格其令錄在任徵科依限了絕一年加階兩年與試銜三年皆及限了絕與服色攝任者一年內了絕及攝二年三年內皆及限與眞命其主簿同縣令條本判官一年加階二年改試銜三年轉官本曹官省限內了絕與試銜諸節級三年內並了絕者與賞錢三十貫其責罰依天成四年五月五日勅施行從之癸未御史中丞盧損等進清泰元年以前十一年制勅堪悠久施行者三百九十四道編爲三十卷其不中選者各令所司封閉不得行用詔其新編勅如可施行付御史臺頒行以宰相盧文紀兼太微宮使宏文館大學士姚顗加門下侍郎監修國史張延朗兼集賢殿大學士以樞密使韓昭允爲中書侍郎兼兵部尚書平章事乙酉以前武勝軍節度使張萬進爲鄜州節度使辛卯以宣徽南院使劉延皓爲刑部尚書充樞密使以司天監耿瑗爲太府卿以僞蜀右衞上將軍胡杲通爲司天監以宣徽北院使房暠爲左衞上將軍充宣徽南院使以樞密副使劉延朗爲左領軍上將軍充宣徽北院使兼樞密副使五月丙申新州振武奏契丹寇境乙巳詔天下見禁囚徒自五月十二日以前除十惡五逆放火燒舍持仗殺人官典犯贓僞行印信合造毒藥并見欠省錢外罪無輕重一切釋放庚戌詔不得貢奉寶裝龍鳳雕鏤刺作組織之物中書奏準勅凡廟諱但迴避正文其偏旁文字不在減少點畫今定州節度使楊檀檀州金壇等名酌情制宜並請改之其表章文案偏旁字闕典畫凡臣寮名涉偏旁亦請改名詔曰偏旁文字音韻懸殊止避正呼不宜全改楊檀賜名光遠餘依舊甲寅以戶部侍郎楊凝式爲秘書監以尚書禮部侍郎盧導爲尚書右丞以尚書右丞鄭韜光爲尚書左丞丙辰以端明殿學士李專美爲兵部侍郎以端明殿學士李崧爲戶部侍郎以翰林學士馬裔孫爲禮部侍郎以禮部郎中充樞密院直學士呂琦爲給事中並充職如故太子少保致仕任圜贈尚書右僕射以順化軍節度使兼彰聖都指揮使北面行營排陣使安審琦爲邢州節度使庚申以兵部尚書李鏻爲太常卿以禮部尚書王權爲戶部尚書以太常卿李懌爲禮部尚書癸亥以六軍諸衞判官給事中張允爲右散騎常侍六月甲子朔新州上言契丹入寇乙丑有司上言宣憲皇太后陵請以順從爲名從之振武奏契丹二萬騎在黑榆林丁卯以太子少保致仕朱漢賓卒廢朝壬申命史官修撰明宗實錄契丹寇應州以新州節度使楊漢賓爲同州節度使以前晉州節度使翟璋爲新州節度使庚辰北面招討使趙德鈞奏行營馬步軍都虞候定州節度使楊光遠行營排陣使邢州節度

使安審琦帥本軍至易州見進軍追襲契丹次河東節度使石敬瑭奏邊軍乏芻糧其安重榮巡邊兵士欲移振武就糧從之尋又奏懷孟租稅請指揮于忻代州輸納朝廷以邊儲不給詔河東戶民積粟處量事抄借仍于鎮州支絹五萬匹送河東充博采之直是月北面轉運副使劉福配鎮州百姓車子一千五百乘運糧至代州時水旱民飢河北諸州困于飛輓逃潰者甚衆軍前使者繼至督促糧運由是生靈咨怨辛巳詔諸州府署醫博士丙戌以前許州節度使李從昶爲右龍武統軍以前彰國軍節度使沙彥珣爲右神武統軍秋七月丙申石敬瑭奏斬挾馬都指揮使李暉等三十六人以謀亂故也時敬瑭以兵屯忻州一日軍士喧譟遽呼萬歲乃斬暉等以止之契丹國志契丹屢攻北邊時石敬瑭將大兵屯忻州潞王遣使賜軍士夏衣傳詔撫諭軍士呼萬歲者數四敬瑭懼幕僚段希堯請誅其倡者敬瑭命劉知遠斬三十六人以徇潞王聞之益疑御史中丞盧損奏準天成二年七月勑每月首十五日入閤罷五日起居臣以爲中旬排仗有勞聖躬請只以月首入閤五日起居依舊又準天成三年五月長興二年七月勑許諸州節度使帶使相歲薦寮屬五人餘薦三人防禦團練使薦二人今乞行釐革又長興二年八月勑州縣佐官差充馬步判官仍同一任乞行止絕依舊銜前選補詔曰今後藩臣帶使相許薦三人餘薦二人直屬京防禦團練使薦一人餘並從之丁酉回紇可汗仁美遣使貢方物西京弓弩指揮使任漢權奏六月二十一日與川軍戰于金州之漢陰王師不利其部下兵士除傷痍外已至鳳翔先是盩厔鎮將劉贇引軍入川界爲蜀將全師郁所敗金州都監崔處訥重傷諸州屯兵潰散金州防禦使馬全節收合州兵固守獲全以樞密使劉延皓爲天雄軍節度使甲辰以右神武統軍沙彥珣權知雲州乙巳以徐州節度使張敬達充北面行營副總管時契丹入邊石敬瑭屢請益兵朝廷軍士多在北鄙俄聞忻州諸軍呼譟帝不悅乃命敬達爲北軍之副以減敬瑭之權也丁巳宰臣盧文紀等上疏其略曰臣近蒙召對面奉天旨凡軍國庶事利害可否卿等合盡言者臣等謬處台衡奉行制勑但緣事理互有區分軍戎不在于職司錢穀非關于局分苟陳異見即類侵官況才不濟時職非經遠因五日起居之例于兩班旅見之時略獲對敭兼承顧問衛士周環于階陛庶臣羅列于殿庭四面聚觀十手所指臣等苟欲各伸愚短此時安敢敷陳韓非昔懼于說難孟子亦憂于言責臣竊奉本朝故事肅宗初平寇難再復寰瀛顧經涉于艱難尤勤勞于委任每正衙奏事則泛咨訪于羣臣及便殿詢謀則獨對敭于四輔自上元年後于長安東內置延英殿宰臣如有奏議聖旨或有特宣皆于前一日上聞對御之時祇奉冕旒旁無侍衛獻可替否得曲盡于討論捨短從長故無虞于漏洩君臣之際情理坦然伏望聖慈俯循故事或有事關軍國謀繫否臧未果決于聖懷要詢訪于臣輩則請依延英故事前一日傳宣或臣等有所聽聞切關利害難形文字須面敷敭臣等亦依故事前一日請開延英當君臣奏議之時祇請機要臣寮侍立左右兼乞稍霽威嚴恕臣荒拙雖乏鷹鸇之効庶盡葵藿之心詔曰卿等濟代英才鎮時碩德或締搆于興王之日或經綸于纘聖之時鹽梅之任俱崇藥石之言並切請復延英之制以伸議政之規而況列聖遺芳皇朝盛事載詳徵引良切歎嘉恭惟五日起居先皇垂範俟百寮之俱退召四輔以獨昇接以溫顏詢其理道討此時作事之意亦昔日延英之流朕叨獲嗣承切思遵守將成其美不爽兼行其五日起居仍令仍舊尋常公事亦可便舉奏聞或事屬機宜理當秘密量事緊慢不限隔日及當日便可于閤門祇候具牓子奏聞請面敷敭即當盡屏侍臣端居便殿佇聞高議以慰虛懷朕或要見卿時亦令當時宣召但能務致理之實何必拘延英之名有事足可以討論有言足可以陳述宜以沃心爲務勿以逆耳爲虞勉罄謀猷以裨寡昧帝性仁恕聽納不倦嘗因朝會謂盧文紀等曰朕在藩時人說唐代爲人主端拱而天下治蓋以外恃將校內倚謀臣故端拱而事辦朕荷先朝鴻業卿等先朝舊臣每一相見除承奉外略無社稷大計一言相救坐視朕之寡昧其如宗社何文紀等引咎致謝因奏延英故事故有是詔八月庚午滑州節度使高允韜卒壬申以右衛上將軍王景戡爲左衛上將軍以右神武統軍婁繼英爲右衛上將軍己卯以西上閤門使行少府少監兼通事舍人蘇繼顏爲司農卿職如故辛巳以權知雲州右神武統軍沙彥珣爲雲州節度使鄴都殺人賊陳延嗣并母妹妻等并棄市延嗣父子相承與其妹妻于諸州郡誘人殺之而奪其財前後被殺者數百人至是事泄而誅之癸未以前潞州行軍司馬陳元爲將作監以元善醫故有是命丁亥以洺州團練使李彥舜爲義武軍節度使檢校太傅太原奏達靼部族于靈邱安置己丑以太子少保致仕戴思遠卒廢朝庚寅以前兗州節度使楊漢章爲左神武統軍以前邢州節度使康思立爲右神武統軍潞州奏前雲州節度使安重霸卒九月己亥以河陽節度使侍衛馬軍都指揮使安從進爲襄州節度使以襄州節度使趙在禮爲宋州節度使癸卯以忠正軍節度使侍衛步軍都指揮使宋審虔爲河陽節度使典軍如故己酉禮部貢院奏進士請夜試童子依舊表薦重置明算道舉舉人落第後別取文解五科試紙不用中書印用本司印並從之以宣徽南院使房暠爲刑部尚書充樞密使以宣徽北院使充樞密副使劉延朗爲宣徽南院使充樞密副使丙辰以左僕射李愚卒廢朝冬十月丁卯幸崇道宮甘泉亭己巳以左衛上將軍李頊爲左領軍上將軍北面行營總管石敬瑭奏自代州歸鎮庚午以晉州節度使張溫卒廢朝甲戌幸趙延壽張延朗第丁丑以端明殿學士兵部侍郎李專美爲秘書監充宣徽北院使庚寅以左諫議大夫唐汭爲左散騎常侍十一月庚子以左驍衛上將軍郝瓊爲左金吾上將軍以光祿卿王玫爲太子賓客以徐州節度使張敬達爲晉州節度使依前充大同振武威塞彰國等軍兵馬副總管丁未以秘書少監丁濟爲太子詹事乙卯以前金州防禦使馬全節爲滄州留後通鑑劉延朗欲除全節絳州刺史羣議沸騰帝聞之以爲橫海留後渤海國遣使朝貢十二月戊辰禁用鉛錢壬申以中書侍郎兼兵部尚書充樞密使韓昭允爲檢校司空同平章事充河中節度使甲戌以宗正少卿李延祚爲將作監致仕丁丑故武安軍州節度使累贈太傅劉建峯贈太尉從湖南之請也戊寅太常奏來年正月一日上辛祀昊天上帝于圜丘依禮大祠不朝詔曰祀事在質明前儀仗在日出後事不相妨宜依常年受朝壬午以翰林學士承旨戶部侍郎程遜爲兵部侍郎翰林學士工部侍郎崔梲爲戶部侍郎翰林學士中書舍人和凝爲工部侍郎並依前充職乙酉以前秘書監楊凝式爲兵部侍郎己丑以前同州節度使馮道爲司空以尚書右僕射劉昫爲左僕射以太子少師盧質爲右僕射以兵部侍郎馬縞兼國子祭酒

舊五代史卷四十七攷證

唐末帝紀中枉耗國力　枉耗通鑑注引薛史作枉費攷冊府元龜亦作枉耗今仍其舊

辛卯以宣徽南院使劉延皓爲刑部尚書充樞密使　案劉延皓充樞密使歐陽史作五月與是書繫四月異通鑑從是書

侍衛步軍都指揮使宋審虔　宋審虔原本脫虔字今據通鑑增入

渤海國遣使朝貢　案歐陽史作九月乙卯渤海遣使者來五代會要作十二月渤海遣使列周卿等入朝貢方物俱與是書作十一月異

翰林學士工部侍郎崔梲　崔梲原本訛崔櫓今據歐陽史改正

舊五代史卷四十八

宋門下侍郎參知政事監修國史薛居正等撰

唐書第二十四

末帝紀下

清泰三年春正月辛卯朔帝御文明殿受朝賀仗衛如式乙未百濟遣使獻方物戊戌幸龍門佛寺祈雪癸卯以給事中充樞密院直學士呂琦爲端明殿學士以六軍諸衛判官尚書工部郎中薛文遇爲樞密院直學士乙巳以上元夜京城張燈帝微行置酒于趙延壽之第丁未皇子河南尹判六軍諸衛事重美封雍王己未以前司農卿王彥鎔爲太僕卿二月戊辰吐渾寧朔兩府留後李可久加檢校司徒可久本姓白氏前朝賜姓庚午監修國史姚顗史官張昭遠李祥吳承範等修撰明宗實錄三十卷上之五代會要同修撰官中書舍人張昭遠李祥直館左拾遺吳承範右拾遺楊昭儉等各頒賚有差以大理卿竇維爲光祿卿以前許州節度判官張登爲大理卿丁丑以太常卿李鏻爲兵部尚書以兵部尚書梁文矩爲太常卿庚辰以前鄜州節度使皇甫立爲潞州節度使辛巳以前均州刺史仇暉爲左威衛上將軍保順軍節度使鮑君福加檢校太尉同平章事丁亥以昭義節度使安元信卒廢朝三月庚子中書門下奏準閤門分析內外官辭見謝規例諸州判官軍將進奉到闕舊例門見門辭今後只令朝見依舊門辭新除諸道判官書記以下無例中謝並放謝放辭得替到京無例見今後兩使判官許中謝赴任即門辭其書記以下並依舊例朝臣文五品武四品以上舊例中謝其以下無例對謝今請依天成四年正月勑凡升朝官並許中謝諸道都押衙馬步都指揮虞候鎮將諸色場院無例謝辭並進牓子放謝放辭得替到闕無例入見在京鹽麴稅官兩官巡即許中謝新除令錄並中謝次日門辭兼有口勑誡勵文武兩班所差弔祭使及

告廟祠祭只在衙辭不赴內殿諸道進奏官到闕見得假進膀子門辭從之辛丑權知福建節度使王昶奏節度使王延鈞以去年十月十四日卒是時延鈞父子雖僭竊于閩嶺猶稱藩于朝廷故有是奏甲辰以右神武統軍楊漢章爲彰武軍節度使丙午以翰林學士禮部侍郎馬裔孫爲中書侍郎同平章事丁巳以端明殿學士呂琦爲御史中丞（案通鑑呂琦與李崧建和親契丹之策爲薛文遇所沮改爲御史中丞蓋疎之也）戊午御史中丞盧損責授右贊善大夫知雜侍御史韋稅責授太僕寺丞侍御史魏遜責授太府寺主簿侍御史王岳責授司農寺主簿初延州保安鎮將白文審聞兵興岐下專殺郡人趙思謙等十餘人已伏其罪復下臺追繫推鞫未竟會去年五月十二日德音除十惡五逆放火殺人外並放盧損輕易即破械釋文審帝大怒收文審誅之臺司稱奉德音釋放不得追領祗證中書誥云德音言不在追窮枝蔓無不得追領祗證六字擅改勅語大理斷以失出罪人論故有是命是月有蛇鼠鬬于師子門外鼠生而蛇死夏四月己未朔以左衛上將軍王景戡爲左神武統軍以右領軍上將軍李頊爲華清宮使戊辰以太子詹事盧演爲工部尚書致仕辛未以中書舍人史館修撰張昭遠爲禮部侍郎以前滄州節度使李金全爲右領軍上將軍是月有熊入京城搏人五月辛卯以河東節度使兼大同彰國振武威塞等軍蕃漢馬步總管檢校太師兼中書令駙馬都尉石敬瑭爲鄆州節度使進封趙國公以河陽節度使充侍衛馬步軍都指揮使宋審虔爲河東節度使甲午以前晉州節度使大同彰國振武威塞等軍蕃漢副總管張敬達充西北面蕃漢馬步都部署落副總管乙未詔諸州兩使判官畿赤令有闕取省郎遣補丞博少列宮寮選擇擢任以忠正軍節度使侍衛步軍都指揮使張彥琪爲河陽節度使充侍衛馬軍都指揮使以彰聖都指揮使饒州刺史符彥饒爲忠正軍節度使充侍衛步軍都指揮使丙申以雍王重美與汴州節度使范延光結婚詔兖王從溫主之丁酉以國子祭酒馬縞卒廢朝戊戌昭義奏河東節度使石敬瑭叛以鴻臚卿兼通事舍人判四方館王景崇爲衛尉卿充引進使壬寅削奪石敬瑭官爵便令張敬達進軍攻討乙卯以晉州節度使張敬達爲太原四面兵馬都部署尋改爲招討使以河陽節度使侍衛馬軍都指揮使張彥琪爲太原四面馬步軍都指揮使以邢州節度使安審琦爲太原四面馬軍都指揮使以陝州節度使相里金爲太原四面步軍都指揮使以右監門上將軍武廷翰爲壕寨使丙辰以定州節度使楊光遠爲太原四面兵馬副部署兼馬步都虞候尋改爲太原四面副招討使都虞候如故以前彰武軍節度使高行周爲太原四面招撫兼排陣使初帝疑河東有異志與近臣語及其事帝曰石郎與朕近親在不疑之地流言毀譽朕心自明萬一失歡如何和解左右皆不對翼日欲移石敬瑭于鄆州房暠等堅言不可司天監趙延乂亦言星辰失度尤宜安靜由是稍緩其事會薛文遇獨宿于禁中帝召之諭以太原之事文遇奏曰臣聞作舍于道三年不成國家利害斷自宸旨以臣料之石敬瑭除亦叛不除亦叛不如先事圖之帝喜曰聞卿此言豁吾憤氣先是有人言國家明年合得一賢佐主謀平定天下帝意亦疑賢佐者屬在文遇即令手書除目子夜下學士院草制翼日宣制之際兩班失色居六七日敬瑭上章云明宗社稷陛下纂承未契輿情宜推令辟許王先朝血緒養德皇闈儻循當璧之言免負鬩墻之議帝覽奏不悅手㩮抵地召馬裔孫草詔報曰父有社稷傳之于子君有禍難倚之于親卿于鄂王故非疏遠往歲衛州之事天下皆知今朝許王之言人誰肯信英賢立事安肯如斯云戊申張敬達奏西北面先鋒都指揮使安審信率雄義左第二指揮二百二十七騎并部下共五百騎剽劫百井叛入太原又奏大軍已至太原城下詔安審信及雄義兵士妻男並處斬家産沒官先是雄義都在伏州屯戍其指揮使安元信謀殺伏州刺史張朗事洩戍兵自潰奔安審信軍審信與之入太原太常奏于河南府東權立宣憲太后寢宮從之己酉振武節度使安叔千奏西北界巡檢使安重榮驅掠戍兵五百騎叛入太原以新授河東節度使宋審虔爲宣州節度使充侍衛馬軍都指揮使壬子鄴都屯駐捧聖都虞候張令昭逐節度使劉延皓據城叛翼日令昭召副使邊仁嗣已下逼令奏請節旄六月辛酉天雄軍節度使劉延皓削奪官爵勒歸私第癸亥以天雄軍守禦右捧聖第二軍都虞候張令昭爲檢校司空行右千牛將軍權知天雄軍府事丙寅御敷政殿遣工部尚書崔居儉奉宣憲皇太后寶冊于寢宮時陵園在河東適會兵興故權于京城修奉寢宮上謚焉己巳以西上閤門副使少府監兼通事舍人劉頎爲鴻臚卿職如故庚午詔曰時雨稍愆頗傷農稼分命朝臣祈禱辛未工部尚書致仕許寂卒以權知魏府事右千牛將軍張令昭爲齊州防禦使以捧聖右第三指揮使邢立爲德州刺史以捧聖第五指揮使康福進爲鄭州刺史甲戌以汴州節度使范延光爲天雄軍四面招討使知行府事丙子以西京留守李周爲天雄軍四面副招討使兼兵馬都監詔河東將佐節度判官趙瑩以下十四人並籍沒家産秋七月戊子范延光奏領軍至鄴都攻城次己丑誅右衛上將軍石重英皇城副使石重裔皆敬瑭之子也時重英等匿于民家井中獲而誅之并族所匿之家奚首領達喇罕遣通事介老奏奚王李素姑謀叛入契丹已處斬訖達喇罕權知本部落事辛卯沂州奏誅都指揮使石敬德并族其家敬瑭之弟也乙未以前彰武軍節度使高行周爲潞州節度使充太原四面招撫排陣使以潞州節度使皇甫立爲華州節度使丁酉雲州節度使沙彥珣奏此月二日夜步軍指揮使桑遷作亂以兵圍子城彥珣突圍出城就西山據雷公口三日招集兵士入城誅亂軍軍城如故辛丑以將作監丞介國公宇文頡爲汝州襄城令乙巳以衛尉卿聶延祚爲太子賓客戊申范延光奏此月二十一日收復鄴都羣臣稱賀己酉以禮部侍郎張昭遠爲御史中丞以御史中丞呂琦爲禮部侍郎充端明殿學士庚戌中書奏劉延皓賓佐等帥臣既已削奪其行軍司馬李延筠副使邊仁嗣以下望命放歸田里奏入帝大怒詔大理曰帥臣失守已行削奪其寮佐合當何罪既而竟依中書所奏壬子詔范延光誅張令昭部下五指揮及忠銳忠肅兩指揮繼范延光奏追兵遺襲張令昭部下敗兵至邢州沙河斬首三百級并獻張令昭邢立李貴等首級又奏獲張令昭同惡捧聖指揮使米全以下諸指揮使都頭凡十三人并磔于府門癸丑左衛上將軍仇暉卒洺州奏擒獲魏府作亂捧聖指揮使馬彥柔以下五十八人邢磁州相次擒獲亂兵並送京師彰聖指揮使張萬迪以部下五百騎叛入太原詔誅家屬于懷州本營八月戊午契丹遣使摩哩入朝己未以汴州節度使范延光爲天雄軍節度使守太傅兼中書令以西京留守李周爲汴州節度使檢校太尉同平章事癸亥應州奏契丹三千騎迫城詔端明殿學士呂琦往河東忻代諸屯戍所犒軍以左龍武大將軍袁義爲右監門上將軍以振武軍節度使安叔千充代北兵馬都部署己巳雲州沙彥珣奏供奉官李讓勳送夏衣到州縱酒凌轢軍都行刼殺兵馬都監張思愍都指揮使党行進其李讓勳已處斬訖張敬達奏造五龍橋攻太原城次戊寅以鎮州節度使董溫琪充東北面副招討使己卯洺州獻野蠶二十觔辛巳張敬達奏賊城內出騎軍三十隊步卒三千人衝長連城高行周襲殺入壕溺死者大半擒賊將安小喜以下百餘人甲馬一百八十匹九月甲辰張敬達奏此月十五日與契丹戰于太原城下王師敗績時契丹主自率部族來援太原高行周符彥卿率左右廂騎軍出鬬蕃軍引退巳時後蕃軍復成列張敬達楊光遠安審琦等陣于賊城西北倚山橫陣諸將奮擊蕃軍屢卻至晡我騎軍將移陣蕃軍如山而進王師大敗投兵仗相藉而死者山積是夕收合餘衆保于晉祠南晉安寨蕃軍塹而圍之自是音問阻絕朝廷大恐是日遣侍衛步軍都指揮使符彥饒率兵屯河陽詔范延光率兵由青山路趨榆次詔幽州趙德鈞由飛狐路出敵軍後輝州防禦使潘環合防戍軍出磁隰以援張敬達以前絳州刺史韓彥惲爲太子賓客契丹主移帳于柳林乙巳詔取二十二日幸北面軍前戊申帝發京師路經徽陵帝親行謁奠夕次河陽召羣臣議進取盧文紀勸帝駐河橋庚戌樞密使趙延壽先赴潞州辛亥幸懷州召吏部侍郎龍敏訪以機事敏勸帝立東丹王贊華爲契丹主以兵援送入蕃則契丹主有後顧之患不能久駐漢地矣帝深以爲然竟不行其謀（遼史義宗傳云倍雖在異國常思其親問安之使不絕後明宗養子從珂弑其君自立倍密報太宗曰從珂弑君盍討之是東丹王實啓兵端唐君臣或知其陰謀故龍敏之說不行）帝自是酣飲悲歌形神慘沮臣下勸其親征則曰卿輩勿說石郎使我心膽墮地其怯懦也如此冬十月丁巳夜彗星出虛危長尺餘壬戌詔天下括馬又詔民十戶出兵一人器甲自備（契丹國志唐發民爲兵每七戶出征夫一人自備鎧仗謂之義軍凡得馬二千餘匹征夫五千人民間大擾）戊辰代州刺史張朗超授檢校太保以其屢殺敵衆故以是命獎之癸酉幽州趙德鈞以本軍三千騎與鎮州董溫琪由吳兒谷趨潞州十一月戊子以趙德鈞爲諸道行營都統以趙延壽爲河東道南面行營招討使以劉延朗副之庚寅以范延光爲河東道東南面行營招討使以李周副之帝以呂琦嘗佐幽州幕乃命齎都統官告以賜德鈞兼犒軍士琦至從容宣帝委任之意德鈞曰既以兵相委焉敢借死德鈞志在併范延光軍奏請與延光會合帝以詔諭延光延光不從丁酉延州上言節度使楊漢章爲部衆所殺以前坊州刺史劉景嚴爲延州留後庚子趙德鈞奏大軍至團栢谷前鋒殺蕃軍五百騎范延光奏軍至榆次蕃軍退入河東川界潘環奏隰州逐退蕃軍壬寅趙德鈞奏軍出谷口蕃軍漸退契丹主見駐柳林砦時德鈞累奏乞授延壽鎮

州節制帝怒曰德鈞父子堅要鎮州苟能逐退蕃兵要代予位亦甘心矣若翫寇要君但恐犬兎俱斃德鈞聞之不悅閏月丙辰日南至羣臣稱賀于行宮帝曰晉安寨內將士應思家國矣因泣下久之丁巳以嵩嵐軍爲勝州辛酉以右龍武統軍李從昶爲左龍武統軍以前邠州節度使楊思權爲右龍武統軍壬戌丹州刺史康承詢停任配流鄧州時承詢奉詔率義軍赴延州義軍亂承詢奔鄜州故有是責甲子太原行營副招討使楊光遠殺招討使張敬達于晉安寨以兵降契丹時契丹圍寨自十一月以後芻糧之絕軍士毀居屋茅淘馬糞削松柿以供䬴飼馬尾鬣相食俱盡楊光遠謂敬達曰少時人馬俱盡不如奮命血戰十得三四猶勝坐受其弊敬達曰更少待之一日光遠伺敬達無備遂殺之與諸將同降契丹時馬猶有五千匹契丹主以漢軍與石敬瑭其馬及甲仗即齎驅出塞丁卯契丹立石敬瑭爲大晉皇帝約爲父子之國改元爲天福契丹與晉高祖南行趙德鈞父子與諸將自團栢谷南奔王師爲蕃騎所蹙投戈棄甲自相騰踐擠于巖谷者不可勝紀己巳帝聞晉安寨爲敵所陷詔移幸河陽時議以魏府軍尚全契丹必憚山東未敢南下車駕可幸鄴城帝以李崧與范延光相善召入謀之薛文遇不知而繼至帝變色崧躡文遇足乃出帝曰我見此物肉顫適擬抽刀刺之崧曰文遇小人致誤大事剌之益醜崧因請帝歸京壬申車駕至河陽甲戌晉高祖與契丹至潞州契丹遣蕃將大詳袞率五千騎送晉高祖南行丁丑車駕至自河陽時左右勸帝固守河陽帝數日符彥饒張彥琪至奏帝不可守城是日晚至東上門小黃門鴟鞘于路索然無聲己卯帝遣馬軍都指揮使宋審虔率千餘騎至白馬阪言踏陣地時諸將謂審虔曰何地不堪交戰誰人肯立于此審虔乃請帝還宮庚辰晉高祖至河陽辛巳辰時帝舉族與皇太后曹氏自燔于元武樓晉高祖入洛得帝燼骨于火中來年三月詔葬于徽陵之封中帝在位二年年五十二 五代史闕文晉高祖引契丹圍晉安寨降楊光遠清泰帝至自覃懷京師父老迎帝于上東門外帝垂泣不止父老奏曰臣等伏聞前唐時中國有難帝王多幸蜀以圖進取陛下何不且入西川帝曰本朝兩川節度使皆用文臣所以明皇僖宗避寇幸蜀今孟氏已稱尊矣吾何歸乎因慟哭入內舉族自焚

史臣曰末帝負神武之才有人君之量由尋戈而踐阼慙德應深及當宁以居尊政經未失屬天命不祐人謀匪臧坐俟焚如良可悲矣稽夫衽金甲于河壖之際斧眺樓于梁壘之時出沒如神何其勇也及乎駐革輅于覃懷之日絕羽書于汾晉之辰涕淚霑襟何其怯也是知時之來也雖虎可以生風運之去也應龍不免爲醢則項籍悲歌于帳下信不虛矣

舊五代史卷四十八攷證

唐末帝紀下五月辛卯以河東節度使兼大同彰國振武威塞等軍蕃漢馬步總管檢校太師兼中書令駙馬都尉石敬瑭爲鄆州節度使進封趙國公　案歐陽史廢帝紀于五月以前即書石敬瑭反與晉本紀自相矛盾攷是書五月辛卯始移敬瑭于鄆州戊戌始聞拒命也五代春秋通鑑俱與是書同

戊戌昭義奏河東節度使石敬瑭叛　案通鑑作昭義節度使皇甫立奏石敬瑭叛

乙卯以晉州節度使張敬達爲太原四面兵馬都部署尋改爲招討使　案通鑑乙巳以張敬達兼太原四面排陣使丙午以爲太原四面都部署丁未又知太原行府事不言其爲招討使歐陽史又作都招討使與是書微異

捧聖第五指揮使康福進　康福進疑當作康福據册府元龜引薛史亦作康福今姑仍其舊

誅右衞上將軍石重英皇城副使石重裔皆敬瑭之子也　案重英通鑑作重殷又通鑑攷異引廢帝實錄作姪男尙食使重乂供奉官重英並與是書不同

九月甲辰張敬達奏此月十五日與契丹戰于太原城下　案張敬達及契丹戰于太原是書晉紀作辛丑蓋辛丑日戰越四日甲辰乃奏到也通鑑亦作辛丑遼史作庚午與是書異歐陽史作甲辰戰于太原殊誤

詔范延光率兵由青山路趨榆次　范延光遼史避太宗諱作范延廣

甲子太原行營副招討使楊光遠殺招討使張敬達于晉安寨以兵降契丹　案楊光遠降契丹歐陽史通鑑俱作閏十一月甲子五代春秋作十一月誤

契丹主以漢軍與石敬瑭其馬及甲仗即齎驅出塞　案遼史云所降軍士及馬五千匹以賜晉帝與是書異通鑑從是書

丁卯契丹立石敬瑭爲大晉皇帝　案契丹立晉是書晉高祖紀作十一月丁酉此紀作閏月丁卯前後互異攷通鑑攷異引廢帝實錄亦作丁卯蓋契丹立晉在十一月丁酉唐人至閏十一月丁卯始奏聞也實錄誤以奏聞之日爲立晉之日是書唐紀亦仍其誤

達喇罕舊作達剌干今改　摩哩舊作梅里今改　大詳袞舊作大相温今改

舊五代史卷四十九

宋門下侍郎參知政事監修國史薛居正等撰

唐書第二十五

列傳一 后妃

武皇帝貞簡皇后曹氏莊宗之母也太原人以良家子嬪于武皇姿質閑麗性謙退而明辨雅爲秦國夫人所重常從容謂武皇曰妾觀曹姬非常婦人王其厚待之武皇多內寵乾寧初平燕薊得李匡儔妻張氏姿色絕代嬖幸無雙時姬侍盈室罕得進御唯太后恩顧不衰武皇性嚴急左右有過必峻于譴罰無敢言者唯太后從容救諫即爲解顏及莊宗載誕體貌奇傑武皇異而憐之太后益寵貴諸夫人咸出其下后亦恭勤內助左右稱之武皇薨莊宗嗣晉王位時李克寧李存顥謀變人情危懼太后召監軍張承業指莊宗謂之曰先人把臂授公此兒如聞外謀欲孤付託公等但置予母子有地毋令乞食于沛幸矣承業因誅存顥克寧以清內難莊宗善音律喜伶人謔浪太后常提耳誨之天祐七年鎮定求援莊宗促命治兵太后曰予齒漸衰兒但不墜先人之業爲幸矣何事櫛風沐雨離我晨昏莊宗曰稟先王遺旨須滅仇讐山東之事機不可失及發太后餞于汾橋悲不自勝莊宗平定趙魏駐于鄴城每一歲之內馳駕歸寧者數四民士服其仁孝太后初封晉國夫人莊宗即位命宰臣盧損奉册書上皇太后尊號其年平定河南西幸洛陽令皇弟存渥皇子繼岌就太原迎奉莊宗親至懷州迎歸長壽宮太后素與劉太妃善分訣之後悒然不樂俄聞太妃寢疾尙醫中使問訊結轍既而謂莊宗曰吾與太妃恩如伯仲彼經年抱疾但見吾面差足慰心吾暫至晉陽旬朔與之俱來莊宗曰時方暑毒山路崎嶇無煩往復可令存渥輩迎侍太妃乃止及凶問至太后慟哭累旬由是不豫尋崩于長壽宮同光三年冬十月上諡曰貞簡皇太后葬于壽安陵

太妃劉氏武皇之正室也 案劉太妃傳原本闕佚攷北夢瑣言云晉王李克用妻劉夫人常隨軍行至于軍機多所宏益先是汴州上源驛有變晉王憤恨欲回軍攻之夫人曰公爲國討賊而以杯酒私忿必若攻城即曲在于我不如回師自有朝廷可以論列于是班退天復中周德威爲汴軍所敗三軍潰散汴軍乘我晉王危懼與李存信議欲出保雲州夫人曰存信本北方牧羊兒也焉顧成敗王常笑王行瑜棄城失勢被人屠割今復欲效之何也王頃歲避難塞外幾遭陷害賴遇朝廷多事方得復歸今一旦出城便有不測之變焉能遠及晉王止行居數日亡散之士復集軍城安定夫人之力也五代會要云同光元年四月册爲皇太妃歐陽史云莊宗即位册尊曹氏爲皇太后而以嫡母劉氏爲皇太妃太妃往謝太后太后有慙色太妃曰願吾兒享國無窮使吾獲沒于地以從先君幸矣復何言哉莊宗滅梁入洛使人迎太后歸洛居長壽宮而太妃獨留晉陽同光三年五月太妃薨

魏國夫人陳氏襄州人本昭宗之宮嬪也乾寧二年武皇奉詔討王行瑜駐軍于渭北昭宗降朱書御札出陳氏及內妓四人以賜武皇陳氏素知書有才貌武皇深加寵重及光化之後時事多艱武皇常獨居深念嬪媵鮮得侍謁唯陳氏得召見陳氏性既靜退不以寵侍自侈武皇常呼爲阿姑及武皇大漸之際陳氏侍醫藥垂泣言妾爲王執掃除之役十有四年矣王萬一不幸妾將何託既不能以身爲殉願落髮爲尼爲王讀一藏佛經以報平昔武皇爲之流涕及武皇薨陳氏果落髮持經法名智願後居于洛陽佛寺莊宗賜號建法大師天成中明宗幸其院改賜圓惠大師晉天福中卒于太原追謚光國大師塔以惠寂爲名也

莊宗神閔敬皇后劉氏 案劉后傳原本闕佚攷北夢瑣言云莊宗劉皇后魏州成安人家世寒微太祖攻魏州取成安得后時年五六歲歸晉陽宮爲太后侍者教吹笙及笄姿色絕衆聲伎亦所長太后賜莊宗爲韓國夫人侍者後誕皇子繼岌寵待日隆他日成安人劉叟詣鄴宮見上稱夫人之父有內臣劉建豐認之即昔日黃鬚丈人后之父也劉氏方與嫡夫人爭寵皆以門族誇尙劉氏恥爲寒家白莊宗曰妾去鄉之時妾父死于亂兵是時環尸而哭妾固無父是何田舍翁詐爲及此乃于宮門笞之其實后即叟之長女也莊宗好俳優宮中暇日自負蓍囊藥篋令繼岌相隨以后父劉叟以醫卜爲業也后方晝眠乃造其臥內自稱劉衙推訪女后大恚笞繼岌然爲太后不禮復以韓夫人居正無以發明大臣希旨請册劉氏爲皇后議者以后出于寒賤好興利聚財初在鄴宮令人設法稗販所鬻樵蘇果茹亦以皇后爲名正位之後凡貢奉先入後宮惟寫佛經施尼師他無所賜闕下諸軍困乏以至妻子餓殍宰相請出內庫俵給后將出妝具銀盆兩口皇子滿喜等三人令鬻以贍軍一旦作亂亡國滅族與夫褒姒妲己無異也先是莊宗自爲俳優名曰李天下雜于塗粉優雜之間時爲諸優扑扶摑搭竟爲嚚婦恩伶之傾玷有國者得不以爲前鑒劉后以囊盛金合犀帶四欲于太原造寺爲尼沿路復通皇弟存渥同寶而寢明宗聞其穢即令自殺攷歐陽史作裨將袁建豐得后納之晉宮而北夢瑣言作內臣劉建豐亦傳聞之異辭也

淑妃韓氏莊宗正室 案韓淑妃傳原本闕佚攷五代會要云同光二年十二月册以宰臣豆盧革韋說爲册使出應天門登路車鹵簿鼓吹前導至于永福門降車入右銀臺門至淑妃宮受册于內文武百官立班稱賀

德妃伊氏莊宗次室 案伊德妃傳原本闕佚攷北夢瑣言云莊宗皇帝嫡夫人韓氏後爲淑妃伊氏爲德妃又言夫人夏氏後嫁李贊華所謂東丹王即安巴堅長子性酷毒侍婢微過即以刀刲火灼

夏氏少長宮掖不忍其凶求離婚歸河陽節度使夏魯奇家後爲尼也歐陽史家人傳明宗立恐放莊宗時宮人號國夫人夏氏歸夏魯奇家後嫁李贊華與北夢瑣言徵異避史又以夏氏爲莊宗皇后疑誤　又案五代會要莊宗朝內職又有昭儀侯氏封汧國夫人昭媛白氏封沂國夫人出使美宣鄧氏封魏國夫人御正楚眞張氏封涼國夫人司簿德美周氏封宋國夫人侍眞吳氏封延陵郡夫人懿才王氏封太原郡夫人咸一韓氏封昌黎郡夫人瑤芳張氏封清河郡夫人懿德王氏封郇郡夫人宣一馬氏封扶風郡夫人並同光二年十一月勅

明宗昭懿皇后夏氏生秦王從榮及閔帝同光初后以疾崩明宗即位追封爲晉國夫人長興中明宗以秦宋二王位望旣隆因思從貴之義乃下制曰故晉國夫人夏氏素推仁德久睦宗親嘗施內助之方不見中興之盛予當御極子並爲王有鵲巢之高無鞏衣之貴貞魂永逝懿範常存致本朝之文沿追冊之制將慰懷于九族冀叶慶于四星宜追冊爲皇后兼定懿號旣而有司上謚曰昭懿

和武顯皇后曹氏案曹后傳原本闕佚攷五代會要云天成三年正月冊爲淑妃長興元年正月十四日冊爲皇后應順元年正月冊爲皇太后至清泰三年閏十一月隨末帝崩于後樓晉高祖使人護葬至天福五年正月二十八日追冊曰和武顯皇后

宣憲皇后魏氏案魏后傳原本闕佚據通鑑攷異引唐廢帝實錄云宣憲皇后魏氏鎭州平山人中和末明宗徇地山東虜戍平山得魏后又云明宗爲裨將性闊達不能治生曹后亦昧于畫略生計所資惟宣憲而已五代會要云初封魯國太夫人淸泰二年二月中書門下奏臣聞漢昭帝承祚御歷奉尊謚于雲陽魏明帝繼體守文思外家于甄館而皆追從崇號祔饗廟庭克隆敬本之文式叶愛親之道臣等又覽國史竊有見明皇帝母曰昭成皇后竇氏代宗皇帝母曰章敬太后吳氏始嬪朱邸俄閟幽宮鴻圖旣屬于明君尊號咸追于聖母伏以魯國夫人發祥沙麓貽慶河洲三后最賢周母允成于天統四妃有子唐宮先啓于帝基仰惟當宁之情彌軫寒泉之思久虛殿薦虧損皇猷臣等謹上尊謚曰宣憲皇太后請依昭成皇太后故事擇日備禮冊命又臣等伏聞先太后舊陵永祔先祠則都下難崇別廟旣追尊謚合刱閟宮按漢朝故事園寢不在王畿或就陵所便立寢祠今商量上謚後權立同廟以申告獻配祠之禮請俟他年從之據歐陽史云議建陵寢而太原石敬瑭反乃于京師河南府東立寢宮又案五代會要所載明宗時內職德妃王氏天成三年正月冊立長興二年四月進號淑妃應順元年正月十三日冊爲太妃至周廣順元年四月追謚賢妃昭儀王氏封齊國夫人昭容葛氏封周國夫人昭媛劉氏封趙國夫人孫氏封楚國夫人御正張氏封曹國夫人司賓郭氏封魏國夫人司贊于氏封鄭國夫人尚服王氏封衞國夫人司記崔氏封蔡國夫人司膳翟氏封滕國夫人司醞吳氏封莒國夫人婕妤高氏封渤海郡夫人美人沈氏封太原郡夫人順御朱氏封吳郡夫人司飾聊氏封潁川郡夫人司衣劉氏封彭城郡夫人司藥孟氏封咸陽郡夫人梳篦張氏封淸河郡夫人司服王氏封太原郡夫人櫛篦傳氏封潁川郡夫人知客張氏賜號尚書故江氏追封濟陽郡夫人以上皆長興三年九月勅其名號皆中書門下按六典內職仿而行之內人李氏封隴西縣君崔氏封淸河縣君李氏封成紀縣君田氏封咸陽縣君白氏封南陽縣君並長興四年二月勅前代內職皆無封君之禮此一時之制

閔帝哀皇后孔氏案孔后傳原本闕佚據通鑑云孔循陰遣人結王德妃求納其女德妃請娶循女爲從厚妃帝許之東寅皇子從厚納孔循女爲妃五代會要云初封魯國夫人應順元年四月爲末帝所害晉天福五年正月二十八日追謚爲哀皇后

末帝劉皇后應州人也天成中封爲沛國夫人淸泰初百官三上表請立中宮遂立爲皇后后性強戾末帝甚憚之故其弟延皓自鳳翔牙校環歲之間歷樞密使出爲鄴都留守皆由后內政之力也及延皓爲張令昭所逐執政請行朝典后力制之止從罷免而已晉高祖入洛后與末帝俱就燔焉

史臣曰昔三代之興亡雖由于帝王亦繫于妃后故夏之興也以塗山及其亡也以妺喜商之興也以簡狄及其亡也以妲己周之興也以文母及其亡也以褒姒觀夫貞簡之爲人也雖未偕于前代亦無虧于懿範而劉后以牝雞之晨皇業斯墜則與夫三代之興亡同矣餘無進賢輔佐之德又何足以道哉案五代史無外戚傳據五代會要武皇長女瓊華長公主降孟知祥同光二年十二月封第二女瑤英長公主降張延釗同光三年二月封明宗長女永寧公主降晉高祖第十三女興平公主降趙延壽天成三年四月封至長興四年九月改封齊國公主至清泰三年二月進封燕國長公主第十四女壽安公主長興四年六月封第十五女永樂公主長興四年六月封今攷會要所載亦多舛互如瓊華公主十國春秋諸書作太祖弟克讓之女會要以爲武皇長女此傳聞之異辭也莊宗女義寧公主降宋廷浩廷浩仕至房州刺史晉初爲汜水關使張從賓之叛戰死見東都事略及宋史又王禹偁小畜集有宋渥神道碑云母義寧公主天福中晉祖以嘗事莊宗有舊君之禮每貴主入見聽其不拜時兵戎方熾經費不充惟公主之家賜予甚厚盡而復取亦無倦色一日晉祖從容謂貴主曰朕于主家無所愛惜但朝廷多事府庫甚虛主所知矣今輦轂之下桂玉爲憂可命渥分司西京以豐就養因厚遣之且勅留司具晨昏伏臘之用至于醯醢率有備焉會要不載莊宗女幾人是其闕略也惟明宗諸女記之稍詳然攷薛史趙延壽傳其娶明宗小女爲繼室歐陽史亦云耶律德光爲延壽娶從益妹是爲永安公主而會要不載則其闕漏者亦多矣

舊五代史卷四十九攷證

唐列傳一貞簡皇后曹氏傳得李匡儔妻張氏　李匡儔原本避宋諱作李儔今據新唐書藩鎭傳增入

太后餞于汾橋　汾橋原本作渭橋今據通鑑注改正

安巴堅舊作阿保機今改

舊五代史卷五十

宋門下侍郎參知政事監修國史薛居正等撰

唐書第二十六

列傳二　宗室

克讓武皇之仲弟也少善騎射以勇悍聞咸通中從討龐勛以功爲振武都校乾符中王仙芝陷荊襄朝廷徵兵克讓率師奉詔賊平以功授金吾將軍留宿衞初懿祖歸朝憲宗賜宅于親仁坊自長慶以來相次一人典衞兵武皇之起雲中殺段文楚朝議罪之命加兵于我懼將逃歸天子詔巡使王處存夜圍親仁坊捕克讓詰旦兵合克讓與紀綱何相溫安文寬石的歷十餘騎彎弧躍馬突圍而出官軍數千人追之比至渭橋死者數百克讓自夏陽掠船而濟歸于鴈門明年武皇昭雪克讓復入宿衞黃巢犯闕僖宗幸蜀克讓時守潼關爲賊所敗以部下六七騎伏于南山佛寺夜爲山僧所害克讓旣死紀綱渾進通冒刃獲免歸于黃巢中和二年冬武皇入關討賊屯沙苑黃巢遣使米重威齎賂修好因送渾進通至兼擒送害克讓僧十人武皇燔僞詔還其使盡誅諸僧爲克讓發哀行服悲慟久之

克修字崇遠武皇從父弟也父德成初爲天寧軍使從獻祖討龐勛以功授朔州刺史克修少便弓馬從父征討所至立功武皇節制鴈門以克修爲奉誠軍使從入關爲前鋒破黃揆于華陰敗尚讓于梁田坡蹙黃巢于光順門每戰皆捷勇憤諸軍賊平授檢校刑部尚書爲左營軍使其年十月潞州牙將安居受來乞師請復昭義軍武皇遣大將賀公雅李筠安金俊等以兵從與孟方立戰于銅鞮不利武皇乃令克修將兵繼進是月平潞州斬其刺史李殷銳乃表克修爲昭義節度使光啓二年九月克修出師山東收復邢洺十一月拔故鎭孟方立遣將呂臻來援戰于焦岡大敗之擒呂臻俘斬萬計進拔武安臨洺諸屬縣乘勝進圍邢州方立求援于鎭州王鎔出師三萬援之克修軍退及李罕之來歸武皇授以澤州刺史與克修合勢進攻河陽連歲出師以苦懷孟十月孟方立遣將奚忠信將兵三萬襲我遼州克修設伏于遼之東山大敗賊軍擒忠信以獻龍紀元年武皇大舉以伐邢洺及班師因撫封于上黨克修性儉嗇不事華靡供帳饔膳品數簡陋武皇怒其菲薄笞而詬之克修慙憤發疾明年三月卒于潞之府第時年三十一莊宗即位追贈太師克修子二人長曰嗣弼次曰嗣肱嗣弼初授澤州刺史歷昭義橫海節度副使改海州刺史天祐十九年契丹犯燕趙陷涿郡遼史太祖紀十二月癸亥圍涿州有白兎緣壘而上是日破其郛嗣弼舉家被俘遷于幕庭嗣肱少有膽略屢立戰功夾城之役從周德威爲前鋒時兄嗣弼爲昭義副使與嗣昭守城兄弟內外奮戮忠力威壯感動三軍潞圍旣解以功授檢校左僕射入爲三城巡檢知衙內事天祐七年周德威援靈夏党項阻道音驛不通嗣肱奉命自麟州渡河應接德威與党項轉戰數十里合德威軍柏鄉之戰嗣肱爲馬步都虞候明年從莊宗會朱友謙于猗氏改教練使與存審援河中敗汴軍于胡壁堡獲將麗讓十年與存審屯趙州擊汴人于觀津時梁祖新屠棗強其將賀德倫急攻蓨縣率師五萬合勢營于蓨之西嗣肱自下博率騎三百薄晚與梁之樵芻者相雜日旣晡入梁軍營門諸騎相合大譟弧矢星發虓闞馳突汴人不知所爲營中擾旣瞑斂騎而退是夜梁祖燒營而遁解蓨縣之圍以功特授蔚州刺史鴈門以北都知兵馬使從平劉守光十二年改應州刺史累遷澤代二州刺史石嶺以北都知兵馬使十九年新州刺史王郁叛入契丹嗣肱進兵定嬀儒武等三州授山北都團練使二十年春卒于新州時年四十五

克恭武皇之諸弟也龍紀中爲決勝軍使大順初潞帥李克修卒克恭代爲昭義節度使性驕橫不法未閑軍政潞人素便克修之簡正惡克恭之恣縱又以克修非罪暴卒人士離心時武皇初定邢洺三州將有事于河朔大蒐軍實潞州有後院軍兵之雄勁者克恭選其五百人獻于武皇軍使安居受惜其兵不悅克恭令裨校李元審安建紀綱馮霸部送太原行次銅鞮縣馮霸劫衆謀叛殺都將劉杲縣令戴勞謙循山而南比及沁水有衆三千武皇令李元審將兵擊之與霸戰于沁水不利元審戰傷收軍于潞五月十五日克恭視元審于孔目吏劉崇之第是日州將安居受引兵攻克恭因風縱火克恭元審並遇害州民推居受爲留後初孟方立之亂居受以澤潞歸于武皇至是孟遷以邢洺納降復任爲牙將居受懼其圖己乃叛殺克恭以結汴人居受遣人召馮霸于沁水霸不受命居受懼將奔歸朝廷至長子爲野人所殺傳首馮霸霸乃引軍據潞州自稱留後求援于汴武皇令康君立討之汴將葛從周來援霸九月李存孝急攻潞州汴軍夜遁獲霸等誅之武皇乃以康君立爲昭義節度使

克寧武皇之季弟也初從起雲中爲奉誠軍使赫連鐸之攻黃花城也克寧奉武皇及諸弟登城血戰三日力盡備竭殺賊萬計燕軍之攻蔚州克寧昆仲嬰城拒敵晝夜輟寢食者旬餘後從達靼入關逐黃寇凡征行無不衞從于昆弟之間最推仁孝小心恭謹武皇尤友愛之及鎭太原授遼州刺史累至雲州防禦使乾寧初改忻州刺史從入關討王行瑜充馬步軍都將以功授檢校司徒天祐初授內外都制置管內蕃漢都知兵馬使檢校太保充振武節度使凡軍政皆決于克寧五年正月武皇疾篤克寧等侍疾垂泣辭訣克寧曰王萬一不諱後事何屬因名莊宗侍側謂克寧張承業曰亞子累

公等言終棄代將發哀克寧紀綱軍府中外無譁初武皇奬勵軍戎多畜燕蘗衣服禮秩如嫡者六七輩比之嗣王年齒又長各有部曲朝夕聚謀皆欲爲亂莊宗英察權及于禍將嗣位讓克寧曰兒年孤稚未通庶政雖承遺命恐未能彈壓大事季父勳德俱高衆情推伏且請制置軍府候兒有立聽季父處分克寧曰亡兄遺命屬在我兒孰敢異議者兒但嗣世中外之事何憂不辦視事之日率先拜賀莊宗嗣位軍民政事一切委之權柄既重趣向者多附之李存顥者以陰計干克寧曰兄亡弟及古今舊事季父拜姪理所未安富貴功名當宜自立天取不與後悔無及克寧曰公毋得不祥之言我家世立功三代父慈子孝天下知名苟吾兄山河有託我亦何求公無復言必斬爾首以徇克寧雖慈愛因心而日爲兇徒惑亂羣兇之妻復以此言干克寧妻孟夫人說激百端夫人懼事泄及禍屢讓克寧由是愈惑會克寧因事殺都虞候李存質又請兼領大同節度以蔚朔爲屬郡又數怒監軍張承業李存璋繇是知其有貳近臣史敬鎔素與存顥善盡知其事敬鎔告貞簡太后曰存顥與管內太保陰圖叛亂俟嗣王過其第卽擒之幷太后子母欲送于汴州竊發有日矣莊宗名張承業李存璋謂曰季父所爲如此無猶子之情骨肉不可自相魚肉吾卽避路則禍亂不作矣承業曰老夫親承遺託言猶在耳存顥輩欲以太原降賊王乃何路求生不卽討除亡無日矣因令吳珙存璋爲之備二月二十日會諸將于府第擒存顥克寧于坐莊宗垂泣數之曰兒初以軍府讓季父季父不忍棄先人遺命今已事定復欲以兒子母投畀豺虎季父何忍此心克寧泣對曰蓋讒夫交構吾復何言是日與存顥俱伏法克寧仁而無斷故及于禍 案新唐書宰相世系表國昌有子四人克恭克儉克用克柔是書李嗣昭傳云嗣昭武皇母弟代州刺史克柔之假子也是克柔爲武皇母弟新唐書沙陀傳武皇有弟克勤通鑑引紀年錄有兄克儉而是書俱無傳疑有闕文

史臣曰昔武皇發跡于陰山莊宗肇基于河朔雖奄有天下而享國日淺眷言枝屬空秀棣華固未及推帝堯敦敘之恩廣成王封建之義自克讓而下不獲就魯衞之封懋閒平之德也况天橫相繼亦良可悲哉

舊五代史卷五十攷證

唐列傳二宗室克讓傳比至渭橋 渭橋歐陽史作滑橋疑傳刻之訛據通鑑攷異引薛史亦作渭橋今仍其舊

明年武皇昭雪克讓復入宿衞黃巢犯闕僖宗幸蜀克讓時守潼關爲賊所敗 案僖宗幸蜀以前武皇未嘗昭雪克讓無由復入宿衞出守潼關通鑑攷異嘗辨其誤今攷新唐書黃巢傳巢攻潼關齊克讓以其軍戰關外時士饑甚潰燒克讓營克讓走入關疑當時因齊克讓之名與李克讓同遂致傳聞輾轉失實耳歐陽史秖據薛史原文不爲辨正今無可復攷姑附識于此

克修傳是月平潞州斬其刺史李殷鋭 案新唐書僖宗紀中和三年十月李克用陷潞州刺史李殷鋭死之與是書李克修傳同是書武皇紀又作十一月平潞州紀傳自相矛盾通鑑從克修傳作十月歐陽史從武皇紀作十一月

天祐十九年契丹犯燕趙陷涿郡 十九年歐陽史作十一年

克寧傳李存顥者 案歐陽史作養子存顥存實

懋閒平之德 閒平原本作開平繹其文義當是用漢時河閒獻王東平憲王今改正

舊五代史卷五十一

宋門下侍郎參知政事監修國史薛居正等撰

唐書第二十七

列傳三 宗室

永王存霸武皇子莊宗第二弟同光三年封莊宗敗爲軍卒所殺 歐陽史云存霸歷昭義天平河中三軍節度使居京師食俸祿而已趙在禮反乃遣存霸于河中莊宗再幸汜水徙存霸北京留守通鑑云李紹榮欲奔河中就永王存霸從兵稍散存霸亦率衆千人棄鎮奔晉陽又云存霸至晉陽從兵逃散俱盡存霸削髮僧服謁李彥超願爲山僧幸垂庇護軍士爭欲殺之彥超曰六相公來當奏取進止軍士不聽殺之于府門之碑下

邕王存美武皇子莊宗第三弟同光三年封莊宗敗不知所終 通鑑云存美以病風偏枯得免居于晉陽

薛王存禮武皇子同光三年封莊宗敗不知所終

申王存渥莊宗第四弟 歐陽史存渥與存霸存紀皆莊宗同母弟 同光三年封莊宗敗與劉皇后同奔太原爲部下所殺 通鑑云存渥至晉陽李彥超不納走至風谷爲其下所殺

睦王存乂莊宗第五弟同光三年封 案以下原闕 歷鄜州刺史後以郭崇韜壻爲莊宗所殺 北夢瑣言云莊宗異母弟存乂以郭崇韜女壻伏誅先是郭崇韜既誅之後朝野駭惋議論紛然莊宗令閹人察訪外事言存乂于諸將坐上訴郭氏之無罪其言怨望又于妖術人楊千郎家飲酒聚會攘臂而泣楊千郎者魏州賤民自言得墨子術于婦翁能役使陰物帽下召食物果實之類又捕博必勝人有拳握之物以法必取又說煉丹乾汞易人形破扃鏁貴要間神奇之官至尚書郎賜紫其妻出入宮禁承恩用事皇弟存乂常朋淫于其家至是與存乂並罹其禍

通王存確莊宗第六弟雅王存紀莊宗第七弟同光三年封莊宗敗並爲霍彥威所殺 梁紀太祖有子廷鸞落落盧文進傳莊宗又有弟存矩今宗室傳皆不載

魏王繼岌莊宗子也莊宗卽位于魏州以繼岌充北都留守及以鎭州爲北都又命爲留守 五代會要三年九月二十三日封爲魏王 三年伐蜀以繼岌爲都統郭崇韜爲招討使十月戊寅至鳳州武興軍節度使王承捷以鳳興文扶四州降甲申至故鎭康延孝收興州時僞蜀主王衍率親軍五萬在利州令步騎親軍三萬逆戰于三泉康延孝李嚴以勁騎三千犯之蜀軍大敗斬首五千級餘皆奔潰王衍聞其敗也棄利州奔歸西川斷吉柏津浮梁而去巳丑繼岌至興州僞蜀東川節度使宋光葆以梓潼劍龍普等州來降武定軍節度使王承肇以洋蓬壁三州符印降興元節度使王宗威以梁開通渠麟等五州符印送降階州王承岳納符印秦州節度使王承休棄城而遁辛丑繼岌過利州戊申至劍州巳酉至綿州王衍遣使上牋乞降丁巳入成都自興師出洛至定蜀計七十五日走丸之勢前代所無師回至渭南聞莊宗敗師徒潰散自縊死 太平廣記引王氏見聞錄云魏王繼岌伐蜀迴軍在道而有鄴都之變莊宗與劉后命內臣張漢賓齎急詔所在催魏王歸闕張漢賓乘驛倍道急行至興元西縣逢魏王宣傳詔旨王以本軍方討漢州康延孝相次繼來欲候之出山以陳凱歌漢賓督之有軍謀陳岷比事梁與漢賓熟密問張曰天子以換且是何人張色莊曰我當面奏宣詔魏王况大軍在行陳何容易陳岷曰久忝知聞故敢諮問兩日來有一信風新人已卽位矣復何形迹張乃說來時聞李嗣源過河未知近事岷曰魏王且請盤桓以觀其勢未可前邁張以莊宗命嚴不敢遲延督令進發魏王至渭南遇害矣

繼潼繼嵩繼蟾繼嶢並莊宗子同光三年拜光祿大夫檢校司徒未封莊宗敗並不知所終 清異錄唐福慶公主下降孟知祥長興四年明宗晏駕唐室亂莊宗諸兒削髮爲苾芻間道走蜀時知祥新稱帝爲公主厚待猶子賜予千計

從審明宗長子性忠勇沈厚摧堅陷陣人罕儔焉從莊宗于河上累有戰功莊宗器賞之用爲金槍指揮使明宗在魏府爲軍士所逼莊宗詔從審曰爾父于國有大功忠孝之心朕自明信今爲亂兵所劫爾宜自去宣朕旨無令有疑從審行至中途爲元行欽所制復與歸洛下莊宗改其名爲繼璟以爲己子命再往從審固執不行願死于御前以明丹赤從莊宗赴汴州明宗之親舊多策馬而去左右或勸從審令自脫終無行意尋爲元行欽所殺天成初贈太保

秦王從榮明宗第二子也明宗踐阼天成初授鄴都留守天雄軍節度使三年移北京留守充河東節度使四年入爲河南尹一日明宗謂安重誨曰近聞從榮左右有詐宣朕旨令勿接儒生儒生多儒恐鈍志相染朕方知之頗駭其事余比以從榮方幼出臨大藩故選儒雅賴其裨佐今聞此姦憸之言豈朕之所望也鞫其言者將戮之重誨曰若遽行刑又慮賓從難處且望嚴誡遂止從榮爲詩與從事高輦等更相唱和自謂章句獨步于一時有詩千餘首號曰紫府集長興中以本官充天下兵馬大元帥從榮乃請以嚴衞捧聖步騎兩指揮爲秦府衙兵每入朝以數百騎從行出則張弓挾矢馳騁盈巷既受元帥之命卽令其府屬僚佐及四方遊士各試擬淮南書一道陳已將廓清宇內之意初言事者請爲親王置師傅明宗顧問近臣執政以從榮名勢既隆不敢忤旨卽奏云王官宜委從榮乃奏刑部侍郎劉贊爲王傅又奏翰林學士崔棁爲元帥府判官明宗曰學士代予詔令不可擬議從榮不悅退謂左右曰旣付以元帥之任而阻予請僚佐又未諭制旨也復奏刑部侍郎任贊從之 宋史趙上交傳秦王從榮開府兼判軍衞以上交爲虞部員外郎充六軍諸衞推官李澣張沆魚崇遠皆白衣在秦府悉與上交友善累遷司封郎中充判官從榮素豪邁不遵禮法好昵羣小上交從容言曰王位尊屬當修令德以慰民望王恐爲此獨不見恭世子戾太子之事乎從榮怒出之歷涇秦二鎭節度判官從榮及禍僚屬皆坐斥上交由是知名 後舉兵犯宮室敗死廢爲庶人 通鑑明宗紀云己丑大漸秦王從榮入問疾帝俛首不能舉王淑妃曰從榮在此帝不應從榮出聞宮中皆哭從榮意帝已殂明旦稱疾不入是夕帝實小愈而從榮不知從榮自知不爲時論所與恐不得爲嗣與其黨謀欲以兵入侍先制權臣壬辰從榮自河南府常服將步騎千人陳于天津橋孟漢瓊被甲乘馬召馬軍都指揮使朱洪實使將五百騎討從榮從榮方據胡牀坐橋上遣左右召康義誠端門已閉叩左掖門從門隙窺之見朱洪實引騎兵北來走白從榮從榮大驚命取鐵掩心擐之坐調弓矢俄而騎兵大至從榮走歸府僚佐皆竄匿牙兵掠嘉善坊潰去從榮與妃劉氏匿牀下皇城使安從益就斬之以其首獻丙申追廢從榮爲庶人五代會要云清泰元年葬以公禮 五代史補秦王從榮明宗之愛子好爲詩判河南府辟高輦爲推官輦尤能爲詩賓主相遇甚歡自是出入門下者當時名士有若張杭高文蔚何仲舉之徒莫不分庭抗禮更唱迭和時干戈之後武夫用事睹從榮所爲皆不悅于是康知訓等竊議曰秦王好文交遊者多詞客此子若一旦南面則我等轉死溝壑不如早圖之高輦知其謀因勸秦王托疾此輩須來問候請大王伏壯士出其不意皆斬之庶幾免禍矣從榮曰至尊在上一旦如此得無危乎輦曰子弄父兵罪當笞爾不然則悔無及矣從榮猶豫不決未幾及禍高輦棄市初從榮之敗也高輦竄于民家且落髮爲僧旣擒獲知訓以其毀形難認復使巾幘著緋驗其眞僞然後用刑輦神色自若厲聲曰朱衣纔脫白刃難逃觀者笑之

從璟明宗諸子性剛直好客疏財意豁如也天成中爲右衞大將軍時安重誨方秉事權從璟亦不之屈重誨嘗以此忌之明宗幸汴留從璟爲大內皇城使一日召賓友于會節園酒酣之後戲登于御榻安重誨奏請誅之詔曰皇城使從璟朕巡幸汴州使警大內乃全乖委任但恣遨遊于予行從之園頻恣歌歡之會仍施峻法顯辱平人致彼喧譁達于聞聽方當立法固不黨親宜貶授房州司戶參軍仍令盡命長興中重誨之得罪也

命復舊官仍贈太保

許王從益明宗之幼子也宮嬪所生明宗命王淑妃母之嘗謂左右曰惟此兒生于皇宮故尤所鍾愛長興末封許王晉高祖卽位以皇后卽其姊也乃養從益于宮中晉天福中以從益爲二王後改封郇國公食邑三千戶其後與母歸洛陽及開運末契丹主至汴以從益遙領曹州節度使復封許王與王妃尋歸西京會契丹主死其汴州節度使蕭翰謀歸北地慮中原無主軍民大亂則已亦不得按轡徐歸矣乃詐稱契丹主命遣人迎從益于洛陽令知南朝軍國事從益與王妃逃于徽陵以避之使者至不得已而赴焉從益于崇元殿見羣官蕭翰率蕃首列拜于殿上羣官趨拜于殿下乃僞署王松爲左丞相趙上交爲右丞相李式翟光鄴爲樞密使王景崇爲宣徽使餘官各有署置又以北來燕將劉祚爲權侍衛使充在京巡檢翰北歸從益餞于北郊及漢高祖將離太原從益召高行周武行德欲拒漢高祖行周等不從且奏其事漢高祖怒車駕將至闕從益與王妃俱賜死于私第時年十七時人哀之五代史闕文漢高祖自太原起軍建號至洛陽命郭從義先入京師受密旨殺王淑妃與許王從益淑妃臨刑號泣曰吾家子母何罪吾旣爲契丹所立非敢與人爭國何不且留吾兒每年寒食使持一盂飯灑明宗陵寢聞者無不泣下

重吉末帝長子爲控鶴都指揮使閔帝嗣位出爲亳州團練使末帝兵起爲閔帝所害通鑑云詔遣殿直楚匡祚執亳州李重吉幽于宋州又云遣楚匡祚殺李重吉于宋州匡祚榜捶重吉責其家財清泰元年詔贈太尉仍令宋州選隙地置廟明宗紀閔帝有子重哲授銀青光祿大夫檢校工部尚書歐陽史家人傳不載

雍王重美末帝第二子淸泰三年封晉兵入與末帝俱自焚死通鑑云洛陽自聞兵敗衆心大震居人四出逃竄山谷門者請禁之雍王重美曰國家多難未能爲百姓主徒增惡名耳不若聽其自便事寧自還乃出令任從所適衆心差安又云皇后積薪欲燒宮室重美諫曰新天子至必不露居他日重勞民力死而遺怨將安用之乃止

史臣曰繼岌以童騃之歲當統帥之任雖功成于劍外尋求死于渭濱蓋運盡天亡非孺子之咎也從審感厚遇之恩無苟免之意死于君側得不謂之忠乎從榮以狂躁之謀買覆亡之禍謂爲大逆則近厚誣從璨爲權臣所忌從益爲強敵所脅俱不得其死亦良可傷哉重美聽洛民之奔亡止母后之燔爇身雖燼于紅燄言則耀乎青編童年若斯可謂賢矣

舊五代史卷五十一攷證

唐列傳三宗室薛王存禮傳武皇子　案是書不言存禮爲武皇第幾子據五代會要太祖第二子存美第三子存霸第四子存禮第五子存渥第六子存乂第七子存確第八子存紀與是書所敘微有同異

魏王繼岌傳莊宗子也　案莊宗紀稱繼岌爲第三子然莊宗長子次子之名是書及五代會要俱不載

從璨傳從璨明宗諸子　案五代會要以從璨爲明宗第四子冊府元龜作諸子與明宗紀同今仍其舊

許王從益傳從益召高行周武行德欲拒漢高祖　案是書但載從益拒漢事攷宋史趙上交傳云漢祖將至從益遣上交馳表獻款蓋獻款乃淑妃從益本意也歐陽史兩存之其事始備

舊五代史卷五十二

宋門下侍郎參知政事監修國史薛居正等撰

唐書第二十八

列傳四

李嗣昭字益光武皇母弟代州刺史克柔之假子也小字進通不知族姓所出歐陽史云本姓韓氏汾州太谷縣民家子少事克柔頗謹愿雖形貌眇小而精悍有膽畧沉毅不羣初嗜酒好樂武皇微伸儆戒乃終身不飲少從征伐精練軍機乾寧初王珂王珙爭帥河中珙引陝州之軍攻珂珂求救于武皇乃命嗣昭將兵援之敗珙軍于猗氏獲賊將李璠等四年改衙內都將復援河中敗汴軍于胡壁堡擒汴將滑禮以功加檢校僕射及王珂請婚武皇武皇以女妻之珂赴禮于太原以嗣昭權典河中留後事李罕之之襲我潞州也嗣昭率師攻潞州與汴將丁會戰于含口俘獲三千執其將蔡延恭代李君慶爲蕃漢馬步行營都將進攻潞州遣李存質李嗣本以兵扼天井關汴將澤州刺史劉屺棄城而遁乃以李存璋爲刺史梁祖聞嗣昭之師大至召葛從周謂曰并人若在高平當圍而取之先須野戰勿以潞州爲敵及聞嗣昭軍韓店梁祖曰進通扼八議路此賊决于我關公等臨事制機勿落姦便賀德倫閉壁不出嗣昭日以鐵騎環城汴人不敢芻牧援路斷絕八月德倫張歸厚棄城遁去我復取潞州光化三年汴人攻滄州劉仁恭求救遣嗣昭出師邢洺以應之嗣昭遇汴軍于沙河擊敗之獲其將胡禮進攻洺州下之獲其郡將朱紹宗九月梁祖自率軍三萬至臨洺葛從周設伏于青山口嗣昭聞梁祖至斂軍而退從周伏兵發爲其所敗偏將王郃郎楊師悅等被擒十月汴人大寇鎮定王郜告急于武皇乃遣嗣昭出師下太行擊懷孟汴將侯信守河陽不意嗣昭之師至既無守備驅市人登城嗣昭攻其北門破其外垣俄而汴將閻寶救軍至乃退天復元年河中王珂爲汴人所擄河中晉絳諸郡皆陷四月汾州刺史李瑭謀叛納款于汴嗣昭討之三日而拔斬瑭是月汴人初得蒲絳乃大舉諸道之師來逼太原汴將葛從周陷承天軍氏叔琮營洞渦驛太原四面汴軍雲合武皇憂迫計無從出嗣昭朝夕選精騎分出諸門掩擊汴營左俘右斬或燔或擊汴軍疲于奔命又屬霖雨軍多足腫腹疾糧運不繼五月氏叔琮引退嗣昭以精騎追之汴軍委棄輜重兵仗萬計六月嗣昭出師陰地攻慈隰降其刺史唐禮張瓌是時天子在鳳翔汴人攻圍有密詔徵兵十一月嗣昭出師晉絳屯吉上堡遇汴將王友通于平陽一戰擒之明年正月嗣昭進兵蒲縣十八日汴將朱友寧氏叔琮將兵十萬來拒二十八日梁祖自率大軍至平陽嗣昭之師大恐三月十一日有白虹貫周德威之營候者云不利宜班師翼日氏叔琮犯德威之營汴軍十餘萬列陣四合德威嗣昭血戰解之乃保軍而退汴軍因乘之時諸將潰散無復部伍德威引騎軍循西山而遁朱友寧乘勝陷慈隰汾等州武皇聞其敗也遣李存信率牙兵至清源應接復爲汴軍所擊汴軍營于晉祠嗣昭德威收合餘衆登城拒守汴人治攻具于西北隅四面營柵相望時鎮州河中皆爲梁有孤城無援師旅敗亡武皇晝夜登城憂不遑食召諸將欲出保雲州嗣昭曰王勿爲此謀兒等苟存必能城守李存信曰事勢危急不如且入北蕃別圖進取朱溫兵師百萬天下無敵關東河北受他指揮今獨守危城兵亡地蹙儻彼築室反耕環塹深固則亡無日矣武皇將從之嗣昭亟爭不可猶豫未決賴劉太妃極言于內武皇且止數日亡散之衆復集嗣昭晝夜分兵四出斬將搴旗汴軍保守不暇二十一日朱友寧燒營退去嗣昭追擊復收汾慈隰等州五月雲州都將王敬暉據城叛振武石善友亦爲部將契苾讓所逐嗣昭皆討平之天祐三年汴人攻滄景劉仁恭遣使求援十一月嗣昭合燕軍三萬進攻潞州降丁會武皇乃以嗣昭爲昭義節度使始嗣昭未到之前上黨有占者見一人家舍上常有氣如車蓋視之但一貧嫗而已占者謂嫗有子乎曰有見爲軍士出戍于外占者心異之以爲其子將來有土地之兆也未幾丁會既降嗣昭領兵入潞以嫗家四面空缺乃駐于是舍丁會既歸太原武皇遣使命嗣昭爲帥乃自嫗舍而入理所其氣尋息聞者異之四年六月汴將李思安將兵十萬攻潞州乃築夾城深溝高壘內外重複飛走路絕嗣昭撫循士衆登城拒守梁祖馳書說誘百端嗣昭焚其僞詔斬其使者城中固守經年軍民乏絕含鹽炭自生以濟貧民嗣昭嘗享諸將登城張樂賊矢中嗣昭足密拔之坐客不之覺酣飲如故以安衆心五年五月莊宗敗汴軍破夾城嗣昭知武皇棄世哀慟幾絕時大兵攻圍歷年城中士民飢死大半鄽里蕭條嗣昭緩法寬租勸農務穡一二年間軍城完集三面鄰于敵境寇鈔縱橫設法枝梧邊鄙不聳胡柳之戰周德威戰沒師無行列至晚方集汴人四五萬登無石山我軍懼形于色或請收軍保營詰旦復戰嗣昭曰賊無營壘去臨濮地遠日已晡晚皆有歸心但以精騎逗撓無令返旆晡後追擊破之必矣我若收軍拔寨賊人入臨濮俟彼整齊復來卽勝負未決莊宗曰非兄言幾敗吾事軍校王建及又陳方略嗣昭與建及分兵于土山南北爲犄角汴軍懼下山因縱軍擊之俘斬三萬級由是莊宗之軍復振十六年嗣昭代周德威權幽州軍府事九月以李紹宏代嗣昭出薊門百姓號泣請留截鞍惜別嗣昭夜遁而歸十七年六月嗣昭自德勝歸藩莊宗帳餞于戚城莊宗酒酣泣而言曰河朔生靈十年饋輓引領鶴望俟破汴軍今兵賦不充寇孽猶在坐食軍賦有愧烝民嗣昭曰臣忝急難之地每一念此寢不安席大王且持重謹守惠養士民臣歸本藩簡料兵賦歲末春首卽舉衆復來莊宗離席拜送如家人禮是月汴將劉鄩攻同州朱友謙告急嗣昭與李存審援之九月破汴軍于馮翊乃班師十九年莊宗親征張文禮于鎮州冬契丹三十萬奄至嗣昭從莊宗擊之敵騎圍之數十重良久不解嗣昭號泣赴之引三百騎橫擊重圍馳突出沒者數十合契丹退翼莊宗而還是時閻寶爲鎮人所敗退保趙州莊宗命嗣昭代寶攻眞定七月二十四日王處球之兵出自九門嗣昭設伏于故營賊至伏發擊之殆盡餘三人匿于牆墟間嗣昭環馬而射之爲賊矢中腦嗣昭箙中矢盡拔賊矢于腦射賊一發而殪之嗣昭日暮還營所傷血流不止是夜卒嗣昭節制澤潞官自司徒太保至侍中中書令莊宗卽位贈太師隴西郡王長興中詔配饗莊宗廟庭嗣昭有子七人長曰繼儔澤州刺史次繼韜繼忠繼能繼襲繼遠皆夫人楊氏所生楊氏治家善積聚設法販鬻致家財百萬

繼韜小字留得少驕猾無賴嗣昭既卒莊宗詔諸子扶喪歸太原襄事諸子違詔以父牙兵數千擁喪歸潞莊宗令李存渥馳騎追諭兄弟俱忿欲害存渥存渥遁而

獲免繼韜兄繼儔嗣昭長嫡也當襲父爵然柔而不武方在苫廬繼韜詐令三軍刼已爲留後因繼儔于別室以事奏聞莊宗不得已命爲安義軍兵馬留後時軍前糧餉不充租庸計度請潞州轉米五萬貯于相州繼韜辭以經費不足請轉三萬有幕客魏琢牙將申蒙者因入奏公事每摭陰事報繼韜云朝廷無人終爲河南吞噬止遲速間耳由是陰謀叛計內官張居翰時爲昭義監軍莊宗將卽位詔赴鄴都潞州節度判官任圜時在鎭州亦奉詔赴鄴魏琢申蒙謂繼韜曰國家急召此二人情可知矣弟繼遠年十五六謂繼韜曰兄有家財百萬倉儲十年宜自爲謀莫受人所制繼韜曰定哥以爲何如曰申蒙之言是也河北不勝河南不如與大梁通盟國家方事之殷焉能討我無如此算乃令繼遠將百餘騎詐云于晉絳擒生遂至汴梁主見之喜因令董璋將兵應接營于潞州之南加繼韜同平章事改昭義軍爲匡義軍繼韜令其愛子二人入質于汴及莊宗平河南繼韜惶恐計無所出將脫身于契丹會有詔赦之乃齎銀數十萬兩隨其母楊氏詣闕冀以賂免將行其弟繼遠曰兄往與不往利害一也以反爲名何面更見天下不如深溝峻壁坐食積粟尚可苟延歲月往則亡無日矣或曰君先世有大功于國主上季父也宏農夫人無恙保獲萬全及繼韜至厚賂宦官伶人言事者翕然稱留後本無惡意姦人惑之故也嗣昭親賢不可無嗣楊夫人亦于宮中哀祈劉皇后后每于莊宗前泣言先人之功以動聖情由是原之在京月餘屢從畋遊寵待如故李存渥深訶詆之繼韜心不自安復賂伶閹求歸本鎭莊宗不聽繼韜潛令紀綱書諭繼遠欲軍城更變望天子遣已安撫事泄斬于天津橋南二子齠年質于汴莊宗收城得之撫其背曰爾幼如是猶知能佐父造反長復何爲至是亦誅乃遣使往潞州斬繼遠函首赴闕命繼儔權知軍州事繼達充軍城巡檢未幾詔繼儔赴闕時繼儔以繼韜所畜婢僕玩好之類悉爲已有每日料選算校不時上路繼達怒謂人曰吾仲兄被罪父子誅死大兄不仁略無動懷而便烝淫妻妾詰責貨財慙恥見人生不如死繼達服縗麻引數百騎坐于戟門呼曰爲我反乎卽令人斬繼儔首投于戟門之內副使李繼珂聞其亂也募市人千餘攻于城門繼達登城樓知事不濟啓子城東門至其第盡殺其孥得百餘騎出潞城門將奔契丹行不十里麾下奔潰自刭于路隅天成初繼能爲相州刺史母楊氏卒于太原繼能繼襲奔喪行服繼能笞掠母主藏婢責金銀數因笞至死家人告變言聚甲爲亂繼能繼襲皆伏誅嗣昭諸子自相屠害幾于流盡惟繼忠一人僅保其首領焉

裴約潞州之舊將也初事李嗣昭爲親信及繼韜之叛約方戍潞州因召民泣而諭之曰余事故使已餘二紀每見分財享士志在平讎不幸薨歿今郎君父喪未葬卽背君親余可傳刃自殺不能送死與人衆皆感泣繼而梁以董璋爲澤州刺史率衆攻城約拒久之告急于莊宗莊宗知其忠懇謂諸將曰朕于繼韜何薄于裴約何厚裴約能分逆順不附賊黨先兄一何不幸生此鴟梟乃顧李紹斌曰爾識機便爲我取裴約來朕不藉澤州彈丸之地卽遣紹斌率五千騎以赴之紹斌自遼州進軍未至城已陷約被害時同光元年六月也帝聞之嗟痛不已

李嗣本鴈門人本姓張父準銅冶鎭將嗣本少事武皇爲帳中紀綱漸立戰功得補軍校乾寧中從征李匡儔爲前鋒與燕人戰得居庸關以功爲義兒軍使因賜姓名從討王行瑜授檢校刑部尚書改威遠寧塞等軍使五年討羅宏信于魏州嗣本爲前鋒師還改馬軍都將從李嗣昭討王暉于雲州論功加檢校司空汴將李思安之圍潞州也從周德威軍于余吾嗣本率騎軍日與汴人轉鬬前後獻俘千計遷代州刺史六年從攻晉絳爲蕃漢副都校及武皇喪事有日嗣本監護其事改雲中防禦使雲蔚應朔等州都知兵馬使加特進檢校太保九年周德威討劉守光嗣本率代北諸軍生熟吐渾收山後八軍得納降軍使盧文進武州刺史高行珪以獻幽州平論功授振武節度使號威信可汗十二年莊宗定魏博劉鄩據莘縣命嗣本入太原巡守都城十三年從破劉鄩于故元城收洺磁衞三郡六月還鎭振武八月契丹安巴堅傾塞犯邊其衆三十萬攻振武嗣本嬰城拒戰者累日契丹爲火車地道晝夜急攻城中兵少禦備殫竭城陷嗣本舉族入契丹有子八人四人陷于幕庭嗣本性剛烈有節義善戰多謀然治郡民頗傷苛急人以此少之也

李嗣恩本姓駱（歐陽史嗣恩本吐谷渾部人）年十五能騎射侍武皇于振武及鎭太原補鐵林軍小校從征王行瑜奉表獻捷加檢校散騎常侍漸轉突陣指揮使賜姓名天祐四年逐康懷英于河西解汾州之圍加檢校司空充左廂馬軍都將戰王景仁有功加檢校司徒救河中府與梁人接戰應弦斃者甚衆而猶中其口及退莊宗親視其傷深加慰勉轉內衙馬步都將遼州刺史十二年從莊宗入魏擊劉鄩有功轉天雄軍都指揮使劉鄩之北趣樂平也嗣恩襲之倍程先入晉陽時城中無備得嗣恩兵至人百其勇鄩聞其先過乃遁莘之戰以功轉代州刺史充石嶺關以北都知兵馬使稍遷振武節度使十五年追赴行在卒于太原天成初明宗敦念舊勳詔贈太尉有子二人長曰武八騎射推于軍中嘗有時輩臂飢鷹矜其搏擊武八持鳴鏑一隻賭其狩獲暮乃多之戰契丹于新州殁焉幼曰從郎累爲行軍司馬

史臣曰嗣昭以精悍勤勞佐經綸之業終没王事得以爲忠然其後嗣皆不免于刑戮者何也蓋貨殖無窮多財累愚故也抑苟能以清白遺子孫安有斯禍哉裴約以偏裨而効忠烈尤可貴也嗣本嗣恩皆以中涓之効參再造之功故可附于兹也

舊五代史卷五十二攷證

唐列傳四李嗣昭傳初嗜酒　案歐陽史作初喜嗜酒　吳縝纂誤云喜卽嗜也疑賸喜字

武皇乃以嗣昭爲昭義節度使　案舊唐書作太原李克用以其子嗣昭爲留後攷嗣昭本克柔養子舊唐書以爲武皇子殊誤

嗣昭有子七人長曰繼儔澤州刺史次繼韜繼忠繼能繼襲繼遠　案嗣昭有子七人此傳僅載其六歐陽史仍薛史之舊據繼韜附傳有弟繼達合數之恰得七人也

李繼韜傳命爲安義軍兵馬留後　案通鑑注云後唐改昭義爲安義蓋爲嗣昭避諱也歐陽史仍作昭義

裴約傳卽遣紹斌率五千騎以赴之　李紹斌歐陽史作李存審攷是書莊宗紀亦作紹斌疑歐陽史誤

李嗣恩傳戰契丹于新州殁焉　案遼史太祖紀二年三月合戰于新州東殺李嗣本之子武八攷武八本嗣恩子而遼史以爲嗣本子蓋傳聞之誤

安巴堅舊作阿保機今改

舊五代史卷五十三

宋門下侍郎參知政事監修國史薛居正等撰

唐書第二十九

列傳五

李存信本姓張父君政回鶻部人也大中初隨懷化郡王李思忠內附因家雲中之台羅川存信通黠多數會四夷語別六蕃書善戰識兵勢初爲獻祖親信從武皇入關平賊始補軍職賜姓名大順中累遷至馬步都校與李存孝擊張濬軍于平陽時存孝驍勇冠絕軍中皆下之惟存信與爭功由是相惡有同水火及平定潞州存孝以功望領節度既而康君立授旄鉞存孝怒大剽潞民燒邑屋言發流涕疑存信擠已故也明年存孝得邢洺武皇與之節鉞存孝慮存信離間欲立大功以勝之屢請兵于武皇請兼并鎭冀存信間之不時許大順二年武皇大舉略地山東以存信爲蕃漢馬步都校存孝聞之怒武皇令存質代之存孝乃謀叛旣誅以存信爲蕃漢都校從討李匡儔降赫連鐸白義誠以功授檢校僕射從入關討王行瑜加檢校司空領郴州刺史乾寧三年兗鄆乞師于武皇武皇遣存信營于莘縣與朱瑄合勢以抗梁人梁祖患之遣使諜羅宏信曰河東志在吞食河朔迴軍之日貴道堪憂而存信戢兵無法稍侵魏之芻牧宏信怒翻然結于梁祖乃出兵三萬以攻存信存信斂衆而退爲魏人所薄委棄輜重退保洺州軍士喪失者十二三武皇怒大出師攻魏博屠陷諸邑五月存信攻于洹水汴將葛從周氏叔琮來援魏人存信與鐵林都將落落遇汴人于洹水南汴人爲陷馬坎以待之存信戰敗落落被擒九月存信敗葛從周于宗城乘勝至魏州之北門明年閏兗鄆皆陷乃班師八月從討劉仁恭師次安塞爲燕軍所敗武皇怒謂存信曰昨日吾醉不悟賊至公不捄耶古人三敗公始二矣存信懼泥首謝罪幾至不測自光化已後存信多稱病武皇以兵柄授李嗣昭以存信爲右校而已天復二年十月以疾卒于晉陽時年四十一

李存孝本姓安名敬思（新唐書存孝飛狐人）少于俘囚中得隸紀綱給事帳中及壯便騎射驍勇冠絕常將騎爲先鋒未嘗挫敗從武皇救陳許逐黃冠及遇難上源每戰無不尅捷張濬之加兵于太原也潞州小校馮霸殺其帥李克恭以城叛時汴將朱崇節入潞州梁祖令張全義攻澤州李罕之告急于武皇武皇遣存孝率騎五千援之初汴人攻澤州呼罕之曰相公常恃太原輕絕大國今

張相公圍太原葛司空已入潞府旬日之內沙陁無穴自處相公何路求生耶存孝聞其言不遜選精騎五百繞汴營呼曰我沙陁求穴者俟爾肉餧軍可令肥者出鬭汴將有鄧季筠者亦以驍勇聞乃引軍出戰存孝激勵部衆舞矟先登一戰敗之獲馬千匹生擒季筠于軍中是夜汴將李讜收軍而遁存孝追擊至馬牢山俘斬萬計遂退攻潞州時朝廷命京兆尹孫揆爲昭義節度使令供奉官韓歸範送旌節至平陽揆乃仗節之潞梁祖與揆牙兵三千爲紀綱時揆爲張濬副招討所部萬人八月自晉絳踰刀黃嶺趣上黨存孝引三百騎伏于長子西崖間揆褒衣大蓋擁衆而行俟其軍前後不屬存孝出騎橫擊之擒揆與歸範及俘四五百獻于太原存孝乃急攻潞州九月葛從周棄城夜遁存孝收城武皇乃表康君立爲潞帥存孝怒不食者累日十月存孝引收潞州之師圍張濬于平陽營于趙城華州韓建遣壯士三百夜犯其營存孝諜知設伏以擊之盡殪進壓晉州西門獲賊三千自是閉壁不出存孝引軍攻絳州十一月刺史張行恭棄城而去張濬韓建亦由含口而遁存孝收晉絳以功授汾州刺史大順二年三月邢州節度使安知建叛入汴軍武皇令存孝定邢洺因授之節鉞時幽州李匡威與鎭州王鎔屢弱中山將中分其疆土定州王處存求援于武皇武皇命存孝侵鎭趙之南鄙又令李存信李存審率師出井陘以會之并軍攻臨城柏鄉李匡威救至且議旋師李存信與存孝不協因構于武皇言存孝望風退衂無心擊賊恐有私盟也存孝知之自恃戰功鬱鬱不平因致書通王鎔又歸款于汴明年武皇自出井陘將逼眞定存孝面見王鎔陳軍機武皇暴怒誅先獲汴將安康八方旋師七月復出師討存孝自縛馬關東下攻平山渡滹水擊鎭州四關城王鎔懼遣使乞平請以兵三萬助擊存孝許之（新唐書王鎔失幽州助因乞盟進幣五十萬歸糧二十萬請出兵助討存孝）武皇蒐于欒城李存信屯琉璃陂九月存孝夜犯存信營奉誠軍使孫考老被獲存信軍亂武皇進攻邢州深溝高壘以環之旋爲存孝衝突溝塹不成有軍校袁奉韜者密令人謂存孝曰大王俟塹成即歸太原如塹壘未成恐無歸志尙書所畏惟大王耳料諸將孰出尙書右王若西歸雖限以黃河亦可浮渡況咫尺之泒安能阻尙書鋒銳哉存孝然之縱兵成塹居旬日深溝高壘飛走不能及由是存孝至敗城中食盡乾寧元年三月存孝登城首罪泣訴于武皇曰兒蒙王深恩位至將帥苟非讒慝離間曷欲捨父子之深恩附仇讎之黨兒雖褊狹設計實存信搆陷至此若得生見王面一言而死誠所甘心武皇愍之遣劉太妃入城慰勞太妃引來謁見存孝泥首請罪曰兒立微勞本無顯過但被人中傷申明無路迷昧至此武皇叱之曰爾與王鎔書狀罪我萬端亦存信教耶縶歸太原車裂于市然武皇深惜其才存孝每臨大敵被重鎧櫜弓坐矟僕人以二騎從陣中易騎輕捷如飛獨舞鐵檛挺身陷陣萬人辟易蓋古張遼甘寧之比也存孝死武皇不視事旬日私憾諸將久之

李存進振武人本姓孫名重進（歐陽史太祖破朔州得之賜以姓名養爲子）父佺世吏單于府重進初仕嵐州刺史湯羣爲部校獻祖誅羣乃事武皇從入關還鎭太原署牙職景福中爲義兒軍使賜姓名從討王行瑜以功授檢校常侍與李嗣昭同破王珙于河中光化三年契丹犯塞冦雲中改永州軍使鴈門以北都知兵馬使天復初破氏叔琮前軍于洞渦三年授石州刺史莊宗初嗣位入爲步軍右都檢校司空師出井陘授行營馬軍都虞候破汴軍于相鄉論功授邠州刺史轉檢校司徒俄兼西南面行營招討使出師收慈州授慈沁二州刺史十二年定魏博授天雄軍都巡按使時魏人初附有銀槍効節都强傑難制專謀騷動存進沈厚果斷犯令者梟首尸于市諸軍無不惕息靡然向風十四年擢蕃漢馬步副總管從攻楊劉戰胡柳十六年以本職兼領振武節度使時王師據德勝渡汴軍據楊村渡在上流汴人運洛陽竹木造浮橋以濟軍王師以船渡緩急難濟存進率意欲造浮橋軍吏曰河橋須竹笮大䌫兩岸石倉鐵牛以爲固今無竹石竊慮難成存進曰吾成算在心必有所立乃課軍造葦笮維大艦數十艘作土山植巨木于岸以纜之初軍中以爲戲月餘橋成制度條直人皆服其勤智莊宗舉酒曰存進吾之杜預也賜寶馬御衣進檢校太保兼魏博馬步都將與李存審圍德勝十九年汴將王瓚率衆過北城爲地穴火車百道進攻存進隨機拒應或經日不得食汴軍退加檢校太傅王師討張文禮于鎭州閻寶李嗣昭相次不利而歿七月存進代嗣昭爲招討進營東垣渡夾滹沲爲壘沙土散惡垣壁難成存進斬伐林樹版築旬日而就賊不能寇九月王處球盡率其衆乘其無備奄至壘門存進聞之得部下數人出鬬驅賊于橋下俄而賊大至後軍不繼血戰而歿時年六十六同光時贈太尉存進行軍出師雖無奇迹然能以法繩其驕放營壘守戰之備特推精力議者稱之有子四人長曰漢韶

漢韶字亨天幼有器局風儀峻整初事莊宗爲定安軍使遷河東牢城指揮使時孟知祥權知太原軍府事會契丹侵北鄙表令漢韶率師進討既而大破契丹以功加檢校右僕射同光中爲蔡州刺史天成初復姓孫氏尋授彰國軍留後累加檢校太保長興中爲洋州節度使（九國志閔帝嗣位加特進漢韶以其父名上表讓之改檢校左僕射制曰改會稽之字抑有前聞換瓌寶之文非無故事）末帝之起于鳳翔也漢韶與興元張虔釗各帥部兵會王師于岐山下及西師俱叛漢韶逃歸本鎭聞末帝卽位心不自安乃與張虔釗各舉其城送款于蜀洎至成都孟知祥以漢韶故人尤善待之（九國志漢韶與知祥敘汾上舊事及洛中更變相對感泣知祥曰豐沛故人相遇于此何樂如之于是賜第宅金帛供帳什物悉官給之）僞命永平軍節度使孟昶嗣僞位歷興元遂州兩鎭連帥累僞官至中書令封安樂郡王年七十餘卒于蜀

李存璋字德璜雲中人武皇初起雲中存璋與康君立薛志勤等爲奔走交從入關以功授國子祭酒累管萬勝雄威等軍從討李匡儔改義兒軍使光化二年授澤州刺史入爲牢城使從李嗣昭討雲州叛將王暉平之改教練使檢校司空五年武皇疾篤召張承業與存璋授遺顧存璋爰立莊宗夷內難頗有力焉改河東馬步都虞候兼領鹽鐵初武皇稍寵軍士藩部人多干擾鄽市肆其豪奪法司不能禁莊宗初嗣位銳于求理存璋得行其志抑强扶弱誅其豪首朞月之間紀綱大振弭羣盜務耕稼去姦宄息倖門當時稱其材幹從破汴軍于夾城轉檢校司徒柏鄉之役爲三鎭排陣使十一年從盟朱友謙于猗氏授汾州刺史汴將尹皓攻慈州逆戰敗之十三年王檀逼太原存璋率汾州之軍入城固守授大同防禦使應蔚朔等州都知兵馬使秋契丹陷蔚州安巴堅遣使馳木書求賂存璋斬其使契丹逼雲州存璋拒守城中有古鐵車乃鎔爲兵仗以給軍士敵退以功加檢校太傅大同軍節度使應蔚等州觀察使十九年四月以疾卒于雲州府第同光初追贈太保平章事晉天福初追贈太師有子三人彥球爲裨校戰歿于鎭州

李存賢字子良本姓王名賢許州人祖敬忠父惲賢少遇亂入黃巢軍武皇破賊陳許存賢來歸景福中典義兒軍爲副兵馬使因賜姓名天祐三年從周德威赴援上黨營于交口五年權知蔚州刺史以禦吐渾六年權沁州刺史先是州當賊境不能保守乃于州南五十里據險立柵爲治所已歷十餘年矣存賢至郡乃移復舊郡刻關荆棘特立廨舍州民完集莊宗嘉之轉檢校司空眞拜刺史九年汴人乘其無備來攻其城存賢擊退之十一年授武州刺史山北團練使十二年移刺慈州七月汴將尹皓攻州城存賢督軍拒戰汴軍攻擊百端月餘遁去十八年河中朱友謙來求援命存賢師赴之十九年汴將段凝軍五萬營臨晉蒲人大恐咸欲歸汴或問于存賢曰河中將士欲拘公降于汴存賢曰吾奉命河中死王事固其所也汴軍退以功加檢校司徒同光初授右武衞上將軍十一月入覲洛陽二年三月幽州李存審疾篤求入覲議擇帥代之方內宴莊宗曰吾披榛故人零落殆盡所存者存審耳今復衰疾北門之事知付何人因目存賢曰無易于卿卽日授特進檢校太保充幽州盧龍節度使五月到鎭時契丹彊盛城門之外烽塵交警一日數戰存賢性忠謹周愼晝夜戒嚴不遑寢食以至憂勞成疾卒于幽州時年六十五詔贈太傅存賢少有材力善角觝初莊宗在藩邸每宴私與王郁角觝鬬勝郁頻不勝莊宗自矜其能謂存賢曰與爾一博如勝賞爾一郡卽時角觝存賢勝得蔚州刺史

史臣曰昔武皇之起并汾也會鹿走于中原期龍戰于大澤蓄驍果之士以備鷹犬之用故自存信而下皆錫姓以結其心授任以責其效與夫董卓之畜呂布亦何殊哉惟存孝之勇足以冠三軍而長萬夫苟不爲叛臣則可謂良將矣

舊五代史卷五十三攷證

唐列傳五李存信傳李存信本姓張　案梁紀作張汚落蓋本名汚落賜名存信

李存孝傳位至將帥　案歐陽史作位至將相吳縝纂誤云存孝本傳止爲邢州留後未嘗爲平章事何故云位至將相耶

李存進傳父佺世吏單于　案九國志孫漢韶傳云祖昉嵐州刺史父存進振武軍節度使據是書存進父名佺未嘗爲刺史與九國志異

李存賢傳李存賢字子良本姓王名賢許州人祖敬忠父惲　案九國志李奉虔傳奉虔太原人本姓王氏祖欽唐隰州刺史父存賢佐唐武皇累著功賜姓李氏攷是書作許州人又作父惲不載其官爵與九國志異

十八年河中朱友謙來求援　案吳縝纂誤據梁末帝紀及莊宗本紀當作十七年

汴軍退　案歐陽史作擊走梁兵吳縝纂誤云朱友謙符存審劉鄩傳載鄩討友謙存審救之而鄩敗其事始末甚明無存賢擊走梁兵之事況大將自是存審安得屬其姓而存賢獨有功乎今攷是書止作汴軍退不言存賢擊退較歐陽史爲得其實

卽日授特進檢校太保充幽州盧龍節度使　案九國志梁人攻上黨莊宗親總大軍以援之存賢先登陷敵以功授盧龍軍節度使與是書異

存賢勝得蔚州刺史　案存賢爲蔚州刺史在天祐五年蓋因角觝而得郡也歐陽史作與爾一鎭以爲盧龍節度使與是書異

安巴堅舊作阿保機今改

舊五代史卷五十四

宋門下侍郎參知政事監修國史薛居正等撰

唐書第三十

列傳六

王鎔其先回鶻部人也遠祖沒諾干唐至德中事鎭州節度使王武俊爲騎將武俊嘉其勇幹畜爲假子號王五哥其後子孫以王爲氏四代祖廷湊事鎭帥王承宗爲牙將長慶初承宗卒穆宗命田宏正爲成德軍節度使旣而鎭人殺宏正推廷湊爲留後朝廷不能制因以旄鉞授之廷湊卒子元逵尚文宗女壽安公主元逵卒子紹鼎立紹鼎卒子景崇立皆世襲鎭州節度使並前史有傳景崇位至太尉中書令封常山王中和二年卒鎔卽景崇之子也年十歲三軍推襲父位大順中武皇將李存孝旣平邢洺因獻謀於武皇欲兼幷鎭定乃連年出師以攘鎭之屬邑鎔苦之遣使求救於幽州　舊唐書云時天子蒙塵九州鼎沸河東節度使李克用虎視山東方謀吞據鎔閉壁自守晉軍討孟方立晉將李存孝侵鎔南鄙鎔求援于幽州頻歲出軍以爲鎔援時匡威兵勢方盛以鎔沖弱將有窺圖之志景福二年春匡威率精騎數萬再來赴援會匡威弟匡儔奪據兄位匡威退無歸路鎔乃延入府第館於寶壽佛寺鎔以匡威因己而失國又感其援助之力事之如父五月鎔謁匡威于其館匡威陰遣部下伏甲劫鎔抱持之鎔曰公戒部人勿造次吾國爲晉人所侵垂將覆滅賴公濟援之力幸而獲存今日之事本所甘心卽並轡歸府舍鎔軍拒之竟殺匡威鎔木疎瘦時年始十七當與匡威並轡之時雷雨驟作屋瓦皆飛有一人于缺垣中望見鎔就之遂挾于馬上肩之而去翼日鎔但覺項痛頭偏蓋因爲有力者所挾不勝其苦故也旣而訪之則曰墨君和乃鼓刀之士也遂厚賞之　太平廣記引劉氏耳目記云眞定墨君和幼名三旺眉目稜岸肌膚若鐵年十五六趙王鎔初卽位曾見之悅而問曰此中何得崑崙兒也問其姓與形質相應卽呼爲墨崑崙因以皂衣賜之是時常山縣邑屢爲并州中軍所侵掠趙之將卒疲于戰敵告急于燕王李匡威率師五萬來救之并人攻陷數城燕王聞之親領五萬騎徑與晉師戰于元氏晉師敗績趙王感燕王之德椎牛灑酒大犒于槀城輦金二十萬以謝之燕王歸國比及境上爲其弟匡儔所拒趙人以其有德于我遂營東圃以居之燕王自以失國又見趙王之幼乃圖之遂伏甲俟趙王旦至卽使擒之趙王請曰某承先代基構主此山河每被鄰寇侵漁困于守備賴大王武略累挫戎鋒獲保宗祧實資恩力顧惟幼懦夙有卑誠望不匆匆可伸交讓願與大王同歸衙署卽軍府必不拒違燕王以爲然遂與趙王並轡而進俄有大風幷黑雲起于城上大雨雷電至東角門內有勇夫袒臂旁來拳毆燕之介士卽挾負趙王踰垣而走遂得歸公府問其姓名君和恐其難記但言曰硯中之物王心志之左右軍士旣見主免難遂逐燕王燕王退走于東圃趙人圍而殺之趙王名墨生以千金賞之兼賜上第一區良田萬畝仍恕其十死奏授光祿大夫

鎔旣失燕軍之援會武皇出師以逼眞定鎔遣使謝罪出絹二十萬匹及具牛酒犒軍自是與鎔俱好如初洎梁祖兼有山東虎視天下鎔畏辭厚禮以通和好　新唐書羅紹威傳紹威勸鎔共尊全忠鎔依違全忠不悅　光化三年秋梁祖將吞河朔乃親征鎭定旣燔鎭之關城謂賓佐曰事急矣謀其所向判官周式者有口辯出見梁祖梁祖盛怒逆謂式曰王公朋附幷汾違盟爽信敝賦業已及此期于無捨式曰公爲唐室之桓文當以禮義而成霸業返欲窮兵黷武天下其謂公何　[illegible]　梁祖喜引式袂而慰之曰前言戲之耳卽送牛酒貨幣以犒軍式請鎔子昭祚及大將梁公儒李宏規子各一人質于汴梁祖以女妻昭祚及梁祖稱帝鎔不得已行其正朔其後梁祖常慮河朔悠久難制會羅紹威卒因欲除移鎭定先遣親軍三千分據鎔深冀二郡以鎭守爲名又遣大將王景仁李思安率師七萬營于柏鄉鎔遣使告急莊宗莊宗命周德威率兵應之鎔復奉唐朝正朔稱天祐七年及破梁軍于高邑我軍大振自是遣大將王德明率三十七都從莊宗征伐收燕降魏皆預其功然鎔未嘗親軍遠出八年七月鎔至承天軍與莊宗合宴同盟奉觴獻壽以申感槩莊宗以鎔父友曲加敬異爲之聲歌鎔亦報之謂莊宗爲四十六舅中歡莊宗抽佩刀斷衿爲盟許女妻鎔子昭誨因茲堅附于莊宗矣鎔自幼聰悟然仁而不武征伐出於下特以作藩數世專制四州高屏塵務不親軍政多以閹人秉權出納決斷悉聽所爲皆雕靡第舍崇飾園池植奇花異木遞相誇尚人士皆裒衣博帶高車大蓋以事嬉遊藩府之中當時爲盛鎔宴安旣久惑於左道專求長生之要常聚緇黃合鍊仙丹或講說佛經親受符籙西山多佛寺又有王母觀鎔增置館宇雕飾土木道士王若訥者誘鎔登山臨水訪求仙迹每一出數月方歸百姓勞弊王母觀石路旣峻不通輿馬每登行命僕妾數十人維錦繡牽持而上有閹人石希蒙者姦寵用事爲鎔所嬖恒與之臥起天祐八年冬十二月鎔自西山迴宿於鶻營莊將歸府第希蒙勸之他所宦者李宏規謂鎔曰方今晉王親當矢石櫛沐風雨王禪供軍之租賦爲不急之遊盤世道未夷人心多梗久虛府第遠出遊從如樂禍之徒翻然起變拒門不納則王欲何歸鎔懼促歸希蒙譖宏規專作威福多蓄猜防鎔由是復無歸志宏規聞之怒使親事偏將蘇漢衡率兵擐甲遽至鎔前露刃謂鎔曰軍人在外已久願從王歸宏規進曰石希蒙說王遊從勞弊士庶又結構陰邪將爲大逆臣已偵視情狀不虛請王殺之以除禍本鎔不聽宏規因令軍士聚譟斬希蒙首抵于前鎔大恐遂歸是日令其子昭祚與張文禮以兵圍李宏規及行軍司馬李藹宅並族誅之誅其黨凡數十家又殺蘇漢衡收部下偏將下獄窮其反狀親軍皆恐懼不時給賜衆益懼文禮因其反側密諭之曰王將坑爾曹宜自圖之衆皆掩泣相謂曰王待我如是我等焉能効忠是夜親事軍十餘人自子城西門踰垣而入鎔方焚香受籙軍士二人突入斷其首袖之而出遂焚其府第煙焰亘天兵士大亂鎔姬妾數百皆赴水投火而死軍校有張友順者率軍入至張文禮之第請爲留後遂盡殺王氏之族鎔子昭祚朝賜號敬聽保定久大功臣位至成德軍節度使守太師中書令趙王梁祖加尚書令初鎔之遇害不獲其尸及莊宗攻下鎭州鎔之舊人于所焚府第灰間方得鎔之殘骸莊宗命幕客致祭葬于王氏故塋鎔長子昭祚亂之翼日張文禮索之斬于軍門次子昭誨當鎔被禍之夕昭誨爲軍人擄出府第置之地穴十餘日乃髡其髮被以僧衣爲湖南綱官李震南還軍士以昭誨託于震震置之茶褚中旣至湖湘乃令依南嶽寺僧習業歲給其費昭誨年長思歸震卽齎送而還時鎔故將符習爲汴州節度使會昭誨來投卽表其事曰故趙王王鎔小男昭誨年十餘歲遇禍爲人所匿免今尚爲僧名崇隱蓮令赴闕明宗賜衣一襲令脫僧服頊之昭誨稱前成德軍中軍使檢校太傅詔中書陳狀特授朝議大夫檢校考功郎中司農少卿賜金紫符習因以女妻之其後累歷少列周顯德中遷少府監

王處直　案王處直傳原本止存王都篡立之事而處直事闕佚今攷舊唐書列傳云處直字允明處存母弟也初爲定州後院軍都知兵馬使汴人入寇處存拒戰不利而退三軍大譟推處直爲帥乃權知留後事汴將張存敬攻城甚急處直登城呼曰敝邑于朝廷未嘗不忠于藩鄰未嘗失禮不虞君之涉吾地何也朱溫使人報之曰何以附太原而弱鄰道處直報曰吾兄與太原同時立勳王室地又親鄰修好往來常道也請從此改圖溫許之仍歸罪于孔目吏梁問出絹十萬匹牛酒以犒汴軍存敬修盟而退溫因表授旄鉞檢校左僕射天祐元年加太保封太原王後仕僞梁授北平王檢校太尉不數歲復歸于莊宗後十餘年爲其子都廢歸私第尋卒年六十一

王都本姓劉小字雲郎中山陘邑人也初有妖人李應之得于村落間養爲己子及處直有疾應之以左道醫之不久病間處直神之待爲羽人始假幕職出入無間漸署爲行軍司馬軍府之事咸取決焉處直時未有子應之以都遺於處直曰此子生而有異因是都得爲處直之子其後應之閱白丁于管內別置新軍起第於博陵坊面開一門動皆鬼道處直信重日隆將校栢慮變在朝夕謀先事爲禍會燕師假道伏甲於外城以備不虞昧旦入郭諸校因引軍以圍其第應之死於亂兵咸云不見其尸衆不解甲乃逼牙帳請殺都處直堅靳之久乃得免翼日賞勞籍其兵于臥內自隊長已上記于別簿漸以他事孥戮迨二十年別簿之記略無孑遺都旣成長總其兵柄姦詐巧佞生而知之處直愛養漸有付託之意時處直諸子尚幼乃以都爲節度副大使王郁者亦處直之孽子也　案以下有闕文　天祐十八年十二月莊宗親征鎭州敗契丹于沙河明年正月乘勝追敵過定州都馬前奉迎莊宗幸其府第曲宴都有愛女十餘歲莊宗與之論婚許爲皇子繼岌之妻自是恩寵特異奏請無不從同光三年莊宗幸鄴都都來朝覲留宴旬日錫賚鉅萬遷太尉侍中時周元豹見之曰形若鯉魚難免刀七及明宗嗣位加中書令然以其奪據父位心深惡之初同光中祁易二州刺史都奏部下將校爲之不進戶口租賦自贍本軍天成初仍舊旣而安重誨用事稍以朝政釐之時契丹犯塞諸軍多屯幽易間大將往來都陰爲之備屢廢迎送漸成猜間和昭訓爲都籌畫

曰主上新有四海其勢易離可圖自安之計會朱守殷據汴州反鎭州節度使王建立與安重誨不協心懷怨嫉都陰知之乃遣人說建立謀叛建立僞許之密以狀聞都又與青徐岐潞梓五帥蠟書以離間之三年四月制削都在身官爵遣宋州節度使王晏球率師討之都急與王郁謀引契丹爲援洎王師攻城契丹將托諾率驍騎萬人來援都與契丹合兵大戰于嘉山爲王師所敗惟托諾以二千騎奔入定州都倚之守城呼爲諸王屈身瀝懇冀其盡力孤壘周年亦甚有備諸校或思歸欵以其訪察嚴密殺人相繼人無宿謀故數構不就都好聚圖書自常山始破梁國初平令人廣將金帛收市以得爲務不責貴賤書至三萬卷名畫樂器各數百皆四方之精妙者萃于其府四年二月晏球拔定州時都校馬讓能降于曲陽門都巷戰而敗奔馬歸于府第縱火焚之府庫妻孥一夕俱燼惟擒托諾并其男四人弟一人獻于行在李繼陶者莊宗初畧地河朔俘而得之收養于宮中故名曰得得天成初安重誨知其本末付段佪養之爲兒佪知其不稱許其就便王都素蓄異志潛取以歸呼爲莊宗太子及都叛遂僭其服裝時俾乘墉欲惑軍士人咸知其僞競詬辱之城陷晏球獲之拘送于闕下行至邢州遣使戮焉

史臣曰王鎔據鎭冀以稱王治將數世處直分易定以爲帥亦旣重侯一則惑佞臣而覆其宗一則變孽子而失其國其故何哉蓋富貴斯久仁義不修目眩于妖妍耳惑於絲竹故不能防姦于未兆察禍于未萌相繼敗亾又誰咎也

舊五代史卷五十四攷證

唐列傳六王鎔傳紹鼎卒子景崇立　案新唐書藩鎭傳紹鼎卒子幼未能事以元逵次子紹懿爲留後紹懿卒乃復授紹鼎子景崇與是書異

自是燕帥李匡威頻歲出軍以爲鎔援　案太平廣記引劉氏耳目記趙王鎔方在幼冲而燕軍寇北鄙王選將拒之有勇士陳力劉幹投刺軍門願以五百人嘗寇翼日力卒於鋒刃之下幹唱凱而還據是書鎔方以燕帥爲援未嘗與燕軍戰疑耳目記傳聞之誤

館于寶壽佛寺　案歐陽史作館于梅子園

和昭訓爲都籌畫　和昭訓宋史趙上交傳作和少微

都又與青徐岐潞梓五帥蠟書以離間之　案通鑑作青徐潞益梓五帥胡三省注云是時青帥霍彥威徐帥房知溫潞帥毛璋益帥孟知祥梓帥董璋是書有岐帥而無益帥與通鑑異歐陽史從是書

托諾舊作禿餒今改

舊五代史卷五十五

宋門下侍郎參知政事監修國史薛居正等撰

唐書第三十一

列傳七

康君立蔚州興唐人世爲邊豪乾符中爲雲州牙校事防禦使段文楚時羣盜起河南天下將亂代北仍歲阻饑諸部豪傑咸有嘯聚邀功之志會文楚稍削軍人儲給戍兵咨怨君立與薛鐵山程懷信王行審李存璋等謀曰段公懦人難與共事方今四方雲擾武威不振丈夫不能于此時立功立事非人豪也吾等雖權係部衆然以雄勁聞于時者莫若沙陁部復又李振武父子勇冠諸軍吾等合勢推之則代北之地旬月可定功名富貴事無不濟也君立等乃夜謁武皇言曰方今天下大亂天子付將臣以邊事歲偶饑荒便削儲給我等邊人焉能守死公家父子素以威惠及五部當共除虐帥以謝邊人孰敢異議者武皇曰明天子在上舉事當有朝典公等勿輕議予家尊遠在振武萬一相迫俟予稟命君立等曰事機已洩遲則變生曷俟千里咨稟衆因聚譟擁武皇比及雲州衆且萬人師營鬬雞臺城中械文楚以應武皇之軍旣收城推武皇爲大同軍防禦留後衆狀以聞朝廷不悅詔徵兵來討俄而獻祖失振武武皇失雲州朝廷命招討使李鈞幽州李可舉加兵于武皇攻武皇于蔚州君立從擊可舉之師屢捷及獻祖入達靼君立保感義軍武皇授鴈門節度以君立爲左都押牙從入關逐黃孽收長安武皇還鎭太原授檢校工部尚書先鋒軍使文德初李罕之旣失河陽來歸於武皇且求援焉乃以君立充南面招討使李存孝副之師二萬助罕之攻取河陽三月與汴將丁會牛存節戰于沇河臨陣之次騎將安休休叛入汴軍君立引退八月授汾州刺史大順元年潞州小校安居受反武皇遣君立討平之授檢校左僕射昭義節度使自武皇之師連歲略地於邢洺攻孟方立君立常率澤潞之師以爲掎角景福初檢校司徒食邑千戶二年李存孝據邢州叛武皇命君立討之以功加檢校太保乾寧初存孝平班師存孝旣死武皇深惜之怒諸將無解愠者初李存信與存孝不協屢相傾奪而君立素與存信善九月君立至太原武皇會諸將酒博因語及存孝事流涕不已時君立以一言忤旨武皇賜酖而殂時年四十八明宗卽位以念舊之故詔贈太傅

薛志勤蔚州奉誠人小字鐵山初爲獻祖帳中親信乾符中與康君立共推武皇定雲州以功授右牙都校從入達靼武皇授節鴈門志勤領代北軍使從入關收京城以功授檢校工部尚書河東右都押牙先鋒右軍使從武皇救陳許平黃巢武皇遇難於上源驛汴將楊彥洪連車樹柵遮絕巷陌時騎從皆醉宴席旣闌汴軍四面攻傳舍志勤攄勇冠絕復酒膽激壯因獨登驛樓大呼曰朱僕射負恩無行邀我司空圖之吾三百人足以濟事因彎弧發射矢無虛發汴人斃者數十志勤私謂武皇曰事急矣如至五鼓吾屬無遺類矣可速行因扶武皇而去雷雨暴猛汴人扼橋志勤以其屬血戰擊敗之得侍武皇還營由是恩顧益厚大順初張濬以天子之師來侵太原十月大軍入陰地志勤與李承嗣率騎三千抗之敗韓建之軍于蒙坑進收晉絳以功授忻州刺史二年從討鎭州收天長臨城志勤皆先登陷陣勇敢無前王暉據雲州叛討平之以志勤爲大同軍防禦使檢校司空乾寧初代康君立爲昭義節度使光化元年十二月以疾卒於潞時年六十二

史建瑭字國寶父敬思鴈門人仕郡至牙校武皇節制鴈門敬思爲九府都督從入關定京師及鎭太原爲裨將中和四年從援陳許爲前鋒敗黃巢于汴上追賊至徐兗常將騎挺身酣戰勇冠諸軍是時天下之師雲集軍中無不推伏六月衛從武皇入汴州舍于上源驛是夕爲汴人所攻敬思方大醉因蹶然而興操弓與汴人鬬矢不虛發汴人死者數百夜分冒雨方達汴橋左右扶武皇決圍而去敬思後拒血戰而歿武皇還營知失敬思流涕久之建瑭以父廕少仕軍門光化中典昭德軍與李嗣昭攻汾州率先登城擒叛將李瑭以獻授檢校工部尚書李思安之圍上黨也建瑭爲前鋒與總管周德威赴援時汴人夾城深固援路斷絕建瑭日引精騎設伏擒生夜犯汴營驅斬千計敵人不敢芻牧汴將王景仁營於柏鄉建瑭與周德威先出井陘高邑之戰日已晡晩汴軍有歸志建瑭督部落精騎先陷其陣夾攻魏滑之間遂長驅追擊夜入柏鄉俘斬數千計論功加檢校左僕射師還留戍趙州汴將氏延賞數犯趙之南鄙建瑭設伏柏鄉獲延賞獻之九年梁祖親攻蓨縣時王師併攻幽州聲言汴軍五十萬將寇鎭定都將符存審謂建瑭曰梁軍儻以五十萬來我等何以待之裨將趙行實曰走入土門爲上策存審曰事未可知但老賊在東別將西來尚可徐圖不旬日楊師厚圍棗強賀德倫圍蓨縣梁祖自至攻城甚急存審曰吾王方事北面南鄙之事付我等數人今西道無兵坐滋賊勢何以爲謀老賊若不下蓨阜必西攻深冀與公等料閱騎軍偵視賊勢乃選精騎八百趨信都存審扼下博橋建瑭與李嗣肱分道擒生建瑭乃分麾下三百騎爲五軍自將一軍深入各命俘掠梁軍之芻牧者還會下博橋翼日諸軍皆至獲芻牧者數百人聚而殺之緩數十人令其逸去各曰沙陁軍大至矣梁軍震恐明日建瑭嗣肱爲梁軍服色與芻牧者相雜晡晩及賀德倫寨門殺守門者縱火大譟斬俘而去是夜梁祖燒營而遁比至貝州迷失道路委棄兵仗不可勝計十二年魏博歸款建瑭與符存審前軍屯魏縣十三年敗劉鄩於元城收澶二州刺史屯于德勝十八年與閻寶討張文禮爲馬軍都將八月收趙州獲刺史王鋋進逼鎭州爲流矢所中卒於軍時年四十六

李承嗣代州鴈門人父佐方承嗣少仕郡補右職中和二年從武皇討賊關輔爲前鋒王師之攻華陰黃巢令僞客省使王汀會軍機於黃揆承嗣擒之以獻賊平以功授汾州司馬改檢校鎭將光啓初從討蔡賊于陳許上源之難遣承嗣奉表行在陳訴其事觀軍容田令孜館而慰諭令達情於武皇姑務協和仍授以左散騎常侍朱玫之亂遣承嗣率軍萬人援鄜州至渭橋迎扈車駕王行瑜旣殺朱玫承嗣會鄜夏之師入定京城獲僞相裴徹鄭昌圖函送朱玫襄王首獻于行在駕還宮賜號迎鑾功臣檢校工部尚書守嵐州刺史賜犒軍錢二萬貫時車駕初還三輔多盜承嗣按兵警禦輦轂乂安及還屯於鄜留別將馬嘉福五百騎宿衛孟方立之襲遼州也武皇遣承嗣設伏于榆社以待之邢人旣至承嗣發伏擊其歸兵大敗之獲其將奚忠信以功授洺州刺史及張濬之加兵于太原也時鳳翔軍營霍邑承嗣

率一軍攻之岐人夜遁追擊至趙城合大軍攻平陽旬有三日而拔師還改教練使檢校司徒乾寧二年兗鄆爲汴人所攻勢漸危蹙使乞師於武皇遣承嗣率三千騎假道于魏渡河援之時李存信屯于莘縣既而羅宏信背盟掩擊王師因茲隔絕及瑾失守承嗣與朱瑾史儼同入淮南承嗣史儼皆驍將也淮人得之軍聲大振（十國春秋吳列傳太祖署爲淮南行軍副使）武皇深惜之如失左右手乃遣趙岳間道使於淮南請歸承嗣等楊行密許之遣使陳令存修好于武皇其年九月汴將龐師古葛從周出師將收淮南朱瑾率淮南軍三萬與承嗣設伏於淸口大敗汴人生獲龐師古行密嘉其雄才留而不遣仍奏授檢校太尉領鎮海軍節度使天祐九年淮人聞莊宗有柏鄉之捷乃以承嗣爲楚州節度使以張掎角十七年七月卒於楚州時年五十五

史儼代州鴈門人以便騎射給事於武皇爲帳中親將驍果絕衆善擒生設伏望塵揣敵所向皆捷自武皇入定三輔誅黃巢每出師皆從乾寧中從討王行瑜師大渭北遣儼率五百騎護駕石門時京城大擾士庶奔逃散布南山儼分騎警衛比駕還京盜賊不作以功授檢校右散騎常侍屯於三橋者累月昭宗寵錫優異明年與李承嗣率騎渡河援兗鄆時汴軍雄盛自青徐兗鄆柵壘相望儼與騎將安福順等每以數千騎直犯營壘左俘右斬汴軍爲之披靡及朱瑾失守與李承嗣等奔淮南淮人比善水軍不閑騎射既得儼等軍聲大振尋挫汴軍于淸口其後併鍾傳擒杜洪俘錢鏐成行密之霸迹者皆儼與承嗣之力也淮人館遇甚厚妻孥第舍必推其甲故儼等盡其死力（十國春秋云儼累官滁州刺史）天祐十三年卒於廣陵

蓋寓蔚州人祖祚父慶世爲州之牙將武皇起雲中寓與康君立等推轂佐佑之因爲腹心武皇節制鴈門署職爲都押牙領嵐州刺史洎移鎮太原改左都押牙檢校左僕射武皇與之決事言無不從凡出征行靡不衛從（通鑑光啓二年駕幸興元大將蓋寓說克用曰鑾輿播遷天下皆歸咎于我今不誅朱玫黜李煴無以自滌洗克用從之又通鑑攷異引紀年錄云僞使至太原太祖詰其事狀曰皆朱玫所爲將斬之以徇大將蓋寓等言云云太祖燔僞詔械其使馳檄諭諸鎮曰今月二十日得襄王僞詔及朱玫文字云田令孜脅遷鑾駕播越梁洋行至半塗六軍變擾遂至蒼皇而晏駕不知弑逆者何人永念丕基不可無主昨四鎮藩后推朕纂承已于正殿受冊畢改元大赦者李煴出自贅旒名汙藩邸智昏菽麥識昧機權李符纔之以寒辭朱玫資之以爲利由不韋之奇貨可見趙高之邪謀世誠之土嘗期于匪夕近者當道從差健步奉表起居行朝現駐巴梁宿衛比無驚動而朱玫爲其爪牙自號台衡敢首亂階明言晏駕熒惑藩鎮凌蔑廟朝云云）乾寧二年從入關討王行瑜特授檢校太保開國侯食邑一千戶領容管觀察經略使光化初車駕還京授檢校太傅封成陽郡公寓性通黠多智數善揣人主情武皇性嚴急左右難事無委遇者小有違忤即寘于法惟寓承顏希旨規其趨向婉辭順意以盡參裨武皇或暴怒將吏事將不測寓欲救止必佯佐其怒以責之武皇怡然釋之有所諫諍必徵近事以爲喻自武皇鎮撫太原最推親信中外將吏無不景附朝廷藩鄰信使結託先及武皇次入寓門既總軍中大柄其名震主梁祖亦使姦人離間暴揚於天下言蓋寓已代李聞者寒心武皇略無疑間初武皇既平王行瑜還師渭北暴雨六十日諸將或請入覲且云天顏咫尺安得不行覲禮武皇意未決寓白曰車駕自石門還京寢未安席比爲行瑜兄弟驚駭乘輿今京師未寧姦宄流議大王移兵渡渭必恐復動宸情君臣始終不必朝覲但歸藩守姑務勤王是忠臣之道也武皇笑曰蓋寓尙阻吾入覲況天下人哉即日班師天祐二年三月寓病篤武皇日幸其第手賜藥餌初寓家每事珍膳窮極海陸精于府饌武皇非寓家所獻不食每幸寓第其往如歸恩寵之洽時無與比及其卒也哭之爾慟莊宗即位追贈太師

伊廣字言（原本闕一字）元和中右僕射愼之後廣中和末除授沂州刺史遇天下大亂乃委質于武皇廣襟情灑落善占對累歷右職授汾州刺史時武皇主盟諸侯景附軍機締結聘遺旁午廣奉使稱旨累遷至檢校司徒乾寧四年從征劉仁恭武皇之師不利于成安寨廣歿于賊有女爲莊宗淑妃子承俊歷貝遼二州刺史

李承勳者與廣同爲牙將善于奉使名聞軍中承勳累遷至太原少尹劉守光之僭號也莊宗遣承勳往使問其釁端承勳至幽州見守光如藩方聘問之禮謁者曰燕王爲帝矣可行朝禮承勳曰吾大國使人太原亞尹是唐帝除授燕主自可臣其部人安可臣我哉守光聞之不悅拘留于獄數日而出詰之曰臣我乎承勳曰燕君能臣我王則我臣之吾有死而已安敢辱命會王師討守光承勳竟歿於燕

史敬鎔太原人事武皇爲帳中紀綱甚親任之莊宗初嗣晉王位李克寧陰搆異圖將害莊宗事發有日矣克寧密引敬鎔以邪謀諭之既而敬鎔白貞簡太后惶駭召張承業李存璋等圖之克寧等伏誅以功累歷郡同光初爲華州節度使移鎮安州天成中入爲金吾上將軍朞年復授鄧州至鎮數月卒贈太尉

舊五代史卷五十五攷證

唐列傳七康君立傳君立等乃夜謁武皇　案通鑑攷異引趙鳳紀年錄云遣校程懷信康君立等十餘輩日譁於太祖之門疑非事實新唐書作夜謁克用通鑑作潛詣蔚州說克用皆以是書爲據

武皇賜酖而殂　案通鑑攷異引唐遺錄以君立爲杖死與是書異

史建瑭傳建瑭乃分麾下三百騎爲五軍　案歐陽史作建瑭分其麾下五百騎爲五隊是書作三百騎史異文也

時年四十六　案歐陽史作四十二

史儼傳儼與騎將安福順等每以數千騎直犯營壘　案史儼援兗鄆在乾寧二年冬是書梁太祖紀正月擒蕃將安福順然則安福順不當與史儼同行疑傳文有訛字

舊五代史卷五十六

宋門下侍郎參知政事監修國史薛居正等撰

唐書第三十二

列傳八

周德威字鎮遠小字陽五朔州馬邑人也初事武皇爲帳中騎督驍勇便騎射膽氣智數皆過人久在雲中諳熟邊事望煙塵之警懸知兵勢乾寧中爲鐵林軍使從武皇討王行瑜以功加檢校左僕射移內衙軍副光化二年三月汴將氏叔琮率衆逼太原有陳章者以驍勇知名衆謂之夜叉言于叔琮曰晉人所恃者周陽五願擒之請賞以郡陳章常乘驄馬朱甲以自異武皇戒德威曰我聞陳夜叉欲取爾求郡宜善備之德威曰陳章大言未知鹿死誰手他日致師戒部下曰如陣上見陳夜叉爾等但走德威微服挑戰部下僞退陳章縱追之德威背揮鐵楇擊墮馬生獲以獻由是知名天復中我師不利于蒲縣汴將朱友寧氏叔琮來逼晉陽時諸軍未集城中大恐德威與李嗣昭選募銳兵出諸門攻其壘擒生斬馘汴人枝梧不暇乃退天祐三年與李嗣昭合燕軍攻潞州降丁會以功加檢校太保代州刺史代嗣昭爲蕃漢都將李思安之寇潞州也德威軍于余吾時汴軍十萬築夾城圍潞州內外斷絕德威以精騎薄之屢敗汴人進營高河令遊騎邀其芻牧汴軍閉壁不出乃自東門山口築甬道樹柵以通夾城德威之騎軍倒牆堙塹日數十戰前後俘馘不可勝紀梁有驍將黃角鷹方骨崙皆生致之五年正月武皇疾篤德威退營亂柳武皇厭代四月命德威班師時莊宗初立德威外握兵柄頗有浮議內外憂之德威既至單騎入謁伏靈柩哭哀不自勝由是羣情釋然是月二十四日從莊宗再援潞州二十九日德威前軍營橫碾距潞四十五里五月朔晨霧晦暝王師伏于三垂岡下翼日直趨夾城斬關破壘梁人大敗解潞州之圍初德威與李嗣昭有私憾武皇臨終顧謂莊宗曰進通忠孝不負我重圍累年似與德威有隙以吾命諭之若不解重圍殁有遺恨莊宗達遺旨德威感泣由是勵力堅戰竟破強敵與嗣昭歡愛如初以功加檢校太保同平章事振武節度使七年岐人攻靈夏遣使來求助德威渡河以應之師還授蕃漢馬步總管七年十一月汴人據深冀汴將王景仁軍八萬次柏鄉鎮州節度使王鎔來告難帝遣德威率前軍出井陘屯于趙州十二月帝親征二十五日進薄汴營距柏鄉五里營于野河上汴將韓勍率精兵三萬鎧甲皆被繒綺金銀炫耀望之森然我軍懼形于色德威謂李存璋曰賊結陣而來觀其形勢志不在戰欲以兵甲耀威耳我軍人乍見其來謂其鋒不可當此時不挫其銳吾軍不振矣乃遣存璋諭諸軍曰爾見此賊軍否是汴州天武健兒皆屠沽傭販虛有表耳縱被精甲十不當一擒獲足以爲資德威自率精騎擊其兩偏左馳右決出沒數四是日獲賊百餘人賊渡河而退德威謂莊宗曰賊驕氣充盛宜按兵以待其衰莊宗曰我提孤軍救難解紛三鎮烏合之衆利在速戰卿欲持重吾懼其不可使也德威曰鎮定之士長于守城列陣野戰素非便習我師破賊惟恃騎軍平田廣野易爲施功今壓賊營令彼見我虛實則勝負未可必也莊宗不悅退臥帳中德威患之謂監軍張承業曰王欲速戰將烏合之徒欲當劇賊所謂不量力也去賊咫尺限此一渠水彼若早夜以略彴渡之吾族其爲俘矣若退軍鄗邑引賊離營彼出則歸復以輕騎掠其芻餉不踰月敗賊必矣承業入言莊宗乃釋然德威得降人問之景仁下令造浮橋數日果如德威所料二十七日乃退軍保鄗邑八年正月二日德威率騎軍致師于柏鄉設伏于村塢間令三百騎以壓汴營王景仁悉其衆結陣而來德

戒轉戰而退汴軍因而乘之至于鄗邑南時步軍未成列德威陣騎河上以抗之亭午兩軍皆陣莊宗問戰時德威曰汴軍氣盛可以勞逸制之造次輕力始難與敵古者師行不踰一舍蓋慮糧餉不給士有饑色今賊遠來決戰縱挾糗精亦不遑食晡晚之後饑渴內侵戰陣外迫士心既倦將必求退乘其勞弊以生兵制之縱不大敗偏師必喪以臣所籌利在晡晚諸將皆然之時汴軍以魏博之人爲右廣宋汴之人爲左廣自未至申陣勢稍郤德威麾軍呼曰汴軍走矣塵埃漲天魏人收軍漸退莊宗與史建瑭安金全等因衝其陣夾攻之大敗汴軍殺戮殆盡王景仁李思安僅以身免獲將校二百八十人八月劉守光僭稱大燕皇帝十二月遣德威率步騎三萬出飛狐與鎮州將王德明定州將程嚴等軍進討九年正月收涿州降刺史劉知溫五月七日劉守光令驍將單廷珪督精甲萬人出戰德威遇于龍頭岡初廷珪謂左右曰今日擒周陽五旣臨陣見德威廷珪單騎持槍躬追德威垂及德威側身避之廷珪少退德威奮檛擊墜其馬生獲廷珪賊黨大敗斬首三千級獲大將李山海等五十二人十二日德威自涿州進軍良鄉大城守光旣失廷珪自是奪氣德威之師屢收諸郡降者相繼十年十一月擒守光父子幽州平十二月授德威檢校侍中幽州盧龍等軍節度使德威性忠孝威武皇獎遇常思臨難忘身十二月汴將劉鄩自洹水乘虛將寇太原德威在幽州聞之徑以五百騎馳入土門聞鄩軍至樂平不進德威徑至南宮以候汴軍初劉鄩欲據臨清以扼鎮定轉餉之路行次陳宋口德威遣將擒數十人皆傳刃于背縱而遣之既至謂劉鄩曰周侍中已據宗城矣德威其夜急騎扼臨清劉鄩乃入貝州是時德威若不至則勝負未可知也十四年三月契丹寇新州德威不利退保范陽（遼史太祖紀神冊二年三月辛亥攻幽州節度使周德威以幽并鎮定魏五州兵拒戰于居庸關之西敗于新州東大破之斬首三萬級又通鑑契丹主帥衆三十萬德威衆寡不敵大爲契丹所敗）敵衆攻僅二百日外援未至德威撫循士衆晝夜乘城竟獲保守十五年我師營麻口渡將大舉以定汴州德威自幽州率本軍至十二月二十三日軍次胡柳陂詰旦騎報曰汴軍至矣莊宗使問戰備德威奏曰賊倍道而來未成營壘我營柵已固守備有餘旣深入賊疆須決萬全之策此去大梁信宿賊之家屬盡在其間人之常情孰不以家國爲念以我深入之衆抗彼激憤之軍不以方略制之恐難必勝王但按軍保柵臣以騎軍疲之使彼不得下營際晚糧餉不給進退無據因以乘之破賊之道也莊宗曰河上終日挑戰恨不遇賊今款門不戰非壯夫也乃率親軍成列而出德威不獲已從之謂其子曰吾不知其死所矣莊宗與汴將王彥章接戰大敗之德威之軍在東偏汴之遊軍入我輜重衆駭奔入德威軍因紛擾無行列德威兵少不能解父子俱戰殁先是鎮星犯上將星占者云不利大將是夜收軍德威不至莊宗慟哭謂諸將曰喪我良將吾之咎也德威身長面黑笑不改容凡對敵列陣凜凜然有肅殺之氣中興之朝號爲名將及其歿也人皆惜之同光初追贈太師天成中詔與李嗣昭符存審配饗莊宗廟廷晉高祖即位追封燕王子光輔歷汾汝州刺史

符存審字德詳陳州宛邱人（歐陽史義兒傳惟符存審不在其列別自爲傳蓋存審子彥卿有女爲宋太宗后故存其本姓也）舊名存父楚本州牙將存審少豪俠多智算言兵家事乾符末河南盜起存審鳩率豪右庇捍州里會郡人李罕之起自羣盜授光州刺史因往依之中和末罕之爲蔡寇所逼棄郡投諸葛爽存審從至河陽爲小校屢戰蔡賊有功諸葛爽卒罕之爲其部將所逼出保懷州部下分散存審乃歸于武皇武皇署右職令典義兒軍賜姓名存審性謹厚寵遇日隆自是武皇四征存審常從所至立功從討赫連鐸冒刃死戰血流盈袖武皇手自封瘡日夕臨問乾寧初討李匡儔存審前軍拔居庸關明年從討邠州時邠之勁兵屯龍泉寨四面懸崖石壁險固存審奮力拔之師還授檢校左僕射副李嗣昭討李瑭于汾州擒之以功改左右廂步軍都指揮使天祐三年授蕃漢馬步副指揮使與李嗣昭降丁會于上黨從周德威破梁兵于夾城以功檢校司徒授忻州刺史領蕃漢馬步都指揮使七年檢校太保充蕃漢總管莊宗擊汴人于柏鄉留存審守太原三月代李存璋戍趙州九年梁祖攻蓨縣存審與史建瑭李嗣肱赴援屯下博橋汴人驚亂燒營而遁以功遙領邢洺磁團練使十二年魏博歸款于莊宗遣存審率前鋒據臨清以俟進取莊宗入魏存審屯魏縣以抗劉鄩六月鄩營莘縣存審與鎮定之師營莘西三十里一日數戰八月率師攻張源德于貝州十三年二月劉鄩自莘悉衆來襲我魏州存審以大軍躡其後戰于故元城大敗汴人從收澶衛磁洺等州及邢州閻寶降授存審安國軍節度邢洺磁等州觀察使十月戴思遠棄滄州毛璋以城降授存審檢校太傅橫海軍節度使兼領魏博馬步軍都指揮使明年就加平章事十四年八月將兵援周德威于幽州敗契丹之衆冬破汴將安彥之于楊劉諸軍進營麻口時梁將謝彥章營行臺村莊宗勇于接戰每以輕騎當之遇者數四存審每俟其出必叩馬諫曰王將復唐宗社宜爲天下自愛搴旗挑戰一劍之任無益聖德請責效于臣古人不以賊遺君父臣雖不武敢不代君之憂莊宗即時迴駕十二月戰于胡柳晡晚之後存審引所部銀槍効節軍敗梁軍于土山下是日辰巳間周德威戰歿一軍逗撓梁軍四集存審與其子彥圖冒刃血戰出沒賊陣與莊宗軍合午後師復集擊敗汴人十六年春代周德威爲內外蕃漢馬步總管于德勝口築南北城以據之七月汴將王瓚自黎陽渡河寇澶州存審拒戰瓚退營于楊村渡控我上游自是日與交鋒對壘經年大小凡百餘戰十七年汴將劉鄩攻同州朱友謙求援于我遣存審與李嗣昭將兵赴之九月次河中進營朝邑時河中久臣于梁衆持兩端及諸軍大集芻粟暴貴嗣昭慮其翻覆將急戰以定勝負居旬日梁軍逼我營會望氣者言西南黑氣如鬬雞之狀當有戰陣存審曰我方欲決戰而形于氣象得非天贊歟是夜閱其衆詰旦進軍梁軍來逆戰大敗之追斬二千餘級自是梁軍保壘不出存審謂嗣昭曰吾初懼劉鄩據渭河偏師既敗彼若退歸懼我躡之窮獸搏人勿謂無事可開其歸路然後追奔乃令王建及收馬于沙苑劉鄩尹晧知之保衆退去（歐陽史鄩以爲晉軍且懼乃夜遁去存審追擊于渭河又大敗之）遂解同州之圍存審略地至奉先謁諸帝陵乃班師十八年王師討張文禮于鎮州李嗣昭李存進相次戰歿十九年遣存審率師進攻叛帥于城下文禮之將李再豐陰送款于存審我師中夜登城擒文禮之子處球等露布以獻鎮州平以功加檢校太傅兼侍中二十年正月師還于魏州莊宗出城迎勞就第宴樂無何契丹犯燕薊郭崇韜奏曰汴寇未平繼韜背叛北邊捍禦非存審不可上遣中使諭之存審卧病羸瘠附奏曰臣効忠稟命靡敢有辭但痾恙纏緜未堪驅役既而詔存審以本官充幽州盧龍節度使自鎮州之任同光初加開府儀同三司檢校太師中書令食邑千戶賜號忠烈扶天啓運功臣十月平梁遷都洛陽存審以身爲大將不得預收復中原之功舊疾愈作堅求入覲尋醫以情告郭崇韜時崇韜自負一時佐命之功無出已右功名事望素在存審之下權勢既隆人士輻湊不欲存審加于己上每有章奏求覲即陰沮之存審妻郭氏泣訴于崇韜曰吾夫于國粗効驅馳與公鄉里親舊公忍令死棄北荒何無情之如是崇韜益慙聽明年春疾甚上章懇切乞生覲天顏不許存審伏枕而歎曰老夫歷事二主垂四十年幸而遇今日天下一家遠夷極塞皆得面覲形墀射鉤斬袪之人孰不奉觴丹陛獨予壅隔豈非命哉漸增危篤崇韜奏請許存審入覲四月制授存審宣武軍節度使諸道蕃漢馬步總管詔未至五月十五日卒于幽州官舍時年六十三遺命葬太原存審遺奏陳敘不得面覲詞旨悽惋莊宗震悼久之廢朝三日贈尚書令存審少在軍中識機知變行軍出師法令嚴明決策制勝從無遺悔功名與周德威相匹皆近代之良也常戒諸子曰予本寒家少小攜一劍而違鄉里四十年間位極將相其間屯危患難履鋒冒刃入萬死而無一生身方及此前後矢僅百餘乃出鏃以示諸子因以奢侈爲戒存審微時嘗爲俘囚將就戮于郊外臨刑指危垣謂主者曰請就戮于此下冀得壞垣覆尸旅魂之幸也主者哀之爲移次焉遷延之際主將擁妓而飲思得歌者以助歡妓曰俘囚有符存審者妾之舊識每令擊節以贊歌令主將欣然馳騎而舍之豈非命也

彥超存審之長子也少事武皇累歷牙職存審卒莊宗以彥超爲汾州刺史同光末魏州軍亂詔彥超赴北京巡檢先是朝廷令內官呂鄭二人在太原一監兵一監倉庫及明宗入洛皇弟存霸單騎奔河東與呂鄭謀殺彥超與留守張憲彥超覺之密與憲謀未決部下大譟州兵畢集張憲出奔是夕軍士殺呂鄭存霸于衙城詰旦聞洛城禍變彥超告諭三軍（宋史張昭傳云昭爲張憲推官莊宗及難鄴中兵士推戴明宗憲部將符彥超合戍將應之憲有害昭者執之以送彥超彥超曰推官正人無得害之又逼昭爲榜安撫軍民）明宗又令其弟龍武都虞候彥卿馳騎安撫六月彥超入覲明宗召見撫諭尋授晉州留後未行會其弟前曹州刺史彥饒平宣武亂軍明宗喜召彥超謂之曰吾得爾兄弟力餘更何憂爾爲我往河東撫育者舊即授北京留守太原尹明年冬移授昭義節度使四年授驍衛上將軍改金吾上將軍長興元年授泰寧軍節度使尋移鎮安州彥超斷養中有王希全者小字佛留祖知書計委主貨財歲久耗失甚多彥超止于訶譴而已應順元年正月佛留聞朝廷多事因與任貨兒等謀亂一夕叩門言朝廷有急遞至彥超出至廳事佛留挾刃害之詰旦本州節度副使李端召州兵攻佛留等敗死餘衆奔淮南擒彥超部將趙溫等二十六人誅之彥超贈太尉存審次子彥饒晉史有傳次彥卿皇朝有

鳳翔節度使守太師中書令封魏王今居于洛陽文彥能終于楚州防禦使文彥琳仕皇朝爲金吾上將軍卒于任

舊五代史卷五十六攷證

唐列傳八周德威傳有陳章者以驍勇知名衆謂之夜叉言於叔琮曰晉人所恃者周陽五願擒之請賞以郡　案歐陽史作梁軍圍太原令軍中曰能生得周陽五者爲刺史與是書微異

德威前軍營橫碶　橫碶莊宗紀作黃展

德威自率精騎擊其兩偏獲賊百餘人賊渡河而退德威謂莊宗曰賊驕氣充盛宜按兵以待其衰　案歐陽史載德威諭其衆卽告莊宗曰賊兵甚銳未可與爭不載精騎擊退賊兵之事攷下文有去賊咫尺限此一渠水云云則賊渡河而退一節紀載殊不可闕

德威遣將擒數十人皆傳刃於背禁而遺之　案通鑑從莊宗實錄作擒其斥候者數十人斷腕而縱之

周侍中已擄宗城矣　宗城通鑑作臨淸攷異曰劉鄩見在宗城薛史云周侍中擄宗城蓋臨淸字誤耳

符存審傳以功遷領邢洺磁團練使　案歐陽史作遷領邢州團練使

秋邢州閻寶降授存審安國軍節度　案五代會要同光元年始改邢州爲安國軍據是書此傳則晉人得邢州卽改軍額疑會要誤也詳見通鑑攷異

符彥超傳皇弟存霸單騎奔河東與呂鄭謀殺彥超與留守張憲　案歐陽史作張憲欲納存霸是書作存霸謀殺張憲彥超兩史紀載微異

舊五代史卷五十七

宋門下侍郞參知政事監修國史薛居正等撰

唐書第三十三

列傳九

郭崇韜字安時代州鴈門人也父宏正崇韜初爲李克修帳下親信克修鎭昭義崇韜累典事務以廉幹稱克修卒武皇用爲典謁奉使鳳翔稱旨署教練使崇韜臨事機警應對可觀莊宗嗣位尤器重之天祐十四年用爲中門副使與孟知祥李紹宏俱參機要俄而紹宏出典幽州留事知祥懇辭要職先是中門使吳珙張虔厚忠而獲罪知祥懼求爲外任妻瓊華公主泣請于貞簡太后莊宗謂知祥曰公欲避路當擧其代知祥因擧崇韜乃署知祥爲太原軍在城都虞候自是崇韜專典機務艱難戰伐靡所不從十八年從征張文禮于鎭州契丹引衆至新樂王師大恐諸將咸請退還魏州莊宗猶豫未決崇韜曰安巴堅祇爲王都所誘本利貨財非敦降好苟前鋒小衄遁走必矣況我新破汴寇威振北地乘此驅攘焉往不捷且事之濟否亦有天命莊宗從之王師果捷明年李存審收鎭州遣崇韜閱其府庫或以珍貨賂遺一無所取但市書籍而已莊宗卽位于魏州崇韜加檢校太保守兵部尚書充樞密使是時衞州陷于梁澶相之間寇鈔日至民流地削軍儲不給羣情恟恟以爲霸業終不能就崇韜寢不安席俄而王彥章陷德勝南城敵勢滋蔓汴人急攻楊劉城明宗在鄆音驛斷絕莊宗登城四望計無從出崇韜啓曰段凝阻絕津路苟王師不南鄆州安能保守臣請于博州東岸立柵以固通津但慮汴人偵知徑來薄我請陛下募敢死之士日以挑戰如三四日間賊軍未至則柵壘成矣崇韜率毛璋等萬人夜趨博州視矛戟之端有光崇韜曰吾聞火出兵刃破賊之兆也至博州渡河版築晝夜不息崇韜于葭葦間據胡牀假寢覺矛中冷左右視之乃蛇也其忘疲勵力也如是居三日梁軍果至城壘低庳沙土散惡戰具不完汴將王彥章杜晏球率衆攻擊軍不得休息崇韜身先督衆四面拒戰有急卽應城垂陷俄報莊宗領親軍次西岸梁軍聞之退走因解楊劉之圍未幾汴將康延孝來奔崇韜延于臥內訊其軍機延孝曰汴人將四道齊擧以困我軍莊宗憂之召諸將謀進取之策宣徽使李紹宏請棄鄆州與汴人盟以河爲界無相侵寇莊宗不悅獨臥帳中召崇韜謂曰計將安出對曰臣不知書不能徵比前古請以時事言之自陛下十五年起義圖霸爲雪家讎國恥甲冑生蟣蝨黎人困輸輓今纂崇大號河朔士庶日望蕩平纔得汶陽尺寸之地不敢保守況盡有中原乎將來歲賦不充物議咨怨設若劃河爲界誰爲陛下守之臣自延孝言事已來晝夜籌料我兵力算賊事機不出今年雌雄必決聞汴人決河自滑至鄆非舟楫不能濟又聞精兵盡在段凝麾下王彥章日寇鄆境彼既以大軍臨我南鄙又憑恃決河謂我不能南渡志在收復汶陽此汴人之謀也臣謂段凝保據河壖苟欲持我臣但請留兵守鄆保固楊劉陛下親御六軍長驅倍道直指大梁汴城無兵望風自潰若使僞主授首賊將自然倒戈半月之間天下必定如不決此計傍採浮譚臣恐不能濟也今歲秋稼不登軍糧纔支數月決則成敗未知不決則坐見不濟臣聞作舍道邊三年不成帝王應運必有天命成敗天也在陛下獨斷莊宗蹶然而興曰正合我意丈夫得則爲王失則爲擄行計決矣卽日下令軍中家口並還魏州莊宗送劉皇后與興聖宮使繼岌至朝城西野亭泣别曰事勢危蹙今須一決事苟不濟無復相見乃留李紹宏及租庸使張憲守魏州大軍自楊劉濟河是歲擒王彥章誅梁氏降段凝皆崇韜贊成其謀也莊宗至汴州宰相豆盧革在魏州令崇韜權行中書事俄拜侍中兼樞密使及郊禮畢以崇韜兼領鎭冀州節度使進封趙郡公邑二千戶賜鐵券恕十死崇韜既位極人臣權傾內外謀猷獻納必盡忠規士族朝倫頗亦收奬人物內外翕然稱之初收汴洛稍通賂遺親友或規之崇韜曰余備位將相祿賜巨萬但僞梁之日賂遺成風今方面藩侯多梁之舊將皆吾君射鉤斬袪之人也一旦革面化爲吾人堅拒其請得無懼乎藏余私室無異公帑及郊禋崇韜悉獻家財以助賞給時近臣勸莊宗以貢奉物爲內庫珍貨山積公府賞軍不足崇韜奏請出內庫之財以助莊宗沉吟有靳惜之意是時天下已定寇讐外息莊宗漸務華侈以逞己欲洛陽大內宏敞宮宇深邃宦官阿意順旨以希恩寵聲言宮中夜見鬼物不謀同辭莊宗駭異其事且問其故宦者曰見本朝長安大內六宮嬪御殆及萬人椒房蘭室無不充物今宮室大半空閑鬼神尙幽亦無所怪繇是景進王允平等于諸道採擇宮人不擇良賤內之宮掖三年夏雨河大水壞天津橋是時酷暑尤甚莊宗常擇高樓避暑皆不稱旨宦官曰今大內樓觀不及舊時長安卿相之家舊日大明興慶兩宮樓觀百數皆雕楹畫栱干雲蔽日今官家納涼無可御者莊宗曰予富有天下豈不能辦一樓卽令宮苑使經營之猶慮崇韜有所諫止使謂崇韜曰今年盛熱朕頃在河上五六月中與賊對壘行宮卑溼介馬戰賊恒若淸涼今晏然深宮不耐暑毒何也崇韜奏陛下頃在河上汴寇未平廢寢忘食心在戰陣祁寒溽暑不介聖懷今寇既平中原無事縱耳目之玩不憂戰陣雖層臺百尺廣殿九筵未能忘熱于今日也願陛下思艱難創業之際則今日之暑坐變淸涼莊宗默然王允平等竟加營造崇韜復奏曰內中營造日有縻費屬當災儉且乞權停不聽初崇韜與李紹宏同爲內職及莊宗卽位崇韜以紹宏素在己上舊人難制卽奏澤潞監軍張居翰同掌樞密以紹宏爲宣徽使紹宏大失所望泣涕憤鬱崇韜乃置內勾使應三司財賦皆令勾覆令紹宏領之冀塞其心紹宏快悵不已崇韜自以有大功河洛平定之後權位熏灼恐爲人所傾奪乃謂諸子曰吾佐主上大事了矣今爲羣邪排毀吾欲避之歸鎭常山爲菟裘之計其子廷說等曰大人功名及此一失其勢便是神龍去水爲螻蟻所制尤宜深察門人故吏又謂崇韜曰侍中勳業第一雖羣官側目未必能離間宜于此時堅辭機務上必不聽是有辭避之名塞其讒慝之口魏國夫人劉氏有寵中宮未正宜贊成冊禮上心必悅內得劉氏之助羣閹其如余何崇韜然之于是三上章堅辭樞密之位優詔不從崇韜乃密奏請立魏國夫人爲皇后復奏時務利害二十五條皆便于時取悅人心又請罷樞密院事各歸本司以輕其權然宦官造謗不已三年堅乞罷兼領節鉞許之冊府元龜云同光中崇韜再表辭鎭批答曰朕以卿久司樞要常慮重難或遲末決之機詢諸先見或憂撓不定之事訪自必成至于贊朕丕基登茲大寶衆與異論卿獨堅言天命不可唐祚必須復請納家族明設誓文及其密取汶陽典入不測之地潛通河口貢謀占必濟之津人所不知惟合意造中都囑聚羣黨窺陵朕決議平妖兼收汶難云先定更審前籌果盡贊成悉諸沈算斯卽何須刃始顯殊庸況常山陸梁正虞未復卿能撫衆共定心惟朕知卿他人寧表所以賞卿之寵實異等倫沃朕之心非虛遊澤今卿再三謙遜重疊退辭姑納常陽歸上將又稱梁范不可兼權如此周身貴全名節古人操守未可比方旣覽堅辭難沮來表其再讓汴州所宜依允會客省使李嚴使西川迴言王衍可圖之狀莊宗與崇韜議討伐之謀方擇大將時明宗爲諸道兵馬總管當行崇韜自以宦者相傾欲立大功以制之乃奏曰契丹犯邊北面須藉大臣全倚總管鎭禦臣伏念興聖宮使繼岌德望日隆大功未著宜依故事以親王爲元帥付以討伐之權俾成其威望莊宗方愛繼岌卽曰小兒幼稚安能獨行卿當擇其副崇韜未奏莊宗曰無踰于卿者乃以繼岌爲都統崇韜爲招討使是歲九月十八日率親軍六萬進討蜀川崇韜將發奏曰臣以非才謬當戎事仗將士之忠力憑陛下之威靈庶幾克捷若西川平定陛下擇帥如信厚善謀事君有節則孟知祥有焉望以蜀帥授之如宰輔闕人張憲有披榛之勞爲人謹重而多識其次李琪崔居儉中朝士族富有文學可擇而任之莊宗御嘉慶殿置酒宴征西諸將擧酒屬崇韜曰繼岌未習軍政卿久從吾戰伐西面之事屬之于卿軍發十月十九日入大散關崇韜以馬箠指山險謂魏王曰朝廷興師十萬已入此中儻不成功安有歸路今岐下飛輓才支旬日必須先取鳳州收其儲積方濟

吾事乃令李嚴康延孝先馳書檄以諭僞鳳州節度使王承捷及大軍至承捷果以城降得兵八千軍儲四十萬大至故鎮僞命屯駐指揮使唐景思亦以城降得兵四千又下三泉得軍儲三十餘萬自是師無匱乏軍聲大振其招懷制置官吏補置師行籌畫軍書告諭皆出于崇韜繼岌承命而已莊宗令內官李廷安李從襲呂知柔爲都統府紀綱見崇韜幕府繁重將吏輻輳降人爭先賂遺都統府唯大將省謁牙門索然繇是大爲詬恥及六軍使王宗弼歸款行賂先招討府王衍以成都降崇韜居王宗弼之第宗弼遣王衍之妓妾珍玩以奉崇韜求爲蜀帥崇韜許之又與崇韜子廷誨謀令蜀人列狀見魏王請奏崇韜爲蜀帥繼岌覽狀謂崇韜曰主上倚侍中如衡華安肯棄元老于蠻夷之地況余不敢議此（九國志王宗弼傳宗弼送款于魏王乃還成都盡輦內藏之寶貨歸于其家魏王遣使徵犒軍錢數千萬宗弼靳之魏王甚怒及王師至令其子承班齎衍玩用直百萬獻于魏王并賂郭崇韜請以已爲西川節度使魏王曰此我家之物焉用獻爲魏王入城翼日數其不忠之罪並其子斬之于市）李從襲等謂繼岌曰郭公收蜀部人情意在難測王宜自備由是兩相猜察莊宗令中官向延嗣賚詔至蜀促班師詔使至崇韜不郊迎延嗣憤憤從襲謂之曰魏王貴太子也主上萬福郭公專弄威柄旁若無人昨令蜀人請已爲帥郭廷誨擁徒出入貴擬王者所與狎遊無非軍中驍果蜀中兇豪晝夜妓樂歡宴指天畫地父子如此可見其心今諸軍將校無非郭氏之黨魏王懸軍孤弱一朝班師必恐紛亂吾屬莫知暴骨之所因相向垂涕延嗣使還具奏皇后泣告莊宗乞保全繼岌莊宗復閱蜀簿曰人言蜀中珠玉金銀不知其數何如是之微也延嗣奏曰臣問蜀人知蜀中寶貨皆入崇韜之門言崇韜得金萬兩銀四十萬兩名馬千匹王衍愛妓六十樂工百犀玉帶百廷誨自有金銀十萬兩犀玉帶五十藝色絕妓七十樂工七十他財稱是魏王府蜀人賂遺不過匹馬而已莊宗初聞崇韜欲留蜀心已不平又聞全有蜀之妓樂珍玩怒見顏色即令中官馬彥珪馳入蜀視崇韜去就如班師則已如實遲留則與繼岌圖之彥珪見皇后曰禍機之發間不容髮何能數千里外復稟聖旨哉皇后再言之莊宗曰未知事之實否詎可便令果決皇后乃自爲教與繼岌令殺崇韜時蜀土初平山林多盜孟知祥未至崇韜令任圜張筠分道招撫慮師還後部曲不寧故歸期稍緩四年正月六日馬彥珪至軍決取十二日發成都赴闕令任圜權知留事以俟知祥諸軍部署已定彥珪出皇后教以示繼岌繼岌曰大軍將發他無釁端安得爲此負心事公輩勿復言從襲等泣曰聖上既有口勅王若不行苟中途事洩爲患轉深繼岌曰上無詔書徒以皇后教令安得殺招討使從襲等巧造事端以間之繼岌既無英斷僶俛從之詰旦從襲以繼岌之命召崇韜計事繼岌登樓避之崇韜入左右檛殺之崇韜有子五人廷信廷誨隨父死于蜀廷說誅于洛陽廷讓誅于魏州廷議誅于太原家產籍沒明宗即位詔令歸葬仍賜太原舊宅廷誨廷讓各有幼子一人姻族保之獲免崇韜妻周氏攜養于太原崇韜服勤盡節佐佑王家草昧艱難功無與比西平巴蜀宣暢皇威身死之日夷夏冤之然議者以崇韜功烈雖多事權太重不能處身量力而聽小人誤計欲取泰山之安如急行避跡其禍愈速性復剛戾遇事便發既不知前代之成敗又未體當時之物情以天下爲已任孟浪之甚也及權傾四海車騎盈門士人諂奉漸別流品同列豆盧革謂崇韜曰汾陽王代北人徙家華陰侍中世在鴈門得非祖德歟崇韜應曰經亂失譜牒先人嘗云去汾陽王四世革曰故祖德也因是旌別流品援引薄徒委之心腹佐命勳舊一切鄙棄舊寮有干進者崇韜謂之曰公雖代邸之舊然家無門閥深知公才技不敢驟進者慮名流嗤余故也及征蜀之行于興平拜尙父子儀之墓嘗從容白繼岌曰蜀平之後王爲太子待千秋萬歲神器在手宜盡去宦官優禮士族不唯疎斥閹寺騸馬不可復乘內則伶官巷伯怒目切齒外則舊寮宿將戟手痛心撥其族滅之禍有自來矣復以諸子驕縱不法既定蜀川輦運珍貨實于洛陽之第籍沒之日泥封尙濕雖莊宗季年爲羣小所惑致功臣不保其終亦崇韜自貽其災禍也

史臣曰夫出身事主得位遭時功不可以不圖名不可以不立洎功成而名遂則望重而身危貝錦于是成文良玉以之先折故崇韜之誅蓋爲此也是知强吳滅而范蠡去全齊下而樂生奔苟非其賢孰免其禍明哲之士當鑒于斯

舊五代史卷五十七攷證

唐列傳九郭崇韜傳如三四日間　案歐陽史作十日

居三日梁軍果至　案歐陽史作六日壘成彥章果引兵急攻之

崇韜許之　案通鑑作崇韜陽許之

騸馬不可復乘　騸馬通鑑作扇馬攷胡三省注引薛史亦作騸馬今仍其舊

安巴堅舊作阿保機今改

舊五代史卷五十八

宋門下侍郎參知政事監修國史薛居正等撰

唐書第三十四

列傳十

趙光逢字延吉曾祖植嶺南節度使祖存約興元府推官父隱右僕射光逢與弟光裔皆以文學德行知名（舊唐書光裔光啟三年進士擢第累遷司勳郎中宏文館學士改膳部郎中知制誥季述廢立之後旅游江表以避患嶺南劉隱深禮之奏爲副使因家嶺外）光逢幼嗜墳典動守規檢議者目之爲玉界尺僖宗朝登進士第踰月辟度支巡官歷官臺省內外兩制俱有能名轉尚書左丞翰林承旨昭宗幸石門光逢不從昭宗遣內養戴知權詔赴行在稱疾解官隱居華州拜御史中丞時有道士許巖士瞽者馬道殷出入禁庭驟至列卿宮相因此以左道求進者衆光逢持憲紀治之皆伏法自是其徒頗息改禮部侍郎知貢舉光化中王道寖衰南北司爲黨光逢素惟慎靜慮禍及己因挂冠伊洛屛絕交遊凡五六年門人柳璨登庸除吏部侍郎太常卿（唐摭言云光化二年趙光逢放柳璨及第後三年不遷時璨自內廷大拜光逢始以左丞徵入）入梁爲中書侍郎平章事累轉左僕射兼租庸使上章求退以太子太保致仕梁末帝愛其才徵拜司空平章事無幾以疾辭授司徒致仕（唐摭言云光逢膺大用居重地十餘歲七表乞骸守司空致仕居二年復徵拜上相）同光初弟光允爲平章事時謁問于私第嘗語及政事他日光逢署其戶曰請不言中書事其清淨寡慾端默如此嘗有女冠寄黃金一鎰于其家時屬亂離女冠委化于他土後二十年金無所歸納于河南尹張全義請付諸宮觀其舊封尙在兩登廊廟四退邱園百行五常不欺闇室搢紳咸仰以爲名教主天成初遷太保致仕封齊國公卒于洛陽詔贈太傅

光允光逢之弟也（新舊唐書俱云趙隱子三人光逢光裔光允爲後唐相者光允也原本作光裔係誤）俱以詞藝知名亦登進士第（舊唐書云大順二年進士登第天祐初累官至駕部郎中）光允仕梁歷清顯伯仲之間咸以方雅自高北人聞其名者皆望風欽重及莊宗平定汴洛時盧程以狂妄免郭崇韜自勳臣拜議者以爲國朝典禮故實須訪前代名家咸曰光允有宰相器薛廷珪李琪當武皇爲晉王時嘗因爲冊使至太原故皆有宿望當時咸謂宜處台司郭崇韜採言事者云廷珪朽老浮華無相業琪雖文學高傾險無士風皆不可相乃止同光元年十一月光允與韋說並拜平章事光允生于季末漸染時風雖欲躍鱗振翮仰希前輩然才力無餘未能恢遠朝廷每有禮樂制度沿革擬議以爲已任同列既匪博通見其浮譚橫議莫之測也豆盧革雖憑門地在本朝時仕進尙微久從使府朝章典禮未能深悉光允每有發論革但唯唯而已後革奏議或當光允謂羣官曰昨有所議前座一言粗當近日差進學者其可已乎其自負如此先是條制權豪强買人田宅或陷害籍沒顯有屈塞者許人自理內官楊希朗者故觀軍容使復恭從孫也援例理復恭舊業事下中書光允謂崇韜曰復恭與山南謀逆顯當國法本朝未經昭雪安得論理崇韜私抑宦者因具奏聞希朗泣訴于莊宗莊宗令自見光允言之希朗陳訴叔祖復光有大功于王室伯祖復恭爲張濬所搆得罪前朝當時强臣掣肘國命不行及王行瑜伏誅德音昭洗制書尙在相公本朝世族諳練故事安得謂之未雪耶若言未雪吾伯氏彥博泊諸昆仲監護軍鎮何途得進漸至聲色俱厲光允方恃名德爲其所折悒然不樂又以希朗幸臣慮摭他事危已心不自安三年夏四月病疽卒贈左僕射

鄭珏昭宗朝宰相綮之姪孫父徽河南尹張全義判官光化中登進士第（歐陽史云珏舉進士數不中全義以珏屬有司乃得及第）歷宏文館校書集賢校理監察御史入梁爲補闕起居郎召入翰林累遷禮部侍郎充職珏文章美麗旨趣雍容自策名登朝張全義皆有力焉貞明中拜平章事莊宗入汴責授萊州司戶未幾量移曹州司馬張全義言于郭崇韜將復相之尋入爲太子賓客明宗即位任圜自蜀至安重誨不欲圜獨拜宰輔共議朝望一人共之孔循言珏貞明時久在中書性畏慎而長者美詞翰好人物重誨即奏與任圜並命爲相有項珏以老病耳疾不任中書事四上章請明宗惜之久而方允乃授開府儀同三司行尙書左僕射致仕仍賜鄭州莊一區明宗自汴還洛陽遣中使撫問賜錢二十萬食羊百口長興初卒贈司空初珏應進士十九年方登第名姓爲第十九人自

登第凡十九年爲宰相又昆仲之次第十九時亦異之子遷太平興國中任正郎

崔協字思化遠祖清河太守第二子寅仕後魏爲太子洗馬因爲清河小房至唐朝盛爲流品曾祖邠太常卿祖璀吏部尚書父彥融楚州刺史彥融素與崔蕘善嘗爲萬年令蕘謁于縣彥融未出見案上有尺題皆賂遺中貴人蕘知其由徑始惡其爲人及除司勳郎中蕘爲左丞通刺不見蕘謂曰郎中行止鄙雜故未見宰相知之改楚州刺史卒于任誡其子曰世世無忘蕘故其子弟常與蕘讎協即彥融之子也幼有孝行登進士第釋褐爲度支巡官渭南尉直史館歷三署入梁爲左司郎中萬年令給事中累官至兵部侍郎與中書舍人崔居儉相遇于幕次協厲聲而言曰崔蕘之子何敢相見居儉亦報之左降太子詹事俄拜吏部侍郎同光初改御史中丞憲司舉奏多以文字錯誤屢受責罰協器宇宏爽高談虛論多不近理時人以爲虛有其表天成初遷禮部尚書太常卿因樞密使孔循保薦拜平章事初豆盧革韋說得罪執政議命相樞密使孔循意不欲河朔人居相位任圜欲相李琪而鄭珏素與琪不協孔循亦惡琪謂安重誨曰李琪非無藝學但不廉耳朝論莫若崔協重誨然之因奏擇相明宗曰誰可乃以協對任圜奏曰重誨被人欺賣如崔協者少識文字時人謂之沒字碑臣比不知書無才而進已爲天下笑何容中書之內更有笑端明宗曰易州刺史韋肅人言名家待我嘗厚置于此位何如肅苟未可則馮書記是先朝判官稱爲長者與物無競可以相矣道嘗爲莊宗霸府書記故明宗呼之朝退宰臣樞密使休于中興殿之廡下孔循拂衣而去曰天下事一則任圜二則任圜崔協暴死則已不死會居此位重誨私謂圜曰今相位缺人協且可乎圜曰朝廷有李琪者學際天人奕葉軒冕論才校藝可敵時輩百人而讒夫巧沮忌害其能必舍琪而相協如棄蘇合之丸取蛣蜣之轉也重誨笑而止然重誨與循同職循日言琪之短協之長故重誨竟從之而協登庸之後廟堂秉筆假手于人朝廷以國庠事重命協兼判祭酒事協上奏每歲補監生二百爲定物議非之（北夢瑣言明宗問宰相馮道盧質近日喫酒否對曰質曾到臣居亦飲數爵臣勸不令過度事亦如酒過則患生崔協強言于坐曰臣聞食醫心鏡酒極好不加藥餌足以安心神左右見其膚淺不覺哂之）四年春薨自夷門還京從至須水驛中風暴卒詔贈尚書左僕射謚曰恭靖子頎頌壽貞惟頌仕皇朝官至左諫議大夫卒于鄜州行軍司馬

李琪字台秀五代祖憕天寶末禮部尚書東都留守安祿山陷東都遇害累贈太尉謚曰忠懿憕孫宋元和朝位至給事中宋子敬方文宗朝諫議大夫敬方子穀廣明中爲晉公王鐸都統判官以收復功爲諫議大夫琪即穀之子也年十三詞賦詩頌大爲王鐸所知然亦疑其假手一日鐸召穀讌于公署密遣人以漢祖得三傑賦題就其第試之琪援筆立成賦尾云得士則昌非賢罔共龍頭之友斯貴鼎足之臣可重宜哉項氏之敗亾一范增而不能用鐸覽而駭之曰此兒大器也將擅文價（太平廣記琪總角謁鐸鐸顧曰適蜀中詔到用夏州拓跋思恭爲收復都統可作一詩否即秉筆立製云飛騎經巴棧洪恩及夏臺將從天上去人自日邊來此處金門遠何時玉輦迴蚤平關右賊莫待詔書催鐸益奇之因執琪手曰此眞鳳毛也時年十四明年丁母憂因流寓青齊然樵照薪伸夜作書覽書數千卷間爲詩賦唐僖宗再幸梁洋竊賦云哀痛不下詔登封誰上書）昭宗時李谿父子以文學知名琪年十八袖賦一軸謁谿谿覽賦驚異倒屣迎門出琪調啞鐘捧日等賦謂琪曰余嘗患近年文士辭賦皆數句之後未見賦題吾子入句見題偶屬典麗吁可畏也琪由是益知名舉進士第天復初應博學宏詞居第四等授武功縣尉辟轉運巡官遷左拾遺殿中侍御史自琪爲諫官憲職凡時政有所不便必封章論列文章秀麗覽之者忘倦琪兄珽亦登進士第才藻富贍兄弟齊名而尤爲梁祖所知以珽爲崇政學士琪自左補闕入爲翰林學士（北夢瑣言梁李相國琪唐末以文學策名仕至御史昭宗播遷衣冠蕩析琪藏跡于荊楚間自號華原李長官其堂兄光符宰宜都嘗厭薄之琪寂寞每臨流踞石摘樹葉而試草制詞吁嗟怏悵而投葉水中梁祖受禪徵入拜翰林學士）累遷戶部侍郎翰林承旨梁祖西抗邠岐北攻澤潞出師燕趙經略四方暫無寧歲而琪以學士居帳中專掌文翰下筆稱旨寵遇踰倫是時琪之名播于海內琪重然諾憐才獎善家門雍睦貞明龍德中歷兵禮吏侍郎受命與馮錫嘉張充郗殷象同撰梁太祖實錄三十卷遷御史中丞累擢尚書左丞中書門下平章事時琪與蕭頃同爲宰相頃性畏愼深密琪倜儻負氣不拘小節中書奏覆多行其志而頃專掎摭其咎會琪除吏是試攝名銜改攝爲守爲頃所奏梁帝大怒將投諸荒裔而爲趙巖輩所援罷相爲太子少保莊宗入汴素聞琪名累欲大任同光初歷太常卿吏部尚書三年秋天下大水國計不充莊宗召百寮許上封事陳經國之要琪因上疏曰臣聞王者富有兆民深居九重所重患者百姓凋耗而不知四海困窮而莫救下情不得上達羣臣不敢指言今陛下以水潦之災軍食乏闕焦勞罪己迫切疚懷避正殿以責躬訪多士而求理則何思而不獲何議而不臧止在改而行之足以擇其善者臣聞古人有言曰穀者人之司命也地者穀之所生也人者君之所理也有其穀則國力備定其地則人食足察其人則徭役均知此三者爲國之急務也軒黃已前不可詳記自堯湮洪水禹作司空于時辨九等之田收什一之稅其時戶一千三百餘萬定墾地約九百二十萬頃最爲太平之盛及商革夏命重立田制每私田十畝種公田一畝水旱同之亦什一之義也洎乎周室立井田之法大約百里之國提封萬井出車百乘戎馬四百匹畿內兵車萬乘馬四萬匹以田法論之亦什一之制也故當成康之世比堯舜之朝戶口更增二十餘萬非他術也蓋三代以前皆量入以爲出計農以立軍雖逢水旱之災而有凶荒之備降及秦漢重稅工商急關市之征倍舟車之算人戶既以減耗古制猶以兼行按此時戶口尚有千二百餘萬墾田亦八百萬頃至乎三國並興兩晉之後則農夫少于軍衆戰馬多于耕牛供軍須奪于農糧秣馬必侵于牛草于是天下戶口只有二百四十餘萬洎隋文之代兩漢比隆及煬帝之年又三分去一我唐太宗文皇帝以四夷初定百姓未豐延訪羣臣各陳所見惟魏徵獨勸文皇力行王道由是輕徭薄賦不奪農時進賢良悅忠直天下粟價斗直兩錢自貞觀至于開元將及一千九百萬戶五千三百萬口墾田一千四百萬頃比之堯舜又極增加是知救人瘼者以重斂爲病源料兵食者以惠農爲軍政仲尼云百姓足君孰與不足臣之此言是魏徵所以勸文皇也伏惟深留宸鑒如以六軍方闕不可輕徭兩稅之餘猶須重斂則但不以折納爲事一切以本色輸官又不以紐配爲名止以正耗加納猶應感悅未至流亡況今東作是時羸牛將駕數州之地千里運糧有此差徭必妨春種今秋若無糧草何以贍軍臣伏思漢文帝時欲人務農乃募人入粟得拜爵及贖罪景帝亦如之後漢安帝時水旱不足三公奏請富人入粟得關內侯及公卿以下散官本朝乾元中亦曾如此今陛下縱不欲入粟授官願明降制旨下諸道合差百姓轉倉之處有能出力運官物到京師五百石以上白身授一初任州縣官有官者依資遷授欠選者便與放選千石以上至萬石不拘文武明示賞酬免令方春農人流散斯亦救民轉倉贍軍之一術也莊宗深重之尋命爲國計使垂爲輔相俄遇蕭牆之難而止及明宗即位豆盧革韋說得罪任圜陳奏請命琪爲相爲孔循鄭珏排沮乃相崔協琪時爲御史大夫安重誨于臺門前專殺殿直馬延雖曾彈奏而依違詞旨不敢正言其罪以是託疾三上章請老朝旨不允除授尚書左僕射自是之後尤爲宰執所忌凡有奏陳靡不望風橫沮天成末明宗自汴州遷洛琪爲東都留司官班首奏請至偃師奉迎時琪奏中有敗契丹之兇黨破眞定之逆城之言詔曰契丹即爲兇黨眞定不是逆城李琪罰一月俸又嘗奉勅撰霍彥威神道碑文琪梁之故相也敘彥威仕梁歷任不言其僞中書奏曰不分眞僞是混功名望令改撰詔從之多此類也琪雖博學多才拙于遵養時晦知時不可爲然猶多岐取進動而見排由已不能鎭靖也以太子太傅致仕長興中卒于福善里第時年六十子貞官至邑宰琪以在內署時所爲制詔編爲十卷目曰金門集大行于世

蕭頃字子澄京兆萬年人故相倣之孫京兆尹廩之子頃聰悟善屬文昭宗朝擢進士第歷度支巡官太常博士右補闕時國步艱難連帥倔強率多奏請欲立家廟于本鎭頃上章論奏乃止累遷吏部員外郎先是張濬自中書出爲右僕射梁祖判官高劭使梁祖廳求一子出身官省寺皆稱無例濬曲爲行之指揮甚急吏徒惶恐頃判云僕射未集即官赴省上指揮公事且非南宮舊儀濬聞之慙悚致謝頃由是知名梁祖亦獎之頃入梁歷給諫御史中丞禮部侍郎知貢舉咸有能名自吏部侍郎拜中書門下平章事與李琪同輔梁室事多矛盾莊宗入汴頃坐貶登州司戶量移濮州司馬數年遷太子賓客天成初爲禮部尚書太常卿太子少保致仕卒時年六十九輟朝一日贈太子少師

史臣曰夫相輔之才從古難得蓋文學政事履行謀猷不可缺一故也如數君子者皆互有所長亦近代之良相也如齊公之明節李琪之文章足以圭表搢紳笙簧典誥防之廊廟宜無愧焉

舊五代史卷五十八攷證

唐列傳十趙光逢傳父隱右僕射　案舊唐書作左僕射

僖宗朝登進士第　僖宗原本作昭宗據舊唐書光逢係乾符五年進士當作僖宗今改正

時有道士許巖士　許巖士原本脫士字今據新唐書及通鑑增入

李琪傳敬方子穀廣明中爲晉公王鐸都統判官　案太平廣記引李琪集序作父敬佐王鐸滑州幕攷李

琪祖名敬方其父不得名敬疑太平廣記傳寫之訛

戎馬四百匹　四百原本作四千今據漢書改正

以太子太傅致仕　案太傳歐陽史作少傅

舊五代史卷五十九

宋門下侍郎參知政事監修國史薛居正等撰

唐書第三十五

列傳十一

丁會字道隱壽州壽春人父季會幼放蕩縱橫不治農產恒隨哀挽者學綍謳尤嗜其聲既長遇亂合雄兒爲盜有志功名黃巢渡淮會從梁祖爲部曲梁祖鎭汴會歷都押衙自梁祖誅宗權併時溥屠朱瑄走朱瑾會恒以兵從多立奇功文德中表授懷州刺史歷滑州留後河陽節度使檢校司徒自河陽以疾致政于洛陽梁祖季年猜忌故將功大者多遭族滅會陰有避禍之志稱疾者累年天復元年梁祖奄有河中晉絳乃起會爲昭義節度使昭宗幸洛陽加同平章事其年昭宗遇弒哀問至會三軍縞素流涕久之時梁祖親討劉守文于滄州駐軍于長蘆三年十二月王師攻會居旬日會以潞州歸于武皇北夢瑣言梁祖雄猜忌功臣怨謂敬翔曰吾夢丁會在前祗候吾將乘馬欲出閫人以馬就臺忽爲丁會將之以出時夢中怒叱喝數引聲因驚覺甚惡之是月丁會舉潞州軍民歸河東矣見會泣曰臣非不能守潞但以汴王篡弱唐祚猜嫌舊將臣雖蒙保薦之恩而不忍相從今所謂吐盜父之食以見王也武皇納之賜甲第于太原位在諸將上五年汴將李思安圍潞州以會爲都招討使檢校太尉莊宗嗣王位與會決謀破汴軍于夾城七年十一月卒于太原莊宗即位追贈太師有子七人知沆爲梁祖所誅餘皆歷內職

閻寶字瓊美鄆州人父佐海州刺史寶少事朱瑾爲牙將瑾之失守于兗也寶與瑾將胡規康懷英歸汴梁皆擢任之自梁祖陳師河朔爭霸關西寶與葛從周丁會賀德倫李思安各爲大將統兵四出所至立功歷洛隨宿鄭四州刺史天祐六年梁祖以寶爲邢洺節度使檢校太傅莊宗定魏博十三年攻相衛洺磁下之寶獨保邢州城孤援絕八月寶以邢州降莊宗嘉之進位檢校太尉同平章事遙領天平軍節度使東南面招討等使待以賓禮位在諸將上每有謀畫與之參決契丹之寇幽州也周德威危急寶與李存審從明宗擊契丹于幽州西北解圍而還胡柳之役諸軍逗撓汴軍登無石山其勢甚盛莊宗望之畏其不敵且欲保營寶進曰王深入敵境偏師不利王彥章騎軍已入濮州山下唯列步兵向晚皆有歸志我盡銳擊之敗走必矣今若引退必爲所乘我軍未集更聞賊勝即不戰而自潰也凡決勝料情情勢已得斷在不疑今王之成敗在此一戰若不決勝設使餘衆渡河河朔非王有也王其勉之莊宗聞之聳聽曰微公幾失計即引騎大譟奮命登山大敗汴人十八年張文禮殺王鎔叛寶帥師進討八月收趙州進渡滹水擒賊黨張友順以獻九月進逼眞定結營西南隅掘塹柵以環之決大悲寺漕渠以浸其郛十九年正月契丹三十萬來援鎭州前鋒至新樂衆心憂之寶見莊宗指陳方略軍情乃安敵退加檢校侍中三月城中饑王處瑾之衆出城求食寶縱其出伏兵截擊之饑賊大至諸軍未集爲賊所乘寶乃收軍退保趙州因慙憤成疾疽發背而卒時年六十同光初追贈太師晉天福中追封太原郡王有子八人宏倫宏儒皆位至郡守

符習趙州昭慶縣人少從軍事節度使王鎔積功至列校自莊宗經略河朔與鎔連衡常令習率師從莊宗征討鎔爲張文禮所害時習在德勝寨文禮上書請習等歸鎭習雨泣訴于莊宗曰臣本趙人家世事王氏故使嘗授臣一劍俾臣平蕩兇寇自聞變故徒懷冤憤欲以自剄無益于營魂且張文禮乃幽滄叛將趙王知人不盡過意任使致被反噬臣雖不武願在霸府血戰而死不能委身于兇首莊宗曰爾既懷舊君之愛可復仇乎吾當助爾習等舉身投地號慟感激謝曰王必以故使輔翼之勞雪其冤恥臣不敢期師旅爲助但悉本軍可以誅其逆豎莊宗即令閻寶史建瑭助習討文禮乃以習爲成德軍兵馬留後及文禮誅將正授節鉞習不敢當其任辭曰臣緣故使未葬又無嗣息臣合服斬縗俟臣禮制畢聽命及莊宗兼領鎭州乃割相衛二州置義寧軍以習爲節度使習奏曰魏博六州見係霸府不宜遽有割隸但授臣河南一鎭臣自攻取乃授天平軍節度東南面招討使習有器度性忠壯自莊宗十年沿河戰守習常以本軍從心無顧望諸將服其爲人同光初以習爲邢州節度明年移鎭青州四年二月趙在禮盜據魏州習受詔以淄青之師進討至則會軍亂習乃退軍渡河明宗自鄴赴洛遣使召之習不時而至既至謁明宗于胙縣霍彥威謂習曰主上所知者十八公在其四何猶豫乎習乃從明宗入汴明宗即位加兼侍中令歸本鎭屬青州守將王公儼拒命復授習天平軍節度使宋史顏衎傳天成初爲鄆平令符習初鎭天平習武臣之廉慎者以書告屬邑毋聚斂爲獻賀衎未領書以故規行之尋爲吏所訟習遽召衎詰之幕客吏咸以爲辱及正人習甚悔焉即表爲觀察判官且塞前事四年移汴州節度使安重誨素不悅習會汴人言習厚賦民錢以代納藁及納軍租多收加耗由是罷歸京師通鑑習自恃宿將議論多抗安重誨故重誨求其過奏之授太子太師致仕求歸故里許之乃歸昭慶縣明宗以其子令謙爲趙州刺史習飛揚痛飲周遊田里不集朋徒不過郡邑如此累年中風而卒贈太師子蒙嗣位至禮部侍郎

烏震冀州信都人也少孤自勤于鄉校弱冠從軍初爲鎭州隊長以功漸升部將與符習從征于河上頗得士心聞張文禮弒王鎔志復主讎雪泣請行兵及恒陽文禮執其母妻洎兒女十口誘之不迴攻城日急文禮忿之咸割鼻斷腕不絕于膚放至軍門觀者皆不忍正視震一慟而止憤激奮命身先矢石鎭州平以功授震深趙二州刺史其性純質以清直御下在河北獨有政聲移易州刺史兼南北面水陸轉運招撫等使契丹犯塞漁陽路梗震率師運糧三入薊門擢爲河北道副招討遙領宣州節度使代房知溫軍于盧臺及至軍會戍兵龍晊所部鄴都奉節等軍數千人作亂未及交印而遇害明宗聞之廢朝一日詔贈太傅震略涉書史尤嗜左氏傳好爲詩善筆札凡郵亭佛寺多有留題之跡及其遇禍燕趙之士皆歎惜之

王瓚故河中節度使重盈之諸子也天復初梁祖既平河中追念王氏舊恩辟瓚爲賓佐梁祖即位歷諸衛大將軍兗華兩鎭節度使開封尹貞明五年代賀瓌統軍駐于河上時李存審築壘于德勝渡秋八月瓚率汴軍五萬自黎陽渡河將掩擊魏州明宗出師拒之瓚至頓邱而旋于楊村夾河築壘架浮航自滑饋運相繼瓚嚴于軍法令行禁止然機略應變則非所長十一月瓚率其衆觀兵于戚城明宗以前鋒擊之獲其將李立十二月邏騎報汴之饋糧千計沿河而下可掩而取之莊宗遣徒兵五千設伏以待之使騎軍循河南岸西上俘獲饋役數千瓚結陣河曲以待王師既而兵合一戰敗之瓚衆走保南城瓚以小舟北渡僅免是日獲馬千餘匹俘斬萬級王師乘勝徇地曹濮梁主以瓚失律令戴思遠代還及王師襲汴時瓚爲開封府尹梁主聞王師將至自登建國門樓日夜垂泣時持國寶謂瓚曰吾終保有此者繫卿耳令瓚閱市人散徒登城爲備洎明宗至封邱門瓚開門迎降翼日莊宗御元德殿瓚與百官待罪及進幣馬詔釋之仍令收梁主尸備棺櫝權厝于佛寺漆首函送于郊社居數日毀疑上疏奏梁朝掌事權者趙巖等並助成虐政結怨于人聖政惟新宜誅首惡以謝天下于是張漢傑張漢融張漢倫張希逸趙縠朱珪等並族誅家財籍沒瓚聞諸族當法憂悸失次每出則與妻子訣別郭崇韜遣人慰譬之詔授宣武軍節度副使知府事檢校太傅如故歐陽史瓚伏地請死莊宗勞而起之曰朕與卿家世婚姻然人臣各爲其主耳復何罪耶因以爲開封尹遷宣武軍節度使瓚心憂疑成疾十二月卒贈太子太師瓚雖爲治嚴肅而慘酷有家世風自歷守藩鎭頗能除盜而明不能照下及尹正京邑委政于愛壻牙將辛廷蔚曲法納賄因緣爲奸初汴人駐軍于河上軍計不足瓚請率汴之富戶出助軍錢賦取不均人靡控訴至有雉經者又有富室致賂幸而免率者及明宗即位素知廷蔚之奸乃勒歸田里然瓚能優禮搢紳抑挫豪猾故當時士流皆稱仰焉

袁象先宋州下邑人也自稱唐中宗朝中書令南陽郡王恕己之後曾祖進朝成都少尹梁以象先貴累贈左僕射祖忠義忠武軍節度判官累贈司空父敬初太府卿累贈司徒駙馬都尉敬初娶梁祖之妹初封沛郡太君開平中追封長公主貞明中追封萬安大長公主象先即梁祖之甥也性寬厚不忤于物幼遇亂慨然有憂時之意象先嘗射一水鳥不中箭落水中下貫雙鯉見者異之梁祖鎭夷門象先起家授銀青光祿大夫檢校太子賓客兼御史中丞景福元年自檢校左省常侍遷檢校工部尚書充元從馬軍指揮使兼左靜邊都指揮使乾寧五年再遷檢校右僕射左領軍衛將軍同正充宣武軍內外馬步軍都指揮使光化二年權知宿州軍州事天復元年表授刺史充本州團練埇橋鎭遏都知兵馬使會淮寇大至圍迫州城象先殫力禦備時援兵未至頗懷憂沮一日登北城憩其樓堞之上恍然若寢夢人告曰我陳璠也嘗板築是城舊第猶在今爲軍舍可爲我立廟即助公陰兵象先納之翼日淮寇急攻其壘梯衝角進是日州城幾陷頃之有大風雨居民望見城上兵甲無算寇不敢進即時退去象先方信神鬼之助乃爲之立祠至今里人禱祝不輟三年權知洺州軍州事天祐三年授陳州刺史檢校司空是歲陳州大水

民饑有物生于野形類蒲萄其實可食貧民賴焉梁開平二年授左英武軍使再遷左神武右羽林統軍三年轉右衛上將軍封汝南縣男四年權知宋州留後到任五月改天平軍兩使留後時鄆境再饑戶民流散象先即開倉賑䘏賴者甚衆五年梁祖北征以象先爲鎮定東南行營都招討應接副使進封開國伯領兵攻蓨縣不克而還俄奉詔自鄆赴闕鄆人遮留毀石橋而不得進乃自他門而逝尋授左龍武統軍兼侍衛親軍都指揮使乾化三年與魏博節度使楊師厚合謀誅朱友珪于洛陽梁末帝即位以功授檢校太保同平章事遙領洪州節度使行開封尹判在京馬步諸軍進封開國公四年授青州節度使加檢校太傅未幾移鎮宋州加檢校太尉象先在宋凡十年初梁祖領四鎮擁兵十萬威震天下關東藩守皆其將吏方面補授由其保薦四方輿金輦璧駿奔結轍納賂于其庭如是者十餘年寖成風俗藩侯牧守下逮羣吏罕有廉白者率皆掊斂剝下以事權門象先恃甥舅之勢所至藩府侵刻誅求尤甚以此家財巨萬莊宗初定河南象先率先入覲輦珍幣數十萬遍賂權貴及劉皇后伶官巷伯居旬日內外翕然稱之初梁將未復官資者凡上章奏姓名而已郭崇韜奏曰河南征鎮將吏昭洗之後未有新官每上表章但書名姓未頒綸制必貽憂疑即日復以象先爲宋亳耀輝穎節度使依前檢校太尉平章事仍賜姓名紹安尋令歸鎮明年以郊禮象先復來朝是時制改宋州宣武軍爲歸德軍因侍宴莊宗謂象先曰歸德之名無乃著題否象先拜謝而退即命歸鎮其年夏以疾卒于理所年六十一冊贈太師周廣順中贈中書令追封楚國公象先二子長曰正辭歷衢雄二州刺史次曰義周顯德中終于滄州節度使

張溫字德潤魏州魏縣人也始仕梁祖爲步直小將改崇明都校貞明初蔣殷以徐州叛從劉鄩討平之改左右捉生都指揮使莊宗伐邢臺獲之用爲承清都校歷武州刺史山後八軍都將從莊宗襲契丹于幽州收新州歷銀槍効義都指揮使再任武州刺史同光初契丹陷嬀儒檀順平薊六州武州獨全改授蔚州刺史天成初歷振武昭武留後尋授利州節度使入爲右衛上將軍無幾授洋州節度使右龍武統軍歷雲州節制清泰初屯兵鴈門逐契丹出塞移鎮晉州嬰疾而卒詔贈太尉

李紹文鄆州人本姓張名從楚少事朱瑄爲帳下瑄敗歸于梁祖爲四鎮牙校累典諸軍天祐八年從王景仁戰敗于柏鄉紹文與別將曹儒收殘衆退保相州王師之攻魏州也紹文率衆自黎陽將渡河時汴人大恐河無舟楫紹文懼爲王師所逼乃劄黎陽臨河內黃至魏州歸于莊宗莊宗嘉納之賜姓名分其兩將三千人爲左右匡霸軍旅仍令紹文曹儒分將之從周德威討劉守光進檢校司空移將匡衞軍十二年授博州刺史預破劉鄩于故元城歷貝隰代三郡刺史領天雄軍馬步副都將屯于德勝從閻寶討張文禮爲馬步軍都虞候明宗收鄆州以紹文爲右都押牙馬步軍都將從破王彥章于中都同光中歷徐滑二鎮副使知府事三年從郭崇韜討西川爲洋州節度留後領鎮江軍節度天成初爲武信軍節度使尋卒于鎮

史臣曰昔丁會之事梁祖也功既隆矣禍將及矣挺身北首故亦宜然然食人之祿豈合如是哉閻寶再降于人夫何足貴焉符習雪故主之沉冤享通侯之貴位乃趙之奇士也烏震不惘其親仁斯鮮矣雖慕樂羊之跡豈事文侯之宜瓚洎象先而下皆降將也又何足以譏焉

舊五代史卷五十九攷證

唐列傳十一丁會傳梁祖季年猜忌故將功大者多遭族滅會陰有避禍之志　案梁祖季年無誅戮大臣之事攷朱珍李讜先後爲梁祖所殺丁會蓋鑒于前事也見通鑑攷異

閻寶傳梁祖以寶爲節度使檢校太傅　案歐陽史太祖時爲諸軍都虞候末帝時以寶爲保義軍節度使與是書詳略先後互異

符習傳飛揚痛飲　飛揚原本作飛鷹今攷杜詩痛飲狂歌空度日飛揚跋扈爲誰雄鷹字蓋揚字之訛今改正

烏震傳移易州刺史　易州歐陽史作冀州

詔贈太傅　太傅歐陽史作太師

張溫傳　案溫于潼關擒劉浣見梁紀此傳不載

舊五代史卷六十

宋門下侍郎參知政事監修國史薛居正等撰

唐書第三十六

列傳十二

李襲吉自言左相林甫之後父圖爲洛陽令因家焉襲吉乾符末應進士舉遇亂避地河中依節度使李都擢爲鹽鐵判官及王重榮代不喜文士時喪亂之後衣冠多逃難汾晉間襲吉訪舊至太原武皇署爲府掾出宰榆社光啟初武皇遇難上源記室殁焉既歸鎮辟掌奏者多不如指或有薦襲吉能文召試稱指即署爲掌書記襲吉博學多通尤諳悉國朝近事爲文精意練實動據典故無所放縱羽檄軍書辭理宏健自武皇上源之難與梁祖不協乾寧末劉仁恭負恩其間論列是非交相聘答者數百篇警策之句播在人口文士稱之三年還節度副使從討王行瑜拜右諫議大夫及師還渭北武皇不獲入覲爲武皇作違離表中有警句云穴禽有異聽舜樂以猶來天路無梯望堯雲而不到昭宗覽之嘉歎洎襲吉入奏面詔諭之優賜特異北夢瑣言襲吉從李克用至渭南令其入奏帝重其文章授諫議大夫使上事北省以榮之其年十二月師還太原王珂爲浮梁于夏陽渡襲吉從軍時笮斷航破武皇僅免襲吉墜河得大冰承足沿流七八里遠岸而止救之獲免天復中武皇議欲修好于梁命襲吉爲書以貽梁祖書曰一別清德十有餘年失意杯盤爭鋒劍戟山長水闊難追二國之歡鴈逝魚沈久絕八行之賜比者僕與公實聯宗姓原忝恩知投分深情將期棲託論交馬上薦美朝端傾嚮仁賢未省疏闕豈謂運由奇特謗起奸邪毒手尊拳交相于暮夜金戈鐵馬蹂踐于明時狂藥致其失歡陳事止于堪笑今則皆登貴位盡及中年蘧公亦要知非君子何勞用壯今公貴先列辟名過古人合縱連衡本務家邦之計拓地守境要存子孫之基文王貴奔奏之交仲尼譚損益之友僕顧慙虛薄舊忝眷私一言許心萬死不悔壯懷忠力猶勝他人盟于三光願赴湯火公又何必終年立敵懇意相窺徇一時之襟靈取四郊之倦弊今日得其小衆明日下其危牆弊師無遺鏃之憂鄰壤抱剝牀之痛又慮悠悠之黨妄瀆聽聞見僕韜勇枕威戢兵守境不量本末誤致窺覦且僕自壯歲已前業經陷敵以殺戮爲東作號兼并爲永謀及其首陟師壇躬被公衮天子命我爲羣后明公許我以下交所以斂迹愛人蓄兵務德收燕薊則還其故將入蒲坂而不負前言況五載休兵三邊校士鐵騎犀甲雲屯谷量馬邑兒童皆爲銳將鷲峰宮闕咸作京坻問年猶少于仁明語地幸依于險阻有何覘覦便誤英聰況僕臨戎握兵粗有操斷屈伸進退久貯心期勝則撫三晉之民敗則徵五部之衆長驅席卷反首提戈但慮隳突中原爲公後患四海羣謗盡歸仁明終不能見僕一夫得僕一馬銳師儻失則難整齊請防後艱願存前好矧復陰山部落是僕懿親迴紇師徒累從外舍文靖求始畢之衆元海徵五部之師寬言虛詞猶或得志今僕散積財而募勇輩輦寶貨以誘義戎徵其密親昭以美利控弦跨馬寧有數乎但緣荷位天朝惻心疲瘵峩峩亭障未忍起戎亦望公深識鄙懷洞迴英鑒論交釋憾慮禍革心不聽浮譚以傷霸業夫易惟忌滿道貴持盈儻恃勇以喪師如擊盤而失水爲虵刻鶴幸賜徊翔僕少負褊心天與直氣間謀詭論誓不爲之唯將藥石之譚願託金蘭之分儻愚衷未豁彼抱猶迷假令罄三朝之威窮九流之辯遣迴肝膈如俟河清今者執簡吐誠願垂保鑒僕自眷私睽阻翰墨往來或有鄙詞稍侵英聽亦承嘉論每賜罵言叙歡既罷于尋戈焚謗幸蠲其載筆窮因尚口樂貴和心願祛沈關之嫌以復壎篪之好今者卜于嚴分不欲因人專遣使乎直詣鈴閤古者兵交兩地使在其間致命受辭幸存前志昔賢貴于投分義士難于屈讐若非仰戀恩私安可輕露肝膈悽悽丹慊炳炳血情臨紙嚮風千萬難述梁祖覽之至毒手尊拳之句怡然謂敬翔曰李公斗絕一隅安得此文士如吾之智算得襲吉之筆才虎傅翼矣又讀至馬邑兒童陰山部落之句梁祖怒謂敬翔曰李太原殘喘餘息猶氣吞宇宙可詬罵之及翔爲報書詞理非勝由是襲吉之名愈重通鑑攷異引唐末見聞錄載全忠回書云前年洹水曾獲賢郎去歲青山又擒列將蓋梁之書檄皆此類也自廣明大亂之後諸侯割據方面競延名士以掌書檄是時梁有敬翔燕有馬郁華州有李巨川荊南有鄭準唐新纂云鄭準士族未第時佐荊門上谷廸幕飛書走檄不讓古人秉直去邪無慙往哲攷準爲成汭書記汭封上谷郡王鳳翔有王超北夢瑣言唐末鳳翔判官王超推奉李茂貞挾曹馬之勢脅奏文檄恣意翺翔後爲興元留後遇害有鳳鳴集三十卷行于世錢塘有羅隱魏博有李山甫皆有文稱與襲吉齊名于時襲吉在武皇幕府垂十五年視事之暇唯讀書業文手不釋卷性恬于榮利獎誘後進不以己能格物參決府事務在公平不交賂遺綽綽有士大夫之風槩焉天祐三年六月以風病卒于太原同光二年追贈禮部尚書

王緘幽州劉仁恭故吏也少以刀筆直記室仁恭假以幕職令使鳳翔還經太原屬仁恭阻命武皇留之緘堅

辭復命書詞稍抗武皇怒下獄詰之謝罪聽命乃署爲推官歷掌書記契丹國志韓延徽傳延徽自契丹奔晉王欲置之幕府掌書記王緘嫉之延徽不自安求東歸省母遂復入契丹寓書于晉王叙所以北去之意且曰非不戀英主非不思故鄉所以不留正懼王緘之讒耳從莊宗經略山東承制授檢校司空魏博節度副使緘博學善屬文燕薊多文士緘後生未知名及在太原名位驟達燕人馬郁有盛名于鄉里而緘素以吏職事郁及郁在太原謂緘曰公在此作文士所謂避風之鳥受賜于魯人也每于公宴但呼王緘而已十年從征幽州既獲仁恭父子莊宗命緘爲露布觀其旨趣緘起草無所辭避義士以此少之胡柳之役緘隨輜重前行歿于亂兵際晚盧質還營莊宗問副使所在曰某醉不之知也既而緘凶問至莊宗流涕久之得其喪歸葬太原

李敬義本名延古太尉衛公德裕之孫初隨父燁貶連州遇赦得還嘗從事浙東自言遇涿道士問之曰子方厄運不宜仕進敬義悚然對曰吾終老賤哉涿曰自此四十三年必遇聖王大任子其志之敬義以爲然乃無心仕宦退歸洛南平泉舊業爲河南尹張全義所知歲時給遺特厚出入其門欲署幕職堅辭不就初德裕之爲將相也大有勳于王室出藩入輔綿歷累朝及留守洛陽有終焉之志于平泉置別墅採天下奇花異竹珍木怪石爲園池之玩自爲家戒序錄志其草木之得處刊于石云移吾片石折樹一枝非子孫也洎巢蔡之亂洛都灰燼全義披榛而創都邑李氏花木多爲都下移掘樵人鬻賣園亭掃地矣有醒酒石德裕醉即踞之最保惜者光化初中使有監全義軍得此石置于家園敬義知之泣謂全義曰平泉別業吾祖戒約甚嚴子孫不肖動違先旨因託全義請石于監軍他日宴會全義謂監軍曰李員外泣告言內侍得衛公醒酒石其祖戒堪哀內侍能還否監軍忿然厲聲曰黃巢敗後誰家園池完復豈獨平泉有石哉全義始受黃巢僞命以爲詬已大怒曰吾今爲唐臣非巢賊也即署奏笞斃之昭宗遷都洛陽以敬義爲司勳員外郎柳璨之陷裴趙諸族希梁祖旨奏云近年浮薄相扇趨競成風乃有臥邀軒冕視王爵如土梗者司空圖李敬義三度除官養望不至咸宜屏黜以勸事君者翌日詔曰司勳員外郎李延古世荷國恩兩葉相位幸從筮仕累忝寵榮多歷歲時不趨班列而自遷都卜洛紀律載張去明庭而非遙處別墅而無懼罔思報效姑務便安爲臣之節如斯貽厥之謀何在須加懲責以肅朝倫九寺勾稽尚謂寬典可責授衛尉寺主簿司空圖亦追停前詔任從閒適圖唐史有傳舊唐書哀帝紀六月戊申勅前司勳員外郎賜緋魚袋李延古責授衛尉寺主簿九月壬寅勅前大中大夫尚書兵部侍郎賜紫金魚袋司空圖放還中條山蓋延古與司空圖同時被勅其降勅則有先後也時全義既不能庇護乃密託楊師厚令敬義潛往依之因挈族客居衛州者累年師厚給遺周厚十二年莊宗定河朔史建瑭收新鄉敬義謁見是歲上遣使迎至魏州署北京留守判官承制拜工部尚書奉使王鎔敬義以遠祖趙郡見鎔展維桑之敬鎔遣判官李翥送贄皇集三卷令謁前代碑壠使還歸職太原監軍張承業尤不悅本朝宰輔子孫待敬義甚薄或面折于公宴或指言德裕過惡敬義不得志鬱憤而卒同光二年贈右僕射五代史闕文司空圖字表聖自言泗州人少有俊才咸通中一舉登進士第雅好爲文躁于進取頗自矜伐端士鄙之初從事使府泉登朝驟歷清要巢賊之亂車駕播遷圖有先人舊業在中條山極林泉之美圖自禮部員外郎因避地焉日以詩酒自娛屬天下板蕩士多往依之互相推獎由是聲名藉甚昭宗反正以戶部侍郎徵至京師圖既負才慢世謂己當爲宰輔時要惡之稍抑其鋭圖憤憤謝病復歸中條與人書疏不名官位但稱知非子又稱耐辱居士其所居曰禎貽谿谿上結茅屋命曰休休亭嘗自爲記云臣讓圖河中虞鄉人少有文彩未爲鄉里所稱會王凝自尚書郎出爲絳州刺史圖以文謁之大爲凝所賞歎由是知名未幾凝入知制誥遷中書舍人知貢舉擢圖上第頃之凝出爲宣州觀察使辟圖爲從事既渡江御史府奏圖爲監察下詔追之圖感知己之恩不忍輕離幕府滿百日不赴闕爲臺司所劾遂以本官分司久之徵拜禮部員外郎俄知制誥故集中有文曰感恩稽命黜纍洛師于十年方忝綸閣此豈躁于進取者耶舊史不詳一至于今此閒見唐政多僻中官用事知天下必亂即棄官歸中條山尋以中書舍人徵又拜禮戶部侍郎皆不起及昭宗播遷華下圖以密邇乘輿即時奔問復辭還山故詩曰多病形容五十三誰憐借笏趨朝參此豈有意于相位耶河中節度使王重榮請圖撰碑得絹數千匹圖致于虞鄉市心恣鄉人所取一日而盡是時盜賊充斥獨不入王官谷河中士人依圖避難全者甚衆昭宗東遷又以兵部侍郎召至洛下爲柳璨所阻一謁而退梁祖受禪以禮部尚書徵辭以老疾卒時年八十餘臣又案梁室大臣如敬翔李振杜曉楊涉等皆唐朝舊族本當忠義立身重侯累將三百餘年一旦委質朱梁其甚者贊成弒逆惟圖以清直避世終身不事梁祖故梁史揭圖小瑕以泯大節者有以也

盧汝弼宣和書譜汝弼字子諧祖綸唐貞元年有詩名父簡求爲河東節度使汝弼少力學不喜爲世胄篤志科舉登進士第文彩秀麗一時士大夫稱之唐昭宗景福中擢進士第歷臺省昭宗自秦遷洛時爲祠部郎中知制誥時梁祖凌弱唐室殄滅衣冠懼禍渡河由上黨歸于晉陽初武皇平王行瑜天子許承制授將吏官秩是時藩侯倔強者多僞行墨制武皇恥而不行長吏皆表授及莊宗嗣晉王位承制置吏又得汝弼有若符契由是除補之命皆出汝弼之手既而畿內官吏考課議擬奔走盈門頗以賄賂聞士論少之洎帝平定趙魏汝弼每請謁迎勞必陳說天命順俟中興帝亦以宰輔期之建國前卒于晉宣和書譜贈兵部尚書

李德休字表逸趙郡贊皇人也祖絳山南西道節度使唐史有傳父璋宣州觀察使德休登進士第歷鹽鐵官渭南尉右補闕侍御史天祐初兩京喪亂乃寓跡河朔定州節度使王處直辟爲從事莊宗即位于魏州徵爲御史中丞轉兵部吏部侍郎權知左丞以禮部尚書致仕卒時年七十四贈太子少保

蘇循父特陳州刺史循咸通中登進士第累歷臺閣昭宗朝再至禮部尚書循性阿諛善承順苟容以希進取昭宗自遷洛之後梁祖凶勢日滋唐室舊臣陰懷主辱之憤名族之冑往往有違禍不仕者唯循希旨附會及梁祖失律于淮南西屯于壽春要少帝欲授九錫朝臣或議是非循揚言云梁王功業顯大歷數有歸朝廷速宜揖讓當時朝士畏梁祖如虎罔敢違其言者明年梁祖逼禪循爲冊禮副使梁祖既受命宴于元德殿舉酒曰朕夾輔日淺代德未隆置朕及此者羣公推崇之意也楊涉張文蔚慙懼失對致謝而已循與張禕薛貽矩因盛陳梁祖之德業應天順人之美循自以奉冊之勞旦夕望居宰輔而敬翔惡其爲人謂梁祖曰聖祚維新宜選端士以鎮風俗如循等輩俱無士行實唐家之鴟梟當今之狐魅彼專賣國以取利不可立維新之朝初循子楷乾寧二年登進士第中使有奏御者云今年進士二十餘人僥倖者半物論以爲不可昭宗命學士陸扆馮渥重試于雲韶殿及格者一十四人詔云蘇楷盧賡等四人詩句最卑蕪累頗甚曾無學業敢竊科名浼我至公難從濫進宜付所司落下不得再赴舉場楷以此慙恨長幸國家之災昭宗遇弒輝王嗣位國命出于朱氏楷始得爲起居郎柳璨陷害朝臣衣冠惕息無敢言者初梁祖欲以張廷範爲太常卿裴樞以爲不可柳璨懼梁祖之毒乃歸過于樞故裴趙羅白馬之禍楷因附璨復依廷範將有司初定昭宗謚號楷謂廷範曰謚者所以表行實前有司之謚先帝爲昭宗所謂名實不副司空爲樂卿余忝史職典章有失安得不言乃上疏曰帝王御宇察理亂以審汚隆祀享配天資謚號以定升降故臣下君上皆不得而私也先帝睿哲居尊恭儉垂化其于善美孰敢蔽虧然而否運莫興至理猶鬱遂致四方多事萬乘播遷始則宦豎凶狂受幽辱于東內終則嬪嬙悖亂罹天鬭于中闈其于易名宜循考行有司先定尊謚曰聖穆景文孝皇帝廟號昭宗敢言溢美似異直書今郊禋有日禘祭惟時將期允愜列聖之心更在詳議新廟之稱庶使叶先朝罪己之德表聖上無私之明舊唐書云蘇楷目不知書僅能執筆其文羅袞作也太常卿張廷範奏議曰昭宗初實彰于聖德後漸減于休明致季述幽辱于前茂貞劫幸于後雖數拘厄運亦道失始終違陵寢于西京徙兆民于東洛輞輦輅未眴于寒暑行大事俄起于宮闈謹聞執事堅固之謂恭亂而不損之謂靈武而不遂之謂莊在國逢難之謂閔因事有功之謂襄今請改謚曰恭靈莊閔皇帝廟號襄宗輝王答詔曰勉依所奏哀咽良深楷附會幸災也如是及梁祖即位于汴楷自以遭遇千載一時敬翔深鄙其行尋有詔云蘇楷高貽休蕭閔禮等人材寢陋不可塵穢班行並勒歸田里循楷既失所望懼以前過獲罪乃退歸河中依朱友謙莊宗將即位于魏州時百官多缺乃求訪本朝衣冠友謙令赴行臺時張承業未欲莊宗即尊位諸將賓僚無敢贊成者及循至入衙城見府廨即拜謂之拜殿時將吏未行蹈舞禮及循朝謁即呼萬歲舞抃泣而稱臣莊宗大悅翼日又獻大筆三十管曰畫日筆莊宗益喜承業聞之怒會盧汝弼卒即令循守本官代爲副使明年春循因食蜜雪傷寒而卒同光二年贈左僕射以楷爲員外郎天成中累歷使幕會執政欲糾其駮謚之罪竟以憂慙而卒

史臣曰昔武皇之樹霸基莊宗之開帝業皆旁求多士用佐丕圖故數君子者或以書檄敏才或以搢紳舊族咸登貴仕諒亦宜哉唯蘇循贊梁祖之强禪蘇楷駮昭宗之舊謚士風臣節豈若是乎斯蓋文苑之豺狼儒林之荆棘也

舊五代史卷六十攷證

唐列傳十二李襲吉傳　李襲吉北夢瑣言作李習吉

乾符末應進士舉　案唐新纂作應廣文舉不第

出宰榆社　案北夢瑣言作攝榆次令

李敬義傳移吾片石　案原本脫移字今據冊府元龜增入

李德休傳　德休原本作德林今案其字表逸林字蓋休字之訛今改正

舊五代史卷六十一

宋門下侍郎參知政事監修國史薛居正等撰

唐書第三十七

列傳十三

安金全代北人世爲邊將少驍果便騎射武皇時爲騎將屢從征討莊宗之救潞州及平河朔皆有戰功累爲刺史以老病退居太原天祐中汴將王檀率師三萬乘莊宗在鄴來襲幷州時城無備兵敵軍奄至監軍張承業大恐計無所出悶諸司丁匠登陴禦捍外攻甚急金全遽出謂承業曰老夫退居抱病不任軍事然吾王家屬在此王業本根之地如一旦爲敵所有大事去矣請以庫甲見授爲公備寇承業即時授之金全被甲跨馬召率子弟及退閒諸將得數百人夜出北門擊賊于羊馬城內梁人驚潰由是退却俄而石君立自潞州至汴軍退走微金全之奮命城幾危矣莊宗性矜伐凡大將立功不時行賞故金全終莊宗世名位不進明宗與之有舊及登極授金全同平章事充振武軍節度使在任二年治民爲政非所長詔赴闕俄而病卒廢視朝二日初南北對壘汴之游騎每出必爲金全所獲故梁之偵邏者咸懼目之爲安五道蓋比鬼將有五道之名也子審琦等皆位至方鎮别有傳

審通金全之猶子也幼事莊宗累有戰功轉先鋒指揮使同光初爲北京右廂馬軍都指揮使屯奉化軍四年春赴明宗急詔軍趨夷門爲前鋒天成初授單州刺史改齊州防禦使兼諸道先鋒馬軍都指揮使奉詔北征從房知溫營于盧臺會龍晊部下兵亂審通脫身酒筵奪船以濟促騎士介馬及亂兵南行盡戮之以功授檢校太傅滄州節度使圍王都于中山躬冒矢石爲飛石所中而卒贈太尉

安元信字子言代北人父順琳爲降野軍使元信以將族子便騎射幼事武皇從平巢蔡光啓中吐渾赫連鐸寇雲中武皇使元信拒之元信兵敗于居庸關武皇性嚴急元信不敢還遂奔定州王處存待之甚厚用爲牙騎都校乾寧中處存子郜嗣位時梁軍攻河朔三鎮奔命不暇梁將張存敬軍奄至城下既無宿備郜懼挈其族奔太原元信從之武皇待之如初用爲鐵林軍使梁將氏叔琮之攻河東也别將葛從周自馬嶺入元信伏于榆次挫其前鋒梁將李思安之攻上黨也王師將壁高河爲梁軍所逼别將秦武者尤爲難敵元信與闘斃之繇是梁軍解去城壘得立武皇賜所乘馬及細鎧仗遷突陣都將莊宗嗣晉王位元信從救上黨破夾寨復澤潞以功授檢校司空遼州刺史賜玉鞭名馬栢鄉之役日晚戰酣元信重傷莊宗自臨傳藥其年改檢校司徒武州刺史充內衙副都指揮使山北諸州都團練副使從莊宗定魏博移爲博州刺史與梁對壘德勝渡元信爲右廂排軍使未幾爲大同軍節度使莊宗平定河南移授橫海軍節度使時契丹犯邊元信與霍彥威從明宗屯常山元信恃功每對明宗以成敗勇怯戲侮彥威彥威不敢答明宗曰成由天地不由于人當氏叔琮圍太原公有何勇今國家運興致我等富貴元信乃起謝不復以彥威爲戲明宗即位以元信嘗爲內衙都校尤厚待之加同中書門下平章事明年移鎮徐州王師之討高季興襄帥劉訓退撓軍期移授元信山南東道節度使以代訓歲餘改歸德軍節度使就加兼侍中明宗不豫求入朝末帝即位授潞州節度使加檢校太尉清泰三年二月以疾卒于鎮時年七十四贈太師晉高祖即位以元信宿望令禮官定謚曰忠懿有子六人長曰友權歷諸衛大將軍次曰友親仕皇朝爲滁州刺史卒于任

安重霸雲州人也性狡譎多智算初自代北與明宗俱事武皇因負罪奔梁在梁復以罪奔蜀蜀以蕃人善騎射因爲親將蜀後主王衍幼年襲位其政多僻宦官王承休居中用事與成都尹韓昭內外相結專採擇聲色以固寵幸武臣宿將居常切齒重霸詔事承休特見委信梁末岐下削弱蜀人奪取秦成階等州重霸說承休求鎮秦州仍于軍中選山東驍果得數千人號龍武都以承休爲軍帥重霸副焉俱在天水歲餘承休欲求施鉞乃以隴西花木入獻又稱秦州山水之美人物之盛請後主臨幸而韓昭贊成之太平廣記引王氏見聞錄云承休請從諸軍揀選官健得驍勇數千號龍武軍承休自爲統帥並特加衣糧日有優給因乞秦州節度使且云願與陛下于秦州採擷美麗且說秦州風土多出國色仍請幸天水少主甚悅即遣仗節赴鎮應所選龍武精銳並充衙隊從行同光二年十月蜀主率衆數萬由劍閣將出興鳳以遊秦州至興州遇魏王繼岌軍至狼狽而旋承休遽聞東師入討大恐計無從出問計于重霸曰開府何患蜀中精兵不下十萬咫尺之險安有不濟縱東軍盡如狼虎豈能入劍門然國家有患開府特受主知不得失于奔赴此州制置事定無虞得失重霸願從開府赴闕承休素信以爲忠赤重霸出秦州金帛以賂羣羌買由州山路歸蜀承休擁龍武軍及招置僅萬人從行令重霸權握部署州人祖送秦州軍亦列部隊承休登乘重霸馬前辭曰國家費盡事力收獲隴西若從開府南行隴州即時疎失請開府自行重霸且爲國守藩承休既去重霸在秦州聞明宗起河北即時遣使以秦成等州來降天成初用爲閬州團練使未幾召還爲左衛大將軍常以姦佞揣人主意明宗尤愛之長興末明宗謂侍臣曰安重霸朕之故人以秦州歸國其功不細酬以團練防禦恐非懷來之道范延光曰將校內有自河東河北從陛下龍飛故人尚有未及團防者今若遽授重霸方鎮恐爲人竊議明宗不悅未幾竟以同州節鉞授之清泰初移授西京留守京兆尹先是秦雍之間令長設酒食私丐于部民者俗謂之擣蒜及重霸之鎮長安亦爲之故秦人目重霸爲擣蒜老其年冬改雲州節度居無何以病求代時家寄上黨及歸而卒重霸善悅人好賂遺時人目之爲佞弟重進尤兇惡事莊宗以試劍殺人奔淮南王堂閒話安重進性兇險莊宗潛龍時爲小校常佩劍列于翊衛後攜劍南馳投于梁梁主壯之俾隸淮之鎮戍復以射殺掌吏逃竄江湖淮帥得之擢爲禆將重霸在蜀聞之蜀主取之于吳用爲禆將隨重霸爲龍武小將成長道又殺人奔歸洛陽太平廣記蜀破重進東歸明宗補爲諸州馬步軍都指揮使後有過黜背卒重霸之子曰懷浦晉天福中爲禁軍指揮使契丹寇澶州以臨陣忸怩爲景延廣所誅

劉訓字遵範隰州永和人也出身行間初事武皇爲馬軍隊長漸至散將屬河中王氏昆仲有尋戈之役訓從史儼攻陝州武皇討王行瑜以訓爲前鋒後隸河中爲隰州防禦都將居無何殺陝州刺史以郡歸莊宗歷瀛州刺史同光初拜左監衞大將軍三年授襄州節度使四年四月洛陽有變訓以私忿害節度副使胡裝族其家聞者冤之天成中荆南高季興叛詔訓爲南面行營招討使知荆南行府事是時湖南馬殷請以舟師會及王師至荆渚殷軍方到岳州仍傳意于訓許助軍儲弓甲之類久之略無至者案通鑑劉訓至荆南楚王殷遣都指揮使許德勳等將水軍屯岳州高季興堅壁不戰求救于吳吳人遣水軍援之荆渚地氣卑濕漸及霖潦糧運不繼人多疾疫訓本無將略人咸苦之及孔循至得襄之小校獻竹龍之術乃造竹龍二道傅于城下竟無所濟遂罷兵令將士散略居民而回詔訓赴闕尋責授檀州刺史續勑濮州安置未幾起爲龍武大將軍尋授建雄軍節度使移鎮延平卒贈太尉

張敬詢勝州金河縣人世爲振武軍牙校祖仲阮歷勝州刺史父漢環事武皇爲牙將敬詢當武皇時專掌甲坊十五年以稱職聞復以女爲武皇子存霸妻益見親信莊宗即位以爲沁州刺史秩滿復用爲甲坊使莊宗經略山東敬詢從軍歷博澤慈隰四州刺史同光末授耀州團練使郭崇韜之征蜀也以敬詢善督租賦乃表爲利州留後明宗即位正授昭武軍節度使天成二年詔還京師復授大同節度使至鎮招撫室韋萬餘帳四年徵爲左驍衛上將軍明年授滑州節度使以河水連年溢堤乃自酸棗縣界至濮州廣隄防一丈五尺東西二百里民甚賴之三年秩滿歸京卒輟視朝一日

劉彥琮字比德雲中人也事武皇累從征役先是絳州刺史王瓘叛武皇言于彥琮意欲致之無幾從略于汾晉之郊彥琮奔絳瓘以爲附己待之甚厚因命爲騎將會瓘出獵于驪驥之際彥琮刃瓘之首來獻武皇甚奇之從莊宗解上黨之圍同光初稍遷至鐵林指揮使磁州刺史後明宗赴難京師授華州留後尋正授節旄天成三年改左武衞上將軍未幾改陝州節度使尋移鎮邠州卒于鎮時年六十四贈太傅

袁建豐武皇破巢時得于華陰年方九歲愛其精神爽俊俾收養之漸長列于左右復習騎射補鐵林都虞候從破邠州王行瑜以功遷左親騎軍使轉突騎指揮使從莊宗解圍上黨破柏鄉陣累功遷右僕射左廂馬軍指揮使明宗爲內衙指揮使建豐爲副北討劉守光常身先士伍轉都教練使權蕃漢副總管莊宗入鄴以心腹幹能選爲魏府都巡檢使從征劉鄩下衞磁洺有功加檢校司空授洺州刺史于臨洺西敗梁將王遷數千人生獲將領七十餘人俄拜相州刺史徵赴河上豫戰于胡柳陂建豐領相州軍士行營在外委州事于小人失于撫馭指揮使孟守謙據城以叛建豐引兵討平之改隰州刺史染風痺于任明宗嗣位念及平昔副貳之舊詔赴洛下親幸其第撫問隆厚加檢校太傅遙授鎮南節度使俾請俸自給後卒于洛陽年五十六廢朝一日贈太尉子可鈞仕皇朝位至諸衛大將軍

西方鄴定州滿城人也父再遇爲州軍校鄴居軍中以勇力聞年二十南渡河遊梁不見用復歸莊宗以爲孝義軍指揮使累從征伐皆有功同光中爲曹州刺史命以州兵屯汴州明宗由魏州南渡河時莊宗東幸汴州汴州節度使孔循隱懷二志使北門迎明宗西門迎莊宗凡供帳委積悉如一曰先至者入之鄴因責循曰主上破梁室于公有不殺之恩奈何欲納總管循不答鄴度循不可理爭以石敬瑭之妻明宗女也時方在汴欲先殺之以堅人心循知其謀取之藏其家鄴無如之何乃將麾下兵五百騎西迎莊宗見于汜水嗚咽泣下莊

宗亦爲之嚬蹙使以兵爲先鋒莊宗還洛陽遇弒明宗入洛鄴請死于馬前明宗嘉歎久之明年荆南高季興叛明宗遣襄州節度使劉訓等招討而以東川董璋爲西南招討使乃拜鄴夔州刺史副璋以兵出三峽已而訓等無功見黜諸將皆罷璋未嘗出兵惟鄴獨取夔忠萬三州乃以夔州爲寧江軍拜鄴爲節度使已而又取歸州數敗季興之兵鄴武人所爲多不中法度判官譚善達數以諫鄴鄴怒遣人告善達受人金下獄善達素剛辭益不遜遂死于獄中鄴病見善達爲祟卒于鎮

張遵誨魏州人也父爲宗城令羅紹威殺牙軍之歲爲梁軍所害遵誨奔太原武皇以爲牙門將莊宗定山東遵誨以典客從歷幽鎮二府爲步都虞候同光中爲金吾大將軍明宗即位任圜保薦授西都副留守知留守事京兆尹天成四年入爲客省使守衛尉卿及將有事于南郊爲修儀仗法物使初遵誨自以歷位尹正與安重誨素亦相欸洽心有望于節鉞及郊禮畢止爲絳州刺史鬱鬱不樂離京之日白衣乘馬于隼旟之下至郡無疾翌日而卒

孫璋齊州歷城人出身行間隸梁將楊師厚麾下稍補奉化軍使莊宗入鄴累遷滄州都指揮使明宗鎮常山擢爲裨校鄴兵之變從明宗赴難京師天成初歷趙登二州刺史齊州防禦使王都之據中山璋爲定州行營都虞候賊平加檢校太保長興初授鄜州節度使罷鎮卒于洛陽年六十一贈太尉

史臣曰夫天地斯㝉則帝王于是龍飛雲雷搆屯則王侯以之蟬蛻蓋以適遭亂世得奮雄圖故金全而下咸以軍旅之功坐登藩閫之位垂名簡冊亦可貴焉惟重霸以姦險而仗旄鉞蓋非數子之儔也

舊五代史卷六十一攷證

唐列傳十三安金全傳莊宗性矜伐凡大將立功不時行賞故金全終莊宗世名位不進　案遼史金全以幽州戰敗故退廢不用與是書異

安元信傳　案五代時唐晉俱有安元信是書並爲立傳今附識于此

安重霸傳蜀主率衆數萬由劍閣將出興鳳以遊秦州至興州遇魏王繼岌軍至狼狽而旋　案九國志作王衍將之秦州以王宗弼力諫而止與是書異

袁建豐傳轉突騎指揮使　突騎歐陽史作突陣

指揮使孟守謙據城以叛　孟守謙歐陽史作孟謙

加檢校太傅　太傅歐陽史作太尉

西方鄴傳父再遇爲州軍校　案歐陽史作汴州軍校疑原本脫汴字

已而又取歸州　案通鑑不載取歸州事歐陽史與薛史同近人撰十國春秋者謂他書不載取歸州之事疑歐陽史有誤蓋薛史世久失傳十國春秋所引悉本通鑑攷異殊不知歐陽史西方鄴傳本于薛史有可徵信也

舊五代史卷六十二

宋門下侍郎參知政事監修國史薛居正等撰

唐書第三十八

列傳十四

孟方立（歐陽史云邢州人　通鑑云洺州人）中和二年爲澤州天井關戍將時黃巢犯闕藉州郡易帥有同博奕先是沈詢高湜相繼爲昭義節度怠于軍政及有歸秦劉廣之亂方立見潞帥交代之際乘其無備率戍兵徑入潞州自稱留後以邢爲府以審誨知潞州（案此二句上下有脫文今無可復攷）六月李存孝下洺磁兩郡方立遣馬溉袁奉韜盡率其衆逆戰于琉璃陂存孝擊之盡殪生擒馬溉奉韜初方立性苛急恩不逮下攻圍累旬夜自巡城慰諭守陴者皆倨方立知其不可用乃飲酖而卒其從弟洺州刺史遷素得士心衆乃推爲留後求援于汴時梁祖方攻時溥援兵不出（通鑑云全忠命大將王虔裕將精甲數百間道入邢州共守）大順元年遷執王虔裕等乞降武皇令安金俊代之（案孟方立傳原本闕佚攷新唐書列傳云孟方立邢州人始爲澤州天井戍將稍遷游奕使中和元年昭義節度使高潯擊黃巢戍石橋不勝保華州爲裨將成麟所殺還據潞州衆怒方立率兵攻麟斬之自稱留後擅裂邢洺磁爲鎮治邢爲府請昭義軍潞人請監軍使吳全勗知兵馬留後時王鐸領諸道行營都統以潞未定墨制假方立檢校左散騎常侍兼御史大夫知邢州事方立不受囚全勗以書請鐸願得儒臣守潞鐸使參謀中書舍人鄭昌圖知昭義留事欲遂爲帥僖宗自用舊宰相王徽領節度時天子在西河關雲擾方立擅地而李克用窺潞州徽度朝廷未能制乃固讓昌圖昌圖治不三月輒去方立更表李殷銳爲刺史謂潞險而人悍數賊大帥爲亂欲銷儒之乃徙治龍岡州豪傑重遷有怨言會克用爲河東節度使昭義監軍祁審誨乞師求復昭義軍克用遣賀公雅李筠安金俊三部將擊潞州爲方立所破又使李克修攻敗之殺殷銳遂并潞州表克修爲節度留後初昭義有潞邢洺磁四州自是方立自以山東三州爲昭義朝廷亦命克修以潞州舊軍畀之昭義有兩節自此始克修字崇遠克用從父弟精馳射常從征伐自左營軍使擢留後進檢校司空方立倚朱全忠爲助故克用擊邢洺磁無虛歲地爲鬬場人不能稼光啓二年克修擊邢州取故鎮進攻武安方立將呂臻馬爽戰焦岡爲克修所破斬首萬級執臻等拔武安臨洺邯鄲沙河克用以安金俊爲邢州刺史招撫之方立句兵于王鎔鎔以兵三萬赴之克修還後二年方立督部將奚忠信兵三萬攻遼州以金啖赫連鐸與連和會契丹攻鐸師失期忠信三分其兵鼓而行克用伏兵于險忠信前軍没既戰大敗執忠信餘衆走脱歸者纔十二龍紀元年克用使李罕之李存孝擊邢攻磁洺方立戰琉璃陂大敗擒其二將被斧鑕徇邢壘呼曰孟公速降有能斬其首者假三州節度使方立力屈又屬州殘墮人心恐性剛急待下少恩夜自行陴兵皆倨告勞自顧不可復振乃還引酖自殺從弟遷素得士心衆推爲節度留後請援于全忠全忠方攻時溥不即至命王虔裕以精甲數百赴之假道羅宏信不許乃間入邢州大順元年存孝復攻邢遷挈邢洺磁三州降執王虔裕三百人獻之遂遷太原表安金俊爲邢洺磁團練使以遷爲汾州刺史歐陽史云天復元年梁遣氏叔琮攻晉出天井關遷開門降爲梁兵鄉道以攻太原不克叔琮軍還過潞以遷歸于梁梁太祖惡其反覆殺之）

張文禮燕人也初爲劉仁恭裨將性兇險多姦謀辭氣庸下與人交言辭于不遜自少及長專蓄異謀及從劉守文之滄州委將偏師守文省父燕薊據城爲亂及敗奔于王鎔鎔不親政事遂曲事當權者以求銜達每對鎔自言有將才孫吳韓白莫己若也鎔賞其言給遣甚厚因錄爲義男賜姓名德明由是每令將兵自柏鄉戰勝之後常從莊宗行營素不知書亦無方略惟于懦兵之中妄非上將言甲不知進退乙不識軍機以此軍人推爲良將初梁將楊師厚在魏州文禮領趙兵三萬夜掠經宗因侵貝郡師厚先率部騎數千人設伏于唐店文禮大掠而旋士皆卷甲束兵夜凱歌行至唐店師厚伏兵四面圍合殺戮殆盡文禮單騎僅免自爾猶對諸將大言或譏之曰唐店之功不須多伐文禮大慙在鎮州既久見其政荒人僻常蓄異圖酒酣之後對左右每泄惡言聞者莫不寒心惟王鎔略無猜間漸爲腹心乃以符習代其行營以文禮爲防城使自此專伺間隙及鎔殺李宏規委政于其子昭祚性偏戾未識人間情僞素養名持重坐作貴人旣專權在手朝夕欲代其父向來附勢之徒無不族滅初李宏規李藹持權用事樹立親舊分董要職故姦宄之心不能搖動文禮頗深畏憚及宏規見殺其部下五百人懼罪將欲奔竄泣偶語未有所之文禮因其離心密以姦辭激之曰令公命我盡坑爾曹我念爾十餘年荷戈隨我爲家爲國我若不即殺爾則得罪于令公我若不言又負爾輩衆軍皆泣是夜作亂殺王鎔父子舉族灰滅惟留王昭祚妻朱氏通梁人尋聞道告于梁曰王氏喪于亂軍普寧公主無恙文禮銜賊帥張友順所請因爲留後于潭城視事以事上聞兼要節旄尋亦奏勸進莊宗姑示含容乃可其請文禮比斷役小人驟居人上行步動息皆不自安出則千餘人露刃相隨日殺不辜道路以目常慮我師問罪衆心百端南通朱氏北結契丹往往擒獲其使莊宗遣人送還文禮由是愈恐是歲八月莊宗遣閻寶史建瑭及趙將符習等率王鎔本軍進討師興文禮病疽腹及聞史建瑭攻下趙州驚悸而卒其子處瑾處球秘不發喪軍府內外皆不知之每日于寢宮問安處瑾與其腹心韓正時參決大事同謀姦惡初文禮疽未發時舉家皆見鬼物昏暝之後或歌或哭又野河色變如血游魚多死浮于水上識者知其必敗十九年三月閻寶爲處瑾所敗莊宗以李嗣昭代之四月嗣昭爲流矢所中尋卒于師命李存進繼之存進亦以戰沒乃以符存審爲北面招討使攻鎮州是時處瑾危蹙日甚昭義軍節度判官任圜號至城下諭以禍福處瑾登陴以誠告乃遣牙將張彭送款于行臺俄而符存審師至城下是夜趙將李再豐之子沖投縋以接王師詰旦軍登城遲明畢入獲處瑾處球處琪并其母及同惡人等皆折足送行臺鎮人請醢而食之又發文禮之尸磔之于市

董璋本梁之驍將也幼與高季興孔循俱事豪士李七郎爲童僕李初名讓常以厚賂奉梁祖梁祖寵之因畜爲假子賜姓朱名友讓璋既壯得隸于梁祖帳下後以軍功遷爲列校梁龍德末潞州李繼韜送款于梁時潞將裴約方領兵戍澤州不循繼韜之命據城以自固梁末帝遣璋攻陷澤州遂授澤州刺史是歲莊宗入汴璋來朝莊宗素聞其名優以待之尋令却赴舊任歲餘代歸時郭崇韜當國待璋尤厚同光三年夏命爲邠州留後三年秋正授旌鉞九月大舉伐蜀以璋爲行營右廂馬步都虞候時郭崇韜爲招討使凡有軍機皆召璋參決是冬蜀平以璋爲劍南東川節度副大使知節度事天成初加檢校太傅二年加同平章事是時安重誨當國採人邪謀言孟知祥必不爲國家使惟董璋性忠義可特寵任令圖知祥又璋之子光業爲宮苑使在朝結託勢援爭言璋之善知祥之惡恩寵旣優故璋益恣其暴戾初奉使東川者皆言璋不恭于朝廷四年夏時明宗將議郊天遣客省使李仁矩齎詔示諭兩川又遣安重誨馳書于璋以徵貢奉約以五十萬爲數旣而璋訴以地狹民貧許貢十萬而已翌日璋于衙署設宴以召仁矩日旣中而不至璋使人偵之仁矩方擁倡婦與賓友酣酒于驛亭璋大怒遽領數百人執持戈戟驟入驛中令洞開其門仁矩惶駭走入圂中良久引出璋坐立仁矩于堦下戟手罵曰當我作魏博都監爾爲通引小將其時去就已有等威今日我爲藩侯爾銜君命宿張筵席比爲使臣何敢至午不來自共風塵耽酣豈于王事如此不恭邪如西川斬新客省使李嚴謂我不能斬公耶因目肘腋欲令執拽仁矩仁矩涕泣拜告僅而獲免璋乃驂騎入衙竟徹饌而不召洎仁矩復命益言璋

不法未幾重誨奏以仁矩爲閬州團練使尋升爲節鎭長興元年夏明宗以郊禋禮畢加璋檢校太尉時兩川刺史嘗以兵爲牙軍小郡不下五百人璋已疑間及聞除仁矩鎭閬州璋由是謀反乃決仍先與其子光業書曰朝廷割吾支郡爲節制屯兵三千是殺我必矣爾見樞要道吾言如朝廷更發一騎入斜谷則吾必反與汝訣矣光業以書呈樞密承旨李虔徽會朝廷再發中使荀咸乂將兵赴閬州光業謂虔徽曰咸乂未至吾父必反吾身不足惜慮勞朝廷徵發請停咸乂之行吾父必保常日重誨不從咸乂未至璋已擅追綿州刺史武虔裕囚于衙署虔裕安重誨之心腹也故先囚之五月璋傳檄于利閬遂等州責以間諜朝廷尋率其兵陷閬州擒節度使李仁矩軍校姚洪等害之先是璋欲謀叛先遣使持厚幣于孟知祥求爲婚家且言爲朝廷猜忌將有替移去則喪家仕亦致討地狹兵少獨力不任願以小兒結婚愛女時知祥亦貳于朝廷因許以爲援旣而知祥出師以圍遂州故璋攻閬州得恣其毒焉其年秋詔削奪璋在身官爵命天雄軍節度使石敬瑭爲東川行營招討使率師以討之璋之子宮苑使光業并其族並斬于洛陽及石敬瑭率師進討以糧運不接班師明宗方務懷柔乃放西川進奏官蘇愿東川軍將劉澄各歸本道別無詔旨祇云兩務求安時孟知祥其骨肉在京師者俱無恙焉因遣使報璋欲連表稱謝璋怒曰西川存得弟姪遂欲再通朝廷璋之兒孫已入黃泉何謝之有自是璋疑知祥背己始搆隙矣三年四月璋率所部兵萬餘人以襲知祥 九國志趙季良傳季良嘗與知祥從容語曰璋性很戾若堅守一城攻之難克及聞璋起兵知祥憂形于色季良曰璋不守巢穴此天以授公也旣而璋果敗 知祥與諸將率師拒之戰于漢州之彌牟鎭璋軍大敗得數十騎復奔于東川 九國志趙廷隱傳董璋襲廣漢將攻成都時東川廩藏充實部下多敢死之士其來也衆皆畏之知祥親督諸將與璋戰雖縱橋前頓爲所挫廷隱僞遁璋逐之知祥與張公鐸繼進璋軍亂不成列廷隱整陣與知祥合擊之璋軍大敗 先是前陵州刺史王暉爲璋所逐寓于東川至是因璋之敗率衆以害之傳其首于西川

舊五代史卷六十二攷證

唐列傳十四孟方立傳方立見潞帥交代之際乘其無備率戍兵徑入潞州自稱留後　案舊唐書僖宗紀九月高潯牙將劉廣擅還潞州是月潯天井關戍將攻廣殺之自稱留後與是書異

張文禮傳文禮病疽腹及聞史建瑭攻下趙州驚悸而卒　案文禮之卒遼史太祖紀作五月丁未與是書作八月異

舊五代史卷六十三

宋門下侍郎參知政事監修國史薛居正等撰

唐書第三十九

列傳十五

張全義字國維濮州臨濮人初名居言賜名全義梁祖改爲宗奭莊宗定河南復名全義祖瑾父誠世爲田農全義爲縣嗇夫嘗爲令所辱乾符末黃巢起寃句全義亡命入巢軍巢入長安以全義爲吏部尚書充水運使巢敗依諸葛爽于河陽累遷至裨校屢有戰功爽表爲澤州刺史光啓初爽卒其子仲方爲留後部將劉經與李罕之爭據洛陽罕之敗經于聖善寺乘勝欲攻河陽營于洛口經遣全義拒之全義乃與罕之同盟結義返攻經于河陽爲經所敗收合餘衆與罕之據懷州乞師于武皇武皇遣澤州刺史安金俊助之進攻河陽劉經仲方委城奔汴罕之遂自領河陽表全義爲河南尹全義性勤儉善撫軍民雖賊寇充斥而勸耕務農由是倉儲殷積 洛陽搢紳舊聞記王始至洛于麾下百人中選可使者一十八人命之曰屯將每人給旗一口榜一道于舊十八縣中令招農戶令自耕種流民漸歸王于百人中又選可使者十八人命之曰屯副民之來者撫綏之除殺人者死餘但加杖而已無重刑無租稅流民之歸漸衆王又于麾下選書計一十八人命之曰屯判官不一二年十八屯中每屯戶至數千農隙選丁夫授以弓矢槍劍爲坐作進退之法行之一二年每屯增戶大者六七千次者四千下之二三千共得丁夫閑弓矢槍劍者二萬餘人有賊盜卽時擒捕之刑寬事簡遠近歸之如市五年之內號爲富庶于是奏每縣除令簿主之 罕之貪暴不法軍中乏食每取給于全義二人初相得甚歡而至是求取無厭動加凌轢全義苦之文德元年四月罕之出軍寇晉絳全義乘其無備潛兵襲取河陽全義乃兼領河陽節度 洛陽搢紳舊聞記罕之鎭三城知王專以敎民耕織爲務常宣言于衆曰田舍一翁何足懼王聞之蔑如也每飛尺書于王求軍食及縑帛王曰李太傅所要不得不奉之左右及賓席咸以爲不可與王曰第與之似若畏之者左右不曉罕之謂王畏己不設備因罕之舉兵收懷澤王乃密召屯兵潛師夜發遲明入三城罕之乃逃遁投河東朝廷卽授王兼鎭三城 罕之求援于武皇武皇復遣兵攻敗河陽會汴人救至而退梁祖以丁會守河陽全義復爲河南尹檢校司空全義感梁祖援助之恩自是依附皆從其制初蔡賊孫儒諸葛爽爭據洛陽迭相攻伐七八年間都城灰燼滿目荆榛全義初至惟與部下聚居故市井邑窮民不滿百戶全義善于撫納課部人披榛種藝且耕且戰以粟易牛歲滋墾闢招復流散待之如子每農祥勸耕之始全義必自立畎畝餉以酒食政寬事簡吏不敢欺數年之間京畿無閑田編戶五六萬乃築壘于故市建置府署以防外寇 洛陽搢紳舊聞記王每喜民力耕織者某家今年蠶麥善去都城一舍之內必馬足及之悉召其家老幼親慰勞之賜以酒食茶綵丈夫遺之布袴婦人裙衫時民間尚衣青婦人皆青絹爲之取其新麥新繭對之喜動顏色民間有竊言者曰大王見好聲伎等閒不笑惟見好蠶麥卽笑爾其眞朴皆此類每觀秋稼見田中無草者必下馬命賓客觀之召田主慰勞之賜之衣物若見禾中有草地耕不熟立召田主集衆決責之若苗荒地生詰之民訴以牛疲或闕人耕鋤則田邊下馬立召其鄰仵責之曰此少人牛何不衆助之鄰仵皆伏罪卽赦之自是洛陽之民無遠近民之少牛者相率助之少人者亦然田夫田婦相勸以耕桑爲務是以家有蓄積水旱無飢民王誠信每水旱祈祭必具湯沐素食別寢至祠祭所儼然若對至尊容如不足遇旱祈禱未雨左右必曰王可開塔卽無畏師塔也在龍門廣化寺王卽依言而開塔未嘗不澍雨故當時俚諺云王禱雨買雨具 梁祖迫昭宗東遷命全義繕治洛陽宮城累年方集昭宗至洛陽梁祖將圖禪代慮全義心有異同乃以判官韋震爲河南尹遂移全義爲天平軍節度使守中書令東平王 洛陽搢紳舊聞記齊王與梁祖互爲中書令尚書令及梁祖兼四鎭齊王累表讓兼鎭蓋識梁祖姦雄避其權位欲圖自全之計梁祖經營霸業外則干戈屢動內則帑庾俱虛齊王悉心盡力傾竭財資助之 其年八月昭宗遇弒煇王卽位十月復以全義爲河南尹兼忠武軍節度使判六軍諸衛事梁祖建號以全義兼河陽節度使封魏王開平二年冊拜太保兼陝虢節度使河陽尹四年冊拜太傅河南尹判六軍兼鄭滑等州節度使乾化元年冊拜太師二年朱友珪簒逆以全義爲守太尉河南尹宋亳節度使兼國計使梁末帝嗣位于汴以全義爲洛京留守兼鎭河陽未幾授天下兵馬副元帥末帝季年趙張用事段凝爲北面招討使驟居諸將之右全義知其不可遣使啓梁末帝曰老臣受先朝重顧蒙陛下委以副元帥之名臣雖遲暮尚可董軍請付北面兵柄庶分宵旰段凝晚進德未服人恐人情不和敗亂國政不聽全義託朱氏垂三十年梁祖末年猜忌宿將欲害全義者數四全義單身曲事悉以家財貢奉洎梁祖河朔喪師之後月獻鎧馬以補其軍又以服勤盡瘁無以加諸故竟免于禍全義妻儲氏明敏有才略梁祖自柏鄉失律後連年親征河朔心疑全義或左右讒間儲氏每入宮委曲伸理有時怒不可測急召全義儲氏謁見梁祖厲聲言曰宗奭種田叟耳三十餘年洛城四面開荒斸棘招聚軍賦資陛下創業今年齒衰朽指景待盡而大家疑之何也梁祖遽笑而謂曰我無惡心嫗勿多言 洛陽搢紳舊聞記梁祖猜忌王慮爲後患前後欲殺之者數四夫人儲氏面請梁祖得免梁祖遂以其子福王納齊王之女 莊宗平梁全義自洛赴覲泥首待罪莊宗撫慰久之以其年老令人掖而昇殿宴賜盡歡詔皇子繼岌皇弟存紀等皆兄事之先是天祐十五年梁末帝自汴趨洛將祀于圜丘時王師攻下楊劉徇地曹濮梁末帝懼急歸于汴其禮不遂然其法物咸在至是全義乃奏曰請陛下便幸洛陽臣已有郊禮之備翌日制以全義復爲尚書令魏王河南尹明年二月郊禋禮畢以全義爲守太尉中書令河南尹改封齊王兼領河陽先是朱梁時供御所費皆出河南府其後孔謙侵削其權中官各領內司使務或豪奪其田園居第全義乃悉錄進納四年落河南尹授忠武軍節度使檢校太師尙書令會趙在禮據魏州都軍進討無功時明宗已爲羣小間諜端居私第全義以臥疾聞變憂懼不食薨于洛陽私第時年七十五天成初冊贈太師謚曰忠肅全義歷守太師太傅太尉中書令封王邑萬三千戶凡領方鎭洛鄆陝滑宋三莅河陽再領許州內外官歷二十九任尹正河洛凡四十年位極人臣善保終吉者蓋一人而已全義樸厚大度敦本務實起戰士而忘功名尊儒業而樂善道家非士族而獎愛衣冠開幕府辟士必求望實屬邑補奏不任吏人位極公王不衣羅綺心奉釋老而不溺左道如數者人以爲難自莊宗至洛陽趨向者皆由徑以希恩寵全義不改素履盡誠而已言事者以梁祖爲我世讎宜斲棺燔柩全義獨上章申理議者嘉之劉皇后常從莊宗幸其第奏云妾孩幼遇亂失父母欲拜全義爲義父許之全義稽首奏曰皇后萬國之母儀古今未有此事臣無地自處莊宗敦逼再三不獲已乃受皇后之拜旣非所願君子不以爲非然全義少長軍中立性樸滯凡百姓有詞訟以先訴者爲得理以是人多枉濫爲時所非又嘗怒河南縣令羅貫因憑劉后譖于莊宗俾貫非罪而死露尸于府門寃枉之聲聞于遠近斯亦良玉之微瑕也 五代史闕文梁乾化元年七月辛丑梁祖幸全義私第甲辰歸大內梁史稱上不豫厭秋暑幸宗奭私第數日宰臣視事于仁政亭崇政諸司並止于河南府廨署世傳梁祖亂全義之家婦女悉皆進御其子繼祚不勝憤恥欲剚刃于梁祖全義止之曰吾頃在河陽遭李罕之難引太原軍圍閉經年啗木屑以度朝夕死在頃刻得他救援以至今日此恩不可負也其子乃止梁史云云者諱國惡也臣謹案春秋莊二年經曰十有二月夫人姜氏會齊侯于禚傳曰書姦也夫經言會者諱惡也傳書姦者暴其罪以垂誡也又莊二十二年傳書陳完飲桓公酒公曰以火繼之辭曰臣卜其晝未卜其夜豈有天子幸人臣之家留止數日姦亂萌矣況全義本出巢賊敗依河陽節度使諸葛爽爽用爲澤州刺史及爽死全義事其子仲方卽與李罕之同逐仲方罕之帥河陽全義爲河南尹未幾又逐罕之自據河陽其翻覆也如此自是託迹

朱梁所喪唐室惟勤勸課其實斂民附賊以固恩寵梁時月進鎧馬以補軍實及梁祖爲友珪所弒首進錢一百萬以助山陵莊宗平中原全義合族敬翔李振等族誅又通路于劉皇后乘莊宗幸洛言臣已有郊天費用夫全義四夫也豈能自殖財賦其剩下奉上也又如此晚年保證明宗欲爲子孫之福師方渡河鄴都兵亂全義憂憾不食終以餓死未死前其子繼業訟弟汝州防禦使繼孫莊宗貶房州司戶賜自盡其制略曰侵奪父權或亂家事繼鳥獸之行畜梟獍之心其御家無法也又如此河南令羅貫方正文章之士事全義稍慢全義怒告劉皇后譖貫于枯木之下朝野冤之洛陽監軍使嘗收得李太尉平泉莊醒酒石全義求之監軍不與全義立殺之其附勢作威也又如此蓋亂世之賊臣耳得保首領爲幸已多晉天福中其子繼祚謀反伏誅識者知餘殃在其子孫也臣讀莊宗實錄見史官敘全義傳虛美尤甚至今負俗無識之士尚以全義爲名臣故因補闕文粗論事迹云

朱友謙字德光許州人本名簡祖嚴父琮世爲陳許小校廣明之亂簡去鄉里事澠池鎮將柏夔爲部隸嘗爲盜于石壕三鄉之間剽劫行旅後事陝州節度使王珙積勞至軍校珙性嚴急御下無恩牙將李璠者珙深所倚愛小有違忤暴加箠擊璠陰銜之光化元年珙與弟河中節度使珂相持干戈日尋珙兵屢敗部伍離心二年六月璠殺珙歸附汴人梁祖表璠爲陝州節度使璠亦苛慘軍情不叶簡復攻璠璠冒刃獲免逃歸于汴三年梁祖表簡爲陝州留後九月天子授以旄鉞車駕在鳳翔梁祖往來簡事之益謹奏授平章事天復末昭宗遷都洛陽駐蹕于陝時朝士經亂簪裳不備簡獻上百副請給百官朝容稍備以迎奉功遷檢校侍中簡與梁祖同宗乃陳情于梁祖曰僕位崇將相比無勳勞皆元帥令公生成之造也願以微生灰粉爲効乞以姓名肩隨宗室梁祖深賞其心乃名之爲友謙編入屬籍待遇同于己子友謙亦盡心叶贊功烈居多梁祖建號移授河中節度使檢校太尉累拜中書令封冀王及朱友珪弒逆友謙意不懌雖勉奉僞命中懷怏怏友珪徵之友謙辭以北面侵軼謂賓友曰友珪是先帝假子敢行大逆余位列維城恩踰父子論功校德何讓伊人詎以平生附託之恩屈身于逆豎之手遂不奉命其年八月友珪遣大將牛存節康懷英韓勍攻之友謙乞師于莊宗莊宗親總軍赴援與汴軍遇于平陽大破之歐陽史晉王出澤潞以救之追懷英于解縣大敗之追至白逕嶺夜秉炬擊之懷英又敗因與友謙會于猗氏友謙盛陳感槩願敦盟約莊宗歡甚友謙乘醉鼾寢于帳中莊宗熟視之謂左右曰冀王眞貴人也但慽其臂短耳及梁末帝嗣位以恩禮結其心友謙亦遜辭稱藩行其正朔天祐十七年友謙襲取同州以其子令德爲帥請節鉞于梁不獲友謙即請之于莊宗令幕客王正言以節旄賜之梁將劉鄩尹皓攻同州友謙來告急莊宗遣李嗣昭李存審將兵赴之敗汴軍于滑北解圍而還初劉鄩兵至蒲中倉儲匱乏人心離貳軍民將校咸欲歸梁友謙諸子令錫等亦說其父曰晉王雖推心于我然懸兵赴援急難相應寧我負人擇福宜重請納款于梁候劉鄩兵退後與晉王修好友謙曰晉王親赴予急夜半秉燭戰賊面爲盟誓不負初心昨聞吾告難命將星行助我資糧分我衣履而欲翻覆背惠所謂鄧祁侯云人將不食吾餘也及破梁軍加守太尉西平王同光元年莊宗滅梁友謙覲于洛陽莊宗置宴饗勞寵錫無算親酌觴屬友謙曰成吾大業者公之力也既歸藩請割慈隰二郡依舊隸河中不許詔以絳州隸之又請解縣兩池榷鹽每額輸省課許之及郊禮畢以友謙爲守太師尚書令進食邑至萬八千戶三年賜姓名繼麟編入屬籍賜之鐵券恕死罪以其子令德爲遂州節度使令錫爲許州節度使一門三鎮諸子爲刺史者六七人將校剖竹者又五六人恩寵之盛時無與比莊宗季年稍怠庶政巷伯伶官干預國事時方面諸侯皆行賂遺或求賂于繼麟雖僶俛應奉不滿其請且曰河中土薄民貧厚貺難辦由是羣小咸怨遂加誣構郭崇韜討巴蜀徵師于河中繼麟令其子令德率師赴之伶官景進與其黨搆曰昨王師初起繼麟以爲討已頗有拒命之意若不除移如國家有急必爲後患郭崇韜既誅宦官愈盛遂搆成其罪謂莊宗曰崇韜强項于蜀蓋與河中響應繼麟聞之懼將赴京師面訴其事其部將曰王有大功于國密邇京城羣小流言何足介意端居奉職讒邪自銷不可輕行繼麟曰郭公功倍于我尚爲人搆陷吾若得面天顏自陳肝膈則流言者獲罪矣四年正月繼麟入覲景進謂莊宗曰河中人有告變者言繼麟與崇韜謀叛聞崇韜死又與李存乂搆逆當斷不斷禍不旋踵羣閹異口同辭莊宗駭惑不能決是月二十三日授繼麟滑州節度使是夜令朱守殷以兵圍其第擒之誅于徽安門外詔繼岌誅令德于遂州王思同誅令錫于許州吳縝纂誤云伶官史彥瓊傳友謙有子建徽被殺傳中未載命夏魯奇誅其族于河中初魯奇至友謙妻張氏率其家屬二百餘口見魯奇曰請疏骨肉名字無致他人橫死將刑張氏持先賜鐵券授魯奇曰皇帝所賜也是時百口塗地冤酷之聲行路流涕先是河中衙城閽者夜見婦人數十袨服靚粧僕馬炫燿自外馳騁笑語趨衙城閽者不知其故不敢詰至門排騎而入既而扃鎖如故復無人迹乃知妖鬼也又繼麟登逍遙樓聞哭聲四合詰日訊之巷無喪者隔歲乃誅族及明宗即位始下詔昭雪焉

史臣曰全義一逢亂世十領名藩而能免梁祖之雄猜受莊宗之厚遇雖由恭順亦繫貨財傳所謂貨以藩身者全義得之矣友謙嚮背爲謀二三其德攷其行事亦匪純臣然全族之誅禍斯酷矣得非鬼神害盈而天道惡滿乎

舊五代史卷六十三攷證

唐列傳十五張全義傳初名居言　案新舊唐書作張言是書李罕之傳亦作張言俱與此傳異

巢敗依諸葛爽于河陽屢有戰功爽表爲澤州刺史　案洛陽搢紳舊聞記齊王張令公外傳云王在巢軍中知其必敗遂翻身歸國唐授王澤州刺史攷是書則全義因巢敗始歸諸葛爽乃表爲澤州刺史也舊聞記殊失事實

詔皇子繼岌皇弟存紀等皆兄事之　案通鑑全義獻幣馬千計帝命皇子繼岌皇弟存紀等兄事之是全義之得幸于莊宗由幣馬也洛陽搢紳舊聞記齊王上表待罪莊宗降詔釋之及召見大喜開懷慰納若見平生故人盡魚水之契焉此蓋黨于全義者虛譽之辭

朱友謙傳簡復攻璠璠冒刃獲免逃歸于汴　案新唐書王重榮傳李璠爲節度使凡五月爲部將朱簡所殺據是書則璠逃歸于汴未嘗見殺也通鑑歐陽史俱從是書

待遇同于己子　案歐陽史作錄以爲子

其年八月友珪遣大將牛存節康懷英韓勍攻之　案歐陽史友珪遣招討使韓勍將康懷英等擊友謙通鑑作九月丁未以威化節度使康懷貞爲副招討使更以韓勍副之懷貞等與忠武節度使牛存節合兵五萬屯河中三書所載俱有異同

友謙襲取同州以其子令德爲帥請節鉞于梁不獲　案歐陽史末帝初不許已而許之制命未至友謙復叛通鑑從歐陽史

舊五代史卷六十四

宋門下侍郎參知政事監修國史薛居正等撰

唐書第四十

列傳十六

霍彥威字子重洛州曲周人也梁將霍存得之于村落間年十四從征討存憐其爽邁養爲己子存梁史有傳彥威未弱冠爲梁祖所知擢在左右漸升戎秩亟立戰功嘗中流矢眇其一目開平二年自開封府押衙右親從指揮使檢校司空授右龍驤軍使三年自右監門衛將軍授左天武軍使遷右監門上將軍乾化三年與袁象先同誅朱友珪梁末帝授洛州刺史轉河陽留後乾化末邠州留後李保衡背李茂貞以城歸梁梁以彥威爲邠州節度使其年五月茂貞遣將劉知俊率大軍攻之彥威固守踰年竟不能下或得其俘悉令放之秦人懷其惠遂無侵擾轉滑州節度使移鎮鄆州兼北面行營招討總大軍于河上師徒屢敗降授陝州留後莊宗入汴彥威自陝馳至請罪詔釋之一日莊宗于崇元殿宴諸將彥威與段凝袁象先等預會酒酣莊宗舉酒屬明宗曰此席宴客皆吾前歲之勁敵也一旦與吾同宴蓋卿前鋒之效也彥威等伏陛謝罪莊宗曰與卿話舊無足畏也因賜御衣器幣盡歡而罷尋放歸藩明年從明宗平潞州授徐州節度使契丹犯塞莊宗以明宗爲北面招討使命彥威爲副彥威善言論頗能接奉明宗尤重之趙太叛于邢州奉詔討平之時趙在禮據魏州與明宗會兵于鄴下大軍夕亂明宗爲其所逼彥威從入魏州皇甫暉等尤忌彥威欲殺之彥威機辯開說竟免及出彥威部下兵士獨全衛護明宗至魏縣時明宗欲北趨常山彥威與安重誨懇請赴闕從至洛陽彥威首率卿相勸進于至德宮旬日之間內外機事皆決于彥威擅收段凝溫韜下獄將寘于法安重誨謂曰溫段罪惡負于梁室衆所知矣今主上克平內艱冀安萬國豈爲公報仇耶至天成初除鄆州節度使值青州王公儼拒命改平盧軍節度至鎮擒公儼斬之明年冬賜覲于汴州明宗接遇甚厚累官至檢校太尉兼中書令三年冬卒于理所年五十七奏至之日明宗方出近郊忽聞奏訃掩泣歸宮輟朝三日至月終不舉樂五代會要天成四年六月敕故平盧軍節度使霍彥威勛名顯著宅兆已營度遵定謚之規俾議送終之制宜以三公禮葬冊贈太師晉國公謚曰忠武子承訓弟彥珂累歷刺史皇朝乾德中立明宗廟于洛州詔以彥威配饗廟庭

王晏球字瑩之自言洛都人少遇亂爲蔡賊所掠汴人

杜氏畜之爲子因冒姓杜氏晏球少沈勇有斷倜儻不羣梁祖之鎮汴也選富家子有材力者置之帳下號曰廳子都清異錄宣武廳子都尤勇悍其弩張一大機則十二小機皆發用連珠大箭無遠不及晉人極畏此晏球預選從梁祖征伐所至立功累遷廳子都指揮使梁開平三年自開封府押衙充左耀武指揮使授右千牛衛將軍職如故朱友珪之簒位也懷州龍驤守禦軍作亂欲入京城已至河陽友珪命晏球出騎迎戰擊亂軍獲軍使劉重遇以功轉左龍驤第一指揮使梁末帝嗣位以晏球爲龍驤四軍都指揮使貞明二年四月十九日夜汴州捉生都將李霸等作亂縱火焚剽攻建國門梁末帝登樓拒戰晏球聞亂先得龍驤馬五百屯于鞠場俄而亂兵以竿登麻布沃油焚建國樓勢將危急晏球隔門窺亂兵見無甲胄即出騎擊之奮力血戰俄而羣賊散走梁末帝見騎軍討賊呼曰非吾龍驤之士乎晏球奏曰亂者惟李霸一都陛下但守宮城遲明臣必破之既而晏球盡戮亂軍全營族誅以功授單州刺史尋領軍于河上爲行營馬軍都指揮兼諸軍排陣使莊宗入汴晏球率騎軍入援至封邱聞梁末帝殂即解甲降于莊宗明年與霍彥威北捍契丹授齊州防禦使北面行營馬軍都指揮使仍賜姓氏名紹虔鄴之亂明宗入赴內難晏球時在瓦橋遣人招之明宗至汴晏球率騎從至京師以平定功授宋州節度使上章求還本姓名天成二年授北面行營副招討以兵戍滿城是歲王都據定州通鑑遣人說北面副招討使王晏球晏球不從乃以金遺晏球帳下使圖之不克癸巳晏球以都反狀聞壬寅以王晏球爲北面招討使權知定州行州事契丹遣托諾率騎千餘來援都突入定州晏球引軍保曲陽王都托諾出軍拒戰晏球督厲軍士令短兵擊賊戒之曰迴首者死符彥卿以龍武左軍攻其左高行周以龍武右軍攻其右奮劍揮檛應手首落賊軍大敗于嘉山之下追襲至于城門俄而契丹首領特哩袞率勇騎五千至唐河是時大雨晏球出師逆戰特哩袞復敗追至易州河水暴漲所在陷没俘獲二千騎而還特哩袞以餘衆北走幽州趙德鈞令牙將武從諫以騎邀擊德鈞分拒丹遂弱晏球圍城既久帝遣使督攻城晏球曰賊壘堅峻但食三州租稅撫恤黎民愛養軍士彼自當魚潰帝然其言晏球能與將士同其甘苦所得祿賜私財盡以饗士日具飲饌與將校筵宴待軍士有禮軍中無不敬伏其年冬平賊自初戰至于城拔不戮一士上下歡心物議以爲有將帥之略以功授天平軍節度使未幾移鎭青州就加兼中書令長興三年卒于鎭時年六十贈太尉子徹位至懷州刺史

戴思遠本梁之故將也初事梁祖以武幹知名開平元年自右羽林統軍加檢校司徒出爲晉州刺史二年授右監門上將軍尋改華州防禦使三年自左天武使復授右羽林統軍郢王友珪簒位授洛州團練使貞明中爲邢州留後遷本州節度使屬燕將張萬進殺滄州留後劉繼威以城歸梁末帝命思遠鎭之莊宗平定魏博以兵臨滄德思遠棄鎭渡河歸汴累遷天平軍節度使兼北面招討使將兵與莊宗對壘久之莊宗討張文禮于鎭州契丹來援莊宗追襲契丹至幽州思遠聞之總兵以襲魏州至魏店遇明宗騎軍適至思遠乃西涉洹水陷成安復歸楊村砦盡率其衆攻德勝北城城中危急符存審晝夜乘城以拒之莊宗自薊五日馳至魏州思遠聞之解去及明宗襲下鄆州思遠罷軍權降授宣化軍留後其年莊宗入汴思遠自鄧州入朝復令歸鎭明宗即位移授洋州節度使及西川俱叛思遠以董璋故人避嫌請代徵入朝宿衛以年老告授太子少保致仕淸泰二年八月卒于家

朱漢賓字績臣亳州譙縣人也父元禮始爲郡將梁太祖聞其名擢爲軍校從龐師古渡淮戰歿于淮南漢賓少有膂力形神壯偉膽氣過人梁祖以其父死王事選置帳下編入屬籍梁祖之攻兗鄆也朱瑾募驍勇數百人黥雙鴈于其頰立爲鴈子都梁祖聞之亦選數百人別爲一軍號爲落鴈都署漢賓爲軍使當時目爲朱落鴈後與諸將破蔡賊有功天福中授右羽林統軍入梁歷天威軍使左羽林統軍出爲磁州刺史滑宋二州留後亳曹二州刺史安州節度使莊宗至洛陽漢賓自鎭入覲復令還鎭明年授左龍武統軍莊宗嘗幸漢賓之第漢賓妻進酒上食奏家樂以娛之自是漢賓頗蒙寵待同光四年正月冀王朱友謙入朝明宗居洛陽以友謙故人置酒于第莊宗諸弟在席友謙坐在永王存霸之上酒酣漢賓以大觴奉友謙曰公雖名位高坐于皇弟之上非宜也僕與公俱在梁朝以宗盟相厚自公入朝三發單函候問略無報復忽余卑位不亦甚乎元行欽恐其紛然爲解之方止不數日友謙赤族趙在禮據魏州元行欽率軍進討詔漢賓權知河南府事明宗以漢賓爲右衛上將軍樞密使安重誨方當委重漢賓密令結託得爲婚家天成末爲潞州節度使移鎭晉州重誨既誅漢賓復爲上將軍明年秋漢賓告老授太子少保致仕淸泰二年六月卒時年六十四漢賓少勇健及晚歲飲啖過人其狀貌偉如也凡所履歷不聞踰法梁時嘗領軍屯魏州莘縣適値連帥去郡諸軍咸以利見誘請自爲留後漢賓則斬其言者拒而不從聞者賞焉在曹日飛蝗去境父老歌之臨平陽遇旱親齋潔禱龍子祠踰日雨足四封大稔咸以爲善政之所致也及致仕東還亳郡見鄉舊親戚淪没者有塋兆未辦則給以棺斂有婚嫁未畢則助以資幣受其惠者數百家郡人義之尋還洛陽有第在懷仁里北限洛水南枕通衢層屋連甍修木交幹笙歌羅綺日以自娛養彼太和保其餘齒此乃近朝知止之良將也晉高祖即位贈太子少傅諡曰貞惠子四人長曰崇勳官至左武衛將軍

孔勍字鼎文兗州人後徙家宿州少便騎射爲軍中小校事梁祖漸至郡守累遷齊州防禦使唐鄧節度使梁貞明中王球據襄州叛勍討平之因授山南東道節度使莊宗至洛陽勍自鎭來朝復令歸鎭尋移昭義節度使同光季年監軍楊繼源與都將謀據潞州事泄勍誅之明宗即位之歲詔還京師授河陽節度使未幾以太子太師致仕卒年七十九贈太尉

劉玘汴州雍邱人也世爲宣武軍牙校玘少負壯節梁祖鎭汴州玘求自試補隊長從梁祖征伐所至有功遷爲牙將歷滑徐襄三州都指揮使開平中襄帥王班爲帳下所害亂軍推玘爲留後玘詭從之翌日受賀衙庭享士伏甲幕下盡斬其亂將以功歷復亳二州刺史徵爲侍衛都將出爲安州刺史貞明中爲晉州留後莊宗至汴玘來朝玘在晉州八年日與上黨太原之師交鬭于境上莊宗見而勞之曰劉侯無恙控我晉陽之南鄙歲時久矣不早相見玘頓首謝罪復命歸鎭正授節旄移鎭安州明宗即位遷鄧州節度使天成末以史敬鎔代之玘還京師卒贈侍中有子師道仕皇朝爲右贊善大夫卒

周知裕字好問幽州人也少事燕將劉仁恭爲騎將表爲嬀州刺史久之移刺德州天祐四年劉守光既平滄州乃以其幼子繼威爲留後大將張萬進與知裕佐之繼威沖幼宣淫于萬進之家萬進殺之詰旦召知裕告其故萬進自稱留後署知裕爲景州刺史會萬進納欵于梁知裕先奔于汴梁主厚待之特置歸化軍以知裕爲指揮使凡軍士自河朔歸梁者皆隸于部下梁與莊宗交戰河上摧堅挫銳惟恃歸化一軍然歲將一紀位不及郡守同光初莊宗入汴知裕隨段凝軍解甲封邱明宗時爲總管受降于郊外見知裕甚喜遙相謂曰周歸化今爲吾人何樂如之因令諸子以兄事之莊宗撫憐尤異而諸校心妬之有壯士唐從益者因獵射之知裕遁而獲免莊宗遂誅從益出知裕爲房州刺史魏王繼岌伐蜀召爲前鋒騎將明宗即位移刺絳州改淄州刺史宿州團練使知裕老于軍旅勤于稼穡凡爲郡勸課皆有政聲朝廷喜之遷安州留後淮上之風惡病者至于父母有疾不親省視甚者避于他室或時問訊即以食物揭于長竿之首委之而去知裕心惡之召鄉之頑很者訶詰敎導俾知父子骨肉之恩繇是弊風稍革長興末入爲右神武統軍淸泰初卒于官贈太傅

史臣曰夫才之良者在秦亦良也在虞亦良也故彥威而下昔爲梁臣不虧亮節洎歸唐祚亦無醜聲蓋松貞不變于四時玉粹寧虞其烈燄故也況彥威之輔明宗也有翊戴之績晏球之伐中山也著戡定之功方之數公尤爲優矣

舊五代史卷六十四攷證

唐列傳十六霍彥威傳存憐其爽邁養爲已子　案通鑑注以彥威爲霍存之子與是書異

値青州王公儼拒命改平盧軍節度至鎭擒公儼斬之　案歐陽史彥威徙鎭平盧朱守殷反伏誅攷朱守殷反明宗遣范延光馳兵斬之非由彥威之力宜以是書所載爲得其實

王晏球傳高行周以龍武右軍攻其右　行周歐陽史作行珪

朱漢賓傳諡曰貞惠　案五代會要作正慧引太常博士林弼議曰漢賓散已俸以代荒逋濟疲俗而臻富庶所涖之地綽有政聲知進退存亡之理得善始令終之道謹案諡法中道不撓保節揚名曰正愛民好學寬裕慈仁曰慧請諡曰正慧從之是書及歐陽史俱作貞惠未知何據

劉玘傳翌日受賀衙庭享士伏甲幕下盡斬其亂將　案通鑑攷異引梁祖實錄八月丁酉賜劉玘王延順物以其違亂將之命來歸編遺錄斬李洪勑云始扶劉玘既奔竄以歸朝若使玘翌日便斬亂將則襄州何以至九月始收復蓋玘脫身歸朝及梁亡入唐妄云斬亂以自誇大耳

周知裕傳淸泰初卒于官　案歐陽史作應順中卒

托諾舊作禿餒今改　特哩袞舊作惕隱今改

舊五代史卷六十五

宋門下侍郎參知政事監修國史薛居正等撰

唐書第四十一

列傳十七

李建及許州人本姓王父質建及少事李罕之爲紀綱光啓中罕之謁武皇于晉陽因選部下驍勇者百人以獻建及在籍中後以功署牙職典義兒軍及賜姓名天祐七年改匡衞軍都校柏鄉之役汴將韓勍追周德威至高邑南野河上鎮定兵扼橋道韓勍選精兵先奪之莊宗登高而望鎮定兵將衂謂建及曰如賊過橋則勢不可遏卿計如何建及于部選士二百挺槍大譟禦汴軍卻之于橋下二月王師攻魏魏人夜出犯我營建及設伏待之扼其歸路盡殪之劉鄩之營莘縣月餘不出忽一旦縱兵攻鎮定之營軍中騰亂建及率銀槍勁兵千人赴之擊敗汴軍追奔至其壘元城之戰建及首陷其陣授天雄軍教練使八月遷遼州刺史十四年從擊契丹于幽州破之十二月從攻楊劉自寅至午汴軍嬰城拒守建及自負葭葦堙塹率先登梯遂拔之胡柳之役前軍逗撓際晚汴軍登土山建及一戰奪之莊宗欲收軍詰朝合戰建及橫矟當前曰賊大將已亡乘此易擊王但登山觀臣破賊卽引銀槍効節大呼奮擊三軍增氣繇是王師復振以功授檢校司空魏博內外衙都將十六年汴將賀瓌攻德勝南城以戰船十餘艘竹笮維之扼斷津路王師不得渡城中矢石將盡守城將氏延賞危急莊宗令積帛軍門召能破賊船者津人有馬破龍者能水游乃令往見延賞延賞言危窘極矣所爭晷刻時棹船滿河流矢雨集建及被重鎧執矟呼曰豈有一衣帶水縱賊如此乃以二船實甲士皆短兵持斧徑抵梁之戰艦斧其笮又令上流具甕積薪其上順流縱火以攻其艦須臾煙焰騰熾梁軍斷纜而遁建及乃入南城賀瓌解軍去其年十二月與汴將王瓚戰于戚城建及傷手莊宗解御衣金帶賜之建及有膽氣慷慨不羣臨陣鞠旅意氣橫壯自莊宗至魏州建及都總內外衙銀槍効節帳前親軍善于撫御所得賞賜皆分給部下絕甘分少頗洽軍情又累立戰功雄勇冠絕儕類者忌讒之時宦官韋令圖監建及軍每于莊宗前言建及以家財驟施其趣向志意不小不可令典衙兵莊宗因猜之建及性既忠盡雖知讒搆不改其操十七年三月授代州刺史八月與李存審赴河中解同州之圍建及少遇禍亂久從戰陣矢石所中肌無完膚後有功見疑私心憤鬱是歲卒于太原時年五十七

石君立趙州昭慶人也亦謂之石家財初事代州刺史李克柔後隸李嗣昭爲牙校歷典諸軍夾城之役君立每出挑戰壞汴軍柵壘俘擒而還八年與汴軍戰于龍化閣敗之獲其大將卜濯以獻嗣昭每出征俾君立爲前鋒敵人畏之王檀之逼晉陽也城中無備安金全驅市人以登陴保聚不完時莊宗在魏博救應不暇人心危懼嗣昭遣君立率五百騎自上黨朝發暮至王檀游軍扼汾橋君立一戰敗之徑至城下馳突斬擊出入如神大呼曰昭義侍中大軍至矣是夜入城與安金全等分出諸門擊殺于外遲明梁軍敗走十七年將兵屯德勝時汴軍自滑州轉餉以給楊村砦莊宗親率騎軍于河外循岸而上邀擊之汴人距楊村五十里于河曲潘張村築壘以貯軍儲莊宗令諸軍攻之汴人設伏于要路逆戰僞敗王師乘之賊入壘門梁伏兵起因與血戰君立與鎮州大將王釗陷入賊壘時諸將部校陷賊者十餘人君立被執送于汴梁主素知其驍勇欲用之爲將械而下獄久之梁祖遣人誘之君立曰敗軍之將難與議勇如欲將我我雖員誠効命能信我乎人皆有君吾何忍反爲仇人哉既而諸將被戮尙惜君立不之害同光元年莊宗至汴前一日梁主始令殺之

高行珪燕人也家世勇悍與弟行周俱有武藝初仕燕爲騎將驍果出諸將之右燕帥劉守光僭逆不道莊宗令周德威征之守光大懼以行珪爲武州刺史令張掎角之勢時明宗將兵助德威平燕俄聞行珪至率騎以禦之明宗諭以逆順之理行珪乃降守光將元行欽在山北聞行珪有變卽率部下軍衆以攻行珪行珪遣弟行周告急于周德威德威命明宗李嗣本安金全將兵援之明宗破行欽于廣邊軍行欽亦降尋以行珪爲朔州刺史歷忻嵐二郡遷雲州留後天成初授鄧州節度使尋移鎭安州行珪性貪鄙短于爲政在安州日行事多不法副使范延策者幽州人也性剛直累爲賓職及佐行珪覩其貪猥因強諫之行珪不從後延策因入奏獻封章于闕下事有三條一請不禁過淮豬羊而禁絲緜疋帛以實中國一請于山林要害置軍鎭以絕寇盜一述藩侯之弊請勅從事明諫諍之不從令諸軍校列班廷諍行珪聞之深銜之後因戍兵作亂誣奏延策與之同謀父子俱戮于汴聞者冤之未幾行珪以疾卒詔贈太尉

張廷裕代北人也幼事武皇于雲中從平黃巢討王行瑜自行間漸升爲小將莊宗定魏補天雄軍左廂馬步都虞候歷蔚慈隰三州刺史同光三年除新州節度使塞上多事廷裕無控制之術邊鄙常聳天成三年卒于治所詔贈太保

王思同幽州人也父敬柔歷瀛平儒檀營五州刺史思同母卽劉仁恭之女也故思同初事仁恭爲帳下軍校會劉守光攻仁恭于大安山思同以部下兵歸太原時年十六武皇命爲飛騰指揮使從莊宗平定山東累典諸軍思同性疎俊粗有文性喜爲詩什與人唱和自稱薊門戰客魏王繼岌待之若子時內養呂知柔侍興聖宮頗用事思同不平之呂爲終南山詩末句有頭字思同和曰料伊直擬衝霄漢賴有青天壓著頭其所爲詩句皆此類也每從征必在興聖帳下然同光朝位止鄭州刺史明宗在軍時素知之卽位後用爲同州節度使未幾移鎭隴右思同好文士無賢不肖必館接賙遺歲費數十萬在秦州累年邊民懷惠華戎寧息長興元年入朝見于中興殿明宗問秦州邊事對曰秦州與吐蕃接境蕃部多違法度臣設法招懷沿邊置寨四十餘所控其要害每蕃人互市飲食之界上令納器械因手指畫秦州山川要害控扼處明宗曰人言思同不管事豈及此耶時兩川叛欲用之且留左右故授右武衞將軍八月授西南面行營馬步都虞候九月遷京兆尹西京留守伐蜀之役爲先鋒指揮使石敬瑭入大散關思同侍勇先入劍關大軍未相繼復被董璋兵逐出之及敬瑭班師思同以曾獲劍門之功移鎭山南西道三年兩川交兵明宗慮併在一人則朝廷難制密詔思同相度形勢卽乘間用軍事未行而董璋敗八月復爲京兆尹兼西京留守時潞王鎭鳳翔與之鄰境及潞王不稟朝旨致書于秦涇雍梁邠諸帥言賊臣亂政屬先帝疾篤謀害秦王迎立嗣君自擅權柄以致殘害骨肉搖動藩垣懼先人基業忽焉墜地故誓心入朝以除君側事濟之後謝病歸藩然藩邸素貧兵力俱困欲希國士共濟急難乃令小伶女十人以五絃技見思同因歡諷動又軍校宋審溫者請使于雍若不從命卽獨圖之又令推官郝昭府吏朱延乂以書檄起兵會副部署藥彥稠至方宴而妓使適至乃繫之于獄彥稠請誅審溫拘送昭赴闕時思同已遣其子入朝言事朝廷嘉之乃以思同爲鳳翔行營都部署起軍營于扶風三月十四日與張虔釗會于岐下梯衝大集十五日進收東西關城城中戰備不完然死力禦捍外兵傷夷者十二三十六日復進攻其城潞王登陴泣諭于外聞者悲之張虔釗性褊詰旦西南用軍與都監皆血刃以督軍士軍士齊譟反攻虔釗虔釗躍馬避之時羽林指揮使楊思權引軍自西門先入思同未之知猶督士登城俄而嚴衞指揮使尹暉呼曰西城軍已入城受賞矣軍士可解甲棄仗之聲振動天地日午亂軍畢集涇州張從賓邠州康福河中安彥威皆遁去十七日思同與藥彥稠萇從簡俱至長安劉遂雍閉關不內乃奔潼關二十二日潞王至昭應前鋒執思同來獻王讓左右曰思同計乖于事然盡心于所奉亦可嘉也顧謂趙守鈞曰思同爾之故人可行逆之于路達予撫慰之意思同至潞王讓之曰賊臣傾我國家殘害骨肉非予弟之過我起兵岐山蓋誅一二賊臣耳爾何首鼠兩端多方誤我今日之罪其可逃乎思同曰臣起自行間受先朝爵命秉旄仗鉞累歷重藩終無顯效以答殊遇臣非不知攀龍附鳳則福多扶衰救弱則禍速但恐瞑目之後無面見先帝釁鼓膏原纍囚之常分也潞王爲之改容徐謂之曰且憩歇潞王欲用之而楊思權之徒恥見其面屢啓于劉延朗言思同不可留慮失士心又潞王入長安時尹暉盡得思同家財及諸妓女故尤惡思同與劉延朗亟言之屬王醉不待報殺思同并其子德勝潞王醒召思同左右報已誅之矣潞王怒延朗累日嗟惜之及漢高祖卽位詔贈侍中

索自通字得之太原清源人也父繼昭以自通貴授國子監祭酒致仕自通少能騎射嘗于山墅射獵莊宗鎭太原時遇之于野訊其姓名卽補右番廳直軍使後因從獵射中走鹿轉指揮使佐周德威攻燕軍于涿州擒燕將郭在鈞從莊宗定魏博改突騎指揮使明宗卽位自隨駕左右廂馬軍都指揮授忻州刺史歲餘召還復典禁兵領韶州刺史出爲大同軍節度使累歲移鎭忠武改京兆尹西京留守楊彥溫據河中作亂自通率師討平之授河中節度使尋自鄜州入爲右龍武統軍初自通既平楊彥溫代末帝鎭河中臨事失于周旋末帝深銜之（通鑑自通至鎭承安重誨指籍軍府甲仗數上之以爲從珂私造賴王德妃居中保護從珂由是得免）及末帝卽位自通憂悸求死淸泰元年七月因朝退涉洛自溺而卒子萬進周顯德中歷任方鎭

舊五代史卷六十五攷證

唐列傳十七李建及傳改匡衞軍都校　案歐陽史作匡衞指揮使

又令上流具虆積薪其上順流縱火以攻其艦　案通鑑作木罌載薪沃油然火于上流縱之與是書異歐陽史作以大甕積薪自上流縱火與是書同

高行珪傳明宗諭以順逆之理行珪乃降守光將元行欽率部下攻行珪行珪遣弟行周告急于周德威　案歐陽史行珪夜縋行周馳入晉見莊宗莊宗因遣明宗救武州比至行欽已解去行珪乃降是行珪先求救于晉而後降也是書作降晉後告急微有異同

王思同傳爲帳下軍校　案歐陽史作銀胡䩮指揮使

飛騰指揮使　案歐陽史作飛騰都指揮使

位止鄭州刺史　案歐陽史作以功遷神武十軍都指揮使累遷鄭州防禦使

以五紘技見思同　案歐陽史作遣伶奴安十十以五紘謁思同

又令推官郗昭　郗昭歐陽史作郗詡通鑑從歐陽史

舊五代史卷六十六

舊五代史卷六十六

宋門下侍郎參知政事監修國史薛居正等撰

唐書第四十二

列傳第十八

安重誨其先本北部豪長父福遷爲河東將救兗鄆而沒重誨自明宗龍潛時得給事左右及鎭邢州以重誨爲中門使隨從征討凡十餘年委信無間勤勞亦至洎鄴城之變佐命之功獨居其右明宗踐阼領樞密使俄遷左領軍衛大將軍充職　案以下有闕文　明宗遣回鶻侯三馳傳至其國侯三至醴泉縣地素僻無驛馬縣令劉知章出獵不時給馬侯三遽以聞明宗大怒械知章至將殺之重誨從容爲言乃得不死明宗幸汴州重誨建議欲因以伐淮南明宗難之後李鏻得淮南諜者言徐知誥欲奉其國稱藩臣願得安令公一言爲信鏻卽引諜者見重誨重誨大喜以爲然乃以玉帶與諜者使遺知誥爲信其直千緡重誨爲樞密使四五年間獨綰大任否臧自若環衛酋長貴戚近習無敢干政者弟牧鄭州子鎭懷孟身爲中令任過其才議者謂必有覆餗之禍無何有吏人李虔徽弟揚言於衆云聞相者言其貴不可言今將統軍征淮南時有軍將密以是聞順駭上聽明宗謂重誨曰聞卿樹心腹私市兵仗欲自討淮南有之否重誨惶恐奏曰興師命將出自宸衷必是姦人結搆臣願陛下窮詰所言者翌日帝詔侍衛指揮使安從進藥彥稠等謂之曰有人告安重誨私置兵仗將不利於社稷其若之何從進等奏曰此是姦人結搆離間陛下勳舊且重誨事陛下三十年從微至著無不盡心今日何苦乃圖不軌臣等以家屬保明必無此事帝意乃解重誨三上表乞解機務詔不允復面奏乞與臣一鎭以息謗議明宗不悅重誨奏不已明宗怒謂曰放卿出朕自有人卽令武德使孟漢瓊至中書與宰臣商量重誨事馮道言曰諸人苟惜安令公解樞務便趙鳳曰大臣豈可輕動公失言也道等因附漢瓊奏曰此斷自宸旨然重臣不可輕議移改由是兼命范延光爲樞密使重誨如故時以東川帥董璋恃險難制乃以武虔裕爲綿州刺史董璋益懷疑忌遂縶虔裕以叛及石敬瑭領王師伐蜀峽路艱阻糧運不繼明宗憂之而重誨請行翌日領數騎而出日馳數百里西諸侯聞之莫不惶駭所在錢帛糧料星夜輦運人乘斃踣於山路者不可勝紀百姓苦之重誨至鳳翔節度使朱弘昭延於寢室令妻子奉食器敬事尤謹重誨坐中言及昨有人讒搆幾不保全賴聖上保鑒苟獲全族因泣下重誨既辭弘昭遣人具奏重誨怨望出惡言不可令至行營恐奪石敬瑭兵柄而宣徽使孟漢瓊自西迴亦奏重誨過惡重誨已至三泉復令歸闕再過鳳翔朱弘昭拒而不納重誨懼急騎奔程未至京師制授河中帥既至鎭心不自安遂請致仕制初下其子崇贊崇緒走歸河中二子初至重誨駭然曰渠安得來家人欲問故重誨曰吾知之矣此非渠志是他人教來吾但以一死報國家餘復何言翌日中使至見重誨號泣久之重誨曰公但言其故勿過相愍中使曰人言公據城異志矣重誨曰吾一死未塞責已負君親安敢輒懷異志遽勞朝廷興師增聖上宵旰則僕之罪更萬萬矣時遣翟光鄴使河中如察重誨有異志則誅之既至李從璋自率甲士圍其第仍拜重誨于其庭重誨下階迎拜曰太傅過禮俛首方拜從璋以檛擊其首其妻驚走抱之曰令公死亦不遲太傅何遽如此并擊重誨妻首碎之并剝其衣服夫妻裸踣于廊下流血盈庭翌日副使判官白從璋願以衣服覆其尸堅請方許及從璋疏重誨家財不及數千緡議者以重誨有經綸社稷之大功然志大才短不能迴避權寵親禮士大夫求周身輔國之遠圖而悉自恣胸臆果貽顛覆　五代史補初明宗將擒蜀也且上表乞般家屬時樞密使安重誨用事以全百口爲質其請知祥曰吾知之矣因使密以全百口爲質而爲數奏詔許之及家屬至知祥曰吾知樞密將謂天地間未有此難知祥以此始議自全耶亦不足畏也遂守險日本地與河中從璋誅重誨于河中重誨臨刑曰某死無恨但恨不與官家誅得潞王他日必爲朝廷之患言終而絕潞王卽清泰帝也重誨之忠節泯矣

朱宏昭太原人也祖玫父叔宗皆爲本府牙將宏昭事明宗在藩方爲典客天成元年爲文思使歷東川副使二年餘除左衛大將軍充內客省使三年轉宣徽南院使明宗親祀南郊宏昭爲大內留守加檢校太傅出鎭鳳翔會朝廷命石敬瑭帥師伐蜀久未成功安重誨自請西行至鳳翔宏昭迎謁馬首請館於府署妻子羅拜捧卮爲壽宏昭密遣人謂敬瑭曰安公親來勞軍觀其舉措孟浪儻令得至恐士心迎合則不戰而自潰也可速拒之必不敢前則師徒萬全也敬瑭聞其言大懼卽日燒營遁還重誨聞之不敢西行因返旆東還復過鳳翔宏昭拒而不納及重誨得罪其年宏昭入朝授左武衛上將軍充宣徽南院使長興三年十二月代康義誠爲襄州節度使四年秦王從榮爲元帥屢宣惡言執政大臣皆懼謀出避之樞密使范延光趙延壽日夕更見涕泣求去明宗怒而不許延壽使其妻興平公主入言于中延光亦因孟漢瓊王淑妃進說故皆得免未幾趙延壽出鎭汴州召宏昭于襄陽代爲樞密使加同平章事十月范延光出鎭常山以三司使馮贇與宏昭對掌樞務與康義誠孟漢瓊同謀以殺秦王閔帝卽位宏昭以爲由己得立故于庶事高下在心及赦後覃恩宏昭首自平章事超加中書令素猜忌潞王致其釁隙以致禍敗潞王至陝閔帝懼欲奔魏手詔召宏昭圖之時將軍穆延輝在宏昭第曰急召罪我也其如之何吾兒婦君之女也可速迎歸無令受禍中使繼至宏昭援劍大哭至後庭欲自裁家人力止之使促之急宏昭曰窮至此耶乃自投于井安從進旣殺馮贇斷宏昭首俱傳于陝州及漢高祖卽位追贈尙書令

朱洪實不知何許人以武勇累歷軍校長興中爲馬軍都指揮使秦王爲元帥以洪實驍果尤寵待之歲時曲遺頗厚于諸將及朱宏昭爲樞密使勢誠尤甚洪實以宗兄事之意頗相協宏昭將殺秦王以謀告之洪實不以爲辭時康義誠以其子事于秦府故恒持兩端及秦王兵叩端門洪實爲孟漢瓊所使率先領騎軍自左掖門出逐秦王自是義誠陰銜之閔帝嗣位洪實自侍領軍之功義誠每言不爲之下應順元年三月辛酉義誠將出征閔帝幸左藏庫親給軍士錢帛是時義誠與洪實同于庫中面論用兵利害　歐陽史云洪實見軍士無鬭志而義誠盡將以西疑其二心　洪實言出軍討逆累發兵師今聞小衂無一人一騎來者不如以禁軍據門自固彼安敢徑來然後徐圖進取全策也義誠怒曰若如此言洪實反也洪實曰公自反誰反其聲漸厲帝聞召而訊之洪實猶理前謀又曰義誠言臣圖反據發兵計義誠反必矣閔帝不能明辨遂命誅洪實旣而義誠果以禁軍迎降潞王故洪實之死後人皆以爲冤

康義誠字信臣代北三部落人也少以騎射事武皇從莊宗入魏博補突騎使累遷本軍都指揮使同光末從明宗討鄴城軍亂迫明宗爲主明宗不然義誠進曰主上不慮社稷阽危不思戰士勞苦荒耽禽色溺于酒樂今從衆則有歸守節則將死明宗納其言蹤是委之心膂明宗卽位加檢校司空領富州刺史總突騎如故尋轉捧聖都指揮使鎭邠州刺史明宗幸汴平朱守殷改侍衛馬軍都指揮使領江西節度使車駕歸洛授侍衛馬步軍都指揮使河陽節度使　太平廣記長興中侍衛使康義誠嘗軍中差人于大宅充院子亦曾小有笞責忽一日憐其老而詰其姓則曰姓康別詰其鄉士親族息嗣方知是父遂相持而泣聞者莫不驚異　長興末加同平章事秦王爲天下兵馬元帥氣燄燻灼大臣皆懼求爲外任義誠以明宗委遇無以解退乃令其子以弓馬事秦王冀自保全明宗不豫秦王遣義誠爲助義誠曲意承奉亦非眞誠及朱宏昭馮贇等懼禍謀于義誠但云僕爲將校不敢預議但相公所使耳及秦王旣誅明宗晏駕閔帝卽位加檢校太尉兼侍中判六軍諸衛事未幾鳳翔變起西軍不利義誠懼乃請行蓋欲盡率駕下諸軍送降于潞王求免也會與朱洪實議事不協洪實因厲聲言義誠包藏之志閔帝曖昧不能明辨而誅洪實及義誠率軍至新安諸軍爭先趨陝解甲迎降義誠以部下數十人見潞王請罪潞王雖罪其姦回未欲行法淸泰元年四月斬于興教門外夷其族

藥彥稠沙陀三部落人也幼以騎射事明宗累遷至列校明宗踐阼領澄州刺史河陽馬步都將從王晏球討王都于定州平之領壽州節度使侍衛步軍都虞候屬河中指揮使楊彥溫作亂彥稠改侍衛步軍都指揮使充河中副招討使將兵討平之無幾党項劫回鶻入朝使詔彥稠屯朔方就討党項之叛命者捜索盜賊盡獲回鶻所貢駞馬寶玉擒首領而還尋授邠州節度使遣會兵制置鹽州蕃戎逃遁獲陷蕃士庶千餘人遣復鄉

里受詔與延州節度使(案原本闕二字)進攻夏州累月不克兵罷歸鎮閔帝嗣位與王思同攻鳳翔爲副招討使禁軍之潰彥稠欲沿流而遁爲軍士所擒而獻之時末帝已至華州令拘于獄誅之漢高祖即位與王思同並制贈侍中

宋令詢不知何許人也閔帝在藩時補爲客將知書樂善動皆由禮長興中閔帝連典大藩還爲都押衙參輔閫政甚有時譽閔帝深委之及閔帝嗣位朱馮用事不欲閔帝之舊臣在于左右乃出爲磁州刺史閔帝蒙塵于衛令詢日令人奔問及聞帝遇害大慟半日自經而卒

史臣曰夫代大匠斲者猶傷其手況代天子執賞罰之柄者乎是以古之賢人當大任秉大政者莫不卑以自牧推之不有廓自公之道絕利己之欲然後能保其身而脫其禍也而重誨何人安所逃死古語云無爲權首反受其咎重誨之謂歟自宏昭而下力不能衛社稷謀不能安國家相踵而亡又誰咎也惟令詢感故君之舊恩由大慟而自經以茲殞命足以垂名

舊五代史卷六十六攷證

唐列傳十八安重誨傳無何有吏人李虔徽弟揚言于衆云　案歐陽史作樞密承旨李虔徽語其客邊彥溫云所載異詞

朱宏昭傳敬瑭聞其言即日燒營遁還重誨聞之不敢西行　案歐陽史作敬瑭以糧餉不繼遽燒營還軍重誨亦以被讒召還

朱洪實傳　洪實歐陽史作宏實

康義誠傳鎮邠州刺史　邠州歐陽史作汾州

藥彥稠傳充河中副招討使　案歐陽史作招討使

舊五代史卷六十七

宋門下侍郎參知政事監修國史薛居正等撰

唐書第四十三

列傳十九

豆盧革祖籍同州刺史父瓚舒州刺史(宣和書譜云革先其世系)革少值亂離避地鄜延轉入中山王處直辟之于幕下有奏記之譽因牡丹會賦詩諷處直以桑柘爲意言甚古雅漸加器仰轉節度判官而理家無法獨請謁見處直處直患布政有缺有所規諫斂版出迎乃爲嬖人所軍職矣天祐末莊宗將即位講求輔相盧質以名家子舉之徵拜行臺左丞相同光初拜平章事及登廊廟事多錯亂至于官階擬議前後倒置屢爲省郎蕭希甫駁正革改之無難色莊宗初定汴洛革引薦韋說冀諧事體與已同功說既登庸復事流品舉止輕脫怨歸于革又說之子俱授拾遺父子同官爲人所刺遂改授員外郎革請說之子濤爲宏文館學士說請革之子昇爲集賢學士交致阿私有同市井議者醜之革自作相之後不以進賢勸能爲務唯事修鍊求長生之術嘗服丹砂嘔血數日垂死而愈天成初將葬莊宗以革爲山陵使及木主歸廟不出私第事侯旌鎮數日耗爲親友促令入朝安重誨對衆辱之曰山陵使名尚在不俟新命便履公朝意謂邊人可欺也側目者聞之思有所中初蕭希甫有正諫之望革嘗阻之遂上疏論革與說苟且自容致君無狀復誣其縱田客殺人目元亨上第遂上三章請不行後命乃下制曰豆盧革韋說等身爲輔相手握權衡或端坐稱臣或平笑奏事君前無禮舉世寧容革則暫委利權便私侔祿文武百辟皆從五月起支父子二人偏自初正給遣說則自居重位全紊大綱致彥貪柴亂兒孫于昭穆賢官罔屋換令錄之身名醜行曇彰衆情共怒雖居牧守未塞非尤革可責授費州司戶參軍說可夷州司戶參軍皆員外置同正員並所在馳驛發遣尋貶陵州長流百姓委長吏知所在天成二年夏詔令逐處刺史監賜自盡其骨肉並放逐便子昇官至檢校正郎服金紫尋亦削奪(寶簡齋法書贊載豆盧革田園帖云大德欲要一居處畿甸間舊無田園鄭州雖有三兩處莊子緣百姓租佃多年累有令公大王書請卻給還人戶蓋不欲侵奪疲民兼慮無知之輩妄有影庇包役云云岳珂曰此帖乃與僚往還書其畏強藩避罪咎蓋傈傈淵冰然其後卒以故縱田客殺夜郎正坐所畏信乎亂邦之不可居也是時據鄜乃高萬興官檢校太師中書令封北平王即革所謂令公大王者故梁授唐命繼新而顏面正朝者不能致翹躍之誅而反竊貢秉旄之佞唐之不競有自來矣)

韋說福建觀察使岫之子也(案以下有闕文)莊宗定汴洛說與趙光允同制拜平章事說性謹重奉職常不造事端時郭崇韜秉政說等承順而已政事得失無所措言初或有言于崇韜銓選踰濫選人或取他人出身銜或取父兄資緒與令史囊橐罔冒崇韜乃條奏其事其後郊天行事官數千人多有告勅僞濫因定去留塗毀告身者甚衆選人號哭都門之外議者亦以謂積弊累年一旦澄汰太細懼失惟新含垢之意時說與郭崇韜同列不能執而止之頗遭物議說之親黨告之說曰此郭漢子之意也及崇韜得罪說懼流言所鍾乃令門人左拾遺王松吏部員外郎李愼儀等上疏云崇韜往日專權不婣故事塞仕進之門非獎善之道疏下中書說等覆奏深誠崇韜識者非之又有王參者能以多岐取事納賂于說說以其名犯祖諱遂改之爲摽擬官于近甸及明宗即位說常慮身危每求庇于任圜常保護之說居有井昔與鄰家共之因嫌鄰雜築垣于外鄰人訟之爲希甫疏論以爲井有貨財及案之本人惟稱有破釜一所反招虛妄初貶漵州刺史尋責授夷州司戶參軍初說在江陵與高季興相知及入中書亦常通信幣自討西蜀季興請攻峽內莊宗許之如能得三州俾爲屬郡川既定季興無尺寸之功洎明宗纘承季興頻請三郡朝廷不得已而與之革說方在中書亦預其議及季興占據稱歸其罪流于合州明年夏詔曰陵州合州長流百姓豆盧革韋說頃在先朝擢居重任掞公害物黷貨貫官靜惟釁亂之端更有難容之事且夔忠萬三州地連巴蜀路扼荊蠻藉皇都殫難之功徇逆帥僭求之勢罔予視聽率意剖分致將千里之土疆開通狡穴動兩川之兵賦禦捍經年致朕莫遂偃戈猶煩運策近者西方鄰雖復要害高季興尚固窠巢增吾旰食之憂職爾朋奸之計而又自居貶所繼出流言苟刑戮之稽時處忠良于何地宜令逐處刺史監賜自盡(歐陽史說子濤晉天福初爲尚書膳部員外郎卒)

盧程唐朝右族祖懿父蘊歷仕通顯程天復末登進士第崔魏公鑑鐵署爲巡官昭宗遷洛陽柳璨陷右族程避地河朔客遊燕趙或衣道士服干謁藩伯人未知之豆盧革遊中山依王處直處直汝弼來太原程與汝弼皆朝族也舊因往來依革處直禮遇未優或投于太原汝弼因爲延譽莊宗署爲推官尋改支使程福淺無他才惟務恃門第口多是非篤厚君子尤薄之初判官王緘從軍掌文翰胡柳之役緘沒于軍莊宗歸寧太原置酒公宴舉酒謂張承業曰予今于此會取一書記先以卮酒辟之即舉酒屬巡官馮道道以所舉非次抗酒辭避莊宗曰勿謙挹無踰于卿也時以職列序遷則程當爲書記汝弼亦左右之程既失職私懷憤惋謂人曰主上不重人物使田里兒居余上先是莊宗嘗于帳中召程草奏程曰叨忝成名不嫺筆硯由是文翰之選不及于程時張承業專制河東留守事人皆敬憚舊例支使監諸廩出納程訴于承業曰此事非僕所長請擇能者承業叱之曰公稱文士即合飛文染翰以濟霸國嘗命草辭自陳短拙及留職務又以爲辭公所能者何也程垂泣謝之後歷觀察判官莊宗將即位求四鎮判官可爲宰輔者時盧汝弼蘇循相次淪沒當用判官盧質豆盧革次舉程即詔徵之並命爲平章事程本非重器驟歷顯位舉止不恆時朝廷草創庶物未備班列蕭然寺署多缺程革受命之日即乘肩輿騶導喧沸莊宗聞呵導之聲詢于左右曰宰相擔子入門莊宗駭異登樓視之笑曰所謂似是而非者也頃之遣程使晉陽宮冊皇太后山路險阻往復綿邈程安坐肩輿所至州縣驅率丁夫長吏迎謁拜伏輿前少有忤意因加笞辱及汴將王彥章陷德勝南城急攻楊劉莊宗御軍苦戰臣下憂之咸白宰相欲連章規諫請不躬御士伍豆盧革言及漢高臨廣武事矢及於胸紿云中足程曰此劉季失策衆皆縮頸嘗論近世士族或曰員外郎孔明龜善和宰相之令緒宣聖之系孫得非盛歟程曰止于孔子之後盛則吾不知也親黨有假驢夫于程者程帖府給之府吏訴云無例程怒鞭吏背時任圜爲興唐少尹莊宗從姊壻也憑其寵戚因詣程程方衣鶴氅華陽巾憑几決事見圜怒詈曰是何蟲豸恃婦力耶宰相取給于府縣得不識舊體圜不言而退是夜馳至博平面訴于莊宗莊宗怒謂郭崇韜曰朕誤相此癡物敢辱予九卿促令自盡崇韜亦怒事幾不測賴盧質橫身解之遂降爲右庶子莊宗既定河南程隨百官從幸洛陽沿路墜馬因病風而卒贈禮部尚書

趙鳳幽州人也少爲儒唐天祐中燕帥劉守光盡率部內丁夫爲軍伍而黥其面爲儒者患之多爲僧以避之鳳亦落髮至太原頃之從劉守奇奔梁梁用守奇爲博州刺史表鳳爲判官(案下有闕文)爲鄆州節度判官唐莊宗聞鳳名得之甚喜以爲護鑾學士後莊宗即位拜鳳中書舍人及入汴改授禮部員外郎莊宗及劉皇后幸張全義第后奏曰妾五六歲失父母每見老者思念尊親泣下以全義年德妾欲父事之以慰孤女之心莊宗許之命鳳作牋上全義定往來儀注鳳上書極諫不納天成初置端明殿學士鳳與馮道俱任其職時任圜爲宰相爲安重誨所傾以至罷相歸磁州及朱守殷以汴州叛馳驛賜圜自盡既而鳳哭謂安重誨曰任圜義士也肯造逆謀以讎君父乎如此濫刑何以安國重誨笑而不責是冬權知貢舉明年春有僧自西國取經回得佛牙大如拳褐漬皴裂進于明宗鳳揚言曰曾聞佛牙鍛不壞請試之隨斧而碎時宮中所施已踰數千緡聞

毁乃止及車駕還洛留知汴州事尋授中書侍郎平章事李之儀姑溪居士集鳳爲莊宗賓錄將何廷諭劉昫疏不數昫既相遂引鳳共政事長興中安重誨出鎮河中人無敢言者惟鳳極言于上前曰重誨是陛下家臣其心終不背主五年秉權賢豪俯伏但不周防自貽浸潤明宗以爲朋黨不悦其奏重誨獲罪乃出爲邢州節度使及閔帝蒙塵于衛州鳳集賓佐軍校垂涕曰主上播遷渡河而北吾輩安坐不赴奔問于禮可乎軍校曰唯公所使將行聞閔帝遇弒而止清泰初召還授太保既而病足不能朝謁疾篤自爲蓍筮卦成投蓍而嘆曰吾家世無五十者而復窮賤吾年已五十又爲將相豈有遐壽哉清泰二年三月卒鳳性豁達輕財重義凡士友以窮阨告者必傾其資而餉之人士以此多之也

李愚字子晦自稱趙郡平棘西祖之後家世爲儒父瞻業應進士不第遇亂徙家渤海之無棣以詩書訓子孫愚童齔時謹重有異常兒年長方志學徧閱經史慕晏嬰之爲人初名晏平爲文尚氣格有韓柳體勵志端莊風神峻整非禮不言行不苟且愚初以艱貧求爲假官滄州盧彦威署安陵簿丁憂服闋隨計之長安屬關輔亂離頻年罷舉客于蒲華之間光化中軍容劉季述王奉先廢昭宗立裕王五月餘諸侯無奔問者愚時在華陰致書于華帥韓建其略曰僕關東一布衣耳幸讀書爲文每見君臣父子之際有傷教害義之事常痛心切齒恨不得抽腸蹀血肆之市朝明公居近關重鎮君父幽辱月餘坐視凶逆而忘勤王之舉僕所未諭也僕竊計中朝輔弼雖有志而無權外鎮諸侯雖有權而無志惟明公忠義社稷是依往年車輅播遷號泣奉迎累歲供饋再復朝廟義感人心至今歌詠此時事勢尤異于前明公地處要衝位兼將相自宮闈變故已涉旬時若不號令率先以圖反正遲疑未決一朝山東侯伯倡義連衡鼓行而西明公求欲自安如何決策此必然之勢也不如馳檄四方諭以逆順軍聲一振則元兇破膽浹旬之間二豎之首傳于天下計無便于此者建深禮遇之堅辭還山天復初駕在鳳翔汴軍攻蒲華愚避難東歸洛陽時衛公李德裕孫道古在平泉舊墅愚往依焉子弟親採梠負薪以給朝夕未嘗干人故少師薛廷珪掌貢籍之歲登進士第又登宏詞科授河南府參軍遂卜居洛表白沙之別墅梁有禪代之謀柳璨希旨教害朝士愚以衣冠自相殘害乃避地河朔與宗人李延光客于山東梁末帝嗣位雅好儒士延光素相款奉得侍講禁中屢言愚之行高學贍有史魚遽瑗之風召見嗟賞久之擢爲左拾遺俄充崇政院直學士或預咨謀而儼然正色不畏強禦衡王入朝重臣李振輩皆致拜惟愚長揖末帝讓之曰衡王朕之兄朕猶致拜崇政使李振等皆拜爾何傲耶對曰陛下以家人禮兄振等私臣也臣居朝列與王無素安敢諂事其剛毅如此晉州節度使華溫琪在任違法籍民家財其家訟于朝制使劾之伏罪梁末帝以先朝草昧之臣不忍加法愚堅案其罪梁末帝詔曰朕若不與鞫窮謂予不念赤子若或遂行典憲謂予不念功臣爲爾君者不亦難乎其華溫琪所受贓宜官給代還所訟之家貞明中通事舍人李霄傭夫毆僦舍人致死法司案律罪在李霄愚白李霄手不鬭毆傭夫致死安得坐其主耶以是忤旨愚自拾遺再遷膳部員外郎賜緋改司勳員外郎賜紫至是罷職歷許鄧觀察判官初在內職慈州舉子張礪依焉貞明中礪自河陽北歸莊宗補授太原府掾出入崇闥之間揄揚愚之節槩及言愚之所爲文仲尼遇顏回壽夷齊非餓人等篇北人望風稱之泊莊宗都洛陽鄧帥俾奏章入朝諸貴見之禮接如舊尋爲主客郎中數月召爲翰林學士三年魏王繼岌征蜀請爲都統判官仍帶本職從軍時物議以蜀險阻未可長驅郭崇韜問計于愚愚曰如聞蜀人厭其主荒恣倉卒必不爲用宜乘其人二三風馳電擊彼必破膽安能守險及前軍至固鎮收軍食十五萬斛崇韜喜謂愚曰公能料事吾軍濟矣招討判官陳乂至寶雞稱疾乞留在後厲聲曰陳乂見利則進懼難則止今大軍涉險人心易惑正可斬之以徇繇是軍人無遲留者是時軍書羽檄皆出其手蜀平就拜中書舍人師還明宗即位時西征副招討使任圜爲宰相雅相欽重屢言于安重誨請引爲同列屬孔循用事援引崔協以塞其請俄以本職權知貢舉改兵部侍郎充翰林承旨與劉昫除太常卿屬趙鳳出鎮邢臺乃拜中書侍郎平章事轉集賢殿大學士長興季年秦王恣橫權要之臣避禍不暇邦之存亡無敢言者愚性剛介往往形言然人無唱和者俄轉門下侍郎監修國史兼吏部尚書與諸儒修成創業功臣傳三十卷愚初不治第既命爲相官借延賓館居之嘗有疾詔近臣宣諭延之中堂設席惟筦秸使人言之明宗特賜帷帳茵褥職官分紀云長興四年愚病明宗遣中使宣問愚所居寢室蕭然四壁病榻弊氈而已中使具言其事帝曰宰相月俸幾何而委頓如此詔賜絹百疋錢百千帷帳什物一十三事閔帝嗣位志修德政易月之制纔除便延訪學士讀貞觀政要太宗實錄有意于郅理愚私謂同位曰吾君延訪少及吾輩位高責重事亦堪憂奈宗社何皆惕息而不敢言以恩例進位左僕射清泰初徽陵禮畢馮道出鎮同州愚加特進太微宮使宏文館大學士宰相劉昫與馮道爲婚家道既出鎮兩人在中書或舊事不便要釐革者對論不定愚性太峻因曰此事賢家翁所爲更之不亦便乎昫憾其言切于是每言必相折難或至詬呼無幾兩人俱罷相守本官清泰二年秋愚已嬰疾率多請告累表乞骸不允卒于位

任圜京兆三原人祖清成都少尹父茂宏避地太原奏授西河令有子五人曰圖回圜團冏風采俱異武皇愛之以宗女妻圜歷代憲二郡刺史李嗣昭典兵于晉陽與圜遊處甚洽及鎮澤潞請爲觀察支使解褐賜朱紱圜美姿容有口辯嗣昭爲人間諜于莊宗方有微隙圜奉使往來常申理之克成友于之道圜之力也及丁母憂莊宗承制起復潞州觀察判官賜紫常山之役嗣昭爲帥于軍圜代總其事號令如一敵人不知莊宗聞之倍加獎賞是秋復以上黨之師攻常山城中萬人突出大將孫文進死之賊逼我軍圜麾騎士擊之頗有殺獲嘗以禍福諭其城中鎮人信之使乞降及城潰誅元惡之外官吏咸保其家屬亦以圜所庇護焉莊宗改鎮州爲北京以圜爲工部尚書兼眞定尹北京副留守知留守事明年郭崇韜兼鎮改行軍司馬充北面水陸轉運使仍知府事同光三年歸朝守工部尚書崇韜伐蜀奏令從征西蜀平署圜黔南節度使懇辭遂止魏王班師行及利州康延孝叛以勁兵八千迴趨西川繼岌聞之夜半命中使李廷安召圜圜方寢廷安登其牀以告之圜衣不及帶遽見繼岌繼岌泣而言曰紹琛負恩非尚書不能制即署圜爲招討副使與都指揮使梁漢顒等率兵攻延孝于漢州擒之旋至渭南繼岌遇害圜代總全師朝于洛陽明宗嘉其功拜平章事判三司圜揀拔賢俊杜絕倖門百官俸入爲孔謙減折圜以廷臣爲國家羽儀故優假班行禁其虛估朞月之內府庫充贍朝廷修葺軍民咸足雖憂國如家而切于功名故爲安重誨所忌嘗與重誨會于私第有妓善歌重誨求之不得嫌隙自茲而深矣先是使人食券皆出于戶部重誨止之俾須內出爭于御前往復數四竟爲所沮通鑑安重誨與圜爭于上前往復數四聲色俱厲上退朝宮人問上適與重誨論事爲誰上曰宰相宮人曰妾在長安宮中未嘗見宰相樞密奏事敢如是者蓋輕大家耳上愈不悅因求罷三司天成二年除太子少保致仕出居磁州及朱守殷叛重誨乘間誣其結搆立遣人稱制就害之乃下詔曰太子少保致仕任圜早推勳舊曾委重難既退免于劇權俾優閒于外地而乃不遵禮分潛附守殷緘題罔避于嫌疑情旨頗彰于怨望自收汴壘備見蹤由若務含宏是孤典憲尚全大體止罪一身宜令本州于私第賜自盡圜受命之日聚族酣飲神情不撓清泰中制贈太傅子徹仕皇朝位至度支郎中卒

史臣曰革說承舊族之胄佐新造之邦業雖謝于財成罪未聞于昭著而乃爲權臣之所忌顧後命以無逃靜而言之亦可憫也盧程器狹如是形渥攸宜趙鳳李愚咸以文學之名俱踐巖廊之位校其貞節愚復優焉任圜有縱橫濟物之才無明哲保身之道退猶不免吁可悲哉

舊五代史卷六十七攷證

唐列傳十九盧程傳盧程唐朝右族祖懿父蘊　案歐陽史作不知其世家何人

趙鳳傳以爲護鑾學士將　案五代會要作護鑾書制學士

拜鳳中書舍人及入汴改授禮部員外郎　案歐陽史作拜中書舍人翰林學士

李愚傳歷許鄧觀察判官　案歐陽史作罷爲鄧州觀察判官

屬趙鳳出鎮邢臺乃拜中書侍郎平章事　案歐陽史任圜罷相乃拜愚中書侍郎同平章事吳縝纂誤云明宗紀天成二年六月任圜罷長興二年李愚爲平章事自任圜罷至此已五年矣與愚入相年月太遠蓋史之所書本謂趙鳳而誤爲任圜也

任圜傳嗣昭爲帥于軍圜代總其事　案歐陽史作昭戰歿圜代將其軍

先是使人食券皆出于戶部　食券通鑑作館券

清泰中制贈太傅　案歐陽史作愍帝即位贈圜太傅是書作廢帝清泰中未知孰是

舊五代史卷六十八

宋門下侍郎參知政事監修國史薛居正等撰

唐書第四十四

列傳二十

薛廷珪其先河東人也父逢咸通中爲秘書監以才名著于時廷珪中和年在西川登進士第累歷臺省舊唐書大順初累遷司勳員外郎知制誥乾寧中爲中書舍人駕在華州改散騎常侍尋請致仕客遊蜀川昭宗還洛陽徵爲禮部侍郎舊唐書光化中復爲中書舍人遷刑部吏部二侍郎權知禮部貢舉拜尚書左丞時柳璨居害朝士衣冠畢羅其毒廷珪以居常退讓獲全新唐書朱全忠兼四鎮廷珪以官告使至汴客將先見諷其拜廷珪佯不曉曰吾何德敢受令公拜乎及見卒不肯加禮入梁爲禮部尚書莊宗平定河南以廷珪年老除太子少師致仕案通鑑廷珪與李琪嘗爲太祖冊禮使同光三年九月卒贈右僕射所著鳳閣詞書十卷克家志五卷竝行于世初廷珪父逢著鑿混沌貞珠簾等賦大爲時人所稱廷珪既壯亦著賦數十篇同爲一集故目曰克家志

崔沂新唐書宰相世系表沂字德潤大中時宰相魏公鉉之幼子也兄沆廣明初亦爲宰輔沂舉進士第歷監察補闕昭宗時累遷員外郎知制誥性抗厲守道而文藻非優嘗與同舍顏蕘錢珝俱秉筆見蕘珝贍速草制數十無妨譚笑而沂自愧翌日謁國相訴曰沂疎淺不足以供詞翰之職相輔然之移爲諫議大夫入梁爲御史司憲糾繆繩違不避豪右開平中金吾街使寇彥卿入朝過天津橋市民梁現者不時迴避前導伍伯捽之投石欄以致斃彥卿自前白于梁祖梁祖命通事舍人趙可封宣諭令出私財與死者之家以贖其罪沂奏劾曰彥卿位是人臣無專殺之理況天津橋御路之要正對端門當車駕出入之途非街使振怒之所況梁現不時迴避其過止于鞭笞捽首投軀深乖朝憲請論之以法梁祖惜彥卿令沂以過失論沂引鬬競律以怙勢力爲罪首下手者減一等又鬬毆條不鬬故毆傷人者加傷罪一等沂表入責授彥卿游擊將軍左衛中郎將沂剛正守法人士多之遷左司侍郎改太常卿轉禮部尚書貞明中帶本官充西京副留守時張全義留守天下兵馬副元帥河南尹判六軍諸衛事守太尉中書令魏王名位之重冠絕中外沂至府客將白以副留守合行庭禮沂曰張公官位至重然尚帶府尹之名不知副留守見尹之義何如全義知之遽引見沂勞曰彼此有禮俱老矣勿相勞煩莊宗興復唐室復用爲左丞判吏部尚書銓選司坐累謫石州司馬明宗即位召還復爲左丞以衰疾告老授太子少保致仕卒于龍門之別墅時年七十餘贈太子少傅

劉岳字昭輔其先遼東襄平人元魏平定遼東徙家于代隨孝文遷洛遂爲洛陽人八代祖民部尚書渝國公政會武德時功臣祖符蔡州刺史父珪洪洞縣令符有子八人皆登進士第珪之母弟瓌玗異母弟崇夷崇龜崇望崇魯崇謩崇龜乾寧中廣南節度使崇望乾寧中宰相崇魯崇謩崇夷竝歷朝省岳少孤亦進士擢第歷戶部巡官鄭縣簿直史館轉左拾遺侍御史梁貞明初召入翰林爲學士岳爲文敏速尤善談諧在職累遷戶部侍郎在翰林十二年莊宗入汴隨例貶均州司馬尋丁母憂許自貶所奔喪服闋授太子詹事明宗即位歷兵部吏部侍郎秘書監太常卿卒年五十六贈吏部尚書岳文學之外通于典禮天成中奉詔撰新書儀一部文約而理當今行于世子溫叟仕至御史中丞案國老談苑云劉溫叟方正守道以名教爲己任幼孤事母以孝聞其母甚賢初爲翰林學士私庭拜母母即命二婢箱擎公服金帶置于階下謂溫叟曰此汝父長興中入翰林時所賜也自先君子棄背以來嘗懼家門替墜今汝能自致青雲繼父之職可喪之無愧矣因歔欷掩泣溫叟伏地號慟退就別寢素衣蔬食追慕數日然後服之士大夫以爲得禮

封舜卿案原本有闕文據新唐書宰相世系表封氏世居渤海蓨縣舜卿字贊聖父敖字碩夫戶部尚書渤海縣男唐書有傳仕梁爲禮部侍郎知貢舉開平三年奉使幽州以門生鄭致雍從行復命之日又與致雍同受命入翰林爲學士致雍有俊才舜卿雖有文辭才思拙澀及試五題不勝困弊因托致雍秉筆當時譏者以爲座主辱門生案以下有闕文莊宗同光已來累歷清顯封氏自太和已來世居兩制以文筆稱于時舜卿從子渭世系表渭字希叟昭宗遷洛時爲翰林學士舜卿爲中書舍人叔姪對掌內外制從子翹于梁貞明中亦爲翰林學士天成中爲給事中因轉對上言以星辰合度風雨應時請御前香一合帝親爇一炷餘令于塔廟中焚之貴表精至議者以翹時推名族出朝苑登瑣闥甚有嚴廊之望而忽有此請乃近諸妖佞耳物望由是減之案以下殘闕

竇夢徵同州人少苦心爲文登進士第歷校書郎自拾遺召入翰林充學士梁貞明中加兩浙錢鏐元帥之命夢徵以鏐無功于中原兵柄不宜虛授其言切直梁末帝以觸時機左授外任玉堂閒話竇以錢公無功于本朝僻在一方坐邀恩澤不稱是命乃抱麻哭于朝翌日竄謫掾于東州有頃復召爲學士及莊宗入汴夢徵以例貶沂州居常感梁末帝舊恩因爲祭故君文云嗚呼四海九州天迴睠命一女二夫人之不幸當革故以鼎新若金銷而火盛必然之理夫何足競云秉筆者皆許之尋量移宿州天成初還中書舍人復入爲翰林學士工部侍郎卒贈禮部尚書玉堂閒話竇失意被謫嘗鬱鬱不樂會夢有人謂曰君無自苦不久當復故職然將來慎勿爲丞相有是命當萬計避之其後竇復居禁職有頃還工部侍郎竇忽憶夢中所言深惡其事然已受命不能逃避未幾果卒夢徵臨計之秋文稱甚高尤長于牋啟編爲十卷目曰東堂集行于世

李保殷河南洛陽人也昭宗朝自處士除太子正字改錢塘縣尉浙東帥董昌辟爲推官調補河府兵曹參軍歷長水令毛詩博士累官至太常少卿端王傅入爲大理卿撰刑律總要十二卷與兵部侍郎郗殷象論刑法事左降房州司馬同光初授殿中監以其素有明法律之譽拜大理卿未滿秩屬爲人所制保殷曰人之多辟無自立辟乃謝病以歸卒于洛陽

歸藹字文彥吳郡人也曾祖登祖融父仁澤位皆至列曹尚書藹登進士第及昇朝遍歷三署案以下疑有闕文據舊唐書昭宗紀天祐元年七月宴于文思殿朱全忠入百官或坐于廊下全忠怒笞通引官何凝丙寅制金紫光祿大夫行御史中丞上柱國韓儀責授棣州司馬侍御史歸藹責授登州司戶坐百官傲全忠也同光初爲尚書右丞遷刑戶二部侍郎以太子賓客致仕卒年七十六

孔邈文宣王四十一代孫身長七尺餘神氣溫厚登進士第歷校書郎萬年尉充集賢校理爲諫議大夫以年老致仕案孔邈傳原本殘闕攷冊府元龜云乾寧五年登進士第除校書郎崔遠在中書奏爲萬年尉充集賢校理以親舅獨孤損方在廊廟避嫌不赴職

張文寶昭宗朝諫議大夫顗之子也文寶初依河中朱友謙爲從事莊宗即位于魏州以文寶知制誥歷中書舍人刑部侍郎左散騎常侍知貢舉遷吏部侍郎文寶性雅淡稽古長興初奉使浙中泛海船壞水工以小舟救文寶與副使吏部郎中張絢信風至淮南界僞吳楊溥禮待甚至兼厚遺錢幣食物文寶受其食物反其錢幣吳人善之送文寶等復至杭州宣國命還青州卒子吉嗣位邑宰

陳乂薊門人也少好學善屬文因避亂客于浮陽轉從于大梁梁將張漢傑延于私邸表授太子舍人莊宗平梁郭崇韜遙領常山召居賓榻崇韜從魏王繼岌伐蜀署爲招討判官崇韜死明宗即位隨任圜歸闕圜薦之于朝除膳部員外郎知制誥累遷中書舍人乂性陰僻寡與人合不爲當路所與尋移左散騎常侍由是忿以成疾踰月而卒乂敝有才術嘗自侍其能爲判官日人有造者乖帷深處罕見其面及居西掖而姿態愈倨位竟不至公卿蓋器度促狹者也然乂性孤執尤廉于財長興中嘗自舍人銜命冊晉國公主石氏于太原晉高祖善待之但訝其高岸人或有獻可于乂宜陳一謳頌以稱晉高祖之美可邀其厚賄耳乂曰人生貧富咸有定分未有持天子命違禮以求利既損國綱且虧士行乂今生所不爲也聞者嘉之晉高祖即位贈禮部尚書

劉贊魏州人也幼有文性父玭爲令錄誨以詩書夏月令服青襦單衫玭每肉食別置蔬食以飯贊謂之曰肉食君之祿也爾欲食肉當苦心文藝自可致之吾祿不可分也繇是贊及冠有文辭年三十餘登進士第魏州節度使羅紹威署巡官罷歸京師依開封尹劉鄩久之租庸使趙巖表爲巡官累遷至戶部員外郎職如故莊宗入汴租庸副使孔謙以贊里人表爲鹽鐵判官天成中歷知制誥中書舍人與學士竇夢徵同年登第鄰居友善夢徵卒贊與同年楊凝式緦麻爲位而哭其家無嫡長與視喪事恤其孀稚人士稱之改御史中丞刑部侍郎贊性雍和與物無忤居官畏慎人若以私干之雖權豪不能移其操未幾改秘書監兼秦王傅冊府元龜秦王爲元帥秦王府判官太子詹事王居敏與贊鄉曲之舊以秦王盛年自恣須朝中選端士納誨箴其稟畏乃奏薦焉贊節槩貞素忽聞其命掩泣固辭竟不能止通鑑贊自以左遷泣訴不得免胡三省注云唐制六部侍郎除吏部外餘皆從四品下王傅從三品然六部侍郎爲清用王傅爲左遷以職事有閒劇之不同也當是時從榮地居儲副則秦王傅不可以閒官言蓋以從榮輕佻峻急贊懼豫其禍故求脫耳時秦王參佐皆新進小生動多輕脫每稱頌秦王功德阿意順旨祇奉談笑惟贊從容諷議必獻嘉言秦王常接見賓寮及遊客于酒筵之中悉令秉筆賦詩冊府元龜時從榮溺于篇章凡門客及通謁遊士必坐于客次自出題目令賦一章然後接見贊爲師傅亦與諸客混然容狀不悅秦王知其意自是戒典客贊至勿通令每月一度至衙言行龜鑑載劉贊諫秦王曰殿下宜以孝敬爲職浮華非所尚也秦王不悅戒閽者後弗引進贊既官係王府不敢朝參不通慶弔但閉關喑嗚而已及秦王得罪或言贊止于朝降而已服麻衣備驢乘在門矣聞其言曰豈有國君之嗣一旦舉室塗地而賓佐朝降得免死幸也俄而臺史示敕長流嵐州即時赴貶所在嵐州踰年清泰二年春詔歸田里妻紇干氏塗中卒贊比羸瘠慟哭殆絕因之亦病行及石會關而卒時年六十餘

史臣曰自唐祚橫流衣冠掃地苟無端士孰恢素風如廷珪之文學崔沂之剛正劉岳之典禮舜卿之掌誥洎夢徵而下皆蔚有貞規無虧懿範固可以爲縉紳之圭表聳朝廷之羽儀以之垂名夫何不遐

舊五代史卷六十八攷證

唐列傳二十劉岳傳奉詔撰新書儀一部文約而理當

案歐陽史謂其事出鄙俚兩史褒貶微有異同

張文寶傳信風至淮南界　案通鑑作風飄至天長

陳乂傳除膳部員外郎知制誥累遷中書舍人　案通鑑作閏月以膳部郎中知制誥陳乂爲給事中充樞密直學士與此傳互有詳略

劉贊傳　案通鑑作劉瓚

舊五代史卷六十九

宋門下侍郎參知政事監修國史薛居正等撰

唐書第四十五

列傳二十一

張憲字允中晉陽人世以軍功爲牙校憲始童丱喜儒學勵志橫經不捨晝夜太原地雄邊服人多尚武恥于學業惟憲與里人藥縱之精力遊學弱冠盡通諸經尤精左傳嘗袖行所業謁判官李襲吉一見欣歎既辭謂憲曰子勉之將來必成佳器石州刺史楊守業喜聚書以家書示之聞見日博莊宗爲行軍司馬廣延髦俊素知憲名令朱守殷齎書幣延之歲餘釋褐交城令秩滿莊宗嗣世補太原府司錄參軍時霸府初開幕客馬郁王緘燕中名士晝與之遊十二年莊宗平河朔念藩邸之舊徵赴行臺十三年授監察賜緋署魏博推官自是恒簪筆扈從十五年王師戰胡柳周德威不利憲與同列奔馬北渡梁軍急追殆將不濟及晚渡河人皆陷水而沒憲與從子朗履冰而行將及岸冰陷朗泣以馬箠引之憲曰吾兒去矣勿使俱陷朗曰忍季父如此俱死無恨朗僅伏引箠憲躍身而出是夜莊宗令于軍中求憲或曰與王緘俱歿矣莊宗垂涕求尸數日聞其免也遣使慰勞改掌書記水部郎中賜金紫歷魏博觀察判官從討張文禮鎮州平授魏博鎮冀十郡觀察判官改考功郎中兼御史中丞權鎮州留事莊宗即位詔還魏都授尚書工部侍郎充租庸使八月改刑部侍郎判吏部銓兼太清宮副使莊宗遷洛陽以憲檢校吏部尚書興唐尹東京副留守知留守事憲學識優深尤精吏道剖析聽斷人不敢欺三年春車駕幸鄴時易定王都來朝宴于行宮將擊鞠初莊宗行即位之禮卜鞠場吉因築壇于其間至是詔毀之憲奏曰即位壇是陛下祭接天神受命之所自風煬雨溝之外不可輒毀亦不可修魏繁陽之壇漢汜水之墠到今猶有光象存而不毀古之道也即命治之于宮西數日未成會憲以公事獲譴閽門待罪上怒戒有司速治行宮之庭礙事者畢去竟毀即位壇憲私謂郭崇韜曰不祥之甚忽其本也秋崇韜將兵征蜀以手書告憲曰允中避事久矣余受命西征已奏還公黃閣憲報曰庖人之代尸祝所謂非吾事也時樞密承旨段徊當權任事以憲從龍舊望不欲憲在朝廷會孟知祥鎮蜀川選北京留守徊揚言曰北門國家根本非重德不可輕授今之取才非憲不可適時者因附徊勢巧中傷之又曰憲有相業然國祚中興宰相在天子面前得失可以改作一方之事制在一人惟北面事重十一月授憲銀青光祿大夫檢校吏部尚書太原尹北京留守知府事四年二月趙在禮入魏州時憲家屬在魏關東俶擾在禮善待其家遣人齎書至太原誘憲憲斬其使書不發函而奏既而明宗爲兵衆所劫諸軍離散地遠不知事實或謂憲曰蜀軍未至洛陽窘急總管又失兵權制在諸軍之手又聞河朔推戴事若實然或可濟否憲曰治亂之機間不容髮以愚所斷事未可知愚聞藥縱之言總管德量仁厚素得士心餘勿多言志此而已四月五日李存渥自洛陽至口傳莊宗命並無書詔惟聞天子授以隻箭傳之爲信衆心惑之時事莫測左右獻畫曰存渥所乘馬已戢其飾復召人謀事必行陰禍因欲據城寧我負人宜早爲之所但戮呂鄭二宦且繫存渥徐觀其變事萬全矣憲良久曰吾本書生無軍功而致身及此一旦自布衣而紆金紫向來仕宦非出他門此畫非吾心也事苟不濟以身徇義東都事略張昭傳昭勸憲奉表明宗以勸進憲曰吾書生也天子委以保釐之任吾豈苟生者乎昭曰此古之大節公能行之忠臣也憲既死論者以昭能成憲之節翌日符彥超誅呂鄭軍城大亂燔剽達曙憲初聞有變出奔沂州既而有司糾其委城之罪四月二十四日賜死于晉陽之千佛院幼子凝隨父走亦爲收者加害明宗郊禮大赦有司請昭雪從之憲沈靜寡欲喜聚圖書家書五千卷視事之餘手自刊校善彈琴不飲酒賓僚宴語但論文嘯咏而已士友重之憲長子守素仕晉位至尚書

王正言鄆州人父志濟陰令正言早孤貧從沙門學工詩密州刺史賀德倫令歸俗署郡職德倫鎮青州表爲推官移鎮魏州改觀察判官莊宗平定魏博正言仍舊職任小心端慎與物無競嘗爲同職司空頲所凌正言降心下之頲誅代爲節度判官同光初守戶部尚書興唐尹時孔謙爲租庸副使常畏張憲挺特不欲其領使乃白郭崇韜留憲于魏州請宰相豆盧革判租庸未幾復以盧質代之孔謙白云錢穀重務宰相事多簿籍留滯又云盧質判二日使借官錢皆不可任意謂崇韜必令已代其任時物議未允而止謙沮喪久之李紹宏曰邦計國本時號怨府非張憲不稱即日徵之孔謙段徊白崇韜曰邦計雖重在侍中眼前但得一人爲使即可魏博六州戶口天下之半王正言操守有餘智力不足若朝廷任使庶幾與人共事若專制方隅未見其可張憲才器兼濟宜以委之崇韜即奏憲留守魏州徵王正言爲租庸使正言在職主諾而已權柄出于孔謙正言不耐繁浩簿領縱橫觸事遺忘物論以爲不可即以孔謙代之正言守禮部尚書三年冬代張憲爲興唐尹留守鄴都時武德使史彥瓊監守鄴都廩帑出納兵馬制置皆出彥瓊將佐官吏頤指氣使正言不能以道御之但趑趄聽命至貝州戍兵亂入魏州彥瓊望風敗走亂兵剽劫坊市正言促召書吏寫奏章家人曰賊已殺人縱火都城已陷何奏之有是日正言引諸僚佐謁趙在禮通鑑正言索馬不能得乃帥僚佐步出府門謁在禮望塵再拜請罪在禮曰尚書重德勿自卑屈余受國恩與尚書共事但思歸之衆倉卒見迫耳因拜正言厚加慰撫明宗即位正言求爲平盧軍行軍司馬因以授之竟卒于任

胡裝禮部尚書曾之孫汴將楊師厚之鎮魏州裝與副使李嗣業有舊因往依之薦授鄉令及張彥之亂嗣業遇害裝羈旅客于魏州莊宗初至裝謁見求假官司空頲以其居官貪濁不得調者久之十三年莊宗還太原裝候于離亭謁者不內乃排闥而入曰臣本朝公卿子孫從兵至此殿下比襲唐祚勤求英俊以壯霸圖臣雖不才比于進九九納豎刁頭須亦所庶幾而羈旅累年執事者不垂顧錄臣不能赴海觸樹走胡適越今日歸死于殿下也莊宗愕然曰孤未之知何至如是賜酒食慰遣之謂郭崇韜曰便與擬議是歲署館驛巡官未幾授監察御史裏行遷節度巡官賜緋魚袋尋歷推官檢校員外郎裝學書無師法工詩非作者僻于題壁所至宮亭寺觀必書爵里人或譏之不以爲愧時四鎮幕賓皆金紫裝獨恥銀艾十七年莊宗自魏州之德勝與賓僚城樓餞別既而羣僚離席裝獨留獻詩三篇意在章服莊宗舉大鍾屬裝曰員外能酹此乎裝飲酒素少略無難色爲之一舉而釂莊宗即解紫袍賜之同光初以裝爲給事中從幸洛陽時連年大水百官多窘裝求爲襄州副使四年洛陽變擾節度使劉訓以私忿族裝誣奏云裝欲謀亂人士寃之

崔貽孫新唐書宰相世系表貽孫字伯垂祖元亮左散騎常侍世系表元亮字寧孫虢州刺史父芻言潞州判官貽孫以門族登進士第以監察升朝歷清資美職及爲省郎于江南迴以橐裝營別墅于漢上之穀城退居自奉清江之上綠竹遍野狹徑深密維舟曲岸人莫造焉時人甚高之及李振貶均州貽孫曲奉之振入朝貽孫累遷丞郎同光初除吏部侍郎銓選疎謬貶官塞地馳驛至潞州致書于府帥孔勍曰十五年穀城山裏自謂逸人二千里沙塞途中今爲逐客勍以其年八十奏留府下明年量移澤州司馬遇赦還京宰相鄭珏以姻戚之分復擬吏部侍郎天官任重昏耄罔知復遷禮部尚書致仕而卒北夢瑣言崔貽孫年過八十求進不休囊橐之資素有貯積性好干人喜得小惠有子三人自貽孫左降之後各于舊業爭分其利甘旨醫藥莫有奉者貽孫以書責之云生有明君宰相死有天曹地府吾雖考終豈放汝耶

孟鵠魏州人莊宗初定魏博選幹吏以計兵賦以鵠爲度支孔目官明宗時爲邢洺節度使每曲意承迎明宗甚德之及孔謙專典軍賦徵督苛急明宗嘗切齒及即位鵠自租庸勾官擢爲客省副使樞密承旨遷三司副使出爲相州刺史會范延光再遷樞密乃徵鵠爲三司使初鵠有計畫之能及專掌邦賦操割依違名譽頓減朞年發疾求外任仍授許州節度使謝恩退帝目送之顧謂侍臣曰孟鵠掌三司幾年得至方鎮范延光奏曰鵠于同光世已爲三司勾官天成初爲三司副使出刺相州入判三司又二年帝曰鵠以幹事遽至方鎮爭不勉旃鵠與延光俱魏人厚相結託暨延光掌樞務援引判三司又致節鉞明宗知之故以此言譏之到任未周歲卒贈太傅

孫岳冀州人也强幹有才用歷府衛右職天成中爲潁耀二州刺史閬州團練使所至稱治遷鳳州節度使受代歸京秦王從榮欲以岳爲元帥府都押衙事未行馮贇舉爲三司使時豫密謀朱馮患從榮之恣橫岳嘗極言其禍之端康義誠聞之不悅及從榮敗義誠召岳同至河南府檢閱府藏時紛擾未定義誠密遣騎士射之岳走至通利坊爲騎士所害識與不識皆痛之子璉歷諸衛將軍藩閫節度副使

張延朗汴州開封人也事梁以租庸吏爲鄆州糧料使明宗克鄆州得延朗復以爲糧料使後徙鎮宣武成德以爲元從孔目官長興元年始置三司使拜延朗特進

工部尚書充諸道鹽鐵轉運等使兼判戶部度支事詔以延朗充三司使末帝卽位授禮部尚書兼中書侍郎平章事判三司延朗再上表辭曰臣濫承雨露擢處鈞衡兼叨選部之銜仍掌計司之重況中省文章之地洪鑪陶鑄之門臣自揣量何以當處是以繼陳章表疊貢情誠乞請睿恩免貽朝論豈謂御批累降聖旨不移決以此官委臣非器所以強收涕泗勉遏征忪重思事上之門細料盡忠之路竊以位高則危至寵極則謗生君臣莫保于初終分義難防于毀譽臣若保茲重任忘彼至公徇情而以免是非偷安而以固富貴則內欺心腑外負聖朝何以報君父之大恩望子孫之延慶臣若但行王道惟守國章任人必取當才決事須依正理確違形勢堅塞倖門則可以振舉宏綱彌縫大化助陛下含容之澤彰國家至理之風然而讒邪者必起僞詞憎嫉者寧無謗議或慮至尊未悉羣謗難明不更拔本尋源便俟甘瑕受玷臣心可忍臣恥可消只恐山林草澤之人稱量聖制冠履軒裳之士輕慢朝廷臣又以國計一司掌其經費利權二務職在据收將欲養四海之貧民無過薄賦贍六軍之勁士又藉豐儲利害相隨取與難酌若使罄山採木竭澤求魚則地官之教化不行國本之傷殘益甚取怨黔首是贖皇風況諸道所徵賦租雖多數額時逢水旱或遇蟲霜其間則有減無添所在又申逃係欠乃至軍儲官俸常汲汲于供須夏稅秋租每懸懸于繼續況今內外倉庫多是罄空遠近生民或闕饑歉伏惟朝廷尚添軍額更益師徒非時之博糴難爲異日之區分轉大縮虛年支有闕國計可憂望陛下節例外之破除放諸項以儉省不添冗食且止新兵務急去繁以寬經費減奢從儉漸俟豐盈則屈者知恩叛者從化弭兵有日富俗可期臣又聞治民尚淸爲政務易易則煩苛並去淸則偏黨無施若擇其良牧委任正人則境內蒸黎必獲蘇息官中倉庫亦絕侵欺伏望誠見在之處官無乖無俗擇將來之涖事更審求賢儻一一得人則農無所苦人人致理則國復何憂但奉公善政者不惜重酬昧理無功者勿頒厚俸益彰有道兼絕徇情伏望陛下念臣布露之前言閔臣驚憂于後患察臣愚直杜彼讒邪臣卽但副天心不防人口庶幾萬一仰答聖明末帝優詔答之召于便殿謂之曰卿所論奏深中時病形之切言頗求朕失國計事重日得商量無勞過慮也延朗不得已而承命延朗有心計善理繁劇晉高祖在太原朝廷猜忌不欲令有積聚係官財貨留使之外延朗悉遣取之晉高祖深銜其事及晉陽起兵末帝議親征然亦采浮論不能果決延朗獨排衆議請末帝北行識者韙之晉高祖入洛送臺獄以誅之其後以選求計使難得其人甚追悔焉

劉延皓應州渾元人祖建立父茂成皆以軍功推爲邊將延皓卽劉后之弟也末帝鎭鳳翔署延皓元隨都校奏加檢校戶部尚書清泰元年除宮苑使加檢校司空俄改宣徽南院使檢校司徒二年遷樞密使太保出爲鄴都留守檢校太傅延皓御軍失政爲屯將張令昭所逐出奔相州尋詔停所任及晉高祖入洛延皓逃匿龍門廣化寺數日自經而死延皓始以后戚自藩邸出入左右甚以溫厚見稱故末帝嗣位之後委居近密及出鎭大名而所執一變掠人財賄納人園澤聚歌僮爲長夜之飲而三軍所給不時內外怨之因爲令昭所逐時執政以延皓失守請舉舊章末帝以劉后內政之故止從罷免而已由是清泰之政敝矣

劉延朗宋州虞城人也末帝鎭河中時爲鄆城馬步都虞候後納爲腹心及鎭鳳翔署爲孔目吏末帝將圖起義爲捍禦之備延朗計公私粟帛以贍其急及西師納降末帝赴洛皆無所闕焉末帝甚賞之清泰初除宣徽北院使俄以劉延皓守鄴改副樞密使累官至檢校太傅時房暠爲樞密使但高枕閒眠啟奏除授一歸延朗由是得志凡藩侯郡牧自外人者必先賂延朗後議進貢賂厚者先居內地賂薄者晚出邊藩故諸將屢有怨讟末帝不能察之及晉高祖入洛延朗將竄于南山與從者數輩過其私第指而歎曰我有錢三十萬貫聚于此不知爲何人所得其愚暗如此尋捕而殺之

舊五代史卷六十九攷證

唐列傳二十一張憲傳上怒戒有司速治行宮之庭礙事者畢去竟毀卽位壇　案歐陽史作場未成莊宗怒命兩虞候亟毀壇以爲場與是書異通鑑從歐陽史

李存渥自洛陽至　案存渥歐陽史作承王存霸攷唐家人傳存渥與劉皇后同奔至風谷爲部下所殺是存渥未至太原其至太原者存霸也是傳作存渥疑誤

孟鵠傳鵠自租庸勾官擢爲客省副使　租庸勾官北夢瑣言作三司勾押官

劉延皓傳父茂成　案歐陽史作茂威

延皓卽劉后之弟也　案通鑑攷異引廢帝實錄以延皓爲劉后之姪與是書異歐陽史通鑑俱從是書

出爲鄴都留守　案歐陽史作天雄軍節度使

劉延朗傳清泰初除宣徽北院使　案歐陽史廢帝旣立以延朗爲莊宅使

舊五代史卷七十

宋門下侍郎參知政事監修國史薛居正等撰

唐書第四十六

列傳二十二

元行欽本幽州劉守光之愛將守光之篡父位也令行欽攻大恩山又令殺諸兄弟天祐九年周德威攻圍幽州守光困蹙令行欽于山北募兵以應契丹時明宗爲將攻行欽于山北與之接戰矢及明宗馬鞍旣而以勢迫來降明宗憐其有勇奏隸爲假子後因從征討恩禮特隆常臨敵擒生必有所獲名聞軍中莊宗東定趙魏選驍健置之麾下因索行欽明宗不得已而遣之時有散指揮都頭名爲散員命行欽爲都部署賜姓名紹榮莊宗好戰勇于大敵或臨陣有急兵行欽必橫身解鬭翼衛之莊宗之營于德勝也與汴軍戰于潘張王師不利諸軍奔亂莊宗得三四騎而旋中野爲汴軍數百騎攢矟攻之事將不測行欽識其幟急馳一騎奮劍斷二矛斬一級汴軍乃解圍翼莊宗還宮莊宗因流涕言曰富貴與卿共之自是寵冠諸將官至檢校太傅忻州刺史及莊宗平梁授武寧軍節度使嘗因內宴羣臣使相預會行欽官爲保傅當地褥下坐酒酣樂作莊宗叙生平戰陣之事因左右顧視曰紹榮安在所司奏云有勑使相預會紹榮散官殿上無位莊宗徹會不懌翌日以行欽爲同平章事由是不宴百官于內殿但宴武臣而已三年行欽喪婦莊宗有所愛宮人生皇子者劉皇后心忌之會行欽入侍莊宗勞之曰紹榮喪婦復娶耶吾給爾婚財皇后指所忌宮人謂莊宗曰皇帝憐紹榮可使爲婦莊宗難違所請微許之皇后卽命紹榮謝之未退肩輿已出莊宗心不懌佯不豫者累日業已遣去無如之何及貝州軍亂趙在禮入魏州莊宗方擇將皇后曰小事不勞大將促紹榮指揮可也乃以行欽爲鄴都行營招撫使領騎二千進討洎至鄴城攻之不能下退保于澶州未幾諸道之師稍集復進軍于鄴城之南及明宗爲帥領軍至鄴行欽來謁于軍中拜起之際誤呼萬歲者再明宗驚駭遽之方止旣而明宗營于城西行欽營于城南三月八日夜明宗爲亂軍所迫惟行欽之軍不動披甲以自固明宗密令張虔釗至行欽營戒之曰且堅壁勿動計會同殺亂軍莫錯疑誤行欽不聽將步騎萬人棄甲而退自知失策且保衞州因誣奏明宗曰鎭師已入賊軍終不爲國使明宗旣刼出鄴城令八走馬上章申理其事言臣且于近郡聽進止莊宗覽奏釋然曰吾知紹榮妄矣因令白從訓與明宗子繼璟至軍前欲令見明宗行欽縶繼璟于路明宗凡奏軍機拘留不達故旬日之間音驛斷絕及莊宗出成皐知明宗在黎陽復令繼璟渡河召明宗行欽卽殺之仍勸班師四月一日莊宗旣崩行欽引皇后存渥得七百騎出師子門將之河中就存霸沿路部下解散從者數騎而已四日至平陸縣界爲百姓所擒縣令裴進折其足檻車以獻明宗卽位詔削奪行欽在位官爵斬于洛陽

夏魯奇字邦傑青州人也初事宣武軍爲軍校與主將不協遂歸于莊宗以爲護衛指揮使從周德威攻幽州燕將有單廷珪元行欽時稱驍勇魯奇與之鬬兩不能解將士告釋兵縱觀幽州平魯奇功居多梁將劉鄩在洹水莊宗深入致師鄩設伏于魏縣西南葭蘆中莊宗不滿千騎汴人伏兵萬餘大譟而起圍莊宗數重魯奇與王門關烏德兒等奮命決戰自午至申俄而李存審兵至方解魯奇持槍攜劍獨衞莊宗手殺百餘人烏德兒等被擒魯奇傷痍徧體自是莊宗尤憐之歷磁州刺史中都之戰汴人大敗魯奇見王彥章識之單馬追及槍擬其頸彥章顧曰爾非余故人乎卽擒之以獻莊宗壯之賞絹千匹 九國志趙庭隱傳王彥章守中都庭隱在其軍中及彥章敗庭隱爲莊宗所獲將以就戮大將夏魯奇奏曰此壯也其材可用遂釋之 梁平授鄭州防禦使四年授河陽節度使天成初移鎭許州加同平章事魯奇姓忠義尤通吏道撫民有術及移鎭許田孟州之民萬衆遮道斷鞦臥轍五日不發父老詣闕請留明宗令中使諭之方得離州明宗討荆南魯奇爲副招討使頃之移鎭遂州 九國志李仁罕傳魯奇稟朝廷之命繕治甲兵將圖蜀孟知祥與董璋謀先取魯奇命仁罕攻遂州 董璋之叛與孟知祥攻遂州援路斷絕兵盡食窮 九國志李肇傳蜀師圍夏魯奇于遂州唐師來援劍門不守肇領兵赴普安以拒之唐師不得進 魯奇自刎而卒時年四十九帝聞其死也慟哭之厚給其家贈太師齊國公

姚洪本梁之小校也在梁時嘗事董璋長興初率兵千人戍閬州璋叛領衆攻閬州璋密令人誘洪洪以大義拒之及璋攻城洪悉力拒守者三日禦備既竭城陷被擒璋謂洪曰爾頃爲健兒由吾獎拔至此吾書誘諭投之于側何相負耶洪大罵曰老賊爾爲天子鎮帥何苦反耶爾既孤恩背主吾與爾何恩而云相負爾爲李七郎奴掃馬糞得一臠殘炙感恩無盡今明天子付與茅土貴爲諸侯而驅徒結黨圖爲反噬爾本奴才則無恥吾忠義之士不忍爲也吾可爲天子死不能與人奴苟生璋怒令軍士十人持刀封割其膚燃鑊于前自取啗食洪至死大罵不已明宗聞之泣下置洪二子于近衛給賜甚厚

李嚴幽州人本名讓坤初仕燕爲刺史涉獵書傳便弓馬有口辯多遊藝以功名自許同光中爲客省使奉使于蜀及與王衍相見陳使者之禮因于笏記中具述莊宗興復之功其警句云纔過汶水縛王彥章于馬前旋及夷門斬朱友貞于樓上嚴復聲韻淸亮蜀人聞之愕然時蜀僞樞密使宋光嗣召嚴曲宴因以近事訊于嚴嚴對曰吾皇前年四月卽位于鄴宮當月下鄆州十月四日親統萬騎破賊中都乘勝鼓前遂誅汴孽僞梁尚有兵三十萬謀臣猛將解甲倒戈西盡甘涼東漸海外南踰閩浙北極幽陵牧伯侯王稱藩不暇家財入貢府實上供吳國本朝舊臣岐下先皇元老遣子入侍述職稱藩淮海之君卑辭厚貢湖湘荆楚杭越甌閩異貨奇珍府無虛月吾皇以德懷來以威款附順則涵之以恩澤逆則問之以干戈四海車書大同非晚光嗣曰余所未知惟岐下宋公我之姻好洞見其心反覆多端專謀跋扈大不足信也似聞契丹部族近日稍强大國可無慮乎嚴曰子言契丹之强盛孰若僞梁曰比梁差劣也嚴曰吾國視契丹如蚤蝨耳以其無害不足爬搔吾良將勁兵布天下彼不勞一郡之兵一校之衆則懸首槀街盡爲奴擄但以天生四夷當置度外不在九州之本末欲窮兵黷武也光嗣聞辯對畏而奇之時王衍失政嚴知其可取使還具奏故平蜀之謀始于嚴郭崇韜起軍之日以嚴爲三川招撫使嚴與先鋒使康延孝將兵五千先驅閣道或馳以詞說或威以兵鋒大軍未及所在降下延孝在漢州王衍與書曰可請李司空先來余卽舉城納款衆咸以討蜀之謀始于嚴衍以甘言將誘而殺之欲不令往嚴聞之喜卽馳騎入益州衍見嚴于母前以母妻爲託卽日引蜀使歐陽彬迎謁魏王繼岌蜀平班師會明宗卽位遷泗州防禦使兼客省使長興初安重誨謀欲控制兩川嚴乃求爲西川兵馬都監庶効方略孟知祥覺之旣至孰而害之九國志王彥鎔傳李嚴之爲監軍也密懷異謀知祥數其過命彥鎔擒斬之嚴之左右無敢動者贈太保嚴之母賢明婦人初嚴將赴蜀母曰汝前啟破蜀之謀今又入蜀將死報蜀人矣與汝永訣旣而果如其言

李仁矩本明宗在藩鎮時客將也明宗卽位錄其趨走之勞擢居內職復爲安重誨所庇故數年之間遷爲客省使左衛大將軍天成中因奉使東川董璋張筵以召之仁矩貪于館舍與娼妓酣飲日旣中而不至大爲璋所詬辱自是深銜之長興初璋旣跋扈于東川重誨奏以仁矩爲閬州節度使俾伺璋之反狀時物議以爲不及仁矩至鎮偵璋所爲曲形奏報地里遐僻朝廷莫知事實激成璋之逆節由仁矩也長興元年冬十月璋自率兇黨以攻其城仁矩召軍校謀守戰利害皆曰璋久圖反計以賂誘士心凶氣方盛未可與戰宜堅壁以守之儻旬浹之間大軍東至卽賊必退仁矩曰蜀兵懦安能當我精甲卽驅之出戰兵未交爲賊所敗旣而城陷仁矩被擒舉族爲璋所害

康思立晉陽人也少善騎射事武皇爲爪牙署河東親騎軍使莊宗嗣位從解圍于上黨敗梁人于柏鄉及平薊兵後戰于河上皆有功累承制加檢校戶部尚書右突騎指揮使莊宗卽位繼改軍帥賜忠勇拱衛功臣加檢校尚書右僕射天成元年授應州刺史尋移嵐州充北面諸蕃部族都監三年遷宿州團練使四年領昭武軍節度利巴集等州觀察處置等使改賜耀忠保節功臣長興初朝廷舉兵討東川董璋詔監西面行營軍馬都指揮使二年移鎮陝州通鑑潞王至靈寶思立謀固守陝城以俟康義誠先是捧聖五百騎戍陝爲潞王前鋒至城下呼城上人曰禁軍十萬已奉新帝爾輩數人奚爲徒累一城人塗地耳于是捧聖卒爭出迎思立不能禁不得已亦出迎清泰初改授邢臺累官至檢校太傅封會稽郡開國侯二年入爲右神武統軍三年充北面行營馬軍都指揮使是歲閏十一月卒于軍年六十三思立本出陰山諸部性純厚善撫將士明宗素重之故卽位之始以應州所生之地授焉其後歷三郡三鎮皆得百姓之譽末帝以其年高徵居環衛及出幸懷州以北師不利乃命思立統駕下騎車赴團柏谷以益軍勢俄而楊光遠以大軍降于太原思立因憤激疾作而卒焉晉高祖卽位追其宿舊爲輟朝一日贈太子少師

張敬達字志通代州人小字生鐵父審素有勇事武皇爲列校歷厲直軍使同光初卒于軍敬達少以騎射著名莊宗知之召令繼父職平河南有功繼加檢校工部尚書明宗卽位歷捧聖指揮使檢校尚書左僕射長興中改河東馬步軍都指揮使超授檢校司徒領欽州刺史三年加檢校太保應州節度使四年遷雲州時以契丹率族帳自黑榆林至云借漢界水草敬達每聚兵塞下以遏其衝契丹竟不敢南牧邊人賴之淸泰中自彭門移鎮平陽加檢校太傅從石敬瑭爲北面兵馬副總管仍屯兵鴈門未幾晉高祖建義末帝詔以敬達爲北面行營都招討使仍使悉引部下兵圍太原以定州節度使楊光遠副焉尋統兵三萬營于晉安鄉末帝自六月繼有詔促令攻取敬達設長城連柵雲梯飛礮使工者運其巧思窮土木之力時督事者每有所構則暴風大雨平地水深數尺而城柵崩墮竟不能合其圍九月契丹至敬達大敗尋爲所圍晉高祖及蕃衆自晉安寨南門外長百餘里濶五十里布以氊帳用毛索掛鈴而部伍多畜犬以備警急營中嘗有夜遁者出則犬吠鈴動跬步不能行焉自是敬達與麾下部曲五萬人馬萬匹無由四奔但見穹廬如岡阜相屬諸軍相顧失色始則削木篩糞以飼其馬日望朝廷救軍及漸羸死則與將士分食之馬盡食殫副將楊光遠次將安審琦知不濟勸敬達宜早降以求自安敬達曰吾受恩于明宗位歷方鎮主上授我大柄而失律如此已有愧于心也今救軍在近旦暮雪恥有期諸君何相迫耶待勢窮則請殺吾攜首以降亦未爲晚光遠審琦知敬達意未決恐坐成魚肉遂斬敬達以降契丹國志楊光遠謀害張敬達諸將高行周陰爲之備敬達疎于防禦推遠行周等淸晨光遠上謁見敬達左右無人遂殺之末帝聞其歿也愴慟久之契丹主告其部曲及漢之降者曰爲臣當如此人令部人收葬之晉高祖卽位後所有田宅咸賜其妻子焉時議者以敬達嘗事數帝亟立軍功及領藩郡不聞其濫繼屯守塞垣復能撫下而臨難固執不求苟免乃近代之忠臣也晉有天下不能追懋官封賞其事蹟非激忠之道也

舊五代史卷七十攷證

唐列傳二十二元行欽傳令行欽攻大恩山　大恩山歐陽史作大安山攷通鑑注引薛史亦作大恩

縣令裴進折其足　案歐陽史作虢州刺史石潭折其兩足

李嚴傳以嚴爲三州招撫使　歐陽史作招討使

卽馳騎入益州　案歐陽史亦與是書同吳縝纂誤云成都自唐末歷五代不復謂之益州況此正古蜀郡成都之地而古益州實不在此

康思立傳贈太子少師　少師歐陽史作少傳

舊五代史卷七十一

宋門下侍郎參知政事監修國史薛居正等撰

唐書第四十七

列傳二十三

馬郁其先范陽人郁少警悟有俊才智數言辯縱橫下筆成文乾寧末爲府刀筆小吏李匡威爲王鎔所殺鎔書報其弟匡儔匡儔遣使于鎔問謀亂本末幕客爲書多不如旨郁時直記室卽起草爲之條列事狀云可疑者十詞理俊贍以此知名嘗聘王鎔于鎮州官妓有轉轉者美麗善歌舞因宴席郁累挑之幕客張澤亦以文章名謂郁曰子能座中成賦可以此妓奉酬郁抽筆操紙卽時成賦擁妓而去郁在武皇幕累官至檢校司空祕書監武皇與莊宗禮遇俱厚歲時給賜優異監軍張承業本朝舊人權貴任事人士脅肩低首候之郁以滑稽侮狎其往如歸有時直造卧內每賓僚宴集承業出珍果陳列于前食之必盡承業私戒主膳者曰他日馬監至唯以乾藕子置前而已郁至窺其不可啖異日輦中出一鐵檛碎而食之承業大笑曰爲公設異饌勿敗余食案其俊率如此郁在莊宗幕寄寓他土年老思鄉每對莊宗欷歔言家在范陽乞骸歸國以葬舊山莊宗謂之曰自卿去國已來同舍孰在守光尚不能容父能容卿乎孤不惜卿行但卿不得死爾郁旣無歸路專懷嗚悒竟卒于太原

司空頲貝州人唐僖宗時舉進士不中屬天子播遷三輔大亂乃還鄉里羅紹威爲節度副大使頲以所業干之幕客公乘億爲延譽羅宏信署爲府參軍辟館驛巡官張彥之亂命判官王正言草奏正言素不能文不能下筆彥怒詬曰鈍漢乃辱我推之下榻問孰可草奏者有言頲羅王時書記乃馳騎召之頲揮筆成文詆斥衆君臣彥甚喜以爲判官及張彥復爲賀德倫降于唐

倫遺頸先奉狀（北夢瑣言載其狀詞云屈原哀郢本非怨望之人樂毅歸燕且異傾邪之行）莊宗乃以頸爲判官後以頸權軍府事頸有姪在梁遣家奴以書召之郡虞候張裕擒其家奴以謂通于梁遂見殺（通鑑晉王責頸曰自吾得魏博庶事悉以委公公何得見欺如是獨不可先相示耶命歸第是日族誅于軍門）

曹廷隱魏州人也爲本州典謁虞候賀德倫使西迎莊宗于晉陽莊宗既得鄴城擢爲馬步都虞候以其稱職自是遷拜日隆天成初除齊州防禦使下車嚴整頗有清白之譽時有孔目吏范弼者爲人剛愎視廷隱蔑如也弼監軍廩竊空乏以取貨又私貨官鹽廷隱按之遂奏其事弼家人訴于執政並下御史府劾之弼雖伏法廷隱以所奏不實亦流永州續勅賜自盡時人寃之

蕭希甫宋州人也少舉進士爲梁開封尹袁象先書記象先爲青州節度使以希甫爲巡官希甫不樂乃棄其母妻變姓名亡之鎭州自稱青州掌書記進謁王鎔鎔以希甫爲參軍尤不樂居歲餘又亡之易州削髮爲僧居百丈山莊宗將建國置百官李紹宏薦爲魏州推官同光初有詔定內宴儀問希甫樞密使得坐否希甫以爲不可樞密使張居翰聞之怒謂希甫曰老夫歷事三朝天子見內宴數百子本田舍兒安知宮禁事希甫不能對初莊宗欲以希甫知制誥宰相豆盧革等附居翰共排斥之以爲駕部郎中希甫失志尤怏怏莊宗滅梁室遣希甫宣慰青齊希甫始知其母已死妻袁氏亦改嫁希甫乃發哀服喪居于魏州人有引漢李陵書以譏之曰老母終堂生妻去室天成初欲召爲諫議豆盧革韋說沮之明宗卒以希甫爲諫議大夫復爲匭函使其後革說爲安重誨所惡希甫希旨誣奏革縱田客殺人而說與鄰人爭井井有寶貨有司推勘井中惟破釜而已革說卒皆貶死希甫拜左散騎常侍躁進尤甚引告變人李筠夜扣內門通變書云修隄兵士欲取郊天日舉火爲叛安重誨不信之斬告變者軍人訴屈請希甫啖之既而詔曰左散騎常侍集賢殿學士判院事蕭希甫身處班行職非警察輒引兇狂之輩上陳誣罔之詞逼近郊禋扇搖軍衆李筠既當誅戮希甫寧免謫遷可貶嵐州司戶參軍仍馳驛發遣長興中卒于貶所子士明仕周終于邑宰

藥縱之太原人少爲儒明宗刺代州署爲軍事衙推從明宗鎭邢州爲掌書記歷太平宣武兩鎭節度副使明宗鎭常山被病不從及即位縱之見于洛邑安重誨怒其覲望久無所授明宗曰德勝用兵時縱之飢寒相伴不離我左右今有天下何人不富貴何爲獨棄縱之決旬授磁州刺史歲餘自戶部侍郎遷吏部侍郎銓總之法懵然莫知長興初爲曹州刺史淸泰元年九月以疾受代而卒

賈馥故鎭州節度使王鎔判官也家聚書三千卷手自刊校張文禮殺王鎔時莊宗未即尊位文禮遣馥至鄴都勸進因留鄴下棲遲鄴舍莊宗即位授鴻臚少卿後以鴻臚卿致仕復歸鎭州結茅于別墅自課兒孫耕牧爲事馥初累爲鎭冀屬邑令所涖有能政性恬澹與物無競乃鎭州士人之秀者也

馬縞少嗜學以明經及第登拔萃之科仕梁爲太常修撰累歷尚書郎參知禮院事遷太常少卿梁代諸王納嬪公主下嫁皆于宮殿門庭行揖讓之禮縞以爲非禮上疏止之物議以爲然（案以下有闕文）長興四年爲戶部侍郎縞時年已八十及爲國子祭酒八十餘矣形氣不衰于事多遺忘言元稹不應進士以父元魯山名進故也多如此類又上疏古者緦嫂叔服文皇創意以兄弟之親不宜無服乃議服小功今令文省服制條爲兄弟之妻大功不知何人議改而寘于令文諸博士駮云律令國之大經馬縞知禮院時不曾論定今遽上疏駮令式罪人也

羅貫不知何許人進士及第累歷臺省官自禮部員外郞爲河南令貫爲人强直正身奉法不避權豪時宦官伶人用事凡請託于貫者其書盈閤一無所報皆以示郭崇韜因奏其事由是左右每言貫之失先是梁時張全義專制京畿河南洛陽寮佐皆出其門下事全義如廝僕及貫受命持本朝事體奉全義稍慢部民爲府司庇護者必奏正之全義怒因令女使告劉皇后從容白于莊宗宦官又言其短莊宗深怒之會莊宗幸壽安山陵道路泥濘莊宗訪其主者宦官曰屬河南縣促令召貫至奏曰臣初不奉命請詰受命者帝曰卿之所部反問他人何也命下府獄府吏榜笞促令伏款翌日傳詔殺之郭崇韜奏曰貫別無贓狀橋道不修法未當死莊宗怒曰母后靈駕將發天子車輿往來橋道不修是誰之過也崇韜奏曰貫縱有死罪俟款狀上奏所司議讞以朝典行之死當未晚今以萬乘之尊怒一縣令俾天下人言陛下使法不公矣莊宗曰旣卿所愛任卿裁決因投袂入宮崇韜從而論列莊宗自闔殿門不得入即令伏法曝尸于府門寃痛之聲聞于遠邇

淳于晏（案以下有闕文）以明經登第自霍彥威爲小校晏寄食于門下彥威嘗因兵敗獨脫其身左右莫有從者惟晏杖劍從之徒步草莽自是彥威高其義相得甚歡及歷數鎭皆爲從事軍府之事至于私門事無巨細皆取決于晏雖爲幕賓有若家宰爾後公侯門客往往效之時謂之效淳故彥威所至稱治由晏之力也

張格字承之故宰相濬之子也濬爲梁祖所忌潛遣人害于長水格易姓名流轉入蜀（案唐書張濬傳永寧縣吏葉彥者張氏待之素厚告格曰相公之禍不可免郎君宜自爲計濬曰留則併命去或可免冀存後嗣格拜辭而去葉彥率義士三十人送渡漢江而旋格由荆江上峽入蜀）王建僭號以格爲宰相格所生母當濬之遇害潛匿于民間落髮爲尼流浪于函洛王建聞之潛使人迎之入蜀賜紫加號慈福大師及建卒蜀人以格爲山陵使格有難色未幾得罪出爲茂州刺史僞制責詞云送往辭命不忠也喪母匿喪非孝也王衍嗣僞位後數年復用爲宰相同光末蜀平格至洛陽（案唐書任圜攜格還洛格感葉彥之惠訪之身已歿厚卹其家又與張濬第三子仕吳改名李儼見九國志）授太子賓客任圜愛其材奏爲三司副使尋卒于位格有文章明吏事時頗稱之

許寂字閑閑祖祕名聞會稽寂少有山水之好汎覽經史窮三式尤明易象（太平廣記云寂學易于晉徵君）久棲四明山不干時譽昭宗聞其名徵赴闕召對于內殿會昭宗方與伶人調品篳篥事訖方命坐賜果問易義旣退寂謂人曰君淫在聲不在政矣寂聞君人者將昭德塞違以臨照百官百官或象之今不鳳賤事自求其工君道替矣尋請還山寓居于江陵以茹芝絕粒自適其性天祐末節度使趙匡凝昆季深禮遇之師授保養之道唐末除諫官不起漢南謂之徵君梁攻襄陽匡凝兄弟棄鎭奔蜀寂偕行歲餘蜀主王建待以師禮位至蜀相同光末平蜀與王衍俱從于東授工部尚書致仕卜居于洛時寂已年高精彩猶健沖漠寡言時獨語云可怪可怪人莫知其際清泰三年六月卒時年八十餘子孫位至省郎

同光時以方術著者又有僧誠惠誠惠初于五臺山出家能修戒律稱通皮骨肉三命人初歸向聲名漸遠四方供饋不遠千里而至者衆矣自云能役使毒龍可致風雨其徒號曰降龍大師京師旱莊宗迎至洛下親拜之六宮參禮士庶瞻仰謂朝夕可致甘澤禱祝數旬略無徵應或謂官以祈雨無驗將加焚燎誠惠懼而遁去及卒賜號法雨大師塔曰慈雲之塔

周元豹者本燕人世爲從事元豹少爲僧其師有知人之鑒從遊十年餘苦辛無憚師知其可教遂以袁許之術授之大略狀人形貌比諸龜魚禽獸目視臆斷咸造其理及還鄉遂歸俗初盧程寄褐遊燕與同志二人謁焉元豹謂緇人張殷衮曰適二君子明年花發俱爲故人惟彼道士他年甚貴至來歲二子果卒又二十年盧程登庸于鄴下元豹歸晉陽張承業信重之言事數中承業俾明宗易衣列于諸校之下以他人詐之而元豹指明宗于末綴言曰骨法非內衙太保歟或伏其異或問明宗之福壽惟云末後爲鎭州節度使時明宗爲內衙都校纔兼州牧而已昭懿皇后夏氏方侍巾櫛偶忤旨大爲明宗檟楚元豹見之曰此人有藩侯夫人之位當生貴子明宗赫怒因解後其言果驗太原判官司馬揆謁元豹謂揆曰公五日之中奉使萬里未見迴期揆數日後因酒酣爲衣領扼之而卒莊宗署元豹北京巡官明宗即位之明年一日謂侍臣曰方士周元豹昔曾言朕諸事有徵可詔北京津置赴闕趙鳳奏曰袁許之事元豹所長者以陛下貴不可言今旣驗矣餘無可問若詔赴闕下則奔競之徒爭問吉凶恐近于妖惑乃止令以金帛厚賜之授光祿卿致仕尋卒于太原年八十餘

舊五代史卷七十一攷證

唐列傳二十三馬郁傳馬郁其先范陽人　案尹洙河南集韓重華誌銘作燕客馬彧韓琦安陽集重修五代祖塋域記亦作幕吏馬彧攷宋人說部載韓定辭唱和詩俱作馬彧與是書異惟雲谷雜記從通鑑作郁與是書同

幕客張澤亦以文章名謂郁曰子能座上成賦可以此妓奉酬　案太平廣記作韓定辭請馬郁爲賦與是書異

馬縞傳及爲國子祭酒八十餘矣　案馬縞傳原本殘闕歐陽史云卒年八十贈兵部尚書據是書縞爲國子祭酒已八十餘矣與歐陽史異又直齋書錄解題云中華古今注後唐太學博士馬縞撰攷歐陽史雜傳亦不載馬縞爲太學博士

舊五代史卷七十二

宋門下侍郎參知政事監修國史薛居正等撰

唐書第四十八

列傳二十四

張承業字繼元本姓康同州人咸通中內常侍張泰畜爲假子光啟中主郃陽軍事賜紫入爲內供奉武皇之討王行瑜承業累奉使渭北因留監武皇軍事賊平改酒坊使三年昭宗將幸太原以承業與武皇善乃除爲河東監軍密令迎駕既而昭宗幸華州就加左監門衛將軍駕在鳳翔承業屢請出師晉絳以爲岐人掎角崔魏公之誅宦官也武皇僞戮罪人首級以奉詔匿承業于斛律寺昭宗遇弒乃復請爲監軍夾城之役遣承業求援于鳳翔時河中阻絕自離石渡河春冰方泮凌澌奔蹙艤舟不得渡因禱河神是夜夢神人謂曰子但渡流冰無患旣寤津吏報曰河冰合矣凌晨躡冰而濟旋踵冰解使還武皇病篤啟手之夕召承業屬之曰吾兒孤弱羣臣縱橫後事公善籌之承業奉遺顧爰立嗣王平內難策畧居多旣終易月之制即請出師救潞破賊夾城莊宗深感其意兄事之親幸承業私第升堂拜母賜遺優厚時莊宗初行墨制凡除拜之命皆成于盧汝弼之手汝弼旣自爲戶部侍郎乃請與承業改官及開國邑承業拒而不受其後但稱本朝舊官而已天祐中幽州劉守光敗其府掾馮道歸太原承業辟爲本院巡官承業重其文章履行甚見待遇時有周元豹者善人倫鑒與道不合謂承業曰馮生無前程公不可過用管書記盧質聞之曰我曾見杜黃裳司空寫眞圖道之狀貌酷類焉將來必副大用元豹之言不足信也承業薦爲霸府從事焉柏鄉之役王師旣迫汴營周德威慮其奔衝堅請退舍莊宗怒其懦不聽恚帳而寢諸將不敢言事咸詣監軍請白承業遽至牙門褰帳而入撫莊宗曰此非王安寢時周德威老將洞識兵勢姑務萬全言不可忽莊宗蹶然而興曰予方思之其夕收軍保鄗邑德威討劉守光命承業往視賊勢因請莊宗自行果成大捷承業感武皇厚遇自莊宗在魏州垂十年太原軍國政事一委承業而積聚庾帑收兵市馬招懷流散勸課農桑成是霸基者承業之忠力也時貞簡太后韓德妃伊淑妃諸宅王之貴洎王之介弟在晉陽宮或不以其道干于承業悉不聽喻法禁者必懲繇是貴戚斂手民俗丕變或有中傷承業于莊宗者言專弄威柄廣納賂遺莊宗歲時還晉陽宮省太后須錢蒱博給伶官嘗置酒于泉府莊宗酣飲命興聖宮使李繼岌爲承業起舞旣竟承業出寶帶幣馬奉之莊宗指錢積謂承業曰和哥無錢使七哥與此一積寶馬非殊惠也承業謝曰郎君哥勞承業自出已俸錢此錢是大王庫物準擬支贍三軍不敢以公物爲私禮也莊宗不悅使酒侵承業承業曰臣老勅使非爲子孫之謀惜錢爲大王基業王若自要散施何妨老夫不過財盡兵散一事無成莊宗怒顧元行欽曰取劍來承業引莊宗衣泣而言曰僕荷先王遺顧誓爲本朝誅汴賊爲王惜庫物斬承業首死亦無愧于先王今日請死閻寶解承業手令退承業詬寶曰黨朱溫逆賊未嘗有一言効忠而敢依諂附揮拳踣之太后聞莊宗酒失急召入莊宗性至孝聞太后召叩頭謝承業曰吾杯酒之間忤于七哥太后必怪吾七哥爲吾痛飲兩卮分謗可乎莊宗連飲四鍾勸承業竟不飲莊宗歸宮太后使人謂承業曰小兒忤特進已笞矣可歸第翌日太后與莊宗俱幸其第慰勞之自是私謁幾絕十四年承制授開府儀同三司左衛上將軍燕國公固辭不受是時盧質在莊宗幕下嗜酒輕傲嘗呼莊宗諸弟爲豚犬莊宗深銜之承業慮質被禍因乘閒謂莊宗曰盧質多行無禮臣請爲大王殺之可乎莊宗曰予方招禮賢士以開霸業七哥何言之過也承業因聳立而言曰大王若能如此何憂不得天下其後盧質雖成縱誕莊宗終能容之蓋承業爲之薦藉也十八年莊宗受諸道勸進將纂帝位承業以爲晉王三代有功于國先人怨朱氏弒逆將復舊邦讎旣未平不宜輕受推戴方疾作肩輿之鄴宮見莊宗曰王父子血戰三十餘年蓋言報國仇讎復唐宗社今元兇未滅民賦已殫而遽先大號蠹耗財力臣以爲不可一也臣自咸通已來伏事宮掖每見國家冊命大禮儀仗法物百司庶務經年草定猶有不可王若化家爲國新立廟朝不可乖于制度制禮作樂未見其人臣以爲不可二也舉事量力而行不可信于游譚也通鑑攷異引秦再思洛中記異云承業諫帝曰大王何不待誅克梁孽更平吳蜀俾天下一家且先求唐氏子孫立之後更以天下讓有功者何人敢當之讓一月即一月牢讓一年即一年牢設使高祖再生太宗復出又胡爲哉今大王一旦自立頓失從前仗義征伐之旨人情怠矣老夫是閹官不愛大王官職富貴直以受先王付屬之重欲爲大王立萬年之基爾莊宗曰奈諸將何承業知不從因號泣而言之十九年十一月二日以疾卒于晉陽之第時年七十七貞簡太后聞喪遽至其第盡哀爲之行服如兒姪禮同光初贈左武衛上將軍謚曰貞憲五代史闕文莊宗將即位于魏州承業自太原至謂莊宗曰吾王世奉唐家最爲忠孝自貞觀以來王室有難未嘗不從所以老奴三十餘年爲吾王捃拾財賦召補軍馬者誓滅逆賊朱溫復本朝宗社耳今河朔甫定朱氏尚存吾王遽即大位可乎云云莊宗曰奈諸將意何承業知不可諫止乃慟哭曰諸侯血戰者本爲李家今吾王自取之誤老奴矣即歸太原不食而死臣謹案莊宗實錄叙承業諫即位事甚詳惟吾王自取之言不書史官諱之也

張居翰字德卿咸通初掖庭令張從玫養之爲子以廕入仕中和三年自容管監軍判官入爲學士院判官遷樞密承旨內府令賜緋昭宗在華下超授內常侍出監幽州軍事秩滿詔歸節度使劉仁恭表留之天復中詔誅宦官仁恭紿奏殺之匿于大安山之北谿天祐三年汴人攻滄州仁恭求援于武皇乃遣居翰與書記馬郁等率兵助武皇同攻潞州武皇因留之不遣李嗣昭節制昭義以居翰監其軍以燕軍三千爲部下俄而汴將李思安築夾城以圍潞州居翰與嗣昭登城保守以至解圍自是嗣昭每出征令居翰知留後事同光元年夏四月召爲樞密使加特進與郭崇韜對掌機務十月莊宗將渡河留居翰與李紹宏同守魏州莊宗入汴加驃騎大將軍知內侍省事依前充樞密使同光時宦官干政邦家之務皆出于郭崇韜居翰自以羈旅乘時擢居重地每于宣授不敢有所是非承顏免過而已以此脫季年之禍四年三月僞蜀王衍旣降詔遷其族于洛陽行及秦川時關東已亂莊宗慮衍爲變中官向延嗣馳騎賫詔殺之詔云王衍一行並宜殺戮其詔已經印畫時居翰在密地覆視其詔即就殿柱揩去行字改書家字及衍就戮于秦川驛止族其近屬而已其僞官及從行者尚千餘人皆免其枉濫居翰之力也明宗入洛居翰謁見于至德宮待罪雪涕乞歸田里詔許之乃辭歸長安仍以其子延貴爲西京職事以供侍養天成三年四月以疾卒于長安時年七十一居翰性和而靜諳悉舊事在潞州累年每春課人育蔬種樹敦本惠農有仁者之心焉

馬紹宏閹官也初與孟知祥同爲中門使及周德威薨莊宗兼領幽州命紹宏權知州事即位之初郭崇韜勳望高舊在紹宏之下時徵潞州監軍張居翰與崇韜並爲樞密使紹宏失望乃以爲宣徽使紹宏以己合當樞密任常鬱鬱側目于崇韜崇韜知其慊也乃置內勾之目令天下錢穀簿書悉委裁遣旣而州郡供報輒滋煩費議者以爲十羊九牧深所不可內勾之目人以爲是妖言案下有闕文據通鑑李嗣源爲讒言所屬紹宏左右營護以是得全天成元年二月己丑朔以宣徽南院使李紹宏爲樞密使

孟漢瓊本鎮州王鎔之小豎也明宗鎮常山得侍左右明宗即位自諸司使累遷宣徽南院使漢瓊性通黠善交構初見秦王權重及挾王淑妃勢傾心事之及朱馮用事又與之締結秦王領兵至天津橋時漢瓊與朱馮及康義誠方會議于內庭謀猶未決漢瓊獨出死力先入殿門奏于明宗語在秦王傳漢瓊即自介馬以召禁軍秦王旣誅翼日令漢瓊馳騎召閔帝于鄴通鑑遣漢瓊徵從厚且權知天雄軍府事閔帝嗣位尤恃恩寵期月之內累加開府儀同三司驃騎大將軍西軍旣叛閔帝急召漢瓊欲令先入于鄴漢瓊藏匿不行潞王行及陝州乃悉召諸妓妾訣別欲手刃之衆知其心卒皆藏竄初潞王失守于河中勒歸于清化里第時王淑妃恒令漢瓊傳敎旨于潞王王善待之故漢瓊自謂潞王于己有恩至是乃單騎至澠池謁見潞王因自慟哭欲有所陳潞王曰諸事不言可知漢瓊即自預從臣之列尋戮于路左

史臣曰承業感武皇之大惠佐莊宗之中興旣義且忠何以階也夫如是則晉之勃貂秦之景監去之遠矣居翰改一字于詔書救千人之濫死可不謂之仁人矣乎如紹宏之爭權漢瓊之構禍乃宦者之常態也又何足以道哉

舊五代史卷七十二攷證

唐列傳二十四張承業傳王若自要散施何妨老夫不過財盡兵散一事無成　案通鑑作王自取用之何問僕爲

以疾卒于晉陽之第　案歐陽史作不食而卒通鑑作邑邑成疾不復起

謚曰貞憲　案貞憲歐陽史作正憲

馬紹宏傳馬紹宏閹官也　案莊宗紀作李紹宏蓋嘗賜姓

紹宏失望乃以爲宣徽使　案宋史趙上交傳南遊洛陽與中官驃騎大將軍馬紹宏善紹宏領北面轉運制置大使表爲判官攷紹宏爲北面轉運制置大使是書不載

舊五代史卷七十三

宋門下侍郎參知政事監修國史薛居正等撰

唐書第四十九

列傳二十五

毛璋本滄州小校梁將戴思遠帥滄州時莊宗已定魏博思遠勢蹙棄州遁去璋據城歸莊宗玉堂閒話戴思遠任浮陽日有部曲毛璋爲性輕悍嘗與數十卒追捕盜賊還宿于逆旅毛枕劒而寢夜分其劒忽大吼躍出鞘外從卒聞者愕然驚異毛亦神之乃持劒祝曰某若異日有此山河兩當更鳴躍否則已毛復寢未熟劒吼躍如初毛深自負其後戴離鎮毛請留戴從之未幾毛以州歸命于唐莊宗莊宗以毛爲其州刺史後竟帥滄海歷貝州遼州刺史璋性兇悖有膽略從征河上屢有戰功梁平授滄州節度使王師討蜀以璋爲行營右廂馬軍都指揮使蜀平璋功居多明年蕭牆禍起繼岌自西川至渭南部下散亡其川貨妓樂爲璋所掠明宗嗣位錄平蜀功授邠州節度使璋既家富于財有蜀之妓樂驕僭自大動多不法招致部下繕理兵仗朝廷移授昭義節度使璋謀欲不奉詔判官邊蔚密言規責乃僶俛承命洎至潞州狂妄不悛每擁川妓于山亭院服赭黃縱酒令爲王衍在蜀之戲事聞于朝徵爲金吾上將軍其年秋東川節度使董璋上言毛璋男廷贇齎文書往西川慮有陰事因追廷贇及同行人趙延祚與璋俱下御史臺獄廷贇乃璋之假姪稱有叔在蜀欲往省之亦無私書詔停任令歸私第初延祚在獄多言璋陰事璋許重賂以塞其口及免延祚徵其賂璋拒而不與以致延祚詣臺訴璋翻覆復下御史臺訊鞫中丞呂夢奇以璋前蒙昭雪今延祚以責賂之故復加織羅故稍佑璋及欵狀上聞或云夢奇受璋賂所以獄不盡情執之移與軍巡璋具狀會許延祚賂未與又云會借馬與夢奇別無行賂之事朝廷懲其宿惡長流儒州賜死于路

聶嶼鄴中人少爲僧漸學吟詠鄭珏之知貢舉也與鄉人趙都俱赴鄉薦都納賂于珏人報翌日登第嶼聞不捷詬來人以恐之珏懼俾俱成名漸爲拾遺依郭崇韜爲鎮州書記明宗時爲起居舍人雙眸若懸性氣乖僻人多忌之天成初除鄴都留守判官與趙敬怡呂夢奇不足又改河東節度及至常鄙其士風薄其人士或達于重誨會敬怡入爲樞密使與夢奇同搆殺之嶼早依郭氏門庭致身朱紫名登兩史浙江使迴生涯巨萬至河東日郭氏次子之婦孀居于家嶼喪偶未久復忍而納幣人皆罪之明宗在藩邸時素聞其醜聲天成中與溫韜等同詔賜死

溫韜華原人少爲盜據華原事李茂貞名彥韜後降于梁更名昭圖爲耀州節度唐諸陵在內者悉發之取所藏金寶而昭陵最固悉藏前世圖書鍾王紙墨筆迹如新宋以下有闕文移許州節度使累官至檢校太尉平章事韜素善趙巖每依附之莊宗入汴巖恃韜與己素厚遂奔許州韜延之于第斬首傳送闕下同光初韜來朝郭崇韜曰此劫陵賊罪不可赦韜納賂劉后賜姓名紹冲遽遣還鎮明宗即位流于德州俄賜死長子延濬清泰中爲泥水關使次延招爲父牙帳都校次延袞鄧州指揮使咸聚居許下晉天福初聞張從賓作亂于河陽咸往依之從賓慮其難制悉斬于帳下

段凝開封人也本名明遠少穎悟多智數初爲澠池簿脫荷衣以事梁祖梁祖漸器之開平三年十月自東頭供奉官授右威衛大將軍充左軍巡使兼水北巡檢使凝妹爲梁祖美人故稍委心腹四年五月授懷州刺史乾化元年十二月梁祖北征迴過郡凝貢獻加等梁祖大悅梁祖復北迎奉進貢有加于前梁祖次相州刺史李思安迎奉疎怠梁祖怒貶思安制云懷州刺史段明遠少年治郡庶事惟公兩度祗奉行鑾數程宿食本界動無遺闕舉必周豐蓋能罄竭于家財務在顯酬夫明獎觀明遠之忠勤若此見思安之悖慢何如其見賞如此其後遷鄭州刺史監大軍于河上梁末帝以戴思遠爲北面招討使行師不利用王彥章代之受任之翌日取德勝之南城軍聲大振張漢倫等推功于凝凝摘彥章之失以間之通鑑彥章棄鄆家口復趨楊劉遊奕將李紹興敗梁遊兵于清邱驛南段凝以爲唐兵已自上流渡驚駭失色面數彥章尤其深入梁末帝怒罷彥章兵權凝納賂于趙張二族求爲招討使敬翔李振極言不可竟不能止凝以衆五萬營于高陵津禪將康延孝叛歸莊宗延孝具陳梁軍虛實莊宗遂決長驅之計未幾莊宗入汴凝自滑率兵而南前鋒杜晏球至封邱解甲聽命翼日凝率大軍乞降于汴郊莊宗釋之復以凝爲滑州兵馬留後賜姓名紹欽有頃正授節旄改兗州節度使凝初見莊宗因伶人景進通貨于宮掖凝天性姦佞巧言飾智善候人意其年契丹寇幽州命宣徽使李紹宏監護諸軍以禦契丹凝與董璋戍瓦橋關凝巧事紹宏嘗乘間奏凝蓋世奇才可以大任屢請以兵柄委之郭崇韜奏曰凝亡國敗軍之將姦諂難狀不可信也凝在藩鎮私用庫物數萬計有司促償中貴其負同光三年四月移授鄧州節度使四年二月趙在禮據鄴城李紹宏請用凝爲大將莊宗許之令具方略條奏凝所請偏裨皆取其己黨莊宗疑之乃止明宗至洛陽霍彥威怒其前事與溫韜同收下獄詔釋之放歸田里明年竄于遼州竟與溫韜同制賜死

孔謙通鑑作魏州人莊宗同光初爲租庸副使謙本州之幹吏上自天祐十二年帝平定魏博會計皆委制置謙能曲事權要効其才力帝委以泉貨之務設法箕斂七八年間軍儲獲濟及帝即位于鄴城謙已當爲租庸使物議以謙雖有經營濟贍之勞然人地尚卑不欲驟總重任樞密使郭崇韜舉魏博觀察判官張憲爲租庸使以謙爲副謙悒然不樂者久之帝既平梁汴謙徑自魏州馳之行在因謂崇韜曰魏都重地須大臣彈壓以謙籌之非張憲不可崇韜以爲忠告即奏憲爲鄴都副留守乃命宰臣豆盧革專判租庸謙彌失望乃尋革過失時革以手書便省庫錢數十萬謙以手書示崇韜亦辭避帝問當委何人爲可崇韜曰孔謙雖久掌貨泉然物議未當居大任以臣所見當委張憲帝促徵之憲性精辨爲趨時者所忌人不右之謙乘間訴于豆盧革曰租庸錢穀悉在眼前委一小吏可辦鄴都本根之地不可輕付于人興唐尹王正言無裨益之才徒有獨行詔書既徵張憲復以何人爲代豆盧革言于崇韜崇韜曰鄴都分司列職皆主上舊人委王正言何慮不辦革曰俱是失也設不獲已以正言掌租庸取書于大臣或可辦矣若付之方面必敗人事謙以正言非德非勳懦而易制曰此議爲便然非已志尋擠正言之失泣訴于崇韜厚賂閹伶以求進用人知奸諂沮之乃上章請退帝怒其規避將寘于法樂人景進于帝前解諭而止王正言風病恍惚不能綜三司事景進屢言于帝乃以正言守禮部尚書以謙爲租庸使謙以國用不足奏諸道判官員數過多請只置節度觀察判官書記支使推官各一員留守置判官各一員三京府置判官推官餘並罷俸錢又奏百官俸錢雖多折支非實請減半數皆支實錢並從之未幾半年俸復從虛折案以下原闕北夢瑣言明宗即位誅租庸使孔謙等孔謙者魏州孔目莊宗圖霸以供饋兵食謙有力焉既爲租庸使曲事嬖倖奪宰相權專以聚斂爲意剝削爲端以犯衆怒伏誅

李鄴魏州人也幼事楊師厚及莊宗入魏漸轉裨將歷數郡刺史後遷亳州爲政貪穢有奴爲人持金以賂鄴奴隱其金鄴殺之其家上訴因訐其陰事詔貶郴州司戶參軍又貶崖州長流百姓所在賜自盡

史臣曰易云積不善之家必有餘殃又曰惡不積不足以滅身如毛璋之儔可謂積惡而滅其身矣況溫韜之發陵寢段凝之敗國家罪不容誅死猶差晚餘皆瑣瑣何足議焉

舊五代史卷七十三攷證

唐列傳二十五毛璋傳授滄州節度使　滄州歐陽史作華州

段凝傳其後遷鄭州刺史監大軍于河上　案歐陽史遷凝鄭州刺史使監兵于河上李振亟請罷之太祖曰凝未有罪振曰待其有罪則社稷亡矣然終不罷也據此則凝監河上軍爲梁祖時事通鑑攷異云晉人取魏博然後與梁以河爲境故常以大兵守之太祖時未也就使當時屯兵河上亦未繫社稷之安危此必均王時事也

中貴其負　案中貴其負句原本疑有脫誤攷冊府元龜與是書同今仍其舊

舊五代史卷七十四

宋門下侍郎參知政事監修國史薛居正等撰

唐書第五十

列傳二十六

康延孝塞北部落人也初隸太原因得罪亡命于汴梁開平乾化中自隊長積勞至部校梁末帝時頻立軍功同光元年八月段凝率衆五萬營于王村時延孝爲右先鋒指揮使率百騎來奔莊宗得之喜解御衣金帶以賜之翌日賜田宅于鄴以爲捧日軍使兼南面招討指揮使檢校司空守博州刺史莊宗屏人問梁兵機延孝備陳利害語在莊宗紀中莊宗平汴延孝頗有力焉以功授檢校太保鄭州防禦使賜姓名紹琛明年郊禮畢授保義軍節度使三年討蜀以延孝爲西南行營馬步軍先鋒排陣斬斫等使延孝性驍健徇利奮不顧身以前鋒下鳳州收固鎮降興州敗王衍軍于三泉所俘蜀軍皆諭而釋之自是晝夜兼行王衍自利州奔歸成都斷吉柏津浮梁以絕諸軍延孝復造浮梁以渡進收綿州王衍復斷綿江浮梁而去水深無舟楫可渡延孝謂招撫使李嚴曰吾懸軍深入利在急兵乘王衍破膽之時人心離沮但得百騎過鹿頭關彼即迎降不暇如俟

修糟津梁便留數日若王衍堅閉近關折吾兵勢儻延旬浹則勝負莫可知也宜促騎渡江因與李嚴乘馬浮江于是得濟者僅千人步軍溺死者亦千餘人延孝既濟長驅通鹿頭進據漢州居三日部下後軍方至僞蜀六軍使王宗弼令人持牛酒幣馬歸欵旬日兩川平定延孝止漢州以俟繼岌平蜀之功延孝居最時邠州節度使董璋爲行營右廂馬步使華州節度使毛璋爲行營左廂馬步使以軍禮當事延孝郭崇韜以私愛董璋及西川平定之後崇韜每有兵機必召璋參決延孝不平時延孝軍于城西毛璋軍于城東董璋軍于城中閒十二月延孝因酒酣詬董璋曰吾有平蜀之功公等僕遬相從反首鼠于侍中之門謀相傾陷吾爲都將公乃裨校力能斬首璋惶恐謝之而退酒罷璋訴于郭崇韜崇韜陰銜之乃署董璋爲東川節度使落軍職延孝怒謂毛璋曰吾冒白刃犯險阻平定兩川董璋何功遽有其地二人因謁見崇韜言東川重地宜擇良帥工部任尚書有文武才幹甚洽衆心請表爲東川帥崇韜怒曰紹琛反耶敢違吾節度延孝等惶恐而退未幾崇韜爲繼岌所害二人因責董璋曰公復首鼠何門璋俛首祈哀而已四年正月甲申大軍發成都繼岌令延孝以一萬二千人爲後軍二月癸巳中軍次武連中使詔至諭以西平王朱友謙有罪伏誅令繼岌殺其子遂州節度使令德延孝大驚俄而董璋率兵之遂州遇延孝不謁延孝怒謂諸校曰南平梁汴西定巴邛畫策之謀始于郭公而汗馬之勞力摧强敵即吾也若以背僞歸國犄角而成霸業即西平王之功第一西平與郭公皆以無罪赤族歸朝之後次當及我矣丙申延孝次劍州時延孝部下皆鄜延河中舊將焦武等知西平王被禍兼誅令德號哭軍門訴于延孝曰西平無罪二百口伏誅河中舊將無不從坐某等必死矣時魏王繼岌到泥溪延孝報繼岌云河中兵士號哭欲爲亂丁酉延孝至劍州遂擁衆迴自稱西川節度三州制置等使以檄招諭人三日間衆及五萬已亥繼岌至利州是夜守吉柏津使密告魏王曰得紹琛文字令斷吉柏浮梁繼岌懼乃令梁漢顒以兵控吉柏津延孝已擁衆急趨西川繼岌遣人馳書諭之夜半令監軍使李廷安召任圜因署爲副招討使令圜率兵七千騎與都指揮使梁漢顒監軍李廷安討之辛丑先令都將何建崇擊劍門下之甲寅圜以大軍至漢州延孝來逆戰圜令董璋以東川懦卒當其鋒伏精兵于其後延孝擊退東川之兵急追之遇伏兵起延孝敗馳入漢州閉壁不出西川孟知祥以兵二萬與圜合勢攻之（九國志李延厚傳康延孝入漢州知祥遣延厚率兵二千會李仁罕討之將行誓士卒曰今出師不三旬必破賊乃立功圖賞之日也士卒忠奮者立東廂疾者立西廂無自苦也得請行者七百人逐延孝西寨斬首百餘級竟拔其城）漢州四面樹竹木爲柵三月乙丑圜陣于金鴈橋即率諸軍鼓譟而進四面縱火風焰亘空延孝危急引騎出戰遇陣于金鴈橋又敗之以十數騎奔綿州何建崇追及擒之任圜命載以檻車時孟知祥與任圜董璋置酒高會因引令延孝檻車至會知祥問曰明公頃自梁朝脫身歸命纔平汴水節制陝郊近領前鋒尅平劍外歸朝之後授爵册勳亘鎮尊官誰與爲競奈何躁憤自毀功庸入此檻車還爲鄧艾深爲痛惜誰肯愍之知祥因手自注盃以飲之延孝曰自知富貴難消官職已足然郭崇韜佐命元勳輔成大業不動干戈收獲兩川自古殊功但恐不及一旦何罪闔門被誅延孝之徒何保首領以此思慮不敢歸朝天道相違一旦至此亦其命也夫復何言及圜班師行次鳳翔中使向延嗣賫詔至遂誅之部下懷其首級瘞于昭應縣民陳暉地天成初其子發之攜去

朱守殷小字會兒莊宗就學以厮養之役給事左右及莊宗即位爲長直軍使雖列戎行不聞戰攻每搆人之短長中于莊宗漸以心腹受委河上對壘稍遷蕃漢馬步都虞候守殷守德勝寨爲梁將王彥章所攻守殷無備遂陷南寨莊宗聞之曰駑才大誤予事因徹北寨往固楊劉明宗在鄆州密請以覆軍之罪罪之莊宗私于腹心忍而不問同光二年爲振武節度使不之任仍兼領蕃漢馬步軍京城初定內外警巡恃愚主恩蔑視勳舊與景進互相表裏又強作宿德之態言語遲緩自謂沈厚及郭從謙犯興教門步軍始亂中使急召騎士守殷按甲不進莊宗獨領宮官所射屢退而騎軍終不至莊宗既崩守殷擁衆方在北邙憩于茂林之下迨聞凶問乃入內選嬪御及珍寶以歸恣軍士劫掠京都翌日方定率諸校迎明宗于東郊天成初授河南尹判六軍諸衛事加侍中移汴州節度使車駕將巡幸外議諠然初以爲平吳又云制置東諸侯守殷乃生雲夢之疑遂殺都校馬彥超副使宋敬（歐陽史守殷將叛召都指揮使馬彥超與計事彥超不從守殷殺之明宗憐彥超之死以其子承祚爲洺州長史）守殷驅市人閉壁以叛明宗途次京水聞之親統禁軍倍程直抵其壘長圍夾攻縋城甚衆守殷力屈盡殺其族引頸令左右盡其命王師入城索其黨盡誅之詔鞭守殷尸梟首懸于都市滿七日傳送洛陽

楊立者潞州之小校初事李嗣昭及李繼韜皆畜養甚厚繼韜被誅憤憤失志同光二年四月有詔以潞兵三萬人戍涿州將發其衆謀曰我輩事故使二十年衣食豐足未嘗邊塞征行苟于邊上差跌白骨何歸不如據城自固事成自富貴耳因聚徒百餘輩攻子城東門城中大擾副使李繼珂及監軍張機祚出奔立自稱留後率軍民上表請旄節莊宗怒命明宗與李紹眞攻討一月拔之生擒立及其同惡十餘人送于闕下皆磔于市潞州城峻而隍深故立輒敢據之莊宗因茲詔諸道撤防城之備焉

竇廷琬者世爲青州牙將梁祖擢眞左右同光初爲復州遊奕使姦盜屏跡歷貝州刺史未幾請制置慶州鹽池逐年出絹十萬疋米十萬斛遂以廷琬爲慶州防禦使俾制置之由是嚴刑峻法屢撓邊人課利不集詔移任于金州廷琬據慶州叛詔邠州節度使李敬周率兵討平之夷其族

張虔釗遼州人也（九國志云虔釗遼州榆社人父簡唐檢校尚書左僕射）初爲太原牙校以武勇聞于流輩武皇莊宗之世累補左右突騎軍使（九國志莊宗嘗以偏師取鎮陽命虔釗率騎爲先鋒屢挫賊鋭遂陷其城）明宗素聞虔釗有將帥才及即位擢爲護駕親軍都指揮使領春州刺史天成中與諸將圍王都于中山大敗契丹于嘉山之下及定州平以功授滄州節度使（北夢瑣言虔釗鎮滄州日因亢旱民饑發廩賑之方上聞帝甚嘉獎他日秋成倍斗徵斂朝論鄙之）移鎮徐州長興中爲山南西道節度使兼西面馬步軍都部署及末帝起于鳳翔閔帝詔令虔釗帥部兵會王師于岐下洎西師俱變虔釗憤惋退歸興元因與洋州節度使孫漢韶俱送欵于蜀孟知祥待之尤厚僞授本鎮節度使俾知祥坐獲山南之地由虔釗之故也（北夢瑣言入蜀取人產業黷貨無厭蜀民怨之）孟昶嗣僞位加檢校太師兼中書令晉開運末蜀人聞契丹入洛令虔釗率衆數萬將寇秦雍俄聞漢高祖已定中原虔釗無功而退（九國志云歷左右匡聖馬步軍都指揮使出爲昭武軍節度使及漢祖即位乃移鎮梁州以觀朝廷之變會晉昌軍節度使趙匡贊鳳翔節度使侯益俱謀歸蜀遂以虔釗爲北面行營招討使應接經營俄而趙匡贊侯益請昶出師援定三秦因命虔釗與韓保貞等總師五萬出散關雄武軍節度使何重建出隴右奉鑾肅衛都虞候李廷珪出子午谷會于雍州廷珪始出子午谷聞匡贊爲王景崇所逼棄城自拔東去遂先退師時虔釗福誠保貞師次陳倉謀不相叶而侯益聞匡贊已去廷珪班師亦誠欵中變閉壘不出司天監趙廷樞累以雲氣不利爲諷保貞乃與福誠率所部取隴州道會重建歸蜀虔釗留寶雞以勢孤不可深入遂班師）行至興州感憤而卒

楊彥温汴州人本梁朝之小校也莊宗朝累遷裨將天成中爲河中副指揮使及末帝鎮河中尤善待之因奏爲衙內都指揮使長興元年四月乘末帝閱馬于黃龍莊據城謀叛末帝遣人詰之曰吾善待汝何苦爲叛彥温報曰某非敢負恩緣奉樞密院宣頭令某拒命請相公但歸朝廷數日詔末帝歸朝明宗疑其詐不欲興兵授彥温絳州刺史安重誨堅請出師即命西京留守索自通侍衛步軍指揮使藥彥稠等帥兵攻之五日而拔自閉門及敗凡十三日初彥稠出師明宗戒之曰與朕生致彥温吾將自訊之及收城斬首傳送明宗深怒彥稠等時議者以當時四海恬然五兵載戢蒲非邊郡近在國門而彥温安敢狂悖皆以爲安重誨方弄國權尤忌末帝之名故巧作窺圖究莫能傾陷也彥温愚昧爲人所嗾故滅其族焉

史臣曰春秋傳云夫不令之臣天下之所惡也故不復較其優劣焉唯虔釗因避地以偷生彥温乃爲人之所嗾比諸叛臣亦可矜也

舊五代史卷七十四攷證

唐列傳二十六朱守殷傳車駕將巡幸外議諠然初以爲平吳又云制置東諸侯守殷乃生雲夢之疑遂殺都校馬彥超副使宋敬守殷驅市人閉壁以叛明宗途次京水聞之親統禁軍倍程直抵其壘長圍夾攻縋城甚衆守殷力屈盡殺其族引頸令左右盡其命

案儒林公議云朱守殷與霍彥威同立明宗尋判諸軍事兼河南尹旋除宣武軍節度使時樞密使安重誨用事汴之財利遣中人筦榷之守殷軍用不給累表抗論重誨既而復奪之守殷不平頗出怨言重誨奏其反狀明宗親率師討之車駕至汴京守殷自以本無不臣之意爲權臣誣奏登城門望明宗叩頭號哭稱冤明宗思其功許以開門自新重誨已麾軍登陴勢不可遏城陷誅之攷守殷之叛歐陽史通鑑與是書無異辭而儒林公議以爲守殷本無反心爲重誨所陷蓋傳聞之互異也

楊立傳有詔以潞兵三萬人戍涿州　案通鑑作發安義兵三千戍涿州

命明宗與李紹眞攻討　李紹眞通鑑作李紹榮

舊五代史卷七十五

宋門下侍郎參知政事監修國史薛居正等撰

晉書第一

高祖紀一

高祖聖文章武明德孝皇帝姓石氏諱敬瑭太原人也本衞大夫碏漢丞相奮之後漢衰關輔亂子孫流泛西裔故有居甘州者焉四代祖璟以唐元和中與沙陁軍都督朱耶氏自靈武入附憲宗嘉之隸爲河東陰山府裨校以邊功累官至朔州刺史天福二年追尊爲孝安皇帝廟號靖祖陵曰義陵祖妣秦氏追謚爲孝安元皇后三代祖郴早薨贈左散騎常侍追尊爲孝簡皇帝廟號肅祖陵曰惠陵祖妣安氏追謚孝簡恭皇后皇祖諱翌任振武防禦使贈尚書右僕射追尊孝平皇帝廟號睿祖陵曰康陵祖妣米氏追謚孝平獻皇后皇考諱紹雍番字臬捩雞善騎射有經遠大略事後唐武皇及莊宗累立戰功與周德威相亞歷平洺二州刺史薨于任贈太傅追尊爲孝元皇帝廟號憲祖陵曰昌陵皇妣何氏追謚孝元懿皇后帝即孝元之第二子也以唐景福元年二月二十八日生于太原汾陽里時有白氣充庭人甚異焉及長性沈淡寡言笑讀兵法重李牧周亞夫行事唐明宗爲代州刺史每深心器之因妻以愛女唐莊宗聞其善射擢居左右明宗請隸大軍從之後明宗從莊宗征行命帝領親騎號三討軍倚以心腹天祐十二年莊宗併有河北之地開府于鄴梁遣上將劉鄩以兵五萬營于莘十三年二月鄩引兵突至清平薄于城下莊宗自至甘陵兵未陣多爲鄩所掩帝領十餘騎橫槊深入東西馳突無敢當者卒全部伍而還莊宗壯之拊其背曰將門出將言不謬爾因賜以器帛復親爲點酥當時以爲異恩由是知名明年鄩兵陣于莘之西北明宗從莊宗觀戰久之塵埃四合帝與明宗俱陷陣內帝挺身躍劍反復轉鬬行數十里逐鄩于故元城之東是日鄩軍殺傷過半十五年唐軍拔楊劉鎮梁將賀瓌設伏于無石山明宗爲瓌所迫帝爲後殿破梁軍五百餘騎按轡而還十二月莊宗與梁軍大戰于胡柳陂衆號十萬總管周德威將左軍雜以燕人前鋒不利德威死之莊宗率步衆五千固守高陵以避敵之銳明宗獨完右廣伏于土山之下顧謂帝曰梁人首獲其利旌旗甚整何計可以挫之帝曰臘後寒如此出手墮指彼多步衆易進難退莫若嚙糒飲水徐而困之且超乘徙行其勢不等一擊而破期在必勝明宗曰是吾心也會日暮梁軍列于平野五六萬人爲一方陣麾遊騎以迫唐軍帝曰敵將遁矣乃請明宗令士整胄寬而羅之命左射軍三百人鳴矢馳轉漸束其勢以數千騎合之迨夜旌旗皆靡而一角先潰三面踵之其牙竿相擊若火爆之聲橫尸積甲不可勝計由是梁人勢削莊宗進營德勝渡十八年十月又從明宗戰梁人于德勝渡敗其將戴思遠殺二萬餘人十九年戰胡盧套唐軍稍卻帝覩其敵銳拔劍闢道肩護明宗而退敵人望之無敢襲者二十年十月從明宗觀梁人之楊村寨部曲皆不擐甲俄而敵出不意以兵掩明宗刃將及背帝挾戟而進一擊而囟脅落馬者數輩明宗遂解其難是歲莊宗即位于鄴改元同光遣明宗越河懸軍深入以取鄆鄆人始不之覺帝以五十騎從明宗涉濟突東門而入鄆兵來拒帝中刃翼明宗羅兵通衢嶷然不動會後騎繼至遂拔中城以據之既而平汴水滅梁室致莊宗一統集明宗大勳帝與唐末帝功居其最莊宗朝官未顯者以帝不好矜伐故也惟明宗心知之同光四年二月趙在禮據鄴爲亂朝廷遣元行欽招之不下羣議紛然以爲非明宗不可莊宗乃以明宗爲統帥時帝從行至魏諸軍有變叩馬請明宗帝河北明宗受霍彥威勸將自訴于天子遂佯諾諸軍亦恐事不果而散者甚衆明宗所全者惟常山一軍而已西次魏縣帝密言于明宗曰猶豫者兵家大忌必若求訴宜決其行某願率三百騎先趨汴水以探虎口如遂其志請大軍速進夷門者天下之要害也據之可以自雪安有上將與三軍言變他日有平手乎危在頃刻不宜恬然明宗至相州遂分驍騎三百付之遣帝由黎陽濟河自汴西門而入因據其城及明宗入汴莊宗親統師亦至城之西北五里登高歎曰吾不濟矣由此莊宗從兵大潰來歸明宗明宗尋遣帝令率兵爲前鋒趨汜水關俄而莊宗遇內難而崩是月明宗入洛嘉帝之功自總管府都校署陝府兵馬留後明宗即位改元天成五月加帝光祿大夫檢校司徒充陝州保義軍節度使歲未期而軍民之政大治焉二年二月加檢校太傅兼六軍諸衞副使進封開國伯增食邑四百戶是月帝赴闕以倅六軍諸衞事故也八月加食邑八百戶實封一百戶旌爲政之效也十月明宗幸汴以帝爲御營使車駕次京水飛報汴州節度使朱守殷叛明宗命帝董親軍倍道星行信宿及浚城一戰而拔之尋以帝爲宣武軍節度使侍衞親軍步軍都指揮使兼六軍諸衞副使進封開國公加食邑五百戶賜耀忠匡定保節功臣四月車駕還洛制加檢校太傅同中書門下平章事興唐尹鄴都留守天雄軍節度使五月丁未加駙馬都尉長興元年二月明宗南郊禮畢加檢校太尉增食邑五百戶尋詔歸任時鄴都繁富爲天下之冠而土俗獷悍民多爭訟帝令投函府門一一覽之及踰年盈積几案滯于獄者甚衆時論以此減之九月東川董璋叛朝廷命帝爲東川行營都招討使兼知東川行府事十月至自魏博董衆西征二年春以川路險艱糧運不繼詔班師四月復兼六軍諸衞副使六月改河陽節度使仍兼兵柄是時秦王從榮奏伏見北面頻奏報契丹族移帳近塞吐渾突厥已侵邊地戍兵雖多未有統帥早宜命大將一人以安雲朔明宗曰卿等商量從榮與諸大臣奏曰將校之中惟石敬瑭康義誠二人可行帝素不欲爲禁軍之副即奏曰臣願此行明宗曰卿爲吾行事無不濟及受詔不落六軍副使帝復遷延辭避十一月乙酉明宗復謂侍臣曰雲州奏契丹自幽州移帳言就放牧終冬不退其患深矣樞密使范延光奏曰已議石敬瑭康義誠北行然其定奪即在宸旨帝奏曰臣雖不才爭敢避事但進退惟命明宗曰卿爲吾行甚叶衆議由是遂定丁亥加兼侍中太原尹北京留守河東節度使兼大同振武彰國威塞等軍蕃漢馬步軍總管改賜竭忠匡運寧國功臣翼日宴于中興殿帝捧觴上壽因奏曰臣雖微怯惟邊事敢不盡其忠力但臣遠違玉階無以時申補報帝因再拜告辭明宗泣下霑衿左右怪其過傷果與帝因此爲訣不復相見矣十二月明宗晏駕帝聞之長慟若喪考妣應順元年正月閔帝即位加中書令及增食邑帝性簡儉未嘗以聲色滋味輒自燕樂每公退必召幕客論民間利害及刑政得失明而難犯事多親決有店婦與軍士訟云曝粟于門爲馬所食而軍士懇訴無以自明帝謂鞫吏曰兩訟未分何以爲斷可殺馬刳腸而視其粟有則軍士誅無則婦人死遂殺馬馬腸無粟因戮其婦人境內肅然莫敢以欺事言者三月移鎮常山所歷方鎮以孝治爲急見民間父母在昆弟分索者必繩而殺之勤于吏事廷無滯訟常山屬邑曰九門有人鬻地與異居兄議價不定乃移于他人他人須兄立券兄固抑之因訴于令令以弟兄俱不義送府帝監之曰人之不義由牧長新至教化所未能及吾甚愧焉若以至理言之兄利良田弟求善價順之則是沮之則非其兄不義之甚也宜重笞焉市田以高價者取之上下服其明及岐陽兵亂推潞王爲天子閔帝急詔帝赴闕欲以社稷爲託閔帝自洛陽出奔于衞相遇于途遂與閔帝迴入衞州時閔帝左右將不利于帝帝覺之因擒其從騎百餘人閔帝知事不濟與帝長慟而別帝遣刺史王宏贄安置閔帝于公舍而去尋爲潞王所害帝後長以此愧心焉清泰元年五月復授太原節度使北京留守充大同振武彰國威塞等軍蕃漢馬步總管二年夏帝軍屯于忻州朝廷遣使送夏衣傳詔撫諭軍人遽呼萬歲者數四帝懼斬挾馬將李暉已下三十餘人以徇乃止三年五月移授鄆州節度使進封趙國公仍改扶天啓運中正功臣尋降詔促帝赴任帝心疑之乃召僚佐議曰孤再受太原之日主上面宣云與卿北門一生無議除改今忽降此命莫是以去年忻州亂兵見迫過相猜乎又今年千春節公主入覲當辭時謂公主曰爾歸心甚急欲與石郎反耶此疑我之狀固且明矣今天子用后族委邪臣沈湎荒惑萬幾停壅失刑失賞不亡何待吾自應順中少主出奔之日覩人情大去不能扶危持顛憤憤于方寸者三年矣今我無異志朝廷自啓禍機不可安然死于道路況太原險固之地積粟甚多若且寬我我當奉之必若加兵我則外告鄰方北搆強敵興亡之數皎皎在天今欲發表稱疾以俟其意諸公以爲何如玉堂閒話晉祖在并部嘗從容謂賓佐云近因晝寢忽夢若頃年在洛京時與天子連鑣于路過舊第天子請某入其第某遜讓者數四不得已即促轡而入至廳事下馬升自阼階西向而坐天子已馳車去矣其夢如此羣僚莫敢有所答是年冬果有鼎革之事蓋晉祖懷不軌之志久矣故託夢以惑衆也掌書記桑維翰都押衙劉知遠贊成密計遂拒末帝之命朝廷以帝不奉詔降制削奪官爵即詔晉州刺史北面副招討使張敬達領兵圍帝于晉陽帝尋命桑維翰詣諸道求援契丹遣人復書諾之約以中秋赴義遼史太宗紀云七月丙申唐河東節度使石敬瑭爲其主所討遣趙瑩求救時趙德鈞亦遣使至河東復遣桑維翰來告急遂許興師八月庚午自將以援敬瑭六月北面招收指揮使安重榮以部曲數千人入城七月代州屯將安元信率一軍與西北面先鋒指揮使安審信引五百騎俱至八月懷州彰聖軍使張萬迪等各率千餘騎來降是月外衆攻我甚急帝親當矢石人心雖固廩食漸困九月辛丑契丹主率衆自鴈門而南旌騎不絕五十里餘遼史九月丁酉入鴈門戊戌次忻州己亥次太原先使人報帝云吾欲今日便破賊可乎帝使人馳告曰皇帝赴難比要成功賊勢至厚丁明旦穩審議戰未爲晚也使未達契丹已與南軍騎將高行周符彥卿等合戰時張敬達楊光遠列陣西山下士未及成伍而行周彥卿爲伏兵所斷舍軍而退敬達等步兵大敗死者萬人

是夜帝出北門見契丹主契丹主執帝手曰恨會面之晚因論父子之義（遼史敬瑭率官屬來見帝執手撫慰之契丹國志云敬瑭見契丹帝問曰皇帝遠來士馬疲倦遽與唐大戰而勝何也帝曰始我謂唐必斷鴈門諸路伏兵險要不可得進使人偵視告無之是以長驅而深入我氣方銳乘此擊之是以勝之敬瑭歎服）明日帝與契丹圍敬達營寨南軍不復出矣帝與契丹本無結好自末帝見迫之後遣腹心何福以刀錯爲信一言親赴其難迅若流電信天意耶己酉唐末帝率親軍步騎三萬出次河橋辛亥末帝詔樞密使趙延壽分衆二萬爲北面招討使又詔魏博節度使范延光統本軍二萬人屯遼州十月幽州節度使趙德鈞領所部萬餘人自上黨與兒谷合延壽兵屯團柏谷與敬達寨相去百里彌月竟不能相通（遼史初聞晉安分遣精兵守其要害以絕援兵之路趙延壽等皆逗留不進）十一月契丹主會帝于營中曰我三千里赴義事須必成觀爾體貌恢廓識量深遠眞國主也天命有屬時不可失欲徇蕃漢羣議冊爾爲天子帝飾讓久之旣而諸軍勸請相繼乃命築壇于晉陽城南冊帝爲大晉皇帝契丹主解衣冠授焉（遼史太宗紀十一年冬十月甲子封敬瑭爲晉王十一月丁酉冊敬瑭爲大晉皇帝）文曰維天顯九年歲次丙申十一月丙戌朔十二日丁酉大契丹皇帝若曰於戲元氣肇開樹之以君天命不恒人輔惟德故商政衰而周道盛秦德亂而漢圖昌人事天心古今靡異咨爾子晉王神鍾睿哲天贊英雄叶夢日以儲祥應澄河而啓運迨事數帝歷試諸艱武略文經迺由天縱忠規孝節固自生知猥以眇躬奄有北土暨明宗之享國也與我先哲王保奉明契所期子孫順承患難相濟丹書未泯白日難欺顧予纂承匪敢失墜爾惟近戚實係本枝所以予視爾若子爾待予猶父也朕昨以獨夫從珂本非公族竊據寶圖棄義忘恩逆天暴物誅翦骨肉離間忠良聽任矯讒威虐黎獻華夷震悚內外崩離知爾無辜爲彼致害敢徵衆旅來逼嚴城雖併吞之志甚堅而幽顯之情何負達予聞聽深激憤驚乃命興師爲爾除患親提萬旅遠殄羣兇但赴急難罔辭艱險果見神祇助順卿士協謀旗一麾而棄甲平山鼓三作而殭尸徧野雖以遂予本志快彼羣心將期稅駕金河班師玉塞矧今中原無主四海未寧茫茫生民若墜塗炭況萬幾不可以暫廢大寶不可以久虛拯溺救焚當在此日爾有庇民之德格于上下爾有勘難之勳光于區宇爾有無私之行通乎神明爾有不言之信彰乎兆庶予懋乃德嘉乃丕績天之歷數在爾躬是用命爾當踐皇極仍以爾自茲并土首建義旗宜以國號曰晉朕永與爲父子之邦保山河之誓於戲補百王之闕禮行玆盛典成千載之大義遂我初心爾其永保兆民勉持一德愼乃有位允執厥中亦惟無疆之休其誡之哉禮畢帝鼓吹道從而歸始梁開國之歲即前唐天祐四年也潞州行營使李思安奏壺關縣庶穰鄉鄉人伐樹樹倒自分兩片內有六字如左書云天十四載石進梁祖令藏于武庫然莫詳其義至帝即位識者曰天字取四字中兩畫加之于旁則丙字也四字去中之兩畫加十字則申字也帝即位之年乃丙申也又易云晉者進也國號大晉皆符契焉又帝即位之前一年歲在乙未鄴西有柵曰李固淸淇合流在其側柵有橋橋下大鼠與蛇鬭鬭及日之中蛇不勝而死行人觀者數百識者志之後唐末帝果滅于申又末帝眞定常山人也有先人舊廬其側有古佛剎剎有石像忽搖動不已人皆異之及重圍晉陽帝遣心腹何福輕騎求援北蕃蕃主自將諸部赴之不以繒帛不以珠玉若響應聲謂福曰吾已兆于夢皆上帝命我非我意也（契丹國志引紀異錄云契丹主德光常晝寢夢一神人花冠美姿容輜軿甚盛忽自天而下衣白衣佩金帶執錯有異人十二隨其後內一黑兔入德光懷而失之神人語德光曰石郎使人喚汝汝須去覺告其母母忽之不以爲異後復夢即前神人也衣冠儀貌儼然如故曰石郎已使人來喚汝旣覺而驚復以告母母曰可命筮乃召巫筮言太祖從西樓來言中國將立天王要爾爲助爾須去未浹旬唐石敬瑭反于河東爲後唐張敬達所敗亟遣趙瑩持表重賂許割燕雲求兵爲援契丹主曰我非爲石郎興師乃奉天帝敕使也）時援兵未至僞將張敬達引軍逼城設柵柵將成忽有大風暴雨柵無以立後築長城城就又爲水潦所壞城終不能合晉陽有北宮城之上有祠曰毗沙門天王帝曾焚修默而禱之經數日城西北闉正受敵處軍候報稱夜來有一人長丈餘介金執殳行于城上久方不見帝心異之又牙城有僧坊曰崇福坊之廡下西北隅有泥神神之首忽一日有煙生其騰郁如曲突之狀坊僧奔赴以爲人火所延及俯而視之無所有焉事尋達帝帝召僧之臘高者問焉僧曰貧道見莊宗將得天下曾有此煙觀此噴湧甚于當時兆可知矣自此日旁多有五色雲氣如蓮芰之狀帝召占者視之謂曰此驗應誰占者曰見處爲瑞更應何人又帝每詰旦使慰撫守陴者率以爲常忽一夕已暝城上有號令之聲聲不絕者三帝使人問之將吏云從上傳來者皆知神助時城中復有數家井泉暴溢不止及蕃軍大至合勢破之末帝之衆似拉朽焉斯天運使然非人力也是日帝言于契丹主願以鴈門已北及幽州之地爲壽仍約歲輸帛三十萬契丹主許之

舊五代史卷七十五攷證

晉高祖紀一本衞大夫碏漢丞相奮之後　案歐陽史作其姓石氏不知其得姓之始

皇考諱紹雍　紹雍原本作詔雍攷五代會要歐陽史俱作紹雍今改正

命帝領親騎號三討軍　三討軍歐陽史作左射軍

乃命築壇于晉陽城南　案通鑑作築壇于柳林遼史亦作設壇晉陽

歲次丙申十一月丙戌朔十二日丁酉　案通鑑攷異引廢帝實錄契丹立晉誤在閏月丁卯辨正在唐紀歐陽史及通鑑並從晉紀作十一月丁酉

四字去中之兩畫　案原本作中去之兩畫今從冊府元龜改正

帝遣心腹何福輕騎求援北蕃　案原本闕帝遣心腹四字今從冊府元龜增入

舊五代史卷七十六

宋門下侍郎參知政事監修國史薛居正等撰

晉書第二

高祖紀二

天福元年十一月己亥帝御北京崇元殿降制改長興七年爲天福元年大赦天下十一月九日昧爽已前應在京及諸州諸色罪犯及曾授僞命職掌官吏并見禁囚徒已結正未結正已發覺未發覺罪無輕重常赦不原者咸赦除之應明宗朝所行敕命法制仰所在遵行不得改易其在京鹽貨元是官場出糶自今後並不禁斷一任人戶取便糴易仍下太原府更不得開場糴貨其麴每斤與減價錢三十文以節度判官趙瑩爲翰林學士承旨守尚書戶部侍郎知河東軍府事以節度掌書記桑維翰爲翰林學士守尚書禮部侍郎知樞密院事以觀察判官薛融爲吏部郎中兼侍御史知雜事太原縣令羅周岳爲左諫議大夫節度推官竇貞固爲翰林學士軍城都巡檢使劉知遠爲侍衞馬軍都指揮使客將景延廣爲步軍都指揮使太原少尹李玘爲尚書工部侍郎閏十一月甲子晉安寨副招討使楊光遠等殺上將張敬達以諸軍來降丙寅制以翰林學士承旨知河東軍府戶部侍郎知制誥趙瑩爲門下侍郎同中書門下平章事監修國史以翰林學士權知樞密事禮部侍郎知制誥桑維翰爲中書侍郎同中書門下平章事集賢殿大學士依前知樞密院事並賜推忠興運致理功臣甲戌車駕至昭義受趙德鈞延壽降是日契丹主舉酒謂帝曰予遠來赴義大事已成皇帝須赴京都今令大詳衮勒兵相送至河梁要過河者任意多少予亦且在此州俟洛京平定便當北轅執手相泣久不能別脫白貂裘以衣帝贈細馬二十匹戰馬一千二百匹仍誡曰子子孫孫各無相忘己卯至河陽北節度使萇從簡來降舟楫已具庚辰望見洛陽煙火相次有將校飛狀請進辛巳唐末帝聚其族與親將宋審虔等登元武樓縱火自焚而死至晚車駕入洛唐兵解甲待罪皆慰而舍之帝止潛龍舊第百官稍稍見焉詔御史府促朝官入見詔文武兩班臣僚應事僞廷者並釋罪是日百辟謝恩于宮門之外甲申車駕入內御文明殿受朝賀用唐禮樂制大赦天下應中外諸色職掌官吏內曾有受僞命者一切不問僞廷賊臣張延朗劉延皓劉延朗等並姦邪害物貪猥弄權罪旣滿盈理難容貸除此三人已行赦命指揮外其有宰臣馬允孫樞密使房暠宣徽使李專美河府節度使韓昭允等四人並令釋放少帝宜令中書門下追尊定謚擇日禮葬妃孔氏宜行追冊祔葬應天下節度使刺史下賓席郡職及將校等委中書門下各與改轉官資其北京管內鹽鑊戶合納逐年鹽利昨者僞命指揮每斗須令人戶折納白米一斗五升極知百姓艱苦自今後宜令人戶以元納食鹽石斗數目每斗依實價計定錢數取人戶便穩折納斛斗其洛京管內逐年所配人戶食鹽起來年每斤特與減價錢十文應諸道商稅仰逐處將省司合收稅條例牓于本院前牓內該設名目者即得收稅十二月乙酉朔幸河陽餞送大詳衮蕃部兵士歸國詔降末帝爲庶人丁亥制以司空馮道守本官兼門下侍郎平章事宏文館大學士以步軍都指揮使符彥饒爲滑州節度使以河陽節度使萇從簡爲許州節度使以澤州刺史劉凝爲華州節度使以皇子重乂爲河南尹庚寅以滑州節度判官石光贊爲宗正卿辛卯以舊相姚顗爲刑部尚書時自秋不雨經冬無雪命羣官徧加祈禱癸巳以鄜州節度使張希崇爲靈武節度使鄧州節度使皇甫遇爲定州節度使詔國朝文物制度起居入閤宜依唐明宗朝事例施行鎭州衙內都虞候祕瓊作亂逐副使

李彥琦殺都指揮使胡章同州小校門鐸殺節度使楊漢賓燒劫州城丙申帝爲明宗皇后曹氏薨舉哀于長春殿輟朝三日詔封故東丹王李贊華爲燕王遣前單州刺史李肅部署歸葬本國以右拾遺吳涓爲左補闕充樞密院學士己亥以汴州節度使李周充西京留守以前河中節度使李從璋爲鄧州節度使磁州奏草寇攻城三日而退庚子帝爲皇弟故彰聖指揮使敬殷沂州指揮使敬德檢校太子賓客敬友舉哀于長春殿以舊相盧文紀爲吏部尚書以皇城使周環爲大將軍充三司使以左贊善大夫馬重績爲司天監青州奏節度使房知溫卒詔鄆州王建立以所部牙兵往青州安撫中書門下奏請以來年二月二十八日帝慶誕日爲天和節從之

天福二年春正月甲寅朔帝御文明殿受朝賀仗衛如式乙卯日有食之是夜有赤白氣相間如耕壟竹林之狀自亥至丑生北濁過中天明滅不定徧二十八宿徹曙方散丁巳故皇弟敬德敬殷並贈太傅皇子重乂重進重英並贈太保右神武統軍康思立卒輟視朝贈太子少師是日詔曰唐莊宗陵名與國諱同宜改爲伊陵應京畿及諸州縣舊有唐朝諸帝陵并眞源等縣並不爲次赤卻以畿甸緊望爲定其逐處縣令不得以陵臺結銜考滿日依出選門官例指揮隔任後準格例施行其宋州亳州節度使刺史落太清宮使副名額庚申以前吏部郎中兼侍御史知雜事王松爲左諫議大夫水部郎中王易簡本官知制誥定州奏契丹改幽州爲南京中書奏請立宗廟從之以翰林學士工部侍郎和凝爲禮部侍郎依前充職詔內外文武臣僚並與加恩皇基初造示普恩也太子少保致仕華溫琪卒贈太子太保是日詔應朝臣中有藉才特除外任者秩滿無遺闕將來擬官之時在外一任同在朝一任升進其就便自求外職及不是特達選任者不在此限安州上言節度使盧文進殺行軍副使率部下親兵過淮以前天平軍節度使檢校太尉兼侍中王建立爲平盧軍節度使以守司空門下侍郎平章事宏文館大學士馮道兼諸道鹽鐵轉運等使天雄軍節度使兼中書令范延光改封秦國公加食邑實封鳳翔節度使兼中書令西平王李從曮加食邑實封乙丑以端明殿學士禮部侍郎呂琦爲檢校工部尚書祕書監丙寅改中興殿爲天福殿門名從之湖南節度使楚王馬希範加食邑實封改賜功臣名號前昭義節度使檢校太傅同平章事高行周起復右金吾衛大將軍依前昭義軍節度使泰寧軍節度使李從溫荊南節度使南平王高從誨歸德軍節度使趙在禮並加食邑實封改功臣名號以端明殿學士戶部侍郎李崧爲兵部侍郎判戶部以左諫議大夫王松判度支魏府范延光奏當管夏津鎮捕賊兵士誤殺部新齊州防禦使祕瓊初延光將萌異志使人潛結于瓊諾之及是以瓊背其謀密使精騎殺之由是延光反狀明矣以工部侍郎李玘檢校右僕射爲汾州刺史以前彰國軍節度使尹暉爲左千牛衛上將軍是日詔曰西天中印土摩竭陁舍衛國大菩提寺三藏阿闍梨沙門室利縛羅宜賜號宏梵大師庚午涇州節度使李德珫徐州節度使安彥威秦州節度使康福延州節度使劉景巖襄州節度使安從進夏州節度使李彝殷並加食邑實封壬申正衙備禮冊贈故皇弟皇子等丙子故契丹入皇王歸葬輟視朝一日改汴州雍丘縣爲杞縣避廟諱也戊寅以兵部侍郎判戶部李崧爲中書侍郎同中書門下平章事充樞密使以權知樞密使事中書侍郎同中書門下平章事集賢殿學士桑維翰爲樞密使是日詔曰應天開國恭己臨人宜覃繼絕之恩以廣延洪之道宜于唐朝宗屬中取一人封公世襲兼隋之酅公爲二王後以奉周介公備三恪主其祭祀及赴大朝會（五代會要載原敕云其唐朝宗屬中舊在朝及諸道爲官者各據資歷考限滿日從品秩序遷已有出身任令參選）以前鎮國軍節度使皇甫立爲神武統軍以前宗正卿李郁爲太子賓客庚辰以吏部侍郎龍敏判戶部二月丙戌以尚食使安友規充葬明宗皇后監護使以河陽節度使安審暉爲鄜州節度使癸巳詔停北京西北面計度司事吳越國王錢元瓘加食邑實封改賜功臣名號己亥詔應諸道行軍副使等得替後且就私家取便安止限一年後方得赴闕當使與比擬壬寅詔應諸道馬步都虞候自今後朝廷更不差補委自藩方于本州衙前大將中慎選久歷事任曉會刑獄者充以三年限仍不得于元隨職員內差補以左散騎常侍孔昭序爲太子賓客尚書左僕射劉昫右僕射盧質並加食邑實封甲辰以滄州留後馬全節爲橫海軍節度使以太子賓客韓惲爲貝州刺史左羽林統軍羅周敬爲右金吾衛上將軍丙午以皇子左驍衛上將軍重信爲檢校太保河陽三城節度使以權知河陽軍州事周瓌爲安州節度使詔中外臣僚或因差使出入並不得薦屬人于藩鎮希求事任如有犯者並準唐長興二年敕條處分戊申中書舍人陳乂改左散騎常侍應在朝文武百僚及見任刺史先代未封贈者與加封贈母妻未敍封者並與敍封辛亥天和節帝御長春殿召左右街僧錄威儀殿內譚經循舊式也三月甲寅制北京留守太原尹皇子重貴封食邑三百戶刑部侍郎張鵬改兵部侍郎己未御史臺奏唐朝定令式南衙常參文武百僚每日朝退于廊下賜食謂之常食自唐末亂離常食漸廢仍于入閤起居日賜食每入閤禮畢閤門宣放仗羣官俱拜謂之謝食至僞主清泰年中入閤禮畢更差中使至正衙門口宣賜食百官立班重謝此則交失唐朝賜食之意于禮實爲太煩臣恐因循漸失根本起今後入閤賜食望不差中使口宣準唐明宗朝事例處分從之（五代會要載其年四月御史臺奏文武百官每月朔望入閤禮畢賜廊下食在京時祗于廟堂幕次兩廊下今在行朝于正衙門外權爲幕次房廊隘狹伏恐五月一日朝會禮畢準例賜食于幕次難爲排比伏見唐明宗時兩省官于文明殿前廊下賜食今未審入閤日權于正衙門內兩廊下排比賜食爲復別有處分敕宜依明宗時舊規廊下賜食）中書奏準敕故庶人三月七日以王禮葬其妻男等並以禮葬請輟其日朝參一日從之以宣徽南院使楊彥詢爲左監門衛上將軍依前充宣徽使兗州李從溫奏節度副使王謙搆軍士作亂尋已處置丙寅詔王者省方設教靡憚于勤勞養士撫民必從其宜便顧惟涼德肇啓丕圖常務去于煩苛冀漸臻于富庶念京城似援之後屬舟船焚爇之餘饋運頓虧支費殊闕將別謀于飛輓慮轉困于生靈以此疚心未嘗安席今以夷門重地梁苑雄藩水陸交通舟車畢集爰資經度須議按巡寧免暫勞所期克濟取今月二十六日巡幸汴州云（通鑑范延光聚卒繕兵悉召巡內刺史集魏州將作亂會帝謀徙都大梁桑維翰曰大梁北控燕趙南通江淮水陸都會資用富饒今延光反形已露大梁距魏不過十驛彼若有變大軍尋至所謂疾雷不及掩耳也丙寅下詔託以洛陽漕運有闕東巡汴州）以前貝州刺史史圭爲刑部侍郎充諸道鹽鐵轉運副使前澤州刺史閻至爲戶部侍郎詔車駕經過州府管界所有名山大川帝王陵廟名臣祠墓去路十里者令本州排比祗候駕經過日以酒脯祭告左僕射劉昫等議立宗廟以立高祖已下四親廟其始祖一廟伏候聖裁御史中丞張昭遠議請依隋唐之制立四廟推四世之中名位高者爲太祖詔下百官定議百官請依唐廟追尊四廟爲定從之甲戌以右龍武統軍楊思權爲左衛上將軍乙亥前鄜州節度使張萬進加檢校太傅前宋州節度使李從敏加檢校太尉以吏部郎中兼侍御史知雜事薛融爲左諫議大夫以兵部郎中段希堯爲右諫議大夫戊寅以戶部尚書王權爲兵部尚書工部尚書崔居儉爲戶部尚書兵部尚書李鏻爲太子少保兵部尚書致仕裴皞爲工部尚書東上閤門使李守貞爲右龍武將軍充職庚辰車駕離京四月癸未朔至鄭州防禦使白景友進牲餼器皿帝曰不出民力否景友曰臣畏陛下法皆辦于已俸命收之甲申駕入汴州丁亥制應天福二年四月五日昧爽已前諸道州府見禁囚徒大辟已下罪無輕重並釋放天福元年已前諸道州府應係殘欠租稅並特除免諸道係徵諸色人欠負省司錢物宜令自僞清泰元年終已前所欠者據所通納到物業外並與除放昨者行至鄭州滎陽縣界路旁見有蟲食及旱損桑麥處委所司差人檢覆量與蠲免租稅河陽管內酒戶百姓應欠天福元年閏十一月二十五日已前不數年額麴錢並放其諸處應經兵火者亦與指揮當罪即誅式明常典既往可憫宜示深仁僞清泰中臣僚內有從誅戮者並許收葬天下百姓有年八十已上者與免一子差徭仍逐處簡署上佐官梁故滑州節度使王彥章効命當時致身所事稟千年之正氣流百代之令名宜令超贈太師子孫量才敘錄應諸道州府管界有自僞命抽點鄉兵之時多是結集劫盜因此畏懼刑章藏隱山谷宜令逐處曉諭招攜各令復業自今年四月五日已前爲非者一切不問如兩月不歸業者復罪如初丁酉宣武軍節度使侍衛親軍使楊光遠加兼侍中己亥陝州節度使侍衛都虞候劉知遠加檢校太保庚子北京鄴都徐兗二州並奏旱詔今後立妃及拜免三公宰相及命將封親王公主宜令並降制命餘從令式處分夏五月壬子朔帝御崇元殿受朝賀仗衛如式詔洛京魏府管內所徵今年夏苗稅物等宜放五分之一以徵旱故也丙辰御史中丞張昭遠奏汴州在梁室朱氏稱制之年有京都之號及唐莊宗平定河南復廢爲宣武軍至明宗行幸之時掌事者因緣修葺衙城遂掛梁室時宮殿門牌額當時識者或竊非之一昨車駕省方暫居梁苑臣觀衙城內齋閤牌額一如明宗行幸之時無都號而有殿名恐非典據臣竊尋秦漢已來寰海之內鑾輿所至多立宮名近代隋室于揚州立江都宮太原立汾陽宮岐州立仁壽宮唐朝于太原立晉陽宮同州立長春宮岐州立九成宮宮中殿閣皆題署牌以類皇居請準故事于汴州衙城門權挂一宮門牌額則餘齋閣並可取便爲名敕行闕宜以大寧宮爲名湖南青草廟舊封安流侯進封廣利公洞庭廟進封靈濟公磊石廟舊封昭靈侯進封威顯公黃陵二妃廟舊封懿節廟改封昭烈廟從馬希範之請也戊午以前成德軍節度判官

張彥爲太府卿壬戌詔在朝文武臣僚每人各進封事一件仍須實封通進務禆闕政用副虛懷甲子以虞部郎中知制誥于嶠爲中書舍人以戶部郎中于遘爲虞部郎中知制誥故太子少保致仕朱漢賓贈司空乙丑六宅使王繼宏送義州衙前收管前洺州團練使高信送復州收管二人于崇禮門內喧爭爲臺司所劾故也戊辰翰林學士戶部員外郎知制誥竇貞固改工部郎中知制誥翰林學士都官郎中知制誥李愼儀改中書舍人仍賜金紫並依舊充職庚午制封皇第二十一女爲長安公主封皇第十一妹烏氏爲壽安長公主皇第十二妹史氏爲永壽長公主皇第十三妹杜氏爲樂平長公主壬申天雄軍節度使守太傅兼中書令興唐尹范延光進封臨淸王加食邑三千戶鳳翔節度使檢校太師兼中書令西平王李從曮進封岐王丙子平盧軍節度使兼中書令王建立進封臨淄王昭信軍節度使侍衛馬軍都指揮使景延廣改寧江軍節度使典軍如故太常卿梁文矩奏定四廟謚號廟號陵號太常少卿裴坦奏定四廟皇后追尊謚號從之戊寅以中書舍人權知貢舉王延爲御史中丞以翰林學士戶部侍郎知制誥崔梲爲兵部侍郎充承旨以翰林學士承旨兵部侍郎程遜爲檢校禮部尚書太常卿以檢校禮部尚書太常卿梁文矩爲吏部尚書以御史中丞張昭遠爲戶部侍郎以吏部尚書盧文紀爲太子少傅己卯詔太社內先收掌唐朝罪人首級等宜令骨肉或先舊僚屬收瘞其喪葬儀注不得過制六月壬午朔制宗正卿石光贊奏榮陽道左有萬石君石奮之廟德行懿美宜示封崇用光遠祖之徽猷益茂我朝之盛典贈奮太傅癸未契丹使伊勒希巴來聘致馬二百匹及人參貂鼠皮走馬木椀等物乙酉翰林學士司封員外郎知制誥王仁裕改都官郎中右贊善大夫盧損改右散騎常侍前有朝旣故也以祕書少監致仕劉頎爲鴻臚卿致仕前光祿少卿尹玉羽以少府監致仕丙戌宰臣李崧上表讓樞密使于趙瑩以瑩佐命之元臣也詔不允以前義成軍節度使李彥舜爲左武衛大將軍以左散騎常侍唐汭爲檢校禮部尚書國子祭酒以前左龍武統軍李承約爲左驍衛上將軍戊子宰臣趙瑩自契丹使迴癸巳東都奏瀛鄚河溢壞金沙灘內舍屋幽州趙思温奏瀛莫兩州元係當道其刺史常行周白彥球乞發遣至臣本府詔遣行周等赴闕甲午六宅使張言自魏府迴奏范延光叛命滑州符彥饒飛奏有兵士自北來傳范延光到黎陽乞發兵屯禦宣遣客省使李守貞往延光所問罪尋命護聖都指揮使白奉進領騎士一千五百赴白馬渡巡檢乙未魏府范延光男閑廄使守圖送御史臺擄荊南節度行軍司馬檢校太保歸州刺史王保義加檢校太傅知武泰軍節度觀察留後充荊南行軍司馬兼沿淮巡檢使襄州奏江水漲一丈二尺丁酉遣內班史進能押信箭一對往滑州賜符彥饒以前磁州刺史劉審交爲魏府計度使以東都巡檢使張從賓充魏府西南面都部署遣侍衛使楊光遠領步騎一萬赴滑州以東都副留守張延播充洛京都巡檢使白奉進奏捉得賊卒張柔稱范延光差澶州刺史馮暉充一行都部署元從都押衙孫銳充一行兵馬都監帝覽奏謂侍臣曰朕雖寡德寡謀自謂不居延光之下而馮暉孫銳過于兒戲朝夕就擒安能抗拒大軍爲我之患乎天平軍節度使安審琦起復舊任翰林學士禮部侍郎和凝改端明殿學士乙巳范延光差牙將王知新齎表到闕不令朝見收付武德司丁未詔侍衛使楊光遠充魏府西面都部署以張從賓充副兼諸軍都虞候昭義節度使高行周充魏府西面都部署是日張從賓亦叛與范延光協謀害皇子河陽節度使重信皇子東都留守重乂己酉以奉國都指揮使侯益護聖都指揮使杜重威領步騎五千往屯汜水關備從賓之亂也（通鑑七月張從賓攻汜水關殺巡檢使宋廷浩帝戎服嚴輕騎將奔晉陽以避之桑維翰叩頭苦諫曰賊鋒雖盛勢不能久請少待之不可輕動帝乃止）七月辛亥兩浙錢元瓘奏弟吳越士客馬步諸軍都指揮使靜海軍節度使元球非時入府欲謀爲亂屢下搜得匕首已誅戮訖詔削元球在身官爵甲寅奉國都指揮使馬萬奏滑州節度使符彥饒作亂屠害侍衛馬軍都指揮使白奉進尋以所部兵擒到彥饒差立功都虞候方太押送赴闕尋賜死于路是日削奪范延光在身官爵以馬萬爲滑州節度使以昭義節度使高行周爲河南尹東都留守充西面行營諸軍都部署以護聖左右廂都指揮使杜重威爲昭義節度使兼侍衛馬軍都指揮使充西面行營副部署以奉國都指揮使侯益爲河陽節度使以右神武統軍王周充魏府行營步軍都指揮使以滑州節度使馬萬充魏府行營馬軍都指揮使以左僕射劉昫充東都留守兼判河南府事杜重威等奏收下汜水關破賊千人張從賓及其殘黨奔投入河兼收到護聖指揮使曹再晟一百人騎稱背賊投來並送赴行闕升貝州爲防禦使額皇子故東都留守重乂贈太傅皇子故河陽節度使重信贈太尉敕朋助張從賓逆人張延播張繼祚等十八人宜令收捕親的骨肉並處斬丁卯以唐開府儀同三司守太尉兼中書令西平王李晟五代孫䶮爲耀州司戶參軍示勸忠之義也壬申帝御崇元殿備禮冊四廟親授寶冊于使攝太尉守司空門下侍郎平章事馮道使副攝司徒守工部尚書裴皡赴洛京行禮甲戌以宰臣趙瑩判戶部以吏部侍郎判戶部龍敏爲東都副留守詔洛京留司百官並赴闕安州軍亂指揮使王暉害節度使周瓌于理所遣右衛上將軍李金全領千騎赴安州八月辛巳以許州節度使萇從簡爲徐州節度使以陝州節度使侍衛馬步軍都虞候劉知遠爲許州節度使以權北京留守徐州節度使安彥威爲太原尹北京留守河東節度使宰臣監修國史趙瑩奏請循近例依唐明宗朝凡有內廷公事及言動之間委端明殿學士或樞密院學士侍立晃旒繫日編錄逐季送當館其百司公事亦望逐季送當館旋要編修日歷從之丁亥以前宋州節度使李從敏爲陝州節度使戊子以尚書左丞鄭韜光爲戶部尚書致仕改元德殿爲廣政殿門名從之庚子華州奏渭河泛溢害稼宰臣馮道加開府儀同三司食邑實封左僕射劉昫加特進兼鹽鐵轉運等使故東京留守判官李遐追贈右諫議大夫其母田氏封京兆郡太君子孫量才敘錄仍加賻贈長給遐在身祿俸終母之世先是遐監左藏庫于洛陽會張從賓判命劫取錢帛遐拒而不與因而遇害故有是命乙巳詔天下見禁囚徒除十惡五逆放火劫舍持仗殺人合造毒藥官典犯贓欠負官錢外其餘不問輕重已發覺未發覺已結正未結正並從釋放應自張從賓作亂已來有曾被張從賓及張延播脅從染汙者及符彥饒下隨身軍將等兼安州王暉徒黨除已誅戮外並從釋放一切不問張繼祚在喪紀之中承逆豎之意顯從叛亂難貸刑章乃睠先臣實有遺德遽茲乏祀深所軫懷其一房家業準法雖已籍沒所有先臣并祖父母墳莊祠堂並可交付骨肉主張應自梁朝後唐已來前後奉使及北京沿邊管界擄掠往向北人口宜令官給錢物差使齎持往彼收贖放歸本家云繼祚故齊王全義之子也故有是詔丙午詔天下刑獄繫囚染疾者宜差醫工治療官中量給藥價事輕者仍許家人看候合杖者俟損日決遣九月庚戌朔以前太府卿兼通事舍人陳璝爲衛尉卿兼通事舍人壬子故安遠軍節度使周瓌贈太傅甲寅皇子北京留守知河東軍府事太原尹重貴加檢校太保爲右金吾衛上將軍以右龍武統軍安崇阮爲右衛上將軍以前保大軍節度使檢校太傅張萬進爲右龍衛軍統軍以右領軍衛上將軍權知安州軍州事李金全爲安遠軍節度使魏府招討使楊光遠進攻城圖戊午以太子賓客孔昭序爲工部尚書致仕將作少監高鴻漸上言伏覩近年已來士庶之家死喪之苦當殯葬之日被諸色音聲伎藝人等作樂攪擾求覓錢物請行止絕從之庚申靜江軍節度使檢校太尉同平章事馬希杲加階爵及功臣名號以前兵部侍郎楊凝式爲檢校兵部尚書太子賓客故右金吾衛上將軍羅周敬贈太傅乙丑鄧州節度使李從璋卒贈太師改興唐府爲廣晉府興唐縣爲廣晉縣癸酉以左諫議大夫判度支王松爲尚書工部侍郎甲戌貝衛兩州奏河溢害稼乙亥以將作監王延爲太子賓客十月壬午以宣徽南院使左監門衛上將軍楊彥詢爲鄧州威勝軍節度使詔選人試判兩道以左司郎中張琢爲右諫議大夫以刑部侍郎鹽鐵轉運副使史圭爲吏部侍郎以曹州刺史宋光業爲宣徽北院使以左金吾衛大將軍高漢筠爲左驍衛大將軍充內客省使以宣徽北院使左驍衛大將軍劉處讓爲左監門衛上將軍充宣徽南院使丙戌遣使祀五嶽四瀆故天平軍節度使閻寶追封太原郡王故大同軍節度使李存璋贈太師故瀛州刺史李嗣頵贈太尉故相州刺史史建瑭故代州刺史王建及並贈太保故幽州節度使周德威追封燕王十一月庚戌賜楊光遠空名官告自司空至常侍凡四十道將士立功者得補之而後奏中書上言準唐貞元二年九月五日敕文官充翰林學士及皇太子諸王侍讀武官充禁軍職事並不常朝參其在三館等諸職事者並朝參訖各歸所務自累朝以來文武在內廷充職兼判三司或帶職額及六軍判官等例不赴常朝元無正敕準近敕文武職事官未升朝者按舊制並赴朔望朝參其翰林學士侍讀三館職事望準元敕處分其諸在內廷諸司使等每受正官之時來赴正衙謝後不赴常朝大朝會不離禁廷位次三司職官免常朝惟赴大朝會其京司未升朝官員祗赴朔望朝參帶諸司職掌者不在此例文官除端明殿翰林學士樞密院學士中書省知制誥外有兼官兼職者仍各發遣本司公事從之丙辰太子賓客王延卒改潞京潛龍宅爲廣德宮北京潛龍宅爲興義宮戊午中書奏準雜令車駕巡幸所祗承者賜會並同京官從之戊辰鎮海鎮東節度使吳越王錢元瓘加天

下兵馬副元帥封吳越國王庚午以右拾遺李澣充翰林學士甲戌命太常卿程遜兵部員外郎韋棁充吳越國王加恩使丙子以戶部侍郎張昭遠守本官充翰林學士仍知制誥丁丑湖南馬希範貢寶裝龍鳳器用結銀花果子等物帝覽之謂侍臣曰奇巧蕩心斯何用耳但以來遠之道不欲阻其意聞者服之壬午安州李金全上言奉詔抽臣元隨左都押衙胡漢筠其人染重病候損日赴闕漢筠本滑吏也從金全歷數鎭而濫聲諠聞帝知之欲授以他職免貽功臣漢筠懼其罪遂託疾由是勸金全貳于朝廷自此始也十二月以監察御史徐台符爲尙書膳部員外郎知制誥以右補闕史館修撰吳承範爲尙書屯田員外郎知制誥左諫議大夫薛融改中書舍人辭而不拜尙書水部郎中知制誥王易簡改中書舍人故隴西郡王李嗣昭追封韓王故橫海軍節度使安審通贈太師辛丑湖南節度使兼中書令楚王馬希範加食邑實封改賜扶天佐運同德致理功臣甲辰車駕幸相國寺祈雪

舊五代史卷七十六攷證

晉高祖紀二甲戌車駕至昭義　案歐陽史及通鑑並從是書作甲戌至潞州遼史作辛未與是書異

己卯至河陽北　案是書紀作庚辰晉帝至河陽遼史又作辛巳並與此紀異通鑑作己卯與此紀同

乙卯日有食之　案五代春秋作正月乙卯朔日食通鑑攷異引十國紀年蜀人亦以乙卯爲朔蓋晉人避正朝日食故改甲寅朔耳

定州奏契丹改幽州爲南京　南京歐陽史作燕京通鑑遼史契丹國志並作南京

安州上言節度使盧文進殺行軍副使率部下親兵過淮　案盧文進奔吳通鑑作元年十二月五代春秋歐陽史作二年正月與是書同

洞庭廟進封靈濟公　案洞庭廟不載舊封疑有脫文攷五代會要十國春秋並與是書同

嘉石廟舊封昭靈侯進封威顯公　威顯公五代會要作廣利威顯公

以奉國都指揮使侯益爲河陽節度使　案宋史侯益傳晉祖召益謂曰宗社危若綴旒卿能爲朕死耶益曰願假銳卒五千人破賊必矣以益爲西面行營副都部署據是書高行周爲都部署杜重威爲副部署不言侯益爲副都部署與宋史異

杜重威等奏收下汜水關破賊千人張從賓及其殘黨奔投入河　案宋史侯益傳益率禁兵數千人次虎牢從賓軍萬餘人夾汜水而陣益親鼓士乘之大敗其衆擊殺殆盡汜水爲之不流從賓乘馬入河溺死據是書祇言破賊千人與宋史異

安州軍亂指揮使王暉害節度使周瓌于理所　案王暉害周瓌五代春秋通鑑俱不書日歐陽史作丙子是書作甲戌諸史所載俱異

大詳袞舊作大相溫今改　伊勒希巴舊作夷離畢今改

舊五代史卷七十七

宋門下侍郎參知政事監修國史薛居正等撰

晉書第三

高祖紀三

天福二年正月戊申朔帝御崇元殿受朝賀仗衞如式己酉百官守司以太史先奏日食故也至是不虧內外稱賀壬戌是夜以上元張燈于京城縱都人遊樂帝御大寧宮門樓觀之丙寅端明殿學士禮部侍郎和凝兼判度支工部侍郎判度支王松改尙書刑部侍郎戶部郎中高延賞改左諫議大夫充諸道鹽鐵轉運副使壬申以前右諫議大夫薛融爲左諫議大夫前興元節度使張筠卒于西京輟視朝一日五代會要太常禮院申準故事前節度使無例輟朝勅宜特輟一日朝參二月庚辰左散騎常侍張允進駮赦論帝覽而嘉之降詔獎飾仍付史館甲申荊南節度使高從誨加食邑實封戊子翰林學士李澣賜緋魚袋以尙書屯田員外郎知制誥吳承範爲庫部員外郎充樞密院直學士乙未御札曰昔有宣示百官令進封事今據到者未及十人朕雖無德自行敕後已是數月至于假手于人也合各有一件事敷奏食祿于朝豈當如是言而不用朕所甘心用而不言誰之責也丙申制武淸軍節度使馬希萼改威武軍節度使辛丑中書上言禮經云禮不諱嫌名二名不偏諱注云嫌名謂音聲相近若禹與雨丘與區也二名不偏諱謂孔子之母名徵在言在不稱徵言徵不稱在此古禮也唐太宗二名並諱明皇二名亦同人姓與國諱音聲相近是嫌名者亦改姓氏與古禮有異廟諱平聲字即不諱餘三聲諱側聲即不諱平聲字所諱字正文及偏旁闕點畫望依令式施行詔曰朝廷之制今古相沿道在人宏禮非天降方開歷數虔奉祖宗雖踰孔子之文未爽周公之訓所爲二名及嫌名事宜依唐禮施行案太原縣有史匡翰碑立于天福八年匡翰建瑭之子也碑于瑭字空文以避諱而建瑭父諱思仍書敬字蓋當時避諱之體如此乙巳天和節宴近臣于廣政殿三月戊午鴻臚卿劉頎卒贈太子賓客壬戌東上閤門使前司農卿蘇繼顏改鴻臚卿充職回鶻可汗王仁美進野馬獨峯駝玉團碙砂等方物甲戌永壽長公主薨輟朝一日故涇州節度觀察留後盧順密贈右驍衞上將軍丁丑詔禁止私下打造鑄瀉銅器四月丁亥以尙書吏部侍郎盧詹爲尙書左丞中書舍人李詳上疏請沙汰在朝文武臣僚以減冗食仍條貫藩侯郡守凡遇溥恩不得多奏衙前職員妄邀恩澤疏奏嘉之戊子宣武軍節度使侍衞親軍馬步軍都指揮使廣晉府行營都招討使楊光遠加兼中書令昭義節度使侍衞馬軍都指揮使廣晉府行營都排陣使杜重威河陽節度使兼奉國左右廂都指揮使廣晉府行營馬步都虞候侯益並加檢校太傅鳳翔節度使檢校太師兼中書令岐王李從曮進封秦王平盧軍節度使檢校太尉兼中書令臨淄王王建立進封東平王甲午泰寧軍節度使李從溫西京留守京兆尹李周歸德軍節度使趙在禮並加兼侍中是月諸道藩侯郡守皆等第加恩改雍熙樓爲章和樓避廟諱也五月丁未朔帝御崇元殿受朝仗衞如式丁巳詔應諸州縣名犯廟諱者並改之庚申以楊光遠男承祚爲檢校工部尙書左威衞將軍駙馬都尉丁卯魏府行營步軍都指揮使檢校司徒右神武統軍王周加檢校太保戊辰故振武節度使李嗣本贈太尉己巳詔中外臣僚帶平章事侍中中書令及諸道節度使並許私門立戟仍並官給及據官品依令式處分六月丁丑右監門衞上將軍王彥璘卒甲申以太子詹事王居敏權置安邑解縣兩池榷鹽事左諫議大夫薛融上疏請停修洛京大內優詔褒之尋罷營造庚寅翰林學士尙書工部郎中知制誥竇貞固改中書舍人充職戶部尙書致仕蕭遽卒贈右僕射詔貢舉宜權停一年以員闕少而選人多常調有淹滯故也丁酉詔尙書司門應管諸關令丞等宜準唐天成四年四月四日敕本司不得差補祇委關鎭使鈐轄見差補者並畫時勒停訖奏聞應常帶使相節度使自楊光遠已下凡七人並改鄉里名號七月丙午朔差左諫議大夫薛融祕書監呂琦駕部員外郎兼侍御史知雜事劉皡刑部郎中司徒詡大理正張仁瑑同共詳定唐明宗朝編敕庚戌御史中丞王延改尙書右丞尙書右丞盧導改尙書吏部侍郎以左諫議大夫薛融爲御史中丞辛酉製皇帝受命寶以受天明命惟德允昌爲文據六典受命寶者天子修封禪禮神祇則用之其始皆破皇業錢以製之皇業者藩邸主事之所有也五代會要天福三年六月中書門下奏準敕製皇帝受命寶今案唐貞觀十六年太宗文皇帝所刻之璽白玉爲螭首其文曰皇帝景命有德者昌敕宜以受天明命惟德允昌爲文刻之壬戌虞部郎中知制誥于遘改中書舍人宰臣趙瑩桑維翰李崧各改鄉里名號荊南節度使高從誨本貫汴州浚儀縣王畿鄉表節東坊改爲擁旌鄉浴鳳里八月戊寅以左僕射劉昫爲契丹冊禮使左散騎常侍韋勳副之給事中盧重爲契丹皇太后冊禮使壬午魏府軍前奏前澶州刺史馮暉自逆城來歸定州奏境內旱民多流散詔曰朕自臨寰宇每念生民務切撫綏期于富庶屬干戈之未戢慮徭役之或煩惟彼中山偶經夏旱因茲疾苦遽至流移達我聽聞深懷惻憫應定州所差軍前夫役逃戶夏秋稅並放甲申襄州奏漢江水漲一丈一尺己丑以前澶州刺史馮暉爲檢校太保充義成軍節度使鄜河府同州綏州等三處災旱逃移人戶下所欠累年殘稅并今年夏稅差科及麥苗子沿徵諸色錢物等並放其逃戶下秋苗據見檢到數不計是元額及出剩頃畝並放一半委觀察使散行曉諭專切攜應歸業戶人仍指揮逐縣切加安撫翰林學士中書舍人竇貞固上言請令文武百僚逐司之內各奏舉一人述其人有某能堪爲某官某職據所薦藏否定舉主黜陟宋史竇貞固傳載此疏略云爲國之要進賢是先陛下方樹丕基宜求多士乞降詔百僚令各司議定一人有何能識堪何職官朝廷依奏用之若能符薦引果謂當才所奏之官宜加獎賞如乖其舉或涉徇私所奏之官宜加黜罰自然官由德序位以才升三人同行尙聞擇善十目所視必不蓋知臣職在論思敢陳狂狷疏奏嘉之仍令文武百官于搢紳之內草澤之中知灼然有才器者列名以奏宴契丹冊禮使于廣政殿戊戌鄆州奏陽穀縣界河決青州王建立奏高麗國宿衞質子王仁翟乞放歸鄉里從之辛丑鎭邢定三州奏奉詔共差樂官六十七人往契丹詔魏府城下自屯軍已來墳墓多經劚掘雖已差人收掩今更遣太僕卿邢德昭往伸祭奠九月己酉宮苑使焦繼勳自軍前押范延光牙將馬諤齎歸命請罪表到闕壬子延光領部下士素服于本府門俟命有詔釋罪乙卯詔司空兼門下侍郎平章事馮道官一品給門戟十六枝中書侍郎平章事桑維翰李崧給門戟十二枝己未宣遣靜鞭官劉守威左金吾仗勘契官王英司天臺雜叫學生商皡等並赴契丹庚申契丹使人往洛京般取趙氏公主宋史趙贊傳德鈞父子降契丹盡錮之北去贊獨與母公主留西洛天福三年晉祖命贊奉母歸薊門襄州奏漢江水漲三丈出岸害稼東都奏洛陽水漲一丈五尺壞下浮橋乙丑于闐國王楊仁美遣使

貢方物回鶻可汗遣使貢駝馬丙寅趙延壽進馬謝恩放燕國長公主歸幽州范延光差節度副使李式到闕奉表首罪兼進玉帶一條遣宣徽南院使劉處讓權知魏府軍府事己巳復范延光官爵其制略曰頃朕始登大寶未靜中原六飛纔及于京師千里未通于懷抱楚王求舊方在遺簪曾子傳疑忽成投杼尋聞悛悔遽致姦同干戈俄至于經時雷雨因思于作解果馳賓介疊貢表章向丹闕以傾心瀝素誠而効順而況保全黎庶完整甲兵納款斯來其功非細得不特頒鐵契重建牙章封本郡之土茅移樂郊之旌鉞至于將吏咸降絲綸於戲上穹之運四時不忒者信大道之崇三寶所重者慈活萬戶之傷夷息六師之勞瘁遂予仁惻旌爾變通永貽子孫長守富貴激佩光寵可不美歟可復推誠奉義佐運致理功臣天雄軍節度管內觀察處置等使開府儀同三司守太傅兼中書令廣晉尹上柱國臨清王食邑一萬戶食實封一千戶改授鄆州刺史天平軍節度鄆齊原本闕一字等州觀察處置等使賜鐵券改封高平郡王仍令擇日備禮冊命以天雄軍節度副使檢校刑部尚書李式檢校尚書右僕射充亳州團練使以貝州刺史孫漢威爲檢校太保隴州防禦使以天雄軍三城都巡檢使薛霸爲檢校司空衞州刺史以天雄軍馬步軍都指揮使王建爲檢校司空虢州刺史以天雄軍內外馬軍都指揮使藥元福爲檢校司空深州刺史以天雄軍內外步軍都指揮使安元霸爲檢校司空隨州刺史以天雄軍都監前河陽行軍司馬李彥珣爲檢校司空坊州刺史李式延光之舊僚也其餘皆延光之將佐也故有是命庚午遣客省使李守貞押器幣賜魏府立功將校辛未以魏府招討使楊光遠檢校太師兼中書令行廣晉尹充天雄軍節度使十月乙亥福建節度使王繼恭遣使貢方物戊寅契丹命使以寶冊上帝徽號曰英武明義皇帝歐陽史作契丹使中書令韓頻來奉冊是日左右金吾六軍儀仗太常鼓吹等並出城迎引至崇元殿前陳列如儀鄆州范延光奏到任丙辰御札曰爲國之規在于斂政建都之法務要利民歷攷前經朗然通論顧惟涼德獲啓丕基當數朝戰伐之餘是兆庶傷殘之後車徒既廣帑廩咸虛經年之輓粟飛芻繼日而勞民動衆常煩漕運不給供須今汴州水陸要衝山河形勝乃萬庾千箱之地是四通八達之郊爰自按巡益觀宜便俾升都邑以利兵民汴州宜升爲東京置開封府仍升開封浚儀兩縣爲赤縣其餘升爲畿縣應舊置開封府時所管屬縣並可仍舊割屬收管亦升爲畿縣其洛京改爲西京其雍京改爲晉昌軍留守改爲節度觀察使依舊爲京兆府列在七府之上其曹州改爲防禦州其餘制置並委中書門下商量施行丙戌以護聖左廂都指揮使曹州刺史張彥澤爲鎭國軍節度使以工部尚書裴皞爲尚書左僕射致仕是日詔改大寧宮門爲明德門又改京城諸門名額南門尉氏以薰風爲名西二門鄭門梁門以金義乾明爲名北二門酸棗門封卯門以元化宣陽爲名東二門曹門宋門以迎春仁和爲名戊子以右金吾大將軍馬從斌爲契丹國信使考功郎中劉知新副之以前天平軍節度使檢校太尉同平章事安審琦爲晉昌軍節度使行京兆尹襄州奏江水漲害稼壬辰以樞密使中書侍郎平章事集賢殿大學士桑維翰兼兵部尚書皆罷樞密使案以上疑有闕文據通鑑攷異引晉高祖實錄維翰與李崧並罷樞密使戊戌大赦天下以魏府初平故也庚子楊光遠朝覲到闕對于便殿錫賚甚厚于闐國王李聖天冊封爲大寶于闐國王以杭州嘉興縣爲秀州從錢元瓘之奏也十一月甲辰樞密直學士祠部員外郎吳涓進金部郎中知制誥樞密直學士庫部員外郎吳承範進祠部郎中知制誥乙巳鄆州范延光來朝丙午封閩王昶爲閩國王加食邑一萬五千戶又以中吳建武等軍節度使檢校太師兼中書令蘇州誠州刺史錢元璙爲太傅以清海軍節度使廣州刺史錢元璹爲檢校太尉兼中書令仍改名元懿應有魏府行營將校及六軍諸道本城將校等並與加恩戊申以門下侍郎平章事監修國史判戶部趙瑩兼吏部尚書以成武軍節度福建管內觀察處置等使王繼恭爲特進檢校太傅仍封臨海郡王以魏博節度使楊光遠爲守太尉洛京留守兼河陽節度使判六軍諸衞事端明殿學士尚書禮部侍郎判度支和凝改戶部侍郎充職庚戌鄆州范延光上表乞休退詔不允辛亥升廣晉府爲鄴都置留守升廣晉元城兩縣爲赤縣屬府諸縣升爲畿縣升相州爲彰德軍置節度觀察使以澶衞二州爲屬郡其澶州仍升爲防禦州移于德勝口爲治所升貝州爲永清軍置節度觀察使以博冀二州爲屬郡以西京留守高行周爲廣晉鄴都留守廣晉府行營中軍使貝州防禦使王延允加檢校太傅充相州彰德軍節度使廣晉府行營步軍都指揮使右神武統軍王周爲貝州永清軍節度使甲寅以范延光爲太子太師致仕丙辰以祕書監呂琦爲禮部侍郎歸德軍節度使趙在禮改天平軍節度使昭義軍節度使兼侍衞親軍馬步軍都虞候杜重威改忠武軍節度使忠武軍節度使侍衞親軍馬步軍都指揮使劉知遠改歸德軍節度使前河陽節度使兼奉國左右廂都指揮使侯益改昭義軍節度使癸亥割濮州濮陽縣隸澶州詔許天下私鑄錢以天福元寶爲文丙寅冬至帝御崇元殿受朝賀仗衞如式十二月甲戌朔以前兵部尚書梁文矩爲太子太師以鎭州節度副使符蒙爲右諫議大夫以吏部郎中曹國珍爲左諫議大夫丙子以前涇州彰義軍節度使李德珫爲晉州建雄軍節度使加同平章事以皇太子右金吾衞上將軍重貴爲檢校太傅開封尹封鄭王加食邑三千戶戊寅制以于闐國進奉使檢校太尉馬繼榮爲鎭國大將軍副使黃門將軍國子少監張再通爲試衞尉卿監使殿頭承旨通事舍人吳順規爲試將作少監回鶻使都督李萬金爲歸義大將軍監使雷德順爲順化將軍是日詔宜令天下無問公私應有銅欲鑄錢者一任取便酌量輕重鑄造戊子以河陽潛龍宅爲開晉禪院邢州潛龍舊宅爲廣法禪院龍武統軍李從昶卒輟朝一日贈太尉

舊五代史卷七十七攷證

晉高祖紀三八月戊寅以左僕射劉昫爲契丹冊禮使左散騎常侍韋勳副之給事中盧重爲契丹皇太后冊禮使　案歐陽史八月戊寅馮道及左僕射劉昫爲契丹冊禮使通鑑戊寅以馮道爲太后冊禮使左僕射劉昫爲契丹主冊禮使與是書此紀異

左金吾仗勘契官王英同天臺雜叫學生商暉等　王英歐陽史作王殷商暉歐陽史作殷暉蓋是書避宣祖諱

九月己酉宮苑使焦繼勳自軍前押范延光牙將馬誥齎歸命請罪表到闕壬子延光領部下士素服于本府門俟命有詔釋罪　案歐陽史作九月己酉赦范延光蓋併書于奉表請罪之日也

以右金吾大將軍馬從斌爲契丹國信史考功郎中劉知新副之　案馬從斌使契丹以報其加尊號也攷通鑑則始以命王權權辭以老疾乃改命從斌耳歐陽史止書從斌不載劉知新五代春秋作十月馮道使契丹

舊五代史卷七十八

宋門下侍郎參知政事監修國史薛居正等撰

晉書第四

高祖紀四

天福四年春正月癸卯帝御崇元殿受朝賀仗衞如式丙午召太子太師致仕范延光宴于便殿以延光歸命之後慮懷疑懼故休假之內錫以款密帝謂之曰無忿疾以傷厥神無憂思以勞厥衷朕方示信于四方豈食言于汝也延光俯伏拜謝其心遂安丁未以西京副留守龍敏爲吏部侍郎戊申盜發唐閔帝陵己酉朔方軍節度使張希崇卒贈太師以澶州防禦使張從恩爲樞密副使甲寅以侍衞步軍都指揮使寧江軍節度使景延廣爲義成軍節度使以義成軍節度使馮暉爲朔方軍節度使乙卯左諫議大夫曹國珍上言請于內外臣寮之中選才略之士聚唐六典前後會要禮閣新儀大中統類律令格式等精詳纂集俾無漏落別爲書一部目爲大晉政統從之其詳議官宜差太子少卿梁文矩左散騎常侍張允大理卿張澄國子祭酒唐汭大理少卿高鴻漸國子司業田敏禮部郎中呂咸休司勳員外郎劉濤刑部員外郎李知損監察御史郭延升等一十九人充文矩等咸曰改前代禮樂刑憲爲大晉政統則堯典舜典當以晉典革名列狀駮之曰作者之謂聖述者之謂明苟非聖明焉能述作若運因革故則事乃惟新或改正朔而變犧牲或易服色而殊徽號是以五帝殊時不相沿樂三王異世不相襲禮至于近代率由舊章比及前朝日滋條目多因行事之宜改爲立制之初或臣奏條章君行可否皆表其年月紀以姓名聚類分門成文作則莫不悉稽前典垂範後昆述自聖賢歷于朝代得金科玉條之號設亂言破律之防守而行之其來尚矣皇帝陛下運齊七政歷契千年爰從創業開基莫不積功累德所宜直筆具載鴻猷若備錄前代之編年目作聖朝之政統此則是名不正也夫名不正則言不順而始將掠美非其實矣若翦截其辭此則是文不備也夫文不備則啓爭端而禮樂刑政于斯亂矣若改舊條而爲新制則未審何門可以刊削何事可以編聯既當革故從新又須廢彼行此則未知國朝能守不能守乎臣等同共參詳未見其可疏奏嘉之其事遂寢辛酉以前晉昌軍節度使李周爲靜難軍節度使是日封皇第十一妹安定郡主爲延慶長公主皇第十二妹廣平郡主爲清平長公主二月辛卯改東京玉華殿爲承

福殿中書上言太原潛龍莊望建爲慶長宮使相鄉望改爲龍飛鄉都尉里望改爲神光里從之丁酉宰臣馮道左散騎常侍韋勳禮部員外郎楊昭儉自契丹使回帝慰勞備至錫賚豐厚庚子以天和節宴羣官于廣政殿賜物有差三月癸卯朔左僕射劉昫給事中盧重自契丹使回頒賜器幣如馮道等乙巳回鶻可汗仁美遣使貢方物中有玉狻猊寶奇貨也丙午涇州節度使張萬進卒贈太師己未皇子開封尹鄭王重貴歸德軍節度使兼侍衛親軍馬步軍都指揮使劉知遠忠武軍節度使杜重威竝加同中書門下平章事天平軍節度使趙在禮封衛國公庚申遣內臣趙處玼以版詔徵華山隱者前右拾遺鄭雲叟玉笥山道士羅隱之靈州戍將王彥忠據懷遠城作叛帝遣供奉官齊延祚乘驛而往彥忠率衆出降延祚矯制殺之詔齊延祚辜我誓言擅行屠戮彰殺降之罪聚示信之文宜除名決重杖一頓配流王彥忠贈官收葬辛酉封回鶻可汗仁美爲奉化可汗癸亥以左龍武統軍皇甫遇爲鎮國軍節度使張彥澤爲彰義軍節度使夏四月壬申朔以河中節度副使薛仁謙爲衛尉卿丙子以汝州防禦使宋彥筠爲同州節度使以護聖左右軍都指揮使李懷忠爲侍衛親軍馬軍都指揮使領壽州忠正軍節度使以奉國左右廂都指揮使郭謹爲侍衛親軍步軍都指揮使夔州寧江軍節度使戊寅詔廢長春宮使額五代會要載原勑云同州長春宮使額宜停沿宮職務委州司制置乙卯改明德殿爲滋德殿宮城南門同名故也以華州節度使劉遂凝爲右龍武統軍以右龍武統軍張延蘊爲絳州刺使庚辰徵前右拾遺鄭雲叟爲右諫議大夫玉笥山道士羅隱之賜號希夷先生甲申以翰林學士承旨兵部侍郎崔棁權判太常卿以端明殿學士戶部侍郎和凝爲翰林學士承旨樞密院學士尚書倉部郎中司徒詡樞密院學士尚書工部郎中顏衎竝落職守本官樞密副使張從恩改宣徽使初廢樞密院故也先是桑維翰免樞密之務以劉處讓代之奏議多不稱旨及處讓丁母憂遂以密院印付中書故密院廢焉丙戌以韓昭允爲兵部尚書致仕馬允孫爲太子賓客致仕房暠爲右驍衛大將軍致仕皆唐末帝之舊臣也戊子升永岳二州爲團練使額改湘川縣爲全州從馬希範之奏也五月壬寅朔帝御崇元殿受朝仗衛如式癸卯以左僕射劉昫兼太子太保封譙國公乙巳昭順軍節度使姚彥章卒升靈州方渠鎮爲威州隸于靈武改舊威州爲清邊軍戊申湖南節度使馬希範加天策上將軍以前邠州節度使安叔千爲滄州節度使庚戌虞部郎中楊昭儉以本官知制誥辛亥置靜海軍于溫州從錢元瓘之請也壬子以侍御史盧價爲戶部員外郎知制誥戶部尚書崔棁卒甲寅詔止絕朝臣不得外州府求覓表狀奏薦交親乙卯升金州爲節鎮以懷德軍爲使額以齊州防禦使潘環爲懷德軍節度使右諫議大夫致仕鄭雲叟賜號逍遙先生仍給致仕官俸丁巳以刑部尚書姚顗爲戶部尚書以兵部侍郎權判太常卿事崔棁爲尚書左丞以工部侍郎任贊爲兵部侍郎以禮部尚書李懌爲刑部尚書以左丞盧詹爲禮部尚書以左散騎常侍韋勳爲工部侍郎庚申廢華清宮爲靈泉觀辛酉御史臺奏省郎知雜之時赴臺禮上軍巡邸吏之輩咸集公參赤縣府司悉呈杖印今後年深御史判雜上事欲依前例從之丙寅以鎮海軍衛內統軍上直馬步軍都監檢校太傅睦州刺史陸仁章爲同平章事遙領遂州武信軍節度使以鎮海軍興武左右開道都指揮使明州刺史仰仁銓爲檢校太傅同平章事領寧國軍節度使從錢元瓘之請也

六月辛未朔陳郡民王武穿地得黃金數餅州牧取而貢之帝曰宿藏之物既非符寶不合入官命付所獲之家庚辰西京大風雨應天福門屋瓦皆飛鴟吻俱折辛卯詔禮部貢舉宜權停一年秋七月庚子朔日有食之西京大水伊洛瀍澗盡溢壞天津橋癸卯以華清宮使李頃爲右領軍衛上將軍甲辰以定州節度使皇甫遇爲潞州節度使檢校太尉以潞州節度使侯益爲徐州節度使戊申御史中丞薛融等上詳定編勅三百六十八道分爲三十一卷是日詔先令天下州郡公私鑄錢近多鉛錫相兼缺薄小弱有違條制今後私鑄錢下禁依舊法壬戌以太子少保梁文矩爲太子太保致仕閏七月庚午朔百官不入閤雨霑服故也壬申以中書侍郎平章事集賢殿大學士桑維翰爲檢校司空兼侍中相州彰德軍節度使以彰德軍節度使王延允爲義武軍節度使尚書戶部奏李自倫義居七世準勅旌表門閭先有鄭州義門王仲昭六代同居其旌表有廳事步欄前列屏樹烏頭正門閥閱一丈二尺二柱相去一丈柱端安瓦桶墨染號爲烏頭築雙闕一丈在烏頭之南三丈七尺夾街十有五步槐柳成列今舉此爲例則令式不該詔王仲昭正廳烏頭門等制不載令文又無勅命既非故事難驟大倫宜從令式祗表門閭于李自倫所居之前量地之宜高其外門門外安綽楔門外左右各建一臺高一丈二尺廣狹方正稱臺之形圬以白泥四隅染赤其行列樹植隨其事力其同籍課役一準令文壬午濮州刺史武從諫勒歸私第受贓十五萬故也丁酉故皇子河南尹重乂妻號國夫人李氏落髮爲尼賜名悟因仍錫紫衣法號及夏臘二十八月己亥朔河決博平甘陵大水辛丑以守司空兼門下侍郎平章事宏文館大學士馮道爲守司徒兼侍中封魯國公壬寅詔曰皇圖革故庶政惟新宜設規程以諧公共其中書印祇委上位宰臣一人知當戊申前兵部尚書王權授太子少傅致仕己酉以天下兵馬副元帥鎮海鎮東等軍節度使檢校太師行中書令吳越王錢元瓘爲天下兵馬元帥壬子升亳州爲防禦使額依舊隸宋州丙辰司天監馬重績等進所撰新歷降詔褒之詔翰林學士承旨和凝制序命之曰調元歷九月辛未以右羽林統軍周密爲鄜州節度使癸酉升婺州爲武勝軍額丁丑宴羣臣于永福殿契丹使詠駣庫來聘致牛馬犬腊顟驟十四遼史會同二年正月戊申晉遣金吾衛大將軍馬從斌考功郎中劉知新來貢珍幣丙辰晉遣使謝免沿邊四州錢幣七月戊申晉遣使進犀帶閏月乙酉遣使賜晉良馬八月乙丑晉遣使貢歲幣奏輸戌亥二歲金幣于燕京己卯遙領洮州保順軍節度使鮑君福加檢校太師兼侍中判湖州諸軍事辛巳相州節度使桑維翰上言管內所獲賊人從來籍沒財產請止之詔今後凡有賊人準格律定罪不得沒納家貲天下諸州準此癸未封唐許王李從益爲郇國公奉唐之祀服色旗一依舊制仍以西京至德宮爲廟牲幣器服悉從官給五代會要九月勑周受龍圖立夏殷之祀唐膺鳳歷開酅介之封乃睠前朝載稽舊典宜封土宇俾奉宗祧宜以郇國三千戶封唐許王李從益爲郇國公云丙戌高麗王王建遣使貢方物己丑以中書侍郎平章事李崧權判集賢殿事庚寅詔停寒食七夕重陽及十月暖帳內外羣官貢獻丙申以威勝軍節度副使羅周岳爲給事中中書舍人李詳改禮部侍郎禮部侍郎呂琦改刑部侍郎刑部侍郎王松改戶部侍郎戶部侍郎閻至改兵部侍郎中書舍人王易簡充史館修撰判館事冬十月戊戌朔故昭信軍節度使白奉進贈太尉丙午以太常卿程遜沒于海廢朝一日贈右僕射庚戌閩王王昶威武軍節度使王繼恭遣僚佐林思鄭元弼等朝貢致書于宰執無人臣之禮帝怒詔令不受所貢應諸州綱運竝令林思鄭元弼等押歸本道既而兵部員外郎李知損上疏請禁錮使人籍沒綱運可之收林思等下獄丙辰谿州刺使彭士愁以錦獎之兵與蠻部萬人掠辰澧二境湖南節度使馬希範遣牙兵拒之而退金州山賊度從讓等寇洵陽遣兵討平之十一月甲戌以太子賓客李延範爲司農卿乙亥詔立唐高祖太宗及莊宗明宗閔帝五廟于洛陽丁丑祠部郎中知制誥吳承範改中書舍人充翰林學士翰林學士中書舍人竇貞固改御史中丞御史中丞薛融改尚書左丞尚書右丞王延改吏部侍郎尚書左丞崔棁改太常卿戊寅史館奏請令宰臣一人撰錄時政記逐時以備撰述從之五代會要史館奏唐長壽二年右丞姚璹奏帝王謨訓不可闕文其仗下所言軍國政事令宰臣一人撰錄號時政記唐明宗朝又委端明殿學士撰錄逐季送付史館伏乞遵行者宜令宰臣一員撰述己卯吏部侍郎龍敏改尚書左丞己丑以太子賓客楊凝式爲禮部尚書致仕詔建錢鑪于欒川丙申諫議大夫致仕逍遙先生鄭雲叟卒十二月丁酉朔百官不入閤大雪故也己亥故皇子重英妻張氏落髮爲尼賜名悟慎并夏臘二十庚戌禮官奏來歲正旦王公上壽皇帝舉酒奏元同之樂再飲奏文同之樂三飲奏同前從之歌辭不錄丙辰詔今後城郭村坊不得創造僧尼院舍丁巳帝謂宰臣曰大雪害民五旬未止京城祠廟悉令祈禱了無其驗豈非涼德不儲神休未洽者乎因令出薪炭米粟給軍士貧民等壬戌禮官奏正旦上壽宮懸歌舞未全且請雜用九部雅樂歌教坊法曲從之

舊五代史卷七十八攷證

晉高祖紀四以澶州防禦使張從恩爲樞密副使　樞密副使原本作樞密使按下文亦作樞密副使今從歐陽史及宋史張從恩傳改正

以版詔徵華山隱者前右拾遺鄭雲叟　右拾遺歐陽史作左拾遺攷是書前後俱作右拾遺今仍其舊

以潞州節度使侯益爲徐州節度使　案宋史侯益傳天福四年晉祖追念虎牢之功遷武寧軍節度同平章事是書不載同平章事五代會要所載天福中使相有侯益與宋史同

今後私鑄錢下禁依舊法　案歐陽史七月丙辰復禁鑄錢是書作七月戊申

李自倫義居七世準勅旌表門閭　七世歐陽史作六世又旌表門閭歐陽史作正月與是書作閏七月異

先有鄭州義門王仲昭六代同居　案王仲昭歐陽史作登州人

乙亥詔立唐高祖太宗及莊宗明宗閔帝五廟于洛陽　案立唐廟于西京歐陽史作十二月與是書作十一月異

訥默庫舊作黏木孤今改

舊五代史卷七十九

宋門下侍郎參知政事監修國史薛居正等撰

晉書第五

高祖紀五

天福五年春正月丁卯朔帝御崇元殿受朝賀仗衛如式降德音應天福三年終公私債欠一切除放壬申蜀人寇西鄙羣盜張達任康等劫清水德鐵之城以應之癸酉湖南奏閩人殺王昶夷其族王延羲因民之欲而定之甲戌遣宣徽使楊彥詢使于契丹辛巳皇子開封尹鄭王重貴加檢校太尉己丑回鶻可汗仁美遣使貢良馬白玉謝冊命也庚寅以二王後前右贊善大夫襲酅國公楊延壽爲太子左諭德三恪汝州襄城縣令襲介國公宇文頡加食邑三千戶辛卯升絳州爲防禦州癸巳以左神武統軍陸思鐸爲右羽林統軍以隴州防禦使何福進爲右神武統軍甲午太常少卿裴羽奏請追謚唐莊宗皇后劉氏爲神閔敬皇后明宗皇后曹氏請追謚爲和武憲皇后閔帝魯國夫人孔氏請追謚爲閔哀皇后從之丙申河中節度使安審信奏軍校康從受李崇豕大裕張崇千等以所部兵爲亂尋平之死者五百八二月丁酉朔沙州歸義軍節度使曹義金卒贈太師以其子元德襲其位乙巳御史中丞竇貞固奏國忌日宰臣跪爐焚香文武百寮列坐觀惟禮例有所未安今欲請宰臣仍舊跪爐百寮依班序立詔可之仍令行香之後飯僧百人永爲定制庚戌北京留守安彥威來朝帝慰接甚厚賜上樽酒壬子升中書門下平章事爲正二品丁巳青州節度使東平王王建立來朝己未以中書門下侍郎爲清望正三品諫議大夫御史中丞爲清望正四品三月丁卯朔右散騎常侍張允改禮部侍郎辛未宋州歸德軍節度使侍衛親軍馬步軍都指揮使劉知遠加特進改鄴都留守廣晉尹典軍如故以兗州節度使李從溫爲徐州節度使以北京留守安彥威爲宋州節度使壬申詔朝臣覲省父母依天成例頒賜茶藥癸酉以青州節度使王建立爲昭義軍節度使進封韓王仍割遼沁二州爲昭義屬郡以建立本遼州人用成其衣錦之美也以晉州節度使李德珫爲北京留守以潞州節度使皇甫遇爲晉州節度使是日容州節度使馬存卒甲戌以給事中李光廷爲左散騎常侍亳州團練使李式爲給事中乙亥相州節度使桑維翰加檢校司徒改兗州節度使許州節度使杜重威改鄆州節度使河中節度使安審信改許州節度使丁丑長安公主出降駙馬都尉楊承祚戊寅詔中書門下五品已上官于兩省上事宰臣抑角之禮及第擧人與主司選勝筵宴及中書舍人靸鞋接見擧人兼兵部禮部引人過堂之日幕次酒食會客悉宜廢之己卯以前樞密使劉處讓爲相州節度使辛巳湖南遣牙將劉勍領兵大破溪峒羣蠻收溪錦獎三州丁亥以秦州節度使康福爲河中節度使以徐州節度使侯益爲秦州節度使庚寅御明德樓餞送昭義軍節度使王建立賜玉斧蜀馬甲午詔吏部三銓聽四時選擬官旋奏不在團甲之限夏四月丙申朔宴羣臣于永福殿戊戌曹州防禦使石贇卒帝之從弟也禮官奏天子爲五服之內親本服周者三哭而止從之己亥罷洛陽京兆進苑囿瓜果擱勞人也壬寅右僕射致仕裴皡卒贈太子太保丙午詔曰承旨者承時君之旨非近侍重臣無以稟朕旨宣予言是以大朝會宰臣承旨草制詔學士承旨若無區別何表等威除翰林承旨外殿前承旨宜改爲殿直密院承旨宜改爲承宣御史臺三司閤門客省所有承旨竝令別定其名庚戌以滄州節度使馬全節爲安州節度使禮部侍郎張允奏請廢明經童子科從之因詔宏詞拔萃明算道擧百篇等科竝停之五月癸酉宋州貢瑞麥兩岐甲申以前徐州節度使袁從簡爲右金吾衛上將軍丙戌安州節度使李金全叛詔新授安州節度使馬全節以洛汴汝鄭單宋陳蔡曹濮十州之兵討之以前鄜州節度使安審暉爲副以內客省使李守貞爲都監仍遣供奉官劉彥瑤奉詔以諭金全金全命麾下齊謙以詔送于淮夷雲夢人齊峴斬謙歸其詔于闕辛卯昭義節度使韓王王建立薨輟朝二日贈尚書令壬寅（壬寅上疑脫六月二字）少府監致仕尹玉羽卒癸卯淮南使李承裕代李金全金全南走承裕以淮兵二千守其城甲辰馬全節自應山縣進軍于大化鎮戊申與鄂州賊軍陣于安陸之南三戰而後克之斬首三千級生擒千餘人供奉官安友謙登鋒力戰奮不顧身全節賞其忠勇使馳獻捷書賜死于路是日削奪李金全官爵丁巳淮夷僞校李承裕率衆掠城中貲貨而遁馬全節入城撫其遺民遣安審暉率兵以逐承裕擒而斬之執其僞都監杜光鄴及淮南軍五百餘人露布獻于闕下帝曰此輩何罪皆厚給放還癸亥道士崇眞大師張薦明賜號通元先生是時帝好道德經嘗召薦明講說其義帝悅故有是命尋令薦明以道德二經雕上印版命學士和凝別撰新序冠于卷首俾頒行天下秋七月甲子朔降安州爲防禦使額以申州隸許州丙寅安州節度使馬全節加檢校太尉改昭義軍節度使前鄜州節度使安審暉加檢校太傅爲威勝軍節度使丁卯湖南奏遣天策府步騎將張少敵領兵五萬樓船百艘次于岳陽將進討淮夷也甲戌宣徽使楊彥詢加檢校太傅充安國軍節度使乙亥戶部尚書致仕鄭韜光卒贈右僕射戊寅福州王延羲遣商人間路貢表自述戊子宿州奏淮東鎮移牒云本國奏書于上國皇帝曰久增景慕莫會光塵但循戰國之規敢預睦鄰之道一昨安州有故脫難相歸邊校貪功乘便據壘剝儀宜之執在顧茫昧以難中否藏皆凶乃大易之明義進取不止亦聖人之厚顏適屬暑雨稍頻江波甚漲指揮未到事實已違今者攫沐睿咨曲形宸旨歸其俘獲示以英仁其如軍法朝章彼此不可揚名建德曲直相懸雖認好生匪敢聞命其杜光鄴等五百七人已令卻過淮北帝復書曰昨者災生安陸釁接漢陽當三伏之炎蒸動兩朝之師旅豈期邊帥不稟上謀洎復城池備知本末尋已捨諸俘執還彼鄉閭不惟念効命之人兼亦敦善鄰之道今承來旨將正朝章希循宥罪之文用廣崇仁之美其杜光鄴等再令歸復尋遣使押光鄴等于桐墟渡淮淮中有棹船甲士拒之南去不果詔光鄴等歸京師授以職秩其戎士五百人立爲顯義都八月丁酉帝觀稼于西郊己亥詳定院以先奉詔詳定冬正朝會禮節樂章二舞行列等事上之事具樂志庚子以前金州防禦使田武爲金州懷德軍節度使辛丑升復郢二郡爲防禦使額戊午左龍武統軍相里金卒廢朝一日贈太師己未太子太師致仕范延光卒于河陽廢朝二日贈太師丁卯宰臣李崧加集賢殿大學士以翰林學士承旨戶部侍郎和凝爲中書侍郎平章事丙子廢翰林學士院其公事竝歸中書舍人丁丑以翰林學士中書舍人李愼儀爲右散騎常侍以翰林學士左右補闕李澣爲吏部員外郎以右散騎常侍趙元輔爲太子賓客以太子賓客韓惲爲兵部尚書以右諫議大夫段希堯爲萊州刺史甲申西京留守楊光遠加守太尉兼中書令充平盧軍節度使封東平王戊子改東京上源驛爲都亭驛冬十月丁酉制天下兵馬元帥鎭海鎭東浙江東西等道節度使中書令吳越王錢元瓘加守中書令充天下兵馬都元帥戊戌戶部尚書姚顗卒廢朝一日贈右僕射癸卯湖南上言福建王延羲與弟延政互起干戈內相侵伐甲辰升萊州爲防禦使額以汝州防禦使楊承貴領之以新授萊州刺史段希堯爲懷州刺史丁未契丹使實里來聘致馬百匹及玉鞍狐裘等（遼史會同三年三月戊遣使使晉乙未晉遣使覲四月壬寅遣人使晉丙午晉遣宣徽使楊端王眺來問起居丙辰晉遣使進茶藥癸亥晉遣使賀端午月庚辰晉遣使進弓矢甲申遣皇子天德及檢校司即用和使晉六月庚子晉遣使來見九月丙戌晉遣貢名馬庚申晉遣使貢布十二月丙申遣使使晉）己酉宴羣臣于永福殿賜有差癸丑詔今後竊盜贓滿者處死三匹已上者決配流以盜論者準律文處分又詔過格選人等許赴部南曹召保委正身者降一資注官十一月壬戌遙遂州武信軍節度使鎭海軍衙內統軍檢校太傅同平章事陸仁璋卒贈太子太傅甲子滑州節度使景延廣加檢校太傅改陝州保義軍節度使以鄭州防禦使駙馬都尉史匡翰爲義成軍節度使戊辰曹州防禦使石贇加檢校太保充河陽三城節度使庚午以翰林學士戶部侍郎張昭遠爲兵部侍郎丙子冬至帝御崇元殿受朝賀始用二舞帝擧觴奏元同之樂登歌奏文同之樂擧食文舞奏昭德之舞武舞奏成功之舞典禮久廢至是復興觀者悅之丁丑吳越國進奉使陳元亮進冬日觀仗詩一首帝覽之稱善賜服馬器幣癸未移德州長河縣大水故也甲申制授閩國王延羲檢校太師兼中書令福州威武軍節度使封閩國王以兩浙西南面安撫使錢元懿爲檢校太尉兼中書令遙領廣州清海軍節度使又以思州團練使錢驛爲檢校太尉同平章事遙領楚州順化軍節度使丁亥割衛州黎陽縣隸滑州十二月壬辰朔遙領洮州保順軍節度使檢校太尉兼侍中判湖州軍州事龜君福卒贈太傅丙申詔故鎭海軍兼東南面安撫制置使檢校太傅溫州刺史錢元巽贈太子太傅故吳越兩軍節度副使檢校太尉宏傳贈太子太師

天福六年春正月辛酉朔帝御崇元殿受朝賀仗衛如式刑部員外郎李象上二舞賦帝覽而嘉之命編諸史

册甲子同州指揮使成殷謀亂事洩伏誅時節度使宋彥筠御下無恩既貪且鄙故殷與子彥璋陰搆部下爲亂會有告者遂滅其黨乙丑靑州奏海東百餘里丙寅遣供奉官張澄等領兵二千發幷鎭忻代四州山谷吐渾令還舊地先是吐渾苦契丹之虐受鎭州安重榮誘召叛而南遷入常山太原二境帝以契丹歡好之國故遣歸之戊辰詔應諸州無屬州錢處今後冬至寒食端午天和節及諸色謝賀不得進貢壬申以左司郎中趙上交爲諫議大夫戊寅封唐叔虞爲興安王臺駘神爲昌寧公差給事中張璨戶部郎中張守素就行册禮又詔嶽鎭海瀆等廟宇並令崇飾仍禁樵採丙戌故皇第二叔檢校司徒萬友贈太師皇第三叔檢校司空萬銓贈太尉皇兄故檢校左僕射敬儒贈太傅二月辛卯詔天下郡縣不得以天和節禁居宰輒滯刑獄壬辰置浮橋于德勝口甲午詔諸衞上將軍月俸舊三十千令增至五十千戊戌以三將汝州襄城縣令龔介國公宇文頊爲太子率更令己亥詔戶部侍郎張昭遠起居郎賈緯祕書少監趙熙吏部郎中鄭受益左司員外郎李爲光等同修唐史仍以宰臣趙瑩監修壬寅以三白渠制置使張璨爲給事中戊申詔侯伯來朝君臣相見賞宴貢奉今後宜停起居郎賈緯以所撰唐年補錄六十五卷上之帝覽之嘉歎賜以器幣仍付史館五代會要起居郎賈緯奏曰伏以唐高祖至代宗已有紀傳德宗亦存實錄武宗至濟陰廢帝凡六代惟有武宗實錄一卷餘皆闕略臣今搜訪遺聞及耆舊傳說編成六十五卷目爲唐朝補遺錄以備將來史官修述癸丑長安公主堯帝之長女也笄年降于駙馬楊承祚帝悼惜之甚輟視朝二日追贈秦國公主三月甲子河中節度使康福進封許國公己丑左驍衞上將軍李承約卒癸酉詔天福四年終已前百姓所欠夏秋租稅一切除放夏四月庚寅朔湖南奏谿州刺史彭士愁五溪酋長等乞降己立銅柱于谿州鑄誓狀于其上以五溪銅柱圖上之丙申詔顯義指揮使劉康部下兵五百人放還淮海郎安州所俘也己亥虞部郎中知制誥楊昭儉遷中書舍人戶部侍郎王松改御史中丞禮部郎中馮玉改司門郎中知制誥辛丑宰臣監修國史趙瑩奏奉詔差張昭遠等五人同修唐史內起居郎賈緯丁憂去官請以刑部侍郎呂琦侍御史尹拙同與編修又奏史館所闕唐朝實錄請下勅購求並從之五代會要監修國史趙瑩奏臣自李朝喪亂迨五十年四海沸騰兩都淪覆今之書府百無二三臣等虔奉綸言俾令撰述褒貶或從于新意纂修須案于舊章既闕簡編先虞漏略今據史館所闕唐書實錄請下勅命購求況咸通中宰臣韋保衡與蔣伸皇甫燠撰武宗實錄皆遇多事或値播遷雖聞撰述未見流傳其韋保衡裴贊合有子孫見居職任或門生故吏曾記纂修聞此許論諫多欣懨請下三京諸道及內外臣寮凡有將此數朝實錄詣闕進納量其文武才能不拘資地除授一官如卷帙不足據數進納亦請不次獎酬以勸來者自會昌至天祐垂六十年其初李德裕平上黨著武宗伐叛之書其後康承訓定徐方有武寧本末之傳如此事類記述頗多請下中外臣寮及名儒宿學有于此六十年內撰述得傳記及中書銀臺史館日曆制勅册書等不限年月多少並許詣闕進納如年月稍多記錄詳備請特行簡拔不限資序臣與張昭遠等所撰唐史敘本紀以述帝業列傳以述功臣十志以書刑政所陳條例請下所司從之壬寅以戶部員外郎知制誥盧價爲虞部郎中知制誥以昭義節度副使陳元爲光祿卿致仕乙巳齊魯民饑詔兗鄆靑三州發廩賑貸五月庚申朔以前邢州節度使丁審琪爲延州節度使延州節度使劉景巖爲邠州節度使故皇子杲冊贈太尉進封陳王庚午涇州奏雨雹川水大溢壞州郡鎭戍二十四城甲戌北京遣牙將劉從以吐渾大首領白承福念龐里赫連功德來朝邢州上言吐渾移族帳于鎭州封部六月丙申以前衞尉卿趙延乂爲司天監丁酉詔今後藩侯郡守凡有善政委倅貳官條件聞奏百姓官吏等不必遠詣京闕壬寅右領衞上將軍李頊卒贈太師甲辰迦葉彌陀國僧哩以佛牙泛海而至丙午高麗國王王建加開府儀同三司檢校太師食邑一萬戶戊午鎭州節度使安重榮執契丹使伊喇遣輕騎掠幽州南境之民處于博野仍貢表及馳書天下述契丹援天子父事之禮貪傲無厭困耗中國已繕治甲兵將與決戰帝發諭止之重榮改扈愈甚由是與襄州節度使安從進潛相搆謀爲不軌

舊五代史卷七十九攷證

晉高祖紀五五月丙戌安州節度使李金全叛詔新授安州節度使馬全節以洛汴汝鄭單宋陳蔡曹濮十州之兵討之　案五代春秋五月李金全叛附于吳馬全節帥師討安州吳人救安州全節敗吳師克安州金全奔吳六月放吳俘還歐陽史作五月李金全叛六月克安州馬令南唐書作六月安州節度使李金全來降遣鄂州屯營使李承裕帥師迎之紀月互異

執其偽都監杜光鄴　偽都監馬令南唐書作監軍通事舍人

尋遣使押光鄴等于桐墟渡淮　桐墟原本作桐盧據通鑑注引九域志云宿州蘄縣有桐墟鎭自桐墟而南至渦口則濟淮矣今改正

太子太師致仕范延光卒于河陽廢朝二日　案歐陽史作西京留守楊光遠殺太子太師范延光攷本傳延光本爲楊光遠推墮溺水死爲之輟朝諱之也

丁卯　案歐陽史作九月丁卯原本疑有脫字

發幷鎭忻代四州山谷吐渾令還舊地　案晉遂吐谷渾在天福六年通鑑與是書同攷天福六年卽遼會同四年也遼史作會同三年晉以幷鎭忻代之吐谷渾來歸與是書異

甲戌北京遣牙將劉從以吐渾大首領白承福念龐里赫連功德來朝　案通鑑四月辛巳北京留守李德珫遣牙校以吐谷渾酋長白承福入朝是書作五月甲戌與通鑑異歐陽史從是書

鎭州節度使安重榮執契丹使伊喇　案遼史作二月晉安重榮執使者伊喇是書作六月先後互異

實里舊作舍利今改　伊喇書作拽剌今改

舊五代史卷八十

宋門下侍郎參知政事監修國史薛居正等撰

晉書第六

高祖紀六

天福六年秋七月己未朔帝御崇元殿視朝庚申升陳州爲防禦使額辛酉以前鄧州節度使焦方爲貝州節度使壬戌涇州奏西涼府留後李文謙今年二月四日閉宅門自焚遣元入西涼府譯語官與來人貴三部族蕃書進之以三司使劉審交爲陳州防禦使癸亥以前鄆州節度使趙在禮爲許州節度使以前鄴都留守廣晉尹高行周爲河南尹西都留守詔改拱辰威和內直等軍並爲興順甲子以宣徽使權西京留守張從恩判三司己巳以鄴都留守兼侍衞親軍馬步軍都指揮使廣晉尹劉知遠爲太原尹充北京留守河東節度使仍割遼沁二州却隸河東以北京留守李德珫爲廣晉尹充鄴都留守以昭義節度使馬全節爲邢州節度使加同平章事甲戌詔今後諸道行軍副使不得奏薦骨肉爲殿直供奉官己卯以前陝州節度使李從敏爲昭義軍節度使以陝州節度使景延廣爲河陽三城節度使兼侍衞親軍馬步軍都虞候以河陽節度使石贇爲陝州節度使壬午突厥遣使朝貢以遙領壽州忠正軍節度使兼侍衞馬軍都指揮使李懷忠爲同州節度使以宣徽北院使李守貞遙領忠正軍節度使侍衞馬軍指揮使甲申降御札取八月五日暫幸鄴都沿路供頓並委所司以官物排比州縣不得科率人戶丙戌以右諫議大夫趙遠爲中書舍人吏部郎中鄭受益爲右諫議大夫刑部郎中殷鵬爲水部郎中知制誥八月戊子朔以皇子開封尹鄭王重貴爲東京留守以天平軍節度使兼侍衞親軍馬步軍副都指揮使杜重威爲侍衞親軍馬步軍都指揮使以宣徽南院使張從恩爲東京內外兵馬都監改奉德馬軍爲護聖放文武百官朝參取便先赴鄴都壬辰車駕發東京己亥至鄴左右金吾六軍儀仗排列如儀迎引入內改舊澶州爲德清軍以內客省使劉遂淸爲宣徽北院使判三司壬寅制應天福六年八月十五日昧爽已前諸色罪犯常赦所不原者咸赦除之其持仗行劫及殺人賊並免罪移鄉配逐處軍都收管犯枉法贓者雖免罪不得再任用諸徒流人並放還貶降官未量移與量移者約貧敍用天福五年終已前殘稅並放應河東起義之初及收復鄴都汜水立功將校並與加恩亡歿者與追贈自東京至鄴都緣路昨因行幸有損踐田苗處據頃畝與放今年租稅鄴都管內有潛龍時在職者並與加恩耆年八十已上者版授上佐官天下農器並許百姓自鑄造亡命山澤者招喚歸業百日不出者復罪如初唐梁國公狄仁傑宜追贈官秩應天福三年已前敗闕場院官無家業者並與除放其人免罪永不任使私下債負徵利及一倍者並放主持者不在此限丁未以客省使將作監丁知浚爲內客省使引進使鴻臚卿王景崇爲客省使殿中監判四方館事劉政恩爲引進使壬子改鄴都皇城南門應天門爲乾明門大明館爲都亭驛甲寅遣光祿卿張澄國子博士謝攀使高麗行册禮九月己未以兵部侍郎閻至爲吏部侍郎辛酉滑州河決一漑東流鄉村戶民攜老幼登丘冢爲水所隔餓死者甚衆壬申忠武建武等軍節度使守太傅兼中書令行蘇州[illegible]州刺史錢元璙進封彭城郡王遙領廣州淸海軍節度使判婺州軍州事錢元懿爲檢校太師乙亥遣前邢州節度使楊彥詢使于契丹錫賚甚厚丁丑吐渾遣使朝貢壬午夜有彗星出于西方長二丈餘在房一度尾跡穿天市垣東行踰月而滅丙戌兗州上言水自西來漂沒秋稼冬十月丁亥朔遣鴻臚少卿魏玭等四人分往滑濮鄆澶

祝水害苗稼。己丑，詔以胡梁度月城爲大通軍，浮橋爲大通橋。壬寅，詔唐梁國公狄仁傑可贈太師。十一月丁未，鄭王夫人張氏薨。福州王延羲遣使貢方物。甲寅，追太子賓客聶延祚、吏部郎中盧撰持節册天下兵馬元帥、守尚書令吳越國王錢元瓘。甲子，以御史中丞王松爲尚書右丞，中書舍人、史館修撰判館事王易簡爲御史中丞，戶部侍郎張昭遠爲兵部侍郎，國子祭酒田敏以本官兼戶部侍郎。辛未，太妃、皇后至自東京。壬申，遣給事中李式、考功郎中張鑄持節册閩國王王延羲。甲戌，太子少傅致仕王瓘卒，贈左僕射。丁丑，襄州安從進舉兵叛，以西京留守高行周爲南面行營都部署，率兵討之，以前同州節度使宋彥筠爲副，以宣徽南院使張從恩監護焉。十二月丙戌朔，以東京留守、開封尹鄭王重貴爲廣晉尹，進封齊王，以鄴都留守、廣晉尹李德珫爲開封尹，充東京留守。南面軍前奏，十一月二十七日武德使焦繼勳、先鋒都指揮使郭金海等於唐州南遇安從進賊軍一萬餘人，大破之，案宋史陳思讓傳：思讓爲先鋒右廂都監，從武德使焦繼勳領兵進討，遇從進之師于唐州花山下，急擊大破之。生擒衙內都指揮使安宏義，獲山南東道之印。安從進單騎奔逸。丁亥，詔襄州行營都部署高行周權知襄州軍州事。是日，鎮州節度使安重榮稱兵向闕，以侍衛親軍馬步軍都指揮使杜重威爲北面行營招討使，率兵擊之，以邢州節度使馬全節爲副，以前貝州節度使王周爲馬步軍都虞候。癸巳，武德使焦繼勳奏安從進遣弟從貴領兵千人取接均州刺史蔡行遇，尋領所部兵掩殺賊軍七百餘人，生擒安從貴，截其雙腕，却放入城。戊戌，以皇子重睿爲銀青光祿大夫、檢校尚書左僕射。己亥，北面軍前奏：十三日未時，于宗城縣西南大破鎮州賊軍，殺一萬五千人，餘黨走保宗城縣。是夜三更，破縣城。前深州刺史史虔武自縛歸降。獲馬三千匹、絹三萬餘匹，餘物稱是。安重榮脫身遁走。是日，百官稱賀。癸丑，削奪安從進、安重榮在身官爵。右金吾上將軍萇從簡卒，廢朝，贈太師。乙巳，天下兵馬都元帥、守尚書令吳越國王錢元瓘薨，廢朝三日，謚曰文穆。是日，帝習射于後苑，諸軍都指揮使已上悉預焉，賜物有差。丁未，南面行營都部署高行周奏：今月十三日，部領大軍至襄州城下，相次降賊軍二千人，其降兵馬軍詔以彰聖爲號，步軍以歸順爲號。庚戌，以權知吳越國事錢宏佐爲起復鎮軍大將軍、檢校太師兼中書令、杭州越州大都督、鎮海鎮東等軍節度使，封吳越國王。壬子，杜重威部領大軍至鎮州城下。

天福七年春正月丙辰朔，不受朝賀，用兵故也。戊午，以前將作監李鍇爲少府監、北面招討使。杜重威奏：今月二日，收復鎮州，斬安重榮，傳首闕下。帝御乾明樓，宣露布訖，大理卿受馘付市，命之百官稱賀。曲赦廣晉府、禁囚。遼史云：戊辰，晉函安重榮首來獻。此數微誤，蓋重榮至是乃斬。辛酉，追贈皇弟三人：故沂州馬步軍都指揮使贈太傅德再贈太尉，追封福王；故檢校太子賓客贈太傅殷再贈太尉，追封通王；故彰聖右第三軍都指揮使長州刺史贈太傅威再贈太尉，追封廣王。壬戌，追贈皇子五人：故右衛將軍贈太保重英再贈太傅，追封虢王；故權東京留守河南尹贈太傅重乂再贈太尉，追封壽王；故皇城副使贈太保重裔再贈太傅，追封郯王；故河陽節度使贈太尉重信再贈太師，追封沂王；故左金吾衛將軍贈太保重進再贈太傅，追封夔王。癸亥，改鎮州爲恒州，成德軍爲順國軍。丙寅，以門下侍郎平章事、監修國史趙瑩爲侍中，青州節度使楊光遠加食邑，改賜功臣名號；兗州節度使桑維翰加檢校太保，河東節度使劉知遠加兼侍中，以鄆州節度使、北面行營招討使、侍衛親軍都指揮使杜重威爲恒州順國軍節度使，加兼侍中，皇子廣晉尹兼功德使齊王重貴加兼侍中，秦州節度使侯益加特進、增食邑。丁亥，以判四方館事孟承誨爲太府卿，充職。戊辰，以滄州節度使安叔千爲邢州節度使，以北面行營副招討使、邢州節度使馬全節爲定州節度使，以定州節度使王廷允爲滄州節度使，以前邢州節度使楊彥詢爲華州節度使，恒州立功將校王溫以降等第除郡。庚午，契丹遣使來聘。是日上元節，六街諸寺燃燈，御乾明門觀之，夜半還宮。壬申，延州節度使丁審琪加爵邑，鄧州節度使安審徽加檢校太傅，陝州節度使石贇加檢校太傅。乙亥，契丹遣使來聘。河陽節度使兼侍衛馬步軍都虞候景延廣加檢校太尉，改鄆州節度使，典軍如故。以前貝州節度使、北面行營馬步軍都虞候王周爲河陽節度使，加檢校太保。丁丑，以刑部侍郎竇貞固爲門下侍郎，以禮部郎中邊歸讜爲比部郎中、知制誥。壬午，以河陽節度使王周爲涇州節度使，以恒州節度副使王欽祚爲殿中監。二月丁亥，皇妹清平公主進封衛國長公主。契丹遣使來聘。己丑，宴于武德殿，新恒州節度使杜重威已下諸軍副兵馬使已上悉預焉，賜物有差。己亥，以曹州防禦使何建爲延州留後。涇州奏差押牙陳延暉賫勅書往西涼府，本府都指揮使等請以陳延暉爲節度使。辛丑，宰臣李崧丁母憂，起復舊任。延州蕃

寇作亂，同州、鄜州各起牙兵討平之。丙午，詔御唐隨鄧諸州多有曠土，宜令人戶取便開耕，與免五年差稅。三月己未，兵部尚書韓惲卒。庚申，遣前齊州防禦使宋光鄴、翰林茶酒使張言使于契丹。壬戌，分命朝臣諸寺觀禱雨。丙寅，皇后爲妹契丹樞密使趙延壽妻燕國長公主卒于幽州，舉哀于外次。辛未，滑州節度使駙馬都尉史匡翰卒，輟朝，贈太保。詔唐州湖陽縣蓼山神祠宜賜號爲蓼山顯順之神。乙亥，以晉昌軍節度使安審琦爲河中節度使，以前亳州防禦使王令溫爲貝州節度使。丙子，賜宰臣李崧白藤肩輿，以起復故也。丁丑，以晉州節度使皇甫遇爲河陽節度使，以壽州節度使兼侍衛馬軍都指揮使李守貞爲滑州節度使，以夔州節度使兼侍衛步軍都指揮使郭謹爲相州節度使，皆典軍如故。宰臣于寺觀禱雨。閏月丙戌，以兵部郎中司徒詡爲右諫議大夫。戊子，兗州節度使桑維翰加特進，封開國公。庚寅，以延州留後何建爲延州節度使，以引進使兼殿中監劉政恩爲太子詹事。壬辰，宋州節度使安彥威奏修滑州黃河功畢，詔于河決之地建碑立廟。丙申，以鄜州節度使周密爲晉州節度使，以左羽林統軍符彥卿爲鄜州節度使。壬寅，詔百官五日一度起居，日輪定兩員具所見以封事奏聞。詔改鄴都宣明門爲朱鳳門，武德殿爲視政殿，文思殿爲崇德殿，畫堂爲天清殿，寢殿爲乾福殿，其門悉從殿名；皇城南門爲乾明門，北門爲元德門，東門爲萬春門，西門爲千秋門，羅城南博門爲廣運門，觀音門爲金明門，橙槽門爲清景門，寇氏門爲永芳門，朝臣門爲景風門，大城南門爲昭明門，觀音門爲廣義門，北河門爲靜安門，魏縣門爲應福門，寇氏門爲迎春門，朝城門爲興仁門，上斗門爲延清門，下斗門爲通遼門。戊申，宋州節度使安彥威封邠國公，賞修河之勞也。癸丑，涇州節度使王周奏前節度使張彥澤在任日不法事二十六條，已改正停廢，詔襃之。是春，鄴都、鳳翔、兗、陝、汝、恒、陳等州旱，鄆、曹、澶、博、相、洺諸州蝗。夏四月甲寅朔，避正殿，不視朝，日食故也。是日，太陽不虧。百官上表稱賀。詔沿河藩郡節度使、刺史並兼管內河堤使。己未，右諫議大夫鄭受益兩疏論張彥澤在涇州之日違法虐民，支解掌書記張式，部曲楊洪等請下所司明申其罪，皆留中不出。庚申，刑部郎中李濤、張麟，員外郎麻麟、王禧同詣閤門上疏論張彥澤罪犯，詞甚懇切。宋史李濤傳：涇帥張彥澤殺記室張式，奪其妻，式家人詣闕上訴。晉祖以彥澤有軍功，釋其罪。濤伏閤抗疏，請寘于法。晉祖召見，諭之。濤植笏叩階，聲色俱厲。晉祖怒叱之。濤執笏如初。晉祖曰：吾與彥澤有誓約，恕其

死。濤厲聲曰：彥澤私誓，陛下不忍食其言；范延光書賜鐵券，今復安在？晉祖不能答，即拂衣起。辛酉，詔：「張彥澤刻剝資從，誅剝生聚，冤聲穢跡，流聞四方，章表繼來，指陳甚切。尚以曾施微功，特示寬恩，深懷曲法之懸，貴徇議勞之典。其張彥澤宜削一階，仍降爵一級。其張式宜贈官，張式父鐸、弟守貞、男希範並與除官，仍于涇州賜錢十萬，差人津置張式靈柩并骨肉歸鄉。所有先收納却張式家財物畜，並令却還。其涇州新歸業戶，量與蠲減稅賦。」翌日，以前涇州節度使張彥澤爲左龍武大將軍。宋史楊昭儉傳：昭儉與李濤論劾彥澤不報，會有詔令朝臣轉對，或有封事，亦許以不時條奏。昭儉上疏曰：天子君臨四海，日有萬幾，懋建諍臣彌縫其闕。今則諫臣雖設，言路不通，藥石之論不達于聖聰，而邪佞之徒取容于左右。御史臺紀綱之府，彈糾之司，衙冤者固當昭雪，爲冤者難免放流。陛下臨御以來，寬仁太甚，徵諸司而如虛器，遂令節使慢侮朝廷，屠害幕吏，始訴冤于丹闕，反執送于本藩，茍安賊臣之心，莫恤冤抑之苦。疏寢。斷錄彥澤以謝軍吏。戊辰，廢雄州爲昌化軍，警州爲威肅軍，其軍使委本道差補。故涇州節度掌書記張式贈尚書虞部郎中，以式父鐸爲沁州司馬致仕，弟守貞爲貝州清河縣主簿，男希範爲興元府文學。甲戌，詔皇子齊王就前河府節度使康福第以教坊樂宴會前見任節度使。戊寅，前慶州刺史米廷訓追奪在身官爵，配流麟州，坐姦妻兄之女也。是月，州郡十六蝗。五月己亥，中書門下奏：時屬炎蒸，事宜簡省，應五日百官起居，晚合押班宰臣一員押百官班，其轉對官兩員封付閤門使引進，本官隨百寮退，不用別出謝恩。其文武內外官寮乞假寧覲省、搬家婚葬、病損，並門見門辭，諸道進奉物等不用殿前排列，引進使引至殿前奏云：某等進奉，奏訖，令進奉使便出；其進奉專使朝見日，班首一人致詞；都附起居刺史并行軍副使、諸道馬步軍都指揮使已下，差人到闕，並門見門辭；州縣官謝恩日，甲頭一人都致詞，不用逐人告官。其供奉官、殿直等，如是當直及合于殿前排立者，即入起居；如不當直排立者，不用每日起居。奏宣徽使點檢，常須整齊。從之。時帝不豫，難于視朝故也。遼史：二月甲午，遣使使晉，索吐谷渾叛者。契丹國志云：遼以晉招納吐谷渾，遣使責讓，晉高祖憂悒成疾。左威衛上將軍衛審峹卒，贈太子少保。乙巳，尊皇太妃劉氏爲皇太后。徐無黨五代史記注云：高祖所生母也。丁未，工部侍郎韋勳改刑部侍郎。壬子，以左散騎常侍李光廷爲秘書監，給事中薛融爲右散騎常侍，左諫議大夫曹國珍爲給事中，太常卿裴坦爲左諫議大夫。是月，州郡五奏大水，十八奏旱蝗。六月丁巳，以兗州節度使桑維翰爲晉昌軍節度使，以前許州節度使安審琦爲兗州節度使。襄州都部署高行周奏安從進觀察判官李光圖出城請援，送赴闕。乙丑，帝崩于保昌殿，壽五十一。遺制

齊王重貴于柩前卽皇帝位喪紀並依舊制山陵務從節儉馬步諸軍優紀並從嗣君處分 通鑑攷異云漢高祖實錄晉高祖大漸召近臣屬之曰此天下明宗之天下寡人竊而處之久矣寡人旣謝當歸許王寡人之願也此說難信 八月太常卿崔梲上謚曰聖文章武明德孝皇帝廟號高祖以其年十一月十日庚寅葬于顯陵宰臣和凝撰謚冊哀冊文 五代史補高祖尙明宗女宮中謂之石郎及將起兵于太原京師夜間狼皆羣走往往入宮中愍帝患之命諸班能射者分頭捕逐謂之射狼或遇諸塗問曰汝何從而來對曰看射狼未幾高祖至蓋射亦石也 五代史闕文梁開平初潞州行營使李思安奏函關縣鄉民伐樹樹仆自分爲二中有六字如左書云天十四載石進梁帝藏于武庫時莫詳其義至帝卽位識者曰天字取四字兩畫加之于傍卽丙字也四字去中之兩畫加十字卽申字也帝卽位之年適丙申也進者晉也石者姓也臣謹按天祐二十年歲在癸未其年莊宗建號改同光元年至淸泰三年歲丙申其年晉祖卽位改元天福元年自未至申凡十四載矣故讖書云天十四載石進者言自天祐滅後十四載石氏興于晉也豈不明乎而拆字解讖以就丙申非也

史臣曰晉祖潛躍之前沈毅而已及其爲君也旰食宵衣禮賢從諫慕黃老之教樂淸淨之風以絁爲衣以麻爲履故能保其社稷高朗令終然而圖事之初彊鄰來援契丹自茲而孔熾黔黎由是以罹殃迨至嗣君兵連禍結卒使都城失守舉族爲俘亦由決鯨海以救焚何逃沒溺飲鴆漿而止渴終取喪亡謀之不臧何至于是儻使非由外援之力自副皇天之命以茲睿德惠彼蒸民雖未足以方駕前王亦可謂仁慈恭儉之主也

舊五代史卷八十攷證

晉高祖紀六乙亥遣前邢州節度使楊彥詢使于契丹

案楊彥詢使于契丹歐陽史通鑑俱從是書作九月遼史作二月巳未晉遣楊彥詢來貢且言鎭州安重榮跋扈狀遂留不遣與是書異

丁丑襄州安從進舉兵叛　案安從進反歐陽史五代春秋俱作十月通鑑從是書作十一月遼史作十二月戊子晉遣使來告山南節度使安重進反則因其赴告之月而書之也

生擒衙內都指揮使安宏義　案宋史焦繼勳傳作擒其牙將安洪義鮑洪等五十餘人

是日鎭州節度使安重榮稱兵向闕　案安重榮反歐陽史通鑑俱從是書作十二月五代春秋繫于十月之後遼史作十一月丙寅晉以討安重榮來告與是書異

遣前齊州防禦使宋光鄴　宋光鄴遼史避諱作宋暉業

宋州節度使安彥威奏修滑州黃河功畢　案修河事是書紀于閏月壬辰歐陽史作三月歸德軍節度使安彥威塞決河于滑州蓋以奉使之月言是書以奏功之日言也

詔改鄴都宣明門爲朱鳳門　朱鳳門五代會要作來鳳門

皇城南門爲乾明門北門爲元德門東門爲萬春門西門爲千秋門　案五代會要晉改皇城四門爲乾明元德萬春千秋在天福六年是書統繫于七年與會要異

舊五代史卷八十一

宋門下侍郎參知政事監修國史薛居正等撰

晉書第七

少帝紀一

少帝名重貴高祖之從子也父諱敬儒母安氏以唐天祐十一年六月二十七日生帝于太原汾陽里敬儒嘗爲後唐莊宗騎將早薨高祖以帝爲子帝少而謹厚高祖愛之洎歷方鎭嘗遣從行委以庶事但性好馳射有祖禰之風高祖鎭太原命瑯琊王震以禮記教帝不能領其大義謂震曰非我家事業也及高祖受契丹册親冒矢石敷獻可于左右高祖愈重焉高祖受契丹册將入洛欲留一子撫晉陽先謀于契丹主主曰使諸子盡出吾當擇之乃于行中指帝謂高祖曰此眼大者可矣遂以帝爲北京留守授金紫光祿大夫檢校司徒行太原尹知河東管內節度觀察事天福二年九月徵赴闕授光祿大夫檢校太保右金吾衞上將軍三年十二月授開封尹加檢校太傅封鄭王增食邑三千戶俄加檢校太尉同中書門下平章事六年高祖幸鄴改廣晉尹進封齊王 以下疑脫七年正月加兼侍中八字 是歲六月十三日乙丑高祖崩承遺制命柩前卽皇帝位帝在并州未著人望及保釐浚郊大有寬裕之稱從幸鄴都是歲遇旱高祖遣祈雨于白龍潭有白龍見于潭心是夜澍雨尺餘人皆異之至是果登大位焉丁卯賜侍衞諸軍將校錢一百貫下至五貫以初卽位示賚也戊辰宰臣馮道等率百寮請聽政凡三上表允之庚午始聽政于崇德殿門偏廊分命廷臣以嗣位奏告天地宗廟社稷遣右驍衞將軍石德超等押先皇御馬二匹往相州西山撲祭用北俗禮也丙子以司徒兼侍中馮道爲大行皇帝山陵使門下侍郎竇貞固副之太常卿崔梲爲禮儀使戶部侍郎呂琦爲鹵簿使御史中丞王易簡爲儀仗使 徐無黨五代史記注云舊史實錄無遷使疑不置或闕書漢高祖亦然 巳卯遣判四方館事朱崇節右金吾大將軍梁言持國信物使于契丹是時河南河北關西並奏蝗害稼秋七月癸未朔百官素服臨于天淸殿戊子詔應宮殿州縣及官名府號人姓名與先帝諱同音者改之改西京明堂殿爲宣德殿中書政事堂爲政事廳堂後官房頭爲錄事餘爲主事 案東都事略陶穀傳穀本姓唐避晉祖諱改姓陶蓋當時避諱之體如此 巳丑大行皇帝大祥帝釋縗服百官衣慘辛卯帝除禫服百官吉服壬辰太皇太后劉氏崩高祖之庶母也遺詔服紀園陵毋用后禮皇帝不得廢軍國機務旣而禮官奏準令式爲祖父母齊縗周又準喪葬令皇帝本服周者三哭而止請準從唐同光三年皇太妃北京薨莊宗于洛京西內發哀素服不視事三日從之仍遣國子祭酒兼戶部侍郎田敏奏告高祖靈座癸巳右諫議大夫鄭受益中書舍人楊昭儉並停現任以請假在外不赴國喪故也丁酉宰臣馮道等率文武百寮詣崇德殿門拜表請御正殿凡三上表允之安州奏水平地深七尺庚子帝御正殿宣制大赦天下著道州府各色罪犯除十惡五逆殺人强盜官典犯贓合作毒藥屠牛鑄錢外其餘罪犯咸赦除之襄州安從進如能果決輸誠並從釋放其中外臣寮將校並與加恩天下有蟲蝗處並與除放租稅辛丑恒州順國軍節度使杜威河東節度使劉知遠並加檢校太師仍增爵邑靑州平盧軍節度使楊光遠加守太師癸卯鄆州天平軍節度使兼侍衞馬步都虞候景延廣加特進同中書門下平章事充侍衞親軍都指揮使滑州義成軍節度使兼侍衞馬軍都指揮使李守貞相州彰德軍節度使侍衞步軍都指揮使郭謹並加檢校太傅仍增爵邑宰臣馮道等上表請依舊置樞密使畧曰竊以樞密使創自前朝置諸近侍其來已久所便尤多頃歲樞密使劉處讓偶屬家艱爰拘喪制旣從罷免暫議改更不曾顯降勅文永停使額所願各歸職分豈敢苟避繁難伏請依舊置樞密使初高祖事後唐明宗覩樞密使安重誨秉政擅權賞罰由己常惡之及登極故斷意廢罷一委中書至是馮道等厭其事繁故復請置之庶分其權表凡三上不允乙巳徐州節度使李從溫宋州節度使安彥威並加兼中書令西都留守充襄州行營都部署高行周加兼侍中鳳翔節度使李從曮加守太保遣中使就中書賜宰臣馮道生辰器幣道以幼屬亂離早喪父母不記生日堅讓不受丙午以給事中羅周岳爲左散騎常侍以右諫議大夫符蒙爲給事中以祕書少監兼廣晉少尹邊蔚爲右散騎常侍以廣晉少尹張煦爲右諫議大夫以廣晉府判官光祿少卿邊光範爲右諫議大夫丁未荆南節度使南平王高從誨加兼尙書令湖南節度使楚王馬希範加守太傅自是藩侯郡守皆第加官封示溥恩也是月州郡十七蝗八月壬子朔百官素服臨于天淸殿乙卯以左散騎常侍羅周岳爲東京副留守庚申以山陵禮儀使太常卿崔梲爲太子賓客分司西都病故也壬戌晉昌軍節度使桑維翰加檢校太傅甲子宰臣馮道加守太尉趙瑩加中書令李崧加左僕射兼門下侍郎和凝加右僕射契丹遣使致慰禮馬二十四及羅綃等物是日襄州行營都部署高行周奏收復襄州安從進自焚而死生擒男宏贊斬之前河東節度使康福卒贈太師謚曰武安戊辰以太子太保兼尙書左僕射劉昫爲太子太傅詔賜襄州城內百姓粟大戶二斛小戶一斛以久困重圍也己巳以太子賓客趙元輔權判太常卿事充山陵禮儀使庚午葬太皇太后于魏縣秦固村癸酉契丹遣使致祭于高祖賻禮御馬二匹羊千口絹千匹契丹主母亦遣使來慰詔免襄州城內人戶今年夏秋來屋稅其城外下營處與放二年租稅應被安從進脅從者一切不問是月河中河東河西徐晉商汝等州蝗九月丁丑朔百官素服臨于天淸殿己卯分命朝臣詣寺觀禱雨辛巳兩浙節度使吳越國王錢宏佐福建節度使王延羲並加食邑仍改賜功臣名號癸未帝御乾明門觀襄州行營都部署高行周都監張從恩等獻俘馘有司宣露布訖以安從進男宏受等四十四人徇于市皆斬之曲赦京城禁囚甲申宴班師將校于崇德殿賜物有差乙酉宰臣和凝上遐河頌賜鞍馬器帛丁亥以宋州歸德軍節度使安彥威爲西京留守兼河南尹以襄州行營都部署西京留守高行周爲宋州節度使加檢校太師戊子降襄州爲防禦使額均房二州割屬鄧州升泌州爲團練使額己丑以東京留守兼開封尹李德珫爲廣晉尹以宣徽南院使襄州行營都監張從恩爲東京留守兼開封尹加檢校太尉以前同州節度使襄州行營副部署宋彥筠爲鄧州威勝軍節度使加檢校太尉山陵禮儀使撰高祖祔饗太廟酌獻樂章上之庚寅詔今後除授留守宜降麻制癸巳樂平公主史氏進封魯國大長公主壽安長公主烏氏進封魏國大長公主鄭國長公主杜氏進封宋國大長公主荆南高從誨累表讓尙書令之命己亥追封故秦國長公主爲梁國長公主故

永壽長公主爲岐國大長公主故延慶長公主爲邠國大長公主辛丑以義成軍節度使兼侍衛馬軍都指揮使李守貞充大行皇帝山陵一行都部署壬寅以宣徽北院使判三司劉遂清爲鄭州防禦使以澶州防禦使李承福爲宣徽北院使癸卯詔大行皇帝十一月十日山陵宜自十月一日至十一月二十日不坐放文武百官朝參甲辰上大行皇帝尊謚寶冊百官素服班于天清殿五代會要天福七年中書門下奏山陵禮儀使狀高祖尊謚號及廟號伏準故事將啟殯宮前擇日命太尉率百寮奉謚冊告天于圜丘畢奉謚冊讀于靈前此累朝之制蓋以天命尊極不可稽留今所上高祖聖文章武明德孝皇帝尊謚寶冊伏緣去洛京地遠寶冊難以往來當司詳酌伏請就差官往洛京奏告南郊太廟其日中書門下文武百官立班中書令侍中升靈座前讀寶冊行告謚之禮禮儀使撰進高祖祔饗太廟酌獻樂章舞名請以咸和之舞爲名從之冬十月辛亥朔百官素服臨于天清殿襄州利市廟封爲順正王仍令本州修崇廟宇癸亥啟攢宮百官衣初喪服入臨甲子靈駕進發帝于朱鳳門外行遣奠之祭辭畢還宮丁丑太保盧質卒贈太子太師謚曰文忠己卯宰臣李崧母喪歸葬深州遣使弔祭之庚辰契丹遣使致祭于高祖賻馬三匹衣三襲十一月庚寅葬高祖皇帝于顯陵壬辰湖南奏前洪州節度使馬希振卒戊戌詔宰臣等分詣寺廟祈雪庚子祔高祖神主于太廟辛丑以金吾衛大將軍權判三司董遇爲三司使詔州郡稅鹽過稅斤七錢住稅斤十錢州府鹽院並省司差人勾當先是諸州府除蠶鹽外每年海鹽界分約收鹽價錢一千七萬貫高祖以所在禁法抵犯者衆遂開鹽禁許通商令州郡配徵入戶食鹽錢上戶千文下戶二百分爲五等時亦便之至是掌賦者欲增財利難于驟變前法乃重其關市之征蓋欲絕其興販歸利于官也其後鹽禁如故鹽錢亦徵至今爲弊焉是日詔天地宗廟社稷及諸祠祭等訪聞所司承管多不精潔宜令三司預支一年禮料物色于太廟置庫收貯差宗正丞主掌委監察御史監當祭器祭服等未備者修製五代會要勅差宗正丞石載仁專主掌監察御史宋彥昇監庫兼差供奉官陳審璘往洛京于太廟內隱便處修蓋庫屋五間候畢日催促所支物色監送入庫交付訖取收領文狀歸闕每有祠祭諸司各請禮料至時委監庫御史宋彥昇宗正丞石載仁旋行給付其大祠中祠兼令監祭御史檢點小祠即令行事官檢點如致慢易本司準格科罪其祭器未有者修製已有者更仰整飭十二月辛丑以威武軍節度副使充福建管內諸軍都指揮使王延澄爲威武軍副大使知節度事詔諸道州府每遇大祭祀冬至寒食立春立夏雨雪未晴不得行極刑如有已斷下文案可取次日及雨雪定後施行乙丑以前鄧州節度使安審暉爲左羽林統軍以前延州節度使丁審琪爲右羽林統軍以前金州節度使潘瓌爲左神武統軍以前華州節度使皇甫立爲左金吾衛上將軍以右龍武統軍劉遂凝爲左驍衛上將軍以前貝州節度使馬萬爲右驍衛上將軍以左龍武大將軍張彥澤爲右武衛上將軍丙寅宰臣馮道滑州節度使兼侍衛馬軍都指揮使李守貞河陽節度使皇甫遇西京留守安彥威廣晉尹李德珫並加爵邑以山陵充奉之勞也己巳回鶻進奉使密里等各授懷化歸德大將軍將軍郎將放還蕃庚午故洪州節度使馬希振追封齊國公辛未故中吳建武等軍節度使彭城郡王錢元璙追封廣陵郡王丙子于闐回鶻皆遣使貢方物

天福八年春正月辛巳盜發唐坤陵莊宗母曹太后之陵也河南府上言逃戶凡五千三百八十七餓死者兼之節諸道以廩粟賑饑民民有積粟者均分借便以濟貧民時州郡蝗旱百姓流亡餓死者千萬計東都八士僧道請車駕復幸東京後唐莊宗德妃伊氏自契丹遣使貢馬庚寅沙州留後曹元深加檢校太傅充沙州歸義軍節度使癸巳發禁軍萬人並家口赴東京乙巳于闐回鶻入朝使劉再成等並授懷化大將軍將軍郎將放還蕃二月庚戌御札取今月十一日車駕還東京沿路州府不用修飾行宮食宿頓遞並以官物供給文武臣寮除有公事合隨駕外並先次進發以侍衛親軍使景延廣充御營使癸丑以廣晉尹李德珫權鄴都留守己未車駕發鄴都曲赦都下禁囚甲子次封邱文武百官見于行宮乙丑至東京甲戌以東京留守張從恩爲權鄴都留守以皇弟檢校司徒重睿爲檢校太保開封尹年幼未出閤差左散騎常侍邊蔚知府事丁丑以前太僕卿薛仁謙爲衛尉卿河中逃戶凡七千七百五十九是時天下饑穀價翔踴人多餓殍右金吾衛上將軍劉處讓卒贈太尉三月己卯朔以中書令監修國史趙瑩爲晉昌軍節度使以晉昌軍節度使桑維翰爲侍中監修國史通鑑作晉昌節度使兼侍中桑維翰爲侍中胡三省注云桑維翰始居藩鎮而兼侍中今入朝正爲門下省長官辛巳以左散騎常侍盧重爲祕書監以東京副留守羅周岳爲右散騎常侍癸未青州節度使東平王楊光遠進封壽王北京留守劉知遠恒州節度使杜威並加兼中書令乙酉以鄆州節度使符彥卿爲河陽節度使以權鄴都留守前開封尹張從恩爲鄴都留守廣晉尹以右羽林統軍丁審琪爲鄜州節度使丁亥天策上將軍湖南節度使楚王馬希範加守尚書令兼中書令己丑桂州節度使馬希杲依前檢校太尉兼侍中兼知朗州軍州事朗州武平軍節度使馬希萼加檢校太尉進封爵邑以武平軍節度副使岳州團練使馬希瞻爲檢校太尉領盧州昭信軍節度使以武安軍節度副使永州團練使馬希廣爲檢校太尉領洪州鎮南州節度使皆楚王馬希範之弟也庚寅以宣徽北院使李承福爲右武衛大將軍充宣徽南院使以前鄭州防禦使劉繼勳爲左千牛衛大將軍充宣徽北院使國子祭酒兼戶部侍郎田敏以印本五經書上進賜帛五十段甲午有白烏棲作坊桐樹作坊使周務掠捕而進之辛丑引進使太府卿孟承誨使契丹詔京百司攝官覩公事及五年與授初官癸卯以左諫議大夫司徒詡爲給事中左司郎中王仁裕爲右諫議大夫前鴻臚卿王均爲少府監夏四月戊申朔日有食之庚戌以許州節度使趙在禮爲徐州節度使以徐州節度使李從溫爲許州節度使己巳中書門下奏請以六月二十七日降誕日爲啟聖節從之是月河南河北關西諸州旱蝗分命使臣捕之五月己卯追封皇故長姊爲吳國長公主癸未皇姪女永福縣主薨輟朝三日追封平昌郡主丁亥皇第二叔祖贈太師萬友追封秦王皇第三叔祖贈太尉萬銓贈太師追封趙王皇伯贈太傅敬儒贈太師追封宋王皇叔贈太尉福王德贈太師追封如故皇叔贈太傅暉贈太師追封韓王皇叔贈太尉通王殷皇叔贈太尉廣王威皇兄贈太傅鄭王重裔並贈太師追封如故皇兄贈太師沂王重信追封楚王皇兄贈太傅虢王重乂皇兄贈太師夔王重進皇弟贈太尉陳王重杲等並贈太師追封如故仍令所司擇日冊命辛卯以御史中丞王易簡爲尚書左丞以禮部侍郎張允爲御史中丞以中書舍人吳承範爲禮部侍郎以吏部侍郎王延爲尚書右丞以尚書右丞王松爲吏部侍郎以兵部侍郎張昭遠爲吏部侍郎以戶部侍郎呂琦爲兵部侍郎以刑部侍郎韋勳爲戶部侍郎以工部侍郎李詳爲刑部侍郎癸巳命宰臣等分詣寺觀禱雨己亥飛蝗自北翳天而南太子賓客李稅卒甲辰詔諸道州府見禁罪人除十惡五逆行劫殺人僞行印信合造毒藥官典犯贓各減一等外餘並放是時所在旱蝗故有是詔乙巳幸相國寺祈雨六月庚戌以螟蝗爲害詔侍衛馬步軍都指揮使李守貞往皇門祭告仍遣諸司使梁進超等七人分往開封府界捕之乙卯以左羽林統軍安審暉爲潞州節度使宿州奏飛蝗抱草乾死丙辰貝州奏逃戶凡三千七百遣供奉官衛延韜詣嵩山投龍祈雨戊午以西京留守馬從斌爲左監門衛上將軍開封府界飛蝗自死庚申開封府奏飛蝗大下徧滿山野草苗木葉食之皆盡人多餓死禮部侍郎吳承範卒丙寅以將冊皇太后遣尚書左丞王易簡奏告天地陝州奏蝗飛入界傷食五稼及竹木之葉逃戶凡八千一百丁卯以給事中符蒙爲禮部侍郎以左諫議大夫裴坦爲給事中辛未遣內外臣寮二十八人分往諸道州府率借粟麥時使臣希旨立法甚峻民間碓磑泥封之隱其數者皆斃之由是人不聊生物情胥怨是月諸州郡大蝗所至草木皆盡

舊五代史卷八十一攷證

晉少帝紀一命瑯琊王震　案歐陽史作博士王震

遣判四方館事朱崇節　案歐陽史作四方館使朱崇節

恒州順國軍節度使杜威　案杜重威避少帝諱去重字至漢始復故少帝紀皆作杜威

乙丑至東京　案遼史作丁未晉王至汴與是書異五代春秋歐陽史通鑑並從是書

河南河北關西諸州旱蝗分命使臣捕之　案歐陽史作供奉官張福率威順軍捕蝗于陳州

仍遣諸司使梁進超等七人分往開封府界捕之　案歐陽史作癸亥供奉官七人帥奉國軍捕蝗于京畿與是書異

辛未遣內外臣寮二十八人分往諸道州府率借粟麥

案通鑑七月己丑詔以年饑國用不足遣使者六十餘人于諸道括民穀與是書異

舊五代史卷八十二

宋門下侍郎參知政事監修國史薛居正等撰

晉書第八

少帝紀二

天福八年秋七月丁丑朔京師雨水深三尺辛巳許州節度使李從溫來朝進封楚國公壬午以前河陽節度使皇甫遇爲右龍武統軍丁亥以宣徽南院使李承福爲同州節度使癸巳改陝州甘棠驛爲通津驛避廟諱也甲午正衙命冊皇太后以宰臣李崧充使右散騎常侍李慎儀爲副丁酉幸南莊召從駕臣僚習射賜左農

人各賜布衫麻屨八月戊申右衛上將軍楊思權卒贈太傅辛亥分命朝臣一十三人分檢諸州旱苗逕青磁鄴都共奏逃戶凡五千八百九十諸縣令佐以天災民餓攜牌印納者五癸酉以前昭義節度使李從敏爲左龍武統軍九月戊寅尊秦國夫人安氏爲皇太妃帝所生母也丁亥追冊故魏國夫人張氏爲皇后帝之元妃也丙子以金部郎中知制誥馮玉爲檢校尚書右僕射充潁州團練使戊子前潁州團練使田令方追奪在身官爵勒歸私第坐前任耀州日額外配民麴錢納歸私室故也延州奏綏州刺史李彝敏拋棄城郡與弟彝俊等五人將骨肉二百七十口來投當州押送赴闕稱與兄夏州節度使彝殷偶起猜嫌互相攻伐故也辛卯夏州奏差宥州刺史李仁立權知綏州癸巳故絳州刺史張從訓贈太尉追冊皇后之父也甲午夏州李彝殷奏衙內都指揮使拓拔崇斌等五人作亂當時收擒處斬訖相次綏州刺史李彝敏擅將兵士直抵城門尋差人掩殺彝敏知事不濟與弟五人將家南走詔李彝敏潛結兇黨顯恣逆謀骨肉之間尚興屠害照臨之內難以舍容送夏州處斬丙申幸大年莊遂幸侍衛使景延廣第延廣進金玉器玩賜延廣玉帶名馬母妻賓佐部曲傔僕錫賚咸及之庚子以右諫議大夫邊光範爲給事中以吏部郎中劉知新爲右諫議大夫是月諸州郡括借到軍食以籍來上吏民有隱落者並處極法州郡二十七蝗餓死者數十萬冬十月戊申制以吳國夫人馮氏爲皇后仍令所司擇日備禮冊命庚戌封皇第十一妹爲嘉興長公主第十二妹爲永泰長公主是夕五更有彗見于東方在角旬日而滅壬子以權知延州軍州事前鳳州防禦使杜威爲延州留後甲寅以國子祭酒兼戶部侍郎田敏充宏文館學士判館事以吏部侍郎張昭遠充史館修撰判館事以給事中司徒詡充集賢殿學士判院事西京奏百姓馬知饋殺男吳九不死以其侵母食也詔赦之甲子以前延州節度使何建爲涇州節度使丙寅以涇州節度使王周爲陝府節度使己巳以左散騎常侍權知開封府事邊蔚爲工部侍郎依前知府事壬申以前兵部侍郎李玘爲吏部侍郎癸酉命使攝太尉右僕射平章事和凝使副攝司徒給事中邊光範追冊故魏國夫人張氏爲皇后奉寶冊至西莊影殿行禮鹵簿儀仗如式十一月丁丑以鄧州節度使宋彥筠爲晉州節度使以涇州節度使何建爲鄧州節度使己卯以前鄴都留守廣晉尹李德玭爲涇州節度使丙申所司奏議故天下兵馬都元帥吳越國王錢元瓘諡曰莊穆詔改爲文穆戊戌遣前復州防禦使吳巒權知貝州軍事詔節度使王令溫赴闕庚子單州軍事判官趙岳奏刺史楊承祚初夜開門出城稱爲母病往青州寧親于孔目官齊琪處留下牌印臣已行用權知州事辛丑高麗遣使朝貢昭化軍節度使瑞慎等州觀察等使杜建徽進封鄖國公遣侍衛步軍都指揮使郭謹領兵赴鄆州十二月乙巳朔遣左領軍衛將軍蔡行遇押兵士屯于鄆州仍遣供奉官殿直二十六人自河陰至海口分擘地分巡檢以青州節度使楊光遠謀叛故也庚子前左御正齊國夫人吳氏已降二十一人並封郡國夫人太后宮皇后宮知客夫人等亦如之太子太保致仕梁文矩卒贈太子太傅癸丑詔河陽節度使符彥卿宋州節度使高行周貝州節度使王令溫同州節度使李承福陳州梁漢璋亳州李萬懷州薛懷讓並赴闕分命使臣諸州郡巡檢以契丹入寇故也遣給事中邊光範前登州刺史郭彥威使于契丹行至恒州敵已犯境不能進留于公館數月不達其命而回（遼史天福八年二月乙卯晉遣使進先帝遺物辛酉晉遣使請居汴從之三月丁未晉主至汴遣使來謝五月己亥遣使如晉致生辰禮六月辛酉晉遣使貢金秋八月丁未朔晉復貢金己未如奉聖州晉遣其子延煦來朝）甲寅以單州刺史楊承祚爲登州刺史從其便也華州陝府奏逃戶凡一萬二千三百乙丑臘車駕不出詔前陝州節度使石贇率諸節度使畋于郡郊太子賓客聶延祚卒丁卯詔宣徽使劉繼勳就杜威圍亭會節度使統軍等習射淄州奏青州節度使楊光遠反遣兵士取淄州劫刺史翟進宗入青州是冬大饑河南諸州餓死者二萬六千餘口

開運元年春正月甲戌朔是夕陣雲掩北斗之魁星乙亥滄恒貝鄴馳告契丹前鋒趙延壽趙延昭引五萬騎入寇將及甘陵青州楊光遠召之也己卯契丹陷貝州知州吳巒死之庚辰以宋州節度使高行周爲北面行營都部署以河陽節度使符彥卿爲馬軍左廂排陣使以右神武統軍皇甫遇爲馬軍右廂排陣使以陝州節度使王周爲步軍左廂排陣使以左羽林統軍潘環爲步軍右廂排陣使太原奏契丹入鴈門圍忻代二州恒滄邢三州上言契丹大至是歲天下餓死者數十萬人詔逐處長吏瘞之壬午詔取此月十三日車駕北征以前邠州節度使李周爲權東京留守乙酉車駕發東京丁亥敵騎至黎陽以侍衛馬軍都指揮使李守貞爲前軍都虞候河北危蹙諸州求救者人使相望戊子車駕至澶州以貝州節度使王令溫爲鄧州節度使時令溫弟令崇自契丹至訴以舉族陷于甘陵故有是命辛卯鄴都留守張從恩遣人夜縋城間行奏契丹主以鐵騎三四萬建牙帳于元城以趙延壽爲魏博節度使改封魏王延壽日率騎軍摩壘而退甲午以北京留守劉知遠爲幽州道行營招討使以恒州節度使杜威副之定州節度使馬全節爲都虞候其職員將校委招討使便宜署置乙未大霧中有白虹相偶占者曰斯爲海注其下必將有戰詔率天下公私之馬以資騎軍丙申契丹攻黎陽遣右武衛上將軍張彥澤等率勁騎三千以禦之己亥遣譯語官孟守忠致書于契丹主求修舊好守忠自敵帳迴契丹主復書曰已成之勢不可改也辛丑太原奏與契丹戰于秀容斬首三千級生擒五百人獲敵將一十七人賊軍散入鵶鳴谷已進軍追襲二月甲辰朔遣石贇守麻家口何建守楊劉鎮白再榮守馬家渡安彥威守河陽鄆州奏博州刺史周儒以城降契丹又與楊光遠潛約引契丹于馬家渡濟河時郭謹在汶陽遣左武衛將軍蔡行遇率數百騎赴之遇伏兵于葭葦中突然而出轉鬬數合部下皆遁行遇爲賊所執鋒鏑重傷不能乘馬坐畚中舁至幕帳遣李守貞等水陸進兵而下以救汶陽丙午先鋒指揮使石公霸與契丹遇于戚城之北爲契丹所圍高行周符彥卿方息于林下聞賊至駭愕督軍而進契丹衆甚盛被圍數重遣人馳告景延廣請益師延廣遲留候帝進止行周等大譟瞋目奮擊賊衆傷死者甚多帝自御親軍救之方解（宋史符彥卿傳契丹騎兵數萬圍高行周于鐵邱諸將莫敢當其鋒彥卿獨引數百騎擊之遼人遁去行周得免高懷德傳至戚城被圍數重援兵不至危甚懷德左右射縱橫馳突衆皆披靡挾父而出）登戚城古臺置酒以勞三將咸咎延廣不遣兵赴難相對泣下戊申契丹築壘于馬家渡東岸以騎軍列于外以禦王師李守貞以師搏之遂破其衆敵騎散走赴河溺死者數千遂拔其壘初西岸敵軍數萬鼓譟揚旗以助其勢及見東岸兵敗號哭而去獲馬八百匹生擒敵將七十八人部衆五百人送行在悉斬之辛亥夏州節度使李彝殷合蕃漢之兵四萬抵麟州濟河侵契丹之境以牽脅之壬子以彝殷爲契丹西南面招討使易州刺史安審約奏戰契丹于北平賊退保祁溝關斷其橋梁而還癸丑博州殘兵至自敵中周儒之降也敵執其軍士將獻于幕帳行次中途守者夜寢其中軍士一人自解桎梏爲諸兵釋縛取敵戈矛盡殺援者二百餘人南走而歸至河無舟浮水而過溺死之餘所存者六十七人是日日有黃白暈二白虹夾日而行己未滄州奏賊衆三千人援送所掠人口寶貨等由長蘆入蕃以輕騎邀之斬獲千餘人人口輜重悉委之而走庚申宰臣馮道等再上表請聽樂皆不允時帝自期年之後于宮中間舉細聲女樂及親征以來日于左右召淺蕃軍校奏三絃胡琴和以羌笛擊節鳴鼓更舞迭歌以爲娛樂常謂侍臣曰此非音樂也故馮道等奏請舉樂詔旨未允而止壬戌楊光遠率兵圍棣州刺史李瓊以州兵擊之棄營而遁冀州奏敗賊軍于城下見舁棺者訊其降者曰戚城之戰上將金頭王中流矢而死此其櫬也癸亥以前鄧州節度使何建爲東南面馬步軍都部署率師屯汶陽甲子蜀人寇我階州三月癸酉朔契丹主領兵十餘萬來戰時契丹僞棄元城寨已旬日矣伏精騎于頓邱故城以待王師（通鑑鄴都留守張從恩屢奏敵已遁去大軍欲進追之會霖雨而止）設伏累日人馬饑頓趙延壽謀曰晉軍悉在河上畏我鋒銳不敢前進不如徑造城下四面而進攻奪其橋梁天下定矣契丹主然之是日前軍高行周在戚城之南賊將趙延壽趙延昭以數萬騎出王師之西契丹主自擁精騎出王師之東兩軍接戰交相勝負至晡時契丹主以勁兵中央出而來帝御親軍列爲後陣東西濟河爲偃月之勢旗幟鮮盛士馬嚴整契丹主望之謂左右曰楊光遠言晉朝兵馬半已餓死今日觀之何其壯耶敵騎往來馳突王師植立不動萬弩齊發飛矢蔽空敵軍稍却會有亡者告契丹主曰南軍東面人少沿河城柵不固可以攻之契丹乃率精騎以攻東邊王師敗走敵騎追之時有夾馬軍士千餘人在堤閒治水寨旗幟之末出于堰埭敵望見之以爲伏兵所起追騎乃止久之復戰王師又退李守超以數百騎短兵直起擊之敵稍却戰場之地人馬死者無算斷箭殘鏃橫厚數寸遇夜賊擊鉦抽軍而退夜行三十里而舍焉護聖指揮使（協霸二字上疑有脫文）亡入賊中夷其族護聖第二都指揮使安重懷指揮使烏韓七監軍何彥超等臨陣畏怯手失兵仗悉斬之乙亥契丹主帳內小校竊其主所乘馬來奔云契丹已傳木書收軍北去（契丹國志云景延廣疑有詐閉壁不敢追遼帝北歸所過焚掠民物殆盡）齊州奏青州賊軍寇明水鎮壬午禮部尚書盧詹卒贈太子太保甲申契丹車帳已過貝州以趙延昭守貝州（遼史三月壬午留趙延昭守貝州徙所俘戶于內地）辛卯定州馬全節攻泰州拔之俘其兵士二千人雜畜戎仗稱是癸巳北京留守兼中書令劉知遠封太原王餘如故是日詔天下抽點鄉兵凡七戶出一士六戶資之仍自具兵仗以武

定爲軍號太常丞王緒棄市緒家于青州常致書于楊光遠緒有妾之兄㥄緒不爲時給遂告與光遠連謀密書述朝廷機事遂收捕斬之夏四月車駕在澶州滄州奏契丹陷德州刺史尹居璠爲敵所執甲辰鄴都留守張從恩來朝丁未加從恩平章事還鄴己酉詔取今月八日車駕還京令高行周王周留鎮澶淵近地兵馬委便宜制置甲寅至自澶州曲赦京城大辟以下罪人丁巳升冀州爲防禦使額同華奏人民相食己未以右武衛上將軍張彥澤爲右神武統軍辛酉以鄆州節度使侍衛親軍都指揮使景延廣爲西京留守以宋州節度使高行周爲侍衛親軍都指揮使以侍衛親軍都虞候義成軍節度使李守貞爲兗州節度使典軍如故是日分命文武臣寮三十六人往諸道州府括率錢帛以資軍用癸亥以西京留守安彥威爲晉昌軍節度使以晉昌軍節度使趙瑩爲華州節度使以左龍武統軍皇甫遇爲滑州節度使是日置酒宮中召景延廣謂之曰卿有佐命之功命保釐伊洛非酬勳之地也因解御衣寶帶以賜之丙寅隴州奏餓死者五萬六千口五月壬申朔太原劉知遠奏邊境未寧軍用甚廣所封王爵乞未行冊命戊寅遣侍衛親軍都虞候李守貞率步騎二萬討楊光遠于青州丁亥以鄴都留守張從恩爲貝州行營都部署（通鑑張從恩上言趙延昭雖據貝州麾下將士久客思歸宜速進軍攻討以從恩爲貝州行營都部署）以滑州節度使皇甫遇爲行營都虞候以左神武統軍潘瓌掌騎兵右神武統軍張彥澤掌步兵辛卯張從恩奏貝州賊將趙延昭縱火大掠棄城而遁（通鑑延昭屯于瀛莫阻水自固）以李守貞爲青州行營都部署以河陽節度使符彥卿副之戊戌以鄧州節度使何建爲貝州永清軍節度使是月澤潞上言餓死者凡五千餘人六月辛丑朔王師拔淄州斬楊光遠僞署刺史劉翰辛卯以太尉兼侍中馮道爲檢校太師兼侍中充同州節度使丙午詔復置樞密院丁未以侍中桑維翰爲中書令充樞密使權開封府尹李周卒輟朝贈太師辛亥以邢州節度使安叔千爲晉州節度使加同平章事以晉州節度使宋彥筠爲陝州節度使以吏部郎中李穀充樞密直學士丙辰滑州河決漂注曹單濮鄆等州之境環梁山合于汶濟（宋史楊昭儉傳河決數郡大發丁夫以本部帥董其役既而塞之晉少主喜詔立碑紀其事昭儉表諫曰陛下刻石紀功不若降哀痛之詔揄頌美不若頌罪己之文言甚切至少主嗟賞之卒罷其事）戊午升府州爲團練使額庚申襄州獻白鵲甲子復置翰林學士乙丑宰臣等三上表請聽樂詔允之戊辰以門下侍郎王松爲左丞以右丞王易簡爲吏部侍郎以右散騎常侍蕭愿爲秘書監以右諫議大夫王仁裕爲給事中以給事中李式爲左散騎常侍以金部郎中知制誥徐台符爲翰林學士以禮部郎中李澣本官知制誥充翰林學士以刑部郎中劉溫叟改都官郎中充翰林學士以主客員外郎范質充翰林學士御史張宜改倉部員外郎知制誥庚午以前晉州節度使周密爲左龍武統軍以同州節度使李懷忠爲左羽林統軍

舊五代史卷八十二攷證

晉少帝紀二以青州節度使楊光遠謀叛故也　案楊光遠反五代春秋作十一月與是書作十二月異歐陽史從是書

乙亥滄恒貝鄴馳告契丹前鋒趙延壽趙延昭引五萬騎入寇將及甘陵　案歐陽史作甲戌朔契丹寇滄州遼史云甲戌朔趙延壽延昭率前鋒五萬騎次任邱與歐陽史合

太原奏契丹入雁門圍忻代二州　案通鑑契丹入鴈門不書日遼史作丙子入雁門圍忻代

乙酉車駕發東京丁亥敵騎至黎陽　案歐陽史作丙戌契丹寇黎陽

辛卯鄴都留守張從恩遣人夜縋城間行奏契丹主以鐵騎三四萬建牙帳于元城以趙延壽爲魏博節度使改封魏王　案遼史己丑次元城授延壽魏博節度使封魏王率所部屯南樂蓋遼人屯于元城自在己丑晉人至辛卯始得奏聞也歐陽史作辛卯契丹屯于元城趙延壽寇南樂殊誤

己亥遣譯語官孟守忠致書于契丹主求修舊好　案遼史云辛丑晉遣使來修舊好詔割河北諸州及遣桑維翰景延廣來議與是書微異

鄆州奏博州刺史周儒以城降契丹　案博州刺史周儒降于契丹歐陽史通鑑契丹國志俱作正月是書及遼史作二月

舊五代史卷八十三

宋門下侍郎參知政事監修國史薛居正等撰

晉書第九

少帝紀三

開運元年秋七月辛未朔帝御崇元殿大赦天下改天福九年爲開運元年河北諸州曾經契丹蹂踐處與免今年秋稅諸軍將士等第各賜優給諸州率借錢帛敕書到日畫時罷徵出一千貫已上者與免科徭一萬貫已上者與授本州上佐云是日宣赦未畢會大雷雨多遠而罷時都下震死者數百人明德門內震落石龍之首議者以爲石乃國姓蓋不祥之甚也癸酉以定州節度使馬全節爲鄴都留守加兼侍中以昭義節度使安審暉爲邢州節度使加檢校太尉乙亥前陝州節度使王周加檢校太師改定州節度使鄴都留守張從恩改鄆州節度使禮官奏天子三年喪畢禘享于太廟高祖聖文章武明德孝皇帝今年八月喪終畢合以十月行大禘之禮冬季禘祭改薦爲禘從之丁丑虞部員外郎知制誥陶穀改倉部郎中知制誥大理卿吳德謙改秘書監致仕辛巳以左龍武統軍李從敏爲潞州節度使天策府都護軍桂州節度使知朗州軍事馬希杲加檢校太師壬午降金州爲防禦州降萊州爲刺史州戶部侍郎田敏改兵部侍郎刑部侍郎李祥改尚書左丞以潁州團練使馮玉爲戶部侍郎充端明殿學士中書舍人趙上交改刑部侍郎己丑以樞密使中書令桑維翰充宏文館大學士太子太傅譙國公劉昫爲守司空兼門下侍郎平章事監修國史判三司宰臣李崧和凝進封爵邑庚寅宣徽北院使劉繼勳改宣徽南院使三司使董遇改宣徽北院使辛卯以前陝州節度使石贇爲鄧州節度使同州節度使李承福卒贈太傅八月辛丑命十五將以禦契丹（東都事略范質傳契丹入寇晉出帝命十五將出征是夕質宿直出帝命諸學士分草制質曰宮城已閉慮泄機事遂獨爲之）北京留守劉知遠充北面行營都統鎮州節度使杜威充北面行營都招討使鄆州節度使張從恩充馬步軍都監西京留守景延廣充馬步軍都排陣使徐州節度使趙在禮充馬步軍都虞候晉州節度使安叔千充馬步軍左廂排陣使前兗州節度使安審信充馬步軍右廂排陣使河中節度使安審琦充馬步軍都指揮使河陽節度使符彥卿充馬軍左廂都指揮使滑州節度使皇甫遇充馬軍右廂都指揮使右神武統軍張彥澤充馬軍排陣使滄州節度使王廷允充步軍左廂都指揮使陝州節度使宋彥筠充步軍右廂都指揮使前金州節度使田武充步軍左廂排陣使左神武統軍潘瓌充步軍右廂排陣使壬寅閩王王延羲爲其下連重遇朱文進所害衆推文進知留後事稱天福年號間道以聞甲辰太子少傅盧文紀改太子太傅太子少保李鏻改太子太保刑部尚書李懌改戶部尚書給事中司徒詡改右散騎常侍以府州刺史折從阮爲安北都護充振武節度使是夜熒惑入南斗乙未詔復置明經童子二科己酉以鄧州節度使王令溫爲延州節度使癸丑以威武軍兵馬留後權知閩國軍事朱文進爲檢校太傅福州威武軍節度使知閩國事癸亥升澶州爲節鎮以鎮寧爲軍額割濮州爲屬郡甲子以延州節度使史威爲澶州節度使九月庚午朔日有蝕之乙酉以戶部侍郎韋勳爲太子賓客以前棣州刺史段希堯爲戶部侍郎以光祿卿張仁愿爲大理卿己丑禮部侍郎符蒙卒壬辰太原奏代州刺史白文珂破契丹于七里峰斬首千餘級生擒將校七十餘人癸巳以前隴州防禦使翟光鄴爲宣徽北院使己亥以滄州節度使王廷允卒輟朝贈中書令冬十月壬寅兩浙節度使吳越國王錢宏佐加守太尉庚戌以徐州節度使北面行營馬步都虞候趙在禮爲北面行營副都統鄴都留守馬全節爲北面行營副招討使甲寅以起居郎知制誥賈緯爲戶部郎中知制誥戊午詔曰朕虔承顧命獲嗣丕基常懼顛危不克負荷宵分日昃罔敢遑寧夕惕晨興每懷祗畏但以恩信未著德教未敷理道不明咎徵斯至向者頻年災沴稼穡不登道殣相望上天垂譴涼德所招仍屬干戈尚興邊陲多事倉廩不足則豁人之饑食帑藏不足則率人之資財兵士不足則取人之丁中戰騎不足則假人之乘馬雖事不獲已而理將若何訪聞差去使臣殊乖體認不能敦于勉諭而乃臨以威刑自有所聞益深愧悼旋屬守臣叛命敵騎入邊致使甲兵不暇休息軍旅有征戰之苦人民有飛輓之勞疲瘵未蘇科徭尚急言念于茲寢食何安得不省過興懷側身罪己載深減損思召和平所宜去無用之資罷不急之務棄華取實惜費省功一則符先帝慈儉之規二則慕前王樸素之德向者造作軍器破用稍多但取堅剛不須華楚今後作坊製器械不得更用金銀裝飾比于遊畋素非所好凡諸服御尤欲去奢應天下府州不得以珍寶玩好及鷹犬爲貢在昔聖帝明君無非惡衣菲食況于薄德所合恭行今後大官尚膳減去多品衣服帷帳務去華飾在禦寒溫而已峻宇雕牆

昔人所誡玉杯象箸前代攸非今後凡有營繕之處丹堊雕鏤不得過度宮闈之內有非理費用一切禁止於戲繼聖承祧撫極臨御昧于至道若履春冰屬以天災流行國步多艱因時致禮引咎推誠期于將來庶幾有補更賴王公將相貴戚豪宗各啓乃心率由茲道共臻富庶以致康寧凡百臣寮宜體朕意十一月壬申詔曰晉寇未平邊陲多事即日雖無侵軼亦須廣設隄防朕將親率虎貔躬擐甲胄候聞南牧即便北征不須先定日辰別行告諭所有供億宜令三司預行計度合隨從諸司職員並宜常備行計云己卯以陳州刺史梁漢璋充侍衛馬軍都指揮使壬午以貝州節度使何建爲澶州節度使兼北面行營馬軍右廂排陣使以澶州節度使威爲貝州節度使丙戌以前金州節度使田武爲滄州節度使兼北面行營步軍右廂都指揮使以前相州節度使郭謹爲鄜州節度使十二月己亥朔幸閤門射中宫兔癸丑福州節度使朱文進加同平章事封閩國王丁巳青州楊光遠子承勳等斬觀察判官邱濤牙將白延祚楊瞻杜延壽等首級送于招討使李守貞乃縱火大譟劫其父處于私第以城納款遣即墨縣令王德柔貢表待罪楊光遠亦遣節度判官楊麟奉表請死詔釋之閏月庚午以楊承信爲右羽林將軍承祚爲右驍騎衛將軍皆光遠之子先詣闕請罪故特授是官癸酉李守貞奏楊光遠卒初光遠既上表送降帝以光遠頑獷太原歸命欲曲全之議者曰豈有反狀滔天而赦之也乃命守貞便宜處置守貞遣人拉殺之以病卒聞乙酉前登州刺史張萬迪削奪官爵處斬青州節度判官楊麟配流威州掌書記任邈配流原州支使徐晏配流武州繼逢恩赦不在放還之限並以楊光遠叛故也工部尚書權知貢舉竇貞固奏試進士請科舉人入策舊例夜試以三條燭盡爲限天成二年改令晝試今欲依舊夜試從之曲赦青州管內罪人立功將士各賜優給青州吏民爲楊光遠詿誤者一切不問青州行營招討使兗州節度使兼侍衛都虞候李守貞加同平章事副招討使河陽節度使符彥卿改許州節度使丙戌降青州爲防禦使額以萊州刺史楊承勳爲汝州防禦使己丑以工部尚書竇貞固爲禮部尚書太常卿王延爲工部尚書左丞王松爲太常卿以前尚書右丞龍敏爲尚書左丞癸巳以前安州防禦使李建崇爲河陽兵馬留後以宣徽使翟光鄴爲青州防禦使以內客省使李彥韜爲宣徽北院使甲午以給事中邊光範爲左散騎常侍以樞密直學士吏部郎中李穀爲給事中依前充職是月契丹耶律德光與趙延壽領全軍入寇圍恒州分兵陷鼓城槀城元氏高邑昭慶寧晉蒲澤欒城柏鄉等縣前鋒至邢州河北諸州告急詔張從恩馬全節安審琦率師屯邢州趙在禮屯鄴都

開運二年春正月戊戌朔帝不受朝賀不豫故也己亥張從恩部領兵士自邢州退至相州人情震恐趙在禮還屯澶州馬全節歸鄴都遣右神武統軍張彥澤屯黎陽詔西京留守景延廣將兵守胡梁渡契丹寇邢州侍衛馬軍都指揮使梁漢璋改鄭州防禦使典軍如故以滑州防禦使劉在明爲相州留後癸卯以客省使孟承誨爲內客省使滑州奏今月二日至四日相州路烽火不至甲辰以前汝州防禦使宋光鄴爲左驍衛大將軍詔青州行營將校自副兵馬使以上各賜功臣名號乙巳帝復常膳以左武衛上將軍袁義爲客省使上將軍如故詔滑州節度使皇甫遇率兵赴邢州馬全節赴相州契丹寇洛磁犯鄴都西北界所在告急壬子王師與契丹相拒于相州北安陽河上皇甫遇慕容彥超率前鋒與敵騎戰于榆林店遇馬中流矢僅而獲免遼史皇甫遇與濮州刺史慕容彥超將兵千騎來覘遼軍至鄴都遇遼軍數萬且戰且卻至榆林店遼軍繼至遇與彥超力戰百餘合遇馬斃步戰安審琦引騎兵踰水以救遼軍乃還是夜張從恩引軍退保黎陽惟留五百人守安陽河橋既而知州符彥倫與軍校謀曰此夜紛紜人無固志五百疲兵安能守橋即抽入相州嬰城爲備至曙賊軍萬餘騎已陣于安陽河北彥倫令城上揚旗鼓譟賊不之測至辰時渡河而南悉陣甲騎于城下如攻城之狀彥倫曰此敵將走矣乃出甲士五百于城北張弓弩以待之契丹果引去會皇甫遇榆林戰時至曉敵衆自相驚曰晉軍悉至矣契丹在邯鄲聞之即時北遁官軍亦南保黎陽甲寅以河陽留後李建崇爲邢州留後以鳳州防禦使下有闕文爲河陽留後詔李守貞領兵屯滑州以宣徽北院使李彥韜權侍衛馬步都虞候改諸道武定軍爲天威軍己未以前許州節度使李從溫爲北面行營都招撫使以鄆州節度使張從恩權東京留守辛酉相州奏契丹抽退其鄉村避寇百姓已發遣各歸本家營種初帝以不豫初平未任親御軍旅既而張從恩馬全節相次奏賊軍充斥恒州杜威告事勢危急帝曰北敵未平固難安寢當悉衆一戰以救朔方生靈若宴安遲疑則大河以北淪爲寇壤矣即日命諸將點閱以定行計辛酉下詔親征誅楊光遠部下指揮使張迴等五人以戎事方興慮其扇搖故也癸亥以樞密直學士李穀爲三司副使判留司三司公事乙丑車駕發離京師是月京城北壕春冰之上有文若大樹花葉凡數十株宛若圖畫觀者如堵二月戊辰朔車駕次滑州己巳渡浮橋幸黎陽勞軍至晚還滑州以滄州節度使田武充東北面行營都部署甲戌幸澶州以景延廣爲隨駕馬步軍都鈐轄丙子大閱諸軍于戚城帝親臨之戊寅北面行營副招討使馬全節行營都監李守貞右神武統軍張彥澤等以前軍先發己卯以許州節度使符彥卿爲北面行營馬軍都指揮使以左神武統軍潘環爲北面行營步軍都指揮使辛巳幸楊村故壘符彥卿皇甫遇李殷率諸軍進發以左散騎常侍邊光範爲樞密直學士詔河北諸州應蕃騎經由之地吏民遭殺害者委所在收瘞量事祭奠詔恒州杜威與馬全節等會合進軍丙戌幸鐵邱閱馬因幸趙在禮李從溫軍是日大雪戊子安審琦梁漢璋領兵北征府州防禦使折從阮奏部領兵士攻圍契丹勝州降之見進兵趨朔州甲午以河中節度使安審琦爲北面行營馬步軍都虞候許州節度使符彥卿充馬步軍左廂都指揮使滑州節度使皇甫遇充馬步軍右廂都指揮使侍衛馬軍都指揮使梁漢璋充馬軍左右廂都指揮使侍衛步軍都指揮使李殷充步軍左右廂都指揮使左神武統軍張彥澤充馬軍左右廂都排陣使右神武統軍潘環充步軍左右廂都排陣使丙申以端明殿學士尚書戶部侍郎馮玉爲戶部尚書充樞密使三月戊戌契丹陷祁州刺史沈斌死之乙巳左補闕袁範先陷契丹自賊中逃歸杜威奏與李守貞馬全節安審琦皇甫遇部領大軍赴定州易州刺史安審約奏二月三日夜差壯丁斫敵營殺敵十餘人是日以符彥卿爲北面行營馬步軍左右廂都排陣使以皇甫遇爲北面行營馬步軍左廂排陣使以王周爲馬步軍右廂排陣使丁未畋于戚城還幸景延廣安審信軍庚戌王師攻泰州刺史晉庭謙以城降易州奏郎山塞將孫方簡破契丹千餘人斬其將嘉哩相公擒其妻以獻甲寅杜威奏收復滿城獲契丹首領默埒相公並蕃漢兵士二千人以前戶部尚書李懌爲兵部尚書乙卯杜威奏收復遂城丙辰奏大軍自遂城卻退至滿城時敵將趙延壽部曲來降言契丹主昨至古北口幽州走報漢軍大下收卻泰州尋下令諸部令輜重入塞輕騎卻迴契丹率五萬餘騎來勢極盛明日前鋒必至請爲之備杜威李守貞謀曰我師糧運不繼深入賊疆而逢大敵亡之道也不如退還泰州觀其兵勢强弱而禦之軍士皆以爲然是日還滿城丁巳至泰州戊午契丹前鋒已至己未大軍發泰州而南契丹踵其後是日次陽城庚申敵騎如牆而來我步軍爲方陣以禦之選勁騎擊敵鬭二十餘合南行十餘里賊勢稍卻渡白溝而去辛酉杜威名諸將議曰北主自來實爲勍敵若不血戰吾輩何以求免諸將然之是日敵騎還遶官軍相去數里明日我軍成列而行蕃漢轉鬭殺聲震地纔行十餘里軍中人馬飢乏癸亥大軍至白團衛村下營人馬俱渴營中掘井及水輒壞兵士取其泥絞汁而飲敵衆圍繞漸東其營宋史藥元福傳晉師列方陣設拒馬爲行營契丹以奇兵出陣後斷糧道是日東北風猛揚塵折樹契丹主坐車中謂衆曰漢軍盡來秖有此耳今日並可生擒然後平定天下令下馬拔鹿角飛矢雨集軍士大呼曰招討使何不用軍而令士卒虛死諸將咸請擊之杜威曰候風勢稍慢觀其進退守貞曰此風助我也彼衆我寡黑風之內莫測多少若候風止我輩無噍類矣即呼衆軍齊力擊賊張彥澤符彥卿皇甫遇等率騎奮擊風勢尤猛沙塵如夜敵遂大敗宋史符彥卿傳時晉師居下風將戰弓弩莫施彥卿謂張彥澤皇甫遇曰與其束手就擒曷若死戰然未必死彥澤然之遂潛兵尾其後順風擊之契丹大敗又藥元福傳守貞與元福謀曰軍中飢渴已甚若俟風反出戰吾屬爲擄矣彼謂我不能逆風以戰宜出其不意以擊之此兵家之奇也元福乃率麾下開拒馬出戰諸將繼至契丹大敗時步騎齊進追襲二十餘里至陽城東賊軍稍稍成列我騎復擊之乃渡河而去守貞曰今日危急極矣幸諸君奮命吾事獲濟兩日以來人馬渴乏今與水之後腳重難行速宜收軍定州保全而還上策也由是諸將整衆而還是時契丹主坐車中及敗走車行十餘里追兵既急獲一橐駝乘之而走乙丑杜威等大軍自定州班師入恒州夏四月丙子以車駕將還京差官往西京告天地宗廟社稷辛巳駕發澶州甲申至京師曲赦在京禁囚丁亥詔鄴都依舊爲天雄軍庚寅河東節度使劉知遠封北平王恒州節度使杜威加守太傅徐州趙在禮移鎮兗州宋州節度使加侍衛親軍馬步都指揮使高行周移鎮鄆州侍衛如故鄴都留守馬全節改天雄軍節度使兗州節度使兼侍衛都虞候李守貞移鎮宋州加檢校太師兼侍衛親軍副指揮使河中節度使安審琦加兼侍中移鎮許州許州節度使符彥卿加同平章事移鎮徐州滑州節度使皇甫遇加同平章事壬辰西京留守景延廣加邑封改功臣泰州節度使侯益移鎮河中定州節度使王周加檢校太師

舊五代史卷八十三攷證

晉少帝紀三八月辛丑命十五將以禦契丹 案東都事略亦載出帝命十五將出征事歐陽史云劉知遠爲北面行營都統杜威爲都招討使蓋略之也

壬辰太原奏代州刺史白文珂破契丹于七里烽 案通鑑作丙子契丹寇遂城樂壽深州刺史康彥進擊却之與是書異歐陽史契丹國志竝與是書同

圍恒州分兵陷鼓城稾城元氏高邑昭慶寧晉蒲澤欒城柏鄉等縣 案遼史已卯圍恒州下其九縣歐陽史繫于乙酉之後疑誤

易州奏郎山寨將孫方簡破契丹千餘人 案孫方簡歐陽史作孫方諫

賊勢稍却渡白溝而去 案通鑑庚申契丹大至晉軍與戰遂北十餘里契丹踰白溝而去歐陽史庚申杜威及契丹戰于陽城敗之俱與是書同惟遼史云已未重威守貞引兵南遁追至陽城大敗之復以步卒爲方陣來拒與戰二十餘合是遼師未嘗言敗也蓋當時南北軍俱有掩飾故紀載不同如此

大軍至白團衛村下營 案歐陽史作衛村通鑑攷異引漢高祖實錄作白檀遼史從是書作白團衛村

嘉哩舊作諾里今改　默埒舊作沒剌今改

舊五代史卷八十四

宋門下侍郎參知政事監修國史薛居正等撰

晉書第十

少帝紀四

開運二年夏五月丙申朔帝御崇元殿受朝大赦天下丁酉以右衛上將軍馬萬爲左金吾上將軍致仕戊戌陝州節度使宋彥筠移鎮鄆州潞州節度使何建移鎮河陽以左神武統軍潘環爲潞州節度使以宣徽北院使李彥韜遙領壽州節度使兼侍衛馬軍都指揮使以滄州節度使田武遙領貝州節度使兼侍衛步軍都指揮使辛卯白虹貫日壬子宰臣桑維翰劉昫李崧和凝竝加階爵禮部尚書竇貞固改刑部尚書太常寺卿王松改工部尚書以尚書左丞龍敏爲太常卿以翰林學士承旨兵部侍郎李愼儀爲尚書左丞以御史中丞張允爲兵部侍郎知制誥充翰林學士承旨以左諫議大夫顏衎爲御史中丞宋史顏衎傳喪亂之後朝綱不振衎執憲頗有風采嘗上言請除御史者旋授外藩賓佐復有以私故細事求假外拜州郡無恭謁之儀出入失風憲之體滿恐四方得以輕易百辟無所準繩請自今藩鎮幕僚勿得任臺官親王宰相出鎮亦不得奏充賓佐非奉制勅事勿得出京自餘不令攝雜務詔惟辟名入幕餘從其請以兵部侍郎宏文館學士判館事田敏爲國子祭酒以戶部侍郎段希堯爲兵部侍郎以工部侍郎邊蔚爲戶部侍郎依前權知開封府事以左散騎常侍李式爲工部侍郎以給事中王仁裕爲左散騎常侍甲寅以華州節度使趙瑩爲開封尹以皇弟開封尹重睿爲秦州節度使以宣徽南院使劉繼勳爲華州節度使以前鄆州節度使張從恩爲晉州節度使丙辰杜威來朝定州奏大風震北岳廟殿宇樹木悉摧敗之六月乙丑朔帝御崇元殿百官入閤監修國史劉昫史官張昭遠等以新修唐書紀志列傳并目錄凡二百三卷上之賜器幣有差癸酉以恒州節度使杜威爲天雄軍節度使充鄴都留守以鄴都留守馬全節爲恒州節度使以翰林學士金部郎中知制誥徐台符爲中書舍人以翰林學士禮部郎中知制誥李澣爲中書舍人翰林學士都官郎中劉溫叟加知制誥翰林學士主客員外郎范質改比部郎中知制誥竝依舊充職祠部員外郎知制誥張沆本官充學士以太常少卿陶穀爲中書舍人宋史陶穀傳穀性急率嘗與兗帥安審信集會杯酒相失爲審信所奏時方姑息武臣穀坐責授太常少卿嘗上言頃西臺每見臺司詳斷刑獄少有卽時決者至于閭閻夫婦小有爭訟淹滯卽時坊市死亡喪葬必候臺司判狀奴婢病亡亦須檢驗吏因緣爲姦而邀求不已經旬不獲埋瘞望申條約以革其弊從之俄拜中書舍人乙亥以邠州節度使劉景巖爲陝州節度使已卯新授恒州節度使馬全節卒輟朝贈中書令壬午大理卿張仁愿卒贈秘書監遣刑部尚書竇貞固等分詣寺觀禱雨已丑以定州節度使王周爲恒州節度使以前易州刺史安審約爲定州留後是月兩京及州郡十五竝奏旱秋七月乙未朔以侍衛步軍都指揮使領貝州節度使田武爲昭義軍節度使甲寅左諫議大夫李元龜奏請禁止天下僧尼典買院舍從之丙辰前少府監李潜眨坊州司戶坐冒請逃死人衣糧入已故也庚申以前齊州防禦使薛可言爲延州兵馬留後八月甲子朔日有蝕之中書舍人陶穀奏請權廢太常寺二舞郎從之丙寅宰臣和凝罷相守右僕射以樞密使馮玉爲中書侍郎平章事使如故乙亥詔諸御史今後除準式請假外不得以細故小事請假離京除奉制命差推事及按察外不得以諸雜細務差出丙子以靈州節度使馮暉爲邠州節度使加檢校太尉以前鄜州節度使丁審琪爲左羽林統軍以前鄜州節度使郭謹爲左神武統軍西京留司御史臺奏新授鄧州節度使宋彥筠于銀沙灘斬廳頭鄭温詔鞫之欵云彥筠出身軍旅不知事體不合專擅行法詔釋其罪以工部尚書王松權知貢舉丁丑以前晉州節度使安叔千爲右金吾上將軍以三司副使給事中李穀爲磁州刺史充北面水陸轉運使分遣使臣于諸道率馬戊寅以左金吾上將軍皇甫立爲左衛上將軍以右羽林統軍李懷忠爲左武衛上將軍庚辰新授潞州節度使田武卒輟朝贈太尉戊子湖南奏靜江軍節度使馬希杲卒九月丙申以西京留守北面馬步軍都排陣使景延廣爲北面行營副招討使丁酉以刑部侍郎趙遠爲戶部侍郎以工部侍郎李式爲刑部侍郎以中書舍人盧價爲工部侍郎價久次綸闈舊例合轉禮部侍郎或御史中丞宰臣馮玉擬此官桑維翰以爲資望淺不署狀無何維翰休沐數日玉獨奏行之維翰由是不樂與玉有間矣已亥幸繁臺觀馬遂幸李守貞第庚子以晉州節度使張從恩爲潞州節度使吏部侍郎張昭遠加階爵酬修唐史之勞也宋史張昭遠傳加金紫階進爵邑戊申升曹州爲節鎮以威信軍爲軍額詔李守貞率兵屯澶州已酉月掩昴宿以宣徽北院使焦繼勳爲宣徽南院使以內客省使孟承誨爲宣徽北院使壬子以前太子詹事王居敏爲鴻臚卿李專美爲大理卿以太子賓客致仕馬裔孫爲太子詹事甲寅移泰州理所于滿城縣乙卯詔相州節度使張彥澤率兵屯恒州冬十月戊寅以河陽節度使何建爲涇州節度使以許州節度使李從溫爲河陽節度使以前鄭州節度使石贇爲曹州節度使庚午遣使太子賓客羅周岳使副太子右庶子王延濟冊兩浙節度使錢宏佐爲守太尉辛未右金吾衛上將軍楊彥詢卒贈太子太師丁丑高麗遣使貢方物庚辰以前延州節度使王令温爲靈州節度使庚寅以邢州兵馬留後劉在明爲晉州兵馬留後以前河陽留後方太爲邢州留後癸巳升陳州爲節鎮以鎮安軍爲軍額十一月戊戌以邠州節度使馮暉兼侍衛步軍都指揮使充北面行營先鋒馬步軍都指揮使以權知高麗國事王武爲檢校太保使持節元菟州都督充大義軍使封高麗國王癸卯日南至帝御崇元殿受朝賀戊申兩浙奏順化軍節度使錢鏵卒甲寅以壽州節度使侍衛馬軍都指揮使李彥韜爲陳州節度使典軍如故丙辰前商州刺史李俊除名坐受財枉法也十二月乙丑以兩浙節度使吳越國王錢宏佐兼東南面兵馬都元帥丙寅以吳越國金馬左廂都指揮使湖州刺史胡思進遙領虔州昭信軍節度使以吳越國金馬右廂都指揮使明州刺史闞璠遙領宣州寧國軍節度使竝典軍如故左羽林統軍丁審琪卒贈太尉辛未以工部侍郎盧價爲禮部侍郎以右散騎常侍集賢殿學士判院事司徒詡爲工部侍郎依前充職以前中書舍人殷鵬爲給事中充樞密直學士以給事中劉知新爲右散騎常侍乙亥陝府節度使劉景巖來朝丁丑狩于近郊獵也已卯光祿卿致仕陳元卒于太原庚辰命使冊高麗國王王武癸未以前兗州節度使安審信爲華州節度使丁亥以樞密使中書令桑維翰爲開封尹以司空門下侍郎平章事劉昫判三司以左僕射門下侍郎平章事李崧爲守侍中充樞密使以開封尹趙瑩爲中書令宏文館大學士以宣徽南院使焦繼勳知陝州軍州事宋史焦繼勳傳西人寇邊朝議發師致討繼勳抗疏請行拜秦州觀察使兼諸蕃水陸轉運使既至推恩信設方畧招誘諸部相率奉玉帛牛酒乞盟邊境以安俄徙知陝州已丑邠州節度使馮暉準詔來朝是歲帝每遇四方進獻器皿多以銀于外府易金而入謂左右曰金者貴而且輕便于人力識者以爲北遷之兆也宋史劉濤傳少帝奢侈常以銀易金廣其器皿李崧判三司令上庫金之數及崧以原簿校之少數千鎰崧責曰帑庫通式一日不受虛數毫釐則有重典濤曰帑司常有報不盡數以備宣索崧令有司劾濤濤事迫以情告樞密使桑維翰乃止罰一月俸

開運三年春正月癸巳朔帝御崇元殿受朝賀仗衛如式詔改鑄天下合同印書詔印御前竝以黃金爲之已亥貝州梁漢璋奏蕃寇屯聚將謀入寇詔符彥卿屯荊州口宋史符彥卿傳再出河朔彥卿不與易其行伍配以羸師數千戍荊州口癸卯以前華州節度使劉繼勳爲同州節度使以陝州節度使劉景巖爲鄧州節度使丙午以宣徽南院使知陝州事焦繼勳爲陝州留後丁未刑部員外郎王洧陽自盡乎私用宮錢經營求利故也右司郎中李知損眨均州司戶員外置馳驛發遣坐前任度支判官日與解縣権鹽使王景遇交遊借貸故也已酉詔侍衛親軍副都指揮使李守貞率師巡撫北邊辛亥以皇弟秦州節度使重睿爲許州節度使以許州節度使安審琦爲兗州節度使以兗州節度使趙在禮爲晉昌軍節度使癸丑以涇州節度使何建爲秦州節度使以前貝州節度使史威爲涇

州節度使乙卯定州奏契丹入寇巳未二王後守太僕少卿襲酅國公楊延壽除名配流威州終身勿齒延壽奉命于磁州檢苗受贓二百餘匹準律當絞有司以二王後入議故貸其死二月壬戌朔日有蝕之詔滑州皇甫遇率兵援糧入易定等州甲子以滄州留後王景爲本州節度使右僕射和凝逐月別給錢五萬傔糧芻粟等優舊相也辛未魯國大長公主史氏薨輟朝三日丙子光祿卿致仕王宏贊卒贈太常卿回鶻遣使貢方物升桂州全義縣爲溥州仍隸桂州其全義縣改爲德昌縣從湖南馬希範所請也壬午以前晉昌軍節度使安彥威充北面行營副都統以宣徽北院使兼太府卿孟承誨爲右武衛大將軍充職是日幸南莊命臣寮汎舟飲酒因幸杜威園醉方歸內甲申河陽節度使李從溫薨輟朝贈太師三月壬辰朔以權知河西節度使張遵古爲河西留後乙未以御史中丞顏衎爲戶部侍郎以戶部侍郎趙遠爲御史中丞丙申以邢州節度使兼侍衛步軍都指揮使馮暉爲河陽節度使以前涇州節度使李德珫爲邢州節度使李守貞奏大軍至衛水巳亥奏獲鄚州刺史趙思恭癸卯奏大軍迴至冀州戶部侍郎顏衎上表以母老乞解官就養從之戊申以皇子齊州防禦使延煦爲遺州節度使辛亥密州上言飢民殍者一千五百庚申以瓜州刺史曹元忠爲沙州留後夏四月辛酉朔李守貞自北班師到闕太原奏吐渾白可久奔歸契丹諸侯咸有異志乙亥宰臣詣寺觀禱雨曹州奏部民相次飢死凡三千人時河南河北大饑殍殕甚衆沂密兗鄆寇盜羣起所在屯聚剽劫縣邑吏不能禁兗州節度使安審琦出兵捕逐爲賊所敗戊寅幸相國寺禱雨皇子延煦與晉昌軍節度使趙在禮結婚令宗正卿石光贊主之五月庚寅朔以兵部郎中劉暐爲太府卿戊戌以前同州節度使馮道爲鄧州節度使定州奏部民相次擄殺流移約五千餘戶青州奏全家殍死者一百一十二戶沂州奏淮南遣海州刺史領兵一千五百人應接賊頭常知及詔兗州安審琦領兵捕逐甲辰以前太子賓客韋勳爲太子賓客兗州安審琦奏淮賊抽退賊頭常知及與相次首領武約等並乞歸命丁未幸大年莊遊船習射帝醉甚賜羣官器帛有差夜分方歸內戊申以鄆州留後李殷爲定州節度使辛亥詔皇甫遇爲北面行營都部署張彥澤爲副李殷爲都監領兵赴易定等州尋止其行甲寅以貝州留後梁漢璋爲貝州節度使以左神武統軍郭謹爲鄆州節度使六月庚申朔登州奏文登縣部內有銅佛像四菟佛像十自地踊出狼山招收指揮使孫方簡叛據狼山歸契丹乙丑詔諸道不得橫薦官僚如本處幕府有闕即得奏薦丙寅以前昭義軍節度使李從敏爲河陽節度使以河陽節度使兼侍衛步軍都指揮使馮暉爲靈州節度使壬午以鄆州節度使兼侍衛親軍都指揮使高行周爲宋州節度使加兼中書令充北面行營副都統以宋州節度使侍衛親軍都指揮使（案以下有闕文）定州奏蕃寇壓境詔李守貞爲北面行營都部署滑州皇甫遇爲副相州張彥澤充馬軍都指揮使定州李殷充馬步都指揮使七月壬辰以禮部尚書王延爲刑部尚書以工部尚書王松爲禮部尚書以太常卿龍敏爲工部尚書以左丞李愼儀爲太常卿以吏部侍郎張昭遠爲左丞以右丞李詳爲吏部侍郎以前義州刺史李玘爲右丞前晉昌軍節度使安彥威薨輟朝贈太師丙申兩浙節度使吳越國王錢宏佐加守太師北京留守河東節度使北平王劉知遠加守太尉滄州奏蕃寇攻饒安縣楊劉口河決西岸水闊四十里以前鄧州節度使劉景巖爲太子太師致仕辛亥宋州穀熟縣河水雨水一槩東流漂沒秋稼丁巳大理卿李專美卒戊午詔僞清泰朝經削奪官爵朱宏昭馮贇康義誠王思同藥彥稠等並復其官爵自夏初至是河南河北諸州郡餓死者數萬人羣盜蜂起剽略縣鎮霖雨不止川澤汎漲損害秋稼八月巳未朔以左諫議大夫裴羽爲給事中庚申李守貞皇甫遇駐軍定州辛酉幸南莊召從臣宴樂至暮還宮詔潞州運糧十三萬赴恒州癸亥以右散騎常侍張煦爲青州刺史李守貞奏六軍至望都縣相次至長城北遇敵千餘騎轉鬭四十里斬蕃將嘉哩相公丁卯詔班師庚午以前亳州防禦使邊蔚爲戶部侍郎以刑部侍郎李式爲戶部侍郎充三司副使以禮部侍郎盧價爲刑部侍郎以樞密直學士左散騎常侍邊光範爲禮部侍郎充職（宋史邊光範傳少帝以光範爲卿曹舊僚待遇尤厚因遊宴見光範位翰林學士下即日拜尚書禮部侍郎知制誥充翰林學士仍直樞密院）辛未以右龍武統軍周密爲延州節度使癸酉河東節度使劉知遠奏誅吐渾大首領白承福白鐵匱赫連海龍等並夷其族凡四百口蓋利其孳畜財寶也人皆冤之甲戌以大理少卿劇可久爲大理卿棣州刺史慕容彥超削奪在身官爵房州安置坐前任濮州擅出省倉麥及私貢官麵準法處死太原節度使劉知遠上表救之故貸其死丙戌靈州馮暉奏與威州刺史藥元福于威州土橋西一百里遇吐蕃七千餘人大破之斬首千餘級是月秦州雨兩旬不止鄴都雨水一丈洛京鄭州貝州大水鄴都夏津臨清兩縣餓死民凡三千三百盜入臨濮費縣秋九月壬辰鄆州節度使侍衛親軍都指揮使李守貞加兼侍中滑州節度使皇甫遇進封邠國公相州節度使張彥澤加檢校太尉甲午以權知威武軍節度使李宏達爲檢校太尉同平章事充福建節度使知閩國事乙未前商州刺史李俊賜死坐與親妹姦及行刎所殺女使又殺部曲孫漢榮強姦其妻準法棄市詔賜死于家巳亥張彥澤奏破蕃人于定州界斬首二十餘級追襲百餘里生擒蕃將四人擒得金耳環二副進呈癸卯太原奏破契丹于楊武谷殺七千餘人甲辰以天策上將軍江南諸道都統楚王馬希範兼諸道兵馬都元帥詔開封府以霖雨不止應京城公私僦舍錢放一月乙巳詔安審琦率兵赴鄴都皇甫遇赴相州丙午以太子少保楊凝式爲太子少傅以刑部尚書王延爲太子少保前潁州團練使竇貞固爲刑部尚書是月河南河北關西諸州奏大水霖雨不止溝河汎溢水入城郭及損害秋稼是月契丹瀛州刺史詐爲書與樂壽將軍王巒願以本城歸順且言城中蕃軍不滿千人請朝廷發軍襲取之巳爲內應又云今秋苦雨川澤漲溢自瓦橋以北水勢無際契丹巳歸本國若聞南夏有變地遠阻水雖欲奔命無能及也又巒繼有密奏苦言瀛鄚可取之狀先是前歲中車駕駐于河上曾遣邊將遺書于幽州趙延壽勸令歸國延壽有報命依違而已是歲三月復遣鄴都杜威致書于延壽且述朝旨啖以厚利仍遣洺州軍將趙行實齎書而往潛申欵密行實會事延壽故遣之七月行實自燕迴得延壽書且言久陷邊庭願歸中國乞發大將遣接即拔身南去叙致懇切辭旨綿密時朝廷欣然從之復遣趙行實計會延壽大軍應接之所有瀛州大將遣所親齎蠟書至闕下告云欲謀翻變以本城歸命未幾會彼有告變者事不果就至是瀛州守將劉延祚受契丹之命詐輸誠欵以誘我軍國家深以爲信遂有出師之議

舊五代史卷八十四攷證

晉少帝紀四監修國史劉昫史官張昭遠等以新修唐書紀志列傳并目錄凡二百三卷　案郡齋讀書志直齋書錄解題並作二百卷五代會要作二百二卷目錄一卷

巳亥幸繁臺觀馬　案歐陽史作閱馬于萬龍岡

皇子延煦與晉昌軍節度趙在禮結婚　案皇子延煦娶趙在禮女通鑑作三月庚申與是書作四月戊寅異

巳亥張彥澤奏破蕃人于定州界　案歐陽史作辛丑張彥澤及契丹戰于新興敗之

是月契丹瀛州刺史詐爲書與樂壽將軍王巒願以本城歸順　案瀛州刺史下疑脫劉延祚三字通鑑攷異云歐陽史作高牟翰案陷蕃記前云延祚詐輸誠欵後云大軍至瀛州偵知蕃將高牟翰潛師而出蓋延祚爲刺史牟翰乃戍將耳

嘉哩舊作解里今改

舊五代史卷八十五

宋門下侍郎參知政事監修國史薛居正等撰

晉書第十一

少帝紀五

開運三年冬十月甲子正衙命使冊皇太妃安氏巳丑以樞密直學士禮部侍郎邊光範爲翰林學士以給事中邊歸讜爲左散騎常侍以翰林學士祠部員外郎知制誥張沆爲右諫議大夫辛未以鄴都留守杜威爲北面行營都招討使以侍衛親軍都指揮使鄆州節度使李守貞爲兵馬都監兗州安審琦爲左右廂都指揮使徐州符彥卿爲馬軍左廂都指揮使滑州皇甫遇爲馬軍右廂都指揮使貝州梁漢璋爲馬軍都排陣使前鄧州宋彥筠爲步軍左廂都指揮使奉國左廂都指揮使王饒爲步軍右廂都指揮使洺州團練使薛懷讓爲先鋒都指揮使（案通鑑載當時敕牓曰先取瀛鄚安定關南次復幽燕盪平塞北蓋狃于陽城之役而輕敵也）癸酉冊吳國夫人馮氏爲皇后乙亥以侍衛馬軍都指揮使李彥韜權知侍衛司事丙戌鳳翔節度使秦王李從曮薨輟朝贈尚書令丁亥邠州節度使李德珫卒輟朝贈太尉十一月戊子朔以給事中盧撰爲右散騎常侍以尚書兵部郎中兼侍御史知雜事陳觀爲左

諫議大夫觀以祖諱義乞改官尋授給事中庚寅樞密使中書侍郎兼戶部尚書平章事馮玉加尚書右僕射以皇子鎮寧軍節度使延煦爲陝州節度使以陝州留後焦繼勳爲鳳翔留後以前定州留後安審琦爲邠州留後以右僕射和凝爲左僕射甲午兩浙節度使吳越國王錢宏佐起復舊任丁酉詔李守貞知幽州行府事戊申日南至御崇元殿受朝賀是月北面行營招討使杜威率諸將領大軍自鄴北征師次瀛州城下貝州節度使梁漢璋戰死杜威等以漢璋之敗遂收軍而退行次武強聞契丹入寇欲取直路自冀貝而南會張彥澤領騎自鎮定至且言契丹可破之狀于是大軍西趨鎮州十二月丁巳朔案以下有闕文據通鑑云丁巳朔李穀自書密奏且言大軍危急之勢請車駕幸滑州遣高行周符彥卿扈從及發兵守澶州河陽以備敵之奔衝遣軍將關勳走馬上之己未杜威奏駐軍于中渡橋庚申以前司農卿儲延英爲太子賓客詔徐州符彥卿屯澶州辛酉詔澤潞鄴都邢洺河陽運糧赴中渡杜威遣人口奏軍前事宜勢迫故也壬戌又遣高行周屯澶州景延廣守河陽博野縣都監張鵬入奏蕃軍事勢丙寅定州李殷奏前月二十八日夜領捉生四百人往曲陽嘉山下逢敵軍車帳殺千餘人獲馬二百匹詔宋州高行周充北面行營都部署符彥卿充副邢州方太充都虞候領後軍駐于河上以備敵騎之奔衝也時契丹遊騎涉滹水而南至欒城縣自是中渡寨爲蕃軍隔絕探報不通朝廷大恐故委行周等總領兵師守扼津要且以張其勢也己巳邢州方太奏此月六日契丹與王師戰于中渡王師不利奉國都指揮使王清戰死庚午幸沙臺射兔壬申始聞杜威李守貞等以此月十日率諸軍降于契丹是夜相州節度使張彥澤受契丹命率先鋒二千人自封邱門斬關而入癸酉旦張彥澤頓兵于明德門外京城大擾前曹州節度使石贇死帝之堂叔也時自中渡寨隔絕之後帝與大臣端坐憂危國之衞兵悉在北面計無所出十六日聞滹水之降是夜偵知張彥澤已至滑州召李崧馮玉李彥韜入內計事方議詔河東劉知遠起兵赴難至五鼓初張彥澤引蕃騎入京宮中相次火起帝自攜劍驅擁后妃已下十數人將同赴火爲親校薛超所持俄自寬仁門遞入契丹主與皇太后書帝乃止旋令撲滅烟火大內都點檢康福全在寬仁門宿衞登樓覘賊彥澤呼而下之癸酉帝奉表于契丹主曰孫臣某言今月十七日寅時相州節度使張彥澤都監富珠哩部領大軍入京齎到翁皇帝賜太后書示于滹沱河下杜威一行馬步兵士見領蕃漢部騎來幸汴州者往者唐運告終中原失馭數窮否極天缺地傾先人有田一成有衆一旅兵連禍結力屈勢孤翁皇帝救患摧鋒興利除害躬擐甲胄深入寇場犯露蒙霜度鴈門之險馳風掣電行中冀之誅黃鉞一麾天下大定勢凌宇宙義感神明功成不居遂興晉祚則翁皇帝有大造于石氏也旋屬天降鞠凶先君即世臣遵承遺旨纘紹前基諒闇之初荒迷失次凡有軍國重事皆委將相大臣至于擅繼宗祧既非稟命輕發文字輒敢抗尊自啟釁端果貽赫怒禍至神惑運盡天亡十萬師徒皆望風而束手億兆黎庶悉延頸以歸心臣負義包羞貪生忍恥自貽顛覆上累祖宗偷度晨昏苟存食息翁皇帝若惠顧疇昔稍霽雷霆未賜靈誅不絕先祀則百口荷更生之德一門銜罔報之恩雖所願焉非敢望也臣與太后并妻馮氏及舉家戚屬見于郊野面縛俟罪次所有國寶一面金印三面今遣長子陝府節度使延煦次子曹州節度使延寶管押進納并奉表請罪陳謝以聞甲戌張彥澤遷帝與太后及諸宮屬于開封府遣控鶴指揮使李榮將兵監守是夜開封尹桑維翰宣徽使孟承誨皆遇害帝以契丹主將至欲與太后出迎彥澤先表之稟契丹主之旨報云比欲許爾朝覲上國臣寮奏言豈有兩個天子道路相見今賜所佩刀子以慰爾心己卯皇子延煦延寶自帳中迴得敵詔慰撫帝表謝之時契丹主以所送傳國寶製造非工與載籍所述者異使人來問帝進狀曰頃以僞主王從珂于洛京大內自焚之後其眞傳國寶不知所在必是當時焚之先帝受命旋製此寶在位臣寮備知其事臣至今日敢有隱藏云時移內庫至府帝使人取帛數段主者不與謂使者曰此非我所有也又使人詣李崧求酒崧曰臣有酒非敢愛惜慮陛下杯酌之後憂躁所作別有不測之事臣以此不敢奉進丙戌晦百官宿封禪寺明年正月朔契丹主次東京城北百官列班遙辭帝于寺詣北郊以迎契丹主帝舉族出封邱門肩轝至野契丹主不與之見遣泊封禪寺文武百官素服紗帽迎謁契丹主于郊次俯伏俟罪契丹主命起之親自慰撫契丹主遂入大內至昏出宮是夜宿于赤岡契丹主下詔應晉朝臣寮一切仍舊朝廷儀制並用漢禮戊子殺鄭州防禦使楊承勳責以背父之罪令左右臠割而死遼史以其弟承信爲平盧軍節度使襲父爵己丑斬張彥澤于市以其剽刧京城恣行屠害也遼史以張彥澤擅徙重貴開封殺桑維翰縱兵大掠不道斬于市庚寅洛京留守景延廣自扼吭而死辛卯契丹制降帝爲光祿大夫檢校太尉封負義侯黃龍府安置其地在渤海國界癸巳遷帝于封禪寺遣蕃大將崔廷勳將兵守之癸卯帝與皇太后李氏皇太妃安氏皇后馮氏皇弟重睿皇子延煦延寶俱北行以宮嬪五十人內官三十人東西班五十人醫官一人控鶴官四人御廚七人茶酒三人儀鸞司三人軍健二十人從行宰臣趙瑩樞密使馮玉侍衞馬軍都指揮使李彥韜隨帝入蕃契丹主遣三百騎援送而去所經州郡長吏迎奉皆爲契丹主阻絕有所供饋亦不通宋史李穀傳少帝蒙塵而北舊臣無敢候謁者穀獨拜迎于路君臣相對泣下穀曰臣無狀負陛下因傾囊以獻晝一日帝與太后不能得食乃殺畜而啖之帝過中渡橋閱杜威營寨之迹慨然憤嘆謂左右曰我家何負爲此賊所破天乎天乎于是號慟而去至幽州傾城士庶迎看于路見帝慘沮無不嗟歎宣政雜錄徽宗北狩經薊縣梁魚務有還鄉橋石少帝所命名也里人今呼之至駐留旬餘州將承契丹命犒帝于府署趙延壽母以食饌來獻自范陽行數十程過薊州平州至榆關沙塞之地畧無供給每至宿頓無非路次一行乏食宮女從官但採木實野蔬以救飢弊又行七八日至錦州契丹迫帝與妃后往拜安巴堅遺像帝不勝屈辱泣曰薛超誤我不令我死以至今日也又行數十程渡遼水至黃龍府卽契丹主所命安置之地也六月契丹國母名帝一行往懷密州州在黃龍府西北千餘里行至遼陽皇后馮氏以帝陷蕃過受艱苦令內官潛求毒藥將自飲之並以進帝不果而止又行二百里會國母爲永康王所執永康王請帝却住遼陽城駐泊帝遣使奉表于永康且賀克捷自是帝一行稍得供給漢乾祐元年四月永康王至遼陽帝與太后並詣帳中帝御白衣紗帽永康止之以常服謁見帝伏地雨泣自陳過咎永康使左右扶帝上殿慰勞久之因命設樂行酒從容而罷永康帳下從官及教坊內人望見故主不勝悲咽內人皆以衣帛藥餌獻遺于帝及永康發離遼陽取內官十五人東西班十五人及皇子延煦並令隨帳上陘陘卽契丹避暑之地也有綽諾錫里者卽永康之妻兄也知帝有小公主在室詣帝求之帝辭以年幼不可又有東西班數輩善于歌唱綽諾錫里又請之帝乃與之後數日永康王馳取帝幼女而去以賜綽諾錫里至八月永康王下陘太后馳至霸州詣永康求于漢兒城寨側近賜養種之地永康許諾令太后于建州住泊漢乾祐二年二月帝自遼陽城發赴建州行至中路太妃安氏得疾而薨乃焚之載其燼骨而行帝自遼陽行十數日過儀州霸州遂至建州節度使趙延暉盡禮奉迎館帝于衙署中其後割寨地五千餘頃其地至建州數十里帝乃令一行人員于寨地內築室分耕給食于帝是歲舒嚕王子遣契丹數騎詣帝取內人趙氏聶氏疾馳而去趙聶者帝之寵姬也及其被奪不勝悲憤漢乾祐三年八月太后薨周顯德初有漢人自塞北而至者言帝與后及諸子俱無恙猶在建州其隨從職官役使人輩自蕃中亡歸物故者大半矣郡齋讀書志云晉朝陷蕃記范質撰質石晉末在翰林爲出帝草降表知其事爲詳記少帝初遷于黃龍府後居于建州凡十八年而卒按契丹丙午歲入汴順數至甲子歲爲十八年實太祖乾德二年也五代史補少主之嗣位也契丹以不俟命而擅立又景延廣辱其使契丹怒舉國南侵以駙馬都尉杜重威等總精兵甲禦之于中流渡橋既而契丹之衆已深入而重威等奏報未到朝廷時桑維翰罷相爲開封尹謂僚佐曰事急矣非大臣鉗口之時乃叩內閣求見欲請車駕親征以固將士之心而少主方在後苑調鷹至暮竟不召維翰退而嘆曰國家阽危如此草澤遺客亦宜下問況大臣求見而不召事亦可知矣未幾杜重威之徒降于契丹少主遂北遷

史臣曰少帝以中人之才嗣將隆之業屬上天不祐仍歲大饑尚或絕強敵之歡盟鄙輔臣之謀畧奢淫自縱謂有泰山之安委託非人坐受平陽之辱族行萬里身老窮荒自古亡國之醜者無如帝之甚也千載之後其如恥何傷哉

舊五代史卷八十五攷證

晉少帝紀五己未杜威奏駐軍于中渡橋　案通鑑甲寅威等至中渡橋十二月己未帝始聞大軍屯中渡胡三省注云强寇深入諸軍孤危而驛報七日始達晉之爲兵可知矣歐陽史作己未杜威軍于中渡蓋以奏聞之日爲駐軍之日

降帝爲光祿大夫　光祿遼史避諱作崇祿

內官三十人　案遼史作內官三人

軍健二十人　案遼史作健卒十八人

富珠哩舊作傅住兒今改　安巴堅舊作阿保機今改

綽諾錫里舊作禪奴舍利今改　舒嚕舊作述律今改

舊五代史卷八十六

宋門下侍郎參知政事監修國史薛居正等撰

晉書第十二

列傳一 后妃 案晉后妃傳永樂大典已佚今采五代會要通鑑契丹國志文獻通考所載晉后妃事分注以補是書之闕

高祖皇后李氏 五代會要高祖皇后李氏唐明宗第三女天成三年四月封永寧公主長興四年九月進封魏國公主清泰二年九月改爲晉國長公主至天福六年十一月尊爲皇后七年六月尊爲皇太后開運四年三月與少帝同遷于契丹之黃龍府漢乾祐三年八月二十五日崩于蕃中之建州文獻通考云天福二年有司請立皇后帝以宗廟未立謙抑未遑帝崩出帝即位乃尊爲皇太后契丹國志載皇太后降表云晉室皇太后媳婦李氏妾言張彥澤富珠哩等至伏蒙皇帝阿翁降書安撫者妾伏念先皇帝頃在并汾適逢屯難危同累卵急若倒懸智勇俱窮朝夕不保皇帝阿翁發自冀北親抵河東跋履山川踰越險阻立平巨孽遂定中原救石氏之覆亡立晉朝之社稷不幸先帝厭代嗣子承祧不能繼好息民而反虧恩辜義兵戈屢動駟馬難追戚實自貽咎將誰執今穹旻震怒中外攜離上將牽羊六師解甲妾舉宗負釁視景偷生惶惑之中撫問斯至明宣恩旨曲賜含容慰諭丁寧神爽飛越豈謂已垂之命忽蒙更生之恩省罪責躬九死未報今遣孫男延煦延寶奉表請罪陳謝以聞又帝紀云會同十一年正月朔出帝太后迎遼帝于封邱門外帝辭不見館于封禪寺遣其將崔廷勳以兵守之是時雨雪連旬外無供億上下凍餒太后使人謂寺僧曰吾嘗于此飯僧數萬今日豈不相憫耶僧辭以遼帝之意難測不敢獻食少帝陰祈守者乃稍得食遂降少帝爲光祿大夫檢校太尉封負義侯遷于黃龍府卽慕容氏和龍城也帝使人謂太后曰吾聞重貴不從母教而至于此可求自便勿與俱行太后答曰重貴事妾甚謹所失者違先君之志絕兩國之歡然重貴此去幸蒙大惠全身保家母不隨子欲何所歸于是太后與馮氏皇弟重睿子延煦延寶舉族從晉侯而北天祿元年四月帝至遼陽晉侯白衣紗帽與太后皇后上謁于帳中五月帝上陘取晉侯所從宦者十五人東西班十五人及皇子延煦而去八月帝下陘太后自馳至霸州謁帝求于漢兒城側賜地耕牧以爲生許之帝以太后自行十餘日遣與延煦俱還遼陽二年徙晉侯太后于建州三年秋八月晉李太后病無醫藥仰天號泣戟手罵杜重威李守貞曰吾死不置汝病亟謂晉侯曰吾死焚其骨送范陽佛寺無使吾爲邊地鬼也

太妃安氏 文獻通攷安太妃代北人不知其世家生出帝帝立尊爲皇太妃契丹國志云天祿二年春二月徙晉侯太后于建州中途安太妃卒遺命晉侯曰焚骨爲灰南向颺之庶幾遺魂得返中國也

少帝皇后張氏 案五代會要天福八年十月追冊攷是書少帝紀云追冊故妃張氏爲皇后張從訓傳亦云高祖鎮太原爲少帝娶從訓長女爲妃

皇后馮氏 案五代會要開運三年十月冊通鑑云天福八年冬十月戊申立吳國夫人馮氏爲皇后初高祖愛少帝重允養以爲子及留守鄴都娶副留守馮濛女爲其婦重允早卒馮夫人寡居有美色帝見而悅之高祖崩梓宮在殯帝遂納之羣臣皆賀帝謂馮道等曰皇太后之命與卿等不任大慶羣臣出帝與夫人酣飲過梓宮前醱而告曰皇太后之命與先帝不任大慶左右失笑帝亦自笑謂左右曰我今日作新壻何如夫人與左右皆大笑太后雖恚而無如之何既正位中宮頗預政事后兄玉時爲禮部郎中鹽鐵判官帝驟擢用至端明殿學士戶部侍郎與議政事文獻通攷云契丹入京師后隨帝北遷不知所終又案五代會要載晉內職云高祖頴川郡夫人蔡氏天福三年八月勅少帝寶省李氏封隴西郡夫人張氏封春宮夫人充皇后尚宮並天福八年十二月二日勅前左御正齊國夫人吳氏進封燕國夫人書省魏國夫人崔氏進封梁國夫人前右御正天水郡夫人趙氏封衛國夫人司簿孟氏封汧國夫人前司簿李氏封隴西郡夫人弟子院使齊氏大使郭氏副使賈氏並封本縣君太后宮尚宮陳留郡夫人何氏進封鄅國夫人河南郡夫人元氏進封齊國夫人知客出使夫人石氏封武威郡夫人春宮姚氏常氏焦氏王氏陶氏魏氏趙氏七人並進封郡夫人資省婉美趙氏封天水郡夫人武氏以下十一人並授春宮天福八年十一月勅清河郡夫人張氏彭城郡夫人劉氏並充太后宮司寶南陽郡夫人路氏出使夫人趙氏白氏並充皇后宮司賓開運二年八月勅又案是書不載外戚傳據五代會要云晉高祖長女長安公主降楊承祚天福二年五月封至六年五月卒追封秦國公主至七年九月又追封梁國長公主從長女高平縣主第二女新平縣主第三女千乘縣主孫女永慶縣主並天福七年五月封

舊五代史卷八十六攷證

晉列傳一后妃傳高祖皇后李氏 案五代會要后在長興中進封魏國公主清泰二年改封晉國長公主歐陽史作清泰二年封魏國長公主誤

少帝皇后張氏 案是書少帝紀及五代會要俱云天福八年追冊故妃張氏爲皇后歐陽史闕載

富珠哩舊作傳住兒今改

舊五代史卷八十七

宋門下侍郎參知政事監修國史薛居正等撰

晉書第十三

列傳二 宗室 案晉宗室列傳永樂大典僅存四篇餘多殘闕

廣王敬威字奉信高祖之從父弟也父萬詮贈太尉追封趙王敬威少善騎射事後唐莊宗以從戰有功累歷軍職明宗即位擢爲奉聖指揮使天成應順中凡十改軍額累官至檢校工部尚書賜忠順保義功臣清泰中加兵部尚書彰聖都指揮使遙領常州刺史及高祖建義于太原敬威時在洛下知禍必及名所親謂曰夫人生而有死理之常也我兄方圖大事余固不可偷生待辱取笑一時乃自殺于私邸人甚壯之天福二年冊贈太傅葬于河南縣六年追封廣王子訓嗣官至左武衛將軍敬威弟贇

贇字德和 案以下有闕文 爲陝州節度使少帝即位加同平章事贇性驕慢每使者至必問曰小姪安否恣爲暴虐陝人苦之 案以下闕是書少帝紀開運三年十二月前曹州節度使石贇死帝之堂叔也歐陽史作墮沙獺溺死

韓王暉字德昭睿祖孝平皇帝之孫高祖之從兄也父萬友追封泰王暉生而龐厚剛毅雄直有器局行不由徑臨事多智故高祖于宗族之中獨厚遇之初張敬達之圍晉陽也高祖署暉爲突騎都將常引所部出敵之不意深入力戰雖夷傷流血矢鏃貫骨而辭氣益厲高祖壯之天福二年遙授濠州刺史充皇城都部署四年加檢校司徒授曹州防禦使加檢校太保其涖任也廉愛恤下不營財利不好伎樂部人安之歲餘以疾終于官歸葬太原八年冊贈太師追封韓王子曦嗣 宋史石曦傳天福中以曦爲右神武將軍歷漢至周爲右武衛左神武二將軍恭帝即位初爲左衛將軍會高麗王昭加恩命曦副左驍衛將軍戴交充使淳化四年卒

剡王重允 案剡王以下諸王傳永樂大典原闕歐陽史云重允高祖弟也亦不知其爲親疏然高祖愛之養以爲子故于名加重而下齒諸子通鑑齊王紀高帝少弟重允早卒

虢王重英 案虢王傳永樂大典原闕攷五代會要云重英高祖長子天福四年四月追封是書唐紀清泰三年七月己丑誅右衛上將軍石重英

楚王重信字守孚高祖第二子後唐明宗之外孫也少敏悟有智思天成中始授銀青光祿大夫檢校左散騎常侍俄加檢校刑部尚書守相州長史未幾遷金紫光祿大夫超拜檢校司徒守左金吾衛大將軍重信歷事唐明宗及閔帝末帝不恃貴戚能克己復禮常恂恂如也甚爲時論所稱高祖即位出鎮孟津到任踰月去民病十餘事朝廷有詔褒之是歲范延光叛命于鄴詔遣前靈武節度使張從賓發河橋屯兵數千人東討延光既而從賓與延光合謀爲亂遂害重信于理所時年二十遠近聞者爲之嘆惜詔贈太尉時執事奏曰兩漢子弟生死無歷三公位者高祖曰此兒爲善被禍于甚愍之自我作古寧有例乎遂行冊命以其年十月葬河南萬安山天福七年追封沂王少帝嗣位改封楚王妃南陽白氏昭信軍節度使奉進之女也重信有子二人皆幼長于公宮及少帝北遷不知其所終

壽王重乂字宏理高祖第三子也幼岐嶷好儒書亦通兵法高祖素所鍾愛及即位自北京皇城使拜左驍衛大將軍車駕幸浚郊加檢校司空權東都留守未幾鄴都范延光叛時遣楊光遠討之詔前靈武節度使洛都巡檢使張從賓發盟津屯兵赴鄴下會從賓密通延光與婁繼英等先刼河橋次亂洛邑因害重乂于河南府時年十九從賓敗高祖發哀于便殿輟視朝三日詔贈太傅是歲冬十月詔遣莊宅使張穎監護喪事葬于河南府萬安山天福中追封壽王妃李氏汾州刺史玘之女也重乂無子妃後落髮爲尼開運中卒于京師

夔王重進 五代會要重進高祖第五子天福七年四月追封

陳王重杲 歐陽史重杲小字馮六未名而卒贈太傅追封陳王賜名重杲

重睿 案契丹國志高祖憂悒成疾一旦馮道獨對高祖命幼子重睿出拜之又令宦者抱置道懷中蓋欲馮道輔立之高祖崩道與侍衛馬步都虞候景延廣議以國家多難宜立長君乃奉齊王重貴爲嗣五代會要重睿高祖第七子許州節度使未封王歐陽史云從出帝北遷不知其所終

延煦 五代會要延煦少帝長子遙領陝西節度使通鑑云趙在禮家貲爲諸帥之最帝利其富爲皇子鎮寧節度使延煦娶其女在禮自費緡錢十萬縣官之費數倍過之

延寶 五代會要延寶少帝次子遙領曹州節度使通鑑云延煦及弟延寶皆高祖諸孫帝養以爲子會要引實錄亦云皆帝之從子養以爲子歐陽史云延煦等從帝北遷後不知其所終

舊五代史卷八十七攷證

晉列傳二宗室廣王敬威傳敬威弟贇 案歐陽史高祖有兄敬儒弟敬德敬殷是書不爲立傳疑有闕文

又贇歐陽史作敬贇

韓王暉傳八年冊贈太師 案暉歐陽史作敬暉贈太師歐陽史作贈太傅加贈太師

剡王重允 案歐陽史晉家人傳重允高祖弟也通鑑齊王紀同重允婦馮氏後爲少帝后歐陽史載契丹入京師暴少帝之惡于天下曰納叔母于宮中亂人倫之大典是重允實爲高祖弟也五代會要作高祖第三子重允天福七年四月追封剡王攷剡王歐陽史作鄭王封爵亦異又案是書唐紀清泰三年誅皇城副使石重裔敬瑭之子也攷會要載高祖諸子無別名重裔者重裔疑即重允史氏避宋太祖諱故作裔然通鑑高祖紀作敬瑭之子重允齊王紀又作高祖少弟重允早卒似兩紀實有兩人姑存之以備攷

虢王重英 案五代會要重英高祖長子通鑑攷異引廢帝實錄作姪男供奉官重英又廣本英作殷

楚王重信傳高祖第二子 案五代會要作第四子

壽王重乂傳高祖第三子 案五代會要作第二子通鑑攷異作姪男

陳王重杲 案重杲小字馮六歐陽史云高祖少子曰馮六舊說以重睿爲幼子非也今攷五代會要作高祖第六子重杲第七子重睿與歐陽史異

宋門下侍郎參知政事監修國史薛居正等撰

晉書第十四

列傳三

景延廣字航川陝州人也父建累贈太尉延廣少習射以挽強見稱梁開平中鄩王朱友誨節制于陝召至麾下友誨坐謀亂延廣竄而獲免後事華州連帥尹皓皓之敗彥章見擒而延廣被數創歸于汴唐天成中明宗引薦列校隸于汴軍從王彥章拒莊宗于河上及中都幸夷門會朱守殷拒命尋平之延廣以軍校連坐將棄市高祖時爲六軍副使掌其事見而惜之乃密遣遁去尋收爲客將及張敬達之圍晉陽高祖付以戎事甚有干城之功高祖卽位授侍衛步軍都指揮使檢校司徒遙領果州團練使轉檢校太保領夔州節度使四年出鎭滑臺五年加檢校太傅移鎭陝府六年召爲侍衛馬步都虞候移鎭河陽七年轉侍衛親軍都指揮使檢校太尉其年夏高祖晏駕延廣與宰臣馮道等承顧命以少帝爲嗣旣發喪都人不得偶語百官赴臨未及內門皆令下馬由是有驕暴之失少帝旣嗣位延廣獨以爲己功尋加同平章事彌有矜伐之色朝廷遣使告哀契丹無表致書去臣稱孫契丹怒遣使來讓延廣乃奏令契丹迴國使喬榮契丹國志先是河陽牙將喬榮從趙延壽入遼遼帝以爲回國使置邸大梁至是景延廣說帝囚榮于獄凡遼國販易在晉境者皆殺之奪其貨大臣皆言遼國不可負乃釋榮慰賜而歸之告契丹曰先帝則北朝所立今上則中國自策爲鄰爲孫則可無臣之理且言晉朝有十萬口橫磨劍翁若要戰則早來他日不禁孫子則取笑天下當成後悔矣由是與契丹立敵干戈日尋初高祖在位時宣借楊光遠騎兵數百延廣請下詔遣還光遠由此怨延廣恐朝廷遣使汎海搆釁天福八年十二月契丹乃南牧九年正月陷甘陵河北儲蓄悉在其郡少帝大駭親帥六師進屯澶淵延廣爲上將凡六師進退皆出胸臆少帝亦不能制衆咸憚而忌之契丹旣至城下使人宣言曰景延廣喚我來相殺何不急戰一日高行周與蕃軍相遇于近郊以衆寡不敵急請濟師延廣勒兵不出是日周幸而獲免及契丹退延廣猶閉柵自固士大夫日昔與契丹絕好言何勇也今契丹至若是氣何憊也時延廣在軍母凶問至自澶淵北移于津南不信宿而復莅戎事曾無戚容下僚之士亦聞而惡之時有太常丞王緒者因使德州迴與延廣有隙因誣奏與楊光遠通謀遣吏縶于麾下鍛成其事判官盧億累勸解不從尋有詔棄市時甚冤之少帝還京嘗幸其第進獻錫賚有加酬酢權寵恩渥爲一朝之冠俄與宰臣桑維翰不協少帝亦憚其難制遂罷兵權出爲洛都留守兼侍中由是鬱鬱不得志亦意契丹強盛國家不濟身將危矣但縱長夜飲無復以夾輔爲意宋史盧多遜傳父億景延廣鎭天平表億掌書記留守西洛又爲判官時國用窘乏取民財以助軍河南府計出二十萬緡延廣欲並緣以圖美利增爲三十七萬緡億諫曰公位兼將相既富且貴今國家空竭不得已而取資于民公何忍利之乎延廣慚而止開運三年冬契丹渡滹水詔遣屯孟津將戒塗由府署正門而出所乘馬騰立不進幾墜于地乃易乘而行時以爲不祥之甚及王師降契丹延廣狼狽而還時契丹主至安陽遣別部隊長率騎士數千與晉兵相雜趨河橋入洛以取延廣戒日如延廣奔吳走蜀便當追而致之時延廣顧慮其家未能引決契丹旣至乃與從事閻丕輕騎謁契丹主于封邱與丕俱見縶焉遼史將軍康祥執景延廣來獻延廣曰丕臣之從事也以職相隨何罪而亦爲縶乃釋丕契丹釋之因責延廣曰致南北失歡良由爾也乃召喬榮質證前事凡有十焉始榮將入蕃時詣延廣云某恐忘所達之語請紀于翰墨延廣信之乃命吏備記其事榮亦檢巧善事人者也慮他日見詰則執之以取信因匣其文于衣中至是延廣始以他語抗對榮乃出其文以質之延廣頓爲所屈每服一事則受牙籌一莖此契丹法也延廣受至八莖但以面伏地契丹遂嗤之命鏁延廣臂將送之北土是日至于陳橋民家草舍延廣憚燔灼之害至夜分伺守者怠則引手自扼其吭尋卒焉雖事已窮頓人亦壯之時年五十六東都事畧昝居潤嘗爲樞密院小吏景延廣留守西京補爲右職契丹犯京師以兵圍延廣家故吏悉避去居潤爲全護其家時論稱之漢高祖登極詔贈中書令延廣少時嘗泛洞庭湖中流阻風帆裂檣折衆大懼頃之舟人指波中曰賢聖來護此必有貴人矣尋獲濟竟位至將相非偶然也

李彥韜太原人也少事邢州節度使閻寶爲皂隸寶卒高祖收于帳下及起義以少帝留守北京因留彥韜爲腹心歷客將牙門都校以纖巧故厚承委用及少帝嗣位授蔡州刺史入爲內客省使宣徽南院使未幾遙領壽州節度使充侍衛馬軍都指揮使檢校太保俄改陳州節度使典軍如故每在帝側升陟將相但與宦官近臣締結致外情不通陷君于危亡之地嘗謂人曰朝廷所設文官將何用也且欲澄汰而除廢之則可知其輔弼之道也及契丹犯闕遷少帝于開封府一日少帝遣人急召彥韜將與計事彥韜辭不赴命少帝怏悵久之其負國宰君也如是及少帝北遷契丹遷彥韜從行洎至蕃中隸于國母帳下永康王舉兵攻國母以偉王爲前鋒國母發兵拒之以彥韜爲排陣使彥韜降于偉王偉王置之帳下其後卒于幽州

張希崇字德峯幽州薊縣人也父行簡假薊州玉田令希崇少通左氏春秋復癖于吟詠天祐中劉守光爲燕帥性慘酷不喜儒士希崇乃擲筆以自効守光納之漸升爲禆將俄而守光敗唐莊宗命周德威鎭其地希崇以舊籍列于麾下尋遣率偏師守平州安巴堅南攻陷其城掠希崇而去安巴堅詢希崇乃知其儒人也因授元帥府判官後遷盧龍軍行軍司馬繼改蕃漢都提舉使天成初契丹平州節度使盧文進南歸契丹主以希崇繼其任遣腹心總邊騎三百以監之希崇莅事數歲戍不敢擅還以承詔故也我今入國斷在胸臆何怙于不測之地而自滯耶乃召漢人部曲之翹楚者謂曰我陷身此地飲酪被毛生不見其所親死爲窮荒之鬼南望山川度日如歲爾輩得無思鄉者乎部曲皆泣下沾衣且曰明公欲全部曲南去善則善矣如敵衆何歐陽史作麾下皆言兵多不可俱亡因勸希崇獨去希崇曰俟明日首領至牙帳則先擒之契丹兵無統領其黨必散且平州去王帳千餘里待報至徵兵踰旬方及此則我等已入漢界深矣何用以衆少爲病衆大喜是日希崇于郡齋之側穴隙地貯石灰明旦首領與羣從至希崇飲以醇酎鍾既醉悉投于灰穽中斃焉其徒營于北郭遣人攻之皆潰圍奔去希崇遂以管內生口二萬餘南歸唐明宗嘉之授汝州防禦使希崇旣之任遣人迎母赴郡母及境希崇親肩板輿行三十里觀者無不稱歎歷二年遷靈州兩使留後先是靈州戍兵歲運糧經五百里有剽攘之患希崇乃告諭邊士廣務屯田歲餘軍食大濟璽書褒之因正授旄節淸泰中希崇厭其雜俗頻表請覲詔許之至闕未久朝廷以安邊有聞議內地處之改邠州節度使及高祖入洛與契丹方有要盟慮爲其所取乃復除靈武希崇歎曰我應老于邊城賦分無所逃也因鬱鬱不得志久而成疾卒于任時年五十二希崇自小校累官至開府儀同三司檢校太尉三歷方面封淸河郡公食邑二千戶賜靖邊奉國忠義功臣亦人生之榮盛者也歐陽史贈太師希崇素朴厚尤嗜書莅事之餘手不釋卷不好酒樂不蓄姬僕祁寒盛暑必儼具衣冠厮養之輩未嘗聞褻慢之言事母至謹每食必侍立俟盥漱畢方退物議高之性雖仁恕或遇姦惡則嫉之若仇在邠州日有民與郭氏爲義子自孩提以至成人因慢戾不受訓遣之郭氏夫婦相次俱死郭氏有嫡子已長時郭氏諸親與義子相約云是親子欲分其財物助而訟之前後數政不能理遂成疑獄希崇覽其訴判云父在已離母死不至正稱假子孤二十年撫養之恩儻日親見犯三千條悖逆之罪頗爲傷害名教安敢理認田園其生涯並付親子所訟人與朋姦者委法官以律定刑聞者服其明希崇亦善覿象在靈州日見月掩畢口大星經月復爾乃歎曰畢口大星邊將也月再掩之吾其終歟果卒于郡

王庭允字翔其先長安人也祖處存定州節度使父鄂晉州節度使庭允唐莊宗之內表也性勇剽狡捷驍悍觀喑嗚睚眦則挺劍而不顧少爲晉陽軍校以攻城野戰爲務暑不息嘉樹之陰寒不處密室之下與軍伍食不異味居不異適故莊宗于親族之中獨加禮遇莊宗明宗朝累歷貝忻密澶鄜相六州刺史國初范延光據鄴稱亂高祖以庭允累朝宿將詔爲魏府行營中軍使兼貝州防禦使城降賞勞授相州節度使尋移鎭定州先是契丹欲以王處直之子威爲定州節度使處直則庭允之叔祖也處直爲養子都所篡時威北走契丹契丹納之至是契丹遣使諭高祖云欲使王威襲先人土地如我蕃中之制高祖答以中國將校自刺史團練防禦使序遷方授旄節請遣威至此任用漸令升進乃合中土舊規契丹深怒其見拒使人復報曰爾自諸侯爲天子有何階級耶高祖畏其滋蔓則厚賂力拒其命契丹怒稍息遂連升庭允俾鎭中山且欲塞其意也少帝嗣位改滄州節度使累官至檢校太尉開運元年秋卒于任年五十四贈中書令有子二人長日昭敏仕至金吾將軍卒

史匡翰字元輔鴈門人也父建瑭事莊宗爲先鋒將敵人畏之謂之史先鋒累立戰功唐書有傳匡翰起家襲九府都督歷代州遼州副使檢校太子賓客同光初爲嵐憲朔等州都遊奕使改天雄軍牢城都指揮使再加檢校戶部尚書領潯州刺史天成中授天雄軍步軍都指揮使歲餘遷侍衛彰聖馬軍都指揮使高祖有天下也授檢校司空懷州刺史其妻晉國長公主即高祖之妹也尋轉控鶴都指揮使兼和州刺史駙馬都尉俄授檢校司徒鄭州防禦使未幾遷義成軍節度滑濮等州觀察處置管內河隄等使丁母憂尋起復本鎭案陶穀撰臣翰碑文云圖田待理漢殿掄才功臣旌佐國之名出守專專城之寄蓋鄭州即在義成軍管內臣翰雖遷官不離

本鑒也匡翰剛毅有謀略，御軍嚴整，接下以禮，與部曲語未嘗稱名，歷數郡皆有政聲。陶穀撰碑文云齋壇峻而金鼓嚴麻案宣而油幢出拄梁苑之西郊殷乎威望圖儒之遺俗緯有政聲撫尤好春秋左氏傳，每視政之暇，延學者講說，躬自執卷受業焉，時發難問，窮于隱奧，流輩或戲爲史三傳。既自端謹，不喜人醉。幕客有關徹者，狂率酣醟，一日使酒忿目，謂匡翰曰：「明公昔剸草懷，與徹主客，隨至事無不可，今領節鉞，數不相容，且書記趙礪，險詖之人也，脅肩諂笑，黷貨無厭，而明公待之甚厚，徹今請死。近聞張彥澤斷張式，未聞匡翰斬關徹，恐天下談者未有比類。」匡翰不怒，引滿自罰而慰勉之，其寬厚如此。天福六年，白馬河決，匡翰祭之，見一犬有角浮于水心，甚惡之，後數月遘疾而卒于鎮，年四十，詔贈太保。子彥容，歷宮苑使、濮單宿三州刺史。

梁漢顒，太原人也。少事後唐武皇，初爲軍中小校，善騎射，勇于格戰。莊宗之破劉仁恭、王德明及與梁軍對壘于德勝，皆預其戰，累功至龍武指揮使、檢校司空。梁平，授檢校司徒、濮州刺史。同光三年，魏王繼岌統軍伐蜀，以漢顒爲魏王中軍馬步都虞候。天成初，授許州兵馬留後、檢校太保，尋爲邠州節度使，歲餘，加檢校太傅、充威勝軍節度、唐鄧等州觀察處置等使。在鎮二年，移鎮許州。長興四年夏，以眼疾授太子少師致仕。高祖纂與漢顒有舊，及即位之初，漢顒進謁，再希任使，除左威衛上將軍。天福七年冬，以疾卒于洛陽，年七十餘，贈太子太保。

楊思權，邠州新平人也。梁乾化初爲軍校，貞明二年，轉弓箭指揮使、檢校左僕射，累遷控鶴右第一軍使。唐莊宗平梁，補右廂夾馬都指揮使。天成初，遷右威衛將軍，加檢校司空。會秦王從榮鎮太原，明宗乃以馮贇爲副留守，以思權爲北京步軍都指揮使，以佐佑之。從榮幼驕很，不親公務，明宗乃遣紀綱一人素善從榮者與之遊處，俾從容諷導之。嘗私謂從榮曰：「河南相公恭謹好善，親禮端士，有老成之風，相公處長，更宜自勵，勿致聲聞在河南之下。」從榮不悅，因告思權曰：「朝廷人皆推從厚，共非短我，吾將廢棄矣。」思權曰：「請相公勿憂，萬一有變，但思權在處，有甲兵足以濟事。」乃勸從榮招置部曲，調弓矯矢，陰爲之備。思權又謂使者曰：「朝廷教君伴相公，終日言弟賢兄弱，何也？吾輩苟在，豈不能與相公爲主耶！」使者懼，告馮贇，乃密奏之。明宗乃召思權赴京師，以秦王之故，亦弗之罪也。長興末，爲右羽林都指揮使，遣戍興元。閔帝嗣位，奉詔從張虔釗討鳳翔，洎至岐下，思權首倡倒戈，以攻虔釗，尋領部下軍率先入城，謂唐末帝曰：「臣既赤心奉殿下，俟京城平定，與臣一鎮，勿置在防禦團練使內。」乃懷中出紙一幅，請末帝曰：「願殿下親書臣姓名以志之。」末帝命筆書「可邠寧節度使」。及即位，授推誠奉國保乂功臣、靜難軍節度、邠寧慶衍等州觀察處置等使、檢校太保。清泰三年，入爲右龍武軍統軍。高祖即位，除左衛上將軍，進封開國公。天福八年，以疾卒，年六十九，贈太傅。

尹暉，魏州人也。少以勇健事魏帥楊師厚爲軍士。唐莊宗入魏，擢爲小校，從征河上，每于馬前步鬬有功。莊宗即位，連改諸軍指揮使。天成、長興中，領數郡刺史，累遷嚴衛都指揮使。洎應順中王師討末帝于岐下，暉與楊思權首歸末帝，約以鄴都授之。末帝即位，高祖入洛，嘗遇暉于通衢，暉馬上橫鞭以揖高祖，高祖忿之，後因謁謂末帝曰：「尹暉常才，以歸命稱先，陛下欲令出鎮名藩，外論皆云不當。」末帝乃授暉應州節度使。高祖即位，改右衛大將軍。時范延光據鄴謀叛，以暉失意，密使人齎蠟彈以榮利啖之。暉得延光文字，懼而思竄，欲沿汴水奔于淮南，高祖聞之，尋降詔招喚，未出王畿，爲人所殺。子勳，事皇朝，累歷軍職，遷內外馬步都軍頭，見爲鄆州防禦使。

李從璋，字子良，後唐明宗皇帝之猶子也。少善騎射，從明宗歷戰河上，有平梁之功。唐同光末，魏之亂軍迎明宗爲帝，從璋時引軍自常山過邢，邢人以從璋爲留後。踰月，明宗即位，受詔領捧聖左廂都指揮使，時天成元年五月也。八月，改大內皇城使，加檢校司徒、彰國軍節度使，賜竭忠建策興復功臣。旋以達靼諸部入寇，從璋率麾下出討，一鼓而破，有詔褒之。三年四月，移鎮滑臺。時明宗駐蹕于大梁，從璋嘗召幕客謀曰：「車駕省方，藩臣咸有進獻，吾爲臣爲子，安得後焉。欲取倉廩羨餘以助其用，諸君以爲何如？」內有賓介白曰：「聖上寬而難犯，行宮在近，忽致上達，則一幕俱罹其罪。」從璋怒，翌日欲引弓射所言者。朝廷知之，改授右驍衛上將軍。長興元年十月，出鎮陝州。二年五月，遷河中節度使。三年，就加檢校太傅，賜忠勤靜理崇義功臣。四年五月，制封洋王。是歲明宗厭代，閔帝嗣位，尋受命代潞王于岐上，會潞王舉兵入洛，事遂寢。高祖即位之元年十二月，授威勝軍節度使，降封隴西郡公。二年九月，終于任，年五十一，鄧人爲之罷市，思遺愛也。詔贈太師。從璋性貪黷懵明，宗嚴正，自滑帥入居環衛之後，以除拜差跌，心稍悛悟，後歷數鎮與六故時幕客不足者相遇，無所臧焉。蒲陝之日，政有善譽，改賜忠勤靜理之號，良以此也。及高祖在位，愈畏其法，故沒于南陽，人甚惜之，亦明宗宗室之白眉也。子重俊。

重俊，唐長興、清泰中，歷諸衛將軍。高祖即位，遙領池州刺史。少帝嗣位，授虢州刺史，性貪鄙，常爲郡人所訟，下御史臺抵贓至重，太后以猶子之故救之，乃歸罪于判官高鹹，止罷其郡。未幾，復居環列，出典商州。商民素貧，重俊臨之，割剝殆盡，復御家不法，其奴僕若履湯蹈火，忤其意者，或鞭之，或刃之，又殺從人孫漢榮，掠其妻。及受代歸洛，漢榮母燕氏獲其子婦，以訴于府尹景延廣。牙將張守英謂燕曰：「重俊前朝枝葉，今上中表，河南尹其何以理，不若邀其金帛，私自和解，策之上也。」燕從其言，授三百緡而止。後以青衣趙滿師因不勝楚毒，踰垣訴景延廣，云重俊與妹私姦及前後不法事，延廣奏之，詔遣刑部郎中王瑜鞫之，盡得其實，併以穢跡彰露，而賜死于家。

李從溫，字德基，代州崞縣人，後唐明宗之猶子也。明宗微時，從溫執僕御之役，後養爲己子。及歷諸藩，署爲牙校，命典廄庫。唐同光中，奏授銀青光祿大夫、檢校右散騎常侍，累加檢校司空，充北京副留守。明宗即位，授安國節度使、檢校司徒。長興元年四月，入爲右武衛上將軍，是歲復出鎮許田。明年，移北京留守，加太傅。四年正月，改太平軍節度使。五月，制封兗王。十一月，移鎮定州，兼北面行營副招討使，尋又移鎮常山。清泰中，加同平章事，改鎮彭門。高祖即位之明年，就加侍中。七年，加兼中書令。八年，再爲許州節度使、開府儀同三司，封趙國公，累加食邑一萬戶，食實封一千二百戶。開運二年，改河陽三城節度使。三年二月，卒于任，年六十三，贈太師，追封隴西郡王。從溫始以明宗本枝，歷居藩翰，無文武才畧資濟代之用，凡臨民以貨利爲急。在常山日，覩牙署池潭凡十餘頃，皆立木爲岸，而以修塹環之，從溫曰：「此何用爲？」悉命伐竹取木，鬻于列肆，獲其直以實用帑焉。高祖即位，從溫時在兗州，多創乘輿器服，爲宗族切戒，從溫弗聽。其妻關氏素耿介，一日厲聲于牙門云：「李從溫欲爲亂，擅造天子法物。」從溫敬謝，悉命焚之，家無敗累，關氏之力也。後以多畜駝馬，縱牧近郊，民有訴其害稼者，從溫曰：「若從爾之意，則我產畜何歸乎？」其昏愚多此類也。高祖性至察，知而不問。少帝嗣位，太后教曰：「吾只有此兄，愼勿繩之。」故愈加姑息，以致年逾耳順，終于牖下，乃天幸也。

張萬進，突厥南鄙人也。祖拽斤，父騩。萬進白皙美髯，少而無賴，事唐武皇，以騎射著名，攻城野戰，奮不顧命。嘗與梁軍對陣，持銳首短刃，躍馬獨進，及兵刃既剸，則易以大鎚，左右奮擊，出沒進退，無敢當者。逮莊宗、明宗素憐其雄勇，復獎其戰功，故累典大郡。天成、長興中，歷威勝、保大兩鎮節制。高祖有天下，命爲彰義軍節度使。所至不治，政由羣下。洎至涇原，凶恣彌甚，每日于公庭列大鼎，烹肥羜，割截方寸，以啖賓佐，皆流涎不能大嚼，俟其他顧，則致袂中。又命巨觶行酒，訴則辱之，乃有持杯偶飲，褰領裼而納之者。既沈湎無節，惟婦言是用。其妻與幕吏張光載干預公政，納錢數萬，補一豪民爲捕賊將，領兵數百人入新平郡境，邠帥以其事上奏，有詔詰之，光載坐流罪，配于登州。天福四年三月，萬進疾篤，月餘，州兵將亂，乃詔副使萬庭圭委其符印。記室李昇素憾凌虐，知其將亡，謂庭圭曰：「氣息奄奄，不保晨暮，促移就第，豈不宜乎！」庭圭從之。萬進尋卒，遂以藍轝秘尸而出，郎馳騎而奏之，詔命既至，而後發喪。其妻素很戾，謂長子彥球曰：「萬庭圭逼迫危病，驚擾而死，不手戮之，奚爲生也！」庭圭聞之，不敢往弔。萬進假殯于精舍之下，至轜車東轅，凡數月之間，郡民數萬，無一饋奠者，爲不善者衆必棄之，信矣夫！

史臣曰：延廣功扶二帝，任掌六師，亦可謂晉之勳臣矣。然而昧經國之遠圖，肆狂言于强敵，卒使邦家蕩覆，寓縣邱墟，書所謂「惟口起羞」者，其斯人之謂歟！彥韜既負且乘，任重才微，盜斯奪之，固其宜矣。希崇蔚有雄幹，老于塞垣，未盡其才，良亦可惜。楊、尹二將，因倒戈而仗鉞，豈義士之所爲。其餘蓋以勳以親，咸分屏翰，惟萬進之醜德，又何暇于譏焉。

舊五代史卷八十八攷證

晉列傳三景延廣傳契丹遣國使喬榮　案歐陽史作瑩通國使，通鑑作迴圖，契丹國志仍從是書作迴國

時延廣顧慮其家未能引決　案宋史昝居潤傳，晉室將亡，景延廣委其族自洛赴難，與是書異

詔贈中書令　案歐陽史作贈侍中

張希崇傳守光敗唐莊宗命周德威鎮其地希崇以舊籍列于麾下尋遣率偏師守平州　案歐陽史作劉守光不喜儒士，希崇因事軍中，爲偏將，將兵守平州，是守光未敗即守平州，非爲德威所遣也，與是書異

希崇遂以管內生口二萬餘南歸　案遼史天顯元年七月盧龍行軍司馬張崇叛奔唐疑希崇在遼秪名崇歸唐後始加希字也然希崇歸唐在遼太宗時而遼史繫于太祖紀又希崇本繼盧文進而遼史書其降在盧國用歸唐之前年月皆舛誤

及高祖入洛與契丹方有要盟慮爲其所取乃復除靈武　案通鑑作帝與契丹修好慮其復取靈武

王庭允傳累歷貝忻密澶隰相六州刺史　案歐陽史不載相州

李從璋傳二年五月遷河中節度使三年就加檢校太傅　案從璋爲河中節度以代安重誨也五代史闕文從璋見重誨拜于庭下重誨驚曰太傅過禮據此傳從璋至三年始檢校太傅徙鎭河中時不應先稱爲太傅

安巴堅舊作阿保機今改

舊五代史卷八十九

宋門下侍郎參知政事監修國史薛居正等撰

晉書第十五

列傳四

桑維翰字國僑洛陽人也父珙事河南尹張全義爲客將維翰身短面廣殆非常人既壯每對鑑自歎曰七尺之身安如一尺之面由是慨然有公輔之望　三楚新錄馬希範入覲塗經淮上時桑維翰旅遊楚泗間知其來遽謁之曰僕聞楚之爲國挾天子而令諸侯其勢不可謂卑也加以利盡南海公室大富足下之來也非傾府庫之半則不足以供駕粟之費今僕貧者敢以萬金爲請惟足下濟之希範輕薄公子覩維翰形短而腰長語魯而且醜不覺絕倒而笑既而與數百縑維翰大怒拂衣而去　性明惠善詞賦　春渚記聞桑維翰試進士有司嫌其姓黜之或勸勿試維翰持鐵硯示人曰鐵硯穿乃改業著日出扶桑賦以見志　唐同光中登進士第　洛陽搢紳舊聞記桑魏公父珙爲河南府客將桑魏公將應舉父乘間告齊王張全義曰某男粗有文性今被同人相率欲取解侯王旨齊王曰有男應舉好事可令秀才將卷軸來魏公之父趨下再拜既歸令子侵早投書啓獻文字數軸王請見魏公父教之趨階王曰不可既應舉便是貢士可歸客司謂魏公父曰他道路不同莫管他終以客禮見王一見奇之禮遇頗厚是年王力言于當時儒臣由是擢上第　高祖領河陽辟爲掌書記歷數鎭皆從及建義太原首豫其謀復遣爲書求援于契丹果應之俄以趙德鈞發使聘契丹高祖懼其改謀命維翰詣幕帳述其始終利害之義其約乃定　通鑑趙德鈞以金帛賂契丹主云若立已爲帝請卽以見兵南平洛陽與契丹爲兄弟之國仍許石氏常鎭河東契丹主自以深入敵境晉安未下德鈞兵尚強范延光在其東又恐山北諸州邀其歸路欲許德鈞之請帝聞之大懼亟使維翰見契丹主說之曰大國舉義兵以救孤危一戰而唐兵瓦解退守一柵食盡力窮趙北平父子不忠不信畏大國之彊且素蓄異志按兵觀變非以死徇國之人何足可畏而信其誕妄之辭貪毫末之利棄垂成之功乎且使晉得天下將竭中國之財以奉大國豈此小利之比乎契丹主曰爾見捕鼠者乎不備之猶或齧傷其手況大敵乎對曰今大國已扼其喉安能齧人乎契丹主曰吾非有渝前約也但兵家權謀不得不爾對曰皇帝以信義救人之急四海之人俱屬耳目奈何二三其命使大義不終臣竊爲皇帝不取也跪于帳前自旦至暮涕泣爭之契丹乃從之指帳前石謂德鈞使者曰我已許石郎此石爛可改矣　及高祖建號制授翰林學士禮部侍郎知樞密院事尋改中書侍郎平章事集賢殿大學士充樞密院使高祖幸夷門范延光據鄴叛張從賓復自河洛舉兵向闕人心恟恟時有人候于維翰者維翰從容談論怡怡如也時皆服其度量及楊光遠平鄴朝廷慮兵驕難制維翰請速散其衆尋移光遠鎭洛陽光遠由是怏怏上疏論維翰去公徇私除改不當復營邸肆于兩都之下與民爭利高祖方姑息外將事不獲已因授維翰檢校司空兼侍中出爲相州節度使時天福四年七月也先是相州管內所獲盜賊皆籍沒其財產云是河朔舊例及維翰作鎭以律無明文具事以奏之詔曰桑維翰佐命功全臨戎寄重舉一方之往事合四海之通規況賊盜之徒律令具載比爲撫萬姓而安萬國豈忍罪一夫而破一家聞將相之善言成國家之美事既資王道實契人心今後凡有賊人準格律定罪不得沒納家貲天下諸州皆準此處分自是劫盜之家皆免籍沒維翰之力也歲餘移鎭兗州時吐渾都督白承福爲契丹所迫舉衆內附高祖方通好于契丹拒而不納鎭州節度使安重榮患契丹之強欲謀攻襲戎師往返路出于眞定者皆潛害之密與吐渾相結至是遂納焉而致于朝既而安重榮抗表請討契丹且言吐渾之請是時安重榮握強兵據重鎭恃其驍勇有飛揚跋扈之志晉祖覽表猶豫未決維翰知重榮已蓄奸謀且懼朝廷違其意乃密上疏曰竊以防未萌之禍亂立不拔之基局上繫聖謀動符天意非臣淺陋所可窺圖然臣逢世休明致位通顯無功報國省已愧心其或事繫安危理關家國苟或緘默實負君親是以區區之心不能自已近者相次得進奏院狀報吐渾首領白承福已下舉衆內附鎭州節度使安重榮上表請討契丹臣方遙朝闕未測端倪竊思陛下頃在并汾初罹屯難師少糧匱援絕計窮勢若綴旒困同懸磬契丹控弦玉塞躍馬龍城直度陰山徑絕大漠萬里赴難一戰夷凶救陛下累卵之危成陛下覆盂之業皇朝受命于此六年彼此通歡亭障無事雖卑辭降節屈萬乘之尊而庇國息民實數萬之利今者安重榮表契丹之罪方恃勇以請行白承福畏契丹之強將假手以報怨恐非遠慮有惑聖聰方今契丹未可與爭者有其七焉契丹數年來最強盛侵伐鄰國吞滅諸蕃救援河東功成師克山後之名藩大郡盡入封疆中華之精甲利兵悉歸廬帳卽今土地廣而人民衆戎器備而戰馬多此未可與爭者一也契丹自告捷之後鋒銳氣雄南軍因敗衂已來心沮膽怯況秋夏雖稔而帑廩無餘黎庶雖安而貧敝益甚戈甲雖備而鍛礪未精士馬雖多而訓練未至此未可與爭者二也契丹與國家恩義非輕信誓甚篤雖多求取未至侵陵豈可先發釁端自爲戎首縱使因茲大克則後患仍存其或偶失沈機則追悔何及兵者凶器也戰者危事也苟議輕舉安得萬全此未可與爭者三也王者用兵觀釁而動是以漢宣帝得志于匈奴因單于之爭立唐太宗立功于突厥由頡利之不道今契丹主抱雄武之量有戰伐之機部族輯睦蕃國畏伏土地無災孳畜蕃庶蕃漢雜用國無釁隙此未可與爭者四也引弓之民遷徙鳥舉行逐水草軍無饋運居無竈幕住無營柵便苦澀任勞役不畏風雷不顧飢渴皆華人之所不能此未可與爭者五也契丹皆騎士利在坦途中國用徒兵喜于隘險趙魏之北燕薊之南千里之間地平如砥步騎之便較然可知國家若與契丹相持則必屯兵邊上少則懼強敵之衆固須堅壁以自全多則患飛輓之勞必須逐寇而速返我歸而彼至我出而彼迴則禁衞之驍雄疲于奔命鎭定之封境略無遺民此未可與爭者六也議者以陛下于契丹有所供億謂之耗蠹有所卑遜謂之屈辱微臣所見則曰不然且以漢祖英雄猶輸貨于冒頓神堯武略尚稱臣于可汗此謂達于權變善于屈伸所損者微所利者大必若因茲交構遂成釁隙自此則歲歲徵發日日轉輸困天下之生靈空國家之府藏此爲耗蠹不亦甚乎兵戈既起將帥擅權武吏武臣過求姑息邊藩遠郡得以驕矜外剛內柔上陵下替此爲屈辱又非多乎此未可與爭者七也願陛下思社稷之大計采將相之善謀勿聽樊噲之空言宜納婁敬之逆耳然後訓撫士卒養育黔黎積穀聚人勸農習戰以俟國有九年之積兵有十倍之強主無內憂民有餘力便可以觀彼之變待彼之衰用已之長攻彼之短舉無不克動必成功此計之上者也惟陛下熟思之臣又以鄴都襟帶山河表裏形勢原田沃衍戶賦殷繁乃河朔之名藩實國家之巨屏卽今主帥赴闕軍府無人臣竊思慢藏誨盜之言恐非勇夫重閉之意願迴深慮免起姦謀欲希陛下暫整和鑾略謀巡幸雖櫛風沐雨上勞于聖躬而杜漸防微實資于睿略省方展義今也其時臣受主恩深憂國情切智小謀大理淺詞繁俯伏惟懼于僭踰裨補或希于萬一謹冒死以聞疏奏留中不出高祖召使人于內寢傳密旨于維翰曰朕比以北面事之煩懣不快今省所奏釋然如醒朕計已決卿可無憂七年夏高祖駕在鄴都維翰自鎭來朝改授晉昌軍節度使少帝嗣位徵拜侍中監修國史頻上言請與契丹和爲上將景延廣所否明年楊光遠搆契丹有澶淵之役凡制敵下令皆出于延廣維翰與諸相無所與之及契丹退維翰使親黨受寵于少帝者密致自薦曰陛下欲制北方以安天下非維翰不可少帝乃出延廣守洛以維翰守中書令再爲樞密使宏文館大學士繼封魏國公事無巨細一以委之數月之間百度寖理然權位既重而四方賂遺咸湊其門故仍歲之間積貨鉅萬由是澆競輩得以興謗未幾內客省使李彥韜端明殿學士馮玉皆以親舊用事與維翰不協間言稍入維翰漸見疏忌將加黜退賴宰相劉昫李崧奏云維翰元勳且無顯過不宜輕有進退少帝乃止尋以馮玉爲樞密使以分維翰之權後因少帝微有不豫維翰曾密遣中使達意于太后請爲皇弟重睿擇師傅以教道之少帝以此疑其有他俄而馮玉作相與維翰同在中書會舍人盧價秩滿玉乃下筆除價爲工部侍郎維翰曰詞臣除此官稍慢恐外有所議因不署名屬維翰休假玉竟除之自此維翰與玉尤不相協俄因少帝以重睿擇師傅言于玉玉遂以詞激少帝尋出維翰爲開封府尹維翰稱足疾罕預朝謁不接賓客是歲秋霖經月不歇一日維翰出府門由西街入內至國子門馬忽驚逸御者不能制維翰落水久而方蘇或言私邸亦多怪異親黨咸憂之及契丹至中渡橋維翰以國家安危繫在朝夕迺詣執政異其議又求見帝復不得對維翰退而謂所親曰若以社稷之靈天命未改非所能知也若以人事言之晉氏將不血食矣開運三年十二月十日王師既降契丹十六日張彥澤以前鋒騎軍陷都城契丹遣使遺太后書云可先使桑維翰景延廣遠來相接甚是好事是日遲旦都下軍亂宮中大發維翰時在府署左右勸使逃避維翰曰吾國家大臣何所逃乎卽坐以俟命時少帝已受契丹撫慰之命乃謀自全之計因思維翰在相時累貢謀畫請與契丹

和慮契丹到京窮究其事則顯彰已過故欲殺維翰以滅其口因令圖之張彥澤既受少帝密旨復利維翰家財乃稱少帝命召維翰維翰束帶乘馬行及天街與李崧相遇交談之次有軍吏于馬前揖維翰赴侍衛司維翰知其不可顧謂崧曰侍中當國今日國亡翻令維翰死之何也崧甚有愧色是日彥澤遣兵守之十八日夜爲彥澤所害時年四十九即以衣帶加頸報契丹主維翰自經而死契丹主曰我本無心害維翰維翰不合自致契丹至闕使人驗其狀令殯于私第厚撫其家所有田園邸第並令賜之及漢高祖登極詔贈尚書令維翰少時所居恒有鬼魅家人咸畏之維翰往往被竊其衣撮其巾櫛而未嘗改容當兩朝秉政出上將楊光遠景延廣俱爲洛川守又嘗一制除節將十五人各領軍職無不屈而服之理安陽除民弊二十餘事在兗海擒豪賊過千人亦寇恂尹翁歸之流也開運中朝廷以長子坦爲屯田員外郎次子埧爲秘書郎維翰謂同列曰漢代三公之子爲郎廢已久矣近或行之甚諠外議乃抗表固讓不受尋改坦爲大理司直埧爲秘書省正字議者美之初高祖在位時詔廢翰林學士院由是併內外制皆歸閤下命舍人直內廷數年之間尤重其選及維翰再居宥密不信宿奏復置學士院凡署職者皆其親舊時議者以維翰相業素高公望所屬雖除授或黨亦弗之咎也（五代史補桑維翰形貌甚怪往往見之者失次張彥澤素以驍勇稱每謁候雖冬月未嘗不雨汗及中渡變生彥澤引蕃部至欲還其威乃領衆突入開封府弓矢亂發且問桑維翰安在維翰聞之乃厲聲曰吾爲大臣使國家如此其死宜矣張彥澤安得無禮乃升廳安坐謂彥澤曰汝有何功帶使相已臨方面當國家危急不能盡犬馬之力以爲報効一旦背叛助戎作威爲賊汝心安乎彥澤覩其詞氣慨然股慄不敢仰視退曰吾不知桑維翰何人今日之下威稜猶如此其可再見耶是夜令壯士就府縊殺之當維翰之縊也猶瞋目直視嘘其氣再三每一嘘皆有火出其光赫然三嘘之外火盡滅就視則奄然矣）

趙瑩字元輝華陰人也曾祖溥江陵縣丞祖孺秘書正字父居晦爲農瑩風儀美秀性復純謹梁龍德中始解褐爲康延孝從事後唐同光中延孝鎮陝州會莊宗伐蜀命延孝爲騎將將行留瑩監修金天神祠功既集忽夢神召于前亭待以優禮謂瑩曰公富有前程所宜自愛因遺一劍一笏覺而駭異明宗即位以高祖爲陝府兩使留後瑩時在郡以前官謁之一見如舊相識即奏署管記高祖歷諸鎮皆從之累使闕下官至御史大夫賜金紫高祖再鎮并州位至節度判官高祖建號授瑩翰林學士承旨金紫光祿大夫戶部侍郎知太原府事尋遷門下侍郎同平章事監修國史車駕入洛使持聘謝契丹及還加光祿大夫兼吏部尚書判戶部初瑩爲從事丁母憂高祖不許歸華下以轜櫬隨幕入或短之及入相以敦讓汲引爲務監修國史日以唐代故事殘缺署能者居職纂補實錄及修正史二百卷行于時瑩首有力焉少帝嗣位拜守中書令明年檢校太尉本官出爲晉昌軍節度使是時天下大蝗境內捕蝗者獲蝗一斗給粟一斗使飢者獲濟遠近嘉之未幾移鎮華州歲餘入爲開封尹開運末馮玉李彥韜用事以桑維翰才望素重而瑩柔而可制因共稱之乃出維翰復瑩相位加宏文館大學士及李崧馮玉議出兵應接趙延壽而以杜威爲招討都部署瑩私謂馮李曰杜中令國之懿親所求未愜心恒怏怏安可更與兵權若有事邊陲只李守貞將之可也及契丹陷京城契丹主遷少帝于北塞瑩與馮玉李彥韜俱從契丹永康王代立授瑩太子太保周廣順初遣尚書左丞田敏報命于契丹遇瑩于幽州瑩得見華人悲悵不已謂田敏曰老身漂零寄于此近聞室家喪逝弱子無恙蒙中朝皇帝倍加存恤東京舊第本屬公家亦聞優恩特給善價老夫至死無以報效于是南望稽首涕泗橫流先是漢高祖以入蕃將相第宅徧賜隨駕大臣故以瑩第賜周太祖太祖時爲樞密副使召瑩子前刑部郎中易則告之曰所賜第除素屬版籍外如有別契券爲已所置者可歸本直卽以千餘緡遺易則易則惶恐辭讓周太祖堅與之方受故瑩言及之未幾瑩卒于幽州時年六十七瑩初被疾遣人祈告于契丹主願歸骨于南朝使羈魂幸復鄉里契丹主閔而許之及卒遣其子易從家人數輩護喪而還仍遣大將送至京師周太祖感歎久之詔贈太傅仍賜其子絹五百疋以備喪事令歸葬于華陰故里

劉昫字耀遠涿州歸義人也祖乘幽府左司馬父因幽州巡官昫神彩秀拔文學優贍與兄暄弟皞俱有鄉曲之譽唐天祐中契丹陷其郡昫被俘至新州逃而獲免後居上國大寧山與呂夢奇張麟結庵共處以吟誦自娛會定州連帥王處直以其子都爲易州刺史署昫爲軍事衙推及都去任乞假還鄉都招昫至中山會其兄暄自本郡至都薦于其父尋署爲節度衙推不踰歲命爲觀察推官歷二年都纂父位時都有客和少微素嫉暄搆而殺之昫越境而去寓居浮陽節度使李存審辟爲從事莊宗即位授太常博士尋擢爲翰林學士繼改膳部員外郎賜緋比部郎中賜紫丁母憂服闋授庫部郎中依舊充職明宗即位拜中書舍人歷戶部侍郎端明殿學士明宗重其風儀愛其温厚長興中拜中書侍郎兼刑部尚書平章事時昫入謝過大祠明宗不御中興殿閤門白舊禮宰相謝恩須正殿通喚請候來日樞密使趙延壽曰命相之制下已數日中謝無宜後時因卽奏之遂謝于端明殿昫自端明殿學士拜相而謝于本殿士子榮之淸泰初兼判三司加吏部尚書門下侍郎監修國史時與同列李愚不協動至忿爭時論非之未幾俱罷知政事昫守右僕射以張延朗代判三司初唐末帝自鳳翔至切于軍用時王玫判三司詔問錢穀玫具奏其數及命賞軍甚愆于素（通鑑帝問王玫以府庫之實對有數百萬在既而閱實金帛不過三萬兩匹）末帝怒用昫代玫昫乃搜索簿書命判官高延賞計窮詰勾及積年殘租或場務販負皆虛係帳籍條奏其事請可徵者急督之無以償官者蠲除之（通鑑淸泰二年八月免諸道逋租三百三十八萬）吏民相與歌詠唯主典怨沮及罷相之日羣吏相賀昫歸無一人從之者蓋憎其太察故也天福初張從賓作亂于洛陽害皇子重乂詔爲東都留守判河南府事尋以本官判鹽鐵未幾奉使入契丹還遷太子太保兼左僕射封譙國公俄改太子太傅開運初授司空平章事監修國史復判三司契丹主至不改其職昫以眼疾乞休致契丹主授昫守太保契丹主北去留于東京其年夏以病卒年六十漢高祖登極贈太保初昫避難河朔匿于北山蘭若有賈少翰者爲僧毅衾袍以溫煥之及昫官達致少翰進士及第拜監察御史聞者義之

馮玉（案以下有闕文歐陽史云字景臣定州人）少帝嗣位納馮后于中宮后卽玉之妹也玉旣聯戚里恩寵彌厚俄自知制誥中書舍人出爲頴州團練使還遷端明殿學士戶部侍郎尋加右僕射軍國大政一以委之（案以下有闕文通鑑云玉每善承迎帝意由是益有寵嘗有疾在家帝謂諸宰相曰自刺史以上俟馮玉出乃得除其倚任如此玉乘勢弄權四方賂遺輻輳其門由是朝政日壞）張彥澤陷京城軍士爭湊其第家財巨萬一夕罄空翌日玉假蓋而出猶撓指以諂彥澤且請引送玉璽于契丹主將利其復用玉從少帝北遷契丹命爲太子少保至周太祖廣順二年其子傑自幽州不告父而亡歸玉懼譴責尋以憂恚卒于蕃中（五代史補馮玉嘗爲樞密使有朝使馬承翰素有口辯一旦持刺來謁玉玉覽刺輒戲曰馬旣有汗宜卸下鞍承翰應聲曰明公姓馮可謂死囚逢獄玉自以失言遽延而謝之）

殷鵬字大舉大名人也以儁秀爲鄉曲所稱弱冠擢進士第唐閔帝之鎮魏州聞其名辟爲從事及卽位命爲右拾遺歷左補闕考功員外郎充史館修撰遷刑部郎中鵬姿顏若婦人而性巧媚天福中擢拜中書舍人與馮玉同職玉本非代言之才所得詞目多託鵬爲之玉嘗以姑息字問于人人則以辜負字教之玉乃然之當時以爲笑端鵬之才比玉雖優其藏佞過之後玉出鄙借第以處之分祿食之及玉爲樞密使擢爲本院學士每有庶寮秉觚謁玉故事宰臣以履見之鵬多在玉所見客亦然有丞郎王易簡退而有言鵬銜之及契丹入汴有人獲玉與鵬有籤記字皆朝廷上列有不得志欲左授者則易簡是其首焉玉旣北行鵬亦尋以病卒

史臣曰維翰之輔晉室也罄彌諧之志參締構之功觀其効忠亦可謂社稷臣矣況和戎之策固非誤計及國之亡也彼以滅口爲謀此以殺身之禍則畫策之難也豈期如是哉是以韓非慨慷而著說難者當爲此也悲夫趙瑩際會風雲優游藩輔雖易簀于絕域終歸柩于故園蓋仁信之行通于遐邇故也劉昫有眞相之才克全嘉譽馮玉乘君子之器終殁窮荒其優劣可知矣

舊五代史卷八十九攷證

晉列傳四桑維翰傳維翰使親黨受寵于少帝者密致自薦曰陛下欲制北方以安天下非維翰不可　案歐陽史作維翰陰使人說帝與是書同通鑑作或謂帝曰欲安天下非桑維翰不可與是書異

張彥澤旣受少帝密旨　案通鑑攷異云彥澤旣降契丹豈肯復受少帝之命當係彥澤自以私怨殺維翰非受命于少帝也

所有田園邸第並令賜之　案歐陽史作貲財盡爲彥澤所掠

趙瑩傳授瑩太子太保　案遼史作太子太傅

劉昫傳歷戶部侍郎　案是書唐明宗紀作兵部侍郎與此傳異歐陽史從是書本紀

授昫守太保　案歐陽史作罷爲太保

舊五代史卷九十

宋門下侍郎參知政事監修國史薛居正等撰

晉書第十六

列傳五

趙在禮字翰臣涿州人也曾祖景裕祖士廉皆不仕父元德盧臺軍使在禮始事燕帥劉仁恭爲小校唐光化末仁恭遣其子守文逐浮陽節度使盧彥威據其城升在禮爲軍使以佐守文及守文死事其子延祚爲守光所害守光子繼威復爲部將張萬進所殺在禮遂事萬進萬進奔梁在禮乃與滄州留後毛璋歸太原同光末

爲効節指揮使屯于貝州會軍士皇甫暉等作亂推指揮使楊㬎爲帥㬎不從爲衆所害擕㬎首以勢在禮在禮知其不可拒遂從之以四年二月六日引衆入鄴在禮自稱留後（宋史張錫傳趙在禮擁兵于鄴瀕河諸州多摽亂錫權知棣州事即出省錢賞軍皆大悅一郡獨全棣人賴之）唐莊宗遣明宗率師討之會城下軍亂在禮迎明宗入城事具唐書天成元年五月授滑州節度使檢校太保制下在禮密奏軍情未欲除移且乞更伺少頃尋就改天雄軍兵馬留後鄴都留守興唐尹既而在禮將皇甫暉趙進等相次除郡赴任（歐陽史皇甫暉傳明宗即位暉自軍卒擢拜陳州刺史九國志趙進傳天成初除貝州刺史鄴都衙內指揮使）在禮乃上表乞移旌節十二月授滄州節度使二年七月移鎮兗州長興元年入爲左驍衛上將軍俄改同州節度使會高祖受明宗命統大軍伐蜀以在禮充西川行營步軍都指揮使收劍州而還四年移鎮襄州清泰三年授宋州節度使加檢校太尉同平章事高祖登極移鎮鄆州加檢校太師兼侍中封衛國公天福六年七月授許州節度使八年四月移鎮徐州進封楚國公開運元年以契丹爲患少帝議北征八月詔降制命一十五將以在禮爲北面行營馬步都虞候十一月改行營副都統都虞候如故受詔屯澶州再除兗州節度使依前副都統三年正月授晉昌軍節度使時少帝爲其子延煦娶在禮女爲妻禮會之日其儀甚盛京師以爲榮觀五月進封秦國公累食邑至一萬三千戶實封一千五百戶在禮歷十餘鎮善治生殖貨積財巨萬兩京及所莅藩鎮皆邸店羅列在宋州日值天下飛蝗爲害在禮使比戶張幡幟鳴鼙鼓蝗皆越境而去人亦服其智焉凡聚斂所得唯以奉權豪崇釋氏而已及契丹入汴自鎮赴闕時契丹首領奚王伊喇等在洛下在禮望塵致敬首領等倨受其禮加之凌辱邀索貨財在禮不勝其憤行至鄭州洎于逆旅聞同州劉繼勳爲契丹所鎖大驚丁未歲正月二十五日夜以衣帶就馬櫪自絞而卒年六十六漢高祖即位贈中書令在禮凡四子雖歷內職皆早卒孫延勳仕皇朝歷岳蜀二州刺史（五代史補趙在禮之在宋州也所爲不法百姓苦之一旦下制移鎮永興百姓欣然相賀曰此人若去可爲眼中拔釘子何快哉在禮聞之怒欲報拔釘之謗遽上表更求宋州一年時朝廷姑息勳臣詔許之在禮于是命吏籍管內戶口不論主客每歲一千納之于家號曰拔釘錢莫不公行督責有不如約則加之鞭朴雖租賦之不若也是歲獲錢百萬）

馬全節字大雅魏郡元城人也父文操本府軍校官至檢校尚書左僕射以全節之貴累贈太師全節少從軍旅同光末爲捉生指揮使趙在禮之據魏州也爲鄴都馬步軍都指揮使唐明宗即位授檢校司空歷博單二州刺史天成三年賜竭忠建策興復功臣移刺鄧州長興初就加檢校司徒在郡有政聲俄授河西節度使時明宗命高祖伐蜀師次岐山全節赴任及之具軍容謁于轅門高祖以地理隔越乃奏還焉移沂州刺史清泰初爲金州防禦使會蜀軍攻其城州兵纔千人兵馬都監陳知隱懼託以他事出城領三百人順流而逸賊既盛人情憂沮全節乃悉家財以給士復出奇拒戰以死繼之賊退朝廷嘉其功詔赴闕將議賞典時劉延朗爲樞密副使邀其厚賂全節無以賂之謂全節曰絳州闕人請事行計全節不樂告其同輩由是衆口諠然以爲不當皇子重美爲河南尹聞而奏焉清泰帝召全節謂曰滄州乏帥欲命卿制置翌日授橫海軍兩使留後高祖即位加檢校太保正授旌節天福五年授檢校太傅移鎮安州時李金全據州叛引淮軍爲援因命全節將兵討平之以功加檢校太尉改昭義軍節度澤潞遼沁等州觀察處置等使六年秋移鎮邢州加同中書門下平章事安重榮之叛也授鎮州行營副招討兼排陣使與重榮戰于宋城大敗之鎮州平加開府儀同三司充義武軍節度易定祁等州觀察處置北平軍等使八年秋丁母憂尋起復焉屬契丹侵寇加之蝗旱國家有所徵發全節朝受命而夕行治生餘財必充貢奉開運元年秋授鄴都留守檢校太師兼侍中廣晉尹幽州道行營馬步軍都虞候尋加天雄軍北面行營副招討使陽城之戰甚有力焉全節始拜鄴都以元城是桑梓之邑具白襴詣縣庭謁拜縣令沈遘逡巡避之不敢當禮全節曰父母之鄉自合致敬勿讓之也州里榮之二年授順國軍節度使未赴鎮卒年五十五贈中書令全節事母王氏至孝位歷方鎮溫凊面告畢盡其敬政事動與幕客謀議故鮮有敗事鎮中山日杜威爲恒州方奏括境內民家粟時軍吏引恒州例堅請行之全節曰邊民遇蝗旱而家食方困官司復擾之則不堪其命矣我爲廉察安忍效尤百姓稱其德先是全節自上黨籍歌妓一人之中山館于外舍有人以讒言中之全節害之及詔除恒陽遇疾數見其妓厲之復來妓曰我已得請要公俱行全節具告家人數日而卒子令威歷隰陳懷三州刺史卒

張筠海州人也父傳古世爲郡之大商唐乾符末屬江淮俶擾遂從家彭門時彭門連帥時溥爲東南面招討使據有數郡之地擢筠爲偏將累有軍功奏授宿州刺史後溥與梁祖不協梁人進攻宿州下之獲筠以歸梁方圖霸業以筠言貌辯秀命爲四鎮客將久之轉長直軍使梁唐革命遷右龍武統軍歷客省使宣徽使出爲復商二州刺史復爲宣徽使梁室割相衛爲昭德軍命筠爲兩使留後唐莊宗入魏筠委城南歸授右衛上將軍會雍州康懷英以病告詔筠往代之比至懷英已卒因除筠爲永平軍節度使大安尹懷英在長安日家財甚厚筠盡奪之復于大內掘地窖獲金玉時有涇陽鎮將侯莫威前與溫韜同剽唐氏諸陵大貯瓌異之物筠乃殺威而籍其家遂蓄積巨萬然性好施每出遇貧民于路則給與口食衣物境內除省賦外未嘗聚斂遂致百姓不撓十年小康秦民懷惠呼爲佛子同光中從郭崇韜爲劍南安撫使蜀平歸洛權領河南尹俄鎮興元所治之地上下安之筠時有疾軍州官吏久不得見副使符彥琳等面請問疾筠又不諾彥琳等疑其已死慮左右有謀遂請權交牌印筠命左右收彥琳下獄以叛聞詔取彥琳等至洛釋而不問因授筠西京留守誘離興元及至長安守兵閉門不納筠東朝于洛詔遣歸第筠前爲京兆尹奉詔殺僞蜀主王衍衍之妓樂寶貨悉私藏于家及罷歸之後第宅宏敞花竹深邃聲樂飲饍恣其所欲十年之內人謂地仙天福二年上表乞歸長安俄而洛下張從賓之亂筠獨免其難人咸謂筠有五福之具美焉是歲卒于家贈太子太師弟籛

籛字慕彭少嗜酒無節爲鄉里所鄙唐天福中兄筠爲大梁四鎮客將籛自海州省兄兄薦于兗州連帥王瓚用爲裨校籛性桀黠善事人累遷軍職後唐莊宗都洛筠鎮長安自衙內指揮使授檢校司空右千牛衛將軍同正領饒州刺史西京管內三白渠營田制置使同光末筠隨魏王繼岌伐蜀奏籛權知西京留守事蜀平王衍挈族入朝至秦川驛莊宗遣中使向延嗣乘驛騎盡戮王衍之族所有奇貨盡歸于延嗣俄聞莊宗遇內難繼岌軍次興平籛乃斷咸陽浮橋繼岌浮渡至渭南死之一行金寶妓樂籛悉獲之俄而明宗使人誅延嗣延嗣踰遁（九國志明宗即位忿閹豎輩怙勢擅權先勑使四方及此遁不出者皆擒戮之死者殆盡）行之行裝復爲籛有因爲富家積白金萬鎰藏于窟室明宗即位籛進王衍犀玉帶各二馬一百五十匹魏王打毬馬七十匹旋除沂州刺史入爲西衛將軍高祖即位之明年加檢校太保出典密州未幾復居環衛時湖南馬希範與籛有舊奏朝廷請命籛爲使允之籛密賫蜀之奇貨往售又獲十餘萬緡以歸籛出入以庖者十餘人從行食皆水陸之珍鮮厚自奉養無與爲比少帝嗣位詔遣往西蕃及迴以其馬劣爲有司所糾復當路有不足者遂有詔徵其舊價籛上言請貨故京田業許之因憤惋成疾而卒籛始在雍州因春景舒和出遊近郊憩于大冢之上忽有黃雀銜一銅錢置于前而去未幾復于衙院晝臥見二鸛相鬭畢各銜一錢落于籛首前後所獲三錢常秘于巾箱識者以爲大富之徵其後家雖厚積性實鄙悋未嘗與士大夫游處及令市馬利在私門不省咎以輸其直鬱鬱致死愚之甚耶

華溫琪字德潤宋州下邑人也祖楚以農爲業父敬忠後以溫琪貴官至檢校尚書溫琪長七尺餘唐廣明中從黃巢爲紀綱巢陷長安僞署溫琪爲供奉都知巢敗奔至滑臺以形貌魁岸懼不自容乃投白馬河下流俄而浮至淺處會行人救免又登桑自經枝折墜地不死夜至胙縣界有田父見溫琪非常人遂匿于家經歲餘會梁將朱友裕爲濮州刺史召募勇士溫琪往依之友裕署爲小校漸升爲馬軍都將從友裕擊秦宗權于曹南有功奏加檢校太子賓客梁祖擢爲開道指揮使加檢校工部尚書出屯鄜畤會延州胡章叛命來寇郡境溫琪擊退之尋奉詔營長安以功遷絳州刺史歲餘刺棣州溫琪以州城每年爲河水所壞居人不堪其苦表請移于便地朝廷許之板築既畢賜立紀功碑仍加檢校尚書左僕射繼遷齊州晉州節度使溫琪在平陽日唐莊宗嘗引兵攻之踰月不下梁人賞之升晉州爲定昌軍以溫琪爲節度使加檢校太保既而溫琪臨民失政嘗掠人之妻爲其夫所訴罷入爲金吾大將軍時梁末帝方姑息諸侯重難其命故責詞云若便行峻典謂予不念功勳若全廢舊章謂我不安黎庶爲人君者不亦難乎溫琪大有愧色俄轉右監門衛上將軍右龍武統軍會河中朱友謙叛權授溫琪汝州防禦使河中行營排陣使尋爲耀州觀察留後莊宗入洛溫琪來覲詔改耀州爲順義軍復以溫琪鎮之加推忠向義功臣同光末西蜀既平命溫琪爲秦州節度使明宗即位因入朝願留闕明宗嘉而許之除左驍衛上將軍逐月別賜錢粟以豐其家踰歲明宗謂樞密使安重誨曰溫琪舊人宜選一重鎮處之重誨奏以天下無闕他日又言之重誨素强愎對曰臣累奏未有闕處可替者唯樞密院使而已明宗曰可重誨不能答溫琪聞其事懼爲權臣所怒幾致成疾由是數月不出俄拜華州節度使依前光祿大夫檢校太傅進封平原郡開國公累加食邑至三千戶溫琪至任以己俸補葺祠廟廨舍千餘間復於

鄴亭創待客之具華而且固往來稱之淸泰中上表乞骸骨歸宋城制以太子少保致仕天福元年十二月終于家年七十五詔贈太子太保

安崇阮字晉臣潞州上黨人也少倜儻有詞辯善騎射父文祐爲牙門將唐光啓中潞州軍校劉廣逐節度使高潯據其城僖宗詔文祐平之既殺劉廣召赴行在授邛州刺史其後孟方立據邢洺率兵攻上黨朝廷以文祐本潞人也授昭義節度使令討方立自蜀至澤州與方立戰歿于陣昭宗朝宰臣崔魏公以文祐歿于王事薦崇阮于朝自是累任諸衞將軍梁氏革命以崇阮明辯遣使吳越迴以所獲橐裝悉充貢奉梁祖嘉之故每歲秉軺于江浙閩及迴貢獻皆如初梁末帝嗣位授客省使知齊州事時梁軍與莊宗對壘于河上冀王友謙以河中叛末帝使段凝領軍經略蒲晉詔崇阮監軍又知華雍軍府事朞年授靑州兵馬留後入爲諸衞上將軍唐天成中授黔南節度使檢校太保尋移鎭夔州以蜀寇侵逼棄城歸闕改晉州節度使復爲諸衞上將軍高祖登極之二年詔葬梁末帝以崇阮梁之舊臣令主葬事崇阮盡哀致禮以襄其事時人義之五年以老病請告授右衞上將軍致仕開運元年九月卒于西京贈太傅

楊彥詢字成章河中寶鼎人父規累贈少師彥詢年十三事靑帥王師範有書萬卷以彥詢聰悟使掌之及長益加親信常委監護郡兵及梁將楊師厚降下靑州彥詢隨師範歸命洎師範見殺楊師厚領鄴召至麾下俾掌賓客唐莊宗入魏復事焉同光元年冬從平大梁升爲引進副使將命西川及淮南稱旨累遷內職明宗時爲客省使檢校司徒使兩浙迴授德州刺史末帝卽位改羽林將軍時高祖鎭太原朝廷疑貳以彥詢沈厚擇充北京副留守淸泰末以宋審虔爲北京留守高祖深懷不足以情告彥詢彥詢恐高祖失臣節乃曰不知太原兵甲芻粟幾何可敵大國否請明公反覆慮之蓋欲迴其意也高祖曰我不忿小人相代方寸決矣彥詢知其不可諫遂止左右欲害之高祖曰唯副使一人我自保明爾勿復言也及卽位授齊州防禦使檢校太保旋改宣徽使從高祖入洛加左驍衞上將軍兼職天福二年秋出爲鄧州節度使歲餘入爲宣徽使四年使于契丹六年春授邢州節度使檢校太傅時鎭州安重榮有不臣之狀彥詢憂其窺伺會車駕幸鄴表求入覲高祖慮契丹怒安重榮之殺行人也移兵犯境復命彥詢使焉仍恐重榮要之由滄州路以入契丹主果怒重榮彥詢具言非高祖本意蓋如人家惡子無如之何尋聞重榮犯闕乃放還七年春授華州節度使檢校太尉在任二年屬部內蝗旱道殣相望彥詢以官粟假貸州民賴之存濟者甚衆開運初以風痺授右金吾衞上將軍俄卒于官年七十四贈太子太師

李承約字德儉薊州人也曾祖瓊薊州別駕贈工部尚書祖安仁檀州刺史贈太子太保父君操平州刺史贈太子少師承約性剛健篤實少習武事弱冠爲幽州牙門校遷山後八軍巡檢使屬劉守光囚殺父兄名儒宿將經事父兄者多無辜被戮自以握兵在外心不自安時屬唐武皇召募英豪方開霸業乃以所部二千歸于幷州卽補匡霸都指揮使檢校右僕射兼領貝州刺史從破夾寨及與梁人戰于臨淸有功再遷洺汾二州莊宗卽位授檢校司空磁州刺史爲治平直移授潁州團練使天成中以邠州節度使毛璋將圖不軌乃命爲邠州節度副使且承密旨往偵之既至以善言諭之璋乃受代明宗賞其能加檢校太保拜黔南節度使數年之間巴邛蠻蜑不敢犯境外勸農桑內興學校凶邪盡去民皆感之故父老數輩重趼詣闕言其政化又聽留周歲徵爲左衞上將軍自左龍武統軍加特進檢校太傅充昭義軍節度使賜推忠奉節翊戴功臣歲餘歸朝復爲左龍武統軍高祖御宇之二年授左驍衞上將軍進封開國公累上表請老尋以病卒時年七十五贈太子太師

陸思鐸澶州臨黃人父再瑞贈光祿卿思鐸有武幹梁太祖領四鎭隸于麾下及卽位授廣武都指揮使歷突陣拱辰軍使積前後戰勳累官至檢校司徒拱辰左廂都指揮使遙領恩州刺史初梁軍與莊宗對壘于河上思鐸以善射日預其戰嘗于箭笴之上自鏤其姓名一日射中莊宗之馬鞍莊宗拔箭視之覩思鐸姓名因而記之及莊宗平梁思鐸以例來降莊宗出箭以視之思鐸伏地待罪莊宗慰而釋之尋授龍武右廂都指揮使加檢校太保天成中爲深州刺史改雄捷右廂馬軍都指揮使會南伐荊門思鐸亦預其行時高季興以舟兵拒王師思鐸每發矢中敵則洞胷達腋由是賊鋒稍挫不敢輕進諸軍咸壯之高祖革命拜陳州刺史秩滿歷左神武羽林二統軍出爲蔡州刺史遇代歸朝天福八年以疾卒時年五十四思鐸典陳郡日甚有惠政常戒諸子曰我死則藏骨于宛丘使我棲魂于所理之地及卒乃葬于陳從其志也

安元信朔州馬邑人也少善騎射役唐莊宗爲晉王時元信詣軍門求自効尋隸明宗麾下累從明宗征討有功明宗卽位擢爲捧聖軍使加檢校兵部尚書淸泰三年遷雄義都指揮使受詔屯于代州太守張朗遇之甚厚元信亦以兄事之是歲五月高祖建義于太原俄聞契丹有約赴難元信入說朗曰張敬達雖圍太原而兵尚未合代郡當鴈門之衝敵至其何以禦僕觀石令公素長者舉必成事若使人道意歸欵俟其兩端亦求全之上策也朗不納元信悔以誠言之反相猜忌尋聞安重榮安審信相次以騎兵赴太原元信遂率部曲以歸高祖（通鑑元信謀殺朗不克帥其衆奔審信遂帥麾下數百騎與元信掠百井奔晉陽）高祖見之喜謂元信曰爾觀何利害背强歸弱元信曰某非知星識氣唯以人事斷之夫帝王者出語行令示人以信嘗聞主上許令公河東一生今遽改之是自欺也且令公國之密親親尚不能保肯保天下之心乎以斯而言見其亡也何得爲强也高祖知其誠因開懷納之委以戎事高祖卽位之元年授耀州團練使加檢校太保四年入爲右神武統軍其年八月復出牧洺州少帝嗣位尋遷宿州九年罷任來朝開運初授復州防禦使三年卒于任年六十三贈太傅

張朗徐州蕭縣人父楚贈工部尚書朗年十八善射膂力過人鄉里敬憚之梁祖聞其名就補蕭縣鎭使充吾縣都遊弈使時朗年纔二十三歲餘補宣武軍內衙都將歷洺州步軍曹州開武汴州十內衙鄆州都指揮使梁末從招討使段凝襲衞州下之遂授衞州刺史事梁僅三年凡有征討無不預之同光三年從魏王繼岌伐蜀爲先鋒橋道使明宗朝歷與忠登三州刺史淸泰初以契丹犯邊詔西北面行營步軍都指揮使從高祖屯軍于代北俄兼代州刺史又改行營諸軍馬步都虞候高祖建義于太原遣使以書諭之朗曰爲人臣而有二心可乎乃斬其使（通鑑帝以晉安已降遣使諭諸州代州刺史張朗斬其使蓋晉祖初起安元信勸朗歸順不從至是復斬其使也）洎高祖入洛領全師朝覲授貝州防禦使在任數歲天福五年除左羽林統軍六年授光祿大夫檢校太傅慶州刺史在官二年卒年七十四

李德珫應州金城人祖晟父宗元皆爲邊將德珫少善騎射事後唐武皇爲偏校及從莊宗戰潞州柏鄉德勝渡繼有軍功累加檢校尚書左僕射遙食郡俸天成中檢校司空領蔚州刺史長興元年授雄武軍節度秦成階觀察處置等使加檢校司徒二年六月移鎭定州充北面副招討使高祖卽位改鎭涇原及受代歸闕會高祖幸鄴授東京留守加同平章事少帝嗣位移廣晉尹加檢校太師開運中再領涇州以病卒于鎭德珫幼與明宗俱事武皇故後之諸將多兄事之時謂之李七哥所治之地雖無殊政然以寬恕及物家無濫積亦武將之廉者

田武字德偉大名元城人父簡累贈右僕射武少有拳勇初事莊宗爲小校歷遷勝節指揮使明宗登極轉帳前都指揮使領澶州刺史天成二年改左羽林都指揮使遙領宜州充襄州都巡檢使三年自汴州馬步軍都指揮使授曹州刺史長興初遷齊州防禦使又移洺州淸泰中歷威隴二州充西面行軍副部署天福初授金州防禦使及金州建節鉞武丁母憂乃起復爲節度使開運元年移鎭滄州兼北面行營右廂都指揮使二年授寧江軍節度使充侍衞步軍都指揮使歲內改昭義軍節度澤潞等州管內觀察處置等使潞州大都督府長史檢校太傅封鴈門郡開國公未赴任以疾卒武出身戎行性頗正御軍治民咸盡其善及卒朝廷惜之詔贈太尉輟視朝一日子仁朗仁遇並歷內職（宋史仁朗以父任西頭供奉官）

李承福字德華漢陽人少寒賤事元行欽掌皂棧之役後爲高祖家臣高祖登極歷皇城武德宣徽使左千牛將軍出爲澶州刺史遷齊州防禦使檢校太保承福性鄙狹無器局好察人微事多所詆訐雖小過不能恕工商之業輿隸之情官吏之幸皆善知之然自任所見無所準的故人多薄之少帝嗣位授同州節度使尋卒于鎭少帝以高祖佐命之臣閔之嗟歎賻物加等輟視朝一日詔贈太傅

相里金字奉金幷州人也性勇悍果敢能折節下士唐景福初武皇始置五院兵金首預其選從莊宗攻下夾寨得補爲小校後與梁師戰于柏鄉及胡柳陂以功授黃甲指揮使同光中從帳前軍拔中都賜忠勇拱衞功臣檢校刑部尚書二年自羽林都虞候出爲忻州刺史凡部曲私屬皆不令干預民事但優其贍給使分掌家事而已故郡民安之大有聲績應順元年爲隴州防禦使會唐末帝起兵于鳳翔傳檄于鄰道諸侯無應者唯金遣判官薛文遇往來計事末帝深德之及卽位擢爲陝州節度使加檢校太保淸泰三年夏高祖建義于太原唐末帝發兵來攻以金爲太原四面步軍都指揮使高祖卽位移鎭晉州及受代歸闕累爲諸衞上將軍加

開府儀同三司官至檢校太尉爵列開國公勳登上柱國以久居散地優之故也天福五年夏卒于任贈太師

史臣曰在禮之起甘陵也當鼎革之期會富貴來逼既因人成事亦何足自多及其仗鉞擁旄積財敗德貨之爲累可不誡乎全節之佐晉氏也平安陸之秖預宗城之戰功既茂矣貴亦宜然張筠歷事累朝享茲介福蓋近代之幸人也自温琪而下皆服冕乘軒苴茅燾土垂名汗簡詠亦宜焉

舊五代史卷九十攷證

晉列傳五趙在禮傳推指揮使楊晸爲帥　楊晸歐陽史作楊仁晸

年六十六　案歐陽史作六十二

馬全節傳清泰初爲金州防禦使　案歐陽史作明宗時歷金州防禦使與是書先後互異

州兵纔及千人　案歐陽史作州兵纔數百

張筠傳梁室割相衛爲昭德軍　案梁割相澶衛三州爲昭德軍原本作相衛疑有脫誤

時有淫將侯莫威　案歐陽史作侯莫陳威

鈞東朝于洛詔遣歸第　案歐陽史作令爲左驍衛上將軍與是書本紀同

贈太子太師　太師歐陽史作少師

華温琪傳制以太子少保致仕天福元年十二月終于家年七十五詔贈太子太保　案歐陽史作以太子太保致仕卒贈太子太傅

張朗傳充吾縣都遊弈使　案吾縣二字疑有舛誤

相里金傳出爲忻州刺史　案歐陽史作沂州刺史

伊喇舊作拽剌今改

舊五代史卷九十一

宋門下侍郎參知政事監修國史薛居正等撰

晉書第十七

列傳六

房知温字伯玉兖州瑕丘人也少有勇力籍名于本軍爲赤甲都官健（玉堂閑話知温少年與外弟徐某爲盗于兖鄆之境）梁將葛從周鎮其地選寘麾下時部將牛存節屯于鎮好摴博每求擲采者知温以善博見推因得侍左右遂熟于存節及王師範遣劉鄩據兖州梁祖命存節將兵討之知温夕縋出奔存節喜而納焉明夜竊良馬一騎復入城鄩乃擢爲裨將鄩降隸于同州劉知俊知俊補爲克和軍使知俊奔岐改隸魏州楊師厚以爲馬闕軍校漸升至親隨指揮使繼加檢校司空莊宗入魏賜姓名紹英改天雄軍馬步都指揮使加檢校司徒澶州刺史行臺右千牛衛大將軍莊宗平梁歷曹貝州刺史權充東北面蕃漢馬步都虞候遣戍瓦橋關明宗自鄴入洛知温與王晏球首赴焉明宗自總管府署知温滑州兩使留後天成元年授兖州節度使明宗即位詔充北面招討屯于盧臺軍以盧文進來歸加特進同平章事賞招討之功也後除烏震爲招討副使代知温歸鎭知温怒震逮至有怨言因縱博誘牙兵殺震于席上會大將安審通保騎軍隔河按甲不動知温懼不濟乃束身渡水復結審通逐其亂軍以奏時朝廷姑息知温下詔于鄴盡殺軍士家口老幼凡數萬清漳爲之變色尋詔遣知温就便之鎭以安反側俄改徐州節度使加兼侍中會朝廷起兵伐高季興授荆南招討使知行府事尋丁母憂起復雲麾將軍墨縗即戎竟無功而還長興中節制文陽越二年除平盧軍節度使累官至開府儀同三司檢校太師兼中書令封東平王食邑五千戶食實封三百戶天福元年冬十二月辛巳卒于鎭贈太尉歸葬于瑕邱詔立神道碑知温性麤獷動罕由禮每迎待王人不改戎服寡言笑多縱左右排辱賓寮他日知誤亦無愧色始與唐末帝嘗失意于杯盤間以白刃相恐及末帝即位知温憂甚末帝乃封王爵以寧之也知温徑赴洛陽申其宿過且感新恩末帝開懷以厚禮慰而遣之及還郡厚斂不已積貨數百萬治第于南城出則以妓樂相隨任意所之曾不以政事爲務有幕客頗術者王亶之士也委曲陳其利病知温不能用焉及高祖建義入洛尙不即進獻耀兵于牙帳之下術正色謂曰淸泰富有天下多力善戰豈明公之比而天運有歸坐成灰燼今青州遷延不貢何以求安千百武夫無足爲恃深爲大王之所憂也知温遂馳表稱賀青人乃安未幾以沈湎成疾而卒部曲將吏分其所聚倒爲富室術又勸其子彥儒進錢十萬貫以助國用朝廷除彥儒爲沂州刺史其家幸獲保全皆術之力也

王建立遼州榆社人也曾祖秋祖嘉父弁累贈太保建立少驁猛無檢明宗領代州刺史擢爲虞候將莊宗鎭晉陽以諸陵在代郡遣文使齎祭其下有擾于民者建立必捕而笞之莊宗怒令收之爲明宗所護而免由是知名明宗歷遷藩鎭皆署爲牙門都校累奏加檢校司空及明宗爲魏軍所迫時皇后曹氏淑妃王氏在常山使建立殺其監護并部下兵故明宗家屬因而保全及即位以功授鎭州節度副使加檢校司徒旋爲留後未幾正授節旄繼加檢校太尉同平章事會王都據中山叛密使通弟兄之好（通鑑王都陰與謀復河北故事建立陽許而密奏之）安重誨素與建立不協知其事奏之明宗慮陷建立尋徵赴闕（通鑑建立奏重誨專權求入朝面言其狀帝召之）拜右僕射兼中書侍郎平章事判鹽鐵戶部度支充集賢殿大學士天成四年出爲青州節度使五年移鎭上黨辭不赴任請退居邸園制以太子少保致仕建立自是鬱鬱不得志長興中嘗欲求見中旨不許皆重誨蔽之也清泰初末帝召赴闕授天平軍節度使建立少歷軍校職當捕盜及位居方伯爲政嚴烈閭里有惡跡者必族而誅之其刑失于入者不可勝紀故當時人目之爲王垛疊言殺其人而積其尸也後聞末帝失勢殺副使李彥贇及從事一人報其私怨人甚鄙之高祖即位再爲青州節度使累加檢校太尉兼中書令建立晚年歸心釋氏飯僧營寺戒殺愼獄民稍安之天福二年封臨淄王明年封東平王五年入覲高祖曰三紀前老兄宜賜不拜仍許肩輿入朝上殿則使二宦者掖之論者榮之尋表乞休致高祖不允乃授潞州節度使割遼沁二州爲上黨屬郡加檢校太師進封韓王以光其故里至鎭踰月而疾作有大星墜于府署建立即召賓介竺岳草遺章又謂其子守恩曰榆社之地桑梓存焉桑以養生梓以送死余生爲壽宮刻銘石室死當速葬葬必從儉違吾是言非孝也旋以病篤而卒年七十册贈尙書令建立先人之墳在于榆社其岡阜重複松檜蔚然占者云後出公侯故建立自爲塋恐子孫易之也子守恩周書有傳

康福蔚州人世爲本州軍校祖嗣蕃漢都知兵馬使累贈太子太師父公政歷職至平塞軍使累贈太傅福便弓馬少事後唐武皇累補軍職充承天軍都監莊宗嗣位嘗謂左右曰我本蕃人以羊馬爲活業彼康福者體貌豐厚宜領財貨可令總轄馬牧由是署爲馬坊使大有蕃息及明宗爲亂兵所迫將離魏縣會福牧小坊馬數千匹于相州乃驅而歸明宗即位授飛龍使俄轉磁州刺史充襄州兵馬都監尋以江陵叛命朝廷舉兵伐之以福爲荆南道行營兵馬都監俄以王師無功而還福善諸蕃語明宗視政之暇每召入便殿諮訪時之利病福即以蕃語奏之樞密使重誨惡焉常面戒之曰康福但亂奏事有日斬之福懼會靈武兵馬留後韓澄以人情不協慮爲所圖上表請帥制加福光祿大夫檢校司空行涼州刺史充朔方河西等軍節度靈威雄警甘肅等州觀察處置管內營田押蕃落温池榷稅等使福之是拜蓋重誨嫉而出之福泣而辭之明宗宣重誨別與商議重誨奏曰臣累奉聖旨令與康福一事今福驟升節鎭更欲何求況已有成命難于改移明宗不得已謂福曰重誨不肯非朕意也福辭明宗曰朕遣兵援助勿過憂也因令將軍牛知柔領兵送赴鎭行次青岡峽會大雪令人登山望之見川下煙火吐蕃數千帳在焉寇不之覺因分軍三道以掩之蕃衆大駭棄帳幕而走殺之殆盡獲玉璞羊馬甚多到鎭歲餘西戎皆款附朔賜福耀忠匡定保節功臣累加官爵福鎭靈武凡三歲每歲大稔倉儲盈羨有馬千駟因爲人所譖安重誨奏曰累據使臣所言康福大有實貨必負朝廷明宗密遣人謂曰朕何負于卿而有異心耶福奏曰臣受國重恩有死無貳豈願負于聖人此必讒人之言也因表乞入覲不允及再上章隨而赴闕移授彰義軍節度使又轉邠州檢校太傅清泰中移鎭秦州加特進開國侯充西面都部署高祖受命就加檢校太尉開國公未幾又加同平章事及移領河中加兼侍中以天和節入覲改賜輸忠守正翊亮功臣加開府儀同三司增食邑至五千戶實封五百戶久之受代歸闕天福七年秋卒于京師年五十八贈太師謚曰武安福無軍功屬明宗龍躍有際會之幸擢自小校暴爲貴人每食非羊之全髀不能飫腹與士大夫交言懵無所別在天水日嘗有疾幕客謁問福擁衾而坐客有退者謂同列曰錦衾爛兮福聞之遽召言者怒視曰吾雖生于塞下乃唐人也何得以爲爛奚因叱出之由是諸客不敢措辭復有末客姓駱其先與後唐懿祖來自金山府因公讌福謂從事輩曰駱評事官則卑門族甚高眞沙陀也聞者竊笑焉子三人長曰延沼歷隨澤二州刺史次曰延澤延壽俱歷內職焉

安彥威字國俊代州崞縣人少時以軍卒得隸唐明宗麾下彥威性善射頗諳兵法明宗愛之累歷藩鎭彥威常爲衙將所至以謹厚見稱明宗入立秦王從榮鎭鄴都以彥威爲護聖指揮使從榮判六軍彥威入司禁衛遙領鎭州節度使高祖即位尤倚彥威即拜爲北京留守加同平章事（通鑑彥威入朝上曰吾所重者信與義昔契丹以義救我我今以信報之聞其徵求不已公能屈節奏之深稱朕意對曰陛下以蒼生之故猶卑辭厚幣以事之臣何屈節之有上悅）移鎭宋州是時河決滑州命彥威集丁夫塞之彥威出私

錢募民治隄隄成滑人賴之遷西京留守歲饑彥威開倉廩賑饑有犯法者皆寬貸民免于流散彥威之力也旋丁母憂哀毁過制少帝與契丹搆釁授彥威北面行營副都統彥威悉率家財佐軍人稱其忠開運中卒贈太師彥威與太妃爲同宗少帝以舅事之彥威未嘗自以爲言及卒太妃與少帝臨喪人始知爲國威聞者益重其人焉

李周字通理邢州内邱人也唐潞州節度使抱眞之後曾祖融祖毅父矩皆不仕周年十六爲内邱捕賊將以任使自負時河朔羣盜充斥南北交兵行旅無援者不敢出郡邑有士人盧岳家于太原攜妻子囊橐寓于逆旅進退無所保唯與所親相對流涕周憫之請援送以歸行經西山中有賊夜于林麓間俟之射盧岳中其馬周大呼曰爾爲誰耶賊聞其聲相謂曰李君至此矣即時散走岳全其行裝至于家周將辭去岳謂周曰岳明歷象善知人子有奇表方頤隆準眉目疎朗身長七尺乃將相之材也河東李氏將有天下子宜事之以求富貴周辭以母老而歸既而梁將葛從周拔邢洺唐武皇麾兵南下築壘于青山口周向背莫決因思盧岳之言乃投青山寨將張污落武皇賞之補萬勝黃頭軍使武皇之平雲州莊宗之戰柏鄉周皆有功遷匡霸都指揮使莊宗入魏率兵屯臨河楊劉所至與士伍同甘苦周尤善守備一日奔母喪以他將代之既出則其城將陷莊宗即遣追之使墨縗從事會莊宗北征周與寺人焦彥賓守楊劉城（九國志焦彥賓傳彥賓字英服滄州清池人少聰敏多智略事武皇尤所委信及莊宗即位遷左監門衛將軍充四方館使出護邢州軍）梁將王彥章以數萬衆攻之周日夜乘城躬當矢石使人馳告莊宗請百里趨程以紓其難莊宗曰李周在内朕何憂也遂日行二舍不廢畋獵既至士衆絶糧三日矣及攻圍既解莊宗謂周曰微卿九拒之勞諸公等爲梁人所擒矣同光中歷相蔡二州刺史及蜀平授西川節度副使天成二年春遷遂州兩使留後尋正授節旄未幾受代歸闕三年秋出爲邠州節度使會慶州刺史竇廷琬據城拒命周奉詔討平之長興清泰中歷徐安雍汴四鎮所至無苛政人皆樂之高祖有天下復鎮邠州累官至檢校太師兼侍中及羅鎮赴闕會少帝幸澶淵以周累朝耆德乃命爲東京留守車駕還京授開封尹及遘疾夢焚旌旗鎧甲因自嗟嘆上章請退尋卒于官時年七十四詔贈太師陪葬于明宗徽陵之北

張從訓字德恭本姑臧人其先回鶻別派隨沙陁徙居雲中後從唐武皇家于太原從訓遂爲太原人祖君政雲州長史識蕃字通佛理父存信河東蕃漢馬步軍都指揮使武皇賜姓名眘同親嫡前史有傳天福中贈太師中書令追封趙國公從訓讀儒書精騎射初爲散員大將天祐中輯沙陀數百人屯壺關十餘歲節度使李嗣昭委遇之莊宗與梁人相拒于德勝口徵赴軍前補充先鋒遊奕使俄轉雲捷指揮使檢校司空賜名繼鸞從諸子之行也明宗微時嘗在存信麾下爲都押牙與從訓有舊及即位授石州刺史復舊姓名歷憲德二州刺史高祖之鎮太原也爲少帝娶從訓長女爲妃清泰初授唐州刺史三年高祖擧義從訓奉唐末帝詔徵赴行在分領鄉兵次于團柏谷兵敗宵遁潛身民間高祖入洛有詔搜訪月餘乃出焉及見戚里之故深加軫惻尋授絳州刺史檢校太保在任數年天福中卒于官年五十二少帝以后父之故超贈太尉弟從恩仕皇朝爲右金吾衛上將軍卒

李繼忠字化遠後唐昭義軍節度使兼中書令嗣昭之第二子嗣昭唐書有傳繼忠少善騎射從父征討有功莊宗手制授檢校兵部尚書充威義馬軍指揮使改潞府司馬加檢校尚書右僕射充安義都巡檢使天成中自北京大内皇城使轉河東行軍司馬入爲右驍衛將軍未幾授成德軍司馬加檢校司徒高祖即位二年三月授沂州刺史加檢校太保尋移棣州刺史繼忠舊苦風痺皆辭以地遠乃授單州刺史仍加翰忠奉國功臣三年入爲右神武統軍四年三月出領隰州七年八月移刺澤州開運元年復入爲右監門大將軍三年秋以疾卒于東京年五十一始繼忠母楊氏善治產平生積財鉅萬及高祖建義于太原楊已終繼忠擧族家于晉陽時以諸軍方困契丹援兵又至高祖乃使人就其第疏其複壁取其舊積所獲金銀綺素甚廣至于巾屨瑣屑之物無不取足高祖既濟大事感而奇之故車駕入洛繼忠雖有舊恙連領大郡皆楊氏之力也

李頃陳州項城人即河陽節度使兼侍中罕之子也罕之梁書有傳唐光啓中罕之與河南張全義爲仇交相攻擊罕之兵敗北投太原武皇以澤州處之罕之將赴任留頃爲質焉時莊宗未弱冠因與頃遊處甚相昵狎光啓初罕之自澤州襲據潞州送款于梁武皇以頃父叛將殺之莊宗密與駿騎使逃出境頃遂奔河南梁祖以其父子歸己委遇甚厚天福中梁祖自鳳翔送唐昭宗歸長安留軍萬人命姪友倫與頃總之以宿衛爲名及梁祖逼禪累掌禁兵倚爲肘腋庶人友珪立授頃檢校尚書右僕射右羽林統軍梁末帝之誅友珪頃預其謀尋歷隨州刺史復爲右羽林統軍同光初莊宗入汴召頃見之莊宗忻然授衛州刺史加光祿大夫檢校太保明宗朝授衍州刺史長興中檢校太傅右神武統軍高祖即位之二年加特進檢校太尉右領軍衛上將軍三年進封開國伯五年遷左領軍衛上將軍尋以病卒年七十制贈太師頃性温雅不暴虐凡刺郡統衆頗有畏愛及卒人甚惜之子彥弼在太原日因頃走歸梁朝武皇怒下蠶室加熏腐之刑後籍于内侍省卒焉

周光輔太原人後唐蕃漢馬步總管幽州節度使德威之長子也德威有傳在唐書光輔年甫十歲補幽州中軍兵馬使有成人之志德威以牙軍委之麾下咸取決焉及長體貌魁偉練于戎事父卒授嵐州刺史從莊宗平梁遷檢校尚書左僕射汝州防禦使仍賜協謀定亂功臣天成初移汾州四年入爲右監門衛大將軍長興清泰中歷陳懷磁三郡繼加檢校司徒高祖即位授蔡州刺史歲餘卒于郡時年三十五贈太保光輔以功臣子歷數郡皆無濫政竟善終于官雖享年不永亦可嘉也光輔有弟數人光貞歷義乾二州刺史入爲諸衛將軍光遜繼爲蔡州刺史光贊任青州行軍司馬及楊光遠叛滅貶商州司馬會赦徵還尋卒于家

符彥饒唐莊宗朝蕃漢總管存審之第二子也存審唐書有傳彥饒少驍勇能騎射唐天祐十五年冬莊宗與梁大戰于胡柳陂彥饒與弟彥圖俱從其父血戰有功莊宗壯之因用爲騎將同光中以功授曹州刺史明宗即位改刺沂州天成中屯守梁園會起軍北戍塞下時有偏校以宣武之師迫彥饒爲之彥饒紿許其請明日殺爲惡者奏之時人嘉其方略長興中爲金州防禦使爲政甚有民譽其後畧遷節鎮天福初爲滑州節度使累官至檢校太傅二年七月范延光據鄴都叛朝廷遣侍衛馬軍都指揮使白奉進率騎軍三千屯于州之開元寺一日彥饒與奉進因事忿爭于牙署事具奉進傳中是時奉進厲聲曰爾莫是與范延光同反耶拂衣而起彥饒不留帳下介士大譟擒奉進殺之奉進從騎散走傳呼于外時步軍都校馬萬次校盧順密聞奉進被害即率其部衆攻滑之子城執彥饒以出遣裨校方太拘送闕下行及赤岡南高祖遣中使害于路左

羅周敬字尚素鄴王紹威之第三子也紹威梁書有傳周敬幼聰明八歲學爲詩往往傳于人口起家授檢校尚書禮部員外郎梁乾化中以兄周翰節制滑臺卒于官乃以周敬繼之命爲兩使留後尋正授旄鉞時年十歲未幾改授許州節度使繼加檢校尚書左僕射踰三年徵授秘書監檢校司空駙馬都尉尚梁普安公主旋移光祿卿莊宗即位歷左右金吾大將軍初唐天祐中紹威嘗建第于洛陽福善里及莊宗入洛以梁祖廟使趙巖宅賜明宗同光中明宗在洛以趨内稍遠乃召周敬議易其第周敬諾之後明宗即位一日夢中見一人儀形瓌秀若素識者夢中問曰此得非前宅主羅氏子及寤訪其子孫左右對曰周敬見列明廷召至果符夢中所見明宗謂侍臣曰朕不欲使大勳之後久無土地因授同州節度使加檢校太保長興中入爲左監門衛上將軍四遷諸衛上將軍天福二年卒時年三十二贈太傅

鄭琮太原人也始事唐武皇爲五院軍小校屢有軍功莊宗在河上爲馬步都虞候戎伍之事一覩不忘凡所諮問應答如流故所在知名唐同光末從明宗伐魏州時軍情有變明宗退守魏縣未知趨向安重誨將徵兵于四方琮在帳前歷數諸道屯軍及主將姓名附口傳檄相次而至明宗即位嘉其功授防州刺史秩滿父老請留三年授左羽林統軍唐長興二年二月出刺武州高祖即位復居環衞久之以俸薄家貧鬱鬱不得志天福中以疾終于官贈司徒

舊五代史卷九十一攷證

晉列傳六房知温傳及末帝即位知温憂甚　案歐陽史作愍帝出奔知温乘間有窺覦之意與是書微異

王建立傳以太子少保致仕　案通鑑作以太傅致仕歐陽史從是書

康福傳靈武兵馬留後韓澥　韓澥通鑑歐陽史俱作韓洙弟澄

福鎮靈武凡三歲每歲大稔倉儲盈羨有馬千駟因爲人所譖安重誨日累據使臣所言康福大有寶貨必負朝廷　案靈武受代康福領節度在天成四年次年爲長興元年安重誨討蜀二年賜死是康福之任靈武甫匝歲而重誨已去朝再期而賜死矣此傳云福鎮靈武凡三歲每歲大稔重誨奏其必負朝廷疑有舛誤歐陽史仍是書之舊

安彥威傳彥威入司禁衛遥領鎮州節度使　案歐陽史作遷捧聖指揮使領寧國軍指揮使

李周傳　案是書莊宗紀作李周明宗紀作李敬周蓋本名敬周入晉後避諱去敬字是書雜采諸書未及改歸畫一通鑑與是書同

張從訓傳爲少帝娶從訓長女爲妃　案宋史張從恩傳晉祖鎮河東爲少帝娶從恩女今攷五代會要及是書本紀俱作從訓疑宋史係傳聞之訛

舊五代史卷九十二

宋門下侍郎參知政事監修國史薛居正等撰

晉書第十八

列傳七

姚顗字伯眞京兆萬年人曾祖希齊湖州司功參軍祖宏慶蘇州刺史父荆國子祭酒顗少蠢敦厚寢事容貌任其自然流輩未之重惟兵部侍郎司空圖深器之以女妻焉顗性仁恕多爲僕妾所欺心雖察之而不能面折終身無喜怒不知錢百之爲陌黍百之爲銖凡家人市貨百物入增其倍出減其半不詢其由無擔石之儲心不屑穫唐末隨計入洛出遊嵩山有白衣丈夫拜于路側請爲童僕顗辭不納乃曰鬼神享于德君子孚于信余則鬼也將以託賢者之德通化工之信幸無辭焉昔余掌事陰府承命攝人之魂氣名氏同而其人非且富有壽算復而歸之則筋骸已敗由是獲譴使不得爲陽生公中夏之相輔也今爲謁中天之祠若以某姓名求之神必許諾顗因爲虔禱而還白衣迎于山下曰余免其苦矣拜謝而退顗次年擢進士第梁貞明中歷校書郎登封令右補闕禮部員外郎召入翰林累遷至中書舍人唐莊宗平梁以例貶復州司馬歲餘詔復授左散騎常侍歷兵吏部侍郎尚書左丞唐末帝卽位講求輔相乃書朝中淸望官十餘人姓名置于瓶中淸夜焚香而挾之旣而得盧文紀與顗遂拜中書侍郎平章事制前一日嵩山白衣來謁謂顗曰公明日爲相其言無差冥數固先定矣高祖登極罷相爲刑部尚書俄遷戶部尚書天福五年冬卒年七十五贈左僕射子惟和嗣顗疎于財而御家無術旣死斂葬之資不備家人俟賻物及鬻第方能舉喪而去士大夫愛其廉而鄙其拙

呂琦字輝山幽州安次人也祖壽瀛州景城主簿父兗滄州節度判官累至檢校右庶子劉守光攻陷滄州琦父兗被擒族之琦時年十五爲吏追攝將就戮焉有趙玉者幽薊之義士也久遊于兗之門下見琦臨危乃紿謂監者曰此子某之同氣也幸無濫焉監者信之卽引之俱去行一舍琦困于徒步以足病告玉負之而行逾數百里因變姓名乞食于路乃免其禍年弱冠以家門遇禍遯無所依乃勵志勤學多遊于汾晉唐天祐中莊宗方開霸府翹佇賢士墨制授琦代州軍事判官秩滿歸太原監軍使張承業重琦器量禮遇尤厚天成初拜琦殿中侍御史遷駕部員外郎兼侍御史知雜事會河陽帑吏竊財事發詔軍巡院鞫之時軍巡使尹訓恃勢納賂枉直相反俄有訴寃于闕下者詔琦按之旣驗其奸乃上言請治尹訓沮而不行琦連奏不已訓知其不免自殺于家其獄遂明蒙活者甚衆自是朝廷多琦之公直高祖建義于太原唐末帝幸懷州趙德鈞駐軍于團柏谷末帝以琦嘗在德鈞幕下因令齎都統使官告以賜之且犒其軍焉及覲軍于北旣館于忻州會晉祖降下晉安寨遣使告于近郡琦適遇其使卽斬之以聞尋卒郡兵千人間道而歸高祖入洛亦弗之責止改授秘書監而已天福中預修唐書權掌選部皆有能名焉累遷禮部刑部戶部兵部侍郎階至金紫光祿大夫爵至開國子琦美風儀有器槪雖以剛直聞于時而內實仁恕初高祖謀求輔相時宰臣李崧力薦琦于高祖云可大用高祖數召琦于便殿言及當世事甚奇之方將倚以爲相忽遇疾而逝人皆惜之

梁文矩字德儀鄆州人父景秘書少監梁福王友璋好接賓客文矩少遊其門初試太子校書轉秘書郎友璋領鄆州奏爲項城令及移鎭徐方辟爲從事友璋卒改兗州觀察判官時莊宗遣明宗襲據鄆州文矩以父母在鄆一旦隔越不知存亡爲子之情戀望如灼遂間路歸鄆尋謁莊宗莊宗喜之授天平軍節度掌書記在明宗幕下明宗歷汴恒二鎭皆隨府遷職天成初授右諫議大夫知宣武軍軍州事歷御史中丞吏部侍郎禮部尚書西都副留守判京兆府事繼改兵部尚書文矩以嘗事霸府每懷公輔之望時高祖自外鎭入覲嘗薦于明宗曰梁文矩早事陛下甚有勤勞未升相輔外論慊之明宗曰久忘此人吾之過也尋有旨降命會丁外憂而止淸泰初拜太常卿高祖卽位授吏部尚書改太子少師文矩喜淸靜之教聚道書數千卷企慕赤松留侯之事而服食尤盡其善後因風痺上章請退以太子太保致仕居洛陽久之天福八年以疾卒時年五十九贈太子太傅

史圭常山人也其先與王武俊來于塞外因家石邑高祖曾歷鎭陽牙校父鈞假安平九門令圭好學工詩長于吏道唐光化中歷阜城饒陽尉改房子寧晉元氏欒壽博陸五邑令爲寧晉日擅給驛廩以貸飢民民甚感之及爲欒壽令里人爲之立碑同光中任圜爲眞定尹擢爲本府司錄不應命郭崇韜領其地辟爲從事及明宗代崇韜以舊職辟之明宗卽位入爲文昌正郎安重誨薦爲河南少尹判府事尋命爲樞密院直學士時圭以受知于重誨重誨奏令圭與同列閻至俱升殿侍立以備顧問明宗可之尋自左諫議大夫拜尚書右丞有入相之望圭敏于吏事重誨本不知書爲事剛愎每于明宗前可否重務圭恬然終日不能剖正其事長興中重誨旣誅圭出爲貝州刺史未幾罷免退歸常山由是閉門杜絕人事雖親戚故人造者不見其面每遊別墅則乘婦人氈車以自蔽匿人莫知其心高祖登極徵爲刑部侍郎判鹽鐵副使時宰臣馮道之奏請也始圭在明宗時爲右丞權判銓事道在中書嘗以堂判銜銓司所注官圭忿力爭之道亦微有不足之色至是圭首爲道所舉方愧其度量遠不及也旋改吏部侍郎分知銓事而圭素保廉守節大著公平之譽圭前爲河南少尹日有嵩山衛士遺圭石藥如斗謂圭曰服之可以延壽然不可中輟輟則疾作矣圭後服之神爽力健深寶惜焉淸泰末圭在常山遇秘瓊之亂時貯于衣笥爲賊所刼後不復得天福中疾生胃臆之間常如火灼圭知不濟求歸鄉里詔許之及涉河竟爲藥氣所烝卒于路歸葬石邑時年六十八

裴皞字司東系出中眷裴氏世居河東爲望族皞容止端秀性卞急剛直而無隱少而好學苦心文藝雖遭亂離手不釋卷唐光化三年擢進士第釋褐授校書郎歷諫職梁初當路推其文學遷翰林學士中書舍人唐莊宗時擢爲禮部侍郎後以語觸當事改太子賓客旋授兵部尚書以老致仕天福初起爲工部尚書復告老以右僕射致仕皞累知貢舉所得士若相馬裔孫桑維翰皆其所取進士也後裔孫知貢舉引新進士謁皞皞喜爲詩曰詞場最喜是持衡天遣愚夫受盛名三主禮闈年八十門生門下見門生當時桑維翰嘗私見皞皞不爲迎送人問之皞曰我見桑公于中書庶寮也今見我于私第門生也聞者以爲允卒年八十五贈太子太保

吳承範字表微魏州人也父瓊右金吾衞將軍累贈太子少保承範少好學善屬文唐閔帝之鎭鄴都也聞其才名署爲賓職承範懇求隨計閔帝許之長興三年春擢進士第及閔帝卽位授左拾遺淸泰二年以本官充史館修撰與同職張昭遠等共修明宗實錄轉右補闕依前充職高祖革命遷尚書屯田員外郎知制誥天福三年改樞密院直學士未幾自祠部郎中知制誥召充翰林學士正拜中書舍人賜金紫少帝嗣位遷禮部侍郎知貢舉尋遘疾而卒年四十二贈工部尚書承範溫厚寡言善希人旨桑維翰李崧尤重之嘗薦于高祖云可大用承範知之持重自養雖遇盛夏而猶服襦袴加之以純綿蓋慮有寒濕之患也然竟不獲其志其命也夫

盧導字熙化其先范陽人也祖伯卿唐殿中侍御史父如晦國子監丞贈戶部侍郎導少而儒雅美詞翰善談論唐天祐初登進士第釋褐除校書郎由均州鄖鄉縣令入爲監察御史三遷職方員外郎充史館修撰改河南縣令禮部郎中賜紫轉右司郎中兼侍御史知雜事以病免閒居于漢上久之天成中以本官徵還拜右諫議大夫長興末爲中書舍人權知貢舉明年春潞王自鳳翔擁大軍赴闕唐閔帝奔于衞州宰相馮道李愚集百官于天宮寺將出迎潞王時軍衆離潰人情奔駭百官後時未有至者導與舍人張昭遠先至馮道請導草勸進牋導曰潞王入朝郊迎可也若勸進之事安可造次且潞王與主上皆太后之子或廢或立當從教令安得不稟策母后率爾而行馮道曰凡事要務實勸進其可已乎導曰今主上蒙塵在外遽以大位勸人若潞王守道以忠義見責未審何詞以對不如率羣臣詣宮門取太后進止卽去就善矣道未及對會京城巡檢安從進報曰潞王至矣安得百寮無班卽紛然而去是日潞王未至馮道等止于上陽門外又令導草勸進牋導執之如初李愚曰舍人之言是也吾輩信罪人矣導之守正也如是天福中由禮部侍郎還尚書右丞判吏部尚書銓事秩滿拜吏部侍郎六年秋卒于東京時年七十六

鄭韜光字龍府洛京淸河人也曾祖絪爲唐宰相祖祗德國子祭酒（新唐書宰相世系表祗德兵部尚書）贈太傅父顥河南尹贈太師其先世居滎陽自隋唐三百餘年公卿輔相蟬聯一門韜光唐宣宗之外孫萬壽公主之所出也生三日賜一子出身銀章朱紱及長美容止神爽氣澈不妄喜

怨秉執名節爲甲族所稱自京兆府參軍歷祕書郎集賢校理太常博士虞部比部員外郎司門戶部郎中河南京兆少尹太常少卿諫議大夫給事中梁貞明中懇求休退上表漏名責授寧州司馬莊宗平梁遷工禮刑部侍郎天成長興中歷尚書左右丞國初以戶部尚書致仕自釋褐迄于懸車凡事十一君越七十載所仕無官謗無私過三持使節不辱君命士無賢不肖皆恭已接納晚年背傴時人咸曰鄭傴不迂平生交友之中無怨隙親戚之間無愛憎恬和自如性尚平簡及致政歸洛甚愜終焉之志天福五年秋寢疾而卒年八十贈右僕射

王權字秀山太原人積世衣冠曾祖起官至左僕射山南西道節度使冊贈太尉諡曰文懿唐史有傳祖龜浙東觀察使父蕘右司員外郎權舉進士解褐授秘書省校書郎集賢校理歷左拾遺右補闕梁祖革命御史司憲崔沂表爲侍御史遷兼職方員外郎知雜事歲餘召入翰林爲學士在院加戶部郎中知制誥歷左諫議大夫給事中充集賢殿學士判院事俄拜御史中丞唐莊宗平梁以例出爲隨州司馬會赦量移許州月餘入爲右庶子遷戶兵吏三侍郎尚書左丞禮部尚書判銓清泰中權知貢舉改戶部尚書華資美級罕不由之高祖登極轉兵部尚書天福中命權使于契丹權以前世累爲將相未嘗有奉使而稱陪臣者謂人曰我雖不才年已耄矣豈能遠使于契丹乎違詔得罪亦所甘心由是停任先是宰相馮道使于契丹纔回權亦自鳳翔冊禮使回故責詞略曰若以道路迢遙卽馮闓之臺臣亦往若以筋骸衰減卽鳳翔之冊使纔回既顯憲章須從殿黜云其實權不欲臣事契丹故堅辭之非避事以違命也踰歲授太子少傅致仕六年秋以疾卒年七十八贈左僕射

韓惲字子重太原晉陽人曾祖俊唐龍武大將軍祖士則石州司馬父遠代州刺史惲世仕太原昆仲爲軍職惟惲親狎儒士好爲歌詩聚書數千卷乾寧中後唐莊宗納其妹爲妃初爲嫡室故莊宗深禮其家而惲以文學署交城文水令入爲太原少尹莊宗平定趙魏爲魏州支使莊宗卽位授右散騎常侍從駕至洛陽轉尚書戶部侍郎天成初改秘書監俄而馮道爲丞相與惲有同幕之舊以惲性謹厚尤左右之尋遷禮部尚書丁內憂服闋授戶部尚書明宗晏駕馮道爲山陵使引惲爲副使清泰初以充奉之勞授檢校尚書右僕射絳州刺史踰年入爲太子賓客高祖登極以惲先朝懿戚深加禮遇除授貝州刺史時范延光有跋扈之狀惲懼其見逼遲留不敢赴任高祖不悅復授太子賓客尋改兵部尚書天福七年夏車駕在鄴惲病脚氣卒于龍興寺時年六十餘

李懌京兆人也祖褒唐黔南觀察使父昭戶部尚書懌幼而能文進士擢第解褐爲校書郎集賢校理清河尉入梁歷監察御史右補闕殿中侍御史起居舍人禮部員外郎知制誥換部官郎中賜緋召入翰林爲學士正拜舍人賜金紫仍舊內職莊宗平汴洛責授懷州司馬遇赦量移孟州入爲衞尉少卿天成初復拜中書舍人充翰林學士在職轉戶部侍郎右丞充承旨時常侍張文寶知貢舉中書奏落進士數人仍請詔翰林學士院作一詩一賦下禮部爲舉人格樣學士竇夢徵張礪輩撰格詩格賦各一送中書宰相未以爲允夢徵等請懌爲之懌笑而答曰李懌識字有數頃歲因人偶得及第敢與後生髦俊爲之標格假令今卻稱進士就春官求試落第必矣格賦格詩不敢應詔君子多其識大體天福中自工部尚書轉太常卿歷禮部刑部二尚書以多病留司于洛下不交人事開運末遇契丹入洛家事罄空尋以疾卒年七十餘

舊五代史卷九十二攷證

晉列傳七姚顗傳惟兵部侍郎司空圖深器之　案歐陽史作中條山處士司空圖一見奇之據新唐書卓行傳司空圖爲戶部侍郎以疾歸昭宗在華召爲兵部侍郎辭不赴是圖非處士也

呂琦傳琦年十五　案厚德錄作琦年十四

有趙玉者　趙玉厚德錄作李玉

尋率郡兵千人間道而歸　案通鑑作帥州兵趣鎭州

史圭傳卒于路　案歐陽史作卒于常山

盧導傳祖伯卿　案新唐書宰相世系表卿太原少尹伯初之子也疑原本衍伯字

父如晦　如晦新唐書世系表作知晦

郊迎可也　郊迎通鑑作班迎

是日潞王未至馮道等止于上陽門外又令導草勸進牋　案歐陽史作潞王止于上陽門外道又促導草牋與是書異通鑑作潞王未至三相息于上陽門外與是書同

鄭韜光傳父顗　案新唐書世系表顓字養正疑顗字是顚字之訛

王權傳先是宰相馮道使于契丹纔回權亦自鳳翔冊禮使回　案通鑑攷異引周世宗實錄馮道傳云契丹遣使加徽號于晉祖晉亦獻徽號于契丹始命兵部尚書王權銜其命權辭以老病晉祖謂馮道曰此行非卿不可道無難色據此傳馮道自契丹使回始命王權奉使道亦未嘗再使契丹也與周實錄異

舊五代史卷九十三

宋門下侍郎參知政事監修國史薛居正等撰

晉書第十九

列傳八

盧質字子徵河南人也曾祖偲唐太原府祁縣尉累贈右僕射祖衍唐刑部侍郎太子賓客累贈太保父望唐尚書司勳郎中累贈太子少傅質幼聰慧善屬文年十六陝帥王重盈奏授芮城令能以色養又爲同州澄城令從私便也秩滿改秘書郎丁母憂歸河南故里天祐三年北遊太原時李襲吉在武皇幕府以女妻之武皇憐其才承制授檢校兵部郎中充河東節度掌書記賜緋魚袋武皇歿代其弟克寧握兵柄有嗣襲之望質與張承業等密謀同立莊宗爲嗣有翊贊之功及莊宗四征質皆從行十六年轉節度判官檢校禮部尚書十九年莊宗將卽帝位命爲大禮使累加至銀青光祿大夫檢校右僕射二十年授行臺禮部尚書莊宗既登極欲相之質性疎逸不喜居高位固辭獲免尋以本官兼太原尹充北京留守事未赴任改戶部尚書知制誥充翰林學士承旨同光元年冬從平大梁權判租庸事踰月隨駕都洛旋受詔權知汴州軍府事時孔謙握利權志在聚斂累移文于汴配民放絲質堅論之事雖不行時論賞之俄又改金紫光祿大夫兵部尚書知制誥翰林學士承旨仍賜論思匡佐功臣會覆試進士質以后從諫則聖爲賦題以堯舜禹湯傾心求過爲韻舊例賦韻四平四側質所出韻乃五平三側由是大爲識者所誚天成元年制授特進檢校司空同州節度使時宰相馮道以詩餞別其警句云視草北來唐學士擁旄西去漢將軍儒者榮之明年改賜耀忠匡定保節功臣就加檢校司徒三年入拜兵部尚書判太僕卿事四年進封開國公長興二年授檢校太保河陽節度使未幾移鎭滄州入爲右僕射及秦王得罪奉詔權知河南府事應順初遷檢校太傅正拜河南尹後改太子少師淸泰末復爲右僕射高祖登極質以微恙分司洛宅少帝嗣位拜太子太保天福七年秋卒于洛陽年七十六累贈太子太師諡曰文忠（五代會要漢乾祐元年九月其子尚書兵部員外郎盧頊上章請諡下太常議諡曰文忠）子十一人惟第六子頊仕至省郎餘歷州縣焉

李專美字翊商京兆萬年人也曾祖隨光祿卿祖正範尚書庫部郎中專美少篤學父以樞唐昭宗時常應進士舉爲覆試所落不許再入專美心愧之由是不遊文場僞梁貞明中河南尹張全義以專美名族之後奏爲陸渾尉秩滿改舞陽令專美性廉謹大著政聲後唐天成中安邑榷鹽使李肅辟爲推官時唐末帝鎭河中見其敦雅心重之末帝一日嘗召肅讌于衙署專美亦預坐末帝謂肅曰某夜來夢主上召去與宋王同劉却頭何也坐客都無對者專美屏人謂曰將來必爲嗣主由是愈重焉末帝留守長安奏爲從事及移鎭鳳翔還爲記室末帝卽位除尚書庫部郎中賜金紫充樞密院直學士初末帝起自鳳翔大許諸軍厚賞洎至洛陽閱內庫金帛不過二三萬尋又配率京城戶民雖行捶楚亦所獲無幾末帝憂之會專美宿于禁中末帝召而讓之曰卿士人子弟常言有才術今致我至此不能度運以濟時事留才術何施也專美惶恐待罪良久奏曰臣才力駑劣屬當興運陛下猥垂錄任無以裨益聖朝然府藏空竭軍賞不給非臣之罪也臣思明宗棄代之際是時府庫濫賞已竭繼以鄂王臨朝紀綱大壞縱有無限之財賦不能滿驕軍谿壑之心所以陛下孤立岐陽而得天下臣以爲國之存亡不專在行賞須刑政立于上恥格行于下賞當功罰當罪則近于理道也若陛下不改覆車之轍以賓無賴之軍徒困蒸民存亡未可知也今宜取見在財賦以給之不必踐前言而希苟悅末帝然之及其行賞雖不愜于軍士然洛陽戶民獲免鞭笞之苦由專美之敷揚也尋轉給事中明年遷兵部侍郎端明殿學士未幾改檢校尚書右僕射守秘書監充宣徽北院使高祖入洛以例除名三年復授衞尉少卿繼遷鴻臚大理卿開運中以病卒時年六十二專美之遠祖本出姑臧大房與清河小房崔氏北祖第二房盧氏昭國鄭氏爲四望族皆不以才行相尚不以軒冕爲貴雖布衣徒步視公卿蔑如也男女婚嫁不雜他姓欲聘其族厚贈金帛始許焉唐太宗曾降詔以戒其弊風終莫能改其間有未達者必曰姓崔盧李鄭了餘復何

求耶其遠者則邈在天表近若千里人罕造其門浮薄自大昔此類也唯專美未嘗以氏族形于口吻見寒素士大夫恒恂恂如也人以此多之專美職岐下曾夢具裳簡立嵩山之頂及爲端明殿學士學士李崧同列而班在其上因以所夢告崧且言某非德非勤安可久居此位處吾子之首乎因懇求他官尋移宣徽使崧深德之及高祖臨朝崧爲樞密使與桑維翰同列維翰與專美亦有舊乃協力以奏之遂復朝序位至九卿專美曾使閩中遇風水漂至兩浙踰歲無恙而還至是善終人以爲神道福謙之所致也

盧詹字楚良京兆長安人也唐天祐中爲河中從事莊宗即位擢爲員外郎知制誥遷中書舍人天成中拜禮部侍郎知貢舉歷御史中丞兵部侍郎尚書左丞工部尚書詹性剛直議論不避權貴執政者常惡之天福初拜禮部尚書分司洛下與右僕射盧質散騎常侍盧重俱在西都數相過從三人俱嗜酒好遊山水塔廟林亭花竹之地無不同往酣飲爲樂人無間然洛中朝士目爲三盧會常委順性命不營財利開運初卒于洛陽詹家無長物喪具不給少帝聞之賜布帛百段粟麥百斛方能襄其喪事贈太子少保

崔梲字子文博陵安平人累世冠冕曾祖元受舉進士直史館祖鉉安濮二州刺史父涿刑部郎中梲少好學梁貞明三年舉進士甲科爲開封尹王瓚從事梲性至孝父涿有疾謂親友曰死生有命無醫爲也梲侍之衣不解帶有賓至必拜泣告于門外請方便勸其進藥涿終莫之從及丁憂哀毁過制明宗朝授監察御史不應命踰年詔再下乃就列爲累遷都官郎中翰林學士天福初以戶部侍郎爲學士承旨嘗草制爲宰相桑維翰所改梲以唐故事學士草制有所改者當罷職乃引經據爭維翰不能詰命權知二年貢舉時有進士孔英者素有醜行爲當時所惡梲受命往見維翰維翰語素簡謂梲曰孔英來矣梲不諭其意以謂維翰以孔英爲言乃考英及第物議大以爲非遂罷學士拜尚書左丞遷太常卿後以風痺改太子賓客分司西京卒年六十八梲平生所著文章碑誄制詔甚多人有借本傳寫者則曰有前賢有來者奚用此爲凡受託而作者必親札致之即焚其槀懼泄人之假手也梲笑不至矧怒不至詈接新進後生未嘗無誨焉羣居公會端坐寡言嘗云非止致人愛憎且或干人祖禰之諱指命僕役亦用禮節盛暑祁寒不使冒犯嘗自詁於知友云某少時夢二人前引行路一人計地里曰一舍矣可以止一人曰此君當更進三十有八里復行如所言二人皆止之俄而驚覺梲常識是夢以爲定命之限故六十七請退明年果終焉兄檜有學德好釋氏閒居滑州嘗欲訪人于白馬津比及臨岸歎曰波勢洶湧如此安可濟乎乃止後徵拜左拾遺辭疾不赴

薛融汾州平遙人性純和以儒學爲業初從雲州帥李存璋爲幕職唐莊宗平河南歷鄆徐二鎮從事明宗初授華州節度判官長興四年入爲右補闕直宏文館歲餘改河東觀察判官高祖鎮太原遂居于幕府清泰末高祖將舉義延賓席而歷問之次及融對曰融本儒生秖曾讀三五卷書至于軍旅之事進退存亡之機未之學也座中聳然及登極遷尚書吏部郎中兼侍御史知雜事天福二年自左諫議大夫遷中書舍人自以文學非優不敢拜命復爲諫議時詔修西京大內融以鄴下用兵國用不足上疏請罷之（通鑑薛融諫曰今宮室雖經焚毁猶侈于帝堯之茅茨所費雖寡猶多于漢文之露臺況魏城未下公私困窘誠非陛下修宮館之日俟海內平寧修之未晚）優詔嘉許俄轉御史中丞秩滿改尚書右丞分司西都天福六年以疾卒年六十餘

曹國珍字彥輔幽州固安人也曾祖寓祖蟾父絢代襲儒素國珍少值燕薊亂離因落髮被緇客于河西延州高萬興兄弟皆好文辭爲從事國珍常以文章自許求貢禮闈且掌書奏暮年入爲左拾遺累遷至尚書郎每與人交傾財無悋性頗剛僻經藝史學非其所長好自矜衒多上章疏文字差誤數有之爲縉紳所誚高祖在藩時常通私謁以兄事之及即位國珍自比于嚴陵上表敘舊由是自吏部郎中拜左諫議大夫給事中（歐陽史張彥澤傳國珍與御史中丞王易簡率三院御史詣閤門連疏論張彥澤不報）又求爲御史中丞時宰政不復爲請國珍銜之李崧之母薨遣諸弟護喪歸葬深州崧既起復乃出北郊路隅設奠公卿大夫皆送喪而出國珍固爭不行衆咸推其讜直高祖晏駕朝廷以宰臣馮道爲山陵使及靈輴既發國珍上疏言馮道既爲山陵使不得復入都城請除外佐以桑維翰入輔李崧請罷相位俾持喪制少帝覽奏以所言侵越出爲陝州行軍司馬至任怏怏遘疾而卒

張仁愿字善政開封陳留人也祖晟唐右武衛大將軍父存敬梁河中節度觀察留後累贈中書令梁書有傳仁愿梁貞明初以勳臣之子起家爲衛尉寺主簿改著作佐郎左贊善大夫賜緋魚袋唐同光初遷大理正天成元年自將作少監轉大理少卿長興中歷昭武歸德兩鎮節度判官四年復入爲大理少卿清泰中除殿中監天福五年拜大理卿八年轉光祿卿仁愿性溫雅明法書累居詳刑之地議讞疑獄號爲稱職兄仁穎梁朝仕至諸衛將軍中年以風恙廢于家凡十餘年仁愿事之出告反面如嚴父焉士大夫推爲孝友仁穎善理家勤而且約婦女衣不曳地什物多歷年所如新市焉仁愿開運元年再爲大理卿時隰州刺史王澈犯贓朝廷以澈功臣之後欲宥之仁愿累執奏不移竟遣伏法議者賞之開運二年以疾卒年五十一贈秘書監

趙熙字績臣唐宰相齊國公光逢之猶子也起家授秘書省校書郎唐天成中累遷至起居郎數上章言事以稱旨尋除南省正郎天福中承詔與張昭遠等修唐史竟集其功開運中自兵部郎中授右諫議大夫賞筆削之功也及契丹入汴遣使于晉州率配豪民錢幣以實行橐始受命之日條制甚嚴熙出于衣冠之族性素輕急既畏契丹峻法乃窮力搜索人甚苦之及晉之三軍殺副使駱從朗（通鑑契丹以節度使駱從朗知晉州事大將藥可儔殺從朗）百姓相率持仗害熙于館舍識者傷之

李遐兗州人也少爲儒有節操歷數鎮從事及升朝累遷尚書庫部員外郎高祖即位以皇子重乂保釐洛邑知遐强幹有守除爲西京留守判官使之佐理復重其廉勤兼委監西京左藏庫會張從賓作亂使人輦取鐐帛以賞羣逆遐曰不奉詔書安敢承命遂爲其下所害高祖聞而歎惜特贈加等仍贈右諫議大夫其母田氏封京兆郡太君仍給遐所食月俸終母餘年其子俟服闋與官後又遣兗州節度使李從溫就其舊業賜牲幣縣帛等物以旌其忠也

尹玉羽京兆長安人唐天福中隨計京師甚有文稱會有苴杖之喪累歲羸疾冬不釋菅屨期不變倚廬制闋隱居杜門無仕宦之意梁貞明中劉鄩辟爲保大軍節度判官歷雍汴滑兗從事（案以下有闕文宋黎持移石經記石經舊在務本坊自天祐中韓建築新城而石經委棄于野至朱梁時劉鄩守長安從幕吏尹玉羽之請輦入城中置于此地即唐尚書省之西隅也）唐清泰中爲光祿少卿退歸秦中以林泉詩酒自樂自號自然先生宰臣張延朗手書而召高臥不從謂人曰庶孽代宗不可仕也及高祖入洛即受詔而來以所著自然經五卷貢之且告其老即日璽書褒美須其器幣授少府監致仕月給俸錢及冬春二時服天福中卒有武庫集五十卷行于世

鄭雲叟本名遨雲叟其字也以唐明宗廟諱故世傳其字焉本南燕人也少好學敏介不屈唐昭宗朝嘗應進士舉不第因欲攜妻子隱于林壑其妻非之不肯行雲叟乃薄遊諸郡獲數百緡以贈其家辭訣而去尋入少室山著擬峰詩三十六章以導其趣人多傳之後妻以書達意勸其還家雲叟未嘗一覽悉投于火其絕累如此俄聞西嶽有五粒松淪脂千年能去三尸因居于華陰與李道殷羅隱之友善時人目爲三高士道殷有釣魚之術鈎而不餌又能化易金石無所不至雲叟恒目覩其事信而不求雲叟與梁室權臣李振善振欲祿之拒而不諾及振南遷雲叟千里徒步以省之識者高焉後妻兒繼謝每聞凶服一哭而止時惟青衿二童子一琴一鶴從其遊處好棊塞之戲遇同侶則以晝繼夜雖寒風大雪臨簷對局手足皸裂亦無倦焉唐天成中召拜左拾遺不起與羅隱之朝夕遊處隱之以藥術取利雲叟以山田自給俱好酒能詩善長嘯有大瓢云可辟寒暑置酒于其中經時味不壞日攜就花木水石之間一酌一詠嘗因酒酣聯句鄭曰一壺天上有名物兩箇世間無事人羅曰醉却隱之雲叟外不知何處是天眞高祖即位聞其名遣使賫書致禮徵爲右諫議大夫雲叟稱疾不起上表陳謝高祖覽表嘉之賜近臣傳觀尋賜號逍遥先生以諫議大夫致仕月給俸祿雲叟好酒嘗爲詠酒詩千二百言海內好名者書于縑緗以爲贈貺復有越千里之外使畫工潛寫其形容列爲屏障者焉其爲時望所重也如此天福末以壽終時年七十四有文集二十卷行于世

史臣曰自古攀龍鱗附鳳翼坐達于雲衢者豈獨豐沛之士哉苟懷才抱器適會興王亦可以取貴于一時如盧質而下數君子是也至于國珍之讜直仁愿之友悌趙李二子沒于王事皆無忝于士林矣唯玉羽之貞退雲叟之肥遯足可以柅奔競之風激高尚之節也

舊五代史卷九十三攷證

晉列傳八盧質傳判太僕卿事　案歐陽史作判太常卿事

李專美傳曾祖隨光祿卿　案新唐書宰相世系表作隨秘書監

除尚書庫部郎中　案歐陽史作比部郎中

崔梲傳曾祖元受舉進士直史館　案新唐書世系表元受直史館高陵尉

兄檜　檜新唐書世系表作楡

薛融傳年六十餘　案歐陽史作年六十

卯雲叟傳本南燕人也（案歐陽史作滑州白馬人）尋入少室山（案歐陽史作入少室爲道士）

舊五代史卷九十四

宋門下侍郎參知政事監修國史薛居正等撰

晋書第二十

列傳九

萇從簡，陳州人也，世以屠羊爲業，力敵數人，善用槊。初事後唐莊宗爲小校，每遇攻城，召人爲梯頭，從簡多應募焉。莊宗爲其勇，擢領帳前親衛兼步軍都指揮使。一日，莊宗領大軍與梁軍對陣，登高邱而坐，敵人有執大幟揚其武者，莊宗指之謂左右曰：「猛士也。」從簡曰：「臣爲大王取之。」莊宗慮其不捷，不許，從簡退，乃潛領十數騎挺身而入，奪幟以歸，萬衆鼓譟，莊宗壯之，錫賚甚厚。又嘗中箭而鏃入于骨，使醫工出之，以刃鑿骨，恐其痛也，良久未能摇動，從簡嗔目謂曰：「何不沈鑿泊出之！」左右無不惻然，從簡顔色自若。其勇壯皆此類也。從簡所爲多不法，莊宗以其戰鬭多捷，常屈法赦之，賜姓名曰紹瓌。後加竭誠匡國功臣，累官至金紫光祿大夫、檢校太保、景州刺史，歷洛州團練使。及梁平，典蔡州。同光四年，授許州節度使，會莊宗晏駕，未及赴鎮而止。明宗登極，例復本姓，歷麟、汝、汾、金四州刺史。（北夢瑣言云：明宗尤惡貪貨，面戒汝州刺史萇從簡，爲其貪暴。）應順初，舉軍伐鳳翔，從簡亦預其行，會軍變，乃東還，道遇張延蘊，爲延蘊所執，送于末帝。末帝數之曰：「人皆歸我，爾何背我而去也？」從簡曰：「事主不敢二心，今日死生惟命。」末帝釋之。清泰二年，授潁州團練使。高祖舉義，末帝將議親征，詔赴闕，充副招討使，隨駕至孟津，除河陽節度使。及趙延壽軍敗，斷浮橋，歸洛，留從簡守河陽。高祖自北而至，從簡察軍情離散，遂渡河迎謁。高祖天福元年十二月，授許州節度使，改賜推忠佐運保國功臣。二年秋，移鎮徐州。三年，加開府儀同三司、檢校太尉，進封開國公，食邑至一千五百戶。受代歸闕，授左金吾衛上將軍。從簡性忌刻而多疑，歷州鎮凡十餘所，在暨𤥨于公署，從通人行，左右稍違，足而忤，即加鞭笞，或至殺害，其意不可測，吏人皆側行，其煩苛暴虐，爲武臣之最。六年秋，隨駕幸鄴都，遇疾，請告，尋卒于鄉里，年六十五。贈太傅。

潘環，字楚奇，洛陽人也。父景厚，以環貴，授左監門上將軍致仕。環少以負販爲業，始事梁邢州節度使閻寶爲帳中親校。及莊宗定魏博，移兵攻邢，寶遣環間道馳奏于梁，梁末帝用爲左堅鋭夾馬都虞候，累遷左雄威指揮使。時梁人與莊宗對壘于河上，環每預戰，先登陷敵，金瘡徧體。（玉堂閒話云：潘環常中流矢于面，骨銜其鏃，故負重傷，醫療至經年，其鏃自出，其瘡成漏，終身不痊。）莊宗知其名，及平梁，命典禁軍。同光中，從明宗北禦契丹。鄴軍之亂，從明宗入洛。天成初，授棣州刺史。會定州王都反，朝廷攻之，以環爲行營右廂步軍都指揮使。賊平，改易州刺史、北面沿邊都部署，後移刺慶州。受代歸闕，明宗召對，顧侍臣曰：「此人勇敢，少能偕者。」尋除宿州團練使。清泰中，移耀州。天福中，預平范延光，授齊州防禦使。四年，升金州爲節鎮，以環爲節度使。久之，入爲左神武統軍。開運初，契丹入寇，王師北征，以環爲北面行營步軍左廂排陣使，預破契丹于陽城。軍迴，授潭州節度使，累官至檢校太傅。三年，罷鎮歸闕，俄受詔洛京巡檢。其年冬，契丹入汴，署劉晞爲西京留守，環乞罷巡警，閒居洛陽。遇河陽軍亂，晞出奔，未幾，蕃將高牟翰以兵援晞入于洛，慮環有變，乃害之，盡取其家財。（通鑑云：晞疑環構其衆逐己，使牟翰殺之。）漢高祖至京，贈太尉。環歷六部兩鎮，所至以聚斂爲務。在宿州時，有牙將因微過見怒，環紿言笞之。牙校因託一尼嘗爇于環者，獻白金兩鋌，尼詣環白：「牙校餉鐵腳兩枚，求免其責。」環曰：「鐵本幾腳？」尼曰：「三腳。」環復曰：「今兩腳能成鐵乎？」尼則以三數致之。當時號環爲潘鐵腳。

方太，字伯宗，青州千乘人也。少隸本軍爲小校，嘗戍登州，劫海客，事洩，刺史淳于晏匿之，遇赦免。事定州節度使楊光遠，光遠領兵赴晉陽，本州軍亂，太與馬萬、盧順密等擒之，使太縛送至闕。尋從杜重威破張從賓于汜水，以功除趙州刺史。從楊光遠平范延光于鄴，移刺萊州，遷安州防禦使。從少帝幸澶州，與契丹戰于戚城，中數創，改鳳州防禦使，行至中途，還河陽留後，移邢州留後。契丹入汴，命遥領洋州節度使，充洛京巡檢，與前洛州團練使李瓊俱至鄭州，其屯駐兵士迫請太在城巡檢，以備外盜，號爲鄭王。時有嵩山賊帥張遇，領衆萬餘，于僧衆得梁朝故嗣密王朱乙，遂推爲天子，取嵩山神冠冕之服以衣之。張遇以其衆攻鄭州，太與李瓊擊之，賊衆敗走，瓊中流矢而死。太乃括率郡中財物以賞軍士，因誘之欲同西去，其衆不從，太乃潛奔于洛陽。（通鑑云：戍兵既失太，反譖太于契丹，云脅我爲亂。太遣子師朗自訴于契丹，契丹殺之。）及劉晞南走許州，太殺晞牙校李暉，入河南府行留守事。既而嵩山賊帥張遇殺嗣密王，傳首于太，懸于洛市。又有伊闕賊帥自稱天子，領衆萬餘，將入洛城，集郊壇之上，太率兵數百人逆擊破之，賊衆遂潰。（通鑑攷異引實錄方太傳云：劉晞走許，田復有潁陽妖巫姓朱，號嗣密王，誓衆于洛南天壇，號萬餘人。太帥部曲與朝士輩盧張旗幟，一舉而逐之，洛師遂安。）河陽武行德遣使召太，詐言欲推之爲帥，尋爲行德所害。

何建，其先回鶻人，代居雲朔間。祖慶，父懷福，俱事後唐武皇爲小校。建少以謹厚隸于高祖帳下，以掌廄爲役。及即位，累典禁軍，（九國志云：重建初事晉祖，爲奉德馬軍都指揮使。）遥領驩啀二郡。天福中，自曹州刺史遷延州兵馬留後，尋正授旄鉞。（九國志云：延州節度使丁審琪殘暴貪冒，蕃部苦之。重建以所部兵攻其城，審琪遁去，晉祖即以重建權節度兵馬留後，下車諭以威福，邊民安堵，就加彰武軍節度使。）數年之間，歷涇、鄜、貝、澶、孟五鎮節度使，（九國志云：皆以廉儉簡易稱。）累官至檢校太傅。開運三年，移鎮秦州。是冬，契丹入汴，其主遣人齎詔以賜建，建憤然謂將吏曰：「吾事石氏二主，累擁戎旗，人臣之榮亦已極矣，今日不能率兵赴難，豈可受制于契丹乎！」即遣使齎表，與其地送款于蜀，孟昶待之甚厚，僞加同平章事，依前秦州節度使。（九國志云：時固鎮與鳳州未平，重建悉經略討平之。）歲餘，移閬州保寧軍節度使。（九國志云：祀大舉兵北伐，遣張虔釗出大散關，以重建爲招討使，由隴州路以進，師無功而還。）加僞官至中書令，後卒于蜀。

張廷蘊，字德樞，開封襄邑人也。祖立，贈驍衞將軍。父及，贈光祿大夫。廷蘊少勇捷，始隸宣武軍爲伍長。唐天福中，奔太原，武皇收于帳下爲小校。及莊宗救上黨，戰柏鄉，攻薊門，下邢、魏，皆從之。後戰于莘縣及胡柳陂，繼爲流矢所中，金瘡之痕盈于面首，莊宗寵之，統御營黃甲軍，常在左右，累加檢校兵部尚書、帳前步軍都虞候，充諸軍濠寨使。同光初，從明宗收汶陽，加檢校尚書右僕射，充魏博三城巡檢使。時皇后劉氏在鄴，每縱其下擾人，廷蘊多斬之，聞者壯焉。梁平，承詔入覲，改帳前都指揮使，兼左右羽林都虞候。會潞州李繼韜故將楊立嬰城叛，詔遣明宗爲招討使，元行欽爲都部署，廷蘊爲前鋒。軍至上黨，日已暝矣，憩軍方定，廷蘊首率勁兵百餘輩，踰塹坎城而上，守陴者不能禦，尋斬關延諸軍入焉。明宗、行欽達明而始至，其城已下，明宗甚慊之。軍還，改左右羽林都指揮使，加檢校司空，行申州刺史。同光末，從皇子魏王繼岌伐蜀，授行營中軍都指揮使。蜀平，明宗嗣位，遷懷州刺史，賜竭忠建策興復功臣，加檢校司徒。旋移金州防禦使，加檢校太保，繼授潁州團練使、沿淮招安使。應順中，轉隴州防禦使。清泰中，進封清河郡公。高祖即位，入爲右龍武統軍，遷絳州防禦使。少帝嗣位，領左軍衛上將軍，加特進。開運三年冬，以老病求歸于宋城，明年，卒于家，時年六十九。廷蘊所識不過數字，而性重文士，下汝陽日，首獲鄆帥戴思遠判官趙鳳，訊之曰：「爾狀貌必儒人也，勿隱其情。」鳳具言之，尋引薦于明宗，明宗令送赴行臺，尋除鳳翰林學士。及鳳入相，頗與廷蘊相洽，數言于近臣安重誨，重誨亦以廷蘊苦戰出于諸將之右，力保薦之。明宗以廷蘊取潞之日不能讓功于己，故恒蓄宿忿，至使廷蘊位竟不至方鎮，亦命矣夫！廷蘊歷七郡，家無餘積，年老耋期，終于牖下，良可嘉也。長子光被，歷通事舍人。

郭延魯，字德輿，沁州綿上人也。父饒，後唐武皇時以軍功嘗爲本郡守，凡九年，有遺愛焉。延魯少有勇，善用槊，莊宗以舊將之子，擢爲保衛軍使，頻戍塞下，捍契丹有功。及即位，賜協謀定亂功臣，加檢校兵部尚書、右神武都指揮、都知兵馬使。天成中，汴州朱守殷叛，延魯從車駕東幸，至其地，坎壘先登，守殷平，以功授汴州步軍都指揮使，加檢校尚書左僕射。長興中，累加檢校司徒，歷天雄軍、北京馬步軍都校，遥領梧州刺史。清泰中，遷復州刺史，正倖之外，未嘗斂貨，庶事就理，一郡賴焉。秩滿，百姓上章舉留，朝廷嘉之。高祖即位，遷單州刺史，加檢校太保，賜輸誠奉義忠烈功臣。到任踰月，以疾卒于理所，時年四十七。詔贈太傅。

郭金海，本突厥之族。少侍昭義節度使李嗣昭，常從征伐。金海好酒，所爲不法，自潞州過山東，入邢洺界爲刼盜，嗣昭雖知之，然惜其拳勇，每優容之。天祐中，累職至昭義親騎指揮使。同光二年，遷本道馬軍都指揮使。天成初，入爲捧聖指揮使。長興三年，改護聖都虞候。天福二年，從王師討范延光于魏州，以功轉本軍都指揮使，領黃州刺史。高祖幸鄴，宣金海領部兵巡檢東京。其年十一月，安從進謀犯闕，金海爲襄州道行營先鋒都指揮使，與李建崇等同于唐州湖陽遇從進軍萬餘人，金海以一旅之衆突擊，大敗之。策勳，授檢校太保、商州刺史，俄移慶州。秩滿歸闕，途中遇疾而卒，年六十一。（洛陽搢紳舊聞記：從進與金海相遇于花山，金海蕃將，善用槍，時罕與敵，拳勇過人，喜戰鬬，欲立奇功。兩陣相去數里，從進素管騎兵，金海久在麾下，從進亦待之素厚，乃躍馬引數百騎乘高去金海陣數百步，厲聲呼郭金海，金海獨騎馬出于陣數十步，免冑側身，高聲自稱曰金海。從進又前行數十步，勞之曰：金海安否？我素待爾厚，畧不知恩今日敢來共我相殺金海應聲荅曰官家好看大王負大王甚事大王今日反金海舊事大王乞與大王一箭地大王同去若不去要取金海槍言訖援槍鞭馬疾馳遶其陣從進擢躍馬而進師遂相接大爲金海焦擢勳權敗奏到晉祖大喜賞賜有差從進自此喪氣嬰城自固王師爲連城重塹以守之月餘王師攻城城上矢下如雨王師被傷者衆是日金海爲飛矢集身扶傷歸營明日從進用計汙金海欲使朝廷疑之以金瓶貯酒金合盛藥以索懸之城上呼郭金海金海知之力疾扶創而往城上勞金海曰大王知爾中箭創甚賜爾金瓶金合酒與風藥金海目不知書惟利是貪取瓶與合歸營且不聞于元戎元戎等疑之乃馳騎奏晉祖以花山之功不加罪城下就除金州團練併其兵于他部金海之任居常悒悒不樂至于捐館

劉處讓字德謙滄州人也祖信累贈太子少保父諭累贈太子少師梁貞明初張萬進帥兗州處讓事之爲親校萬進據城叛梁遣大將劉鄩討之時唐莊宗屯軍于麻口渡萬進密遣處讓乞師于莊宗莊宗未即應之乃于軍門截耳曰主帥急難使我告援苟不得請死亦何避莊宗義之將舉兵渡河俄聞城陷乃止因以墨制授處讓行臺左驍衛將軍俄改客省副使梁平加檢校兵部尚書累將命稱旨天成初轉檢校尚書右僕射依前充職歲餘遷引進使長興三年轉檢校司空左威衛大將軍其職如故四年西川孟知祥跋扈不通朝貢朝廷方議懷柔乃遣處讓爲官告國信使復命轉檢校司徒應順初授忻州刺史檢校太保充西北面都部署使備北寇也淸泰二年入爲左驍衛大將軍三年夏魏博屯將張令昭逐其帥以城叛朝廷命范延光領兵討之以處讓爲河北都轉運使及高祖舉義于太原處讓從至洛陽乃授宣徽北院使天福二年轉左監門衛上將軍充宣徽南院使范延光之據鄴也高祖命宣武軍節度使楊光遠領兵討之時處讓奉詔與光遠同參議軍政會張從賓作亂于河陽處讓自黎陽分兵討襲從賓平復與楊光遠同攻鄴城四年冬范延光將謀納款尙或遲留處讓首入其城以禍福諭之延光乃降以功加檢校太傅先是桑維翰李崧兼充樞密使處讓以莊宗已來樞密使罕有宰臣兼者因盟心以覬其位及楊光遠討伐鄴城軍機大事高祖每命處讓宣達時光遠恃軍權多有越體論奏高祖依違而已光遠慊之頗與處讓宴語及之處讓訴曰非聖旨也皆出維翰等意及楊光遠入朝遂于高祖前面言執政之失高祖知其故不得已乃罷維翰等以處讓爲樞密使時處讓每有敷奏高祖多不稱旨會處讓丁繼母憂高祖因議罷樞密使其本院庶事並委宰臣分判處讓居喪期年起復授彰德軍節度使澶衞等州觀察處置等使處讓勤于公務孜孜求理馭吏民不至苛察人甚便之高祖幸鄴都處讓竭家財貢奉至于薪炭芻沐之細悉供億焉六年除右金吾衛上將軍處讓自以嘗經重任又歷方鎭謂其入朝必重要職一旦除授金吾有所不足少帝即位之初處讓與宰臣言有協翼之論覃恩之際又未擢用一日至中書宰臣馮道趙瑩李崧和凝在列處讓因酒酣歷詆諸相道笑而不荅月餘稱病八年從駕歸汴寄居于封禪寺遇疾而卒年六十三贈太尉再贈太師子保勳仕皇朝位至省郎

李瓊字隱光滄州饒安人也少籍本軍爲騎士莊宗平河朔隸明宗麾下漸升爲小校同光二年明宗受詔以本部兵送糧入薊門時高祖從行至涿州與敵相遇高祖陷于圍中瓊顧諸軍已退遂率高祖鐵衣指東而遁至劉李河爲敵所襲瓊浮水先至南岸高祖至河中馬倒順流而下瓊以所執長矛授高祖出之又以所跨馬奉高祖瓊徒步護之奔十餘里乃入涿州高祖薦于明宗明宗賞之尋超授軍職同光末明宗討趙在禮于鄴鄴軍既變明宗退至魏縣遣高祖以騎士三百疾趨汴州時莊宗遣騎將西方鄴守其城高祖憂之使瓊以勁兵突封邱門而入高祖踵之鄴尋歸命浚郊遂定及高祖領陝州奏補雲騎指揮使俄改侍衛牙隊指揮使長興中從高祖討東川至劍州使瓊以部下兵破賊軍數千身中重創軍還改龍武指揮使淸泰中屯雲州累擒獲契丹人馬以功改右捧聖軍指揮使唐末帝以瓊元事高祖乃自塞下移授單州馬步軍副指揮使高祖即位補護聖都指揮使又念疇昔報馬導護之力前後所賜金帛甚厚但未升爵位瓊亦鬱鬱然久之領橫州刺史五年出典申州徵有政聲少帝嗣位入爲殿前散員都指揮使遥領雷州俄遷棣州刺史遇楊光遠以靑州叛自統本部兵攻其城且以書誘瓊瓊因拒之以書上進朝廷嘉之開運二年改洺州團練使累官至加檢校司空三年授護聖右廂都指揮使領岳州團練使時洺州吏民列狀保留朝廷不允及杜重威降敵改授瓊威州刺史行及鄭州遇羣盜攻郡與方太禦賊中流矢而卒年六十五

高漢筠字時英齊州歷山人也曾祖諱嘗爲是邑令故家焉漢筠少好書傳嘗詣長白山講肄會唐末齊魯交兵梁氏方霸乃擲筆謁焉尋納于軍門未幾出爲衞州牙校唐天祐中莊宗入魏分兵論其屬郡時漢筠以利病說衞之牧守俾送款于莊宗以漢筠爲功尋移洺州都校其後改常山爲北京以漢筠爲皇城使加檢校兵部尙書左驍衛將軍同正明宗即位除成德軍節度副使俄以荆門用軍促詔漢筠移倅襄州權知軍州事長興中歷曹亳二州刺史秩滿加檢校司徒行左金吾衞大將軍淸泰末高祖建義于河東唐末帝遣晉昌節度使張敬達率師圍太原委漢筠巡撫其郡及敬達遇害節度副使田承肇率部兵攻漢筠于府署漢筠乃啓關延承肇謂曰僕與子俱承朝寄而相迫何甚承肇曰我欲扶公爲節度使漢筠曰老夫耄矣不敢首爲亂階死生繫子籌之承肇目左右令前諸軍投刃于地曰高金吾累朝宿德不可枉殺承肇以衆意難拒遂謝云與公戲耳漢筠促騎以還高祖入洛飛詔徵之遇諸途乃入覲尋遷左驍衞大將軍內客省使天福三年正月遘疾終東京之私第時年六十六漢筠性寬厚儀容偉如也雖歷戎職未嘗有非法之言出于口吻多慕士大夫所爲復以淸白自負在襄陽有孽吏常課外獻白金二千鎰漢筠曰非多納楚楚則刻削閭閻吾有正俸此何用焉因戒其主者不復然其白金皆以狀上進有詔嘉之及莅濟陰部民安之四邑飯僧凡有萬八千人在亳州三年歲以己俸百千代納逋租斯亦近代之良二千石也長子貞文仕皇朝爲開封少尹卒

孫彥韜字德光汴州浚儀人也少以勇力應募從軍梁祖之兼領四鎭擢彥韜于行間歷諸軍偏校及唐莊宗與梁軍對壘于河上彥韜知梁運將季乃間行渡河北歸莊宗莊宗嘉而納之授親從右廂指揮使及莊宗平梁出爲晉州長步都校加檢校兵部尙書天成初遷絳州刺史檢校尙書左僕射至郡踰年以政課見稱就加檢校司空長興淸泰中歷密沂濮三州刺史累官至檢校太保賜竭忠建策興復功臣高祖即位復授密州刺史尋卒于任年六十四彥韜出于軍旅植性和厚理絳州日甚著綏懷之譽故有賞典旌焉在濮陽屬淸泰末羣寇入郡郡人大擾彥韜率帳下百人一呼破之人皆感之但不能守廉養正以終令譽長興中罷密州赴闕苞苴甚厚起甲第于洛陽踰月而成華堂廣廡亞王公之家見者嗤之故淹翔五郡位不及廉察抑有由也

王傳拯吳江人也父綰僞虔州節度使傳拯初事楊溥爲黑雲右廂都指揮使領本軍戍海州唐長興元年傳拯殺海州刺史陳宣焚州城以所部兵五千人來歸明宗喜而納之授金紫光祿大夫檢校司徒曹州刺史尋移濮州淸泰中遷貝州防禦使秩滿有代會范延光叛以兵要傳拯入魏城疑而不用延光降高祖授傳拯諸衞將軍出爲寧州刺史境接蕃部以前弊政滋章民甚苦之傳拯自下車除去弊政數十件百姓便之不數月移刺虢州離寧州日衙門聚數千人折橋遮道以留之及赴虢治理淸淨蒸民愛戴如寧州焉開運中歷武州刺史受代歸洛遇疾卒傳拯家本多財尤好賓客及歷數郡不事生產將卽世甚貧匱物論惜之

祕瓊鎭州平山人也父遇以善射歷本軍偏校累官至慶州刺史瓊亦有勇淸泰中董溫琪爲鎭州節度使擢瓊爲衙內指揮倚以腹心及溫琪陷蕃瓊乃害溫琪之家戮其尸都以一坎瘞之溫琪在任貪暴積鏹巨萬瓊悉輦之以藏其家遂自稱留後高祖卽位遣安重榮代之授瓊齊州防禦使時重榮與蕃帥趙思溫同行部曲甚衆瓊不敢拒命尋橐其奇貨由鄴中以赴任先是鄴帥范延光將謀叛遣牙將范鄴持書搆瓊瓊領書不答使者還具達其事延光深忿之及聞瓊過其境密使精騎殺瓊于夏津以滅其口一行金寶侍伎皆爲延光所有由是延光異志益露焉

李彥珣邢州人也少爲郡之牙吏唐天祐中明宗鎭其地彥珣素無檢節因洽于左右明宗卽位以爲通事舍人嘗遣使東川行至其境其傔從爲董璋所收彥珣竄還以失敬故也朝廷攻璋詔授行營步軍都監彥珣素不孝于父母在鄉絕其供饋同列惡其鄙惡旋出爲外任淸泰中遷河陽行軍司馬遇張從賓爲亂因朋助之從賓敗奔于魏州范延光旣叛署爲步軍都監委以守陴招討使楊光遠以彥珣見用欲撓延光而誘彥珣乃遣人就邢臺訪得其母令于城下以招之彥珣識其母發矢以斃之見者傷之及隨延光出降授坊州刺史近臣以彥珣之惡逆奏于高祖高祖曰赦命已行不可改也遂令赴郡後不知其所終焉歐陽史云彥珣後以坐贓誅

史臣曰昔從簡從莊宗戰于河上可謂勇矣及其爲末帝守于孟津豈得爲忠乎忠旣無聞勇何足貴潘環方太雖咸負雄幹而俱歿亂世蓋方畧不足以衞其身故也何建擧秦隴之封附巴邛之俗守方之寄其若是乎其餘皆僭珪析爵之流也亦可以垂名于是矣祕瓊旣覆董氏之族旋爲鄴帥所屠何報應之速也惟彥珣忍射其親殆非人類晉祖宥之不戮蓋失刑之甚也

舊五代史卷九十四攷證

晉列傳九萇從簡傳贈太傅　案歐陽史作贈太師

何建傳　何建九國志作何重建

方太傳及劉晞南走許州　劉晞通鑑攷異作劉禧

張廷蘊傳會潞州李繼韜故將楊立嬰城叛詔遣明宗爲招討使元行欽爲部部署廷蘊爲前鋒 案歐陽史云李繼韜叛于潞州莊宗遣明宗爲招討使元行欽爲部署廷蘊爲馬步軍都指揮使將兵爲前鋒吳縝纂誤據梁本紀及元行欽李繼韜傳云並無明宗元行欽張廷蘊攻潞州之事今攷是書本言廷蘊平潞州楊立之叛歐陽史以爲平李繼韜殊誤通鑑從是書

舊五代史卷九十五

宋門下侍郎參知政事監修國史薛居正等撰

晉書第二十一

列傳十

皇甫遇常山人也父武流寓太原嘗爲遮虜軍使遇少好勇及壯虬髯善騎射唐明宗在藩時隸于麾下累從戰有功明宗即位遷龍武都指揮使遙領嚴州刺史出討東川爲行營左軍都指揮使應順清泰中累歷團練防禦使尋遷鄧州節度使所至苛暴以誅斂爲務其幕客多私去以避其累高祖入洛移領中山俄聞與鎭州安重榮爲婚家乃移鎭上黨又改平陽咸以憸人執事政事聚斂及鎭河陽部內創別業開畎水泉以通溉灌所經墳墓悉毀之部民以朝廷方姑息郡帥莫之敢訴少帝即位罷歸闕下二年契丹南寇從至澶州戰于鄆州北津契丹衆大敗溺死者數千人以功拜滑州節度使三年契丹率衆屯邯鄲遇與安審琦慕容彥超等禦之遇將渡漳河契丹前鋒大至遇引退轉鬬二十里至鄴南榆林遇謂審琦等曰彼衆我寡走無生路不如血戰遂自辰及未戰百餘合所傷甚衆遇所乘馬中鏑而斃遇有紀綱杜知敏以馬授遇遇得馬復戰久之稍解杜知敏已爲所獲遇謂彥超曰知敏蒼黃之中以馬授我義也安可使陷于賊中遂與彥超躍馬取知敏而還敵騎壯之俄而生軍復合遇不能解時審琦已至安陽河謂首將張從恩曰皇甫遇等未至必爲敵騎所圍若不急救則成擒矣從恩曰敵甚盛無以枝梧將軍獨往何益審琦曰成敗命也設若不濟則與之俱死假令失此二將將何面目以見天子遂率鐵騎北渡赴之契丹見塵起謂救軍併至乃引去遇與彥超中數創得還時諸軍嘆曰此三人皆猛將也遇累官至檢校太師同中書門下平章事四年契丹復至從杜重威營滹水重威送款于契丹遇不預其議及降心不平之時契丹欲遣遇先入汴遇辭之因私謂人曰我身荷國恩位兼將相既不能死于軍陣何顏以見舊主更受命圖之所不忍也明日行至趙郡泊其縣舍顧從者曰我已信宿不食疾甚矣主辱臣死無復南行因絕吭而殞遠近聞而義之漢高祖登極詔贈中書令周廣順三年正月遇妻宋國夫人霍氏上言請度爲尼周太祖許之仍賜紫衣號貞範大師法名惠圓又賜夏臘十

王清字去瑕洺州曲周人也父度世爲農清少以勇力端厚稱于鄉里後唐明宗領行臺置步直軍清預其募漸升爲小校同光初從戰于河上有功賜忠烈功臣明宗即位自天成至清泰末歷嚴衞寧衞指揮使加檢校右散騎常侍天福元年高祖建義入洛加檢校刑部尚書改賜匡蹕忠孝功臣三年從楊光遠平范延光于鄴改奉國軍都虞候六年襄州安從進叛從高行周討之踰年不下一日清請先登諸軍繼其後會有內應者遂拔其城清以中重創有詔褒慰七年改賜推忠保運功臣加金紫光祿大夫領溪州刺史八年詔遣以所部兵屯于鄴九年春契丹南牧圍其城清與張從恩守之少帝飛蠟詔勉諭錫之第宅契丹退以干城功繼遷軍額開運二年春三月從杜重威北征解陽城之圍加檢校司徒是歲秋七月詔遣與皇甫遇援糧入易州十一月從杜重威收瀛州聞契丹大至重威率諸軍沿滹水而西將保常山及至中渡橋契丹已屯于北岸自其月二十七日至十二月五日軍不能解時契丹至留騎之精者以禦我分其弱者自故靈都城緣其山足涉滹沱之淺處引衆而南至趙郡凡百餘里斷我飛輓且扼歸路清知勢蹙謂重威曰軍去常山五百里守株于此營孤食盡將若之何請以步兵二千爲前鋒奪橋開路公可率諸軍繼之期入常山必濟矣重威可之遣宋彥筠俱行清一擊獲其橋契丹爲之小卻重威猶豫不進密已貳于國矣彥筠退走清列陣北岸嚴戒部曲日暮酣戰不息契丹以生軍繼至我軍無寸刃以益之清與其下歿焉時年五十三 通鑑清謂其衆曰上將握兵坐觀吾輩困急而不救此必有異志吾輩當以死報國耳衆感其言莫有退者至暮戰不息契丹以新兵繼之清及衆士盡死由是諸軍皆奪氣 契丹尋于所戰之地築一京觀及漢高祖即位使人平之贈清太傅是歲清子守鈞于本邑義化別業招魂以葬之也

梁漢璋字國寶應州人也少以勇力事唐明宗歷突騎奉德指揮使高祖即位之二年遙領欽州刺史三年加檢校司空改護聖都指揮使七年遷檢校司徒遙領闐州團練使八年授陳州防禦使從少帝澶州還改檢校太保鄭州防禦使充侍衞馬軍都指揮使旋除永清軍兵馬留後俄正授節制是歲詔領千騎戍冀州尋以杜重威北討詔以漢璋充北面馬軍都排陣使遣收淤口關與契丹騎五千相遇于浮陽之北界苦戰竟日以衆寡不侔爲流矢所中歿于陣即是歲十一月也時年四十九漢璋熟于戎馬累有軍功及爲藩郡所至好聚斂無善政可紀及鎭甘陵甚有平契丹之志但以所領偏師驟逢勍敵故有是衂焉是月其子海榮進漢璋所乘鞭馬及器仗帝傷之乃贈太尉漢璋有弟漢瑭亦以善用稱有名于時天成中爲魏府効節軍使攻定州王都漢瑭督所部一軍首入其城獲王都及蕃將托諾名馬數駟時范延光鎭常山欲其驍者漢瑭不諾後漢瑭屯兵趙郡因事奏而殺之時人冤之

白奉進字德昇雲州清塞軍人也父曰達子世居朔野以弋獵爲事奉進少善騎射後唐武皇鎭太原奉進謁于軍門以求自効武皇納于麾下莊宗之破夾寨也奉進挺身首犯賊鋒莊宗覩而壯之後從戰山東河上繼以功遷龍武指揮使同光中魏王繼岌伐蜀擢爲親軍指揮使天成長興中統上軍加檢校右散騎常侍應順中轉捧聖右廂都指揮使檢校刑部尚書賜忠順保義功臣遙領封州刺史清泰中加檢校右僕射唐州刺史治郡踰年甚有政績高祖即位徵赴闕超加檢校司徒充護聖左廂都指揮使遙領歙州刺史始奉進有女嫁于皇子重信故高祖尤所倚愛二年改護聖左右廂都指揮使是歲車駕幸夷門五月領昭信軍節度充侍衞馬軍都指揮使六月范延光據鄴爲亂詔遣率騎軍三千北屯滑臺時符彥饒爲滑州節度使一夕有軍士夜掠居人奉進捕之凡獲五盜三在奉進本軍二在彥饒麾下尋命俱斬之彥饒怒其不先告深銜之明日奉進左右勸奉進面謝奉進然之以從騎數人候彥饒于牙城既入且述其過彥饒曰軍中法令各有部分何得將滑州兵士一例處斬殊無主客之義乎奉進曰軍士抵法寧有彼我今僕以咎自陳而公怒不息莫是與范延光同反耶因拂衣而起彥饒不留其帳下介士大譟擒奉進殺之是日步軍都校馬萬次校盧順密聞奉進遇害率其步衆攻滑之子城執彥饒送于京師戮于班荆館北高祖以奉進倉卒遇禍歎惜久之詔贈太傅

盧順密汶陽人也初事梁將戴思遠爲步校思遠爲鄆州節度使領部兵屯德勝渡留順密守其城順密覩北軍日盛遂遁歸莊宗且言鄆城方虛可以襲而取之莊宗信之尋遣明宗率衆趨鄆果拔之由順密之始謀也莊宗尋以順密列于帳下累遷爲軍校明宗即位歷數郡刺史順密性篤厚臨諸軍撫百姓皆有仁愛之譽及高祖車駕幸夷門范延光據鄴城叛高祖命諸將相次領軍討之順密亦預其行時騎將白奉進屯于滑州尋爲滑帥符彥饒所殺軍衆大亂爭荷戈拔刃噭譟于外時馬萬爲步軍都校不爲遏之 通鑑云馬萬惶惑不知所爲率步兵欲從亂 順密未明其心乃率部曲數百趨謂諸軍及萬曰滑臺去行闕二百里我等家屬在闕下爾輩如此不思血族乎奉進見殺過在彥饒擒送天子必立大功順我者賞之不順我者殺之萬曰善諸軍遂不敢動 通鑑云萬所部兵尚有呼躍者順密殺數人衆莫敢動 乃引軍北攻牙城執彥饒于樓上使裨將方太押送赴闕滑城遂定朝廷即以馬萬爲滑州節度使時飛奏皆以萬爲首故也後數日高祖知功由順密尋以順密爲涇州留後至鎭未幾而卒高祖甚悼之贈驍衞上將軍

周瓌晉陽人也少端厚善書計自高祖時歷鎭藩翰用爲腹心累職至牙門都校凡帑廩出納咸以委瓌經十餘年未嘗以微累見譴高祖甚重之及即位命權判三司事未幾辭曰臣才輕任重懼終不濟苟以避事冒寵獲罪願陛下哀其疲駑優以散秩臣之幸也高祖可之尋命權總河陽三城事數月改授安州節度使臨民有惠御軍甚嚴一境安之先是威和指揮使王暉領部下兵屯于安陸瓌至鎭待之甚厚俄聞范延光叛于魏博張延賓寇于汜水暉以瓌高祖之元臣也幸國朝方危遂害瓌于理所自總州事以爲延光勝則附之敗則渡江而遁斯其計也既而襄陽安從進遣行軍司馬張朏會復州兵于要路以徼之李金全承詔繼至暉遂掠城中財帛士女欲奔江南尋爲其下所殺金全至盡誅其黨高祖聞瓌遇害歎息久之詔贈太傅

沈贇字安時徐州下邳人少有膽氣初事梁太祖爲小校天祐三年補同州左崇勇馬軍指揮使入典衞兵歷龍驤拱宸都指揮使累有戰功及莊宗平梁匿段凝等降不改其職同光三年從魏王繼岌平蜀屬康延孝叛魏王署贇爲一行馬步都虞候領兵從任圜襲擊延孝于漢州擒之以獻未及策勳會明宗登極天成初授檢校司空虢州刺史其後歷壁隨石衞威衍忻趙八州刺史累官至檢校太保賜輸忠宣力功臣開運元年爲祁

州刺史其年冬契丹入寇自恒州迴以羸兵驅牛羊過其城下贇乃出州兵以擊之契丹以精騎劄其門邀之州兵陷賊趙延壽知其無備與蕃賊急攻之仍呼謂贇曰沈使君我故人也擇禍莫若輕早以城降無自辱也贇登城呼曰侍中父子誤計陷于契丹忍以氈幕之衆殘害父母之邦不自羞慙反有德色沈贇寧爲國家死必不效汝所爲也翼日城陷贇自剄而卒家屬爲敵所擄

吳巒字寶川汶陽盧縣人也少好學以經業從鄉試下第唐長興初爲沙彥珣從事累遷大同軍節度判官高祖建號契丹之援太原也彥珣據雲中二三顧望及契丹還塞彥珣出城迎謁尋爲所擄時巒在城中謂其衆曰豈有禮義之人而臣于異姓乎即與雲州將吏闔門拒守契丹大怒攻之半歲不能下高祖致書于契丹乃解圍而去召巒歸闕授徐州節度使再遷右諫議大夫爲復州防禦使數年罷歸初國家以甘陵水陸要衝之地慮契丹南侵乃飛輓芻粟以實其郡爲大軍累年之備王令溫之爲帥也有軍校邵珂者性兇率悖慢令溫因事使人代之不復齒用閒居城中其子殺人以重賂償之其事方解尋爲州吏所恐又悉財以彌其口自是尤蓄怨恨因使無賴者亡入契丹言州有積粟內無勁兵圍而攻之克之必矣及令溫入朝執政者以巒雲中之難有善守之功遂令乘軺而往權知貝州軍州事旣至會大寒軍士無衣者悉衣之平生廉儉囊無資用以至褰帳幕以賜之其推心撫士如此邵珂一見因求自効巒聽而任之巒素爲書生旁無爪牙珂慷慨自陳巒効死左右巒遺督義兵守城之南門天福九年正月契丹大至其一日大譟環其城明日陳攻具于四墉三日契丹主躬率步奚及渤海夷等四面進攻巒衆投薪于夾城中繼以炬火敵之梯衝焚爇殆盡是日敵復合圍郡中丁壯皆登城守陴俄而珂自南門引敵騎同入巒守東門未知其事左右告曰邵珂背矣巒顧城中已亂即驅馬還公館投井而死契丹遂屠其城朝野士庶聞者咸歎惜之

翟璋未詳何許人也好勇多力時目爲大蟲即虎癡之稱也後唐天福初自鄴都馬步軍都指揮使領平州刺史尋改復州防禦使三年三月遷新州威塞軍兩使留後四年五月正授旄節長興元年二月加檢校太保入爲右領軍衛上將軍轉左羽林統軍清泰中復領新州高祖建義剖新州屬契丹時契丹大軍圍遣璋于曾內亂率犒宴之資須及十萬緡山後地貧民不堪命始契丹以軟語撫璋璋謂必得南歸及委璋平叛奚團雲州皆有功故留之不遣璋鬱鬱不得志遇疾不治卒

程福贇未詳何許人也性沈厚有勇力累爲軍校天福七年冬杜重威討鎮州與安重榮大戰于宋城以功遷洺州團練使檢校太保未幾入爲奉國左廂都指揮使九年春少帝將幸澶淵福贇部下有軍士文榮等八人潛謀作亂于本營縱火福贇尋領心腹之士撲滅之福贇亦有所傷福贇性本純厚又以車駕順動祕而不奏同列李殷居福贇下無名欲危福贇以自升遂密陳其事云福贇若不爲亂何得無言少帝至封邱出福贇爲商州刺史尋下獄鞫之福贇終不自明以至見殺人甚冤之

郭璘邢州人也初事後唐明宗漸升爲軍校天福中爲奉國指揮使歷數郡刺史開運中移領易州契丹攻其郡璘率勵士衆同其甘苦敵不能克復以州兵擊賊數獲其利朝廷嘉之就加檢校太保契丹主嘗謂左右曰吾不畏一天下乃爲此人所抑挫重威降契丹使通事耿崇美誘其民衆璘不能制城旣降璘爲崇美所害漢高祖即位詔贈太傅

史臣曰觀前代人臣之事跡多矣若乃世道方泰則席寵恃祿者實繁世運旣屯則効死輸忠者無幾如皇甫遇憤激而殞王清以血戰而亡近世以來幾人而已其或臨難捐軀或守方遇害比夫惑妖蠱以喪其命因醉酎以亡其身者蓋相去之遠矣惟順密遇滑臺之擊亂救晉室之阽危亦可謂之忠矣

舊五代史卷九十五攷證

晉列傳十皇甫遇傳常山眞定人　案歐陽史作常山眞定人

假令失此二將將何面目以見天子　案通鑑作坐失皇甫太師吾屬何顏以見天子胡三省注云皇甫遇未必加官至太師也而安審琦以太師稱之蓋五季之亂官賞無章當時相稱謂不論其品秩就人臣極品而稱之據是書遇累官至檢校太師審琦蓋稱其檢校之官也胡注似未詳攷

梁漢璋傳與契丹騎五千相遇于浮陽之北界苦戰竟日以衆寡不伴爲流矢所中歿于陣　案遼史高模翰傳云晉以魏府節度使杜重威領兵三十萬來拒模翰以麾下三百人逆戰殺其先鋒梁漢璋餘兵敗走與是書異攷通鑑云杜重威等至瀛州聞契丹將高模翰已引兵潛出重威遣梁漢璋將二千騎追之遇契丹于南陽務敗死蓋漢璋以二千騎當敵騎五千衆寡不伴以致敗績遼史恐不足據

周瓌傳瓌遂掠城中財帛士女欲奔江南尋爲其下所殺　案歐陽史作王瓌南走爲從進兵所殺與是書異通鑑作瓌時奔吳部將胡進殺之與是書同

沈贇傳契丹以精騎劄其門邀之州兵陷賊　案歐陽史作斌兵多死通鑑作契丹以精騎奪其城門州兵不得還

吳巒傳即與雲州將吏闔門拒守契丹大怒攻之半歲不能下高祖致書于契丹乃解圍而去　案遼史太宗紀云唐大同軍節度判官吳巒嬰城拒命遣崔廷勳圍其城庚申上親征至城下諭之巒降與是書異通鑑從是書

托諾舊作禿餒今改

舊五代史卷九十六

宋門下侍郎參知政事監修國史薛居正等撰

晉書第二十二

列傳十一

孔崇弼唐僖宗宰相緯之子也仕後唐自吏部郎中授給事中時族兄昭序爲給事中改左常侍兄弟同居門下時論榮之崇弼天福中遷左散騎常侍無他才但能談笑戲玩人物揚眉抵掌取悅于人五年詔令泛海使于杭越先是浙中贈賄每歲恒及萬緡時議者曰孔常侍命奇薄何消盈數有命即無財有財即無命明年使還果海中船壞空手而歸案以下殘闕

陳保極閩中人也好學善屬文後唐天成中擢進士第秦王從榮聞其名辟爲從事從榮素急暴後怒保極不告出遊辛相門以馬箠鞭之尋出爲定州推官從榮敗執政知其屈擢居三署歷禮部倉部員外郎初桑維翰登第之歲保極時在秦王幕下因戲謂同輩曰近知今歲有三箇半人及第蓋其年收四人保極以維翰短陋故謂之半人也天福中維翰旣居相位保極時在曹郎慮除官差跌心不自安乃乞假南遊將謀退跡旣而襄鄧長吏以行止入奏維翰乃奏于高祖曰保極閩人多狡恐逃入淮海即以詔追赴闕將下臺鞫成其事同列李崧極言以解之因令所司就所居鞫之貶爲衞尉寺丞仍奪金紫尋復爲倉部員外郎竟以銜憤而卒保極無時才有傲人之名而性復鄙恡所得利祿未嘗奉身但蔬食而已每與人奕棊敗則以手亂其局蓋拒所賭金錢不欲償也及卒室無妻兒帷囊中貯白金十鋌爲他人所有時甚嗤之

王瑜其先范陽人也父欽祚仕至殿中監出爲義州刺史瑜性兇狡然儁辯驍果騎射刀筆之長亦稱于當代起家累爲從事天福中授左贊善大夫會濮郡秋稼豐衍稅籍不均命乘使車按察大計旣至郡謂校簿吏胡蘊惠鴉曰余食貧久矣室無增貲爲我致意縣宰且求假貸由是濮之部內五邑令長共斂錢五十萬私獻于瑜瑜即以書上奏高祖覽章歎曰廉直清慎有如此者誠良臣也于是二吏五宰即時停黜擢瑜爲太府少卿杜重威之鎮東平也瑜父欽祚爲節度副使及重威移鎮常山瑜乃誂訐于重威使奏已爲恒州節度副使竟代其父位歲餘入爲刑部郎中丙午歲父欽祚刺舉義州瑜歸寧至郡會契丹據有中夏何建以秦州歸蜀瑜說欽祚曰若不西走當是契丹矣厲色數諫其父怒而不從因其臥疾涉旬瑜仗劍而脅之曰老懦無謀欲趨炮烙不即爲計則死于刃下父不得已而聽之時隴東屯兵扼其川路將北趨蕃部假途而因與郡盜會長趙徽歃血爲約以兄事之謂徽曰西至成都余身爲相余父爲將爾當領一大郡能遂行乎徽曰諾瑜慮爲所賣先致其妻孥館于郡中行有期矣徽潛召其黨伺于郊外子夜瑜舉族行而輜重絡繹十有餘里徽之所親循溝澮而遁至馬峽路隅舉燧相應其黨起于伏莽斷欽祚之首貫諸長矛平生聚蓄金幣萬計皆爲賊所掠少長百口殺之殆盡瑜尚獨戰千人矢不虛發手無射捍其指流血及窘乃夜竄山谷落髮爲僧月餘爲樵人所獲縶送岐州爲侯益所殺時年三十九始瑜有姑寡居來歸其家以前夫遺腹有子經數年不產每因事豫告人吉凶無不驗者時契丹入中原前月餘謂瑜曰暴兵將至宜速去之苟不去亂必及矣後瑜果死此謂天作孽猶可違自作孽不可逭也

張繼祚故齊王全義之子也始爲河南府衙內指揮使全義卒除金吾將軍旋授蔡州刺史累官至檢校太保明宗郊天充供頓使復除西衛上將軍唐清泰末丁母憂天福初喪制未闋會張從賓作亂發兵迫脅取赴河

陽令知留守事從賓敗與二子詔戮于市始繼祚與范延光有舊書遣人以馬遺之屬朝廷起兵將討鄴城爲巡兵所獲奏之高祖深忌之及敗宰相桑維翰以父珙早事齊王奏欲雪之高祖不允通鑑史館修撰李濤上言張全義有再造洛邑之功乞免其族遂止誅繼祚妻子遂止罪繼祚一房不累其族

鄭阮洛州人也少爲本部牙將唐莊宗略地山東以阮首歸義旗繼遷軍職阮有子自幼事明宗中門使安重誨重誨以其桀黠愛之及明宗即位擢阮至鳳翔節度副使會末帝鎮其地阮稍狎之末帝嗣位以阮爲趙州刺史而阮性貪濁民間細務皆密察而糺之令納賂以贖罪有屬邑令因科醵拒命密以束素募人陰求其過後竟停其職人甚非之又嘗以郡符取部內凶肆中人隸其籍者遣于青州舁喪至洛郡人憚其遠願輸直百緡以免其行阮本無喪卽受直放還議者曰此非吉兆也未幾改曹州刺史爲政愈獘高祖建義入洛阮自郡來朝旋爲本州指揮使石重立所殺舉族無子遺

胡饒大梁人也少事本鎮連帥爲都吏歷馬步都虞候會唐明宗鎮其地與部將王建立相善明宗卽位建立領常山奏饒爲眞定少尹饒本儉人旣在府幕無士君子之風嘗因事詣郡有平棘令張鵬者獻策請建立于境內每縣所管鄉置鄉直一人令月書縣令出入行止饒乃導而薦焉建立行之彌年詞訟蜂起四郡大擾天成末王都搆亂陰使結建立爲兄弟之國時饒又會薦梁時右庶子張澄爲判官建立亦狎之澄素不知書每座則以陰符鬼谷爲己任建立時密以王都之盟告之澄與饒俱贊成其事會王師圍中山其事遂寢而饒之兇戾如此淸泰初馮道出鎮同州饒時爲副使道以重臣稀于接洽饒忿之每乘酒于牙門詬道道必延入待以酒餚致敬而退道謂左右曰此人爲不善自當有報吾何怒焉饒後閑居河陽天福二年夏會張從賓作亂饒謁于麾下請預其行從賓敗饒以王建立方鎮平盧走投之建立延入城斬之以聞聞者快焉

劉遂淸字得一青州北海人梁開封尹鄩之猶子也父琪以鴻臚卿致仕遂淸少敏惠初仕梁爲保鑾軍使歷內諸司使莊宗入汴不改其職明宗卽位加檢校尚書僕射委以西都監守踰歲以中山王都有不臣之跡除遂淸爲易州刺史俾遏其寇衝旣至郡大有禦侮之略境內賴焉王都平加檢校司空遷棣州刺史天成長興中歷典濮興登三郡咸有善政通鑑潞王祀帝之起鳳翔也召興州刺史劉遂淸遲疑不至閔帝入洛乃悉集三泉西縣金林桑林戍兵以歸自散關以南城鎮悉棄之皆爲蜀人所有入朝帝欲治罪以其能自歸乃赦之高祖卽位之二年授鳳州防禦使加檢校司徒會丁母憂起復授內客省使右監門衛大將軍六年駕幸鄴都轉宣徽北院使兼判三司加檢校太保七年少帝嗣位加右領軍衛上將軍仍賜竭誠翊戴保節功臣八年出領鄭州加檢校太傅開運二年遷安州防禦使未幾上表稱疾詔許就便過至上蔡終于郵舍時三年四月也遂淸性至孝牧淄州日自北海迎其母赴郡母旣及境遂淸奔馳路側控轡行數十里父老觀者如堵當時榮之遂淸素不知書但多計畫判三司日每給百官俸料與判官議曰斯輩非盡有才能多世祿之家宜澄其汚而留其淸者或對曰昔唐朝渾郭顏段每一敍出以一子出身率爲常制且延賞垂裕爲國美譚未有因月給而欲沙汰恐未當也羣論由此減之

房暠京兆長安人也少爲唐宰臣崔魏公家臣後因亂客于蒲州天成中唐末帝出鎮河中暠于路左迎謁求事軍門末帝愛之使治賓客及末帝登極歷南北院宣徽使尋與趙延壽同爲樞密使時薛文遇劉延朗之徒居中用事暠雖處密地其聽用之言十不得三四但隨勢可否不爲事先每朝廷有大事暠與端明學士等環坐會議多于衆中俛首而睡其避事也如此高祖卽位以暠濡足閏朝不專于奪故特恩原之命爲左驍衛大將軍留西京開運元年春卒于洛陽

孟承誨大名人也始爲本府牙校遇高祖臨其地升爲客將後奏爲宗城令秩滿以百姓舉留爲常山藁城令皆有善政高祖有天下擢爲閤門副使累遷宣徽使官至檢校司空太府卿右武衛大將軍及少帝嗣位以植性纖巧善于希旨復與權臣宦官密相表裏凡朝廷恩澤美使必承誨爲之一歲之中數四不已由是居第華敞財帛積累及契丹入汴張彥澤引兵逼宮城少帝召承誨計之承誨匿身不赴少帝旣出宮寓于開封府舍具以承誨背恩之事告彥澤令捕而殺之其妻女並配部族漢高祖卽位詔贈太保

劉繼勳衛州人也唐天成中高祖鎮鄴都繼勳時爲客將高祖愛其端謹籍其名于帳下從歷數鎮及卽位擢爲閤門使出爲淄州刺史遷澶州防禦使俄改鄭州自宣徽北院使拜華州刺史歲餘移鎮同州始少帝與契丹絕好繼勳亦與其謀及契丹主至闕繼勳自鎮來朝契丹責之時馮道在側繼勳事急指道曰少帝在鄴道爲首相與景延廣謀議遂致南北失歡臣位至卑未嘗措言今請問道道細知之契丹主曰此老子不是好鬧人無相牽引皆爾輩爲之繼勳不敢復對繼勳時有疾契丹主因令人候其疾狀云有風痺契丹主曰北方地凉居之此疾可愈乃命鎖繼勳尋解之以疾終于家通鑑契丹主聞趙在禮死乃釋繼勳繼勳憂憤而卒漢高祖入汴贈太尉

鄭受益新唐書宰相世系表字謙光唐宰相餘慶之曾孫也餘慶生澣澣生從讜兩爲太原節度使再登相位從讜兄處誨爲汴州節度使家襲淸儉深有士風中朝禮法以鄭氏爲甲處誨生受益受益亦以文學致身累歷臺閣自尚書郎遷右諫議大夫天福七年夏以張彥澤數爲不道上章請行國典旬日不報又貢表切言訐直無所忌諱攻稱惡之俄而以病請告歸長安高祖晏駕以不赴國哀停任會赦拜京兆少尹宰臣趙瑩出鎮咸秦以受益朝班舊僚眷待甚至屬天下率借金穀乃謂瑩曰京兆戶籍登耗民力虛實某備知之矣品而定之可使平允瑩信之因使與王人同掌其事受益旣經廢棄薄于仕宦遂阿法射利冀爲生生之資又素恃門望陵轢同幕內姧外直羣情無相洽者及贓污事發騰于衆口瑩不得已遂按之其直百萬八年冬賜死于家受益數世公台一朝自棄士君子皆惜之

程遜字浮休壽春人案此下有闕文召入翰林充學士自兵部侍郎承旨授太常卿天福三年秋命使吳越十國春秋云禮部尚書程遜爲加恩使母羸老雙瞽遜未嘗白執政以辭之將行母以手捫其面號泣以送之仲秋之夕陰瞑如晦遜嘗爲詩曰幽室有時聞鴈叫空庭無路見螢光同僚見之訝其詩語稍異及使迴遭風水而溺焉

李郁字文緯唐之宗屬也少歷宗寺官天成長興中累遷爲宗正卿性平允所歷無愛憎毀譽高祖登極授光祿卿一日晝寢夢食巨棗覺而有疾謂其親友曰嘗聞棗字重來呼魂之象也余神氣逼抑將不免乎天福五年夏卒贈太子太保

馬重績字洞微少學數術明太一五紀八象三統大歷居于太原仕晉拜太子右贊善大夫遷司天監天福三年重績上言歷象王者所以正一氣之元宣萬邦之命而古今所記攷審多差宣明氣朔正而星度不驗崇元五星得而歲差一日以宣明之氣朔合崇元之五星二歷相參然後符合自前世諸歷皆起天正十一月爲歲首用太古甲子爲上元積歲愈多差闊愈甚臣輒合二歷創爲新法以唐天寶十四載乙未爲上元雨水正月中氣爲氣首詔下司天監趙仁琦張文皓等攷覈得失仁琦等言明年庚子正月朔用重績歷攷之皆合無舛乃下詔頒行之號調元歷行之數歲輒差遂不用重績又言漏刻之法以中星攷晝夜爲一百刻八刻六十分刻之二十爲一時時以四刻十分爲正此自古所用也今失其傳以午正爲時始下侵未四刻十分而爲午由是晝夜昏曉皆失其正請依古改正從之重績卒年六十四

陳元京兆人也家世爲醫初事河中王重榮乾符中從唐武皇自太原率師攻王行瑜路出于蒲中時元侍湯藥武皇甚重之及還太原日侍左右武皇性剛暴樂殺人無敢言者元深測其情每有暴怒則從容啟諫免禍者不一以是晉人深德之勳貴賂遺盈門性好酒樂施隨得而無私積明宗朝爲太原少尹入爲太府卿長興中集平生所驗方七十五首并修合藥法百件號曰要術刊石置于太原府衙門之左以示于衆病者賴焉天福中以耄期上表求退以光祿卿致仕卒于晉陽年八十餘

史臣曰夫彰善癉惡麟史之爲義也瑜不掩瑕虹玉之爲德也故自崇弼而下善者旣書之其不善者亦書之庶使後之君子見善如不及見惡如探湯也至如重績之歷法陳元之醫道亦不可漏其名而弗紀也

舊五代史卷九十六攷證

晉列傳十一孔崇弼傳　案新唐書世系表作昌弼字佐化是書作崇弼蓋避後唐廟諱改

時族兄昭序　案新唐書世系表作昌序字昭舉是書作昭序疑亦因避諱而改也

程遜傳天福三年秋命使吳越及使回遭風水而溺焉　案通鑑攷異晉實錄天福二年十一月加錢元瓘副元帥國王程遜等爲加恩使四年十月丙午以程遜沒于海廢朝贈官程遜傳云天福三年秋使吳越使回溺死元瓘傳云天福三年封吳越國王蓋二年冬制下遜等以三年至杭州不知溺死在何年而晉朝以四年十月始聞之也

馬重績傳八象三統　三統原本作三紀今從歐陽史改正

宋門下侍郎參知政事監修國史薛居正等撰

晉書第二十三

列傳十二

范延光字子環鄴郡臨漳人也少隸于郡牙唐明宗牧相州收爲親校同光中明宗下鄆州梁兵屯楊劉口以扼之先鋒將康延孝潛使人送款于明宗明宗欲使人達機事于莊宗方難其選延光請行遂以蠟書授之延光既至奏莊宗曰楊劉渡控扼已定未可圖也請築壘馬家口以通汶陽之路莊宗從之復遣歸鄆州俄而梁將王彥章攻馬家口所築新壘明宗恐城中不備又遣間行告莊宗請益兵中夜至河上爲梁兵所獲送夷門下獄榜笞數百威以白刃終不洩其事復爲獄吏所護在獄半年不復理問及莊宗將至汴城獄吏郎去其桎梏拜謝而出之乃見于路側莊宗喜授銀青光祿大夫檢校工部尚書明宗登極擢爲宣徽使與霍彥威平青州王公儼遷檢校司徒明宗之幸夷門也至滎陽聞朱守殷拒命延光曰若不急攻賊堅矣請騎兵五百臣先赴之則人心必駭明宗從其請延光自酉時至夜央馳二百餘里奄至城下與賊交鬭翌日守陴者望見乘輿乃相率開門延光先入與賊巷戰至厚載門盡殲其黨明宗喜之明年遷樞密使權知鎮州軍府事尋正授節旄加檢校太保長興中以安重誨得罪再入爲樞密使加同平章事既而以秦王從榮不軌恐及其禍屢請外任明宗久之方許遂出鎮常山清泰中復詔爲樞密使未幾出爲汴州節度使會魏府屯將張令昭逐其帥劉延皓據城以叛唐末帝命延光討而平之遂授鄴都留守加檢校太師兼中書令門下有術士張生者自云妙通術數當延光微時言將來必爲將相延光既貴酷信其言歷數鎮嘗館于上舍延光謂之曰余夢大蛇自臍入腹半而掣去之是何祥也張生曰蛇者龍也入腹爲帝王之兆明矣延光自是稍萌僭竊之意及高祖建義于太原唐末帝遣延光以本部二萬屯遼州與趙延壽掎角合勢及延壽兵敗延光促還故心不自安高祖入洛尋封臨清王以寬其反側後延光擅殺齊州防禦使祕瓊而聚兵部下復收部內刺史入城高祖甚疑之乃東幸夷門時延光有牙校孫鋭者與延光有鄉曲之舊軍機民政一以委焉故魏博六州之賦無半錢上供符奏之間有不如意者鋭即對延光毀之其凶戾也如此初朝廷遣使封延光爲臨清王因會寮屬延光暴得疾伏枕經旬鋭乃密惑羣小召澶州刺史馮暉等以不臣之謀逼于延光延光亦惑于術者因而聽之天福二年夏六月遣鋭與暉將步騎二萬南抵黎陽（通鑑云延光以馮暉爲都部署以孫鋭爲兵馬都監）時鋭以女妓十餘輩從之擁蓋操扇必歌吹而後食將士煩熱覩之解體尋爲王師所敗賊衆退還鄴城高祖遣楊光遠討之延光知事不濟乃殺孫鋭以歸其罪發人齎表待罪且邀姑息高祖不許及經歲受圍城中飢窘高祖以師老民勞思解其役遣謁者入謂之曰卿既危蹙破在旦夕能返掌轉規改節歸我我當以大藩處之如降而殺之則何以享國明明白日可質是言因賜鐵券改封高平郡王移鎮太平延光謂門人李式曰主上敦信明義言無不踐許以不死則不死矣因撤去守備（通鑑延光猶遷延未決宣徽南院使劉處讓復入諭之延光意乃決）素服請降及赴汶上踰月入覲尋表請罷免高祖再三答諭方允制以延光爲太子太師致仕居闕下期歲高祖每召賜飲宴待之與羣臣無間一日從容上奏願就河陽私邸以便頤養高祖許之延光攜妻子輦奇貨從焉每過郡邑多爲關吏所糺時楊光遠居守洛下兼領孟懷既利其財復漸渴朝廷密旨遂奏云延光國之姦臣若不羈縻必北出塞南入吳請召令西都居止高祖允之光遠使其子承勳以兵環其第逼令自裁延光曰明天子在上賜金書許我不死爾之父子何得脅制如此明旦則以白刃驅之令上馬之浮橋排于水中光遠給奏云延光投河自溺而死本運軍使曹千獲其尸于郡東繆家灘高祖聞之輟朝二日詔許歸葬于鄴仍贈太師延光初爲近臣及領重鎮禮賢接士動皆由禮故甚獲當時之譽洎鎮常山日以部將梁漢塘獲王都名馬入罪而取之在魏州日以齊州防禦使祕瓊獲董溫琪珠金妓妾及經其境復害而奪之物議由是減之及懼罪以謀叛復恐恥以偷生不能引決遂至強死何非夫之甚也

張從賓未詳何許人也始事唐莊宗爲小校從戰有功唐天成中自捧聖指揮使領澄州刺史遷左右羽林都校從藥彥稠討楊彥溫于河中平之長興中領壽州忠正軍節度使加檢校太保侍衛步軍都指揮使從賓素便佞每進言明宗多納之有供奉官丁延徽者性貪狡時奉詔監廩以犯贓下獄權貴多爲救解明宗怒不許從賓因奏他事言及延徽明宗曰非但爾言蘇秦說予亦不得也延徽竟就戮長興末從賓出鎮靈武加檢校太傅高祖即位受代入覲會駕東幸留從賓警巡洛下一日逢留司御史于天津橋從兵百人不分路而過排御史于水中從賓給奏其酒醉其兇傲如此及范延光據鄴城叛詔從賓爲副部署使從楊光遠同討延光會延光使人誘從賓從賓時在河陽乃起兵以應之先害皇子重信及入洛又害皇子重乂取內庫金帛以給部伍因東據汜水關且欲觀望軍勢高祖命杜重威侯益分兵討之從賓大敗乘馬入河溺水而死焉

張延播者汶陽人也始爲鄆之牙將唐同光初明宗下其城因收隸左右天成中累授檢校司空兩河發運營田使柳州刺史長興元年出牧蔡州加檢校司徒入爲左領軍衛大將軍充客省使伐蜀之役命爲馬軍都監三年遷鳳州防禦使西面水陸轉運使高祖即位除東都副留守車駕幸汴遣兼洛京巡檢使張從賓作亂令延播知河南府事從賓敗伏誅

楊光遠小字阿檀及長止名檀唐天成中以明宗改御名爲亶以偏傍字犯之始改名光遠字德明其先沙陀部人也父阿噔啜後改名瑊事唐武皇爲隊長光遠事莊宗爲騎將唐天祐中莊宗遣振武節度使周德威討劉守光于幽州因令光遠隸于德威麾下後與德威拒契丹于新州一軍以深入致敗因傷其臂遂廢罷于家莊宗即位思其戰功命爲幽州馬步軍都指揮使檢校尚書右僕射戍瓦橋關久之明宗朝歷嬀瀛易冀四州刺史光遠雖不識字然有口辯通于吏理在郡有政聲明宗頗重之長興中契丹有中山之敗生擒其將扎拉等數十人送于闕下其後契丹既通和遣使乞歸之明宗與大臣謀議特放還番一日召光遠于便殿言其事光遠曰扎拉等北土之善戰者彼失之如喪手足又在此累年備諳中國事若放還非便明宗曰番人重盟誓既通歡好必不相負光遠曰臣恐後悔不及也明宗遂止深嘉其抗直後自振武節度使移鎮中山累加檢校太傅將兵戍蔚州高祖舉義于太原唐末帝遣光遠與張敬達屯兵于城下俄而契丹大至爲其所敗圍其寨久之軍中糧絕光遠乃與次將安審琦等殺敬達擁衆歸命從高祖入洛加檢校太尉充宣武軍節度使同平章事判六軍諸衛事是時光遠每對高祖常悒然不樂高祖慮有不足密遣近臣訊之光遠附奏曰臣貴爲將相非有不足但以張生鐵死得其所臣弗如也衷心內愧是以不樂生鐵蓋敬達之小字也高祖聞其言以光遠爲忠純之最者也其實光遠故爲其言以邀高祖之重信也明年范延光據鄴城叛高祖命光遠率師討之將濟河會滑州軍亂時軍衆欲推光遠爲主光遠曰自古有折臂天子乎且天子蓋公輩販弄之物晉陽之降乃勢所窮迫今若爲之直反賊也由是其下惕然無復言者高祖聞之尤加寵重光遠既圍延光尋授魏博行府節度使兵柄在手以爲高祖懼己稍干預朝政或抗有所奏高祖亦曲從之復下詔以其子承祚尚長安公主次子承信皆授美官恩渥殊等爲當時之冠桑維翰爲樞密使往往彈射其事光遠心銜之及延光降光遠入朝面奏維翰擅權高祖以光遠方有功于國乃出維翰鎮相州光遠爲西京留守兼鎮河陽因罷其兵權光遠由此怨望潛貯異志多以珍玩奉契丹訴己之屈又私養部曲千餘人撓法犯禁河洛之人恒如備盜尋冊拜太尉兼中書令時范延光致仕輦囊裝妓妾居于河陽光遠利其奇貨且慮爲子孫之讎因奏延光不家汴洛出舍外藩非南走淮夷則北走契丹宜早除之高祖以許之不死鐵券在焉持疑未允光遠乃遣子承勳以甲士圍其第逼令自裁延光曰天子在上安得如此乃遣使者乞移居洛下行及河橋擠于流而溺殺之矯奏云延光自投河朝廷以適會其意弗之理後踰歲入覲高祖爲置曲宴教坊伶人以光遠暴斂重賦因陳戲譏之光遠殊無愧色高祖謂光遠曰元城之役卿左右皆立功未曾旌賞今各與一郡俾薦任以榮之因命爲刺史者凡數人時王建立自青州移鎮上黨乃以光遠爲平盧軍節度使封東平王光遠面奏請與長子同行尋授承勳萊州防禦使及赴任僕從妓妾至千餘騎滿盈僭侈爲方岳之最下車之後惟以刻剝爲事少帝嗣位冊拜太師封壽王（宋史馬仁鎬傳晉天福中青州楊光遠將圖不軌以仁鎬爲節度副使伺其動靜歷二年或譖仁鎬于朝改護國軍行軍司馬仁鎬至河中數月光遠反書聞）後因景延廣上言請取光遠麾下所借官馬二百匹光遠怒曰此馬先帝賜我何以復取是疑我也遂遣人潛召取子承祚自單州奔歸朝廷乃就除淄州刺史以從其便光遠益驕因此構契丹述少帝違好之短且言大饑之後國用空虛此時一舉可以平定開運元年正月契丹南牧陷我博陵少帝幸澶淵三月契丹退命李守貞符彥卿率師東討光遠素無兵衆惟嬰城自守守貞以長連城圍之冬十一月承勳與弟承信承祚見城中人民相食將盡知事不濟勸光遠乞降冀免于赤族光遠不納曰我在代北時嘗以紙錢駝馬祭天池皆沈沒人言合有天子分宜且待時勿輕言降也承勳慮禍在朝夕與諸弟同謀殺節度判官邱濤親校杜延壽楊贍白延祚等梟

其首乃遣承祚送于守貞因縱火大譟劫其父幽于私第以城納款遣郎墨縣令王德柔貢表待罪光遠亦上章自首少帝以項歲太原歸命欲曲全之執政曰豈有逆狀滔天而赦之也乃命守貞便宜處置守貞遣人拉殺之以病卒聞 歐陽史守貞遣客省副使何延祚殺之于其家 漢高祖即位詔贈尚書令追封齊王仍令立碑未幾其碑石無故自折可知其陰責也 五代史補楊光遠滅范延光之後朝廷以其功高授青州節度封東平王奄有登萊沂密數郡旣而自負强盛與兵反朝廷以宋州節度李守貞嘗與光遠有隙乃命李討之李部欣然志在必取莫不身先矢石光遠見武儀之度不能禦遂降初光遠反書至中外大震時百官起居次忽有朝士揚言于衆曰楊光遠欲識大事吾不信也光遠素患禿瘡其妻又跛自古豈有禿頭天子跛脚皇后耶于是人心頓安未幾光遠果降

承勳光遠之長子也始名承貴避少帝名改焉以父廕歷光濮州刺史光遠兼鎮河陽命制置三城事光遠移鎮青州授萊州防禦使在郡亦頗理當慣父側之奸黨欲殺之每省父父爲匿焉及光遠搆釁嬰城以叛承勳赴之敵退爲王師所圍踰歲糧盡與其弟承祚首父之命出降王師朝廷授汝州防禦使尋改鄭州 宋史楊承信傳光遠死承信與弟承祚詣闕請死詔釋之以承信爲右羽林將軍承祚爲右驍衛將軍放歸服喪私第尋安置鄭州 及契丹入汴遣騎士自圍田召至責其害父背己使臠其肉而殺之以其弟承信爲青州節度使

盧文進字國用范陽人也身長七尺飲啖過人望之偉如也少事劉守光爲騎將唐莊宗攻燕以文進首降遂授壽州刺史初莊宗得山後八軍以愛弟存矩爲新州團練使以總領之莊宗與劉鄩對壘于莘縣命存矩于山後召募勁兵又命山北居民出戰馬器仗每鬻牛十頭易馬一匹人心怨咨時存矩團結五百騎令文進將之與存矩俱行至祁溝關軍士聚謀曰我輩邊人棄父母妻子爲他血戰千里送死固不能也衆曰擁盧將軍却還新州據城自守奈我何因大呼揮戈趣傳舍害存矩于榻下文進撫膺曰奴輩累我矣因環尸而泣曰此輩既害郎君我何面目見王 契丹國志云存矩取文進女爲側室文進心常內愧因與亂軍殺存矩 因爲亂軍所擁反攻新州不克 馬令南唐書文進攻新州不克夜走塹一躍而出明日視之乃鄙之黑龍潭也絕岸數丈深不可測又嘗有大蛇徑至座闕引首及膝文進取食飼之而去由是自負 又攻武州又不利周德威命將追討文進遂奔契丹命爲幽州兵馬留後部分漢軍常別爲營寨未幾文進引契丹寇新州自是北師數至驅擄數州士女敎其織紝工作中國所爲者悉備契丹所以强盛者得文進之故也 契丹國志云文進引契丹軍攻新州刺史安金全不能守棄城去周德威援之進攻新州契丹衆數萬德威不勝大敗奔歸文進與契丹攻幽州且二百日城中危困晉王親將兵救之方始解去契丹以文進爲幽州節度使又以爲盧龍節度使 同光之世爲患尤深文進在平州率奚族勁騎鳥擊獸搏倏來忽往燕趙諸州荆榛滿目軍屯涿州每歲運糧自瓦橋至幽州勁兵猛將援遞糧車然猶爲契丹所鈔奔命不暇皆文進導之也及明宗即位之明年文進自平州率所部十餘萬衆來奔行及幽州先遣使上表曰頃以新州團練使李存矩提衡郡邑掌握恩威虐黎庶則毒甚于豺狼聚賦斂則貪盈于溝壑人不堪命士各離心臣即拋父母之邦入朔漠之地幾年鴈塞徒向日以傾心一望家山每銷魂而斷目李子卿之河畔空有怨辭石季倫之樂中莫陳歸引近聞皇帝陛下皇天眷命淸明在躬握紀乘乾鼎新革故始知大幸有路朝宗便貯歸心祇伺良會臣十月十日決計殺在城契丹取十一日離州押七八千車乘領十五萬生靈十四日已達幽州云泊至洛陽明宗寵待彌厚授滑州節度使檢校太尉歲餘移鎮鄧州累加同平章事入爲上將軍長興中復出鎮潞州擒奸郵隱甚獲當時之譽清泰中改安州節度使及高祖即位與契丹敦好文進以嘗背契丹居不自安 馬令南唐書文進居數鎮頗有善政兵民愛之其將行也從數騎至營中別其神將李藏機告以避契丹之意將士皆拜爲訣 天福元年十二月乃殺行軍司馬馮知兆節度副使杜重貴等率其部衆渡淮奔于金陵李昪待之尤重 馬令南唐書云烈祖以文進爲天雄統軍 僞命爲宣州節度使後卒于江南 金陵志文進自潤州召還以左衛上將軍兼中書令范陽郡王奉朝請

李金全本唐明宗之小豎也其先出于吐谷渾金全驍勇善騎射少從明宗征伐以力戰有功明宗即位連典大郡天成中授涇州節度使在鎮數年以掊斂爲務長興中受代歸闕始進馬數十匹不數日又進之明宗召而謂之曰卿患馬多耶何進貢之數也又謂曰卿在涇州日爲理如何無乃以馬爲事否金全慙謝而退四年夏授滄州節度使累官至檢校太傅淸泰中罷鎮歸闕久留于京師高祖即位之明年安州屯將王暉殺節度使周瓌詔遣金全以騎兵千人鎭撫其地未及境而暉爲部下所殺金全至亂軍數百人皆不安金全說遣赴闕密伏兵于野盡殺之又擒其軍校武彥和等數十人斬之初金全之將行也高祖戒之曰王暉之亂罪莫大焉但慮封守不寧則民受其弊因折矢飛詔約以不殺一人仍許以暉爲唐州刺史又謂金全曰卿之此行無失吾信及金全至聞彥和等當爲亂之日劫掠郡城所獲財貨悉在其第遂殺而奪之 通鑑彥和且死呼曰王暉首惡天子猶赦之我輩脅從何罪乎 高祖聞之以姑息金全故不究其事尋授以旄節金全有親吏胡漢筠者勇譎嗇褊貪詐殘忍軍府之政一以委之高祖聞其事遣吏賈仁紹往代其職且召漢筠漢筠內疚惶怖金全乃列狀稱疾以聞及仁紹至漢筠鴆而殺之 馬令南唐書胡漢筠所爲多不法晉高祖患之不欲因漢筠以累功臣爲選廉吏賈仁沼代之且召漢筠敎金全留已而不遣金全客龐令圖諫曰仁沼昔事王晏球有大功晏球欲厚賞之仁沼退而不言此天下之忠臣也及頒賜所俘物仁沼悉以分故人親戚之貧者此天下之廉士也宜納仁沼而遣漢榮漢榮聞之夜使人殺令圖而鴆仁沼 天福五年夏高祖命馬全節爲安州節度使以代金全漢筠自以昔嘗拒命復聞仁紹二子將訴寘毒之事居不自安乃給謂金全曰鄴吏劉珂使健步倍道兼行密傳其意云受代之後朝廷將以仁紹之事詰公之罪金全大駭命從事張緯函表送款于淮夷淮人遣僞將李承裕以代金全金全即日南竄其妓樂車馬珍奇帑藏皆爲承裕所奪與其黨數百人東身夜出曉至汉川引領北望泣下而去及至金陵李昪授以節鎭 馬令南唐書云烈祖以金全爲天威統軍遷潤州節度使 後卒于江南

史臣曰延光昔爲唐臣緯有令譽洎逢晉祚顯恣狂謀旣力屈以來降尚靦顏而惜死孟津之歿乃取笑于千載也從賓而下俱怙亂以滅身亦何足與議也文進懼强敵之威金全爲輿臺所賣事雖弗類叛則攸同咸附島夷皆可醜也

舊五代史卷九十七攷證

晉列傳十二范延光傳改封高平郡王　案歐陽史作東平郡王

延光謂門人李式曰　歐陽史作謀于副使李式

楊光遠傳唐天成中以明宗改御名爲亶以偏傍字犯之始改光遠　案是書唐紀清泰二年楊檀始改名光遠非天成中即改名也

光遠入朝面奏維翰擅權高祖以光遠方有功于國乃出維翰鎭相州光遠爲西京留守　案通鑑攷異云晉高祖實錄天福三年壬辰維翰崧罷樞密使庚子光遠始入朝對于便殿十一月戊申光遠爲西京留守天福四年閏七月壬申維翰出爲相州節度使與此傳先後互異

其碑石無故自折　案歐陽史作碑石既立天大雷電擊折之

盧文進傳文進字國用　案遼史太祖紀神册元年晉幽州節度盧國用來降二年晉新州裨將盧文進殺節度使李文矩來降則國用與文進顯係二人然天顯元年又書盧龍軍節度使盧國用叛奔于唐即文進歸唐之事也疑文進入遼以後遂以字行修遼史者雜采諸書誤作兩人耳

行軍司馬馮知兆　馮知兆南唐書作姚知兆　歐陽史與是書同

李金全傳軍校武彥和　案歐陽史南唐書俱作武克和通鑑從是書

親吏胡漢筠　胡漢筠歐陽史及南唐書俱作胡漢榮通鑑從是書

遣使賈仁紹　案仁紹通鑑作仁沼攷異云薛史作仁紹今從實錄歐陽史南唐書與通鑑同

扎拉舊作則刺今改

舊五代史卷九十八

宋門下侍郞參知政事監修國史薛居正等撰

晉書第二十四

列傳十三

安重榮朔州人祖從義利州刺史父全勝州刺史振武蕃漢馬步軍都指揮使重榮有膂力善騎射唐長興中爲振武道巡邊指揮使犯罪下獄時高行周爲帥欲殺之其母赴闕申告樞密使安重誨陰蔭之奏于明宗有詔釋焉張敬達之圍晉陽也高祖聞重榮在代北使人誘之重榮乃召邊士得千騎赴焉高祖大喜誓以土地及即位授成德軍節度使累加至使相自梁唐已來藩侯郡牧多以勳授不明治道例爲左右羣小惑亂賣官鬻獄割剝蒸民率有貪猥之名其實賄賂半歸于下惟重榮自能鈎距凡有爭訟多廷辯之至于倉庫耗利百姓科徭悉入于已諸司不敢窺覬嘗有夫婦共訟其子不孝者重榮面加詰責抽劒令自殺之其父泣曰不忍也其母詬詈仗劒逐之重榮疑而問之乃其繼母也因叱出自後射之一箭而斃聞者莫不快意由此境內以爲强明大得民情重榮起于軍伍暴得富貴復覩累朝自節鎭遽升大位每謂人曰天子兵强馬壯者當爲之

寧有種耶又以奏請過當爲權臣所否心常憤憤遂畜聚亡命收市戰馬有飛揚跋扈之志（通鑑帝之遣重榮代秘瓊也戒之曰瓊不受代當別除汝一鎮勿以力取恐爲患滋深重榮由是以帝爲怯謂人曰秘瓊匹夫耳天子尙畏之況我以將相之重士民之衆乎）嘗因暴怒殺部校賈章以謀叛聞章有女一人時欲捨之女曰我家三十口繼經兵亂死者二十八口今父就刑存此身何爲再三請死亦殺之鎮人由是惡重榮之酷而嘉賈女之烈焉天福中朝廷姑息契丹務安邊塞重榮每見蕃使必以箕踞慢罵會有美稜數十騎由其境內交言不遜因盡殺之契丹主大怒責讓朝廷朝廷隱忍未即加罪重榮乃密搆吐渾等諸族以爲援助上表論之其畧曰臣昨據熟吐渾節度使白承福赫連公德等各領本族三萬餘帳自應州地界奔歸王化續準生吐渾並渾葜苾兩突厥三部落南北將沙陀安慶九府等各領部族老小并牛羊車帳甲馬七八路慕化歸奔俱至五臺及當府地界已來安泊累據告勞具說被契丹殘害平取生口率畧羊馬凌害至甚又自今年二月後來須令點檢壯丁置辦人馬衣甲告報上秋向南行營諸蕃部等實恐上天不祐殺敗後隨例不存家族所以預先歸順兼隨府族各量點檢強壯人馬約十萬衆又準沿河党項及山前山後逸利越利諸族部落等首領並差人各將契丹所授官告職牒旗號來送納例皆號泣告勞稱被契丹凌虐憤惋不已情願點集甲馬會合殺戮續又朔州節度副使趙崇與本城將校殺僞節度使劉山等已安撫軍城乞歸朝廷臣相次具奏聞昨奉宣頭及累傳聖旨令臣凡有往復契丹更須承奉當候彼生頭角不欲自起釁端貴守初終不愆信誓仰認睿旨深惟匿瑕其如天道人心至務勝殘去虐須知機不可失時不再來竊以諸蕃不招呼而自至朔郡不攻伐以自歸蓋繫人情盡由天意更念諸陷蕃節度使等本自勤勞早居富貴沒身邊塞遭酷虐以異常企足朝廷冀傾輸而不已如聞傳檄盡願倒戈如臣者雖是愚蒙粗知可否不思忌諱罄寫丹衷細具數陳冀裨萬一其表數千言大抵指斥高祖稱臣奉表罄中國珍異貢獻契丹陵虐漢人竟無厭足又以此意爲書遺諸朝貴及藩鎮諸侯高祖憂其變也遂幸鄴都以詔諭之凡有十焉其畧曰爾身爲大臣家有老母忿不思難棄君與親吾因契丹而興基業爾因吾而致富貴吾不敢忘爾可忘耶且前代和親只爲安邊今吾以天下臣之爾欲以一鎮抗之大小不等無自辱焉重榮愈恣縱不悛雖有此奏亦密令人與契丹幽州帥劉晞結託蓋重榮有內顧之心契丹幸我多事復欲侵吞中國契丹之怒重榮亦非本志也時重榮嘗與北來蕃使並轡而行指飛鳥射之應弦而落觀者萬衆無不快抃蕃使因輟所乘馬以慶之由是名振北方自謂天下可以一箭而定也又重榮素與襄州安從進連結及聞從進將議起兵而姦謀乃決天福六年冬大集境內飢民衆至數萬揚旌向闕聲言入覲朝廷遣杜重威帥師禦之遇于宗城軍纔成列有賊將趙彥之臨陣卷旗來奔重榮方戰聞彥之背已大恐退于輜重中王師因而擊之一鼓而潰重榮與十餘騎北走其下部衆屬嚴冬寒冽殺戮及凍死者二萬餘人重榮至鎮取牛馬革旋爲甲使郡人分守夾城以待王師（宋史解暉傳安重榮反鎮州因率兵向闕至宗城晉師逆戰大破之暉募軍中壯士百餘人夜擒賊壘殺獲甚衆暉頰中流矢而督戰自若顏色不撓以功遷列校）杜重威至有部將自西郭水門引官軍入焉殺守陴百姓萬餘人重威等害導者自收其功重榮擁吐渾數百匿于牙城重威使人襲而得之斬首以進高祖御樓閱其俘馘宣露布訖遣漆其頭顱函送契丹（五代史補安重榮出鎮常懷不軌之計久矣但未發居無何廳中產一白馬黑鴒生五色雛以爲鳳乃欣然謂天命在已遂舉兵反指揮令取宗嶺路以向闕時父老聞之往往竊議曰事不諧矣且王姓安氏曰鞍得背而穩何不取驛路貝州若由宗嶺是鞍及于鬃得無危乎未與王師先鋒遇一戰而敗）

安從進（歐陽史從進其先索葛部人也初事莊宗爲護駕馬軍都指揮使領貴州刺史明宗時爲保義彰武軍節度使愍帝即位徙領順化清泰中徙鎮山南東道晉高祖即位加同中書門下平章事）天福六年高祖幸鄴討安重榮少帝以鄭王留守京師時和凝請于高祖曰陛下北征臣料安從進必反何以制之高祖曰卿意將奈何凝曰臣聞之兵法先人者奪人願陛下爲空名宣敕十通授鄭王有急則命將往從進聞高祖往北遂反少帝以空名授李建崇郭金海討之從進引兵攻鄧州不克進至湖陽遇建崇等大駭以爲神速復爲野火所燒遂大敗從進自焚

張彥澤其先出于突厥後爲太原人也祖父世爲陰山府裨將彥澤少有勇力目睛黃而夜有光色顧視若鷙獸焉以騎射事後唐莊宗明宗以從戰有功繼領郡守高祖即位擢爲曹州刺史從楊光遠圍范延光于鄴以功授華州節度使等移鎮涇州累官至檢校太保有從事張式者以宗人之分受其知遇時彥澤有子爲內職素不叶父意數行笞撻懼其楚毒逃竄外地齊州捕送到闕敕旨釋罪放歸父所彥澤上章請行朝典式以有傷名教屢諫止之彥澤怒引弓欲射之式僅而獲免尋令人逐式出衙式自爲賓從彥澤委以庶務左右輩小惡之久矣因此讒搆互來迫脅云書記若不便出斷定必遭屠害式乃告病乞醫擒其妻子將奔邠州彥澤遣指揮使李興領二十騎追之戒曰張式如不從命即斬取頭來式懇告刺史遂差人援送到邠州節度使李周驛騎以聞朝廷以姑息彥澤之故有勅流式于商州彥澤遣行軍司馬鄭元昭詣闕論請面奏云彥澤若不得張式恐致不測高祖不得已而從之既至決口剖心斷手足而死之式父鐸詣闕訴冤朝廷命王周代之周至任奏彥澤在郡惡跡二十六條逃散五千餘戶彥澤既赴闕刑法官李濤等上章請理其罪高祖下制止令削奪一階一爵而已時以爲失刑少帝即位桑維翰復舉之尋出鎮安陽既至折節于士大夫境內稱理旋命領軍北屯恒定時易州地孤漕運不繼制令邢魏相衞飛輓以輸之百姓荷檐纍纍于路彥澤每援之以行見羸困者使其部衆代而助之洎至北邊不令百姓深入即遣騎士以馬負糧而去往來既速且無邀奪之患聞者嘉之陽城之戰彥澤之功出于諸將之右其後與敵接戰頻獻捷于闕下咸謂其感高祖不殺之恩補昔年之過也開運三年冬契丹既南牧杜重威兵次瀛州彥澤爲契丹所啖落已變矣乃通欵于契丹請爲前導因促騎說重威引軍沿滹水西援常山既而與重威通謀及王師降于中渡契丹主遣彥澤統二千騎趨京師以制少帝且示公卿兆民以存撫之意彥澤以是歲十二月十六日夜自封邱門斬關而入以兵圍宮城翌日遷帝于開封府舍凡內帑奇貨悉輦歸私邸仍縱軍大掠兩日方止（東都事畧李處耘傳云居京師遇張彥澤之暴處耘善射獨當里門殺數十人里中賴之存）桑維翰爲開府尹彥澤名至麾下待之不以禮維翰責曰去年拔公于罪人之中復領大鎮授以兵權何負恩一至此耶彥澤無以對是夜殺維翰盡取其家財彥澤自謂有功于契丹晝夜以酒樂自娛當在京巡檢之時出入騎從常數百人旗幟之上題曰赤心爲主觀者無不竊笑又所居第財貨山積楚國夫人丁氏即少帝弟曹州節度使延煦之母也有容色彥澤使人取之太后遲迴未與彥澤立遣人載之而去其負國欺君也如是數日之內恣行殺害或軍士擒獲罪人至前彥澤不問所犯但瞋目出一手豎三指而已軍士承其意即出外斷其腰領焉彥澤與閤門使高勳不協因乘醉至其門害其仲父季弟暴尸于門外及契丹帳泊于北郊勳往訴其冤時契丹主已怒彥澤剽掠京城遂令鎖之仍以彥澤罪惡宣示百官及京城士庶且云彥澤之罪合誅與否百官連狀具言罪在不赦市肆百姓亦爭投狀疏彥澤之罪戎王知其衆怒遂令棄市仍令高勳監決斷腕出鎖然後刑之勳使人剖其心以祭死者市人爭其肉而食之（五代史補李濤常憤張彥澤殺邠州幕吏張式而取其妻濤率同列上疏請誅彥澤以謝西土高祖方姑息武夫竟不從未幾契丹南侵至中渡橋彥澤首降契丹喜命以本軍統蕃部控弦之士先入京師彥澤自以功不世出乃挾宿憾殺開封尹桑維翰濤聞之謂親知曰吾曾上疏請誅彥澤今國家失守彥澤所爲如此吾之首領吝可保乎然無可奈何詎能伏藏溝瀆而取辱耶于是自爲門狀求見彥澤其狀云上疏請殺太尉人李濤謹隨狀納命彥澤覽之欣然降階迎之然濤猶未安復曰太尉果然相恕乎彥澤曰覽公門狀見納命二字使人怒氣頓息又何憂焉濤素滑稽知其必免又戲爲伶人詞曰太尉既相恕何不將壓驚稱來彥澤大笑卒善待之）

趙德鈞本名行實幽州人也少以騎射事滄州連帥劉守文守文爲弟守光所害遂事守光署爲幽州軍校及唐莊宗伐幽州德鈞知其必敗乃遁歸莊宗莊宗善待之賜姓名曰紹斌累歷郡守從平梁還滄州節度使同光三年移鎮幽州明宗即位遂歸本姓始改名德鈞其子延壽尙明宗女興平公主故德鈞尤承倚重天成中定州王都反契丹遣特哩袞領精騎五千來援都至唐河爲招討使王晏球所敗會霖雨相繼所在泥淖敗兵北走人馬饑疲德鈞于要路邀之盡獲餘衆擒特哩袞已下首領數十人獻于京師明年王都平加兼侍中尋之加東北面招討使德鈞奏發河北數鎮丁夫開王馬口至游口以通水運凡二百里又于閻溝築壘以戍兵守之因名良鄉縣以備鈔寇又于幽州東築三河城北接薊州頗爲形勝之要部民由是稍得樵牧德鈞鎮幽州凡十餘年甚有善政累官至檢校太師兼中書令封北平王（遼史天贊六年遣人以詔賜盧龍軍節度使趙德鈞七年趙德鈞遣人進時果蓋德鈞久在邊境嘗與契丹通好也）清泰三年夏晉高祖起義于晉陽九月契丹敗張敬達之軍于太原城下唐末帝詔德鈞以本軍由飛狐路出賊後邀之時德鈞子延壽爲樞密使唐末帝命帥軍屯上黨德鈞乃以所部銀鞍契丹直三千騎至鎮州率節度使董溫琪同赴征行自吳兒峪路趨昭義與延壽會于西唐店十一月以德鈞爲諸道行營都統以延壽爲太原南面招討使遣端明殿學士呂琦齎賜官告兼令犒軍琦從容言天子委任之意德鈞曰既以兵相委焉敢惜死時范延光領兵二萬軍于遼州德鈞欲併其軍奏請與延光會合唐末帝諭延光疑其姦謀不從德鈞延壽自潞州引軍至團柏谷德鈞累奏乞授延壽鎮州節度末帝不悅謂左右曰趙德鈞父子堅要鎮州苟能逐退蕃兵要代予位亦所甘心若翫寇要君但恐犬兔俱斃朝廷繼馳書詔促令進軍德鈞遲疑不果乃遣使于契丹厚齎金幣求立以爲帝仍許晉祖長

鎮太原契丹主不之許及楊光遠以晉安寨降于契丹德鈞父子自團柏谷南走潞州一行兵士投戈棄甲自相騰踐死者萬計時德鈞有愛將時賽率輕騎東還漁陽其部曲尚千餘人與散亡之卒俱集于潞州是日潞州節度使高行周亦自北還及至府門見德鈞父子在城闉上行周謂曰某與大王鄉人宜以忠言相告城中無斗粟可食請大王速迎車駕自圖安計無取後悔焉前高祖不禮之時契丹主問德鈞曰汝在幽州日所置銀鞍契丹直何在德鈞指示之契丹盡殺于潞之西郊遂鏁德鈞父子入蕃及見國母舒嚕氏盡以一行財寶及幽州田宅籍而獻之國母謂之曰汝父子自覓天子何耶德鈞俛首不能對 通鑑太后問曰汝近者何爲在太原德鈞曰奉唐主之命太后日汝從吾兒求爲天子何妄語耶又自指其心曰此不可欺也又曰吾兒將行吾戒之云趙大王若引兵北向渝關亟須引歸太原不可救也汝欲爲天子何不先擊退吾兒徐圖亦未晚汝爲人臣既負其主不能擊敵又欲乘亂邀利所爲如此復面目求生乎德鈞俛首不能對 又問田宅何在曰臣在幽州國母曰屬我矣又何獻也天福二年夏德鈞卒于契丹 契丹國志德鈞營不多食踰年而死德鈞既卒國主釋延壽而用之

延壽本姓劉氏父曰邧常山人也常任蓚令梁開平初滄州節度使劉守文陷其邑時德鈞爲偏將獲延壽并其母种氏遂養之爲子延壽姿貌妍柔稍涉書史尤好賓客亦能爲詩 太平廣記引趙延壽傳云延壽幼習武略即戎之暇時復以篇什爲意嘗在北庭賦詩曰占得高原肥草地夜深生火拆林梢南人聞者傳之 及長尚明宗女興平公主初爲汴州司馬明宗即位授汝州刺史歷河陽宋州節度使入爲上將軍充宣徽使遷樞密使兼鎮徐州及高祖起義于晉陽唐末帝幸懷州委延壽北伐後高祖至潞州延壽與父德鈞俱陷北庭未幾契丹主以延壽爲幽州節度使封燕王尋爲樞密使兼政事令天福末契丹與少帝絕好契丹主委延壽以圖南之事許以中原帝之延壽乃導誘蕃軍蠶食河朔諸軍既降于中渡契丹主命延壽就寨安撫之仍賜龍鳳赭袍使衣之而往謂之曰漢兒兵士皆爾有之爾宜親自慰撫延壽至營杜重威李守貞已下皆迎謁于馬前及契丹入汴時降軍數萬皆野次于陳橋契丹主慮有變欲盡殺之延壽聞之遽請見契丹主曰臣伏見今日已前皇帝百戰千征始收得晉國不知皇帝自要治之乎爲他人取乎契丹主變色曰爾何言之過也朕以晉人負義舉國南征五年相殺方得中原豈不自要爲主而爲他人耶卿有何說速奏朕來 延壽曰皇帝嘗知吳蜀與晉朝相殺否曰知延壽曰今中原南自安申西及秦鳳沿邊數千里竝是兩界守戍之所將來皇帝歸國時又漸及炎蒸若吳蜀二寇交侵中國未知許大世界教甚兵馬禦捍苟失隄防豈非爲他人取也契丹主曰我弗知也爲之奈何延壽曰臣知上國之兵當炎暑之時沿吳蜀之境難爲用也未若以陳橋所聚降軍團併別作軍額以備邊防契丹主曰念在壺關失斷陽城時亦曾言議未獲區分致五年相殺此時入手如何更不翦除延壽曰晉軍見在之數如今還似從前盡在河南誠爲不可臣請遷其軍竝其家口于鎮定雲朔間以處之每歲差伊分番于河外沿邊防戍上策也契丹王忻然曰一取大王商量由是陳橋之衆獲免長平之禍焉延壽在汴久之知契丹主無踐言之意乃遣李崧達語契丹主求立爲皇太子崧不得已言之契丹主曰我于燕王無所愛惜但我皮肉堪與燕王使用亦可割也何況他事我聞皇太子天子之子合作燕王豈得爲之也因命與燕王加恩時北來翰林學士承旨張礪擬延壽爲中京留守大丞相錄尚書事都督中外諸軍事樞密使燕王如故契丹主覽狀索筆圍却錄尚書事都督中外諸軍事之字乃付翰林院草制焉又以其子匡贊爲河中節度使延壽在汴州復娶明宗小女爲繼室先是延州節度使周密爲其子廣娶焉已納財畢親迎有日矣至是延壽奪取之契丹主自汴迴至邢州命升延壽坐在契丹左右相之上契丹主死延壽不敢于諸道稱權知南朝軍國事是歲六月一日爲永康王烏裕所鎖籍其家財分給諸部尋以延壽入國竟卒于契丹匡贊歷漢周兩朝累授節鎮及統軍使仕皇朝歷盧延邠鄜等四鎮焉

張礪字夢臣磁州滏陽人也祖慶父寶世爲農礪幼嗜學有文藻在布衣時或覩民間爭競必爲親詣公府辨其曲直其負氣也如此唐同光初擢進士第尋拜左拾遺直史館會郭崇韜伐蜀奏請礪掌軍書蜀平崇韜爲魏王繼岌所誅時崇韜左右親信皆懼禍奔逃惟礪詣魏王府第慟哭久之時人皆服其高義及魏王班師礪從副招討使任圜東歸至利州會康延孝叛迴據漢州圜奉魏王命迴軍西討延孝時礪獻謀于圜請伏精兵于後先以羸師誘之圜深以爲然延孝本驍將也任圜乃儒生也延孝聞圜至又覩其羸師殊不介意及戰酣圜發精兵以擊之延孝果敗遂擒之以歸是歲四月五日至鳳翔內官向延嗣奉莊宗命令誅延孝監軍李延襲已聞洛中有變故留延孝且害任圜之功故也圜未決礪謂圜曰此賊構亂遂致凱旋差晩且明公血戰擒賊安得違詔養禍是破檻放虎自貽其咎也公若不決余自殺此賊任圜不得已遂誅延孝天成初明宗知其名召爲翰林學士再丁父母憂服闋皆復入爲學士歷禮部兵部員外郎知制誥充職未幾父之妾卒初妾在世礪以久侍先人頗亦敬奉諸幼子亦以祖母呼之及卒礪疑其事詢于同寮未有以對礪即託故歸于滏陽閒居三年不行其服論情制宜識者韙之清泰中復授尚書比部郎中知制誥依前充學士高祖起于晉陽唐末帝命趙延壽進討又命翰林學士和凝與延壽偕行礪素輕凝慮不能集事因自請行唐末帝慰而許之及唐軍敗于團柏谷與延壽俱陷于契丹契丹以舊職縻之累官至吏部尚書契丹入汴授右僕射平章事集賢殿大學士隨至鎮州會契丹主卒永康王北去蕭翰自東京過常山乃引鐵騎圍其第時礪有疾方伏枕翰見礪責之曰爾言于先帝云不得任蕃人作節度使如此則社稷不永矣又先帝來時令我于汴州大內安下爾言不可又我爲汴州節度使爾在中書何故行帖與我礪抗聲而對辭氣不屈翰遂鎖礪而去 遼史礪抗聲曰此國家大體安危所繫吾實言之欲殺即殺奚以鎖爲 鎮州節度使滿達勒尋解其鎖是夜以疾卒家人盡其骨歸葬于滏陽礪素耿直嗜酒無檢始陷契丹時曾背契丹南歸爲追騎所獲契丹主怒曰爾何捨我而去礪曰礪漢人也衣服飲食與此不同生不如死請速就刃契丹主顧通事高唐英曰我常戒爾輩善待此人致其逃去過在爾輩因笞唐英一百其爲契丹主善待也如此礪平生抱義憐才急于獎拔聞人之善必擴秩以稱之見人之貧亦傾篋以濟之故死之之日中朝士大夫亦皆嘆惜焉

蕭翰者契丹諸部之長也父曰阿巴劉仁恭鎮幽州阿巴曾引衆寇平州仁恭遣驍將劉鴈郎與其子守光率五百騎先守其州阿巴不知爲郡人所紿因赴牛酒之會爲守光所擒契丹請贖之仁恭許其請尋歸阿巴妹爲安巴堅妻則契丹主德光之母也翰有妹亦嫁于德光故國人謂翰爲國舅契丹入東京以翰爲宣武軍節度使契丹比無姓氏翰將有節度之命乃以蕭爲姓翰爲名自是翰之一族皆姓蕭契丹主北去留翰以鎮河南時漢高祖已建號于太原翰懼將北歸慮京師無主則衆皆爲亂乃遣蕃騎至洛京迎唐明宗幼子許王從益知南朝軍國事從益至翰率蕃將拜于殿上翌日翰乃輦其寶貨鞍轡而北漢人以許王既立不復爲亂果中其姦計翰行至鎮州遇張礪翰以舊事致忿就第數其失而鎖之翰歸本國爲永康王烏裕所鎖尋卒于本土

劉晞者涿州人也父濟雍果爲本郡諸邑令長晞少以儒學稱于鄉里書爲唐將周德威從事後陷于契丹契丹以漢職縻之天福中契丹命晞爲燕京留守書于契丹三知貢舉歷官至同平章事兼侍中隨契丹入汴授洛京留守會河陽軍亂晞走許州又奔東京蕭翰遣兵援晞至洛下契丹主死晞自洛復至東京隨蕭翰北歸遂留鎮州漢初與滿達勒同奔定州後卒于北蕃 契丹國志劉珂晞之子也尚世宗妹燕國公主

崔廷勳不知何許人也 通鑑注引宋白曰廷勳本河內人 形貌魁偉美鬚髯幼陷北庭歷仕至雲州節度使官至侍中契丹入汴遷少帝于封禪寺遣廷勳以兵防守尋授河陽節度使甚得民情契丹北行武行德率軍趨河陽廷勳爲行德所逐乃與奚王伊喇保懷州尋以兵反攻行德行德出戰爲廷勳所敗及契丹主死遂歸鎮州漢初與滿達勒同奔定州後歿于北蕃

史臣曰帝王之尊必由天命雖韓信彭越之勇吳濞淮南之勢猶不可以妄冀而況二安之庸昧相輔爲亂固宜其自取滅亡也後之擁强兵莅重鎮者得不以爲鑒乎彥澤很子野心盈貫而死晩矣德鈞諸人與晉事相終始故附見于茲焉

舊五代史卷九十八攷證

晉列傳十三安重榮傳高祖聞重榮在北使人誘之

案歐陽史作使張頴陰招重榮

趙延壽傳未幾契丹主以延壽爲幽州節度使封燕王

案遼史云德鈞卒以延壽爲幽州節度使封燕王與是書同契丹國志會同六年以延壽爲盧龍節度使八年南征以延壽爲魏博節度使封燕王與是書異

尋爲樞密使兼政事令 案遼史天顯末以延壽妻在晉詔取之以歸自是益激昂圖報會同初帝幸其第加政事令不言延壽爲樞密使攷契丹國志云會同改元參用蕃漢以延壽爲樞密使兼政事令與是書同

燕王如故 案遼史會同七年正月己丑授延壽魏博等州節度使封魏王延壽本傳亦言其先封燕王改封魏王是延壽入汴時已爲魏王也是書始終稱爲燕王與遼史異

蕭翰傳尋卒于本土　案遼史翰後以謀反伏誅與是書異

美稜舊作梅里今改　特哩衮舊作惕隱今改　舒嚕舊作述律今改　烏裕舊作兀欲今改　滿達勒舊作麻答今改　阿巴舊作阿鉢今改　安巴堅舊作阿保機今改　伊喇舊作拽剌今改

舊五代史卷九十九

宋門下侍郎參知政事監修國史薛居正等撰

漢書第一

高祖紀上

高祖睿文聖武昭肅孝皇帝姓劉氏諱暠本名知遠及即位改今諱其先本沙陁部人也四代祖諱湍帝有天下追尊爲明元皇帝廟號文祖陵曰懿陵五代會要云爲東漢顯宗第八子淮陽王昞之後高祖母隴西李氏追謚明貞皇后曾祖諱昂晉贈太保追尊爲恭僖皇帝廟號德祖陵曰沛陵五代會要懿陵沛陵皆無陵所遥申朝拜曾祖母號國太夫人楊氏追謚恭惠皇后祖諱僎晉贈太傅追尊爲昭獻皇帝廟號翼祖陵曰威陵祖母魯國太夫人李氏追謚爲昭穆皇后皇考諱琠事後唐武皇帝爲列校晉贈太師追尊爲章聖皇帝廟號顯祖陵曰肅陵皇妣吳國太夫人安氏追謚章懿皇后以唐乾寧二年歲在乙卯二月四日生帝于太原帝弱不好弄嚴重寡言及長面紫色目睛多白初事唐明宗列于麾下明宗與梁人對柵于德勝時晉高祖爲梁人所襲馬甲連革斷帝輟騎以授之取斷革者自跨之徐殿其後晉高祖感而壯之明宗踐阼晉高祖爲北京留守以帝前有護援之力奏移麾下署爲牙門都校應順初晉高祖鎮常山唐明宗召赴闕會閔帝出奔與晉高祖相遇于途遂俱入衛州泊于郵舍閔帝左右謀害晉高祖帝密遣御士石敢袖鎚立于晉高祖後及有變敢擁晉高祖入一室以巨木塞門敢尋死焉帝率衆盡殺閔帝左右遂免晉高祖于難通鑑考異引漢高祖實錄云是夜偵知少帝代甲欲與從臣謀害晉高祖詐稱人對語方坐庭廡帝密遣御士石敢袖鎚立于後俄頃伏甲者起敢有勇力擁晉高祖入一室以巨木塞門敢力當其鋒死之帝解佩刀遇夜暗以在地葦炬未然者奮擊之衆謂短兵也遂散走帝乃圖身長短下闔帝親將李洪信謂人曰石太尉死矣帝隔垣呼洪信曰太尉無恙乃踰垣出就洪信兵共護晉高祖殺建謀者以少主授王宏贄清泰元年晉高祖復鎮河東三年夏移鎮汶陽帝勸晉高祖舉義贊成密計經綸之始中外賴之晉高祖以帝爲北京馬步軍都指揮使及契丹以全軍赴難大破張敬達之衆于晉陽城下有降軍千餘人晉高祖將置之于親衛帝盡殺之晉國初建加檢校司空充侍衛馬步都指揮使權點檢隨駕六軍諸衛事尋改陝州節度使充侍衛親軍馬步都虞候契丹主送晉高祖至上黨指帝謂高祖曰此都軍甚操剌大故不可棄之晉高祖入洛委帝巡警都邑肅然無敢犯令天福二年夏四月加檢校太保八月改許州節度使典軍如故三年夏四月加檢校太傅冬十月授侍衛親軍馬步軍都指揮使十一月移授宋州加檢校太尉十二月加同平章事時帝與杜重威同制加恩帝憤然不樂恐讓不受杜門不出者數日通鑑知遠自以有佐命功重威起于外戚無大功恥與之同制制下數日杜門四表辭不受晉高祖怒召宰相趙瑩等議落帝兵權任歸私第瑩等以爲不可乃遣端明殿學士和凝就第宣諭帝乃承命五年三月改鄴都留守兼侍衛親軍馬步軍都指揮使九月奉詔赴闕晉高祖幸其第六年七月授北京留守河東節度使七年正月加侍中時天下大蝗惟不入河東界六月晉高祖崩于鄴宮少帝即位加帝檢校太師八年三月進位中書令開運元年正月契丹南下契丹主以大軍直抵澶州遣蕃將偉王率兵入雁門朝廷以帝爲幽州道行營招討使帝大破偉王于忻口尋奉詔起兵至土門軍至樂平會契丹退乃還三月封太原王七月兼北面行營都統二年四月封北平王三年五月加守太尉是月帝誅吐渾白承福等五族凡四百人以別部王義宗統其餘衆九月案此下有闕文犯塞帝親率牙兵至朔州南陽武谷大破之東都事略郭進傳契丹居安陽高祖遣進拒戰契丹敗走以功除刺史十一月契丹主率蕃漢大軍由易定抵鎮州杜重威等駐軍于中渡橋以禦之十二月十日杜重威等以全軍降于契丹十七日相州節度使張彥澤受契丹命陷京城遷少帝于開封府帝聞之大數分兵守境以備寇患天福十二年春正月丁亥朔契丹主入東京癸巳晉少帝蒙塵于封禪寺癸卯少帝北遷二月丁巳朔契丹主具漢法服御崇元殿受朝制改晉國爲大遼國大赦天下號會同十年是月帝遣牙將王峻奉表于契丹契丹主賜詔褒美呼帝爲兒又賜木柺一蕃法貴重大臣方得此賜亦猶漢儀賜几杖之比也王峻持柺而歸契丹望之皆避路及峻至太原帝知契丹政亂乃議建號焉是月秦州節度使何建以其地入于蜀戊辰河東行軍司馬張彥威與文武將吏等以中原無主帝威望日隆羣情所屬上牋勸進帝謙讓不允自是羣官三上牋諸軍將吏緇黃耆耋相次迫請教答允之庚午陝府屯駐奉國指揮使趙暉侯章都頭王晏殺契丹監軍及副使劉愿暉自稱留後契丹因授暉陝州兵馬留後侯章爲本州馬步軍都指揮使王晏爲副都指揮使暉等不受命宋史王晏傳開運末與本軍都校趙暉忠衛都校侯章等戍陝州會契丹至汴遣其將劉愿據陝恣行暴虐晏與暉等謀曰今契丹南侵天下洶洶英雄豪傑固當乘時自奮且聞太原劉公威德遠被人心歸服若殺愿送款河東爲天下唱首則取富貴如反掌耳暉等然之晏乃率敢死士數人夜踰城入府署劫庫兵給其徒遲明斬愿首懸府門外衆請暉爲帥章爲本城副指揮使內外巡檢使兼都虞候乃遣其子漢倫奉表晉陽辛未帝于太原宮受册即皇帝位制改晉開運四年爲天福十二年契丹國志云漢主仍稱天福年號曰予未忍忘晉也甲戌帝以晉帝舉族北遷憤惋久之是日率親兵趨土門路邀迎晉帝至壽陽聞其已過乃還契丹聞帝建號僞制削奪帝官爵以通事耿崇美爲潞州節度使高唐英爲相州節度使崔廷勳爲河陽節度使以扼要害之地丁丑磁州賊帥梁暉據相州己卯帝遣都將史宏肇率兵討代州平之初代州刺史王暉叛歸契丹宏肇一鼓而拔之斬暉以徇庚辰權晉州兵馬留後張晏洪奏軍亂殺知州副使駱從朗及括錢使諫議大夫趙熙以城歸順時晉州留後劉在明赴東京朝于契丹從朗知軍州事帝方遣使張晏洪辛處明等告諭登極從朗因之本城大將藥可儔殺從朗于理所州民相率害趙熙三軍請晏洪爲留後處明爲都監辛巳權陝州留後趙暉權潞州留後王守恩並上表歸順癸未澶州賊帥王瓊與其衆斷本州浮橋瓊敗死之時契丹以族人朗鄂爲澶州節度使朗鄂性貪虐吏民苦之瓊爲水運什長乃構夏津賊帥張乙得千餘人沿河而上中夜竊發自南城殺守將絶浮航入北城朗悟據牙城以拒之數日會契丹救至瓊敗死焉契丹主初聞其變也懼甚由是大河之南無久留之意尋遣天雄軍節度使杜重威歸鎮三月丙戌朔詔河東管內自前稅外雜色徵配一切除放是日契丹主坐崇元殿行入閤之禮契丹主以舅蕭翰爲宣武軍節度使辛卯權延州留後高允權遣判官李彬奏本道節度使周密爲三軍所逐以允權知留後事上表歸順未幾帝召密赴行在壬辰丹州都指揮使高彥珣殺契丹所命刺史據城歸命壬寅契丹主發自東京還本國是日宿于赤崗至晡有大聲如雷起于敵帳之下契丹自黎陽濟河遂趨相州庚戌帝以北京馬步都指揮使泗州防禦使檢校太保劉崇爲太原尹檢校太尉以北京馬步軍都虞候郭從義爲鄭州防禦使檢校太保以北京興捷左廂都指揮使李洪信爲陳州刺史檢校司徒以興捷右廂都指揮使尚洪遷爲單州刺史檢校司徒以北京武節左廂都指揮使蓋萬爲蔡州刺史以武節右廂都指揮使周暉爲濮州刺史以保寧都指揮使朱奉千爲隨州刺史辛亥吐渾節度使王義宗加檢校太尉以前忻州刺史秦習爲耀州團練使癸丑以北京副留守檢校司徒白文珂爲河中節度使檢校太尉夏四月己未以北京馬軍都指揮使集州刺史劉信爲滑州節度使充侍衛馬軍都指揮使檢校太傅以北京隨使右都押衙楊邠爲權樞密使檢校太保以北京武節都指揮使雷州刺史史宏肇爲許州節度使充侍衛步軍都指揮使檢校太傅以北京牢城都指揮使壁州刺史常思爲鄧州節度使檢校太傅兼權北京馬步軍都指揮使三城巡檢使以河東行軍司馬張彥威爲同州節度使檢校太保以蕃漢兵馬都孔目官郭威爲權樞密使檢校司徒以河東左都押衙竇貞固爲宣徽南院使檢校司徒以右都押衙王浩爲宣徽北院使檢校司徒以兩使都孔目官王章爲權三司使檢校太保是日契丹主取相州殺留後梁暉宋史李穀傳潛遣河朔酋豪梁暉入據安陽契丹主患之即謀北旋會有告契丹以城中虛弱者契丹還攻安陽陷其城暉磁州滏陽人少爲盜會契丹入汴暉收集徒黨先入磁州無所侵犯遣使送欵于帝暉偵知相州頗積兵仗且無守備遂以三月二十一日夜與其徒踰垣而入殺契丹數十人奪器甲數萬計遂據其城契丹主先遣相州節度使高唐英率兵討之未幾契丹主至城下是月四日攻拔之遂屠其城翼日契丹主北去命高唐英鎮之唐英閱城中遺民得男女七百人而已乾祐中王繼宏鎮相州奏于城中得髑髏十餘萬殺人之數從可知也庚申以石州刺史易全章爲洺州團練使以前遼州刺史安貞爲宿州團練使以嵐州刺史孟行超爲潁州團練使以汾州刺史武彥宏爲曹州防禦使以前憲州刺史慕容信爲齊州防禦使以遼州刺史薛瓊爲亳州防禦使以沁州刺史李漢韜爲汝州防禦使癸亥册魏國夫人李氏爲皇后甲子以皇長子承訓爲左衛上將軍第二子承祐爲左衛大將軍第三子承勳爲右衛大將軍皇女彭城郡君宋氏封永寧公主皇姪承贇爲右衛上將軍以河東節度判官蘇逢吉爲中書侍郎同平章事集賢殿大學士以河東觀察判官蘇禹珪爲中書侍郎同平章事升府州爲節鎮加永安軍額以振武節度使府州團練使折從阮爲永安軍節度使行府州刺史檢校太尉以北京隨使左都押

銜劉銖爲河陽節度使以河東支使韓祚爲左諫議大夫充樞密直學士乙丑遣史宏肇率兵一萬人趨潞州丙寅以權知潞州軍州事左驍衛大將軍王守恩爲潞州節度使檢校太保以權點檢延州軍州事高允權爲延州節度使檢校太保以岢嵐軍使鄭謙爲忻州刺史遙領應州節度使充忻代二州義軍都部署丁卯以河東都巡館驛沿河巡檢使閻萬進爲嵐州刺史領朔州節度使充嵐憲二州義軍都制置戊辰權河陽留後武行德以城來歸初契丹主將發東京船載武庫兵仗自汴泝河欲置之于北地遣奉國都虞候武行德部送與軍士千餘人并家屬俱行至河陰軍亂奪兵仗殺契丹監吏衆推行德爲帥與河陰屯駐軍士合乃自汜水抵河陽河陽僞命節度使崔廷勳率兵拒之兵敗行德等追躡之廷勳棄城而遁行德因據其城隆平集武行德傳行德陷于契丹僞請自効因遣送將校數十人護所取尚方鎧甲還契丹至河陰行德謂衆曰我與若等能爲邊地鬼耶衆素伏其威名皆曰惟命遂攻孟州走其節度使崔廷勳悉以府庫分諸校而權領州事遣其弟行友詣太原勸進僞命西京留守劉晞棄洛城南走許州遂奔東京洛京巡檢使方太自署知留守事未幾太爲武行德所害是日蕃將耿崇美屯澤州史宏肇遣先鋒將馬誨率兵擊之崇美退保懷州崔廷勳以契丹衆攻武行德于河陽行德出戰爲廷勳所敗汴州蕭翰遣蕃將高牟翰將兵援送劉晞復歸于洛牟翰至殺前澶州節度使潘環于洛陽辛未以河陽都部署武行德爲河陽節度使檢校太尉充一行馬步軍都部署甲戌潞州節度使王守恩加檢校太尉以前棣州刺史慕容彥超爲澶州節度使檢校太保丙子契丹主耶律德光卒于鎭之欒城趙延壽于鎭州自稱權知國事辛巳陝州節度使趙暉加檢校太尉華州節度使兼陝州馬步軍都指揮使侯章加檢校太傅以陝府馬步軍副都指揮使兼絳州防禦使王晏爲晉州節度使檢校太傅以丹州都指揮使權知軍州事高彥珣爲丹州刺史隆平集王晏傳云漢祖威名未振而晏等歸之甚喜即授以節度使

舊五代史卷九十九攷證

漢高祖紀上帝大破偉王于忻口　案漢祖破偉王是書作開運元年正月歐陽史漢本紀作三年五月晉本紀又載開運元年正月辛丑劉知遠及契丹偉王戰于秀容敗之兩紀年月互異應以是書爲據

三年五月加守太尉是月帝誅吐渾白承福等五族　案歐陽史作八月殺吐渾白承福等族

壬寅契丹主發自東京還本國　案遼史太宗紀作四月丙辰朔發自汴州與是書異歐陽史及通鑑俱從是書作壬寅

殺契丹數十人　案契丹國志作殺遼兵數百

丙子契丹主耶律德光卒于鎭之欒城　案遼史太宗紀四月丁丑崩于欒城與是書異歐陽史及通鑑俱從是書作丙子

朗鄂舊作朗五今改

舊五代史卷一百

宋門下侍郎參知政事監修國史薛居正等撰

漢書第二

高祖紀下

天福十二年夏五月乙酉朔契丹所署大丞相政事令東京留守燕王趙延壽爲永康王烏裕所鎖而烏裕召蕃漢臣寮于鎭州牙署矯其主遺詔命烏裕嗣位于是發哀成服辛卯詔取五月十三日車駕南幸甲午以判太原府事劉崇爲北京留守命皇子承訓武德使李暉大內巡檢丙申帝發河東取陰地關路幸東京時星官言太歲在午不利南巡故路出陰地丁酉史宏肇奏澤州刺史翟令奇以郡來降宋史李萬超傳史宏肇路徑澤州刺史翟令奇堅壁拒命萬超馳至城下諭之曰今契丹北遁天下無主幷州劉公仗大義定中土所向風靡後服者族盍早圖之令奇乃開門迎納宏肇即留萬超權州事是日契丹所署汴州節度使蕭翰迎郇國公李從益至東京請從益知南朝軍國事己亥蕭翰發離東京北去乙巳契丹永康王烏裕自鎭州還蕃行次定州以定州節度副使耶律忠爲定州節度使孫方簡爲雲州節度使方簡不受命遂歸狼山戊申車駕至絳州本州刺史李從朗以郡降初契丹遣偏校成霸卿曹可璠等守其郡帝建義之始不時歸命及車駕至帝耀兵于城下不令攻擊從朗等遂降六月乙卯契丹河中節度使趙贊起復河中節度使是日契丹右僕射兼中書侍郎平章事張礪卒于鎭州丙辰車駕至洛兩京文武百僚自新安相次奉迎郇國公李從益唐明宗淑妃王氏皆賜死于東京甲子車駕至東京丙寅以漢州就糧歸捷指揮使張建雄爲濮州刺史以金州守禦指揮使康彥環爲金州防禦使建雄彥環皆因亂害本州刺史自知州事故有是命以北京知進奏王從璋爲內客省使戊辰制大赦天下應天福十二年六月十五日昧爽已前天下見禁罪人已結正未結正已發覺未發覺除十惡五逆外罪無輕重咸赦除之諸州去年殘稅並放東西京一百里內放今年夏稅一百里外及京城今年屋稅並放一半契丹所授職任不議改更諸貶降官未量移與量移已量移者與敘錄徙流人並放還應係欠省錢家業抵當外並放宜以國號爲大漢年號依舊稱天福云己巳詔青州襄州安州復爲節鎭曹陳二州依舊爲郡壬申北京留守劉崇加同平章事以中書舍人劉繼儒爲宗正卿翰林學士承旨尙書兵部侍郎張允落職守本官以尙書左丞張昭爲吏部侍郎以左散騎常侍邊歸讜爲禮部侍郎以左散騎常侍王仁裕爲戶部侍郎充翰林學士承旨以右諫議大夫張沆爲左散騎常侍充翰林學士以戶部侍郎李式爲光祿卿以翰林學士尙書禮部侍郎邊光範爲衛尉卿甲戌詔文武臣僚每遇內殿起居輪次上封事丁丑以湖南節度使馬希範卒輟視朝三日是月契丹所命相州節度使高唐英爲屯駐指揮使王繼宏楚暉所殺秋七月己丑以御史中丞趙上交爲太僕卿以戶部侍郎邊蔚爲御史中丞甲午武安軍節度副使水陸諸軍副都指揮使判內外諸司江南西道觀察等使檢校太尉馬希廣加檢校太師兼中書令行潭州大都督天策上將軍充武安軍節度湖南管內觀察使江南諸道都統封楚王丙申以鄴都留守天雄軍節度使檢校太師守太傅兼中書令衛國公杜重威爲宋州節度使加守太尉以宋州節度使檢校太師兼中書令高行周爲鄴都留守加守太傅以鄆州節度使檢校太師兼侍中李守貞爲河中節度使加兼中書令以河中節度使檢校太尉趙贊爲晉昌軍節度使宋史趙贊傳贊懼漢疑已遣親吏趙儔奉表歸蜀判官李恕者趙延壽賓佐深所委賴至于家事亦參之及贊出鎭從爲上介至是恕語贊曰燕王入遼非所願也漢方建國必務懷柔公若泥首歸朝必保富貴倘入蜀理難萬全儻若不容後悔無及公能聽納請先入朝爲公申理贊卽遣恕詣闕漢祖見恕問贊何以附蜀恕曰贊家在燕薊身受契丹之命自懷憂恐謂陛下終不能容招引西軍蓋圖苟免臣意國家甫定務安臣民所以令臣乞哀求覲漢祖曰贊之父子亦吾人也事契丹出于不幸今聞延壽落于陷穽吾忍不容贊耶恕未還贊已離鎭入朝卽命爲左驍衛將軍以晉昌軍節度使張彥超爲鄜州節度使加檢校太師庚子以徐州節度使檢校太師同平章事岐國公符彥卿爲兗州節度使加兼侍中以鄧州節度使檢校太師王周爲徐州節度使加同平章事以許州節度使檢校太保劉重進爲鄧州節度使加檢校太傅以兗州節度使檢校太師兼侍中安審琦爲襄州節度使檢校太師莒國公李從敏爲西京留守加同平章事以鳳翔節度使檢校太師同平章事侯益依前鳳翔節度使加兼侍中辛丑故守司空兼門下侍郎平章事譙國公劉昫贈太保甲辰華州節度使侯章同州節度使張彥威涇州節度使史威並加檢校太尉以晉昌軍節度使檢校太保劉銖爲青州節度使加檢校太尉同平章事以河中節度使檢校太尉白文珂爲鄆州節度使加同平章事以青州節度使楊承信爲安州節度使加檢校太傅滑州節度使兼侍衛馬軍都指揮使劉信許州節度使兼侍衛步軍都指揮使史宏肇並加檢校太尉庚戌以司天監任延浩爲殿中監以司天少監杜昇爲司天監是月契丹永康王烏裕囚祖母舒嚕氏于木葉山閏月辛酉以左衛上將軍皇甫立爲太子太師致仕乙丑禁造契丹樣鞍轡器械服裝故開封尹桑維翰贈尙書令故西京留守景延廣贈中書令以衛尉卿薛仁謙爲司農卿丙寅唐故樞密使郭崇韜贈中書令故河中節度使安重誨贈尙書令故華州節度使毛璋贈侍中故汴州節度使朱守殷贈中書令丁卯故青州節度使楊光遠贈尙書令追封齊王仍令所司追諡立碑唐故河中節度使西平王朱友謙追封魏王故樞密使馮贇贈中書令故河陽節度使判六軍康義誠贈中書令故西京留守京兆尹王思同故邠州節度使藥彥稠故襄州節度使安重進故鎭州節度使安重榮並贈侍中庚午以前延州留後薛可言爲宣徽北院使以監察御史王度爲樞密直學士新授宋州節度使杜重威據鄴都叛詔削奪重威官爵貶爲庶人以高行周爲行營都部署率兵進討辛未以權樞密使楊邠爲樞密使加檢校大傅以權樞密副使郭威爲副樞密使加檢校太保以權三司使王章爲三司使加檢校太傅壬申故晉昌軍節度使趙在禮贈中書令故曹州節度使石贇贈侍中故滑州節度使皇甫遇贈中書令故同州節度使劉繼勳故貝州節度使梁漢璋皆贈太尉故宣徽使孟承誨贈太保丁丑有彗出于張旬日而滅己卯陝州節度使趙暉加階爵晉州節度使王晏加檢校太尉河陽節度使武行德加階爵延州節度使高允權加檢校太尉鄧州節度使常思加檢校太尉移鎭潞州庚辰追尊六廟以太祖高皇帝世祖光武皇帝爲不祧之廟高曾已下四廟追尊謚號已載于前矣是日權太常卿張昭上六廟樂章舞名太祖高皇帝室酌獻請依舊奏武德之舞世祖光武皇帝室酌獻請依舊奏大武之舞文祖明元皇帝室酌獻請奏靈長之舞德祖恭僖皇帝室酌獻請奏積善之舞翼祖昭獻皇帝室酌獻請奏顯仁之舞顯祖章聖皇帝室酌獻

請奏章慶之舞其六廟歌詞文多不錄八月壬午朔鎮州駐屯護聖左廂都指揮使白再筠等逐契丹所命節度滿達勒復其城滿達勒與河陽節度崔廷勳洛京留守劉晞並奔定州馳驛以聞庚寅以洺州團練使薛懷讓為邢州節度使辛卯詔恒州復為鎮州順國軍復為成德軍乙未以護聖左廂都指揮使恩州團練使白再筠為鎮州留後丙申詔天下凡關賊盜不計贓物多少案驗不虛並處死以兩浙節度使守太師兼中書令吳越國王錢宏佐薨廢朝三日丙午以吐渾府節度使檢校太尉王義宗為沁州刺史依前吐渾節度使己酉以刑部尚書竇貞固為吏部尚書是日薛懷讓奏收復邢州殺偽命節度副使知州事劉鐸初懷讓為洺州防禦使滿達勒亟發健步督洺州糧運懷讓殺之以聞帝遣郭從義與懷讓攻取邢州蕃將楊袞來援鐸懷讓拒之不勝退保洺州敵騎掠其部民大被其苦會鎮州逐滿達勒楊袞收兵退鐸乃上表請命懷讓乘其無備遣人紿鐸云奉詔襲契丹請置頓于郡鐸開門迎之即為懷讓所害時人冤之鐸初受契丹命為邢州都指揮使及永康王以高奉明為節度滿達勒署鐸為邢州副使兼都指揮使帝至東京奉明歸鎮州令鐸知邢州事至是遇害庚戌文武百寮上表請以二月四日降誕日為聖壽節從之前晉昌軍節度副使李肅加左驍衛上將軍致仕是月遣使諸道和市戰馬九月甲子宰臣蘇逢吉兼戶部尚書蘇禹珪兼刑部尚書丁卯以吏部侍郎權判太常卿事張昭為太常卿戊辰故易州刺史郭璘贈太傅甲戌宰臣蘇逢吉加左僕射監修國史蘇禹珪加右僕射集賢殿大學士以吏部尚書竇貞固為守司空兼門下侍郎平章事宏文館大學士宋史竇貞固傳初帝與貞固同事晉祖甚相得時蘇逢吉蘇禹珪自霸府僚佐與居相位思得舊臣冠首以貞固持重寡言有時望乃拜司空門下侍郎平章事以翰林學士行中書舍人李濤為中書侍郎兼戶部尚書平章事宋史李濤傳杜重威據鄴叛高祖命高行周慕容彥超討之二帥不協濤密疏親征高祖覽奏以濤堪任宰輔即拜中書侍郎兼戶部侍郎平章事是日權太常卿張昭上疏奏改一代樂名戊寅詔以杜重威叛命取今月二十九日暫幸澶魏己卯以前樞密使李崧為太子太傅以前左僕射和凝為太子太保庚辰車駕發京師冬十月癸未以太子太保李鏻為司徒以太子太傅盧文紀為太子太師以前磁州刺史李穀為左散騎常侍宋史李穀傳舊制罷外郡歸本官至是進秩獎之也甲申車駕次韋城詔河北諸州見禁罪人自十月五日昧爽以前常赦所不原者咸赦除之壬辰日有黑子如雞卵丙申以相州留後王繼宏為相州節度使加檢校太傅至鄴都城下丙午詔都部署高行周督衆攻城帝登高阜以觀之時衆議未欲攻擊副部署慕容彥超堅請攻之是日王師傷夷者萬餘人不克而退十一月壬子雨木冰癸丑日南至從官稱賀于行宮己未湖南奏荊南節度使高從誨叛辛酉雨木冰壬申杜重威上表請命癸酉雨木冰丁丑杜重威素服出降待罪于宮門詔釋其罪鄴都留守天雄軍節度使高行周加守太尉封臨清王以杜重威為檢校太師守太傅兼中書令楚國公己卯以許州節度使兼侍衛步軍都指揮使史宏肇為宋州節度使同平章事充侍衛親軍馬步軍都指揮使以滑州節度使兼侍衛馬軍都指揮使劉信為許州節度使同平章事充侍衛親軍馬步軍副都指揮使以澶州節度使慕容彥超為鄆州節度使同平章事以前定州節度使李殷為貝州節度使以鄭州防禦使郭從義為澶州節度使十二月辛巳朔以護聖左廂都指揮使岳州防禦使李洪信為遂州節度使充侍衛步軍都指揮使以護聖右廂都指揮使永州防禦使尚洪遷為蔡州節度使充侍衛步軍都指揮使丙戌車駕發鄴都歸京癸巳至自鄴都甲午以皇子開封尹承訓薨廢朝三日追封魏王丁酉帝舉哀于太平宮庚子司徒李鏻薨辛丑以前鄜州節度使郭謹為滑州節度使加檢校太尉戊申宿州奏部民餓死者八百六十有七人乾祐元年正月辛亥朔帝不受朝賀乙卯制大赦天下改天福十三年為乾祐元年自正月五日昧爽已前犯罪人除十惡五逆外罪無輕重咸赦除之己未改御名為暠辛酉詔諸道行軍副使兩使判官並不得奏薦帶使相節度使許奏掌書記支使節度推官不帶使相節度使許奏掌書記節度推官其防禦團練判官軍事判官等聽奏所薦州縣官帶使相節度使許薦三人不帶使相二人防禦團練刺史一人云以前鄧州節度使燕國公馮道為守太師進封齊國公甲子帝不豫庚午以前宗正卿石光贊為太子賓客以太僕卿趙上交為秘書監丁丑故尚書左丞韓惲贈司徒二十七日丁丑帝崩于萬歲殿時年五十四祕不發喪庚辰太傅杜重威伏誅契丹國志云漢主召蘇逢吉楊邠史宏肇入受顧命曰承祐幼弱後事託在卿輩又曰善防杜重威是日殂逢吉等祕不發喪下詔稱重威父子因朕小疾謗議搖衆皆斬之磔屍于市市人爭啖其肉二月辛巳朔內降遺制皇子周王承祐可于柩前即皇帝位是日發哀其年二月太常卿張昭上謚曰睿文聖武昭肅孝皇帝廟號高祖十一月壬申葬于睿陵宰臣蘇禹珪撰謚冊哀冊文云五代史補高祖晉祖廟下晉祖既起太原因高祖遂有天下先是豫章有僧號上藍者精于術數自唐末著讖云石榴花發石榴開議者以石榴則晉漢之謂也再言石榴者明享祚俱不過二世矣

史臣曰在昔皇天降禍諸夏無君漢高祖肇起并汾遄臨汴洛乘虛而取神器因亂而有帝圖雖曰人謀諒由天啓然帝昔莅戎藩素虧物望洎登宸極未厭人心徒矜拯溺之功莫契來蘇之望良以急于止殺不暇崇仁燕薊降師既連營而受戮鄴臺叛帥因閉壘以偷生蓋撫御以乖方俾征伐之不息及回鑾輅尋墮烏號故雖有應運之名而未覩為君之德也

舊五代史卷一百攷證

漢高祖紀下猶其主遺詔命烏裕嗣位　案遼史世宗紀作四月戊寅即皇帝位歐陽史通鑑契丹國志俱從是書作五月與遼史異

乙巳契丹永康王烏裕自鎮州還蕃行次定州　案遼史作甲申次定州與是書異

契丹河中節度使趙贊起復河中節度使　案遼史世宗紀天祿二年十月壬午南京留守魏王趙延壽薨攷遼天祿二年即漢乾祐二年此時天福十二年延壽尚未死也此必因延壽為永康王所鎖而漢人傳其已死遂起復其子贊以絕其北向之心耳

新授宋州節度使杜重威據鄴都叛詔削奪重威官爵貶為庶人。案通鑑杜重威之叛在七月至閏月庚午乃削奪官爵五代春秋歐陽史作閏七月杜重威拒命與通鑑異

懷讓遣人紿鐸云奉詔襲契丹請置頓于郡　案宋史薛懷讓傳懷讓遣人紿鐸云我奉詔為邢州帥據是書則懷讓實紿鐸奉詔襲契丹以庚寅授邢州節度使非紿之也特託言置頓于郡耳

丙申至鄴都城下　案通鑑作戊戌至鄴都城下與是書異

甲午以皇子開封尹承訓薨廢朝三日追封魏王　案通鑑辛卯皇子開封尹承訓卒乙未追立為魏王與是書紀日互異

烏裕舊作兀欲今改　舒嚕舊作述律今改　滿達勒舊作麻答今改

舊五代史卷一百一

宋門下侍郎參知政事監修國史薛居正等撰

漢書第三

隱帝紀上

隱皇帝諱承祐高祖第二子也母曰李太后以唐長興二年歲在辛卯三月七日生帝于鄴都之舊第高祖鎮太原署節院使累官至檢校尚書右僕射國初授左衛大將軍檢校司空遷大內都點檢檢校太保乾祐元年正月二十七日高祖崩祕不發喪二月辛巳授特進檢校太尉同平章事封周王宣制畢有頃召文武百寮赴萬歲殿內降大行皇帝遺制云周王承祐可于柩前即皇帝位服紀日月一依舊制是日內外發哀成服初高祖欲改年號中書門下進擬乾和二字高祖改為乾祐至是與御名相符甲申羣臣上表請聽政詔答不允凡四上表從之丁亥帝于萬歲殿門東廡下見羣臣尊母后為皇太后己丑徐州節度使王周卒庚寅以前晉州留後劉在明為鎮州留後幽州馬步軍都部署加檢校太尉是日工部尚書龍敏卒壬辰右衛大將軍王景崇奏于大散關大敗蜀軍俘斬三千人初契丹犯京師侯益趙贊皆受其命節制岐蒲閬高祖入洛頗懷反仄朝廷移贊于京兆侯益與贊皆求援于蜀蜀遣何建率軍出大散關以應之至是景崇糾合岐雍邠涇之師以破之癸巳制大赦天下自乾祐元年二月十三日昧爽已前所犯罪人已結正未結正已發覺未發覺常赦所不原者咸赦除之中外文武臣寮並與加恩馬步將士各賜優給唐晉兩朝求訪子孫立為二王後云丙午鳳翔巡檢使王景崇遣人送所獲偽蜀將校軍士四百三十八人至闕下詔釋之仍各賜衣服以兵部侍郎張允為吏部侍郎以工部侍郎司徒詡為禮部侍郎丁未以光祿卿李式為尚書右丞以禮部侍郎邊歸讜為刑部侍郎以刑部侍郎盧價為兵部侍郎三月甲寅帝始御廣政殿羣臣起居殿中少監胡崧上言請禁砍伐桑棗為薪城門所由專加捉搦從之丙辰鄴都留守太尉中書令臨清王高行周進封鄴王北京留守檢校太尉同平章事劉崇領宋州節度使兼侍衛親軍馬步軍都指揮使檢校太尉同平章事史宏肇並加檢校太師兼侍中前邢州節度使安叔千以太子太師致仕戊午以右諫議大夫于德辰為兵部侍郎庚申河中節度使檢校太師兼中書令李守貞加守太傅進封魯國公襄州節度使檢校太師兼中書令魏國公安審琦加守太保進封

齊國公兗州節度使檢校太師兼侍中岐國公符彥卿加兼中書令進封魏國公許州節度使兼侍衛親軍副都指揮使檢校太尉同平章事劉信加檢校太師壬戌以宰臣竇貞固爲山陵使吏部侍郎段希堯爲副使太常卿張昭爲禮儀使兵部侍郎盧價爲鹵簿使御史中丞邊蔚爲儀仗使丙寅以前鳳翔節度使兼西南面兵馬都部署檢校太師兼侍中侯益爲開封尹加兼中書令宋史侯益傳益率數十騎奔入朝隱帝遣侍臣問益連結蜀軍之由益對曰臣欲誘之出關掩殺之耳隱帝笑之益厚賂史宏肇言王景崇之横恣諸權貴深庇護之乃授以開封尹兼中書令西京留守檢校大師平章事莒國公李從敏夏州節度使檢校太師同平章事李彝殷並加兼侍中青州節度使檢校太尉同平章事劉銖鄆州節度使檢校太尉同平章事慕容彥超並加檢校太師詔改廣晉府爲大名府晉昌軍爲承興軍戊辰靈州節度使檢校太師同平章事馮暉加兼侍中河陽節度使武行德滄州節度使王景華州節度使侯章晉州節度使王晏並依前檢校太尉加同平章事庚午涇州節度使史懿潞州節度使常思同州節度使張彥威延州節度使高允權並依前檢校太尉加同平章事澶州節度使郭從義邢州節度使薛懷讓並自檢校太傅加檢校太尉以前奉國右廂都指揮使王饒爲鄜州留後甲戌以邠州節度使檢校太尉同平章事王守恩爲永興軍節度使加檢校太師以滑州節度使檢校太尉郭謹爲邠州節度使以前鎮州留後檢校太傅白再筠爲滑州節度使加檢校太尉以陝州節度使檢校太尉同平章事趙暉爲鳳翔節度使以前河中節度使檢校太尉同平章事白文珂爲陝州節度使殿中監任延浩配流鄜州坐爲劉崇所奏故也丙子鄧州節度使劉重進相州節度使王繼宏安州節度使楊信並自檢校太傅加檢校太尉以鎮州留後兼幽州一行馬步軍都部署檢校太傅劉在明爲鎮州節度使加檢校太師部署如故貝州節度使檢校太傅李殷加檢校太尉定州節度使檢校太尉孫方簡府州節度使檢校太傅折從阮並加檢校太師丁丑中書侍郎兼戶部尚書平章事李濤罷免勒歸私第時蘇逢吉等在中書樞密使楊邠副樞密使郭威等權勢甚盛中書每有除授多爲邠等所抑濤不平之因上疏請出邠等以藩鎮授之樞密之務宜委逢吉禹珪疏入邠等知之乃見太后泣訴其事太后怒濤由是獲譴先是中書廚釜鳴者數四未幾濤罷免西道諸州奏河中李守貞謀叛發兵據潼關夏四月辛巳陝州兵馬監押王玉奏收復潼關定州孫方簡奏三月二十七日契丹棄定州遁去壬午以樞密使楊邠爲中書侍郎兼吏部尚書平章事使如故以副樞密使郭威爲樞密使加檢校太尉三司使王章加檢校太尉同平章事郢州刺史尹實奏荆南起兵在境上欲攻城是日以澶州節度使郭從義爲永興軍一行兵馬都部署時供奉官時知化王益自鳳翔部署前永興節度使趙贊部下牙兵趙思綰等三百餘人赴闕三月二十四日行次永興思綰等作亂突入府城據城以叛故命從義帥師以討之甲申王景崇奏趙思綰叛見起兵攻討丁亥幸道宮佛寺禱雨戊子東南面兵馬都元帥兩浙節度使檢校太師兼中書令吳越國王錢宏倧加諸道兵馬都元帥天策上將軍湖南節度使檢校太師兼中書令楚王馬希廣加守中書令以陝州節度使白文珂爲河中府城下一行都部署庚寅宰臣竇貞固蘇逢吉蘇禹珪並進封開國公辛卯削奪李守貞在身官爵甲午以翰林學士承旨戶部侍郎王仁裕爲戶部尚書以翰林學士左散騎常侍張沆爲工部尚書以翰林學士中書舍人范質爲戶部侍郎以樞密直學士尚書比部員外郎王度爲祠部郎中並依前充職以侍衛步軍都指揮使尚洪遷充西南面行營都虞候以客省使王峻爲西南面行營兵馬都監戊戌以宣徽南院使扈彥珂爲左金吾上將軍庚子以左金吾大將軍充兩街使檢校太傅劉承贇爲徐州節度使甲辰以宣徽北院使薛可言爲右金吾上將軍以皇城使李暉爲宣徽南院使乙巳定州節度使孫方簡奏復入于本州初方簡爲狼山寨主叛晉歸契丹及契丹降中渡之師乃以方簡爲定州節度使契丹主死永康王嗣位卽以蕃將耶律忠代之移方簡爲雲州節度使方簡不受命遂歸狼山高祖至闕方簡歸欵復以中山命之是歲三月二十七日契丹棄定州隳城壁焚室廬盡驅人民入蕃惟餘空城瓦礫而已至是方簡自狼山回保定州是月河決原武縣河北諸州旱徐州餓死民九百三十有七五月己酉朔國子監奏周禮儀禮公羊穀梁四經未有印板欲集學官考校彫造從之己未回鶻遣使朝貢丁卯前翰林學士徐台符自幽州逃歸乙亥河決滑州魚池六月戊寅朔日有食之庚辰以內客省使王峻爲宣徽北院使依前永興城下兵馬都監以冀州牢城指揮使張廷翰爲冀州刺史時廷翰殺本州刺史何行通自知州事故有是命甲申以皇弟右衛大將軍勳爲興元節度使檢校太尉同平章事豐州節度使郭勳加檢校太師辛卯永興兵馬都部署郭從義奏得王景崇報有兵自鳳州來欲投河中追襲至鄜城荆南節度使高從誨上表歸命從誨嘗拒朝命至是方遣牙將劉扶詣闕請罪丙申鎮州奏節度使劉在明卒戊戌以河陽節度使武行德爲鎮州節度使以宣徽南院使李暉爲河陽節度使以相州節度使王繼宏爲貝州節度使壬寅荆南高從誨入貢謝恩釋罪丙午以前永興軍節度使王守恩爲西京留守是月河北旱青州蝗秋七月戊申朔相州節度使王繼宏殺節度判官張易以訛言聞是時法尚深刻藩郡凡奏刑殺不究其實卽順其請故當時從事鮮賓客之禮重足一跡而事之猶不能免其禍焉壬子以工部侍郎李穀充西南面行營都轉運使乙卯禮儀使張昭上高祖廟尊號獻舞名并歌辭舞曲請以觀德爲名歌辭不錄丙辰以久旱幸道宮佛寺禱雨是日大澍開封言陽武雍邱襄邑三縣蝗爲鸜鵒聚食詔禁捕鸜鵒庚申樞密使郭威加同平章事辛酉滄州上言自今年七月後幽州界投來人口凡五千一百四十七北土饑故也乙丑以宣徽北院使王峻爲宣徽南院使以內客省使吳虔裕爲宣徽北院使戊辰以遂州節度使兼侍衛親軍馬軍都指揮使李洪信爲澶州節度使以澶州節度使郭從義爲永興軍節度使兼行營都部署庚午故兵部尚書李僔贈尚書左僕射鎮州奏準詔處斬節度副使張鵬訖鵬以一言之失爲鄴帥高行周所奏故命誅之乙亥新授鳳翔節度使趙暉奏與八作使王繼濤領部下兵同赴鳳翔時王景崇拒命故也八月己卯以華州節度使侯章爲邠州節度使以左金吾上將軍扈彥珂爲華州節度使壬午命樞密使郭威赴河中府軍前詔河府永興鳳翔行營諸軍一稟威節制時李守貞王景崇趙思綰連衡作叛朝廷雖命白文珂常思攻討河中物議以二帥非守貞之敵中外憂之及是命之降人情大愜癸巳以奉國左廂都指揮使閬州防禦使劉詞爲夔州節度使充侍衛步軍都指揮使兼河中行營都虞候以護聖左廂都指揮使岳州防禦使李洪義爲遂州節度使充侍衛馬軍都指揮使乙未兩浙節度使檢校太尉兼侍中吳越國王錢宏俶加檢校太師兼中書令東南面兵馬都元帥宏俶故吳越王元瓘之子也先是其兄宏倧襲父位尋爲部下所廢以宏俶代之故特加是命爲新授鳳翔節度使趙暉奏部署兵士赴鳳翔城下癸卯郭威奏今月二十三日大軍已抵河府賊城至二十六日開長連塹畢築長連城次九月戊申侯益部曲王守筠自鳳翔來奔言益家屬盡爲王景崇所害壬子郭威奏破河府賊軍于城下甲寅故夔州節度使兼侍衛步軍都指揮使尚洪遷贈太尉乙丑雪書不時也戊辰鳳翔都部署趙暉奏大破川軍于大散關殺三千餘人其餘棄甲而遁冊府元龜趙暉進討兵衆數倍他將皆畏縮暉以百騎獨出令曰敢回顧者斬衆効死以戰遂有成功壬申郭威奏得郭從義報今月十四日鳳翔王景崇兵士離本城尋遣監軍李彥從率兵襲至法門寺西殺戮二千餘人詔陞河中府解縣爲解州冬十月丙子朔山陵使竇貞固上大行皇帝陵名曰睿陵從之丁丑夕歲星入太微戊寅趙暉奏破王景崇賊軍于鳳翔城下甲申吐蕃遣使獻方物丙戌右羽林將軍張播停任坐檢田受請託也丁亥中書舍人張誼責授房州司戶兵部郎中馬承翰責授慶州司戶並員外置所在馳驛發遣先是誼與承翰俱銜命于兩浙覩其驕僭之失形于譏誚兼乘醉有輕肆之言錢宏俶恥之摭其過以奏之朝廷以方務懷柔故有是命甲辰延州奏夏州李彝殷先出兵臨州境欲應接李守貞今卻抽退十一月甲寅誅太子太傅李崧及其弟司封員外郎嶼國子博士義夷其族爲部曲誣告故也詔曰稔惡圖危難逃天網虧忠負義必速神誅李崧頃在前朝最居重位略無裨益遂至滅亡及事契丹又爲親密士民俱憤險佞可知先皇帝含垢掩瑕推恩念舊擢居一品俾列三師不謂潛有包藏謀危社稷散差人使潛結奸兇俯近山陵擬爲叛亂按其所告咸已伏辜宜正典章用懲奸逆其李崧李嶼李義一家骨肉及同謀作亂人並從極法云庚申大行皇帝靈駕進發辛酉荆南奏節度使高從誨卒壬申葬高祖皇帝于睿陵十二月丁丑荆南節度副使檢校太傅行峽州刺史高保融起復授荆南節度使檢校太尉同平章事渤海郡侯壬午帝被衮冕御崇元殿授六廟寶冊正使宰臣蘇禹珪副使大府卿劉皡赴西京行禮兗州奏淮賊先于沂州界立柵前月十七日已歸海州爲李守貞牽制也南唐書嗣主六年李守貞遣從事朱元李平奉表來乞師以潤州李金全爲西面行營招撫使壽州劉彥貞爲副諫議大夫查文徽爲監軍使兵部侍郎魏岑爲沿淮巡撫使聞河中平遂班師又李金全傳云出師沭陽諸將銳于進取金全獨以爲遠不相及乃止庚寅奉高祖神主于西京太廟淮南僞主李璟奉書于帝云先因河府李守貞求援又聞大國沿淮屯軍當國亦于境上防備昨聞大朝收軍當國尋已徹備其商旅請依舊日通行朝廷不報辛卯羣臣上表請以三月九日誕聖日爲嘉慶節從之延州節度使高允權奏得部頭李彥李遇等告

太子太師致仕劉景巖與鄉軍指揮使高志結集草寇欲取鄜辰寬圖州城尋請使臣與指揮使李勳聊將兵士巡檢偵邏劉景巖果出兵鬭敵時即殺敗其劉景巖尋獲斬之詔曰劉景巖年已衰暮身處退閒曾無止足之心輒肆包藏之毒結集徒黨窺伺藩垣所賴上將輸忠三軍協力盡除醜類克殄渠魁其劉景巖次男前德州刺史行琮已行極法長男渭州刺史行謙孫男邢州馬軍指揮使崇勳特放是冬多昏霧日晏方解

舊五代史卷一百一攷證

漢隱帝紀上三月二十四日行次永興思綰等作亂突入府城據城以叛　案歐陽史云四月壬午永興軍將趙思綰叛附于李守貞據是書趙思綰據城叛在三月非四月事五代春秋通鑑俱從是書

八月壬午命樞密使郭威赴河中府軍前　案是書周太祖紀云七月西面師徒大集未果進取其月十三日制授帝同平章事即遣西征據此紀則周太祖以七月庚申加同平章事八月壬午命赴河中府軍前非一時事也二紀前後自相矛盾歐陽史漢周本紀亦各仍是書之舊未能參攷畫一通鑑定從是書漢紀

舊五代史卷一百二

宋門下侍郎參知政事監修國史薛居正等撰

漢書第四

隱帝紀中

乾祐二年春正月乙巳朔制曰朕以渺躬獲纘洪緒念守器承祧之重懷臨深履薄之憂屬以天道猶艱王室多故天降重戾國有大喪奸臣乘隙以圖危羣寇幸災而伺釁力役未息兵革方殷朕所以嘗膽履冰廢寢輟寐雖居億兆之上不以九五爲尊漸冀承平永安遐邇內則稟太后之慈訓外則仗多士之忠勳股肱叶謀爪牙宣力西摧三叛撫其背而扼其喉北挫諸蕃斷其臂而折其脅次則巴邛嘯聚淮海猖狂纔聞矢接鋒交已見山摧岸沮寇雖少息師徒無虧兼以修奉園陵崇建宗廟右賢左戚同寅協恭多事之中大禮無闕負荷斯重哀感良深今以三陽布和四序更始宜申兌澤允答天休郵獄緩刑赦過宥罪當萬物之孶甲開三面之網羅順彼發生以召和氣應乾祐二年正月一日昧爽已前天下見禁罪人除十惡五逆官典犯贓合造毒藥劫家殺人正身外其餘並放河府李守貞鳳翔王景崇永興趙思綰等比與國家素無讐釁偶因疑懼遂至叛違然以彼之生靈朕之赤子久陷孤壘可念非辜易子析骸塡溝委壑爲人父母寧不軫傷但以屈己愛人先王厚德包垢含辱列聖美談宜推濟物之恩用廣好生之道其李守貞等宜令逐處都部署分明曉諭若能翻然歸順朕即待之如初當保始終享其富貴明申信誓固無改移其或不順推誠堅欲拒命便可應時攻擊尅日盪平候收復城池罪止元惡其餘詿誤一切不問重念征討已來勞役滋甚兵猶在野民未息肩急賦繁徵財殫力匱矜䘏之澤未被于疲羸愁歎之聲幾盈于道路即俟邊鋒少弭國患漸除當議優饒冀蘇息諸道藩侯郡守等咸分寄任共體憂勞更宜念彼瘡痍倍加勤卹究鄉閭之疾苦去州縣之煩苛勸課耕桑省察冤濫共恢庶政用副憂勞凡百臣寮當體朕意壬子賜前昭義軍節度使張從恩衣一襲金帶鞍馬綵帛等時有投無名文字誣告從恩者故特有是賜以安其心乙卯河府軍前奏今月四日夜賊軍偷斫河西寨捕斬七百餘級時蜀軍自大散關來援王景崇郭威自將兵赴岐下將行戒白文珂劉詞等曰賊之驍勇並在城西愼爲儆備既行至華州聞川軍退敗且憂文珂等爲賊奔突遂兼程而迴賊城內偵知郭威西行于正月四日夜遣牙將王三鐵等宋史王繼勳傳繼勳有武勇在軍陣常用鐵鞭鐵槊鐵檛軍中目爲王三鐵率驍勇千餘人沿流南行坎岸而登爲三道來攻賊軍已入王師砦中劉詞極力拒之短兵既接遂敗之二月丙子詔諸道州府所征乾祐元年夏秋苗畝上紐征白米稈草已納外並放是日旦黑霧四塞丁丑夕大風乙酉以前房州刺史李筠夫爲鴻臚卿戊子前右監門將軍喬達及其兄契丹僞命客省使榮等皆棄市達李守貞之妹壻也故皆誅之庚寅徐州巡檢使成德欽奏至峒峿鎮遇淮賊破之殺五百人生擒一百二十人戊戌大雨霖庚子詔左諫議大夫賈緯等修撰高祖實錄三月丙辰以北京衙內指揮使劉鈞爲汾州防禦使夏四月丙子以荊南節度行軍司馬武泰軍節度留後王保義爲檢校太尉領武泰軍節度使行軍如故丁丑潁州獻紫兔白兔是月幽定滄貝深冀等州地震辛巳太白經天辛丑幸道宮禱雨五月甲辰朔以湖南節度使檢校太尉兼中書令扶風郡公加太師馬希聲追封衡陽王戊申以前邠州節度使安審約爲左神武統軍以前洛京副留守袁義爲右神武統軍乙卯河府軍前奏今月九日河中節度副使周光遜棄賊河西寨與將士一千一百三十八人來奔己未右監門大將軍許遷上言奉使至博州博平縣界蝝生彌亘數里一夕並化爲蝶飛去辛酉兗鄆齊三州奏蝝生乙丑永興趙思綰遣牙將劉成誥乞降制授趙思綰華州節度留後檢校太保以永興城內都指揮使常彥卿爲虢州刺史丁卯宋州奏蝗抱草而死己巳湖南奏蠻寇賀州遣大將軍徐進率兵援之戰于風陽山下大敗蠻賊斬首五千級六月癸酉朔日有食之兗州奏捕蝗二萬斛魏博宿三州蝗抱草而死乙亥潁州獻白鹿戊寅安州節度使楊信奏亡父光遠蒙賜神道碑鐫勒畢故中斷詔別令斷石鐫勒己卯滑濮澶曹兗淄青齊宿懷相衛博陳等州奏蝗分命中使致祭于所在川澤山林之神開封府滑曹等州蝗甚遣使捕之宋史段思恭傳隱帝詔徧祈山川思恭上言赦過宥罪議獄緩刑苟獄訟平允則災害不生望令諸州速決重刑無致淹濫必召和平從之壬午月犯心星辛卯回鶻遣使貢方物丙申改商州乾元縣爲乾祐縣隸京兆府是月邠寧涇延鄜坊丹翟等州旱秋七月辛亥湖南奏析長沙縣東界爲龍喜縣從之丙辰樞密使郭威奏收復河府羅城李守貞退保子城丁巳永興都部署郭從義奏新除華州留後趙思綰自今月三日授華州留後準詔赴任三發行期仍要鎧甲以給牙兵及與之意不遜路至九日夕有部曲曹彥進告思綰欲于十一日夜與同惡五百人奔南山入蜀是日詰旦再促上路云俟夜進途臣尋與王峻入城分兵守四門其趙思綰部下軍各已執帶遂至牙署令趙思綰至則執之與一行徒黨並處置訖甲子樞密使郭威奏收復河中府逆賊李守貞自燔而死丙寅以權涼州留後折逋嘉施爲河西節度留後兗州奏捕蝻二萬斛丁卯前洺州團練使武漢球卒戊辰永興軍節度使兼兵馬都部署郭從義加同平章事從華州節度使郭從義奏處斬前巡檢使喬守溫供奉官王益時化任繼勳等守溫受高祖命巡檢京兆會王益自鳳翔押送趙思綰等赴闕行至京兆守溫迎益于郊外思綰等突然作亂遂據其城及郭從義率兵攻討令守溫部署役夫守溫有愛姬陷在賊城爲思綰所錄及收城從義盡得思綰之婢僕守溫求其愛姬從義雖與之意有所慊遂發前罪密啓于郭威請除之與王益等併誅焉兗州奏捕蝗四萬斛壬午西京留臺侍御史趙礪彈奏太子太保王延太子洗馬張季凝等自去年五月後來每稱請假俱是不任拜起詔延等宜以本官致仕甲申以陝州節度使充河中一行兵馬都部署白文珂爲西京留守加兼侍中潞州節度使充河中一行副都部署常思加檢校太師以右散騎常侍盧撰爲戶部侍郎致仕辛卯右拾遺高守瓊上言仕官年未三十請不除授縣令詔起今後諸色選人年及七十者宜注優散官年少未歷資考者不得注擬縣令癸巳以翰林學士工部尙書張沆爲禮部尙書沆卜葬先人以內署無例乞假乃上章請解職以赴葬事遂落職以遣之乙未宣徽南院使永興行營兵馬都監王峻宣徽北院使河府行營兵馬都監吳虔裕並加檢校太傅九月乙巳樞密使郭威檢校太師兼侍中宋州節度使兼侍衞親軍都指揮使史宏肇加兼中書令初郭威平河中迴朝廷議加恩威奏曰臣出兵已來輦轂之下無犬吠之憂俾臣得專一其事軍旅所聚貲糧不乏此皆居中大臣鎮撫謀畫之功也臣安敢獨擅其美乎帝然之于是宏肇與宰相樞密使三司使次第加恩既而諸大臣以恩之所被皆朝廷親近之臣而宗室劉信及青州劉銖等皆國家元勳必有不平之意且外慮諸侯以朝廷有私于親近也于是議及四方侯伯普加恩焉丙午西京留守判官時彥澄推官姜蟾少尹崔淑並免居官坐不隨府罷職爲留臺侍御史趙礪所彈也己酉以右千牛上將軍孫漢韶爲絳州刺史禮部尙書判吏部尙書銓事王松停見任坐子仁寶爲李守貞從事也尋卒于其第辛亥宰臣竇貞固加守司徒蘇逢吉加守司空蘇禹珪加左僕射楊邠加右僕射依前兼樞密使太子太師致仕皇甫立卒癸丑三司使王章加邑封乙卯鄴都高行周加守太師襄州安審琦加守太傅兗州府符彥卿加守太保北京劉崇加兼中書令丁巳澶州李洪信移鎭陝州以侍衞馬軍都指揮使遂州節度使李洪義爲澶州節度使己未許州劉信加兼侍中開封尹侯益進封魯國公鄆州慕容彥超青州劉銖並加兼侍中湖南馬希廣奏于八月十八日大破朗州馬希萼之衆辛酉靈州馮暉夏州李彝殷並加兼

中書令右衛將軍石懿左武衛將軍石訓並停任懿等以八月中秋享晉五廟命倡婦宿于齋宮鴻臚寺劾之故有是責癸亥鎮州武行德鳳翔趙暉並加檢校太師鄴都磁相邢洺等州奏霖雨害稼西京奏洛水溢岸乙丑晉州王晏同州張彥贇邠州侯章涇州史懿滄州王景延州高允權並加檢校太師冬十月庚午朔契丹入寇是日定州孫方簡徐州劉贇並加同平章事以利州節度使宋延渥爲滑州節度使甲戌皇弟興元節度使勳加檢校太師丙子相州郭謹貝州王繼宏邢州薛懷讓並加檢校太尉庚辰安州楊信鄧州劉重進加檢校太師河陽李暉加檢校太傅壬午兩浙錢宏俶加守尚書令湖南馬希廣加守太尉癸未監修國史蘇逢吉史官賈緯以所撰高祖實錄二十卷上之丙戌荊南高保融加檢校太師兼侍中以殿前都部署江州防禦使李建爲遂州節度使充侍衛馬軍都指揮使以奉國左廂都指揮使永州防禦使王殷爲夔州節度使充侍衛步軍都指揮使契丹陷貝州高老鎮南至鄴都北境又西北至南宮堂陽殺掠吏民數州之地大被其苦藩郡守將閉關自固遣樞密使郭威率師巡邊仍令宣徽使王峻叅預軍事庚寅府州折從阮進封岐國公豐州郭勳進封虢國公十一月壬寅鄜州留後王饒加檢校太傅癸丑以吳越國王錢宏俶母吳氏爲順德太夫人時議者曰封贈之制婦人有國邑之號死乃有謚后妃公主亦然唐則天女主自我作古乃生有則天之號韋庶人有順聖之號知禮者非之近代梁氏賜張宗奭妻號曰賢懿又改爲莊惠今以吳氏爲順德皆非古之道也乙卯以大府卿劉皞爲宗正卿十二月庚午朔湖南奏靜江軍節度使馬希瞻以今年十月十八日卒廢朝二日辛未日暈三重戊寅司徒門下侍郎平章事竇貞固奏請修晉朝實錄詔史官賈緯竇儼王伸等修撰以禮部尚書張沆復爲翰林學士壬午皇帝二十一姊永寧公主進封秦國長公主潁州奏破淮賊于正陽

舊五代史卷一百二攷證

漢隱帝紀中安州節度使楊信　案楊信本名承信在隱帝時避御名去承字是書仍當時實錄之舊

丁巳永興都部署郭從義奏新除華州留後趙思綰與一行徒黨並處置訖　案歐陽史作郭威殺華州留後趙思綰于京兆蓋威命從義圖之耳

甲子樞密使郭威奏收復河中府逆賊李守貞自燔而死　案通鑑壬戌李守貞自焚死歐陽史作甲子克河中祇以奏聞之日爲據也五代春秋繫于六月殊誤

辛亥宰臣竇貞固加守司徒　案宋史竇貞固傳作隱帝卽位加司徒攷貞固加司徒在乾祐二年宋史作卽位所加蓋未詳攷

以利州節度使宋延渥爲滑州節度使　案延渥爲利州節度使于前未見王禹偁宋公神道碑云少帝嗣統授檢校太尉使持節利州諸軍事行利州刺史蓋延渥于元年出鎮利州二年復改鎮也是書未及詳載

舊五代史卷一百三

宋門下侍郎參知政事兼修國史薛居正等撰

漢書第五

隱帝紀下

乾祐三年春正月乙亥朔帝不受朝賀鳳翔行營都部署趙暉奏前月二十四日收復鳳翔逆賊王景崇舉族自燔而死丁未鳳翔節度使充西南行營都部署趙暉加兼侍中戊申密州刺史王萬敢奏奉詔領兵入海州界至荻水鎮俘掠焚蕩更請益兵詔前沂州刺史郭瓊率禁軍赴之庚午前永興軍節度副使安友規除名流登州沙門島先是友規權知永興軍府事及趙思綰之奔衝友規失守城池至是乃正其罪焉癸亥以前邠州節度使宋彥筠爲太子太師致仕丙辰分命使臣赴永興鳳翔河中收葬用兵已來所在骸骨時已有僧聚髑髏二十萬矣前沂州刺史郭瓊奏部署兵士深入海州賊界是月有狐登明德樓主者獲之狐毛長而腹下別有二足二月辛巳青州奏郭瓊部署兵士自海州迴至當道甲申樞密使郭威巡邊迴丁亥汝州防禦使劉審交卒乙未以前安州節度使劉遂凝爲左武衛上將軍以鄜州節度使焦繼勳爲左衛上將軍以前永興軍節度使趙贊爲左驍衛上將軍三月己亥徐州部送所獲淮南都將李暉等三十三人御于市給衫幘放還本土是月鄴都留守高行周兗州符彥卿鄆州慕容彥超西京留守白文珂鎮州武行德安州楊信潞州常思府州折從阮皆自鎮來朝嘉慶節故也戊午宴羣臣于永福殿帝初舉樂壬戌鄴都高行周移鎮鄆州兗州符彥卿移鎮青州並加邑封甲子西京留守白文珂潞州常思鎮州武行德並進邑封鄆州慕容彥超移鎮兗州夏四月戊辰朔邢州薛懷讓移鎮同州相州郭謹河陽李暉並進邑封庚午府州折從阮移鎮鄧州辛未故青州刺史史萬山贈太傅先是契丹入邊萬山城守郭威遣索萬進率騎七百屯深州一日契丹數千騎迫州東門萬山父子率兵百餘人襲之契丹僞退十餘里而伏兵發萬山血戰急請救于萬進萬進勒兵不出萬山死之遼史世宗紀天祿三年殺深州刺史史萬山契丹亦解去時論以萬進爲罪故加萬山贈典焉壬申華州劉詞移鎮邢州安州楊信移鎮鄜州貝州王令溫移鎮安州並加邑封以鄜州留後王饒爲華州節度使以其來朝故也丁丑尙食奉御王紹隱除名流沙門島坐匿軍營女口也辛巳以宣徽北院使吳虔裕爲鄭州防禦使時樞密使楊邠上章乞解樞機帝命中使諭之曰樞機之職捨卿用誰忽有此章莫有人離間否虔裕在傍厲言曰樞密重地難以久處俾後來者迭居相公辭讓是也中使還具奏帝不悅故有是命壬午以樞密使郭威鄴都留守依前樞密使詔河北諸州應兵甲錢帛糧草一稟郭威處分癸未府州永安軍額宜停命降爲團練州戊子翰林學士承旨戶部尚書王仁裕罷職守兵部尚書左千牛上將軍張瓘卒庚寅以西南面水陸轉運使尚書工部侍郎李穀爲陳州刺史左金吾上將軍致仕馬萬卒甲午以前華州節度使安審信爲左衛上將軍以前潞州節度使張從恩爲右衛上將軍五月戊戌朔帝御崇元殿受朝丙午以皇弟興元節度使勳爲開封尹加兼中書令未出閣甲子詔諸道州府差置散從官大府五百人上州三百人下州二百人勒本處團集管係立節級檢校教習以警備州城閏月癸巳京師大風雨壞營舍吹鄭門扉起十數步而墜拔大木數十震死者六七人水平地尺餘池隍皆溢是月宮中有怪物投瓦石擊窻撼扉人不能制六月庚子以國子祭酒田敏爲尚書右丞癸卯太僕卿致仕謝攀卒輟視朝一日鄭州奏河決原武縣界乙卯司天臺上言鎮星逆行至太微左掖門外自戊申年八月十二日入太微西垣犯上將屏星執法勾已往來至己酉年十一月十二日夜方出左掖門順行自今年正月十日夜復逆行入東垣至左掖門秋七月庚午河陽奏河漲三丈五尺乙亥滄州奏積雨約一丈二尺安州奏溳河泛溢州城內水深七尺丙子帝御崇元殿授皇太后册命宰臣蘇逢吉行禮辛巳三司使奏州縣令錄佐官請據戶籍多少量定俸戶縣三千戶已上令月十千主簿八千二千戶已上令月八千主簿五千二千戶已下令月六千主簿四千每戶月出錢五百並以管內中等戶充錄事參軍判司俸錢視州界令佐取其多者給之其俸戶與免縣司差役從之八月辛亥以蒙州城隍神爲靈感王從湖南請也時海賊攻州城州人禱于神城得不陷故有是請辛酉給事中陶穀上言請停五日內殿轉對從之壬戌以兵部侍郎于德辰爲御史中丞邊蔚爲兵部侍郎九月辛巳朗州節度使馬希萼奏請于京師別置邸院不允是時希萼與其弟湖南節度使希廣方搆鬩墻之怨故有是請帝以湖南已有邸務不可更置由是不允仍命降詔和解焉冬十月己亥帝狩于近郊丙午湖南馬希廣遣使上章且言荊南淮南廣南三道結搆欲分割湖湘乞聊發兵師以爲援助時朝廷方議起軍會內難不果行丁未兩浙錢宏俶加諸道兵馬元帥戊申彰德軍節度使郭謹卒癸丑以前同州節度使張彥贇爲相州節度使辛酉月犯心大星十一月甲子朔日有食之乙丑永州唐將軍祠贈太保從湖南請也己巳日南至帝御崇元殿受朝賀仗衞如式辛未詔侍衞步軍都指揮使王殷將兵屯澶州丙子誅樞密使楊邠侍衛都指揮使史宏肇三司使王章夷其族是日平旦甲士數十人由廣政殿出至東廡下害邠等于閤內死于亂刃之下又誅宏肇弟小底軍都虞候宏朗如京使甄彥奇內常侍辛從審楊邠子比部員外郎廷侃右衛將軍廷偉右贊善大夫廷倚王章姪右領衛將軍旻子壻戶部員外郎張貽肅樞密院副承宣郭顒控鶴都虞候高進侍衛都承局荊南金三司都勾官柴訓等分兵收捕邠等家屬及部曲傔從盡戮之少頃樞密承旨聶文進急召宰臣百寮班于崇元殿庭宣曰楊邠史宏肇王章等同謀叛逆欲危宗社並斬之與卿等同慶班退召諸軍將校至萬歲殿帝親諭史宏肇等欲謀逆亂之狀且言宏肇等欺朕年幼專權擅命使汝輩常懷憂恐自此朕自與汝等爲主必無橫憂也諸軍將校拜謝而退召前任節度使刺史統軍等上殿諭

之帝遣軍士守捉宮城諸門比近日旰朝臣步出宮門而去是日晴霽無雲而昏霧濛濛有如微雨人情惴恐日將午載楊邠等十餘尸分暴于南北市是日帝遣腹心齎密詔往澶州鄴都令澶州節度使李洪義誅侍衛步軍都指揮使王殷令鄴都屯駐護聖左廂都指揮使郭崇奉國左廂都指揮使曹英害樞密使郭威及宣徽使王峻急召鄆州高行周青州符彥卿永興郭從義兗州慕容彥超同州薛懷讓鄭州吳虔裕陳州李穀等赴闕以宰臣蘇逢吉權知樞密院事前青州劉銖權知開封府事侍衛馬軍都指揮使李洪建判侍衛司事內客省使閻晉卿權侍衛馬軍都指揮使丁丑澶州節度使李洪義受得密詔知事不克乃引使人見王殷殷與洪義遣本州副使陳光穗齎所受密詔馳至鄴都（宋史少帝遣供奉官孟業齎密詔令洪義殺王殷洪義素怯懦慮殷覺遷延不敢發遽引業見殷殷乃錮業送密詔于周祖）郭威得之即召王峻郭崇曹英及諸軍將校至牙署視詔兼告楊史諸公冤枉之狀且曰汝等當奉行詔旨斷予首以報天子自取功名郭崇等與諸將校前曰此事必非聖意即是李業等竊發假如此輩便握權柄國得安乎事可陳論何須自棄致千載之下被此惡名崇等願從公入朝面自洗雪予是將校等請威入朝以除君側之惡共安天下（東都事略漢隱帝遣使害太祖魏仁浦曰公有大功于朝廷握強兵臨重鎮以讒見疑豈可坐而待斃以易其語云誅將士以激怒衆心太祖納其言）翌日郭威以衆南行戊寅鄴兵至澶州庚辰至滑州節度使宋延渥開門迎降是日詔前開封尹侯益前鄜州節度使張彥超權侍衛馬軍都指揮使閻晉卿鄭州防禦使吳虔裕等率禁軍赴澶州守捉辛巳帝之小豎鶻脫自北迴先是帝遣鶻脫偵鄴軍所至爲游騎所獲郭威即遣迴因令附奏赴闕之意仍以密奏置鶻脫衣領中帝覽奏即召李業示之聶文進郭允明在傍懼形于色初議車駕幸澶州及聞鄴兵已至河上乃止帝大懼私謂宰臣竇貞固等曰昨來之事太草草耳李業等請帝傾府庫以給諸軍宰相蘇禹珪以爲未可業拜禹珪于帝前曰相公且爲官家莫惜府庫遂下令侍衛軍人給二十緡下軍各給十緡其北來將士亦準此仍遣北來將士在營子弟各齎家問向北諭之壬午鄴軍至封邱慕容彥超自鎮馳至帝遂以軍旅之事委之（宋史侯益傳云周太祖起兵隱帝議出師禦之益獻計曰王者無敵于天下兵不宜輕出況大名戍卒家屬盡在京城不如閉關以挫其鋒遣其母妻發降以招之可不戰而定慕容彥超以爲益衰老作懦夫計沮之）彥超謂帝曰陛下勿憂臣當生致其魁首彥超退見聶文進詢北來兵數及將校名氏文進告之彥超懼曰大是劇賊不宜輕耳又遣袁

義劉重進王知則等出師以繼前軍慕容彥超以大軍駐于七里郊掘塹以自衛都下率坊市出酒食以餉軍癸未車駕勞軍即日還宮翌日慕容彥超揚言曰官家宮中無事明日再出觀臣破賊甲申車駕復出幸七里店軍營王師陣于劉子陂與鄴軍相望太后以帝至晚在外遣中使謂聶文進曰賊軍在近大須用意文進曰有臣在必不失策縱有一百箇郭威亦當生擒之耳彥超輕脫先擊北軍郭威命何福進王彥超李筠等大合騎以乘之彥超退卻死者百餘人于是諸軍奪氣稍稍奔于北軍吳虔裕張彥超等相繼而去慕容彥超以部下十數騎奔兗州是夜帝與宰臣從官宿于野次侯益焦繼勳潛奔鄴軍乙酉旦帝策馬至元化門劉銖在門上問帝左右兵馬何在乃射左右帝迴與蘇逢吉郭允明詣西北村舍郭允明知事不濟乃刺刃于帝而崩時年二十蘇逢吉郭允明皆自殺是日周太祖自迎春門入諸軍大掠煙火四發翌日王峻方定前滑州節度使白再筠爲亂兵所害吏部侍郎張允墜屋而死周太祖既入京城命有司遷帝梓宮于太平宮或曰可依魏高貴鄉公故事以公禮葬之周祖曰予顛沛之中不能護衛至尊以至于此若又貶降人謂我何于是詔擇日舉哀命前宗正卿劉皞主喪丙戌太后誥曰高祖皇帝翦亂除兇變家爲國救生靈于塗炭創王業于艱難甫定寰區遽遺弓劍樞密使郭威楊邠侍衛使史宏肇三司使王章親承顧命輔立少君協力同心安邦定國旋屬四方多事三叛連衡吳蜀內侵契丹啓釁烝黎兇懼宗社阽危郭威授任專征提戈進討躬當矢石盡掃煙塵外寇盪平中原寧謐復以强敵未殄邊塞多艱允賴寶臣往臨大鎮疆埸有藩籬之固朝廷寬宵旰之憂不謂兇豎連謀羣小得志密藏鋒刃竊發殿庭已殺害其忠良方奏聞于少主無辜受戮有口稱冤而又潛差使臣矯齎宣命謀害樞密使郭威宣徽使王峻侍衛步軍都指揮使王殷等人知無罪天不助奸今者郭威王峻澶州節度使李洪義前曹州防禦使何福進前復州防禦使王彥超前博州刺史李筠北面行營馬步都指揮使郭崇步軍都指揮使曹英護聖都指揮使白重贊索萬進田景咸樊愛能李萬全史彥超奉國都指揮使張鐸王暉胡立弩手指揮使何贇等徑領兵師來安社稷逆黨皇城使李業內客省使閻晉卿樞密都承旨聶文進飛龍使後贊翰林茶酒使郭允明等脅君于大內出戰于近郊及至力窮遂行弒逆寃憤之極今古未聞今則

兇黨既除羣情共悅神器不可以無主萬幾不可以久曠宜擇賢君以安天下河東節度使崇許州節度使信皆高祖之弟徐州節度使贇開封尹承勳高祖之男俱列磐維皆居屏翰宜令文武百辟議擇嗣君以承大統云樞密使郭威以蕭牆變起宗祏無奉率羣臣侯太后請定所立且言開封尹承勳高祖皇帝之愛子也請立爲嗣太后告以承勳羸病日久不能自舉周太祖與諸將請覘承勳起居及覘之方信遂議立高祖從子徐州節度使贇爲嗣己丑太后誥曰天未悔禍喪亂宏多嗣王幼冲羣兇蔽惑構奸謀于造次縱毒蠆于斯須將相大臣連頸受戮股肱良佐無罪見屠行路咨嗟羣心扼腕則高祖之洪烈將墜于地賴大臣郭威等激揚忠義拯濟顛危除惡蔓以無遺俾竄旒之不絕宗祧事重纘繼才難既聞將相之謀復叶蓍龜之兆天人協贊社稷是依徐州節度使贇稟上聖之資抱中和之德先皇如子鍾愛特深固可以子育兆民君臨萬國宜令所司擇日備法駕奉迎即皇帝位於戲神器至重天步方艱致理保邦不可以不敬貽謀聽政不可以不勤允執厥中祇膺景命是日遣前太師馮道等往徐奉迎周太祖以嗣君未至萬幾不可暫曠率羣臣請太后臨朝誥答曰昨以奸邪構釁亂我邦家勳德効忠翦除兇慝俯從人欲已立嗣君宗社危而再安紀綱壞而復振皇帝法駕未至庶事方殷百辟上言請予莅政宜允輿議權總萬幾止于浹旬即復明辟云按前代故事太上皇稱誥太皇太后皇太后曰令今云誥有司誤也以宣徽南院使王峻爲樞密使右神武統軍袁鳷爲宣徽南院使陳州刺史李穀權判三司步軍都指揮使王殷爲侍衛親軍馬步都指揮使護聖左廂都指揮使郭崇爲侍衛馬軍都指揮使奉國左廂都指揮使曹英爲侍衛步軍都指揮使鎮州邢州馳奏契丹寇洛州陷內邱縣時契丹永康王烏裕率部族兩道入邊內邱城小而固契丹攻之五日不下敵人傷者甚衆時有官軍五百在城防戍攻急官軍降于敵屠其城而去（遼史世宗紀十月自將南伐攻下安平內邱束鹿等城大獲而還）庚寅樞密使郭威奏左軍巡勘得飛龍使後贊款伏與蘇逢吉李業閻晉卿聶文進郭允明等同謀令散員都虞侯奔德等下手殺害史宏肇等權開封尹劉銖具伏朋附李業爲亂屠害將相家屬其劉銖等準誥旨處置訖并蘇逢吉郭允明閻晉卿聶文進首級竝梟于南北市其骨肉放棄辛卯河北諸州馳報契丹深入太后誥曰王室多故邊境未寧內難雖平外寇仍熾據

北面奏報强敵奔衝繼發兵師未聞平殄須勞上將暫自臨戎宜令樞密使郭威部署大軍早謀掩擊其軍國庶事權委宰臣竇貞固蘇禹珪樞密使王峻等商量施行在京馬步兵士委王殷都大提舉十二月甲午朔郭威領大軍北征丁酉以翰林學士尚書戶部侍郎知制誥范質爲樞密副使（東都事略周太祖征李守貞每朝廷遣使齎詔處分軍事皆中機會太祖問誰爲此辭使者以范質對太祖曰宰相器也太祖起兵入京師遽令草太后誥及議迎湘陰公儀注乃白太后以質爲兵部侍郎樞密副使）陝州李洪信奏馬步都指揮使聶召奉國指揮使楊德護聖指揮使康審澄等與節度判官路濤掌書記張洞都押衙楊紹勍等同情謀叛竝殺之惟康審澄夜中放火斬關奔歸京師初朝議以諸道方鎮皆是勳臣不諳政理其都押衙孔目官令三司軍將內選才補之藩帥不悅故洪信因朝廷多故誣奏加害焉壬寅湖南上言朗州馬希萼引五谿蠻及淮南洪州軍來攻當道望量差兵士于淮境牽引乙巳遣前淄州刺史陳思讓領軍入淮南界以便宜進取辛亥遣宰相蘇禹珪及朝臣十員往宋州迎奉嗣君壬子樞密使郭威次澶州何福進已下及諸軍將士扶擁威請爲天子即日南還威上章于太后言爲諸軍所迫班師庚申威至北郊駐軍于皐門村許州巡檢前申州刺史馬鐸奏節度使劉信自殺壬戌奉太后誥命樞密使侍中郭威監國中外庶事並取監國處分先是樞密使王峻以湘陰公已在宋州慮聞澶州之事左右變生遣侍衛馬軍指揮使郭崇率七百騎往衛之（東都事略郭崇傳王峻遣崇率七百騎拒贇遇于睢陽崇曰澶州兵變遣崇來衛乘輿非有他也具言軍情有屬天命已定贇執崇手而泣崇即送贇就館）己未太后誥曰比者樞密使郭威志安社稷議立長君以徐州節度使贇高祖近親立爲漢嗣爰自藩鎮徵赴京師雖誥命尋行而軍情不附天道在北人心靡東適當改卜之初俾膺分土之命贇可降授開府儀同三司檢校太師上柱國封湘陰公食邑三千戶食實封五百戶明年正月丁卯太后誥奉符寶于監國可即皇帝位周太祖踐阼奉太后爲母遷于西宮上尊號曰昭聖太后是月十五日周太祖與百寮請帝殯宮成服親奠不視朝七日又詔太常定謚曰隱以其年八月二日復遣前宗正卿劉皞護靈輴備儀仗葬于許州陽翟縣之穎陵祔神主于高祖之寢宮帝姿貌白皙眉目疎朗未即位時目多閃掣唾洟不止即位之始遽無此態及內難將作復如故帝自關西平定之後稍自驕易然畏憚大臣未至縱恣嘗因乾象差忒宮中或有怪異召司天監趙延乂訊其休咎延乂對以修德即無患既退遣中使

就問延乂曰何者爲德延乂勸讀貞觀政要遂復與畫文進郭允明復贊押習信其邪說以至于敗高祖之征鄴城也一日帝語太祖曰我夜來夢爾爲驢負我升天既捨爾俄變爲龍捨我南去是何祥也周太祖撫掌而笑冥符於蠻豈偶然哉

史臣曰隱帝以尙幼之年嗣新造之業受命之主德非禹湯輔政之臣復非伊吕將欲保延洪之運守不拔之基固不可得也然而摧三叛雖僅滅于欃槍而內稔釁兇俄自取于狼狽自古覆宗絕祀之速者未有如帝之甚也噫蓋人謀之弗臧非天命之遽爭也

舊五代史卷一百三攷證

漢隱帝紀下鳳翔行營都部署趙暉奏前月二十四日收復鳳翔　案歐陽史作正月趙暉克鳳翔據是書則收復鳳翔在二年十二月非三年春事也歐陽史蓋誤以告捷之月爲收復之月耳五代春秋作十二月收復鳳翔誅王景崇爲得其實

澶州刺史李洪義　案宋史洪義本名洪威避周太祖諱改

護聖左廂都指揮使郭崇　案東都事略郭崇初名崇威避周太祖諱止稱崇

庚辰至滑州節度使宋延渥開門迎降　案歐陽史作庚辰義成軍節度使宋延渥叛附于郭威與是書同通鑑作辛巳與是書異

郭允明知事不濟乃剸刃于帝而崩　案通鑑攷異引劉恕曰允明帝所親信何由弑逆蓋郭威兵殺事成之日諱之因允明自殺而歸罪耳

己丑太后誥曰　案原本作乙丑與五代春秋同今從通鑑改作己丑

烏浴舊作兀欲今改

舊五代史卷一百四

宋門下侍郎參知政事監修國史薛居正等撰

漢書第六

列傳一 后妃

高祖皇后李氏晉陽人也高祖微時嘗牧馬于晉陽別墅因夜入其家掠而取之及高祖領藩鎮累封魏國夫人高祖建義于太原欲行頒賚于軍士以公帑不足議率井邑助成其事后聞而諫曰自晉高祖建義及國家興運雖出于天意亦土地人民福力同致耳未能惠其衆而欲奪其財非新天子卹隱之理也今後宮所積宜悉以散之設使不厚人無怨言高祖改容曰敬聞命矣遂停斂貸之命后傾內府以助之中外聞者無不感悅天福十二年冊爲皇后隱帝卽位尊爲皇太后　案此下疑有闕文據通鑑云隱帝與李業等謀誅楊邠等議既定入白太后太后曰茲事何可輕發更宜與宰相議之業時在旁曰先帝嘗言朝廷大事不可謀及書生懦怯誤人太后復以爲言帝忿曰國家之事非閨門所知拂衣而出又云南北遇于劉子陂帝欲自出勞軍太后曰郭威吾家故舊非死亡切身何以至此但按兵守城飛詔諭之觀其志趣必有辭理則君臣之禮尚全愼勿輕出帝不從　周太祖入京凡軍國大事皆請后發教令以行之是歲議立徐州節度使贇爲帝以迎奉未至周太祖乃率羣臣拜章請后權臨朝聽政且言嗣事后爲慈母后下誥答曰侍中功烈崇高德聲昭著剪除禍亂安定乾坤謳歌有歸曆數攸屬所以軍民推戴億兆同歡老身未終殘年屬茲多難惟以衰朽託于始終載省來牋如母見待感念深意涕泗橫流云仍出戎衣玉帶以賜周太祖周太祖卽位上尊號曰昭聖皇太后居于太平宮周顯德元年春崩　[illegible]又云五代會要載漢高祖長女永寧公主降宋延渥天福十二年四月封[illegible]乾祐二年十二月追封秦國長公主

舊五代史卷一百五

宋門下侍郎參知政事監修國史薛居正等撰

漢書第七

列傳二 宗室

魏王承訓字德輝高祖之長子也少溫厚美姿儀高祖尤鍾愛在晉累官至檢校司空國初授左衞上將軍高祖將赴洛命承訓北京大內巡檢未幾詔赴闕授開封尹檢校太尉同平章事以天福十二年十二月十一日薨于府署年二十六高祖發哀于太平宮哭之大慟以至于不豫是月追封魏王歸葬于太原

陳王承勳高祖之幼子也國初授右衞大將軍隱帝嗣位加檢校太尉同平章事遙領興元尹俄代侯益爲開封尹進位檢校太師兼侍中乾祐三年冬十一月蕭牆之亂隱帝崩軍情欲立勳爲嗣時勳已病太后及諸將請候勳起居太后令左右以卧榻舁之以見諸將就視知勳之不能興故議立劉贇周廣順元年春周太祖下詔封陳王

蔡王信高祖之從弟也少從軍漸至龍武小校漢祖鎮并州爲興捷軍都將領冀州刺史檢校太保國初爲侍衞馬軍都指揮使檢校太傅兼義成軍節度使尋移鎮許州加太尉同平章事高祖寢疾大漸楊邠受密旨遣信赴鎮信卽時戒路不得奉辭雨泣而去隱帝卽位加檢校太師屬蕭牆敗平就加侍中信性昏懦黷貨無厭喜行酷法掌禁軍時左右有犯罪者召其妻子對之臠割令自食其肉或從足支解至首血流盈前而命樂對酒無仁愍之色未嘗接延賓客在鎮日聚斂無度會高祖山陵梓宮經由境上信率掠吏民以備迎奉百姓苦之初聞殺楊邠史宏肇遽啓宴席集參佐賓幕令相致賀日我謂天無眼令我三年不能適意主上孤立幾落賊手諸公勸我一杯可也俄蕭牆之變憂不能食尋有太后令言立湘陰公卽令其子往徐州奉迎數日陳思讓率馬軍經過城西但令供頓不敢出城未幾澶州軍變王峻遣前申州刺史馬鐸領軍赴州巡檢鐸引軍入城信惶惑自殺廣順初追封蔡王

湘陰公贇爲徐州節度使乾祐元年八月中有雲見五色明年冬杪有鳥翔集于鮮碧堂庭樹黃質朱喙金目青翼紺趾黑尾類于鳳有賓佐歎曰野鳥入室主人將去旬浹而不知所之乾祐三年冬十一月周太祖駐軍于京師議立嗣君奉太后誥立贇爲嗣傳詔之際馮道笏墜于地左右惡之馮道至贇出郊迎常所乘馬比甚馴服至是馬蹢躅奔逸人不可制乃以他馬代之時以爲不祥將離彭城晝一日天有白光一道自西來照城中如晝有聲如雷時人謂之天裂又有巨星墜于徐野殷然有聲或謂之天狗役贇果廢死　案湘陰公傳原本殘闕攷十國春秋湘陰公傳云湘陰公贇世祖子也高祖愛之以爲己子乾祐元年拜武寧軍節度使二年加同平章事郭威既敗慕容彥超于北郊隱帝遇弑威入京師謂諸大臣密相推戴及見宰相馮道等道殊無意威不得已見道下拜而道猶受拜如平時徐勞之曰公行良苦威意色沮以爲大臣未有推已意又難于自立因與王峻入白太后推擇漢嗣羣臣乃共奏曰武寧節度使贇高祖愛以爲子宜立爲嗣乃遣太師馮道率百官往迎道揣威意不在贇直前問曰公此舉由衷乎威指天爲誓道既行語左右曰吾生平不作謬語人今謬語矣道見贇傳太后意名之贇行至宋州威已自澶州爲兵士擁還京師王峻慮贇左右生變遣侍衛馬軍指揮使郭崇威以兵七百騎衛贇崇威至宋州贇登樓問崇威所以來之意崇威曰澶州軍變懼未察之遣崇威護衛非惡意也贇召崇威崇威不敢進馮道出與崇威語崇威乃登樓見贇時護聖指揮使張令超帥步兵爲贇宿衛判官董裔說贇曰觀崇威視瞻舉措必有異謀道路皆言郭威已爲天子而陛下深入不止禍其至哉請急召令超諭以禍福使夜以兵刼崇威所爲明日掠睢陽金帛募士卒北走太原彼新定京邑未暇追我此策之上也贇猶豫未決是夕崇威密誘令超歸郭氏盡奪贇部下兵郭威以書召道先歸留其副趙上交王度奉贇入朝太后道乃辭贇先還贇謂道曰寡人此來所恃者以公三十年舊相是以不疑道今然贇客將賈貞等數目道欲圖之贇曰勿草草事豈出于公耶道已去崇威乃幽贇于外館殺賈貞董裔及牙內都虞候劉福孔目官夏昭度等郭威已監國太后乃下詔曰比者樞密使威志安宗社議立長君以徐州節度使贇高祖親近立爲漢嗣乃自藩鎮召赴京師雖詔命已行而軍情不附天道在北人心靡東適當改卜之初俾膺分土之命贇可降授開府儀同三司檢校太師上柱國封湘陰公尋卒以殺死　五代史補郭忠恕七歲童子及第富有文學尤工篆隸嘗有人于龍山得鳥跡篆忠恕一見輒讀如宿習乾祐中湘陰鎮徐州辟爲推官周祖之入京師也少主崩于北岡周主命宰相馮道迎湘陰公將立之至宋州高祖已爲三軍推戴忠恕知事變乃正色責道曰令公累朝大臣誠信著于天下四方談士無賢不肖皆以爲長者今一旦返作脫空漢前功業並棄令公之心安乎道無言對忠恕因勸湘陰公殺道以奔河東公猶豫未決遂及于禍忠恕竄跡久之晚年尤好輕忽卒以此敗坐除名配流焉

舊五代史卷一百五攷證

漢宗室列傳二陳王承勳傳軍情欲立勳爲嗣　案立勳爲嗣疑脫承字冊府元龜引是書亦同蓋承勳在隱帝時避御名故去承字也是書仍當時實錄之舊未及改歸畫一今姑仍其舊

舊五代史卷一百六

宋門下侍郎參知政事兼修國史薛居正等撰

漢書第八

列傳三

王周魏州人少勇健從軍事唐莊宗明宗稍遷裨校以戰功累歷郡守晉天福初范延光叛于魏州周從楊光遠攻降之安重榮以鎮州叛從杜重威討平之以功授貝州節度使歲餘移鎮涇州先是前帥張彥澤在任苛虐部民逃者五千餘戶及下車革前弊二十餘事逃民歸復賜詔褒美後歷鄧陝二鎮陽城之役周時爲定州節度使大軍往來供饋無闕未幾還鎮州節度使周稟性寬惠人庶便之開運末杜重威降于契丹引契丹主臨城諭之周泣曰受國重恩不能死戰而以兵降何面目南行見人主與士大夫乎乃痛飲欲引決家人止之事不獲已乃見契丹主授鄧州節度使檢校太師高祖定天下移鎮徐州加同平章事乾祐元年二月以疾卒于鎮輟視朝二日贈中書令周性寬恕不忤物情初刺信都州城西橋敗覆民租車周日橋梁不飭刺史之過也乃還其所沈粟出私財以修之民庶悅焉

劉審交字求益幽州文安人也祖海父師遂審交少讀

書尤精吏道起家署北平主簿轉興唐令本府名補牙職劉守光之僭號僞署兵部尚書燕亡歸于太原莊宗知之用爲諸府從事同光初趙德鈞鎭幽州朝廷以內官馬紹宏爲北面轉運使辟審交爲判官王都據定州叛朝廷命王晏球進討以審交爲轉運供軍使王都平以勞授遼州刺史明年復爲北面供軍轉運使改磁州刺史以母年高去官就養及丁內艱毀瘠過禮服闋不出累年晉高祖踐阼范延光以魏州叛命楊光遠以總兵討之復召審交爲供饋使鄴中平命審交爲三司使授右衛大將軍六年夏出爲陳州防禦使歲餘移襄州防禦使審交治襄漢撫綏有術民庶懷之青州楊光遠平降平盧軍爲防禦州復用審交爲防禦使累官至檢校太傅時用軍之後審交矜恤撫理凋弊復甦契丹破晉審交以代歸蕭翰在都復用爲三司使翰歸蕃李從益在汴州召高行周武行德將委以軍事皆不受命尋聞高祖起義于太原史宏肇在澤潞都人大懼時有燕軍千人守捉諸門李從益母王淑妃詢于文武臣僚曰吾子母在洛孤危自處一旦爲蕭翰所逼致令及此但遣人迎請太原勿以吾子母爲事或曰收拾諸處守營兵士與燕軍足以把城以俟河北救應可也妃曰非謀也我子母亡國之餘安敢與人爭天下衆議籍籍猶以把城爲詞審交曰余燕人也今城有燕軍固合爲燕謀然事機有所不可此城經敵軍破除之後民力空匱餘衆幸存若更謀之不臧閉門拒守一月之內無復遺類諸君無言宜從太妃處分繇是從益遣使往太原貢奉高祖至汴罷使歸班隱帝嗣位用爲汝州防禦使汝爲近輔號爲難治審交盡去煩弊無擾于民百姓歌之乾祐二年春卒年七十四郡人聚哭柩前所列狀乞留葬本州界立碑起祠以時致祭本州以聞詔曰朝廷之制皆有舊章牧守之官比無贈典其或政能殊異惠及蒸黎生有令名沒留遺愛褒賢獎善豈限彝章可特贈太尉吏民所請宜依故相國太師秦國公馮道聞之曰予嘗爲劉汝州僚佐知其爲人廉平慈善無害之良吏也刺遼磁治陳襄青皆稱平允不顯殊尤其理汝也又安有異哉民之租賦不能減也徭役不能息也寒者不能衣也餒者不能食也百姓自汲汲然而使君何有于我哉然身死之日致黎民懷感如此者誠以不行鞭朴不行刻剝不因公而狥私不害物以利己確然行良吏之事薄罰宥過謹身節用安俸祿守禮分而已凡從事于斯者孰不能乎但前之守土者不能如是是以汝民咨嗟愛慕今天下戎馬之後四方兇盜之餘杼柚空而賦斂繁人民稀而倉廩匱謂之康泰未易輕言侯伯牧宰若能哀矜之不至聚斂不殺無辜之民民爲邦本政爲民本和平寬易即劉君之政安足稱耶復何患不至于令名哉道仍爲著哀詞六章鐫于墓碑之陰焉

武漢球澤州人也少拳勇潞帥李嗣昭倚爲親信事唐莊宗明宗繼爲禁軍裨校清泰中會晉高祖引契丹爲援與朝廷隔絕遂歸晉祖天福初授趙州刺史入爲奉國軍都指揮使出刺曹州開運初遷耀州團練使高祖至東京授洛州刺史漢球以目疾年高辭郡帝曰廣平小郡卿卧理有餘無以疾辭至郡未期復以目疾請代而免乾祐二年秋卒于京師漢球雖出自行伍然長于撫理常以掊斂爲戒民懷其惠身死之日家無餘財有管迥者漢球守郡日辟爲判官及漢球卒于汴迥在洛州未之知一日忽謂所親曰太保遣人召我遂沐浴新衣冠無疾瞑目而終家人不知其故後數日方聞漢球卒

張瓘同州車渡村人故太原監軍使承業之猶子也承業唐書有傳唐天祐中承業佐唐武皇莊宗有功甚見委遇瓘聞之與昆仲五人自故里奔于太原莊宗皆任用之瓘天祐十三年補麟州刺史承業治家嚴毅小過無所容恕一姪爲磁州副使以其殺河西賣羊客承業立捕斬之常誡瓘等曰汝車渡村百姓劉開道下賊慣作非爲今須改行若故態不除死無日矣故瓘所至不敢誅求晉天福中爲密州刺史秩滿入居環衞乾祐三年夏卒于官輟視朝一日

李殷薊州人也自後唐莊宗明宗晉高祖朝以偏校遞遷歷官至檢校司徒累爲郡守性沈厚所莅無苛暴之名晉少帝禦契丹于澶淵殷典禁旅駕還授鄜州留後俄加檢校太保開運中授定州節度使將行啓少帝曰臣之此行破敵必矣衆皆壯其言及至郡威畧無聞敵再至首納降款後隨契丹至常山常山將耶律嘉哩遣殷與契丹首領楊安同拒我師于洛水俄而安退殷以衆裝馳馬遺安安既北走殷匿于邱臺獲免馳以歸我高祖嘉其首赴朝闕及魏州平以甘陵乏帥乃命殷爲貝州節度使加檢校太傅乾祐初卒于鎭詔贈太師

劉在明幽州人少有膽氣本州節度使劉守光用爲親信出爲平塞軍使守光敗歸于太原唐莊宗收爲列校明宗時爲捧聖左都指揮使領和州刺史從幸汴州至滎陽聞朱守殷叛用爲前鋒至汴城率先登城賊平授汴州馬步軍都指揮使應順初爲貝州刺史明年移趙州兼北面行營馬軍都指揮使以軍戍易州清泰末幽州節度使趙德鈞引軍赴團柏谷路由易州取在明軍從及德鈞兵敗在明奔歸懷州唐末帝令與萇從簡同守河陽晉祖至乃迎之京都事定出爲單州刺史天福中李金全以安州叛在明從李守貞攻之大破淮賊以功授安州防禦使明年移絳州楊光遠據青州叛名爲行營馬步軍都指揮使領齊州防禦使青州平遷相州留後歷邢州晉州留後通鑑契丹入汴建雄留後劉在明朝于契丹以節度副使駱朗知州事高祖踐阼授幽州道行營都部署時契丹守中山在明出師經略契丹乃棄城而去遂授鎭州留後乾祐元年五月正授鎭州節度使六月以疾卒于鎭贈侍中

馬萬澶州人也少從軍善水游唐莊宗與梁軍對壘于河上莊宗于德勝渡夾河立南北寨會梁軍急攻南寨于中流聯戰艦以絕援路晝夜攻城者三日寨將氏延賞告急于莊宗莊宗隔河望敵無如之何乃召人能水游破賊者時萬兄弟皆應募遂潛行入南寨往來者三又助燒船艦汴軍遂退由此升爲水軍小校漸典禁軍遙領刺史累遷奉國左廂都指揮使泗州防禦使晉天福二年夏范延光叛于鄴牙將孫銳率兵至黎陽朝廷遣侍衛馬軍都指揮使白奉進領兵渡滑州萬亦預其行時滑州節度使符彥饒潛通鄴下殺白奉進于牙署萬領本軍兵士將助亂會奉國右廂都指揮使盧順密亦以兵至諭以逆順萬不得已與順密急趨公府執彥饒生送闕下朝廷即以萬爲滑州節度使而盧順密酬之甚淺居無何晉高祖稍知其事即以順密爲涇州兵馬留後漸薄于萬萬鎭鄧州未幾罷鎭授上將軍以目疾致仕乾祐三年四月卒輟視朝一日

李彥從字士元汾州孝義人父德麟州司馬彥從少習武藝出行伍間高祖典禁軍以鄉里之舊任爲親信國初用爲左飛龍使檢校司空鎭州逐敵之際請兵于朝廷高祖令彥從率軍赴之乾祐初領恩州刺史趙暉討王景崇于岐下彥從爲兵馬都監破川軍有功賊平授濮州刺史治有政能百姓悅之乾祐三年冬卒于郡

郭謹字守節太原晉陽人謹少從軍能騎射歷河中教練使晉天福中遷奉國右廂都指揮使領禺州刺史三年轉奉國左廂都指揮泗州防禦使歲餘授侍衛步軍都指揮使兼寧江軍節度使六年從幸鄴七年晉祖崩少帝即位授彰德軍節度使領軍如故開運初出授鄜州二年入爲左神武統軍三年復鎭麟州高祖踐阼以鄴國舊臣加檢校太尉移鎭滑臺乾祐初復授彰德軍節度使二年就加檢校太師三年入朝加食邑是歲冬十月卒于位年六十輟視朝二日贈侍中

皇甫立代北人也唐明宗之刺代州署爲牙校從歷藩鎭性純謹明宗深委信之王建立安重誨柬名委質皆在立後明宗踐阼以立爲忻州刺史長興末轉洺州團練使應順初遷鄜州節度使檢校太保清泰三年春移鎭潞州未幾改華州晉天福中授左神武統軍少帝即位歷左金吾衞上將軍累官至檢校太尉高祖定天下授特進太子太師致仕乾祐二年秋卒

白再榮本蕃部人也少從軍累遷護聖左廂指揮使晉末契丹入汴明年契丹主北去再榮從部帳至眞定其年閏七月晦李筠何福晉相率殺北帥滿達勒據甲仗庫敵勢未退筠等使人召再榮再榮端坐本營遲疑久之爲軍吏所迫乃行翊日遂出滿達勒諸軍以再榮名次在諸校之右乃請權知留後事東都事略李筠傳筠請馮道領節度道曰予主奏事而已留後事當讓功臣爲之以諸將之甲者爲留後再榮貪昧無決舉止多疑出入騎從露刃注矢諸校不相統攝互有猜貳奉國廂主王饒懼爲再榮所并乃據東門樓以兵自衞僞稱足疾不敢見再榮司天監趙延乂俱與之善乃來往解釋遂無相忌之意再榮以李崧和凝携家在彼令軍士數百人環迫崧凝以求賞給崧凝各出家財與之再榮欲害崧以利其財前磁州刺史李穀謂再榮曰公與諸將爲契丹所擄凌辱萬端旦夕憂死今日衆力逐出蕃戎鎭民死者不下三千人豈獨公等之功纔得生路便擬殺一宰相他日到闕儻有所問何以爲辭再榮默然再榮又欲括率在城居民家財以給軍士李穀又譬解之乃止其漢人曾事滿達勒者盡拘之以取其財高祖以再榮爲鎭州留後爲政貪虐穢狀鎭人呼爲白滿達未幾移授滑州節度使貪斂誅求民不聊生乃徵還京師周太祖入京城軍士攻再榮之第迫脅再榮盡取財貨旣軍士前啓曰某等軍健常趨事麾下一旦無禮至此今後何顏謁見即奮刃擊之挈其首而去後家人以帛贖葬之

張鵬鎭州鼓城人幼爲僧知書有口辯喜大言後歸俗唐末帝爲潞王時鵬往依焉及即位用爲供奉官累監軍旅晉開運中契丹迫澶州鵬爲前鋒監押奮身擊敵被創而還其後累于邊城戍守士伍服其勇乾祐初授鎭州副使過鄴城高行周接之甚歡鵬因言及晉朝傾亡之事少帝任用失人藩輔之臣惟務積財富家不以

國家爲意以至宗社泯滅非獨帝王之咎也行周性寬和不以鵬言爲過鵬旣退行周左右謂行周曰張副使之言蓋譏令公也行周因發怒遂奏鵬怨國訕言故朝廷降詔就誅于常山時乾祐元年七月也

史臣曰晉漢之際有以懋軍功勳王事取旌旄符竹者多矣其間有及民之惠者無幾焉如王周之闕政審交之民譽盡其優者也漢球張暉抑又次焉是宜紀之篇以示來者其餘皆不足觀也已張鵬以一言之失遽滅其身亦足誡後代多言横議之徒歟

舊五代史卷一百六考證

漢列傳三劉審交傳服闋不出累年 案歐陽史作不調累年

時有燕軍千八守提諸門 千八杜重威傳作千五百人

劉在明傳高祖踐阼授幽州道行營都部署 案通鑑在明先爲成德軍留後繼授幽州道馬步都部署與是書前後互異

馬萬傳時滑州節度使符彥饒潛通鄴下殺白奉進于牙署 案是書晉列傳符彥饒以忿爭殺白奉進非潛通鄴下也此傳蓋沿實錄傳聞之誤通鑑從晉列傳

白再榮傳本蕃部人也 案歐陽史作不知其世家何人也

嘉哩舊作解里今改 滿達勒舊作麻荅今改

舊五代史卷一百七

宋門下侍郎參知政事監修國史薛居正等撰

漢書第九

列傳四

史宏肇字化元鄭州榮澤人也父潘本田家宏肇少游俠無行拳勇健步日行二百里走及奔馬梁末每七戸出一兵宏肇在籍中後隸本州開道都選入禁軍嘗在晉祖麾下遂留爲親從及踐阼用爲控鶴小校高祖鎭太原奏請從行升爲牙校後置武節左右指揮以宏肇爲都將遙領雷州刺史高祖建號之初代州王暉叛以城歸契丹宏肇征之一皷而拔尋授許州節度使充侍衞步軍都指揮使會王守恩以上黨求附契丹主命大將耿崇美率衆登太行欲取上黨高祖命宏肇以軍應援軍至潞州契丹退去翟令奇以澤州迎降會河陽武行德遣人迎宏肇遂率衆南下與行德合故高祖由蒲陝赴洛如歸宏肇前鋒之功也宏肇嚴毅寡言部轄軍衆有過無舍兵士所至秋毫不犯部下有指揮使嘗因指使少不從命宏肇立撾殺之將吏股慄以至平定兩京無敢干忤從駕征鄴迴加同平章事充侍衞親軍都指揮使兼鎭宋州高祖大漸與樞密使楊邠周太祖蘇逢吉等同受顧命隱帝嗣位加檢校太師兼侍中居無何河中永興鳳翔連横謀叛關輔大擾朝廷日有徵發羣情憂惴亦有不逞之徒妄搆虛語流布京師宏肇都轄禁軍警衞都邑專行刑殺略無顧避無賴之輩望風匿迹路有遺棄人不敢取然而不問罪之輕重理之所在但云有犯便處極刑枉濫之家莫敢上訴巡司軍吏因緣爲姦嫁禍脅人不可勝紀 宋史邊歸讜傳史宏肇怙權專殺閭里告訐成風歸讜言曰邇來有匿名書及言風聞事搆害良善有傷風化遂使貪吏得以報復私怨讒夫得以肆其虛誕請明行條制禁遏誣罔凡顯有披論具陳姓名其匿名書及風聞事者並見止絕論者韙之 時太白晝見民有仰觀者爲坊正所拘立斷其腰領又有醉民抵忤一軍士則誣以訛言棄市其他斷舌決口斮筋折足者僅無虛日故相李崧爲部曲誣告族戮于市取其幼女爲婢自是仕宦之家畜僕隸者皆以姑息爲意而舊勳故將失勢之後爲厮養輩之所脅制者往往有之軍司孔目吏解暉性狡而酷凡有推劾隨意鍛鍊人有抵軍禁者被其苦楚無不自誣以求死所都人遇之莫敢仰視有燕人何福殷者以商販爲業嘗以十四萬市得玉枕遣家僮及商人李進賣于淮南易茗而迴家僮無行隱福殷貨財數十萬福殷責其償不伏遂杖之未幾家僮詣宏肇上變言契丹主之入汴也趙延壽遣福殷齎玉枕陰遺淮南以致誠意宏肇即日遣捕福殷等繫之解暉希旨榜掠備至福殷自誣連罪者數輩並棄市妻女爲宏肇帳下分取之其家財籍沒宏肇不喜賓客嘗言文人難耐輕我輩謂我輩爲卒可恨可恨宏肇所領睢陽其屬府公利委親吏楊乙就府檢校貪戾兇横負勢生事吏民畏之副戎已下望風展敬聚斂刻剝無所不至月率萬緡以輸宏肇一境之內疾之如讎 東都事略薛居正傳史宏肇領侍衞親軍威震人主殘忍自恣人莫敢忤其意其部下民告民犯鹽禁法當死居正疑其不實召詰之乃其吏以私憾而誣之也逮捕吏鞫之具伏以吏抵法宏肇雖怒甚竟亦無以屈也 周太祖平河中班師推功于衆以宏肇有翊衞鎭重之功言之于隱帝即授兼中書令隱帝自關西賊平之後昵近小人太后親族頗行干託宏肇與楊邠甚不平之太后有故人子求補軍職宏肇怒而斬之帝始聽樂賜教坊使玉帶諸伶官錦袍往謝宏肇宏肇讓之曰健兒爲國戍邊忍寒冒暑未能徧有霑賜爾輩何功敢當此賜盡取袍帶還官其兇戾如此周太祖有鎭鄴之命宏肇欲兼領機樞之任蘇逢吉異其議宏肇忿之翌日因竇貞固飲會責臣悉集宏肇厲色舉爵屬周太祖曰昨晨廷論一何同異今日與弟飲此楊邠蘇逢吉亦舉大爵曰此國家之事也何足介意俱飲釂宏肇又厲聲言曰安朝廷定禍亂直須長槍大劍至如毛錐子焉足用哉三司使王章曰雖有長槍大劍若無毛錐子贍軍財賦自何而集宏肇默然少頃而罷未幾三司使王章于其第張酒樂時宏肇與宰相樞密使及內客省使閻晉卿等俱會酒酣爲手勢令宏肇不熟其事而閻晉卿坐次宏肇屢教之蘇逢吉戲宏肇曰近坐有姓閻人何憂罰爵宏肇妻閻氏本酒妓也宏肇謂逢吉譏之大怒以醜語詬逢吉逢吉不校宏肇欲毆逢吉逢吉策馬而去宏肇遽起索劍意欲追逢吉楊邠曰蘇公是宰相公若害之致天子何地公細思之邠泣下宏肇索馬急馳而去邠慮有非常連鑣而進送至第而還自是將相不協如水火矣隱帝遣王峻將酒樂于公子亭以和之竟不能解其後李業郭允明後贊聶文進居中用事不悅執政又見隱帝年漸長厭爲大臣所制嘗有怨言業等乃乘間譖宏肇等隱帝稍以爲信業等乃言宏肇等專權震主終必爲亂隱帝益恐嘗一夕聞作坊鍛甲之聲疑外有兵仗卒至達旦不寐自是與業等密謀禁中欲誅宏肇等議定入白太后太后曰此事豈可輕發耶更問宰臣等李業在側曰先皇帝言朝廷大事莫共措大商量太后又言之隱帝怒曰閨門之內焉知國家之事拂衣而出內客省使閻晉卿潛知其事乃詣宏肇私第將欲告之宏肇以他事拒之不見乾祐三年冬十一月十三日宏肇入朝與樞密使楊邠三司使王章同坐于廣政殿東廡下俄有甲士數十人自內而出害宏肇等于閤夷其族先是宏肇第數有異嘗一日于階砌隙中有煙氣蓬勃而出禍前二日昧爽有星落于宏肇前三數步如迸火而散俄而被誅周太祖踐阼追封鄭王以禮葬官爲立碑宏肇子德珫乾祐中授檢校司空領忠州刺史粗讀書親儒者常不悅父之所爲貢院嘗錄一學科于省門叫譟申中書門下宰相蘇逢吉令送侍衞司請痛笞刺面德珫聞之白父曰書生無禮有府縣御史臺非軍務治也公卿如此蓋欲彰大人之過宏肇深以爲然即破械放之後之識者尤嘉德珫之爲人焉宏肇弟福比在榮陽別墅聞禍匿于民間周太祖即位累遷閤廄使仕皇朝歷諸衞將軍 宋史李崇矩傳史宏肇爲先鋒都校聞崇矩名召署親吏乾祐初宏肇總禁兵兼京城巡檢多殘殺軍民左右稍稍引去惟崇矩事之益謹及宏肇誅獨得免周祖與宏肇素厚善即位訪求宏肇親舊得崇矩謂之曰我與史公受漢厚恩戮力同心共獎王室爲奸邪所搆史公卒罹大禍我亦僅免汝史家故吏也爲我求其近屬我將恤之崇矩上其母弟福崇矩素主其家盡籍財產以付福周祖嘉之

楊邠魏州冠氏人也少以吏給事使府後唐租庸使孔謙即其妻之世父也謙領度支補勾押官歷孟華鄆三州糧料使高祖爲鄴都留守用爲左都押衙高祖鎭太原益加親委漢國建遷檢校太保權樞密使汴洛平正拜樞密使檢校太傅及高祖大漸與蘇逢吉史宏肇等同受顧命輔立嗣君隱帝即位宰臣李濤上章請出邠與周太祖爲藩鎭邠等泣訴于太后由是罷濤而相邠加中書侍郎兼吏部尚書同平章事仍兼樞密使時中書除吏太多訛謬者衆及邠居相位帝一以委之凡南衙奏事中書除命先委邠斟酌如不出邠意至于一簿一掾亦不聽從邠雖長于吏事不識大體常言爲國家者但得帑藏豐盈甲兵强盛至于文章禮樂並是虛事何足介意也平河中邠加右僕射邠旣專國政觸事苛細條理煩碎前資官不得于外方居止自京師至諸州府行人往來並須給公憑所由司求請公憑者朝夕塡咽旬日之間民情大擾行路擁塞邠乃止其事時史宏肇恣行慘酷殺戮日衆都人士庶相目于路邠但稱宏肇之善太后弟武德使李業求爲宣徽使隱帝與太后重違之私訪于邠邠以朝廷內使遷拜有序不可超居遂止隱帝所愛耿夫人欲立爲后邠亦以爲太速夫人卒隱帝欲以后禮葬邠又止之隱帝意不悅左右有承間進甘言者隱帝益怒之 案此下疑有闕文 邠繕甲兵實帑廩俾國用不闕邊鄙粗寧亦其功也 宣和書譜云邠末年留意縉紳延客門下知經史有用乃課吏傳寫

王章大名南樂人也少爲吏給事使府同光初隸樞密院後歸本郡累職至都孔目官後唐清泰末屯駐奉聖都虞候張令昭作亂逐節度使劉延皓自稱留後章以本職爲令昭役使末帝遣范延光討平之搜索叛黨甚急章之妻即白文珂之女也文珂與副招討李敬周善以章爲託及攻下逆城敬周匿之載于槖駝褚中竊至洛下匿于敬周之私第及末帝敗章爲省職歷河陽糧

料使高祖與侍衛親軍詔爲都孔目官從至河東專委錢穀國初授三司使檢校太傅從征杜重威于鄴下明年高祖崩隱帝即位加檢校太尉同平章事居無何蒲雍岐三鎮畔是時契丹去汴之後國家新造物力未充章與周太祖史宏肇楊邠等盡心王室知無不爲罷不急之務惜無用之費收聚財賦專事西征軍旅所資供饋無乏及三叛平賜與之外國有餘積然以專于權利剝下過當斂怨歸上物論非之舊制秋夏苗租民稅一斛别輸二升謂之雀鼠耗乾祐中輸一斛者别令輸二斗目之爲省耗百姓苦之又官庫出納緡錢皆以八十爲陌至是民輸者如舊官給者以七十七爲陌遂爲常式歸田錄用錢之法自五代以來以七十七爲百謂之省陌今市井交易又克其五謂之依除民有訴田者雖無十數戸章必命全州覆視幸其廣有苗額以增邦賦曾未數年民力大困章與楊邠不喜儒士郡官所請月俸皆取不堪資軍者給之謂之閑雜物命所司高估其價估定更添謂之擡估章亦不滿其意隨事更令更添估章急于財賦峻于刑法民有犯鹽礬酒麯之令雖絲毫滴瀝盡處極刑吏緣爲姦民不堪命章與楊邠同郡尤爲親愛其獎用進拔者莫非鄉舊常輕視文臣曰此等若與一把算子未知顛倒何益于事後因私第開宴席召賓客史宏肇蘇逢吉乘醉諠訴而罷章自是忽忽不樂潛求外任邠與宏肇深沮其意而私第數有怪異章愈懷憂恐乾祐三年冬與史宏肇楊邠等遇害夷其族妻白氏禍前數月而卒無子惟一女適戸部員外郎張貽肅羸疾踰年扶病就戮

李洪建太后母弟也事高祖爲牙將高祖即位累歷軍校遙領防禦使史宏肇等被誅以洪建爲權侍衛馬步軍都虞候及鄴兵南渡命洪建誅王殷之族洪建不即行之但遣人監守其家仍令給饌竟免屠戮周太祖入京城洪建被執王殷感洪建之恩累祈周太祖乞免其死不從遂殺之洪建弟業

業昆仲凡六人業處其季故太后尤憐之高祖置之麾下及即位累遷武德使出入禁中業恃太后之親稍至驕縱隱帝嗣位尤深倚愛兼掌內帑四方進貢二宮費委之出納業喜趨權利無所顧避執政大臣不敢禁詰會宣徽使闕業意欲之太后亦令人微露風旨于執政時楊邠史宏肇等難之業由是積怨肅牆之變自此而作楊史既誅業權領侍衛步軍都指揮使北郊兵敗業自取金寶懷之策馬西奔行至陝郊其節度使洪信即其長兄也不敢匿于家業將奔太原至絳州境爲盜所殺盡奪而去

閻晉卿者忻州人也家世富豪少仕并門歷職至客將高祖在鎮頗見信用乾祐中歷閤門使判四方館未幾關西亂郭從義討趙思綰于京兆晉卿偏師以攻賊壘宋史李韜傳周祖征三叛韜從白文珂攻河中兵傳其城文珂夜詣周祖議軍事留韜城下時營柵未備李守貞乘虛來襲營中忽見火發知賊衆至皇怖失據客省使閻晉卿率左右數十人遇韜于月城側謂韜曰事急矣城中人悉被黃紙甲爲火光所照色俱白此殊易辨奈軍士無鬬志何韜憤怒曰豈有食君祿而不爲國致死耶即援矟而進軍中死士十餘輩隨韜犯賊鋒蒲有猛將躍馬持戈擬韜韜刺之洞胸而墜又連殺數十人蒲軍遂潰因擊大破之賊平爲內客省使丁父憂起復前職時宣徽使闕晉卿以職次事望合當其任既而久稽拜命晉卿頗怨執政會李業等謀殺楊史詔晉卿謀之晉卿退詣宏肇將告其事宏肇不見晉卿憂事不果夜懸高祖御容于中堂泣禱于前遲明戎服入朝內難既作以晉卿權侍衛馬軍都指揮使北郊兵敗晉卿乃自殺于家

聶文進并州人少給事于高祖帳下高祖鎮太原甚見委用職至兵馬押司官高祖入汴授樞密院承旨歷領軍屯衛大將軍遷右衛大將軍仍領舊職遇周太祖出征稍至驕橫久未遷改深所怨望與李業輩構成變亂史宏肇等遇害之前夕文進與同黨預作宣詔制置朝廷之事凡關文字並出文進之手明日難作文進點閱兵籍徵發軍衆指揮取舍以爲已任內外咨稟前後塡咽太祖在鄴被構初謂文進不預其事驗其事迹方知文進亂階之首也大詬詈之太祖過封邱帝次于北郊文進告太后曰臣在此請宮中勿憂兵散之後文進召同黨痛飲歌笑自若遲明帝遇禍文進奔竄爲軍士所追梟其首

後贊爲飛龍使贊母本倡家也與父同郡往來其家生贊從職四方父未嘗離郡贊既長疑其所生及爲內職不欲父之來寓書以致其意父自郡至京師直抵其第贊不得已而奉之乾祐末宰相楊邠侍衛親軍使史宏肇執權贊以久次未遷頗懷怨望乃與樞密承旨聶文進等搆變及難作贊與同黨更侍帝側剖判戎事且防間言北郊兵敗贊竄歸兗州慕容彥超執之以獻有司鞫贊伏罪周太祖命誅之

郭允明者小名竇十河東人也幼隸河東制置使范徽柔被誅允明遂爲高祖廝養服勤既久頗得高祖之歡心高祖鎮太原稍歷牙職及即位累遷至翰林茶酒使兼鞍轡庫使隱帝嗣位尤見親狎每恃寵驕縱略無禮敬與相州節度使郭謹以同宗之故頗交結謹在鎮允明常齎御酒以遺之不以僭上犯禁爲意其他輕率悉皆類此執政大臣頗姑息之嘗奉使荆南車服導從有同節度使將州縣郵驛奔馳畏懾節度使高保融承迎不暇允明潛使人步度城壁之高庫池隍之廣隘以動荆人冀得重賂乾祐末兼飛龍使未幾與李業輩構變楊邠等諸子允明親刃之于朝堂西廡下王章女壻戸部員外郎張貽肅血流逆注聞者哀之及北郊之敗允明迫帝就民舍手行弑逆尋亦自殺

劉銖陝州人也少事梁邵王朱友誨爲牙將晉天福中高祖爲侍衛親軍都指揮使與銖有舊乃表爲內職高祖出鎮并門用爲左都押牙銖性慘毒好殺高祖以爲勇斷類己深委遇之國初授永興軍節度使從定汴洛移鎮青州加同平章事隱帝即位加檢校太師兼侍中銖立法深峻令行禁止吏民有過不問輕重未嘗貸免每親事小有忤旨即令倒曳而出至數百步外方止膚體無完者每杖人遣雙杖對下謂之合歡杖或杖人如其歲數謂之隨年杖在任擅行賦斂每秋苗一畝率錢三千夏苗一畝錢二千以備公用部內畏之脅肩重迹乾祐中淄青大蝗銖下令捕蝗略無遺漏田苗無害先是濱海郡邑皆有兩浙迴易務厚取民利自置刑禁追攝王民前後長吏利其厚賂不能禁止銖即告所部不得與吳越徵負擅行追攝浙人惕息莫敢干命朝廷懽銖之剛戾難制因前浙州刺史郭瓊自海州用兵還過青州遂留之即以符彥卿代銖銖即時受代隆平集郭瓊傳云劉銖守平盧稱疾不朝隱帝疑其叛詔瓊領兵屯青州銖將害之張宴伏兵幕下瓊無懼色銖亦不敢發瓊爲言去就禍福銖遽召離鎮之日有私鹽數屋雜以糞穢塡塞諸井以土平之彥卿發其事以聞銖奉朝請久之每潛戟手于史宏肇楊邠第會李業輩同誅宏肇等銖喜謂業輩曰君等可謂僂儸兒矣尋以銖權知開封府事周太祖親族及王峻家並爲銖所害周太祖入京城執之下獄銖謂妻曰我則死矣君應與人爲婢耳妻曰明公所爲如是雅合爲之周太祖遣人讓銖曰昔日與公常同事漢室寧無故人之情家屬屠滅公雖奉君命加之酷毒一何忍哉公家亦有妻子還顧念否銖但稱死罪遂啓太后并一子誅之而釋其妻周太祖踐阼詔賜銖妻陝州莊宅各一區五代史闕文漢隱帝朝銖爲開封尹周祖自鄴起兵銖盡誅周祖之家子孫婦女十數人極其慘毒及隱帝遇害周祖以漢太后令收銖下獄使人責之銖對曰某爲漢家戮叛族耳不知其他周祖怒遂殺之

史臣曰臣觀漢之亡也豈繫于天命哉蓋委用不得其人聽斷不符于理故也且如宏肇之淫刑楊邠之秕政李業晉卿之設計文進允明之狂且雖使成王爲君周公作相亦不能保宗社之安延歲月之命況隱帝逢吉之徒其能免乎易曰大君有命開國承家小人勿用必亂邦也當乾祐之末也何斯言之驗歟惟劉銖之忍酷又安能逭于一死乎

舊五代史卷一百七攷證

漢列傳四史宏肇傳有燕人何福殷者　案歐陽史作何福進疑訛

乾祐三年冬十一月十三日宏肇入朝　十一月歐陽史漢臣傳作十月吳縝纂誤云漢隱帝紀周太祖紀俱作十一月傳誤也

楊邠傳用爲左都押衙　左都歐陽史作右都

李業附傳業昆仲凡六人　案昭聖太后弟六人洪信洪義宋史有傳歐陽史作昆弟七人

閻晉卿傳賊平爲內客省使　案宋史李韜傳載晉卿討賊時已爲客省使是書作賊平之後始授此職與宋史異

舊五代史卷一百八

宋門下侍郎參知政事監修國史薛居正等撰

漢書第十

列傳五

李崧深州饒陽人父舜卿本州錄事參軍崧幼而聰敏十餘歲爲文家人奇之弱冠本府署爲參軍其父嘗謂宗人李鏻曰大醜生處形奇氣異前途應不居徒勞之地賴吾兄誨激之大醜即崧之小字也同光初魏王繼岌爲興聖宮使兼領鎮州節鉞崧以參軍從事時推官李蕘掌書崧見其起草不工密謂掌事呂柔曰令公皇子天下瞻望至于尺牘往來章表論列稍須文理合宜李侍御起草未能盡善呂曰公試代爲之呂得崧所作示盧質馮道皆稱之繇是擢爲興聖宮巡官獨掌奏記莊宗入洛授太常寺協律郎王師伐蜀繼岌爲都統以崧掌書記蜀平樞密使郭崇韜爲宦官誣搆繼岌遂殺崇韜父子外尚未知崧白繼岌曰王何爲作此危事至于不容崇韜至洛誅之未晚今懸軍五千里無咫尺書詔便殺重臣非謀也繼岌曰吾亦悔之崧召書吏三四人登樓去梯取黃紙矯寫詔書倒使都統印發之翌日告諸軍軍情稍定及自蜀還明宗革命任圜以宰相判

三司用崧爲鹽鐵推官賜緋丁內艱歸鄉里服闋鎮帥范延光奏署掌書記延光爲樞密使拜拾遺直樞密院遷補闕起居郎尚書郎充職如故長興末改翰林學士清泰初拜端明殿學士戶部侍郎先是長興三年冬契丹入雲中朝廷欲命重將鎮太原時晉祖爲六軍副使以秦王從榮不軌懇求外任深有北門之望而大臣以晉高祖方握兵柄難以議之一日明宗怒其未奏范延光趙延壽等無對退歸本院共議其事方欲以康義誠爲之時崧最在下位聳立請曰朝廷重兵多在北邊須以重臣爲帥以某所見非石太尉不可也會明宗令中使促之衆乃從其議翌日晉祖旣受太原之命使心腹達意于崧云壘浮圖須與合卻尖蓋感之深也及清泰末晉祖入洛崧與呂琦俱竄匿于伊闕民家旬日晉高祖召爲戶部侍郎判戶部踰月拜中書侍郎同平章事與桑維翰並兼樞密使維翰鎮相州未幾廢樞密院事歸中書加尚書右僕射從幸鄴丁外艱忍制起復崧上章數四懇辭其命優詔不允復上章不報崧不得已而視事晉少帝嗣位復用桑維翰爲樞密使命崧兼判三司未幾代維翰爲樞密使與馮玉對掌機密開運末崧玉信契丹之詐經略瀛鄚中渡之敗落其姦謀契丹入京師趙延壽張礪素稱崧之才契丹主善遇之以崧爲太子太師充樞密使契丹主嘗謂左右曰我破南朝祗得李崧一人而已從契丹北行留于鎮州高祖平汴洛乃以崧之居第賜蘇逢吉第中宿藏之物皆爲逢吉所有是秋鎮州逐滿達勒崧與馮道和凝十數人歸闕授太子太傅崧對朝之權右謙挹承顏未嘗忤旨嘗以宅券獻蘇逢吉不悅崧二弟嶼嶬酣酒無識與楊邠蘇逢吉子弟杯酒之間時言及奪我居第逢吉知之（宋史陶穀傳李崧以宅券獻逢吉逢吉不悅而崧子弟數出怨言崧懼移疾不出崧族子昉嘗往候崧崧語昉曰邇來朝廷于我有何議昉曰無他聞唯陶給事往往于稠人中厚誣叔父崧嘆曰穀自單州判官吾取爲集賢校理不數年擢掌誥命吾何負于陶氏子哉及崧遇禍昉嘗因公事詣穀穀問昉識李侍中否昉斂袵應曰遠從叔耳穀曰李氏之禍穀出力焉昉聞之汗出）有部曲葛延遇者逋李嶼船傭嶼撻之督其所負遇有同輩李澄亦事逢吉葛延遇夜寄宿于澄家以嶼見督情告遂一夕同謀告變逢吉覽狀示史宏肇其日逢吉遣吏召崧至第從容語及葛延遇告變之事崧以幼女爲託逢吉遣吏送于侍衛獄旣行崧恚曰自古未有不亡之國不死之人及爲吏所鞫乃自誣伏罪舉家遇害少長悉尸于市人士冤之（東都事略王溥傳世宗嘗問漢相李崧蠟彈書結契丹有記其詞者否溥曰崧有此書肯示人耶蘇逢吉輩陷之耳世宗遂優贈崧官）崧與徐台符同學相善乾祐三年秋台符夢崧謂曰子之冤橫得請于帝矣及蘇史之誅並梟首于市當崧所誅之地未幾葛延遇李澄亦以戮死（宋史李昉傳晉侍中崧與昉同宗且同里時人謂崧爲東李家昉爲西李漢末崧被誅至宋其子璨自蘇州常熟縣令赴調昉爲訟其父冤且言周太祖已爲昭雪贈官還其田宅錄璨而官之然璨幾五十尚淹州縣之職詔授璨著作佐郎後官至資善大夫）

蘇逢吉長安人父悅逢吉母早喪而悅鰥居旁無侍者性嗜酒雖所飲不多然湎酗終日他人供膳皆不稱旨俟逢吉庖炙方肯下筯悅初仕蜀官升朝列逢吉初學爲文嘗代父染翰悅嘗爲高祖從事甚見禮遇因從容薦逢吉曰老夫耄矣才器無取男逢吉粗學援毫性復恭恪如公不以豚犬之微願令事左右高祖召見以神精爽惠甚憐之有頃擢爲賓佐凡有謀議立侍其側高祖素嚴毅及鎮太原位望崇重從事稀得謁見惟逢吉日侍左右兩使文簿堆案盈几左右不敢輒通逢吉置于懷袖俟其悅色則諮之多見其可高祖建號于太原逢吉自節度判官拜同平章事集賢殿大學士車駕至汴朝廷百司庶務逢吉以爲已任參決處置並出胸臆雖有當有否而事無留滯會翰林學士李濤從容侍帝言及霸府二相官秩未崇逢吉旋加吏部尚書未幾轉左僕射監修國史從征杜重威于鄴下數乘醉抵辱周太祖及高祖大漸與楊邠史宏肇等臥內同受顧命李濤與逢吉論甥舅之契相得甚歡濤之入相逢吉甚有力焉會濤上章請出兩樞密爲方鎮帝怒罷濤相勒歸私第時論疑濤承逢吉之風旨先是高祖踐阼之後逢吉與蘇禹珪俱在中書有所除拜多違舊制用捨升降率意任情至有自白丁而升宦路由流外而除令錄者不可勝數物論紛然高祖方倚信二相莫敢言者逢吉尤貪財貨無所顧避求進之士稍有物力者即遣人微露風旨許以美秩及楊邠爲相稍奪二蘇之權自是盡斂手而已邠每懲二蘇之失艱于除拜至于諸司補吏與門胄出身一切停罷時論以邠之蔽固亦由逢吉禹珪本不能至公于物之所致也初高祖至汴以故相馮道李崧爲契丹所俘竝于眞定乃以崧第賜逢吉道第賜禹珪崧于西洛有別業亦爲逢吉所有及眞定逐契丹崧道歸朝崧弟嶼以逢吉占據其第時出怨言未幾崧以西京宅券獻于逢吉不悅會崧有僕夫欲誣告謀反逢吉誘致其狀即告史宏肇令逮捕其家逢吉遣直省吏召崧至第即令監至侍衛獄翌日所司以獄辭上其李嶼欵招云與兄崧弟嶬與家僮二十人商議比至山陵發引之時同放火謀亂其告是實蓋自誣之辭也逢吉仍以筆添注二十人字爲五十人封下有司盡誅崧家時人寃之歸咎于逢吉逢吉深文好殺從高祖在太原時嘗因事高祖命逢吉靜獄以祈福祐逢吉盡殺禁囚以報及執朝政尤愛刑戮朝廷患諸處盜賊遣使捕逐逢吉自草詔意云應有賊盜其本家及四鄰同保人並仰所在全族處斬或謂逢吉曰爲盜者族誅猶非王法隣保同罪不亦甚乎逢吉堅以爲是僅去全族二字時有鄆州捕賊使臣張令柔盡殺平陰縣十七村民良由此也逢吉性侈靡好鮮衣美食中書供膳鄙而不食私庖供饌務盡甘珍嘗于私第大張酒樂以召權貴所費千餘緡其妻武氏卒葬送甚盛班行官及外州節制有與逢吉相款洽者皆令齎送綾羅絹帛以備縞素失禮違度一至如此又性不拘名教繼母死不行服妻死未周其子並授官秩有庶兄自外至不白逢吉便見諸子逢吉怒且懼他日凌弱其子息乃密白高祖誣以他事杖殺之乾祐二年秋加守司空周太祖之將鎮鄴也逢吉奏請落樞密使隱帝曰有前例否逢吉奏曰樞密之任方鎮帶之非便史宏肇曰兼帶樞密所冀諸軍稟畏竟從宏肇之議宏肇怨逢吉之異已逢吉曰此國家之事也且以內制外則順以外制內豈得便耶事雖不從物議多之居無何王章張飲會逢吉與史宏肇有譏言大爲宏肇所詬逢吉不校幾至毆擊逢吉馳馬而歸自是將相失歡逢吉欲希外任以紓宏肇之怒旣而中輟人問其故逢吉曰苟領一方鎮秖消得史公一處分則爲虀粉矣李業輩惡宏肇楊邠等逢吉知之每見業等即微以言激怒之及宏肇等被害逢吉不預其謀聞變驚駭即授宣徽權知樞密院事尋令草制正授制入聞鄴兵至澶州乃止事急逢吉謂人曰蕭牆之變太覺匆遽主上若有一言見問必不至是矣數夕宿于金祥殿之東謂天官正王處訥曰夜來就枕未瞑已見李崧在傍生人與死人相接無吉事也及周太祖自鄴至汴官軍敗于劉子陂是夕逢吉宿于七里郊與同舍痛飲醉將自刎左右止之至曙與隱帝同抵民舍遂自殺周太祖定京城與聶文進等同梟于北市釋其家族其梟首之處適當李崧寃死之地廣順初詔就西京賜其子莊宅各一區（五代史補高祖在河東幕府闕書記朝廷除前進士邱廷敏爲之以高祖有異志恐爲所累辭疾不赴遂改蘇逢吉未幾契丹南侵高祖仗順而起兵不血刃而天下定逢吉以佐命功自掌書記拜中書侍郎平章事適年廷敏始選授鳳翔麟遊縣令過堂之日逢吉戲之且撫所坐椅子曰合是長官坐何故讓與鄙夫耶廷敏遂慚悚而退）

李鏻唐宗屬也父洎韶州刺史伯父湯咸通中爲給事中懿宗除乳母楚國夫人聱爲夏州刺史湯封還制書詔曰朕少失所親若非楚國夫人鞠養則無朕此身雖非朝典望卿放下仍今後不得援以爲例湯乃奉詔其諒直如此鏻少舉進士累舉不第客遊河朔稱清海軍掌書記謁定州王處直不見禮鏻即脫綠被緋入常山謁要人李宏規以宗姓請兄事之由是得進趙王鎔辟爲從事鎔卒復爲王德明賓客德明使鏻聘于唐莊宗鏻密疏德明之罪且言可圖之狀莊宗嘉之及常山平以鏻爲霸府支使嘗從容請于莊宗曰鏻有四子請誅之莊宗問其故對曰此輩生于常山稟刼亂之氣不可畱也莊宗笑而止同光初授宗正卿俄兼工部侍郎常山有唐敵運陵鏻受富民李守恭賂署爲陵臺令守恭暴橫爲長吏所訴按之以聞鏻左授司農少卿削金紫未幾出爲河府副使明宗即位歷兵部戶部侍郎工部戶部尚書長興中以與明宗有舊常貯入相之意從容謂時相曰唐祚中興宜敦敍宗室才高者合居相位僕雖不才曾事莊宗霸府見今上于藩邸時家代重侯累相靖安李氏不在諸族之下論才較藝何讓衆人久寘僕于朝行諸君安乎馮道趙鳳每怒其僭有頃鏻因淮南細人言事乃謂樞密使安重誨曰僞吳欲歸國久矣若朝廷先遣使諭之則旋踵而至矣重誨然之以玉帶與細人令往淮南爲信久而不反由是出鏻爲兗州行軍司馬得代歸闕復爲戶部尚書尋轉兵部尚書有頃兼判太常卿事嘗權典選部銓綜失序物論非之晉天福中守太子少保開運中遷太子太保高祖至闕授守司徒數月而卒時年八十八詔贈太傅

龍敏字欲訥幽州永清人少學爲儒仕鄉里爲假掾劉守光不道敏避地浮陽會戴思遠渡河而南乃從之鄉人周知裕仕梁爲裨將敏往依焉知裕屢薦不調敏丐遊都邑累年唐莊宗定魏博敏聞故人馮道爲霸府記室乃客于河中歲歸太原館于馮道之家監軍使張承業即署敏爲巡官典監軍奏記莊宗平河洛徵爲司門員外郎以家貧乞養求爲興唐少尹踰年丁母喪退居鄆下會趙在禮據鄴城以敏鄉人強起令署事又爲亂軍所迫敏不敢拒明年在禮鎭浮陽敏復居喪制服闋除戶部郎中改諫議大夫御史中丞時敏父咸式年七十咸式之父年九十餘供養二尊朝夕無懈咸式以敏貴得祕書監致仕敏爲兵部侍郎奉使幽州鄉里耆舊畱宴盡歡馮贇爲北京畱守奏敏爲副贇入掌樞密敏爲吏部侍郎敏學術不甚長然外柔而內剛愛決斷大計清泰末從唐末帝在懷州時趙德鈞父子有異圖晉

安若旦夕憂陷末帝計無從出問計于從臣敏奏曰臣有一計請以援兵從東丹王李贊華取幽州路趨西樓契丹主必有北顧之患末帝然之而不能用敏又謂末帝親將李懿曰君連姻帝戚社稷之危不俟翹足安得默默苟全耶懿因籌德鈞必破蕃軍之狀敏曰僕燕人也諳趙德鈞之爲人膽小謀拙所長者守城砦嬰壕壍況名位震主姦以謀身乎僕有狂策不知濟否苟能必行亦救寨之一術也懿請言之曰如聞駕前馬僅五千匹請于其間選壯馬精甲健夫千人僕願與郎萬金二人通鑑郎萬金爲陳州刺史胡三省云萬金當時勇將也却由介休路出山夜冒敵騎循山入大砦千騎之內得其半濟則無虞矣張敬達等幽閉不知朝廷援兵近遠若知大軍在團柏谷中雖鐵障亦可衝踏況敵騎乎末帝聞之曰龍敏之心極壯用之晚矣人亦以爲大言然其慷慨感激皆此類也晉祖受命敏以本官判戶部遷尚書左丞丁父憂服闋復本官俄移太常卿開運中奉命使越先是朝臣將命必拜起于浙帥敏至抗揖而已識者多之使還改工部尚書乾祐元年春疽發于背聞高祖晏駕乃扶病于私第縞素而臨後旬日卒于家時年六十三隱帝嗣位詔贈右僕射

劉鼎字公度徐州蕭縣人祖素蕭縣令父崇梁太祖微時常傭力崇家及即位召崇用之歷殿中監商州刺史崇之母撫梁祖有恩梁氏號爲國婆徐宋之民謂崇家爲豢龍劉家鼎起家爲大理評事歷尚書博士殿中侍御史起居郎清泰中自吏部員外郎出爲渾州廉判入爲刑部郎中充鹽鐵判官改吏部郎中兼侍御史知雜事乾祐初拜諫議大夫卒年五十五鼎善交遊能談笑居家仁孝事繼母趙氏甚謹異母昆仲凡七人撫之如一性若寬易而典選曹按吏有風稜人稱爲能子袞登進士第文彩遒雋仕周爲左拾遺直史館早卒

張允鎭州束鹿人父徵允幼學爲儒仕本州爲參軍張文禮之據州叛莊宗致討允隨文禮子處瑾請降于鄴不允與處瑾並繫于獄鎭冀平宥之留于鄴署本府功曹趙在禮嬰城叛署節度推官從歷滄兗二鎭書記入爲監察御史歷右補闕起居舍人充宏文館直學士水部員外郎知制誥清泰初皇子重美爲河南尹典六軍諸衞事時朝廷選參佐以允剛介改給事中充六軍判官尋罷職轉左散騎常侍晉天福初允以國朝頻有肆赦乃進駁赦論曰管子云凡赦者小利而大害久而不勝其禍無赦者小害而大利久而不勝其福又漢紀云吳漢疾篤帝問所欲言對曰唯願陛下無爲赦耳如是者何蓋行赦不以爲恩不行赦亦不以爲無恩爲罰有罪故也竊觀自古帝王皆以水旱則降德音而宥過開狴牢以放囚冀感天心以救其災者非也假有二人訟一有罪一無罪若有罪者見捨則無罪者銜冤銜冤者彼何疎見捨者此何親乎如此則是致災之道非救災之術也自此小民遇天災則喜皆相勸爲惡曰國家如行赦必捨我以救災如此即是國家教民爲惡也且天道福善禍淫若以捨爲惡之人而便變災爲福則又是天助其惡民也細而論之必不然矣儻或天降之災蓋欲警誡人主節嗜欲務勤儉恤鰥寡正刑罰不濫捨有罪不僭殺無辜使美化行于下聖德聞于上則雖有水旱亦不爲沴矣豈以濫捨有罪而反能救其災乎彰其德乎是知赦之不可行也明哉帝覽而嘉之降詔獎飾仍付史館五年遷禮部侍郎凡三典貢部改御史中丞轉兵部侍郎知制誥充翰林學士承旨契丹入京城落職守本官東都事略劉溫叟傳契丹入京師溫叟懼隨契丹北徙與承旨張允求去職契丹主怒欲黜爲縣令趙延壽曰學士不稱職而求解者罷之可也得不黜乾祐初授吏部侍郎自誅史宏肇後京城士庶連甍恐悚允每朝退即宿于相國寺僧舍及北軍入京師允匿于佛殿藻井之上墜屋而卒時年六十五子鶚仕皇朝爲太常少卿

任延皓并州人也業術數風雲之事晉高祖在太原重圍時高祖最爲親要延皓以本業請見高祖甚加禮遇晉天福初延皓授太原掾尋改交城文水令皆高祖慰薦之力也高祖鎭太原延皓多言外事出入無間高祖左右皆憚之在文水聚斂財賄民欲陳訴延皓知之一日先誣告縣吏結集百姓欲劫縣庫高祖怒遣騎軍併擒縣民十數族誅之冤枉之聲聞于行路高祖即位累官至殿中監恃寵使氣人望而畏之雖宰輔之重延皓視之蔑如也劉崇在河東日常切齒及魏王承訓薨歸葬太原令延皓擇葬地時有山岡僧謂劉崇曰魏王葬地不吉恐有重喪未幾高祖崩崇以僧言奏之乃配流延皓于麟州路由文水市民擲瓦毆罵甚衆吏人救之僅免既至貶所劉崇令人殺之籍沒其家

史臣曰李崧仕唐晉之兩朝彛伊皐之重望考其器業無忝台衡會多僻之朝被慘夷之戮人之不幸天亦難忱逢吉秉蛇虺之心竊夔龍之位殺人不忌與國俱亡李崧之冤血未銷逢吉之梟首斯至冥報之事安可忽諸自李鏻而下凡數君子者皆踐履朝行彰施帝載國華邦直斯焉在哉惟延皓之醜行宜乎不得其死矣

舊五代史卷一百八考證

漢列傳五龍敏傳末帝親將李懿　案通鑑作前鄭州防禦使李懿

改工部尚書　案歐陽史作遷工部侍郎

滿達勒舊作麻答今改

舊五代史卷一百九

宋門下侍郎參知政事監修國史薛居正等撰

漢書第十一

列傳六

杜重威其先朔州人近世徙家于太原祖興振武牙將父堆金事唐武皇爲先鋒使重威少事明宗自護聖軍校領防州刺史其妻即晉高祖妹也累封宋國大長公主天福初命重威典禁軍遥授舒州刺史二年張從賓搆亂據汜水晉高祖遣重威與侯益率衆破之以功授潞州節度使與楊光遠降范延光于鄴城改許州節度使兼侍衛親軍馬步軍副指揮使尋加同平章事未幾移鎭鄆州遷侍衛親軍馬步軍都指揮使通鑑馮道李崧屢薦重威之能以爲都指揮使充隨駕御營使及鎭州安重榮稱兵向闕命重威禦之敗重榮于宗城重榮據常山重威尋拔其城斬重榮首傳于闕下授成德軍節度使所得重榮家財及常山公帑悉歸于己晉高祖知而不問至鎭復重斂于民税外加賦境內苦之通鑑重威所至黷貨民多逃亡嘗出過市謂左右曰人言我驅盡百姓何市人之多也少帝嗣位與契丹絕好契丹主連年伐晉重威但閉壁自守部內城邑相繼破陷一境生靈受屠戮重威任居方面未嘗以一士一騎救之每敵騎數十驅漢人千萬過城下如入無人之境重威但登陴注目略無邀取之意開運元年秋加北面行營招討使二年領大軍下新州滿城遂城契丹主自古北口迴軍追躡王師重威等狠而旋至陽城爲契丹所困會大風狂猛軍情憤激符彥卿張彥澤等引軍四出敵衆大潰諸將欲追之重威曰逢賊得命更望複子乎遂收軍馳歸常山先是重威于州內括借錢帛吏民大被其苦人情咸怨重以境內凋弊十室九空重威遂無留意連上表乞歸朝不俟報即時上路朝廷以邊上重鎭主帥擅離苟有奔衝慮失禦備然亦無如之何即以馬全節代之重威尋授鄴都留守會鎭州軍食不繼遣殿中監王欽祚就本州和市重威私第有粟十餘萬斛遂錄之以聞朝廷給絹數萬匹償其粟直重威大怒曰我非反逆安得籍沒耶三年冬晉少帝詔重威與李守貞等率師經略瀛鄚師至瀛州城下晉騎將梁漢璋與契丹接戰漢璋死焉重威即時迴軍次武强聞契丹主南下乃西趨鎭州至中渡橋與契丹夾滹水而營十二月八日宋彥筠王清等率數千人渡滹沱陣于北岸爲敵所破時契丹游軍已至欒城道路隔絕人情危蹙重威密遣人詣敵帳潛布腹心契丹主大悅許以中原帝之重威庸暗深以爲信一日伏甲于內召諸將會告以降敵之意諸將愕然以上將既變乃俛首聽命遂連署降表令中門使高勳齎送敵帳軍士解甲舉聲慟哭是日有大霧起于降軍之上契丹主使重威衣赭袍以示諸軍尋僞加守太傅鄴都留守如故契丹主南行命重威部轄晉軍以從既至東京駐晉軍于陳橋士伍飢凍不勝其苦重威每出入衢路爲市民所詬俛首而已契丹下令括率京城錢帛將相公私靁同率配重威與李守貞各萬緡乃告契丹主曰臣等以十萬漢軍降于皇帝不免配借臣所不甘契丹主笑而免之尋羣盜斷澶州浮梁契丹乃遣重威歸藩明年三月契丹主北去至相州城下重威與妻石氏詣牙帳貢獻而迴高祖車駕至闕以重威爲宋州節度使加守太尉重威懼閉城拒命詔高行周率兵攻討重威遣其子宏遂等告急于鎭州滿達勒乞師救援以宏遂爲質滿達勒遣蕃將楊袞赴之未幾鎭州軍逐滿達勒楊袞至洺州而迴十月高祖親征車駕至鄴城之下遣給事中陳觀等齎詔入城許其歸命重威不納數日高祖親率諸軍攻其壘不克王師傷夷者萬餘人宋史杜漢徽傳云從高行周討杜重威于鄴城漢徽爲流矢所中身被重創猶力戰觀者壯之高祖駐軍數旬城中糧盡屑麴餅以給軍士吏民踰壘而出者甚衆皆無人色至是重威牙將詣行宮請降復遣節度判官王敏奉表請罪賜優詔敦勉許其如初重威即遣其子宏遂妻石氏出候高祖重威繼踵出降素服俟罪復其衣冠賜見即日制授檢校太師守太傅兼中書令鄴城士庶殍殕者十之六七先是契丹遣幽州指揮使張璉以部下軍二千餘人屯鄴時亦有燕軍一千五百人在京師會高祖至闕有上變者言燕軍謀亂盡誅于繁臺之下咸稱其冤有逃奔于鄴者備言其事故張璉等懼死與重威膠固守城略無叛志高祖亦悔其前失累令宣諭許以不死璉等于城上揚言曰繁臺之

誅燕軍何罪旣無生理以死爲期璉一軍在圍中重威推食解衣盡力姑息燕軍驕悍憑陵吏民子女金帛公行豪奪及重威請命璉等遂朝廷信誓詔許璉等却歸本土及出降盡誅璉等將數十人其什長已下放歸幽州將出漢境剽略而去高祖遣三司使王章樞密副使郭威籙重威部下將吏盡誅之籍其財產與重威私帑分給將士車駕還宮高祖不豫旣而大漸顧命之際謂近臣將佐曰善防重威帝崩遂收重威重威子宏璋宏璉宏傑誅之詔曰杜重威猶貯禍心未悛逆節梟音不改𤞑性難馴昨朕小有不安罷朝數日而重威父子潛肆兇言怨謗大朝扇惑小輩今則顯有陳告備驗姦期旣負深恩須寘極法其杜重威父子並處斬所有晉朝公主及外親族一切如常仍與供給重威父子已誅陳尸于通衢都人聚觀者詬罵蹴擊軍吏不能禁尸首狼籍斯須而盡宏璉重威之子也累官至陳州刺史（閩平集黨進幼爲天雄軍節度使杜重威奴重威愛其淳謹擢長猶令與婢妾雜侍重威敗周祖得之以爲鐵騎都虞候重威之後寒餓進常分俸以給士大夫或媿焉）

李守貞河陽人也少桀黠落魄事本部爲牙將晉高祖鎭河陽用爲典客後移數鎭皆從之及卽位累遷至客省使天福中李金全以安州叛淮夷入寇晉高祖命馬全節討之守貞監護其軍賊平以守貞爲宣徽使少帝卽位授滑州節度兼侍衛馬軍都指揮使未幾改侍衛都虞候開運元年春敵衆犯澶魏少帝幸澶州契丹主遣滿達勒以奇兵由鄆州馬家口濟河立柵于東岸守貞率師自澶州馳赴之契丹大敗溺死者數千人獲馬數百匹偏裨七十餘人有頃敵退晉少帝還京以守貞爲兗州節度使依前侍衛都虞候五月以守貞爲青州行營都部署率兵二萬東討楊光遠命符彥卿爲副十一月光遠子承勳等乞降守貞入城害光遠于別第光遠有孔目官史朱顏者盡以光遠財寶名姬善馬告于守貞得之置于帳下近例官軍克復城隍必降德音洗滌瑕穢時樞密使桑維翰以光遠同惡數十輩潛竄未出搜索甚急故制書久不下或有告朱顏匿于守貞處者朝廷取而殺之守貞由是怨維翰時行營將士所給賞賜守貞盡以蜀茶染木薑藥之類分給之軍中大怨詛之守貞班師加同平章事以楊光遠東京第賜之守貞因取連宅軍營以廣其第大興土木治之歲餘爲京師之甲行幸賜宴恩禮無比開運二年春契丹主以全軍南下前鋒至相州湯陰縣詔守貞屯滑州少帝再幸澶州以守貞爲北面行營都監與招討使杜重威北伐泊獲陽城之捷遂收軍而還四月車駕還京以守貞爲侍衛副都指揮使移鎭宋州加檢校太師三年春詔守貞率師巡邊至衡水獲鄚州刺史趙思英而還居無何代高行周爲侍衛親軍都指揮使移鎭鄆州意頗觖望會宰臣李崧加侍中守貞謂樞密使直學士殷鵬曰樞密何功便加正相先是桑維翰以元勳舊德爲樞密使守貞位望素處其下每憚之與李彥韜馮玉輩協力排斥維翰竟罷樞務李崧勢分疎遠守貞得以凌蔑其年夏契丹寇邊以守貞爲北面行營都部署少帝開曲宴于內殿以寵其行教坊伶人獻語云天子不須憂北寇守貞面上管幽州旣罷守貞有自負之色以其言誇詫于外旣而率兵至定州北與契丹偏師遇斬蕃將嘉哩而還九月加兼侍中會契丹遣瀛州刺史僞降于少帝請發大軍應接朝廷信之十月詔杜重威爲北面行營招討使以守貞爲兵馬都監知幽州行府事先是守貞領兵再由鄴都杜重威厚加贈遺曲意承迎守貞悅之每于帝前稱舉請委征討之柄至是守貞重威等會兵于鄴遂趨瀛州瀛州不應貝州節度使梁漢璋爲蕃將高牟翰所敗死之王師遂還師至深州聞契丹大至乃西趨鎭州至滹沱之中渡與敵相遇官軍營于滹水之南未幾敵騎潛渡至欒城斷我糧路尋則王清戰死杜重威遂與守貞歸命契丹授守貞司徒依前鄆州節度使從契丹至汴時京輦之下契丹充斥都人士庶若在塗炭二帥出入揚揚市人詬之略無慚色有頃河北及京東草寇大起澶州浮橋爲羣賊所斷契丹主甚恐乃命諸帥各歸本鎭守貞遂赴汶陽高祖入汴守貞懼而來朝授守貞太保移鎭河中居無何高祖晏駕杜重威被誅守貞愈不自安乃潛畜異計乾祐元年三月先致書于權臣布求保證而完城郭繕甲兵晝夜不息守貞以漢室新造嗣君纔立自謂舉無遺策又有僧總倫者以占術干守貞謂守貞有人君之位（通鑑浚儀人趙修己素善術數自守貞鎭滑州署司戶參軍累從移鎭爲守貞言時命不可妄動前後切諫非一守貞不聽乃稱疾歸里）未幾天時人事合符于已乃潛結草賊令所在竊發遣兵據潼關（宋史王繼勳傳李守貞之叛令繼勳據潼關爲郭從義所破）朝廷命白文珂常思等領兵問罪復遣樞密使郭威西征官軍初至守貞以諸軍多曾隸于麾下自謂素得軍情坐俟扣城迎已及軍士詬譟大失所望（宋史馬全義傳李守貞鎭河中召置帳下及守貞叛周主討之全義每率敢死士夜出攻周祖壘多所殺傷守貞貪而無謀性多忌刻全義累爲畫策皆不能用）俄而王景崇據岐下與趙思綰遣使推奉守貞乃自號秦王思綰景崇皆受守貞署置又遣人齎蠟彈于吳蜀契丹以求應援（馬令南唐書朱元傳守貞以河中反漢命周太祖討之元與李平奉守貞表來乞師未復而守貞敗）旣而城中糧盡殺人爲食召總倫詰其休咎總倫至曰王自有天分人不能奪然分野災變俟磨滅將盡存留一人一騎卽王鵲起之際也守貞深以爲信洎攻城守貞欲發石以拒外軍礮竿子不可得無何上游汎一筏至其木悉可爲礮竿守貞以爲神助又嘗因宴會將佐守貞挑弧矢遙指一虎舐掌圖曰我若有非常之事當中虎舌引弓一發中之左右拜賀守貞亦自負焉（宋史吳虔裕傳周祖討三叛以虔裕爲河中行營都監率護聖諸軍五千以往李守貞出兵五千餘設梯橋分五路于長連城西北以禦周祖周祖令虔裕率大軍橫擊之蒲人敗守奪其梯橋殺傷大半）及周光遜以西砦降其勢益窘人情離散官軍攻城愈急守貞乃潛于衙署多積薪芻爲自焚之計二年七月城陷舉家蹈火而死王師入城于煙中獲其尸斷其首函之并獲數子二女與其黨俱獻于闕下隱帝御明德樓受俘馘宣露布百寮稱賀禮畢以俘馘徇于都城守貞首級梟于南市諸子并賊黨孫愿劉芮張延嗣劉仁裕僧總倫靖琮張球王延秀焦文傑安在欽等並磔于西市餘皆斬之（五代史闕文符后先適河中節度使李守貞之子崇訓守貞嘗得術士善聽聲知人貴賤守貞舉族悉令術士聽之獨言后大富貴當母儀天下守貞信之因曰吾婦尙爲皇后吾可知也遂謀叛及城陷后獨免周祖爲世宗娶之顯德中冊爲后）

趙思綰魏府人也唐同光末趙在禮之據魏城也思綰隸于帳下累從之在禮卒趙延壽籍其部曲盡付于其子贊思綰卽其首領也高祖定河洛贊自河中移京兆尹贊以久事契丹常慮國家終不能容乃與鳳翔侯益謀引蜀兵爲援又令判官李恕入朝請覲贊不待報赴闕留思綰等數百人在京兆會高祖遣王景崇等西赴鳳翔行次京兆時思綰等數百人在焉思綰等比是趙在禮御士本不刺面景崇齊藏珍旣至京兆欲令文面以防遁逸景崇微露風旨思綰厲聲先請自刺以率其下景崇壯之藏珍竊言曰思綰麤暴難制不如殺之景崇不聽但率之同赴鳳翔朝廷聞之遣供奉官王益部署思綰等赴闕思綰旣發行至途中謂其黨常彥卿曰小太尉已入他手吾輩至則倂死矣小太尉蓋謂趙贊也彥卿曰臨機制變子勿復言王益至永興副使安友規巡檢使喬守溫出迎于郊外離亭置酒思綰前曰部下軍士已在城東安下緣家屬在城欲各將家今夜便宿城東守溫等然之思綰等辭去與部下並無兵仗纔入西門有州校生門側思綰遽奪其佩劍卽斬之其衆持白挺殺守門軍士十餘人分衆守捉諸門思綰劫庫兵以授之遂據其城時乾祐元年三月二十四日也翌日集城中丁壯得四千餘人濬池隍修樓櫓旬浹之間戰守皆備尋遣人送款于河中李守貞遣使齎僞詔授思綰晉昌軍節度使檢校太尉朝廷聞之命郭從義王峻帥師伐之及攻其城王師傷者甚衆乃以長壍圍之經年糧盡遂殺人充食思綰嘗對衆取人膽以酒吞之告衆曰吞此至一千卽膽氣無敵矣（太平廣記賊臣趙思綰自倡亂至敗凡食人肝六十六無不面剖而膾之）二年夏食旣盡思綰計無從出時左驍衞上將軍致仕李肅寓居城中因與判官程讓能同言于思綰曰太尉比與國家無嫌但負罪懼誅遂爲急計今朝廷三處用兵一城未下太尉若翻然效順率先歸命以功補過庶幾無患若坐守窮城端然待斃則何貴于智也（洛陽搢紳舊聞記趙思綰主藍田副鎭有罪已發李公肅時爲環衛將兼雍耀三白渠使雍耀莊宅使節度副使權軍府事護而脫之來謝于李公公歸宅張夫人詰之曰趙思綰賤人何以免其過旣來謝又何必見之乎曰某比不言夫人問須言之思綰者雖賤類審觀其狀貌眞亂臣賊子恨位下未有眹跡不然除去之可也夫人曰旣不能除去何妨以小惠啖之無使銜怨自後夫人密遣人令思綰之妻來參夫人厚以衣物賜之前後與錢物甚多及漢朝公以上將軍告老歸雍未久思綰過雍遂閉門據雍城叛衣冠之族遭塗炭者衆公全家免禍終以計勸思綰納欵遂拔雍城）思綰然之卽令讓能爲章表遣牙將劉成琦入朝制授思綰華州留後檢校太保以常彥卿爲虢州刺史遣內臣齎官告國信賜之旣受命遲留未發郭從義王峻等籌之曰狠子野心終不可用留之必貽後悔耳旣而從義王峻等綴轡入城陳列步騎至牙署遣人召思綰曰太保登途不暇出祖對飲一杯便申伇別思綰至則執之遂斬于市并族其家（東都事略郭從義傳云思綰困甚從義遣人誘之佯許以華州節鉞思綰信之遂開門送款從義入城思綰謁見卽遣武士執之）思綰臨刑市人爭投瓦石以擊之軍吏不能禁是日并部下叛黨新授虢州刺史常彥卿等五百餘人並誅之籍思綰家財得二十餘萬貫入于官始思綰入城丁口僅十餘萬及開城惟餘萬人而已其餓殍之數可知矣

舊五代史卷一百九攷證

漢列傳五杜重威傳遣給事中陳觀等　陳觀歐陽史避私諱作陳同

趙思綰傳卽令讓能爲表章遣牙將劉成琦入朝　案宋史郭從義傳作從義繫書矢上射入城中說思綰令降與是書異

并部下叛黨新授虢州刺史常彥卿等五百餘人　案宋史郭從義傳作　百餘人

滿達勒舊作麻答今改　嘉哩舊作解里今改

舊五代史卷一百十

宋門下侍郎參知政事監修國史薛居正等撰

周書第一

太祖紀一

太祖聖神恭肅文武孝皇帝姓郭氏諱威字文仲邢州堯山人也或云本常氏之子幼隨母適郭氏故冒其姓焉五代會要周號叔之後高祖諱璟廣順初追尊爲睿和皇帝廟號信祖陵曰溫陵高祖妣張氏追謚睿恭皇后曾祖諱諶漢贈太保追尊爲明憲皇帝廟號僖祖陵曰齊陵曾祖妣鄭國夫人申氏追謚明孝皇后祖諱蘊漢贈太傅追尊爲翼順皇帝廟號義祖陵曰節陵五代會要溫陵齊陵節陵皆無陵所遙申朝拜祖妣陳國夫人韓氏追謚翼敬皇后皇考諱簡漢贈太師追尊爲章肅皇帝廟號慶祖陵曰欽陵皇妣燕國夫人王氏追謚爲章德皇后后以唐天祐元年甲子歲七月二十八日生帝于堯山之舊宅載誕之夕赤光照室有聲如爐炭之裂星火四迸帝生三歲家徙太原居無何皇考爲燕軍所陷歿于王事帝未及齠齔章德太后蚤世姨母楚國夫人韓氏提携鞠養及長形神魁壯趣向奇崛愛兵好勇不事田產天祐末潞州節度使李嗣昭常山戰歿子繼韜自稱留後南結梁朝據城阻命乃散金以募豪傑帝時年十八避吏故關依故人常氏遂往應募帝負氣用剛好鬬多力繼韜奇之或踰法犯禁亦多假借焉嘗遊上黨市有市屠壯健衆所畏憚帝以氣凌之因醉命屠割肉小不如意叱之屠者怒坦腹謂帝曰爾敢刺我否帝即刺其腹市人執之屬吏繼韜惜而逸之其年莊宗平梁繼韜伏誅麾下牙兵配從馬直帝在籍中時年二十一帝性聰敏喜筆劄及從軍旅多閱簿書軍志戎政深窮緊肯人皆服其敏嘗省昭義李瓊瓊方讀閫外春秋帝即取視之曰論兵也兄其教我即授之深通義理宋史李瓊傳唐莊宗募勇士帝應募與周祖等十八人約爲兄弟一日會飲瓊熟視周祖知非常人因舉酒祝曰凡我十人龍蛇混合異日富貴無相忘苟渝此言神降之罰皆刺臂出血爲誓周祖與瓊情好尤密嘗造瓊見其危坐讀書因問所讀何書瓊曰此閫外春秋所謂以正守國以奇用兵較存亡治亂記賢愚成敗皆在此也周祖令讀之謂瓊曰兄當教我自是周祖出入常袖以自隨遇暇輒讀每問難瓊謂瓊爲師天成初明宗幸汶郊時朱守殷嬰城拒命帝從晉高祖一軍率先登城晉祖領副侍衛以帝長于書計名置麾下令掌軍籍前後將臣無不倚愛初聖穆皇后殯于帝帝方匱乏而后多資從東都事略柴后貲周太祖以金帛使事漢高祖嘗晝寢有小虺五色出入顴鼻之間后遽見愕然在太原時有神尼與帝同姓見帝謂李瓊曰我宗天上大仙頂上有肉角當爲世界主清泰末晉祖起于河東時河陽節度使張彥琪爲侍衛步軍都指揮使奉命北伐帝從之營于晉祠是時屋壞同處數人俱斃唯帝獨無所傷漢高祖爲侍衛馬步都虞候名置左右所居官舍之鄰吳氏有青衣佳娘者爲山魈所魅鬼能人言而投瓦石鄰伍無敢過吳氏之舍者帝過之其鬼寂然帝去如故如是者再或謂鬼曰爾既神向者客來又何寂然鬼曰彼大人者繇是軍中異之范延光叛于魏命楊光遠討之帝當行意不願從或謂帝曰楊公當朝重勳子不欲從何也帝曰楊公素無英雄氣得我何用能用我其劉公乎漢祖累鎮藩閫皆從之及鎮并門尤深待遇出入帷幄受腹心之寄帝亦悉心竭力知無不爲及吐渾白可久叛入契丹帝勸漢祖誅白承福等五族得良馬數千匹財貨百萬計以資軍開運末契丹入汴晉帝北遷帝與蘇逢吉楊邠史宏肇等勸漢祖建號以副人望漢高祖即位晉陽時百度草創四方猶梗經綸締搆帝有力焉授樞密副使檢校司徒漢高祖至汴正授樞密副使檢校太保乾祐元年春漢高祖不豫及大漸與蘇逢吉等同受顧命隱帝嗣位拜樞密使加檢校太尉舊制樞密使未加使相者不宣麻制至是宣之自帝始也東都事略魏仁浦傳仁浦少爲刀筆吏隸樞密院太祖問以卒乘數仁浦對曰帶甲者六萬太祖喜曰天下事不足憂也有頃河中李守貞據城反朝廷憂之諸大臣共議進取之計史宏肇曰守貞河陽一客司耳竟何能爲帝曰守貞雖不習戎行然善接英豪得人死力亦勍敵宜審料之乃命白文珂常思率兵攻取師未至而趙思綰竊據永興王景崇反狀亦露朝廷遣郭從義王峻討趙思綰七月西面師徒大集未果進取其月十三日制授帝同平章事即遣西征以安慰招撫爲名詔西面諸軍並取帝節度時論以白文珂常思非守貞之敵聞帝西行羣情大愜宋史李穀傳周祖討河中穀掌轉運時周祖已有人望潛貯異志屢以諷穀穀但對以人臣當盡節奉上而已八月六日帝發離京師二十日師至河中宋史扈彥珂傳周祖爲樞密使總兵出征時議多以先討景崇思綰爲便周祖意未決彥珂曰三叛連衡推守貞爲主宜先擊河中河中平則永興鳳翔失勢矣今捨近圖遠若景崇思綰逆戰于前守貞兵其後腹背受敵爲之奈何周祖從其言命白文珂營于河西帝營于河東不數日周設長塹復築長連城以迫之帝在軍居常接賓客與大將讌語即褒衣博帶或遇巡城壘對陳敵幅巾短後與衆無殊臨矢石冒鋒刃必以身先與士伍分甘共苦稍立功效者厚其賜與微有傷痍者親爲循撫士無賢不肖有所陳啓溫顏以接俾盡其情人之過忤未嘗介意故君子小人皆思効用守貞聞之深以爲憂十二月帝以蜀軍屯大散關即親率牙兵往鳳翔永興相度將發謂白文珂劉詞曰困獸猶鬭當謹備之帝至華州聞蜀軍退敗遂還二年正月五日夜李守貞遣將王三鐵領千餘人夜突河西砦果爲劉詞等力戰敗之先是軍中禁酒帝有愛將李審犯令斬之以徇五月九日取河西砦主周光遜以砦及部衆千餘人來降十七日下令攻城會西北大風揚沙晦冥帝令禱河北祠莫訖而風止自是晝夜攻之七月十三日帝率三砦將士奪賊羅城二十一日城陷守貞舉家自焚而死帝前夢河神告曰七月下旬上帝當滅守貞之族至是收復賊壘城中人言見帝營上有紫氣如樓閣華蓋之狀東都事略王溥傳周太祖將兵討三叛以溥爲從事三叛既平朝士及藩鎮嘗以書往來詞意涉于悖逆者太祖籍其名欲按之溥諫曰魑魅伺夜而出日月既照則氛沴消矣請焚之以安反側太祖從之二年八月五日帝自河中班師其月二十七日入朝漢帝命升階撫勞酌御酒以賜之錫賚優厚翌日漢帝議賞勳欲兼方鎮帝辭之乃止帝以出征時鄴子都七十三人具籍獻之九月五日制加檢校太師兼侍中十月契丹入寇前鋒至邢洺貝魏河北告急帝受詔率師赴北邊以宣徽南院使王峻爲監軍其月十九日帝至邢州遣王峻前軍趨鎮定時契丹已退帝大閱欲臨寇境詔止之三年二月班師三月十七日制授鄴都留守樞密使如故時漢帝以北兵爲患委帝以河朔之任宰相蘇逢吉等議藩臣無兼樞密使例史宏肇以帝受任之重苟不兼密務則難以便宜從事竟從宏肇之議詔河北諸州凡事一稟帝節度帝將北行啓漢帝曰陛下富有春秋萬幾之事宜審于聽斷文武大臣乃心王室凡事諮詢即無敗失漢帝斂容謝之帝至鄴盡去煩弊之事不數月閫政有序一方晏然詔書褒美一夕在山亭院齋中忽有黃氣起于前上際于天帝于黃氣中見星文紫微文昌爛然在目既而告之星者曰子于室中見天象不其異乎對曰坐見天衢物不能隔至貴之祥也異日牙署中有紫氣起于幡竿龍首凡三日十一月十四日澶州節度使李洪義侍衛步軍都指揮使王殷遣澶州副使陳光穗至鄴都報京師有變是月十三日旦羣小等害史宏肇等前一夕李業等遣心腹賫密詔至澶州令李洪義殺王殷又令護聖左廂都指揮使郭崇等害帝于鄴城十三日洪義受得密詔恐事不濟乃以密詔示王殷殷與洪義即遣陳光穗馳報于帝十四日帝方與宣徽使王峻坐議邊事忽得洪義文字遽歸牙署峻亦未知其事帝初知楊史諸公被誅神情惆然又見移禍及己伸訴無所即集三軍將校諭之曰予從微至著輔佐國家先皇登遐親受顧託與楊史諸公彌歷經謀忘寢與食一旦無狀盡已誅夷今有詔來取予首級爾等宜奉行詔旨斷予首以報天子各圖功業且不累諸君也崇等與諸將校泣于前言曰此事必非聖意即是左右小人誣罔竊發假令此輩握重柄國得安乎宜得投諭以判忠佞何事信單車之使而自棄千載之下空受惡名崇等願從明公入朝面自洗雪除君側之惡共安天下衆然之遂請帝南行帝即嚴駕首途十六日至澶州王殷迎謁慟哭時隱帝遣小豎鸞脫偵鄴軍所在爲遊騎所執帝即遣迴令附奏隱帝赴闕之由仍以密奏置鸞脫衣領中奏曰臣發迹寒賤遭遇聖明既富且貴實過平生之望唯思報國敢有他圖今奉詔命忽令郭崇等殺臣即時俟死而諸軍不肯行刑逼臣赴闕令臣請罪上前仍言致有此事必是陛下左右譖臣耳今鸞脫至此天假其便得伸臣心三五日當及闕朝陛下若以臣有欺天之罪臣豈敢惜死若實有譖臣者乞陛下縛送軍前以快三軍之意則臣雖死無恨令託鸞脫附奏以聞十七日帝至滑州節度使宋延渥開門迎納帝將發滑臺召將士謂之曰主上爲讒邪所惑誅殺勳臣吾之此來事不獲已然以臣拒君寧論曲直汝等家在京師不如奉行前詔我以一死謝天子實無所恨將校前啓曰國家負公公不負國請公速行無遲久安邦雪怨正在此時既王峻諭軍曰我得公處分俟平定京城許等旬日剽掠衆皆踊躍十九日隱帝遣左神武統軍袁義前鄧州節度使劉重進率禁軍來拒與前開封尹侯益等屯赤岡是夜俱退二十日隱帝整陣于劉子陂二十一日兩陣俱列慕容彥超率軍奮擊帝遣何福進王彥超李筠等大合騎以乘之慕容彥超退卻死者百餘人于是南軍奪氣稍稍奔于北軍慕容彥超與數十騎東奔兗州吳虔裕張彥超等相繼來見帝是夜侯益焦

繼勳潛至帝營，帝慰勞遣還。二十二日旦，郭允明弑漢隱帝于北郊。初，官軍之敗，帝謂宋延渥曰：「爾國親，可速往衞主上，兼附奏請陛下得便速奔臣軍，免爲左右所圖。」及延渥至，亂兵雲合，卽惶駭而還。是旦，帝望見天子旌旗于高坡之上，謂隱帝在其下，卽免冑釋馬而前，左右慮有不測，請帝止，帝泣曰：「吾君在此，又何憂焉。」及至前，隱帝已去矣，帝歔欷久之。俄聞隱帝遇弑，號慟不已。帝至元化門，劉銖雨射城外，帝迴車自迎春門入。諸軍大掠，煙火四發，帝止于舊第，何福進以部下兵守明德門。翌日，王殷、郭崇言曰：「若不止剽掠，比夜化爲空城耳。」由是諸將部分，斬其剽者，至晡乃定。帝與王峻詣太后宮起居，請立嗣君，乃以高祖姪徐州節度使贇入繼大統，語在漢紀。二十七日，帝以嗣君未至，請太后臨朝。會鎭定州馳奏，契丹入寇，河北諸州告急，太后命帝北征。十二月一日，帝發離京師，四日至滑州，駐馬數日。會湘陰公遣使慰勞，諸將受宣之際，相顧不拜，皆竊言曰：「我輩陷京師，各各負罪，若劉氏復立，則無種矣。」或有以其言告帝者，帝愕然，卽時進途。十六日，至澶州。是日旭旦，日邊有紫氣來當帝之馬首。十九日，下令諸軍進發。二十日，諸軍將士大譟趨驛，如潮而進，帝閉門拒之，軍士登牆越屋而入，請帝爲天子。亂軍山積，登階匝陛，扶抱擁迫，或有裂黃旗以被帝體以代赭袍，山呼震地。帝在萬衆之中，聲氣沮喪，悶絕數四，左右親衞星散竄匿。帝卽登城樓，稍得安息，諸軍遂擁帝南行。時河冰初解，浮梁未搆，是夜北風凜烈，比旦冰堅可渡，諸軍遂濟，衆謂之凌橋。濟竟冰泮，時人異之。時湘陰公已駐宋州，樞密使王峻在京聞澶州之變，遣侍衞馬軍指揮使郭崇率七百騎赴宋州以衞湘陰公。二十五日，帝至七里店，羣臣謁見，遂營于皐門村。二十七日，漢太后令曰：「樞密使侍中郭威，以英武之才，兼內外之任，剪除禍亂，宏濟艱難，功業格天，人望冠世。今則軍民愛戴，朝野推崇，宜總萬幾，以允羣議，可監國，中外庶事並取監國處分。」二十八日，監國教曰：「寡人出自軍戎，本無德望，因緣際會，叨竊寵靈。高祖皇帝甫在經綸，待之心腹，洎登大位，尋付重權。當顧命之時，受忍死之寄，與諸勳舊輔立嗣君。旋屬三叛連衡，四郊多壘，謬膺朝旨，委以專征，兼守重藩，俾當勍敵，敢不橫身戮力，竭節盡心，冀肅靜于疆埸，用保安于宗社。不謂奸邪搆亂，將相連誅，偶脫鋒鋩，克平患難。志安劉氏，願報漢恩，推擇長君，以紹丕搆，遂奏太后，請立徐州相公，奉迎已在于道途，行李未及于都輦。尋以北面事急，寇騎深侵，遂領師徒，徑往掩襲，行次近鎭，已渡洪河。十二月二十日，將登澶州，軍情忽變，旌旗倒指，喊叫連天，引袂牽襟，迫請爲主，環繞而逃避無所，紛紜而逼脅愈堅，頃刻之間，安危莫保，事不獲已，須至徇從。于是馬步諸軍擁至京闕。今奉太后誥旨，以時運艱危，機務難曠，俾令監國，遜避無由，僶俛遵承，夙夜憂愧。」云時文武百官、內外將帥、藩臣郡守等相繼上表勸進。三十日夜，御營西北隅步軍將校因醉揚言：「昨澶州馬軍扶策，今步軍亦欲扶策。」尋令虞候詰其姓名，昧旦擒而斬之，其一軍仍納甲仗，遣中使監送就糧所。

廣順元年春正月丁卯，漢太后誥曰：「遂古已來，受命相繼，是不一姓，傳諸百王，莫不人心順之則興，天命去之則廢，昭然事迹，著在典書。予否運所丁，遭家不造，奸邪搆亂，朋黨橫行，大臣冤枉以被誅，少主倉卒而及禍，人自作孽，天道寧論。監國威深念漢恩，切安劉氏，既平亂略，復正頹綱，思固護于基扃，擇繼嗣于宗室，而獄訟盡歸于西伯，謳謠不在于丹朱，六師竭推戴之誠，萬國仰欽明之德。鼎革斯契，圖籙有歸，予作佳賓，固以爲幸。今奉符寶授監國，可卽皇帝位。於戲！天祿在躬，神器自至，允集天命，永綏兆民，敬之哉！」是日，帝自皐門入大內，御崇元殿，卽皇帝位。制曰：「自古受命之君，興邦建統，莫不上符天意，下順人心。是以夏德既衰，爰啓有商之祚；炎風不競，肇開皇魏之基。朕早事前朝，久居重位，受遺輔政，敢忘伊霍之忠；仗鉞臨戎，復委韓彭之任。匪躬盡瘁，焦思勞心，討叛渙于河潼，張聲援于岐雍，竟平大憝，粗立微勞。幾旋施于關西，尋統兵于河朔，訓齊師旅，固護邊陲，只將身許國家，不以賊遺君父。外憂少息，內患俄生，羣小連謀，大臣遇害，棟梁既壞，社稷將傾。朕方在藩維，以遭讒搆，逃一生于萬死，徑赴闕庭，梟四罪于九衢，幸安區宇。將延漢祚，擇立劉宗，徵命已行，軍情忽變，朕以衆庶所迫，逃避無由，扶擁至京，尊戴爲主。重以中外勸進，方岳推崇，僶俛雖順于羣心，臨御實慙于涼德。改元建號，黍率于舊章；革故鼎新，宜覃于霈澤。朕本姬氏之遠裔，虢叔之後昆，積慶累功，格天光表，盛德既延于百世，大命復集于眇躬。今建國宜以大周爲號，可改漢乾祐四年爲廣順元年。自正月五日昧爽已前，應天下罪人，常赦所不原者，咸赦除之。故樞密使楊邠、侍衞都指揮使史宏肇、三司使王章等，以勞定國，盡節致君，千載逢時，一旦同命，悲感行路，憤結重泉，雖尋雪于沈冤，宜更伸于渥澤，並可加等追贈，備禮歸葬，葬事官給，仍訪子孫敍用。其餘同遭枉害者，亦與追贈。馬步諸軍將士等，戮力叶誠，輸忠効義，先則平持內難，後乃推戴朕躬，言念勳勞，所宜旌賞，其原屬將士等各與等第超加恩命，仍賜功臣名號，已帶功臣者別與改賜。應左降官未量移者與量移，已量移者與復資，已復資者量加敍錄。亡官失爵之人，宜與齒用。配流徒役人並許放還。諸處有犯罪逃亡之人及山林草寇等，一切不問，如敕到後一月不歸本業者，復罪如初。內外前任見任文武官寮、致仕官，各與加恩。應在朝文武臣寮、內諸司使、諸道行軍副使、藩方馬步都指揮使，如父母在未有恩澤者，卽與恩澤，已有者更與恩澤，如亡沒未曾追封贈者，亦與封贈，已封贈者更與封贈。應天下州縣所欠乾祐元年、二年已前夏秋殘稅及沿徵物色，并三年夏稅諸色殘欠，並與除放。澶州已來官路兩邊共二十里內，并乾祐三年殘稅欠稅，並與除放。應河北沿邊州縣，自去年九月後來曾經契丹蹂踐處，其人戶應欠乾祐三年終已前積年殘欠諸色稅物，並與除放。應係三司主持錢穀敗闕場院官，取乾祐元年終已前徵納外，灼然無抵當者，委三司分析聞奏。天下倉場庫務，宜令節度使專切鈐轄，掌納官吏一依省條指揮，不得別納斟餘秤耗。舊來所進羨餘物色，今後一切停罷。應乘輿服御之物，不得過爲華飾，宮闈器用，務從樸素，大官常膳，一切減損。諸道所有進奉，以助軍國之費，其珍巧纖華及奇禽異獸鷹犬之類，不得輒有獻貢，諸無用之物、不急之務，並宜停罷。帝王之道，德化爲先，崇飾虛名，朕所不取，苟致治之未洽，雖多端以奚爲。今後諸道所有祥瑞，不得輒有奏獻。古者用刑，本期止辟，今茲作法，義切禁非。蓋承弊之時，非猛則奸宄難制；及知勸之後，在寬則典憲得宜。相時而行，庶臻中道。今後應犯竊盜賊贓及和姦者，並依晉天福元年已前條制施行。應諸犯罪人等，除反逆罪外，其罪並不得籍沒家產，誅及骨肉，一依格令處分。天下諸侯皆有親戚，自可慎擇委任，必當克効參裨，朝廷選差，理或未當，宜矯前失，庶叶通規。其先于在京諸司差軍將充諸州郡元從都押衙、孔目官、內知客等，並可停廢，仍勒却還舊處職役。近代帝王陵寢，合禁樵採，唐莊宗、明宗、晉高祖各置守陵十戶，以近陵人戶充。漢高祖皇帝陵署職員及守宮人，時日薦饗並守陵人戶等，一切如故。仍以晉、漢之胄爲二王後，委中書門下處分。」云司天上言：「今國家建號，以木德代水，準經法國以姓墓爲臘，請以未日爲臘。」從之。時議者曰：「昔武王勝殷，歲集于房，國家受命，金木集于房。文王厄羑里而卦遇明夷，帝脫于鄴，大衍之數復得明夷，則周爲國號，符于文武矣。」先是，丁未年夏六月，土金木火四星聚于張，占者云當有帝王興于周者，故漢祖建國，由平陽陝服趨洛陽以應之。及隱帝將嗣位，封周王以符其事。而帝以姬虢之胄，復繼宗周，而天人之契炳然矣。昔武王以木德王天下，宇文周亦承木德，而三朝皆以木代水，不其異乎！戊辰，前曹州防禦使何福進受宣權許州節度使，前復州防禦使王彥超受宣權徐州節度使，前澶州節度使李洪義受宣權宋州節度使。己巳，上漢太后尊號曰昭聖皇太后。是日，詔有司擇日爲故主發哀。（五代會要載原敕云：漢高祖爲義帝發喪，魏明帝正禪陵尊號，一時達禮，千古所稱。況朕久事前朝，常參大政，雖遷虞事夏，見奪于羣情，而四海九州咸知予志。宜令所司擇日爲故主舉哀，仍備山陵葬禮。）辛未，有司上言：「皇帝爲故主舉哀日，服縞素、直領、深衣、腰絰等，成服畢祭奠，不視朝七日，坊市禁音樂。文武內外臣寮成服後，每日赴太平宮臨，三日止，七日釋服。至山陵啓攢塗日，服初服，輤車出城，班辭釋服。」從之。壬申，前博州刺史李筠受宣權滑州節度使。癸酉，樞密使、檢校太傅王峻加同平章事，以前澶州節度使李洪義爲宋州節度使，加同平章事，以滑州節度副使陳觀爲左散騎常侍，鄴都留守判官王溥爲左諫議大夫，並充樞密院直學士，以元從都押衙鄭仁誨爲客省使，知客押牙向訓爲宮苑使。北京留守劉崇遣押牙鞏廷美致書，求劉贇歸藩，帝報曰：「朕在澶州之時，軍情推戴之際，先差來直省李光美備見，必想具言，而況遐邇所聞，在後盡當知悉。湘陰公比在宋州駐泊，見令般取赴京，但勿憂疑，必令得所。惟公在彼，固請安心，若能同力扶持，別無顧慮，卽當便封王爵，永鎭北門，鐵契丹書，必無愛惜。其諸情素，並令來人口宣。」遣千牛衞將軍朱憲充入契丹使。先是，去年契丹永康王烏裕寇邢、趙，陷內邱，及迴，烏裕遣使與漢隱帝書，（通鑑：契丹之攻內邱也，死傷頗多，又値月食，軍中多妖異，契丹主不敢深入，引兵還，遣使請和于漢。）使至境上，會朝廷有蕭牆之變，帝定京城，遣至澶州，遇蕃使至，遂與入朝。至是，遣朱憲伴送來使歸蕃，兼致書敍革命之由，仍以金酒器一副、玉帶一遺烏裕。晉州節度使王晏殺行軍司馬徐建，以通河東聞。乙亥，鄆州節度使、守太師、兼中書令、齊王高行周進位尚書令，襄州節度使、檢校太師、守太傅、兼中書令、齊國公安審琦進封南陽王，青州節度使、檢校太師、守太保、兼中書令、魏國公符彥卿進封淮陽王，夔州節度使、侍衞親軍馬步軍都指揮使、檢校太傅王殷加同平章事，充鄴都留守典軍如故丙子帝赴太平宮爲漢隱帝發喪百官陪位如儀是日湘陰公元從右都押衙鞏廷美教練使楊溫等據徐州以拒命帝遣新授節度使王彥超率兵馳赴之仍賜廷美等勅書通鑑帝復遣劉贇書曰爰念斯人盡心于主足以賞其忠義何由責以悔尤俟新節度入城當各除刺史公可更以委曲示之丁丑荊南高保融奏去年十一月朗州節度使馬希萼破潭州十二月十八日縊殺馬希廣至十九日希萼自稱天策上將軍武平靜江寧遠等軍節度使嗣楚王戊寅湘陰公殂己卯以前太師齊國公馮道爲中書令宏文館太學士以司徒兼門下侍郎同平章事宏文館大學士竇貞固爲侍中兼修國史以左僕射平章事集賢殿大學士蘇禹珪爲守司空平章事夏州節度使李彝興進封隴西郡王荊南高保融進封渤海郡王靈武馮暉進封陳留郡王西京白文珂兗州慕容彥超鳳翔趙暉並加兼中書令詔王彥超率兵攻徐州庚辰故樞密使左僕射平章事楊邠追封恒農郡王故宋州節度使兼侍衛親軍都指揮使史宏肇追封鄭王故三司使檢校太尉平章事王章追封瑯琊郡王是日詔曰朕以眇末之身託于王公之上懼德弗類撫躬靡遑豈可化未及人而過自奉養道未方古而不知節量與其耗費以勞人曷若儉約而克己昨者所頒赦令已述至懷宮闈服御之所須悉從減損珍巧纖奇之厥貢並使寢停尚有未該再宜條舉應天下州府舊貢滋味食饌之物所宜除減其兩浙進細酒海味薑瓜湖南枕子茶乳糖白沙糖橄欖子鎮州高公米水梨易定栗子河東白社梨米粉菉豆粉玉屑粆子麵永興御田紅秔米新大麥麪興平蘇栗子華州麝香羚羊角熊膽獺肝朱柿熊白河中樹紅棗五味子輕餳同州石鏉餅晉絳蒲萄黃消梨陝府鳳栖梨襄州紫薑新笋橘子安州折粳米糟味青州水梨河陽諸雜果子許州御李子鄭州新笋鵝梨懷州寒食杏仁申州蘘荷亳州萆薢沿淮州郡淮白魚如聞此等之物雖皆出于土產亦有取于民家未免勞煩率皆糜費加之力役負荷馳驅道途積于有司之中甚爲無用之物今後並不須進奉諸州府更有舊例所進食味其未該者宜奏取進止又詔在朝文武臣僚各上封事凡有益國利民之事速具以聞通鑑詔曰朕生長軍旅不親學問未知治天下之道文武官有益國利民之術各具封事以聞咸宜直書其事勿事辭藻辛巳鎮州武行德晉州王晏相州張彥成潞州常思邠州侯章並加兼侍中以侍衛馬軍都指揮使果州防禦使檢校太保郭崇爲洋州節度使檢校太傅典軍如故以侍衛步軍都指揮使岳州防禦使曹英爲利州節度使檢校太傅典軍如故癸未涇州史懿延州高允權滄州王景永興郭從義定州孫方簡並加兼侍中鄜州楊信同州薛懷讓貝州王繼宏並加同平章事乙酉華州王饒河中扈彥珂鄧州折從阮邢州劉詞並加同平章事丙戌幸西莊潞州奏得石會關使王延美報河東劉崇于正月十六日僭號丁亥以前澶州節度使李洪義爲宋州節度使加同平章事以曹州防禦使北面行營馬步都排陣使何福進爲許州節度使加檢校太傅以博州刺史北面行營右廂排陣使李筠爲滑州節度使加檢校太保戊子有司上言準敕書以晉漢之胄爲二王後其唐五廟仲祀合廢從之庚寅宗正寺奏請以晉漢故事遷漢七廟神主入昇平宮行仲享之禮以漢宗子爲三獻從之

舊五代史卷一百十攷證

周太祖紀一八月六日帝發離京師二十日師至河中　案五代春秋作七月郭威率師圍河中據此紀則周太祖以八月六日始發京師非七月即圍河中也是書漢隱帝紀與此紀互異攷證見漢紀

城陷守貞舉家自焚而死　案歐陽史周本紀云守貞與妻子自焚死思綰景崇相次降今攷是書漢紀五月乙丑趙思綰乞降七月甲子郭威奏收復河中守貞自燔死是思綰之降在守貞自焚之前也又云三年正月趙暉奏收復鳳翔王景崇自燔死是景崇未嘗降也歐陽史漢本紀亦先載趙思綰降後書克河中王景崇傳亦作景崇自燔死紀傳前後自相矛盾當以是書爲得其實

戊寅湘陰公殂　案歐陽史作十二月王峻遣郭崇以騎兵七百逆劉贇于宋州殺之通鑑作正月戊寅殺湘陰公于宋州

烏裕舊作兀欲今改

舊五代史卷一百十一

宋門下侍郎參知政事監修國史薛居正等撰

周書第二

太祖紀二

廣順元年春二月癸巳朔以樞密副使尚書戶部侍郎范質爲兵部侍郎依前充職以陳州刺史判三司李穀爲戶部侍郎判三司以右金吾大將軍充街使翟光鄴爲左千牛衛上將軍充宣徽北院使以宣徽北院使袁義爲左武衛上將軍充宣徽南院使以左右金吾大將軍充街使符彥琳爲右監門上將軍丁酉以皇子天雄軍牙內都指揮使檢校右僕射貴州刺史榮起復爲澶州節度使檢校太保以右金吾上將軍薛可言爲右龍武統軍以左神武統軍安審約爲左羽林統軍以左驍衛上將軍趙贇爲右羽林統軍以太子太師致仕宋彥筠爲左衛上將軍詔移生吐渾族帳于潞州長子縣江豬嶺己亥以左武衛上將軍劉遂凝爲左神武統軍以左衛上將軍焦繼勳爲右神武統軍以左領衛上將軍史佺爲右衛上將軍庚子故吳國夫人張氏追贈貴妃故皇第三女追封樂安公主故第二子青哥贈太保賜名侗第三子意哥贈司空賜名信故長婦劉氏追封彭城郡夫人皇姪三人守筠贈左領軍將軍改名愿奉超贈左監門將軍定哥贈左千牛衛將軍賜名遜故皇孫三人宜哥贈左驍衛大將軍賜名誼喜哥贈武衛大將軍賜名誠三哥贈左領衛大將軍賜名諴辛丑西州回鶻遣使貢方物前開封尹魯國公侯益進封楚國公前西京留守莒國公李從敏進封秦國公前西京留守王守恩進封莒國公癸卯以前中書侍郎兼戶部尚書平章事李濤爲太子賓客詔宣徽南院使袁義權知開封府事以太子太保和凝爲太子太傅丙午晉州王晏奏河東劉崇遣僞招討使劉鈞副招討使白截海率步騎萬餘人來攻州城以今月五日五道齊攻率州兵拒之賊軍傷死甚衆宋史王晏傳劉崇侵晉州晏閉關不出設伏城上并人以爲怯競攀堞而登晏麾伏兵擊之顛死者甚衆遂焚檣遁晏遣子漢倫追北數十里斬首百餘級內出寶玉器及金銀結縷寶裝牀几飲食之具數十碎之于殿庭帝謂侍臣曰凡爲帝王安用此仍詔所司凡珍華悅目之物不得入宮先是回鶻間歲入貢禁民不得與蕃人市易寶貨至是一聽私便交易官不禁詰丁未左千牛將軍朱憲使契丹迴契丹主烏裕遣使郭濟獻良馬一駟賀登極戊申詔曰朕祗膺景命奄有中區每思順物之情從衆之欲將使照臨之下多寄食傲舍之徒歲月之間勤懷土念家之思宜循大體用革前規應諸道州府有前資朝官居住如未赴京不得發遣其行軍副使已下幕職州縣官等得替求官自有月限年月未滿一聽外居如非時詔徵不在此限己酉有司議立四親廟從之辛亥以太子少傅楊凝式爲太子少師以太常卿張昭爲戶部尚書以尚書左丞王易爲禮部尚書以兵部侍郎邊蔚爲太常卿以翰林學士中書舍人魚崇諒爲工部侍郎充職以戶部侍郎章勳爲兵部侍郎以刑部侍郎邊歸讜爲戶部侍郎以禮部侍郎司徒詡爲刑部侍郎以祕書監趙上交爲禮部侍郎以兵部尚書王仁裕爲太子少保以翰林學士禮部尚書張沆爲刑部尚書充職以尚書右丞田敏爲左丞以吏部侍郎段希堯爲工部尚書以太子詹事馬裔孫爲太子賓客前鄜州節度使劉重進前滑州節度使宋延渥並加食邑吐渾府留後王全德加檢校太保充憲州刺史隰州刺史許遷奏河東賊軍劉筠自晉州引兵來攻州城尋以州兵拒之賊軍傷死者五百人信宿遁去丁巳以尚書左丞田敏充契丹國信使回鶻遣使貢方物己未天德軍節度使號國公郭勳加同平章事前宗正卿劉皞爲衛尉卿辛酉以衛尉卿邊光範爲祕書監以前吏部侍郎李詳爲吏部侍郎以前戶部侍郎顏衎爲尚書右丞三月壬戌朔前西京留守李從敏卒戊辰以前左武衛上將軍李懷忠爲太子太傅致仕以前邢州節度使安審暉爲太子太師致仕辛未幸南莊壬申詔曰諸州府先差散從親事官等前朝創置蓋出權宜苟便一時本非舊貫近者遍詢羣議兼採封章且言前件抽差于理不甚允當一則礙州縣之色役一則妨春夏之耕耘貧乏者困于供須豪富者幸于影庇既爲煩擾須至改更況當東作之時宜罷不急之務其諸州所差散從親事官等並宜放散詔下公私便之徐州行營都部署王彥超馳奏收復徐州詔曰逆首楊溫及親近徒黨並處斬其餘無名目人及本城軍都將校職掌吏民等雖被脅從本非同惡並釋放兼知自前楊溫招嘆草賊同力守把朕以村墅小民偶被扇誘念其庸賤特與含容其招入城草賊並放歸農仍倍加安撫湘陰公夫人並骨肉在彼仰差人安撫守護勿令驚恐以右散騎常侍張煦給事中王延蕅並爲左散騎常侍以前大名府少尹李瓊爲將作監以前彰武軍節度使周密爲太子太師致仕以衛尉卿劉皞充漢隱帝山陵都部署丙子以太子少保致仕王延爲太子少傅以戶部尚書致仕盧損左驍衛上

將軍致仕李肅並爲太子少保兵部尚書致仕韓昭允爲尚書右僕射太子太師致仕盧文紀爲司空自延而下並依前致仕故散騎常侍裴羽贈戶部尚書故太子賓客蕭愿贈禮部尚書以司農卿致仕薛仁謙爲鴻臚卿以將作監致仕烏昭爲太府卿以太常少卿致仕王禧爲少府監以秘書少監致仕段顒爲將作監自仁謙而下並依前致仕詔沿淮州縣軍鎮令後自守疆土不得縱一人一騎擅入淮南地分己卯潞州奏涉縣所擒河東將士二百餘人部送赴闕詔給衫袴巾履放歸本土甲申鎮州武行德移鎮許州何福進移鎮鎮州丙戌以襄州節度副使郭令圖爲宗正卿詔曰故蘇逢吉劉銖頃在漢朝與朕同事朕自平禍亂不念仇讐尋示優宏與全家屬尚以幼稚無託衣食是艱將行矜卹之恩俾獲生存之路報怨以德非我負人賜逢吉骨肉洛京莊宅各一賜劉銖骨肉陝州莊宅各一己丑幸南莊庚寅唐故鄆國公李從益追封許王唐明宗淑妃王氏追贈賢妃辛卯詔諸道節度副使行軍司馬兩京少尹留守判官並許差定當直人力不得過十五人諸府少尹書記支使防禦團練副使不得過十人節度推官防禦團練軍事判官不得過七人逐處係帳收管此外如敢額外影占人戶其本官當行朝典先是漢隱帝時有人上言州府從事令錄皆請料錢自合雇人驅使不合差遣百姓丁戶秉政者然之乃下詔州府從事令錄本處先差職役並放歸農自是官吏有獨行趨府縣者帝頗知之故有是命夏四月壬辰朔詔沿淮州縣許淮南人就淮北糴易餱糧時淮南饑故也甲午以夫人董氏爲德妃仍令所司備禮冊命己亥改侍衞馬步軍軍額馬軍舊稱護聖今改爲龍捷步軍舊稱奉國今改爲虎捷壬寅詔唐莊宗明宗晉高祖三處陵寢各有守陵宮人並放逐便如願在陵所者依舊供給甲辰相州張彥成移鎮鄧州折從阮移鎮滑州李筠移鎮相州丙午亳州防禦使王重允卒戊申幸南莊庚戌皇第四女封壽安公主辛亥故許州節度使劉信追封蔡王丙辰詔曰牧守之任委遇非輕分憂之務既同制祿之數宜等自前有富庶之郡請給則優或邊遠之州俸料素薄以至遷除之際擬議亦難既諭貧敍之高低又患祿秩之升降所宜分多益寡均利同恩冀無黨無偏以勸勤效今定諸防禦使料錢二百貫祿粟一百石食鹽五石馬十匹草粟元隨三十人衣糧團練使一百五十貫祿粟七十石鹽五石馬十匹元隨三十人刺史一百貫祿粟五十石鹽五石馬五匹元隨二十人云丁巳尚書左丞田敏使契丹迴契丹主烏裕遣使努瑚報命并獻碧玉金塗銀裹鞍勒各一副弓矢器仗貂裘等土產馬三十匹土產漢馬十四庚申帝爲故貴妃張氏舉哀于舊宮輟視朝三日辛酉司空致仕盧文紀卒五月壬戌朔帝不視朝以漢隱帝梓宮在殯故也戊寅皇子澶州節度使榮起復依前澶州節度使以故貴妃張氏去歲薨至是發哀故也己巳遣左金吾衞將軍姚漢英前右神武將軍華光裔使于契丹辛未太常卿邊蔚上追尊四廟謚議是夜有大星如五升器流于東北有聲如雷丙子太常卿邊蔚上太廟四室奠獻舞名丁丑詔京兆鳳翔府應諸色犯事人第宅莊園店磑已經籍沒者並給付罪人骨肉壬午幸南莊甲申考城縣巡檢供奉官馬彥勍棄市坐匿赦書殺獄囚也丙戌宰臣馮道爲四廟冊禮使六月辛卯朔不視朝以漢隱帝梓宮在殯故也甲午百寮上表請以七月二十八日皇帝降聖日爲永壽節從之邢州大雨霖己亥太常少卿劉悅上漢少帝謚曰隱皇帝陵曰穎陵從之辛亥以樞密使王峻爲尚書左僕射兼門下侍郎同平章事監修國史充樞密使以樞密副使尚書兵部侍郎范質爲中書侍郎同平章事充集賢殿大學士以戶部侍郎判三司李穀爲中書侍郎同平章事判三司司徒兼侍中監修國史竇貞固司空兼中書侍郎同平章事集賢殿大學士蘇禹珪並罷相守本官壬子幸西莊癸丑詔宰臣范質參知樞密院事鄴都洺滄貝等州大雨霖丙辰西京奏新授宗正卿郭令圖卒丁巳以尚書左丞顏衎爲兵部侍郎充端明殿學士以宣徽北院使翟光鄴兼樞密副使秋七月辛酉朔帝被袞冕御崇元殿授太廟四室寶冊于中書令馮道等赴西京行禮癸亥以尚書左丞田敏兼判國子監事戊辰以御史中丞于德辰爲尚書右丞以秘書監邊光範爲太子賓客以戶部尚書張昭爲太子賓客以其子秉爲陽翟簿犯法抵罪昭詣閤待罪詔釋之乃左授此官壬申史官賈緯等以所撰晉高祖實錄三十卷少帝實錄二十卷上之丙子幸宰臣王峻第己丑鎮州奏破河東賊軍于平山縣西斬首五百級是日太常卿邊蔚奏議改郊廟舞名事具樂志八月辛卯漢隱帝梓宮發引帝詣太平宮臨奠詔羣臣出祖于西郊是歲幽州饑流人散入滄州界詔流人至者口給斛粟仍給無主土田令取便種蒔放免差稅癸巳虎入西京修行寺傷人市民殺之乙未幸班荊館壬寅契丹遣幽州牙將曹繼筠來歸故晉中書令趙瑩之喪詔贈太傅仍賜其子絹五百匹以備喪事歸葬于華陰故里乙巳幸西莊壬子晉州王晏移鎮徐州滄州王景移鎮河中定州孫方簡移鎮華州永興郭從義移鎮許州貝州王饒宏移鎮河陽李暉移鎮滄州以許州節度使武行德爲西京留守滑州折從阮移鎮陝州河中扈彥珂移鎮滑州陝州李洪信移鎮永興華州王饒移鎮貝州徐州王彥超移鎮晉州丙辰尚食李氏等宮官八人並封縣君司記劉氏等六人並封郡夫人尚宮皇甫氏等三人並封國夫人唐制有內官宮官各有司存更不加郡國之號近代加之非舊典也以易州刺史孫行友爲定州留後戊午故夫人柴氏追立爲皇后仍令所司定謚備禮冊命九月庚申朔帝詣太平宮起居漢太后辛酉故夫人楊氏追贈淑妃仍令所司擇日備禮冊命故皇第五女追封永寧公主癸亥定州奏契丹永康王烏裕爲部下所殺以前耀州團練使武廷翰太子少保致仕丙子諸道兵馬都元帥兩浙節度使檢校太師尚書令中書令吳越國王錢俶加天下兵馬都元帥丁丑中書舍人劉濤責授少府少監分司西京坐遣男頊代草制詞也監察御史劉頊責授復州司戶坐代父草制也中書舍人楊昭儉解官放逐私便以多在假告不親其職也

舊五代史卷一百十一攷證

周太祖紀二相州張彥成　張彥成原本作彥威今據列傳改正

丙子幸宰臣王峻第　案丙子歐陽史作戊寅

癸亥定州奏契丹永康王烏裕爲部下所殺　案遼史世宗以九月癸亥遇弑不應定州即能于癸亥入奏疑原文有舛誤

烏裕舊作兀欲今改　郭濤舊作骨支今改　努瑚舊作蒿姑今改

舊五代史卷一百十二

宋門下侍郎參知政事監修國史薛居正等撰

周書第三

太祖紀三

廣順元年冬十月己丑朔宰臣王峻獻唐張蘊古大寶箴謝偃惟皇誡德賦二圖詔報曰朕生長軍戎勤勞南北雖用心于鈐匱且無暇于詩書世務時艱粗經閱歷前言往行未甚討尋卿有佐命立國之勳居代天調鼎之任恒慮眇德未及古人于是采掇箴規弼諧寡昧披文閱理懌意怡神究爲君治國之源審修己御人之要帝王之道盡在于茲辭翰俱高珠寶何貴再三省覽深用愧嘉其所進圖已令于行坐處張懸所冀出入看讀用爲鑒戒壬辰潞州奏巡檢使陳思讓監軍向訓破河東賊軍于虒亭癸巳以刑部侍郎司徒詡爲戶部侍郎以左散騎常侍張煦爲刑部侍郎以給事中呂咸休爲左散騎常侍甲午絳州防禦使孫漢英卒辛丑荊南奏湖南亂大將軍陸孟俊執僞節度使馬希萼遷于衡州立希萼弟希崇爲留後將吏二千餘人遇害者半牙署庫藏焚燒殆盡乙巳詔併吏部三銓爲一銓委本司長官通判丙午晉州巡檢王萬敢奏河東劉崇入寇營于州北辛亥潞州奏河東賊軍寇境乙卯荊南奏淮南遣鄂州節度使劉仁贍以戰船二百艘于今月二十五日入岳州丙辰詔樞密使王峻率兵援晉州丁巳以左衞將軍申師厚爲河西軍節度使檢校太保師厚素與王峻善及峻貴師厚羈旅無依日于峻馬前望塵而拜會西涼請帥帝令擇之無欲去者峻乃以師厚奏之師厚亦欣然求往尋自前鎮將授左衞將軍檢校工部尚書翼日乃有涼州之命賜旌節駝馬繒帛以遣之十一月己未朔荊南奏淮南大將邊鎬率兵三萬自袁州路趨潭州馬希崇遣從事送牌印納器仗鎬入城稱武安軍節度使馬氏諸族及將吏千餘人皆從于金陵甲子夜東南白虹亘天以新晉州節度使王彥超爲晉絳行營馬軍都虞候乙丑命王峻出征晉州帝幸西莊以餞之甲戌日南至羣臣拜表稱賀甲申葬故貴妃張氏丁亥詔唐朝五廟舊在至德宮安置應屬徽陵莊田園舍宜令新除右監門將軍李重玉爲主其緣陵緣廟法物除合留外所有金銀器物充遷葬故淑妃王氏及許王從益外其餘並給與重玉及尼惠英惠燈惠能惠嚴等令重玉以時祀陵廟務在豐潔重玉故皇城使李從璨之子明宗之孫惠英等亦明宗親屬也故帝授重玉官秩

令主先祀鄗王者之後也十二月戊子朔詔以劉崇入寇取當月三日暫幸西京庚寅詔巡幸宜停時王峻駐軍陝府聞帝西巡遣使馳奏不勞車駕順動帝乃止乙未幸西莊兗州慕容彥超上言乞朝覲詔允之尋稱部內草寇起不敢離鎮戊申鄆州奏慕容彥超據城反己西王峻奏劉崇逃遁王師已入晉州宋史陳思讓傳王峻援晉州以思讓與康延昭分爲左右廂排陣使令率軍自烏嶺路至絳州與大軍合崇燒營遁去思讓又與藥元福襲破之

廣順二年春正月戊午朔不受朝賀以宿兵在外故也庚申王峻奏起近鎮丁夫二萬城晉州壬戌修東京羅城凡役丁夫五萬五千兩旬而罷甲子以侍衛步軍都指揮使曹英爲兗州行營都部署以齊州防禦使史延韜爲副都署以皇城使向訓爲兵馬都監陳州防禦使藥元福爲馬步都虞候率兵討慕容彥超隆平集慕容彥超盜據兗海周祖命曹英爲帥向訓副之參用藥元福以兵從謂元福曰已勅英訓勿以軍禮見汝及元福至英訓皆父事焉諸軍入兗州界不得下路停止村舍犯者以軍法從事丙寅徐州巡檢供給官張令彬奏破淮賊于沭陽斬首千餘級擒賊將燕敬權時慕容彥超求援于淮南淮南僞主李景發兵援之師于下邳聞官軍至退趨沭陽遂破之庚午高麗權知國事王昭遣使貢方物壬申鎮州何福進差人部送先擒獲到河東賊軍二百餘人至闕下詔給巾履衫袴以釋之戊寅徐州部送沭陽所獲賊將燕敬權等四人至闕下詔賜衣服金帛放歸本土敬權等感泣謝罪帝召見謂之曰夫惡兒邪樊忠順天下一也我之賊臣撓亂國法嬰城作逆殃及生靈不意吳人助茲凶惡非良算也爾當歸言之于爾君初漢末遣三司軍將路昌祚于湖南市茶屬淮南將邊鎬陷長沙昌祚被賊送金陵及敬權自大朝歸具以帝言告于李景景乃召昌祚延坐從容久之且稱美大朝皇帝聖德廣被恩沾鄰土深有依附國家之意及罷遣僞宰相宋齊邱宴昌祚于別館又令訪昌祚在湖南遭變之時亡失綱運之數命依數償之給茗荈萬八千斤遣水運至江夏仍厚給行裝遣之歸闕二月庚寅府州防禦使折德扆奏河東賊軍寇境率州兵破之斬首二千級辛卯太白經天癸巳以權知高麗國事王昭爲高麗國王庚子府州防禦使折德扆奏收河東界岢嵐軍癸卯詔先獲河東鄉軍一百餘人各給錢鞋放歸鄉里壬子太子太師致仕安審暉卒三月庚申幸南莊令從臣習射戊辰以樞密院直學士左諫議大夫王溥爲中書舍人充翰林學士以內客省使恩州團練使鄭仁誨爲樞密副使詔宣徽北院使翟光鄴權知永興軍府事甲戌囘鶻遣使貢方物庚辰詔西京莊宅司內侍省宮苑司內園等四司所管諸巡係稅戶二千五百竝還府縣其廣德昇平二宮竝停廢應行從諸莊園林亭殿房舍什物課利宜令逐司依舊收管夏四月丙戌朔日有食之帝避正殿百官守司丁亥詔停蔡州鄉軍戊子以京師旱分命羣臣禱雨癸巳制削奪慕容彥超在身官爵甲午高麗國冊使衛尉卿劉皞卒乙卯詔取來月五日車駕赴兗州城下慰勞將士以樞密副使鄭仁誨爲右衛大將軍依前充職兼權大內都點檢以中書侍郎平章事判三司李穀爲權東京留守兼判開封府事五月丙辰朔帝御崇元殿受朝仗衛如儀庚申車駕發京師戊辰至兗州城下乙亥收復兗州斬慕容彥超夷其族詔端明殿學士顏衎權知兗州軍州事壬午曲赦兗州管內罪人取五月二十七日已前所犯罪大辟已下咸赦除之慕容彥超徒黨有逃避潛竄者及城內將吏等竝放罪自慕容彥超違背已來鄉州內有接便爲非者一切不問諸軍將士歿于王事者各與賻贈都頭已上與贈官兗州城內及官軍下寨四面去州五里內今年所徵夏秋稅及沿徵錢物竝放十里內只放一州管界今夏苗子三分放一分城內百姓遭毀拆舍屋及遭燒焚者給賜材木諸處差到人夫內有遭矢石死者各給絹三匹仍放戶下三年徭役云癸未詔兗州降爲防禦州仍爲望州六月乙酉朔帝幸曲阜縣謁孔子祠既奠將致拜左右曰仲尼人臣也無致拜帝曰文宣王百代帝王師也得無敬乎卽拜奠于祠前其所奠酒器銀鑪竝留于祠所遂幸孔林拜孔子墓帝謂近臣曰仲尼亞聖之後今有何人對曰前曲阜令襲文宣公孔仁玉是仲尼四十三代孫有鄉貢三禮顏涉是顏淵之後卽召見仁玉賜緋卩授曲阜令顏涉授主簿便令視事仍勅兗州修葺孔子祠宇墓側禁樵採丙戌車駕還京初帝以五月十三日至兗州賊尚拒守至十七日晝夢道士一人進書卷首云車駕來月二日還京其下文字絕多不能盡記既寤以夢告宰臣又四日而城拔帝至軍凡駐蹕九日而賊平果以六月二日發離城下近代親征克捷無如此之速也是日大雨城下行宮水深數尺其日晚至中都縣帝笑謂侍臣曰今日若不離城下則當爲潦所溺矣戊戌車駕至自兗州辛丑以靈武節度使馮暉卒輟視朝一日壬寅前翰林學士李澣自契丹中上表陳奏機事且言僞幽州節度使蕭海貞欲謀歸化帝甚嘉之宋史李澣傳海貞與澣相善澣秉間諷海貞以南歸之計海貞納之周廣順二年澣因定州孫方諫密表言契丹衰微之勢周祖嘉焉遣諜者田重霸齎詔慰撫仍命澣通信澣復表述契丹主幼弱多寵好擊鞠大臣離貳若出師討伐因與通好乃其時也屬中原多故不能用其言癸卯德妃董氏薨乙巳詔宣徽南院使袁義判開封府事辛亥以朔方軍衙內都虞候馮繼業起復爲朔方軍兵馬留後甲寅幸舊宅爲德妃舉哀故也秋七月丙辰詔內外臣僚每遇永壽節舊設齋供今後中書門下與文武百官共設一齋侍衛親軍都指揮使已下共設一齋樞密使內諸司使已下共設一齋其餘前任職員及諸司職掌更不得開設道場及設齋是日大風雨破屋拔樹尚書省都堂有龍穿屋壞獸角而去西壁有爪迹存焉襄州大水丁卯詔復升陳州曹州爲節鎮以侍衛馬軍都指揮使洋州節度使郭崇爲陳州節度使以侍衛步軍都指揮使曹英爲曹州節度使竝典軍如故以陳州防禦使藥元福爲晉州節度使辛未詔相州節度使李筠權知潞州軍州事丙子以小底都指揮使漢州刺史李重進爲大內都點檢兼馬步都軍頭領恩州團練使以內殿直都知駙馬都尉張永德領和州刺史充小底第一軍都指揮使八月甲申朔翰林學士刑部尚書張沆落職守本官以中書舍人史館修撰判館事徐台符爲禮部尚書充翰林學士承旨以兵部侍郎韋勳爲尚書右丞以尚書右丞于德辰爲吏部侍郎以戶部侍郎邊歸讜爲兵部侍郎以禮部侍郎趙上交爲戶部侍郎以樞密直學士左散騎常侍陳觀爲工部侍郎依前充職以刑部侍郎景範爲左司郎中充樞密直學士乙酉樞密使王峻上章請解樞衡凡三上章詔不允庚寅潁州奏先于淮南俘獲孳畜已準詔送還本土甲午詔止絕吏民詣闕舉請刺史縣令賜宰臣李穀白藤肩輿時穀以今年七月因步履傷臂請告數旬詔穀扶持三司刻名印署事仍放朝參庚子潞州節度使常思移鎮宋州相州節度使李筠移鎮潞州壬寅鄆州節度使高行周薨癸丑詔改鹽麴法鹽麴犯五斤已上處死煎鹻鹽者犯一斤已上處死先是漢法不計斤兩多少竝處極刑至是始革之九月庚午以大理卿劇可久爲太僕卿以左庶子張仁瑑爲大理卿以司天監趙延乂爲太府卿兼判司天監事詔北面沿邊州鎮自守疆埸不得入北界俘掠乙亥鎮州奏契丹寇深冀州遣龍捷都指揮使劉誨牙內都指揮使何繼筠等率兵拒之而退時契丹聞官軍至掠冀部丁壯數百隨行狼狽而北冀部被擄者望見官軍鼓譟不已官軍不敢進其丁壯盡爲蕃軍所殺而去丁丑以鄭州防禦使白重贊爲相州留後戊寅樂壽都監杜延熙奏于瀛州南殺敗契丹斬首三百級獲馬四十七匹癸未帝姨母韓氏追封楚國夫人故第四姊追封福慶長公主易州奏契丹武州刺史石越來奔冬十月丙戌以前晉州節度使王彥超爲河陽節度使庚寅詔諸州罷任或朝覲竝不以器械進貢先是諸道州府各有作院每月課造軍器逐季搬送京師進納其逐州每年占留係省錢帛不少謂之甲料仍更于部內廣配土產物徵斂數倍民甚苦之除上供軍器外節度使刺史又私造器甲以進貢爲名功費又倍悉取之于民帝以諸州器甲造作不精兼占留屬省物用過當乃令罷之仍選擇諸道作工赴京作坊以備役使乙未永興軍奏宣徽北院使知軍府事翟光鄴卒丁酉葬德妃廢朝戊戌以宣徽南院使袁義權知永興軍府事以樞密直學士工部侍郎陳觀權知開封府事己亥升鉅野縣爲濟州以樞密院副使鄭仁誨爲宣徽北院使兼樞密副使庚子幸樞密院王峻請之也甲辰宰臣李穀以臂傷未愈上表辭位凡三上章詔報不允丁未滄州奏自十月已前蕃歸漢戶萬九千八百戶是時北境饑饉人民轉徙襁負而歸中土者散居河北州縣凡數十萬口十一月丙辰荆南奏朗州大將劉言以今年十月三日領兵趨長沙十五日至潭州淮南所署湖南節度使邊鎬岳州刺史宋德權竝棄城遁去庚申以前少府監馬從斌爲殿中監壬戌樞密使王峻亡妻崔氏追封趙國夫人非故事也乙丑刑部尚書張沆卒辛未陝州折從阮移鎮邠州以前宋州節度使李洪義爲安州節度使癸酉青州符彥卿移鎮鄆州甲戌詔曰累朝已來用兵不息至于繕治甲冑未免配役生靈多取于民助成軍器就中皮革尤峻科刑稍犯嚴條皆抵極典鄉縣以之生事姦猾得以侵漁宜立新規用革前弊應天下所納牛皮今將逐所納數三分內減二分其一分于人戶苗畝上配定每秋夏苗共十頃納連角皮一張其黃牛納乾筋四兩水牛半斤犢子皮不在納限牛馬驢騾皮筋角今後官中更不禁斷只不得將出化外敵境州縣先置巡檢牛皮節級竝停丙子詔曰應內外文武官寮幕職州縣官舉選人等今後有父母祖父母亡歿未經遷葬者其主家之長不得輒求仕進所由司亦不得申舉解送如是卑幼在下者不在此限己卯日南至帝御崇元殿受朝賀仗衛如儀十二月丙戌權武平軍留後劉言遣牙將張崇嗣入奏于十月十三日與節度副使王進逵行軍司馬何敬貞指揮使周行逢等同共部領戰棹

攻收湖南僞節度使邊鎬當夜出奔王進逵等已入潭州九國志王進逵傳逵朗州武陵人或名進逵邊鎬爲武安軍節度使召劉言入覲言不行謀于逵曰江南召我不往必加兵于我矣爲之奈何逵曰鎬之此來以制置潭朗爲名公如違行正入其算武陵負江湖之阻帶甲百萬乃欲拱手臣異姓乎鎬新至長沙經略未定乘人心憤怒引兵攻鎬可一鼓而擒也言然之乃遣與何景真等同起兵于武陵號十指揮使以攻邊鎬逵率舟師南上至長沙邊鎬大駭以所部奔歸江南諸州屯守皆罷之盡復湖外之地癸巳太子太師致仕安叔千卒甲午詔今後諸侯入朝不得進奉買宴丁酉皇子澶州節度使榮落起復加同平章事戊戌太子少傅致仕王延卒壬寅幸西莊乙巳以端明殿學士顏衎權知開封府事御史臺奏請改左右威衛復爲左右屯衛從之避御名也是冬無雪

廣順三年春正月壬子朔帝御崇元殿受朝賀仗衛如儀幸太平宮起居漢太后甲寅賜羣臣射于內鞠場乙卯武平軍兵馬留後劉言奏潭州干戈之後焚燒殆盡乞移使府于武陵從之詔升朗州爲大都督府在潭州之上丙辰以武平節度使留後檢校太尉劉言爲檢校太師同平章事行朗州大都督充武平軍節度兼三司水陸轉運等使制置武安靜江等軍事進封彭城郡公武平軍節度副使權知潭州軍州事檢校太傅王進逵爲檢校太尉行潭州刺史充武安軍節度使以武安軍行軍司馬兼衙內步軍都指揮使檢校太傅何敬貞爲檢校太尉行桂州刺史充靜江軍節度使以張倣領眉州刺史充武平軍節度副使以朱元琇領黃州刺史充靜江軍節度副使以周行逢領集州刺史充武安軍節度行軍司馬自進逵而下皆劉言將校也邠州奏慶州略蕃部野雞族略奪商旅侵擾州界詔遣寧州刺史張建武等率兵掩襲仍先賜勑書安撫如不從命即進軍問罪辛酉詔賜朗州劉言應兩京及諸道舊屬湖南樓店邸第乙丑詔諸道州府係屬戶部營田及租稅課利等除京兆府莊宅務贍國軍榷鹽務兩京行從莊外其餘並割屬州縣所徵租稅課利官中只管舊額其職員節級一切停廢應有客戶元佃係省莊田桑土舍宇便賜逐戶充爲永業仍仰縣司給與憑由應諸處元屬營田戶部院及係縣人戶所納租中課利起今年後並與除放所有見牛犢並賜本戶官中永不收係云帝在民間素知營田之弊至是以天下係官莊田僅萬計悉以分賜見佃戶充永業是歲出戶三萬餘百姓既得爲己業比戶欣然于是葺屋植樹敢致功力又東南郡邑各有租牛課戶往因梁太祖渡淮軍士掠民牛以千萬計梁太祖盡給與諸州民輸租課自是六十餘載時移代改牛租猶在百姓苦之至是特與除放未幾京兆府莊宅務及榷鹽務亦歸州縣依例處分或有上言以天下係官莊田甚有可惜者若遣貨之當得三十萬緡亦可資國用帝曰苟利于民與資國何異丁卯戶部侍郎權知貢舉趙上交奏請科舉人欲等第各加封義場數進士除詩賦外別試雜文一場從之兩浙弔祭使左諫議大夫李知損責授登州司馬員外置仍令所在馳驛放遣知損銜命江浙所經藩郡皆强貸于侯伯爲青州知州張凝所奏故有是命己巳幸南莊臨水亭見雙鳧戲于池上帝引弓射之一發疊貫從臣稱賀庚午以前邠州節度使侯章爲鄧州節度使前萊州刺史葉仁魯賜死坐爲民所訟故也辛未詔樞密使王峻巡視河隄峻請行故從之辛巳幸南莊閏月甲申朗州劉言潭州王進逵奏廣賊占據桂管深入永州界俘劫遣朗州行軍司馬何敬貞與指揮使朱全琇陳順等率水陸軍五萬進擊丙戌回鶻遣使貢方物詔故梁租庸使趙巖姪崇勳見居陳州量賜係官店宅從王峻之請也辛卯定州奏契丹攻義豐軍出勁兵夜斫蕃營斬首六十級契丹遁去甲午鎮州奏契丹寇境遣兵追襲至無極而還丙申皇子澶州節度使榮來朝壬寅以樞密使尚書左僕射同平章事監修國史王峻兼青州節度使餘如故延州衙內指揮使高紹基奏言父允權患腳膝令臣權知軍州事癸卯陳州奏吏民請與前刺史李穀立祠堂從之時穀爲宰相闔郡人陳請遜讓數四乃止甲辰鄴都留守王殷加檢校太尉依前同平章事丙午鎮州節度使何福進河陽節度使王彥超並加檢校太尉潞州節度使李筠加檢校太傅丁未延州節度使高允權卒己酉開封府奏都城內錄到無名額僧尼寺院五十八所詔廢之二月辛亥朔以前西京留守白文珂爲太子太師致仕進封韓國公癸丑安州節度使李洪義侍衞馬軍都指揮使郭崇侍衞步軍都指揮使曹英並加檢校太尉唐州方城縣令陳守愚棄市坐剋留戶民蠶鹽一千五百斤入己也內制國寶兩座詔中書令馮道書寶文其一以皇帝承天受命之寶爲文其一以皇帝神寶爲文案傳國寶始自秦始皇令李斯篆之歷代傳授事具前史至唐末帝自燔之際以寶隨身遂俱焚焉晉高祖受命特製寶一座開運末契丹犯闕少帝遣其子延煦齎送于契丹主訝其非真少帝上表具訴其事及契丹北歸齎以入蕃漢朝二帝未暇別製至是始創爲之庚申遣將作監李瓊知陝州軍州事甲子樞密使平盧軍節度使尚書左僕射平章事監修國史王峻責授商州司馬員外置所在馳驛發遣戊辰左監門上將軍李建崇卒延州牙內都指揮使高紹基奏交割軍府與副使張圖己巳朗州劉言奏當道先遣行軍司馬何敬貞率兵掩擊廣賊行及潭州部衆奔潰湖南王進逵以敬貞失律已梟首訖以樞密直學士工部侍郎陳觀爲祕書監王卓鳳翔少尹桑能責授鄧州長史能晉相維翰之庶弟也坐據維翰別第爲人所訟故也癸酉以戶部侍郎知貢舉趙上交爲太子詹事是歲新進士中有李觀者不當策名物議諠然中書門下以觀所試詩賦失韻句落姓名故上交移官丁丑幸南莊賜從官射命客省使向訓權知延州軍州事

舊五代史卷一百十二攷證

周太祖紀三庚申車駕發京師　案五代春秋作庚辰帝東征歐陽史從是書作庚申

戊戌車駕至自兗州　案歐陽史作庚子至自兗州五代春秋從是書作戊戌

節度副使王進逵　王進逵原本作進達後又作王逵攷九國志王逵或名進逵今改歸畫一

官中只管舊職　官中訛宮中今據下文改正

遣兵追襲至無極而還　案契丹國志作無極山是書無山字當係史家省文今姑仍其舊

舊五代史卷一百十三

宋門下侍郎參知政事監修國史薛居正等撰

周書第四

太祖紀四

廣順三年春三月庚辰朔以相州留後白重贊爲滑州節度使以鄭州防禦使王進爲相州節度使以前兗州防禦使索萬進爲延州節度使以亳州防禦使張鐸爲同州節度使甲申以皇子澶州節度使榮爲開封尹兼功德使封晉王仍令所司擇日備禮冊命丙戌以宣徽北院使兼樞密副使鄭仁誨爲澶州節度使以殿前都指揮使李重進領泗州防禦使以客省使向訓爲內客省使己丑以棣州團練使王仁鎬爲右衞大將軍充宣徽北院使兼樞密副使庚寅端明殿學士尚書兵部侍郎顏衎落職守本官宋史顏衎傳衎權知開封府王峻敗罷職守兵部侍郎以翰林學士中書舍人王溥爲戶部侍郎充職以左司郎中充樞密直學士景範爲左諫議大夫充職祕書監陳觀責授左贊善大夫留司西京坐王峻黨也癸巳大風雨土戊申幸南莊夏四月甲寅禁沿邊民戶鬻兵仗與蕃人戊辰河中節度使王景移鎭鳳翔宋州節度使常思移鎭青州鳳翔節度使趙暉移鎭宋州河陽節度使王彥超移鎭河中賜朗州劉言絹二百疋以兵革之後匱乏故也詔在京諸軍將士持支救接五月己卯朔帝御崇元殿受朝賀仗衞如儀辛巳前慶州刺史郭彥欽勒歸私第國初以彥欽再刺慶州兼掌榷鹽彥欽擅加榷錢民夷流怨州北十五里寡婦山有蕃部曰野雞族彥欽作法擾之蕃情獷悍好爲不法彥欽乃奏野雞族掠奪綱商帝遣使齎詔撫諭望其率化蕃人既苦彥欽貪政不時報命朝廷乃詔邠州節度使折從阮寧州刺史張建武進兵攻之建武勇于立功徑取野雞族帳擊殺數百人又殺牛族素與野雞族有憾且聞官軍討伐相聚餉饋欣然迎奉官軍利其財貨孳畜遂刼奪之翻爲族所誘至包山負險之地官軍不利爲蕃人迫逐投崖墜澗而死者數百人從阮等以兵自保不相救應帝怒彥欽及建武俱罷其任及彥欽至京師故有是命丁亥新授青州節度使常思進在宋州日出放得絲四萬一千四百兩請徵入官詔宋州給還人戶契券其絲不徵甲午命中書侍郎同平章事集賢殿大學士權判門下省事范質權監修國史六月壬子滄州奏契丹幽州榷鹽制置使兼防州刺史知盧臺軍事張藏英以本軍兵士及職員戶人孳畜七千頭口歸化癸丑以前開封尹楚國公侯益爲太子太師以前西京留守莒國公王守恩爲左衞上將軍以前永興軍節度使李洪信爲左武衞上將軍甲寅以左衞上將軍宋彥筠爲太子少師以太子少師楊凝式爲尚書右僕射致仕癸亥前河陽節度使王繼弘卒己巳太子太傅李懷忠卒是月河南河北諸州大水霖雨不止川陂漲溢襄州漢水溢入城深一丈五尺居民皆乘筏登樹羣烏集潞州河南無烏秋七月戊寅朔徐州言龍出豐縣村民井中即時澍雨漂沒城邑癸未太子賓客馬裔孫卒甲申鄴都王殷奏乞朝覲凡三上章允之尋以北邊奏契丹事機詔止其行

以左金吾上將軍安審信爲太子太師致仕丁亥以右金吾上將軍張從恩爲左金吾上將軍以前鄧州節度使張彥成爲右金吾上將軍己丑以虎捷左廂都指揮使永州防禦使韓通爲陝州留後庚寅太府卿判司天監趙延乂辛卯以前西京副留守盧價爲太子賓客乙未以御史中丞邊光範爲禮部侍郎以刑部侍郎張煦爲御史中丞以翰林學士承旨尚書禮部侍郎徐台符爲刑部侍郎充職丙申太子太師致仕安審信卒丁酉詔曰京兆鳳翔府同華邠延鄜耀等州所管州縣軍鎮頃因唐末藩鎮殊風久歷歲時未能釐革政途不一何以致民其婚田爭訟賦稅丁徭合是令佐之職其擒姦捕盜庇護部民合是軍鎮警察之職今後各守職分專切提撕如所職疏遺各行按責其州府不得差監徵軍將下縣戊戌衛尉少卿李溫美責授房州司戶參軍溫美奉使祭海便道歸家家在壽光縣爲縣吏馮動所訟故黜之供奉官武懷贇棄市坐盜馬價入己也壬寅以鴻臚少卿趙修己爲司天監八月己酉幸南莊丙辰內衣庫使齊藏珍除名配沙門島藏珍奉詔修河不于役所部轄私至近縣止宿及報隄防危急安寢不動遂致橫流故有是責庚申邢州節度使劉詞移鎮河陽辛酉以龍捷左廂都指揮使閬州防禦使田景咸爲邢州留後丁卯河決河陰京師霖雨不止給賜諸軍將士薪芻有差癸酉以翰林學士戶部侍郎王溥爲端明殿學士甲戌潭州王進逵奏朗州劉言與淮賊通連差指揮使鄭玟部領兵士欲併當道鄭玟爲軍衆所執奔入武陵劉言尋爲諸軍所廢臣已至朗州安撫訖詔劉言勒歸私第委王進逵取便安置是月所在州郡奏霖雨連緜漂沒田稼損壞城郭廬舍九月己卯太子少保盧損卒丁酉深州上言樂壽縣兵馬都監杜延熙爲戍兵所害先是齊州保寧郡兵士屯于樂壽都頭劉彥章等殺延熙爲亂時鄭州開道指揮使張萬友亦屯于樂壽然不與之同朝廷急遣供奉官馬誘省其事誘乃與萬友擒彥章等十三人斬之餘衆奔齊州是月多陰曀木再華冬十月戊申朔詔以來年正月一日有事于南郊諸道州府不得以進奉南郊爲名輒有率斂己酉右金吾上將軍張彥成卒庚戌以前同州節度使薛懷讓爲左屯衛上將軍以尚書左丞兼判國子監田敏權判太常卿以禮部尚書王易權兵部尚書太常奏郊廟社稷壇位制度請下所司修奉從之以中書令馮道爲南郊大禮使以開封尹晉王榮爲頓遞使權兵部尚書王易爲鹵簿使御史中丞張煦爲儀仗使權判太常卿田敏爲禮儀使以前潁州防禦使郭瓊爲權宗正卿甲寅以前光祿卿丁知浚復爲光祿卿丙辰幸南莊西莊己未前寧州刺史張建武責授右司禦副率以野雞族失利故也以前翰林學士工部侍郎魚崇諒爲禮部侍郎充翰林學士時崇諒解職于陝州就養至是再除禁職仍賜詔名之令本州給行裝鞍馬侍親歸朝以太子賓客張昭爲戶部尚書以太子賓客李濤爲刑部尚書詔中書令馮道赴西京迎奉太廟神主甲子中書令馮道率百官上尊號曰聖明文武仁德皇帝答詔不允凡三上章允之仍俟郊禮畢施行壬申鄴都邢洺等州皆上言地震鄴都尤甚十一月辛巳廢共城稻田務任人佃蒔乙酉日南至帝不受朝賀庚寅鎮州節度使何福進奏乞朝覲三奏允之詔侍衛步軍都指揮使曹英權知鎮州軍府事癸巳以將作監李瓊爲濟州刺史壬寅詔重定天下縣邑除畿赤外其餘三千戶已上爲望縣二千戶以上爲緊縣一千戶以上爲上縣五百戶以上爲中縣不滿五百戶爲中下縣十二月戊申雨木冰是日四廟神主至西郊帝郊迎奠饗奉神主入于太廟設奠安神而退壬子前單州刺史趙鳳賜死坐爲民所訟故也甲寅詔諸道州府縣鎮城內人戶舊請蠶鹽徵價起今後竝停甲子鎮州節度使何福進來朝乙丑鄴都留守王殷來朝丙寅禮儀使奏皇帝郊廟行事請以晉王榮爲亞獻通攝終獻行事從之己巳左補闕王伸停任坐檢田于亳州虛憑紐配故也辛未鄴都留守侍衛親軍都指揮使王殷削奪在身官爵長流登州尋賜死于北郊其家人骨肉竝不問罪癸酉帝宿齋于崇元殿爲來年正月一日親祀南郊也時帝已不豫甲戌宿于太廟乙亥質明帝親饗太廟自齋宮乘步輦至廟庭被袞冕令近臣翼侍陞階止及一室行禮俛首而退餘命晉王率有司終其禮是日車駕赴郊宮

顯德元年春正月丙子朔帝親祀圜丘禮畢詣郊宮受賀車駕還宮御明德樓宣制大赦天下改廣順四年爲顯德元年自正月一日昧爽已前應犯罪人常赦所不原者咸赦除之內外將士各優給文武職官竝與加恩內外命婦竝與進封寺監攝官七周年已上者同明經出身今後諸寺監不得以白身署攝升朝官兩任已上著緋十五周年與賜緋著緋十五年與賜紫州縣官曾經五度參選雖未及十六攷與授朝散大夫階年七十已上授優散官賜緋應奉郊廟職掌人員竝與恩澤今後不得以梁朝及清泰朝爲僞朝僞主天下帝王陵廟及名臣墳墓無後官爲檢校云宣赦畢帝御崇元殿受冊尊號禮畢羣臣稱賀時帝郊祀御樓受冊有司多略其禮以帝不豫故也先是有占者言鎮星在氐房乃鄭宋之分當京師之地兼氐宿主帝王路寢若散財以致福遷幸以避災庶幾可以驅禳矣帝以遷幸煩費不可輕議散財可矣故有郊禋之命洎歲暮帝疾增劇郊廟之禮蓋勉而行之耳戊寅詔廢鄴都依舊爲天雄軍大名府在京兆府之下庚辰制皇子開封尹晉王榮可開府儀同三司檢校太尉兼侍中行開封尹功德使判內外兵馬事襄州安審琦進封陳王鄆州符彥卿進封衞王移鎮天雄軍荆南高保融進封南平王夏州李彝興進封西平王甲申宋州趙暉進封韓國公青州常思進封萊國公徐州王晏進封滕國公鄧州侯章進封申國公西京武行德進封譙國公許州郭從義加檢校太師鳳翔王景進封褒國公華州孫方諫進封蕭國公自趙暉已下竝加開府儀同三司乙酉分命朝臣往諸州開倉減價出糶以濟饑民詔潭州依舊爲大都督府在朗州桂州之上丙戌以澶州節度使鄭仁誨爲樞密使加同平章事鄜州楊信加開府儀同三司進封杞國公邠州折從阮加開封儀同三司改封鄭國公滄州李暉加檢校太尉安州李洪義加檢校太師貝州王饒加檢校太尉以陳州節度使兼侍衛馬軍都指揮使郭崇爲澶州節度使加同平章事以曹州節度使兼侍衛步軍都指揮使曹英爲鎮州節度使加同平章事潭州王進逵加特進兼侍中河陽劉詞加檢校太尉河中王彥超加同平章事以鎮州節度使何福進爲鄆州節度使加同平章事潞州李筠加同平章事戊子晉州藥元福滑州白重贊相州王進同州張鐸竝加檢校太傅以延州節度使索萬進爲曹州節度使加檢校太傅定州留後孫行友邢州留後田景咸陝州留後韓通靈武留後馮繼業竝正授節度使庚寅夜東北有大星墜其聲如雷壬辰宰臣馮道加守太師范質加尚書左僕射監修國史李穀加右僕射集賢殿大學士以端明殿學士尚書戶部侍郎王溥爲中書侍郎平章事東都事略太祖將大漸促名學士草制以溥爲中書侍郎同中書門下平章事已宣制太祖曰吾無恨矣司徒竇貞固進封汧國公司空蘇禹珪進封莒國公竝加開府儀同三司以宣徽南院使知永興軍府事袁䕞爲延州節度使以宣徽北院使兼樞密副使王仁鎬爲永興軍節度使以前安州節度使王令溫爲陳州節度使以殿前都指揮使泗州防禦使李重進爲武信軍節度使檢校太保典軍如故以龍捷左廂都指揮使睦州防禦使樊愛能爲侍衛馬軍都指揮使洋州節度使加檢校太保以虎捷左廂都指揮使果州防禦使何徽爲侍衛步軍都指揮使利州節度使加檢校太保以樞密承旨魏仁浦爲樞密副使是日巳時帝崩于滋德殿聖壽五十一祕不發喪乙未遷神柩于萬歲殿名文武百官班于殿庭宣遺制晉王榮可于柩前卽皇帝位服紀月日一如舊制云是歲自正月朔日後景色昏晦日月多暈及嗣君卽位之日天氣晴朗中外肅然帝自郊禋後其疾乍瘳乍劇晉王省侍不離左右東都事略李重進周太祖之甥母卽福慶長公主重進年長于世宗及太祖寢疾名重進受顧命令拜世宗以定君臣之分累諭晉王曰我若不起此疾汝卽速治山陵不得久留殿內陵所務從儉素應緣山陵役力人匠竝須和雇不計近遠不得差配百姓陵寢不須用石柱費人功只以甎代之用瓦棺紙衣臨入寢之時召近稅戶三十家爲陵戶下事前揭開瓦棺徧視過陵內切不得傷他人命勿修下宮不要守陵宮人亦不得用石人石獸只立一石記子鐫字云大周天子臨晏駕與嗣帝約緣平生好儉素只令著瓦棺紙衣葬若違此言陰靈不相助又言朕攻收河府時見李家十八帝陵園廣費錢物人力竝遭開發汝不聞漢文帝儉素葬在霸陵原至今見在如每年寒食無事時卽仰量事差人灑掃如無人去只遙祭兼仰于河府魏府各葬一副劒甲澶州葬通天冠絳紗袍東京葬一副平天冠袞龍服千萬千萬莫忘朕言二月甲子太常卿田敏上尊謚曰聖神恭肅文武孝皇帝廟號太祖四月乙巳葬于嵩陵宰臣李穀撰謚冊文王溥撰哀冊文五代史補高祖之爲樞密使也每出入常恍然覩人前導狀若臺省人吏其服色一緋一綠高祖以爲不祥深憂之及河中鳳翔永興等處反詔命高祖征之一舉而三鎮瓦解自是權傾天下論者以爲功高不賞郭氏其危乎高祖聞而恐懼居無何忽覩前導者服色緋者改紫綠者改緋高祖心始安曰彼二人者但見其升不見其降吉兆也未幾遂爲三軍所推戴高祖之入京師也三軍分擾殺人爭物者不可勝數時有趙童子者知書善射至防禦使覩其紛擾竊憤之乃大呼于衆中曰樞密太尉志在除君側以安國所謂兵以義舉鼠輩敢爾乃賊也豈太尉意耶于是持弓矢于所居巷口據牀坐凡軍人之來侵犯者皆殺之由是居人賴以保全僅數千家其間亦有致金帛于門下用爲報答已堆集如邱陵焉童子見而笑曰吾豈求利者耶于是盡歸其主高祖聞而異之陰謂世宗曰吾聞人間讖云趙氏合當爲天子觀此人才略度量近之矣不早除去吾與汝其可保乎使人誣告收付御史府劾而誅之洎高祖厭世未十年而皇宋有天下趙氏之讖乃應于斯知王者不死信矣哉高祖征李守貞軍次河上高祖慮其爭濟臨岸而論之未及坐忽有羣鴉噪于上高祖退十餘步引弓將射之矢未及發而岸崩其壞裂之勢在高祖足下高祖棄弓顧羣鴉而笑曰得非天使汝驚動吾耶如此則李守貞不足破矣于是三軍欣然各懷鬭志矣　五代史闕文周太祖在漢隱帝朝爲樞密使將兵伐河中李守貞時馮道守太師不與朝政以請告周祖謁道于私第問伐蒲策道辭以不在其位不敢議國事周祖固問之道不得已謂周祖曰相公頗

知傳乎周祖微時好蒱博屢以此抵罪疑道讖已勃然變色道曰是行亦猶博也夫博財多者氣豪而勝財寡者心怯而輸守貞在晉累典禁兵自謂軍情附已遂謀反耳今相公誠能不惜官錢廣施惠愛明其賞罰使軍心許國則守貞不足慮也周祖曰恭聞命矣故伐蒲之役周祖以便宜從事卒成大功然亦軍旅歸心終移漢祚又周祖自鄴起兵赴闕漢隱帝兵敗遇害于劉子陂周祖入京師百官謁周祖見道猶設拜意道便行推戴道受拜如平時徐曰侍中此行不易周祖氣沮故禪代之謀稍緩及請道詣徐州册湘陰公爲漢嗣道曰侍中由衷乎周祖設誓道曰莫教老夫爲謬語令爲謬語人臣謹案周世宗朝詔御史臣修周祖實錄故道之事所宜諱矣

史臣曰周太祖昔在初潛未聞多譽泊西平蒲阪北鎮鄴臺有統御之勞顯英偉之量旋屬漢道斯季天命有歸總虎旅以盡神京不無慙德攬龍圖而登帝位遂闡皇風暮月而弊政皆除逾歲而羣情大服何遷善之如是蓋應變以無窮者也所以魯國兇徒望風而散井門遺孽引日偷生及鼎駕之將昇命瓦棺而薄葬勤儉之美終始可稱雖享國之非長亦開基之有裕矣然而二王之誅議者譏其不能駕馭權豪傷于猜忍卜年斯促抑有由焉

舊五代史卷一百十三攷證

周太祖紀四又殺牛族素與野雞族有憾　殺牛族原本作殺牛于族攷通鑑五代會要宋史東都事略俱作殺牛族知原本于字衍今刪

六月壬子滄州奏契丹幽州權鹽制置使兼防州刺史知盧臺軍事張藏英以本軍歸化　案歐陽史作秋七月張藏英來奔

以前西京留守莒國公王守恩爲左衞上將軍　王守恩原本作守思今據通鑑改正

舊五代史卷一百十四

宋門下侍郎參知政事監修國史薛居正等撰

周書第五

世宗紀一

世宗睿武孝文皇帝諱榮太祖之養子蓋聖穆皇后之姪也本姓柴氏父守禮太子少保致仕 隆平集云柴翁以爲司寘事一日笑不止妻問其故不答翁嗜飲妻醉之以酒乃曰上帝有命郭郎爲天子殺柴翁郎守禮之父史佚其名 帝以唐天祐十八年歲在辛巳九月二十四日丙午生于邢州之別墅年未童冠因侍聖穆皇后在太祖左右時太祖無子家道淪落然以帝謹厚故以庶事委之帝悉心經度貲用獲濟太祖甚憐之乃養爲己子漢初太祖以佐命功爲樞密副使帝始授左監門衞將軍 國老談苑云周世宗在漢爲諸衞將軍嘗遊畿甸謁縣令忘其姓名令方聚邑客蒱博弗得見世宗頗銜之及即位令因部夫犯贓數百疋宰相范質以具獄上奏世宗曰親民之官贓狀狼藉法當處死質奏曰受所監臨財物有罪上贓雖多法不至死世宗怒厲聲曰法者自古帝王之所制本以防姦朕立法殺贓吏非酷刑也質曰陛下殺之則可若付有司臣不敢署敕遂貸其命 二年太祖鎮鄴改天雄軍牙內都指揮使領貴州刺史檢校右僕射三年冬太祖入平內難留帝守鄴城廣順元年正月太祖踐祚帝懇求入覲忽夢至河而不得渡尋授澶州節度使檢校太保封太原郡侯帝在鎮爲政清肅盜不犯境先是澶之里衢湫隘公署毀圮帝即廣其街肆增其廨宇吏民賴之 宋史王贊傳周世宗鎮澶淵每旬決囚贊引律令辨析中理問之知其嘗事學問即署右職 二年正月兗州慕容彥超反帝累表請征行太祖嘉之及曹英等東討數月無功太祖欲親征召羣臣議其事宰臣馮道奏以方當盛夏車駕不宜衝冒太祖曰寇不可翫如朕不可行當使澶州兒子擊賊方辦吾事時樞密王峻意不欲帝將兵故太祖親征六月兗州平十二月加檢校太傅同平章事三年正月帝入覲三月授開封尹兼功德使封晉王顯德元年正月庚辰加開府儀同三司檢校太尉兼侍中依前開封尹兼功德使判內外兵馬事時太祖寢疾彌留士庶憂沮及聞帝總內外兵柄咸以爲愜 隆平集曹翰隸世宗幕下世宗鎮澶淵以爲牙校及尹開封翰猶在澶淵聞周祖寢疾不俟召來見世宗密言曰王爲冢嗣不侍醫藥何以副天下望世宗悟入侍禁中以府事命翰總決 壬辰太祖崩秘不發喪丙申內出太祖遺制晉王榮可於柩前即位羣臣奉帝即皇帝位庚子宰臣馮道率百僚上表請聽政凡三上壬寅帝見羣臣於萬歲殿門之東廡下二月庚戌潞州奏河東劉崇與契丹大將軍楊袞舉兵南指壬戌宰臣馮道率百僚上表請御殿凡三上允之丁卯以中書令馮道充山陵使太常卿田敏充禮儀使兵部尚書張昭充鹵簿使御史中丞張煦充儀仗使開封少尹權判府事王敏充橋道使河東賊將張暉率前鋒自團柏谷入寇帝召羣臣議親征宰臣馮道等奏以劉崇自平陽奔遁之後勢弱氣奪未有復振之理竊慮聲言自來以誤于我陛下纂嗣之初先帝山陵有日人心易搖不宜輕舉命將禦寇深以爲便帝曰劉崇幸我大喪聞我新立自謂良便必發狂謀謂天下可取謂神器可圖此際必來斷無疑耳馮道等以帝銳于親征因固諍之帝曰昔唐太宗之創業靡不親征朕何憚焉道曰陛下未可便學太宗帝又曰劉崇烏合之衆苟遇王師必如山壓卵耳道曰不知陛下作得山否帝不悅而罷名諸道募山林亡命之徒有勇力者送于闕下仍目之爲強人帝以驍捷勇猛之士多出于羣盜中故令所在招納有應命者即貸其罪以禁衞處之至有朝行殺奪暮升軍籍讎人遇之不敢仰視帝意亦患之其後頗有不獲宥者三月丁丑潞州奏河東劉崇入寇兵馬監押穆令均部下兵士爲賊軍所襲官軍不利詔天雄軍節度使符彥卿領兵自磁州固鎮路赴潞州以澶州節度使郭崇副之詔河中節度使王彥超領兵取晉州路東向邀擊以陝府節度使韓通爲副命宣徽使向訓馬軍都指揮使樊愛能步軍都指揮使何徽滑州節度使白重贊鄭州防禦使史彥超前耀州團練使符彥能等領兵先赴澤州辛巳制大赦天下常赦所不原者咸赦除之諸貶降責授官量與升陟敘用應配流徒役人並放逐便諸道州府所欠去年夏秋租稅並放內外見任前文武職官並與加恩父母在者並與恩澤亡沒者與封贈其母妻未敘者特與敘封云前涇州節度使史匡懿卒癸未詔以劉崇入寇車駕取今月十一日親征甲申以樞密使鄭仁誨爲東京留守乙酉車駕發京師壬辰至澤州癸巳王師與河東劉崇契丹楊袞大戰于高平賊軍敗績初車駕行次河陽聞劉崇自潞而南即倍程而進是月十八日至澤州既晡帝御戎服觀兵于東北郊距州十五里夜宿于村舍十九日先鋒與賊軍相遇賊陣于高平縣南之高原有賊中來者云劉崇自將騎三萬并契丹萬餘騎嚴陣以待官軍帝促兵以擊之崇東西列陣頗亦嚴整乃令侍衞馬步軍都虞候李重進滑州節度使白重贊將左居陣之西廂侍衞馬軍都指揮使樊愛能步軍都指揮使何徽將右居陣之東廂宣徽使向訓鄭州防禦使史彥超以精騎當其中殿前都指揮使張永德以禁兵衞蹕帝介馬觀戰兩軍交鋒未幾樊愛能何徽望賊而遁東廂騎軍亂步軍解甲投賊帝乃自率親騎臨陣督戰 隆平集馬仁瑀傳從世宗親征劉崇王師不利仁瑀謂衆曰主辱臣死因躍馬大呼引弓連斃將卒數十士氣始振 今上馳騎于陣前先犯其鋒戰士皆奮命爭先賊軍大敗日暮賊萬餘人阻澗而陣會劉詞領兵至與大軍迫之賊軍又潰臨陣斬賊大將張暉及僞樞密使王延嗣諸將分兵追襲殭尸棄甲塡滿山谷初夜官軍至高平降賊軍數千人所獲輜重兵器駝馬僞乘輿器服等不可勝紀其夕殺降軍二千餘人我軍之降敵者亦皆就戮初兩軍之未整也風自東北起不便于我及與賊軍相遇風勢陡迴人情相悅戰之前夕有大星如日流行數丈墜于賊營之上及戰北人望見官軍之上有雲氣如龍虎之狀則天之助順宣其然乎是日危急之勢頃刻莫保賴帝英武果敢親臨寇敵不然則社稷幾若綴旒矣是夕帝宿于野次甲午次高平縣詔賜河東降軍二千餘人各絹二匹并給其衣裝鄉兵各給絹一匹放還本部是日大雨戊戌車駕至潞州河南府上言前青州節度使常思卒己亥侍衞馬軍都指揮使夔州節度使樊愛能侍衞步軍都指揮使壽州節度使何徽等并諸將校七十餘人並伏誅高平之役兩軍既成列賊騎來挑戰愛能望風而退何徽以徒兵陣于後爲奔騎所突即時潰亂二將南走帝遣近臣宣諭止遏莫肯從命皆揚言曰官軍大敗餘衆已解甲矣至暮以官軍克捷方稍稍而迴帝至潞州錄其奔遁者自軍使以上及監押使臣並斬之由是驕將墮兵無不知懼帝以何徽有平陽守禦之功欲貸其罪竟不可與愛能俱殺之皆給槥車歸葬 東都事略世宗謂張永德曰樊愛能及偏裨七十餘人吾欲盡按軍法何如對曰必欲開拓疆宇威加四海安可已也世宗善其言悉誅愛能等以徇軍聲始振 庚子以侍衞馬步都虞候李重進爲許州節度使以宣徽南院使向訓爲滑州節度使以殿前都指揮使張永德爲武信軍節度使職並如故以滑州節度使白重贊爲鄜州節度使以鄭州防禦使史彥超爲華州節度使賞高平之功也以晉州節度使藥元福爲同州節度使以宣徽北院使楊廷璋爲晉州節度使以同州節度使張鐸爲彰義軍節度使以客省使吳延祚爲宣徽北院使以龍捷左廂都指揮使李千爲蔡州防禦使以龍捷右廂都指揮使田中爲密州防禦使以虎捷右廂都指揮使張順爲登州防禦使以龍捷左第二軍都指揮使孫延進爲鄭州防禦使以前耀州團練使符彥能爲澤州防禦使以散員都指揮使李繼勳爲殿前都虞候以殿前都虞候韓令坤爲龍捷左廂都指揮使以鐵騎第一軍都指揮使趙宏殷爲龍捷右廂都指揮使以散員都指揮使慕容延釗爲虎捷左廂都指揮使以控鶴第一軍都指揮使趙鼎爲虎捷右廂都指揮使並遙授團練使其餘改轉有差壬寅以天雄軍節度使衞王符彥卿爲河東行營都部署知太原行府事以澶州節度使郭崇爲行營副部署以宣徽南院使向訓爲行營兵馬都監以侍衞都虞候李重進爲行營都虞候以華州節度使史彥超爲先鋒都指揮使領步騎二萬進討河東詔河中節度使王彥超陝府節度使韓通率兵自陰地關討賊以河陽節度使劉詞爲隨駕都部署以鄜州節度使白重贊爲隨駕副部署夏四月乙

巳太祖靈駕發東京乙卯葬于嵩陵河中節度使王彥超奏僞汾州防禦使董希顏以城歸順（宋史王彥超傳彥超自陰地關與符彥卿會兵圍汾州諸將請急攻彥超曰城已危矣旦暮將降我士卒精鋭驅以先登必死傷者衆少待之翼日州將董希顏果降）丙辰僞遼州刺史張漢超以城歸順丁巳幸柏谷寺遣右僕射平章事判三司李穀赴河東城下計度軍儲詔河東城下諸將招撫戶口禁止侵掠只令徵納當年租稅及募民入粟五百斛草五百圍者賜出身千斛千圍者授州縣官辛酉符彥卿奏嵐憲二州歸順壬戌制立衛國夫人符氏爲皇后仍令有司擇日備禮冊命王彥超奏收下石州獲僞刺史安彥進（宋史王彥超傳引兵趣石州彥超親鼓士乘城躬冒矢石數日下之擒其守將安彥進獻行在）癸亥僞沁州刺史李廷誨以城歸順甲子皇妹壽安公主張氏進封晉國長公主乙丑東京奏太師中書令馮道薨丙寅太祖皇帝神主祔于太廟庚午曲赦潞州見禁罪人除死罪外竝釋放是日車駕發潞州親征劉崇癸酉忻州僞監軍李勍殺其刺史趙皋及契丹所遣大將楊努瑚以州城歸順詔授李勍忻州刺史五月乙亥以尚書右丞邊歸讜守本官充樞密直學士以尚書戶部侍郎陶穀守本官充翰林學士（宋史陶穀傳從征太原時魚崇諒迎母後至穀乘間言曰崇諒宿留不來有顧望意世宗頗疑之崇諒又表陳母病詔許歸陝州就養以穀爲翰林學士）丙子車駕至太原城下是日僞代州防禦使鄭處謙以城歸順丁丑親兵于太原城下帝親自慰勉錫賚有差升代州爲節鎮以靜塞軍爲額以鄭處謙爲節度使戊寅斬僞命石州刺史安彥進于太原城下以其拒王師也庚辰以前忠武軍節度使郭從義爲天平軍節度使遣符彥卿郭從義向訓白重贊史彥超等率步騎萬餘赴忻州（宋史符彥卿傳彥卿之行也世宗以并人雖敗朝廷饋運不繼未議攻擊且令觀兵城下徐圖進取及周師入境汾晉吏民望風款接皆以久罹虐政願輸軍需以資兵力世宗從之而連下數州彥卿等皆以芻糧未備欲旋軍世宗不之省乃謁山東近郡饋軍食濟之）是夜大風發屋拔樹壬午以宰臣李穀判太原行府事辛丑升府州爲節鎮以永安軍爲軍額以本州防禦使折德扆爲節度使六月癸卯朔詔班師車駕發離太原時大集兵賦及徵山東懷孟蒲陝丁夫數萬急攻其城旦夕之間期于必取會大雨時行軍士勞苦復以忻口之師不振帝遂決旋師之意指麾之間頗傷匆遽部伍紛亂無復嚴整不逞之徒訛言相恐隨軍資用頗有遺失者賊城之下糧草數十萬悉焚棄之（通鑑攷異引晉陽見聞錄六月日周師南轅返旆惟數百騎間之以步卒千人長槍赤甲銜枚捷跳梁于城隅晡晚殺行而抽退宋史藥元福傳詔令班師元福上言日進軍甚易退軍甚難世宗曰一以委卿遂部分卒伍爲方陣而南元福以麾下爲後殿崇果出兵來追元福擊走之）乙巳車駕至潞州癸丑帝發潞州乙丑幸新鄭縣丙寅帝親拜嵩陵祭奠而退賜守陵將吏及近陵戶帛有差（五代會要顯德元年二月車駕征太原回親拜嵩陵望陵號慟至陵所俯伏哀泣感于左右再拜訖祭奠而退）庚午帝至自河東秋七月癸酉朔前河西軍節度使申師厚責授右監門衛率府副率師厚在涼州歲餘以所部艱食蕃情反覆奏乞入朝尋留其子爲留後不俟詔離任故責之乙亥天雄軍節度使衛王符彥卿進位守太傅改封魏王鄆州郭從義加兼中書令河陽劉詞移鎮永興軍加兼侍中潞州李筠加兼侍中河中王彥超移鎮許州加兼侍中許州節度使侍衛都虞候李重進移鎮宋州加同平章事兼侍衛親軍都指揮使以信武軍節度使兼殿前都指揮使張永德爲滑州節度使加檢校太傅典軍如故同州藥元福移鎮陝州加檢校太尉鄜州白重贊移鎮河陽加檢校太尉陝州韓通移鎮曹州加檢校太傅帝即位之初覃慶于諸侯是賞從征之功也丙子以前禮部侍郎邊光範爲刑部侍郎權判開封府事丁丑天下兵馬元帥吳越國王錢俶加天下兵馬都元帥襄州節度使陳王安審琦加守太尉戊寅右散騎常侍張可復卒以前亳州防禦使李萬金爲鄜州留後庚辰幸南莊辛巳荆南節度使南平王高保融加守中書令夏州節度使西平王李彝興加守太保西京留守武行德徐州王晏鄧州侯章竝加兼中書令癸未湖南王進逵加兼中書令天德軍節度使郭勳邠州折從阮安州李洪義竝加兼侍中以前華州節度使孫方諫爲同州節度使加兼中書令以前永興軍節度使王仁鎬爲河中節度使加檢校太尉乙酉滄州李暉貝州王饒鎮州曹英竝加兼侍中涇州張鐸相州王進延州袁義竝加檢校太尉壬辰百寮上表請以九月二十四日誕聖日爲天清節從之癸巳以左僕射兼門下侍郎平章事監修國史范質爲守司徒兼門下侍郎平章事宏文館大學士（國老談苑云周太祖嘗令世宗詣范質時爲親王軒車高大門不能容世宗卽下馬步入及嗣位從容語質曰卿所居舊宅耶門僕一何小哉因爲治第）以左僕射兼中書侍郎平章事集賢殿大學士判三司李穀爲守司徒兼門下侍郎平章事監修國史以中書侍郎平章事王溥爲中書侍郎兼禮部尚書平章事集賢殿大學士以樞密院學士工部侍郎景範爲中書侍郎平章事判三司樞密使檢校太保同平章事鄭仁誨加兼侍中靈武馮繼業定州孫行友邢州田景咸竝加檢校太傅晉州楊廷璋加檢校太保以太子詹事趙上交爲太子賓客乙未以樞密副使右監門衛大將軍魏仁浦爲樞密使檢校太保（東都事略云議者以仁浦不由科第進世宗曰顧才何如耳遂用之）丙申以中書舍人史館修撰判館事劉溫叟爲禮部侍郎判館如故丁酉相州節度使王進卒八月壬申朔以宣徽北院使吳延祚爲右監門衛大將軍充職以樞密院直學士尚書右丞邊歸讜爲尚書左丞充職甲辰幸南莊賜從臣射乙巳以吏部侍郎顏衎爲工部尚書致仕丙午同州節度使孫方諫卒己酉前澤州刺史李彥崇責授右司禦副率高平之役帝與賊軍相遇郎令彥崇領兵守江猪嶺以遏寇之歸路彥崇初見王師已却卽時而退及劉崇兵敗果由茲嶺而遁故有是責壬子以金州防禦使王暉爲同州留後癸丑以吳越國內外都指揮使吳延福爲寧國軍節度使檢校太尉從錢俶之請也以太子少師宋彥筠爲太子太師致仕甲寅以兵部郎中兼太常博士尹拙爲國子祭酒丙辰皇姑故福慶長公主追封燕國大長公主李從進之母也丁巳以戶部郎中致仕景初爲太僕卿致仕宰臣範之父也己巳詔停華州鎮國軍依舊爲郡庚午以給事中劉悅康澄竝爲右散騎常侍辛未以左散騎常侍裴巽爲御史中丞以御史中丞張煦爲兵部侍郎集賢殿學士判院事司徒詡爲吏部侍郎以左散騎常侍薛沖乂爲工部侍郎九月壬申朔以東京舊宅爲皇建禪院甲戌以武安軍節度副使知潭州軍府事周行逢爲鄂州節度使知潭州軍府事加檢校太尉丙戌右屯衛將軍薛訓除名流沙門島坐監雍兵倉縱吏卒掊斂也己亥以右僕射致仕韓昭允左僕射致仕楊凝式竝爲太子太保致仕以太子太傅致仕李肅爲太子太師致仕辛丑斬宋州巡檢供奉官副都知竹奉璘于寧陵縣坐盜掠商船不捕獲也冬十月甲辰左羽林大將軍孟漢卿賜死坐監納厚取耗餘也丙午以安州節度使李洪義爲青州節度使以貝州節度使王饒爲相州節度使以徐州節度使王晏爲西京留守以西京留守武行德爲徐州節度使戊申以龍捷左廂都指揮使泗州防禦使韓令坤爲洋州節度使充侍衛馬軍都指揮使以虎捷右廂都指揮使永州防禦使李繼勳爲利州節度使充侍衛步軍都指揮使己酉太子太保致仕楊凝式卒詔安貝二州依舊爲防禦州其軍額竝停壬子以今上爲永州防禦使依前殿前都虞候戊午監修國史李穀等上言曰竊以自古王者咸建史官君臣獻替之謀皆須備載家國安危之道得以直書歷代已來其名不一人君言動則起居注創于累朝輔相經綸則時政記興于前代然後採其事實編作史書蓋緣聞見之間須有來處記錄之際得以審詳今之左右起居郎卽古之左右史也唐文宗朝命其官執筆立于殿階螭頭之下以紀政事後明宗朝命端明殿及樞密直學士皆輪修日歷旋送史官以備纂修及近朝此事皆廢史官惟憑百司報狀館司但取兩省制書此外雖有訪聞例非端的伏自先皇帝創開昌運及皇帝陛下纘嗣丕基其聖德武功神謀睿略而皆萬幾宥密丹禁深嚴非外臣之所知豈庶僚之可訪此後欲望以諮詢之事裁制之規別命近臣旋具抄錄每當修撰日歷卽令封付史臣庶國事無漏略之文職業免踈遺之咎從之因命樞密直學士起今後于樞密使處逐月抄錄事件送付史館己未供奉官郝光庭棄市坐在葉縣巡檢日挾私斷殺平人也是日大閱帝親臨之帝自高平之役覩諸軍未甚嚴整遂有退却至是命今上一概簡閱選武藝超絕者署爲殿前諸班因是有散員散指揮使內殿直散都頭鐵騎控鶴之號復命總戎者自龍捷虎捷以降一一選之老弱羸小者去之諸軍士伍無不精當由是兵甲之盛近代無比且減冗食之費焉（五代會要顯德元年上謂侍臣曰侍衛兵士老少相半強懦不分蓋徇人情不能選練今春朕在高平與劉崇及蕃軍相遇臨敵有指使不前者苟非朕親當堅陣幾至喪敗況百戶農夫未能贍一甲士且兵在精不在衆宜令一一點選精銳者升在上軍怯懦者任從安便庶期可用又不虛費先是上按于高平觀其退縮慨然有懲革之志又以驍勇之士多爲外諸侯所占如是名募天下豪傑不以草澤爲阻在于闕下躬親試閱選武藝超絕及有身首者分署爲殿前諸班）十一月戊寅以太子賓客石光贊爲兵部尚書致仕壬午鎮州節度使曹英卒乙酉以澶州節度使郭崇爲鎮州節度使乙未以荆南節度副使歸州刺史高保勗爲寧江軍節度使檢校太尉充荆南節度行軍司馬戊戌詔宰臣李穀監築河隄先是鄆州界河決數州之地洪流爲患故命穀治之役丁夫六萬人三十日而罷十二月己酉太子太師侯益以本官致仕

舊五代史卷一百十四攷證

周世宗紀一　賊軍又潰臨陣斬賊大將張暉　案九國志作張元徽乘勝復入馬倒爲周師所擒殺之與是書異通鑑從是書

戊戌車駕至潞州　案歐陽史作丁酉幸潞州與是書異通鑑從歐陽史五代春秋作丙戌誤

鐵騎第一軍都指揮使趙宏殷　案原本注宣祖廟諱四字今據宋史改作宏殷

僞代州防禦使鄭處謙以城歸順　案遼史穆宗紀四年五月乙亥忻代二州叛據是書則忻州歸順在四月代州歸順在五月丙子與遼史日月互異

姆瑚舊作耨姑今改

舊五代史卷一百十五

宋門下侍郎參知政事監修國史薛居正等撰

周書第六

世宗紀二

顯德二年春正月辛未朔帝不受朝賀辛卯詔在朝文班各舉堪爲令錄者一人雖姻族近親亦無妨嫌授官之日各署舉主姓名若在官貪濁不任懦弱不理並量事狀重輕連坐舉主乙未詔應逃戶莊田並許人請射承佃供納稅租如三周年內本戶來歸者其莊田不計荒熟並交還一半五周年內歸業者三分交還一分如五周年外歸業者其莊田除本戶墳塋外不在交付之限其近北地諸州應有陷蕃人戶自蕃界來歸業者五周年內來者三分交還二分十周年內來者交還一半十五周年來者三分交還一分十五周年外來者不在交還之限二月戊申遣使赴西京賜太子太師致仕侯益白文珂宋彥筠等茶藥錢帛各有差仍降詔存問壬戌詔曰善操理者不能有全功善處身者不能無過失雖堯舜禹湯之上聖文武成康之至明尚猶思逆耳之言求苦口之藥何況後人之不逮哉朕承先帝之靈居王尊之位涉道猶淺經事未深常懼昏蒙不克負荷自臨宸極已過周星至于刑政取捨之間國家措置之事豈能盡是須有未周朕猶自知人豈不察而在位者未有一人指朕躬之過失食祿者曾無一言論時政之是非豈朕之寡昧不足與言耶豈人之循默未肯盡心耶豈左右前後有所畏忌耶豈高卑疏近自生間別耶古人云君子大言受大祿小言受小祿又云官箴王闕則是士大夫之有祿位無不言之人然則爲人上者不能感其心而致其言此朕之過也得不求骨鯁之辭詢正直之議共申裨益庶洽治平朕于卿大夫才不能盡知面不能盡識若不採其言而觀其行審其意而察其忠則何以見器量之淺深知任用之當否若言之不入罪實在予苟求之不言咎將誰執應內外文武臣僚今後或有所見所聞並許上章論諫若朕躬之有闕失得以盡言時政之有瑕疵勿宜有隱方求名實豈尚虛華苟或素不工文但可直書其事辭有謬誤者固當捨短言涉傷忤者必與留中所冀盡情免至多慮諸有司局公事者各宜舉職事有不便者革之可也理有可行者舉之可也勿務因循漸成訛謬臣僚有出使在外迴者苟或知黎庶之利病聞官吏之優劣當具敷奏以廣聽聞班行職位之中遷除改轉之際即當考陳力之輕重較言事之否臧奉公切直者當議甄升臨事蓄縮者須期抑退翰林學士兩省官職居侍從乃論思諫諍之司御史臺官任處憲綱是擊搏糾彈之地論其職分尤異羣臣如逐任官內所獻替啟發彈舉者至月限滿合遷轉時宜令中書門下先奏取進止三月辛未以李晏口爲靜安軍其軍南距冀州百里北距深州三十里夾胡盧河爲壘（通鑑浚胡盧河在正月至三月始建軍額）先是貝冀之境密邇北疆居常敵騎涉河而南馳突往來洞無阻礙北鄙之地民不安居帝乃按圖定策遣許州節度使王彥超曹州節度使韓通等領兵他徙築壘于李晏口以兵戍守功未畢契丹衆寡至彥超等擊退之及壘成頗扼要害自是敵騎雖至不敢涉河邊民稍得耕牧焉壬辰尚書禮部貢院進新及第進士李覃等一十六人所試詩賦文論策文等詔曰國家設貢舉之司求英俊之士務詢文行方中科名比聞近年已來多有濫進或以年勞而得第或因媒勢以出身今歲所放舉人試令看驗果見紕繆須至去留其李覃何曮楊徽之趙鄰幾等四人宜放及第其嚴說武允成王汾閻邱舜卿任惟吉周度張慎微王翥馬文劉選程浩然李震等一十二人藝學未精並宜勾落且令苦學以俟再來禮部侍郎劉溫叟失于選士頗屬因循據其過尤合行譴謫尚示寬恕特與矜容劉溫叟放罪其將來貢舉公事仍令所司別具條理以聞夏四月庚戌以內客省使李彥頵爲延州留後辛亥詔應自外新除御史未經朝謝行過州府不得受館驛供給及所在公禮乙卯詔于京城四面別築羅城期以來春興役戊午以翰林學士給事中竇儀爲禮部侍郎依前充職以禮部侍郎劉溫叟爲太子詹事癸亥以翰林學士中書舍人楊昭儉爲御史中丞是月詔翰林學士承旨徐台符已下二十餘人各撰爲君難爲臣不易論平邊策各一首帝親覽之（宋史陶穀傳世宗謂宰相曰朕觀歷代君臣治平之道誠爲不易又念唐晉失德之後亂臣黠將僭竊者多今中原甫定吳蜀幽并尚未平附聲教未能遠被宜令近臣各爲論策宣導經濟之畧乃命承旨徐台符已下二十餘人各撰爲君難爲臣不易論平邊策以進其畧率以修文德來遠人爲意惟穀與竇儼楊昭儉王朴以封疆密邇江淮當用師取之世宗自克高平常訓兵講武思混一天下及覽其策欣然聽納由是平南之意益堅矣）五月辛未回鶻遣使貢方物鳳翔節度使王景上言奉詔攻收秦鳳二州已于今月一日領軍由大散關路進軍次先是晉末契丹入晉秦州節度使何建以秦成階三州入蜀蜀人又取鳳州至是秦鳳人戶怨蜀之苛政相次詣闕乞舉兵收復舊地乃詔景與宣徽南院使向訓率師赴焉（東都事略王溥傳世宗將討秦鳳溥薦向拱遂平之世宗因宴酌卮酒賜之曰成吾邊功卿擇帥之力也）甲戌詔曰釋氏眞宗聖人妙道助世勸善其利甚優前代以來累有條貫近年已降頗紊規繩近覽諸州奏聞繼有緇徒犯法蓋無科禁遂至尤違私度僧尼日增猥雜叛修寺院漸至繁多鄉村之中其弊轉甚漏網背軍之輩苟剃削以逃刑行姦爲盜之徒託住持而隱惡將隆敎法須辨否臧宜舉舊章用革前弊諸道府州縣鎭村坊應有勑額寺院一切仍舊其無勑額者並仰停廢所有功德佛像及僧尼並騰併于合留寺院內安置天下諸縣城郭內若無勑額寺院秖于合停廢寺院內選功德屋宇最多者或寺院僧尼各留一所若無尼住秖留僧寺院一所諸軍鎭坊郭及二百戶已上者亦依諸縣例指揮如邊遠州郡無勑額寺院處于停廢寺院內僧尼各留兩所今後並不得剏造寺院蘭若王公戚里諸道節剌已下今後不得奏請剏造寺院及請開置戒壇男子女子如有志願出家者並取父母祖父母處分已孤者取同居伯叔兄處分候聽許方得出家男年十五已上念得經文一百紙或讀得經文五百紙女年十三已上念得經文七十紙或讀得經文三百紙者經本府陳狀乞剃頭委錄事參軍本判官試驗經文其未剃頭間須留髮髻如有私剃頭者却勒還俗其本師主決重杖勒還俗仍配役三年兩京大名府京兆府青州各處置戒壇候受戒時兩京委祠部差官引試其大名府等三處秖委本判官錄事參軍引試如有私受戒者其本人師主臨壇三綱知事僧尼並同私剃頭例科罪應合剃頭受戒人等逐處聞奏候勑下委祠部給付憑由方得剃頭受戒應男女有父母祖父母在別無兒息侍養不聽出家曾有罪犯遭官司刑責之人及棄背父母逃亡奴婢姦人細作惡逆徒黨山林亡命未獲賊徒負罪潛竄人等並不得出家剃頭如有寺院輒容受者其本人及師主三綱知事僧尼鄰房同住僧並仰收捉禁勘申奏取裁僧尼俗士自前多有捨身燒臂鍊指釘截手足帶鈴掛燈諸般毀壞身體戲弄道具符禁左道妄稱變現還魂坐化聖水聖燈妖幻之類皆是聚衆眩惑流俗今後一切止絕如有此色人仰所在嚴斷遞配邊遠仍勒歸俗其所犯罪重者準格律處分每年造僧帳兩本其一本奏聞一本申祠部逐年四月十五日後勒諸縣取索管界寺院僧尼數目申州州司攢帳至五月終已前文帳到京僧尼籍帳內無名者並勒還俗其巡禮行腳出入往來一切取便是歲諸道供到帳籍所存寺院凡二千六百九十四所廢寺院凡三萬三百三十六僧尼係籍者六萬一千二百人戊寅以刑部侍郎邊光範爲戶部侍郎以前御史中丞裴巽爲刑部侍郎己卯刑部員外郎陳渥賜死坐檢齊州臨邑縣民田失實也渥爲人清苦臨事有守以微累而當極刑時論惜之甲子以沙州留後曹元忠爲沙州節度使檢校太尉同平章事丙申禮部侍郎竇儀奏請廢童子明經二科及條貫考試次第從之六月己酉以曹州節度使韓通充西南面行營都虞候丙辰以亳州防禦使陳思讓爲邢州留後庚申詔兩京及諸道府州不得奏薦留守判官兩使判官少尹防禦團練軍事判官如是隨幕已曾任此職者聽奏防禦團練刺史州各置推官一員辛酉廢景州爲定遠軍癸亥以前延州節度使袁義爲滄州節度使以前邢州節度使田景咸爲鄧州節度使秋七月丁卯朔以鳳翔節度使王景兼西南面行營都招討使以宣徽南院使鎭安軍節度使向訓兼西南面行營都監戊辰太子太傅魯國公和凝卒八月癸卯兵部尚書張昭太常卿田敏等奏議減祠祭所用犧牲之數由是圜丘方澤及太廟卽用太牢餘皆以羊代之丁未中書侍郎平章事判三司景範罷判三司加銀青光祿大夫依前中書侍郎平章事進封開國伯以樞密院承旨張美權判三司辛亥詔今後應有病患老弱馬並送同州沙苑監衞州牧馬監就彼水草以盡飮齕之性庚子太子太師致仕趙暉卒乙丑詔曰今後諸處祠祭應有牲牢香幣饌料供具等仰委本司官吏躬親檢校務在精至行事儀式依附禮經大祠祭合用樂者仍須祀前敎習凡關祀事宜令太常博士及監察御史用心點檢稍或因循必行朝典九月丙寅朔詔禁天下銅器始議立監鑄錢癸未以太子賓客趙上交爲吏部侍郎以吏部侍郎于德辰司徒詡並爲太子賓客乙酉詔文武百僚今後遇天清節依近臣例各賜衣服辛卯西南面招討使王景部送

所獲西川軍校蕭師已下三百八人至闕甲午潞州部送先擒到河東兵馬監押程支等一百八人至闕詔所獲西川河東軍校已下並釋之各賜錢帛有差閏月壬子西南面招討使王景奏大破西川賊軍于黃花谷擒僞命都監王巒孫韜等一千五百餘人（九國志李廷珪傳周師攻秦鳳以廷珪爲北路行營都統高彥儔呂彥珂爲招討延珪遣先鋒指揮使李進以兵據馬嶺分兵出斜谷營于白澗將腹背以攻周師又遣染院使王巒領兵出唐倉與周師遇蜀師敗走王巒死之而馬嶺斜谷之兵聞之皆退奔高彥儔與諸將謀退守青泥嶺由是秦鳳階成之地皆陷于周矣）癸丑秦州僞命觀察判官趙玭以本城降詔以玭爲郢州刺史（宋史趙玭傳高彥儔出師救援未至聞軍敗因遺歸玭閉門不納召官屬諭之曰今中朝兵甲無敵于天下自用師西征戰無不勝蜀中所遣將皆武勇者卒皆驍健者然殺戮逋逃之外幾無孑遺我輩安忍坐受其禍去危就安當在今日衆皆俯伏聽命玭遂以城歸順世宗欲命以藩鎮宰相范質不可乃授郢州刺史）先是帝以西師久次艱于糧運命今上乘驛赴軍前以觀攻戰之勢及迴具以事勢上奏帝甚悅至是果成功焉甲子秘書少監許遜責授蔡州別駕坐先假竇氏圖書隱而不還也冬十月庚午召近臣射于苑中賜金器鞍馬有差辛未成州歸順癸酉以給事中王敏爲工部侍郎戊寅高麗國遣使朝貢丁丑右散騎常侍康澄責授環州別駕左司郎中史又元責授商州長史左驍衛大將軍元霸責授均州別駕右驍衛將軍林延禔責授登州長史澄等奉使浙中迴日以私使停留逾時復命故有是責右諫議大夫李知損配流沙門島坐妄貢章疏斥謗貴近及求使兩浙故也己丑前太常卿邊蔚卒是月始議南征十一月乙未朔以宰臣李穀爲淮南道前軍行營都部署知廬壽等州行府事以許州節度使王彥超爲行營副部署命侍衛馬軍都指揮使韓令坤等一十二將各帶征行之號以從焉己亥諭淮南州縣詔曰朕自纘承基構統御寰瀛方當恭已臨朝誕修文德豈欲興兵動衆專耀武功顧茲昏亂之邦須舉弔伐之義蠢爾淮甸敢拒大邦因唐室之陵遲接黃寇之紛亂飛揚跋扈垂六十年盜據一方僭稱僞號幸數朝之多事與北境以交通厚啟兵端誘爲邊患晉漢之代寰海未寧而乃招納叛亡朋助凶慝李金全之據安陸李守貞之叛河中大起師徒來爲應援攻侵高密殺掠吏民迫奪閩越之封疆塗炭湘潭之士庶以至我朝啟運東魯不庭發兵而應接叛臣觀釁而憑陵徐部沭陽之役曲直可知尚示包荒猶稽問罪逕從維揚一境連歲阻饑我國家念彼災荒大許糴易前後擒獲將士皆遣放還自來禁戢邊兵不令侵撓我無所負彼實多奸勾誘契丹至今未已結連并寇與我爲讎罪惡難名人神共憤今則推輪命將鳴鼓出師徼浙右之樓船下朗陵之戈甲東西合勢水陸齊攻吳孫皓之計窮自當歸命陳叔寶之數盡何處偷生應淮南將士軍人百姓等久隔朝廷莫聞聲教雖從僞俗應樂華風必須善擇安危早圖去就如能投戈獻款舉郡來降具牛酒以犒師納圭符而請命車服玉帛豈恡旌酬土地山河誠無愛惜刑賞之令信若丹青苟或執迷寧免後悔王師所至軍政甚明不犯秋毫有如時雨百姓父老各務安居剽擄焚燒必令禁止云高麗國王王昭加開府儀同三司檢校太尉依前使持節元菟州都督大義軍使王如故辛亥以前滄州節度使李暉爲邠州節度使壬子潞州奏破河東賊軍于祁縣癸丑西南面行營都部署王景奏收復鳳州獲僞命節度使王環乙卯曲赦秦鳳階成等州管內罪人自顯德二年十一月已前凡有罪犯無問輕重一切釋放丁巳前邠州節度使折從阮卒己未邢州奏河東劉崇死壬戌淮南前軍都部署李穀奏先鋒都指揮使白延遇破淮賊于來遠鎮十二月丙寅以左金吾大將軍蓋萬爲右監門上將軍丁卯淄州奏前中書侍郎同平章事景範卒庚午右金吾衛上將軍王守恩卒辛未安州奏盜殺防禦使張穎是日翰林學士承旨徐台符卒甲戌李穀奏破淮賊二千人于壽州城下丙子以左諫議大夫權知開封府事王朴爲左散騎常侍充端明殿學士依前權知開封府事永興軍奏節度使劉詞卒己卯李穀奏破淮賊千餘人于山口鎮丙戌樞密使鄭仁誨卒辛卯西南面行營都部署王景差人部送所獲僞鳳翔節度使王環至闕詔釋之仍賜鞍馬衣服等授右驍衛（按原本闕一字）將軍是冬命起居郎陶文舉徵殘租于宋州文舉本酷吏也宋民被其刑者凡數千冤號之聲聞于道路有悼髦之輩不勝其刑而死者數人物議以爲不允

舊五代史卷一百十五攷證

周世宗紀二癸丑西南面行營都部署王景奏收復鳳州 案癸丑歐陽史作戊申

己未邢州奏河東劉崇死 案通鑑作顯德元年十一月北漢主殂遣使告于契丹攷異據王保衡見聞要錄及劉繼顒神道碑疑是書作二年爲誤今攷遼史穆宗紀應歷五年十一月漢王崇殂應歷五年即周廣順二年也與是書合蓋薛史遼史皆以實錄爲據五代春秋亦作二年

舊五代史卷一百十六

宋門下侍郎參知政事監修國史薛居正等撰

周書第七

世宗紀三

顯德三年春正月乙未朔帝不受朝賀前司空蘇禹珪卒丁酉李穀奏破淮賊于上窰戊戌發丁夫十萬城京師羅城庚子詔取此月八日幸淮南殿中監馬從贇免所居官坐乾沒外孫女霍氏之貲產爲人所訟故也辛丑以宣徽南院使向訓爲權東京留守以端明殿學士王朴爲副留守壬寅車駕發京師丁未李穀奏自壽州引軍退守正陽辛亥李重進奏大破淮賊于正陽斬首二萬餘級伏尸三十里臨陣斬賊大將劉彥貞生擒偏將咸師朗已下獲戎甲三十萬事馬五百匹先是李穀駐軍于壽春城下以攻其城既而淮南援軍大至乃與將佐謀曰賊軍舟棹將及正陽我師無水戰之備萬一橋梁不守則大軍隔絕矣不如全師退守正陽浮橋以俟鑾輅諸將皆以爲然遂燔其糧草而退軍迴之際無復嚴整公私之間頗多亡失淮北役夫亦有陷于賊境者帝聞之急詔侍衛都指揮使李重進率師赴之時淮賊乘李穀退軍之勢發戰棹數百艘沿淮而上且張斷橋之勢彥貞以大軍列陣而進李重進既至正陽聞淮軍在近率諸將渡橋而進與賊軍遇重進等合勢擊之一鼓而敗之（馬令南唐書世宗親征行至固鎮閱穀軍却意唐兵必追之遣李重進急趨正陽日唐兵且至宜急擊之彥貞等聞穀退軍皆以爲怯將咸師朗曰追之可大獲劉仁贍使人諭之曰君來赴援未交戰而敵人退不可測也宜勿追君爲大將安危以之脫有不利大事去矣前軍張全約亦曰不可追彥貞曰軍容在我汝輩何知吾事者斬比至正陽而重進先至未及食而戰彥貞施利刃于拒馬又刻木爲獸號捷馬牌以皮囊布鐵蒺藜于地周兵見而知其怯一鼓敗之彥貞死于陣）殺獲之外降者三千餘人皆爲我將趙晁所殺甲寅車駕至正陽以侍衛都指揮使李重進爲淮南道行營都招討使命宰臣李穀判壽州行府事乙卯車駕渡淮丙辰至壽州城下營于州西北淝水之陽詔移正陽浮橋于下蔡庚申躍兵于城下（春明退朝錄云家有范魯公雜錄記世宗親征忠正駐蹕城下中夜有白虹自淝水起亘數丈下貫城中數刻方沒）壬戌今上奏破淮賊萬餘衆于渦口斬僞兵馬都監何延錫等獲戰船五十艘二月丙寅幸下蔡斬前濟州馬軍都指揮使康儼于路左坐橋道不謹也朗州節度使王進逵奏領兵入淮南界戊辰廬壽巡檢使司超奏破淮賊三千于盛唐獲都監僞吉州刺史高弼以獻詔釋之兵部尚書張昭奏準詔撰集兵法分爲十卷凡四十二門目之爲制旨兵法上之優詔褒美仍以器幣賜之壬申今上奏破淮賊萬五千人于清流山乘勝攻下滁州擒僞命江州節度使充行營應援使皇甫暉常州團練使充應援都監姚鳳以獻（王銍默記李景聞世宗親至淮上而滁州其控扼且援壽州命大將皇甫暉監軍姚鳳提兵十萬扼其地太祖以周師數千與暉遇于清流關隘路周師大敗暉整全師入憩滁州城下令翊日再出太祖兵聚關下且虞暉兵再至問諸村人云有鎮州趙學究在村中教學多智計村民有爭訟者多詣以決曲直太祖微行訪之學究曰我有奇計所謂因敗爲勝轉禍爲福今關下有徑路人無行者雖暉軍亦不知之乃山之背也可以直抵城下方值西澗水大漲之時彼必謂我既敗之後無敢躡其後者誠能由山背小路率兵浮西澗水至城下斬關而入可以得志太祖大喜且命學究以指其路學究亦不辭而遣人前導即下令誓師夜從小路行三軍跨馬浮西澗以迫城暉果不爲備奪門以入暉始聞之率親兵擐甲與太祖巷戰三縱而三擒之遂下滁州）甲戌江南國主李景遣泗州牙將王知朗齎書一函至滁州本州以聞書稱唐皇帝奉書于大周皇帝其畧云願陳兄事永奉鄰歡設或俯鑒遠圖下交小國悉班卒乘俾乂蒼黔慶雖犬之相聞奉瓊瑤以爲好必當歲陳山澤之利少助軍旅之須虔俟報章以荅高命道塗朝坦禮幣夕行云書奏不荅乙亥今上檻送所獲江南二將皇甫暉姚鳳至行在詔釋之壬午江南國主李景遣其臣僞翰林學士戶部侍郎鍾謨僞工部侍郎文理院學士李德明等奉表來上敘願依大國稱臣納貢之意仍進金器千兩錦綺綾羅二千匹及御衣犀帶茶茗藥物等又進犒軍牛五百頭酒二千石是日賜謨等錦綺綾羅二百匹銀器一百兩襲衣金帶鞍馬等丙戌侍衛馬軍指揮韓令坤奏收下揚州（東都事略韓令坤傳率兵襲揚州將吏開門以迎之令坤整衆而入市不易肆人甚悅）丁亥壽州城內左神衛軍使徐象等一十八人來奔庚寅朗州節度使王進逵上言領兵入鄂州界攻長山砦殺賊軍三千餘衆辛卯今上表僞命天長軍制置使耿謙以本軍降獲糧草二十餘萬侍衛馬軍都指揮使韓令坤上言泰州降癸巳荆南上言朗州節度使王進逵爲部將潘叔嗣所殺（九國志王逵傳領衆逼宜春道出長沙耀兵金波亭有蜜蜂集纛蓋中占者以爲不利遂留長沙令行營副使毛立領兵南下以潘叔嗣張文表爲前鋒叔嗣怒至澧陵擁衆而還逵聞兵至乃乘輕舸奔歸武陵叔嗣追殺之于朗州城外）遣人詣潭州請周行逢爲帥行逢至朗州斬叔嗣于市三月丙申行光州刺史何超奏光州僞命都監張承翰以城歸順尋授承翰集州刺史庚子文武百僚再上表請聽樂詔允之行舒州刺史郭令圖奏收下舒州（隆平集王審琦傳世宗征淮舒州堅壁不下以郭令圖爲刺史命審琦司超將兵攻城一夕拔之令圖入復見逐于郡人審琦方進軍援黃州聞令圖破逐乃選騎銜枚襲城夜敗其衆而復納之）江南國主李景表送先隔過朝廷兵士一百五十八人至行在其軍即蜀軍也秦鳳之役爲王師所擒配隸諸軍及渡淮輒復南逸帝怒其奔竄盡戮之丙午江南國主李景遣其臣僞司空孫晟僞禮部尚書王崇質等奉表來上仍進金一千兩銀十萬兩羅綺二千

匹又進賞給將士茶絹金銀羅帛等庚戌兩浙奏遣大將率兵攻常州延州留後李彥頵奏蕃衆與部民爲亂尋與兵司都監閻綰掩殺獲其首帥高閣兒等十八級于市彥頵本賈人也貪而好利蕃漢之民怨其侵刻故至于是辛亥賜江南李景書曰頃自有唐失御天步方艱巢蔡喪亂之餘朱李戰爭之後中夏多故六紀于茲海縣瓜分英豪鼎峙自爲聲教各擅烝黎連衡而交結四夷乘釁而憑陵上國華風不競否運所鍾凡百有心孰不興憤朕猥承先訓恭荷永圖德不迨于前王道不方于往古然而擅一百州之富庶握三十萬之甲兵且農戰交修士卒樂用思欲報累朝之宿怨刷萬姓之包羞是以踐位已來懷安不暇破幽并之巨寇收秦鳳之全封兵不告疲民有餘力一昨迴軍隴上問罪江干我實有辭咎將誰執朕親提金鼓尋渡淮淝上順天心下符人欲前鋒所向彼衆無遺棄甲僵尸動盈川谷收城徇地已過滁陽豈有落其爪牙折其羽翼潰其心腹扼其吭喉而不亡者哉蚤者泗州主將遞送到書一函尋又使人鍾謨李德明至齋所上表及貢奉衣服腰帶金銀器幣茶藥牛酒等今又使人孫晟等並到行朝觀其降身聽命引咎告窮所謂君子見幾不俟終日苟非達識孰能若斯但以奮武興戎所以討不服惇信明義所以懷遠人五帝三王盛德大業恒用此道以正萬邦朕今躬統戎師龔行討伐告于郊廟社稷詢于將相公卿天誘其衷國無異論苟不能恢復內地申畫邊疆便議班旋眞同戲劇則何以光祖宗之烈厭士庶之心匪獨違天兼且咈衆但以淮南部內已定六州廬壽濠黃大軍悉集指期剋日拉朽焚枯其餘數城非足介意必若盡淮甸之土地爲大國之提封猶是遠圖豈同迷復如此則江南吏卒悉遣放還江北軍民並當留住免違物類之性俾安鄉土之情至于削去尊稱願輸臣禮非無故事實有前規蕭詧奉周不失附庸之道孫權事魏自同藩國之儀古也雖然今則不取但存常號何爽歲寒儻堅事大之心終不迫人于險事資眞慤辭匪枝游俟諸郡之悉來即大軍之立罷質于天地信若丹青我無彼欺爾無我詐言盡于此更不繁云苟曰未然請自茲絕竊以陽春在候庶務縈思願無廢于節宣更自期于愛重音塵非遠風壤猶殊翹想所深勞于夢寐又賜其將佐書曰朕自類禡出師麾旆問罪絕長淮而電擊指建業以鷹揚旦夕之間克捷相繼至若兵興之所自釁起之所來勝負之端倪戎甲之次第不勞盡論必想具

知近者金陵使人繼來行闕追悔前事委質大朝非無謝咎之辭亦有罷軍之請但以南邦之土地本中夏之封疆苟失克復之期大辜朝野之望已興是役固不徒還必若自淮以南畫江爲界盡歸中國猶是遠圖所云願爲外臣乞比湖浙彼既服義朕豈忍人必當別議封崇待以殊禮凡爾將佐各盡乃心善爲家國之謀勉擇恒久之利初李景遣鍾謨李德明奉表至行闕使人面奏云本國主願割壽濠泗楚光海六州之地歸于大朝帝志在盡取江北諸郡不允其請使人見王師急攻壽陽李德明奏曰願陛下寬臣數日之誅容臣自往江南取本國表盡獻江北之地帝許之乃令李德明王崇質齎此書以賜李景夏四月甲子以徐州節度使武行德爲濠州城下行營都部署以前鄧州節度使侯章爲壽州城下水砦都部署己巳車駕發壽春循淮而東辛未揚州奏江南大破兩浙軍于常州初兩浙錢俶承詔遣部將率兵攻常州爲江南大將陸孟俊所敗將佐陷沒者甚衆李景亦以表聞乙亥駐蹕于濠州城下丁丑揚州韓令坤破江南賊軍于州之東境獲大將陸孟俊今上表大破江南軍于六合斬首五千級時李景乘常州之捷遣陸孟俊領兵迫泰州王師不守韓令坤欲棄揚州而迴帝怒急遣殿前都指揮使張永德帥親兵往援之又命今上領步騎二千人屯于六合俄而陸孟俊領其徒自海陵抵揚州令坤迎擊敗之生擒孟俊李景遣其弟齊王達率大衆由瓜步濟江距六合一舍而設柵居數日乃棄柵來迫官軍今上麾兵以擊之賊軍大敗餘衆赴江溺死者不可勝紀己卯韓令坤奏敗楚州賊將馬在貴萬餘衆于灣頭堰獲漣州刺史秦進崇丙戌以宣徽南院使向訓爲權淮南節度使充沿江招討使以侍衛馬軍都指揮使韓令坤充沿江副招討使宋史向拱傳揚州初平南唐令境上出師謀收復韓令坤有棄城之意即驛召拱赴行在拜淮南節度使依前宣徽使兼沿江招討使以令坤爲副時周師久駐淮陽都將趙晁白延遇等驕恣橫暴不相稟從惟務貪濫至有劫人婦女者及拱至戮其不法者數輩軍中肅然丁亥車駕發濠州幸渦口己丑以前湖南節度使馬希崇爲左羽林統軍五月壬辰朔以渦口爲鎮淮軍戊戌車駕還京發渦口馬令南唐書天子駐于渦口猶欲再幸揚州宰相范質以師老泣諫乃班師乙卯上至自淮南詔赦都下見禁罪人丁巳陳州節度使王令溫卒戊午以江南僞命東都副留守工部侍郎馮延魯爲太府卿己未太子賓客于德辰卒辛酉詔天下公私織造布帛及諸色匹段幅尺斤兩並須依向來制度不得輕弱假僞犯者擒捉送官六月甲子以鳳翔節度使王景爲秦州節度使兼

西面沿邊都部署以宣徽南院使陳州節度向訓爲淮南節度使依前南院宣徽使加檢校太尉以曹州節度使韓通爲許州節度使加檢校太尉以亳州防禦使王全斌爲隴州防禦使遙領利州昭武軍兩使留後丙寅許州王彥超移鎮永興軍鄧州田景咸移鎮鄜州御史中丞楊昭儉知雜侍御史趙礪侍御史張糺並停任坐鞫獄失實也丁卯以翰林學士戶部侍郎陶穀爲兵部侍郎充翰林學士承旨以水部員外郎知制誥扈載度支員外郎王著並本官充翰林學士以給事中高防爲右散騎常侍以前都官郎中知制誥薛居正爲左諫議大夫充昭文館學士判館事壬申曲赦淮南道諸州見禁罪人自今年六月十一日已前凡有違犯無問輕重並不窮問先屬江南之時應有非理科徭無名配率一切停罷云戊寅以右衛上將軍扈彥珂爲太子太師致仕庚辰以西京留守王晏爲鳳翔節度使戊子升贍國軍爲濱州淮南道招討使李重進奏壽州賊軍攻南砦王師不利先是詔步軍都指揮使李繼勳營于壽州之南攻賊壘是日賊軍出城來攻我軍破柵而入其攻城之具並爲賊所焚將士死者數百人李重進在東砦亦不能救時城堅未下師老于外加之暑毒糧運不繼李繼勳喪失之後軍無固志諸將議欲退軍賴今上自六合領兵歸闕過其城下因爲駐留旬日王師復振秋七月辛卯朔以武清軍節度使知潭州軍府事周行逢爲朗州大都督充武平軍節度使加檢校太尉兼侍中丁酉以太子賓客盧價爲禮部尚書致仕以給事中李明爲大理卿庚子廬州行營都部署劉重進奏破淮賊千餘于州界丁未濠州行營都部署武行德奏敗淮賊二千人于州界庚戌太子太保王仁裕卒辛亥皇后符氏薨淮南節度使向訓自揚州班師迴駐壽春時王師攻壽春經年未下江淮盜賊充斥舒蘄和泰等州復爲吳人所據故棄揚州併力于壽春焉馬令南唐書向訓請棄揚州併力以攻壽春乃封府庫付主者遣淮南舊將按巡城中毫不犯而去淮人大悅皆負糗糧以送周師秋八月壬戌河陽白重贊移鎮涇州張澤移鎮河中甲子以前鄧州節度使侯章復爲鄧州節度使以侍衛步軍都指揮使彰信軍節度使李繼勳爲河陽節度使乙丑太僕卿劇可久停任坐爲舉官累也戊辰端明殿學士王朴撰成新歷上之命曰顯德欽天歷上親爲製序仍付司天監行用殿前都指揮使張永德奏破淮賊于下蔡先是江南李景以王師猶在壽州遣其將林仁肇郭廷謂率水陸軍至下蔡欲奪浮梁以舟實薪芻乘風縱火永德

禦之有頃風勢倒指賊衆稍却因爲官軍所敗己卯工部侍郎王敏停任坐薦子壻陳南金爲河陽記室也九月丙午以端明殿學士左散騎常侍權知開封府事王朴爲戶部侍郎充樞密副使以右羽林統軍焦繼勳爲左屯衛上將軍以左衛上將軍楊承信爲右羽林統軍以左監門上將軍宋延渥爲右神武統軍冬十月辛酉葬宣懿皇后于懿陵癸亥以右神武統軍宋延渥爲廬州行營副部署乙丑舒州刺史郭令圖責授號州教練使坐棄郡逃歸也丙寅詔曰諸司職員皆係奏補當執役之際悉藉公勤及聽選之時尤資幹敏苟非慎擇漸致因循應諸司寺監今後收補役人並須人材俊利身言可採書札堪中自前行止委無訛濫勒本司關送吏部引驗人材攷校筆札其中選者連所試書跡及正身引過中書餘從前後格敕處分仍每年祇得一度奏補丁卯宣懿皇后神主入廟時有司請爲后立別廟禮也己巳詔彰河以北郡縣並許鹽貨通商逐處有鹹鹵之地一任人戶煎煉壬申以武平軍節度副使知潭州軍府事宇文瓊爲武清軍節度使知潭州軍府事癸酉淮南招討使李重進奏破淮賊于盛唐斬二千級太子賓客致仕薛仁謙卒丙子襄州節度使守太尉兼中書令陳王安審琦加守太師審琦鎮漢上十餘年至是來朝故以命寵之癸未右拾遺趙守微杖一百配沙門島守微本村民也形貌樸野粗學爲文前年徒步上書帝以急于取士授右拾遺閤者駭其事至是爲妻父所訟彰其醜行故逐之東都事略張昭傳云世宗好拔奇取俊有自布衣上書下位言事者多不次進用昭諫曰昔唐初劉洎馬周起徒步太宗擢用爲相其後朱朴柳璨在下僚昭宗亦以大用然則太宗用之于前而國興昭宗用于後而國亡士之難知也如此臣願陛下存舊法而用人以劉馬爲鑒朱柳爲戒則善矣甲申宣授今上同州節度使兼殿前都指揮使宣授內外馬步軍都軍頭袁彥爲曹州節度使兼侍衛步軍都指揮使戊子右神武統軍張彥超卒十一月己丑朔詔廢天下無名祠廟庚子日南至帝不受朝賀以宣懿皇后遷祔日近也乙巳江南進奉使孫晟下獄死江南進奉使鍾謨責授耀州司馬戊申放華山隱者陳摶歸山帝素聞摶有道術徵之赴闕月餘放還舊隱庚戌蔡奪米船十餘艘宰臣李穀以風痺請告十旬三上表求解所任不允十二月己未朔以給事中張鑄爲光祿卿鑄訴以官名與祖諱同尋改秘書監判光祿寺事辛酉以許州節度使韓通兼侍衛馬步軍都虞候壬戌以右領軍大將軍單權判三司張美領三司使壬申以滑州

節度使兼殿前都指揮使駙馬都尉張永德爲殿前都點檢發陳蔡宋亳潁曹單等州丁夫城下蔡辛巳故襄邑令劉居方贈右補闕男士衡賜學究出身獎廉吏也癸亥詔兵部尚書張昭纂修太祖實錄及梁均王唐淸泰帝兩朝實錄五代會要云同修撰官委張昭定名奏請至四年正月張昭奏請國子祭酒尹拙太子詹事劉溫叟同編修又詔曰史館所少書籍宜令本館諸處求訪補塡如有收得書籍之家並許進書人據部帙多少等第各與恩澤如是卷帙少者量給資帛如館內已有之書不在進納之限仍委中書門下于朝官內選差三十人據見在書籍各求眞本校勘署校官姓名逐月具功課申報中書門下戊子淮南道招討使李重進奏破淮賊二千人于塌山北

舊五代史卷一百十六考證

周世宗紀三壬申今上奏破淮賊萬五千人于淸流山

案歐陽修豐樂亭記太祖以周師破李景兵十五萬于淸流關下與是書作萬五千人異攷國老談苑云太祖提周師甚寡當李景兵十五萬于淸流山下臨陣親斬驍將皇甫暉疑豐樂亭記郎本于此第皇甫暉以傷重被擒而談苑云臨陣親斬小說家多傳會之詞恐不足信

舊五代史卷一百十七

宋門下侍郎參知政事監修國史薛居正等撰

周書第八

世宗紀四

顯德四年春正月己丑朔帝御崇元殿受朝賀仗衞如儀詔天下見禁罪人除大辟外一切釋放壬寅兵部尚書張昭上言奉詔編修太祖實錄及梁唐二末主實錄伏以撰漢書者先爲項籍編蜀記者首序劉璋貴神器之傳授有因歷數之推遷得序伏緣漢隱帝君臨在太祖之前其歷試之績並在隱帝朝內請先修隱帝實錄以全太祖之事竊又以唐末主之前有閔帝在位四月出奔于衞亦未編紀請修閔帝實錄其淸泰帝實錄請書爲廢帝實錄從之案自唐末主以上原文疑有脫誤據五代會要云梁末主之上有郢王友珪篡弑居位未有紀錄請依宋書劉劭例書爲元凶友珪其末主請依古義書曰後梁實錄又唐末主之前有應順帝在位四月出奔亦未編紀請書爲前廢帝淸泰主爲後廢帝其書並爲實錄丁未淮南道招討使李重進奏破淮賊五千人于壽州北先是李景遣其弟僞齊王達率全軍來援壽州達留駐濠州遣其將許文縝邊鎬朱元領兵數萬泝淮而上至紫金山設十餘砦與城內烽火相應又築夾道數里將抵壽春爲運糧之路至是爲重進所敗戊申詔取來月幸淮南宋史李穀傳師老無功時議罷兵爲便世宗令范質王溥就穀謀之穀手疏請親征有必勝之利者三世宗大悅用其策二月庚申以前工部侍郎王敏爲司農卿辛酉詔每遇入閤日賜百官廊下食從舊制也淮南道行營都監向訓奏破淮賊二千于黃蓍砦甲戌以樞密副使王朴爲權東京留守兼判開封府以三司使張美爲大內都巡檢乙亥車駕發京師乙酉次下蔡三月庚寅旦帝率諸軍駐于紫金山下命今上率親軍登山擊賊連破數砦斬獲數千斷其來路賊軍首尾不相救是夜賊將朱元朱仁裕孫璘各舉砦來降降其衆萬餘人翌日盡陷諸砦殺獲甚衆擒賊大將建州節度使許文縝前湖南節度使邊鎬其餘黨沿流東奔帝自率親騎沿淮北岸追賊及晡馳二百餘里至鎮淮軍殺獲數千人奪戰艦糧船數百艘錢帛器仗不可勝數甲午詔發近縣丁夫城鎮淮軍仍搆浮梁于淮上廬州都部署劉重進奏殺賊三千人于壽州東山口皆紫金山之潰兵也戊戌授宣徽南院使淮南節度使向訓爲徐州節度使充淮南道行營都監仍命屯鎮淮上己亥帝自鎮淮軍復幸下蔡壬寅賜淮南降軍許文縝已下萬五百人衣服錢帛有差丙午壽州劉仁贍上表乞降帝遣閤門使張保續入城慰撫翌日仁贍復令子崇讓上表請罪戊申幸壽州城北劉仁贍與將佐已下及兵士萬餘人出降帝慰勞久之恩賜有差庚戌詔移壽州于下蔡以故壽州爲壽春縣是日曲赦壽州管內見禁罪人自今月二十一日已前凡有過犯並從釋放應歸順職員並與加恩壽州管界去城五十里內放今年秋夏租稅自來百姓有曾受江南文字聚集山林者並不問罪如有曾相傷害者今後不得更有相讐及經官論訴自用兵已來破擄却骨肉者不計遠近並許本家識認官中給物收贖曾經陣敵處所暴露骸骨並仰收拾埋瘞自前政令有不便于民者委本州條例聞奏當行釐革辛亥以僞命淸淮軍節度使檢校太尉兼侍中劉仁贍爲特進檢校太尉兼中書令鄆州節度使以右羽林統軍楊信爲壽州節度使是日劉仁贍卒壬子以江南僞命西北面行營都監使舒州團練使朱元爲蔡州防禦使以江南僞命文德殿使壽州監軍周廷構爲衞尉卿以江南僞命壽州營田副使孫羽爲太僕卿以壽州節度判官鄭牧爲鴻臚卿賞歸順也癸丑追奪前許州行軍司馬韓倫在身官爵配流沙門島倫侍衞馬軍指揮使令坤之父也令坤領陳州倫在州干預郡政掊斂之暴公私患之爲項城民武都等所訟帝命殿中侍御史率汀就按之倫詐毀汀云準詔赴闕汀即奏之帝愈怒遽令遣劾盡得其實故有是命宋史韓令坤傳云倫法當棄市令坤泣請于世宗遂免死遣左諫議大夫尹日就于壽州開倉賑飢民丙辰車駕發下蔡還京夏四月己巳車駕至自下蔡辛未以江南僞命西北面行營應援使前永安軍節度使檢校太尉許文縝爲左監門衞上將軍檢校太尉以僞命西北面行營應援都軍使前武安軍節度使邊鎬爲左千牛衞上將軍檢校太傅丙子宰臣李穀以風痺經年上章請退凡三上章不允宋史李穀傳穀扶疾入見便殿詔令不拜命坐御坐側以抱疾久請辭相位世宗怡然勉之謂曰譬如家有四子一人有疾棄而不養非父之道也朕君臨萬方卿處輔相之位君臣之間分義斯在奈何以祿奉爲言穀愧謝而退丁丑斬內供奉官孫延希于都市御厨使董延勛副使張皓武德副使盧繼昇並停職時重修永福殿命延希督役上見役夫有就瓦中啗飯以柹爲匕者大怒斬延希而罷延勛等壬午故彭城郡夫人劉氏追册爲皇后癸未故皇子贈左驍衞大將軍誼再贈太尉追封越王故皇子贈左武衞大將軍誠再贈太傅追封吳王故皇子贈左屯衞大將軍諴再贈太保追封韓王故皇弟贈太保侗再贈太傅追封鄭王故皇弟贈司空信再贈司徒追封杞王故皇第三妹樂安公主追册莒國長公主故皇第五妹永寧公主追册梁國長公主故皇從弟贈左領軍大將軍守愿再贈左衞大將軍故皇從弟贈左監門將軍奉超再贈右衞大將軍故皇從弟贈左千牛衞將軍遜再贈右武衞大將軍甲申以先降到江南兵士團結爲三十指揮號懷德軍五月丁亥朔帝御崇元殿受朝仗衞如式己丑以新修永福殿改爲廣政殿辛卯以端午賜文武百僚衣服書始也癸巳侍衞親軍都指揮使宋州節度使充淮南道行營都招討李重進加檢校太傅兼侍中以宣徽南院使淮南節度使向訓爲徐州節度使加檢校太尉同平章事丙申斬密州防禦副使侯希進于本郡時太常博士張糺檢視本州夏苗移牒希進分檢希進以不奉朝旨不從糺具事以聞帝怒遣使斬之丁酉以滑州節度使兼殿前都點檢駙馬都尉張永德爲澶州節度使加檢校太尉以今上爲滑州節度使加檢校太保依前殿前都指揮使今上以三年十月宣授同州節度使未于正衙宣制至是移鎮滑臺故自永州防禦使授焉以侍衞馬軍都指揮使洋州節度使韓令坤爲陳州節度使加檢校太傅以權侍衞步軍都指揮使岳州防禦使袁彥爲曹州節度使加檢校太保並典軍如故己亥以左神武統軍劉重進爲鄧州節度使以虎捷左廂都指揮使閬州防禦使趙晁爲河陽節度使以兗州防禦使白延遇爲同州節度使辛丑宰臣范質李穀王溥並加爵邑改功臣樞密使魏仁浦加檢校太傅進封開國公辛亥知廬州行府事劉重進奏相次殺敗賊獲戰船三十艘壬子以宣徽北院使吳延祚爲宣徽南院使權西京留守判河南府事是月詔中書門下差官詳定格律中書門下奏差侍御史知雜事張湜等一十人詳定候畢日委御史臺尚書省四品以上兩省五品以上官參詳可否送中書門下議定奏取進止從之六月丁巳前濠州刺史齊藏珍以罪棄市己未以責授耀州司馬鍾謨爲衞尉少卿賜紫帝既誅孫晟尋寘謨爲耀州既而悔之故有是命辛酉西京奏伊陽山谷中有金屑民淘取之詔勿禁乙酉詔在朝文資官再舉堪爲令錄從事者各一人秋七月丁亥以前徐州節度使檢校太師兼中書令武行德爲左衞上將軍先是詔行德分兵屯定遠縣旣爲淮寇所襲王師死者數百人帝懲其債軍之咎故以環衞處之以前河陽節度使李繼勳爲右衞大將軍責壽春南砦之敗也壬辰以刑部尚書王易爲太子少保致仕以右監門衞上將軍薛萬爲左衞上將軍致仕己酉司農卿王敏卒甲辰詔曰準令諸論田宅婚姻起十一月一日至三月三十日止者州縣爭論舊有釐革每至農月貴塞訟端近聞官吏因循由此成弊凡有訴競故作逗遛至時而不與盡辭入務而即使停罷彊猾者因茲得計孤弱者無以自伸起今後應有人論訴陳詞狀至二月三十日權停若是交相侵奪情理妨害不可停滯者不拘此限八月乙卯朔兵部尚書張昭上疏具制舉合行事件條奏以聞丙辰以太常卿田敏爲工部尚書以太子賓客司徒詡爲太常卿辛未詔在朝武班各舉武勇膽力堪爲軍職者一人甲戌賜左監門上

將軍許文縝右千牛上將軍邊鎬右衞大將軍王環衞尉卿周廷構太府卿馮延魯太僕卿鄭牧鴻臚卿孫羽衞尉少卿鍾謨工部郎中何幼冲各冬服絹二百匹綿五百兩文縝已下皆吳蜀之士也乙亥宰臣李穀罷相守司空加食邑實封穀抱疾周歲累上表求退至是方允其請以樞密副使戶部侍郎王朴爲樞密使檢校太保癸未前濮州刺史胡立自僞蜀迴蜀主孟昶寓書于帝其末云昶昔在齠亂卽離并都亦承皇帝鳳起晉陽龍興汾水合敘鄉關之分以陳玉帛之歡儻蒙惠以嘉音佇望專馳信使謹因胡立行次聊陳感謝披述云初王師之伐秦鳳也以立爲排陣使旣而爲蜀所擒及秦鳳平得降軍數千人其後帝念其懷土悉放歸蜀至是蜀人知感故歸立于我昶本生于太原故其書意願與帝推鄉里之分帝怒其抗禮不答九月甲申朔宰臣王溥樞密使王朴皆丁內艱竝起復舊位以侍衞馬步軍都指揮使宋州節度使李重進爲鄆州節度使典軍如故己丑以前翰林學士禮部侍郎竇儀爲端明殿學士依前禮部侍郎冬十月丙辰賜京城內新修四寺額以天清天壽顯靜顯寧爲名壬戌左藏庫使符令光棄市時帝再議南征先期勑令光廣造軍士袍襦不卽辦集帝怒命斬之時宰臣等至庭救解帝起入宮遂戮于都市令光出勳閥之後歷職內庭以淸愼自守累經繁劇甚有廉幹之譽帝素重其爲人每加委用至是以小過見誅人皆冤之戊午詔懸制科凡三其一曰賢良方正能直言極諫科其二曰經學優深可爲師法科其三曰詳閑吏理達于教化科不限前資見任職官黃衣草澤竝許應詔時兵部尚書張昭條奏請與制舉故有是命癸亥河東僞命麟州刺史楊重訓以城歸順授重訓本州防禦使檢校太傅戊辰詔取月內車駕暫幸淮上己巳以樞密使王朴爲權東京留守以三司使張美爲大內都點檢壬辰駕發京師壬午以前鄆州節度使郭從義爲徐州節度使以徐州節度使向訓爲宋州節度使十一月癸未朔以內客省使昝居潤爲宣徽北院使權東京留守丙戌車駕至濠州城下戊子親破十八里灘砦在濠州東北淮水之中四面阻水上令甲士數百人跨馳以濟今上以騎軍浮水而渡遂破其砦擄其戰艦而迴癸巳帝親率諸軍攻濠州奪關城破水砦賊衆大敗焚戰艦七十餘艘斬首二千級進軍攻羊馬城丙申夜僞濠州團練使郭廷謂上表陳情且言家在江南欲遣人稟命于李景從之辛丑帝自濠州率大軍水陸齊進循淮而下命今上率精騎爲前鋒癸卯大破淮賊于渦口斬首五千級收降卒二千餘人奪戰船三百艘遂鼓行而東以追奔寇晝夜不息沿江城柵所至皆下乙巳至泗州今上乘勢麾軍焚郭門奪月城帝親冒矢石攻其壘丙午日南至從臣拜賀于月城之上十二月乙卯泗州守將范再遇以其城降授再遇宿州團練使戊午帝自泗州率衆東下命今上領兵行于南岸與帝夾淮而進己未至渦口追及淮賊軍行鼓譟之聲聞數十里辛酉至楚州西北大破賊衆水陸俱奔有賊船數艘順流而遁帝率驍騎與今上追之數十里今上擒賊大將僞保義軍節度使江北都應援使陳承昭以獻收獲舟船除焚盪外得三百餘艘將士除殺溺外得七千餘人初帝之渡淮也比無水戰之備每遇賊之戰棹無如之何敵人亦以此自恃有輕我之意帝卽于京師大集工徒修成樓艦踰歲得數百艘兼得江淮舟船遂令所獲南軍教北人習水戰出沒之勢未幾舟師大備至是水陸皆捷故江南大震壬戌僞命濠州團練使郭廷謂以城歸順乙丑雄武軍使崔萬迪以漣水歸順丙寅以郭廷謂爲亳州防禦使（隆平集廷謂望金陵大慟再拜然後以城降世宗曰江南諸將惟廷謂斷渦口橋破定遠寨足以報李景矣濠上使李景自守亦何能爲乃授以亳州防禦使）以僞命濠州兵馬都監陳還爲沂州團練使以僞命保義軍節度使陳承昭爲右監門上將軍江南李景遣兵驅擄揚州士庶渡江焚其州郭而去丙子故同州節度使白延遇贈太尉故濠州刺史唐景思贈武淸軍節度使丁丑秦州平

舊五代史卷一百十七攷證

周世宗紀四是夜賊將朱元朱仁裕孫璘各舉砦來降　案通鑑云辛卯夜朱元與先鋒壕寨使朱仁裕等舉寨萬餘人降據是書則朱元等之降卽在庚寅與通鑑異

壽州劉仁贍上表乞降　案通鑑攷異云仁贍降書蓋其副使孫羽等爲之歐陽史本傳亦言孫羽詐爲仁贍書以城降與是書所載俱異

壬午彭城郡夫人劉氏追冊爲皇后　案歐陽史作癸未追冊與是書異

壬申駕發京師　案壬申原本作壬辰攷五代春秋作十月壬辰帝南征與是書同歐陽史作壬申南征通鑑作壬申帝發大梁與是書異據下文有壬午則十月不應有壬辰疑原本係傳寫之誤今從歐陽史通鑑改正

以內客省使昝居潤爲宣徽北院使權東京留守　案上文以王朴爲權東京留守不應復以命昝居潤據東都事略昝居潤傳世宗幸淮上命爲副留守疑原本脫副字

壬戌僞命濠州團練使郭廷謂以城歸順　案郭廷謂以城降歐陽史作庚申通鑑作辛酉與是書異

舊五代史卷一百十八

宋門下侍郎參知政事監修國史薛居正等撰

周書第九

世宗紀五

顯德五年春正月癸未朔帝在楚州城下從臣詣行宮稱賀（隆平集馬仁瑀傳世宗征淮南登楚州水寨飛樓距城百步城卒詬罵左右射莫能及召仁瑀至應弦而斃）乙酉降同州爲郡右驍衞將軍王環卒丙戌右龍武將軍王漢璋奏攻海州戊子詔諸道幕職州縣官竝以三周年爲攷限閏月不在其內州府不得差攝官替正官云己丑詔侍衞馬軍都指揮使韓令坤權知揚州軍府事庚寅發楚州管內丁壯開鸛河以通運路乙巳帝親攻楚州時今上在楚州城北晝夜不解甲冑親冒矢石麾兵以登城丙午拔之斬僞守將張彥卿等六軍大掠城內軍民死者萬餘人廬舍焚之殆盡（陸游南唐書張彥卿傳云保大末周世宗南侵彥卿爲楚州防禦使周師銳甚旬日間海泰州靜海軍皆破元宗亦命焚東都宮寺民廬徙其民渡江世宗親御旗鼓攻楚州自城以外皆已下發州民濬老鸛河遣齊雲戰艦數百自淮入江勢如震霆烈焰彥卿獨不爲動及樓車臨城鑿城爲窟室實城而焚之城皆摧圮遂陷彥卿猶結陣城內誓死奮擊謂之巷鬭日暮轉至州廨長短兵皆盡彥卿猶取繩牀搏戰及兵馬都監鄭昭業等千餘人皆死之無一人生降者周兵死傷亦甚衆世宗怒盡屠城中居民焚其室廬然得彥卿子光祚不殺也又趙鼎臣竹隱畸士集云當城中之危也彥卿方與諸將立城上因泣謂以周唐強弱勢不足以相支又城危甚而外無一人援恐旦夕徒死無益勉彥卿趣降彥卿頷之因顧諸將指曰視彼諸將方回顧彥卿則抽劍斷其子首擲諸地慷慨泣謂諸將曰此彥卿子勸彥卿降周彥卿受李家厚恩誼不降此城吾死所也諸軍欲降任降第勿勸我勸我者同此子矣于是諸將愕眙亦泣莫敢言降）二月甲寅僞命天長軍使易贇以城歸順戊午車駕發楚州南巡丁卯駐蹕于廣陵詔發揚州部內丁夫萬餘人城揚州帝以揚州焚盪之後居民南渡遂于故城內就東南別築新壘戊辰遣使祭故淮南節度使楊行密故昇府節度使徐温等墓癸酉幸揚子渡觀大江乙亥黃州刺史司超奏破淮賊三千人擒僞舒州刺史施仁望丙子隰州奏河東賊軍逃遁時劉鈞聞帝南征發兵圍隰州巡檢使李謙溥以州兵拒之而退（東都事略楊廷璋傳隰州闕守乃請監軍李謙溥攝州事謙溥至隰并人來圍其城或請速救之廷璋曰賊遽至必未攻城乃募死士百餘人潛諭謙溥相應夜銜枚擊之并人大潰逐北數十里又李謙溥傳云隰州闕守謙溥攝州事至則濬城隍嚴兵備未旬日而并人至方盛暑謙溥服絺綌揮羽扇引二小吏登城徐步并人望之勒兵不敢動）三月壬午朔幸泰州丁亥復幸廣陵辛卯幸迎鑾江口遣右武衞大將軍李繼勳率舟師至江島以觀寇癸巳帝臨江望見賊船數十艘命今上帥戰棹以追之賊軍退去今上直抵南岸焚其營柵而迴甲午以右武衞大將軍李繼勳爲左領軍上將軍乙未廢前都虞候慕容延釗奏大破賊軍于東沛州丙申江南李景遣其臣兵部侍郎陳覺奉表陳情兼貢羅穀紬絹三千匹乳茶三千斤及香藥犀象等覺至行在覩樓船戰棹已泊于江岸以爲自天而降愕然大駭丁酉荊南高保融奏本道舟師已至鄂州戊戌兩浙錢俶奏差發戰棹四百艘水軍萬七千人已泊江岸請師期己亥今上率水軍破賊船百餘隻于瓜步是日李景遣其臣劉承遇奉表以廬舒蘄黃等四州來獻且請以江爲界帝報曰皇帝恭問江南國主使人至省奏請分割舒廬蘄黃等州畫江爲界者頃逢多事莫通玉帛之歡適自近年遂搆干戈之役兩地之交兵未息蒸民之受弊斯多一昨再辱使人重尋前意將敦久要須盡縷陳今者承遇爰來封函復至請割州郡仍定封疆猥形信誓之辭備認始終之意既能如是又復何求邊壘頓靜于煙塵師旅便還于京闕永言欣慰深切誠懷其常潤一路及沿江兵棹今已指揮抽退兼兩浙荊南湖南水陸兵士各令罷兵其廬黃蘄三路將士亦遣抽拔近內候彼中起揭逐處將員及軍都家口丁畢祗請差人勾喚在彼將校交割州城云淮南平凡得州十四縣六十戶二十二萬六千五百七十四先是李景以江南危蹙謀欲傳位于世子使附庸于我故遣陳覺上表陳叙至是帝以既許其通好乃降書以答之曰別覩來章備形縟旨叙此日傳讓之意述向來高尚之懷仍以數歲已還交兵不息備論追悔之事無非尅責之辭雖古人有引咎責躬因災致懼亦無以過此也況君血氣方剛春秋甚富爲一方之英主得百姓之歡心卽今南北才通疆埸甫定是玉帛交馳之始乃干戈載戢之初豈可高謝君臨輕辭世務與其慕希夷之道曷若行康濟之心重念天災流行分野常事前代賢哲所不能逃苟盛德之日新則景福之彌遠勉修政理勿倦經綸保高義于初終垂遠圖于家國流芳貽慶不亦美乎庚子詔曰比者以近年貢舉頗事因循頗詔有司精加試練所冀去留無濫

優劣昭然昨據貢院奏今年新及第進士等所試文字或有否臧爰命辭臣再令考覆庶涇渭之不雜免玉石之相參其劉坦羲賂慶李頌徐緯張覲等詩賦稍優宜放及第王汾摅其文辭亦未精當念以頃曾剗落將與成名熊若谷陳保衡皆是遠人深可嗟念亦放及第郭峻趙保雍楊丹安元度張昉董咸則杜思道等未甚苦辛並從退黜更宜修進以俟將來知貢舉右諫議大夫劉濤選士不當有失用心責授右贊善大夫俾令省過以戒當官先是濤于東京放膀後引新及第進士劉坦已下一十五人赴行在帝命翰林學士李昉覆試故有是命壬寅復幸揚州改廬州軍額爲保信軍甲辰以右龍武統軍趙贊爲廬州節度使以殿前都虞候慕容延釗爲淮南節度使兼殿前副指揮使遣鹽城監使申屠謂齎書及御馬一十匹金銀銜全散馬四十匹羊千口賜江南李景謂先爲王師所俘故遣之丙午江南李景遣所署宰相馮延巳獻犒軍銀十萬兩絹十萬匹錢十萬貫茶五十萬斤米麥二十萬石庚戌詔故淮南節度使楊行密故昇府節度使徐温各給守冢戸應江南臣僚有先代墳墓在江北者委所在長吏差人檢校辛亥李景遣所署臨汝郡公徐遼進貢宴錢二百萬并遣伶官五十人與遼俱來獻壽觴夏四月癸丑宴從臣及江南進奉使馮延巳等于行宮徐遼代李景捧壽觴以獻進金酒器御衣犀帶金銀錦綺鞍馬等乙卯車駕發揚州還京丙辰太常博士權知宿州軍州事趙礪除名坐推劾弛慢也先是翰林醫官馬道元進狀訴壽州界被賊殺却男獲正賊見在宿州本州不爲勘斷帝大怒遣端明殿學士竇儀乘驛往按之及獄成坐族死者二十四人儀奉辭之日帝旨甚峻故儀之用刑傷于深刻戊午以前延州留後李彥頵爲滄州留後庚申新太廟成遷五廟神主入于其室壬申至自淮南癸酉命宣徽北院使昝居潤判開封府事甲戌澶州節度使張永德準詔赴北邊以契丹犯境故也丁丑兩浙奏四月十九日杭州火燼舍府署焚燒殆盡五月辛巳朔上御崇元殿受朝仗衛如式詔侍衛諸軍及諸道將士各賜等第優給應行營將士殁于王事者各與贈官親的子孫並量才錄用傷夷殘廢者別賜救接淮南諸州及徐宿宋亳陳潁許蔡等州所欠去年秋夏稅物並與除放云丙戌命端明殿學士竇儀判河南府兼知西京留守事辛卯以襄州節度使安審琦爲青州節度使以許州節度使韓通爲宋州節度使依前兼侍衛馬步都虞候以宋州節度使向訓爲襄州節度使以今上爲忠武軍節度使依前殿前都指揮使淮南之役今上之功居最及是命之降雖云酬勳止于移鎮而已賞典太輕物議不以爲允癸巳以左武衛上將軍武行德爲鄜州節度使以右神武統軍宋延渥爲滑州節度使（小畜集宋延渥神道碑云五月授義成軍節度使其制略曰長驅下瀨之師若涉無人之境除凶戢難爾旣立大殊勳禰岳盟河予豈忘于豐報南燕舊邢北闕伊邇河壖作翰遥臨白馬之津犪下統戎卽鎮卧龍之地）以前同州留後王暉爲相州留後乙未立東京羅城諸門名額東二門曰寅賓延春南三門曰朱明景風畏景西二門曰迎秋肅政北三門曰元德長景愛景辛丑幸懷信驛乙巳詔在朝文貧官各再舉堪爲幕職令錄一人戊申以襄州節度使向訓兼西南面水陸發運招討使己酉以太府卿馮延魯充江南國信使以衛尉少卿鍾謨爲副賜李景御衣玉帶錦綺羅縠帛共十萬匹金器千兩銀器萬兩御馬五匹金玉鞍轡全散馬百匹羊三百口賜江南世子李宏冀器幣鞍馬等別賜李景書曰皇帝恭問江南國主負海之利在彼海濱屬疆壤之初分慮供食之有闕江左諸軍素號繁饒然于川澤之間舊無斥鹵之地曾承素旨常在所懷願均收積之餘以助軍旅之用己下三司逐年支撥供軍食鹽三十萬石又賜李景今年歷日一軸六月庚午命中書舍人竇儼參定雅樂辛未放先俘獲江南兵士四千七百人歸本國壬申有司奏御膳料上批曰朕之常膳今後減半餘人依舊癸酉禘于太廟乙亥兵部尚書張昭等撰太祖實錄三十卷成上之賜器帛有差丁丑以中書舍人張正爲工部侍郎充江北諸州水陸轉運使戊寅詔諫議大夫宜依舊爲正五品上仍班在給事中之下秋七月癸未以右散騎常侍高防爲戸部侍郎以左驍衛上將軍李洪信爲右龍武統軍以左領軍上將軍李繼勳爲右羽林統軍以工部尚書田敏爲太子少保以刑部侍郎裴巽爲尚書左丞以左武衛上將軍薛懷讓爲太子太師以右羽林大將軍李萼爲右千牛衛上將軍自敏已下皆致仕丙戌中書門下新進刪定大周刑統奉勅班行天下丁亥賜諸道節度使刺史均田圖各一面唐同州刺史元稹在郡日奏均戸民租賦帝因覽其文集而善之乃寫其辭爲圖以賜藩郡時帝將均定天下賦稅故先以此圖徧賜之（五代會要載原詔云朕以寰宇雖安蒸民未泰當乙夜觀書之際較前賢阜俗之方近覽元稹長慶集見在同州時所上均田表較當時之利病曲盡其情俾一境之生靈咸受其賜傳于方冊可得披尋因令製素成圖直書其事庶王公親覽觸目驚心利國便民無亂條制背經合道盡葉變通但要適宜所冀濟務繁乃勵舊共庇烝元今賜元稹所奏均田圖一面至可領也）閏月壬子廢衍州爲定平縣廢武州爲潘原縣壬戌河決河陰縣溺死者四十二人辛丑幸新授青州節度使安審琦第癸酉邢州留後陳思讓奏破河東賊軍千餘人于西山下斬首五百級八月庚辰延州奏洛溪水漲壞州城溺死者百餘人己丑太子太師致仕宋彥筠卒辛丑江南李景上表乞降詔書不允九月丁巳以太府卿馮延魯爲刑部侍郎以衛尉少卿鍾謨爲給事中並放歸江南將延魯鍾謨自江南復命李景復奏欲傳位于其世子宏冀帝亦以書答之甲子賜江南羊萬口馬三百匹槖駝三十頭賜兩浙錢俶羊五千口馬二百匹槖駝二十頭乙丑賜宰臣樞密使及近臣宴于玉津園己巳占城國王釋利因德漫遣使貢方物壬子天清節羣臣詣廣德殿上壽江南進奉使商崇義代李景捧壽觴以獻（[illegible]）冬十月己卯以戸部侍郎高防爲西南面水陸轉運使將師于巴邛故也（[illegible]）丙戌邠州李暉移鎮鳳翔戊子幸迎春苑己丑太常卿司徒詡以本官致仕壬辰帝狩于近郊癸巳前相州節度使王饒卒甲午左監門上將軍許文縝右千牛上將軍邊鎬衛尉卿周延構並歸江南乙未詔淮南諸州鄉軍並放歸農丁酉遣左散騎常侍艾穎等均定河南六十州稅賦（[illegible]）十一月丁未朔詔翰林學士竇儼集文學之士撰集大周通禮大周正樂從儼之奏也辛亥日南至帝御崇元殿受朝賀仗衛如式己未昭義李筠奏破遼州長清砦獲僞命磁州刺史李再興甲子帝狩于近郊十二月丁丑朔朗州奏醴陵縣王仙觀山門中舊有田二萬頃久爲山石閉塞今年七月十七日夜暴雷霹開其路復通己卯楚州兵馬都監武懷恩棄市坐擅殺降軍四人也丙戌詔重定諸道州府幕職令錄佐官料錢其州縣官俸戸宜停己丑楚州防禦使張順賜死坐在任隱落榷稅錢五十萬官絲綿二百兩也壬辰詔兩京及五府少尹司參軍各省一員六曹判司內藏直戸法二曹餘及諸州觀察支使兩番判官並省甲午帝狩于近郊乙未鄧州劉重進移鎮邠州滑州宋延渥移鎮鄧州以前河中節度使王仁鎬爲邢州節度使以邢州留後陳思讓爲滑州留後己亥詔翰林學士今後逐日起居當直者仍赴晚朝是月江南李景殺其臣僞太傅中書令宋齊丘僞兵部侍郎陳覺僞鎮南軍節度副使李徵古等初帝之南征也吳人大懼覺與徵古皆齊邱門人因進說于景請委國事于齊邱景猶是衛之及吳人遣鍾謨李德明奉表至行在帝尋遣德明復命于金陵德明因說李景請割江南之地求和于我而陳覺李徵古等以德明爲賣國請戮之景遂殺德明及江南內附帝放鍾謨南歸謨本德明之黨也因譖齊邱等故齊邱等得罪放齊邱歸九華山覺等貶官尋並害之景旣誅齊邱等令鍾謨到闕具言其事故書

舊五代史卷一百十八攷證

周世宗紀五丙戌右龍武將軍王漢璋奏攻海州　案通鑑作丁亥王漢璋奏克海州歐陽史亦作丁亥取海州是書祗載丙戌攻海州而不載取城之日疑有闕文

丙午拔之　案歐陽史通鑑俱作丁未克楚州與是書異五代春秋從是書作丙午

天長軍使易贇　易贇通鑑作易文贇

乙未殿前都虞候慕容延釗奏大破賊軍于東沛州　案通鑑作甲午延釗奏大破唐兵于東沛州與是書異日

放先俘獲江南兵士四千七百人歸本國　案歐陽史作四千六百人

十一月丁未朔詔翰林學士竇儼集文學之士撰集大周通禮大周正樂　案歐陽史作十一月庚戌

舊五代史卷一百十九

宋門下侍郎參知政事監修國史薛居正等撰

周書第十

世宗紀六

顯德六年春正月丁未朔帝御崇元殿受朝賀仗衛如式壬子高麗國王王昭遣使貢方物乙卯以翰林學士中書舍人申文炳爲左散騎常侍辛酉女眞國遣使貢獻壬戌青州奏節度使陳王安審琦爲部曲所殺乙丑賜諸將射于內殿場戊辰幸迎春苑甲戌詔每年新及第進士及諸科聞喜宴宜令宣徽院指揮排比乙亥詔

禮部貢院今後及第舉人依逐科等第定人數姓名並所試文字奏聞候勅下放榜云是月樞密使王朴詳定雅樂十二律旋相爲宮之法並造律準上之詔尚書省集百官詳議亦以爲可語在樂志二月庚辰發徐宿宋單等州丁夫數萬濬汴河甲申發滑亳二州丁夫濬五丈河東流于定陶入于濟以通靑鄆水運之路又疏導蔡河以通陳潁水運之路乙酉詔諸道應差攝官各支半俸丙戌以翰林學士承旨尚書兵部侍郞陶穀爲尚書吏部侍郞充職詔升湖州爲節鎭以宣德軍爲軍額以湖州刺史錢偡爲本州節度使從兩浙錢俶之請也

辛丑幸迎春苑甲辰右補闕王德成論授右贊善大夫坐舉官不當也詔賜諸道州府供用糧草有差三月庚申樞密使王朴卒甲子詔以北境未復取此月內幸滄州以宣徽南苑使吳延祚爲權東京留守判開封府事以宣徽北院使昝居潤爲副使以三司使張美爲大內都部署東都事略張美傳世宗北征以美爲大內都點檢命諸將各領馬步諸軍及戰棹赴滄州己巳濠州奏鍾離縣飢民死者五百九十有四癸酉詔廢諸州銅魚五代會要顯德六年勅諸道牧守每遇除移特降制書何假符契其銅魚宜廢之甲戌車駕發京師夏四月辛卯車駕次滄州以前左諫議大夫薛居正爲刑部侍郞是日帝率諸軍北征壬辰至乾寧軍僞寧州刺史王洪以城降丁酉駕御龍舟率舟師順流而北首尾數十里辛丑至益津關通鑑至益津關契丹守將終廷暉以城降自此以西水路漸隘舟師難進乃捨舟登陸壬寅宿于野次時帝先期而至大軍未集隨駕之士不及一旅賴今上率材官騎士以衛乘輿癸卯今上先至瓦橋關僞守將姚內斌以城降集姚內斌平州人也世宗北征將兵至瓦橋關內斌爲關使開門請降世宗以爲汝州刺史甲辰鄚州刺史劉楚信以州來降五月乙巳朔帝駐蹕于瓦橋關侍衛親軍都指揮使李重進及諸將相繼至行在瀛州刺史高彥暉以本城歸順關南平凡得州三縣十七戶一萬八千三百六十是役也王師數萬不亡一矢邊界城邑皆望風而下丙午帝與諸將議攻幽州諸將皆以爲未可帝不聽是夜帝不豫乃止戊申定州節度使孫行友奏攻下易州擒僞命刺史李在欽來獻斬于軍市乙酉以瓦橋關爲雄州宋史陳思讓傳得瓦橋關爲雄州命思讓爲都部署率兵戍之以益津關爲霸州宋史韓令坤傳爲霸州都部署率所部兵戍之是日先鋒都指揮使張藏英破契丹數百騎于瓦橋關北攻下固安縣詔發濱棣二州丁夫城霸州庚戌遣侍衛都指揮使李重進率兵出土門路入河東界壬子車駕發雄州還京泉州節度使劉從效遣別駕王禹錫奉貢于行在

帝以泉州比臣江南李景方歸奉國家不欲奪其所屬但錫詔褒美而已丁卯西京奏太常卿致仕司徒詡卒己巳侍衛都指揮使李重進奏破河東賊軍于百井斬首二千級甲戌上至自雄州按揮編周世宗既定三關遇疾而還至澶淵遲留不行雖宰輔近臣問疾者皆莫得見中外恟懼時張永德爲澶州節度使永德尚周太祖之女以親故獨得至臥內于是羣臣因永德言曰天下未定根本空虛四方諸侯惟幸京師之有變今澶汴相去甚邇不速歸以安人情願憚旦夕之勞而遲回于此如有不可諱奈宗廟何永德然之承間爲世宗言如羣臣旨世宗問誰使汝爲此言永德對以羣臣之意皆願爲此世宗熟思久之歎曰吾固知汝必爲人所教獨不喻吾意哉然觀汝之窮薄惡足當此卽日趣駕歸京師六月乙亥朔潞州李筠奏攻下遼州獲僞刺史張丕旦丙子以皇女甍輟朝三日戊寅鳳翔奏節度使李暉卒鄭州奏河決原武詔宣徽南院使吳延祚發近縣丁夫二萬人以塞之庚辰命宣徽北院使昝居潤判開封府事晉州節度使楊廷璋奏率兵入河東界招降堡砦一十三所癸未立魏王符彥卿女爲皇后仍令所司擇日備禮册命以皇長子宗訓爲特進左衛上將軍封梁王以第二子宗讓爲左驍衛上將軍封燕國公賜江南進奉使李從善錢二萬貫絹二萬匹銀一萬兩賜兩浙進奉使吳延福錢三千貫絹五千匹銀器三千兩丁亥以前青州節度使李洪義爲永興軍節度使永興軍節度使王彥超移鎭鳳翔戊子潞州部送所獲遼州刺史張丕旦等二百四十五人以獻詔釋之己丑宰臣范質王溥並參知樞密院事以樞密使魏仁浦爲中書侍郞平章事集賢殿大學士依前充樞密使以宣徽南院使吳延祚爲樞密使行左驍衛上將軍以宋州節度使侍衛都虞候韓通爲侍衛親軍副都指揮使加檢校太尉同平章事澶州節度使兼殿前都點檢駙馬都尉張永德落軍職加檢校太尉同平章事以今上爲殿前都點檢加檢校太傅依前忠武軍節度使帝之北征也凡供軍之物皆令自京遞送行在一日忽于地中得一木長二三尺如人之揭物者其上卦全題云點檢做觀者莫測何物也至是今上始受點檢之命明年春果自此職以副人望則點檢做之言乃神符也辛卯以宣徽北院使判開封事昝居潤爲左領軍上將軍充宣徽南院使以三司使左領衛大將軍張美爲左監門衛上將軍充宣徽北院使判三司東都事略張美傳美少爲三司小吏澶州糧料使世宗鎭澶州每有求取美悉力應之及即位遣歲征討糧餽無乏美之力也然每思澶州所爲終不以公忠待之癸巳帝崩于萬歲殿聖壽三十九甲午宣遺制梁王于柩前卽皇帝位服紀月日一依舊制是日羣臣奉梁王卽位于殿東楹中外發哀其年八月翰林學士判太常寺事竇儼上謚曰睿武孝文皇帝廟號世宗十一

月壬寅朔葬于慶陵宰臣魏仁浦撰謚册文王溥撰哀册文云

[illegible]

[illegible]

史臣曰世宗頃在仄微尤務韜晦及天命有歸嗣守鴻業不日破高平之陣逾年復秦鳳之封江北燕南取之如拾芥神武雄略乃一代之英主也加以留心政事朝夕不倦摘伏辯姦多得其理臣下有過必面折之常言太祖養成二王之惡以致君臣之義不保其終故帝駕馭豪傑失則明言之功則厚賞之文武參用莫不服其明而懷其恩也所以仙去之日遠近號慕然禀性傷于太察用刑失于太峻及事行之後亦多自追悔逮至末年漸用寬典知用兵之頻併憫黎民之勞苦蓋有意于康濟矣而降年不永美志不就悲夫

舊五代史卷一百十九考證

周世宗紀六甲辰鄚州刺史劉楚信以州來降○案鄚州之降通鑑從是書作四月遼史作五月疑誤

壬子車駕發雄州還京　案遼史作五月辛未周師退與是書異通鑑從是書作壬子

皇長子宗訓　案恭帝宗訓通鑑注作第四子歐陽史漢家人傳世宗子七人長曰宜哥次二皆未名次曰恭皇帝是亦以宗訓爲第四子也是紀作皇長子蓋宜哥與其二皆爲漢誅指其現存者而長之耳

第二子宗讓　宗讓歐陽史作宗誼

獲僞刺史張丕旦　張丕旦通鑑作張丕

以宣徽南院使吳延祚爲樞密使行左驍衛上將軍　案歐陽史三月吳延祚爲左驍衛上將軍樞密使與是書異通鑑從是書作六月

癸巳帝崩于萬歲殿　案歐陽史作滋德殿與是書異五代會要五代春秋俱作萬歲殿與是書同

宋門下侍郎參知政事監修國史薛居正等撰

周書第十一

恭帝紀

恭帝諱宗訓世宗子也廣順三年歲在癸丑八月四日生于澶州之府第顯德六年六月癸未制授特進左衛上將軍封梁王食邑三千戶實封五百戶癸巳世宗崩甲午內出遺制命帝柩前卽皇帝位是日羣臣奉帝卽位而退丁酉北面兵馬都部署韓令坤奏敗契丹五百騎于霸州北戊戌文武百寮宰臣范質等上表請聽政表三上允之壬寅文武臣寮上表請以八月四日爲天壽節從之癸卯以司徒平章事范質爲山陵使以翰林學士判太常寺事竇儼爲禮儀使以兵部尚書張昭爲鹵簿使以御史中丞邊歸讜爲儀仗使以宣徽南院使判開封事昝居潤爲橋道頓遞使是月州郡十六奏大雨連旬不止秋七月丁未以戶部尚書李濤爲山陵副使以度支郎中盧億爲山陵判官辛亥左散騎常侍申文炳卒乙卯右拾遺徐雄奪三任官坐誣奏雷澤縣令虛破戶也丁巳百寮釋服尚輦奉御金彥英本高麗人也奉使高麗稱臣于其王故及于罪庚申以邢州節度使王彥鎬爲襄州節度使進封開國公以侍衛步軍都指揮使曹州節度使檢校太保袁彥爲陝州節度使加檢校太傅以右羽林統軍權知邢州事檢校太保李繼勳爲邢州節度使加檢校太傅以滑州留後檢校太保陳思讓爲滄州節度使以侍衛馬軍都指揮使陳州節度使檢校太傅韓令坤爲侍衛馬步都虞候依前陳州節度使加檢校太尉以虎捷左廂都指揮使岳州防禦使檢校司徒高懷德爲夔州節度使充侍衛馬軍都指揮使檢校太保以虎捷左廂都指揮使常州防禦使檢校司空張鐸爲遂州節度使充侍衛步軍都指揮使檢校太保仍改名令鐸（宋史張令鐸傳云本名鐸以與河中張鐸同姓名故賜今名）壬戌以鄆州節度使充侍衛馬步軍都指揮使檢校太傅兼侍中李重進爲淮南節度使檢校太尉兼侍中依前侍衛馬步軍都指揮使以襄州節度使檢校太尉同平章事向拱爲河南尹充西京留守加檢校太師兼侍中（通鑑向拱卽向訓也避恭帝名改焉）以宋州節度使充侍衛馬步軍副都指揮使檢校太尉同平章事韓通爲鄆州節度使依前侍衛親軍馬步軍副都指揮使以澶州節度使檢校太尉同平章事駙馬都尉張永德爲許州節度使進封開國公以今上爲宋州節度使依前檢校太尉殿前都點檢進封開國侯以淮南節度使兼殿前副都點檢檢校太保慕容延釗爲澶州節度使檢校太傅依前殿前副都點檢進封開國伯以殿前都指揮使江州防禦使檢校司空石守信爲滑州節度使檢校太保依前殿前都指揮使丙寅制大赦天下庚午翰林學士判太常寺竇儼撰進大行皇帝大室歌酌獻辭舞曰定功之舞歌辭不錄是月諸道相繼奏大雨所在川渠漲溢漂溺廬舍損害苗稼八月甲戌朔以光祿卿致仕柴守禮爲太子太保致仕乙亥翰林學士兼判太常寺竇儼撰進大行皇帝尊謚曰睿武孝文皇帝廟號世宗從之庚辰天下兵馬都元帥守尚書令兼中書令吳越國王錢俶加食邑一千戶實封四百戶改賜功臣天雄軍節度使檢校太師守太傅兼中書令魏王符彥卿加守太尉夏州節度使檢校太師守太保兼中書令西平王李彝興加守太傅荊南節度使檢校太師守中書令南平王高保融加守太保壬午山陵使范質撰進大行皇帝陵名曰慶陵從之秦州節度使西面沿邊都部署檢校太師守中書令襄國公王景進封涼國公徐州節度使檢校太師兼中書令郭從義加開府儀同三司鄜州節度使檢校太師兼中書令邢國公武行德進封宋國公永興軍節度使檢校太師兼侍中李洪義加開府儀同三司鳳翔節度使檢校太尉兼侍中郭崇加檢校太師潞州節度使檢校太傅兼侍中李筠加檢校太尉朗州節度使檢校太尉兼侍中周行逢加檢校太師甲申壽州節度使檢校太師同平章事韓國公楊信封魯國公邠州節度使檢校太師劉重進盧州節度使檢校太尉趙贊鄧州節度使檢校太尉宋延渥並加開府儀同三司涇州節度使檢校太尉白重贊河中節度使檢校太尉張鐸並加階爵丙戌易定節度使孫行友靈州節度使馮繼業府州節度使折德扆並自檢校太保加檢校太傅進階爵以延州留後檢校太傅李萬全爲延州節度使進封開國公庚寅皇弟特進檢校太保左驍衛上將軍燕國公食邑三千戶宗讓加檢校太傅進封曹王改名熙讓熙謹拜光祿大夫檢校太保右武衛大將軍封紀王食邑三千戶熙誨拜金紫光祿大夫檢校司徒左領衛大將軍封蘄王食邑三千戶仍令所司擇日備禮册命以晉國長公主張氏爲晉國大長公主以前陝州節度使檢校太尉藥元福爲曹州節度使進階爵甲午守司徒同平章事宏文館大學士參知樞密院事范質加開府儀同三司進封蕭國公門下侍郎兼禮部尚書同平章事監修國史參知樞密院事王溥加右僕射進封開國公樞密使中書侍郎同平章事集賢殿大學士魏仁浦加兼刑部尚書依前樞密使檢校太傅右驍衛上將軍吳延祚依前樞密使進封慶國公以左武衞上將軍史佺爲左金吾上將軍致仕乙未以隴州防禦使王全斌爲相州留後戊戌宣徽南院使判開封府事昝居潤宣徽北院使判三司張美並加檢校太傅己亥前司空李穀加開府儀同三司趙國公以前太傅少卿朱渭爲太僕卿致仕辛丑左金吾上將軍致仕史佺卒壬寅高麗國遣使朝貢兼進別序孝經一卷越王孝經新義八卷皇靈孝經一卷孝經雌圖三卷（文昌雜錄云別序者記孔子所生及弟子從學之事新義者以越王爲問目釋疏文之義皇靈者止說延年避灾之事及符文乃道書也雌圖者止說日之環暈星之孛亦非奇書）九月壬子前滄州留後李彥頵卒乙卯高麗王王昭加檢校太師食邑三千戶丙辰以三司副使王贊爲內客省使兼北面諸州水陸轉運使癸亥前開封縣令路延規除名流沙門島先是延規有過停任有司召延規宣勑延規拒命爲憲司所按故有是命甲子以端明殿學士禮部侍郎竇儀爲兵部侍郎充職以尚書戶部員外郎直樞密院杜韡爲司門郎中充樞密直學士賜紫以翰林學士尚書度支員外郎王著爲金部郎中知制誥充職仍賜金紫是日翰林學士尚書屯田郎中知制誥李昉都官郎中知制誥扈蒙水部郎中知制誥趙逢並加柱國賜金紫乙丑兵部尚書張昭進封舒國公戶部尚書李濤進封莒國公以太子詹事劉溫叟爲工部侍郎判國子祭酒事是月京師及諸州郡霖雨踰旬所在水潦爲患川渠泛溢冬十月癸酉朔以司農卿致仕李鍇爲太僕卿致仕太常少卿致仕姚遂爲將作監致仕丁亥太子太師薛懷讓封杞國公壬辰翰林學士判太常寺事竇儼撰進貞惠皇后廟歌辭丁酉世宗皇帝靈駕發引戊戌以前相州留後王暉爲右神武統軍辛丑江南國主李景來告世子宏冀卒遣御廚使張延範充弔祭使十一月壬寅朔葬世宗皇帝于慶陵以貞惠皇后劉氏祔焉戊申西京奏太子太師致仕白文珂卒丙辰日南至百寮奉表稱賀戊午廢兗州廣利軍依舊爲萊蕪監壬戌升鳳州固鎭爲雄勝軍丙寅左羽林統軍馬希崇（案此下有脫誤）十二月壬申朔史館奏請差官修撰世宗實錄從之甲戌改萬歲殿爲紫宸殿甲午西京奏左屯衛上將軍致仕李萼卒乙未大霖晝昏凡四日而止分命使臣賑給諸州遭水人戶

顯德七年春正月辛丑朔文武百寮進名奉賀鎭定二州馳奏契丹入寇河東賊軍自土門東下與蕃寇合勢詔今上率兵北征癸卯發京師是夕宿于陳橋驛未曙軍變將士大譟呼萬歲擐甲將刃推戴今上陞大位扶策升馬擁迫南行是日詔曰天生蒸民樹之司牧二帝推公而禪位三王乘時以革命其極一也予末小子遭家不造人心已去國命有歸咨爾歸德軍節度使前都點檢趙（案此下原本空二字）稟上聖之姿有神武之畧佐我高祖格于皇天逮事世宗功存納麓東征西怨厥績懋焉天地鬼神享于有德謳謠獄訟附于至仁應天順民法堯禪舜如釋重負予其作賓嗚呼欽哉祗畏天命今上于是詣崇元殿受命百官朝賀而退制封周帝爲鄭王以奉周祀正朔服色一如舊制奉皇太后爲周太后（續通鑑長編建隆三年周鄭王出居房州）皇朝開寶六年春崩于房陵今上聞之震慟發哀成服于便殿百寮進名奉慰尋遣中使監護其喪（續通鑑長編開寶六年三月乙卯房州上言周鄭王殂上素服發哀輟視朝十日）以其年十月歸葬于世宗慶陵之側詔有司定謚曰恭皇帝陵曰順陵（續通鑑長編仁宗嘉祐四年詔有司取柴氏譜系于諸房中推最長一人令歲時奉周祀）

史臣曰夫四序之氣寒往則暑來五行之數金銷則火盛故堯舜之揖讓漢魏之傳禪皆知其數而順乎人也況恭帝當紈綺之沖年會笙鏞之變響謳歌之所屬知命歷之有在能遜其位不亦善乎終謚爲恭故其宜矣

舊五代史卷一百二十攷證

周恭帝紀恭帝諱宗訓世宗子也　案五代會要云世宗後宮所生歐陽史作不知其母爲誰氏今附識于此

孝經雌圖三卷　三卷歐陽史作一卷

舊五代史卷一百二十一

宋門下侍郎參知政事監修國史薛居正等撰

周書第十二

列傳一 后妃

太祖聖穆皇后柴氏邢州龍岡人世家豪右太祖微時在洛陽聞后賢淑遂聘之（東都事略張永德傳云周太祖柴后本唐莊宗之嬪御也莊宗沒明宗遣歸其家行至河上父母迎之會大風雨止于逆旅數日有一丈夫走過其門衣弊不能自庇后見之驚曰此何人耶逆旅主人曰此馬步軍使郭雀兒者也后異其人欲嫁之請于父母父母恚曰汝帝左右人歸當嫁節度使奈何欲嫁此人后曰此貴人也不可失也囊中裝分半與父母我取其半父母知不可奪遂成昏于逆旅中所謂郭雀兒卽周太祖也）太祖壯年喜飲博好任俠不拘細

行后規其太過每有內助之力焉世宗皇帝卽后之姪也幼而謹愿后甚憐之故太祖養之爲己子太祖嘗寢后見五色小蛇入顓鼻間心異之知其必貴敬奉愈厚未及貴而厭代太祖卽位乃下制曰義之深無先于作配禮之重莫大于追崇朕當宁載思撫存懷舊河洲合德猶傳荇菜之詩嬀汭大名不及珩璜之貴俾盛嗣弈之禮以伸求劒之情故夫人柴氏代籍貽芳湘靈集慶體柔儀而陳關翟芬若椒蘭持貞操以違中壼警光圖史懿範尙留于閨闈昌言有助于箴規深惟望氣之艱彌歎藏舟之速將開寶祚俄謝璧台宜正號于軒宮俾潛耀于坤象可追命爲皇后仍令所司定諡備禮冊命旣而有司上諡曰聖穆顯德初太祖神主入廟以后祔于其室

淑妃楊氏鎭州眞定人父宏裕眞定少尹東都事略楊廷璋傳父宏裕稍少遊輕薄使有以二石同撥之者其弟一拚左拚右曰吾此后使也言訖不知所之是年生女爲周太祖淑妃生廷璋當河朔三鎭全盛時所屬封疆制之于守帥故部領美媛皆被選于主宮妃幼以良家子中選事趙王王鎔張文禮之亂妃流離于外唐明宗在藩鎭其道逸安重誨保庇妃家致其仕進父母卽以妃嫁于鄕人石光輔不數年發居太祖佐漢之初屬聖穆皇后棄世聞妃之賢遂以禮聘之宋史楊廷璋傳有姊寡居京師周祖微時欲聘之姊不從廷璋往見周祖歸謂姊曰此人姿貌異常不可拒姊乃從之孤宜家內助甚有力焉晉天福末卒于太原因葬于晉郊廣順元年九月追冊爲淑妃太祖凡一后三妃及嵩陵就掩皆議陪祔時以妃喪在賊境未及遷定世宗乃詔有司于嵩陵之側預營一冢以虛之俟賊平卽議襄事顯德元年夏世宗征河東果成素志焉妃兄廷璋蚤事太祖卽位累歷內職出爲晉州節度使皇朝撫運移鎭邢州又改鄜州受代歸闕卒于私第

貴妃張氏恒州眞定人也祖記成德軍節度判官檢校兵部尙書父同芝本州諮呈官檢校工部尙書趙王王鎔歷職中要天祐末趙將張文禮殺王鎔以鎭州歸梁莊宗命將符存審討平之時妃年尙幼有幽州偏將武從諫者駐于家見妃韶令乃爲其子聘之武氏家在太原太祖從漢祖鎭并門屬楊夫人以疾終無何武氏子卒太祖素聞妃之賢遂納爲繼室太祖貴累封至吳國夫人漢隱帝末蕭牆變起居害大臣太祖在鄴都被讒妃與諸皇屬同日遇害于東京舊第太祖踐阼追冊爲貴妃發哀故世宗有起復之命世宗嗣位以太祖舊宅卽妃遇禍之地因施爲僧院以皇建爲名焉

德妃董氏常山靈壽人也祖文廣唐深州錄事參軍父光嗣趙州昭慶尉妃孩提穎悟始能言聽按縣管而能辨其聲年七歲遇鎭州亂親黨離散與妃相失潞州牙將得之匿于褚中其妻以息女不育待妃憐之過于所生姆教師誨功容克備妃家悲念其女遍諸處求訪垂六七年後潞將入官于朝妃之親有知者遇見潞將欣歸之時年十三妃歸逾年嫁爲里人劉進超之妻進超爲內職及契丹破晉之歲陷蕃發焉妃嫠居洛陽太祖楊淑妃與妃親平居恒言妃賢德太祖從漢祖幸洛因憶淑妃之言尋以禮納之梟命初建張貴妃遇禍中宮虛位乃冊爲德妃太祖自聖穆皇后蚤世以來屢失邦媛中幃內助惟妃存焉加以結珮脫簪率由令範廣順三年夏遇疾醫藥之際屬太祖兗海之征車駕將行妃奏曰正當暑毒勞陛下省巡明發宵征須人供侍可傳已下典事者各已處分從行太祖曰妃疾未平數令診視此行在近無繁內人及太祖駐蹕曾中妃志欲令內人進發中使往來言之太祖手敕鄭仁誨曰切慮德妃以朕至兗州行營津置內人承侍祿諸軍在野不可自安令鄭仁誨專心體候如德妃津置內人東來便須上聞約住或取索鞍馬不得供應如意堅確卽以手勅示之旣而平定兗州車駕還京妃疾無減俄卒于大內時年三十九輟朝三日妃長兄瑀以左贊善大夫致仕仲兄元之季兄自明皆累歷郡守

世宗貞惠皇后劉氏將家女也幼歸于世宗漢乾祐中世宗在西班后始封彭城縣君世宗隨太祖在鄴后留居邸第漢末李業等作亂后與貴妃張氏及諸皇族同日遇禍國初追封彭城郡夫人顯德四年夏四月追冊爲皇后諡曰貞惠陵曰惠陵

宣懿皇后符氏祖存審事後唐武皇莊宗位極將相追封秦王父彥卿天雄軍節度使封魏王后初適李守貞之子崇訓漢乾祐中守貞叛于河中太祖以兵攻之及城陷崇訓自刃其弟妹次將及后時匿于屏處以帷箔自蔽崇訓倉皇求后不及遂自刎后因獲免太祖入河中令人訪而得之卽遣女使送于其父自是后常感太祖大惠拜太祖爲養父世宗鎭澶淵日太祖爲世宗聘之后性和惠善候世宗之旨世宗或暴怒于下后必從容救解世宗甚重之及卽位冊爲皇后世宗將南征后常諫止之言甚切直世宗亦爲之動容泊車駕駐于淮甸入冒炎暑后因憂恚成疾顯德二年七月二十一日崩于滋德殿時年二十有六世宗甚悼之旣而有司上諡曰宣懿葬于新鄭陵曰懿陵案世宗有兩符后其後符后卽宣懿之女弟也入宋稱符太后是書不爲立傳未免闕略五代史補世宗皇后符氏卽魏王彥卿之女時有相工視之大驚密告魏王曰此女貴不可言李守貞素有異志因與子崇訓娶之禮畢守貞甚有喜色其後據河中叛高祖爲樞密使受命出征后知高祖與其父有舊城破之際據堂門而坐叱諸軍曰我符魏王女也魏王與樞密太尉兄弟之不若汝等愼勿無禮于是諸軍聳然引退頃之高祖至喜曰此女于白刃紛拏之際保全可謂非常人也乃歸之魏王至世宗卽位納爲皇后既免河中之難其母欲使出家資其福壽后不悅曰死生有命誰能髡首跣足以求茍活也母度不可逼遂止世宗素以后賢又聞命不以出家爲念愈賢之所以爲天下母也

史臣曰周室后妃凡六人而追冊者四故中闈內則罕得而聞惟董妃符后之懿範亦無愧于彤管矣案是書無外戚傳攷五代會要云周太祖第三女樂安公主爲漢室所害廣順元年二月追封至顯德四年四月又追封莒國長公主第四女壽安公主降張永德廣順元年四月封至顯德元年封晉國長公主第五女永寧公主廣順元年九月追封至顯德四年四月又追封梁國長公主

舊五代史卷一百二十一攷證

周列傳一太祖聖穆皇后柴氏傳邢州龍岡人　案龍川別志作魏成安人

淑妃楊氏傳妃兄廷璋　案東都事略廷璋係淑妃之弟續通鑑長編亦云廷璋有姊爲周太祖妃俱與是書異

舊五代史卷一百二十二

宋門下侍郎參知政事監修國史薛居正等撰

周書第十三

列傳二 宗室

剡王侗太祖子初名青哥漢末遇害太祖卽位詔贈太尉賜名侗顯德四年追封

杞王信太祖子初名意哥漢末遇害太祖卽位詔贈司空賜名信顯德四年追封案太祖諸子蚤歲遇害本無事蹟原本過于簡略疑有刪節今據歐陽史家人傳云初帝舉兵于魏漢以兵圍帝第時張貴妃與諸子青哥意哥姪守筠奉超定哥皆被誅青哥意哥不知其母誰氏太祖卽位詔故第二子青哥贈太尉賜名侗第三子意哥贈司空賜名信皇姪守筠贈左領軍衞將軍以筠聲近榮爲世宗避更名守愿奉超贈左監門衞將軍定哥贈左千牛將軍賜名遜世宗顯德四年夏四月癸未詔曰禮以緣情恩以悼往翊在友于之列尤鍾惻愴之情故皇弟贈太保侗贈司空信景運初啓天年不登俾予終鮮實動予懷侗可贈太傅追封剡王信可徒杞王又詔曰故皇從弟贈左領軍衞將軍守愿贈右監門衞將軍奉超贈左千牛衞將軍遜等頃因季世不享遐齡每念非辜難忘有慟守愿可贈左衞大將軍奉超右衞大將軍遜右武衞大將軍

越王宗誼世宗子漢末遇害顯德四年追封

曹王宗讓世宗子顯德六年封

紀王熙謹世宗子顯德六年封皇朝乾德二年卒

蘄王熙誨世宗子顯德六年封歐陽史家人傳云世宗子七人長曰宜哥次二皆未名次曰恭皇帝次曰熙讓次曰熙謹次曰熙誨皆不知其母爲誰氏宜哥與其二皆爲漢誅太祖卽位詔賜皇孫名誼贈左驍衞大將軍誠左武衞大將軍諴屯衞大將軍顯德三年羣臣請封宗室世宗以謂爲日淺恩信未及于人須功德大成慶流于世而後議可也明年夏四月癸巳先封太祖諸子又詔日父子道聖賢不忘再思天闕之端愈動悲傷之抱故皇子驍衞大將軍誼左武衞大將軍誠左屯衞大將軍諴載惟往事有足傷懷宜增一字之封仍贈三台之秩可贈太尉追封越王誠太傅吳王諴太保韓王而皇在者皆不封六年北復三關遇疾還京師六月癸未子宗讓特進左衞上將軍封梁王而宗讓亦拜左驍上將軍封燕國公後十日而世宗崩梁王卽位是爲皇帝其年八月宗讓更名熙讓封曹王熙謹熙誨皆未封爵遂拜熙謹右武衞大將軍封紀王熙誨右領衞大將軍封蘄王乾德二年十月熙謹卒熙讓熙誨不知其所終

舊五代史卷一百二十二攷證

周列傳二宗室傳　案歐陽史周家人傳世宗子七人第四子嗣位卽恭皇帝其應入列傳者尚有六子是書不載吳王誠韓王諴當是脫簡

舊五代史卷一百二十三

宋門下侍郎參知政事監修國史薛居正等撰

周書第十四

列傳三

高行周字尙質幽州人也生于嬀州懷戎軍之鵰窠里曾祖順厲世戍懷戎父思繼昆仲三人俱雄豪有武幹聲馳朔塞唐武皇之平幽州也表劉仁恭爲帥仍留兵以戍之以思繼兄爲先鋒都將嬀州刺史思繼爲中軍都將順州刺史思繼弟爲後軍都將昆仲分掌燕兵部下士伍皆山北之豪也仁恭深憚之武皇將歸私謂仁恭曰高先鋒兄弟勢傾州府爲燕患者必此族也宜善籌之久之太原戍軍恣橫思繼兄弟制之以法所殺者多太祖怒詬讓仁恭乃訴以高氏兄弟遂併遇害仁恭因以先鋒子行珪爲牙將諸子並列帳下厚撫之以慰其心時行周十餘歲亦補職在仁恭左右行珪別有傳在唐書及莊宗收燕以行周隸明宗帳下常與唐末帝分率牙兵明宗征燕率其下擁從鄉人趙德鈞謂明宗日行周心甚謹厚必享貴位梁將劉鄩之據莘也與太原軍對壘旦夕轉鬬常一日兩軍成列元行欽爲敵軍追躡劍中其面血戰未解行周以麾下精騎突陣解之

行欽獲免莊宗方寵行欽名行周撫論賞勞而欲置之帳下又念于明宗帳下已奪行欽更取行周恐傷其意密令人以利祿誘之行周辭曰總管用人亦爲國家事總管猶事王也余家昆仲脫難再生承總管之厚恩忍背之乎及兩軍屯于河上晛知梁軍自汴入楊村寨明宗晨至斗門設伏將邀之衆寡不敵反爲所乘時矛矟叢萃勢甚危蹙行周聞之出騎橫擊梁軍遂得解去明宗之襲鄆州也行周爲前鋒會夜分澍雨人無進志行周曰此天贊也彼必無備是夜涉河入東城比曙平之莊宗平河南累加檢校太保領端州刺史同光末出守絳州明宗即位特深委遇天成中從王晏球圍定州敗王都擒托諾皆有功賊平遷潁州團練使長興初以北邊陷契丹用爲振武節度使明年以河西用軍移鎮延安清泰初改潞州節度使晉祖建義于太原唐末帝命張敬達征之行周與符彥卿爲左右排陣使契丹主入援太原也行周彥卿引騎拒之尋爲契丹所敗遂與敬達保晉安砦累月救軍不至楊光遠欲圖敬達行周知之引壯士護之敬達性麤不知其營護謂人曰行周每踵余後其意何也繇是不復敢然敬達遂爲光遠所害晉祖入洛令行周還藩加同平章事晉祖都汴以行周爲西京留守未幾移鄴都晉祖幸鄴會安從進叛命行周爲襄州行營都部署明年秋平定漢南晉少帝嗣位加兼侍中移鎮睢陽開運初從幸澶淵拒敵于河上車駕還京代景延廣爲侍衛親軍都指揮使移鄆州節度使時李彥韜爲侍衛都虞候可否在己行周雖典禁兵心遊事外退朝歸第門宇儼然賓友過從但引滿而已尋改歸德軍節度使以李守貞代掌兵柄許行周歸藩晉軍降于中渡也少帝命行周與符彥卿同守澶州契丹入汴召赴京師會草寇攻宋州急遣行周歸鎮宋史高懷德傳杜重威降契丹京東諸州羣盜大起懷德堅壁清野敵不能入行周率兵歸鎮敵遂解去及契丹主死于欒城契丹將蕭翰立許王李從益知南朝軍國事遣死士召行周辭之以疾退謂人曰衰世難輔況兒戲乎漢高祖入汴加守太傅兼中書令代李守貞爲天平節度使杜重威據鄴叛漢祖以行周爲招討使總兵討之鄴平授鄴都留守加守太尉進爵臨清王乾祐中入覲加守太師進封鄴王復授天平節鉞改封齊王太祖踐阼加守尚書令增食邑至一萬七千戶太祖以行周耆年宿將賜詔不名但呼王位而已慕容彥超據兗叛太祖親征奉迎輿駕傾家犒贄奉觴進俎率以身先太祖待之逾厚廣順二年秋以疾薨于位享年六十八賵賻加等冊贈尚書令追封秦王謚曰武懿子懷德皇朝駙馬都尉宋州節度使

安審琦字國瑞其先沙陁部人也祖山盛朔州牢城都校贈太傅父金全安北都護振武軍節度使累贈太師唐書有傳審琦性驍果善騎射幼以良家子事莊宗爲義直軍使遷本軍指揮使天成初唐末帝由潞邸出鎮河中奏審琦爲牙兵都校未幾入爲歸化指揮使王師伐蜀充行營馬軍都指揮使及凱旋改龍武右廂都校領富州刺史清泰初爲捧聖指揮使領順化軍節度使其年鎮邢州兼北面行營排陣使從張敬達圍太原及楊光遠舉晉安寨降于晉祖審琦亦預焉晉祖踐阼加檢校太傅同平章事充天平軍節度使兼侍衛馬步軍都指揮使旋以母喪起復天福三年就加檢校太尉尋改晉昌軍節度使京兆尹七年移鎮河中晉少帝嗣位加檢校太師開運末朝廷以契丹入寇以審琦爲北面行營馬軍左右廂都指揮使與諸將會兵于洛州俄而敵騎大至時皇甫遇慕容彥超亦預其行乃率所部兵與敵戰于安陽河上時遇馬爲流矢所中勢已危蹙諸將相顧莫有敢救者審琦謂首將張從恩曰皇甫遇等未至必爲敵騎所圍若不急救則爲擒矣從恩曰敵勢甚盛無以枝梧將軍獨往何益審琦曰成敗命也若不濟與之俱死假令失此二將何面目以見天子遂率鐵騎北渡敵見塵起謂救兵至乃引去遂救遇與彥超而還晉少帝嘉之加兼侍中移領許州未幾移鎮兗海漢有天下授襄州節度使兼中書令屬荊人判命潛遣舟師數千寇襄郢審琦禦之而遁朝廷賞功就加守太保進封齊國公歲餘又加守太傅國初封南陽王顯德初進封陳王世宗嗣位加守太尉三年拜章請覲優詔許之加守太師增食邑至一萬五百戶食實封二千三百戶審琦鎮襄漢僅一紀嚴而不殘威而不暴故南邦之民甚懷其惠五年移平盧軍節度使承詔赴鎮因朝于京師世宗以國之元老禮遇甚厚車駕親幸其第以寵之六年正月七日夜爲其隸人安友進安萬合所害時年六十三初友進與審琦之愛妾私通有年數矣其妾常慮事泄見誅因與友進謀害審琦友進甚有難色其妾曰爾若不從我當反告友進乃許之至是夕審琦沈醉寢于帳中其妾乃取審琦所枕劍與友進友進猶惶駭不敢剚刃遂召其黨安萬合使殺審琦既而慮事泄乃引其帳下數妓盡殺以滅其跡不數日友進等竟敗悉爲子守忠擒而戮之世宗聞之震悼輟視朝三日詔贈尚書令追封齊王守忠仕皇朝累爲郡守

安審暉字明遠審琦之兄也起家自長直軍使轉外衙左廂軍使從莊宗平幽薊戰山東定河南皆預其功同光中授蔚州刺史天成初改汝州防禦副使歷鳳翔徐州節度副使河東行軍司馬晉高祖龍飛以霸府上僚授振武兵馬留後遷河陽節度使不踰月移鎮鄜州丁內艱起復視事五年李金全據安州叛詔馬全節爲都部署領兵討之以審暉爲副安陸平移鎮鄧州進位檢校太傅六年冬襄州安從進叛舉漢南之衆北攻南陽南陽素無城壁唯守衙城賊傅城下審暉登陴召賊帥以讓之從進不克而退襄州平就加檢校太尉少帝嗣位加檢校太師罷鎮授右羽林統軍歲餘出鎮上黨屬契丹內侵授邢州節度使居無何目疾暴作上章求代歸于京師養疾累年太祖即位召于內殿從容顧問尤所歎重將以祿起之審暉辭以暮齒願就養拜太子太師致仕封魯國公累食邑五千戶實封四百戶廣順二年春卒年六十三廢朝二日詔贈侍中謚曰靜子守鏻仕皇朝爲贊善大夫

安審信字行光審琦之從父兄也父金祐世爲沙陁部偏裨名聞邊塞審信習騎射從父金全天成初爲振武節度使補爲牙將俄而兄審通爲滄州節度使用爲衙內都虞候歷同陝許三州馬步軍都指揮使晉祖起義于太原唐末帝命張敬達以兵攻之而審信率先以部下兵遁入并州晉祖以其故人得之甚悅其妻與二子在京師皆爲唐末帝所戮但貸其老母而已契丹既降晉安砦晉高祖以審信爲汾州刺史檢校太保充馬步軍副部署晉祖入洛授河州節度使檢校太尉同平章事審信性既翻覆率多疑忌在蒲中時每王人告諭騶從稍多必潛設備以防其圖已尋歷許兗州鎮所至以聚斂爲務民甚苦之會朝廷謀大舉北伐凡藩侯皆預將帥以審信爲馬步軍右廂都排陣使俄改華州節度使漢初移鎮同州入爲左衛上將軍國初轉右金吾上將軍三年夏四月太祖御乾元殿入閤審信不赴班位爲御史所彈詔釋之時審信久病神情恍惚聞臺司奏劾揚言曰趨朝偶晚未是大過何用彈舉我終進奉二萬緡盡逐此乞索兒輩未幾以病請退授太子太師致仕是歲秋卒年六十贈侍中謚曰成穆

李從敏字叔達唐明宗之猶子也沈厚寡言善騎射多計數初莊宗召見試弓馬用爲衙內馬軍指揮使從平汴洛補帳前都指揮使遷捧聖都將明宗移鎮眞定表爲成德軍馬步軍都指揮使從明宗入洛補皇城使出爲陝府節度使王都據定州叛命王晏球爲招討使率師討之以從敏爲副領滄州節度使王都平移授定州尋代范延光爲成德軍節度使加檢校太尉封涇王鎮州有市人劉方遇家富于財方遇卒無子妻弟田令遵者幼爲方遇治財善殖貨劉族乃共推令遵爲方遇子親族共立券書以爲誓信累年後方遇二女取資于令遵不如意乃訟令遵冒姓奪父家財從敏令判官陸淙鞫其獄而殺令遵北夢瑣言云鎮州市人劉方遇家財數十萬方遇妻田氏蚤卒田之妹爲尼常出入方遇家方遇使尼長髮爲繼室有田令遵者方遇之妻弟也善貨殖方遇以所積財令令遵興殖方遇有子年幼二女皆嫁方遇疾卒子幼不能督家業方遇妻及二女以家財素爲令遵興殖乃聚族合謀請以令遵姓劉爲方遇繼嗣即令鬻券人安美爲親族請嗣券書既定乃遣令遵服斬衰居喪而二女初立令遵時先邀每月供財二萬及後求取無厭而石李二女夫使二女詣本府論訴云令遵冒姓奪父家財令遵下獄石李二夫族與本府要吏親黨上下府帥判官行軍司馬隨使都押衙各受方遇二女賂錢數千緡而以令遵與姊及書券安美同情共盜與棄市人知其冤令遵父詣臺訴冤詔本州節度副使符蒙掌書記徐台符鞫之備明姦狀及詰二女伏行賂于節度使趙環代判高知柔觀察判官陸淙並捕下獄具服贓罪事連從敏甚懼乃命其妻赴洛陽入宮告王淑妃明宗知之怒曰朕用從敏爲節度使而枉法殺人我羞見百官又令新婦奔赴不須見吾面時王淑妃頗庇護之趙環等三人竟棄市從敏等止于罰俸而已北夢瑣言從敏初欲削官中宮哀祈竟罰一年俸長興初移鎮宋州唐末帝起兵于鳳翔其子重吉爲亳州防禦使從敏承朝廷命害之清泰中從敏與洋王從璋並罷歸第待之甚薄嘗宮中同飲既醉末帝謂從璋從敏曰爾等何物處雄藩大鎮二人大懼賴曹太后見之叱曰官家醉爾輩速出去方得解晉祖革命降封莒國公再領陝州尋移鎮上黨入爲右龍武統軍出爲河陽節度使漢祖入汴移授西京留守累官檢校太師同平章事隱帝即位就加兼侍中改封秦國公歲餘以王守恩代還廣順元年春以疾卒年五十四詔贈中書令謚曰恭惠

鄭仁誨字日新晉陽人父霸累贈太子太師仁誨幼事唐驍將陳紹光恃勇使酒嘗乘醉抽佩劍將剚刃于仁誨左右無不奔避唯仁誨端立以俟略無懼色紹光因擲劍于地謂仁誨曰汝有此器度必當享人間富貴及紹光典郡仁誨累爲右職後退歸鄉里以色養爲樂漢高祖之鎮河東也太祖累就其第與之燕語每有質問無不以正理爲答太祖深器之漢有天下太祖初領樞務即名爲從職及太祖西征嘗密贊軍機西師凱旋累遷至檢校吏部尚書太祖踐阼旌佐命功授檢校司空

客省使兼大內都點檢恩州團練使尋爲樞密副使踰年轉宣徽北院使右衛大將軍出鎮潼淵轉檢校太保入爲樞密使加同平章事世宗之北征也以仁誨爲東京留守詔發軍須供億無闕車駕迴加兼侍中尋丁內艱未幾起復顯德二年冬疾亟世宗幸其第親加撫問欷歔久之及卒世宗親臨其喪哭踊數舉是時世宗將行近臣奏云歲道非便不宜臨喪帝弗聽然而先之以桃茢之事時以爲得禮仁誨爲人端厚謙損造次必由于禮及居樞務雖權位崇重而能孜孜接物無自矜之色及終故朝廷咸惜之詔贈中書令追封韓國公謚曰忠正既葬命翰林學士陶穀撰神道碑文官爲建立表特恩也子勳累歷內職蚤卒絕嗣初廣順末王殷受詔赴闕太祖遣仁誨赴鄴都巡檢及殷得罪仁誨不奉詔即殺其子蓋利其家財妓樂也及仁誨卒而無後人以爲陰責焉

張彥成潞州潞城人也曾祖靜汾州刺史祖述澤州刺史父礪昭義行軍司馬彥成初爲并門牙將天成中自秦州鹽鐵務官改鄆州都押牙漢祖鎮北門表爲行軍司馬以隱帝娶其女特見親愛從平汴洛累加特進檢校太尉同州節度使隱帝即位就加同平章事太祖之伐河中彥成有饋輓之勞河中平加檢校太師乾祐三年冬移鎮相州廣順初就加兼侍中尋移鎮南陽三年秋代歸授右金吾衛上將軍其年秋以疾卒年六十贈侍中宋史楊克讓傳乾祐中同州節度張彥成表授掌書記周廣順初彥成移鎮安陽樓下克讓以舊職從行彥成入爲執金吾病篤奏稱其材可用克讓以彥成死未葬不忍就職退居別墅俟張氏子外除時論稱之

安叔千沙陀三部落之種也父懷盛事唐武皇以驍勇聞叔千習騎射從莊宗定河南爲奉安部將天成初王師伐定州命爲先鋒都指揮使王都平授秦州刺史連判涿易二郡清泰初契丹寇鴈門叔千從晉祖迎戰敗之進位檢校太保振武節度使晉祖踐阼就加同平章事天福中歷邠滄邢晉四鎮節度使叔千鄙野而無文當時謂之安沒字言若碑碣之無篆籀但虛有其表耳開運初朝廷將大舉北伐授行營都排陣使俄改左金吾衛上將軍契丹入汴百僚迎見于赤岡契丹主登高岡駐馬而撫諭漢官叔千出班獨立契丹主曰爾是安沒字否卿比在邢州日遠輸誠款我至此汝管取一喫飯處叔千拜謝而退俄授鎮國軍節度使漢初遇代歸京自以嘗附幕庭居常愧惕久之授太子太師致仕尋請告歸洛廣順二年冬卒年七十二詔贈侍中

宋彥筠雍邱人也初隸滑州軍梁氏與莊宗夾河之戰彥筠時爲戰棹都指揮使以勞遷開封府牙校莊宗有天下擢領禁軍伐蜀之役率所部從康延孝爲前鋒蜀平歷維渝二州刺史明宗在位連典數郡晉初自汝州防禦使討安從進于襄陽以功拜鄧州節度使累官至檢校太尉未幾歷晉陝二鎮晉少帝嗣位再領鄧州尋移鎮河中漢初授太子太師致仕國初拜左衛上將軍世宗嗣位復爲太子太師致仕顯德四年冬卒于西京之私第輟視朝一日詔贈侍中初彥筠入成都據一甲第第中資貨鉅萬妓女數十輩盡爲其所有一旦與其主母欲忿遂擊殺之自後常有所睹彥筠心不自安乃修浮屠法以禳之因而溺志于釋氏其後每歲至金仙入涅之日常衣斬縗號慟于其像前其佞佛也如是家有侍婢數十人皆令削髮披緇以侍左右大爲當時所誚又性好貨殖能圖什一之利良田甲第相望于郡國將終以伊洛之間田莊十數區上進並籍于官焉

史臣曰近代領戎藩列王爵祿厚而君子不議望重而人主不疑能自晦于飲酌之間保功名于始終之際如行周之比者幾何人哉奕世藩翰固亦宜然審琦有分閫之勞乏御家之道峰摧玉折蓋不幸也其餘雖擁戎旃未聞闓政固不足與文名龔黃爲比也

舊五代史卷一百二十三攷證

周列傳三高行周傳。行周通鑑攷異引莊宗實錄作行温是書唐紀尚仍實錄之舊

鄭仁誨傳太祖踐阼旌佐命功授檢校司空客省使。案歐陽史云漢興周太　爲樞密使乃名仁誨用之累官至內客省使太祖入立以仁誨爲大內都巡檢據此傳仁誨仕周始爲客省使與歐陽史異

張彥成傳。案通鑑攷異彥成本名彥威避周祖諱故改

托諾舊作禿餒今改

舊五代史卷一百二十四

宋門下侍郎參知政事監修國史薛居正等撰

周書第十五

列傳四

王殷瀛州人曾祖昌裔本州別駕祖光滄州教練使因家焉唐末幽滄大亂殷父咸珪避地南遷因投于魏軍殷自言生于魏州之開元寺既長從軍漸爲偏將唐同光末爲華州馬步軍副使因家于華下天成中移授靈武都指揮使久之代還清泰中張令昭據鄴叛殷從范延光討之首冒矢石率先登城以功授祁州刺史尋改原州殷性謙謹好禮事母以孝聞每與人結交違從皆先禀于母母命不從殷必不往雖在軍旅交遊不雜及爲刺史政事小有不佳母察之立殷于庭詰責而杖之歐陽史殷爲刺史政事有小失母責之殷即取杖授婢僕自笞于母前晉天福中丁內艱尋有詔起復授憲州刺史殷上章辭曰臣爲末將出處無損益于國家臣本燕人值鄉國離亂少罹偏罰因母鞠養訓導方得成人不忍遽釋苴麻遠離廬墓伏願許臣終母喪紀晉高祖嘉而許之晉少帝嗣位會殷服闋召典禁軍累遷奉國右廂都指揮使漢祖受命從討杜重威于鄴下殷與劉詞皆率先力戰矢中于首久之出折鏃于口中以是漢祖嘉之乾祐末遷侍衛步軍都指揮使領夔州節度使會契丹寇邊遣殷領兵屯澶州及李業等作亂漢隱帝密詔澶帥李洪義遣圖殷洪義懼不克反以變告殷殷與洪義同遣人至鄴請太祖赴內難殷從平京師授侍衛親軍都指揮使太祖即位授天雄軍節度使加同平章事典軍如故殷赴鎮以侍衛司局從凡河北征鎮有戎兵處咸禀殷節制又于民間多方聚歛太祖聞而惡之因使宣諭曰朕離鄴時帑廩所儲不少卿與國家同體隨要取給何患無財三年夏太祖征兗還殷迎謁于路宴賜而去及王峻得罪太祖遣其子飛龍使承誨往謁令口諭峻之過惡以慰其心三年秋以永壽節上表請覲太祖雖允其請且慮殷之不誠尋遣使止之何福進在鎮州素惡殷之太橫福進入朝擿其陰事以奏之太祖遂疑之是年冬以郊禋有日殷自鎮入覲太祖令依舊內外巡警殷出入部從不下數百人又以儀形魁偉觀者無不聳然一日遽入奏曰郊禮在近兵民大集臣城外防警請量給甲仗以備非常太祖難之時中外以太祖嬰疾步履稍難多不視朝俯逼郊禋殷有震主之勢頗憂之太祖乃力疾坐于滋德殿殷入起居即命執之尋降制流竄及出都城遽殺之衆情乃安是歲春末鄴城寺寺鐘懸絕而落又火光出幡竿之上殷之入覲也都人餞于離亭上馬失鐙翻墮于地人訝其不祥果及于禍太祖尋令澶帥鄭仁誨赴鄴殺其子爲衙內指揮使不候詔仁誨誅之遷其家屬于登州

何福進字善長太原人父神劍累贈左驍衛大將軍福進少從軍以驍勇聞唐同光末郭從謙以兵圍莊宗于大內福進時爲宿衛軍校獨出死力拒戰于內後明宗知而嘉之擢爲奉聖軍校出爲磁州刺史充北面行營先鋒都校清泰中自彰聖都虞候率本軍從范延光平鄴以功歷鄭麗二州防禦使開運中由潁州團練使入拜左驍衛大將軍屬契丹詔中原令中朝文武臣寮凡數十人隨帳北歸時福進預其行行次鎮州闕北主已斃其黨尚據鎮陽遂與李筠白再榮之儔合謀力戰盡逐契丹據有鎮陽時漢祖已建號于河東詔以福進爲北面行營馬步都虞候尋拜曹州防禦使檢校太保太祖出鎮于鄴將謀北伐奏以福進自隨及太祖入平內難以輔佐功拜忠武軍節度使不數月移領鎮州數年之間北鄙無事及聞太祖將有事于南郊拜章入覲改天平軍節度使加同平章事未及之任卒于東京之私第年六十有六時顯德元年正月也累贈中書令子繼筠仕皇朝領建武軍節度使卒

劉詞字好謙元城人梁貞明中事故鄴帥楊師厚以勇悍聞唐莊宗入魏亦列于麾下兩河之戰無不預焉同光初爲効節軍使轉劍直指揮使尋以忤于權臣出爲汝州小校凡留滯十餘年清泰初詔諸道選驍果以實禁衛由是得入典禁軍晉初從侯益收汜水關佐楊光遠平鄴都累遷奉國第一軍都虞候後從馬全節伐安陸敗淮賊萬餘衆晉祖嘉之授奉國都校累加檢校司空又從杜重威敗安重榮于宗城及圍鎮陽詞自登雲梯身先士伍以功加檢校司徒沁州刺史時王師方討襄陽尋命詞兼行營都虞候襄陽平遷本州團練使在郡歲餘臨事之暇必被甲枕戈而臥人或問之詞曰我以勇敢而登貴仕不可一日而忘本也若信其温飽則筋力有怠將來何以報國也及漢有天下復爲奉國右廂都校遙領閬州防禦使從太祖平鄴加檢校太保乾祐初李守貞叛于河中太祖征之朝廷以爲侍衛步軍都指揮使遙領寧江軍節度使充行營馬步都虞候命分屯于河西二年正月守貞遣敢死之士數千夜入其營皆怖懼不知所爲惟詞神氣自若令于軍中曰此小

盜耳不足驚也遂免胄橫戈叱短兵以擊之賊衆大敗而退自是守貞喪膽不復有奔突之意河中平太祖嘉之表其功爲華州節度使歲餘移鎮邢臺太祖受命加同平章事三年秋改鎮河陽顯德初世宗親征劉崇詞奉命領所部兵隨駕行及高平南遇樊愛能等自北退週且言官軍已敗止詞不行詞不聽疾驅而北世宗聞而嘉之壽命爲隨駕都部署又授河東道行營副部署其年夏車駕還京授永興軍節度使加兼侍中行京兆尹二年冬以疾卒于鎮年六十有五贈中書令謚曰忠惠詞發身軍校亟歷戎事常以忠勇自負洎領藩鎮能靖恭爲治無苛政以撓民謚以忠惠議者韙之子延欽仕皇朝爲控鶴廂使

王進幽州良鄉人少落魄不事生業爲人勇悍走及奔馬晉末聚黨爲盜封境患之符彥超爲河朔郡守以賂誘置之左右長興初彥超鎮安州屬部曲王希全搆亂軍州令進齎變狀聞于朝廷明宗賞其捷足詔隸于軍中洎契丹內寇戰于膠口進獨追擒六十七人時漢祖總侍衛親軍知其驍果擢爲馬前親校漢祖鎮河東或遣上警急令進齎封章達于闕下自并至汴不六七日復焉由是恩撫頗厚繼任戎職累遷至奉國軍都指揮使從太祖入平內難以功遷虎捷右廂都指揮使歷汝鄭防禦使亦有政聲俄授相州節度使爲政之道頗減于前議者惜之顯德元年秋以疾卒于任贈檢校太師

史彥超雲州人也性驍獷有膽氣累功至龍捷都指揮使太祖之赴內難彥超以本軍從國初與虎捷都指揮使何徽戍晉州會劉崇與契丹入寇攻圍州城月餘是時本州無帥知州王萬敢不協物情彥超與何徽協力固拒累挫敵鋒攻擊日急禦捍有備軍政甚嚴居人無擾及朝廷遣樞密使王峻總兵爲援敵兵宵遁太祖嘉其善守之功賞賜甚厚未幾授龍捷右廂都指揮使尋授鄭州防禦使劉崇之寇潞州也車駕親征以彥超爲先鋒都指揮使高平之戰先登陷陣以功授華州節度使先鋒如故大軍至河東城下契丹營于忻代之間遣應賊勢詔天雄軍節度使符彥卿率諸將屯忻州以拒之彥卿襲契丹于忻口彥超以先鋒軍追蕃兵離大軍稍遠賊兵伏發爲賊所陷世宗痛惜久之詔贈太師示加等也仍命優卹其家焉

史懿字繼美代郡人也本名犯太祖廟諱故改焉父建瑭事唐莊宗爲先鋒都校唐書有傳莊宗之伐鎮陽時建瑭爲流矢所中而卒懿時年甫弱冠莊宗以其父殁于王事召拜昭德軍使俄遷先鋒左右廂都校俾嗣其家聲天成中爲涿州刺史晉初由趙州刺史遷洺州團練使尋歷亳鳳二州防禦使晉祖以其弟翰尚晉國長公主故尤所注意天福中授彰武軍節度觀察留後開運初歷潼貝二鎮節度使三年移鎮涇原未幾契丹入中原時四方征鎮爲契丹所召者靡不響至惟懿堅壁拒命仍送款于漢祖漢有天下就拜檢校太尉同平章事及賜功臣名號廣順初加檢校太師兼侍中進封邠國公顯德元年春以抱病歸朝（東都事略延璋傳周太祖常諭延璋圖涇帥史懿延璋屏左右示以詔書懿受代入朝遂免禍）途經洛卒于其第年六十三贈中書令

王令溫字順之瀛州河間人也父迪德州刺史累贈太子太師令溫少以武勇稱初隸唐莊宗麾下稍遷廳直軍校明宗之爲統帥嘗與契丹戰于上谷明宗臨陣馬逸爲敵所迫令溫乃以所乘馬授明宗而自力戰飛矢連發敵兵爲之稍郤及明宗即位歷遷神武彰聖都校晉初自淄州刺史遷洺州團練使及安重榮稱兵于鎮州晉祖以令溫爲行營馬軍都指揮使與都帥杜重威敗賊于宗城以功授亳州防禦使尋拜永清軍節度使屬契丹來寇時令溫奉詔入朝契丹遂陷貝州其家屬因沒于契丹晉少帝憫之授武勝軍節度使未幾移鎮延州又遷靈武漢有天下復爲永清軍節度使尋改安州國初加檢校太尉同平章事世宗嗣位遷鎮安軍節度使罷鎮歸闕顯德三年夏以疾卒時年六十有二詔贈侍中

周密字德峯應州神武川人也初事後唐武皇爲軍職莊宗之平常山明宗之襲汶陽密皆從征有功莊宗平梁授鎮州馬軍都指揮使明宗即位累遷河東馬步軍副都指揮使晉天福初除冀州刺史累官至檢校司徒入爲右羽林統軍檢校太保四年秋授保大軍節度使檢校太傅屬部民作亂密討平之尋移鎮晉州加檢校太尉開運中入拜右龍武統軍三年秋出鎮延州其年冬契丹陷中原延州軍亂立高允權爲帥時密據東城允權據西城相拒久之會漢高祖建義于太原遣使安撫密乃棄其城奔于太原隨漢祖歸汴久居于闕下廣順初授太子太師致仕顯德元年春卒時年七十五長子銳仕皇朝爲內職次子廣歷諸衛大將軍

李懷忠字光孝太原晉陽人父海本府軍校懷忠形質魁壯初事唐莊宗隸于保衛軍夾城之役懷忠率先登城以功補本軍副兵馬使莊宗平定山東累遷保衛軍使天成中歷陝府許州滄州都指揮使遙領辰州刺史清泰初以河西蕃部寇鈔命懷忠屯方渠晉祖受命以懷忠故人召典禁兵三遷護聖左右廂都指揮使遙領壽州節度使檢校太保未幾爲同州節度使檢校太傅少帝嗣位入爲右羽林統軍改左武衞上將軍廣順中以太子太傅致仕三年夏卒年六十六詔贈太子太師

白文珂字德溫太原人也曾祖辯父君成遼州刺史文珂初事後唐武皇補河東牙將改遼州副使莊宗嗣位轉振武都指揮使天成中鎮州節度使王建立表爲本州馬步軍都指揮使遙授舒州刺史檢校司空歷青州魏府都指揮使歷瀛蔚忻代四州刺史領代州日兼蕃漢馬步都部署漢高祖鎮并門表爲副留守檢校太保漢國初建授河中節度使西南面招討使檢校太傅漢祖定兩京改天平軍節度使加同平章事未幾鎮陝州檢校太師會河中李守貞叛詔充河中府行營都部署時文珂已老朝議恐非守貞之敵乃命太祖西征河中平文珂授西京留守河南尹太祖踐阼加兼中書令頃之以太子太師致仕世宗即位封晉國公顯德元年卒于西京年七十九輟視朝一日子廷誨仕皇朝歷諸衞將軍卒

白延遇字希望太原人也幼畜于晉之公宮年十三從晉祖伐蜀以趫悍見稱晉有天下歷典禁軍累遷至檢校司空天福中晉祖在鄴安重榮叛于鎮州帥衆數萬詣闕而來晉祖命杜重威統諸將以禦之時延遇不預其行乃泣告晉祖願以身先許之及陣于宗城延遇率其屬先犯之斬級數十戰既酣而劍亦折諸將由是推伏晉祖聞之即命中使以寶劍良馬賜之常山平以功授檢校司徒充馬軍左廂都校後出爲汾州刺史遷復州防禦使國初加檢校太保尋受代歸闕屬太祖親征兗海以延遇爲先鋒都校兗州平授齊州防禦使歲餘改兗州防禦使在兗二年爲政有聞人甚安之州民數百詣闕乞立德政碑以頌其美顯德二年冬世宗命宰臣李穀爲淮南道軍都部署乃詔延遇爲先鋒都校三年春帥其所部與韓令坤先入揚州軍聲甚振尋命以別部屯于盛唐前後敗淮賊萬餘衆四年夏世宗迴自壽春制以延遇爲同州節度使未赴任復命帥衆南征是年冬以疾卒于濠州城下詔贈太尉

唐景思秦州人也幼以屠狗爲業善角觝戲初事僞蜀爲軍校唐同光中莊宗命魏王繼岌帥師伐蜀時景思以所部戍于固鎮首以其城降于繼岌乃授興州刺史爲貝州行軍司馬屬契丹攻其城因陷于幕庭趙延壽素知其名令隸于帳下署爲所部壕砦使開運末契丹據中原以景思爲亳州防禦使領事之日會草寇數萬攻圍其城景思悉力以拒之後數日城陷景思挺身而出使人告于鄰郡得援軍數百逐其草寇復有其城亳民賴是以濟漢初改授鄧州行軍司馬常鬱鬱不得志後受代歸闕乾祐中命景思爲沿淮巡檢使屢挫淮賊時史宏肇淫刑黷貨多織羅南北富商殺之奪其財大開告密之門景思部下有僕夫希求無厭雖委曲待之不滿其心一日拂衣而去見宏肇言景思受淮南厚賂私貯器械欲爲內應宏肇即令親吏率三十騎往收之告者謂收吏曰景思多力十夫之敵也見便殺之不然則無及矣收騎至景思迎接有欲擒之者景思以兩手抱之大呼曰寃哉景思何罪設若有罪死亦非晚何不容披雪公等皆丈夫安忍如此都將命釋之引告者面證景思言受淮南賂景思曰我從人家人並在此若有十緡貯積亦是受賂言我貯甲仗除官賜外有一事亦是私貯使者搜索其家惟衣一笥軍籍糧簿而已乃寬之景思曰使但械繫送我入京先是景思別有紀綱王知權者在京聞景思被誣乃見史宏肇曰唐景思赤心爲國某服事三十年孝于父母義于朋友被此誣罔何以伸陳某請先下獄願公追劾景思冤至究橫宏肇愍之令在獄日與酒食景思既桎梏就路穎亳之人隨至京師衆保證之宏肇乃令鞫告事者具伏誣陷即斬之遂奏釋景思顯德初河東劉崇帥衆來寇世宗親總六師以禦之及陣于高平景思于世宗馬前距躍數四且曰願賜臣堅甲一聯以觀臣之効用世宗由是知其名因以高平陣所得降軍數千人署爲効順指揮命景思董之使于淮上三年春世宗親征淮甸景思繼有戰功乃命遙領饒州刺史未幾改授濠州行刺史令帥衆攻圍濠州四年冬因力戰爲賊鋒所傷數日而卒世宗甚憫之詔贈武清軍節度使

史臣曰自古爲人臣者望重則必危功崇則難保自非賢者疇能免之況王鄴帥昧明哲之規周太祖乃雄猜之主欲無及禍其可得乎自福進而下皆將帥之英也擁旄作翰諒亦宜然惟彥超以捍寇而沒可不謂忠乎

舊五代史卷一百二十四攷證

周列傳四王殷傳瀛州人　案歐陽史作大名人

劉詞傳轉劍直指揮使　案歐陽史作長劍指揮使

贈中書令　案歐陽史作贈侍中據是書則詞以兼侍中贈中書令非贈侍中也疑歐陽史誤

史彥超傳與虎捷都指揮使何徽戍晉州　案歐陽史作彥超遷虎捷都指揮使與是書異

史懿傳本名犯太祖廟諱故改焉　案本名二句疑爲後人竄入攷懿名匡懿避宋太祖御名故去匡字薛史成于開寶六年不應豫稱爲太祖或係宋人讀是書者附注于後遂混入正文也

舊五代史卷一百二十五

宋門下侍郎參知政事監修國史薛居正等撰

周書第十六

列傳五

趙暉字重光澶州人也弱冠以驍果應募始隸于莊宗帳前與大梁兵經百餘戰以功遷馬直軍使同光中從魏王破蜀命暉分統所部南戍蠻陬明宗即位徵還授禁軍指揮使晉有天下參掌衛兵從馬全節圍安陸佐杜重威戰宗城皆有功改奉國指揮使開運末以部兵屯于陝屬契丹入汴慨然有憤激之意及聞漢祖建義于并門乃與部將王晏侯章戮力叶謀逐契丹所命官屬據有陝州即時馳騎聞于漢祖通鑑契丹主賜趙暉詔即以爲保義留後暉斬契丹使者焚其詔遣支使河間趙矩奉表晉陽漢祖乃命暉爲保義軍節度陝虢等州觀察處置等使漢祖之幸東京路出于陝暉戎服朝于路左手控六飛達于行宮君臣之義如舊結焉旋加檢校太尉乾祐初移鎮鳳翔加同平章事屬王景崇叛據岐山及期不受代朝廷即命暉爲西南面行營都部署統兵以討之時李守貞叛于蒲趙思綰據于雍與景崇皆遞相爲援又引蜀軍出自大散關勢不可過暉領兵數千數戰而勝然後塹而圍之暉屢使人挑戰賊終不出乃潛使千餘人于南城一舍之外擐甲執兵僞爲蜀兵旗幟循南山而下詐令諸軍聲言川軍至矣須臾西南塵起城中以爲信乃令數千人潰圍而出以爲應援暉設伏而待一鼓而盡殪之自是景崇膽破不復敢出明年春拔之加檢校太保兼侍中國初就加兼中書令三年春拜章請覲詔從之入朝授歸德軍節度使顯德元年受代歸闕以疾告老授太子太師致仕進封秦國公尋卒于其第年六十七制贈尚書令

王守恩字保信太原人父建立潞州節度使封韓王晉書有傳守恩以門蔭幼爲內職遷懷衛二州刺史後歷諸衛將軍開運末契丹陷中原守恩時因假告歸于潞時潞州節度使張從恩懼契丹之盛將朝于契丹以守恩婚家甚倚信之乃移牒守恩請權爲巡檢使從恩既去守恩以潞城歸于漢祖仍盡取從恩之家財通鑑云從恩以副使趙行遷知留後牒守恩權巡檢使與高防佐之高防與守恩謀遣指揮使李萬超白晝帥衆大譟斬趙行遷推守恩權知昭義留後守恩殺契丹使者舉鎮來降宋史李萬超傳云張從恩將棄城歸契丹會前驍衛將軍王守恩服衰私第從恩即委以後事遁去及契丹使至專領郡務守恩遂無所預萬超奮然謂其部下曰我輩垂餌虎口苟延旦夕之命今欲殺使保其城非止逃生亦足建勳業汝曹能乎衆皆躍然喜曰敢不唯命遂率所部大譟入府署殺其使推守恩爲帥列狀以聞漢祖從其請乃命史宏肇統兵先渡河至潞見萬超語之曰收復此州公之力也吾欲殺守恩以公爲帥可乎萬超對曰殺契丹使以推守恩蓋爲社稷計耳今若賊害于人自取其利非宿心也宏肇大奇之漢祖即以守恩爲昭義軍節度使漢有天下移鎮邠寧加同平章事乾祐初還永興軍節度使時趙思綰已據長安乃改授西京留守守恩性貪鄙委任羣小以掊斂爲務雖病廢殘癃者亦不免其稅率人甚苦之洛都嘗有豪士爲二姓之會守恩乃與伶人數輩夜造自爲賀客因獲百數芴而退太祖迴自河中駐軍于洛陽詔以白文珂代之守恩甚懼而洛人有嘗爲守恩非理割剝者皆就其第徵其舊物守恩一一償之及赴闕止奉朝請而已乾祐末既殺史宏肇等漢少帝召羣臣上殿以諭之時守恩越班而颺言曰陛下今日始睡覺矣其出言鄙俚如此國初授左衛上將軍顯德初改右金吾衛上將軍封許國公二年冬昇疾歸洛而卒五代史補周高祖爲樞密鳳翔永興河中三鎮反高祖帶職出討之迴戈路由洛陽時王守恩爲留守以使相自專乘簷子迎高祖于郊外高祖遙見大怒且疾驅入于公館久之始令人傳旨托以方浴守恩不知其怒但安坐候久時白文珂在高祖麾下召而謂曰王守恩乘簷子侍吾誠無禮也安可久爲留守汝宜急去代之文珂不敢違于是即時禮上頃之吏馳去報守恩曰白侍中受樞密命爲留守訖守恩大驚奔馬而歸但見家屬數百口皆被逐于通衢中百姓莫不聚觀其亦有乘便號叫索取貨錢物者高祖使吏籍其數立命償之家財爲之一空朝廷悚然不甚爲理

孔知濬字秀川徐州滕縣人故太子太師致仕勍之猶子也父延臧左武衛大將軍致仕年九十餘卒知濬仕梁爲天興軍使同光末勍鎮昭義時莊宗用唐朝故事以黃門爲監軍皆恃恩暴橫節將不能制明宗鄴城之變諸鎮多殺監軍時監路者懼誅欲誘鎮兵謀變知濬伏甲于室凌晨監軍來謁執而殺之軍城遂寧明宗嘉之洎勍罷鎮以知濬爲澤州刺史入爲左驍衛大將軍長興清泰中歷唐復成三郡刺史晉高祖即位用爲奉國右廂都指揮使領舒州刺史從征范延光于鄴還宿州團練使俄改隴州防禦使開運中移刺鳳州累官至檢校太傅河池據關防之要密邇邛蜀兵少勢孤知濬撫士得宜人皆盡力故西疆無牧圉之失契丹主稱制署滑州節度使漢祖受命自鎮入朝隱帝嗣位授密州防禦使踰歲以疾受代歸朝廣順三年冬卒于京師

王繼宏冀州南宮人少嘗爲盜攻剽閭里爲吏所拘械繫于鎮州獄會赦免死配隸本軍時明宗作鎮致之麾下晉高祖爲明宗將署爲帳中小校天福中爲六軍副使性負氣不遜禁中與同列忿爭出配義州軍歲餘爲奉國指揮使從契丹主至相州遂令以本軍戍守契丹主留高唐英爲相州節度使唐英善待繼宏每候其第則升堂拜繼宏之母贈遺甚厚倚若親戚又給以兵仗暑無猜忌會契丹主死漢祖趨洛唐英遣使歸款漢祖大悅將厚待唐英使未迴繼宏與指揮使樊暉等共殺唐英繼宏自稱留後令判官張易奉表于漢祖人或責以見利忘義繼宏曰吾儕小人也若不因利乘便以求富貴畢世以來未可得志也及漢祖征杜重威至德清軍繼宏來朝乃正授節旄是歲就加檢校太傅節度判官張易每見繼宏不法必切言之繼宏以爲輕己乾祐中因事誣奏殺之尋又害觀察推官張制漢末移鎮貝州就加檢校太尉廣順初加同平章事三月六日移鎮河陽會永壽節入覲遇疾卒于京師詔贈侍中子永昌仕皇朝歷內諸司使

馮暉魏州人也始爲効節軍士拳勇騎射行伍憚之初事楊師厚爲隊長唐莊宗入魏以銀槍効節爲親軍與梁人對壘河上暉以犒給稍薄因竄入南軍梁將王彥章寘之麾下莊宗平河南暉首罪赦之從明宗征潞州誅楊立有功又從魏王繼岌伐蜀蜀平授夔州刺史時荆州高季興叛以兵攻其城暉拒之屢敗荆軍長興中爲興州刺史以乾渠爲治所會兩川叛蜀人來侵暉以衆寡不敵奔歸鳳翔朝廷怒其失守詔于同州衙職安置未幾從晉高祖討蜀蜀人守劍門領部下兵踰越險阻從他道出于劍門之左掩擊之殺守兵殆盡會晉祖班師朝廷以暉爲澶州刺史晉天福初范延光據鄴叛以暉爲馬步都將孫鋭爲監軍自六明鎮渡河將襲滑臺壽爲官軍所敗暉退歸鄴爲延光城守明年秋暉因出戰而降授滑州節度使檢校太傅鄴平移鎮靈武初張希崇鎮靈州以久在蕃疆頗究邊事數年之間侵盜並息希崇卒未有主帥蕃部寇鈔無復畏憚朝廷以暉強暴之名聞于遐徼故以命之及暉到鎮大張宴席酒殽豐備部衆告醉爭陳獻賀暉皆以錦綵酬之蕃情大悅党項拓拔彥昭者州界部族之大者暉至來謁厚加待遇仍爲治第豐其服玩因留之不令歸部河西羊馬由是易爲交市暉葺年得馬五千匹而蕃部歸心朝議患之隆平集藥元福傳西戎三族攻靈州命元福佐朔方節度使馮暉討之朔方距威州七百里地無水草謂之旱海攜糧至暉食盡詰朝行四十里而敵騎數萬扼要路暉大懼遣人致賂求成雖許及日中猶未決暉曰奈何元福曰彼正欲困我耳察其勢雖衆特依西山而陣者其精兵也請以驍鋭先薄西山彼或少怯當舉黃旗爲識暉善其謀斬馘殆盡晉開運初桑維翰輔政欲圖大舉以制北方命將佐十五人皆列藩之帥也惟暉不預其數乃上章自陳且言未老可用而制書見遺詔報云非制書忽忘實以朔方重地蕃部窺邊非卿雄名何以彈壓比欲移卿內地受代亦須奇才暉得詔甚喜又達情乞移鎮邠州即以節旄授之行未及邠又除陝州暉獻馬千匹駞五百頭在陝未幾除侍衛步軍都指揮使兼領河陽即以王令溫爲靈武節度使暉既典禁兵兼領近鎮爲朝廷縻留頗悔離靈武及馮玉李彥韜用事暉善奉之未幾復以暉爲朔方節度使加檢校太師漢高祖革命就加同平章事隱帝嗣位加兼侍中國初加中書令封陳留王廣順三年夏病卒年六十追贈衛王子繼業朔方衙內都虞候暉亡三軍請知軍府事因授檢校太保充朔方兵馬留後皇朝乾德中移于內地今爲同州節度使

高允權延州人祖懷還本郡牙將懷還生二子長曰萬興次曰萬金梁唐之間爲延州節度使卒于鎮允權即萬金子也雖出于將門不嫻武藝起家爲義川主簿歷膚施縣令罷秩歸延州之第晉開運末以周密爲延帥延有東西二城其中限以深澗及契丹入汴一日州兵亂攻密密固守東城亂兵既無帥亦無敢爲帥者或曰取高家西宅郎君爲帥可也是夜未曙允權方寢亂軍排闥請知留後事遂居于西城與密相拒數日河東遣供奉官陳光穗宣撫河西允權乃遣支使李彬奉表太原周密棄東城而去漢祖遣使就加允權檢校太傅仍正授旄鉞漢祖入汴允權屢修貢奉隱帝即位加檢校太尉同平章事允權與夏州李彝興不協其年李守貞據河中叛密搆彝興爲援及朝廷用兵夏州軍逼延州允權上章論列彝興亦紛然自訴朝廷賜詔和解之太子太師致仕劉景巖允權妻之祖也退老于州之別墅景巖舊事高氏爲牙校亦嘗爲延帥甚得民心景巖以允權婚家後輩心輕之允權恒忌其強是歲冬盡殺景巖之家收其家財萬計以謀叛聞朝廷不能辨關西賊平方面例覃恩命就加允權檢校太師太祖即位加兼侍中廣順三年春卒其子紹基匿喪久之又擅主軍政欲邀承襲觀察判官李彬以爲不可當聽朝旨紹基與

羣小等惡其異議乃殺彬給奏云彬接搆內外謀殺都指揮使及行軍副使自據城池已誅戮訖其妻子及諸房骨肉尋令捕縶次太祖聞之詔並釋之仍令都送汝州安置後朝廷令六宅使張仁謙往巡檢詔基乃發喪以聞輟視朝兩日

折從阮字可久本名從遠避漢高祖舊名下一字故改焉代家雲中父嗣倫爲麟州刺史累贈太子太師從阮性溫厚弱冠居父喪以孝聞唐莊宗初有河朔之地以代北諸部屢爲邊患起從阮爲河東牙將領府州副使同光中授府州刺史長興初入朝明宗以從阮洞習邊事加檢校工部尚書復授府州刺史晉高祖起義以契丹有援立之恩賂以雲中河西之地從阮由是以郡北屬既而契丹欲盡徙河西之民以實遼東人心大擾從阮因保險拒之晉少帝嗣位北絕邊好乃遣使持詔諭從阮令出師明年春從阮率兵深入邊界連拔十餘砦開運初加檢校太保遷本州團練使其年兼領朔州刺史安北都護振武軍節度使契丹西南面行營馬步都虞候漢祖建號晉陽引兵南下從阮率衆歸之尋升府爲永安軍析振武之勝州並沿河五鎮以隸焉授從阮光祿大夫檢校太尉永安軍節度府勝等州觀察處置等使仍賜功臣名號乾祐元年加特進檢校太師明年春從阮舉族入覲朝廷命其子德扆爲府州團練使授從阮武勝節度使太祖受命加同平章事尋移鎮滑州又改陝州二年冬授靜難軍節度使世宗即位就加兼侍中以年老上章請代優詔許之顯德二年冬赴闕行次西京以疾卒時年六十四制贈中書令

王饒字受益慶州華池人也父柔以饒貴累贈太尉饒沈毅有才幹始事晉高祖天福初授控鶴軍使稍遷奉國軍校累加檢校尚書左僕射六年從杜重威平常山以功加檢校司空遷本軍都校領鄆州刺史時安從進叛于襄陽晉祖命高行周率兵討之以饒爲行營步軍都指揮使賊平授深州刺史逾年復入爲奉國都校加檢校司徒領欽州刺史未幾改本軍右廂都指揮使領閬州團練使晉末契丹據中原漢祖建義于晉陽尋克復諸夏惟常山郡爲契丹所據時饒在其郡乃與李筠白再榮之儔承間竊發盡逐其黨漢祖嘉之授鄭州觀察留後加光祿大夫賜爵開國侯復移授鎭國軍節度使加檢校太傅國初就加同平章事賜推誠奉義翊戴功臣顯德初以鄴臣遷軍加檢校太尉移鎭貝州世宗嗣位加兼侍中改彰德軍節度使滿歲受代入奉朝請顯德四年冬以疾卒于東京之私第年五十九追封巢國公饒性寬厚體貌詳雅所莅藩鎮民皆便之每接賓佐必怡聲緩氣恂恂如也故士君子亦以此多之

孫方諫鄭州清苑縣人也本名方簡廣順初以犯廟諱故改焉定州西北二百里有狼山山上有堡邊人賴之以避剽掠之患因中置佛舍有尼深意者俗姓孫氏主其事以香火之教聚其徒聲言尸不壞因復以衣襟瞻禮信奉有同其生方諫即其宗人也嗣行其教率衆不食葷茹其黨推之爲主晉開運初定帥表爲邊界游奕使（宋史孫行友傳方諫懼主帥捕逐乃表歸朝因署爲東北面招收指揮使且賜院額曰勝福每契丹軍來必率其徒襲擊之鎧仗畜產所得漸多人益依以避難焉易定帥聞于朝因以方諫爲邊界遊奕使行友副之自是捍禦多所殺獲乘勝入祁溝關平肅城破飛狐塞契丹頗畏之）求請多端因少不得志潛通于契丹契丹之入中原也以方諫爲定州節度使尋以其將耶律忠代之改方諫雲州節度使方諫恚憤與其黨歸狼山不受契丹命漢初契丹隳定州城壘焚廬舍盡驅居民而北中山爲之一空方諫自狼山率其部衆還保定州上表請命漢祖嘉之即授以節鉞累官至使相太祖受命加兼侍中未幾改華州節度使朝廷以其弟行友爲定州留後（宋史云行友上言偵得契丹離合頗得勁兵三千乘間平定州乃授方諫華州以行友爲定州留後）又以弟讓爲德州刺史兄弟子姪職內廷者凡數人世宗嗣位史彥超代之車駕駐蹕于并門方諫自華覲于行在從大駕南巡以疾號醫于洛下尋授同州節度使加兼中書令未及赴任以疾卒于洛陽年六十二輟視朝兩日贈太師其弟行友繼爲定州節度皇朝乾德中以其妖妄惑衆詔毀狼山佛寺遷其尼柩骨赴京遣樊于北郊以行友爲諸衛大將軍自是厥徒遂息焉（[illegible]建隆二年八[illegible]使同平章事孫行友在鎮逾八年而狼山妖尼深意黨益盛上初即位行友不自安累表乞解官歸山上不許行友懼乃繕治甲兵將棄其帑還據山寨以叛兵馬都監藥繼能密奏其事上遣閤門副使武懷節馳騎會鎮趙之兵僞稱巡邊直入定州行友不之覺既而出詔示之令舉族歸朝行友倉皇聽命既至命侍御史李維岳即訊得實已西制削奪行友官爵禁錮私第取尼深意尸焚之都城西北隅行友弟易州刺史方進姪保塞軍使全暉皆詣闕待罪詔釋之）

史臣曰昔晉之季也敵騎長驅中原無主漢祖雖思拯溺未果圖南趙暉首變陝郊同扶義舉漢之興也暉有力焉命以作藩斯無媿矣守恩乘時效順雖有可觀好利殘民夫何足貴允權方諫因版蕩之世竊屏翰之權比夫畫雲臺之功臣何相去之遼也

舊五代史卷一百二十五攷證

周列傳五高允權傳祖懷遷　懷遷原本作懷遠今據歐陽史改正

孫方諫傳又以弟讓爲德州刺史　弟讓宋史作行義

舊五代史卷一百二十六

宋門下侍郎參知政事監修國史薛居正等撰

周書第十七

列傳六

馮道字可道瀛州景城人其先爲農爲儒不恒其業道少純厚好學善屬文不恥惡衣食負米奉親之外惟以披誦吟諷爲事雖大雪擁戶凝塵滿席湛如也天祐中劉守光署爲幽州掾守光引兵伐中山訪于僚屬道常以利害箴之守光怒寘于獄中尋爲人所救免守光敗逭歸太原監軍使張承業辟爲本院巡官承業重其文章履行甚見待遇時有周元豹者善人倫鑒與道不洽謂承業曰馮生無前程公不可過用時河東記室盧質聞之曰我曾見杜黃裳司空寫眞圖道之狀貌酷類焉將來必副大用元豹之言不足信也承業尋薦爲霸府從事俄署太原掌書記時莊宗併有河北文翰甚繁一以委之莊宗與梁軍夾河對壘一日郭崇韜以諸校伴食數多主者不辦請少罷減莊宗怒曰孤爲効命者設食都不自由其河北三鎭令三軍別擇一人爲帥孤請歸太原以避賢路遽命道對面草詞將示其衆道執筆久之莊宗正色促焉道徐起對曰道所掌筆硯敢不供職今大王屢集大功方平南寇崇韜所諫未至過當阻拒之則可不可以向來之言諠動羣議敵人若知謂大王君臣之不和矣幸熟而思之則天下幸甚也俄而崇韜入謝因道爲之解焉人始重其膽量莊宗卽位鄴宮除省郎充翰林學士自綠衣賜紫梁平遷中書舍人戶部侍郎丁父憂持服于景城（談苑道聞父喪卽徒步見星以行家人從後持衣囊追及之）遇歲儉所得俸餘悉賑于鄉里道之所居惟蓬茨而已凡牧宰饋遺斗粟匹帛無所受焉時契丹方盛素聞道名欲掠而取之會邊人有備獲免明宗入洛遽謂近臣安重誨曰先帝時馮道郎中何在重誨曰近除翰林學士明宗曰此人朕素諳委甚好宰相俄拜端明殿學士端明之號自道始也未幾遷中書侍郎刑部尚書平章事凡孤寒士子抱才業素知識者皆與引用唐末衣冠履行浮躁者必抑而鎭之有工部侍郎任贊因班退與同列戲道于後曰若急行必遺下兔園策道尋知之召贊謂曰兔園策皆名儒所集道能諷之中朝士子止看文場秀句便爲舉業皆竊取公卿何淺狹之甚耶贊大愧焉（歐陽史云兔園策者鄉校俚儒敎田夫牧子之所誦也北夢瑣言云兔園策乃徐庾文體非鄙朴之談但家藏一本人多賤之困學紀聞云兔園策府三十卷唐蔣王惲令僚佐杜嗣先倣應科目策自設問對引經史爲訓注惲太宗子故用梁王兔園名其書馮道兔園策謂此也復有梁朝宰臣）李琪每以文章自擅會進賀平中山王都表云復眞定之逆賊道讓琪曰昨來收復定州非眞定也琪昧于地理頓至折角其後百僚上明宗徽號凡三章道自爲之其文渾然非流俗之體舉朝服焉道尤長于篇詠秉筆則成典麗之外義含古道必爲遠近傳寫故漸畏其高深由是班行肅然無澆漓之態經改門下侍郎戶部吏部尚書集賢殿宏文館大學士加尚書左僕射封始平郡公一日道因上謁既退明宗顧謂侍臣曰馮道性純儉頃在德勝寨居一茅菴與從人同器食臥則芻藁一束其心晏如也及以父憂退歸鄉里自耕樵採與農夫雜處略不以素貴介懷眞士大夫也天成長興中天下屢稔朝廷無事明宗每御延英留道訪以外事道曰陛下以至德承天天以有年表瑞更在日愼一日以答天心臣每記在先皇霸府日曾奉使中山徑井陘之險憂馬有蹶失不敢怠于銜轡及至平地則無復持控果爲馬所顛仆幾至于損臣所陳雖小可以喻大陛下勿以清晏豐熟便縱逸樂兢兢業業臣之望也明宗深然之他日又問道曰天下雖熟百姓得濟否道曰穀貴餓農穀賤傷農此常理也臣憶得近代有舉子聶夷中傷田家詩云二月賣新絲五月糶秋穀醫得眼下瘡剜卻心頭肉我願君王心化作光明燭不照綺羅筵偏照逃亾屋明宗曰此詩甚好遽命侍臣錄下每自諷之道之發言簡正善于裨益非常人所能及也時以諸經舛繆與同列李愚委學官田敏等取西京鄭覃所刊石經彫爲印版流布天下後進賴之明宗崩唐末帝嗣位以道爲山陵使禮畢出鎭同州循故事也道爲政閒澹獄市無撓一日有上介胡饒本出軍吏性麤獷因事詬道于牙門左右數報不應道曰此必醉耳因召入開尊設食盡夕而起無撓慍之色未幾入爲司空及晉祖入洛以道爲首相二年契丹遣使加徽號于晉祖晉祖亦獻徽號

于契丹謂道曰此行非卿不可道無難色晉祖又曰卿官崇德重不可深入沙漠道曰陛下受北朝恩臣受陛下恩有何不可談苑云道與諸相歸中書食訖外廳堂吏前白道言北使事吏人色變手戰道取紙一幅書云道去即遣寫勅進堂吏泣下道遣人語妻子不復歸家即日舍都亭驛不數日北行晉祖餞宴語以家國之故煩耆德遠使自酌巵酒賜之泣下及行將達西樓契丹主欲郊迎其臣曰天子無迎宰相之禮因止焉其名動遠俗也如此談苑云契丹賜其臣牙笏及臘日賜牛頭者爲殊禮道皆得之作詩以紀曰牛頭偏得賜象笏更容持契丹主甚喜遂潛諭留意道曰南朝爲子外豈有分别哉道在契丹凡得所賜悉以市薪炭畿其意云北地苦寒老年所不堪當爲之備若將久留者契丹感其意乃遣歸道三上表乞留固遣乃去猶更住館中月餘既行所至留駐凡兩月方出境左右語道曰當北土得生還恨無羽翼公獨宿留何也道曰縱急還彼以筋腳馬一夕即追及亦何可脫但徐緩即不能測矣衆乃服四年二月始至京師及還朝廷廢樞密使依唐朝故事並歸中書其院印付道事無巨細悉以歸之尋加司徒兼侍中進魯國公晉祖嘗以用兵事問道道曰陛下歷試諸艱創成大業神武睿略爲天下所知討伐不庭須從獨斷臣本自書生爲陛下在中書守歷代成規不敢有一毫之失也臣在明宗朝嘗以戎事問臣亦以斯言答之晉祖頗可其說道嘗上表求退晉祖不之覽先遣鄭王就省謂曰卿來日不出朕當親行請卿道不得已出焉當時寵遇無與爲比晉少帝即位加守太尉進封燕國公道嘗問朝中熟客曰道之在政事堂人有何說客曰是非相半道曰凡人同者爲是不同爲非而非道者十恐有九昔仲尼聖人也猶爲叔孫武叔所毀況道之虛薄者乎然道之所持始終不易後有人問道于少帝曰道好平時宰相無以濟其艱難如禪僧不可呼鷹耳由是出道爲同州節度使歲餘移鎮南陽加中書令契丹入汴道自襄鄧召入契丹主從容問曰天下百姓如何可救道曰此時百姓佛再出救不得惟皇帝救得其後衣冠不至傷夷皆道與趙延壽陰護之所至也是歲三月隨契丹北行與晉室公卿俱抵常山俄而比主卒永康王代統其衆及北去留其族嘉里以據常山時漢軍憤激因共逐出嘉里尋復其城道率同列四出按撫因事從宜各安其所人或推其功道曰儒臣何能爲皆諸將之力也道以德重人所取則乃爲衆擇諸將之勤宿者以騎校白再榮權爲其帥軍民由是帖然道首有力焉道在常山見有中國士女爲契丹所俘者出橐裝以贖之皆寄于高尼精舍後相次訪其家以歸之又契丹先留道與李崧和凝及文武官等在常山是歲閏七月二十九日契丹有詔追崧令選朝士十人赴木葉山行事北帥滿達勒召道等至帳所欲諭之崧偶先至知其意懼形于色滿達勒將以明日與朝士齊遣之崧乃不俟道與凝先出既而相遇于帳門之外因與分首俱歸俄而李筠等縱火與契丹交鬬鼓槊相及是日若齊至與滿達勒相見稍或躊躇則悉爲俘矣時論者以道布衣有至行立公朝有重望其陰報昭感多此類也及自常山入覲漢祖嘉之拜守太師洛陽搢紳舊聞記贈太監張公璨漢祖即位之初爲上黨戎判漢祖在北京時大聚甲兵禁牛皮不得私貿易及民間盜用之如有牛死即時官納其皮其有犯者甚衆及即大位三司奏行請禁天下牛皮法與河東時同天下苦之會上黨民犯牛皮者二十餘人獄成罪俱當死大監時爲判官獨執曰主上欽明三司不合如此施請二十餘人死尚可使天下犯者皆銜冤而死乎且主上在河東大聚甲兵須藉牛皮嚴禁之可也今爲天下君何少牛皮立法至于此乎遂封奏之時三司使方用事執政之地除馮瀛王外皆惡之日豈有州郡使敢非朝廷詔勅力言于漢祖漢祖亦怒曰昭義一判官是何敢如此其犯牛皮者依敕俱死大監以非毀詔敕亦死敕未下獨瀛王非時請見漢祖出瀛王曰陛下在河東時斷牛皮可也今既有天下牛皮不合禁陛下赤子枉死之亦足爲陛下惜昭義判官以卑位食陛下祿居陛下官不惜軀命敢執而奏之可賞不可殺臣當輔弼之任使此枉害天下人性命臣不能早奏使陛下正臣罪當誅稽首再拜又曰張璨不合加罪望加勅赦之漢祖久之曰已行之矣馮瀛王曰勅未下漢祖遽曰與赦之焉曰勒停可乎上曰可由是改其敕記其畧曰三司邢計國法依依張璨體事未明執理乖當宜停見職犯皮者貸命放之大監聽宣敕訖聞敕云執理乖當尚日中書自不能執理若一一教外道判官執理則焉用彼相乎乾祐中道奉朝請外平居自適一日著長樂老自敘云余世家宗族本始平長樂二郡歷代之名實具載于國史家牒余先自燕亡歸晉事莊宗明宗閔帝清泰帝又事晉高祖皇帝少帝契丹據汴京爲北主所制自鎮州與文武臣僚馬步將士歸漢朝事高祖皇帝今上顧以久叨祿位備歷艱危上顯祖宗下光親戚亡曾祖諱湊累贈至太傅亡曾祖母崔氏追封梁國太夫人亡祖諱炯累贈至太師亡祖母褚氏追封吳國太夫人亡父諱良建祕書少監致仕累贈至尚書令母張氏追封魏國太夫人余階自將仕郎轉朝議郎朝散大夫銀青光祿大夫金紫光祿大夫特進開府儀同三司職自幽州節度巡官河東節度巡官掌書記再爲翰林學士改授端明殿學士集賢殿大學士太微宮使再爲宏文館大學士又充諸道鹽鐵轉運使南郊大禮使明宗皇帝晉高祖皇帝山陵使再授定國軍節度同州管內觀察處置等使一爲長春宮使又授武勝軍節度鄧隨均房等州管內觀察處置等使官自攝幽府參軍試大理評事檢校尚書祠部郎中兼侍御史檢校吏部郎中兼御史中丞檢校太尉同中書門下平章事檢校太師兼侍中又授檢校太師兼中書令正官自行臺中書舍人再爲戶部侍郎轉兵部侍郎中書侍郎再爲門下侍郎刑部吏部尚書右僕射三爲司空兩在中書一守本官又授司徒兼侍中賜私門十六戟又授太尉兼侍中又授戎太傅又授漢太師爵自開國男至開國公魯國公再封秦國公梁國公燕國公齊國公食邑自三百戶至一萬一千戶食實封自一百戶至一千八百戶勳自柱國至上柱國功臣名自經邦致理翊贊功臣至守正崇德保邦致理功臣安時處順守義崇靜功臣崇仁保德寧邦翊聖功臣先娶故德州戶掾褚譚濆女早亡後娶故景州弓高縣孫明府諱師禮女累封蜀國夫人亡長子平自祕書郎授右拾遺工部度支員外郎次子吉自祕書省校書郎授膳部金部職方員外郎屯田郎中第三亡子可自祕書省正字授殿中丞工部戶部員外郎第四子幼亡第五子義自祕書郎改授銀青光祿大夫檢校國子祭酒兼御史中丞充定國軍衙內都指揮使職罷改授朝散大夫左春坊太子司議郎太常丞第六子正自協律郎改授銀青光祿大夫檢校國子祭酒兼御史中丞充定國軍節度使職罷改授朝散大夫太僕丞長女適故兵部崔侍郎諱衍子太僕少卿名絢封萬年縣君三女子早亡二孫幼亡唐長興二年勅瀛州景城縣莊來蘇鄉改爲元輔鄉朝漢里爲孝行里洛南莊貫河南府洛陽縣三州鄉靈臺里奉晉天福五年敕三州鄉改爲上相鄉靈臺里改爲中台里時守司徒兼侍中又奉八年勅上相鄉改爲太尉鄉中台里改爲侍中里時守太尉兼侍中靜思本末慶及存亡蓋自國恩盡從家法承訓誨之旨關教化之源在孝于家在忠于國口無不道之言門無不義之貨所願者下不欺于地中不欺于人上不欺于天以三不欺爲素賤如是貴如是長如是老如是事親事君事長臨人之道曠蒙天恕累經難而獲多福曾陷蕃而歸中華非人之謀是天之祐六合之內有幸者百歲之後有歸所無以珠玉含當以時服斂以籧篨葬及擇不食之地而葬焉以不及于古人故祭以特羊戒殺生也當以不害命之物祭無立神道碑以三代墳前不獲立碑故無請謚號以無德故又念自賓佐至王佐及領藩鎮時或有微益于國之事節皆形于公籍所著文章篇詠因多事散失外收拾得者編于家集其間見其志知之者罪之者未知衆寡矣有莊有宅有羣書有三子可以襲其業于此日五盥日三省尚猶日知其所亡月無忘其所能爲子爲弟爲人臣爲師長爲夫爲父有子有猶子有孫奉身即有餘矣爲時乃不足不足者何不能爲大君致一統定八方誠有愧于歷職歷官何以答乾坤之施時開一卷時飲一杯食味別聲被色老安于當代耶老而自樂何樂如之時乾祐三年朱明月長樂老叙云及太祖平內難議立徐州節度使劉贇爲漢嗣遣道與祕書監趙上交樞密直學士王度等往迎之道尋與贇自徐赴汴行至宋州會澶州軍變樞密使王峻遣郭崇領兵至屯于衙門外時道與上交等宿于衙內是日贇率左右甲士閤門登樓詰崇所自崇言太祖已副推戴左右知其事變以爲爲道所賣皆欲殺道等以自快趙上交與王度聞之皆惶怖不知所爲惟道偃仰自適略無懼色尋亦獲免焉道微時嘗賦詩云終聞海嶽歸明主未省乾坤陷吉人至是其言驗矣青箱雜記載馮道詩全篇云莫爲危時便愴神前程往往有期因終聞海嶽歸明主未省乾坤陷吉人道德幾時曾去世舟車何處不通津但教方寸無諸惡狼虎叢中也立身廣順初復拜太師中書令太祖甚重之每進對不以名呼及太祖崩世宗以道爲山陵使會河東劉崇入寇世宗召大臣議欲親征道諫止之世宗因言唐初天下草寇蜂起並是太宗親平之道奏曰陛下得如太宗否世宗怒曰馮道何相少也乃罷及世宗親征不及扈從留道奉太祖山陵時道已抱疾及山陵禮畢奉神主歸舊宮未及祔廟一夕薨于其第時顯德元年四月十七日也享年七十有三世宗聞之輟視朝三日冊贈尚書令追封瀛王謚曰文懿道歷任四朝三入中書在相位二十餘年以持重鎮俗爲己任未嘗以片簡擾于諸侯平生甚廉儉逮至末年閨庭之內稍徇奢靡其子吉尤恣狂蕩道不能制識者以其不終令譽咸歎惜之五代史補馮道之鎮同州也有酒務吏乞以家財修夫子廟道以狀付判官參詳其事判官素滑稽因以一絕書判後云荆棘森森遶杏壇儒官高貴盡偷安若教酒務修夫子覺我慚惶也大難道覽之有愧色因出俸重創之　馮瀛王道之在中書也有舉子李導投贄所業馮相見之戲謂曰老夫名道其來久矣加以累居相府秀才不可謂不知然亦名導于禮可乎李抗聲對曰相公是無寸底道字小子有寸底導字何謂不可也公笑曰老夫不惟名無寸諸事亦無寸吾子可謂知人矣了無怒色　馮吉瀛王道之子能彈琵琶以皮爲絃世宗嘗令彈于御前深欣善之因號其琵琶曰邊殿雷也道以其惰業每加譴責而吉攻之愈精道益怒凡與客飲必使庭立而彈之曲罷或賜以束帛命背負之然後致謝道自以爲戒勗極矣吉未能悛改旣而益自若道度無可奈何歎曰百工之司藝而身賤理使然也此子不過太常少卿耳其後果終于此

史臣曰道之履行鬱有古人之風道之宇量深得大臣之體然而事四朝相六帝可得爲忠乎夫一女二夫人之不幸況于再三者哉所以飾終之典不得謚爲文貞文忠者蓋謂此也

舊五代史卷一百二十六攷證

周列傳六馮道傳謚曰文懿　案五代通錄作謚文愍見通鑑攷異

嘉里舊作解里今改　滿達勒舊作麻荅今改

舊五代史卷一百二十七

宋門下侍郎參知政事監修國史薛居正等撰

周書第十八

列傳七

盧文紀字子持京兆萬年人[案此下有闕文]長興末爲太常卿文紀形貌魁偉語音高朗占對鏗鏘健于飲啖奉使蜀川路由岐下時唐末帝爲岐帥以主禮待之觀其儀形旨趣遇之頗厚清泰初中書闕輔相末帝訪之于朝左右曰臣見班行中所譽當大拜者姚顗盧文紀崔居儉耳或品藻三人才行其心愈惑末帝乃俱書當時清望達官數人姓名投琉璃缾中月夜焚香禱請于天旭旦以筯挾之首得文紀之名次即姚顗末帝素已奇待歡然命之即授中書侍郎同平章事與姚顗同升相位時朝廷兵革之後宗社甫寧外寇內侵强臣在境文紀處經綸之地無輔弼之謀所論者親愛朋黨之小瑕所糾者銓選擬掄之微類時有蜀人史在德爲太常丞出入權要之門評品朝士多有譏彈乃上章云文武兩班宜選能進用見在軍都將校朝廷士大夫並請閱試澄汰能者進用否者黜退不限名位高下疏下中書文紀以爲非己怒甚召諫議盧損爲覆狀辭旨蕪漫爲衆所嗤三年夏晉祖引契丹拒命既而大軍挫衂官寨受圍八月親征過徽陵拜于闕下休于仗舍文紀扈從帝顧謂之曰朕聞主憂臣辱予自鳳翔來首命卿爲宰相聽人所論將爲便致太平寇孽紛紛令萬乘自行戰賊于汝安乎文紀惶恐致謝時末帝季年天奪其魄聲言救寨其實倦行初次河陽召文紀張延朗謀議文紀曰敵騎倏往忽來無利則去大寨牢固足以枝梧況已有三處救兵可以不戰而解使人督促責以成功輿駕且駐河橋詳觀事勢況地處舟車之要正當天下之心必若未能解圍去亦非晚會延朗與趙延壽欽密傍奏曰文紀之言是也故令延壽北行末帝坐俟其敗晉祖入洛罷相爲吏部尚書再遷太子少傅少帝嗣位改太子太傅漢祖登極轉太子太師時朝官分司在洛雖有留臺御史紀綱亦多不整肅遂敕文紀別令檢轄侍御史趙礪及糾分司朝臣中有行香拜表疏怠者楊邠怒凡疾病不在朝謁者皆與致仕官時文紀別令檢轄之職頗甚滋章因疾請假復爲留臺所奏遂以本官致仕[歐陽史周太祖入立即拜司空于家]廣順元年夏卒年七十六贈司徒輟視朝一日文紀平生積財巨萬及卒爲其子龜齡所費不數年間以至蕩盡由是多藏者以爲誡焉

馬裔孫字慶先棣州商河人[案此下有闕文]唐末帝即位用爲翰林學士戶部郎中知制誥賜金紫未滿歲改中書舍人禮部侍郎皆帶禁職尋拜中書侍郎平章事裔孫純儒性多凝滯遽登相位未悉朝廷舊事初馮道罷同州入朝拜司空唐朝故事三公爲加官無單拜者是時朝議率爾命道制出或曰三公正宰相便合參大政又云合受冊衆言藉藉盧文紀又欲祭祀時便令掃除馮道聞之曰司空掃除職也吾無所憚既而知非乃止劉昫爲僕射性剛羣情嫉之乃共贊右常侍孔昭序論行香次第言常侍從之臣行立合在僕射之前疏奏下御史臺定例同光已來李琪盧質繼爲僕射質性輕脫不能守師長之體故昭序輕言裔孫以羣情不悅劉昫馮道欲微抑之乃責臺司須檢則例而臺吏言舊不見例據南北班位即常侍在前俄屬國忌將就列未定裔孫即判臺狀曰既有援據足可遵行各示本官劉昫怒揮袂而退自後日責臺司定例崔居儉謂南宮同列曰從昭序言語是朝廷人總不解語也且僕射師長也中丞大夫就班修敬常侍班在南宮六卿之下況僕射乎已前騎省年深望南宮二侍郎如仰霄漢癡人舉止何取笑之深耶衆聞居儉言紛議稍息文士哂裔孫堂判有援據二字其中書百職裔孫素未諳練無能專決但署名而已又少見賓客時人目之爲三不開謂口不開印不開門不開也及太原事起唐末帝幸懷州裔孫留司在洛未幾趙德鈞父子有異志官皆危急君臣計無所出俄而裔孫自洛來朝衆相謂曰馬相此來必有安危之策既至獻綾三百疋卒無獻可之言晉祖受命廢歸田里裔孫好名慕韓愈之爲人尤不重佛及廢居里巷追感唐末帝平昔之遇乃依長壽僧舍讀佛書冀申冥報歲餘枕藉黃卷中見華嚴楞嚴詞理富贍由是酷賞之仍抄撮之相形于歌詠謂之法喜集又纂諸經要言爲佛國記凡數千言或嘲之曰公生平以傳奕韓愈爲高識何前倨而後恭是佛佞公耶公佞佛耶裔孫笑而答曰佛佞予則多矣李崧相晉用李專美爲贊善裔孫以賓客致仕專美轉少卿裔孫得太子詹事晉漢公卿以裔孫好爲文章皆欣然待之太祖即位就加檢校禮部尚書太子賓客分司在洛每閉關養素惟事謳吟著述嗜八分書題尺酬答必親札以衒其墨蹟裔孫將卒之前覩白虺緣于庭槐驅之失所在裔孫感賦鵩之文作槐蟲賦以見志廣順三年秋七月卒于洛陽詔贈太子少傅輟視朝一日裔孫初爲河中從事因事赴闕宿于邏店其地有上邏神祠夜夢神見召待以優禮手授二筆其筆一大一小覺而異焉及爲翰林學士裔孫以爲契鴻筆之兆旋知貢舉私自謂曰此二筆之應也洎入中書上事堂吏奉二筆熟視大小如昔時夢中所授者及卒後旬日有侍婢靈語一如裔孫聲氣處分家事皆有倫理時人奇之

和凝字成績汶陽須昌人也九代祖逢堯唐高宗時爲監察御史自逢堯之下仕皆不顯曾祖敞祖濡皆以凝貴累贈太師父矩贈尚書令矩性嗜酒不拘禮節雖素不知書見士未嘗有慢色必罄家財以延接凝幼而聰敏姿狀秀拔神采射人少好學書一覽者咸達其大義年十七舉明經至京師忽夢人以五色筆一束以與之謂曰子有如此才何不舉進士自是才思敏贍十九登進士第滑帥賀瓌知其名辟寘幕下凝善射時瓌與唐莊宗相拒于河上戰胡柳陂瓌軍敗而北惟凝隨之瓌顧曰子勿相隨當自努力凝對曰丈夫受人知有難不報非素志也但恨未有死所旋有一騎士來逐瓌凝叱之不止遂引弓以射應弦而斃瓌獲免既而謂諸子曰昨非和公無以至此和公文武全才而有志氣後必享重位爾宜謹事之遂以女妻之由是聲望益隆後歷鄆洋三府從事唐天成中入拜殿中侍御史歷禮部刑部員外郎改主客員外郎知制誥尋召入翰林充學士轉主客郎中充職兼權知貢舉貢院舊例放牓之日設棘于門及閉院門以防下第不逞者凝令徹棘啓門是日寂無喧者所收多才名之士時議以爲得人[澠水燕談范質初舉進士時和凝知貢舉凝常以宰輔自期登第之日名第十三人及覽質文尤加賞歎即以第十三名處之場屋間謂之傳衣鉢若禪宗之相付授也後質果繼凝登相位]明宗益加器重遷中書舍人工部侍郎皆充學士晉有天下拜端明殿學士兼判度支轉戶部侍郎會廢端明之職復入翰林充承旨晉祖每召問以時事言皆稱旨五年拜中書侍郎平章事六年秋晉高祖將幸鄴都時襄州安從進反狀已彰凝乃奏曰車駕離闕安從進或有悖逆何以待之晉高祖曰卿意如何凝曰以臣料之先人有奪人之心臨事即不及也欲預出宣敕十數道密付開封尹鄭王令有緩急即旋塡將校姓名令領兵擊之晉高祖從之及聞唐鄧奏報鄭王如所敕遣騎將李建崇監軍焦繼勳等領兵討焉相遇于湖陽從進出于不意甚訝其神速以至于敗由凝之力也少帝嗣位加右僕射開運初罷相守本官未幾轉左僕射漢興授太子太保國初還太子太傅顯德二年秋以背疽卒于其第年五十八輟視朝兩日詔贈侍中凝性好修整自釋褐至登台輔車服僕從必加華楚進退容止偉如也又好延納後進士無賢不肖皆虛懷以待之或致其仕進故甚有當時之譽平生爲文章長于短歌豔曲尤好聲譽有集百卷自篆于版模印數百帙分惠于人焉[宋朝類苑和魯公凝有豔詞一編名香奩集凝後貴乃嫁其名爲韓偓今世傳韓偓香奩集乃凝所爲也凝生平著述分爲演綸遊藝孝悌疑獄香奩籯金六集自爲遊藝集序云予有香奩籯金二集不行于世凝在政府避議論諱其名又欲後人知故于遊藝集序實之此凝之意也]長子峻卒于省郎次子峴[錦繡萬花谷范蜀公蒙求云和峴晉相和凝之子峴生會凝入翰林加金紫知貢舉凝喜曰我生平美事三者併集此子宜于我矣因名曰三美]仕皇朝爲司勳員外郎

薛禹珪字元錫其先出于武功近世家高密今爲郡人也父仲容以儒學稱于鄉里唐末舉九經補廣文助教遷輔唐令累贈太師禹珪性謙和虛襟接物克構父業以五經中第辟遂州倅職歷青鄆從事轉潞井管記累檢校官至戶部郎中漢高祖作鎭并門奏爲兼判開運末契丹入汴漢祖即位于晉陽授中書侍郎平章事漢祖蒞阼兼刑部尚書俄加右僕射集賢殿大學士漢祖大漸與蘇逢吉楊邠等受顧命立少主明年轉左僕射三年冬太祖入平內難禹珪道入都城爲兵士所擄翼日太祖令人求之既見撫慰甚至尋復其位國初加守司空尋罷相守本官世宗嗣位封莒國公未幾受代歸第顯德三年正月旦與客對食之際暴疾而卒時年六十二禹珪純厚長者遭遇漢祖及蘇逢吉夷滅禹珪恬然無咎時人以爲積善之報也子德祥登進士第累歷臺省

景範淄州長山人[案此下有闕文據世宗紀景範父名初以戶部郎中致仕]世宗之北征也命爲東京副留守車駕迴自河東世宗以艱于國用乃以範爲中書侍郎平章事判三司[冊府元龜載世宗即位七月癸巳制曰朕自履宸極思乎泰階出一令慮下民之未從行一事懼上穹之罔祐晨興夕惕終歲于茲雖禮讓漸聞興行而風雨未之咸若豈刑政之所闕而德敎之未孚哉由是進用良臣輔宣皇化雖朕志先定亦輿情具贍爰擇嘉辰誕敷明命樞密院直學士中大夫尚書工部侍郎上柱國晉陽縣開國男食邑三百戶賜紫金魚袋範昔佐先帝每罄嘉謨逮事眇躬愈傾忠節奉上得大臣之體檢身爲君子之儒一昨戎輅親征皇都是守贊勳賢于留府副徵發于行營軍政所需國用無闕令則靈臺偃革宣室圖功思先朝欲用之言成聖考得賢之美俾參大政仍掌利權爾其明聽朕言往敷洪化予欲則垂象而清品彙爾則順天道以叙彝倫予欲恤刑名而息戰爭爾則謹憲章而恢廓略天人之際懸合軍民之事罔渝則國相之尊非爾孰處邦計之重惟材是屬勉思倜儻以致君勿效因循而保位竚聞成績用副虛懷可正議大夫中書侍郎平章事判三司]範爲人厚重剛正無所屈撓然理繁治劇非其所長雖悉心盡瘁終無稱職之譽世宗知之因其有疾乃罷司計尋以父喪罷相東歸顯德三年冬以疾卒于鄉里優詔贈侍中官爲立碑焉

史臣曰：夫以稽古之力，取秉鈞之位者，豈常人乎！然文紀軌于貨殖，裔孫傷于齷齪，則知全其德者鮮矣。如成績之文，宋元錫之履行，景範之純厚，皆得謂之君子儒矣，以之爰立，何用不臧。

舊五代史卷一百二十七考證

周列傳七和凝傳欲預出宣敕十數道密付開封尹鄭王令有緩急即旋塡將校姓名令領兵擊之　案洛陽搢紳舊聞記作已命高行周爲招討張從恩爲都監仍令焦繼勳等數人備指使是晉祖未北征已命將校矣與是書異

舊五代史卷一百二十八

宋門下侍郎參知政事監修國史薛居正等撰

周書第十九

列傳八

王朴，字文伯，東平人也。父序，以朴貴，贈左諫議大夫。朴幼警慧，好學善屬文。漢乾祐中，擢進士第，解褐授校書郎，依樞密使楊邠，館于邠第。是時漢室寖亂，大臣交惡，朴度其必危，因乞告東歸。未幾，李業輩作亂，害邠等三族，凡游其門下者多被其禍，而朴獨免。國初，世宗鎭澶淵，朝廷以朴爲記室。及世宗爲開封尹，拜右拾遺，充開封府推官。世宗嗣位，授比部郎中，賜紫。二年夏，世宗命朝廷文學之士二十餘人，各撰策論一首，以試其才。時朴獻平邊策云：

唐失道而失吳蜀，晉失道而失幽并。觀所以失之由，知所以平之術。當失之時，莫不君暗政亂，兵驕民困，近者奸于內，遠者叛于外，小不制而至于大，大不制而至于僭，天下離心，人不用命。吳蜀乘其亂而竊其號，幽并乘其間而據其地。平之之術，在乎反唐晉之失而已。必先進賢退不肖，以淸其時；用能去不能，以審其材；恩信號令，以結其心；賞功罰罪，以盡其力；恭儉節用，以豐其財；徭役以時，以阜其民。俟其倉廩實，器用備，人可用而舉之。彼方之民，知我政化大行，上下同心，力強財足，人和將和，有必取之勢，則知彼情狀者願爲之間諜，知彼山川者願爲之先導。彼民與此民之心同，是與天意同；與天意同，則無不成之功。攻取之道，從易者始。當今吳國，東至海，南至江，可撓之地二千里。從少備處先撓之，備東則撓西，備西則撓東，必奔走以救其弊。奔走之間，可以知彼之虛實，衆之強弱，攻虛擊弱，則所向無前矣。勿大舉，但以輕兵撓之。彼人怯，知我師入其地，必大發以來應，數大發則必民困而國竭；一不大發，則我獲其利。彼竭我利，則江北諸州乃國家之所有也。既得江北，則用彼之民，揚我之兵，江之南亦不難而平之也。如此，則用力少而收功多。得吳，則桂廣皆爲內臣，岷蜀可飛書而召之。如不至，則四面並進，席卷而蜀平矣。吳蜀平，幽可望風而至。惟并必死之寇，不可以恩信誘，必須以強兵攻之，然其力已喪，不足以爲邊患，可爲後圖，候其便則一削以平之。方今兵力精練，器用具備，羣下知法，諸將用命，一稔之後，可以平邊。此歲夏秋，便可于沿邊貯納。臣書生也，不足以講大事，至于不達大體，不合機變，望陛下寬之。

世宗覽之，愈重其器識。未幾，遷左諫議大夫，知開封府事。初，世宗以英武自任，喜言天下事，常憤廣明之後，中土日蹙，値累朝多事，尚未克復，慨然有包舉天下之志，而居常計事者多不喻其旨。惟朴神氣勁峻，性剛決，有斷，凡所謀畫，動愜世宗之意，由是急于登用。尋拜左散騎常侍，充端明殿學士，知府如故。是時初廣京城，朴奉命經度，凡通衢委巷，廣袤之間，靡不由其心匠。及世宗南征，以朴爲東京副留守。車駕還京，改戶部侍郎，兼樞密副使。未幾，遷樞密使，檢校太保。頃之，丁內艱，尋起復，授本官。四年冬，世宗再幸淮甸，兼東京留守，京邑庶務，悉以便宜制之，比及入蹕，都下肅如也。（默記引閑談錄云：朴性剛烈，大臣藩鎭皆憚之。世宗收淮南，俾朴留守。時以街巷隘狹，例從展拆。朴怒廂校弛慢，于通衢中鞭背數十，其人忿然歎云：宣補廂虞候，豈得便從決。朴微聞之，命左右擒至，立斃于馬前。世宗聞之，笑謂近臣曰：此大愚人，去王朴面前誇宣補廂虞候，宜其死矣。）六年三月，世宗令樹斗門于汴口，不踰時而歸朝。是日，朴方過前司空李穀之第，交談之頃，疾作而仆于座，遽以肩舁歸第，一夕而卒，時年四十有五。（默記：王朴仕周世宗，制禮作樂，考定聲律，正星歷，修刑統，百廢俱起，又取三關，取淮南，皆朴爲謀。然事世宗纔四年耳，使假之壽考，安可量也。）世宗聞之駭愕，即時幸其第，及柩前，以所執玉鉞卓地而慟者數四。贈賻之類，率有加等，優詔贈侍中。（宋史王侁傳：朴卒，世宗幸其第，召見諸孤，以侁爲東頭供奉官。）朴性敏銳，然傷于太剛，每稠人廣座之中，正色高談，無敢觸其鋒者，故時人雖服其機變，而無恭懿之譽。其筆迹之外，多所該綜，至如星緯聲律，莫不畢殫其妙。所撰大周欽天歷及律準，並行于世。（默記云：周世宗于禁中作功臣閣，畫當時大臣如李穀、鄭仁誨之屬。太祖即位，一日過功臣閣，風開半門，正與朴象相對，太祖望見，卻立聳然，整御袍襟帶，磬折鞠躬。左右曰：陛下貴爲天子，彼前朝之臣，禮何過也？太祖以手指御袍云：此人在，朕不得此袍著。其敬畏如此。五代史闕文：周顯德中，朴與魏仁浦俱爲樞密使。時太祖皇帝已掌禁兵，一日，有殿直乘馬誤衝太祖導從，太祖自詣密地訴其無禮。仁浦令徽院勘詰，朴謂太祖曰：太尉名位雖高，未加使相，殿直廷臣也，與太尉比肩事主，太尉況帶職，不宜如此。太祖唯唯而出。臣謹案：朴之行事，傳于人口者甚衆，而史臣闕書。臣重修太祖實錄，已于李穀傳中見朴遺事，今復補其大者。況太祖、太宗在位，每稱朴有上輔之器，朝列具聞。）

楊凝式，華陰人也。（游宦紀聞載凝式年譜云：唐咸通十四年癸巳，凝式是年生，故題識多自稱癸巳人。又別傳云：凝式字景度。）父涉，唐末梁初，再登台席，麗相守左僕射卒。（歐陽史楊涉傳云：祖收，父嚴。吳縝纂誤云：收與嚴乃兄弟，非父子也。又游宦紀聞載楊氏家譜云：唐修行楊氏，系出越公房，本出中山相結，次子繼生洛州刺史暉，暉生河間太守恩，恩生越恭公鈞，出居馮翊，至王藏器從禪陽。唐相楊收之父曰遺直，生四子，名皆從又，曰發、假、收、嚴，以四時爲義。故發之子名皆從木，假之子從火，收之子從金，嚴之子從水。嚴生涉，涉生凝式，而收乃藏器之兄，涉之伯也。新五代史記唐六臣傳乃以收爲涉之祖，嚴之父，非也。）凝式體雖蕞眇，而精神穎悟，（宣和書譜云：凝式形貌寢侻然，精神覺然，要大于身。）富有文藻，大爲時輩所推。唐昭宗朝，登進士第，解褐度支巡官，再遷祕書郎、直史館。梁開平中，爲殿中侍御史、禮部員外郎。三川守齊王張宗奭見而嘉之，請以本官充留守巡官。梁相趙光允素重其才，奏爲集賢殿直學士，改考功員外郎。同光初，授比部郎中、知制誥，尋以心疾罷去，改給事中、史館修撰，判館事。明宗即位，拜中書舍人，復以心疾不朝而罷。長興中，歷右常侍、工戶二部侍郎，以舊恙免，改祕書監。清泰初，遷兵部侍郎。唐末帝按兵于懷覃，凝式在扈從之列，頗以心恙譁于軍砦，末帝以其才名，優容之，詔遣歸洛。晉天福初，改太子賓客，尋以禮部尚書致仕，閒居伊洛之間，恣其狂逸，多所干忤，自居守以降，咸以俊才耆德莫之責也。晉開運中，宰相桑維翰知其絕俸，窶于家食，奏除太子少保，分司于洛。漢乾祐中，歷少傅、少師。太祖總兵，凝式候于軍門，且以年老不任戎事上訴，太祖特爲奏免之。廣順中，表求致政，尋以右僕射得請。顯德初，改左僕射，又改太子太保，並懸車。元年冬，卒于洛陽，年八十五，贈太子太傅。凝式長于歌詩，善于筆札，（[illegible]）洛川寺觀藍牆粉壁之上，題紀殆徧，時人以其縱誕，有風子之號焉。（[illegible] 恐事泄，卽佯狂，時人謂之楊風子也。）

薛仁謙，字守訓，代居河東，近世徙家于汴，今爲浚儀人也。父延魯，仕唐爲汝州長史，累贈吏部尚書。仁謙謹厚廉恪，深通世務。梁郢王羅紹威甚重之，累署府職。唐莊宗即位于魏，授通事舍人。梁開平中，三聘于吳，得使者之體。遷衞尉少卿、引進副使，累加檢校兵部尚書。長興中，轉客省使、鴻臚少卿，出爲建雄軍節度副使，進階光祿大夫、檢校左僕射，改光祿少卿。晉天福初，授檢校司空、河中節度副使，歸朝，爲衞尉、太僕二卿。丁繼母憂，居喪制滿，授司農卿。漢乾祐中，以本官致仕。周初，改太子賓客致仕，仍加檢校司徒，進封侯爵。顯德三年冬，以疾終，年七十八，贈工部尚書。初，仁謙莊宗入汴也，有舊第爲梁朝六宅使李賓所據，時賓遣適，而仁謙復得其第。或告云賓之家屬厚藏金帛在其第內，仁謙立命賓親族盡出所藏而後入焉，論者美之。子居正，皇朝門下侍郎、平章事。

薛愿，字惟恭，梁宰相頊之子也。頊，明宗朝終于太子少保，唐書有傳。初，愿之曾祖倣，唐僖宗朝入相，接客之次，愿爲兒童，嬉戲傳呼之聲，倣謂客曰：余豈敢以得位而喜，所幸奕世壽考，吾今又有曾孫在目前矣。愿弱冠舉進士第，解褐爲校書郎，改殿直史館、監察殿中侍御史，遷比部員外郎、右司郎中、太常少卿。明宗朝，祀太微宮，愿醉預公卿之列，爲御史所彈，左遷右贊善大夫。未幾，授兵部郎中，復金紫。丁內艱，服闋，自左司郎中拜右諫議大夫，歷給事中、右常侍、祕書監，改太子賓客。廣順元年春卒，贈禮部尚書。愿性純謹，承事父母，未嘗不束帶而見，然性嗜酒無節，職事弛慢。爲兵部郎中日，常掌告身印，覃恩之次，頗怠職司，父頊爲吏部尚書，代愿視印，累其散率如此。愿卒時年七十餘，其母猶在，一門壽考，人罕及者。

盧損，其先范陽人也，近世任于嶺表。父頎，避宦于京師損少學爲文梁開平初舉進士性頗剛介以高情遠致自許與任贊劉昌素薛鈞高總同年擢第所在相詬時人謂之相鬬牓及任贊劉昌素居要切之地而損自異不相親狎時左丞李琪素薄劉昌素之爲人常善待損琪有女弟眇長年婚對不售乃以妻損損慕琪聲稱納之及琪爲輔相致損仕進梁貞明中累遷至右司員外郎唐書成初由兵部郎中史館修撰轉諫議大夫屢上書言事詞理淺陋不爲名流所知清泰中盧文紀作相素與損參議時政初長興中唐末帝鎭河中損嘗爲加恩使副及末帝即位用爲御史中丞拜命之日以自前憲司不能振舉綱領俾風俗頽壞乃大爲條奏而有乎明放鑰日出守端之語大爲士人嗤鄙有頃誤詳敕書失出羣人停任晉天福中復爲右散騎常侍轉祕書監大失所望即拜章辭位乃授戶部尚書致仕退居潁川時少保李鏻年將八十善服氣導引損以鏻之遐齡有道術酷慕之仍以潁川逼于城市乃卜居陽翟誅茅種藥山衣野服逍遥于林圃之間出則柴車鶴氅自稱具茨山人晚年與同輩五六人于大隗山中疏泉鑿坯爲隱所誓不復出山久之齒髮不衰似有所得廣順三年秋卒時年八十餘贈太子少傅

王仁裕字德輦天水人少孤不從師訓年二十五方有意就學一夕夢剖其腸胃引西江水以浣之又睹水中砂石皆有篆文因取而吞之及寤心意豁然自是姿性絕高（案此下有闕文輿地紀勝云王仁裕知貢舉時所取進士三十三人皆一時名公卿李昉王溥爲冠）有詩萬餘首勒成百卷目之曰西江集蓋以嘗夢吞西江文石遂以爲名焉（輿地紀勝仁裕所著有紫泥集西江集入洛記共百卷）後爲兵部尚書太子少保卒

裴羽字用化唐僖宗時宰相贄之子也羽少以父任爲河南壽安尉入梁遷御史臺主簿改監察御史唐明宗時爲吏部郎中使于閩遇颶風飄至錢塘時安重誨用事削奪吳越王封爵羽被留于錢塘經歲不得歸後重誨死吳越復通中國羽始得還晉初累遷禮部侍郎太常卿廣順初爲左散騎常侍卒贈工部尚書羽之使閩也正使陸崇卒于吳越羽載其喪還歸其橐裝時人義之

段希堯河內人也祖約定州戶掾贈太常少卿父昶晉州神山縣令累贈太子少保希堯少有器局累歷州縣唐天成中爲衞州錄事參軍會晉高祖作鎭于鄴聞其勤幹奏改洛州糾曹及晉祖鎭太原辟爲從事清泰中晉祖總戎于代北一旦軍亂遽呼萬歲晉高祖惑之希堯曰夫兵猶火也弗戢將自焚遽請戮其亂首乃止明年晉祖將舉義于太原召賓佐謀之希堯極言以拒之晉祖以其純朴弗之咎也晉祖龍飛霸府舊僚皆至達官惟希堯止授省郎而已天福中稍遷右諫議大夫尋命使于吳越及乘舟汎海風濤暴起檝師僕從皆相顧失色希堯謂左右曰吾生平履行不欺暗室昭昭天鑒豈無祐乎汝等但以吾爲託必當無患言訖而風止乃獲利涉使迴授萊州刺史檢校尚書右僕射未赴任改懷州六年秋移棣州刺史兼榷鹽礬制置使少帝嗣位加檢校司空開運中歷戶部兵部侍郎漢初遷吏部侍郎判東西兩銓事國初拜工部尚書世宗嗣位轉禮部尚書顯德三年夏卒于洛陽時年七十有九贈太子少保子思恭右諫議大夫

司徒詡字德普清河郡人也父倫本郡督郵以清白稱詡少好讀書通五經大義弱冠應鄉舉不第唐明宗之鎭邢臺詡往謁之甚見禮遇命試吏于邯鄲歷永年項城令皆有能名長興初唐末帝鎭河中奏辟爲從事未幾徵拜左補闕史館修撰秦王從榮之開府也朝廷以詡爲戶部員外郎充河南府判官秦王遇害以例貶寧州司馬清泰初入爲兵部員外郎晉祖踐阼改刑部郎中充度支判官樞密直學士由兵部郎中遷左諫議大夫給事中充集賢殿學士判院事轉左散騎常侍工部侍郎歷知許齊亳三州事漢初除禮部侍郎凡三主貢舉自起部貳卿不數年間徧歷六曹由吏部侍郎拜太子賓客世宗即位授太常卿時世宗留意于雅樂議欲改正其音而詡爲足疾所苦居多假告遂命以本官致仕顯德六年夏卒于洛陽之私第年六十有六贈工部尚書詡善談論性嗜酒喜賓客亦信浮圖之教漢乾祐中嘗使于吳越航海而往至渤澥之中睹水色如墨舟人曰其下龍宮也詡因注香興念曰龍宮珍寶無用俟迴棹之日當以金篆佛書一帙用伸贄獻泊復經其所遂以經一函投于海中俄聞梵唄絲竹之音喧于船下舟人云此龍王來迎其經矣同舟百餘人皆聞之無不歎訝焉

邊蔚字德昇長安人父操華州下邽令累贈太子少師（宋史邊珝華州鄭人也曾祖頡石泉令祖操下邽令父蔚太常卿）蔚幼孤篤學有鄉里譽從交辟歷晉陝華三府從事唐莊宗之伐蜀大軍出于華下時屬華方闕帥蔚爲記室詔令權領軍府事供億軍儲甚有幹濟之稱及明宗入洛遣李沖齎詔于闕右盡誅閹官沖性深刻而華人有爲閹官所累者沖欲盡戮之蔚以理救護獲免者甚衆毛璋之鎭邠寧奏爲廉判時璋爲麾下所惑有跋扈之意蔚因乘間極言諭以逆順之理璋即時遣其子入貢朝廷以蔚有贊畫之效錫以金紫改許州戎判晉天福初自涇州戎幕徵拜虞部員外郎鹽鐵判官歷開封廣晉少尹晉少帝嗣位拜左散騎常侍判廣晉府事轉工部左右侍郎再知開封府事開運初出爲亳州防禦使爲政清肅亳民感之歲餘入爲戶部侍郎漢初拜御史中丞轉兵部侍郎太祖受命復知開封府事遷太常卿後以足疾辭位顯德二年冬卒于家時年七十有一子玗珝俱仕皇朝爲省郎

王敏字待問單州金鄉人性純直少力學攻文登進士第後依杜重威凡歷數鎭從事漢初重威叛于鄴時敏爲留守判官嘗泣諫重威懇請歸順重威始雖不從及其窮也納敏之言以其城降時魏之饑民十猶四五咸保其餘生者敏之力也入朝拜侍御史世宗鎭澶淵太祖以敏謹厚遂命爲澶州節度判官及世宗尹正王畿改開封少尹世宗嗣位權知府事旋拜左諫議大夫給事中遷刑部侍郎敏常以子壻陳南金薦于曹州節度使李繼勳表爲記室其後繼勳僨軍于壽春及歸闕而無待罪之禮世宗以繼勳武臣不之責也因遷怒南金謂其禪贊無狀乃黜之敏由是連坐遂免其官歲餘復拜司農卿顯德四年秋以疾卒

舊五代史卷一百二十八攷證

周列傳八楊凝式傳歷右常侍工戶二部侍郎　案別傳作工禮戶三部侍郎

年八十五　案別傳作八十二

裴羽傳贈工部尚書　案歐陽史作戶部尚書

段希堯傳河內人也　案宋史段思恭傳作澤州晉城人

舊五代史卷一百二十九

宋門下侍郎參知政事監修國史薛居正等撰

周書第二十

列傳九

常思字克恭太原人也父仁岳河東牙將累贈太子太師唐莊宗之爲晉王也廣募勝兵時思以趫捍應募累從戎役後爲長直都校歷捧聖軍使晉初遷六軍都虞候漢高祖出鎭并門奏以思從行尋表爲河東牢城都指揮使以勤幹見稱漢國初建授檢校太保遙領鄧州漢有天下遷檢校太尉昭義軍節度使乾祐初李守貞叛于河中太祖征之朝廷命思帥部兵以副焉既而御衆無能勒歸舊藩思在上黨凡五年無令譽可稱唯以聚斂爲務性又鄙恡未嘗與賓佐有酒肴之會嘗有從事欲求謁見者思覽刺而怒曰彼必是來覓酒也命典客者飲而遣之其鄙恡也如是太祖受命就加平章事初太祖微時以季父待思及即位遣其妻入覲太祖拜之如家人之禮仍呼曰叔母其恩顧如是廣順二年秋思來朝加兼侍中移鎭宋州三年夏詔赴闕改授平盧軍節度使思將赴鎭奏太祖云臣在宋州出鎭得絲十餘萬兩謹以上進請行徵督太祖頷之尋詔本州折劵以諭其民及到鎭未幾染風痺之疾上表請尋醫既而昇疾歸洛顯德元年春卒年六十有九贈中書令

翟光鄴字化基濮州鄄城人父景珂倜儻有膽氣梁貞明初唐莊宗始駐軍于河上景珂率聚邑人守永定驛固守踰年後爲北軍所攻景珂戰殁衆潰光鄴時年十歲爲明宗軍所俘以其穎悟俾侍左右字之曰永定既冠沈毅有謀莅事寡過明宗即位特深委遇累遷至皇城使檢校司空長興中樞密使安重誨得罪時光鄴與中官孟小僧頗有力焉居無何出爲耀州團練使清泰初入爲左監門衞大將軍晉天福中歷棣沂二州刺史西京副留守開運初授宣徽使楊光遠叛滅青州平除爲防禦使朝廷以兵亂之後人物彫弊故命光鄴理之光鄴好聚書重儒者虛齋論議惟求理道時郡民逃亡十之六七而招懷撫諭視之如傷故朞月之間流亡載輯契丹入汴僞命權知曹州李從益假號以光鄴明宗舊臣署爲樞密使漢祖至汴改左領衞大將軍乾祐初遷右金吾衞大將軍充街使檢校太保太祖踐阼復授宣徽使左千牛衞上將軍檢校太傅數月兼樞密副使會永興李洪信入朝代知軍府事廣順二年十月卒于長安時年四十六光鄴有器度慎密敦厚出于天然喜

慍不形于色事繼母以孝閨門兄弟皆雍睦雖食祿日久家無餘財任金吾日假官屋數間以蔽風雨親族累重饘食幾給人不堪其憂光鄴處之晏如也賓朋至則置酒延之談說終日略無厭倦士大夫多之及權知京兆以寬靜爲治前政有煩苛之事一切停罷百姓便之及病甚召親隨于卧内戒之曰氣絶之後以尸歸洛不得于此停留慮煩軍府言訖而終京兆吏如喪所親或有以槊酒遥奠者樞密使王峻素重光鄴且欲厚卹其家爲之上請故自終及葬所賜賻贈幾數千計詔贈太子少師光鄴膚革肥皙善于攝養故司天監趙延乂有袁許之術嘗謂人曰翟君外厚而内薄雖貴而無壽果如其言

曹英字德秀舊名犯今上御名故改焉本常山鎮定人父全武事趙王王鎔爲列校英因得隸于鎔之帳下及張文禮之亂唐莊宗奄有其地乃錄鎔之左右署爲散指揮使明宗卽位英侍于仗下問其祖考英以實對明宗曰乃朕之舊也擢爲本班行首每加顧遇晉天福中遷弩手軍使平張從賓于汜水以功授本軍都校漢初改奉國軍主加檢校司徒兼康州刺史乾祐初李守貞據河中叛授行營步軍都校河中平遷本軍廂主領岳州防禦使隨太祖在魏爲北面行營步軍都校從平内難國初以翊戴功授昭武節度使檢校太傅侍衛步軍都指揮使二年春總兵討慕容彦超于兗州梯衝塹壘頗有力焉夏五月太祖親征因併兵攻陷其城及凱旋領彰信軍節度使典軍如故世宗嗣位加同平章事授成德軍節度使車駕自太原迴加兼侍中顯德元年冬卒于鎮時年四十有九制贈中書令英性沈厚謙恭有禮避衽席之際接對賓客亦未嘗造次及卒搢紳之士亦皆惜之

李彦頵字德循太原人也本以商賈爲業太祖鎮鄴眞之左右及卽位歷綾錦副使榷易使世宗嗣位以彦頵有舊超授内客省使未幾知相州軍府事尋改延州兵馬留後到鎮頗以殖貨爲意蕃圖賸利侵漁蕃漢部人羣情大擾會世宗南征蕃部結聚圍迫州城彦頵閉壁自守求援于鄰道賴救兵至乃解世宗不悅徵赴京師然猶委曲庇護竟不之責尋爲西京水南巡檢使居無何命權知泗州軍州事改滄州兩使留後彦頵到任處置乖方大爲物情所鄙顯德六年秋受代歸闕遇疾而卒時年五十有二

李暉字順光瀛州束城人弱冠應募于龍驤軍漢祖領河東暉請從因得署爲河東牙將漢有天下授檢校司徒大内皇城使未幾遷宣徽南院使乾祐初拜河陽節度使檢校太傅太祖登極加同平章事尋移鎮滄州顯德元年就加兼侍中二年秋以世宗誕慶節來朝改邠州節度使五年移鎮鳳翔歲餘卒于鎮優詔贈中書令暉之儀貌不及于常人而位極將相年登耳順袁許之術夫何恃哉然性貪鄙而好小惠以邀虛譽故在河陽及滄州日民皆詣闕請立碑以頌其美議者亦未之許也

李建崇潞州人少從軍善騎射初事唐武皇爲鐵林都將轉奚騎飛騎二軍使從莊宗攻常山安巴堅來援莊宗率親軍千騎遇于滿城兵少爲契丹所圍時建崇爲親將與契丹格鬪自午至申會李嗣昭騎至契丹乃解去同光中自龍武捧聖都指揮使出歷襄秦徐雍都指揮使建崇性純厚處身任遇不能巧宦以致久滯偏禆明宗嘗掌牙兵與建崇共事及卽位甚愍之連授磁沁二郡入晉爲申州刺史天福七年冬襄州安從進搆逆率衆寇南陽時建崇領步騎千餘屯于葉縣開封尹鄭王遣宣徽使張從恩皇城使焦繼勳率在京諸軍會建崇軍拒賊至湖陽界之花山遇從進軍建崇接戰大敗之以功授亳州團練使襄陽平遷安州防禦使歷河陽邢州兵馬留後漢初入爲右衛大將軍年逾七十神氣不衰建崇始自代北事武皇至是四十餘年前後所掌兵麾下部曲多至節鉞零落殆盡惟建崇雖位不及藩屏而康强自適以至耆耄太祖卽位授左監門衛上將軍廣順三年春卒贈鄜州節度使

王重裔陳州宛丘人父達歷安均洛三州刺史因家于洛重裔幼沉厚有勇騎射年未及冠事莊宗爲驍直管契丹直從安汴洛累爲禁軍指揮使晉天福中鎮州安重榮謀叛稱兵指闕朝廷命杜重威率師拒之賊陣于宗城東晉遣騎軍擊之再合不動杜重威懼謀欲抽退重裔曰兵家忌退但請公分麾下兵擊其兩翼重裔爲公陷陣當其中軍彼必狼狽矣重威從之重榮卽時退賊遂敗以功遷護聖右廂都指揮使領費州刺史漢初仍典禁軍從征鄴都平遷深州刺史淮夷以李守貞故數侵邊埸以重裔爲亳州防禦使又命于徐州巡檢兼知軍州就加檢校太傅太祖踐阼加爵邑改功臣廣順元年夏以疾卒年五十有三贈武信軍節度使

孫漢英太原人也父重進事唐武皇莊宗爲大將賜姓名存進唐書有傳漢英少事戎伍稍至都將嘗爲東面馬步軍都指揮使清泰初興元節度使張虔釗失軍于岐下遂以其地西臣于蜀漢英兄漢韶時爲洋州節度使因茲阻隔亦送欵于蜀由是漢英與弟漢筠久之不調漢乾祐中太祖西征蒲雍以漢英戚里之分奏于軍中指使蒲雍平班師隱帝以漢英爲絳州刺史檢校司徒廣順元年冬卒于都

許遷鄆州人也初爲本州牙將性剛褊漢乾祐初爲左屯衛將軍與少府監馬從斌同監造漢祖山陵法物節財省用減數萬計改左監門大將軍又加檢校司空漢末權知隰州太祖踐阼劉崇遣子鈞率兵寇平陽路由于隰賊衆攻城城中兵少遷感激指論士鬪兼倍賊衆傷夷尋自退去太祖降詔撫諭正授隰州刺史遷切于除盜嫉惡過當或釘磔賊人令部下臠割誤斷不合死罪人其家詣闕致訟詔下開封府獄時陳觀爲知府素與遷不協深劾其事欲追遷對訟太祖以事狀可原但罷郡而已遷既奉朝請因大詬陳觀謂王峻曰相公執政所與參議宜求賢德如陳觀者爲儒無家行爲官多任情苟知其微屠沽兒恥與爲侶況明公乎峻無以沮之既而嬰疾請告歸汶上而卒

趙鳳冀州棗强縣人幼讀書舉童子既長兇豪多力以殺人暴掠爲事吏不能禁安重榮鎮常山招集叛亡鳳乃應募既而犯法當死卽破械踰獄遁而獲免天福中趙延壽爲契丹鄉導歲侵深冀鳳往依焉（宋史荊罕儒傳罕儒少無賴與趙鳳張犨爲羣盜晉天福中相率詣范陽委贄燕王趙延壽得掌兵權）契丹主素聞其桀黠署爲羽林軍使累遷羽林都指揮使常令將兵在邊貝冀之民日罹其患晉末契丹入洛鳳從至東京授宿州防禦使漢祖卽位受代歸闕尋授河陽行軍司馬乾祐初入爲龍武將軍丁父憂起復授右千牛衛大將軍漢末都城變起兵集之夜無不剽之室唯鳳里閭兵不敢犯人皆服其膽勇廣順初用爲宋亳宿三州巡檢使鳳出于伏莽尤知盜之隱伏乃誘致盜魁于麾下厚待之每桴皷之發無不擒捕衆以爲能然平民因捕盜而破家者多矣鳳善事人或使臣經由靡不傾財厚奉故得延譽而掩其醜迹太祖聞其幹事用爲單州刺史既剛忿不仁得位愈熾刑獄之間尤爲不道常抑奪人之妻女又以進奉南郊爲名率斂部民財貨爲人所訟廣順三年十二月詔削奪鳳在身官爵尋令賜死

齊藏珍少歷内職累遷諸衛將軍前後監押兵師在外頗稱幹事然險詖無行殘忍辯給無不畏其利口廣順中奉命滑州界巡護河隄以弛慢致河決除名配沙門島世宗在西班時與藏珍同列每聆其談論或剖判世務似有可采及卽位自流所徵還秦鳳之役令監偏師及淮上用兵復委監護與軍校何超領兵降下光州藏珍欺隱官物甚多超以爲不可藏珍曰沙門島已有屋數間不妨再去矣其不畏法也如此世宗既破紫金山砦追吳寇至渦口因與藏珍言及克捷之狀對曰陛下神武之功近代無比于文德則未光世宗頷之又問以揚州之事對曰揚州地實卑濕食物例多腥腐臣去歲在彼人以鱓魚饋臣者視其盤中虬屈一如蛇虺之狀假使鸛雀有知亦應不食豈況于人哉其敷奏大率多此類聞者無不悚然一日又奏云唐景思已爲刺史臣猶未蒙聖澤世宗俛而從之時濠梁未下卽命爲濠州行州刺史及張永德與李重進有間言藏珍嘗游說重進泊壽陽兵迴諸將中有以藏珍之言上奏者世宗怒急召赴闕四年夏以其冒稱檢校官罪按其事而斃之蓋不欲暴其惡跡也

王環本眞定人唐天成初孟知祥鎮西川環往事之及知祥建號環累典軍衛孟昶嗣位環常宿衛于中顯德二年秋王師西伐時環爲鳳州節度使初偏師傅其城下爲環所敗禆將胡立爲環所擒是冬王師大集急攻其城蜀之援兵相次敗走環聞之守備愈堅王師攻擊數月方克城陷環就擒及到闕世宗以忠于所事釋其罪授右驍衛大將軍四年冬世宗南征環隨駕至泗州遇疾而卒

張彦超本沙陀部人也素有郤克之疾時號爲跛子初以騎射事唐莊宗爲馬直軍使莊宗入汴授神武指揮使明宗嘗以爲養子天成中擢授蔚州刺史素與晉高祖不協屬其總戎于太原遂舉其城投于契丹卽以爲雲州節度使契丹之南侵也彦超率部衆頗爲鎮魏之患及契丹入汴遷侍衛馬軍都校尋授晉昌軍節度使漢高祖入洛彦超飛表輸誠移授保大軍節度使乾祐初奉詔歸闕止奉朝請而已太祖自鄴入平内難隱帝令彦超董騎軍爲拒劉子陂兵亂彦超先謁見太祖廣順中授神武統軍顯德三年冬以疾終于第制贈太子太師

張穎太原人駙馬都尉永德之父也（宋史列傳永德并州陽曲人家世饒財曾祖丕尙氣節後唐武皇鎮太原急于用度多嚴選富家子掌帑庫或調度不給卽坐誅沒入貲產丕爲之滿歲府財有餘宗人次當補其任率族屬泣拜請丕濟其急丕又爲代掌一年鄉里服其義）累爲藩郡列校由内職歷諸衛將軍國初以戚里之故自華州行軍司馬歷鄧懷二州刺史遷安州防禦使穎性卞急

峻刻不容人之小過雖左右親信亦皆怨之部曲曹澄有處女頵逼而娶之澄遂與不逞之徒數人同謀害頵中夜挾刃入于寢門執頵而殺之遂奔于金陵世宗征淮南以永德之故遣江南李景令執澄等送行在及至世宗以澄等賜永德俾甘心而戮之

劉仁贍畧通儒術好兵書在澤國甚有聲望吳主知之累遷爲僞右監門衛將軍歷黃袁二州刺史所至稱治洎李景僭襲僞位俾掌親軍遷鄂州節度使居數年復以兵柄任之改壽州節度使及王師渡淮而仁贍固守甚堅洎世宗駐蹕于其壘北數道齊攻塡塹陷壁晝夜不息如是者累月世宗臨城以諭之而仁贍但遜詞以謝及車駕還京命李重進總兵守之復乘間陷我南砦自是圍之愈急城中飢死者甚衆三年冬淮寇復來救援列砦于紫金山夾道相屬纍然數十里亘及壽壁而重進兵幾不能支世宗患之遂復議親征車駕至壽春命今上率師破紫金山之衆擒其應援使陳承昭以獻仁贍聞援兵既敗計無所出但扼吭浩嘆而已會世宗以紫金山之捷飛詔以諭之時仁贍臥疾已亟因翻然納欵而城內諸軍萬計皆屏息以聽其命及見于行在世宗撫之甚厚賜與加等復令入城養病尋授天平軍節度使兼中書令制出之日薨于其家年五十八世宗聞之遣使弔祭命內臣監護喪事追封彭城郡王後以其子崇讚爲懷州刺史仁贍輕財重士法令嚴肅重圍之中其子崇諫犯軍禁卽令斬之故能以一城之衆連年拒守逮其來降而其下未敢竊議者保其後嗣抑有由焉崇讚仕周累爲郡守幼子崇諒後自江南歸于本朝亦位至省郎

舊五代史卷一百二十九攷證

周列傳九張穎傳國初以戚里之故自華州行軍司馬歷郢懷二州刺史遷安州防禦使　案宋史作事晉爲安州防禦使與是書異

劉仁贍傳時仁贍臥疾已亟因翻然納欵　案歐陽史云仁贍固守三月病甚已不知人其副使孫羽詐爲仁贍書以城降是仁贍未嘗親納欵于周也是書作翻然納欵蓋仍周實錄原文未及釐正

安巴堅舊作阿保機今改

舊五代史卷一百三十

宋門下侍郎參知政事監修國史薛居正等撰

周書第二十一

列傳十

王峻字秀峯相州安陽人也父豐本郡樂營使峻幼慧黠善歌梁貞明初張筠鎭相州憐峻敏惠遂畜之及莊宗入魏州筠棄鎭南渡以峻自隨時租庸使趙巖訪筠于其第筠召峻聲歌以侑酒巖悅筠因以贈之頗得親愛梁亡趙氏族滅峻流落無依寄食于符離陳氏之家久之彌窘乃事三司使張延朗所給甚薄清泰末延朗誅漢祖盡得延朗之資產僕從而峻在籍中從歷數鎭常爲典客漢祖踐阼授客省使奉使荆南留于襄漢爲監軍入爲內客省使及趙思綰作亂于永興漢隱帝命郭從義討之以峻爲兵馬都監從義與峻不協甚如水火未幾改宣徽北院使賊平加檢校太傅轉南院使太祖鎭鄴兼北面兵馬峻爲監軍留駐鄴城隱帝蕭墻變起峻亦爲羣小所搆舉家見害從太祖赴闕綢繆帷幄贊成大事峻居首焉京師平定受漢太后令充樞密使太祖北征至澶州爲諸軍擁迫峻與王殷在京聞變乃遣侍衞馬軍都指揮使郭崇往宋州前申州刺史馬鐸往許州以防他變二州安然亦峻之謀也太祖踐阼加平章事尋兼右僕射門下侍郎平章事監修國史時朝廷初建四方多故峻夙夜奉事知無不爲每與太祖商推軍事未嘗不移時而退甚有裨益然爲性輕躁舉措率易以天下之事爲己任每有啓請多自任情太祖從而順之則忻然而退稍未允可則應聲而慍不遜之語隨事輒發太祖素知其爲人且以佐命之故每優容之峻年長于太祖二歲太祖雖登大位時以兄呼之有時呼表字不忘布衣之契也峻以此益自負焉廣順元年冬劉崇與契丹圍晉州峻請行應援太祖用爲行營都部署以徐州節度使王彥超爲副詔諸軍並取峻節度許峻以便宜從事軍行資用仰給于官隨行將吏得自選擇將發之前召宴于滋德殿太祖出女樂以寵之奉辭之日恩賜優厚不拘常制及發太祖幸西莊親臨宴餞別賜御馬玉帶執手而別峻至陝駐留數夕劉崇攻晉州甚急太祖憂其不可及議親征取澤州路入與峻會合先令諭峻峻遣驛騎馳奏請車駕不行幸時已降御札行有日矣會峻奏至乃止峻軍既過絳郡距平陽一舍賊軍燔營狼狽而遁峻入晉州或請追賊必有大利峻猶豫久之翌日方遣騎軍襲賊信宿而還向使峻極力追躡則并汾之孽無噍類矣峻亦深恥無功因計度增修平陽故城而迴時永興軍節度使李洪信漢室之密戚也自太祖踐阼恒有憂沮之意而本城軍不滿千峻出征至陝州以救援晉州爲辭抽起數百人及劉崇北遁又遣禁兵千餘人屯于京兆洪信懼遂請入朝峻軍迴太祖厚加優賜時慕容彥超叛于兗州已遣侍衞步軍都指揮使曹英客省使向訓率兵攻之峻意欲自將兵討賊累言于太祖曰慕容劇賊曹英不易與之敵耳太祖默然未幾親征命峻爲隨駕一行都部署破賊之日峻督軍在城南其衆先登頗有得色從駕還京未幾貢表乞解樞機卽時退歸私第峻貪權利多機數好施小惠喜人附己太祖登極之初務存謙抑潛龍將佐未甚進用其後鄭仁誨李重進向訓等稍遷要職峻心忌之至是求退蓋偵太祖之意也未陳請之前多發外諸侯書以求保證旬浹之內諸道馳騎進納峻書聞者驚駭其事峻連貢三章中使宣諭無虛日太祖嚴駕將幸其第峻聞之卽馳馬入見太祖慰勞久之復令視事峻又于本院之東別建公署廊廡廳事高廣華侈及土木之功畢請太祖臨幸恩賜甚厚其後內園新起小殿峻視之奏曰宮室已多何用于此太祖曰樞密院舍宇不少公更自興造何也峻慙懟默而退時峻以前事趙巖頗承寵愛至是欲希贈官立碑或謂峻曰趙巖以諂佞事君破壞梁室至今言者無不切齒苟如所欲必貽物議乃止巖姪崇勳居于陳郡峻爲求官田宅以賜之太祖亦從之三年春修利河堤大興土功峻受詔檢校既而世宗自澶州入覲峻素憚世宗之聰明英果聞其赴闕卽自河次歸朝居無何邀求兼領青州太祖不得已而授之既受命求暫赴任奏借左藏綾絹萬匹從之是歲戶部侍郎趙上交權知貢舉上交嘗詣峻峻言及一童子上交不達其旨牓出之日童子不第峻銜之及貢院申中書門下取日過堂峻知印判定過日及上交引新及第人至中書峻在政事堂厲聲曰今歲選士不公當須覆試諸相曰但緣已行指揮行過臨事不欲改移況未敕下覆試非晚峻愈怒詬責上交聲聞于外少頃竟令引過及罷上交詣本廳謝峻峻又延之飲酌從容翌日峻奏上交知舉不公請致之于法太祖領之而已又奏請以顏衎陳觀代范質李穀爲相太祖曰進退宰輔未可倉卒待徐思之峻論列其事奏對不遜太祖未食日將亭午諍之不已太祖曰節假之內未欲便行已俟假開卽依所奏峻退至中書是月吏部選人過門下峻當其事頗疑選部不公其擬官選人落下者三十餘人次日寒食時節臣寮各歸私第午時宣召宰臣樞密使及入幽峻于別所太祖見馮道已下泣曰峻凌朕頗甚無禮太過擬欲盡去左右臣寮翦朕羽翼朕兒在外專意阻隔暫令到闕卽懷怨望豈有既總樞機又兼宰相堅求重鎭尋亦授之任其襟懷尚未厭足如此無君誰能甘忍卽召翰林學士徐台符等草制其日退朝宣制貶授商州司馬差供奉官蔣光遠援送赴商州未幾死于貶所時廣順三年三月也 通鑑峻至商州得腹疾帝猶愍之命其妻往視之未幾而卒 初峻降制除青州有司製造旌節以備迎授前一夕其旄有聲甚異聞者駭之主者曰昔安重誨授河中節亦有此異焉又所居堂陛忽然隱起如堆又夢被官府追攝入司簿院既寤心惡之以是尤加狂躁峻才疎位重輕躁寡謀聽人穿鼻既國權在手而射利者曲爲指畫乃啗餌虎臣離間親舊加以善則稱己無禮于君欲求無罪其可得乎 五代史闕文廣順初河東劉崇引契丹攻晉州遣峻率師赴援峻頓兵于陝周祖親征遣使諭之峻見使受宣訖謂使曰與某馳還附奏陛下言晉州城堅未易可破劉崇兵鋒方銳不可與力爭所以駐兵者待其氣衰耳非臣怯也陛下新卽位不宜輕舉今朝中受聖知者惟李穀范質而已陛下若車駕出汜水則慕容彥超以兵入汴大事去矣使還具奏周祖自以手提其耳曰幾敗吾事

慕容彥超 案此下有闕文 爲兗州節度使彥超卽漢高祖之同產弟也嘗冒姓閻氏體黑麻面故謂之閻崑崙彥超鎭兗州漢隱帝欲殺周太祖召彥超方食釋匕箸而就道周兵犯京師隱帝出勞軍太后使彥超衞帝彥超曰北兵何能爲當于陣上唱坐使歸營彥超敗奔兗隱帝遇弑周太祖特彥超進呈鄆州節度使高行周來書其書意卽行周毀謗太祖結連彥超之意帝覽之笑曰此必是彥超之詐也試令驗之果然其鄆州印元有缺文不相接其爲印卽無缺處帝尋命齎書示諭行周行周上表謝恩先是塡星初至角亢占者曰角亢鄭分兗州屬焉彥超卽率軍府賓佐步出州西門三十里致祭迎于開元寺塑像以事之謂之菩薩日至祈禱又令民家豎黃旛以禳之及城陷彥超方在土星院燃香急乃馳去 五代史補慕容彥超素有鈎距兗州有盜者詐爲大官從人跨驢于衢中市羅十餘疋價值既定引物主詣一宅門以驢付之曰此本宅使汝且在此吾爲汝上白于主以請值物主許之既而聲跡悄然物主怒其不出叩門呼之則空宅也于是連呼賊巡司至疑其詐執以驢收之詣府彥超憫之且曰勿憂吾爲汝擒此賊乃留物主府中復戒廐卒高繫其驢通宵不與水草然後密召親信者于通衢中放之且曰此盜者之驢耳自昨日不與水草其飢渴者甚矣放之必奔歸家但可躡蹤而觀之盜無不獲也親信者如其言躡之其驢果入一小巷轉數曲忽有兒戲于門側視其驢連呼曰驢歸驢歸盜者聞之欣然出視遂擒之　高祖登極改乾祐爲廣順是年兗州慕容彥超反高祖親征城將破忽夜夢一人狀貌甚偉異被王者之服謂高祖曰陛下明日當得城及

覺天猶未曉高祖私謂徵兆如此可不預備乎于是躬督將士戮力急攻至午而城陷車駕將入有司請由生方門朔而進遂取別巷轉數曲見一處門牆甚高大問之云夫子廟高祖意豁然謂近臣曰寡人所夢得非夫子乎不然何取路于此也因下馬觀之方升堂覩其聖像一如夢中所見者于是大喜叩首再拜近臣或諫以爲天子不合拜異世陪臣高祖曰夫子聖人也百王取則而又夢告寡人得非夫子幽贊所及耶安得不拜仍以廟側數十家爲灑埽戶命孔氏襲文宣王者長爲本縣　慕容彥超之被圍也乘城而望見高祖親臨矢石其勢不可當退而憂之因勉其麾下曰汝等宜爲吾盡命吾庫中金銀如山積若全此城吾盡以爲賜汝等勿患富貴之有卒私言曰我知侍中銀皆鐵胎得之何用于是諸軍聞之稍稍解體未幾城陷及高祖之入也有司閱其庫藏其間銀鐵胎者果十有七八初彥超常令人開質庫有以鐵胎銀質錢者經年後庫吏始覺遂言之于彥超初甚怒頃之謂吏曰此易致耳汝宜僞劃庫牆凡金銀器用暨縑帛等速皆藏匿仍亂撤其餘以爲賊蹤後申明吾當擒此輩矣庫吏如其教于是彥超下令曰吾爲使長典百姓而又不謹遺賊劃去其過深矣今恐百姓疑彥超隱其物宜令三月內各投狀明言質物色自當陪償之不爾者有過百姓以爲然于是投狀相繼翌日鐵胎銀主果出于是擒之置之深屋中使教部曲輩晝夜造用實府庫此銀是也

閻宏魯者後唐邢州節度使寶之子也寶唐書有傳宏魯事唐明宗晉高祖累歷事任家本魯中泊告疾歸里慕容彥超初臨禮待極厚及謀大逆以宏魯子希俊爲鎮寧軍節度副使在世宗幕下而惡之聞朝廷出兵隄防即責宏魯曰爾教兒捍我于朝將覆吾族耶故羅其禍崔周度者父光表舉進士科中盧質節制橫海辟爲支使周度有文學起家長蘆令登朝歷監察御史右補闕以家在齊州欲謀菟裘事懇求外任除泰寧軍節度判官而性剛烈又以嘗爲諫官覩凶帥之不法不忍坐視其弊因極言以諫彥超故及斯禍太祖平兗州詔曰閻宏魯崔周度義死之臣禮加二等所以滲漏澤而賁黃泉也爾等貞節昭彰正容肅厲以從順爲已任以立義作身謀履此禍機併罹冤横宜伸贈典以慰貞魂宏魯可贈左驍衛大將軍周度可贈秘書少監

舊五代史卷一百三十考證

周列傳十王峻傳又奏請以顏衎陳觀代范質李穀爲相　案顏衎陳觀歐陽史作顏衎陳周

未幾死于貶所時廣順三年三月也　案五代春秋作三月誅王峻與是書異

舊五代史卷一百三十一

宋門下侍郎參知政事監修國史薛居正等撰

周書第二十二

列傳十一

劉皡字克明晉丞相譙國公昫之弟也昫晉書有傳皡少離鄉里唐天祐中梁將劉鄩襲太原軍至樂平時皡客于鄉舍爲鄩軍所俘謝彥章見之知其儒者待之以禮謂其鄉人劉去非曰爲君得一宗人即命皡見之去非詢其爵里乃親族也對泣久之自是隨去非客于彥章門下彥章得罪去非爲郢州刺史皡隨之郡莊宗平河洛去非以嘗從劉守奇歸梁深懼獲罪乃棄郡投高季興于荆南皡累爲荆州攝官既而兄昫明宗朝爲學士遣人召歸梁漢顒鎮鄆州辟爲從事入爲監察御史歷水部員外郎史館修撰長興末宰臣趙鳳鎮邢臺表爲節度判官清泰初入爲起居郎改爲部員外郎兼侍御史知雜事移河南少尹兵部郎中轉太府卿漢祖受命用爲宗正卿周初改衞尉卿廣順元年冬十月稅居于東京夜夢鬼詫之曰公于我塚上安牀深不奉益皡問鬼姓氏曰姓丕文皡曰君言殊誤都城內豈可塚耶曰塚本在野張十八郎展城時圍入忽寤又半月復夢前鬼曰公不相信屈觀吾舍可乎即以手指地豁然見華第花木叢萃房廡雕煥立皡于西廡久之見一團火如竈前來漸近即前鬼也引皡深入出其孥泣拜如有所託皡問丕文鬼曰冥司各有部屬外不知也皡曰余何至再三不對苦訊之曰齊王判官皡曰張令公爲齊王去世久矣今鄆州高令公爲齊王余方爲列卿豈復爲賓佐乎鬼曰不知也皡既寤欲掘而視之既而又告同僚曰鬼雜見許其如吾稅舍何乃止廣順二年春朝廷以皡爲高麗冊使三月至鄆節度使高行周以皡嗜酒留連累日旦夕沉醉其月二十三日晨興櫛髮狀如醉寐男泳視之已卒矣太平廣記云衙命使吳越卒于郵亭時年六十一其年八月鄆帥齊王高行周亦夢請齊王判官得無是乎皡從儒學好聚書嗜酒無儀檢然衷抱無他急于行義士友以此多之

張沆字太元徐州人父嚴本州牙將沆少力學攻詞賦登進士第唐明宗子秦王好文然童年率動不由禮每賓僚大集手自出題令面前賦詩少不如意則壞裂抵棄沆初以刺謁秦王屬合座客各爲南湖亭記因謂沆曰聞生名久矣請爲此文沆不獲已從之及羣士記成獨取沆所爲勒之于石辟是署爲河南府巡官秦王敗勒歸鄉里晉初桑維翰秉政沆以文干進用爲著作佐郎集賢校理遷右拾遺維翰出鎮奏爲記室從維翰入朝授殿中侍御史歲餘自侍御史改祠部員外郎知制誥召入翰林爲學士維翰罷相馮玉用事不欲沆居禁密改右諫議大夫罷其職漢祖至汴轉右常侍復用爲學士未幾遷工部尚書充職明年以營奉葬事求解職改禮部尚書及歸朝復爲學士太祖以沆耳疾罷職改刑部尚書廣順二年秋命爲故齊王高行周冊贈使復命而卒贈太子少保沆性儒雅好釋氏雖久居祿位家無餘財死之日圖書之外唯使鄆之貲耳嗣子尚幼親友慮其耗散上言于太祖乃令三司差人主葬餘貲市邸舍以贍其孤焉沆記覽文史好徵求僻事公家應用時出一聯以炫奇筆故不爲馮玉所重雖有瞶疾猶出入金門凡五六年漢隱帝末年楊史遇害翌日沆方知之聽猶未審忽問同僚曰竊聞盜殺史公其盜獲否是時京師恂懼之次聞者笑之有士人申光遜者與沆友善沆未病時夢沆手出小佛塔示光遜視其上有詩十四字云今生不見故人面明月高高上翠樓光遜既寤心惡之俄聞沆卒

張可復字伯恭德州平原人也父達累贈戶部侍郎可復略通儒術少習吏事梁末薄遊于魏鄴王羅紹威表爲安陽簿唐天成初依晉公霍彥威于青州爲從事晉公以其滑稽好避事目爲姦兔兒長興中入朝拜監察御史六遷至兵部郎中賜金紫晉天福中自西京留守判官入爲秘書少監改左司郎中開運中遷左諫議大夫漢乾祐初湘陰公鎮徐方朝行中選可以從戎者因授武寧軍節度副使檢校禮部尚書及世宗鎮澶淵改鎮寧軍節度行軍司馬三年徵拜給事中世宗嗣位以澶淵幕府之舊拜右散騎常侍顯德元年秋以疾卒年七十有三制贈戶部尚書可復無他才惟以謹愿保長年加之迂儒多爲同列清俊者所侮而累階至金紫居三品之秩亦其命耶

于德辰字進明元城人也幼敏悟篤志好學及射策文場數上不調後唐明宗鎮邢州德辰往謁焉明宗見而器之因得假官于屬邑後繼歷州縣歷仕晉漢周官至工部尚書

王延字世美鄭州長豐人也少爲儒善詞賦會鄉曲離亂不獲從鄉薦因客于浮陽隨滄帥戴思遠入梁嘗以所爲賦謁梁相李琪琪覽之欣然曰此道近難其人王生升我堂矣繇是人士稱之尋薦爲即墨縣令歷徐宋鄆青四鎮從事長興初鄉人馬道趙鳳在相位擢拜左補闕踰年以水部員外郎知制誥遷中書舍人賜金紫清泰末以本官權知貢舉時有舉子崔頎者故相協之子也協素與吏部尚書盧文紀不睦及延將入貢院文紀謂延曰舍人以謹重聞于時所以去冬老夫在相位時與諸相首以長者聞奏用掌文衡然貢闈取士頗多面目說者云越人善泅生子方晬乳母浮之水上或駭然止之乳母曰其父善泅子必無溺今若以名下取士即此類也舍人當求實才以副公望延退而謂人曰盧公之言蓋爲崔頎也縱與其父不悅致意何至此耶來春以頎登甲科其年改御史中丞歲滿轉尚書右丞奉使兩浙吳人深重之復命授吏部侍郎改尚書左丞拜太常卿歷工禮刑三尚書周初以疾求分司西洛授太子少保既而連月請告爲留臺所糾改少傅致仕廣順二年冬卒時年七十有三子億仕皇朝爲殿中丞

申文炳字國華洛陽人也父鄂唐左千牛衞將軍文炳長興中進士擢第釋褐中正軍節度推官歷孟懷支使鄆城陝縣二邑宰自澶州觀察判官入爲右補闕晉開運初授虞部員外郎知制誥轉金部郎中充職廣順中爲學士遷中書舍人知貢舉玉壺清話李度顯德中舉進士工詩有云醉輕浮世事老重故鄉人樞密王朴以此一聯薦于申文炳文炳知貢舉遂爲第三人　顯德五年秋以疾解職授左散騎常侍六年秋卒于家時年五十文炳爲文典雅有訓誥之風執性紓緩待搢紳以禮中年而卒皆惜之

扈載少好學善屬文賦頌碑贊尤其所長廣順初隨計于禮部文價爲一時之最是歲升高等載因遊相國寺見庭竹可愛作碧鮮賦題其壁世宗聞之遣小黃門就壁錄之覽而稱善因拜水部員外郎知制誥遷翰林學士賜緋宋史李穀傳扈載以文章馳名樞密使王朴薦令知制誥除書未下朴詣中書言之穀曰斯人命薄慮不克享耳朴曰公在衡石之地當以材進人何得言命而遺才載遂知制誥遷翰林學士未幾卒世謂朴能薦士穀能知人載已病不能謝居百餘日乃力疾入直學士院世宗憐之賜告還第遣太醫視疾年三十有六卒載始自解褐至終纔四年而與劉袞皆有才無命時論惜之

劉袞彭城人神爽氣俊富有文藻繇進士第任左拾遺與扈載齊名年二十八而卒

賈緯真定獲鹿人也宋祁景文集賈令君墓誌銘賈氏自唐司空魏國公耽世貫滄州南皮子孫稍徙真定五世祖諱高祖諱壇曾祖處士諱初有至性疾世方亂守鄉里不肯事四方祖諱緯　少苦學爲文唐末舉進士不第遇亂歸河朔本府累署參軍邑宰唐天成中范延光鎮定州表授趙州軍事判官

遷石邑縣令緯屬文之外勤于撰述以唐代諸帝實錄自武宗以下闕而不紀乃採掇近代傳聞之事及諸家小說第其年月編爲唐年補錄凡六十五卷識者賞之景文集緯博學善詞章論議明鋭一時諸儒皆屈自武宗後史錄亡散君掇拾殘餘爲唐年補錄數十萬言叙成敗事甚悉書廟于時晉天福中入爲監察御史改太常博士緯常以史才自負銳于編述不樂曲臺之任乃陳情于相座又與監修國史趙瑩詩曰滿朝唯我相秉柄無親讎三年司大董最切是編修史才不易得勤勤處處求愚從年始立東觀思優游昔時人未許今來處白頭春臺與秋閣往往興歸愁信運北闕下不繫如虛舟綿蕝非所好一日疑三秋何當適所願便如昇瀛洲未幾轉屯田員外郎改起居郎史館修撰又謂瑩曰唐史一百三十卷止于代宗已下十餘朝未有正史請與同職修之瑩以其言上奏晉祖然之謂李崧曰賈緯欲修唐史如何對曰臣每見史官輩言唐朝近百年來無實錄既無根本安能編紀緯聞崧言頗怒面責崧沮已崧曰與公鄉人理須相惜此事非細安敢輕言緯與宰臣論說不已明年春敕修唐史緯在籍中月餘丁內艱歸眞定開運初服闋復起居郎修撰如故尋以本官知制誥緯長于記注應用文筆未能過人而議論剛强儕類不平之因目之爲賈鐵嘴開運中累遷中書舍人契丹入京師隨契丹至眞定役與公卿還朝授左諫議大夫緯以久次綸閣比望丞郎之拜及遷諫署觖望彌甚蘇逢吉監修國史以緯頻投文字甚知之尋充史館修撰判館事乾祐中受詔與王伸竇儼修漢高祖實錄緯以筆削爲已任然而褒貶之際憎愛任情晉相桑維翰執政日薄緯之爲人不甚見禮緯深銜之及叙維翰傳身沒之後有白金八千鋌他物稱是翰林學士徐台符緯邑人也與緯相善謂緯曰竊聞吾友書桑魏公白金之數不亦多乎但以十目所覩不可厚誣緯不得已改爲白金數千鋌緯以撰述之勞每詣宰執懇祈遷轉過內難不果太祖即位改給事中判館如故先是竇貞固奏請修晉朝實錄既竟亦望陞擢貞固猶在相位乃上疏抗論除拜不平既而以所撰日歷示監修王峻皆媒孽貞固及蘇禹珪之短歷詆朝士之先達者峻惡之謂同列曰賈給事家有士子亦要門閥無玷今滿朝並遭非毀教士子何以進身乃于太祖前言之出爲平盧軍行軍司馬時符彥卿鎮青州以緯文士厚禮之緯妻以緯左遷駭惋傷離病留于京緯書候之曰勉醫藥來春與子同歸獲鹿廣順二年春緯卒及訃至妻一慟而終果雙柩北歸聞者歎之緯有集三十卷目曰草堂集並所撰唐年補錄六十五卷皆傳于世

趙延乂字子英秦州人曾祖省躬以明術數爲通州司馬遇亂避地于蜀祖師古黔中經略判官父溫珪仕蜀爲司天監溫珪長于袁許之術兼之推步王建時深蒙寵待延問得失事微差跌即被詰讓臨終謂其子曰技術雖是世業吾仕蜀已來幾由技術而死爾輩能以他途致身亦良圖也延乂少以家法仕蜀由騰爲奉禮郎翰林待詔蜀亡入洛時年三十天成中得蜀舊職延乂世爲星官兼通三式尤長于袁許之鑒清泰中嘗與樞密直學士呂琦並宿于內廷琦因從容密問國家運祚延乂曰來年厄會之期俟過別論琦訊之不已延乂曰保邦在刑政保祚在福德在刑政則術士不敢言奈際會諸公罕有卓絕福德者下官實有恤緯之懵其年兼衛尉少卿晉天福中代馬重績爲司天監契丹入京師隨至鎮州時契丹滿達勒爲帥會漢高祖定兩京控鶴都將李筠與諸校密謀刼庫兵逐契丹猶豫未決謀于延乂因假以術數贊成之契丹既去還京師官秩如舊廣順初加檢校司徒本加如故太祖數召對焉歐陽史周太祖以兵入京師召延乂問漢祚短促者天數耶延乂言王者撫天下當以仁恩德澤而漢法酷刑法枉濫天下稱冤此其所以亡也是時太祖方以兵圍蘇逢吉劉銖第欲誅其族聞延乂言悚然因貸其族二家獲全延乂善交遊達機變兼有技術見者歡心二年授太府卿判司天監事其年夏初火犯靈臺延乂自言星官所忌又言身命宮災併未幾其子卒尋又妻卒俄而延乂嬰疾故人省之舉手曰多謝諸親死災不可逭也尋卒年五十八贈光祿卿

沈遘字期遠睢陽人也父振貝州永濟令累贈左諫議大夫遘幼孤以苦學爲志弱冠登進士第釋褐除校書郎由御史臺主簿拜監察御史凡五遷至金部郎中充三司判官廣順中以本官知制誥世宗嗣位擢爲翰林院學士歲滿拜中書舍人充職顯德三年夏扈從南征遇疾歸及京而卒遘爲人謙和勤于接下每文士投贄必擇其賢者而譽之故當時後進之士多歸焉

李知損字化機大梁人也少輕薄利口無行梁朝時以牒刺篇詠出入于內臣之門由是浪得虛譽時人目之爲李羅隱累爲藩鎮從事入拜左補闕歷刑部兵部員外郎度支判官右司郎中坐受摧鹽使王景遇厚賂請于均州漢初歸朝除右司郎中兼侍御史知雜事廣順中拜右諫議大夫時王峻爲樞密使知損以與峻有舊遂詣峻求使于江浙峻爲上言太祖素聞知損所爲甚難之峻曰此人如或辱命譴之可也太祖重違其請遂可之知損既受命大恣其荒誕之意遂假資于人廣備行李及郎路所經州郡無不强貸又移書于青州符彥卿借錢百萬及在郵亭行止穢雜王峻聞而奏之乃責授棣州司馬世宗即位切于求人素聞知損狂狷好上封事謂有可采且欲聞外事即命徵還遽與復資數月之間日貢章疏多斥蕭貴近自謀進取又上章求爲過海使世宗因發怒仍以其醜行日彰故命除名配沙門島知損將行謂所親曰余嘗遇善相者言我三逐之後當居相位余自此而三矣子姑待我後歲餘卒于海中其庸誕也如此五代史補李知損官至諫議大夫好輕薄時人謂之李羅隱至于親友間往還簡牘往往引里巷常談謂之偶對常有朝士奉使回以土物爲贈其意猶望御回知損覺之且貽書謝之曰在小子一時閒御擬送去恐大官兩羅裏更不將來乾祐中奉使鄭州時宋彥筠爲節度彥筠小字忙兒因宴會彥筠酒酣輒問曰衆人何爲號足下爲羅隱對曰下官平素好爲詩其格致大抵如羅隱故人爲號彥筠曰不然蓋爲足下輕薄如羅隱耳知損大怒厲聲曰只令公人皆謂之宋忙兒未必便能放牛滿座皆笑

孫晟本名鳳南唐書云孫忌高密人一名鳳又名晟少擧進士性陰賊好姦謀少爲道士工詩于廬山簡寂觀畫唐詩人賈島像懸于屋壁以禮事之觀主以爲妖妄執杖驅出之大爲時輩所嗤改儒服謁唐莊宗于鎮州授祕書省著作佐郎南唐書云豆盧革爲相雅知忌辟爲判官天成初朱守殷據夷門叛時晟爲幕賓贊成其事是時晟常擐甲露刃以十數騎自隨巡行于市多所屠害汴人爲之切齒城陷朱氏被誅晟乃匿跡更名棄其妻子亡命于陳宋間歐陽史云安重誨惡晟以爲教守殷反者晟也畫其像購之不可得遂族其家晟奔于吳會同惡者送之過淮吳人方納叛亡即以僞官授之晟亦微有詞翰李昪僞尊楊溥爲讓皇之冊文即晟之詞也故江南尤重之二十年間累歷僞任財貨邸第頗適其意晟以家妓甚衆每食不設食机令衆妓各執一食器周侍于其側謂之肉臺盤其自養稱愜也如是南唐書忌爲舒州節度使治軍嚴有歸化卒二人正晝挺白刃入府求忌殺之入自西門吏士倉卒莫能禦適忌閒行在東門亂得民家馬乘之奔桐城叛卒不得忌乃殺都押衙李建崇而逸忌坐貶光祿卿顯德三年春王師下廣陵江左驚窘李景僞署晟爲司空令奉貢于行在世宗遣右常侍劉悅伴之賜與甚厚洎隨駕到闕舍于都亭驛禮遇殊優每召見飲之醇醴問以江南事晟但言吳畏陛下之神武唯以北面爲求保無二心也先是張永德守下蔡素與李重進不協每宴將校多暴其短一日永德乘醉乃大言重進潛蓄姦謀當時將校無不驚駭繇是人情大擾後密遣親信乘驛上言世宗不聽亦不介意一日重進自壽陽去其部從直指永德帳下宴飲終日而去自此人情稍安時李景覘而知之因密令人賫蠟書遺重進勸爲不軌重進以其蠟書進呈世宗覽之皆斥譴反間之言世宗怒晟前言失實因急召侍衞都虞候韓通令收晟下獄與其從者百餘人皆誅之南唐書云世祖命都承旨曹翰議至右軍巡院猶飲之酒數酌翰起曰相公得罪賜自盡忌怡然整衣冠東南望再拜曰臣受恩深謹以死謝從者二百人亦皆誅死于東相國寺翌日宰臣上謁世宗親論之始知其事實議者以晟昔構禍于梁民今伏法于梁獄報應之道豈徒然哉晟性慷慨常感李景之厚遇誓死以報之釣磯立談云晟將命周朝自知不免私謂副使王崇質曰吾思之熟矣終不忍負永陵一坏土餘非所知也及將下獄世宗令近臣問以江南可取之狀晟默然不對臨刑之際整其衣冠南望金陵再拜而言曰臣惟以死謝遂伏誅

舊五代史卷一百三十一攷證

周列傳十一王延傳改少傅致仕　案歐陽史作以太子少保致仕

賈緯傳開運中累遷中書舍人　案王珪華陽集賈文元墓誌銘曾祖緯晉中書舍人宋史賈昌朝傳因之然緯實終于周非終于晉也宋祁景文集又作漢周間中書舍人據此傳緯仕漢周未嘗再爲舍人疑景文集誤

趙延乂傳　案歐陽史作趙延義

孫晟傳朱氏被誅晟乃匿跡更名棄其妻子亡命于陳宋間　案孫晟一名忌南唐書云天成中與高輦同事秦王從榮從榮敗忌亡命至正陽未及渡追騎奄至疑其狀偉異睨之忌不顧坐淮岸捫敝衣齧虱追者乃捨去是以晟爲秦王賓客而出亡也與是書異歐陽史從是書

滿達勒舊作麻答今改

舊五代史卷一百三十二

宋門下侍郎參知政事監修國史薛居正等撰

世襲列傳第一

李茂貞本姓宋名文通深州博野人祖鐸父端唐乾符中鎮州有博野軍宿衞京師屯於奉天文通時隸本軍爲市巡累遷至隊長黄巢犯闕傳野軍留於鳳翔時鄭畋理兵於岐下畋遣文通以本軍敗尚讓之衆於龍尾坡以功爲神策軍指揮使朱玫之亂唐僖宗再幸興元文通扈蹕山南論功第一遷檢校太保同平章事洋蓬壁等州節度使賜姓名茂貞僖宗親爲製字曰正臣光

啓二年王行瑜殺朱玫于京師李昌符擁兵于岐下詔茂貞與陳佩等討之三年誅昌符車駕還京以茂貞爲鳳翔節度使加檢校太尉兼侍中隴西郡王大順二年觀軍容使楊復恭得罪奔山南與楊守亮據興元叛茂貞與王行瑜討平之詔以宰相徐彦若鎮興元茂貞違詔表其假子繼徽爲留後堅請旄鉞昭宗不得已而授之自是茂貞恃勳恣橫擅兵窺伺頗干朝政始萌問鼎之志矣既而逐涇原節度使張球洋州節度使楊守忠鳳州刺史滿存皆奪據其地奏請子弟爲牧伯朝廷不能制大臣奏議言其過者茂貞即上章論列辭旨不遜姦邪者因之附麗遂成朋黨朝政于是隳焉昭宗性英俊不任其偪欲加討伐乾寧初命宰臣杜讓能調發軍旅師未越境爲茂貞所敗茂貞乘勝進屯三橋京師大震士庶奔散天子乃誅中尉西門君遂李周潼等謝之茂貞嚴兵不解勢將指闕抗言讓能之罪誅之方罷及韋昭度李谿爲相茂貞聽崔昭緯之邪說復沮其事表昭度等無相業不可置之台司恐亂天下詔報曰軍旅之事吾則與藩臣圖之朝廷命相出自朕懷又請授王珙河中節度使詔報曰太原表先至已許王珂不可追改乾寧二年五月茂貞與王行瑜韓建稱兵入覲京師震恐天子御樓待之抗表請殺宰相韋昭度李谿以謝天下移王珙于河中旣還留其假子繼鵬宿衛卽闕廷也時後唐武皇上表請討三鎮以寧關輔是歲七月太原之師至河中繼鵬與中尉景宣之子繼晟迫車駕幸鳳翔昭宗曰太原軍未至鑾輿不可輒動朕與諸王固守大內卿等安輯京師如太原實至吾可以方略制之繼鵬與景宣中尉駱全權因燔燒東市中夜大譟昭宗登承天門樓避亂令捧日都將李雲守樓下繼鵬率衆攻雲昭宗憑軒慰諭繼鵬彎弧大呼矢拂御衣中樓桷侍臣掖昭宗下樓還宮繼鵬卽縱火攻宮門昭宗詔諸王謀其所向李雲奏曰事急矣請且幸臣營雲乃輿扈蹕都將李君慶衛昭宗啓夏門出駐華嚴寺晡晚出幸南山之莎城駐于石門山之佛寺是月武皇至渭北遣副使王瓌奉表行在昭宗以武皇爲行營都統進討邠岐茂貞懼斬繼鵬繼晟上表待罪昭宗原之武皇曰不誅茂貞關輔無由寧謐時附茂貞者奏云若太原盡殄邠岐必入關輔京師憂未艾也乃詔武皇與茂貞和及行瑜誅武皇班師茂貞怨望驕橫如故明年五月制授茂貞東川節度使仍命通王覃王治禁軍于闕下如茂貞違詔卽討之茂貞懼將赴鎮王師至興平夜自驚潰茂貞因出衆之官軍大敗車駕倉猝出幸華州茂貞之衆因犯京師焚燒宮闕大掠坊市而去自此長安大內盡爲兵墟矣四年昭宗復命宰臣孫偓統軍進討韓建諫止令茂貞上章請雪光化中加茂貞尚書令岐王令其子繼筠以兵宿衛天復元年十月梁祖攻同華勢逼京師十一月六日繼筠與中尉韓全誨劫昭宗幸鳳翔茂貞遂與全誨矯詔徵兵天下將討梁祖宰相崔允召梁祖引四鎮之兵屯于岐下重溝複壘圍守三年茂貞山南諸州盡爲王建所陷涇原秦隴邠鄜延夏皆降于汴茂貞獨據孤城內外援絕乃請車駕還京求和于汴卽斬韓全誨等二十人首級送于梁祖自是兵力殫盡垂翅不振懼梁祖復討請落尚書令許之九國志李彦琦傳：李彦琦本姓楊氏鳳翔李茂貞委以心腹之任易姓李氏齒于諸子後昭宗西幸梁祖迎駕攻逼岐下者累年及昭宗東還長圍方解大軍之後府庫空竭彦琦請使甘州以通回鶻往復二載美玉名馬相繼而至所獲萬計茂貞賴之及梁祖建號茂貞與王建會兵于太原志圖興復竟無成功茂貞疆土危蹙不遂僭竊之志但開岐王府署天官目妻爲皇后鳴鞘掌扇宣詞令一如王者之制然尚行昭宗之正朔焉茂貞鼠形多智數軍旅之事一經耳目無忘之者性至寬有部將符昭者人或告其謀變茂貞親至其家去其爪牙熟寢經宿而還軍士有鬭而訴者茂貞曰喫令公一椀不托與爾和解遂致上下服之允善事母母終茂貞哀毀幾滅性聞者嘉之但御軍整衆都無紀律當食則造庖廚往往席地而坐內外持管鑰者亦呼爲司空太保與夫細柳大樹之威名蓋相遠矣及莊宗平梁茂貞自爲季父以書賀之及聞莊宗入洛懼不自安方上表稱臣尋遣其子繼曮來朝詔茂貞仍舊官進封秦王所賜詔勑不名又以茂貞宿望耆老特加優禮及疾篤遣中使賜醫藥問訊同光二年夏四月薨年六十九謚曰忠敬子從曮嗣

從曮茂貞之長子也未冠授諸議參軍賜緋魚袋尋還領彭州副使鳳翔衙內都指揮使天復中自秦王府行軍司馬檢校太傅出爲涇州兩使留後茂貞尋承制加開府儀同三司檢校太尉兼侍中四鎮北庭行軍彰義軍節度使及唐莊宗平梁茂貞令從曮入覲制加從曮兼中書令俄而茂貞薨遺奏權知鳳翔軍府事詔起復授鳳翔節度管內觀察處置等使三年九月以魏王繼岌伐蜀詔充供軍轉運應接使四年正月蜀平繼岌命部署王衍一行東下至岐監軍使柴重厚不與符印促令赴闕從曮至華下聞內難歸鎮明宗詔誅重厚從曮以軍民不擾重厚之力也不以前事爲隙上表論救事雖不允時議嘉之天成元年五月制落起復加檢校太師其年九月敕曰李從曮等世聯宗屬任重藩宣慶善有稱忠勤甚著既預維城之列宜新定體之文是降寵光以隆惇敘俾煥成家之美貴從猶子之規宜于曮昶照上改稱從自長興元年明宗有事于南郊從曮入覲禮畢移鎮汴州四年復入覲改天平軍節度使及唐末帝起兵于岐下盡取從曮家財器仗以助軍須末帝發離岐城吏民扣馬乞以從曮爲帥末帝許之清泰初卽以從曮復爲鳳翔節度使仍封秦國公晉高祖登極繼封秦王岐王累食邑至一萬五千戶食實封一千五百戶少帝嗣位加守太保開運三年冬卒于鎮年四十有九從曮少敏悟善筆札性柔和無節操當莊宗新有天下因入覲獻寶裝針珥于皇后宮時以爲佞但進退間雅慕士大夫之所爲有請謁者無賢不肖皆盡其敬鎮于岐山前後二紀每花繁月朗必陳勝會以賞之客有困于酒者雖吐茵噴幘而無厭色左右或有過未嘗笞責先人汧隴之間有田千頃竹千畝恐奪民利不令理之致岐陽父老再陳借寇之言良有以也子永吉歷數鎮行軍司馬五代史補：李曮岐王之子昆仲間第六官至中書令世謂之六令公性情好戲爲鳳翔節度因生辰鄴都道持賀禮使事王有魏博使少年如美婦人秦鳳使雖陋且多髯二人坐又相接而魏使在下曮因曰二使車一妍一醜何不相嘲以爲樂事魏博使恃少俊先起曰今日不幸與水草大王接席秦鳳使徐起應曰水草大王不敢承命然吾子容貌如此又坐次相接得非水草大王夫人耶在坐皆笑

從昶茂貞之第二子也十餘歲署本道中軍使後唐同光中茂貞疾從昶年十五遣代兄從曮爲涇州兩使留後朝廷尋加節制天成中明宗卽位改鎮三峯累官至檢校太保會郊天大禮表請入覲以恩加檢校太傅俄有代歸闕授左驍衛上將軍改右龍武統軍未幾出鎮許田在鎮三年清泰中復入爲右龍武統軍再遷左龍武統軍晉天福三年冬卒于官時年四十贈太尉從昶生于紈綺少習華侈以逸遊讌樂爲務而音律圖畫無不通之然性好談笑喜接賓客以文翰爲賞曾無虛日復篤信釋氏時岐下有僧曰阿闍黎通五天竺語爲士人所歸從昶凡歷三鎮無尤政可褒無苛法可貶人用安之亦將門之令嗣也弟從昶歷隴州刺史諸衛大將軍卒

茂勳茂貞之從弟也唐末爲鳳翔都將茂貞表爲鄜州節度使累官至兼侍中梁祖之圍鳳翔也茂勳兵屯岐山梁祖以羸師誘之命孔勍潛率勁兵襲下鄜州盡俘其家茂勳遂歸于梁改名周彝署元帥府行軍司馬開平中爲河陽節度使從梁祖伐鎮州圍棗強縣時有一民縋城而出茂勳納之而不疑一日其民竊發以木檐擊茂勳踣于地賴左右救至僅免居無何遷金吾上將軍副王瓚將兵于景店瓚令分屯西寨莊宗擊而敗之降爲左衛上將軍逾年以太子太傅致仕同光中復名茂勳天成初以疾卒于洛陽

高萬興河西人祖君佐鄜延節度判官父懷遷都押衙萬興與弟萬金俱有武幹効用于本軍河西自王行瑜敗後郡邑皆爲李茂貞之所强據以其將胡敬璋爲節度使萬興爲敬璋騎將昆弟俱有戰功邠州節度使楊崇本者茂貞之假子也號李繼徽梁祖旣弑昭宗茂貞繼徽與西川王建之師會于岐陽以圖興復皆陳兵關輔梁祖遣將王重師守雍州劉知俊守同州以拒之天祐五年冬敬璋卒崇本以其愛將劉萬子爲鄜延帥萬子以兇暴而失士心又崇本爲汴人所攻六年二月萬子葬敬璋將佐皆集于葬所萬興萬金因會縱兵攻萬子殺之歸欵于汴梁祖以萬興爲鄜延招撫使與劉知俊合兵攻收鄜坊丹延等州梁祖乃分四州爲二鎮以萬興萬金皆爲帥及萬金卒梁祖以萬興兼彰武保大兩鎮累加至太師中書令封北平王莊宗定河洛萬興來朝預郊禮陪位旣還鎮復以舊爵授之同光三年十二月卒于位以其子允韜權典留後

允韜字審機初仕梁朝起家授同州別駕尋加檢校右僕射改金紫光祿大夫檢校司空充保大軍內外馬步軍指揮使唐同光中檢校太保充保大軍兩使留後萬興卒允韜自理所奔喪天成初起復檢校太傅充延州節度使長興元年移鎮邢州頃之爲右龍武統軍未幾授滑州節度使清泰二年八月卒于任年四十二詔贈太師

韓遜本靈州之列校也會唐季之亂因據有其地朝廷乃授以節鉞梁初累加檢校太尉同平章事開平中梁將劉知俊自同州叛歸鳳翔李茂貞以地褊不能容乃借兵以窺靈武且圖牧圉之地知俊乃率邠岐秦涇之師數萬攻遜于靈州遜竭力以拒之久之知俊遁去梁祖嘉之自是累加官至中書令封潁川郡王遜亦善于爲理部民請立生祠堂于其地梁祖許之仍詔禮部侍郎薛廷珪撰文以賜之其廟至今在焉貞明初遜卒于鎮

洙遜之子也遜卒三軍推爲留後梁末帝聞之起復正授靈武節度使特進檢校太傅同平章事貞明四年春靈武將軍尙貽敏等上言洙已服闋乞落起復梁末帝

令中書商量宰臣奏曰舊例藩鎮落起復如先人已是一品階即與加爵如未是一品階即合加階乃授洙開府儀同三司唐莊宗明宗累加官爵天成四年夏洙卒朝廷以其弟澄爲朔方軍節度觀察留後是歲有列校李賓作亂部內不安乃遣使上表請帥于朝廷明宗命前磁州刺史康福爲朔方河西等軍節度靈威雄警涼等州觀察處置度支溫池榷稅等使仍遣福領兵萬人赴鎮其後靈武遂受代焉

李仁福世爲夏州牙將本拓拔氏之族也唐乾符中有拓拔思恭爲夏州節度使廣明之亂僖宗在蜀詔以思恭爲京城西北收復都統預破黃巢有功僖宗賜姓故仁福亦以李爲氏思恭卒弟思諫繼之梁開平元年授思諫檢校太尉兼侍中二年思諫卒三軍立其子彝昌爲留後尋起復正授旌鉞三年春牙將高宗益等作亂彝昌遇害時仁福爲蕃部指揮使本州軍吏迎立仁福爲帥其年四月梁祖降制授仁福檢校司空充定難軍節度使未幾後唐武皇遣大將周德威會邠鳳之師五萬同攻夏州仁福固守月餘梁援軍至德威遁去梁祖喜之超授檢校太保同平章事仁福自梁貞明龍德及後唐同光中累官至檢校太師兼中書令封朔方王長興四年三月卒于鎮其年追封虢王子彝超嗣

彝超仁福之次子也歷本州左都押衙還防遏使仁福卒三軍立爲帥矯爲仁福奏云臣疾已甚已委彝超權知軍州事乞降眞命明宗聞之遂以彝超爲延州留後以延帥安從進爲夏州留後朝廷慮不從命詔邠州節度使藥彥稠宮苑使安從益等率師援送從進赴鎮仍降詔諭之云近據西北藩鎮奏定難軍節度使李仁福薨朕以仁福自分戎閫遠鎭塞垣威惠俱行忠孝兼著當本朝播越之後及先皇興復之初爰及眇躬益全大節統臨有術遠邇咸安委仗方深凋殞何速忽覽所奏深愴予懷不朽之功旣存于社稷有後之慶宜及于子孫但以彼藩地處窮邊每資經畧厥子年纔弱冠未歷艱難或虧篤御之方定起姦邪之便其李彝超已除延州節度觀察留後便勒赴任但夏銀綏宥等州最居邊遠久屬亂離多染夷狄之風少識朝廷之命即乍當于移易宜普示于渥恩應夏銀綏宥等州管內罪無輕重常赦所不原者幷公私債負殘欠稅物一切並放兼自刺史指揮使押衙已下皆勒依舊各與改轉官資朕自總萬幾惟宏一德內安華夏外撫戎夷先旣懷之以恩後必示之以信且如李從曮之守岐隴疆土極寬高允韜之鎮鄜延甲兵亦衆咸能識時知變舉族歸朝從曮則見鎮大梁允韜則尋除鉅鹿次及昆仲並建節旄下至將僚悉分符竹又若王都之貪上谷李賓之恡朔方或則結搆契丹偷延旦夕或則依憑党項竊據山河不禀除移惟謀旅拒纔興討伐已見覆亡何必廣引古今方明利害祇陳近事聊諭將來彼或要覆族之殃則王都李賓足爲鑒戒彼或要全身之福則允韜從曮可作規繩朕設兩途爾宜自擇或慮將校之內親要之間幸彼幼冲恣其熒惑遂成驕動致累生靈今特差邠州節度使藥彥稠部領馬步兵士五萬人騎送安從進赴任從命者秋毫勿犯違命者全族必誅先令後行有犯無舍云其年夏四月彝超上言奉詔授延州留後已迎受恩命緣三軍百姓擁隔未放赴任明宗遣閤門使蘇繼彥齎詔促之五月安從進領軍至城下彝超不受代從進駐軍以攻之秋七月彝超昆仲登城謂從進曰孤弱小鎮不勞王師攻取虛煩國家餉運得之不武爲僕聞天子乞容改圖時又四面党項部族萬餘騎薄其糧運而野無芻牧關輔之人運斗粟束藁動計數千窮民泣血無所控訴復爲蕃部殺掠死者甚衆明宗聞之乃命班師彝超亦上表謝罪乃授彝超檢校司徒充定難軍節度使既而修貢如初淸泰二年卒于鎮弟彝興襲其位

彝興本名彝殷皇朝受命之初以犯廟諱故改之彝超旣卒時彝興爲夏州行軍司馬三軍推爲留後唐末帝聞之正授定難軍節度使晉天福初加檢校太尉同平章事末帝嗣位加檢校太師八年秋彝興弟綏州刺史彝敏與其黨作亂爲彝興所逐彝敏奔延州彝興押送到闕骨肉二百餘口朝廷以彝興之故斃送本道斬之開運元年春詔以彝興爲契丹西南面招討使漢乾祐元年春加兼侍中是歲李守貞叛于河中潛使人搆之彝興爲之出師駐于延州之北境旣而聞守貞被圍乃收軍而退周顯德中累加至守太傅兼中書令封西平王皇朝建隆元年春制加守太尉始改名彝興乾德五年秋卒于鎮制贈太師追封夏王子光叡繼其位其後事具皇朝日歷

舊五代史卷一百三十二攷證

世襲列傳一　李茂貞傳捧日都將李雲　案新唐書及通鑑俱作李筠是書韓建傳亦作李筠惟此傳作李雲

李茂勳傳一日其民竊發以木擿擊茂勳踣于地　案通鑑攷異引唐餘錄云棗強民欲擊梁祖誤中茂勳蓋傳聞之異辭也附識于此

高萬興傳五年冬敬瑭卒　卒原本訛平今據文改正

李仁福傳拓拔思恭　案思恭歐陽史作思敬

舊五代史卷一百三十三

宋門下侍郎參知政事監修國史薛居正等撰

世襲列傳第二

高季興字貽孫陝州硤石人也本名季昌及後唐莊宗卽位避其廟諱改焉幼隸于汴之賈人李七郎梁祖以李七郎爲子賜姓名友讓梁祖嘗見季興于僕隸中其耳面稍異命友讓養之爲子梁祖以季興爲牙將漸能騎射唐天復中昭宗在岐下梁祖圍鳳翔日久衆議欲班師獨季興諫止之語在梁祖紀中旣而竟迎昭宗歸京以季興爲迎鑾毅勇功臣檢校大司空行宋州刺史從梁祖平青州改知宿州事遷潁州防禦使梁祖令復姓高氏擢爲荊南兵馬留後荊州自唐乾符之後兵火互集井邑不完季興招輯離散流民歸復梁祖嘉之乃授節鉞梁開平中破雷彥恭于朗州加平章事荊南舊無外壘季興始城之遂厚斂于民招聚亡命自後僭臣于吳蜀梁氏稍不能制焉因就封渤海王嘗攻襄州爲孔勍所敗及莊宗定天下季興來朝于洛陽加兼中書令時論多請留之郭崇韜以方推信義于華夏請放歸藩季興促程而去至襄州酒酣謂孔勍曰是行有二錯來朝一錯放回二錯泊至荊南謂賓佐曰新主百戰方得河南對勳臣誇手抄春秋又豎手指云我于指頭上得天下如此則功在一人臣佐何有且遊獵旬日不回中外之情其何以堪吾高枕無憂矣乃增築西面羅城備禦敵之具時梁朝舊軍多爲季興所誘由是兵衆漸多跋扈之志堅矣明年冊拜南平王魏王繼岌平蜀盡選其寶貨浮江而下船至峽口會莊宗遇禍季興盡邀取之明宗卽位復請夔峽爲屬郡初俞其請後朝廷除刺史季興上言稱已令子弟權知郡事請不除刺史不臣之狀旣形詔削奪其官爵天成初命西方鄴興師收復三州又遣襄州節度使劉訓總兵圍荊南以問其罪屬霖潦班師三年冬季興病腳氣而卒其子從誨嗣立累表謝罪請修職貢由是復季興官爵謚曰武信

從誨初仕梁歷殿前控鶴都頭鞍轡庫副使左軍巡使如京使左千牛大將軍荊南衙內都指揮使領濠州刺史改歸州刺史累官至檢校太傅初季興之將叛也從誨常泣諫之季興不從天成三年冬季興薨從誨乃上表謝罪復修職貢明宗嘉之尋命起復授荊南節度使兼侍中長興三年加檢校太尉應順中封南平王淸泰初加檢校太師晉天福中加守中書令六年襄州安從進反王師攻討從誨饋軍食以助焉詔書褒美尋加守尚書令從誨上章固讓朝廷遣使敦勉竟不受其命時有術士言從誨年命有厄宜退避寵祿故也及契丹入汴漢高祖起義于太原間道遣使奉貢密有祈請言俟車駕定河汴願賜郢州爲屬郡漢祖依違之及入汴從誨致貢求踐前言漢高祖不從從誨怒率州兵攻郢州旬日爲刺史尹實所敗自是朝貢不至從誨東通于吳西通于蜀皆利其供軍財貨而已末年以鎮星在翼軫之分乃釋羅紈衣布素飲食節儉以禳災咎尋令人祈託襄州安審琦請歸朝待罪朝廷亦開納之漢乾祐元年冬十一月以疾薨于位詔贈尚書令謚曰文獻子保融嗣位至荊南節度使守太傅中書令封南平王皇朝建隆元年秋卒謚曰貞懿其諸將之倚任者則有王保義保義本姓劉名去非幽州人少爲縣吏粗暴無行習騎射敢鬬擊劉仁恭之子守奇善射惟去非許以爲能守奇以兄守光奪父位亡入契丹又自契丹奔太原去非皆從之莊宗之伐燕也守奇從周德威引軍前進師次涿州刺史姜行敢登陴固守去非呼行敢曰河東小劉郎領軍來爲父除兇爾何敢拒守奇免胄勞之行敢遙拜郎開門迎降德威害其功密告莊宗言守奇心不可保莊宗召守奇還討事行次土門去非說守奇曰公不施寸兵下涿郡周公以得非己力必有如簧之間太原不宜往也公家于梁素有君臣之分宜往依之介福萬全矣守奇乃奔梁梁以守奇爲滄州留後以去非爲河陽行軍司馬時謝彥章移去非爲郢州刺史及莊宗平河洛去非乃棄郡歸高季興爲行軍司馬仍改易姓名自是季興父子倚爲腹心凡守藩規畫出兵方略言必從之乾祐元年夏高從誨奏爲武泰軍節度留後依前荊南行軍司馬加檢校太尉後卒于江陵

保勗季興之幼子也鍾愛尤甚季興在世時或因事盛怒左右不敢竊視惟保勗一見季興則怒自解故荊人

目之爲萬事休皇朝建隆四年春卒是歲荆門之地不爲高氏所有則萬事休之言蓋先兆也五代史補高季興本陝州陝人爲太祖裨將出爲鄧州防禦使時荆南成汭征鄂州不利而卒太祖命季興爲荆南留後到未幾會武陵土豪雷彥恭作亂季興破之遂以功授荆南節鉞莊宗定天下季興首入覲因拜中書令封南平王初季興嘗從梁太祖出征引軍早發至逆旅未曉有媼秉燭迎門具禮甚厚季興疑而問之對曰妾適夢有人叩關呼曰速起速起有裂土王來及起盥漱畢秉燭開門而君子奄至得非所謂王者耶所以不敢褻慢爾季興喜及來荆南竟至封王高從誨季興之庶子而處長爲性寬厚雖士大夫不如也天成中季興叛從誨力諫之不從及季興卒朝廷知從誨忠使嗣亦封南平王初季興之事梁也每行軍常以愛姬張氏自隨一旦軍敗攜之而竄遇夜誤入深澗中時張氏方妊行遲季興恐爲所累俟其寢酣以劍刺岸邊而壓殺之然後馳去既而岸欲崩張氏且驚起呼季興曰妾適夢大山崩而壓妾身有神人被金甲執戈以手托之遂免季興聞之謂必生貴子遂挈之行後生從誨梁震蜀郡人有才略登第後寓江陵高季興素聞其名欲任爲判官震恥之然難于拒恐禍及因謂季興曰本山野鄙夫也非有意於爵祿若公不以孤陋令陪軍中末議但白衣從事可矣季興奇而許之自是震出入門下稱前進士而已同光中莊宗得天下季興入覲時幕客皆贊成震獨以爲不可莊宗謂季興曰大王本梁朝與今上世稱讎敵血戰二十年卒爲今上所滅神器大寶雖歸其手恐餘怒未息觀其舊將得無加害之心宜深慮焉季興不從及至莊宗果欲留之樞密郭崇韜切諫以爲不可天下既定四方諸侯雖相繼稱慶然不過子弟與將吏耳惟季興而躬自入觀可謂尊獎王室者也禮待不聞加等反欲留縶之何以來遠臣恐此事一行則天下解體矣莊宗遂令季興歸行已浹旬莊宗易慮遽以詔命襄州節度劉訓伺便囚之而季興至襄州就館而心動謂吏曰吾方寸擾亂得非朝廷使人追而殺吾耶梁先輩之言中矣與其住而生不若去而死遂棄輜重與部曲數百人南走至鳳林關已昏黑于是斬關而去既而是夜三更向之急遞果至襄州劉訓料其去遠不可追而止自是季興怨憤以兵襲取復州之監利玉沙二縣命震草奏請以江爲界震又曰不可若然則師必至矣非大王之利也季興怒卒使爲之既而奏發未幾朝廷遣夏魯奇房知溫等領兵來伐季興登城望之見其兵少喜欲開城出戰震復諫曰大王何不思之甚耶且朝廷禮樂征伐之所自出兵雖小而勢實大加以四方諸侯各以相吞噬爲志但恨未見其便耳若大王不幸或得一戰勝則朝廷徵兵于四方其誰不欲仗順而起以取大王之土地耶如此則社稷休矣爲大王計者莫若致書于主帥且以牛酒爲獻然後上表自劾如此則庶幾可保矣不然則非僕之所知也季興從之果班師震之碑贊皆此類也泊季興卒從誨繼立震以從誨生于富貴恐相知不深遂辭居于龍山別業自號處士從誨見召皆跨黃牛直抵廳事前下呼從誨不以官閥但充名而已末年尤好篇詠與僧齊己友善貽之詩曰陳琳筆硯甘前席角里煙霞憶共眠蓋以寫其高尚之趣也

馬殷字霸圖許州鄢陵人也少爲木工及蔡賊秦宗權作亂始應募從軍初隨孫儒渡淮陷廣陵及儒敗于宣州殷隨別將劉建峯過江西連陷洪鄂潭桂等州建峯盡有湖南之地遂自爲潭帥頃之建峯爲部下所殺潭人推行軍司馬張佶爲帥時殷方統兵攻邵州佶曰吾才不及馬殷即牒殷付以軍府事殷自邵州還軍犒勞將士誅害建峯者數十人自爲留後久之朝廷命爲湖南節度使遂有潭衡七州之地唐天復中楊行密急攻江夏杜洪求援于荆南成汭舉舟師援之時澧朗節度使雷彥恭乘汭出師襲取荆州載其寶貨焚毀州城而去彥恭東連行密斷江嶺行商之路殷與高季興合勢攻彥恭于澧朗數年擒之盡有其地乃以張佶爲朗州節度使由是兵力雄盛殷于梁貞明中爲時姑息所求皆允累官至守太師兼中書令封楚王又上章請依唐秦王故事乃加天策上將軍之號又請官位內添制置靜江武平寧遠等軍事皆從之既封楚王仍請依唐諸王行臺故事置諸天官幕府有文苑學士之號知詔令之名總制二十餘州自署官吏征賦不供民間采茶並抑而買之又自鑄鉛鐵錢凡天下商賈所賫寶貨入其境者祇以土產鉛鐵博易之無餘遂致一方富盛窮極奢侈貢奉朝廷不過茶數萬斤而已于中原賣茶之利歲百萬計唐同光初首修職貢復授太師兼尚書令楚王天成初加守尚書令長興二年十一月十日薨于位時年七十有八明宗聞之廢朝三日謚曰武穆子希聲嗣初殷微時隱見神人侍側因默記其形像及貴因謁衡山廟覩廟中神人塑像宛如微時所見者則知人之貴者必有陰物護之豈偶然哉

希範晉天福中授江南諸道都統又加天策上將軍谿州洞蠻彭士愁寇辰澧二州希範討平之士愁以五州乞盟乃銘于銅柱希範自言漢伏波將軍援之後故鑄銅柱以繼之案此傳有闕文馬希廣希萼傳全篇俱佚五代史補高郁爲武穆王謀臣莊宗素聞其名及有天下且欲離間之會武穆王使其子希範入覲莊宗以希範年少易激發因其數奏敏速乃揣其背曰國人皆言馬家社稷必爲高郁所取今有子如此高郁安得取此耶希範居常嫉郁忽聞莊宗言深以爲然及歸告武穆請誅之武穆笑曰主上戰得天下能用機數以郁資吾霸業故欲間之耳若梁朝罷王彥章兵權也遂遭此計必至破滅今汝誅郁正落其數中慎勿言也希範以武穆不決禍在朝夕因使誣告郁謀反而族滅之自是軍中之政往往失序識者痛之初郁與武穆俱起行陣郁貪且僭常以所居之井不甚清澈思所以澄汰之乃用銀葉護其四方自內至外皆然謂之拓裏其奉養過差皆此類也故莊宗得以媒孽自後陰晦中見郁後竟爲所患爾馬希範武穆之嫡子性奢侈嗣位未幾乃依故事置天策府僚屬于是擢從事有才行者有若都統判官李鐸靜江府節度判官潘玘武安軍節度判官拓拔坦都統掌書記李皐鎮南節度判官李莊昭順軍節度判官徐收澧州觀察判官彭繼英江南觀察判官廖圖昭順軍觀察判官徐中雅靜江府掌書記鄧懿文武平軍節度掌書記李松年鎮南軍節度掌書記鄺瞻昭順軍觀察支使彭繼勳武平軍節度推官蕭鉌桂管觀察推官何仲舉武安軍節度巡官孟元暉容管節度推官劉昭禹等十八人竝爲學士其餘列校自袁友恭張少敵等各以次授任莫不大興土木以建興府庭其最爲壯麗者則有九龍金華等殿殿之成也用丹砂塗其壁凡用數十萬斤石每僚吏謁見將升殿但覺丹砂之氣譪然襲人其費用也皆此類初教令既下主者以丹砂非卒致之物相顧憂色居無何東境山崩湧出丹砂委積如邱陵于是收而用之契丹南侵聞其事以爲希範非常人遣使冊爲尚父希範得冊以爲契丹推奉欣然當之矣丁思瑾素有才略爲馬氏驍將以希範受契丹冊命深恥之因謂希範曰今朝廷失守正忠臣義士奮發之時使馳檄四方引軍直趨京師誅仇敵天子反正然後凱還如此則齊桓晉文不足數矣時不可失願大王急圖之希範本無遠略加以興作府署未畢不忍棄去遂寢思瑾之謀思瑾不勝其憤謂所親曰古人疾没世而名不稱今遭逢擾攘不能立功于天下反顧戀數間屋子乎誠可痛也自是思瑾常怏怏

劉言本朗州之牙將也初馬氏舉族爲江南所俘朗州無帥衆乃推列校馬光惠爲武平軍留後光惠署言爲副使既而光惠耽荒僭侈軍情不附遂行廢黜以言代光惠爲留後時周廣順二年秋也言既立北則遣使奉表于周太祖東亦上章于江南李景求正授旄鉞景未之許時邊鎬據湖南潛遣人齎金帛說誘敵陵谿洞諸蠻欲合勢以攻朗州會李景降僞詔徵言赴金陵言懼不從僞命以其年冬十月三日與其節度副使王進逵行軍司馬何敬眞都指揮使周行逢等同領舟師以襲潭州九日攻拔益陽寨殺淮軍數千人十三日至潭州城下是夕邊鎬領其部衆棄城東走進逵敬眞遂入據其城言乃遣牙將張崇嗣奉表于周太祖且言潭州兵戈之後焚燒殆盡乞移使府于朗州從之詔升朗州爲大都督府在潭州之上廣順三年春正月制以言爲檢校太師同平章事朗州大都督充武平軍節度使制置武安靜江等軍事又以王進逵爲武安軍節度使何敬眞爲靜江軍節度使竝檢校太尉以周行逢領集州刺史充武安軍節度行軍司馬未幾言遣何敬眞率軍南擊廣賊敬眞失律奔歸潭州爲王進逵所殺其年秋進逵奏劉言與淮賊通連差指揮使鄭玟部領兵士欲併當道鄭玟爲軍衆所執奔入武陵劉言尋爲諸軍所廢臣已至朗州安撫訖周太祖詔劉言宜勒歸私第委王進逵取便安置言尋遇害朝廷乃正授進逵朗州節制顯德元年秋制以武安軍節度副使周行逢爲鄂州節度使權知潭州軍府事加檢校太尉三年春正月世宗將伐淮甸詔進逵率兵入江南界二月進逵準詔而行仍遣部將潘叔嗣領兵五千爲先鋒行及鄂州界叔嗣回戈以襲朗州進逵聞之倍道先入武陵叔嗣遽攻其城進逵敗爲叔嗣所殺遣人詣潭州請周行逢至朗州斬叔嗣于市其年秋七月制以行逢爲朗州大都督充武平軍節度使加兼侍中自是潭朗之地遂爲行逢所有皇朝建隆初就加中書令四年行逢卒三軍立其子保權爲帥未幾朗軍亂求救于朝廷及王師平定荆湖保權入朝由是湖湘之地盡爲王土矣

錢鏐杭州臨安縣人少拳勇喜任俠以解仇報怨爲事唐乾符中事於潛鎮將董昌爲部校屬天下喪亂黃巢寇嶺表江淮之盜賊羣聚大者攻州郡小者剽閭里董昌聚衆恣橫于杭越之間杭州八縣每縣召募千人爲一都時謂之杭州八都以遏黃巢之衝要時有劉漢宏者聚徒據越州自稱節度使攻收鄰郡潤州牙將薛朗逐其節度使周寶自稱留後唐僖宗在蜀詔董昌討伐昌以軍政委鏐率八都之士進攻越州誅漢宏回戈攻潤州擒薛朗江浙平董昌爲浙東節度使越州刺史表鏐代已爲杭州刺史唐景福中朝廷以李鋋爲浙江西道鎮海軍節度使時孫儒楊行密交亂淮海煙塵數千里鏐常率師以爲防捍孫儒據宣州不敢侵江浙由是鏐勳名日著久之李鋋終不至治所朝廷以鏐爲鎮海軍節度仍移潤州軍額于杭州爲治所又立威勝軍于越州董昌爲節度使昌漸驕貴自言身應符讖又爲妖人王百藝所誑僭稱尊號乃于越州自稱羅平國王年號大聖僞命鏐爲兩浙都將鏐不受命以狀聞唐昭宗命鏐討昌乾寧四年鏐率浙西將士破越州擒昌以獻朝廷嘉其功賜鏐鐵券又除宰臣王溥爲威勝軍節度而兩浙士庶拜章請以鏐兼杭越二鎮朝廷不能制因而授之改威勝軍爲鎮東鏐乃兼鎮海鎮東兩藩節制鏐既兼兩鎮精兵三萬而楊行密連歲興戎攻蘇湖潤等州欲兼并兩浙累爲鏐所敗亦爲行密侵盜數州而鏐所部止一十三州而已天復中鏐大將許再思徐綰叛引宣州節度使田頵謀襲杭州田頵等率師掩至城下鏐激厲軍士一戰敗之生擒徐綰田頵遁走鏐于臨安故里興造第舍窮極壯麗歲時遊于里中車徒雄盛萬夫羅列其父寬每聞鏐至走竄避之鏐即徒步訪寬請言其故寬曰吾家世田漁爲事未嘗有貴達如此爾今爲十三州主三面受敵與人爭利恐禍及吾家所以不忍見汝鏐泣謝之鏐于唐昭宗朝位至太師中書令本郡王食邑二萬戶梁祖革命以鏐爲尚父吳越國王梁末帝時加諸道兵馬元帥同光中爲天下兵馬都元帥尚父守尚書令封吳越國王賜玉冊金印初莊宗至洛陽鏐厚陳貢奉求爲國王及玉冊詔下有司詳議羣臣咸言玉簡金字惟至尊一人錢鏐人臣不可又本朝已來除四夷遠藩羈縻冊拜或有國王之號而九州之內亦無此事郭崇韜尤不容其僭而樞密承旨段徊姦倖用事能移崇韜之意曲爲鏐陳情崇韜僶俛從之鏐乃以鎮海鎮東軍節度使名目授其子元瓘自稱吳越國王命所居曰宮殿府署曰朝廷其參佐稱臣僭大朝百僚之號但不改年號而已僞行制冊加封爵于新羅渤海海中夷落亦皆遣使行封冊焉明宗即位之初安重誨用事鏐嘗與重誨書云吳越國王致書于某官執事不敘暄涼重誨怒其無禮屬供奉官烏昭遇使于兩浙每以朝廷事私于吳人仍目鏐爲殿下自稱臣謁鏐行舞蹈之禮及回副使韓玫具述其事重誨因削鏐元帥尚父國王之號以太師致仕久之其子元瓘等上表

厚敘時淮寇攻逼荆南明宗疑其同惡因降詔詰之元瓘等復遣使自淮南間道上表云竊念臣父天下兵馬都元帥吳越國王臣鏐爰自乾符之歲便立功勞至于天復之初已封茅土兩殄稽山之僭僞頻叨鳳詔之襃崇賜鐵券而礪岳帶河藏清廟而銘鐘鏤鼎歷事列聖竭誠累朝罄臣節以無虧荷君恩而益重楚茅吳柚常居羣后之先赤豹黃羆不在諸方之後雲臺寫像盟府書勳勠力本朝一心體國常誡臣兄弟曰汝等諸子須記斯言父老起自諸都早平多難素推忠勇實効辛勤遂蒙聖主之疇庸獲忝眞王之列壤恒積滿盈之懼豫懷燕翼之憂蓋以恩禮殊尤寵榮亢極名品既逾于五等春秋將及于八旬不諱之談爾當靜聽而況手殲妖亂親覩興亡豈宜自爲厲階更尋覆轍老身猶健且作國王之呼嗣子承家但守藩臣之分臣等鯉庭灑袂膺序書紳中心藏之敬聞命矣頃以濟陰歸邸梁苑稱尊所在英雄遞相倣斆互起投龜之詠皆興逐鹿之謀惟臣父王未嘗隨例從微至著悉蒙天子之絲綸啓土封王自守諸侯之土宇乙酉歲伏蒙莊宗皇帝遙降玉冊金印恩加曲阜營邸顯自大朝來封小國遂有强名之改補實無干紀之包藏兼使人徐筠等進貢之時禮儀有失倘蒙赦宥未寘典刑敢不投杖責躬負荆請罪且爽爲臣之禮誠乖事上之儀夙夜包羞寢食俱廢捧詔而神魂戰慄拜章而芒刺交并伏以皇帝陛下濬哲文思含宏光大智周萬物日闢四方既容能改之非許降自新之恕將功補過捨短從長勠茲近代相持豈足深機遠料且臣本道與淮南雖連疆畛久結仇讎交惡尋盟十翻九覆縱敵已逾于三紀弭兵纔僅于數年諒非啓齒之邦眞謂腹心之疾今奉詔書責問合陳本末端由布在衆多寧煩覼縷彼既人而無禮此亦和而不同近知侵軼荆門乖張事大儻王師之問罪願率衆以齊攻必致先登庶觀後效横秋鵰鶚祗待指呼羅匣蛟龍誓平鯨浪今則訓齊樓檣淬礪戈鋋決副天威冀明臣節伏以臣父王鏐已于汎海纔有飛章陳父子之丹誠高懸皎日展君臣之大義上指圓穹其將修貢賦于梯航混車書而表率如虧奉職自有陰誅今春已具表章未蒙使賜俞允地遠而經年方達天高而瀝懇難通伏乞聖慈曲行明命凌霜益翠始知松柏之心異日成功方顯忠臣之節臣元瓘等無任感激祈恩戰懼依投之至謹遣急腳間道奉箱表陳乞奏謝以聞明宗嘉之乃降制復授鏐天下兵馬都元帥尚父吳越國王未幾又詔賜上表不名五代會要載長興二年四月詔曰周崇呂望有尚父之稱漢重蕭何有不名之禮錢鏐冠公侯之位統吳越之封宜示異恩俾當特禮其錢鏐宜賜不名鏐在杭州垂四十年窮奢極貴錢塘江舊日海潮逼州城鏐大庀工徒鑿石填江又平江中羅刹石悉起臺榭廣郡郭周三十里邑屋之繁會江山之雕麗實江南之勝槩也鏐學書好吟詠江東有羅隱者有詩名聞于海內依鏐爲參佐鏐常與隱唱和隱好譏諷嘗戲爲詩言鏐微時騎牛操梃之事鏐亦怡然不怒其通恕也如此鏐雖季年荒恣然自唐朝于梁室莊宗中興已來每來揚帆越海貢奉無闕故中朝亦以此善之鏐以長興三年三月二十八日薨年八十一制曰故天下兵馬都元帥尚父吳越國王錢鏐累朝元老當代勳賢位已極于人臣名素高于簡冊贈典既無其官爵易名宜示其優崇宜令所司定謚以王禮葬仍賜神道碑謚曰武肅鏐初事董昌時年甫壯室性尚剛烈時有儒士謁于主帥已進刺矣見鏐稍怠鏐怒投之羅刹江及典謁者將召鏐詐云客已拂衣去矣及爲帥時有人獻詩云一條江水檻前流鏐不悅以爲譏已尋害之迨于晚歲方愛人下士留心理道數十年間時甚歸美鏐尤恃崇盛分兩浙爲數鎮其節制署而後奏左右前後皆兒孫甥姪軒陛服飾比于王者兩浙里俗咸曰海龍王梁開平中浙民上言請爲鏐立生祠梁太祖許之令翰林學士李琪撰生祠堂碑以賜之至今烝黎饗之子孫保之斯亦近代之名王也

元瓘鏐第五子也起家爲鹽鐵發運巡官表授尚書金部郎中賜金紫天復中本州裨校許再思等爲亂構宣州節度使田頵頵領兵奄至鏐擊敗再思與頵通和頵要盟于鏐鏐徧召諸子問之曰誰能爲吾爲田氏之壻者俱有難色時元瓘年十六進曰惟大王之命由是就親于宣州唐天祐初承制累遷檢校尚書左僕射內衙都指揮使數年之間伐叛禦寇大著勳績梁貞明四年夏鏐大舉伐吳以元瓘爲水戰諸軍都指揮使戰棹抵東洲吳人以舟師拒戰元瓘爲火筏順風揚灰以迷之白晝如霧吳師迷方遂敗之擒軍使彭彥章并軍校七十餘人得戰艦四百隻吳人知不可校通好于鏐以功奏授鎮海軍節度副使檢校司徒梁末遷清海軍節度使檢校太傅同平章事後唐同光初加檢校太師兼中書令鎮東等軍節度觀察處置等使時鏐自爲天下兵馬都元帥尚父守尚書令吳越國王及鏐爲太師致仕元瓘累貢章疏乞復舊號唐明宗許之鏐既年高欲立嗣召諸子使各論功皆讓于元瓘及鏐病篤召將吏謂之曰余病不起兒皆愚懦恐不能爲爾帥與爾輩決矣帥當自擇將吏號泣言曰大令公有軍功多賢行仁孝已領兩鎮王何苦言及此鏐曰此果定堪否曰衆等願奉賢帥即出符鑰數篋于前謂元瓘曰三軍言爾可奉領取此鏐薨遂襲父位唐長興四年遣將作監李鏻起復元瓘官爵又命戶部侍郎張文寶授兼尚書令淸泰初封吳王二年封越王天福元年賜金印三年封吳越國王五年加天下兵馬元帥六年授天下兵馬都元帥其年夏有疾秋府署災焚之一空乃移于他所其廢皆隨而發焉元瓘因驚悸發狂以是歲八月二十四日薨年五十五歲謚曰文穆元瓘初聰敏長于撫馭臨戎十五年決事神速爲軍民所附然奢僭營造甚于其父故有囘祿之災焉元瓘有詩千篇編其尤者三百篇命曰錦樓集浙中人士皆傳之子佐爲嗣

佐字元祐元瓘薨遂襲其位晉天福末制授檢校太師兼中書令吳越王仍篆玉爲冊以賜之前代玉冊冊夷王有之僞梁時欲厚于鏐首爲式例故因而不改俄授開府儀同三司守太尉時以建安爲淮寇所攻授東南面兵馬都元帥佐尋遣舟師進討淮人大敗以功加守太師漢高祖入汴佐首獻琛賚表率東道漢祖嘉之授諸道兵馬都元帥佐居列土凡七年境內豐阜祖父三世皆爲元帥時以爲榮漢初以疾卒于位謚曰忠獻佐幼好書性溫恭能爲五七言詩凡官屬遇雪月佳景必同宴賞由此士人歸心其班品亦有忝相已下名籍而祿給甚薄罕能自濟每朝廷降吏則去其僞官或與會則公府助以僕馬處事齷齪多如此類然航海所入歲貢百萬王人一至所遺至廣故朝廷寵之爲羣藩之冠

佐有子昱年五歲未任庶務乃以其弟倧襲位

倧性明敏嚴毅未立時常以佐性寬善而掌兵權者難制及代佐爲帥以禮法繩下宿將舊勳不甚優禮大將胡進思頗不平之乃密與親軍謀去倧漢祖入汴之歲十二月進思率甲士三百大譟突入衙署倧閤戶以拒之左右與之格鬬盡爲進思所殺遂遷倧于別館以甲士送幽于衣錦軍立倧異母弟俶爲帥其年夏四月進思疽發背而卒越人快之以爲陰靈之誅逆也

俶元瓘之子倧之異母弟也倧既爲軍校所幽時俶爲溫州刺史衆以無帥遂迎立之時漢乾祐元年正月十五日也其年八月始授檢校太師兼中書令充鎮海鎮東等軍節度使東南面兵馬都元帥周廣順中累官至守尚書令中書令吳越國王皇朝建隆初復加天下兵馬大元帥其後事具皇朝日曆五代史補錢鏐封吳越國王後大興府署版築斤斧之聲晝夜不絕士卒怨咨或有中夜潛用白土大書于門曰沒了期侵晨起抵暮歸鏐一見欣然遽命書吏亦以白土書數字于其側曰沒了期春衣纔罷又冬衣時人以爲神輔自是怨嗟頓息矣僧昭者通于術數居兩浙大爲錢塘錢鏐所禮謂之國師一旦謁鏐有宮中小兒嬉于側陛下錢數十文鏐見謂之曰速收處人恐踏破汝錢昭師笑曰汝錢欲踏破須是牛郎可鏐喜以爲社稷堅牢之義後至曾孫俶舉族入朝因而國除俶年屬丑爲牛可謂牛踏錢而破矣錢鏐末年患雙目有醫人不如所從來自云累世醫內外障眼其術皆善于用針無不效者鏐聞召而使觀之醫人曰可治然大王非常人忠貽天與之若醫是違天地也恐無益于壽幸思之鏐曰吾起自行伍跨有方面富貴足矣但得兩眼見物爲鬼不亦快乎既而下手莫不應手豁然鏐喜所賜動以萬計醫人皆辭不受明年鏐卒僧契盈閩中人通內外學性尤敏速廣順初遊戲錢塘一旦陪吳越王遊碧浪亭時潮水初滿舟楫輻輳望之不見其首尾王喜曰吳國地去京師三千餘里而誰知一水之利有如此耶可謂三千里外一條水十二時中兩度潮時人謂之佳對時江南未通兩浙貢賦自海路而至青州故云三千里也

史臣曰自唐末亂離海內分割荆湖江浙各據一方翼子詒孫多歷年所夫如是者何也蓋値諸夏多艱王風不競故也洎皇宋之撫運也因朗陵之肇亂命王師以遄征一矢不亡二方俱服遂使瑤琨篠簜咸遵作貢之文江漢睢章盡鼓朝宗之浪夫如是者何也蓋屬大統有歸人寰允洽故也惟錢氏之守杭越逾八十年蓋事大勤王之節與荆楚湖湘不侔矣

舊五代史卷一百三十三攷證

世襲列傳二高季興傳至襄州酒酣謂孔勍曰是行有二錯來朝一錯放回二錯　案歐陽史作季興謂梁震語與是書作孔勍異

高從誨傳乾祐元年冬十一月以疾薨于位　十一月歐陽史作十月

高保勗傳皇朝建隆四年春卒　四年歐陽史作三年十一月

馬殷傳許州鄢陵人也　案通鑑作扶溝人歐陽史從是書

長興二年十一月十日薨于位時年七十八　案歐陽史作長興元年殷卒年七十九

馬希範傳谿州洞蠻彭士愁　士愁原本訛士秋今據歐陽史及通鑑改正

舊五代史卷一百三十四

宋門下侍郎參知政事監修國史薛居正等撰

僭僞列傳第一

楊行密，廬州人，少孤貧，有膂力，日行三百里。唐中和之亂，天子幸蜀，郡將遣行密徒步奏事，如期而復。（北夢瑣言：鄭棨嘗典揚，行密爲本州步奏官。）光啓初，秦宗權擾淮右，頻寇廬壽，郡將募能致戰擒賊者，計級賞之。行密以膽力應募，往必有獲，得補爲隊長。行密乃自募百餘人，皆虓勇無行者，殺都將，自權州兵，郡將即以符印付之而去，朝廷因正授行密廬州刺史。光啓三年，揚州節度使高駢失政，委任妖人呂用之輩，牙將畢師鐸懼爲用之所譖，自高郵起兵以襲廣陵，爲用之所卻，乃乞師于宣州秦彥，且言事克之日，願以揚州帥之。彥先遣將秦稠以兵三千人助師鐸，攻陷廣陵，高駢署師鐸爲行軍司馬。未幾，秦彥率大衆并家屬渡江入揚州軍府，自稱節度使。初，揚州未陷，呂用之詐爲高駢檄，徵兵于廬州，及城陷，行密以萬人奄至。畢師鐸之入廣陵也，呂用之出奔于外，至是委質于行密。行密攻廣陵，營于大明寺，秦、畢出兵以攻行密之營，短兵纔接，行密僞遁，秦、畢之兵爭入其柵以取金帛，行密發伏兵以擊之，秦、畢大敗，退走其壁，自是不復出戰。其年九月，秦、畢害高駢于幽所，少長皆死，同坎瘞于道院北垣下。行密攻圍彌急，城中食盡，米斗四十千，居人相啗略盡。十月，城陷，秦、畢走東塘，行密入廣陵，輦外寨之粟以食飢民，即日米價減至三千。十一月，蔡賊孫儒以衆萬人自淮西奄至，還據外寨，行密輜重牛羊軍食未入城者，皆爲儒所有。時秦、畢來自東塘，與儒軍合，自是西門之外復爲敵境矣。初，呂用之遇行密于天長，紿行密曰：「用之有白金五千鋌，瘞于所居之廡下，寇平之日，願備將士倡樓一醉之資。」至是，行密閱兵，用之在側，謂用之曰：「僕射許此輩銀，何負心也！」遽命斬于三橋之下，夷其族。行密既有廣陵，遣使至大梁陳歸附之意。是時梁祖兼領淮南，乃遣牙將張廷範使于淮南，與行密結盟，尋遣行軍司馬李璠權知淮南留後，令都將郭言以兵援送。行密初則厚禮廷範，及聞李璠之行，勃然有拒命之意，廷範懼，易衣夜遁，遇梁祖于宋州，備言行密不軌之心，爾其兵勢未可圖也，乃追李璠等還，即表行密爲淮南留後。文德元年正月，孫儒殺秦彥、畢師鐸于高郵，引軍襲廣陵，下之，儒自稱節度使，行密收其衆歸于廬江。十一月，梁祖遣大將龐師古自潁上渡淮，討孫儒之亂，師古引兵深入淮甸，不利而還。龍紀元年，孫儒出攻宣州，行密乘虛襲據揚州，北通時溥。孫儒引軍復攻行密，大順元年，行密危蹙，率衆夜遁，出據宣州，儒復入揚州。二年，乃蒐練兵甲以攻行密，屬江淮疾疫，師人多死，儒亦臥病，爲部下所執，送于行密，殺之。行密自宣城長驅入于廣陵，盡得孫儒之衆。自光啓末高駢失守之後，行密與畢師鐸、秦彥、孫儒遞相窺圖，六七年中，兵革競起，八州之內，鞠爲荒榛，圜幅數百里，人煙斷絕。行密既併孫儒，乃招合遺散，與民休息，政事寬簡，百姓便之。蒐兵練將，以圖霸道，所得孫儒之衆，皆淮南之驍果也，選五千人豢養于府第，厚其衣食，驅之即戰，靡不爭先，甲冑皆以黑繒飾之，命曰「黑雲都」。乾寧二年，行密盡有淮南之地，昭宗乃降制授行密淮南節度副大使、知節度事、管內營田觀察處置等使、開府儀同三司、檢校太傅、同中書門下平章事、揚州大都督府長史、上柱國、宏農郡王，食邑三千戶，食實封一百戶。四年，梁祖平兗、鄆，朱瑾及沙陀將李承嗣、史儼等皆奔淮南，行密待之優厚，任以爲將，瑾與承嗣皆位至方伯。是歲，行密縱兵侵掠鄰部，兩浙錢鏐、江西鍾傳、鄂州杜洪皆遣使求救于梁，梁祖遣朱友恭率部騎萬人渡江，取便討伐。行密先令都將翟章據黃州，及梁師至，即棄郡南渡，固守武昌寨，行密遣將馬珣以精兵五千助之。友恭與杜洪大破其衆，遂拔武昌寨，擒翟章并淮軍三千餘人，獲馬五百匹，淮人大恐。八月，梁祖遣葛從周領步騎萬人自霍邱渡淮，遣龐師古率大軍營于清口。淮人決堰縱水，流潦大至，又令朱瑾率勁兵以襲汴軍，汴軍大敗，師古死之。葛從周聞師古之敗，自濠梁班師，至渒河，爲淮人所乘，諸軍僅得北歸。光化二年，行密北侵，遣張歸厚禦之而退。天復三年，青州王師範叛，乞師于淮南，行密遣將王景仁率師二萬以援之，攻討密州。七月，梁祖大破師範及景仁之衆，景仁遁還，追至輔唐，殺數千人，進取密州。天祐元年十一月，淮人攻光州，梁祖率軍抵霍邱，略地于廬壽之境，淮人遁去。二年正月，進攻壽州，淮人閉壁不出，大掠而還。是月，行密攻陷鄂州，擒節度使杜洪，戮于揚州市，梁之戍兵數千人亦陷焉。其後江西鍾傳、宣州田頵俱爲行密所併。三年，行密以疾卒于廣陵，及其子渭僭號，僞追尊爲太祖武皇帝。

渥字奉天，行密長子也。行密卒，渥遂襲僞位，自稱吳王，委軍政于大將張顥。渥性猜忌，不能御下。天祐五年六月，渥爲顥所殺，顥將納款于梁，遂自稱留後，委別將徐溫握兵柄。居無何，溫復殺顥，立行密次子渭爲主。及渭僭號，僞追尊爲景帝。

渭，渥之弟也。既立，政事咸委于徐溫。時溫爲鎮海軍節度、內外馬步軍都指揮使，乃于上元縣置昇州，盛開幕府，自握兵柄于上流，其子知訓等于揚州居以秉政。凡十餘年，溫乃冊渭爲天子，國號大吳，改唐天祐十六年爲武義元年。渭以溫爲大丞相、都督中外諸軍事。渭僭號凡三年而卒，諡爲惠帝。

溥，行密幼子也。初封丹陽王，渭卒，徐溫乃推溥爲主，後僭僞號。唐同光元年，莊宗平梁，遷都于洛陽。十二月，溥遣使章景來朝，稱大吳國主，致書上大唐皇帝，其辭旨卑遜，有同箋表。明年八月，又遣其司農卿盧蘋貢方物，及獻貞簡太后珍玩，莊宗命左藏庫使王居敏、通事舍人張朗等以名馬報之。郭崇韜之平西川也，淮人大懼，將去僞號，稱藩于唐。時崇韜欲陳舟師下峽爲平吳之策，會崇韜既誅，洛城有變，淮人聞之，比屋相慶。明宗纂嗣，溥復遣使修好，安重誨奏曰：「楊溥既不稱藩，無足與之抗禮，來偵國情，不如辭絕。」乃謝其使，不受所貢，遣之。唐天成二年十月，徐溫卒，追封爲齊王。溫之養子李昇代溫佐輔秉政，數年，位至太尉、中書令、錄尚書事，襲封齊王，僞加九錫。晉天福二年，溥不得已遜位于昇，昇遷溥于潤州，築丹陽宮以處之。溥自是服羽衣，習辟穀之術，年餘以幽死。昇又遷其族于海陵，吳人謂其居爲永寧宮。周顯德中，李景聞周師渡淮，慮楊氏爲變，使人盡殺之。自唐大順二年行密始有淮南之地，至溥遜位，凡四十七年而亡。（五代史補：楊行密嘗命宣州刺史田頵領兵圍錢塘，錢鏐危急，遣其子元璙修好于行密。元璙風神俊邁，行密見之甚喜，因以其女妻之，遽命頵罷兵。初，頵之圍城也，嘗遣使候錢鏐起居，鏐厚待之，將行，復與之小飲。時羅隱、皮日休在坐，意以頵之師無能爲也，且欲譏之，于是日休爲令，取一字四面被圍而不失其本音，因曰：「其字上加艸爲萁，下加石爲碁，于左加玉爲琪，玉右加月爲期。」會羅隱取于字，上加雨爲雩，下加皿爲盂，左加玉爲玗，右加邑爲邘。頵使者取亡字，譏錢鏐必亡，然亡上加艸爲芒，下加心爲忘，右加邑爲邙，左加心爲忙，共令必不通，合坐皆嗟笑之，使大慚而去。未幾，頵果班師。先是，行密與錢鏐勢力相敵，其爲憤怒，雖木火之不若也。行密嘗命以大索爲錢貫，號曰「穿錢眼」；鏐聞之，每歲命以大斧科柳，謂之「斫楊頭」。至是以元璙通婚，二境漸睦，穿眼斫頭之論始止。）

李昇，本海州人，僞吳大丞相徐溫之養子也。溫字敦美，亦海州人，初從淮南節度使楊行密起師于廬州，漸至軍校。唐末，青州王師範爲梁祖所圍，乞師于淮南，楊行密發兵赴之，溫時爲小將，亦預其行。師次青之南鄙，師範已敗，淮兵大掠而還，昇時幼稚，爲溫所擄，溫愛其慧黠，遂育爲已子，名曰知誥。天祐初，行密卒，其子渥嗣，會左衞都指揮使張顥殺渥，欲歸命于梁，溫謂顥曰：「此去梁國往復三千里，不月餘事不成，軍國未有主，無主將亂，不如有所立，徐圖其事。」顥然之，乃立渥弟渭爲帥。溫尋殺顥，渭授溫常州刺史、檢校司徒。溫留廣陵，遣昇知州事，是歲唐天祐五年也。七年，丁母憂，起復授檢校太尉、溫州刺史，充本州團練觀察使。八年，宣州叛，溫與都將柴再用討平之，加同中書平章事，充淮南行軍司馬、內外馬步都指揮使、鎮海軍節度、浙江西道觀察等使。十二年八月，溫出鎮潤州，以其子知訓知政事，加溫鎮海軍管內水陸馬步軍都軍使，兼寧國軍節度、宣歙池等州觀察使。時昇爲溫屬郡昇州刺史，乃大理郡廨，溫表移其府于金陵，僞授昇州大都督府長史，充鎮海軍節度副大使、知節度事，以昇爲鎮海軍節度副使，行潤州刺史，充本州團練使。十五年，知訓授淮南行軍副使、內外馬步軍都指揮使、通判軍府事。居無何，知訓爲大將朱瑾所殺，溫以昇代知政事。明年，溫冊楊渭爲天子，僭稱大吳，改唐天祐十六年爲武義元年。十八年，渭死，溫聞之，自金陵馳歸揚州，夜入廣陵，議有所立。或有希溫旨，言及蜀先主遺命諸葛亮之事，溫厲聲曰：「若楊氏無男有女，當立矣，無得異議。」由是羣心乃定，遂迎丹陽王溥于潤州，以其年六月十八日即僞位，改元爲順義。自是溫父子愈盛，中外共專其國，楊氏主祭而已。溫累官至竭忠定難建國功臣、大丞相、都督中外諸軍事、諸道都統、鎮海寧國等軍節度、宣歙池等州管內營田觀察等使、開府儀同三司、守太師、中書令、金陵尹、東海王，食邑一萬戶，實封五百戶。僞順義七年，改乾貞元年，即後唐天成二年，其年十月二十三日，溫卒，僞贈大元帥，追封齊王，諡曰忠武。昇前夢溫負登山，逾年溫卒。昇乃僞授輔政興邦功臣、知內外左右事、開府儀同三司、守太尉、中書令、宣城公。昇自平朱瑾之亂，遂執吳政。天成四年，僞吳改太和元年，是歲昇出鎮金陵，尋封東海王。至清泰二年，改天祚元年，其年以金陵爲齊國，封昇爲齊王，乃追諡溫爲忠武王，廟號太祖。昇又進位太尉、錄尚書事，留鎮金陵，以其子景總政于揚州。未幾，僞加昇九錫，建天子旌旗，改金陵爲西都，以揚州爲東都。昇開國，依齊梁故事，用徐玠爲齊國右丞相，宋齊邱爲左丞相，以爲謀主。僞吳天祚三年，楊溥遜位于昇，國號大齊，改元爲昇元，建都于金陵，時晉氏天福二年也。昇乃冊楊溥爲讓皇，其冊文曰「受禪老臣知誥謹上冊皇帝爲高尚思元宏古讓皇」云，仍以其子遙領平盧軍節度使，遷于海陵。昇自云唐明皇第六子永王璘之裔。唐天寶末，安祿山連陷兩京，明皇幸蜀，詔以璘爲山南嶺南黔中江南四道節度採訪等使璘至廣陵大募兵甲有窺圖江左之志後爲官軍所敗死于大庾嶺北故昇指之以爲遠祖因還姓李氏始改名昇國號大唐尊徐溫爲義祖昇僭位凡七年子景立

景本名璟及將臣于周以犯廟諱故改之昇之長子也釣磯立談云烈祖一日晝寢夢一黃龍出殿之西楹矯首內向如欲攫烈祖驚起使人偵之顧見元宗方倚楹而立遣人候上動靜于是立嫡之意遂決仲弟遂爲皇太弟季弟達爲齊王仍于父柩前設盟約兄弟相繼景僭號之後屬中原多事北土亂離雄據一方行餘一紀其地東暨衢婺南及五嶺西至湖湘北據長淮凡三十餘州廣袤數千里盡爲其所有近代僭竊之地最爲強盛又嘗遣使私賂契丹俾爲中國之患自固偷安之計南唐書云契丹遣使來告日晉少主逆好冊若中原無主唐繼先世之好已罔與梁多矣其他不敢拜命周顯德二年冬世宗始議南征以宰臣李穀爲前軍都部署是冬周師圍壽春三年春世宗親征淮甸大敗淮寇于正陽遂進攻壽州尋又今上敗何延錫于渦口擒皇甫暉于滁州景聞之大懼遣其臣鍾謨李德明等奉表于世宗乞爲附庸之國仍歲貢百萬之數又進金銀器幣及犒軍牛酒未幾又遣其臣孫晟王崇質等奉表修貢且言景願割濠壽泗光海等六州之地隸于大朝乞罷攻討世宗未之許時李德明等見周師急攻壽春慮不能保乃奏云寬臣等五日之誅容臣等自往江南取本國章表畢江北諸州盡獻于大朝世宗許其行久之德明等不至乃權留偏師數千圍守壽春而已四年春世宗再駕南征三月大敗江南援軍于紫金山尋下壽州乃命班師是歲冬十月世宗復臨淮甸連下濠泗二郡進攻楚州明年春正月拔之遂移幸揚州駐大軍于迎鑾將議濟江景聞之自謂亡在朝夕乃謀欲傳位其世子使稱藩于周南唐書正月改元交泰遣其臣陳覺奉表陳情且願世宗之旨爲覺至世宗召對于御幄是時江北諸州惟廬舒蘄黃四郡未下世宗因謂覺曰江南國主若能以江北之地盡歸于我則朕亦不至窮兵黷武覺聞命欣然即遣人過江取景表以廬舒蘄黃等四州來上乞畫江爲界仍歲貢地征數十萬世宗許之乃還京自是景始行大朝正朔上章稱唐國主臣景遣使修貢亦不失外臣之禮焉皇朝建隆二年夏景以疾卒于金陵時年四十六以其子煜襲僞位其後事具皇家日曆五代史補李昇本爲徐溫所養溫既擅權出于己自爲大丞相中書令都統及出居金陵以嫡子知訓爲丞相昇爲潤州節度昇始宣州忽得潤州甚怏怏將白溫辭之宋齊丘素與昇善因請昇曰知訓驕倨不可大用殆必有損足焚巢之患宣州去江都遼遠難爲應潤州方隔一水雨有急則可以立功愼勿辭也昇聞之釋然遂行至潤州未幾知訓果爲朱瑾所殺是夜江都亂火光亘天昇望之曰宋公之言中矣遂引軍渡江盡誅朱瑾之黨後解甲去備以待徐溫溫至甚喜且怒謂昇曰猶幸汝在潤州不然吾家大勢將去矣汝于兄弟中有大功者即日用昇爲左僕射知政事以代知訓昇善于撫御內外之心翕然而歸之故徐溫卒未幾而江南遂爲昇所有先是江南童謠云東海鯉魚飛上天東海即徐之望也鯉者李也蓋言李昇一旦自溫家起而爲一君爾初昇既落魄有大志且欲諷動僚屬雪天大會酒酣出一令須借雪取古人名仍詞理通貫時齊丘徐融在坐昇舉杯爲令曰雪下紛紛便是白起齊丘曰著履過街必須雍齒融意欲挫昇等遽曰明朝日出爭奈蕭何昇大怒是夜收融投于江自是與謀者惟齊丘而已宋齊丘豫章人父嘗在鍾傳幕下齊丘素落魄父卒家計蕩盡已在窮悴朝夕不能度時姚洞天爲淮南騎將素好士齊丘欲謁之且囊空無備紙筆之費計無所出但于逆旅杜門而坐如此給數日鄰房有散樂女尙幼聞齊丘曰秀才何以數日不出齊丘以實告女歎曰此事甚小秀才何吝一言相示耶乃惠以數緡齊丘用市紙筆爲詩咏以投洞天其略曰某學武無成攻文失志歲華蹭蹬身事蹉跎胸中之萬仞青山壓低氣宇頭上之一輪紅日燒盡風雲加以天步陵遲皇綱廢絕四海淵黑中原血紅挹飛蒼走黃之辯有出鬼沒神之機洞天怒其言大不即接見齊丘窘急乃更其啓翼日復至其略曰有生不如無生爲人不若爲鬼又云其爲誠懇萬端只爲飢寒兩字洞天始憫之漸加以拯救徐溫聞其名召至門下及昇之有江南也齊丘以佐命功遂至將相乃上表以散樂女爲妻以報宿恩許之韓熙載仕江南官至諸行侍郎晚年不羈女僕百人每延請賓客而先令女僕與之相見或調戲或毆擊或加以爭奪鞾笏無不曲盡然後熙載始緩步而出習以爲常復有醫人及燒煉僧數輩每來無不升堂入室與女僕等雜處僞主知之雖怒以其大臣不欲直指其過因命待詔畫爲圖以賜之使其自愧而熙載視之安然

王審知字信通光州固始人父恁世爲農民唐廣明中黃巢犯闕江淮盜賊蜂起有賊帥王緒者自稱將軍陷固始縣審知兄潮時爲縣佐緒署爲軍正蔡賊秦宗權以緒爲光州刺史尋遣兵攻之緒率衆渡江所在剽掠自南康轉至閩中入臨汀自稱刺史緒多疑忌部將有出己之右者皆誅之潮與豪首數輩共殺緒其衆求帥乃刑牲歃血爲盟植劍于前祝曰拜此劍動者爲將軍至潮拜劍躍于地衆以爲神異即奉潮爲帥時泉州刺史廖彥若爲政貪暴軍民苦之聞潮爲理整肅耆老乃奉牛酒遮道請留潮因引兵圍彥若歲餘克之又平狼山賊帥薛蘊兵鋒日盛唐光啓二年福建觀察使陳巖表潮爲泉州刺史大順中巖卒其壻范暉自稱留後潮遣審知將兵攻之踰年城中食盡乃斬暉而降由是盡有閩嶺五州之地潮即表其事昭宗因建威武軍于福州以潮爲節度福建管內觀察使審知爲副審知爲觀察副使有過潮猶加捶撻審知無怨色潮寢疾舍其子延興延虹延豐延休命審知知軍府事十二月丁未潮薨審知以讓其兄審邽審邽以審知有功辭不受審知自稱福建留後表于朝廷唐末爲威武軍節度福建觀察使累遷檢校太保封琅邪郡王梁朝開國累加中書令封閩王王審知德政碑云新付公以戎旅仍具表奏尋加刑部尚書威武軍副使授金紫光祿大夫右僕射本軍節度使又改光祿大夫檢校司空轉特進檢校司徒又轉檢校太保琅邪郡王食邑四千戶食實封一百戶是時楊氏據江淮故閩中與中國隔越審知每歲朝貢汎海至登萊抵岸往復頗有風水之患漂沒者十四五後唐莊宗即位遣使奉貢制加功臣進爵邑審知起自隴畝以至富貴每以節儉自處選任良吏省刑惜費輕徭薄斂與民休息三十年間一境晏然同光元年審知卒子延翰嗣爲弟延鈞所殺

延鈞審知次子僭唐長興三年上言吳越國王錢鏐薨乞封爲吳越王不報未幾自稱帝國號大閩改元龍啓然猶稱藩于朝廷清泰元年遇弒子昶嗣

昶嗣僞位朝廷因授昶福建節度使晉天福三年遣使貢奉至闕止稱閩王其子繼恭稱節度使晉祖乃下制封昶爲閩王改元通文後遇弒審知少子延羲嗣

延羲嗣僞位改元永隆在位六年遇弒兄延政自稱帝于福州晉開運三年爲李景所滅[illegible]辛子壻范[illegible]觀察使至[illegible]延嘉之封[illegible]僭稱大閩改元龍啓其後爲子昶所弒昶多行不道閩人殺之立從父延羲改元永隆延羲不恤政事國亂爲其將連重遇所殺王氏之族遂滅先是梁朝有王霸者自王氏之遠祖爲道士居于福州之怡山時愛二皂莢樹因其下築壇爲朝禮之所其後丹成沖虛而去霸嘗云吾之子孫當有王于此方者乃自爲讖藏之于樹唐光啓中燭柯道士徐景元因于壇東北隅取土獲其詩曰樹枯不用伐壇壞不須結不滿一千年自有系孫列又曰後來是三王潮水蕩禍殃巖逢二乍間未免有銷亡子孫依吾道代代封閩疆議者以爲潮爲蕩禍殃謂王潮除其禍患以開基業也巖逢二乍間謂陳巖逢王潮末幾而亡土地爲其所有也代代封閩疆謂潮與審知也代代蓋兩世之稱明封崇不過潮與審知兩世耳初王潮嘗假道于洪州時鍾傳爲洪州節度使以王潮若得福建境土相接必爲己患陰欲誅之有僧上藍者通于術數動皆先知大爲鍾所重因入謁察傳詞氣驚曰令公何故起惡意是欲殺王潮否傳不敢隱盡以告之上藍曰老僧觀王潮與福建有緣必變彼時作一好世界令公宜加禮厚待若必殺之令公之禍去矣于是傳加以援送及審知之嗣位也楊行密方盛常有吞東南之志氣審知居常憂之因其先人嘗爲上藍所知乃使人齎金帛往遺之號曰送供且問國之休咎使回上藍以十字爲報其詞曰不怕羊入屋只怕錢入腹審知得之數日羊者楊也腹者福也得非福州之患不在楊行密而在錢氏乎令內外將吏無姓錢者必爲子孫後世之憂矣至延羲爲連重遇所殺諸將爭立江南乘其時命查文徽領兵伐之綿年不能下會兩浙救兵至文徽腹背受敵遂大敗自是福州果爲錢氏所有入腹之讖始應盡國之興衰皆有數決定矣徐寅登第歸閩中途經大梁因獻太祖遊大梁賦時梁祖與太原武皇爲讎敵武皇眇一目而又出自沙陀部落寅欲曲媚梁祖故詞及之云一眼胡奴望英威而膽落未幾有人得其本示太原者武皇見而大怒及莊宗之滅梁也四方諸侯以爲唐室復興奉琛爲慶者相繼王審知在閩中亦遣使至濠召其使問曰徐寅在否使不敢隱以無恙對莊宗因慘然曰汝歸語王審知父母之讎不可同天徐寅指斥先帝今聞在彼中何以容之使回具以告審知曰如此則主上欲殺徐寅耳今殺則未敢奉詔但不可以用矣即日戒閽者不得引接徐寅坐是終身止于秘書正字江爲建州人工于詩乾祐中福州王氏國亂有故人任福州官屬恐禍及一旦亡去將奔江南乃開道謁爲經數日爲且與草投江南表其人未出境遭邊吏所擒仍于囊中得所撰表章于是收爲與奔者俱械而送爲臨刑詞色不撓且曰嵇康之將死也顧日影而彈琴吾今琴則不暇彈賦一篇可矣乃索筆爲詩曰街鼓侵人急西傾日欲斜黃泉無旅店今夜宿誰家聞者莫不傷之黃滔在閩中爲王審知推官一旦饋之魚時滔方與徐寅對談遽請寅爲謝箋寅援筆而成其略曰銜諸斷索纔從羊續懸來列在雕盤便到馬蹄食處時人大稱之

史臣曰昔唐祚橫流異方割據行密以高才捷足啓之于前李昇以履霜堅冰得之于後以僞易僞適六十年泊有周興薄伐之師皇上示懷柔之德而乃走梯航而入貢奉正朔以來庭如是則長江之險又何足以恃哉審知偶據一隅僅將數世始則可方于吳芮終則竊效于尉佗與夫穴蟻井蛙亦何相遠哉五紀之亡蓋其幸也

舊五代史卷一百三十四攷證

僭僞列傳一楊行密傳乃追李璠等還 案通鑑作李璠至盱眙行密發兵襲之郭言力戰得免與是書異

瑾與承嗣皆位至方伯 案九國志行密承制授朱瑾泰寧軍節度使李承嗣振武軍節度使此云位至方伯似未明晰附識于此

楊渭傳渭渥之弟也 案渭歐陽史及通鑑皆作隆演惟是書作渭詳見通鑑攷異

王審知傳以潮爲節度福建管內觀察使審知爲副 案王審知德政碑作詔授潮節度累加檢校右僕射無審知爲副事

潮薨審知以讓其兄審邽 案王審知德政碑作仲兄審邦此作審邽當以碑爲正

舊五代史卷一百三十五

宋門下侍郎參知政事監修國史薛居正等撰

僭僞列傳第二

劉守光深州樂壽人也其父仁恭初隨父晟客于范陽晟以軍吏補新興鎮將事節度使李可舉仁恭幼多智機數陳力于軍中李全忠之攻易定也別將于晏團易州累月不能拔仁恭穴地道以陷之軍中號曰劉窟頭稍遷裨校仁恭志大氣豪自言嘗夢大佛幡出于指端或云年四十九當領旄節此言頗泄燕帥李匡威惡之不欲令典軍改爲府掾出爲景城令屬瀛州軍亂殺郡

守仁恭募白丁千人討平之匡威壯其才復使爲帳中爪牙令將兵戍蔚州兵士以過期不代思歸流怨會李匡儔奪兄位戍軍擁仁恭爲帥欲攻幽州比至居庸關爲府兵所敗仁恭挈族奔于太原武皇遇之甚厚賜田宅以處之出爲壽陽鎮將從征吐渾仁恭數進畫于蓋寓言幽州可圖之狀願得步騎萬人即指期可取武皇從之洎仁恭舉兵屢不尅捷唐乾寧元年十一月武皇親征匡儔十二月破燕軍于威塞進拔嬀州收居庸二十六日匡儔弃城而遁武皇令李存審與仁恭入城撫勞封府庫即以仁恭爲幽州節度使留腹心燕留德等十餘人分典軍政武皇乃還二年七月武皇討王行瑜師于渭北上章請授仁恭節鉞九月天子以仁恭爲檢校司空幽州盧龍軍節度使三年羅宏信背盟武皇遣李存信攻魏州徵兵于燕仁恭託以契丹入寇俟敵退聽命四年七月武皇聞兗鄆俱陷復徵兵于仁恭數月之間使車結轍仁恭辭旨不遜武皇以書讓之仁恭覽書嫚罵拘其使人晉之戍兵在燕者皆拘之復以厚利誘晉之驍將由是亡命者衆矣八月武皇討仁恭九月五日次安塞軍九日渡木瓜澗大爲燕軍所敗死傷大半既而仁恭告捷于梁祖梁祖聞之喜因表仁恭加平章事仁恭又遣使于武皇自陳邊將擅興之罪武皇以書報之仁恭既絕于晉恒懼討罰募兵練衆常無虛月兼有滄景德三郡以守文爲留後請節鉞于朝昭宗怒其擅興不時與之會中使至范陽仁恭私之曰旄節吾自有但要長安本色耳何以累章見阻爲吾言之其悖戾如此仁恭兵鋒益盛每戰多捷以爲天贊遂有吞噬河朔之志二年正月仁恭率幽滄步騎十萬號三十萬將兼併魏博鎮定師次貝州一鼓而拔無少長皆屠之清水爲之不流羅紹威求援于汴汴將李思安葛從周赴之思安屯內黃仁恭兵圍魏州聞汴軍在內黃戒其子守文曰李思安怯懦汝之智勇北之十倍當先殄此鼠輩次擒紹威守文與單可及率漁陽精甲五萬夾清水而上思安設伏于內黃清水之左袁象先設伏于清水之右思安逆戰于繁陽城僞不勝徐退燕人追躡至于內黃思安步兵成列迴擊之燕人將引退左右伏兵發燕軍大敗臨陣斬單可及守文單騎僅免五萬之衆無生還者將葛從周率邢洺之衆入魏州與賀德倫李暉出擊賊營是夜仁恭燒營遁走汴人長驅追擊自魏至長河數百里殭尸蔽地敗旗折戟纍纍于路鎮人又

邀擊于東境燕軍復敗仁恭自是垂翅不振者累年汴人乘勝攻滄州仁恭率師援之營于乾寧軍汴將氏叔琮逆戰燕軍逗撓退保瓦橋乃卑辭厚禮乞師于晉武皇遣兵逼邢洺以應之十月汴人陷瀛鄚二州晉將周德威將兵出飛狐仁恭復修好于晉天祐三年七月梁祖自將兵攻滄州營于長蘆仁恭師徒屢喪乃酷法盡發部內男子十五已上七十已下各自備兵糧以從軍閭里爲之一空部內男子無貴賤並黥其面文曰定霸都士人黥其臂文曰一心事主繇是燕薊人民例多黥涅或伏竄而免仁恭閱衆得二十萬進至瓦橋汴人深溝高壘以攻滄州內外阻絕仁恭不能合戰城中大飢人相篡啖析骸而爨丸土而食轉死骨立者十之六七自七月至十月仁恭遣使求援于晉前後百餘輩武皇乃徵兵于燕仁恭遣都將李溥夏侯景監軍張居翰書記馬郁等以兵三萬來會十二月合晉師以攻潞州降丁會乃解滄州之圍是時天子播遷中原多故仁恭嘯傲薊門志意盈滿師道士王若訥祈長生羽化之道幽州西有名山曰大安山仁恭乃于其上盛飾館宇僭擬宮掖聚室女豔婦窮極侈麗又招聚緇黃合仙丹講求法要又以堇泥作錢令部內行使盡斂銅錢于大安山巔鑿穴以藏之藏畢即殺匠石以滅其口又禁江表茶商自擷山中草葉爲茶以邀厚利改山名爲大恩山仁恭有嬖妾曰羅氏美姿色其子守光烝之事洩仁恭怒笞守光謫而不齒四年四月汴將李思安以急兵攻幽州營于石子河仁恭在大安山城中無備守光自外帥兵來援登城拒守汴軍既退守光乃自爲幽州節度令其部將李小喜元行欽將兵攻大安山仁恭遣兵拒戰爲小喜所敗乃擄仁恭歸幽州囚于別室仁恭左右洎至婢媵與守光不協者畢誅之其兄守文在滄州聞父被囚聚兵大哭諭之曰哀哀父母生我劬勞自古豈有讎父者吾家生此梟獍吾生不如死即率滄德之師討之守光逆戰于雞蘇爲守文所敗既而守文詐悲單馬立于陣場泣諭于衆曰勿殺吾弟時守光驍將元行欽識之被擒滄兵失帥自潰守光乃縶兄于別室援以叢棘乘勝進攻滄州滄州賓佐孫鶴呂兗已推守文子延祚爲帥守光攜守文于城下攻圍累月城中乏食米斗直三萬人首一級亦直十千軍士食人百姓食墐土驢馬相遇食其鬃尾士人出入多爲強者屠殺久之延祚力窮以城降于守光守文尋亦遇害守光性本庸昧以父兄失勢謂天所助淫虐滋甚每刑人必以鐵籠盛之

薪火四逼又爲鐵刷刷剔人面脅衣赭黃袍顧謂將吏曰當今海內四分五裂吾欲南面以朝天下諸君以爲何如賓佐有孫鶴者負方畧之士也率先對曰王西有并汾之患北有契丹之虞乘時觀釁專待薄人彼若結黨連衡侵我疆場地形雖險勢不可支甲兵雖多守恐不暇縱能却敵未免生憂王但撫士愛民補兵完賦義聲馳于天下諸侯自然推戴今若恃兵與險未見其圖守光不悅及梁軍擄深冀王鎔乞師于守光孫鶴勸守光出援軍以圖霸業守光不從及莊宗有柏鄉之捷守光謀攻易定諷動鎮人欲爲河朔元帥莊宗乃與鎮州節度使王鎔易定節度使王處直昭義節度使李嗣昭振武節度使周德威天德軍節度使宋瑤同遣使奉冊推守光爲尚父以驕其惡守光不悟謂藩鎮畏已仍以諸鎮狀送梁祖言臣被晉王等推臣爲尚父堅辭不獲又難推違臣竊料所宜不如陛下與臣河北道都統則并鎮之叛不足平矣梁祖知其詐僞答之仍命閤門使王瞳供奉官史彥瓊等使于燕冊守光爲河北道採訪使六月梁使至守光令所司定尚父採訪使儀注所司取唐朝冊太尉禮以示之守光曰此儀注中何無郊天改元之事梁使曰尚父雖尊猶是人臣守光怒投于地謂將吏曰方今天下鼎沸英雄角逐朱公創號于夷門楊渭假名于淮海王建自尊于巴蜀茂貞矯制于岐陽皆因茅土之封自假帝王之制然兵虛力寡疆場多虞我大燕地方二千里帶甲三十萬東有魚鹽之饒北有塞馬之利我南面稱帝誰如我何爾爲尚父孰當帝者公等促具帝者之儀予且爲河朔天子燕之將吏竊議以爲不可守光置斧鑕于庭令將佐曰今三方協贊予難重違擇日而舉矣從我者賞橫議者誅孫鶴對曰滄州破敗僕乃罪人大王寬容乃至今日不敢阿旨以誤家國苟聽臣言死且無悔守光大怒推之伏鑕令軍士割其肉生噉之鶴大呼曰百日之外必有急兵矣守光命窒其口寸斬之有識爲之嗟憤乃悉召部內官吏教習朝儀邊人既非素習舉措失容相顧竊笑八月十三日守光僭號大燕皇帝改年曰應天以梁使王瞳判官齊涉爲宰相史彥瓊爲御史大夫僞冊之日契丹陷平州莊宗聞之大笑監軍張承業曰惡不積不足以滅身老氏所謂將欲取之必先與之今守光狂蹶請遣使者問以觀其釁十月莊宗令太原少尹李承勳往使承勳至守光怒不稱臣械之于獄十二月莊宗遣周德威出飛狐會鎮定之師以討之德威攻圍歷年屬郡皆

下守光堅保幽州求援于梁北誘契丹救終不至十年十月守光遣使持幣馬見德威乞降又乘城呼曰予俟晉王至即出城十一月莊宗親征二十三日至幽州單騎臨城召守光曰丈夫成敗須決所向公將何如守光曰某俎上肉耳莊宗愍之折弓爲盟許其保全守光辭以他日莊宗乃令諸軍攻之二十四日四面畢攻莊宗登燕太子臺觀之俄而數騎執仁恭并其孥來獻檀州遊奕將李彥暉于燕樂縣獲守光并妻李氏男繼珣繼方繼祚等來獻初守光城破後擕其妻子將走關內依劉守奇沿路寒瘡足踵經日不食至燕樂縣匿于坑谷令妻祝氏乞食于田父張師造家怪婦人異狀詰之遂俱擒焉莊宗方宴府第引仁恭守光至席父子號泣謝罪莊宗慰撫之曰往事不復言人誰無過改之爲貴乃歸之傳舍是月己卯晉人執守光及仁恭露布表其罪驅以班師十一年正月至晉陽仁恭父子荷校于露布之下父母唾面罵守光曰逆賊破家如是守光俯首不顧自范陽至晉陽涉千餘里所在聚觀呼守光爲劉黑子略無媿色莊宗以仁恭守光徇于都城即告南宮七廟禮畢守光與李小喜鄭藏斐劉延卿及其二妻皆伏誅李小喜者本晉之小校先奔于燕守光以爲愛將守光雖凶淫出于天性然而稔惡侈毒抑亦小喜贊成守光將敗前一日來降守光將死大呼曰臣之誤計小喜熒惑故也若罪人不死臣必訴于地下莊宗急召小喜至令證辯小喜瞋目叱守光曰囚父殺兄烝淫骨肉亦我教耶莊宗怒小喜失禮先斬之守光慟哭曰王將定天下臣精于騎何不且留指使二妻讓之曰皇帝事勢及此生不如死即延頸就戮守光猶哀訴不已既誅命判官司馬揆備轒轀祭醱瘞于城西三里龍山下令副使盧汝弼李存霸拘送仁恭至代州于武皇靈前刺心血以祭誅于鴈門山下自仁恭乾寧二年春入幽州至天祐十年父子相承十九年而滅

劉陟即劉龑初名陟其先彭城人祖仁安仕唐爲潮州長史因家嶺表父謙素有才識唐咸通中宰相韋宙出鎮南海謙時爲牙校職級甚卑然氣貌殊常宙以猶女妻之妻以非其類堅止之宙曰此人非常流也他日我子孫或可依之謙後果以軍功拜封州刺史兼賀水鎮使甚有稱譽謙之長子曰隱即韋氏女所生也幼而奇特及謙卒賀水諸將有無賴者幸變作亂隱定計誅之連帥劉崇龜聞其才署爲右都校復領賀水鎮俄奏兼封州刺史用法清肅威望頗振唐昭宗以嗣薛王知柔

石門扈蹕功授淸海軍節度使詔下有府之牙將盧琚譚玘謀不稟朝命隱舉部兵誅琚玘以聞知柔至深德之辟爲行軍司馬委以兵賦唐昭宗命宰相徐彥若代知柔復署前職彥若在鎭二年臨薨手表奏隱爲兩使留後昭宗未之許命宰相崔遠爲節度使遠行及江陵聞嶺表多盜懼隱違詔遲留不進會遠復入相乃詔以隱爲留後然久未卽眞及梁祖爲元帥隱遣使持重賂以求保薦梁祖卽表其事遂降旄節梁開平初恩寵殊厚遷檢校太尉兼侍中封大彭郡王梁祖郊禋禮畢加檢校太師兼中書令又命兼領安南都護充淸海靜海兩軍節度使進封南海王開平四年三月卒陟隱之弟也隱卒代據其位及梁末帝嗣位務行姑息之政乃盡以隱之官爵授陟先是邕州葉廣略容州龐巨源或自擅兵賦數侵廣之西鄙陟舉兵討之邕容皆敗因附庸于陟又交州土豪曲承美亦專據其地送款于梁因正授旄鉞陟不平之遣將李知順伐之執承美以獻陟自是盡有嶺表之地及聞錢鏐冊封吳越王陟恥稱南海之號乃嘆曰中原多故誰爲眞主安能萬里梯航而事僞庭乎梁貞明三年八月陟乃僭號于廣州國號大漢僞改元爲乾亨明年僭行郊禮赦其境內及改名巖陟僭位之後廣聚南海珠璣西通黔蜀得其珍玩窮奢極侈娛僭一方與嶺北諸藩歲時交聘及聞莊宗平梁遣僞宮苑使何詞來聘稱大漢國王致書上大唐皇帝莊宗召見于鄴宮問南海事狀且言本國已發使臣大陳物貢期今秋卽至初陟聞莊宗兵威甚盛故令何詞來覘虛實時朝政已紊莊宗亦不能以道制御遠方南海貢亦不至自是與中國遂絶唐同光三年冬白龍見于南海改僞乾亨元年爲白龍元年陟又改名龑以符龍之瑞也白龍四年春又改大有元年是歲陟僭行藉田之禮陟之季年有梵僧善占算之術謂陟不利名龔他年應有此姓敗事陟又改名龑讀爲儼古文無此字蓋妄撰也陟性雖聰辯然好行苛虐至有炮烙刳剔截舌灌鼻之刑一方之民若據爐炭惟厚自奉養廣務華靡末年起玉堂珠殿飾以金碧翠羽嶺北行商或至其國皆召而示之誇其壯麗每對北人自言家本咸秦恥爲蠻夷之主又呼中國帝王爲洛州刺史其妄自尊大皆此類也晉天福七年夏四月陟以疾卒凡僭號二十六年年五十四僞諡爲天皇大帝廟號高祖陵曰康陵子玢嗣

玢陟長子也初封賓王又封秦王陟卒遂襲位僞號光天玢性庸昧僭位之後大恣荒淫尋爲其弟晟等所弑在位一年僞諡爲殤帝

晟陟第二子也僞封勤王又封晉王玢之立也多行淫虐人皆患之晟因與其弟僞越王昌等同謀弑玢自立爲帝改元爲應乾又改爲乾和晟卒性荒暴得志之後專以威刑御下多誅滅舊臣及其昆仲數年之間宗族殆盡又造生地獄凡湯鑊鐵牀之類無不備焉人有小過咸被其苦及湖南馬氏昆弟尋戈晟因其釁遣兵攻桂林管內諸郡及郴連梧賀等州皆克之自此全有南越之地周顯德五年秋八月晟以疾卒僞諡曰文武光聖明孝皇帝廟號中宗陵曰昭陵是歲晟以六月望夜宴于甘泉宮是夕月有食之測在牛女之度晟自覽占書旣而投之于地曰自古豈有長存者乎因縱長夜之飲至是而卒

鋹晟長子也僞封衞王晟卒乃襲僞位時年十七改元爲大寶鋹性庸懦不能治其國政事咸委于閹宦復有宮人具冠帶預職官理外事者由是綱紀大壞先是廣州法性寺有菩提樹一株高一百四十尺大十圍傳云蕭梁時西域僧眞諦之所手植蓋四百餘年矣皇朝乾德五年夏爲大風所拔是歲秋鋹之寢室屢爲雷震識者知其必亡皇朝開寶三年夏王師始議南征四年二月五日王師壓廣州鋹盡焚其府庫將赴火而死旣而不能引決尋爲王師所擒舉族遷于京師皇上赦而不誅仍賜爵爲恩赦侯其後事具皇家日曆陟始自梁貞明三年僭號歷三世四主至皇朝開寶四年凡五十五年而亡

劉崇太原人漢高祖之從弟也少無賴好陸博意錢之戲弱冠隸河東軍唐長興中遷虢州軍校漢祖鎭并汾奏爲河東步軍都指揮使逾年授麟州刺史復爲河東馬步軍都指揮使兼三城巡檢使遙領泗州防禦使漢祖起義于河東以崇爲特進檢校太尉行太原尹是歲五月漢祖南行以崇爲北京留守尋加同平章事隱帝嗣位加檢校太師兼侍中乾祐二年九月加兼中書令時漢隱帝以幼年在位政在大臣崇亦招募亡命繕完兵甲爲自全之計朝廷命令多不稟行徵斂一方略無虛日人甚苦之三年十一月隱帝遇害朝廷議立崇之子徐州節度使贇爲主會周太祖爲軍衆所推降封贇爲湘陰公崇乃遣牙將李䛒奉書求贇歸藩會贇已死唯以優辭答之周廣順元年正月崇僭號于河東稱漢改名旻仍以乾祐爲年號署其子承鈞爲侍衞親軍都指揮使太原尹以判官鄭珙趙華爲宰相副使李瓌代州刺史張暉爲腹心尋遣承鈞率兵攻晉隰二州不克而退九月崇自領兵由陰地關寇晉州乞師于契丹契丹以五千騎助之合兵以攻平陽又分兵寇昭義周太祖遣樞密使王峻等率大軍以援晉絳崇聞周師至遂焚營而遁是歲晉絳大雪崇駐軍六十餘日邊民走險自固兵無所掠士有飢色比至太原十亡三四二年二月崇遣兵三千餘衆寇府州爲折德扆所破其所部岢嵐軍爲德扆所取崇自僭稱之後以重幣求援于契丹仍稱姪以事之契丹僞冊爲英武皇帝及周世宗嗣位崇復乞師于契丹以圖入寇契丹遣將楊袞合勢大舉來迫潞州顯德元年三月周世宗親征與崇戰于高平大敗之崇與親騎十數人踰山而遁中夜迷惜不知所適刦村民使爲鄉導誤趨晉州路行百餘里方覺崇怒殺鄉導者得他路而去乃易名號被毛褐張樺笠而行至沁州與從者三五騎止于郊舍寒餒尤甚潛令告僞刺史李廷誨廷誨饋盤飧解衣裘而與之每至屬邑縣吏奉食七箸未舉聞周師至卽蒼黃而去崇年老力憊伏于馬上日夜奔竄僅能支持距太原一舍其子承鈞夜以兵百人迎之而入及周師臨城下崇氣懾自固閉壘不出月餘世宗乃旋軍顯德二年十一月崇以病死其子承鈞襲僞位鈞之事跡具皇家日歷

史臣曰守光逆天反道從古所無迨至臨刑尚求免死非唯惡之極也抑亦愚之甚也劉陟據南極以稱雄屬中原之多事洎乎奕世遇我昌朝力憊而亡不殄其嗣亦其幸也劉崇以亡國之餘竊僞王之號多見其不知量也今元惡雖斃遺孽尚存勢蹙民殘不亡何待

舊五代史卷一百三十五攷證

僭僞列傳二劉守光傳汴人陷瀛鄚二州　鄚原本訛鄭今據歐陽史改正

書記馬郁　馬郁原本作馬都今據是書列傳改

盡斂銅錢于大安山巓　銅錢原本作錢鏄引用錯謬今據歐陽史改正

卽殺匠石以滅其口　案莊子石乃匠者之名詞家引用泛作工匠解者非乃紀事之文亦沿其誤殊乖史體今姑仍原文而駁正于此

劉陟傳謙之長子曰隱梁開平初封大彭郡王梁祖郊禋禮畢進封南海王　案東都事略不載隱封南海王宋史不載隱封大彭郡王與是書互有詳略攷五代會要劉隱進封南海王在開平四年

舊五代史卷一百三十六

宋門下侍郎參知政事監修國史薛居正等撰

僭僞列傳第三

王建陳州項城人唐末隸名于忠武軍秦宗權據蔡州懸重賞以募之建始自行間得補軍候廣明中黃巢陷長安僖宗幸蜀時梁祖爲巢將領衆攻襄鄧宗權遣小校鹿晏宏從監軍楊復光率師攻之建亦預行是歲復光入援京師明年破賊收京城初復光以忠武軍八千人立爲八都晏宏與建各一都校也復光死晏宏率八都迎扈行在至山南乃攻剽金商諸郡縣得兵數萬進逼興元節度使牛叢棄城而去晏宏因自爲留後建等爲屬郡刺史不令之任俄而晏宏正授節旄恐部下謀已多行忍虐繇是部衆離心建與別將韓建友善晏宏益猜二建僞待之厚引入卧內二建懼夜登城慰守陴者因月下共謀所向謂韓建曰僕射甘言厚德是疑我也禍難無日矣早宜擇利而行韓曰善因率三千人趨行在僖宗嘉之賜與巨萬分其兵爲五都仍以舊校主之卽晉暉李師泰張造與二建也因號曰隨駕五都田令孜皆錄爲假子及僖宗還宮建等分典神策軍皆遙領刺史光啟初從僖宗再幸興元令孜懼逼求爲西川監軍楊復恭代爲觀軍容使建等素爲令孜所厚復恭懼不附己乃出五將爲郡守以建爲壁州刺史天子還京復恭以楊守亮鎭興元尤畏建侵己屢召之建不安其郡因招合溪洞豪猾有衆八千寇閬州陷之復攻利州刺史王珙棄城而去建播剽二郡所至殺掠守亮不能制東川節度使顧彥朗初于闕輔破賊時與建相聞每使人勞問分貨幣軍食以給之故建不侵梓遂西川節度使陳敬瑄憂其膠固謀于監軍田令孜曰王八吾子也彼無他腸作賊山南實進退無歸故也吾馳咫尺之書可以坐置麾下卽飛書招建建大喜遣使謂彥朗

曰監軍阿父遣信見招僕欲詣成都省阿父因依陳太師得一大郡是所願也卽之梓州見彥朗留家寄東川選精甲三千之成都行次鹿頭或謂敬瑄曰建今之劇賊鴟視狼顧專謀人國邑儻其卽至公以何等處之彼建雄心終不居人之下公如以將校遇之是養虎自貽其患也敬瑄懼乃遣人止建遂修城守建怒遂據漢州領麾兵至成都敬瑄讓之曰彼何爲者而犯吾疆理建軍吏報曰閬州司徒比寄東川而軍容太師使者繼召今復拒絕何也司徒不惜改轅而東而北省太師反爲拒絕慮顧梓州復相嫌間謂我何心故也使我來報且欲寄食漢州公勿復疑時光啟三年彥朗洎建盡取東川之衆設梯衝攻成都三日不尅而退復保漢州月餘大剽蜀土進逼彭州百道攻之敬瑄出兵來援建解圍縱兵大掠十一州皆罹其毒民不聊生建軍勢日盛復攻成都敬瑄患之顧彥朗亦懼侵已昭宗卽位彥朗表請雪建擇大臣爲蜀帥移敬瑄他鎭乃詔宰臣韋昭度鎭蜀以代敬瑄敬瑄不受代天子怒命顧彥朗楊守亮討之時昭度以建爲牙內都校董其部兵（[illegible]）行及王師無功建謂昭度曰相公興數萬之衆討賊未效餉運交不相屬近聞洛陽以來藩鎭相噬朝廷姑息不暇與其勞師以事蠻方不如從而赦之且以兵威靖中原是國之本也相公盍歸朝覲與主上畫之昭度持疑未決一日建陰令軍士于行府門外擒昭度親吏駱而食之建徐啟昭度曰蓋軍士乏食以至于是耶昭度大懼遂留符節與建卽日東還纔出劍門建卽嚴兵守門不納東師自是建攻西川管內八州所至響應遂急攻成都田令孜登城謂建曰老夫與八哥相厚太師久矣知闔有何嫌恨如是困我之甚耶建曰軍容父子之恩心何敢忘但天子付以兵柄太師不納朝廷故也苟太師悉心改圖何福如之又曰吾欲與八哥軍中相款如何曰父子之義何嫌也是夜令孜攜蜀帥符印入建軍授建建泣謝曰太師初心太過致有今日相戾既此推心一切如舊翌日敬瑄啟關迎建以蜀帥讓之建乃自稱留後表陳其事明年春制授檢校太傅成都尹西川節度副大使知節度事管內觀察處置雲南八國招撫等使時龍紀元年也移敬瑄于雅州安置仍以其子爲刺史既行建令人殺之于路令孜仍舊監軍事數月或告令孜通鳳翔書問下獄餓死（蜀檮杌云敬瑄雅州以其子爲刺史既行建遣殺于三江令孜仍監其軍）建雄猜多機略意常難測既有蜀土復欲窺伺東川又以彥朗婚姻之舊未果行會彥朗卒弟彥暉代爲梓帥交情稍怠李茂貞乘其有間密搆彥暉因與茂貞連盟闢征疆吏之間與蜀人得失大順末建出師攻梓州彥暉求援于鳳翔李茂貞出師援之建卽圍解自是秦川交惡者累年後建大起蜀軍敗岐梓之兵于利州彥暉懼乞和請與岐人絕許之景福中山南之師寇東川彥暉求援于建建出兵赴之大敗興元之衆洎軍旋建承虛襲梓州擒彥暉置于成都遂兼有兩川自此軍鋒益熾天復初李茂貞韓全誨刼遷車駕在鳳翔梁祖攻圍歷年建外修好于汴指茂貞罪狀陰與茂貞間使往來且言堅壁勿和許以出師赴援因分命諸軍攻取興元比及梁祖解圍茂貞山南諸州皆爲建所有自是守將及茂貞垂翅天子還洛陽建復攻茂貞之秦隴等州茂貞削弱不能守或勸建因取鳳翔建曰此言失策吾所得已多不俟復增岐下茂貞雖常才然名望宿素與朱公爭不足守境有餘韓生所謂入爲扞蔽出爲席藉是也適宜援而固之爲吾盾鹵耳及梁祖將謀強禪建與諸藩同謀興復乃令其將康晏率兵三萬會于鳳翔數與汴將王重師戰不利而還趙匡凝之失荊襄也弟匡明以其孥奔蜀建因得夔峽忠萬等州及梁祖開國蜀人請建行劉備故事建自帝于成都改元永平五年改元通正是年冬改元天漢又改元光天在位十二年年七十二子衍嗣

衍建之幼子也建卒衍襲僞位改元乾德六年十二月改明年爲咸康秋九月衍奉其母徐妃同遊于青城山駐于上清宮時宮人皆衣道服頂金蓮花冠衣畫雲霞望之若神仙及侍宴酒酣皆免冠而退則其髻髽然又構怡神亭以佞臣韓昭等爲狎客雜以婦人以恣荒宴或旦至暮繼之以燭僞嘉王宗壽侍宴因以社稷國政爲言言發涕流至于再三同宴佞臣潘在迎等姑奏衍云嘉王好酒悲因翻恣諸讌取笑而罷自是忠正之臣結舌矣時中國多故衍得以自安唐莊宗平梁遣使告捷于蜀蜀人恟懼致禮復命稱大蜀國主致書上大唐皇帝詞理稍抗莊宗不能容遣客省使李嚴報聘且市宮中珍玩蜀人皆禁而不出衍既中騃軍國之政咸委于人有王宗弼者爲六軍使總外任宋光嗣者爲樞密使總內任洎嚴至蜀光嗣等曲宴因言中國近事嚴亦引近事折之語在嚴傳光嗣等聞嚴對畏而奇之及嚴使還奏莊宗曰王衍騃童耳宗弼等總其兵柄但益家財不卹民事君臣上下惟務窮奢其舊勳故老棄而不任蠻蜑之人痛深瘡痏以臣料之大兵一臨望風瓦解莊宗深然之遂蒐兵括馬有平蜀之心唐師未起時僞東川節度使宋承葆獻計于衍云唐國兵強不早爲謀後將焉救請于嘉州沿江造戰艦五百艘募水軍五千自江下峽臣以東師出襄鄧水陸俱進東北沿邊嚴兵據險南師出江陵利則進取否則退保硤口又選三蜀驍壯三萬急攻岐雍東據河潼北招契丹昭以美利見可則進否則據散關以固吾圉事縱不捷亦攻敵人之心矣衍不從唐同光三年九月十日莊宗下制伐蜀命興聖宮使魏王繼岌爲都統樞密使郭崇韜爲行營都招討其月十八日魏王統闕下諸軍發洛陽十一月二十一日魏王至德陽衍報云比與將校謀歸國僞樞密使宋光嗣景潤澄南北院宣徽使李周輅歐陽晃等四人異謀熒惑臣各已處斬今送納首級是日衍上表曰臣衍先人建久在坤維受先朝寵澤一開土宇將四十年頃以梁孽興災洪圖版盪不可助逆遂乃從權勉徇衆情止王三蜀固非獲已未有所歸臣輒紹鐵基且安生聚臣衍誠惶誠恐伏惟皇帝陛下嗣堯舜之業陳湯武之師廓定寰區削平兇逆梯航垂集文軌混同臣方議改圖便期納欵遽聞王師致討實抱驚危今則將千里之封疆盡爲王土冀萬家之臣妾皆沐皇恩必當輿櫬乞降負荊請命伏惟皇帝陛下迴照臨之造施覆幬之仁別示哀矜以安反側儻墳塋而獲祀實存沒以知歸臣無任望恩虔禱之至己酉年十一月日臣王衍上表其月二十七日魏王至成都北五里昇仙橋僞百官班于橋下衍乘行輿至素衣白馬牽羊草索係首面縛銜璧輿櫬于後魏王下馬受其璧崇韜釋其縛及燔其櫬衍率僞百官東北舞蹈謝恩禮畢拜魏王崇韜李嚴皆答拜二十八日王師入成都自起師至入蜀城凡七十五日（案以下原本殘闕據歐陽史云同光四年衍行至秦川驛莊宗用伶人景進計遣宦者向延嗣誅其族天成二年封衍順正公以諸侯葬　五代史補王建在許下時尤不逞嘗坐事遭徒但無杖痕爾及據蜀得馮涓爲從事涓好詼諧建惡爲所識因問曰竊聞外議以吾曾遭徒刑有之乎涓對曰有之建恃無杖痕且對衆因袒背以示涓曰請足下試看有遭杖責而肌肉如是耶涓知其詐乃撫背而嘆曰大奇當時何處得此好膏藥來賓佐皆失色而涓晏然　王建之僭號也惟翰林學士最承恩顧侍臣或諫其禮過建曰蓋汝輩未之見也且吾在神策軍時主內門魚鑰見唐朝諸帝待翰林學士雖交友不若也今我恩顧比當時才有百分之一爾何謂之過當耶論者多之　杜光庭長安人應九經舉不第時長安有潘尊師者道術甚高僖宗所重光庭素所希慕數遊其門當僖宗之幸蜀也觀蜀中道門牢落思得名士以主張之驚問詔潘尊師使于兩街求其可者尊師奏曰臣觀兩街之衆道聽塗說一時之俊卽有之至于掌教之士恐未合應聖旨臣于科場中識九經杜光庭其人性簡而氣清量寬而識遠且困于風塵思欲脫屣名利久矣以臣愚思之非光庭不可僖宗詔而問之一見大悅遂令披戴仍賜紫衣號曰廣成先生卽日馳驛遣之及王建據蜀待之愈厚又號爲天師光庭嘗以道德二經注者雖多皆未能演暢其旨因著廣成義八十卷已衍稱是識者多之）

孟知祥字保胤邢州龍岡人也祖察父道世爲郡校伯父方立終于邢洺節度使從父遷位至澤潞節度使知祥在後唐莊宗同光三年授西川節度副大使知節度事天成中安重誨專權用事以知祥莊宗舊識方據大藩慮久而難制潛欲圖之是時客省使李嚴以嘗使于蜀洞知其利柄因獻謀于重誨請以已爲西川監軍庶效方略以制知祥朝廷可之及嚴至蜀知祥延接甚至徐謂嚴曰都監前因奉使請兵伐蜀遂使東西兩川俱至破滅川中之人其怨已深今既復來人情大駭固奉爲不暇也（案此句疑有舛誤）卽遣人拽下階斬于階前（歐陽史云李嚴至境上遣人持書候知祥知祥盛兵見之冀嚴懼而不來嚴聞之自若天成二年正月嚴至成都知祥置酒召嚴因責嚴曰今諸方鎭已罷監軍公何得來　鑑誡錄云李嚴于天成初復來臨護孟祖加之禮分從容數其五罪命劒斬之）其後朝廷每除劍南牧守皆令提兵而往或千或百分守郡城時董璋作鎭東川已數年矣亦有雄據之意會朝廷以夏魯奇鎭遂州李仁矩鎭閬州皆領兵數千人赴鎭復授以密旨令制禦兩川董璋覺之乃與知祥通好結爲婚家以固輔車之勢知祥慮唐軍驟至與遂閬兵合則勢不可支吾遂與璋協謀令璋以本部軍先取閬州知祥遣大將軍李仁罕趙廷隱率軍圍遂州長興元年冬唐軍伐蜀至劍門二年以遂閬既陷又糧運不接乃班師三年知祥又破董璋乃自領東西兩川節度使應順元年以劍南東兩川節度使蜀王稱帝于蜀改元明德七月卒年六十一（案孟知祥傳永樂大典原闕今采冊府元龜僭僞部以存梗槩）

昶知祥之第三子也（宋朝事實云昶初名仁贊　揮麈餘話云昶字保元）母李氏本莊宗之嬪御以賜知祥唐天祐十六年歲在己卯十一月十四日生昶于太原及知祥鎭蜀昶與其母從知祥妻瓊華長公主同入于蜀知祥僭號僞冊爲皇太子知祥卒遂襲其僞位時年十六尚稱明德元年及僞明德四年冬僞詔改明年爲廣政元年是歲卽晉天福三年也僞廣政十三年僞上尊號爲睿文英武仁聖明孝皇帝皇朝乾德三年春王師平蜀詔昶舉族赴闕賜甲第于京師洎其臣下賜賚甚厚尋冊封楚王是歲秋卒于東京時年四十七事具皇家日歷自知祥同光二年丙戌歲入蜀父子相繼凡四十年而亡（五代史補孟知祥之入蜀視其險固陰有割據之志洎抵成都值晚且憩于郊外有推小車子過者其物皆以袋盛知祥見問曰汝車所勝幾袋答曰盡力不過兩袋知祥惡之其後果兩世而國滅　孟知祥與董璋有隙舉兵討之璋素勇悍聞知祥之來也以爲送死諸將兩端李鎬爲知祥判官深憂之及將戰知祥欲示閑暇自書一字以遺董璋無何舉筆飄誤書董爲重字不悅久之鎬在側大喜且引諸將賀于馬前知祥不測曰事未可測何賀耶鎬曰其董字艸下

勝之兆也于是三軍欣然翌前董璋敗施重今大王去岬書重是董已無頭此必

史臣曰昔張孟陽爲劍閣銘云惟蜀之門作固作鎮世濁則逆道清斯順是知自古坤維之地遇亂代則閉之而不通逢興運則取之如俯拾然唐氏之入蜀也兵力雖勝帝道猶阼故數年間得之復失及皇上之平蜀也煦之以堯日和之以舜風故比戶之民悅而從化且夫王衍之遭季世也則赤族于秦川孟昶之遇明代也則受封于楚甸雖俱爲亡國之主何幸與不幸相去之遼也

舊五代史卷一百三十六攷證

僭僞列傳三王建傳以建爲壁州刺史　案通鑑作出建爲利州刺史蜀檮杌作利州防禦使俱與是書異

孟景傳十一月十四日生景于太原　案花蕊夫人宮詞云法雲寺裏中元節又是官家降誕辰是景以七月十五爲生辰也與是書異

舊五代史卷一百三十七

宋門下侍郎參知政事監修國史薛居正等撰

外國列傳第一

契丹者古匈奴之種也代居遼澤之中潢水南岸南距榆關一千一百里榆關南距幽州七百里本鮮卑之舊地也其風土人物世代君長前史載之詳矣唐咸通末其王曰錫里濟疆土稍大累來朝貢光啓中其王沁丹者乘中原多故北邊無備遂蠶食諸郡達靼奚室韋之屬咸被驅役族帳寖盛有時入寇劉仁恭鎮幽州素知契丹軍情僞選將練兵乘秋深入踰摘星嶺討之霜降秋暮即燔塞下野草以困之馬多饑死即以良馬賂仁恭以市牧地仁恭季年荒恣出居大安山契丹背盟數來寇鈔時劉守光戍平州契丹實里王子率萬騎攻之守光僞與之和張幄幕于城外以享之部族就席伏甲起擒實里王子入城部族聚哭請納馬五千以贖之不許沁丹乞盟納賂以求之自是十餘年不能犯塞及沁丹政衰有別部長耶律安巴堅最推雄勁族帳漸盛遂代沁丹爲主先是契丹之先大賀氏有勝兵四萬分爲八部每部皆號大人內推一人爲主建旗鼓以尊之每三年第其名以代之及安巴堅爲主乃怙强恃勇不受諸族之代遂自稱國王天祐四年大寇雲中後唐武皇遣使連和因與之面會于雲中東城大具享禮延入帳中約爲兄弟謂之曰唐室爲賊所篡吾欲今冬大舉弟可以精騎二萬同收汴洛安巴堅許之賜與甚厚留馬三千匹以答貺左右咸勸武皇可乘間擒之武皇曰逆賊未殄不可失信于部落自亡之道也乃盡禮遣之及梁祖建號安巴堅亦遣使送名馬女口貂皮等求封册梁祖與之書曰朕今天下皆平惟有太原未服卿能長驅精甲徑至新莊爲我翦彼仇讎與爾便行封册莊宗初嗣世亦遣使告哀賂以金繒求騎軍以救潞州答其使曰我與先王爲兄弟兒即吾兒也寧有父不助子耶許出師會潞平而止劉守光末年苛慘軍士亡叛皆入契丹洎周德威攻圍幽州燕之軍民多爲所寇掠既盡得燕中人士教之文法由是漸盛十三年八月安巴堅率諸部號稱百萬自麟勝陷振武長驅雲朔北邊大擾莊宗赴援于代其衆方退十四年新州大將盧文進爲衆所迫殺新州團練使李存矩于祁溝關返攻新武周德威以衆擊之文進不利乃奔于契丹引其衆陷新州周德威率兵三萬以討之北騎援新州德威爲其所敗殺傷殆盡契丹乘勝攻幽州是時或言契丹三十萬或言五十萬幽薊之北所在北騎皆滿莊宗遣明宗與李存審閻寶將兵救幽州遂解其圍語在莊宗紀中十八年十月鎮州大將張文禮弒其帥王鎔莊宗討之時定州王處直與文禮合謀遣威塞軍使王郁復引契丹爲援十二月安巴堅傾塞入寇攻圍幽州李紹宏以兵城守契丹長驅陷涿郡執刺史李嗣弼進攻易定至新樂渡沙河王郁遣使告急時莊宗在鎮州行營聞前鋒報契丹渡沙河軍中咸恐議者請權釋鎮州之圍以避之莊宗曰霸王舉事自有天道契丹其如我何國初突厥入寇至于渭北高祖欲棄長安遷都樊鄧太宗曰獫狁孔熾自古有之未聞遷移都邑霍去病漢廷將帥猶且志滅匈奴況帝王應運而欲移都避寇哉文皇雄武不數年俘二突厥爲衛士今吾以數萬之衆安集山東王德明厮養小人安巴堅生長邊地豈有退避之理吾何面視蒼生哉爾曹但駕馬同行看吾破之莊宗親御鐵騎五千至新城北遇契丹前鋒萬騎莊宗精甲自桑林突出光明照日諸部愕然緩退莊宗分二廣以乘之北騎散退時沙河微冰其馬多陷安巴堅退保望都是夜莊宗次定州翌日出戰遇奚長托諾五千騎莊宗親軍千騎與之鬬爲其所圍外救不及莊宗挺馬奮躍出入數四酣戰不解李嗣昭聞其急也灑泣而往攻破其陣掖莊宗而歸時契丹值大雪野無所掠馬無芻草凍死者相望于路安巴堅召盧文進以手指天謂之曰天未令我到此乃引衆北去莊宗率精兵騎躡其後每經安巴堅野宿之所布秸在地方而環之雖去無一莖亂者莊宗謂左右曰蕃人法令如是豈中國所及莊宗至幽州發二百騎偵之皆爲契丹所獲莊宗乃還天祐末安巴堅乃自稱皇帝署中國官號其俗舊隨畜牧素無邑屋得燕人所教乃爲城郭宮室之制于漠北距幽州三千里名其邑曰西樓邑屋門皆東向如車帳之法城南別作一城以實漢人名曰漢城城中有佛寺三僧尼千人其國人號安巴堅爲天皇王同光中安巴堅深著闢地之志欲收兵大舉慮渤海躡其後三年舉其衆討渤海之遼東令托諾盧文進據營平等州擾我燕薊明宗初纂嗣遣供奉官姚坤告哀至西樓邑屬安巴堅在渤海又徑至慎州崎嶇萬里既至謁見安巴堅延入穹廬安巴堅身長九尺被錦袍大帶垂後與妻對榻引見坤坤未致命安巴堅先問曰聞爾漢土河南河北各有一天子信乎坤曰河南天子今年四月一日洛陽軍變今凶問至矣河北總管令公比爲魏州軍亂先帝詔令除討既聞內難軍衆離心及京城無主上下堅冊令公請主社稷今已順人望登帝位矣安巴堅號咷聲淚俱發曰我與河東先世約爲兄弟河南天子吾兒也近聞漢地兵亂點得甲馬五萬騎比欲自往洛陽救助我兒又緣渤海未下我兒果致如此冤哉泣下不能已又謂坤曰今漢土天子初聞洛陽有難不急救致令及此坤曰非不急切地遠阻隔不及也又曰我兒既殂當合取我商量安得自便坤曰吾皇將兵二十年位至大總管所部精兵三十萬衆口一心堅相推戴違之則立見禍生非不知稟天皇王意旨無奈人心何其子托雲在側謂坤曰漢使勿多談因引左氏牽牛蹊田之說以折坤坤曰應天順人不同匹夫之義秪如天皇初領國事豈是强取之耶安巴堅因曰理當如此我漢國兒子致有此難我知之矣聞此兒有宮婢二千樂官千人終日放鷹走狗耽酒嗜色不惜人民任使不肖致得天下皆怨我自聞如斯常憂傾覆一月前已有人來報知我兒有事我便舉家斷酒解放鷹犬休罷樂官我亦有諸部家樂千人非公宴未嘗妄舉我若所爲似我兒亦應不能持久矣自此願以爲戒又曰漢國兒與我雖父子亦曾彼此雠敵俱有惡心與爾今天子無惡足得歡好爾先復命我續將馬萬騎至幽鎮以南與爾家天子面爲盟約我要幽州令漢兒把捉更不復侵入漢界又問漢收得西川信不坤曰去年九月出兵十一月十六日收下東西川得兵馬二十萬金帛無算皇帝初即位未辦送來續當遣使至矣安巴堅忻然曰聞西有劍閣兵馬從何過得坤曰川路雖險然先朝收復河南有精兵四十萬良馬十萬騎但通人行處便能去得視劍閣如平地耳安巴堅善漢語謂坤曰吾解漢語歷口不敢言懼部人效我令兵士怯弱故也坤至止三日安巴堅病傷寒一夕大星殞于其帳前俄而卒于扶餘城時天成元年七月二十七日也其妻舒嚕氏自率衆護其喪歸西樓坤亦從行得報而還既而舒嚕氏立其次子德光爲渠帥以總國事尋遣使告哀明宗爲之輟朝明年正月葬安巴堅于木葉山僞謚曰大聖皇帝安巴堅凡三子長曰人皇王托雲即東丹王也次曰元帥太子即德光也幼曰阿敦少君德光本名耀庫濟後慕中華文字遂改焉唐天成初安巴堅死其母令德光權主牙帳令少子阿敦少君往渤海國代托雲托雲將立而德光素爲部族所伏又其母亦常鍾愛故因而立之明宗時德光遣使摩琳等三十餘人來修好又遣使爲父求碑石明年許之賜與甚厚并賜其母瓔珞錦綵自是山北安靜蕃漢不相侵擾三年德光僞改爲天顯元年是歲定州王都作亂求援于契丹德光陷平州托諾以騎五千援都于中山招討使王晏球破之于曲陽托諾走保賊城其年七月遣特哩衮率七千騎救定州王晏球逆戰于唐河北大破之幽州趙德鈞以生兵接于要路生擒特哩衮等首領五十餘人獻闕下明年王都平擒托諾及餘衆斬之自是契丹大挫數年不敢窺邊嘗遣紐赫美陵來求托諾骸骨明宗怒其詐斬之長興二年東丹王托雲在闕下其母繼發使申報朝廷亦優容之長興末契丹迫雲州明宗命晉高祖爲河東節度使兼北面蕃漢總管清泰三年晉高祖爲張敬達等攻圍甚急遣指揮使何福賫表乞師願爲臣子德光白其母曰兒昨夢太原石郎發使到國今果至矣事符天意必須赴之德光乃自率五萬騎由雁門至晉陽即日大破敬達之衆于城下尋冊晉高祖爲大晉皇帝約爲父子之國割幽州管內及新武雲應朔州之地以賂之仍每歲許輸帛三十萬時幽州趙德鈞屯兵于團柏谷遣使至幕帳求立己爲帝以石氏世襲太原德光對使指帳前一石曰我已許石郎爲父子之盟石爛可改矣楊光遠等殺張敬達

降于契丹德光戲謂光遠等曰爾輩大是惡漢兒不用鹽酪食却一萬匹戰馬光遠等大慙晉高祖南行德光自送至潞州時趙德鈞趙延壽自潞州出降于契丹德光鏁之令隨牙帳晉高祖入洛尋遣宰相趙瑩致謝于契丹天福三年又遣宰相馮道左僕射劉昫等持節冊德光及其母氏徽號賫鹵簿儀仗法服車輅于本國行禮德光大悅尋遣使奉晉高祖爲英武明義皇帝是歲契丹改天顯十一年爲會同元年以趙延壽爲樞密使升幽州爲南京以趙思溫爲南京留守既而德光請晉高祖不稱臣不上表來往緘題止用家人禮但云兒皇帝晉祖厚賫金帛以謝之晉祖奉契丹甚至歲時問遺慶弔之禮必令優厚每北使至卽于別殿致敬德光每有邀請小不如意則來遣責晉祖每屈己以奉之終晉祖世略無釁隙及少帝嗣位遣使入契丹德光以少帝不先承稟擅卽尊位所賫文字略去臣禮大怒形于責讓朝廷使去卽加譴辱會契丹迴國使喬榮北歸侍衛親軍都指揮使景延廣謂榮曰先朝是契丹所立嗣君乃中國自冊稱孫可矣稱臣未可中國自有十萬口橫磨劍要戰卽來榮至本國具言其事德光大怒會青州楊光遠叛遣使搆之明年冬德光率諸部南下開運元年春陷邢州直抵大河少帝幸澶州以禦之其年三月德光敗于陽城棄其車帳乘一橐駝奔至幽州因怒其失律自大首領已下各杖數百唯趙延壽免焉是時契丹連歲入寇晉氏疲于奔命邊民被苦幾無寧日晉相桑維翰勸少帝求和于契丹以紓國難少帝許之乃遣使奉表稱臣卑辭首過使迴德光報曰但使桑維翰景延廣自來並割定鎮與我則可通和也朝廷知其不可乃止時契丹諸部頻年出征其國君臣稍厭兵革德光母常謂蕃漢臣寮曰南朝漢兒爭得一向臥耶自古及今惟聞漢來和蕃不聞蕃去和漢待伊漢兒的當迴心則我亦不惜通好也三年樂壽監軍王巒繼有密奏若言瀛鄚可取之狀十月少帝遣杜重威李守貞等率兵經略十一月蕃將高牟翰敗晉師于瀛州之北梁漢璋死之契丹主聞晉旣出師自率諸部由易定抵鎮州杜重威等自瀛州西趨常山至中渡橋敵已至矣兩軍隔滹水而砦焉十二月十日杜重威率諸軍降于契丹語在晉少帝紀中十二日德光入鎮州大犒將士十四日自鎮州南行中渡降軍所釋甲仗百萬計並令于鎮州收貯戢馬數萬匹長驅而北命張彥澤領二千騎先趨東京遣重威部轄降兵取邢相路前進晉少帝遣子延煦延寶奉降表于契丹并傳國寶一紐至牙帳明年春正月朔日德光至汴北文武百官迎于路是日入宮至昏復出次于赤岡五日宣制降晉少帝爲負義侯于黃龍府安置七日德光復自赤岡入居于大內分命使臣于京城及往諸道括借錢帛遂命以李崧爲西廳樞密使以馮道爲太傅以左僕射和凝及北來翰林學士承旨張礪爲宰相二月朔日德光服漢法服坐崇元殿受蕃漢朝賀宣制大赦天下改晉國爲大遼國以趙延壽爲大丞相兼政事令充樞密使兼中京留守降東京爲防禦州尋復爲宣武軍十五日漢高祖建號于晉陽德光聞之削奪漢祖官爵是月晉州潞州並歸河東時盜賊所在蠭起攻刼州郡斷澶州浮梁契丹大恐沿河諸藩鎮並以腹心鎮之三月朔日德光坐崇元殿行入閤之禮覩漢家儀法之盛大悅以其大將蕭翰爲汴州節度使十七日德光北還發離東京宿于赤岡有大聲如雷起于牙帳之下契丹自黎陽濟河次湯陰縣界有一岡土人謂之愁死岡德光憩于其上謂宣徽使高勳曰我在上國以打圍食肉爲樂自及漢地每每不快我若得歸本土死亦無恨勳退而謂人曰其語偷殆將死矣時賊帥梁暉據相州德光親率諸部以攻之四月四日屠其城而去德光聞河陽軍亂謂蕃漢臣寮曰我有三失殺上國兵士打草穀一失也天下括錢二失也不尋遣節度使歸藩三失也十六日次于欒城縣殺虎林之側時德光已得寒熱疾數日矣命部人賫酒脯禱于得疾之地十八日晡時有大星落于穹廬之前若迸火而散德光見之西望而唾連呼曰劉知遠滅劉知遠滅是月二十一日卒時年四十六主契丹凡二十二年契丹人破其尸摘去腸胃以鹽沃之載而北去漢人目之爲帝羓焉案以下原本闕佚據五代會要云四月十八日德光卒于欒城五月宣遺制以永康王襲位永康王者東丹王之長子以其月二十一日領部族歸國改會同十年爲天祿元年自稱天授皇帝漢乾祐三年十一月率騎數萬陷邢州之內邱縣深州之饒陽縣周廣順元年正月太祖命左千牛衞將軍朱憲往修和好永康王亦遣使報命獻良馬四匹太祖復遣尚書左丞田敏供奉官蔣光遂銜命往聘其年四月田敏等迴永康王遣使獻碧玉金鍍銀裹鞍轡并馬四十匹其月太祖又命左金吾將軍姚漢英左神武將軍華光裔往使其年九月永康王爲部下太寧王所弑德光之子勤所部兵誅太寧王自立稱應歷元年號天順皇帝顯德元年春太原劉崇將圖南寇契丹將楊衮率騎萬餘以助之三月世宗親征與崇戰于潞州高平縣之南原崇軍大敗契丹衆棄甲而遁二年三月命許州節度使王彥超等築壘于李晏口與契丹數千騎戰于安平縣敗之

舊五代史卷一百三十七攷證

外國列傳一　契丹傳兒卽吾兒也　案契丹國志作吾定兒也與是書異

遣供奉姚坤　案通鑑攷異引莊宗實錄作苗紳

兒非夢太原石郎發使到國今果至矣　案契丹國志作太宗夢見眞武使之救晉與是書微異

錫里濟舊作習爾之今改　沁丹舊作欽德今改　實里舊作舍利今改　安巴堅舊作阿保機今改　托諾舊作禿餒今改　托雲舊作突欲今改　舒嚕舊作述律今改　阿敦舊作安端今改　耀庫濟舊作耀屈之今改　摩琳舊作梅老今改　特哩袞舊作惕隱今改　紐赫美陵舊作捺括梅里今改

舊五代史卷一百三十八

宋門下侍郎參知政事監修國史薛居正等撰

外國列傳第二

吐蕃本漢西羌之地或云南凉禿髮利鹿孤之後其子孫以禿髮爲國號語訛爲吐蕃國人號其主爲贊普置大論小論以理國事其俗隨畜牧無常居然亦有城郭都城號邏些城不知節候以麥熟爲歲首唐時屢爲邊患初唐分天下爲十道河西隴右三十三州凉州最爲大鎭天寶置八監牧馬三十萬又置都護以控制之安祿山之亂肅宗在靈武悉召河西戍卒收復兩京吐蕃乘虛取河西隴右華人百萬皆陷于吐蕃開成時朝廷嘗遣使至西域見甘凉瓜沙等州城邑如故陷吐蕃之人見唐使者旌節夾道迎呼涕泣曰皇帝猶念陷吐蕃生靈否其人皆天寶中陷吐蕃者子孫其語言小訛而衣服未改至五代時吐蕃已微弱回鶻党項諸羌夷分侵其地而不有其人民值中國衰亂不能撫有惟甘凉瓜沙四州常自通于中國甘州爲回鶻牙帳而凉瓜沙三州將吏猶稱唐官數來請命自梁太祖時常以靈武節度使兼領河西節度而觀察甘肅威等州然雖有其名而凉州自立守將唐長興四年凉州留後孫超遣大將拓拔承謙及僧道士耆老楊通信等至京師明宗拜孫超節度使淸泰元年留後李文謙來請命後數年凉州人逐出文謙靈武馮暉遣牙將吳繼興代文謙爲留後是時天福七年明年晉高祖遣涇州押牙陳延暉賫詔書安撫凉州凉州人共刼留延暉立以爲刺史至漢隱帝時凉州留後折逋嘉施來請命漢卽以爲節度使嘉施土豪也周廣順二年嘉施遣人市馬京師是時樞密使王峻用事峻故人申師厚者少起盜賊爲兗州牙將與峻相友善後峻貴師厚弊衣蓬首日候峻出馬前訴以饑寒峻未有以發而嘉施等來請帥峻卽建言凉州深入夷狄中國未嘗命吏請帥募府率供奉官能往者月餘無應募者乃奏起師厚爲左衞將軍已而拜河西節度使師厚至凉州奏薦押牙副使崔虎心陽妃谷首領沈念般等及中國留人子孫王廷翰溫崇樂劉少英爲將吏又自安國鎭至凉州立三州以控扼諸羌用其酋豪爲刺史然凉州夷夏雜處師厚小人不能撫有至世宗時師厚留其子而逃歸凉州遂絶于中國獨瓜沙二州終五代常來沙州梁開平中有節度使張奉自號金山白衣天子至唐莊宗時回鶻來朝沙州留後曹義金亦遣使附回鶻以來莊宗拜義金爲歸義軍節度使瓜沙等州觀察處置等使晉天福五年義金卒子元德立至七年沙州曹元忠瓜州曹元深皆遣使來周世宗時又以元忠爲歸義軍節度使元恭爲瓜州團練使其所供碙砂羚羊角波斯錦安西白氎金星礬大鵬砂毦褐玉團皆因其來者以名見而其卒立世次史皆失其紀而吐蕃不見于梁世唐天成三年回鶻王仁裕來朝吐蕃亦遣使附以來自此數至中國明宗常御端明殿見其使者問其牙帳所居曰西去涇州三千里明宗賜以虎皮人一張皆披以拜委身宛轉落其氈帽髮亂如蓬明宗及左右皆大笑至漢隱帝時猶來朝後遂不復至史亦失其君世云

回鶻其先匈奴之種也後魏時號爲鐵勒亦名回紇唐元和四年本國可汗遣使上言改爲回鶻義取回旋搏擊如鶻之迅捷也本牙在天德西北娑陵水上距京師八千餘里唐天寶中安祿山犯闕有助國討賊之功累朝尚主自號天驕大爲唐朝之患會昌初其國爲黠戛斯所侵部族擾亂乃移帳至天德振武間時爲石雄劉沔所襲破之復爲幽州節度使張仲武所攻餘衆西奔歸于吐蕃吐蕃處之甘州由是族帳微弱其後時通中國世以中國爲舅朝廷每賜書詔亦常以甥呼之梁乾化元年十一月遣都督周易言等入朝進貢太祖御朝元殿引對以易言爲右監門衞大將軍同正以石壽兒石論思竝爲右千牛衞將軍同正仍以左監門衞將軍湯沼充押領回鶻還蕃使通事舍人五代會要以易言爲右監門衞大將軍同正弟暑麥之石論思竝爲左千牛衞將軍同正李屋咊安鹽山竝爲右千牛衞將軍同正仍以左監門衞上將軍楊沼爲左驍衞上將軍充押領回鶻還蕃使通事舍人仇元通爲判官厚賜繒帛放令歸國又賜其入朝僧凝盧宜李思宜延鍐等紫衣後唐同光二年四月其本國權知可汗仁美遣都督李引釋迦副使鐵林都監楊福安等共六十六人來貢方物并獻善馬九匹莊宗名對于文明殿乃命司農卿

鄭續將作少監何延嗣持節冊仁美爲英義可汗至其年十一月仁美卒其弟狄銀嗣立遣都督安千等朝貢狄銀卒（歐陽史同光四年狄寧卒）阿咄欲立亦遣使來貢名馬天成三年二月其權知可汗仁裕遣都督李阿山等一百二十人入貢明宗召對于崇元殿賜物有差其年三月命使冊仁裕爲順化可汗四年又遣都督掣撥等五人來朝授掣撥等懷化司戈遣命還蕃長興元年十二月遣使翟未思三十餘人進馬八十匹玉一團四年七月復遣都督李未等三十人來朝進白鶻一聯明宗名對于廣壽殿厚加錫賚仍命解放其鶻清泰二年七月遣都督陳福海已下七十八人進馬三百六十匹玉二十團八月勑回鶻朝貢使密錄都督陳福海可懷化郎將副使達奚相温可懷化司階監使屈密錄阿撥可歸德司戈判官安均可懷化司戈晉天福三年十月遣使都督李萬全等朝貢以萬全爲歸義大將軍監使雷福德爲順化將軍四年三月又遣都督拽里敦來朝兼貢方物其月命衞尉卿邢德昭持節就冊爲奉化可汗（歐陽史晉高祖時又加冊命阿咄欲不知其爲狄銀親疏亦不知其立卒而仁裕訖五代常來朝貢史亦失其紀）五年正月遣都督石海金等來貢良馬百駟并白玉團白玉鞍轡等謝其封冊漢乾祐元年五月遣使李屋等入朝貢馬并白玉藥物等七月以入朝使李屋爲歸德大將軍副使安鐵山監使末相温爲歸德將軍判官翟毛哥爲懷化將軍周廣順元年二月遣使摩尼貢玉團七十有七白氎貂皮氂牛尾藥物等先是晉漢已來回鶻每至京師禁民以私市易其所有寶貨皆鬻之入官民間市易者罪之至是周太祖命除去舊法每回鶻來者聽私下交易官中不得禁詰由是玉之價直十損七八顯德六年二月又遣使朝貢獻玉並硇砂等物皆不納所入馬量給價錢時世宗以玉雖稱寶無益國用故因而卻之

高麗本扶餘之別種其國都平壤城即漢樂浪郡之故地在京師東四千餘里東渡海至于新羅西北渡遼水至于營州南渡海至于百濟北至靺鞨東西三千一百里南北二千里其官大者號大對盧比一品總知國事三年一代若稱職者不拘年限對盧已下官總十二級外置州縣六餘大城置傳薩一人比都督小城置道使一人比刺史其下各有僚佐分曹掌事其王以白羅爲冠白皮小帶咸以金飾唐貞觀末太宗伐之不能下至總章初高宗命李勣率軍征之遂拔其城分其地爲郡縣及唐之末年中原多事其國遂自立君長前王姓高氏唐同光天成中累遣使朝貢周顯德六年高麗遣使貢紫白水晶二千顆

渤海靺鞨其俗呼其王爲可毒夫對面呼聖牀奏呼基下父曰老王母曰太妃妻曰貴妃長子曰副王諸子曰王子世以大氏爲酋長

黑水靺鞨其俗尚質朴性猛悍無憂戚貴壯而賤老俗無文字兵器有角弓楛矢

新羅其國俗重元日相慶賀每以是月拜日月之神婦人以髮繞頭用綵及珠爲飾髮甚長美

党項其俗皆土著居有棟宇織毛罽以覆之尚武其人多壽至百五十六十歲不事生業好爲盜賊党項自同光以後大姓之强者各自來朝貢明宗時詔沿邊置場市馬諸夷皆入市中國有回鶻党項馬最多明宗招懷遠人馬來無駑壯皆集而所售過常直往來館給道路倍費其每至京師明宗爲御殿見之勞以酒食既醉連袂歌呼道其土風以爲樂去又厚以賜賚歲耗百萬計唐大臣皆患之數以爲言乃詔吏就邊場售馬給直止其來朝而党項利其所得來不可止其在靈慶之間者數犯邊爲盜自河西回鶻朝貢中國道其部落輒邀劫之執其使者賣之他族以易牛馬明宗遣靈武康福邠州藥彥稠等出兵討之福等擊破阿埋韋悉褒勒强賴埋廝骨尾及其大首領連香李八薩王都統悉那埋摩侍御乞埋嵬悉逋等族殺數千人獲其牛羊鉅萬計及其所劫外國寶玉等悉以賜軍士由是党項之患稍息其他諸族散處沿邊界上甚衆然皆無國邑君長故莫得而紀次云

昆明部落其俗椎髻跣足酋長披虎皮下者披氊

于闐其俗好事妖神

占城本地鳥之大者有孔雀

牂牁蠻其國法劫盜者三倍還贓殺人者出牛馬三十頭乃得贖死

舊五代史卷一百三十八攷證

外國列傳二吐蕃傳甘州爲回鶻牙帳　案原本脫帳字今據歐陽史增入

回鶻傳來貢方物并獻善馬九匹　案歐陽史作貢玉馬

舊五代史卷一百三十九

宋門下侍郎參知政事監修國史薛居正等撰

志第一

天文志

（案天文志序原本闕佚然其日食星變諸門事蹟具存較歐陽史司天攷爲詳備今攷五代會要所載星變物異諸門與司天攷互有詳略蓋五代典章散佚各記所聞未能畫一也參攷諸書當以是書爲得其實焉）

日食

梁太祖乾化元年正月丙戌朔日有食之時言事者多引漢高祖末年日食于歲首梁祖甚惡之于是素服避正殿百官各守本司是日有司奏雲初陰晦事同不食百寮奉表稱賀　末帝龍德三年十月辛未朔日有食之

唐莊宗同光三年四月癸亥朔時有司奏日食在卯主歲大旱　明宗天成元年八月乙酉朔日有食之　三年二月丁丑朔日食其日陰雲不見百官稱賀　長興元年六月癸巳朔日食其日陰冥不見至夕大雨　二年十一月甲申朔先是司天奏朔日合食二分伏緣所食微少太陽光影相鑠伏恐不辨虧闕請其日不入閤百官守司從之

晉高祖天福二年正月乙卯先是司天奏正月二日太陽虧食宜避正殿開諸營門蓋藏兵器半月不宜用軍是日太陽虧十分內食三分在尾宿十七度日出東方以帶食三分漸生至卯時復滿　三年正月戊申朔司天先奏其日日食至是日不食內外稱賀　四年七月庚子朔時中書門下奏謹按舊禮日有變天子素服避正殿太史以所救日于社陳五兵五鼓五麾東戟西矛南弩北楯中央置鼓服從其位百職廢務素服守司重列于庭每等異位向日而立明復而止今所司法物咸不能具去歲正旦日食唯謹藏兵仗皇帝避正殿素食百官守司今且欲依近禮施行從之　七年四月甲寅朔是日百官守司太陽不食上表稱賀　八月戊申朔日有食之　少帝開運元年九月庚午朔日有食之　二年八月甲子朔日有食之　三年三月壬戌朔日有食之

漢隱帝乾祐三年十一月甲子朔日有食之

周太祖廣順二年四月丙戌朔日有食之

月食

梁太祖開平四年十二月十四日夜先是司天奏是日月食不宜用兵時王景仁方總大軍北伐追之不及至五年正月二日果爲後唐莊宗大敗于柏鄉

唐莊宗同光三年三月戊申月食九月甲辰月食　明宗天成三年十二月乙卯月食　四年六月癸丑望月食十二月庚戌月食

晉高祖天福二年七月丙寅月食　五年十一月丁丑月食鶉首之分　少帝開運二年三月戊子月食九月丙戌月食

漢高祖天福十二年十二月乙未月食

周世宗顯德三年正月戊申月食　五年十一月辛未月食

月暈

唐明宗天成元年十一月月暈匝火木

彗孛

梁太祖乾化二年四月甲戌夜彗見于靈臺之西

唐明宗天成三年十月庚午夜西南有孛長丈餘東南指在牛五度　末帝清泰三年九月乙丑彗出虛危長尺餘形細微經天壘哭星

晉高祖天福六年九月有彗星長丈餘　八年十月庚戌夜有彗見于東方西指尾長一丈在角九度

周太祖顯德三年正月壬戌夜有星孛于參角其芒指于東南

五星凌犯

梁太祖開平二年正月乙亥歲星犯月　乾化二年五月壬戌熒惑犯心大星去心四度順行占曰心爲帝王之星其年六月五日帝崩

唐莊宗同光二年八月戊子熒惑犯星　三年三月丙申熒惑犯上相四月甲申熒惑犯左執法六月丙寅歲犯右執法九月巳亥熒惑在江東犯第一星（案歐陽史九月丙辰太白歲相犯是書不載疑有闕文）　明宗天成元年八月癸卯太白犯心大星辛亥熒惑犯上將九月庚午熒惑犯右執法己卯熒惑犯左執法十月戊子熒惑犯上相十二月熒惑犯氐　二年正月甲戌熒惑歲相犯二月辛卯熒惑犯鍵閉三月熒惑犯上相六月辛丑熒惑犯房九月壬子歲犯房　三年正月壬申太白熒惑合于奎八月癸卯熒惑犯上相乙卯熒惑犯右執法庚午太白犯左執法九月庚辰鎮歲合于箕辛巳太白熒惑合于軫十二月壬寅熒惑犯房太白歲相犯于斗　四年三月壬辰歲犯牛九月丙子熒惑入哭星　長興元年六月乙卯太白犯天罇十一月壬戌熒惑犯氐十二月丙辰熒惑犯天江　二年正月乙亥太白犯羽林四月甲寅熒惑犯羽林八月辰犯端門十一月丙戌太白犯鍵　三年四

月庚辰熒惑犯積尸九月庚寅太白犯哭星十一月己亥太白犯壁壘　四年八月己未五鼓三籌熒惑近天高星歲星近司怪太白近軒轅大星案歐陽史九月辛巳太白犯右執法是書不載　末帝清泰元年六月甲戌太白犯右執法

晉高祖天福元年三月壬子熒惑犯積尸　四年四月辛巳太白犯東井北轅甲申太白犯五諸侯五月丁未太白犯輿鬼中星　六年八月辛卯太白犯軒轅九月己卯熒惑犯上將　八年八月丙子熒惑犯右掖十月丙辰熒惑犯進賢　開運元年二月壬戌太白犯昴巳巳熒惑犯天鑰四月丁巳太白犯五諸侯七月甲申太白犯東井八月甲辰熒惑入南斗十月壬戌熒惑犯哭星案此條歐陽史不載十二月太白犯辰　二年八月甲戌歲犯東井九月甲寅太白犯南斗魁十一月甲午朔太白犯哭星

漢天福十二年十月己丑太白犯亢距星　乾祐元年八月己丑鎮星入太微西垣戊戌歲犯右執法十月丁丑歲犯左執法二年九月壬寅太白犯右執法庚戌太白犯鎮丁卯太白犯歲十一月鎮星始出太微之左掖門自元年八月己丑鎮星入太微垣犯上將左右執法內屏謁者勾已往來凡四百四十三日方出左掖　三年六月乙卯鎮犯左掖七月甲申熒惑犯司怪八月癸卯太白犯房庚戌太白犯心大星十月辛酉太白犯歲

周廣順元年二月丁巳歲犯咸池己未熒惑犯五諸侯三月甲子歲守心己卯熒惑犯鬼壬午熒惑犯天尸四月甲午歲犯鉤鈐　二年七月熒惑犯井鉞八月乙未熒惑犯天罇九月辛酉熒惑犯鬼庚戌熒惑掩右執法十月壬辰太白犯進賢　三年四月乙丑熒惑犯靈臺五月辛巳熒惑犯上　顯德六年六月庚子熒惑與心大星合度光芒相射先是熒惑勾已于房心間凡數月至是與心大星合度是夜順行案此條歐陽史不載

星晝見

唐同光三年六月己巳太白晝見　天成元年七月庚申太白晝見　長興二年五月己亥歲星晝見閏五月己巳歲星晝見八月戊子太白晝見　三年十月壬申太白晝見　四年五月癸卯太白晝見　清泰元年五月己未太白晝見

漢天福十三年四月丙子太白晝見　乾祐二年四月壬午太白晝見

周廣順二年二月庚寅太白經天

流星

梁乾化元年十一月甲辰東方有流星如數升器出畢宿口曳光三丈餘有聲如雷

唐長興二年九月丙戌夜二皷初東北方有小流星入北斗魁滅至五皷初西北方有流星狀如半升器初小後大速流如奎滅尾迹凝天屈曲似雲而散光明燭地又東北有流星如大桃出下台星西北速流至斗柄第三星旁滅五皷後至明中天及四方有小流星百餘流注交橫　應順元年春二月辛未夜有大星如五升器流于東北有聲如雷　清泰元年九月辛丑夜五皷初有大星如五斗器而南流尾迹長數丈赤色移時盤屈如龍形蹙縮如二錐相鬬而散又一星稍小東流有尾迹凝成白氣食頃方散

晉天福三年三月壬申夜四皷後東方有大流星狀如三升器其色白長尺餘屈曲流出河鼓星東三尺流丈餘滅

周顯德元年正月庚寅子夜後東北有大星墜有聲如雷牛馬震駭六街鼓入方寐而驚以爲曉鼓乃齊伐鼓以應之至曙方知之三月高平之役戰之前夕有大流星如日流行數丈墜于賊營之所

雲氣

梁開平二年三月丁丑夜月有蒼白暈又有白氣如人形十餘皆東向出于暈內九月乙酉平旦西方有氣如人形甚衆皆若俯伏之狀經刻乃散

唐同光二年日有背氣凡十二三年九月丁未夜遍天陰雲北方有聲如雷四面雞雉皆雊俗謂之天狗落是歲日有背氣凡十三是月司天監奏自七月三日陰雲大雨至九月十八日後方晴三辰行度災祥數日不見閏十二月庚午日有黑氣似日交相錯磨測在室十度　天成二年十二月壬辰西南有赤氣如火燄燄約二千里占者云不出二年其下當有大兵　長興三年六月司天監奏自月初至月終每夜陰雲蔽天不辨星月　應順元年四月九日白虹貫日是時閔帝遇害

晉天福初高祖將建義于太原日旁多有五色雲如蓮芰之狀二年正月丙辰一鼓初北方有赤氣向西至戌亥地東北至丑地已來向北闊三丈餘狀如火光赤氣內見紫微宮共北斗諸星其氣乍明乍暗至三點後後有白氣數條相次西行直至三鼓後散

漢乾祐二年十二月日暈三重上有背氣

周顯德三年十二月庚午白虹貫日氣暈勾環

舊五代史卷一百三十九攷證

志一天文志乾化二年五月壬戌熒惑犯心　案歐陽史作正月丙申熒惑犯房第二星與是書異五代會要與是書同

內屏謁者勾已　勾已原本訛旬已今據歐陽史改正

長興二年五月己亥歲星晝見　案歐陽史作癸亥太白晝見

應順元年春　應順原本訛廣順今據歐陽史改正

舊五代史卷一百四十

宋門下侍郎參知政事監修國史薛居正等撰

志第二

歷志

古先哲王受命而帝天下者必先觀象以垂法治歷以明時使萬物服其風化四海同其正朔然後能允釐下土欽若上穹故虞舜之紹唐堯先齊七政武王之得箕子首敘九疇皇極由是而允興人時以之而不忒歷代已降何莫由斯粤自軒黃肇正天統歲躔辛卯歷法時成故黃帝始用辛卯歷顓頊次用乙卯歷虞用戊午歷夏用丙寅歷商用甲寅歷周用丁巳歷魯用庚子歷秦用乙卯歷漢用太初歷四分歷三統歷凡三本魏用黃初歷景初歷凡二本晉用元始歷合元萬分歷凡二本宋用大明歷元嘉歷凡二本齊用天保歷同章歷正象歷凡三本後魏用興和歷正光歷正元歷凡三本梁用大同歷乾象歷永昌歷凡三本後周用天和歷丙寅歷明元歷凡三本隋用甲子歷開皇歷皇極歷大業歷凡四本唐用戊寅歷麟德歷神龍歷大衍歷元和觀象歷長慶宣明歷寶應歷正元歷景福崇元歷凡九本洎梁氏之應運也乘唐室陵遲之後黃巢離亂之餘衆職未修三辰翫驗故當時歲歷猶用宣明崇元二法參而成之及晉祖肇位司天監馬重績始造新歷奏上之云臣聞爲國者正一氣之元宣萬邦之命爰資歷以立章程長慶宣明雖氣朔不逾而即星躔罕驗景福崇元縱五歷甚正而差一日今以宣明氣朔崇元星緯二歷相參方得符合自古諸歷皆以天正十一月爲歲首循太古甲子爲上元積歲彌多差闕至甚臣改法定元創爲新歷一部二十一卷七章上下經二卷算草八卷立成十二卷取唐天寶十四載乙未立爲上元以雨水正月朔爲歲首謹詣閤門上進玉海調元歷蓋倣曹士蔿小歷之意唐建中時曹士蔿始變古法以顯慶五年爲上元雨水爲歲首世謂之小歷　晉高祖命司天少監趙仁錡張文皓秋官正徐皓天文參謀趙延乂杜昇杜崇龜等以新歷與宣明崇元考覈得失俾有司奉而行之因賜號調元歷仍命翰林學士承旨和凝撰序其後數載法度寖差至周顯德二年世宗以端明殿學士左散騎常侍王朴明于歷算乃命朴攷而正之朴奉詔歲餘撰成欽天歷十五卷上之表云臣聞聖人之作也在乎知天人之變者也人情之動則可以言知之天道之動則當以數知之數之爲用也聖人以之觀天道焉歲月日時由斯而成陰陽寒暑由斯而節四方之政由斯而行夫爲國家者履端立極必體其元布政考績必因其歲禮動樂舉必正其朔三農百工必授其時五刑九伐必順其氣庶務有爲必從其日月六籍宗之爲大典百王執之爲要道是以聖人受命必治歷數故得五紀有常度庶徵有常應正朔行之于天下也自唐而下凡歷數朝亂日失天垂將百載天之歷數汩陳而已矣今陛下順攷古道寅畏上天咨詢庶官振舉墜典以臣薄游曲藝常涉舊史遂降述作之命俾究迎推之要雖非能者敢不奉詔乃包萬象以立法齊七政以立元測圭箭以候氣審朓朒以定朔明九道以步月校遲疾以推星攷黃道之斜正辨天勢之升降而交蝕詳焉夫立天之道曰陰與陽陰陽各有數合則化成矣陽之策三十六陰之策二十四奇偶相命兩陽三陰同得七十二同則陰陽之數合七十二者化成之數也化成則謂之五行之數五行得期之數過者謂之氣盈不及謂之朔虛至于應變分用無所不通所謂包萬象矣故以七十二爲經法經者常也常用之法也法者數之節也隨法進退不失舊位故謂之通法以通法進經法得七千二百謂之統法自元入經先用此法統歷之諸法也以通法進統法得七十二萬氣朔之下收分必盡謂之全率以通法進全率得七千二百萬謂之大率而元紀生焉元者歲日月時皆甲子日月五星合在子正之宿當盈縮先後之中所謂七政齊矣古之植圭于陽城者以其近洛故也蓋尚嫌其中乃在洛之東偏開元十二年遣使天下候影南距林邑國北距橫野軍中得浚儀之岳臺應南北弦居地之中皇家建國定都于梁今樹圭置箭測岳臺晷漏以爲中數晷漏正則日之所至氣之所應得之矣日月皆有盈縮日盈月縮則後中而朔月盈日縮則先中而朔自古朓朒之法率皆平行之數入歷既有前次而又衰稍不論皇極舊述則迂迴而難用降及諸歷

則躔遠而多失今以月離朓朒隨曆較定日躔朓朒臨用加減所得者入離定日也一日之中分爲九限逐限損益衰稍有倫朓朒之法所謂審矣赤道者天之茲帶也其勢圓而平紀宿度之常數焉黃道者日軌也其半在赤道內半在赤道外去赤道極遠二十四度當與赤道交則其勢斜當去赤道遠則其勢直當斜則日行宜遲當直則日行宜速故二分前後加其度二至前後減其度九道者月軌也其半在黃道內半在黃道外去黃道極遠六度出黃道謂之正交入黃道謂之中交若正交在秋分之宿中交在春分之宿則比黃道益斜若正交在春分之宿中交在秋分之宿則比黃道反直若正交中交在二至之宿則其勢差斜故較去二至二分遠近以攷斜正乃得加減之數自古雖有九道之說蓋亦知而未詳空有祖述之文全無推步之用今以黃道一周分爲八節一節之中分用九道盡七十二道而復使日月二軌無所隱其斜正之勢焉九道之法所謂明矣星之行也近日而疾遠日而遲去日極遠勢盡而留自古諸曆分段失實隆降無準今日行分尚多次日便留自留而退唯用平行仍以入段行度爲入曆之數皆非本理遂至乖戾今校定逐日行分積逐日行分以爲變段于是自疾漸而遲勢盡而留自留而行亦積微而後多別立諸段變曆以推變差俾諸段變差際會相合星之遲疾可得而知之矣自古相傳皆謂去交十五度以下則日月有蝕殊不知日月之相掩與闇虛之所射其理有異焉今以日月徑度之大小較去交之遠近以黃道之斜正天勢之升降度仰視旁視之分數則交虧得其實矣乃以一篇步日一篇步月一篇步星案以下脫一篇步發斂五字下云以卦候沒滅爲之下篇者言爲步發斂之下篇歐陽史約其文稱謹以步日步月步星步發斂爲四篇是也以卦候沒滅爲之下篇都四篇爲曆經一卷曆十一卷草三卷顯德三年七政細行曆一卷臣檢討先代圖籍今古曆書皆無蝕神首尾之文蓋天竺胡僧之祆說也近自司天卜祝小術不能舉其大體遂爲等接之法蓋從假用以求徑捷于是乎交有逆行之數後學者不能詳知便言曆有九道以爲注曆之恒式今並削而去之昔在唐堯欽若昊天陛下親降聖謨攷曆象日月星辰唐堯之道也其曆謹以顯德欽天爲名天道元遠非微臣之所盡知但竭兩端以奉明詔疎畧乖謬甘俟罪戾世宗覽之親爲製序仍付司天監行用以來年正日爲始自前諸曆並廢玉海欽天于朔分之下立小分謂之秒說者謂前代謂曆朔餘未有秒者若可用秒何待求日法以齊朔分也其曆經一卷今聊紀于後以備太史氏之周覽焉

顯德欽天曆經

演紀上元甲子距今顯德三年丙辰積七千二百六十九萬八千四百五十二

欽天統法七千二百

欽天經法七十二

欽天通法一百

欽天步日躔術

歲率二百六十二萬九千七百六十 四十

朔率二十一萬二千六百二十 二十八

軌率二百六十二萬九千八百四十四 八十

歲策三百六十五 一千七百六十 四十

軌策三百六十五 一千八百四十四 八十

歲中一百八十二 四千四百八十 二十

軌中一百八十二 四千五百二十二 四十

朔策二十九 三千八百二十 二十八

氣策一十五 一千五百七十三 三十五

象策七 二千七百五十五 七

周紀六十

歲差八十四 四十

辰則六百 八刻二十四分

案以上題稱步日躔術及後步月離術步五星術合爲曆經四篇者三又皆僅列用數而不及推步據歐陽史云舊史亡其步發斂一篇而存者三篇簡畧不完然則是書原文固已闕矣.

欽天步月離術

離率一十九萬八千三百九十三 九

交率一十九萬五千九百三十七 七十 五十六

離策二十七 三千九百九十三 九

交策二十七 一千五百三十七 九十七 五十六

望策一十四 五千五百一十 一十四

交中一十三 四千三百六十三 九十八 七十八

離朔一 七千二百一十七 九十

交朔二 二千二百九十二 二十三 四十四

中準一千七百三十六

中限四千七百八十

平離九百六十三

程節八百

欽天步五星術

歲星

周率二百八十七萬一千九百七十六 六

變率二十四萬二千二百一十五 六十六

歷率二百六十二萬九千七百六十一 七十八

周策三百九十八 六千三百七十六 六六

歷中一百八十二 四千四百八十 八十九

變段	變日	變度	變歷
晨見	一十七	三 三十七	二 二十四
順遲	二十五	二 九	一 二十九
退遲	一十四	一 一十二	空 二十八
退疾	二十七	四 三十八	一 三十七
後留	二十六 三十二		
順疾	九十	一十六 六十三	一十一 一十三
順疾	九十	一十六 六十三	一十一 一十三
前留	二十六 三十二		
退疾	二十七	四 三十八	一 三十七
退遲	一十四	一 一十二	空 二十八
順遲	二十五	二 九	一 二十九
夕伏	一十七	三 三十七	二 二十四

熒惑

周率五百六十一萬五千四百二十二 一十

變率二百九十八萬五千六百六十一 七十一

歷率二百六十二萬九千七百六十

周策七百七十九 六千六百二十二 一十

歷中百八十二 四千四百八十

變段	變日	變度	變歷
晨見	七十三	五十三 六十八	五十 五十八
順疾	七十三	五十一 一	四十八 三
次疾	七十一	四十六 六十九	四十四 一十七
次遲	七十一	四十五 三十三	四十二 五十八
順遲	六十二	一十九 二十九	一十八 二十
前留	八 六十九		
退遲	一十	一 五十八	空 四十四
退疾	二十一	七 四十六	二 四十
退疾	二十一	七 四十六	二 四十
退遲	一十	一 五十八	空 四十四
後留	八 六十九		
順遲	六十二	一十九 二十九	一十八 二十
次遲	七十一	四十五 三十三	四十二 五十八
次疾	七十一	四十六 六十九	四十四 一十七
順疾	七十三	五十一 一	四十八 三
夕伏	七十三	五十三 六十八	五十 五十八

鎮星

周率二百七十二萬二千一百七十六 九十

變率九萬二千四百一十六 五十

歷率二百六十二萬九千七百五十九 八十

周策三百七十八 五百七十六 九十

歷中一百八十二 四千四百七十九 九十

變段	變日	變度	變歷
晨見	一十九	二 七	一 一十四
順疾	六十五	六 三十八	三 五十一
順遲	一十九	空 六十三	空 三十五
前留	三十七 三		
退遲	一十六	空 四十三	空 一十四
退疾	三十三	二 三十五	空 六十
退疾	三十三	二 三十五	空 六十
退遲	一十六	空 四十三	空 一十四
後留	三十七 三		
順遲	一十九	空 六十三	空 三十五
順疾	六十五	六 三十八	三 五十一
夕伏	一十九	二 七	一 一十四

太白

周率四百二十萬四千一百四十三 九十六

變率四百二十萬四千一百四十三 九十六

歷率二百六十二萬九千七百五十 五十六

周策五百八十三 六千五百四十三 九十六

歷中一百八十二 四千四百七十五 二十八

變段	變日	變度	變歷
夕見	四十二	五十三 四十	五十一 一十七
順疾	九十六	一百二十一 五十七	一百二十六 三十九
次疾	七十三	八十三 三十七	七十七 一
次遲	三十三	三十四 一	三十二 四十
順遲	二十四	一十一 六十一	一十一 四
前留	六 六十九		
退遲	四	一 二十二	空 三十一
退疾	六	三 六十五	一 二十二
夕伏	七	四 四十	一 三十七
晨見	七	四 四十	一 三十七
退疾	六	三 六十五	一 二十二
退遲	四	一 二十二	空 三十一
後留	六 六十九		
順遲	二十四	一十一 六十一	一十一 二十四
次遲	三十三	三十四 一	二十二 四十

次疾　七十三　八十三十七　七十七一十

順疾　九十六　一百二十一五十七　一百一十六三十九

晨伏　四十二　五十三四十　五十一七十

辰星

周率八十三萬四千三百三十五五十二

變率八十三萬四千三百三十五五十二

歷率二百六十二萬九千七百六十四十四

周策一百一十五　六千三百三十五五十二

歷中一百八十二　四千四百八十二十二

變段	變日	變度	變歷
夕見	一十七	三十四一	二十九五十四
順疾	一十一	一十八二十四	一十六四
順遲	一十六	一十一四十三	一十十一
前留	二六十八		
夕伏	一十一	六	二
晨見	一十一	六	二
後留	二六十八		
順遲	一十六	一十一四十三	一十十一
順疾	一十一	一十八二十四	一十六四
晨伏	一十七	三十四一	二十九五十四

舊五代史卷一百四十攷證

志二　歷志正元歷　案玉海作正統五代會要作正元

創爲新歷一部二十一卷　案玉海引崇文總目作二十卷

五行得期之數　五行原本訛五之今據五代會要改正

法者數之節也　法原本訛百今據五代會要改正

以通法進統法得七十二萬　案七十二萬原本作七千二百萬攷下文以通法進全率得七千二百萬謂之大率則此當云以通法進統法得七十二萬謂之全率原本全率之數併作大率之數蓋傳寫之訛今據歐陽史改正

欽天步月離術離策二十七　二十七原本訛作一十七案以統法除離率得二十七日及餘分今據歐陽史改正

交中一十三四千三百六十三　四千三百原本訛作四千四百案交策半之爲交中當從歐陽史作四千三百今改正

欽天步五星術歲星歷率二百六十二萬九千七百六十一八七十　案七百六十一歐陽史作九百六十六非也據歷率半之爲歷中彼此互訂此條當以是書爲正

歷中一百八十二四千四百八十九八十　案小分八十九原本作九十六非也據歷中倍之爲歷率倍八十九適得大分一小分七十八此條當以歐陽史爲正今據改

太白周策五百八十三　案原本作周策五百八十三萬攷周率滿統法得周策五百八十三日及餘分萬字係衍文歐陽史亦無萬字今刪去

歷中一百八十二　案原本作歷中一百八十二萬攷歷率半之滿統法得歷中一百八十二日萬字係衍文歐陽史亦無萬字今刪去

舊五代史卷一百四十一

宋門下侍郎參知政事監修國史薛居正等撰

志第三

五行志

昔武王克商以箕子歸作洪範其九疇之序一曰五行所以紀休咎之徵窮天人之際故後之修史者咸有其說焉蓋欲使後代帝王見災變而自省責躬修德崇仁補過則禍消而福至此大略也今故按五代之簡編記五行之災沴追爲此志以示將來其于京房之舊說劉向之緒言則前史敘之詳矣此不復引以爲證焉

水淹風雨

梁開平四年十月梁宋輝亳水詔令本州開倉賑貸　十一月大風下詔曰自朔至今異風未息宜命祈禱

唐同光二年七月汴州雍邱縣大雨風拔樹傷稼曹州大水平地三尺八月大雨河水溢漫流入鄆州界十一月中書門下奏今年秋天下州府多有水災百姓所納秋稅請特放加耗從之　三年六月至九月大雨江河崩決壞民田七月洛水泛漲壞天津橋漂近河廬舍艤舟爲渡覆沒者日有之鄴都奏御河漲于石灰窯口開故河道以分水勢鞏縣河堤破壞廒倉八月勅如聞天津橋未通往來百官以舟船濟渡因茲傾覆兼踏泥塗自今文武百官三日一趨朝宰臣每日中書視事　四年正月勅自京以來案此句疑有脫誤幅圓千里水潦爲沴流亡漸多宜自今月三日後避正殿減常膳撤樂省費以答天譴應去年經水災處鄉村有不給及逃移人戶夏秋兩稅及諸折科委逐處長吏切加點檢並與放免仍一年內不得雜差遣應在京及諸縣有停貯斛㪷並令減價出糶以濟公私如不遵守仰具聞奏　長興元年夏鄜州上言大水入城居人溺死　二年四月棣州上言水壞其城是月巳鄆州上言黃河水溢岸闊三十里東流五月丁亥申州奏大水平地深七尺是月戊申襄州上言漢水溢入城壞民廬舍又壞均州郛郭水深三丈居民登山避水仍畫圖以進是月甲子洛水溢壞民廬舍六月壬戌汴州上言大雨雷震文宣王廟講堂十一月壬子鄆州上言黃河暴漲漂溺四千餘戶　三年七月諸州大水宋亳潁尤甚宰臣奏曰今秋宋州管界水災最盛人戶流亡粟價暴貴臣等商量請于本州倉出斛㪷依時出糶以救貧民從之是月秦州大水溺死窯谷內居民三十六人夔州赤甲山崩大水漂溺居人　清泰元年九月連雨害稼詔曰久雨不止禮有祈禳禜都城門三日不止乃祈山川告宗廟社稷宜令太子賓客李延範等禜諸城門太常卿李懌等告宗廟社稷

晉天福初高祖將建義于太原城中數處井泉暴溢　四年七月西京大水伊洛瀍澗皆溢壞天津橋八月河決博平甘陵大水　六年九月河決于滑州一概東流居民登邱冢爲水所隔詔所在發舟檝以救之兗州濮州界皆爲水所漂溺命鴻臚少卿魏玭將作少監郭廷讓右領軍衛將軍安濬右驍衛將軍田峻于滑濮澶鄆四州檢河水所害稼并撫問遭水百姓兗州又奏河水東流闊七十里至七年三月命宋州節度使安彥威率丁夫塞之河平建碑立廟于河決之所　開運元年六月黃河洛河泛溢堤堰鄭州原武滎澤縣界河決

周廣順二年七月暴風雨京師水深二尺壞牆屋不可勝計諸州皆奏大雨所在河渠泛溢害稼　三年六月諸州大水襄州漢江漲溢入城城內水深五尺倉庫漂盡居人溺者甚衆

地震

唐同光二年十一月鎮州地震　三年十一月二十五日夜魏博徐宿地大震　天成三年七月鄭地震　長興二年六月太原地震自二十五日子時至二十七日申時二十餘度左補闕李詳上疏曰臣聞天地之道以簡易示人鬼神之情以禍福爲務王者祥瑞至而不喜災異見而輒驚罔不寅畏上穹思答天譴臣聞北京地震日數稍多臣曾覽國書伏見高宗時晉州地震上謂羣臣曰豈朕政教之不明使晉州地震耶侍中張行成奏曰天陽也地陰也天陽君象地陰臣象君宜轉動臣宜安靜今晉州地震彌旬不休將恐女謁使事臣下陰謀且晉州是陛下本封今地震焉尤彰其應伏願深思遠慮以杜未萌又開元中秦州地震尋差官宣慰兼降使致祭山川所損之家委量事安置奏聞伏惟陛下中興唐祚起自晉陽地數震于帝鄉理合思于天誡況聖明御宇于今六年歲稔時康人安俗阜臣慮天意恐陛下忘創業艱難之時有功成矜滿之意伏望特委親信兼選勳賢且往北京慰安密令巡問黎民之疾苦嚴山川之祭祀然後鑒前朝得喪之本採歷代聖哲之規崇不諱之風罷不急之務明宗深嘉之錫以三品章服十一月雄武軍士上言洛陽地震　三年八月秦州地大震

漢乾祐二年四月丁丑幽定滄營深貝等州地震幽定尤甚

周廣順三年十月魏邢洺等州地震數日凡十餘度魏州尤甚

蟲魚禽獸

梁龍德末許州進綠毛龜宮中造室以畜之命之曰龜堂識者以爲不祥之言

唐天祐十八年二月張文禮叛于鎮州時野水變其色如血游魚多死浮于水上識者知其必敗　十九年定州王處直卒先是處直自爲德政碑建樓于衙城內言有龍見或覩之其狀乃黃幺蜥蜴也處直以爲神異造龍牀以安之又城東麥田中有羣鵲數百平地爲巢處直以爲己德所感識者竊論曰蟲蛇陰物比藏山澤今據屋室人不得而有也南方爲火火主禮禮之壞則羽蟲失性以文推之上失其道不安于位之兆也果爲其子都所廢　應順元年閏正月丙寅辰時唐閔帝幸至德宮初出興教門有飛鳶自空而落死于御前是日大風晦冥　清泰元年十月辛未巳時有雉金色自南飛入中書止于政事堂之上吏驅之不去良久又北飛是日民家得之　二年鄴西李固鎮有大鼠與蛇鬬于橋下鬬及日之中蛇不勝而死　三年三月戊午有蛇鼠

闞于洛陽師子門外而鼠殺蛇夏四月戊子熊入市彤如人搏人又一熊自老君廟南走向城會車駕幸近郊從官射之而斃

漢乾祐三年正月有狐出明德樓獲之比常狐毛長腹別有二足

周廣順三年六月河北諸州旬日內無烏既而衆澤潞之間山谷中集于林木壓樹枝皆折是年人疾疫死者甚衆至顯德元年河東劉崇爲周師所敗伏尸流血故先兆其兆　顯德元年三月潞州高平縣有鵲巢于縣郭之南平地巢中七八雛

蝗

梁開平元年六月許陳汝蔡潁五州蝝生有野禽羣飛蔽空食之皆盡

唐同光二年九月鎮州奏飛蝗害稼

晉天福四年七月山東河南關西諸郡蝗害稼至八年四月天下諸州飛蝗害田食草木葉皆盡詔州縣長吏捕蝗華州節度使楊彥詢雍州節度使趙瑩命百姓捕蝗一斗以禄粟一斗償之時蝗旱相繼人民流移飢者盈路關西餓殍尤甚死者十七八朝廷以軍食不充分命使臣諸道括粟麥晉祚自兹衰矣

漢乾祐元年七月青鄆兗齊濮沂密邢曹皆言蝝生開封府奏陽武雍丘襄邑等縣蝗開封尹侯益遣人以酒肴致祭尋爲鸜鵒食之皆盡敕禁羅弋鸜鵒以其有吞蝗之異也　二年五月博州奏有蝝生化爲蝶飛去宋州奏蝗一夕抱草而死差官祭之

火

唐天成四年十一月汝州火燒羽林軍營五百餘間先是司天奏熒惑入羽林飭京師爲火備至是果應　長興二年四月辛丑汴州封禪寺門扉上欻然火起延燒近舍是月魏州奏歷陽火先是下詔于諸道令爲火備至是驗之　三年十二月壬戌懷州軍營內三處火光自起人至卽滅並不焚燒舍宇明宗謂侍臣曰火妖乎侍臣曰恐妖人造作宜審詰之

晉天福三年十一月襄州奏火燒居民千餘家　九年春左龍武統軍皇甫遇從少帝禦契丹于鄆州北將戰之夕有火光熒熒然生于矛戟之上

周顯德五年四月吳越王錢俶奏十日夜杭州火焚燒府署殆盡世宗命中使賫詔撫問

草木石冰

梁開平三年春正月潞州軍前李思安進壺關縣庶穰鄉村人因伐樹倒自分爲兩片內有六字皆如左書曰天十四載石進乃圖其狀以進梁祖異之命示百官莫有詳其義者及晉高祖卽位人以爲雖有圖姓計其甲子則二十有九年矣議者曰天字取四字中兩畫加之于傍則丙字也四字去中間兩畫加十字則申字也晉祖卽位之年乃丙申也

唐天祐五年長柳巷田家有僵桃樹經年舊坎猶在其仆木一朝屹然而起行數十步復于舊坎其家駭異倉皇散走議者以漢昭帝時上林仆木起生枝時蟲囊成文而宣帝興今木理成文仆而重起乃莊宗中興之兆也　同光元年冬十二月辛卯亳州太清宮道士上言聖祖殿前枯檜年久再生一枝畫圖以進　清泰末年末帝先人墳側古佛刹中石像忽然搖動不已觀者咸訝焉

晉開運元年七月一日少帝御明德門宣赦改元是日遇大雷雨門內有井亭亭有石盆有走水槽槽有龍首其夕悉飄行數十步而龍首斷焉識者曰石國姓也此兆非祥石氏其遷乎其絶乎　二年正月汴州封邱門外壕水東北隅水上有文若大樹花葉芬敷之狀相連數十株宛若圖畫頃都觀之識者云唐景福中盧彥威浮陽壕水有樹文亦如此時有高尼辭鄂人曰此地當有兵難至光化中其郡果爲燕帥劉仁恭所陷　三年九月大水太原葭蘆茂盛最上一葉如旗狀皆南指十二月巳丑雨木冰是月戊戌霜霧大降草木皆如冰

漢乾祐元年八月李守貞叛于河中境內蘆葉皆若旗旐之狀

周廣順三年春樞密使王峻遙領青州有司制旌節以備迎授前夕其節有聲主者曰昔後唐長興中安重誨授河中其節亦有聲斯亦木之妖也

舊五代史卷一百四十一攷證

志三五行志莊州赤甲山崩　赤甲原本訛求甲今據五代會要改正

華州節度使楊彥詢　彥詢原本作彥珣今從列傳改正

舊五代史卷一百四十二

宋門下侍郎參知政事監修國史薛居正等撰

志第四

禮志上　案薛志序原本闕佚

梁開平元年夏四月太祖初受禪乃立四廟于西京從近古之制也

唐同光二年六月太常禮院奏國家興建之初已于北都置廟今克復天下遷都洛陽卻復本朝宗廟按禮無二廟之文其北都宗廟請廢乃下尚書省集議禮部尚書王正言等奏議曰伏以都邑之制宗廟爲先今卜洛居尊開基御宇事當師古神必依人北都先置宗廟不宜並設況每年朝享禮有常規時日既同神何所據竊聞近例亦有從權如神主已修迎之藏于夾室若廟宇已崇虛之以爲恒制若齊桓公之廟二主禮無明文古者師行亦無遷于廟主昔天后之崇鞏洛禮謂非宜漢皇之戀豐滕事無所法況本朝故事禮院具明洛邑舊都嵩高正位豈宜遠宮闕之居建祖宗之廟事非可久理在從長其北都宗廟請準太常禮院申奏停廢從之

天成元年中書舍人馬縞奏曰伏見漢晉已來諸侯王宗室承襲帝統除七廟之外皆別追尊親廟漢光武皇帝立先四代于南陽其後桓帝已下亦皆上攷前修追崇先代乞依兩漢故事別立親廟詔下尚書省集百官定議禮部尚書蕭頃等議曰伏見方冊所載聖槃所存將達蘋藻之誠宜有祭祝之制臣等集議其追尊位號及建廟都邑乞特降制命依馬縞所議　二年中書門下又上奏曰伏以兩漢以諸侯王入繼帝統則必易名上謚廣孝稱皇載于諸王故事孝德皇孝仁皇孝元皇是也伏乞聖慈俯從人願許取皇而薦號兼上謚以尊名改置園陵仍增兵衞遂詔太常禮院定其儀制焉太常博士王丕等引漢桓帝入嗣尊其祖河間孝王曰孝穆皇帝蠡吾侯曰孝崇皇帝爲例請付太常卿定謚刑部侍郎權判太常卿馬縞復議曰伏準兩漢故事以諸侯王宗室入承帝統則必追尊父祖修樹園陵西漢宣帝東漢光武孝饗之道故事具存自安帝入嗣遂有皇太后令別崇謚法追曰某皇所謂孝德孝穆之類是也前代惟孫晧自烏程侯繼嗣追父和爲文皇帝事出非常不堪垂訓今據禮院狀漢安帝以下若據本紀又不見帝字伏以謚法德象天地曰帝伏緣禮院已曾奏聞雜將兩漢故事便述尊名請詔百官集議時右僕射李琪等議曰伏覩歷代已來宗廟成制繼襲無異沿革或殊馬縞所奏禮有按據乞下制命令馬縞虔依典冊以述尊名時明宗意欲兼加帝字乃下詔曰朕聞開國承家得以制禮作樂故三皇不相襲五帝不相沿隨代創規于理無爽矧或情關祖禰事繫烝嘗且追謚追尊稱皇與帝既有減增之字合陳褒貶之詞大約二名俱爲尊稱若三皇之代故不可加帝五帝之代不可言皇爰自秦朝便兼二號至若聖祖老君事隔千祀宗追一源猶顯冊于鴻名豈須遵于漢典況朕居九五之位爲億兆之尊不可總二名于眇躬惜一字于先代苟隨執議何表孝誠可委宰臣與百官詳定集兩班于中書遂班各陳所見惟李琪等請于祖禰二室先加帝字宰臣合衆議奏曰恭以朝廷之重宗廟爲先事繫承祧義符致美且聖朝追尊之曰卽引漢氏舊儀在漢氏封崇之時復依何代故事理關疑滯未協聖謨道合變通方爲民則且王者功成治定制禮作樂正朔服色尚有改更尊祖奉先何妨沿革若應州必立別廟卽地遠上都今據開元中追尊皐陶爲德明皇帝凉武昭王爲興聖皇帝皆立廟于京都臣等商量所議追尊四廟望依御札並加皇帝之號兼請于洛京立廟勑宜于應州舊宅立廟餘依所奏　案文獻通攷後唐之所謂七廟者以沙陀之獻祖國昌太祖克用莊宗存勗而上繼唐之高祖太宗懿宗昭宗此所謂四廟者又明宗代北之高曾祖父也　其年八月太常禮院奏莊宗神主以此月十日祔廟七室之內合有祧遷中書門下奏議請祧懿祖一室後下百寮集議禮部尚書蕭頃等奏請從中書所奏從之　應順元年正月中書門下奏太常以大行山陵畢祔廟今太廟見饗七室高祖太宗懿宗昭宗獻祖太祖莊宗大行升祔禮合祧遷獻祖請下尚書省集議太子少傅盧質等議曰臣等以親盡從祧垂于舊典疑事無質素有明文頃莊宗皇帝再造寰區復隆宗廟追三祖于先遠復四室于本朝式遇祧遷旋成沿革及莊宗升祔以懿祖從祧蓋非嗣立之君所以先遷其室光武滅新之後始有追尊之儀比祇在于南陽元不歸于太廟引事且疎于故實此時須稟于所規將來升祔先朝次合祧遷獻祖旣協隨時之義又符變體之文從之時議以懿祖賜姓于懿宗以支庶繫太宗例宜以懿爲始祖次昭宗可也不必祖神堯而宗太宗若依漢光武則宜于代州立獻祖而下親廟其唐廟依舊禮行之可也而議謚者忘咸通之懿宗又稱懿祖父子俱懿于理可乎將朱耶三世與唐室四廟連敘昭穆非禮之甚也議祧者不知受氏于唐懿宗而祧之今又及獻祖以禮論之始祧昭宗次祧獻祖可

也而懿祖如唐景皇帝豈可祧乎

晉天福二年正月中書門下奏皇帝到京未立宗廟望令所司速具制度典禮以聞從之二月太常博士段顒議曰夫宗廟之制歷代爲難須攷禮經以求故事謹按尚書舜典曰正月上日受終于文祖此是堯之廟也循未載其數又按郊祀錄曰夏立五廟商立六廟周立七廟漢初立祖宗廟于郡國共計一百六十七所後漢光武中興後別立六廟魏明帝初立親廟四後重議依周法立七廟晉武帝受禪初立六廟後復立七廟宋武帝初立六廟齊朝亦立六廟隋文帝受命初立親廟四至大業元年煬帝欲遵周法議立七廟次屬傳禪于唐武德元年六月四日始立四廟于長安至貞觀九年命有司詳議廟制遂立七廟至開元十一年後創立九廟又按禮記喪服小記曰王者禘其祖之所自出以其祖配之而立四廟鄭氏注云高祖已下至禰四世卽親盡也更立始祖爲不遷之廟共五廟也又按禮記祭法及王制孔子家語春秋穀梁傳並云天子七廟諸侯五廟大夫三廟士一廟此是降殺以兩之義又按尚書咸有一德曰七世之廟可以觀德又按疑義云天子立七廟或四廟蓋有其義也如四廟者從禰至高祖已下親盡故有四廟之理又立七廟者緣自古聖王祖有功宗有德更封立始祖卽于四親廟之外或祖功宗德不拘定數所以有五六廟或七廟九廟欲後代子孫觀其功德故尚書云七世之廟可以觀德矣又按周捨論云自江左已來晉宋齊梁相承多立七廟今臣等參詳唯立七廟卽並通其理伏緣宗廟事大不敢執以一理定之故檢七廟四廟二件之文俱得其宜他所論者並皆勿取請下三省集百官詳議敕旨宜依左僕射劉昫等議曰臣等今月八日伏奉敕命于尚書省集議太常博士段顒所議宗廟事伏以將敷至化以達萬方克致平和必先宗廟故禮記王制云天子七廟諸侯五廟大夫三廟疏云周制之七者太祖廟及文王武王之祧與親廟四太祖后稷也商六廟契及湯與二昭二穆夏則五廟太祖禹與二昭二穆而已自夏及周少不減五多不過七又云天子七廟皆據周也有其人則七無其人則五若諸侯廟制雖有其人不過五此則天子諸侯七五之異明矣至于三代已後魏晉宋齊隋及唐初多立六廟或四廟蓋于建國之始不盈七廟之數也今欲請立自高祖已下四親廟其始祖一廟未敢輕議伏俟聖裁御史中丞張昭遠奏議曰臣前月中預都省集議宗廟事伏見議狀于親廟之外請別立始祖一廟近奉中書門下牒再令百官于都省議定聞奏者臣讀十四代史書見二千年故事觀諸家宗廟都無始祖之稱唯商周二代以稷契爲太祖禮記曰天子七廟三昭三穆與太祖之廟而七鄭氏注此周制也七者太祖后稷及文王武王與四親廟又曰商人六廟契及成湯與二昭二穆也夏后氏立五廟不立太祖惟禹與二昭二穆而已據王制鄭氏所釋卽商周以稷契爲太祖夏后無太祖亦無追謚之廟自商周已來時更十代皆于親廟之中以有功者爲太祖無追崇始祖之例具引今古卽恐詞繁事要證明須陳梗槩漢以高祖父太上皇執嘉無社稷功不立廟號高帝自爲高祖魏以曹公相漢垂三十年始封于魏故爲太祖晉以宣王輔魏有功立爲高祖以景帝始封晉故爲太祖宋氏先世官閥卑微雖追崇帝號劉裕自爲高祖南齊高帝之父位至右將軍生無封爵不得爲太祖高帝自爲太祖梁武帝父順之佐佑齊室封侯位至領軍丹陽尹雖不受封于梁亦爲太祖陳武帝父文讚生無名位以武帝功梁室贈侍中封義興公及武帝卽位亦追爲太祖周閔帝以父泰相西魏經營王業始封于周故爲太祖隋文帝輔周室有大功始封于隋故爲太祖唐高祖神堯祖父虎爲周八柱國隋代追封唐公故爲太祖唐末梁室朱氏有帝位亦立四廟朱公先世無名位雖追册四廟不立太祖朱公自爲太祖此則前代追册太祖不出親廟之成例也王者祖有功而宗有德漢魏之制非有功德不得立爲祖宗商周受命以稷契有大功于唐虞之際故追尊爲太祖自秦漢之後其禮不然雖祖有功仍須親廟今亦祖言往例以取證明秦稱造父之後不以造父爲始祖漢稱唐堯劉累之後不以堯累爲始祖魏稱曹參之後不以參爲始祖晉稱趙將司馬卬之後不以卬爲始祖宋稱漢楚元王之後不以元王爲始祖齊梁皆稱蕭何之後不以蕭何爲始祖陳稱太邱長陳實之後不以實爲始祖元魏稱李陵之後不以陵爲始祖後周稱神農之後不以神農爲始祖隋稱楊震之後不以楊震爲始祖唐稱皐陶老子之後不以皐陶老子爲始祖唯唐高宗則天武后臨朝革唐稱周又立七廟仍追册周文王姬昌爲始祖此蓋當時附麗之徒不諳故實武立姬廟乖越已甚曲臺之人到今嗤誚臣遠觀秦漢下至周隋禮樂衣冠聲明文物未有如唐室之盛武德議廟之初英才間出如溫魏顏虞通今古封蕭薛杜達禮儀制度憲章必有師法夫追先王先母之儀起于周代據史記及禮經云武王纘太王王季文王之緒一戎衣而有天下尊爲天子宗廟饗之周公成文武之德追王太王王季祀先公以天子之禮又曰郊祀后稷以配天據此言之周武雖祀七世追爲王號者但四世而已故自東漢以來有國之初多崇四廟從周制也況商因夏禮漢習秦儀無勞博訪之文宜約已成之制請依隋唐有國之初創立四廟推四世之中名位高者爲太祖謹議以聞敕宜令尚書省集百官將前議狀與張昭遠所陳速定奪聞奏左僕射劉昫等再議奏曰臣等今月十三日再于尚書省集百官詳議夫王者祖武宗文郊天祀地故有追崇之典以申配饗之儀初詳太常禮院議狀唯立七廟四廟卽並通其理其他所論並皆勿取七廟者按禮記王制曰天子七廟三昭三穆與太祖之廟而七鄭氏注云此周制也詳其禮經卽是周家七廟之定數四廟者謂高曾祖禰四世也按周本紀及禮記大傳皆曰武王卽位追王太王王季文王以后稷爲堯稷官故追尊爲太祖此卽周武王初有天下追尊四廟之明文也自漢魏已降迄于周隋創業之君追謚不過四世約周制也此禮行之已久事在不疑今參詳都省前議狀請立四廟外別引始祖取裁未爲定議續準敕據御史中丞張昭遠奏請創立四廟之外無別封始祖之文况國家禮樂刑名皆依唐典宗廟之制須約舊章請依唐朝追尊獻祖宣皇帝懿祖光皇帝太祖景皇帝代祖元皇帝故事追尊四廟爲定從之　七年七月太常禮院奏國朝見饗四廟靖祖肅祖睿祖憲祖今大行皇帝將行升祔按會要唐武德元年立四廟于長安貞觀九年高祖神堯皇帝崩命有司詳議廟制議以高祖神主并舊四室祔廟今先帝神主請同唐高祖升祔從之

漢天福十二年閏七月時漢高祖已卽位尚仍天福之號太常博士段顒奏議曰伏以宗廟之制歷代爲難須按禮經旁求故實又緣禮貴隨時損益不定今參詳歷代故事立高曾祖禰四廟更上追遠祖光武皇帝爲始祖百代不遷之廟居東向之位共爲五廟庶符往例又合禮經詔尚書省集百官議吏部尚書竇貞固等議云按禮記王制云天子七廟諸侯五廟大夫三廟疏云周制之七廟者太祖及文王武王之祧與親廟四太祖后稷也又云天子七廟者據周也有其人則七無其人則五至于光武中興及歷代多立六廟或四廟蓋建國之始未盈七廟之數又按郊祀錄王肅云德厚者流澤廣天子可以事六代之義也今欲請立高祖已下四親廟又自古聖王祖有功宗有德卽于四親廟之外祖功宗德不拘定數今除四親廟外更請上追高皇帝光武皇帝更立六廟從之文獻通攷莊宗明宗旣捨其祖而祖唐之祖矣及敬瑭知遠崛起而登帝位俱欲以華胄自詡故于四親之外必求所謂始祖而祖之張昭遠之言議正而詞偉矣至漢初則段顒竇貞固之徒曲爲諂附乃至上祖高光以爲六廟云

周廣順元年正月中書門下奏太常禮院議合立太廟室數若守文繼體則魏晉有七廟之文若創業開基則隋唐有四廟之議聖朝請依近禮追謚四廟伏恐所議未同請下百官集議太子太傅和凝等議請據禮官議立四親廟從之五代會要和凝議曰恭以肇啓洪圖惟新黃屋左宗廟而右社稷率由舊章崇祖禰而辨尊卑載于前史雖質文互變義趣各殊或觀損益之規咸繫興隆之始陛下體元立極本義祖仁開變家成國之基遵奉先思孝之道據禮官議立四親廟以叶前文從之　其年四月中書門下奏太常禮院申七月一日皇帝御崇元殿命使奉册四廟準舊儀服袞冕卽座太尉引册案入皇帝降座引立于御座前南向中書令奉册案進皇帝搢珪捧授册使跪受轉授舁册官其進寶授寶儀如册案臣等參詳至時請皇帝降階授册從之　三年九月將有事于南郊議于東京別建太廟時太常禮院言準洛京廟室一十五間分爲四室東西各有夾室四神門每方屋一間各三門戟二十四別有齋宮神廚屋宇準禮左宗廟右社稷在國城內請下所司修奉從之　其月太常禮院奏迎太廟社稷神主到京其日未審皇帝親出郊外迎奉否檢討故事元無禮例伏請召三省官集議敕宜令尚書省四品已上中書門下五品已上同參議司徒竇貞固司空蘇禹珪等議按吳主孫休卽位迎祖父神主于吳郡入祔太廟前一日出城野次明日常服奉迎此其例也遂著狀言車駕出城奉迎爲是請下禮儀使草定儀注至十月禮儀使奏太廟神主將至前一日儀仗出城掌次于西御莊東北設神主行廟幄幕面南其日放朝羣臣早出西門皇帝常服出城詣行宮羣臣起居畢就次神主將至羣臣班定皇帝立于班前神主至太常卿請皇帝再拜羣臣俱拜神主就行廟幄幕坐設常饌羣臣班于神幄前侍中就次請皇帝謁神主旣至羣臣再拜皇帝進酒畢再拜羣臣俱拜皇帝還幄羣臣先赴太廟門外立班俟皇帝至起居俟神主至羣臣班于廟門外皇帝立于班前太常卿請皇帝再拜羣臣俱拜皇帝還幄羣臣就次宮闈令安神主于本室訖羣臣班于廟庭太常卿請皇帝于四室奠饗逐室皇帝再拜羣臣俱拜四室祔饗畢皇帝還宮前件儀注望付中書

門下宣下從之　顯德六年七月詔以大行皇帝山陵有期神主將祔太廟其廟殿室宇合添修否國子司業兼太常博士聶崇義奏議曰奉　敕爲大行皇帝山陵有期神主祔廟恐殿室間數少合重添修今詣廟中相度若是添修廟殿一間至兩間並須移動諸神門及角樓宮牆仗舍及堂殿正面檐楸階道亦須東省牲立班位直至齋宮漸近迫窄今重拆廟殿續更添修不唯重勞兼恐未便竊見廟殿見虛東西二夾室況未有祧遷之主欲請不拆廟殿更添間數卽便將夾室重安排六室位次所有動移神主若準舊禮于殿庭權設行廟幕殿卽恐雨水猶多難于陳設伏請權于太廟齋宮內奉安神主至修奉畢日庶爲宜稱又按禮記云廟成則于中屋刲羊以釁之夾室則用雞又大戴禮及通典亦有夾室釁文觀義乃是備廟之制況新主祔廟諸經有遷易之文攷古沿今庶合通理伏請遞遷諸室奉安大行皇帝神主以符禮意敕依典禮

舊五代史卷一百四十二攷證

志四禮志上𧍽吾侯　𧍽吾原本訛𧍽愚今據後漢書改正

周捨論　周捨原本訛周拾今據新唐書禮志改正

漢稱唐堯劉累之後　劉累原本訛劉里今據漢書改正

懿祖光皇帝　懿祖原本作義祖今從新唐書改正

舊五代史卷一百四十三

宋門下侍郎參知政事監修國史薛居正等撰

志第五

禮志下

後唐長興元年九月太常禮院奏來年四月孟夏禘饗于太廟謹按禮經三年一祫以孟冬五年一禘以孟夏已毀未毀之主並合食于太祖之廟逐廟功臣配饗于本廟之庭本朝寶應元年定禮奉景皇帝高祖太宗爲始封之祖既廟號太祖百代不遷每遇禘祫位居東向之尊自代祖元皇帝高祖太宗已下列聖子孫各序昭穆南北相向合食于前聖朝中興重修宗廟今太廟見饗高祖太宗懿宗昭宗獻祖太祖莊宗七廟太祖景皇帝在祧廟之數不列廟饗將來禘禮若奉高祖居東向之尊則禘饗不及于太祖代祖若以祧廟太祖居東向之位則又違于禮意今所司修奉祧廟神主及諸色法物已備合預請參詳事須具狀申奏敕下尚書省集百官詳議戶部尚書韓彥惲等奏議曰伏以本朝尊受命之祖景皇帝爲始封之君百代不遷長居廟食自貞觀至于天祐無所改更聖祖神孫左昭右穆自中興國祚再議宗祊以太祖景皇帝在祧廟之數不列祖宗欲尊太祖之位將行東向之儀爰命羣臣同議可否伏詳本朝列聖之傳典明皇定禮之新規開元十年特立九廟子孫遵守歷代無虧今既行定禮之規又以祧太祖之室昔德宗朝將行禘祫之禮顏眞卿議請奉獻祖居東向之位景皇帝暫居昭穆之列攷之于貞元則以爲誤行之于今日正得其禮今欲請每遇禘祫之歲暫奉景皇帝居東向之尊自元皇帝以下叙列昭穆從之

周廣順三年冬十月禮儀使奏郊廟祝文禮例云古者文字皆書于冊而有長短之差魏晉郊廟祝文書于冊唐初悉用祝版唯陵廟用玉冊明皇親祭郊廟用玉爲冊德宗朝博士陸淳議準禮用祝版祭已燔之可其議貞元六年親祭又用竹冊當司準開元禮並用祝版梁朝依禮行之至明宗郊天又用竹冊今詳酌禮例允以祝版爲宜詔從之　其年九月南郊禮儀使奏郊祀所用珪璧制度準禮祀上帝以蒼璧祀地祇以黃琮祀五帝以珪璋琥璜其玉各依本方正色祀日月以珪璋祀神州以兩珪有邸其用幣天以蒼色地以黃色配帝以白色日月五帝各從本方之色皆長一丈八尺其珪璧之狀璧圓而琮八方珪上銳而下方半珪曰璋琥爲虎形半璧曰璜其珪璧琮璜皆長一尺二寸四珪有邸邸本也珪著于璧而整齊也日月星辰以珪璧五寸前件珪璧雖有圖樣而長短之說或殊按唐開元中明皇詔曰祀神以玉取其精潔比來用珉不可行也如或以玉難辦寧小其制度以取其眞今郊廟所修珪璧量玉大小不必皆從古制請下所司修制從之　顯德四年夏四月禮官博士等準詔議祭器祭玉制度以聞時國子祭酒尹拙引崔靈恩三禮義宗云蒼璧所以祀天其長十有二寸蓋法天之十二時又引江都集白虎通等諸書所說云璧皆外圓內方又云黃琮所以祀地其長十寸以法地之數其琮外方內圓八角而有好國子博士聶崇義以爲璧內外皆圓其徑九寸又按阮氏鄭氏圖皆云九寸周禮玉人職又有九寸之璧及引爾雅云肉倍好謂之璧好倍肉謂之瑗肉好若一謂之環郭璞注云好孔也肉邊也而不載尺寸之數崇義又引冬官玉人云璧好三寸爾雅云肉倍好謂之璧兩邊肉各三寸通好共九寸則其璧九寸明矣崇義又云黃琮八方以象地每角各剡出一寸六分共長八寸厚一寸按周禮疏及阮氏圖並無好又引冬官玉人云琮八角而無好崇義又云琮璜珪璧俱是祀天地之器而爾雅唯言璧環瑗三者有好其餘黃琮諸器並不言之則黃琮八角而無好明矣太常卿田敏以下議以爲尹拙所說雖有所據而崇義援周禮正文其理稍優請從之其諸祭器制度亦多以崇義所議爲定　顯德二年秋八月兵部尙書張昭上言今月十二日伏蒙宸慈召對面奉聖旨每年祀祭多用太牢念其耕稼之勞更備犧牲之用比諸豢養特可愍傷令臣等討故事可以他牲代否臣仰稟綸言退尋禮籍其三牲八簋之制五禮六樂之文著在典彝迭相沿襲累經朝代無所改更臣聞古者燔黍捭豚尙多質略近則梁武惣牲竹脯不可宗師雖好生之德則然于奉先之儀太劣蓋禮主于信孝本因心黍稷非馨鬼神饗德不必牲牢之巨細籩豆之方圓苟血祀長保于宗祧而牲俎何須于繭栗但以國之大事儒者久行易以他牲恐未爲便以臣愚見其南北郊宗廟社稷朝日夕月等大祠如皇帝親行事備三牲如有司攝行事則用少牢已下雖非舊典貴減牲牛是時太常卿田敏又奏云臣奉聖旨爲祭用犢事今太僕寺供犢一年四季都用犢二十二頭唐會要武德九年十月詔祭祀之意本以爲民窮民事神有乖正直殺牛不如禴祭明德卽是馨香古推今民神一揆其祭圜丘方澤宗廟已外並可止用少牢用少牢者用特牲代時和年豐然後克修常禮又按會要天寶六載正月十三日敕文祭祀之典犧牲所備將有達于虔誠蓋不資于廣殺自今後每大祭祀應用騂犢宜令所司量減其數仍永爲恒式其年起請以舊料每年用犢二百一十二頭今請減一百七十三頭止用三十九頭餘祠饗並停用犢至上元二年九月二十一日敕文國之大事郊祀爲先貴其至誠不美多品黍稷雖設猶或非馨牲牢空多未爲能饗圜丘方澤任依恒式宗廟諸祠臨時獻熟用懷明德之馨庶合西鄰之祭其年起請昊天上帝太廟各太牢一餘祭並隨事市供若據天寶六載自二百一十二頭減用三十九頭據武德九年每年用犢十頭圜丘方澤一宗廟五據上元二年起請祇昊天上帝太廟又無方澤則九頭矣今國家用牛比開元天寶則不多比武德上元則過其大半案會要太僕寺有牧監掌孳課之事乞今後太僕寺養孳課牛其犢遇祭昊天前三月養之滌宮取其蕩滌清潔餘祭則不養滌宮若臨時買牛恐非典故奉敕祭祀尚誠祝史貴信非誠與信何以事神禴祭重于殺牛黍稷輕于明德犧牲之數具載典經前代以來或有增損宜採酌中之禮且從貴少之文起今後祭圜丘方澤社稷並依舊用犢其太廟及諸祠宜準上元二年九月二十一日制並不用犢如皇帝親行事則依常式

後唐同光二年三月十日祠部奏本朝舊儀太微宮每年五薦獻其南郊壇每年四祠祭吏部申奏請差中書門下攝太尉行事其太廟及諸郊壇並吏部差三品已上攝太尉行事從之至其年七月中書門下奏據尙書祠部狀每年太微宮五薦獻南郊壇四祠祭並宰相攝太尉行事惟太廟時祭獨遣庶僚雖爲舊規慮成闕禮臣等商量今後太廟祠祭亦望差宰臣行事從之　三年十一月禮儀使奏伏準禮經喪三年不祭天地社稷爲越紼行事此古制也爰自漢文益尊神器務徇公絕私之義行以日易月之制事久相沿禮從順變今園陵已畢祥練既除宗廟不可以乏享神祇不可以廢祀宜遵禮意式展孝思伏請自貞簡太后升祔禮畢應宗廟儀樂及羣祀並準舊施行從之　天成四年九月太常寺奏伏見大祠則差宰臣行事中祠則差諸寺卿監行事小祠則委太祝奉禮今後凡小祠請差五品官行事從之　其年十月中書門下奏太微宮太廟南郊壇宰臣行事宿齋百官皆入白事伏以奉命行事精誠齋宿儻徧見于朝官涉不虔于祠祭今後宰臣行事文武兩班望令並不得到宿齋處者奉敕宜依　其年十二月中書門下奏今後宰臣致齋內請不押班不知印不起居或遇國忌應行事官受誓戒並不赴行香並不奏覆刑殺公事及大祠致齋內請不開宴從之　長興二年五月尙書左丞崔愉奏大祠差官行事皇帝雖不預祭其日亦不視朝伏見車駕其日或出于理不便今後請每遇大祠中祠車駕不出從之　四年二月太常博士路航奏比來小祠已上公卿皆著祭服行事近日唯郊廟太微宮具祭服五郊迎氣日月諸祠並祇常服行事兼本司執事人等皆著隨事衣裝狠籍鞋履便隨公卿

升降于壇墠按祠部令中祠已上應齋郎等升壇行事者並給潔服事畢收納今後中祠已上公卿請具祭服執事升壇人並著具緋衣幘子又臣檢禮閣新儀太微宮使卯時行事近年依諸郊廟例五更初便行事今後請依舊以卯時從之　清泰元年五月中書門下奏據太常禮院申明宗聖德和武欽孝皇帝今月二十日祔廟太尉合差宰臣攝行緣馮道在假李愚十八日私忌在致齋內今劉昫又奏見判三司事煩請免祀事今與禮官參酌諸私忌日遇大朝會入閤宣召尚赴朝參今祔饗事大忌屬私齋日請比大朝會宣召例差李愚行事從之

晉開運三年六月西京留司監祭使奏以祠祭所定行事官臨日或遇疾病或奉詔赴闕留司吏部郎中一人主判有闕便依次第定名庶無闕事從之　天成三年

唐天成三年十一月太常寺定議唐少帝諡廟號景宗博士呂朋龜奏謹按禮經臣不誄君稱天以誄之是以本朝故事命太尉率百僚奉諡冊告天于圜丘迴讀于靈座前並在七月之內諡冊入陵若追尊定諡命太尉讀諡冊于太廟藏冊于本廟伏以景宗皇帝頊負沈究歲月深遠園陵已修不祔于廟則景宗皇帝親在七廟之外今聖朝申究追尊定諡重新帝號須撰禮儀又禮云君不逾年不入宗廟且漢之殤冲質君臣已成晉之惠懷愍俱負艱難皆不列廟食止祀于園寢臣等切詳故實欲請立景宗皇帝廟于園所命使奉冊書寶綬上諡于廟使奉太牢祀之其四時委守奉薦請下尚書省集三省官詳議施行右散騎常侍蕭希甫等議請依禮院所奏奉勑宜令本州城內選地起廟乃于曹州立廟

四年五月中書門下奏先據太常寺定少帝諡昭宣光烈孝皇帝號景宗者伏以景宗生曾爲帝饗乃承祧旣號景宗合入宗廟如不入宗廟難以言宗于理而論祧一遠廟安少帝神主于太廟卽昭穆序而宗祀正今或且居別廟卽請不言景宗但云昭宣光烈孝皇帝兼冊文內有基字是明皇廟諱雖尋常詔勑皆不迴避少帝是繼世之孫不欲斥烈聖之諱今改基爲宗字從之（五代會要風俗通陳孔璋云尊卑有敘喪祭哀敬各有攸終欲令言著而可遵事施而不犯禮云卒哭之後宰執木鐸徇于宮曰捨故而諱新故謂毀廟之主也恩遠屬絕名不可諱今昭宣上去明皇十四世奏改冊文非典故也）　八月戊申明宗服衮冕御文明殿追冊昭宣光烈孝皇帝禮畢冊使兵部尚書盧質押冊出應天門登車鹵簿鼓吹前導入都亭驛翌日登車赴曹州時議者以追尊則可立之爲宗不入太廟深爲失禮夫言宗者功業纂于祖禰德澤被于生民發號申令可也且輝王篡嗣之日國命出于賊臣君父銜冤母后塗炭遭罹放逐鼎祚覆亡追諡易名當循故實如漢之冲質晉之閔懷但尊稱而無廟號前代亡國者周赧漢獻魏陳留亦不稱宗中興之追諡者孺子嬰光武竟無追宗之典設如自我作古酌于人情則謂之爲景宣光烈深不稱也古之周景漢景周宣漢宣皆中興再造之主至如國朝太祖曰景皇帝以受命而有唐室宣宗皇帝以隔代承運皇綱復振故也今輝王亡國墜業謂之宣景得無謬乎先是太常旣奏下尚書省集議雖有智者依違不言至是旣立爲景宗陵號溫陵乃于曹州置廟以時告享仍以本州刺史以下爲三獻官後宰臣知其非奏去廟號

晉天福四年十一月太常禮院奏議立唐朝帝廟引武德年故事祀隋三帝今請立近朝莊宗明宗閔帝三廟庶合前規詔曰德莫盛于繼絕禮莫重于奉先莊宗立興復之功明宗垂光大之業逮乎閔帝實繼本枝然則丕緒洪源皆尊唐室繼周者須崇后稷嗣漢者必奉高皇將啓嚴祠當崇茂典宜立唐高祖太宗及莊宗明宗閔帝五廟　其月太常禮院又奏唐廟制度請以至德宮正殿隔爲五室三分之南去地四尺以石爲埳中容二主廟之南一屋三門門戟二十有四東西一屋一門門無棨戟四仲之祭一羊一豕如其中祠幣帛牲牢之類光祿主之祠祝之文不進不署神廚之具鴻臚督之五帝五后凡十主未遷者六未立者四未諡者三高祖太宗與其后暨莊宗明宗其主在清化里之寢宮祭前二日以殿中繖扇二十迎置新廟以享祀閔皇帝莊宗明宗二后及魯國孔夫人神主四座請修制祔廟及三后請定諡法從之

周廣順元年二月太常禮院上言準勑遷漢廟入昇平宮其唐晉兩朝皆止五廟遷移今漢七廟未審總移爲復祇移五廟勑宜準前勑並移于昇平宮其法物神廚齋院祭服祭器饌料皆依中祠例用少牢光祿等寺給其讀文太祝及奉禮郎太常寺差每仲饗以漢宗子爲三獻從之

舊五代史卷一百四十三攷證

志五禮志下寶應元年　寶應原本訛實寧攷新唐書寶應係代宗年號無所謂實寧者今改正

並著具緋衣幘子　緋衣原本作綈衣今據五代會要改正

唐天成三年十一月太常寺定議唐少帝諡廟號景宗　四年八月戊申明宗服衮冕御文明殿追冊昭宣光烈孝皇帝　歐陽史作四年五月乙酉追諡與是志定諡冊廟月日俱不符

舊五代史卷一百四十四

宋門下侍郎參知政事監修國史薛居正等撰

志第六

樂志上

古之王者理定制禮功成作樂所以昭事天地統和人神歷代已來舊章斯在洎唐季之亂咸鎬爲墟梁運雖興英莖掃地莊宗起于朔野經始霸圖其所存者不過邊部鄭聲而已先王雅樂殆將泯絕當同光天成之際或有事清廟或祈祀泰壇雖簨虡猶施而宮商孰辨遂使磬襄鼗武入河漢而不歸湯濩舜韶混陵谷而俱失洎晉高祖奄登大寶思迪前規爰詔有司重興二舞旋屬烽火爲亂明法罔修漢祚幾何無暇制作周顯德五年冬將立歲仗有司以崇牙樹羽宿設于殿庭世宗因親臨樂懸試其聲奏見鐘磬之類有設而不擊者訊于工師皆不能對世宗惻然乃命翰林學士判太常寺事竇儼參詳其制又命樞密使王朴攷正其聲朴乃用古累黍之法以審其度造成律準其狀如琴而巨凡設十三絃以定六律六呂旋相爲宮之義世宗善之申命百官議而行之今亦備紀于後以志五代雅樂沿革之由焉

梁開平初太祖受禪始建宗廟凡四室每室有登歌酌獻之舞

肅祖宣元皇帝室曰大合之舞

敬祖光憲皇帝室曰象功之舞

憲祖昭武皇帝室曰來儀之舞

烈祖文穆皇帝室曰昭德之舞

登歌樂章各一首（五代會要云太常少卿楊煥撰）

二年春梁祖將議郊禋有司撰進樂名舞名

樂曰慶和之樂

舞曰崇德之舞

皇帝行奏慶順

奠玉帛登歌奏慶平

迎俎奏慶肅

酌獻奏慶熙

飲福酒奏慶隆

送文舞迎武舞奏慶融

亞獻奏慶和

終獻奏慶休

樂章各一首

太廟迎神舞名開平

皇帝行盥手登歌飲福酒徹豆送神皆奏樂

樂章各一首

唐莊宗光聖神閔孝皇帝廟室酌獻舞武成之舞

登歌樂章一首（五代會要云尚書兵部侍郎崔居儉撰）

明宗聖德和武欽孝皇帝廟室酌獻舞雍熙之舞

登歌樂章一首（五代會要云太常卿盧文紀撰）

晉高祖聖文章武明德孝皇帝廟室酌獻舞咸和之舞

登歌樂章一首（五代會要云太子賓客判太常寺事趙光輔撰）

漢文祖明元皇帝廟室酌獻舞靈長之舞

德祖恭僖皇帝廟室酌獻舞積善之舞

翼祖昭獻皇帝廟室酌獻舞顯仁之舞

顯祖章聖皇帝廟室酌獻舞章慶之舞

登歌樂章各一首（五代會要云太常卿張昭撰）

高祖睿文聖武昭肅孝皇帝廟室酌獻舞觀德之舞

登歌樂章一首

周信祖睿和皇帝廟室酌獻舞肅雍之舞

僖祖明憲皇帝廟室酌獻舞章德之舞

義祖翼順皇帝廟室酌獻舞善慶之舞

慶祖章肅皇帝廟室酌獻舞觀成之舞

登歌樂章各一首

太祖聖神恭肅文武孝皇帝廟室酌獻舞明德之舞

世宗睿武孝文皇帝廟室酌獻舞定功之舞

登歌樂章各一首（五代會要云太祖廟室樂章太常卿田敏撰世宗廟室樂章翰林學士判太常寺事竇儼撰）　樂章詞多不錄

右樂章

晉天福四年十二月禮官奏來歲正旦王公上壽皇帝舉酒請奏元同之樂再舉酒奏文同之樂從之五年始議重興二舞詔曰正冬二節朝會舊儀廢于離亂之時興自和平之代將期備物全繫用心須議擇人同爲定制其正冬朝會禮節樂章二舞行列等事宜差太常卿

崔棁御史中丞竇貞固刑部侍郎呂琦禮部侍郎張允與太常寺官一一詳定禮從新意道在舊章庶知治世之和漸見移風之善其年秋棁等具述制度上奏云案禮云天子以德爲車以樂爲御大樂與天地同和大禮與天地同節又曰安上治民莫善于禮移風易俗莫善于樂故樂書議舞云夫樂在耳曰聲在目曰容聲應乎耳可以聽知容藏于心難以貌覩故聖人假干戚羽旄以表其容發揚蹈厲以見其意聲容和合大樂備矣又案義鏡問鼓吹十二案合于何所答云周禮鼓人掌六鼓四金漢朝乃有黃門鼓吹崔豹古今注云因張騫使西域得摩訶兜勒一曲李延年增之分爲二十八曲梁置鼓吹清商令二人唐又有掆鼓金鉦大鼓長鳴歌簫笳笛合爲鼓吹十二案大享會則設于懸外此乃是設二舞及鼓吹十二案之由也今議一從令式排列教習文舞郎六十四人分爲八佾每佾八人左手執籥禮云葦籥伊耆氏之樂也周禮有籥師教國子爾雅曰籥如笛三孔而短大者七孔謂之篴歷代已來文舞所用凡用籥六十有四右手執翟周禮所謂羽舞也書云舞干羽于兩階翟山雉也以雉羽分析連攢而爲之二人執纛前引數于舞人之外舞人冠進賢冠服黃紗中單皂領褾白練裲襠白布大口袴革帶烏皮履白皮襪武舞郎六十四人分爲八佾左手執干干楯今之旁牌所以翳身也其色赤中畫獸形故謂之朱干周禮所謂兵舞取武象用楯六十有四右手執戚斧也上飾以玉故謂之玉戚二人執旌前引旌似旗而小絳色畫升龍二人執鼗鼓二人執鐸周禮有四金之奏其三曰金鐸以通鼓形如大鈴仰而振之金錞二每錞二人舉之一人奏之周禮四金之奏一曰金錞以和鼓銅鑄爲之其色黑其形圓若權上大下小高三尺六寸有六分圍二尺四寸上有伏虎之狀旁有耳獸形銜鐶二人執鐃以次之周禮四金之奏二曰金鐃以止鼓如鈴無舌搖柄以鳴之二人掌相在左禮云治亂以相制如小鼓用皮爲表實之以糠撫之以節樂二人掌雅在右禮云訊疾以雅以木爲之狀如漆筩而弇口大二尺圍長五尺六寸以羖皮鞔之旁有二紐縣畫賓醉而出以器築地明行不失節武舞人服弁平巾幘金支緋絲大袖緋絲布裲襠甲金飾白練裲襠錦騰蛇起梁帶豹文大口布袴烏皮靴工人二十數于舞人之外武弁朱褠革帶烏皮履白練裲襠白皮襪殿庭仍加鼓吹十二案義鏡云帝設氈案以氈爲牀也今請制大牀十二牀容九人振作歌樂其牀爲熊羆貙豹騰倚之狀以承之象百獸率舞之意分置于建鼓之外各三案每案羽葆鼓一大鼓一金錞一歌二人簫二人笳二人十二案樂工百有八人舞郎一百三十有二人取年十五已上弱冠已下容止端正者其歌曲名號樂章詞句中書條奏差官修撰從之歐陽史崔棁傳高祖詔太常復文武二舞詳定正冬朝會禮及樂章自唐末之亂禮樂制度亡失已久棁與御史中丞竇貞固刑部侍郎呂琦禮部侍郎張允等草定之其年冬至高祖會朝崇元殿庭設宮懸二舞在北登歌在上文舞郎八佾六十有四人冠進賢黃紗袍白中單白練裲襠白布大口袴革帶履左執籥右秉翟執纛引者二人武舞郎八佾六十有四人服平巾幘緋絲大袖繡襠甲金飾白練裲襠錦騰蛇起梁帶豹文大口袴烏鞾左執干右執戚執旌引者二人加鼓吹十二案負以熊豹以象百獸率舞案設羽葆鼓一大鼓一金錞一歌簫笳各二人王公上壽天子舉爵奏元同二舞登歌奏文同舉食文舞昭德武舞成功之曲禮畢高祖大悅賜棁金帛羣臣左右覩者皆贊歎之然禮樂廢久而制作簡繆又繼以龜茲部霓裳法曲參亂雅音其樂工舞郎多教坊伶人百工商賈州縣避役之人又無老師良工教習明年正旦復奏于庭而登歌發聲悲離煩慝如薤露虞殯之音舞者行列進退皆不應節聞者皆悲憤開運二年太常少卿陶穀奏廢二舞

漢高祖受命之年秋九月權太常卿張昭上疏奏改一代樂名其略曰昔周公相成王制禮作樂殿庭偏奏六代舞所謂雲門大咸大韶大夏大濩大武也周室既衰王綱不振諸樂多廢惟大韶大武二曲存焉秦漢已來名爲二舞文舞韶也武舞武也漢時改爲文始五行之舞歷代因而不改貞觀作樂之時祖孝孫改隋文舞爲治康之舞武舞爲凱安之舞貞觀中有秦王破陣樂功成慶善樂二舞樂府又用爲二舞是舞有四焉前朝行用年深不可遽廢俟國家偃伯靈臺卽別召工師更其節奏今改其名具書如左祖孝孫所定二舞名文舞曰治康之舞請改治安之舞武舞曰凱安之舞請改爲振德之舞貞觀中二舞名文舞功成慶善樂前朝名九功舞請改爲觀象之舞秦王破陣樂前朝名爲七德舞請改爲講功之舞其治安振德二舞請依舊郊廟行用以文舞降神武舞送神其觀象講功二舞請依舊宴會行用又請改十二和樂云昔周朝奏六代之樂卽今二舞之類是也其賓祭常用別有九夏之樂卽肆夏皇夏等是也梁武帝善音樂改九夏爲十二雅前朝祖孝孫改雅爲和示不相沿也臣今改和爲成取韶樂九成之義也十二成樂曲名祭天神奏豫和之樂請改爲禋成祭地祇奏順和請改爲順成祭宗廟奏永和請改爲裕成祭天地宗廟登歌奏肅和請改爲肅成皇帝臨軒奏太和請改爲政成王公出入奏舒和請改爲弼成皇帝食舉及飲宴奏休和請改爲德成皇帝受朝皇后入宮奏正和請改爲扆成皇太子軒懸出入奏承和請改爲允成元日冬至皇帝禮會登歌奏昭和請改爲慶成郊廟俎入奏雍和請改爲騂成皇帝祭享酌獻讀祝文及飲福受胙奏壽和請改爲壽成祖孝孫元定十二和曲開元朝又奏三和遂有十五和之名凡制作禮法動依典故梁置十二雅蓋取十二天之成數契八音十二律之變輒益三和有乖稽古又緣祠祭所用不可盡去臣取其一焉祭孔宣父齊太公廟降神奏宣和請爲師雅之樂三公升殿會訖下階履行奏祴和請廢同用弼成享先農耕耤奏豐和請廢同用順成已上四舞十二成雅樂等曲今具錄合用處所及樂章首數一一條例在下其歌詞文不錄

舊五代史卷一百四十四攷證

志六樂志上廟室酌獻舞武成之舞　原本脫成字今據五代會要增入

以雉羽分析連攢而爲之　連攢原本訛運攢今據五代會要改正

朱褠革帶　褠原本訛構今據五代會要改正

舊五代史卷一百四十五

宋門下侍郎參知政事監修國史薛居正等撰

志第七

樂志下

周廣順元年太祖初卽大位惟新庶政時太常卿邊蔚上疏請改舞名其略云前朝改祖孝孫所定十二和之名文舞曰治安之舞武舞曰振德之舞今請改治安爲政和之舞振德爲善勝之舞前朝改貞觀中二舞名文舞曰觀象之舞武舞曰講功之舞今請改觀象爲崇德之舞講功爲象成之舞又議改十二成今改爲順十二順樂曲名祭天神奏禋成請改爲昭順之樂祭地祇奏順成請改爲寧順之樂祭宗廟奏裕成請改爲肅順之樂祭天地宗廟登歌奏肅成今請改爲感順之樂皇帝臨軒奏政成請改爲治順之樂王公出入奏弼成請改爲忠順之樂皇帝食舉奏德成請改爲康順之樂皇帝受朝皇后入宮奏扆成請改爲雍順之樂皇太子軒懸出入奏允成請改爲溫順之樂元日冬至皇帝禮會登歌奏慶成請改爲禮順之樂郊廟俎入奏騂成請改爲禋順之樂皇帝祭享酌獻讀祝及飲福受胙奏壽成請改爲福順之樂梁武帝改九夏爲十二雅以協陽律陰呂十二管旋宮之義祖孝孫改爲十二和開元中乃益三和前朝去二和改一雅今去雅只用十二順之曲祭孔宣父齊太公廟降神奏師雅請同用禮順之樂三公升殿下階履行同用弼成今請同用忠順之樂享耤田同用寧順之樂曲詞文多不載五代會要邊蔚請添召樂師令在寺習樂勅太常寺見管兩京雅樂節級樂工共四十人外更添六十人內三十八人宜抽教坊貼部樂官兼充餘二十二人宜令本寺照名充塡仍令三司定支春冬衣糧月報聞奏其舊管四十人亦量添請

世宗顯德元年卽位有司上太祖廟室酌獻奏明德之舞五年六月命中書舍人竇儼參詳太常雅樂十一月翰林學士竇儼上疏論禮樂刑政之源其一曰請依唐會要所分門類上自五帝迄于聖朝凡所施爲悉命編次凡關禮樂無有闕漏名之曰大周通禮俾禮院掌之其三曰伏請命博通之士上自五帝迄于聖朝凡樂章沿革總次編錄繫于歷代樂錄之後永爲定式名之曰大周正樂俾樂寺掌之依文教習務在齊肅詔曰竇儼所上封章備陳政要舉當今之急務疾近世之因循器識可嘉辭理甚當故能立事無愧莅官所請編集大周通禮大周正樂宜依仍令于內外職官前資前名中選擇文學之士同共編集具名以聞委儼總領其事所須紙筆下有司供給六年春正月樞密使王朴奏詔詳定雅樂十二律旋相爲宮之法并造律準上之其奏疏略曰夫樂作于人心成聲于物聲氣既和反感于人心者也所假之物大小有數九者成數也是以黃帝吹九寸之管得黃鍾之聲爲樂之端也半之清聲也倍之緩聲也三分其一以損益之相生之聲也十二變而復黃鍾之總數也乃命之曰十二律旋迭爲均有七調合八十四調播之于八音著之于歌頌宗周而上率由斯道自秦而下旋宮聲廢洎東漢雖有太子丞鮑鄴興之人亡而政息無嗣續之者漢至隋垂十代凡數百年所存者黃鍾之宮一調而已十二律中惟用七聲其餘五律謂之啞鍾蓋不用故也唐太宗復古道乃用祖孝孫張文收攷正雅樂而旋宮八十四調復見于時在懸之器方無啞者安史之亂京都爲墟器之與工十不存一所用歌奏漸多紕繆逮乎黃巢之餘工器都盡購募不獲文記亦亡集官詳酌終不知其制度時有太常博士商盈孫案周官考工記之文鑄鎛鍾十二編鍾二百四十處士蕭承訓校定石磬今之在懸者是也雖有樂器之狀殊無相應之和逮乎朱梁後唐歷晉與漢皆享國不遠未暇及于禮樂以至于十二鎛鍾不問聲律宮商但循環而擊編鍾編磬徒懸而已絲竹匏土僅有七聲作

黃鍾之宮一調亦不和備其餘八十三調于是乎泯絕樂之缺壞無甚于今陛下天縱文武奄宅中區思復三代之風臨視樂懸親自攷聽知其亡失深動上心乃命中書舍人竇儼參詳太常樂事不踰月調品八音粗加和會以臣曾學律歷宣示古今樂錄令臣討論臣雖不敏敢不奉詔遂以周法以秬黍校定尺度長九寸虛徑三分爲黃鍾之管與見在黃鍾之聲相應以上下相生之法推之得十二律管以爲衆管互吹用聲不便乃作律準十三絃宣聲長九尺張絃各如黃鍾之聲以第八絃六尺設柱爲林鍾第三絃八尺設柱爲太蔟第十絃五尺三寸四分設柱爲南呂第五絃七尺一寸三分設柱爲姑洗第十二絃四尺七寸五分設柱爲應鍾第七絃六尺三寸三分設柱爲蕤賓第二絃八尺四寸四分設柱爲大呂第九絃五尺六寸三分設柱爲夷則第四絃七尺五寸一分設柱爲夾鍾第十一絃五尺一分設柱爲無射第六絃六尺六寸八分設柱爲中呂第十三絃四尺五寸設柱爲黃鍾之淸聲十二律中旋用七聲爲均爲均之主者宮也徵商羽角變宮變徵次爲發其均主之聲歸乎本音之律七聲迭應而不亂乃成其調均有七調聲有十二均合八十四調歌奏之曲由之出爲伏以旋宮之聲久絕一日而補出臣獨見恐未詳悉望集百官及內外知音者校其得失然後依調制曲八十四調曲有數百見存者九曲而已皆謂之黃鍾之宮今詳其音數內三曲卽是黃鍾宮聲其餘六曲錯雜諸調葢傳習之誤也唐初雖有旋宮之樂至于用曲多與禮文相違既不敢用唐爲則臣又懵學獨力未能備究古今亦望集多聞知禮文者上本古曲下順常道定其義理于何月行何禮合用何調何曲聲數長短幾變幾成議定而制曲方可久長行用所補雅樂旋宮八十四調并所定尺所吹黃鍾管所作律準謹同上進世宗善之詔尚書省集百官詳議兵部尚書張昭等議曰昔帝鴻氏之制樂也將以範圍天地協和人神候八節之風聲測四時之正氣器之淸濁不可以筆授聲之善否不可以口傳故鳧氏鑄金伶倫截竹爲律呂相生之算宮商正和之音乃播之于管絃宣之于鐘石然後覆載之情訢合陰陽之氣和同八風從律而不姦五色成文而不亂空桑孤竹之韻足以禮神雲門大夏之容無虧觀德然月律有旋宮之法備于太師之職經秦滅學雅道陵夷漢初制氏所調惟存鼓舞旋宮十二均更用之法世莫得聞漢元帝時京房善易別音探求古義以周官均法每月更用五音乃立準調旋相爲宮成六十調又以日法析爲三百六十傳于樂府而編懸復舊律呂無差遣漢中微雅音淪缺京房準法屢有言者事終不成錢褒空記其名沈重但條其說六十律法寂寥不傳梁武帝素精音律自造四通十二笛以鼓八音又引古五正二變之音旋相爲宮得八十四調與律準所調音同數異侯景之亂其音又絕隋朝初定雅樂羣黨沮議歷載不成而沛公鄭譯因龜茲琵琶七音以應月律五正二變七調克諧旋相爲宮復爲八十四調工人萬寶常又減其絲數稍全古淡隋高祖不重雅樂令儒官集議博士何妥駮奏其鄭萬所奏八十四調並廢隋氏郊廟所奏惟黃鍾一均與五郊迎氣雜用蕤賓但七調而已其餘五鍾懸而不作三朝宴樂用縵樂九部迄于革命未能改更唐太宗受命舊工祖孝孫張文收整比鄭譯萬寶常所均七音八十四調方得絲管並施鍾石俱奏七始之音復振四廟之韻皆調自安史亂離咸秦盪覆崇牙樹羽之器掃地無餘戛擊搏拊之工窮年不嗣郊廟所奏何異南箕波蕩不還知音始絕臣等竊以音之所起出自人心夔曠不能常泰人亡則音息世亂則樂崩若不深知禮樂之情安能明制作之本陛下心苞萬化學富三雍觀兵耀武之功已光鴻業尊祖禮神之致尤軫皇情乃睠奉常痛淪樂職親閱四懸之器思復九奏之音爰命廷臣重調鍾律樞密使王朴採京房之準法練梁武之通音攷鄭譯寶常之七均校孝孫文收之九變積累黍以審其度聽聲詩以測其情依權衡嘉量之前文得備數和聲之大旨施于鐘虡足洽簫韶臣等今月十九日于太常寺集命大樂令賈峻奏王朴新法黃鍾調七均音律和諧不相凌越其餘十一管諸調望依新法教習以備禮寺視用其五郊天地宗廟社稷三朝大禮合用十二管諸調竝載唐史開元禮近代常行廣順中太常卿邊蔚奉勑定前件祠祭朝會舞名樂曲歌詞寺司合有簿籍伏恐所定與新法曲調聲韻不協請下太常寺檢詳校試如或乖舛請本寺依新法聲調別撰樂章舞曲令歌者誦習永爲一代之法以光六樂之書世宗覽奏善之乃下詔曰禮樂之重國家所先近朝已來雅音廢墜雖時運之多故亦官守之因循遂使擊拊之音空留梗槩旋相之法莫究指歸樞密使王朴博識古今懸通律呂討尋舊典撰集新聲定六代之正音成一朝之盛事其王朴所奏旋宮之法宜依張昭等議狀行仍令有司依調制曲其間或有疑滯更委王朴裁酌施行自是雅樂之作稍克諧矣

右雅樂制作

舊五代史卷一百四十五攷證

志七樂志下太子丞鮑鄴　鮑鄴原本訛鮑節今據五代會要及文獻通攷改正

十二鎛鍾　鎛鍾原本訛鍾鎛攷隋書樂志宮懸各設十二鎛鍾于其辰位則知鍾鎛之爲鎛鍾也今改正

漢初制氏所調　制氏原本訛知氏今據漢書改正

舊五代史卷一百四十六

宋門下侍郎參知政事監修國史薛居正等撰

志第八

食貨志

案食貨志序原本闕佚卷中惟鹽法載之較詳其田賦雜稅諸門僅存大畧疑明初是書已有殘闕也今無可採補姑存其舊

梁祖之開國也屬黃巢大亂之後以夷門一鎮外嚴烽堠內闢汙萊厲以耕桑薄以租賦士雖苦戰民則樂輸二紀之間俄成霸業及末帝與莊宗對壘于河上河南之民雖困于輦運亦未至流亡其義無他蓋賦斂輕而田園可戀故也及莊宗平定梁室任吏人孔謙爲租庸使峻法以剝下厚斂以奉上民產雖竭軍食尚虧加之以兵革因之以饑饉不三四年以致顛隕其義無他蓋賦役重而寰區失望故也　案以上見容齋三筆所引薛史釋其文義當係食貨志序今錄于卷首

唐同光三年二月勑魏府小菉豆稅每畝減放三升城內店肆園囿比來無稅頃因僞命遂有配徵後來以所徵物色添助軍裝衣賜將令通濟宜示矜蠲今據緊慢去處于見輸稅絲上每兩作三等酌量納錢收市軍裝衣賜其絲仍與除放其年閏十二月吏部尚書李琪上言請賦稅不以折納爲事一切以本色輸官又不以紐配爲名止以正稅加納勑曰本朝徵科惟配有兩稅至于折納當不施爲宜依李琪所論應逐稅合納錢物斛斗鹽錢等宜令租庸司指揮並準元徵本色輸納不得改更若合有移改卽須具事由聞奏　天成元年四月勑應納夏秋稅先有省耗每斗一升今後止納正稅數不量省耗　四年五月戶部奏三京鄴都諸道州府逐年所徵夏秋稅租兼鹽麴折徵諸般錢穀起徵各視其地節候早晚分立期限其月勑百姓今年夏苗委人戶自通供手狀具頃畝多少五家爲保委無隱漏攢連狀本州具狀送省州縣不得迭差人檢括如人戶隱欺許令陳告其田倍令并徵　長興二年六月勑委諸道觀察使屬縣于每村定有力人戶充村長與村人議有力人戶出剩田苗補貧下不迨肯者卽具狀徵收有詞者卽排段檢括自今年起爲定額有經災沴及逐年逋處不在此限　三年十二月三司奏請諸道上供稅物充兵士衣賜不足其天下所納斛斗及錢除支贍外請依時折納綾羅絹帛從之

晉天福四年正月勑應諸道節度刺史不得擅加賦役及于縣邑別立監徵所納田租委人戶自量自槩

周顯德三年十月宣三司指揮諸道州府今後夏稅以六月一日起徵秋稅至十月一日起徵永爲定制　五年七月賜諸道均田圖十月命左散騎常侍艾穎等三十四人下諸州檢定民租　六年春諸道使臣回總計檢到戶二百三十萬九千八百一十二

唐同光二年度支奏請牓示府州縣鎮軍民商旅凡有買賣竝須使八十陌錢二月詔曰錢者卽古之泉布蓋取其流行天下布散人間無積滯則交易通多貯藏則士農困故西漢興改幣之制立告緡之條所以權蓄賈而防大姦也宜令所司散下州府常須檢察不得令富室分外收貯見錢又工人銷鑄爲銅器兼沿邊州鎮設法鈐轄勿令商人般載出境三月知唐州晏騈安奏市肆間點檢錢帛內有錫鑞小錢揀得不少皆是江南綱商挾帶而來詔曰帛布之幣雜以鉛錫惟是江湖之外盜鑄尤多市肆之間公行無畏因是綱商挾帶舟檝往來換易好錢藏貯富室實爲蠹弊須有條流宜令京城諸道于坊市行使錢內點檢雜惡鉛錫錢竝宜禁斷沿江州縣每有舟船到岸嚴加覺察不許將雜鉛錫惡錢往來換易好錢如有私載竝行收納　天成元年八月中書門下奏訪聞近日諸道州府所賣器價貴多是銷鎔見錢以邀厚利乃下詔曰宜令遍行曉告如原舊係銅器及碎銅卽許鑄造仍令生銅器物每斤價定二百文熟銅器物每斤四百文如違省價買賣之人依盜鑄錢律文科斷　淸泰二年十二月詔御史臺曉告中外禁用鉛錢如違犯準條流處分

晉天福二年詔禁一切銅器其銅鏡今後官鑄造于東京置場貨賣許人收買于諸處興販去

周廣順元年三月勑銅法今後官中更不禁斷一任興販所在一色卽不得瀉破爲銅器貨賣如有犯者有人糺告捉獲所犯人不計多少斤兩竝處死其地分所由節級決脊杖十七放隣保人決臀杖十七放其告事人

給與賞錢一百貫文

江南因唐舊制饒州置永平監歲鑄錢池州永寧監建州永豐監並歲鑄錢杭州置保興監鑄錢

唐同光二年二月詔曰會計之重鹹鹾居先矧彼兩池實有豐利頃自兵戈擾攘民庶流離既場務以隳殘致程課之虧失重茲葺理須仗規模將立事以成功在從長而就便宜令河中節度使冀王李繼麟兼充制置安邑解縣兩池榷鹽使仍委便制一一條貫五代會要同光三年二月勑魏府每年所徵蠶鹽錢每兩與減放五文逐年俵賣蠶鹽食鹽大鹽甜次冷鹽每斗與減五十文欒鹽與減三十文　天成元年四月勑諸州府百姓合散蠶鹽今後每年祇二月內一度俵散依夏稅限納錢　長興四年五月七日諸道鹽鐵轉運使奏諸道州府鹽法條流元末一槩定奪謹具如後　應食顆鹽州府省司各置榷糶折博場院應是鄉村並通私商興販所有折博並每年人戶蠶鹽並不許將帶一斤一兩入城侵奪榷糶課利如違犯者一兩已上至一斤買賣人各杖六十一斤已上至三斤買賣人各杖七十三斤已上至五斤買賣人各杖八十五斤已上至十斤買賣人各徒二年十斤已上不計多少買賣人各決脊杖二十處死所有犯鹽人隨行錢物驢畜等並納入官所有元本家業莊田如是全家逃走者即行點納仍許般載腳戶經過店主並腳下人力等第科告事人等第支與賞錢如知情與犯鹽人同罪其犯鹽人經過處地分門司廂界巡檢節級所由并諸色關連人等不專覺察委本州臨時斷遣如是門司關津口鋪捉獲私鹽依下項等第支賞錢十斤已上至五十斤支賞錢二十千五十斤已上至一百斤支賞錢三十千一百斤已上支賞錢五十千　應食末鹽地界州府縣鎮並有榷糶場院久來內外禁法鄉村一槩係流應刮鹹煎鹽不計多少斤兩並處極法兼許四鄰及諸色人等陳告等第支給賞錢欲指揮此後犯一兩已上至一斤買賣人各杖六十一斤已上至二斤買賣人各杖七十二斤已上至三斤買賣人各徒一年三斤已上至五斤買賣人各徒二年五斤已上買賣人各決脊杖二十處死如是收到鹹土鹽水即委本處煎煉鹽數準條科斷或有已曾違犯不至死刑經斷後公然不懼條流再犯者不計斤兩多少所犯人並處極法其有榷糶場院員寮節級人力煎鹽池客竈戶般鹽船綱押綱軍將衙官梢工等具知鹽法如有公然偷盜官鹽或將貨賣其買賣人及窩盤主人如情不告並依前項刮鹹例五斤已上處死其諸色關連人等並合支賞錢即準洛京諸鎮條流事例指揮　顆末青白等鹽元不許界分參雜其顆鹽先許通商之時指揮不得將帶入末鹽地界如有違犯一斤一兩並處極法所有隨行物色除鹽外一半納官一半與捉事人充賞其餘鹽色未有畫一條流其洛京并鎮定邢州管內多北京末鹽入界捉獲並依洛京條流科斷欲指揮此後但是顆末青白諸色鹽侵界參雜捉獲並準洛京條流施行　一應諸道今後若捉獲犯私鹽麴人罪犯分明正該條法便仰斷遣訖奏若稍涉疑誤祇須申奏取裁

晉天福中河南河北諸州除俵散蠶鹽徵錢外每年末鹽界分場務約糶一十七萬貫有餘言事者稱雖得此錢百姓多犯鹽法請將上件食鹽錢于諸道州府計戶每戶一貫至二百爲五等配之然徒任人逐便興販既不虧官又益百姓朝廷行之諸處場務亦且仍舊俵而鹽貨頓賤去出鹽遠處州縣每斤不過二十文近處不過一十文掌事者又難驟改其法奏請重制鹽場稅蓋欲絶其興販歸利于小官也七年十二月宣旨下三司應有往來鹽貨悉稅之過稅每斤七文住稅每斤十文其諸道州府應有屬州鹽務並令省司差人勾當既而糶鹽雖多而人戶鹽錢又不放免至今民甚苦之五代會要晉天福元年十一月赦節文洛京管內逐年所配人戶食鹽起來年每斗減放十文

周廣順元年九月詔改鹽法凡犯五斤已上者處死煎鹻鹽犯一斤已上者處死先是漢法不記斤兩多少並處極刑至是始革之三年三月詔曰青白池務素有定規祇自近年頗乖循守比來青鹽一石抽稅錢八百文足陌鹽一斗白鹽一石抽稅錢五百文鹽五升其後青鹽一石抽錢一千鹽一斗訪聞更改已來不便商販蕃人漢戶求利艱難宜與優饒庶令存濟今後每青鹽一石依舊抽稅錢八百文以八十五爲陌鹽一斗白鹽一石抽稅錢五百鹽五升此外更不得別有邀求訪聞邊上鎮鋪于蕃漢戶市易糶糴夷私有抽稅今後一切止絕五代會要周廣順二年九月十八日勑條流禁私鹽麴法如後　一諸色犯鹽麴所犯一斤已下至一兩杖八十配役五斤已下一斤已上徒三年配役五斤已上並決重杖一頓處死　一應所犯鹽麴關津門司廂巡門保如有透漏並行勘斷　一刮鹻煎煉私鹽所犯一斤已下徒三年配役一斤已上並決重杖一頓處死犯私鹽若捉到鹻水祇煎成鹽秤盤定罪逐處凡有鹻鹵之地所在官吏節級所由常須巡檢村坊鄰保遞相覺察若有所犯處彰露並行勘斷　一所犯私鹽捉事告事人各支賞錢以係省錢充至死刑者賞錢五十千不及死刑者三十千　一顆末鹽各有界分若將本地分鹽侵越疆界同諸色犯鹽例科斷　一鄉村人戶所請蠶鹽祇得將歸裏邑供食不得別將博易貨賣投託與人如違並同諸色犯鹽例科斷若是所請蠶鹽道路津濟須經過州府縣鎮委三司明行指揮　一凡買賣鹽麴並須于官場務內買若夷私投託與則其買賣人並同諸色犯鹽麴例　一諸官場官務如有羨餘出剩鹽麴並許盡底報官如吏私貨賣者買賣人並同諸色犯鹽麴科斷若鹽鋪酒店戶及諸色人與場院吏私貨賣者並同罪科斷　一所犯私鹽麴有同情共犯者若是骨肉卑幼奴婢同犯祇罪家長主首不知情祇罪造意者餘減等科斷若是他人同犯並同罪斷若與他人同犯據逐人腳下所犯斤兩依輕重斷遣　一州城縣鎮郭下人戶係屋稅合請鹽者若是州府並于城內請給若是外縣鎮郭下人戶亦許將鹽歸家供食仰本縣預取逐戶合請鹽數目攢定文帳部領人戶請散勒本處官吏及所在場務同點檢入城若縣鎮郭下人戶城外別有莊田亦仰本縣預先分擘開坐勿令一處分給供使　三年十二月勑諸州府并外縣鎮城內其居人屋稅鹽今後不俵其鹽錢亦不徵納所有鄉村人戶合請蠶鹽所在州城縣鎮嚴切撿校不得放入城門　顯德元年十二月上謂侍臣曰朕覽食末鹽州郡犯私鹽多于顆鹽界分蓋卑濕之地易爲刮鹻煎造豈惟違我榷法兼又污我好鹽況末鹽煎煉般運費用倍于顆鹽今宜分割十餘州令食顆鹽不惟肇運省力兼且少人犯禁自是曹宋已西十餘州皆盡食顆鹽五代會要顯德二年八月二十四日宣頭節文改立鹽法如後　一贍國軍堂場務邢洺州鹽務應有見煎貯鹽貨處并煎鹽場竈及應是鹻地並須四面修置牆塹如是地里遙遠難爲修置牆塹即作壕籬爲規隔內偷盜夾帶官鹽兼于壕籬外煎造鹽貨便仰收捉及許諸色人陳告所犯不計多少斤兩並決重杖一頓處死其經歷地分及門司節級人員並當量罪勘斷所有捉事告事人賞錢二十千一斤已上至十斤賞錢三十千一十斤已上賞錢五十千　一應有不係官中煎鹽處鹻地並須標識委本州府差公幹職員與巡檢節級村保地主鄰人同共巡檢若諸色人偷刮鹹滷地便仰收捉及許人陳告若勘逐不虛捉事人每獲一人賞絹一十匹獲二人賞絹二十匹獲三人已上不計人數賞絹五十匹刮鹻煎鹽人并知情人所犯不計多少斤兩並決重杖一頓處死其刮鹻處地分並刮鹻人住處巡檢節級所由村保等各徒二年半合衆一月依舊勾當刮鹻處地主不切檢校徒二年合衆一月　一顆鹽地分界內有人刮鹻煎煉鹽貨所犯並依前法　一今後改價賣鹽慮有別界分鹽貨遞相侵犯及諸鹽入城諸色犯鹽人令下三司依下項條流科斷其犯鹽人隨行物色給與本家其鹽沒納入官所經歷地分節級人員並行勘斷一兩至一斤決臀杖十五合衆半月捉事告事人賞錢五千一斤已上至一十斤徒一年半令衆一月捉事人賞錢七千十斤已上不計多少徒二年配發運務役一年捉事告事人賞錢十千　一諸州府人戶所請蠶鹽不得于鄉村夷私貨賣及信團頭腳戶縣司請蠶鹽節級所由等杜折糴賣如有犯者依諸色犯鹽例科斷　一如有人于河東界將鹽過來及自家界內有人往彼興販鹽貨所犯者並處斷其犯鹽人隨行驢畜資財並與捉事人充賞慶州青白榷稅院元有透稅條流所有隨行驢畜物色一半支與捉事人充賞其餘一半并鹽並納入官欲並且依舊一斗已上至三斗杖七十三斗已上至五斗徒一年五斗已上處死　安邑解縣兩池榷鹽院河中節度兼判之時申到畫一事件條流等準勑兩池所出鹽舊日若無文榜如擅將一斤一兩準元勑條並處極法其犯鹽人應有錢物並與捉事充賞者切以兩池禁棘峻阻不通人行四面各置場門弓射分擘鹽池分居任並在棘圍裏面一更不別有差遣祇令巡護鹽池如此後有人偷盜官鹽一斤一兩出池其犯鹽人並準元勑條流處分應有隨行錢物並納入官其捉事人依下項定支賞給若是巡檢弓射池場門子自不專切巡察致有透漏到棘圍外被別人捉獲及有糾告兼同行反告官中更不坐罪陳告人亦依捉事人支賞應有知情偷盜官鹽之人亦依犯鹽人一例處斷其不知情關連人臨時酌情定罪所有透漏地分弓射及池場門子如是透漏出鹽一二十斤已下徒一年半一十斤已上至二十斤支賞錢一十千二十斤已上至五十斤支賞錢二十千五十斤已上至一百斤支賞錢三十千一百斤已上支賞錢五十千前項所定奪到鹽法條流其應屬州府捉獲抵犯之人便委本州府檢條流科斷訖申奏別報省司其屬省院捉到犯鹽之人干死刑者即勘情罪申上候省司指揮不至極刑者便委務司準條流決放訖申報從之

三年十月勑漳河已北州府界元是官場糶鹽今後除城郭草市內仍舊禁法其鄉村並許鹽貨通商逐處有鹻鹵之地一任人戶煎煉興販則不得踰越漳河入不通商地界文獻通攷五年既取江北諸州唐主奉表入貢因白帝以江南無鹵田願得海陵鹽監南屬以贍軍帝曰海陵在江北難以交居當別有處分乃詔歲支鹽二十萬斛以給江南士卒稍稍歸之

周顯德二年正月世宗謂侍臣曰轉輸之物向來皆給斗耗自晉漢已來不與支破食稟所納新物尚除省耗況水路所般豈無損折起今後每石宜與耗一斗

唐天成三年七月詔曰應三京鄴都及諸道州府鄉村人戶自今年七月後于是秋田苗上每畝納麴錢五文足陌一任百姓自造私麴醞酒供家其錢隨夏秋徵納其京都及諸道州府縣鎮坊界內應逐年買官麴酒戶便許自造麴醞酒貨賣仍取天成二年正月至年終一年逐戶計算都買麴錢數內十分只納二分以充榷酒錢便從今年七月後管數徵納榷酒戶外其餘諸色人亦許私造酒麴供家即不得夷私賣酒如有故違便即料察勒依中等酒戶納榷其坊村一任沽賣不在納榷之限時孔循以麴法殺一家于洛陽或獻此以爲愛其人便于國故行之　長興元年二月赦書節文諸道州府人戶每秋苗一畝上元徵麴錢五文今後特放二文只徵三文二年詔曰酒醴所重麴蘖是須緣賣價太高禁條頗峻士庶因斯而抵犯刑名由是以滋彰爰行改革之文庶息煩苛之政各隨苗量定稅錢訪聞數年已來雖犯法者稀而傷民則甚蓋以亂離日久貧下戶多纔遇昇平便勤稼穡各務耕田鑿井孰能枕麴藉糟既隨例以均攤遂抱虛而輸納漸成凋弊深可憫傷況欲置豐財必除時病有利之事方切施行無名之求尤宜廢罷但得日新之理何辭夕改之嫌應在京諸道苗畝上所徵麴錢等便從今年夏並放其麴官中自造委逐州減舊價一半于在城撲斷貨買除在城居人不得私造外鄉村人戶或要供家一任私造勑下之日人甚悅之

周顯德四年七月詔曰諸道州府麴務今後一依往例官中禁法賣麴逐處先置都務候勑到日並仰停罷據見在麴數準備貨買兼據年計合使麴數依時蹋造候人戶將到價錢據數計麴不得除賣抑配與人

舊五代史卷一百四十六攷證

志八食貨志至于折納　折納原本訛折約今據文改正

委人戶自量自槊　槊原本訛槊今據五代會要改正

置場貨賣　置場原本訛置常今據五代會要改正

舊五代史卷一百四十七

宋門下侍郎參知政事監修國史薛居正等撰

志第九

刑法志 案刑法志序原本闕佚

梁太祖開平三年十一月詔太常卿李燕御史蕭頃中書舍人張袞戶部侍郎崔沂大理卿王鄯刑部郎中崔誥共刪定律令格式四年十二月宰臣薛貽矩奏太常卿李燕等重刊定律令三十卷式二十卷格一十卷目錄一十三卷律疏三十卷凡五部一十帙共一百三卷勑中書舍人李仁儉詣閤門奉進伏請目爲大梁新定格式律令仍頒下施行從之原法是時大理卿李保殷進所撰刑律總要十二卷

唐莊宗同光元年十二月御史臺奏當司刑部大理寺本朝法書自朱溫僭逆刪改事條或重貨財輕入人命或自徇枉過濫加刑罰今見在三司收貯刑書並是僞廷刪改者兼僞廷先下諸道追取本朝法書焚燬或經兵火所遺皆無舊本節目只定州勑庫有本朝法書具在請勑定州節度使速寫副本進納庶刑法令式並合本朝舊制從之未幾定州王都進納唐朝格式律令凡二百八十六卷二年二月刑部尚書盧價奏纂集同光刑律統類凡一十三卷上之

周太祖廣順元年六月，勅侍御史盧億、刑部員外郎曹匪躬、大理正段濤同議定重寫法書一百四十八卷。先是漢隱帝末因兵亂法書亡失，至是大理奏重寫律令格式統類編勅，凡改點畫及義理之誤字二百一十有四，以晉漢及國初事關刑法勅條凡二十六件，分爲二卷，附于編勅，目爲大周續編勅，命省寺行用焉。（宋史盧億傳：周初爲侍御史，漢末兵亂，法書亡失，至是大理奏重寫律令格式統類編勅，乃詔億與刑部員外曹匪躬、大理正段濤同加議定。舊本以京兆府改同五府，開封大名府改同河南府，長安萬年改爲次赤縣，開封浚儀大名元城改爲赤縣；又定東京諸門薰風等爲京城門，明德等爲皇城門，啓運等爲宮城門，昇龍等爲宮門，崇元等爲殿門；廟諱書不成字，凡改點畫及義理之誤字二百一十有四；又以晉漢及周初事關刑法敕條者分爲二卷，附編勅，目爲大周續編勅，詔行之。） 二年二月，中書門下奏：「準元年正月五日赦書，凡今後應犯竊盜贓及和姦者，並依晉天福元年已前條制施行；諸處犯罪人等，除反逆罪外，其餘罪並不籍沒家產，誅及骨肉，一依格令處分者。請再下明勅，頒示天下。」乃下詔曰：「赦書節文，明有釐革，切慮邊城遠郡，未得審詳，宜更申明，免至差誤。其盜賊者，是强盜並準自來格條斷遣；其犯竊盜者，計贓絹滿三匹已上者，並集衆決殺，其絹以本處上估價爲定，不滿三匹者，等第決斷。應有夫婦人被强姦者，男子坐殺，婦人不坐；其犯和姦者，並準律科斷，罪不至死；其餘姦私罪犯準格律處分。應諸色罪人，除謀反大逆外，其餘並不得誅殺骨肉，籍沒家產。」先是晉天福中勅，凡和姦者男子婦人並處極法，至是始改從律文焉。 世宗顯德四年五月，中書門下奏：「宜法書行用多時，文意古質，條目繁細，使人難會；兼前後勅格互換重疊，亦難詳定。宜令中書門下並重刪定，務從節要，所貴天下易爲詳究者。伏以刑法者御人之銜勒，救弊之斧斤，故鞭扑不可一日弛之于家，刑法不可一日廢之于國，雖堯舜淳古之代，亦不能舍此而致理矣。今奉制旨刪定律令，有以見聖君欽恤明罰勑法之意也。竊以律令之書，政理之本，經聖賢之損益，爲古今之章程，歷代以來，謂之彝典。今朝廷之所行用者，一十二卷律疏三十卷，式二十卷，令三十卷，開成格一十卷，大中統類一十二卷，後唐以來至漢末編勅三十二卷，及皇朝制勅等，折獄定刑，無出于此。律令則文辭古質，看覽者難以詳明；格勅則條目繁多，檢閱者或有疑誤。加之邊遠之地，貪猾之徒，緣此爲姦，寖以成弊。方屬盛明之運，宜申畫一之規，所冀民不陷刑，吏知所守。臣等商量，望準聖旨施行，仍差侍御史知雜事張湜、太子右庶子劇可久、殿中侍御史帥汀、職方郎中鄧守中、倉部郎中王瑩、司封員外郎賈玭、太常博士趙礪、國子博士李光贊、大理正蘇曉、太子中允王伸等一十人編集新格，勒成部帙。律令之有難解者，就文訓釋；格勅之有繁雜者，隨事刪除。止要諧理省文，兼且直書易會。其中有輕重未當，便于古而不便于今，矛盾相違，可于此而不可于彼，盡宜改正，無或牽拘。候編集畢日，委御史臺、尚書省四品以上及兩省五品以上官參詳可否，送中書門下議定，奏取進止。」詔從之。自是湜等于都省集議刪定，仍令大官供膳。五年七月，中書門下奏：「侍御史知雜事張湜等九人奉詔編集刑書，悉有條貫，兵部尚書張昭等一十人參詳旨要，更加損益。臣質、臣溥據文評議，備見精審。其所編集者，用律爲正；辭旨之有難解者，釋以疏意；義理之有易了者，畧其疏文。式令之有附近者次之，格勅之有廢置者又次之。事有不便與該說未盡者，別立新條于本條之下；其有文理深古慮人疑惑者，別以朱字訓釋。至于朝廷之禁令，州縣之常科，各以類分，悉令編附。所冀發函展卷，綱目無遺，究本討原，刑政咸在。其所編集，勒成一部，別有目錄，凡二十一卷。刑名之要，盡統于茲，目之爲大周刑統，欲請頒行天下，與律疏令式通行。其刑法統類、開成格、編勅等，採掇既盡，不在法司行使之限。自來有宜命指揮公事及三司臨時條法，州縣見今施行，不在編集之數。應該京百司公事，逐司各有見行條件，望令本司刪集，送中書門下詳議聞奏。」勅宜依，仍頒行天下。乃賜侍御史知雜事張湜等九人各銀器二十兩、雜綵三十匹，賞刪定刑統之勞也。（案以下疑原本有闕佚。）

唐同光二年六月己巳，勅：「應御史臺、河南府、行臺、馬步司、左右軍巡院見禁囚徒，罪輕重限十日內並須決遣申奏。仍委四京諸道州府，見禁囚徒速宜疏決，不得淹停。兼恐內外形勢官私事寄禁，切要止絕，俾無冤滯。」 三年五月己未，勅：「三京諸道州府所禁罪人，如無大過，速令疏決，不得淹滯。」六月甲寅，勅：「刑以秋冬，雖關惻隱，罪多連累，翻慮滯淹。若或十人之中，止爲一夫抵死，豈可以輕附重，禁錮逾時，言念哀矜，又難全廢。其諸司囚徒，罪無輕重，並宜各委本司據罪詳斷申奏，輕者即時疏理，重者候過立春至秋分然後行法。如是事繫軍機，須行嚴令，或謀惡逆，或畜奸邪，或行刼殺人，難于留滯，並不在此限。」 天成元年十一月庚申，勅：「應天下州使繫囚，除大辟罪以上，委所在長吏速推勘決斷，不得傍追證對，經過食宿之地，除當死刑外，並仰釋放，兼不許懲治。」 二年春，左拾遺李同上言：「天下繫囚，請委長吏逐旬親自引問，質其罪狀眞虛，然後論之以法，庶無枉濫。」從之。六月，大理少卿王鬱上言：「凡決極刑，合三覆奏，近年以來，全不守此。伏乞今後前一日令各一覆奏。」奉勅宜依。八月，西京奏：「奉近勅，在京犯極刑者，令決前一日各一覆奏。緣當府地遠，此後凡有極刑，不審準條疏覆奏。」奉勅旨：「昨六月二十日所降勅文，秖爲應在洛京有犯極刑者覆奏，其諸道已降旨命，準舊例施行。今詳西京所奏，尚未明近勅，兼慮諸道有此疑惑，故令曉諭。」十月辛丑，德音：「爲政之要，切在無私；聽訟之方，惟期不濫。天下諸州官員，如有善推疑獄及曾雪冤濫，兼有異政者，當具姓名聞奏，別加甄獎。」 長興元年二月，制曰：「欲通和氣，必在伸冤；將設公方，實資獎善。州縣官僚能雪冤獄活人生命者，許非時選，仍加階超資注官，與轉服色，已著緋者與轉兼官。」 二年二月辛亥，勅：「朕猥以眇躬，薦承鴻業，念彼疲瘵，勞于寐興。或慮官不得人，因成紊亂，或慮刑非其罪，遂至怨嗟。王化所興，獄訟爲本，苟無訓勵，必有滯淹。近日諸道百姓，或諸多違犯，或小可鬬爭，官吏曲縱，胥徒巧求瑕釁，初則滋張節目，作法拘囚，終則誅剝貨財，市恩出拔，外憑公道，內徇私情。無理者轉務遷延，有理者却思退縮，積成訛弊，漸失紀綱。自今後切委逐處官吏、州牧縣宰等，深體余懷，各舉爾職，凡關推究，速與剬裁。如敢苟縱依違，遂成枉濫，或經臺訴屈，或投匭伸冤，勘問不虛，其元推官典並當責罰，其逐處觀察使、刺史別議朝典。宜令諸道州府各依此處分，所管屬郡，委本道嚴切指揮。」八月丁卯，勅：「三京諸道州府刑獄，近日訪聞依前禁繫人多，不旋決諸。道宜令所在各委長吏專切推窮，不得復有滯淹。」四月，前濮州錄事參軍崔琮上言：「諸道獄囚恐不依法拷掠，或不勝苦致斃，翻以病聞，請置病囚院，兼加醫藥。」中書覆云：「有罪當刑，仰天無恨；無病致斃，沒地銜冤。燃死灰而必在至仁，照覆盆而須資異鑑。書著欽哉之旨，禮標惻也之文，因彰善于泣辜，更推恩于扇暍。所謂置病囚院，望依，仍各委長吏專切經心，或有病囚，當時遣醫人診候治療，後據所犯輕重決斷。如敢故違，致病囚負屈身亡，本處官吏並加嚴斷。兼每及官至五日一度差人洗刷枷匣。」 應順元年二月戊午，詔：「應三京諸道州府繫囚，據罪輕重，疾速斷遣。比來停滯，須奏取裁，不便區分，故爲留滯。今後凡有刑獄，據理斷遣，如有勅推按理合奏聞，不在此限。」 淸泰元年五月丁丑，詔：「在京諸獄及天下州府見繫罪人，正當暑毒之時，未免拘囚之苦，誠知負罪，特軫予懷，恐法吏生情，滯于決斷。詔至，所在長吏親自慮問，據輕重疾速斷遣，無淹滯。」

晉天福二年八月，勅下刑部、大理寺、御史臺及三京諸道州府：「今後或有繫囚染疾者，並令逐處軍醫看候，于公廨錢內量支藥價，或事輕者仍許家人看候。」 四年九月，相州節度使桑維翰奏：「管內所獲賊人，從來籍沒財產，云是鄴都舊例，格律未見明文。」勅：「今後凡有賊人準格定罪，不得沒納家貲，天下諸州準此處分。」 其月庚午，詳定院奏：「前守洪洞縣主簿盧燦進策云：『伏以刑獄至重，朝廷所難，尚書省分職六司，天下謂之會府。且諸道決獄若關人命，即刑部不合不知。欲請州府凡斷大辟罪人訖，逐季具有無申報刑部，仍具錄案款事節，並本判官、馬步都虞候、司法參軍、法直官、馬步司判官名銜申聞。所貴或有案內情曲不圓，刑部可行覆勘。如此則天下遵守法律，不敢輕易刑書，非惟免有銜冤，抑亦勸其立政者。』臣等參詳，伏以人命至重，國法須精，雖載舊章，更宜條理，誠爲允當，望賜施行。」從之。十月，詔曰：「刑獄之難，古今所重，但關人命，實動天心，或有冤寃，則傷和氣。應諸道州府凡有囚徒，據推勘到案款，一一盡理，子細檢律令格勅，其或有疑者，準令又讞問大理寺，亦疑申尚書省，省寺明有指歸，州府然後決遣。」 五年三月丙子，詔曰：「自大中六年已來，務耳稱冤，決杖流配，訴雖有理，不在申明。今後據其所陳，與爲勘斷，務耳之罪，準律別科。」 六年秋七月庚辰，詔曰：「政教所切，獄訟惟先，推窮須察于事情，斷遣必遵于條法，用宏欽恤，以致和平。應三京鄴都及諸道州府見禁諸色人等，宜令逐處長吏常切提撕，疾速決遣，每務公當，勿使復有滯淹。」 八年四月壬申，勅：「朕自臨寰宇，思致和平，以四海爲家，慮有一物失所，每念狴牢之內，或多枉撓之人，屬此炎蒸，倍宜軫惻，冀絕滯淹之歎，用資欽恤之人。應三京鄴都及諸道州府見禁罪人等，宜令逐處長吏嚴切指揮本推司，及委本所判官疾速結絕斷遣，不得淹延及致冤濫。」仍付所司。 開運二年五月壬戌，殿中丞桑簡能上封事曰：「伏以天地有萬物廣博厚之恩，帝王牧黎元行寬大之令，是知恤刑緩獄，乃爲政之先；布德行惠，實愛民之本。今盛夏之月，農事方殷，是雷風長養之時，乃動植蕃蕪之際，宜順時令，以宏至仁。竊以諸道州府都郡縣應見禁罪人，或有久在囹圄，稍滯區分，胥吏舞文，枝蔓乃衆，捶楚之下，或陷無辜，縲絏之中，莫能自理。苟一人拘繫，則數人營財，物用既殫，工業亦罷，若此之類實繫有徒切恐官吏因循寖成斯弊伏乞降詔旨令所在刑獄委長吏親自錄問量罪疾速斷遣務絕寃濫勿得淹留庶免虛禁平人妨奪農力冀召和氣以慶明時勅曰囹圄之中縲絏之苦奸吏苟窮于枝蔓平人用資于貨財由茲淹滯兼致屈塞柔簡能體茲軫憫專有敷陳請長吏躬親免獄官抑逼深爲允當宜再頒行宜依十月甲子秘書省著作郎邊玕上封事曰臣聞從諫如流人君之令範極言無隱臣子之常規蓋欲表大國之任人致萬邦之無事前文備載可舉而行伏以皇帝陛下德合上穹運膺下武旰食宵衣而軫念好生惡殺以推仁凡措典刑固無冤枉然以照臨之內州郡尤多若不再具舉明伏恐漸成奸弊臣竊見諸道刑獄前朝曾降勅文凡是禁繫罪人五日一度錄問但以年月稍遠漸致因循或長吏事煩不暇躬親點檢或胥徒敢倖妄要追領證明慮有涉于淫刑即恐傷于和氣伏乞特降詔勅自今後諸道竝委長吏五日一度當面同共錄問所冀處法者無倖銜冤者獲伸俾令四海九州咸歌聖德五風十雨永致昌期勅曰人之命無以復生國之刑不可濫舉雖一成之典務在公平而三覆其詞所宜詳審凡居法吏合究獄詞邊玕近陟周行假陳讜議更彰欽恤宜允申明　三年十一月丁未左拾遺竇儼上疏曰臣伏覩名例律疏云死刑者古先哲王則天垂象本欲生之義期止殺絞斬之坐皆刑之極也又準天成三年閏八月二十三日勅行極法日宜不舉樂減常膳又刑部式決重杖一頓處死以代極法斯皆人君哀矜不捨之道也竊以蚩尤爲五虐之科尚行鞭朴漢祖約三章之法止有死刑絞者筋骨相連斬者頭頸異處大辟之目不出兩端淫刑所興近聞數等蓋緣外地不守通規肆率情性或以長釘貫簽人手足或以短刀臠割人肌膚乃至累朝半生半死俾冤聲而上達致和氣以有傷將宏守位之仁在峻推行之令欲乞特下明勅嚴加禁斷者勅曰文物方興刑罰須當有罪宜從于正法去邪濫契于古風竇儼所貢奏章實裨理道宜依所奏準律令施行

漢乾祐二年正月勅政貴寬易刑尚哀矜慮滋蔓之生奸實軫傷而是念今屬三元改候四序履端將冀和平無如獄訟應三京鄴都諸道州府見繫罪人委逐處長吏躬親慮問其干決斷務在公平俱見其情即爲具獄勿令率引遂致淹停無縱舞文有傷和氣四月甲午勅曰月届正陽候當小暑乃挺重出輕之日是恤刑議獄之辰有罪者速就勘窮薄罰者畫時疏決用符時令勿縱滯淹三京鄴都諸道州府在獄見繫罪人宜令所司疾速斷遣無致淹滯枉濫五月辛未勅政化所先獄訟攸切不惟枉撓兼慮滯淹適當長養之時正屬熇蒸之候累行條貫俾速施行靡不丁寧未曾奏報再頒告諭無或因循應三京鄴都諸道州府詔至宜具疏放已行未行申奏無致逗留

周廣順三年四月乙亥勅朕以時當化育氣屬炎蒸乃思縲絏之人是軫哀矜之念慮其非所案鞫淹延或枉濫窮屈而未得申宣或饑渴疾病而無所控告以罪當刑者惟彼自召法不可移非理受苦者爲上不明安得無慮欽恤之道夙宵靡寧應諸道州府見繫罪人宜令官吏疾速推鞫據輕斷遣不得淹滯仍令獄吏灑掃牢獄當令虛歇洗滌枷械無令蚤虱供給水漿無令饑渴如有疾患令其家人看承囚人無主官差醫工診候勿致病亡循典法之成規順長嬴之時令俾無淹滯以致治平又賜諸州詔曰朕以敷政之勤惟刑是重旣未能化人于無罪則不可爲上而失刑況時當長嬴事貴清適念囹圄之閉固復桎梏之拘縻處于炎蒸何異焚灼在州及所屬刑獄見繫罪人卿可躬親錄問省畧區分于八務不行者令俟務開繫有理須申者速期疎決俾皆平允無至滯淹又以獄吏逞任情之奸囚人被非法之苦宜加檢察勿縱侵欺常令淨掃獄房洗刷枷匣知其饑渴供與水漿有病者聽骨肉看承無主者遣醫工救療勿令非理致斃以致和氣有傷卿忠幹分憂仁明莅事必能奉詔體我用心聽委于茲興寐無已餘從勅命處分　顯德元年十一月帝謂侍臣曰天下所奏獄訟多追引證甚致淹延有及百餘日而未決者其中有徒黨反告者劫主陳訴者及妄遭牽引者慮獄吏作倖遲留致生人休廢活業朕每念此彌切疚懷此後宜條貫所在藩郡令選明幹寮吏當其訴訟如獄不滯留人無枉撓明具聞奏量與甄獎

內外官當贖之法梁唐皆無定制多示優容或因時分輕重晉天福六年五月尚書刑部員外郎李象請今後凡是散官不計高低若犯罪不得當贖亦不得上請詳定院覆奏應內外文武官有品官者自從品官法無品官有散試官者應內外帶職廷臣賓從有功將校等竝請同九品官例其京都運巡使及諸道州府衙前職員內外雜任鎭將等竝請準律不得上請當贖其巡司馬步雖有曾歷品者亦請同流外職準律杖罪以下決罰徒罪以上仍依當贖法至周顯德五年七月新定刑統令後定罪諸道行軍司馬節度副使副留守準從五品官例諸道兩使判官防禦團練副使準從六品官例節度掌書記團判官兩蕃營田等使判官準從七品官例諸道推巡及軍事判官準從八品官例諸軍將校內諸司使使副供奉殿直臨時奏聽勅旨由是內外品官當贖之法始有定制焉

舊五代史卷一百四十七攷證

志九刑法志統類編敕　統類原本訛統數今據文獻通攷改正

倉部郎中　倉部原本訛臧部今據新唐書百官志改正

前濮州錄事參軍崔琮　崔琮原本作崔瑽今據册府元龜改正

相州節度使桑維翰　相州原本訛松州今據通鑑改正

團判官　團判官疑當作團練判官攷五代會要亦作團判官蓋當時案牘之文官名各從簡省今姑仍其舊

舊五代史卷一百四十八

宋門下侍郎參知政事監修國史薛居正等撰

志第十

選舉志

按唐典凡選授之制天官卿掌之所以正權衡而進賢能也凡舉貢之政春官卿掌之所以覈文行而第雋秀也洎梁氏已降皆奉而行之縱或小有釐革亦不出其軌轍今採其事備紀于後以志五代審官取士之方也

梁開平元年七月勅近年舉人當秋薦之時不親試者號爲拔解今後宜止絕四月兵部尚書權知貢舉姚洎奏近代設文科選冑子所以綱維名教崇樹邦本也今在公卿親屬將相子孫有文行可取者請許所在州府薦送以廣疏材之路從之（文獻通攷唐時知貢舉皆用禮部侍郎梁開平中始命兵部侍郎楊涉權知貢舉）

唐同光二年十月中書奏請停舉選一年勅舉選二門國朝之重事但要精確難議權停宜準常例處分　天成元年八月勅應三京諸道今年貢舉人可依常年取解仍命隨處量事津送赴闕　五年二月九日勅近年文士輕視格條就試時疎于帖經登第後恥于赴選宜絕躁求之路別開奬勸之門其進士科已及第者計選數年滿日許令就中書陳狀于都堂前各試本業詩賦判文其中文藝灼然可取者便與除官如或事業不甚精者自許準添選

晉天福三年三月翰林學士承旨兵部侍郎權知貢舉崔棁奏臣謬蒙眷渥叨掌文衡實憂庸懦之材不副搜羅之旨敢不揣摩頑鈍杜絕阿私上則顯陛下求賢次則使平人得路但以今年就舉比常歲倍多科目之中兇豪甚衆每駮牓出後則時有喧張不自省循但言屈塞互相朋扇各出言詞或云主司不公或云試官受賂實慮上達聖聽微臣無以自明晝省夜思臨深履薄今臣欲請令舉人落第之後或不甘心任自投狀披陳郎請所試與疏義對證兼令其日一甲同共校量若獨委試官恐未息詞理儻是實負抑屈則所司固難逭憲章如其妄有陳論則舉人乞痛加懲斷冀此際免虛遭謗議亦將來可久遠施行儻蒙聖造允俞伏乞降勅處分從之　五年三月詔及第舉人與主司選勝筵宴及中書舍人靸鞋接見舉人兼兵部禮部引人過堂之日暮次酒食會客悉宜廢之四月禮部侍郎張允奏曰明君側席雖切旁求貢士觀光豈宜濫進竊窺前代未設諸科始以明經俾昇高第自有九經五經之後及三禮三傳已來孝廉之科遂因循而不廢搢紳之士亦緘默而無言以至相承未能改作每歲明經一科少至五百以上多及一千有餘舉人如是繁多試官豈能精當況此等多不究義惟攻帖書文理既不甚通名第豈可妄與且常年登科者不少相次赴選者甚多州縣之間必無遺闕華轂之下須有稽留怨嗟自此而興謗讟因茲而起但令廣場大啟諸科竝存明經者悉包于九經五經之中無出于三禮三傳之內若無釐革恐未便宜其明經一科伏請停廢又奏國家懸科待士貴務搜揚責實求才須除訛濫童子每當就試止在念書背經則雖似精詳對卷則不能讀誦及名成貢部身返故鄉但刻日以取官更無心而習業濫觴徭役虛占官名其童子一科亦請停廢勅明經童子宏詞拔萃明算道舉百篇等科竝停　七年五月勅應諸色進策人等皆抱材能方來投獻宜加明試俾盡臧謀起今後應進策條中書奏覆勅下其進策人委門下省試策三道仍定上中下三等如是元進策內有施行者其所試策或上或中者委門下省給與減選或出身優牒合格參選日其試策上者委銓司超壹資注擬其試策中者委銓司依資注擬如是所試策或上或中元進策條竝不施行所試策下

元進策條內有施行者其本官並仰量與恩賜發遣若或所試策下所進策條並不施行便仰曉示發遣不得再有投進餘並準前後勅文處分　開運元年八月詔曰明經童子之科前代所設蓋期取士良謂通規爰自近年暫從停廢損益之機未見牢籠之義今將闢斯文宜依舊貫庶臻至理用廣旁求其明經童子二科今後復置十一月工部尚書權知貢舉竇貞固奏進士攷試雜文及與諸科舉人入策歷代已來皆以三條燭盡爲限長興二年改令晝試伏以懸科取士有國常規沿革之道雖殊公共之情難失若使就試兩廊之下揮毫短景之中視晷刻而惟畏稽遲演詞藻而難求妍麗未見觀光之美但同欵答之由既非師古之規恐失取人之道今欲攷試之時準舊例以三條燭爲限其進士并試色舉貢人等有懷藏書册入院者舊例扶出不令就試近年以來雖見懷藏多是容縱今欲振舉弛紊明辨藏否冀在必行庶爲定式

漢乾祐二年刑部侍郎邊歸讜上言臣竊見每年貢舉人數甚衆動引五舉六舉多至二千三千旣事業不精即人文何取請勅三京鄴都諸道州府長官合發諸色貢舉人文解者並須精加攷校事業精研即得解送不得濫有舉送冀塞濫進之門開興能之路勅從之其間條奏未盡處下貢院錄天福五年四月二十七日勅文告諭天下依元勅條件施行如有固違其隨處攷試官員當準勅條處分

周廣順二年二月禮部侍郎趙上交奏貢院諸科今欲不試汎義其口義五十道改試墨義十道從之　三年正月趙上交奏進士元試詩賦各一首帖經二十帖對義五通今欲罷帖經對義別試雜文二首試策一道從之其年八月兵部侍郎權知貢舉徐台符奏請別試雜文外其帖經墨義仍依元格從之　顯德二年三月禮部侍郎竇儀奏請諸科舉人若合解不解不合解而解者監試官爲首罪勒停見任舉送長官奏聞取裁監官如受賂及今後進士如有倩人述作文字應舉者許人言告送本處色役永不進仕

唐同光四年三月中書門下奏議左拾遺王松吏部員外郎李愼儀上疏以諸道州縣皆是攝官誅剝生靈漸不存濟比者郭崇韜在中書日未詳本朝故事妄被閒人獻疑點檢選曹曲生異議或告赤欠少一事闕違保內一人不來五保卽須並廢文書一紙有誤數任皆不勘詳其年選人及行事官一千二百五十餘員得官者才及數十皆以踰濫爲名盡被焚毀棄逐或斃踣于旅店或號哭于道途以至二年已來選人不敢赴集銓曹無人可注中書無人可除去年闕近二千授官不及六十伏請特降勅文宣布遐邇明往年制置不自于宸衷此日焦勞特須于睿澤望以中書條件及王松等所論事節委銓司點檢務在酌中以爲定制從之時議者以銓注之弊非止一朝搢紳之家自無甄別或有伯叔告赤鬻于同姓之家隨路改更因亂賂移至有季父伯舅反拜姪甥者郭崇韜疾惡太深奏請釐革豆盧革韋說僶俛贊成或有親舊訊其事端者韋說曰此郭漢子之意也及崇韜誅韋說即教門人王松上疏奏論故有此奏識者非之　天成四年冬十月丙申詔曰本朝一統之時除嶺南黔中去京地遠三年一降選補使號爲南選外其餘諸道及京百司諸色選人每年動及數千分爲三選尚爲繁重近代選人每年不過數百何必以一司公事作三處官方況有格條各依資攷兼又明行勅命務絕阿私宜新公共之規俾愼官常之要其諸道選人宜令三銓官員都在省署子細磨勘無違礙後卽據格同商量注擬連署申奏仍不得踵前于私第注官如此則人吏易可整齊公事亦無遲滯　長興元年三月勅凡是選人皆有資攷每至赴調必驗文書或不具全多稱失墜將明本末須示規程其判成諸色選人黃甲下後將歷任文書告赤連粘宜令南曹逐縫使印都于後面粘紙其前後歷任文書都計多少紙數仍具年月日判成授某官蓋懼其或分假于人故也其年十月中書奏吏部流內銓諸色選人先條流試判兩節並委本官優劣等第申奏文優者宜超一資注擬其次者宜依資更次者以同類官注擬所以勵援毫之作亦不掩歷任之勞其或于理道全疎者以人戶少處州縣同類官中比擬仍準元勅業文者任徵引古今不業文者但據公理判斷可否不當罪在有司兼諸色選人或有元通家狀不實鄉里名號將來赴選者並令改正一一堅本貫屬鄉縣兼無出身一奏一除官等宜並不加選限從之　應順元年正月丁卯中書門下奏準天成二年十二月勅長定格應經學出身人一任三攷許入下縣令下州錄事參軍亦入中下州錄事參軍兩任四攷許入中下縣令中州錄事參軍兩任六攷許入上縣令及緊州錄事參軍凡爲進取皆有因依或少年便受好官或暮齒不離卑任況孤貧舉士或年四十始得經學及第八年合選方受一官在任多不成三攷第二選漸向蹉跎有一生終不至令錄者若無改革何以發揚自此經學出身請一任兩攷許入中下縣令下州錄事參軍者詔曰參選之徒艱辛不一發身遲滯到老卑低宜優未達之人顯示惟新之澤其經學出身一任兩攷元勅入下縣令下州錄事參軍起今後更許入中下縣令下州錄事參軍一任三攷者于人戶多處州縣注擬如于近勅條內資敍無相當者卽準格循資攷入官其兩任四攷者準二任五攷例入官餘準格條處分

晉天福三年正月詔曰舉選之流苦辛備歷或則勅書歲久或則守事年深少有違礙格條例是不知式樣今則方求公器宜被皇恩所有選人等宜令所司除元駮放及落下事由外如無違礙並與施行仍令所司遍下諸道起今後文解差錯過在發解州府官吏

漢乾祐二年八月右拾遺高守瓊上言仕宦年未三十請不除授縣令因下詔曰起今後諸色選人年七十者宜注優散官年少未歷資攷者不得注授令錄其年十二月中書門下奏應諸出選門官并歷任內曾升朝及兩使判官今任却授令錄者並依見任官選數赴集從之

周廣順元年二月詔曰自前朝廷除官銓司選授當其用闕皆稟舊規近闕所得官人或他事阻留或染疾淹駐始赴任者旣過月限後之官者遂失期程以至相沿漸成非次是致新官參謝欲上舊官考秩未終待滿替移動逾時月凋殘一處新舊二官在迎送以爲勞必公私之失緒今後應諸道州府錄事參軍判司縣令主簿等宜令本州府以到任月日旋具申奏及報吏部此後中書及銓司以到任月日用闕永爲定制其年十月詔曰選部公事比置三銓所有員闕選人分在三處每至注擬之際資敍難得相當況今年選人不多宜令三銓公事併爲一處委本司長官通判同商量可否施行今當開奏之期宜軫單平之衆自今後合格選人歷任無違礙者並仰吏部南曹判成如文解差錯不合式樣罪在發解官吏

舊五代史卷一百四十八攷證

志十選舉志疎于帖經　帖經原本作帖括今據五代會要改正

不試汎義　案原本作不汎試口義今據册府元龜改正

王松等所論　王松册府元龜作王權考文獻通攷作王松是書韋說傳亦作松今仍其舊

舊五代史卷一百四十九

宋門下侍郎參知政事監修國史薛居正等撰

志第十一

職官志

夫官非位無以分貴賤位非品無以定高卑是以歷代史官咸有所紀皆窮源而討本期與世以作程迨乎唐祚方隆明皇在宥採累朝之故事攷衆職之遐源申命才臣著成六典其勳階之等級品秩之重輕則已備載于其中矣故今之所撰不敢相沿祖述五代之命官以踵百王之垂範或釐革升降則謹而志之俾後之爲天官卿者得以觀焉

梁開平三年三月詔升尚書令爲正一品按唐六典尚書正二品是時以將授趙州王鎔此官故升之　後唐天成四年八月詔曰朝廷每有將相恩命準往例諸道節度使帶平章事兼侍中中書令並列銜于勅牒後側書使字今兩浙節度使錢鏐是元帥尚父與使相名殊承前列銜久未改正湖南節度使馬殷先兼中書令之時理宜齒于相位今守太師尚書令是南省官資不合列署勅尾今後每署將相勅牒宜落下錢鏐馬殷官位仍永爲常式

梁開平二年四月改左右丞爲左右司侍郎避廟諱也至後唐同光元年十月復舊爲左右丞　後唐長興元年九月詔曰臺轄之司官資並設左右貂素來相類左右揆不至相懸以此比方豈宜分別自此宜升尚書右丞官品與左丞並爲正四品

右都省

後唐長興四年九月勅馮贇有經邦之茂業宜進位于公台但緣平章事字犯其父名不欲斥其家諱可改同平章事爲同中書門下二品後至周顯德中樞密使吳廷祚亦加同中書門下二品避其諱也　晉天福五年

二月勅以門下侍郎中書侍郎竝爲清望正三品　九月詔曰六典云中書舍人掌侍奉進奏參議表章凡詔旨制勅璽書策命皆按故事起草進畫既下則署而行之其禁有四一曰漏洩二曰稽緩三曰違失四曰忘誤所以重王命也古昔已來典實斯在爰從近代別創新名令運屬興王事從師古俾仍舊貫以耀前規其翰林學士院公事宜竝歸中書舍人　七年五月中書門下上言有司檢尋長興四年八月二十一日勅準官品令侍中中書令正三品按會要大歷二年十一月升爲正二品左右常侍從三品按會要廣德二年五月升爲正三品門下中書侍郎正四品大歷二年十一月升爲正三品諫議大夫正五品按續會要會昌二年十二月升爲正四品以備中書門下四品之闕御史大夫從三品會昌二年十二月升爲正三品御史中丞正五品亦與大夫同時升爲正四品勅宜各準元勅處分仍添入令文永爲定制又詔門下侍郎班在常侍之下俸祿同常侍　周顯德五年六月勅諫議大夫宜依舊正五品上仍班位在給事中之下按唐典諫議大夫四員正五品上皆隸門下省班在給事中之下至會昌二年十一月中書門下奏升爲正四品下仍分爲左右以備兩省四品之闕故其班亦升在給事中之上近朝自諫議大夫拜給事中者官雖序遷位則降等至是以其遷次不備故改正焉

右兩省

後唐淸泰二年十一月制以前同州節度使檢校太尉同平章事馮道爲守司空時議者曰自隋唐以來三公無職事自非親王不恒置于宰臣爲加官無單置者道在相位時帶司空及罷鎭未命官議者不練故事率意行之及制出言議紛然或云便可綜中書門下事或云須冊拜開府及就列無故事乃不就朝堂敘班臺官兩省官入就列方入宰臣退踵後先退劉昫又以罷相爲僕射出入就列一與馮道同議者非之及晉天福中以李鏻爲司徒周廣順初以竇貞固爲司徒蘇禹珪爲司空遂以爲例議者不復有云

右三公

後唐天成元年夏六月以李琪爲御史大夫自後不復除　其年冬十一月丙子諸道進奏官上言今月四日中丞上事臣等禮合至臺比期不越前規依舊傳語忽蒙處分通出尋則再取指揮要明審的又蒙問大夫相公上事日如何臣等訴云大夫曾爲宰相進奏官伏事中書事體之間實爲舊吏若以別官除授合云傳語勞來又堅令通出臣等出身藩府不會朝儀拒命則恐有奏聞遵稟則全隳則例伏恐此後到臺參賀儀則不定者詔曰御史臺是大朝執憲之司乃四海繩違之地凡居中外皆所整齊藩侯倘展于公參邸吏豈宜于抗禮遽觀論列可驗侮輕但以喪亂孔多紀綱隳紊霜威掃地風憲銷聲今則景運惟新皇圖重正稍加提舉漸止澆訛宜令御史臺凡關舊例竝須舉行如不稟承當行朝典時盧文紀初拜中丞領事于御史府諸道進奏官來賀文紀曰事例如何臺吏喬德威等言朝廷在長安日進奏官見大夫中丞如胥吏見長官之禮及梁氏將革命本朝微弱諸藩強據人主大臣姑息邸吏時中丞上事邸吏雖至皆于客次傳語竟不相見自經兵亂便以爲常文紀令臺吏諭以舊儀相見據案端簡通名贊拜邸吏輩旣出怒不自勝相率于閤門求見騰口喧訴明宗謂趙鳳曰進奏官比外何官鳳對曰府縣發遞祇候之流也明宗曰乃吏役耳安得慢吾法官乃下此詔　晉天福五年二月以御史中丞爲清望正四品按唐典御史中丞正五品上今升之　三年三月壬戌御史臺奏按六典侍御史掌糾舉百寮推鞫獄訟居上者判臺知公廨雜事次知西推贓贖三司受事次知東推理匭勅宜依舊制遂以駕部員外郎兼侍御史知雜事劉皞爲河南尹自是無省郎知雜者　開運二年八月勅御史臺準前朝故事以郎中員外郎一人兼侍御史知雜事近年停罷獨委年深御史知雜振舉之間紀綱未峻宜遵舊事庶叶通規宜却于郎署中選清愼強幹者兼侍御史知雜事

右御史臺

昔唐朝擇中官一人爲樞密使以出納帝命（職官分紀唐樞密使與兩軍中尉謂之四貴天祐元年廢項安世家說唐于政事堂後列五房有樞密房以主書務則樞密之任宰相主之未始他付其後寵任宦人始以樞密歸之內侍）　至梁開平元年五月改樞密院爲崇政院始命敬翔爲院使仍置判官一人自後改置副使一人　二年十一月置崇政院直學士二員選有政術文學者爲之其後又改爲直崇政院　後唐同光元年十月崇政院依舊爲樞密院命宰臣郭崇韜兼樞密使亦置直院一人　晉天福四年四月以樞密副使張從恩爲宣徽使權廢樞密院故也先是晉祖以宰臣桑維翰兼樞密使懇求免職只在中書遂以宣徽使劉處讓代之每有奏議多不稱旨其後處讓丁憂乃以樞密印付中書門下故有是釐改也　開運元年六月勅依舊置樞密院以宰臣桑維翰兼樞密使從中書門下奏請也　周顯德六年六月命司徒平章事范質禮部尚書平章事王溥竝參知樞密院事

梁開平元年四月始置建昌院以博王友文判院事以太祖在藩時四鎭所管兵車賦稅諸色課利按舊簿籍而主之其年五月中書門下奏請以判建昌院事爲建昌宮使仍以東京太祖潛龍舊宅爲宮也二年二月以侍中（案原本有闕文據五代會要以侍中韓建判建昌宮事）判建昌宮事至十月以尚書兵部侍郎李皎爲建昌宮副使三年九月以門下侍郎平章事薛貽矩兼延資庫使判建昌宮事至四年十二月以李振爲建昌宮副使乾化二年五月以門下侍郎平章事于兢兼延資庫使判建昌宮事其年六月廢建昌宮以河南尹魏王張宗奭爲國計使凡天下金穀兵戎舊隸建昌宮者悉主之至後唐同光四年二月以吏部尚書李琪爲國計使自後廢其名額不置

後唐同光元年十一月以左監門衛將軍判內侍省李紹宏兼內勾凡天下錢穀簿書悉委裁遣自是州縣供帳繁費議者非之又內勾之名人以爲不祥之言二年正月勅鹽鐵度支戶部三司凡關錢物竝委租庸使管轄踵梁之舊制也天成元年四月詔廢租庸院依舊爲鹽鐵戶部度支三司委宰臣一人專判至長興元年八月以許州節度使張延朗行工部尚書充三司使班在宣徽使之下三司置使自延朗始也唐朝已來戶部度支掌泉貨鹽鐵時置使名戶部度支則尚書省本司郎中侍郎判其事天寶中楊愼矜王鉷楊國忠繼以聚貨之術媚上受寵然皆守戶部度支本官別帶使額亦無所改作下及劉晏第五琦亦如舊制自後亦以宰臣各判一司不置使額乾符後天下兵興隨處置租庸使以主調發兵罷則停梁時乃置租庸使專天下泉貨莊宗中興秉政者不嫻典故踵梁朝故事復置租庸使以魏博故吏孔謙專使務斂怨于下斲喪王室者實租庸之弊故也洎明宗嗣位思革其弊未及下車乃詔削除使名但命重臣一人判其事曰判三司至是延朗自許州入再掌國計白于樞密使請置三司名宜下中書議其事宰臣以舊制覆奏授延朗特進行工部尚書充諸道鹽鐵轉運等使兼判戶部度支事從舊制也明宗不從竟以三司使爲名焉

梁開平三年正月改思政殿爲金鑾殿至乾化元年五月置大學士一員始命崇政院使敬翔爲之前朝因金鑾坡以爲門名與翰林院相接故爲學士者稱金鑾焉梁氏因之以爲殿名仍改鑾爲鑾從美名也大學士與三館大學士同（青箱雜記梁祖都汴庶事草創貞明中始于今右長慶門東北創小屋數十間爲三館湫隘尤甚又周廬徼道咸出其間衛士騶卒朝夕喧雜每受詔撰述皆移他所）

後唐天成元年五月勅翰林學士尚書戶部侍郎知制誥馮道翰林學士中書舍人趙鳳俱以本官充端明殿學士非舊號也時明宗登位每四方書奏多令樞密使安重誨讀之不曉文義于是孔循獻議始置端明殿學士之名命道等爲之　二年正月勅端明殿學士宜命班在翰林學士上今後如有轉改仍只于翰林學士內選任初置端明殿學士名目如三館之例職在官下趙鳳轉侍郎遣人諷任圜移職在官上至今爲例（職官分紀晉天福五年廢端明殿學士開運元年桑維翰爲樞密使復奏置學士）

同光元年四月置護鑾書制學士以尚書倉部員外郎趙鳳爲之時莊宗初建號故特立此名非故事也八月賜翰林學士承旨戶部尚書盧質論思匡佐功臣亦非常例也

天成三年八月勅掌綸之任擢才以居或自初命而升或自顯秩而授蓋重厥職靡繫其官雖事分皆同而行綴或異誠由往日未有定規議官位則上下不恒論職次則後先未當宜行顯命以正近班今後翰林學士入院竝以先後爲定惟承旨一員出自朕意不計官資先後在學士之上仍編入翰林志其年十一月勅新除翰林學士張昭遠早踐綸闈久司史筆曾居憲府累陟貳卿今既擢在禁林所宜別宣班序其立位宜次崔梲（宋史張昭傳晉天福二年宰相桑維翰薦昭爲翰林學士內署故事以先後入爲次不繫官序特詔昭立位次承旨崔梲據宋史則此勅當在晉天福中是書繫于唐天成三年後疑原本有脫誤）　晉開運元年六月勅翰林學士與中書舍人分爲兩制各置六員偶自近年權停內署況司詔命必在深嚴將使從宜却仍舊貫宜復置翰林學士院　周顯德五年十一月詔曰翰林學士職係禁庭地居親近與班行而旣異在朝請以宜殊起今後當直下直學士竝宜令逐日起居其當直學士仍赴晚朝舊制翰林院學士與常參官五日一度起居時世宗欲令朝夕謁見訪以時事故有是詔

右內職

後唐天成三年五月詔曰開府儀同三司階之極太師官之極封王爵之極上柱國勳之極近代已來文臣官階稍高便授柱國歲月未深便轉上柱國武資不計何人初官便授上柱國官爵非無次第階勳備有等差宜自此時重修舊制今後凡是加勳先自武騎尉經十二轉方授上柱國永作成規不令踰越雖有是命竟不革

前例

右勳格

後唐清泰二年秋九月庚申尚書考功上言今年五月翰林學士程遜所上封事內請自宰相百執事外鎮節度使刺史應係公事官逐年書攷較其優劣遂檢尋唐書六典會要攷課令書攷第從之時議者曰攷績之法唐堯三代舊制西漢以刺史六條察郡守五曹尚書綜底績法尤精察吏有檢繩漢末亂離舊章弛廢魏武于軍中權制品第議吏清濁用人按吏頓爽前規隋唐已來始著于令漢代郡守入爲三公魏晉之後政在中書左右僕射知政事午前視禁中午後視省中三臺百職無不統攝以是論之宰輔憑何較攷自天寶末權置使務已後庶事因循尚書諸司漸致有名無實廢墜已久未知憑何督責程遜所上亦未詳本源其時所司雖有舉明大都諸官亦無攷較之事

右較攷

梁開平元年四月詔開封府司錄參軍及六曹掾屬宜各置一員兩畿赤縣置令簿尉各一員　二年十月省諸道州府六曹掾屬只留戶曹一員通判六曹　後唐同光元年十一月中書門下奏諸寺監各請只置大卿監祭酒司業各一員博士兩員其餘官屬竝請權停惟太常寺事關大禮大理寺事關刑法除太常博士外許更置丞一員其王府及東宮屬司天五官正奉御之類凡不急司存竝請未議除授其諸司郎中員外郎應有雙曹處且署一員左右散騎常侍諫議大夫給事中起居郎起居舍人補闕拾遺各置一半三院侍御史仍委御史中丞條理申奏即日停罷朝官仍各錄名氏具罷任月日留在中書候見任官滿二十五箇月竝據資品卻與除官從之　周顯德五年十二月詔兩京五府少尹司錄參軍先各置兩員起今後只置一員六曹判司內只置戶曹法曹各一員其餘及諸州支使兩蕃判官竝省

右增減

梁開平元年五月改御食使爲司膳使小馬坊使爲天驥使文思院使爲乾文院使同和院使爲儀鸞院使其年又改城門郎爲門局郎避廟諱也唐同光元年十一月依舊爲城門郎　後唐天成元年十一月詔曰雄武軍節度使官銜內宜兼押蕃落使（職官分紀長興元年分飛龍院爲左右院以小馬坊爲右飛龍院）　二年七月詔曰項因本朝親王遥鎮其在鎮者遂云副大使知節度事但年代已深相沿未改今天下侯伯竝正節旄惟東西兩川未落副大使字宜令今後只言節度使　晉天福五年四月丙午詔曰承旨者承時君之旨非近侍重臣無以禀朕命宣予言是以大朝會宰臣承旨草制詔學士承旨若無區別何表等威除翰林承旨外殿前承旨宜改爲殿直密院承旨宜改爲承宣御史臺三司閤門客省所有承旨竝令別定其名　周廣順二年十二月詔改左右威衛復爲屯衛避御名也

右改制

後唐同光二年三月中書門下奏糾轄之任時謂外臺宰字之官古稱列爵如非朝命是廢國章近日諸道多是各列官銜便指州縣請朝廷之正授樹藩鎮之私恩頗亂規程宜加條制自今後大鎮節度使管三州已上者每年許奏管內官三人如管三州以下者許奏管內官二人仍須有課績尤異方得上聞若止于檢愼無瑕科徵及限是守常道只得書攷旌嘉不得特有薦奏其防禦使每年只許奏一人若無尤異不得奏薦刺史無奏薦之例不得輒亂規程其年八月中書奏僞庭之時諸藩參佐皆從除授自今後諸道除節度副使兩使判官除授外其餘職員并諸州軍事判官各任本處奏辟其軍事判官仍不在奏官之限所冀招延之禮皆合于前規簡辟之間無聞于濫舉從之　長興二年十一月詔曰闕員有限人數常多須以高低定其等級起今後兩使判官罷任後宜一年外與比擬書記支使防禦團練判官等二年外推巡防禦團練推官軍事判官等竝三年後與比擬仍每遇除授量與改轉官資或階勳或職資其有殊常勤績者別議優陞若有文學智術超邁羣倫或爲衆所稱或臣知過舉察驗的實者不拘年月之限　清泰二年八月中書門下上言前大卿監五品升朝官西班將軍皆在任許滿二十五月如衝替已經二十月即別任用少卿監舊例三任四任方入大卿監五品三任四任方入少卿監今後竝秖三任逐任須月限滿無殿責者便入此官西班將軍罷任一年許求官舊例三任四任方入大將軍今秖無殿責或曾任金吾將街使藩鎮刺史特勅竝不拘此例諸道除兩使判官外書記已下任自辟請應朝官除外任罷任後一年方許陳乞諸道賓席未曾升朝者若官兼三院御史即除中下縣令兼大夫中丞祕書少監郎中員外郎與清資初任升朝官檢校官至尚書常侍祕書監庶子升朝便與少卿監諸州防禦團練判推官竝請本州奏辟中書不更除授應出選門官帶三院御史供奉裏行及省銜罷任後周年許陳乞諸州別駕不除令錄仍守本官月限得替後一年許陳乞長史司馬因攝奏正未有官者送名從之　三年五月乙未詔曰近以內外臣寮出入迭處稍均勞逸免滯轉遷應兩司判官畿赤令取郎中員外補闕拾遺三丞五博少列宮寮選擇擢任一則俾藩方侯伯別耀賓階次則致朝列人臣備諳時政今後或有滿闕便宜依此施行　周廣順元年夏五月辛巳詔朝廷設爵命官求賢取士或以資敘進或以科級升至有白首窮經方諧一第半生守選始遂一官是以國無幸民士不濫進近年州郡奏薦多無出身前官或因權勢書題或是衷私請託既難阻意便授真恩遂使躁求僥倖之徒爭遊捷徑辛苦孤寒之士盡泣窮途將期激濁揚清所宜循名責實今後州府不得奏薦無前官及無出身人如有奇才異行越衆超羣亦許具名以聞便可隨表赴闕當令有司攷試朕亦親自披詳斷其否臧俾之升黜庶使人不謬舉野無遺才　顯德二年六月詔兩京諸道州府留守判官兩使判官少尹防禦團練軍事判官今後竝不得奏薦其防禦團練刺史州各置推官一員

右釐革

晉天福三年十一月起居郎殷鵬上言竊聞司封格式內外文武臣寮纔升朝籍者無父母便與追封贈父母在即未敘未封以臣所見誠爲不可此則輕生者而重死者棄今人而錄故人其榮有何其理安在又云父母在品秩及格者即以封其母不加其父便加邑號兼曰太君遂令妻則旁若無夫子則上若無父豈有父則賤而母則貴夫則卑而妻則尊若謂其父未合加恩安得其母受賜若謂以子便合貴曷得其父不先封伏以父尊母卑天地之道尊無二上國家同體今授封父無爵名教不順莫大于茲臣伏乞自今後文武臣寮父母在其父母已有官爵者即敘進資品以及格式或不任祿仕即可授以致仕或同正官所貴得以敘封妻室即父母俱榮孝子無不逮之感閨門交映聖君覃慶賞之恩噫荷陛下孝治之風受陛下榮親之祿者靜而屈指不過數人陛下得以特議舉行編爲令式勸天下之爲善令域中之望風自然見前代之闕文成我朝之盛典況唐長興元年德音內一節應在朝中外臣寮父母在竝與加恩司封不行明制堅執前文儻布新恩兼合舊勅庶使事君事父恒遵一體之規爲子爲臣不失兩全之義臣又聞司封令式內外臣寮官階及五品已上者即與封妻蔭子固不分于清濁但秖言其品秩且諫議大夫給事中中書舍人竝是五品贊善大夫洗馬中允奉御等亦是五品若論朝廷之委任宰臣之擬論出入之階資中外之瞻望則天壤相懸矣及其敘封乃爲一貫相沿至此甚非而況北省爲陛下侍從之臣南宮掌陛下經綸之務憲臺執陛下紀綱之司首冠羣寮總爲三署當職尤重責望非輕此則清列十年不遂顯榮之願彼則雜班兩任便承封蔭之恩事不均平理宜改革伏乞自今後應諸官及五品已上者即依舊制施行應三署清望官及六品已上便與封蔭清濁既異品秩宜升仍下所司議爲恒式從之　漢乾祐元年七月詔尚書省集議內外臣寮父在母承子蔭敘封追封合加太字否以聞尚書省奏議曰今詳前後勅條凡母皆加太字存歿竝同此即是父歿母存即敘封進封內加太字母歿追封亦加太字故云存歿竝同若是父在據勅格無載爲母加太字處若以近勅因子貴與父命官父自有官即妻從夫品可以封妻父在不合以其子加母太字若雖有因子之官其品尚卑未得蔭妻亦不合用子蔭之限從之　周顯德六年冬十二月壬辰尚書兵部上言本司蔭補千牛進馬在漢乾祐中散失勅文自來只準晉編勅及堂帖施行伏緣前後不同請別降勅命詔曰今後應蔭補子孫宜令逐品許補一人直候轉品方得更補不得于本品內重疊收補如是所補人有身故除名落藩廢疾及應舉及第內只許于本品內再補一人太子進馬太子千牛不用收補詹事依祭酒例施行兵部尚書侍郎舊例不許收補宜許收補致仕官歷任中曾任在朝文班三品武班二品及丞郎給舍已上金吾大將軍節度防禦團練留後者方得補蔭皇蔭人其祖父曾授著皇朝官秩方得收補應合收補人須是本官親子孫年貌合格別無逾濫方許施行餘從舊例處分

右封蔭

梁開平四年四月勅諸州鎮使官秩無高卑竝在縣令之下其年九月詔曰魏博管內刺史比來州務竝委督郵遂使曹官擅其威權州牧同于閒冗俾循通制宜塞異端竝宜依河南諸州例刺史得以專達時議者曰唐朝憲宗時烏重允爲滄州節度使嘗以河朔十六州能抗拒朝命者以奪刺史權與縣令職而自作威福耳若二千石各得其柄又有鎮兵雖安史挾奸豈能據一墉

而叛哉遂奏以所管德棣景三州各還刺史職分州兵並隸收管是後雖幽鎮魏三道以河北舊風自相傳襲惟滄州一道獨稟命受代自重允制置使然也則梁氏之更張正合其事矣　後唐長興二年正月詔曰要道纔行則千岐共貫宏綱一舉則萬目畢張前王之法制罔殊百代之科條悉在無煩改作各有定規守程式者心逸日休率胸臆者心勞日拙天垂萬象星辰之分野靡差地載羣倫岳瀆之方隅不易儻各司其局則皆盡其心且律令格式六典凡關庶政互有區分久不舉行遂至隳紊宜準舊制令百司各于其間錄出本局公事巨細一一抄寫不得漏落纖毫集成卷軸仍粉壁書在公廳若未有廨署者文書委官司主掌仍每有新授官到令自寫錄一本披尋或因顧問之時應對須知次第無容曠闕每在執行使庶僚則守法奉公宰臣則提綱振領必當彝倫攸敍所謂至道不繁何必朞年然後報政宜令御史臺遍加告諭催促限兩月內抄錄及粉壁書寫須畢其間或有未可便行及會釐革事件委逐司旋申中書門下當更參酌奏覆施行　其年八月勅今後大理寺官員宜同臺省官例升進其法直官比禮直官任使　應順元年春三月戊午宗正上言故事諸陵有令丞各一員近令丞不俱置使委本縣令兼之緣河南洛陽是京邑恐兼令丞不便詔特置陵臺令丞各一員

右雜錄

舊五代史卷一百四十九攷證

志十一職官志四日忘誤　忘誤冊府元龜作失誤攷五代會要職官分紀俱作忘今仍其舊

又改爲直學政院　直崇政院原本作直崇文院今從五代會要攷正

亦置直院一人　案五代會要作亦置院使一人石林燕語作改爲樞密院直學士

除補千牛進馬　進馬原本訛進貝攷職官分紀有太子進馬貝字係傳寫之訛今改正

舊五代史卷一百五十

宋門下侍郎參知政事監修國史薛居正等撰

志第十二

郡縣志　原本闕佚　梁郡縣志序

河南道　西京河南府　滑州　許州　陝州　青州　兗州　宋州　陳州　曹州　亳州　鄭州　汝州　單州　濟州　濱州　密州　潁州　濮州　蔡州

關西道　雍州　京兆府　同州　華州　耀州　乾州　隴州　涇州　原州　鄜州　威州　府州　武州　良州　雄州　營州

河東道　并州　太原府　潞州　澤州　晉州　新州　武州　雲州　應州　絳州　慈州　隰州　遼州　沁州　解州　河中府　勝州

河北道　魏州　大名府　鎮州　真定府　滄州　景州　德州　邢州　磁州　瀛州　定州　貝州　博州　相州　莫州　泰州　深州　雄州　瑞州　幽州　靜安軍　新城縣

劍南道　蜀州　彭州　漢州

江南道　黔州　湖州　虔州　處州　秀州　溫州　全州　婺州　杭州　福州　鄆州　合州　建州　明州　道州　虔州　鄂州　蘇州　潭州

淮南道　壽州　廬州　楚州　天長縣　安州

山南道　襄州　金州　鄧州　忠州　唐州　萬州　復州　夔州　利州　唐州　閬州　商州　果州　隨州　朗州　合州　集州　雄勝軍

隴右道　鳳州　秦州　成州

嶺南道　邑州　桂州　思州　潯州　思唐州　潘州

案以上所載十道州府軍縣當是以開元十道圖爲本而於五代之改制及仍唐舊制者則闕爲疑原本有所刪節今仍錄于卷首以存其舊

梁開平元年梁祖初開國升汴州爲開封府建名東京元管開封浚儀陳留雍丘封丘尉氏六縣至是割滑州之酸棗長垣鄭州之中牟陽武宋州之襄邑曹州之戴邑許州之扶溝鄢陵陳州之太康九縣隸焉後唐復降爲汴州以宣武軍爲其陽武長垣扶溝考城等四縣仍且隸汴州其餘五縣卻還本部晉天福中復升爲東京復以前五縣隸之漢周並因之　單州本單父縣梁爲輝州後唐同光二年復舊隸宋州周廣順中割隸曹州　案以上二條見太平御覽其餘郡縣闕略不全今攷是書諸志多本五代會要謹採五代會要附載于後

後唐長興三年四月中書門下奏據十道圖舊制以王者所都之地爲上今朝都長安遂以關內道爲上今宗廟宮闕皆在洛陽請以河南道爲上關內道爲第二河東道第三河北道第四劍南道第五江南道第六淮南道第七山南道第八隴右道第九嶺南道第十從之

河南道

滑州酸棗縣長垣縣　梁開平三年二月割隸汴州後唐[illegible]縣改爲匡城縣晉天福三年十二月[illegible]

中牟縣陽武縣　梁開[illegible]

曹州戴邑縣　[illegible]

許州扶溝縣　[illegible]　鄢陵縣　[illegible]

陳州太康縣　[illegible]

單州楚邱縣　[illegible]

州碭山縣　後唐同光二年二月勅碭山縣僞梁創爲輝州其[illegible]宜卻屬單州其[illegible]

汝州葉縣襄城縣　[illegible]

臨汝縣　[illegible]

密州輔唐縣　[illegible]

唐縣　[illegible]

濟州　[illegible]

關內道

京兆府奉先縣　[illegible]　武功縣　[illegible]

好時縣　[illegible]　渭南縣　[illegible]

同官縣　[illegible]　美原縣　[illegible]

華州洛南縣　[illegible]

澄城縣　[illegible]

汧陽縣汧源縣吳山縣　[illegible]　隴州

涇州平涼縣　[illegible]

臨涇縣　[illegible]

鄜州鄜城縣　[illegible]

咸寧縣　[illegible]　威州　[illegible]

衍州　[illegible]　武州　[illegible]六月廢爲潘

河東道

絳州　[illegible]

儀州　[illegible]

解州　[illegible]

河中府聞喜縣　[illegible]

慈州　隰州　[illegible]同光三年[illegible]

慈州仵城縣

呂香縣　[illegible]

河北道

鎮州　[illegible]

幽州北平縣　後唐長興三年[illegible]

滄州長蘆縣乾符縣　[illegible]

無棣縣　[illegible]

深州博野縣　[illegible]

弓高縣　[illegible]

博州武水縣　[illegible]

泰州　[illegible]

德州　[illegible]

雄州霸州　[illegible]

劍南道

蜀州唐興縣　[illegible]

彭州唐昌縣　[illegible]

江南道

杭州臨安縣　梁開平二年正月改爲安國縣　福州閩清縣　梁開平元年十月移就梅溪場置　蘇州吳江縣　梁開平三年閏八月兩浙奏於吳松江置縣　明州望海縣　梁開平三年八月兩浙奏置　處州松陽縣　梁開平四年五月改爲長松縣　秀州　晉天福三年十月兩浙錢元瓘奏以杭州嘉興縣置　湘州　晉天福四年四月湖南馬希範奏以湘川縣置州仍置清湘縣並割灌陽縣隸之

淮南道

壽州　周顯德四年移于潁州下蔡縣仍以下蔡縣爲倚郭以舊壽州爲壽春縣　盛唐縣　梁開平二年八月改爲霍山縣後唐同光元年十月復爲盛唐

山南道

復州　梁乾化二年十月割隸荊南後唐天成二年五月郢州隸襄州晉天福五年七月直屬京并爲防禦　果州　後唐天成二年五月隸利州　唐州慈邱縣　周顯德三年三月廢　鄧州臨湍縣　漢乾祐元年正月改爲臨瀨縣避漢諱也　菊潭縣　周顯德三年三月廢　向城縣　周顯德三年三月廢　商州乾化縣　漢乾祐二年六月改爲乾祐縣割隸京兆　襄州樂鄉縣　周顯德六年二月併入宜城

隴右道

秦州天水縣隴城縣　後唐長興三年二月秦州奏見管長道成紀天水三縣外有十鎮徵科並係鎮將今請以歸化恕木五龍黃土四鎮就歸化鎮復置舊隴城縣赤沙栗坊夕陽南冶鐵務五鎮就赤沙鎮復置舊天水縣其白石大澤良恭三鎮割屬長道縣從之　成州同谷縣栗亭縣　後唐清泰三年六月秦州奏階州元管將利福津兩縣並無屬邑遷鎮成州元管同谷縣餘並是鎮使係徵科今欲取成州西南近便鎮分併入同谷縣其東界四鎮別創一縣者州西南有府城長豐栗平三鎮其地東至泥陽鎮一界二十五里北至黃竹路金砂鎮界五十里南至興州界三十里西至白石鎮界一百一十里西南至舊階州界砂地嶺四十五里其三鎮管界併入同谷縣廢其鎮州東界有勝仙泥陽金砂栗亭四鎮東至鳳州美聯鎮界十五里南至果州界二十里北至高橋三十五里西至同谷界三十五里北至秦州界六十七里欲併其四鎮地于栗亭縣其徵科委縣司捕盜委鎮司從之

嶺南道

潘州茂明縣　梁開平元年五月改爲越常縣至後唐同光元年十月復爲茂明縣　桂州純化縣　梁開平元年五月改爲歸化縣後唐同光元年十月復爲純化縣　邕州　晉天福七年七月改爲誠州避廟諱　溥州　晉開運三年三月升桂州全義縣爲州仍改全義縣爲德昌縣并割桂州臨川廣明義寧等三縣隸之從湖南馬希範奏也

舊五代史卷一百五十攷證

志十二郡縣志曹州之戴邑　案歐陽史職方攷開平元年割曹州之考城更曰戴邑隸開封此祇云曹州之戴邑未見分晰

其陽武長垣扶溝考城等　陽武原本訛武陽今據唐書地理志攷正

華州洛南縣　案此下注文所載韓城郃陽澄城等縣似不相屬據歐陽史職方攷洛南故屬商州周割屬華州此本當是脫去洛南沿革小注又脫去同州郃

暘縣澄城縣韓城縣等大字今無別本可校姑仍其舊附識于此

湘州　案湘州二字原本誤作小字連注文一段與秀州下注接寫文不相屬攷唐開元十道圖潭鄂等州原隸江南道應以湘州另爲一條作大字其天福四年四月馬希範奏云云作小注今改正

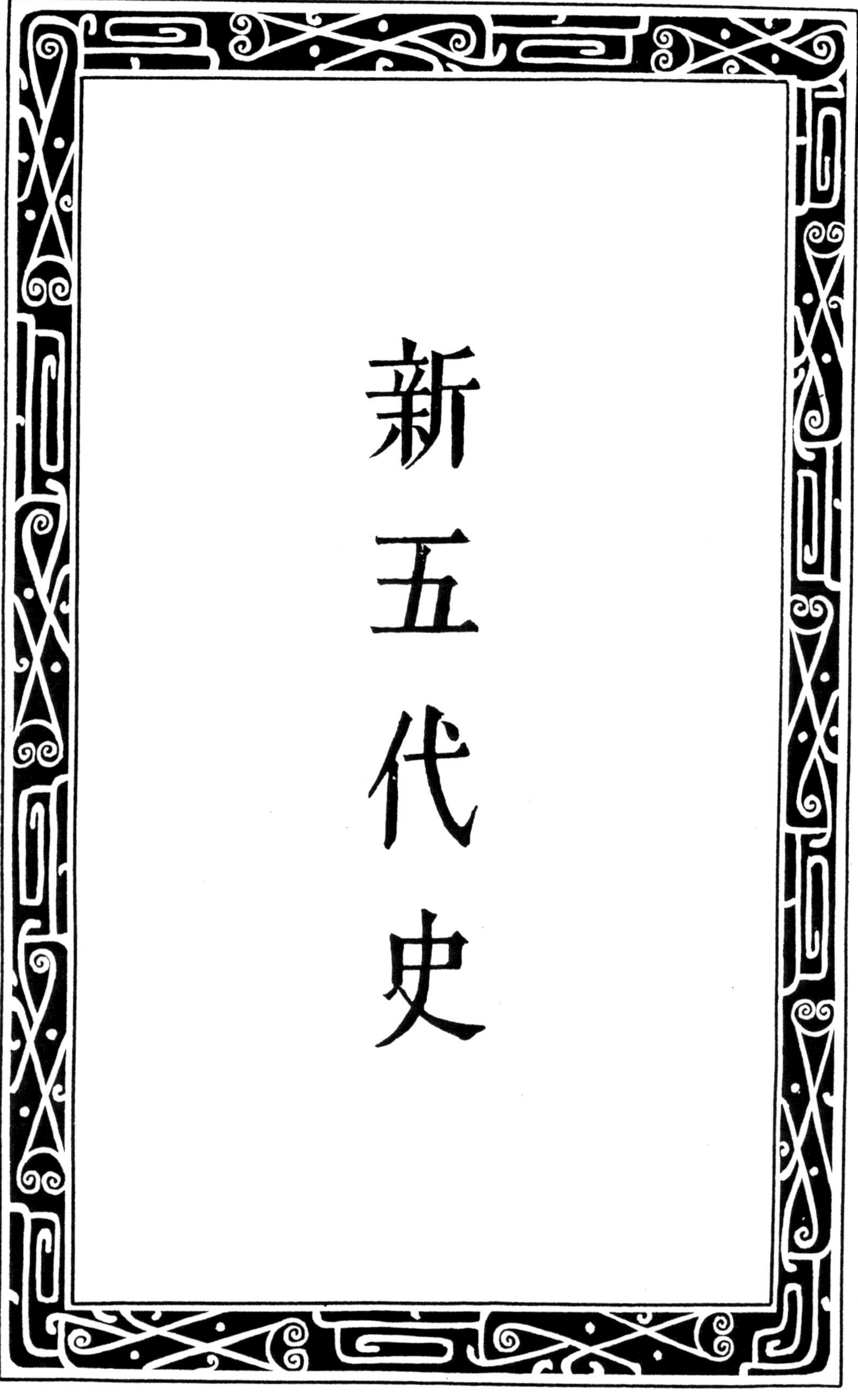

新五代史

五代史記序

建安　陳師錫

孟子曰三代之得天下也以仁其失天下也以不仁自生民以來一治一亂旋相消長未有去仁而興積仁而亡者甚哉五代不仁之極也其禍敗之復殄滅剥喪之威亦其效耳夫國之所以存者以有民民之所以生者以有君方是時上之人以慘烈自任刑戮相高兵革不休夷滅構禍置君猶易吏變國若傳舍生民膏血塗草野骸骼暴原隰君民相賊如髦蠻草木幾何其不胥爲夷也逮皇天悔禍眞人出寧易暴以仁轉禍以德民咸保其首領收其族屬各正性命豈非天邪方夷夏相蹂兵連亂結非無忠臣豪傑之士竭謀單智以緩民之死乃堙沒而無聞矣否閉極而泰道升聖人作而萬物覩指揮中原兵不頓刃向之滔天巨猾搖毒煽禍以害斯人者蹈鼎鑊斧鑕之不暇豈非人邪天與人相爲表裏和同於無間聖人知天之所助人之所歸國之所恃以爲固者仁而已非特三代然也堯舜之盛漢唐之與秦隋之失魏晉之亡南北之亂莫不由此也五代距今百有餘年故老遺俗往往垂絶無能道說者史官秉筆之士或文采不足以耀無窮道學不足以繼述作使五十有餘年間廢興存亡之迹姦臣賊子之罪忠臣義士之節不傳於後世來者無所攷焉惟廬陵歐陽公慨然以自任蓋潛心累年而後成書其事迹實錄詳於舊記而褒貶義例仰師春秋由遷固而來未之有也至於論朋黨宦女忠孝兩全義子降服豈小補哉豈小補哉

五代史目錄

宋　歐陽修　撰

徐無黨　注

本紀一十二卷

列傳四十五卷

考三卷

世家年譜一十一卷

附錄三卷

徐無黨曰凡諸國名號梁本紀自封梁王以後始稱梁唐本紀自封晉王以後始稱晉自建國號唐以後始稱唐各從其實也自傳而下於未封王建國之前或稱梁稱晉稱唐者史官從後而追書也唐舊稱晉而石敬瑭又稱晉李昪又稱唐劉龑已稱漢而劉旻又稱漢王建已稱蜀而孟知祥又稱蜀石晉自爲一代不待別而可知唐漢蜀則加東南前後以別其世家梁初嘗封沛東平南唐初嘗稱齊三號當時已不顯著故皆畧而不道五代亂世名號交雜而不常史家撰述隨事爲文要於理通事見而已覽者得以詳焉

五代史卷一

宋　歐陽修　撰

梁本紀第一

本紀因舊以爲名本原其所始起而紀次其事與時也即位以前其事詳原本其所自來故曲而備之見其起之有漸有暴也即位以後其事畧居尊任重所責者大故所書者簡惟簡乃可立法

太祖神武元聖孝皇帝姓朱氏宋州碭山午溝里人也其父誠以五經敎授鄉里生三子曰全昱存溫變諱某書名義在稱王注中誠卒三子貧不能爲生與其母傭食蕭縣人劉崇家全昱無他材能然爲人頗長者存溫勇有力而溫尤兇悍唐僖宗乾符四年黃巢起曹濮存溫亡入賊中巢攻嶺南存戰死巢陷京師以溫爲東南面行營先鋒使攻陷同州以爲同州防禦使是時天子在蜀諸鎮會兵討賊諸鎮記當時語也唐謂節度使所治軍州爲藩鎮故有赴鎮移鎮之語溫數爲河中王重榮所敗屢請益兵於巢巢中尉孟楷抑而不通溫客謝瞳說溫曰黃家起於草莽幸唐衰亂直投其隙而取之爾非有功德興王之業也此豈足與共成事哉今天子在蜀諸鎮之兵日集以謀興復是唐德未厭於人也且將軍力戰于外而庸人制之於內此章邯所以背秦而歸楚也溫以爲然乃殺其監軍嚴實自歸于河中因王重榮以降都統王鐸承制拜溫左金吾衛大將軍河中行營招討副使天子賜溫名全忠中和三年三月拜全忠汴州刺史宣武軍節度使四月諸鎮兵破巢復京師巢走藍田七月丁卯全忠歸于宣武是歲黃巢出藍田關陷蔡州節度使秦宗權叛附于巢遂圍陳州徐州時溥凡稱某州某人者皆節度使也爲東南面行營兵馬都統會東諸鎮兵以救陳州刺史趙犨亦乞兵于全忠溥雖爲都統而不親兵四年全忠乃自將救犨率諸鎮兵擊敗巢將黃鄴尙讓等犨以全忠爲德始附屬焉是時河東李克用下兵太行渡河出洛陽與東兵會擊巢巢已敗去全忠及克用追敗之于鄆城巢走中牟又敗之于王滿巢走封丘又大敗之巢挺身東走至泰山狼虎谷爲時溥追兵所殺九月天子以全忠爲檢校司徒同中書門下平章事封沛郡侯光啓二年三月進爵王義成軍亂逐其節度使安師儒推牙將張驍爲留後師儒來奔殺之遣朱珍李唐賓陷滑州以胡眞爲留後十二月封吳興郡王自黃巢死秦宗權稱帝陷陝洛懷孟唐許汝鄭州遣其將秦賢盧瑭張晊攻汴賢軍板橋晊軍北郊瑭軍萬勝環汴爲三十六柵王顧兵少不敢出始而稱名既而稱爵既而稱帝漸也爵至王而後稱著其過者乃遣朱珍募兵於東方而求救於兗鄆三年春珍得兵萬人馬數百匹以歸乃擊賢板橋拔其四柵又擊瑭萬勝瑭敗投水死宗權聞瑭等敗乃自將精兵數千柵北郊五月兗州朱瑾鄆州朱宣來赴援流俗本宣從王者非王置酒軍中中席王陽起如厠以輕兵出北門襲晊而樂聲不輟晊不意兵之至也兗鄆之兵又從而合擊遂大敗之斬首二萬餘級宗權與晊夜走過鄭屠其城而去宗權至蔡復遣張晊攻汴王聞晊復來登封禪寺後岡望晊兵過遣朱珍躡之戒曰晊見吾兵必止望其止當速返毋與之鬪也已而晊見珍在後果止珍卽馳還王令珍引兵蔽大林而自率精騎出其東伏大冢間晊止而食食畢拔旗幟馳擊珍珍兵小却王引伏兵橫出斷晊軍爲三而擊之晊大敗脫身走宗權怒斬晊而河陽陝洛之兵爲宗權守者聞蔡精兵皆已殲於汴因各潰去故諸葛爽將李罕之取河陽張全義取洛陽以來附十月天子使來賜王紀功碑朱宣朱瑾兵助汴已破宗權東歸王移檄兗鄆誣其誘汴亡卒以東乃發兵攻之取其曹州濮州遂遣朱珍攻鄆州大敗而還十二月天子使來賜王鐵券及德政碑淮南節度使高駢死揚行密入揚州天子以王兼淮南節度使王乃表行密爲副使以行軍司馬李璠爲留後璠之揚州行密不納文德元年正月王如淮南至宋州而還是時秦宗權陷襄州以趙德諲爲節度使德諲叛于宗權以來附天子因以王爲蔡州四面行營都統以德諲爲副三月庚子僖宗崩天雄軍亂囚其節度使樂彥貞其子相州刺史從訓攻魏來乞兵遣朱珍助從訓攻魏而魏軍殺彥貞從訓戰死魏人立羅弘信珍乃還張全義取河陽逐李罕之罕之奔于河東李克用遣兵圍河陽全義來求救遣丁會牛存節救之擊敗河東兵于沇河五月行營討蔡州圍之百餘日不克是時時溥已爲東南面都統又以王統行營而溥猶稱都統王乃上書論溥討蔡無功而不落都統且欲激怒溥以起兵端初高駢死淮南亂楚州刺史劉瓚來奔納之及王兵攻蔡不克還欲攻徐乃遣朱珍將兵數千以東聲言送瓚還楚州溥怒論已又聞珍以兵來果出兵拒之珍戰于吳康大敗之取其豐蕭二縣遂攻宿州下之珍屯蕭縣別遣龐師古攻徐州龍紀元年正月師古敗溥于呂梁淮西牙將申叢執秦宗權折其足將檻送京師別將郭璠殺叢篡宗權以來獻王遣行軍司馬李璠獻俘于京師表郭璠淮西留後三月天子封王爲東平王七月朱珍殺李唐賓王如蕭縣執珍殺之遂攻徐州冬大雨水不能屯軍而旋初秦宗權遣其弟宗衡掠地淮南是歲宗

衛爲其將孫儒所殺儒攻楊行密于揚州淮南大亂行密走宣州儒入揚州大順元年春遣龐師古攻孫儒于淮南大敗而還四月宿州將張筠以宿州復歸于時溥王自將攻之不克初黃巢敗走李克用追之至于冤朐不及而旋過汴駐軍于北郊王邀克用置酒上源驛夜以兵攻之克用踰城而免訟其事于京師天子知曲在汴而和解之至是張濬私與汴交王厚之以賂濬爲汴請伐河東唐諸大臣皆以爲不可與師濬挾汴力請益堅天子不得已而許之五月以濬爲太原四面行營都統王爲東南面招討使然王不親兵以兵三千屬濬而已濬屯于陰地河東叛將馮霸殺潞州守將李克恭來降遣葛從周入潞州李克用遣康君立攻之從周走河陽九月王如河陽十月天子以王兼宣義軍節度使遂如滑州假道于魏以攻河東且責其軍須亦所以怒魏爲兵端也魏人果以謂非兵所當出而辭以糧乏皆不許於是攻魏十一月張濬之師大敗于陰地二年正月王及魏人戰于內黃大敗之屠故元城羅弘信來送款十月克宿州十一月曹州將郭紹賓殺其刺史郭饒來降十二月丁會敗朱瑾于金鄉景福元年二月攻鄆州前軍朱友裕敗于斗門王軍後至又敗而還冬友裕取濮州遂攻徐州二年四月龐師古克徐州殺時溥王如徐州以師古爲留後遂攻兗鄆乾寧元年二月王及朱宣戰于漁山大敗之二年八月又敗宣于梁山十一月又敗之于鉅野兗鄆求救于河東李克用發兵救之假道于魏既而魏人擊之克用怒大舉攻魏羅弘信來求救遣葛從周救魏是歲李克用封晉王三年五月戰于洹水擒克用子落落送于魏殺之七月鳳翔李茂貞犯京師天子出居于華州王請以兵赴難天子優詔止之又請遷都洛陽不許四年正月龐師古克鄆州王如鄆州以朱友裕爲留後遂攻兗州朱瑾奔于淮南以葛從周爲兗州留後九月攻淮南龐師古出清口葛從周出安豐王軍屯于宿州楊行密遣瑾先擊清口師古敗死從周亟返兵至于淠河瑾又敗之王懼馳歸光化元年三月天子以王兼天平軍節度使四月遣葛從周攻晉之山東取邢洺磁三州襄州趙匡凝自其父德諲時來附匡凝又與楊行密李克用通而其事泄七月遣氏叔琮康懷英攻匡凝取其泌隨鄧三州（曾三異校定曰三異案唐書地理志唐州天祐三年朱全忠徙治泌陽表更泌州則是天祐二年唐州舊名猶在至三年始更爲泌光化之初未嘗有泌州之名今書爲泌則誤也）匡凝請和乃止十二月李罕之以潞州來降二年幽州劉仁恭攻魏羅紹威來求救王救魏

敗仁恭于內黃四月遣氏叔琮攻晉太原不克七月李克用取澤潞十一月保義軍亂殺其節度使王珙推其牙將李璠爲留後其將朱簡殺璠來降以簡爲保義軍節度使三年四月遣葛從周攻劉仁恭之滄州取其德州及仁恭戰于老鴉堤大敗之八月晉取洺州王如洺州復取之是時鎮定皆附于晉遂攻鎮州破臨城王鎔來送款進攻定州王郜奔于晉其將王處直以定州降唐宦者劉季述作亂天子幽于東宮天復元年正月護駕都頭孫德昭誅季述天子復立封王爲梁王遣張存敬攻王珂于河中出含山下晉絳二州王珂求救于晉晉不能救乃來降三月大舉攻晉氏叔琮出太行取澤潞葛從周張存敬侯言張歸厚及鎮定之兵皆會于太原圍之不克遇雨而還五月天子以王兼河中尹護國軍節度使六月晉取慈隰自劉季述等已誅宰相崔胤外與梁交欲假梁兵盡誅宦者而鳳翔李茂貞邠寧王行瑜等皆遣子弟以精兵宿衛天子宦者韓全誨等亦因侍以爲助天子與胤計事宦者屬耳頗聞之乃選美女內之宮中陰令伺察其實久之果得胤奏謀所以誅宦者之說全誨等大懼日夜相與涕泣思圖胤以求全胤知謀泄事急卽矯爲制召梁兵入誅宦者十月王以宣武宣義天平護國兵七萬至于河中取同州遂攻華州韓建出降全誨等聞梁王兵且至卽以岐邠宿衛兵刧天子奔于鳳翔王乃上書言胤所以召之之意天子怒罷胤相責授工部尚書詔梁兵還鎮王引兵去攻邠州屯于三原邠州節度使楊崇本以邠寧慶衍四州降崔胤奔于華州二年春王退軍于河中晉攻晉絳遣朱友寧擊敗晉軍于蒲縣取汾慈隰遂圍太原不克而還汾慈隰復入于晉四月友寧引兵西至興平及李茂貞戰于武功大敗之王兵犯鳳翔茂貞數出戰輒敗遂圍之十一月鄜坊李周彝以兵救鳳翔王遣孔勍襲鄜州虜周彝之族徙于河中周彝乃降是時岐兵屢敗而圍久城中食盡自天子至後宮皆凍餒三年正月茂貞殺韓全誨等二十人囊其首示梁軍約出天子以爲解甲戲胤曰吾未識天子懼其非是子來爲我辨之天子還至興平胤率百官奉迎王自爲天子執轡且泣且行行十餘里止之見者咸以爲忠已已天子至自鳳翔素服哭于太廟而後入殺宦者七百餘人二月甲戌天子賜王回天再造竭忠守正功臣以輝王祚爲諸道兵馬元帥王爲副元帥王乃留子友倫爲護駕指揮使（曾三異校定曰三異案家人傳友倫乃王兄存之子其後中書上議亦皆謂之皇姪）以爲天子衛引兵東歸天子餞于延喜樓賜楊柳枝五曲初梁兵已西青州王師範遣其將劉鄩襲據梁兗州王已還梁四月如鄆州遣朱友寧攻青州師範敗之于石樓友寧死九月楊師厚敗青人于臨朐取其棣州師範以青州降而鄩亦降友倫擊鞠墮馬死王怒以崔胤殺之遣朱友謙殺胤于京師（曾三異校定曰三異案家人傳殺崔胤者朱友諒非友謙）其與友倫擊鞠者皆殺之自天子奔華州王請遷都洛陽雖不許而王命河南張全義修洛陽宮以待天祐元年正月王如河中遣牙將寇彥卿如京師請遷都洛陽并徙長安居人以東天子行至陝州王朝于行在先如東都是時六軍諸衛兵已散亡其從以東者小黃門十數人打毬供奉內園小兒等二百餘人行至穀水王敎醫官許昭遠告其謀亂悉殺而代之然後以聞由是天子左右皆梁人矣四月甲辰天子至自西都是時晉王李克用岐王李茂貞楚王趙匡凝蜀王王建吳王楊行密（曾三異校定曰三異案克用本紀及茂貞傳建行密世家皆書其在唐所封獨匡凝不書其在唐此乃闕文）聞梁遷天子洛陽皆欲舉兵討梁王大懼六月楊崇本復附于岐王乃以兵如河中聲言攻崇本遣朱友恭氏叔琮蔣玄暉等行弒昭宗崩十月王朝于京師殺朱友恭氏叔琮十一月攻淮南取其光州攻壽州不克而旋二年二月遣蔣玄暉殺德王裕等九王于九曲池六月殺司空裴贄等百餘人七月天子復使來賜王迎鑾紀功碑王欲代唐使人諭諸鎮襄州趙匡凝以爲不可遣楊師厚攻之取其唐鄧復郢隨均房七州王如襄州軍于漢北九月師厚破襄州匡凝奔于淮南師厚取荊南荊南留後趙匡明奔于蜀遂出光州以攻壽州不克天子卜祀天于南郊王怒以爲蔣玄暉等欲祈天以延唐天子懼改卜郊十一月辛巳天子封王爲魏王相國總百揆以宣武宣義天平護國天雄武順祐國河陽義武昭義武寧保義忠義武昭武定泰寧平盧匡國鎮國荊南忠武二十一軍爲魏國備九錫王怒不受十二月天子以王爲天下兵馬元帥王益怒遣人告樞密使蔣玄暉與何太后私通殺玄暉而焚之遂弒太后于積善宮又殺宰相柳璨太常卿張廷範車裂以徇天子下詔以太后故停郊三年春魏州羅紹威謀殺其牙軍來假兵以虞變王爲發兵北攻劉仁恭之滄州兵過魏而紹威已殺牙軍其兵之在外者果皆叛據貝衞澶博州王以兵悉殺之遂攻滄州軍于長蘆劉仁恭求救于晉晉人取潞州王乃旋軍

五代史卷一考證

梁太祖紀大順元年春遣龐師古攻孫儒于淮南○師　監本訛思今改正

荊南留後趙匡明奔于蜀○一本無匡字

五代史卷二

宋　歐陽修　撰

梁本紀第二

開平元年春正月壬寅天子使御史大夫薛貽矩來勞軍宰相張文蔚率百官來勸進夏四月壬戌更名晃甲子皇帝卽位（自卽位以後大事則書變古則書非常則書意有所示則書後有所因則書非此五者則否）戊辰大赦（赦文皆曰大赦天下此書大見其志之欲遠及也不曰天下實有所不及也）改元國號梁封唐主爲濟陰王（謂天子爲唐主錄其本語如此）升汴州爲開封府建爲東都以唐東都爲西都廢京兆府爲雍州（州縣廢置見職方考惟京都則書之）賜東都酺一日契丹阿保機使袍笏梅老來（夷狄來不言朝不責其禮不言貢不責其物故書曰來五代亂世著其屢來以見夷狄之來不來不因治亂而亂世屢來不足貴也）五月丁丑朔以唐相張文蔚楊涉爲門下侍郎御史大夫薛貽矩爲中書侍郎同中書門下平章事戊寅渤海契丹遣使者來（夷狄君臣姓名官爵或書或否不必備或因其舊史之詳畧但書其來以示意爾）乙酉封兄全昱爲廣王子友文博王（友文非子而書子語在家人傳）友珪郢王友璋福王友貞均王友徽建王姪友諒衡王友能惠王友誨邵王甲午改樞密院爲崇政院太府卿敬翔爲使是月潞州行營都指揮使李思安及晉人戰敗績（我敗曰敗績彼敗曰敗之文理宜然已見行營故戰不言地）六月甲寅平盧軍節度使韓建守司徒同中書門下平章事秋七月己亥追尊祖考爲皇帝妣爲皇后皇高祖黯謚曰宣元廟號肅祖祖妣范氏謚曰宣僖曾祖茂琳謚曰光獻廟號敬祖祖妣楊氏謚曰光孝祖信謚曰昭武廟號憲祖祖妣劉氏謚曰昭懿考誠謚曰文穆廟號烈祖妣王氏謚曰文惠八月丁卯同州蚄蟲生隰州黃河清（於此書見不爲瑞也）九月括馬冬十月己未講武于繁臺十一月壬寅赦亡命背軍髡黥刑徒（於好殺之世小赦必書見其亦有愛人之意也）二年春正月丁酉渤海遣使者來己亥卜郊於西都弒濟陰王（弒臣子之大惡也書濟陰王從其實書弒正梁罪名）二月辛未契丹阿保

機遣使者來三月壬申朔如西都幸已至也如往而未至之辭書如則在道有事可以書丙子如懷州五代亂世兵無虛日不可悉書故用兵無勝敗戍城無得失皆不書其命大將與天子有所如自著大事屬此如懷澤者以兵方攻潞州也丁丑如澤州戊寅封鴻臚卿李崧介國公爲二王後梁嘗更戊曰武而舊史悉復爲戊壬午匡國軍節度使劉知俊爲潞州行營招討使癸巳卜郊張文蔚甍夏四月癸卯楊涉罷吏部侍郎于兢爲中書侍郎翰林學士承旨禮部侍郎張策爲刑部侍郎同中書門下平章事壬子至澤州五月己丑潞州行營都虞候康懷英及晉人戰于夾城敗績梁築夾城圍潞戰于城中故書地戊戌立唐三廟契丹遣使者來六月壬寅忠武軍節度使劉知俊爲西路行營招討使以伐岐用兵之名有四兩相攻曰攻以大加小曰伐有罪曰討天子自往曰征隨事爲文不得不異非有褒貶也己酉殺金吾衞上將軍王師範滅其族當殺曰伏誅不當殺者以兩相殺爲文丙辰劉知俊及岐人戰于漠谷敗之秋九月丁丑如陝州以晉人攻晉絳故也博王友文留守東都冬十月丁未至自陝州十一月癸巳張策罷左僕射楊涉同中書門下平章事十二月己亥以介國公爲三恪酅國公萊國公爲二王後

三年春正月甲戌如西都復燃燈以祈福燃燈風俗相傳自天子至於庶人舉天下同其奢樂而風俗敝之大者故錄其詔意則其失可知庚寅享于太廟辛卯有事于南郊祀天于南郊書曰有事錄當時語大赦丙申羣臣上尊號曰睿文聖武廣孝皇帝二月壬戌講武于西杏園甲子延州高萬興叛于岐來降唐末之亂彊弱相并或去彼來此不可爲常難於遽責至此乃書曰叛始正其定分也三月辛未渤海國王大諲譔遣使者來甲戌如河中以高萬興降劉知俊兵攻鄜延故也山南東道節度使楊師厚爲潞州四面行營招討使劉知俊取丹州夏四月丙午知俊克延鄜坊三州易得曰取難得曰克文理宜然爾五月己卯至自河中殺佑國軍節度使王重師六月庚戌劉知俊執祐國軍節度使劉捍叛附于岐以身歸曰降以地歸曰附亦文理宜然知俊爲忠武軍節度使以同州附岐今直書知俊叛而不言地蓋忠武已見上文辛亥如陝州以劉知俊叛故也乙卯冀王朱友謙爲同州東面行營招討使劉知俊奔于岐丹州軍亂逐其刺史宋知誨秋七月商州軍亂逐其刺史李稠稠奔于岐乙丑克丹州執其首惡王行思初不知首惡之人故直曰軍亂既克而推得之也丹州無主將姓名行思無官爵又不見伏誅之日舊史失之乙亥至自陝州甲申襄州軍亂殺其留後王班智不足以衞身才不足以治衆而見殺者不書死之而以被殺爲文見死得其死者士之大節不妄以予人房州刺史楊虔叛附于蜀八月辛亥降死罪囚辛酉均州刺史張敬方克房州執楊虔閏月癸酉契丹遣使者來己卯閱稼于西苑九月壬寅行營招討使左衞上將軍陳暉克襄州執其首惡李洪命暉討亂舊史失不書至此始見既克而推得其首惡故初亦且書軍亂丁未保義軍節度使王檀爲潞州東面行營招討使辛亥韓建楊涉罷太常卿趙光逢爲中書侍郎翰林學士承旨工部侍郎杜曉爲戶部侍郎同中書門下平章事辛酉李洪楊虔伏誅冬十一月甲午日南至告謝于南郊南至不必書因其以至日告謝而書主用至日故書之不日有事于南郊亦從其本語蓋此南郊禮差簡己酉搜訪賢良鎭國軍節度使康懷英伐岐十二月懷英克寧慶衍三州及劉知俊戰于升平敗績

四年春正月壬辰朔始用樂自唐末之亂禮樂亡至此始用樂故書丁未講武于榆林二月己丑閱稼于穀水秋八月丙寅如陝州以岐人晉人攻夏州故也河南尹張宗奭留守西都辛未護國軍節度使楊師厚爲西路行營招討使以伐岐九月己丑至自陝州辛亥搜訪賢良冬十一月己丑寧國軍節度使王景仁爲北面行營招討使以伐趙趙王王鎔北平王王處直叛附于晉晉人救趙十二月癸酉頒律令格式

乾化元年春正月丁亥王景仁及晉人戰于柏鄉敗績庚寅赦流罪以下因求危言正諫癸巳天雄軍節度使楊師厚爲北面行營招討使夏四月壬申契丹阿保機遣使者來五月甲申朔大赦改元癸巳幸張宗奭第秋八月戊辰閱稼于榆林渤海遣使者來戊寅人閤于興安鞠場九月辛巳朔御文明殿入閤御殿而云入閤其本語書之以見禮失事在李琪列傳此禮其後屢行皆不書一書以見其失足矣庚子如魏州以晉人攻魏故也張宗奭留守西都冬十月丙子大閱于魏東郊十一月高萬興取鹽州壬辰至自魏州乙未回鶻吐蕃遣使者來

二年春二月丁巳光祿卿盧玭使于蜀甲子如魏州亦以晉人及鎭定攻相魏也張宗奭留守西都次白馬殺左散騎常侍孫隲右諫議大夫張衍兵部郎中張儁戊寅如貝州三月丙戌屠棗强書屠著其酷之甚者丁未復如魏州夏四月己巳至自魏州下書如西都則此至東都可知戊寅如西都五月丁亥德音降死罪已下囚德音之小者從其本名以著其實罷役徒禁屠及捕生渤海遣使者來是月薛貽矩薨六月疾革郢王友珪反叛者背此而附彼猶臣於人也反自下謀上惡逆之大者也日月之書不書雖無義例而事亦有不得而日反非一朝一夕不能得其日故反者皆不日戊寅皇帝崩年六十一不書崩處以異於得其終者乾化二年十一月友珪葬之河南伊闕縣號宣陵以不得其死故不書葬

嗚呼天下之惡梁久矣自後唐以來皆以爲僞也至予論次五代獨不僞梁而議者或譏予大失春秋之旨以謂梁負大惡當加誅絕而反進之是獎篡也非春秋之志也予應之曰是春秋之志爾魯桓公弒隱公而自立者宣公弒子赤而自立者鄭厲公逐世子忽而自立者衞公孫剽逐其君衎而自立者聖人於春秋皆不絕其爲君此予所以不僞梁者用春秋之法也然則春秋亦獎篡乎曰惟不絕四者之爲君於此見春秋之意也聖人之於春秋用意深故能勸戒切爲言信然後善惡明夫欲著其罪於後世在乎不沒其實其實嘗爲君矣書其爲君其實篡也書其篡各傳其實而使後世信之則四君之罪不可得而掩爾使爲君者不得掩其惡然後人知惡名不可逃則爲惡者庶乎其息矣是謂用意深而勸戒切爲言信而善惡明也桀紂不待貶其王而萬世所共惡者也春秋於大惡之君不誅絕之者不害其褒善貶惡之旨也惟不沒其實以著其罪而信乎後世與其爲君而不得掩其惡以息人之爲惡能知春秋之此意然後知予不僞梁之旨也

五代史卷二考證

梁太祖紀忠武軍節度使劉知俊爲西路行營招討使以伐岐注以大加小曰伐○臣文清按周禮大司馬以九伐之法正邦國左傳聲罪致討曰伐孟子曰征者上伐下也注謂以大加小曰伐恐非

五代史卷三

宋　歐陽修　撰

梁本紀第三

末帝太祖第三子友貞也末非諡號爲人美容貌沉厚寡言雅好儒士太祖即位封均王爲左天興軍使東京馬步軍都指揮使乾化二年六月太祖遇弒友珪自立殺博王友文以弒帝之罪歸之以王爲東京留守開封尹敬翔爲中書侍郎同中書門下平章事戶部尚書李振爲崇政院使明年友珪改元曰鳳曆二月駙馬都尉趙巖至東都王私與之謀遣馬慎交之魏州見楊師厚計事師厚遣小校王舜賢至洛陽告左龍虎統軍袁象先使討賊是時懷州龍驤屯兵叛方捕索之王乃僞爲友珪詔書發左右龍驤在東都者皆還洛陽因激怒之曰天子以懷州屯兵叛追汝等欲盡坑之諸將皆泣莫知所爲王曰先皇帝經營王業三十餘年今日尚爲友珪所殺汝等安所逃死乎因出太祖畫像示諸將而泣曰汝能趨洛陽擒逆賊則轉禍爲福矣衆皆呼萬歲請王爲主王乃遣人趣象先等庚寅象先等以禁兵討賊友珪死杜曉見殺象先遣趙巖持傳國寶至東都請王入洛陽王報曰夷門太祖所以興王業也北拒并汾東至淮海國家藩鎭多在東方命將出師利于便近是月皇帝卽位於東都卽位大事失其日而書是月見亂之甚於東都終上文也復稱乾化三年復博王友文官爵三月丁未更名鍠夏五月楊師厚取滄州秋九月甲辰御史大夫姚洎爲中書侍郎同中書門下平章事冬十二月晉人取幽州

四年夏四月丁丑貶于兢爲萊州司馬武寧軍節度使蔣殷反天平軍節度使牛存節討之

貞明元年春正月存節克徐州蔣殷自燔死故不書伏誅三月丁卯趙光逢罷平盧軍節度使賀德倫爲天雄軍節度使[illegible]分其相澶衞州爲昭德軍宣徽使張筠爲節度使己丑天雄軍亂賀德倫叛附于晉[illegible]邠州李保衡叛于岐來附夏六月庚寅朔晉王李存勗入于魏州遂取德州冬十月辛亥康王友孜反伏誅反有日故書日十一月乙丑改元耀州溫昭圖叛于岐來附是歲更名瑱舊史失其日月

二年春二月丙申楊涉罷三月鎭南軍節度使劉鄩及晉人戰于故元城敗績奔于滑州晉人取衞州惠州捉生都將李霸反伏誅夏六月捉生都將張溫叛降于晉秋七月晉人取相州張筠奔于京師安國軍節度使閻寶叛附于晉八月丁酉太子太保致仕趙光逢爲司空兼門下侍郎同中書門下平章事九月晉人取滄州橫海軍節度使戴思遠奔于京師晉人克貝州守將張源德死之書死得其死也冬十月丁酉中書侍郎鄭珏同中書門下平章事

三年夏四月辛卯右千牛衞大將軍劉璩使于契丹冬十二月宣義軍節度使賀瓌爲北面行營招討使己巳如西都卜郊晉人取楊劉

四年正月不克郊己卯至自西都夏四月己酉尚書吏部侍郎蕭頃爲中書侍郎同中書門下平章事己巳趙光逢罷冬十二月庚子朔賀瓌殺其將謝彥章孟審澄侯溫裕癸亥瓌及晉人戰于胡柳敗績是歲泰寧軍節度使張守進叛附于晉亳州團練使劉鄩爲兗州安撫制置以討之[illegible]

五年春正月晉軍于德勝[illegible]秋八月乙未朔開封尹王瓚爲北面行營招討使冬十月劉鄩克兗州張守進伏誅十二月晉人取濮陽天平軍節度使霍彥威爲北面行營招討使

六年夏四月己亥降死罪以下囚乙巳尚書左丞李琪爲中書侍郎同中書門下平章事河中節度使朱友謙

襲同州殺其節度使程全暉叛附于晉泰寧軍節度使劉鄩討之秋七月陳州妖賊毋乙自稱天子九月庚寅供奉官郎公遠爲契丹歡好使冬十月毋乙伏誅

龍德元年春趙將張文禮殺其君鎔來乞師不許（文禮初爲鎔養子號王德明此書張文禮者從舊史也）三月丁亥朔禁私度僧尼陳州刺史惠王友能反夏五月丙戌朔德音改元降流罪已下四秋赦友能降封房陵侯天平軍節度使戴思遠爲北面行營招討使冬十月思遠及晉人戰于戚城敗績

二年春正月思遠襲魏州取成安秋八月滑州兵馬留後段凝攻衞州執其刺史李存儒戴思遠克淇門共城新鄉

三年春三月潞州李繼韜叛于晉來附夏閏四月唐人取鄆州（晉未即位已自與梁爲敵國至其建號於梁無所利害故不書唐建號而書唐人者因事而見爾）五月庚申宣義軍節度使王彥章爲北面行營招討使取德勝南城秋八月段凝爲北面行營招討使先鋒將康延孝叛降于唐冬十月甲戌宣義軍節度使王彥章及唐人戰于中都敗績死之（凡官皆不重書此書者嫌彥章已罷招討使而與唐戰蓋罷使而別將兵以戰也）唐人取曹州盜竊傳國寶奔于唐戊寅皇帝崩年三十六梁亡（書曰梁亡見唐莊宗之立速也四月莊宗立稱唐十月梁始亡見唐不待滅梁而立）

五代史卷三考證

梁末帝紀宣義軍節度使王彥章及唐人戰于中都敗績死之注凡官皆不重書此書者嫌彥章已罷招討使而與唐戰蓋罷使而別將兵以戰也○臣人龍按歐陽修作王彥章畫像記首稱太師王公極道其善戰而一本於忠節則此當以死事而重書其官恐非別將兵之謂也

五代史卷四

宋　歐陽修　撰

唐本紀第四

莊宗光聖神閔孝皇帝其先本號朱邪蓋出於西突厥至其後世別自號曰沙陀而以朱邪爲姓唐德宗時有朱邪盡忠者居於北庭之金滿州貞元中吐蕃贊普攻陷北庭徙盡忠於甘州而役屬之其後贊普爲回鶻所敗盡忠與其子執宜東走贊普怒追之及于石門關盡忠戰死執宜獨走歸唐居之鹽州以隸河西節度使范希朝希朝徙鎮太原執宜從之居之定襄神武川之新城其部落萬騎皆驍勇善騎射號沙陀軍執宜死其子曰赤心懿宗咸通十年神策大將軍康承訓統十八將討龐勛於徐州以朱邪赤心爲太原行營招討沙陀三部落軍使以從破勛功拜單于大都護振武軍節度使賜姓名李國昌以之屬籍沙陀素彊而國昌恃功益橫恣懿宗患之十三年徙國昌雲州刺史大同軍防禦使國昌稱疾拒命國昌子克用尤善騎射能仰中雙鳧爲雲州守捉使國昌已拒命克用乃殺大同軍防禦使段文楚據雲州自稱留後唐以太僕卿盧簡方爲振武節度使會幽并兵討之簡方行至嵐州軍潰由是沙陀侵掠代北爲邊患矣明年僖宗即位以謂前太原節度使李業遇沙陀有恩而業已死乃以其子鈞爲靈武節度使宣慰沙陀六州三部落使（六州三部落皆不見其名處據唐書除使有此語爾）以招輯之拜克用大同軍防禦使居久之國昌出擊党項吐渾赫連鐸襲破振武克用聞之自雲州往迎國昌而雲州人亦閉關拒之國昌父子無所歸因掠蔚朔間得兵三千國昌入保蔚州克用還據新城僖宗乃拜鐸大同軍使以李鈞爲代北招討使以討沙陀乾符五年沙陀破遮虜軍又破岢嵐軍而唐兵數敗沙陀由此益熾北據蔚朔南侵忻代嵐石至于太谷廣明元年招討使李琢會幽州李可舉雲州赫連鐸擊沙陀克用與可舉相拒雄武軍其叔父友金以蔚朔州降于琢克用聞之遽還可舉追至藥兒嶺大敗之琢軍夾擊又敗之于蔚州沙陀大潰克用父子亡入達靼克用少驍勇軍中號曰李鵶兒其一目眇及其貴也又號獨眼龍其威名蓋於代北其在達靼久之鬱鬱不得志又常懼其圖已因時時從其羣豪射獵或掛針於木或立馬鞭百步射之輒中羣豪皆服以爲神黃巢已陷京師中和元年代北起軍使陳景思發沙陀先所降者與吐渾安慶等萬人赴京師行至絳州沙陀軍亂大掠而還景思念沙陀非克用不可將乃以詔書召克用於達靼承制以爲代州刺史鴈門以北行營節度使率蕃漢萬人出石嶺關過太原求發軍錢節度使鄭從讜與之錢千緡米千石克用怒縱兵大掠而還二年十一月景思克用復以步騎萬七千赴京師三年正月至于河中進屯乾坑巢黨驚曰鵶兒軍至矣二月敗巢將黃鄴於石隄谷三月又敗趙章尚讓於良田坡橫尸三十里是時諸鎮兵皆會長安大戰渭橋賊敗走入城克用乘勝追之自光泰門先入戰望春宮昇陽殿巢敗南走出藍田關京師平克用功第一天子拜克用檢校司空同中書門下平章事河東節度使以國昌爲鴈門以北行營節度使十月國昌卒十一月遣其弟克修攻昭義孟方立取其澤潞二州方立走山東以邢洺磁三州自別爲昭義軍（昭義軍在唐時跨山東西管五州至是澤潞入于晉邢洺磁孟氏據之故當時有兩昭義）黃巢南走至蔡州降秦宗權遂攻陳州四年克用以兵五萬救陳州出天井關假道河陽諸葛爽不許乃自河中渡河四月敗尚讓於太康又敗黃鄴于西華巢且走且戰至中牟臨河未渡而克用追及之賊衆驚潰比至封丘又敗之巢脫身走克用追之一日夜馳三百里至于冤朐不及而還過汴州休軍封禪寺朱全忠饗克用於上源驛夜酒罷克用醉臥伏兵發火起侍者郭景銖滅燭匿克用牀下以水醒面而告以難會天大雨滅火克用得從者薛鐵山賀回鶻等隨電光縋尉氏門出還軍中七月至于太原訟其事于京師請加兵於汴遣弟克修將兵萬人屯于河中以待僖宗和解之用破巢功封克用隴西郡王光啓元年河中王重榮與宦者田令孜有隙徙重榮兗州以定州王處存爲河中節度使詔克用以兵護處存之鎮（克用不僭號故不稱王焉）重榮使人紿克用曰天子詔重榮俟克用至與處存共誅之因僞爲詔書示克用曰此朱全忠之謀也克用信之八上表請討全忠僖宗不許克用大怒重榮既不肯徙僖宗遣邠州朱玫鳳翔李昌符討之克用反以兵助重榮敗玫于沙苑遂犯京師縱火大掠天子出居于興元克用退屯河中朱玫亦反以兵追天子不及得襄王熅迫之稱帝屯于鳳翔僖宗念獨克用可以破玫而不能使也當破黃巢長安時天下兵馬都監楊復恭與克用善乃遣諫議大夫劉崇望以詔書召克用且道復恭意使進兵討玫等克用陽諾而不行明年孟方立死其弟遷立大順元年克用擊破孟遷取邢洺磁三州乃遣安金俊攻赫連鐸於雲州幽州李匡威救鐸戰於蔚州金俊大敗於是匡威鐸及朱全忠等皆請因其敗伐之昭宗以克用破黃巢功高不可伐下其事臺省四品官議議者多言不可宰相張濬獨以謂沙陀前逼僖宗幸興元罪當誅可伐軍容使楊復恭克用所善也亦極諫以爲不可昭宗然之詔諭全忠等全忠陰賂濬使持其議益堅昭宗不得已以濬爲太原四面行營兵馬都統韓建爲副使是時潞州將馮霸叛降于梁梁遣葛從周入潞州唐以京兆尹孫揆爲昭義軍節度使克用遣李存孝執揆于長子又遣康君立取潞州十一月濬及克用戰于陰地濬軍三戰三敗濬建遁歸克用兵大掠晉絳至于河中赤地千里克用上表自訴其辭慢侮天子爲之引咎優詔荅之二年二月復拜克用河東節度使隴西郡王加檢校太師兼中書令四月攻赫連鐸于雲州圍之百餘日鐸走吐渾八月大蒐于太原出晉絳掠懷孟至于邢州遂攻王鎔于鎮州克用柵常山西以十餘騎渡滹沱覘敵遇大雨平地水深數尺鎮人襲之克用匿林中禱其馬曰吾世有太原者馬不嘶馬偶不嘶以免前軍李存孝取臨城進攻元氏李匡威救鎔克用退軍邢州景福元年王鎔攻邢州李存信李嗣勳等敗鎔于堯山二月會王處存攻鎔戰于新市爲鎔所敗八月李匡威攻雲州以牽克用之兵克用潛入于雲州返出擊匡威匡威敗走十月李存孝以邢州叛二年存孝求援於王鎔克用出兵井陘擊鎔且以書招鎔而急攻其平山鎔懼遂與克用通和獻帛五十萬匹出兵助攻邢州乾寧元年三月執存孝殺之冬攻幽州李匡儔棄城走追至景城見殺以劉仁恭爲留後二年河中王重盈卒其諸子珂珙爭立克用請立珂鳳翔李茂貞邠寧王行瑜華州韓建請立珙昭宗初兩難之乃以宰相崔胤爲河中節度使既而許克用立珂茂貞等怒三鎮兵犯京師聞克用亦起兵乃皆罷去六月克用攻絳州斬刺史王瑤瑤珙弟助珙以爭者七月至于河中同州王行約奔于京師陽言曰沙陀十萬至矣謀奉天子幸邠州茂貞假子閻圭亦謀劫幸鳳翔京師大亂昭宗出居于石門克用軍留月餘不進昭宗遣延王戒丕丹王允兄事克用且告急八月克用進軍渭橋以爲邠寧四面行營都統昭宗還京師十一月克用擊破邠州王行瑜走至慶州見殺克用還軍雲陽請擊茂貞昭宗慰勞克用使與茂貞解仇以紓難拜克用忠正平難功臣封晉王是時晉軍渭北遇雨六十日或勸克用入朝克用未決都押衙蓋寓曰天子還自石門寢未安席若晉兵渡渭人情豈復能安勤王而已何必朝哉克用笑曰蓋寓猶不信我況天下乎乃收軍而還三年正月昭宗復以張濬爲相克用曰此朱全忠之謀也乃上表曰若陛下朝以濬爲相則臣將暮至闕廷京師大恐濬命遽止朱全忠之攻鄆也克用遣李存信假道魏州以救朱宣等存信屯于莘縣軍士侵掠魏境羅弘信伏兵攻之存信敗走洺州克用自將擊魏戰于洹水亡其子落落六月破魏成安洹水臨漳等十餘邑十月又敗魏人于白龍潭進攻觀音門全忠救至乃解四年劉仁恭叛晉克用以兵五萬擊仁恭戰于安塞克用大敗光化元年朱全忠遣葛從周攻下邢洺磁三州

克用遣周德威出青山口遇從周于張公橋德威大敗冬潞州守將薛志勤卒李罕之據潞州叛附于朱全忠二年全忠遣氏叔琮攻破承天軍又破遼州至于榆次周德威敗之于洞渦秋李嗣昭復取澤潞三年嗣昭敗汴軍于沙河復取洺州朱全忠自將圍之嗣昭走至青山口遇汴伏兵嗣昭大敗秋嗣昭取懷州是歲汴人攻鎮定鎮定皆絶晉以附于朱全忠天復元年全忠封梁王梁攻下晉絳河中執王珂以歸晉失三輿國乃下意爲書幣聘梁以求和梁王以爲晉弱可取乃曰晉雖請盟而書辭慢因大舉擊晉四月氏叔琮入天井張文敬入新口葛從周入土門王處直入飛狐侯言入陰地叔琮取澤潞其別將白奉國破承天軍遼州守將張鄂汾州守將李瑭皆迎梁軍降晉人大懼會天大雨霖梁兵多疾皆解去五月晉復取汾州誅李瑭六月周德威李嗣昭取慈隰二年進攻晉絳大敗于蒲縣梁軍乘勝破汾慈隰三州遂圍太原克用大懼謀出奔雲州又欲奔匈奴未決梁軍大疫解去周德威復取汾慈隰三州四年梁遷唐都於洛陽改元曰天祐克用以謂刼天子以遷都者梁也天祐非唐號不可稱乃仍稱天復五年會契丹阿保機於雲中約爲兄弟六年梁攻燕滄州燕王劉仁恭來乞師克用恨仁恭反覆欲不許其子存勗諫曰此吾復振之時也今天下之勢歸梁者十七八彊如趙魏中山莫不聽命是自河以北無爲梁患者其所憚者惟我與仁恭耳若燕晉合勢非梁之福也夫爲天下者不顧小怨且彼常困我而我急其難可因以德而懷之是謂一舉而兩得此不可失之機也克用以爲然乃爲燕出兵攻破潞州梁圍乃解去以李嗣昭爲潞州留後後七年梁兵十萬攻潞州圍以夾城遣周德威救潞州軍于亂柳冬克用疾是歲梁滅唐克用復稱天祐四年五年正月辛卯克用卒年五十三子存勗立葬克用於鴈門

嗚呼世久而失其傳者多矣豈獨史官之謬哉李氏之先蓋出於西突厥本號朱邪至其後世別自號曰沙陀而以朱邪爲姓拔野古爲始祖其自序云沙陀者北庭之磧也當唐太宗時破西突厥諸部分同羅僕骨之人於此磧置沙陀府而以其始祖拔野古爲都督其傳子孫數世皆爲沙陀都督故其後世因自號沙陀然予考于傳記其說皆非也夷狄無姓氏朱邪部族之號耳拔野古與朱邪同時人非其始祖而唐太宗時未嘗有沙陀府也唐太宗破西突厥分其諸部置十三州以同羅爲龜林都督府僕骨爲金微都督府拔野古爲幽陵都督府未嘗有沙陀府也當是時西突厥有鐵勒延陀阿史那之類爲最大其別部有同羅僕骨拔野古等以十數蓋其小者也又有處月處密諸部又其小者也朱邪者處月別部之號耳太宗二十二年已降拔野古其明年阿史那賀魯叛至高宗永徽二年處月朱邪孤注從賀魯戰于牢山爲契苾何力所敗遂沒不見後百五六十年當憲宗時有朱邪盡忠及子執宜見於中國而自號沙陀以朱邪爲姓矣蓋沙陀者大磧也在金莎山之陽蒲類海之東自處月以來居此磧號沙陀突厥而夷狄無文字傳記朱邪又微不足録故其後世自失其傳至盡忠孫始賜姓李氏李氏後大而夷狄之人遂以沙陀爲貴種云

五代史卷五

宋　歐陽修　撰

唐本紀第五

存勗克用長子也初克用破孟方立于邢州還軍上黨置酒三垂崗伶人奏百年歌至于衰老之際聲辭甚悲坐上皆悽愴時存勗在側方五歲克用慨然捋鬚指而笑曰吾行老矣此奇兒也後二十年其能代我戰于此乎存勗年十一從克用破王行瑜遣獻捷于京師昭宗異其狀貌賜以鸂鶒卮翡翠盤而撫其背曰兒有奇表後當富貴無忘予家及長善騎射膽勇過人稍習春秋通大義尤喜音聲歌舞俳優之戲天祐五年正月即王位于太原叔父克寧殺都虞候李存質侍臣史敬鎔告克寧謀叛二月執而戕之且以先王之喪叔父之難告周德威德威自亂柳還軍太原梁夾城兵聞晉有大喪德威軍且去因頗懈王謂諸將曰梁人幸我大喪謂我少而新立無能爲也宜乘其怠擊之乃出兵趨上黨行至三垂崗歎曰此先王置酒處也會天大霧晝暝兵行霧中攻其夾城破之梁軍大敗凱旋告廟九月蜀王王建岐王李茂貞及楊崇本攻梁大安晉亦遣周德威攻其晉州敗梁軍于神山六年劉知俊叛梁來乞師王自將至陝地關遣周德威攻晉州敗梁軍于蒙阬七年冬梁遣王景仁攻趙趙王王鎔來乞師諸將皆疑鎔詐未可出兵王不聽乃救趙八年正月敗梁軍于柏鄉斬首二萬級獲其將校三百人馬三千匹進攻邢州不下留兵圍之去攻魏別遣周德威徇梁夏津高唐攻博州破東武朝城遂擊黎陽臨河淇門掠新鄉共城燕王劉守光聞晉攻梁深入乃大治兵聲言助晉王患之乃旋師七月會趙王王鎔于承天軍劉守光稱帝于燕九年正月遣周德威會鎮定以攻燕守光求救於梁梁軍攻趙屠棗彊李存審擊走之八月朱友謙以河中叛于梁來降梁遣康懷英討友謙友謙復臣于梁而亦陰附于晉十年十月劉守光請降王如幽州守光背約不降攻破之十一年殺燕王劉守光于太原用其父仁恭于鴈門剖心以祭墓也於是趙王王鎔北平王王處直奉冊推王爲尚書令始建行臺七月攻梁邢州戰于張公橋晉軍大敗十二年魏州軍亂賀德倫以魏博二州叛于梁來附王入魏州行至永濟誅其亂首張彥以其兵五百自衛號帳前銀鎗軍六月王兼領魏博節度使取德州七月取澶州劉鄩軍于洹水王率百騎覘其營遇鄩伏兵圍之數重決圍而出亡七八騎八月梁復取澶州晉軍與鄩對壘于莘晉軍數挑戰鄩閉壁不出十三年正月王留李存審于莘聲言西歸鄩聞晉王且去即引兵擊魏攻城東王行至貝州返擊鄩大敗之追至于故元城又敗之鄩走黎陽三月攻梁衛州降其刺史米昭克磁州殺其刺史靳昭四月克洺州八月圍邢州降其節度使閻寶梁張筠棄相州戴思遠棄滄州而逃遂取二州而貝州人殺梁守將張源德以城降契丹寇蔚州執振武節度使李嗣本十四年契丹寇新州遂寇幽州李嗣源擊走之冬梁謝彥章軍于楊劉十二月攻楊劉王自負葭以堙塹遂破之十五年正月梁晉相拒于楊劉彥章決河水以隔晉軍六月渡水擊彥章破其四寨八月大閱于魏合盧龍橫海昭義安國及鎮定之兵十萬馬萬匹軍于麻家渡謝彥章軍于行臺十二月進軍臨濮梁軍追之戰于胡柳晉軍大敗周德威死之梁軍暮休于土山晉軍復擊大敗之遂軍德勝爲夾寨十六年正月王兼領盧龍軍節度使梁王瓚攻德勝南城不克十月廣德勝北城十二月敗梁軍于河南十七年朱友謙襲同州梁遣劉鄩擊友謙李存審敗梁軍于同州十八年正月魏州僧傳眞獻唐受命寶一趙將張文禮弒其君鎔文禮來請命二月以文禮爲鎮州兵馬留後三月河中節度使朱友謙昭義軍節度使李嗣昭橫海軍節度使李存審義武軍節度使王處直安國軍節度使李嗣源鎮州兵馬留後張文禮領天平軍節度使閻寶大同軍節度使李存璋振武軍節度使李存進匡國軍節度使朱令德請王即皇帝位王三辭友謙等三請王曰予當思之八月遣趙王王鎔故將符習及閻寶史建瑭等攻張文禮於鎮州建瑭取趙州張文禮卒其子處瑾閉城拒守九月建瑭戰死十月梁戴思遠攻德勝北城李嗣源敗之于戚城王處直叛附于契丹其子都幽處直以來附十二月契丹寇涿州遂寇定州十九年正月敗契丹于新城望都追奔至于幽州三月閻寶敗于鎮州以李嗣昭代之四月嗣昭戰死以李存進代之八月梁取衛州九月存進敗鎮人于東垣存進戰死十月李存審克鎮州王兼領成德軍節度使

同光元年春三月李繼韜以潞州叛附于梁夏四月己巳皇帝即位大赦改元國號唐行臺左丞相豆盧革爲門下侍郎右丞相盧程爲中書侍郎同中書門下平章事中門使郭崇韜昭義監軍張居翰爲樞密使樞密使唐故以宦者爲之其職甚親至此始參用士人而與宰相權任鈞矣故與宰相並書以魏州爲東京太原爲西京鎮州爲北都閏月追尊祖考爲皇帝妣爲皇后曾祖執宜祖妣崔氏皆謚曰昭烈廟號懿祖祖國昌祖妣秦氏皆謚曰文景廟號獻祖考謚曰武廟號太祖立廟于太原自唐高祖太宗懿宗昭宗爲七廟追尊祖考則立廟可知故不書廟此書者以立高祖已下四廟故也此大事也舊史失其日壬寅李嗣源取鄆州後唐太祖畜義兒軍如李嗣昭等甚衆初皆賜姓名而不全若子故書李嗣源者書其所賜姓名爾不以子書也與友文從珂異五月辛酉梁人取德勝南城六月及王彥章戰于新壘敗之是月盧程罷秋八月梁人克澤州唐末澤潞皆屬晉梁初已得澤州至此又屬晉而梁克之中間不見晉得澤州年月蓋舊史闕不書五代之亂戰爭攻取彼此得失不常多類此也守將裴約死之九月戊辰李嗣源及王彥章戰于遞坊敗之冬十月壬申如鄆州以襲梁掩其不備疾驅而入之故日襲文理宜然無襃貶也甲戌取中都丁丑取曹州己卯滅梁敬翔自殺翔爲梁臣梁所以亡唐翔之謀爲多梁之亡也翔雖死之不書死而書自殺死大節也見不輕予人丙戌貶鄭珏爲萊州司戶參軍蕭頃登州司戶參軍殺李振趙巖張漢傑朱珪滅其族己丑德音降死罪囚流已下原之十一月乙巳復北都爲鎮州太原爲北都丙辰復汴州爲宣武軍丁巳尚書左丞趙光胤爲中書侍郎禮部侍郎韋說同中書門下平章事戊午新羅國王金朴英遣使者來辛酉復永平軍爲西都甲子如洛京洛京從當時語十二月庚午朔至自汴州辛巳李繼韜伏誅繼韜之弟繼達殺其兄繼儔于潞州繼儔以被殺書

（非不予其死蓋繼逢殺兄自當著其罪爾與書弒其君者同）壬辰畋于伊闕

二年春正月河南尹張全義及諸鎮進暖殿物己酉求唐宦者（凡書過惡辭無譏貶者直書其實而自見也）庚戌新羅國王金朴英及其泉州節度使王逢規皆遣使者來乙卯渤海國王大諲譔使大禹謨來庚申如河陽（迎皇太后也太后曹氏莊宗母也莊宗即位遣盧程奉冊爲皇太后舊史實錄皆無奉冊月日故不書）辛酉至自河陽丁卯七廟神主至自太原祔于太廟朝獻于太微宮戊辰享于太廟二月己巳朔有事于南郊大赦癸酉羣臣上尊號曰昭文睿武光孝皇帝戊寅幸李嗣源第癸未立劉氏爲皇后（五代十三君立后者七辭有不同立得其正者曰以某妃某夫人某氏爲皇后其不正者直曰立某氏爲皇后嬪與得正同爾無褒貶也）三月己酉党項來庚戌賜從平汴州及入洛南郊立仗軍士等功臣庚申工部郎中李塗爲檢視諸陵使（唐諸帝陵也）潞州將楊立反夏五月壬寅教坊使陳俊爲景州刺史內園栽接使儲德源爲憲州刺史（命官不書此書其甚也）丙辰渤海國王大諲譔遣使者來丙寅李嗣源克潞州（不書命將舊史闕）六月丙子楊立伏誅己丑封回紇王仁美爲英義可汗秋七月己酉如雷山賽天神（夷狄之事也）八月大雨霖河溢九月壬子置水于城門以禳熒惑（本紀書災不書異熒惑爲置水非禮書爾見其有懼禍之意而不知畏天以修德水旱風蝗之類害物者災也故書其變逆常理不知所以然者異也以其不可知故不書爾）甲寅幸郭崇韜第丙辰黑水遣使者來冬十月癸未左熊威軍將趙暉妻一產三男子（此亦變異而書者重人事故謹之後世以此爲善祥故於亂世書以見不然）十一月癸卯畋于伊闕丙午至自伊闕（書至見其留四日而荒甚）丁巳回鶻使都督安千想來十二月庚午及皇后幸張全義第

三年春正月庚子如東京癸卯毀即位壇爲鞠場二月己巳聚鞠于新場乙亥射鴈于王莽河辛巳突厥渾解樓渤海國王大諲譔皆遣使者來射鴨于北郊乙酉射鴨于郭泊庚寅射鴈于北郊三月乙未寒食望祭于西郊（俚俗之祭也非禮故書）庚申至自東京辛酉改東京爲鄴都以洛京爲東都夏四月乙亥及皇后幸郭崇韜朱漢賓第旱庚寅趙光胤薨五月丁酉皇太妃薨廢朝五日（太祖正室於莊宗爲嫡母書太妃及廢朝見亂世禮壞而恩薄）己酉黑水女眞皆遣使者來六月辛未宗正卿李紓爲昭宗少帝改卜園陵使（少帝濟陰王也梁嘗諡曰哀皇帝唐人謂之少帝從其本語）括馬秋七月壬寅皇太后崩（不書冊皇太后已見上注）八月癸未殺河南縣令羅貫九月庚子魏王繼岌爲西川四面行營都統郭崇韜爲招討使以伐蜀自六月雨至于是月丁巳射鴈于尖山冬十月壬午奚吐渾突厥皆遣使者來戊子葬貞簡太后于坤陵十一月丁未高麗遣使者來己酉蜀王衍降（唐兵入蜀不攻不戰君臣迎降故直書其實以見下書殺衍爲殺降）郭崇韜殺王宗弼及其弟宗渥宗訓滅其族十二月己卯畋于白沙癸未至自白沙閏月辛亥封弟存美爲邕王存霸永王存禮薛王存渥申王存乂睦王存確通王存紀雅王

四年春正月壬戌降死罪以下囚甲子魏王繼岌殺郭崇韜及其三子于蜀（實皇后劉氏作教與繼岌使殺崇韜而書繼岌殺者繼岌將兵在外后教非天子命可止而不止）戊寅契丹使梅老鞋里來庚辰殺其弟睦王存乂及河中護國軍節度使李繼麟滅其族乙酉沙州曹義金遣使者來丙戌回鶻阿咄欲遣使者來丁亥殺李繼麟之將史武薛敬容周唐殷楊師太王景來仁白奉國皆滅其族二月己丑宣徽南院使李紹宏爲樞密使癸巳鄴都軍將趙在禮反于貝州（反者皆不日獨在禮書日推迹其心可知爾其事具本傳蓋在禮初無亂心以是日見迫而反爾雖加以大惡之名猶原其本心而異於他反者於此見凡書人善惡不妄加之也如此）甲午畋于冷泉趙在禮陷鄴都武寧軍節度使李紹榮討之邢州軍將趙太反東北面招討使李紹眞討之甲辰成德軍節度使李嗣源討趙在禮三月趙太伏誅李嗣源反博州守將翟建自稱刺史甲子殺王衍滅其族（許其不死降而殺之又滅其族於殺非罪此爲甚而書無異辭者前書衍降義自見也）乙丑如汴州壬申次榮澤龍驤指揮使姚彥溫以前鋒軍叛降于李嗣源入于汴州甲戌至自萬勝（帝至萬勝鎮聞嗣源已入汴州乃還）從馬直指揮使郭從謙反夏四月丁亥朔皇帝崩（年四十三帝尸爲伶人焚之明宗入洛得其骨盧天成元年七月葬之河南新安縣號雍陵至晉避廟諱更曰伊陵其不書葬與梁太祖同）

五代史卷五考證

唐莊宗紀中門使郭崇韜昭義監軍張居翰爲樞密使本注樞密使唐故以宦者爲之其職甚微至此始參用士人而與宰相權任鈞矣故與宰相並書○臣文清按司馬光通鑑胡三省注曰唐末兩樞密與兩神策中尉號爲四貴其職非甚微也特專用宦者爲之耳項安世曰唐于政事堂後列五房有樞密房以主曹務則樞密之要宰相主之未始他付其後寵任宦人始以樞密歸之內侍耳審此則注誤矣

五代史卷六

宋　歐陽修　撰

唐本紀第六

明宗聖德和武欽孝皇帝世本夷狄無姓氏父霓爲鴈門部將生子邈佶烈以騎射事太祖爲人質厚寡言執事恭謹太祖養以爲子賜名嗣源梁攻兗鄆朱宣朱瑾來乞師太祖遣李存信將兵三萬救之存信留莘縣不進使嗣源別以兵三千先擊梁兵梁兵解去存信留莘縣久之爲羅弘信所襲存信敗走嗣源獨殿而還太祖以嗣源所將騎五百號橫衝都光化三年李嗣昭攻梁邢洺出青山遇葛從周兵嗣昭大敗走梁兵追之嗣源從間道後至謂嗣昭曰爲公一戰乃解鞍礪鏃憑高爲陣左右指畫梁追兵望之莫測嗣源急呼曰吾取葛公士卒可無動乃馳騎犯之出入奮擊嗣昭繼進梁兵解去嗣源身中四矢太祖解衣賜藥以勞之由是李橫衝名重四方梁晉相拒于柏鄉梁龍驤軍以赤白馬爲兩陣旗幟鎧仗皆如馬色晉兵望之皆懼莊宗舉鍾以飲嗣源曰卿望梁家赤白馬懼乎雖吾亦怯也嗣源笑曰有其表爾翌日歸吾廄也莊宗大喜曰卿當以氣吞之因引鍾飲釂奮檛馳騎犯其白馬挾二裨將而還梁兵敗以功拜代州刺史莊宗攻劉守光嗣源及李嗣昭將兵三萬別出飛狐定山後取武嬀儒三州莊宗已平魏州因徇下磁相拜相州刺史昭德軍節度使久之徙鎮安國契丹攻幽州莊宗遣嗣源與閻寶等擊走之同光元年徙鎮橫海是時梁唐相拒于河上李繼韜以潞州叛降梁莊宗有憂色召嗣源帳中謂曰繼韜以上黨降梁而梁方急攻澤州吾出不意襲其鄆州以斷梁右臂可乎嗣源對曰夾河之兵久矣苟非出奇則大計不決臣請獨當之乃以步騎五千涉濟至鄆州鄆人無備遂襲破之即拜天平軍節度使蕃漢馬步軍副都總管梁軍攻破德勝南柵莊宗退保楊劉王彥章急攻鄆州莊宗悉軍救之嗣源爲前鋒擊敗梁軍追至中都擒彥章及梁監軍張漢傑彥章雖敗而段凝悉將梁兵屯河上莊宗未知所嚮諸將多言乘勝以取青齊嗣源曰彥章之敗凝猶未知使其聞之遲疑定計亦須三日縱使料吾所向亟發救兵必渡黎陽數萬之衆舟楫非一日具也此去汴州不數百里前無險阻方陣而行信宿可至汴州已破段凝豈足顧哉而郭崇韜亦勸莊宗入汴莊宗以爲然遣嗣源以千騎先至汴州攻封丘門王瓚開門降莊宗後至見嗣源大喜手攬其衣以頭觸之曰天下與爾共之拜中書令二年莊宗祀天南郊賜以鐵券五月破楊立于潞州六月徙鎮宣武兼蕃漢內外馬步軍總管冬契丹侵漁陽嗣源敗之于涿州三年徙鎮成德莊宗幸鄴請朝行在不許貞簡太后疾請入省又不許太后崩請赴山陵許之而契丹侵邊乃止十二月遂朝于洛陽

天成元年（實同光四年而書天成元年者大赦改元見下可知莊宗本紀自書同光四年各從其所稱既曰改元不嫌二號也）郭崇韜朱友謙皆以讒死嗣源以名位高亦見疑忌趙在禮反於魏大臣皆請遣嗣源討賊莊宗不許羣臣屢請莊宗不得已遣之三月壬子嗣源至魏屯御河南在禮登樓謝罪甲寅軍變嗣源入于魏與在禮合夕出止魏縣丁巳以其兵南還石敬瑭將三百騎爲先鋒嗣源行過鉅鹿掠小坊馬二千匹以益軍壬申入汴州四月丁亥莊宗崩己丑入洛陽甲午監國朝羣臣于興聖宮乙未中門使安重誨爲樞密使殺元行欽及租庸使孔謙壬寅左驍衛大將軍孔循爲樞密使丙午始奠于西宮（曰始奠見其緩也自己丑入洛至此二十日矣）皇帝即位于柩前（柩前即位嗣君之禮也反逆之臣自立而用嗣君之禮書從其實而不變文者蓋先已書反正其罪矣此書其實者見其猶有自愧之心而欲逃大惡之名也）易斬縗以袞冕（既用嗣君之禮矣釋縗而服冕故書以見其情）壬子魏王繼岌薨（諸王薨不書此書見明宗舉兵實反會從謙弒逆遂託赴難爲名及即位特莊宗元子猶在則其辭屈矣）甲寅大赦改元渤海國王大諲譔使大陳林來是月張居翰罷五月丙辰朔太子賓客鄭珏工部尚書任圜爲中書侍郎同中書門下平章事戊辰趙在禮爲義成軍節度使（在禮始亂當誅而明宗因之以反命以方鎮報其功也故書）六月丁酉汴州控鶴軍亂指揮使張諫殺其權知州事高逖己亥諫伏誅秋七月庚申安重誨殺殿直馬延于御史臺門（御史臺所以糾百官之法殺人于臺門惡其甚）契丹使梅老述骨來渤海使大昭佐來己卯貶豆盧革爲辰州刺史韋說敘州刺史甲申流革于陵州說于合州八月乙酉朔陝州硤石縣民高存妻一產三男子丁酉以象笏三十二賜百官之無笏者（是時朝廷衰弱之甚故書）閱于冷泉宮己亥契丹寇邊丁未平盧軍節度使霍彥威殺其登州刺史王公儼甲寅醫官張志忠爲太原少尹九月己未幸至德宮及袁建豐第冬十月丁亥雲南山後兩林百蠻都鬼主右武衞大將軍李卑晚使大鬼主傳能何華來辛丑契丹使沒骨餒來告阿保機哀廢朝三日旱辛亥雨

二年春正月癸丑朔更名亶癸亥端明殿學士兵部侍郎馮道太常卿崔協爲中書侍郎同中書門下平章事二月壬午朔新羅使張芬來西川節度使孟知祥殺其

兵馬都監李嚴丙申赦京師因郭從謙爲景州刺史既而殺之從謙弒君不討而命以官故書與在禮同罪宜誅而書殺者明宗亦同罪不得行誅故以兩相殺書之戊戌山南東道節度使劉訓爲南面招討使以伐荆南是時荆南自絕於中國而附吳不以有罪書討而書伐見非內臣不責其叛三月壬子朔幸會節園羣臣買宴避幸若不過度則小事也皆不書惟莊宗及晉出帝之世則書者著其過度耳明宗於五代爲勤儉之君避幸無過度此書以著買宴見君臣之失矣盧臺軍亂殺其將烏震新羅使林彥來夏四月庚寅盧臺軍將龍晊等伏誅六月丙戌任圜罷庚子幸白司馬坡祭突厥神夷狄之事也秋七月甲子隨州刺史西方鄴取夔忠萬州癸酉殺豆盧革韋說八月乙酉牂牁使宋朝化及昆明使者來九月庚午党項使如連山來壬申契丹使梅老來冬十月乙酉如汴州宣武軍節度使朱守殷反馬步軍都指揮使馬彥超死之己丑守殷自殺不書克汴州者天子自以兵討未嘗攻戰直入其城也佗自殺不書爲書克州此不書克州故書自殺乙未殺太子少保致仕任圜實安重誨矯詔殺之不書重誨殺者明宗知而不責又下詔書誣圜以罪故以明宗自殺書之辛丑德音釋輕繫囚是月傳箭于霍彥威夷狄之事也十一月乙亥契丹使梅老來十二月己丑回鶻西界吐蕃遣使者來甲辰畋于東郊丙午追尊祖考爲皇帝妣爲皇后高祖聿謚曰孝恭廟號惠祖祖妣劉氏謚曰孝恭昭曾祖敖謚曰孝質廟號毅祖祖妣張氏謚曰孝質順祖琰謚曰孝靖廟號烈祖祖妣何氏謚曰孝靖穆考謚曰孝成廟號德祖妣劉氏謚曰孝成懿立廟于應州

三年春正月丁巳契丹陷平州二月辛巳吐渾都督李紹虜來乙未孔循罷戊戌回鶻使李阿山來三月丁未朔御札求直言己未鄭珏罷癸亥成德軍節度使王建立爲尚書右僕射同中書門下平章事西方鄴克歸州戊辰宣徽南院使范延光爲樞密使夏四月戊寅延光罷乙酉達靼遣使者來義武軍節度使王都反壬寅歸德軍節度使王晏球爲北面行營招討使五月契丹禿餒入于定州辛酉右衛上將軍趙敬怡爲樞密使封回鶻可汗王仁裕爲順化可汗秋七月己未殺齊州防禦使曹廷隱八月盧龍軍節度使趙德鈞執契丹首領惕隱赫邈慶州防禦史竇廷琬反冬十月靜難軍節度使李敬周討之丁巳突厥使張慕晉來十一月壬午吐渾使念九來甲午王建立罷十二月李敬周克慶州竇廷琬伏誅辛亥幸康義誠第

四年春正月壬辰回鶻使掣撥都督來二月癸卯王晏球克定州王都自焚故不書伏誅辛酉晏球獻馘俘趙敬怡薨丁卯崔協薨庚午至自汴州三月丙戌殺姪從璨夏四月契丹寇雲州癸丑契丹使撩括梅里來求禿餒殺之甲寅端明殿學士尚書兵部侍郎趙鳳爲門下侍郎兼工部尚書同中書門下平章事五月己巳朝羣臣賀朔不日視朝而曰賀朔書非禮視朝常事自不書爾五月賀朔出於道家之說自唐以來用之書之見亂世舉非禮之不急者此禮其後屢行告不復書者與入閤同乙酉追諡少帝曰昭宣光烈孝皇帝契丹寇雲州秋七月壬申殺右金吾衞上將軍毛璋八月乙巳黑水使骨至來丁未吐渾首領念公山來乙卯党項折遇明來己未高麗王建使張彬來九月癸巳殺供奉官烏昭遇冬十二月辛丑殺西平縣令李商

長興元年春正月丁卯閱馬于苑辛卯宣徽南院使朱弘昭爲大內留守二月戊戌黑水兀兒遣使者來乙巳天雄軍節度使石敬瑭爲御營使癸丑朝獻于太微宮甲寅享于太廟乙卯有事于南郊大赦改元三月庚寅立淑妃曹氏爲皇后夏四月戊戌安重誨使河中衙內指揮使楊彥溫逐其節度使從珂壬寅西京留守索自通侍衞步軍指揮使藥彥稠討之辛亥自通執彥溫殺之彥溫雖有罪有命獲而勿殺自通擅殺之故不書誅而書殺戊午羣臣上尊號曰聖明神武文德恭孝皇帝辛酉吐蕃首領于撥葛來五月丁丑回鶻使翟栗祖來庚辰回鶻使安黑連來秋七月壬午訪莊宗子孫瘞所莊宗子孫而不知瘞所見明宗舉兵不順禍害所羅者可哀也於此始求之見事後而無恩也八月乙未忠武軍節度使張延朗爲三司使三司使始於此而今遂因之壬寅殺捧聖都軍使李行德大將張儉滅其族吐渾來附封子從榮爲秦王戊申海州將王傳極殺其刺史陳宣叛于吳來降乙卯吐渾康合畢來丙辰封子從厚爲宋王九月壬戌吐蕃使王滿儒來東川節度使董璋反甲申成德軍節度使范延光爲樞密使丁亥石敬瑭爲東川行營都招討使冬十月丁酉始藏冰甲辰驍衞上將軍致仕張筠進助軍粟乙巳董璋陷閬州殺節度使李仁矩指揮使姚洪死之孟知祥反十一月庚申朔秦王從榮受冊謁于太廟冊禮廢於亂世至此始行之故書丙戌契丹東丹王突欲來奔夷狄不可以禮義責故不曰叛于契丹十二月丁未二王後秘書丞酅國公楊仁矩卒廢朝一日丁巳回鶻順化可汗王仁裕使翟未斯來安重誨討董璋不命將名直以樞密使往沙州曹義金遣使者來

二年春正月戊辰党項使折七移來庚辰達靼使列六薛孃居來二月丁酉幸安元信第戊戌突厥使杜阿熟吐渾使康萬琳來辛丑安重誨罷三月趙鳳罷丁亥太常卿李愚爲中書侍郎同中書門下平章事夏四月甲辰宣徽北院使趙延壽爲樞密使甲寅董璋陷遂州武信軍節度使夏魯奇死之乙卯以旱赦流罪以下囚閏五月丁酉殺太子太師致仕安重誨及其妻張氏子崇贊崇緒秋八月己未契丹使邪姑兒來九月丁亥放五坊鷹隼冬十一月戊申吐蕃遣使者來辛丑旌表棣州民邢釗門閭干戈之世王道息而禮義亡民猶有自知孝悌而時君旌表猶有勸民之意故兩善而書之十二月甲寅朔除鐵禁初稅農具錢至今因之故書己未西京府遣使者來己巳回鶻使安永思來辛未渤海使文成角來党項寇方渠

三年春正月庚子契丹使拽骨來己酉渤海回鶻皆遣使者來二月己卯靜難軍節度使藥彥稠及党項戰于牛兒谷敗之三月甲申契丹遣使者來夏四月庚申新羅遣使者來五月己丑二王後詹事司直楊延紹襲封酅國公丙午孟知祥攻董璋陷綿州六月甲寅封王建爲高麗國王大義軍使孟知祥殺董璋陷東川達靼首領頡哥以其族來附秋八月己卯吐蕃遣使者來冬十月庚申幸石敬瑭第

四年春正月庚寅端明殿學士兵部侍郎劉昫爲中書侍郎同中書門下平章事二月戊午孟知祥使朱滉來十國外而不書此書者知祥本唐臣而反至此改過自歸絕之則嫌不許其自新錄之則尚冀其遷善然其來也臣禮不備故如夷狄書之三月甲辰追冊晉國夫人夏氏爲皇后夏五月戊寅封子從珂爲潞王從珂非子而書子與梁博王友文同從益許王姪從溫兗王從璋洋王從敏涇王丙戌契丹使迭骨卿來秋七月乙未回鶻都督李末來獻白鶻命放之八月戊申大赦九月戊戌趙延壽罷山南東道節度使朱弘昭爲樞密使冬十月庚申范延光罷三司使馮贇爲樞密使壬申幸士和亭得疾書得疾爲從榮事詳之十一月壬辰秦王從榮以兵入興聖宮不克伏誅君病不侍疾以兵求立罪當誅故書伏誅其意以謂帝崩矣懼不得立而舉兵自助非反故不書反乙未侍衞親軍都指揮使康義誠殺三司使孫岳戊戌皇帝崩于雍和殿六年十七淸泰元年葬河南洛陽縣號徽陵雖得其死而爲賊所葬故亦不書葬

嗚呼自古治世少而亂世多三代之王有天下者皆數百年其可道者數君而已況於後世邪況於五代邪予聞長老爲予言明宗雖出夷狄而爲人純質寬仁愛人於五代之君有足稱也嘗夜焚香仰天而祝曰臣本蕃人豈足治天下世亂久矣願天早生聖人自初即位減罷宮人伶官廢內藏庫四方所上物悉歸之有司廣壽殿火災有司理之請加丹雘喟然歎曰天以火戒我豈宜增以侈邪歲嘗旱已而雪暴出庭中詔武德司宮中無得掃雪曰此天所以賜我也數問宰相馮道等民間疾苦聞道等言穀帛賤民無疾疫則欣然曰吾何以堪之當與公等作好事以報上天吏有犯贓輒寘之死曰此民之蠹也以詔書褒廉吏孫岳等以風示天下其愛人恤物蓋亦有意於治矣其即位時春秋已高不邇聲色不樂遊畋在位十年於五代之君最爲長世兵革粗息年屢豐登生民實賴以休息然夷狄性果仁而不明屢以非辜誅殺臣下至於從榮父子之間不能慮患爲防而變起倉卒卒陷之以大惡帝亦由此飲恨而終當是時大理少卿康澄上疏言時事其言曰爲國家者有不足懼者五深可畏者六三辰失行不足懼天象變見不足懼小人訛言不足懼山崩川竭不足懼水旱蟲蝗不足懼也賢士藏匿深可畏四民遷業深可畏上下相狥深可畏廉恥道消深可畏毀譽亂眞深可畏直言不聞深可畏也識者皆多澄言切中時病若從榮之變任圜安重誨等之死可謂上下相狥而毀譽亂眞之敝矣然澄之言豈止一時之病凡爲國者可不戒哉

五代史卷七

宋　歐陽修　撰

唐本紀第七

愍皇帝明宗第五子從厚也爲人形質豐厚寡言好禮明宗以其貌類已特愛之天成二年以檢校司徒拜河南尹判六軍諸衞事加檢校太保同中書門下平章事從厚妃孔循女也安重誨怒循以女妻從厚三年罷循樞密使出從厚爲宣武軍節度使明年徙鎮河東長興元年封從厚宋王徙鎮成德二年徙鎮天雄累加兼中書令四年十一月秦王從榮伏誅明宗病甚遣宦者孟漢瓊召王于鄴而明宗崩秘其喪六日十二月癸卯朔發喪于西宮皇帝即位于柩前羣臣見于東階復于喪位丙午成服于西宮二代五君於此始見嗣君即位服喪之事先君得其終嗣君得其始而免爾亂於臣民於篡亂之世稀見之事也故特詳書之庚戌登光政門樓存問軍民辛亥殺司衣王氏癸丑始聽政乙卯殺司儀康氏丁巳馮道爲大行皇帝山陵使戶部尚書韓彥惲爲副中書舍人王延爲判官禮部尚書王權爲禮儀使兵部尚書李鱗爲鹵簿使御史中丞龍敏爲儀仗使左僕射權判河南府盧質爲橋道頓遞使丁卯禫

應順元年春正月壬申朔視朝于廣壽殿著非禮也乙亥契

丹使都督沒辣于來戊寅大赦改元用樂回鶻可汗王仁美遣使者來沙州瓜州遣使者來乙未朱弘昭馮贇獻錢助作山陵閏月丙午冊皇太后（不書姓氏不曰冊某人爲皇太后者母尊不可斥其事自見於傳也）甲寅冊太妃王氏北京留守石敬瑭獻銀絹助作山陵二月庚寅視作山陵鳳翔節度使潞王從珂反辛卯西京留守王思同爲西面行營都部署靜難軍節度使藥彥儔爲副三月丙辰思同兵潰嚴衞指揮使尹暉羽林指揮使楊思權以其軍叛降于從珂辛酉殺侍衞親軍馬軍都指揮使朱弘實癸亥河陽三城節度使康義誠爲鳳翔行營都招討使王思同爲副西京副留守劉遂雍叛降于從珂思同奔歸于京師不克死之丁卯京城巡檢使安從進叛殺馮贇朱弘昭自殺從進傳其二首于從珂戊辰如衞州（不書帝崩者當於廢帝紀書弒鄂王也）

廢帝鎭州平山人也本姓王氏其世微賤母魏氏少寡明宗爲騎將過平山掠得之魏氏有子阿三已十餘歲明宗養以爲子名曰從珂及長狀貌雄偉謹信寡言而驍勇善戰明宗甚愛之自晉兵戰梁于河上從珂常立戰功莊宗呼其小字曰阿三不徒與我同年其敢戰亦類我同光二年爲衞州刺史突騎指揮使戍于石門明宗討趙在禮自魏反兵而南從珂率戍兵自曲陽盂縣馳出常山以追明宗明宗之南也兵少得從珂兵在後而軍聲大振明宗入立拜從珂河中節度使封潞王是時明宗春秋已高王於諸子次最長樞密使安重誨患之乃矯詔河中裨將楊彥溫使圖之王閱馬于黃龍莊彥溫即閉門拒之王止于虞鄉以聞明宗召王還京師居之清化里第重誨數請行軍法明宗不聽後重誨見殺乃起王爲左衞大將軍西京留守長興三年爲鳳翔節度使王子重吉自明宗時典禁兵爲控鶴指揮使愍帝即位朱弘昭馮贇用事乃罷重吉兵職出爲亳州團練使又徙王爲北京留守不降制書而宣授又以李從璋爲代初安重誨得罪罷河中以從璋爲代而重誨見殺故王益自疑遂據城反愍帝遣王思同會諸鎭兵討之思同戰敗走諸鎭兵皆潰

清泰元年三月丁巳王以兵東庚申次長安西京副留守劉遂雍叛于唐來降甲子次華州執藥彥稠丙寅次靈寶河中安彥威陝州康思立叛于唐來降己巳次陝州康義誠叛于唐來降殺宣徽使孟漢瓊愍帝出居于衞州夏四月壬申入京師馮道率百官迎王于蔣橋王辭不見入哭于西宮遂見羣臣道拜王答拜入居于至德宮癸酉以太后令降天子爲鄂王命王監國乙亥皇帝即位丙子率河南民財以賞軍丁丑借民房課五月以賞軍戊寅弒鄂王（義與弒潞王同）慈州刺史宋令詢死之乙酉大赦改元戊子殺康義誠及藥彥儔（義誠叛于愍帝罪宜曰誅而廢帝同惡相殺故書殺）五月丙午端明殿學士左諫議大夫韓昭胤爲樞密使莊宅使劉延朗爲樞密副使庚戌馮道罷天雄軍節度使范延光爲樞密使甲寅賜勸進選人宗子官六月庚辰幸范延光及索自通第秋七月辛亥太常卿盧文紀爲中書侍郎同中書門下平章事丁巳立沛國夫人劉氏爲皇后八月辛未尚書左丞姚顗爲中書侍郎同中書門下平章事許御署官選（御署官選是廢帝初舉兵時所置之官以其非吏部正授故須有旨方得選此於事無勸戒不必書以舊史不詳故存所不知慎傳疑也）九月契丹寇邊冬十月戊寅李愚劉昫罷十二月己亥雄武軍節度使張延朗爲中書侍郎同中書門下平章事契丹寇雲州庚寅幸龍門旱

二年春二月甲戌范延光罷己丑追尊魯國太夫人魏氏爲皇太后（非嫡母故詳其爵氏）三月辛丑忠武軍節度使趙延壽爲樞密使夏五月辛卯宣徽南院使劉延皓爲樞密使契丹寇邊六月癸未羣臣獻添都馬（都者軍伍之名）秋七月丁酉回鶻可汗王仁美使其都督陳福海來劉延皓罷九月己酉刑部尚書房暠爲樞密使乙卯渤海遣使者來

三年春正月乙未百濟遣使者來丁未封子重美爲雍王三月丙午翰林學士禮部侍郎馬胤孫爲中書侍郎同中書門下平章事河東節度使石敬瑭反夏五月乙卯建雄軍節度使張敬達爲太原四面都招討使義武軍節度使楊光遠爲副戊申先鋒指揮使安審信叛降于石敬瑭己酉振武戍將安重榮叛降于敬瑭壬子天雄軍屯駐捧聖都虞候張令昭逐其節度使劉延皓六月癸亥以令昭爲右千牛衞將軍權知天雄軍事（僞命官不書此書者以明令昭僭）甲戌宣武軍節度使范延光爲天雄軍四面招討使秋七月戊申克魏州壬子張令昭伏誅癸丑彰聖指揮使張萬迪叛降于石敬瑭八月戊午契丹使梅里來九月甲辰張敬達及契丹戰于太原敗績契丹圍敬達于晉安戊申如河陽冬十月壬戌括馬籍民爲兵十一月戊子盧龍軍節度使趙德鈞爲行營都統丁酉契丹立晉閏月甲子楊光遠殺張敬達以其軍叛降于契丹（敬達不書死之而書殺者敬達大將宜以義責光遠而誅之猶爲得死乃見殺故書殺）甲戌契丹及晉人至于潞州丁丑至自河陽辛巳皇帝崩（年五十一帝自焚死晉高祖命葬其燼骨於徽陵域中）

嗚呼君臣之際可謂難哉蓋明者慮於未萌而前知暗者告以將及而不懼故先事而言則雖忠而不信事至而悔其可及乎重誨區區獨見潞王之禍而謀之不臧至於殞身赤族其隙自茲及愍帝之亡也穴於徽陵其土一壠路人見者皆爲之悲使明宗爲有知其有媿於重誨矣哀哉

五代史卷七考證

唐愍帝紀靜難軍節度使藥彥儔爲副○本書藥彥稠傳潞王從珂反彥稠爲招討副使今上文書從珂反則此即係彥稠傳字誤也但各本俱同姑仍之

廢帝紀愍帝遣王思同會諸鎭兵討之○思監本訛師今從上下文改正

潞王紀戊子殺康義誠注義誠叛于愍帝罪宜曰誅而廢帝同惡相殺故書殺○臣文淸按朱子綱目大書唐康義誠伏誅夷其族劉友益書法云從珂書弒矣康義誠曷爲以伏誅書義誠自從榮之亂反覆觀望今又叛主求容罪不容于誅矣其義較長

五代史卷八

宋　歐陽修　撰

晉本紀第八

高祖聖文章武明德孝皇帝其父臬捩雞本出於西夷自朱邪歸唐從朱邪入居陰山其後晉王李克用起於雲朔之間臬捩雞以善騎射常從晉王征伐有功官至洺州刺史臬捩雞生敬瑭其姓石氏不知其得姓之始也敬瑭爲人沈厚寡言明宗愛之妻以女是爲永寧公主由是常隸明宗帳下號左射軍莊宗已得魏梁將劉鄩急攻清平莊宗馳救之兵未及陣爲鄩所掩敬瑭以十餘騎橫槊馳擊取之以旋莊宗拊其背而壯之手啗以酥啗酥夷狄所重由是名動軍中十五年莊宗戰於胡柳前鋒周德威戰死敬瑭以左射軍從明宗復擊敗梁兵明宗戰胡盧套楊村爲梁兵所敗敬瑭常脫明宗於危趙在禮之亂明宗討之至魏而兵變明宗初欲自歸于天子明已所以不反者敬瑭獻計曰豈有軍變於外上將獨無事者乎且猶豫者兵家大忌不如速行願得騎兵三百先攻汴州夷門天下之要害也得之可以成事明宗然之與之驍騎三百渡黎陽爲前鋒明宗遂入汴莊宗自洛後至不得入而兵皆潰去莊宗西還明宗以敬瑭爲前鋒趣汜水且收其散卒莊宗遇弒明宗入立拜敬瑭保義軍節度使賜號竭忠建策興復功臣兼六軍諸衞副使在陝爲政以廉聞是時諸侯多不奉法鄧州陶玘亳州李鄴皆以贓汚論死明宗下詔書褒廉吏普州安崇阮洺州張萬進耀州孫岳等以諷天下而以敬瑭爲首天成二年十月從幸汴州爲御營使拜宣武軍節度使侍衞親軍馬步軍都指揮使六軍副使如故改賜耀忠匡定保節功臣三年四月徙鎭天雄拜同中書門下平章事與唐尹五月拜駙馬都尉董璋反東川爲行營都招討使不克而還復兼六軍諸衞副使從鎭河陽三城未行而契丹吐渾突厥皆入寇是時秦王從榮統六軍敬瑭疑其必及禍不欲爲其副乃自請行及制出不落副使輒復辭行明宗數責大臣問誰可行者范延光趙延壽等卒以敬瑭爲請乃拜河東節度使大同彰國振武威塞等軍蕃漢馬步軍總管落六軍副使乃行明年明宗崩愍帝即位加中書令三月徙鎭成德清泰元年五月復鎭太原來朝京師潞王從珂反於鳳翔愍帝出奔遇敬瑭于道敬瑭殺帝從者百餘人幽帝于衞州而去廢帝即位疑敬瑭必反

天福元年五月徙鎭天平敬瑭果不受命謂其屬曰先帝授吾太原使老焉今無故而遷是疑吾反也且太原地險而粟多吾當內檄諸鎭外求援於契丹可乎桑維翰劉知遠等共以爲然乃上表論廢帝不當立請立許王從益爲明宗嗣廢帝下詔削奪敬瑭官爵命張敬達等討之敬瑭求援於契丹九月契丹耶律德光入自鴈門與唐兵戰敬達大敗敬瑭夜出北門見耶律德光約爲父子十一月丁酉皇帝即位（於廢帝本紀書契丹立晉據所見也於此書皇帝即位以自立爲文原其心也晉高祖之反無契丹之助未必自立蓋其志在於爲帝故使自任其惡也）國號晉以幽涿薊檀順瀛莫蔚朔雲應新嬀儒武寰州入于契丹己亥大赦改元掌書記桑維翰爲翰林學士尚書禮部侍郎知樞密使事閏月丙寅翰林學士承旨尚書戶部侍郎趙瑩爲門下侍郎桑維翰爲中書侍郎同中書門下平章事兼樞密使甲戌趙德鈞及其子延壽叛于唐來降契丹鏁之以歸己卯次河陽節度使萇從簡叛于唐來降（是日廢帝猶在）辛巳至自太原盧文紀姚顗罷甲申大赦殺張延朗劉延朗敕房暠十二月乙酉如河陽追降王從珂爲庶人（王從珂從晉人本語）丁亥司空馮道兼門下侍郎同中書門下平章事己丑曹州指揮使石重立殺其刺史鄭玩辛卯御札求直言癸巳鎭州牙內都虞候祕瓊逐其節度副使李彥珂同州裨將門鐸殺其將

楊漢賓庚子天平軍節度使王建立殺其副使李彥贇旱

二年春正月癸亥安遠軍節度使盧文進叛降於吳丁卯天雄軍節度使范延光殺齊州防禦使祕瓊戊寅兵部侍郎李崧爲中書侍郎同中書門下平章事樞密使封唐宗室子爲公及隋酅公爲二王後以周介公備三恪唐宗室子史失其名書之以見二王後三恪猶存不必著其人也二月丁酉契丹使皇太子解里來三月庚辰如汴州夏四月丁亥赦囚蠲民租賦趙瑩使于契丹辛卯宣武軍節度使楊光遠進助國錢契丹使宮苑使李可興來五月壬戌御札求直言丁丑追尊祖考爲皇帝妣爲皇后高祖璟謚曰孝安廟號靖祖祖妣秦氏謚曰孝安元曾祖彬謚曰孝簡廟號肅祖祖妣安氏謚曰孝簡恭祖昱謚曰孝平廟號睿祖祖妣來氏謚曰孝平獻考紹雍謚曰孝元廟號獻祖妣何氏謚曰孝元懿六月癸未契丹使夷離畢來天雄軍節度使范延光反丁酉傳箭于義成軍節度使符彥饒丁未楊光遠爲魏州四面行營都部署東都巡檢張從賓反留守判官李遐死之奉國都指揮使侯益護聖都指揮使杜重威討之從賓寇河陽殺皇子重乂寇河南殺皇子重信秋七月從賓陷汜水關殺巡檢使宋廷浩壬子右衛大將軍尹暉叛奔于吳不克伏誅右監門衛大將軍婁繼英叛降于張從賓義成軍亂殺戍將侍衛馬步軍都指揮使白奉進甲寅戍將奉國指揮使馬萬執符彥饒歸于京師命殺之于赤岡彥饒雖有縱軍之罪被誣以反而見殺故不書誅曰命殺以擅殺乙卯楊光遠爲魏州行營都招討使辛酉杜重威克汜水關張從賓投河死故不書伏誅壬申楊光遠克博州丙子安州屯防指揮使王暉殺其節度使周瓌右衛上將軍李金全討之金全未至而暉走見殺故不書暉反不書克安州不書暉誅八月丙申靜難軍節度使安叔千進添都馬乙巳赦非死罪囚及張從賓符彥饒王暉餘黨九月楊光遠進粟冬十月辛巳禁造甲兵

三年春二月戊戌諸鎮皆進物以助國殘民以獻其上君臣同欲賄賂公行至此而不勝其多矣故總言諸鎮此後不復書矣三月壬戌回鶻可汗王仁美使翟全福來丁丑禁私造銅器秋七月辛酉以皇業錢作受命寶作寶不必書皇業錢者私錢也天子畜私錢故書八月戊寅馮道及左僕射劉昫爲契丹冊禮使壬午澶州刺史馮暉降丙戌許御署官選己丑蠲水旱民稅辛丑歸佾官于契丹高祖以父事契丹其有所求不曰與而曰歸者若輸之也九月己酉赦范延光初延光請降高祖不許延光遂堅壁攻之久不克卒悔而赦之故不書降己未歸靜難官劉守威金吾勘契官王殷司天鷄叫學生殷暉于契丹于闐使馬繼榮來回鶻使李萬金來己巳赦魏州蠲民稅是月宣徽南院使劉處讓爲樞密使冬十月戊寅契丹使中書令韓頻來奉冊曰英武明義皇帝庚辰升汴州爲東京以洛陽爲西京雍州爲晉昌軍戊子右金吾衛大將軍馬從斌使于契丹己未契丹使梅里來戊戌大赦庚子封李聖天爲大寶于闐國王十一月辛亥升廣晉府爲鄴都壬戌除鑄錢令十二月丙子封子重貴爲鄭王

四年春正月盜發唐愍皇帝墓愍帝附于明宗徽陵域中無陵名故曰墓晉高祖即位追謚爲愍皇帝五代諸帝謚號不可爲法皆不足道惟愍帝宜書者嫌嘗降爲鄂王也而國亡舊史實錄皆無奏謚上冊月日故雖當書而不得因事而見於此爾辛亥澶州防禦使張從恩爲樞密副使旌表深州民李自倫門閭三月乙巳回鶻使其都督拽里敦來丙辰頒調元歷靈州戍將王彥忠以懷遠城反己未彥忠降供奉官齊延祚殺之夏四月辛巳封回鶻可汗王仁美爲奉化可汗甲申廢樞密使秋七月丙辰復禁鑄錢閏月壬申桑維翰罷八月己亥朔河決博平西戎寇涇州彰義軍節度使張彥澤敗之執其首領野離羅蝦獨九月丁丑契丹使粘木孤來癸未封李從益爲郇國公以奉唐後丙戌高麗王建使其廣評侍郎邢順來冬十二月乙亥立唐高祖太宗莊宗明宗愍帝廟于西京戊子契丹使遙折來吐蕃罷延族來附

五年春正月丁卯朔德音除民公私債己丑回鶻使石海金來夏四月甲子契丹興化王來五月丙戌安遠軍節度使李金全叛附于唐六月癸卯李昪遣其將李承裕入于安州金全奔于唐安遠軍節度使馬全節及承裕戰敗之丁巳克安州承裕奔于雲夢全節執而殺之秋八月丁酉閱稼于西郊己未西京留守楊光遠殺太子太師范延光九月丁卯翰林學士承旨戶部侍郎和凝爲中書侍郎同中書門下平章事辛巳閱稼于沙臺冬十月丁未契丹使舍利來十一月丙子冬至始用二舞

六年春正月戊寅封唐叔虞爲興安王臺駘爲昌寧公二月戊申停買宴錢三月除民二年至四年以前稅稅見斂重而民不堪夏四月己未契丹使述括來五月吐渾首領白承福來秋七月壬午突厥使薛同海來八月壬辰如鄴都開封尹鄭王重貴留守東京宣徽南院使張從恩東京內外兵馬都監壬寅大赦甲寅光祿卿張澄使于契丹九月乙亥前安國軍節度使楊彥詢使于契丹丁丑吐渾使白可久來河決中都入于沓河冬十月河決滑濮鄆澶州山南東道節度使安從進反十一月丁丑西京留守高行周爲南面軍前都部署以討之十二月丙戌朔鄭王重貴爲廣晉尹徙封齊王先鋒都指揮使郭海金及安從進戰于唐州敗之成德軍節度使安重榮反天平軍節度使杜重威爲鎮州行營招討使丙申契丹遣使者來戊戌杜重威及安重榮戰于宗城敗之

七年春正月丁巳克鎮州安重榮伏誅赦廣晉庚午契丹使達剌來三月歸德軍節度使安彥威塞決河于滑州閏月天興蝗食麥夏五月乙巳尊皇太妃劉氏爲皇太后高祖所生母也六月丙辰吐渾使念醜漢來乙丑皇帝崩于保昌殿年五十一

五代史卷八考證

晉高祖紀六年河決中都入于沓河冬十月河決滑濮鄆澶州○臣文淸按朱子綱目書河決者十有六而五代居其九皆朱梁決河爲二以疏河漲之罪也然梁本紀失載附記于此

五代史卷九

宋　歐　陽　修　撰

晉本紀第九

出帝父敬儒高祖兄也爲唐莊宗騎將早卒高祖以其子重貴爲子高祖六子五皆早死而重睿幼故重貴得立重貴少而謹厚善騎射高祖使博士王震敎以禮記久之不能通大義謂震曰此非我家事也高祖爲契丹所立謀以一子留守太原契丹使盡出諸子自擇之指重貴曰此眼大者可也遂拜金紫光祿大夫行太原尹北京留守知河東節度事天福二年九月詔拜左金吾衛上將軍三年冬爲開封尹封鄭王加太尉同中書門下平章事六年高祖幸鄴留守東京已而爲廣晉尹徙封齊王

七年六月乙丑高祖崩皇帝卽位于柩前庚午使左驍衛將軍石德超以御馬二撲祭于相州之西山夷狄之禮也如京師使李仁廓使于契丹契丹使梅里來丙子馮道爲大行皇帝山陵使門下侍郎竇貞固爲副太常卿崔梲爲禮儀使戶部侍郎呂琦爲鹵簿使御史中丞王易簡爲儀仗使舊史實錄無橋道頓遞使疑不當或闕書漢高祖亦然己卯四方館使宋崇節右金吾衛大將軍梁言使于契丹秋七月壬辰皇祖母劉氏崩輟視朝三日高祖所生母也高祖時尊爲皇太后矣其崩也喪葬不用后禮見恩禮之薄不書曰皇太后者於帝爲祖母也曰崩正其名也丁酉使石德超撲馬于相州之西山前已備見故文省庚子大赦甲辰契丹使通事來八月戊午高行周克襄州安從進自焚死故不書伏誅庚申天平軍節度使景延廣義成軍節度使李守貞彰德軍節度使郭謹進錢粟助作山陵甲子契丹使郎五來庚午葬皇祖母於魏縣癸酉契丹使其客省使張九思來九月辛丑李守貞爲大行皇帝山陵都部署冬十月己未契丹使舍利來庚午回鶻遣使者來十一月契丹使大卿來庚寅葬聖文章武孝皇帝于顯陵陵在河南壽安縣五代之亂至此七君而不得其死者五明宗雖善終而愍帝不克葬至廢帝時始克葬故皆不書至此始見子得葬其父故并祔廟詳書之己亥牛羊使董殷使于契丹庚子祔高祖神主于太廟辛丑蠲高祖靈車所過民租之半十二月庚午北京留守劉知遠進百頭穹廬穹廬夷狄之用也契丹于越使令骨支來辛未又使野里已來丙子于闐使都督劉再昇來沙州曹元深瓜州曹元忠皆遣使者附再昇以來旱蝗

八年春正月契丹于越使烏多奧來二月壬子景延廣爲御營使己未如東京赦廣晉府囚庚申次澶州赦囚乙丑至自鄴都庚午寒食望祭顯陵于南莊焚御衣紙錢焚衣野祭之類皆閭巷人之事也用之天子見禮樂壞甚三月己卯朔趙瑩罷晉昌軍節度使桑維翰爲侍中辛丑引進使太府卿孟承誨使于契丹蝗夏四月庚午董殷使于契丹供奉官張福率威順軍捕蝗于陳州五月泰寧軍節度使安審信捕蝗于中都丁亥追封皇伯敬儒爲宋王癸卯馮道罷甲辰以旱蝗大赦六月庚戌祭蝗于皐門癸亥供奉官七人帥奉國軍捕蝗于京畿辛未括借民粟殺藏粟者秋七月甲午冊皇太后丁酉射于南莊契丹使梅里等來甲辰供奉官李漢超帥奉國軍捕蝗于京畿八月丁未朔募民捕蝗易以粟辛亥檢民青苗九月戊寅尊秦國夫人安氏爲皇太妃丙申幸大年莊及景延廣第冬十月戊申立馮氏爲皇后馮氏於帝爲叔母壬子畋于近郊幸沙臺丙寅契丹使通事劉脂來庚午括借民粟十一月己卯董殷使于契丹甲申幸八角閱馬牧乙未契丹使梅里來戊戌齊州刺史楊承祚奔于青州辛丑高麗使其廣平侍郎金仁逢來十二月癸丑給事中邊光範登州刺史郭彥威使于契丹甲寅高麗使太相來平盧軍節度使楊光遠反淄州刺史翟進宗死之

開運元年春正月甲戌朔契丹寇滄州己卯陷貝州庚辰歸德軍節度使高行周爲北面行營都部署契丹入

鴈門寇代州辛巳殿直王班使于契丹至于鄴都不得進而復（晉自高祖以父事契丹甚謹而歲時遣使舊史實錄皆不書至出帝立使者旁午不絕不可勝數故其官卑者皆略而不書班以不得進故書）大饑壬午前靜難軍節度使李周留守東京景延廣爲御營使乙酉北征丙戌契丹寇黎陽辛卯講武于澶州契丹屯于元城趙延壽寇南樂甲午劉知遠爲幽州道行營招討使括馬丙申契丹寇黎陽辛丑劉知遠及契丹偉王戰于秀容敗之博州刺史周儒叛降于契丹二月戊申前軍都虞候李守貞及契丹戰于馬家渡敗之癸丑北面行營都虞候馬全節及契丹戰于北平敗之三月癸酉及契丹戰于戚城契丹去（戰而兩各傷失收兵徐去晉不能追故以自去爲文）己丑冀州刺史白從暉及契丹戰于衡水敗之癸巳籍民爲武定軍夏四月契丹陷德州沿河巡檢使梁進敗之取德州甲寅至自澶州赦京師己未馬全節及契丹戰于定豐敗之辛酉率借民財五月戊寅李守貞討楊光遠丁亥鄴都留守張從恩爲貝州行營都部署辛卯李守貞爲青州行營都部署六月克淄州丙午復置樞密使丁未侍中桑維翰爲中書令充樞密使丙辰河決滑州環梁山入于汶濟秋七月辛未朔大赦改元己丑太子太傅劉昫守司空兼門下侍郎同中書門下平章事八月辛丑朔劉知遠爲北面行營都統順德軍節度使杜威爲都招討使戊辰旌表陳州項城民史仁誨門閭九月丙子契丹寇遂城樂壽代州刺史白文珂及契丹戰于七里烽敗之冬十月庚戌武寧軍節度使趙在禮爲北面行營副都統鄴都留守馬全節爲副招討使十二月己亥朔射兔于皐門丁巳楊承勳囚其父光遠以降殺之（出帝已許其不死已而命李守貞殺之故不書伏誅）閏月乙酉德音赦青州囚契丹寇恒州二年春正月契丹陷秦州壬子馬全節及契丹戰于榆林兩軍皆潰戊午幸南莊張從恩留守東都辛酉高行周爲御營使乙丑北征契丹去二月己巳幸黎陽橫海軍節度使田武爲東北面行營都部署以備契丹（曰以備契丹嫌契丹已去而命將）丙子大閱于戚城丙戌閱馬於鐵丘丙申端明殿學士尚書戶部侍郎馮玉爲戶部尚書樞密使三月戊戌契丹陷祁州刺史沈斌死之丁未敗于戚城庚戌馬全節克泰州辛亥易州戍將孫方諫及契丹諳里戰于狼山敗之甲寅杜威克滿城乙卯克遂城庚申杜威及契丹戰于陽城敗之追奔至于衛村又敗之夏四月戊寅勞旋于戚城己卯勞旋于王莽河甲申至自澶州赦左右軍囚庚寅大賞軍功五月丙申朔大赦丙午幸南莊六月丁卯射于繁臺幸杜威第旱秋八月甲子朔廢二舞丙寅和凝罷馮玉爲中書侍郎同中書門下平章事辛未閱馬于茂澤陂丁丑括馬九月己亥閱馬于萬龍岡幸李守貞第冬十月丁丑高麗使其廣評侍郎韓玄珪禮賓卿金廉等來戊寅射兔于硯臺戊子高麗使其兵部侍郎劉崇規內軍卿朴藝言來十一月戊戌封王武爲高麗國王己巳射兔于皐門幸沙臺十二月丁丑臘畋于郊丁亥桑維翰罷開封尹趙瑩爲中書令李崧守侍中樞密使

三年春二月丙子回鶻使突厥陸來壬午射鴨于板橋幸南莊夏六月孫方諫以狼山叛附于契丹丙寅契丹寇邊己丑李守貞爲行營都部署義成軍節度使皇甫遇爲副河決魚池大饑羣盜起秋七月大雨水河決楊劉朝城武德八月辛酉河溢歷亭九月河決澶滑懷州辛丑行營馬軍排陣使張彥澤及契丹戰于新興敗之癸卯劉知遠及契丹戰于朔州敗之大雨霖河決臨黃冬十月河決衛州丙寅河決原武辛未杜威爲北面行營都招討使李守貞爲兵馬都監十一月永靜軍節度使梁漢璋及契丹戰于瀛州敗績契丹寇鎮定十二月己未杜威軍于中渡壬戌奉國都指揮使王清及契丹戰于滹沱敗績死之（戰將殁于陣守將殁于城而不書死者以其志未可知也或欲走而不得或欲降而未暇遂以被殺爾若不走不降而死節明者自書死如清是已）杜威李守貞張彥澤以其軍叛降于契丹庚午射兔于沙臺壬申張彥澤犯京師殺開封尹桑維翰契丹滅晉（出帝雖存而晉則亡矣故書滅）

嗚呼余書封子重貴爲鄭王又書追封皇伯敬儒爲宋王者豈無意哉禮兄弟之子猶子也重貴書子可矣敬儒出帝父也書曰皇伯者何哉出帝立不以正而絕其所生也蓋出帝於高祖得爲子而不得爲後者高祖自有子也方高祖疾病抱其子重睿寘於馮道懷中而託之出帝豈得立邪晉之大臣既違禮廢命而立之以謂出帝爲高祖子則得立爲敬儒子則不得立於是深諱其所生而絕之以欺天下爲眞高祖子也禮曰爲人後者爲其父母服使高祖無子出帝得爲後而立以正則不待絕其所生以爲欺也故余書曰追封皇伯敬儒爲宋王者以見其立不以正而滅絕天性臣其父而爵之以欺天下也

五代史卷九考證

晉出帝紀丁亥追封皇伯敬儒爲宋王○臣會汾按敬儒即帝本生父從唐舊制亦無稱皇伯之禮義見總論內

五代史卷十

宋　歐陽修　撰

漢本紀第十

高祖睿文聖武昭肅孝皇帝姓劉氏初名知遠其先沙陀部人也其後世居于太原知遠弱不好弄嚴重寡言面紫色目多白睛凜如也與晉高祖俱事明宗爲偏將明宗及梁人戰德勝晉高祖馬甲斷梁兵幾及知遠以所乘馬授之復取高祖馬殿而還高祖德之高祖留守北京以知遠爲押衙潞王從珂反愍帝出奔高祖自鎮州朝京師遇愍帝于衛州止傳舍知遠遣勇士石敢袖鐵檛侍高祖以虞變高祖與愍帝議事未決左右欲兵之知遠擁高祖入室敢與左右格鬬而死知遠即率兵盡殺愍帝左右留帝傳舍而去廢帝入立高祖復鎮河東已而有隙高祖將舉兵知遠與桑維翰密爲高祖謀畫贊成之高祖即位於太原以知遠爲侍衛親軍都虞候領保義軍節度使契丹耶律德光送高祖至潞州臨決指知遠曰此都軍甚操剌（世俗謂勇猛爲操剌蓋其本語）無大故勿棄之天福二年遷侍衛馬步軍都指揮使領忠武軍節度使已而以杜重威代知遠領忠武徙知遠領歸德知遠恥與重威同制杜門不出高祖怒欲罷其兵職宰相趙瑩以爲不可高祖乃遣端明殿學士和凝就第宣諭知遠乃受命五年徙鄴都留守九月朝京師高祖幸其第六年拜河東節度使北京留守七年高祖崩知遠從高祖起太原有佐命功自出帝立與契丹絕盟用兵北方常疑知遠勲位已高幸晉多故而有異志每優尊之拜中書令封太原王幽州道行營招討使又拜北面行營都統開運二年四月封北平王三年五月加守太尉然王未嘗出兵契丹寇澶州別遣偉王攻鴈門王敗之于秀容八月殺吐渾白承福等族取其貲鉅萬良馬數千

四年契丹犯京師出帝北遷王遣牙將王峻奉表契丹耶律德光呼之爲兒賜以木枴一木枴虜法貴之如中國几杖非優大臣不可得峻持枴歸虜人望之皆辟道峻還爲王言契丹必不能有中國乃議建國二月戊辰河東行軍司馬張彥威等上牋勸進辛未皇帝即位稱天福十二年（天福晉高祖年號也天福止八年改元開運至此四年矣漢雖建國而未有國號又稱晉年號捨開運而追續天福爲十二年初無義理但書其實爾）磁州賊首梁暉取相州來歸（變來降曰來歸哀斯人也是時天下無主得其主則往歸之與乎叛于彼而來於此者異矣漢高祖非有德之君惶惶斯人之無所歸者猶得而歸也故曰歸）武節都指揮使史弘肇取代州殺其刺史王暉晉州將藥可儔殺其守將駱從朗及括錢使諫議大夫趙熙來歸辛巳陝州留後趙暉潞州留後王守恩來歸三月丙戌朔蠲河東雜稅辛卯延州軍亂逐其節度使周密壬辰丹州指揮使高彥詢以其州來歸壬寅契丹遯（聞漢起太原畏而去故與自去異其文遯者退避之稱）以其將蕭翰爲宣武軍節度使守汴州夏四月己未右都押衙楊邠爲樞密使蕃漢兵馬都孔目官郭威權樞密副使契丹陷相州殺梁暉癸亥立魏國夫人李氏爲皇后甲子河東節度判官蘇逢吉觀察推官蘇禹珪爲中書侍郎同中書門下平章事乙丑侍衛親軍步軍都指揮使史弘肇取潞州戊辰奉國指揮使武行德以河陽來歸史弘肇取澤州丙子契丹耶律德光卒于欒城契丹入于鎮州五月甲午太原尹劉崇爲北京留守丙申如東京蕭翰遯歸于契丹以郇國公李從益知南朝軍國事戊申次絳州刺史李從朗來歸六月丙辰次河陽殺李從益及其母于京師甲子至自太原戊辰改國號漢（高祖初建國無國號蓋其制詔皆無明文故闕不書然稱天福十二年則國仍號晉可知但無明據故闕於所疑而此書改國號漢則未改之前宜有所稱此可以推知也）赦罪人蠲民稅于闕遣使者來是夏劉昫薨秋閏七月乙丑禁造契丹服器天雄軍節度使杜重威反（杜重威於晉出帝時避出帝名去重至漢而復之）天平軍節度使高行周爲鄴都行營都部署以討之庚辰追尊祖考爲皇帝妣爲皇后高祖湍諡曰明元廟號文祖祖妣李氏諡曰明貞曾祖昂諡曰恭僖廟號德祖祖妣楊氏諡曰恭惠祖僎諡曰昭憲廟號翼祖祖妣李氏諡曰昭穆考琠諡曰章聖廟號顯祖妣安氏諡曰章懿以漢高皇帝爲高祖光武皇帝爲世祖皆不祧八月護聖指揮使白再榮逐契丹以鎮州來歸丙申安國軍節度使薛懷讓殺契丹之將劉鐸入于邢州九月甲戌吏部尚書竇貞固守司空兼門下侍郎翰林學士中書舍人李濤爲中書侍郎同中書門下平章事庚辰北征冬十月甲申次韋城赦河北十一月壬申杜重威降十二月癸巳至自鄴都乾祐元年春正月乙卯大赦改元己未更名暠丁丑皇帝崩于萬歲殿（年五十四）

隱皇帝高祖第二子承祐也高祖即位拜右衛上將軍大內都點檢魏王承訓長而賢高祖愛之方屬以爲嗣承訓薨高祖不豫悲哀疾劇乃以承祐屬諸將相宰相蘇逢吉曰皇子承祐未封王請亟封之未及封而高祖崩祕不發喪殺杜重威

乾祐元年二月辛巳封承祐周王是日皇帝即位于柩前壬辰右衛大將軍鳳翔巡檢使王景崇及蜀人戰于大散關敗之癸巳大赦三月壬戌竇貞固爲大行皇帝

山陵使吏部侍郎段希堯爲副太常卿張昭爲禮儀使兵部侍郎盧價爲鹵簿使御史中丞邊蔚爲儀仗使丁丑李壽罷護國軍節度使李守貞反陷潼關夏四月辛巳陝州兵馬都監王玉克潼關壬午永興軍將趙思綰叛附于李守貞客省使王峻帥師屯于關西（峻不命爲將又不命討賊但令以兵實關西下文乃見命將）楊邠爲中書侍郎兼吏部尚書同中書門下平章事郭威爲樞密使鎮寧軍節度使郭從義爲永興軍兵馬都部署戊子保義軍節度使白文珂爲河中兵馬都部署河決原武五月已未回鶻遣使者來乙亥魏州內黃民武進妻一產三男子河決滑州魚池旱蝗秋七月戊申朔彰德軍節度使王繼弘殺其判官張易鸜鵒食蝗丙辰禁捕鸜鵒庚申郭威同中書門下平章事癸亥契丹寇鄭州刺史王彥徽來奔庚午殺成德軍副使張鵬乙亥王景崇叛附于李守貞八月壬午郭威討李守貞九月西面行營都虞候尚弘遷及趙思綰戰敗績冬十月甲申吐蕃使斯漫篤蔺氈藥斯來十一月甲寅殺太子太傅李崧滅其族壬申葬睿文聖武昭肅孝皇帝于睿陵（在河南告成縣）十二月已卯彰武軍節度使高允權殺太子太師致仕劉景巖

二年（隱帝即位至此宜改元而不改元具周顯德二年注而帝名承祐年名乾祐舉國臣民共稱而不改避當時莫大之失本紀無譏者但書其實後世自見也）春正月乙巳朔赦囚二月丙子鄜民紐配租夏五月李守貞之將周光遜降乙丑趙思綰降六月辛卯回鶻首領楊彥珣來西涼府遣使者來蝗秋七月丁巳郭威殺華州留後趙思綰于京兆甲子克河中（守貞自焚死故不書伏誅）八月郭從義殺前永興巡檢喬守溫丙戌郭威使來獻俘冬十月契丹寇趙魏羣臣進添都馬契丹陷內丘己丑郭威及宣徽南院使王峻伐契丹十一月契丹遯

三年春正月西面行營都部署趙暉克鳳翔（景崇自焚死故不書伏誅）丙午郭威進添都馬壬子趙暉獻馘俘二月甲戌旌表潁州汝陰民魏溫門閭三月已酉寒食望祭于南御園夏四月壬午郭威以樞密使爲天雄軍節度使六月癸卯河決原武秋八月達靼來附冬十一月丙子殺楊邠及侍衛親軍都指揮使史弘肇三司使王章皆滅其族郭威反庚辰義成軍節度使宋延渥叛附于威壬午威犯封丘泰寧軍節度使慕容彥超軍于七里店癸未勞軍于北郊甲申勞軍于劉子陂慕容彥超及郭威戰敗績開封尹侯益叛降于威郭允明反乙酉皇帝崩（年二十周廣順元年葬之許州陽翟縣號潁陵爲賊所葬故不書）蘇逢吉自殺漢亡（自隱帝崩後四十二日周太祖始即位而斷自帝崩書漢亡者見帝崩而漢已亡矣其太后臨朝湘陰公嗣立皆周所假託非誠實所以破其姦故書曰漢亡見周之立遜也遜而難於自立則猶有自媿之心焉）

嗚呼人君即位稱元年常事爾古不以爲重也孔子未修春秋其前固已如此雖暴君昏主妄庸之史其記事先後遠近莫不以歲月一二數之乃理之自然也其謂一爲元亦未嘗有法蓋古人之語爾（古謂歲之一月亦不云一而曰正月國語言六呂曰元間大呂周易列六爻曰初九大抵古人言數多不云一不獨謂年爲元也）及後世曲學之士始謂孔子書元年爲春秋大法遂以改元爲重事自漢以後又名年以建元而正僞紛雜稱號遂多不勝其紀也五代亂世也其事無法而不合於理者多矣皆不足道也至其年號乖錯以惑後世則不可以不明初梁太祖以乾化二年遇弑明年末帝已誅友珪黜其鳳曆之號復稱乾化三年尚爲有說至漢高祖建國黜晉出帝開運四年復稱天福十二年者何哉蓋以其愛憎之私爾方出帝時漢高祖居太原常憤憤下視晉而晉亦陽優禮之幸而未見其隙及契丹滅晉漢未嘗有赴難之意出帝已北遷方陽以兵聲言追之至土門而還及其即位改元而黜開運之號則其用心可知矣蓋其於出帝無復君臣之義而幸禍以爲利者其素志也可勝歎哉夫所謂有諸中必形於外者其見於是乎

五代史卷十一

宋　歐　陽　修　撰

周本紀第十一

太祖聖神恭肅文武孝皇帝姓郭氏邢州堯山人也父簡事晉爲順州刺史劉仁恭攻破順州簡見殺子威少孤依潞州人常氏潞州留後李繼韜募勇敢士爲軍卒威年十八以勇力應募爲人負氣好使酒繼韜特奇之威嘗游于市市有屠者常以勇服其市人威醉呼屠者使進几割肉割不如法叱之屠者披其腹示之曰爾勇者能殺我乎威即前取刀刺殺之一市皆驚威頗自如爲吏所執繼韜惜其勇陰縱之使亡已而復召置麾下繼韜叛晉附于梁後莊宗滅梁繼韜誅死其麾下兵悉隸從馬直威以通書算補爲軍吏好讀閫外春秋略知兵法後爲侍衛軍吏漢高祖爲侍衛親軍都虞候尤親愛之後高祖所臨鎮嘗以威從契丹滅晉漢高祖起兵太原即皇帝位拜威樞密副使

乾祐元年正月高祖疾大漸以隱帝託威及史弘肇等隱帝即位拜威樞密使是歲三月河中李守貞永興趙思綰鳳翔王景崇相次反隱帝遣白文珂郭從義常思等分討之久皆無功隱帝謂威曰吾欲煩公可乎威對曰臣不敢請亦不敢辭惟陛下命乃加拜威同中書門下平章事使西督諸將威居軍中延見賓客褒衣博帶及臨陣行營幅巾短後與士卒無異上所賜予與諸將會射恣其所取其餘悉以分賜士卒將士皆懽樂威至河中自柵其城東思柵其南文珂柵其西調五縣丁二萬人築連壘以護三柵諸將皆以謂守貞窮寇破在旦夕不宜勞人如此威不聽已而守貞數出兵擊壞連壘威輒補之守貞輒復出擊每出必有亡失久之城中兵食俱盡威曰可矣乃治攻具爲期日四面攻之破其羅城守貞與妻子自焚死思綰景崇相次降隱帝勞威以玉帶加檢校太師兼侍中威辭曰臣事先帝見功臣多矣未嘗以玉帶賜之因言臣幸得率行伍假漢威靈以破賊者豈特臣之功皆將相之賢有以安朝廷撫內外而饋餉以時故臣得以專事征伐隱帝以威爲賢於是悉召楊邠史弘肇蘇逢吉禹珪竇貞固王章等皆賜以玉帶威乃受又推功大臣請加爵賞於是加貞固司空逢吉司徒禹珪左右僕射已而又曰此特漢廷親近之臣耳漢諸宗室天下方鎮外暨荆浙湖南皆未及也由是濫賞遍于天下是冬契丹寇邊威以樞密使北伐至魏州契丹遯三年二月師還四月拜威鄴都留守天雄軍節度使仍以樞密使之鎮宰相蘇逢吉以謂樞密使不可以藩鎮兼領與史弘肇等固爭久之卒以樞密使行詔河北諸州皆聽威節度隱帝與李業等謀已殺史弘肇等詔鎮寧軍節度使李弘義殺侍衛步軍指揮使王殷于澶州又詔侍衛馬軍指揮使郭崇殺威及宣徽使王峻于魏詔書先至澶州弘義恐事不果反以詔書示殷殷與弘義遣人告威已而詔殺威峻使者亦馳騎至威匿詔書召樞密使院吏魏仁浦謀於臥內仁浦勸威反教威倒用留守印更爲詔書詔威誅諸將校以激怒之將校皆憤然效用十一月丁丑威遂舉兵渡河隱帝遣開封尹侯益保大軍節度使張彥超客省使閻晉卿等率兵拒威又遣內養鷰脫覘威所鷰脫爲威所得威乃附脫奏請縛李業等送軍中隱帝得威奏以示業等業等皆言威反狀已白乃悉誅威家屬于京師庚辰威至滑州義成軍節度使宋延渥叛于漢來降壬午犯封丘甲申及泰寧軍節度使慕容彥超戰于劉子陂彥超敗奔于兗州郭允明反弒隱帝于趙村丙戌威入京師縱火大掠戊子率百官朝太后于明德門請立嗣君太后下令文武百寮六軍將校議擇賢明以承大統庚寅威率百官詣明德門請立泰寧軍節度使贇爲嗣遣太師馮道迎贇于徐州辛卯請太后臨朝聽政以王峻爲樞密使翰林學士尚書兵部侍郎范質爲副使十二月甲午朔威北伐契丹軍于滑州癸丑至澶州而旋王峻遣郭崇以騎兵七百逆劉贇于宋州殺之其將鞏延美楊溫爲贇守徐州戊午次皋門漢宰相竇貞固蘇禹珪來勸進庚申太后制以威監國

廣順元年春正月丁卯皇帝即位大赦改元國號周已巳上漢太后尊號曰昭聖皇太后戊寅漢劉崇自立于太原（吳蜀諸國自立皆絕而不書此書與其不臣于周語在十國年譜論）己卯馮道爲中書令二月辛丑西州回鶻使都督來丁未契丹使裊骨支來癸丑寒食望祭于蒲池（蒲池佛寺名也）丁巳尚書左丞田敏使于契丹回鶻使摩尼來三月甲戌武寧軍節度使王彥超克徐州（鞏延美楊溫不書死之語在贇傳）夏四月甲午立夫人董氏爲德妃五月辛未追尊祖考爲皇帝妣爲皇后高祖璟諡曰睿和廟號信祖祖妣張氏諡曰睿恭曾祖諶諡曰明憲廟號僖祖祖妣申氏諡曰明孝祖蘊諡曰翼順廟號義祖祖妣韓氏諡曰翼敬考諡曰章肅廟號慶祖妣王氏諡曰章德六月辛亥范質及戶部侍郎判三司李穀爲中書侍郎同中書門下平章事竇貞固蘇禹珪罷癸丑范質參知樞密院事丁巳宣徽北院使翟光鄴爲樞密副使秋七月戊寅幸王峻第八月壬寅契丹來歸趙瑩之喪冬十月丙午漢人來討（討加有罪漢於周義所得）攻自晉州（云自晉州者見漢兵當誅罪人于京師自州而入耳攻城無得失不書此書者許漢討）十一月王峻及建雄軍節度使王彥超拒之十二月慕容彥超反

二年春正月甲子侍衛步軍都指揮使曹英爲兗州行營都部署庚午高麗王昭使其廣評侍郎徐逢來二月庚寅府州防禦使折德扆克岢嵐軍三月丁巳朔寒食望祭于郊戊辰內客省使鄭仁誨爲樞密副使翟光鄴罷夏五月庚申東征李穀留守東都鄭仁誨爲大內都點檢癸亥次曹州赦流罪以下囚乙亥克兗州（彥超投井死故不書伏誅）壬午赦兗州六月乙酉朔幸曲阜祠孔子庚子至自兗州秋九月乙丑太僕少卿王演使于高麗契丹寇邊

三年春正月乙卯麟州刺史楊重訓叛于漢來附閏月丙戌回鶻使獨呈相溫來二月甲子貶王峻爲商州司馬三月甲申封榮爲晉王（不書子者榮於禮不得爲不書子則當書其本姓又不書者周人所共諱）丙戌鄭仁誨罷己丑棣州團練使王仁鎬爲右衛大將軍樞密副使夏六月大雨水秋七月契丹盧臺軍使張藏英來奔九月吐渾党富達等來冬十月庚

申馮道為奉迎神主使十一月癸未党項使吳帖磨五等來十二月戊申四廟神主至自西京迎之于西郊祔于太廟壬申殺天雄軍節度使王殷乙亥享于太廟

顯德元年春正月丙子朔有事于南郊大赦改元羣臣上尊號曰聖明文武仁德皇帝戊寅罷鄴都丙戌鎮寧軍節度使鄭仁誨為樞密使壬辰端明殿學士戶部侍郎王溥為中書侍郎同中書門下平章事王仁鎬罷是日皇帝崩于滋德殿年五十一書是日連上文嫌無崩日

五代史卷十二

宋 歐陽修 撰

周本紀第十二

世宗睿武孝文皇帝本姓柴氏邢州龍岡人也柴氏女適太祖是為聖穆皇后后兄守禮子榮幼從姑長太祖家以謹厚見愛太祖遂以為子太祖後稍貴榮亦壯而器貌英奇善騎射略通書史黃老性沉重寡言太祖為漢樞密使榮為左監門衛將軍太祖鎮天雄榮領貴州刺史天雄軍牙內都指揮使乾祐三年冬周兵起魏犯京師留榮守魏太祖入立拜澶州刺史鎮寧軍節度使檢校太傅同中書門下平章事榮素為樞密使王峻所忌廣順三年正月來朝不得留既而峻有罪誅三月拜榮開封尹封晉王是冬卜以來年正月朔旦有事于南郊而太祖遇疾不能視朝者久之

顯德元年正月丙子郊僅而成禮即以王判內外兵馬事壬辰太祖崩秘不發喪丙申發喪皇帝即位于柩前於書封晉王正其非予矣其餘假竊君之禮不待譏貶而可知故皆無異辭右監門衛大將軍魏仁浦為樞密副使二月庚戌回鶻遣使者來丁卯馮道為大行皇帝山陵使太常卿田敏為禮儀使兵部尚書張昭為鹵簿使御史中丞張煦為儀仗使開封少尹權判府事王敏為橋道頓遞使漢人來討攻自潞州三月辛巳大赦癸未鄭仁誨留守東京乙酉如潞州以攻漢不曰伐曲在周不可以大小為言故用兩相攻為文壬辰次澤州閱兵于北郊癸巳及劉旻戰于高原敗之與其不屈于周不與其稱帝故書姓名追及于高平又敗之丁酉幸潞州己亥侍衛馬軍都指揮使樊愛能步軍都指揮使何徽伏誅壬寅天雄軍節度使符彥卿為河東行營都部署夏四月乙卯葬神聖文武恭肅孝皇帝于嵩陵在鄭州新鄭縣汾州防禦使董希顏叛于漢來附丙辰遼州刺史張漢超叛于漢來附辛酉取嵐憲州壬戌立衛國夫人符氏為皇后取石沁州乙丑馮道薨庚午赦潞州流罪以下囚如太原忻州監軍李勍殺其刺史趙皋叛于漢來附五月丙子代州守將鄭處謙叛于漢來附契丹救漢丁酉回鶻使因難敵略來符彥卿及契丹戰于忻口敗績先鋒都指揮使史彥超死之六月乙巳班師乙丑大新鄭遂拜嵩陵庚午至自太原秋七月庚辰閱稼于南御莊癸巳樞密院直學士工部侍郎景範為中書侍郎同中書門下平章事魏仁浦為樞密使冬十月甲辰殺左羽林大將軍孟漢瓊

二年五代亂世以嗣君即位者五而改元不依古者四梁末帝晉出帝即位踰年宜改元而不改又明年然後改漢隱帝周世宗皆仍稱先帝年號終其世不改而本紀無譏者但書其實自見其失也春二月御札求直言夏五月辛未宣徽南院使向訓鳳翔節度使王景伐蜀甲戌大毀佛寺禁民親無侍養而為僧尼及私自度者秋九月丙寅朔頒銅禁閏月癸丑向訓克秦州冬十月辛未取成州戊寅高麗使王子太相融來取階州十一月乙未朔李穀為淮南道行營都部署以伐唐戊申王景克鳳州十二月丙戌鄭仁誨薨

三年春正月增築京城庚子向訓留守東京壬寅南征辛亥侍衛親軍都指揮使李重進及唐人戰于正陽敗之甲寅重進為淮南道行營都招討使二月丙寅幸下蔡浮橋壬申克滁州甲戌李景來求成不荅壬午景使其臣鍾謨來奉表丙戌取揚州辛卯取泰州三月庚子內外馬步軍都軍頭袁彥為竹龍都部署是月取光舒常州書是月見取三州不同日夏四月常泰州復入于唐五月乙卯至自淮南赦京師囚六月壬申德音赦淮南囚秋七月皇后崩揚光舒滁州復入于唐八月乙丑課民種禾及韭九月丙午端明殿學士左散騎常侍王朴為尚書戶部侍郎樞密副使冬十月辛酉葬宣懿皇后于懿陵十一月庚寅廢諸祠不在祀典者乙巳殺李景之臣孫晟書殺景臣而不書晟死蓋已深罪周殺忠臣則臣之死節自著

四年春正月己丑朔赦非死罪囚二月甲戌王朴留守東京乙亥南征三月丁未克壽州不書劉仁贍降事見死節傳蓋仁贍實不降故書周自克之爾克者難取之名也壽難取則見仁贍之節不書死之者仁贍自以病死以其守節至死故列之死節傳夏四月己巳至自壽州己卯放降卒八百歸于蜀癸未追冊彭城郡夫人劉氏為皇后五月丙申殺密州防禦使侯希進秋八月乙亥李穀罷王朴為樞密使癸未蜀人來歸我濮州刺史胡立冬十月己巳王朴留守東京三司使張美為大內都點檢壬申南征十二月乙卯泗州守將范再遇叛于唐以其州來降庚申濠州團練使郭廷謂以其州來降身居其地而來降者書附再遇廷謂雖以地降既降而不居其地故不書附而書降廷謂不書叛事見南唐世家丁丑取泰州

五年春正月丁亥取海州壬辰取靜海軍丁未克楚州守將張彥卿鄭昭業死之自四年十二月辛酉攻之彥卿等堅守四十餘日乃克之其不走不降可知故予其死本紀書死者十餘人宋令詢及李遐彥卿昭業皆以事跡不完不能立傳然所貴者死國本紀著其大節可矣二月甲寅取雄州丁卯如揚州癸酉如瓜州三月壬午朔如泰州丁亥復如揚州辛卯幸迎鑾己亥克淮南十有四州以江為界并前所得通十四州耳書之見其本志所止三月辛亥李景來買宴夏四月庚申祔五室神主于新廟壬申至自淮南回鶻達靼遣使者來六月辛未放降卒四千六百于唐秋七月乙酉水部員外郎韓彥卿市銅于高麗丁亥頒均田圖九月占城國王釋利因德縵使莆訶散來冬十月丁酉括民租十一月庚戌作通禮正樂十二月丙戌罷州縣課戶俸戶

六年春正月高麗王昭遣使者來辛酉女真使阿辨來三月己酉甘州回鶻來獻玉卻之庚申王朴薨丙寅宣徽南院使吳延祚留守東京癸酉停給銅魚甲戌北征是月吳延祚為左驍衛上將軍樞密使夏四月壬辰取乾寧軍辛丑取益津關以為霸州癸卯取瓦橋關以為雄州州縣廢置不書此書重復中國故地世宗下三關瓦橋益津以建州及見淤口關上置寨故舊史實錄皆闕不書遂不見其取得時日今信安軍是也五月乙巳朔取瀛州復中國故地故不書契丹甲戌至自雄州六月癸未立皇后符氏符氏無國爵不日立符氏為皇后嫌同於不正也蓋其位先定而後娶故書日立皇后符氏文理宜然無褒貶也封子宗訓為梁王宗誼燕國公戊子占城使莆訶散來己丑范質王溥參知樞密院事魏仁浦同中書門下平章事癸巳皇帝崩于滋德殿年三十九

恭皇帝世宗第四子宗訓也世宗即位大臣請封皇子為王世宗謙抑久之及北取三關遇疾還京師始封宗訓梁王時年七歲

顯德六年六月癸巳世宗崩甲午皇帝即位于柩前癸卯范質為大行皇帝山陵使翰林學士竇儼為禮儀使兵部尚書張昭為鹵簿使御史中丞邊歸讜為儀仗使宣徽南院使判開封府事昝居潤為橋道頓遞使秋七月丁未戶部尚書李濤為山陵副使度支郎中盧億為判官八月庚寅封弟熙讓為曹王熙謹紀王熙誨蘄王壬寅高麗遣使者來九月丙寅左驍衛大將軍戴交使于高麗冬十一月壬寅葬睿武孝文皇帝于慶陵在鄭州管城縣高麗遣使者來

七年春正月甲辰遜于位

宋興五代之亡所書不同臨事為文爾梁亡見唐之速漢亡見周之遲也唐欺天下以討賊周欺天下以立賞故書梁亡見唐之立速則知其志不在於討賊也漢亡見周之立遲則知立賞者偽也唐亡無辭莊宗之弒唐已亡矣而明宗又稱唐愍帝之奔唐又亡矣而廢帝又稱唐其亡也不可以屢書故不書也晉亡日契丹滅晉明言以深戒周日遜于位遜順也能順乎天命也

嗚呼五代本紀備矣備謂喪亂之事無所不有君臣之際可勝道哉梁之友珪反唐戕克寧而殺存乂從璨則父子骨肉之恩幾何其不絕矣太妃薨而輟朝立劉氏馮氏為皇后則夫婦之倫幾何其不乖而不至於禽獸矣寒食野祭而焚紙錢居喪改元而用樂殺馬延及任圜則禮樂刑政幾何其不壞矣至於賽雷山傳箭而撲馬則中國幾何其不夷狄矣可為亂世也歟而世宗區區五六年間取秦隴平淮右復三關威武之聲震懾夷夏而方內延儒學文章之士考制度修通禮定正樂議刑統其制作之法皆可施於後世其為人明達英果議論偉然即位之明年廢天下佛寺三千三百三十六是時中國乏錢乃詔悉毀天下銅佛像以鑄錢嘗曰吾聞佛說以身世為妄而以利人為急使其真身尚在苟利於世猶欲割截況此銅像豈有所惜哉由是羣臣皆不敢言嘗夜讀書見唐元稹均田圖慨然歎曰此致治之本也王者之政自此始乃詔頒其圖法使吏民先習知之期以一歲大均天下之田其規為志意豈小哉其伐南唐問宰相李穀以計策後克淮南出穀疏使學士陶穀為贊而盛以錦囊嘗置之坐側其英武之材可謂雄傑及其虛心聽納用人不疑豈非所謂賢主哉其北取三關兵不血刃而史家猶譏其輕社稷之重而僥倖一勝於倉卒殊不知其料彊弱較彼我而乘述律之殆得不可失之機此非明於決勝者孰能至哉誠非史氏之所及也

五代史卷十二考證

周世宗紀冬十月甲辰殺左羽林大將軍孟漢瓊〇監本脫瓊字今增正

三年壬寅南征辛亥侍衛親軍都指揮使李重進及唐人戰于正陽敗之〇臣文淸按朱子綱目書周主自將伐唐大敗唐兵斬其將劉彥貞又載世宗親征淮南命李重進先赴正陽唐兵救之重進退保正陽世宗亟遣重進引兵趣淮上彥貞至重進度淮逆戰大敗彥貞斬之是敗唐人于淮上非正陽也且此與南唐世家俱未言有斬將事與綱目異未知孰是

丁亥頒均田圖〇臣宗萬按紀頒均田圖示重民事也但周廣順三年正月罷戶部營田務顯德六年二月又減行苗使所奏羨田三萬八千項此二事為朱子綱目所予而本紀獨不載故以類從而綴于此

五代史卷十三

宋　歐陽修　撰

嗚呼梁之惡極矣自其起盜賊至於亡唐其遺毒流于天下天下豪傑四面並起孰不欲戡刃於其胷然卒不能少挫其鋒以得志梁之無敵於天下可謂虎狼之彊矣及其敗也因於一二女子之娛至於洞胷流腸刲若羊豕禍生父子之間乃知女色之能敗人矣自古女禍大者亡天下其次亡家其次亡身身苟免矣猶及其子孫雖遲速不同未有無禍者也然原其本末始不起於忽微易坤之初六曰履霜堅冰至家人之初九曰閑有家悔亡其言至矣可不戒哉梁之家事詩所謂不可道者也至於唐晉以後親疎適庶亂矣作家人傳

梁家人傳第一

梁太祖母曰文惠皇后王氏單州單父人也其生三子長曰廣王全昱次曰朗王存其次太祖后少寡攜其三子傭食蕭縣人劉崇家太祖壯而無賴縣中皆厭苦之崇患太祖慵惰不作業數加笞責獨崇母憐之時時自爲櫛沐戒家人曰朱三非常人也宜善遇之黃巢起太祖與存俱亡爲盜從巢攻廣州存戰死居數歲太祖背巢降唐反以破巢遂鎭宣武乃遣人以車馬之蕭縣迎后於崇家使者至門后惶恐走避謂劉氏曰朱三落魄無行作賊死矣何以至此邪使者具道太祖所以然后乃驚喜泣下與崇母俱載以歸封晉國太夫人太祖置酒太夫人前舉觴爲壽歡甚太祖啓曰朱五經平生讀書不登一第有子爲節度使無忝於先人矣后惻然良久曰汝能至此可謂英特然行義未必如先人也太祖莫知其故后曰朱二與汝俱從黃巢獨死蠻嶺其孤皆在午溝汝今富貴獨不念之乎太祖泣涕謝罪乃悉召存諸子以歸太祖剛暴多殺戮后每誡之多賴以全活大順二年秋后疾卜者曰宜還故鄉乃歸卒於午溝太祖卽位立四廟追尊皇考爲文穆皇帝后曰文惠皇后

太祖元貞皇后張氏單州碭山縣渠亭里富家子也太祖少以婦聘之生末帝太祖貴封魏國夫人后賢明精悍動有禮法雖太祖剛暴亦嘗畏之太祖每以外事訪之后言多中太祖時時暴怒殺戮后嘗救護人賴以獲全太祖嘗出兵行至中途后意以爲不然馳一介召之如期而至郴王友裕攻徐州破朱瑾於石佛山瑾走友裕不追太祖大怒奪其兵友裕惶恐與數騎亡山中久之自匿於廣王后陰使人教友裕脫身自歸友裕晨馳入見太祖拜伏庭中泣涕請死太祖怒甚使左右捽出將斬之后聞之不及履走庭中持友裕泣曰汝束身歸罪豈不欲明非反乎太祖意解乃免太祖已破朱瑾納其妻以歸后迎太祖於封丘太祖告之后遽見瑾妻瑾妻再拜后亦拜悽然泣下曰兗鄆與司空同姓之國昆仲之間以小故興干戈而使吾姒至此若不幸汴州失守妾亦如此矣言已又泣太祖爲之感動乃送瑾妻爲尼后常給其衣食司空太祖時檢校官也天福元年后以疾卒太祖卽位追冊爲賢妃初葬開封縣潤色鄉末帝立追諡曰元貞皇太后祔于宣陵后已死太祖始爲荒淫卒以及禍云

昭儀陳氏宋州人也少以色進太祖已貴嬪妾數百而昭儀專寵太祖嘗疾昭儀與尼數十人晝夜爲佛法未嘗少懈太祖以爲愛己尤寵之開平三年度爲尼居宋州佛寺

昭容李氏亦以色進尤謹愿未嘗去左右太祖病晝寢方寐忽棟折獨李氏侍側遽牽太祖衣太祖驚走棟折寢上太祖德之拜昭容皆不知其所終

末帝德妃張氏其父歸霸事太祖爲梁功臣帝爲王時以婦聘之帝卽位將冊妃爲后妃請待帝郊天而帝卒不得郊貞明五年妃病甚帝遽冊爲德妃其夕薨年二十四

次妃郭氏父歸厚事梁爲登州刺史妃少以色進梁亡莊宗入宮梁故妃妾皆號泣迎拜賀王友雍妃石氏有色莊宗召之石氏慢罵莊宗殺之次以召妃妃懼而聽命已而度爲尼賜名誓正居于洛陽初莊宗之入汴也末帝登建國樓謂控鶴指揮使皇甫麟曰晉吾世讐也不可俟彼刀鋸卿可盡我命無使我落讐人之手麟與帝相持慟哭是夕進刃於帝麟亦自剄莊宗入汴命河南張全義葬其尸藏其首於太社晉天福三年詔太社先藏罪人首級許親屬收葬乃出末帝首遺右衛將軍安崇阮與妃同葬之妃卒洛陽

太祖二兄曰全昱曰存八子長曰友裕次曰友珪友璋友貞友雍友徽友孜其一養子曰友文開平元年五月乙酉封友文爲博王友珪郢王友璋福王友貞均王友雍賀王友徽建王友裕前卽位卒追封郴王而康王友孜末帝卽位封友璋初爲壽州團練使押左右番殿直監豐德庫友珪時爲鄆州留後末帝時爲忠武軍節度使徙鎭武寧及友雍友徽皆不知其所終

廣王全昱太祖卽位封太祖與仲兄存俱亡爲盜全昱獨與其母猶寄食劉崇家太祖已貴乃與其母俱歸宣武領嶺南西道節度使以太師致仕太祖將受禪有司備禮前殿全昱視之顧太祖曰朱三爾作得否太祖燕居宮中與諸王飮博全昱酒酣取骰子擊盆而迸之呼太祖曰朱三爾碭山一百姓遭逢天子用汝爲四鎭節度使於汝何負而滅唐家三百年社稷吾將見汝赤其族矣安用博爲太祖不悅罷會全昱亦不樂在京師常居碭山故里三子皆封王友諒衡王友能惠王友誨邵王乾化元年升宋州爲宣武軍以友諒爲節度使友諒進瑞麥一莖三穗太祖怒曰今年宋州大水何用此爲乃罷友諒居京師太祖臥病全昱來視疾與太祖相持慟哭太祖爲釋友諒使與東歸貞明二年全昱以疾薨徙衡王友諒嗣封廣王友能爲宋滑二州留後陳州刺史所至爲不法姦人多依倚之而陳俗好淫祠左道其學佛者自立一法號曰上乘晝伏夜聚男女雜亂妖人母乙董乙聚衆稱天子建置官屬友能初縱之乙等攻劫州縣末帝發兵擊滅之自康王友孜謀反伏誅末帝始疎斥宗室宗室皆反仄貞明四年友能以陳州兵反犯京師至陳留兵敗還走陳州後數月降末帝赦之降爲房陵侯友誨爲陝州節度使欲以州兵爲亂末帝召還京師與友諒友能皆被幽因梁亡莊宗入汴皆見殺

朗王存初與太祖俱從黃巢攻廣州存戰死存子友寧友倫友寧字安仁幼聰敏喜慍不形於色太祖以爲軍校善用弓劒遷衙內制勝都指揮使冀州刺史太祖圍鳳翔遣友寧東備宣武王師範襲梁圍齊州友寧引兵擊之奪馬千匹斬首數千級太祖奉昭宗還京師拜友寧建武軍節度使賜號迎鑾毅勇功臣太祖復遣攻師範圍博昌屠之淸河爲之不流戰于石樓兵敗友寧墜馬見殺友倫幼亦明敏通論語小學曉音律存已死太祖以友倫爲元從馬軍指揮使表右威武將軍燕人攻魏內黃友倫以前鋒夜渡河奪馬千匹李罕之以潞州降梁晉人攻潞友倫以兵入潞州取罕之以歸累遷檢校司空領藤州刺史太祖圍鳳翔晉人襲梁友倫以兵三萬至磐山晉人乃却友倫西會太祖於鳳翔昭宗還長安拜友倫寧遠軍節度使太祖東歸留友倫宿衛伺察昭宗所爲友倫擊鞠墜馬死太祖大怒以兵七萬至河中昭宗涕泣不知所爲將奔太原不果宰相崔胤遣人止太祖太祖以爲友倫胤等殺之奏請誅胤等昭宗未從乃遣友諒至京師以兵圍開化坊殺胤及京兆尹鄭元規皇城使王建勲飛龍使陳班閤門使王建襲客省使王建乂前左僕射張濬太祖卽位已封宗室中書上議故皇兄存皇姪建武軍節度使友寧寧遠軍節度使友倫皆當封於是追封存朗王友寧安王友倫密王

郴王友裕字端夫幼善騎射從太祖征伐能以寬厚得士卒心太祖與晉圍黃鄴於西華鄴卒荷矟登城罵敵晉王使胡騎連射不能中太祖顧友裕一發中之軍中皆大讙呼晉王喜遺友裕良弓百矢太祖鎭宣武以爲衙內都指揮使景福元年太祖攻鄆友裕以先鋒次斗門鄆兵夜擊之友裕敗走太祖從後來不知友裕之敗也前軍遇敵多死太祖至村落間始與友裕相得是時朱宣在濮州太祖乃遣友裕先以二百騎前太祖後至與友裕相失太祖卒與敵遇敗而走敵兵追之甚急前至大溝幾不免賴溝中有積薪芻乃得過梁將李璠等死者十餘人冬友裕取濮州遂圍時溥於徐州朱瑾以兵二萬救溥友裕敗瑾于石佛山瑾走都虞候朱友恭讒之太祖以爲瑾可追而友裕不追太祖大怒奪其兵屬龐師古以友裕屬吏使者誤致書於友裕友裕惶恐不知所爲賴張皇后教之得免權知許州許州近蔡苦於大寇居民殘破友裕招撫流散增戶三萬餘遷諸軍都指揮使與平兗鄆還領許州崔洪奔淮南友裕引兵定蔡州市不易肆太祖兼鎭護國軍以友裕爲留後遷忠武軍節度使太祖攻鳳翔未下去攻邠州友裕破靈臺良原下隴州楊崇本以邠州降後崇本復叛太祖遣友裕攻之屯于永壽友裕以疾卒

博王友文字德明本姓康名勤幼美風姿好學善談論頗能爲詩太祖養以爲子太祖領四鎭以友文爲度支鹽鐵制置使太祖用兵四方友文征賦聚斂以供軍費太祖卽位以故所領宣武宣義天平護國四鎭征賦置建昌宮總之以友文爲使封博王太祖幸西都友文留守東京庶人友珪者太祖初鎭宣武略地宋亳間與逆旅婦人野合而生也長而辯黠多智博王友文多材藝太祖愛之而年又長太祖卽位嫡嗣未立心嘗屬友文太祖自張皇后崩無繼室諸子在鎭皆邀其婦入侍友文妻王氏有色尤寵之太祖病久王氏與友珪妻張氏嘗專房侍疾太祖病少間謂王氏曰吾知終不起汝之東都召友文來吾與之決蓋心欲以後事屬之乃謂敬翔曰友珪可與一郡趣使之任乃以友珪爲萊州刺史太祖素剛暴既病而喜怒難測是時左降者必有後命友珪大懼其妻張氏曰官家以傳國寶與王氏使如東都召友文君今受禍矣夫婦相對而泣左右勸友珪曰事急計生何不早自爲圖友珪乃易服微行入左龍虎

軍見統軍韓勍計事勍夜以牙兵五百隨友珪雜控鶴衛士而入夜三鼓斬關入萬春門至寢中侍疾者皆走太祖惶駭起呼曰我疑此賊久矣恨不早殺之逆賊忍殺父乎友珪親吏馮廷諤以劒犯太祖太祖旋柱而走劒擊柱者三太祖憊仆于牀廷諤以劒中之洞其腹腸胃皆流友珪以裀褥裹之瘞之寢中祕喪四日乃出府庫大賚羣臣及諸軍遣受旨丁昭浦矯詔馳至東都殺友文又下詔曰朕艱難創業踰三十年託于人上忽焉六載中外恊力期于小康豈意友文陰畜異圖將行大逆昨二日夜甲士突入大內賴郢王友珪忠孝領兵勦戮保全朕躬然而疾恙震驚彌所危殆友珪克平兇逆厥功靡倫宜委權主軍國然後發喪乾化二年六月既皇友珪於柩前即皇帝位拜韓勍忠武軍節度使以末帝爲汴州留後河中朱友謙爲中書令友謙不受命而懷州龍驤軍三千劫其將劉重霸據懷州自言討賊三年正月友珪祀天於洛陽南郊改元曰鳳歷太祖外孫袁象先與駙馬都尉趙巖等謀與末帝討賊二月象先以禁兵入宮友珪與妻張氏趨北垣樓下將踰城以走不果使馮廷諤進刃其妻及已廷諤亦自殺末帝即位復友文官爵廢友珪爲庶人

康王友孜目重瞳子嘗竊自負以爲當爲天子貞明元年末帝德妃薨將葬友孜使刺客夜入寢中末帝方寐夢人害已既寤聞榻上寶劒鎗然有聲躍起抽劒曰將有變邪乃索寢中得刺客手殺之遂誅友孜明日謂趙巖張漢傑曰幾與卿輩不相見由此遂疎弱宗室而信任趙張以至於敗云

嗚呼春秋之法是非與奪之際難矣哉或問梁太祖以臣弒君友珪以子弒父一也與弒即位踰年改元春秋之法皆以君書而友珪不得列于本紀何也且父子之惡均而奪其子是與其父也豈春秋之旨哉予應之曰梁事著矣其父之惡不待與奪其子而後彰然末帝之志不可以不伸也春秋之法君弒而賊不討者國之臣子任其責予於友珪之事所以伸討賊者之志也

五代史卷十四

唐家人傳第二

宋　歐　陽　修　撰

太祖正室劉氏代北人也其次妃曹氏太原人也太祖封晉王劉氏封秦國夫人自太祖起兵代北劉氏常從征伐爲人明敏多智畧頗習兵機常教其侍妾騎射以佐太祖太祖東追黃巢還軍過梁館于封禪寺梁王邀太祖入城置酒上源驛夜半以兵攻之太祖左右有先脫歸者以難告夫人夫人神色不動立斬告者陰召大將謀保軍以還遲明太祖還軍與夫人相持慟哭因欲舉兵擊梁夫人曰公本爲國討賊今梁事未暴而遽反兵相攻天下聞之莫分曲直不若歛軍還鎮自訴于朝太祖從之其後太祖擊劉仁恭敗歸梁遣氏叔琮康懷英等連歲攻晉圍太原晉兵屢敗太祖憂窘不知所爲大將軍李存信等勸太祖亡入北邊收兵以圖再舉太祖然之入以語夫人夫人問誰爲此謀者曰存信也夫人罵曰存信代北牧羊兒耳安足與計成敗邪且公嘗笑王行瑜棄邠州走卒爲人擒今乃自爲此乎昔公亡奔達靼幾不能自脫賴天下多故乃得南歸今屢敗之兵散亡無幾一失其守誰能從公北邊其可至乎太祖大悟乃止已而亡兵稍稍復集夫人無子性賢不妬忌常爲太祖言曹氏相當生貴子宜善待之而曹氏亦自謙退因相得甚歡曹氏封晉國夫人後生子是謂莊宗太祖奇之曹氏由是專寵太祖性暴怒多殺人左右無敢言者惟曹氏從容諫譬往往見聽及莊宗立事曹氏尤謹其救趙破燕取魏博與梁戰河上十餘歲歲嘗馳歸省其母至三四人皆稱其孝莊宗即位冊尊曹氏爲皇太后而以嫡母劉氏爲皇太妃太妃往謝太后太后有慙色太妃曰願吾兒享國無窮使吾獲沒于地以從先君幸矣復何言哉莊宗滅梁入洛使人迎太后歸洛居長壽宮而太妃獨留晉陽同光三年五月太妃薨七月太后崩謚曰貞簡葬于坤陵而太妃無謚葬魏縣太妃與太后甚相愛其送太后於洛也涕泣而別歸而相思慕遂至不起太后聞之欲馳至晉陽視疾及其卒也又欲自往葬之莊宗泣諫羣臣交章請留乃止而太后自太妃卒悲哀不飲食逾月亦崩

莊宗神閔敬皇后劉氏魏州成安人也莊宗正室曰衛國夫人韓氏其次燕國夫人伊氏其次后也初封魏國夫人后父劉叟黃鬚善醫卜自號劉山人后生五六歲晉王攻魏掠成安裨將袁建豐得后納之晉宮貞簡太后教以吹笙歌舞旣笄甚有色莊宗見而悅之莊宗已爲晉王太后幸其宮置酒爲壽自起歌舞太后歡甚命劉氏吹笙佐酒罷去留劉氏以賜莊宗先時莊宗攻梁軍於夾城得符道昭妻侯氏寵專諸宮宮中謂之夾寨夫人莊宗出兵四方常以侯氏從軍其後劉氏生子繼岌莊宗以爲類已愛之由是劉氏寵益專自下魏博戰河上十餘年獨以劉氏從劉氏多智善迎意承旨其佗嬪御莫得進見其父聞劉氏已貴詣魏宮上謁莊宗召袁建豐問之建豐曰臣始得劉氏於成安北塢時有黃鬚丈人護之乃出劉叟示建豐建豐曰是也然劉氏方與諸夫人爭寵以門望相高因大怒曰妾去鄉時畧可記憶妾父不幸死於亂兵妾時環尸慟哭而去此田舍翁安得至此因命笞劉叟于宮門莊宗已即皇帝位欲立劉氏爲皇后而韓夫人正室也伊夫人位次在劉氏上以故難其事而未發宰相豆盧革樞密使郭崇韜希旨上章言劉氏當立莊宗大悅同光二年四月已卯皇帝御文明殿遣使冊劉氏爲皇后皇后受冊乘重翟車鹵簿鼓吹見於太廟韓夫人等皆不平之乃封韓氏爲淑妃伊氏爲德妃莊宗自滅梁志意驕怠宦官伶人亂政后特用事於中自以出於賤微踰次得立以爲佛力又好聚歛分遣人爲商賈至於市肆之間薪芻果茹皆稱中宮所賣四方貢獻必分爲二一以上天子一以入中宮宮中貨賄山積惟寫佛書饋賂僧尼而莊宗由此亦佞佛有胡僧自于闐來莊宗率皇后及諸子迎拜之僧遊五臺山遣中使供頓所至傾動城邑又有僧誠惠自言能降龍嘗過鎭州王鎔不爲之禮誠惠怒曰吾有毒龍五百當遣一龍揭片石常山之人皆魚鱉也會明年滹沱大水壞鎭州關城人皆以爲神莊宗及后率諸子諸妃拜之誠惠安坐不起由是士無貴賤皆拜之獨郭崇韜不拜也是時皇太后及皇后交通藩鎭太后稱誥令皇后稱教命兩宮使者旁午於道許州節度使溫韜以后佞佛因請以私第爲佛寺爲后薦福莊宗數幸郭崇韜元行欽等私第常與后俱其後幸張全義第酒酣命后拜全義爲養父全義日遣姬妾出入宮中問遺不絕莊宗有愛姬甚有色而生子后心患之莊宗燕居宮中元行欽侍側莊宗問曰爾新喪婦其復娶乎吾助爾聘后指愛姬請曰帝憐行欽何不賜之莊宗不得已佯諾之后趣行欽拜謝行欽再拜起顧愛姬肩輿已出宮矣莊宗不樂稱疾不食者累日同光三年秋大水兩河之民流徙道路京師賦調不充六軍之士往往殍踣乃預借明年夏秋租稅百姓愁苦號泣于路莊宗方與后荒于畋遊十二月已卯獵畋于白沙后率皇子後宮畢從歷伊闕宿龕澗癸未乃還是時大雪軍士寒凍金槍衞兵萬騎所至責民供給壞什器徹廬舍而焚之縣吏畏恐亡竄山谷明年三月客星犯天庫有星流于天棓占星者言御前當有急兵宜散積聚以禳之宰相請出庫物以給軍莊宗許之后不肯曰吾夫婦得天下雖因武功蓋亦有天命命旣在天人如我何宰相論于延英后於屏間耳屬之因取粧奩及皇幼子滿喜置帝前曰諸侯所貢給賜已盡宮中所有惟此耳請鬻以給軍宰相惶恐而退及趙在禮作亂出兵討魏始出物以賚軍軍士負而詬曰吾妻子已餓死得此何爲莊宗東幸汴州從駕兵二萬五千及至萬勝不得進而還軍士離散所失大半至罌子谷道路險狹莊宗見從官執兵仗者皆以好言勞之曰適報魏王平蜀得蜀金銀五十萬當悉給爾等對曰陛下與之太晚得者亦不感恩莊宗泣下因顧內庫使張容哥索袍帶以賜之容哥對曰盡矣軍士叱容哥曰致吾君至此皆由爾輩因抽刀逐之左右救之而免容哥曰皇后惜物不以給軍而歸罪於我事若不測吾身萬段矣乃投水而死郭從謙反莊宗中流矢傷甚卧絳霄殿廊下渴欲得飲后令宦者進飧酪不自省視莊宗崩后與李存渥等焚嘉慶殿擁百騎出師子門后於馬上以囊盛金器寶帶欲於太原造寺爲尼在道因與存渥姦及至太原乃削髮爲尼明宗入立遣人賜后死晉天福五年追謚曰神閔敬皇后自唐末喪亂后妃之制不備至莊宗時後宮之數尤多有昭儀昭容昭媛出使御正侍眞懿才咸一瑤芳懿德宣一等其餘名號不可勝記莊宗遇弒後宮皆散走朱守殷入宮選得三十餘人號國夫人夏氏以嘗幸於莊宗守殷不敢留明宗立悉放莊宗時宮人還其家獨夏氏無所歸乃以河陽節度使夏魯奇同姓也因以歸之後嫁契丹突厥李贊華贊華性酷毒喜殺人婢妾微過常加刲灼夏氏懼求離婚乃削髮爲尼以卒而韓淑妃伊德妃皆居于太原晉高祖反時爲契丹所虜

唐自朱邪得姓而爲李氏得國而爲晉得天下而爲唐其始出於夷狄而終以亂亡故其世次不可詳見其可見者曰太祖四弟八子五孫三世而絕太祖四弟曰克讓克脩克恭克寧皆不知其父母名號

克讓少善騎射爲振武軍校從討王仙芝以功拜金吾衛將軍留京師李氏自憲宗時以部族歸唐唐處之河

西營遣一子宿衞京師賜第於親仁坊其後太祖起兵雲中殺唐守將段文楚唐發兵討太祖遣王處存以兵圍親仁坊捕宿衞子克讓克讓與其僕何相温石的歷等十餘騎彎弧躍馬突圍而出處存以千餘人追至渭橋克讓等射殺百餘人追兵乃止克讓奔于鴈門明年太祖復歸唐克讓還宿衞京師黄巢犯長安克讓守潼關爲賊所敗奔于南山匿佛寺爲寺僧所殺

克脩字崇遠從討龐勛以功拜朔州刺史太祖鎮鴈門以爲奉誠軍使從入關討黄巢爲先鋒還左營軍使潞州孟方立遷于邢州晉取潞州表克脩昭義軍節度使數出山東擊方立又與李罕之攻冦懷孟之間其後太祖自將擊方立還軍過潞克脩性儉嗇供饋甚薄太祖大怒詬而笞之克脩慙憤發疾卒二子嗣弼嗣肱嗣弼爲涿州刺史天祐十一年契丹攻破涿州嗣弼歿于虜嗣肱少有膽畧從周德威數立戰功爲馬步軍都虞候李存審敗梁軍于胡壁嗣肱獲梁將一人梁太祖圍蓨縣嗣肱從存審救蓨梁軍解去嗣肱功爲多超拜蔚州刺史鴈門以北都知兵馬使累遷澤代二州刺史新州王郁叛晉亡入契丹山後諸州皆叛嗣肱取嬀儒武三州拜新州刺史山北都團練使同光元年春卒于官

克恭初爲决勝軍使克脩卒以克恭代爲昭義軍節度使克脩爲人簡儉潞人素安其政且哀其見笞以死而克恭橫暴多不法又不習軍事由是潞人皆怨克恭選後院勁兵五百人獻于太祖行至銅鞮其將馮霸以其徒叛太祖遣李元審討之戰于沁水元審大敗被傷奔入潞州牙將安居受亦叛殺克恭及元審使人召馮霸不受命居受懼而出奔行至長子爲野人所殺傳首于霸霸乃入潞州自稱留後以附于梁

克寧爲人仁孝居諸兄弟中最賢事太祖小心不懈太祖與赫連鐸李可舉戰雲蔚間後奔達靼入破黄巢克寧未嘗不從行太祖鎮太原以爲内外都制置蕃漢都知兵馬使檢校太保振武軍節度使軍中之事無大小皆决克寧太祖病召莊宗侍側屬張承業與克寧曰以亞子累公等太祖崩莊宗告於克寧曰兒年孤稚未通庶政雖有先王之命恐不足以當大事叔父勳德俱高先王嘗任以政矣敢以軍府煩季父以待兒之有立克寧曰吾兄之命以兒屬我誰敢易之因下而北面再拜稱賀莊宗乃即晉王位初太祖起於雲朔之間所得驍勇之士多養以爲子而與英豪戰爭卒就霸業諸養子之功爲多故尤寵愛之衣服禮秩如嫡諸養子麾下皆有精兵恃功自恣自先王時常見優假及新王立年少或託疾不朝或見而不拜養子存顥存實告克寧曰兄亡弟及古之道也以叔拜姪理豈安乎人生富貴當自取之克寧曰吾家三世父慈子孝先王土宇苟有所歸吾復何求也克寧妻孟氏素剛悍存顥等各遣其妻入說孟氏數以迫克寧克寧仁而無斷惑於羣言遂至於禍都虞候李存質得罪於克寧克寧殺之而與張承業李存璋有隙又求兼領大同軍節度使於是幸臣史敬鎔見太后告克寧與存顥謀執王及太后以降梁莊宗召承業存璋告之曰季父所爲如此奈何然骨肉不可自相魚肉吾當避賢路以紓禍於吾家承業等請誅克寧乃伏兵於府置酒大會克寧既至執而殺之

太祖子八人莊宗長子也次曰存美存霸存禮存渥存乂存確存紀同光三年十二月辛亥詔封存美等七人爲王盡存霸存渥存紀與莊宗同母存美存乂存確存禮不知其母名氏號位存美封邕王存霸永王存禮薛王存渥申王存乂睦王存確通王存紀雅王存乂歷建雄保大二軍節度使娶郭崇韜女是時魏州妖人楊千郎用事自言有墨子術能役使鬼神化丹砂水銀莊宗頗神之拜千郎檢校尚書郎賜紫其妻出入宮禁承恩寵而士或因之以求官爵存乂及存渥等往往朋淫于其家及崇韜被族莊宗遣宦官陰察外議以爲如何而宦官因欲盡誅崇韜親黨以絕後患乃誣言存乂過千郎家酒酣攘臂號泣爲婦翁稱寃言甚怨望莊宗大怒以兵圍其第而族之并誅千郎存霸歷昭義天平河中三軍節度使存渥義成天平二軍節度使皆居京師食其俸祿而已趙在禮作亂乃遣存霸於河中李嗣源兵反嚮京師莊宗再幸氾水遣存霸北京留守存渥河中節度使宣麻未訖郭從謙反攻興教門存渥從莊宗拒賊莊宗中流矢崩存渥與劉皇后同奔于太原行至風谷爲部下所殺存霸聞京師亂亦自河中奔太原比至麾下皆散走惟使下康從弁不去存霸乃翦髮衣僧衣謁符彦超曰願爲山僧冀公庇護彦超欲留之爲軍衆所殺存紀存確聞郭從謙反奔于南山匿民家明宗詔河南府及諸道諸王出奔所至送赴闕如不幸物故者收瘞以聞存紀等所匿民家以告安重誨重誨謂霍彦威曰二王逃難主上尋求恐其失所今上既監國典喪此禮如何彦威曰上性仁慈不可聞奏宜密爲之所以安人情乃即民家殺之存美素病風居太原與存禮皆不知其所終

莊宗五子長曰繼岌其次繼潼繼嵩繼蟾繼嶢繼岌母曰劉皇后其四皆不著其母名號莊宗即位繼岌爲北都留守判六軍諸衞事遷檢校太尉同中書門下平章事豆盧革爲相建言唐故事皇子皆爲宮使因以鄴宮爲興聖宮以繼岌爲使同光三年封魏王是歲伐蜀以繼岌爲西南面行營都統郭崇韜爲都招討使工部尚書任圜翰林學士李愚皆參軍事九月戊申將兵六萬自鳳翔入大散關軍無十日之糧而所至州鎮皆迎降遂食其粟至興州蜀將程奉璉以五百騎降因以其兵脩閣道以過唐軍王衍將兵萬人屯利州分其半逆戰于三泉爲先鋒康延孝所敗衍懼斷吉栢江浮橋奔歸成都唐軍自文州間道以入十月己酉繼岌至綿州衍上牋請降丙辰入成都王衍乘竹輿至昇仙橋素衣牽羊草索繫首肉袒銜璧輿櫬羣臣衰絰徒跣以降繼岌下而取璧崇韜解縛焚櫬自出師至降衍凡七十五日兵不血刃自古用兵之易未有如此然繼岌雖爲都統而軍政號令一出崇韜初莊宗遣宦者供奉官李從襲監中軍高品李廷安呂知柔爲典謁從襲等素惡崇韜又見崇韜專任軍事益不平之及破蜀蜀之貴臣大將自王宗弼以下皆爭以蜀寶貨妓樂奉崇韜父子而魏王所得匹馬束帛唾壺麈柄而已崇韜日决軍事將吏賓客趨走盈庭而都統府唯大將晨謁牙門闃然由是從襲等不勝其憤已而宗弼率蜀人見繼岌請留崇韜鎮蜀從襲等因言崇韜有異志勸繼岌爲備繼岌謂崇韜曰陛下倚侍中如衡華尊之廟堂之上期以一天下而制四夷必不棄元老於蠻夷之地此事非予敢知也莊宗聞崇韜欲留蜀亦不悅遣宦者向延嗣趣繼岌班師延嗣至成都崇韜不出迎及見禮益慢延嗣怒從襲等因告延嗣崇韜有異志恐危魏王延嗣還具言之劉皇后涕泣請保全繼岌莊宗遣宦官馬彦珪往視崇韜去就是時兩川新定孟知祥未至所在盜賊亡聚山林崇韜方遣任圜等分出招集恐後生變故師未即還而彦珪將行見劉皇后曰臣見延嗣言蜀中事勢已不可禍機之作間不容髮安能三千里往復禀命乎劉皇后以彦珪語告莊宗莊宗曰傳言未審豈可便令果决皇后不得請因自爲敎與繼岌使殺崇韜明年正月崇韜留任圜守蜀以待知祥之至崇韜期班師有日彦珪至蜀出皇后教示繼岌繼岌曰今大軍將發未有釁端豈可作此負心事從襲等泣曰今有密敕王苟不行使崇韜知之則吾屬無類矣繼岌曰上無詔書徒以皇后手教安能殺招討使從襲等力爭繼岌不得已而從之詰旦從襲以都統命召崇韜繼岌登樓以避之崇韜入升階繼岌從者李環撾碎其首繼岌遂班師二月軍至泥溪先鋒康延孝叛據漢州繼岌遣任圜討平之四月辛卯至興平聞明宗反兵入京師繼岌欲退保鳳翔至武功李從襲勸繼岌馳趨京師以救內難行至渭河西都留守張籛斷浮橋繼岌不得渡乃循河而東至渭南左右皆潰從襲謂繼岌曰大事已去福不可再王宜自圖繼岌徘徊泣下謂李環曰吾道盡途窮子當殺我環遲疑久之謂繼岌乳母曰吾不忍見王王若無路求生當踣面以俟繼岌面榻而卧環縊死之任圜從後至葬繼岌于華州之西南繼岌少病閹無子明宗已即位圜率征蜀之師二萬至京師明宗撫慰久之問圜繼岌何在圜具言繼岌死狀同光三年詔以皇子繼嵩繼潼繼蟾繼嶢皆爲光祿大夫檢校司徒蓋其皆幼故不封當莊宗遇弒時太祖子孫在者十有一人明宗入立其四人見殺其餘皆不知其所終太祖之後遂絕梁唐家人傳皆先兄弟而後諸子兄弟之子各從其父此理之常也至莊宗七弟所書事迹不以長幼爲次者各因其死之先後而書之便於述事爾無定法也

五代史卷十五

宋　歐陽修　撰

唐家人傳第三

明宗三后一妃和武憲皇后曹氏生晉國公主昭懿皇后夏氏生秦王從榮愍帝宣憲皇后魏氏潞王從珂母也淑妃王氏許王從益之慈母也曹氏夏氏皆不見其世家夏氏無封爵明宗未即位前卒明宗天成元年封楚國夫人曹氏爲淑妃追封夏氏晉國夫人長興元年立淑妃爲皇后而夏氏所生二子皆已王乃追冊爲皇后諡曰昭懿

魏氏鎮州平山人也初適平山民王氏生子十歲矣明宗爲騎將掠平山得其子母以歸居數年魏氏卒葬太原其子是爲潞王從珂明宗時從珂已王乃追封魏氏爲魯國夫人廢帝即位追尊魏氏爲皇太后議建陵寢而太原石敬瑭反乃於京師河南府東立寢宮淸泰三年六月丙寅遣工部尚書崔儉奉上皇太后寶冊諡曰宣憲

淑妃王氏邠州餅家子也有美色號花見羞少賣梁故將劉鄩爲侍兒鄩卒王氏無所歸是時明宗夏夫人已卒方求別室有言王氏於安重誨者重誨以告明宗而

納之王氏素得鄩金甚多悉以遺明宗左右及諸子婦
人人皆爲王氏稱譽明宗益愛之而夫人曹氏爲人簡
質常避事由是王氏專寵明宗即位議立皇后而曹氏
當立曹氏謂王氏曰我素多病而性不耐煩妹當代我
王氏曰后帝匹也至尊之位誰敢干之乃立曹氏爲皇
后王氏爲淑妃妃事皇后亦甚謹每帝晨起盥櫛服御
皆妃執事左右及罷朝帝與皇后食妃侍食徹乃退未
嘗少懈皇后心亦益愛之然宮中之事皆主於妃明宗
病妃與宦者孟漢瓊出納左右遂專用事殺安重誨秦
王從榮皆與焉劉鄩諸子皆以妃故封拜官爵愍帝即
位冊尊皇后爲皇太后妃爲皇太妃初明宗後宮有生
子者命妃母之是爲許王從益從益乳母司衣王氏見
明宗已老而秦王握兵心欲自託爲後計乃曰兒思秦
王是時從益已四歲又數教從益自言求見秦王明宗
遣乳嫗將兒往來秦府遂與從榮私通從榮因使王氏
伺察宮中動靜從榮已死司衣王氏以謂秦王實以兵
入宮衛天子而以反見誅出怨言愍帝聞之大怒賜司
衣王氏死而事連太妃由是心不悅欲遷之至德宮以
太后素善妃懼傷其意而止然待之甚薄廢帝入立嘗
置酒妃院妃舉酒曰願辭皇帝爲比丘尼帝驚問其故
妃曰小兒處偶得命若大人不容則死之日何面見先
帝因泣下廢帝亦爲之悽然待之頗厚石敬瑭兵犯京
師廢帝聚族將自焚妃謂太后曰事急矣宜少回避以
俟姑夫太后曰我家至此何忍獨生妹自勉之太后乃
與帝俱焚死而妃與許王從益及其妹匿於鞠院以免
晉高祖立妃自請爲尼不可乃遷于至德宮晉遷都汴
以妃子母俱東置於宮中高祖皇后事妃如母天福四
年九月癸未詔以郇國三千戶封唐許王從益爲郇國
公以奉唐祀服色旗旗一依舊制太常議立莊宗明宗
愍帝三室以至德宮爲廟詔立高祖太宗爲五廟使從
益歲時主祠出帝即位妃母子俱還洛陽契丹犯京師
趙延壽所尚明宗公主已死耶律德光乃爲延壽娶從
益妹是爲永安公主公主不知其母爲誰素亦養於妃
妃至京師主婚禮德光見明宗畫像焚香再拜顧妃曰
明宗與我約爲弟兄爾吾嫂也已而靳之曰今日乃吾
婦也乃拜從益爲彰信軍節度使從益辭不之官與妃
俱還洛陽德光北歸留蕭翰守汴州漢高祖起太原翰
欲北去乃使人召從益委以中國從益子母逃於徽陵
域中以避使者使者迫之以東遂以從益權知南朝軍
國事從益御崇元殿翰率契丹諸將拜殿上晉羣臣拜
殿下羣臣入謁太妃妃曰吾家子母孤弱爲翰所迫此
豈福邪禍行至矣乃以王松趙上交爲左右丞相李式
翟光鄴爲樞密使燕將劉祚爲侍衛親軍都指揮使翰
留契丹兵千人屬祚而去漢高祖擁兵而南從益遣人
召高行周武行德等爲拒行周等皆不至乃與王松謀
以燕兵閉城自守妃曰吾家亡國之餘安敢與人爭天
下乃遣人上書迎漢高祖高祖聞其嘗召行周而不至
遣郭從義先入京師殺妃母子妃臨死呼曰吾家母子
何罪何不留吾兒使每歲寒食持一盂飯洒明宗墳上
聞者悲之從益死時年十七
愍帝哀皇后孔氏父循橫海軍節度使后有賢行生四
子愍帝即位立爲皇后未及冊命而難作愍帝出奔后
病子幼皆不能從廢帝入立后及四子皆見殺晉高祖
立追謚曰哀
明宗四子曰從璟從榮從厚從益從璟初名從審爲人
驍勇善戰而謙退謹敕從莊宗戰數有功爲金槍指揮
使明宗軍變于魏莊宗謂從璟曰爾父於國有大功忠
孝之心朕自明信今爲亂軍所逼爾宜自往宣朕意毋
使自疑從璟馳至衛州爲元行欽所執將殺之從璟呼
曰我父爲亂軍所逼公等不亮其心我亦不能至魏願
歸衛天子行欽釋之莊宗憐其言賜名從璟以爲己子
從莊宗如汴州將士多亡於道獨從璟不去左右或勸
其逃禍從璟不聽莊宗聞明宗已渡黎陽復欲遣從璟
通問行欽以爲不可遂殺之明宗即位贈太保
嗚呼無父烏生無君烏以爲生而世之言曰爲忠孝者
不兩全夫豈然哉君父人倫之大本忠孝臣子之大節
豈其不相爲用而又相害者乎抑私與義而已耳蓋以
其私則兩害以其義則兩得其父以兵攻其君爲其子
者從父乎從君乎曰身從其居志從其義可也身居君
所則從君居父所則從父其從於君者必辭其君曰子
不可以射父願無與兵焉則又號泣而呼其父曰盍捨
兵而歸吾君乎君敗則死之父敗則終喪而事君其從
於父者必告之曰君不可以射也盍捨兵而歸吾君乎
君敗則死之父敗則待罪於君君赦己則終喪而事之
古之知孝者莫如舜知義者莫如孔孟其於君臣父子
之際詳矣使其不幸而遭焉其亦如是而已矣從璟之
於莊宗知所從而得其死矣哀哉
秦王從榮天成元年以檢校司徒兼御史大夫拜天雄
軍節度使同中書門下平章事三年從鎮河東長興元
年拜河南尹兼判六軍諸衛事從璟死從榮於諸皇子
次最長又握兵柄然其爲人輕雋而鷹視頗喜儒學爲
歌詩多招文學之士賦詩飲酒故後生浮薄之徒日進
諛佞以驕其心自將相大臣皆患之明宗頗知其非而
不能裁制從榮嘗侍側明宗問曰爾軍政之餘習何事
對曰有暇讀書與諸儒講論經義爾明宗曰經有君臣
父子之道然須碩儒端士乃可親之吾見先帝好作歌
詩甚無謂也汝將家子文章非素習必不能工傳於人
口徒取笑也吾老矣於經義雖不能曉然尚喜屢聞之
其餘不足學也是歲秋封從榮秦王故事諸王受封不
朝廟而有司希旨欲重其禮乃建議曰古者因禘嘗而
發爵祿所以示不敢專今受大封而不告廟非敬順之
道也於是從榮朝服乘輅車具鹵簿至朝堂受冊出載
冊以車朝于太廟京師之人皆以爲榮三年加兼中書
令有司又言故事親王班宰相下今秦王位高而班下
不稱於是與宰相分班而居右四年加尚書令食邑萬
戶太僕少卿何澤上書請立從榮爲皇太子是時明宗
已病得澤書不悅顧左右曰羣臣欲立太子吾當養老
於河東乃召大臣議立太子事大臣皆莫敢可否從榮
入白曰臣聞姦人言欲立臣爲太子臣實不願也明宗
曰此羣臣之欲爾從榮出見范延光趙延壽等曰諸公
議欲立吾爲太子是欲奪吾兵柄而幽之東宮耳延光
等患之乃加從榮天下兵馬大元帥有司又言元帥或
統諸道或專一面自前世無天下大元帥之名其禮無
所考按請自節度使以下凡領兵職者皆具櫜鞬以軍
禮庭參其兼同中書門下平章事者初見亦如之其後
許如客禮凡元帥府文符行天下皆用帖文升班在宰
相上從榮大宴元帥府諸將皆有頒給控鶴捧聖嚴衛
指揮使人馬一匹絹十疋其諸軍指揮使人絹十疋都
頭已下七疋至三疋又請嚴衛捧聖千人爲牙兵每入
朝以數百騎先後張弓挾矢馳走道上見者震慴從榮
又命其寮屬及四方游士試作征淮檄陳己所以平一
天下之意言事者請爲諸王擇師傅以加訓導宰相難
其事因請從榮自擇從榮乃請翰林學士崔梲刑部侍
郎任贊爲元帥判官明宗曰學士代予言不可也從榮
出而恚曰任以元帥而不得請屬寮非吾所諭也將相
大臣見從榮權位益隆而輕脫如此皆知其禍而莫敢
言者惟延光延壽陰有避禍意數見明宗涕泣求解樞
密二人皆引去而從榮之難作十一月戊子雪明宗幸
宮西士和亭得傷寒疾己丑從榮與樞密使朱弘昭馮
贇入問起居於廣壽殿帝不能知人王淑妃告曰從榮
在此又曰弘昭等在此皆不應從榮等去乃遷於雍和
殿宮中皆慟哭至夜半後帝蹶然自興於榻而侍疾者
皆去顧殿上守漏宮女曰夜漏幾何對曰四更矣帝即
唾肉如肺者數片溺涎液斗餘守漏者曰大家省事乎
曰吾不知也有頃六宮皆至曰大家還魂矣因進粥一
器至旦疾少愈而從榮稱疾不朝初從榮嘗忌宋王從
厚賢於己而懼不得爲嗣其平居驕矜自得及聞人道
宋王之善則愀然有不足之色其入問疾也見帝已不
知人既去而聞宮中哭聲以謂帝已崩矣乃謀以兵入
宮使其押衙馬處鈞告弘昭等欲以牙兵入宿衛問何
所可以居者弘昭等對曰宮中皆王所可居王自擇之
因私謂處鈞曰聖上萬福王宜竭力忠孝不可草草處
鈞具以告從榮從榮還遣處鈞語弘昭等曰爾輩不念
家族乎弘昭贇及宣徽使孟漢瓊等入告王淑妃以謀
之曰此事須得侍衛兵馬爲助乃召侍衛指揮使康義
誠謀於竹林之下義誠有子在秦王府未敢決其謀謂
弘昭曰僕爲將校惟公所使爾弘昭大懼明日從榮遣
馬處鈞告馮贇曰吾今日入居興聖宮又告義誠義誠
許諾贇即馳入內見義誠及弘昭漢瓊等坐中興殿閤
議事贇責義誠曰主上所以畜養吾徒者爲今日爾今
安危之機間不容髮柰何以子故懷顧望使秦王得至
此門主上安所歸乎吾輩復有種乎漢瓊曰賤命不足
惜吾自率兵拒之即入見曰從榮反兵已攻端門宮人
相顧號泣明宗問弘昭等曰實有之乎對曰有之明宗
以手指天泣下良久曰義誠自處置毋令震動京師潞
王子重吉在側明宗曰吾與爾父起微賤至取天下數
救我於危窘從榮得何氣力而作此惡事爾亟以兵守
諸門重吉即以控鶴兵守宮門是日從榮自河南府擁
兵千人以出從榮寮屬甚衆而正直之士多見惡其尤
所惡者劉贊王居敏而所昵者劉陟高輦從榮兵出與
陟輦並轡耳語行至天津橋南指日景謂輦曰明日而
今誅王居敏矣因陣兵橋北下據胡牀而坐使人召康
義誠而端門已閉叩左掖門亦閉而於門隙中見捧聖
指揮使朱弘實率騎兵從北來即馳告從榮從榮驚懼
索鐵厭心自調弓矢皇城使安從益率騎兵三百衝之
從榮兵射之從益稍却弘實騎兵五百自左掖門出方
渡河而後軍來者甚衆從榮乃走歸河南府其判官任
贊已下皆走出定鼎門牙兵劫嘉善坊而潰從榮夫妻
匿牀下從益殺之明宗聞從榮已死悲咽幾墮于榻絕
而蘇者再馮道率百寮入見明宗曰吾家事若此慙見

羣臣君臣相顧泣下沾襟從榮二子尚幼皆從死後六日而明宗崩

明宗兄弟皆不見于世家而有姪四人曰從璨從璋從溫從敏從璨初爲右衛大將軍安重誨用事自諸王將相皆下之從璨爲人剛猛不能少屈而性倜儻輕財好施重誨忌之明宗幸汴州以從璨爲大內皇城使嘗於會節園飲酒酣戲登御榻重誨奏其事貶房州司戶參軍賜死重誨見誅詔復其官贈太保

從璋字子良少善騎射莊宗時將兵戍常山聞明宗兵變于魏乃亦起兵據邢州明宗即位以爲捧聖左廂都指揮使改皇城使領饒州刺史拜彰國軍節度使徙鎮義成明宗幸汴州從璋欲率民爲貢獻其從事諫以爲不可從璋怒引弓欲射之坐罷爲右驍衛上將軍居久之出鎮保義從河中長興四年夏封洋王晉高祖立從鎮威勝降封隴西郡公從璋爲人貪鄙自鎮保義始折節自修在南陽頗有遺愛天福二年卒年五十一

從溫字德基初爲北京副留守歷安國忠武義武成德武寧五節度使封兖王晉高祖立復爲忠武軍節度使從溫爲人貪鄙多作天子器服以自僭宗族賓客諫之不聽其妻關氏大呼于牙門曰從溫欲反而造天子服器從溫大恐乃悉毀之明宗諸子八人至晉出帝時六巳亡歿惟從溫從敏在太后常曰吾惟有一兄豈可繩之以法從溫由此益驕嘗誣親吏薛仁嗣等爲盜悉籍沒其家貲數千萬仁嗣等詣闕自訴事下有司從溫具伏出帝懼傷太后意釋之而不問開運二年徙河陽三城卒于官是時從璋子重俊爲虢州刺史坐贓亦以太后故罪其判官高獻而已重俊復爲商州刺史坐與其妹姦及殺其僕孫漢榮掠其妻賜死

從敏字叔達爲人沉厚寡言善騎射初從莊宗爲馬步軍都指揮使兼行軍司馬明宗入立還皇城使保義軍節度使與討王都歷鎮横海義武成德歸德保義昭義河陽封涇王漢高祖時爲西京留守封秦國公周廣順元年卒贈中書令諡曰恭惠

五代史卷十五考證

秦王從榮傳弘昭賫及宣徽使孟漢瓊等○監本闕瓊字今從下文增入又次行乃召侍衛指揮使康義誠句召訛盈今改正

五代史卷十六

宋 歐陽修 撰

唐家人傳第四

廢帝皇后劉氏父茂威應州渾元人也后爲人彊悍廢帝素憚之初封沛國夫人廢帝即位立爲皇后其弟延皓少事廢帝爲牙將廢帝即位拜宮苑使宣徽南院使清泰二年爲樞密使天雄軍節度使延皓爲人素謹厚及貴而改節以后故用事受賕掠人園宅在鄴不恤軍士軍士皆怨捧聖都虞候張令昭以其屯駐兵逐延皓延皓走相州是時石敬瑭已反方用兵而令昭之亂作令昭乃閉城遣其副使邊仁嗣請巳爲節度使廢帝以令昭爲右千牛衛將軍權知天雄軍府事巳而遣范延光討之令昭敗走邢州追至沙河斬之屯駐諸軍亂者三千餘人皆死有司請以延皓行軍法廢帝以后故削其官爵而巳

廢帝二子曰重吉重美一女爲尼號幼澄皆不知其所生廢帝鎮鳳翔重吉爲控鶴指揮使與尼俱留京師控鶴親兵也愍帝即位不欲重吉掌親兵乃出重吉爲亳州團練使居幼澄於禁中又徙廢帝北京廢帝自疑乃反愍帝遣人殺重吉于宋州幼澄亦死

重美幼而明敏如成人廢帝即位自左衛上將軍領成德軍節度使兼河南尹判六軍諸衛事改領天雄軍節度使同中書門下平章事封雍王石敬瑭反廢帝欲北征重美謂宜持重固請毋行廢帝心憚敬瑭初不欲往聞重美言以爲然而劉延皓與劉延朗等迫之不巳廢帝遂如河陽留重美守京師京師震恐居民皆出城以藏竄門者禁止之重美曰國家多難不能與民爲主而欲禁其避禍可乎因縱民出及晉兵將至劉皇后積薪于地將焚其宮室重美曰新天子至必不露坐但佗日重勞民力取怨身後耳后以爲然廢帝自焚后及重美與俱死

嗚呼家人之道不可以不正也夫禮者所以别嫌而明微也甚矣五代之際君君臣臣父父子子之道乖而宗廟朝廷人鬼皆失其序斯可謂亂世者歟自古未之有也唐一號而三姓周一號而二姓唐太祖莊宗爲一家明宗愍帝爲一家廢帝爲一家周太祖爲一家世宗爲一家别其家而同其號者何哉唐從其號見其盜而有也周從其號與之也而别其家者昭穆親疏之不可亂也號可同家不可以不别所以别嫌而明微也梁博王友文之不别何哉著禍本也梁太祖之禍自友文始存之所以戒也

五代史卷十七

宋 歐陽修 撰

晉家人傳第五

高祖皇后李氏唐明宗皇帝女也后初號永寧公主清泰二年封魏國長公主自廢帝立常疑高祖必反三年公主自太原入朝千春節辭歸留之不得廢帝醉語公主曰爾歸何速欲與石郎反邪既醒左右告之廢帝大悔公主歸以語高祖高祖由是益不自安高祖即位公主當爲皇后天福二年三月有司言皇太妃尊號已正請上寶册太妃高祖庶母劉氏也高祖以宗廟未立謙抑未遑七年夏五月高祖巳病乃詔尊太妃爲皇太后然卒不奉册而高祖崩故后訖高祖世亦無册命出帝天福八年七月册尊皇后爲皇太后太后爲人彊敏高祖常嚴憚之出帝馮皇后用事太后數訓誡之出帝不從乃及于敗開運三年十二月耶律德光巳降晉兵遣張彥澤先犯京師以書遺太后具道巳降晉軍且曰吾有梳頭妮子竊一藥囊以奔于晉今皆在否吾戰陽城時亡奚車一乘在否又問契丹先爲晉獲者及景延廣桑維翰等所在太后與帝聞彥澤至欲自焚嬖臣薛超勸止之及得德光所與書乃滅火出上苑中帝召當直學士范質謂曰杜郎一何相負昔先帝起太原時欲擇一子留守謀之北朝皇帝皇帝以屬我我素以爲其所知卿爲我草奏具言之庶幾活我子母質爲帝草降表曰孫男臣重貴言頃者唐運告終中原失馭數窮否極天缺地傾先人有田一成有衆一旅兵連禍結力屈勢孤翁皇帝救患摧剛興利除害躬擐甲胄深入寇場犯露蒙霜度鴈門之險馳風擊電行中冀之誅黃鉞一麾天下大定勢凌宇宙義感神明功成不居遂興晉祚則翁皇帝有大造於石氏也旋屬天降鞠凶先君即世臣遵承遺旨纂紹前基諒闇之初荒迷失次凡有軍國重事皆委將相大臣至於擅繼宗祧既非稟命輕發文字輙敢抗尊自啓釁端果貽赫怒禍至神惑運盡天亡十萬師徒望風束手億兆黎庶延頸歸心臣負義包羞貪生忍耻自貽顛覆上累祖宗偷度朝昏苟存視息翁皇帝若惠顧疇昔稍霽雷霆未賜靈誅不絕先祀則百口荷更生之德一門銜無報之恩雖所願焉非敢望也臣與太后妻馮氏於郊野面縛俟罪次又爲太后表曰晉室皇太后新婦李氏妾言張彥澤傅住兒等至伏蒙皇帝阿翁降書安撫者妾伏念先皇帝頃在并汾適逢屯難危同累卵急若倒懸智勇俱窮朝夕不保皇帝阿翁發自冀北親抵河東跋履山川踰越險阻立平巨孽遂定中原救石氏之覆亡立晉朝之社稷不幸先皇厭代嗣子承祧不能繼好息民而反虧恩辜義兵戈屢動駟馬難追戚實自貽咎將誰執今穹旻震怒中外携離上將牽羊六師解甲妾舉宗負釁視景偷生惶惑之中撫問斯至明宣恩旨曲示含容慰諭丁寧神爽飛越豈謂巳垂之命忽蒙更生之恩省罪責躬九死未報今遣孫男延煦延寶奉表請罪陳謝以聞德光報曰可無憂管取一喫飯處四年正月丁亥朔德光入京師帝與太后肩輿至郊外德光不見館于封禪寺遣其將崔延勳以兵守之其時雨雪寒凍皆苦飢太后使人謂寺僧曰吾嘗於此飯僧數萬今日豈不相憫邪僧辭以虜意難測不敢獻食帝陰祈守者乃稍得食辛卯德光降帝爲光祿大夫檢校太尉封負義侯遷於黃龍府德光使人謂太后曰吾聞重貴不從母教而至于此可求自便勿與俱行太后荅曰重貴事妾甚謹所失者違先君之志絕兩國之歡然重貴此去幸蒙大惠全生保家母不隨子欲何所歸於是太后與馮皇后皇弟重睿皇子延煦延寶等舉族從帝而北以宮女五十宦者三十東西班五十醫官一控鶴官四御厨七茶酒司三儀鸞司三六軍士二十人從衛以騎兵三百所經州縣皆故晉將吏有所供饋不得通路旁父老爭持羊酒爲獻衛兵擁隔不使見帝皆涕泣而去自幽州行十餘日過平州出榆關行砂磧中飢不得食遣宮女從官採木實野蔬而食又行七八日至錦州虜人迫帝與太后拜阿保機畫象帝不勝其辱泣而呼曰薛超誤我不令我死又行五六日過海北州至東丹王墓遣延煦拜之又行十餘日渡遼水至渤海國鐵州又行七八日過南海府遂至黃龍府是歲六月契丹國母徙帝太后於懷密州州去黃龍府西北一千五百里行過遼陽二百里而國母爲永康王

所四永康王遣帝太后還止遼陽稍供給之明年四月永康王至遼陽帝白衣紗帽與太后皇后詣帳中上謁永康王止帝以常服見帝伏地雨泣自陳過咎永康王使人扶起之與坐飲酒奏樂而永康王帳下伶人從官望見故主皆泣下悲不自勝爭以衣服藥餌爲遺五月永康王上陘取帝所從行宦者十五人東西班十五人及皇子延煦而去永康王妻兄禪奴愛帝小女求之帝辭以尚幼永康王馳一騎取之以賜禪奴陘虜地尤高涼虜人常以五月上陘避暑八月下陘至八月永康王下陘太后自馳至霸州見永康王求於漢兒城側賜地種牧以爲生永康王以太后自從行十餘日遣與延煦俱還遼陽明年乃漢乾祐二年其二月從帝太后於建州自遼陽東南行千二百里至建州節度使趙延暉避正寢以館之去建州數十里外得地五千餘頃帝遣從行者耕而食之明年三月太后寢疾無醫藥嘗仰天而泣南望戟手罵杜重威李守貞等曰使死者無知則已若其有知不赦爾於地下八月疾亟謂帝曰我死焚其骨送范陽佛寺無使我爲虜地鬼也遂卒帝與皇后宮人宦者東西班皆被髮徒跣扶舁其柩至賜地焚其骨穿地而葬焉周顯德中有中國人自契丹亡歸者言見帝與皇后諸子皆無恙後不知其所終

安太妃代北人也不知其世家爲敬儒妻生出帝封秦國夫人出帝立尊爲皇太妃妃老而失明從出帝北遷自遼陽從建州卒於道中臨卒謂帝曰當焚我爲灰南向颺之庶幾遺魂得反中國也既卒砂磧中無草木乃毀奚車而焚之載其燼骨至建州李太后亦卒遂并葬之

出帝皇后馮氏定州人也父濛爲州進奏吏居京師以巧佞爲安重誨所喜以爲鄴都副留守高祖留守鄴都得濛懽甚乃爲重胤娶濛女後封吳國夫人重胤早卒后寡居有色出帝悅之高祖崩梓宮在殯出帝居喪中納之以爲后是日以六宮仗衛太常鼓吹命后至西御莊見于高祖影殿羣臣皆賀帝顧謂馮道等曰皇太后之命與卿等不任大慶羣臣出帝與皇后酣飲歌舞過梓宮前醊而告曰皇太后之命與先帝不任大慶左右皆失笑帝亦自絕倒顧謂左右曰我今日作新女壻何似皇后與左右皆大笑聲聞于外后既立專內寵封拜宮官尚宮知客等皆爲郡夫人又用男子李彥弼爲皇后宮都押衙其兄玉執政內外用事晉遂以亂契丹犯京師暴帝之惡于天下曰納叔母於中宮亂人倫之大典后隨帝北遷哀帝之辱數求毒藥欲與帝俱飲以死而藥不可得後不知其所終

晉氏始出夷狄而微終爲夷狄所滅故其宗室次序本末不能究見其可見者曰高祖二叔父一兄六弟七子二孫而有略有詳非惟禍亂多故而失其事實抑亦無足稱焉者然粗存其見者以備其闕云二叔父曰萬友萬詮兄曰敬儒弟曰敬威敬德敬殷敬贇敬暉重胤子曰重貴重信重義重英重胤重睿重杲孫曰延煦延寶孝平皇帝生孝元皇帝萬友萬詮孝元皇帝生高祖萬友生敬威敬贇萬詮生敬暉而敬儒敬德敬殷重胤皆不知其於高祖爲親疏也高祖孝元皇帝第二子也而敬儒爲兄疑其長子也則於高祖屬長而親然贈官反最後於諸弟而高祖世獨不得追封此又可疑也重胤高祖弟也亦不知其爲親疏然高祖愛之養以爲子故於名加重而下齒諸子高祖叔兄與弟敬殷子重進皆前卽位卒而敬威敬德重胤重英高祖反時死高祖少子曰馮六未名而卒而舊說以重睿爲幼子者非也石氏世事軍中萬友萬詮職卑不見天福二年正月萬友自故金紫光祿大夫檢校司徒兼御史大夫上柱國贈太師萬詮亦自金紫光祿大夫檢校司空兼御史大夫上柱國贈太傅出帝天福八年五月追封皇叔祖萬友爲秦王萬詮加贈太師追封趙王

敬威字奉信唐廢帝時爲彰聖右第三都指揮使領常州刺史聞高祖舉兵太原謂人曰生而有死人孰能免吾兄方舉大事吾不可偷生取辱見笑一時遂自殺敬德時爲沂州馬步軍指揮使以高祖反誅天福三年正月贈敬威敬德皆爲太傅并贈敬殷以檢校太子賓客亦贈太傅而不及敬儒七年正月追封敬威廣王敬德福王敬殷通王皆贈太尉敬儒始以故金紫光祿大夫檢校尚書左僕射兼御史大夫上柱國贈太傅而獨不得封出帝天福八年五月加贈三皇叔皆爲太師而皇伯敬儒始追封宋王亦加贈太師

敬贇字德和少無賴竄身民間高祖使人求得之補太原牙將卽位以爲飛龍皇城使累遷曹州防禦使天福五年冬拜河陽三城節度使敬贇性貪暴高祖爲擇賢佐吏輔之而敬贇亦憚高祖嚴未嘗敢犯法歲餘徙鎮保義出帝時加同中書門下平章事始漸驕恣帝常遣使者至必問曰小姪安否陝人苦其暴虐召還京師以其皇叔不能責也斥其元從都押衙蘇彥存鄭溫遇以警之契丹犯邊敬贇從出帝幸澶淵使以兵備汶陽守麻家渡未嘗見敵皆無功開運元年七月復出爲威勝軍節度使歲餘出帝以曹州爲威信軍授敬贇節度使在曹貪暴尤甚久之召還張彥澤兵犯京師敬贇夜走踰城東垣墮沙濠溺死時年四十九

韓王敬暉字德昭爲人厚重剛直勇而多智高祖尤愛之高祖時爲曹州防禦使以廉儉見稱卒于官贈太傅天福八年加贈太師追封韓王子曦嗣

高祖李皇后生楚王重信其諸子皆不知其母當高祖起太原重英爲右衛將軍重胤爲皇城副使居京師聞高祖舉事匿民家井中捕得誅之并族民家天福二年正月高祖爲二子發哀皆贈爲太保并贈重進以故左金吾衛將軍贈太保七年正月皆加贈太傅追封重英虢王重胤鄭王重進夔王出帝天福八年五月皆加贈太師

楚王重信字守孚爲人敏悟多智而好禮天福二年二月以左驍衛上將軍拜河陽三城節度使有善政高祖下詔褒之是歲范延光反詔前靈武節度使張從賓發河陽兵討延光從賓亦反重信見殺時年二十高祖欲贈重信太保大臣引漢故事皇子無爲三公者高祖曰此兒爲善被禍吾哀之甚自我而已豈有例邪乃贈太尉七年正月加贈太師追封沂王出帝天福八年五月易封楚王

壽王重義字弘理爲人好學頗知兵法高祖卽位拜左驍衛大將軍高祖幸汴州以爲東都留守張從賓反攻河南見殺時年十九贈太傅天福七年正月加贈太尉追封壽王出帝天福八年五月加贈太師皆無子

重睿爲人貌類高祖高祖臥疾宰相馮道入見臥內重睿尚幼高祖呼出使拜道於前因以宦者抱持寘道懷中高祖雖不言左右皆知其以重睿託道也高祖崩晉大臣以國家多事議立長君而景延廣已陰許立出帝重睿遂不得立出帝以重睿爲檢校太保開封尹以左散騎常侍邊蔚權知開封府事開運二年五月拜重睿雄武軍節度使歲餘徙鎮忠武皆不之鎮契丹滅晉重睿從出帝北遷後不知其所終

陳王重杲高祖幼子也小字馮六未名而卒贈太傅追封陳王賜名重杲出帝天福八年五月加贈太師

延煦延寶高祖諸孫也出帝以爲子開運二年秋以延煦爲鄭州刺史延煦少不能視事以一宦者從之又選尚書郎路航參知州事宦者遂專政事每詬辱航出帝召航還已而徙延煦齊州防禦使三年拜鎮寧軍節度使是時河北用兵天下旱蝗民餓死者百萬計而諸鎮爭爲聚斂趙在禮所積鉅萬爲諸侯王之最出帝利其貲乃以延煦娶在禮女在禮獻絹三千疋前後所獻不可勝數三年五月遣宗正卿石光贊以聘幣一百五十牀迎于其第出帝宴在禮萬歲殿所以賜予甚厚君臣窮極奢侈時人以爲榮在禮謂人曰吾此一婚其費千萬十一月徙延煦鎮保義自延煦爲齊州防禦使而延寶代爲鄭州刺史及契丹滅晉出帝與皇太后遣延煦延寶齎降表玉璽金印以歸契丹而延寶時亦爲威信軍節度使矣契丹得璽以爲製作非工與前史所傳者異命延煦等還報求眞璽出帝以狀答曰頃王從珂自焚於洛陽玉璽不知所在疑已焚之先帝受命王工製此璽在位羣臣皆知之乃已後延煦等從帝北遷不知其所終

嗚呼古之不幸無子而以其同宗之子爲後者聖人許之著之禮經而不諱也而後世閭閻鄙俚之人則諱之諱則不勝其欺與僞也故其苟偷竊取嬰孩襁褓諱其父母而自欺以爲我生之子曰不如此則不能得其一志盡愛於我而其心必二也而爲其子者亦自諱其所生而絕其天性之親反視以爲叔伯父以此欺其九族而亂其人鬼親疏之序凡物生而有知未有不愛其父母者使是子也能忍而眞絕其天性歟曾禽獸之不若也使其不忍而外陽絕之是大僞也夫閭閻鄙俚之人之慮於事者亦已深矣然而苟竊欺僞不可以爲法者小人之事也惟聖人則不然以謂人道莫大於繼絕此萬世之通制而天下之公行也何必諱哉所謂子者未有不由父母而生者也故爲人後者必有所生之父有所後之父此理之自然也何必諱哉其簡易明白不苟不竊不欺不僞可以爲通制而公行者聖人之法也又以謂爲人後者所承重故加其服以斬而不絕其所生之親者天性之不可絕也然而恩有屈於義故降其服以朞服外物也可以降而父母之名不可改故著於經曰爲人後者爲其父母服自三代以來有天下國家者莫不用之而晉氏不用也出帝之於敬儒絕其父道臣而爵之非特以其義不當立不得已而絕之蓋亦習見閭閻鄙俚之所爲也五代干戈賊亂之世也禮樂崩壞三綱五常之道絕而先王之制度文章掃地而盡於是矣如寒食野祭而焚紙錢天子而爲閭閻鄙俚之事者多矣而晉氏起於夷狄以纂逆而得天下高祖以耶律德光爲父而出帝於德光則以爲祖而稱孫於其所生

父則臣而名之是豈可以人理責哉

五代史卷十七考證

晉家人傳高祖二叔父一兄六弟七子二孫○臣宗萬按本傳高祖弟曰敬威敬德敬殷敬贇敬暉重允凡六子曰重貴重信重義重英重允重睿重杲凡七傳又云重允高祖弟也亦不知其爲親疎然高祖愛之養以爲子故于名加重而下齒諸子若然則重允已不在弟列而高祖止五弟矣如謂名稱亦未順使當舍子從弟而高祖止六子今傳乃以一重允而兩列其名誤矣

五代史卷十八

宋 歐陽修 撰

漢家人傳第六

高祖皇后李氏晉陽人也其父爲農高祖少爲軍卒牧馬晉陽夜入其家劫取之高祖已貴封魏國夫人生隱皇帝開運四年高祖起兵太原賞軍士帑藏不足充欲斂於民后諫曰方今起事號爲義兵民未知惠而先奪其財殆非新天子所以救民之意也今後宮所有請悉出之雖其不足士亦不以爲怨也高祖爲改容謝之高祖卽位立爲皇后高祖崩隱帝冊尊爲皇太后帝年少數與小人郭允明後贇李業等游戲宮中后數切責之帝曰國家之事外有朝廷非太后所宜言也太常卿張昭聞之上疏諫帝請親近師傅延問正人以開聰明帝益不省其後帝卒與允明等謀議遂至於亡初帝與允明等謀誅楊邠史弘肇等議已定入白太后太后曰此大事也當與宰相議之李業從旁對曰先皇帝平生言朝廷大事勿問書生太后深以爲不可帝拂衣而去曰何必謀於閨門邠等死周高祖起兵嚮京師慕容彥超敗於劉子陂帝欲出自臨兵太后止之曰郭威本吾家人非其危疑何肯至此今若按兵無動以詔諭威威必有說則君臣之際庶幾尚全帝不從以出遂及於難周太祖入京師舉事皆稱太后誥已而議立湘陰公贇爲天子贇未至太祖乃請太后臨朝已而太祖出征契丹軍士擁之以還太祖請事太后爲母太后誥曰侍中功烈崇高德聲昭著翦除禍亂安定邦家謳歌有歸歷數攸屬所以軍民推戴億兆同歡老身未終殘年屬此多難惟以衰朽託於始終載省來牋如母見待感認深意涕泗橫流於是遷后於太平宮上尊號曰昭聖皇太后顯德元年春崩（隱帝舊史實錄皆無皇后帝立三年崩時年二十蓋未嘗立后也）

高祖二弟三子弟曰崇曰信子曰承訓承祐承勳崇子曰贇高祖愛之以爲己子乾祐元年拜贇徐州節度使承訓早卒追封魏王承祐次立是謂隱帝承勳爲開封尹周太祖已敗漢兵于北郊隱帝遇弒太祖入京師以謂漢大臣必相推戴及見宰相馮道等道殊無意太祖不得已見道猶下拜道受太祖拜如平時徐勞之曰公行良苦太祖意色皆沮以謂漢大臣未有推立己意又難於自立因白漢太后擇立漢嗣而宗室河東節度使崇等在者四人乃爲太后誥曰河東節度使崇許州節度使信皆高祖之弟徐州節度使贇開封尹承勳皆高祖之子文武百辟其擇嗣君以承天統於是周太祖與王峻入見太后言開封尹承勳高祖皇帝之子宜立太后以承勳久病不任爲嗣太祖與羣臣請見承勳視起居太后命以臥榻舁承勳出見羣臣羣臣視之信然乃共奏曰徐州節度使贇高祖愛之以爲子宜立爲嗣乃遣太師馮道率羣臣迎贇道揣周太祖意不在贇謂太祖曰公此舉由衷乎太祖指天爲誓道旣行謂人曰吾平生不爲繆語人今繆語矣道見贇傳太后意召之贇行至宋州太祖自澶州爲兵士擁還京師王峻慮贇左右生變遣侍衞馬軍指揮使郭崇以兵七百騎衞贇崇至宋州贇登樓問崇所以來之意崇曰澶州軍變懼未察之遣崇護衞非惡意也贇召崇崇不敢進馮道出與崇語崇乃登樓見贇已而奪贇部下兵太祖以書召道先歸留其副趙上交王度奉贇入朝太后道乃先還贇謂道曰寡人此來所恃者以公三十年舊相是以不疑道默然贇客將賈正等數目道欲圖之贇曰勿草草事豈出於公邪道已去郭崇幽贇于外館殺賈正及判官董裔牙內都虞候劉福孔目官夏昭度等太祖已監國太后乃下誥曰比者樞密使郭威志安宗社議立長君以徐州節度使贇高祖近親立爲漢嗣乃自藩鎭召赴京師雖誥命已行而軍情不附天道在北人心靡東適當改卜之初俾膺分土之命贇可降授開府儀同三司檢校太師上柱國封湘陰公贇以幽死初贇自徐州入也以都押衙鞏庭美教練使楊溫守徐州庭美等聞贇不得立乃閉城拒命太祖拜王彥超徐州節度使下詔諭庭美等許以刺史幷詔贇赦庭美等廣順元年三月彥超克徐州庭美等皆見殺承勳廣順元年以疾卒追封陳王

嗚呼予旣悲湘陰公贇之事又嘉鞏庭美楊溫之所爲贇於漢非嫡長特以周氏移國畏天下而難之故假贇以何間爾當是之時天下皆知贇之必不立也然庭美溫區區爲贇守孤城以死其始終之迹何媿於死節之士哉然予考於實錄二人之死狀不明夫二人之事固知其無所成其所重者死爾然史氏不著不知其何以死也當王彥超之攻徐州也周嘗遣人招庭美等予得其詔書四皆言庭美等嘗已送款於周後懼罪而復叛然庭美等款狀亦不見是皆不可知也夫史之闕文可不愼哉其疑以傳疑則信者信矣予固嘉二人之忠而悲其志然不得列於死節之士者惜哉

蔡王信高祖之從弟也高祖鎭太原以信爲興捷軍都指揮使領義成軍節度使從領許州高祖寢疾隱帝當立爲嗣楊邠等受顧命不欲信在京師乃遣信就鎭信涕泣而去信所至黷貨好行殺戮軍士有犯法者信召其妻子對之刲剔支解使自食其肉血流盈前信命樂飲酒自如也邠等死信大喜謂其僚佐曰吾嘗謂天無眼而使我鬱鬱於此者三年矣主上孤立幾落賊手諸公可以勸我一杯矣已而聞難作信憂不能食周太祖軍變於澶州王峻遣前申州刺史馬鐸以兵巡檢許州信乃自殺周太祖卽位追封蔡王（傳先贇而後信便於述事爾）

五代史卷十八考證

漢高祖皇后李氏傳帝年少數與小人郭允明後贇李業等游戲宮中○後贇係人名自有傳併見史弘肇傳中或以爲官名者誤也

蔡王信傳周太祖卽位追封蔡王注傳先贇而後信亦便于述事耳○述監本訛實今從南本改正

五代史卷十九

宋 歐陽修 撰

周家人傳第七

太祖一后三妃聖穆皇后柴氏邢州堯山人也與太祖同里遂以歸焉太祖微時喜飲博任俠不拘細行后常諫止之太祖狀貌奇偉后心知其貴人也事之甚謹及太祖卽位后已先卒乃下詔故夫人柴氏追冊爲皇后諡曰聖穆

淑妃楊氏鎭州眞定人也父弘裕眞定少尹妃幼以色選入趙王宮事王鎔鎔爲張文禮所殺鎭州亂妃亦流寓民間後嫁里人石光輔居數年光輔死太祖柴夫人卒聞妃有色而賢遂娶之爲繼室太祖方事漢高祖於太原天福中妃卒遂葬太原之近郊太祖卽位廣順元年九月追冊爲淑妃拜妃弟廷璋爲右飛龍使廷璋辭曰臣父老矣願以授之太祖曰吾方思之豈忘爾父邪卽召弘裕弘裕老不能行乃就其家拜金紫光祿大夫眞定少尹太祖崩葬嵩陵一后三妃皆當陪葬而太原未克世宗詔有司營嵩陵之側爲虛墓以俟顯德元年世宗已敗劉旻於高平遂攻太原太原閉壁被圍乃還妃喪而葬之

貴妃張氏鎭州眞定人也祖記成德軍節度判官檢校兵部尚書父同芝事趙王王鎔爲諮呈官官至檢校工部尚書鎔死鎭州亂莊宗遣幽州符存審以兵討張文禮神將武從諫館於妃家見妃尚幼憐之而從諫家在太原遂以妃歸爲其子婦久之太祖事漢高祖於太原楊夫人卒而武氏子亦卒乃納妃爲繼室太祖貴累封吳國夫人太祖以兵入京師漢遣劉銖戮其家妃與諸子皆死太祖卽位追冊爲貴妃

德妃董氏鎭州靈壽人也祖文廣唐深州錄事參軍父光嗣趙州昭慶尉妃幼穎悟始能言聞樂聲知其律呂年七歲鎭州亂其家失之爲潞州牙將所得寘諸褚中以歸潞將妻嘗生女輒不育得妃憐之養以爲子過於所生居五六年妃家悲思其兄瑀求之人間莫知所在潞將仕于京師遇瑀欣然歸之時年十三瑀以嫁里人劉進超進超亦仕晉爲內職契丹犯闕進超歿于虜中妃孀居洛陽漢高祖自太原入京師太祖從過洛陽聞妃有賢行聘之太祖建國中宮虛位遂冊爲德妃廣順三年卒年三十九妃兄三人瑀官至太子左贊善大夫玄之自明皆至刺史初帝舉兵于魏漢以兵圍帝第時張貴妃與諸子靑哥意哥姪守筠奉超定哥皆被誅靑

哥意哥不知其母誰氏太祖卽位詔故第二子青哥贈太尉賜名侗第三子意哥贈司空賜名信皇姪守筠贈左領軍衛將軍以筠聲近榮爲世宗避更名守愿奉超贈左監門衛將軍定哥贈左千牛衛將軍賜名遜世宗顯德四年夏四月癸未詔曰禮以緣情恩以悼往矧在友于之列尤鍾惻愴之情故皇弟贈太保侗贈司空信景運初啓天不登俾予終鮮實勤予懷侗可贈太傅追封鄭王信司徒杞王又詔曰故皇從弟贈左領軍衛將軍守愿贈左監門衛將軍奉超贈左千牛衛將軍遜等頃因季世不享遐齡每念非辜難忘有慟守愿可贈左衛大將軍奉超右衛大將軍遜右武衛大將軍

五代史卷二十

宋　歐　陽　修　撰

周家人傳第八

周太祖聖穆皇后柴氏無子養后兄守禮之子以爲子是爲世宗守禮字克讓以后族拜銀青光祿大夫檢校吏部尚書兼御史大夫世宗卽位加金紫光祿大夫檢校司空光祿卿致仕居于洛陽終世宗之世未嘗至京師而左右亦莫敢言第以元舅禮之而守禮亦頗恣橫嘗殺人于市有司以聞世宗不問是時王溥汪晏王彥超韓令坤等同時將相皆有父在洛陽與守禮朝夕往來惟意所爲洛陽人多畏避之號十阿父守禮卒年七十二官至太傅

嗚呼父子之恩至矣孟子言舜爲天子而瞽叟殺人則棄天下竊負之而逃以謂天下可無舜不可無至公舜可棄天下不可刑其父此爲世立言之說也然事固有不得如其意者多矣蓋天子有宗廟社稷之重百官之衛朝廷之嚴其不幸有不得竊而逃則如之何而可予讀周史見守禮殺人世宗寢而不問蓋進任天下重矣而子於其父亦至矣故寧受屈法之過以申父子之道其所以合於義者蓋知權也君子之於事擇其輕重而處之耳失刑輕不孝重也刑者所以禁人爲非孝者所以教人爲善其意一也孰爲重刑一人未必能使天下無殺人而殺其父滅天性而絕人道孰爲重權其所謂輕重者則天下雖不可棄而父亦不可刑也然則爲舜與世宗者宜如何無使瞽叟守禮至於殺人則可謂孝矣然而有不得如其意則擇其輕重而處之焉世宗之知權明矣夫

世宗三皇后貞惠皇后劉氏不知其世家蓋微時所娶也世宗爲左監門衛將軍得封彭城縣君世宗從太祖于魏后留京師太祖舉兵漢誅太祖家屬后見殺太祖卽位追封彭城郡夫人世宗顯德四年夏四月始詔彭城郡夫人劉氏追冊爲皇后有司諡曰貞惠陵曰惠陵

宣懿皇后符氏其祖秦王存審父魏王彥卿后世王家出於將相之貴爲人明果有大志初適李守貞子崇訓守貞事漢爲河中節度使已挾異志有衛者善聽人聲以知吉凶守貞出其家人使聽之衛者聞后聲驚曰此天下之母也守貞益自負曰吾婦猶爲天下母吾取天下復何疑哉於是決反而漢遣周太祖討之踰年攻破其城崇訓知不免手自殺其家人次以及后后走匿以帷幔自蔽崇訓惶遽求后不得遂自殺漢兵入其家后儼然坐堂上顧軍士曰郭公與吾父有舊汝輩無犯我軍士見之不敢迫太祖聞之以謂一女子能使亂兵不敢犯奇之爲加慰勉以歸彥卿后感太祖不殺拜太祖爲父其母以后夫家滅亡而獨脫死兵刃之間以爲天幸欲使削髮爲尼后不肯曰死生有命天也何必妄毁形髮爲太祖於后有恩而世宗性特英銳聞后如此益奇之及劉夫人卒遂納以爲繼室世宗卽位冊爲皇后世宗辨急多暴怒而後常追悔每怒左右后必從容伺顏色漸爲解說世宗意亦隨解由是益重之世宗征淮后以帝不宜親行切諫止之世宗不聽師久無功遭大暑雨后以憂成疾而崩議者以方用兵請殺喪禮於是百官朝臨于西宮三日而釋服帝亦七日而釋葬于新鄭陵曰懿陵後立皇后符氏后妹也國初遷西宮號周太后

世宗子七人長曰宜哥次二皆未名次曰恭皇帝次曰熙讓次曰熙謹次曰熙誨皆不知其母爲誰氏宜哥與其二皆爲漢誅太祖卽位詔賜皇孫名誼贈左驍衛大將軍誠左武衛大將軍誡左屯衛大將軍顯德三年羣臣請封宗室世宗以謂爲國日淺恩信未及於人而須功德大成慶流于世而後議之可也明年夏四月癸未先封太祖諸子又詔曰父子之道聖賢不忘再思天闕之端愈動悲傷之抱故皇子左驍衛大將軍誼左武衛大將軍誠左屯衛大將軍誡等載惟往事有足傷懷宜增一字之封仍贈三台之秩誼可贈太尉追封越王誠太傅吳王誡太保韓王而皇子在者皆不封六年北復三關遇疾還京師六月癸未皇子宗訓特進左衛上將軍封梁王而宗讓亦拜左驍衛上將軍封燕國公後十日而世宗崩梁王卽位是爲恭皇帝其年八月宗讓更名熙讓封曹王熙謹熙誨皆前未封爵遂拜熙謹右武衛大將軍封紀王熙誨左領軍衛大將軍封蘄王皇朝乾德二年十月熙謹卒熙讓熙誨不知其所終

嗚呼至公天下之所共也其是非曲直之際雖父愛其子亦或有所不得私焉當周太祖舉兵于魏漢遣劉銖誅其家族於京師酷毒備至後太祖入立遣人責銖銖辭不屈太祖雖深恨之然以銖辭直終不及其家也及追封妻子之被殺者其言深自隱痛之而已不敢有非漢之辭焉蓋知其曲在己也故畧存其辭以見周之有媿於其心者矣

五代史卷二十一

宋　歐　陽　修　撰

嗚呼孟子謂春秋無義戰予亦以謂五代無全臣無者非無一人蓋僅有之耳余得死節之士三人焉其仕不及于二代者各以其國繫之作梁唐晉漢周臣傳其餘仕非一代不可以國繫之者作雜傳夫入于雜誠君子之所羞而一代之臣未必皆可貴也覽者詳其善惡焉

梁臣傳第九

敬翔字子振同州馮翊人也自言唐平陽王暉之後少好學工書檄乾符中舉進士不中乃客大梁翔同里人王發爲汴州觀察支使遂往依焉久之發無所薦引翔客益窘爲人作牋刺傳之軍中太祖素不知書翔所作皆俚俗語太祖愛之謂發曰聞君有故人可與俱來翔見太祖太祖問曰聞子讀春秋春秋所記何等事翔曰諸侯爭戰之事耳太祖曰其用兵之法可以爲吾用乎翔曰兵者應變出奇以取勝春秋古法不可用於今太祖大喜補以軍職非其所好乃以爲館驛巡官太祖與蔡人戰汴郊翔時時爲太祖謀畫多中太祖欣然以謂得翔之晚動靜輒以問之太祖奉昭宗自岐還長安昭宗召翔與李振升延喜樓勞之拜翔太府卿初太祖常侍殿上昭宗意衛兵有能擒之者乃佯爲鞾結解以顧太祖太祖跪而結之而左右無敢動者太祖流汗浹背由此稀復進見昭宗遷洛陽宴崇勳殿酒半起使人召太祖入內殿將有所託太祖益懼辭以疾昭宗曰卿不欲來可使敬翔來太祖遽麾翔出翔亦佯醉去太祖已破趙匡凝取荆襄遂攻淮南翔切諫以謂新勝之兵宜持重以養威太祖不聽兵出光州遭大雨幾不得進進攻壽州不克而多所亡失太祖始大悔恨歸而忿躁殺唐大臣幾盡然益以翔爲可信任梁之篡弒翔之謀爲多太祖卽位以唐樞密院故用宦者乃改爲崇政院以翔爲使遷兵部尚書金鑾殿大學士翔爲人深沉有大畧從太祖用兵三十餘年細大之務必關之翔亦盡心勤勞晝夜不寐自言惟馬上乃得休息而太祖剛暴難近有所不可翔亦未嘗顯言微開其端太祖意悟多爲之改易太祖破徐州得時溥寵姬劉氏愛幸之劉氏故尚讓妻也乃以妻翔翔已貴劉氏猶侍太祖出入卧內如平時翔頗患之劉氏誚翔曰爾以我嘗失身於賊乎尚讓黃家宰相時溥國之忠臣以卿門地猶爲辱我請從此訣矣翔以太祖故謝而止之劉氏車服驕侈別置典謁交結藩鎭權貴往往附之寵信言事不下於翔當時貴家往往効之太祖崩友珪立以翔先帝謀臣懼其圖已不欲翔居內職乃以李振代翔爲崇政使拜翔中書侍郎同中書門下平章事翔以友珪畏已多稱疾未嘗省事末帝卽位趙巖等用事頗離間舊臣翔愈鬱鬱不得志其後梁盡失河北與晉相拒楊劉翔曰故時河朔半在以先帝之武御貔虎之臣猶不得志於晉今晉日益彊梁日益削陛下處深宮之中所與計事者非其近習則皆親戚之私而望成事乎臣聞晉攻楊劉李亞子負薪渡水爲士卒先陛下委蛇守文以儒雅自喜而遣賀瓌爲將豈足當彼之餘鋒乎臣雖憊矣受國恩深若其乏材願得自效巖等以翔爲怨言遂不用其後王彥章敗于中都末帝懼召段凝於河上是時梁精兵悉在凝軍凝有異志顧望不來末帝遽呼翔曰朕居常忽卿言今急矣勿以爲懟卿其教我當安歸翔曰臣從先帝三十餘年今雖爲相實朱氏老奴爾事陛下如郎君以臣之心敢有所隱陛下初用段凝臣已爭之今凝不來敵勢已迫欲爲陛下謀則小人間之必不見聽請先死不忍見宗廟之亡君臣相向慟哭翔與李振俱爲太祖所信任莊宗入汴詔赦梁羣臣振喜謂翔曰有詔洗滌將朝新君邀翔欲俱入見翔夜止高頭車坊將旦左

右報曰崇政李公入朝矣翔歎曰李振謬爲丈夫矣復何面目入梁建國門乎乃自經而卒

朱珍徐州豐人也少與龐師古等俱從梁太祖爲盜珍爲將善治軍選士太祖初鎭宣武珍爲太祖創立軍制選將練兵甚有法太祖得諸將所募兵及佗降兵皆以屬珍珍選將五十餘人皆可用梁敗黃巢破秦宗權東并兗鄆未嘗不在戰中而常勇出諸將太祖與晉王東逐黃巢還過汴館之上源驛太祖使珍夜以兵攻之晉王亡去珍悉殺其麾下兵義成軍亂逐安師儒師儒奔梁太祖遣珍以兵趨滑州道遇大雪珍趣兵疾馳一夕至城下遂乘其城義成軍以爲方雪不意梁兵來不爲備遂下之秦宗權遣盧瑭張晊等攻梁是時梁兵尚少數爲宗權所困太祖乃拜珍淄州刺史募兵於淄青珍偏將張仁遇白珍曰軍中有犯令者請先斬而後白珍曰偏將乃欲專殺邪立斬仁遇以徇軍軍中皆感悅珍得所募兵萬餘以歸太祖大喜曰賊在吾郊若踐吾麥奈何今珍至吾事濟矣且賊方息兵養勇度吾兵少而未知珍來謂吾不過堅守而已宜出其不意以擊之乃出兵擊敗晊等宗權由此敗亡而梁軍威大振以得珍兵故也珍從太祖攻朱宣取曹州執其刺史丘弘禮又取濮州刺史朱裕奔于鄆州太祖乃還汴留珍攻鄆州珍去鄆二十里遣精兵挑之鄆人不出朱裕詐爲降書陰使人召珍約開門爲内應珍信之夜率其兵叩鄆城門朱裕登陴開門内珍軍珍軍已入甕城而垂門發鄆人從城上磔石以投之珍兵皆死甕城中珍僅以身免太祖不之責也魏博軍亂囚樂彥貞太祖遣珍救魏珍破黎陽臨河李固分遣聶金范居實等略澶州殺魏豹子軍二千於臨黃珍威振河朔魏人殺彥貞珍乃還梁攻徐州遣珍先攻下豐縣又敗時溥於吳康與李唐賓等屯蕭縣唐賓者陝州陝人也初爲尚讓偏將與太祖戰尉氏門爲太祖所敗唐賓乃降梁梁兵攻掠四方唐賓常與珍俱與珍威名略等而驍勇過之珍戰每小却唐賓佐之乃大勝珍常私迎其家置軍中太祖疑珍有異志遣唐賓伺察之珍與唐賓不協唐賓不能忍夜走還宣武珍單騎追之交訴太祖前太祖兩惜其材爲和解之珍屯蕭縣聞太祖將至戒軍中治館廐以待唐賓部將嚴郊治廐失期軍吏督之郊訴于唐賓唐賓以讓珍珍怒拔劍而起唐賓拂衣就珍珍卽斬之遣使者告唐賓反使者晨至梁敬翔恐太祖暴怒不可測乃匿使者至夜而見之謂雖有所發必須明旦冀得少緩其事而圖之既夕乃引珍使者入見太祖大驚然已夜矣不能有所發翔因從容爲太祖畫明日佯收唐賓妻子下獄因如珍軍去蕭一舍珍迎謁太祖命武士執之諸將霍存等十餘人叩頭救珍太祖大怒舉胡牀擲之曰方珍殺唐賓時獨不救之邪存等退珍遂縊死

龐師古曹州南華人也初名從梁太祖鎭宣武初得馬五百匹爲騎兵乃以師古將之從破黃巢秦宗權皆有功太祖攻時溥未下留兵屬師古守之師古取其宿遷進屯呂梁溥以兵二萬出戰師古敗之斬首二千級孫儒逐楊行密取揚州淮南大亂太祖遣師古渡淮攻儒爲儒所敗是時朱珍李唐賓已死師古與霍存分將其兵郴王友裕攻徐州朱瑾以兵救時溥友裕敗溥於石佛山瑾收餘兵去太祖以友裕可追而不追奪其兵以屬師古師古攻破徐州斬溥太祖表師古徐州留後梁兵攻鄆州臨濟水師古徹木爲橋夜以中軍先濟朱宣走中都見殺太祖已下兗鄆乃遣師古與葛從周攻楊行密于淮南師古出淸口從周出安豐師古自其微時事太祖爲人謹甚未嘗離左右及爲將出兵必受方略以行軍中非太祖命不妄動師古營淸口地勢卑或請就高爲柵師古以非太祖命不聽淮人決水浸之請者告曰淮南決河上流水至矣師古以爲搖動士卒立斬之已而水至兵不能戰遂見殺

嗚呼兵之勝敗豈易言哉梁兵彊於天下而吳人號爲輕弱然師古再舉擊吳輒再敗以死其後太祖自將出光山攻壽春然亦敗也蓋自高駢死唐以梁兼統淮南遂與孫楊爭凡三十年間三舉而三敗以至彊遭至弱而如此此其不可以理得也兵法固有以寡而敗衆以弱而勝彊者顧吳豈足以知之哉豈非適與其機會邪故曰兵者凶器戰者危事也可不愼哉

葛從周字通美濮州鄄城人也少從黃巢巢敗降梁從太祖攻蔡州太祖墜馬從周扶太祖復騎與敵步鬭傷面身被數瘡偏將張延壽從旁擊之從周得與太祖俱去太祖盡黜諸將獨用從周延壽爲大將秦宗權掠地潁亳及梁兵戰于焦夷從周獲其將王涓一人從朱珍收兵淄青還東兵輒戰珍得兵歸從周功爲多張全義襲李罕之於河陽罕之奔晉召晉兵以攻全義乞兵於梁太祖遣從周丁會等救之敗晉兵於沇河潞州馮霸殺晉守將李克恭以降梁太祖遣從周入潞州晉兵攻之從周不能守走河陽太祖攻魏從周與丁會先下黎陽臨河會太祖於內黃敗魏兵於永定橋從丁會攻宿州以水浸其城遂破之太祖攻朱瑾于兗州未下留從周圍之瑾閉壁不出從周詐言救兵至陽避之高吳夜半潛還城下瑾以謂從周已去乃出兵收外壕從周掩擊之殺千餘人晉攻魏魏人求救太祖遣侯言救魏言築壘于洹水太祖怒言不出戰遣從周代言從周至軍益閉壘不出而鑿三闇門以待晉兵攻之從周以精兵自闇門出擊敗晉兵晉王怒自將擊從周從周雖大敗而梁兵擒其子落落送于魏斬之遂從攻鄆州擒朱宣於中都又攻兗州走朱瑾太祖表從周兗州留後以兗鄆兵攻淮南出安豐會龐師古于淸口從周行至濠州聞師古死遽還至渒河將渡而淮兵追之從周亦大敗是時晉兵出山東攻相衞太祖遣從周略地山東下洺州斬其刺史邢善益又下邢州走其刺史馬師素又下磁州殺其刺史袁奉滔五日而下三州太祖乃表從周兼邢州留後劉仁恭攻魏已屠貝州羅紹威求救于梁從周會太祖救魏入于魏州燕兵攻館陶門從周以五百騎出戰曰大敵在前何可返顧使閉門而後戰破其八柵燕兵走追至于臨淸擁之御河溺死者甚衆太祖以從周爲宣義行軍司馬太祖遣從周攻劉守文于滄州以蔣暉監其軍守文求救于其父仁恭仁恭以燕兵救之暉語諸將曰吾王以我監諸將今燕兵來不可迎戰宜縱其入城聚食倉廩使兩困而後取之諸將頗以爲然從周怒曰兵在上將豈監軍所得言且暉之言乃常談爾勝敗之機在吾心暉豈足以知之乃勒兵逆仁恭于乾寧戰于老鵶堤仁恭大敗斬首三萬餘級獲其將馬愼交等百餘人馬三千匹是時守文亦求救於晉晉爲攻邢洺以牽之從周遽還敗晉兵于青山遂從太祖攻鎭州下臨城王鎔乞盟太祖表從周泰寧軍節度使從氏叔琮攻晉太原不克梁兵西攻鳳翔青州王師範遣其將劉鄩襲兗州從周家屬爲鄩所得厚遇之而不殺太祖還自鳳翔乃遣從周攻鄩從周卒招降鄩太祖卽位拜左金吾衞上將軍以疾致仕拜右衞上將軍居于偃師末帝卽位拜昭義軍節度使封陳留郡王食其俸于家卒贈太尉

霍存洺州曲周人也少從黃巢巢敗存乃降梁存爲將驍勇善騎射秦宗權攻汴存以三千人破張晊柵又以騎兵破秦賢殺三千人敗晊於赤岡從朱珍掠淄青龐師古攻時溥皆有功朱珍與李唐賓俱死乃以龐師古代珍存代唐賓以攻溥溥敗碭山存獲其將石君和等五十人梁攻宿州葛從周引水浸之丁會與存戰城下遂下之從攻潞州與晉人遇戰馬牢川存入則當其前出則爲其殿晉人却遂東攻魏取淇門殺三千人梁得曹州太祖以存爲刺史兼諸軍都指揮使梁攻鄆州朱瑾來救梁諸將或勸太祖縱瑾入鄆耗其食堅壁勿戰以此可俱斃太祖曰瑾來必與時溥俱不若遣兵邀之存伏兵蕭縣已而瑾果與溥俱出迷離存發伏擊之遂敗瑾等於石佛山存中流矢卒太祖已卽位閱騎兵於繁臺顧諸將曰使霍存在豈勞吾親閱邪諸君寧復思之乎佗日語又如此

張存敬譙郡人也爲人剛直有膽勇少事梁太祖爲將善因危窘出奇計李罕之與晉人攻張全義於河陽太祖遣存敬與丁會等救之罕之解圍去太祖以存敬爲諸軍都虞候太祖攻徐兗以存敬爲行營都指揮使從葛從周攻滄州敗劉仁恭於老鵶堤還攻王鎔於鎭州入其城中取其馬牛萬計遷宋州刺史復從諸將攻幽州存敬取其瀛漠祁景四州梁攻定州與王處直戰懷德驛大敗之枕尸十餘里梁已下鎭定乃遣存敬攻王珂于河中存敬出含山下晉絳二州珂降于梁太祖表存敬護國軍留後復從宋州刺史未至卒于河中贈太傅存敬子仁穎仁愿仁愿有孝行存敬卒事其兄仁穎出必告反必面如事父之禮仁愿曉法令事梁唐晉嘗爲大理卿卒贈祕書監

符道昭蔡州人也爲秦宗權騎將宗權敗道昭流落無所依後依鳳翔李茂貞茂貞愛之養以爲子名繼遠梁攻茂貞道昭與梁兵戰屢敗乃歸梁太祖表道昭秦州節度使以亂不果行太祖爲元帥初開府而李周彝以鄜州降以爲左司馬擇右司馬難其人及得道昭乃授之羅紹威將誅其牙兵惡魏兵彊未敢發求梁爲助太祖乃悉發魏兵使攻燕而遣馬嗣勳助紹威誅牙兵牙兵已誅魏兵在外者聞之皆亂魏將左行遷據歷亭史仁遇據高唐以叛道昭等從太祖悉破之道昭爲將勇於犯敵而少成算每戰先發多敗而周彝等繼之乃勝開平元年與康懷英等攻潞州築夾城爲蚰蜒塹以圍之踰年不能下晉兵攻破夾城道昭戰死

劉捍開封人也爲人明敏有威儀善擯贊太祖初鎭宣武以爲客將使從朱珍募兵淄青太祖北攻鎭州與王鎔和遣捍見鎔鎔軍未知梁意方嚴兵捍馳一騎入城中諭鎔以太祖意鎔乃聽命梁兵攻定州降王處直捍復以一騎入慰城中太祖圍鳳翔遣捍入見李茂貞計事唐昭宗召見問梁軍中事稱旨賜以錦袍拜登州刺

史賜號迎鑾毅勇功臣梁兵攻淮南遣捍先之淮戶築馬頭下浮橋以渡梁兵太祖出光山攻壽州又使捍作浮橋丁淮北以渡歸師拜宋州刺史太祖卽位遷左天武指揮使元從親軍都虞候左龍虎統軍出爲佑國軍留後同州劉知俊反以賂誘捍將吏執捍而去知俊械之送于李茂貞見殺太祖哀之贈捍太傅

寇彥卿字俊臣開封人也世事宣武軍爲牙將太祖初就鎭以爲通引官累遷右長直都指揮使領洺州刺史羅紹威將誅牙軍太祖遣彥卿之魏計事彥卿陰爲紹威計畫乃悉誅牙軍彥卿身長八尺隆準方面語音如鐘工騎射好書史善伺太祖意動作皆如旨太祖嘗曰敬翔劉捍寇彥卿皆天爲我生之其愛之如此賜以所乘愛馬一丈烏太祖圖鳳翔以彥卿爲都排陣使彥卿乘烏馳突陣前太祖目之曰眞神將也初太祖與崔胤謀欲遷都洛陽而昭宗不許其後昭宗奔于鳳翔太祖以兵圍之昭宗旣出明年太祖以兵至河中遣彥卿奉表迫請遷都彥卿因悉驅徙長安居人以東人皆拆屋爲栰浮渭而下道路號哭仰天大罵曰國賊崔胤朱溫使我至此昭宗亦顧瞻陵廟傍徨不忍去謂其左右爲俚語云紇干山頭凍死雀何不飛去生處樂相與泣下沾襟昭宗行至華州遣人告太祖以何皇后有娠願留華州待冬而行太祖大怒顧彥卿曰汝往趣官家來不可一日留也彥卿復馳至華卽日迫昭宗上道太祖卽位拜彥卿感化軍節度使歲餘名爲左金吾衞大將軍充金吾衙仗使彥卿晨朝至天津橋民梁現不避道前驅捽現投橋上石欄以死彥卿見太祖自首太祖惜之詔彥卿以錢償現家以贖罪御史司憲崔沂劾奏彥卿請論如法太祖不得已責授彥卿左衞中郎將復拜襄州防禦使遷河陽節度使太祖遇弑彥卿出太祖畫像事之如生嘗對客語先朝必涕泗交下末帝卽位徙鎭威勝彥卿明敏善事人而怙寵作威好誅殺多猜忌卒于鎭年五十七

五代史卷二十一考證

葛從周傳潞州馮霸殺晉守將李克恭以降梁○恭閩本作修

五代史卷二十二

宋 歐陽修 撰

梁臣傳第十

康懷英兗州人也事朱瑾爲牙將梁兵攻瑾瑾出畧食豐沛閒留懷英守城懷英卽以城降梁瑾遂奔于吳太祖得懷英大喜後從氏叔琮攻趙匡凝下鄧州梁兵攻李茂貞于岐以懷英爲先鋒至武功擊殺岐兵萬餘人太祖喜曰邑名武功眞武功也以名馬賜之是時李周彝以鄜坊兵救岐屯于三原懷英擊走之因取其翟州而還岐兵屯奉天懷英柵其東北夜半岐兵攻之懷英以爲夜中不欲驚它軍獨以三千人出戰遲明岐兵解去身被十餘瘡李茂貞與梁和昭宗還京師賜懷英迎鑾毅勇功臣楊行密攻宿州太祖遣懷英擊走之表宿州刺史遷保義軍節度使丁會以潞州叛梁降晉太祖命懷英爲招討使將行太祖戒之語甚切懷英惶恐以謂潞州期必得乃築夾城圍之晉遣周德威屯于亂柳數攻夾城懷英不敢出戰太祖乃以李思安代懷英將降懷英爲都虞候久之思安亦無功太祖大怒罷思安以同州劉知俊爲招討使知俊未至軍太祖自至澤州爲懷英等軍援且督之已而晉王李克用卒莊宗召周德威還太原太祖聞晉有喪德威去亦歸洛陽而諸將亦少弛莊宗謂德威曰晉之所以能敵梁而彼所憚者先王也今聞吾王之喪謂我新立未能出兵其意必怠宜出其不意以擊之非徒解圍亦足以定霸也乃與德威等疾馳六日至北黃碾會天大昏霧伏兵三垂岡直趨夾城攻破之懷英大敗亾大將三百人懷英以百騎遁歸詣闕請死太祖曰去歲興兵太陰虧食占者以爲不利吾獨違之而致敗非爾過也釋之以爲右衞上將軍劉知俊叛奔于岐以懷英爲保義軍節度使西路副招討使知俊以岐兵圍靈武太祖遣懷英攻邠寧以牽之懷英取寧慶衍三州還至昇平知俊掩擊之懷英大敗徙鎭感化其後朱友謙叛附于晉以懷英討之與晉人戰白徑嶺懷英又大敗徙鎭永平卒于鎭

劉鄩密州安丘人也少事青州王敬武敬武卒子師範立棣州刺史張蟾叛師範遣指揮使盧洪討蟾洪亦叛師範僞爲好辭召洪洪至迎於郊外命鄩斬之坐上因使鄩攻張蟾破之師範表鄩登州刺史以爲行軍司馬梁太祖西攻鳳翔師範乘梁虛陰遣人分襲梁諸州縣它遣者謀多漏洩事不成獨鄩素好兵書有機畧是時梁已破朱瑾等悉有兗鄆以葛從周爲兗州節度使從周將兵在外鄩乃使人負油鬻城中悉視城中虛實出入之所油者得羅城下水竇可入鄩乃以步兵五百從水竇入襲破之從周家屬外第親拜其母撫之甚有恩禮太祖已出昭宗于鳳翔引兵東還遣朱友寧攻師範從周攻鄩鄩以版輿置從周母城上母呼從周曰劉將軍待我甚厚無異於汝人臣各爲其主汝可察之從周爲之緩攻鄩乃悉簡婦人及民之老疾不足當敵者出之獨與少壯者同辛苦分衣食堅守以待外援久之外援不至人心頗離副使王彥溫踰城而奔守陴者多逸鄩乃遣人陽語彥溫曰副使勿多以人出非吾素遣者皆勿以行又下令城中曰吾遣從副使者得出否者皆族城中皆惑奔者乃止已而梁兵聞之果疑彥溫非實降者乃斬之城下由是城守益堅師範兵已屈從周以禍福諭鄩鄩報曰俟吾主降卽以城還梁師範敗降梁鄩乃亦降從周爲具齋裝送鄩歸梁鄩曰降將蒙梁恩不誅幸矣敢乘馬而衣裘乎乃素服乘驢歸梁太祖賜之冠帶飲之以酒鄩辭以量小太祖曰取兗州量何大乎以爲元從都押衙是時太祖已領四鎭四鎭將吏皆功臣舊人鄩一旦以降將居其上及諸將見鄩皆用軍禮鄩居自如太祖益奇之太祖卽位累遷左龍武統軍劉知俊叛陷長安太祖遣鄩與牛存節討之知俊走鳳翔太祖乃以長安爲永平軍拜鄩節度使末帝卽位領鎭南軍節度使爲開封尹楊師厚卒分相魏爲兩鎭末帝恐魏兵亂遣鄩以兵屯于魏縣魏兵果亂劫賀德倫降晉莊宗入魏鄩以謂晉兵悉從莊宗赴魏而太原可襲乃結草爲人執以旗幟以驢負之往來城上而潛軍出黃澤關襲太原晉兵望梁壘旗幟往來不知其去也以故不追鄩至樂平遇雨不克進而旋急趨臨淸爭魏積粟而周德威已先至鄩乃屯于莘縣築甬道及河以饋軍久之末帝以書責鄩曰閫外之事全付將軍河朔諸州一旦淪沒今倉儲已竭飛輓不充將軍與國同心宜思良畫鄩報曰晉兵甚銳未可擊宜待之末帝復遣問鄩必勝之策鄩曰臣無奇術請人給米十斛米盡則敵破矣末帝大怒誚鄩曰將軍蓄米將療饑乎將破敵乎乃遣使者監督其軍鄩召諸將謀曰主上深居禁中與白面兒謀必敗人事今敵盛未可輕動諸君以爲如何諸將皆欲戰鄩乃悉召諸將坐之軍門人以河水一杯飲之諸將莫測或飲或辭鄩曰一杯之難猶若此滔滔河流可盡乎諸將皆失色是時莊宗在魏數以勁兵壓鄩營鄩不肯出而末帝又數促鄩使出戰莊宗與諸將謀曰劉鄩學六韜喜以機變用兵本欲示弱以襲我今其見迫必求速戰乃聲言歸太原命符存審守魏陽爲西歸而潛兵貝州鄩果報末帝曰晉王西歸魏無備可擊乃以兵萬人攻魏城東莊宗自貝州返趨擊之鄩忽見晉軍驚曰晉王在此邪兵稍却追至故元城莊宗與符存審爲兩方陣夾之鄩爲員陣以禦晉人兵再合鄩大敗南奔自黎陽濟河保滑州末帝以爲義成軍節度使明年河朔皆入于晉降鄩亳州團練使兗州張萬進反拜鄩兗州安撫制置使萬進敗死乃拜鄩泰寧軍節度使朱友謙叛陷同州末帝以鄩爲河東道招討使行次陝州鄩爲書以招友謙友謙不報留月餘待之尹皓段凝等素惡鄩乃譖之以爲鄩與友謙親家故其逗留以養賊已而鄩兵數敗乃罷鄩歸洛陽酖殺之年六十四贈中書令子遂凝遂雍事唐皆爲刺史鄩妾王氏有美色鄩卒後入明宗宮中是爲王淑妃明宗晚年淑妃用事鄩二子皆被恩寵潞王從珂反於鳳翔時遂雍爲西京副留守留守王思同帥諸鎭兵討鳳翔戰敗東歸遂雍閉門不納悉封府庫以待潞王潞王前軍至者悉以金帛給之潞王見遂雍握手流涕由是事無大小皆與圖議廢帝入立拜遂雍淄州刺史以鄩兄琪之子遂淸代遂雍爲西京副留守遂淸歷易棣等五州刺史皆有善政遷鳳州防禦使宣徽北院使判三司晉開運中爲安州防禦使以卒遂淸性至孝居父喪哀毀鄉里稱之嘗爲淄州刺史迎其母母及郊遂淸爲母執轡行數十里州人咸以爲榮

牛存節字贊正青州博昌人也初名禮事諸葛爽於河陽爽卒存節顧其徒曰天下洶洶當得英雄事之乃率其徒十餘人歸梁太祖存節爲人木彊忠謹太祖愛之賜之名字以爲小校張晊攻汴存節破其二寨梁攻濮州戰南劉橋范縣存節功多李罕之圍張全義於河陽全義乞兵於梁太祖以存節故事河陽知其間道使以兵爲前鋒是時歲饑兵行乏食存節以金帛就民易乾葚以食軍擊走罕之太祖攻魏存節下魏黎陽臨河殺魏萬二千人與太祖會內黃遷滑州牢城遏後指揮使梁兵攻鄆存節使都將王言藏船鄆西北隅濠中期以日午渡兵踰濠急攻之會營中火起鄆人登城望火言伏不敢動與存節失期存節獨破鄆西甕城門奪其濠橋梁兵得俱進遂破朱宣從葛從周攻淮南從周敗渒河存節收其散卒八千以歸拜亳宿二州刺史朱瑾走吳召吳兵攻徐宿存節謀曰淮兵必不先攻宿然宿溝

壘素固可以禦敵乃夜以兵急趣徐州北傳徐城下瑾兵方至望其塵起驚曰梁兵已來何其速也不能攻而去已而太祖使者至授存節軍機悉與存節意合由是諸將益服其能遷潞州都指揮使太祖攻鳳翔使召存節存節爲將法令嚴整而善得士心潞人送者皆號泣累拜邢州團練使元帥府左都押衙太祖即位拜右千牛衛上將軍從康懷英攻潞州爲行營排陣使晉兵已破夾城存節等以餘兵歸行至天井關聞晉兵攻澤州存節顧諸將曰吾行雖不受命然澤州要害不可失也諸將皆不欲救之存節戒士卒熟息已而謂曰事急不赴豈曰勇乎舉策而先士卒隨之比至澤州人已焚外城將降晉聞存節至乃稍定存節入城助澤人守晉人穴地道以攻之存節選勇士數十亦穴地以應之戰于隧中敵不得入晉人解去遷左龍虎統軍六軍都指揮使絳州刺史遷鄜州留後同州劉知俊叛奔鳳翔乃遷存節匡國軍節度使友珪立朱友謙叛附于晉西連鳳翔存節東西受敵同州水鹹而無井知俊叛梁以渴不能守而走故友謙與岐兵合圍持久欲以渴疲之存節禱而擇地鑿井八十水皆甘可食友謙卒不能下末帝立加同中書門下平章事徙鎮天平蔣殷反徐州遣存節攻破之以功加太尉梁晉相距於河上存節病痟而梁晉方苦戰存節忠憤彌激治軍督士未嘗言病病革召歸京師將卒語其子知業曰忠孝吾子也不及其佗贈太師

張歸霸清河人也末帝娶其女是爲德妃歸霸少與其弟歸厚歸弁俱從黃巢巢敗東走歸霸兄弟乃降梁秦宗權攻汴歸霸戰數有功張晊軍赤岡以騎兵挑戰矢中歸霸歸霸拔之反以射賊一發而斃奪其馬而歸太祖從高丘望見甚壯之賞以金帛并以其馬賜之使以弓手五百人伏湟中太祖以騎數百爲遊兵過晊柵晊出兵追太祖歸霸發伏殺晊兵千人奪馬數十匹太祖攻蔡州蔡將蕭顥急擊太祖營歸霸不暇請與徐懷玉分出東南壁門合擊敗之太祖得拔營去太祖攻兗鄆取曹州使歸霸以兵數千守之與朱瑾逆戰金鄉大敗之又破濮州晉人攻魏歸霸從葛從周救魏戰洹水歸霸擒克用子落落以與魏人又破劉仁恭於內黃功出諸將右光化二年權知邢州遷萊州刺史拜左衛上將軍曹州刺史開平元年拜右龍虎統軍左驍衛上將軍二年拜河陽節度使以疾卒子漢傑事末帝爲顯官以張德妃故用事梁亡唐莊宗入汴遂族誅弟歸厚字德坤爲將善用弓槊能以少擊衆張晊屯赤岡歸厚與晊獨戰陣前晊憊而却諸將乘之晊遂大敗太祖大悅以爲騎長梁攻時溥歸厚以麾下先進九里山遇徐兵而戰梁故將陳璠叛在徐歸厚望見識之瞋目大罵馳騎直往取之矢中其左目郴王友裕攻鄆屯濮州太祖從後至友裕徙柵與太祖相失太祖卒與鄆兵遇太祖登高望之鄆兵纔千人太祖與歸厚以廳子軍直衝之戰已合鄆兵大至歸厚度不能支以數十騎衛太祖先還歸厚馬中矢僵乃持槊步鬬太祖還軍中遣張筠馳騎第取之以爲必死矣歸厚體被十餘箭得筠馬乃歸太祖見之泣曰爾在喪軍何足計乎使舁歸宣武遷右神武統軍歷洺晉絳三州刺史與晉人屢戰未嘗屈乾化元年拜鎮國軍節度使以疾卒子漢卿歸弁爲將亦善戰開平初爲滑州長劍指揮使子漢融梁亡皆族誅

王重師許州長社人也爲人沉嘿多智善劍槊秦宗權陷許州重師脫身歸梁從太祖平蔡攻兗鄆爲拔山都指揮使重師苦戰齊魯間威震鄰敵遷潁州刺史太祖攻濮州已破濮人積草焚之梁兵不得入是時重師方病金瘡臥帳中諸將強之重師遽起悉取軍中氈毯沃以水蒙之火上率精卒以短兵突入梁兵隨之皆入遂取濮州重師身被八九瘡軍士負之而還太祖聞之驚曰奈何使我得濮州而失重師乎使醫理之踰月乃愈王師範降表重師青州留後累遷佑國軍節度使同中書門下平章事居數年甚有威惠重師與劉捍故有隙捍嘗構之太祖太祖疑之重師遣其將張君練西攻邠鳳而不先請君練兵小敗太祖以其擅發兵挫失國威將召而罪之遣劉捍代重師重師不知太祖怒已捍至重師不出迎見之青門禮又倨捍因馳白太祖言重師有二志太祖益怒貶重師溪州刺史再貶崖州司戶參軍未行賜死

徐懷玉亳州焦夷人也少事梁太祖與太祖俱起微賤懷玉爲將以雄豪自任而勇於戰陣從太祖鎮宣武爲永城鎮將秦宗權攻梁壁金隄靈昌酸棗懷玉以輕騎連擊破之俘殺五千餘人遷左長劍都虞候又破宗權於板橋赤岡拔其八柵從太祖東攻兗鄆破徐宿懷玉金創被體戰必克捷所得賞賚往往以分士卒爲梁名將本名琮太祖賜名懷玉從太祖攻魏敗魏兵黎陽遂東攻兗破朱瑾於金鄉又從龐師古攻楊行密師古敗清口懷玉獨完一軍行收散卒萬餘人以歸遷沂州刺史屬歲屢豐乃繕兵治壁爲戰守具已而王師範叛梁攻梁東境懷玉屢以州兵擊破之遷齊州防禦使天復四年以州兵西迎昭宗都洛陽遷華州觀察留後以兵屯雍州遷右羽林統軍屯于澤州晉人攻之爲隧以入懷玉擊之隧中晉人乃却太祖時歷曹晉二州刺史晉數攻之懷玉堅守敗晉于洪洞拜保大軍節度使太祖崩友珪自立朱友謙附于晉以襲鄜州執懷玉殺之

五代史卷二十二考證

劉鄩傳飲之以酒鄩辭以量小太祖曰取兗州量何大乎○大典本訛小今從閣本改正

鄩兵敗乃罷歸洛陽酖殺之○臣文淸按司馬光通鑑云密令留守張宗奭酖之丁亥卒胡三省考異莊宗實錄則云憂恚發病卒存考

五代史卷二十三

宋 歐 陽 修 撰

梁臣傳第十一

楊師厚潁州斤溝人也少事河陽李罕之罕之降晉選其麾下勁卒百人獻于晉王師厚在籍中師厚在晉無所知名後以罪奔于梁梁太祖以爲宣武軍押衙曹州刺史梁攻王師範師厚戰臨朐擒其偏將八十餘人取棣州以功拜齊州刺史太祖攻趙匡凝於襄陽遣師厚爲先鋒師厚取穀城西童山木爲浮橋渡漢水擊匡凝敗之匡凝棄城走師厚進攻荊南又走匡凝弟匡明功爲多拜山南東道節度使同中書門下平章事劉知俊叛攻陷長安劉鄩牛存節等攻之久不克師厚以奇兵傍南山入其西門降其守者遂克之晉周德威攻晉州以應知俊師厚敗之于蒙坑以功遷保義軍節度使徙鎮宣義是時梁兵攻趙久無功太祖病臥洛陽少間乃自將北擊趙師厚從太祖至洹水夜行迷失道明旦次魏縣聞敵至梁兵潰亂不可止久之無敵乃定已而太祖疾作乃還明年少間而晉軍攻燕燕王劉守光求援於梁太祖爲之擊趙以牽晉屯於龍花遣師厚攻棗彊三月（一作日）不能下太祖怒自往督戰乃破彊之進圍蓚縣晉史建瑭以輕兵夜擊梁軍梁軍大擾太祖與師厚皆棄輜重南走太祖還東都師厚留屯魏州明年太祖遇弑友珪自立師厚乘間殺魏牙將潘晏臧延範等逐出節度使羅周翰友珪因以師厚爲天雄軍節度使自太祖與晉戰河北師厚嘗爲招討使悉領梁之勁兵太祖崩師厚遂逐其帥而稍矜倨難制故時魏恃牙兵其帥得以倔彊羅紹威時牙兵盡死魏勢孤始爲梁所制師厚已得志乃復置銀槍効節軍友珪陰欲圖之召師厚入計事其吏田溫等勸師厚勿行師厚曰吾二十年不負朱家今若不行則見疑而生事然吾知上爲人雖往無如我何也乃以勁兵二萬朝京師留其兵城外以十餘人自從入見友珪友珪益恐懼賜與鉅萬而還已而末帝謀討友珪問於趙巖巖曰此事成敗在招討楊公爾得其一言諭禁軍吾事立辦末帝乃遣馬愼交陰見師厚布腹心師厚猶豫未決謂其下曰方郢王弑逆時吾不能卽討今君臣之分已定無故改圖人謂我何其下或曰友珪弑父與君乃天下之惡均王仗大義以誅賊其事易成彼若一朝破賊公將何以自處師厚大悟乃遣其將王舜賢至洛陽見袁象先計事使朱漢賓以兵屯滑州爲應末帝卒與象先殺友珪末帝卽位封師厚鄴王詔書不名事無鉅細皆以諮之然心益忌而畏之已而師厚瘍發卒末帝爲之受賀於宮中由是始分相魏爲兩鎭魏軍亂以魏博降晉梁失河北自此始

王景仁廬州合淝人也初名茂章少從楊行密起淮南景仁爲將驍勇剛悍質略無威儀臨敵務以身先士卒行密壯之梁太祖遣子友寧攻王師範于青州師範乞兵於行密行密遣景仁以步騎七千救師範師範以兵背城爲兩柵友寧夜擊其一柵柵中告急趣景仁出戰景仁按兵不動友寧已破一柵連戰不已遲明景仁度友寧兵已困乃出戰大敗之遂斬友寧以其首報行密是時梁太祖方攻鄆州聞子友寧死以兵二十萬倍道而至景仁閉壘示怯伺梁兵怠毀柵而出驅馳疾戰戰酣退坐召諸將飲酒已而復戰太祖登高望見之得青州降人問飲酒者爲誰曰王茂章也太祖歎曰使吾得此人爲將天下不足平也梁兵又敗景仁軍還梁兵急追之景仁度不可走遣裨將李虔裕以衆一旅設伏於山下以待之留軍不行解鞍而寢虔裕疾呼曰追兵至矣宜速走虔裕以死遏之景仁曰吾亦戰於此也虔裕三請景仁乃行而虔裕卒戰死梁兵以故不能及而景

仁全軍以歸景仁事行密爲潤州團練使行密死子渥自宣州入立以景仁代守宣州渥已立反求宣州故物景仁惜不與渥怒以兵攻之景仁奔于錢鏐鏐表景仁領宣州節度使梁太祖素識景仁乃遣人召之景仁間道歸梁仍以爲寧國軍節度使加同中書門下平章事久之未有以用使參宰相班奉朝請而已開平四年以景仁爲北面招討使將韓勍李思安等兵伐趙行至魏州司天監言太陰虧不利行師太祖亟召景仁等還已而復遣之景仁已去太祖思術者言馳使者止景仁於魏以待景仁已過邢洺使者及之景仁不奉詔進營於柏鄉乾化元年正月庚寅日有食之崇政使敬翔白太祖曰兵可憂矣太祖爲之旰食是日景仁及晉人戰大敗於柏鄉景仁歸訴於太祖太祖曰吾亦知之蓋韓勍李思安輕汝爲客而不從節度爾乃罷景仁就第後數月悉復其官爵末帝立以景仁爲淮南招討使使攻廬壽軍過霍山山有楊行密祠景仁再拜號泣而去戰于霍山梁兵敗走景仁殿而力戰以故梁兵不甚敗景仁歸京師病疽卒贈太尉

賀瓌字光遠濮州人也事鄆州朱宣爲都指揮使梁太祖攻朱瑾于兗州宣遣瓌與何懷寶柳存等以兵萬人救兗州瓌趨待賓館欲絕梁餉道梁太祖略地至中都得降卒言瓌等兵趨待賓館矣以六壬占之得斬關卦名以爲吉乃選精兵夜疾馳百里期先至待賓以逆瓌而夜黑兵失道旦至鉅野東遇瓌兵擊之瓌等大敗瓌走梁兵急追之瓌顧路窮登塚上大呼曰我賀瓌也可勿殺我太祖馳騎取之并取懷寶等數十人降其卒三千餘人是日大風揚沙蔽天太祖曰天怒我殺人少邪卽盡殺降卒三千人而縶瓌及懷寶等至兗城下以招瑾瑾不納因斬懷寶等十餘人而獨留瓌瓌感太祖不殺誓以身自效從太祖平青州以爲曹州刺史太祖卽位累遷相州刺史末帝時遷左龍虎統軍宣義軍節度使貞明元年魏兵亂賀德倫降晉晉王入魏州劉鄩敗于故元城走黎陽貝衞洺磁諸州皆入于晉晉軍取楊劉末帝乃以瓌爲招討使與謝彥章等屯于行臺晉軍迫瓌十里而柵相持百餘日瓌與彥章有隙伏甲殺之莊宗喜曰將帥不和梁亡無日矣乃令軍中歸其老疾於鄴以輕兵襲濮州瓌自行臺躡之戰于胡柳陂晉人輜重在陣西瓌軍薄之晉軍亂斬其將周德威盡取其輜重瓌軍已勝陣無石山日暮晉軍仰攻之瓌軍下山擊晉軍瓌大敗晉遂取濮州城德勝夾河爲柵瓌以舟兵攻南柵不能得還軍行臺以疾卒年六十二贈侍中有子光圖凡言有子某者皆仕皇朝有聞

王檀字衆美京兆人也少事梁太祖爲小校尚讓攻梁戰尉氏門檀勇出諸將太祖奇之遷踏白副指揮使從朱珍募兵東方戰數有功梁與蔡兵戰板橋李重裔馬踣爲蔡兵所擒檀馳取之并獲其將一人從太祖破魏內黃遷銜山都虞候復從朱珍攻徐州檀獲其將一人梁兵攻王師範檀以一軍破其密州拜密州刺史太祖卽位遷保義軍節度使潞州東北面招討使王景仁敗於柏鄉晉兵圍邢州太祖大懼欲自將救之檀止太祖請自拒敵力戰卒全邢州以功加同中書門下平章事進封瑯琊郡王友珪立徙鎮宣化貞明元年又徙匡國是時莊宗取魏博檀以謂晉兵悉在河北乃以奇兵西出陰地襲太原不克而還徙鎮天平檀嘗招納亡盜居帳下帳下兵亂入殺檀年五十八贈太師謚曰忠毅

馬嗣勳濠州鍾離人也少事州爲客將爲人材武有辯梁太祖攻濠州刺史張遂遣嗣勳持牌印降梁楊行密攻遂遂又使嗣勳乞兵於太祖梁兵未至濠州已沒嗣勳無所歸乃留事梁太祖以爲宣武軍元從押衙太祖西攻鳳翔行至華州遣嗣勳入說韓建建卽時出降天祐二年羅紹威將誅牙軍乞兵於梁梁女嫁魏適死太祖乃遣嗣勳以長直千人爲緥輿入魏致兵器於輿中聲言助葬嗣勳館銅臺夜與魏新鄉鎮兵攻石柱門入迎紹威家屬衞之乃益取魏甲兵攻牙軍牙軍不知兵所從來莫能爲備殺其八千餘人遲明皆盡嗣勳中重瘡卒太祖卽位贈太保

王虔裕瑯琊臨沂人也爲人健勇善騎射以弋獵爲生少從諸葛爽起靑棣間其後爽爲汝州防禦使率兵北擊沙陀還入長安攻黃巢爽兵敗降巢巢以爽爲河陽節度使中和三年孫儒陷河陽虔裕隨爽奔于梁是時太祖新就鎮黃巢秦宗權等兵方盛太祖數爲所窘而梁未有佐將乃以虔裕將騎兵常爲先鋒擊巢陳蔡間抜其數柵巢走梁兵躡之戰于萬勝戍巢敗而東虔裕功爲多乃表虔裕義州刺史黃巢已去秦宗權攻許鄭與梁爲敵境大小百餘戰虔裕常有功秦賢攻汴南境太祖遣虔裕拒賢於尉氏戰敗失一裨將太祖怒拘虔裕於軍中邢州孟遷降梁爲晉人所圍太祖遣虔裕以精兵百人疾馳夜破晉圍入邢州遲明立梁旗幟於城上晉人以爲救兵至乃退已而晉兵復來遷執虔裕降于晉見殺

謝彥章許州人也幼事葛從周從周憐其敏慧養以爲子授之兵法從周以千錢置大盤中爲行陣偏伍之狀示以出入進退之節彥章盡得之及壯事梁太祖爲騎將是時賀瓌善用步卒而彥章與孟審澄侯溫裕皆善將騎兵審澄溫裕所將不過三千彥章多而益辦彥章事末帝累遷匡國軍節度使貞明四年晉攻河北賀瓌爲北面招討使彥章爲排陣使屯于行臺彥章爲將好禮儒士雖居軍中嘗儒服或臨敵御衆肅然有將帥之威左右馳驟疾若風雨晉人望其行陣齊整相謂曰謝彥章必在此也其名重敵中如此瓌心忌之彥章與瓌行視郊外瓌指一地語彥章曰此地岡阜隆起其中坦然營柵之地也已而晉兵柵之瓌疑彥章陰以告晉益惡之彥章故與馬步都虞候朱珪有隙瓌欲速戰彥章請持重以老敵珪乃誣彥章以爲將反瓌旦享士使珪伏甲殺之審澄溫裕皆見害

五代史卷二十三考證

王檀傳從朱珍募兵東方○從監本訛後今從閣本改正

五代史卷二十四

宋　歐陽修　撰

唐臣傳第十二

郭崇韜代州鴈門人也爲河東教練使爲人明敏能應對以幹材見稱莊宗爲晉王孟知祥爲中門使崇韜爲副使中門之職參管機要先時吳珙張虔厚等皆以中門使相繼獲罪知祥懼求外任莊宗曰公欲避事當舉可代公者知祥乃薦崇韜爲中門使甚見親信晉兵圍張文禮于鎮州久不下而定州王都引契丹入寇契丹至新樂晉人皆恐欲解圍去莊宗未決崇韜曰契丹之來非救文禮爲王都以利誘之耳且晉新破梁軍宜乘已振之勢不可遽自退怯莊宗然之果敗契丹莊宗卽位拜崇韜兵部尚書樞密使梁王彥章擊破德勝唐軍東保楊劉彥章圍之莊宗登壘望見彥章爲重塹以絕唐軍意輕之笑曰我知其心矣其欲持久以弊我也卽引短兵出戰爲彥章伏兵所射大敗而歸莊宗問崇韜計安出是時唐已得鄆州矣崇韜因曰彥章圍我於此其志在取鄆州也臣願得兵數千據河下流築壘於必爭之地以應鄆州爲名彥章必來爭旣分其兵可以圖也然板築之功難於卒就陛下日以精兵挑戰使彥章兵不得東十日壘成矣莊宗以爲然乃遣崇韜與毛璋將數千人夜行所過驅掠居人毀屋伐木渡河築壘於博州東晝夜督役六日壘成彥章果引兵急攻之時方大暑彥章兵熱死及攻壘不克所失大半還趨楊劉莊宗迎擊遂敗之康延孝自梁奔唐先見崇韜崇韜延之臥內盡得梁虛實是時莊宗軍朝城段凝軍臨河唐自失德勝梁兵日掠澶相黎陽衞州而李繼韜以澤潞叛入于梁契丹數犯幽涿又聞延孝言梁方召諸鎮兵欲大舉唐諸將皆憂惑以謂成敗未可知莊宗患之以問諸將諸將皆曰唐得鄆州隔河難守不若棄鄆與梁而西取衞州黎陽以河爲界與梁約罷兵毋相攻庶幾以爲後圖莊宗不悅退臥帳中召崇韜問計崇韜曰陛下興兵仗義將士疲戰爭生民苦轉餉者十餘年矣況今大號已建自河以北人皆引首以望成功而思休息今得一鄆州不能守而棄之雖欲指河爲界誰爲陛下守之且唐未失德勝時四方商賈征輸必集薪芻糧餉其積如山自失南城保楊劉道路轉徙耗亡太半而魏博五州秋稼不稔竭民而斂不支數月此豈按兵持久之時乎臣自康延孝來盡得梁之虛實此眞天亡之時也願陛下分兵守魏固楊劉而自鄆長驅擣其巢穴不出半月天下定矣莊宗大喜曰此大丈夫之事也因問司天司天言歲不利用兵崇韜曰古者命將鑿凶門而出況成算已決區區常談何足信也莊宗卽日下令軍中歸其家屬於魏夜渡楊劉從鄆州入襲汴州八日而滅梁莊宗推功賜崇韜鐵券拜侍中成德軍節度使依前樞密使莊宗與諸將以兵取天下而崇韜未嘗居戰陣徒以謀議居佐命第一之功位兼將相遂以天下爲己任遇事無所迴避而宦官伶人用事特不便也初崇韜與宦者馬紹宏俱爲中門使而紹宏位在上及莊宗卽位二人當爲樞密使而崇韜不欲紹宏在己上乃以張居翰爲樞密使紹宏爲宣徽使紹宏失職怨望崇韜因置內勾使以紹宏領之凡天下錢穀出入于租庸者皆經內勾旣而文簿繁多州縣爲弊遂罷其事而紹宏尤側目崇韜頗懼語其故人子弟曰吾佐天子取天下今大功已就而羣小交興吾欲避之歸守鎭陽庶幾免禍可乎故人子弟對曰俚語曰騎虎者勢不得下今公權位已隆而下多怨嫉一失其勢能自安乎崇韜曰奈何對曰今中宮未立而劉氏有寵宜請立劉氏爲皇后而多建天下利害以便民者然後退而乞身天子以公有大功而無過必不聽公去是外有避權之名而內有中

宮之助又爲天下所悅雖有讒間其可動乎崇韜以爲然乃上書請立劉氏爲皇后崇韜素廉自從入洛始受四方賂遺故人子弟或以爲言崇韜曰吾位兼將相祿賜巨萬豈少此邪今藩鎮諸侯多梁舊將皆主上斬袪射鈎之人也今一切拒之豈無反側且藏于私室何異公帑明年天子有事南郊乃悉獻其所藏以佐賞給莊宗已郊遂立劉氏爲皇后崇韜累表自陳請依唐舊制還樞密使於内臣而并辭鎮陽優詔不允崇韜又曰臣從陛下軍朝城定計破梁陛下撫臣背而約曰事了與卿一鎮今天下一家俊賢並進臣憊矣願乞身如約莊宗召崇韜謂曰朝城之約許卿一鎮不許卿去欲捨朕安之乎崇韜因建天下利害二十五事施行之李嗣源爲成德軍節度使徙崇韜忠武崇韜因自陳權位已極言甚懇至莊宗曰豈可朕居天下之尊使卿無尺寸之地崇韜辭不已遂罷其命仍爲侍中樞密使同光三年夏霖雨不止大水害民田民多流死莊宗患宮中暑濕不可居思得高樓避暑宦官進曰臣見長安全盛時大明興慶宮樓閣百數今大内不及故時卿相家莊宗曰吾富有天下豈不能作一樓乃遣宮苑使王允平營之宦官曰郭崇韜眉頭不伸常爲租庸惜財用陛下雖欲有作其可得乎莊宗乃使人問崇韜曰昔吾與梁對壘於河上雖祁寒盛暑被甲跨馬不以爲勞今居深宮蔭廣廈不勝其熱何也崇韜對曰陛下昔以天下爲心今以一身爲意艱難逸豫爲慮不同其勢自然也願陛下無忘創業之難常如河上則可使繁暑坐變清涼莊宗默然終遣允平起樓崇韜果切諫宦官曰崇韜之第無異皇居安知陛下之熱由是讒間愈入河南縣令羅貫爲人彊直頗爲崇韜所知貫正身奉法不受權豪請託宦官伶人有所求請書積几案一不以報皆以示崇韜崇韜數以爲言宦官伶人由此切齒河南自故唐時張全義爲尹縣令多出其門全義廝養畜之及貫爲之奉全義不屈縣民恃全義爲不法者皆按誅之全義大怒嘗使人告劉皇后從容爲白貫事而左右日夜共攻其短莊宗未有以發皇太后崩葬坤陵陵在壽安莊宗幸陵作所而道路泥塗橋壞莊宗止輿問誰主者宦官曰屬河南因亟召貫貫至對曰臣初不奉詔請詰主者莊宗曰爾之所部復問何人即下貫獄獄吏拷掠體無完膚明日傳詔殺之崇韜諫曰貫罪無佗橋道不修法不當死莊宗怒曰太后靈駕將發天子車輿往來橋道不修卿言無罪是朋黨也崇韜曰貫雖有罪當具獄行法于有司陛下以萬乘之尊怒一縣令使天下之人言陛下用法不公臣等之過也莊宗曰貫公所愛任公裁決因起入宮崇韜隨之論不已莊宗自闔殿門崇韜不得入貫卒見殺明年征蜀議擇大將時明宗爲總管當行而崇韜以讒見危思立大功爲自安之計乃曰契丹爲患北邊非總管不可禦魏王繼岌國之儲副而大功未立且親王爲元帥唐故事也莊宗曰繼岌小子豈任大事公爲我擇其副崇韜未及言莊宗曰吾得之矣無以易卿也乃以繼岌爲西南面行營都統崇韜爲招討使軍政皆決崇韜唐軍入蜀所過迎降王衍弟宗弼陰送欵于崇韜求爲西川兵馬留後崇韜以節度使許之軍至成都宗弼遷衍于西宮悉取衍嬪妓珍寶奉崇韜及其子廷誨又與蜀人列狀見魏王請崇韜留鎮蜀繼岌頗疑崇韜崇韜無以自明因以事斬宗弼及其弟宗渥宗動沒其家財蜀人大恐崇韜素嫉宦官嘗謂繼岌曰王有破蜀功師旋必爲太子俟主上千秋萬歲後當盡去宦官至於扇馬亦不可騎繼岌監軍李從襲等見崇韜專任軍事心已不平及聞此言遂皆切齒思有以圖之莊宗聞破蜀遣宦官向延嗣勞軍崇韜不郊迎延嗣大怒因與從襲等共構之延嗣還上蜀簿得兵三十萬馬九千五百匹兵器七百萬糧二百五十三萬石錢一百九十二萬緡金銀二十二萬兩珠玉犀象二萬文錦綾羅五十萬匹莊宗曰人言蜀天下之富國也所得止於此邪延嗣因言蜀之寶貨皆入崇韜且誣其有異志將危魏王莊宗怒遣宦官馬彥珪至蜀視崇韜去就彥珪以告劉皇后劉皇后教彥珪矯詔魏王殺之崇韜有子五人其二從死于蜀餘皆見殺其破蜀所得皆籍沒明宗即位詔許歸葬以其太原故宅賜其一孫當崇韜用事時自宰相豆盧革韋說等皆傾附之崇韜父諱弘革等即因佗事奏改弘文館爲崇文館以其姓郭因以爲子儀之後崇韜遂以爲然其伐蜀也過子儀墓下馬號慟而去聞者頗以爲笑然崇韜盡忠國家有大略其已破蜀因遣使者以唐威德風諭南詔諸蠻欲因以綏來之可謂有志矣

安重誨應州人也其父福遷事晉爲將以驍勇知名梁攻朱宣于鄆州晉兵救宣宣敗福遷戰死重誨少事明宗爲人明敏謹恪明宗鎮安國以爲中門使及兵變于魏所與謀議大計皆重誨與霍彥威決之明宗即位以爲左領軍衛大將軍樞密使兼領山南東道節度使固辭不拜改兵部尚書使如故在位六年累加侍中兼中書令重誨自爲中門使已見親信而以佐命功臣處機密之任事無大小皆以參決其勢傾動天下雖其盡忠勞力時有補益而恃功矜寵威福自出旁無賢人君子之助其獨見之慮禍釁所生至於臣主俱傷幾滅其族斯其可哀者也重誨嘗出過御史臺門殿直馬延誤衝其前導重誨怒即臺門斬延而後奏是時隨駕廳子軍士桑弘遷毆傷相州錄事參軍親從兵馬使安虔走馬衝宰相前導弘遷罪死虔決杖而已重誨已斬延乃請降敕處分明宗不得已從之由是御史諫官無敢言者宰相任圜判三司以其職事與重誨爭不能得圜怒辭疾退居于磁州朱守殷以汴州反重誨遣人矯詔馳至其家殺圜而後白誣圜與守殷通謀明宗皆不能詰也而重誨恐天下議已因取三司積欠二百餘萬請放之冀以悅人而塞責明宗不得已爲下詔蠲除之其威福自出多此類也是時四方奏事皆先白重誨然後聞河南縣獻嘉禾一莖五穗重誨視之曰偽也笞其人而遣之夏州李仁福進白鷹重誨却之明日白曰陛下詔天下毋得獻鷹鷂而仁福違詔獻鷹臣已却之矣重誨出明宗陰遣人取之以入佗日按鷹于西郊戒左右無使重誨知也宿州進白兔重誨曰兔陰且狡雖白何爲遂却而不白明宗爲人雖寬厚然其性夷狄果於殺人馬牧軍使田令方所牧馬瘠而多斃坐劾當死重誨諫曰使天下聞以馬故殺一軍使是謂貴畜而賤人令方因得減死明宗遣回鶻侯三馳傳至其國侯三至醴泉縣縣素僻無驛馬其令劉知章出獵不時給馬侯三遽以聞明宗大怒械知章至京師將殺之重誨從容爲言知章乃得不死其盡忠補益亦此類也重誨既以天下爲己任遂欲内爲社稷之計而外制諸侯之彊然其輕信韓玫之譖而絶錢鏐之臣徒陷彥温於死而不能去潞王之患李嚴一出而知祥貳仁矩未至而董璋叛四方騷動師旅並興如投膏止火適足速之此所謂獨見之慮禍釁所生也錢鏐據有兩浙號兼吳越而王自梁及莊宗常異其禮以羈縻臣屬之而已明宗即位鏐遣使朝京師寓書重誨其禮慢重誨怒未有以發乃遣其嬖吏韓玫副供奉官烏昭遇復使於鏐而玫恃重誨勢數凌辱昭遇因醉使酒以馬箠擊之鏐欲奏其事昭遇以爲辱國固止之及玫還反譖於重誨曰昭遇見鏐舞蹈稱臣而以朝廷事私告鏐昭遇坐死御史獄乃下制削奪鏐官爵以太師致仕於是錢氏遂絶於唐矣潞王從珂爲河中節度使重誨以謂從珂非李氏子後必爲國家患乃欲陰圖之從珂閱馬黃龍莊其牙内指揮使楊彥温閉城以叛從珂遣人謂彥温曰我遇汝厚何苦而反邪報曰彥温非叛也得樞密院宣請公趨歸朝廷耳從珂走虞鄉馳騎上變明宗疑其事不明欲究其所以乃遣殿直都知范温以金帶襲衣金鞍勒馬賜彥温拜彥温絳州刺史以誘致之重誨固請用兵明宗不得已乃遣侍衛指揮使藥彥稠西京留守索自通率兵討之而誡曰爲我生致彥温吾將自訊其事彥稠等攻破河中希重誨旨斬彥温以滅口重誨率羣臣稱賀明宗大怒曰朕家事不了卿等不合致賀從珂罷鎮居清化里第重誨數諷宰相言從珂失守宜得罪馮道因白請行法明宗怒曰吾兒爲姦人所中事未辨明公等出此言是不欲容吾兒人間邪趙鳳因言春秋責帥之義所以勵爲臣者明宗曰皆非公等意也道等惶恐而退居數日道等又以爲請明宗顧左右而言他明日重誨乃自論列明宗曰公欲如何處置我即從公重誨曰此父子之際非臣所宜言惟陛下裁之明宗曰吾爲小校時衣食不能自足此兒爲我擔石灰拾馬糞以相養活今貴爲天子獨不能庇之邪使其杜門私第亦何與公事重誨由是不復敢言孟知祥鎮西川董璋鎮東川二人皆有異志重誨每事裁抑務欲制其姦心凡兩川守將更代多用己所親信必以精兵從之漸令分戍諸州以虞緩急二人覺之以爲圖己益不自安既而遣李嚴爲西川監軍知祥大怒即日斬嚴又分閬州爲保寧軍以李仁矩爲節度使以制璋且削其地璋以兵攻殺仁矩二人遂皆反唐兵戍蜀者積三萬人其後知祥殺璋兼據兩川而唐之精兵皆陷蜀初明宗幸汴州重誨建議欲因以伐吳而明宗難之其後戶部尚書李鏻得吳諜者言徐知誥欲舉吳國以稱藩願得安公一言以爲信鏻即引諜者見重誨重誨大喜以爲然乃以玉帶與諜者使遺知誥爲信其直千緡初不以其事聞其後逾年知誥之問不至始奏貶鏻行軍司馬已而捧聖都軍使李行德十將張儉告變言樞密承旨李虔徽語其客邊彥温云重誨私募士卒繕治甲器欲自伐吳又與諜者交私明宗以問重誨重誨惶恐請究其事明宗初頗疑之大臣左右皆爲之辨既而少解始告重誨以彥温之言因廷詰彥温具伏其詐於是君臣相顧泣下彥温行德儉皆坐族誅重誨因求解職明宗慰之曰事已辨慎無措之胸中重誨論請不已明宗怒曰放卿去朕不患無人顧武德使孟漢瓊至中書趣馮道等議代重誨者馮

道曰諸君苟惜安公使得罷去是紓其禍也趙鳳以爲大臣不可輕動遂以范延光爲樞密使而重誨居職如故董璋等反遣石敬瑭討之而川路險阻糧運甚艱每費一石而致一斗自關以西民苦輸送往往亡聚山林爲盜賊明宗謂重誨曰事勢如此吾當自行重誨曰此臣之責也乃請行關西之人聞重誨來皆已恐動而重誨日馳數百里遠近驚駭督趣糧運日夜不絕斃踣道路者不可勝數重誨過鳳翔節度使朱弘昭延之寢室使其妻子奉事左右甚謹重誨酒酣爲弘昭言昨被讒構幾不自全賴人主明聖得保家族因感欸泣下重誨去弘昭馳騎上言重誨怨望不可令至行營恐其生事而宣徽使孟漢瓊自行營使還亦言西人震駭之狀因述重誨過惡重誨行至三泉被召還過鳳翔弘昭拒而不納重誨懼馳趨京師未至拜河中節度使重誨已罷希旨者爭求其過宦者安希倫坐與重誨交私常爲重誨陰伺宮中動息事發棄市重誨益懼因上章告老以太子太師致仕而以李從璋爲河中節度使遣藥彥稠率兵如河中虞變重誨二子崇緒崇贊宿衛京師聞制下即日奔其父重誨見之驚曰二渠安得來已而曰此非渠意爲人所使耳吾以一死報國餘復何言乃械送二子于京師行至陝州下獄明宗又遣翟光業至河中視重誨去就戒曰有異志則與從璋圖之又遣宦者使于重誨使者見重誨號泣不已重誨問其故使者曰人言公有異志朝廷遣藥彥稠率兵至矣重誨曰吾死未塞責遽勞朝廷興師以重明主之憂光業至從璋率兵圍重誨第入拜于庭重誨降而荅拜從璋以檛擊其首重誨妻走抱之而呼曰令公死未晚何遽如此又擊其首夫妻皆死流血盈庭從璋檢責其家貲不及數千緡而已明宗下詔以其絕錢鏐致孟知祥董璋反及議伐吳以爲罪并殺其二子其餘子孫皆免重誨得罪知其必死歎曰我固當死但恨不與國家除去潞王此其恨也

嗚呼官失其職久矣予讀梁宣底見敬翔李振爲崇政院使凡承上之旨宣之宰相而奉行之宰相有非其見時而事當上決者與其被旨而有所復請者則具記事而入（記事若今學士院諮報今士大夫間以文字相往來謂之簡帖俚俗謂之記事也）因崇政使以聞得旨則復宣而出之梁之崇政使乃唐樞密之職蓋出納之任也唐常以宦者爲之至梁戒其禍始更用士人其備顧問參謀議于中則有之未始專行事于外也至崇韜重誨爲之始復唐樞密之名然權侔於宰相矣後世因之遂分爲二文事任宰相武事任樞密樞密之任既重而宰相自此失其職也

五代史卷二十四考證

郭崇韜傳臣見長安全盛時大明興慶宮樓閣百數○大監本譌太今改正

彥珪以告劉皇后○珪監本譌珍今從上文遣宦官馬彥珪改正

安重誨傳遣人嬌詔馳至其家殺圜而後白○臣文清按袁樞通鑑紀事云重誨奏遣使賜任圜死端明殿學士趙鳳哭謂重誨曰任圜義士安肯爲逆公濫刑如此何以贊國此數語任圜本傳亦不載姑附於此

重誨知其必死歎曰我固當死但恨不與國家除去潞王○臣文清按胡三省辯此語曰重誨自以私憾欲殺從珂當是時從珂未有跋扈之跡重誨何以知其爲朝廷之患此恐是清泰篡後人譽重誨者造此語未可信也

五代史卷二十五

宋　歐陽修　撰

唐臣傳第十三

周德威字鎮遠朔州馬邑人也爲人勇而多智能望塵以知敵數其狀貌雄偉笑不改容人見之凜如也事晉王爲騎將稍遷鐵林軍使從破王行瑜以功遷內衙指揮使其小字陽五當梁晉之際周陽五之勇聞天下梁軍圍晉太原令軍中曰能生得周陽五者爲刺史有驍將陳章者號陳野叉常乘白馬被朱甲以自異出入陣中求周陽五欲必生致之晉王戒德威曰陳野叉欲得汝以求刺史見白馬朱甲者宜善備之德威笑曰陳章好大言耳安知刺史非臣作邪因戒其部兵曰見白馬朱甲者當佯走以避之兩軍皆陣德威微服雜卒伍中陳章出挑戰兵始交德威部下見白馬朱甲者因退走章果奮矟急追之德威伺章已過揮鐵鎚擊之中章墮馬遂生擒之梁攻燕晉遣德威將五萬人爲燕攻梁取潞州遷代州刺史內外蕃漢馬步軍都指揮使梁軍捨燕攻潞圍以夾城潞州守將李嗣昭閉城拒守而德威與梁軍相持於外踰年嗣昭與德威素有隙晉王病且革語莊宗曰梁軍圍潞而德威與嗣昭有隙吾甚憂之王喪在殯莊宗新立殺其叔父克寧國中未定而晉之重兵悉屬德威于外晉人皆恐莊宗使人以喪及克寧之難告德威且召其軍德威聞命即日還軍太原留其兵城外徒步而入伏梓宮前慟哭幾絕晉人乃安遂從莊宗復擊梁軍破夾城與李嗣昭歡如初以破夾城功拜振武節度使同中書門下平章事天祐七年秋梁遣王景仁將魏滑汴宋等兵七萬人擊趙趙王王鎔乞師于晉晉遣德威先屯趙州冬梁軍至于栢鄉趙人告急莊宗自將出贊皇會德威于石橋進距栢鄉五里營于野河北晉兵少而景仁所將神威龍驤拱宸等軍皆梁精兵人馬鎧甲飾以組繡金銀其光耀日晉軍望之色動德威勉其衆曰此汴宋傭販兒徒飾其外耳其中不足懼也其一甲之直數十千得之適足爲吾資無徒望而愛之當勉以往取也退而告莊宗曰梁兵甚銳未可與爭宜少退以待之莊宗曰吾提孤軍出千里其利速戰今不乘勢急擊之使敵知吾之衆寡則吾無所施矣德威曰不然趙人能城守而不能野戰吾之取勝利在騎兵平川廣野騎兵之所長也今吾軍於河上迫賊營門非吾用長之地也莊宗不悅退臥帳中諸將無敢入見德威謂監軍張承業曰王怒老兵不速戰者非怯也且吾兵少而臨賊營門所恃者一水隔耳使梁得舟栰渡河吾無類矣不如退軍鄗邑誘敵出營擾而勞之可以策勝也承業入言曰德威老將知兵願無忽其言莊宗遽起曰吾方思之耳已而德威獲梁游兵問景仁何爲曰治舟數百將以爲浮梁德威引與俱見莊宗笑曰果如公所料乃退軍鄗邑德威晨遣三百騎叩梁營挑戰自以勁兵三千繼之景仁怒悉其軍以出與德威轉鬭數十里至于鄗南兩軍皆陣梁軍橫亘六七里汴宋之軍居西魏滑之軍居東莊宗策馬登高望而喜曰平原淺草可前可卻眞吾之勝地乃使人告德威曰吾當爲公先公可繼進德威持馬諫曰梁軍輕出而遠來與吾轉戰其來必不暇齎糧糗縱其能齎亦不暇食不及日午人馬俱飢因其將退而擊之勝諸將亦皆以爲然至未申時梁軍東偏塵起德威鼓譟而進麾其西偏曰魏滑軍走矣又麾其東偏曰梁軍走矣梁陣動不可復整乃皆走遂大敗自鄗追至于栢鄉橫尸數十里景仁以十餘騎僅而免自梁與晉爭凡數十戰其大敗未嘗如此劉守光僭號於燕晉遣德威將兵三萬出飛狐以擊之德威入祁溝關取涿州遂圍守光於幽州破其外城守光閉門距守而晉軍盡下燕諸州縣獨幽州不下圍之踰年乃破之以功拜盧龍軍節度使德威雖爲大將而常身與士卒馳騁於矢石之間守光驍將單廷珪望見德威於陣曰此周陽五也乃挺槍馳騎追之德威佯走度廷珪垂及側身少卻廷珪馬方馳不可止縱其少過奮檛擊之廷珪墜馬遂見擒莊宗與劉鄩相持于魏鄩夜潛軍出黃澤關以襲太原德威自幽州以千騎入土門以躡之鄩至樂平遇雨不得進而還德威與鄩俱東爭趨臨清臨清有積粟且晉軍餉道也德威先馳據之以故莊宗卒能困鄩軍而敗之莊宗勇而好戰尤銳於見敵德威老將常務持重以挫人之鋒故其用兵常伺敵之隙以取勝十五年德威將燕兵三萬人與鎭定等軍從莊宗于河上自麻家渡進軍臨濮以趨汴州軍宿胡柳陂黎明候騎報曰梁軍至矣莊宗問戰於德威德威對曰此去汴州信宿而近梁軍父母妻子皆在其中而梁人家國繫此一舉吾以深入之兵當其必死之戰可以計勝而難與力爭也且吾軍先至此糧糗具而營柵完是謂以逸待勞之師也王宜按軍無動而臣請以騎軍擾之使其營柵不得成樵爨不暇給因其勞之而乘之可以勝也莊宗曰吾軍河上終日俟敵今見敵不擊復何爲乎顧李存審曰公以輜重先吾爲公殿遂督軍而出德威謂其子曰吾不知死所矣前遇梁軍而陣王軍居中鎭定之軍居左德威之軍居右而輜重次右之西兵已接莊宗率銀槍軍馳入梁陣梁軍小敗犯晉輜重輜重見梁朱旗皆驚走入德威軍德威軍亂梁軍乘之德威父子皆戰死莊宗與諸將相持而哭曰吾不聽老將之言而使其父子至此莊宗即位贈德威太師明宗時加贈太尉配享莊宗廟晉高祖追封德威燕王子光輔官至刺史

符存審字德詳陳州宛丘人也初名存少微賤嘗犯法當死臨刑指旁壞垣顧主者曰願就死于彼冀得垣土覆尸主者哀而許之爲徙垣下而主將方飲酒顧其愛妓思得善歌者佐酒妓言有符存嘗爲妾歌甚善主將馳騎召存審而存審以徙垣下故未加刑因往就召使歌而悅之存審因得不死其後事李罕之從罕之歸晉晉王以爲義兒軍使賜姓李氏名存審從晉王擊李匡儔爲前鋒破居庸關又從擊王行瑜破龍泉寨以功遷檢校左僕射從李嗣昭攻汾州執李瑭還左右廂步軍都指揮使又從嗣昭攻潞州降丁會從周德威破梁夾城還忻州刺史蕃漢馬步軍都指揮使晉趙攻燕梁救燕擊趙深州圍蓨縣存審與史建瑭軍下博擊走梁軍

遷領邢州團練使魏博叛梁降晉存審爲先鋒屯臨清莊宗入魏存審殿軍魏縣與劉鄩相距於莘西從莊宗敗鄩於故元城閻寶以邢州降乃以存審爲安國軍節度使毛璋以滄州降徙存審橫海加同中書門下平章事契丹圍幽州是時晉與梁相持河上欲發兵兵少欲勿救懼失之莊宗疑以問諸將而存審獨以爲當救曰願假臣騎兵五千足矣乃遣存審分兵救之卒擊走契丹從戰胡柳陂晉軍晨敗亡周德威存審與其子彥圖力戰暮復敗梁軍於土山遂取德勝築河南北爲兩城晉人謂之夾寨還內外蕃漢馬步軍總管梁朱友謙以河中同州降晉梁遣劉鄩攻同州友謙求救乃遣存審與李嗣昭救之河中兵少而弱梁人素易之且不虞晉軍之速至也存審選精騎二百雜河中兵出擊鄩壘陽敗而走鄩兵追之晉騎反擊獲其騎兵五十梁人知其晉軍也皆大驚然河中糧少而新降人心頗持兩端晉軍屯朝邑諸將皆欲速戰存審曰使梁軍知吾利於速戰則將夾渭而營斷我餉道以持久困我則我進退不可敗之道也不若緩師示弱伺隙出奇可以取勝乃按軍不動居旬日望氣者言有黑氣狀如鬬鷄存審曰可以一戰矣乃進軍擊鄩大敗之鄩閉壁不復出存審曰鄩兵已敗不如逸之乃休士卒遣裨將王建及牧馬于沙苑鄩以謂晉軍且懈乃夜遁去存審追擊于渭河又大敗之張文禮弑趙王王鎔晉遣閻寶李嗣昭等攻之至輒戰死最後遣存審破之存審爲將有機略大小百餘戰未嘗敗衂與周德威齊名德威死晉之舊將獨存審在契丹攻遮虜乃以存審爲盧龍軍節度使時存審已病辭不肯行莊宗使人慰諭彊遣之莊宗滅梁入洛存審自以身爲大將不得與破梁之功怏怏疾益甚因請朝京師是時郭崇韜權位已重然其名望素出存審下不樂其來而加已上因沮其事存審妻郭氏泣訴于崇韜曰吾夫於國有功而與公鄉里之舊柰何忍令死棄窮野崇韜愈怒存審章累上輒不許存審伏枕歎曰老夫事二主四十年今日天下一家四夷遠俗至於亡國之將射鉤斬袪之人皆得親見天子奉觴爲壽而獨予棄死於此豈非命哉崇韜度存審病已亟乃請許其來朝徙存審宣武軍節度使卒于幽州臨終戒其子曰吾少提一劒去鄉里四十年間取將相然履鋒冒刃出死入生而得至此也因出其平生身所中矢鏃百餘而示之曰爾其勉哉存審三子彥超彥饒彥卿彥超爲汾州刺史郭從謙弑莊宗明宗入洛陽是時彥超爲北京巡檢永王存霸奔於太原彥超見留守張憲謀之憲儒者事莊宗最久不忍背恩欲納之彥超不從存霸遂見殺明宗即位彥超來朝明宗德之勞曰河東無事賴爾之力也以爲建雄軍留後遷北京留守徙鎮昭義罷爲上將軍復爲泰寧軍節度使又徙安遠彥超主藏奴王希全盜其貲彥超稍責之奴懼夜叩其門言有急彥超出見殺贈太尉次子彥饒爲汴州馬步軍都指揮使天成元年發汴兵三千戍瓦橋關控鶴指揮使張諫爲亂殺權知州高逖迫彥饒爲帥彥饒陽許之曰欲吾爲帥當止焚掠明日以軍禮見吾於南衙乃陰與拱衙指揮使龐起伏甲於衙內明日諫等皆集伏兵發誅諫等殺四百餘人即日牒州事與推官韋儼明宗下詔褒其忠略其後累遷彰聖都指揮使歷曹沂饒三州刺史清泰三年自饒州刺史拜忠正軍節度使侍衛馬步軍都指揮使晉高祖起太原彥饒以侍衛兵從廢帝至河陽廢帝敗晉高祖以楊光遠代彥饒將親軍從彥饒義成軍節度使范延光反白奉進以侍衛兵三千屯滑州兵士犯法奉進捕得五人其三人義成兵也因幷斬之彥饒怒明日奉進從數騎過彥饒謝不先告而殺彥饒曰軍士各有部分義成兵卒豈公所得斬邪何無主客之禮也奉進怒曰軍士犯法安有彼此且僕已自謝過而公怒不息欲與延光同反邪拂衣而起彥饒不復留之其麾下大譟追奉進殺之彥饒不之止也已而屯駐軍將馬萬等聞亂以兵擒彥饒送之京師遂以彥饒應延光反聞行至赤岡高祖使人殺之下詔削奪在身官爵彥饒與晉初無釁隙以一旦之忿不能馭其軍殺奉進已非其本意以反見誅非其罪也

史建瑭鴈門人也晉王爲鴈門節度使其父敬思爲九府都督從晉王入關破黃巢復京師擊秦宗權于陳州常將騎兵爲先鋒晉王東追黃巢于寃朐還過梁軍其城北梁王置酒上源驛獨敬思與薛鐵山賀回鶻等十餘人侍晉王醉留宿梁驛梁兵夜圍而攻之敬思登驛樓射殺梁兵十餘人會天大雨晉王得與從者俱去縋尉氏門以出而敬思爲梁追兵所得見殺建瑭少事軍中爲裨校自晉降丁會與梁相距於潞州建瑭已爲晉兵先鋒梁兵數爲建瑭所殺相戒常避史先鋒梁遣王景仁攻趙晉軍救趙建瑭以先鋒兵出井陘戰于柏鄉梁軍爲方陣分其兵爲二汴宋之軍居左魏滑之軍居右周德威擊其左建瑭擊其右梁軍皆走遂大敗之以功加檢校左僕射天祐九年晉攻燕燕王劉守光乞師于梁梁太祖自將擊趙圍棗彊蓚縣是時晉精兵皆北攻燕獨符存審與建瑭以三千騎屯趙州梁軍已破棗彊存審扼下博橋建瑭分其麾下五百騎爲五隊一之衡水一之南宮一之信都一之阜城而自將其一約各取梁芻牧者十人會下博至暮擒梁兵數十皆殺之各留其一人縱使逸去告之曰晉王軍且大至明日建瑭率百騎爲梁旗幟雜其芻收者暮叩梁營殺其守門卒縱火大呼斬擊數十百人而梁芻牧者所出各遇晉兵有所亡失其縱而不殺者歸而皆言晉軍且至梁太祖夜拔營去蓚縣人追擊之梁軍棄其輜重鎧甲不可勝計梁太祖方病由是增劇而晉軍以故得幷力以收燕者二人之力也後從莊宗入魏博敗劉鄩於故元城累以功歷貝相二州刺史十八年晉軍討張文禮於鎭州建瑭以先鋒兵下趙州執其刺史王鋋兵傅鎭州建瑭攻其城門中流矢卒年四十二建瑭子匡翰尚晉高祖女是爲魯國長公主匡翰爲將沉毅有謀而接下以禮與部曲語未嘗不名歷天雄軍步軍都指揮使彰聖馬軍都指揮使事晉爲懷和二州刺史鄭州防禦使義成軍節度使所至兵民稱慕之史氏世爲將而匡翰好讀書尤喜春秋三傳與學者講論終日無倦義成軍從事關澈尤嗜酒嘗醉罵匡翰曰近聞張彥澤臠張式未見史匡翰斬關澈天下談者未有偶爾匡翰不怒引滿自罰而慰勉之人皆服其量卒年四十

王建及許州人也少事李罕之從罕之奔晉爲匡衛指揮使梁晉戰柏鄉相距鄗邑野河上鎭定兵扼河橋梁兵急擊之莊宗登高臺望見鎭定兵將敗顧建及曰橋爲梁奪則吾軍危矣奈何建及選二百人馳擊梁兵梁兵敗解去從戰莘縣故元城皆先登陷陣以功累拜遼州刺史將銀槍效節軍晉攻楊劉建及躬自負葭葦堙塹先登拔之從戰胡柳晉兵已敗與梁爭土山梁兵先至登山而陣莊宗至山下望梁陣堅而整呼其軍曰今日之戰得山者勝因馳騎犯之建及以銀槍軍繼進梁兵下走陣山西晉兵遂得土山諸將皆言潰兵未集旦暮不可戰閻寶曰彼陣山上吾在其下尚能擊之況以高而擊下不可失也建及以爲然因白莊宗曰請登高望臣破敵即呼其衆曰今日所失輜重皆在山西盍往取之即馳犯梁陣梁兵大敗晉遂軍德勝爲南北城于河上梁將賀瓌攻其南城以竹笮維戰艦于河晉兵不得渡南城危甚莊宗積金帛於軍門募能破梁戰艦者至於吐火禁咒莫不皆有建及重鎧執矟呼曰梁晉一水間爾何必巧爲吾今破之矣即以大甕積薪自上流縱火焚梁戰艦建及以二舟載甲士隨之斧其竹笮梁兵皆走晉軍乃得渡救南城瓌圍解去自莊宗得魏博建及將銀槍效節軍建及爲將喜以家貲散士卒莊宗遣宦官韋令圖監其軍令圖言建及得士心懼有異志不可令典牙兵即以爲代州刺史建及怏怏而卒年五十七

元行欽幽州人也爲劉守光裨將守光篡其父仁恭使行欽以兵攻仁恭於大安山而囚之又使行欽害諸兄弟其後晉攻幽州守光使行欽募兵雲朔間是時明宗掠地山北與行欽相拒廣邊軍凡八戰明宗七射中行欽行欽拔矢而戰亦射明宗中股行欽屢敗乃降明宗撫其背而飲以酒曰壯士也因養以爲子常從明宗戰數立功莊宗已下魏益選驍將自衞聞行欽驍勇取之以爲散員都部署賜姓名曰李紹榮莊宗好戰而輕敵與梁軍戰潘張軍敗而潰莊宗得三四騎馳去梁兵數百追及攢矟圍之行欽望其旗而識之馳一騎奮劒斷其二矛斬首一級梁兵解去莊宗還營持行欽泣曰富貴與卿共之由是寵絕諸將拜忻州刺史遷武寧軍節度使莊宗宴羣臣於內殿酒酣樂作道平生戰陣事以爲笑樂而怪行欽不在因左右顧視曰紹榮安在所司奏曰奉敕宴使相紹榮散官不得與也莊宗罷會不樂明日即拜行欽同中書門下平章事自此不召羣臣入內殿但宴武臣而已趙在禮反於魏莊宗方選大將擊之劉皇后曰此小事可趣紹榮指揮乃以行欽爲鄴都行營招撫使將二千人討之行欽攻鄴南門以詔書招在禮在禮送羊酒犒軍登城謂行欽曰將士經年離去父母不取敕旨奔歸上貽聖憂追悔何及若公善爲之辭尚能改過自新行欽曰天子以汝等有社稷之功小過必當赦宥在禮再拜以詔書示諸軍皇甫暉從旁奪詔書壞之軍士大譟行欽具以聞莊宗大怒敕行欽破城之日無遺種乃益召諸鎭兵皆屬行欽行欽屯澶州分諸鎭兵爲五道毀民車輪門扉屋椽爲筏渡長慶河攻冠氏門不克是時邢洺諸州相繼皆叛而行欽攻鄴無功莊宗欲自將以往羣臣皆諫止乃遣明宗討之明宗至魏軍城西行欽軍城南而明宗軍變入于魏與在禮合行欽聞之退屯衞州以明宗反聞莊宗遣金槍指揮使李從璟馳詔明宗計事從璟明宗子也行至衞州而明宗已反行欽乃縶從璟將殺之從璟請還京師乃許之明宗自魏縣引兵南行欽率兵趨還京師從莊宗

幸汴州行至榮澤聞明宗已渡黎陽莊宗復遣從璟通問于明宗行欽以爲不可因擊殺從璟明宗入汴州莊宗至萬勝鎭不得進與行欽登道旁冢置酒相顧泣下有野人獻雉問其冢名野人曰愁臺也莊宗益不悅因罷酒去西至石橋置酒野次莊宗謂行欽曰卿等從我久富貴急難無不同也今兹危蹙而默默無言坐視成敗我至榮澤欲單騎渡河自求總管卿等各陳利害今日俾我至此卿等何如行欽泣而對曰臣本小人蒙陛下撫養位至將相危難之時不能報國雖死無以塞責因與諸將百餘人皆解髻斷髮置之于地誓以死報君臣相持慟哭莊宗還洛陽數日復幸汜水郭從謙反莊宗崩行欽出奔行至平陸爲野人所執送虢州刺史石潭折其兩足載以檻車送京師明宗見之罵曰我兒何負於爾行欽瞋目直視曰先皇帝何負於爾乃斬于洛陽市市人皆爲之流涕

嗚呼死之所以可貴者以其義不苟生爾故曰主在與在主亡與亡者社稷之臣也方明宗之兵變于魏諸將未知去就而行欽獨以反聞又殺其子從璟至於斷髮自誓其誠節有足嘉矣及莊宗之崩不能自決而反逃死以求生終於被執而見殺其言雖不屈而死非其志也烏足貴哉

安金全代北人也爲人驍果工騎射號能擒生踣伏事晉爲騎將數從莊宗用兵有功官至刺史以疾居于太原莊宗已下魏博與梁相距河上梁將王檀襲太原晉兵皆從莊宗于河上太原無備監軍張承業大恐率諸司工匠登城扞禦而外攻甚急金全彊起謂承業曰太原晉之根本也一旦不守則大事去矣老夫誠憊矣然尚能爲公破賊承業喜授以甲兵金全被甲跨馬召率子弟及故將吏得百餘人夜出北門擊檀於羊馬城中檀軍驚潰而晉救兵稍至然莊宗不以金全爲能終其世不錄其功金全與明宗有舊明宗卽位拜金全振武軍節度使同中書門下平章事在鎭二年召還京師以疾卒

袁建豐不知其世家也晉王討黃巢至華陰聞得之時方九歲愛其俊爽收養之長習騎射爲鐵林都虞候從擊王行瑜李匡威以功遷突陣指揮使從莊宗破夾城戰柏鄉遷左廂馬軍指揮使明宗爲內衙指揮使建豐爲副使從莊宗入魏取衞磁洺三州拜洺州刺史擊梁將王千斬首千餘級獲其將校七十餘人遷相州刺史從戰胡柳指揮使孟謙據相州叛建豐還討平之徙隰州刺史病風廢明宗卽位以舊恩召還京師親幸其第撫慰甚厚加檢校太尉遙領鎭南軍節度使俾食其俸以卒贈太尉

西方鄴定州滿城人也父再遇爲汴州軍校鄴居軍中以勇力聞年二十南渡河遊梁不見用復歸莊宗于河上莊宗以爲孝義指揮使數從征伐有功同光中爲曹州刺史以州兵屯汴州明宗自魏反兵南渡河而莊宗東幸汴州汴州節度使孔循懷二志使北門迎明宗西門迎莊宗所以供帳委積如一曰先至者入之鄴因責循曰主上破梁而得公有不殺之恩奈何欲納總管而負國循不荅鄴度循不可爭而石敬瑭妻明宗女也時方在汴鄴欲殺之以堅人心循知其謀取之藏其家鄴無如之何而明宗已及汴乃將麾下兵五百騎西迎莊宗於汜水嗚咽泣下莊宗亦爲之噓唏乃使以兵爲先鋒莊宗至汴西不得入還洛陽遇弒明宗入洛鄴請死於馬前明宗嘉歎久之明年荊南高季興叛明宗遣襄州節度使劉訓等招討而以東川董璋爲西南面招討使乃拜鄴夔州刺史副璋以兵出三峽已而訓等無功見黜諸將皆罷璋亦未嘗出兵惟鄴獨取三州乃以夔州爲寧江軍拜鄴節度使已而又取歸州數敗季興之兵鄴武人所爲多不中法度判官譚善達數以諫鄴怒遣人告善達受人金下獄善達素剛辭益不遜遂死于獄中鄴病見善達爲祟卒于鎭

五代史卷二十六

宋 歐陽修 撰

唐臣傳第十四

符習趙州昭慶人也少事趙王王鎔爲軍校自晉救趙破梁軍栢鄉趙常遣習將兵從晉晉軍德勝張文禮弒趙王王鎔上書莊宗求習歸趙莊宗遣之習號泣曰臣世家趙受趙王恩王嘗以一劍與臣使自效今聞王死欲以劍自裁念卒無益請擊趙破賊報王冤莊宗壯之乃遣閻寶史建瑭等助習討文禮以習爲鎭州兵馬留後習攻文禮不克莊宗用佗將破之拜習成德軍節度使習辭不敢受乃以相衞二州爲義寧軍以習爲節度使習辭曰魏博六州霸王之府也不宜分割以示弱願授臣河內一鎭得自攻取之乃拜習天平軍節度使東南面招討使習亦未嘗攻取後徙鎭安國又徙平盧趙在禮作亂遣習以鎭兵討賊習未至魏而明宗兵變習不敢進明宗遣人招之習見明宗於胙縣而以明宗舉兵不順去就之意未決霍彥威紿習曰主上所殺者十人公居其四復何猶豫乎習意乃決平盧監軍楊希望聞習爲明宗所召乃以兵圍習家屬將殺之指揮使王公儼素爲希望所信紿希望曰內侍盡忠朝廷誅反者家族孰敢不效命宜分兵守城以虞外變習家不足慮也希望信之乃悉分其兵守城公儼因擒希望斬之習家屬由是獲免而公儼宣言靑人不便習之嚴急不欲習復來因自求爲節度使明宗乃以房知溫代習鎭平盧拜公儼登州刺史公儼不時承命知溫擒而殺之習復鎭天平徙鎭宣武習素爲安重誨所不悅希其旨者上言習厚斂汴人乃以太子太師致仕歸昭慶故里明宗以其子令謙爲趙州刺史以奉養之習以無罪怏怏失職縱獵劇飲以自娛居歲餘中風卒贈太師習二子令謙蒙令謙有勇力善騎射以父任爲將官至趙州刺史有善政卒于州州人號泣送葬者數千人當時號爲良刺史蒙少好學性剛鯁爲成德軍節度副使後事晉官至禮部侍郎

烏震冀州信都人也少事趙王王鎔爲軍卒稍以功遷裨校隸符習軍習從莊宗于河上而鎔爲張文禮所弒震從習討文禮而家在趙文禮執震母妻及子十餘人以招震震不顧文禮乃皆斷其手鼻割而不殊縱至習軍軍中皆不忍正視震一慟而止憤激自勵身先士卒晉軍攻破鎭州震以功拜刺史歷深趙二州震爲人純質少好學通左氏春秋喜作詩善書及爲刺史以廉平爲政有聲遷冀州刺史兼北面水陸轉運使明宗聞其名擢拜河北道副招討使領寧國軍節度使代房知溫戍于盧臺軍始至而戍兵龍晊等作亂見殺贈太師

嗚呼忠孝以義則兩得吾旣已言之矣若烏震者可謂忠乎甚矣震之不思也夫食人之祿而任人之事事有任專其責而其國之利害由己之爲不爲爲之雖利於國而有害於其親者猶將辭其祿而去之矧其事衆人所皆可爲而任不專己又其爲與不爲國之利害不繫爲者如是而不顧其親雖不以爲利猶曰不孝況因而利之乎夫能事其親以孝然後能事其君以忠若烏震者可謂大不孝矣尚何有於忠哉

孔謙魏州人也爲魏州孔目官魏博入于晉莊宗以爲度支使謙爲人勤敏而傾巧善事人莊宗及其左右皆悅之自少爲吏工書算頗知金穀聚斂之事晉與梁相拒河上十餘年大小百餘戰謙調發供饋未嘗缺乏所以成莊宗之業者謙之力爲多然民亦不勝其苦也莊宗初建大號謙自謂當爲租庸使而郭崇韜用魏博觀察判官張憲爲使以謙爲副謙已怏怏旣而莊宗滅梁謙從入汴謂崇韜曰鄴北都也宜得重人鎭之非張憲不可崇韜以爲然因以憲留守北都而以宰相豆盧革判租庸謙益失望乃陰求革過失而革嘗以手書假租庸錢十萬謙因以書示崇韜而微泄其事使革聞之革懼遂求解職以讓崇韜崇韜亦不肯當莊宗問誰可者崇韜曰孔謙雖長於金穀而物議未可居大任不若復用張憲乃趣召憲憲爲人明辨人頗忌之謙因乘間謂革曰租庸錢穀悉在目前委一小吏可辦鄴都天下之重不可輕以任人革以語崇韜崇韜罷憲不召以興唐尹王正言爲租庸使謙益憤憤因求解職莊宗怒其避事欲寘之法賴伶官景進救解之乃止已而正言病風不任事景進數以爲言乃罷正言以謙爲租庸使賜豐財贍國功臣謙無佗能直以聚斂爲事莊宗初卽位推恩天下除百姓田租放諸場務課利欠負者謙悉違詔督理故事觀察使所治屬州事皆不得專達上所賦調亦下觀察使行之而謙直以租庸帖調發諸州不關觀察觀察使交章論理以謂制敕不下支郡刺史不專奏事唐制也租庸直帖沿僞梁之弊不可爲法今唐運中興願還舊制詔從其請而謙不奉詔卒行直帖又請減百官俸錢省罷節度觀察判官推官等員數以至鄙寨天下山谷徑路禁止行人以收商旅征算遣大程官放猪羊柴炭占庇人戶更制括田竿尺盡率州使公廨錢由是天下皆怨苦之明宗立下詔暴謙罪斬于洛陽市籍沒其家遂罷租庸使額分鹽鐵度支戶部爲三司

張延朗汴州開封人也事梁以租庸使爲鄆州糧料使明宗克鄆州得延朗復以爲糧料使後徙鎭宣武成德以爲元從孔目官明宗卽位爲莊宅使宣徽北院使忠武軍節度使長興元年拜三司使唐制戶部度支以本司郎中侍郎判其事而有鹽鐵轉運使其後用兵以國計爲重遂以宰相領其職乾符以後天下喪亂國用愈空始置租庸使用兵無常隨時調斂兵罷則止梁興始置租庸使領天下錢穀廢戶部度支鹽鐵之官莊宗滅

梁因而不改明宗入立誅租庸使孔謙而廢其使職以大臣一人判戶部度支鹽鐵號曰判三司延朗因請置三司使事下中書中書用唐故事拜延朗特進工部尚書充諸道鹽鐵轉運等使兼判戶部度支事詔以延朗充三司使班在宣徽使下三司置使自此始延朗號爲有心計以三司爲己任而天下錢穀亦無所建明明宗常出遊幸召延朗共食延朗不至附使者報曰三司事忙無暇聞者笑之歷泰寧雄武軍節度使廢帝以爲吏部尚書兼中書門下平章事判三司晉高祖有異志三司財貨在太原者延朗悉調取之高祖深以爲恨晉兵起廢帝欲親征而心畏高祖遲疑不決延朗與劉延朗等勸帝必行延朗籍諸道民爲丁及括其馬丁馬未至晉兵入京師高祖得延朗殺之

李嚴幽州人也初名讓坤事劉守光爲刺史後事莊宗爲客省使嚴爲人明敏多藝能習騎射頗知書而辯同光三年使于蜀爲王衍陳唐興復功德之盛音辭清亮蜀人聽之皆竦動衍樞密使宋光嗣召嚴置酒從容問中國事嚴對曰前年天子建大號于鄆宮自鄆趨汴定天下不旬日而梁之降兵猶三十萬東漸于海西極甘涼北懾幽陵南踰閩嶺四方萬里莫不臣妾而淮南楊氏承累世之彊鳳翔李公恃先朝之舊皆遣子入侍稽首稱藩至于荊湖吳越修貢賦效珍奇願自比於列郡者至無虛月天子方懷之以德而震之以威天下之勢不得不一也光嗣曰荊湖吳越非吾所知若鳳翔則蜀之姻親也其人反覆其可信乎又聞契丹日益彊盛大國其可無慮乎嚴曰契丹之彊孰與僞梁光嗣曰比梁差劣爾嚴曰唐滅梁如拉朽況其不及乎唐兵布天下發一鎮之衆可以滅虜使無類然而天生四夷不在九州之內自前古王者皆存而不論蓋不欲窮兵黷武也蜀人聞嚴應對愈益奇之是時蜀之君臣皆庸暗而恃險自安窮極奢僭嚴自蜀還具言可取之狀初莊宗遣嚴以名馬入蜀市珍奇以充後宮而蜀法嚴禁以奇貨出劍門其非奇物而出者名曰入草物由是嚴無所得而還惟得金二百兩地衣毛布之類莊宗聞之大怒曰物歸中國謂之入草王衍其能免爲入草人乎於是決議伐蜀冬魏王繼岌西伐以嚴爲三川招討使與康延孝以兵五千先行所過州縣皆迎降延孝至漢州王衍告曰得李嚴來即降衆皆以伐蜀之謀自嚴始而衍怨嚴深不宜往嚴聞之喜即馳騎入益州衍見嚴以妻母爲託即日以蜀降嚴還明宗以爲泗州防禦使客省使如故其後孟知祥倔彊於蜀安重誨稍裁抑之思有以制知祥者嚴乃求爲西川兵馬都監將行其母曰汝前啓破蜀之謀今行其以死報蜀人矣嚴不聽初嚴與知祥同事莊宗時知祥爲中門使嚴嘗有過莊宗怒甚命斬之知祥戒行刑者少緩入白莊宗曰嚴小過不宜以喜怒殺人恐失士大夫心莊宗怒稍解命知祥監笞嚴二十而釋之知祥雖與嚴有舊恩而惡其來蜀人聞嚴來亦皆惡之嚴至知祥置酒從容問嚴曰朝廷以公來邪公意自欲來邪嚴曰君命也知祥發怒曰天下藩鎮皆無監軍安得爾獨來此此乃孺子熒惑朝廷爾即擒斬之明宗不能詰也知祥由此遂反

李仁矩不知其世家少事明宗爲客將明宗即位以爲客省使左衞大將軍明宗祀天南郊東西川當進助禮錢使仁矩趣之仁矩恃恩驕恣見藩臣不以禮東川節度使董璋置酒召仁矩仁矩辭醉不往於傳舍與倡妓飲璋怒率衙兵露刃之傳舍仁矩惶恐不襪而靴走庭中璋責之曰爾以西川能斬李嚴謂我獨不能斬爾邪顧左右牽出斬之仁矩涕泣拜伏謝罪乃止明日璋置酒召仁矩見其妻子以厚謝之仁矩還言璋必反仁矩素爲安重誨所親信自璋有異志重誨思有以制之乃分東川之閬州爲保寧軍以仁矩爲節度使遣姚洪將兵戍之璋以書至京師告其子光業曰朝廷割我支郡分建節旄又以兵戍之是將殺我也若唐復遣一騎入斜谷吾必反矣與汝自此而決光業私以書示樞密承旨李虔徽使白重誨重誨不省仁矩至鎮伺璋動靜必以聞璋益疑懼遂決反重誨又遣荀咸乂將兵益戍閬州光業亟言以爲不可重誨不聽咸乂未至璋已反攻閬州仁矩召將校問策皆曰璋有二心久矣常以利啖吾兵兵未可用而賊鋒方銳宜堅壁以挫之能守旬日大軍必至賊當自退仁矩曰蜀懦安能當我精銳之師即驅之出戰兵未交而潰仁矩被擒幷其家屬皆見殺

毛璋滄州人也梁末戴思遠爲橫海軍節度使璋事思遠爲軍校晉已下魏博思遠棄滄州出奔璋以滄州降晉以功爲貝州刺史璋爲人有膽勇自晉與梁相拒河上璋累戰有功莊宗滅梁拜璋華州節度使在鎮多不法議者疑其有異志乃徙璋鎮昭義璋初欲拒命其判官邊蔚切諫諭之乃聽命璋累歷藩鎮又在華州得魏王繼岌伐蜀餘貲既富而驕益爲淫侈嘗服赭袍飲酒使其所得蜀奴爲王衍宮中之戲于前明宗聞而惡之召爲金吾上將軍東川董璋上書言璋遣子廷贇持書往西川疑其有姦明宗乃遣人追還廷贇幷璋下御史獄廷贇款稱實璋假子有叔父在蜀欲往省之而無私書璋無罪名有司議璋前任藩鎮陰畜異圖及處班行不愼行止乃停璋見任官勒還私第初廷贇之蜀與其客趙延祚俱及召下獄延祚多招璋陰事欲言之璋許延祚重賂以滅口既出而責賂於璋璋不與延祚乃詣臺自言幷璋復下獄鞫之無狀中丞呂夢奇議曰璋前經推劾已蒙昭雪而延祚以責賂之故復加織羅乃稍宥璋璋款上有告者言夢奇受賂而劾獄不盡乃移軍巡獄獄吏希旨鍛鍊其事璋具伏許賂延祚而未與嘗以馬借夢奇而無受賂璋坐長流儒州已而令所在賜自盡

五代史卷二十七

宋　歐陽脩　撰

唐臣傳第十五

朱弘昭太原人也少事明宗爲客將明宗即位爲文思使與安重誨有隙故常使于外董璋爲東川節度使乃以弘昭爲副使西川孟知祥殺其監軍李嚴弘昭大懼求還京師璋不許遂相猜忌弘昭益開懷待之不疑璋頗重其爲人後璋有軍事遣弘昭入朝弘昭乃免還左衞大將軍內客省使宣徽南院使鳳翔節度使孟知祥反石敬瑭代蜀久無功明宗遣安重誨督軍是時重誨已有間重誨至鳳翔弘昭迎謁禮甚恭延重誨于家使其妻妾侍飲食重誨以弘昭厚己酒酣具言嘗天子厚恩而所以讒間之端因泣下弘昭即奏言重誨怨望又陰遣人馳告敬瑭使拒重誨會敬瑭以糧餉不繼還燒營返軍重誨亦以被讒召還過鳳翔弘昭閉門不納重誨由此得罪死樞密使范延光惡弘昭爲人罷爲左武衞上將軍宣徽南院使久之爲山南東道節度使是時明宗已病而秦王從榮禍起有端唐諸大臣皆欲引去以避禍樞密使范延光趙延壽日夕更見涕泣求去明宗怒而不許延壽使其妻興平公主入言於中延光亦因孟漢瓊王淑妃進說故皆得罷以弘昭及馮贇代延壽延光弘昭入見辭曰臣厮養之才不足當大任明宗叱之曰公等皆不欲在吾目前邪吾養公等安用弘昭惶恐乃視事馮贇者亦太原人也其父璋事明宗爲閽者贇爲兒時以通黠爲明宗所愛明宗爲節度使以贇爲進奏官明宗即位爲客省使宣徽北院使歷河東忠武節度使三司使明宗病甚大臣稀復進見而孟漢瓊王淑妃用事弘昭及贇竝掌機務於中大事皆決此四人及殺秦王而立愍帝益自以爲功又其所用多非其人給事中陳乂爲人險詖好陰謀嘗事梁張漢傑又事郭崇韜兩人皆輒敗死弘昭乃引以爲樞密院直學士而用其謀是時弘昭贇遣漢瓊至魏召愍帝入立而留漢瓊權知後事明年正月漢瓊請入朝弘昭贇乃議徙成德范延光代漢瓊北京留守石敬塘代延光鳳翔潞王從珂代敬塘三人者皆唐大臣以漢瓊故輕易其地又不降制書第遣使者監其上道從珂由此遂反從珂兵已東愍帝大懼遣人召弘昭計事弘昭謂其客穆延暉曰上召我急將罪我也吾兒婦君之女也其以歸無使及禍乃拔劒大哭欲自裁而家人止之使者促弘昭入見甚急弘昭呼曰窮至此邪乃自投于井以死安從進聞之亦殺贇于家贇母新死子母棄尸于道妻子皆見殺贇有子三歲其故吏張守素匿之以免漢高祖即位贈弘昭尚書令贇中書令

劉延朗宋州虞城人也初廢帝起於鳳翔與共事者五人節度判官韓昭胤掌書記李專美牙將宋審虔客將房暠而延朗爲孔目官初愍帝即位徙廢帝爲北京留守不降制書遣供奉官趙處愿促帝上道帝疑惑召昭胤等計議昭胤等皆勸帝反由是事無大小皆此五人謀之而暠又喜鬼神巫祝之說有瞽者張濛自言事太白山神神魏崔浩也其言吉凶無不中暠素信之嘗引濛見帝聞其語聲驚曰此非人臣也暠使濛問於神神傳語曰三珠倂一珠驢馬沒人驅歲月甲庚午中興戊己土暠不曉其義使問濛濛曰神言如此我能傳之不能解也帝即以濛爲館驛巡官帝將反而兵少又乏食由此甚懼使暠問濛濛傳神語曰王當有天下可無憂於是決反使專美作檄書言朱弘昭馮贇幸明宗病殺秦王而立愍帝帝年少小人用事離閒骨肉將問罪於朝遣使者馳告諸鎮皆不應獨隴州防禦使相里金遣其判官薛文遇計事帝得文遇大喜而延朗調率城中民財以給軍王思同率諸鎮兵圍鳳翔廢帝懼又遣暠

問神神曰王兵少東兵來所以迎王也已而東兵果叛降于帝帝入京師卽位之日受册明宗柩前册曰維應順元年歲次甲午四月庚午朔帝回顧蕢曰張濛神言豈不驗哉由是蕢益見親信而專以巫祝用事帝旣立以昭胤爲左諫議大夫端明殿學士專美爲比部郎中樞密院直學士審虔爲皇城使蕢爲宣徽北院使延朗爲莊宅使久之以昭胤蕢爲樞密使延朗爲副使審虔爲侍衛步軍都指揮使而薛文遇亦爲職方郎中樞密院直學士由是審虔將兵專美文遇主謀議而昭胤蕢及延朗掌機密初帝與晉高祖俱事明宗而心不相悅帝旣入立高祖不得已來朝而心頗自疑欲求歸鎭且難言之乃陽爲羸疾炙灼滿身冀帝憐而遣之延朗等多言敬塘可留京師昭胤專美曰敬塘與趙延壽皆尚唐公主不可獨留乃復授高祖河東而遣之是時契丹數寇北邊以高祖爲大同振武威塞彰國等軍蕃漢馬步軍都總管屯于忻州而屯兵忽變擁高祖呼萬歲高祖懼斬三十餘人而後止於是帝益疑之是時高祖悉握精兵在北饋運芻糧遠近勞弊帝與延朗等日夕謀議而專美文遇迭宿中興殿廬召見訪問常至夜分而罷是時高祖弟重胤爲皇城副使而石氏公主母曹太后居中因得伺帝動靜言語以報高祖高祖益自危懼每帝遣使者勞軍卽陽爲羸疾不自堪因數求解總管以探帝心是時帝母魏氏追封宣憲皇太后而墓在太原有司議立寢宮高祖建言陵與民家墓相雜不可立宮帝疑高祖欲毁民墓爲國取怨帝由此發怒罷高祖總管徙鎭鄆州延朗等多言不可而司天趙延義亦言天象失度宜安靜以弭災其事遂止後月餘文遇獨直帝夜召之語罷敬塘事文遇曰臣聞作舍道邊三年不成國家之事斷在陛下且敬塘從亦反不從亦反遲速爾不如先事圖之帝大喜曰術者言朕今年當得一賢佐以定天下卿其是邪乃令文遇手書除目夜半下學士院草制明日宣制文武兩班皆失色居五六日敬塘以反聞敬塘上書言帝非明宗子而許王從益當立帝得書大怒手壞而投之召學士馬胤孫爲荅詔曰宜以惡語抵之延朗等請帝親征帝心憂懼常惡言敬塘事每戒人曰爾無說石郎令我心膽墮地由此不欲行而延朗等屢迫之乃行至懷州帝夜召李崧問以計策文遇不知而繼至帝見之色變崧躡其足文遇乃出帝曰我見文遇肉顫遽欲抽刀刺之崧曰文遇小人致悞大事刺之益醜乃已是時契丹已立敬塘爲天子以兵而南帝惶惑不知所之遣審虔將千騎至白司馬坡踏戰地審虔曰何地不堪戰雖有其地何人肯立于此不如還也帝遂還自焚高祖入京師延朗等六人皆除名爲民初延朗與蕢竝掌機密延朗專任事諸將當得州者不以功次爲先後納賂多者得善州少及無賂者得惡州或久而不得由是人人皆怨蕢心患之而不能爭也但日飽食高枕而已每延朗議事則垂頭陽睡不省及晉兵入延朗以一騎走南山過其家指而歎曰吾積錢三十萬于此不知何人取之遂爲追兵所殺晉高祖聞蕢常不與延朗事哀之後復以爲將歲餘卒專美事晉爲大理卿開運中卒當晉之將起廢帝以昭胤爲中書侍郎同中書門下平章事出爲河陽節度使與審虔文遇皆不知其所終

嗚呼禍福成敗之理可不戒哉張濛神言驗矣然焉知其不爲禍也予之所記大抵如此覽者可以深思焉廢帝之起所與圖議者此五六人而已考其逆順之理雖有智者爲之謀未必能不敗況如此五六人者哉故并述以附延朗見其始終之際云

康思立本山陰諸部人也少爲騎將從莊宗破梁夾城戰柏鄉累以功遷突騎指揮使明宗卽位歷應嵐二州刺史宿州團練使昭武軍節度使徙鎭保義皆有善政潞王從珂反於鳳翔愍帝遣王思同等討之思立有捧聖羽林屯兵千五百人乃以羽林千人屬思同思同至鳳翔軍叛降于從珂思立聞之欲盡誅羽林千人家屬未及而從珂兵已至思立乃以捧聖兵城守從珂兵傳其城呼曰西兵七萬策新天子爾五百人其能拒邪徒陷陜人於死耳捧聖兵聞之皆解甲思立遂開門迎從珂廢帝卽位以思立初無降意頗不悅之徙安遠又徙安國以年老罷爲右神武統軍石敬瑭反太原廢帝以思立爲北面行營馬軍都指揮使廢帝幸懷州遣思立將從駕騎兵出團柏谷救張敬達未至而敬達死楊光遠降晉思立以疾卒于道晉高祖入立贈太子少傅

康義誠字信臣代北三部落人也以騎射事晉王莊宗時爲突騎指揮使從明宗討趙在禮至魏而軍變義誠前陳莊宗過失勸明宗南嚮明宗卽位遷捧聖指揮使領汾州刺史從破朱守殷遷侍衛親軍馬步軍都指揮使領河陽三城節度使出爲山南東道節度使復爲親軍都指揮使領河陽加同中書門下平章事秦王從榮素驕自爲河南尹典六軍拜大元帥唐諸大臣皆懼禍及思自脫獨義誠心結之遣其子事秦王府明宗病從榮謀以兵入宮唐大臣朱弘昭馮贇等皆以爲不可而義誠獨持兩端從榮已舉兵至天津橋弘昭等入以反白明宗涕泣召義誠使自處置而義誠卒不出兵馬軍指揮使朱弘實以兵擊從榮從榮敗走見殺三司使孫岳嘗爲馮贇言從榮必敗之狀義誠聞而不悅及從榮死義誠始引兵入河南府召岳檢閱從榮家貲岳至義誠乘亂使人射之岳走至通利坊見殺明宗不能詰義誠已殺岳又以從榮故與弘實有隙愍帝卽位弘實常以誅從榮功自負義誠心益不平潞王從珂反鳳翔王思同率諸鎭兵圍之興元張虔釗兵叛降從珂思同走諸鎭兵皆潰愍帝大怒謂朱弘昭等曰朕新卽位天下事皆出諸公然於事兄未有失節諸公以大計見迫不能獨違事一至此何方轉禍吾當率左右往迎吾兄遜以位苟不吾信死其所也弘昭等惶恐不能對義誠前曰西師驚潰主將怯耳今京師兵尚多臣請盡將以西扼關而守招集亡散以爲後圖愍帝以爲然幸左藏庫親給將士人絹二十匹錢五千是時明宗山陵未畢帑藏空虛軍士負物揚言曰到鳳翔更請一分朱弘實見軍士無鬭志而義誠盡將以西疑其有二心謂義誠曰今西師小衂而無一騎東者人心可知不如以見兵守京師以自固彼雖幸勝特得虔釗一軍耳諸鎭之兵在後其敢徑來邪義誠怒曰如此言弘實反矣弘實曰公謂誰欲反邪其聲厲而聞愍帝召兩人訊之兩人爭於前帝不能決遂斬弘實以義誠爲招討使悉將禁軍以西愍帝奔衛州義誠行至新安降于從珂淸泰元年四月斬于興教門外夷其族

嗚呼五代爲國興亡以兵而其軍制後世無足稱焉惟侍衛親軍之號今猶因之而甚重此五代之遺制也然原其始起微矣及其至也可謂盛哉當唐之末方鎭之兵多矣凡一軍有指揮使一人而合一州之諸軍又有馬步軍都指揮使一人蓋其卒伍之長也自梁以宣武軍建國因其舊制有在京馬步軍都指揮使後唐因之至明宗時始更爲侍衛親軍馬步軍都指揮使當是時天子自有六軍諸衛之職六軍有統軍諸衛有將軍而又以大臣宗室一人判六軍諸衛事此朝廷大將天子國兵之舊制也而侍衛親軍者天子自將之私兵也推其名號可知矣天子自爲將則都指揮使乃其卒伍之都長耳然自漢周以來其職益重漢有侍衛司獄凡朝廷大事皆決侍衛獄是時史弘肇爲都指揮使與宰相樞密使並執國政而弘肇尤專任以至於亡語曰涓涓不絕流爲江河熒熒不滅炎炎柰何可不戒哉然是時方鎭各自有兵天子親軍猶不過京師之兵而已今方鎭名存而實亡六軍諸衛又益以廢朝廷無大將之職而舉天下內外之兵皆屬侍衛司矣則爲都指揮使者其權豈不益重哉親軍之號始於明宗其後又有殿前都指揮使亦親軍也皆不見其更置之始今天下之兵皆分屬此兩司矣

藥彥稠沙陀三部落人也初爲騎將明宗卽位拜澄州刺史從王晏球破王都定州遷侍衛步軍都虞候領壽州節度使安重誨矯詔遣河中指揮使楊彥溫逐其節度使潞王從珂以彥稠爲招討使明宗疑彥溫有所說戒彥稠得彥溫毋殺將訊之彥稠希重誨旨殺彥溫以滅口明宗大怒然不之罪也長興中爲靜難軍節度使党項阿埋屈悉保等族抄掠方渠邀殺回鶻使者明宗遣彥稠與靈武康福會兵擊之阿埋等亡竄山谷明宗以謂党項知懼可加約束而綏撫之使者未至彥稠等自牛兒族入白魚谷盡誅其族獲其大首領連香等遣人上捷明宗謂其使者曰吾誅党項非有所利也凡軍中所獲悉與士卒分之毋以進奉爲名重斂軍士也已而彥稠以党項所掠回鶻進奉玉兩團及遺秦王金裝胡䩮等來獻明宗曰吾已語彥稠矣不可失信因悉以賜彥稠又逐鹽州諸戎取其所掠男女千餘人潞王從珂反彥稠爲招討副使王思同兵潰彥稠與思同俱東走爲潞王兵所得囚之華州獄已而殺之晉高祖立贈侍中（彥稠與思同俱以敗走時愍帝猶在唐未亡二人走歸國於節未虧異於元行欽之走也然思同辭義不屈其死可嘉彥稠直被執見殺爾餘無可稱故不列於死事傳）

五代史卷二十七考證

朱弘昭傳是時明宗已病而秦王從榮禍起有端○一本脫起字今從監本

五代史卷二十八

宋　歐陽修　撰

唐臣傳第十六

豆盧革父瓚唐舒州刺史豆盧爲世名族唐末天下亂革避地之中山唐亡爲王處直掌書記莊宗在魏議建唐國而故唐公卿之族遭亂喪亡且盡以革名家子召爲行臺左丞相莊宗卽帝位拜同中書門下平章事革雖唐名族而素不學問除拜官吏多失其序常爲尚書郎蕭希甫駮正革頗患之莊宗已滅梁革乃薦韋說爲相說唐末爲殿中侍御史坐事貶南海後事梁爲禮部

侍郎革以說能知前朝事故引以佐已而說亦無學術徒以流品自高是時莊宗內畏劉皇后外惑宦官伶人郭崇韜雖盡忠於國而亦無學術革說俯仰默默無所爲唯諾崇韜而已唐梁之際仕宦遭亂奔亡而吏部銓文書不完因緣以爲姦利至有私鬻告勑亂易昭穆而季父母舅反拜姪甥者崇韜請論以法是時唐新滅梁朝廷紀綱未立議者以爲宜革以漸而崇韜疾惡太甚果於必行說革心知其未可而不能有所建言是歲冬選人吳延皓改亡叔告身行事事發延皓及選吏尹玫皆坐死尚書左丞判吏部銓崔沂等皆貶說革詣閤門待罪由是一以新法從事往往以僞濫駁放而斃踣羇旅號哭道路者不可勝數及崇韜死說乃教門人上書言其事而議者益以罪之是歲大水四方地連震流民殍死者數萬人軍士妻子皆采稆以食莊宗日以責三司使孔謙謙不知所爲樞密小吏段徊曰臣嘗見前朝故事國有大故則天子以朱書御札問宰相水旱宰相職也莊宗乃命學士草詔手自書之以問革說革說不能對第曰陛下威德著于四海今西兵破蜀所得珍寶億萬可以給軍水旱天之常道不足憂也革自爲相遭天下多故而方服丹砂鍊氣以求長生嘗嘔血數日幾死二人各以其子爲拾遺父子同省人以爲非遽改佗官而革以說子爲弘文館學士說以革子爲集賢院學士莊宗崩革爲山陵使莊宗已祔廟革以故事當出鎭乃遷私第數日未得命而故人賓客趨使入朝樞密使安重誨詬之于朝曰山陵使名尚在不俟佗命遽履新朝以我武人可欺邪諫官希旨上疏詆革縱田客殺人說坐與隣人爭井遂俱罷革貶辰州刺史說溆州刺史所在馳驛發遣宰相鄭珏任圜三上章請毋行後命不報革復坐請俸私自入說貢官與選人責授革費州司戶參軍說夷州司戶參軍皆員外置同正員已而竄革陵州說合州皆長流百姓初說嘗以罪竄之南海遇赦還寓江陵與高季興相知及爲相常以書幣相問遺唐兵伐蜀季興請以兵入三峽莊宗許之使季興自取夔忠萬歸峽等州爲屬郡及破蜀季興無功而唐用佗將取五州明宗初即位季興數請五州以謂先帝所許朝廷不得已而與之及革說再貶因以其事歸罪二人天成二年夏詔陵合州刺史監賜自盡革子昪說子濤皆官至尚書郎坐其父廢至晉天福初濤爲尚書膳部員外郎卒

盧程不知其世家何人也唐昭宗時程舉進士爲鹽鐵出使巡官唐亡避亂燕趙變服爲道士遊諸侯間豆盧革爲王處直判官盧汝弼爲河東節度副使二人皆故唐時名族與程門地相等因共薦之以爲河東節度推官莊宗嘗召程草文書程辭不能其後戰胡柳掌書記王緘殁于陣莊宗還軍太原置酒謂監軍張承業曰吾以卮酒辟一書記於坐因舉卮屬巡官馮道程位在道上以嘗辭不能故不用而遷程支使程大恨曰用人不以門閥而先田舍兒邪莊宗已即位議擇宰相而盧汝弼蘇循已死次節度判官盧質當拜而質不樂任事乃言豆盧革與程皆故唐時名族可以爲相莊宗以程爲中書侍郎同平章事是時朝廷新造百度未備程革拜命之日肩輿導從喧呼道中莊宗聞其聲以問左右左右對曰宰相檐子入門莊宗登樓視之笑曰所謂似是而非者也程奉皇太后册自魏至太原上下山險所至州縣驅役丁夫官吏迎拜程坐肩輿自若少忤其意必加笞辱人有假驢夫於程者程帖與唐府給之府吏啓無例程怒笞吏背少尹任圜莊宗姊婿也詣程訴其不可程戴華陽巾衣鶴氅據几決事視圜罵曰爾何蟲豸恃婦家力耶宰相取給州縣何爲不可圜不對而去夜馳至博州見莊宗莊宗大怒謂郭崇韜曰朕悞相此癡物敢辱予九卿趣令自盡崇韜亦欲殺之賴盧質力解之乃罷爲右庶子莊宗入洛程於路墜馬中風卒贈禮部尚書

任圜京兆三原人也爲人明敏善談辯見者愛其容止及聞其論議縱橫益皆愛慕李嗣昭節度昭義辟圜觀察支使梁兵築夾城圍潞州踰年而晉王薨晉兵救潞者皆解去嗣昭危甚問圜去就之計圜勸嗣昭堅守以待不可有二心已而莊宗攻破梁夾城嗣昭圜爲嗣昭守計甚嘉之由是益知名其後嗣昭與莊宗有隙圜數奉使往來辯釋讒構嗣昭卒免於禍圜之力也嗣昭從莊宗戰胡柳擊敗梁兵圜頗有功莊宗勞之曰儒士亦破體邪仁者之勇何其壯也張文禮弑王鎔莊宗遣嗣昭討之嗣昭戰殁圜代將其軍號令嚴肅既而文禮子處球等閉城堅守不可下圜數以禍福諭鎭人鎭人信之圜嘗擁兵至城下處球登城呼圜曰城中兵食俱盡而久抗王師若泥首自歸懼無以塞責幸公見哀指其生路圜告之曰以子先人固難容貸然罰不及嗣子可從輕其如拒守經年傷吾大將一朝困竭方布款誠以此計之子亦難免然坐而待斃曷若伏而俟命處球流涕曰公言是也乃遣人送狀乞降人皆稱圜其言不欺既而佗將攻破鎭州處球雖見殺而鎭之吏民以嘗乞降故得保其家族者甚衆其後以鎭州爲北京拜圜工部尚書兼眞定尹北京副留守知留守事爲政有惠愛明年郭崇韜兼領成德軍節度使圜行軍司馬仍知眞定府事圜與崇韜素相善又爲其司馬崇韜因以鎭州事託之而圜多所違異初圜推官張彭爲人傾險貪黷圜不能察信任之多爲其所賣及崇韜領鎭彭爲圜謀隱其公廨錢後莊宗遣宦者選故趙王時宮人百餘人有許氏者尤有色彭賂守者匿之後事覺召彭詣京師將罪之彭懼悉以前所隱公錢簿書獻崇韜崇韜深德彭不殺由是與圜有隙同光三年圜罷司馬守工部尚書魏王繼岌暨崇韜伐蜀懼圜攻已於後乃辟圜參魏王軍事蜀滅表圜黔南節度使圜懇辭不就繼岌殺崇韜以圜代將其軍而旋康延孝反繼岌遣圜將三千人會董璋孟知祥等兵擊敗延孝於漢州而魏王先至渭南自殺圜悉將其軍以東明宗嘉其功拜圜同中書門下平章事兼判三司是時明宗新誅孔謙圜選辟才俊抑絕僥倖公私給足天下便之是秋韋說豆盧革罷相圜與安重誨鄭珏孔循議擇當爲相者圜意屬李琪而珏循雅不欲琪爲相謂重誨曰李琪非無文藝但不廉耳宰相端方有器度者足以爲之太常卿崔協可也重誨以爲然佗日明宗問誰可相者重誨即以協對圜前爭曰重誨未諳朝廷人物爲人所賣天下皆知崔協不識文字而虛有儀表號爲沒字碑臣以陛下誤加採擢無功幸進此不知書以臣一人取笑足矣相位有幾豈容更益笑端明宗曰宰相重位卿等更自詳審然吾在藩時識易州刺史韋肅世言肅名家子且待我甚厚置之此位可乎肅或未可則馮書記先朝判官稱爲長者可以相矣馮書記者道也議未決重誨等退休於中興殿廊下孔循不揖拂衣而去行且罵曰天下事一則任圜二則任圜圜乃何人謂重誨曰李琪才藝可兼時輩百人而讒夫巧沮忌害其能若舍琪而相協如棄蘇合之丸而取蛣蜣之轉也重誨笑而止然重誨終以循言爲信居月餘協與馮道皆拜相協在相位數年人多嗤其所爲然圜與重誨交惡自協始故時使臣出四方皆自戶部給券重誨奏請自內出圜以故事爭之不能得遂與重誨辨於帝前聲色俱厲明宗罷朝後宮嬪御迎前問曰與重誨論事者誰明宗曰宰相也宮人奏曰妾在長安見宰相奏事未嘗如此蓋輕大家耳明宗由是不悅而使臣給券卒自內出圜益憤沮重誨嘗過圜圜出妓善歌而有色重誨欲之圜不與由是二人益相惡而圜遂求罷職乃罷爲太子少保圜不自安因請致仕退居于磁州朱守殷反于汴州重誨誣圜與守殷連謀遣人矯制殺之圜受命怡然聚族酣飲而死明宗知而不問爲下詔坐圜與守殷通書而言涉怨望愍帝即位贈圜太傅

趙鳳幽州人也少以儒學知名燕王劉守光時悉黥燕人以爲兵鳳懼因髡爲僧依燕王弟守奇自匿守奇奔梁梁以守奇爲博州刺史鳳爲其判官守奇卒鳳去爲鄆州節度判官晉取鄆州莊宗聞鳳名得之喜以爲扈鑾學士莊宗即位拜鳳中書舍人翰林學士莊宗及劉皇后幸河南尹張全義第酒酣命皇后拜全義爲父明日遣宦者命學士作箋上全義以父事之鳳上書極言其不可全義養子郝繼孫犯法死宦官伶人冀其貲財固請籍沒鳳又上書言繼孫爲全義養子不宜有別籍之財而於法不至籍沒刑人利財不可以示天下是時皇后及羣小用事鳳言皆不見納明宗武君不通文字四方章奏常使安重誨讀之重誨亦不知書奏讀多不稱旨孔循教重誨求儒者置之左右而兩人皆不知唐故事於是置端明殿學士以馮道及鳳爲之鳳好直言而性剛強素與任圜善自圜爲相頗薦進之初端明殿學士班在翰林學士下而結銜又在官下明年鳳遷禮部侍郎因諷圜升學士於官上又詔班在翰林學士上圜爲重誨所殺而誣以謀反是時重誨方用事雖明宗不能詰也鳳獨號哭呼重誨曰任圜天下義士豈肯謀反而公殺之何以示天下重誨慙不能對衛士周玄豹以相法言人事多中莊宗尤信重之以爲北京巡官明宗爲內衙指揮使重誨欲試玄豹乃使佗人與明宗易服而坐明宗於下坐召玄豹相之玄豹曰內衙貴將也此不足當之乃指明宗於下坐曰此是也因爲明宗言其後貴不可言明宗即位思玄豹以爲神將召至京師鳳諫曰好惡上所慎也今陛下神其術而召之則傾國之人皆將奔走吉凶之說轉相惑亂爲患不細明宗遂不復召朱守殷反明宗幸汴州守殷已誅又詔幸鄴是時從駕諸軍方自河南徙家至汴不欲北行軍中爲之洶洶而定州王都以爲天子幸汴州誅守殷而又幸鄴以圖己因疑不自安宰相率百官詣閤請罷幸鄴明宗不聽人情大恐羣臣不復敢言鳳手疏責安重誨言甚切直重誨以白遂罷幸有僧遊西域得佛牙以獻明宗以示大臣鳳言世傳佛牙水火不能傷請驗其眞僞因

以斧斫之應手而碎是時宮中施物已及數千因鳳碎之乃止天成四年夏拜門下侍郎同中書門下平章事

祕書少監于嶠者自莊宗時與鳳俱爲翰林學士而嶠亦訐直敢言與鳳素善及鳳已貴而嶠久不遷自以材名在鳳上而不用因與蕭希甫數非斥時政尤詆訾鳳鳳心啣之未有以發而嶠與鄰家爭水竇爲安重誨所怒鳳卽左遷嶠祕書少監嶠因被酒往見鳳鳳知其必不遜乃辭以沐髮嶠詬直吏又溺於從者直廬而去省吏白鳳嶠溺於客次且詬鳳鳳以其事聞明宗下詔奪嶠官長流武州百姓又流振武天下冤之其後安重誨爲邊彥温等告變明宗詔彥温等廷詰具伏其詐卽斬之後數日鳳奏事中興殿啓曰臣聞姦人有誣重誨者明宗曰此閑事朕已處置之卿可無問也鳳曰臣所聞者繫國家利害陛下不可以爲閑因指殿屋曰此殿所以尊嚴宏壯者棟梁柱石之所扶持也若折其一棟去其一柱則傾危矣大臣國之棟梁柱石也且重誨起微賤歷艱危致陛下爲中興主安可使姦人動搖明宗改容謝之曰卿言是也遂族彥温等三家其後重誨得罪羣臣無敢言者獨鳳數言重誨盡忠明宗以鳳爲朋黨罷爲安國軍節度使鳳在鎭所得俸祿悉以分將校賓客廢帝入立召爲太子太保病足居于家疾篤自筮投蓍而歎曰吾家世無五十者又皆窮賤吾今壽過其數而富貴復何求哉淸泰二年卒于家

李襲吉父圖洛陽人或曰唐相林甫之後也乾符中襲吉舉進士爲河中節度使李都擢鹽判官後去之晉晉王以爲榆次令遂爲掌書記襲吉博學多知唐故事遷節度副使官至諫議大夫晉王與梁有隙交兵累年後晉王數困欲與梁通和使襲吉爲書諭梁辭甚辨麗梁太祖使人讀之至於毒手尊拳交相於暮夜金戈鐵馬蹂踐於明時歎曰李公僻處一隅有士如此使吾得之傅虎以翼也顧其從事敬翔曰善爲我荅之及翔所荅書辭不工而襲吉之書多傳於世襲吉爲人恬淡以文辭自娛天祐三年卒以盧汝弼代爲副使汝弼工書畫而文辭不及襲吉其父簡求爲河東節度使爲唐名家故汝弼亦多知唐故事晉王薨莊宗嗣爲晉王承制封拜官爵皆出汝弼十八年卒莊宗卽位贈襲吉禮部尚書汝弼兵部尚書

張憲字允中晉陽人也爲人沉靜寡欲少好學能鼓琴飲酒莊宗素知其文辭以爲天雄軍節度使掌書記莊宗卽位拜工部侍郎租庸使遷刑部侍郎判吏部銓東都副留守憲精於吏事甚有能政莊宗幸東都定州王都來朝莊宗命憲治鞠場與都擊鞠初莊宗建號於東都以鞠場爲卽位壇於是憲言卽位壇王者所以興也漢鄗南魏繁陽壇至今皆在不可毀乃別治宮西爲鞠場場未成莊宗怒命兩虞候亟毀壇以爲場憲退而歎曰此不祥之兆也初明宗北伐契丹取魏鎧仗以給軍有細鎧五百憲遂給之而不以聞莊宗至魏大怒責憲馳自取之左右諫之乃止又問憲庫錢幾何憲上庫簿有錢三萬緡莊宗益怒謂其嬖伶史彥瓊曰我與羣臣飲博須錢十餘萬而憲以故紙給我我未渡河時庫錢常百萬緡今復何在彥瓊爲憲解之乃已郭崇韜代蜀薦憲可任爲相而宦官伶人不欲憲在朝廷樞密承旨段徊曰宰相在天子面前事有非是尚可改作一方之任苟非其人則爲患不細憲材誠可用不如任以一方乃以爲太原尹北京留守趙在禮作亂憲家在魏州在禮善待其家遣人以書招憲憲斬其使不發其書而上之莊宗遇弑明宗入京師太原猶未知而永王存霸奔于太原左右告憲曰今魏兵南嚮主上存亡未可知存霸之來無詔書而所乘馬斷其鞦豈非戰敗者乎宜拘之以俟命憲曰吾本書生無尺寸之功而人主遇我甚厚豈宜懷二心以幸變第可與之俱死爾憲從事張昭遠教憲奉表明宗以勸進憲涕泣拒之已而存霸削髮見北京巡檢符彥超願爲僧以求生彥超麾下兵大譟殺存霸憲出奔沂州亦見殺

嗚呼予於死節之士得三人而失三人焉鞏廷美楊温之死予既已哀之至於張憲之事尤爲之痛惜也予於舊史考憲事實而永王存霸符彥超與憲傳所書始末皆不同莫得而考正蓋方其變故倉卒之時傳者失之爾然要其大節亦可以見也憲之志誠可謂忠矣當其不顧其家絕在禮而斬其使涕泣以拒昭遠之說其志甚明至其欲與存霸俱死及存霸被殺反棄太原而出奔然猶不知其心果欲何爲也而舊史書憲坐棄城而賜死予亦以爲不然予之於憲固欲成其美志而要在憲失其官守而其死不明故不得列于死節也

蕭希甫宋州人也爲人有機辯多矯激少舉進士爲梁開封尹袁象先掌書記象先爲青州節度使以希甫爲巡官希甫不樂乃棄其母妻變姓名亡之鎭州自稱青州掌書記謁趙王王鎔鎔以希甫爲參軍尤不樂居歲餘又亡之易州削髮爲僧居百丈山莊宗將建國于魏置百官求天下隱逸之士幽州李紹宏薦希甫爲魏州推官莊宗卽帝位欲以知制誥有詔定內宴儀問希甫樞密使得坐否希甫以爲不可樞密使張居翰聞之怒謂希甫曰老夫歷事三朝天子見內宴數百子本田舍兒安知宮禁事希甫不能對由是宦官用事者皆切齒宰相豆盧革等希宦官旨共排斥之以爲駕部郎中希甫失志尤怏怏莊宗滅梁遣希甫宣慰青齊希甫始知其母已死而妻袁氏亦改嫁矣希甫乃發哀服喪居于魏州人有引漢李陵書以譏之曰老母終堂生妻去室時皆傳以爲笑明宗卽位召爲諫議大夫是時復置匭函以希甫爲使希甫建言自兵亂相乘王綱大壞侵欺凌奪有力者勝凡畧人之妻女占人之田宅姦贓之吏刑獄之寃者何可勝紀而匭函一出投訴必多至於功臣貴戚有不得繩之以法者乃自天成元年四月二十八日昧爽已前大辟已上皆赦除之然後出匭函以示衆初明宗欲以希甫爲諫議大夫豆盧革韋說頗沮難之其後革說爲安重誨所惡希甫希旨誣奏革縱田客殺人而說與鄰人爭井井有寶貨有司推勘井中惟破釜而已革說卒皆貶死明宗賜希甫帛百匹粟麥三百石拜左散騎常侍希甫性褊而躁進嘗遣人夜叩宮門上變言河堰牙官李筠告本軍謀反詰旦追問無狀斬筠軍士詣安重誨求希甫啖之是時明宗將有事於南郊前齋一日羣臣習儀于殿廷宰相馮道趙鳳河南尹秦王從榮樞密使安重誨候班于月華門外希甫與兩省班先入道等坐廊下不起旣出希甫召堂頭直省朝堂驅使官責問宰相樞密見兩省官何得不起因大詬詈是夜託疾還第月餘坐告李筠事動搖軍衆貶嵐州司戶參軍卒于貶所

劉贊魏州人也父玭爲縣令贊始就學衣以青布衫襦每食則玭自肉食而別以蔬食食贊於牀下謂之曰肉食君之祿也爾欲之則勤學問以干祿吾肉非爾之食也由是贊益力學舉進士爲羅紹威判官去爲租庸使趙巖巡官又爲孔謙鹽鐵判官明宗時累遷中書舍人御史中丞刑部侍郎守官以法權豪不可干以私是時秦王從榮握兵而驕多過失言事者請置師傅以輔道之大臣畏王不敢決其事因請王得自擇秦王卽請贊乃拜贊祕書監爲秦王傅贊泣曰禍將至矣秦王所請王府元帥官屬十餘人類多浮薄傾險之徒日獻諛諂以驕王獨贊從容諷諫率以正道秦王嘗令賓客作文於坐中贊自以師傅恥與羣小比伍雖操筆勉彊有不悅之色秦王惡之後戒左右贊來不得通贊亦不往月一至府而已退則杜門不交人事已而秦王果敗死唐大臣議王屬官當坐者馮道曰元帥判官任贊與秦王非素好而在職不逾月詹事王居敏及劉贊皆以正直爲王所惡河南府判官司徒詡病告家居久皆宜不與其謀而諮議參軍高輦與王最厚輦法當死其餘可次第原減朱弘昭曰諸公不知其意爾使秦王得入光政門當待贊等如何吾徒復有家族邪且法有首從今秦王夫婦男女皆死而贊等止其一身幸矣道等難之而馮贇亦爭以爲不可贊等乃得免死於是論高輦死而任贊等十七人皆長流初贊聞秦王敗卽白衣駕驢以俟人有告贊奪官而已贊曰豈有天子冢嗣見殺而賓僚奪官者乎不死幸矣已而贊長流嵐州百姓淸泰二年詔歸田里行至石會關病卒

何瓚閩人也唐末舉進士及第莊宗爲太原節度使辟爲判官莊宗每出征伐留張承業守太原承業卒瓚代知留守事瓚爲人明敏通於吏事外若疎簡而內頗周密莊宗建大號于鄴都拜瓚諫議大夫瓚慮莊宗事不成求留守北京瓚與明宗有舊明宗卽位召還見於內殿勞問久之已而以瓚爲西川節度副使是時孟知祥已有二志方以副使趙季良爲心腹聞瓚代之亟奏留季良遂改瓚行軍司馬瓚恥於自辭不得已而往明宗賜予甚厚初知祥在北京爲馬步軍都虞候而瓚留守太原知祥以軍禮事瓚常繩以法知祥初不樂及瓚爲司馬猶勉待之甚厚知祥反罷瓚司馬置之私第瓚飲恨而卒

五代史卷二十八考證

任圜傳後莊宗遣宦者選故趙王時宮人百餘人○監本宦誤宮又脫者選二字今從閩本增正

五代史卷二十九

宋　歐陽脩　撰

晉臣傳第十七

桑維翰字國僑河南人也爲人醜怪身短而面長常臨鑑以自奇曰七尺之身不如一尺之面慨然有志於公輔初舉進士主司惡其姓以爲桑喪同音人有勸其不必舉進士可以從佗求仕者維翰慨然乃著日出扶桑賦以見志又鑄鐵硯以示人曰硯弊則改而佗仕卒以進士及第晉高祖辟爲河陽節度掌書記其後常以自從高祖自太原徙天平不受命而有異謀以問將佐將

佐皆恐懼不敢言獨維翰與劉知遠贊成之因使維翰爲書求援於契丹耶律德光已許諾而趙德鈞亦以重賂啖德光求助已以篡唐高祖懼事不果乃遣維翰往見德光爲陳利害甚辯德光意乃決卒以滅唐而興晉維翰之力也高祖即位以維翰爲翰林學士禮部侍郎知樞密院事遷中書侍郎同中書門下平章事兼樞密使天福四年出爲相州節度使歲餘徙鎭泰寧吐渾白承福爲契丹所迫附鎭州安重榮以歸晉重榮因請與契丹絶好用吐渾以攻之高祖重違重榮意未決維翰上疏言契丹未可與爭者七高祖召維翰使者至卧內謂曰北面之事方撓吾胷中得卿此疏計已決矣可無憂也維翰又勸高祖幸鄴都七年高祖在鄴維翰來朝徙鎭晉昌出帝即位召拜侍中而景延廣用事與契丹絶盟維翰言不能入乃陰使人說帝曰制契丹而安天下非用維翰不可乃出延廣於河南拜維翰中書令復爲樞密使封魏國公事無巨細一以委之數月之間百度浸理初李瀚爲翰林學士好飲而多酒過高祖以爲浮薄天福五年九月詔廢翰林學士按唐六典歸其職於中書舍人而端明殿學士樞密院學士皆廢及維翰爲樞密使復奏置學士而悉用親舊爲之維翰權勢既盛四方賂遺歲積鉅萬內客省使李彥韜端明殿學士馮玉用事共讒之帝欲黜維翰大臣劉昫李崧皆以爲不可卒以玉爲樞密使旣而以爲相維翰日益見疎帝飲酒過度得疾維翰遣人陰白太后請爲皇弟重睿置師傅帝疾愈知之怒乃罷維翰以爲開封尹維翰遂稱足疾稀復朝見契丹屯中渡破欒城杜重威等大軍隔絶維翰曰事急矣乃見馮玉等計事而謀不合又求見帝帝方調鷹於苑中不暇見維翰退而歎曰晉不血食矣自契丹與晉盟始成於維翰而終敗於景延廣故自兵興契丹凡所書檄未嘗不以此兩人爲言耶律德光犯京師遣張彥澤遺太后書問此兩人在否可使先來而帝以維翰嘗議毋絶盟而已違之也不欲使維翰見德光因諷彥澤圖之而彥澤亦利其貲產維翰狀貌旣異素以威嚴自持晉之老將大臣見者無不屈服彥澤以驍捍自矜每往候之雖冬月未嘗不流汗初彥澤入京師左右勸維翰避禍維翰曰吾爲大臣國家至此安所逃死邪安坐府中不動彥澤以兵入府問維翰何在維翰厲聲曰吾晉大臣自當死國安得無禮邪彥澤股栗不敢仰視退而謂人曰吾不知桑維翰何如人今日見之猶使人恐懼如此其可再見乎乃以帝命召維翰維翰行遇李崧立馬而語軍吏前白維翰請赴侍衛司獄維翰知不免顧崧曰相公當國使維翰獨死崧慙不能對是夜彥澤使人縊殺之以帛加頸告德光曰維翰自縊德光曰我本無心殺維翰維翰何必自致德光至京師使人檢其尸信爲縊死乃以尸賜其家而貲財悉爲彥澤所掠

景延廣字航川陝州人也父建善射嘗教延廣曰射不入鐵不如不發由是延廣以挽彊見稱事梁邵王友誨友誨謀反被幽延廣亡去後從王彥章戰中都彥章敗延廣身被數創僅以身免明宗時朱守殷以汴州反晉高祖爲六軍副使主誅從守殷反者延廣爲汴州軍校當誅高祖惜其才陰縱之使亡後錄以爲客將高祖即位以爲侍衛步軍都指揮使領果州團練使徙領寧江軍節度使天福四年出鎭義成又徙保義復召爲侍衛馬步軍都虞候徙鎭河陽三城遷馬步軍都指揮使領天平高祖崩出帝立延廣有力頗伐其功初出帝立晉大臣議告契丹致表稱臣延廣獨不肯但致書稱孫而已大臣皆知其不可而不能奪契丹果怒數以責晉延廣謂契丹使者喬瑩曰先皇帝北朝所立今天子中國自冊可以爲孫而不可爲臣且晉有橫磨大劒十萬口翁要戰則來佗日不禁孫子取笑天下瑩知其言必起兩國之爭懼後無以取信也因請載于紙以備遺忘延廣敕吏具載以授瑩瑩藏其書衣領中以歸具以延廣語告契丹契丹益怒天福八年秋出帝幸大年莊還置酒延廣第延廣所進器服鞍馬茶牀椅榻皆裹金銀飾以龍鳳又進帛五千匹綿一千四百兩馬二十二匹玉鞍衣襲犀玉金帶等請賜從官自皇弟重睿下至伴食刺史重睿從者各有差帝亦賜延廣及其母妻從事押衙孔目官等稱是時天下旱蝗民餓死者歲十數萬而君臣窮極奢侈以相誇尚如此明年春契丹入寇延廣從出帝北征爲御營使相拒澶魏之間先鋒石公霸遇虜於戚城高行周符彥卿兵少不能救馳騎促延廣益兵延廣按兵不動三將被圍數重帝自御軍救之三將得出皆泣訴然延廣方握親兵恃功恣橫諸將皆由其節度帝亦不能制也契丹嘗呼晉人曰景延廣喚我來何不速戰是時諸將皆力戰而延廣未嘗見敵契丹已去延廣獨閉壁不敢出自延廣一言而契丹與晉交惡凡號令征伐一出延廣晉大臣皆不得與故契丹凡所書檄未嘗不以延廣爲言契丹去出帝還京師乃出延廣爲河南尹留守西京明年出帝幸澶淵以延廣從皆無功延廣居洛陽鬱鬱不得志見晉日削度必不能支契丹乃爲長夜之飲大治第宅園置妓樂惟意所爲後帝亦追悔遣供奉官張暉奉表稱臣以求和德光報曰使桑維翰景延廣來而割鎭定與我乃可和晉知其不可乃止契丹至中渡延廣屯河陽聞杜重威降乃還德光犯京師行至相州遣騎兵數千雜晉軍渡河趨洛以取延廣戒曰延廣南奔吳西走蜀必追而取之而延廣顧慮其家未能引決虜騎奄至乃與從事閻丕馳騎見德光於封丘幷丕見鎖延廣曰丕臣從事也以職相隨何罪而見鎖丕乃得釋德光責延廣曰南北失懽皆因爾也召喬瑩質其前言延廣初不服瑩從衣領中出所藏書延廣乃服因以十事責延廣每服一事授一牙籌授至八籌延廣以面伏地不能仰視遂叱而鎖之將送之北行至陳橋止民家夜分延廣伺守者怠引手扼吭而死時年五十六漢高祖時贈侍中

嗚呼自古禍福成敗之理未有如晉氏之明驗也其始以契丹而興終爲契丹所滅然方其以逆抗順大事未集孤城被圍外無救援而徒將一介之命持片舌之彊能使契丹空國興師應若符契出危解難遂成晉氏當是之時維翰之力爲多及少主新立釁結兵連敗約起爭發自延廣然則晉氏之事維翰成之延廣壞之二人之用心者異而其受禍也同其故何哉蓋夫本末不順而與夷狄共事者常見其禍未見其福也可不戒哉可不戒哉

吳巒字寶川鄆州盧縣人也少舉明經不中清泰中爲大同沙彥珣節度判官晉高祖起太原召契丹爲援契丹過雲州彥珣出城迎謁爲契丹所虜城中推巒主州事巒即閉門拒守契丹以兵圍之高祖入立以雲州入于契丹而巒猶守城不下契丹圍之凡七月高祖義巒所爲乃以書告契丹使解兵去高祖召巒以爲武寧軍節度副使諫議大夫復州防禦使出帝即位與契丹絶盟河北諸州皆警以謂貝州水陸之衝緩急可以轉餉乃積芻粟數十萬以王令溫爲永清軍節度使令溫牙將邵珂素驕狠難制令溫奪其職珂閑居無憀乃陰使人亡入契丹言貝州積粟多而無兵守可取令溫以事朝京師心頗疑珂乃質其子崇範以自隨晉大臣以巒前守雲中七月契丹不能下乃遣巒馳驛代令溫守貝州巒善撫士卒會天大寒裂其帷幄以衣士卒士卒皆愛之珂因求見巒願自效巒推心信之開運元年正月契丹南寇圍貝州巒命珂守南門契丹圍三日四面急攻之巒從城上投薪草焚其梯衝殆盡已而珂自南門引契丹入巒守東門方戰而左右報珂反巒顧城中已亂即投井死而令溫家屬爲契丹所虜出帝憫之以令溫爲武勝軍節度使後累歷方鎭周顯德中卒令溫瀛州河間人也（王令溫疑邵珂而質其子矣巒不能察其姦反委以兵及契丹入貝州又不拒戰遽投井死其死不足貴故不列於死事）

五代史卷二十九考證

桑維翰傳維翰之力也○監本闕翰字今增入

五代史卷三十

宋　歐陽脩　撰

漢臣傳第十八

蘇逢吉京兆長安人也漢高祖鎭河東父悅爲高祖從事逢吉常代悅作奏記悅乃言之高祖高祖召見逢吉精神爽秀憐之乃以爲節度判官高祖性素剛嚴賓佐稀得請見逢吉獨入終日侍立高祖書閤中兩使文簿盈積莫敢通逢吉輒取內之懷中伺高祖色可犯時以進之高祖多以爲可以故甚愛之然逢吉爲人貪詐無行喜爲殺戮高祖嘗以生日遣逢吉疏理獄因以祈福謂之靜獄逢吉入獄中閱囚無輕重曲直悉殺之以報曰獄靜矣高祖建號拜逢吉中書侍郎同中書門下平章事是時制度草創朝廷大事皆出逢吉逢吉以爲已任然素不學問臨事裁決出其意見是故漢世尤無法度而不施德政民莫有所稱焉高祖旣定京師逢吉與蘇禹珪同在中書除吏多違舊制逢吉尤納貨賂市權鬻官謗者讙譁然高祖方倚信二人故莫敢有告者鳳翔李永吉初朝京師逢吉以永吉故秦王從曮子家世王侯當有奇貨使人告永吉許以一州而求其先王玉帶永吉以無爲解逢吉乃使人市一玉帶直數千緡責永吉償之前客省使王筠自晉末使楚至是還逢吉意筠得楚王重賂遣人求之許以一州筠怏怏以其橐裝之半獻之而皆不得州晉相李崧從契丹以北高祖入京師以崧第賜逢吉而崧別有田宅在西京逢吉遂皆取之崧自北還因以宅券獻逢吉逢吉不悅而崧子弟數出怨言其後逢吉乃誘人告崧與弟嶼嶬等下獄崧款自誣伏與家僮二十人謀因高祖山陵爲亂獄中上書逢吉改二十人爲五十人遂族崧家是時天下多盜逢吉自草詔書下州縣凡盜所居本家及鄰保皆族誅或謂逢吉曰爲盜族誅已非王法況鄰保乎逢吉恡以

爲是不得已但去族誅而已於是鄆州捕賊使者張令柔盡殺平陰縣十七村民數百人衞州刺史葉仁魯聞部有盜自帥兵捕之時村民十數共逐盜入于山中盜皆散走仁魯從後至見民捕盜者以爲賊悉擒之斷其脚筋暴之山麓宛轉號呼累日而死聞者不勝其冤而逢吉以仁魯爲能由是天下因盜殺人滋濫逢吉已貴益爲豪侈謂中書堂食爲不可食乃命家廚進羞日極珍善繼母死不服喪妻武氏卒諷百官及州鎭皆輸綾絹爲喪服武氏未葬除其諸子爲官有庶兄自外來未白逢吉而見其諸子逢吉怒託以佗事告於高祖杖殺之逢吉嘗從高祖征鄴數使酒辱周太祖於軍中太祖恨之其後隱帝立逢吉素善李濤諷濤請罷太祖與楊邠樞密李太后怒濤離間大臣罷濤相以楊邠兼平章事事悉關決逢吉禹珪由是備位而已乾祐二年加拜司空周太祖鎭鄴不落樞密使逢吉以謂樞密之任方鎭帶之非便與史弘肇爭於是卒如弘肇議弘肇怨逢吉異已已而會飮王章第使酒坐中弘肇怒甚逢吉謀求出鎭以避之旣而中輟人問其故逢吉曰苟捨此而去史公一處分吾虀粉矣是時隱帝少年小人在側弘肇等威制人主帝與左右李業郭允明等皆患之逢吉母見業等以言激之業等卒殺弘肇卽以逢吉權知樞密院方命草麻聞周太祖起兵乃止逢吉夜宿金祥殿東閣謂司天夏官正王處訥曰昨夕未瞑已見李崧在側生人接死者無吉事也周太祖至北郊官軍敗于劉子陂逢吉宿七里夜與同舍酣飮索刀將自殺爲左右所止明日與隱帝走趙村自殺於民舍周太祖定京師梟其首適當李崧被刑之所廣順初賜其子西京莊并宅一區

史弘肇字化元鄭州滎澤人也爲人蹻勇走及奔馬梁末調民七戶出一兵弘肇爲兵隸開道指揮選爲禁兵漢高祖典禁兵弘肇爲軍校其後漢高祖鎭太原使將武節左右指揮領雷州刺史高祖建號於太原代州王暉拒命弘肇攻破之以功拜忠武軍節度使侍衞步軍都指揮使是時契丹北歸留耿崇美攻王守恩於潞州高祖遣弘肇前行擊之崇美敗走守恩以城歸漢而河陽武行德澤州霍令奇等皆迎弘肇自歸弘肇入河陽高祖從後至遂入京師弘肇爲將嚴毅寡言麾下嘗少忤意立撾殺之軍中爲之股慄以故高祖起義之初弘肇行兵所至秋毫無犯兩京帖然遷侍衞親軍馬步軍都指揮使領歸德軍節度使同中書門下平章事高祖疾大漸與楊邠蘇逢吉等同授（一作受）顧命隱帝時河中李守貞鳳翔王景崇永興趙思綰等皆反關西用兵人情恐懼京師之民流言以相驚恐弘肇出兵警察務行殺戮罪無大小皆死是時太白晝見民有仰觀者輒腰斬于市市有醉者忤一軍卒軍卒誣其訛言坐棄市凡民抵罪吏以白弘肇弘肇但以三指示之吏卽腰斬之又爲斷舌決口斮筋折足之刑李崧坐奴告變族誅弘肇取其幼女以爲婢於是前資故將失職之家姑息僮奴而厮養之輩往往脅制其主侍衞孔目官解暉狡酷因緣爲姦民抵罪者莫敢告訴燕人何福進有玉枕直錢十四萬遣僮賣之淮南以鬻茶僮隱其錢福進笞責之僮乃誣告福進得趙延壽玉枕以遺吳人弘肇捕治福進棄市帳下分取其妻子而籍其家財弘肇不喜賓客嘗言文人難耐呼我爲卒弘肇領歸德其副使等月率私錢千緡爲獻潁州麴場官麴溫與軍將陳拯爭官務訟之三司三司直溫拯訴之弘肇弘肇以謂潁已屬州而溫不先白已乃追溫殺之連坐者數十人周太祖平李守貞推功羣臣弘肇拜中書令隱帝自關西罷兵漸近小人與後贊李業等嬉遊無度而太后親族頗行干託弘肇與楊邠稍裁抑之太后有故人子求補軍職弘肇輒斬之帝始聽樂賜教坊使等玉帶錦袍往謝弘肇弘肇怒曰健兒爲國征行者未有偏賜爾曹何功敢當此乎悉取所賜還官周太祖出鎭魏州弘肇議帶樞密以行蘇逢吉楊邠以爲不可弘肇恨之明日會飮竇貞固第弘肇厲聲擧爵屬太祖曰昨日廷論何爲異同今日與公飮此逢吉與邠亦擧大爵曰此國家事也何必介意乎遂俱飮釂弘肇曰安朝廷定禍亂直須長槍大劍若毛錐子安足用哉三司使王章曰無毛錐子軍賦何從集乎毛錐子蓋言筆也弘肇默然他日會飮章第酒酣爲手勢令弘肇不能爲客省使閻晉卿坐次弘肇屢教之蘇逢吉戲曰坐有姓閻人何憂罰爵弘肇妻閻氏酒家倡以爲譏已大怒以醜語詬逢吉逢吉不校弘肇欲毆之逢吉先出弘肇起索劍欲追之楊邠泣曰蘇公漢宰相公若殺之致天子何地乎弘肇馳馬去邠送至第而還由是將相如水火隱帝遣王峻置酒公子亭和解之是時李業郭允明後贊聶文進等用事不喜執政而隱帝春秋漸長爲大臣所制數有忿言業等乘間譖之以謂弘肇威震人主不除必爲亂隱帝頗欲除之夜聞作坊鍛甲聲以爲兵至達旦不寐由是與業等密謀禁中乾祐三年冬十月十三日弘肇與楊邠王章等入朝坐廣政殿東廡甲士數十人自內出擒弘肇邠章斬之幷族其三家弘肇已死帝坐崇元殿召羣臣告以弘肇等謀反羣臣莫能對又召諸軍校見於萬歲殿帝曰弘肇等專權使汝曹常憂橫死今日吾得爲汝主矣軍校皆拜周太祖卽位追封弘肇鄭王以禮歸葬

楊邠魏州冠氏人也少爲州掌籍吏租庸使孔謙領度支補邠勾押官歷孟華鄆三州糧料院使事漢高祖爲右都押衙高祖卽位拜樞密使邠出於小吏不喜文士與蘇逢吉等內相排忌逢吉諷李濤上疏罷邠與周太祖樞密使邠泣訴李太后前太后怒罷濤相加邠中書侍郎兼吏部尚書同平章事是時逢吉禹珪頗以私賄除吏多繆邠爲相事無大小必先示邠邠以爲可乃入白而深革逢吉所爲凡門蔭出身諸司補吏者一切罷之邠雖長於吏事而不知大體以謂爲國家者帑廩實甲兵完而已禮樂文物皆虛器也以故秉大政而務苛細凡前資官不得居外而天下行旅皆給過所然後得行旬日之間人情大擾邠度不可行而止邠常與王章論事帝前帝曰事行之後勿使有言也邠遽曰陛下但禁聲有臣在聞者爲之戰慄李太后弟業求爲宣徽使帝與太后私以問邠邠止以爲不可帝欲立所愛耿夫人爲后邠又以爲不可夫人死將以后禮葬之邠又以爲不可由是隱帝大怒而左右乘間構之與史弘肇等同日見殺邠爲人頗儉靜四方之賂雖不却然往往以獻於帝居家謝絕賓客晚節稍通縉紳延客門下知史傳有用乃課吏傳寫未幾及於禍周太祖卽位追封弘農王

王章魏州南樂人也爲州孔目官張令昭逐節度使劉延皓章事令昭令昭敗章婦翁白文珂與副招討李周善乃以章託周周匿章褚中以槖駝負之洛陽藏周第唐滅章乃出爲河陽糧料使漢高祖典禁兵補章都孔目官從之太原高祖卽位拜三司使檢校太尉高祖崩隱帝卽位加太尉同中書門下平章事是時漢方新造承契丹之後京師空乏而關西三叛作周太祖用兵西方章供饋軍旅未嘗乏絕然征利剝下民甚苦之往時民租一石輸二升爲雀鼠耗章乃增一石輸二斗爲省耗緡錢出入皆以八十爲陌章減其出者陌三州縣民訴田者必全州縣覆之以括其隱田天下由此重困然尤不喜文士嘗語人曰此輩與一把算子未知顚倒何益於國邠百官俸廩皆取供軍之餘不堪者命有司高估其價估定又增謂之擡估章猶意不能滿往往復增之民有犯鹽礬酒麴者無多少皆抵死吏緣爲姦民莫堪命已而與史弘肇等同日見殺

劉銖陝州人也少爲梁邵王牙將與漢高祖有舊高祖鎭太原以爲左都押衙銖爲人慘酷好殺戮高祖以爲勇斷類已特信用之高祖卽位拜永興軍節度使徙鎭平盧加檢校太師同平章事又加侍中是時江淮不通吳越錢鏐使者常泛海以至中國而濱海諸州皆置博易務與民貿易民負失期者務吏擅自攝治置刑獄不關州縣而前爲吏者利其厚賂縱之不問民頗爲苦銖乃一切禁之然銖用法亦自爲刻深民有過者問其年幾何對曰若干卽隨其數杖之謂之隨年杖每杖一人必兩杖俱下謂之合歡杖又請增民租畝出錢三十以爲公用民不堪之隱帝患銖剛暴召之懼不至是時沂州郭淮攻南唐還以兵駐青州隱帝乃遣符彥卿往代銖銖顧禁兵在莫敢有異意乃受代還京師銖嘗切齒於史弘肇楊邠等已而弘肇等死銖謂李業等曰諸君可謂僂儸兒矣權知開封府周太祖兵犯京師銖悉誅太祖與王峻等家屬太祖入京師銖妻裸露以席自蔽與銖俱見執銖謂其妻曰我則死矣汝應與人爲婢太祖使人責銖曰與公共事先帝獨無故人之情乎吾家屠滅雖有君命加之酷毒一何忍也今公亦有妻子獨不念之乎銖曰爲漢誅叛臣爾豈知其佗是時太祖方欲歸人心乃與羣臣議曰劉侍中墜馬傷甚而軍士逼辱殆有微生吾欲奏太后貸其家屬何如羣臣皆以爲善乃止殺銖與李業等梟首於市赦其妻子太祖卽位賜陝州莊宅各一區

李業高祖皇后之弟也后昆弟七人業最幼故尤憐之高祖時以爲武德使隱帝卽位業以皇太后故益用事無顧憚時天下旱蝗黃河決溢京師大風拔木壞城門宮中數見怪物投瓦石撼門扉隱帝召司天趙延乂問禳除之法延乂對曰臣職天象日時察其變動以考順逆吉凶而已禳除之事非臣所知也然臣所聞殆山魈也皇太后乃召尼誦佛書以禳之一尼如廁旣還悲泣不知人者數日及醒訊之莫知其然而帝方與業及聶文進後贊郭允明等狎昵多爲廋語相誚戲放紙鳶于宮中太后數以災異戒帝帝不聽時宣徽使闕業欲得之太后亦遣人微諷大臣大臣楊邠史弘肇等皆以爲不可業由此怨望謀殺邠等邠等已死又遣供奉官孟業以詔書殺郭威于魏州威擧兵反隱帝遣左神武統軍袁義侍衞馬軍都指揮使閻晉卿等率兵拒威于澶

淵兵未出威已至滑州隱帝大懼謂大臣曰昨太草草耳業請出府庫以賚軍宰相蘇禹珪以爲未可業拜禹珪於帝前曰相公且爲官家勿惜府庫乃詔賜京師兵及魏兵從威南者錢人十千督其子弟作書以告北兵之來者及漢兵敗于北郊業取內庫金寶懷之以奔其兄保義軍節度使洪信洪信拒而不納業走至絳州爲人所殺

聶文進并州人也少爲軍卒善書算給事漢高祖帳中高祖鎮太原以爲押司官高祖卽位歷拜領軍屯衞將軍樞密院承旨周太祖爲樞密使頗親信之文進稍橫恣遷右領軍大將軍入謝召諸將軍設食朝堂儀鸞翰林御厨供帳飲食文進自如有司不敢劾周太祖鎮鄴文進等用事居中及謀殺楊邠等文進夜作詔書制置中外邠等已死文進點閱兵籍指麾殺戮以爲己任周太祖在鄴聞邠等遇害初以爲文進不與及發詔書皆文進手跡乃大詬之周兵至京師隱帝敗于北郊太后懼使謂文進善衞帝對曰臣在此百郭威何害慕容彥超敗走帝宿于七里文進夜與其徒飲酒歌呼自若明旦隱帝遇弒文進亦見殺

後贊兗州瑕丘人其母倡也贊幼善謳事張延朗延朗死贊更事漢高祖高祖愛之以爲牙將高祖卽位拜飛龍使隱帝尤愛幸之楊邠等執政贊久不得遷乃共謀殺邠等邠等死隱帝悔之贊與允明等皆休侍帝不欲左右言已短隱帝兵敗北郊贊奔兗州慕容彥超執送京師梟首于市

郭允明少爲漢高祖廝養高祖愛之以爲翰林茶酒使隱帝尤狎愛之允明益驕橫無顧避大臣不能禁允明使荆南高保融車服導從如節度使保融待之甚厚允明乃陰使人步測其城池高下若爲攻取之計者以動之荆人皆恐保融厚賂以遣之遷飛龍使已而李業與允明謀殺楊邠等是日無雲而昏霧雨如泣日中載邠等十餘尸暴之市中允明手殺邠等諸子於朝堂西廡王章壻張貽肅血流逆注隱帝敗于北郊還至封丘門不得入帝走趙村允明從後追之弒帝于民舍乃自殺

五代史卷三十考證

蘇逢吉傳逢吉乃誘人告崧與弟嶼義等下獄○南本無義字

崧欵自誣伏與家僮二十人謀因高祖山陵爲亂獄中上書逢吉改二十人爲五十人遂族崧家○逢吉時爲中書此云獄中上書當作獄上中書爲是

劉銖傳銖謂李業等曰諸君可謂僂儸兒矣○鶴林玉露僂儸俗言猾也唐書作婁羅見回紇傳華言婁羅蓋聰明才敏之意北史作樓羅見王昕傳樓羅樓羅實自難解宋史亦作樓羅張思均質狀小而精悍太宗嘗稱其樓羅是也

太祖入京師銖見執○臣文淸按通鑑考異則謂周祖以太后意令收銖下獄與此小異

五代史卷三十一

宋　歐　陽　修　撰

周臣傳第十九

王朴字文伯東平人也少舉進士爲校書郎依漢樞密使楊邠邠與王章史弘肇等有隙朴見漢興日淺隱帝年少孱弱任用小人而邠爲大臣與將相交惡知其必亂乃去邠東歸後李業等敎隱帝誅權臣邠與章弘肇皆見殺三家之客多及而朴以故獨免周世宗鎮澶州朴爲節度掌書記世宗爲開封尹拜朴右拾遺爲推官世宗卽位遷比部郎中獻平邊策曰唐失道而失吳蜀晉失道而失幽并觀所以失之之由知所以平之之術當失之時君暗政亂兵驕民困近者姦於內遠者叛於外小不制而至于僭大不制而至于濫天下離心人不用命吳蜀乘其亂而竊其號幽并乘其間而據其地平之之術在乎反唐晉之失而已必先進賢退不肖以淸其時用能去不能以審其材恩信號令以結其心賞功罰罪以盡其力恭儉節用以豐其財徭役以時以阜其民俟其倉廩實器用備人可用而舉之彼方之民知我政化大行上下同心力彊財足人安將和有必取之勢則知彼情狀者願爲之間諜知彼山川者願爲之先導彼民與此民之心同是與天意同與天意同則無不成之功攻取之道從易者始當今惟吳易圖東至海南至江可撓之地二千里從少備處先撓之備東則撓西備西則撓東彼必奔走以救其弊奔走之間可以知彼之虛實衆之彊弱攻虛擊弱則所向無前矣勿大舉但以輕兵撓之彼人怯弱知我師入其地必大發以來應數大發則民困而國竭一不大發則我獲其利彼竭我利則江北諸州乃國家之所有也旣得江北則用彼之民揚我之兵江之南亦不難平之也如此則用力少而收功多得吳則桂廣皆爲內臣岷蜀可飛書而召之如不至則四面並進席卷而蜀平矣吳蜀平幽可望風而至唯并必死之寇不可以恩信誘必須以彊兵攻力已竭氣已喪不足以爲邊患可爲後圖方今兵力精練器用具備羣下知法諸將用命一稔之後可以平邊臣書生也不足以講大事至于不達大體不合機變惟陛下寬之遷左諫議大夫知開封府事歲中遷左散騎常侍充端明殿學士是時世宗新卽位銳意征伐已撓羣議親敗劉旻於高平歸而益治兵慨然有平一天下之志數顧大臣問治道選文學之士徐台符等二十八使作爲君難爲臣不易論及平邊策朴在選中而當時文士皆不欲上急於用武以謂平定僭亂在修文德以爲先惟翰林學士陶穀竇儀御史中丞楊昭儉與朴皆言用兵之策朴謂江淮爲可先取世宗雅已知朴及見其議論偉然益以爲奇引與計議天下事無不合遂決意用之顯德三年征淮以朴爲東京副留守還拜戶部侍郎樞密副使遷樞密使四年再征淮以朴留守京師世宗之時外事征伐而內修法度朴爲人明敏多材智非獨當世之務至於陰陽律歷之法莫不通焉顯德二年詔朴校定大歷乃削去近世符天流俗不經之學設通經統三法以歲軌離交朔望周變率策之數步日月五星爲欽天歷六年又詔朴考正雅樂朴以謂十二律管互吹難得其眞乃依京房爲律准以九尺之絃十三依管長短寸分設柱用七聲爲均樂成而和朴性剛果又見信於世宗凡其所爲當時無敢難者然人亦莫能加也世宗征淮朴留京師廣新城通道路壯偉宏闊今京師之制多其所規爲其所作樂至今用之不可變其陳用兵之畧非特一時之策至言諸國興滅次第云淮南可最先取并必死之寇最後亡其後宋興平定四方惟并獨後服皆如朴言六年春世宗遣朴行視汴口作斗門還過故相李穀第疾作仆于坐上舁歸而卒年五十四世宗臨其喪以玉鉞叩地大慟者數四贈侍中

鄭仁誨字日新太原晉陽人也初事唐將陳紹光紹光爲人驍勇而好使酒嘗因醉怒仁誨拔劒欲殺之左右皆奔走仁誨植立不動無懼色紹光擲劒于地撫仁誨曰汝有器量必富貴非吾所及也仁誨後棄紹光去還鄕里事母以孝聞漢高祖爲河東節度使周太祖居帳下時時往過仁誨與語甚懽每事有疑卽從仁誨質問仁誨所對不阿周太祖益奇之漢與周太祖爲樞密使乃召仁誨用之累官至內客省使太祖破李守貞於河中軍中機畫仁誨多所參決太祖入立以仁誨爲大內都點檢恩州團練使樞密副使累遷宣徽北院使出爲鎮寧軍節度使顯德元年拜樞密使世宗攻河東仁誨留守東都明年冬以疾卒世宗將臨其喪有司言歲不利臨喪世宗不聽乃先以桃茢而臨之仁誨自其微時常爲太祖謀畫及居大位未嘗有所聞而太祖世宗皆親重之然亦能謙謹好禮不自矜伐爲士大夫所稱贈中書令追封韓國公謚曰忠正

扈載字仲熙北燕人也少好學善屬文廣順初舉進士高第拜校書郎直史館再遷監察御史其爲文章以辭多自喜常次歷代有國廢興治亂之迹爲運源賦甚詳又因遊相國寺見庭竹可愛作碧鮮賦題其壁世宗聞之遣小黃門就壁錄之覽而稱善因拜水部員外郎知制誥遷翰林學士賜緋而載已病不能朝謝居百餘日乃力疾入直學士院世宗憐之賜告還第遣太醫視疾初載以文知名一時樞密使王朴尤重其才薦於宰相李穀久而不用朴以問穀曰扈載不爲舍人何也穀曰非不知其才然載命薄恐不能勝朴曰公爲宰相以進賢退不肖爲職何言命邪已而召拜知制誥及爲學士居歲中病卒年三十六議者以穀能知人而朴能薦士是時天子英武樂延天下奇才而尤禮文士載與張昭竇儼陶穀徐台符等俱被進用穀居數人中文辭最劣尤無行昭儼數與論議其文粲然而穀徒能先意所在以進諛取合人主事無大小必稱美頌贊至於廣京城爲木偶耕人紫芝白兎之類皆爲頌以獻其辭大抵類俳優而載以不幸早卒論議雖不及昭儼而不爲穀之諛也

嗚呼作器者無良材而有良匠治國者無能臣而有能君蓋材待匠而成臣待君而用故曰治國譬之於奕知其用而置得其處者勝不知其用而置非其處者敗敗者臨棊注目終日而勞心使善奕者視焉爲之易置其處則勝矣勝者所用敗者之棊也興國所用亡國之臣也王朴之材誠可謂能矣不遇世宗何所施哉世宗之時外事征伐攻取戰勝內修制度議刑法定律歷講求禮樂之遺文所用者五代之士也豈皆愚怯於晉漢而材智於周哉惟知所用爾夫亂國之君常置愚不肖於上而彊其不能以暴其短惡置賢智於下而泯沒其材能使君子小人皆失其所而身蹈危亡治國之君能置賢知於近而置愚不肖於遠使君子小人各適其分而身享安榮治亂相去雖遠甚而其所以致之者不多也反其所置而已嗚呼自古治君少而亂君多況於五代

士之遇不遇者可勝歎哉

五代史卷三十二考證

王樸傳世宗卽位遷比部郎中○顧炎武云唐時刑部有刑比都官司門四曹故稱刑曹爲比部郎中後改爲司計大夫又改比部爲司計今四曹改爲十三司而財計之不關刑部久矣

遷左諫議大夫知開封府事○臣文淸按劉友益綱目書法云漢周開封多以子弟尹之世宗始用賢者而樸以諫議大夫領焉參書法此條方見此舉之善

以王鉞叩地○王一本作玉

五代史卷三十二

宋　歐陽修　撰

死節傳第二十

語曰世亂識忠臣誠哉五代之際不可以爲無人吾得全節之士三人焉作死節傳

王彥章字子明鄆州壽昌人也少爲軍卒事梁太祖爲開封府押衙左親從指揮使行營先鋒馬軍使末帝卽位遷濮州刺史又徙澶州刺史彥章爲人驍勇有力能跣足履棘行百步持一鐵鎗騎而馳突奮疾如飛而他人莫能舉也軍中號王鐵鎗梁晉爭天下爲勁敵獨彥章心常輕晉王謂人曰亞次鬬鷄小兒耳何足懼哉梁分魏相六州爲兩鎮懼魏軍不從遣彥章將五百騎入魏屯金波亭以虞變魏軍果亂夜攻彥章彥章南走魏人降晉晉軍攻破澶州虜彥章妻子歸之太原賜以第宅供給甚備間遣使者招彥章彥章斬其使者以自絕然晉人畏彥章之在梁也必欲招致之待其妻子愈厚自梁失魏博與晉夾河而軍彥章常爲先鋒遷汝鄭二州防禦使匡國軍節度使北面行營副招討使又徙宣義軍節度使是時晉已盡有河北以鐵鎖斷德勝口築河南北爲兩城號夾寨而梁末帝昏亂小人趙巖張漢傑等用事大臣宿將多被讒間彥章雖爲招討副使而謀不見用龍德三年夏晉取鄆州梁人大恐宰相敬翔顧事急以繩內靴中入見末帝泣曰先帝取天下不以臣爲不肖所謀無不用今彊敵未滅陛下棄忽臣言臣身不用不如死乃引繩將自經末帝使人止之問所欲言翔曰事急矣非彥章不可末帝乃召彥章爲招討使以段凝爲副末帝問破敵之期彥章對曰三日左右皆失笑彥章受命而出馳兩日至滑州置酒大會陰遣人具舟於楊村命甲士六百人皆持巨斧載冶者具鞴炭乘流而下彥章會飲酒半佯起更衣引精兵數千沿河以趨德勝舟兵舉鎖燒斷之因以巨斧斬浮橋而彥章引兵急擊南城浮橋斷南城遂破蓋三日矣是時莊宗在魏以朱守殷守夾寨聞彥章爲招討使驚曰彥章驍勇吾嘗避其鋒非守殷敵也然彥章兵少利於速戰必急攻我南城卽馳騎救之行二十里而得夾寨報者曰彥章兵已至比至而南城破矣莊宗徹北城爲栰下楊劉與彥章俱浮于河各行一岸每舟栰相及輒戰一日數十接彥章至楊劉攻之幾下晉人築壘博州東岸彥章引兵攻之不克還擊楊劉戰敗是時段凝已有異志與趙巖張漢傑交通彥章素剛憤梁日削而嫉巖等所爲嘗謂人曰俟吾破賊還誅姦臣以謝天下巖等聞之懼與凝叶力傾之其破南城也彥章與凝各爲捷書以聞凝遣人告巖等匿彥章書而上已書末帝初疑其事已而使者至軍獨賜勞凝而不及彥章軍士皆失色及楊劉之敗也凝乃上書言彥章使酒輕敵而至於敗趙巖等從中日夜毀之乃罷彥章以凝爲招討使彥章馳至京師入見以笏畫地自陳勝敗之迹巖等諷有司劾彥章不恭勒還第唐兵攻兗州末帝召彥章使守捉東路是時梁之勝兵皆屬段凝京師祇有保鑾五百騎皆新募之兵不可用乃以屬彥章而以張漢傑監之彥章至遞坊以兵少戰敗退保中都又敗與其牙兵百餘騎死戰唐將夏魯奇素與彥章善識其語音曰王鐵鎗也舉矟刺之彥章傷重馬踣被擒莊宗見之曰爾常以孺子待我今日服乎又曰爾善戰者何不守兗州而守中都中都無壁壘何以自固彥章對曰大事已去非人力可爲莊宗惻然賜藥以封其創彥章武人不知書常爲俚語謂人曰豹死留皮人死留名其於忠義蓋天性也莊宗愛其驍勇欲全活之使人慰諭彥章彥章謝曰臣與陛下血戰十餘年今兵敗力窮不死何待且臣受梁恩非死不能報豈有朝事梁而暮事晉生何面目見天下之人乎莊宗又遣明宗往諭之彥章病創臥不能起仰顧明宗呼其小字曰汝非邈佶烈乎我豈苟活者遂見殺年六十一晉高祖時追贈彥章太師與彥章同時有裴約者潞州之牙將也莊宗以李嗣昭爲昭義軍節度使約以裨將守澤州嗣昭卒其子繼韜以澤潞叛降于梁約召其州人泣而諭曰吾事故使二十餘年見其分財饗士欲報梁仇不幸早世今郎君父喪未葬違背君親吾能死于此不能從以歸梁也衆皆感泣梁遣董璋率兵圍之約與州人拒守求救於莊宗是時莊宗方與梁人戰河上而已建大號聞繼韜叛降梁頗有憂色及聞約獨不叛喜曰吾於繼韜何薄於約何厚而約能分逆順邪顧符存審曰吾不惜澤州與梁一州易得約難得也爾識機便爲我取約來存審以五千騎馳至遼州而梁兵已破澤州約見殺至周世宗時又有劉仁贍者爲仁贍字守惠彭城人也父金事楊行密爲濠滁二州刺史以驍勇知名仁贍爲將輕財重士法令嚴肅少略通兵書事南唐爲左監門衛將軍黃袁二州刺史所至稱治李景使訪親軍以爲武昌軍節度使周師征淮先遣李穀攻自壽春景遣將劉彥貞拒周兵以仁贍爲清淮軍節度使鎮壽州李穀退守正陽浮橋彥貞見周兵之却意其怯急追之仁贍以爲不可彥貞不聽仁贍獨按兵城守彥貞果敗於正陽世宗攻壽州圍之數重以方舟載礮自淝河中流擊其城又束巨竹數十萬竿上施版屋號爲竹龍載甲士以攻之又決其水砦入于淝河攻之百端自正月至于四月不能下而歲大暑霖雨彌旬周兵營寨水深數尺淮淝暴漲礮舟竹龍皆飄南岸爲景兵所焚周兵多死世宗東趨濠梁以李重進爲廬壽州都招討使景亦遣其元帥齊王景達等列砦紫金山下爲夾道以屬城中而重進與張永德兩軍相疑不協仁贍屢請出戰景達不許由是憤惋成疾明年正月世宗復至淮上盡破紫金山砦壞其夾道景兵大敗諸將往往見擒而景之守將廣陵馮延魯光州張紹舒州周祚泰州方訥泗州范再遇等或走或降皆不能守雖景君臣亦皆震懾奉表稱臣願割土地輸貢賦以效誠款而仁贍獨堅守不可下世宗使景所遣使者孫晟等至城下示之仁贍子崇諫幸其父病謀與諸將出降仁贍立命斬之監軍使周廷構哭于中門救之不得於是士卒皆感泣願以死守三月仁贍病甚已不知人其副使孫羽詐爲仁贍書以城降世宗命舁仁贍至帳前歎嗟久之賜以玉帶御馬復使入城養疾是日卒制曰劉仁贍盡忠所事抗節無虧前代名臣幾人可比予之南伐得爾爲多乃拜仁贍檢校太尉兼中書令天平軍節度使仁贍不能受命而卒年五十八世宗遣使弔祭喪事官給追封彭城郡王以其子崇讚爲懷州刺史賜莊宅各一區李景聞仁贍卒亦贈太師壽州故治壽春世宗以其難尅遂徙城下蔡而復其軍曰忠正軍曰吾以旌仁贍之節也

嗚呼天下惡梁久矣然士之不幸而生其時者不爲之臣可也其食人之祿者必死人之事如彥章者可謂得其死哉仁贍旣殺其子以自明矣豈有垂死而變節者乎今周世宗實錄載仁贍降書蓋其副使孫羽等所爲也當世宗時王環爲蜀守秦州攻之久不下其後力屈而降世宗頗嗟其忠然止以爲大將軍視世宗待二人之薄厚而考其制書乃知仁贍非降者也自古忠臣義士之難得也五代之亂三人者或出於軍卒或出於僞國之臣可勝嘆哉可勝嘆哉

五代史卷三十二考證

王彥章傳趙巖等日夜毀之乃罷彥章彥章馳至京師以笏畫地自陳勝敗之迹巖等諷有司劾彥章不敬勒還第○臣文淸按司馬光通鑑云趙與彥章勳相違戾潛伺彥章過失以聞彥章功竟無成及歸楊村梁主信讒猶恐彥章旦夕成功難制徵還大梁與此異

五代史卷三十三

宋　歐陽修　撰

死事傳第二十一

嗚呼甚哉自開平訖于顯德終始五十三年而天下五代士之不幸而生其時欲全其節而不二者固鮮矣於此之時責士以死與必去則天下爲無士矣然其習俗遂以苟生不去爲當然至於儒者以仁義忠信爲學享人之祿任人之國者不顧其存亡皆恬然以苟生爲得非徒不知愧而反以其得爲榮者可勝數哉故吾於死事之臣有所取焉君子之於人也樂成其美而不求其

備況死者人之所難乎吾於五代得全節之士三人而已其初無卓然之節而終以死人之事者得十有五人焉而戰没者不得與也然吾取王清史彥超者其有旨哉其有旨哉作死事傳（不能立傳者五人馬彥超附朱守殷傳宋令詢李遐張彥卿鄭昭業見於本紀而已）

張源德者不知其世家或曰本晉人也少事晉無所稱從李罕之以潞州叛晉降梁罕之遣源德見梁太祖太祖時源德自金吾衛將軍爲蔡州刺史梁貞明二年魏博節度使楊師厚卒末帝分魏相等六州爲兩鎮懼魏軍不從乃遣劉鄩將兵萬人屯于魏以虞變魏軍果叛迫其節度使賀德倫以魏博二州降晉當是時源德爲鄆守貝州晉王入魏諸將欲先擊貝州晉王曰貝城小而堅攻之難卒下且源德雖恃劉鄩之兵然與滄州相首尾今德州居其中而無備不如先取之則滄貝之勢分而易圖也乃先襲破德州然後以兵五千攻源德源德堅守不下晉軍塹而圍之已而劉鄩大敗于故元城南走黎陽晉軍攻破洺州而衛州刺史來昭邢州節度使閻寶皆以城降晉磁州刺史靳昭相州張筠滄州戴思遠皆棄城走當此時晉已先下全燕而鎮定皆附于晉自河以北山以東四面千里六鎮數十州之地皆歸晉獨貝一州圍之踰年不可下源德守既堅而貝人謀晉已盡有河北城中食且盡乃勸源德出降源德不從遂見殺源德已死貝人謀曰晉圍吾久吾窮而後降懼皆不免也乃告于晉曰吾欲被甲執兵而降得赦而後釋之如何晉軍許諾貝人三千出降已釋甲晉兵四面圍而盡殺之

夏魯奇字邦傑青州人也唐莊宗時賜姓名曰李紹奇其後莊宗賜姓名者皆復其故魯奇初事梁爲宣武軍校後奔于晉爲衛護指揮使從周德威攻劉守光於幽州守光將單廷珪元行欽以驍勇自負魯奇與二將鬬輒不能解兩軍皆釋兵而觀之晉已下魏博梁將劉鄩軍于洹水莊宗以百騎覘敵遇鄩伏兵圍之數重幾不得脫魯奇力戰手殺百餘人身被二十餘創與莊宗決圍而出莊宗益奇之以爲磁州刺史從戰中都擒王彥章莊宗壯之賜絹千疋拜鄭州防禦使遷河陽節度使爲政有惠愛徙鎮忠武河陽之人遮留不得行父老詣京師乞留明宗遣中使往論之魯奇乃得去唐師伐荊南以魯奇爲招討副使無功而還徙鎮武信東川董璋反攻遂州魯奇閉城拒之旬月救兵不至城中食盡魯奇自刎死年四十九（吳巒兵猶可戰而不戰魯奇食盡力窮而刎故取捨異）

姚洪本梁之小校也自董璋爲梁將洪嘗事璋後事唐爲指揮使長興中遣洪將千人戍閬州董璋反遣人以書招洪洪得璋書輙投厠中後璋兵攻破閬州執洪璋曰爾爲健兒我遇汝厚奈何負我邪洪罵曰老賊爾昔爲李七郎奴掃馬糞得一臠殘炙感恩不已今天子用爾爲節度使何苦反邪吾能爲國家死不能從人奴以生璋怒然鑊于前令壯士十人刲其肉而食洪至死大罵明宗聞之泣下錄其二子而厚卹其家

王思同幽州人也其父敬柔娶劉仁恭女生思同思同事仁恭爲銀胡簶指揮使仁恭爲其子守光所囚思同奔晉以爲飛勝指揮使梁晉相拒于莘遣思同築壘楊劉以功遷神武十軍都指揮使累遷鄭州防禦使思同爲人敢勇善騎射好學頗喜爲詩輕財重義多禮文士然未嘗有戰功明宗時以久次爲匡國軍節度使徙鎮雄武是時吐蕃數爲寇而秦州無亭障思同列四十餘柵以禦之居五年來朝明宗問以邊事思同指畫山川陳其利害思同去明宗顧左右曰人言思同不管事能若是邪於是始知其材以爲右武衛上將軍京兆尹西京留守石敬瑭討董璋思同爲先鋒指揮使兵入劍門而後軍不繼思同與璋戰不勝而却敬瑭兵罷思同徙鎮山南西道已而復爲京兆尹西京留守應順元年二月潞王從珂反鳳翔馳檄四鄰言姦臣幸先帝疾病賊殺秦王而立幼嗣侵弱宗室動搖藩方陳已所以興兵討亂之狀因遣伶奴安十十以五絃謁思同欲因其懽以通意是時諸鎮皆懷嚮背所得潞王書檄難以上聞而不絕其使獨思同執十十及從珂所使推官郝詡等送京師愍帝嘉其忠卽以思同爲西面行營馬步軍都部署三月會諸鎮兵圍鳳翔破東西關城從珂兵弱而守甚堅外兵傷死者衆從珂登城呼外兵而泣曰吾從先帝二十年大小數百戰甲不解體金瘡滿身士卒固嘗從我矣今先帝新棄天下而朝廷信用姦人離間骨肉我實何罪而見伐乎因慟哭士卒聞者皆悲憐之興元張虔釗攻城西督戰甚急士卒苦之反兵攻虔釗虔釗走羽林指揮使楊思權呼曰潞王吾主也乃引軍自西門入降從珂而思同未知猶督戰嚴衛指揮使尹暉麾其衆曰城西軍入城受賞矣何用戰邪士卒解甲棄仗聲聞數里遂皆入城降諸鎮之兵皆潰思同挺身走至長安西京副留守劉遂雍閉門不納乃走潼關從珂引兵東至昭應前鋒追執思同從珂責曰罪可逃乎思同曰非不知從王而得生恐終死不能見先帝於地下從珂媿其言乃殺之漢高祖卽位贈侍中（思同東走將自歸于天子與元行欽走異故予其死）

張敬達字志通代州人也小字生鐵少以騎射事唐莊宗爲廳直軍使明宗時爲河東馬步軍都指揮使領欽州刺史累遷彰國大同軍節度使徙鎮武信晉昌清泰二年契丹數犯邊廢帝以河東節度使石敬瑭兼大同彰國振武威塞等軍蕃漢馬步軍都總管屯于忻州屯兵聚譟遮敬瑭呼萬歲敬瑭斬三十餘人以止之廢帝疑敬瑭有異志乃以敬達爲北面副總管以分其兵明年夏徙敬瑭鎮天平遂以敬達爲大同彰國振武威塞等軍蕃漢馬步軍都部署敬瑭因此遂反卽以敬達爲太原四面招討使六月兵圍太原敬達爲長城連柵雲梯飛礮以攻之所爲城柵將成輒有大風雨水暴至以壞之敬瑭求救于契丹九月契丹耶律德光自鴈門入旌旗相屬五千餘里德光先遣人告敬瑭曰吾欲今日破敵可乎敬瑭報曰大兵遠來而賊勢方盛要在成功不必速也使者未復命而兵已交敬達陣於西山契丹以羸騎三千革鞭木鐙人馬皆不甲冑以趨唐軍唐軍爭馳之契丹兵走追至汾曲伏發斷唐軍爲二其在北者皆死死者萬餘人敬達收軍柵晉安契丹圍之廢帝遣趙延壽范延光等救之延壽屯團柏谷延光屯遼州相去皆百餘里契丹兵圍敬達者自晉安寨南長百餘里闊五十里敬達軍中望之但見穹廬連屬如岡阜四面亘以毛索掛鈴爲警縱犬往來敬達軍中有夜出者輒爲契丹所得由是閉壁不敢復出延壽等皆有二心無救敬達意敬達猶有兵五萬人馬萬匹久之食盡削木篩糞以飼其馬馬死者食之已而馬盡副招討使楊光遠勸敬達降晉敬達自以不忍背唐而救兵且至光遠促之不已敬達曰諸公何相迫邪何不殺我而降光遠卽斬敬達降契丹耶律德光閔敬達死哀其忠遣人收葬之（本紀責其不誅光遠而諷其殺已以降賊故不書死而書如其志而傳錄其死者終嘉其不降也然已雖不屈而諷人降賊故不得爲死節）

翟進宗張萬迪者皆不知其何人也初皆事唐後事晉進宗爲淄州刺史萬迪爲登州刺史楊光遠反以騎兵數百脅取二刺史至青州萬迪聽命而進宗獨不屈光遠遂殺進宗出帝贈進宗左武衛上將軍及光遠平曲赦青州雖光遠子孫皆見慰釋而獨不赦萬迪暴其罪而斬之詔求進宗尸加禮歸葬葬事官給以其子仁欽爲東頭供奉官

沈斌字安時徐州下邳人也少爲軍卒事梁爲拱宸都指揮使後事唐從魏王繼岌破蜀平康延孝以功爲虢州刺史歷隨趙等八州刺史晉開運元年爲祁州刺史契丹犯塞至于榆林過祁州斌以謂契丹深入晉地而歸兵羸乏可擊卽以州兵邀之契丹以精騎剗門斌兵多死城中無備虜將趙延壽留兵急攻之延壽招斌降斌從城上罵延壽曰公父子誤計陷于腥膻忍以犬羊之衆殘賊父母之邦斌能爲國死爾不能效公所爲也已而城陷斌自盡其家屬皆没于虜云

王清字去瑕洛州曲周人也初事唐爲寧衛指揮使後事晉爲奉國都虞候安從進叛襄州從高行周攻之逾年不能下清謂行周曰從進閉孤城以自守其勢豈得久邪因請先登遂攻破之開運二年冬從杜重威戰陽城清以力戰功爲步軍之最加檢校司徒是冬重威軍中渡橋南虜軍其北以相拒而虜以精騎並西山出晉軍後南擊欒城斷晉餉道清謂重威曰晉軍危矣今去鎮州五里而守死于此營孤食盡將若之何請以步兵二千爲先鋒奪橋開路公率諸軍繼進以入鎮州可以守也重威許之遣與宋彥筠俱前清與虜戰敗之奪其橋是時重威已有二志猶豫不肯進彥筠亦退走清曰吾獨死於此矣因力戰而死年五十三漢高祖立贈清太傅

史彥超雲州人也爲人勇悍驍捷周太祖起魏時彥超爲漢龍捷都指揮使以兵從太祖入立遷虎捷都指揮使戍于晉州劉旻攻晉州州無主帥知州王萬敢不能拒彥超以戍兵堅守月餘太祖遣王峻救之旻兵解去以功遷龍捷右廂都指揮使領鄭州防禦使周漢戰高平彥超爲前鋒先登陷陣以功拜感德軍節度使周兵圍漢太原契丹救漢出忻代世宗遣符彥卿拒之以彥超爲先鋒戰忻口彥超勇憤俱發左右馳擊解而復合者數四遂歿于陣是時世宗敗漢高平乘勝而進圍城之役諸將議不一故久無成功世宗欲解去而未決聞彥超戰死遽班師倉卒之際亡失甚衆世宗既惜彥超而憤無成功憂忿不食者數日贈彥超太師優恤其家焉

孫晟初名鳳又名忌密州人也好學有文辭尤長於詩少爲道士居廬山簡寂宮常畫唐詩人賈島像置于屋壁晨夕事之簡寂宮道士惡晟以爲妖以杖驅出之乃儒服北之趙魏謁唐莊宗于鎮州莊宗以晟爲著作佐郎天成中朱守殷鎮汴州辟爲判官守殷反伏誅晟乃棄其妻子亡命陳宋之間安重誨惡晟以謂教守殷反

者晟也盡其像購之不可得遂族其家晟奔于吳是時李昪方纂楊氏多招四方之士得晟喜其文辭使爲教令由是知名晟爲人口吃遇人不能道寒暄已而坐定談辯鋒生聽者忘倦昪尤愛之引與計議多合意以爲右僕射與馮延巳並爲昪相晟輕延巳爲人常曰金椀玉盃而盛狗屎可乎晟事昪父子二十餘年官至司空家益富驕每食不設几案使衆妓各執一器環立而侍號肉臺盤時人多効之周世宗征淮李景懼始遣泗州牙將王知朗至徐州奉書以求和世宗不荅又遣翰林學士鍾謨文理院學士李德明奉表稱臣不荅乃遣禮部尚書王崇質副晟奉表謨與晟等皆言景願割壽濠泗楚光海六州之地歲貢百萬以佐軍而世宗已取滁揚濠泗諸州欲盡取淮南乃止因留使者不遣而攻壽州益急謨等見世宗英武非景敵而師甚盛壽春且危乃曰願陛下寬臣五日之誅容臣還取景表盡獻江北諸州世宗許之遣供奉官安弘道押德明崇質南還而謨與晟皆見留德明等既還景悔不肯割地世宗亦以暑雨班師留李重進張永德等分攻廬壽周兵所得揚泰諸州皆不能守景兵復振重進與永德兩軍相疑有隙永德上書言重進反世宗不聽景知二將之相疑也乃以蠟丸書遺重進勸其反初晟之奉使也語崇質曰吾行必不免然吾終不負永陵一抔土也永陵者昪墓也及崇質還而晟與鍾謨俱至京師館于都亭驛待之甚厚每朝會入閤使班東省官後召見必飲以醇酒已而問兵數敗盡失所得諸州世宗憂之召晟問江南事晟不對世宗怒未有以發會重進以景蠟丸書來上多斥周過惡以爲言由是發怒曰晟來使我言景畏吾神武願得北面稱臣保無二心安得此指斥之言乎亟召侍衛軍虞候韓通收晟下獄及其從者二百餘人皆殺之晟臨死世宗猶遣近臣問之晟終不對神色怡然正其衣冠南望而拜曰臣惟以死報國爾乃就刑晟既死鍾謨亦貶耀州司馬其後世宗怒解憐晟忠悔殺之召拜鍾謨衛尉少卿景已割江北遂遣謨還而景聞晟死亦贈魯國公

五代史卷三十四

宋 歐陽修 撰

一行傳第二十二

嗚呼五代之亂極矣傳所謂天地閉賢人隱之時歟當此之時臣弒其君子弒其父而搢紳之士安其祿而立其朝充然無復廉恥之色者皆是也吾以謂自古忠臣義士多出於亂世而怪當時可道者何少也豈果無其人哉雖曰干戈興學校廢而禮義衰風俗隳壞至於如此然自古天下未嘗無人也吾意必有潔身自負之士嫉世遠去而不可見者自古材賢有韞于中而不見于外或窮居陋巷委身草莽雖顏子之行不遇仲尼而名不彰況世變多故而君子道消之時乎吾又以謂必有負材能修節義而沉淪于下泯沒而無聞者求之傳記而亂世崩離文字殘缺不可復得然僅得者四五人而已處乎山林而羣麋鹿雖不足以爲中道然與其食人之祿俛首而包羞孰若無愧於心放身而自得吾得二人焉曰鄭遨張薦明勢利不屈其心去就不違其義吾得一人焉曰石昂苟利於君以忠獲罪而何必自明有至死而不言者此古之義士也吾得一人焉曰程福贇五代之亂君不君臣不臣父不父子不子至於兄弟夫婦人倫之際無不大壞而天理幾乎其滅矣於此之時能以孝弟自修於一鄉而風行於天下者猶或有之然其事迹不著而無可紀次獨其名氏或因見於書者吾亦不敢沒而其略可錄者吾得一人焉曰李自倫作一行傳

鄭遨字雲叟滑州白馬人也唐明宗祖廟諱遨故世行其字遨少好學敏於文辭唐昭宗時舉進士不中見天下已亂有拂衣遠去之意欲携其妻子與俱隱其妻不從遨乃入少室山爲道士其妻數以書勸遨還家輒投之於火後聞其妻子卒一慟而止遨與李振故善振後事梁貴顯欲以祿遨遨不顧後振得罪南竄遨徒步千里往視之由是聞者益高其行其後遨聞華山有五粒松脂淪入地千歲化爲藥能去三尸因徙居華陰欲求之與道士李道殷羅隱之友善世目以爲三高士遨種田隱之賣藥以自給道殷有釣魚術鈎而不餌又能化石爲金遨嘗驗其信然而不之求也節度使劉遂凝數以寶貨遺之遨一不受唐明宗時以左拾遺晉高祖時以諫議大夫召之皆不起即賜號爲逍遙先生天福四年卒年七十四遨之節高矣遭亂世不汚於榮利至棄妻子不顧而去豈非與世相絕而篤愛其身者歟然遨好飲酒奕棊時時爲詩章落人間人間多寫以縑素相贈遺以爲寶至或圖寫其形翫于屋壁其迹雖遠而其名愈彰與乎石門荷蓧之徒異矣與遨同時有張薦明者燕人也少以儒學遊河朔後去爲道士通老子莊周之說高祖召見問道家可以治國乎對曰道也者妙萬物而爲言得其極者尸居袵席之間可以治天地也高祖大其言延入內殿講道德經拜以爲師薦明閒宮中奏時鼓曰陛下聞鼓乎其聲一而已五音十二律鼓無一焉然和之者鼓也夫一萬事之本也能守一者可以治天下高祖善之賜號通玄先生後不知其所終

石昂青州臨淄人也家有書數千卷喜延四方之士士無遠近多就昂學問食其門下者或累歲昂未嘗有怠色而昂不求仕進節度使符習高其行召以爲臨淄令習入朝京師監軍楊彥朗知留後事昂以公事至府上謁贊者以彥朗諱石更其姓曰右昂趨于庭仰責彥朗曰內侍奈何以私害公昂姓石非右也彥朗大怒拂衣起去昂即趨出解官還于家語其子曰吾本不欲仕亂世果爲刑人所辱子孫其以我爲戒昂父亦好學平生不喜佛說父死昂於柩前誦尚書曰此吾先人之所欲聞也禁其家不可以佛事汚吾先人晉高祖時詔天下求孝悌之士戶部尚書王權宗正卿石光贊國子祭酒田敏兵部侍郎王延等相與詣東上閤門上昂行義可以應詔詔昂至京師召見便殿以爲宗正丞遷少卿出帝即位晉政日壞昂數上疏極諫不聽乃稱疾東歸以壽終于家昂既去而晉室大亂

程福贇者不知其世家爲人沉厚寡言而有勇少爲軍卒以戰功累遷洛州團練使晉出帝時爲奉國右廂都指揮使開運中契丹入寇出帝北征奉國軍士乘間夜縱火焚營欲因以爲亂福贇身自救火被傷火滅而亂者不得發福贇以爲契丹且大至而天子在軍京師虛空不宜以小故動搖人聽因匿其事不以聞軍將李殷位次福贇下利其去而代之因誣福贇與亂者同謀不然何以不奏出帝下福贇獄人皆以爲寃福贇終不自辨以見殺

李自倫者深州人也天福四年正月尚書戶部奏深州司功參軍李自倫六世同居奉敕准格按格孝義旌表必先加按驗孝者復其終身義門仍加旌表得本州審到鄉老程言等稱自倫高祖訓訓生粲粲生則則生忠忠生自倫自倫生光厚六世同居不妄敕以所居飛梟鄉爲孝義鄉匡聖里爲仁和里准式旌表門閭九月丙子戶部復奏前登州義門王仲昭六世同居其旌表有聽事步欄前列屏樹烏頭正門閥閱一丈二尺烏頭二柱端冐以瓦桶築雙闕一丈在烏頭之南三丈七尺夾樹槐柳十有五步請如之敕曰此故事也今式無之其量地之宜高其外門門安綽楔左右建臺高一丈二尺廣狹方正稱焉圬以白而赤其四角使不孝不義者見之可以悛心而易行焉

五代史卷三十四考證

鄭遨傳唐明宗祖廟諱遨故世行其字○臣宗萬按明宗祀曾祖敖謚曰孝質廟號毅祖則遨當作敖

五代史卷三十五

宋 歐陽修 撰

唐六臣傳第二十三

甚哉白馬之禍悲夫可爲流涕者矣然士之生死豈其一身之事哉初唐天祐三年梁王欲以嬖吏張廷範爲太常卿唐宰相裴樞以謂太常卿唐常以清流爲之廷範乃梁客將不可梁王由此大怒曰吾常語裴樞純厚不陷浮薄今亦爲此邪是歲四月彗出西北掃文昌軒轅大市宰相柳璨希梁王旨歸其譴於大臣於是左僕射裴樞獨孤損右僕射崔遠守太保致仕趙崇兵部侍郎王贊工部尚書王溥吏部尚書陸扆皆以無罪貶同日賜死于白馬驛凡搢紳之士與唐而不與梁者皆誣以朋黨坐貶死者數百人而朝廷爲之一空明年三月唐哀帝遜位于梁遣中書侍郎同中書門下平章事張文蔚爲冊禮使禮部尚書蘇循爲副中書侍郎同中書門下平章事楊涉爲押傳國寶使翰林學士中書舍人張策爲副御史大夫薛貽矩爲押金寶使尚書左丞趙光逢爲副四月甲子文蔚等自上源驛奉冊寶乘輅車導以金吾仗衛太常鹵簿朝梁于金祥殿梁王袞冕南面臣文蔚臣循奉冊升殿進讀已臣涉臣策奉傳國璽

臣貽矩臣光逢奉金寶以次升進讀已降率文武百官北面舞蹈再拜賀夫一太常卿與社稷孰爲重使樞等不死尚惜一卿其肯以國與人乎雖樞等之力未必能存唐然必不亡唐而獨存也嗚呼唐之亡也賢人君子既與之共盡其餘在者皆庸懦不肖傾險獪猾趨利賣國之徒也不然安能蒙恥忍辱於梁庭如此哉作唐六臣傳

張文蔚字右華河間人也初以文行知名舉進士及第唐昭宗時爲翰林學士承旨是時天子微弱制度已隳文蔚居翰林制詔四方獨守大體昭宗遷洛拜中書侍郎同中書門下平章事柳璨殺裴樞等七人蔓引朝士輒加誅殺縉紳相視以目皆不自保文蔚力講解之朝士多賴以全活梁太祖立仍以文蔚爲相梁初制度皆文蔚所裁定文蔚居家亦孝悌開平二年太祖北巡留文蔚西都以暴疾卒贈右僕射

楊涉祖收唐懿宗時宰相父嚴官至兵部侍郎涉舉進士昭宗時爲吏部尚書哀帝即位拜中書侍郎同中書門下平章事涉唐名家世守禮法而性特謹厚不幸遭唐之亂拜相之日與家人相對泣下顧謂其子凝式曰吾不能脫此網羅禍將至矣必累爾等唐亡事梁爲門下侍郎同中書門下平章事在位三年俛首無所施爲罷爲左僕射知貢舉後數年卒子凝式有文詞善筆札歷事梁唐晉漢周常以心疾致仕居于洛陽官至太子太保

張策字少逸河西燉煌人也父同爲唐容管經畧使策少聰悟好學通章句父同居洛陽敦化里浚井得古鼎銘曰魏黃初元年春二月匠吉千同以爲奇策時年十三居同側啓曰漢建安二十五年曹公薨改元延康是歲十月文帝受禪又改黃初是黃初元年無二月也銘何謬邪同大驚異之策少好浮圖之說乃落髮爲僧居長安慈恩寺黃巢犯長安策乃返初服奉父母以避亂居田里十餘年名拜廣文館博士邠州王行瑜辟觀察支使晉王李克用攻行瑜策與婢肩輿其母東歸行積雪中行者憐之梁太祖兼四鎮辟鄭滑支使以母喪解職服除入唐爲膳部員外郎華州韓建辟判官建從許州以爲掌書記建遣策聘于太祖太祖見而喜曰張夫子至矣遂留以爲掌書記薦之于朝累拜中書舍人翰林學士太祖即位遷工部侍郎奉旨開平二年拜刑部侍郎同中書門下平章事遷中書侍郎以風恙罷爲刑部尚書致仕卒于洛陽

趙光逢字延吉父隱唐左僕射光逢在唐以文行知名時人稱其方直溫潤謂之玉界尺昭宗時爲翰林學士承旨御史中丞以世亂棄官居洛陽杜門絕人事者五六年柳璨爲相與光逢有舊恩起光逢爲吏部侍郎太常卿唐亡事梁爲中書侍郎同中書門下平章事累遷左僕射以太子太保致仕末帝即位起爲司空同中書門下平章事復以司徒致仕唐天成中即其家拜太保封齊國公卒贈太傅

薛貽矩字熙用河東聞喜人也仕唐爲兵部侍郎翰林學士承旨昭宗自岐還長安大誅宦者貽矩嘗爲中尉韓全誨等作畫像贊坐左遷貽矩乃自結於梁太祖太祖言之於朝拜吏部尚書遷御史大夫天祐三年太祖自長蘆還軍哀帝遣貽矩來勞貽矩以臣禮見太祖揖之升階貽矩曰殿下功德及人三靈改卜皇帝方行舜禹之事臣安敢違乃稱臣拜舞太祖側身以避之貽矩還遂趣哀帝遜位太祖即位拜貽矩中書侍郎同中書門下平章事累拜司空貽矩爲梁相五年卒贈侍中

蘇循不知何許人也爲人巧佞阿諛無廉恥惟利是趨事唐爲禮部尚書是時梁太祖已弒昭宗立哀帝唐之舊臣皆憤惋切齒或俛首畏禍或去不仕而循特傳會梁以希進用梁兵攻楊行密大敗于渒河太祖躁忿急於禪代欲邀唐九錫羣臣莫敢當其議獨循倡言梁王功德天命所歸宜即受禪明年梁太祖即位循爲冊禮副使循有子楷乾寧中舉進士及第昭宗遣學士陸扆覆落之楷常慙恨及昭宗遇弒唐政出於梁楷爲起居郎與柳璨張廷範等相結因謂廷範曰夫謚者所以易名而貴信也前有司謚先帝曰昭名實不稱公爲太常卿子史官也不可以不言乃上疏駮議而廷範本梁客將嘗求太常卿不得者廷範亦以此怨唐因下楷疏廷範廷範議曰臣聞執事堅固之謂恭亂而不損之謂靈武而不遂之謂莊在國逢難之謂閔因事有功之謂襄請改謚昭宗皇帝曰恭靈莊閔皇帝廟號襄宗梁太祖已即位置酒玄德殿顧羣臣自陳德薄不足以當天命皆諸公推戴之力唐之舊臣楊涉張文蔚等皆慙懼俯伏不能對獨循與張禕薛貽矩盛稱梁王功德所以順天應人者循父子皆自以附會梁得所託且夕引首希見進用敬翔尤惡之謂太祖曰梁室新造宜得端士以厚風俗循父子皆無行不可立於新朝於是父子皆勒歸田里乃依朱友謙於河中其後友謙叛梁降晉晉王將即位求唐故臣在者以備百官之闕友謙遣循至魏州是時梁未滅晉諸將相多不欲晉王即帝位晉王之意雖銳將相大臣未有贊成其議者循始至魏州望州廨聽事即拜謂之拜殿及入謁舞蹈呼萬歲而稱臣晉王大悅明日又獻畫日筆三十管晉王益喜因以循爲節度副使已而病卒莊宗即位贈左僕射楷同光中爲尚書員外郎明宗即位大臣欲理其駮謚之罪以憂死

當唐之亡也又有杜曉者字明遠祖審權父讓能皆爲唐相昭宗時王行瑜李茂貞兵犯京師昭宗殺讓能於臨皋以自解曉以父死無罪居喪哀毀服除布衣幅巾自廢十餘年崔胤判鹽鐵辟巡官除畿縣尉直昭文館皆不起崔遠判戶部又辟巡官或謂曉曰嵇康死子紹自廢不出仕山濤以物理責之乃仕吾子忍令杜氏歲時鋪席祭其先人同匹庶乎曉乃爲之起累遷膳部郎中翰林學士梁太祖即位遷工部侍郎奉旨開平二年拜中書侍郎同中書門下平章事友珪立遷禮部尚書集賢殿大學士袁象先等討賊兵大掠曉爲亂兵所殺贈右僕射

嗚呼始爲朋黨之論者誰歟甚乎作俑者也真可謂不仁之人哉予嘗至繁城讀魏受禪碑見漢之羣臣稱魏功德而大書深刻自列其姓名以夸耀于世又讀梁實錄見文蔚等所爲如此未嘗不爲之流涕也夫以國予人而自夸耀及遂相之此非小人孰能爲也漢唐之末舉其朝皆小人也而其君子者何在哉當漢之亡也先以朋黨禁錮天下賢人君子而立其朝者皆小人也然後漢從而亡及唐之亡也又先以朋黨盡殺朝廷之士而其餘存者皆庸懦不肖傾險之人也然後唐從而亡夫欲空人之國而去其君子者必進朋黨之說欲孤人主之勢而蔽其耳目者必進朋黨之說欲奪國而與人者必進朋黨之說夫爲君子者固常寡過小人欲加之罪則有可誣者有不可誣者不能遍及也至欲舉天下之善求其類而盡去之惟指以爲朋黨耳故其親戚故舊謂之朋黨可也交游執友謂之朋黨可也宦學相同謂之朋黨可也門生故吏謂之朋黨可也是數者皆其類也皆善人也故曰欲空人之國而去其君子者惟以朋黨罪之則無免者矣夫善善之相樂以其類同此自然之理也故聞善者必相稱譽稱譽則謂之朋黨得善者必相薦引薦引則謂之朋黨使人聞善不敢稱譽人主之耳不聞有善于下矣見善不敢薦引則人主之目不得見善人矣善人日遠而小人日進則爲人主者悵悵然誰與之圖治安之計哉故曰欲孤人主之勢而蔽其耳目者必用朋黨之說也一君子存羣小人雖衆必有所忌而有所不敢爲惟空國而無君子然後小人得肆志於無所不爲則漢魏唐梁之際是也故曰可奪國而予人者由其國無君子空國而無君子由以朋黨而去之也嗚呼朋黨之說人主可不察哉傳曰一言可以喪邦者其是之謂與可不鑒哉可不戒哉

五代史卷三十五考證

蘇循傳後論至欲舉天下之善求其類而盡去之○一本無求其二字今從監本

五代史卷三十六

宋　歐陽修　撰

義兒傳第二十四

嗚呼世道衰人倫壞而親疏之理反其常干戈起於骨肉異類合爲父子開平顯德五十年間天下五代而實八姓其三出於丐養蓋其大者取天下其次立功名位將相豈非因時之隙以利合而相資者耶唐自號沙陀起代北其所與俱皆一時雄傑虓武之士往往養以爲兒號義兒軍至其有天下多用以成功業及其亡也亦由焉太祖養子多矣其可紀者九人其一是爲明宗其次曰嗣昭嗣本嗣恩存信存孝存進存璋存賢作義兒傳（李存審後復以符氏大顯故別自爲傳）

李嗣昭本姓韓氏汾州大谷縣民家子也太祖出獵至其家見其林中鬱鬱有氣甚異之召其父問焉父言家適生兒太祖因遺以金帛而取之命其弟克柔養以爲子初名進通後改名嗣昭嗣昭爲人短小而膽勇過人初喜嗜酒太祖嘗微戒之遂終身不飲太祖愛其謹厚常從用兵爲內衙指揮使陝州王珙與其兄珂爭立於河中遣嗣昭助珂敗珙於猗氏獲其將二人梁軍救珙嗣昭又敗之于胡壁堡執其將一人光化元年澤州李罕之襲潞州以降梁梁遣丁會應罕之嗣昭與會戰含山執其將一人斬首三千級遂取澤州二年晉遣李君慶攻梁潞州君慶爲梁所敗太祖酖殺君慶嗣昭攻克之三年出山東取梁洺州梁太祖自將攻之遣葛從周設伏於青山口嗣昭聞梁太祖自來棄城走前遇伏兵因大敗天復元年梁破河中執王珂取晉絳慈隰因大舉擊晉圍太原嗣昭日以精騎出擊梁兵會大雨梁軍解去晉汾州刺史李瑭叛降梁軍梁軍已去嗣昭復取汾州斬塘遂出陰地取慈州降其刺史唐禮又取隰州降其刺史張瓌是歲梁兵西犯京師圍鳳翔嗣昭乘間

攻梁晉絳戰平陽執梁將一人進攻蒲縣梁朱友寧氏叔琮以兵十萬迎擊之嗣昭敗走友寧追之晉遣李存信率兵迎嗣昭存信又敗梁軍遂圍太原而慈隰汾州復入于梁太祖大恐謀走雲州李存信等勸太祖奔于契丹嗣昭力爭以爲不可賴劉太妃亦言之乃止嗣昭晝夜出奇兵擊梁軍梁軍解去嗣昭復取汾慈隰是時鎮定皆已絶晉而附梁晉外失大國之援內亡諸州仍歲之間孤城被圍者再於此時嗣昭力戰之功爲多天祐三年與周德威攻梁潞州降丁會以嗣昭爲昭義軍節度使梁遣李思安將兵十萬攻潞築夾城以圍之梁太祖嘗遣人招降嗣昭嗣昭斬其使者閉城拒守踰年莊宗始攻破夾城嗣昭完緝兵民撫養甚有恩意梁晉戰胡柳晉軍敗周德威戰死莊宗懼欲收兵還臨濮嗣昭曰梁軍已勝旦暮思歸吾若收軍使彼休息整而復出何以當之宜以精騎撓之因其勞乏可以勝也莊宗然之是時梁軍已登無石山莊宗遣嗣昭轉擊山北而自以銀槍軍趨而呼曰今日之戰得山者勝晉軍皆爭登山梁軍遽下陣於山西晉軍從上急擊大敗之於是晉城德勝矣周德威死嗣昭權知幽州居數月以李紹宏代之嗣昭將去幽州人皆號哭閉關遮留之嗣昭夜遯乃得去十九年從莊宗擊契丹於望都莊宗爲契丹圍之數十里嗣昭以三百騎決圍取莊宗以出是時晉遣閻寶攻張文禮於鎮州寶爲鎮人所敗乃以嗣昭代之鎮兵出掠九門嗣昭以奇兵擊之鎮軍且盡餘三人匿破垣中嗣昭馳馬射之反爲賊射中腦嗣昭顧箙中矢盡拔矢于腦射殺一人還營而卒嗣昭諸子繼儔長而懦其弟繼韜囚之以自立莊宗方與梁兵相持河上不暇究其事因即以爲昭義軍留後繼韜委其政於魏琢申蒙琢等常教繼韜反繼韜未決莊宗在魏以事召監軍張居翰節度判官任圜琢等以謂莊宗召居翰等問繼韜事繼韜且見誅因以語趣之繼韜乃遣其弟繼遠入梁梁末帝即拜繼韜同中書門下平章事居數月莊宗滅梁繼韜將走契丹會赦至乃已因隨其母朝于京師繼遠諫曰兄爲臣子以反爲名復何面以見天子且潞城堅而倉廩實不如閉城坐食積粟以延歲月愈於往而就戮也繼韜不聽繼韜母楊氏善畜財平生居積行販至貲百萬當嗣昭爲梁圍以夾城彌年軍用乏絶楊氏之積蓋有助焉至是乃齎銀數十萬兩至京師厚賂宦官伶人宦官伶人皆言繼韜初無惡意爲姦人所悞耳楊夫人亦以賂謁劉皇后劉皇后爲言嗣昭功臣宜蒙恩貸由是莊宗釋繼韜數召繼韜從獵寵倖無間李存渥尤切齒數詆責之繼韜懷不自安復賂宦官伶人求歸鎮莊宗不許繼韜陰使人告繼遠令起變於軍中冀天子遣己往安緝之事泄斬于天津橋其二子嘗爲質于梁莊宗破梁得之撫其背曰爾幼猶能佐其父反長復何爲乎至是因幷誅之卽遣人斬繼遠以繼儔知潞州事已而召繼儔還京師繼儔悉取繼韜伎妾珍翫而不時卽路其弟繼達怒曰吾兄父子誅死而大兄不仁利其貲財淫其妻妾吾所不忍也乃服縗麻引數百騎坐戟門使人入殺繼儔節度副使李繼珂募市人千餘攻繼達繼達走城外自剄死嗣昭七子至明宗時子繼能坐笞殺其母主藏婢婢家告變言繼能反與其弟繼襲皆見殺唯一子繼忠僅免繼忠家于晉陽楊氏所積餘貲猶鉅萬晉高祖自太原起兵召契丹爲援契丹求賂高祖貸于繼忠以取足高祖入立甚德之以爲沂棣單三州刺史開運中卒楊氏平生積產嗣昭父子三人賴之

嗣本本姓張氏鴈門人也世爲銅冶鎮將嗣本少事太祖太祖愛之賜以姓名養爲子從擊居庸關以功遷義兒軍使從破王行瑜遷威遠軍使從攻羅弘信以先鋒兵破湯陰從莊宗破潞州夾城累以戰功遷代州刺史雲州防禦使振武節度使號威信可汗天祐十三年從莊宗擊劉鄩於故元城下洺磁諸州六月還軍振武契丹入代北攻破蔚州嗣本戰歿

嗣恩本姓駱吐谷渾部人也少事太祖能騎射爲鐵林軍將稍以戰功遷突陣指揮使賜姓名以爲子從敗康懷英於河西遷左廂馬軍都指揮使從李嗣昭援朱友謙於河中與梁兵力戰矟中其口戰不已遷遼州刺史從莊宗入魏遷天雄軍馬步都指揮使劉鄩攻太原兵趣樂平嗣恩從後追之自佗道先入太原以守鄩兵去嗣恩亦以兵會莊宗于魏從戰于莘遷代州刺史石嶺關以北都知兵馬使振武節度使天祐十五年卒于太原追贈太尉

存信本姓張氏其父君政回鶻李思忠之部人也存信少善騎射能四夷語通六蕃書從太祖起代北入關破黃巢累以功爲馬步軍都指揮使遂賜姓名以爲子存信與存孝俱爲養子材勇不及存孝而存信不爲之下由是交惡存孝所爲存信每沮激之存孝卒得罪死而存信數從征伐以功領郴州刺史太祖遣將兵救朱宣存信屯于莘縣爲羅弘信所擊存信敗亡太祖子落落後從太祖討劉仁恭大敗于安塞太祖大怒顧存信曰昨日吾醉公獨不能爲我戰邪古人三敗公已二矣將殺之存信叩頭謝罪而免由是大懼常稱疾天復二年卒年四十一

存孝代州飛狐人也本姓安名敬思太祖掠地代北得之給事帳中賜姓名以爲子常從爲騎將文德元年河南張言襲破河陽李罕之來歸晉晉處罕之于澤州遣存孝與薛阿檀安休休等以兵七千助罕之還擊河陽存孝大敗安休休被執是時晉已得澤潞歲出山東與孟方立爭邢洺磁存孝未嘗不在兵間方立死晉取三州存孝功爲多明年潞州軍亂殺李克恭以歸唐梁遣李讜攻李罕之于澤州存孝以騎兵五千救之梁軍呼罕之曰公常恃太原以爲命今上黨已歸唐唐兵大集圍太原沙陀將無穴以自處公復誰恃而不降乎存孝以精騎五百繞梁柵而呼曰我沙陀之求穴者待爾肉以食軍可令肥者出鬬梁驍將鄧季筠引軍出戰存孝舞矟擒之李讜敗走追擊至馬牢關還攻潞州唐以孫揆爲潞州節度使揆儒者以梁卒三千爲衞褒衣大蓋擁節先驅存孝以三百騎伏長子西崖谷間伺揆軍過橫擊斷之擒揆以歸初梁遣葛從周朱崇節守潞州以待揆聞揆見執皆棄去晉遂復取潞州是時張濬韓建伐晉擊陰地關晉以李存信薛阿檀等當濬別遣存孝軍于趙城唐軍戰敗于陰地關濬退保晉州韓建走絳州存孝攻晉州濬兵出戰輒復敗因閉壁不敢出存孝去攻絳州濬建皆走存孝猨臂善射身被重鎧櫜弓坐矟手舞鐵撾出入陣中以兩騎自從戰酣易騎上下如飛初存孝取潞州功爲多而太祖別以大將康君立爲潞州留後存孝爲汾州刺史存孝負其功不食者數日及走張濬還邠州刺史大順二年徙邢州留後是時晉軍連歲攻趙常山存孝常爲先鋒下趙臨城元氏趙王求救於幽州李匡威匡威兵至晉軍輒引去存孝素與存信有隙存信譖之曰存孝有二心常避趙不擊存孝不自安乃附梁通趙自歸于唐因請會兵以伐晉唐命趙王王鎔援之明年趙與幽州有隙懼而與晉和反以兵三萬助晉擊存孝存孝嬰城自守太祖自將兵傅其城掘壍以圍之存孝出兵衝擊壍不得成裨將袁奉韜使人說存孝曰公所畏者晉王爾王俟壍成且留兵去諸將非公敵也雖壍何爲存孝以爲然縱兵成壍壍成深溝高壘不可近存孝遂窘城中食盡登城呼曰兒蒙王恩位至將相豈欲捨父子而附仇讎乃存信構陷之耳願生見王一言而死太祖哀之遣劉夫人入城慰諭之劉夫人引與俱來存孝泥首請罪曰兒於晉有功而無過所以至此由存信爲之耳太祖叱曰爾爲書檄罪我百端亦存信爲之邪縛載後車至太原車裂之以徇然太祖惜其材悵然恨諸將之不能容也爲之不視事者十餘日康君立素與存信相善方二人之交惡也君立每左右存信以傾之存孝已死太祖與諸將博語及存孝流涕不已君立以爲不然太祖怒酖殺君立君立初爲雲州牙將唐僖宗時逐段文楚與太祖俱起雲中蓋君立首事其後累立戰功表昭義節度使以存孝故殺之

存進振武人也本姓孫名重進太祖攻破朔州得之賜以姓名養爲子從太祖入關破黃巢以爲義兒軍使從莊宗戰柏鄉遷行營馬步軍都虞候歷慈沁二州刺史莊宗初得魏博以爲天雄軍都部署治梁亂軍一切以法人有犯者輒梟首磔尸於市魏人屏息畏之從戰河上以功遷振武軍節度使是時晉軍德勝爲南北寨每以舟兵來往頗以爲勞而河北無竹石存進乃以葦笮維大艦爲浮梁莊宗大喜解衣以賜之晉討張文禮於鎮州久不克而史建瑭閻寶李嗣昭相次戰歿乃以存進代嗣昭爲招討使軍于東垣渡東垣土惡築壘不能就存進伐木爲柵晉軍晨出芻牧文禮子處球以兵千餘逼存進柵存進出戰橋上殺處球兵殆盡而存進亦歿于陣追贈太尉子漢韶明宗時復本姓爲洋州節度使潞王從珂以鳳翔反漢韶與張虔釗會唐軍討之唐軍皆降于從珂獨漢韶與虔釗軍不降俱奔于蜀事蜀歷永平興元武信節度使年七十餘卒于蜀

存璋字德璜初與康君立薛志勤等從太祖入關破黃巢累遷義兒軍使太祖病革存璋與張承業等受顧命立莊宗爲晉王晉王以存璋爲河東馬步軍使晉自先王時嘗優假軍士軍士多犯法踰禁莊宗新立尤患之存璋一切繩之以法境內爲之清肅從攻夾城戰柏鄉以功遷汾州刺史莊宗與劉鄩戰於魏博梁遣王檀來乘虛襲太原存璋以汾州兵入太原距守以功遷大同軍防禦使遂爲節度使天祐十九年以疾卒追贈太尉

存賢許州人也本姓王名賢少爲軍卒善角觝太祖擊黃巢于陳州得之賜以姓名養爲子後爲義兒軍副兵馬使遷沁州刺史先時沁州當敵衝徙其南百餘里據險立柵而寓居至存賢爲刺史曰徙城避敵豈勇者所

爲乃復城故州梁兵屢攻之存賢力自距守卒不能近還武州刺史山北團練使又遷慈州天祐十八年梁兵攻朱友謙于河中莊宗遣存賢援友謙是時友謙新叛梁歸晉而河中食少人心多貳謀者因謂存賢曰河中人欲殺子以歸梁宜亟去存賢曰死王事吾志也復何恨哉卒擊走梁兵莊宗即位拜右武衛上將軍莊宗亦好角觝嘗與王都較而屢勝頗以自矜因顧存賢曰爾能勝我與爾一鎭存賢博而勝之同光二年春幽州符存審病甚莊宗置酒宮中歎曰吾創業故人零落殆盡其所存者惟存審耳今又病篤北方之事誰可代之因顧存賢曰無以易卿角觝之勝吾不食言卽日以爲盧龍軍節度使是歲卒于幽州年六十五贈太傅

五代史卷三十七

宋　歐　陽　修　撰

伶官傳第二十五

嗚呼盛衰之理雖曰天命豈非人事哉原莊宗之所以得天下與其所以失之者可以知之矣世言晉王之將終也以三矢賜莊宗而告之曰梁吾仇也燕王吾所立契丹與吾約爲兄弟而皆背晉以歸梁此三者吾遺恨也與爾三矢爾其無忘乃父之志莊宗受而藏之于廟其後用兵則遣從事以一少牢告廟請其矢盛以錦囊負而前驅及凱旋而納之方其係燕父子以組函梁君臣之首入于太廟還矢先王而告以成功其意氣之盛可謂壯哉及仇讎已滅天下已定一夫夜呼亂者四應倉皇東出未及見賊而士卒離散君臣相顧不知所歸至於誓天斷髮泣下沾襟何其衰也豈得之難而失之易歟抑本其成敗之迹而皆自於人歟書曰滿招損謙得益憂勞可以興國逸豫可以亡身自然之理也故方其盛也舉天下之豪傑莫能與之爭及其衰也數十伶人困之而身死國滅爲天下笑夫禍患常積於忽微而智勇多困於所溺豈獨伶人也哉作伶官傳

莊宗既好俳優又知音能度曲至今汾晉之俗往往能歌其聲謂之御製者皆是也其小字亞子當時人或謂之亞次又別爲優名以自目曰李天下自其爲王至於爲天子常身與俳優雜戲于庭伶人由此用事遂至於亡皇后劉氏素微其父劉叟賣藥善卜號劉山人劉氏性悍方與諸姬爭寵常自恥其世家而特諱其事莊宗乃爲劉叟衣服自負蓍囊藥篋使其子繼岌提破帽而隨之造其臥內曰劉山人來省女劉氏大怒笞繼岌而逐之宮中以此爲笑樂其戰於胡柳也嬖伶周匝爲梁人所得其後滅梁入汴周匝謁於馬前莊宗得之喜甚賜以金帛勞其良苦周匝對曰身陷仇人而得不死以生者敎坊使陳俊內園栽接使儲德源之力也願乞二州以報此兩人莊宗皆許以爲刺史郭崇韜諫曰陛下所與共取天下者皆英豪忠勇之士今大功始就封賞未及於一人而先以伶人爲刺史恐失天下心不可因格其命踰年而伶人屢以爲言莊宗謂崇韜曰吾已許周匝矣使吾慙見此二人公言雖正然當爲我屈意行之卒以俊爲景州刺史德源爲憲州刺史莊宗好畋獵獵于中牟踐民田中牟縣令當馬切諫爲民請莊宗怒叱縣令去將殺之伶人敬新磨知其不可乃率諸伶走追縣令擒至馬前責之曰汝爲縣令獨不知吾天子好獵邪奈何縱民稼穡以供稅賦何不飢汝縣民而空此地以備吾天子之馳騁汝罪當死因前請亟行刑諸伶共倡和之莊宗大笑縣令乃得免去莊宗嘗與羣優戲于庭四顧而呼曰李天下李天下何在新磨遽前以手批其頰莊宗失色左右皆恐羣伶亦大驚駭共持新磨詰曰汝奈何批天子頰新磨對曰李天下者一人而已復誰呼邪於是左右皆笑莊宗大喜賜與新磨甚厚新磨嘗奏事殿中殿中多惡犬新磨去一犬起逐之新磨倚柱而呼曰陛下毋縱兒女齧人莊宗家世夷狄夷狄之人諱狗故新磨以此譏之莊宗大怒彎弓注矢將射之新磨急呼曰陛下無殺臣臣與陛下爲一體殺之不祥莊宗大驚問其故對曰陛下開國改元同光天下皆謂陛下同光帝且同銅也若殺敬新磨則同無光矣莊宗大笑乃釋之然時諸伶獨新磨尤善俳其語最著而不聞其佗過惡其敗政亂國者有景進史彥瓊郭門高三人爲最是時諸伶人出入宮掖侮弄縉紳羣臣憤嫉莫敢出氣或反相附託以希恩倖四方藩鎭貨賂交行而景進最居中用事莊宗遣進等出訪民間事無大小皆以聞每進奏事殿中左右皆屏退軍機國政皆與參決三司使孔謙兄事之呼爲八哥莊宗初入洛居唐故宮室而嬪御未備閹宦希旨多言宮中夜見鬼物相驚恐莊宗問所以禳之者因曰故唐時後宮萬人今空宮多怪當實以人乃息莊宗欣然其後幸鄴乃遣進等採鄴美女千人以充後宮而進等緣以爲姦軍士妻女因而逃逸者數千人莊宗還洛進載鄴女千人以從道路相屬男女無別魏王繼岌已破蜀劉皇后聽宦者讒言遣繼岌賊殺郭崇韜崇韜素嫉伶人常裁抑之伶人由此皆樂其死皇弟存乂崇韜之壻也進讒於莊宗曰存乂且反爲婦翁報仇乃囚而殺之朱友謙以梁河中降晉者及莊宗入洛伶人皆求賂於友謙友謙不能給而辭焉進乃讒友謙曰崇韜且誅友謙不自安必反宜幷誅之於是及其將五六人皆族滅之天下不勝其冤進官至銀青光祿大夫檢校左散騎常侍兼御史大夫上柱國史彥瓊者爲武德使居鄴都而魏博六州之政皆決彥瓊自留守王正言而下皆俛首承事之是時郭崇韜以無罪見殺于蜀天下未知其死也第見京師殺其諸子因相傳曰崇韜殺魏王繼岌而自王於蜀矣以故族其家鄴人聞之方疑惑已而朱友謙又見殺友謙子建徽爲澶州刺史有詔彥瓊使殺之彥瓊祕其事夜半馳出城鄴人見彥瓊無故夜馳出因驚傳曰劉皇后怒崇韜之殺繼岌也已弑帝而自立急召彥瓊計事鄴都大恐貝州人有來鄴者傳此語以歸戍卒皇甫暉聞之由此劫趙在禮作亂在禮已至館陶鄴都巡檢使孫鐸見彥瓊求兵禦賊彥瓊不肯與曰賊未至至而給兵豈晩邪已而賊至彥瓊以兵登北門聞賊呼聲大恐棄其兵而走單騎歸于京師在禮由是得入于鄴以成其叛亂者由彥瓊啓而縱之也郭門高者名從謙門高其優名也雖以優進而嘗有軍功故以爲從馬直指揮使從馬直蓋親軍也從謙以姓郭拜崇韜爲叔父而皇弟存乂又以從謙爲養子崇韜死存乂見囚從謙置酒軍中憤然流涕稱此二人之冤是時從馬直軍士王溫宿衞禁中夜謀亂事覺被誅莊宗戲從謙曰汝黨存乂崇韜負我又敎王溫反復欲何爲乎從謙恐退而激其軍士曰罄爾之貲食肉而飲酒無爲後日計也軍士問其故從謙因曰上以王溫故俟破鄴盡坑爾曹軍士信之皆欲爲亂李嗣源兵反嚮京師莊宗東幸汴州而嗣源先入莊宗至萬勝不得進而還軍士離散尚有二萬餘人居數日莊宗復東幸氾水謀扼關以爲拒四月丁亥朔朝羣臣於中興殿宰相對三刻罷從駕黃甲馬軍陣於宣仁門步軍陣於五鳳門以俟莊宗入食內殿從謙自營中露刃注矢馳攻興敎門與黃甲軍相射莊宗聞亂率諸王衞士擊亂兵出門亂兵縱火焚門緣城而入莊宗擊殺數十百人亂兵從樓上射帝帝傷重踣于絳霄殿廊下自皇后諸王左右皆奔走至午時帝崩五坊人善友聚樂器而焚之嗣源入洛得其骨葬新安之雍陵以從謙爲景州刺史已而殺之傳曰君以此始必以此終莊宗好伶而弑於門高焚以樂器可不信哉可不戒哉

五代史卷三十八

宋　歐　陽　修　撰

宦者傳第二十六

嗚呼自古宦女之禍深矣明者未形而知懼暗者患及而猶安焉至於亂亡而不可悔也雖然不可以不戒作宦者傳

張承業字繼元唐僖宗時宦者也本姓康幼閹爲內常侍張泰養子晉王兵擊王行瑜承業數往來兵間晉王喜其爲人及昭宗爲李茂貞所迫將出奔太原乃先遣承業使晉以道意因以爲河東監軍其後崔胤誅宦官宦官在外者悉詔所在殺之晉王憐承業不忍殺匿之斛律寺昭宗崩乃出承業復爲監軍晉王病且革以莊宗屬承業曰以亞子累公等莊宗常兄事承業歲時升堂拜母甚親重之莊宗在魏與梁戰河上十餘年軍國之事皆委承業承業亦盡心不懈凡所以畜積金粟收市兵馬勸課農桑而成莊宗之業者承業之功爲多自貞簡太后韓德妃伊淑妃及諸公子在晉陽者承業一切以法繩之權貴皆斂手畏承業莊宗歲時自魏歸省親須錢蒱博賞賜伶人而承業主藏錢不可得莊宗乃置酒庫中酒酣使子繼岌爲承業起舞舞罷承業出寶帶幣馬爲贈莊宗指錢積呼繼岌小字以語承業曰和哥乏錢可與錢一積何用帶馬爲也承業謝曰國家錢非臣所得私也莊宗以語侵之承業怒曰臣老敕使非爲子孫計惜此庫錢佐王成霸業爾若欲用之何必問臣財盡兵散豈獨臣受禍也莊宗顧元行欽曰取劍來承業起持莊宗衣而泣曰臣受先王顧託之命誓雪家國之讎今日爲王惜庫物而死死不愧於先王矣閻寶從旁解承業手令去承業奮拳毆寶踣罵曰閻寶朱溫之賊蒙晉厚恩不能有一言之忠而反諂諛自容邪太后聞之使召莊宗莊宗性至孝聞太后召甚懼乃酌兩

卮謝承業曰吾杯酒之失且得罪太后願公飲此爲吾分過承業不肯飲莊宗入內太后使人謝承業曰小兒忤公已笞之矣明日太后與莊宗俱過承業第慰勞之盧質嗜酒傲忽自莊宗及諸公子多見侮慢莊宗深嫉之承業乘間請曰盧質嗜酒無禮臣請爲王殺之莊宗曰吾方招納賢才以就功業公何言之過也承業起賀曰王能如此天下不足平也質因此獲免天祐十八年莊宗已諾諸將卽皇帝位承業方臥病聞之自太原肩輿至魏諫曰大王父子與梁血戰三十年本欲雪家國之讎而復唐之社稷今元兇未滅而遽以尊名自居非王父子之初心且失天下望不可莊宗謝曰此諸將之所欲也承業曰不然梁唐晉之仇賊而天下所共惡也今王誠能爲天下去大惡復列聖之深讐然後求唐後而立之使唐之子孫在孰敢當之使唐無子孫天下之士誰可與王爭者臣唐家一老奴耳誠願見大王之成功然後退身田里使百官送出洛東門而令路人指而歎曰此本朝敕使先王時監軍也豈不臣主俱榮哉莊宗不聽承業知不可諫乃仰天大哭曰吾王自取之悞老奴矣肩輿歸太原不食而卒年七十七同光元年贈左武衛上將軍謚曰正憲

張居翰字德卿故唐掖廷令張從玫之養子昭宗時爲范陽軍監軍與節度使劉仁恭相善天復中大誅宦者仁恭匿居翰大安山之北谿以免其後梁兵攻仁恭仁恭遣居翰從晉王攻梁潞州以牽其兵晉遂取潞州以居翰爲昭義監軍莊宗卽位與郭崇韜並爲樞密使莊宗滅梁而驕宦官因以用事郭崇韜又專任政居翰默默苟免而已魏王破蜀王衍朝京師行至秦川而明宗軍變于魏莊宗東征慮衍有變遣人馳詔魏王殺之詔書已印畫而居翰發視之詔書言誅衍一行居翰以謂殺降不祥乃以詔傳柱揩去行字改爲一家時蜀降人與衍俱東者千餘人皆獲免莊宗遇弑居翰見明宗于至德宮求歸田里天成三年卒于長安年七十一

五代文章陋矣而史官之職廢於喪亂傳記小說多失其傳故其事迹終始不完而雜以訛繆至於英豪奮起戰爭勝敗國家興廢之際豈無謀臣之略辯士之談而文字不足以發之遂使泯然無傳於後世然獨張承業事卓卓在人耳目至今故老猶能道之其論議可謂傑然歟殆非宦者之言也自古宦者亂人之國其源深於女禍女色而已宦者之害非一端也蓋其用事也近而習其爲心也專而忍能以小善中人之意小信固人之心使人主必信而親之待其已信然後懼以禍福而把持之雖有忠臣碩士列于朝廷而人主以爲去已疎遠不若起居飲食前後左右之親爲可恃也故前後左右者日益親則忠臣碩士日益疎而人主之勢日益孤勢孤則懼禍之心日益切而把持者日益牢安危出其喜怒禍患伏於帷闥則嚮之所謂可恃者乃所以爲患也患已深而覺之欲與疎遠之臣圖左右之親近緩之則養禍而益深急之則挾人主以爲質雖有聖智不能與謀謀之而不可爲爲之而不可成至其甚則俱傷而兩敗故其大者亡國其次亡身而使姦豪得借以爲資而起至抉其種類盡殺以快天下之心而後已此前史所載宦者之禍常如此者非一世也夫爲人主者非欲養禍於內而疎忠臣碩士於外蓋其漸積而勢使之然也夫女色之惑不幸而不悟則禍斯及矣使其一悟捽而去之可也宦者之爲禍雖欲悔悟而勢有不得而去也唐昭宗之事是已故曰深於女禍者謂此也可不戒哉昭宗信狎宦者由是有東宮之幽既出而與崔胤圖之胤爲宰相顧力不足爲乃召兵於梁梁兵且至而宦者挾天子走之岐梁兵圍之三年昭宗既出而唐亡矣初昭宗之出也梁王悉誅唐宦者第五可範等七百餘人其在外者悉詔天下捕殺之而宦者多爲諸鎭所藏匿而不殺是時方鎭僭擬悉以宦官給事而吳越最多及莊宗立詔天下訪求故唐時宦者悉送京師得數百人宦者遂復用事以至於亡此何異求已覆之車躬駕而履其轍也可爲悲夫莊宗未滅梁時承業已死其後居翰雖爲樞密使而不用事有宣徽使馬紹宏者嘗賜姓李頗見信用然誣殺大臣黷貨賂專威福以取怨於天下者左右狎暱黃門內養之徒也是時明宗自鎭州入覲奉朝請於京師莊宗頗疑其有異志陰遣紹宏伺其動靜紹宏反以情告明宗明宗自魏而反天下皆知禍起於魏孰知其啓明宗之二心者自紹宏始也郭崇韜已破蜀莊宗信宦者言而疑之然崇韜之死莊宗不知皆宦者爲之也當此之時舉唐之精兵皆在蜀使崇韜不死明宗入洛豈無西顧之患其能晏然取唐而代之邪及明宗入立又詔天下悉捕宦者而殺之宦者亡竄山谷多削髮爲浮屠其亡至太原者七十餘人悉捕而殺之都亭驛流血盈庭明宗晚而多病王淑妃專內以干政宦者孟漢瓊因以用事秦王入視明宗疾已革既出而聞哭聲以謂帝崩矣乃謀以兵入宮者懼不得立也大臣朱弘昭等方圖其事議未決漢瓊遽入見明宗言秦王反卽以兵誅之陷秦王大惡而明宗以此飲恨而終後愍帝奔于衞州漢瓊西迎廢帝于潞廢帝惡而殺之

嗚呼人情處安樂自非聖哲不能久而無驕怠宦女之禍非一日必伺人之驕怠而浸入之明宗非佚君而猶若此者蓋其在位差久也其餘多武人崛起及其嗣續世數短而年不永故宦者莫暇施爲其爲大害者略可見矣獨承業之論偉然可愛而居翰更一字以活千人君子之於人也苟有善焉無所不取吾於斯二人者有所取焉取其善而戒其惡所謂愛而知其惡憎而知其善也故并述其禍敗之所以然者著于篇

五代史卷三十八考證

張承業傳肩輿入太原不食而卒年七十七同光元年贈左武衛上將軍謚曰正憲○臣文淸按張承業卒時唐亡已十六載矣朱子綱目仍書曰唐特進河東監軍使張承業卒予承業之不忘唐也可補此處之缺

五代史卷三十九

宋　歐　陽　修　撰

雜傳第二十七

王鎔其先回鶻阿布思之遺種曰沒諾干爲鎭州王武俊騎將武俊錄以爲子遂冒姓王氏沒諾干子曰末坦活末坦活子曰昇昇子曰廷湊廷湊子曰元逵元逵子曰紹鼎紹懿紹鼎子曰景崇自昇以上三世常爲鎭州騎將自景崇以上四世五人皆爲成德軍節度使景崇官至守太尉封常山郡王唐中和二年卒子鎔立年十歲是時晉新有太原李匡威據幽州王處存據中山赫連鐸據大同孟方立據邢臺四面豪傑並起而交爭鎔介於其間而承祖父百年之業士馬彊而畜積富爲唐累世藩臣故鎔年雖少藉其世家以取重自四方諸鎭廢立承繼有請於唐者皆因鎔以聞自晉兵出山東已破孟遷取邢洺磁三州景福元年乃大舉擊趙下臨城鎔求救於李匡威匡威來救晉軍解去明年晉會王處存攻鎔堅固新市晉王與處存皆自將而鎔未嘗臨軍遣追風都團練使段亮剪寇都團練使馬珂等以兵屬匡威而已匡威戰磁河晉軍大敗明年春晉攻天長軍鎔出兵救之敗于叱日嶺晉軍遂出井陘鎔又求救於匡威晉軍解去初匡威悅其弟匡儔之婦美而淫之匡儔怒及其救鎔也誘其軍亂而自立匡威內慙不敢還乃以符印歸其弟而將奔于京師行至深州鎔德匡威救已使人邀之館于梅子園以父事之匡威客李正抱者少游燕趙間每徘徊常山愛之不能去正抱匡威皆失國無聊相與登城西高閣顧覽山川泫然而泣乃與匡威謀刼鎔而代之因詐爲忌日鎔去衞從晨詣館慰坐定甲士自幕後出持鎔兩袖鎔曰吾國賴公而存誠無以報厚德今日之事是所甘心因叩頭以位與匡威匡威素少鎔以謂無能爲也因與鎔方轡詣府將代其位行過親事營軍士閉門大譟天雨震電暴風拔木屋瓦皆飛屠者墨君和望見鎔識之從缺垣中躍出挾鎔于馬負之而走亂軍擊殺匡威正抱燕人皆死匡儔雖憾其兄而陽以大義責鎔甚急鎔既失燕援而晉軍急攻平山刼鎔以盟鎔遂與晉和其後梁太祖下晉邢洺磁三州乃爲書詔(古本作招)鎔使絕晉而歸梁鎔依違不決(一作訣)晉將李嗣昭復取洺州梁太祖擊敗嗣昭嗣昭棄洺州走梁獲其輜重得鎔與嗣昭書多道梁事太祖怒因移兵常山顧謂葛從周曰得鎭州以與爾爾爲我先鋒從周至臨城中流矢臥輿中梁軍大沮梁太祖自將傳城下焚其南關鎔懼顧其屬曰事急矣柰何判官周式辨士也對曰此難于力爭而可以理奪也式與梁太祖有舊因請入梁軍太祖望見式罵曰吾常以書招鎔不來今吾至此而爾爲說客晚矣且晉吾仇也而鎔附之吾知李嗣昭在城中可使先出乃以所得鎔與嗣昭書示式式進曰梁欲取一鎭州而止乎而欲成霸業於天下也且霸者責人以義而不私今天子在上諸侯守封睦鄰所以息爭且休民也昔曹公破袁紹得魏將吏與紹書悉焚之此英雄之事耳今梁知兵衆無名而假嗣昭以爲辭且王氏五世六公撫有此土豈無死士而待嗣昭乎梁太祖大喜起牽式衣而撫之曰吾言戲耳因延式於上坐議與鎔和鎔以子昭祚爲質梁太祖以女妻之太祖卽位封鎔趙王鎔祖母喪諸鎭皆弔梁使者見晉使在館還言趙王有二志是時魏博羅紹威卒梁因欲盡取河北開平四年冬遣供奉官杜廷隱監魏博將夏諲以兵三千襲深冀二州以王景仁爲北面行營招討使鎔懼乞兵于晉晉人擊敗景仁於柏鄉梁遂失鎭定而莊宗由此益彊北破幽燕南并魏博鎔常以兵從鎔德晉甚明年會莊宗於承天軍奉觴爲壽莊宗以鎔父友尊禮之酒酣爲鎔歌拔佩刀斷衣而盟許以

女妻鎔子昭誨鎔爲人仁而不武未嘗敢爲兵先佗兵攻趙常藉鄰兵爲救當是時諸鎮俱弊於戰爭而趙獨安樂王氏之無事都人士女褒衣博帶務夸侈爲嬉遊鎔尤驕於富貴又好左道鍊丹藥求長生與道士王若訥留游西山登王母祠使婦人維錦繡牽持而上每出逾月忘歸任其政於宦者宦者石希蒙與鎔同臥起天祐十八年冬鎔自西山宿鶻營莊將還府希蒙止之宦者李弘規諫曰今晉王身自暴露以親矢石而大王竭軍國之用爲游畋之資開城空宮逾月不還使一夫閉門不納從者大王欲何歸乎鎔懼促駕希蒙固止之弘規怒遣親事軍將蘇漢衡率兵擐甲露刃於帳前曰軍士勞矣願從王歸國弘規繼而進曰惑王者希蒙也請殺之以謝軍士鎔不荅弘規呼甲士斬希蒙首擲於鎔前鎔懼遽歸使其子昭祚與大將張文禮族弘規漢衡收其偏將下獄窮究反狀親軍皆懼文禮誘以爲亂夜半親軍千餘人踰垣而入鎔方與道士焚香受籙軍士斬鎔首袖之而出因縱火焚其宮室遂滅王氏之族鎔少子昭誨年十歲其軍士有德鎔者藏之穴中亂定髡其髮被以僧衣遇湖南人李震與之震匿昭誨於茶籠中載之湖南依南嶽爲浮圖易名崇隱明宗時昭誨已長思歸而鎔故將符習爲宣武軍節度使震以歸習習表於朝昭誨自稱前成德軍中軍使以見拜考功郎中司農少卿周顯德中猶爲少府監云張文禮者狡獪人也鎔惑愛之以爲子號王德明鎔已死文禮自爲留後莊宗初納之後知其通於梁也遣趙故將符習與閻寶擊之文禮家鬼夜哭野河水變爲血游魚皆死文禮懼病疽卒子處瑾祕喪拒守擊敗習等以李嗣昭代之嗣昭中流矢卒以李存進代之存進輒復戰歿乃以符存審爲招討使遂破之執文禮妻及子處瑾處球處琪等折足歸于晉趙人請而醢之磔文禮尸于市

羅紹威字端已其先長沙人祖讓北遷爲魏州貴鄉人父弘信爲牧馬監卒文德元年魏博牙軍亂遂（古本作逐）殺其帥樂彥貞立其將趙文建爲留後已而又殺之牙將未知所立乃聚呼曰孰能爲我帥者弘信從衆中出應曰我可爲君等帥也弘信狀貌奇怪面色青黑軍中異之共立爲留後唐昭宗即位拜弘信節度使梁太祖將攻晉乞糴于弘信弘信不與由是有隙梁兵攻魏取黎陽臨河淇門衛縣戰于內黃魏兵五戰五敗弘信懼請盟乃止是時梁方東攻兗鄆北敵晉晉遣李存信救朱宣假道于魏太祖聞遣使語弘信曰晉人志在河朔兵還滅魏矣弘信以爲然乃發兵擊存信於莘縣太祖遣葛從周助之梁兵擒晉王子落落送于魏弘信殺之乃與晉絕太祖猶疑弘信有二心乃以兄事弘信常爲卑辭厚幣以聘魏魏使者至梁太祖北面拜而受幣謂使者曰六兄於我有倍年之長吾何敢慢之弘信大喜以爲厚已以故太祖往來燕趙之間卒有河北者魏不爲之患也弘信死紹威立紹威好學工書頗知屬文聚書數萬卷開館以延四方之士弘信在唐以其先長沙人故封長沙郡王紹威襲父爵長沙紹威新立幽州劉仁恭以兵六十萬攻魏屠其城紹威求救於梁大敗燕軍於內黃明年梁太祖遣葛從周會魏兵攻滄州取其德州遂敗燕軍於老鵶隄紹威以故德梁助已魏博自田承嗣始有牙軍牙軍歲久益驕至紹威時已二百年父子世相婚姻以自固結前帥史憲誠何全皞韓君雄樂彥貞等皆由牙軍所立怒輒遂（古本作逐）殺之紹威爲人精悍明敏通習吏事爲政有威嚴然其家世由牙軍所立天祐二年魏州城中地陷紹威懼有變已而牙校李公佺作亂紹威誅之乃間遣使告梁乞兵欲盡誅牙軍梁太祖許之爲遣李思安等攻滄州召兵於魏紹威因悉發魏兵以從獨牙軍在紹威子廷規娶梁女會梁女卒太祖陰遣客將馬嗣勳選良兵實輿中以長直軍千人雜輿夫入魏詐爲助葬太祖以兵繼其後紹威夜以奴兵數百會嗣勳兵擊牙軍并其家屬盡殺之太祖自內黃馳至魏魏兵從攻滄州者行至歷亭聞之皆反分入澶博諸州魏境大亂數月太祖爲悉平之牙軍死魏兵悉叛紹威勢益孤太祖乃欲奪其地紹威始大悔是歲太祖復攻滄州宿兵長蘆紹威饋給梁兵自滄至魏五百里起亭堠供帳什物自具梁兵數十萬皆取足紹威以此重困昭宗東遷洛陽詔諸鎮繕理京師紹威營太廟成加拜守侍中進封鄴王太祖圍滄州未下劉守光會晉軍破梁潞州太祖自長蘆歸過魏疾作臥府中諸將莫得見紹威懼太祖終襲已乃乘間入見曰今四方稱兵爲梁患者以唐在故也唐家天命已去不如早自取之太祖大喜乃急歸太祖即位將都洛陽紹威取魏良材爲五鳳樓朝元前殿浮河而上立之京師太祖嘆曰吾聞蕭何守關中爲漢起未央宮豈若紹威越千里而爲此若神化然功過蕭何遠矣賜以寶帶名馬燕王劉守光囚其父仁恭與其弟守文有隙紹威馳書勸守光等降梁太祖聞之笑曰吾常攻燕不能下今紹威折簡乃勝用兵十萬太祖每有大事多遣使者問之紹威時亦馳簡入白使者相遇道中其事往往相合紹威自以魏久不用兵願伐木安陽淇門爲船自河入洛歲漕穀百萬石以供京師太祖益以紹威爲盡忠遣將程厚盧凝督其役舟未成而紹威病乃表言魏故大鎮多外兵願得梁一有功重臣臨之請以骸骨就第太祖亟命其子周翰監府事語使者曰亟行語而主爲我彊飯如有不諱當世世貴爾子孫今使周翰監府事尙冀卿復愈耳紹威仕梁累拜太師兼中書令卒年三十四贈尙書令謚曰貞壯子三人廷規官至司農卿卒周翰襲父位乾化二年八月爲楊師厚所逐徙爲宣義軍節度使卒于官年十四周敬代爲宣義軍節度使年十歲從鎮忠武明年爲秘書監駙馬都尉光祿卿唐莊宗時爲金吾大將軍明宗以爲匡國軍節度使罷爲上將軍晉天福二年卒年三十二廷規娶梁太祖二女一曰安陽公主一曰金華公主周翰娶末帝女曰壽春公主周敬亦娶末帝女曰晉安公主

王處直字允明京兆萬年人也父宗善殖財貨富擬王侯爲唐神策軍吏官至金吾大將軍領興元節度使子處存處直處存以父任爲驍衛將軍定州已來制置內閑廐宮苑等使乾符六年即拜義武軍節度使黃巢陷長安處存感憤流涕率鎮兵入關討賊巢敗第功而收城擊賊李克用爲第一勤王倡義處存爲第一乾寧二年處存卒于鎮三軍以河朔故事推處存子郜爲留後即拜節度使加檢校司空同中書門下平章事處直爲後院中軍都知兵馬使光化三年梁兵攻定州郜遣處直率兵拒之戰于沙河爲梁兵所敗敗兵返入城逐郜郜出奔晉亂兵推處直爲留後梁兵圍之處直遣人告梁請絕晉而事梁出絹十萬匹犒軍乃與梁盟梁太祖表處直義武軍節度使累封太原王太祖即位封處直北平王其後梁兵攻王鎔鎔求救于晉處直亦遣人至晉願絕梁以自効晉兵救鎔處直以兵五千從破梁軍於栢鄉其後晉北破燕南取魏博與梁戰河上十餘年處直未嘗不以兵從處直好巫而客有李應之者妖妄人也處直有疾應之以左道治之而愈處直益以爲神使衣道士服以爲行軍司馬軍政無大小咸取決焉初應之於陘邑閭得小兒劉雲郎養以爲子而處直未有子乃以雲郎與處直而紿曰此子生而有異處直養以爲子更名曰都甚愛之應之由此益橫乃籍管內丁壯別立新軍自將之治第博陵坊四面開門皆用左道處直將吏知其必爲患而莫能諫也是時幽州李匡儔假道中山以如京師處直伏甲城外以備不虞匡儔已去甲士入城圍應之第執而殺之因詬處直請殺都處直不與明日第功行賞因陰疏甲士姓名自隊長以上藏于別籍其後因事誅之凡二十年無一人免者而處直終爲都所殺都爲人殺佞多謀處直以爲節度副使張文禮弒王鎔莊宗發兵討文禮處直與左右謀曰鎮定之蔽也文禮雖有罪然鎮亡定不獨存乃遣人請莊宗毋發兵莊宗取所獲文禮與梁蠟書示處直曰文禮負我師不可止處直有孽子郁當郜之亡于晉也郁亦奔爲晉王以女妻之爲新州防禦使處直見莊宗必討文禮益自疑乃陰與郁交通使郁北招契丹入塞以牽晉兵且許召郁爲嗣都聞之不悅而定人皆言契丹不可召恐自貽患處直不聽郁自奔晉常恐處直不容因此大喜以爲乘其隙可取之乃以厚賂誘契丹阿保機阿保機舉國入寇定人皆不欲契丹之舉小吏和昭訓勸都舉事都因執處直囚之西宅自爲留後凡王氏子孫及處直將校殺戮殆盡明年正月朔旦都拜處直於西宅處直奮起椹其胷而呼曰逆賊吾何負爾然左右無兵遂欲齧其鼻都掣袖而走處直遂見殺初有黃蛇見于牌樓處直以爲龍藏而祠之又有野鵲數百巢麥田中處直以爲已德所致而定人皆知其不祥曰蛇穴山澤而處人室鵲巢烏降而田居小人竊位而在上者失其所居之象也已而處直果被廢死莊宗已敗契丹于沙河追奔過定州與都相得懽甚以其子繼岌娶都女以都爲義武軍節度使同光二年莊宗幸鄴都來朝賜與鉅萬莊宗以繼岌故待都甚厚所請無不從及明宗立頗惡都爲人而安重誨每以法繩之都始有異志是時唐兵擊契丹數往來定州都供饋多闕益不自安和昭訓爲都謀曰天子新立四方未附其勢易離可爲自安之計已而朱守殷反於汴州都遂亦反遣人以蠟書招青徐岐潞梓五鎮約皆舉兵而五鎮不應明宗遣王晏球討之都復與王郁招契丹爲援契丹遣禿餒將萬騎救都都遣指揮使鄭季璘龍泉鎮將杜弘壽以二千人迎契丹爲晏球所敗季璘弘壽被執晏球責曰吾常使人招汝何故不降弘壽對曰受恩中山兩世矣不敢有二心遂見殺弘壽臨刑神色自若晏球屯軍望都與都及契丹戰大敗之曲陽都及禿餒得數騎遁去閉城不復出初莊宗軍中闇得一男子愛之使冒姓李名繼陶養於宮中以爲子明宗即位安重誨出以乞段徊徊亦惡而逐之都使人求得之至是紿其衆曰此莊宗太

子也被以天子之服使巡城上以示晏球軍軍士識者曰繼陶也共詬之都居城中兵少惟以契丹二千人守城呼禿餒爲餒王屈身事之諸將有欲出降者都伺察嚴密殺戮無虛日以故堅守經年天成四年二月城破都與家屬皆自焚死王氏遂絶于中山而處存有子鄴鄴子廷徇與莊宗連外姻爲人驍勇自爲軍校能與士卒同辛苦明宗時歷貝忻密澶隰州刺史范延光反于鄴晉高祖以廷徇爲楊光遠行營中軍使破延光有功拜彰德軍節度使初處直爲都所囚幼子威北走契丹契丹謂晉高祖曰吾欲使威襲其先人爵土如何高祖對曰中國之法自將校爲刺史升團練防禦而至節度使請送威歸中國漸進之契丹怒曰爾自諸侯爲天子豈有漸乎高祖懼之遽徙廷徇鎮義武曰此亦王氏之後也後徙鎮海而卒

劉守光深州樂壽人也其父仁恭事幽州李可舉能穴地爲道以攻城軍中號劉窟頭稍以功遷軍校仁恭爲人有勇好大言可舉死子匡威惡其爲人不欲使居軍中徙爲瀛州景城縣令瀛州軍亂殺刺史仁恭募縣中得千人討平之匡威喜復以爲將使戍蔚州戍兵過期不得代皆思歸出怨言匡威爲弟匡儔所逐仁恭聞亂乃擁戍兵攻幽州行至居庸關戰敗奔于晉晉以爲壽陽鎮將仁恭多智詐善事人事晉王愛將蓋寓尤謹每對寓涕泣自言居燕無罪以讒見逐因道燕虛實陳可取之謀晉王益信而愛之乾寧元年晉擊破匡儔乃以仁恭爲幽州留後留其親信燕留得等十餘人監其軍爲之請命于唐拜檢校司空盧龍軍節度使其後晉攻羅弘信求兵於仁恭仁恭不與晉王以書微責誚之仁恭大怒執晉使者殺燕留得等以叛晉王自將討之戰于安塞晉王大敗光化元年遣其子守文襲滄洲逐節度使盧彥威遂取滄景德三州爲其子請命于唐昭宗遲之未即從仁恭怒語唐使者曰爲我語天子旌節吾自有但要長安本色爾何屢求而不得也昭宗卒以守文爲橫海軍節度使仁恭父子率兩鎮兵十萬號稱三十萬以擊魏屠貝州羅紹威求救於梁梁遣李思安救魏大敗守文於內黃斬首五萬仁恭走梁軍追擊之自魏至長河橫尸數百里梁軍自是連歲攻之破其瀛漠二州仁恭懼復附晉天祐三年梁攻滄州仁恭調其境內凡男子年十五已上七十已下皆黥其面文曰定霸都得二十萬人兵糧自具屯于瓦橋梁軍壁長蘆深溝高壘仁恭不能近滄州被圍百餘日城中食盡人自相食析骸而爨或丸墐土而食死者十六七仁恭求救於晉晉王爲之攻潞州以牽梁圍晉破潞州梁軍乃解去然仁恭幸世多故而驕於富貴築宮大安山窮極奢侈選燕美女充其中又與道士鍊丹藥冀可不死令燕人用墐土爲錢悉斂銅錢鑿山而藏之已而殺其工以滅口後人皆莫知其處仁恭有愛妾羅氏其子守光烝之仁恭怒笞守光逐之梁開平元年遣李思安攻仁恭仁恭在大安山守光自外將兵以入擊走思安乃自稱盧龍節度使遣李小喜元行欽以兵攻大安山執仁恭而幽之其兄守文聞父且囚即率兵討守光至于盧臺爲守光所敗進戰玉田又敗乃乞兵于契丹明年守文將契丹吐渾兵四萬人戰于鷄蘇守光兵敗守文陽爲不忍出於陣而呼其衆曰毋殺吾弟守光將元行欽識守文躍馬而擒之又囚之於別室既而殺之守文將吏孫鶴呂兗等立守文子延祚以拒守光守光圍之百餘日城中食盡米斛直錢三萬人相殺而食或食墐土馬相食其騣尾兗等率城中飢民食以麴號宰殺務日殺以餉軍久之延祚力窮遂降守光素庸愚由此益驕爲鐵籠鐵刷人有過者坐之籠中外燎以火或刷剔其皮膚以死燕之士逃禍于佗境守光身衣赭黃謂其將吏曰我衣此而南面可以帝天下乎孫鶴切諫以爲不可梁攻趙趙王王鎔求救於守光孫鶴曰今趙無罪而梁伐之諸侯救趙之兵先至者霸臣恐燕軍未出而晉已先破梁矣此不可失之時也守光曰趙王與我盟而背之今急乃來歸我且兩虎方鬬可待之吾當爲卞莊子也遂不出兵晉王果救趙大敗梁兵於栢鄉進掠邢洺至于黎陽守光聞晉王空國深入梁乃治兵戒嚴遣人以語動鎮定曰燕有精兵三十萬願率二鎮以從晉然誰當主此盟者晉人患之謀曰昔夫差爭黃池之會而越入吳項羽貪伐齊之利而漢敗楚今吾越千里以伐人而彊燕在其後此腹心之患也乃爲之班師守光益以爲諸鎮畏其強乃諷諸鎮共推尊己於是晉王率天德宋瑤振武周德威昭義李嗣昭義武王處直成德王鎔等以墨制册尊守光爲尚書令尚父守光又遣人告于梁請授己河北兵馬都統以討鎮定河東梁遣閤門使王瞳拜守光河北採訪使有司白守光尚父受册用唐册太尉禮儀守光問曰此儀注何不郊天改元有司曰此天子之禮也尚父雖尊乃人臣耳守光怒曰我爲尚父誰當帝者乎且今天下四分五裂大者稱帝小者稱王我以二千里之燕獨不能帝一方乎乃械梁晉使者下獄置斧鑕于其庭令曰敢諫者死孫鶴進曰滄州之敗臣蒙王不殺之恩今日之事不敢不諫守光怒推之伏鑕令軍士剮而啖之鶴呼曰不出百日大兵當至命窒其口而醢之守光遂以梁乾化元年八月自號大燕皇帝改元曰應天以王瞳齊涉爲左右相晉遣太原少尹李承勳賀册尚父至燕而守光已僭號有司迫承勳稱臣承勳不屈以列國交聘禮入見守光怒殺之明年晉遣周德威將三萬人會鎮定之兵以攻燕自祈溝關入其澶涿武順諸州皆迎降守光被圍經年累戰常敗乃遣客將王遵化致書于德威曰予得罪于晉迷而不復今其病矣公善爲我辭焉德威謂遵化曰大燕皇帝尚未郊天何至此耶予受命以討僭亂不知其佗也守光益窘乃獻絹千匹銀千兩錦百段遣其將周遵業謂德威曰吾王以情告公富貴成敗人之常理錄功赦過霸者之事也守光去歲妄自尊崇本不能爲朱溫下耳豈意大國暴師經年幸少寬之德威不許守光登城呼德威曰公三晉賢士獨不念人之危乎遣人以所乘馬易德威馬而去因告曰俟晉王至則降晉王乃自臨軍守光登城見晉王晉王問將如何守光曰今日俎上肉耳惟王所爲也守光有嬖者李小喜勸其毋降守光因請俟佗日是夕小喜叛降于晉軍明旦晉軍攻破其城執仁恭及其家族三百口守光與其妻李氏祝氏子繼珣繼方繼祚等南走滄州迷失道至燕樂界中數日不得食遣其妻祝氏乞食于田家田家怪而詰之祝氏以實告乃被擒送幽州晉王方大饗軍客將引守光見晉王戲之曰主人何避客之遠邪守光叩頭請死命械守光并其父仁恭以從軍軍還過趙趙王王鎔會晉王置酒酒酣請曰願見仁恭父子晉王命破械出之引置下坐飲食自若皆無慙色晉王至太原仁恭父子曳以組練獻于太廟守光將死泣曰臣死無恨然教臣不降者李小喜也罪人不死臣將訴于地下晉王使召小喜小喜瞋目曰囚父弑兄蒸其骨肉亦小喜教爾耶晉王怒命先斬小喜守光知不免呼曰王將復唐室以成霸業何不赦臣使自效其二婦從旁罵曰事已至此生復何爲願先死乃俱死晉王命李存霸執仁恭至鴈門刺其心血以祭先王墓然後斬之

五代史卷三十九考證

羅紹威傳行至歷亭○亭監本訛序今從閣本改正

五代史卷四十

宋　歐陽修　撰

雜傳第二十八

李茂貞深州博野人也本姓宋名文通爲博野軍卒戍鳳翔黃巢犯京師鄭畋以博野軍擊賊茂貞以功自隊長遷軍校光啓元年朱玫反僖宗出居興元玫遣王行瑜攻大散關茂貞與保鑾都將李鋋等敗行瑜於大唐峯明年攻遂敗死茂貞以功自扈蹕都頭拜武定軍節度使賜以姓名扈蹕東歸至鳳翔鳳翔節度使李昌符與天威都頭楊守立爭道以兵相攻昌符不勝走隴州僖宗遣茂貞追擊殺昌符以功拜鳳翔隴右節度使大順元年封隴西郡王二年樞密使楊復恭得罪奔於興元興元節度使楊守亮復恭之養子也納之茂貞乃上書言復恭父子罪皆當誅因自請爲山南招討使昭宗以宦者故難之未許茂貞擅發兵攻破興元復恭父子見殺茂貞表其子繼密權知興元軍府事昭宗乃徙茂貞爲山南西道節度使以宰相徐彥若鎮鳳翔茂貞不奉詔上表自論曰但慮軍情忽變戎馬難羈徙令甸服生靈因茲受弊未審乘輿播越自此何之昭宗以茂貞表辭不遜不能忍以問宰相杜讓能讓能以謂茂貞地大兵彊而唐力未可以致討鳳翔又近京師易以自危而難於後悔佗日雖欲誅晁錯以謝諸侯恐不能也昭宗怒曰吾不能孱孱坐受凌弱乃責讓能治兵而以覃王嗣周爲京西招討使令下京師市人皆知不可相與聚承天門遮宰相請無舉兵爭投瓦石擊宰相宰相下輿而走亡其堂印人情大恐昭宗意益堅覃王率扈駕軍五十四都戰于盩厔唐軍敗潰茂貞遂犯京師屯于三橋昭宗御安福門殺兩樞密以謝茂貞使罷兵茂貞與讓能素有隙因曰謀舉兵者非兩樞密乃讓能也陳兵臨皐驛請殺讓能讓能曰臣固先言之矣惟殺臣可以紓國難昭宗泣下沾襟貶讓能雷州司戶參軍賜死茂貞乃罷兵明年河中節度使王重盈卒其諸子珂珙爭立晉王李克用請立珂茂貞與韓建王行瑜請立珙昭宗不許茂貞等怒率三鎮兵犯京師謀廢昭宗立吉王保未果而晉王亦舉兵茂貞懼乃殺宰相韋昭度李磎留其養子繼鵬以兵二千宿衞而去晉兵至河中繼鵬與行瑜弟行實等爭劫昭宗出奔京師大亂昭宗出居于石門茂貞以兵至鄠縣斬繼鵬自贖晉兵已破王行瑜還軍渭北請擊茂貞昭宗以謂晉遠而茂貞近因欲庇之以爲德而冀緩急之可恃也且茂貞已殺其子

而自贖矣。乃詔罷歸晉軍。克用歎曰：「唐不誅茂貞，憂未已也。」昭宗自石門還，益募安聖、捧宸等軍萬餘人，以諸王將之。茂貞謂唐將討己，亦治兵請覲京師，大恐，居人亡入山谷。茂貞遂犯京師，昭宗遣覃王拒之，覃王至三橋，軍潰，昭宗出居于華州，遣宰相孫偓以兵討茂貞，韓建爲茂貞請，乃已。久之，加拜茂貞尚書令，封岐王。其後昭宗爲宦者所廢，既反正，宰相崔胤欲借梁兵誅諸宦者，陰與梁太祖謀之。中尉韓全誨等亦倚茂貞之彊以爲外援，茂貞遣其子繼筠以兵數千宿衞京師，宦者恃岐兵益驕，不可制。天復元年，胤召梁太祖以西，梁軍至同州，全誨等懼，與繼筠劫昭宗幸鳳翔。梁軍圍之逾年，茂貞每戰輒敗，閉壁不敢出。城中薪食俱盡，自冬涉春，雨雪不止，民凍餓死者日以千數。米斗直錢七千，至燒人屎煮尸而食。父自食其子，人有爭其肉者，曰：「此吾子也，汝安得而食之！」人肉斤直錢百，狗肉斤直錢五百，父甘食其子，而人肉賤於狗。天子於宮中設小磨，遣宮人自屑豆麥以供御，自後宮、諸王十六宅凍餒而死者日三四。城中人相與邀遮茂貞求路以爲生，茂貞窮迫，謀以天子與梁以爲解。昭宗謂茂貞曰：「朕與六宮皆一日食粥，一日食不托，安能不與梁和乎？」三年正月，茂貞與梁約和，斬韓全誨等二十餘人，傳首梁軍，梁圍解。天子雖得出，然梁遂劫東遷而唐亡。茂貞非惟亡唐，亦自困矣。及梁太祖即位，諸侯之彊者皆相次稱帝，獨茂貞不能，但稱岐王，開府置官屬，以妻爲皇后，鳴梢羽扇視朝，出入擬天子而已。茂貞居岐，以寬仁愛物，民頗安之。嘗以地狹賦薄，下令搉油，因禁城門無內松薪，以其可爲炬也。有優者誚之曰：「臣請幷禁月明。」茂貞笑而不怒。初，茂貞破楊守亮，取興元，而邠寧、鄜坊皆附之，有地二十州。其破梁圍也，興元入于蜀；開平已後，邠寧、鄜坊入于梁；秦、鳳、階、成又入于蜀。當梁末年，所有七州而已。二十州者，岐、隴、涇、原、渭、武、秦、成、階、鳳、邠、寧、慶、衍、鄜、坊、丹、延、梁、洋也。莊宗已破梁，茂貞稱岐王，上牋以季父行自處，及聞入洛，乃上表稱臣，遣其子從曮來朝。莊宗以其耆老，甚尊禮之，改封秦王，詔書不名。同光二年，以疾卒，年六十九，謚曰忠敬。從曮爲人柔而善書畫。茂貞承制拜從曮彰義軍節度使，茂貞卒，拜鳳翔節度使。魏王繼岌征蜀，爲供軍轉運應接使。蜀平，繼岌遣從曮部送王衍，行至鳳翔，監軍使柴重厚拒而不納，從曮遂東至華州，聞莊宗之難，乃西歸。明宗入立，聞重厚嘗拒從曮，遣人誅之。從曮上書言重厚守鳳翔，軍民無所擾，願貸其過，雖不許，士人以此多之。歷鎮宣武、天平。從曮有田千頃，竹千畝，在鳳翔，懼侵民利，未嘗省理，鳳翔人愛之。廢帝起鳳翔，將行，鳳翔人叩馬乞從曮，廢帝入立，復以從曮爲鳳翔節度使。卒，年四十九。

韓建字佐時，許州長社人也。少爲蔡州軍校，隸忠武軍將鹿晏弘，從楊復光攻黃巢於長安。巢已破，復光亦死，晏弘與建等無所屬，乃以麾下兵西迎僖宗於蜀，所過攻劫，行至興元，逐牛叢，據山南，已而不能守，晏弘東走許州，建乃奔于蜀，拜金吾衞將軍。僖宗還長安，建爲潼關防禦使、華州刺史。華州數經大兵，戶口流散，建少賤，習農事，乃披荆棘，督民耕植，出入閭里，問其疾苦。建初不知書，乃使人題其所服器皿牀榻，爲其名目以視之，久乃漸通文字。見玉篇，喜曰：「吾以類求之，何所不得也。」因以通音韻聲偶，暇則課學書史。是時，天下已亂，諸鎮皆武夫，獨建撫緝兵民，又好學。荆南成汭時冒姓郭，亦善緝荆楚，當時號爲「北韓南郭」。大順元年，以兵屬張濬伐晉，濬敗，建自含山逾歸。河中王重盈死，諸子珂、珙爭立，晉人助珂，建與王行瑜、李茂貞助珙，昭宗不許。建等大怒，以三鎮兵犯京師。昭宗見建等，責之，行瑜、茂貞惶恐戰汗不能語，獨建前自陳述，乃殺宰相韋昭度、李磎等，謀廢昭宗。會晉舉兵且至，建等懼，乃還。晉兵問罪三鎮，兵傳華州，建登城呼曰：「弊邑未嘗失禮於大國，何爲見攻？」晉人曰：「君以兵犯天子，殺大臣，是以討也。」已而與晉和。乾寧三年，李茂貞復犯京師，昭宗將奔太原，次渭北，建遣子允請幸華州，昭宗又欲如鄜州，建追及昭宗於富平，泣曰：「藩臣倔彊，非止茂貞，若捨近畿而巡極塞，乘輿渡河，不可復矣！」昭宗亦泣，遂幸華州。是時，天子孤弱，獨有殿後軍及定州三都將李筠等兵千餘人爲衞，以諸王將之。建已得昭宗幸其鎮，遂欲制之，因請罷諸王將兵，散去殿後諸軍，累表不報。昭宗登齊雲樓，西北顧望京師，作菩薩蠻詞三章以思歸，其卒章曰：「野煙生碧樹，陌上行人去，安得有英雄，迎歸大內中？」酒酣，與從臣悲歌泣下，建與諸王皆屬和之。建心尤不悅，因遣人告諸王謀殺建，劫天子幸佗鎮。昭宗召建，將辨之，建稱疾不出，乃遣諸王自詣建辨之，建不見，請送諸王十六宅，昭宗難之。建乃率精兵數千圍行宮，請誅李筠，昭宗大懼，遽詔斬筠，悉散殿後及三都衞兵，幽諸王於十六宅。昭宗益悔幸華，遣延王戒丕使于晉，以謀興復。戒丕還，建與中尉劉季述誣諸王謀反，以兵圍十六宅，諸王皆登屋叫呼，遂見殺。昭宗無如之何，爲建立德政碑以慰安之。建已殺諸王，乃營南莊，起樓閣，欲邀昭宗遊幸，因以廢之而立德王裕。其父叔豐謂建曰：「汝陳許間一田夫爾，遭時之亂，蒙天子厚恩至此，欲以兩州百里之地行大事，覆族之禍，吾不忍見，不如先死！」因泣下歔欷。李茂貞、梁太祖皆欲發兵迎天子，建稍恐懼，乃止。光化元年，昭宗還長安，自爲建畫像，封建潁川郡王，賜以鐵券。建辭王爵，乃封建許國公。梁太祖以兵嚮長安，遣張存敬攻同州，建判官司馬鄴以城降，太祖使鄴召建，乃出降。太祖責建背己，建曰：「判官李巨川之謀也。」太祖怒，即殺巨川，以建從行。昭宗東遷，建從至洛陽。昭宗舉酒屬太祖與建曰：「遷都之後，國步小康，社稷安危，繫卿兩人。」次何皇后舉觴建，躡太祖足，太祖乃陽醉去。建出謂太祖曰：「天子與宮人眼語，幕下有兵仗聲，恐公不免也。」太祖以故尤德之，表建平盧軍節度使。太祖即位，拜司徒、同中書門下平章事。太祖性剛暴，臣下莫敢諫諍，惟建時有言，太祖亦優容之。太祖郊于洛，建爲大禮使，罷相出鎮許州。太祖崩，許州軍亂，見殺，年五十八。

李仁福，不知其世家。當唐僖宗時，有拓拔思敬者，爲夏州偏將，後以與破黃巢功，賜姓李氏，拜夏州節度使。思敬卒，乾寧二年，以其弟思諫爲節度使。自唐末天下大亂，史官實錄多闕，諸鎮因時倔起，自非有大善惡暴著于世者，不能紀其始終。是時，興元、鳳翔、邠寧、鄜坊、河中、同華諸鎮之兵四面並起而交爭，獨靈、夏未嘗爲唐患，而亦無大功。朱玫之亂，思敬與鄜州李思孝皆以兵屯渭橋，其後黃巢陷京師，王重榮、李克用等會諸鎮兵討賊，思敬與破黃巢，復京師，然皆未嘗有所可稱，故思敬之世次功過不顯而無傳。梁開平二年，思諫卒，軍中立其子彝昌爲留後，梁即拜彝昌節度使。明年，其將高宗益作亂，殺彝昌。是時，仁福爲蕃部指揮使，戍兵于外，軍中乃迎仁福立之，不知其於思諫爲親疏也。是歲四月，拜仁福檢校司空、定難軍節度使，終梁之世，奉正朔而已。是時，岐王李茂貞、晉王李克用數會兵攻仁福，梁輒出兵救之。仁福累官至檢校太師兼中書令，封朔方王。長興四年三月卒，其子彝超自立爲留後。自仁福時，邊將多言仁福北通契丹，恐爲邊患，明宗因其卒，乃以彝超爲延州刺史、彰武軍節度使，而徙彰武安從進代之。恐彝超不受代，遣邠州藥彥稠以兵五萬送從進之鎮。彝超果不受代，從進與彥稠以兵圍之，百餘日不克。夏州城壁素堅，故老傳言赫連勃勃蒸土築之，從進等穴地道至其城下，堅如鐵石，鑿不能入。彝超外招党項抄掠從進等糧道，自陝以西，民運斗粟束蒭，其費數千，人不堪命，道路愁苦。明宗遂釋不攻，以彝超爲定難軍節度使。清泰二年卒，其弟彝興累官檢校太師兼侍中，周顯德中封西平王，其後事具國史。

韓遜，不知其世家。初爲靈武軍校，當唐末之亂，據有靈鹽，唐即以爲節度使，而史失不錄，不見其事。梁開平三年，封朔方節度使韓遜爲潁川王，始見於史。是時，邠寧楊崇本、鄜延李周彝、鳳翔李茂貞皆與梁爭戰，獨遜與夏州李思諫臣屬于梁，未嘗以兵爭。李茂貞嘗遣劉知俊攻遜，不能克。遜亦善撫其部，部人皆愛之，爲遜立生祠。貞明中，遜卒，軍中立其子洙爲留後，梁即以爲節度使。至莊宗時，又以洙兼河西節度。天成四年，洙卒，即以洙子澄爲朔方軍留後。其將李賓作亂，澄乃上書請師於朝。明宗以康福爲朔方河西節度使以代澄，由是命吏而相代矣。韓氏自遜有靈武，傳世皆無所稱述，澄後不知其所終。

楊崇本，幼事李茂貞，養以爲子，冒姓李，名曰繼徽。茂貞表崇本靜難軍節度使。後梁太祖攻岐，未下，乃移兵攻邠州，崇本迎降。太祖使復其姓，賜名崇本，遷其家於河中以爲質。崇本妻有美色，太祖用兵往來河中，嘗幸之。崇本妻頗媿恥，間遣人誚崇本曰：「大丈夫不能庇其伉儷，我已爲朱公婦矣，無面視君，有刀繩而已！」崇本涕泣憤怒。其後梁兵解岐圍，崇本妻得歸，崇本乃復背梁歸茂貞。茂貞西連蜀兵，會崇本攻雍華，關西大震。太祖以兵西至河中，遣郴王友裕擊之，友裕至永壽而卒，梁兵乃旋。崇本屯美原，太祖復遣劉知俊、康懷英等擊之，崇本大敗，自此不復東。乾化四年，爲其子彥魯所弒。崇本養子李保衡殺彥魯以降梁。

高萬興，河南人也。唐末，河西屬李茂貞，茂貞將胡敬璋爲延州刺史，萬興與其弟萬金俱事敬璋爲騎將。敬璋死，其將劉萬子代爲刺史。梁開平二年，葬於州南，萬子在會，其將許從實殺萬子，自爲延州刺史。是時，萬興兄弟皆將兵戍境上，聞萬子死，以其部下數千人降梁。梁太祖兵屯河中，遣同州劉知俊以兵應萬興，攻丹州，執其刺史崔公實，進攻延州，執許從實。鄜州李彥容、坊州李彥昱皆棄城走。梁太祖乃以萬興爲延州刺史、忠義軍節度使，以牛存節爲保大軍節度使。已而劉知俊叛，乃徙存節守同州，以萬金爲保大軍節度使。萬興累遷檢校太師兼中書令，封渤海郡王。貞明四年，萬金卒，乃以萬興爲鄜延節度使，進封延安郡王，徙封北平王。梁亡，莊宗入洛，萬興嘗一來朝。同光三年，卒於鎮。萬興兄弟皆驍勇而未嘗立戰功然以戍兵降梁梁取鄜坊丹延自萬興始故其兄弟世守其土萬興死子允韜代立長興元年徙鎮安國又徙義成清泰中卒萬金子允權開運中爲膚施令罷居於家是時周密爲彰信軍節度使契丹滅晉延州軍亂遂密守東城而西城之兵以允權爲留後閒漢高祖起太原遂歸漢即拜節度使廣順三年卒

溫韜京兆華原人也少爲盜後事李茂貞爲華原鎮將冒姓李名彥韜茂貞以華原縣爲耀州以韜爲刺史梁太祖圍茂貞於鳳翔韜以耀州降梁已而復叛歸茂貞茂貞又以美原縣爲鼎州建義勝軍以韜爲節度使末帝時韜復叛茂貞降梁梁改耀州爲崇州鼎州爲裕州義勝爲靜勝軍即以韜爲節度使復其姓溫更其名曰昭圖韜在鎮七年唐諸陵在其境內者悉發掘之取其所藏金寶而昭陵最固韜從埏道下見宮室制度閎麗不異人間中爲正寢東西廂列石牀牀上石函中爲鐵匣悉藏前世圖書鍾王筆迹紙墨如新韜悉取之遂傳人間惟乾陵風雨不可發其後朱友謙叛梁取同州晉王以兵援友謙而趨華原韜懼求徙佗鎮遂徙忠武莊宗滅梁韜自許來朝因伶人景進納賂劉皇后皇后爲言之莊宗待韜甚厚賜姓名曰李紹冲郭崇韜曰此刼陵賊耳罪不可赦莊宗曰已宥之矣不可失信遽遣還鎮明宗入洛與段凝俱收下獄已而赦之勒歸田里明年流於德州賜死

嗚呼厚葬之弊自秦漢以來率多聰明英偉之主雖有高談善說之士極陳其禍福有不能開其惑者矣豈非富貴之欲溺其所自私者篤而未然之禍難述於無形不足以動其心歟然而聞溫韜之事者可以少戒也五代之君往往不得其死何暇顧其後哉獨周太祖能鑒韜之禍其將終也爲書以遺世宗使以瓦棺紙衣而斂將葬開棺示人既葬刻石以告後世毋作下宮毋置守陵妾其意丁寧切至然實錄不書其葬之薄厚也又使葬其平生所服衮冕通天冠絳紗袍各一其一於京師其一於澶州又葬其劒甲各二其一於河中其一於大名者莫能原其旨也

五代史卷四十考證

李茂貞傳茂貞與保鑾都將李鋋等敗行瑜于大唐峯○鋋閩本作鋌

楊崇本傳太祖以兵西至河中遣郴王友裕擊之○郴監本訛彬今改正

五代史卷四十一

宋　歐　陽　脩　撰

雜傳第二十九

盧光稠譚全播皆南康人也光稠狀貌雄偉無他才能而全播勇敢有識略然全播常奇光稠爲人唐末羣盜起南方全播謂光稠曰天下洶洶此眞吾等之時無徒守此貧賤爲也乃相與聚兵爲盜衆推全播爲主全播曰諸君徒爲賊乎而欲成功乎若欲成功當得良帥盧公堂堂眞君等主也衆陽諾之全播怒拔劒擊木三斬之曰不從吾令者如此木衆懼乃立光稠爲帥是時王潮攻陷嶺南全播攻潮取其虔韶二州又遣光稠弟光睦攻潮州光睦好勇而輕進全播戒其持重不聽度其必敗乃爲奇兵伏其歸路光睦果敗走潮人追之全播以伏兵邀擊大敗之遂取潮州是時劉巖起南海擊走光睦以兵數萬攻虔州光稠大懼謂全播曰虔潮皆公取之今日非公不能守也全播曰吾知劉巖易與爾乃選精兵萬人伏山谷中陽治戰地於城南告巖戰期以老弱五千出戰戰酣僞北巖急追之伏兵發巖遂大敗光稠第戰功全播悉推諸將光稠心益賢之梁初江南嶺表悉爲吳與南漢分據而光稠獨以虔韶二州請命于京師願通道路輸貢賦太祖爲置百勝軍以光稠爲防禦使兼五嶺開通使又建鎮南軍以爲留後開平五年光稠病以符印屬全播全播不受光稠卒全播立其子延昌而事之延昌好遊獵其將黎求閉門拒延昌延昌見殺求因謀殺全播全播懼稱疾不出求乃自立請命于梁乾化元年拜求防禦使求暴病死其將李彥圖自立全播益懼遂稱疾篤杜門自絕彥圖疑之使人覘其動靜全播應覘爲狀以自免彥圖死州人相率詣全播第扣門請之全播乃起遣使請命于梁拜防禦使全播治虔州七年有善政楊隆演遣劉信攻破虔州以全播歸廣陵卒年八十五當盧氏時劉龔已取韶州及全播被執虔州遂入于吳

雷滿武陵人也爲人兇悍矯勇文身斷髮唐廣明中湖南饑盜賊起滿與同里人區景思周岳等聚諸蠻數千獵于大澤中乃擊鮮釃酒擇坐中豪者補置伍長號土團軍諸蠻從之推滿爲帥是時高駢鎮荆南召滿隸麾下使以蠻軍擊賊駢徙淮南滿從至廣陵逃歸殺刺史崔翥遂據朗州請命于唐昭宗以澧朗爲武貞軍拜滿節度使是時澧陽人向瓌殺刺史呂自牧據澧州而溪洞諸蠻宋鄴昌師益等皆起兵剽掠湖外滿亦以輕舟上下荆江攻刼州縣楊行密攻杜洪于鄂州荆南成汭出兵救洪汭戰敗溺水死於君山滿襲破荆南不能守焚掠殆盡而去滿嘗鑿深池於府中客有過者召宴池上指其水曰蛟龍水怪皆窟於此蓋水府也酒酣取坐上器擲池中因祼而入取器嬉水上久之乃出治衣復坐意氣自若滿居朗州引沅水塹其城上爲長橋爲不可攻之計天祐中滿卒子彥恭自立彥恭附于楊行密亦嘗攻刼爲荆湖患開平元年馬殷發兵攻彥恭彥恭恃塹爲阻逾年不能破三年彥恭奔于楊行密馬殷擒其弟彥雄等十人送于梁斬于汴市彥恭卒于淮南澧朗遂入于楚

鍾傳洪州高安人也事州爲小校黃巢攻掠江淮所在盜起往往據州縣傳以州兵擊賊頻勝遂逐觀察使自稱留後唐以洪州爲鎮南軍拜傳節度使江夏伶人杜洪者亦據鄂州楊行密屢攻之洪頗倚傳爲首尾久之洪敗死是時危全諷韓師德等分據撫吉諸州傳皆不能節度以兵攻之稍聽命獨全諷不能下乃自率兵圍其城城中夜火起諸將請急攻之傳曰吾聞君子不迫人之危乃禱地祭天衞城再拜祝曰全諷不降非民之罪願天止火全諷聞之明日乃亦聽命請以女妻傳子匡時傳居江西三十餘年累拜太保中書令封南平王天祐三年傳卒子匡時自稱留後請命于唐全諷曰鍾郎爲節度使三年吾將自爲之已而傳養子延規與匡時爭立乞兵于楊渥渥遣秦裴等攻匡時匡時敗被執歸于廣陵開平三年全諷等起兵江西謀復鍾氏故地全諷爲楊隆演將周本所敗江西遂入于吳

趙匡凝字光儀蔡州人也其父德諲事秦宗權爲申州刺史宗權反德諲攻下襄陽梁太祖攻蔡州宗權屢敗德諲乃以山南東道七州降梁太祖初鎮宣武嘗爲宗權所困聞德諲降大喜表爲行營副都統河陽保義義昌三節度行軍司馬會其兵以攻蔡州破之德諲功多德諲卒子匡凝自立是時成汭死雷彥恭襲取荆南匡凝遣其弟匡明逐彥恭太祖表匡凝荆襄節度使以匡明爲荆南留後是時唐衰藩鎮不復奉朝廷獨匡凝兄弟貢賦不絕匡凝爲人氣貌雄偉性方嚴喜自修飾頗好學問聚書數千卷爲政有威惠太祖攻兗州朱瑾求救於晉晉遣史儼等將兵數千救瑾瑾敗與儼等奔于淮南晉王李克用遣人以書幣假道于匡凝以聘于楊行密求歸儼等晉王使者爲梁得太祖大怒是時梁已破兗鄆遣氏叔琮康懷英等攻匡凝叔琮取泌隨二州懷英取鄧州匡凝懼請盟乃止太祖已殺昭宗將謀代唐畏匡凝兄弟不從遣使告之匡凝對使者流涕荅曰受唐恩深不敢妄有佗志太祖遣楊師厚攻之太祖以兵殿漢北匡凝戰敗以輕舟奔于楊行密師厚進攻荆南匡明奔于蜀匡凝至廣陵行密見之戲曰君在鎮輕車重馬歲輸于梁今敗乃歸我乎匡凝曰僕世爲唐臣歲時職貢非輸賊也今以不從賊之故力屈歸公惟公生死之耳行密厚遇之其後行密死楊渥稍不禮之渥方宴食靑梅匡凝顧渥曰勿多食發小兒熱諸將以爲嫚渥遷匡凝海陵後爲徐溫所殺匡明卒于蜀

五代史卷四十一考證

盧光稠傳全播戒其持重不聽度其必敗○閩本度字下無其字

雷滿傳汭戰敗溺水死于君山○閩本無水字　取器嬉水上○南本取字下有其字

鍾傳傳城中夜火起諸將請急攻之○監本闕城中夜火起諸將七字今加入又一本無攻字訛

趙匡凝傳是時成汭死○汭監本訛訥今從雷滿傳改正

五代史卷四十二

宋　歐　陽　脩　撰

雜傳第三十

朱宣宋州下邑人也少從其父販鹽爲盜父抵法死宣乃去事青州節度使王敬武爲軍校敬武以隸其將曹全晸中和二年敬武遣全晸入關與破黃巢還過鄆州鄆州節度使薛宗卒其將崔君預自稱留後全晸攻殺君預遂據鄆州宣以戰功爲鄆州馬步軍都指揮使已而全晸死軍中推宣爲留後唐僖宗即拜宣天平軍節度使梁太祖鎮宣武以兄事宣太祖新就鎮兵力尚少

數爲秦宗權所困太祖乞兵於宣宣與其弟瑾以兗鄆之兵救汴大破蔡兵走宗權是時太祖已襲取滑州稍欲并吞諸鎮宣瑾旣還乃馳檄兗鄆言宣瑾多誘宣武軍卒亡以東乃發兵收亡卒因攻之遂爲敵國苦戰曹濮間是時梁又東攻徐州西有蔡賊北敵强晉宣瑾兄弟自相首尾然卒爲梁所滅乾寧四年宣敗走中都爲葛從周所執斬于汴橋下（今流俗以宣瑾兄弟名加玉者非也）

瑾宣從父弟也從宣居鄆州補軍校少倜儻有大志兗州節度使齊克讓愛其爲人以女妻之瑾行親迎乃選壯士爲輿夫伏兵器輿中夜至兗州兵發遂虜克讓自稱留後僖宗卽拜瑾泰寧軍節度使瑾與宣已破秦宗權於汴州梁太祖責瑾誘宣武軍卒以歸遣朱珍攻瑾取曹州又攻濮州而太祖自攻鄆瑾兄弟往來相救凡十餘年大小數十戰與太祖屢相勝敗太祖得宣將賀瓌何懷寶及瑾兄瓊乃將瓌等至兗城下告瑾曰汝兄敗矣今瓊等已降不如早自歸瑾僞曰諾乃遣牙將胡規持書幣詣軍門請降太祖大喜至延壽門與瑾交語瑾曰願得瓊來送符印太祖信之遣客將劉捍送瓊往瑾伏壯士橋下單騎迎瓊揮手語捍曰請瓊獨來瓊前壯士擒之遂閉門責瓊先降斬之擲其首城外太祖度不可下乃留兵圍之而去瑾嬰城自守而與葛從周等戰城下瑾兵屢敗宣亦敗於鄆州乃乞兵於晉晉遣李承嗣史儼等以騎兵五千救之太祖已破宣乃急趨兗瑾城中食盡與承嗣等掠食豐沛間梁兵奄至瑾將康懷英等以城降梁瑾等將麾下兵走沂州沂州刺史尹處賓不納又走海州梁兵急追之乃奔于淮南楊行密聞瑾來大喜解其玉帶贈之表瑾領武寧軍節度使以爲行軍副使其後梁遣龐師古葛從周等攻淮南行密用瑾大破梁兵於清口斬師古行密表瑾東南諸道行營副都統領平盧軍節度使同中書門下平章事行密死渥及隆演相繼立皆年少徐溫與其子知訓事政畏瑾欲除之瑾乃謀殺知訓嘗以月旦遣愛妾候知訓家知訓强通之妾歸自訴瑾益不平屢勸隆演誅徐氏以去國患隆演不能爲旣而知訓以泗州建靜淮軍出瑾爲節度使將行召之夜飲明日知訓過瑾謝延之升堂出其妻陶氏知訓方拜瑾以笏擊踣之伏兵自戶突出殺之初瑾以二惡馬繫庭中知訓入而釋馬使相踶鳴故外人莫聞其變瑾攜其首馳示隆演曰今日爲吳除患矣隆演曰此事非吾敢知遽起入內瑾忿然以首擊柱提劍而出府門已闔因踰垣折其足瑾顧路窮大呼曰吾爲萬人去害而以一身死之遂自刎潤州徐知誥聞亂以兵趨廣陵族瑾家瑾妻陶氏臨刑而泣其妾曰何爲泣乎今行見公矣陶氏收淚欣然就戮聞者哀之瑾名重江淮人畏之其死也尸之廣陵北門路人私共瘞之是時民多病瘧皆取其墓上土以水服之云病輒愈更益新土漸成高墳徐溫等惡之發其尸投於雷公塘後溫病夢瑾挽弓射之溫懼網其骨葬塘側立祠其上初瑾嘗病疽醫者視之色懼瑾曰但理之吾非以病死者於是果然卒年五十二

王師範青州人也其父敬武爲平盧軍牙將唐廣明元年無棣人洪霸郞爲盜齊棣間平盧節度使安師儒遣敬武率兵擊破之敬武反兵逐師儒自稱留後都統王鐸承制拜敬武節度使敬武卒師範立師範尚幼其棣州刺史張蟾叛昭宗以爲師範年少其下不服從乃拜太子少師崔安潛爲平盧節度使師範不受代蟾迎安潛入棣州師範遣其將盧洪攻蟾洪以兵返襲青州師範陽爲好辭遣人迎語洪曰吾幼未能任事願諸將共持之爾不然聽公所爲也洪以師範無能爲遽還不爲備師範伏兵於道語其僕劉鄩曰洪來爲我斬之用爾爲牙將明日洪來師範出迎鄩於坐上斬之伏兵發盡殺其餘兵乃急攻棣州破張蟾安潛奔歸于京師昭宗乃拜師範節度使師範頗好儒學聚書至萬卷爲政有威愛梁太祖圍昭宗於鳳翔宦官韓全誨等矯詔召諸鎭兵以擊梁詔至青州師範泣曰諸鎭有兵所以藩扞天子今天子危辱而諸鎭反以兵自衞吾雖力不足當成敗以之乃遣使乞兵於楊行密是時梁已東下兗鄆師範乃遣劉鄩與其弟師魯分攻兗密諸州遣張居厚以壯士二百爲輿夫伏兵輿中西馳梁軍稱師範使者聘梁因欲劫殺太祖居厚至華州東城華州將婁敬思疑其有異剖輿視之見其兵居厚遂擊殺敬思以兵攻西城不克而反劉鄩遂襲從周取兗州而平盧諸州皆起兵攻梁其後梁太祖自鳳翔東還遣朱友寧攻師範友寧戰死復遣楊師厚攻之屯于臨朐師範以兵迫之師厚陽爲怯不敢出間遣人陽言曰梁兵少方乞兵於鳳翔今權且絕當還軍師範以爲然乃遣師魯悉兵攻之師厚拒而不戰師魯兵却師厚追擊至聖王山師魯大敗遂傅其城而梁別將劉重霸下其棣州師範乃請降太祖許之師範素服乘驢詣太祖請罪太祖待以客禮久之表師範河陽節度使太祖卽位召爲右金吾衞上將軍居于洛陽太祖心欲誅之未有以發太祖諸子已封王宴於宮中友寧妻泣謂太祖曰陛下化家爲國諸子人人皆得封而妾夫獨以戰死柰何讐人猶在朝廷太祖奮然戟手曰吾亦幾忘此賊乃遣人就洛陽族滅之使者至先掘坑於外乃入告之師範設席爲具與諸宗族飲酒謂使者曰死人之所不免況有罪乎然懼少長失敘下愧於先人酒半令少長以次起就戮於坑所聞者皆哀憐之同光三年贈師範太尉

李罕之陳州項城人也爲人驍勇力兼數人少學讀書不成去爲僧以其無賴所往皆不容乃行乞食酸棗市中市中人皆不與罕之擲器于地裂其衣又去爲盜是時黃巢起曹濮乃往依之巢北渡江罕之與其麾下走淮南自歸於高駢駢表光州刺史歲餘秦宗權急攻光州罕之不能守還走項城收其餘衆依諸葛爽於河陽爽以罕之爲懷州刺史巢已敗走爽降唐僖宗拜爽東南面招討使以攻宗權爽表罕之副使使以兵屯宋州又表河南尹東都留守秦宗權遣孫儒攻河南罕之兵少西走澠池儒燒宮闕剽掠而去罕之壁澠池歲餘諸葛爽死其將劉經立爽子仲方仲方年少事皆任經經慮罕之兇勇難制以兵攻之罕之返擊走經罕之追至鞏縣陳舟于汜水將渡河經遣張言拒之河上言反背經與罕之合攻河陽爲經所敗退保懷州已而孫儒陷洛陽仲方奔于梁梁兵擊走儒罕之襲取河陽言取河南皆附于梁罕之與言皆爽叛將事已成乃相與交臂爲盟誓同休戚不相忘罕之御衆無法性苛暴頗失士心而言善治軍旅敎民播殖務爲積聚罕之用兵言嘗供給其乏罕之求取無已言頗苦之不能輸罕之召言軍吏笞責之言益不平罕之悉兵攻晉絳言夜襲河陽罕之奔晉晉表罕之澤州刺史使李存孝以兵三萬助罕之攻言言求救於梁罕之敗于沇河乃歸太原李克用延之帳中罕之留其子頎事晉乃之澤州日以兵鈔懷孟間啖人爲食居民屯聚摩雲山罕之攻殺之立柵其上時人號曰李摩雲是時晉方徇地山東頗倚罕之爲扞蔽李茂貞等犯京師克用以兵至渭北僖宗以克用爲邠州四面行營都統表罕之爲副破王行瑜加檢校太尉食邑千戶罕之自以功多於晉私謂蓋寓曰自吾脫身河陽賴晉容我未能有以報之今行老矣無能爲也若吾王見憐與一小鎭使休兵養疾而後歸老幸也寓爲言之克用克用不對佗日諸鎭擇守將未嘗及罕之罕之心益怏怏寓告克用懼罕之有佗心克用曰吾於罕之豈惜一鎭然鷹鳥之性飽則颺矣光化元年潞州薛志勤卒罕之遽入潞州使人啓晉王曰志勤且死新帥未至所以然者備佗盜耳克用大怒遣李嗣昭攻之罕之執晉守將馬溉伊鐸等遣子頎送于梁以乞兵梁太祖遣丁會守潞州以罕之爲河陽節度使行至懷州以疾卒年五十八罕之初背梁而歸晉晉王以罕之守澤州罕之留其子頎與莊宗遊甚狎後罕之背晉以歸梁晉王怒欲殺頎莊宗與之駿馬使奔于梁梁太祖得頎父子大喜使與友倫將兵以衞昭宗故頎嘗太祖時常掌禁兵末帝誅友珪頎與其謀拜右羽林統軍澶州刺史事唐歷衞衍二州刺史累遷右領軍衞上將軍天福中卒年七十贈太尉

孟方立邢州平鄉人也少爲軍卒以勇力選爲隊將唐廣明中潞州節度使高潯攻諸葛爽于河陽遣方立將兵出天井關爲先鋒潯爲其將劉廣所逐廣爲亂軍所殺方立聞亂引兵自天井入據潞州唐因以爲昭義軍節度使昭義所節制澤潞邢洺磁五州而治潞州方立以謂潞州山川高險而人俗勁悍自劉稹以來嘗逐其帥且已邢人也因徙其軍于邢州而潞人怨方立之徙也因以澤潞二州歸于晉晉遣李克修爲澤潞節度使方立以邢洺磁三州自爲昭義軍晉數遣李存孝等出兵以窺山東三州之人俘掠殆盡赤地數千里無復耕桑者累年方立以孤城自守求救于梁梁方東事兗鄆不能救也文德元年方立乞兵于王鎔以攻晉鎔許之方立乃遣其將奚忠信攻晉遼州而鎔以佗故不能出兵兵既失約忠信大敗而晉兵乘勝攻之方立將石元佐者善兵而多智方立嘗信用之忠信之敗也元佐爲晉將安金俊所得金俊厚遇之問以攻邢之策元佐曰方立善守而邢城堅若攻之必不得志宜急攻其磁州方立來救可以敗也金俊以爲然軍于滏水之西方立果帥兵來救爲金俊所敗馳入邢州閉壁不復出外無救兵城中食且盡方立夜出巡城號令守者守者皆不應方立知不可乃歸飲酖而卒軍中以其弟洺州刺史遷爲留後求救於梁梁太祖遣王虔裕將騎兵三百助遷守遷執虔裕降晉晉徙遷族于太原以爲汾州刺史後以爲澤潞節度使天復元年梁遣氏叔琮攻晉出天井關遷開門降梁兵鄉道以攻太原不克叔琮軍還過潞以遷歸于梁梁太祖惡其反覆殺之

王珂河中人也其仲父重榮以河中兵破黃巢有功於唐拜河中節度使重榮無子以其兄重簡子珂爲後重榮卒弟重盈立重盈卒軍中乃以珂重榮子立之重盈

子陝州節度使珙絳州刺史瑤與珂爭立珙瑤以書與梁太祖言珂故王氏蒼頭小字忠兒不應得立珂亦求援於晉晉人言之朝昭宗以晉故許之而珙瑤亦西結王行瑜韓建李茂貞爲援行瑜等交章論列昭宗報以重榮與晉於唐嘗有大功業許之不可易行瑜等怒以兵犯京師殺宰相李磎等而去珙瑤連兵攻珂河中珂求援於晉晉兵西討三鎭行下絳州斬瑤而過至于渭北擊破行瑜昭宗卒以珂爲河中節度使晉以女妻之遣李嗣昭將兵助珂攻珙陝州珙爲人慘刻嘗斬人擲其首於前言笑自若其下苦之偏將李璠因珙戰敗殺珙自稱留後是時梁已下鎭定將移兵西而昭宗爲劉季述所廢京師大亂崔胤陰召梁以兵西梁太祖以珂在河中懼爲患乃顧張存敬侯言以一大繩與之曰爲我持此縛珂來存敬等兵出含山破晉絳二州遣何絪以兵守之絕晉援存敬圍河中珂告急於晉晉以絪故不得前珂乃遣其妻以書告晉王曰賊勢如此朝夕乞食於梁矣大人何恐而不救邪晉王報之曰梁兵爲阻衆寡不敵救之則并晉俱亡不若與王郎自歸朝廷珂乃爲書與李茂貞曰天子初返正詔藩鎭無相侵以安王室今朱公棄約以見攻其勢不止於弊邑若弊邑朝亡則西北諸鎭非諸君所能守也願與華州出兵潼關以爲應茂貞不報珂計窮乃治舟于河將歸于京師珂夜登城諭守陴者守陴者皆不應牙將劉訓夜入珂寢白事珂叱之曰兵欲反邪訓乃解衣自索而入曰公苟懷疑請先斷臂珂曰事急矣計安出乎訓曰公若攜家夜濟人必爭舟一夫鳴張大事即去不若遲明以情諭軍中願從者猶得其半不然且爲欵狀以緩梁兵徐圖向背珂以爲然梁太祖自同州降唐即依重榮以母王氏故事重榮爲舅珂乃登城呼存敬曰吾與梁王有家世之舊兵當退舍俟梁王來吾將聽命存敬乃退舍使人馳詣太祖於洛陽太祖至河中先之城東哭於重榮之墓而後入珂欲面縛牽羊以見太祖太祖謂曰太師阿舅之恩何時可忘郎君若以亡國之禮見太師其謂我何珂迎於路太祖握手噓唏乃徙珂於汴太祖以珂晉壻也疑其貳已使珂西入覲行至華州使人殺之傳舍瓚重盈之諸子也梁太祖已執珂自領河中節度使以瓚爲吏瓚事梁爲諸衞大將軍泰寧鎭國軍節度使末帝時爲開封尹貞明五年代賀瓌爲北面行營招討使是時晉已城德勝瓚自黎陽渡河攻澶州不克退屯楊村扼河上流與晉人相持經年大小百餘戰瓚卒無功末帝遣戴思遠代瓚復爲開封尹莊宗自鄆入京師末帝聞唐兵且至日夜涕泣不知所爲自持國寶指其宮室謂瓚曰使吾能保有此者繫卿之畫如何耳唐兵已過宛朐瓚驅率市人登城拒守唐兵攻封丘門瓚開門迎降伏地請死莊宗勞而起之曰朕與卿家世婚姻然人臣各爲主耳復何罪邪因以爲開封尹遷宣武軍節度使已而故梁臣趙巖張漢傑等相次誅死瓚以憂卒贈太子太師

趙犨其先靑州人也世爲陳州牙將犨幼與群兒戲道中部分行伍指顧如將帥雖諸大兒皆聽其節度其父叔文見之驚曰大吾門者此兒也及壯善用弓劍爲人勇果重氣義刺史聞其材召置麾下累遷忠武軍馬步軍都虞候王仙芝寇河南陷汝州將犯東都犨引兵擊敗之仙芝乃南去已而黃巢起所在州縣往往陷賊陳州豪傑數百人相與詣忠武軍求得犨爲刺史以自保忠武軍表犨陳州刺史已而巢陷長安犨語諸將吏曰以吾計巢若不爲長安市人所誅必驅其衆東走吾州適當其衝矣乃治城池爲守備遷民六十里內者皆入城中選其子弟配以兵甲以其弟昶珝爲將巢敗果東走先遣孟楷據項城昶擊破之執楷以歸巢從後至聞楷被執大怒旣而秦宗權以蔡州附巢巢勢甚盛乃悉其衆圍犨置舂磨寨糜人之肉以爲食陳人大恐犨語其下曰吾家三世陳將必能保此爾曹男子當於死中求生建功立業未必不因此時陳人皆踴躍巢柵城北三里爲八仙營起宮闕置百官聚糧餉欲以久弊之其兵號二十萬陳州舊有巨弩數百皆廢壞後生弩工皆不識其器珝創意理之弩矢激五百步人馬皆洞以故巢不敢近圍凡三百日犨食將盡乃乞兵於梁梁太祖與李克用皆自將會陳擊敗巢將黃鄴于西華西華有積粟巢恃以爲餉及鄴敗巢乃解圍去梁太祖入陳州犨兄弟迎謁馬首甚恭然犨陰識太祖必成大事乃降心屈迹爲自託之計以梁援已因爲太祖立生祠朝夕拜謁以其子巖尙太祖女是謂長樂公主黃巢已去秦宗權復亂淮西陷旁二十餘州而陳去蔡最近犨兄弟力拒之卒不能下後巢宗權皆敗死唐昭宗即以陳州爲忠武軍拜犨節度使犨已病乃以位與其弟昶後數月卒昶乘大寇新滅乃休兵課農事梁尤謹梁兵攻戰四方昶饋輓供億未嘗少懈昶卒珝代立珝頗知書乃求鄧艾故迹決翟王陂溉民田兄弟居陳二十餘年陳人大賴之梁太祖已降韓建取同華徙珝爲同州留後入唐爲右金吾衞上將軍歲餘以疾免官歸陳卒于家陳人爲之罷市犨次子巖梁末帝時爲戶部尙書租庸使與張漢傑漢倫等居中用事梁自太祖以暴虐殺戮爲事而末帝爲人特和柔恭謹然性庸愚以漢傑婦家而巖壻也故親信之梁之大臣老將皆切齒末帝獨不悟以至於亡初友珪弒太祖自立以末帝爲東都留守巖如東都末帝與之飲酒從容以誠欵告之巖爲末帝謀遣人召楊師厚兵起事巖還西都卒與袁象先以禁兵誅友珪取傳國寶以授末帝末帝立巖自以有功於梁又尙公主聞唐駙馬杜悰位至將相自奉甚豐恥其不及乃占天下良田大宅裒刻商旅其門如市租庸之物半入其私巖一飮食必費萬錢故時魏州牙兵驕數爲亂羅紹威盡誅之太祖崩楊師厚逐羅氏據魏州復置牙兵二千人末帝患之師厚死巖與租庸判官邵贊議曰魏爲唐患百有餘年自先帝時嘗切齒紹威以其前恭而後倨今先帝新棄天下師厚復爲陛下憂所以然者以魏地大而兵多也陛下不以此時制之寧知後人不爲師厚邪不若分相魏爲兩鎭則無北顧之憂矣末帝以爲然乃分相澶衞爲昭德軍牙兵亂以魏博降晉梁由是盡失河北是時梁將劉鄩等與莊宗相拒澶魏之間兵數敗巖曰古之王者必郊祀天地陛下即位猶未郊天議者以爲朝廷無異藩鎭如此何以威重天下今河北雖失天下幸安願陛下力行之敬翔以爲不可曰今府庫虛竭箕歛供軍若行郊禋則必賞賚是取虛名而受實弊也末帝不聽乃備法駕幸西京而莊宗取楊劉或傳晉兵入東都矣或曰扼汜水矣或曰下鄆濮矣京師大風拔木末帝大懼從官相顧而泣末帝乃還東都遂不果郊鎭州張文禮殺王鎔使人告梁曰臣已北召契丹願梁以兵萬人出德棣州則晉兵憊矣敬翔以爲然巖與漢傑皆以爲不可乃止其後黜王彥章用段凝皆巖力也莊宗兵將至汴末帝惶惑不知所爲登建國樓以問羣臣羣臣或曰晉以孤軍遠來勢難持久雖使入汴不能守也宜幸洛陽保險以召天下兵徐圖之勝負未可知也末帝猶豫巖曰勢已如此一下此樓何人可保末帝卒死於樓上當巖用事時許州溫韜尤曲事巖巖因顧其左右曰吾常待韜厚今以急投之必不幸吾爲利乃走投韜韜斬其首以獻莊宗已滅梁嚴素所善段凝奏請誅巖家屬乃族滅之

嗚呼禍福之理豈可一哉君子小人之禍福異也老子曰禍兮福所倚福兮禍所伏後世之談禍福者皆以其言爲至論也夫爲善而受福焉得禍爲惡而受禍焉得福惟君子之罹非禍者未必不爲福小人之求非福者未嘗不及禍此自然之理也始犨自以先見之明深結梁太祖及其子孫皆享其祿利自謂知所託矣安知其族卒與梁俱滅也犨之求福於梁蓋老氏之所謂福也非君子之所求也可不戒哉

馮行襲字正臣均州人也唐末山南盜孫喜以衆千人襲均州刺史呂燁燁不能禦行襲爲州校乃陰選勇士伏江南獨乘小舟逆喜告曰州人聞公至皆欲歸矣然知公兵多民懼虜掠恐其驚擾請留兵江北獨與腹心數人從行願爲前導以慰安州民事可立定喜以爲然乃留其兵江北獨與行襲渡江軍吏前謁行襲擊喜仆地斬之伏兵發盡殺從行者餘兵在江北聞喜死皆潰山南節度使劉巨容表行襲均州刺史是時僖宗在蜀諸鎭貢獻行在者皆道山南盜賊多據州西長山以邀劫之行襲盡破諸賊洋州葛佐辟行襲行軍司馬使以兵鎭谷口通秦蜀道行襲由此知名李茂貞兼領山南遣子繼臻守金州行襲逐之遂據金州昭宗乃以金州爲戎昭軍拜行襲節度使昭宗在岐梁太祖引兵而西中尉韓全誨遣中官郗文晏等二十餘人召兵江淮以拒太祖行襲已附梁乃盡殺文晏等太祖攻趙匡凝于襄陽行襲遣子朂以舟兵會均房以功遷匡國軍節度使行襲爲人嚴酷少恩而所至輒天幸境旱有蝗則飛鳥食之歲凶田中鹵穀自生唐衰知梁必興尤盡心傾附事梁官至司空封長樂郡王卒贈太傅諡曰忠敬

五代史卷四十二考證

李罕之傳其將劉經立爽子仲方仲方年少事皆任經　○任經閣本作經任

五代史卷四十三

宋　歐　陽　修　撰

雜傳第三十一

氏叔琮開封尉氏人也爲梁騎兵伍長梁兵擊黃巢陳許間叔琮戰數有功太祖壯之使將後院馬軍從攻徐兗表宿州刺史使攻襄陽戰數敗降爲陽翟鎭遏使入之遷曹州刺史太祖下河中取晉絳晉王遣使致書太祖求成太祖以晉書詞嫚乃遣叔琮與賀德倫等攻之叔琮自太行入取澤潞出石會營于洞渦久之糧盡乃旋表晉州刺史晉人復取絳州攻臨汾叔琮選壯士二

人深目而胡鬚者牧馬襄陵道旁晉人以爲晉兵雜行道中伺其怠擒晉二人而歸晉人大驚以爲有伏兵乃退屯于蒲縣太祖遣友寧兵萬人會叔琮禦晉友寧欲休兵以待叔琮曰敵聞救至必走走則何功邪乃夜擊之晉人大敗逐之至于太原太祖大喜曰破太原非氏老不可已而兵大疫叔琮班師令曰病不能行者焚之病者懼皆言無恙乃以精卒爲殿而還至石會留數騎以大將旗幟立于高岡晉兵疑其有伏乃不敢追久之徙保大軍節度使昭宗遷洛拜右龍武統軍太祖遣叔琮與李彥威等弑昭宗已而殺之

李彥威壽州人也少事梁太祖爲人潁悟善揣人意太祖憐之養以爲子冒姓朱氏名友恭歷汝潁二州刺史昭宗遷洛拜右龍武統軍劉季述廢昭宗立皇太子裕爲天子昭宗反正以爲太子年幼爲賊所立赦之復其始封爲德王昭宗自岐還太祖見裕眉目疎秀惡之謂宰相崔胤曰德王嘗爲季述所立安得猶在乎公白天子殺之胤奏之昭宗不許佗日以問太祖太祖曰臣安敢及之胤欲賣臣爾昭宗遷洛謂蔣玄暉曰德王朕愛子也全忠何爲欲殺之因泣下齧指流血玄暉具以白太祖太祖益惡之是時昭宗改元天祐遷于東都爲梁所迫而晉人蜀人以爲天祐之號非唐所建不復稱之但稱天復王建亦傳檄天下舉兵誅梁太祖大懼恐昭宗奔佗鎮以兵七萬如河中陰遣敬翔至洛告彥威與氏叔琮等使行弑逆八月壬辰彥威叔琮以龍武兵宿禁中夜二鼓以兵百人叩宮門奏事夫人裴正一開門問曰奏事安得以兵入龍武牙官史太殺之趨椒蘭殿問昭宗所在昭宗方醉起走太持劍逐之昭宗單衣旋柱而走太劍及之昭宗崩訃至河中太祖陽爲驚駭投地號哭罵曰奴輩負我俾我被惡名於後世邪太祖至洛流彥威叔琮嶺南使張廷範殺之彥威臨刑大呼曰賣我以滅口其如神理何顧廷範曰勉之公行自及遂見殺已而還其姓名莊宗時得故唐內人景姹言當彥威等弑昭宗時諸王宗屬數百人皆遇害而同爲一坑瘞于龍興寺北請合爲一冢而改葬之詔以故濮王爲首葬以一品禮云

李振字興緒其祖抱眞唐潞州節度使振爲唐金吾衛將軍拜台州刺史盜起浙東不果行乃西歸過梁以策干太祖太祖留之太祖兼領鄆州表振節度副使振奏事長安舍梁邸宦官劉季述謀廢昭宗遣其姪希正因梁邸吏程巖見振曰今主上嚴急誅殺不辜中尉懼及禍將行廢立請與諸邸吏協力以定中外如何振瞿然曰百歲奴事三歲主而敢爾邪今梁王百萬之師方仗大義尊天子君等無爲此不祥也振還季述卒與巖等廢昭宗幽之東宮號太上皇立皇太子裕爲天子是時太祖用兵在邢洺間季述詐爲太上皇誥告太祖太祖猶豫未知所爲振曰夫豎刁伊戾之亂所以爲霸者資也今閹宦作亂天子危辱此正仗義立功之時太祖大悟乃囚季述使者遣振詣京師見崔胤謀出昭宗昭宗返正太祖大喜執振手曰卿謀得之矣王師範以青州降梁遣振往代師範師範疑懼不知所爲振曰獨不聞漢張繡乎繡與曹公爲敵然不歸袁紹而歸曹公者知其志大不以私讎殺人也今梁王方欲成大事豈以故怨害忠臣乎師範洗然自釋乃西歸梁昭宗遷洛振往來京師朝臣皆側目振視之若無人有所小怒必加譴謫故振一至京師朝廷必有貶降時人目振爲鴟梟太祖之弑昭宗也遣振至京師與朱友恭氏叔琮謀之昭宗崩太祖問振所以待友恭等宜如何振曰昔晉司馬氏殺魏君而誅成濟不然何以塞天下口太祖乃歸罪友恭等而殺之振常舉進士咸通乾符中連不中尤憤唐公卿及裴樞等七人賜死白馬驛振謂太祖曰此輩嘗自言清流可投之河使爲濁流也太祖笑而從之太祖卽位累遷戶部尚書友珪時以振代敬翔爲崇政院使莊宗滅梁入汴振謁見郭崇韜崇韜曰人言李振一代奇才吾今見之乃常人爾已而伏誅

裴迪字昇之河東聞喜人也爲人明敏善治財賦精於簿書唐司空裴璩判度支辟爲出使巡官都統王鐸鎮滑州奏迪汴宋鄆等州供軍院使鐸爲租庸使辟租庸招納使梁太祖鎮宣武辟節度判官太祖用兵四方常留迪以調兵賦太祖乃牓院門以兵事自處而以貨財獄訟一切任迪太祖西攻岐王師範謀襲汴遣健卒苗公立持書至汴陰伺虛實迪召公立問東事公立色動乃屏人密詰之具得其事迪不暇啓遣朱友寧以兵巡兗鄆以故師範雖竊發而事卒不成太祖自岐還將吏皆賜迎鑾叶贊功臣將吏入見太祖目迪曰叶贊之功惟裴公有之佗人不足當也迪入唐累遷太常卿太祖卽位召拜右僕射居一歲告老以司空致仕卒于家

韋震字東卿雍州萬年人也初名肇爲人彊敏有口辯事梁太祖爲都統判官申叢執秦宗權欲送于太祖又欲自獻於京師又欲挾宗權奪其兵太祖遣震入蔡州視之叢遣騎兵三百迎震欲殺之震以計得免還白太祖曰叢不足慮爲其謀者牙將裴涉妄庸人也叢後果爲郭璠所殺璠以宗權歸于太祖太祖欲大其事請獻俘于唐唐以時溥破黃巢獻馘而已宗權不足俘左拾遺徐彥樞亦疏請所在斬決太祖遣震奏事京師往復論列卒俘宗權太祖德之表爲節度副使昭宗幸石門太祖遣震由虢略間道奉表行在昭宗賜其名震太祖已破兗鄆遂攻吳大敗于清口太祖懼諸鎮乘間圖己乃諷杜洪鍾傳王師範錢鏐等薦己爲元帥且求兼領鄆州昭宗初不許震彊辯敢大言語數不遜昭宗卒許梁以鄆州太祖遂兼四鎮表震鄆州留後昭宗遷洛震入爲河南尹六軍諸衛副使以病瘖守太子太保致仕太祖受禪改太子太傅末帝卽位加太師卒

孔循不知其家世何人也少孤流落於汴州汴州富人李讓闌得之養以爲子梁太祖鎮宣武以李讓爲養子循乃冒姓朱氏稍長給事太祖帳下太祖諸兒乳母有愛之者養循爲子乳母之夫姓趙循又冒姓爲趙氏名殷衡昭宗東遷洛陽太祖盡去天子左右悉以梁人代之以王殷爲宣徽使循爲副使循與蔣玄暉張廷範等共與弑昭宗之謀其後循與玄暉有隙哀帝卽位將有事于南郊循因與王殷譖于太祖曰玄暉私侍何太后與廷範等奉天子郊天冀延唐祚太祖大怒是時梁兵攻壽春大敗而歸哀帝遣裴迪勞軍太祖見迪怒甚迪還哀帝不敢郊封太祖魏王備九錫太祖拒而不受玄暉與宰相柳璨相次馳至梁自解璨曰自古王者之興必有封國而唐所以不卽遜位者當先建國備九錫然後禪也太祖曰我不由九錫作天子可乎璨懼馳去太祖遣循與王殷弑何太后因殺璨及玄暉廷範等以循爲樞密副使唐亡事梁爲汝州防禦使左衛大將軍租庸使始改姓孔名循莊宗時權知汴州明宗自魏兵反而南莊宗東出汜水循持兩端遣迎明宗於北門迎莊宗於西門供帳牲餼其禮如一而戒其人曰先至者入之明宗先至遂納之明宗卽位以爲樞密使明宗幸汴州循留守東都民有犯麴者循族殺其家明宗知其冤因詔天下除麴禁許民得造麴循爲人柔佞而險猾安重誨尤親信之凡循所言無不聽用明宗嘗欲以皇子娶重誨女重誨以問循循曰公爲機密之臣不宜與皇子婚重誨信之乃止而循陰使人白明宗求以女妻皇子明宗卽以宋王從厚娶循女重誨始惡其爲人出循爲忠武軍節度使徙鎮橫海卒于鎮年四十八贈太尉

孫德昭鹽州五原人也其父惟最有材畧黃巢陷長安惟最率其鄉里子弟得義兵千人南攻巢于咸陽與平州將壯其所爲益以州兵二千與破賊功拜右金吾衛大將軍朱玫亂京師僖宗幸興元惟最率兵擊賊累遷鄜州節度使留京師宿衛鄜州將吏詣闕請惟最之鎮京師民數萬與神策軍復遮留不得行改荊南節度使在京制置分判神策軍號扈駕都是時京師數亂民皆賴以爲保德昭以父任爲神策軍指揮使光化三年劉季述廢昭宗幽之東宮宰相崔胤謀反正陰使人求義士可共成事者德昭乃與孫承誨董從實應胤胤裂衣襟爲書以盟天復元年正月朔未旦季述將朝德昭伏甲士道旁邀其輿斬之承誨等分索餘黨皆盡昭宗聞外諠譁大恐德昭馳至扣門曰季述誅矣皇帝當反正何皇后呼曰汝可進逆首德昭擲其首入已而承誨等悉取餘黨首以獻昭宗信之德昭破鎖出昭宗御丹鳳樓反正以功拜靜海軍節度使賜姓李號扶傾濟難忠烈功臣與承誨等皆拜節度使同中書門下平章事圖形凌煙閣俱留京師號三使相恩寵無比是時崔胤方欲誅唐宦官外交梁以爲恃而宦官亦倚李茂貞爲扞蔽梁岐交爭冬十月宦者韓全誨劫昭宗幸鳳翔承誨從實皆從而德昭獨與梁乃率兵衛胤及百官保東街趣梁兵以西梁太祖頗德其附己以龍鳳劍鬬雞紗遺之太祖至華州德昭以軍禮迎謁道旁太祖至京師表同州留後將行京師民復請留遂留爲兩街制置使梁兵圍鳳翔德昭以其兵八千屬太祖太祖益德之使先之洛陽賜甲第一區昭宗東遷拜左威衛上將軍以疾免太祖卽位以烏銀帶袍笏名馬賜之疾少間以爲左衛大將軍末帝立拜左金吾大將軍以卒承誨從實至鳳翔與宦者俱見殺

王敬蕘潁州汝陰人也事州爲牙將唐末王仙芝等攻劫汝潁間刺史不能拒敬蕘遂代之卽拜刺史敬蕘爲人狀貌魁傑而沉勇有力善用鐵槍重三十斤潁州與淮西爲鄰境數爲秦宗權所攻力戰拒之宗權悉陷河南諸州獨敬蕘不可下由是潁旁諸州民皆依敬蕘避賊是時所在殘破獨潁州戶二萬梁太祖攻淮南道過潁州敬蕘供饋梁兵甚厚太祖大喜表敬蕘沿淮指揮使其後梁兵攻吳龐師古死清口敗兵亡歸過潁大雪士卒飢凍敬蕘乃沿淮積薪爲燎爲作糜粥餔之亡卒多賴以全活太祖表敬蕘武寧軍留後遂拜節度使天祐三年爲左衛上將軍太祖卽位敬蕘以疾致仕後卒于家

蔣殷幼爲王重盈養子冒姓王氏梁太祖取河中以王氏舊恩錄其子孫表殷牙將太祖尤愛之唐遷洛陽殷爲宣徽北院使太祖已下襄陽轉攻淮南還屯正陽哀帝遣殷勞軍是時哀帝方卜郊殷與樞密使蔣玄暉等有隙因譖之太祖言玄暉等敎天子卜郊祈天且待諸侯助祭者以謀興復太祖大怒哀帝爲改卜郊是時太祖將有篡弒之謀何太后嘗泣涕叩頭爲玄暉等言梁王禪位後願全唐家子母殷乃誣玄暉嘗私侍太后太祖斬玄暉及張廷範柳璨等遣殷弒太后於積善宮哀帝下詔慙愧自言以母后故無以奉天乃卒不郊庶人友珪與殷善友珪弒太祖自立拜殷武寧軍節度使末帝卽位以福王友璋代殷殷不受代王瓚亦王氏子懼爲殷所累乃言殷非王氏子其本姓蔣末帝詔削殷官爵還其姓遣牛存節討之殷舉族自燔死

五代史卷四十三考證

韋震傳太祖懼諸鎭乘間圖已○監本闕圖字今增正

五代史卷四十四

宋　歐　陽　修　撰

雜傳第三十二

劉知俊字希賢徐州沛人也少事時溥溥與梁相攻知俊與其麾下二千人降梁太祖以爲左開道指揮使知俊姿貌雄傑能被甲上馬輪劍入敵勇出諸將當是時劉開道名重軍中歷海懷鄭三州刺史從破青州以功表匡國軍節度使邠州楊崇本以兵六萬攻雍州屯于美原是時太祖方與諸將攻滄州知俊不俟命與康懷英等擊敗崇本斬馘二萬獲馬三千匹執其偏稗百人李思安爲夾城攻潞州久不下太祖罷思安拜知俊行營招討使未至潞夾城已破從西路行營招討使敗邠岐兵於幕谷是時延州高萬興叛楊崇本降梁太祖遣知俊會萬興攻下丹延鄜坊四州加檢校太尉兼侍中封大彭郡王知俊功益高太祖性多猜忌屢殺諸將王重師無罪見殺知俊益懼不自安太祖已下鄜坊遣知俊復攻邠州知俊以軍食不給未行太祖幸河中使宣徽使王殷召知俊其弟知浣爲親軍指揮使間遣人告知俊以不宜來知俊遂叛臣於李茂貞以兵攻雍華執劉捍送于鳳翔太祖使人謂知俊曰朕待卿至矣何相負邪知俊報曰王重師不負陛下而族滅臣非背德但畏死爾太祖復使語曰朕固知卿以此吾誅重師乃劉捍誤我致卿至此吾豈不恨之邪今捍已死未能塞責知俊不報以兵斷潼關太祖遣劉鄩牛存節攻知俊知俊遂奔于茂貞茂貞地狹無以處之使之西攻靈武韓遜告急太祖遣康懷英寇彥卿等攻邠寧以牽之知俊大敗懷英於昇平殺梁將許從實茂貞大喜以知俊爲涇州節度使使攻興元取興鳳闔西縣已而茂貞左右忌知俊功以事間之茂貞奪其軍知俊乃奔于蜀王建以爲武信軍節度使使反攻茂貞取秦鳳階成四州建雖待知俊甚厚然亦陰忌其材嘗謂左右曰吾老矣吾且死知俊非爾輩所能制不如早圖之而蜀人亦共嫉之知俊爲人色黑而其生歲在丑建之諸子皆以宗承爲名乃於里巷構爲謠言曰黑牛出圈椶繩斷建益惡之遂見殺

丁會字道隱壽州壽春人也少工挽喪之歌尤能悽愴其聲以自喜後去爲盜與梁太祖俱從黃巢梁太祖鎭宣武以爲宣武都押衙光啓四年東都張全義襲破河陽逐李罕之罕之召晉兵圍河陽全義告急是時梁軍在魏乃遣會及葛從周等將萬人救之會等行至河陰謀曰罕之料吾不敢渡九鼎以吾兵少而來遠且不虞吾之速至也出其不意掩其不備者兵家之勝策也乃渡九鼎直趨河陽戰于沇水罕之大敗河陽圍解大順元年梁軍擊魏會及葛從周破黎陽臨河遂敗羅弘信于內黃梁軍攻時溥於徐州遣會別攻宿州刺史張筠閉城距守會堰汴水浸其東城城壞筠降兗州朱瑾以兵萬餘擊單父會及瑾戰于金鄉大敗之光化二年李罕之叛晉以潞州降梁會自河陽攻晉澤州下之乃以會爲昭義軍留後會畏梁太祖雄猜常稱疾者累年天復元年太祖復起會爲昭義軍節度使昭宗遇弒會與三軍縞素發哀梁軍攻燕滄州燕王劉守光乞師于晉晉人爲攻潞州會乃降晉晉王以會歸于太原賜以甲第位在諸將上莊宗立以會爲都招討使天祐七年以疾卒于太原唐興追贈太師

賀德倫河西人也少爲滑州牙將梁太祖兼領宣義德倫從太祖征伐以功累遷平盧軍節度使貞明元年魏州楊師厚卒末帝以魏兵素驕難制乃分相澶衞三州建昭德軍以張筠爲節度使魏博貝三州仍爲天雄軍以德倫爲節度使遣劉鄩以兵六萬渡河聲言攻鎭定王彥章以騎兵五百入魏州屯金波亭以虞變分魏牙兵之半入昭德租庸使遣孔目吏閻魏兵籍檢校府庫德倫促牙兵上道牙兵親戚相訣別哭聲盈塗劾節軍將張彥謀於其衆曰朝廷以我軍府彊盛設法殘破之況我六州舊爲藩府未嘗遠出河門一旦離親戚去鄉里生不如死乃相與夜攻金波亭彥章走出遲明魏兵攻牙城殺五百餘人執德倫致之樓上縱兵大掠末帝遣供奉官扈異馳至魏諭彥許以刺史彥謂異曰爲我報皇帝三軍不負朝廷朝廷負三軍剸隸無名所以亂耳但以六州還魏而詔劉鄩反兵皇帝可以高枕異還言彥狂瞽不足畏宜促鄩兵擊之末帝使人諭彥以制置已定不可復易使者三返彥怒曰傭保兒敢如是邪乃召羅紹威故吏司空頲曰爲我作奏若復依違則渡河虜之耳末帝優詔荅之言王鎔死鎭人請降遣鄩以兵定鎭州非有佗也若魏不便之卽召鄩還戒彥勿爲朝廷生事彥乃以楊師厚鎭魏州嘗帶招討使逼德倫論列之末帝不許論以詔書彥裂詔書抵于地曰愚主聽人穿鼻難與共事矣乃迫德倫降晉德倫惶恐曰惟將軍命乃遣牙將曹廷隱奉書莊宗莊宗入魏德倫以彥逼已遣人陰訴於莊宗莊宗斬彥於臨清而後入徙德倫爲大同軍節度使行至太原監軍張承業留之王檀攻太原德倫麾下多奔檀承業懼德倫爲變殺之

閻寶字瓊美鄆州人也少爲朱瑾牙將瑾走淮南寶降於梁梁太祖時爲諸軍都虞候常從諸將征伐未嘗獨立戰功至末帝時以寶爲保義軍節度使貞明三年賀德倫以魏博降晉晉軍攻下洺磁相衞移兵圍邢州末帝遣捉生都指揮使張溫將五百騎救寶溫至內黃遇晉軍乃降晉晉遣溫將所降梁軍至城下招寶寶遂降晉晉王拜寶檢校太尉同中書門下平章事領天平軍節度使東南面招討使位在諸將上梁晉戰胡柳晉軍敗莊宗欲引兵退保臨濮寶曰夫決勝料勢決戰料情情勢既得斷在不疑今梁兵窘蹙其勢可破勝而驕怠其情可知此不可失之時也莊宗謝曰微公幾敗吾事乃整軍復戰遂敗梁兵十八年晉軍討張文禮於鎭州以寶爲招討使明年三月寶戰敗退保趙州慙憤發疽卒追贈太師晉天福中追封太原王

康延孝代北人也爲太原軍卒有罪亡命于梁末帝遣段凝軍于河上以延孝爲左右先鋒指揮使延孝見梁末帝任用羣小知其必亡乃以百騎奔于唐見莊宗于朝城莊宗解御衣金帶以賜之拜延孝博州刺史捧日軍使兼南面招討指揮使莊宗屏人問延孝梁事延孝具言末帝儒弱趙巖壻也張漢傑婦家皆用事段凝姦邪以入金多爲大將自其父時故將皆出其下王彥章驍將也遣漢傑監其軍而制之小人進任而忠臣勇士皆見疎斥此其必亡之勢也莊宗又問梁計如何曰臣在梁時竊聞其議期以仲冬大舉遣董璋以陝虢澤潞之衆出石會以攻太原霍彥威以關西汝洛之兵掠邢洺以趨鎭定王彥章以京師禁衞擊鄆州段凝以河上之軍當陛下莊宗初聞延孝言梁必亡喜及聞其大舉也懼曰其將何以禦之延孝曰梁兵雖衆分則無餘臣請待其既分以鐵騎五千自鄆趨汴出其不意擣其空虛不旬日天下定矣莊宗甚壯其言後董璋等雖不出兵而梁兵悉屬段凝于河上京師無備莊宗卒用延孝策自鄆入汴凡八日而滅梁以功拜鄭州防禦使賜姓名曰李紹琛二年遷保義軍節度使三年征蜀以延孝爲先鋒排陣斬斫使破鳳州取固鎭降興州與王衍戰三泉衍敗走斷吉柏江浮橋延孝造舟以渡進取緜州衍復斷緜江浮橋延孝謂招撫使李嚴曰吾遠軍千里入人之國利在速戰乘衍破膽之時但得百騎過鹿頭關彼將迎降不暇若修繕橋梁必留數日使衍得閉關爲備則勝負未可知也因與嚴乘馬浮江軍士隨之濟者千餘人遂入鹿頭關下漢州居三日後軍始至衍弟宗弼果以蜀降延孝屯漢州以俟魏王繼岌蜀平延孝功爲多左廂馬步軍都指揮使董璋位在延孝下然特見重於郭崇韜崇韜有軍事獨召璋與計議而不問延孝延孝大怒責璋曰吾有平蜀之功公等僕遬相從反俛首郭公之門吾爲都將獨不能以軍法斬公邪璋訴于崇韜崇韜解璋軍職表爲東川節度使延孝愈怒曰吾冐白刃犯險阻以定兩川璋有何功而得旄節因見崇韜言其不可崇韜曰紹琛反邪敢違吾節度延孝懼而退明年崇韜死延孝謂璋曰公復俛首何門邪璋求哀以免繼岌班師命延孝以萬二千人爲殿行至武連聞朱友謙無罪見殺友謙有子令德在遂州莊宗遣使者詔繼岌卽誅之繼岌不遣延孝而遣董璋延孝已自疑及璋過延孝軍又不謁延孝大怒謂其下曰南平梁西取蜀其謀盡出於郭公而汗馬之勞攻城破敵者我也今郭公已死我豈得存而友謙與我俱背梁以歸唐者友謙之禍次及我矣延孝部下皆友謙舊將知友謙被族皆號泣訴于軍門曰朱公無罪二百口被誅舊將往往從死我等死必矣延孝遂擁其衆自劍州返入蜀自稱西川節度三州制置等使馳檄蜀人數日之間衆

至五萬繼岌遣任圜以七千騎追之及于漢州會孟知祥夾攻之延孝戰敗被擒載以檻車圜置酒軍中引檻車至坐上卮祥酌大卮從車中飲之而謂曰公自梁朝脫身歸命遂擁節旄今平蜀之功何患富貴而入此檻車邪延孝曰郭崇韜佐命之臣功在第一兵不血刃而取兩川一旦無罪闔門受戮顧如延孝何保首領以此不敢歸朝耳任圜東還延孝檻車至鳳翔莊宗遣宦者殺之

五代史卷四十五

宋 歐陽修 撰

雜傳第三十三

張全義字國維濮州臨濮人也少以田家子役于縣縣令數困辱之全義因亡入黃巢賊中巢陷長安以全義爲吏部尚書水運使巢敗去事諸葛爽于河陽爽死事其子仲方仲方爲孫儒所逐全義與李罕之分據河陽洛陽以附于梁二人相得甚歡然罕之性貪暴日以寇鈔爲事全義勤儉御軍有法督民耕殖以故罕之常乏食而全義常有餘罕之仰給全義全義不能給二人因有隙罕之出兵攻晉絳全義襲取河陽罕之奔晉晉遣兵助罕之圍全義甚急全義乞兵于梁梁遣牛存節丁會等以兵萬人自九鼎渡河擊敗罕之於沇水晉軍解去梁以丁會守河陽全義還爲河南尹全義德梁出己由是盡心焉是時河南遭巢儒兵火之後城邑殘破戶不滿百全義披荊棘勸耕殖躬載酒食勞民畎畝之間築南北二城以居之數年人物完盛民甚賴之及梁太祖劫唐昭宗東遷繕理宮闕府廨倉庫皆全義之力也全義初名言唐昭宗賜名全義唐亡全義事梁又請改名太祖賜名宗奭太祖猜忌晚年尤甚全義奉事益謹卒以自免自梁與晉戰河北兵數敗亡全義輒蒐卒伍鎧馬月獻之以補其缺太祖兵敗蓨縣道病還洛幸全義會節園避暑留旬日全義妻女皆迫淫之其子繼祚憤恥不自勝欲剸刃太祖全義止之曰吾爲李罕之兵圍河陽啖木屑以爲食惟有一馬欲殺以餉軍死在朝夕而梁兵出之得至今日此恩不可忘也繼祚乃止嘗有言全義於太祖者太祖召全義其意不測全義妻儲氏明敏有口辯遽入見厲聲曰宗奭種田叟爾守河南三十年開荒斲土捃拾財賦助陛下創業今年齒衰朽已無能爲而陛下疑之何也太祖笑曰我無惡心嫗勿多言全義事梁果拜中書令食邑至萬三千戶兼領忠武陝虢鄭滑河陽節度使判六軍諸衞事天下兵馬副元帥封魏王初全義爲李罕之所敗其弟全武及其家屬爲晉兵所得晉王給以田宅待之甚厚全義常陰遣人通問於太原及梁亡莊宗入汴全義自洛來朝泥首待罪莊宗勞之曰卿家弟姪幸復相見全義俯伏感涕年老不能進趨遣人掖扶而登宴犒盡歡命皇子繼岌皇弟存紀等皆兄事之全義因去梁所賜名請復其故名而全義猶不自安乃厚賂劉皇后以自託初梁末帝幸洛陽將祀天於南郊而不果其儀仗法物猶在全義因請幸洛陽曰南郊儀物已具莊宗大悅加拜全義太師尚書令明年十一月莊宗幸洛陽南郊而禮物不具因改用來年二月然不以前語責全義以皇后故待之愈厚數幸其第命皇后拜全義爲父改封齊王初莊宗滅梁欲掘梁太祖墓斲棺戮尸全義以謂梁雖讎敵今已屠滅其家足以報怨剖棺之戮非王者以大度示天下也莊宗以爲然鏟去墓闕而已全義監軍嘗得李德裕平泉醒酒石德裕孫延古因託全義復求之監軍忿然曰自黃巢亂後洛陽園宅無復能守豈獨平泉一石哉全義嘗在巢賊中以爲譏已因大怒奏笞殺監軍者天下冤之其聽訟以先訴者爲直民頗以爲苦同光四年趙在禮反於魏元行欽討賊無功莊宗欲自將討之大臣皆諫以爲不可因言明宗可將是時郭崇韜朱友謙皆已見殺明宗自鎮州來朝處之私第莊宗疑之不欲遣也羣臣固請不從最後全義力以爲言莊宗乃從已而明宗至魏果反全義以憂卒年七十五謚曰忠肅子繼祚官至上將軍晉高祖時與張從賓反於河陽當族誅而宰相桑維翰以其父珙嘗事全義有恩乞全活之不許止誅繼祚及其妻子而已

朱友謙字德光許州人也初名簡以卒隸澠池鎮有罪亡去爲盜石濠三鄉之間商旅行路皆苦之久之去爲陝州軍校陝州節度使王珙爲人嚴酷與其弟珂爭河中戰敗其牙將李璠與友謙謀共殺珙附于梁太祖表璠代珙璠立友謙復以兵攻之璠得逃去梁太祖又表友謙代璠梁兵西攻李茂貞太祖往來過陝友謙奉事尤謹因請曰僕本無功而富貴至此元帥之力也且幸同姓願更名以齒諸子太祖益憐之乃更其名友謙錄以爲子太祖卽位徙鎮河中累遷中書令封冀王太祖遇弒友珪立加友謙侍中友謙雖受命而心常不平已而友珪使召友謙入覲友謙不行乃附于晉友珪遣招討使韓勍將康懷英等兵五萬擊友謙晉王出澤潞以救之遇懷英于解縣大敗之追至白逕嶺夜秉炬擊之懷英又敗梁兵乃解去友謙會晉王于猗氏友謙醉寢晉王帳中晉王視之顧左右曰冀王雖甚貴然恨其臂短耳末帝卽位友謙復臣于梁而不絕晉也貞明六年友謙遣其子令德襲同州逐節度使程全暉因求兼鎮末帝初不許已而許之制命未至友謙復叛始絕梁而附晉矣末帝遣劉鄩等討之鄩爲李存審所敗晉封友謙西平王加守太尉以其子令德爲同州節度使莊宗滅梁入洛友謙來朝賜姓名曰李繼麟賜子鉅萬明年加守太師尚書令賜鐵券恕死罪以其子令德爲遂州節度使令錫忠武軍節度使諸子及其將校爲刺史者十餘人恩寵之盛時無與比是時宦官伶人用事多求賂于友謙友謙不能給而辭焉宦官伶人皆怒唐兵伐蜀友謙閱其精兵命其子令德將以從軍及郭崇韜見殺伶人景進言唐兵初出時友謙以爲討己閱兵自備又言與崇韜謀反且曰崇韜所以反于蜀者以友謙爲內應友謙見崇韜死謀與存乂爲郭氏報冤莊宗初疑其事羣伶宦官日夜以爲言友謙聞之大恐將入朝以自明將吏皆勸其毋行友謙曰郭公有大功於國而以讒死我不自明誰爲我言者乃單車入朝景進使人詐爲變書告友謙反莊宗惑之乃徙友謙義成軍節度使遣朱守殷夜以兵圍其館驅友謙出徽安門外殺之復其姓名詔魏王繼岌殺令德於遂州王思同殺令錫於許州夏魯奇族其家屬于河中魯奇至其家友謙妻張氏率其宗族二百餘口見魯奇曰朱氏宗族當死願無濫及平人乃別其婢僕百人以其族百口就刑張氏入室取其鐵券示魯奇曰此皇帝所賜也不知爲何言語魯奇亦爲之慙友謙死其將史武等七人皆坐友謙族誅天下冤之

袁象先宋州下邑人唐南陽王恕己之後也父敬初梁太府卿駙馬都尉尚太祖妹是爲萬安大長公主象先以梁甥爲宣武軍內外馬步軍都指揮使歷宿洺陳三州刺史太祖卽位累遷左龍武統軍在京馬步軍都指揮使太祖遇弒友珪立末帝留守東都以大事謀於趙巖巖曰此事如反掌耳但得招討楊令公一言諭禁軍則事可成末帝卽遣人之魏州以謀告楊師厚遣裨將王舜賢至洛陽與象先謀象先許諾是時龍驤軍將劉重遇戍于懷州以其軍作亂友珪遣霍彥威擊敗于鄢陵其餘兵奔散捕之甚急末帝卽召龍驤軍在東京者告之曰上以重遇故欲盡召龍驤軍至洛而誅之乃僞爲友珪詔書示之龍驤軍恐懼不知所爲因告之曰友珪弒父與君天下之賊也爾能趨洛陽擒之以其首祭先帝則所謂轉禍而爲福也軍士踴躍曰王言是也末帝卽馳奏言龍驤軍反象先聞之卽引禁軍千人入宮攻友珪友珪死末帝卽位拜象先鎮南軍節度使同中書門下平章事開封尹判在京馬步軍諸軍事貞明四年爲平盧軍節度使徙鎮宣武象先爲梁將未嘗有戰功徒以甥故掌親軍及誅友珪有功於末帝在宋州十餘年誅斂其民積貨千萬莊宗滅梁象先來朝洛陽輦其貲數十萬賂唐將相伶官宦者及劉皇后等由是內外翕然稱其爲人莊宗待之甚厚賜姓名爲李紹安改宣武軍爲歸德軍曰歸德之名爲卿設也遣之還鎮是歲卒年六十一贈太師象先二子正辭官至刺史義周世宗時爲橫海軍節度使象先平生所積財產數十萬邸舍四千間其卒也不以分諸子而悉與正辭正辭初以父任爲飛龍副使唐廢帝時獻錢五萬緡領衢州刺史晉高祖入立復獻五萬緡求爲眞刺史拜雄州刺史州在靈武之西吐蕃界中正辭憚不欲行復獻錢數萬乃得免正辭不勝其忿以衣帶自經其家人救之而止出帝時又獻錢三萬緡銀萬兩出帝憐之欲與一內郡未及而卒正辭積錢盈室室中嘗有聲如牛人以爲妖勸其散積以禳之正辭曰吾聞物之有聲求其同類爾宜益以錢聲必止聞者傳以爲笑

朱漢賓字績臣亳州譙人也其父元禮爲軍校從梁軍戰歿于淸口漢賓爲人有膽力梁太祖以其父死戰憐之以爲養子是時梁方東攻兗鄆鄆州朱瑾募其軍中驍勇者黥雙鴈于其頰號鴈子都太祖聞之乃更選勇士數百人號落鴈都以漢賓爲指揮使及漢賓貴人猶以爲朱落鴈漢賓事梁爲天威軍使歷磁滑宋亳曹五州刺史安遠軍節度使莊宗滅梁罷漢賓爲右龍武統軍待之頗薄後莊宗因出遊幸其第漢賓妻有色而慧因侍左右進酒食奏歌舞莊宗懽甚留至夜漏二更而去漢賓自此有寵初漢賓在梁也與朱友謙俱爲太祖養子而友謙年長漢賓以兄事之其後梁亡漢賓數寓書友謙友謙不荅漢賓銜之其後友謙見族人皆以爲漢賓有力明宗入立以漢賓爲莊宗所厚惡之以爲右衞上將軍安重誨用事漢賓依附之相爲婚姻由是復得爲昭義軍節度使重誨死漢賓罷爲上將軍遂以太子少保致仕漢賓爲將未嘗有戰功而臨政能守法好

施惠人頗愛之清泰二年卒年六十四晉高祖時贈太子少傅謚曰貞惠

段凝開封人也初名明遠後更名凝爲澠池主簿其父事梁太祖以事坐從後凝棄官亦事太祖爲軍巡使又以其妹内太祖妹有色後爲美人凝爲人檢巧善窺迎人意又以妹故太祖漸親信之常使監諸軍爲懷州刺史梁太祖北征過懷州凝獻饋甚豐太祖大悅過相州相州刺史李思安獻饋如常禮比凝爲薄太祖怒思安因以得罪死遷凝鄭州刺史使監兵於河上李振亟請罷之太祖曰凝未有罪振曰待其有罪則社稷亡矣然終不罷也莊宗已下魏博與梁相距河上梁以王彥章爲招討使凝爲副是時末帝昏亂小人趙巖張漢傑等用事凝依附巖等爲姦彥章爲招討使三日用奇計破唐德勝南城而凝與彥章各自上其功巖等從中匿彥章功狀悉歸其功於凝凝因納金巖等求代彥章末帝惑巖等言卒以凝爲招討使軍于王村是時唐已下鄆州凝乃自酸棗決河東注鄆以隔絶唐軍號護駕水莊宗自鄆趨汴汴兵悉已屬凝京師無備乃遣張漢倫馳騎召凝于河上漢倫中道墜馬傷不能進已而梁亡凝率精兵五萬降唐莊宗賜以錦袍御馬明日凝奏故梁姦人趙巖張漢傑等十餘人傒弄權柄殘害生靈請皆族之凝出入唐朝無媿色見唐將相若倡優因伶人景進納賂劉皇后以求恩寵莊宗甚親愛之賜姓名曰李紹欽以爲泰寧軍節度使居月餘用庫錢數十萬有司請責其償莊宗釋之郭崇韜固請以爲不可莊宗怒曰朕爲卿所制都不自由終釋之莊宗遣李紹宏監諸將備契丹凝軍瓦橋關以諂事紹宏紹宏數薦凝可大用郭崇韜每以爲不可遷武勝軍節度使趙在禮反紹宏請以凝招討莊宗使凝條奏方畧凝所請偏裨皆其故黨莊宗疑之乃止明宗即位勒歸田里明年長流遼州賜死

劉玘汴州雍丘人也世爲宣武軍牙將梁太祖鎮宣武玘以軍卒補隊長稍以戰功遷牙將爲襄州都指揮使山南節度使王班爲亂軍所殺亂軍推玘爲留後玘僞許之明日饗士于庭伏甲幕中酒半擒爲亂者殺之會梁遣陳暉兵亦至襄州平以功拜復州刺史徙亳安二州末帝時爲晉州觀察留後凡八年日與晉人交戰莊宗滅梁玘來朝莊宗勞之曰劉侯亡恙爾居晉陽之南鄙久矣不早相聞今日見訪不其晚邪玘頓首謝罪遣還鎮遂以爲節度使徙鎮安遠天成元年以史敬鎔代之玘還京師未至拜武勝軍節度使以疾卒于道中贈侍中

周知裕字好問幽州人也爲劉仁恭騎將仁恭爲其子守光所囚知裕去事守光兄守文守光又攻殺守文乃與張萬進立守文子延祚而事之守光又殺延祚以其子繼威代之萬進殺繼威與知裕俱奔于梁梁太祖得知裕喜甚爲置歸化軍以知裕爲指揮使凡與晉戰所得及兵背晉而歸梁者皆以隸知裕梁晉相距河上十餘年其摧堅陷陣歸化一軍爲最然知裕位不過刺史莊宗入汴知裕與段凝軍河上聞梁已亡欲自殺爲賓客故人止之乃降唐莊宗尤寵待之諸將嫉其寵因獵射之知裕走以免莊宗爲殺射者以知裕爲房州刺史明宗時歷絳淄二州刺史遷宿州團練使安州留後所居皆有善政安州近淮俗惡病者父母有疾置之佗室以竹竿繫飲食委之至死不近知裕深患之加以教道由是稍革罷爲右神武統軍應順中卒贈太傅

陸思鐸濮州臨黃人也少事梁爲宣武軍卒以善射知名累遷拱辰左廂都指揮使領恩州刺史梁晉相距河上思鐸鏤其姓名於箭筈以射晉軍而矢中莊宗馬鞍莊宗拔矢見思鐸姓名奇之其後滅梁思鐸謁見莊宗出其矢以示之思鐸伏地請死莊宗慰而起之拜龍武右廂都指揮使晉高祖時爲陳蔡二州刺史卒年五十四思鐸在陳州有善政臨終戒其子曰陳人愛我我死則葬焉遂葬于陳州

五代史卷四十五考證

張全義傳濮州臨濮人也○第二濮字監本訛漢今改正

朱友謙傳此皇帝所賜也不知爲何言語○語一本作矣

晉封友謙西平王加守太尉以其子令德爲同州節度使○臣文淸按司馬光通鑑止載友謙求節鉞于晉王晉王以墨制除令德忠武節度使考異載莊宗列傳止云上令幕客王正言送節旄賜之俱未有封友謙西平王加守太尉之事

五代史卷四十六

宋　歐陽修　撰

雜傳第三十四

趙在禮字幹臣涿州人也少事劉仁恭爲軍校仁恭遣佐其子守文襲取滄州其後守文爲其弟守光所殺在禮乃奔于晉莊宗時爲効節指揮使將魏兵戍瓦橋關還至貝州軍士皇甫暉作亂推其將楊仁晸爲首仁晸不從殺之又推一小校小校不從又殺之乃携二首詣在禮在禮聞亂衣不及帶方踰垣而走暉曳其足而下之環以白刃示之二首曰不從我者如此首在禮從之遂反在禮自貝州還攻魏縱軍大掠是時興唐尹王正言年老病昏聞在禮至呼吏草奏吏已奔散正言猶不知方據案大怒左右告曰賊已市中殺人吏民皆走欲誰呼耶正言大驚曰吾初不知此即索馬將去廐吏曰公妻子爲虜矣安得馬乎正言惶恐步出府門見在禮望而下拜在禮呼正言曰公何自屈之甚邪此軍士之情非予志也在禮即自稱兵馬留後莊宗遣元行欽討之行欽攻魏不克乃遣明宗代行欽明宗至鄴軍變因入城與在禮合明宗兵反嚮京師在禮留于魏明宗即位拜在禮義成軍節度使在禮不受命遂拜鄴都留守興唐尹久之皇甫暉等皆去在禮獨在魏患魏軍之驕懼及禍乃求從鎭橫海歷鎭泰寧匡國天平忠武武寧歸德晉昌所至邸店羅列積貲巨萬晉出帝時以在禮爲北面行營馬步軍都虞候以擊契丹未嘗有戰功在禮在宋州人尤苦之已而罷去宋人喜而相謂曰眼中拔釘豈不樂哉既而復受詔居職乃籍管内口率錢一千自號拔釘錢晉亡契丹入汴在禮自宋馳至洛陽遇契丹拽剌等拜於馬首拽剌等兵共侵辱之誅責貨財在禮不勝其憤行至鄭州聞晉大臣多爲契丹所鎖中夜惶惑解衣帶就馬櫪自經而卒年六十二漢高祖立贈中書令

霍彥威字子重洺州曲周人也少遭兵亂梁將霍存掠得之愛其儁爽養以爲子嘗從存戰中矢眇其一目後事梁太祖太祖亦愛之稍遷左龍驤軍使右監門衛上將軍預誅友珪以功拜洺州刺史遷邠寧節度使李茂貞遣梁叛將劉知俊攻邠州彥威固守踰年每獲知俊兵必縱還之知俊德之後不復攻徙鎭義成又徙天平兼北面行營招討使與晉軍相持河上彥威屢敗降爲陝州留後莊宗滅梁彥威自陝來朝莊宗置酒故梁崇元殿彥威與梁將段凝袁象先等皆在莊宗酒酣指彥威等舉酒屬明宗曰此皆前日之勍敵今侍吾飲乃卿功也彥威等惶恐伏地請死莊宗勞之曰吾與總管戲爾卿無畏也賜姓名曰李紹眞明年從鎭武寧從明宗擊契丹明宗愛其爲人甚親厚之其後趙在禮反彥威別討趙太於邢州破之還以兵屬明宗討在禮明宗軍變從馬直軍吏張破敗率衆殺將校縱火焚營譟呼明宗叱之曰自吾爲帥十有餘年何負爾輩今賊城破在旦夕乃爾輩立功名取富貴之時況爾天子親軍返效賊邪軍士對曰城中之人何罪戍卒思歸而不得耳天子不垂原宥志在勦除且聞破魏之後欲盡坑魏博諸軍某等初無叛心直畏死耳今宜與城中合勢擊退諸鎭之兵請天子帝河南令公帝河北明宗涕泣諭之亂兵環列而呼曰令公不欲帝河北則佗人有之我輩狼虎豈識尊卑彥威與安重誨勸明宗許之乃擁兵入城與在禮合彥威獨不入明宗入城與在禮置酒大會而部兵在外者聞明宗反皆潰去獨彥威所將五千人營城西北隅不動居二日明宗復出得彥威兵乃之魏縣謀欲還鎭州彥威重誨勸明宗以兵南向莊宗崩彥威從明宗入洛陽首率羣臣勸進内外機事皆決彥威彥威素與段凝溫韜有隙因擅捕凝韜下獄將殺之安重誨曰凝韜之惡天下所知然主上方平内難以恩信示人豈公報讐之時彥威乃止明宗即位乃赦凝韜放歸田里已而卒賜死彥威從鎭平盧朱守殷反伏誅彥威遣使者馳騎獻兩箭爲賀明宗賜兩箭以報之夷狄之法起兵令衆以傳箭爲號令然非下得施於上也明宗本出夷狄而彥威武人君臣皆不知禮動多此類然彥威客有淳于晏者登州人也少舉明經及第遭世亂依彥威自彥威爲偏裨時已從之彥威嘗戰敗脫身走麾下兵無從者獨晏徒步以一劒從之榛棘間以免彥威高其義所歷方鎭常辟以自從至其家事無大小皆决於晏彥威以故得少過失當時諸鎭辟召寮屬皆以晏爲法天成三年冬彥威卒于鎭是時明宗方獵于近郊青州馳騎奏彥威卒明宗涕泣還宮輟朝仍終其月不舉樂贈彥威太師謚曰忠武

房知溫字伯玉兗州瑕丘人也少以勇力爲赤甲都官健後隸魏州馬關軍稍遷親隨指揮使莊宗取魏博得知溫遂賜姓李氏名曰紹英以爲澶州刺史歷曹貝二州刺史戍瓦橋關明宗自魏反兵南向知溫首馳赴之天成元年拜泰寧軍節度使明年爲北面招討使屯于盧臺明宗遣烏震往代知溫還鎭其戍卒效節軍將龍

厓等攻震殺之效節魏州軍也魏州自羅紹威誅衙軍楊師厚爲節度使復置銀槍效節軍當梁末帝時師厚殺爲梁患師厚卒以賀德倫代之末帝患魏軍彊難制與趙巖等謀分相魏爲兩鎮魏軍由此作亂劫德倫叛梁而降晉梁遂失河北莊宗自得魏兵與梁戰河上數有功許其軍以滅梁而厚賞及梁亡魏軍雖數賜與而驕縱無厭常懷怨望皇甫暉之亂劫趙在禮入魏皆此軍也明宗入立在禮鎮天雄軍以魏軍素驕常懼禍不遑居陰遣人訴于明宗求解去明宗乃以皇子從榮代在禮而遣魏效節九指揮北戍盧臺軍發之日不給兵甲惟以長竿繫旗幟以表隊伍軍士頗自疑惑明年明宗遣烏震代知温戍而知温意尤不樂盧臺戍軍夾水東西爲兩寨震初至與知温會東寨方博效節軍亂噪于門外知温卽乘馬而出亂軍擊殺震執轡留知温知温紿曰騎兵皆在西寨今獨步軍恐無能爲也知温卽躍馬登舟渡河入西寨以騎軍盡殺亂者明宗下詔悉誅其家屬于魏州凡九指揮三千餘家數萬口驅至漳水上殺之漳水爲之變色魏之驕兵於是而盡明宗知變自知温起釋而不問徙鎮武寧加兼侍中歷鎮天平平盧初明宗爲北面招討使而知温爲副使廢帝時以裨將事知温甚謹後因杯酒失意及廢帝起兵鳳翔愍帝出奔知温乘間有窺覦之意謂其司馬李冲曰吾有錢數屋養馬數千因時建義功必有成冲曰今天子孱弱上下離心潞王兵威甚盛事未可知冲請懷表而西以覘之及冲至京師廢帝已入立冲卽奉表稱賀還勸知温入朝廢帝慰勞之甚厚知温還鎮封東平王太常上言冊拜王公皇帝臨軒遣冊其在外者正衙命使而鹵簿鼓吹輅車法物不出都城考之故事無明文今北平王德鈞東平王知温受封遣冊請下兵部太常太僕給鹵簿鼓吹輅車法物赴本道禮畢還有司知温在鎮常厚斂其民積貲鉅萬治第青州南城出入以聲妓游嬉不恤政事天福元年卒于官贈太尉知温卒後其子彥儒獻其父錢三萬緡絹布三萬疋金百兩銀千兩茶千五百斤絲十萬兩拜沂州刺史其將吏分其餘貲者皆爲富家云

王晏球字瑩之洛陽人也少遇亂爲盜所掠汴州富人杜氏得之養以爲子冒姓杜氏梁太祖鎮宣武選富家子之材武者置之帳下號廳子都晏球爲人倜儻有大節爲廳子都指揮使太祖卽位爲右千牛衛將軍友珪立龍驤戍卒反自懷州趣京師遣晏球擊敗之于河陽以功遷龍驤第一指揮使末帝卽位遷龍驤四軍都指揮使梁遣捉生軍將李霸將千人戍楊劉霸夜作亂自水門入縱火大譟以長竿縛布沃油仰燒建國門晏球聞亂不俟命率龍驤五百騎擊之賊勢稍却末帝登樓見之呼曰此非吾龍驤軍邪晏球奏曰亂者李霸一部爾陛下嚴守宮城而責臣破賊遲明盡殺之以功拜澶州刺史梁晉軍河上以晏球爲行營馬步軍都指揮使莊宗入汴晏球以兵追之行至封丘聞末帝已崩卽解甲降唐莊宗賜姓名曰李紹虔拜齊州防禦使戍瓦橋關明宗兵變自鄴而南遣人招晏球晏球從至洛陽拜歸德軍節度使定州王都反以晏球爲招討使與宣徽南院使張延朗等討之都遣人北招契丹契丹遣禿餒將萬騎救都晏球聞禿餒等兵且來留張延朗屯新樂自逆於望都而契丹從佗道入定州與都出不意擊延朗軍延朗大敗收餘兵會晏球趨曲陽都乘勝追之晏球先至水次方坐胡床指麾而都衆掩至晏球與左右十餘人連矢射之都衆稍却而後軍亦至晏球立高岡號令諸將皆櫜弓矢用短兵回顧者斬符彥卿以左軍攻其左高行珪以右軍攻其右中軍騎士抱馬項馳入都軍都遂大敗自曲陽至定州橫尸棄甲六十餘里都與禿餒入城不敢復出契丹又遣惕隱以七千騎益都晏球遇之唐河追擊至滿城斬首二千級獲馬千匹契丹自中國多故彊於北方北方諸夷無大小皆畏伏而中國之兵遭契丹者未嘗少得志自晏球擊敗禿餒又走惕隱其餘衆奔潰投村落村落之人以鋤耰白梃所在擊殺之無復遺類惕隱與數十騎走至幽州西爲趙德鈞擒送京師明宗下詔責誚契丹契丹後數遣使至中國求歸惕隱等辭甚卑遜輒斬其使以絕之於是時中國之威幾於大震而契丹少衰伏矣自晏球始也晏球攻定州久不克明宗數遣人促其破賊晏球以謂未可急攻其偏將朱弘昭張虔釗等宣言曰晏球怯耳乃驅兵以進兵果敗殺傷三千餘人由是諸將不敢復言攻晏球乃休養士卒食其三州之賦悉以俸祿所入具牛酒日與諸將高會久之都城中食盡先出其民萬餘人數與禿餒謀決圍以走不果都將馬讓能以城降都自焚死晏球爲將有機略善撫士卒其擊禿餒旣因敗以爲功而諸將皆欲乘勝取都晏球返獨不動卒以持久弊之自天成三年四月都反明年二月始克之軍中未嘗戮一人以破都功拜天平軍節度使又徙平盧累官至兼中書令是歲卒年六十二贈太尉

安重霸雲州人也初與明宗俱事晉王重霸得罪奔于梁又奔于蜀重霸爲人役諂多智善事人蜀王建以爲親將王衍立少年宦者王承休用事重霸深結承休以自託梁末蜀取李茂貞秦成階三州重霸勸承休求鎮秦州衍以承休爲節度使重霸爲其副使重霸與承休多取秦州花木獻衍請衍東遊唐魏王兵伐蜀承休大恐以問重霸重霸曰劍門天下之險雖有精兵不可過也然公受國恩聞難不可不赴願與公俱西承休素親信之以爲然承休整軍將發秦人送之帳飲城外酒罷承休上道重霸立承休馬前辭曰秦隴不可失願留爲公守承休業已上道無如之何唐軍已破蜀重霸亦以秦成階三州降唐明宗以爲閬州團練使罷爲左衛大將軍久之以爲匡國軍節度使廢帝時爲京兆尹西京留守從鎮大同以病罷歸卒于潞州

王建立遼州榆杜人也唐明宗爲代州刺史以建立爲虞候將莊宗常遣女奴之代州祭墓女奴侵擾代人建立捕而笞之莊宗怒欲殺之明宗爲庇護之以免明宗自魏反犯京師曹皇后王淑妃皆在常山建立殺常山監軍并其守兵明宗家屬因得無患由是明宗益愛之明宗卽位以爲成德軍節度副使已而拜節度使檢校太尉同中書門下平章事建立與安重誨素不協定州王都有二志數以書通建立約爲兄弟重誨知之以爲言明宗不欲傷建立亟召還京師建立入見亦多言重誨過失明宗大怒欲亟罷重誨羣臣左右調解之乃止然卒以建立爲右僕射同中書門下平章事判三司事居歲餘自言不識文字願解三司明宗不許久之建立稱疾明宗笑曰人固有詐疾而得疾者乃出爲平盧軍節度使又徙上黨建立怏怏不得志遂求解職乃以太子少保致仕建立數請朝見不許乃自詣京師闕至後樓見明宗涕泣言已無罪爲重誨所擯明宗曰汝爲節度使不作好事豈獨重誨讒汝耶賜以茶藥而遣之廢帝立復起爲天平軍節度使晉高祖時徙鎮平盧天福五年來朝高祖勞之曰三十年前老兄可毋拜賜以肩輿入朝給二宦者掖而升殿宴見甚渥又徙昭義賜以玉斧蜀馬累封韓王建立好殺人其晚節始或浮圖法戒殺生所至人稍安之卒年七十贈尚書令子守恩以蔭補稍遷諸衛將軍建立已卒家于潞守恩自京師得告歸而契丹滅晉昭義節度使張從恩與守恩姻家乃以守恩權巡檢使以守潞州而從恩入見契丹從恩旣去守恩因剽劫從恩家貲以潞州降漢漢高祖卽位以守恩爲昭義軍節度使徙鎮靜難西京留守加同中書門下平章事守恩性貪鄙人甚苦之時周太祖以樞密使將白文珂等軍西平三叛還過洛陽守恩以使相自處肩輿出迎太祖怒卽日以頭子命文珂代守恩爲留守而守恩方詣館謁坐於客次以俟見而吏馳報新留守視事於府矣守恩大驚不知所爲遂罷去奉朝請于京師後隱帝殺史弘肇等召羣臣上殿慰諭之羣臣恐懼無敢言者獨守恩前對曰陛下始睡覺矣聞者皆縮頸顯德中爲左金吾衛上將軍以卒

嗚呼道德仁義所以爲治而法制綱紀亦所以維持之也自古亂亡之國必先壞其法制而後亂從之亂與壞相乘至蕩然無復綱紀則必極於大亂而後返此勢之然也五代之際是矣若文珂守恩皆位兼將相漢大臣也而周太祖以一樞密使頭子易置之如更戍卒是時太祖與漢未有間隙之端其無君叛上之志宜未萌于心而其所爲如此者何哉蓋其習爲常事故特發於喜怒頤指之間而文珂不敢違守恩不得拒太祖旣處之不疑而漢廷君臣亦置而不問其上下安然而不怪者豈非朝廷法制綱紀壞亂相乘其來也遠旣極而至於此歟是以善爲天下慮者不敢忽於微而常杜其漸也可不戒哉

康福蔚州人也世爲軍校福以騎射事晉王爲偏將莊宗嘗曰吾家以羊馬爲生福狀貌類胡人而豐厚宜羊馬乃令福牧馬于相州爲小馬坊使逾年馬大蕃滋明宗自魏反兵過相州福以小坊馬二千匹歸命明宗軍勢由是益盛明宗入立拜飛龍使領磁州刺史襄州兵馬都監從劉訓討荊南無功而還福爲將無佗能善諸戎語明宗常召入便殿訪以外事福輒爲蕃語以對樞密使安重誨惡之常戒福曰無妄奏事當斬汝福懼求外任靈武韓洙死其弟澄立而偏將李從賓作亂澄表請朝廷命帥而重誨以謂靈武深入夷境爲帥者多遇害乃拜福涼州刺史河西軍節度使福入見明宗涕泣言爲重誨所擠明宗召重誨爲福更佗鎮重誨曰福爲刺史無功效而建節旄其敢有所擇邪明宗怒謂福曰重誨遣汝非吾意也吾當遣兵護汝可無憂乃令將軍牛知柔以兵衛福行至方渠而羌夷果出邀福福以兵擊走之至青岡峽遇雪福登山望見川谷中煙火有吐蕃數千帳不覺福之至福分其兵爲三道出其不意襲之吐蕃大駭棄車帳而走殺之殆盡獲其玉璞綾錦羊馬甚衆由是威聲大振福居靈武三歲歲常豐稔有

馬千駟蕃夷畏服言事者疑福有異志重誨亦言福必負朝廷明宗遣人謂福曰我何少汝而欲負我福言受國恩深有死無二因乞還朝不許福章再上卽隨而至明宗不之罪從鎭彰義歷靜難雄武充西面都部署晉高祖時從鎭河中代還卒于京師贈太師謚曰武安福世本夷狄而夷狄貴沙陀故常自言沙陀種也福嘗有疾臥閤中寮佐入問疾見其錦衾相顧竊戲曰錦衾爛兮福聞之怒曰我沙陀種也安得謂我爲奚聞者笑之

郭延魯沁州綿上人也父饒以驍勇事晉數立軍功爲沁州刺史者九年爲政有惠愛州人思之延魯以善梁爲將累遷神武都知兵馬使朱守殷反從攻汴州以先登功爲汴州馬步軍都指揮使累遷復州刺史延魯嘆曰吾先君爲沁州者九年民到于今思之吾今幸得爲刺史其敢忘吾先君之志由是益以廉平自勵民甚賴之秩滿州人乞留不許皆遮道攀號天福中拜單州刺史卒于官當是時刺史皆以軍功拜言事者多以爲言以謂方天下多事民力困敝之時不宜以刺史任武夫恃功縱下爲害不細而延魯父子特以善著焉

嗚呼五代之民其何以堪之哉上輸兵賦之急下困剝斂之苛自莊宗以來方鎭進獻之事稍作至於晉而不可勝紀矣其添都助國之物動以千數計至於來朝奉使買宴贖罪莫不出於進獻而功臣大將不幸而死則其子孫率以家貲求刺史其物多者得大州善地蓋自天子皆以賄賂爲事矣則爲其民者其何以堪之哉於此之時循廉之吏如延魯之徒者誠難得而可貴也哉

五代史卷四十七

宋　歐陽修　撰

雜傳第三十五

華温琪字德潤宋州下邑人也世本農家温琪身長七尺少從黃巢爲盜巢陷長安以温琪爲供奉官都知巢敗温琪走滑州顧其狀貌魁偉懼不自容乃投白馬河流數十里不死河上人援而出之又自經于桑林桑輒枝折乃之胙縣有田父見之曰子狀貌堂堂非常人也乃匿于家後歲餘間濮州刺史朱裕募士爲兵乃往依之後事梁爲開道指揮使累以戰功爲絳棣二州刺史棣州苦河水爲患温琪徙于新州以避之民賴其利又歷齊晉二州莊宗攻晉州踰月不能破梁末帝嘉温琪善守升晉州爲定昌軍以温琪爲節度使坐掠部民妻爲其夫所訟罷爲金吾衛大將軍左龍武統軍朱友謙以河中叛附于晉末帝拜温琪汝州防禦使河中行營排陣使遷耀州觀察留後莊宗滅梁見温琪曰此爲梁守平陽者也嘉之因以耀州爲順義軍拜温琪節度使從鎭雄武明宗時來朝願留闕下以爲左驍衛上將軍踰年明宗謂樞密使安重誨曰温琪舊人宜與一重鎭重誨意不欲與對以無員闕佗日明宗語又及之重誨曰可代者惟樞密使耳明宗曰可重誨不能荅温琪聞之懼稱疾不出者累月已而以爲鎭國軍節度使廢帝時以太子太保致仕天福元年卒贈太子太傅

萇從簡陳州人也世本屠羊從簡去事晉爲軍校力敵數人善用槊莊宗用兵攻城從簡多爲梯頭莊宗愛其勇以功累遷步軍都指揮使莊宗與梁軍對陣梁軍有執大旗出入陣間者莊宗登高丘望見之歎曰彼猛士誰能爲我取之者從簡因前請往莊宗惜之不許從簡潛率數騎馳入梁軍奪其旗而還軍中皆鼓譟莊宗壯之賜與甚厚從簡嘗中流矢鏃入髀骨命工取之工無良藥欲鑿其骨人皆以爲不可從簡遽使鑿之工遲疑不忍下從簡叱其亟鑿左右視者皆若不勝其毒而從簡言笑自若然其爲人剛暴難制莊宗每屈法優容之累遷蔡州防禦使明宗時歷麟汝汾金四州防禦使明宗嘗戒之曰富貴可惜然汝不能守也先帝能貸爾吾恐不能從簡性不可悛明宗亦不之責廢帝舉兵於鳳翔從簡與諸鎭兵圍之已而兵潰從簡東走被執廢帝責其不降從簡曰事主不敢二心廢帝釋之拜潁州團練使晉高祖起兵太原廢帝將親征召爲招討副使從至河陽拜河陽三城節度使廢帝還洛陽從簡卽降晉歷鎭忠武武寧入爲左金吾衛上將軍卒年六十五贈太師從簡好食人肉所至多潛捕民間小兒以食許州富人有玉帶欲之而不可得遣二卒夜入其家殺而取之卒夜踰垣隱木間見其夫婦相待如賓二卒歎曰吾公欲奪其寶而害斯人吾必不免因躍出而告之使其速以帶獻遂踰垣而去不知其所之

張筠海州人也世以貲爲商賈筠事節度使時溥爲宿州刺史梁兵攻溥取宿州得筠愛其辯慧以爲四鎭客將長直軍使累拜宣徽使末帝分相澶衛三州爲昭德軍以筠爲節度使由是魏博軍叛附于晉晉王攻相州筠棄城走後以爲永平軍節度使梁亡事唐仍爲京兆尹從郭崇韜伐蜀爲劒南兩川安撫使蜀平拜河南尹徙鎭興元筠嘗有疾不見將吏副使符彥琳入問疾筠又辭不見彥琳疑筠已死卽請出牌印筠怒命左右收彥琳下獄以其反聞明宗知彥琳無反狀召彥琳釋之陽從筠爲西京留守戒守者不內筠至長安不得入乃朝京師以爲左驍衛上將軍筠弟籛當筠爲京兆尹時以爲牙內指揮使三白渠營田制置使筠西伐蜀留籛守京兆蜀平魏王繼岌班師至興平而明宗自魏起京師大亂籛乃斷咸陽浮橋以拒繼岌繼岌乃自殺初筠代康懷英爲永平軍節度使而懷英死筠卽掠其家貲又於唐故宮掘地多得金玉有偏將侯莫陳威者嘗與温韜發唐諸陵分得寶貨筠因以事殺威而取之魏王繼岌死渭南籛悉取其行橐而王衍自蜀行至秦川莊宗遣宦者向延嗣殺之延嗣因盡得衍蜀中珍寶明宗卽位遣人捕誅宦者延嗣亡命而蜀之珍寶籛又取之由是兄弟貲皆鉅萬然筠爲人好施予以其富故所至不爲聚斂民賴以安而籛嗜酒貪鄙歷沂密二州刺史晉出帝時以將軍市馬於回鶻坐馬不中式有司理其價直籛性鄙因鬱鬱而卒筠居洛陽擁其貲以酒色聲妓自娛足者十餘年人謂之地仙天福二年徙居長安是歲張從賓作亂入洛陽筠遂以免卒贈太子少師

嗚呼五代反者多矣吾於明宗獨難其辭至於魏王繼岌纍然後終其事也莊宗遇弒繼岌以元子握重兵死于外而不得立此大事也而前史不書其所以然夫繼岌之存亡於張籛無所利害籛何爲而拒之不使之東乎豈其有所使而爲之乎然明宗於符彥超深以爲德而待籛無所厚此其又可疑也不然好亂之臣望風而響應乎使籛不斷浮橋而繼岌得以兵東明宗未必能自立則繼岌之死由籛之拒其所繫者豈小哉

楊彥詢字成章河中寶鼎人也少事青州王師範師範好學聚書萬卷使彥詢掌之彥詢爲人聰悟遂見親信師範降梁後見殺彥詢無所歸乃之魏事楊師厚爲客將魏博叛梁入于晉彥詢因留事晉莊宗滅梁以彥詢爲引進副使奉使吳蜀常稱旨歷德州刺史羽林將軍晉高祖鎭太原廢帝疑其有貳志擇諸將之謹厚者佐之乃以彥詢爲太原節度副使其後晉高祖以疑見徙欲拒命不行以問彥詢彥詢不敢正言因曰太原之力能與唐敵否公其審計之高祖反意已決彥詢亦不復敢言高祖左右以彥詢異議欲殺之高祖遽止之曰惟副使一人我自保之乃免是時高祖乞兵於契丹契丹耶律德光立高祖于太原以兵送至河上彥詢爲宣徽使數往來虜帳中德光亦愛其爲人明年拜威德軍節度使復入爲宣徽使又拜安國軍節度使天福七年從鎭鎭國遭歲大饑爲政有惠愛以病風罷爲右金吾衛上將軍卒年七十四贈太子太師

李周字通理邢州內丘人唐昭義軍節度使抱眞之後也父矩遭世亂不仕嘗謂周曰邢鄲用武之地今世道未平汝當從軍旅以興吾門周年十六爲內丘捕賊將以勇聞是時梁晉兵爭山東羣盜充斥道路行者必以兵衛內丘人盧岳將從家太原舍逆旅徬徨不敢進周意憐之爲送至西山有盜從林中射岳中其馬周大呼曰吾在此孰敢爾邪盜聞其聲曰此李周也因各潰去周送岳至太原岳謂之曰吾少學星曆且工相人子方頤隆準眉目疎徹身長七尺眞將相也吾占天象晉必有天下子宜留事晉以圖富貴周以母老辭歸是時梁遣葛從周攻下邢洺晉王柵兵青山口周未知所歸乃思岳言至青山歸晉晉王以周爲萬勝黃頭軍使後從征伐常有功從戰柏鄉先登遷匡霸指揮使守楊劉周爲將甚勇其於用兵善守能與士卒同甘苦梁兵攻周周堅守久之周聞母喪奔歸莊宗遣佗將代周守幾爲梁兵所破莊宗遽追周還守之乃得不破其後梁人已破德勝因東擊楊劉以巨艦絕河斷晉餉援周遣人馳趨莊宗求救請日行百里以赴急莊宗笑曰周爲我守何憂日行六十里且行且獵日周非梁將可敵也比至周已絕糧三日莊宗以巨栰積薪沃油順流縱火焚梁艦梁兵解去莊宗見周勞曰微公諸將爲梁擒矣歷相蔡二州刺史明宗時拜武信軍節度使從鎭靜難歷武寧安遠永興宣武四鎭所至多善政晉高祖時復鎭靜難罷還出帝幸澶淵以周留守東京還拜開封尹卒年七十四贈太師

劉處讓字德謙滄州人也少爲張萬進親吏萬進入梁爲泰寧軍節度使以處讓爲牙將萬進叛梁附晉梁遣劉鄩討之萬進遣處讓求救于晉晉王方與梁相距未能出兵處讓乃於軍門截耳而訴曰萬進所以見圍者以附晉故也奈何不顧其急苟不出兵願請死晉王壯之曰義士也爲之發兵兵未渡河而萬進爲梁兵所敗處讓因留事晉莊宗卽位爲客省使常使四方多稱旨天成中遷引進使累遷左驍衛大將軍廢帝時魏州軍亂逐其帥劉延皓遣范延光招討以處讓爲河北都轉

運使晉高祖立歷宣徽南院使范延光反高祖命楊光遠爲招討使以處讓參其軍事已而副招討使張從賓叛于河陽處讓分兵擊破從賓還與光遠攻鄴逾年不能下其後延光有降意而遲疑處讓入城譬以禍福延光乃出降唐制樞密使常以宦者爲之自梁用敬翔李振至莊宗始用武臣而權重將相高祖時以宰相桑維翰李崧兼樞密使處讓與諸宦者心不平之光遠之討延光也以晉重兵在已掌握舉動多驕恣其所求請高祖頗裁抑之處讓爲光遠言此非上意皆維翰崧等嫉公耳光遠大怒及兵罷光遠見高祖訴以維翰等沮已高祖不得已罷維翰等以處讓爲樞密使處讓在職凡所陳述多不稱旨處讓丁母憂高祖遂不復拜樞密使以其印付中書而廢其職處讓居喪期年起復爲彰德軍節度使右金吾衞上將軍以疾卒年六十三累贈太師

李承約字德儉薊州人也少事劉仁恭爲山後八軍巡檢使將騎兵二千人仁恭爲其子守光所囚承約以其騎兵奔晉晉王以爲匡霸指揮使從破夾寨戰臨淸以功累遷洺汾二州刺史潁州團練使天成中邠州節度使毛璋有異志明宗拜承約涇州節度副使使往伺璋動靜承約見璋諭以禍福後明宗遣人代璋璋即時受代明宗大喜即拜承約黔南節度使承約以恩信撫諸夷落勸民農桑與起學校居數年當代黔南人詣京師乞留爲許留一年召爲左衞上將軍改左龍武統軍拜昭義軍節度使復爲左龍武統軍天福二年遷左驍衞上將軍數請老不許卒年七十五贈太子太師

張希崇字德峯幽州薊人也少好學通左氏春秋劉守光不喜儒士希崇因事軍中爲偏將將兵戍平州其後契丹攻陷平州得希崇知其儒者也以爲盧龍軍行軍司馬明宗時盧文進自平州亡歸契丹因以希崇代文進爲平州節度使遣其親將以三百騎監之居歲餘虜將喜其爲人監兵稍怠希崇因與其麾下謀走南歸其麾下皆言兵多不可俱亡懼不得脫因勸希崇獨去希崇曰虜兵守我者三百騎爾烹其將其兵必散走且平州去虜帳千餘里使其聞亂而呼兵則吾與汝等在漢界矣衆皆曰善乃先爲穽寘以石灰明日虜將謁希崇崇飲之以酒殺之穽中兵皆潰去希崇率其麾下得生口二萬南歸明宗嘉之拜汝州防禦使遷靈武節度使靈州地接戎狄戍兵餉道常苦抄掠希崇乃開屯田教士耕種軍以足食而省轉饋明宗下詔褒美希崇撫養士卒招輯夷落自回鶻瓜沙皆遣使入貢居四歲上書求還內地徙鎮邠寧晉高祖入立復拜靈武節度使希崇歎曰吾當老死邊徼豈非命邪希崇事母至孝朝夕母食必侍立左右徹饌乃敢退爲將不喜聲色好讀書頗知星歷天福三年月掩畢口大星希崇歎曰畢口大星邊將也我其當之乎明年正月卒贈太師有子仁謙

相里金字奉金并州人也爲人勇悍而能折節下士事晉王爲五院軍隊長梁晉戰栢鄉胡柳皆有功遷黃甲指揮使同光中拜忻州刺史是時諸州皆用武人多以部曲主場務漁蠹公私以利自入金獨禁部曲不與事厚其給養使掌家事而已遷隴州防禦使廢帝起兵鳳翔馳檄四鄰四鄰未有應者獨金首遣判官薛文遇見廢帝往來計事廢帝即位德之拜保義軍節度使晉高祖起太原廢帝以金爲太原四面步軍都指揮使高祖入立徙鎮建雄罷爲上將軍天福五年卒贈太師

張廷蘊開封襄邑人也少爲宣武軍卒去事晉稍遷軍校常從莊宗征伐先登力戰金瘡滿體莊宗壯之以爲帳前黃甲二十指揮步軍都虞候魏博三城巡檢使是時莊宗在魏以劉皇后從行劉氏多縱其下擾人爲不法人無敢言者廷蘊輒收而斬之李繼韜叛于潞州莊宗遣明宗爲招討使元行欽爲都部署廷蘊爲馬步軍都指揮使將兵爲前鋒廷蘊至潞日已暮即率兵百餘踰濠登城城守者不能禦遂破潞州明旦明宗與行欽後至明宗心頗慊之廷蘊以功遷羽林都指揮使中懷沂三州刺史金頻隴絳四州防禦團練使左監門衞上將軍開運中以疾卒廷蘊武人所識不過數字而平生重文士嘗從明宗破梁鄆州獲判官趙鳳廷蘊謂曰吾視汝貌必儒人可無隱也鳳以實對廷蘊亟薦於明宗後鳳貴爲相數薦廷蘊於安重誨重誨屢言之明宗以廷蘊破潞之隙終恨之故終不秉旄節廷蘊素廉歷七州卒之日家無餘貲

馬全節字大雅大名元城人也唐同光中全節爲捉生指揮使趙在禮反鄴都以全節爲馬步軍指揮使明宗即位歷博單鄆沂四州刺史金州防禦使廢帝時蜀人攻金州州兵纔數百全節散家財與士卒堅守蜀人去廢帝召全節以爲滄州留後晉高祖入立即拜全節橫海軍節度使徙鎮安遠代李金全金全叛附于李昪高祖發兵三萬使全節與安審暉討之金全南奔昪將李承裕守安州全節與承裕戰州南大敗承裕斬首二千級生擒千餘人承裕棄城去審暉追至雲夢執承裕及其兵二千人全節斬千五百人以其餘兵并承裕獻于京師承裕謂全節曰吾掠城中所得百萬計將軍皆取之矣吾見天子必訴此而後就刑全節懼因殺承裕高祖置之不問徙全節鎭昭義又徙安國從杜重威討安重榮以功徙鎭義武出帝與契丹交惡全節未嘗不在兵間開運元年爲行營都虞候契丹與晉大軍相距澶魏之間全節別攻白團城破之虜七百人克泰州虜二千人降其守將晉廷謙四月契丹敗于戚城引兵分道而北全節敗之于定豐執其將安暉七月徙廣晉尹留守鄴都十月杜重威爲招討使以全節爲副大敗契丹于衞村全節爲人謙謹事母至孝其臨政決事必問法如何初從廣晉過元城衣白襴謁其縣令州里以爲榮開運二年徙鎭順國未至而卒年五十五贈中書令

皇甫遇常山眞定人也爲人有勇力虬髯善射少從唐明宗征伐事唐爲武勝軍節度使所至苛暴以誅斂爲務賓佐多解官逃去以避其禍晉高祖時歷義武昭義建雄河陽四鎭罷爲神武統軍契丹入寇陷貝州出帝以高行周爲北面行營都部署遇爲馬軍右廂排陣使是時靑州楊光遠據城反出帝乃遣李守貞及遇分兵守鄆州遇等至馬家渡契丹方將渡河助光遠遇等擊敗之以功拜義成軍節度使馬軍都指揮使開運二年契丹寇西山遣先鋒趙延壽圍鎭州杜重威不敢出戰延壽分兵大掠攻破欒城栢鄉等九縣南至邢州是時歲除出帝與近臣飲酒過量得疾不能出征乃遣北面行營都監張從恩會馬全節安審琦及遇等禦之從恩等至相州陣安陽河南遣遇與慕容彥超率數千騎前覘虜遇渡漳河逢虜數萬轉戰十餘里至榆林爲虜所圍遇馬中箭而踣得其僕杜知敏馬乘之以戰知敏爲虜所擒遇謂彥超曰知敏義士也豈可失之即與彥超躍馬入虜取之而還虜兵與遇戰自午至未解而復合益出生兵勢甚盛遇戒彥超曰今日之勢戰與走爾戰尙或生走則死也我等死戰猶足以報國張從恩與諸將怪遇覘虜無報皆謂遇已陷虜矣已而有馳騎報遇被圍安審琦率兵將赴之從恩疑報者詐不欲往審琦曰成敗天也當與公共之雖虜不南來吾屬失皇甫遇復何面目見天子即引騎渡河諸軍皆從而北距虜十餘里虜望見救兵來即解去遇與審琦等收軍而南契丹亦皆北去是時契丹兵已深入人馬俱乏其還也諸將不能追而從恩率遇等退保黎陽虜因得解去三年冬以重威爲都招討使遇爲馬軍右廂都指揮使屯於中渡重威已陰送款契丹伏兵幕中悉召諸將列坐告以降虜遇與諸將愕然不能對重威出降表遇等俛首以次自書其名即麾兵解甲出降契丹遣遇與張彥澤先入京師遇行至平棘絕吭而死

嗚呼梁亡而敬翔死不得爲死節晉亡而皇甫遇死不得爲死事吾豈無意哉梁之篡唐用翔之謀爲多猶子佐其父而殺其祖可乎其不戮於斧鉞爲幸免矣方晉兵之降虜也士卒初不知及使解甲哭聲震天則降豈其欲哉使遇奮然攘臂而起殺重威於坐中雖不幸不免而見害猶爲得其死矣其義烈豈不凜然哉既俛首聽命相與亡人之國矣雖死不能贖也豈足貴哉君子之於人或推以恕或責以備恕故遷善自新之路廣備則難得難得故可貴焉然知其所可恕與其所可貴豈不又難哉

安彥威字國俊代州崞縣人也少以軍卒隸唐明宗麾下彥威善射頗知兵法明宗鎭天平宣武成德以彥威常爲牙將以謹厚見信明宗入立皇子從榮鎭鄴彥威爲護聖指揮使以從榮判六軍彥威遷捧聖指揮使領寧國軍節度使晉高祖入立拜彥威北京留守徙鎭歸德是時河決滑州命彥威塞之彥威出私錢募民治隄遷西京留守遭歲大饑彥威賑撫飢民民有犯法皆寬貸之飢民愛之不忍流去丁母憂哀毀過制出帝與契丹隙盟拜彥威北面行營副都統彥威悉以家財佐軍用以疾卒于京師彥威與安太妃同宗出帝事以爲舅彥威未嘗以爲言及卒太妃臨哭人始知其同宗也當時益稱其愼重

李瓊滄州饒安人也少爲騎將與晉高祖俱隸唐明宗麾下同光二年契丹犯塞明宗出涿州遇契丹與戰不勝諸將各稍引去而晉高祖獨戰不已契丹漸合而圍之瓊引高祖衣與俱遯至劉李河而追兵且及瓊浮水先至南岸高祖至河中流馬踣瓊以長矛援出之又以所乘馬與高祖而步護之走十餘里乃得免明宗兵變于魏而南瓊從高祖以三百騎先趨汴州高祖爲保義軍節度使以爲牙隊指揮使高祖建國以爲護聖都虞候賜與金帛甚厚而不與之官爵瓊亦鬱鬱久之拜相申二州刺史出帝時爲棣州刺史楊光遠反以書招瓊瓊拒而不納遷洺州團練使又爲護聖右廂都指揮使晉亡契丹入京師以瓊爲威州刺史行至鄭州遇盜見殺

劉景巖延州人也其家素富能以貲交游豪俊事高萬

金爲部曲其後爲丹州刺史晉高祖起兵太原唐廢帝調民七戶出一卒爲義兵延州節度使楊漢章發鄉民赴京師將行景巖遣人激怒之義兵亂殺漢章迎景巖爲留後晉高祖即位即拜景巖節度使景巖從事熊皦爲人多智陰察景巖跋扈難制懼其有異心欲以利愚之因語景巖以謂邊地不可以久安爲陳保名享利之策言邠涇多善田其利百倍宜多市田射利以自厚景巖信之歲餘其獲甚多景巖使皦朝京師皦乃言景巖不宜在邊可徙之內地乃移景巖邠州皦入拜補闕而景巖又徙鎮保義居未幾又徙武勝景巖乃悟皦爲賣已遂誣奏皦隱巳玉帶皦坐貶商州上津令皦懼景巖害之道亡匿山中開運三年景巖罷武勝以太子太師致仕居華州契丹犯京師以周密鎮延州景巖乃還故里而州人逐密立高允權允權妻劉氏景巖孫女也景巖貝田甲第僮僕甚盛党項司家族畜牧近郊尤富彊景巖與之往來允權頗患之允權妻歲時歸省景巖謂曰高郎一縣令而有此州其可保乎允權意惡之而心又利其田宅乃誣其反而殺之年八十餘長子行琮德州刺史罷留京師亦被誅次子行謙允權婦翁也爲奏言非劉氏子遂免不誅

五代史卷四十七考證

張延蘊傳李繼韜叛于潞州○李閩本作而誤

五代史卷四十八

宋　歐陽修　撰

雜傳第三十六

盧文進字大用范陽人也爲劉守光騎將唐莊宗攻范陽文進以先降拜壽州刺史莊宗以屬其弟存矩存矩爲新州團練使統山後八軍莊宗與劉鄩相距於莘召存矩會兵擊鄩存矩募山後勁兵數千人課民出馬民以十牛易一馬山後之人皆怨而兵又不樂南行行至祁溝關聚而謀爲亂文進有女幼而美存矩求之爲側室文進以其大將不敢拒雖與而心常歉之也因與亂軍殺存矩反攻新州不克攻武州又不克遂奔于契丹契丹使守平州明宗即位文進自平州率衆數萬歸唐明宗得之喜甚以爲義成軍節度使居歲餘徙鎮威勝加同平章事入爲上將軍出鎮昭義徙安遠晉高祖立與契丹約爲父子文進懼不自安天福元年冬殺其行軍司馬馮知兆副使杜重貴送欵於李昪昪遣兵迎之文進居數鎮頗有善政兵民愛之其將行也從數騎馳至營中別其將士告以避契丹之意將士皆再拜爲訣乃南奔昪以文進爲天威統軍宣潤節度使文進身長七尺狀貌偉然自其奔契丹也數引契丹攻掠幽薊之間虜其人民教契丹以中國織紝工作無不備契丹由此益彊同光中契丹數以奚騎出入塞上攻掠燕趙人無寧歲唐兵屯涿州歲時饋運自瓦橋關至幽州嚴兵斥堠常苦鈔奪爲唐患者十餘年皆文進爲之也及其南奔始屈身晦迹務爲恭謹禮接文士謙謙若不足其所談論近代朝廷儀制臺閣故事而已未嘗言兵後以左衛上將軍卒于金陵

李金全其先出於吐渾金全少爲唐明宗廝養以驍勇善騎射常從明宗戰伐以功爲刺史天成中爲彰武軍節度使在鎮務爲貪暴罷歸獻馬數十匹居數日又以獻明宗謂曰卿患馬多耶何進獻之數也且卿在涇州治狀如何無乃以馬爲事乎金全慙不能對徙鎮橫海久之罷爲右衛上將軍晉高祖時安州屯防指揮使王暉殺節度使周瓌高祖遣金全將騎兵千人以往下詔書招暉曰暉降以爲唐州刺史又以信箭諭安州不戮一人且戒金全曰無失吾信金全未至襄州安從進意暉必走江南以精兵遮其要路暉聞金全來果南走爲從進兵所殺金全後至得暉餘黨數百人皆送京師暉之亂也大掠城中三日金全利其所掠貲因擒其將武克和等十餘人殺之克和呼曰王暉首亂猶賜之信誓以爲刺史我等何罪反見殺邪若朝廷之命何以示信苟將軍違詔而殺降亦將不免也高祖不能詰即以金全爲安遠軍節度使金全左都押衙胡漢榮用事所爲不法高祖患之不欲因漢榮以累功臣爲選廉吏賈仁沼代之且召漢榮漢榮教金全留已而不遣金全客龐令圖諫曰仁沼昔事王晏球晏球攻王都於中山都遣善射者登城射晏球中兜牟仁沼從後引弓善射者一發而斃晏球求其人欲厚賞之仁沼退而不言此天下之忠臣也都敗晏球遣仁沼獻捷于京師凡所賜與甚厚悉以分故人親戚之貧者此天下之廉士也爲人如此豈有爲人謀而不善者乎宜納仁沼而遣漢榮漢榮聞之夜使人殺令圖而酖仁沼仁沼舌壞而死天福五年夏高祖以馬全節代金全而仁沼二子欲詣京師訴其父冤漢榮大懼紿金全曰前日天子召漢榮公違詔而不遣仁沼之死其二子將訴于朝今以全節代公是召公對獄也金全信之遂叛送欵于李昪高祖發兵三萬授全節討之昪遣其將李承裕入安州金全遂南奔行至溠川引頸北望涕泣而去昪以金全爲天威統軍漢隱帝時李守貞反河中乞兵於昪金全爲昪潤州節度使與查文徽等出沭陽昪之諸將皆銳於攻取金全獨以謂遠不相及不可行乃止其後亦不復用不知其所終

楊思權邠州新平人也事梁爲控鶴右第一軍使唐莊宗滅梁以爲夾馬都指揮使明宗時秦王從榮爲河東節度使以馮贇爲副思權爲北京步軍都指揮使以佐佑之從榮素驕所爲多不法是時宋王從厚爲河南尹從厚年少謙恭好禮明宗陰遣人從容語從厚之善以諷勉之從榮不悅告思權曰天下共賢河南而非我我將廢矣奈何思權曰公有甲士而思權在何患也乃勸從榮招募死士增利器械以爲備馮贇患之以其事聞明宗召思權還京師然以從榮故亦不之責也後爲右羽林都指揮使將兵戍興元潞王從珂反鳳翔興元張虔釗會諸鎮兵討賊諸鎮兵圍鳳翔思權攻城西嚴衛指揮使尹暉攻城東破其兩關城從珂登城呼外兵告以己非反者其語甚哀外兵聞者皆悲之而虔釗督戰甚急軍士反兵逐虔釗思權因呼其衆曰潞王眞吾主也即擁軍士入城降暉聞思權已降亦麾其軍使解甲由是諸鎮之兵皆潰思權與暉入見從珂思權前曰臣以赤心奉殿下俟後事成願不以防禦團練使處臣乃出一紙於懷中曰願志臣姓名以爲驗從珂即書曰可邠寧節度使廢帝入立即拜思權靜難軍節度使後爲右龍武統軍左衛上將軍天福八年卒于京師贈太傅

尹暉者魏州大名人也從廢帝入洛陽而晉高祖來朝與暉相遇于道暉時猶爲嚴衛指揮使侍先降功不爲高祖屈馬上橫鞭揖之高祖怒白廢帝暉不可與名藩乃以爲應州節度使晉高祖入立罷爲右衛大將軍范延光反以書招暉暉懼出奔淮南爲人殺于道有子勳

王弘贄不知其世家何人也唐明宗時爲合階二州刺史右千牛衛將軍衛州刺史潞王從珂反於鳳翔擁兵東至陝愍帝懼夜以百餘騎出奔至衛州東七八里遇晉高祖將朝于京師騎呵前導者不避愍帝遣左右叱之對曰成德軍節度使石敬瑭也愍帝即下馬慟哭謂敬瑭曰潞王反康義誠等皆叛我我無所依長公主教我逆爾于路高祖曰衛州刺史王弘贄宿將也且多知時事請就圖之即馳騎前見弘贄曰主上危迫吾戚屬也何以圖全弘贄曰天子避狄自古有之然將相大臣從乎曰無也國寶乘輿法物從乎曰無也弘贄歎曰所謂大木將顛非一繩所維今萬乘之主以百騎出奔將相大臣無一人從者則人心去就可知也雖欲興復其可得乎即從高祖上謁於驛舍高祖具以弘贄語白愍帝弓箭庫使沙守榮奔弘進前謂高祖曰主上明宗愛子公愛壻也公於此時不能報國而反問大臣國寶所在公亦助賊反邪乃抽佩刀刺高祖高祖親將陳暉扞之守榮與暉戰死弘進亦自刎高祖因盡殺帝從兵獨留帝于驛而去弘贄奉帝居于州廨弘贄有子巒爲殿直廢帝入立遣巒持鴆與弘贄初愍帝在衛州弘贄令市中酒家獻酒愍帝見之大驚遽殞于地久而蘇弘贄曰此酒家也願獻酒以慰無憀愍帝受之由是日獻一觴及巒持鴆至因使酒家獻之愍帝飲而不疑遂崩弘贄後事晉爲鳳翔行軍司馬以光祿卿致仕卒贈太傅

劉審交字求益幽州文安人也少畧知書通於吏事爲唐興令補范陽牙校劉守光僭號以審交爲兵部尚書守光敗歸于太原唐莊宗以爲從事其後趙德鈞鎮范陽北面轉運使馬紹宏辟審交判官王晏球討王都以爲轉運供軍使定州平拜遼州刺史復爲北面轉運使改慈州刺史以母老去官母喪哀毀過禮不調累年晉高祖即位楊光遠討范延光於魏州審交復爲供軍使是時晉高祖分戶部度支鹽鐵爲三使歲餘三司益煩弊乃復合爲一拜審交三司使議者請檢天下民田宜得益租審交曰租有定額而天下比年無閑田民之苦樂不可等也遂止不檢而民賴以不擾遷右衛上將軍陳州防禦使出視民田見民耕器薄陋乃取河北耕器爲範爲民更鑄安從進平從審交襄州又徙靑州皆有善政罷還契丹犯京師留蕭翰而去翰復以審交爲三司使已而翰召許王從益守京師漢高祖起義太原從益召高行周以拒高祖行周不至從益母王淑妃與羣臣謀迎高祖或以謂燕兵在京師者猶數千可以城守而待行周淑妃不從議未決審交進曰余燕人也今爲燕守城當爲燕謀然事勢不可爲也太妃語是從益乃罷不設備遣人西迎高祖高祖至罷審交不用隱帝時

爲汝州防禦使有能名乾祐三年卒年七十四州人聚哭柩前上疏乞留葬近郊使民得歲時祠祭詔特贈太尉起祠立碑

王周魏州人也少以勇力從軍事唐莊宗明宗爲裨校以力戰有功拜刺史晉天福中從楊光遠討范延光於魏州又從杜重威討安重榮於鎮州皆有功歷貝州涇州節度使涇州張彥澤爲政苛虐民多流亡周乃更爲寬恕問民疾苦去其苛弊二十餘事民皆復歸歷遷武勝保義義武成德四鎮皆有善政定州橋壞覆民租車周曰橋梁不修刺史過也乃償民粟爲治其橋杜重威降契丹契丹兵過鎮州臨城呼周使出降周泣曰受晉厚恩不能死戰而以城降何面目南行見人主與士大夫乎乃劇飲求刃欲自引決家人止之迫以出降契丹以周爲武勝軍節度使漢高祖入立徙鎮武寧卒于鎮贈中書令

高行周字尚質嬀州人也世爲懷戎戍將父思繼思繼兄弟皆以武勇雄於北邊爲幽州節度使李匡威戍將匡威爲其弟匡儔所篡晉王將討其亂謀曰高思繼兄弟在孔嶺關有兵三千此後患也不如遣人招之思繼爲吾用則事無不成克用遣人招思繼兄弟燕俗重氣義思繼等聞晉兵爲匡威報讎乃欣然從之爲晉兵前鋒匡儔聞思繼兄弟皆叛乃棄城走克用以劉仁恭守幽州以其兄某爲先鋒都指揮使思繼爲中軍都指揮使弟某爲後軍都指揮使高氏兄弟分掌燕兵克用臨訣謂仁恭曰思繼兄弟勢傾一方爲燕患者必高氏也宜善爲防克用留晉兵千人爲仁恭衛而晉兵多犯法思繼等數誅殺之克用以責仁恭仁恭以高氏爲訴由是晉盡誅思繼兄弟仁恭以其兄某之子行珪爲牙將而思繼子行周年十餘歲亦收之帳下稍長補以軍職仁恭被囚守光立以行珪爲武州刺史其後守光背晉晉兵攻之守光將元行欽牧馬山後聞守光且見圍即率所牧馬赴援而麾下兵叛于道推行欽爲幽州留後行欽曰吾所憚者行珪也乃遣人之懷戎得行珪子縶之兵過武州招行珪曰守光可取而代也當從我行不然且殺公子行珪謝曰與君俱事劉公將而忍叛之吾當爲劉氏也而何顧吾子邪行欽即以兵圍行珪月餘行珪城中食盡召其州人告曰吾非不爲父老守也今劉公救兵不至奈何可殺吾以降晉父老皆泣願以死守是時行周適從行珪在武州即夜縋行周馳入晉見莊宗莊宗因遣明宗救武州比至行欽已解去行珪乃降晉莊宗時歷朔忻嵐三州刺史大同軍節度使明宗入立徙鎮威勝安遠行珪性貪鄙所爲多不法副使范延策爲人剛直數規諫之行珪不聽卹之已而戍兵有謀叛者行珪先覺之因潛徙庫兵于他所戍兵叛趨庫劫兵無所得乃潰去行珪追而殺之因誣奏延策同反并其子皆見殺天下冤之行珪卒于鎮贈太尉當行珪之降晉也行周隸明宗帳下初爲裨將趙德鈞識之謂明宗曰此子貌厚而小心他日必大貴宜善待之梁晉軍河上莊宗遣明宗東襲鄆州行周將前軍夜遇雨軍中皆欲止不進行周曰此天贊我也鄆人恃雨不備吾來宜出其不意即夜馳涉濟入其城鄆人方覺遂取之莊宗滅梁以功領端州刺史遷絳州明宗時從平朱守殷克王都遷潁州團練使振武軍節度使歷鎮彰武昭義晉高祖時爲西京留守徙鎮天雄安從進叛以行周爲襄州行營都部署討平之徙鎮歸德出帝時代景延廣爲侍衛親軍都指揮使是時李彥韜馮玉等用事乃求歸鎮契丹滅晉留蕭翰守汴又棄去召唐故許王從益入汴而漢高祖起太原從益遣人召行周將以拒漢行周嘆曰衰世難輔況兒戲乎乃不從漢高祖入京師加行周守中書令徙鎮天平封臨清王周太祖入立封齊王卒贈尚書令追封秦王有子懷德

白再榮不知其世家何人也少爲軍卒唐晉之間爲護聖指揮使契丹犯京師再榮從契丹北歸至鎮州契丹留麻荅守鎮州而去晉人從者多留焉居未幾李筠何福進等謀逐麻荅使人召再榮再榮遲疑不欲往軍士迫之乃往共攻之麻荅走諸將以再榮名次最高乃推爲留後再榮出於行伍貪而無謀是時李崧和凝等皆隨契丹留鎮州再榮以兵環其居迫而求物又欲害崧取其貲李穀謂曰公等親被契丹之苦憂死不暇然逐麻荅者乃衆人所爲非獨公力也今幾得生路而遽殺宰相此契丹尚或不爲然他日至京師天子問宰相何在何以對之再榮默然乃止而悉拘嘗事麻荅者取其財鎮人謂之白麻荅漢高祖即位拜再榮爲留後遷義成軍節度使罷還京師周太祖以兵入京師軍士攻再榮於第悉取其財已而前啓曰士卒嘗事公隸麾下一旦無禮如此亦復何面見公乎乃斬之攜其首而去家人以帛贖而葬之

安叔千字胤宗沙陀三部落人也少善騎射事莊宗以爲奉安指揮使明宗時與討王都拜秦州刺史從擊契丹爲先鋒都指揮使以功拜昭武軍節度使歷靜難橫海安國建雄四鎮叔千狀貌堂堂而不通文字所爲鄙陋時人謂之沒字碑晉出帝時爲左金吾衛上將軍契丹犯京師晉百官迎見耶律德光于赤岡叔千出班夷言德光勞曰是安沒字否汝在邢州已通誠款吾今至此當與汝一奧飯處叔千再拜乃以爲鎮國軍節度使漢高祖入立罷歸京師自以嘗私附契丹頗懷媿懼以太子太師致仕周太祖兵入京師軍士大掠叔千家貲已盡而軍士意其有所藏者箠掠不已傷重歸于洛陽卒年七十二

五代史卷四十八考證

盧文進傳其將行也從數騎馳至營中別其將士○馳監本作自今從閣本

楊思權傳明宗詔思權還京師然以從榮故亦不之責也○重榮謂秦王閣本榮作宏誤也

高行周傳匡威爲其弟匡儔所篡○匡儔閣本作光儔漢高祖加行周守中書令徙鎮天平封臨清王周太祖立封齊王卒贈尚書令追封秦王○臣文淸按朱子綱目書周天平節度高行周卒不書周官而書漢官又不繫其官于漢而繫之于周見其不以周始不以漢終也與此正可參觀

五代史卷四十九

宋　歐陽修　撰

雜傳第三十七

翟光鄴字化基濮州鄄城人也其父景珂倜儻有膽氣梁晉相距于河上景珂率聚邑人守永定驛晉人攻之踰年不能下景珂卒戰死光鄴時年十歲爲晉兵所掠明宗愛其穎悟常以自隨光鄴事唐官至耀州團練使晉高祖時歷棣沂二州刺史西京副留守出帝已破楊光遠以光鄴爲青州防禦使光鄴招輯兵民甚有恩意契丹滅晉遣光鄴知曹州許王從益入汴以爲樞密使漢高祖入京師改右領軍衛大將軍左金吾大將軍充街使周太祖入立拜宣徽使樞密副使出知永興軍卒于官光鄴爲人沉默多謀事繼母以孝聞雖貴不營財產常假官舍以居蕭然僅蔽風雨雍睦親族麤衣糲食與均有無而光鄴處之晏然日與賓客飲酒聚書爲樂其所臨政務以寬靜休息爲意病亟戒其左右氣絕以尸歸洛無久留以煩軍府既卒州人上書乞留葬立祠不許

馮暉魏州人也爲效節軍卒以功遷隊長唐莊宗入魏與梁相距于河上暉以隊長亡入梁軍王彥章以暉驍勇隸之麾下梁亡莊宗赦暉不問從明宗討楊立魏王繼岌平蜀累遷夔興二州刺史董璋反東川暉從晉高祖討璋軍至劍門劍門兵守不得入暉從它道出其左擊蜀守兵殆盡會晉高祖班師拜暉澶州刺史天福中范延光反魏州遣暉襲滑州不克遂入于魏爲延光守已而出降拜義成軍節度使徙鎮靈武靈武自唐明宗已後市馬糴粟招來部族給賜軍士歲用度支錢六千萬自關以西轉輸供給民不堪役而流亡甚衆青岡土橋之間氐羌剽掠道路商旅行必以兵暉始至則推以恩信部族懷惠止息侵奪然後廣屯田以省轉餉治倉庫亭館千餘區多出俸錢民不加賦管內大治晉高祖下詔書褒美党項拓拔彥超最爲大族諸族嚮背常以彥超爲去就暉之至也彥超來謁遂留之爲起第於城中賜予豐厚務足其意彥超既留而諸部族爭以羊馬爲市易朞年有馬五千匹晉見暉馬多而得夷心反以爲患徙鎮靜難又徙保義歲中召爲侍衛步軍都指揮使領河陽節度使暉於是始覺晉有患己意是時出帝昏亂馮玉李彥韜等用事暉曲意事之因得復鎮靈武時王令溫鎮靈武失夷落心大爲邊患暉即請曰今朝廷多事必不能以兵援臣願得自募兵以爲衛乃募得兵千餘人行至梅戍蕃夷稍稍來謁暉顧首領一人指其佩劍曰此板橋王氏劍邪吾聞王氏劍天下利器也俯而取諸腰間若將翫之因擊殺首領者其從騎十餘人皆殺之裨將藥元福曰今去靈武尚五六百里奈何暉笑曰此夷落之豪部族之所恃也吾能殺之其餘豈敢動哉已而諸族皆以兵扼道路暉以言譬諭之獨所殺首領一族求戰即與之戰而敗走諸族遂不敢動暉至靈武撫綏邊部凡十餘年恩信大著官至中書令封陳留王廣順三年卒追封衛王子繼業

皇甫暉魏州人也爲魏軍卒戍瓦橋關歲滿當代歸而

留屯貝州是時唐莊宗已失政天下離心暉爲人驍勇無賴夜博軍中不勝乃與其徒謀爲亂劫其部將楊仁晸曰唐能破梁而得天下者以先得魏而盡有河北之兵也魏軍甲不去體馬不解鞍者十餘年今天下已定而天子不念魏軍久戍之勞去家咫尺不得相見今將士思歸不可遏公當與我俱行不幸天子怒吾軍則坐據一州足以起事仁晸曰公等何計之過也今英主在上天下一人精甲銳兵不下數十萬公等各有家屬何故出此不祥之言軍士知不可强遂斬之推一小校爲主不從又斬之乃携二首以詣裨將趙在禮在禮從之乃夜焚貝州以入于魏在禮以暉爲馬步軍都指揮使暉擁甲士數百騎大掠城中至一民家問其姓曰姓國暉曰吾當破國遂盡殺之又至一家問其姓曰姓萬暉曰吾殺萬家足矣又盡殺之及明宗入魏遂與在禮合謀莊宗之禍自暉始明宗卽位暉自軍卒擢拜陳州刺史終唐世常爲刺史晉天福中以衛將軍居京師在禮已秉旄節罷鎭來朝暉往候之曰與公俱起甘陵卒成大事然由我發也公今富貴能卹我乎不然禍起坐中在禮懼遽出器幣數千與之而飲以酒暉飲自若不謝而去久之爲密州刺史契丹犯闕暉率其州人奔于江南李景以爲歙州刺史奉化軍節度使鎭江州周師征淮景以暉爲北面行營應援使屯清流關爲周師所敗并其都監姚鳳皆被擒世宗召見暉金瘡被體哀之賜以金帶鞍馬後數日卒拜鳳左屯衛上將軍

唐景思秦州人也幼善角觝以屠狗爲生後去爲軍卒累遷指揮使唐魏王繼岌代蜀景思爲蜀守固鎭繼岌兵至景思以城降拜興州刺史晉高祖時爲貝州行軍司馬出帝時契丹攻陷貝州景思爲趙延壽所得以爲壕砦使契丹滅晉拜景思亳州防禦使漢高祖時爲鄧州行軍司馬後爲沿淮巡檢漢法酷而史弘肇用事喜以告訐殺人景思有奴嘗有所求不如意卽馳見弘肇言景思與李景交通而私畜兵甲弘肇遣吏將三十騎往收景思奴謂吏曰景思勇者也得則殺之不然將失之也吏至景思迎前以兩手抱吏呼冤請詣獄自理吏引奴與景思驗景思曰我家在此請索之有錢十千爲受外賂有甲一屬爲私畜兵吏索之惟一衣笥軍籍糧簿而已吏閔而寬之景思請械送京師以自明景思有僕王知權在京師聞景思被告乃見弘肇願先下獄明景思不反弘肇憐之送知權獄中日勞以酒食景思旣械就道潁亳之人隨至京師共明之弘肇乃鞫其奴具伏卽奏斬奴而釋景思後從世宗戰高平世宗以所得漢降兵數千爲效順指揮以景思爲指揮使復戍淮上周師伐淮南以功領饒州刺史遷濠州行刺史兵攻濠州以戰傷重卒贈武清軍節度使

王進幽州良鄉人也爲人勇悍走及奔馬少聚徒爲盜鄉里患之符彥超遣人以賂招置麾下彥超鎭安遠軍軍中有變遣進馳奏京師明宗怪其來速嘉其足力以隸寧衛指揮漢高祖爲侍衛親軍指揮使以進爲軍校高祖鎭河東因以之從每有急遣進馳至京師往返不過五六日由是愈親愛之累遷奉國軍都指揮使從周太祖起魏遷虎捷右廂都指揮使歷汝鄭二州防禦使彰德軍節度使顯德初以疾卒贈太師

嗚呼予述舊史至於王進之事未嘗不廢書而歎曰甚哉五代之君皆武人崛起其所與俱勇夫悍卒各裂土地封侯王何異豺狼之牧斯人也雖其附託遭遇出於一時之幸然猶必皆橫身陣敵非有百夫之勇則必一日之勞至如進者徒以疾足善走而秉旄節何其甚歟豈非名器之用隨世而輕重者歟世治則君子居之而重世亂則小人易得而輕歟抑因緣僥倖未始不有而尤多於亂世旣其極也遂至於是歟豈其又有甚於是者歟當此之時爲國長者不過十餘年短者三四年至一二年天下之人視其上易君代國如更戍長無異蓋其輕如此況其下者乎如進等者豈足道哉易否泰消長君子小人常相上下視在上者如進等則其在下者可知矣予書進事所以哀斯人之亂而見當時賢人君子之在下者可勝道哉可勝道哉

常思字克恭太原人也初從唐莊宗爲卒後爲長劍指揮使歷唐晉爲六軍都虞候漢高祖爲河東節度使以思爲牢城指揮使高祖入立領武勝軍節度使徙鎭昭義思起軍卒未嘗有戰功徒以幸會漢興遂秉旄節在潞州五年以聚斂爲事而性鄙儉初思微時周太祖方少孤無依衣食于思家以思爲叔後思與周太祖俱遭漢以取富貴周太祖已卽位每呼思爲常叔拜其妻如家人禮廣順二年徙鎭歸德居三年來朝又徙平盧思因啓曰臣居宋宋民負臣絲息十萬兩願以劵上進太祖頷之卽焚其劵詔宋州悉蠲除之思居青州踰年得疾歸于洛陽卒贈中書令

孫方諫鄚州清苑人也初定州西北有狼山堡定人常保以避契丹有尼深意居其中以佛法誘民民多歸之後尼死堡人言其尸不朽因奉而事之尼姓孫氏方諫自以爲尼族人卽繼行其法堡人推以爲主晉出帝時義武軍節度使忍方諫聚徒山中恐爲邊患因表以爲遊奕使方諫因有所求不得乃北通契丹契丹後滅晉以方諫爲義武軍節度使已而徙方諫於雲中方諫不受命率其徒復入狼山漢高祖起契丹縱火燒定州虜其人民北去方諫聞之自狼山入據之以歸漢高祖嘉之卽拜方諫義武軍節度使周太祖時徙鎭鎭國以其弟行友爲定州留後世宗攻太原方諫朝于行在從還京至洛得疾徙鎭匡國卒于洛陽年六十二贈太師

五代史卷四十九考證

馮暉傳裨將藥元福○藥一本作樂

皇甫暉傳皇甫暉魏州人也○魏一本作衛

五代史卷五十

宋　歐陽修　撰

雜傳第三十八

王峻字秀峯相州安陽人也父豐爲樂營將峻少以善歌事梁節度使張筠唐莊宗已下魏博筠棄相州走歸京師租庸使趙巖過筠家筠命峻歌佐酒巖見而悅之是時巖方用事筠因以峻遺巖梁亡巖族誅峻流落民間久之事三司使張延朗延朗不甚愛之晉高祖滅唐殺延朗是時漢高祖從晉起兵因悉以延朗貲產賜之峻因得事漢高祖高祖鎭河東峻爲客將高祖卽位拜峻客省使漢遣郭從義討趙思綰以峻監其軍累遷宣徽北院使周太祖鎭天雄軍峻爲監軍漢隱帝已殺大臣史弘肇等又遣人殺周太祖及峻等峻等遂與太祖舉兵犯京師太祖監國以漢太后命拜峻樞密使太祖將兵北出至澶州返軍嚮京師是時太祖已遣馮道迎湘陰公贇于徐州而漢宗室蔡王信在許州峻與王殷謀遣侍衛馬軍指揮使郭崇率兵之宋州前申州刺史馬鐸之許州以伺變崇鐸遂幽贇而殺信太祖入立拜峻右僕射門下侍郎同中書門下平章事監修國史劉旻攻晉州峻爲行營都部署得以便宜從事別遣陳思讓康延沼自烏嶺出絳州與峻會峻至陝州留不進太祖遣使者翟守素馳至陝州諭峻欲親征峻屏左右謂守素曰晉州城堅不可近而劉旻兵銳亦未可當臣所以留此者非怯也蓋有待爾且陛下新卽位四方藩鎭未有威德以加之豈宜輕舉而兗州慕容彥超反迹已露若陛下出汜水則彥超入京師陛下何以待之守素馳還具道峻言是時太祖已下詔西幸聞峻語遽自提其耳曰幾敗吾事乃止不行峻軍由自絳州前鋒報過蒙阬峻喜謂其屬曰蒙阬晉絳之險也旻不分兵扼之使吾過此可知其必敗也峻軍去晉州一舍旻聞周兵大至卽解去諸將皆欲追之峻猶豫不決明日遣騎兵追旻不及而還從討慕容彥超爲隨駕都部署率兵先登峻與太祖俱起于魏自謂佐命之功以天下爲已任凡所論請事無大小期於必得或小不如志言色輒不遜太祖每優容之峻年長於太祖二歲往往呼峻爲兄或稱其字峻由是益橫鄭仁誨李重進向訓等皆太祖故時裨將太祖初卽位謙抑未欲進用而峻心忌之自破慕容彥超還卽求解樞密以探上意太祖慰勞之峻多發書諸鎭求爲保薦居數日諸鎭皆馳騎上峻書太祖大駭峻遂章求解因不視事太祖遣近臣召之曰卿若不出吾當自往候卿峻曰車駕若來是致臣於不測也然殊無出意樞密直學士陳同與峻相善太祖卽遣同召峻同還奏曰峻意少解然請陛下聲言嚴駕若將幸之則峻必出矣太祖僶俛從之峻聞太祖且來遂馳入謁峻於樞密院起廳事極其華侈邀太祖臨幸賜予甚厚後太祖於内園起一小殿峻輒奏曰宮室已多何用此爲太祖曰樞密院屋不少卿亦何必有作峻慙不能對峻爲樞密使兼宰相又求兼領平盧已受命暫之鎭又請借左藏庫綾萬匹太祖皆勉從之又請用顔衎陳同代李穀范質爲相太祖曰進退宰相豈可倉卒當徐思之峻論請不已語漸不遜日亭午太祖未食峻爭不已是時寒食假太祖曰俟假開當爲卿行峻乃退太祖遂不能忍明日御便殿召百官入卽幽峻於別所太祖見馮道泣曰峻凌朕不能忍卽貶商州司馬卒于貶所峻已被黜太祖以峻監修國史意其所書不實因召史官取日曆讀之史官以禁中事非外所知懼以漏落得罪峻貶後李穀監修因請命近臣錄禁中書付史館乃命樞密直學士就樞密院錄送史館自此始

王殷大名人也少爲軍卒以軍功累遷虁武馬步軍都指揮使唐廢帝時從范延光討張令昭于魏以功拜郝

州刺史晉天福中徙原州刺史殷事母以孝聞欲與人游必先白母母所不可者未嘗敢往及爲刺史政事有小失母責之殷卽取杖授婢僕自笞於母前母亾服喪晉高祖詔殷起復以爲憲州刺史殷乞終喪服除出帝以爲奉國右廂都指揮使後從漢高祖討杜重威先登力戰矢中其腦鏃自口出而不死高祖嘉之以爲侍衛步軍都指揮使領寧江軍節度使契丹犯邊漢遣殷以兵屯澶州隱帝已殺楊邠等詔鎭寧軍節度使李弘殷于澶州又詔郭崇殺周太祖于魏詔書至澶州弘義恐事不果反以告殷殷遣人馳至魏告周太祖遂起兵反太祖入立拜侍衛親軍都指揮使出爲天雄軍節度使同中書門下平章事仍領親軍自河以北皆受殷節度殷頗務聚斂太祖聞而惡之遣人謂之曰吾起魏時帑廩儲畜豈少耶汝爲國家用足矣殷不聽殷與王峻俱從太祖起自魏後峻得罪殷不自安廣順三年秋九月永壽節殷求入爲壽太祖許之而懼其疑也復遣使止之明年太祖有事于南郊是冬殷來朝殷握兵柄職當警衛出入多以兵從又求兵甲以備非常是時太祖臥疾疑殷有異志乃力疾御滋德殿殷入起居卽命執之削奪在身官爵長流登州已而殺之徙其家屬于登州

劉詞字好謙大名元城人也少事楊師厚以勇悍知名唐莊宗下魏博與梁戰夾河詞以軍功爲効節軍使遷長劍指揮使坐事左遷汝州十餘年廢帝時詔諸州鎭選驍勇者充禁軍詞得選爲禁軍校從破張從賓楊光遠以功遷奉國第一軍都虞候從馬全節破安州以功遷指揮使從杜重威破鎭州以先登功拜泌州刺史晉軍討安從進爲襄州行營都虞候以功遷泌州團練使徙房州歲餘爲政不苛撓人頗便之詞居暇日常被甲枕戈而臥謂人曰我以此取富貴豈可一日輒忘之且人情易習若一墮其筋力有事何以報國漢高祖時復爲奉國右廂都指揮使漢軍討李守貞于河中詞以侍衛步軍都指揮使領寧江軍節度使爲行營都虞候以功拜鎭國軍節度使周太祖入立加同中書門下平章事歷鎭安國河陽三城世宗戰高平樊愛能等軍敗南走遇詞而止之曰軍敗矣可無前也詞不聽輒趣兵以進世宗嘉之以爲隨駕都部署及班師以爲河東行營副都部署從鎭永興明年卒于鎭年六十五贈侍中謚忠惠

王環鎭州眞定人也以勇力事孟知祥爲御者及知祥僭號于蜀使典衛兵晉開運之亂秦鳳階成入于蜀孟昶以環爲鳳州節度使周世宗卽位明年遣王景向訓攻秦鳳州數爲環所敗大臣皆請罷兵世宗曰吾欲一天下以爲家而聲教不及秦鳳今兵已出無功而還吾有愧焉乃決意攻之周兵糧道頗艱昶遣兵五千出堂倉抵黃花谷以爭糧道景訓先知其來命排陣使張建雄以兵二千當谷口別遣裨將以勁兵千人出其後伏堂倉以待其歸蜀兵前遇建雄戰不勝退走堂倉伏發盡殪之由是蜀兵守諸城堡者皆潰昶遣其秦州節度使高處儔以兵援環未至聞堂倉兵敗亦潰歸處儔判官趙玭閉城不內處儔遂奔成都玭乃以城降成階二州相繼亦降獨環堅守百餘日然後克之世宗召見環歎曰三州已降環獨堅守吾數以書招之而環不荅至於力屈就擒雖不能死亦忠其所事也用之可勸事君者乃拜環右驍衛將軍是時周師已征淮卽以環佐侯章爲攻賊城水砦副部署初周師南征李景陳兵於淮舟檝甚盛周師無水戰之具世宗患之乃置造船務於京城之西爲戰艦數百艘得景降卒教之水戰明年世宗再征淮使環將水戰卒數千自蔡河以入淮環居軍中未嘗有戰功蜀卒與環俱擒者世宗不殺悉以從軍後多南奔於景世宗待環益不疑已而景將許文縝邊鎬等皆被擒世宗悉以爲將軍與環等列第京師歲時賜與甚厚明年又幸淮南又以環從遇疾卒于泗州

折從阮字可久初名從遠避漢高祖名改爲阮雲中人也其父嗣倫爲麟州刺史從阮爲人溫恭長者居父喪以孝聞唐莊宗鎭太原以爲牙將後以爲府州刺史晉出帝與契丹敗盟從阮以兵攻契丹取其城堡十餘遷本州團練使兼領朔州刺史安北都護振武軍節度使契丹西南面行營馬步軍都虞候漢高祖入立於府州建永安軍以從阮爲節度使明年以其族朝京師徙鎭武勝卽拜從阮子德扆爲府州團練使周太祖入立從阮歷徙宣義保義靜難三鎭顯德二年罷還京師行至洛陽卒贈中書令

五代史卷五十考證

上峻傳久之事三司使張延朗延朗不甚愛之晉高祖減唐殺延朗○監本延朗下脫延朗二字減唐下衍而字空一字今從南本增定

五代史卷五十一

宋　歐陽修　撰

雜傳第三十九

朱守殷少事唐莊宗爲奴名曰會兒莊宗讀書會兒常侍左右莊宗卽位以其廝養爲長直軍以守殷爲軍使故未嘗經戰陣之用然好言人陰私長短以自結莊宗以爲忠遷蕃漢馬步軍都虞候使守德勝王彥章攻德勝守殷無備遂破南城莊宗罵曰駑才果誤予事明宗請以守殷行軍法莊宗不聽同光二年領振武軍節度使是時莊宗初入洛守殷巡檢京師恃恩驕恣凌侮勳舊與伶人景進相爲表裏魏王繼岌已殺郭崇韜進誣朱友謙與崇韜謀反莊宗遣守殷以兵圍其第而殺之是時明宗自鎭州來朝居于私第莊宗方惑羣小疑忌大臣遣守殷伺察明宗動靜守殷陰使人告明宗曰位高人臣者身危功蓋天下者不賞公可謂位高而功著矣宜自圖歸藩無與禍會也明宗曰吾洛陽一匹夫爾何能爲也旣而明宗卒反于魏莊宗東討守殷將騎軍陣宣仁門外以俟駕郭從謙作亂犯興教門以入莊宗急召守殷等軍守殷按軍不動莊宗獨與諸王宦官百餘人射賊守殷等終不至方移兵憩北邙山下聞莊宗已崩卽馳入宮中選載嬪御寶貨以歸縱軍士劫掠遣人趣明宗入洛明宗卽位拜守殷同中書門下平章事河南尹判六軍諸衛事明年遷宣武軍節度使九月明宗詔幸汴州議者喧然或以爲征吳或以爲東諸侯有倔強者將置制之守殷尤不自安乃殺都指揮使馬彥超閉城反明宗行至京水聞守殷反遣范延光馳兵傅其城汴人開門納延光守殷自殺其族乃引頸命左右斬之明宗至汴州命鞭其尸梟首于市七日傳徇洛陽守殷之將反也召都指揮使馬彥超與計事彥超不從守殷殺之明宗憐彥超之死以其子承祚爲洺州長史

董璋不知其世家何人也少與高季興孔循俱爲汴州富人李讓家僮梁太祖鎭宣武養讓爲子是爲朱友讓其僮奴以友讓故皆得事梁太祖璋以軍功爲指揮使晉李繼韜以潞州叛降梁梁末帝遣璋攻下澤州卽以璋爲刺史梁亡璋事唐爲邠寧節度使與郭崇韜相善崇韜伐蜀以璋爲行營右廂馬步軍都虞候軍事大小皆與璋參決蜀平以爲劒南東川節度使孟知祥鎭西川其後二人有異志安重誨居中用事議者多言知祥必不爲唐用而能制知祥者璋也往往稱璋忠義重誨以爲然頗優寵之以故璋益橫天成四年明宗祀天南郊詔兩川貢助南郊物五十萬使李仁矩齎安重誨書往諭璋璋訴不肯出秖出十萬而已又因事欲殺仁矩仁矩涕泣而免歸言璋必反其後使者至東川璋益倨慢使者還多言璋欲反狀重誨患之乃稍擇將吏爲兩川刺史以精兵爲其牙衛分布其諸州又分閬州置保寧軍以仁矩爲節度使遣姚洪將兵千人從仁矩戍閬州璋及知祥覺唐疑己且削其地遂連謀以反璋因爲其子娶知祥女以相結又遣其將李彥釗扼劒門關爲七砦於關北增置關號永定凡唐戍兵東歸者皆遮留之獲其逃者覆以鐵籠火炙之或封肉釘面剖心而啖長興元年九月知祥攻遂州璋攻閬州執李仁矩姚洪皆殺之初璋等反唐獨誅璋家屬知祥妻子皆在成都其疎屬留京師者皆不誅石敬瑭討璋等兵久無功而自關以西饋運不給遠近勞弊明宗患之安重誨自往督軍敬瑭不納重誨遂得罪死敬瑭亦還明宗乃遣西川進奏官蘇愿東川將軍劉澄西歸諭璋等使改過知祥遣人告璋欲與俱謝過自歸璋曰唐不殺孟公家族於西川恩厚矣我子孫何在何謝之有璋由此疑知祥責已三年四月以兵萬人攻知祥戰于彌牟璋大敗還走梓州初唐陵州刺史王暉代還過璋璋邀留之至是暉執璋殺之傳其首於知祥

范延光字子瓌相州臨漳人也唐明宗爲節度使置延光麾下而未之奇也明宗破鄆州梁兵方扼楊劉其先鋒將康延孝陰送款於明宗明宗求可以通延孝款於莊宗者延光輒自請行乃懷延孝蠟丸書西見莊宗致之且曰今延孝雖有降意而梁兵扼楊劉者甚盛未可圖也不如築壘馬家口以通汶陽莊宗以爲然壘成梁遣王彥章急攻新壘明宗使延光間行求兵夜至河上爲梁兵所得送京師下延光獄搒掠數百脅以白刃延光終不肯言晉事繫之數月稍爲獄吏所護莊宗入汴獄吏去其桎梏拜而出之莊宗見延光喜拜檢校工部尚書明宗時爲宣徽南院使明宗行幸汴州至滎陽朱守殷反延光曰守殷反迹始見若緩之使得爲計則城堅而難近故乘人之未備者莫若急攻臣請騎兵五百馳至城下以神速駭之乃以騎兵五百自暮疾馳至半夜行二百里戰于城下遲明明宗亦馳至汴兵望見天子乘輿乃開門而延光先入猶巷戰殺傷甚衆守殷死汴州平明年遷樞密使出爲成德軍節度使安重誨死復召延光與趙延壽並爲樞密使明宗問延光馬數幾何對曰騎軍三萬五千明宗撫髀歎曰吾居兵間四十

年自太祖在太原時馬數不過七千莊宗取河北與梁家戰河上馬纔萬匹今有馬三萬五千匹而不能一天下吾老矣馬多奈何延光因曰臣嘗計一馬之費可養步卒五人三萬匹馬十五萬兵之食也明宗曰肥戰馬而瘠吾人此吾所媿也夏州李仁福卒其子彝超自立而邀旄節明宗遣安從進代之彝超不受代以兵攻之久不克鄜州刺史劉遂凝馳驛入見獻策言綏銀二州之人皆有內嚮之意請除二刺史以招降之延光曰王師問罪本在彝超夏州已破綏銀豈足顧哉若不破夏州雖得綏銀不能守也遂凝又請自馳入說彝超使出降延光曰一遂凝萬一失之不足惜所惜者朝廷大體也是時王淑妃用事遂凝兄弟與淑妃有舊方倚以蒙恩寵所言無不聽而大臣以妃故多不敢爭獨延光從容沮止之明宗有疾不能視朝京師之人詾詾異議藏竄山谷或寄匿於軍營有司不能禁或勸延光以嚴法制之延光曰制動當以靜宜少待之已而明宗疾少間京師乃定是時秦王握兵驕甚宋王弱而且在外議者多屬意於潞王延光懼禍之及也乃求罷去延壽陰察延光有避禍意亦遽求罷明宗再三留之二人辭益懇至繼之以泣明宗不得已乃皆罷之延光復鎮成德而用朱弘昭馮贇爲樞密使已而秦王舉兵見誅明宗崩潞王反弑愍帝唐室大亂弘昭贇皆及禍以死末帝復召延光爲樞密使拜宣武軍節度使天雄軍亂逐節度使劉延皓遣延光討平之卽以爲天雄軍節度使延光嘗夢大蛇自臍入其腹半入而掣去之以問門下術士張生張生贊曰蛇龍類也龍入腹中王者之兆也張生自延光微時言其必貴延光素神之常置門下言多輒中遂以其言爲然由是頗畜異志當晉高祖起太原末帝遣延光以兵二萬屯遼州與趙延壽掎角既而延壽先降延光獨不降高祖卽位延光賀表又頗後諸侯至又其女爲末帝子重美妃以此遂懷反側高祖封延光臨淸王以慰其心有平山人祕瓊者爲成德軍節度使董溫其衙內指揮使後溫其爲契丹所虜瓊乃悉殺溫其家族瘞之一穴而取其家貲鉅萬計晉高祖入立以瓊爲齊州防禦使橐其貲裝道出于魏延光陰遣人以書招之瓊不納延光怒選精兵伏境上伺瓊過殺之于夏津悉取其貲以戍邏者候殺聞由是高祖疑其必爲亂乃幸汴州天福二年六月延光遂反遣其牙將孫銳澶州刺史馮暉以兵二萬距黎陽掠滑衞高祖以楊光遠爲招討使引兵自滑州渡胡梁攻之銳輕脫無謀兵行以娼女十餘自隨張蓋操扇酣歌飲食自若軍士苦大熱皆不爲用光遠得其諜者詢得其謀誘銳等渡河半濟而擊之兵多溺死銳暉退走入魏閉壁不復出初延光反意未決而得暴疾不能與銳乃陰召暉入城迫延光反延光惶惑遂從之高祖聞延光用銳等以反笑曰吾雖不武然嘗從明宗取天下攻堅破強多矣如延光已非我敵況銳等兒戲邪行取孺子爾乃決意討之延光初無必反意及銳等敗延光遣牙將王知新齎表自歸高祖不見以知新屬武德司延光又附楊光遠表請降不報延光遂堅守晉以箭書二百射城中悉赦魏人募能斬延光者然魏城堅難下攻之逾年不克師老糧匱宗正丞石昻上書極諫請赦延光願以單車入說而降之高祖亦悔悟三年九月使謁者入魏赦延光延光乃降冊封東平郡王天平軍節度使賜鐵券居數月來朝因懇請老以太子太師致仕初高祖赦降延光語使者謂之曰許卿不死矣若降而殺之何以享國延光謀於副使李式式曰主上敎信明義許之不死則不死矣乃降及致仕居京師歲時宴見高祖待之與羣臣無間然心終不欲使在京師歲餘使宣徽使劉處讓載酒夜過延光謂曰上遣處讓來時適有契丹使至北朝皇帝問晉魏博叛臣何在恐晉不能制當鎖以來免爲中國後患延光聞之泣下莫知所爲處讓曰當且之洛陽以避契丹使者延光曰楊光遠留守河南吾之仇也吾有田宅在河陽可以往乎處讓曰可也乃挈其帑歸河陽其行輜重盈路光遠利其貲果圖之因奏曰延光反覆姦臣若不圖之非北走胡則南走吳越請拘之洛陽高祖猶豫未決光遠兼鎮河陽其子承勳知州事乃遣承勳以兵脅之使自裁延光曰天子賜我鐵券許之不死何得及此乃以壯士驅之上馬行至浮橋推墮水溺死以延光自投水死聞因盡取其貲高祖以適會其意不問爲之輟朝贈太師水運軍使曹千獲其流尸于繆家灘詔許歸葬相州已葬墓輒崩破其棺槨頭顱皆碎初祕瓊殺董溫其取其貲延光又殺瓊而取之而終以貲爲光遠所殺而光遠亦不能免也當延光反時有李彥珣者爲河陽行軍司馬張從賓反河陽彥珣附之從賓敗彥珣奔于魏延光以爲步軍都監使之守城招討使楊光遠知彥珣邢州人也其母尚在乃遣人之邢州取其母至城下示彥珣以招之彥珣望見自射殺之及延光出降晉高祖拜彥珣房州刺史大臣言彥珣殺母當誅高祖以謂赦令已行不可失信後以坐贓誅

嗚呼甚哉人性之慎於習也故聖人之於仁義深矣其爲教也勤而不怠緩而不迫欲民漸習而自趣之至於久而安以成俗也然民之無知習見善則安於爲善習見惡則安於爲惡五代之亂其來遠矣自唐之衰干戈饑饉父不得育其子子不得養其親其始也骨肉不能相保蓋出于不幸因之禮義日以廢恩愛日以薄其習久而遂以大壞至於父子之間自相賊害五代之際其禍亂不可勝道也夫人情莫不共知愛其親莫不共知惡於不孝然彥珣彎弓射其母高祖從而赦之非徒彥珣不自知爲大惡而高祖亦安焉不以爲怪也豈非積習之久而至於是歟語曰性相近習相遠至其極也使人心不若禽獸可不哀哉若彥珣之惡而恬然不以爲怪則晉出帝之絕其父宜其舉世不知爲非也

婁繼英不知何許人也歷梁唐爲絳冀二州刺史北面水陸轉運使耀州團練使晉高祖時爲左監門衞上將軍繼英子婦溫延沼女也自明宗時誅其父韜延沼兄弟廢居于許心常怨望及范延光反繼英有弟爲魏州子城都虞候延光遣人以蠟丸書招繼英繼英乃遣延沼入魏見延光延光大喜與之信箭使陰圖許延沼與其弟延濬延袞募不逞之徒千人期以攻許而許州節度使萇從簡以延光之反也疑有應者爲備甚嚴延沼未及發延光蠟書事泄於京師繼英惶恐不自安乃出奔許高祖下詔招慰之使復位繼英懼不敢出溫氏兄弟謀殺繼英以自歸延沼以其女故不忍張從賓反於洛陽延沼兄弟乃與繼英俱投從賓於汜水繼英知溫氏之初欲殺已也反譖延沼兄弟於從賓從賓皆殺之從賓敗繼英爲杜重威所殺

安重榮小字鐵胡朔州人也祖從義利州刺史父全勝州刺史振武馬步軍都指揮使重榮有力善騎射爲振武巡邊指揮使晉高祖起太原使張穎陰招重榮其母與兄皆以爲不可而重榮業已許穎母兄謀共殺穎以止之重榮曰未可吾當爲母卜之乃立一箭百步而射之曰石公爲天子則中一發輒中又立一箭而射之曰吾爲節度使則中一發又中其母兄乃許重榮以巡邊千騎叛入太原高祖卽位拜重榮成德軍節度使重榮雖武夫而曉吏事其下不能欺有夫婦訟其子不孝者重榮拔劍授其父使自殺之其父泣曰不忍也其母從傍詬罵奪其劍而逐之問之乃繼母也重榮叱其母出從後射殺之重榮起於軍卒暴至富貴而見唐廢帝晉高祖皆自藩侯得國嘗謂人曰天子寧有種邪兵強馬壯者爲之爾雖懷異志而未有以發也是時高祖與契丹約爲父子契丹驕甚高祖奉之愈謹重榮憤然以謂詘中國以尊夷狄困已弊之民而充無厭之欲此晉萬世恥也數以此非誚高祖契丹使者往來過鎮州重榮箕踞慢罵不爲之禮或執殺之是時吐渾白氏役屬契丹苦其暴虐重榮誘之入塞契丹數遣使責高祖并求使者高祖對使者鞠躬俯首受責愈謹多爲好辭以自解而姑息重榮不能詰乃遣供奉官張澄以兵二千搜索并鎮忻代山谷中吐渾悉驅出塞吐渾去而復來重榮卒納之因招集亡命課民種稗食馬萬匹所爲益驕因怒殺指揮使賈章誣之以反章女尚幼欲捨之女曰吾家三十口皆死於兵存者特吾與父爾今父死吾何忍獨生願就死遂殺之鎭人於是高賈女之烈而知重榮之必敗也重榮既僭侈以爲金魚袋不足貴刻玉爲魚佩之娶二妻高祖因之並加封爵天福六年夏契丹使者拽剌過鎭重榮侵辱之拽剌言不遜重榮怒執拽剌以輕騎掠幽州南境之民處之博野乃上表曰臣昨據熟吐渾白承福赫連功德等領本族三萬餘帳自應州來奔又據生吐渾渾契苾兩突厥三部南北將沙陀安慶九府等各領其族牛羊車帳甲馬七八路來奔具言契丹殘虐掠取生口羊馬自今年二月已後號令諸蕃點閱强壯辦具軍裝期以上秋南向諸蕃部誠恐上天不祐敗滅家族願先自歸其諸部勝兵衆可十萬又據沿河党項山前後逸越利諸族首領皆遣人送契丹所授告身職牒旗幟來歸欵皆號泣告勞願治兵甲以報怨又據朔州節度副使趙崇殺節度使劉山以城來降竊以諸蕃不招呼而自至朔州不攻伐而自歸雖繫人情盡由天意又念陷蕃諸將等本自勳勞久居富貴喪身虜塞酷虐不勝企足朝廷思歸可諒苟聞傳檄必盡倒戈其表數千言又爲書以遺朝廷大臣四方藩鎭皆以契丹可取爲言高祖患之爲之幸鄴報重榮曰前世與虜和親皆所以爲天下計今吾以天下臣之爾以一鎮抗之大小不等無自辱焉重榮謂晉無如我何反意乃決重榮雖以契丹爲言反陰遣人與幽州節度使劉晞相結契丹亦利晉多事幸重榮之亂期兩敝之欲因以窺中國故不加怒於重榮重榮將反也其母又以爲不可重榮曰請爲母卜之指其堂下旛竿龍口仰射之曰吾有天下則中之一發而中其母乃許饒陽令劉巖獻水鳥五色重榮曰此鳳也畜之後潭又使人爲大鐵鞭以獻誑其民曰鞭有神指人人輒死號鐵鞭郎君

出則以爲前驅鎮之城門抱關鐵胡人無故頭自落鐵胡重榮小字雖甚惡之然不悟也其冬安從進反襄陽重榮聞之乃亦舉兵是歲鎮州大旱蝗重榮聚飢民數萬驅以嚮鄴聲言入覲行至宗城破家堤高祖遣杜重威逆之兵已交其將趙彥之與重榮有隙臨陣卷旗以奔晉軍其鎧甲鞍轡皆裝以銀晉軍不知其來降爭殺而分之重榮聞彥之降晉大懼退入于輜重中其兵二萬皆潰去是冬大寒潰兵飢凍及見殺無子遺重榮獨與十餘騎奔還以牛馬革爲甲驅州人守城以待重威兵至城下重榮裨將自城東水碾門引官軍以入殺守城二萬餘人重榮以吐渾數百騎守牙城重威使人擒之斬首以獻高祖御樓受馘命漆其首送于契丹改成德軍爲順德鎮州曰恒州常山曰恒山云

安從進振武索葛部人也祖父皆事唐爲騎將從進初從莊宗於兵間爲護駕馬軍都指揮使領貴州刺史明宗時爲保義彰武軍節度使未嘗將兵征伐李彝超自立於夏州從進嘗一以兵往卒亦無功愍帝即位從領順化爲侍衛馬軍都指揮使潞王反鳳翔從進巡檢京城殺樞密使馮贇送款于從珂愍帝出奔從珂將至京師從進率百官班迎于郊清泰中徙鎮山南東道晉高祖即位加同中書門下平章事高祖取天下不順常以此懸藩鎮多務過爲姑息而藩鎮之臣或不自安或心慕高祖所爲謂舉可成事故在位七年而反者六起從進最後反然皆不免也自范延光反鄴從進畜異志恃江爲險招集亡命益置軍兵南方貢輸道出襄陽者多擅留之邀遮商旅皆黥以充軍與安重榮陰相結託期爲表裏高祖患之謀徙從進使人謂曰東平王建立來朝願還鄉里已從上黨朕虛青州以待卿卿誠樂行朕即降制從進報曰移青州在漢江南臣即赴任高祖亦優容之其子弘超爲宮苑副使居京師從進請賜告歸遂不遣王令謙潘知麟者皆從進牙將也常從從進最久知其必敗切諫之從進遣子弘超與令謙遊南山酒酣令人推墮崖死天福六年安重榮執殺契丹使者反迹見高祖爲之幸鄴鄭王重貴留守京師宰相和凝曰陛下且北從進必反何以制之高祖曰卿意奈何凝曰臣聞兵法先人者奪人願爲空名宣勅十數通授鄭王有急則命將以往從進聞高祖北遂殺知麟以反鄭王以空名勅授李建崇郭金海等討之從進引兵攻鄧州不克進至胡陽遇建崇等大駭以爲神速復爲野火所燒遂大敗從進以數十騎奔還襄陽高祖遣高行周圍之踰年糧盡從進自焚死執其子弘受及其將佐四十三人送京師高祖御樓受俘徇于市而斬之降襄陽爲防禦賜令謙忠州刺史知麟順州刺史

楊光遠字德明其父曰阿噔啜蓋沙陀部人也光遠初名阿檀爲唐莊宗騎將從周德威戰契丹於新州折其一臂遂廢不用久之以爲幽州馬步軍都指揮使戍瓦橋關光遠爲人病禿折臂不通文字然有辯智長於吏事明宗時爲媯瀛冀易四州刺史以治稱初唐兵破王都於中山得契丹大將荊剌等十餘人已而契丹與中國通和遣使者求荊剌等明宗與大臣議皆欲歸之獨光遠不可曰荊剌等皆北狄之善戰者彼失之如去手足且居此久熟知中國事歸之豈吾利邪明宗曰蕃人重盟誓已與吾好豈相負也光遠曰臣恐後悔不及爾明宗嘉其說卒不遣荊剌等光遠自易州刺史拜振武軍節度使清泰二年徙鎮中山兼北面行營都虞候禦契丹於雲應之間晉高祖起太原末帝以光遠佐張敬達爲太原四面招討副使爲契丹所敗退守晉安寨契丹圍之數月人馬食盡殺馬而食馬盡乃殺敬達出降耶律德光見之靳曰爾輩大是惡漢兒光遠與諸將初不知其誚己猶爲謙言以對德光曰不用鹽酪食一萬匹戰馬豈非惡漢兒邪光遠等大慙伏德光問曰懼否皆曰甚懼曰何懼曰懼皇帝將入蕃德光曰吾國無土地官爵以居汝汝等勉事晉高祖以光遠爲宣武軍節度使侍衛馬步軍都指揮使光遠進見佯爲悒悒之色常如有所恨者高祖疑其有所不足使人問之對曰臣於富貴無不足也惟不及張生鐵死得其所此常爲媿爾由是高祖以爲忠頗親信之范延光反以爲魏府都招討使久之不能下高祖卒用他計降延光而光遠自以握重兵在外謂高祖畏己始爲恣橫高祖每優容之爲選其子承祚尚長安公主其次子承信等皆超拜官爵恩寵無比樞密使桑維翰惡之數以爲言光遠自魏來朝屢指維翰擅權難制高祖不得已罷出維翰於相州亦徙光遠西京留守兼鎮河陽奪其兵職光遠始大怨望陰以寶貨奉契丹訴己爲晉疎斥所養部曲千人撓法犯禁河洛之間甚於寇盜天福五年徙鎮平盧封東平王光遠請其子以行乃拜承祚單州刺史承勳萊州防禦使父子俱東車騎連屬數十里出帝即位拜太師封壽王是時晉馬少括天下馬以佐軍景延廣請取光遠前所借官馬三百匹光遠怒曰此馬先帝賜我安得復取是疑我反也遂謀爲亂而承祚自單州逃歸出帝即以承祚爲淄州刺史遣使者賜以玉帶御馬以慰安之光遠益驕乃反召契丹入寇陷貝州博州刺史周儒亦叛降契丹是時出帝與耶律德光相距澶魏之間鄆州觀察判官竇儀計事軍中謀曰今不以重兵大將守博州渡使儒得引契丹東過河與光遠合則河南危矣出帝乃遣李守貞皇甫遇以兵萬人沿河而下儒果引契丹自馬家渡濟河方築壘守貞等急擊之契丹大敗遂與光遠隔絕德光聞河上兵大敗與晉決戰威城亦敗契丹已北出帝復遣守貞符彥卿東討光遠嬰城固守自夏至冬城中人相食幾盡光遠北望契丹稽首以呼德光曰皇帝悞光遠邪其子承勳等勸光遠出降光遠曰我在代北時嘗以紙錢祭天池投之輒沒人言我當作天子宜且待時毋輕議也承勳知不可乃殺節度判官丘濤親將杜延壽楊瞻白延祚等劫光遠幽之遣人奉表待罪承信承祚皆詣闕自歸而光遠亦上章請死出帝以其二子爲侍衛將軍賜光遠詔書許以不死羣臣皆以爲不可乃勑李守貞便宜處置守貞遣客省副使何延祚殺之于其家延祚至其第光遠方閱馬于廄延祚使一都將入謂之曰天使在門欲歸報天子未有以藉手光遠曰何謂也曰須得大王頭爾光遠罵曰我有何罪昔我以晉安寨降契丹使爾家世爲天子我亦望以富貴終身而反負心若此遂見殺以病卒聞承勳事晉爲鄭州防禦使德光滅晉使人召承勳至京師責其劫父臠而食之乃以承信爲平盧節度使漢高祖贈光遠尚書令封齊王命中書舍人張正撰光遠碑銘文賜承信使刻石于青州碑石既立天大雷電擊折之阿噔啜初非姓氏其後改名瑊而姓楊氏光遠初名檀清泰二年有司言明宗廟諱犯偏傍者皆易之乃賜名光遠云光遠既病禿而妻又跛其足也人爲之語曰自古豈有禿瘡天子跛脚皇后邪相傳以爲笑然而召夷狄爲天下首禍卒滅晉氏瘡痍中國者三十餘年皆光遠爲之也

五代史卷五十一考證

范延光傳宗正丞石昂上書○丞閣本訛承今改正

安從進傳潞王反鳳翔從進巡檢京城殺樞密使馮贇○臣文清按張昭閔帝實錄云帝令從進殺贇與此小異

五代史卷五十二

宋 歐陽修 撰

雜傳第四十

杜重威朔州人也其妻石氏晉高祖之女弟高祖即帝位封石氏爲公主拜重威舒州刺史以典禁兵從侯益攻破張從賓於氾水以功拜潞州節度使范延光反於鄴重威從高祖攻降延光徙領忠武加同平章事又徙領天平還侍衛親軍都指揮使安重榮反重威逆戰于宗城重榮爲偃月陣重威擊之不動重威欲少却以伺之偏將王重胤曰兩兵方交退者先敗乃分兵爲三重威先以左右隊擊其兩翼戰酣重胤以精兵擊其中軍重榮將趙彥之來奔重榮遂大敗走還鎮州閉壁不敢出重威攻破之以功拜重威成德軍節度使重威出於武卒無行而不知將略破鎮州悉取府庫之積及重榮之貲皆没之家高祖知而不問及出帝與契丹絶好契丹連歲入寇重威閉城自守屬州城邑多所屠戮胡騎驅其人民千萬過其城下重威登城望之未嘗出救開運元年加重威北面行營招討使明年引兵攻秦州破滿城遂城契丹已去至古北還兵擊之重威等南走至陽城爲虜所困賴符彥卿張彥澤等因大風奮擊契丹大潰諸將欲追之重威爲俚語曰逢賊得命更望復子乎乃收兵馳歸重威居鎮州重斂其民戶口彫弊又懼契丹之至乃連表乞還京師未報亟上道朝廷莫能止即拜重威鄴都留守而鎮州所留私粟十餘萬斛殿中監王欽祚和糴軍儲乃錄以聞給絹數萬匹以償之重威大怒曰吾非反者安得籍没邪三年秋契丹高牟翰詐以瀛州降復以重威爲北面行營招討使是秋天下大水霖雨六十餘日飢殍盈路居民折屋木以供爨剉藁席以秣馬牛重威兵行泥潦中調發供饋遠近愁苦重威至瀛州牟翰已棄城去重威退屯武强契丹寇鎮定重威西趨中渡橋與虜夾滹沱河而軍偏將宋彥筠王清渡水力戰而重威按軍不動彥筠遂敗清戰死轉運使李穀教重威以三腳木爲橋募敢死士過河擊賊諸將皆以爲然獨重威不許契丹遣騎兵夜並西山擊欒城斷重威軍後是時重威已有異志而糧道隔絕乃陰遣人詣契丹請降契丹大悅許以中國與重威爲帝重威信以爲然乃伏甲士召諸將告以降虜諸將愕然以上將先降乃皆聽命重威出降表使諸將書名乃令軍士陣于柵外軍士猶喜躍以爲決戰重威告以糧盡出降軍士解甲大哭聲震原野契丹賜重威赭袍使衣

以示諸軍拜重威太傅契丹犯京師重威以晉兵屯陳橋士卒飢凍不勝其苦重威出入道中市人隨而詬之重威俛首不敢仰顧契丹據京師率城中錢帛以賞軍將相皆不免重威當率萬緡乃訴於契丹曰臣以晉軍十萬先降乃獨不免率乎契丹笑而免之遣還鄴都明年契丹北歸重威與其妻石氏詣虜帳中爲別漢高祖定京師拜重威太尉歸德軍節度使重威懼不受命遣高行周攻之不克高祖乃自將攻之遣給事中陳同以詔書召之重威不聽命而漢兵數敗圍之百餘日初契丹留燕兵千五百人在京師高祖自太原入告者言其將反高祖悉誅於繁臺其亡者奔于鄴燕將張璉先以兵二千在鄴聞燕兵見殺乃勸重威固守高祖已殺燕兵悔之數遣人招璉等璉登城呼曰繁臺之誅燕兵何罪既無生理請以死守重威食盡屑麴而食民多逾城出降皆無人色重威乃遣判官王敏及其妻子相次請降高祖許之重威素服出見高祖高祖赦重威拜檢校太師守太傅兼中書令悉誅璉及重威將吏而籙其私帑以重威歸京師高祖病甚顧大臣曰善防重威高祖崩祕不發喪大臣乃共誅之及其子弘璋弘璨弘璲尸於市市人臠而詬之吏不能禁支裂踐踏斯須而盡

李守貞河陽人也晉高祖鎮河陽以爲客將其後嘗從高祖高祖即位拜客省使監馬全節軍破李金全於安州以功拜宣徽使出帝即位楊光遠反召契丹入寇守貞領義成軍節度使爲侍衛親軍都虞候從出帝幸澶州麻荅以奇兵入鄆州渡馬家口柵於河東守貞馳往破之契丹兵多溺死獲馬數百匹裨將七十餘人徙領泰寧軍節度使以兵二萬討之光遠降其故吏宋顏悉取光遠寶貨名姬善馬獻之守貞守貞德之陰置顏麾下是時凡出師破賊必有德音赦其餘類而光遠黨與十餘人皆亡命捕之甚急樞密使桑維翰緩其制書久而不下言事者告顏匿守貞所詔取顏殺之守貞大怒乃與維翰有隙賊平行賞守貞悉以甕茶染木給之軍中大怒以帛裹之爲人首梟於木間曰守貞首也守貞以功拜同平章事賜以光遠舊第守貞取旁官民舍大治之爲京師之甲出帝臨幸燕錫恩禮出於諸將契丹入寇出帝再幸澶州杜重威爲北面招討使守貞爲都監晉兵素驕而守貞重威爲將皆無節制行營所至居民豢圉一空至於草木皆盡其始發軍也有賜賚曰掛甲錢及班師又加賞勞曰卸甲錢出入之費常不下三十萬由此晉之公私重困守貞與重威等攻下秦州破滿城殺二千餘人還爲侍衛親軍都指揮使領天平軍節度使又領歸德是時出帝遣人以書招趙延壽使歸國延壽詐言思歸願得晉兵爲應而契丹高牟翰亦詐以瀛州降出帝以爲然命杜重威等將兵應之初晉大臣皆言重威不忠有怨望之心不可用乃用守貞是時重威鎮魏州守貞嘗將兵往來過魏重威待之甚厚多以戈甲金帛奉之出帝嘗謂守貞曰卿常以家財散士卒可謂忠於國者乎守貞謝曰皆重威與臣者因請與重威俱北於是卒以重威爲招討使守貞爲都監屯于武彊契丹寇鎮定守貞等軍于中渡遂與重威降于契丹契丹以守貞爲司徒契丹犯京師拜守貞天平軍節度使漢高祖入京師守貞來朝拜太保河中節度使高祖崩杜重威死守貞懼不自安以謂漢室新造隱帝初立天下易以圖而門下僧總倫以方術陰干守貞爲言有非常之相守貞乃決計反而趙思綰先以京兆反遣人以赭黃衣遺守貞守貞大喜以爲天人皆應乃發兵西據潼關招誘草寇所在竊發漢遣白文珂常思等出軍擊之已而王景崇又以鳳翔反景崇與思綰遣人推守貞爲秦王守貞拜景崇等官爵又遣人間以蠟丸書遺吳蜀契丹使出兵以牽漢文珂等攻景崇思綰久無功隱帝乃遣樞密使郭威率禁兵將文珂等督攻之諸將皆請先擊思綰景崇威計未知所向行至華州節度使扈彥珂謂威曰三叛連衡以守貞爲主守貞先敗則思綰景崇可傳聲而破矣若捨近圖遠使守貞出兵于後思綰景崇拒戰于前則漢兵屈矣威以爲然遂先擊守貞是時馮道罷相居河陽威初出兵過道家問策道曰君知博乎威少無賴好蒲博以爲道譏之赧然而怒道曰凡博者錢多則多勝錢少則多敗非其不善博所以敗者勢也今合諸將之兵以攻一城較其多少勝敗可知威意大悟謀以遲久困之乃與諸將分爲三柵柵其城三面而闕其南發五縣丁夫築長城以連三柵守貞出兵壞長城威輒補其所壞守貞輒出爭之守貞兵常失十三四如此逾年守貞城中兵無幾而食又盡殺人而食威曰可矣乃爲期日督兵四面攻而破之初守貞召總倫問以濟否總倫曰王當自有天下然分野方災俟殺人垂盡則王事濟矣守貞以爲然常會將吏大飲守貞指畫虎圖曰吾有天命者中其掌引弓一發中之將吏皆拜賀守貞益以自負及城破守貞與妻子自焚漢軍入城於煙燼中斬其首傳送京師梟於南市其餘黨皆磔之

張彥澤其先突厥部人也後徙居陰山又徙太原彥澤爲人驍悍殘忍目睛黃而夜有光顧視如猛獸以善射爲騎將數從莊宗明宗戰伐與晉高祖連姻高祖時已爲護聖右廂都指揮使曹州刺史與討范延光拜鎮國軍節度使歲中徙鎮彰義爲政暴虐常怒其子數笞辱之子逃至齊州州捕送京師高祖以歸彥澤彥澤上章請殺之其掌書記張式不肯爲作章屢諫止之彥澤怒引弓射式式走而免式素爲彥澤所厚多任以事左右小人皆素嫉之因共譏式且迫之曰不速去當及禍式乃出奔彥澤遣指揮使李興以二十騎追之戒曰式不肯來當取其頭以來式至衍州刺史以兵援之邠州節度使李周留式馳騎以聞詔流式商州彥澤遣司馬鄭元昭詣闕論請期必得式且曰彥澤若不得張式患在不測高祖不得已與之彥澤得式剖心決口斷手足而斬之高祖遣王周代彥澤以爲右武衛大將軍周奏彥澤所爲不法者二十六條并述涇人殘弊之狀式父鐸詣闕訴冤諫議大夫鄭受益曹國珍尚書刑部郎中李濤張麟員外郎麻麟王禧伏閤上疏論彥澤殺式之冤皆不省濤見高祖切諫高祖曰彥澤功臣吾嘗許其不死濤厲聲曰彥澤罪若可容延光鐵券何在高祖怒起去濤隨之諫不已高祖不得已召式父鐸弟守貞子希範等皆拜以官爲蠲涇州民稅免其雜役一年下詔罪已然彥澤止削階降爵而已於是國珍等復與御史中丞王易簡率三院御史詣閤門連疏論之不報出帝時彥澤爲左龍武軍大將軍遷右武衛上將軍又遷右神武統軍自契丹與晉戰河北彥澤常在兵間數立戰功拜彰國軍節度使與契丹戰陽城爲契丹所圍而軍中無水鑿井輒壞又天大風契丹順風揚塵奮擊甚銳軍中大懼彥澤以問諸將諸將皆曰今虜乘上風而吾居其下宜待風回乃可戰彥澤以爲然諸將皆去偏將藥元福獨留謂彥澤曰今軍中飢渴已甚若待風回吾屬爲虜矣且逆風而戰敵人謂我必不能所謂出其不意彥澤即拔拒馬力戰契丹奔北二十餘里追至衛村又大敗之契丹遯去開運三年秋杜重威爲都招討使李守貞兵馬都監彥澤馬軍都排陣使彥澤往來鎮定之間敗契丹于秦州斬首二千級重威守貞攻瀛州不克退及武彊聞契丹空國入寇惶惑不知所之而彥澤適至言虜可破之狀乃與重威等西趨鎮州彥澤爲前鋒至中渡橋已爲虜所據彥澤督力戰爭橋燒其半虜小敗却乃夾河而寨十二月丙寅重威守貞叛降契丹彥澤亦降耶律德光犯闕遣彥澤與傅住兒以二千騎先入京師彥澤倍道疾驅至河銜枚夜渡壬申夜五鼓自封丘門斬關而入有頃宮中火發出帝以劍擁後宮十餘人將赴火爲小吏薛超所持彥澤自寬仁門傳德光與皇太后書入乃滅火大內都點檢康福全宿衛寬仁門登樓覘賊彥澤呼而下之諸門皆啓彥澤頓兵明德樓前遣傅住兒入傳戎王宣語帝脫黃袍素服再拜受命使人召彥澤彥澤曰臣無面目見陛下復使召之彥澤笑而不答明日遷帝於開封府帝與太后皇后肩輿宮嬪宦者十餘人皆步從彥澤遣控鶴指揮使李筠以兵監守內外不通帝與太后所上德光表章皆先示彥澤乃敢遣帝使取內庫帛數段主者曰此非帝有也不與又使求酒於李崧崧曰臣家有酒非敢惜慮陛下憂躁飲之有不測之虞所以不進帝姑烏氏公主私賂守門者得入與帝訣歸第自經死德光渡河帝欲郊迎彥澤不聽遣白德光德光報曰天無二日豈有兩天子相見於道路邪乃止初彥澤至京師李濤謂人曰吾禍至矣與其逃於溝竇而不免不若往見之濤見彥澤爲俚語以自投死彥澤笑而厚待之彥澤自以有功於契丹晝夜酣飲自娛出入騎從常數百人猶題其旗幟曰赤心爲主迫遷出帝遂輦內庫輸之私第因縱軍士大掠京師軍士邏獲罪人彥澤醉不能問瞋目視之出三手指軍士即驅出斷其腰領皇子延煦母楚國夫人丁氏有色彥澤使人求於太后太后遲疑未與即劫取之彥澤與閤門使高勳有隙乘醉入其家殺數人而去耶律德光至京師聞彥澤劫掠怒鎖之高勳亦自訴於德光德光以其狀示百官及都人問彥澤當誅否百官皆請不赦而都人爭投狀疏其惡乃命高勳監殺之彥澤前所殺士大夫子孫皆縗絰杖哭隨而詬詈以杖扑之彥澤俛首無一言行至北市斷腕出鎖然後用刑勳剖其心祭死者市人爭破其腦取其髓臠其肉而食之

嗚呼晉之事醜矣而惡亦極也其禍亂覆亡之不暇蓋必然之理爾使重威等雖不叛以降虜亦未必不亡然開虜之隙自一景延廣而卒成晉禍者此三人也視重威彥澤之死而晉人所以甘心者可以知其憤疾怨怒於斯人者非一日也至於爭已戮之尸臠其肉剔其髓而食之擣裂蹈踐斯須而盡何其甚哉此自古未有也然當是時舉晉之兵皆在北面國之存亡繫此三人勝敗則其任可謂重矣蓋天下惡之如彼晉方任之如此而終以不悟豈非所謂臨亂之君各賢其臣者歟

五代史卷五十二考證

杜重威傳初契丹留燕兵千五百人在京師○燕兵千五百人一本作燕京兵五百人

五代史卷五十三

宋 歐 陽 修 撰

雜傳第四十一

王景崇邢州人也爲人明敏巧辯善事人唐明宗鎮邢州以爲牙將其後嘗從明宗隸麾下明宗卽位拜通事舍人歷引進閤門使馳詔方鎮監軍征伐必用景崇後事晉累拜左金吾衛大將軍常怏怏人主不能用其材晉亡蕭翰據京師景崇厚賂其將高牟翰以求用已而翰北歸許王從益居京師用景崇爲宣徽使監左藏庫漢高祖起太原景崇取庫金奔迎高祖高祖至京師拜景崇右衛大將軍未之奇也高祖攻鄴景崇不得從乃求留守起居表詣行宮見高祖願留軍中効用爲高祖畫攻戰之策甚有辯高祖乃奇其材是時漢方新造鳳翔侯益永興趙贊皆嘗受命契丹高祖立益等內顧自疑乃陰召蜀人爲助高祖患之及已破鄴益等懼皆請入朝會回鶻入貢言爲党項所隔不得通願得漢兵爲援高祖遣景崇以兵迎回鶻景崇將行高祖已疾召入臥內戒之曰益等已來善矣若猶遲疑則以便宜圖之景崇行至陝趙贊已東入朝而蜀兵方寇南山景崇擊破蜀兵追至大散關而還高祖乃詔景崇兼鳳翔巡檢使景崇至鳳翔侯益未有行意而高祖崩或勸景崇可速誅益景崇念獨受命先帝而少主莫知猶豫未決益從事程渥與景崇同鄉里有舊往說景崇曰吾與子爲故人吾位不過賓佐而子已貴矣柰何欲以陰狡害人而取之乎侯公父子爪牙數百子毋妄發禍行及矣非吾誰爲子言之於是景崇頗不欲殺益益乃亡去景崇大悔失不殺之益至京師隱帝新立史弘肇楊邠等用事益乃厚賂邠等陰以事中景崇已而益拜開封尹景崇心不自安諷鳳翔將吏求已領府事朝廷患之拜景崇邠州留後以趙暉爲鳳翔節度使景崇乃叛盡殺侯益家屬與趙思綰共推李守貞爲秦王隱帝卽以趙暉討之景崇西招蜀人爲助蜀兵至寶雞爲暉將藥元福李彥從所敗暉攻鳳翔塹而圍之數以精兵挑戰景崇不出暉乃令千人潛之城南一舍僞爲蜀兵旗幟循南山而下聲言蜀救兵至矣須臾塵起景從以爲然乃令數千人潰圍而出以爲應暉設伏以待之景崇兵大敗由是不敢復出明年守貞思綰相次皆敗景崇客周璨謂景崇曰公能守此者以有河中京兆也今皆敗矣何所恃乎不如降也景崇曰誠累君等然事急矣吾欲爲萬有一得之計可乎吾聞趙暉精兵皆在城北今使公孫輦等燒城東門僞降吾以牙兵擊其城北兵脫使不成而死猶勝於束手也璨等皆然之遲明輦燒東門將降而府中火起景崇自焚矣輦乃降暉

趙思綰魏州人也爲河中節度使趙贊牙將漢高祖卽位徙贊鎮永興贊入朝京師留思綰兵數百人於永興高祖遣王景崇至永興與齊藏珍以兵迎回鶻陰以西事屬之景崇至永興贊雖入朝而其所召蜀兵已據子午谷景崇用思綰兵擊走之遂與思綰俱西然以非已兵懼思綰等有二心意欲黥其面以自隨而難言之乃稍微風其旨思綰厲聲請先黥以率衆齊藏珍惡之竊勸景崇殺思綰景崇不聽與俱西高祖遣使者召思綰等是時侯益來朝思綰以兵從益東歸思綰謂其下常彥卿曰趙公已入人手吾屬至并死矣柰何彥卿曰事至而變勿預言也益行至永興副使安友規出迎益飲于郊亭思綰前曰兵館城東然將士家屬皆居城中願縱兵入城挈其家屬益信之以爲然思綰與部下入城有州校坐於城門思綰毆之奪其佩劒斬之并斬門者十餘人遂閉門刼庫兵以叛高祖遣郭從義王峻討之經年莫能下而王景崇亦叛與思綰俱送欵於李守貞守貞以思綰爲晉昌軍節度使隱帝遣郭威西督諸將兵先圍守貞於河中居數月思綰城中食盡殺人而食每犒宴殺人數百庖宰一如羊豕思綰取其膽以酒吞之語其下曰食膽至千則勇無敵矣思綰計窮募人爲地道將走蜀其判官程讓能謂思綰曰公比於國無嫌但懼死而爲此爾今國家用兵三方勞弊不已誠能翻然效順率先自歸以功補過庶幾有生若坐守窮城待死而已思綰然之乃遣教練使劉珪詣從義乞降而遣其將劉筠奉表朝廷拜思綰鎮國軍留後趣使就鎮思綰遲留不行蜀陰遣人招思綰思綰將奔蜀而從義亦疑之乃遣人白郭威威命從義圖之從義因入城召思綰趣之上道至則擒之思綰問曰何以用刑告者曰立釘也思綰厲聲曰爲吾告郭公吾死未足塞責然釘磔之醜壯夫所恥幸少假之從義許之父子俱斬於市

慕容彥超吐谷渾部人漢高祖同產弟也嘗冒姓閻氏彥超黑色胡髯號閻崑崙少事唐明宗爲軍校累遷刺史唐晉之間歷磁單濮棣四州坐濮州造麴受賕法當死漢高祖自太原上章論救得減死流于房州契丹滅晉漢高祖起太原彥超自流所逃歸漢拜鎮寧軍節度使杜重威反于魏高祖以天平軍節度使高行周爲都部署以討之以彥超爲副彥超與行周謀議多不協行周用兵持重兵至城下久之不進彥超欲速戰而行周不許行周有女嫁重威子彥超揚言行周以女故惜賊城而不攻行周大怒高祖聞二人不相得懼有他變由是遽親征彥超數以事凌辱行周行周不能忍見宰相涕泣以屎塞口以自訴高祖知曲在彥超遣人慰勞行周召彥超責之又遣詣行周謝過行周意稍解是時漢兵頓魏城下已久重威守益堅諸將皆知未可圖方伺其隙而彥超獨言可速攻高祖以爲然因自督士卒急攻死傷者萬餘人由是不敢復言攻後重威出降高祖以行周爲天雄軍節度使行周辭不肯受高祖遣蘇逢吉諭之曰吾當爲爾徙彥超行周乃受而彥超徙鎮泰寧隱帝已殺史弘肇等又遣人之魏殺周太祖及王峻等懼事不果召諸將入衛京師使者至兗彥超方食釋匕箸而就道周兵犯京師開封尹侯益謂隱帝曰北兵之來其家屬皆在京師宜閉門以挫其銳遣其妻子登陴以招北兵可使解甲彥超詬益曰益老矣此懦夫之計也隱帝乃遣彥超副益將兵于北郊周兵至益夜叛降于周彥超力戰于七里隱帝出勞軍太后使人告彥超善衛帝彥超大言報曰北兵何能爲當於陣上喝坐使歸營又謂隱帝曰官家宮中無事明日可出觀臣戰明日隱帝復出勞軍彥超戰敗奔兗州隱帝遇弒于北郊周太祖入立彥超不自安數有所獻太祖報以玉帶又賜詔書安慰之呼彥超爲弟而不名又遣翰林學士魚崇諒往慰諭之彥超心益疑懼已而劉旻自立于太原出兵攻晉絳太祖遣王峻用兵西方彥超乘間亦謀反遣押衙鄭麟至京師求入朝太祖知其詐手詔許之彥超復稱管內多盜而止又爲高行周所與書以進其辭皆斥指周過失若欲共反者太祖驗其印文僞以書示行周彥超又遣人南結李昪昪出兵攻沭陽爲周兵所敗而劉旻攻晉絳不克解去太祖乃遣侍衛步軍指揮使曹英客省使向訓討之彥超閉城自守初彥超之反也判官崔周度諫曰魯詩書之國也自伯禽以來未有能霸者然以禮義得之而長世者多矣今公英武一代之豪傑也若量力相時而動可以保富貴而終身李河中安襄陽鎮陽杜令公近歲之龜鑑也彥超大怒未有以害之已而見圍因大括城中民貲以犒軍前陝州司馬閻弘魯懼其鞭朴乃悉家貲以獻彥超以爲未盡又欲幷罪周度乃令周度監括弘魯家周度謂弘魯曰公命之死生繫財之多少願無隱也弘魯遣家僮與周度斸掘搜索無所得彥超又遣鄭麟持刃迫之弘魯惶恐拜其妻妾妻妾皆言無所隱周度入白彥超彥超不信下弘魯及周度于獄弘魯乳母於泥中得金纏臂獻彥超欲贖出弘魯彥超大怒遣軍校笞弘魯夫婦肉爛而死遂斬周度于市是歲鎮星犯角亢占曰角亢鄭分兗州當焉彥超卽率軍府將吏步出西門三十里致祭迎於開元寺塑像以事之日常一至使民家立黃幡以禳之彥超爲人多智詐而好聚斂在鎮嘗置庫質錢有奸民爲僞銀以質者主吏久之乃覺彥超陰教主吏夜穴庫垣盡徙其金帛于佗所而以盜告彥超卽牓于市使民自占所質以償之民皆爭以所質物自言已而得質僞銀者寘之深室使教十餘人日夜爲之皆鐵爲質而包以銀號鐵胎銀其被圍也勉其城守者曰吾有銀數千鋌當悉以賜汝軍士私相謂曰此鐵胎爾復何用哉皆不爲之用明年五月太祖親征城破彥超夫妻皆投井死其子繼勳率其徒五百人出奔被擒遂滅其族兗州平太祖詔贈閻弘魯左驍衛大將軍崔周度祕書監

五代史卷五十四

宋 歐 陽 修 撰

雜傳第四十二

傳曰禮義廉恥國之四維四維不張國乃滅亡善乎管生之能言也禮義治人之大法廉恥立人之大節蓋不廉則無所不取不恥則無所不爲人而如此則禍亂敗亡亦無所不至況爲大臣而無所不取無所不爲則天下其有不亂國家其有不亡者乎予讀馮道長樂老敘見其自述以爲榮其可謂無廉恥者矣則天下國家可從而知也予於五代得全節之士三死事之臣十有五

而怪士之被服儒者以學古自名而享人之祿任人之國者多矣然使忠義之節獨出於武夫戰卒豈於儒者果無其人哉豈非高節之士惡時之亂薄其世而不肯出歟抑君天下者不足顧而莫能致之歟孔子以謂十室之邑必有忠信豈虛言也哉予嘗得五代時小說一篇載王凝妻李氏事以一婦人猶能如此則知世固常有其人而不得見也凝家青齊之間爲虢州司戶參軍以疾卒于官凝家素貧一子尚幼李氏攜其子負其遺骸以歸東過開封止旅舍旅舍主人見其婦人獨攜一子而疑之不許其宿李氏顧天已暮不肯去主人牽其臂而出之李氏仰天長慟曰我爲婦人不能守節而此手爲人執邪不可以一手并汚吾身即引斧自斷其臂路人見者環聚而嗟之或爲之彈指或爲之泣下開封尹聞之白其事于朝官爲賜藥封瘡厚卹李氏而笞其主人者嗚呼士不自愛其身而忍恥以偷生者聞李氏之風宜少知愧哉

馮道字可道瀛州景城人也事劉守光爲參軍守光敗去事宦者張承業承業監河東軍以爲巡官以其文學薦之晉王爲河東節度掌書記莊宗即位拜戶部侍郎充翰林學士道爲人能自刻苦爲儉約當晉與梁夾河而軍道居軍中爲一茅庵不設牀席臥一束芻而已所得俸祿與僕廝同器飲食意恬如也諸將有掠得人之美女者以遺道道不能卻寘之別室訪其主而還之其解學士居父喪于景城遇歲饑悉出所有以賙鄉里而退耕于野躬自負薪有荒其田不耕者與力不能耕者道夜往潛爲之耕其人後來媿謝道殊不以爲德服除復召爲翰林學士行至汴州遇趙在禮作亂明宗自魏擁兵還犯京師孔循勸道少留以待道曰吾奉詔赴闕豈可自留乃疾趨至京師莊宗遇弒明宗即位雅知道所爲問安重誨曰先帝時馮道何在重誨曰爲學士也明宗曰吾素知之此眞吾宰相也拜道端明殿學士遷兵部侍郎歲餘拜中書侍郎同中書門下平章事天成長興之間歲屢豐熟中國無事道嘗戒明宗曰臣爲河東掌書記時奉使中山過井陘之險懼馬蹶失不敢怠於銜轡及至平地謂無足慮遽跌而傷凡蹈危者慮深而獲全居安者患生於所忽此人情之常也明宗問曰天下雖豐百姓濟否道曰穀貴餓農穀賤傷農因誦文士聶夷中田家詩其言近而易曉明宗顧左右錄其詩常以自誦水運軍將於臨河縣得一玉杯有文曰傳國寶萬歲杯明宗甚愛之以示道道曰此前世有形之寶爾王者固有無形之寶也明宗問之道曰仁義者帝王之寶也故曰大寶曰位何以守位曰仁明宗武君不曉其言道已去召侍臣講說其義嘉納之道相明宗十餘年明宗崩相愍帝潞王反於鳳翔愍帝出奔衞州道率百官迎潞王以入是爲廢帝遂相之廢帝即位愍帝猶在衞州後三日愍帝始遇弒崩已而廢帝出道爲同州節度使踰年拜司空晉滅唐道又事晉晉高祖拜道守司空同中書門下平章事加司徒兼侍中封魯國公高祖崩道相出帝加太尉封燕國公罷爲匡國軍節度使徙鎭威勝契丹滅晉道又事契丹朝耶律德光於京師德光責道事晉無狀道不能對又問曰何以來朝對曰無城無兵安敢不來德光誚之曰爾是何等老子對曰無才無德癡頑老子德光喜以道爲太傅德光北歸從至常山漢高祖立乃歸漢以太師奉朝請周滅漢道又事周周太祖拜道太師兼中書令道少能矯行以取稱於世及爲大臣尤務持重以鎭物事四姓十君益以舊德自處然當世之士無賢愚皆仰道爲元老而喜爲之稱譽耶律德光嘗問道曰天下百姓如何救得道爲俳語以對曰此時佛出救不得惟皇帝救得人皆以謂契丹不夷滅中國之人者賴道一言之善也周兵反犯京師隱帝已崩太祖謂漢大臣必行推戴及見道道殊無意太祖素不拜道因不得已拜之道受之如平時太祖意少沮知漢未可代遂陽立湘陰公贇爲漢嗣遣道迎贇于徐州贇未至太祖將兵北至澶州擁兵而返遂代漢議者謂道能沮太祖之謀而緩之終不以晉漢之亡責道也然道視喪君亡國亦未嘗以屑意當是時天下大亂戎夷交侵生民之命急於倒懸道方自號長樂老著書數百言陳己更事四姓及契丹所得階勳官爵以爲榮自謂孝於家忠於國爲子爲弟爲人臣爲司長爲夫爲父有子有孫時開一卷時飮一杯食味別聲被色老安於當代老而自樂何樂如之蓋其自述如此道前事九君未嘗諫諍世宗初即位劉旻攻上黨世宗曰劉旻少我謂我新立而國有大喪必不能出兵以戰且善用兵者出其不意吾當自將擊之道乃切諫以爲不可世宗曰吾見唐太宗平定天下敵無大小皆親征道曰陛下未可比唐太宗世宗曰劉旻烏合之衆若遇我師如山壓卵道曰陛下作得山否世宗怒起去卒自將擊旻果敗旻于高平世宗攻淮南定三關威武之振自高平始其擊旻也鄙道不以從行以爲太祖山陵使葬畢而道卒年七十三謚曰文懿追封瀛王道既卒時人皆共稱歎以謂與孔子同壽其喜爲之稱譽蓋如此

道有子吉

李琪字台秀河西燉煌人也其兄珽唐末舉進士及第爲監察御史丁內艱貧無以葬乞食而後葬珽飢臥廬中聞者哀憐之服除還拜御史荊南成汭辟掌書記吳兵圍杜洪梁太祖遣汭與馬殷等救洪汭以大舟載兵數萬珽爲汭謀曰今一舟容甲士千人糗糧倍之緩急不可動若爲敵人縻之則武陵武安必爲公之後患不若以勁兵屯巴陵壁不與戰吳兵糧盡則圍解矣汭不聽果敗溺死趙匡凝鎭襄陽又辟掌書記太祖破匡凝得珽喜曰此眞書記也太祖即位除考功員外郎知制誥珽度太祖不欲先用故吏固辭不拜出知曹州曹州素劇難理前刺史十餘輩皆坐事廢珽至以治聞遷兵部郎中崇政院直學士許州馮行襲病有牙兵二千皆故蔡卒太祖懼爲變行襲爲人嚴酷從事魏峻切諫行襲怒誣以贓下獄欲誅之乃遣珽代行襲爲留後珽至許州止傳舍慰其將吏行襲病甚欲使人代受詔珽曰東首加朝服禮也乃即臥內見行襲道太祖語行襲感泣解印以授珽珽乃理峻冤立出之還報太祖太祖喜曰珽果辦吾事會歲饑盜劫汴宋間曹州尤甚太祖復遣珽治之珽至索賊得大校張彥珂珽甥李郊等及牙兵百餘人悉誅之召拜左諫議大夫太祖幸河北至內黃顧珽曰何謂內黃珽曰河南有外黃下黃故此名內黃太祖曰外黃下黃何在珽曰秦有外黃都尉在今雍丘下黃爲北齊所廢在今陳留太祖平生不愛儒者聞珽語大喜友珪立除右散騎常侍侍講袁象先討賊珽爲亂兵所殺琪少舉進士博學宏辭累遷殿中侍御史與其兄珽皆以文章知名唐亡事梁太祖爲翰林學士梁兵征伐四方所下書詔皆琪所爲下筆輒得太祖意末帝時爲御史中丞尚書左丞拜同中書門下平章事與蕭頃同爲宰相頃性畏愼周密琪倜儻負氣不拘小節二人多所異同而琪內結趙巖張漢傑等爲助以故頃言多沮頃嘗掎摭其過琪所私吏當得試官琪改試爲守爲頃所發末帝大怒欲竄逐之而巖等救解乃得罷爲太子少保唐莊宗滅梁得琪欲以爲相而梁之舊臣多嫉忌之乃以爲太常卿遷吏部尚書同光三年秋天下大水京師乏食尤甚莊宗以朱書御札詔百寮上封事琪上書數千言其說漫然無足取而莊宗獨稱重之遂以爲國計使方欲以爲相而莊宗崩明宗入洛陽羣臣勸進有司具儀用柩前即位故事霍彥威孔循等請改國號絶土德明宗武君不曉其說問曰何謂改號對曰莊宗受唐錫姓爲宗屬繼昭宗以立而號國曰唐今唐天命已絶宜改號以自新明宗疑之下其事羣臣羣臣依違不決琪議曰殿下宗室之賢立功三世今興兵向闕以赴難爲名而欲更易統號使先帝便爲路人則煢然梓宮何所依往明宗以爲然乃發喪成服而後即位以琪爲御史中丞自唐末喪亂朝廷之禮壞天子未嘗視朝而入閤之制亦廢常參之官日至正衙者傳聞不坐即退獨大臣奏事日一見便殿而侍從內諸司日再朝而已明宗初即位乃詔羣臣五日一隨宰相入見內殿謂之起居琪以謂非唐故事請罷五日起居而復朔望入閤明宗曰五日起居吾思所以數見羣臣也不可罷而朔望入閤可復然唐故事天子日御殿見羣臣曰常參朔望薦食諸陵寢有思慕之心不能臨前殿則御便殿見羣臣曰入閤宣政前殿也謂之衙衙有仗紫宸便殿也謂之閤其不御前殿而御紫宸也乃自正衙喚仗由閤門而入百官俟朝于衙者因隨以入見故謂之入閤然衙朝也其禮尊閤宴見也其事殺自乾符已後因亂禮闕天子不能日見羣臣而見朔望故正衙常日廢仗而朔望入閤有仗其後習見遂以入閤爲重至出御前殿猶謂之入閤其後亦廢至是而復然有司不能講正其事凡羣臣五日一入見中興殿便殿也此入閤之遺制而謂之起居朔望一出御文明殿前殿也反謂之入閤琪皆不能正也琪又建言入閤有待制次對官論事而內殿起居一見而退欲有言者無由自陳非所以數見羣臣之意也明宗乃詔起居日有言事者許出行自陳又詔百官以次轉對是時樞密使安重誨專權用事重誨前騶過御史臺門殿直馬延議論之重誨即臺門斬延而後奏琪爲中丞畏重誨不敢彈糾又懼諫官論列乃託宰相任圜先白重誨而後糾然猶依違不敢正言其事豆盧革等罷相任圜議欲以琪爲相而孔循鄭玨沮之乃止遷尚書右僕射琪以狀申中書言開元禮僕射上事日中書門下率百官送上中書下太常禮院言無送上之文而琪已落新授復舉上儀皆不可明宗討王都已破定州自汴還洛琪當率百官至上東門而請至偃師奉迎其奏章言敗契丹之兇黨破眞定之逆城坐誤以定州爲眞定罰俸一月霍彥威卒詔琪撰神道碑文彥威故梁將而琪故梁相也敘彥威在梁事不曰僞爲馮道所駁琪爲人重然諾喜稱人善少以文章知名亦以此自負既貴乃刻牙版爲金

字曰前鄉貢進士李琪常置之坐側爲人少持重不知進退故數爲當時所沮以太子少傅致仕卒年六十

鄭珏唐宰相綮之諸孫也其父徽爲河南尹張全義判官珏少依全義居河南舉進士數不中全義以珏屬有司乃得及第昭宗時爲監察御史梁太祖卽位拜左補闕梁諸大臣以全義故數薦之累拜中書舍人翰林學士承旨末帝時拜中書侍郎同中書門下平章事唐莊宗自鄆州入汴末帝聞唐兵且至惶恐不知所爲與李振敬翔等相持慟哭因召珏問計安出珏曰臣有一策不知陛下能行否末帝問其策如何珏曰願得陛下傳國寶馳入唐軍以緩其行而待救兵之至末帝曰事急矣寶固不足惜顧卿之行能了事否珏俛首徐思曰但恐不易了於是左右皆大笑莊宗入汴珏率百官迎謁道左貶萊州司戶參軍量移曹州司馬張全義爲言於郭崇韜復召爲太子賓客明宗卽位欲用任圜爲相而安重誨以圜新進不欲獨相之以問樞密使孔循循嘗事梁與珏善因言珏故梁相性謹愼而長者乃拜珏平章事明宗幸汴州六軍家屬自洛遷汴而明宗又欲幸鄴都軍士愁怨大臣頗以爲言明宗不省上下洶洶轉相動搖獨珏稱贊以爲當行趙鳳極言於安重誨重誨驚懼入見明宗切諫乃詔罷其行而珏又稱贊以爲宜罷珏在相位旣碌碌無所爲又病聾孔循罷樞密使珏不自安亟以疾求去職明宗數留之珏章四上乃拜左僕射致仕賜鄭州莊一區卒贈司空

李愚字子晦渤海無棣人也愚爲人謹重寡言好學爲古文滄州節度使盧彥威以愚爲安陵主簿丁母憂解去後遊關中劉季述幽昭宗於東內愚以書說韓建使圖興復其言甚壯建不能用乃去之洛陽舉進士宏詞爲河南府參軍白馬之禍愚復去之山東與李延光相善延光以經術事梁末帝爲侍講數稱薦愚愚由此得召久之拜左拾遺崇政院直學士衡王友諒末帝兄也梁大臣李振等皆拜之獨愚長揖末帝以責愚曰衡王朕兄朕猶拜之卿獨揖可乎愚曰陛下以家人禮見之則拜宜也臣於王無所私豈宜妄有所屈坐言事忤旨罷爲鄧州觀察判官唐莊宗滅梁愚朝京師唐諸公卿素聞愚學古重之拜主客郎中翰林學士魏王繼岌伐蜀辟愚都統判官蜀道阻險議者以謂宜緩師待變而進招討使郭崇韜以決於愚愚曰王衍荒怠亂國之政其人厭之乘其倉卒擊其無備其利在速不可緩也崇韜以爲然而所至迎降遂以滅蜀初軍行至寶雞招討判官陳乂稱疾請留愚厲聲曰陳乂見利則進知難則止今大軍涉險人心易搖正可斬之以徇由是軍中無敢言留者明宗卽位累遷兵部侍郎承旨明宗祀天南郊愚爲宰相馮道趙鳳草加恩制道鄙其辭罷爲太常卿任圜罷相乃拜愚中書侍郎同平章事愚爲相不治第宅借延賓館以居愚有疾明宗遣宦官視之見其敗氈弊席四壁蕭然明宗嗟嘆命以供帳物賜之潞王反兵犯京師愍帝夜出奔明日愚與馮道至端門聞帝已出而朱弘昭馮贇皆已死愚欲至中書候太后進止道曰潞王已處處張榜招安今卽至矣何暇候太后旨邪乃相與出迎廢帝入立罷道出鎭同州以劉昫爲相昫性褊急而愚素剛介動輒違戾昫與馮道姻家愚數以此誚昫兩人遂相諠詬乃俱罷愚守左僕射是時兵革方興天下多事而愚爲相欲依古以創理乃請頒唐六典示百司使各舉其職州縣貢士作鄉飲酒禮時以其迂闊不用愍帝卽位有意於治數召學士問以時事而以愚爲迂未嘗有所問廢帝亦謂愚等無所事嘗目宰相曰此粥飯僧爾以謂飽食終日而無所用心也淸泰二年以疾卒

盧導字熙化范陽人也唐末舉進士爲監察御史唐亡事梁累遷左司郎中侍御史知雜事以病免唐明宗時召拜右諫議大夫遷中書舍人潞王從珂自鳳翔以兵犯京師愍帝出奔于衛州宰相馮道李愚集百官于天宮寺將出迎潞王于郊京師大恐都人藏竄百官久而不集惟導與舍人張昭先至馮道請導草牋勸進導曰潞王入朝郊迎可也若勸進之事豈可輕議哉道曰勸進其可已乎導曰今天子蒙塵于外遽以大位勸人若潞王守節不回以忠義見責其將何辭以對且上與潞王皆太后子也不如率百官詣宮門取太后進止語未及終有報曰潞王至矣京城巡檢使安從進催百官班迎百官紛然而去潞王止于正陽門外道又促導草牋導對如初李愚曰吾輩罪人盧舍人言是也導終不草牋導後事晉爲吏部侍郎天福六年卒年七十六

司空頲貝州淸陽人也唐僖宗時舉進士不中後去爲羅紹威掌書記紹威卒入梁爲太府少卿楊師厚鎭天雄頲解官往依之師厚卒賀德倫代之張彥之亂命判官王正言草奏詆斥梁君臣正言素不能文辭又爲兵刃所迫流汗浹背不能下筆彥怒推正言下榻詬曰鈍漢辱我顧書吏問誰可草奏者吏卽言頲羅王時書記乃馳騎召之頲爲亂兵劫其衣以弊服蔽形而至見彥長揖神氣自若揮筆成文而言甚淺鄙彥以其易曉甚喜卽給以衣服僕馬遂以爲德倫判官德倫以魏博降晉晉王兼領天雄仍以頲爲判官梁晉相距河上常以頲權軍府事頲爲郭崇韜所惡崇韜數言其受賂都虞候張裕多過失頲屢以法繩之頲有姪在梁遣家奴召之裕擒其家奴以謂通書于梁莊宗族殺之

五代史卷五十四考證

李琪傳重誨前驍過御史臺門殿直馬延議論之○議論一本作誤衝

五代史卷五十五

宋　歐　陽　修　撰

雜傳第四十三

劉昫涿州歸義人也昫爲人美風儀與其兄暄弟暭皆以好學知名燕薊之間後爲定州王處直觀察推官處直爲其子都所囚昫兄暄亦爲怨家所殺昫乃避之滄州唐莊宗卽位拜昫太常博士以爲翰林學士明宗時累遷兵部侍郎居職明宗素重昫而愛其風韻遷端明殿學士長興三年拜中書侍郎兼刑部尚書同中書門下平章事昫詣中興殿門謝是日大祠不坐昫入謝端明殿昫自端明殿學士拜相當時以此爲榮廢帝入立遷吏部尚書門下侍郎監修國史初廢帝入問三司使王玫帑廩之數幾何玫言其數百萬及責以賞軍而無十一廢帝大怒罷玫命昫兼判三司昫性察而嫉三司蠹敝尤甚乃句計文簿覈其虛實殘租積負悉蠲除之往時吏幸積年之負蓋而不發因以把持州縣求賄賂及昫一切蠲除民間歡然以爲德而三司吏皆沮怨先是馮道與昫爲姻家而同爲相道罷李愚代之愚素惡道爲人凡事有稽失者必指以誚昫曰此公親家翁所爲也昫性少容恕而愚特剛介遂相詆詬相府史吏惡此兩人剛直因共揚言其事聞廢帝並罷之以昫爲右僕射是時三司諸吏提印聚立月華門外聞宣麻罷昫相皆歡呼相賀曰自此我曹快活矣昫在相位不習典故初明宗崩太常卿崔居儉以故事當爲禮儀使居儉辭以祖諱蠡馮道改居儉祕書監居儉怏怏失職中書舍人李詳爲居儉詰詞有聞名心懼之語昫輒易曰有恥且格居儉訴曰名諱有令式予何罪也當時聞者皆傳以爲笑及爲僕射入朝遇雨移班廊下御史臺吏引僕射立中丞御史下昫詰吏以故事自宰相至臺省皆不能知是時馮道罷相爲司空自隋唐以來三公無職事不特置及道爲司空問有司班次亦皆不能知由是不入朝堂俟臺官兩省入而後入宰相出則隨而出至昫爲僕射自以由宰相罷與道同乃隨道出入有司不能彈正而議者多竊笑之晉高祖時張從賓反殺皇子重乂於洛陽乃以昫爲東都留守判鹽鐵開運中拜司空同中書門下平章事復判三司契丹犯京師昫以目疾罷爲太保是歲卒年六十

盧文紀字子持其祖簡求爲唐太原節度使父嗣業官至右補闕文紀舉進士事梁爲刑部侍郎集賢殿學士唐明宗時爲御史中丞初上事百官臺參吏白諸道進奏官賀文紀問當如何吏對曰朝廷在長安時進奏官見大夫中丞如胥史自唐衰天子微弱諸侯強盛貢奉不至朝廷姑息方鎭假借邸吏大夫中丞上事進奏官至客次通名勞以茶酒而不相見相傳以爲故事文紀曰吾雖德薄敢隳舊制因遣吏諭之進奏官奮臂諠然欲去不得已入見文紀據牀端笏臺吏通名贊拜旣出恚怒不自勝訴於樞密使安重誨重誨曰吾不知故事可上訴于朝卽相率詣閤門求見以狀訴明宗問宰相趙鳳進奏吏比外何官鳳曰州縣發遞知後之流也明宗怒曰乃吏卒爾安得慢吾法官皆杖而遣之文紀又請悉復中外官校考法將相天子自書之詔雖施行而官卒不考歲餘遷工部尚書文紀素與宰相崔協有隙協除工部郎中于鄴文紀以鄴與其父名同音大怒鄴赴省參上文紀不見之因請連假己而鄴奉使未行文紀卽出視事鄴因醉忿自經死文紀坐貶石州司馬久之爲祕書監太常卿奉使于蜀過鳳翔時廢帝爲鳳翔節度使文紀爲人形貌魁偉語音琅然廢帝奇之後廢帝入立欲擇宰相問於左右左右皆言文紀及姚顗有人望廢帝因悉書淸望官姓名內琉璃瓶中夜焚香呪天以筯挾之首得文紀欣然相之乃拜中書侍郎同中書門下平章事是時天下多事廢帝數以責文紀文紀因請罷五日起居復唐故事開延英冀得從容奏議天下事廢帝以謂五日起居明宗所以見羣臣也不可罷而便殿論事可以從容何必延英因詔宰相有事不以時詣閤門請對晉高祖起太原廢帝北征過拜徽陵休仗舍顧文紀曰吾自鳳翔識卿不以常人爲待自卿爲相詢于輿議皆云可致太平今日使吾至此卿宜如何文紀惶恐謝罪廢帝至河陽文紀勸帝扼橋自守不聽晉高祖入立罷爲吏部尚書累遷太子少保致仕周太祖入立卽拜司空于家卒年七十六贈司徒

馬胤孫字慶先，棣州商河人也。爲人懦暗，少好學，學韓愈爲文章。舉進士，爲唐潞王從珂河中觀察支使。從珂爲楊彥溫所逐，罷居于京師里第，胤孫從而不去。從珂爲京兆尹，從鎮鳳翔，胤孫常從之，以爲觀察判官。潞王將舉兵反，與將吏韓昭胤等謀議已定，召胤孫告之曰：受命移鎮，路出京師，何向爲便？胤孫曰：君命召，不俟駕。今大王爲國宗屬，而先帝新棄天下，臨喪赴鎮，臣子之道也。左右皆笑其愚，然從珂心獨重之。廢帝入立，以爲戶部郎中、翰林學士，久之，拜中書侍郎、同中書門下平章事。胤孫不通世務，故事多壅塞。是時，馮道罷匡國軍節度使，拜司空。司空自唐以來無特拜者，有司不知故事，朝廷議者紛然，或曰司空三公，宰相職也，當參與大政，而宰相盧文紀獨以謂司空之職，祭祀掃除而已。胤孫皆不能決。時劉昫亦罷相爲僕射，右散騎常侍孔昭序建言常侍班當在僕射前，胤孫責御史臺檢例，臺言故事無所見據，今南北班位，常侍在前。胤孫卽判臺狀施行。劉昫大怒。崔居儉揚言于朝曰：孔昭序解語，是朝廷無解語人也。且僕射師長百寮，中丞大夫就班脩敬，而常侍在南宮六卿之下，況僕射乎！昭序癡兒，豈識事體！朝士聞居儉言，流議稍息。胤孫臨事多不能決，當時號爲三不開，謂其不開口以論議，不開印以行事，不開門以延士大夫也。晉兵起太原，廢帝至河陽，是時勢已危迫，胤孫自洛來朝行在，人皆冀其有所建說，胤孫獻綾三百匹而已。晉高祖入立，罷歸田里。胤孫旣學韓愈爲文，故多斥浮屠氏之說，及罷歸，乃反學佛，撰法喜集、佛國記行于世，時人誚之曰：佞清泰不徹，乃來佞佛。清泰，廢帝年號也。人有戲胤孫曰：公素慕韓愈爲人，而常誦傳奕之論，今反佞佛，是佛佞公邪？公佞佛邪？胤孫答曰：豈知非佛佞我也。時人傳以爲笑。後以太子賓客分司，居于洛陽。周廣順中卒。胤孫卒後，其家婢有爲胤孫語者。初，崔協爲明宗相，在位無所發明，旣死而有降語其家，胤孫又然，時人嘲之曰：生不能言，死而後語云。

姚顗字百眞，京兆長安人也。少惷，不脩容止，時人莫之知，中條山處士司空圖一見以爲奇，以其女妻之。舉進士，事梁爲翰林學士、中書舍人。唐莊宗滅梁，貶復州司馬，已而以爲左散騎常侍、兼吏部侍郎、尚書左丞。廢帝欲擇宰相，選當時清望官知名於世者，得盧文紀及顗，乃拜顗中書侍郎、同中書門下平章事。顗爲人仁恕，不知錢陌銖兩之數，御家無法，在相位齷齪無所爲。唐制，吏部分爲三銓，尚書一人曰尚書銓，侍郎二人曰中銓、東銓，每歲集以孟冬三旬，而選盡季春之月。天成中，馮道爲相，建言天下未一，選人歲纔數百，而吏部三銓分注，雖曰故事，其實徒繁而無益，始詔三銓合爲一，而尚書侍郎共行選事。至顗與盧文紀爲相，復奏分銓爲三，而循資長定舊格，歲久多舛，因增損之，選人多不便之，往往邀遮宰相，喧訴不遜，顗等無如之何，廢帝爲下詔書禁止。晉高祖立，罷顗爲戶部尚書。卒年七十五。卒之日，家無餘貲，尸不能歛，官爲賵賻，乃能歛，聞者哀憐之。

劉岳字昭輔，洛陽人也。唐民部尚書政會之八代孫，崇龜、崇望，其諸父也。岳名家子，好學，敏於文辭，善談論。舉進士，事梁爲左拾遺、侍御史。末帝時，爲翰林學士，累官至兵部侍郎。梁亡，貶均州司馬，復用爲太子詹事。唐明宗時，爲吏部侍郎。故事，吏部文武官告身，皆輸朱膠紙軸錢然後給，其品高者則賜之，貧者不能輸錢，往往但得敇牒而無告身。五代之亂，因以爲常，官卑者無復給告身，中書但錄其制辭，編爲勑甲。岳建言，以爲制辭或任其材能，或褒其功行，或申以訓誡，而受官者旣不給告身，皆不知受命之所以然，非王言所以告詔也，請一切賜之，由是百官皆賜告身，自岳始也。宰相馮道世本田家，狀貌質野，朝士多笑其陋。道旦入朝，兵部侍郎任贊與岳在其後，道行數反顧，贊問岳：道反顧何爲？岳曰：遺下兔園冊爾。兔園冊者，鄉校俚儒教田夫牧子之所誦也，故岳舉以誚道。道聞之大怒，徙岳祕書監。其後李愚爲相，遷岳太常卿。初，鄭餘慶嘗採唐士庶吉凶書疏之式，雜以當時家人之禮，爲書儀兩卷。明宗見其有起復、冥昏之制，歎曰：儒者所以隆孝悌而敦風俗，且無金革之事，起復可乎？婚，吉禮也，用於死者可乎？乃詔岳選文學通知古今之士，共刪定之。岳與太常博士段顒、田敏等增損其書，而其事出鄙俚，皆當時家人女子傳習所見，往往轉失其本，然猶時有禮之遺制。其後亡失愈不可究其本末，其婚禮親迎，有女坐壻鞍、合髻之說，尤爲不經，公卿之家頗遵用之，至其久也，又益訛繆可笑，其類甚多。岳卒于官，年五十六，贈吏部尚書。子溫叟。

嗚呼，甚矣，人之好爲禮也！在上者不以禮示之，使人不見其本，而傳其習俗之失者，尚拳拳而行之。五代干戈之亂，不暇於禮久矣！明宗武君，出於夷狄，而不通文字，乃能有意使民知禮，而岳等皆當時儒者，卒無所發明，但因其書增損而已。然其後世士庶吉凶，皆取岳書以爲法，而十又轉失其三四也，可勝歎哉！

馬縞不知其世家。少舉明經，又舉宏詞，事梁爲太常少卿，以知禮見稱于世。唐莊宗時，累遷中書舍人、刑部侍郎、權判太常卿。明宗入立，繼唐太祖、莊宗，而不立親廟。縞言：漢諸侯王入繼統者，必別立親廟，光武皇帝立四親廟于南陽，請如漢故事，立廟以申孝享。明宗下其議，禮部尚書蕭頃等請如縞議。宰相鄭珏等議，引漢桓、靈爲比，以謂桓帝尊其祖解瀆亭侯淑爲孝元皇，父萇爲孝仁皇，請下有司定謚四代祖考爲皇，置園陵如漢故事。事下太常，博士王丕議：漢桓帝尊祖爲孝穆皇帝，父爲孝崇皇帝。縞以謂孝穆、孝崇有皇而無帝，惟吳孫皓尊其父和爲文皇帝，不可以爲法。右僕射李琪等議與縞同。明宗詔曰：五帝不相襲禮，三王不相沿樂，惟皇與帝，異世殊稱，爰自嬴秦，已兼厥號。朕居九五之位，爲億兆之尊，奈何總二名於眇躬，惜一字於先世？乃命宰臣集百官於中書，各陳所見。李琪等請尊祖禰爲皇帝，曾高爲皇。宰相鄭珏合羣議奏曰：禮非天降，而本人情，可止可行，有損有益。今議者引古，以漢爲據，漢之所制，夫復何依？開元時，尊皐陶爲德明皇帝，涼武昭王爲興聖皇帝，皆立廟京師，此唐家故事也。臣請四代祖考皆加帝，如詔旨，而立廟京師。詔可其加帝，而立廟應州。劉岳脩書儀，其所增損，皆決於縞。縞又言：縗麻喪紀，所以別親疎，辨嫌疑。禮，叔嫂無服，推而遠之也。唐太宗時，有司議爲兄之妻服小功五月，今有司給假爲大功九月，非是。廢帝下其議，太常博士段顒議嫂服給假以大功者，令文也。令與禮異者非一，而喪服之不同者五：禮，姨、舅皆服小功，令皆大功；妻父母、壻、外甥皆服緦，令皆小功。禮令之不可同如此。右贊善大夫趙咸乂議曰：喪與其易也，寧戚。儀禮五服，或以名加，或因尊制，推恩引義，各有所當。據禮，爲兄之子妻服大功，令爲兄之子母服小功，是輕重失其倫也。以名則兄子之妻疎，因尊則嫂非卑，嫂服大功，其來已久，令，國之典，不可減也。司封郎中曹琛請下其議，并以禮令之違者定議。詔尚書省集百官議，左僕射劉昫等議曰：令於喪服無正文，而嫂服給大功假，乃假寧附令，而勅無年月，請凡喪服皆以開元禮爲定，下太常具五服制度，附于令。令有五服，自縞始也。縞明宗時嘗坐覆獄不當，貶綏州司馬，復爲太子賓客，遷戶部、兵部侍郎。盧文紀作相，以其迂儒鄙之，改國子祭酒。卒年八十，贈兵部尚書。

崔居儉，清河人也。祖蠡，父蕘，皆爲唐名臣。居儉美文辭，風骨清秀。少舉進士。梁貞明中，爲中書舍人、翰林學士、御史中丞。唐莊宗時，爲刑部侍郎、太常卿。崔氏自後魏、隋、唐與盧、鄭皆爲甲族，吉凶之事，各著家禮。至其後世子孫，專以門望自高，爲世所嫉。明宗崩，居儉以故事爲禮儀使，居儉以祖諱蠡，辭不受，宰相馮道卽徙居儉爲祕書監。居儉歷兵、吏部侍郎，尚書左丞，戶部尚書。晉天福四年卒，年七十，贈右僕射。居儉拙於爲生，居顯官，衣服常乏，死之日，貧不能葬，聞者哀之。

崔梲字子文，深州安平人也。父涿，唐末爲刑部郎中。梲少好學，頗涉經史，工於文辭。遭世亂，寓居于滑臺，不遊里巷者十餘年，人罕識其面。梁貞明三年，舉進士甲科，開封尹王瓚辟掌奏記。梲性至孝，其父涿病，不肯服藥，曰：死生有命，何用藥爲？梲屢進醫藥，不納。每賓客問疾者，梲輒迎拜門外，泣涕而告之，涿終不服藥而卒。梲居喪哀毀，服除，唐明宗以爲監察御史，不拜，踰年再命，乃拜。累遷都官郎中、翰林學士。晉高祖時，以戶部侍郎爲學士承旨，權知天福二年貢舉。初，梲爲學士，嘗草制爲宰相桑維翰所改，梲以唐故事，學士草制有所改者，當罷職，乃引經據爭之，維翰頗不樂。而梲少專於文學，不能涖事，維翰乃命梲知貢舉，梲果不能舉職。時有進士孔英者，素有醜行，爲當時所惡。梲旣受命，往見維翰，維翰素貴，嚴尊而語簡，謂梲曰：孔英來矣。梲不諭其意，以謂維翰以孔英爲言，乃考英及第，物議大以爲非，卽罷學士，拜尚書左丞，遷太常卿。八年，高祖詔太常復文武二舞，詳定正冬朝會禮及樂章。自唐末之亂，禮樂制度亡失已久，梲與御史中丞竇貞固、刑部侍郎呂琦、禮部侍郎張允等草定之。其年冬至，高祖會朝崇元殿，廷設宮縣，二舞在北，登歌在上。文舞郎八佾，六十有四人，冠進賢，黃紗袍，白中單，白練襠襠，白布大口袴，革帶履，左執籥，右秉翟，執纛引者二人。武舞郎八佾，六十有四人，服平巾幘，緋絲布大袖，繡縉甲金飾，白練襠，錦騰蛇起梁帶，豹文大口袴，烏靴，左執干，右執戚，執旌引者二人。加鼓吹十二按，負以熊豹，以象百獸率舞。按設羽葆鼓一，大鼓一，金錞一，歌簫笳各二人。王公上壽，天子舉爵，奏玄同；三舉，登歌奏文同；舉食，文舞舞昭德，武舞舞成功之曲。禮畢，高祖大悅，賜梲金帛，羣臣左右覩者皆嗟歎之。然禮樂廢久，而制作簡繆，又繼以龜茲部霓裳法曲，參亂雅音，其樂工舞郎多教坊伶人、百工商賈、州縣避役之人，又無老師良工教習。明年正旦，復奏于廷，而登歌發聲，悲離煩慝，如薤露、虞殯之音，舞者行列進退，皆不應節，聞者皆悲憤。其年高祖崩，梲以風痺改太子賓客，分司西京，以卒。開運二年，太常少卿陶穀奏廢二

舞明年契丹滅晉耶律德光入京師太常請備法駕奉迎樂工教習鹵簿鼓吹都人聞者爲之流涕焉

李懌京兆人也少好學頗工文辭唐末舉進士爲祕書省校書郞集賢校理唐亡事梁爲監察御史累遷中書舍人翰林學士梁亡貴授懷州司馬遇赦量移稍遷衞尉少卿天成中復爲中書舍人翰林學士累遷尚書右丞承旨時右散騎常侍張文寶知貢舉所放進士中書有覆落者乃請下學士院作詩賦爲貢舉格學士竇夢徵張礪等所作不工乃命懌爲之懌笑曰予少舉進士登科蓋偶然耳後生可畏來者未可量假令予復就禮部試未必不落第安能與英俊爲准格聞者多其知體復遷刑部尚書分司洛陽卒年七十餘

五代史卷五十五考證

盧文紀傳累遷太子少保○少一本作太

馬允孫傳晉兵起太原廢帝至河陽○至一本作幸

五代史卷五十六

宋　歐　陽　修　撰

雜傳第四十四

和凝字成績鄆州須昌人也其九世祖逢堯爲唐監察御史其後世遂不復官學凝父矩性嗜酒不拘小節然獨好禮文士每傾貲以交之以故凝得與之游而凝幼聰敏形神秀發舉進士梁義成軍節度使賀瓌辟爲從事瓌與唐莊宗戰于胡柳瓌戰敗脫身走獨凝隨之反顧見凝麾之使去凝曰大丈夫當爲知己死吾恨未得死所爾豈可去也已而一騎追瓌幾及凝叱之不止卽引弓射殺之瓌由此得免瓌歸戒其諸子曰和生志義之士也後必富貴爾其謹事之因妻之以女天成中拜殿中侍御史累遷主客員外郞知制誥翰林學士知貢舉是時進士多浮薄喜爲諠譁以動主司主司每放榜則圍之以棘閉省門絕人出入以爲常凝徹棘開門而士皆肅然無譁所取皆一時之秀稱爲得人晉初拜端明殿學士兼判度支爲翰林學士承旨晉高祖數召之問以時事凝所對皆稱旨天福五年拜中書侍郞同中書門下平章事高祖將幸鄴而襄州安從進反迹已見凝曰陛下幸鄴從進必因此時反則將奈何高祖曰卿將何以待之凝曰先人者所以奪人也請爲宣勑十餘通授之鄴王有急則命將擊之高祖以爲然是時鄴王鄭王卽以宣勑命騎將李建崇焦繼勳等討之從進謂高祖方幸鄴不意晉兵之速也行至花山遇建崇等兵以爲神遂敗走出帝卽位加右僕射歲餘罷平章事遷左僕射漢高祖時拜太子太傅封魯國公顯德二年卒年五十八贈侍中凝好飾車服爲文章以多爲富有集百餘卷嘗自鏤板以行于世識者多非之然性樂善好稱道後進之士唐故事知貢舉者所放進士以已及第時名次爲重凝舉進士及第時第五後知貢舉選范質爲第五後質位至宰相封魯國公官至太子太傅皆與凝同當時以爲榮焉

趙瑩字玄輝華州華陰人也爲人純厚美風儀事梁將康延孝爲從事晉高祖爲保義節度使以瑩掌書記自是從鎮常以瑩從高祖將起太原以問諸將吏將吏或贊成之瑩獨懼形于色勸高祖毋反高祖雖不用其言心甚愛之高祖卽位拜翰林學士承旨戶部侍郞同中書門下平章事累拜中書令出爲晉昌軍節度使開封尹是時出帝童昏馮玉李彥韜等用事與桑維翰爭權乃共譖去之以瑩柔而易制故復引以爲相契丹滅晉瑩從出帝北徙虜中瑩事兀欲爲太子太保周太祖時與契丹通好遣尚書左丞田敏使于契丹遇瑩于幽州瑩見敏悲不自勝瑩子易則易從當其徙而北也與易從俱而易則留事漢官至刑部郞中後瑩病將卒告于契丹願以尸還中國契丹許之及卒遣易從護其喪南歸太祖憐之贈瑩太傅葬于華陰

馮玉字璟臣定州人也少舉進士不中馮贇爲河東節度使辟爲推官入拜監察御史累遷禮部郞中爲鹽鐵判官晉出帝納玉姊爲后玉以后戚知制誥拜中書舍人玉不知書而與殷鵬同爲舍人制誥常遣鵬代作頃之玉出爲潁州團練使拜端明殿學士戶部侍郞還樞密使中書侍郞同中書門下平章事是時出帝童昏馮皇后用事軍國大務一決於玉玉嘗有疾在告自刺史已上宰相不敢除授以俟玉決玉除中書舍人盧價爲工部侍郞桑維翰以價資望淺爲不可由是與維翰有隙維翰由此罷相玉爲相四方賄賂積貲鉅萬契丹滅晉張彥澤先以兵入京師兵士爭先入玉家其貲一夕而盡明日見彥澤猶諂笑自言願得持晉玉璽獻契丹以冀恩獎彥澤不納出帝之北玉從入契丹契丹以爲太子太保周廣順三年其子傑自契丹逃歸玉懼以憂卒

盧質字子徵河南人也父望唐司勳郞中質幼聰慧善屬文事唐爲祕書郞丁毋憂解職去後遊太原晉王以爲河東節度掌書記質與張承業等定議立莊宗爲嗣莊宗將卽位以質爲大禮使拜行臺禮部尚書莊宗卽位欲以質爲相質性疏逸不欲任責因固辭不拜拜太原尹北京留守遷戶部尚書翰林學士從平梁權判租庸遷兵部尚書後爲學士承旨仍賜論思匡佐功臣天成元年拜匡國軍節度使三年拜兵部尚書判太常卿事歷鎮河陽橫海初梁已篡唐封哀帝爲濟陰王旣而酖殺之瘞于曹州同光三年莊宗將議改葬而曹太后崩乃止因其故壠稍廣其封以時薦饗而已質乃建議立廟追謚謚曰昭宣光烈孝皇帝廟號景宗天成四年八月戊申明宗御文明殿遣質奉冊立廟于曹州而議者以謂輝王不幸爲賊臣所立而昭宗何皇后皆爲梁所弒遂以亡國而昭宣光烈非所宜稱且立廟稱宗而不入太廟皆非是其以此非質大臣亦知其不可乃奏去廟號秦王從榮坐謀反誅質以右僕射權知河南府事廢帝反鳳翔愍帝發兵誅之竭帑藏以厚賞而兵至鳳翔皆叛降廢帝悉將而東事成許以重賞而軍士皆過望廢帝入立有司獻籍數甚少廢帝暴怒自諸鎮至刺史皆進錢帛助國用猶不足三司使王玫請率民財以佐用乃使質與玫等共議配率而貧富不均怨訟並起囚繫滿獄六七日間所得不滿十萬廢帝患之乃命質等借民屋課五月由是民大咨怨晉高祖入立質以疾分司西京拜太子太保卒年七十六贈太子太師謚曰文忠

呂琦字輝山幽州安次人也父兗爲橫海軍節度判官節度使劉守文與其弟守光以兵相攻守文敗死其吏民立其子延祚而事之以兗爲謀主已而延祚又爲守光所敗兗見殺守光怒兗幷族其家琦年十五見執將就刑兗故客趙玉紿其監者曰此吾弟也監者信之縱琦去玉與琦得俱走琦足弱不能行玉負之而行遡數百里變姓名乞食于道以免琦爲人美風儀重節槩少喪其家游學汾晉之間唐莊宗鎮太原以爲代州軍事推官後爲橫海趙德鈞節度推官入爲殿中侍御史明宗時爲駕部員外郞兼侍御史知雜事河陽主藏吏盜所監物下軍巡獄獄吏尹訓納賂反其獄其冤家訴于朝下御史臺按驗得訓贓狀奏攝訓赴臺訓爲安重誨所庇不與琦請不已訓懼自殺獄乃辨蒙活者甚衆歲餘遷禮部郞中史館修撰長興中廢帝失守河中罷居清化坊與琦同巷琦數往過之後廢帝入立待琦甚厚拜知制誥給事中樞密院直學士端明殿學士是時晉高祖鎮河東有二志廢帝患之琦與李崧俱備顧問多所裨畫琦言太原之患必引契丹爲助不如先事制之自明宗時王都反定州契丹遣禿餒等助都而爲趙德鈞王晏球所敗禿餒見殺蓢刺等皆送京師其後契丹數遣使者求蓢刺等其辭甚卑恭明宗輒斬其使者不報而東丹王又亡入中國契丹由此數欲求和琦因言方今之勢不如與契丹通和如漢故事歲給金帛妻之以女使彊藩大鎮顧外無所引援可弭其亂心崧以琦語語三司使張延朗延朗欣然曰苟能紓國患歲費縣官十數萬緡責吾取足可也因共建其事廢帝大喜佗日以琦等語問樞密直學士薛文遇文遇大以爲非因誦戎昱社稷依明主安危託婦人之詩以誚琦等廢帝大怒急召崧琦等問和戎計如何琦等察帝色怒亟曰臣等爲國計非與契丹求利於中國也帝卽發怒曰卿等佐朕欲致太平而若是邪朕一女尚幼欲棄之夷狄金帛所以養士而扞國也又輸以資虜可乎崧等惶恐拜謝拜無數琦足力乏不能拜而先止帝曰呂琦彊項肯以人主視我邪琦曰臣素病羸拜多而乏容臣少息頃之喘定奏曰陛下以臣等言非罪之可也屢拜何益帝意稍解曰勿拜賜酒一巵而遣之其議遂寢因遷琦御史中丞居數月復爲端明殿學士其後晉高祖起太原果引契丹爲助遂以亡唐琦事晉爲祕書監累遷兵部侍郞天福八年卒趙玉仕至職方員外郞琦事之如父玉疾親嘗藥扶侍及卒爲其家主辦喪葬玉子文度幼孤琦教以學如已子後舉進士及第云琦有子餘慶端

薛融汾州平遙人也少以儒學知名唐明宗時爲右補闕直弘文館晉高祖鎮太原融爲觀察判官高祖徙鄆欲據太原拒命延見賓佐問以可否而坐中或贊成之或恐懼不敢言融獨從容對曰融本儒生爾軍旅之事未嘗學也進退存亡之理豈易言哉高祖不之責也高祖入立拜吏部郞中兼侍御史知雜事累拜左諫議大夫遷中書舍人融曰文辭非臣所長也遂辭不拜時詔修洛陽大內融上疏切諫高祖褒納其言卽詔罷其役遷御史中丞改尚書右丞分司西京卒年六十

何澤廣州人也父鼎唐末爲容管經略使澤少好學長

於歌詩舉進士爲洛陽令唐莊宗好畋獵數踐民田澤乃潛身伏草間伺莊宗當馬諫曰陛下未能一天下以休兵而暴斂疲民以給軍食今田將熟奈何恣畋游以害多稼使民何以出租賦吏何以督民耕陛下不聽臣言願賜臣死於馬前使後世知陛下之過莊宗大笑爲之止獵拜倉部郎中明宗時數上書言事明宗幸汴州又欲幸鄴而人情不便大臣屢言不聽澤伏閤切諫明宗嘉之拜吏部郎中史館修撰澤外雖直言而內實邪佞嘗於內殿起居班退獨留以笏叩額北望而呼曰明主明主聞者皆哂之五代之際民苦於兵往往因親疾以割股或旣喪而割乳廬墓以規免州縣賦役戶部歲給蠲符不可勝數而課州縣出紙號爲蠲紙澤上書言其敝明宗下詔悉廢戶部蠲紙澤與宰相趙鳳有舊數私于鳳求爲給諫鳳薄其爲人以爲太常少卿勅未出而澤先知之卽稱新官上章自訴章下中書鳳等言澤未拜命而稱新官輕侮朝廷請坐以法乃以太僕少卿致仕居于河陽澤時年已七十尙希仕進卽遣婢宜子詣匭上章言事請立秦王爲皇太子秦王素驕多不軌遂成其禍由澤而始晉高祖入立召爲太常少卿以疾卒于家

王權字秀山太原人也唐左僕射起之曾孫父蕘官至右司郎中權舉進士爲右補闕唐亡事梁爲職方員外郎知制誥翰林學士累遷御史中丞唐莊宗滅梁貶權隨州司馬起爲右庶子累遷戶部尙書晉高祖時爲兵部尙書是時高祖以父事契丹權當奉使歎曰我雖不才安能稽顙於穹廬乎因辭不行坐是停任踰年以太子少傅致仕卒年七十八贈左僕射

史圭常山石邑人也爲人明敏好學爲晉寧樂壽縣令有善政縣人立碑以頌之郭崇韜鎭成德辟爲從事明宗時爲尙書郎安重誨爲樞密使薦圭直學士故事直學士職雖清而承領文書參掌庶務與判官無異重誨素不知書倚圭以備顧問始白許圭升殿侍立樞密直學士升殿自圭始改尙書右丞判吏部銓事重誨敗死圭出爲貝州刺史罷歸常山閉門絕人事出入閭里乘輜軿車晉高祖立召拜刑部侍郎鹽鐵副使遷吏部侍郎分知銓事有能名以疾罷卒于常山

龍敏字欲訥幽州永清人也少仕州爲參軍劉守光亂敏避之滄州遂客於梁久不調敏素善馮道道爲唐莊宗從事乃潛往依之監軍張承業謂道曰閣子有客可與俱來道以敏見承業承業辟敏監軍巡官使掌奏記莊宗卽位召拜司門員外郎敏父盛式年七十餘而其祖父年九十餘皆在鄴敏乃求爲興唐尹事祖父以孝聞丁母憂去職趙在禮反逼敏起視事明宗卽位在禮鎭滄州敏乃復得居喪服除累拜兵部侍郎馮贇留守北京辟敏副留守贇入爲樞密使敏拜吏部侍郎是時晉高祖起太原乞兵契丹唐廢帝在懷州趙德鈞父子有異志張敬達屯于晉安勢甚危急廢帝問計從臣敏曰晉所恃者契丹也東丹王失國之君今在京師若以兵送東丹自幽州而入西樓契丹且有內顧之憂何暇助晉晉失契丹大事去矣又謂李懿曰敏燕人也能知德鈞德鈞爲將守城塹壘篤勵健兒而已使其當大敵奮不顧身非其能也況有異志乎今聞駕前之馬猶有五千願得壯者千匹健兵千人與勇將郎萬金自平遙公山冒虜中而趨官砦且戰且行得其半達則事濟矣懿爲言之廢帝廢帝莫能用然人皆壯其大言歷晉爲太常卿使于吳越是時使吳越者見吳越王皆下拜敏獨揖之還遷工部侍郎乾祐元年瘍發於首卒贈右僕射

五代史卷五十七

宋　歐陽修　撰

雜傳第四十五

李崧深州饒陽人也崧幼聰敏能文章爲鎭州參軍唐魏王繼岌爲興聖宮使領鎭州節度使以推官李蕘掌書記崧謂掌書呂柔曰魏王皇子天下之望書奏之職非蕘所當柔私使崧代爲之以示盧質馮道道等皆以爲善乃以崧爲興聖宮巡官拜協律郎繼岌與郭崇韜伐蜀以崧掌書記繼岌已破蜀劉皇后聽讒者言陰遣人之蜀教繼岌殺崇韜人情不安崧入見繼岌曰王何爲作此危事誠不能容崇韜至洛誅之何晚今遠軍五千里不見咫尺之詔而殺大臣動搖人情是召亂也繼岌曰吾亦悔之柰何崧乃召書吏三四人登樓去梯夜以黃紙作詔書倒用都統印明旦告諭諸軍人心乃定師還繼岌死於道崧至京師任圜判三司用崧爲鹽鐵判官以內憂去職還鄉里服除范延光居鎭州辟崧掌書記延光爲樞密使崧拜拾遺直樞密院累遷戶部侍郎端明殿學士長興中明宗春秋高秦王從榮多不法晉高祖爲六軍副使懼禍及求出外藩是時契丹入鴈門明宗選將以捍太原晉高祖欲之樞密使范延光趙延壽等議將久不決明宗怒甚責延壽等延壽等惶恐欲以康義誠應選崧獨曰太原國之北門宜得重臣非石敬瑭不可也由是從崧議晉高祖深德之陰遣人謝崧曰爲浮屠者必合其尖蓋欲使崧終始成已事也其後晉高祖以兵入京師崧竄匿伊闕民家晉高祖召爲戶部侍郎拜中書侍郎同中書門下平章事兼樞密使丁內艱起復高祖崩出帝卽位以崧兼判三司與馮玉對掌樞密是時晉兵敗契丹於陽城趙延壽在幽州詐言思歸以誘晉兵崧等信之初漢高祖在晉掌親軍爲侍衞都指揮使與杜重威同制加平章事漢高祖恥之怒不肯謝晉高祖遣和凝諭之乃謝其後漢高祖出居太原重威代爲侍衞使崧亦數稱重威之材於是漢高祖以崧爲排已深恨之崧又信延壽之詐以爲然卒以重威將大兵其後敗于中渡晉遂以亡契丹耶律德光犯京師德光素聞延壽等稱崧爲人及入京師謂人曰吾破南朝得崧一人而已乃拜崧太子太師契丹北還命崧以族俱行留之鎭州其後麻荅棄鎭州崧與馮道等得還高祖素不悅崧又爲怨者譖之言崧爲契丹所厚故崧遇漢權臣常惕惕爲謙謹莫敢有所忤初漢高祖入京師以崧第賜蘇逢吉崧家遭亂多埋金寶逢吉悉有之而崧弟嶼嶬與逢吉子弟同舍酒酣出怨言以爲奪我第崧又以宅券獻逢吉逢吉尤不喜漢法素嚴楊邠史弘肇多濫刑法嶼僕葛延遇爲嶼商賈多乾沒其貲嶼笞責之延遇夜宿逢吉部曲李澄家以情告澄是時高祖將葬睿陵河中李守貞反澄乃教延遇告變言崧與其甥王凝謀因山陵放火焚京師又以蠟丸書通守貞逢吉遣人召崧至第從容告之崧知不免乃以幼女託逢吉逢吉送崧侍衞獄崧出乘馬從者去無一人崧恚曰自古豈有不死之人然亦豈有不亡之國乎乃自誣伏族誅崧素與翰林學士徐台符相善後周太祖立台符告宰相馮道請誅葛延遇道以延遇數經赦宥難之樞密使王峻聞之多台符有義乃奏誅延遇

李鏻唐宗室子也其伯父陽事唐咸通間爲給事中鏻少舉進士累不中客河朔間自稱清海軍掌書記謁定州王處直處直不爲禮乃易其綠衣更爲緋衣謁常山王王鎔鎔留爲從事其後張文禮弒鎔自立遣鏻聘唐莊宗於太原鏻爲人利口敢言乃陰爲莊宗畫文禮可破之策後文禮敗莊宗以鏻爲支使莊宗卽位拜鏻宗正卿以李瓊爲少卿獻祖懿祖墓在趙州昭慶縣唐國初建鏻瓊上言獻祖宣皇帝建初陵懿祖光皇帝啓運陵請置臺令縣中無賴子自稱宗子者百餘人宗正無譜諜莫能考按有民詣寺自言世爲丹陽竟陵臺令厚賂宗正吏鏻瓊不復詳考遂補爲令民卽持絳幡招置部曲侵奪民田百餘頃以謂陵園壖地民訴于官不能決以聞莊宗下公卿博士問故唐諸帝陵寢所在公卿博士言丹陽在今潤州而竟陵非唐事鏻不學無知不足以備九卿坐貶司農少卿出爲河中節度副使明宗卽位以鏻故人召還累遷戶部尙書鏻意頗希大用嘗謂馮道趙鳳曰唐家故事宗室皆爲宰相今天祚中興宜按舊典鏻雖不才嘗事莊宗霸府議今天子於藩邸論才較業何後衆人而久賓班行於諸君安乎道等惡其言後楊溥諜者見鏻言事鏻謂安重誨曰楊溥欲歸國久矣若朝廷遣使諭之可以召也重誨信之以玉帶與諜者使爲信久而無効由是貶鏻兗州行軍司馬鏻與廢帝有舊愍帝時爲兵部尙書奉使湖南聞廢帝立喜以謂必用已爲相還過荊南謂高從誨曰士固有否泰吾不爲時用久矣今新天子卽位我將用矣乃就從誨求寶貨入獻以爲賀從誨與馬紅裝拂二猓然皮一因爲鏻置酒問其副使馬承翰今朝廷之臣孰有公輔之望承翰曰尙書崔居儉左丞姚顗其次太常盧文紀也從誨笑顧左右取進奏官報狀示鏻顗與文紀皆拜平章事矣鏻慙失色還遂獻其皮拂廢帝終不用初李愚自太常卿作相而盧文紀代之及文紀作相鏻乃求爲太常卿及拜命中謝曰臣叨入相之資朝士傳以爲笑鏻事晉累遷太子太保漢高祖卽位拜鏻司徒居數月卒年八十八贈太傅

賈緯鎭州獲鹿人也少舉進士不中州辟參軍唐天成中范延光鎭成德辟趙州軍事判官遷石邑令緯長於史學唐自武宗已後無實錄史官之職廢緯采次傳聞爲唐年補錄六十五卷當唐之末王室微弱諸侯强盛征代擅出天下多事故緯所論次多所闕誤而喪亂之際事迹粗存亦有補於史氏晉天福中爲太常博士非其好也數求爲史職改屯田員外郎起居郎史館修撰與修唐書丁內艱服除知制誥累遷中書舍人諫議大夫給事中復爲修撰漢隱帝時詔與王伸竇儼等同修晉高祖出帝漢高祖實錄初桑維翰爲相常惡緯爲人待之甚薄緯爲維翰傳言維翰死有銀八千鋌翰林學士徐台符以爲不可數以非緯緯不得已更爲數千鋌廣順元年實錄成緯求遷官不得由是怨望是時宰相王峻監修國史緯書日歷多言當時大臣過失峻見之

怒曰賈給事子弟仕宦亦要門閥李何歷詆當朝之士使其子孫何以仕進言之高祖貶平盧軍行軍司馬明年卒于青州

段希堯河內人也晉高祖爲河東節度使以希堯爲判官高祖軍忻州軍中有擁高祖呼萬歲者高祖惶惑不知所爲希堯勸高祖斬其亂首乃止高祖將舉兵於太原與其賓佐謀希堯以爲不可高祖雖不聽然重其爲人不之責也高祖入立希堯比諸將吏恩澤最薄久之稍遷諫議大夫使于吳越是時江淮不通凡使吳越者皆泛海而多風波之患希堯過海遭大風左右皆恐懼希堯曰吾平生不欺汝等恃吾可無恐也已而風亦止歷萊懷棣三州刺史出帝時爲吏部侍郎判東西銓事累遷禮部尚書卒年七十九贈太子少保

張允鎭州人也少事鎭州爲張文禮參軍唐莊宗討張文禮允脫身降莊宗繫之獄文禮敗乃出之爲魏州功曹趙在禮辟節度推官歷滄兗二鎭掌書記入爲監察御史累遷水部員外郎知制誥廢帝皇子重美爲河南尹掌六軍以允剛介乃拜允給事中爲六軍判官罷遷左散騎常侍晉高祖卽位屢赦天下允爲駮赦論以獻曰管子曰凡赦者小利而大害久而不勝其禍無赦者小害而大利久而不勝其福又漢之吳漢疾篤帝問漢所欲言漢曰惟願陛下無赦爾蓋行赦不以爲恩不行赦不以爲無恩罰有罪故也自古皆以水旱則降德音而宥過開狴牢而出囚冀感天心以救其災者非也假有二人之訟者一有罪而一無罪若有罪者見捨則無罪者啣冤此乃致災之道非救災之術也至使小人遇天災則皆喜而相勸以爲惡曰國將赦矣必捨我以救災如此則是敎民爲惡也夫天之爲道福善而禍淫若捨惡人而變災爲福則是天又喜人爲惡也凡天之降災所以警戒人主節嗜慾務勤儉恤鰥寡正刑罰而已是時晉高祖方好臣下有言覽之大悅允事漢爲吏部侍郎隱帝誅戮大臣京師皆恐允常退朝不敢還家止于相國寺周太祖以兵入京師允匿于佛殿承塵墜而卒年六十五

王松父徽爲唐僖宗宰相松舉進士後唐時歷刑部郎中唐末從事方鎭晉高祖鎭太原辟松節度判官晉高祖卽位拜右諫議大夫累拜工部尚書出帝北遷蕭翰立許王從益於京師以松爲左丞相漢高祖入洛先遣人馳詔東京百官嘗授僞命者皆焚之使勿自疑由是御史臺悉斂百官僞勑焚之松以手指其胷引郭子儀自詣以語人曰此乃二十四考中書令也聞者笑之後松子仁寶爲李守貞河中支使守貞反松以子故上書自陳高祖憐之但使解職而已松有田城東歲時往來京師以疾卒

裴皥字司東河東人也裴氏自晉魏以來世爲名族居燕者號東眷居涼者號西眷居河東者號中眷皥出於名家而容止端秀性剛急直而無隱少好學唐光化中舉進士拜校書郎拾遺補闕事梁爲翰林學士中書舍人事後唐爲禮部侍郎皥喜論議每陳朝廷闕失多斥權臣改太子賓客以老拜兵部尚書致仕晉高祖時起爲工部尚書復以老告拜右僕射致仕卒年八十五贈太子太保皥以文學在朝廷久宰相馬胤孫桑維翰皆皥禮部所放進士也後胤孫知舉放膀引新進士詣皥皥喜作詩曰門生門下見門生世傳以爲榮維翰已作相嘗過皥皥不迎不送人或問之皥曰我見桑公於中書庶寮也桑公見我於私第門生也何送迎之有人亦以爲當

王仁裕字德輦天水人也少不知書以狗馬彈射爲樂年二十五始就學而爲人儁秀以文辭知名秦帥辟爲秦州節度判官秦州入于蜀仁裕因事蜀爲中書舍人翰林學士唐莊宗平蜀仁裕事唐復爲秦州節度判官王思同鎭興元辟爲從事思同留守西京以爲判官廢帝舉兵鳳翔思同戰敗廢帝得仁裕聞其名不殺寘之軍中自廢帝起事至其入立馳檄諸鎭詔書告命皆仁裕爲之久之以都官郎中充翰林學士晉高祖入立罷職爲郎中歷司封左司郎中諫議大夫漢高祖時復爲翰林學士承旨累遷戶部尚書罷爲兵部尚書太子少保顯德三年卒年七十七贈太子少師仁裕性曉音律晉高祖初定雅樂宴羣臣於永福殿奏黃鍾仁裕聞之曰音不純肅而無和聲當有爭者起於禁中已而兩軍校鬭昇龍門外聲聞于內人以爲神喜爲詩其少也嘗夢剖其腸胃以西江水滌之顧見江中沙石皆爲篆籀之文由是文思益進乃集其平生所作詩萬餘首爲百卷號西江集仁裕與和凝於五代時皆以文章知名又嘗知貢舉仁裕門生王溥凝門生范質皆至宰相時稱其得人

裴羽字用化其父贊相唐僖宗官至司空羽以一品子爲河南壽安尉事梁爲御史臺主簿改監察御史唐明宗時爲吏部郎中與右散騎常侍陸崇使于閩爲海風所飄至錢塘是時吳越王錢鏐與安重誨有隙唐方絕鏐朝貢羽等被留經歲而崇以疾卒後鏐遣羽還羽求載崇尸與俱歸鏐初不許羽以語感動鏐乃惻然許之因附羽表自歸明宗得鏐表大喜由是吳越復通於中國羽護崇喪至京師及其橐裝還其家士人皆多羽之義羽周太祖時爲左散騎常侍卒贈戶部尚書

王延字世美鄭州長豐人也少好學嘗以賦謁梁相李琪琪爲之稱薦爲卽墨縣令馮道作相與延故人召拜左補闕遷水部員外郎知制誥拜中書舍人權知貢舉吏部尚書盧文紀與故相崔協有隙是時協子頎方舉進士文紀謂延曰吾嘗舉子于朝貢舉選士當求實効無以虛名取人昔有越人善泅生子方晬其母浮之水上人怪而問之則曰其父善泅子必能之若是可乎延退而笑曰盧公之言爲崔協也恨其父遂及其子邪明年選頎甲科人皆稱其公累遷刑部尚書以太子少保致仕卒年七十三延爲人重然諾與其弟規相友愛五代之際稱其家法焉

馬重績字洞微其先出於北狄而世事軍中重績少學數術明太一五紀八象三統大歷居于太原唐莊宗鎭太原每用兵征伐必以問之重績所言無不中拜大理司直明宗時廢不用晉高祖以太原拒命廢帝遣兵圍之勢甚危急命重績筮之遇同人曰天火之象乾健而離明健者君之德也明者南面而嚮之所以治天下也同人者人所同也必有同我者焉易曰戰乎乾乾西北也又曰相見乎離離南方也其同我者自北而南乎乾西北也戰而勝其九月十月之交乎是歲九月契丹助晉擊敗唐軍晉遂有天下拜重績太子右贊善大夫遷司天監明年張從賓反命重績筮之遇隨曰南瞻析木木不自續虛而動之動隨其覆歲將秋矣無能爲也七月而從賓敗高祖大喜賜以良馬器幣天福三年重績上言歷象王者所以正一氣之元宣萬邦之命而古今所紀考審多差宣明氣朔正而星度不驗崇玄五星得而歲差一日以宣明之氣朔合崇玄之五星二歷相參然後符合自前世諸歷皆起天正十一月爲歲首用太古甲子爲上元積歲愈多差闊愈甚臣輒合二歷創爲新法以唐天寶十四載乙未爲上元雨水正月中氣爲氣首詔下司天監趙仁琦張文皓等考覆得失仁琦等言明年庚子正月朔用重績歷考之皆合無舛乃下詔班行之號調元歷行之數歲輒差遂不用重績又言漏刻之法以中星考晝夜爲一百刻八刻六十分刻之二十爲一時時以四刻十分爲正此自古所用也今失其傳以午正爲時始下侵未四刻十分而爲午由是晝夜昏曉皆失其正請依古改正從之重績卒年六十四

趙延義字子英秦州人也曾祖省躬通數術避亂于蜀父溫珪事蜀王建爲司天監每爲建占吉凶小不中輒加詰責溫珪臨卒戒其子孫曰數術吾世業然吾仕亂國得罪而幾死者數矣子孫能以佗道仕進者不必爲也然延義少亦以此仕蜀爲司天監蜀亡仕唐爲星官延義兼通三式頗善相人契丹滅晉延義隨虜至鎭州李筠白再榮謀逐麻荅歸漢猶豫未決延義假遁數術贊成之周太祖自魏以兵入京師太祖召延義問漢祚短促者天數邪延義言王者撫天下當以仁恩德澤而漢法深酷刑罰枉濫天下稱寃此其所以亡也是時太祖方以兵圍蘇逢吉劉銖第欲誅其族聞延義言悚然因貸其族二家獲全延義事周爲太府卿判司天監以疾卒

五代史卷五十八

宋　歐　陽　修　撰

嗚呼五代禮樂文章吾無取焉其後世有必欲知之者不可以遺也作司天職方考

司天考第一

司天掌日月星辰之象周天一歲四時二十四氣七十二候行十日十二辰以爲歷而謹察其變者以爲占占者非常之兆也以驗吉凶以求天意以覺人事其術藏於有司歷者有常之數也以推寒暑以先天道以勉人事其法信於天下術有時而用法不可一日而差差之毫釐則亂天人之序乖百事之時蓋有國之所重也然自堯命羲和見於書中星閏餘略存其大法而三代中間千有餘歲遺文曠廢六經無所述而孔子之徒亦未嘗道也至於後世其學一出於陰陽之家其事則重其學則末夫天人之際遠哉微矣而使一藝之士布算積分上求數千萬歲之前必得甲子朔旦夜半冬至而日月五星皆會于子謂之上元以爲歷始蓋自漢而後其說始詳見於世其源流所自止於如此是果堯舜三代之法歟皆不可得而考矣然自是以來歷家之術雖世多不同而未始不本於此五代之初因唐之故用崇玄

歷至晉高祖時司天監馬重績始更造新歷不復推古上元甲子冬至七曜之會而起唐天寶十四載乙未爲上元用正月雨水爲氣首初唐建中時術者曹士蔿始變古法以顯慶五年爲上元雨水爲歲首號符天歷然世謂之小歷祇行於民間而重績乃用以爲法遂施于朝廷賜號調元歷然行之五年輒差不可用而復用崇玄歷周廣順中國子博士王處訥私撰明玄歷于家民間又有萬分歷而蜀有永昌歷正象歷南唐有齊政歷五代之際歷家可考見者止於此而調元歷法既非古明玄又止藏其家萬分止行於民間其法皆不足紀而永昌正象齊政歷皆止用於其國今亦亡不復見世宗即位外伐僭叛內修法度端明殿學士王朴通於歷數乃詔朴撰定歲餘朴奏曰臣聞聖人之作也在乎知天之變者也人情之動則可以言知之天道之動則當以數知之數之爲用也聖人以之觀天道焉歲月日時由斯而成陰陽寒暑由斯而節四方之政由斯而行夫爲國家者履端立極必體其元布政考績必因其歲禮動樂舉必正其朔三農百工必順其時五刑九伐必順其氣庶務有爲必從其日月是以聖人受命必治歷數故五紀有常度庶徵有常應正朔行之於天下也自唐之季凡歷數朝亂日失天垂將百載天之歷數汨陳而已陛下順考古道寅畏上天咨詢庶官振舉墜典臣雖非能者敢不奉詔乃包萬象以爲法齊七政以立元測圭箭以候氣審朓朒以定朔明九道以步月校遲疾以推星考黃道之斜正辨天勢之昇降而交蝕詳焉夫立天之道曰陰與陽陰陽各有數合則化成矣陽之策三十六陰之策二十四奇偶相命兩陽三陰同得七十二同則陰陽之數合七十二者化成之數也化成則謂之五行之數五行之得朞數過之者謂之氣盈不及者謂之朔虛至於應變分用無所不通故以七十二爲經法經者常用之法也百者數之節也隨法進退不失舊位故謂之通法以通法進經法得七千二百謂之統法自元入經先用此法統歷之諸法也以通法進統法得七十二萬氣朔之下收分必盡謂之全率以通法進全率得七千二百萬謂之大率而元紀生焉元者歲月日時皆甲子日月五星合在子當盈縮先後之中所謂七政齊矣古者植圭於陽城以其近洛也蓋尚慊其中乃在洛之東偏開元十二年遣使天下候影南距林邑北距橫野中得浚儀之岳臺應南北弦居地之中大周建國定都於汴樹圭置箭測岳臺晷漏以爲中數晷漏正則日之所至氣之所應得之矣日月皆有盈縮日盈月縮則後中而朔月盈日縮則先中而朔自古朓朒之法率皆平行之數入歷既有前次而又衰稍不倫皇極舊術則迂迴而難用降及諸歷則疎遠而多失今以月離朓朒隨歷校定日躔朓朒臨用加減所得者入離定日也一日之中分爲九限每限損益衰稍有倫朓朒之法可謂審矣赤道者天之紘帶也其勢圓而平紀宿度之常數焉黃道者日軌也其半在赤道內半在赤道外去極二十四度當與赤道近則其勢斜當與赤道遠則其勢直當斜則日行宜遲當直則日行宜速故二分前後加其度二至前後減其度九道者月軌也其半在黃道內半在黃道外去極遠六度出黃道謂之正交入黃道謂之中交若正交在秋分之宿中交在春分之宿則比黃道益斜若正交在春分之宿中交在秋分之宿則比黃道反直若正交中交在二至之宿則其勢差斜故校去二至二分遠近以考斜正乃得加減之數自古雖有九道之說蓋亦知而未詳徒有祖述之文而無推步之用今以黃道一周分爲八節一節之中分爲九道盡七十二道而使日月無所隱其斜正之勢焉九道之法可謂明矣星之行也近日而疾遠日而遲去日極遠勢盡而留自古諸歷分段失實隆降無準今日行分尚多次日便留自留而退惟用平行仍以入段行度爲入歷之數皆非本理遂至乖戾今校逐日行分積以爲變段然後自疾而漸遲勢盡而留自留而行亦積微而後多別立諸段變歷以推變差俾諸段變差際會相合星之遲疾可得而知之矣自古相傳皆謂去交十五度以下則日月有蝕殊不知日月之相掩與闇虛之所射其理有異今以日月徑度之大小校去交之遠近以黃道之斜正天勢之昇降度仰視旁視之分數則交虧得其實矣臣考前世無食神首尾之文近自司天卜祝小術不能舉其大體遂爲等接之法蓋從假用以求徑捷於是乎交有逆行之數後學者不能詳知因言歷有九曜以爲注歷之常式今並削而去之謹以步日步月步星步發斂爲四篇合爲歷經一卷歷十一卷草三卷顯德三年七政細行歷一卷以爲欽天歷昔在帝堯欽若昊天陛下考歷象日月星辰唐堯之道也天道玄遠非微臣之所盡知世宗嘉之詔司天監用之以明年正月朔旦爲始

顯德欽天歷

演紀上元甲子距今顯德三年丙辰積七千二百六十九萬八千四百五十二算外

欽天統法七千二百

欽天經法七十二

欽天通法一百

欽天步日躔術

歲率二百六十二萬九千七百六十　四十

軌率二百六十二萬九千八百四十四　八十

朔率二十一萬二千六百二十　二十八

歲策三百六十五　一千七百六十　四十

軌策三百六十五　一千八百四十四　八十

歲中一百八十二　四千四百八十　二十

軌中一百八十二　四千五百二十二　四十

朔策二十九　三千八百二十　二十八

氣策一十五　一千五百七十三　三十五

象策七　一千七百五十五　七

周紀六十　歲差八十四　四十

辰則六百　八刻二十四分

赤道宿次

斗二十六度牛八度女十二度虛一十度少危十七度室十六度壁九度

北方七宿九十八度少

奎十六度婁十二度胃十四度昴十一度畢十七度觜一度參一十度

西方七宿八十一度

井三十三度鬼三度柳十五度星七度張十八度翼十八度軫十七度

南方七宿一百一十一度

角十二度亢九度氐十五度房五度心五度尾十八度箕十一度

東方七宿七十五度

中節

置歲率以演紀上元距所求積年乘之爲氣積統法而一爲日盈周紀去之命甲子算外即天正中氣日辰及分秒也以氣策累加之秒盈通法從分分盈統法從日日盈周紀去之即各得次氣日辰及分秒也

朔弦望

置氣積以朔率去之不盡爲閏餘用減氣積爲朔積統法而一爲日盈周紀去之命甲子算外即天正常朔日辰及分秒也以象策累加之即各得弦望及次朔也

日躔入歷

置歲率以閏餘減之統法而一爲日歲中以下爲盈以上減去歲中爲縮即天正常朔加時所入也累加象策滿歲中去之盈縮互命即四象所入也

日躔朓朒

置加時入歷分秒以其日損益率乘之統法而一損益其日朓朒數爲日躔朓朒定數

赤道日度

置氣積以軌率去之餘統法而一爲度命赤道虛入算外即天正中氣加時日躔赤道宿度及分秒也加歲中以次命之即夏至之宿也

黃道宿次

置二至日躔赤道宿度距前後每五度爲限初率八每限減一盡九限末率空乃一度少彊亦限率空其半當四立之宿自後亦五度爲限初率空每限增一盡九限末率八殷二分之宿自二分至二至亦如之各以限率乘所入限度爲分經法而一爲度二至前後各九限以減二分前後各九限以加赤道宿爲黃道宿及分就其分爲少大半之數

黃道日度

置天正中氣加時日躔赤道宿度各與所入限率相乘皆以統法通之以所入限率乘其分以從之經法而一爲分盈統法爲度用減赤道所躔即天正中氣加時日躔黃道宿度及分也加歲中以黃道宿次命之即夏至加時日度及分也

午中日躔

置二至分減去半法爲午後分不足反減爲午前分以乘初日躔分經法而一午前以加午後以減加時黃道日度爲午中日度及分也各以次日躔分加之滿統法從度依宿次命之即次日午中日躔也

午中日躔入歷

置天正中氣午前分便爲午中入盈歷日分其在午後者以午後分減歲中爲午中入縮歷日分累加一日滿歲中即去之盈縮互命爲每日午中入歷也

岳臺中晷

置午中入歷分以其日損益率乘之加統法而一爲分分十爲寸用損益其下中晷數爲定數也

晨昏分

各置入歷分以其日損益率乘之加統法而一用損益其下晨分即所求晨定分也用損加益減其下昏分即所求昏定分也

日出入辰刻

置晨昏分以一百八十加晨減昏爲日出入分各以辰則除爲辰數餘滿經法爲刻命辰數子正算外則日出入辰刻也

晝夜刻

置日入分以日出分減之爲晝分用減統法爲夜分各滿經法爲晝夜刻

五夜辰刻

置昏分以辰則除爲辰數經法除爲刻數命辰數子正算外卽甲夜辰刻也倍晨分五約之爲更用分又五約之爲籌用分用累加甲夜滿辰則爲辰滿經法爲刻卽各得五夜辰刻也

昏曉中星

置昏分減去半統用乘軌率統法除之爲距中分盈統法爲度加午中日躔爲昏中星減之爲曉中星

赤道內外數

置入歷分以其日損益率乘之加統法而一用損益其下內外數如不足損則反損之內外互命卽得所求赤道內外定數也

九服距軌數

置距岳臺南北里數以三百六十通之爲步一千七百五十六除之用北加南減二千五百一十三爲其地戴中數以赤道內外定數內減外加之卽九服距軌數也

九服中晷

置距軌數二十五乘之一百三十七除爲天用分置之以二十二乘六約之用減四千爲晷法又以天用分自相乘如晷法而一爲地用分相從爲晷分十爲寸卽得其地中晷也

九服刻漏

經法通軌中而半之用自相乘如其地戴中數而一以乘二百六十三經法除之爲漏法通軌中於上置赤道內外數於下以下減上餘用乘之盈漏法爲漏分赤道內以減赤道外以加一千六百二十爲其地晨分減統法爲昏分置晨昏分各如岳臺術入之卽得其地日出入辰刻五夜辰刻昏曉中星也

欽天步月離術

離率　一十九萬八千三百九十三　九
交率　一十九萬五千九百三十七　九十七　五十六
離策　二十七　三千九百九十三　九
交策　二十七　一千五百二十七　九十七　五十六
望策　一十四　五千五百一十　一十四
交中　一十三　四千三百六十三　九十八　七十八
離朔　一　七千二十七　一十九
交朔　二　二千二百九十二　三十二　四十四
中準　一千七百三十六
中限　四千七百八十
平離　九百六十三
程節　八百

月離入歷

置朔積以離率去之餘滿統法爲日卽天正常朔加時入歷也累加象策盈離策去之卽弦望及次朔入歷也

月離朓朒

置入歷分以日躔朓朒定數朓減朒加之程節除之爲限數餘乘所入限損益率程節而一用損益其限朓朒爲定數

朔弦望定日

各以日躔月離朓朒定數朓減朒加朔弦望常分爲定日定朔加時日入後則進一日有交見初則不進弦望加時日未出則退一日日雖出有交見初亦如之元日有交則消息定之定朔與後朔干同者大不同者小無中氣者爲閏

、朔望加時日度

各置日躔入歷以日躔月離朓朒定數朓減朒加之爲定朔加時入歷以歷分乘其日損益率統法而一損益其下盈縮數爲定數置定朔歷分通法約之以定數盈加縮減之各命以冬夏至之宿算外卽所求也

月離入交

置朔積以交率去之餘滿統法爲日卽天正常朔入交泛日也以望策累加之盈交策去之卽望及次朔所入也各以日躔朓朒定數朓減朒加之爲入交常日置月離朓朒定數經法乘之平離而一朓減朒加常分卽入交定日也

黃道正交月度

統法通朔交定日以二百五十四乘之十九而一復以統法除爲入交度用減其朔加時日度卽朔前月離正交黃道宿度也

九道宿次

月離出入黃道六度變從八節斜正不同故月有九道黃道八節各有九限若正交起八節後第一限之宿爲月行其節第一道起第二限之宿爲月行其節第二道卽以所起限爲正交後第一限初率八每限減一盡九

限末率空又九限初率空每限增一末率八般半交之宿自後亦九限初率八每限減一末率空又九限初率空每限增一末率八復與黃道相會謂之中交自中交至正交亦如之各置所入限度以限率乘之爲泛差其正交中交前後各九限以距二至之宿限數乘之半交前後各九限以距二分之宿限數乘之皆如經法而一爲黃道差在冬至之宿後正交前後各九限爲減中交前後各九限爲加在夏至之宿後正交前後各九限爲加中交前後各九限爲減凡月正交後出黃道外中交後入黃道內其半交前後各九限在春分之宿後出黃道外秋分之宿後入黃道內皆以差爲加在春分之宿後入黃道內秋分之宿後出黃道外皆以差爲減四約泛差以黃道差減之爲赤道差正交中交前後各九限皆以差爲加半交前後各九限皆以差爲減以黃赤二差加減黃道爲九道宿次就其分爲少太半之數八節各九道七十二道周焉

九道正交月度

置月離正交黃道宿度各以所入限率乘之亦乘其分經法約之爲泛差用求黃赤二差以加減之卽月離正交九道宿度也

九道朔月度

置月離正交九道宿度以入交度加之命以九道宿次卽其朔加時月離九道宿度也

九道望月度

置朔望加時日相距之度以軌中加之爲加時象積用加其朔九道月度命以其道宿次卽所求也自望推朔亦如之

月離午中入歷

置朔望月離入歷加半統減去定分各以日躔月離朓朒定數朓減朒加之卽所求也

晨昏月度

置其日晨昏分以定分減之爲前不足返減爲後用乘其日離程統法而一滿經法爲度爲晨昏前後度前加後減加時月爲晨昏月度

晨昏象積

置加時象積以前象前後度前減後加又以後象前後度前加後減之卽所求也

每日晨昏月度

累計距後象離度以減晨昏象積爲加不足反減之爲減以距後象日數除之用加減每日離度爲定度累加

晨昏月度命以九道宿次卽所求也

月去黃道度

置入交定日交中以下月行陽道以上去之月行陰道皆以經法通之用減九百八十餘以乘之五百五十六而一爲分滿經法爲度行陽道在黃道外行陰道在黃道內卽所求月去黃道內外度也

日月食限

置定交行陰陽道日半交中以下爲交後以上用減交中爲交前皆以統法通之爲距交分朔視距交分陽道四千三百一十九陰道一萬三百八十三以下日入食限望視距交分陰陽道皆六千九百九十五以下月入食限

日月食甚加時定分

置朔定分半統以上以半統減之半統以下用減半統爲距午分十一乘之經法而一半統以下減半統以上加之朔定分爲日食加時定分望以其日晨分與一千六百二十相減餘以二百四十五乘之三百一十三而一用減二百四十五餘以損益望定分爲月食加時定分

日食常準

置中準與其日赤道內外數相乘二千五百一十三除爲黃道出入食差以距午分減半晝分以乘之半晝分而一赤道內以減赤道外以加中準爲日食常準

日食定準

置日躔入歷以經法通之三千二百八十七以下用減三千二百八十七爲二至後以上減去三千二百八十七爲二分前六千五百七十四以上用減九千八百六十一爲二分後以上減去九千八百六十一爲二至前各三約之二至前後用減二分前後用加二千七百十二爲黃道斜正食差以距午分乘之半晝分而一以加常準爲定準

日食分

以定準加中限爲陰道定準減中限爲陽道定限不足減者反減之爲限外分視陰道距交分定準以上定限以下爲陰道食卽置定限以距交分減之爲距食分定準以下雖日陰道亦爲陽道食卽加陽道定限爲距食分其有限外分者卽減去限外分爲距食分不足減者不食其陰道距交分定限以下爲入定食限卽用減陽道定限爲距食分各置距食分皆以四百七十八除爲日食之大分餘爲小分命大分以十爲限命小分以半

及彊弱

月食分

視距交分中準以下皆就以上用減食限爲距食分置之以五百二十六除爲月食之大分餘爲小分命大分以十爲限命小分以半及彊弱

日食泛用分

置距食分一千九百一十二以上用減四千七百八十餘自相乘六萬三千二百七十二除之以減六百四十七爲泛用分九百五十六以上用減一千九百一十二餘以通法乘之七百三十五而一以減五百一十七爲泛用分九百五十六以上以距食分自相乘二千三百六十二除之用減三百八十七爲泛用分

月食泛用分

置距食分二千一百四以上用減五千二百六十餘自相乘六萬九千一百六十九除之以減七百一十一爲泛用分一千五十二以上用減二千一百四十餘七除之以減五百六十七爲泛用分一千五十二以下以距食分減之餘自相乘二千六百五十四而一用減四百一十七爲泛用分

日月初末加時定分

各置泛用分以平離乘之其日離程而一爲定用分以減朔望定分爲虧初加之爲復末加時常分如食甚術推之得虧初復末定分置初甚末定分各以辰則除之爲辰經法除之爲刻卽初甚末之辰刻也

虧食所起

日食起虧自西月食起虧自東其食分少者月行陽道則日食偏南月食偏北陰道則日食偏北月食偏南此常數也立春後立夏前食分多則日食偏南月食偏北立秋後立冬前食分多則日食偏北月食偏南此黃道斜正也陽道交前陰道交後食分多則日食偏南月食偏北陽道交後陰道交前食分多則日食偏北月食偏南此九道斜正也黃道比常數所偏差少九道比黃道所偏又四分之一皆據午而言之若午前午後一理偏南一理偏北及消息所食分數多少以定初甚末之方卽各得所求也

帶食出入分

視其日出入分在虧初定分已上復末定分已下卽帶食出入食甚在出入分已下者以出入分減復末定分爲帶食差食甚在出入分已上者以虧初定分減出入分爲帶食差各置帶食差以距食分乘之定用分而一日以四百七十八月以五百二十六除爲帶食之大分餘爲小分

食入更籌

各置初甚末定分晨分已下以晨分加之昏分已上以昏分減之皆更用分而一爲更數餘籌用分而一爲籌數

欽天步五星術

歲星

周率二百八十七萬一千九百七十六 六

變率二百四萬二千二百一十五 六十六

歷率二百六十二萬九千九百六十六 七十八

周策三百九十八 六千三百七十六 六

歷中一百八十二 四千四百八十 八十九

變段	變日	變度	變歷
晨見	一十七	三 三十七	二 二十四
順疾	九十	一十六 六十三	一十一 一十三
順遲	二十五	二 九	一 二十九
前留	二十六 三十二		
退遲	一十四	一 一十二	空 二十八
退疾	二十七	四 三十八	一 三十七
退疾	二十七	四 三十八	一 三十七
退遲	一十四	一 一十二	空 二十八
後留	二十六 三十二		
順遲	二十五	二 九	一 二十九
順疾	九十	一十六 六十三	一十一 一十三
夕伏	一十七	三 三十七	二 二十四

熒惑

周率五百六十一萬五千四百二十二 一十一

變率二百九十八萬五千六百六十一 七十一

歷率二百六十二萬九千七百六十 空

周策七百七十九 六千六百二十二 一十一

歷中一百八十二 四千四百八十 空

變段	變日	變度	變歷
晨見	七十三	五十三 六十八	五十 五十八
順疾	七十三	五十一 一	四十八 三
次疾	七十一	四十六 六十九	四十四 一十六
次遲	七十一	四十五 三十三	四十二 五十八
順遲	六十二	一十九 二十九	一十八 十二
前留	八 六十九		
退遲	一十	一 五十八	空 四十四
退疾	二十一	七 四十六	二 四十
退疾	二十一	七 四十六	二 四十
退遲	一十	一 五十八	空 四十四
後留	八 六十九		
順遲	六十二	一十九 二十九	一十八 十二
次遲	七十一	四十五 三十三	四十二 五十八
次疾	七十一	四十六 六十九	四十四 一十七
順疾	七十三	五十一 一	四十八 三
夕伏	七十三	五十三 六十八	五十 五十八

鎮星

周率二百七十二萬二千一百七十六 九十

變率九萬二千四百一十六 五十

歷率二百六十二萬九千七百五十九 八十

周策二百七十八 五百七十六 九十

歷中一百八十二 四千四百七十九 九十

變段	變日	變度	變歷
晨見	一十九	二 七	一 一十四
順疾	六十五	六 三十八	三 五十一
順遲	一十九	空 六十三	空 三十五
前留	三十七 三		
退遲	一十六	空 四十三	空 一十四
退疾	三十三	二 三十五	空 十六
退疾	三十三	二 三十五	空 十六
退遲	一十六	空 四十三	空 一十四
後留	三十七 三		
順遲	一十九	空 六十三	空 三十五
順疾	六十五	六 三十八	三 五十一
夕伏	一十九	二 七	一 一十四

太白

周率四百二十萬四千一百四十三 九十六

變率四百二十萬四千一百四十三 九十六

歷率二百六十二萬九千七百五十 五十六

周策五百八十三 六千五百四十三 九十六

歷中一百八十二 四千四百七十五 二十八

變段	變日	變度	變歷
夕見	四十二	五十三 四十	五十一 一十七
順疾	九十六	一百二十一 五十七	一百一十六 三十九
次疾	七十三	八十 三十七	七十七 一
次遲	三十三	三十四 一	三十二 四十
順遲	二十四	一十一 六十一	一十一 二十四
前留	六 六十九		
退遲	四	一 二十二	空 三十一
退疾	六	三 六十五	一 二十二
夕伏	七	四 四十一	一 三十七
晨見	七	四 四十	一 三十七
退疾	六	三 六十五	一 二十二
退遲	四	一 二十二	空 三十一
後留	六 六十九		
順遲	二十四	一十一 六十一	一十一 二十四
次遲	三十三	三十四 一	三十二 四十
次疾	七十三	八十 三十七	七十七 一
順疾	九十六	一百二十一 五十七	一百一十六 三十九
晨伏	四十二	五十三 四十	五十一 一十七

辰星

周率八十三萬四千三百三十五 五十二

變率八十三萬四千三百三十五 五十二

歷率二百六十二萬九千七百六十 四十四

周策一百一十五 六千三百三十五 五十二

歷中一百八十二 四千四百八十 二十二

變段	變日	變度	變歷
夕見	一十七	三十四 一	二十九 三十四
順疾	一十七	一十八 二十四	一十六 四
順遲	一十六 四十三	一十一 四十三	一十一 一十
前留	二 六十八		
夕伏	一十一	六	二
晨見	一十一	六	二
後留	二 六十八		
順遲	一十六 四十三	一十一 四十二	一十一 一十
順疾	一十一	一十八 二十四	一十六 四
晨伏	一十七	三十四 一	二十九 五十四

中日中星

置氣積以其星周率除之爲周數不盡爲天正中氣積前合用減歲率爲前年天正中氣後合如不足減則加歲率以減之爲次前年天正中氣後合各以統法約之爲日爲度卽所求平合中日中星也置中日以逐段變日累加之卽逐段中日也置中星以逐段變度順加退減之卽得逐段中星金水夕伏晨見皆退變也

入歷

置變率以周數乘之以歷率去之餘滿統法爲度歷中以下爲先以上減去歷中爲後卽所求平合入歷以逐

段變歷累加之得逐段入歷也

先後定數

置入歷分以其度損益率乘之經法而一用損益其下先後數即所求也

常日定星

置中日中星各以先後定數先加後減之留用前段先後數太白順伏見及前順疾次疾後次遲次疾辰星順伏見及前疾後遲並先減後加之即各爲其段常日定星置定星以其年天正中氣日躔黄道宿次加而命之得逐段末日加時宿度也

盈縮定數

置常日如歲中以下爲在盈以上減去歲中餘爲在縮即常日入盈縮歷也置歷分以其日損益率乘之經法而一用損益其下盈縮數即得所求也

定日

置常日以盈縮定數盈減縮加之爲定日以其年天正中氣加而命之即逐段末日加時日辰也

入中節

置定日以氣策除之命起冬至即所入氣日數也

平行分

置定日以前段定日減之爲日率定星與前段定星相減爲度率通度率以經法乘之通日率而一爲平行分

初末行分

近伏段與伏段平行分合而半之爲其段近伏行分以平行分減之餘減平行分爲其段遠伏行分近留段近留行分空倍平行分爲其段遠留行分其不近伏留段皆以順行二段平行分合而半之爲前段末日後段初日行分各與其段平行分相減平行分多則加平行分少則減平行分即前段初日後段末日行分其不近伏留段退行則以遲段近疾行分爲疾段近遲行分所得與平行分相減平行分多則加之少則減之皆爲遠遲行分也

初行夜半宿次

置經法以前段末日加時分減之餘乘前段末日行分經法而一用順加退減前段末日加時宿度爲其段初行昏後夜半宿度也

每日行分

初末行分相減爲差率累計其段初行昏後夜半距後段初行昏後夜半日數除之爲日差半日差以減多加少爲其段初末定行分置初定行分用日差末多則累加末少則累減爲每日行分以每日行分順加退減初行昏後夜半宿度爲每日昏後夜半星所至宿度也

先定日昏後夜半宿次

自初日累計距所求日數以乘其段日差末多用加末少用減初日行分爲其日行分合初日而半之以所累計日乘之用順加退減其段初行昏後夜半宿次即所求也

欽天步發斂術

候策五	五百二十四	四十五
卦策六	六百二十九	三十四
外策三	三百一十四	六十七
維策一十二	一千二百五十八	六十八
氣盈一千五百七十三		三十五
朔虛三千三百九十九		七十二

氣候圖

冬至十一月中	蚯蚓結	麋角解	水泉動
小寒十二月節	鴈北鄉	鵲始巢	雉始雊
大寒十二月中	雞始乳	鷙鳥厲疾	水澤腹堅
立春正月節	東風解凍	蟄蟲始振	魚上氷
雨水正月中	獺祭魚	鴻鴈來	草木萌動
驚蟄二月節	桃始華	倉庚鳴	鷹化爲鳩
春分二月中	玄鳥至	雷乃發聲	始電
清明三月節	桐始華	田鼠化爲鴽	虹始見
穀雨三月中	萍始生	鳴鳩拂其羽	戴勝降于桑
立夏四月節	螻蟈鳴	蚯蚓出	王瓜生
小滿四月中	苦菜秀	靡草死	小暑至
芒種五月節	螳螂生	鵙始鳴	反舌無聲
夏至五月中	鹿角解	蜩始鳴	半夏生
小暑六月節	溫風至	蟋蟀居壁	鷹乃學習
大暑六月中	腐草爲螢	土潤溽暑	大雨時行
立秋七月節	涼風至	白露降	寒蟬鳴
處暑七月中	鷹祭鳥	天地始肅	禾乃登
白露八月節	鴻鴈來	玄鳥歸	羣鳥養羞
秋分八月中	雷乃收聲	蟄蟲坯戶	水始涸
寒露九月節	鴻鴈來賓	雀入水爲蛤	菊有黃華
霜降九月中	豺祭獸	草木黃落	蟄蟲咸俯
立冬十月節	水始冰	地始凍	雉入水爲蜃
小雪十月中	虹藏不見	天氣上騰地氣下降	閉塞成冬
大雪十一月節	鶡鳥不鳴	虎始交	荔挺出

爻象圖

冬至坎初六	公中孚	辟復	侯屯內
小寒坎九二	侯屯外	大夫謙	卿睽
大寒坎六三	公升	辟臨	侯小過內
立春坎六四	侯小過外	大夫蒙	卿益
雨水坎九五	公漸	辟泰	侯需內
驚蟄坎上六	侯需外	大夫隨	卿晉
春分震初九	公解	辟大壯	侯豫內
清明震六二	侯豫外	大夫訟	卿蠱
穀雨震六三	公革	辟夬	侯旅內
立夏震九四	侯旅外	大夫師	卿比
小滿震六五	公小畜	辟乾	侯大有內
芒種震上六	侯大有外	大夫家人	卿井
夏至離初九	公咸	辟姤	侯鼎內
小暑離六二	侯鼎外	大夫豐	卿渙
大暑離九三	公履	辟遯	侯恒內
立秋離九四	侯恒外	大夫節	卿同人
處暑離六五	公損	辟否	侯巽內
白露離上九	侯巽外	大夫萃	卿大畜
秋分兌初九	公賁	辟觀	侯歸妹內
寒露兌九二	侯歸妹外	大夫无妄	卿明夷
霜降兌六三	公困	辟剝	侯艮內
立冬兌九四	侯艮外	大夫既濟	卿噬嗑
小雪兌九五	公大過	辟坤	侯未濟內
大雪兌上六	侯未濟外	大夫蹇	卿頤

七十二候

各置中節即初候也以候策累加之即次候也

六十四卦

置中氣即公卦也以卦策累加之即次卦也置侯卦以外策加之即外卦也

五行用事

置四立之節而命之即春木夏火秋金冬水用事之初也置四季之節各以維策加之即土用事也

沒日

中節分五千六百二十六秒六十五已上者用減統法爲有沒分通氣策以乘之氣盈而一滿統法爲日用加其氣而命之即所求沒日也

滅日

常朔分朔虛已下者爲滅分以朔率乘之朔虛而一盈統法爲日用加其朔而命之即所求滅日也

右朴所撰欽天歷經四篇舊史亡其步發斂一篇而在者三篇簡略不完不足爲法朴歷世既罕傳予嘗問於著作佐郎劉羲叟羲叟爲予求得其本經然後朴之歷大備羲叟好學知書史尤通於星歷嘗謂予曰前世造歷者其法不同而多差至唐一行始以天地之中數作大衍歷最爲精密後世善治歷者皆用其法惟寫分擬數而已至朴亦能自爲一家朴之歷法總日躔差爲盈縮二歷分月離爲遲疾二百四十八限以考衰殺之漸以審朓朒而朔望正矣校赤道九限更其率數以步黃道使日躔有常度分黃道八節辨其內外以揆九道使月行如循環而二曜協矣觀天勢之升降察軌道之斜正以制食差而交會密矣測岳臺之中晷以辨二至之日夜而軌漏實矣推星行之逆順伏留使舒亟有漸而五緯齊矣然不能宏深簡易而徑急是取至其所長雖聖人出不能廢也羲叟之言蓋如此覽者得以考焉

五代史卷五十八考證

司天考第一黃道正交月度統法通朔交定日○統字上南本有經字

五代史卷五十九

宋 歐 陽 修 撰

司天考第二

昔孔子作春秋而天人備予述本紀書人而不書天予何敢異於聖人哉其文雖異其意一也自堯舜三代以來莫不稱天以舉事孔子刪詩書不去也蓋聖人不絕天於人亦不以天參人絕天於人則天道廢以天參人則人事惑故常存而不究也春秋雖書日食星變之類孔子未嘗道其所以然者故其弟子之徒莫得有所述於後世也然則天果與於人乎果不與於人乎曰天吾不知質諸聖人之言可也易曰天道虧盈而益謙地道變盈而流謙鬼神害盈而福謙人道惡盈而好謙此聖人極論天人之際最詳而明者也其於天地鬼神以不可知爲言其可知者人而已夫日中則昃盛衰必復天吾不知吾見其虧益於物者矣草木之成者變而衰落之物之下者進而流行之地吾不知吾見其變流於物者矣人之貪滿者多禍其守約者多福鬼神吾不知吾見人之禍福者矣天地鬼神不可知其心則因其著於物者以測之故據其迹之可見者以爲言曰虧益曰變流曰害福若人則可知者故直言其情曰好惡其知與

不知異辭也參而會之與人無以異也其果與於人乎不與於人乎則所不知也以其不可知故常尊而遠之以其與人無所異也則修吾人事而已人事者天意也書曰天視自我民視天聽自我民聽未有人心悅於下而天意怒於上者未有人理逆於下而天道順於上者然則王者君天下子生民布德行政以順人心是之謂奉天至於三辰五星常動而不息不能無盈縮差忒之變而占之有中有不中不可以爲常者有司之事也本紀所述人君行事詳矣其興亡治亂可以見至於三辰五星逆順變見有司之所占者故以其官志之以備司天之所考嗚呼聖人既没而異端起自秦漢以來學者惑於災異矣天文五行之說不勝其繁也予之所述不得不異乎春秋也考者可以知焉

開平二年夏四月辛丑熒惑犯上將甲寅地震四年十二月庚午月有食之乾化元年春正月丙戌朔日有食之五月客星犯帝座二年正月丙申熒惑犯房第二星戊申月犯心大星四月甲寅月掩心大星壬申彗出于張甲戌彗出靈臺同光元年十月辛未朔日有食之二年六月甲申衆星交流丙戌衆星交流八月戊子熒惑犯星十一月丁巳地震三年三月丙申熒惑犯上相戊申月有食之四月癸亥朔日有食之甲子熒惑犯左執法六月甲子太白晝見丙寅歲犯右執法己巳太白晝見庚寅衆星流自二更盡三更而止辛卯衆小星流于西南九月甲辰月有食之丁未天狗墮有聲如雷野雉皆雊丙辰太白歲相犯十一月甲寅地震天成元年三月惡星入天庫流星犯天棓四月庚戌金犯積尸六月乙未衆小星交流七月己未月犯太白庚申太白晝見乙丑月入南斗魁八月乙酉朔日有食之癸卯太白犯心大星乙巳月犯五諸侯辛亥熒惑犯上將九月丁巳月犯心大星己巳月犯昴庚午熒惑犯右執法己卯熒惑犯左執法十月戊子熒惑犯上相己丑至于庚子日月赤而無光丙午月掩左執法十一月丁丑月暈匝火木戊寅月犯金木土十二月戊戌熒惑犯氐乙巳月掩庶子二年正月甲戌熒惑歲相犯二月辛卯熒惑犯犍閉三月戊午月掩鬼庚申衆小星流于西北己巳熒惑犯上相乙亥月入羽林四月丁亥月犯右執法癸卯月入羽林六月辛丑熒惑犯房八月己卯朔日有食之庚子月犯五諸侯九月壬子歲犯房庚申月入羽林壬申月犯上將十月壬午月犯五諸侯癸未地震十一月乙卯月入羽林辛未地震壬申地震十二月癸未地震三年春正月壬申金火合于奎二月丁丑朔日有食之四月丁酉月犯五諸侯五月丁巳月掩房距星六月乙酉月掩心庶子癸巳月入羽林自正月至于是月宗人宗正搖不止七月乙卯月入南斗魁閏八月癸卯朔熒惑犯上將戊申月犯南斗乙卯熒惑犯右執法庚戌太白犯右執法九月庚辰土木合于箕辛巳金火合于軫十月庚午彗出西南十一月戊子月掩軒轅大星乙未太白犯鎮月掩房十二月壬寅朔熒惑犯房金木相犯于斗乙卯月有食之四年正月癸巳月入南斗魁二月辛酉月及火土合于斗三月壬辰歲犯牛六月癸丑月有食之既七月丁丑月入南斗九月丙子熒惑入哭星十二月庚戌月有食之既長興元年六月癸巳朔日有食之乙卯太白犯天鐏八月己亥月犯南斗乙卯月犯積尸九月辛酉朔衆小星交流而隕十一月壬戌熒惑犯氐十二月丙辰熒惑犯天江二年正月乙亥太白犯羽林庚辰月犯心距星二月丁未月犯房四月甲寅熒惑犯羽林五月癸亥太白晝見閏五月乙巳歲晝見六月壬午地震八月丁巳辰犯端門九月丙戌衆星交流丁亥衆星交流而隕戊子太白晝見丁未雷十一月甲申朔日有食之丙戌太白犯鍵三年四月庚辰熒惑犯積尸九月庚寅太白犯哭星十月壬申太白晝見十一月己亥太白犯壁壘四年五月癸卯太白晝見六月庚午衆星交流七月乙亥朔衆星交流九月辛巳太白犯右執法乙未雷應順元年二月丁酉衆星流于西北四月戊寅白虹貫日是月改元清泰清泰元年五月己未太白晝見六月甲戌太白犯右執法九月辛丑衆星交流壬寅雨雹于京師冬十一月丁未彗出虛危掃天壘及哭星天福元年三月壬子熒惑犯積尸二年正月乙卯朔日有食之七月丙寅日有食之十二月己卯朔日有白虹二三年三月壬子日有白虹二五月壬子月犯上將四年四月辛巳太白犯東井北轅甲午太白犯五諸侯五月丁未太白犯輿鬼中星七月庚子朔日有食之九月癸未月掩畢五年十一月丁丑日有食之六年八月辛卯太白犯軒轅九月己卯熒惑犯上將壬子彗出于西掃天市垣八年四月戊申朔日有食之八月丙子熒惑犯右掖十月庚戌彗出東方丙辰熒惑犯進賢十一月庚子月犯房開運元年二月辛亥日有白虹二壬戌太白犯昴己巳熒惑犯天鑰三月戊子日有食之四月丁巳太白犯五諸侯七月庚辰月犯熒惑壬午月入南斗甲申太白犯東井八月甲辰熒惑入南斗九月庚午朔日有食之丙子月入南斗乙酉月食昴丙戌月有食之庚寅月犯五諸侯十月癸卯月入南斗十一月辛巳月犯昴十二月癸丑太白犯辰二年七月乙未朔月犯角壬寅月犯心前大星庚戌歲犯井鉞八月甲子朔日有食之甲戌歲犯東井九月己酉月犯昴甲寅太白犯南斗魁十一月甲午朔太白犯哭星癸丑月掩角距星戊午月犯心後星三年二月壬戌朔日有食之天福十二年四月丙子太白晝見十月己丑太白犯亢距星十一月壬子雨木氷辛酉雨木氷壬戌月犯昴癸酉雨木氷乙亥月掩心大星己卯月犯南斗十二月乙未月有食之乾祐元年四月甲午月犯南斗六月戊寅朔日有食之乙未月入南斗七月甲寅月掩心庶子星八月乙酉鎮犯太微西垣戊戌歲犯右執法九月丁卯月掩鬼十月丁丑歲犯左執法二年四月壬午太白晝見六月癸酉朔日有食之壬午月犯心丙戌月犯天關八月乙亥月犯房次將九月壬寅太白犯右執法庚戌太白犯鎮辛酉鎮犯右執法丁卯太白犯歲鎮自元年八月己丑入太微垣犯上將執法內屏謁者勾己往來至是歲十一月辛亥而出四百四十三日甲寅月犯昴三年二月甲戌月犯昴六月乙卯鎮犯左掖七月甲申熒惑犯司怪八月癸卯太白犯房庚戌太白犯心大星十月辛酉月犯心大星太白犯木十一月甲子朔日有食之廣順元年二月丁巳歲犯咸池己未熒惑犯五諸侯三月甲子歲守心己卯熒惑犯鬼壬午熒惑犯天戶四月甲午歲犯鉤鈐二年二月庚寅太白經天四月丙戌朔日有食之七月乙丑熒惑犯井鉞八月乙未熒惑犯天鐏九月辛酉熒惑犯鬼庚辰太白掩右執法十月壬辰太白犯進賢三年四月乙丑熒惑犯靈臺五月辛巳熒惑犯上將丙申熒惑犯右執法七月乙酉月犯房十二月戊申雨木氷顯德元年正月庚寅有大星墜有聲如雷牛馬皆逸京城以爲曉鼓皆伐鼓以應之三年正月壬戌有星孛于參十二月庚午白虹貫日癸酉日有食之

五代亂世文字不完而史官所記亦有詳略其日月五星之變大者如此至於氣祲之象出没銷散不常尤難占據而五代之際日有冠珥環暈纓紐負抱戴履背氣十日之中常七八其繁不可以勝書而背氣尤多天福八年正月丙戌黃霧四塞九年正月乙未大霧中二白虹相偶四月庚戌大霧中有蒼白二虹廣順元年十一月甲子白虹竟天此其尤異者也至於吳火出楊林江水中閩天雨豆之類皆非中國耳目所及者不可得而悉書矣

五代史卷五十九考證

司天考第二三年三月壬子日有白虹二五月壬子月犯上將○此天福三年也張希崇傳有天福三年月掩畢口大星希崇嘆曰畢口大星邊將也我其當之乎本卷不知何以不書

丁亥太白犯歲鎮自元年八月己丑入太微垣犯上將執法內屏謁者勾己往來至是歲十一月辛亥而出四百四十三日○四百四十三日南本作小注

五代史卷六十

宋　歐　陽　修　撰

職方考第三

嗚呼自三代以上莫不分土而治也後世鑒古矯失始郡縣天下而自秦漢以來爲國孰與三代長短及其亡也未始不分至或無地以自存焉蓋得其要則雖萬國而治失其所守則雖一天下不能以容豈非一本於道德哉唐之盛時雖名天下爲十道而其勢未分既其衰也置軍節度號爲方鎮鎮之大者連州十餘小者猶兼三四故其兵驕則逐帥帥彊則叛上土地爲其世有干戈起而相侵天下之勢自兹而分然唐自中世多故矣其興衰救難常倚鎮兵扶持而侵凌亂亡亦終以此豈其利害之理然歟自僖昭以來日益割裂梁初天下別爲十一南有吳浙荆湖閩漢西有岐蜀北有燕晉而朱氏所有七十八州以爲梁莊宗初起幷代取幽滄有州三十五其後又取梁魏博等十有六州合五十一州以滅梁岐王稱臣又得其州七同光破蜀已而復失惟得秦鳳階成四州而營平二州陷于契丹其增置之州一合一百二十三州以爲唐石氏入立獻十有六州于契丹而得蜀金州又增置之州一合一百九州以爲晉劉

氏之初，秦鳳階成復入于蜀，隱帝時增置之州一，合一百六州以爲漢。郭氏代漢，十州入于劉旻，世宗取秦鳳階成瀛漠及淮南十四州，又增置之州五，而廢者三，合一百一十八州以爲周。宋興因之，此中國之大略也。其餘外屬者，强弱相并，不常其得失。至於周末，閩已先亡，而在者七國：自江以下二十一州爲南唐，自劍以南及山南西道四十六州爲蜀，自湖南北十州爲楚，自浙東西十三州爲吳越，自嶺南北四十七州爲南漢，自太原以北十州爲東漢，而荆歸峽三州爲南平。合中國所有二百六十八州，而軍不在焉。唐之封疆遠矣，前史備載，而羈縻寄治虛名之州在其間。五代亂世，文字不完，而時有廢省，又或陷于夷狄，不可考究其詳。其可見者，具之如譜。

州	梁	唐	晉	漢	周
汴	都	有（宣武）	都	都	都
洛	都	都	都	都	都
雍	有（永平）	都	有（晉昌）	有（永興）	有
兗	有（泰寧）	有	有	有	有（罷）
沂	有	有	有	有	有
密	有	有	有	有	有
青	有（平盧）	有	有	有	有
淄	有	有	有	有	有
齊	有	有	有	有	有
棣	有	有	有	有	有
登	有	有	有	有	有
萊	有	有	有	有	有
徐	有（武寧）	有	有	有	有
宿	有	有	有	有	有
鄆	有（天平）	有	有	有	有
曹	有	有	有（威信）	有（罷）	有（彰信）
濮	有	有	有	有	有
濟					有（太祖置）
宋	有（宣武）	有（歸德）	有	有	有
亳	有	有	有	有	有
單	有（輝州）	有（改曰單州）	有	有	有
潁	有	有	有	有	有
陳	有	有	有（鎮安）	有（軍廢）	有（復）
蔡	有	有	有	有	有
許	有（匡國）	有（忠武）	有	有	有
汝	有	有	有	有	有
鄭	有	有	有	有	有
滑	有（宣義）	有（義成）	有	有	有
襄	有（初曰忠義後復爲山南東道）	有	有	有	有
均	有	有	有	有	有
房	有	有	有	有	有
金	有蜀（武雄）	有蜀	有（懷德尋罷）	有	有
鄧	有（宣化）	有（威勝）	有	有	有（武勝）
隨	有	有	有	有	有
郢	有	有	有	有	有
唐	有	有	有	有	有
復	有	有	有	有	有
安	有（宣威）	有（安遠）	有（罷軍）	有（復）	有（罷）
申	有	有	有	有	有
蒲	有（護國）	有	有	有	有
孟	有（河陽三城）	有	有	有	有
懷	有	有	有	有	有
晉	有（初曰定昌後曰建寧）	有（建雄）	有	有	有
絳	有	有	有	有	有
陝	有（鎮國）	有（保義）	有	有	有
虢	有	有	有	有	有
華	有（感化）	有（鎮國）	有	有	有（罷軍）
商	有	有	有	有	有
同	有（忠武）	有（匡國）	有	有	有
耀	岐（義勝）有（崇州靜勝）	有（復曰耀州改順義）	有	有	有（罷軍）
解				有（隱帝置）	有
邠	岐（靜難）有	有	有	有	有
寧	岐有	有	有	有	有
慶	岐有	有	有	有	有
衍	岐有	有	有	有	有
威			有（高祖置）	有	有（改曰環州）
鄜	岐（保大）有	有	有	有	有
坊	岐有	有	有	有	有
丹	岐有	有	有	有	有
延	岐（忠義）有	有（彰武）	有	有	有
夏	有（定難）	有	有	有	有
銀	有	有	有	有	有
綏	有	有	有	有	有
宥	有	有	有	有	有
靈	有（朔方）	有	有	有	有
鹽	有	有	有	有	有
岐	岐（鳳翔）	有	有	有	有
隴	岐	有	有	有	有
涇	岐（彰義）	有	有	有	有
原	岐	有	有	有	有
渭	岐	有	有	有	有
武	岐	有	有	有	有
秦	岐（雄武）蜀（天雄）	有	有	有	有
成	岐蜀	有	有	有	有
階	岐蜀	有	有	有	有
鳳	岐蜀（武興）	有	有	有	有
乾	岐（李茂貞置）	有	有	有	有
魏	有（天雄）	唐有（鄴都）	有（鄴都）	有（鄴都）	有（罷都）
博	有	唐有	有	有	有
貝	有	唐有	有（永清）	有	有
衛	有	唐有	有	有	有
澶	有	唐有	有（鎮寧）	有	有
相	有（昭德）	唐有	有（彰德）	有	有
邢	有（保義）	唐有（安國）	有	有	有
洺	有	有	有	有	有
磁	有（改曰惠州）	唐有（復曰磁州）	有	有	有
鎮	有（武順）	唐有（成德）	有（順德）	有（成德）	有
冀	有	唐有	有	有	有
深	有	唐有	有	有	有
趙	有	唐有	有	有	有
易	有	唐有	有	有	有
祁	有	唐有	有	有	有
定	有（義武）	唐有	有	有	有
滄	唐（橫海）	有	有	有	有
景	唐	有	有	有	有（廢）
德	唐	有	有	有	有
濱					有（世宗置）
瀛	唐	有	契丹	契丹	有
漠	唐	有	契丹	契丹	有
雄					有（世宗置）
霸					有（世宗置）
幽	唐（盧龍）	有	契丹	契丹	契丹
涿	唐	有	契丹	契丹	契丹
檀	唐	有	契丹	契丹	契丹
薊	唐	有	契丹	契丹	契丹
順	唐	有	契丹	契丹	契丹
營	唐	有（契丹）	契丹	契丹	契丹
平	唐	有（契丹）	契丹	契丹	契丹
蔚	唐	有	契丹	契丹	契丹
朔	唐（振武）	有	契丹	契丹	契丹
雲	唐（大同）	有	契丹	契丹	契丹
應	唐	有（彰國）	契丹	契丹	契丹
新	唐	有（威塞）	契丹	契丹	契丹
嬀	唐	有	契丹	契丹	契丹
儒	唐	有	契丹	契丹	契丹
武	唐	有	契丹	契丹	契丹
寰		有（明宗置）	契丹	契丹	契丹
忻	唐	有	有	有	東漢
代	唐（雁門）	有	有	有	東漢
嵐	唐	有	有	有	東漢
石	唐	有	有	有	東漢
憲	唐	有	有	有	東漢
麟	唐	有	有	有	東漢
府	唐	有	有（永安）	有（罷軍）	有（永安）
幷	唐（河東）	有（北都）	有	有	東漢
汾	唐	有	有	有	東漢
慈	唐	有	有	有	有
隰	唐	有	有	有	有
澤	唐	有	有	有	有
潞	唐（昭義）	有（安義）	有（昭義）	有	有
沁	唐	有	有	有	東漢
遼	唐	有	有	有	東漢
揚	吳（淮南）	吳	南唐	南唐	有
楚	吳	吳	南唐	南唐	有
泗	吳	吳	南唐	南唐	有
滁	吳	吳	南唐	南唐	有
和	吳	吳	南唐	南唐	有
光	吳	吳	南唐	南唐	有
黃	吳	吳	南唐	南唐	有
舒	吳	吳	南唐	南唐	有
蘄	吳	吳	南唐	南唐	有
廬	吳	吳	南唐	南唐	有（保信）
壽	吳（忠正）	吳	南唐（清淮）	南唐	有（忠正）
海	吳	吳	南唐	南唐	有
泰	吳	吳	南唐	南唐	有
濠	吳	吳	南唐	南唐	有

通					有（世宗置）
潤	吳	吳	南唐	南唐	南唐
常	吳	吳	南唐	南唐	南唐
宣	吳（寧國）	吳	南唐	南唐	南唐
歙	吳	吳	南唐	南唐	南唐
鄂	吳（武昌）	吳	南唐	南唐	南唐
昇	吳	吳	南唐	南唐	南唐
池	吳	吳	南唐	南唐	南唐
饒	吳	吳	南唐	南唐	南唐
信	吳	吳	南唐	南唐	南唐
江	吳	吳	南唐	南唐	南唐
洪	吳（鎮南）	吳	南唐	南唐	南唐
撫	吳	吳	南唐	南唐	南唐
袁	吳	吳	南唐	南唐	南唐
吉	吳	吳	南唐	南唐	南唐
虔	吳	吳	南唐	南唐	南唐
筠			南唐（李昪置）	南唐	南唐
建	閩	閩	南唐	南唐	南唐
汀	閩	閩	南唐	南唐	南唐
劍			南唐（李景置）	南唐	南唐
漳	閩	閩	南唐（留從效）	南唐（留從效）	南唐（留從效）
泉	閩	閩	南唐（留從效）	南唐（留從效）	南唐（留從效）
福	閩（威武）	閩	吳越	吳越	吳越
杭	吳越（鎮海）	吳越	吳越	吳越	吳越
越	吳越（鎮東）	吳越	吳越	吳越	吳越
蘇	吳越	吳越	吳越	吳越	吳越
湖	吳越	吳越	吳越	吳越	吳越（宣德）
温	吳越	吳越	吳越（靜海）	吳越	吳越
台	吳越	吳越	吳越	吳越	吳越
明	吳越	吳越	吳越	吳越	吳越
處	吳越	吳越	吳越	吳越	吳越
衢	吳越	吳越	吳越	吳越	吳越
婺	吳越	吳越	吳越	吳越	吳越
睦	吳越	吳越	吳越	吳越	吳越
秀			吳越（元瓘置）	吳越	吳越
荆	南平（荆南）	南平	南平	南平	南平
歸	蜀	南平	南平	南平	南平
峽	蜀	南平	南平	南平	南平
益	蜀（成都）	有後蜀	蜀	蜀	蜀
漢	蜀	有後蜀	蜀	蜀	蜀
彭	蜀	有後蜀	蜀	蜀	蜀
蜀	蜀	有後蜀	蜀	蜀	蜀
綿	蜀	有後蜀	蜀	蜀	蜀
眉	蜀	有後蜀	蜀	蜀	蜀
嘉	蜀	有後蜀	蜀	蜀	蜀
劍	蜀	有後蜀	蜀	蜀	蜀
梓	蜀（劍南東川）	有後蜀	蜀	蜀	蜀
遂	蜀（武信）	有後蜀	蜀	蜀	蜀
果	蜀	有後蜀	蜀	蜀	蜀
閬	蜀	有（保寧）後蜀	蜀	蜀	蜀
普	蜀	有後蜀	蜀	蜀	蜀
陵	蜀	有後蜀	蜀	蜀	蜀
資	蜀	有後蜀	蜀	蜀	蜀
榮	蜀	有後蜀	蜀	蜀	蜀
簡	蜀	有後蜀	蜀	蜀	蜀
邛	蜀	有後蜀	蜀	蜀	蜀
黎	蜀	有後蜀	蜀	蜀	蜀
雅	蜀（永平）	有後蜀	蜀	蜀	蜀
維	蜀	有後蜀	蜀	蜀	蜀
茂	蜀	有後蜀	蜀	蜀	蜀
文	蜀	有後蜀	蜀	蜀	蜀
龍	蜀	有後蜀	蜀	蜀	蜀
黔	蜀（武泰）	有後蜀	蜀	蜀	蜀
施	蜀	有後蜀	蜀	蜀	蜀
夔	蜀（鎮江）	有後蜀	蜀	蜀	蜀
忠	蜀	有後蜀	蜀	蜀	蜀
萬	蜀	有後蜀	蜀	蜀	蜀
興	蜀	有後蜀	蜀	蜀	蜀
利	蜀（昭武）	有後蜀	蜀	蜀	蜀
開	蜀	有後蜀	蜀	蜀	蜀
通	蜀	有後蜀	蜀	蜀	蜀
涪	蜀	有後蜀	蜀	蜀	蜀
渝	蜀	有後蜀	蜀	蜀	蜀
瀘	蜀	有後蜀	蜀	蜀	蜀
合	蜀	有後蜀	蜀	蜀	蜀
昌	蜀	有後蜀	蜀	蜀	蜀
巴	蜀	有後蜀	蜀	蜀	蜀
蓬	蜀	有後蜀	蜀	蜀	蜀
集	蜀	有後蜀	蜀	蜀	蜀
壁	蜀	有後蜀	蜀	蜀	蜀
渠	蜀	有後蜀	蜀	蜀	蜀
戎	蜀	有後蜀	蜀	蜀	蜀
梁	蜀（山南西道）	有後蜀	蜀	蜀	蜀
洋	蜀（武定）	有後蜀	蜀	蜀	蜀
潭	蜀（武安）	有後蜀	蜀	蜀	周行逢
衡	蜀	有後蜀	蜀	蜀	周行逢
澧	蜀	有後蜀	蜀	蜀	周行逢
朗	楚（武平）	楚	楚	楚	周行逢
岳	楚	楚	楚	楚	周行逢
道	楚	楚	楚	楚	周行逢
永	楚	楚	楚	楚	周行逢
邵	楚	楚	楚	楚	周行逢
全			楚（馬希範置）	楚	周行逢
辰	楚	楚	楚	楚	周行逢
融	楚	楚	楚	南漢	南漢
郴	楚	楚	楚	南漢	南漢
連	楚	楚	楚	南漢	南漢
昭	楚	楚	楚	南漢	南漢
宜	楚	楚	楚	南漢	南漢
桂	楚（靜江）	楚	楚	南漢	南漢
賀	楚	楚	楚	南漢	南漢
梧	楚	楚	楚	南漢	南漢
蒙	楚	楚	楚	南漢	南漢
嚴	楚	楚	楚	南漢	南漢
富	楚	楚	楚	南漢	南漢
柳	楚	楚	楚	南漢	南漢
象	楚	楚	楚	南漢	南漢
容	南漢（寧遠）	南漢	南漢	南漢	南漢
邕	南漢（建武）	南漢	南漢	南漢	南漢
端	南漢	南漢	南漢	南漢	南漢
康	南漢	南漢	南漢	南漢	南漢
封	南漢	南漢	南漢	南漢	南漢
恩	南漢	南漢	南漢	南漢	南漢
春	南漢	南漢	南漢	南漢	南漢
新	南漢	南漢	南漢	南漢	南漢
高	南漢	南漢	南漢	南漢	南漢
竇	南漢	南漢	南漢	南漢	南漢
雷	南漢	南漢	南漢	南漢	南漢
化	南漢	南漢	南漢	南漢	南漢
韶	有南漢	南漢	南漢	南漢	南漢
藤	南漢	南漢	南漢	南漢	南漢
白	南漢	南漢	南漢	南漢	南漢
廉	南漢	南漢	南漢	南漢	南漢
欽	南漢	南漢	南漢	南漢	南漢
廣	南漢（清海）	南漢	南漢	南漢	南漢
橫	南漢	南漢	南漢	南漢	南漢
賓	南漢	南漢	南漢	南漢	南漢
潯	南漢	南漢	南漢	南漢	南漢
惠	南漢	南漢	南漢	南漢	南漢
鬱林	南漢	南漢	南漢	南漢	南漢
英		南漢（劉龑置）	南漢	南漢	南漢
雄		南漢（劉龑置）	南漢	南漢	南漢
瓊	南漢	南漢	南漢	南漢	南漢
崖	南漢	南漢	南漢	南漢	南漢
儋	南漢	南漢	南漢	南漢	南漢
萬安	南漢	南漢	南漢	南漢	南漢
羅	南漢	南漢	南漢	南漢	南漢
潘	南漢	南漢	南漢	南漢	南漢
勤	南漢	南漢	南漢	南漢	南漢
瀧	南漢	南漢	南漢	南漢	南漢
辨	南漢	南漢	南漢	南漢	南漢

汴州唐故曰宣武軍梁以汴州爲開封府建爲東都後唐滅梁復爲宣武軍晉天福三年升爲東京漢周因之

洛陽梁唐晉漢周常以爲都唐故爲東都梁爲西都後唐爲洛京晉爲西京漢周因之

雍州唐故上都昭宗遷洛廢爲佑國軍梁初改京兆府曰大安佑國軍曰永平唐滅梁復爲西京晉廢爲晉昌軍漢改曰永興周因之

曹州故屬宣武軍節度晉開運二年置威信軍漢初軍廢周廣順二年復置彰信軍

宋州故屬宣武軍節度梁初徙置宣武軍唐滅梁改曰歸德

陳州故屬忠武軍節度晉開運二年置鎮安軍漢初軍廢周廣順二年復之

許州唐故曰忠武梁改曰匡國唐滅梁復曰忠武

滑州唐故曰義成以避梁王父諱改曰宣義唐滅梁復其故

襄州唐故曰山南東道唐梁之際改曰忠義軍後以延州爲忠義襄州復曰山南東道

鄧州故屬山南東道節度梁破趙匡凝分鄧州置宣化

軍唐改曰威勝周改曰武勝

安州梁置宣威軍唐改曰安遠晉罷漢復曰安遠周又罷

晉州故屬護國軍節度梁開平四年置定昌軍貞明三年改曰建寧唐改曰建雄

金州故屬山南東道節度唐末置戎昭軍已而廢之遂入于蜀至晉高祖時又置懷德軍尋罷

陜州唐故曰保義梁改曰鎮國後唐復曰保義

華州唐故曰鎮國梁改曰感化後唐復曰鎮國

同州唐故曰匡國梁改曰忠武後唐復曰匡國

耀州本華原縣唐末屬李茂貞建爲耀州置義勝軍梁末帝時茂貞養子温韜以州降梁梁改耀州爲崇州義勝曰靜勝後唐復曰耀州改曰順義

延州故屬保大軍節度梁置忠義軍唐改曰彰武

魏州唐故曰大名府置天雄軍五代皆因之後唐建鄴都晉漢因之至周罷大名府後唐曰興唐晉曰廣晉漢周復曰大名

澶州故屬天雄節度晉天福九年置鎮寧軍

相州故屬天雄軍節度梁末帝分置昭德軍而天雄軍亂遂入于晉莊宗滅梁復屬天雄晉高祖置彰德軍

邢州故屬昭義軍節度昭義所統澤潞邢洺磁五州唐末孟方立爲昭義軍節度使徙其軍額于邢州而澤潞二州入于晉方立但有邢洺磁三州故當唐末有兩昭義軍梁晉之爭或入于梁或入于晉梁以邢洺磁三州爲保義軍莊宗滅梁改曰安國

鎭州故曰成德軍梁初以成音犯廟諱改曰武順唐復曰成德晉又改曰順德漢復曰成德

應州故屬大同軍節度唐明宗卽位以其應州人也乃置彰國軍

新州唐同光元年置威塞軍

府州晉置永安軍漢罷之周復

并州後唐建北都其軍仍曰河東

潞州唐故曰昭義梁末帝時屬梁改曰匡義歲餘唐滅梁改曰安義晉復曰昭義

廬州周世宗克淮南置保信軍

壽州唐故曰忠正南唐改曰清淮周世宗平淮南復曰忠正

五代之際外屬之州揚州曰淮南宣州曰寧國鄂州曰武昌洪州曰鎮南福州曰武威杭州曰鎮海越州曰鎮東江陵府曰荆南益州梓州曰劍南東西川遂州曰武信興元府曰山南西道洋州曰武定黔州曰黔南灃州曰武安桂州曰靜江容州曰寧遠邕州曰建武廣州曰淸海皆唐故號更五代無所易而今因之者也其餘僭僞改置之名不可悉考而不足道其因著于今者略注于譜

濟州周廣順二年置割鄆州之鉅野鄆城兗州之任城單州之金鄉爲屬縣而治鉅野

單州唐末以宋州之碭山梁太祖鄉里也爲置輝州已而徙治單父後唐滅梁改輝州爲單州其屬縣置從傳記不同今領單父碭山成武魚臺四縣

耀州李茂貞置治華原縣梁初改曰崇州唐同光元年復爲耀州

解州漢乾祐元年九月置割河中之聞喜安邑解三縣爲屬而治解

威州晉天福四年置割靈州之方渠寧州之木波烏嶺三鎭爲屬而治方渠周廣順二年改曰環州顯德四年廢爲通遠軍（五代置軍六皆寄治於縣隸於州故不別出監者物務之名爾故不載於地理皇朝軍監始自置屬縣與州府並列矣）

乾州李茂貞置治奉先縣

磁州梁改曰惠州唐復曰磁州

泉州唐故置弓高周顯德二年廢爲定遠軍割其屬安陵縣屬德州廢弓高縣入東光縣爲定遠軍治所

濱州周顯德三年置以其濱海爲名初五代之際置榷鹽務於海傍後爲贍國軍周因置州割棣州之渤海蒲臺爲屬縣而治渤海

雄州周顯德六年克瓦橋關置治歸義割易州之容城爲屬尋廢

霸州周顯德六年克益津關置治永淸割漠州之文安瀛州之大城爲屬

通州本海陵之東境南唐置靜海制置院周世宗克淮南升爲靜海軍後置通州分其地置靜海海門二縣爲屬而治靜海

筠州南唐李景置割洪州之高安上高萬載淸江四縣爲屬而治高安

劍州南唐李景置割建州之延平劍浦富沙三縣爲屬而治延平

全州楚王馬希範置以潭州之湘川縣爲淸湘縣又割灌陽縣爲屬而治淸湘

秀州吳越王錢元瓘置割杭州之嘉興縣爲屬而治之

雄州南漢劉龑割韶州之保昌置治保昌

英州南漢劉龑割廣州之湞陽置治湞陽

開封府故統六縣梁開平元年割滑州之酸棗長垣鄭州之中牟陽武宋州之襄邑曹州之考城更曰戴邑許州之扶溝鄢陵陳州之太康隸焉唐分酸棗中牟襄邑鄢陵太康五縣還其故晉升汴州爲東京復割五縣隸焉

雍丘晉改曰杞漢復其故長垣唐改曰匡城

黎陽故屬滑州晉割隸衞州

葉襄城故屬許州唐割隸汝州

楚丘故屬單州梁割隸宋州

密州膠西故曰輔唐梁改曰安丘唐復其故晉改曰膠西

渭南故屬京兆周改隸華州

同官故屬京兆府梁割隸同州唐割隸耀州

美原故屬同州李茂貞置鼎州而治之梁改爲裕州屬順義軍節度後不見其廢時唐同光三年割隸耀州

平涼故屬涇州唐末渭州陷吐蕃權於平涼置渭州而縣廢後唐淸泰三年以故平涼之安國耀武兩鎭置平涼縣屬涇州

臨涇故屬涇州唐末原州陷吐蕃權於臨涇置原州而涇州兼治其民後唐淸泰三年割隸原州

鄜州咸寧周廢

稷山故屬河中唐割隸絳州

慈州仵城呂香周廢

大名府大名唐故曰貴鄉後唐改曰廣晉漢改曰大名

滄州長蘆乾符周廢入淸池無棣周置保順軍

安陵故屬景州周割隸德州

澶州頓丘晉置德淸軍

博州武水周廢入聊城

博野故屬深州周割隸定州

武康故屬湖州梁割隸杭州

福州閩淸梁乾化元年王審知於梅溪場置

蘇州吳江梁開平三年錢鏐置

明州望海梁開平三年錢鏐置

處州長松故曰松陽梁改曰長松

潭州龍喜漢乾祐三年馬希範置

天長六合故屬揚州南唐以天長爲軍六合爲雄州周復故

漢陽故屬鄂州周置漢陽軍

汊川故屬沔州周割隸安州

襄州樂鄉周廢入宜城

郢州臨湍漢改曰臨瀬菊潭向城周廢

復州竟陵晉改曰景陵

監利故屬復州梁割隸江陵

唐州慈丘周廢

商州乾元漢改曰乾祐割隸京兆

洛南故屬華州周割隸商州

隨州唐城梁改曰漢東後唐復舊晉又改漢東漢復舊

雄勝軍本鳳州固鎭周置軍

秦州天水隴城唐末廢後唐復置

成州栗亭後唐置

自唐有方鎭而史官不錄於地理之書以謂方鎭兵戎之事非職方所掌故也然而後世因習以軍目地而沒其州名（若今永興軍節度軍名而今命守臣遂曰知永興軍府事而不言雍州京兆是也）又今置軍者徙以虛名升建爲州府之重此不可以不書也州縣凡唐故而廢於五代若五代所置而見于今者及縣之割隸今因之者皆宜列以備職方之考其餘嘗置而復廢嘗改割而復舊者皆不足書山川物俗職方之掌也五代短世無所遷變故亦不復錄而錄其方鎭軍名以與前史互見之云

五代史卷六十一

宋 歐陽修 撰

嗚呼自唐失其政天下乘時黥髡盜販衮冕峩巍吳暨南唐姦豪竊攘蜀險而富漢險而貧貧能自彊富者先亡閩陋荆蹙楚開蠻服剝剽弗堪吳越其尤牢牲視人嶺蠻遭劉百年之間並起爭雄山川亦絕風氣不通語曰淸風興羣陰伏日月出爝火息故眞人作而天下同作十國世家

吳世家第一

楊行密字化源廬州合淝人也爲人長大有力能手舉百斤唐乾符中江淮羣盜起行密以爲盜見獲刺史鄭棨奇其狀貌釋縛縱之後應募爲州兵戍朔方遷隊長歲滿戍還而軍吏惡之復使出戍行密將行過軍吏舍軍吏陽爲好言問行密何所欲行密奮然曰惟少公頭爾卽斬其首携之而出因起兵爲亂自號八營都知兵馬使刺史郎幼復棄城走行密遂據廬州中和三年唐卽拜行密廬州刺史淮南節度使高駢爲畢師鐸所攻駢表行密行軍司馬行密率兵數千赴之行至天長師鐸已囚駢召宣州秦彥入揚州行密不得入屯于蜀岡師鐸率衆數萬出擊行密行密陽敗棄營走師鐸兵

飢乘勝爭入營收軍實行密反兵擊之師鐸大敗單騎走入城遂殺高駢行密聞駢死縞軍向城哭三日攻其西門彥及師鐸奔于東塘行密遂入揚州是時城中倉廩空虛飢民相殺而食其夫婦父子自相牽就屠賣之屠者刲剔如羊豕行密不能守欲走而蔡州秦宗權遣其弟宗衡掠地淮南彥及師鐸還自東塘與宗衡合行密閉城不敢出已而宗衡爲偏將孫儒所殺儒攻高郵破之行密益懼其客袁襲曰吾以新集之衆守空城而諸將多駢舊人非有厚恩素信力制而心服之也今儒兵方盛所攻必克此諸將持兩端因彊弱擇嚮背之時也海陵鎮使高霸駢之舊將必不爲吾用行密乃以軍令召霸霸率其兵入廣陵行密欲使霸守天長襲曰吾以疑霸而召之其可復用乎且吾能勝儒無所用霸不幸不勝天長豈吾有哉不如殺之以并其衆行密因犒軍擒霸族之得其兵數千已而孫儒殺秦彥畢師鐸并其兵以攻行密行密欲走海陵襲曰海陵難守而廬州吾舊治也城廩完實可爲後圖行密乃走廬州久之未知所嚮問襲曰吾欲卷甲倍道西取洪州可乎襲曰鍾傳新得江西勢未可圖而秦彥之入廣陵也召池州刺史趙鍠委以宣州今彥且死鍠失所恃而守宣州非其本志且其爲人非公敵此可取也行密乃引兵攻鍠戰于曷山大敗之進圍宣州鍠棄城走追及殺之行密遂入宣州龍紀元年唐拜行密宣州觀察使行密遣田頵安仁義李神福等攻浙西取蘇常潤州二年取滁和州景福元年取楚州孫儒自逐行密入廣陵久之亦不能守乃焚其城殺民老疾以餉軍驅其衆渡江號五十萬以攻行密諸將田頵劉威等遇之輒敗行密欲走銅官其客戴友規曰儒來氣銳而兵多蓋其鋒不可當而可以挫其衆不可敵而可久以敝之若避而走是就擒也劉威亦曰背城堅柵可以不戰疲之行密以爲然久之儒兵飢又大疫行密悉兵擊之儒敗被擒將死仰顧見威曰聞公爲此策以敗我使我有將如公者其可敗邪行密收儒餘兵數千以皂衣蒙甲號黑雲都常以爲親軍是歲復入揚州唐拜行密淮南節度使乾寧二年加檢校太傅同中書門下平章事行密以田頵守宣州安仁義守潤州昇州刺史馮弘鐸來附分遣頵等攻掠自淮以南江以東諸州皆下之進攻蘇州擒其刺史成及四年兗州朱瑾奔于行密初瑾爲梁所攻求救于晉晉遣李承嗣將勁騎數千助瑾瑾敗因與俱奔行密行密兵皆江淮人淮人輕弱得瑾勁騎而兵益振是歲梁太祖遣葛從周龐師古攻行密壽州行密擊敗梁兵清口殺師古而從周收兵走追至渒河又大敗之五年錢鏐攻蘇州及周本戰于白方湖本敗蘇州復入于越天復元年遣李神福攻越戰臨安大敗之擒其將顧全武以歸二年馮弘鐸叛襲宣州及田頵戰于曷山弘鐸敗將入于海行密自至東塘邀之使人謂弘鐸曰勝敗用兵常事也一戰之衂何苦自棄于海島吾府雖小猶足容君弘鐸感泣行密從十餘騎馳入其軍以弘鐸歸爲節度副使以李神福代弘鐸爲昇州刺史是歲唐昭宗在岐遣江淮宣諭使李儼拜行密東面諸道行營都統檢校太師中書令封吳王三年以李神福爲鄂岳招討使以攻杜洪荊南成汭救洪神福敗之于君山梁兵攻青州王思範來求救遣王茂章救之大敗梁兵殺朱友寧友寧梁太祖子也太祖大怒自將以擊茂章兵號二十萬復爲茂章所敗田頵叛襲昇州執李神福妻子歸于宣州行密召神福以討頵頵遣其將王壇逆之又遣神福書以其妻子招之神福曰吾以一卒從吳王起事今爲大將忍背德而顧妻子乎立斬其使以自絕軍士聞之皆感奮行至吉陽磯頵執神福子承鼎以招之神福叱左右射之遂敗壇兵于吉陽行密別遣臺濛擊頵頵敗死初頵及安仁義朱延壽等皆從行密起微賤及江淮甫定思漸休息而三人者皆猛悍難制頗欲除之未有以發天復二年錢鏐爲其將許再思等叛而圍之再思召頵攻鏐杭州垂克而行密納鏐賂命頵解兵頵恨之頵嘗計事廣陵行密諸將多就頵求賂而獄吏亦有所求頵怒曰吏欲我下獄邪歸而遂謀反仁義聞之亦反焚東塘以襲常州常州刺史李遇出戰望見仁義大罵之仁義止其軍曰李遇乃敢辱我如此其必有伏兵遂引軍却而伏兵果發追至夾岡仁義植幟解甲而食遇兵不敢追仁義復入潤州行密遣王茂章李德誠米志誠等圍之吳之軍中推朱瑾善槊志誠善射皆爲第一而仁義常以射自負曰志誠之弓十不當瑾槊之一瑾槊之十不當仁義弓之一每與茂章等戰必命中而後發以此吳軍畏之不敢近行密亦欲招降之仁義猶豫未決茂章乘其怠穴地道而入執仁義斬于廣陵延壽者行密夫人朱氏之弟也頵及仁義之將叛也行密疑之乃陽爲目疾每接延壽使者必錯亂其所見以示之嘗行故觸柱而仆朱夫人扶之良久乃蘇泣曰吾業成而喪其目是天廢我也吾兒子皆不足以任事得延壽付之吾無恨矣夫人喜急召延壽延壽至行密迎之寢門刺殺之出朱夫人以嫁之天祐二年遣劉存攻鄂州焚其城城中兵突圍而出諸將請急擊之存曰擊之復入則城愈固聽其去城可取也是日城破執杜洪斬于廣陵九月梁兵攻破襄州趙匡凝奔于行密十一月行密卒年五十四謚曰武忠子渥立溥僭號追尊行密爲太祖武皇帝陵曰興陵

渥字承天行密長子也行密病出渥爲宣州觀察使右衙指揮使徐溫私謂渥曰今王有疾而出嫡嗣必有姦臣之謀若他日召子非溫使者愼無應命渥涕泣謝溫而去行密病甚命判官周隱作符召渥隱慮渥幼弱不任事勸行密用舊將有威望者代主軍政乃薦大將劉威行密未許溫與嚴可求入問疾行密以隱議告之溫等大驚遽詣隱所計事隱未出而溫見隱作召符猶在案上急取遣之渥見溫使者乃行行密卒渥嗣立召周隱罵曰汝欲賣吾國者復何面目見楊氏乎遂殺之以王茂章爲宣州觀察使渥之入也多輦宣州庫物以歸廣陵茂章惜而不與渥怒命李簡以兵五千圍之茂章奔于錢塘天祐三年二月劉存取岳州四月江西鍾傳卒其子匡時代立傳養子延規怨不得立以兵攻匡時渥遣秦裴率兵攻之九月克洪州執匡時及其司馬陳象以歸斬象於市赦匡時以秦裴爲江西制置使梁太祖代唐改元開平渥仍稱天祐鄂州劉存岳州陳知新以舟師伐楚敗于劉陽楚人執存及知新以歸楚王馬殷素聞其名皆欲活之存等大罵殷曰昔歲宣城脫吾刃下今日之敗乃天亡我我肯事汝以求活耶我豈負楊氏者殷知不可屈乃殺之岳州復入于楚初渥之入廣陵也留帳下兵三千於宣州以其腹心陳璠范遇將之既入立惡徐溫典牙兵召璠等爲東院馬軍以自衞而溫與左衙都指揮使張顥皆行密時舊將又以立渥之功共惡璠等侵其權四年正月渥視事璠等侍側溫顥擁牙兵入捽璠等下斬之渥不能止由是失政而心憤未能發溫等益不自安五年五月溫顥共遣盜入寢中殺渥渥說羣盜能反殺溫等者皆爲刺史羣盜皆諾惟紀祥不從執渥縊殺之時年二十三謚曰景弟隆演立溥僭號追尊渥爲烈宗景皇帝陵曰紹陵

隆演字鴻源行密第二子也初名瀛又名渭初溫顥之弑渥也約分其地以臣於梁及渥死顥欲背約自立溫患之問其客嚴可求可求曰顥雖剛愎而闇於成事此易爲也明日顥列劍戟府中召諸將議事自大將朱瑾而下皆去衞從然後入顥問諸將誰當立者諸將莫敢對顥三問可求前密啓曰方今四境多虞非公主之不可然恐爲之太速且今外有劉威陶雅李簡李遇皆先王一等人也公雖自立未知此輩能降心以事公否不若輔立幼主漸以歲時待其歸心然後可也顥不能對可求因趨出書一敎內袖中率諸將入賀諸將莫知所爲及出敎宣之乃渥母史氏敎言楊氏創業艱難而嗣王不幸隆演以次當立告諸將以無負楊氏而善事之辭旨激切聞者感動顥氣色皆沮卒無能爲隆演乃得立顥由此與溫有隙諷隆演出溫潤州可求謂溫曰今捨衙兵而出外郡禍行至矣溫患之可求因說顥曰公與徐溫同受顧託議者謂公奪其衙兵是將殺之於外信乎顥曰事已行矣安可止乎可求曰甚易也明日從顥與諸將造溫可求陽責溫曰古人不忘一飯之恩況公楊氏三世之將今幼嗣新立多事之時乃求居外以苟安乎溫亦陽謝曰公等見留不願去也由是不行行軍副使李承嗣與張顥善覺可求有附溫意諷顥使客夜刺殺之客刺可求不能中明日可求詣溫謀先殺顥陰遣鍾章選壯士三十人就衙堂斬顥因以弑渥之罪歸之溫由是專政隆演備位而已六月撫州危全諷叛攻洪州袁州彭彥章吉州彭玕信州危仔倡皆起兵叛隆演召嚴可求問誰可用者可求薦周本時本方攻蘇州敗歸慙不肯出可求彊起之本曰蘇州之敗非怯也乃上將權輕而下多專命爾若必見任願無用偏裨乃請兵七千戰于象牙潭敗之執全諷彥章而玕奔于楚仔倡奔于錢塘全諷至廣陵諸將議曰昔先王攻趙鍠全諷屢饋給吳軍乃釋不殺初全諷欲舉兵也錢鏐送王茂章于梁道過全諷謂曰聞公欲大舉願見公兵以知濟否全諷陣兵與茂章登城望之茂章曰我素事吳吳兵三等如公此衆可當其下將爾非得益兵十萬不可而全諷卒以此敗八年徐溫領昇州刺史治舟師於金陵宣州李遇自行密時爲大將勳位已高憤溫用事嘗曰徐溫何人吾猶未識而驟至於此溫聞之怒遣柴再用以兵送王壇代遇且召之遇疑不受命再用圍之隆演使客將何蕘諭遇使自歸蕘因說曰公若欲反可殺蕘以示衆若本無心何不隨蕘以出遇自以無反心乃隨蕘出溫諷再用伺其出殺之并族其家九年溫率將吏進隆演位太師中書令吳王溫爲行軍司馬鎭海軍節度使同中書門下平章事陳章攻楚取岳州執其刺史苑玫十年越人攻常州徐溫敗之于無錫梁遣王茂章攻壽春溫敗之于霍丘十二年封徐溫齊國公兩

浙都招討使始鎭潤州留其子知訓爲行軍副使秉政而大事温遥決之冬濬楊林江水中出火可以燃十三年宿衞將李球馬謙挾隆演登樓取庫兵以誅知訓陣于門橋知訓與戰頻却朱瑾適自外來以一騎前覘其陳曰此不足爲也因返顧一麾外兵爭進遂斬球謙而亂兵皆潰十四年徐温從治金陵十五年遣王祺會洪袁信三州兵攻虔韶久之不克祺病以劉信代之夏四月副都統朱瑾殺徐知訓瑾自殺潤州徐知誥聞亂率兵入殺唐宣諭使李儼以止亂遂秉政徐氏之專政也隆演幼懦不能自持而知訓尤凌侮之嘗飮酒樓上命優人高貴卿侍酒知訓爲參軍隆演鶉衣髽髻爲蒼鶻知訓嘗使酒罵坐語侵隆演隆演愧恥涕泣而知訓愈辱之左右扶隆演起去知訓殺吏一人乃止吳人皆仄目知訓又與朱瑾有隙瑾已殺知訓携其首馳府中示隆演曰今日爲吳除患矣隆演曰此事非吾敢知遽起入内瑾忿然以首擊柱提劒而出府門已闔踰垣折其足遂自刎死米志誠聞瑾殺知訓被甲率其家兵至天興門問瑾所在聞瑾死乃還徐温疑志誠助瑾遣使殺之嚴可求懼事不克使人僞從湖南境上來告軍捷召諸將入賀擒志誠斬之劉信克虔州執譚全播以歸十六年春二月温率將吏請隆演卽天子位不許夏四月温奉玉冊寶綬尊隆演卽吳王位建宗廟社稷設百官如天子之制改天祐十六年爲武義元年大赦境内追尊行密孝武王廟號太祖渥景王廟號烈祖拜温大丞相都督中外諸軍事封東海郡王以徐知誥爲左僕射參知政事嚴可求爲門下侍郎駱知祥爲中書侍郎殷文圭沈顏爲翰林學士盧擇爲吏部尚書李宗陳璋爲左右雄武統軍柴再用錢鏢爲左右龍武統軍王令謀爲内樞密使江西劉信征南大將軍鄂州李簡鎭西大將軍撫州李德誠平南大將軍廬州張崇安西大將軍海州王綰鎭東大將軍文武以次進位封宗室皆郡公温之徙鎭金陵也以其養子知誥守潤州嚴可求嘗謂温曰二郎君非徐氏子而推賢下士人望頗歸若不去之恐爲後患温不能用其言及知誥秉政其語泄知誥出可求於楚州可求懼詣金陵見温謀曰唐亡於今十二年而吳猶不敢改天祐可謂不負唐矣然吳所以征伐四方而建基業者常以復興爲辭今閩河上之戰梁兵屢絀若李氏復興其能屈節乎宜於此時先建國以自立温深然之因留可求不遣方謀迫隆演僭號二年五月隆演卒隆演少年嗣位權在徐氏及建國稱制非其意常怏怏酣飮稀復進食遂至疾卒年二十四謚曰宣弟溥立溥僭號追尊爲高祖宣皇帝陵曰肅陵

溥行密第四子也隆演建國封丹陽郡公隆演卒弟廬江公濛次當立而徐氏秉政不欲長君乃立溥七月改昇州大都督府爲金陵府拜徐温金陵尹明年二月改元順義赦境内冬十一月祀天於南郊御天興樓大赦拜徐温太師嚴可求右僕射三年唐莊宗滅梁遣司農卿盧蘋使于唐嚴可求密條數事授之以行蘋見洛陽莊宗問之蘋次第以對皆如所授四年溥至白沙閱舟師徐温來見以白沙爲迎鑾鎭五年唐遣諫議大夫薛昭文使福州假道江西劉信出勞之謂曰亞次閭有信否昭文曰天子新有河南未熟公名也信曰漢有韓信吳有劉信君還其語亞次當來較射於淮上也乃酌大卮望牙旗鏃首百步謂昭文曰一發而中願以此卮爲壽否則亦以自罰言訖而箭已穿矣六年追爵大丞相徐温四代祖考立廟於金陵左僕射徐知誥爲侍中右僕射嚴可求同平章事是歲莊宗崩五月丁卯詔爲同光王輟朝七日七年大丞相徐温率吳文武上表勸溥卽皇帝位溥未許而温病十月温卒十一月庚戌溥御文明殿卽皇帝位改元曰乾貞大赦境内追尊行密武皇帝渥景皇帝隆演宣皇帝以徐知誥爲太尉兼侍中拜温子知詢輔國大將軍金陵尹治温舊鎭諸子皆封王二年正月封東海廣德王江濆廣源王淮濆長源王馬當上水府寧江王采石中水府定江王金山下水府鎭江王六月荆南高季興來附封季興秦王九月季興敗楚師於白田獲其將吏三十四人來獻三年十一月金陵尹徐知詢來朝知誥誣其有反狀留之不遣以爲左統軍斬其客將周廷望以徐知諤爲金陵尹溥加尊號聖睿文明孝皇帝大赦境内改元大和以徐知誥爲中書令二年冊其子江都王璉爲太子三年以徐知誥爲金陵尹以其子景通爲司徒及左僕射王令謀右僕射宋齊丘皆平章事四年封知誥東海王五年建都於金陵六年閏正月金陵火罷建都廢臨川王濛爲歷陽公知誥遣親信王宏以兵守之拜王令謀司徒宋齊丘司空知誥召景通還金陵爲鎭海軍節度副使以其子景遷爲太保平章事與令謀等執政七年九月溥加尊號曰睿聖文明光孝應天弘道廣德皇帝大赦改元天祚知誥進位太師天下兵馬大元帥封齊王二年景遷病以次子景遂爲門下侍郎參政事三年知誥建齊國立宗廟社稷置左右丞相已下以金陵爲西都廣陵爲東都冬十月溥遣江夏王璘奉冊禪位於齊王十二月溥卒於丹陽年三十八謚曰睿昇元六年李昇遷其子孫於海陵號永寧宮嚴兵守之絶不通人久而男女自爲匹偶吳人多哀憐之顯德二年世宗征淮南下詔撫安楊氏子孫而李景聞之遣人盡殺其族周先鋒都部署劉重進得其玉硯馬腦椀翡翠瓶以獻楊氏遂絶

徐温字敦美海州朐山人也少以販鹽爲盜行密起合淝以隸帳下行密所與起事劉威陶雅之徒號三十六英雄獨温未嘗有戰功及行密欲殺朱延壽等温用其客嚴可求謀較行密陽爲目疾事成以功遷右衙指揮使始預謀議及行密病平生舊將皆以戰守在外而温居帳下遂預立渥之功及殺渥又與張顥有隙使鍾章殺之章許諾選壯士三十人椎牛享之刺血爲盟温猶疑章不果夜半使人探其意陽謂曰温有老母懼事不成不如且止章曰言已出口寧可已乎温乃安明日鍾章殺顥温因盡殺紀祥等歸殺渥之罪於顥以其事入白渥母史氏史氏悸而泣曰吾兒年幼禍亂若此得保百口以歸合淝公之惠也隆演立温遂專政遷昇州刺史治舟師於金陵大將李遇怒温用事出嫚言温使柴再用族遇於宣州行密舊將人人皆自疑温因僞下之恭謹如見行密諸將乃安八年温遷行軍司馬潤州刺史鎭海軍節度使同平章事十年遣招討使李濤攻越戰于臨安裨將曹筠奔于越濤敗被執温間遣人語筠曰吾用汝爲將汝軍有求吾不能給是吾過也赦筠妻子不誅厚遇之秋越人攻毗陵温戰于無錫筠感温前言臨陣奔歸遂敗越兵十二年封温齊國公兼兩浙招討使始就鎭潤州以昇潤宣常池黃六州爲齊國温城昇州建大都督府十四年徙治之以其子知訓輔隆演於廣陵而大事温遥決之知訓爲朱瑾所殺温養子知誥自潤州先入遂得政温雖姦詐多疑而善用將吏江西劉信圍虔州久不克使人說譚全播出降遣使報温温怒曰信以十倍之衆攻一城不下而反用說客降之何以威敵國笞其使者而遣之曰吾以笞信也因命濟師遂破全播人有誣信逗留陰縱全播言信將反者信聞之因自獻捷至金陵見温温與信博信斂骰子厲聲祝曰劉信欲背吳骰爲惡彩苟無二心當成渾花温遽止之一擲六子皆赤温慙自以卮酒飮信然終疑之及唐師伐王衍温急召信至廣陵以爲左統軍託以内備遂奪其地温客尤見信者如駱知祥嚴可求善籌畫知祥長於財利温嘗以軍事問可求國用問知祥吳人謂之嚴駱温亦自喜爲智詐以得吳人之心初隨行密破趙鍠諸將皆爭取金帛温獨收餘囷作粥以食餓者十六年温請隆演卽皇帝位不許復請卽吳王位乃許遂建國改元拜温大丞相都督中外諸軍事封東海郡王隆演卒温越次立其弟溥順義十年温又請溥卽皇帝位溥未許而温病卒年六十六追封齊王謚曰忠武李昇僭號號温爲義祖

嗚呼盜亦有道信哉行密之書稱行密爲人寬仁雅信能得士心其將蔡儔叛於廬州悉毀行密墳墓及儔敗而諸將皆請毀其墓以報之行密嘆曰儔以此爲惡吾豈復爲邪嘗使從者張洪負劒而侍洪拔劒擊行密不中洪死復用洪所善陳紹負劒不疑又嘗罵其將劉信信忿奔孫儒行密戒左右勿追曰信豈負我者邪其醉而去醒必復來明日果來行密起於盜賊其下皆驍武雄暴而樂爲之用者以此也故二世四主垂五十年及渥已下政在徐温於此之時天下大亂中國之禍篡弑相尋而徐氏父子區區詐力裴回三主不敢輕取之何也豈其恩威亦有在人者歟（據吳錄運歷圖九國志皆云行密以唐景福元年再入揚州至晉天福二年爲李昇所簒實四十六年而舊唐書舊五代史皆云大順二年入揚州至被簒四十七年吳錄徐鉉等撰運歷圖龔穎撰二人皆江南故臣所記宜得實而唐末喪亂中朝文字多差失故今以鉉穎所記爲定）

五代史卷六十一考證

楊行密傳攻其西門○西一本作四

渥傳惟紀祥不從○祥一本作詳

溥傳隆演卒弟廬江公濛次當立○濛一本作濠觀下文廢臨川王濛爲歷陽公當以濛爲是

徐知誥進位太師天下兵馬大元帥封齊王○臣文清按司馬光通鑑云進封齊王備殊禮以昇潤宣池歙常江饒信海十州爲齊國注云所封十州中斷吳國之要膂有包舉吳國之勢此知誥取國之規圖應繫于此

五代史卷六十二

宋　歐陽修　撰

南唐世家第二

李昇字正倫徐州人也世本微賤父榮遇唐末之亂不知其所終昇少孤流寓濠泗間楊行密攻濠州得之奇其狀貌養以爲子而楊氏諸子不能容行密以乞徐温乃冒姓徐氏名知誥及壯身長七尺廣顙隆準爲人温厚有謀爲吳樓船軍使以舟兵屯金陵榮再用攻宣州用其兵殺李遇昇以功拜昇州刺史時江淮初定州縣吏多武夫務賦斂爲戰守昇獨好學接禮儒者能自勵爲勤儉以寬仁爲政民稍譽之徐温鎭潤州以昇池等六州爲屬温聞昇理昇州有善政往視之見其府庫充實城壁修整乃徙治之而遷昇潤州刺史昇初不欲往屢求宣州温不與既而徐知訓爲朱瑾所殺温居金陵未及聞昇居潤州近廣陵得先聞卽日以州兵渡江定亂遂得政昇事徐温甚孝謹温嘗罵其諸子不如昇諸子頗不能容而知訓尤甚嘗召昇飲酒伏劒士欲害之行酒吏刁彥能覺之酒至昇以手爪掐之昇悟起走乃免後昇自潤州入覲知訓與飲於山光寺又欲害之徐知諫以其謀告昇昇起遯去知訓以劒授刁彥能使追殺之及於中塗而還給以不及由是得免後昇貴以彥能爲撫州節度使知訓之用事也嘗凌弱楊氏而驕侮諸將遂以見殺及昇秉政欲收人心乃寬刑法推恩信起延賓亭以待四方之士引宋齊丘駱知祥王令謀等爲謀客士有羇旅於吳者皆齒用之嘗陰使人察視民間有婚喪匱乏者往往賙給之盛暑未嘗張蓋操扇左右進蓋必却之曰士衆尚多暴露我何用此以故温雖遙秉大政而吳人頗已歸昇武義元年拜左僕射參知政事温行軍司馬徐玠數勸温以己子代昇温遣子知詢入廣陵謀代昇秉政會温病卒知詢奔還金陵玠反爲昇謀誣知詢以罪斬其客將周廷望以知詢爲右統軍楊溥僭號拜昇太尉中書令太和三年出鎭金陵如温之制留其子景通爲司徒同平章事以王令謀宋齊丘爲左右僕射同平章事四年封昇東海郡王昇照鑑見白髮顧其吏周宗歎曰功業已就而吾老矣奈何宗知其意馳詣廣陵見宋齊丘謀禪代齊丘以爲未可請斬宗以謝吳人昇黜宗爲池州刺史吳臨江王濛者怨徐氏捨己而立溥心常不平及昇將謀纂國先廢濛爲歷陽公使吏以兵守之濛殺守者奔廬州節度使周本本吳舊將也聞濛至欲納之爲其子祚所止本曰此吾故主家郎君也何忍拒之遽自出迎濛祚閉門遮本不得出縛濛至金陵見殺五年昇封齊王已而閩越諸國皆遣使勸進昇謂人望已歸天祚三年建齊國置宗廟社稷以宋齊丘徐玠爲左右丞相十月溥遣攝太尉楊璘傳位於昇國號齊改元昇元昇以冊尊溥曰受禪老臣知誥謹上冊皇帝爲高尚思玄弘古讓皇帝追尊徐温爲忠武皇帝封子景爲吳王封徐氏子知證江王知諤饒王周本與諸將至金陵勸進歸而歎曰吾不能誅纂國者以報楊氏今老矣豈能事二姓乎憤惋而死二年四月遷楊溥於潤州丹陽宮以王輿爲浙西節度使馬思讓爲丹陽宮使以嚴兵守之徐氏諸子請昇復姓昇謙抑不敢忘徐氏恩下其議百官百官皆請然後復姓李氏改名昇昇自言唐憲宗子建王恪生超超生志爲徐州判司志生榮乃自以爲建王四世孫改其國號曰唐立唐高祖太宗廟追尊四代祖恪爲孝靜皇帝廟號定宗曾祖超爲孝平皇帝廟號成宗祖志孝安皇帝廟號惠宗考榮孝德皇帝廟號慶宗奉徐温爲義祖徐氏子孫皆封王公女封郡縣主以門下侍郎張居詠中書侍郎李建勳右僕射張延翰同平章事十一月以步騎八萬講武於銅橋楊溥卒於丹陽宮溥子璉爲吳太子聘昇以女妻之及昇纂國封其女永興公主女聞人呼公主必悲咽流涕而辭宮中皆憐之溥卒以璉爲康化軍節度使已而以疾卒三年四月昇郊祀吳天上帝於圜丘禮畢羣臣請上尊號昇曰尊號非古也不許州縣言民孝悌五代同居者七家皆表門閭復其繇役其尤盛者江州陳氏宗族七百口每食設廣席長幼以次坐而共食有畜犬百餘共一牢食一犬不至諸犬爲之不食四年六月晉安州節度使李金全叛送欵於昇昇遣鄂州屯營使李承裕迎之承裕與晉將馬全節安審暉戰安陸南三戰皆敗承裕與裨將段處恭皆死都監杜光鄴及其兵五百人被執送于京師高祖厚賜之遣還昇致書高祖復送光鄴等請以敗軍行法高祖又遣之昇以甲士臨淮拒之乃止六年吳越國火焚其宮室府庫甲兵皆盡羣臣請乘其弊攻之昇不許遣使弔問厚賙其乏錢氏自吳時素爲敵國昇見天下亂久常厭用兵及將纂國先與錢氏約和歸其所執將士錢氏亦歸吳敗將遂通好不絶昇客馮延已好論兵大言嘗誚昇曰田舍翁安能成大事而昇志在守吳舊地而已無復經營之略也然吳人亦賴以休息七年昇卒年五十六謚曰光文肅武孝高皇帝廟號烈祖陵曰永陵子景立

景初名景通昇長子也既立又改名璟徐温死昇專政以爲兵部尚書參知政事明年昇鎭金陵留景爲司徒同平章事與宋齊丘王令謀居廣陵輔楊溥昇將纂國召景歸金陵爲副都統昇立封齊王昇卒嗣立改元保大尊母宋氏爲皇太后妃鍾氏爲皇后封弟壽王景遂爲燕王宣城王景達爲鄂王景逿前未王爲保寧王秋改封景遂齊王諸道兵馬元帥太尉中書令景達爲燕王副元帥盟於昇柩前約兄弟世世繼立封其子冀南昌王江都尹冬十月破虔州妖賊張遇賢遇賢循州羅縣小吏也初有神降羅縣民家與人言禍福輒中遇賢禱之神曰遇賢是羅漢可留事我是時南海劉龑死子玢初立嶺南盜賊起羣盜千餘人未有所統問神當爲主者神言遇賢遂共推爲帥遇賢自號中天八國王改元永樂置官屬羣盜皆絳衣攻剽嶺外問神所嚮神曰當過嶺取虔州遂襲南康節度使賈浩不能禦遇賢據白雲洞造宮室有衆十餘萬連陷諸縣景詔洪州營屯虞候嚴思通事舍人邊鎬率兵攻之遇賢問神神不復語羣盜皆懼遂執遇賢以降景以馮延已常夢錫爲翰林學士馮延魯爲中書舍人陳覺爲樞密使魏岑查文徽爲副使夢錫直宣政殿專掌密命而延已等皆以邪佞用事吳人謂之五鬼夢錫屢言五人者不可用景不納十二月景下令中外庶政委齊王景遂參决惟陳覺查文徽得奏事羣臣非召見者皆不得入給事中蕭儼上疏切諫不報侍衛軍都虞候賈崇詣閣求見景曰臣事先朝三十年見先帝所以成功業者皆用衆賢之謀故延接疎遠未嘗壅隔然下情猶時有不達者今陛下新卽位所信用者何人奈何頓與臣下隔絶臣老卽死恐無復一見顏色因泣下嗚咽景爲之動容引與坐賜食而慰之遂寢所下令初宋齊丘爲昇謀纂楊氏最有力及成事乃陽入九華山昇屢招之乃出昇僭號未幾齊丘以病罷相出爲洪州節度使景立復召爲相陳覺魏岑等皆爲齊丘所引用而岑與覺有隙譖覺於景左遷少府監齊丘亦罷相爲浙西節度使齊丘不得意願復歸九華山賜號九華先生封青陽公食青陽一縣二年二月閩人連重遇朱文進弑其君王延羲文進自立是時延羲弟延政亦自立於建州國號殷王氏兄弟連兵累年閩大亂景因其亂遣查文徽及待詔臧循發兵攻建州延政聞唐且攻之遣人給福州曰唐兵助我討賊矣福州信之共殺文進等以降延政遣其從子繼昌守福州文徽軍屯建陽福州將李仁達殺王繼昌自稱留後泉州將留從効亦殺其刺史黄紹頗皆送欵於文徽四年八月文徽乘勝克建汀泉漳四州景分延平劒浦富沙三縣置劒州遷王延政之族于金陵以延政爲饒州節度使李仁達爲福州節度使從効爲清源軍節度使景遂欲罷兵而查文徽陳覺等皆言仁達等餘孽猶在不若乘勝盡取之覺自言可不用尺兵致仁達等景以覺爲宣諭使召仁達朝金陵仁達不從覺懸還至建州矯命發汀建信撫州兵攻仁達時魏岑安撫漳泉聞覺起兵亦擅發兵會覺景大怒馮延已等爲言兵業行不可止乃以王崇文爲招討使王建封爲副使益兵以會之馮延魯魏岑陳覺皆爲監軍使仁達送欵於吳越吳越以兵三萬應仁達覺等爭功進退不相應延魯與吳越兵先戰大敗而走諸軍皆潰歸景怒遣使者鎖覺延魯至金陵而馮延已方爲宰相宋齊丘復自九華召爲太傅爲稍解之乃流覺蘄州延魯舒州韓熙載上書切諫請誅覺等齊丘惡之貶熙載和州司馬是歲契丹陷京師中國無主而景方以覺等疲兵東南不暇北顧御史中丞江文蔚劾奏宰相馮延已諫議大夫魏岑亂政與覺等同罪而不見貶黜言甚切直景大怒自荅共疏貶文蔚江州司士參軍亦罷延已爲少傅岑爲太子洗馬五年以景遂爲太弟景達爲元帥封齊王南昌王冀爲副元帥封燕王契丹遣使來聘以兵部尚書賈潭報聘六年漢李守貞反河中遣其客將朱元來求援景以潤州節度使李金全爲北面行營招撫使兵攻沐陽聞守貞已敗乃還是時漢隱帝少中國衰弱淮北羣盜多送欵於景景遣皇甫暉出海泗諸州招納之八年福州詐言吳越戍兵亂殺李仁達而遯遣人請建州節度使查文徽文徽與劒州刺史陳誨下舟閩江趣應之福州以兵出迎誨曰閩人多詐難信宜駐江岸徐圖之文徽曰久則生變乘其未定亟取之留誨屯江口進至西門伏兵發文徽被擒誨與越人戰大敗之獲其將馬先進景送先進還越越亦歸景文徽是歲楚王馬希廣爲其弟希萼所弑希萼自立九年秋楚人囚希萼於衡山立其弟希崇附于景楚國大亂景遣信州刺史邊鎬攻楚破潭州盡遷馬氏之族于金陵景以希萼爲洪州節度使希崇舒州節度使以邊鎬爲湖南節度使十年分洪州高安清江萬載上高四縣置筠州以馮延己孫忌爲左右僕射同平章事廣州劉晟乘楚之亂取桂管景遣將軍張巒出兵爭之不克楚地新定其府庫空虛

宰相馮延已以克楚爲功不欲取費於國乃重斂其民以給軍楚人皆怨而叛其將劉言攻邊鎬鎬不能守遁歸十一年金陵大火踰月十二年大饑民多疫死十三年十一月周師南征詔曰蠢爾淮甸敢拒大邦盜據一方僭稱僞號晉漢之代寰海未寧而乃招納叛亡朋助兇逆金全之據安陸守貞之叛河中大起師徒來爲應援迫奪閩越塗炭湘潭至於應接慕容憑凌徐部沭陽之役曲直可知勾誘契丹入爲邊患結連并壘實我世讎罪惡難名人神共憤乃拜李穀爲行營都部署攻自壽州始是時宋齊丘爲洪州節度使景召齊丘還金陵以劉彦貞爲神武統軍劉仁贍爲清淮軍節度使以拒周師李穀曰吾無水戰之具而使淮兵斷正陽浮橋則我背腹受敵乃焚其芻糧退屯正陽是時世宗親征行至圉鎭聞穀退軍曰吾軍却唐兵必追之遣李重進急趨正陽曰唐兵且至宜急擊之劉彦貞等聞穀退軍果以爲怯急追之比及正陽而重進先至軍未及食而戰彦貞等遂敗彦貞之兵施利刃於拒馬維以鐵索又刻木爲獸號捷馬牌以皮囊布鐵蒺藜于地周兵見而知其怯一鼓敗之世宗營于淝水之陽徙浮橋于下蔡景遣林仁肇等爭之不得而周師取滁州景懼遣泗州牙將王知朗至徐州稱唐皇帝奉書願効貢賦陳兄事之禮世宗不答景東都副留守馮延魯光州刺史張紹舒州刺史周祚泰州刺史方訥皆棄城走延魯削髮爲僧爲周兵所獲蘄州裨將李福殺其刺史王承雋降周景益懼始改名璟以避周廟諱遣其翰林學士鍾謨文理院學士李德明奉表稱臣獻犒軍牛五百頭酒二千石金銀羅綺數千請割壽濠泗楚光海六州以求罷兵世宗不報分兵襲下揚泰景遣人懷蠟丸書走契丹求救爲邊將所執光州刺史張承翰降周十四年三月景又遣司空孫晟禮部尚書王崇質奉表辭益甲服世宗猶不荅前遣鍾謨等并晟崇質皆留行在而謨等請歸取景表盡獻江北地世宗許之遣崇質德明等還始賜景書曰自有唐失御天步方艱六紀于茲瓜分鼎峙自爲聲教各擅蒸黎交結四夷憑凌上國華風不競否運所鍾凡百有心孰不興憤朕擅一百州之富庶握三十萬之甲兵農戰交修士卒樂用苟不能恢復内地申畫邊疆便議班旋眞同戲劇至於削去尊稱願輸臣節孫權事魏蕭詧奉周古也雖然今則不取但存帝號何爽歲寒儻堅事大之心必不迫人於險德明等還盛稱世宗英武景不悦宋齊丘陳覺等皆以割地無益而德明賣國以圖利景怒斬德明遣元帥齊王景達與陳覺邊鎬許文稹率兵趣壽春景達將朱元等復得舒蘄泰三州夏大雨周師在揚滁和者皆却諸將請要其險擊之宋齊丘曰擊之怨深不如縱之以爲德誡諸將閉壁毋得要戰故周師皆集於壽州世宗屯于渦口欲再幸揚州宰相范質以師老泣諫乃班師以李重進攻廬壽向訓守揚州訓請棄揚州併力以攻壽春乃封府庫付主者遣景舊將巡城中秋毫不犯而去淮人大悦皆負糗糧以送周師十五年景達遣朱元等屯紫金山築甬道以餉壽州二月世宗復南征從下蔡浮橋于渦口爲鎭淮軍築二城以夾淮周師連破紫金諸寨景達雖爲元帥而兵事皆決於陳覺覺與朱元素有隙以元李守貞客反覆難信景遣大將楊守忠代元且召之元憤怒叛降于周諸軍皆潰許文稹邊鎬皆被執景達以舟兵奔還金陵劉仁贍病且死其副使孫羽等以壽州降于周世宗班師景遣人焚揚州驅其士庶而去冬十月世宗復南征遂圍濠州濠州刺史郭廷謂告于周曰臣不能守一州以抗王師然願請命于唐而後降世宗爲之緩攻廷謂遣人請命于景景許其降乃降又取泗州周師步騎數萬水陸齊進軍士作櫂來之歌聲聞數十里十二月屯于楚州之北門交泰元年正月大赦改元周師攻楚州守將張彦卿鄭昭業城守甚堅攻四十日不可破世宗親督兵以洞屋穴城而焚之城壞彦卿昭業戰死周兵怒甚殺戮殆盡周師復取海泰揚州世宗幸迎鑾以臨大江景知不能支而恥自屈身去其名號乃遣陳覺奉表請傳國與其世子而聽命初周師南征無水戰之具已而屢敗景兵獲水戰卒乃造戰艦數百艘使降卒教之水戰命王環將以下淮景之水軍多敗長淮之舟皆爲周師所得又造齊雲船數百艘世宗至楚州北神堰齊雲舟大不能過乃開老鸛河以通之遂至大江景初自恃水戰以周兵非敵且未能至江及覺奉使見舟師列于江次甚盛以爲自天而下乃請曰臣願還國取景表盡獻江北諸州如約世宗許之始賜景書曰皇帝恭問江南國主勞其良苦而已是時揚泰滁和壽濠泗楚光海等州已爲周得景遂獻廬舒蘄黄畫江以爲界五月景下令去帝號稱國主奉周正朔時顯德五年也初孫晟使于周留不遣而世宗問晟江南虛實不對世宗怒殺晟周已罷兵景乃贈劉仁贍太師追封晟魯國公世宗遣鍾謨馮延魯歸國景復遣謨等朝京師手自書表稱天地父母之恩不可報又請降詔書同藩鎭遣謨面陳願傳位世子世宗遣謨等還國優詔以勞安之景以謨爲禮部侍郎延魯戶部侍郎景爲太子時延魯等皆出入東宮禮部尚書常夢錫自昇世屢言不可使延魯等近太子及景立延魯等用事夢錫每排斥之景既割地稱臣有語及朝廷爲大朝者夢錫大笑曰君等嘗欲致君如堯舜今日自爲小朝邪鍾謨素善李德明既歸而聞德明由宋齊丘等見殺欲報其寃未能發陳覺齊丘黨也與景相嚴續素有隙覺嘗奉使周還言世宗以江南不卽聽命者嚴續之謀勸景誅續以謝罪景疑之謨因請使于周驗其事景以割地稱臣乃遣謨入朝謝罪言不卽割地者非續謀願赦之世宗大驚曰續能爲謀是忠其主也朕豈殺忠臣乎謨還言覺姦詐景怒流覺饒州殺之宋齊丘坐覺黨與放還青陽賜死以太弟景遂爲洪州節度使燕王冀爲太子景因於用兵鍾謨請鑄大錢以一當十文曰永通泉貨謨嘗得罪而大錢廢韓熙載又鑄鐵錢以一當二九月太子冀卒次子從嘉封吳王居東宮鍾謨言從嘉輕肆請立紀國公從善景怒貶謨國子司業立從嘉爲太子世宗使人謂景曰吾與江南大義已定然慮後世不能容汝可及吾世修城隍治要害爲子孫計景因營緝諸城謀遷其都于洪州羣臣皆不欲遷惟樞密使唐鎬贊之乃升洪州爲南昌建南都建隆二年留太子從嘉監國景遷于南都而洪州迫隘宮府營廨皆不能容羣臣日夕思歸景悔怒不已唐鎬慚懼發疾卒六月景卒年四十六從嘉嗣立以喪歸金陵遣使入朝願復景帝號太祖皇帝許之乃謚曰明道崇德文宣孝皇帝廟號元宗陵曰順陵

煜字重光初名從嘉景第六子也煜爲人仁孝善屬文工書畫而豐額駢齒一目重瞳子自太子冀已上五子皆早卒煜以次封吳王建隆二年景遷南都立煜爲太子留監國景卒煜嗣立於金陵母鍾氏父名泰章煜尊母曰聖尊后立妃周氏爲國后封弟從善韓王從益鄭王從謙宜春王從度昭平郡公從信文陽郡公大赦境內遣中書侍郎馮延魯修貢于朝廷令諸司四品以下無職事者日二員待制於內殿三年泉州留從効卒景之稱臣於周也從効亦奉表貢獻于京師世宗以景故不納從効聞景遷洪州懼以爲襲己遣其子紹基納貢于金陵而從効病卒泉人因并送其族于金陵推立副使張漢思漢思老不任事州人陳洪進逐之自稱留後煜卽以洪進爲節度使乾德二年始用鐵錢民間多藏匿舊錢舊錢益少商賈多以十鐵錢易一銅錢出境官不可禁煜因下令以一當十拜韓熙載中書侍郎勤政殿學士封長子仲寓清源公次子仲宣宣城公五年命兩省侍郎給事中中書舍人集賢勤政殿學士分夕於光政殿宿直煜引與談論煜嘗以熙載盡忠能直言欲用爲相而熙載後房妓妾數十人多出外舍私侍賓客煜以此難之左授熙載右庶子分司南都熙載盡斥諸妓單車上道煜喜留之復其位已而諸妓稍稍復還煜曰吾無如之何矣是歲熙載卒煜歎曰吾終不得熙載爲相也欲以平章事贈之問前世有此比否羣臣對曰昔劉穆之贈開府儀同三司遂贈熙載平章事熙載北海將家子也初與李穀相善明宗時熙載南奔吳穀送至正陽酒酣臨訣熙載謂穀曰江左用吾爲相當長驅以定中原穀曰中國用吾爲相取江南如探囊中物爾及周師之征淮也命穀爲將以取淮南而熙載不能有所爲也開寶四年煜遣其弟韓王從善朝京師遂留不遣煜手疏求從善還國太祖皇帝不許煜嘗怏怏以國蹙爲憂日與羣臣酣宴愁思悲歌不已五年煜下令貶損制度下書稱教改中書門下省爲左右內史府尚書省爲司會府御史臺爲司憲府翰林爲文館樞密院爲光政院諸王皆爲國公以尊朝廷煜性驕侈好聲色又喜浮圖高談不恤政事六年內史舍人潘佑上書極諫煜收下獄佑自縊死七年太祖皇帝遣使召煜赴闕煜稱疾不行王師南征煜遣徐鉉周惟簡等奉表朝廷求緩師不荅八年十二月王師克金陵九年煜俘至京師太祖赦之封煜違命侯拜左千牛衞將軍其後事具國史予世家江南其故老多能言李氏時事云太祖皇帝之出師南征也煜遣其臣徐鉉朝于京師鉉居江南以名臣自負其來也欲以口舌馳說存其國其日夜計謀思慮言語應對之際詳矣及其將見也大臣亦先入請言鉉博學有材辯宜有以待之太祖笑曰第去非爾所知也明日鉉朝于庭仰而言曰李煜無罪陛下師出無名太祖徐召之升使畢其說鉉曰煜以小事大如子事父未有過失奈何見伐其說累數百言太祖曰爾謂父子者爲兩家可乎鉉無以對而退嗚呼大哉何其言之簡也蓋王者之興天下必歸于一統其可來者來之不可者伐之僭僞假竊期於掃蕩一平而後已予讀周世宗征淮詔惟其區區攄摭前事務較曲直以爲辭何其小也然世宗之英武有足喜者豈爲其辭者之過歟〔據湯悅所撰江南錄云景以保大十五年正月改元交泰是歲盡獻淮南十四州畫江爲界保大十五年乃周顯德〕

四年也按五代舊史及世宗實錄顯德四年十月壬申世宗方復南征五年正月丙午始克楚州二月己亥景始盡獻淮南諸州畫江爲界當是保大十五年也悅等南唐故臣記其目見之事何其差繆而九國志紀年通譜之類但以紀書爲正不復參較遂皆差一年至於景滅閩閩是保大四年江南錄書於三年亦差一年已見閩世家注或疑景立踰年而改元則閩國當爲三年周取淮南當爲十五年不差但江南錄誤於景立之年改元保大所以皆差一年也今知不然者以諸書參較閩人殺王延羲在晉開運元年周師始伐南唐當顯德二年據景以初立之年即改元則開運元年爲保大二年顯德二年爲保大十三年今江南錄書延羲被殺於二年周師始伐於十三年則是景立之年改元不差而悅等書滅王氏與淮南自各差二年爾昪自晉天福二年建國至皇朝開寶八年國滅凡三十九年

五代史卷六十二考證

李昪傳徐氏諸子請昪復姓○子各本訛王今從南本

楊溥卒于丹陽宫○臣文清按朱子綱目書故吳主楊溥卒通鑑云辛丑吳讓王卒薛史云溥以幽卒十國紀年乃云唐人殺之紀年之說自不足據

景傳昪卒嗣立改元保大尊母朱氏爲皇太后○朱一本作宋

是時漢隱帝少中國衰弱淮北羣盜多送款于景○弱一本作江

遣景舊將撫巡城中○撫南本作按

南唐世家總注當是保大十五年也○五一本作六

五代史卷六十三

宋　歐陽　修　撰

前蜀世家第三

王建字光圖許州舞陽人也爲人隆眉廣額狀貌偉然少無賴以屠牛盜驢販私鹽爲事里人謂之賊王八後爲忠武軍卒稍遷隊將黃巢陷長安僖宗在蜀忠武軍將鹿晏弘以兵八千屬楊復光討賊巢敗走復光以其兵爲八都都將千人建與晏弘皆爲一都頭復光死晏弘率八都西迎僖宗于蜀所過剽略行至興元逐節度使牛叢自稱留後僖宗即以晏弘爲節度使晏弘以建等八都頭皆領屬州刺史已而晏弘擁衆東歸陷陳許建與晉暉韓建張造李師泰等各率一都西奔于蜀僖宗得之大喜號隨駕五都以屬十軍觀軍容使田令孜令孜以建等爲養子僖宗還長安使建與晉暉等將神策軍宿衛光啓元年河中王重榮與令孜爭鹽池重榮召晉兵犯京師僖宗幸鳳翔二年三月移幸興元以建爲清道使使負玉璽以從行至當塗驛李昌符焚棧道棧道幾斷建控僖宗馬冒煙焰中過宿坂下僖宗枕建膝寢既覺涕泣解御衣賜之僖宗已至興元令孜以謂天子播越由己致之懼且得罪西川節度使陳敬瑄令孜同母弟也令孜因求爲西川監軍楊復恭代爲軍容使復恭出建爲壁州刺史建乃招集亡命及溪洞夷落有衆八千以攻閬州執其刺史楊行遷又攻利州利州刺史王珙棄城走敬瑄患之以問令孜令孜曰王八吾兒也以一介召之可置麾下乃使人招建東川顧彦朗與建有舊建聞令孜召已大喜因至梓州謂彦朗曰十軍阿父召我我欲至成都見陳公以求一鎭即以其家屬託彦朗選精兵二千馳之成都行至鹿頭關敬瑄悔召建使人止之建大怒擊破鹿頭關取漢州彦朗聞之出兵助建軍于學射敬瑄遣將句惟立逆建建擊敗之遂攻彭州敬瑄遣眉州刺史山行章將兵五萬屯新繁建又擊敗之虜獲萬餘人橫尸四十里敬瑄發兵七萬益行章與建相持濛陽新都百餘日昭宗遣左諫議大夫李洵爲兩川宣諭和協使詔彦朗等罷兵彦朗請以大臣鎭蜀因爲建求旌節文德元年六月以宰相韋昭度爲西川節度使分邛蜀黎雅爲永平軍拜建節度使敬瑄不受代昭宗即命昭度將彦朗等兵討之昭宗以建爲招討牙內都指揮使久之不克建謂昭度曰公以數萬之衆困兩川之人而師久無功柰何且唐室多故東方諸鎭兵接都畿公當歸相天子靜中原以固根本此蠻夷之國不足以留公昭度遲疑未決建遣軍士擒昭度親吏於軍門臠而食之建入白曰軍士飢須此爲食爾昭度大恐即留符節與建而東昭度已去建即以兵扼劒門兩川由是阻絕山行章屯廣都建擊敗之行章走眉州以州降建建引兵攻成都而資簡戎茂嘉邛諸州皆殺刺史降建建攻成都甚急田令孜登城呼建曰老夫與公相厚何嫌而至此建曰軍容父子之恩心何可忘然兵討不受代者天子命也令孜夜入建軍以節度觀察牌印授建明日敬瑄開門迎建建將入城以張勍爲都虞候戒其軍士曰吾以張勍爲虞候矣汝等無犯其令幸勍執而見我我尚活汝使其殺而後白吾亦不能詰也建入城軍士剽略勍殺百人而後止建遷敬瑄于雅州使人殺之復以令孜爲監軍既而亦殺之大順二年十月唐以建爲檢校司徒成都尹劒南西川節度副大使知節度事管內觀察處置雲南八國招撫等使東川顧彦朗卒其弟彦暉立唐遣宦者宋道弼賜彦暉東川旌節緜州刺史常厚執道弼以攻梓州建遣李簡王宗滌等討厚自彦朗死建欲圖并東川而未有以發及李簡等討厚戒曰兵已破厚彦暉必出犒師即與俱來無煩吾再舉也簡等擊厚敗之鍾陽厚走還緜州以唐旌節還道弼而出之彦暉已得節辭疾不出犒軍乾寧二年建遣王宗滌攻之十二月宗滌敗彦暉于楸林斬其將羅璋遂圍梓州三年五月昭宗遣宦者袁易簡詔建罷兵建收兵還成都黔南節度使王肇以其地降于建四年宗滌復攻東川別遣王宗侃宗阮等出峽取渝瀘州五月建自將攻東川昭宗遣諫議大夫李洵判官韋莊宣諭兩川詔建罷兵建不奉詔乃責授建南州刺史以鄭王爲鳳翔節度使徙李茂貞代建爲西川節度使茂貞拒命乃復建官爵冬十月建攻破梓州彦暉自殺彦暉將顧彦瑤顧城已危謂諸將吏曰事公當生死以之指其所佩賓鐵劒曰事急而有叛者當齒此劒及城將破彦瑤與彦暉召集將吏飲酒遂與之俱死建以王宗滌爲東川留後唐即以宗滌爲節度使於是并有兩川之地是時鳳翔李茂貞兼據梁洋秦隴數以兵侵建天復元年梁太祖兵誅宦者韓全誨等劫天子幸鳳翔梁兵圍之茂貞閉城拒守經年力窘求與梁和建聞遣人聘茂貞許以出兵爲援勸其堅壁勿和遣王宗滌將兵五萬聲言迎駕以攻興元執其節度使李繼業而武定節度使拓拔思敬遂以其地降于建於是并有山南西道是時荆南成汭死襄州趙匡凝遣其弟匡明襲據之建乘其間攻下夔施忠萬四州三年八月唐封建蜀王四年唐遷都洛陽改元天祐建與唐隔絕而不知故仍稱天復天復六年又取歸州於是并有三峽七年梁滅唐遣使者諭建建拒而不納建因馳檄四方會兵討梁四方知其非誠實皆不應是歲正月巨人見青城山六月鳳皇見萬歲縣黃龍見嘉陽江而諸州皆言甘露白鹿白雀龜龍之瑞秋九月己亥建乃即皇帝位封其諸子爲王以王宗佶爲中書令韋莊爲左散騎常侍判中書門下事唐襲爲樞密使鄭騫爲御史中丞張格王鍇爲翰林學士周博雅爲成都尹蜀恃險而富當唐之末人士多欲依建以避亂建雖起盜賊而爲人多智詐善待士故其僭號所用皆唐名臣世族莊見素之孫格濬之子也建謂其左右曰吾爲神策軍將時宿衛禁中見天子夜召學士出入無間恩禮親厚如寮友非將相可比也故建待格等恩禮尤異其餘宋玭等百餘人並見信用武成元年正月祀天南郊大赦改元以王宗佶爲太師宗佶本姓甘氏建爲忠武軍卒時掠得之養以爲子後以軍功累遷武信軍節度使後建所生子元膺等稍長宗佶以養子心不自安與鄭騫等謀求爲大司馬總六軍開元帥府凡軍事便宜行而後聞建以宗佶創業功多優容之唐襲本以舞僮見幸於建宗佶尤易之後爲樞密使猶名呼襲襲雖內恨而外奉宗佶愈謹建聞之怒曰宗佶名呼我樞密使是將反邪宗佶求大司馬章三上建以問襲襲因激怒建曰宗佶功臣其威望可以服人心陛下宜即與之建心益疑宗佶入奏事自請不已建叱衛士撲殺之并賜騫死六月以遂王宗懿爲皇太子建加尊號英武睿聖皇帝七月騶虞見武定二年頒永昌歷廣都嘉禾合穗三年八月有龍五十見洵陽水中十月麟見壁州十二月大赦改明年爲永平元年岐王李茂貞自爲梁所圍而山南入于蜀地狹勢孤遂與建和以其子娶建女因求山南故地建怒不與以王宗侃爲北路都統宗佑宗賀唐襲爲三面招討使以攻岐戰于青泥宗侃敗績退保西縣爲茂貞兵所圍建自將擊之岐兵敗解去建至興元而還加尊號曰英武睿聖光孝皇帝二年又加號曰英武睿聖神功文德光孝皇帝初田令孜之爲監軍也盜唐傳國璽入于蜀而埋之二月尚食使歐陽柔治令孜故第穿地而得之以獻五月梁遣光祿卿盧玭來聘推建爲兄其印文曰大梁入蜀之印宰相張格曰唐故事奉使四夷其印文曰大唐入某國之印今梁以兄事陛下奈何卑我如夷狄建怒欲殺梁使者格曰此梁有司之過爾不可以絕兩國之懽已而梁太祖崩建遣將作監李紘弔之遂刻其印文曰大蜀入梁之印劒州木連理六月麟見文州十二月黃龍見富義江三年正月麟見永泰五月騶虞見壁山有二鹿隨之秋七月皇太子元膺殺太子少保唐襲元膺建次子也初名宗懿後更名宗坦建得銅牌子于什仿有文二十餘字建以爲符讖因取以名諸子故又更曰元膺元膺爲人猳喙齲齒多材藝能射錢中孔嘗自抱畫毬擲馬上馳而射之無不中年十七爲皇太子判六軍創天武神機營開永和府置官屬建以元膺年少任重以記事戒之令一切學朕所爲則可以保國又命道士廣成先生杜光庭爲之師唐襲建之嬖也元膺易之屢譖于朝建懼其交惡乃罷襲樞密出爲興元節度使已而襲罷歸元膺廷疏其過失建益不悅是月七夕元膺召諸王大臣置酒而集王宗翰樞密使潘峭翰林學士毛文錫不至元膺怒曰集王不來峭與文錫教之耳明日元膺白建峭及文錫離間諸王建怒將罪之元膺出而襲入建以問之襲曰太子謀作亂欲召諸將諸王以兵錮之然後舉事爾建疑之襲請召屯營軍入衛元膺初不爲備聞襲召兵以爲誅

已乃與伶人安悉香軍將喻全殊率天武兵自衛遣人擒峭及文錫而笞之幽於其家召大將徐瑤常謙率兵出拒襲與襲戰神武門襲中流矢墜馬死建遣王宗賀以兵討之元膺兵敗皆潰去元膺匿躍龍池檻中明日出而丐食蜀人識之以告建遣宗翰招諭之宗翰未至爲衛兵所殺建乃立其幼子鄭王宗衍爲太子白龍見邛州江四年荆南高季昌侵蜀巫山遣嘉王宗壽敗之于瞿唐八月殺黔南節度使王宗訓冬南蠻攻掠界上建遣夔王宗範擊敗之于大渡河麟見昌州五年起壽昌殿於龍興宮畫建像於壁又起扶天閣畫諸功臣像十一月大火焚其宮室遣王宗儔等攻岐取其秦鳳階成四州至于大散關梁叛將劉知俊在岐於是以其族來通正元年遣王宗綰等率兵十二萬出大散關攻岐取隴州八月起文思殿以清資五品正員官購羣書以實之以內樞密使毛文錫爲文思殿大學士黃龍見大昌池十月大赦改元十二月又改明年元曰天漢國號漢天漢元年殺劉知俊十二月大赦改明年元曰光天復國號蜀光天元年六月建卒年七十二建晚多內寵賢妃徐氏與妹淑妃皆以色進專房用事交結宦者唐文扆等干與外政建年老昏耄文扆判六軍事無大小皆決文扆及建疾以兵入宿衛謀盡去建故將故將大臣聞建疾皆不得入見久之宗弼等排闥入言文扆欲爲變乃殺之建因以謂老將大臣多許昌故人必不爲太子用思擇人未得而疾亟乃以宦者宋光嗣爲樞密使判六軍而建卒太子立去宗名衍

衍字化源建十一子曰衛王宗仁簡王元膺趙王宗紀幽王宗輅韓王宗智莒王宗特信王宗傑魯王宗鼎興王宗澤薛王宗平而鄭王宗衍最幼其母徐賢妃也以母寵得立爲皇太子開崇賢府置官屬後更曰天策府衍爲人方頤大口垂手過膝顧目見耳頗知學問能爲浮艷之詞元膺死建以幽王宗輅貌類已信王宗傑於諸子最材賢欲於兩人擇立之而徐妃專寵建老昏耄妃與宦者唐文扆教相士言衍相最貴又諷宰相張格贊成之衍由是得爲太子建卒衍立謚建曰神武聖文孝德明惠皇帝廟號高祖陵曰永陵建正室周氏號昭聖皇后後建數日而卒衍因尊其母徐氏爲皇太后后妹淑妃爲皇太妃太后太妃以教令賣官自刺史以下每一官闕必數人並爭而入錢多者得之通都大邑起邸店以奪民利衍年少荒淫委其政於宦者宋光嗣光葆景潤澄王承休歐陽晃田魯儔等而以韓昭潘在迎顧在珣嚴旭等爲狎客起宣華苑苑有重光太清延昌會眞之殿清和迎仙之宮降眞蓬萊丹霞之亭飛鸞之閣瑞獸之門又作怡神亭與諸狎客婦人日夜酣飲其中嘗以九日宴宣華苑嘉王宗壽以社稷爲言言發流涕韓昭等曰嘉王酒悲爾諸狎客共以慢言謔嘲之坐上誼然衍不能省也蜀人富而喜遨當王氏晚年俗競爲小帽僅覆其頂俛首即墮謂之危腦帽衍以爲不祥禁之而衍好戴大帽每微服出遊民間民間以大帽識之因令國中皆戴大帽又好裹尖巾其狀如錐而後宮皆戴金蓮花冠衣道士服酒酣免冠其髻鬉然更施朱粉號醉粧國中之人皆效之嘗與太后太妃游青城山宮人衣服皆畫雲霞飄然望之若仙衍自作甘州曲述其仙狀上下山谷衍常自歌而使宮人皆和之衍立之明年改元乾德乾德元年正月祀天南郊大赦加尊號爲聖德明孝皇帝二年冬北巡至于西縣旌旗戈甲連亘百餘里其還也自閬州浮江而上龍舟畫舸照耀江水所在供億人不堪命三年正月還成都五年起上清宮塑王子晉像尊以爲聖祖至道玉宸皇帝又塑建及衍像侍立於其左右又於正殿塑玄元皇帝及唐諸帝備法駕而朝之六年以王承休爲天雄軍節度使天雄軍秦州也承休以宦者得幸爲宣徽使承休妻嚴氏有絕色衍通之是時唐莊宗滅梁蜀人皆懼莊宗遣李嚴聘蜀衍與俱朝上清而蜀都庶士簾帷珠翠夾道不絕嚴見其人物富盛而衍驕淫歸乃獻策伐蜀明年唐魏王繼岌郭崇韜伐蜀是歲衍改元曰咸康衍自立歲常獵于子來山是歲又幸彭州陽平山漢州三學山以王承休妻嚴氏故十月幸秦州羣臣切諫衍不聽行至梓潼大風發屋拔木太史曰此貪狼風也當有敗軍殺將者衍不省衍至緜谷而唐師入其境衍懼遽還唐師所至州縣皆迎降衍留王宗弼守緜谷遣王宗勳宗儼宗昱率兵以拒唐師宗勳等至三泉望風退走衍詔宗弼誅宗勳等宗弼反與宗勳等合謀送款於唐師衍自緜谷還至成都百官及後宮迎謁七里亭衍雜宮人作回鶻隊以入明日御文明殿與其羣臣相對涕泣而宗弼亦自緜谷馳歸登太玄門收成都尹韓昭宦者宋光嗣景潤澄歐陽晃等殺之函首送于繼岌衍即上表乞降宗弼遷衍于天啓宮魏王繼岌至成都衍君臣面縛輿櫬出降于七里亭莊宗召衍入洛陽衍詔曰固當列土而封必不薄人于險三辰在上一言不欺衍捧詔忻然就道率其宗族及僞宰相王鍇張格庾傳素許寂翰林學士李昊等及諸將佐家族數千人以東同光四年四月行至秦川驛莊宗用伶人景進計遣宦者向延嗣誅其族衍母徐氏臨刑呼曰吾兒以一國迎降反以爲戮信義俱棄吾知其禍不旋踵矣衍妾劉氏鬒髮如雲而有色行刑者將免之劉氏曰家國喪亡義不受辱遂就死宗弼本姓魏名弘夫建錄爲養子建攻顧彥暉宗弼常以建語泄之彥暉者彥暉敗建待之如初建病且卒宗弼守太師兼中書令判六軍輔政衍已降宗弼以蜀珍寶奉魏王及郭崇韜求爲西川節度使魏王曰此我家物也何以獻爲居數日爲崇韜所殺宗壽許州民家子也建以同姓錄之爲子宗壽好學工琴弈爲人恬退喜道家之術事建時爲鎭江軍節度使衍既立宗壽爲太子太保奉朝請以煉丹養氣自娛衍爲淫亂獨宗壽常切諫之後爲武信軍節度使唐師伐蜀所在迎降魏王常以書招之獨宗壽不降聞衍已銜璧大慟從衍東遷至岐陽以賄賂守者得入見衍衍泣下霑襟曰早從王言豈有今日衍死宗壽至澠池聞莊宗遇弒亡入熊耳山天成二年出詣京師上書求衍宗族葬之明宗嘉其忠以爲保義軍行軍司馬封衍順正公許以諸侯禮葬宗壽得王氏十八喪葬之長安南三趙村

嗚呼自秦漢以來學者多言祥瑞雖有善辯之士不能祛其惑也予讀蜀至於龜龍麟鳳騶虞之類世道所謂王者之嘉瑞莫不畢出於其國異哉然考王氏之所以興亡成敗者可以知之矣或以爲一王氏不足以當之則視時天下治亂可以知之矣龍之爲物也以不見爲神以升雲行天爲得志今僵然暴露其形是不神也不上于天而不見於水中是失職也然其一何多歟可以爲妖矣鳳皇鳥之遠人者也昔舜治天下政成而民悅命夔作樂樂聲和鳥獸聞之皆鼓舞當是之時鳳皇適至舜之史因并記以爲美後世因以鳳來爲有道之應其後鳳皇數至或出於庸君繆政之時或出於危亡大亂之際是果爲瑞哉麟獸之遠人者也昔魯哀公出獵得之而不識蓋索而獲之非其自出也故孔子書於春秋曰西狩獲麟者譏之也西狩非其遠也獲麟惡其盡取也狩必書地而哀公馳騁所涉地多不可徧以名舉故書西以包衆地謂其舉國之西皆至也麟人罕識之獸也以見公之窮山竭澤而盡取至於不識之獸皆搜索而獲之故曰譏之也聖人已沒而異端之說興乃以麟爲王者之瑞而附以符命讖緯詭怪之言鳳嘗出於舜以爲瑞猶有說也及其後出於亂世則可以知其非瑞矣若麟者前有治世如堯舜禹湯文武周公之世未嘗一出其一出而當亂世然則孰知其爲瑞哉龜玄物也汚泥川澤不可勝數其死而貴於卜官者用適有宜爾而戴氏禮以其在宮沼爲王者難致之瑞戴禮雜出於諸家其失亦以多矣騶虞吾不知其何物也詩曰吁嗟乎騶虞賈誼以爲騶者文王之囿虞虞官也當誼之時其說如此然則以之爲獸者其出於近世之說乎夫破人之惑若難與爭於篤信之時待其有所疑焉然後從而攻之可也麟鳳龜龍王者之瑞而出於五代之際又皆萃于蜀此雖好爲祥瑞之說者亦可疑也因其可疑而攻之庶幾惑者有以思焉據前蜀書運歷圖九國志皆云建以唐大順二年入成都爲西川節度使天復七年九月建號明年正月改元武成今以爲定雖舊五代史云龍紀元年入成都天祐五年建號改元者繆也至後唐同光三年蜀滅則諸書皆同自大順二年至同光三年凡三十五年

五代史卷六十三考證

王建傳僖宗幸鳳翔二年三月移幸興元○元監本訛化今從本紀改正

昭宗遣諫議大夫李洵判官韋莊宣諭兩川○上文云遣左諫議大夫李珣爲兩川宣諭和協使此云李洵恐是一人而前後互異

以鄭王爲鳳翔節度使○鄭各本作剡今從監本

五代史卷六十四

宋　歐陽修　撰

後蜀世家第四

孟知祥字保胤邢州龍岡人也其叔父遷當唐之末據邢洺磁三州爲晉所虜晉王以遷守澤潞梁兵攻晉遷以澤潞降梁知祥父道獨留事晉而不顯及知祥壯晉王以其弟克讓女妻之以爲左教練使莊宗爲晉王以知祥爲中門使前此爲中門使者多以罪誅知祥懼求他職莊宗命知祥薦可代已者知祥因薦郭崇韜自代崇韜德之知祥遷馬步軍都虞候莊宗建號以太原爲

北京以知祥爲太原尹北京留守魏王繼岌伐蜀郭崇韜爲招討使崇韜臨訣白曰臣等平蜀陛下擇帥以守西川無如孟知祥者已而唐兵破蜀莊宗遂以知祥爲成都尹劍南西川節度副大使知祥馳至京師莊宗戒有司盛供帳多出內府珍奇諸物以宴勞之酒酣語及平昔以爲笑樂歎曰繼岌前日乳臭兒爾乃能爲吾平定兩川吾徒老矣孺子可喜然益令人悲爾吾憶先帝棄世時疆土侵削僅保一隅豈知今日奄有天下九州四海奇珍異產充牣吾府因指以示知祥曰吾聞蜀土之富無異於此以卿親賢故以相付同光四年正月戊辰知祥至成都而崇韜已死魏王繼岌引軍東歸先鋒康延孝反攻破漢州知祥遣大將李仁罕會任圜董璋等兵擊破延孝知祥得其將李肇侯弘實及其兵數千以歸而莊宗崩魏王繼岌死明宗入立知祥乃訓練兵甲陰有王蜀之志益置義勝定遠驍銳義寧飛棹等軍七萬餘人命李仁罕趙延隱張業等分將之初魏王之班師也知祥率成都富人及王氏故臣家得錢六百萬緡以犒軍其餘者猶二百萬任圜自蜀入爲相兼判三司素知蜀所餘錢是冬知祥加拜侍中乃以太僕卿趙季良爲官告賜之因以爲三川制置使督蜀犒軍餘錢送京師且制置兩川征賦知祥怒不奉詔然知祥與季良有舊遂留之樞密使安重誨頗疑知祥有異志思有以制之初知祥鎮蜀莊宗以宦者焦彥賓爲監軍明宗入立悉誅宦者罷諸道監軍彥賓已罷重誨復以客省使李嚴爲監軍嚴前使蜀既歸而獻策伐蜀蜀人皆惡之而知祥亦怒曰焦彥賓以例罷而諸道皆廢監軍獨吾軍置之是嚴欲以蜀再爲功也掌書記毋昭裔及諸將吏皆請止嚴無內知祥曰吾將有以待其來嚴至境上遣人持書候知祥知祥盛兵見之冀嚴懼而不來嚴聞之自若天成二年正月嚴至成都知祥置酒召嚴是時焦彥賓雖罷猶在蜀嚴於懷中出詔示知祥以誅彥賓知祥不聽因責嚴曰今諸方鎮已罷監軍公何得來此目客將王彥銖執嚴下斬之明宗不能詰初知祥鎮蜀遣人迎其家屬于太原行至鳳翔鳳翔節度使李從曮聞知祥殺李嚴以爲知祥反矣遂留之明宗既不能詰而猶欲以恩信懷之乃遣客省使李仁矩慰諭知祥并送瓊華公主及其子昶等歸之知祥因請趙季良爲節度副使事無大小皆與參決三年唐徙季良爲果州團練使以何瓚爲節度副使知祥得制書匿之表留季良不許乃遣其將雷廷魯至京師論請明宗不得已而從之是時瓚行至綿谷懼不敢進知祥乃奏瓚爲行軍司馬是歲唐師伐荊南詔知祥以兵下峽知祥遣毛重威率兵三千戍夔州已而荊南高季興死其子從誨請命知祥請罷戍兵不許知祥諷重威以兵鼓譟潰而歸唐以詔書劾重威知祥奏請無劾由是唐大臣益以知祥爲必反四年明宗將有事于南郊遣李仁矩責知祥助禮錢一百萬緡知祥覺唐謀欲困己辭不肯出久之請獻五十萬而已初魏王繼岌東歸留精兵五千戍蜀自安重誨疑知祥有異志聽言事者用已所親信分守兩川管內諸州每除守將則以精兵爲其牙隊多者二三千少者不下五百人以備緩急是歲以夏魯奇爲武信軍節度使分東川之閬州爲保寧軍以李仁矩爲節度使又以武虔裕爲綿州刺史仁矩與東川董璋有隙而虔裕重誨表兄由是璋與知祥皆懼以謂唐將致討自璋鎮東川未嘗與知祥通問於是璋始遣人求婚以自結而知祥心恨璋欲不許以問趙季良季良以謂宜合從以拒唐知祥乃許於是連表請罷還唐所遣節度刺史等明宗優詔慰諭之長興元年二月明宗有事于南郊加拜知祥中書令初知祥與璋俱有異志而安重誨信言事者以爲璋盡忠於國獨知祥可疑重誨猶欲倚璋以圖知祥是歲九月董璋先反攻破閬州擒李仁矩殺之是月應聖節知祥開宴東北望再拜俯伏嗚咽泣下沾襟士卒皆爲之歔欷明日遂舉兵反是秋明宗改封瓊華公主爲福慶長公主有司言前世公主受封皆未出降無遣使就藩冊命之儀詔有司草具新儀乃遣祕書監劉岳爲冊使岳行至鳳翔聞知祥反乃旋明宗下詔削奪知祥官爵命天雄軍節度使石敬瑭爲都招討使夏魯奇爲副知祥遣李仁罕張業趙廷隱將兵三萬人會璋攻遂州別遣侯弘實將四千人助璋守東川又遣張武下峽取渝州唐師攻劍門殺璋守兵三千人遂入劍門璋來告急知祥大駭遣廷隱分兵萬人以東已而聞唐軍止劍州不進喜曰使唐軍急趨東川則遂州解圍吾勢沮而兩川搖矣今其不進吾知易與爾十二月敬瑭及廷隱戰于劍門唐師大敗張武已取渝州武病卒其副將袁彥超代將其兵又取黔州二年正月李仁罕克遂州夏魯奇死之知祥以仁罕爲武信軍留後遣人馳魯奇首示敬瑭軍敬瑭乃班師利州李彥珂聞唐軍敗東歸乃棄城走知祥以趙廷隱爲昭武軍留後李仁罕進攻夔州刺史安崇阮棄城走以趙季良爲留後是時唐軍涉險以餉道爲艱自潼關以西民苦轉饋每費一石不能致一斗道路嗟怨而敬瑭軍旣旋所在守將又皆棄城走明宗憂之以責安重誨重誨懼遽自請行而重誨亦以被讒得罪死明宗以謂致知祥等反由重誨失策及重誨死乃遣西川進奏官蘇愿進奉軍將杜紹本西歸招諭知祥具言知祥家屬在京師者皆無恙知祥聞重誨誅死而唐厚待其家屬乃邀璋欲同謝罪璋曰孟公家屬皆存而我子孫獨見殺我何謝爲知祥三遣使往見璋璋不聽乃遣觀察判官李昊說璋璋益疑知祥賣己因發怒以語侵昊昊乃勸知祥攻之而璋先襲破知祥漢州知祥遣趙廷隱率兵三萬自將擊之陣雞距橋知祥得璋降卒衣以錦袍使持書招降璋璋曰事已及此不可悔也璋軍士皆譟曰徒曝我於日中何不速戰璋即麾軍以戰兵始交璋偏將張守進來降知祥乘之璋遂大敗走過金鴈橋麾其子光嗣使降以保家族光嗣哭曰自古豈有殺父而求生者乎寧俱就死因與璋俱走知祥遣趙廷隱追之不及璋走至梓州見殺光嗣自縊死知祥遂并有東川然自璋死知祥卒不遣使謝唐唐樞密使范延光曰知祥雖已破璋必借朝廷之勢以爲兩川之重自非屈意招之彼亦不能自歸也明宗曰知祥吾故人也本因間諜致此危疑撫吾故人何屈意之有先是克寧妻孟氏知祥姝也莊宗已殺克寧孟氏歸于知祥其子瓌留事唐爲供奉官明宗即遣瓌歸省其母因賜知祥詔書招慰之知祥兼據兩川以趙季良爲武泰軍留後李仁罕武信軍留後趙廷隱保寧軍留後張業寧江軍留後李肇昭武軍留後季良等因請知祥稱王以墨制行事議未決而瓌至蜀知祥見瓌倨慢九月瓌自蜀還得知祥表請除趙季良等爲五鎮節度其餘刺史以下得自除授又請封蜀王且言福慶公主已卒明宗爲之發哀遣閤門使劉政恩爲宣諭使政恩復命知祥始遣其將朱滉來朝四年二月癸亥制以知祥檢校太尉兼中書令行成都尹劍南東西兩川節度管內觀察處置統押近界諸蠻兼西山八國雲南安撫制置等使遣工部尚書盧文紀冊封知祥爲蜀王而趙季良等五人皆拜節度使唐兵先在蜀者數萬人知祥皆厚給其衣食因請送其家屬明宗詔諭不許十一月明宗崩明年閏正月知祥乃即皇帝位國號蜀以趙季良爲司空同中書門下平章事中門使王處回爲樞密使李昊爲翰林學士三月唐潞王舉兵於鳳翔愍帝遣王思同等討之思同兵潰山南西道節度使張虔釗武定軍節度使孫漢韶皆以其地附于蜀四月知祥改元曰明德六月虔釗等至成都知祥宴勞之虔釗奉觴起爲壽知祥手緩不能舉觴遂病以其子昶爲皇太子監國知祥卒謚爲文武聖德英烈明孝皇帝廟號高祖陵曰和陵

昶知祥第三子也知祥爲兩川節度使昶爲行軍司馬知祥僭號以昶爲東川節度使同中書門下平章事知祥病昶監國知祥已卒而祕未發喪王處回夜過趙季良相對泣涕不已季良正色曰今彊侯握兵專伺時變當速立嗣君以絕非望泣無益也處回遂與季良立昶而後發喪昶立不改元仍稱明德至五年始改元曰廣政明德三年三月熒惑犯積尸昶以謂積尸蜀分也懼欲禳之以問司天少監胡韞韞曰按十二次起井五度至柳八度爲鶉首之次鶉首秦分也蜀雖屬秦乃極南之表爾前世火入鬼其應多在秦晉咸和九年三月火犯積尸四月雍州刺史郭權見殺義熙十四年火犯鬼明年雍州刺史朱齡石見殺而蜀皆無事昶乃止昶好打毬走馬又爲方士房中之術多採良家子以充後宮樞密副使韓保貞切諫昶大悟即日出之賜保貞金數斤有上書者言臺省官當擇清流昶歎曰何不言擇其人而任之左右請以其言詰上書者昶曰吾見唐太宗初即位獄吏孫伏伽上書言事皆見嘉納奈何勸我拒諫耶然昶年少不親政事而將相大臣皆知祥故人知祥寬厚多優縱之及其事昶益驕蹇多踰法度務廣第宅奪人良田發其墳墓而李仁罕張業尤甚昶即位數月執仁罕殺之并族其家是時李肇自鎮來朝杖而入見稱疾不拜及聞仁罕死遽釋杖而拜廣政九年趙季良卒張業益用事業仁罕甥也仁罕被誅時業方掌禁兵昶懼其反仄乃用以爲相兼判度支置獄于家務以酷法厚斂蜀人蜀人大怨十二年昶與匡聖指揮使安思謙謀執而殺之王處回趙廷隱相次致仕由是故將舊臣殆盡昶始親政事於朝堂置匭以通下情是時契丹滅晉漢高祖起于太原中國多故雄武軍節度使何建以秦成階三州附于蜀昶因遣孫漢韶攻下鳳州於是悉有王衍故地漢將趙思綰據永興王景崇據鳳翔反皆送款于昶昶遣張虔釗出大散關何建出隴右李廷珪出子午谷以應思綰昶相毋昭裔切諫以爲不可然昶志欲窺關中甚銳乃遣安思謙益兵以東已而漢誅思綰景崇虔釗等皆罷歸而思謙恥於無功多殺士卒以威衆昶與翰林使王藻謀殺思謙而邊吏有急奏藻不以時聞輒啓其封昶怒之其殺思謙也藻方侍

側因并擒藻斬之十二年置吏部三銓禮部貢舉十三年昶加號睿文英武仁聖明孝皇帝封子玄喆秦王判六軍事次子玄珏褒王弟仁毅夔王仁贄雅王仁裕嘉王十八年周世宗伐蜀攻自秦州昶以韓繼勳爲雄武軍節度周師來伐歎曰繼勳豈足以當周兵耶客省使趙季札請行乃以季札爲秦州監軍使季札行至德陽聞周兵至遽馳還奏事昶召問之季札惶懼不能道一言昶怒殺之乃遣高彥儔李廷珪出堂倉以拒周師彥儔大敗走青泥於是秦成階鳳復入于周昶懼分遣使者聘于南唐東漢以張形勢二十年世宗以所得蜀俘歸之昶亦歸所獲周將胡立于京師因寓書于世宗世宗怒昶無臣禮不荅二十一年周兵伐南唐取淮南十四州諸國皆懼荆南高保融以書招昶使歸周昶以前嘗致書世宗不荅乃止昶幼子玄寶生七歲而卒太常言無服之殤無贈典昶問李昊昊曰昔唐德宗皇子評生四歲而卒贈揚州大都督封肅王此故事也昶乃贈玄寶青州大都督追封遂王二十五年立秦王玄喆爲皇太子昶幸晉漢之際中國多故而據險一方君臣務爲奢侈以自娛至於溺器皆以七寶裝之宋興已下荆潭昶益懼遣大程官孫遇以蠟丸書間行東漢約出兵以撓中國遇爲邊吏所得太祖皇帝遂詔伐蜀遣王全斌崔彥進等出鳳州劉光乂曹彬等出歸州詔八作司度右掖門南臨汴水爲昶治第一區凡五百餘間供帳什物皆具以待昶昶遣王昭遠趙彥韜等拒命昭遠成都人也年十三事東郭禪師智諲爲童子知祥嘗飯僧於府昭遠執巾履從智諲以入知祥見之愛其惠黠時昶方就學即命昭遠給事左右而見親狎昶立以爲捲簾使樞密使王處回致仕昶以樞密使權重難制乃以昭遠爲通奏使知樞密使事然事無大小一以委之府庫金帛恣其所取不問昶母李太后常爲昶言昭遠不可用昶不聽昭遠好讀兵書以方略自許兵始發成都昶遣李昊等餞之昭遠手執鐵如意指揮軍事自比諸葛亮酒酣謂昊曰吾之是行何止克敵當領此二三萬雕面惡少兒取中原如反掌爾昶又遣子玄喆率精兵數萬守劍門玄喆輦其愛姬攜樂器伶人數十以從蜀人見者皆竊笑全斌至三泉遇昭遠擊敗之昭遠焚吉柏江浮橋退守劍門軍頭向韜得蜀降卒言來蘇小路出劍門南清彊店與大路合全斌遣偏將史延德分兵出來蘇北擊劍門與全斌夾攻之昭遠彥韜敗走皆見擒玄喆聞昭遠等敗亦逃歸劉光乂攻夔州夔州守將高彥儔戰敗閉牙城拒守判官羅濟勸其走彥儔曰吾昔不能守秦川今又奔北雖人主不殺我我何面目見蜀人乎又勸其降彥儔不許乃自焚死而蜀兵所在奔潰將帥多被擒獲昶問計於左右老將石頵以謂東兵遠來勢不能久宜聚兵堅守以敝之昶歎曰吾與先君以溫衣美食養士四十年一旦臨敵不能爲吾東向放一箭雖欲堅壁誰與吾守者耶乃命李昊草表以降時乾德三年正月也自興師至昶降凡六十六日初昊事王衍爲翰林學士衍之亡也昊爲草降表至是又草焉蜀人夜表其門曰世修降表李家當時傳以爲笑昶至京師拜檢校太師兼中書令封秦國公七日而卒追贈楚王其母李氏爲人明辯甚見優禮詔書呼爲國母嘗召見勞之曰母善自愛無戚戚思蜀他日當送母歸李氏曰妾家本太原儻得歸老故鄉不勝大願是時劉鈞尚在太祖大喜曰俟平劉鈞當如母願昶之卒也李氏不哭以酒酹地祝曰汝不能死社稷苟生以取羞吾所以忍死者以汝在也吾今何用生爲因不食而卒其餘事具國史 知祥興滅年數甚明諸書皆同蓋自同光二年乙酉入蜀至皇朝乾德三年乙丑國滅凡四十一年惟舊五代史云同光三年丙戌至乾德三年乙丑四十年者謬也

五代史卷六十四考證

孟知祥傳命李仁罕趙廷隱張業等分將之○延當作廷

目客將王彥銖執嚴下斬之○銖一本作鉥

知祥始遣其將朱滉來朝○滉監本作濕今從南本

五代史卷六十五

宋　歐　陽　修　撰

南漢世家第五

劉隱其祖安仁上蔡人也後徙閩中商賈南海因家焉父謙爲廣州牙將唐乾符五年黄巢攻破廣州去略湖湘間廣州表謙封州刺史賀江鎮遏使以禦梧桂以西歲餘有兵萬人戰艦百餘艘謙三子曰隱台巖謙卒廣州表隱代謙封州刺史乾寧中節度使劉崇龜死嗣薛王知柔代爲帥行至湖南廣州將盧琚覃玘作亂知柔不敢進隱以封州兵攻殺琚玘迎知柔知柔辟隱行軍司馬其後徐彥若代知柔表隱節度副使委以軍政彥若卒軍中推隱爲留後天祐二年拜隱節度使梁開平元年加檢校太尉兼侍中二年兼靜海軍節度安南都護三年加檢校太師兼中書令封南平王隱父子起封州遭世多故數有功於嶺南遂有南海隱復好賢士是時天下已亂中朝人士以嶺外最遠可以辟地多游焉唐世名臣謫死南方者往往有子孫或當時仕宦遭亂不得還者皆客嶺表王定保倪曙劉濬李衡周傑楊洞潛趙光胤之徒隱皆招禮之定保容管巡官曙唐太學博士濬崇望之子以避亂往衡德裕之孫唐右補闕以奉使往皆辟置幕府待以賓客傑善星歷唐司農少卿因避亂往隱數問以災變傑恥以星術事人嘗稱疾不起隱亦客之洞潛初爲邕管巡官秩滿客南海隱嘗師事之後以爲節度副使及龑僭號爲陳吉凶禮法爲國制度略有次序皆用此數人焉乾化元年進封隱南海王是歲卒年三十八弟龑立

龑初名巖謙庶子也其母段氏生龑於外舍謙妻韋氏素妬聞之怒拔劍而出命持龑至將殺之及見而悸劍輒墮地良久曰此非常兒也後三日卒殺段氏養龑爲己子及長善騎射身長七尺垂手過膝隱爲行軍司馬龑亦辟薛王府諮議參軍隱鎮南海龑爲副使隱卒龑代立乾化二年除清海軍節度使檢校太保同平章事三年加檢校太傅末帝即位悉以隱官爵授龑龑封南海王唐末南海最後亂僖宗以後大臣出鎮者天下皆亂無所之惟除南海而已自隱始亦自立是時交州曲顥桂州劉士政邕州葉廣略容州龐巨昭分據諸管盧光稠據虔州以攻嶺上其弟光睦據潮州子延昌據韶州高州刺史劉昌魯新州刺史劉潛及江東七十餘寨皆不能制隱攻韶州龑曰韶州所賴者光稠擊之虔人必應應則首尾受敵此不宜直攻而可以計取隱不聽果敗而歸因盡以兵事付龑悉平諸寨遂殺昌魯等更置刺史卒出兵攻敗盧氏取潮韶又西與馬殷爭容桂殷取桂管虜士政龑取容管逐巨昭又取邕管隱龑自梁初受封爵稟正朔而已貞明三年龑即皇帝位國號大越改元曰乾亨追尊安仁文皇帝謙聖武皇帝隱襄皇帝立三廟置百官以楊洞潛爲兵部侍郎李衡禮部侍郎倪曙工部侍郎趙光胤兵部尚書皆平章事光胤自以唐甲族耻事僞國常怏怏思歸龑乃習爲光胤手書遣使間道至洛陽召其二子損益幷其家屬皆至光胤驚喜爲盡心焉龑性聰悟而苛酷爲刀鋸支解刳剔之刑每視殺人則不勝其喜不覺朵頤垂涎呀呷人以爲眞蛟蜃也又好奢侈悉聚南海珍寶以爲玉堂珠殿二年祀天南郊大赦境內改國號漢龑初欲僭號憚王定保不從遣定保使荆南及還懼其非已使倪曙勞之告以建國定保曰建國當有制度吾入南門淸海軍額猶在四方其不取笑乎龑笑曰吾備定保久矣而不思此宜其譏也三年冊越國夫人馬氏爲皇后馬氏楚王殷女也四年春置選部貢舉放進士明經十餘人如唐故事歲以爲常七年唐莊宗入汴龑懼遣宮苑使何詞入詢中國虛實稱大漢國主致書大唐皇帝詞還言唐必亂不足憂龑大喜又性好夸大嶺北商賈至南海者多召之使升宮殿示以珠玉之富自言家本咸秦恥王蠻夷呼唐天子爲洛州刺史是歲雲南驃信鄭旻遣使致朱鬃白馬以求婚使者自稱皇親母弟淸容布燮兼理賜金錦袍虎綾紋鞶金裝刀封歸仁慶侯食邑一千戶持節鄭昭淳昭淳好學有文辭龑與游燕賦詩龑及羣臣皆不能逮遂以隱女增城縣主妻旻八年作南宮王定保獻南宮七奇賦以美之龑初名巖又更曰陟九年白龍見南宮三淸殿改元白龍又更名龑以應龍見之祥有胡僧言讖書滅劉氏者龑也龑乃採周易飛龍在天之義爲龑字音儼以名焉四年楚人以舟師攻封州封州兵敗於賀江龑懼以周易筮之遇大有遂赦境內改元曰大有遣將蘇章以神弩軍三千救封州章以兩鐵索沉賀江中爲巨輪於岸上築堤以隱之因輕舟迎戰陽敗而奔楚人逐之章舉巨輪挽索鎖楚舟以彊弩夾江射之盡殺楚人三年遣將李守鄘梁克貞攻交阯擒曲承美承美至南海龑登儀鳳樓受俘謂承美曰公常以我爲僞廷今反面縛何也承美頓首伏罪乃赦之承美顥子也克貞又攻占城掠其寶貨而歸四年愛州楊廷藝叛攻交州刺史李進進逃歸龑遣承旨程寶攻廷藝寶戰死五年封子耀樞邕王龜圖康王洪度秦王洪熙晉王洪昌越王洪弼齊王洪雅韶王洪澤鎮王洪操萬王洪杲循王洪暐息王洪邈高王洪簡同王洪建益王洪濟辯王洪道貴王洪照宜王洪政通王洪益定王九年遣將軍孫德成攻蒙州不克十年交州牙將皎公羨殺楊廷藝自立廷藝故將吳權攻交州公羨來乞師龑封洪操交王出兵白藤以攻之龑以兵駐海門權已殺公羨逆戰海口植鐵橛海中權兵乘潮而進洪操逐之潮退舟還轢橛者皆覆洪操戰死龑收餘衆而還十五年龑卒年五十四謚天皇大帝廟號高祖陵曰康

陵子玢立

玢初名洪度封秦王龑子耀樞龜圖皆早死玢次當立龑病臥寢中召右僕射王翻與語呼洪度洪熙小字曰壽雋雖長然皆不足任吾事惟洪昌類我吾欲立之柰何吾子孫不肖後世如鼠入牛角勢當漸小爾因泣下歔欷翻爲龑謀出洪度以邕州洪熙容州然後立洪昌爲太子議已定崇文使蕭益入問疾龑以告之益諫曰少者得立長者爭之禍始此矣由是洪度卒得立更名玢改元曰光天尊母趙昭儀爲皇太妃以晉王洪熙輔政玢立果不能任事龑在殯召伶人作樂飲酒宮中裸男女以爲樂或衣墨縗與娼女夜行出入民家由是山海間盜賊競起妖人張遇賢自稱中天八國王攻陷循州玢遣越王洪昌循王洪杲攻之遇賢圍洪昌等於錢帛館裨將萬景忻陳道庠力戰挾二王潰圍而走玢莫能省嶺東皆亂洪熙日益進聲妓誘玢爲荒恣玢亦頗疑諸弟圖已敕宦官守宮門入者皆露索洪熙洪杲洪昌陰遣陳道庠養勇士劉思潮譚令禋林少彊少良何昌延等習爲角觝以獻玢玢宴長春宮以閱之玢醉起道庠與思潮等隨至寢門拉殺之盡殺其左右玢立二年年二十四謚曰殤弟晟立

晟初名洪熙封晉王既弑玢遂自立改元曰應乾以洪昌爲兵馬元帥知政事洪杲副元帥劉思潮等封功臣晟既弑兄立不順懼衆不服乃益峻刑法以威衆已而洪杲屢請討賊陰勸晟誅思潮等以止外議晟大怒使使者夜召洪杲洪杲知不免乃留使者入具沐浴詣佛前祝曰洪杲誤念來生王宮今見殺矣後世當生民家以免屠害因涕泣與家人訣別然後赴召至則殺之冬晟祀天南郊改元曰乾和羣臣上尊號曰大聖文武大明至道大光孝皇帝二年夏遣洪昌祠襄帝陵於海曲至昌華宮晟使盜刺殺之晟自殺洪杲由是與諸弟有隙而洪昌最賢龑素所欲立者晟尤忌之故先及害鎭王洪澤居邕州有善政是歲鳳皇見邕州晟怒使人酖殺之而諸弟相次皆見殺三年殺其弟洪雅又殺劉思潮等五人思潮等死陳道庠懼不自安其友鄧伸以荀悅漢紀遺之道庠莫能曉伸罵曰憨獠韓信誅而彭越醢皆在此書矣道庠悟益懼晟聞之大怒以道庠伸下獄皆斬於市夷其族以右僕射王翻爲英州刺史使人殺之於路五年晟弟洪弼洪道洪益洪濟洪簡洪建洪暐洪照同日皆見殺六年遣工部郎中知制誥鍾允章聘楚以求婚楚不許允章還晟曰馬公復能經略南土乎是時馬希廣新立希萼起兵武陵湖南大亂允章具言楚可攻之狀晟乃遣巨象指揮使吳珣內侍吳懷恩攻賀州已克之楚人來救珣鑿大阱於城下覆箔於上以土傅之楚兵逼城悉陷阱中死者數千楚人皆走珣等攻桂州及連宜嚴梧蒙五州皆克之掠全州而還九年冬又遣內侍潘崇徹攻郴州李景兵亦在與崇徹等遇戰大敗景兵於宜章遂取郴州晟益得志遣巨艦指揮使暨彥贇以兵入海掠商人金帛作離宮游獵故時劉氏有南宮大明昌華甘泉玩華秀華玉淸太微諸宮凡數百不可悉紀宦者林延遇宮人盧瓊仙內外專恣爲殺戮晟不復省嘗夜飲大醉以瓜置伶人尚玉樓項拔劒斬之以試劒因并斬其首明日酒醒復召玉樓侍飲左右白已殺之晟歎息而已十年湖南王進逵以兵五萬率溪洞蠻攻郴州潘崇徹敗逵於蠔石斬首萬餘級十一年晟病甚封其子繼興衞王旋興桂王慶興荆王保興辯王崇興梅王十二年晟親耕藉田交州吳昌濬遣使稱臣求節鉞昌濬者權子也權自龑時據交州龑遣洪操攻之洪操戰死遂棄不復攻權死子昌岌立昌岌卒弟昌濬立始稱臣於晟晟遣給事中李璵以旌節招之璵至白州昌濬使人止璵曰海賊爲亂道路不通璵不果行晟殺其弟洪邈十三年又殺其弟洪政於是龑之諸子盡矣顯德三年世宗平江北晟始惶恐遣使修貢於京師爲楚人所隔使者不得行晟憂形於色又嘗自言知星末年月食牛女間出書占之歎曰吾當之矣因爲長夜之飲十六年卜葬域於城北運甓爲壙晟親臨視之是秋卒年三十九謚曰文武光聖明孝皇帝廟號中宗陵曰昭陵子鋹立

鋹初名繼興封衞王晟卒以長子立改元曰大寶鋹性剛忌不能任臣下而獨任其嬖倖宦官宮婢延遇瓊仙等至鋹尤愚以謂羣臣皆自有家室顧子孫不能盡忠惟宦者親近可任遂委其政於宦者龔澄樞陳延壽等至其羣臣有欲用者皆閹然後用澄樞等既專政鋹乃與宮婢波斯女等淫戲後宮不復出省事延壽又引女巫樊胡子自言玉皇降胡子身鋹於內殿設帳幄陳寶貝胡子冠遠遊冠衣紫霞裾坐帳中宣禍福呼鋹爲太子皇帝國事皆決於胡子盧瓊仙龔澄樞等爭附之胡子乃爲鋹言澄樞等皆上天使來輔太子有罪不可問尚書左丞鍾允章參政事深嫉之數請誅宦官宦官皆仄目二年鋹祀天南郊前三日允章與禮官登壇四顧指麾宦者許彥眞望見之曰此謀反耳乃拔劒升壇允章迎叱之彥眞馳走告允章反鋹下允章獄遣禮部尚書薛用丕治之允章與用丕有舊因泣下曰吾今無罪自誣以死固無恨然吾二子皆幼不知父冤俟其長公可告之彥眞聞之罵曰反賊欲使而子報讎邪復入白鋹并捕二子繫獄遂族誅之陳延壽謂鋹曰先帝所以得傳陛下者由盡殺羣弟也勸鋹稍誅諸王鋹以爲然殺其弟桂王璇興是歲建隆元年也鋹將邵廷琄言於鋹曰漢乘唐亂居此五十年幸中國有故干戈不及而漢益驕於無事今兵不識旗鼓而人主不知存亡夫天下亂久矣亂久而治自然之勢也今聞眞主已出必將盡有海內其勢非一天下不能已勸鋹修兵爲備不然悉珍寶奉中國遣使以通好鋹憯然莫以爲慮惡廷琄言直深恨之四年芝菌生宮中野獸觸寢門苑中羊吐珠井旁石自立行百餘步而仆樊胡子皆以爲符瑞諷羣臣入賀五年鋹以宦者李托養女爲貴妃專寵托爲內太師居中專政許彥眞既殺鍾允章惡龔澄樞等居已上謀殺之澄樞使人告彥眞反族誅之七年王師南伐克郴州晟所遣將暨彥贇與其刺史陸光圖皆戰死餘衆退保韶州鋹始思廷琄言遣廷琄以舟兵出洸口抗王師會王師退舍廷琄訓士卒修戰備嶺人倚以爲良將有譖者投無名書言廷琄反鋹遣使者賜死士卒排軍門見使者訴廷琄無反狀不能救爲立祠於洸口八年交州吳昌文卒其佐呂處玶與峯州刺史喬知祐爭立交趾大亂驩州丁璉舉兵擊破之鋹授璉交州節度九年南海民妻生子兩首四臂是時太祖皇帝詔李煜諭鋹使稱臣鋹怒囚煜使者龔愼儀十三年詔潭州防禦使潘美出師師次白霞鋹遣龔澄樞守賀州郭崇岳守桂州李托守韶州以備是歲秋潘美平賀州十月平韶州又平桂州十一月平連州鋹喜曰韶桂連賀本屬湖南今北師取之足矣其不復南也其愚如此十二月平韶州開寶四年正月平英雄二州鋹將潘崇徹先降師次瀧頭鋹遣使請和求緩師二月師度馬逕鋹遣其右僕射蕭漼奉表降漼行鋹惶迫復令整兵拒命美等進師鋹遣其弟祥王保興率文武詣美軍降不納龔澄樞李托等謀曰北師之來利吾國寶貨爾焚爲空城師不能駐當自還也乃盡焚其府庫宮殿鋹以海船十餘悉載珍寶嬪御將入海宦官樂範竊其舟以逃歸師次白田鋹素衣白馬以降獻俘京師赦鋹爲左千牛衞大將軍封恩赦侯其後事具國史隱興滅年世諸書皆同蓋自唐天祐二年隱爲廣州節度使至宋開寶四年國滅凡六十七年舊五代史以梁貞明三年龑僭號爲始故曰五十五年[illegible]

五代史卷六十五考證

劉鋹傳十二月平韶州○上文已書十月平韶州又平桂州此復云平韶州當必有誤但各本俱同姑仍之

五代史卷六十六

宋 歐陽修 撰

楚世家第六

馬殷字霸圖許州鄢陵人也唐中和三年蔡州秦宗權遣孫儒劉建峯將兵萬人屬其弟宗衡略地淮南殷初爲儒裨將宗衡等攻楊行密於揚州未克梁兵方急攻宗權宗權數召儒等儒不欲還宗衡屢趣之儒怒殺宗衡自將其兵取高郵遂逐行密行密據宣州儒以兵圍之久不克遣殷與建峯掠食旁縣儒戰敗死殷等無所歸乃推建峯爲帥殷爲先鋒轉攻豫章略虔吉有衆數萬乾寧元年入湖南次醴陵潭州刺史鄧處訥發邵州兵戍龍回關建峯等至關降其戍將蔣勛建峯取勛鎧甲被先鋒兵張其旗幟直趨潭州至東門東門守者以爲關兵戍還開門內之遂殺處訥建峯自稱留後昭宗授建峯湖南節度使殷爲馬步軍都指揮使蔣勛求爲邵州刺史建峯不與勛率兵攻湘鄉建峯遣殷擊勛於邵州建峯庸人不能帥其下常與部曲飲酒讙呼軍卒陳贍妻有色建峯私之贍怒以鐵檛擊殺建峯軍中推行軍司馬張佶爲帥佶將入府乘馬輒踶齧傷佶髀佶臥病語諸將曰吾非汝主也馬公英勇可共立之諸將乃共殺贍磔其尸遣姚彥章迎殷於邵州殷至佶乘肩輿入府殷拜謁於庭中佶召殷上乃率將吏下北面再拜以位與之時乾寧三年也唐拜殷潭州刺史殷遣其將秦彥暉李瓊等攻連邵郴衡道永六州皆下之桂管劉士政懼遣其將陳可璠王建武等率兵守全義嶺殷遣使聘于士政使者至境上可璠等不納殷怒遣瓊等以兵七千攻之擒可璠等及其兵二千餘人悉阬之遂圍桂管虜士政盡取其屬州殷表瓊桂管觀察使四年拜殷武安軍節度使初孫儒敗於宣州殷弟賨爲楊行密所執行密收儒餘兵爲黑雲都以賨爲指揮使賨從

行密攻戰數有功，爲人質重未嘗自矜，行密愛之，問賓誰家子，賓曰馬殷弟也。行密大驚曰：汝兄貴矣，吾今歸汝可乎？賓不對。他日又問之，賓謝曰：臣孫儒敗卒也，幸公待以不死，非殺身不足報。湖南隣境，朝夕聞殷動靜足矣，不願去也。行密歎曰：昔吾愛子之貌，今吾得子之心矣。然勉爲吾合二國之懽，通商賈，易有無以相資，亦所以報我也。乃厚禮遣賓歸。殷大喜，表賓節度副使。行密遣其將劉存等攻杜洪，圍鄂州，殷遣秦彥暉、許德勳以舟兵救之。已而杜洪敗死，存等遂攻殷，殷遣秦彥暉拒於上流，偏將黃璠以舟三百伏瀏陽口。存等屢戰不勝，乃致書于殷以求和，殷欲許之，彥暉曰：淮人多詐，將怠我師，不可信。急擊之，存等退走，黃璠以瀏陽舟截江合擊，大敗之，劉存及陳知新戰死，彥暉取岳州。梁太祖卽位，殷遣使修貢，太祖拜殷侍中兼中書令，封楚王。荆南高季昌以兵斷漢口，邀殷貢使，殷遣許德勳攻其沙頭，季昌求和乃止。楊行密袁州刺史呂師周來奔。師周勇健豪俠，頗通緯候兵書，自言五世將家，懼不能免，常與酒徒聚飲，醉則起舞，悲歌慷慨泣下。行密聞之，疑其有異志，使人察其動靜。師周益懼，謂其裨將綦母章曰：吾與楚人爲敵境，吾常望其營上雲氣甚佳，未易敗也。吾聞馬公仁者，待士有禮，吾欲逃死於楚可乎？章曰：公自圖之，章舌可斷，語不泄也。師周以兵獵境上，乃奔於楚，綦母章縱其家屬隨之。殷聞師周至，大喜曰：吾方南圖嶺表而得此人，足矣。以爲馬步軍都指揮使，率兵攻嶺南，取昭、賀、梧、蒙、龔、富等州，殷表師周昭州刺史。朗州雷彥恭召吳人攻平江，許德勳擊敗之。殷遣秦彥暉攻朗州，彥恭奔于吳，執其弟彥雄等七人送于梁。於是澧州向瓌、辰州宋鄴、漵州昌師益等率溪洞諸蠻皆附于殷。殷請升朗州爲永順軍，表張佶節度使。殷乃請依唐太宗故事，開天册府，置官屬。太祖拜殷天册上將軍。殷以其弟賓爲左相，存爲右相，廖光圖等十八人爲學士。末帝時，加殷武安、武昌、靜江、寧遠等軍節度使，洪鄂四面行營都統。唐莊宗滅梁，殷遣其子希範修貢京師，上梁所授都統印。莊宗問洞庭廣狹，希範對曰：車駕南巡，纔堪飲馬爾。莊宗嘉之。莊宗平蜀，殷大懼，表求致仕，莊宗下璽書慰勞之。明宗卽位，遣使修貢并賀。明年正月，荆南高季昌執其貢使史光憲，殷遣袁詮、王環等攻之，至其城下，季昌求和乃止。殷初兵力尙寡，與楊行密、成汭、劉龔等爲敵國，殷患之，問策於其將高郁。郁曰：成汭地狹兵寡，不足爲吾患，而劉龔志在五管而已。楊行密孫儒之仇，雖以萬金交之，不能得其懽心。然尊王仗順，霸者之業也。今宜內奉朝廷以求封爵，而外誇隣敵，然後退修兵農，畜力而有待爾。於是殷始修貢京師，然歲貢不過所產茶茗而已。乃自京師至襄、唐、郢、復等州置邸務以賣茶，其利十倍。郁又諷殷鑄鉛鐵錢，以十當銅錢一。又令民自造茶以通商旅，而收其算，歲入萬計。由是地大力完，數邀封爵。天成二年，請建行臺。明宗封殷楚國王。有司言無封國王禮，請如三公用竹册，乃遣尙書右丞李序持節以竹册封之。殷以潭州爲長沙府，建國承制，自置官屬，以其弟賓爲靜江軍節度使，子希振武順軍節度使，次子希聲判內外諸軍事，姚彥章爲左相，許德勳爲右相，李鐸爲司徒，崔穎爲司空，拓拔常爲僕射，馬珙爲尙書，文武皆進位。諡其曾祖筠曰文肅，祖正曰莊穆，父元豐曰景莊，立三廟于長沙。長興元年，殷卒，年七十九。詔曰：馬殷官爵俱高，無以爲贈。諡曰武穆而已。子希聲立。

希聲字若訥，殷次子也。殷建國，以希聲判內外諸軍事。荆南高季昌聞殷將高郁素教殷以討策，而楚以彊，患之，嘗使諜者行間於殷，殷不聽。希聲用事，諜者語希聲曰：季昌聞楚用高郁，大喜，以爲亡馬氏者必郁也。希聲素愚，以爲然，遽奪郁兵職。郁怒曰：吾事君王久矣，亟營西山將老焉，犬子漸大，能咋人矣。希聲聞之，矯殷令殺郁。殷老不復省事，莫知郁死。是日大霧四塞，殷怪之，語左右曰：吾嘗從孫儒，儒每殺不辜，天必大霧，豈馬步獄有冤死乎？明日，吏以狀白，殷拊膺大哭曰：吾荒耄如此，而殺吾勳舊！顧左右曰：吾亦不久於此矣。明年殷薨，希聲立，授武安、靜江等軍節度使。希聲嘗聞梁太祖好食雞，慕之，乃日烹五十雞以供膳。葬殷上潢，希聲不入泣，頓食雞肉數器而起。其禮部侍郎潘起譏之曰：昔阮籍居喪而食蒸豚，世豈乏賢邪！長興三年，希聲卒，追封衡陽王。弟希範立。

希範字寶規，殷第四子也。殷子十餘人，嫡子希振長而賢，其次希聲與希範同日生，而希聲母袁夫人有美色，希聲以母寵得立，而希振棄官爲道士，居于家，故希聲卒而希範以次立，襲殷官爵，封楚王。淸泰二年，賜以弓矢冠劍。天福四年，加希範天册上將軍，開封承制，如殷故事。希範好學，善詩，文士廖光圖、徐仲雅、李皐、拓拔常等十八人皆故殷時學士。希範性奢侈，光圖等皆薄徒，飲博讙呼，獨常沉厚長者，上書切諫，光圖等惡之。襄州安從進、安州李金全叛，晉高祖詔希範出兵，希範遣張少敵以舟兵趨漢陽，潰米五萬斛以饋軍。金全等敗，少敵乃旋。溪州刺史彭士然率錦、獎諸蠻攻澧州，希範遣劉勍、劉全明等以步卒五千擊之，士然大敗。勍等攻溪州，士然走奬州，遣其子師暠率諸蠻酋降于勍。溪州西接牂牁兩林，南通桂林象郡，希範乃立銅柱爲表，命學士李皐銘之。於是南寧州酋長莫彥殊率其本部十八州，都雲酋長尹懷昌率其昆明等十二部，牂牁張萬濬率其夷播等七州，皆附於希範。希範作會春園、嘉宴堂，其費鉅萬，始加賦於國中，拓拔常切諫以爲不可。希範又作九龍殿，以八龍繞柱，自言身一龍也。是時契丹滅晉，中國大亂，希範牙將丁思覲廷諫希範曰：先王起卒伍，以攻戰而得此州，倚朝廷以制隣敵，傳國三世，有地數千里，養兵十萬。今天子囚辱，中國無主，眞霸者立功之時，誠能悉國之兵，出荆襄以趨京師，倡義於天下，此桓文之業也。奈何耗國用而窮土木，爲兒女子之樂乎！希範謝之。思覲瞋目視希範曰：孺子終不可教也！乃扼喉而死。開運四年，希範卒，年四十九，諡曰文昭。希廣立。

希廣字德丕，希範同母弟也。希範平生惡拓拔常諫諍，常入謁，希範呼閽者指常曰：吾不欲見此人，勿復內也。乃謝絕之。及卧病，始思常言，以爲忠，召之，託以希廣。希範卒，常數勸希廣以位奉其兄希萼，希廣不從。希萼爲朗州節度使，希範之卒，希萼自朗州來奔喪，希廣將劉彥瑫謀曰：武陵之來，其意不善，宜出兵迎之，以備非常，使其解甲釋兵而後入。張少敵、周廷誨曰：王能與之則已，不然宜早除之。希廣泣曰：吾兄也，焉忍殺之？分國而治可也。乃以兵迎希萼於硤石，止之於碧湘宮，厚賂以遣之。希萼憤然而去，乃遣使詣京師求封爵，請置邸稱藩。漢隱帝不許，降璽書慰勞講解之。希萼怒送款於李景，舉兵攻長沙。希廣遣劉彥瑫、許可瓊等禦之，彥瑫敗希萼於僕射洲。希萼去，誘溪洞諸蠻寇益陽，希廣遣崔洪璉以步卒七千屯湘鄉玉潭以遏諸蠻，劉彥瑫以舟兵趨武陵攻希萼，彥瑫敗於湄洲。希廣大懼，遣使請兵于京師，漢隱帝不能出師。希萼率舟兵沿江而上，自號順天將軍，攻岳州，刺史王贇堅城不戰。希萼呼贇曰：吾昔約君同行，今何異心乎？贇曰：君王兄弟不相容，而責將吏異心乎？願君王入長沙，不傷同氣，臣其敢不盡節！希萼引兵去，下湘鄉，至長沙，屯水西，劉彥瑫、許可瓊屯水東。彭師暠登城望水西軍，入白希廣曰：武陵兵驕，雜以蠻蜑，其勢易破，請令可瓊等陣山前，臣以步兵三千自巴溪渡江趨岳麓，後夜擊之。希廣以爲可。而可瓊巳陰送欵於希萼，遂沮其議。明日，師暠詣可瓊計事，瞋目叱之曰：視汝反文在面，豈欲投賊乎？拂衣而出，急白希廣請殺之，希廣不聽。希萼攻長樂門，牙將吳宏、楊滌戰于門中，希萼少卻。已而許可瓊奔于希萼，宏、滌聞之皆潰。希廣率妻子匿于慈堂，明日擒之。希萼見之，惻然曰：此鈍夫也，豈能爲惡，徒爲左右惑之爾。顧其下曰：吾欲活之，如何？其下皆不對，遂縊殺之。乾祐三年，希萼自立。明年，漢隱帝崩，京師大亂，希萼遂臣於李景，景册封希萼楚王。希萼悉以軍政任其弟希崇，希崇與楚舊將徐威、陸孟俊、魯縚等謀作亂。希萼置酒端陽門，希崇辭以疾，威等縱惡馬十餘匹，以壯士執檛隨之，突入其府，劫庫兵，縛希萼，迎希崇以立。希崇遣彭師暠、廖偃囚希萼於衡山，師暠奉希萼爲衡山王，臣於李景。希崇懼，亦請命於景，景遣邊鎬入楚，盡遷馬氏之族于金陵，時周廣順元年也。景封希萼楚王，居洪州，希崇領舒州節度使，居揚州。顯德三年，世宗征淮，下揚州，下詔撫安馬氏子孫。已而揚州復入于景，希崇率其兄弟十七人歸京師，拜右羽林統軍，希能左屯衛大將軍，希貫右千牛衛大將軍，希隱、希濬、希知、希朗皆爲節度行軍司馬。

劉言，吉州廬陵人也。王進逵，武陵人也。言初事刺史彭玕，從玕奔楚，事希範爲辰州刺史。進逵少爲靜江軍卒，事希萼爲指揮使。希萼攻希廣，以進逵爲先鋒，陷長沙。長沙遭亂殘毁，希萼使進逵以靜江兵營緝之，兵皆愁怨，進逵因擁之夜以長柯巨斧斫關，奔歸武陵。希萼方醉不能省，明旦遣將唐翥追之，及于武陵，翥戰大敗而還。進逵乃逐出留後馬光惠，迎言於辰州以爲師，進逵自爲副。已而希萼將徐威等作亂，縛希萼而立希崇，湖南大亂，李景遣邊鎬入楚，遷馬氏于金陵，因幷召言，言不從，遣進逵與行軍司馬何景眞等攻鎬於長沙，鎬敗走。周廣順三年，言奉表京師，以邀封爵，又言長沙殘破不可居，請移治所於武陵，周太祖皆從之，乃升朗州爲武平軍，在武安軍上，以言爲節度使，因以武安授進逵。進逵自以言已所迎立，不爲之下，言患之，二人始有隙，欲相圖。進逵謀曰：言將可用者不過何景眞、朱全琇爾，召而殺之，言可取也。是時劉晟取楚梧、桂、宜、蒙等州，進逵因白言召景眞等會兵攻晟，言信之，遣景眞、全琇往，至皆見殺。乃舉兵襲武陵，執言殺之，奉表京師。周太祖卽以進逵爲武平軍節度使。世宗征淮南，授進逵南面行營都統。進逵攻鄂州，過岳州，岳州刺史潘叔嗣，進逵故時同列，待進逵甚謹，進逵左右就叔嗣求賂，叔嗣不與左右讒其短進逵面罵之叔嗣懟恨語其下曰進逵戰勝而還吾無遺類矣進逵入鄂州方攻下長山叔嗣以兵襲武陵進逵聞之輕舟而歸與叔嗣戰武陵城外進逵敗見殺

周行逢武陵人也與王進逵俱爲靜江軍卒事希萼爲軍校進逵攻邊鎬行逢別破益陽殺李景兵二千餘人擒其將李建期進逵爲武安軍節度使拜行逢集州刺史爲進逵行軍司馬進逵與劉言有隙行逢爲畫謀策遂襲殺言進逵據武陵行逢據潭州顯德元年拜行逢武清軍節度使權知潭州軍府事潘叔嗣殺進逵或勸其入武陵叔嗣曰吾殺進逵救死而已武陵非吾利也乃還岳州遣其客將李簡率武陵人迎行逢於潭州行逢入武陵或請以潭州與叔嗣行逢曰叔嗣殺主帥罪當死以其迎我未忍殺爾若與武安是吾使之殺王公也召以爲行軍司馬叔嗣怒稱疾不至行逢怒曰是又欲殺我矣乃陽以武安與之召使至府受命至則殺之行逢故武陵農家子少貧賤無行多慷慨大言及居武陵能儉約自勉勵而性勇敢果於殺戮麾下將吏素恃功驕慢者一以法繩之大將十餘人謀爲亂行逢召宴諸將酒半以壯士擒下斬之一境皆畏服民過無大小皆死夫人嚴氏諫曰人情有善惡安得一槩殺之乎行逢怒曰此外事婦人何知嚴氏不悅紿曰家田佃戶以公貴頗不力農多恃勢以侵民請往視之至則營居以老歲時衣青裙押佃戶送租入城行逢往就見之勞曰吾貴矣夫人何自苦邪嚴氏曰公思作戶長時乎民租後時常苦鞭朴今貴矣宜先期以率衆安得遂忘壠畝間乎行逢彊邀之以羣妾擁升肩輿嚴氏卒無留意因曰公用法太嚴而失人心所以不欲留者一旦禍起田野間易爲逃死爾行逢爲少損建隆三年行逢病召其將吏以其子保權屬之曰吾起壠畝爲團兵同時十人皆以誅死惟衡州刺史張文表獨存然常怏怏不得行軍司馬吾死文表必叛當以楊師璠討之如其不能則嬰城勿戰自歸於朝廷行逢卒子保權立文表聞之怒曰行逢與我起微賤而立功名今日安能北面事小兒乎遂舉兵叛攻下潭州保權乞師於朝廷亦命楊師璠討文表告以先人之言感激涕泣師璠亦泣顧其軍曰汝見郎君乎年未成人而賢若此軍士奮然皆思自効師璠至平津亭文表出戰大敗之初保權之乞師也太祖皇帝遣慕容延釗討文表未至而文表爲師璠所執延釗兵入朗州保權舉族朝于京師其後事具國史自殿

唐乾寧二年入湖南至周廣順元年凡五十七年餘具年譜註

五代史卷六十六考證

劉言王進逵附傳進逵因白言召景真等會兵攻晟○監本兵作攻攻作破俱訛也

周行逢傳夫人嚴氏○臣文淸按宋通鑑作夫人鄧氏未知孰是

五代史卷六十七

宋　歐　陽　修　撰

吳越世家第七

錢鏐字具美杭州臨安人也臨安里中有大木鏐幼時與羣兒戲木下鏐坐大石指麾羣兒爲隊伍號令頗有法羣兒皆憚之及壯無賴不喜事生業以販鹽爲盜縣錄事鍾起有子數人與鏐飲博起嘗禁其諸子諸子多竊從之遊豫章人有善術者望牛斗間有王氣牛斗錢塘分也因遊錢塘占之在臨安乃之臨安以相法隱市中陰求其人起與術者善術者私謂起曰占君縣有貴人求之市中不可得視君之相貴矣然不足當之起乃爲置酒悉召縣中賢豪爲會陰令術者徧視之皆不足當術者過起家鏐適從外來見起反走術者望見之大驚曰此眞貴人也起笑曰此吾旁舍錢生爾術者召鏐至熟視之顧起曰君之貴者因此人也乃慰鏐曰子骨法非常願自愛因與起訣曰吾求其人者非有所欲也直欲質吾術爾明日乃去起始縱其子等與鏐遊時時貸其窮乏鏐善射與槊稍通圖緯諸書唐乾符二年浙西裨將王郢作亂石鑑鎮將董昌募鄉兵討賊表鏐偏將擊郢破之是時黃巢衆已數千攻掠浙東至臨安鏐曰今鎮兵少而賊兵多難以力禦宜出奇兵邀之乃與勁卒二十人伏山谷中巢先鋒度險皆單騎鏐伏弩射殺其將巢兵亂鏐引勁卒蹂之斬首數百級鏐曰此可一用爾若大衆至何可敵邪乃引兵趨八百里八百里地名也告道旁媼曰後有問者告曰臨安兵屯八百里矣巢衆至聞媼語不知其地名皆曰嚮十餘卒不可敵況八百里乎遂急引兵過都統高駢聞巢不敢犯臨安壯之召董昌與鏐俱至廣陵久之駢無討賊意昌等不見用辭還駢表昌杭州刺史是時天下已亂昌乃團諸縣兵爲八都以鏐爲都指揮使成及爲靖江都將中和二年越州觀察使劉漢宏與昌有隙漢宏遣其弟漢宥都虞候辛約屯兵西陵鏐率八都兵渡江竊敵軍號斫其營營中驚擾因焚之漢宥等皆走漢宏復遣將黃珪何肅屯諸暨蕭山鏐皆攻破之與漢宏遇戰大敗之殺何肅辛約漢宏易服持膾刀以遯追者及之漢宏曰我宰夫也舉刀示之乃免四年僖宗遣中使焦居璠爲杭越通和使詔昌及漢宏罷兵皆不奉詔漢宏遣其將朱褒韓公玫施堅實等以舟兵屯望海鏐出平水成及夜率奇兵破褒等於曹娥埭進屯豐山施堅實等降遂攻破越州漢宏走台州台州刺史執漢宏送於鏐斬于會稽族其家鏐乃奏昌代漢宏而自居杭州光啓三年拜鏐左衛大將軍杭州刺史昌越州觀察使是歲畢師鐸囚高駢淮南大亂六合鎮將徐約攻取蘇州潤州牙將劉浩逐其帥周寶寶奔常州浩推度支催勘官薛朗爲帥鏐遣都將成及杜稜等攻常州取周寶以歸鏐具軍禮郊迎館寶於樟亭寶病卒稜等進攻潤州逐劉浩執薛朗剖其心以祭寶然後遣其弟銶攻徐約約敗走入海追殺之昭宗拜鏐杭州防禦使是時楊行密孫儒爭淮南與鏐戰蘇常間久之儒爲行密所殺行密據淮南取潤州而鏐亦取蘇常唐升越州威勝軍以董昌爲節度使封隴西郡王杭州武威軍拜鏐都團練使以成及爲副使及字弘濟與鏐同事攻討謀多出於及而鏐以女妻及子仁琇鏐乃以杜稜阮結顧全武等爲將校沈崧皮光業林鼎羅隱爲賓客景福二年拜鏐鎮海軍節度使潤州刺史乾寧元年加同中書門下平章事二年越州董昌反昌素愚不能決事臨民訟以骰子擲之而勝者爲直妖人應智王溫巫韓媪等以妖言惑昌獻鳥獸爲符瑞牙將倪德儒謂昌曰曩時謠言有羅平鳥主越人禍福民間多圖其形禱祠之視王書名與圖類因出圖以示昌昌大悅乃自稱皇帝國號羅平改元順天分其兵爲兩軍中軍衣黃外軍衣白銘其衣曰歸義副使黃竭切戒昌以爲不可昌大怒使人斬竭持其首至罵曰此賊負我好聖明時三公不肯作乃自求死邪投之圊中昌乃以書告鏐鏐以昌反狀聞昭宗下詔削昌官爵封鏐彭城郡王浙江東道招討使鏐曰董氏於吾有恩不可遽伐乃以兵三萬屯迎恩門遣其客沈滂諭昌使改過昌以錢二百萬犒軍執應智等送軍中自請待罪鏐乃還兵昌復拒命遣其將陳郁崔溫等屯香嚴石侯乞兵於楊行密行密遣安仁義救昌鏐遣顧全武攻昌斬崔溫昌所用諸將徐珣湯臼袁邠等皆庸人不知兵遇全武輒敗昌兄子眞驍勇善戰全武等攻之逾年不能克眞與其裨將刺羽有隙刺羽譖之昌殺眞兵乃敗全武執昌歸杭州行至西小江昌顧其左右曰吾與錢公俱起鄉里吾嘗爲大將今何面復見之乎左右相對泣下因瞋目大呼投水死昭宗以宰相王溥鎮越州溥請授鏐乃改威勝軍爲鎮東軍拜鏐鎮海鎮東軍節度使加檢校太尉中書令賜鐵券恕九死鏐如越州受命還治錢塘號越州爲東府光化元年移鎮海軍於杭州加鏐檢校太師改鏐鄉里曰廣義鄉勳貴里鏐素所居營曰衣錦營婺州刺史王壇叛附于淮南楊行密遣其將康儒應壇因攻睦州鏐遣其弟銶敗儒於軒渚壇奔宣州昭宗詔鏐圖形凌煙閣升衣錦營爲衣錦城石鑑山曰衣錦山大官山曰功臣山鏐游衣錦城宴故老山林皆覆以錦號其幼所嘗戲大木曰衣錦將軍天復二年封鏐越王鏐巡衣錦城武勇右都指揮使徐綰與左都指揮使許再思叛焚掠城郭攻內城鏐子傳瑛及其將馬綽陳爲等閉門拒之鏐歸至北郭門不得入成及代鏐與綰戰斬首百餘級綰屯龍興寺鏐微服踰城而入遣馬綽王榮杜建徽等分屯諸門使顧全武備東府全武曰東府不足慮可慮者淮南爾綰急必召淮兵淮兵至患不細矣楊公大丈夫今以難告必能閔我鏐以爲然全武曰獨行事必不濟請擇諸公子可行者鏐曰吾嘗欲以元璙婚楊氏乃使隨全武如廣陵綰果召田頵於宣州全武等至廣陵行密以女妻元璙亟召頵還頵取鏐錢百萬質鏐子元瓘而歸天祐元年封鏐吳王鏐建功臣堂立碑紀功列賓佐將校名氏於碑陰者五百人四年升衣錦城爲安國衣錦軍梁太祖卽位封鏐吳越王兼淮南節度使客有勸鏐拒梁命者鏐笑曰吾豈失爲孫仲謀邪遂受之太祖嘗問吳越進奏吏曰錢鏐平生有所好乎吏曰好玉帶名馬太祖笑曰眞英雄也乃以玉帶一匣打毬御馬十匹賜之江西危全諷等爲楊渥所敗信州危仔倡奔於鏐鏐惡其姓改曰元開平二年加鏐守中書令改臨安縣爲安國縣廣義鄉爲衣錦鄉三年加守太保楊渥將周本陳章圍蘇州鏐遣其弟鋸鏢救之淮兵爲水柵環城以銅鈴繫網沉水中斷潛行者水軍卒司馬福多智而善水行乃先以巨竹觸網淮人聞鈴聲遂舉網福乃過入城中其出也亦然乃取其軍號內外夾攻號令相應淮人以爲神遂大敗之本等走擒其將閭丘直何明等四年鏐游衣錦軍作還鄉歌曰三節還鄉兮掛錦衣父老遠來相追隨

牛斗無孛人無欺吳越一王駟馬歸乾化元年加鏐守尚書令兼淮南宣潤等道四面行營都統立生祠於衣錦軍鏐弟鏢居湖州擅殺戍將潘長懼罪奔于淮南二年梁郢王友珪立冊尊鏐尚父末帝貞明三年加鏐天下兵馬都元帥開府置官屬四年楊隆演取虔州鏐始由海路入貢京師龍德元年賜鏐詔書不名唐莊宗入洛鏐遣使貢獻求玉冊莊宗下其議於有司羣臣皆以謂非天子不得用玉冊郭崇韜尤爲不可既而許之乃賜鏐玉冊金印鏐因以鎭海等軍節度授其子元瓘自稱吳越國王更名所居曰宮殿府曰朝官屬皆稱臣起玉冊金券詔書三樓於衣錦軍遣使冊新羅渤海王海中諸國皆封拜其君長明宗初卽位安重誨用事鏐致書重誨書辭嫚重誨大怒是時供奉官烏昭遇韓玫使吳越既還玫誣昭遇稱臣舞蹈重誨乃奏削鏐王爵元帥尚父以太師致仕元瓘等遣人以絹表間道自陳安重誨死明宗乃復鏐官爵長興三年鏐卒年八十一謚曰武肅子元瓘立

元瓘字明寶少爲質於田頵頵叛於吳楊行密會越兵攻之頵每戰敗歸卽欲殺元瓘頵母常蔽護之後頵將出語左右曰今日不勝必斬錢郎是日頵戰死元瓘得歸鏐臥病召諸大將告之曰吾子皆愚懦不足任後事吾死公等自擇之諸將泣下皆曰元瓘從王征伐最有功諸子莫及請立之鏐乃出莞鑰數篋召元瓘與之曰諸將許爾矣鏐卒元瓘立襲封吳越國王玉冊金印皆如鏐故事王延政自立於建州閩中大亂元瓘遣其將仰詮薛萬忠等攻之逾年大敗而歸元瓘亦善撫將士好儒學善爲詩使其國相沈崧置擇能院選吳中文士錄用之然性尤奢侈好治宮室天福六年杭州大火燒其宮室迨盡元瓘避之火輒隨發元瓘大懼因病狂是歲卒年五十五謚曰文穆子佐立

佐字祐立時年十三諸將皆少佐佐初優容之諸將稍不法佐乃黜其大將章德安於明州李文慶於睦州殺內都監杜昭達統軍使闞璠由是國中皆畏恐王延羲延政兄弟相攻卓儼明朱文進李仁達等自相篡殺連兵不解者數年仁達附于李景已而又叛景兵攻之仁達求救於佐佐召諸將計事諸將皆不欲行佐奮然曰吾爲元帥而不能舉兵邪諸將皆吾家素畜養獨不肯以身先我乎有異吾議者斬乃遣其統軍使張筠趙承泰等率兵三萬水陸赴之遣將誓軍號令齊整筠等大敗景兵俘馘萬計獲其將楊業蔡遇等遂取福州而還由是諸將皆服佐立七年襲封吳越國王玉冊金印皆如元瓘開運四年佐卒年二十謚曰忠獻弟俶立

俶字文德佐卒弟倧以次立初元瓘質於宣州以胡進思戴惲等自隨元瓘立用進思等爲大將佐既年少進思以舊將自待甚見尊禮及倧立頗卑侮之進思不能平倧大閱兵於碧波亭方第賞進思前諫以賞太厚倧怒擲筆水中曰以物與軍士吾豈私之何見咎也進思大懼歲除晝工獻鍾馗擊鬼圖倧以詩題圖上進思見之大悟知倧將殺己是夕擁衛兵廢倧囚於義和院迎俶立之遷倧于東府俶歷漢周襲封吳越國王賜玉冊金印世宗征淮南詔俶攻常宣二州以牽李景俶治國中兵以待景聞周師將大舉乃遣使安撫境上皆戒嚴蘇州候吏陳滿不知景使以謂朝廷已克諸州遣使安撫矣亟言於俶請舉兵以應俶相國吳程遽調兵以出相國元德昭以爲王師必未渡淮與程爭於俶前不可奪程等攻常州果爲景將柴克宏所敗程裨將邵可遷力戰可遷子死馬前猶戰不顧程等僅以身免周師渡淮俶乃盡括國中丁民益兵使邵可遷等以戰船四百艘水軍萬七千人至于通州以會期吳越自唐末有國而楊行密李昪據有江淮吳越貢賦朝廷遣使皆由登萊泛海歲常飄溺其使顯德四年詔遣左諫議大夫尹日就吏部郎中崔頌等使于俶世宗諭之曰朕此行決平江北卿等還當陸來也五年王師征淮正月克靜海軍而日就等果陸還世宗已平淮南遣使賜俶兵甲旗幟槖駝羊馬錢氏兼有兩浙幾百年其人比諸國號爲怯弱而俗喜淫侈偷生工巧自鏐世常重斂其民以事奢僭下至雞魚卵鷇必家至而日取每笞一人以責其負則諸案吏各持其簿列于廷凡一簿所負唱其多少量爲笞數已則以次唱而笞之少者猶積數十多者至笞百餘人尤不堪其苦又多掠得嶺南商賈寶貨當五代時常貢奉中國不絕及世宗平淮南宋興荆楚諸國相次歸命俶勢益孤始傾其國以事貢獻太祖皇帝時俶嘗來朝厚禮遣還國俶喜益以器服珍奇爲獻不可勝數太祖曰此吾帑中物爾何用獻爲太平興國三年詔俶來朝俶舉族歸于京師國除其後事具國史

嗚呼天人之際爲難言也非徒自古術者好奇而幸中至於英豪草竊亦多自託於妖祥豈其欺惑愚衆有以用之歟蓋其興也非有功德漸積之勤而黥髡盜販倔起於王侯而人亦樂爲之傳歟考錢氏之始終非有德澤施其一方而百年之際虐用其人甚矣其動於氣象者豈非其蘖歟是時四海分裂不勝其暴又豈皆然歟是皆無所得而推歟術者之言不中者多而中者少而人特喜道其中者與（鏐世興滅諸書皆同蓋自唐乾寧二年爲鎭海鎭東軍節度使兼有兩浙至皇朝太平興國三年國除凡八十四年）

五代史卷六十七考證

錢鏐傳鏐以昌反狀聞昭宗下詔削昌官爵封鏐彭城郡王浙江東道招討使鏐乃以兵三萬屯迎恩門昌執應智等送軍中自請待罪鏐乃還兵○臣文清按通鑑載鏐移書責昌昌不聽乃將兵三萬詣越州城下昌懼執首謀者送鏐請待罪鏐引兵還以狀聞又表請以本道兵討昌五月詔削董昌官爵委錢鏐討之以鏐爲浙東招討使據此則鏐以兵三萬詣越州城尚在未以狀聞之先而詔削昌官爵以鏐爲招討使又在鏐表請討昌之後與本紀異

俶傳錢氏兼有兩浙幾百年俗喜淫侈工巧自鏐世常重斂其民以事奢侈下至雞魚卵鷇必家至而日取○臣文清按通鑑胡三省注考異曰十國紀年謂鏐窮極侈靡末年荒恣尤甚賦斂苛暴人苦其政吳越備史稱鏐節儉衣衾用油布常膳惟甆漆器寢帳壞文穆夫人欲易以青繒鏐不許嘗除夜子孫鼓琴未數曲曰聞者以我爲長夜之飲也遽罷之又錢易家話稱鏐公宴不貳羹蔵衣必三澣然後易按錢鏐起于貧賤知民疾苦必不至窮極侈靡其奢汰暴斂之事蓋其子孫所爲也已上皆胡三省考異之說與世家所載大異

五代史卷六十八

宋　歐　陽　修　撰

閩世家第八

王審知字信通光州固始人也父恁世爲農兄潮爲縣史唐末群盜起壽州人王緒攻陷固始緒聞潮兄弟材勇召置軍中以潮爲軍校是時蔡州秦宗權方募士以益兵乃以緒爲光州刺史召其兵會擊黃巢緒遲留不行宗權發兵攻緒緒率衆南奔所至剽略自南康入臨汀陷漳浦有衆數萬緒性猜忌部將有才能者多因事殺之潮頗自懼軍次南安潮說其前鋒將曰吾屬棄墳墓妻子而爲盜者爲緒所脅爾豈其本心哉今緒雄猜將吏之材能者必死吾屬不自保朝夕況欲圖成事哉前鋒將大悟與潮相持而泣乃選壯士數十人伏篁竹間伺緒至躍出擒之囚之軍中緒後自殺緒已見廢前鋒將曰生我者潮也乃推潮爲主是時泉州刺史廖彥若爲政貪暴泉人苦之聞潮略地至其境而軍行整肅其耆老相率遮道留之潮卽引兵圍彥若逾年克之光啓二年福建觀察使陳巖表潮泉州刺史景福元年巖卒其壻范暉自稱留後潮遣審知攻暉久不克士卒傷死甚衆審知請班師潮不許又請潮自臨軍且益兵潮報曰兵與將俱盡吾當自往審知懼乃親督士卒攻破之暉見殺是歲唐卽以潮爲福建觀察使潮以審知爲副使審知爲人狀貌雄偉隆準方口常乘白馬軍中號白馬三郎乾寧四年潮卒審知代立唐以福州爲威武軍拜審知節度使累遷同中書門下平章事封琅邪王唐亡梁太祖加拜審知中書令封閩王升福州爲大都督府是時楊行密據有江淮審知歲遣使汎海自登萊朝貢于梁使者　入海覆溺常十三四審知雖起盜賊而爲人儉約好禮下士王淡唐相溥之子楊沂唐相涉從弟徐寅唐時知名進士皆依審知仕宦又建學四門以教閩士之秀者招來海中蠻夷商賈海上黃崎波濤爲阻一夕風雨雷電震擊開以爲港閩人以爲審知德政所致號爲甘棠港審知同光三年卒年六十四謚曰忠懿子延翰立

延翰字子逸審知長子也同光四年唐拜延翰節度使是歲莊宗遇弒中國多故延翰乃取司馬遷史記閩越王無諸傳示其將吏曰閩自古王國也吾今不王何待之有於是軍府將吏上書勸進十月延翰建國稱王而猶稟唐正朔延翰爲人長大美晳如王其妻崔氏陋而淫延翰不能制審知喪未期徹其几筵又多選良家子爲妾崔氏性妬良家子之美者輒幽之別室繫以大械刻木爲人手以擊其頰又以鐵錐刺之一歲中死者八十四人崔氏後病見以爲祟而卒審知養子建州刺史延稟本姓周氏自審知時與延翰不叶延翰立以其弟延鈞爲泉州刺史延鈞怒二人因謀作亂十二月延稟延鈞皆以兵入執延翰殺之而延鈞立更名鏻

鏻審知次子也唐卽拜鏻節度使累加檢校太師中書令封閩王初延稟與鏻之謀殺延翰也延稟之兵先至已執延翰而殺之明日鏻兵始至延稟自以養子推鏻而立之延稟還建州鏻餞于郊延稟臨訣謂鏻曰善繼

先志母煩老兄復來鏻銜之長興二年延稟率兵擊鏻攻其西門使其子繼雄轉海攻其南門鏻遣王仁達拒之仁達伏甲舟中僞立白幟請降繼雄信之登舟伏兵發刺殺之梟其首西門其兵見之皆潰去延稟見執鏻誚之曰予不能繼先志果煩老兄復來延稟不能對遂殺之延稟子繼昇守建州聞敗奔于錢唐長興三年鏻上書言楚王馬殷吳越王錢鏐皆爲尚書令今皆已薨請授臣尚書令唐不報鏻遂絕朝貢鏻好鬼神道家之說道士陳守元以左道見信建寶皇宮以居之守元謂鏻曰寶皇命王少避其位後當爲六十年天子鏻欣然遜位命其子繼鵬權主府事既而復位遣守元問寶皇六十年後將安歸守元傳寶皇語曰六十年後當爲大羅仙人鏻乃卽皇帝位受冊於寶皇以黄龍見眞封宅改元爲龍啓國號閩追謚審知爲昭武孝皇帝廟號太祖立五廟置百官以福州爲長樂府而閩地狹國用不足以中軍使薛文傑爲國計使文傑多察民間陰事致富人以罪而籍沒其貲以佐用閩人皆怨又薦妖巫徐彥曰陛下左右多姦臣不質諸鬼神將爲亂鏻使彥視鬼於宮中文傑與內樞密使吳英有隙英病在告文傑謂英曰上以公居近密而屢以疾告將罷公英曰柰何文傑因教英曰卽上遣人問公疾當言頭痛而已無佗苦也英以爲然明日諷鏻使巫視英病巫言入北廟見英爲崇順王所訊曰汝何敢謀反以金槌擊其首鏻以語文傑文傑曰未可信也宜問其疾如何鏻遣人問之英曰頭痛鏻以爲然卽收英下獄命文傑劾之英自誣伏見殺英嘗主閩兵得其軍士心軍士聞英死皆怒是歲吳人攻建州鏻遣其將王延宗救之兵士在道不肯進曰得文傑乃進鏻惜之不與其子繼鵬請與之以紓難乃以檻車送文傑軍中文傑善數術自占云過三日可無患送者聞之疾馳二日而至軍士踴躍磔文傑于市閩人爭以瓦石投之臠食立盡明日鏻使者至赦之已不及初文傑爲鏻造檻車以謂古制踈闊乃更其制令上下通中以鐵芒內嚮動輒觸之旣成首被其毒龍啓三年改元永和王仁達爲鏻殺延稟有功而典親兵鏻心忌之嘗問仁達曰趙高指鹿爲馬以愚二世果有之邪仁達曰秦二世愚故高指鹿爲馬非高能愚二世也今陛下聰明朝廷官不滿百起居動靜陛下皆知之敢有作威福者族滅之而已鏻慙賜與金帛慰安之退而謂人曰仁達智畧在吾世猶可用不可遺後世患卒誣以罪殺之鏻妻早卒繼室金氏賢而不見答審知婢金鳳姓陳氏鏻嬖之遂立以爲后初鏻有嬖吏歸守明者以色見倖號歸郞鏻後得風疾陳氏與歸郞姦又有百工院使李可殷因歸郞以通陳氏鏻命錦工作九龍帳國人歌曰誰謂九龍帳惟貯一歸郞鏻婢春燕有色其子繼鵬烝之鏻已病繼鵬因陳氏以求春燕鏻怏怏與之其次子繼韜怨謀殺繼鵬繼鵬懼與皇城使李倣圖之是歲十月鏻饗軍于大酺殿坐中昏然言見延稟來倣以爲鏻病已甚乃令壯士先殺李可殷于家明日晨朝鏻無恙問倣殺可殷何罪倣懼而出與繼鵬率皇城衞士而入鏻聞鼓譟聲走匿九龍帳中衞士刺之不殂宮人不忍其苦爲絕之繼韜及陳氏歸郞皆爲倣所殺鏻立十年見殺謚曰惠皇帝廟號太宗

繼鵬鏻長子也旣立更名昶改元通文以李倣判六軍諸衞事倣有弑君之罪旣立昶而心常自疑多養死士以爲備昶患之因大享軍伏甲擒倣殺之梟其首于市倣部曲千人叛燒啓聖門奪倣首奔於錢唐晉天福二年昶遣使朝貢京師高祖遣散騎常侍盧損冊封昶閩王拜其子繼恭臨海郡王損至閩昶稱疾不見令繼恭主之又遣中書舍人劉乙勞損于館乙衣冠偉然騶僮甚盛佗日損遇乙于塗布衣芒屨而已損使人誚之曰鳳閣舍人何倨下之甚也乙羞媿以手掩面而走昶聞之怒損稍侵辱之損還昶無所答而其子繼恭遣其佐鄭元弼隨損至京師貢方物致書晉大臣述昶意求以敵國禮相往來高祖怒其不遜下詔暴其罪歸其貢物不納兵部員外郞李知損上書請籍沒其物而禁錮使者於是以元弼下獄獄具引見元弼俯伏曰昶夷貊之君不知禮義陛下方示大信以來遠人臣將命無狀願伏斧鑕以贖昶罪高祖乃赦元弼遣歸昶亦好巫拜道士譚紫霄爲正一先生又拜陳守元爲天師而妖人林興以巫見幸事無大小興輒以寶皇語命之而後行守元敎昶起三清臺三層以黄金數千斤鑄寶皇及元始天尊太上老君像日焚龍腦薰陸諸香數斤作樂于臺下晝夜聲不輟云如此可求大還丹三年夏虹見其宮中林興傳神言此宗室將爲亂之兆也乃命興率壯士殺審知子延武延望及其子五人後興事敗亦被殺而昶愈惑亂立父婢春鷰爲淑妃後立以爲皇后又遣醫人陳究以空名堂牒賣官昶弟繼嚴判六軍諸衞事昶疑而罷之代以季弟繼鏞而募勇士爲宸衞都以自衞其賜予給賞獨厚於他軍控鶴都將連重遇拱宸都將朱文進皆以此怒激其軍是歲夏術者言昶宮中當有災昶徙南宮避災而宮中火昶疑重遇軍士縱火內學士陳郯素以便佞爲昶所親信昶以火事語之郯反以告重遇重遇懼夜率衞士縱火焚南宮昶挾愛姬子弟黃門衞士斬關而出宿于野次重遇迎延羲立之延羲令其子繼業率兵襲昶及之射殺數人昶知不免擲弓于地繼業執而殺之及其妻子皆死無遺類延羲立謚昶曰康宗

延羲審知少子也旣立更名曦遣使朝貢于晉改元永隆鑄大鐵錢以一當十曦自昶世倔彊難制昶相王倓每抑折之曦亦憚倓不敢有所發新羅遣使聘閩以寶劒昶舉以示倓曰此將何爲倓曰不忠不孝者斬之曦居旁色變曦旣立而新羅復獻劒曦思倓前言而倓已死命發塚戮其尸倓面如生血流被體泉州刺史余廷英嘗矯曦命掠取良家子曦怒召下御史劾之廷英進買宴錢十萬曦曰皇后土貢何在廷英又獻皇后錢十萬乃得不劾曦嘗嫁女朝士有不賀者笞之御史中丞劉贊坐不糾舉將加笞諫議大夫鄭元弼切諫曦謂元弼曰卿何如魏鄭公乃敢彊諫元弼曰陛下似唐太宗臣爲魏鄭公可矣曦喜乃釋贊不笞曦弟延政爲建州節度使封富沙王自曦立不叶數舉兵相攻曦由此惡其宗室多以事誅之諫議大夫黃峻舁櫬詣朝堂極諫曦怒貶峻漳州司戶叅軍校書郞陳光逸上書疏曦過惡五十餘事曦命衞士鞭之百而不死以繩係頸掛于木久而乃絕國計使陳匡範增筭商之法以獻曦曰匡範人中寶也已而歲入不登其數乃借於民以足之匡範以憂死其後知其借於民也剖棺斷尸棄之水中曦性旣淫虐而妻李氏悍而酗酒賢妃尚氏有色而寵李仁遇曦甥也以色嬖之用以爲相曦常爲牛飲群臣侍酒醉而不勝有訴乃私棄酒者輒殺之諸子繼柔棄酒并殺其贊者一人連重遇弑昶懼爲國人所討與朱文進連姻以自固曦心疑之常以語誚重遇等重遇等流涕自辨李氏妬尚妃之寵欲圖曦而立其子亞澄乃使人謂重遇等曰上心不平於二公柰何重遇等懼六年三月曦出遊醉歸重遇等遣壯士拉於馬上而殺之謚曰景宗

延政審知子也曦立爲淫虐延政數貽書諫之曦怒遣杜建崇監其軍延政逐之曦乃舉兵攻延政爲延政所敗延政乃以建州建國稱殷改元天德明年連重遇已殺曦集閩羣臣告曰昔太祖武皇帝親冒矢石遂啓有閩及其子孫淫虐不道今天厭王氏百姓與能當求有德以安此土群臣皆莫敢議乃扶朱文進升殿率百官北面而臣之文進以重遇判六軍諸衞事王氏子弟在福州者無少長皆殺之以黃紹頗守泉州程贊守漳州許文稹守汀州稱晉年號時開運元年也泉州軍將留從効詐其州人曰富沙王兵取福州矣吾屬世爲王氏臣安能交臂而事賊乎州人共殺紹頗迎王繼勳爲刺史漳州聞之亦殺贊迎王繼成爲刺史皆王氏之諸子也文稹懼以汀州降于延政延政已得三州重遇亦殺文進傳首建州以自歸福州裨將林仁翰又殺重遇謀迎延政都福州是時南唐李景聞閩亂發兵攻之延政遣其從子繼昌守福州而南唐兵方急攻延政福州將李仁達謂其徒曰唐兵攻建州富沙王不能自保其能有此土邪乃擒繼昌殺之欲自立懼衆不附以雪峰寺僧卓儼明示衆曰此非常人也被以袞冕率諸將吏北面而臣之已而又殺儼明乃自立送款于李景景以仁達爲威武軍節度使更其名曰弘義而景兵攻破建州遷延政之族於金陵封鄱陽王是歲景保大四年也留從効聞延政降唐執王繼勳送于金陵李景以泉州爲淸源軍以從効爲節度使景已破延政遣人召李仁達使入朝仁達不從遂降于吳越而留從効亦逐景守兵據泉漳二州景猶封從効晉江王周世宗時從効遣牙將蔡仲興爲商人間道至京師求置邸內屬是時世宗與李景畫江爲界遂不納從効仍臣于南唐其後事具國史晉開運三年丙午南唐保太四年也是歲李景兵破建州王氏滅江南錄云保太三年虜王氏之族遷于金陵謬也據王潮實以唐景福元年入福州拜觀察使而後人紀錄者乃用騎馬來騎馬去之讖以爲據遂以王潮光啓二年歲在丙午拜泉州刺史爲始年至保太四年歲復在丙午而滅故爲六十一年然其奄有閩國則當自景福元年爲始實五十五年也今諸家記其國滅丙午是也其始年則牽於讖書謬矣惟江南錄又差其末年也

五代史卷六十八考證

王延羲傳泉州刺史余廷英○廷南本作延

延英又獻皇后錢十萬○十南本作千

閩世家總注南唐保太四年也○太應改大下文保太三年同

五代史卷六十九

宋　歐陽修　撰

南平世家第九

高季興字貽孫陝州硤石人也本名季昌避後唐獻祖廟諱更名季興季興少爲汴州富人李讓家僮梁太祖初鎭宣武讓以入貲得幸養爲子易其姓名曰朱友讓季興以友讓故得進見太祖奇其材命友讓以子畜之因冒姓朱氏補制勝軍使遷毅勇指揮使天復二年梁兵攻鳳翔李茂貞堅壁不出太祖議欲收軍還河中季興獨進曰天下豪傑窺此舉者一歲矣今岐人已憊破在旦夕而大王之所慮者閉壁以老我師此可以誘致之也太祖壯其言命季興募勇敢士得騎士馬景季興授以計引見太祖景曰此行無還理願錄其後嗣太祖惻然止之景固請乃行景以數騎馳叩城門告曰梁兵將東前鋒去矣岐人以爲然開門出追梁軍梁兵隨景後以進殺其九千餘人景死之茂貞後與梁和昭宗出贈景官謚曰忠壯季興由是知名明年拜宋州刺史從破青州徙潁州防禦使復姓高氏當唐之末襄州趙匡凝襲破雷彥恭于荊南以其弟匡明爲留後梁兵攻破襄州匡凝奔于吳匡明奔于蜀乃以季興爲荊南節度觀察留後開平元年拜季興節度使二年加同中書門下平章事荊南節度十州當唐之末爲諸道所侵季興始至江陵一城而已兵火之後井邑凋零季興招緝綏撫人士歸之乃以倪可福鮑唐爲將帥梁震司空薰王保義等爲賓客太祖崩季興見梁日以衰弱乃謀阻兵自固治城隍設樓櫓以兵攻歸峽爲蜀將王宗壽所敗又發兵聲言助梁擊晉以侵襄州爲孔勍所敗乃絕貢賦累年梁末帝優容之封季興渤海王賜以袞冕劍佩貞明三年始復修貢梁亡唐莊宗入洛下詔慰諭季興司空薰等皆勸季興入朝京師梁震以爲不可曰梁唐世爲仇敵夾河血戰垂二十年今主上新滅梁而大王梁室故臣握彊兵居重鎭以身入朝行爲虜爾季興不聽留其二子以騎士三百爲衞朝于洛陽莊宗果欲留之郭崇韜諫曰唐新滅梁得天下方以大信示人今四方諸侯相繼入貢不過遣子弟將吏而季興以身述職爲諸侯率宜加恩禮以諷動來者而反縻之示天下以不廣且絕四方內向之意不可莊宗乃止厚禮而遣之莊宗嘗問季興曰吾已滅梁欲征吳蜀何者爲先季興曰宜先蜀臣請以本道兵先進莊宗大悅以手拊其背季興因命工繡其手迹於衣歸以爲榮耀季興已去莊宗心悔遣之密詔襄州劉訓圖之季興行至襄州心動夜斬關而出已去而詔書夜至季興歸而謂梁震曰不聽子言幾不免因曰吾行有二失來朝一失放還一失且主上百戰以取河南對功臣誇手抄春秋又曰我於手指上得天下其自矜伐如此而荒于遊畋政事多廢吾可無慮矣同光三年封南平王魏王繼岌已破蜀得蜀金帛四十餘萬自峽而下而莊宗之難作季興聞京師有變乃悉邀留蜀物而殺其使者韓珙等十餘人初唐兵伐蜀季興請以本道兵自取夔忠萬歸峽等州乃以季興爲峽路東南面招討使而季興未嘗出兵魏王已破蜀而明宗入立季興因請夔忠等州爲蜀郡唐大臣以爲季興請自取之而兵出無功不與季興屢請雖不得已與之而唐猶自除刺史季興拒而不納明宗乃以襄州劉訓爲招討使攻之不克而唐別將西方鄴克其夔忠萬三州季興遂以荊歸峽三州臣于吳吳冊季興秦王天成三年冬卒年七十一謚曰武信季興子九人長子從誨立

從誨字遵聖季興時入梁爲供奉官累遷鞍轡庫使賜告歸寧季興遂留爲馬步軍都指揮使行軍司馬季興卒吳以從誨爲荊南節度使從誨以父自絕于唐懼復見討乃遣使者聘于楚楚王馬殷爲之請命于唐而從誨亦遣押衙劉知謙奉表自歸進贖罪銀三千兩明宗納之長興元年正月拜從誨節度使追封季興楚王謚曰武信三月封從誨渤海王應順元年封南平王從誨爲人明敏多權詐晉高祖遣翰林學士陶穀爲從誨生辰國信使從誨宴穀望沙樓大陳戰艦于樓下謂穀曰吳蜀不賓久矣願修武備習水戰以待師期穀還具道其語晉高祖大喜復遣使賜以甲馬百匹襄州安從進反結從誨爲援從誨外爲拒絕陰與之通晉師致討從誨遣將李端以舟師爲應從進誅從誨求郢州爲屬郡高祖不許契丹滅晉漢高祖起太原從誨遣人間道奉表勸進且言漢得天下願乞郢州爲屬漢高祖陽諾之高祖入汴從誨遣使朝貢因求郢州高祖不與從誨怒發兵攻郢州爲刺史尹實所敗漢遣國子祭酒田敏使于楚假道荊南從誨問敏中國虛實以爲契丹之後兵食皆殫意欲以謟敏敏爲言杜重威悉以晉戈甲降虜虜置之鎭州未嘗以北而晉兵皆漢有也從誨不悅敏以印本五經遺從誨從誨謝曰子之所識不過孝經十八章爾敏曰至德要道於此足矣敏因誦諸侯章曰在上不驕高而不危制節謹度滿而不溢從誨以爲譏已即以大卮罰敏荊南地狹兵弱介於吳楚爲小國自吳稱帝而南漢閩楚皆奉梁正朔歲時貢奉皆假道荊南季興從誨常邀留其使者掠取其物而諸道以書責誚或發兵加討即復還之而無媿其後南漢與閩蜀皆稱帝從誨所嚮稱臣蓋利其賜予俚俗語謂奪攘苟得無媿恥者爲賴子猶言無賴也故諸國皆目爲高賴子從誨自求郢州不得遂自絕於漢逾年復通朝貢乾祐元年十月卒年五十八贈尚書令謚曰文獻子保融立從誨十五子長曰保勳次保正保融第三子也不知其得立之因

保融字德長從誨時爲節度副使兼峽州刺史從誨卒拜節度使廣順元年封渤海郡王顯德元年進封南平王世宗征淮保融遣指揮使魏璘率兵三千出夏口以爲應又遣客將劉扶奉牋南唐勸其內附李景稱臣世宗得保融所與牋大喜賜以絹百匹荊南自後唐以來數歲一貢京師而中間兩絕及世宗時無歲不貢矣保融以謂器械金帛皆土地常產不足以効誠節乃遣其弟保紳來朝世宗益嘉之初季興之鎭梁以兵五千爲牙兵衣食給於梁至明宗時歲給以鹽萬三千石後不復給及世宗平淮故命泰州給之保融性迂緩無材能而事無大小皆委其弟保勗其從叔從義謀爲亂爲其徒高知訓所告徙之松滋而殺之宋興保融懼一歲之間三入貢建隆元年以疾卒年四十一贈太尉謚曰貞懿弟保勗立

保勗字省躬從誨第十子也保融卒拜節度使三年保勗疾謂其將梁延嗣曰我疾遂不起兄弟孰可付之後事者延嗣曰公不念貞懿王乎先王寢疾以軍府付公今先王子繼冲長矣保勗曰子言是也即以繼冲判內外兵馬十一月保勗卒年三十九贈侍中保融之子繼冲立

繼冲字成和保勗卒拜節度使湖南周行逢卒子保權立其將張文表作亂建隆四年太祖命慕容延釗等討之延釗假道荊南約以兵過城外繼冲大將李景威曰兵尚權譎城外之約不可信也宜嚴兵以待之判官孫光憲叱之曰汝峽江一民爾安識成敗且中國自周世宗時已有混一天下之志况聖宋受命眞主出邪王師豈易當也因勸繼冲去斥候封府庫以待繼冲以爲然景威出而歎曰吾言不用大事去矣何用生爲因扼吭而死延釗軍至繼冲出逆于郊而前鋒遽入其城繼冲亟歸見旌旗甲馬布列衢巷大懼即詣延釗納牌印太祖優詔復命繼冲爲節度使乾德元年有事于南郊繼冲上書願陪祠九月具文告三廟率其將吏宗族五百餘人朝于京師拜武寧軍節度使以卒光憲拜黃州刺史其後事具國史季興以梁開平元年鎭荊南至皇朝乾德元年國除凡五十七年

五代史卷六十九考證

高季興傳韓珙等十餘人○珙監本訛琪今從閩本

從誨傳從誨以父自絕于唐懼復見討乃遣使者聘於楚楚王馬殷爲之請命于唐而從誨亦遣押衙劉知謙奉表自歸進贖罪銀三千兩明宗納之○臣文淸按通鑑載季興附于吳從誨襲位謂僚佐曰唐近而吳遠舍近臣遠非計也乃因楚王殷以謝罪于唐又遣山南東道節度使安元信書求保奏復修職貢元信以從誨書聞帝許之與此小異然較詳

保融傳皆委其弟保勗○監本闕其弟二字今從南本增正

五代史卷七十

宋　歐陽修　撰

東漢世家第十

劉旻漢高祖母弟也初名崇爲人美鬚髯目重瞳子少無賴嗜酒好博嘗黥爲卒高祖事晉爲河東節度使以旻爲都指揮使高祖即帝位以爲太原尹北京留守同中書門下平章事隱帝時累加中書令隱帝少政在大臣周太祖爲樞密使新討三叛立大功而旻素有隙旻頗不自安謂判官鄭珙曰主上幼弱政在權臣而吾與郭公不叶時事如何珙曰漢政將亂矣晉陽兵雄天下而地形險固十州征賦足以自給公爲宗室不以此時爲計後必爲人所制旻曰子言乃吾意也乃罷上供征賦收豪傑籍丁民以益兵三年周太祖起魏隱帝遇弑旻乃謀舉兵周太祖之自魏入也反狀已白而漢大臣不即推尊之故未敢即立乃白漢太后立旻子贇爲漢嗣遣宰相馮道迎贇于徐州當是時人皆知太祖之非實意也旻獨喜曰吾兒爲帝矣何患乃罷兵遣人至京師周太祖少賤黥其頸上爲飛雀世謂之郭雀兒太祖見旻使者具道所以立贇之意因自指其頸以示使者曰自古豈有雕靑天子幸公無以我爲疑旻喜益

信以為然太原少尹李驤曰郭公舉兵犯順其勢不能為漢臣必不為劉氏立後因勸旻以兵下太行控孟津以俟變庶幾贇得立贇立而罷兵可也旻大罵曰驤腐儒欲離間我父子命左右牽出斬之驤臨刑歎曰吾為愚人畫計死誠宜矣然吾妻病不可獨存願與之俱死旻聞之即并戮其妻于市以其事白漢以明無他已而周太祖果代漢降封贇湘陰公旻遣牙將李詧奉書周太祖求贇歸太原而贇已死旻即慟哭為李驤立祠歲時祠之乃以周廣順元年正月戊寅即皇帝位于太原以子承鈞為太原尹判官鄭珙趙華為宰相都押衙陳光裕為宣徽使遣通事舍人李詧間行使于契丹契丹永康王兀欲與旻約為父子之國旻乃遣宰相鄭珙致書兀欲稱姪皇帝以叔父事之而已兀欲遣燕王述軋政事令高勳以冊尊旻為大漢神武皇帝并稱旻妻為皇后兀欲性豪俊漢使者至輒以酒肉困之珙素有疾兀欲彊之飲一夕而以醉卒然兀欲聞旻自立頗幸中國多故乃遣其貴臣述軋高勳以自愛黃騮九龍十二稻玉帶報聘已而兀欲為述軋所弒述律代立旻遣樞密直學士王得中聘于述律求兵以攻周述律遣蕭禹厥率兵五萬助旻旻出陰地攻晉州為王峻所敗是歲大寒旻軍凍餒亡失過半明年又攻府州為折德扆所敗德扆因取岢嵐軍周太祖崩旻聞之喜遣使乞兵于契丹契丹遣楊袞將鐵馬萬騎及奚諸部兵五六萬人號稱十萬以助旻旻以張元徽為先鋒自將騎兵三萬攻潞州潞州李筠遣穆令鈞以步騎三千拒元徽于太平驛元徽擊敗之遂圍潞州是時世宗新即位以謂旻幸周有大喪而天子新立必不能出兵宜自將以擊其不意自宰相馮道等多言不可世宗意甚銳顯德元年三月親征甲午戰于高平李重進白重贊將左樊愛能何徽將右向訓史彥超居中軍張永德以禁兵衛蹕旻亦列為三陣張元徽居東偏楊袞居西偏旻居其中袞望周師謂旻曰勍敵也未可輕動旻奮髯曰時不可失無妄言袞怒而去旻號令東偏先進王得中叩馬諫曰南風甚急非北軍之利也宜少待之旻怒曰老措大毋妄沮吾軍即麾元徽擊周右軍兵始交愛能徽退走其騎軍亂步卒數千棄甲叛降元徽呼萬歲聲振川谷世宗大駭躬督戰士士皆奮命爭先而風勢愈盛旻自麾赤幟收軍軍不可遏旻遂敗日暮旻收餘兵萬人阻澗而止是時周之後軍劉詞將之在後未至而世宗銳於速戰戰已勝詞軍繼至因乘勝追擊之旻又大敗輜重器甲乘輿服御物皆為周師所獲旻獨乘契丹黃騮自鵰窠嶺間道馳去夜失道山谷間得村民為鄉導誤趨平陽得佗道以歸而張元徽戰歿于陣楊袞怒旻按兵西偏不戰故獨全軍而返旻歸為黃騮治廐飾以金銀食以三品料號自在將軍世宗休軍潞州大宴將士斬敗將樊愛能何徽等七十餘人軍威大振進攻太原遣符彥卿史彥超北控忻口以斷契丹援路太原城方四十里周師去城三百步圍之匝自四月至於六月攻之不克而彥卿等為契丹所敗彥超戰歿世宗遽班師初周師之圍城也旻遣王得中送楊袞以歸因乞援兵於契丹契丹發數萬騎助旻遣得中先還至代州代州將桑珪殺防禦使鄭處謙以城降周并送得中于周世宗召問得中虜助兵多少得中言送袞歸無所求也世宗信之已而契丹敗符彥卿於忻口得中遂見殺旻自敗於高平已而被圍以憂得疾明年十一月卒年六十子承鈞立

承鈞旻次子也少頗好學工書旻卒承鈞遣人奉表契丹自稱男述律答之以詔呼承鈞為兒許其嗣位初旻常謂張元徽等曰吾以高祖之業贇之冤義不為郭公屈爾期與公等勉力以復家國之讐至於稱帝一方豈獲已也顧我是何天子爾亦是何節度使故其僭號仍稱乾祐不改元不立宗廟四時之祭用家人禮承鈞既立始赦境內改乾祐十年曰天會元年立七廟於顯聖宮契丹遣高勳以兵助承鈞承鈞遣李存瓌與勳攻上黨無所得而還明年世宗北伐契丹下三關契丹使來告急承鈞將發兵而世宗班師乃已宋興昭義節度使李筠叛命遣其將劉繼沖判官孫孚奉表稱臣執其監軍周光遜李廷玉送于太原乞兵為援承鈞欲謀於契丹繼沖道筠意請無用契丹兵承鈞即率其國兵自將出團柏谷羣臣餞之汾水僕射趙華曰李筠舉事輕易陛下不圖成敗空國興師臣實憂之承鈞至太平驛封筠隴西郡王筠見承鈞儀衛不備非如王者悔臣之筠因自陳受周氏恩不忍背德而承鈞與周世仇也聞筠言亦不悅遣宣徽使盧贇監其軍筠心益不平與贇多不叶承鈞遣宰相衛融和解之已而筠敗死衛融被執至京師太祖皇帝問融承鈞所以助筠反狀融言不遜太祖命以鐵撾擊其首流血被面融呼曰臣得死所矣太祖顧左右曰此忠臣也釋之命以良藥傅其瘡遣融致書于承鈞求周光遜等約亦歸融太原承鈞不報融遂留京師承鈞謂趙華曰不聽公言幾至於敗然失衛融盧贇吾以為恨爾承鈞由此益重儒者以抱腹山人郭無為參議國政無為棣州人方顙鳥喙好學多聞善談辯嘗衣褐為道士居武當山周太祖討李守貞于河中無為詣軍門上謁詢以當世之務太祖奇之或謂太祖曰公為漢大臣握重兵居外而延縱橫之士非所以防微慮遠之道也由是太祖不納無為去隱抱腹山承鈞內樞密使段常識之薦其材承鈞以諫議大夫召之遂以為相五年宿衛殿直行首王隱劉紹趙鸞等謀作亂事覺被誅其詞連段常乃罷常樞密為汾州刺史縊殺之自旻世凡舉事必稟契丹而承鈞之立多畧契丹遣使者責承鈞改元援李筠殺段常不以告承鈞惶恐謝罪使者至契丹輒見留承鈞奉之愈謹而契丹待承鈞益薄承鈞自李筠敗而失契丹之援無復南侵之意地狹產薄以歲輸契丹故國用日削乃拜五臺山僧繼顒為鴻臚卿繼顒故燕王劉守光之子守光之死以孽子得不殺削髮為浮圖後居五臺山為人多智善商財利自旻世頗以賴之繼顒能講華嚴經四方供施多積畜以佐國用五臺當契丹界上繼顒常得其馬以獻號添都馬歲率數百匹又於柏谷置銀冶募民鑿山取礦烹銀以輸劉氏仰以足用即其治建寶興軍繼顒後累官至太師中書令以老病卒追封定王太祖嘗因界上諜者謂承鈞曰君家與周氏為世讐宜其不屈今我與爾無所間何為困此一方之人也若有志於中國宜下太行以決勝負承鈞遣諜者復命曰河東土地兵甲不足以當中國之十一然承鈞家世非叛者區區守此蓋懼漢氏之不血食也太祖哀其言笑謂諜者曰為我語承鈞開爾一路以為生故終其世不加兵承鈞立十三年病卒其養子繼恩立

繼恩本姓薛氏父釗為卒旻以女妻之生繼恩漢高祖以釗壻也除其軍籍置之門下釗無材能高祖衣食之而無所用妻以旻女常居中釗罕得見釗常怏怏因醉拔佩刀刺之傷而不死釗即自裁旻女後適何氏生子繼元而何氏及旻女皆卒旻以其子承鈞無子乃以二子命承鈞養為子承鈞立以繼恩為太原尹承鈞嘗謂郭無為曰繼恩純孝然非濟世之才恐不能了我家事無為不對承鈞病臥勤政閣召無為執手以後事付之承鈞卒繼恩告哀於契丹而後立繼恩服縗裳視事寢處皆居勤政閣而承鈞故執事百司宿衛者皆在太原府廨九月繼恩置酒會諸大臣宗子飲罷臥閣中供奉官侯霸榮率十餘人挺刃入閣閉戶而殺之郭無為遣人以梯登屋入殺霸榮并其黨初承鈞之語郭無為也繼恩怨無為不助已及立欲逐之而未果故霸榮之亂人皆以謂無為之謀霸榮死口滅而無知者無為迎繼元而立之

繼元為人忍旻子十餘人皆無可稱者當繼元時有鎬鍇錡錫於繼元為諸父皆為繼元所殺獨銑以佯愚獲免承鈞妻郭氏繼元兄弟自少母之繼元妻段氏嘗以小過為郭氏所責既而以它疾而卒繼元疑其殺之及立遣嬖者范超圖殺郭氏郭氏方縗服哭承鈞于柩前超執而縊殺之於是劉氏之子孫無遺類矣繼元立改元曰廣運王師北征繼元閉城拒守太祖以詔書招繼元出降許以平盧軍節度使郭無為安國軍節度使無為捧詔色動而并人及繼元左右皆欲堅守以拒命無為仰天慟哭拔佩刀欲自裁為左右所持繼元自下執其手延之上坐無為曰奈何以孤城拒百萬之王師蓋欲搖動并人而并人守意益堅宦者衛德貴察無為有異志以告繼元繼元遣人縊殺之初太祖命引汾水浸其城水自城門入而有積草自城中飄出塞之是時王師頓兵甘草地中會歲暑雨軍士多疾乃班師王師已去繼元決城下水注之臺駘澤水已落而城多摧圮契丹使者韓知璠時在太原歎曰王師之引水浸城也知其一而不知其二若知先浸而後涸則并人無類矣太平興國四年王師復北征繼元窮窘而并人猶欲堅守其樞密副使馬峯老疾居于家舁入見繼元流涕以興亡諭之繼元乃降太宗御城北高臺受降以繼元為右衛上將軍封彭城公其後事具國史（旻世興滅諸書皆同自周廣順元年建號至皇朝太平興國四年國滅凡二十八年餘具年譜注）

五代史卷七十考證

劉繼元傳繼元決城下水注之臺駘澤○澤一本作驛誤

五代史卷七十一

宋 歐陽修 撰

十國世家年譜第十一

嗚呼堯舜盛矣三代之王功有餘而德不足故皆更始以自新由是改正朔矣至於後世遂名年以建元及僭竊交興而稱號紛雜則不可以不別也五代十國稱帝改元者七吳越荊楚常行中國年號然予聞於故老謂吳越亦常稱帝改元而求其事迹不可得頗疑吳越後自諱之及旁采閩楚南漢諸國之書與吳越往來者多矣皆無稱帝之事獨得其封落星石爲寶石山制書稱寶正六年辛卯則知其嘗改元矣辛卯長興二年乃鏐之末世也然不見其終始所因故不得而備列錢氏訖五代嘗外尊中國豈其張軌之比乎十國皆非中國有也其稱帝改元與不改元足較其得失故竝列之作十國世家年譜

		晉	吳	蜀	南漢	楚	吳越	閩	南平
丁卯	梁太祖開平元年	李克用天祐四年	楊渥天祐四	王建天復七年是歲即位	劉隱開平	馬殷開平	錢鏐開平	王審知開平	高季興開平
戊辰	二	五 正月克用卒子存勗立	五 是歲隆演立	武成					
己巳	三	六	六	二					
庚午	四	七	七	三					
辛未	乾化元年	八	八	永平	乾化 是歲龔立	乾化		乾化	乾化
壬申	二	九	九	二					
癸酉	末帝三月即位 三	十	十	三					
甲戌	四	十一	十一	四					
乙亥	貞明元年	十二	十二	五	貞明	貞明		貞明	貞明
丙子	二	十三	十三	通正					
丁丑	三	十四	十四	天漢	乾亨 是歲龑僭帝號改元				
戊寅	四	十五	十五	光天 是歲衍立	二				
己卯	五	十六	武義 是歲吳王稱制改元	乾德	三				
庚辰	六	十七	二 是歲溥立	二	四				
辛巳	龍德元年	十八	順義	三	五	龍德		龍德	龍德
壬午	二	十九	二	四	六				
癸未	唐莊宗同光元年 是歲四月改元同光		三	五	七	同光		同光	同光
甲申	二		四	六	八				
乙酉	三		五	咸康 是歲蜀亡	白龍			延翰 是歲延翰立	
丙戌	明宗天成元年		六		二	天成	寶正	天成 是歲鏻立	天成
丁亥	二		乾貞 是歲溥僭帝號改元		三		二		
戊子	三		二		大有		三		從誨 是歲從誨立
己丑	四		大和		二		四		
庚寅	長興元年		二		三	長興 是歲希聲立	五	長興	長興
辛卯	二		三		四		錢氏惟見一號六年其餘皆闕不見		
壬辰	三		四		五	希範 是歲希範立	元瓘 是歲元瓘立		
癸巳	四 愍帝十二月即位		五		六			龍啓	
甲午	廢帝 應順元年 清泰元年		六	後蜀孟知祥立 明德 是歲卒昶立	七	應順 清泰		二	應順 清泰
乙未	二		天祚	二	八			永和 是歲昶立	
丙申	晉高祖天福元年		二	三	九	天福		通文	天福
丁酉	二		南唐 昇元 是歲李昪立	四	十			二	
戊戌	三		二	廣政	十一			三	
己亥	四		三	二	十二			永隆 是歲延羲立	
庚子	五		四	三	十三			二	
辛丑	六		五	四	十四		佐 是歲佐立	三	
壬寅	七 出帝六月即位		六	五	光天 是歲玢立			四	

癸卯	八		是歲保大景立	六	應乾是歲乾和晟立			五 是歲延政以建州稱殷改元天德	
甲辰	開運元年		二	七	二	開運		六 是歲曦亡 二	開運
乙巳	二		三	八	三			天德三	
丙午	三		四	九	四			四 是歲延政爲南唐所虜王氏滅	
丁未	天福十二年 漢高祖		五	十	五	是歲希廣立	是歲倧立見廢		
戊申	隱帝乾祐元年二月即位		六	十一	六	乾祐	是歲俶立		是歲保融立 乾祐
己酉	二		七	十二	七				
庚戌	三		八	十三	八	是歲希萼立			
辛亥	周太祖廣順元年	東漢乾祐四年劉旻立	九	十四	九	是歲希萼等遷于金陵馬氏絕 廣順			廣順
壬子	二	五	十	十五	十				
癸丑	三	六	十一	十六	十一	是歲劉言立見殺王進逵立			
甲寅	世宗顯德元年正月即位	七 是歲承鈞立	十二	十七	十二	顯德			顯德
乙卯	二	八	十三	十八	十三				
丙辰	三	九	十四	十九	十四	是歲周行逢立			
丁巳	四	天會	十五	二十	十五				
戊午	五	二	交泰 顯德	二十二	是歲大寶鋹立				
己未	六 恭帝六月即位明年正月遜位	三		二十三	二				

或問十國固非中國有也然猶命以封爵而稱中國年號來朝貢者亦有之矣本紀之不書何也曰封爵之不書所以見其非中國有也其朝貢之來如夷狄以夷狄書之則甚矣問者曰四夷十國皆非中國有也四夷之封爵朝貢則書而十國之不書何也曰以中國而視夷狄夷狄之可也以五代之君而視十國夷狄之則未可也故十國之封爵朝貢不如夷狄則無以書之書如夷狄則五代之君未可以夷狄之也是以外而不書見其自絕於中國焉爾問者曰外而不書則東漢之立何以書曰吾於東漢常異其辭於九國也春秋因亂世而立治法本紀以治法而正亂君世亂則疑難之事多正疑處難敢不懼也周漢之事可謂難矣哉或謂劉旻嘗致書于周求其子贇不得而後自立然則旻之志不以忘漢爲讐而以失子爲讐也曰漢嘗詔立贇爲嗣則贇爲漢之國君不獨爲旻子也旻之大義宜不爲周屈其立雖未必是而義當不屈于周此其可以異乎九國矣終旻之世猶稱乾祐至承鈞立然後改元則旻之志豈不可哀也哉

十國年世惟楚閩東漢三國諸家之說不同而互有得失最難考正今畧其諸說而正其是者庶幾博覽者不或而一以年譜爲正也○馬氏據湖湘故事九國志運歷圖並云殷以長興元年卒是歲子希聲立長興三年卒而五代舊史殷列傳云殷以長興二年卒享年七十八子希聲立不周歲而卒明宗本紀長興元年書希聲除節度使起復三年八月又書希聲卒今據九國志殷以大中六年歲在壬申生享年七十九蓋自大中壬申至長興元年庚寅實七十九年爲得其實而希聲據湖湘故事九國志運歷圖皆以三年卒與明宗本紀皆合不疑惟舊史書殷卒二年及年七十八希聲立不周歲卒爲繆爾希萼希崇之亂南唐盡遷馬氏之族歸于金陵五代舊史云時廣順元年也而運歷圖云乾祐二年馬氏滅者繆也初殷入湖南掘地得石讖云龍起頭猶掉尾蓋殷以乾寧三年歲在丙辰自立於湖南至廣順元年辛亥而滅九國志以乾祐三年爲辛亥湖湘故事以顯德元年爲辛亥者皆繆也惟五代舊史得其實○王氏世次曰審知曰延翰曰鏻曰昶曰曦曰延政凡七主而湖以唐景福元年歲在壬子始入福州至開運三年丙午而滅實五十五年當云七主五十五年爲得其實而運歷圖云五十六年九國志五代舊史紀年通譜閩中實錄閩王列傳皆云七主六十年者皆繆也○審知五代舊史本傳云同光元年十二月辛卯九國志亦云同光元年卒運歷圖同光三年卒今檢五代舊史莊宗本紀同光二年五月丙午審知加檢校太師守中書令豈得卒於元年也又至四年二月庚子福建副使王延翰奏稱權知軍府事二月辛亥遂除延翰威武軍節度使以此推之審知卒當在同光三年十二月蓋閩去京師遠明年二月延翰之奏始至京師理當然也又據閩王列傳九國志皆云審知在位二十九年審知以唐乾寧四年嗣位是歲丁巳至同光三年乙酉實二十九年則運歷圖爲是而舊史九國志云元年卒者皆繆也○鏻本名延鈞五代舊史本傳云在位十二年九國志云在位十一年閩王列傳紀年通譜皆云在位十年蓋鏻以天成元年殺延翰自立是歲丙戌至清泰二年乙未實十年而卒與閩王列傳合而舊史九國志皆繆也鏻以清泰二年改元永和是歲見殺而舊史九國志運歷圖皆無永和之號又運歷圖書鏻見殺在天福元年丙申者皆繆也○劉旻九國志云乾祐七年十一月旻卒享年六十子承鈞立時年二十九乾祐七年乃顯德元年也而五代舊史周世宗實錄運歷圖紀年通譜皆云顯德二年冬旻卒又有旻僞中書舍人王保衡晉陽見聞要錄云旻乙卯生卒時年六十一子承鈞立承鈞丙戌生立時年二十九保衡是旻之臣其親所見聞所得最實然而頗爲傳寫差誤爾按保衡書旻乙卯生若享年六十一當於乙卯歲卒則是顯德二年也又書承鈞丙戌生立時年二十九則當是顯德元年甲寅歲也豈有旻卒於二年承鈞以元年嗣位理必不然以九國志參較旻享年六十顯德元年卒承鈞以是歲嗣位時年二十九爲得其實但見聞要錄衍一字爾其云二年卒者皆繆也九國志又云承鈞立服喪三年至乾祐九年服除改十年爲天會元年當是顯德四年而紀年通譜以顯德三年爲天會元年者繆也晉與梁爲敵國自稱天祐者二十年故首列於年譜其後遂滅梁而爲唐故不列於世家

五代史卷七十一考證

十國世家年譜序辛卯長興二年乃繆之末年也○二一本訛三今據本卷辛卯條從南本爲是

丁卯蜀王建天復七年即位是歲○復各本訛福今從前蜀世家改正

丁酉二○二謂晉高祖天福二年也各本俱脫二字今增正

己亥永隆是歲延義立○義當從閩本作羲

癸卯五天德是歲延政以建州稱殷改元○改元上南本有故字

甲辰六是歲二〇二謂閩延政天德二年也監本訛列于下格開運三字之上今改正

乙巳天德三〇三亦謂閩天德三年也監本訛列下格今改正

五代史卷七十二

宋 歐陽修 撰

四夷附錄第一

嗚呼夷狄居處飲食隨水草寒暑徙遷有君長部號而無世族文字記別至於弦弓毒矢彊弱相并國地大小興滅不常是皆烏足以考述哉惟其服叛去來能爲中國利害者此不可以不知也自古夷狄之於中國有道未必服無道未必不來蓋自因其衰盛雖嘗置之治外而羈縻制馭恩威之際不可失也其得之未必爲利失之有足爲患可不慎哉作四夷附錄

夷狄種號多矣其大者自以名通中國其次小遠者附見又其次微不足錄者不可勝數其地環列九州之外而西北常彊爲中國患三代獫狁見於詩書秦漢以來匈奴著矣隋唐之間突厥爲大其後有吐蕃回鶻之彊五代之際以名見中國者十七八而契丹最盛契丹自後魏以來名見中國或曰與庫莫奚同類而異種其居曰梟羅箇沒里沒里者河也是謂黃水之南黃龍之北得鮮卑之故地故又以爲鮮卑之遺種當唐之世其地北接室韋東鄰高麗西界奚國而南至營州其部族之大者曰大賀氏後分爲八部其一曰但皆利部二曰乙室活部三曰實活部四曰納尾部五曰頻沒部六曰內會雞部七曰集解部八曰奚嗢部部之長號大人而常推一大人建旗鼓以統八部至其歲久或其國有災疾而畜牧衰則八部聚議以旗鼓立其次而代之被代者以爲約本如此不敢爭某部大人遙輦次立時劉仁恭據有幽州數出兵摘星嶺攻之每歲秋霜落則燒其野花契丹馬多飢死卽以良馬賂仁恭求市牧地請聽盟約甚謹八部之人以爲遙輦不任事選於其衆以阿保機代之阿保機亦不知其何部人也爲人多智勇而善騎射是時劉守光暴虐幽涿之人多亡入契丹阿保機乘間入塞攻陷城邑俘其人民依唐州縣置城以居之漢人教阿保機曰中國之王無代立者由是阿保機益以威制諸部而不肯代其立九年諸部以其久不代共責誚之阿保機不得已傳其旗鼓而謂諸部曰吾立九年所得漢人多矣吾欲自爲一部以治漢城可乎諸部許之漢城在炭山東南灤河上有鹽鐵之利乃後魏滑鹽縣也其地可植五穀阿保機率漢人耕種爲治城郭邑屋廛市如幽州制度漢人安之不復思歸阿保機知衆可用用其妻述律策使人告諸部大人曰我有鹽池諸部所食然諸部知食鹽之利而不知鹽有主人可乎當來犒我諸部以爲然共以牛酒會鹽池阿保機伏兵其旁酒酣伏發盡殺諸部大人遂立不復代梁將篡唐晉王李克用使人聘于契丹阿保機以兵三十萬會克用於雲州東城置酒酒酣握手約爲兄弟克用贈以金帛甚厚期共舉兵擊梁阿保機遺晉馬千匹旣歸而背約遣使者袍笏梅老聘梁梁遣太府卿高頃軍將郎公遠等報聘逾年頃還阿保機遣使者解里隨頃以良馬貂裘朝霞錦聘梁奉表稱臣以求封册梁復遣公遠及司農卿渾特以詔書報勞別以記事賜之約共舉兵滅晉然後封册爲甥舅之國又使以子弟三百騎入衛京師克用聞之大恨是歲克用病臨卒以一箭屬莊宗期必滅契丹渾特等至契丹阿保機不能如約梁亦未嘗封册而終梁之世契丹使者四至莊宗天祐十三年阿保機攻晉蔚州執其振武節度使李嗣本是時莊宗已得魏博方南向與梁爭天下遣李存矩發山北兵存矩至祁溝關兵叛擁偏將盧文進擊殺存矩亡入契丹契丹攻破新州以文進部將劉殷守之莊宗遣周德威擊殷而文進引契丹數十萬大至德威懼引軍去爲契丹追及大敗之德威走幽州契丹圍之幽薊之間虜騎遍滿山谷所得漢人以長繩連頭繫之於木漢人夜多自解逃去文進又教契丹爲火車地道起土山以攻城城中鎔銅鐵汁揮之中者輒爛墮德威拒守百餘日莊宗遣李嗣源閻寶李存審等救之契丹數爲嗣源等所敗乃解去契丹比佗夷狄尤頑傲父母死以不哭爲勇載其尸深山置大木上後三歲往取其骨焚之酹而呪曰夏時向陽食冬時向陰食使我射獵猪鹿多得其風俗與奚靺鞨頗同至阿保機稍并服旁諸小國而多用漢人漢人教之以隸書之半增損之作文字數千以代刻木之約又制婚嫁置官號乃僭稱皇帝自號天皇王以其所居橫帳地名爲姓曰世里世里譯者謂之耶律名年曰天贊以其所居爲上京起樓其間號西樓又於其東千里起東樓北三百里起北樓南木葉山起南樓往來射獵四樓之間契丹好鬼而貴日每月朔旦東向而拜日其大會聚視國事皆以東向爲尊四樓門屋皆東向莊宗討張文禮圍鎭州定州王處直懼鎭且亡晉兵必并擊已遣其子郁說契丹使入塞以牽晉兵郁謂阿保機曰臣父處直使布愚款曰故趙王王鎔王趙六世鎭州金城湯池金帛山積燕姬趙女羅綺盈廷張文禮得之而爲晉所攻懼死不暇故皆留以待皇帝阿保機大喜其妻述律不肯曰我有羊馬之富西樓足以娛樂今捨此而遠赴人之急我聞晉兵彊天下且戰有勝敗後悔何追阿保機躍然曰張文禮有金玉百萬留待皇后可共取之於是空國入寇郁之召契丹也定人皆以爲契丹必爲患不可召而處直不聽郁已去處直爲其子都所廢阿保機攻幽州不克又攻涿州陷之聞處直廢而都立遂攻中山渡沙河都告急於莊宗莊宗自將鐵騎五千遇契丹前鋒於新城晉兵自桑林馳出人馬精甲光明燭日虜騎愕然稍却晉軍乘之虜遂散走而沙河氷薄虜皆陷沒阿保機退保望都會天大雪契丹人馬飢寒多死阿保機顧盧文進以手指天曰天未使我至此乃引兵去莊宗躡其後見其宿處環結在地方隅整然雖去而不亂歎曰虜法令嚴蓋如此也契丹雖無所得而歸然自此頗有窺中國之志患女眞渤海等在其後欲擊渤海懼中國乘其虛乃遣使聘唐以通好同光之間使者再至莊宗崩明宗遣供奉官姚坤告哀於契丹坤至西樓而阿保機方東攻渤海坤追至愼州見之阿保機錦袍大帶垂後與其妻對坐穹廬中延坤入謁阿保機問曰聞爾河南北有兩天子信乎坤曰天子以魏州軍亂命總管令公將兵討之而變起洛陽凶問今至矣總管返兵河北赴難京師爲衆所推已副人望阿保機仰天大哭曰晉王與我約爲兄弟河南天子卽吾兒也昨聞中國亂欲以甲馬五萬往助我兒而渤海未除志願不遂又曰我兒旣沒理當取我商量新天子安得自立坤曰新天子將兵二十年位至大總管所領精兵三十萬天時人事其可得違其子突欲在側曰使者無多言蹊田奪牛豈不爲過坤曰應天順人豈比匹夫之事至如天皇王得國而不代豈彊取之邪阿保機卽慰勞坤曰理正當如是爾又曰吾聞此兒有宮婢二千人樂官千人放鷹走狗嗜酒好色任用不肖不惜人民此其所以敗也我自聞其禍卽舉家斷酒解放鷹犬罷散樂官我亦有諸部樂官千人非公宴不用我若所爲類吾兒則亦安能長久又謂坤曰吾能漢語然絕口不道於部人懼其効漢而怯弱也因戒坤曰爾當先歸吾以甲馬三萬會新天子幽鎭之間共爲盟約與我幽州則不復侵汝矣阿保機攻渤海取其扶餘一城以爲東丹國以其長子人皇王突欲爲東丹王已而阿保機病死述律護其喪歸西樓立其次子元帥太子耀屈之坤從至西樓而還當阿保機時有韓延徽者幽州人也爲劉守光參軍守光遣延徽聘于契丹延徽見阿保機不拜阿保機怒留之不遣使牧羊馬久之知其材召與語奇之遂用以爲謀主阿保機攻党項室韋服諸小國皆延徽謀也延徽後逃歸事莊宗莊宗客將王緘譖之延徽懼求歸幽州省其母行過常山匿王德明家居數月德明問其所向延徽曰吾欲復走契丹德明以爲不可延徽曰阿保機失我如喪兩目而折手足今復得我必喜乃復走契丹阿保機見之果大喜以謂自天而下阿保機僭號以延徽爲相號政事令契丹謂之崇文令公後卒于虜耀屈之後更名德光葬阿保機木葉山謚曰大聖皇帝後更其名曰億德光立三年改元曰天顯遣使者以名馬聘唐并求碑石爲阿保機刻銘明宗厚禮之遣飛勝指揮使安念德報聘定州王都反唐遣王晏球討之都以蠟丸書走契丹求援德光遣秃餒萴剌等以騎五千救都都及秃餒擊晏球於曲陽爲晏球所敗德光又遣惕隱赫邈益秃餒以騎七千晏球又敗之于唐河赫邈與數騎返走至幽州爲趙德鈞所執而晏球攻破定州擒秃餒萴剌皆送京師明宗斬秃餒等六百餘人而赦赫邈選其壯健者五千餘人爲契丹直

初阿保機死長子東丹王突欲當立其母述律遣其幼子安端少君之扶餘代之將立以爲嗣然述律尤愛德光德光有智勇素已服其諸部安端已去而諸部希述律意共立德光突欲不得立長興元年自扶餘泛海奔于唐明宗因賜其姓爲東丹而更其名曰慕華以其來自遼東乃以瑞州爲懷化軍拜慕華懷化軍節度瑞愼等州觀察處置等使其部曲五人皆賜姓名罕只曰罕友通穆葛曰穆順義撒羅曰羅賓德易密曰易師仁蓋禮曰蓋來賓以爲歸化歸德將軍郎將又賜前所獲赫邈姓名曰狄懷惠搵剌曰剌知恩萴剌曰原知感福郎曰服懷造竭失訖曰訖懷宥其餘爲契丹直者皆賜姓名二年更賜突欲姓李更其名曰贊華三年以贊華爲義成軍節度使契丹自阿保機時侵滅諸國稱雄北方

及救王都爲王晏球所敗喪其萬騎又失赫邈等皆名將而述律尤思念奚欲由是卑辭厚幣數遣使聘中國因求歸赫邈荝剌等唐輒斬其使而不報當此之時中國之威幾振距幽州北七百里有榆關關東臨海北有兎耳覆舟山山皆斗絶竝海東北有路狹僅通車其旁地可耕植唐時置東西狹石淥疇米磚長揚黃花紫蒙白狼等戍以扼契丹於此戍兵常自耕食惟衣絮歲給幽州久之皆有田宅養子孫以堅守爲已利自唐末幽薊割據戍兵廢散契丹因得出陷平營而幽薊之人歲苦寇鈔自涿州至幽州百里人跡斷絶轉餉常以兵護送契丹多伏兵於鹽溝以擊奪之莊宗之末趙德鈞鎮幽州於鹽溝置良鄉縣又於幽州東五十里築城皆戍以兵及破赫邈等又於其東置三河縣由是幽薊之人始得耕牧而輸餉可通德光乃西徙横帳居捺剌泊出寇雲朔之間明宗患之以石敬瑭鎮守河東總大同彰國振武威塞等軍禦之應順清泰之間調發饋餉遠近勞敝德光事其母甚謹常侍立其側國事必告而後行石敬瑭反唐遣張敬達等討之敬塘遣使求救於德光德光白其母曰吾嘗夢石郎召我而使者果至豈非天邪母召胡巫問吉凶巫言吉乃許是歲九月契丹出鴈門車騎連亘數十里將至太原遣人謂敬瑭曰吾爲爾今日破敵可乎敬瑭報曰皇帝赴難要在成功不在速大兵遠來而唐軍甚盛願少待之使者未至而兵已交敬達大敗敬瑭夜出北門見德光約爲父子問曰大兵遠來戰速而勝者何也德光曰吾謂唐兵能守鴈門而扼諸險要則事未可知今兵長驅深入而無阻吾知大事必濟且吾兵多難久宜以神速破之此其所以勝也敬達敗退保晉安寨德光圍之唐遣趙德鈞延壽救敬達而德鈞父子按兵團柏谷不救德光謂敬瑭曰吾三千里赴義義當徹頭乃築壇晉城南立敬瑭爲皇帝自解衣冠被之册曰咨爾子晉王予視爾猶子爾視予猶父已而楊光遠殺張敬達降晉晉高祖自太原入洛陽德光送至潞州趙德鈞延壽出降德光謂晉高祖曰大事已成吾命大相温從爾渡河吾亦留此俟爾入洛而後北臨訣執手噓欷脫白貂裘以衣高祖遺以良馬二十匹戰馬千二百匹戒曰子子孫孫無相忘時天顯九年也高祖已入洛德光乃北執趙德鈞延壽以歸德鈞幽州人也事劉守光守文爲軍校莊宗伐燕得之賜姓名曰李紹斌其子延壽本姓劉氏常山人也其父邠爲蓨縣令劉守文攻破蓨縣德鈞得延壽并其母种氏而納之因以延壽爲子延壽爲人姿質妍柔稍涉書史明宗以女妻之號興平公主莊明之世德鈞鎮幽州十餘年以延壽故尤見信任延壽明宗時爲樞密使罷至廢帝立復以爲樞密使晉高祖起太原廢帝遣延壽將兵討之而德鈞亦請以鎮兵討賊廢帝察其有異志使自飛狐出擊其後而德鈞南出吳兒會延壽於西唐延壽因以兵屬之廢帝以德鈞爲諸道行營都統延壽爲太原南面招討使德鈞爲延壽求鎮州節度使廢帝怒曰德鈞父子握彊兵求大鎮苟能敗契丹而破太原雖代予亦可若玩寇要君但恐犬兔俱斃因遣使者趣德鈞等進軍德鈞陰遣人聘德光求立己爲帝德光指穹廬前巨石謂德鈞使者曰吾已許石郎矣石爛可改也德光至潞州鏁德鈞父子而去德光母述律見之問曰汝父子自求爲天子何邪德鈞慙不能對悉以田宅之籍獻之述律問何在曰在幽州述律曰幽州屬我矣何獻之爲明年德鈞死德光以延壽爲幽州節度使封燕王契丹當莊宗明宗時攻陷營平二州及已立晉又得鴈門以北幽州節度管内合一十六州乃以幽州爲燕京改天顯十一年爲會同元年更其國號大遼置百官皆依中國參用中國之人晉高祖每遣使聘問奉表稱臣歲輸絹三十萬匹其餘寶玉珍異下至中國飲食諸物使者相屬於道無虛日德光約高祖不稱臣更表爲書稱兒皇帝如家人禮德光遣中書令韓頻奉册高祖爲英武明義皇帝高祖復遣趙瑩馮道等以太常鹵簿奉册德光及其母尊號終其世奉之甚謹高祖崩出帝即位德光怒其不先以告而又不奉表不稱臣而稱孫數遣使者責晉晉大臣皆恐而景延廣對契丹使者語獨不遜德光益怒楊光遠反青州招之開運元年春德光傾國南寇分其衆爲三西出鴈門攻幷代劉知遠擊敗之于秀容東至于河陷博州以應光遠德光與延壽南攻陷貝州德光屯元城兵及黎陽晉出帝親征遣李守貞等東馳馬家渡擊敗契丹而德光與晉相距于河月餘聞馬家渡兵敗乃引衆擊晉戰于戚城德光臨陣望見晉軍旗幟光明而士馬嚴整有懼色謂其左右曰楊光遠言晉家兵馬半已餓死何其盛也兵旣交殺傷相半陣間斷箭遺鏃布厚寸餘日暮德光引去分其兵爲二一出滄州一出深州以歸二年正月德光復傾國入寇圍鎭州分兵攻下鼓城等九縣杜重威守鎮州閉壁不敢出契丹南掠邢洺磁至于安陽河千里之内焚剽殆盡契丹見大桑木罵曰吾知紫披襖出自汝身吾豈容汝活邪東薪於木而焚之是時出帝病不能出征遣張從恩安審琦皇甫遇等禦之遇前渡漳水與契丹戰於榆林幾爲所虜審琦從後救之契丹望見塵起謂救兵至引去而從恩畏怯不敢追亦引兵南走黎陽契丹已北而出帝疾少閒乃下詔親征軍于澶州遣杜重威等北伐契丹歸至古北聞晉軍已至即復引而南及重威戰于陽城衛村晉軍飢渴鑿井輒壞絞泥汁而飲德光坐奚車中呼其衆曰晉軍盡在此矣可生擒之然後平定天下會天大風晉軍奮死擊之契丹大敗德光喪車騎一白橐駝而走至幽州其首領大將各笞一百獨趙延壽免焉是時天下旱蝗晉人苦兵乃遣開封府軍將張暉假供奉官聘于契丹奉表稱臣以修和好德光語不遜然契丹亦自厭兵德光母述律嘗謂晉人曰南朝漢兒爭得一向臥邪自古聞漢來和蕃不聞蕃去和漢若漢兒實有回心則我亦何惜通好晉亦不復遣使然數以書招趙延壽延壽見晉衰而天下亂常有意窺中國而德光亦嘗許延壽滅晉而立之延壽得晉書僞爲好辭報晉言身陷虜思歸約晉發兵爲應而德光將高牟翰亦詐以瀛州降晉晉君臣皆喜三年七月遣杜重威李守貞張彥澤等出兵爲延壽應兵趨瀛州牟翰空城而去晉軍至城下見城門皆啓疑有伏兵不敢入遣梁漢璋追牟翰及之漢璋戰死重威等軍屯武强德光聞晉出兵乃入寇鎭州重威西屯中渡與德光夾水而軍德光分兵並西山出晉軍後攻破欒城縣縣有騎軍千人皆降於虜德光每獲晉人刺其面文曰奉敕不殺縱以南歸重威等被圍糧絶遂舉軍降德光喜謂趙延壽曰所得漢兒皆與爾因以龍鳳赭袍賜之使衣以撫晉軍亦以赭袍賜重威遣傅住兒監張彥澤將騎二千先入京師晉出帝與太后爲降表自陳過咎德光遣解里以手詔賜帝曰孫兒但勿憂管取一喫飯處德光將至京師有司請以法駕奉迎德光曰吾躬擐甲胄以定中原太常之儀不暇顧也止而不用出帝與太后出郊奉迎德光辭不見曰豈有兩天子相見於道路邪四年正月丁亥朔旦晉文武百官班于都城北望帝拜辭素服紗帽以待德光被甲衣貂裘帽立馬于高岡百官俯伏待罪德光入自封丘門登城樓遣通事宣言諭衆曰我亦人也可無懼我本無心至此漢兵引我來爾遂入晉宮宮中嬪妓迎謁皆不顧夕出宿于赤岡封出帝負義侯遷于黄龍府癸巳入居晉宮以契丹守諸門門廡殿庭皆磔犬掛皮以爲厭勝甲午德光胡服視朝于廣政殿乙未被中國冠服百官常參起居如晉儀而氈裘左衽胡馬奚車羅列階陛晉人俛首不敢仰視二月丁丑朔金吾六軍殿中省仗太常樂舞陳于廷德光冠通天冠服絳紗袍執大珪以視朝大赦改晉國爲大遼國開運四年爲會同十年德光嘗許趙延壽滅晉而立以爲帝故契丹擊晉延壽常爲先鋒虜掠所得悉以奉德光及其母述律德光已滅晉而無立延壽意延壽不敢自言因李崧以求爲皇太子德光曰吾於燕王無所愛惜雖我皮肉可爲燕王用者吾可割也吾聞皇太子是天子之子燕王豈得爲之乃命與之遷秩翰林學士張礪進擬延壽中京留守大丞相錄尚書事都督中外諸軍事德光索筆塗其錄尚書事都督中外諸軍事止以爲中京留守大丞相而延壽前爲樞密使封燕王皆如故又以礪爲右僕射兼門下侍郎同中書門下平章事與故晉相和凝竝爲宰相礪明宗時翰林學士晉高祖起太原時廢帝遣礪督趙延壽進軍於團柏谷已而延壽爲德光所鏁幷礪遷于契丹德光重其文學仍以爲翰林學士礪常思歸逃至境上爲追者所得德光責之礪曰臣本漢人衣服飲食言語不同今思歸而不得生不如死德光顧其通事高唐英曰吾戒爾輩善待此人致其逃去過在爾也因笞唐英一百而待礪如故其愛之如此德光將視朝有司給延壽貂蟬冠礪三品冠服延壽與礪皆不肯服而延壽別爲王者冠以自異礪曰吾在上國時晉遣馮道奉册北朝道賫二貂冠其一宰相韓延徽冠之其一命我冠之今其可降服邪卒冠貂蟬以朝三月丙戌朔德光服靴袍御崇元殿百官入閤德光大悅顧其左右曰漢家儀物其盛如此我得於此殿坐豈非眞天子邪其母述律遣人齎書及阿保機明殿書賜德光明殿若中國陵寢下宮之制其國君死葬則於其墓側起屋謂之明殿置官屬職司歲時奉表起居如事生置明殿學士一人掌答書詔每國有大慶弔學士以先君之命爲書以賜國君其書常曰報兒皇帝云德光已滅晉遣其部族酋豪及其通事爲諸州鎭刺史節度使括借天下錢帛以賞軍胡兵人馬不給糧草日遣數千騎分出四野刼掠人民號爲打草穀東西二三千里之間民被其毒遠近怨嗟漢高祖起太原所在州鎭多殺契丹守將歸漢德光大懼又時已熱乃以蕭翰爲宣武軍節度使翰契丹之大族其號阿鉢翰之妹亦嫁德光而阿鉢本無姓氏契丹呼翰爲國舅及將以爲節度使李崧爲製姓名曰蕭翰於是始姓蕭德光

已留翰守汴乃北歸以晉內諸司伎術宮女諸軍將卒數千人從自黎陽渡河行至湯陰登愁死岡謂其宣徽使高勳曰我在上國以打圍食肉爲樂自入中國心常不快若得復吾本土死亦無恨勳退而謂人曰虜將死矣相州梁暉殺契丹守將閉城距守德光引兵攻破之城中男子無少長皆屠之婦女悉驅以北後漢以王繼弘鎮相州得髑髏十數萬枚爲大冢葬之德光至臨洺見其井邑荒殘笑謂晉人曰致中國至此皆燕王爲罪首又顧張礪曰爾亦有力焉德光行至欒城得疾卒于殺胡林契丹破其腹去其腸胃實之以鹽載而北晉人謂之帝羓焉永康王兀欲立謚德光爲嗣聖皇帝號阿保機爲太祖德光爲太宗

五代史卷七十二考證

附錄契丹傳明宗斬禿餒等六百餘人而赦赫邈選其壯健者五千餘人爲契丹直○臣文淸按通鑑云乃赦赫邈等酋長五十人置之親衛餘六百人悉斬之與此異

以幽州爲燕京○臣宗萬按通鑑云契丹以幽州爲南京胡三省注云參考趙思溫爲留守事則南京爲是

德光服靴袍御崇元殿百官入閤○臣文淸按歐陽修曰唐故事天子御殿見群臣曰常參朔望御便殿見羣臣曰入閤又五代會要有入閤儀乃後梁所定詳見通鑑注

五代史卷七十三

宋 歐陽修 撰

四夷附錄第二

兀欲東丹王突欲子也突欲奔于唐兀欲留不從號永康王契丹好飲人血突欲左右姬妾多刺其臂吮之其小過輒挑目剉灼不勝其毒然喜賓客好飲酒工畫頗知書其自契丹歸中國載書數千卷樞密使趙延壽每假其異書醫經皆中國所無者明宗時自滑州朝京師遣領武信軍節度使食其俸賜甲第一區宮女數人契丹兵助晉于太原唐廢帝遣宦者秦繼旻皇城使李彥紳殺突欲于其第晉高祖追封突欲爲燕王德光滅晉兀欲從至京師德光殺繼旻彥紳籍其家貲悉以賜兀欲德光死欒城兀欲與趙延壽及諸大將等俱入鎮州延壽自稱權知軍國事遣人求鎮州管鑰於兀欲兀欲不與延壽左右曰契丹大人聚而謀者詢詢必有變宜備之今中國之兵猶有萬人可以擊虜不然事必不成延壽猶豫不決兀欲妻延壽以爲妹五月朔旦兀欲召延壽及張礪李崧馮道等置酒酒數行兀欲謂延壽曰姝自上國來當一見之延壽欣然與兀欲俱入食頃兀欲出坐笑謂礪等曰燕王謀反鎖之矣諸君可無慮也又曰先帝在汴州與我算子一莖許我知南朝軍國事昨聞寢疾無遺命燕王安得自擅邪礪等罷去兀欲召延壽廷立而詰之延壽不能對乃遣人監之而籍其家貲兀欲宣德光遺制曰永康王大聖皇帝之嫡孫人皇王之長子可於中京即皇帝位中京契丹謂鎮州也遣使者告哀於諸鎮蕭翰聞德光死棄汴州而北至鎮州兀欲已去翰以騎圍張礪宅執礪而責曰汝教先帝勿用胡人爲節度使何也礪對不屈翰鏁之是夕礪卒兀欲爲人儁偉亦工畫能飲酒好禮士德光嘗賜以絹數千匹兀欲散之一日而盡兀欲已立先遣人報其祖母述律述律怒曰我兒平晉取天下有大功業其子在我側者當立而人皇王背我歸中國其子豈得立邪乃率兵逆兀欲將廢之兀欲留其將麻荅守鎮州晉諸將相隨德光在鎮州者皆留之而去以翰林學士徐台符李瀚從行與其祖母述律相距于石橋述律所將兵多亡歸兀欲兀欲乃幽述律於祖州祖州阿保機墓所也述律爲人多智而忍阿保機死悉召從行大將等妻謂曰我今爲寡婦矣汝等豈宜有夫乃殺其大將百餘人曰可往從先帝左右有過者多送木葉山殺於阿保機墓隧中曰爲我見先帝于地下大將趙思溫本中國人也以材勇爲阿保機所寵述律後以事怒之使送木葉山思溫辭不肯行述律曰爾先帝親信安得不往見之思溫對曰親莫如后后何不行述律曰我本欲從先帝于地下以子幼國中多故未能也然可斷吾一臂以送之左右切諫之乃斷其一腕而釋思溫不殺初德光之擊晉也述律常非之曰吾國用一漢人爲主可乎德光曰不可也述律曰然則汝得中國不能有後必有禍悔無及矣德光死載其尸歸述律不哭而撫其尸曰待我國中人畜如故然後葬汝已而兀欲囚之後死于木葉山兀欲更名阮號天授皇帝改元曰天祿是歲八月葬德光於木葉山遣人至鎮州召馮道和凝等會葬使者至鎮州鎮州軍亂大將白再榮等逐出麻荅據定州已而悉其衆以北麻荅者德光之從弟也德光滅晉以爲邢州節度使兀欲立命守鎮州麻荅尤酷虐多略中國人剝面抉目拔髮斷腕而殺之出入常以鉗鑿挑割之具自隨寢處前後掛人肝脛手足言笑自若鎮定之人不勝其毒麻荅已去馮道等乃南歸漢乾祐元年兀欲率萬騎攻邢州陷內丘契丹入寇常以馬嘶爲候其來也馬不嘶鳴而矛戟夜有光又月蝕虜衆皆懼以爲凶雖破內丘而人馬傷死者大半兀欲立五年會諸部酋長復謀入寇諸部大人皆不欲兀欲彊之燕王述軋與太寧王嘔里僧等率兵殺兀欲於大神淀德光子齊王述律聞亂走南山契丹擊殺述軋嘔里僧而迎述律以立述律立改元應歷號天順皇帝後更名璟述律有疾不能近婦人左右給事多以宦者然畋獵好飲酒不恤國事每酣飲自夜至旦晝則常睡國人謂之睡王初兀欲常遣使聘漢使者至中國而周太祖入立太祖復遣將軍朱憲報聘憲還而兀欲死述律立遂不復南寇顯德六年夏世宗北伐以保大軍節度使田景咸爲淤口關部署右神武統軍李洪信爲合流口部署前鳳翔節度使王晏爲益津關部署侍衛親軍馬步都虞候韓通爲陸路都部署世宗自乾寧軍御龍舟艨船戰艦首尾數十里至益津關降其守將而河路漸狹舟不能進乃捨舟陸行瓦橋淤口關瀛漠州守將皆迎降方下令進攻幽州世宗遇疾乃置雄州於瓦橋關霸州於益津關而還周師下三關瀛漠兵不血刃述律聞之謂其國人曰此本漢地今以還漢又何惜耶述律後爲庖者因其醉而殺之

嗚呼自古夷狄服叛雖不繫中國之盛衰而中國之制夷狄則必因其彊弱予讀周日曆見世宗取瀛漠定三關兵不血刃而史官譏其以王者之師馳千里而襲人輕萬乘之重於萑葦之間以僥倖一勝夫兵法決機因勢有不可失之時世宗南平淮甸北伐契丹乘其勝威擊其昏殆世徒見周師之出何速而不知述律有可取之機也是時述律以謂周之所取皆漢故地不足顧也然則十四州之故地皆可指麾而取矣不幸世宗遇疾功志不就然瀛漠三關遂得復爲中國之人而十四州之俗至今陷於夷狄彼其爲志豈不可惜而其功不亦壯哉夫兵之變化屈伸豈區區守常談者所可識也初蕭翰聞德光死北歸有同州郃陽縣令胡嶠爲翰掌書記隨入契丹而翰妻爭妬告翰謀反翰見殺嶠無所依居虜中七年當周廣順三年亡歸中國略能道其所見云自幽州西北入居庸關明日又西北入石門關關路崖狹一夫可以當百此中國控扼契丹之險也又三日至可汗州南望五臺山其一峯最高者東臺也又三日至新武州西北行五十里有雞鳴山云唐太宗北伐聞雞鳴于此因以名山明日入永定關此唐故關也又四日至歸化州又三日登天嶺嶺東西連亘有路北下四顧冥然黃雲白草不可窮極契丹謂嶠曰此辭鄉嶺也可一南望而爲永訣同行者皆慟哭往往絕而復蘇又行三四日至黑榆林時七月寒如深冬又明日入斜谷谷長五十里高崖峻谷仰不見日而寒尤甚已出谷得平地氣稍溫又行二日渡湟水又明日渡黑水又二日至湯城淀地氣最溫契丹若大寒則就溫于此其水泉清冷草軟如茸可藉以寢而多異花記其二種一曰旱金大如掌金色爍人一曰青囊如中國金燈而色類藍可愛又二日至儀坤州渡麝香河自幽州至此無里堠其所向不知爲南北又二日至赤崖翰與兀欲相及遂及述律戰于沙河述律兵敗而北兀欲追至獨樹渡遂囚述律于撲馬山又行三日遂至上京所謂西樓也西樓有邑屋市肆交易無錢而用布有綾錦諸工作宦者翰林伎術教坊角觝秀才僧尼道士等皆中國人而并汾幽薊之人尤多自上京東去四十里至眞珠寨始食菜明日東行地勢漸高西望平地松林鬱然數十里遂入平川多草木始食西瓜云契丹破回紇得此種以牛糞覆棚而種大如中國冬瓜而味甘又東行至褭潭始有柳而水草豐美有息雞草尤美而本大馬食不過十本而飽自褭潭入大山行十餘日而出過一大林長二三里皆蕪荑枝葉有芒刺如箭羽其地皆無草兀欲時卓帳于此會諸部人葬德光自此西南行日六十里行七日至大山門兩高山相去一里而長松豐草珍禽野卉有屋室碑石曰陵所也兀欲入祭諸部大人惟執祭器者得入入而門闔明日開門曰拋盞禮畢問其禮皆祕不肯言嶠所目見囚述律葬德光等事與中國所記差異已而翰得罪被鎖嶠與部曲東之福州福州翰所治也嶠等東行過一山名十三山云此西南去幽州二千里又東行數日過衛州有居人三千餘家乃契丹所虜中國衛州人築城而居之嶠至福州而契丹多憐嶠教其逃歸嶠因得其諸國種類遠近云距契丹國東至于海有鐵甸其族野居皮帳而人剛勇其地少草木水

鹹濁色如血澄之久而後可飲又東女眞善射多牛鹿野狗其人無定居行以牛負物遇雨則張革爲屋常作鹿鳴呼鹿而射之食其生肉能釀糜爲酒醉則縛之而睡醒而後解不然則殺人又東南渤海又東遼國皆與契丹畧同其南海曲有魚鹽之利又南奚與契丹畧同而人好殺戮又南至于榆關矣西南至儒州皆故漢地西則突厥回紇西北至嫗厥律其人長大髦頭酋長全其髮盛以紫囊地苦寒水出大魚契丹仰食又多黑白黃貂鼠皮北方諸國皆仰足其人最勇鄰國不敢侵又其西轄戞又其北單于突厥皆與嫗厥律畧同又北黑車子善作車帳其人知孝義地貧無所產云契丹之先常役回紇後背之走黑車子始學作車帳又北牛蹄突厥人身牛足其地尤寒水曰葫蘆河夏秋冰厚二尺春冬冰徹底常燒器銷冰乃得飲東北至韈劫子其人髦首披布爲衣不鞍而騎大弓長箭尤善射遇人輒殺而生食其肉契丹等國皆畏之契丹五騎遇一韈劫子則皆散走其國三面皆室韋一曰室韋二曰黃頭室韋三曰獸室韋其地多銅鐵金銀其人工巧銅鐵諸器皆精好善織毛錦地尤寒馬溺至地成冰堆又北狗國人身狗首長毛不衣手搏猛獸語爲犬嗥其妻皆人能漢語生男爲狗女爲人自相婚嫁穴居食生而妻女人食云嘗有中國人至其國其妻憐之使逃歸與其筯十餘隻敎其每走十餘里遺一筯狗夫追之見其家物必啣而歸則不能追矣其說如此又曰契丹嘗選百里馬二十匹遣十人齎乾麨北行窮其所見其人自黑車子歷牛蹄國以北行一年經四十三城居人多以木皮爲屋其語言無譯者不知其國地山川部族名號其地氣遇平地則溫和山林則寒冽至三十三城得一人能鐵甸語其言頗可解云地名頡利烏于邪堰云自此以北龍蛇猛獸魑魅羣行不可往矣其人乃還此北荒之極也契丹謂嶠曰夷狄之人豈能勝中國然晉所以敗者主暗而臣不忠因具道諸國事曰子歸悉以語漢人使漢人努力事其主無爲夷狄所虜吾國非人境也嶠歸錄以爲陷虜記云契丹年號諸家所記舛謬非一莫可考正惟嘗見於中國者可據也據耶律德光立晉高祖冊文稱惟天顯九年歲次丙申是歲乃晉天福元年推而上之得唐天成三年戊子爲天顯元年契丹附錄德光與唐明宗同年而立立三年改元天顯與此正合矣又據開運四年德光滅晉入汴肆赦稱會同十年推而上之得天福三年爲會同元年是天顯盡十年而十一年改爲會同矣推此二者其據甚明餘皆不足考也附錄所載夷狄年號多略不書蓋無所用故不必備也

五代史卷七十三考證

兀欲傳晉高祖追封突欲爲燕王○突各本訛兀臣文清按上文云兀欲東丹王突欲子也又云唐廢帝遣人殺突欲于其第下文云德光滅晉兀欲從至京師則其所追封者其爲突欲無疑矣

五代史卷七十四

宋　歐陽修　撰

四夷附錄第三

奚本匈奴之別種當唐之末居陰涼川在營府之西幽州之西南皆數百里有人馬二萬騎分爲五部一曰阿薈部二曰啜米部三曰粵質部四曰奴皆部五曰黑訖支部後徙居琵琶川在幽州東北數百里地多黑羊馬踰前蹄堅善走其登山逐獸下上如飛契丹阿保機彊盛室韋奚霫皆服屬之奚人常爲契丹守界上而苦其苛虐奚王去諸怨叛以別部西徙嬀州依北山射獵常採北山麝香仁參賂劉守光以自托其族至數千帳始分爲東西奚去諸之族頗知耕種歲借邊民荒地種穄秋熟則來穫窖之山下人莫知其處爨以平底瓦鼎煮穄爲粥以寒水解之而飲去諸卒子掃剌立莊宗破劉守光賜掃剌姓李更其名紹威紹威卒子拽剌立同光以後紹威父子數遣使朝貢初紹威娶契丹女舍利逐不魯之姊爲妻後逐不魯叛亡入西奚紹威納之晉高祖入立割幽州鴈門以北入于契丹是時紹威與逐不魯皆已死耶律德光已立晉北歸拽剌迎謁馬前德光曰非爾罪也負我者掃剌與逐不魯爾乃發其墓粉其骨而颺之後德光滅晉拽剌常以兵從其後不復見於中國自去諸從嬀州自別爲西奚而東奚在琵琶川者亦爲契丹所并不復能自見云

吐渾本號吐谷渾或曰乞伏乾歸之苗裔自後魏以來名見中國居於青海之上當唐至德中爲吐蕃所攻部族分散其內附者唐處之河西其大姓有慕容拓拔赫連等族懿宗時首領赫連鐸爲陰山府都督與討龐勛以功拜大同軍節度使爲晉王所破其部族益微散處蔚州界中莊宗時有首領白承福者依中山北石門爲柵莊宗爲置寧朔奉化兩府以承福爲都督賜其姓名爲李紹魯終唐時常遣使朝貢中國晉高祖立割鴈門以北入于契丹於是吐渾爲契丹役屬而苦其苛暴是時安重榮鎭成德有異志陰遣人招吐渾入塞承福等乃自五臺山入處中國契丹耶律德光大怒遣使者責諸高祖高祖恐懼遣供奉官張澄率兵搜索并鎭忻代等州山谷中吐渾驅出之然晉亦苦契丹思得吐渾爲緩急之用陰遣劉知遠鎭太原慰撫之終高祖時承福數遣使者朝貢後出帝與契丹絕盟召承福入朝拜大同軍節度使待之甚厚契丹與晉相距于河承福以其兵從出帝禦虜是歲大熱吐渾多疾死乃遣承福歸太原居之嵐石之間劉知遠稍侵辱之承福謀復亡出塞知遠以兵圍其族殺承福及其大姓赫連海龍白可久白鐵匱等其羊馬貲財鉅萬計皆籍沒之其餘衆以其別部王義宗主之吐渾遂微不復見初唐以承福之族爲熟吐渾長興中又有生吐渾杜每兒來朝貢每兒不知其國地部族至漢乾祐二年又有吐渾何戞剌來朝貢不知爲生熟吐渾蓋皆微不足考錄

達靼靺鞨之遺種本在奚契丹之東北後爲契丹所攻而部族分散或屬契丹或屬渤海別部散居陰山者自號達靼當唐末以名見中國有每相溫于越相溫咸通中從朱耶赤心討龐勛其後李國昌克用父子爲赫連鐸等所敗嘗亡入達靼後從克用入關破黃巢由是居雲代之間其俗善騎射畜多駝馬其君長部族名字不可究見惟其嘗通於中國者可見云同光中都督折文逋數自河西來貢駝馬明宗討王都於定州都誘契丹入寇明宗詔達靼入契丹界以張軍勢遣宿州刺史薛敬忠以所獲契丹團牌二百五十及弓箭數百賜雲州生界達靼蓋唐常役屬之長興三年首領頡哥率其族四百餘人來附訖于顯德常來不絕

党項西羌之遺種其國在禹貢析支之地東至松州西接葉護南界舂桑北隣吐渾有地三千餘里無城邑而有室屋以毛罽覆之其人喜盜竊而多壽往往至百五六十歲其大姓有細封氏費聽氏折氏野利氏拓拔氏爲最彊唐德宗時党項諸部相率內附居慶州者號東山部落居夏州者號平夏部落部有大姓而無君長不相統一散處邠寧鄜延靈武河西東至麟府之間自同光以後大姓之彊者各自來朝貢明宗時詔沿邊置場市馬諸夷皆入市中國而回鶻党項馬最多明宗招懷遠人馬來無駑壯皆售而所售常過直往來館給道路倍費其每至京師明宗爲御殿見之勞以酒食既醉連秧歌呼道其土風以爲樂去又厚以賜賚歲耗百萬計唐大臣皆患之數以爲言乃詔吏就邊場售馬給直止其來朝而党項利其所得來不可止其在靈慶之間者數犯邊爲盜自河西回鶻朝貢中國道其部落輒邀劫之執其使者賣之佗族以易牛馬明宗遣靈武康福邠州藥彥稠等出兵討之福等擊破阿埋韋悉褒勒彊賴埋廝骨尾及其大首領連香李八薩王都統悉那埋摩侍御乞埋嵬悉逋等族殺數千人獲其牛羊鉅萬計及其所劫外國寶玉等悉以賜軍士由是党項之患稍息至周太祖時府州党項尼也六泥香王子拓拔山等皆來朝貢廣順三年慶州刺史郭彥欽貪其羊馬侵擾諸部獨野雞族彊不可近乃誣其族犯邊太祖遣使招慰之野雞族苦彥欽不肯聽命太祖遣邠州折從阮寧州刺史張建武等討之建武勇於立功不能通夷情馳軍擊野雞族殺數百人而喜玉折思殺牛三族聞建武擊破野雞族各以牛酒犒軍軍士利其物反劫掠之三族共誘建武軍至包山度險三族共擊之軍投崖谷死傷甚衆太祖怒罪建武等選良吏爲慶州刺史以招撫之其佗諸族散處沿邊界上者甚衆然其無國地君長故莫得而紀次云

突厥國地君世部族名號物俗見於唐著矣至唐之末爲諸夷所侵部族微散五代之際嘗來朝貢同光三年渾解樓來天成二年首領張慕晉來長興二年首領杜阿熟來天福六年遣使者薛同海等來凡四至其後不復來然突厥於時最微又來不數故其君長史皆失不能紀

吐蕃國地君世部族名號物俗見於唐著矣當唐之盛時河西隴右三十三州涼州最大土沃物繁而人富樂其地宜馬唐置八監牧馬三十萬匹以安西都護府羈縻西域三十六國唐之軍鎭監務三百餘城常以中國兵更戍而涼州置使節度之安祿山之亂肅宗起靈武悉召河西兵赴難而吐蕃乘虛攻陷河西隴右華人百萬皆陷于虜文宗時嘗遣使者至西域見甘涼瓜沙等州城邑如故而陷虜之人見唐使者夾道迎呼涕泣曰皇帝猶念陷蕃人民否其人皆天寶時陷虜者子孫其語言稍變而衣服猶不改至五代時吐蕃已微弱回鶻党項諸羌夷分侵其地而不有其人民値中國衰亂不能撫有惟甘涼瓜沙四州常自通於中國甘州爲回鶻牙而涼瓜沙三州將吏猶稱唐官數來請命自梁太祖時嘗以靈武節度使兼領河西節度而觀察甘肅威等

州然雖有其名而涼州自立守將唐長興四年涼州留後孫超遣大將拓拔承謙及僧道士耆老楊通信等至京師求旌節明宗問孫超等世家承謙曰吐蕃陷涼州張掖人張義朝募兵擊走吐蕃唐因以義朝爲節度使發鄆州兵二千五百人戍之唐亡天下亂涼州以東爲突厥党項所隔鄆兵遂留不得返今涼州漢人皆其戍人子孫也明宗乃拜孫超節度使淸泰元年留後李文謙來請命後數年涼州人逐出文謙靈武馮暉遣牙將吳繼勳代文謙爲留後是時天福七年明年晉高祖遣涇州押牙陳延暉齎詔書安撫涼州涼州人共劫留延暉立以爲刺史至漢隱帝時涼州留後折逋嘉施來請命漢卽以爲節度使嘉施土豪也周廣順二年嘉施遣人市馬京師因來請命帥是時樞密使王峻用事峻故人申師厚者少起盜賊爲兗州牙將與峻相友善後峻貴師厚敝衣蓬首日候峻出拜馬前訴以飢寒峻未有以發而嘉施等來請帥峻卽建言涼州深入夷狄中國未嘗命吏請募率府率供奉官能往者月餘無應募者乃奏起師厚爲左衛將軍已而拜西河節度使師厚至涼州奏薦押衙副使崔虎心陽妃谷首領沈念般等及中國留人子孫王廷翰温崇樂劉少英爲將吏又自安國鎮至涼州立三州以控扼諸羌用其酋豪爲刺史然涼州夷夏雜處師厚小人不能撫有至世宗時師厚留其子而逃歸涼州遂絕於中國獨瓜沙二州終五代常來沙州梁開平中有節度使張奉自號金山白衣天子至唐莊宗時回鶻來朝沙州留後曹義金亦遣使附回鶻以來莊宗拜義金爲歸義軍節度使瓜沙等州觀察處置等使晉天福五年義金卒子元德立至七年沙州曹元忠瓜州曹元深皆遣使來周世宗時又以元忠爲歸義軍節度使元恭爲瓜州團練使其所貢碙砂羚羊角波斯錦安西白氎金星礬胡桐律大鵬砂毦褐玉團皆因其來者以名見而其卒立世次史皆失其紀而吐蕃不見於梁世唐天成三年回鶻王仁喻來朝吐蕃亦遣使附以來自此數至中國明宗嘗御端明殿見其使者問其牙帳所居曰西去涇州二千里明宗賜以虎皮人一張皆披以拜委身宛轉落其氊帽亂髮如蓬明宗及左右皆大笑至漢隱帝時猶來朝後遂不復至史亦失其君世云

回鶻爲唐患尤甚其國地君世物俗見於唐著矣唐嘗以女妻之故其世以中國爲舅其國本在娑陵水上後爲黠戞斯所侵徙天德振武之間又爲石雄張仲武所破其餘衆西徙役屬吐蕃是時吐蕃已陷河西隴右乃以回鶻散處之當五代之際有居甘州西州者嘗見中國而甘州回鶻數至猶呼中國爲舅中國荅以詔書亦呼爲甥梁乾化元年遣都督周易言等來而史不見其君長名號梁拜易言等官爵遣左監門衛上將軍楊沼押領還蕃至唐莊宗時王仁美遣使者來貢玉馬自稱權知可汗莊宗遣司農卿鄭續持節冊仁美爲英義可汗是歲仁美卒其弟狄銀立遣都督安千想等來同光四年狄銀卒阿咄欲立天成二年權知國事王仁裕遣李阿山等來朝明宗遣使者冊仁裕爲順化可汗晉高祖時又冊爲奉化可汗阿咄欲不知其爲狄銀親疎亦不知其立卒而仁裕訖五代常來朝貢史亦失其紀其地出玉犛牛綠野馬獨峯駝白貂鼠羚羊角碙砂膃肭臍金剛鑽紅鹽罽氎駒駼之革其地宜白麥青麰麥黃麻葱韭胡荽以橐駝耕而種其可汗常樓居妻號天公主其國相號媚祿都督見可汗則去帽被髮而入以爲禮婦人總髮爲髻高五六寸以紅絹囊之旣嫁則加氊帽又有別族號龍家其俗與回紇小異長興四年回鶻來獻白鶻一聯明宗命解紲放之自明宗時常以馬市中國其所齎寶玉皆鬻縣官而民犯禁爲市者輒罪之周太祖時除其禁民得與回鶻私市玉價由此倍賤顯德中來獻玉世宗曰玉雖寶而無益却之

于闐國地君世物俗見於唐五代亂世中國多故不能撫來四夷其嘗自通於中國者僅以名見其君世終始皆不可知而于闐尤遠去京師萬里外其國西南近葱嶺與婆羅門爲鄰國而相去猶三千餘里南接吐蕃西北至疏勒二千餘里晉天福三年于闐國王李聖天遣使者馬繼榮來貢紅鹽鬱金氂牛尾玉氎等晉遣供奉官張匡鄴假鴻臚卿彰武軍節度判官高居誨爲判官冊聖天爲大寶于闐國王是歲冬十二月匡鄴等自靈州行二歲至于闐至七年冬乃還而居誨頗記其往復所見山川諸國而不能道聖天世次也居誨記曰自靈州過黃河行三十里始涉沙入党項界曰細腰沙神樹沙至三公沙宿月支都督帳自此沙行四百餘里至黑堡沙沙尤廣遂登沙嶺沙嶺党項牙也其酋曰捻崖天子渡白亭河至涼州自涼州西行五百里至甘州甘州回鶻牙也其南山百餘里漢小月支之故地也有別族號鹿角山沙陀云朱耶氏之遺族也自甘州西始涉磧磧無水載水以行甘州人教晉使者作馬蹄木澁木澁四竅馬蹄亦鑿四竅而綴之駝蹄則包以氂皮乃可行西北五百里至肅州渡金河西百里出天門關又西百里出玉門關經吐蕃界吐蕃男子冠中國帽婦人辮髮戴瑟瑟珠云珠之好者一珠易一良馬西至瓜州沙州二州俱中國人聞晉使者來其刺史曹元深等郊迎問使者天子起居瓜州南十里鳴沙山云冬夏殷殷有聲如雷云禹貢流沙也又東南十里三危山云三苗之所竄也其西渡都鄉河曰陽關沙州西曰仲雲其牙帳居胡盧磧云仲雲者小月支之遺種也其人勇而好戰瓜沙之人皆憚之胡盧磧漢明帝時征匈奴屯田於吾盧蓋其地也地無水而嘗寒多雪每天暖雪銷乃得水匡鄴等西行入仲雲界至大屯城仲雲遣宰相四人都督三十七人候晉使者匡鄴等以詔書慰諭之皆東向拜自仲雲界西始涉醎磧無水掘地得濕沙人置之胸以止渴又西渡陷河伐檉置水中乃渡不然則陷又西至紺州紺州于闐所置也在沙州西南云去京師九千五百里矣又行二日至安軍州遂至于闐聖天衣冠如中國其殿皆東向曰金冊殿有樓曰七鳳樓以蒲桃爲酒又有紫酒青酒不知其所釀而味尤美其食粳沃以蜜粟沃以酪其衣布帛有園圃花木俗喜鬼神而好佛聖天居處嘗以紫衣僧五十人列侍其年號同慶二十九年其國東南曰銀州盧州湄州其南千三百里曰玉州云漢張騫所窮河源出于闐而山多玉者此山也其河源所出至于闐分爲三東曰白玉河西曰綠玉河又西曰烏玉河三河皆有玉而色異每歲秋水涸國王撈玉于河然後國人得撈玉自靈州渡黃河至于闐往往見吐蕃族帳而于闐常與吐蕃相攻劫匡鄴等至于闐聖天頗責誚之以邀誓約匡鄴等還聖天又遣都督劉再昇獻玉千斤及玉印降魔杵等漢乾祐元年又遣使者王知鐸來

高麗本扶餘人之別種也其國地君世見於唐比佗夷狄有姓氏而其官號略可曉其義當唐之末其王姓高氏同光元年遣使廣評侍郎韓申一副使春部少卿朴巖來而其國王姓名史失不紀至長興三年權知國事王建遣使者來明宗乃拜建玄菟州都督充大義軍使封高麗國王建高麗大族也開運二年建卒子武立乾祐四年武卒子昭立王氏三世終五代常來朝貢其立也必請命中國中國常優荅之其地產銅銀周世宗時遣尚書水部員外郎韓彥卿以帛數千匹市銅於高麗以鑄錢六年昭遣使者貢黃銅五萬斤高麗俗知文字喜讀書昭進別敘孝經一卷越王新義八卷皇靈孝經一卷孝經雌圖一卷別敘敍孔子所生及弟子事迹越王新義以越王爲問目若今正義皇靈述延年辟穀雌圖載日食星變皆不經之說

渤海本號靺鞨高麗之別種也唐高宗滅高麗徙其人散處中國置安東都護府於平壤以統治之武后時契丹攻北邊高麗別種大乞乞仲象與靺鞨酋長乞四比羽走遼東分王高麗故地武后遣將擊殺乞四比羽而乞乞仲象亦病死仲象子祚榮立因并有比羽之衆其衆四十萬人據挹婁臣于唐至中宗時置忽汗州以祚榮爲都督封渤海郡王其後世遂號渤海其貴族姓大氏開平元年國王大諲譔遣使者來訖顯德常來朝貢其國土物產與高麗同諲譔世次立卒史失其紀

新羅弁韓之遺種也其國地君世物俗見於唐其大族曰金氏朴氏自唐高祖時封金眞爲樂浪郡王其後世常爲君長同光元年新羅國王金朴英遣使者來朝貢長興四年權知國事金溥遣使來朴英溥世次卒立史皆失其紀自晉已後不復至

黑水靺鞨本號勿吉當後魏時見中國其國東至海南界高麗西接突厥北鄰室韋蓋肅愼氏之地也其衆分爲數十部而黑水靺鞨最處其北尤勁悍無文字之記其兵角弓楛矢同光二年黑水兀兒遣使者來其後常來朝貢自登州泛海出青州明年黑水胡獨鹿亦遣使來兀兒胡獨鹿若其兩部酋長各以使來而其部族世次立卒史皆失其紀至長興三年胡獨鹿卒子桃李花立嘗請命中國後遂不復見云

南詔蠻見於唐其國在漢故永昌郡之東姚州之西僖宗幸蜀募能使南詔者得宗室子李龜年及徐虎虎姪藹乃以龜年爲使虎爲副藹爲判官使南詔南詔所居曰苴咩城龜年等不至苴咩至善闡得其要約與唐爲甥舅僖宗許以安化公主妻之南詔大喜遣人隨龜年等求公主已而黃巢敗收復長安僖宗東還乃止同光三年魏王繼岌及郭崇韜等破蜀得王衍時所俘南詔蠻數十人又得徐藹自言嘗使南詔乃矯詔還其所俘遣藹等持金帛招撫南詔諭以威德南詔不納至明宗時巂州山後兩林百蠻都鬼主右武衛大將軍李卑晚遣大鬼主傅能何華來朝貢明宗拜卑晚寧遠將軍又以大渡河南山前印州六姓都鬼主懷安郡王勿定摽莎爲定遠將軍明年遣左金吾衛將軍馬昭遠爲入蠻國信使昭遠不能達而還

牂牁蠻在辰州西千五百里以耕植爲生而無城郭聚

落有所攻擊則相屯聚刻木爲契其首領姓謝氏其名見於唐至天成二年嘗一至其使者曰淸州八郡刺史宋朝化冠帶如中國貢草豆蔻二萬箇朱砂五百兩蠟二百斤

昆明在黔州西南三千里外地產羊馬其人椎髻跣足披氈其首領披虎皮天成二年嘗一至其首領號昆明大鬼主羅殿王普露靜王九部落各遣使者來使者號若土附牂牁以來

占城在西南海上其地方千里東至海西至雲南南鄰眞臘北抵驩州其人俗與大食同其乘象馬其食稻米水兕山羊鳥獸之奇犀孔雀自前世未嘗通中國顯德五年其國王因德漫遣使者莆訶散來貢猛火油八十四瓶薔薇水十五瓶其表以貝多葉書之以香木爲函猛火油以灑物得水則出火薔薇水云得自西域以灑衣雖敝而香不滅五代四夷見中國者遠不過于闐占城史之所紀其西北頗詳而東南尤略蓋其遠而罕至且不爲中國利害云

五代史卷七十四考證

党項傳殺數千人獲其牛羊鉅萬計○千南本作十誤

吐蕃傳常以中國兵更戍而凉州置使節度之○戍監本訛盛今改正

周世宗時又以元忠爲歸義軍節度使元恭爲瓜州團練使○臣人龍按上文沙州曹元忠瓜州曹元深皆遣使來則恭應作深今各本俱同姑仍之

耗褐玉國○耗各本訛耗今改正

高麗傳夫餘人之別種也○南本無人字

當唐之末其王姓高氏長興三年封權知國事王建爲高麗國王○臣文濡按通鑑云初唐滅高麗天祐初高麗石窟寺眇僧躬乂聚衆據開州稱王號大封國與此傳異

渤海傳至中宗時置忽汗州以祚榮爲都督○忽南本作忽

編修臣人龍謹言宋開寶中詔盧多遜扈蒙張澹李昉劉兼李穆李九齡等同修梁唐晉漢周書宰相薛居正監修謂之五代史迨歐陽修以薛史繁猥失實重加修定藏于家修没朝廷聞之取以付國學刊行於是新五代史出而薛居正史遂廢不傳臣等奉

命編校悉依監本條著舛訛不敢滲漏設居正之史尚存其傾簡異同當必有所互證而發明之云臣謹識

原任詹事臣陳浩洗馬臣陸宗楷編修臣孫人龍宗人府主事臣王文清知州臣王祖庚拔貢生臣郭世燦等奉

勅恭校刊